DICIONÁRIO DA BÍBLIA

EERDMANS

EDITADO POR

DAVID NOEL FREEDMAN

DICIONÁRIO DA BÍBLIA EERDMANS

EXEGÉTICO, EXPOSITIVO, ABRANGENTE, HISTÓRICO E ATUALIZADO

hagnos

Eerdemans Dictionary of the Bible
Publicado em 2000 por Wn. B. Eerdmans Publishing Co. 2140 Oak Industrial Drive N.E., Grand Rapids, Michigan 49505/ USA. © 2020 Portuguese edition by Editora Hagnos Ltda.

Mapas: Atlas bíblico ilustrado
Copyrigth © 2005 por André Reinke
Publicado pela Editora Hagnos Ltda.
Usados com autorização.

1ª edição: junho de 2021

TRADUÇÃO
José Carlos Siqueira
Onofre Muniz

REVISÃO
André Lima
Raquel Fleichner

CONFERÊNCIA DO GREGO, HEBRAICO E TRANSLITERAÇÕES
Tiago Abdalla

CAPA
Rafael Brum

DIAGRAMAÇÃO
Jonatas Belan

EDITOR
Aldo Menezes

COORDENADOR DE PRODUÇÃO
Mauro W. Terrengui

IMPRESSÃO E ACABAMENTO
Imprensa da Fé

As opiniões, as interpretações e os conceitos emitidos nesta obra são de responsabilidade dos autores dos verbetes e não refletem necessariamente o ponto de vista da Hagnos.

EDITORA HAGNOS LTDA.
Av. Jacinto Júlio, 27
04815-270 - São Paulo - SP
Tel: (11) 5668 5668

E-mail: hagnos@hagnos.com.br
www.hagnos.com.br

Editora associada à:

Dados Internacionais de Catalogação na Publicação (CIP)
Câmara Brasileira do Livro, SP, Brasil

Dicionário da Bíblia Eerdmans: exegético, expositivo, abrangente, histórico e atualizado / editor-chefe: David Noel Freedman ; editor adjunto: Allen C. Myers ; gerente editorial: Astrid B. Beck; tradução de José Carlos Siqueira e Onofre Muniz. — São Paulo: Hagnos, 2021.

ISBN 978-65-86048-55-1

Título original: Eerdmans dictionary of the Bible

1. Bíblia - Dicionários 2. Bíblia NT 3. Bíblia AT 4. Deus 5. Teologia I. Freedman, David Noel II. Myers, Allen C. III. Beck, Astrid B. IV. Muniz, Onofre V. Siqueira, José Carlos

20-2950 CDD-220.3

Índices para catálogo sistemático:

1. Teologia sistemática: religião: 230

Sumário

Lista de mapas

Os mapas estão localizados depois da letra Z

Consultores editoriais

Colaboradores

Susan Ackerman, Professora Adjunta de Religião, Dartmouth College, Hanover, NH, EUA
James R. Adair, Jr., Diretor, ATLA Center for Electronic Texts in Religion, American Theological Library Association, Chicago, IL, EUA
Sujey Adarve-Valdes, Estudante de Pós-Graduação, Wheaton College, Wheaton, IL, EUA
Martin C. Albl, Presentation College, Aberdeen, SD, EUA
Dale C. Allison, Jr., Professor Adjunto de Novo Testamento e Cristianismo Primitivo, Pittsburgh Theological Seminary, Pittsburgh, PA, EUA
Gary A. Anderson, Professor de Antigo Testamento, Harvard Divinity School, Cambridge, MA, EUA
Robert T. Anderson, Professor de Estudos Religiosos, Michigan State University, Lansing, MI, EUA
Stephen J. Andrews, Professor Adjunto de Antigo Testamento e Hebraico, Southeastern Baptist Theological Seminary, Wake Forest, NC, EUA
Victoria Andrews, Estudante de Pós-Graduação, Union Theological Seminary, Nova York, NY, EUA
Deborah Ann Appler, Professora Assistente de Bíblia Hebraica, Moravian Theological Seminary, Bethlehem, PA, EUA
Gary P. Arbino, Professor Assistente de Antigo Testamento, Golden Gate Baptist Theological Seminary, Mill Valley, CA, EUA
Kenneth J. Archer, Instrutor Adjunto, Ashland Theological Seminary, Ashland, OH, EUA
Melissa L. Archer, Instrutora de Novo Testamento e Grego, Ashland Theological Seminary, Ashland, OH, EUA
Randal A. Argall, Professor Assistente de Religião, Jamestown College, Jamestown, ND, EUA
Richard S. Ascough, Professor Assistente de Novo Testamento, Queen´s Theological College, Kingston, ON, Canadá
Paul S. Ash, Candidato a Ph.D., Emory University, Atlanta, GA, EUA
Rodney Ashlock, Estudante de Ph.D., Baylor University, Waco, TX, EUA
Kenneth Atkinson, Instrutor de Religião, Temple University, Philadelphia, PA, EUA
Melissa M. Aubin, Professora Assistente de Religião, Florida State University, Tallahassee, FL, EUA
Hector Avalos, Professor Assistente de Estudos Religiosos; Catedrático do Programa de Estudos Latinos, Iowa State University, Ames, IA, EUA
Alan J. Avery-Peck, Professor Kraft-Hiati de Estudos Judaicos, College of the Holy Cross, Worcester, MA, EUA
Lloyd R. Bailey, Professor Visitante de Religião, Methodist College, Fayetteville, NC, EUA
Martha Jean Mugg Bailey, Estudante de Pós-Graduação, Claremont Graduate University, Claremont, CA, EUA
Randall C. Bailey, Professor (por bolsa da instituição Andrew H. Mellon) de Bíblia Hebraica, Interdenominational Theological Center, Atlanta, GA, EUA
Samuel E. Balentine, Professor de Antigo Testamento, Baptist Theological Seminary at Richmond, Richmond, VA, EUA
Andrew H. Bartelt, Diretor do Departamento de Teologia Exegética; Deão de Administração, Concordia Theological Seminary, St. Louis, MO, EUA
Alicia Batten, Instrutora de Teologia, University of St. Thomas, St. Paul, MN, EUA
Mary Ann Beavis, Professora Assistente de Estudos Religiosos, St. Thomas More College, University of Saskatchewan, Saskatoon, SK, Canadá
Lyn M. Bechtel, Drew Theological School, Madison, NJ, EUA
David R. Beck, Professor Assistente de Novo Testamento e Grego, Southeastern Baptist Theological Seminary, Wake Forest, NC, EUA
Bob Becking, Professor, Faculdade de Teologia, Universidade de Utrecht, Utrecht, Holanda
Alice Ogden Bellis, Professora Assistente de Língua e Literatura do Antigo Testamento, Howard University School of Divinity, Washington, DC, EUA
Don C. Benjamin, Diretor

Executivo, Kino Institute of Theology, Phoenix, AZ, EUA
JON L. BERQUIST, Editor Acadêmico, Chalice Press, St. Louis, MO, EUA
ALLAN R. BEVERE, Ministro Adjunto, Mentor United Methodist Church, Professor Adjunto, Ashland Theological Seminary, Mentor, OH, EUA
ARNOLD GOTTFRIED BETZ, Professor Assistente Visitante de Hebraico e Antigo Testamento, The University of the South School of Theology, Sewanee, TN, EUA
JULYE BIDMEAD, Canditada a Ph.D., Vanderbilt University, Nashville, TN, EUA
GERALD M. BILKES, Candidato a Ph.D., Princeton Theological Seminary, NJ, EUA
IRA BIRDWHISTELL, Professor Assistente de Religião, Georgetown College, Georgetown, KY, EUA
LAWRENCE BOADT, Presidente da Paulist Press, Nova York, NY, EUA
GABRIELE BOCCACCINI, Professor Adjunto de Judaísmo do Segundo Templo e de Literatura Rabínica Primitiva, The University of Michigan, Ann Arbor, MI, EUA
WALTER R. BODINE, Pesquisador Adjunto, Coleção Babilônica, Yale University, New Haven, CT, EUA
KARLA G. BOHMBACH, Professora Adjunta de Religião, Susquehanna University, Susquehanna, PA, EUA
ODED BOROWSKI, Professor Adjunto de Arqueologia Bíblica e Hebraico, Emory University, Atlanta, GA, EUA
HENDRIK L. BOSMAN, Professor, Faculty of Theology, University of Stellenbosch, Matieland, África do Sul
STEVEN C. BOUMA-PREDIGER, Professor Adjunto de Religião, Hope College, Holland, MI, EUA
BARBARA E. BOWE, Professora Adjunta de Estudos Bíblicos, Catholic Theological Union, Chicago, IL, EUA
MARY PETRINA BOYD, Candidata a Ph.D., Union Theological Seminary in Virginia, Kent, WA, EUA
LAURIE J. BRAATEN, Professora Adjunta de Antigo Testamento, Eastern Nazarene College, Quincy, MA, EUA
CHRISTIAN M. M. BRADY, Diretor de Estudos Judaicos, Tulane University, Nova Orleans, LA
MONICA L. W. BRADY, University of Notre Dame, Notre Dame, IN
ROBIN GALLAHER BRANCH, Candidato a Ph.D., University of Texas at Austin, Austin, TX, EUA
JOACHIM BRAUN, Professor de Musicologia, Universidade Bar-Ilan, Ramat-gan, Israel
H. ALAN BREHM, Professor Assistente de Novo Testamento, Southwestern Baptist Theological Seminary, Fort Worth, TX, EUA
JAMES E. BRENNEMAN, Episcopal Theological School at Claremont, South Pasadena, CA, EUA
B. KEITH BREWER, Candidato a Ph.D., Drew University, Madison, NJ, EUA
CARL BRIDGES, Professor de Novo Testamento, Johnson Bible College, Knoxville, TN, EUA
THOMAS V. BRISCO, Professor Adjunto de Fundamento e Arqueologia Bíblicos, Southwestern Baptist Theological Seminary, Fort Worth, TX, EUA
ANN GRAHAM BROCK, Candidata a Ph.D., Harvard University, Cambridge, MA, EUA
JAMES A. BROOKS, Professor de Novo Testamento, Bethel Theological Seminary, St. Paul, MN, EUA
ALEXANDRA R. BROWN, Professora Adjunta Visitante de Estudos Religiosos, Wake Forest University School of Divinity, Winston-Salem, NC, EUA
WALTER E. BROWN, Professor de Antigo Testamento e Hebraico, New Orleans Baptist Theological Seminary, Nova Orleans, LA, EUA
WILLIAM P. BROWN, Professor Adjunto de Antigo Testamento, Union Theological Seminary in Virginia, Richmond, VA, EUA
DANIEL C. BROWNING, Jr., Professor Adjunto de Religião, William Carey College, Hattiesburg, MS, EUA
GORDON BRUBACHER, Professor Adjunto de Estudos Bíblicos e Arqueologia, Doane College, Crete, NE, EUA
ALAN RAY BUESCHER, Professor Adjunto, Southwestern Baptist Theological Seminary, Fort Worth, TX, EUA
ROGER BULLARD, Barton College, Wilson, NC, EUA
GARY M. BURGE, Professor de Novo Testamento, Wheaton College, Wheaton, IL, EUA
THEODORE W. BURGH, The University of Arizona, Tucson, AZ
AARON A. BURKE, Estudante de Ph.D., University of Chicago, Chicago, IL, EUA
JOEL BURNETT, Professor Assistente de Religião, Gardner-Webb University, Boiling Springs, NC, EUA
KEITH A. BURTON, Oakwood College, Huntsville, AL, EUA
RICK W. BYARGEON, Professor Adjunto (por bolsa da instituição J. Wash Watts) de Antigo Testamento e Hebraico, New Orleans Baptist Theological Seminary, Nova Orleans, LA, EUA
RYAN BYRNE, Estudante de Ph.D., The Johns Hopkins University, Baltimore, MD, EUA
JANE M. CAHILL, Arqueóloga, Escavações da Cidade de Davi, Universidade Hebraica, Jerusalém, Israel
MICHAEL CAHILL, Professor de Estudos Bíblicos, Duquesne University, Pittsburgh, PA, EUA
CHRIS CALDWELL, Estimate de Ph.D., Baylor University, Waco, TX, EUA
DEXTER E. CALLENDER, Jr., Professor Assistente de Estudos Religiosos, University of Miami, Coral Gables, FL, EUA
A. B. CANEDAY, Professor Adjunto de Estudos Bíblicos, Northwestern College,

St. Paul, MN, EUA
GREG CAREY, Professor Assistente de Novo Testamento, Lancaster Theological Seminary, Lancaster, PA, EUA
TIMOTHY B. CARGAL, Lente Universitário em Filosofia e Religião, Western Kentucky University, Bowling Green, KY, EUA
DAVID M. CARR, Professor de Hebraico Bíblico, Union Theological Seminary, Nova York, NY, EUA
HENRY L. CARRIGAN, Jr., Diretor Editorial de Trinity Press International, Harrisburg, PA, EUA
JOHN T. CARROLL, Professor Adjunto de Novo Testamento, Union Theological Seminary in Virginia, Richmond, VA, EUA
WARREN CARTER, Professor Adjunto de Novo Testamento, Saint Paul School of Theology, Kansas City, MO, EUA
THOMAS SCOTT CAULLEY, Professor de Estudos do Novo Testamento, Manhattan Christian College, Manhattan, KS, EUA
J. BRADLEY CHANCE, Professor de Religião, William Jewell College, Liberty, MO, EUA
BENJAMIN C. CHAPMAN, Psicólogo, Fallsview Psychiatric Hospital, Cuyahoga Falls, OH, EUA
MARK W. CHAVALAS, Professor Adjunto de História, University of Wisconsin-La Crosse, La Crosse, WI, EUA
EMILY CHENEY, Lente Universitária, Western Kentucky University, Bowling Green, KY, EUA
RANDALL D. CHESNUTT, Professor de Religião, Pepperdine University, Malibu, CA, EUA
MARK A. CHRISTIAN, Professor Adjunto de Religião, Belmont University, Nashville, TN, EUA
DAVID CLEAVER-BARTHOLOMEW, First Congregational Church of Chelsea (U.C.C.), Chelsea, MI, EUA
ANN COBBLE, Professora Assistente de Educação Cristã e Religião, Westminster College, New Wilmington, PA, EUA
R. DENNIS COLE, Professor de Arqueologia Bíblica, New Orleans Baptist Theological Seminary, Nova Orleans, LA
MATTHEW S. COLLINS, Diretor da Área de Programas, Society of Biblical Literature, Atlanta, GA, EUA
MICHAEL B. COMPTON, Lente, Mary Washington College, Richmond, VA, EUA
F. CONNOLLY-WEINERT, Professor Adjunto de Estudos Bíblicos, St. John´s University, Jamaica, NY, EUA
STEPHEN L. COOK, Professor Assistente de Antigo Testamento, Virginia Theological Seminary, Alexandria, VA, EUA
ROBERT B. COOTE, Professor de Antigo Testamento, San Francisco Theological Seminary, Graduate Theological Union, San Anselmo, CA, EUA
JOSEPH A. CORAY, Ministry Center, Loyola University Chicago, Chicago, IL, EUA
L. WM. COUNTRYMAN, Professor de Novo Testamento, The Church Divinity School of the Pacific, Berkeley, CA, EUA
STEVEN L. COX, Professor Adjunto de Novo Testamento e Grego, Mid-America Baptist Theological Seminary, Germantown, TN, EUA
SIDNIE WHITE CRAWFORD, Professora Adjunta de Bíblia Hebraica; Catedrática do Departamento de Línguas Clássicas, University of Nebraska, Lincoln, NE, EUA
JAMES L. CRENSHAW, Professor (por bolsa da instituição Robert L. Flowers) de Antigo Testamento, Duke University, Durham, NC, EUA
BRUCE C. CRESSON, Professor de Religião, Baylor University, Waco, TX, EUA
BENNIE R. CROCKETT, Jr., Professor de Religião e Filosofia, William Carey College, Hattiesburg, MS, EUA
VAUGHN CROWE TIPTON, Pastor da Northwest Baptist Church, Ardmore, OK, EUA
PETER T. DANIELS, Nova York, NY, EUA
PETER H. DAVIDS, Diretor de Estudos On-Site/Conselheiro e Diretor Espiritual do Centro de Estudos Schloss Mittersill, Mittersill, Áustria
STEVAN DAVIES, Professor de Estudos Religiosos, College Misericordia, Dallas, PA, EUA
CASEY W. DAVIS, Capelão, Roberts Wesleyan College, Rochester, NY, EUA
THOMAS W. DAVIS, Gerente de Projetos Sênior de R. Christopher Goodwin & Associates, Inc., Frederick, MD, EUA
LISA W. DAVISON, Professora Assistente de Antigo Testamento, Lexington Theological Seminary, Lexington, KY, EUA
PEGGY L. DAY, Professora Adjunta de Estudos Religiosos, The University of Winnipeg, Winnipeg, MB, EUA
NANCY L. DECLAISSÉ-WALFORD, Professora Assistente de Bíblia Hebraica e Línguas Bíblicas, McAfee School of Theology, Mercer University, Atlanta, GA, EUA
ROBERT DELSNYDER, Candidato a Ph.D., Wycliffe College, Toronto, ON, Canadá
CAROL J. DEMPSEY, Professora Assistente de Estudos Bíblicos e Teologia, University of Portland, Portland, OR, EUA
ROBERT A. DERRENBACKER, Jr., Candidato a Ph.D., Wycliffe College/Toronto School of Theology, Toronto, ON, Canadá
DAVID A. DESILVA, Professor Assistente de Novo Testamento, Ashland Theological Seminary, Ashland, OH, EUA
LAMOINE F. DEVRIES, Professor Assistente de Estudos Religiosos, Southwest Missouri State University, Springfield, MO, EUA
MEINDERT DIJKSTRA, Faculdade de Teologia da Universidade de Utrecht, Utrecht, Holanda
F. W. DOBBS-ALLSOPP, Professor Assistente de Semítica, Yale University, New Haven, CT, EUA
WILLIAM R. DOMERIS, Lente Sênior, Departamento de

Estudos Religiosos, University of the Witwatersrand, Joanesburgo, África do Sul.
JOHN R. DONAHUE, S. J., Professor de Novo Testamento, Jesuit School of Theology at Berkeley, Berkeley, CA, EUA
DAVID A. DORMAN, Assistente do Presidente, Fuller Theological Seminary, Pasadena, CA, EUA
DAVID. A. DORSEY, Professor de Antigo Testamento, Evangelical School of Theology, Myerstown, PA, EUA
THOMAS B. DOZEMAN, Professor de Antigo Testamento, United Theological Seminary, Dayton, OH, EUA
PHILIP R. DREY, Andrews University, Berrien Springs, MI, EUA
MARK DUBIS, Lente em Línguas Bíblicas, George W. Truett Theological Seminary, Baylor University, Waco, TX, EUA
PATRÍCIA DUTCHER-WALLS, Professora Assistente de Escritura Hebraica e Antigo Testamento, Knox College, Toronto, ON, Canadá
KEITH L. EADES, Professor Assistente de Estudos Cristãos, California Baptist College, Riverside, CA, EUA
JENNIE R. EBELING, Candidata a Ph.D., The University of Arizona, Tucson, AZ, EUA
TERRY W. EDDINGER, Professor Assistente de Antigo Testamento, Houston Graduate School of Theology, High Point, NC, EUA
BART D. EHRMAN, Professor Adjunto de Estudos Religiosos, University of North Carolina at Chapell Hill, Chapel Hill, NC, EUA
DALE ELLENBURG, Professor Assistente de Novo Testamento e Grego, Mid-America Baptist Theological Seminary, Germantown, TN, EUA
J. HAROLD ELLENS, Consultor em Pesquisa, Institute for Antiquity and Christianity, Claremont Graduate University, The University of Michigan, Farmington Hills, MI, EUA
SUSAN (ELLI) ELLIOTT, Pastora, Zion United Church of Christ, Sterling, CO, EUA
GEOFF EMBERLING, Curador Assistente, Departamento de Artes do Antigo Oriente Próximo, The Metroppolitan Museum of Art, Nova York, NY, EUA
JOHN C. ENDRES, S.J., Professor Adjunto de Escritura Sagrada (Antigo Testamento), Jesuit School of Theology at Berkeley, Berkeley, CA, EUA
ARCHIE W. ENGLAND, Professor Adjunto Assistente de Antigo Testamento, Mid-America Baptist Theological Seminary, Germantown, TN, EUA
TAMARA COHN ESKENAZI, Professora de Bíblia, Hebrew Union College-Jewish Institute of Religion, Los Angeles, CA, EUA
A. JOSEPH EVERSON, Professor de Religião, California Lutheran University, Thousand Oaks, CA, EUA
MARK R. FAIRCHILD, Professor Adjunto de Bíblia e Religião, Huntington College, Huntington, IN, EUA
KATHLEEN A. FARMER, Professora de Antigo Testamento, United Theological Seminary, Dayton, OH, EUA
FEARGHUS O. FEARGHAIL, D. SS., St. Kieran´s College, Kilkenny, Irlanda
ALYSIA ANNE FISCHER, The University of Arizona, Tucson, AZ, EUA
JOHN T. FITZGERALD, Professor Adjunto de Estudos Religiosos, University of Miami, Coral Gables, FL, EUA
JAMES W. FLANAGAN, Professor de Religião, Case Western Reserve University, Cleveland, OH, EU
JOHN D. FORTNER, Professor Adjunto de Bíblia Hebraica e Antigo Oriente Próximo, Harding University, Searcy, AR, EUA
JOHN FOTOPOULOS, Loyola University Chicago, Chicago, IL, EUA
DONALD FOWLER, Pastor da Cedar Heights Baptist Church, Cedar Falls, IA, EUA
JAMES FRANCIS, Lente Sênior em Estudos Religiosos, University of Sunderland, Sunderland, Inglaterra
TERENCE E. FRETHEIM, Professor de Antigo Testamento, Luther Seminary, St. Paul, MN, EUA
LISBETH S. FRIED, Estudante de Pós-Graduação, Departamento de Estudos Hebraicos e Judaicos, New York University, Nova York, NY, EUA
MICHAEL J. FULLER, Professor de Antropologia, St. Louis Community College at Florissant Valley, St. Louis, MO, EUA
RUSSELL T. FULLER, Professor Assistente de Interpretação do Antigo Testamento, Southern Baptist Theological Seminary, Louisville, KY, EUA
PAMELA GABER, Diretora da Temple Emmanuel Religious School, Tucson, AZ, EUA
DENNIS GAERTNER, Professor de Novo Testamento, Johnson Bible College, Knoxville, TN, EUA
JULIE GALAMBUSH, Professora Assistente de Religião, The College of William and Mary, Williamsburg, VA, EUA
AARON M. GALE, Assistente de Pesquisa, John Carroll University, University Heights, OH, EUA
JACK J. GARLAND, Jr., Baylor University, Waco, TX, EUA
LINDA OAKS GARRETT, Instrutora Adjunta de Inglês, Jefferson State Community College, Birmingham, AL, EUA
BEVERLY ROBERTS GAVENTA, Professora (por bolsa da instituição Helen H. P. Manson) de Literatura e Exegese do Novo Testamento, Princeton Theological Seminary, Princeton, NJ, EUA
CONRAD GEMPF, Lente Sênior, Centre for Undergraduate and Postgraduate Theological Research, London Bible College, Middlesex, Inglaterra
BRUCE W. GENTRY, Pastor da Payneville Baptist Church, Payneville, KY, EUA

JEFFREY C. GEOGHAGEN, University of California, La Jolla, San Diego, CA, EUA
JEFFREY B. GIBSON, Lente em Ciências Humanas, Harry S. Truman College, Chicago, IL, EUA
FLORENCE MORGAN GILLMAN, Professora Adjunta de Estudos Bíblicos, University of San Diego, San Diego, CA, EUA
JOHN L. GILLMAN, Lente em Estudos Religiosos, San Diego State University, San Diego, CA, EUA
BETH GLAZIER-MCDONALD, Professora Adjunta de Religião, Centre College, Danville, KY, EUA
W. EDWARD GLENNY, Professor de Novo Testamento; Diretor de Estudos de Pós-Graduação, Central Baptist Theological Seminary, Minneapolis, MN, EUA]
ROGER GOOD, Candidato a Ph.D., University of California, Los Angeles, Los Angeles, CA, EUA
WILLIAM R. GOODMAN, Jr., Professor de Estudos Religiosos, Lynchburg College, Lynchburg, VA, EUA
STEPHEN GORANSON, Professor Assistente Visitante de Estudos Religiosos, University of North Carolina at Wilmington, Wilmington, NC, EUA
FRANK H. GORMAN, Jr., Catedrático (por bolsa da instituição T. W. Phillips) de Estudos Religiosos, Bethany College, Bethany, WV, EUA
RONALD L. GORNY, Oriental Institute, The University of Chicago, Chicago, IL, EUA
HEMCHAND GOSSAI, Professor Adjunto de Religião, Muhlenberg College, Allenton, PA, EUA
LESTER L. GRABBE, Titular de Teologia, The University of Hull, Hull, Inglaterra
GENE B. GRAGG, Professor, Oriental Institute, The University of Chicago, Chicago, IL, EUA
M. PATRICK GRAHAM, Professor Adjunto (por bolsa da instituição Margaret A. Pitts) de Bibliografia Teológica; Diretor, Pitts Theology Library, Emory University, Atlanta, GA, EUA
SANDRA L. GRAVETT, Professora Assistente de Filosofia e Religião, Appalachian State University, Boone, NC, EUA
BARBARA GREEN, O.P., Professora de Estudos Bíblicos, Dominican School of Philosophy and Theology, Graduate Theological Union, Berkeley, CA, EUA
JOEL B. GREEN PROFESSOR DE INTERPRETAÇÃO DO NOVO TESTAMENTO, Asbury Theological Seminary, Wilmore, KY, EUA
D. LARRY GREGG, Professor Adjunto de Religião e Filosofia, Gardner-Webb University, Boiling Springs, NC, EUA
ZELJKO GREGOR, Andrews University, Berrien Springs, MI, EUA
F. V. GRIEFENHAGEN, Professor de Estudos Religiosos, Luther College, University of Regina, Regina, SK, Canadá
SHEILA MARIE DUGGER GRIFFITH, The University of Virginia, Charlottesville, VA, EUA
MICHAEL A. GRISANTI, Professor Adjunto de Antigo Testamento, Central Baptist Theological Seminary, Minneapolis, MN, EUA
DANIEL GROSSBERG, Professor Adjunto de Estudos Judaicos e Estudos Religiosos, The University at Albany, State University of Nova York, Albany, NY, EUA
JENNIFER L. GROVES, Diretora de Publicações Arqueológicas, Andrews University, Berrien Springs, MI, EUA
MAYER I. GRUBER, Professor Adjunto de Estudos Bíblicos, Universidade Ben-Gurion de Negev, Beersheva, Israel
MICHAEL D. GUINAN, O.F.M., Professor de Antigo Testamento e Línguas Semíticas, Franciscan School of Theology, Berkeley, CA, EUA
JUDITH M. GUNDRY-VOLF, Professora Adjunta de Novo Testamento, Yale Divinity School, New Haven, CT, EUA
CHARLES J. GUTH, Professor de Novo Testamento, Prairie Graduate School, Calgary, AB, Canadá
DARRELL D. GWALTNEY, Jr., Professor Assistente de Religião e Literatura, Palm Beach Atlantic College, West Palm Beach, FL, EUA
ROBERT D. HAAK, Professor Adjunto de Antigo Testamento, Augustana College, Rock Island, IL, EUA
DONALD A. HAGNER, Professor (por bolsa da instituição George Eldon Ladd) de Novo Testamento, Fuller Theological Seminary, Pasadena, CA, EUA
JOHN F. HALL, Professor de Línguas Clássicas e História Antiga, Brigham Young University, Provo, UT, EUA
KEVIN D. HALL, Professor Assistente de Religião, Oklahoma Baptist University, Shawnee, OK, EUA
BARUCH HALPERN, Catedrático de Estudos Judaicos; Professor de História Antiga, de Línguas Clássicas e de Estudos do Mediterrâneo e Religiosos Antigos; Diretor de Estudos Judaicos, The Pennsylvania State University, University Park, PA, EUA
MARK W. HAMILTON, Candidato a Ph.D., Harvard University, Cambridge, MA, EUA
JOHN S. HAMMETT, Professor Assistente de Teologia Sistemática, Southeastern Baptist Theological Seminary, Wake Forest, NC, EUA
PHILIP C. HAMMOND, Professor Emérito de Antropologia, University of Utah, Fountain Hills, AZ,
A. PERRY HANCOCK, Professor Assistente de Educação Cristã, New Orleans Baptist Theological Seminary, Nova Orleans, LA, EUA
LOWELL K. HANDY, Lente Sênior, Loyola University Chicago, Chicago, IL, EUA
JAMES W. HARDIN, Assistente Visitante de Pesquisa, Cobb Institute of Archeology,

Mississippi State University, Mississippi State, MS, EUA
PHILIP A. HARLAND, University of Toronto, Toronto, ON, Canadá
J. ALBERT HARRILL, Professor Assistente de Estudos Religiosos, DePaul University, Chicago, IL, EUA
DANIEL J. HARRINGTON, S.J., Professor de Novo Testamento, Weston Jesuit School of Theology, Cambridge, MA, EUA
E. LYNNE HARRIS, Professor Assistente, University of Illinois at Chicago, Chicago, IL, EUA
JOHN L. HARRIS, Professor Assistente de Religião, East Texas Baptist University, Marshall, TX, EUA
ROY A. HARRISVILLE, Professor de Novo Testamento, Luther Seminary, St. Paul, MN, EUA
STANLEY HARSTINE, Baylor University, Waco, TX, EUA
PATRICK J. HARTIN, Professor Adjunto de Estudos Religiosos, Gonzaga University, Spokane, WA, EUA
PAUL ANTHONY HARTOG, Bacharelando de Educação, Loyola University Chicago, Chicago, IL, EUA
JOHN D. HARVEY, Professor Adjunto de Novo Testamento, Columbia Biblical Seminary and Graduate School of Missions, Columbia, SC, Canadá
JOHN E. HARVEY, Wycliffe College, University of Toronto, Toronto, ON, Canadá
FRANK M. HASEL, Docente de Teologia Sistemática e Interpretação Bíblica, Seminário Schloss Bogenhofen, Bogenhofen, Áustria
MICHAEL G. HASEL, Professor Adjunto de Estudos e Arqueologia do Oriente Próximo, Southern Adventist University, Collegedale, TN, EUA
ALAN J. HAUSER, Professor de Antigo Testamento, Appalachian State University, Boone, NC, EUA
L. DANIEL HAWK, Professor Adjunto de Antigo Testamento e Hebraico, Ashland Theological Seminary, Ashland, OH, EUA
DAVID M. HAY, Professor (por bolsa da instituição Joseph E. McCabe) de Religião, Coe College, Cedar Rapids, IA, EUA
J. DANIEL HAYS, Professor Adjunto de Religião, Ouachita Baptist University, Arkadelphia, AR, EUA
CHARLES W. HEDRICK, Professor de Estudos Religiosos, Southwest Missouri State University, Springfield, MO, EUA
RONALD S. HENDEL, Professor de Estudos do Oriente Próximo, University of California, EUA
RICHARD A. HENSHAW, Professor Emérito, Colgate Rochester Divinity School, Rochester, NY, EUA
GARY A. HERION, Professor Adjunto de Estudos Religiosos, Hartwick College, Oneonta, NY, EUA
RICHARD S. HESS, Professor de Antigo Testamento, Denver Seminary, Denver, CO, EUA
THEODORE HIEBERT, Professor de Antigo Testamento, McCormick Theological Seminary, Chicago, IL, EUA
MICHAEL D. HILDENBRAND, University of California, Berkeley, Berkeley, CA, EUA
CHARLES E. HILL, Professor Adjunto de Novo Testamento, Reformed Theological Seminary, Maitland, FL, EUA
T.R. HOBBS, Professor de Antigo Testamento, Seminário Teológico Batista Internacional, Praga, República Tcheca
KENNETH G. HOGLUND, Professor Adjunto de Religião, Wake Forest University, Winston-Salem, NC, EUA
ROBERT L. HOHLFELDER, Professor de História, University of Colorado, Boulder, CO, EUA
ERIC HOLLEYMAN, Pastor da Meadowbrook Baptist Church, Waco, TX, EUA
STEVEN W. HOLLOWAY, Lente, St. Xavier University, Chicago, IL, EUA
TAWNY L. HOLM, Departamento de Estudos Religiosos, DePauw University, Greencastle, IN, EUA
KENNETH G. HOLUM, Professor de História, University of Maryland, College Park, MD, EUA
MICHAEL M. HOMAN, Estudante de Ph.D., University of California, La Jolla, San Diego, CA, EUA
PAUL K. HOOKER, Pastor da Rock Spring Presbyterian Church, Atlanta, GA, EUA
DAVID C. HOPKINS, Professor de Bíblia Hebraica, Wesley Theological Seminary, Washington, DC, EUA
DENISE DOMBKOWSKI HOPKINS, Professora de Bíblia Hebraica, Wesley Theological Seminary, Washington, DC, EUA
LESLIE J. HOPPE, O.F.M., Professor de Estudos do Antigo Testamento, Catholic Theological Union, Chicago, IL, EUA
EDWIN C. HOSTETTER, Instrutor, Ecumenical Institute of Theology, Baltimore, MD, EUA
H. WAYNE HOUSE, Deão Acadêmico, Professor de Teologia, Michigan Theological Seminary, Plymouth, MI, EUA
GEORGE HOWARD, Professor de Religião, University of Georgia, Athens, GA, EUA
DAVID B. HOWELL, Professor Assistente de Religião, Carson-Newman College, Jefferson City, TN, EUA
CHERYL LYNN HUBBARD, Candidata ao Doutorado, Union Theological Seminary in Virginia, Richmond, VA, EUA
MOYER HUBBARD, Professor Assistente de Novo Testamento, Talbot School of Theology, La Mirada, CA, EUA
JOHN R. HUDDLESTUN, Professor Adjunto de Estudos Religiosos, College of Charleston, Charleston, SC, EUA
ALICE HUNT HUDIBURG, Estudante de Ph.D., Vanderbilt University, Nashville, TN, EUA
DOUGLAS S. HUFFMAN, Professor Assistente de Bíblia, Northwestern College, St. Paul, MN, EUA
RONALD V. HUGGINS, Spokane, WA, EUA
BRADFORD SCOTT HUMMEL, Southwestern Baptist

Theological Seminary, Fort Worth, TX, EUA

Michael L. Humphries, Professor Assistente de Literatura Clássica, Southern Illinois University, Carbondale, IL, EUA

Brian P. Irwin, Candidato ao Ph.D., Wycliffe College, Universidade de Toronto, Toronto, ON, Canadá

Glenna S. Jackson, Professora Assistente, Departamento de Religião e Filosofia, Otterbein College, Westerville, OH, EUA

Paul F. Jacobs, Professor de Religião e Filosofia, Mississippi State University, Mississippi State University, MS, EUA

Clayton N. Jefford, Professor Adjunto de Escritura Sagrada, St. Meinrad School of Theology, St. Meinrad, IN, EUA

T. J. Jenney, Pastor/Diretor de Ministério de Campus, University Church at Purdue, West Lafayette, IN, EUA

Timothy P. Jenney, Professor de Estudos Bíblicos, North Central University, Minneapolis, MN, EUA

Joseph E. Jensen, The Catholic University of America, Washington, DC, EUA

Alexander H. Joffe, Professor Assistente de Antropologia e Estudos Judaicos, The Pennsylvania State University, University Park, PA, EUA

Richard Warren Johnson, Candidato ao Ph.D., New Orleans Baptist Theological Seminary, Nova Orleans, LA, EUA

Marc A. Jolley, Editor-Assistente, Mercer University Press, Macon, GA, EUA

Barry A. Jones, Professor Assistente de Religião, Mars Hill College, Mars Hill, NC, EUA

F. Stanley Jones, Professor Adjunto de Estudos Religiosos, California State University, Long Beach, CA, EUA

Gregory Jordan, Presidente; Professor de Bíblia e Religião, King College, Bristol, TN, EUA

Donald Juel, Professor (por bolsa da instituição Richard J. Dearborn) de Teologia do Novo Testamento, Princeton Theological Seminary, Princeton, NJ, EUA

Felix Just, S.J., Professor Assistente de Estudos Teológicos, Loyola Marymount University, Los Angeles, CA, EUA

Isaac Kalimi, Grupo de Debates de Estudos Judaicos, Universidade de Oldenburg, Jerusalém, Israel

John Kaltner, Professor Assistente de Estudos Religiosos, Rhodes College, Memphis, TN, EUA

Joel S. Kaminsky, Professor Assistente, Departamento de Literatura Religiosa e Bíblica, Smith College, Northampton, MA, EUA

John Kampen, Vice-Presidente, Deão de Assuntos Acadêmicos, Bluffton College, Bluffton, OH, EUA

Seán Kealy, C.S.Sp., Professor de Escritura, Duquesne University, Pittsburgh, PA, EUA

Howard Clark Kee, Bacharelando em Pesquisa Sênior, University of Pennsylvania, Haverford, PA, EUA

James A. Kelhoffer, Candidato ao Ph.D., The University of Chicago, Chicago, IL, EUA

Sharon R. Keller, Professor Assistente Visitante de Bíblia Hebraica, Hebrew Union College-Jewish Institute of Religion, Nova York, NY, EUA

Mark Kiley, Professor Adjunto de Teologia e Estudos Religiosos, St. John´s University, Staten Island, NY, EUA

Hyun Chun (Paul) Kim, Candidato a Ph.D., Claremont Graduate University, Claremont, CA, EUA

Greg A. King, Professor Adjunto de Estudos Bíblicos, Pacific Union College, Angwin, CA, EUA

Cheryl A. Kirk-Duggan; Diretora, Center for Women and Religion, Professora Adjunta de Teologia e Estudos Feministas, Graduate Theological Union, Berkeley, CA, EUA

Paul J. Kissling, Professor de Antigo Testamento, Great Lakes Christian College, Lansing, MI, EUA

Shmuel Klatzkin, Rabino, Hillel Academy, Dayton, OH, EUA

Ralph W. Klein, Deão e Professor de Antigo Testamento, Lutheran School of Theology at Chicago, Chicago, IL, EUA

Lee E. Klosinski, Diretor de Educação, Projeto AIDS, Los Angeles, Los Angeles, CA, EUA

Robin J. DeWitt Knauth, Harvard University, Cambridge, MA, EUA

Gary N. Knoppers, Diretor do Departamento de Civilizações Mediterrâneas Clássicas e Antigas, The Pennsylvania State University, University Park, PA, EUA

Craig A. Koester, Professor Adjunto de Novo Testamento, Luther Seminary, St. Paul, MN, EUA

Lynne Alcott Kogel, Instrutora, Ecumenical Theological Seminary, Detroit, MI, EUA

Wade Kotter, Professor Adjunto de Biblioteconomia, Weber State University, Ogden, UT, EUA

Charles R. Krahmalkov, Professor de Línguas Antigas e Bíblicas, The University of Michigan, Ann Arbor, MI, EUA

Mark S. Krause, Deão Acadêmico; Professor de Novo Testamento, Puget Sound Christian College, Edmonds, WA, EUA

Siegfried Kreuzer, Professor de Antigo Testamento e Arqueologia Bíblica, Kirchliche Hochschule/Escola de Teologia Wuppertal-Barmen, Wuppertal, Alemanha

Jeffrey K. Kuan, Professor Assistente de Antigo Testamento, Pacific School of Religion, Berkeley, CA, EUA

William S. Kurz, S.J., Professor de Novo Testamento, Marquette University, Milwaukee, WI, EUA

Øystein S. LaBianca, Professor de Antropologia; Diretor Adjunto, Institute of Archaeology, Andrews University, Berrien Springs, MI, EUA

SAMUEL LAMERSON, Professor Assistente de Novo Testamento, Knox Theological Seminary, Fort Lauderdale, FL, EUA

JEFFREY S. LAMP, Pastor da First United Methodist Church, Spiro, OK. EUA

JANE S. LANCASTER, Candidata a Ph.D., Southern Methodist University, Dallas, TX, EUA

FRANCIS LANDY, Professor de Estudos Comparativos, University of Alberta, Edmonton, AB, Canadá

SCOTT M. LANGSTON, Adjunto em Antigo Testamento e Hebraico, Southwestern Baptist Theological Seminary, Fort Worth, TX, EUA

CHRISTOPHER SCOTT LANGSTON, Professor Adjunto de Religião, Principia College, Elsah, IL, EUA

STUART LASINE, Professor Adjunto de Religião; Coordenador, Master of Arts in Liberal Studies Program, Wichita State University, Wichita, KS, EUA

DAVID PAUL LATOUNDJI, Instrutor de Bíblia, Nyack College, Nyack, NY, EUA

BETTY P. LAWSON, Escritora, Wake Forest, NC

GENE J. LAWSON, The Divinity School, Vanderbilt University, Nashville, TN, EUA

J. GREGORY LAWSON, Professor Assistente de Educação Cristã, Southeastern Baptist Theological Seminary, Wake Forest, NC, EUA

NANCY LEE, Lente Visitante (por bolsa Fullbrigth), Universidade Josip J. Strossmayer, Osijek, Croácia

TIMOTHY A. LENCHAK, S.V.D., Coordenador Bíblico, Sociedade Dei Verbum, Roma; Diretor, Programa Pastoral Bíblico Dei Verbum, Nemi, Itália

DALE F. LESCHERT, Pesquisador, New Westminster, BC, Canadá

AMY-JILL LEVINE, Professora (por bolsa E. Rhodes-Leona B. Carpenter) de Estudos Neo-Testamentários, The Divinity School, Vanderbilt University, Nashville, TN, EUA

THOMAS E. LEVY, Professor de Antropologia e Estudos Judaicos, University of California, La Jolla, San Diego, CA, EUA

THEODORE J. LEWIS, Professor Adjunto de Bíblia Hebraica e Estudos do Antigo Oriente Próximo, University of Georgia, Athens, GA, EUA

GARY W. LIGHT, Pastor da Winfree Memorial Baptist Church, Midlothian, VA, EUA

TOD LINAFELT, Professor Assistente de Estudos Bíblicos, Georgetown University, Washington, DC, EUA

B. SHAUN LONGSTREET, University of Notre Dame, Notre Dame, IN, EUA

DOUGLAS LOW, Professor Adjunto de Estudos Religiosos, Oakland City University, Oakland City, IN, EUA

JENNY MANASCO LOWERY, Columbus, IN

JOE E. LUNCEFORD, Professor de Religião, Georgetown College, Georgetown, KY, EUA

MARILYN L. LUNDBERGH, Editora Adjunta de *Maarav*, Western Academic Press, Rolling Hill Estates, CA, EUA

JOHN M. LUNDQUIST, Bibliotecário-Chefe (por bolsa Susan-Douglas Dillon) da Divisão Oriental, The New York Public Library, Nova York, NY, EUA

RAMÓN LUZÁRRAGA, Departamento de Teologia, Marquette University, Milwaukee, WI, EUA

LARRY L. LYKE, Professor Assistente de Bíblia Hebraica, Yale Divinity School, New Haven, CT

P. KYLE MCCARTER, Jr., Professor (por bolsa da instituição William Foxwell Albright) de Estudos Bíblicos e do Antigo Oriente Próximo, The Johns Hopkins University, Baltimore, MD, EUA

L. DAVID MCCLISTER, Instrutor de Estudos Bíblicos, Florida College, Temple Terrace, FL, EUA

CLIFFORD MARK MCCORMICK, Instrutor de Hebraico, University of North Carolina at Chapel Hill, Chapel Hill, NC, EUA

JEFF H. MCCRORY, Jr., The National Presbyterian Church, Washington, DC, EUA

KATHARINE A. MACKAY, Estudante de Ph.D., The University of Arizona, Tucson, AZ, EUA

STEVEN L. MCKENZIE, Professor Adjunto de Antigo Testamento, Rhodes College, Memphis, TN, EUA

JOHN L. MCLAUGHLIN, Professor Assistente, Departamento de Teologia e Estudos Religiosos, Wheeling Jesuit University, Wheeling, WV, EUA

TIM MCLAY, St, Stephen´s University, St. Stephen, NB, EUA

IAIN S. MACLEAN, Lente Sênior em Religião e Filosofia, Roanoke College, Salem, VA, EUA

JENNIFER K. BERENSON MACLEAN, Professora Assistente de Religião, Roanoke College, Salem, VA, EUA

JOHN A. MCLEAN, Presidente, Michigan Theological Seminary, Plymouth, MI, EUA

ALLAN J. MCNICOL, Professor de Novo Testamento, Institute for Christian Studies, Austin, TX, EUA

PATRICIA A. MACNICOLL, Candidata a Ph.D., Union Theological Seminary in Virginia, Richmond, VA, EUA

JOHN MCRAY, Professor de Novo Testamento e Arqueologia, Wheaton College Graduate School, Wheaton, IL, EUA

DENNIS R. MAGARY, Professor Adjunto de Antigo Testamento e Línguas Semíticas, Trinity Evangelical Divinity School, Deerfield, IL, EUA

F. RACHEL MAGDALENE, Iliff School of Theology/University of Denver, Denver, CO, EUA

JODI MAGNESS, Professora Assistente de Arqueologia Antiga e do Oriente Próximo, Tufts University, Medford, MA, EUA

DAVID C. MALTSBERGER, Diretor, Capilano Seminary Extension Centre, North Vancouver, BC, Canadá

Sara R. Mandell, Professora de Estudos Religiosos, University of South Florida, Tampa, FL, EUA
Dale W. Manor, Professor Adjunto de Bíblia e Arqueologia, Harding University, Searcy, AR, EUA
Joel Marcus, Professor de Novo Testamento e Origens Cristãs, Boston University, Boston, MA, EUA
W. Harold Mare, Professor de Novo Testamento, Covenant Theological Seminary, St. Louis, MO, EUA
Claude F. Mariottini, Professor de Antigo Testamento, Northern Baptist Theological Seminary, Lombard, IL, EUA
W. Creighton Marlowe, Professor Adjunto de Estudos do Antigo Testamento, Seminário Teológico de Tyndale, Badhoevedorp, Holanda
Rick R. Marrs, Professor de Religião, Pepperdine University, Malibu, CA, EUA
Eric F. Mason, Candidato a Ph.D., University of Notre Dame, Notre Dame, IN, EUA
Steve Mason, Professor de Estudos da Antiguidade e Religiosos, York University, North York, ON, Canadá
Frank J. Matera, Professor de Novo Testamento, The Catholic University of America, Washington, DC, EUA
William D. Matherly, Candidato a Ph.D., University of Notre Dame, Crossville, TN, EUA
David Lertis Matson, Professor Assistente de Estudos Bíblicos, Milligan College, Milligan, TN, EUA
Christopher R. Matthews, Weston Jesuit School of Theology, Cambridge, MA, EUA
Victor H. Matthews, Professor de Estudos Religiosos, Southwest Missouri State University, Springfield, MO, EUA
Gerald L. Mattingly, Professor de Estudos Bíblicos, Johnson Bible College, Knoxville, TN, EUA
Laura B. Mazow, Candidata a Ph.D., The University of Arizona, Tucson, AZ, EUA
Richard E. Menninger, Professor Assistente de Matemática e Religião, Ottawa University, Ottawa, KS, Canadá
David Merling, Professor Adjunto de Arqueologia e História da Antiguidade, Diretor Adjunto/Curador, Institute of Archeology, Andrews University, Berrien Springs, MI, EUA
Marvin Meyer, Professor de Religião, Chapman University, Orange, CA, EUA
Tony S. L. Michael, Instrutor, Centre for the Study of Religion, University of Toronto, Toronto, ON, Canadá
Piotr Michalowski, Professor (por bolsa da instituição George G. Cameron) de Antigo Oriente Próximo e Civilizações, The University of Michigan, Ann Arbor, MI, EUA
Robert D. Miller, II, Professor Assistente de Bíblia, Mt. St. Mary Seminary, Emmitsburg, MD, EUA
Stephen R. Miller, Professor de Antigo Testamento e Hebraico, Mid-America Baptist Theological Seminary, Germantown, TN, EUA
Watson E. Mills, Professor de Estudos do Novo Testamento, Mercer University, Macon, GA, EUA
Paul Mirecki, Professor Adjunto de Estudos Religiosos, University of Kansas, Lawrence, KS, EUA
Alan C. Mitchell, Professor Adjunto de Estudos Bíblicos, Georgetown University, Washington, DC, EUA
Gregory Mobley, Professor Assistente de Antigo Testamento, Andover Newton Theological School, Newton Centre, MA, EUA
Andrea Lorenzo Molinari, Marquette University, Milwaukee, WI, EUA
Megan Bishop Moore, Estudante de Ph.D., Emory University, Atlanta, GA, EUA
Donn F. Morgan, Professor de Antigo Testamento, The Church Divinity School of the Pacific, Berkeley, CA, EUA
R. David Moseman, Candidato a Ph.D., Baylor University, Waco, TX, EUA
Paul K. Moser, Professor de Filosofia, Loyola University of Chicago, Chicago, IL, EUA
Harold R. Mosley, Professor Assistente de Antigo Testamento e Hebraico, New Orleans Baptist Theological Seminary, Nova Orleans, LA, EU
Alden A. Mosshammer, Professor de História, University of California, La Jolla, San Diego, CA, EUA
Mark E. Moulton, Bacharel, Wheaton College Graduate School, Wheaton, IL, EUA
Robert L. Mowery, Arquivista e Bibliotecário de Coleções Especiais, Illinois Wesleyan University, Bloomington, IL, EUA
James R. Mueller, Professor Adjunto de Religião, University of Florida, Gainesville, FL, EUA
Kenneth D. Mulzac, Professor Assistentye de Interpretação do Antigo Testamento, Oakwood College, Huntsville, AL, EUA
Philip B. Munoa, III, Professor Adjunto de Religião, Hope College, Holland, MI, EUA
Roland E. Murphy, O. Carm., Professor Emérito (por bolsa da instituição George Washington Ivey) de Estudos Bíblicos, Duke University, Washington, DC, EUA
Richard F. Muth, Professor (por bolsa da instituição Fuller E. Callaway) de Economia, Emory University, Atlanta, GA, EUA
Edward P. Myers, Professor de Bíblia e Doutrina Cristã, Harding University College of Bible and Religion, Searcy, AR, EUA
Daniel S. Mynatt, Professor Assistente de Religião, Anderson College, Anderson, SC, EUA
Beth Alpert Nakhai, Lente, Departamento de Estudos do Oriente Próximo e Comitê de Estudos Judaicos, The University of Arizona, Tucson, AZ, EUA

Mark D. Nanos, St. Mary´s College, University of St. Andrews, Fife, Escócia
Kathleen S. Nash, Professora Adjunta de Estudos Religiosos, LeMoyne College, Syracuse, NY, EUA
Scott Nash, Professor Adjunto de Cristianismo, Mercer University, Macon, GA, EUA
Peter K. Nelson, Professor Assistente de Novo Testamento, Trinity Evangelical Divinity School, Deerfield, IL, EUA
Richard D. Nelson, Professor (por bolsa da instituição Kraft) de Estudos Bíblicos, Lutheran Theological Seminary at. Gettysburg, Gettysburg, PA, EUA
Russell Nelson, Professor Adjunto de Estudos Religiosos, Concordia University College of Alberta, Edmonton, AB, Canadá
William B. Nelson, Jr., Professor Adjunto de Antigo Testamento, Westmont College, Santa Barbara, CA, EUA
Friedbert Ninow, Eau Claire Seventh Day Adventist Church, Berrien Springs, MI, EUA
W. E. Nunnally, Professor Adjunto de Judaísmo Primitivo e Origens Cristãs, Central Bible College, Springfield, MO, EUA
Richard W. Nysse, Professor de Antigo Testamento, Luther Seminary, St. Paul, MN, EUA
Douglas E. Oakman, Professor Adjunto de Religião, Pacific Lutheran University, Tacoma, WA, EUA
J. Randall O´Brien, Professor Adjunto de Religião, Baylor University, Waco, TX, EUA
Michael Patrick O´Connor, Professor Adjunto de Semítica, Catholic University of America, Washington, DC, EUA
Margaret S. Odell, Professora Assistente de Religião, St. Olaf College, Northfield, MN, EUA
J. P. J. Olivier, Professor de Antigo Testamento, University of Stellenbosch, Stellenbosch, África do Sul
Ben C. Ollenburger, Professor de Teologia Bíblica, Associated Mennonite Biblical Seminary, Elkhart, IN, EUA
Dennis T. Olson, Professor Adjunto de Antigo Testamento, Princeton Theological Seminary, Princeton, NJ, EUA
Steven M. Ortiz, Estudante de Ph.D., The University of Arizona, Tucson, AZ, EUA
Carroll D. Osburn, Professor Egrégio (por bolsa da instituição Art Carmichael) de Estudos de Novo Testamento, Abilene Christian University, Abilene, TX, EUA
Carolyn Osiek, Professora de Novo Testamento, Catholic Theological Union, Chicago, IL, EUA
Richard E. Oster, Jr., Harding Graduate School of Religion, Memphis, TN, EUA
Thomas W. Overholt, Professor de Estudos Religiosos, University of Wisconsin-Stevens Point, Stevens Point, WI, EUA
David I. Owen, Professor de Estudos do Oriente Próximo, Cornell University, Ithaca, NY, EUA
J. Edward Owens, Professor Assistente de Estudos Bíblicos, St. John´s Seminary, Camarillo, CA, EUA
Jim Oxford, Jr., Candidato a Ph.D., Baylor University, Waco, TX, EUA
James H. Pace, Professor de Estudos Religiosos, Elon College, Elon College, NC, EUA
Wesley T. Paddock, Professor Adjunto de Antigo Testamento, Manhattan Christian College, Manhattan, KS, EUA
Kim Paffenroth, Bacharelando em Educação, Core Humanities Seminar, Villanova University, Villanova, PA, EUA
Aaron W. Park, Candidato a Ph.D., Claremont Graduate University, Claremont, CA, EUA
Dale Patrick, Professor de Bíblia, Drake University, Des Moines, IA, EUA
Brian Peckham, Professor Adjunto de Antigo Testamento e Hebraico, Regis College, University of Toronto, Toronto, ON, Canadá
Richard I. Pervo, Catedrático (por bolsa da instituição Sundett Family) de Novo Testamento e Patrística, Seabury-Western Theological Seminary, Evanston, IL, EUA
Mark Anthony Phelps, Instrutor, Ozarks Technical Community College, Springfield, MO, EUA
John J. Pilch, Lente Professoral em Teologia, Georgetown University, Washington, DC, EUA
Wayne T. Pitard, Professor Adjunto de Bíblia Hebraica, University of Illinois, Urbana, IL, EUA
J. Curtis Pope, Professor de Estudos Bíblicos, Florida College, Temple Terrace, FL, EUA
Stanley E. Porter, Professor de Teologia, Rochampton Institute London, Londres, Inglaterra
D. T. Potts, Professor (por bolsa da instituição E. C. Hall) de Arqueologia do Oriente Médio, University of Sydney, Sydney, Austrália
Donald R. Potts, Diretor do Departamento de Religião, East Texas Baptist University, Marshall, TX, EUA
Mark Allan Powell, Professor (por bolsa da instituição Robert and Phyllis Leatherman) de Estudos do Novo Testamento, Trinity Lutheran Seminary, Columbus, OH, EUA
Terrence Prendergast, S.J., Arcebispo de Halifax, Halifax, NS, Canadá
Carolyn Pressler, Professora Adjunta de Antigo Testamento, United Theological Seminary of the Twin Cities, New Brighton, MN, EUA
James J. H. Price, Professor de Estudos Religiosos, Lynchburg College, Lynchburg, VA, EUA
J. Randall Price, Professor de Antigo Testamento, Faith Theological Seminary, Tacoma, WA, EUA
William H. C. Propp, Professor Assistente de História, University of California, La

Jolla, San Diego, CA, EUA
Paul R. Raabe, Professor de Antigo Testamento, Concordia Theological Seminary, St. Louis, MO, EUA
Anson F. Rainey, Professor de Culturas do Antigo Oriente Próximo e Línguas Semíticas, Universidade de Tel Aviv, Tel Aviv, Israel
Troy K. Rappold, Assistente Graduado, Cincinnati Bible College and Seminary, Cincinnati, OH, EUA
Ilona N. Rashkow, Professora Adjunta de Literatura Comparada e Estudos Feministas, State University of New York at Stony Brook, Stony Brook, NY, EUA
Charles A. Ray, Jr., Professor Adjunto de Novo Testamento e Grego, New Orleans Baptist Theological Seminary, Nova Orleans, LA
Paul J. Ray, Jr., Curador Assistente, Horn Archaeological Museum, Andrews University, Berrien Springs, MI, EUA
Paul L. Redditt, Professor de Antigo Testamento, Georgetown College, Georgetown, KY, EUA
Jonathan L. Reed, Professor Adjunto de Religião, Universidade de La Verne; Diretor dos Colégios dos Irmãos de Além-Mar, Marburgo, Alemanha
Stephen Alan Reed, Professor Assistente de Religião e Filosofia, Jamestown College, ND, EUA
Stephen Breck Reid, Professor Adjunto de Estudos do Antigo Testamento, Austin Presbyterian Theological Seminary, Austin, TX, EUA
David Rensberger, Professor Adjunto de Antigo Testamento, Interdenominational Theological Center, Atlanta, GA, EUA
James L. Resseguie, Deão e Professor de Novo Testamento, Winebrenner Theological Seminary, Findlay, OH, EUA
John Reumann, Professor (pelo Pennsylvania Ministerium) de Novo Testamento e Emérito de Grego, Lutheran Theological Seminary in Philadelphia, Filadélfia, PA, EUA
Earl J. Richard, Professor de Estudos do Novo Testamento, Loyola University, Nova Orleans, LA, EUA
Peter Richardson, Professor de Origens Cristãs, University College, University of Toronto, Toronto, ON, Canadá
C. Mack Roark, Professor (por bolsa da instituição Ruth Dickinson) de Bíblia, Oklahoma Baptist University, Shawnee, OK, EUA
Calvin J. Roetzel, Professor (por bolsa da instituição Arnold Lowe) de Estudos Religiosos, Macalester College, St. Paul, MN, EUA
Jeffrey S. Rogers, Professor Assistente (por bolsa da instituição Dana) de Religião, Furman University, Greenville, SC, EUA
Chris A. Rollston, Designado para Pesquisa e Ensino Pós-Doutoral, The Johns Hopkins University, Baltimore, MD, EUA
C. Gilbert Romero, Capelão do Campus, California State University in Los Angeles, Los Angeles, CA, EUA
Mark F. Rooker, Professor Adjunto de Antigo Testamento e Hebraico, Southeastern Baptist Theological Seminary, Wake Forest, NC, EUA
Edmon L. Rowell, Jr., Editor Sênior, Mercer University Press, Macon, GA, EUA
Nicole Jeanne Ruane, Estudante Graduada, Union Theological Seminary, Nova York, NY, EUA
Michael L. Ruffin, Professor Assistente, School of Religion, Belmont University, Nashville, TN, EUA
Ronald H. Sack, Professor de História, North Carolina State University, Raleigh, NC, EUA
Katharine Doob Sakenfeld, Professora (por bolsa da instituição William Albright Eisenberger) de Literatura e Exegese do Antigo Testamento, Princeton Theological Seminary, Princeton, NJ, EUA
Anthony J. Saldarini, Professor de Teologia, Boston College, Chestnut Hill, MA, EUA
E. P. Sanders, Professor de Artes e Ciências, Duke University, Durham, NC, EUA
Stanley P. Saunders, Professor Adjunto de Novo Testamento, Columbia Theological Seminary, Decatur, GA, EUA
Linda S. Schearing, Professora Assistente de Estudos Religiosos, Gonzaga University, Spokane, WA, EUA
Donald G. Schley, Professor Adjunto, Colorado Technical University, Colorado Springs, CO, EUA
Brian B. Schmidt, Professor Assistente de Culturas Asiásticas Ocidentais Antigas, The University of Michigan, Ann Arbor, MI, EUA
Tammi J. Schneider, Professora Assistente de Religião, Claremont Graduate University, Claremont, CA, EUA
William Schniedewind, Professor Adjunto de Estudos Bíblicos e Línguas Semíticas do Noroeste, University of California, Los Angeles, Los Angeles, CA, EUA
William R. Scott, Diretor, BIBAL Press, North Richland Hills, TX, EUA
David Ralph Seely, Professor Adjunto de Escritura Antiga, Brigham Young University, Provo, UT, EUA
Jo Ann H. Seely, Provo, UT, EUA
Timothy W. Seid, Pastor da Smith Neck Friends Meeting House, South Dartmouth, MA
Donald Senior, Professor de Novo Testamento, Catholic Theological Union, Chicago, IL, EUA
Charles S. Shaw, Pastor da Mount Zion United Methodist Church, Central, SC, EUA
William H. Shea, Adjunto de Pesquisa, Biblical Research Institute, Silver Spring, MD, EUA
Steven M. Sheely, Professor Adjunto de Religião, Shorter

College, Roma, GA, EUA
GERALD T. SHEPPARD, Professor de Literatura e Exegese do Antigo Testamento, Emmanuel College of Victoria University in the University of Toronto, Toronto, ON, EUA
STEPHEN J. SHOEMAKER, Professor Assistente de Estudos Religiosos, University of Oregon, Eugene, OR, EUA
GARY STEVEN SHOGREN, Professor de Novo Testamento, Seminario ESEPA, San José, Costa Rica
RONALD A. SIMKINS, Professor Adjunto de Teologia, Línguas e Civilizações do Oriente Próximo, Creighton University, Omaha, NE, EUA
LAWRENCE A. SINCLAIR, Professor (por bolsa da instituição Pershing E. MacAllister), Carroll College, Waukesha, WI, EUA
THOMAS B. SLATER, Professor Assistente de Religião, University of Georgia, Athens, GA, EUA
BARRY D. SMITH, Professor Adjunto de Estudos Religiosos, Atlantic Baptist University, Moncton, NB, EUA
DENNIS E. SMITH, Professor Adjunto de Novo Testamento, Phillips Theological Seminary, Enid, OK, EUA
JAMES V. SMITH, Estudante de Ph.D., Loyola University, Chicago, Chicago, IL, EUA
MARK S. SMITH, Professor de Teologia, St. Joseph´s University, Philadelphia, PA, EUA
RICHARD SMITH, Lente, Claremont Graduate University, Claremont, CA, EUA
ROBERT HARRY SMITH, Professor de Novo Testamento, Pacific Lutheran Theological Seminary, Berkeley, CA, EUA
ROBERT W. SMITH, Professor Adjunto de História, Florida Christian College, Kissimmee, FL, EUA
DANIEL L. SMITH-CHRISTOPHER, Professor Adjunto de Estudos Teológicos (Antigo Testamento), Loyola Marymount University, Los Angeles, CA, EUA
WILL SOLL, Professor Adjunto de Estudos Bíblicos, Aquinas Institute of Theology, St. Louis, MO, EUA
IRVING ALAN SPARKS, Professor de Estudos Religiosos, San Diego State University, San Diego, CA, EUA
KENTON LANE SPARKS, Consultor Residente, Providence Baptist Church, Raleigh, NC, EUA
MICHAEL SPENCE, Nashville, TN, EUA
F. SCOTT SPENCER, Professor Adjunto de Religião, Wingate University, Wingate, NC, EUA
JOHN R. SPENCER, Professor Adjunto de Estudos Religiosos, John Carroll University, University Heights, OH, EUA
RICHARD A. SPENCER, Professor Adjunto de Filosofia e Religião, Appalachian State University, Boone, NC, EUA
JOE M. SPRINKLE, Professor Assistente de Antigo Testamento, Toccoa Falls College, Toccoa Falls, GA, EUA
JEFFREY L. STALEY, Professor Adjunto de Novo Testamento, Pacific Lutheran University, Tacoma, WA, EUA
CECIL P. STATON, Jr., Professor, College of Liberal Arts, Mercer University, Macon, GA, EUA
RICHARD A. STEPHENSON, Professor de Planejamento, East Carolina University, Greenville, NC, EUA
PERRY L. STEPP, Pastor da DeSoto Christian Church, DeSoto, TX, EUA
GERALD L. STEVENS, Professor Adjunto de Novo Testamento e Grego, New Orleans Baptist Theological Seminary, Nova Orleans, LA
JEANNE STEVENSON-MOESSNER, Professora Assistente de Teologia Pastoral e Formação Cristã, University of Dubuque Theological Seminary, Dubuque, IA, EUA
ROBERT R. STIEGLITZ, Professor Adjunto de Civilizações Mediterrâneas Antigas, Rutgers University, Newark, Newark, NJ, EUA
ROBERT E. STONE, II, Ann Arbor, MI, EUA
LAURENCE HULL STOOKEY, Professor (por bolsa da instituição Hugh Latimer Elderdice) de Pregação e Culto, Wesley Theological Seminary, Washington, DC, EUA
MARK L. STRAUSS, Professor Assistente de Novo Testamento, Bethel Theological Seminary, West Campus, San Diego, CA, EUA
BRENT A. STRAUSS, Professor Assistente de Estudos Bíblicos, Asbury Theological Seminary, Wilmore, KY, EUA
JOHN T. STRONG, Lente em Estudos Religiosos, Southwest Missouri State University, Springfield, MO, EUA
L. THOMAS STRONG, III, Professor Assistente de Grego do Novo Testamento; Catedrático, Departamento de Estudos Teológicos, New Orleans Baptist Theological Seminary, Nova Orleans, LA, EUA
LOUIS STULMAN, Professor Egrégio de Bíblia Hebraica, Winebrenner Theological Seminary; Professor de Religião, University of Findlay, Findlay, OH, EUA
JERRY L. SUMMEY, Professor Adjunto de Estudos Bíblicos, Lexington Theological Seminary, Lexington, KY, EUA
JESPER SVARTVIK, Departamento de Teologia e Estudos Religiosos, Universidade de Lund, Lund, Suécia
HANS SVEBAKKEN, Estudante de Ph.D., Loyola, University of Chicago, Chicago, IL, EUA
DENNIS M. SWANSON, Diretor da Biblioteca, The Master´s Seminary, Sun Valley, CA, EUA
MARVIN A. SWEENEY, Professor de Bíblia Hebraica, School of Theology at Claremont; Professor de Religião, Claremont Graduate University, Claremont, CA, EUA
RON E. TAPPY, Catedrático (por bolsa da instituição G. Albert Shoemaker) de Bíblia e Arqueologia; Diretor, Kelso Bible Lands Museum, Pittsburgh Theological

Seminary, Pittsburgh, PA, EUA
LYNN TATUM, Lente em Religião, Baylor University, Waco, TX, EUA
MICHELLE ELLIS TAYLOR, Estudante de Ph.D., Brandeis University, Waltham, MA, EUA
LUCILLE M. THIBODEAU, P.M., Presidente, Rivier College, Nashua, NH, EUA
MATTHEW A. THOMAS, Estudante de Ph.D., Claremont Graduate University, Claremont, CA, EUA
JAMES W. THOMPSON, Professor de Novo Testamento, Abilene Christian University, Abilene, TX, EUA
MARK A. THRONTVEIT, Professor de Antigo Testamento, Luther Seminary, St. Paul, MN, EUA
BONNIE THURSTON, Professor Adjunto de Novo Testamento, Pittsburgh Theological Seminary, Pittsburgh, PA
PATRICK A. TILLER, Professor Assistente de Novo Testamento, Harvard Divinity School, Cambridge, MA, EUA
PHILIP L. TITE, Estudante Graduado, Wilfrid Laurier University, Waterloo, ON, EUA
ANTHONY J. TOMASINO, Conferencista, University of Chicago, Chicago, IL, EUA
MICHELLE TOOLEY, Professora Adjunta de Religião, Belmont University, Nashville, TN, EUA
WARREN C. TRENCHARD, Professor de Novo Testamento e Literatura Cristã Primitiva; Assistente Sênior do Presidente, La Sierra University, Riverside, CA, EUA
ALLISON A. TRITES, Professor Egrégio (por bolsa da instituição John Payzant) de Estudos Bíblicos, Acadia Divinity College, Wolfville, NS, EUA
JEFFREY T. TUCKER, Nashville, TN, EUA
W. DENNIS TUCKER, Jr., Professor Assistente de Religião, Ouachita Baptist University, Arkadelphia, AR, EUA
CHRISTOPHER TUCKETT, Rylands Professor de Crítica e Exegese Bíblicas, University of Manchester, Manchester, Inglaterra
DAVID L. TURNER, Professor Visitante de Novo Testamento, Grand Rapids Baptist Seminary, Grand Rapids, MI, EUA
EUGENE ULRICH, Professor de Escrituras Hebraicas, University of Notre Dame, Notre Dame, IN, EUA
J. A. VADNAIS, Candidato a Ph.D., New Orleans Baptist Theological Seminary, Nova Orleans, LA, EUA
JORGE L. VALDES, Estudante de Ph.D., Loyola University Chicago, Chicago, IL, EUA
DAVID M. VALETA, Candidato a Ph.D., University of Denver/ Iliff School of Theology, Denver, CO, EUA
DONALD R. VANCE, Professor Assistente de Línguas e Literatura Bíblicas, Oral Roberts University, Tulsa, OK, EUA
DAVID VANDERHOOFT, Professor Assistente de Teologia, Boston College, Chestnut Hill, MA, EUA
LEANNE VAN DYK, Professora Adjunta de Teologia Reformada, Western Theological Seminary, Holland, MI, EUA
MILES V. VAN PELT, Lente em Grego, Gordon College, Wenham, MA, EUA
ROBERT E. VAN VOORST, Professor de Novo Testamento, Western Theological Seminary, Holland, MI, EUA
JOHN S. VASSAR, Baylor University, Waco, TX, EUA
PAULINE A. VIVIANO, Professora Adjunta de Teologia, Loyola University of Chicago, Chicago, IL, EUA
RALPH W. VUNDERINK, Professor Adjunto, Aquinas College, Grand Rapids, MI, EUA
LARRY L. WALKER, Professor de Antigo Testamento e Línguas Semíticas, Mid-America Baptist Theological Seminary, Memphis, TN, EUA
CAREY WALSH, Professor Assistente de Bíblia Hebraica, Rhodes College, Memphis, TN, EUA
DUANE F. WATSON, Professor Adjunto de Estudos do Novo Testamento; Catedrático, Departamento de Religião e Filosofia, Malone College, Canton, OH, EUA
JOANN FORD WATSON, Professora Catedrática (por bolsa da instituição H. R. Gill) de Teologia; Catedrática, Departamento de História da Igreja, Teologia, e Filosofia, Ashland Theological Seminary, Ashland, OH, EUA
JUDITH ROMNEY WEGNER, Professora Adjunta Visitante de Estudos Religiosos, Connecticut College, New London, CT, EUA
RODNEY A. WERLINE, Professor Assistente de Bíblia Hebraica e Judaísmo Primitivo, Emmanuel School of Religion, Johnson City, TN, EUA
JIM WEST, Professor Adjunto de Bíblia, Quartz Hill School of Theology, Petros, TN, EUA
MARSHA C. WHITE, Lente, Andover Newton Theological School, Newton Centre, MA
PETE F. WILBANKS, Pastor da Osyka Baptist Church, Osyka, MS, EUA
JOEL F. WILLIAMS, Professor Adjunto de Bíblia, Columbia International University, Columbia, SC, EUA
TYLER F. WILLIAMS, Instrutor de Antigo Testamento, North American Baptist College/ Edmonton Baptist Seminary, Edmonton, AB, Canadá
WENDELL WILLIS, Professor Adjunto de Bíblia, Abilene Christian University, Abilene, TX, EUA
J. CHRISTIAN WILSON, Professor de Estudos Religiosos, Elon College, Elon College, NC, EUA
KEVIN A. WILSON, Estudante de Ph.D., The Johns Hopkins University, Baltimore, MD, EUA
DONALD H. WIMMER, Professor de Estudos Religiosos, Seton Hall University, South Orange, NJ, EUA
JOSEPH F. WIMMER, S.T.D., Professor Adjunto de Estudos Bíblicos, Washington Theological Union, Washington, DC, EUA

John D. Wineland, Professor Adjunto de História, Kentucky Christian College, Grayson, KY, EUA

Willard W. Winter, Professor de Estudos Bíblicos, Cincinnati Bible College and Seminary, Cincinnati, OH, EUA

Gregory A. Wolfe, Professor Adjunto, New Orleans Baptist Theological Seminary, Nova Orleans, LA, EUA

Lisa Michelle Wolfe, Candidata ao Ph.D, Garrett Evangelical Theological School, Evanston, IL, EUA

R. Glenn Wooden, Professor Assistente de Línguas Bíblicas, Acadia Divinity College, Wolfville, NS, EUA

Robert B. Wright, Professor de Bíblia Hebraica, Temple University, Filadélfia, PA, EUA

Frank D. Wulf, Candidato a Ph.D., Columbia University/ Union Theological Seminary, Nova York, NY, EUA

Stephen Von Wyrick, Professor de Religião, University of Mary Hardin-Baylor, Belton, TX, EUA

Seung Ai Yang, Professor Assistente de Novo Testamento, Jesuit School of Theology at Berkeley, Berkeley, CA, EUA

Charles Yeboah, Estudante de Ph.D., Loyola University Chicago, Chicago, IL, EUA

Kent L. Yinger, Diretor de Programa, Center for Advanced Theological Studies, Fuller Theological Seminary, Pasadena, CA, EUA

Christine Roy Yoder, Instrutora em Antigo Testamento, Columbia Theological Seminary, Decatur, GA, EUA

K. Lawson Younger, Jr., Professor de Antigo Testamento, Línguas Semíticas e História do Antigo Oriente Próximo, Trinity International University Divinity School, Deerfield, IL, EUA

Randall W. Younker, Professor Assistente de Antigo Testamento e Arqueologia Bíblica, Diretor, Institute of Archaeology, Andrews University, Berrien Springs, MI, EUA

Frank J. Yurco, Egiptólogo e Pesquisador Adjunto, Field Museum of Natural History, Chicago, IL, EUA

Juris Zarins, Professor de Antropologia, Southwest Missouri State University, Springfield, MO, EUA

Mark Ziese, Professor Adjunto de Antigo Testamento, Cincinnati Bible Seminary, Cincinnati, OH, EUA

Jeffrey R. Zorn, Professor Adjunto Visitante de Estudos do Oriente Próximo, Cornell University, Ithaca, NY, EUA

Prefácio da edição em inglês

Dois termos no título deste volume exigem comentário (p. ex., definição ou explicação e esclarecimento): "Bíblia" e "Dicionário". "Bíblia" se refere à Bíblia cristã, como regularmente usada em lugares onde a grande maioria das pessoas tem alguma ligação com a Igreja cristã, e inclui ambos os Testamentos, o Novo e o Antigo. Para os cristãos protestantes, o Antigo Testamento é o mesmo que as Escrituras hebraicas, reconhecidas pela comunidade judaica como a Escritura Sagrada; enquanto os cristãos católicos aceitam, além disso, os textos chamados apócrifos ou deuterocanônicos como parte do Antigo Testamento. Tudo isso é tratado neste dicionário, assim como o Novo Testamento, aceito como Escritura canônica por praticamente todos os grupos cristãos.

Com relação ao segundo termo, os dicionários da Bíblia são apresentados, de modo geral, em dois tamanhos: em muitos volumes, como é o caso do clássico *Hasting's Dictionary of the Bible* (em cinco volumes), ou do atual *Interpreter's Dictionary of the Bible* (originalmente em quatro volumes, acrescidos posteriormente de um suplemento), ou, ainda, do mais recente, *Anchor Bible Dictionary* (em seis volumes); e como dicionários de um só volume, como é o caso deste nosso *Eerdmans Bible Dictionary*, do qual o presente volume representa não meramente uma nova edição, mas, em essência, um novo começo. Teria sido talvez melhor, no caso, ter-se usado um título diferente para um produto diferente, uma vez que se trata de duas espécies de dicionário, sensivelmente diferentes em conceito, abordagem, função e utilidade. O *Eerdmans* anterior pode ser considerado mais como uma enciclopédia (termo mais adequado), dotado de finalidade maior, a saber, proporcionar informação importante e útil a respeito da Bíblia em seu mundo e cobrir cada assunto com profundidade e amplitude suficientes para capacitar tanto o leitor geral como o estudioso especialista, satisfazendo sua necessidade e seu interesse sobre determinado texto ou tópico sem precisar recorrer a outras fontes. Na verdade, um dicionário de categoria mais elevada, no padrão que os dicionários mais extensos geralmente procuram manter (eis por que proporcionam amplas bibliografias para estudo e pesquisa posteriores).

Um dicionário da Bíblia em um só volume, no entanto, deve objetivar ser obra de referência de resposta rápida. Muito embora tenha de cobrir a mesma área que uma obra maior e conter aproximadamente o mesmo número de verbetes, tudo — desde as definições até descrições e discussões — deve ser reduzido proporcionalmente, a fim de se encaixar em seu formato bem mais restrito. Em poucas palavras, cabe ser abrangente sem ser exaustivo. Compete-lhe prover informação efetiva e suficiente a respeito de livros e pessoas, lugares e eventos, bem como definir palavras e expressões, cumprindo, desse modo, o propósito básico de qualquer dicionário: explanar. Além desse serviço primacial, cabe-lhe, todavia, proporcionar também valiosa orientação necessária à compreensão e aos esclarecimentos posteriores, de forma que o leitor interessado busque a desejada complementação ao tópico em estudo, em obra de referência maior e mais detalhada ou em livros e artigos dedicados ao assunto.

Mais especificamente, um moderno dicionário da Bíblia deve proporcionar dados reais suficientes para a clara definição e explicação de todos os diferentes termos e expressões encontrados nas Escrituras. Deve, além disso, refletir o presente estado da pesquisa acadêmica na área em estudo, incluindo não somente o padrão e os resultados há muito estabelecidos no referido campo, mas também as tendências e os desenvolvimentos mais recentes, de maneira, tanto quanto possível, equitativa e imparcial.

Conquanto a realização de tal meta possa ser considerada além do alcance de falíveis seres humanos, não obstante a tentativa é justificável, e diferentes meios e modos podem ser usados para atingi-la ou dela se aproximar. Um desses meios pode ser escolher um padrão de esmero impecável, cujo julgamento equilibrado e sensibilidade uniforme não sejam passíveis de desafios, como, por exemplo, com um único editor redigindo todos os artigos e editando toda a obra. Isto foi tentado em anos passados, mas no atual mundo da Bíblia seria pedir demais de uma só pessoa. Uma medida alternativa é organizar um vasto conjunto de colaboradores, que possam representar e expressar o mais amplo espectro das opiniões e posições relacionadas à Bíblia, e lhes solicitar o uso de suas respectivas especialidades na redação de artigos a respeito do que eles saibam mais, do melhor modo que possam. Mesmo que os resultados dificilmente venham a ser uniformes e não produzam uma superfície inteiramente plana, a mistura poderá refletir fielmente o presente estado dos estudos e uma plena gama de atitudes e opiniões eruditas a respeito das questões centrais, tanto quanto de questões as mais periféricas, referentes à Bíblia.

Não pretendemos reivindicar nesta obra unanimidade e uniformidade no tratamento dos numerosos e variados tópicos da Bíblia. Mas procuramos cobrir a maioria, se não a totalidade, dos prováveis itens a respeito dos quais os leitores muito certamente buscariam informação e orientação. Para tanto, reunimos elenco dos mais importantes de colaboradores, cujo principal atributo em comum é o de ser idôneos e competentes eruditos, que têm recebido todo o respeito e acatamento de seus pares, de seus superiores e seguidores em seus particulares campos de estudo, e que, sem dúvida, algo de muito valioso têm a oferecer.

Queremos dar crédito especial ao nosso editor adjunto, Allen C. Myers, meu ex-aluno na Universidade de Michigan, realizador de tarefa editorial hercúlea, ao modelar, a partir de tantas e diversas partes, esta obra erudita, mas de fácil abordagem. Dele foi tal trabalho, grandioso e invejável. Todos nós editores sabemos e reconhecemos aqui seu empreendimento dedicado, de horas incontáveis, para dar consecução a todo este projeto.

Ao apresentarmos este volume ao público, enfim, desejamos honestamente ter procurado proporcionar informação útil e proveitosa dentro dos altos padrões e da validade, integridade e mérito estabelecidos e alcançados pelas edições anteriores desta obra de referência. Andamos nas pegadas de líderes consagrados e somos transportados nos ombros de gigantes.

David Noel Freedman
Editor-chefe

Introdução

Este dicionário da Bíblia tem por objetivo ser uma ferramenta para uso prático das Escrituras, refletindo descobertas recentes e o curso presente da erudição bíblica e incluindo aspectos importantes de análise crítica literária, histórica, arqueológica, sociológica, assim como outras questões metodológicas. Aproximadamente 5 mil verbetes, aqui, identificam as pessoas e os lugares mencionados na Bíblia, assim como fenômenos culturais, naturais, geográficos e literários afins — tópicos que estudiosos da Bíblia, em todos os níveis, possam vir a encontrar em leitura ou discussão a respeito de qualquer assunto referente à Bíblia. Artigos explicando e interpretando importantes enfoques de teologia bíblica, texto e sua transmissão, arqueologia do Oriente Médio, escritos extrabíblicos e tradições eclesiásticas foram desenvolvidos especialmente para esta obra, em um empenho coletivo de fazer deste o mais abrangente e disponível dicionário da Bíblia em um só volume.

Os responsáveis pela publicação selecionaram como editores e colaboradores um grupo de autoridades de primeira linha nas mais variadas áreas por ela abrangidas. Representam esses autores uma ampla gama de posturas teológicas e críticas e traduzem o posicionamento cada vez maior dos interesses interdisciplinares na erudição bíblica. Foram os colaboradores recomendados a não deixar de se manter sensíveis ao amplo espectro da interpretação, apresentando objetivamente as perspectivas divergentes e indicando bibliografias abrangentes. Editores e consultores editoriais, por sua vez, procuraram identificar não somente pessoas, lugares e outros assuntos os mais diversos pertinentes à Bíblia, mas também questões significativas enfrentadas pela erudição bíblica e campos a ela relacionados. Com este fim, listaram cerca de seiscentos eruditos de destaque e os ligaram aos tópicos relacionados às suas áreas de especialização. Os artigos não assinados foram redigidos pelos próprios editores.

Embora fosse intenção inicial meramente revisar e atualizar a edição de 1987 americana deste dicionário, os responsáveis pela publicação foram estimulados pelo eminente acadêmico bíblico David Noel Freedman a um novo desenvolvimento do trabalho, tendo por base a experiência adquirida na produção daquele volume, promovendo-se essencialmente uma obra de referência inteiramente nova que pudesse representar os largos passos dados pela erudição bíblica nestas últimas décadas. O presente volume é, assim, testemunho da sabedoria e visão do professor Freedman, assim como a confirmação de sua reputação internacional como gigante no campo dos estudos bíblicos e de editor por excelência. Reconhecemos nossa dívida para com sua grande devoção aos estudos bíblicos e seu desejo em comunicar com eficiência os frutos da erudição, beneficiando-nos imensuravelmente não apenas de sua capacidade de dirigir atuais portentos da área, mas também de seu entusiasmo em identificar e aconselhar com sabedoria novas gerações de acadêmicos.

COMO USAR ESTE DICIONÁRIO

Os artigos aparecem em ordem alfabética, de acordo com o esquema que se segue:

Palavras compostas, contendo hífen ou espaço (p. ex:, Baal-Berite; El Elion) são apresentados como uma só palavra.

Nas palavras principais seguidas de vírgula — p. ex:, Isaías, Livro de —, assim como nos títulos que incluem matéria entre parênteses - p. ex:, Adoração (Novo Testamento) —, a ordem alfabética refere-se à palavra que precede a vírgula.

Se um mesmo nome representar pessoas, lugares, divindades etc. ou se o mesmo nome representar mais de uma pessoa ou mais de um lugar etc., verbetes diversos são para isso apresentados, a partir da primeira ocorrência do termo, segundo critérios linguísticos, e não necessariamente em ordem cronológica.

Visando a conciliar as nuanças das diversas versões e traduções da Bíblia, esta edição brasileira do dicionário usa a versão Almeida Século 21, com atenção especial, porém, para leituras alternativas em outras versões, se necessário ou apropriado. As referências bíblicas obedecem à numeração tradicional em capítulos e versículos das versões da Bíblia mais adotadas; numerações variantes, referentes ao Texto Massorético (TM) ou à Septuaginta (LXX), seguem-se a essas, entre parênteses, p. ex: Nm 16:36-50 (TM 17:1-15). Narrativas paralelas são indicadas por um sinal de igual (p. ex:, 2Sm 22:2-51 = Sl 18:1-50) ou simplesmente pela abreviatura "par." (p. ex:, Mt 17.1-8 par.).

Em lugar de adotar novas transliterações ou pronúncias para nomes de pessoas, lugares etc., os editores preferiram adotar, nos verbetes e textos dos artigos, as transliterações das formas de hebraico, aramaico ou grego, consagradas ou atualizadas, presentes na versão bíblica usada neste dicionário, acima referida, ou em dicionários, enciclopédias e outras obras de referência atuais comumente mais consultados. Nenhuma tentativa foi feita para conferir "significado" a cada nome bíblico. Formas variantes de nomes, incluindo ortografias alternativas, que ocorrem na versão adotada da Bíblia, assim como nomes ou leituras de nomes secundários de pessoas e lugares, são citados nos cabeçalhos dos artigos, após a transliteração/pronúncia adotada - p. ex: "JERIMOTE (tb. JEREMOTE)". Sigla técnica referente aos Manuscritos do Mar Morto e de Nag Hammadi é indicada nos cabeçalhos de seus respectivos artigos.

Não existe atualmente consenso entre os acadêmicos em muitos casos de interpretação, refletindo o campo de estudos bíblicos um pluralismo de metodologias e suposições, escorado simultaneamente pelo aumento da especialização e por uma apreciação mediante dados obtidos de estudo interdisciplinar, para não mencionar a contemporânea explosão de informações em massa. É compreensível, portanto, que os autores dos artigos, em sua tentativa de resolver questões de pesquisa constante, variem em suas aplicações de textos e evidência material. Empenho concentrado foi feito, no entanto, para buscar proporcionar discussões equilibradas, que refletissem diferentes pontos de vista (cf., p. ex:, o artigo CONQUISTA: NARRATIVA BÍBLICA). Por outro lado, muito embora esforços tenham sido realizados para uma padronização dos assuntos em matéria de ortografia e citação em comum, nem sempre foi possível fazê-lo — ou talvez, em alguns casos, nem mesmo fosse desejável — para solucionar as interpretações diversas de datas e localização geográfica. O leitor terá de, ocasionalmente, se assim desejar, comparar artigos relacionados, para verificar cronologias ou identificações alternativas.

Nomes modernos de sítios históricos e arqueológicos são indicados pelas formas de padrão arábico e hebraico moderno, quando necessário.

Bibliografias proporcionam ao leitor a oportunidade de consultar escritos e obras adicionais de pesquisa recente ou de tratamento mais detalhado e abrangente de cada assunto. Esforços foram envidados no sentido de serem indicadas as mais recentes edições de versões e traduções da Bíblia. Mapas coloridos foram cuidadosamente selecionados para complementar de modo significativo os textos e o entendimento mais eficiente dos assuntos em questão.

AGRADECIMENTOS

Um projeto desta dimensão teria sido indubitavelmente impossível de realizar sem a contribuição de muitos. Particularmente merecedores de nossa apreciação são os nossos editores adjuntos Julye M. Bidmead e Bruce E. Willoughby, cuja atenção cuidadosa na verificação detalhada de referências e informações e habilidosa perícia na formatação e edição de texto ajudaram a produzir um esquema de referências tão exato quanto agradável de se consultar. Complementando recomendações dos consultores editoriais, um serviço inestimável de identificação e listagem dos colaboradores em uma grande variedade de especializações foi desenvolvido por Oded Borowski, Kathleen Farmer, Alysia Anne Fischer, Peter Machinist, Dale W. Manor, Gerald L. Mattingly, Michael P. O'Connor, Lynn Tatum e Randall W. Younker.

Nossos colegas da Wm. B. Eerdmans Publishing Company se engajaram neste projeto com capacidade e dedicação, do começo ao fim. Agradecimentos especiais a Alix Kayayan, que desenvolveu o banco de dados sem o qual a coordenação de autores, tarefas e processos de editoração e produção teriam sido praticamente impossíveis; a Donald M. Prus, por supervisionar a equipe de digitadores e engenhosamente saber dar solução a uma série de questões tipográficas; a T. A. Straayer, extraordinário editor de computação; e a Klaas Wolterstorff, por desenvolver o projeto de *design* gráfico e dar toda a orientação necessária à impressão do dicionário. Em particular, somos gratos pelo incansável apoio de Wm. B. Eerdmans, Jr., que através dos anos tem demonstrado incomparável comprometimento com a erudição bíblica responsável e fascinação e dedicação inigualáveis pelo mercado de ideias.

No decorrer da preparação deste volume, ficou bastante claro que, a par de serem autoridades em seus respectivos campos de especialização, os eruditos bíblicos são, não obstante, mortais, sujeitos às provações e tribulações da existência humana. Sua perseverança, para alguns em face de sérias doenças e tragédias pessoais e familiares, testemunha de seu real e marcante compromisso não somente para com a erudição bíblica, mas sobretudo com as verdades que este volume procura trazer à luz.

Os Editores

Abreviaturas

AARAcad *American Academy of Religion Academy Series*
AASOR *Annual of American Schools of Oriental Research*
AB Anchor Bible
ABD *The Anchor Bible Dictionary*, ed. D. N. Freedman
a.C. antes de Cristo (ou antes da era cristã)
A.D. anno Domini, no ano do Senhor; na era cristã
ADAJ *Annual of the Department of Antiquities of Jordan*
AGJU *Arbeiten zur Geschichte des antiken Judentums und des Urchristentums*
Al. Alemão
AJA *American Journal of Archeology*
AJBA *Australian Journal of Biblical Archeology*
AJSL *American Journal of Semitic Languages and Literature*
AJP *American Journal of Philology*
Ac. Acadiano, acádio
ALGHJ *Arbeiten zur Literatur und Geschichte des hellenistischen Judentums*
AnBib Analecta biblica
ANEP *The Ancient Near East in Pictures*, ed. J. B. Pritchard
ANET *Ancient Near Eastern Texts*, ed. J. B. Pritchard
AnOr *Analecta orientalia*
ANRW *Aufstieg und Niedergang der römischen Welt*, ed. H. Temporinini & W. Haase
AOAT *Alter Orient und Altes Testament*
AOS *American Oriental Series*
Ar. Arábico
ARAB *Ancient Records of Assyria and Babylonia*, ed. D. D. Luckenbill
Aram. Aramaico
ARM *Archives royales de Mari*
ASA Árabe do Sul antigo
ASOR *American Schools of Oriental Research*
ASORDS *ASOR Dissertation Series*
ASORMS *ASOR Monograph Series*
As. Assírio
ASTI *Annual of the Swedish Theological Institute*
ASV *American Standard Version*
AT Antigo Testamento
AUM *Andrews University Monograph*
AUSS *Andrews University Seminary Studies*
BA *Biblical Archaeologist*
Bab. Babilônico
BAR *The BA Reader*
BARev *Biblical Archaeology Review*
BASOR *Bulletin of the American Schools of Oriental Research*
BBR *Bulletin for Biblical Research*
BETL *Bibliotheca ephemeridum theologicarum lovaniensium*
BHK *Biblia Hebraica*, ed. R. Kittel
BHQ *Biblia Hebraica Quinta*
BHS *Biblia Hebraica Stuttgartensia*
BIBAL *Berkeley Institute of Biblical Archaelogy and Literature*
Bibl. *Biblica*
BibOr *Biblica et Orientalia*
BibRev *Bible Review*
BIOSCS *Bulletin of the International Organization for Septuagint and Cognate Studies*
BJRL *Bulletin of the John Rylands Library*
BJS *Brown Judaic Studies*
BLS *Bible and Literature*
BN *Biblische Notizien*
BNTC *Black's New Testament Commentaries*
BR *Biblical Research*
Bsac *Bibliotheca Sacra*
BTB *Biblical Theology Bulletin*
BWANT *Beiträge zur Wissenschaft vom Alten und Neuen Testament*
BZAW *Beihefte zur ZAW*
BZNW *Beihefte zur ZNW*
CAH *Cambridge Ancient History*
CANE *Civilizations of the Ancient Near East*, ed. J. M. Sasson
CBC *Cambridge Bible Commentary*
CBQ *Catholic Biblical Quarterly*
CBQMS *CBQ Monograph Series*
CIJ *Corpus inscriptionum judaicarum*
CIL *Corpus inscriptionum latinarum*
Com. Comentário
ConBNT *Coniectanea biblica, Novo Testamento*
ConBAT *Coniectanea biblica*, Antigo Testamento
Cowley A. E. Cowley, *Aramaic Papyri of the Fifth Century*
CRINT *Compendia rerum iudaicarum ad novum testamentum*
d.C. depois de Cristo (ou depois do advento da era cristã)
DDD *Dictionary of Deities and Demons in the Bible*, ed. K. van der Toorn, B. Becking & P. W. van der Horst, rev. ed.
diss. dissertação
DMOA *Documenta et monumenta orientis antiqui*
DS *Dissertation series*
EA *Tell el-Amarna tablets*

EDNT *Exegetical Dictionary of the New Testament*, ed. H. Baltz & G. Schneider
Eg. Egípcio
El. Elamita
EncJud *Encyclopaedia Judaica* (1971-72)
EPRO *Etudes préliminaires aux religions orientales dans l´empire Romain*
ERE *Encyclopaedia of Religion and Ethics*, ed. J. Hastings
ErIsr *Eretz-Israel*
EvQ *Evangelical Quarterly*
ExpTim *Expository Times*
Fen. Fenício
FOTL *Forms of the Old Testament Literature*
FRLANT *Forschungen zur Religion und Literatur des Alten und Neuen Testaments*
GA Grego antigo
Gr. Grego
HAR *Hebrew Annual Review*
HBT *Horizons in Biblical Theology*
HDR *Harvard Dissertations in Religion*
Heb. Hebraico
Hebm. Hebraico moderno
Herm. Hermeneia
HO *Handbuch der Orientalistik*
HR *History of Religions*
HSM *Harvard Semitic Monographs*
HSS *Harvard Semitic Studies*
HTS *Harvard Theological Review*
HUCA *Hebrew Union College Annual*
HUCM *Hebrew Union College Monographs*
IA Inglês antigo
ICC *International Critical Commentary*
IDB *Interpreter's Dictionary of the Bible*, ed. G. A. Butrick; *Sup*, ed. K. Crim
IEJ *Israel Exploration Journal*
Int *Interpretation*
IOS *Israel Oriental Society*
IRT *Issues in Religion and Theology*
ITC *International Theological Commentary*
ISBE *International Standard Bible Encyclopedia*, ed. G. W. Bromiley
JAAR *Journal of the American Academy of Religion*
JAC *Jahrbuch für Antique und Christentum*
JANES *Journal of the Ancient Near Eastern Society*
JAOS *Journal of the American Oriental Society*
JB Jerusalem Bible
JBL *Journal of Biblical Literature*
JBLMS *JBL Monograph Series*
JCS *Journal of Cuneiform Studies*
JEA *Journal of Egyptian Archaeology*
JESHO *Journal of Economic and Social History of the Orient*
JFSR *Journal of Feminist Studies in Religion*
JIES *Journal of Indo-european Studies*
JJS *Journal of Jewish Studies*
JNES *Journal of the Near Eastern Studies*
JNSL *Journal of Northwest Semitic Languages*
JPS *Jewish Publication Society*
JQR *Jewish Quarterly Review*
JRAS *Journal of the Royal Asiatic Society*
JSJ *Journal for the Study of Judaism*
JSNT *Journal for the Study of the New Testament*
JSOT *Journal for the Study of the Old Testament*
JSP *Journal for the Study of the Pseudepigrapha*
JTS *Journal of Theological Studies*
K *Ketib*
KAH *Keilschrifttexte aus Assur historischen Inhalts*
KAI *Kanaanäische und aramäische Inschriften*, ed. H. Donner & W. Röllig
KJV *King James Version*
KTU *Die keilalphabetischen Texte aus Ugarit*, ed. M. Dietrich, O. Loretz & J. Sanmartín
Lat. Latim
LXX *Septuaginta*
m. morto
MAL *Middle Assyrian Laws*
mg. margem
NL Nome de lugar
NAB *New American Bible*
NASB *New American Standard Bible*
NCBC *New Century Bible Commentary*
NEAEHL *The New Encyclopedia of Archaeological Excavations in the Holy Land*, ed. E. Stern
NEB *New English Bible*
NHMS *Nag Hammadi and Manichaean Studies*
NHS *Nag Hammadi Studies*
NIB *The New Interpreter's Bible*
NIBC *New International Biblical Commentary*
NICNT *New International Commentary on the New Testament*
NICOT *New International Commentary on the Old Testament*
NIDNTT *New International Dictionary of New Testament Theology*, ed. C. Brown
NIGTC *New International Greek Testament Commentary*
NJB *New Jerusalem Bible*
NJBC *The New Jerome Biblical Commentary*, ed. R. E. Brown, J. A. Fitzmyer & R. E. Murphy
NJPSV *New Jewish Publication Society Version*
NKJV *New King James Version*
NLT *New Living Translation*
NovT *Novum Testamentum*
NRSV *New Revised Standard Version*
NT Novo Testamento
NTOA *Novum Testamentum et orbis antiquus*
NTS *New Testament Studies*
NVI Nova Versão Internacional
OBO *Orbis biblicus et orientalis*
OBT *Overtures to Biblical Theology*
OEANE *Oxford Encyclopedia of Archaeology in the Near East*, ed. E. M. Meyers
OGIS *Orientis Graecae Inscriptiones Selectae*, ed. W. Dittenberger
OIP *Oriental Institute Publications*
OLZ *Orientalische Literaturzeitung*
Or *Orientalia*
OrSuec *Orientalia suecana*
OTG *Old Testament Guides*
OTL *Old Testament Library*
OTP *The Old Testament Pseudepigrapha*, ed. J. H. Charlesworth

OTS *Old Testament Studies*
OuTS *Oudtestamentische studien*
PEF *Palestine Exploration Fund*
PEQ *Palestine Exploration Quarterly*
Pers.A Persa antigo
PGM *Papyri graecae magicae*, ed. K. Preisendanz
PTMS *Princeton Theological Monograph Series*
PW *Real-Encyclopädie der classischen Altertumswissenschaft*, ed. A. Pauly-G. Wissowa
Q Qerê
RB *Review Biblique*
REB *Revised English Bible*
ResQ *Restoration Quarterly*
RevExp *Review and Expositor*
RS Texto de *Ras Shamra*
RSO *Revista degli studi orientali*
RSV *Revised Standard Version*
SAOC *Studies in Ancient Oriental Civilization*
SBLABS *Society of Biblical Literature Archaeology and Biblical Studies*
SBLDS *Society of Biblical Literature Dissertation Series*
SBLEJL *Society of Biblical Literature Early Judaism and Its Literature*
SBLMasS *Society of Biblical Literature Masoretic Studies*
SBLMS *Society of Biblical Literature Monograph Series*
SBLRBS *Society of Biblical Literature Sources for Biblical Study*
SBLSCS *Society of Biblical Literature Septuagint and Cognate Studies*
SBLSP *Society of Biblical Literature Seminar Papers*
SBLSS *Society of Biblical Literature Semeia Studies*
SBLWAW *Society of Biblical Literature Writings of the Ancient World*
SBT *Studies in Biblical Theology*
ScrHier *Scripta Hierosolimitana*
SEA *Svensk exegetisk årsbok*
Sem. Semítico
SHANE *Studies in the History of the Ancient Near East*
SILA *Studies in Judaism in Late Antiquity*
Sir. Siríaco
SJOT *Scandinavian Journal of the Old Testament*
SJT *Scottish Journal of Theology*
SNTSMS *Society for New Testament Studies Monograph Series*
Sond *Sonderreihe*
SPB *Studia postbiblica*
SR *Studies in Religion/ Sciences religieuses*
SSN *Studia semitica neerlandica*
STDJ *Studies on the Texts of the Desert of Judah*
Sum. Sumério, ou sumeriano
Sup. Suplemento
SVTP *Studia in Veteris Testamenti Pseudepigrapha*
tb. *também*
TBT *The Bible Today*
TD *Theology Digest*
TDNT *Theological Dictionary of the New Testament*, ed. G. Kittel & G. Friedrich
TDOT *Theological Dictionary of the Old Testament*, ed. G. J. Botterweck, H. Ringgren & H.-J. Fabry
TEV *Today's English Version*
Tg. *Targum*
TGUOS *Transactions of the Glasgow University Oriental Society*
TM Texto Massorético
TNTC *Tyndale New Testament Commentaries*
TOTC *Tyndale Old Testament Commentaries*
TS *Theological Studies*
TynBul *Tyndale Bulletin*
UBS *United Bible Societies*
UF *Ugaritic-Forschungen*
Ug. Ugarítico
USQR *Union Seminary Quarterly Review*
UT C. H. Gordon, *Ugaritic Textbook*
UUÅ *Uppsala universitetsårsskrift*
VC *Vigiliae christianae*
VT *Vetus Testamentum*
VTSup Suplementos de *VT*
Vul. Vulgata
WBC *Word Biblical Commentary*
WTJ *Westminster Theological Journal*
WUNT *Wissenschaftliche Untersuchungen zum Neuen Testament*
WVDOG *Wisseschaftliche Veroffentlichungen der Deutschen Orientgesellschaft*
ZA *Zeistschrift für Assyriologie*
ZÄS *Zeistschrift für ägyptische Sprache und Altertumskunde*
ZAW *Zeistschrift für die alttestamentliche Wissenschaft*
ZDMG *Zeitschrift der deutschen morgenländischen Gesellschaft*
ZDPV *Zeitschrift des deutschen Palästina-Vereins*
ZNW *Zeitschrift für die neutestamentliche Wissenschaft*

LIVROS DA BÍBLIA

Antigo Testamento

Gn Gênesis
Êx Êxodo
Lv Levítico
Nm Números
Dt Deuteronômio
Js Josué
Jz Juízes
Rt Rute
1Sm 1Samuel
2Sm 2Samuel
1Rs 1Reis
2Rs 2Reis
1Cr 1Crônicas
2Cr 2Crônicas
Ed Esdras
Ne Neemias
Et Ester
Jó Jó
Sl Salmos
Pv Provérbios
Ec Eclesiastes
Ct Cantares
Is Isaías
Jr Jeremias
Lm Lamentações
Ez Ezequiel
Dn Daniel
Os Oseias
Jl Joel
Am Amós
Ob Obadias
Jn Jonas
Mq Miqueias
Na Naum
Hc Habacuque
Sf Sofonias
Ag Ageu
Zc Zacarias
Ml Malaquias

Apócrifos/ Deuterocanônicos

Tb Tobias
Jt Judite
Ad. Et Adição a Ester
Sb Sabedoria de Salomão

Sr Sirácida (ou Eclesiástico)
Br Baruque
Ep. Jr Epístola de Jeremias
Or. Az Oração de Azarias
Su Susana
Bl Bel e o Dragão
1-2-3-4Mac 1-2-3-4Macabeus
1-2Ed 1-2Esdras
Or. Mn Oração de Manassés

Novo Testamento

Mt Mateus
Mc Marcos
Lc Lucas
Jo João
At Atos
Rm Romanos
1Co 1Coríntios
2Co 2Coríntios
Gl Gálatas
Ef Efésios
Fp Filipenses
Cl Colossenses
1Ts 1Tessalonicenses
2Ts 2Tessalonicenses
1Tm 1Timóteo
2Tm 2Timóteo
Tt Tito
Fm Filemom
Hb Hebreus
Tg Tiago
1Pe 1Pedro
2Pe 2Pedro
1Jo 1João
2Jo 2João
3Jo 3João
Jd Judas
Ap Apocalipse

OBRAS ANTIGAS

Livros pseudepigráficos

Adão e Eva Livros de Adão e Eva
Ap Ab Apocalipse de Abraão
2-3Ap Br 2-3Apocalipse de Baruque
Ap El Apocalipse de Elias
Ap Ms Apocalipse de Moisés
As. Ms Ascensão de Moisés
As. Is Ascensão de Isaías
1-2-3En 1-2-3Enoque
Ep. Ar Epístola de Arísteas
Ht. Rc História dos Recabitas
Jb Jubileus
Mr. Is Martírio de Isaías
Od. Sa Odes de Salomão
Or. Sb Oráculos Sibilinos
Sl Sa Salmos de Salomão
T. 12 Pt Testamentos dos Doze Patriarcas
T. Bj Testamento de Benjamim

MANUSCRITOS DO MAR MORTO

CD Documento de Damasco (Fragmento *Zadokit*)
1QapGen *Genesis Apocryphon*
1QH Hinos de Ação de Graças (*Hôdayôt*)
1Qisa [a,b] Rolo de Isaías, primeira e segunda cópias
IQM Rolo de Guerra (*Milhāmâ*)
1QpHab *Pesher* de Habacuque
1QS Manual de Disciplina/Regra da Comunidade (*Serek hayyahad*)
3Q15/3Qinv Rolo de Copper
4QdibHam Palavras dos Luminares
4Qmess ar Texto "Messiânico" Aramaico
4QpNah Pesher de Naum
4QpPs37 *Pesher* do Salmo 37
4QSam Texto de Samuel
4QTob Texto de Tobias
4QXII Texto dos Profetas Menores
11Qmelch Texto de Melquisedeque
11QT Rolo do Templo
8Hev XII gr Texto grego dos Profetas Menores de Nahal Hever

TEXTOS RABÍNICOS

'Abod. Zar. *'Aboda Zara*
'Abot. R. Nat. *'Abot de Rabino Nathan*
'Arak. *'Arakin*
b. Talmude Babilônico
B. Bat. *Baba Batra*
Bek. *Bekorot*
Ber. *Berakot*
Bik. *Bikkurim*
B. Mes *Baba Mesi'a*
B. Qam. *Baba Qamma*
Dem. *Demai*
'Ed. *'Eduyyot*
'Erub. *'Erubin*
Git. *Gittiin*
Ḥag. *Ḥagiga*
Ḥal. *Ḥalla*
Hor. *Horayot*
Ḥul. *Ḥullin*
Ker. *Keritot*
Ketub. *Ketubot*
Kil. *Kil'ayim*
m. Mixná
Ma'as. *Ma'aserot*
Mak. *Makkot*
Makš. *Makširin*
Meg. *Megilla*
Me'il. *Me'ila*
Menah. *Menahot*
Mid. *Middot*
Midr. *Midrash*
Miqw. *Miqwa'ot*
Mo'ed Qat. *Mo'ed Qatan*
Ned. *Nedarim*
Neg. *Nega'im*
Nez. *Neziqin*
Nid. *Niddah*
Ohol. *Oholot*
'Or. *'Orla*
Pesah. *Pesahim*
Qidd. *Qiddušin*
Qod. *Qodašin*
Gen. Rab. **(etc.)** *Genesis Rabbah*
Ros Haš. *Ros Haššana*
Šabb. *Šabbat*
Sanh. *Sanhedrin*
Šeb. *Šebi'it*
Šebu. *Šebu'ot*
Seqal. *Seqalim*
Sop. *Soperim*
Sukk. *Sukka*
t. *Tosepta*
Ta'an *Ta'anit*
Tem. *Temura*
Ter. *Terumot*
Tg. *Ps.-J Targum Pseudo-Jonathan*
Tohar. *Toharot*
T. Yom. *Tebul Yom*
'Uq. *'Uqsin*
y. Talmude de Jerusalém
Yad. *Yadayim*
Yebam. *Yebamot*
Zebah. *Zebahim*
Zer. *Zera'im*

Escritos cristãos primitivos

At Pil Atos de Pilatos
Ap Pe Apocalipse de Pedro
De Agostinho:
Civ. Dei *De Civitate Dei* (Cidade de Deus)
Barn. Epístola de Barnabé
De Basílio, o Grande:
Epís. *Epístolas*
1-2Clem 1-2Clemente
De Clemente de Alexandria:
Ecl. Proph *Eclogae ex scriptoris propheticis*
Exort. *Exortação aos gregos* (*Protrepticus*)
Misc. *Miscelânea* (*Stromateis*)
Const. Apost. Constituições apostólicas
Did. Didaquê
De Epifânio:
Adv. haer. *Adversus lxxx haereses* (*Panarion*)
De Eusébio:
HE *Historia Ecclesiastica*
Onom. *Onomasticon*
Praep. Ev. *Praeparatio Evangelica*
Vida Const. *Vida de Constantino*
Ev. Tom. Evangelho de Tomé
De Hermas: *Vis. Visões*

De Hipólito: *Refutação de todas as heresias*
De Inácio de Antioquia:
Efe. *Epístola aos efésios*
Fld. *Epístola aos filadelfenos*
Magn. *Epístola aos magnésios*
Polic. *Epístola a Policarpo*
Rom. *Epístola aos romanos*
Esm. *Epístola aos esmirneus*
Tral. *Epístola aos tralianos*
De Ireneu:
Adv. haer. *Adversus omnes haereses*
De Jerônimo:
Ep. *Epistulae*
De Justino Mártir:
Apol. *Apologia*
Dial. *Dialogus contra Tryphonem*
De Lactâncio:
Div. inst. *Divinae institutions*
Mart. Pol. Martírio de Policarpo
De Orígenes:
Com. Jo *Comentário sobre João*
Contra Cels. *Contra Celsum*
De prin. *De principiis*
Ex. mart. *Exortação ao martirio*
Hom. Lc *Homilias em Lucas*
De Policarpo de Esmirna:
Fil. *Epístola aos filipenses*
Prot. Tg Protoevangelho de Tiago
De Tertuliano:
Ad Mart. *Ad Martyras*
Adv. Marc. *Adversus Marcionem*
Apol. *Apologeticus*
De bapt. *De baptismo*
De fuga *De fuga in persecutione*
De praescr. Haer. *De praescriptione haereticorum*
De Vicente de Lerins:
Common. *Commonitorium*

Outras obras antigas

De Aristófanes:
Plut. *Plutus*
De Ateneu:
Deip. *Deipnosophists*
De Cícero:
De leg. *De legibus*
Ep. Ad Fam. *Epistulae ad familiars*
Tusc. Disp. *Tusculanae disputationes*
Verr. *In Verrem*
De Dio Cássio:
Hist. *História romana*
De Diodoro da Sicília:
Hist. *Biblioteca histórica*
De Dionísio de Halicarnasso:
Arq. Rm. *Arqueologia romana*
De Ésquilo:
Sup. *As suplicantes*
De Estrabão:
Geog. *Geografia*
De Eurípedes:
Alc. *Alceste*
Ifi. A. *Ifigênia em Áuslis*
Ifi. T. *Ifigênia em Táuris*
Tro. *As troianas*
De Fílon de Alexandria:
Apol. Iud. *Apologia pro Iudaeis*
Flacc. *Contra Flaccum*
Heres. *Quis rerum divinarum heres*
Leg. *De legatione ad Gaium*
Quod omn. *Quod omnis probus liber sit*
Somn. *De somniis*
Spec. leg. *De specialibus legibus*
De Filostrato:
Vit. Ap. *Vida de Apolônio de Tiana*
De Fócio:
Bibl. *Bibliotheca (Myriobiblion)*
De Heródoto:
Hist. *História*
De Hesíodo:
Teog. *Teogonia*
De Homero:
Od. *Odisseia*
De Josefo:
Ct. Ap. *Contra Apionem*
Ant. *Antiguidades dos Judeus*
BJ *Bellum Judaicum (A guerra judaica)*
Vida *Vida*
De Marco Aurélio:
Med. *Meditações*
De Ovídio:
Metam. *As metamorfoses*
De Pausânias:
Descr. Gr. *Descrições da Grécia*
De Platão:
Symp. *Symposium (O banquete)*
De Plínio, o Jovem:
Ep. *Epistular*
De Plínio, o Velho:
Nat. Hist. *Naturalis historia*
De Plutarco:
Cic. *Cícero*
Quaest.
Conv. *Quaestiones convivales*
Vida Ces. *Vida de César*
De Políbio:
Hist. *Histórias*
De Pseudo-Fílon:
LAB *Liber antiquitatum biblicarum (Antiguidades bíblicas)*
De Ptolomeu:
Geog. *Geografia*
De Quintiliano:
Inst. Orat. *De institutione oratória*
De Quinto Cúrcio Rufo:
Hist. Alex. *Historiae Alexandri Magni Macedonis*
De Sêneca:
Dial. *Diálogos*
Ep. *Ad Lucilium epistulae morales*
De Suetônio:
Claud. *Vida de Cláudio*
De Tácito:
Ann. *Annales ab excessu divi Augusti*
De Tito Lívio:
Urv. Cond. *Ab urbe condita*
De Varro:
De ling. lat. *De lingua latina*
De Veleio Patérculo:
Hist. rom. *Historia romana*
De Xenofonte:
Anab. *Anabasis*
Laced. *Lacedaemoniorum republica (Constituição de Esparta)*

Transliteração e pronúncia

HEBRAICO E ARAMAICO

Consoantes

א	'	Parada glótica (silenciosa)
בּ	*b*	Boi
ב	*ḇ (bh)*	Vaca
גּ	*g*	Gato
ג	*g̱ (gh)*	Gato
דּ	*d*	Dado
ד	*ḏ (dh)*	Semelhante ao inglês *this*
ה	*h*	Rato (R paulista)
ו	*w*	Uádi
ז	*z*	Zebra
ח	*ḥ (ch)*	Rio (R carioca)
ט	*ṭ*	Tatu
י	*y*	Iate
כּ	*k*	Karol
ל	*l*	Leão
כ	*ḵ (kh)*	Karol
מ	*m*	Mão
נ	*n*	Nariz
ס	*s*	Sapo
ע	'	(Laringal sonoro)
פּ	*p*	Paladar
פ	*p̱ (ph)*	Faca
צ	*ṣ (ts)*	Tsunâmi
ק	*q*	Karol
ר	*r*	Rosa
שׂ	*ś (s)*	Sapo
שׁ	*š (sh)*	Shampoo
תּ	*t*	Tempo
ת	*ṯ (th)*	Semelhante ao inglês *think*

Vogais

◌ַ	*a*	Bar
◌ֲ	*ă*	Hein (interjeição)
◌ָ	*ā*	Pá
◌ָה	*â*	Arena
◌ַי	*ay*	Pai
◌ָי	*āy*	Dói
◌ֶ	*e*	Pet
◌ֱ	*ĕ*	Pet
◌ֶי	*ey*	Metal
◌ֵ	*ē*	Rei
◌ֵי	*ê*	Rei
◌ְ	*ĕ*	Pet
◌ִ	*i*	Você
◌ִי	*î*	Amigo
◌ָ	*o*	Avó
◌ֳ	*ŏ*	Corrupto
◌ֳ	*ō*	Pouco
וֹ	*ô*	Pouco
◌ֻ	*u (ū)*	Rumo
וּ	*û*	Rumo

GREGO

α, ᾳ	*a*	Ágata
β	*b*	Bola
γ	*g*	Guerra
γγ	*ng*	Angu
δ	*d*	Davi
ε	*e*	Pet
ζ	*z*	Dzimba
η, ῃ	*ē*	Hei
θ	*th*	Semelhante ao inglês *think*
ι	*I*	Pitomba
κ	*K*	Karol
λ	*L*	Lâmpada
μ	*M*	Montanha
ν	*n*	Neto

ξ	*x*	Táxi
ο	*o*	Pote
π	*p*	Palácio
ρ	*r*	Caro
ῥ	*rh*	Rinoceronte
σ	*s*	Sala
τ	*t*	Torre
υ	*u, y*	Müller
φ	*ph*	Filosofia
χ	*ch*	Arqueiro
ψ	*ps*	Psicologia
ω, ῳ	*ō*	Povo
῾	*h*	Bahamas (som áspero)

A

A Símbolo usado para designar o Códice Alexandrino (Códex Alexandrinus).
AARÁ O terceiro filho de Benjamim (1Cr 8:1).
AARÃO *Ver* ARÃO.
AAZAI Sacerdote no tempo de Esdras; pai de Azarel e neto de Imer (Ne 11:13). Ele pode ser o mesmo que Jazera, em 1Crônicas 9:12.
AB (heb. *'aḇ*) Quinto mês do calendário sagrado da comunidade judaica (entre julho e agosto). Esse nome, pós-exílico, foi tomado pelos judeus do mês babilônico abu. É o mês em que as uvas e os figos são colhidos, e um grande jejum no sétimo dia lembra a destruição de Jerusalém por Nabucodonosor (587/586 a.C.).
ABA (gr. *abbá*) Termo usado para referir-se a Deus. Quase todas as suas ocorrências do Novo Testamento são seguidas pela tradução nominativa: "(o) Pai". Marcos diz haver Jesus se dirigido a Deus como "Aba, Pai" no Getsêmani (Mc 14:36), mas tanto Mateus (Mt 26:39,42) quanto Lucas (Lc 22:42) omitem a palavra "Aba". Paulo assevera que o Espírito clama "Aba, Pai" no coração dos crentes (Gl 4:6) e que os crentes clamam "Aba, Pai" pelo Espírito de adoção (Rm 8:15).

Embora a expressão "Aba, (o) Pai" trate Aba de forma enfática, Aba tem a função de vocativo no NT. Deste modo, algumas versões apresentam a expressão como: "Aba! Pai!".

Se levarmos em conta que tanto filhos pequenos quanto crescidos chamavam o pai de "Aba", esta palavra deve ser, de fato, traduzida por "pai", e não como "papai": Aba não pode ser tomada como mero balbuciar infantil. A maioria dos eruditos presume que Aba seja de origem aramaica, embora a hipótese do hebraico não possa ser excluída.

Bibliografia. J. Jeremias, *The Prayers of Jesus*. *SBT* 2/6 (Naperville, 1967), 11-65; J. Barr, 'Abbā Ins't 'Daddy', *JTS* N.S. 39 (1988): 24-47; M. R. D'Angelo, *Abba* and 'Father', *JBL* 111 (1992): 611-30. [ROBERT L. MOWERY]

ABÃ Filho de Abisur e Abiail e irmão de Molide, da tribo de Judá (1Cr 2:29).
ABADOM (heb. *'ăḇaddôn*) "Lugar de destruição", do verbo *'āḇaḏ*, "perecer" ou "extinguir-se". Sinônimo de Sheol nas suas cinco ocorrências no AT: Jó 26:6; 28:22; 31:12; Sl 88:11 [TM 12]; Pv 15:11.

No grego do NT, *Abaddṓn* é o nome de um anjo que governa sobre uma imensa nuvem de gafanhotos mortais, que João vê como praga sobre a humanidade e sobre o próprio inferno (Ap 9:11). A base desta "personificação" parece remontar a Jó 28:22, onde Abadom fala, assim como fala a Morte. [JIM WEST]
ABAGTA (heb. *'ăḇagṯā'*) Um dos sete eunucos do rei Assuero (Xerxes I, c. 480 a.C.) e que servia como seu camareiro (Et 1:10). É um nome provavelmente do Médio Irã (significando, talvez, "dom da boa sorte").
ABANA (heb. *'ăḇānâ*) Rio que corre para o sul, juntamente com o Farfar, alimentando o vasto oásis Ghouta, onde se localiza a cidade de Damasco. Seu nome atual é Barada. Sua fonte está situada em um grande manancial, localizado no alto das montanhas do Antilíbano (e geralmente identificado com o monte Amana; cf. Ct 4:8). O rio desce na direção leste da montanha, corre por Damasco e desemboca em um lago pantanoso no lado oriental da cidade. Os rios Abana e Farfar são grandemente responsáveis pela fertilidade de que é famosa a região de Damasco e proporcionam proteção contra a invasão do deserto oriental.

Naamã, comandante das tropas dos arameus, compara o Abana (Q Amana) e o Farfar ao rio Jordão, no qual Elias disse que se lavasse sete vezes para a cura de sua lepra (2Rs 5:12). [RONALD A. SIMKINS]
ABARIM (heb. *'ăḇārîm*) Cadeia de montanhas a leste do Mar Morto, oposta ao deserto da Judeia, sobre o vale do Jordão. O nome provavelmente reflete antiga direção oriental de se tomar o rumo de Abarim (p. ex., das "regiões além") ao se viajar no sentido leste para a Transjordânia.

Uma vez que os israelitas vieram para Canaã procedentes do leste, tiveram de passar por Abarim. Acamparam em suas terras altas e delas desceram para a planície de Moabe (Nm 33:47,48). Do monte Nebo, um dos picos de Abarim, Moisés avistou a terra prometida (Dt 32:49).

Jeremias confere a Abarim a mesma importância geográfica do Líbano e de Basã (Jr 22:20), sugerindo que a cadeia era tida como que circundando um grande território geográfico. Há certa indicação de o nome Abarim referir-se também, por vezes, a montanhas ao sul de Moabe (Nm 33:44), embora não sejam referidos os limites da cadeia. [DAVID MERLING]

ABDA (heb. *'abda'*) (tb. OBADIAS) **1.** Pai de Adonirão, um dos oficiais de Salomão (1Rs 4:6).

2. Levita, filho de Samua, que se estabeleceu em Jerusalém após o exílio (Ne 11:17). Em 1Crônicas 9:16 seu nome é dado como Obadias, filho de Semaías.

ABDEEL (heb. *'abdě'ēl*) Pai de Selemias, um dos membros da corte de Jeoaquim (Jr 36:26).

ABDI (heb. *'abdî*) **1.** Levita da família de Merari, avô de Etã, cantor do templo nos dias de Davi (1Cr 6:44 [TM 29]).

2. Pai do levita Quis, contemporâneo do rei Ezequias (2Cr 29:12).

3. Israelita dos que tiveram de se divorciar de suas esposas estrangeiras durante o ministério de Esdras (Ed 10:26; 1Ed 9.27).

ABDIEL (heb. *'abdî'ēl*) Gadita, habitante de Gileade ou Basã, pai de Aí, chefe das famílias paternas (1Cr 5:15).

ABDOM (heb. *'abdôn*) **I. (PESSOA)** (tb. ACBOR) **1.** Filho de Hilel, o piratonita, um dos chamados juízes menores (Jz 12:13-15). O comentário de que ele tinha 40 filhos e 30 netos que cavalgavam sobre 70 jumentos é talvez uma indicação de sua riqueza. Foi sepultado em Piratom, "na região montanhosa dos amalequitas", território outorgado, na divisão dos israelitas, à tribo de Efraim.

2. Filho de Sasaque, listado entre os descendentes de Benjamim (1Cr 8:23-25).

3. Filho primogênito de Jeiel e tio-avô de Saul (1Cr 9:36). Esta genealogia está também em 1Crônicas 8:29-38 com algumas variantes textuais.

4. Filho de Mica e um dos emissários que o rei Josias enviou a Hulda, a profetisa, após a descoberta de Hilquias do livro da lei (2Cr 34:20). Na passagem paralela de 2Reis 22:12, ele é chamado de Acbor, filho de Micaías. [JAMES R. ADAIR]

II. (LUGAR) Cidade levítica no território tribal de Aser (Js 21:30; 1Cr 6:74), atribuída à família de Gérson. É, provavelmente, hoje, Khirbet 'Abdeh, ruína a cerca de 17 km a nor-nordeste de Aco. Em Josué 19:28, Ebrom talvez devesse ser traduzido por Abdom.

ABEDNEGO (heb. *'ăbēd někô*) Um dos quatro jovens israelitas levados para a corte de Nabucodonosor, rei de Babilônia (Dn 1:7). Seu nome hebraico, Azarias, foi mudado para Abednego pelo eunuco chefe dos oficiais de Nabucodonosor, Aspenaz. O nome parece ser uma variante do nome acadiano *Arad-nabû*, "servo de Nabu" (deus pessoal de Nabucodonosor). A mudança dos nomes das pessoas com a finalidade de mudar sua sorte era prática comum em todo o antigo Oriente Médio.

Os principais fatos ocorridos com os quatro jovens na corte de Babilônia estão registradas em Daniel 1—3. Permaneceram fiéis às suas tradições religiosas e preceitos dietéticos correlatos, alimentando-se somente de vegetais e água, e recebendo, em consequência, conhecimento e sabedoria de Deus. Daniel é nomeado governador de toda a província de Babilônia, e os outros três, designados administradores do reino (Dn 2:48,49). Ao se recusarem a adorar uma imagem de ouro levantada pelo rei Nabucodonosor, os três amigos de Daniel são atirados em uma fornalha ardente. São salvos por um mensageiro de Deus, dada sua fidelidade, e abençoados e honrados por Nabucodonosor (3:12-30).

Primeiro Macabeus relaciona Azarias, Hananias e Misael entre aqueles que são fiéis a Deus. [NANCY L. DECLAISSÉ-WALFORD]

ABEL (heb. *hebel*) **I. (PESSOA)** Segundo filho de Adão e Eva, pastor de ovelhas (Gn 4:2). *Ver tb.* CAIM E ABEL.

II. (LUGAR) (heb. *'ābēl*) Abel de Bete-Maaca, talvez renomado centro de culto por sua sabedoria, referido a Joabe como fonte de aconselhamento (2Sm 20:18).

ABEL-BETE-MAACA (heb. *'ābēl bêt-ma'ăkâ*) Cidade citada em textos bíblicos e outros textos antigos do Oriente Médio, melhor identificada com a moderna Tell Abil al-Qamh ("Campina do Trigo"). Esta última é uma imponente colina de 10 hectares situada na fronteira norte de Israel, perto de Metula, próxima a uma cachoeira principal de afluentes do rio Jordão, na junção do vale Huleh com o vale de Baca, no Líbano. O lugar é mencionado nos *Textos de execração egípcios de Bruxelas* (nº. 47), dos séculos XIX/XVIII a.C.; na lista dos locais da primeira campanha militar asiática de Tutmés III, cerca de 1468 a.C. (prov. nº. 92; 'u-bil); e possivelmente nas Cartas de Amarna, do século XIV a.C. (no. 256; *yuabilîma*).

Diversas referências bíblicas sugerem que Abel-Bete-Maaca (tb. chamada Abel-maim) fez parte, originalmente, das propriedades da bem conhecida família jordaniana *Ma'acah*, sendo posteriormente atribuída à tribo de Dã, como "mãe em Israel", p. ex., provavelmente um centro de culto (cf. 2Sm 20:14-22). De acordo com 1Reis 15:20 (= 2Cr 16:4), a cidade foi tomada por Ben-Hadade I, de Damasco, por volta de 829 a.C. Mas tanto textos bíblicos (2Rs 15:29) como, possivelmente, textos assírios (*a-b-il* [*ak-kal*]) mostram que Abel-Bete-Maaca foi tomada também por Tiglate-Pileser III por volta de 733/732 a.C.

Seu sítio nunca foi escavado, mas levantamentos de superfície feitos por William G. Dever em 1973 mostraram evidências de ocupação em quase toda a Idade do Bronze, primitiva, média e mais recente, com fortes muros e declives, como também ocupação na Idade do Ferro I e II, nos períodos persa, helenista, romano, bizantino e posteriores. Essa evidência arqueológica insuficiente confirma que a predominante localização estratigráfica de Abel-Bete-Maaca, abundância de recursos materiais e fortes defesas a tornam, sem dúvida, tão importante quanto as vizinhas Hazor e Dã, na maior parte dos períodos. Situada em posição elevada, nas fronteiras históricas de Israel, arameia e fenícia, Abel-Bete-Maaca constituiu verdadeiro "portão do norte" do antigo Israel.

Bibliografia. W. G. Dever, 'Abel-Beth-Ma'acah: Northern Gateway of Ancient Israel, in *The Archaeology of Jordan and Other Studies*, ed. L. T. Geraty e L. G. Herr (Berrien Springs, 1986), 207-22; J. Kaplan, The Identification of Abel-Beth-Maachah and Janoah, *IEJ* 28 (1978), 157-60; H. Tadmor, The Southern Border of Aram, *IEJ* 12 (1962), 119-22.

ABELHA A palavra hebraica *dĕḇôrâ* provavelmente se refere a abelha (*Apis fasciatta*). As abelhas são conhecidas por sua propensão a ficarem iradas e a ferroar quando agitadas. Simbolizam a perseguição de Israel tanto pelos amorreus (Sl 118:12) quanto por Deus (Is 7:18). São associadas mais comumente ao compensador produto que proporcionam — o mel; todavia, somente em Juízes 14:8 mel e abelhas são mencionados juntos. A apicultura era conhecida desde os primeiros tempos no Egito e na Palestina, mas certamente não foi praticada na Mesopotâmia até cerca do século VIII a.C.

Curiosamente sempre suficiente, o mel de abelha é permitido como alimento na tradição judaica, muito embora a abelha, em si, não. A domesticação moderna das abelhas data de 1880, e em Israel, amplamente, a espécie *Apis ligustica*. *Ver* MEL. [RANDALL W. YOUNKER/JESPER SVARTIVIK]

ABEL-MEOLÁ (heb. *'āḇēl mĕḥôlâ*) Cidade natal de Eliseu (1Rs 19:16). De acordo com Juízes 7:22, Gideão perseguiu os midianitas "em direção a Zererá" (Zaretã), "até os limites de Abel-Meolá" (cf. 1Rs 7:46). Ali, cruzou o Jordão (Jz 8:4), de modo que Abel-Meolá seria território, ou cidade, próximo do Jordão. Primeiro Reis 4:12 menciona Abel-Meolá como parte de território governado por um administrador de nome Baaná, mencionando-a estar "abaixo de Jezreel" e apresentando Zaretã e Bete-Seã como cidades próximas.

Estudiosos têm oferecido muitas sugestões quanto à sua localização, incluindo Tell Abû Sifri, próximo à junção do uádi el-Helway com o uádi Malih (denominação que talvez preserve a de Meolá), ao sul de Bete-Seã, mas um pouco distante do Jordão, e Tell Abû Sûs, a cerca de 15 km ao sul de Bete-Seã, mais próxima ao Jordão. Das duas, esta última sugestão é a mais provável.

O termo "meolatita" (1Sm 18:19; 2Sm 21:8) refere-se, ao que tudo indica, a pessoa natural de Abel-Meolá ou ali residente. [PAUL L. REDDITT]

ABEL-MIZRAIM (heb. *'āḇēl miṣrayim*) Nome dado a Atade, lugar junto ao Jordão onde José, acompanhado das autoridades egípcias, lamentou a morte do seu pai Jacó (Gn 50:11). O nome é um trocadilho, em hebraico, entre *'āḇal* ("lamentar") e *'ēḇel* ("ritos de lamentação"). Com base em Gênesis 50:10,11 ("além do Jordão", "moradores da terra") e no versículo 13 ("levaram-no para a terra"), julgam alguns estudiosos ser a sua localização na Transjordânia, ao norte do Mar Morto. *Ver* ATADE.

ABEL-QUERAMIM (heb. *'āḇēl kĕrāmîm*) Cidade em Amom, que Jefté conquistou dos amonitas (Jz 11:33; heb. "pastagem das vinhas"). Tem sido identificada, de modo variado, com a moderna Na'ūr, a cerca de 14 km de Amã; Tell el-'Umeiri, a 10 km ao sul de Amã; e Tell Sahab, a 12 km a sudeste de Amã.

ABEL-SITIM (heb. *'āḇēl haššiṭṭîm*) Lugar de acampamento dos israelitas, ao final da peregrinação pelo deserto (Nm 33:49). É provavelmente o mesmo que Sitim, localizado a leste do Jordão, em Moabe.

ABES (heb. *'eḇeṣ*) Uma cidade dentro do território tribal de Issacar (Js 19:20). Sua localização é desconhecida.

ABGAR (gr. *Abgaros*) Título comum dos reis de Edessa, capital de Osrhoene, pequeno reino na banda norte do rio Eufrates (na atual Turquia). Eusébio (*HE* 1.13) registra que os arquivos de Edessa continham cópias de correspondência entre Abgar Ukkama (Abgar V, "o Negro") e Jesus, em que Abgar pede que Jesus venha a Edessa curá-lo. A história é amplamente considerada apócrifa, resultante de revisionismo histórico, algum tempo depois de Abgar IX (c. 179-214 d.C.) se converter ao cristianismo. [CHARLES GUTH]

ABGAR E CRISTO Uma das lendas mais intrigantes da igreja primitiva, envolvendo correspondência do rei Abgar, de Edessa, com Jesus, como registrado por Eusébio e pelos *Ensinos de Adai*. Abgar diz a Jesus haver ouvido de suas curas milagrosas e concluído que ele deveria ser Deus ou Filho de Deus, pedindo então que venha a Edessa para curá-lo de seu "sofrimento". A carta conclui com a oferta de refúgio seguro, uma vez que Abgar sabia da perseguição dos judeus a Jesus. A carta de resposta de Jesus louva a fé de Abgar, mas recusa seu convite; promete, no entanto, enviar um discípulo para curar Abgar e pregar o evangelho após sua ascensão. Os *Ensinos de Adai* diferem do relato de Eusébio no fato de que Jesus envia, em vez de carta, resposta oral, juntamente com descrição de si mesmo. Embora a lenda de Abgar tenha circulado amplamente na igreja primitiva e medieval (a carta de Jesus era usada como atrativo para impedir o mal), a maioria dos intérpretes modernos concorda com a determinação de Roma, no século VI, de que as cartas eram espúrias.

Bibliografia. S. H. Moffett, *A History of Christianity in Asia*, 2. ed. (Maryknoll, 1998); S. Runciman, Some Remarks on the Image of Edessa, *Cambridge Historical Journal* 3 (1929-1932): 238-52; H. C. Youtie, A Gothenberg Papyrus and the Letter to Abgar, *HTR* 23 (1930): 299-302; Gothenberg Papyrus 21 and the Coptic Version of the Letter to Abgar, *HTR* 24 (1931): 61-65. [CHARLES GUTH]

ABI (heb. *'ăḇî*) (tb. ABIA) Esposa de Acaz e mãe de Ezequias (2Rs 18:1,2). O nome é uma forma abreviada de Abia (5) (2Cr 29:1).

ABIAIL (heb. *'ăḇîḥayil*) **1.** Levita da família de Merari, pai de Zuriel (Nm 3:35).

2. Esposa de Abisur, da família de Judá (1Cr 2:29).

3. Homem da tribo de Gade, pai de sete filhos (1Cr 5:14).

4. Filha de Eliabe, irmão de Davi, e esposa de Jerimote, filho de Davi. A filha deles, Maalate, tornou-se esposa do rei Roboão, de Judá (2Cr 11:18).

5. O pai da rainha Ester, tio de Mardoqueu (Et 2:15; 9:29).

ABI-ALBOM (heb. *'ăḇî-'ălĕḇôn*) (tb. ABIEL) Um dos trinta guerreiros de Davi (2Sm 23:31), chamado Abiel (2), o arbatita, em 1Crônicas 11:32 (cf. LXX *Abiēl*). Pode ter sido habitante de Bete-Arabá.

ABIAS (heb. *'ăḇîyâ*) (tb. ABI, ABIJAM) **1.** Segundo filho de Samuel, que serviu (juntamente com seu irmão Joel) como juiz em Berseba e foi duplamente corrompido (1Sm 8:2,3; 1Cr 6:33 [TM 28]).

2. Filho de Jeroboão I, rei de Israel. Quando Abias ficou doente, o rei enviou sua esposa disfarçada ao profeta Aías em Siló; o artifício falhou, e Abias morreu em Tirza, segundo a profecia de Aías (1Rs 14:1-18; cf. LXX 3Rs 12:24g-n).

3. Rei de Judá (c. 913-911 a.C.), filho de Roboão e de Maaca (ou Micaías, 2Cr 13:2), filha de Uriel e de Tamar, filha de Absalão. O TM de 2Crônicas registra Abias (*'ăbiyyâ*), enquanto o de 1Reis menciona Abijam (*'ăbiyyām*), e a LXX, *Abiou*. Abias travou guerra (provavelmente um conflito de fronteiras) com o rei Jeroboão I de Israel (1Rs 15:7b; 2Cr 13:3,13-19). Embora o historiador deuteronomista demonstre pensar negativamente quanto à atividade religiosa de Abias (1Rs 15:3-5, com fraseologia deuteronômica típica), o autor de Crônicas descreve-o como um rei piedoso. Assim, de acordo com Crônicas, Abias ganhou a guerra contra Roboão (2Cr 13:15-19). Obteve êxito também em sua vida pessoal: teve 14 esposas, 22 filhos e 16 filhas (2Cr 13:21). A linguagem de 2Crônicas 13:4-12, atribuída a Abias, contém os principais conceitos teológicos do autor de Crônicas.

4. Chefe do oitavo turno de sacerdotes (1Cr 24:10). De acordo com Lucas 1:5, a esse turno pertencia Zacarias, pai de João Batista.

5. Esposa de Acaz e mãe de Ezequias, rei de Judá (2Cr 29:1), chamada Abi (LXX *Aboú*) em 2Reis 18:2.

6. Esposa de Hezrom (1Cr 2:24 TM). Abias não aparece na versão Siríaca, e alguns comentaristas consideram isso como glosa (cf. RSV).

7. Filho de Bequer, da tribo de Benjamim (1Cr 7:6,8; LXX menciona Zamria).

8. Sacerdote que firmou (assinou) o pacto renovado da comunidade, ao tempo de Neemias (Ne 10:8[7]; cf. 12:4,17).

9. Sacerdote que retornou de Babilônia com Zorobabel e Josué (Ne 12:1-4) e foi um dos chefes de grupo sacerdotal (v. 7).

O nome Abias está registrado em um selo preservado em material calcário (talvez originário da região de Samaria e Arade).

Bibliografia. I. Kalimi, *The Books of Chronicles: A Classified Bibliography* (Jerusalem, 1990), 173-74, nos. 1691-1705.

ABIASAFE (heb. *'ăḇî'āsāp̄*) (tb. EBIASAFE) Levita da família de Corá e contemporâneo de Fineias, neto de Arão (Êx 6:24,25). Em 1Crônicas 6:23 e 9:19, é chamado de Ebiasafe. O Asafe de 1Crônicas 26:1 pode ser uma forma abreviada deste nome (LXX B *Abia-Saphar*).

ABIATAR (heb. *'eḇyāṯār*) Descendente de Itamar (e de Eli; 1Sm 22:20-23), que serviu como sumo sacerdote durante o reinado de Davi.

Abiatar foi sacerdote em Nobe, juntamente com seu pai, Abimeleque. Quando Saul massacrou os sacerdotes companheiros de Abiatar, incluindo seu pai, ele fugiu para se unir a Davi, trazendo consigo o éfode (1Sm 22:20-22; 23:6,9). Serviu a Davi, atuando como seu principal sacerdote nos anos de pré-Hebrom e Hebrom. Não está clara, porém, sua função exata durante a fuga de Davi, a Saul, para o deserto.

Em seguida à rebelião de Absalão contra Davi (2Sm 15:1-12), Zadoque atuou como sumo sacerdote, conduzindo a reinstalação da arca, enquanto Abiatar dirigiu as oferendas de vários sacrifícios até que todos os refugiados tivessem deixado Jerusalém (v. 24). Contudo, Davi ordenou que ambos retornassem a Jerusalém com a arca e servissem como seus "postos de escuta" (2Sm 15:25-29; cf. 17:15,16). Durante todo o tempo restante do reinado de Davi, Abiatar serviu como um de seus conselheiros (1Cr 27:34).

Salomão o exonerou de seu ofício por haver Abiatar dado apoio a Adonias como rei (1Rs 1–2). Isto representou o profetizado fim do sacerdócio da linhagem de Eli. Salomão exilou Abiatar e seus descendentes para Anatote e revogou seus privilégios sacerdotais (1Rs 1:19,25; 2:22,26,35). Alguns sugerem que Jeremias, procedente de uma família sacerdotal de Anatote, pudesse descender de Abiatar.

Em uma relação dos oficiais de Davi, Zadoque é mencionado como contraparte sacerdotal de Aimeleque, filho de Abiatar (2Sm 8:17; cf. 1Cr 24:3,6,31), mas na maioria dos casos Zadoque e o próprio Abiatar serviram como contrapartes. Assim, estudiosos sugerem que os nomes de Aimeleque e Abiatar podem estar, nesse caso, trocados (cf. Syr.). Outros afirmam que Abiatar nomeou seu próprio filho, Aimeleque. De qualquer forma, durante a maior parte desse período Zadoque e Abiatar compartilharam entre si os deveres sacerdotais.

Bibliografia. P. McCarter, *2 Samuel*. AB 9 (Garden City, 1984); E. H. Merrill, *Kingdom of Priests: A History of Old Testament Israel* (Grand Rapids, 1987). [MICHAEL A. GRISANTI]

ABIBE (heb. *'āḇîḇ*) Nome original do primeiro mês dos hebreus, mencionado em conexão com a Festa dos Pães Asmos ou Páscoa (março/abril). Após o exílio, passou a ser chamado nisã (Ne 2:1; Et 3:7). Sua designação de "mês das espigas" (heb. *ḥōḏeš hā'āḇîḇ*, "mês do rebento da espiga de cevada" [ou de outro grão]; p. ex., Êx 13:4) pode estar indicando a próxima lua nova ou o início do crescimento do cereal.

ABIDÁ (heb. *'ăḇîḏā'*) Descendente de Abraão e Quetura mediante seu quarto filho, Midiã (Gn 25:4 = 1Cr 1:33).

ABIDÃ (heb. *'ăḇîḏān*) Filho de Gideôni; "líder" da tribo de Benjamim durante as jornadas no deserto (Nm 2:22; 10:24). Abidã assistiu Moisés na realização do censo (Nm 1:11) e fez sua oferta no nono dia da dedicação do tabernáculo (7:60,65).

ABIEL (heb. *'ăḇî'ēl*) (tb. ABI-ALBOM) **1.** Benjamita, pai de Quis e Ner; avô do rei Saul e de Abner, comandante do exército de Saul (1Sm 9:1; 14:51).

2. Guerreiro arbatita (1Cr 11:32), um dos heróis de Davi conhecido como "os trinta", chamado Abi-Albom em 2Samuel 23:31. [KENNETH ATKINSON]

ABIEZER (heb. *'ăḇî'ezer*) (tb. IEZER) **1.** Descendente de Manassés (1Cr 7:18). Em Números 26:30, ocorre uma forma abreviada de seu nome (Iezer). Aos abiezritas foi dado um distrito no território tribal de Manassés, a oeste do Jordão (Js 17:2), que incluía a cidade de Ofra. Gideão era abiezrita (Jz 6:11; cf. v. 34).

2. Um dos valentes de Davi, comandante da nona divisão de seu exército (2Sm 23:27 = 1Cr 11:28; 27:12). Ele era de Anatote, em Benjamim.

ABIGAIL (heb. *'ăḇîḡayil, 'ăḇîḡal*) **1.** Esposa de Nabal, e depois de Davi (1Sm 25), e mãe do segundo filho de Davi, chamado ora Quileabe (2Sm 3:3), ora Daniel (1Cr 3:1), ou Daluia (2Sm 3:3 LXX). Abigail acompanhou Davi em sua visita ao rei Áquis em Gate (1Sm 27:3). Mais tarde foi tornada cativa durante um ataque amalequita à fortaleza de Davi em Ziclague (1Sm 30:5). Resgatada, foi com Davi para Hebrom (2Sm 2:2), onde lhe deu um filho (2Sm 3:3 = 1Cr 3:1). As menções a Abigail fora de 1Samuel 25, exceto uma (1Cr 3:1), referem-se a ela como viúva de Nabal; e, em cada uma delas, está relacionada a outra esposa de Davi, Ainoã.

Recente literatura que trata da caracterização de Abigail a tem apresentado como "esposa-modelo e mulher modesta" (Adele Berlin) ou "mulher de bom senso" (Athalya Brenner). Uma abordagem diferente enfatiza as palavras proféticas de Abigail em 1Samuel 25:28-31, apresentando-a como "profetisa intermediária escolhida por Deus" (Alice Bach), caráter mais revolucionário do que normalmente tem sido percebido.

2. Irmã de Davi (1Cr 2:16) e Zeruia (2Sm 17:25) e mãe de Amasa (2Sm 17:25; 1Cr 2:17). Era filha de Jessé (1Cr 2:16), ou de Naás (2Sm 17:25), ou Jéter, o ismaelita (1Cr 2:17) ou jezreelita (1Cr 2:17 LXX). Alguns estudiosos sugerem que Itra/Jéter fosse a real identidade de Nabal, e assim haveria somente uma Abigail — a irmã de Davi, que mais tarde se tornou sua esposa.

Bibliografia. A. Bach, The Pleasure of Her Text, in *The Pleasure of Her Text* (Philadelphia, 1990), 25-44; A. Berlin, *Poetics and Interpretation of Biblical Narratives* (Sheffield, 1983); A Brenner, *The Israelite Woman: Social Role and Literary Type in Biblical Narrative* (Sheffield, 1985); J. D. Levenson e B. Halpern, The Political Import of David´s Marriages, *JBL* 99 (1980), 507-18. [LINDA S. SCHEARING]

ABIJAM (heb. *'ăḇîyām*) Variante do nome do rei Abias, de Judá (esp. TM 1Reis).

ABILA (gr. *Abila*) Cidade localizada no úadi Quailibah, a cerca de 18 km a leste de Gadara (atual Umm Qeis) e a aproximadamente 4 km ao sul do rio Jarmuque. Abila mede, em área, cerca de 1 km de norte a sul e 5 km de leste a oeste. Consiste em dois tells (Tell Abila no norte e Umm el-'Amad no sul), um centro cívico em uma depressão entre campos agriculturais férteis ao redor e uma fonte na base do tell ao sul.

Cidade de Decápolis, fundada provavelmente pelos sucessores helenistas de Alexandre, o Grande (de acordo com a tradição de moedas, tinha o topônimo de Selêucia), Abila foi capturada pelo rei selêucida Antíoco III, pelo rei asmoneu Alexandre Janeu e por Pompeu. Plínio (*Nat. Hist.* 5.74) chama-a tetrarquia/reino, e Ptolomeu (*Geog.* 5.7.22), de cidade de Decápolis. Abila portou também os títulos de Celessíria, "independente" e "soberana".

A história arqueológica de Abila (de 3500 a.C. a 1500 d.C.) revela traços de colonização desde o período primitivo do Bronze até os tempos islâmicos. A cidade foi traçada dentro de plano urbanístico clássico, com suas ruas principais em ângulos certos. As ruínas procedentes de escavações incluem basílicas, um complexo de banhos (ao norte), um anfiteatro (ao sul), uma igreja, e um fórum ou conjunto de grandes residências. Um muro da cidade, datado do período helenístico-romano (possivelmente da Idade do Ferro) cercava a acrópole de Tell Abila. Extensa necrópole se estende ao redor do sítio, consistindo basicamente em conjuntos de túmulos dos períodos helenístico, romano e bizantino.

Bibliografia. W. H. Mare, Abila, *NEAEHL* 1.1-3; Mare *et al.*, Registros preliminares em *The Near East Archaeological Society Bulletin* (Chicago, 1981-1996). [W. HAROLD MARE]

ABILENE (gr. *Abilēnḗ*) Região na parte oriental da cadeia de montanhas Antilíbano. Sua capital, Abila, ficava a cerca de 27 km a noroeste de Damasco. Nos tempos do NT, Lisânias foi tetrarca desse distrito (Lc 3:1). Após a morte de Lisânias, a tetrarquia passou para Agripa I (37 d.C.) e mais tarde para Agripa II (53).

ABIMAEL (heb. *'ăḇîmā'ēl*) Um dos filhos de Joctã (Gn 10:28; 1Cr 1:22); pai de uma tribo do sul da Arábia.

ABIMELEQUE (heb. *'ăḇîmelek̲*) **1.** Rei de Gerar que, acreditando ser Sara irmã de Abraão, tomou-a para ser sua própria esposa (Gn 20:2); mas Deus logo lhe revelou ser ela a mulher de Abraão e que, se a molestasse, o resultado seria sua morte. Abimeleque aparece também em narrativa similar envolvendo Rebeca e Isaque (Gn 26:1-16), na qual ele mesmo adverte os outros de não molestarem Rebeca, sob pena de serem mortos, como que sugerindo haver aprendido do primeiro episódio. É chamado rei dos filisteus neste último relato, que pode ser somente um anacronismo, refletindo uma história contada muito após haverem supostamente ocorrido tais eventos.

2. Filho de Gideão (Jerubaal) com sua concubina, nascido em Siquém (Jz 8:31). Sua história (Jz 9) é contada para mostrar os perigos da realeza, a preferência divina por governantes selecionados individualmente e a inutilidade de confiar em deuses que não Yahweh. Seu nome, "Meu pai é rei", pode ser um artifício literário; se não, sugere que Gideão via-se como rei e, assim, teria nomeado seu filho para representar esse *status*; ou, então, talvez tenha sido seu nome real após tomar o poder, legitimando a própria reivindicação ao trono. O nome Abimeleque era relativamente comum na antiga Siro-Palestina.

Ao buscar a realeza, que por herança deveria pertencer aos seus setenta meios-irmãos, filhos das esposas oficiais de Gideão, Abimeleque, com o estímulo dos cidadãos de Siquém e ajuda do pessoal do templo de Baal-Berite ("Baal do Pacto"), assassinou todos os irmãos, exceto um, Jotão, o mais jovem, que conseguiu escapar (um tema padrão de conspirações). O povo de Siquém declarou Abimeleque rei, em sucessão a seu pai, que fora um juiz popular. Ele estabeleceu sua capital fora de Siquém, em Arumá (Jz 9:31,41), o que se pode explicar pela revolta em Siquém. Reinou por três anos.

Jotão declarou que a falsidade dos moradores de Siquém e de Abimeleque se voltaria contra eles mesmos. Isto se cumpriu quando Siquém declarou Gaal, filho de Ebede, recém-chegado à cidade, seu rei, em lugar de Abimeleque. Em batalha daí resultante, Abimeleque e seu aliado na cidade, Zebul, derrotaram Siquém, atravessando a cidade baixa e queimando a cidade com mil de seus cidadãos dentro dela. A fortaleza do templo de El-Berite, no qual o povo havia se refugiado, não tinha proteção, todos estavam fracos e as ruínas da cidade foram salgadas para garantir sua destruição contínua.

Dali Abimeleque foi para Tebez e tentou a mesma tática; só que uma mulher, do alto de uma torre forte da cidade, simplesmente jogou uma pedra de moinho sobre sua cabeça. Sentindo que estava para morrer, Abimeleque pediu a seu escudeiro que o matasse, para que ninguém dissesse que uma mulher o havia matado, mas isso só fez que a pedrada fosse para sempre lembrada (2Sm 11:21).

3. Rei, citado no cabeçalho do salmo 34 [em algumas versões], diante de quem Davi teria simulado insanidade a fim de poder dele escapar, logrando êxito. A história a que é feita menção parece, na verdade, referir-se a Áquis, rei de Gate (1Sm 21:10–22:1), mas pode, também, se reportar a outro incidente em que Davi tenha usado do mesmo artifício, diante de outro rei, ou dificilmente teria sido assim registrado no salmo. Menos provável é o argumento de que Áquis e Abimeleque sejam nomes diferentes do mesmo rei.

4. Um dos dois principais sacerdotes de Davi, filho de Abiatar (1Cr 18:16 TM). Embora algumas versões mantenham esta forma hebraica do nome, a maioria dos tradutores presume um erro de escriba e o traduz somente por Aimeleque, filho de Abiatar, como está em 2Samuel 8:17 e em 1Crônicas 24:6.

Bibliografia. J. P. Fokkelman, Structural Remarks on Judges 9 and 19, in *Sha'arei Talmon*, eds. M. Fishbane e E. Tov Winona Lake, 1992), 33-45;

B. Halpern, The Rise of Abimeleck Ben-Jerubbaal, *HAR* 2 (1978), 79-100. [LOWELL K. HANDY]

ABINADABE (heb. *'ăḇînāḏāḇ*) **1.** Pai de Eleazar. Primeiro Samuel 7:1 registra que homens de Quiriate-Jearim transportaram a arca do Senhor, de Bete-Semes para a "casa de Abinadabe", onde o filho de Abinadabe, Eleazar, consagrado para isso, tomou a responsabilidade da arca. Abinadabe era também pai de Uzá e, possivelmente, de Aiô (2Sm 6:3,4; 1Cr 13:7), se Aiô (heb. *'aḥyô*) for nome próprio e não uma referência a Eleazar, "seu irmão". A consagração de Eleazar, os vinte anos de posse da arca e o ambíguo termo hebraico *bêt* sugerem que a "casa de Abinadabe" pode se referir a um templo.

2. Segundo filho de Jessé (1Sm 16:8; 1Cr 2:13), que serviu no exército de Saul contra os filisteus em Elá, onde Davi matou Golias (1Sm 17:13).

3. Um dos quatro filhos de Saul (1Cr 8:33; 9:39), que morreu com seus irmãos Jônatas e Malquisua no monte Gilboa (1Sm 31:2; 1Cr 10:2). Primeiro Samuel 14:49 omite Abinadabe na genealogia de Saul. [WILLIAM D. MATHERLY]

ABINOÃO (heb. *'ăḇînō'am*) Pai de Baraque, da tribo de Naftali (Jz 4:6,12; 5:1,12).

ABIRÃO (heb. *'ăḇîrām*) **1.** Filho de Eliabe, o rubenita (Nm 16:1), Abirão, com seu irmão Datã, seu primo Om e Coré, organizou um levante contra Moisés e Arão no deserto. Cerca de 250 líderes da congregação de Israel se uniram a eles (Nm 16:1-35). Os conspiradores, motivados pelo ciúme, acusaram Moisés de autoexaltação e desafiaram sua interpretação daquilo que era santo diante de Deus.

Quando Moisés convocou Abirão e Datã para que comparecessem perante ele, recusaram-se, clamando que Moisés havia fracassado em trazer o povo para uma terra abundante em leite e mel, campinas férteis e vinhas. Abirão, Datã e Coré e todos os seus familiares, posses e bens, foram engolidos vivos pela terra (Nm 16:31-33). Os líderes da congregação que tinham se unido ao levante foram consumidos pelo fogo do Senhor (Nm 16:35; 26:9; Dt 11:6; Sl 106:17).

2. Filho primogênito de Hiel, de Betel (1Rs 16:34). Este Abirão morreu, durante o reinado de Acabe, por haver seu pai lançado os fundamentos da reconstrução de Jericó, desafiando a maldição proferida por Josué após a conquista de Jericó (Js 6:26). Alguns estudiosos sugerem que sua morte pode ser considerada como sacrifício por essa fundação. [ALAN RAY BUESCHER]

ABISAGUE (heb. *'ăḇîšag*) Virgem sunamita que serviu o já idoso rei Davi (1Rs 1:4,15). O fato de Davi não ter relacionamento sexual com Abisague é por vezes interpretado também como indicação da incapacidade do velho rei de governar. O Talmude, contudo, ressalta que Davi não tornou Abisague sua esposa por se recusar a exceder o número legal de esposas (18), permitido a um rei (*Sanh.* 22a).

Posteriormente, Abisague se tornou instrumento político na luta de sucessão entre os filhos de Davi. Após Salomão haver sido declarado rei, e Davi ter morrido, Adonias pediu a mão de Abisague em casamento (1Rs 2:17). Salomão interpretou o pedido de Adonias como tentativa de lhe usurpar o trono e ordenou sua execução (1Rs 2:22-25).

Na tradição judaica, Abisague é vista, em seus últimos anos, como a sunamita que dá hospitalidade ao profeta Eliseu (2Rs 4:8-37). [ROBIN GALLAHER BRANCH]

ABISAI (heb. *'ăḇîšay*)Um dos três filhos de Zeruia, irmã de Davi, que se aliou a ele quando de sua fuga do cerco de Saul (1Sm 22:1,2). Abisai detinha a posição especial de comandante dos guerreiros de elite de Davi — *šālîšîm* (2Sm 23:18,19) —, entre os quais era um dos mais renomados. Um registro credita a Abisai haver salvo a vida de Davi durante as guerras com os filisteus (2Sm 21:16,17). No esquema de administração de Davi, aparece como uma espécie de segundo no comando do exército e ele é padrão dos conselheiros do círculo íntimo de Davi, com sua combinação de lealdade ao rei e independência.

Abisai manteve-se efetivamente ausente da intriga que marcou a luta entre Salomão e Adonias pelo trono (1Rs 1-2) e até, na verdade, poderia já haver morrido antes de começar essa luta. Benaia, filho de Joiada, é que aparece então como o líder dos guerreiros de elite de Davi.

Com seu irmão Joabe, Abisai oferece também uma chave para a explicação da personalidade de Davi. Os registros mostram Abisai envolvido em vingança de Joabe, ao assassinarem Abner, filho de Ner (2Sm 3:30), assim como sua vinculação com Joabe pela condenação de Davi dos "filhos de Zeruia" como implacáveis homens de sangue (3:39; 16:10). Enquanto Davi parece renunciar à violência em relação a seus inimigos (1Sm 26:6-12; 2Sm 16:9-14), Abisai e Joabe revelam-se proverbiais homens violentos, cujos atos de brutalidade acabarão por tragá-los. Ao mesmo tempo, o escritor parece apreciar — e mostra claramente — a ironia na condenação por Davi de homens sobre cujos ombros a segurança de seu reino realmente repousa.

Bibliografia. D. G. Schley, Joab e David: Ties of Blood and Power, in *History and Interpretation*, eds. M. P. Graham, W. P. Brown, e J. K. Kuan (Sheffield, 1993), 90.105. [DONALD G. SCHLEY]

ABISALÃO (heb. *'ăḇîšālôm*) Versão alternativa do nome Absalão (1Rs 15:2,10).

ABISMO Embora nem sempre a palavra "abismo" seja usada nas versões do Antigo Testamento como em Gênesis 1:2, a palavra grega *ábyssos* ("oceano primevo" ou "mundo dos mortos") aparece frequentemente na LXX como tradução da palavra hebraica *tĕhôm*, "águas do abismo". Tratada como nome próprio, *tĕhôm* deriva da mesma raiz semítica de Tiamat, a deusa de Enuma Elish, a narrativa babilônica da criação. Contudo, não aparece personificada no AT, referindo-se, de forma variada, ao evento da criação (Gn 1:2; Jó 38:16; Sl 33:7), a bênçãos e à fertilidade (Gn 49:25; Dt 8:7; Sl 78:15) e à destruição (Gn 7:11; 8:2; Ez 26:19; Am 7:4). Está também associada ao mar Vermelho (Êx 15:5; Is 51:10; Sl 106:9).

Quando não é usado "abismo" para traduzir *tĕhôm*, é amiúde empregado "águas profundas" (cf. Gn 1:2).

Comumente traduzida por "abismo" no NT, refere-se, todavia, ao lugar dos mortos (Rm 10:7), sendo também sinônimo de inferno ou Hades. Frequentemente, refere-se ao lugar onde as forças do mal habitam (p. ex., Lc 8:31; Ap 9:1,2). [JOHN S. SPENCER]

ABISUA (heb. *'ăḇîšûa'*) **1.** Filho do sumo sacerdote Fineias (1Cr 6:4 [TM 5:30]) e bisneto de Arão (6:50 [TM 35]). De acordo com Esdras 7:5, era ancestral deste escriba.

2. Benjamita, um dos filhos de Belá e neto de Benjamim (1Cr 8:4).

ABISUR (heb. *'ăḇîšûr*) Filho de Samai e irmão de Nadabe, da família de Hezrom, da tribo de Judá. Casou com Abiail e se tornou pai de dois filhos (1Cr 2:28,29).

ABITAL (heb. *'ăḇîṭāl*) Uma das esposas de Davi e mãe de seu quinto filho, Sefatias (2Sm 3:4 = 1Cr 3:3).

ABITUBE (heb. *'ăḇîṭûḇ*) Um dos dois filhos de Saaraim e de sua primeira esposa, Husim (1Cr 8:11).

ABIÚ (heb. *'ăḇîhû'*) Sacerdote israelita do período do deserto. A genealogia sacerdotal menciona Abiú, Nadabe, Eleazar e Itamar como filhos de Arão, nascidos de Eliseba (Êx 6:23; Nm 26:60; 1Cr 6:3 [TM 5:29]; cf. Êx 28:1). Abiú e Nadabe encontraram o seu fim ao oferecerem a Yahweh "fogo não permitido" (heb. *'ēš zārâ* — "coisa estranha") (Lv 10:1,2). A narrativa P enfatiza aqui a responsabilidade dos sacerdotes e explica o domínio dos descendentes de Eleazar, irmão mais jovem de Abiú, no culto de Jerusalém (Nm 3:2; 1Cr 24:1,2). Em contraste com P, E celebra a heterogeneidade sacerdotal que Nadabe e Abiú representam, com uma narrativa de sua participação na ratificação do pacto no monte Horebe (Êx 24:1,9).

Bibliografia. J. C. H. Laughlin, The "Strange Fire" of Nadab and Abihu, *JBL* 95 (1976): 559-65. [STEPHEN L. COOK]

ABIÚDE (gr. *Abioúd*) Filho de Zorobabel, de acordo com a genealogia de Jesus em Mateus (Mt 1:13).

ABIÚDE (heb. *'ăḇîhûḏ*) Terceiro filho de Belá, filho de Benjamim (1Cr 8:3). Alguns estudiosos emendam o texto para que seja lido, em hebraico, *abi ehud*, "pai de Eúde". Outros o consideram uma variante do grego Abiúde (cf. LXX *Abioúd*).

ABNER (heb. *'ăḇnēr*) Primo de Saul e comandante de seu exército (1Sm 14:50). Abner, ao que parece, tinha, pelo menos, um filho, Jaasiel, que liderou a tribo de Benjamim durante o reinado de Davi (1Cr 27:21).

Enquanto Saul reinava em Israel, Abner deve ter servido como guarda-costas pessoal de Saul. Davi repreendeu uma vez Abner por falhar em proteger Saul enquanto este dormia (1Sm 26:13-25). Após a morte de Saul, Abner instigou a ascensão de Isbosete, filho de Saul, ao trono de Israel, agindo para transferir a capital de Gibeá para Maanaim, na Transjordânia (2Sm 2:8,12). Durante o curto reinado de dois anos de Isbosete, Abner provavelmente serviu ainda como comandante do exército, mas parece ter tido muito mais poder. Quando a liderança de Isbosete passou a cair, Abner procurou assumir o poder, tomando para si uma das concubinas de Saul, Rizpá — o acesso ao harém real indicava reivindicação justa ao trono. Quando confrontado por Isbosete a respeito de suas maquinações, Abner desertou para o lado de Davi. As motivações de Abner se mostram incertas, mas talvez cresse ter chance maior de ganhar o trono de Israel aliando-se a Davi; ou, então, esperasse substituir Joabe no comando do exército de Davi.

Após visitar Davi em Hebrom para os preparativos do acesso de Davi ao trono de Israel, Abner foi assassinado por Joabe, como vingança pela morte, por Abner, de seu irmão Asael, tomada como legítima defesa depois de escaramuça, em Gibeão (2Sm 2:18-28). Uma motivação secundária de Joabe para isso pode ter sido a ameaça de Abner à sua posição no exército de Davi. Embora o texto não sugira a presença de Davi no assassinato de Abner, alguns estudiosos creem que ele o possa ter ordenado, uma vez que 2Samuel parece procurar afirmar forçosamente o contrário. [PAUL S. ASH]

ABOMINAÇÃO DA DESOLAÇÃO Usurpação da prerrogativa divina de adoração por um poder político pagão (heb. *šiqqûs šōmēm*; gr. *bdélygma tēs erēmṓseōs*); também chamado de abominação assoladora. Fazendo parte das tradições apocalípticas dos judeus e dos cristãos primitivos, a abominação da desolação ocorreu em 167 a.C. com a profanação do templo de Jerusalém pelo governante selêucida Antíoco IV Epifânio (Dn 9:27; 11:31; 12:11; 1Mac 1.54,59). Antíoco acabou com a adoração dos judeus e introduziu a adoração de Zeus Olímpico (2Mac 6.1), colocando um altar a Zeus sobre o altar das ofertas queimadas (Josefo, *Ant.* 12.253). Em Daniel, a expressão "abominação desoladora" (12:11) seja talvez uma distorção irônica de "Senhor do Céu" (*ba'al šāmên*), ou seja, Zeus Olímpico.

Uma tradição judaica subsequente e o NT consideraram esta abominação da desolação como paradigma profético para ataques idólatras análogos pelos pagãos ao povo de Deus. Jesus profetizou que ocorreria uma abominação da desolação na Judeia (Mt 24:15; Mc 13:14), mas é incerta a referência. Entre as hipóteses, estão a tentativa de Calígula de erigir uma estátua dele no templo de Jerusalém em 39-40 d.C.; eventos que levaram à destruição de Jerusalém em 70 d.C. (Lc 21:20), especialmente a ação dos zelotes no templo (Josefo, *BJ* 4.196-207); e a vinda do anticristo. O "homem do pecado", de Paulo (2Ts 2:1-12), e a besta do Apocalipse (Ap 13, 17) são outras versões da tradição da abominação da desolação.

Bibliografia. D. Ford, *The Abomination of Desolation in Biblical Eschatology* (Washington, 1979). [DUANE F. WATSON]

ABRAÃO (heb. *'aḇrāhām*) Filho de Terá, marido de Sara, pai de Ismael e Isaque, avô de Jacó, é ele o patriarca comum de três religiões, ditas "abraâmicas": os judeus remontam sua ancestralidade a Abraão, mediante seu filho Isaque e seu neto Jacó/ Israel; os muçulmanos, a deles a partir de seu filho Ismael; e os cristãos alegam descender de Abraão pela fé (Gl 3:6,7,29).

A história bíblica de Abraão descreve sua divina escolha como o ancestral de Israel e desenvolve um longo processo pelo qual seus descendentes se tornam uma nação populosa em terra própria. No começo, Abraão vive com a esposa Sara e seu sobrinho Ló na cidade de Harã, na Mesopotâmia. Yahweh ordena-lhe deixar a terra de seus antepassados e se mudar para uma nova, onde seus descendentes seriam divinamente abençoados e se tornariam uma grande nação (Gn 12:1-3). Esta promessa não pôde ser inteiramente cumprida no tempo de vida de Abraão, mas sua realização é prefigurada em eventos seguintes, quando Abraão e Sara passam a habitar a terra que lhes foi prometida e nasce o filho Isaque, de quem a nação descenderia.

O grande patriarca aparece primeiro como Abrão (heb. *'aḇrām*, Gn 11:26), mas Deus muda depois seu nome para *'aḇrāhām* (17:5). As duas formas provavelmente se originaram como variantes dialetais — a forma mais longa, com o acréscimo de um *h* no meio, corresponde a um padrão especialmente comum em aramaico; o significado de qualquer uma das formas seria "o Pai é exaltado", o Deus de Abraão sendo louvado como pai divino dos homens daquela mesma linhagem ou raça. Assim, o autor de Gênesis 17, em que é prometida a Abrão uma multidão de descendentes, dá uma interpretação temática ao novo nome, como sendo "pai de muitas (*'aḇ-hămôn*) nações". Este capítulo contém a enunciação formal, na versão sacerdotal (P), do pacto entre Deus e os descendentes de Abraão, e a mudança de nome é a indicação da mudança de *status* que ocorre ao ser o pacto estabelecido, significando nova identidade em relação ao doador do nome (cf. 2Rs 23:34). O nome da esposa de Abrão é também mudado — de Sarai para Sara (Gn 17:15). E o nome do seu neto seria mudado de Jacó para Israel (32:28 [TM 29]).

É difícil dizer se as narrativas a respeito de Abraão foram baseadas na vida de determinado indivíduo histórico e, se o foi, quando exatamente o Abraão histórico poderia ter vivido. Os escritores bíblicos o consideram como figura de um passado distante, vivendo muitas gerações antes do estabelecimento de Israel como entidade política, e os estudiosos modernos têm tentado identificar o contexto pré--israelita em que os relatos poderiam se encaixar. A um período não urbano no final do terceiro milênio a.C., seguem-se dois séculos de recolonização gradual da Mesopotâmia, Síria e Palestina (Idade Média do Bronze, I ou IIA), seguidos de uma era de aumento da população e de expansão cultural, caracterizada pelo desenvolvimento de grandes centros urbanos (MB II ou II B). Uma vez que Abraão e sua família são apresentados como nômades, mesmo após chegarem a Canaã, os historiadores têm tentado associar as jornadas de Abraão e sua família aos movimentos dos povos durante o período de colonização MB I, ou visando a entender sua atividade em termos de nosso conhecimento de povos nômades que viviam lado a lado com as grandes cidades do MB II.

A referência mais antiga existente a respeito de Abraão pode ser de texto egípcio do século X a.C., que menciona um lugar no Neguebe chamado "Fortaleza de Abraão", listado entre os locais conquistados pelo rei Sheshong (Sisaque), da 22ª dinastia, em sua incursão na Palestina durante o reinado de Roboão (cf. 1Rs 14:25,26; 2Cr 12:2-12). Se o Abraão do qual foi chamada essa fortaleza era o patriarca bíblico, então a tradição de Abraão estava ainda muito bem estabelecida no Neguebe por volta do século X a.C. Isto seria consistente com a localização geográfica da narrativa bíblica, na qual Abraão tem fortes ligações com o Neguebe — especialmente com Berseba, onde Isaque nasceu e foi criado — e com outros locais no sul, mais notadamente Hebrom, perto de onde a família de Abraão fixou residência, "junto aos carvalhos de Manre" (Gn 13:18; 14:13; 18:1). Essas associações geográficas são por vezes entendidas como indicação de que a tradição abraâmica originou-se no sul, mas são mais provavelmente resultado de uma orientação em sentido meridional de tradição que se desenvolveu após o estabelecimento do Neguebe no século XI a.C. e, mais especificamente, após o advento da dinastia davídica, com seu forte vínculo com Hebrom, capital histórica da tribo de Judá. Na verdade, há indicações de que as mais antigas associações geográficas de Abraão não foram com Hebrom, mas, sim, com a terra israelita original situada nas colinas ao norte de Jerusalém.

Se a tradição abraâmica surgiu no sul ou no norte, contudo, a forma final da tradição de Abraão não é a de uma figura regional, mas, sim, de um patriarca da terra toda. Isto talvez seja mostrado mais claramente nos diversos lugares de adoração mencionados como instituídos por ele, que se espalham de norte a sul por toda a terra do antigo Israel. Edifica um altar a Yahweh em Siquém, nas colinas da Samaria central (Gn 12:6,7), outro ao norte de Jerusalém, em um ponto entre Betel e Ai (12:8), e um terceiro em Hebrom, na parte sul das colinas da Judeia (13:18). E em Berseba, no norte do Neguebe, planta uma tamargueira, onde invoca o nome do Senhor (21:33).

Ao construir esses santuários, Abraão inicia o processo pelo qual a adoração a Yahweh é estabelecida por toda a Canaã. Envolve-se também em várias outras atividades fundamentais — negociações territoriais, compras de terra e até mesmo expedições militares — que determinam e distinguem o relacionamento de sua família com os povos vizinhos. São ações de um patriarca fundador, que definem o papel social e a consciência étnica de seus descendentes. O veículo mais importante dessa definição étnica e social é a elaborada genealogia a que Abraão dá início e estende, pelos casamentos que faz e os filhos que gera. Sua ascendência familiar está documentada basicamente em Gênesis 11:10-32, que destaca a linhagem de Sem da lista genealógica dos descendentes de Noé registrada em 10:21-31. Sem foi o "ancestral de todos os filhos de Éber" (10:21), p. ex., dos hebreus, que na tradição bíblica contrastam com os cananeus e outros povos da região da terra prometida. Abraão era o mais velho de três filhos de Terá (Gn 11:26), durante a vida do qual a família se muda de Ur, na parte sul da Mesopotâmia, para Harã, às margens do rio Balikh, no noroeste da Mesopotâmia. No tempo dos escritores bíblicos, Harã era uma das principais rotas de caravanas, de onde podiam os viajantes cruzar o rio Eufrates e seguir para o sul, via o oásis de Tadmor (Palmira), rumo a Damasco e, tomando a Estrada do Rei, prosseguir, a leste do Jordão, para Canaã e locais mais para o sul. Esta foi provavelmente a rota que se crê que a família de Abraão seguiu, e suas ligações com Harã e, enfim, com Ur, refletem a crença israelita de que suas mais antigas conexões ancestrais foram com os povos do Transeufrates, e não com os povos nativos de Canaã. Deste modo, os nomes dos ascendentes imediatos de Abraão (Gn 11:22-26; 1Cr 1:26,27) correspondem aos nomes de cidades na vizinhança de Harã: Serugue, nome do bisavô de Abraão, era o nome de uma cidade situada entre Harã e o Eufrates; Naor, o nome tanto do avô quanto de um de seus dois irmãos, era o nome de uma cidade (Nakhur) localizada a sudeste de Harã, no alto Balikh; e Terá era o nome de uma cidade (Til-[sha]-Turakhi) na bacia do mesmo rio. O nome do outro irmão de Abraão, Harã (heb. *hārān*), é bastante semelhante, embora não totalmente idêntico, ao nome da própria cidade de Harã (heb. *ḥārān*).

Os nomes dos descendentes dos três filhos de Terá — Abraão, Naor e Harã —, por sua vez, correspondem aos nomes de povos reconhecidos pelos escritores bíblicos como pertencentes ao grupo de parentesco mais amplo de Israel. Os filhos de Naor portam nomes das doze tribos dos arameus. Oito deles habitavam o deserto da Síria, terra natal dos arameus (Gn 22:20-23), enquanto os quatro restantes se espalharam para o oeste, em direção à Síria (v. 24). Ló, filho de Harã, foi pai de Moabe e Ben-Ami, ancestrais epônimos dos moabitas e amonitas da Transjordânia (Gn 19:37,38), conhecidos na tradição bíblica, por isso mesmo, como filhos, ou descendentes, de Ló (Dt 2:9,19; Sl 83:8[9]). Ao atribuir sua ascendência ao sobrinho de Abraão, a tradição lhes conferiu parentesco de grau inferior em relação a Israel e, por apresentar as circunstâncias de sua concepção como união incestuosa entre Ló e suas filhas (Gn 19:30-38), lançou uma sombra sobre sua linhagem, particularmente em contraste com as auspiciosas circunstâncias do nascimento de Isaque, o ancestral de Israel.

Os próprios descendentes de Abraão são distribuídos em três grupos: os descendentes de Ismael (ismaelitas, ou árabes), os descendentes de Isaque (edomitas e israelitas), e os descendentes dos vários filhos de Quetura (linha colateral dos árabes). Seu *status* relativo na tradição israelita reflete o *status* de suas mães. Isaque era filho de Sara, esposa de Abraão, tornando-se pai de Jacó/Israel, cujos doze filhos seriam os ancestrais das doze tribos que herdariam a terra prometida a Abraão em Canaã. Como é mostrado no "Gênesis edomita", Gênesis 36, Esaú/Edom, o outro filho de Isaque, foi o ancestral epônimo dos edomitas, a quem a tradição israelita dividiu em três grupos, descendentes das três esposas de Esaú. Os outros filhos de Abraão nasceram de suas concubinas, Hagar e Quetura, e ele os enviou para longe, "ao Oriente" (Gn 25:6), p. ex., à Arábia. Assim, os doze filhos de Ismael, filho de Hagar, portam os nomes de doze povos do norte da Arábia (Gn 25:13-15; 1Cr 1:29-31), que habitaram o leste do deserto da Síria e o sudeste de Gileade. Foram estas as tribos hagarenas ou hagaritas (1Cr 5:10,19,20; cf. Sl 83:6[7]; *Br* 3.23). A maioria dos seus nomes é dessas tribos, mencionadas nas fontes bíblicas e extrabíblicas. Os nomes dos filhos de Quetura (Gn 25:2; 1Cr 1:32) são mais difíceis de explicar do que os de Hagar, mas de modo geral parecem também corresponder aos nomes dos grupos e lugares árabes.

Tomadas juntas, no entanto, as tradições genealógicas associadas a Abraão identificam Israel dentro de três grupos de parentesco de limites progressivamente restritos e afinidade crescente. O grupo mais genérico é o dos semitas, ou descendentes de Sem, mais particularmente dos descendentes de Éber, ou hebreus. O grupo seguinte compreende os povos teráquicos — os descendentes dos três filhos do pai de Abraão, Terá. Inclui os arameus e os povos de Amom e Moabe, na Transjordânia. O grupo mais restrito é o dos povos abraâmicos, descendentes do próprio Abraão. Compreende os ismaelitas ou tribos árabes do norte, os edomitas e os próprios israelitas.

A característica mais notável do retrato de Abraão na narrativa do Gênesis — e pela qual ele é mais admirado em tradição posterior — é sua obediência passiva às ordens divinas que recebe. No começo de sua história, a ele é dito para deixar sua terra natal e partir "para a terra que eu te mostrarei", lugar a respeito do qual ele nada sabe. O fato de ele parecer aceitar essa intimação sem dúvida ou hesitação pode ser consequência da economia literária da narrativa, mas na interpretação pós-bíblica sua aceitação passiva tem sido vista como paradigma da obediência inquestionável que surge da confiança em Deus. Isso é ainda mais verdadeiro no relato do "sacrifício" (*ʿăqēḏâ*) de Isaque, contado no final da narrativa de Abraão (Gn 22:1-19). Após Isaque haver nascido, e tudo indicando que irá se cumprir integralmente a promessa divina da progênie, que pareceria impossível pela velhice de Abraão e a infertilidade de Sara, Deus prova o patriarca, instruindo-o a levar Isaque a "um dos montes que eu te mostrarei" e ali sacrificá-lo em holocausto. Novamente Abraão obedece sem hesitação, e é somente na hora de colocar seu filho para morrer que Deus intervém e o substitui por um cordeiro para a oferta. Com base principalmente nesta notável história, Abraão veio a ser considerado modelo de fé e confiança em Deus, para judeus e cristãos — bem como para os muçulmanos, em cuja tradição é de Ismael, em vez de Isaque, que o sacrifício é exigido. [P. KYLE MCCARTER, JR.]

ABRAÃO, APOCALIPSE DE Apocalipse judaico, datado entre o século I e a metade do século II d.C, provavelmente composto em idioma semítico, mas existente somente em esloveno. Embora a obra possa não ser considerada complexa, a maioria dos estudiosos identifica nela duas partes principais e diversas interpolações possíveis.

1. Os caps. 1—8 constituem uma história, acrescida posteriormente e bem-humorada, sobre a conversão de Abraão da idolatria, após haver refletido a respeito da natureza dos ídolos e orado para que pudesse conhecer o Criador, que então lhe aparece em uma teofania.

2. Os caps. 9—32, o apocalipse original, formam um *midrash* sobre Gênesis 15:9-17. Deus instrui o anjo Iaoel (*YHWH ʾl*) a ajudar Abraão a oferecer sacrifícios em Horebe, onde ele encontra o anjo caído Azazel. Iaoel, então, leva Abraão para uma viagem a outro mundo e lhe mostra uma visão de Deus, o trono de Deus e seus assistentes (cf. Ez 1:10), os vários céus, a terra e o abismo e uma descrição total da história humana (cf. 1En 1-36).

Bibliografia. R. Rubinkiewicz, Apocalypse of Abraham, *OTP* 1 (Garden City, 1983), 681-705; G. Vermes, Jewish Literature Composed in Hebrew or Aramaic", in E. Schürer, *The History of the Jewish People in the Age of Jesus Christ* (*175 B.C.–A.D. 135*), ed. rev. 3/1 (Edinburgh, 1986), 288-92. [R. GLENN WOODEN]

ABRAÃO, TESTAMENTO DE Livro pseudepigráfico, em que Abraão fica sabendo pelo arcanjo Miguel que o tempo de sua morte havia chegado. Abraão, porém, recusa-se a morrer, usando de sua posição privilegiada de amigo de Deus para tentar evitar o inevitável. A história, assim, tem início com uma precedente reunião, junto a um leito de morte (reunião de testamento), tendente a se tornar apocalíptica por sua natureza, enquanto Abraão circula pelo mundo desabitado, em viagem para a cena de seu julgamento. O tema principal é de que Deus é compassivo e paciente com os pecadores, desejando que todos se arrependam e vivam. Afinal, Deus envia o anjo Morte, que leva a alma de Abraão sob uma forma de trapaça.

O texto existe em forma longa (Revisão A) e abreviada (Revisão B). O texto judaico original foi provavelmente escrito em grego semitizado no Egito, por volta do ano 100 d.C.

Bibliografia. E. P. Sanders, Testament of Abraham, *OTP* 1.871-902. [RANDAL A. ARGALL]

ABRÃO (heb. *'aḇrām*)Nome original de Abraão.

ABRONA (gr. *Abrōna*) Ribeiro ao longo do qual Holofernes destruiu todas as cidades fortificadas (Jt 2.24; cf. Códex Sinaiticus, *Chebron*; Vulg. *Mambre*). Alguns estudiosos o identificam com o rio Habur.

ABRONA (heb. *'aḇrōnâ*) Lugar onde os israelitas acamparam durante a peregrinação pelo deserto (Nm 33:34,35). É um oásis, talvez 'Ain Defiye/'Ein Avrona, a cerca de 15 km ao norte de Eziom-Geber.

ABSALÃO (heb. *'aḇšālōm*; gr. *Apsalōmos, Abessalōm*) (tb. ABISALOM) **1.** Terceiro filho de Davi, nascido de Maaca, filha do rei Talmai, de Gesur (2Sm 3:3 = 1Cr 3:2); provavelmente um ancestral de Maaca, esposa de Roboão e mãe de Abião (1Rs 15:2).

Absalão exerce papel importante na narrativa que relata a punição profetizada por Natã a Davi pelos crimes de adultério e assassinato por este cometidos (2Sm 12:11,12). Davi iria sofrer muitas das consequências prometidas por seus crimes, por meio de ações deste seu filho, descrito como imagem negativa de si mesmo: belo (1Sm 16:12; 2Sm 14:25), carismático (2Sm 3:36; 15:1-6) e arguto no trato com os inimigos (2Sm 13; 1Rs 2:5,6).

Absalão planejou e ordenou o assassinato de seu irmão Amnom, como retaliação pelo estupro de sua irmã Tamar, fugindo então para o exílio em Gesur, reino de seu avô materno (2Sm 13). Logo após seu retorno e reconciliação com Davi, tudo orquestrado por Joabe (2Sm 14), Absalão tentou ganhar o controle do reino de seu pai. Quando pessoas chegavam a Jerusalém buscando justiça, ele lhes assegurava o valor de seu caso e lamentava a falta de uma posição que lhe permitisse ajudar; abraçava e beijava aqueles que vinham curvar-se diante dele (2Sm 15:1-6). Sob o pretexto de cumprir um voto, viajou a Hebrom, onde Davi havia sido coroado rei, e enviou agentes por todo o reino para anunciar sua coroação ao sinal do som das trombetas. As notícias da rebelião de Absalão se espalharam rapidamente, e Davi foi forçado a fugir para Maanaim, cidade a leste do Jordão, onde Abner, general de Saul, havia falhado em continuar a dinastia deste por meio de Isbosete. Husai, os sacerdotes Zadoque e Abiatar, e os filhos do sacerdote permaneceram em Jerusalém como agentes de Davi. Após entrar em Jerusalém, Absalão demonstrou sua reivindicação ao trono ao tomar dez das concubinas de Davi. Sua decisão de esperar, seguindo conselho de Husai, em vez de procurar matar Davi, como havia aconselhado Aitofel, selou sua condenação. Os aliados de Davi estavam prontos e derrotaram as forças de Absalão. Enquanto, em combate, cavalgava um jumento, Absalão teve a cabeça presa nos galhos de um carvalho. Foi morto por Joabe, sendo seu corpo atirado numa cova no bosque e coberto por um monte de pedras.

2. Um dos dois mensageiros dito estar envolvido nas negociações entre Judas Macabeu e Lísias, governador da Celessíria e Fenícia (2Mac 11.17); possivelmente também pai de Matatias (1Mac 11.70) e Jônatas (13.11), comandantes do exército dos macabeus.

Bibliografia. C. Conroy, *Absalom Absalom! Narrative and Language in 2Samuel 13–20*. AnBib 81 (Rome, 1978); J. P. Fokkelman, *Narrative Art and Poetry in the Books of Samuel, 1: King David* (Assen, 1991); R. Polzin, *David and the Deuteronomist: 2 Samuel* (Bloomington, 1993); R. N. Whybray, *The Succession Narrative*, *SBT*, 2nd ser. 9 (Naperville, 1968). [KEITH L. EADES]

ABSINTO Qualquer das várias espécies de uma planta arbústea do gênero *Artemisia*, conhecida por seu gosto amargo (LXX, "amargor"). As referências bíblicas à planta (heb. *la'ănâ*; gr. *ápsinthos*) são metáforas de amargura e sofrimento, evocando circunstâncias infelizes, inclusive advertência contra o ilícito relacionamento com mulher imoral (Pv 5:4), o amargor do juízo de Deus sobre o pecado (Jr 9:15 [TM 14]), juízo, humilhação, desamparo (Lm 3:15,19) e injustiça (Am 5:7; 6:12). O absinto é por vezes associado a fel (Lm 3:1; cf. Dt 29:18[17]; Jr 9:15; 23:15, "água envenenada"). Em Apocalipse 8:10,11, uma estrela chamada Absinto cai do céu, tornando amargo e venenoso um terço dos rios e fontes das águas e provocando a morte de muitos. [T. J. Jenney]

ACÃ (heb. *'āḵān*) Israelita da tribo de Judá, filho de Carmi, filho de Zabdi, filho de Zerá, que se apropriou indevidamente de bens que deveriam ser totalmente dedicados a Deus após a conquista e destruição de Jericó (Js 7:1). Imediatamente após Israel perder sua batalha seguinte contra Ai e deduzir que Deus está irado com eles, Josué ora a Deus, que responde que essa perda da batalha ocorreu por causa de haver alguém violado as regras quanto aos bens de Jericó proibidos. Deus instrui Josué a lançar sorte para determinar quem tinha violado as normas de guerra. Quando a sorte é lançada no dia seguinte, Acã é apontado como culpado. Confrontado, confessa haver se apropriado indevidamente de uma variedade de bens, tendo escondido tudo na terra, no meio de sua tenda. Ao serem os bens realmente descobertos, Acã, toda a sua família e suas posses são levados para o vale de Acor (jogo de palavras ligado a Acã), onde tanto as pessoas quanto os objetos dos réus foram queimados e apedrejados (Js 7:25,26). [JOEL S. KAMINSKY]

ACÃ (heb. *'āqān*) (tb. JAACÃ) Um dos filhos de Eser, horeu, da família de Esaú (Gn 36:27), chamado Jaacã em 1Crônicas 1:42.

ACABE (heb. *'aḥ'āḇ*) **1.** Rei de Israel (c. 875-854 a.C.), sucessor de seu pai, Onri, que arranjou um casamento entre Acabe e Jezabel, filha de Etbaal, rei dos sidônios, a fim de assegurar boas relações entre a Fenícia e Israel. Setenta descendentes de Acabe que habitavam Samaria foram mortos por Jeú, na execução de um golpe de Estado (2Rs 10), e sua filha (ou irmã) Atalia reinou em Judá (843-837 a.C.), até ser assassinada. Adversário e perseguidor do profeta Elias, Acabe é considerado pelo historiador deuteronomista como o mais vil dos reis que governaram Israel (1Rs 16:30,33; 21:25; Mq 6:16), sendo comparado ao mau Manassés, de Judá (2Rs 21:3). Todavia, parece haver inconsistências entre o texto bíblico e os dados arqueológicos.

Narrativa bíblica. O texto supõe que as más ações de Acabe criam a seca e a fome que devastam Israel e reporta à atividade profética de Elias (1Rs 16:29–22:40; 2Cr 18; 21). O pecado principal de Acabe é o seu conluio com Jezabel em promover a adoração a Baal em Israel juntamente com a adoração a Yahweh. Acabe constrói uma casa de adoração e um altar em Samaria para esse deus cananeu (1Rs 16:32), levanta um poste sagrado para a deusa cananeia Aserá (v. 33) e permite que à mesa de Jezabel comam 450 profetas de Baal e 400 profetas de Aserá (18:19). Todavia, a lealdade de Acabe a Yahweh parece se evidenciar ao combater em nome do Senhor (1Rs 20, 22), ao colocar Obadias (heb. "servo de Yahweh") responsável por seu palácio, dar a seus filhos nomes referentes ao Deus de Israel e prestar atenção às palavras dos profetas Micaías (1Rs 22) e Elias. Atendendo Elias, ele faz reunir os profetas de Baal para um confronto no monte Carmelo (1Rs 18) e, mais tarde, veste-se de pano de saco diante das palavras de juízo que lhe são proferidas por Elias (21:17-29). Segundo o escritor deuteronomista, Acabe erra por ser "instigado por Jezabel, sua mulher" (1Rs 21:25), o que é fortemente ilustrado na história da vinha de Nabote.

A vinha de Nabote (1Rs 21) levanta questões de poder e prerrogativas reais no antigo Israel. Nabote representa o antigo caráter distinto tribal, que insiste em que a terra está ligada à tribo (Lv 25:23; Nm 36:5-9), enquanto Acabe reflete a administração, despótica, do novo estado. Acabe quer a vinha (cf. Is 5, símbolo de Israel), situada junto ao seu palácio, para transformá-la em horta (símbolo de fertilidade). Seu pedido de comprar a terra é recusado por Nabote, para quem a terra deve permanecer com a família, como herança. Derrotado, Acabe retorna para casa e à esposa, sua aliada, Jezabel, que lhe sugere, como plano para assegurar a vinha, acusar Nabote falsamente de traição, com o que Acabe ordena a morte e confisca a propriedade de Nabote. Contudo, de acordo com 2Reis 9, que estudiosos sugerem refletir uma versão mais antiga da narrativa da vinha, Acabe é responsável pela morte não somente de Nabote (v. 25,26), mas também dos filhos de Nabote. Como punição, Deus promete eliminar a linhagem de Acabe e permite que tanto Acabe como Jezabel tenham seus corpos devorados por cães (1Rs 21:20-24). Acabe se arrepende, e sua punição é transferida para seus filhos. Não obstante, o sangue de Acabe é lambido pelos cães onde as prostitutas se banhavam (22:38), não em Jezreel, como profetizado, mas em Ramote-Gileade, onde Acabe e o rei Josafá, de Judá, juntaram forças contra os arameus.

O texto reconhece a forte capacidade de liderança de Acabe. Registra-se que ele reina por 22 anos, constrói e fortifica cidades, mantém as fronteiras em paz mediante alianças de casamento (Atalia com Jeorão, de Judá, Acabe com Jezabel, da Fenícia), e estabelece tratados com governantes como Ben-Hadade (1Rs 20) e Josafá (22). O escritor de Crônicas registra que, na verdade, Josafá paga tributo a Acabe e Israel (2Cr 18). Até mesmo uma imagem de líder valente busca ser apresentada quando Acabe, sangrando profundamente e morrendo, pede para ser retirado de sua carruagem, para manter o encorajamento de suas tropas na luta contra o inimigo. Não obstante, o texto descreve imagem mais vívida de Acabe como um líder fraco. Após retornar vitorioso de batalha (esta cena não menciona o nome de Acabe), Acabe fica "desgostoso e indignado" por um profeta o ter condenado por não levar Ben-Hadade à destruição segundo as regras da punição (*ḥērem*; 1Rs 20). Também lamenta e se recusa a comer quando se sente incapaz de comprar a vinha de Nabote. E permite que Jezabel governe em seu lugar. É esta imagem de Acabe, como "marido mandado", governado por Jezabel, que predomina na história bíblica. Os dados históricos, no entanto, oferecem uma imagem mais prestigiosa de Acabe.

Narrativa histórica. Muitos historiadores consideram os projetos de construção realizados por Acabe como tão impressionantes quanto os de Herodes e Salomão. Dados arqueológicos sugerem que Acabe fortificou as cidades de Dor, Megido, Hazor, Jezreel, Dã e En Gev, erguendo-lhes muralhas de defesa. Além disso, é considerado responsável por sofisticados sistemas de águas em Megido e Hazor, que protegeram aquelas cidades da ameaça assíria, com o suprimento de água constante. Dobraram os centros urbanos sob o governo de Acabe, talvez devido ao seu desejo de equilibrar os interesses cananeus com os israelitas. A avançada cultura material fenícia descoberta em Israel testemunha do estreito relacionamento entre as duas civilizações, especialmente ao desaparecer, após o desvanecimento da dinastia de Onri. Inscrição no Monólito de Salmanasar III, rei assírio, registra a batalha de Carcar, onde uma coalizão de reis, incluindo Acabe, levantou-se contra os assírios. Embora a Assíria tenha vencido, nem Hamate (Hama) nem Damasco foram tomadas. Acabe proporcionou o maior número de recursos, com 2 mil carruagens e 10 mil soldados. Além disso, a Pedra Moabita do século IX (Estela de Messa) indica que Onri (ou "a terra da casa de Onri" — talvez Acabe) controlou Moabe por muitos anos. As evidências históricas deixam claro que Acabe foi um rei forte e politicamente astuto.

Fontes rabínicas. Muitas fontes rabínicas enfatizam os poderes militares de Acabe e sustentam tanto Acabe quanto Manassés como possuidores dos mais elevados princípios, ambos sendo desviados, por causa de sua grandeza, para a prática do mal. O rabino Johanan argumenta que Acabe mereceu 22 anos de poder por haver respeitado as 22 palavras da Torá e dado todo o apoio aos sábios. O Zohar argumenta ser aceitável que Acabe quisesse tomar a propriedade de Nabote, mas não matá-lo por isso. Outros sugerem que Acabe era parente e herdeiro de Nabote, estando, assim, habilitado a assumir a propriedade (*Sanh.* 48b).

2. Filho de Colaías (Jr 29:21-23) que, juntamente com Zedequias, filho de Maaseias, é acusado pelo profeta Jeremias de profetizar falsamente e cometer adultério. Ele e Zedequias predisseram o retorno antecipado do exílio, incitando revoltas e caos em Babilônia, o que levou à sua execução pelo rei Nabucodonosor. [DEBORAH A. APPLER]

ACÁCIA Árvore nativa do Mediterrâneo, da qual há cinco espécies. A maioria cresce no deserto da Judeia, o Neguebe, e no Sinai, enquanto um tipo (*Acacia raddiana*) é encontrado nas partes central e norte de Israel. A acácia (heb. *šhiṭṭîm*) é uma árvore resistente, capaz de resistir às condições climáticas mais extremas do deserto. É usada como combustível, em construção e para sombra. O tronco, os ramos e as folhas proporcionam também alimento para uma grande variedade de animais. Enquanto alguns tipos de acácia são como arbustos — 4,5 metros de altura —, outros têm troncos e podem atingir a altura de 12,5 metros. A madeira da acácia foi usada com destaque na construção do tabernáculo, da arca da aliança e de objetos sagrados judaicos (Êx 25-27,30,35-38).

Bibliografia. N. Hareuveni, *Tree and Shrub in Our Biblical Heritage* (Kiryat Ono, 1984); Y. Waisel e A. Alon, *Trees of the Land of Israel* (Tel Aviv, 1980). [ALAN RAY BUESCHER]

ACADE (heb. *'akkaḏ*; ac. a-ga-dé) Cidade ao norte de Babilônia, listada com Babel e Ereque como parte do reino de Ninrode, na terra de Sinar (Gn 10:10); também chamada Agade, em acadiano. Acade foi fundada como capital do império estabelecido por Sargão I (c. 2330-2274 a.C.). O Império acadiano incluía toda a Mesopotâmia, partes da Anatólia e o norte da Síria, assim como a costa do Mediterrâneo. Com a mudança do centro político da Mesopotâmia do povo sumério para o acadiano, o idioma, a cultura e a arte militar semíticos e acadianos suplantaram os dos sumérios. O neto de Sargão, Naram-Sin, destruiu o grande palácio de Ebla por volta de 2250 a.C. A Acádia foi destruída pelos gutianos por volta de 2150 a.C. e nunca foi reconstruída.

A localização da cidade permanece incerta. Alguns a colocam próxima a Babilônia e outros a Sipor, possivelmente Tell Der ou Tell Sesubar. Mesmo após a destruição da cidade, o nome Acade designava a região norte de Babilônia, e os termos "acádio" e "sumério" foram usados ainda no período persa para referir-se a todos os povos de Babilônia. [BRADFORD SCOTT HUMMEL]

ACADIANO Frequentemente, um termo geral para os dialetos do antigo idioma semítico falado na Mesopotâmia e em derredor, como atestam documentos antigos datados de cerca de 2350 a.C. até o século I da era cristã.

Mais precisamente, o acadiano designa o período histórico mais antigo do idioma semítico oriental, que aparece em textos desde cerca de 2350 a.C. até cerca de 1950 a.C. Esta fase é referida como sendo a do antigo acadiano. A maioria de seus textos procede da dinastia fundada por Sargão de Acádia.

Com base nisso, diversos dialetos do acadiano podem ser distinguidos. Um dialeto do norte, usado dentro da Mesopotâmia, era falado como natural na terra da Assíria. Conquanto a mudança idiomática não haja ocorrido em períodos nitidamente demarcados, o desenvolvimento do assírio pode ser geralmente traçado da seguinte maneira: o antigo assírio foi atestado ser usado desde cerca de 1950 a.C. a 1750 a.C., principalmente em textos oriundos das colônias mercantes assírias na Anatólia. O assírio médio se impõe desde cerca de 1530 a.C. a 1000 a.C., e o neoassírio, de cerca de 1000 a.C. a 612 a.C. Durante este último período, o assírio é cada vez mais influenciado pelo aramaico, por causa da expansão do Império assírio. É nessa época que a Assíria alcança o píncaro do seu poder, conquistando no século VIII a.C. o Reino do Norte, Israel, e levando o povo das dez tribos para o cativeiro.

Um dialeto sulista do acadiano falado dentro da Mesopotâmia aparece primeiramente como antigo babilônico, em cerca de 2000 a.C. a 1600 a.C., ficando melhor conhecido como o Código de Hamurabi. Podem ser distinguidos subdialetos regionais, e uma forma idiomática elevada, conhecida como dialeto de hinos épicos, tornou-se instrumento de composições literárias. Seguindo a invasão cassita de Babilônia, emerge o médio babilônico (c. 1600-1100 a.C.), que durante a segunda metade do segundo milênio se torna a língua franca da diplomacia internacional no antigo Oriente Médio. No mesmo período, o babilônico padrão (ale. *Jungbabylonisch*), relembrando o dialeto dos hinos épicos mais antigos, torna-se a linguagem literária. O neobabilônico (c. 1100-539 a.C.), tal como o neoassírio, reflete a influência linguística crescente do aramaico, o qual, por sua vez, durante esse período, substitui o acadiano na diplomacia internacional. Foi o Império Neobabilônico que conquistou Judá no século VI a.C., quando Nabucodonosor era rei de Babilônia. O babilônio posterior (c. 539 a.C.-75 d.C.) vai se tornando cada vez mais aramaico, representando a tentativa final da classe sacerdotal restante de preservar suas antigas tradições, como o aramaico, até que, então, o grego se torna o meio de comunicação predominante.

Diversas gramáticas introdutórias, uma gramática descritiva padrão, três silabários e dois dicionários multivolumes estão disponíveis, ou próximos de serem concluídos, colocando o estudo do acadiano em base sonora. Juntamente com o eblaíta, o acadiano é uma das línguas semíticas mais antigas atestadas e a mais extensivamente documentada de todos os idiomas do antigo Oriente Médio. [WALTER R. BODINE]

AÇAFRÃO Tempero picante, em tonalidade de amarelo forte (heb. *karkōm*), produzido de estigmas secos de *Crocus sativus* L. O açafrão de Cântico dos Cânticos 4:14, citado, entre temperos e plantas, em uma descrição de uma jovem mulher como se fora um jardim ideal, pode se referir, no entanto, a *Curcuma longa* ou *Carthamus tinctorius*.

ACAIA (gr. *Achaía*) Terra natal dos acaios, que é como Homero chama os gregos que atacaram Troia; povo que dominava o norte da península do Peloponeso, na Grécia, durante o período micênico. Com a ameaça romana à Grécia, as cidades-estados do norte do Peloponeso (a Acaia propriamente dita), lideradas por Corinto, formaram a Liga Acaia para resistir a Roma. Os romanos derrotaram a liga e destruíram Corinto, tornando-se a Acaia uma província do Império Romano ligada à Macedônia, mas reconhecida como distinta desta.

Em 27 a.C., o imperador Augusto designou todo o Peloponeso e sul do continente como a nova província senatorial da Acaia, abrangendo uma área que se estendia desde o golfo a oeste da ilha de Eubeia até Actium. Corinto se tornou sua capital. O norte da Grécia passou a ser, em grande parte, a província da Macedônia. Também frequentemente os romanos se referiam de modo geral como Acaia à totalidade da Grécia.

As cartas de Paulo e Atos, que seguem as designações das províncias romanas, referem-se ao sul da Grécia como Acaia e ao norte da Grécia como Macedônia. Muito frequentemente, Paulo usa Acaia para indicar especificamente Corinto e seu território em torno (cf. At 18:12,27; Rm 15:26; 1Co 16:15; 2Co 1:1; 9:2; 11:10; 1Ts 1:7,8). [SCOTT NASH]

ACAICO (gr. *Achaïkós*) Cristão de Corinto (gr. "pessoa da Acaia") que a igreja de Corinto enviou a Paulo quando este se achava em Éfeso (1Co 16:17).

AÇÃO DE GRAÇAS (tb. OFERTA DE GRATIDÃO) A resposta que um Deus de amor espera de seu povo (heb. *tōdâ*; gr. *eucharistía*). Ação de graças é uma atividade que envolve a comunidade de fé, tanto no AT como no NT (p. ex., 1Cr 16:35; Ed 3:11; Sl 44:8 [TM 9]; 75:1[2]; 79:13; 2Co 1:11; 4:15; Ef 1:16).

No AT, as ofertas de gratidão eram uma expressão de ação de graças (Lv 7:12-15; 22:29), mostrando agradecimento por livramento de tribulação, aflição ou morte (Sl 56:12 [TM 13]; 107:17-22; 116:17). Tocando seus instrumentos, os músicos do templo, em Jerusalém, proporcionavam o desenvolvimento de ação de graças e louvor (1Cr 25:3; 2Cr 5:13). Nos dias de Davi, líderes treinados conduziam "cânticos de louvor e ação de graças" (Ne 12:46). Manassés, quando restaurado, ofereceu "sacrifícios de ação de graças" em agradecimento por livramento (2Cr 33:16; cf. Sl 50:14; Am 4:5). No tempo de Neemias, Matanias e outros levitas conduziam a oração e "os cânticos de ação de graças" (Ne 11:17; 12:8).

A ação de graças está descrita de forma destacada nos salmos (Sl 7:17 [TM 18]; 28:7; 30:4[5]; 50:23; 69:30[31]; 86:12; 111:1). O salmista agradece a Deus por livramento dos inimigos (Sl 35:11-18), de acusadores hostis (109:29,30) e da morte (86:12,13). Faz uso de cânticos de ação de graças (Sl 26:7; 42:4[5]; cf. Is 51:3; Jr 30:19), de exortação a entrar com ação de graças na presença de Deus (Sl 95:2; 100:4) e de conclamação a render graças ao Senhor (97:12; 105:1; 107:1; 118:1; 136:1-3; cf. 1Cr 16:8,34; 2Cr 20:21; Is 12:4; Jr 33:11).

Jesus deu graças (Mc 8:6 par.; 14:23 par.; Lc 22:17,19; Jo 6:11,23; 1Co 11:24; cf. Mt 11:25 par.), e a ceia do Senhor é a grande refeição de ação de graças da igreja (eucaristia). O leproso curado deu graças a Jesus (Lc 17:16); todavia, o fariseu que, por justiça própria, se considerava virtuoso, agradeceu a Deus de forma errada, julgando-se melhor que os outros (18:11).

Paulo enfatiza a ação de graças (1Co 14:16; 2Co 9:11,12; Fp 4:6; 1Ts 3:9; cf. Ef 5:4,20; Cl 2:7; 4:2; 1Tm 2:1), especialmente em relação a Cristo (2Co 2:14; 9:15), e a ingratidão significa corrupção (Rm 1:21). Os alimentos aceitáveis devem ser "recebidos com ação de graças" (1Tm 4:3,4).

A ação de graças, enfim, é uma expressão de adoração celestial (Ap 4:9; 7:12). [ALLISON A. TRITES]

ACAREL (heb. *'ăḥarḥēl*) Filho de Harum, da tribo de Judá (1Cr 4:8).

ACASBAI (heb. *'ăḥasbay*) Pai de Elifelete, um dos valentes de Davi (2Sm 23:34). Pode ter habitado Abel de Bete-Maaca [Abel-Bete-Maaca] (2Sm 20:14; 1Rs 15) ou Maacá, na Síria (10:6).

ACAZ (heb. *'āḥāz*) Forma abreviada de nomes como Acazias e Jeoacaz ("Yahweh tem alcançado"). Esta última forma aparece no texto assírio de Tiglate-Pileser III (ac. *iaúhazi*) como nome de um rei judeu (*ANET*, 282-84).

1. Rei de Judá no século VIII a.C. Com a idade de vinte anos, sucedeu a seu pai, Jotão, governando por dezesseis anos (c. 742-727 a.C.). Os deuteronomistas descrevem Acaz em termos negativos, em 2Reis 16, censurando-o sob a fórmula padronizada de avaliação "não fez o que era correto diante do Senhor seu Deus" e comparando sua impiedade à dos reis israelitas: "andou nos caminhos dos reis de Israel" (2Rs 16:2,3). Ele é acusado de apostasia religiosa (2Rs 16:4), tendo construído novo altar no templo de Jerusalém nos moldes de altar pagão de Damasco (v. 10-16), assim como fez aliança política com o rei assírio Tiglate-Pileser III (v. 7-9). A intenção dos deuteronomistas em descrever Acaz sob tais aspectos negativos é certamente estabelecer contraste acentuado com seu sucessor, Ezequias, que, de acordo com os mesmos, "fez o que era correto diante do Senhor" (2Rs 18:3), ao realizar uma reforma religiosa, retirando os altares das colinas, quebrando as colunas e destruindo os postes sagrados (v. 4). Ezequias, além disso, "se rebelou contra o rei da Assíria e recusou-se a servi-lo" (2Rs 18:7), rompendo assim a aliança estabelecida por Acaz.

A versão do autor de Crônicas quanto a Acaz é até mais negativa do que a dos deuteronomistas. Estudiosos geralmente concordam que o autor de Crônicas retrabalhou o material da narrativa de Reis para adaptá-la a perspectivas teológicas próprias. Conquanto a condenação que o autor de Crônicas faz de Acaz seja totalmente similar à dos deuteronomistas, a interpretação dos eventos não o é. Ao descreverem a invasão de Judá por Aram-Damasco e Israel (a chamada Guerra Siro-Efraimita), os deuteronomistas observam apenas que os invasores não conquistaram Judá; mas o autor de Crônicas trabalha sobre a derrota de Acaz em face do exílio de judeus para Damasco, a grande carnificina infligida por Peca e a remoção dos cativos e de grande despojo para Samaria (2Cr 28:5-15). Em segundo lugar, o apelo de Acaz a Tiglate-Pileser pedindo ajuda é colocado na narrativa de Reis no contexto do conflito siro-efraimita, resultando na derrota de Aram-Damasco e Tiglate-Pileser. O autor de Crônicas, no entanto, estabelece o apelo no contexto do ataque dos edomitas e filisteus. De acordo com Crônicas, Tiglate-Pileser ataca Acaz, em vez de vir em seu socorro. Em terceiro lugar, para os deuteronomistas a apostasia religiosa de Acaz começa com sua visita a Damasco a fim de se encontrar com Tiglate-Pileser; para o autor de Crônicas, a apostasia vem "mesmo durante a angústia", pois, em vez de se arrepender, Acaz "voltou a pecar contra o Senhor", quando então "sacrificou aos deuses de Damasco" (2Cr 28:22,23). O propósito teológico do escritor de Crônicas é, sem dúvida, mostrar que os pecados religiosos de Acaz tornaram-no o pior rei da história de Judá e, como resultado, Yahweh o puniu, entregando-o nas mãos dos inimigos. Todavia, nem assim Acaz se arrependeu, voltando-se para os deuses dos adversários.

Evento de significado importante durante o reinado de Acaz é a Guerra Siro-Efraimita, que a maioria dos estudiosos data de cerca de 734 a.C. Esse conflito está relacionado a um movimento contra a Assíria mais amplo, encabeçado por Rezim, de Aram-Damasco, na parte sudoeste do Império assírio. O ataque a Jerusalém por Rezim juntamente com Peca, de Israel, foi provavelmente resultado da recusa de Acaz em unir-se à sua coalizão. Isaías indica que o cerco de Jerusalém objetivava a substituição de Acaz no trono, ou sua subjugação, por certo "filho de Tabeel" (Is 7:6). Esta tentativa seria feita, então, com a finalidade de assegurar a participação de Judá na aliança. Contudo, como profeta conselheiro, Isaías é inspirado a encorajar Acaz, em nome do Senhor, a permanecer firme em sua política de neutralidade (Is 7:3,4).

2. Bisneto de Saul, mencionado na lista genealógica de Benjamim em 1Crônicas 8:35,36; 9:41,42.

Bibliografia. P. R. Ackroyd, Historians and Prophets, *SEA* 33 (1968): 18-54; The Biblical Interpretation of the Reigns of Ahas and Hezekiah, in *In the*

Shelter of Elyon, eds. W. B. Barrick e J. R. Spencer, *JSOT* Sup. 31 (Sheffield, 1984), 247-59; S. A. Irvine, *Isaiah, Ahaz, and the Syro-Ephraimitic Crisis*. SBLDS 123 (Atlanta, 1990). [JEFFREY K. KUAN]

ACAZIAS (heb. *'ăḥazyâ, 'ăḥazyāhû*) **1.** Rei de Judá, que sucedeu seu pai Jeorão com a idade de 22 anos e reinou por um ano (843/842 a.C.). Era sua mãe Atalia, sendo neto de Acabe e Jezabel (2Rs 8:25-27). A afirmação em Crônicas de que Acazias começou a reinar com a idade de 42 anos deve ser incorreta, pois seu pai tinha quarenta anos quando ele morreu (2Cr 21:20–22:2). Ele foi considerado um rei ímpio, sobretudo por causa do seu relacionamento com o Reino do Norte (2Rs 8:27). Aliou-se a Jorão, de Israel, com este participando de batalhas contra Hazael, rei da Síria. Estando Jorão em Jezreel se recuperando de ferimentos que lhe foram infligidos em batalha, Acazias foi visitá-lo (2Rs 8:28,29). Então, Jeú, já tendo sido ungido por Elias e proclamado rei de Israel (2Rs 9:1-13), viajou a Jezreel e ali matou Jorão e feriu fatalmente Acazias; levado a Megido, Acazias morreu (2Rs 9:17-29). Jeú continuaria o expurgo, a que se determinara, matando ainda vários parentes de Acazias (2Rs 10:13,14; cf. a sequência de eventos em 2Cr 22:7-9). O autor de Crônicas, fiel à sua doutrina da retribuição, atribui a morte de Acazias à sua associação com Jorão (2Cr 22:7a).

Em uma inscrição aramaica, aparentemente encomendada por Hazael, fragmentos da qual foram descobertos em Tel Dan em 1993 e 1994, o rei sírio alega ter matado [*Jo*]*rão*, rei de Israel, e [*Acaz*]*ias*, rei de Judá. Os dados bíblicos e epigráficos parecem, assim, estar em conflito, mas há evidência bíblica de alguma espécie de aliança entre Hazael e Jeú (1Rs 19:17).

Em seguida à morte de Acazias, Atalia matou os membros restantes da família real em Judá, assumindo ela mesma o trono. No entanto, Jeoseba/Jeosebate, irmã de Acazias, foi capaz de salvar um dos filhos deste, Joás. Sete anos mais tarde, Atalia seria deposta e morta, e Jeoás, coroado rei (2Rs 11:1-21; 2Cr 22:10–23:21).

2. Filho e sucessor do rei Acabe de Israel; ele reinou cerca de dois anos (850-849) (1Rs 22:40,51). O escritor deuteronomista critica este Acazias por sua aberrante prática religiosa — adoração a Baal (1Rs 22:53). Segundo Crônicas, Acazias, de Israel, e Josafá, de Judá, produziram juntos diversos navios em Eziom-Geber; a colaboração de Josafá com Acazias despertou a profecia de Eliézer, filho de Dodava, que corretamente vaticinou que os navios seriam destruídos (2Cr 20:35-37). Embora a perícope paralela em Reis afirme que navios construídos por Josafá foram destruídos, nega que Acazias colaborou em sua construção (1Rs 22:48,49).

Segundo narrativa do ciclo de Elias (2Rs 1:2-18), Acazias levou uma queda da sacada do seu quarto, em Samaria, ficando seriamente ferido. Enviou então mensageiros a Baal-Zebube, deus de Ecrom, para saber se poderia se recuperar dos ferimentos. Interceptados e repreendidos por Elias, disse o profeta a esses mensageiros que o rei não se recuperaria. Após muito se recusar, mas finalmente consentir, em comparecer perante Acazias, Elias o repreendeu por tentar consultar uma divindade que não Yahweh e voltou a afirmar que ele não se recuperaria. Seu irmão Jorão o sucedeu como rei de Israel.

Bibliografia. A. Biran e J. Naveh, The Tel Dan Inscription: A New Fragment, *IEJ* 45 (1995): 1-18; M. Cogan e H. Tadmor, *II Kings*, AB 11 (Garden City, 1988); J. M. Miller e J. H. Hayes, *A History of Ancient Israel and Judah* (Philadelphia, 1986). [CHRIS A. ROLLSTON]

ACBOR (heb. *'aḵbôr*) (tb. ABDOM) **1.** Pai do rei edomita Baal-Hanã (Gn 36:38,39 = 1Cr 1:49).

2. Filho de Micaías, oficial da corte do rei Josias, enviado com outros a consultar a profetisa Hulda (2Rs 22:12,14). Em 2Crônicas 34:20, é chamado Abdom (4), filho de Mica. Segundo Jeremias 26:22; 36:12, era pai de Elnatã.

ACELDAMA (gr. *Akeldamách*) Lugar que Judas comprou com o dinheiro que recebeu pela traição a Jesus (At 1:18,19). Ele sofreu queda fatal nesta sua propriedade, sendo seu sangue derramado sobre o campo, daí o nome "Campo de Sangue", Aceldama (transliterado do aramaico *ḥăqēl děma'*). Esta narrativa é frequentemente comparada à que está em Mateus 27:3-10, que também menciona um "Campo de Sangue" referente a Judas. Todavia, no relato em Mateus, Judas atira de volta aos sacerdotes as moedas recebidas pela traição e logo se enforca (Mt 27:5), sendo então certo "campo do oleiro" comprado pelos principais sacerdotes, após a morte de Judas (v. 7), referindo-se o "sangue", no nome, ao "sangue inocente" de Jesus (v. 4,6,8). As duas narrativas são provavelmente melhor vistas como variantes independentes de uma tradição etiológica, tendo seus autores desenvolvido suas versões da história de modos bem diversos. O local tido tradicionalmente como o de Aceldama fica no vale de Hinom, ao sul da Jerusalém, área associada no AT a idolatria e sacrifício de crianças (2Rs 23:10; Jr 7:30-34; 19:1-13).

Bibliografia. P. Benoit, The Death of Judas, in *Jesus and the Gospels*, 1 (New York, 1973): 189-207; J. Finegan, *The Archaeology of the New Testament*, ed. rev. (Princeton, 1992), 245-46. [KIM PAFFENROTH]

ACO (heb. *'akkô*) Cidade do Levante identificada com o atual Tell el-Fukhkhâr/Tell Acco (1585. 2585), de cerca de 700 metros. Sua importância como centro econômico e político pode ser atribuída à sua localização, na junção de rotas de comércio marítimo e terrestre ligando a costa do Mediterrâneo à Galileia, ao vale do Jordão, à Transjordânia e à Síria. Originalmente um centro populacional cananeu, Aco é mencionada como cidade não conquistada ao tempo da conquista israelita (Jz 1:31), assim como cidade romano-helênica portuária já no tempo de Paulo, chamada então Ptolemaida (At 21:7), situada entre o porto e o tell. Durante as Cruzadas, ficou conhecida como São João d'Acre, sendo em seguida chamada de Akka pelos conquistadores árabes.

Evidências arqueológicas e a ocorrência do nome em fontes de textos antigos indicam ter sido continuamente habitada por um período de quatro milênios. Durante a Idade do Ferro, Aco foi colonizada pelos filisteus; indicações de trabalho em metal e de cerâmica de Micenas confirmam sua ligação com as ilhas do Mediterrâneo. Tornou-se logo após importante centro mercantil e naval fenício, como mostram escavações arqueológicas sob a água, feitas no porto. Numerosos exemplos de utensílios domésticos, esculturas e joias foram encontrados na chamada Área B, testificando de seu papel como importante centro de comércio entre as cidades costeiras da Fenícia e o continente. A expansão da Assíria em direção ao ocidente levada a efeito por Tiglate-Pileser III resultaria na cobrança de altos tributos às cidades fenícias, que mais tarde iriam se aliar à rebelião de Ezequias, tendo como consequência as desastrosas invasões intentadas por Senaqueribe, em 701 a.C. Assurbanípal iria se jactar de haver eliminado habitantes de Aco não submissos, pendurando seus cadáveres em postes que fez colocar ao redor da cidade, e exilando outros (*ANET*, 300).

De 530 a.C. em diante, Aco se torna base estratégica para operações militares da Pérsia contra o Egito. Com o *status* de *polis*, passa a constituir conexão importante no comércio internacional, entre o mundo helênico e o dos nabateus, controlando o acesso às terras da Palestina. Sob o governo dos Ptolomeus, seu nome é mudado para Ptolemaida. Durante a Guerra dos Macabeus, os selêucidas a usam como base a partir da qual os judeus são perseguidos. Pompeu a conquista em 63 a.C. e aumenta seu território. Como colônia Claudia Ptolemais, serve de centro de atividades militares, indústria e comércio durante os Impérios Romano e Bizantino. Aco ficou famosa também pela derrota ali infligida a Napoleão em 1799.

Bibliografia. M. Dothan et al., Acco, *NEAEHL* 1.16-31; E. Linder, The Harbor of Akko Excavations (1973-75 Seasons), *International Conference of Underwater Archaeology* (Philadelphia, 1975). [J. P. J. OLIVIER]

AÇOITE Chicote usado para punir. No AT e no NT, a palavra é usada tanto no sentido literal como metafórico. A lei israelita prescrevia a aplicação de até quarenta chibatadas (Dt 25:1-3); a punição foi depois reduzida para 39 (ou "quarenta menos uma") chicotadas, para evitar ir além da lei (2Co 11:24). Açoitar com um chicote formado de várias tiras de couro era prática comum nas sinagogas ou no Sinédrio, como punição a um comportamento inaceitável ou transgressão de rituais religiosos ou das regras dos rabinos. Jesus advertiu seus seguidores de que seriam açoitados nas sinagogas, assim como aos escribas e fariseus de que mui certamente o fariam àqueles (Mt 10:17; 23:34).

Os romanos usavam, para vergastar, uma vara ou um bastão, ou um açoite ou azorrague, feito de tiras de couro com pedaços de ossos e metais afiados nelas presos. Chicotear o réu fazia parte da pena de morte e geralmente precedia a crucificação (Mt 20:19; Mc 10:34; Jo 19:1). O resultado era horrível. Castigar com chicote era praticado também para forçar a confissão, como parte do interrogatório (At 22:23-29).

A palavra (bem como o termo "tortura", a ela relacionado) é usada igualmente em sentido metafórico, para indicar tribulação, tormento, enfermidade, inquietação ou sofrimento (cf. Jó 5:21; Is 10:26). Jesus curou a mulher que sofria de sangramento, de sua "doença" — gr. *mástix;* lit., "açoite", cf. Mc 3:10; Lc 7:21). A ideia de castigo abrange ainda a de correção, por punição disciplinar, daqueles a quem Jesus aceita (Hb 12:6), imagem tomada do AT (Pv 3:12 LXX; 1Rs 12:11,14; 2Cr 10:11,14). [RICHARD A. SPENCER]

Bater com vara ou bastão (heb. *šēḇeṭ*) era a punição tida como mais adequada para crianças (Pv 13:24), tolos ou escravos (Êx 21:20,21), pois a dor causada pelo açoite com chicote de couro (*šôṭ*) era considerada tão terrível que seria somente superada em sofrimento pela picada do escorpião (1Rs 12:11). No entanto, chega a esse ponto mais elevado, o do açoite, superando o bater com vara ou bastão, a punição que o profeta anuncia que Deus irá administrar a seu povo rebelde (Is 10:24-26). E, apesar da prática consagrada de 39 chibatadas, a Mixná descreve um tipo de castigo que inclui determinar primeiro quantas chicotadas a vítima poderia suportar, para, então, amarrar suas mãos em uma coluna, expor seu peito e costas e chicotear de tal modo que um terço das chibatadas seja na frente e dois terços nas costas (*m. Mak.* 3.10-14).

Já o açoite romano ignorava os limites da Lei mosaica e a severidade variava de acordo com o *status* da vítima. Um homem livre, como Paulo, podia ser espancado com vara (gr. *hrábdos*) de olmo ou bétula por litores [oficiais] romanos (At 16:22; 2Co 11:25). Os escravos e os não romanos podiam ser açoitados com correia ou com o chicote de couro romano, com nós nas extremidades e pedaços de metal ou osso nas tiras (gr. *phragéllion;* Mt 27:26).

Bibliografia. B. Rapske, *Paul in Roman Custody,* vol. 3 of *The Book of Arts in Its First Century Setting,* ed. B. K. Winter (Grand Rapids, 1994). [DENNIS GAERTNER]

ACOR (heb. *'āḵôr*) Vale situado na divisa de Judá-Benjamim (Js 15:7), onde os israelitas apedrejaram Acã e sua família por causa de sua infidelidade, que precipitou a derrota dos israelitas em Ai (7:11, 12,20,21). Acor significa "problema", o que pode derivar da má ação de Acã (Js 7:25).

A localização exata deste vale é problemática, embora os estudiosos o tenham identificado com a atual el-Buqei'ah.

Dois profetas do século VIII a.C. citam Acor como promessa para os escolhidos. Embora sendo o vale do "problema", escatologicamente há de se tornar "uma porta de esperança" (Os 2:15).

Bibliografia. F. M. Cross e J. T. Milik, Explorations in the Judaean Buqê'ah", *BASOR* 142 (1956): 5-17; L. E. Stager, Farming in the Judean Desert during the Iron Age, *BASOR* 221 (1976): 145-58. [DAVID MERLING]

ACRABATENE (heb. *Akrabattēnē*) Fortaleza na divisa entre Judá e a Idumeia, próximo à encosta de Acrabim, onde Judas Macabeu derrotou os idumeus (1Mac 5.3).

ACRABIM (heb. *'aqrabbîm*) Desfiladeiro, encosta, de montanha ("desfiladeiro do Escorpião") na fronteira sul de Canaã (Nm 34:4; Js 15:3; Jz 1:36), que alguns estudiosos identificam com Naqb es-Safā. Nesta região, Judas Macabeu derrotou os idumeus (1Mac 5.3)

ACRE (tb. JEIRA) Unidade de medida (heb. *ṣemeḏ*, canga, jeira) correspondente à quantidade de terra que uma junta de bois pode arar em um dia, variável segundo os diferentes métodos da agricultura (1Sm 14:14; Is 5:10).

ACRÓSTICO Forma de poesia em que as letras iniciais ou sinais de cada linha, parelha de versos ou estrofe, quando lidas sucessivamente apresentam um nome, uma sentença, alfabeto ou algum padrão alfabético. Os acrósticos são conhecidos desde há muitos períodos históricos e tradições literárias, sendo o mais antigo oriundo da antiga Mesopotâmia. O Antigo Testamento contém uma boa quantidade de acrósticos, parciais ou completos, do alfabeto (Na 1; Sl 9–10, 25, 34, 111, 112, 119, 145; Pv 31:10-31; Lm 1, 2, 3, 4). Estes acrósticos apresentam o alfabeto hebraico pelas letras iniciais de cada linha (Sl 111–112), ou de uma parelha de versos (Lm 3) ou estrofe (Lm 1, 2, 4).

Estudiosos presumem que os acrósticos eram usados no AT como recurso pedagógico ou ajuda mnemônica, ou fossem associados a supostos poderes mágicos, ou simplesmente quisessem significar o sentido de algo completo. Independentemente da plausibilidade dessas teorias, o acróstico é, fundamentalmente, uma forma poética, funcionando de modo análogo a outras formas de poesia (p. ex., o soneto, na tradição poética dos idiomas de hoje). Visaria, então, a proporcionar um esquema estético na composição e apresentar um padrão de repetição, manipulável para a obtenção de efeitos diversos, incluindo uma construção coerente e dinâmica e assinalar a conclusão. Forma básica quanto à poesia em geral, o acróstico representa importante artifício formal na poética hebraica. [F. W. DOBBS-ALLSOPP]

ACSA (heb. *'aḵsâ*) Única filha de Calebe (1Cr 2:49), que foi prometida pelo pai em casamento ao homem que capturasse a cidade de Debir, na época chamada Quiriate-Sefer. Seu primo Otoniel, sobrinho de Calebe, tomou a cidade e se casou com ela. O dote foram terras do Neguebe, mas, instruída pelo marido, Acsa convenceu Calebe a lhe dar de presente também fontes de água, e ele lhe deu as fontes superiores e inferiores nas proximidades de Hebrom (Js 15:16-19; Jz 1:11-15). [CAROL J. DEMPSEY]

ACSAFE (heb. *'aḵšāp*) Cidade de fronteira que coube, na divisão israelita, à tribo de Aser (Js 19:25). Ao rei cananeu da cidade aliou-se Jabim, rei de Hazor, para se opor ao avanço israelita, sendo derrotados (Js 11:1; 12:20). A cidade é mencionada nos *Textos de Execração Egípcios* e, mais tarde, no *Papyrus Anastasi I* (séc. XIII a.C.). Acsafe estava entre as cidades conquistadas pelo faraó Tutmés III. Uma carta encontrada entre as tabuletas de argila de Amarna fala a respeito de o rei de Acsafe enviar cinquenta carruagens para ajudar o rei de Jerusalém. As ruínas da cidade podem ser hoje Khirbet el-Harbaj/Tel Regev, ao sul da planície de Aco. [DAVID C. MALTSBERGER]

ACUBE (heb. *'aqqûḇ*) **1.** Filho de Elioenai, da linhagem real de Davi (1Cr 3:24).

2. Chefe de uma família levítica de porteiros do templo pós-exílica (1Cr 9:17; Ed 2:42 = Ne 7:45; 11:19; 12:25).

3. Chefe de uma família de servos do templo pós-exílica (Ed 2:45).

4. Levita dos que explicavam as palavras da Lei que Esdras lia perante o povo reunido (Ne 8:7).

ACZIBE (heb. *'akzîb*) **1.** Cidade da Sefelá, pertencente à tribo de Judá (Js 15:44). Variante do nome Quezibe, onde a esposa cananeia de Judá gerou Selá, seu terceiro filho (Gn 38:5). Eusébio (*Onom.* 172) identificou a cidade como Chasbi, próxima a Adulão. Os estudiosos geralmente aceitam esta identificação, que corresponde à atual Tell el-Beidã/Horvat Lavinin, a 5 km a oeste de Adulão. O profeta Miqueias faz um jogo de palavras com seu nome, declarando que "as casas de Aczibe se tornarão em engano [*'akzāb*] para os reis de Israel" (Mq 1:14).

2. Importante cidade da Antiguidade, localizada na costa do Mediterrâneo, junto à Via Maris, a cerca de 14 km ao norte de Aco. Até 1948, era um tell o local da aldeia atual de ez-Zib (1598.2727). A presença da aldeia impediu a escavação da elevação, exceto de quatro amplos cemitérios, até as escavações de 1963-1964, realizadas por Moshe W. Prausnitz. Estas escavações indicaram que Aczibe foi ocupada desde a Idade Média do Bronze até o período islâmico. Durante o período israelita, a cidade pertencia a Aser (Js 19:29), mas, segundo o texto bíblico, essa tribo não teve sucesso em expulsar os seus habitantes cananeus (Jz 1:31). Durante a Idade Média do Bronze, a cidade era separada do continente por profundo canal, que unia o úadi Qarn/Nahal Keziv, ao norte, com a baía ao sul, tornando a cidade uma ilha. A cidade alcançou seu tamanho maior durante a Idade do Ferro, estendendo-se para leste, além do canal, até ser conquistada por Senaquerib em sua terceira campanha, em 701 a.C. [RONALD A. SIMKINS]

ADA (heb. *'ādâ*) **1.** Uma das duas esposas de Lameque, caimita, mãe de Jabal e Jubal (Gn 4:19-21,23).

2. Uma das esposas de Esaú, filha de Elom, o heteu, e mãe de Elifaz (Gn 36:2,4).

ADÃ (heb. *'addān*) **I. (PESSOA)** Líder dos judeus que retornaram do exílio de Tel-Melá e Tel-Harsa (1Ed 5.36). A versão em inglês NRSV traduz este nome do grego *charaathllan kai allar*: "Charaathalan e Allar" (LXX Códex Vaticanus).

II. (LUGAR) (tb. ADOM) Cidade em Babilônia, ainda não identificada. Os que voltaram do exílio e que ali viviam não puderam provar seus ancestrais (Ed 2:59 = Ne 7:61, "Adom").

ADAD NIRARI (ac. Adad-nirari) **1.** Adad Nirari I (1307-1275 a.C.) teve sucesso na expansão da Assíria para o oeste, pelo rio Eufrates. Conquistou o protetorado de Mitani, de Hanigalbat.

2. Adad Nirari II (911-891 a.C.) consolidou as terras de seus predecessores e guerreou contra os arameus, a oeste do rio Habur. Lutou também na fronteira babilônica, ação que resultou em coexistência pacífica entre os dois Estados pelo restante do século IX a.C.

3. Adad Nirari III (810-783 a.C.), filho da lendária rainha Semíramis, herdou um Estado enfraquecido pela guerra civil. Não obstante, obteve moderado sucesso em Babilônia, alegando em seus anais haver destruído uma coalizão centrada em Damasco, cidade que capturou. Entre os reis listados como seus vassalos estão Joás, de Israel (em acadiano, *Ia-a-su mat Sa-me-ri-na-a*), não participante, no entanto, da coalizão de Damasco. Adad Nirari III pode ter sido o "libertador" de Israel mencionado em 2Reis 13:5. Outro inimigo da coalizão síria, Zacur, de Hamate, alegou ter repelido um cerco de Ben-Hadade, de Damasco, provavelmente beneficiado pela presença de Adad Nirari III na região.

Bibliografia. A. K. Grayson, *Assyrian Rulers of the Early First Millennium B.C. (1114-859 B.C.)* (Toronto, 1991); A. R. Millard e H. Tadmor, Adad-Nirari III in Syria, *Iraq* 25 (1973): 57-64. [MARK W. CHAVALAS]

ADADA (heb. *'ad'ādâ*) Cidade do sul de Judá (Js 15:22). O nome deveria provavelmente ser lido Arará (heb. *'ar'ārâ*), identificando-se com a atual *'ar'ārâ*, a cerca de 19 km a sudeste de Berseba, segundo alguns onde Aroer estava situada (1Sm 30:28).

ADAÍAS (heb. *'ădāyâ, 'ădāyāhû*) **1.** Homem de Bozcate, avô materno do rei Josias (2Rs 22:1).

2. Levita da família de Gérson (1Cr 6:41 [TM 26]).

3. Benjamita, um dos filhos de Simei (1Cr 8:21).

4. Sacerdote, filho de Jeroão, da família de Malquias (1Cr 9:12 = Ne 11:12).

5-6. Descendentes de Bani e de Binuí que tiveram de despedir suas esposas estrangeiras (Ed 10:29,39).

7. Filho de Joiaribe, da tribo de Judá (Ne 11:5).

8. Pai de Maaseias, um dos "capitães de cem", a quem o sacerdote Joiada confiou, em sua rebelião contra a rainha Atalia (2Cr 23:1).

ADALIA (heb. *'ădalyā'*) Um dos dez filhos de Hamã, o agagita (Et 9:8; cf. pers. *ādārya*, "honorável").

ADAMA (heb. *'ădāmâ*) Cidade no território de Naftali (Js 19:36), possivelmente devendo ser identificada como Hajar ed-Damm, a cerca de 4 km a noroeste de onde o rio Jordão deságua no mar da Galileia.

ADÂMI-NEQUEBE (heb. *'ădāmî hanneqeb*) Aldeia na baixa Galileia, que coube à tribo de Naftali (Js 19:33). Seu nome, cujo significado é "passagem de terra vermelha", pode ser associado à atual Tel Adami/Khirbet et-Tell/ed-Dâmiyeh, a oeste do mar da Galileia. Situada numa pequena cadeia de montanhas de 160 metros acima do nível do mar, seu povoamento se desenvolveu ao longo do leito do córrego Nahal Dami. Seus habitantes vivem certamente do pastoreio de ovelhas em declives nas vizinhanças e limitada lavoura. [DAVID C. MALTSBERGER]

ADÃO (heb. *'ādām*) **I. (PESSOA)** A palavra hebraica *adam* significa "humano" e pode ser usada tanto coletivamente (“humanidade”) como individualmente (“ser humano”). Quando usada em contraste com a palavra “mulher”, pode indicar determinado homem. Em Gênesis 1–5, refere-se ao primeiro ser humano, Adão. Esta palavra é usada, enfim, em contextos e jogos de palavras com diferentes sentidos — coletivo, individual, gênero não específico e macho.

A palavra é usada em sentido coletivo ao referir-se à criação dos seres humanos, em Gênesis 1:27, e mais adiante, em 5:1,2, em que “Adão”, “homem”, é definido como “macho e fêmea”. Na segunda vez em que é relatada a criação de Adão, em 2:7 (de fonte diferente), há o sentido de indivíduo do sexo masculino, sendo dele formada posteriormente a mulher (2:22). Todavia, a sexualidade, a distinção de gênero, não é a ênfase a essa altura na identidade de Adão. Antes da criação da mulher, Adão é referido em sentido não ainda especificamente macho, podendo ser visto tanto como indivíduo quanto coletividade de seres humanos. Assim, é como se não somente Adão, mas todo ser humano, nascesse do pó da terra, e o sopro vivificador de Deus e a assertiva de Deus de que “não é bom que o homem esteja só” dissessem respeito, de modo geral, a todo e qualquer ser humano (“não é bom que o ser humano esteja só”).

A interação entre Adão individual e a “humanidade” coletiva é algo essencial na natureza de Adão no jardim do Éden. As primeiras motivações, temores e punições do casal — tudo isso reflete coisas próprias da humanidade em geral. Nos significados, ricos, embora ambíguos, da narrativa inicial de Gênesis, há o sentido de que todos os seres humanos revivem o drama dos dois primeiros, em termos morais, sexuais e espirituais. Cada um e todos os seres humanos participam, portanto, em determinado ponto de seu desenvolvimento, da tentação e do acesso ao perigoso fruto do conhecimento, envolvendo ganhos e perdas, e estando todos também condenados a morrer. Os significados múltiplos e ambíguos do relato refletem, enfim, a complexidade da condição humana.

Um motivo frequente e recorrente em Gênesis 1–8 é a ligação entre Adão e a terra (*’ăḏāmâ*). Adão é feito do pó da terra, e é de *’ăḏāmâ*, justamente, que Adão obtém seu nome (2:7). Nas maldições pronunciadas por Deus, a terra é condenada por causa de Adão (3:17), e o homem deverá retornar à terra da qual foi tomado (3:19). A terra é parte essencial de Adão, o componente “terreno” de sua identidade. Todavia, Adão é expulso da terra por causa da desobediência. Muito embora possa não ficar totalmente claro quanto isso tem a ver com Adão como representante da raça humana em geral, parece estar implícito aí um sentido de nossa identidade dividida, tanto de modo terreno quanto separado da natureza. Ao suspender a maldição sobre a terra no final do dilúvio (8:21), Deus parece assinalar sua reconciliação para com a natureza dividida da raça humana.

Em tradições pós-bíblicas, o caráter de Adão é descrito de vários modos. A obra *Vida de Adão e Eva* apresenta o casal, após sua expulsão do Éden, arrependido de seus pecados, e, como que em uma recompensa pelo arrependimento, Adão é levado para o paraíso celestial. A restauração de Adão ao paraíso é descrita como a prefiguração da restauração de todos os justos ao paraíso no final dos tempos. Nos escritos de Paulo, a segunda vinda de Cristo é a solução para o pecado de Adão, e mediante Cristo o justo será restaurado ao paraíso celestial em estado de glória. Nos manuscritos do Mar Morto e em escritos rabínicos, Adão é glorioso e super-humano antes do seu exílio do Éden, caindo em estatura quando exilado. Em algumas tradições místicas judaicas, a glória original de Adão pode ser reconquistada por meio da contemplação mística da essência eterna de Deus. Na interpretação de Agostinho da teologia paulina, o pecado de Adão é transmitido pela relação sexual (especificamente, pelo sêmen) a cada geração subsequente, com a única exceção de Cristo, concebido sem pecado. [RONALD S. HENDEL]

II. (LUGAR) Cidade da Transjordânia a cerca de 30 km ao norte do local onde os israelitas cruzaram o Jordão, do lado oposto a Jericó (Js 3:16). É o sítio atual Tell ed-Dâmiyeh, a cerca de 2 km ao sul do ribeiro Jaboque.

ADÃO, LIVROS DE Documentos pseudepigráficos, rabínicos e gnósticos diversos, que buscam explicar a narrativa bíblica de Adão e Eva (Gn 1–4). Dos muitos livros atribuídos a Adão, os mais importantes e provavelmente mais antigos são o *Apocalipse grego de Moisés* e a *Vida latina de Adão e Eva*. Estes documentos são judaicos no pensamento, contendo informação sobreposta similar, ao mesmo tempo que detêm tradições singulares. Tem sido difícil determinar seu relacionamento literário. Foram provavelmente traduzidos do hebraico original antes de 400 a.C. São narrativas em forma de *midrash* e concentram-se sobre eventos que se seguiram à expulsão de Adão e Eva do paraíso terrestre, com atenção especial à natureza e às consequências do pecado: Satanás, o anjo caído; Deus, o ser temido e buscado em termos de misericórdia; a ressurreição dos mortos, que há de restaurar o que se perdeu na queda. De modo significativo, não é apresentado o sacrifício de Cristo como expiatório nem há preocupação pela esperança messiânica. Outra literatura de Adão abrange: *Caverna dos Tesouros*, *Combate de Adão e Eva*, *Testamento de Adão* e *Apocalipse de Adão*, este, um documento gnóstico judaico encontrado na biblioteca de Nag Hamadi [no Egito]. [KENNETH J. ARCHER]

ADAR (heb. *'ădār*) **I. (MÊS)** Décimo segundo mês do ano hebreu (fevereiro-março) (Ed 6:15), durante o qual era celebrada a Festa de Purim (Et 9:17,19,21) (cf. ac. *adaru*). No ano intercalar babilônico, que geralmente ocorria a cada dois ou três anos, era acrescentado um décimo terceiro mês, chamado de "segundo adar".

II. (LUGAR) (heb. *'addār*) Cidade ao longo da fronteira meridional de Judá (Js 15:3), a oeste do deserto de Zim. No texto paralelo de Números 34:4, seu nome é combinado com o de Hezrom para que se leia Hazar-Hadar.

III. (PESSOA) Filho de Belá, benjamita (1Cr 8:3), provavelmente a mesma pessoa que Arde (Gn 46:21).

ADASA (gr. *Adasa*) Local da derrota de Judas Macabeu diante de Nicanor, general da Síria, em 161 a.C. (1Mac 7.40-45). Flávio Josefo localiza a cidade a 4 km a sudeste de Bete-Horom (*Ant.* 12.10.5), junto à estrada principal para Jerusalém. Alguns a identificam com a atual Khirbet Adaseh, a cerca de meio caminho entre Bete-Horom e Jerusalém. [DENNIS M. SWANSON]

ADI (gr. *Addí*) **1.** Líder de clã de israelitas egressos do exílio que haviam se casado com mulheres estrangeiras (1Ed 9.31).

2. Ancestral pré-exílico de Jesus, de acordo com a genealogia de Lucas (Lc 3:28).

ADIDA (gr. *Adida*) Cidade judaica que Simão Macabeu fortificou (1Mac 12.38) e onde acampou contra Trifão (13.13). É, provavelmente, o mesmo que Harim (Ed 2:32)/Hadide (Ne 7:37).

ADIEL (heb. *'ădî'ēl*) **1.** Líder da tribo de Simeão (1Cr 4:36).

2. Sacerdote, filho de Jazera e pai de Maasai (1Cr 9:12).

3. Pai de Azmavete, encarregado dos tesouros de Davi (1Cr 27:25).

ADIM (heb. *'āḏîn*) Pai e ancestral de um grande número de judeus que retornaram do exílio (454 em Ed 2:15; 655 em Ne 7:20). Em Neemias 10:16 (TM 17), um dos que selaram o pacto renovado.

ADINA (heb. *'ăḏînā'*) Um dos guerreiros de Davi, filho de Siza, da tribo de Rúben (1Cr 11:42).

ADIVINHAÇÃO Ato de buscar determinar o futuro ou apurar a vontade divina. Importante aspecto da vida em todo o antigo Oriente Médio, a adivinhação não era uma prática mística, mas um processo baseado em observação empírica e causa/efeito, executado por especialistas experientes. A regularidade das evidências era tão constante que presságios específicos eram registrados e o processo se tornou precursor do método científico ocidental.

Os vários processos eram sustentados, em seu fundamento, pelo princípio básico de que o Universo é essencialmente ordenado, inclusive o mundo profano. Deuses eram responsáveis por manter essa ordem. Considerando-se seus poderes, para eles isso era tarefa de rotina. Todavia, ocorriam excentricidades na natureza. Tais anomalias eram entendidas como sendo permitidas pelos deuses para transmitirem mensagens aos seres humanos (quando formas mais diretas de comunicação não fossem normalmente possíveis). Assim, quando observada uma anomalia na natureza, sua causa deveria ser buscada em uma ocorrência incomum na esfera mundana humana, base lógica do contato divino. A certeza dessa conexão é celebrada em um antigo texto babilônico, que alegremente proclama: "Samas [...] és tu que escreves os oráculos e indicas as decisões divinatórias nas entranhas das ovelhas".

Havia ampla variedade de modos de adivinhação, já que todos os aspectos da natureza eram meios em potencial para esse tipo de comunicação divina. As tradições de adivinhação melhor atestadas foram preservadas em extensa literatura de adivinhação do segundo e primeiro milênios a.C. na Mesopotâmia, gênero literário distinto, caracterizado por uma gramática especial. Os textos são geralmente organizados pelas primeiras duas palavras da linha introdutória, ou prótase, que consiste em uma afirmação condicional (p. ex., "Se um feto tem um X..."). Muitos textos têm como base a observação de acontecimentos históricos específicos. Por exemplo, um texto de Mari, encontrado na figura de um fígado humano modelada em barro, proclama: "Quando meu país se rebelou contra Ibbi-Sin [de Ur, c. 2027-2003 a.C.], foi aí que o fígado se revelou". Outros textos têm sua origem em circunstâncias mais triviais e não prontamente explicáveis (p. ex., "Se os pelos do peito de um homem se encaracolam para cima, ele há de se tornar um escravo"). A maioria das observações desse tipo era feita ao apresentar alguém um animal a um sacerdote para que fosse interpretado o destino do dono. Supunha-se que, após determinado tempo, as pessoas encontrassem certa regularidade nas mensagens a elas dirigidas. E, à medida que catálogos para os diversos tipos de adivinhação foram então se difundindo, surgiu o desejo de perfeição. Como resultado, desenvolveu-se uma gama de proposições teóricas, que poderiam ser tudo, menos logicamente impossíveis

(p. ex., "Se uma ovelha tiver sete fígados, surgirá o rei do Universo").

A ideia de regularidade na comunicação divina levou a uma série de práticas com que se poderia determinar a vontade dos deuses. Organizaram-se assim rituais regulares referentes aos principais fatos mundanos, tais como o de se lançar sortes antes dos combates militares. Os mesopotâmicos consideravam os agouros mais confiáveis que formas mais diretas de comunicação divina, como é evidente em material constante da biblioteca de Zimrilim, rei de Mari (c. 1775 a.C.). Uma série de mensagens proféticas, supostamente obtidas em estado de êxtase, e geralmente creditadas ao deus Dagan (ou Dagom) foram dirigidas ao referido rei em suas campanhas militares. Essas mensagens eram acompanhadas de amostras de cabelo e roupas do suposto mensageiro do deus Dagan, para serem testadas por meio de agouros, a fim de ser confirmada a sua validade como mensagem.

Dentre os meios mais comuns usados na adivinhação, estavam fetos de animais (especialmente os de malformação), órgãos de animais, como fígado, vesícula e bílis, rins e pulmões, amostras de cabelo, padrões de voo de pássaros, meteoritos, tempo, padrões de sono dos seres humanos, sonhos e padrões de conduta animal. O interesse em interpretar órgãos internos de animais imolados em sacrifício conduz a duas circunstâncias: primeira, os exemplos são ubíquos; segunda, são revelados durante o curso de ritual em que há elevado sentido de conexão espacial entre as esferas divina e humana.

A prática da adivinhação é quase inteiramente condenada no AT. A principal exceção é a prática de cleromancia (lançar sortes), atividade essencial ao sumo sacerdote (Nm 27:21). Não se sabe exatamente o que seriam o Urim e o Tumim do sumo sacerdote, mas sua função era a de proporcionar um "sim" ou "não" como resposta (cf. 2Sm 5:19). Sortes definiram a divisão da terra entre as tribos (p. ex., Nm 26:55,56), a designação de candidatos indicados a determinado ofício (p. ex., rei, 1Sm 10:20,21; sacerdote, 1Cr 24:5) e a culpa (Nm 5:15-30; Js 7:14,15). Em 2Reis 13:14-19 é apresentada uma forma de lançar sortes mediante a manipulação de flechas (belomancia = adivinhação por flechas), envolvendo o profeta Eliseu e o rei Jeoás, de Israel. A mesma prática é atribuída a Nabucodonosor em Ezequiel 21:21, embora não haja registro dessa prática na literatura neobabilônica.

Outras práticas toleradas (ou, pelo menos, não condenadas, no mesmo contexto) centravam-se no uso de atitudes particulares como sinal de aprovação divina. Na narrativa de Gideão, o futuro juiz pede um sinal a Yahweh (Jz 6:36-40) e, depois, tem ainda outro sinal, associado à forma de beber água (7:4-7). Jônatas, por sua vez, assevera que a atitude dos filisteus para com ele e seu escudeiro será sinal de aprovação divina ou não para atacar (1Sm 14:8-12).

A oniromancia, interpretação dos sonhos ou adivinhação por meio deles, é também aceita no AT (Gn 40:5-8; 41:1-36; Dn 1:17; 2:25-49). As narrativas atribuem a interpretação inteiramente a Yahweh, ao que parece para exclusão dos experientes especialistas na interpretação de sonhos (de grande interesse tanto no Egito como na Mesopotâmia).

Todas as demais formas de adivinhação, tais como extispício (exame das entranhas de animais), astrologia, necromancia (consulta aos mortos), hidromancia (interpretação dos padrões de água e de interações com substâncias), são proibidas no AT. Há uma série de termos referente aos campos que praticam vários tipos de adivinhação, mas infelizmente não há dados suficientes para estabelecer os limites semânticos desses nomes. Deuteronômio 18:10,11 lista uma série de termos que denotam práticas religiosas pagãs mediante os variados e respectivos tipos de adivinhadores, proibidos de continuar vivendo na terra prometida após os israelitas haverem tomado Canaã, pois sua presença continuada ali poderia levar ao sincretismo. O estado dessa proscrição é ilustrado no encontro de Saul com uma mulher que praticava necromancia, que inicialmente teme envolver-se com ele (1Sm 28:3-25). A presença contínua de adivinhadores entre os judeus, no entanto, é comprovada em Isaías 1:3-5, onde estão listados, juntamente com juízes, anciãos, profetas e chefes militares, na elite de Jerusalém e Judá, que seria deportada após a conquista babilônica, levando ao colapso da ordem político-social judaica. Isso realça o grau alcançado pela negação ou revogação do pacto, já que essa espécie de proscritos era não somente tolerada, mas acolhida e respeitada na sociedade judaica.

Todavia, o modo preferido da comunicação divina na sociedade israelita era mediante procedimentos de êxtase, em clara distinção à subordinação de todos os fenômenos extáticos à confirmação por agouros, conforme a literatura da Mesopotâmia pertinente ao assunto.

Bibliografia. J. Bottero, *Mesopotamia: Writings, Reasoning, and the Gods* (Chicago, 1992). [MARK ANTHONY PHELPS]

ADIVINHADORES, CARVALHO DOS Árvore situada perto de Siquém (Jz 9:37), sob a qual era praticada adivinhação. A árvore (heb. *ʾēlôn mĕʿônĕnîm*) era suficientemente grande para proporcionar sombra, abrigo e lugar para reunião (Jz 9:6). Essa mesma ou outras árvores são mencionadas ainda no AT no tocante a adivinhação e altares (Gn 35:4; Js 24:26), sendo a mais famosa o carvalho de Abraão em Moré. Essa árvore tornou-se importante marco durante a jornada de Abrão na terra para onde Deus o enviara (Gn 12:6), lugar onde "o Senhor apareceu a Abrão" e prometeu dar aquela terra à sua descendência (v. 7). Uma árvore a noroeste de Hebrom tem sido tradicionalmente identificada como o carvalho de Moré.

Bibliografia. F. N. Hepper e S. Gibson, Abraham's Oak of Mamre, *PEQ* 126 (1994): 94-105. [JOHN A. MCLEAN]

ADLAI (heb. *'adlay*) Pai de Safate, que cuidava do rebanho de Davi nos vales (1Cr 27:29).

ADMÁ (heb. *'admâ*) Cidade situada no vale de Sidim, no extremo sul do Mar Morto, mencionada na descrição dos limites dos cananeus (Gn 10:19). Seu rei Sinabe, antes aliado de Quedorlaomer (Gn 14:2), reuniu os reis de Sodoma, Gomorra e Zeboim numa revolta contra esse soberano deles (v. 8). Embora não mencionadas nominalmente na narrativa da destruição de Sodoma e Gomorra (Gn 19:24-29), Admá e Zeboim simbolizam, junto com essas cidades, a devastação total que pode resultar do mal e não arrependimento (Dt 29:23 [TM 22]; Os 11:8). [RICHARD A. SPENCER]

ADMATA (heb. *'admātā'*) Um dos sete príncipes do reino da Média e da Pérsia sob o rei Xerxes (Assuero) (Et 1:14). Estes conselheiros legais (mencionados também em Esdras 7:14) partilhavam do poder do governo real (cf. Et 1:13-21).

ADMIM (gr. *Admín*) Ancestral de Jesus que viveu antes do tempo do rei Davi (Lc 3:33).

ADNA (heb. *'adnāh, 'adnâ*) (tb. ADNÁ) **1.** Um dos "chefes de milhares" da tribo de Manassés que deixaram Saul e foram se unir a Davi em Ziclague (1Cr 12:20 [TM 21]).

2. Comandante de mil, a serviço do rei Josafá (2Cr 17:14). Era da tribo de Judá.

ADNÁ (heb. *'adnā'*) **1.** Descendente de Paate-Moabe, um dos que foram levados, por influência de Esdras, a se separar de sua esposa estrangeira (Ed 10:30).

2. Sacerdote da família de Harim, dos que retornaram do exílio com Zorobabel (Ne 12:15).

ADOÇÃO A transferência legal de uma pessoa de uma família ou escravidão para outra família, visando geralmente, por esse meio, a melhorar a situação do adotado e daquele que adota. O NT usa a figura da adoção para descrever o relacionamento entre os crentes e Deus. Paulo entende que tal figura foi primeiramente aplicada ao relacionamento de Deus com Israel (Rm 9:4).

Fórmulas de adoção. A adoção no antigo Oriente Médio era uma ação realizada ante testemunhas, declarando aquele que adotava à pessoa adotada: "Você é meu filho/minha filha", "Ele/ela é meu filho/minha filha", ou "Eu chamo você de meu filho/minha filha". A pessoa adotada poderia responder com: "Você é meu pai/minha mãe". As mesmas fórmulas eram usadas para o pai "legitimar" seus filhos de esposas secundárias, bem como de concubinas e escravas. Contraparte negativa dessas fórmulas repudiava ou deserdava o filho ou, sob o ponto de vista do filho, repudiava os pais. O ato de adoção era descrito como "fazer/tomar/designar/estabelecer como filho". Os pais adotivos eram obrigados a criar o filho providenciando-lhe ocupação e herança; do filho era exigido obedecer aos pais. O filho desobediente era punido, deserdado e até, sendo o caso, vendido de volta como escravo. Ocasionalmente, os adotantes podiam reverter sua decisão e readotar esse filho.

A adoção e a figura da adoção. A maioria das "adoções" no AT são, na verdade, legitimações (p. ex., Gn 30:3-5) ou transferências de herança entre gerações (p. ex., Gn 48:5-6). Os exemplos mais próximos de real adoção são, entre outros: o da filha do faraó que, motivada por compaixão, adotou Moisés como seu filho (Êx 2:10), e o de Mardoqueu, que adotou sua prima órfã Hadassa (Ester) como sua própria filha (Et 2:7; cf. v. 15).

O relacionamento de Yahweh com seu povo é algumas vezes expresso sob a figura da adoção. A escolha de Abraão reflete de certo modo o ato de adoção: "O Senhor, Deus do céu, que me tirou da casa do meu pai e da terra dos meus parentes, e que me falou e me jurou: Darei esta terra à tua descendência..." (Gn 24:7). A expressão "Israel é meu filho, meu primogênito" (Êx 4:22) é uma fórmula de adoção, que inclui a declaração do *status* de herança. A redenção de Israel do Egito é estruturada em fórmulas de adoção em Êxodo 6:6b-7: "vos livrarei da escravidão e vos resgatarei com braço estendido e com grandes feitos de juízos. Eu vos tomarei [adotarei] por meu povo e serei vosso Deus; e sabereis que eu sou o Senhor vosso Deus, que vos tiro do trabalho forçado sob os egípcios". Oseias 11:1-7 apresenta todo um contrato de repúdio de adoção, que começa dizendo: "Quando Israel era menino, eu o amei, e do Egito chamei o meu filho" (v. 1). Yahweh adotou Israel ao tirá-lo da escravidão do Egito; todavia, como Israel rejeitou o cuidado paternal de Yahweh (11:2-4), Yahweh punirá seu filho desobediente, e o enviará de volta à escravidão (p. ex., para a Assíria, v. 5-7; cf. 1:9b: "não sois meu povo, nem sou vosso Deus"). A compaixão de Yahweh, no entanto, leva-o a restaurar o relacionamento e a tomar de volta o filho deserdado

(Os 11:8-9; cf. 1:10 [TM 2:1]; 2:23 [25]). Em Jeremias 3:19, é lembrado como o plano de Yahweh de adotar Israel e lhe dar uma herança foi frustrado pela desobediência do filho.

O rei davídico é declarado filho de Yahweh por adoção (2Sm 7:14), em cerimônia pública de entronização, em que é anunciado o decreto de Yahweh: "Tu és meu filho, hoje te gerei" (Sl 2:7); e o rei responde "Tu és meu pai, meu Deus, e a rocha da minha salvação" (Sl 89:26 [27]). Como filho de Deus, ele assume responsabilidade pelo bem-estar do povo de Deus e de sua terra (Sl 72:2-7). Deus também o designa como primogênito dos reis (Sl 89:27 [28]), em quem é cumprido o direito concedido aos ancestrais de que "nele sejam abençoados todos os homens; todas as nações o chamem bem-aventurado" (Sl 72:17; cf. Gn 12:2,3). Quando este decreto divino é aplicado a Jesus (Mc 1:11; 9:7), é enfatizada, porém, sua posição como Messias davídico, não sua adoção.

Paulo declara que os crentes são libertos da escravidão e se tornam filhos de Deus, por serem incorporados a Cristo, o Filho de Deus, mediante obra do Espírito Santo (Gl 3:26; Rm 8:14-16). Os filhos de Deus são libertos da escravidão do pecado e da morte (Rm 6), da condenação da lei e da carne (Rm 7:4–8:14) e dos que não são deuses (Gl 4:8). O Espírito os capacita a reconhecer sua própria adoção, pelo que podem clamar "Aba, Pai!" (Rm 8:14-15; Gl 4:5-6). Todavia, a adoção não é completa até a plena revelação da nova criação de Deus. Nos sofrimentos do presente, aguardam a adoção corporal final e gloriosa como coerdeiros com Cristo, "o primogênito entre muitos irmãos", em cuja imagem estão sendo transformados (Rm 8:18-29; Gl 6:15; cf. 2Co 5:17). Apocalipse 21:7 usa a fórmula de adoção para um ponto a ela relacionado: "Aquele que vencer herdará essas coisas; e eu serei seu Deus, e ele será meu filho".

A incorporação dos gentios à herança de Israel, agora manifestada na redenção de Cristo, é obra da adoção de Deus (Ef 1:5ss; cf. 2:11-22). As fórmulas de adoção em Oseias são usadas também para conotar a inclusão que Deus faz dos gentios em sua obra final de misericórdia, revelada em Cristo (Rm 9:25; 1Pe 2:10).

Bibliografia. L. J. Braaten, *Parent-Child Imagery in Hosea* (diss., Boston University, 1987); S. M. Paul, Adoption Formulae: A Study of Cuneiform and Biblical Legal Clauses, *Maarav* 2 (1979-80): 173-85; J. H. Tigay, Adoption: Alleged Cases of Adoption in the Bible, *EncJud* 2.298-301. [LAURIE J. BRAATEN]

ADOM (heb. *'addôn*) Forma alternativa do lugar chamado Adã (Ne 7:61).

ADONAI (heb. *'ăḏōnāy*) Nome divino, geralmente traduzido por "o Senhor" ou "meu Senhor". No final do período pós-exílico, tornou-se substituto do nome impronunciável de Deus. Os massoretas escreviam as vogais deste nome com as consoantes do nome *Yahweh* (*YHWH*), indicando ao leitor que deveria ser pronunciado "Adonai"; mais tarde, tradutores cristãos passaram a ler erroneamente a combinação como "Jeová".

ADONIAS (heb. *'ăḏōnîyâ, 'ăḏōnîyāhû*) **1.** Quarto filho de Davi, nascido em Hebrom, de sua esposa Hagite (2Sm 3:4 = 1Cr 3:2).

A escolha que Davi fez desse nome, uma das combinações israelitas mais antigas do nome *'āḏôn*, "Senhor", com um elemento teofórico, pode representar sua vontade de adotar — ou adaptar-se às — tradições da realeza cananeia da Judeia e de Jerusalém, vendo-se a si mesmo como herdeiro da linhagem cananeia real de Jerusalém.

Como que em linha com a tradição dinástica cananeia, Adonias, filho vivo mais velho do rei, vendo o estado de debilidade do seu pai, formou um partido dentro da corte real para reivindicar o trono. Esse partido contou com a participação de Joabe, comandante do exército (cujo irmão Abisai foi morto provavelmente a essa altura), e Abiatar, filho de Aimeleque, sacerdote de Nobe, que havia sobrevivido a massacre cometido por Saul, unindo-se a Davi. Era aspiração de Adonias suplantar o partido mais forte, de Salomão, que contava com Bate-Seba, Zadoque, o profeta Natã, Benaia, filho de Joiada, a essa altura comandante do corpo da guarda, os queretitas e peletitas e talvez até mesmos os "valentes" de Davi (cf. 1Rs 1:5-53). Estes, sob a orientação do já senil Davi, ungiram Salomão no lugar de Adonias.

Embora Salomão haja poupado inicialmente a vida de seu irmão, a submissão de Adonias parece ter sido política e momentânea. Logo suas verdadeiras intenções foram reveladas em seu pedido a Salomão de ter como esposa Abisague, a bela e jovem (e ainda virgem) viúva sunamita de Davi. Salomão sagazmente reconheceu nesse pedido a tentativa de Adonias de assumir a virilidade real do falecido pai, tomando como esposa aquela que Davi não pudera fecundar e, consequentemente, o próprio trono deste. Ordenou a Benaia matar Adonias, juntamente com Joabe. Adonias se tornou assim o último dos filhos de Davi a morrer na longa e sangrenta luta pelo seu trono.

2. Levita, um dos enviados por Josafá que ensinavam a Lei por todas as cidades de Judá (2Cr 17:8).

3. Um dos levitas que assinaram o novo pacto, junto com Neemias (Ne 10:16 [TM 17]). [D. G. SCHLEY]

ADONI-BEZEQUE (heb. *'ădōnî-ḇezeq*) Rei de Bezeque, cidade do sul da Palestina. Foi derrotado pelas forças de Judá, que o mutilaram severamente por causa do tratamento cruel que impingira a setenta outros reis (Jz 1:4-7). Foi levado para Jerusalém, onde morreu. Alguns estudiosos sugerem sua identificação com Adoni-Zedeque, rei de Jerusalém no tempo da conquista israelita (cf. Js 10:1-3), mas sem maior probabilidade.

ADONICÃO (heb. *'ădōnîqām*) Chefe de uma das famílias que voltaram do exílio (Ed 2:13 = Ne 7:18). O nome pode ser o mesmo nome de Adonias, mencionado em Neemias 10:16(TM 17).

ADONIRÃO (heb. *'ădōnîrām*) (tb. ADORÃO, HADORÃO) FILHO de Abda; encarregado de trabalhos forçados, sob Davi, Salomão e Roboão (1Rs 4:6; 5:14). É também chamado Adorão (2Sm 20:24; 1Rs 12:18; 2Cr 10:18) e Hadorão, em algumas versões (2Cr 10:18). Roboão o enviou ao povo rebelado de Israel, provavelmente para tentar negociar a paz, mas o apedrejaram até a morte.

ADONI-ZEDEQUE (heb. *'ădōnî-ṣeḏeq*) Rei amorreu de Jerusalém. Fez uma coalizão com quatro outros reis amorreus para atacar Gibeão, cujos habitantes haviam firmado a paz com Josué (Js 10:1-26). À derrota da coalizão por Josué, os cinco reis foram descobertos escondidos numa caverna. Josué os matou e pendurou seus corpos em árvores até o pôr do sol, quando então os sepultou na mesma caverna. Seu nome significa tanto "meu Senhor é justo" quanto "meu Senhor é Zedeque". É praticamente improvável a hipótese de que Adoni-Zedeque seja a mesma pessoa que Adoni-Bezeque de Juízes 1. [KENNETH ATKINSON]

ADORAÇÃO (ISRAELITA) A vida litúrgica do Israel antigo pode ser dividida em três partes principais:

1. Momentos de adoração fixos do calendário. Abrangem as três grandes festas de peregrinação (Êx 23:14-17; Dt 16) e outras festas menores e maiores ligadas ao calendário (Lv 23; Nm 28–29).

2. Momentos de adoração celebrantes de grandes momentos fundamentais da história de Israel. Incluem a posse oficial de sumo sacerdote (Lv 8) ou de rei (1Rs 1:32-39), a celebração da aliança (cf. Js 24) e a entrada da arca no templo (Sl 24:7-10; Sl 132).

3. Ocasiões excepcionais de adoração por parte de um indivíduo ou pequeno clã. Abarcam momentos eventuais de lamentação (2Sm 3:31-35) ou celebração (1Sm 20:28,29) relacionados a comunidades estritas; assim como semelhantes ocasiões excepcionais de toda a comunidade maior referentes a derrota (lamentação, Js 7:6) ou vitória (celebração, 1Sm 18:6,7) em batalha.

FESTAS PERIÓDICAS. As festas periódicas podem ser subdivididas em dois grupos: as três grandes festas de peregrinação (Êx 23:14-17; Dt 16): dos Pães Asmos/Páscoa, das Semanas (ou, como também é conhecida, de Pentecostes ou da Colheita) e a dos Tabernáculos; e as festas menores do calendário, que não envolvem peregrinação (Lv 3; Nm 28–29): Sábado, Lua Nova, Ano-novo e, talvez, Dia da Expiação.

Embora a Bíblia fixe bem especificamente em que estação e mês estas festas devam ocorrer, não fornece orientação explícita de como os meses israelitas coincidiriam cada ano com a mesma estação. Certamente que o calendário pré-exílico, que, ao que parece, funcionava em base lunar, tinha algum método de intercalação para evitar que essas festas se desviassem demais de sua orientação periódica. Diferentemente do islamismo, em que as festas podem oscilar de estações, em Israel eram estáveis. É importante compreender isso, porque já no início do período do segundo templo a maneira pela qual se fixavam estas estações foi fortemente questionada, com duas opções disponíveis: um calendário solar exato ou um calendário lunar com intercalações periódicas, porém fixas, dos meses, para se conseguir a estabilidade do calendário.

As três grandes festas de peregrinação estavam ligadas a momentos fundamentais do calendário agrícola israelita. A Festa dos Pães Asmos (Dt 16:1-8) marcava a colheita dos primeiros grãos. Nada fermentado era permitido ingerir durante essa festa. A festividade durava sete dias e estava intimamente associada à Páscoa. Devido a essa íntima associação, a Festa dos Pães Asmos era frequentemente tornada "histórica", significando que sua origem agrícola era deslocada em favor de uma associação simbólica com o êxodo do Egito (Dt 16:3). A Festa das Semanas (Dt 16:9-12) ocorria sete semanas depois da Páscoa (= cinquenta dias, daí o termo grego "Pentecostes"). Durava somente um dia e não recebeu associação histórica durante a maior parte do período bíblico. Seu significado era, desde a origem, puramente agrícola. Era uma festa para comemorar as primícias, mais destacadamente aquelas da colheita de trigo do verão. Com o passar do tempo, foi associada à entrega da Lei no monte Sinai. Isto já acontece na fonte sacerdotal (cf. data fornecida em Êx 19:1), passando a associação a ficar mais rica e profunda no período do segundo templo. A Festa dos Tabernáculos (Dt 16:13-15) é uma festa de sete dias, como a dos Pães Asmos, e marca o fim do ciclo agrícola e do (esperado) início das chuvas de inverno. É certamente a mais complexa das três festas. Por um lado, a habitação em cabanas, ou tendas, representa a prática agrícola do estabelecimento em moradas temporárias nos campos enquanto se realizavam as colheitas; todavia, pelo fato de Israel ter vivido em tendas durante sua jornada do Egito para Canaã, a festa passou também a procurar recriar aquele momento (cf. Lv 23:42,43).

Outras celebrações periódicas. As celebrações do Sábado e da Lua Nova ficaram conhecidas como ocasiões litúrgicas, embora sem a força de festa de peregrinação para todo o Israel. Raros são os textos bíblicos que descrevem a guarda do sábado, embora os preceitos que a prescrevam sejam antigos e amplamente conhecidos. O "descanso" experimentado por Deus no dia de sábado (Gn 2:2) é frequentemente comparado a seu repouso no templo (Sl 132:14). Sob o aspecto da santidade, a guarda do sábado e o respeito pela lei do templo são frequentemente colocados lado a lado (Lv 19:30). Pode-se afirmar que, em nível mais profundo, a observância do sábado no lar se colocava em um tipo de relacionamento análogo às festividades públicas no templo. A Festa da Lua Nova, no entanto, é descrita de forma muito sucinta.

A celebração do Ano-novo — conhecida na fonte sacerdotal como "primeiro dia do sétimo mês" (Lv 23:24) — era um evento importante. Todavia, as fontes são escassas em termos do que exatamente acontecia naquele dia. Parte da questão diz respeito a qual seria precisamente o mês considerado o primeiro do ano. A Bíblia contém evidências conflitantes de ano-novo na primavera e no outono. A fonte sacerdotal favorece o outono, mas o calendário do antigo Israel sugere que o "primeiro dia do primeiro mês" ocorria na primavera (nisã). Estudiosos têm sugerido que o nosso conhecimento dessa festa pode ser aumentado com a suposição de que o Ano-novo fosse a ocasião de celebração da realeza, tanto divina quanto humana. Para eles, muitos dos salmos reais têm sua origem nessa festividade e fornecem alguns detalhes sobre as práticas litúrgicas referentes a esse dia.

O Dia da Expiação, de acordo com P (Lv 16), é o dia santo mais solene do antigo Israel. Somente neste dia podia o sumo sacerdote entrar no Santo dos Santos e oferecer incenso. Era também o dia em que os pecados de toda a comunidade eram transferidos para um bode, enviado para o deserto levando o pecado do povo. De acordo com a forma final de P, a data era marcada no outono, entre o dia do ano-novo (ou primeiro dia do sétimo mês) e o da Festa dos Tabernáculos. Argumentam alguns que originalmente esse dia santo era um ritual ocasional, realizado sempre que a comunidade cresse que o complexo do templo exigia limpeza de suas várias impurezas. Posteriormente, a esse ritual de purificação uniu-se a prática da penitência pessoal e o dia se tornou um ritual fixo de purificação geral, tanto de pessoas quanto do templo. Esse dia tornou-se conhecido como Dia da Expiação. Todo o nosso conhecimento do ritual vem dos preceitos muito concisos sobre ele que estão no Pentateuco; o dia santo em si é silenciosamente omitido nos livros de Samuel e Reis.

Momentos inaugurais. Alguns dos momentos litúrgicos mais tocantes na Bíblia estão associados a ocasiões do estabelecimento de grandes instituições (a construção do templo, o estabelecimento da aliança) e seus relacionamentos mais próximos: momentos da posse de importantes figuras em seus cargos (coroação de reis, ordenação do sumo sacerdote).

Sacerdócio. Os rituais associados aos sacerdotes em geral e ao sumo sacerdote em particular giram em torno da santidade relativa e gradativa do entorno do templo. Uma das principais razões para a instituição do sacerdócio em Israel era a crença de que a presença da própria divindade no templo poderia ser fonte tanto de segurança quanto de perigo. Devido à alta pureza moral e religiosa exigida dos que se aproximassem da divindade (cf. Sl 15; 24), a cultura israelita quis tomar grande cuidado em manter rigoroso controle sobre quem pudesse ter acesso permitido aos locais mais interiores do templo. Os ritos associados aos momentos de ordenação sacerdotal incluíam unção com óleo, purificação sacrificial e a vestidura de trajes especiais (Lv 8). A unção com óleo visava a designar o sumo sacerdote como especialmente santo e inteiramente entregue a Deus. Suas vestes estavam associadas aos lugares dentro do templo a que tinha acesso. As majestosas e solenes vestes usadas pelo sumo sacerdote combinavam perfeitamente com o tecido das cortinas que adornavam o interior do templo (Lugar Santo e Santo dos Santos). Porque somente o sumo sacerdote, no Dia da Expiação, tinha acesso permitido ao aposento mais sagrado de todo o templo, momento de grande significado para o sacerdote e o povo que ele representava, mas também problemático, de mau presságio, se o indivíduo que ali entrasse não estivesse de fato adequadamente preparado. As vestes que os demais sacerdotes usavam durante a cerimônia de ordenação estavam associadas aos tecidos utilizados nas partes do templo às quais tinham permissão de entrar.

Realeza. Para os reis, a cerimônia de investidura ou coroação era um tanto diferente. Eram também ungidos com óleo e vestiam roupagem cerimonial. Além disso, tinham frequentemente seu nome mudado, sendo "adotados" pela própria divindade como "filho de Deus" (cf. Sl 2:7). Considerava-se que esta alta posição mística era conferida pelo ato da unção com óleo no dia da coroação. Alguns estudiosos têm argumentado que esse momento da coroação, embora formalmente limitado à investidura do rei em seu cargo, era celebrado em festa anual dedicada à soberania de Deus. De todo modo, a evidência de tal celebração se encontra principalmente em outras fontes do antigo Oriente Médio e na crença de que a festa está por trás de inúmeros salmos que louvam a divindade como rei.

Renovação da aliança. O tema do estabelecimento e da renovação da aliança teve, sem dúvida, profunda repercussão litúrgica no antigo Israel. Esse tema, no entanto, tem gerado discussão entre os estudiosos quanto à época em que sua celebração teria começado. Acreditam alguns que a adaptação da identidade religiosa israelita ao privilégio da aliança teve início no período mais antigo da história israelita, sob influência hitita, enquanto outros são de opinião que começou muito mais tarde, durante o período neoassírio. De qualquer modo, é evidente que o livro de Deuteronômio em particular e a história deuteronômica em geral sugerem que a vida de adoração de Israel caracteriza-se por reflexão periódica sobre sua posição pactual. Isso fica bem claro nas palavras do próprio Moisés, ao ordenar que os israelitas renovem a aliança em Siquém, depois de atravessar o Jordão e entrar na terra prometida (Dt 27). Esta ordem de Moisés não somente é cumprida em Siquém, como se torna assunto de longa narrativa (Js 24). Esse episódio, em particular, tem proporcionado a vários estudiosos evidência suficiente para pressupor a existência de outras cerimônias de renovação da aliança durante os reinados de vários monarcas de Israel. Talvez até haja sido celebração similar que eventualmente tenha desenvolvido a Festa dos Tabernáculos, fornecendo-lhe a identidade sinaítica que veio a ter no período do segundo templo. *Ver* RITUAL.

Bibliografia. M. Haran, *Temples and Temple-Service in Ancient Israel* (Oxford, 1978); I. Knohl, *The Sanctuary of Silence* (Minneapolis, 1995); H.-J. Kraus, *Worship in Ancient Israel* (Richmond, 1996); G. E. Mendenhall, *Law and Covenant in Ancient Israel and the Ancient Near East* (Pittsburgh, 1955); S. Mowinckel, *The Psalms in Israel's Worship* (Nashville, 1967).
[GARY A. ANDERSON]

ADORAÇÃO (NOVO TESTAMENTO) Adoração no NT representa, comumente, expressão de louvor ou de ação de graças (Lc 17:15,16). Por vezes, implica reverência, como atitude de súplica (Mt 8:2). De qualquer forma, constitui resposta humana adequada à maravilhosa glória de Deus.

É abundante no NT o chamamento e a conclamação à adoração (Cl 4:2; Hb 13:15). A centralidade da adoração cristã é evidente em um livro como o evangelho de Lucas, que inicia e termina com cenas mostrando adoradores (Lc 1:8; 24:52,53) e contém 21 referências específicas a pessoas glorificando, louvando e dando graças a Deus. Da mesma forma, o livro de Apocalipse está cheio de imagens de adoração.

ORIGENS. A adoração cristã parece ter-se desenvolvido como adaptação do que veio a ser praticado nas sinagogas da Diáspora durante o Período Interbíblico. Isso não é de surpreender, por serem os primeiros cristãos judeus, que provavelmente continuaram a adorar nas sinagogas por algum tempo, até isso tornar-se impossível (Jo 9:22; 16:2). Embora Atos retrate os primeiros discípulos de Jesus continuando a adorar no templo de Jerusalém (At 2:46; 3:1), o culto sacrificial associado àquela instituição veio a ser visto como obsoleto nos textos do NT. Isdo se deve não somente ao fato histórico de ter sido o templo destruído em 70 d.C., antes talvez de o NT ser escrito, como também à proposição teológica do efeito redentor da morte de Jesus na cruz, tornando desnecessário qualquer sacrifício subsequente (Hb 9:11,12,24-26).

Por outro lado, a adoração na sinagoga era essencialmente verbal (um "serviço da Palavra"), enquanto o NT mostra a adoração cristã envolvendo também, desde o começo, ação participativa em refeição sagrada. De fato, Atos 2:46 retrata até mesmo aqueles crentes que continuaram a adorar no templo reunindo-se também regularmente para o "partir do pão". Essa refeição parece ter características comuns tanto com as festas judaicas (como a Páscoa) como com os simpósios helenísticos (banquetes sociais). Paulo estabelece em 1Coríntios 10:14-22 a diferença entre a celebração cristã e as refeições pagãs.

DESCRIÇÃO. O livro de Atos descreve os cristãos reunindo-se para adorar diariamente (At 2:46), mas observa também uma preferência pelo "primeiro dia da semana" (At 20:7; cf. 1Co 16:2). Os locais para adoração parecem ser considerados irrelevantes por alguns textos do NT (Mt 18:20); quando designados, os mais típicos locais de adoração são as casas de membros da comunidade (At 2:46; 1Co 16:19). Quanto ao conteúdo, o NT nunca descreve um culto cristão em qualquer detalhe.

A reconstrução de tais cultos ou reflexão em sua natureza geral emprega três fontes.

Primeiro, os textos do NT incorporam material sem dúvida usado no culto cristão primitivo. Esse material inclui hinos (Lc 1:46-55), doxologia (Rm 16:25-27), orações (Mt 6:9-13) e declarações confessionais relativas à crença (1Co 15:3-8). A existência desse material indica um grau razoável de desenvolvimento litúrgico.

Em segundo lugar, embora nunca seja prescrita nenhuma liturgia para a adoração cristã, elementos de adoração são frequentemente mencionados. Entre eles, estão aspectos característicos do serviço na sinagoga: oração (1Tm 2:1,2,8), cântico (Ef 5:19), ensino (At 2:42), pregação (Fp 1:15-18), coleta de ofertas (1Co 16:2) e leitura em público (1Tm 4:13). Esta última logo foi transformada, sendo novas obras lidas com as Escrituras, inclusive algumas que acabaram se transformando em parte do NT (1Ts 5:27; Ap 1:3). Em alguns lugares, esses elementos padrão de adoração foram suplementados pela prática de dons espirituais, como o falar em línguas e profetizar (1Co 14:24-33). Também mencionados com frequência são dois importantes rituais da adoração cristã: o batismo (Mt 14:24-33; Rm 6:1-11) e a refeição eucarística (Mc 14:16-26; 1Co 11:23-26). Entre outros rituais, estão, ainda, o lava-pés (Jo 13:3-15), a unção com óleo (Mc 6:13; Tg 5:14), o ósculo (beijo) da paz, ou do amor fraterno (1Pe 5:14) e a imposição de mãos, que pode ter sido associado à oração (At 28:8), recebimento do Espírito (8:17) ou ordenação (13:3; 1Tm 5:22).

Em terceiro lugar, descrições mais explícitas de cultos de adoração encontram-se em obras editadas logo após o período neotestamentário, como *Didaquê* (cerca do ano 100) e a primeira *Apologia de Justino Mártir* (cerca do ano 155). Esses documentos contêm vários dos aspectos mencionados acima, quanto a estarem fixados em ordem cronológica. A *Apologia* é meramente descritiva, mas *Didaquê* tenta definir ou regular o que considera procedimento normativo.

TEOLOGIA. O NT assume a preocupação dos profetas do AT de que a adoração seja integrada na vida de fé. Assim, passagens que priorizam a misericórdia sobre o sacrifício (Os 6:6) ou censuram a adoração com os lábios em vez de com o coração (Is 29:13) são citadas em novos contextos (Mt 9:13; Mc 7:6,7). A adoração genuína não é para ser meramente exibida (Mt 6:1-18), mas envolve submissão total do ego a Deus em fiel obediência (Rm 12:1).

A mais distinta característica teológica de adoração no NT é a centralidade em Cristo, como único motivo, exclusivo mediador e objeto final de culto.

Antes de tudo, o que Cristo realizou torna-se a maior de todas as razões para louvar a Deus (1Co 1:4). Essa perspectiva dá vida à narrativa por Lucas da crucificação, em que a própria morte de Jesus torna-se ocasião para glorificar o Pai (Lc 23:47).

Em seguida, lemos que graças são dadas a Deus não apenas "por" Jesus Cristo, mas "por meio de" Jesus Cristo (Rm 1:8; Hb 13:15). Tema comum no evangelho de João é que o Pai é glorificado por meio do Filho (Jo 17:4). Uma vez que Deus é Espírito invisível, os que o adoram em espírito e em verdade o adoram no Deus tornado conhecido pelo Filho (Jo 1:18; 4:24).

Por fim, Cristo é retratado como digno, por si mesmo, de receber adoração (Fp 2:9-11; Ap 5:11-14). O evangelho de Mateus narra a história de Jesus dessa perspectiva, apresentando Jesus como recebedor de adoração, pelo menos, nove vezes, durante sua vida na terra (p. ex., Mt 2:11; 14:33; 28:9). À luz de Mateus 4:10, não se trata tal adoração de simples ato de reverência ou respeito, mas, sim, no entender desse evangelista, de evidência de que Cristo deve receber agora o que antes era normalmente prerrogativa exclusiva de Deus Pai.

A adoração centrada em Cristo é definitivamente de orientação histórica e escatológica. Reflete a revelação de Deus na vida e no ministério terreno de Jesus e antecipa simultaneamente a consumação de todas as coisas. Esse duplo foco é evidente em muito do material de adoração preservado nos manuscritos do NT, inclusive em louvor (Fp 2:6-11) e liturgia eucarística (1Co 11:23-26). *Ver* RITUAL.

Bibliografia. F. Hahn, *The Worship of the Early Church* (Philadelphia, 1973); D. P. Peterson, *Engaging with God: A Biblical Theology of Worship* (Grand Rapids, 1992). [MARK ALLAN POWELL]

ADORAIM (heb. *'ădôrayim*) (*tb.* ADORA) Cidade de Judá fortificada por Roboão (2Cr 11:9), mais tarde chamada Adora (gr. *Adōrá*) (1Mac 13.20). Tem sido identificada como a atual Dura, a 8 km a sudoeste de Hebrom.

ADORÃO (heb. *'ădōrām*) (tb. ADONIRÃO, HADORÃO) *Ver* ADONIRÃO.

ADRAMELEQUE (heb. *'adrammelek*) **I. (DEIDADE)** Deus adorado pelos sefarvitas (2Rs 17:31), um dos povos levados por Sargão II para Samaria após sua destruição, em 722 a.C. Pouco se conhece a respeito desse deus, não mencionado em escrito babilônico ou assírio algum. Informa 2Reis 17:31 que os sefarvitas "queimavam seus filhos em sacrifício a Adrameleque", mais provavelmente um rito mágico ou dedicatório, em vez de propriamente sacrifício, comparável à expressão "passar pelo fogo" (17:17; 21:6) e contrastando com as ofertas queimadas a Baal (Jr 19:5). O nome é semítico ocidental e pode significar "o glorioso é rei". [MICHAEL D. HILDENBRAND]

II. (PESSOA) Um dos dois filhos de Senaquerribe, da Assíria, que com seu irmão assassinou o pai, fugindo para a terra de Ararate (2Rs 19:36,37 = Is 37:37,38). Formas variantes do nome são encontradas nas obras de Abideno e Polistoro.

ADRAMÍTIO (gr. *Adramýtteion*) Porto marítimo na Mísia, na costa oeste da Ásia Menor. Em sua quarta viagem, o apóstolo Paulo viajou de Cesareia a Mirra, na Lícia, em navio vindo de Adramítio (At 27:1-6), sendo depois transferido para um navio que o levaria a Roma. Em cerca de 1100 d.C., o porto foi abandonado após saque por piratas turcos, e novo assentamento (a atual Edremit) se fez mais para o interior.

ÁDRIA (gr. *Adrías*) Parte do mar Mediterrâneo, ao sul da Itália e da Grécia, entre Creta e Malta, atualmente denominada mar Jônio ou Jônico. Ali, o navio que levava Paulo e outros prisioneiros para Roma, impelido por tempestade no vizinho mar Adriático, ficou à deriva, conseguindo os passageiros desembarcar na ilha de Malta (At 27:27).

ADRIANO Imperador de Roma de 117 a 138 d.C. Parente distante de seu antecessor, o imperador Trajano, Adriano sucedeu a este sem maiores objeções, por ser bastante popular na corte e possuir supostamente uma carta escrita por Trajano em seu leito de morte designando-o seu sucessor.

Originário da província imperial de Espanha, tal como Trajano, isso talvez explique, em parte, a atenção que Adriano dedicou durante seu governo à administração e ao desenvolvimento provincial. Embora pouco investimento haja sido aplicado em outras obras públicas, muito foi realizado na implementação de obras de fortificação e defesa das províncias. A muralha de Adriano, na divisa da Inglaterra com a Escócia, é flagrante exemplo dessa ação de massiva fortificação empreendida por ele. De fato, tudo indica que Adriano tenha se voltado mais para as províncias do que propriamente para Roma.

O reinado de Adriano foi testemunha da revolta de Bar Kokhba na Judeia (132-135 d.C.). Esmagada a revolta, todos os judeus foram expulsos daquela região administrativa, que deixou de ser denominada Judeia e passou a se chamar Siro-Palestina. Quanto aos cristãos, Adriano manteve a mesma política de tolerância de Trajano, como comprova correspondência sua (122-123) com Minicius Fundanus, procônsul da Ásia.

Bibliografia. S. Perrowne, *Hadrian* (1960, repr. London, 1986).

ADRIEL (heb. *'aḏrî'ēl*) Filho de Barzilai, foi Adriel, o meolatita, a quem Saul deu como esposa sua filha mais velha, Merabe, embora a tivesse prometido a Davi (1Sm 18:19; mas, de acordo com o TM, 2Sm 21:8, a filha mais jovem, Mical). Davi entregaria mais tarde os cinco filhos de Merabe e Adriel nas mãos dos gibeonitas, como pagamento por culpa de sangue de Saul quanto a estes (2Sm 21:8).

ADULÃO (heb. *'ăḏullām*) Cidade na Sefelá de Judá (Js 15:35). Embora nunca tenham sido escavadas suas ruínas, é comumente identificada com Tell esh-Sheikj Madhkur/Horvat 'Adullam, a 8 km ao sul de Bete-Semes. Situada ao sul do vale de Elá, Adulão detinha, com Socó, uma das rotas da planície costeira para as terras altas da Judeia. Era uma das cidades fortificadas da região extremo oeste dos limites de Judá.

Na história de Judá e Tamar, Hira, amigo de Judá, é identificado como adulamita (Gn 38:1,12,20). O rei de Adulão é listado entre aqueles a quem Josué e os israelitas derrotaram (Js 12:15). Após fugir de Gate, Davi se refugiou de Saul na caverna de Adulão (1Sm 22:1,2). "Valentes" de Davi foram se reunir a ele ali. Três correram da caverna, entrando arriscadamente em território filisteu, só para obter água de poço em Belém para seu líder (2Sm 23:13-17). Primeiro Crônicas 11:15 registra que os três homens desceram do penhasco, ou rocha (heb. *haṣṣūr*), para se encontrar com Davi na caverna de Adulão, descrição consistente com o caráter de fortaleza da gruta; enquanto em 2Samuel, os homens desceram para a caverna "no tempo da colheita" (*qāṣîr*), substituição provavelmente baseada em sintaxe confusa do texto.

Adulão é incluída entre as cidades que Roboão fortificou (2Cr 11:7), sendo variadamente descrita nos tempos de Ezequias e Josias. O profeta Miqueias (Mq 1:15), contemporâneo de Ezequias, a inclui em sua lamentação sobre Israel e Judá. Foi uma das cidades habitadas pelos que voltaram do exílio de Babilônia (Ne 11:30). Durante o período helênico, Judas Macabeu e seus homens ali repousaram após batalha contra o governante da Idumeia (2Mac 12.38).

Bibliografia. Y. Aharoni, *The Land of the Bible*, 2. ed. (Philadelphia, 1979); V. Fritz, The "List of Rehoboam's Fortesses" in 2 Chr 11:5-12: A Document from the Time of Josiah, *ErIsr* 15 (1981), 46*-53*; Z. Illan, Ancient Synagogues Survey: Judean Shephelah, *Excavations and Surveys in Israel* 7-8 (1988/89): 5-6; N. Na'man, Hezekiah's Fortified Cities and the *LMLK* Stamps, *BASOR* 261 (1986): 5-21; The Kingdom of Judah under Josiah, *Tell Aviv* 18 (1991): 3-71; A. F. Rainey, The Biblical Shephelah of Judah, *BASOR* 251 (1983): 1-22. [JENNIFER L. GROVES]

ADÚLTERA De acordo com a lei do pacto, uma mulher casada ou formalmente prometida (heb. *'rś*) seria sentenciada culpada se tivesse voluntariamente relação sexual com qualquer homem que não seu (futuro) marido (Dt 22:13-27). A escrava, contudo, por não ter legalmente poder para se recusar a ter relações sexuais com seu senhor, não seria considerada responsável por ter tais relações, mesmo que comprometida ou casada com outro homem (Lv 19:20-22).

Levítico 20:10 e Deuteronômio 22:22 claramente prescrevem a morte como punição para ambos, o adúltero e a adúltera (*nō'āpeṯ*). A suposta clareza dessas asserções parece ser questionada por outros textos, que preveem punições alternativas (p. ex., Lv 18:20,24-29; Nm 5:11-31; 2Sm 11–12; Pv 6:24-35). Estudiosos explicam serem textos diferentes por datarem de diferentes períodos históricos, testemunhando, assim, mudanças de princípios morais ocorridas nos tempos. Outros fazem distinção entre a punição daqueles pegos no ato de adultério e os casos daqueles julgados culpados por ferir procedimento religiosamente legal ou ordenança ritual. Tem sido sugerido também estar a realeza livre de determinados preceitos. Finalmente, com base em exemplos comparativos do antigo Oriente Médio, tem-se argumentado que textos como Levítico 20:10 e Deuteronômio 22:22 não especificam a punição exata, mas, sim, o máximo de pena, presumindo-se ser a compensação uma alternativa certa de vingança, como conhecimento comum na cultura da época.

Em diversos livros proféticos (p. ex., Jr 2—3; Ez 16:23; Os 1—4) e Lamentações, o adultério é empregado como metáfora para a quebra do pacto. Em Ezequiel 16, p. ex., Jerusalém é personificada como a esposa de Yahweh cuja conduta "adúltera" consiste em prestar adoração a outras divindades que não o Senhor e firmar alianças políticas indevidas com nações pagãs. A linguagem referente à primeira ofensa, que descreve a adoração ilícita, em termos metafóricos, como ato de infidelidade sexual, tem sido entendida como evidente acusação contra a chamada "prostituição sagrada" ou "ritual", provável componente dos "ritos de fertilidade" ligados à adoração de divindades estrangeiras. Esta interpretação, no entanto, tem sido questionada ultimamente, e de modo convincente, como equívoco quanto ao uso de uma linguagem figurativa e polêmica para a realidade social. Na verdade, falando de uma forma geral, os textos que descrevem a adúltera metafórica, em comparação à adúltera literal, devem ser analisados com cuidado antes de serem adotados como possível evidência da reconstituição de práticas sociais referentes ao adultério e à adúltera literais. O cuidado se torna necessário por causa do perigo de enganosamente atribuir-se ao veículo, à linguagem figurativa, da metáfora (adultério) aspectos propriamente associados ao teor, ao assunto essencial, da metáfora (quebra do pacto).

Bibliografia. P. Bird, "To Play the Harlot": An Inquiry into an Old Testament Metaphor, in *Gender and Difference in Ancient Israel*, ed. P. L. Day (Minneapolis, 1989), 75-94; M. Fishbane, Accusations of Adultery: A Study of Law and Scribal Practice in Numbers 5:11-31, *HUCA* 45 (1974): 25-45; J. Galambush, *Jerusalem in the Book of Ezekiel: The City as Yahweh's Wife*. SBLDS 130 (Atlanta, 1922); J. Hackett, Can a Sexist Model Liberate Us? Ancient Near Eastern "Fertility" Goddesses, *JFSR* 5 (1989): 65-76; R. Westbrook, Adultery in Ancient Near Eastern Law, *RB* 97 (1990); 542-80. [PEGGY L. DAY]

ADULTÉRIO No antigo Oriente Médio e no AT (Lv 18:20; 20:10; Dt 22:22), o adultério significava a relação sexual consensual de uma mulher casada com outro homem além de seu marido. Contudo, a relação sexual entre um homem casado e outra mulher que não sua esposa só era considerada adultério se ela fosse casada. E, embora a mulher comprometida estivesse também obrigatoriamente presa à fidelidade, mostra-se condescendência para com o homem casado ou comprometido (Êx 22:16,17 [TM 15,16]; Dt 22:28,29; Pv 5:15-20; Ml 2:14,15).

Alguns estudiosos distinguem entre as leis do antigo Oriente Médio, em que o adultério era considerado ato ilícito de âmbito privado, contra o marido, que poderia processar os ofensores, e os preceitos bíblicos, em que o adultério é tido como ofensa contra Deus, com acusação e sentença de morte, ou, em alguns casos, expiação mediante oferta pelo pecado (Lv 19:20,21). Outros argumentam que não, que os preceitos bíblicos concordam com as normas do antigo Oriente Médio em que o adultério seria essencialmente ofensa contra o marido, estando o processo a seu juízo (Pv 6:32-35).

A paternidade enganada e seus efeitos sobre a herança da família, assim como a proteção ao interesse econômico do marido, foram certamente os motivos principais que levaram o adultério a ser considerado pecado e ser incluído no Decálogo (Êx 20:14; Dt 5:18). O adultério é também usado como metáfora para a conduta idólatra e imoral de Israel (p. ex., Jr 3:6-13; 23:9-15; Ez 16:30-43; Is 57:3-13).

Bibliografia. H. McKeating, Sanctions against Adultery in Ancient Israelite Society, *JSOT* 11 (1979): 57-72; R. Westbrook, Adultery in Ancient Near Eastern Law, *RB* 97 (1990), 542-80. [HENDRICK L. BOSMAN]

ADUMIM (heb. *'ăḏummîm*) Aclive de montanha na divisa norte de Judá (Js 15:7) e fronteira sul de Benjamim (18:17). Seu nome atual, Tal'at ed-Damm ("subida de sangue"), refere-se à rocha calcária vermelha local (heb. "rochas vermelhas"). Acha-se próxima a Khan el-Ahmar, que, de acordo com a tradição, foi o local da hospedaria do bom samaritano no caminho de Jerusalém para Jericó (cf. Lc 10:34,35).

ADVOGADO *Ver* PARÁCLITO.

AER (heb. *'aḥēr*) Benjamita, pai de Husim (1Cr 7:12)

AFECA (heb. *'ăpēqâ*) Cidade na região montanhosa de Judá, próxima a Bete-Tapua (Js 15:53). Sua localização precisa permanece desconhecida, estando entre os sítios arqueológicos sugeridos Khirbet el-Hadab, Khibert Kana'an e Khirbet Marajim.

AFEQUE (heb. *'ăpēq*) (tb. AFECA) **1.** Grande cidade da Antiguidade, localizada na moderna Ras el-'Ayin, logo acima de abundantes fontes que dão nascente ao rio Yarkon. Sua importância se deve não somente às referidas fontes (excedidas em volume d'água somente pelas do Jordão), mas também ao fato de dominar a Via Maris, forçada para dentro pelas inundações produzidas pelo Yarkon, entre suas fontes e o mar Mediterrâneo, e passando assim pelo estreito vale existente entre estas e o início de cordilheira central de montanhas, logo a leste.

Afeque é mencionada nos *Textos de execração egípcios* e em listas topográficas de Tutmés III e Amenotep II. É mencionada nas histórias da conquista de Josué e do conflito judaico-filisteu da época de Eli e Samuel. A cidade helenística aqui localizada chamou-se Pegae, e, quando Herodes, o Grande, a reconstruiu, no século I a.C., foi redenominada Antipátride.

Pesquisas arqueológicas foram feitas no sítio em 1923 por William F. Albright, e escavações limitadas conduzidas por J. Ory em 1935-36 e Abraham Eitan em 1961. Empreendimento arqueológico maior, de uma sociedade de escolas e organizações israelitas e americanas, foi ali realizado de 1972 a 1985, sob a direção de Moshe Kochavi e Pirhiya Beck, da Universidade de Tel-Aviv. Essa escavação produziu tanto achados importantes quanto a evidência de extensa história de ocupação do local, começando no início da Idade do Bronze I (3100 a.C.), embora uma antiga fossa calcolítica e fragmentos esparsos anteriores tenham sido também descobertos. Foram documentados restos dos períodos Bronze Inicial II, Mediano II A e B e Final I e II, Ferro I e II, Persa (fora do *tell* propriamente dito), Helenístico, Romano, Bizantino, Omíada e Otomano. Arqueologicamente, os materiais mais notáveis são do Bronze II A-B (áreas A e X), com clara estratificação consecutiva dentro do período identificado, e da ocupação Bronze Final (área X). Kochavi identificou onze documentos do período Final — egípcios, hititas, acadianos, sumerianos e cananeus —, inclusive uma carta de Ugarite, em acadiano.

Referências a Afeque são encontradas em: Josué 12:18 — uma das cidades cujo rei foi derrotado por Josué; 1Samuel 4 — cidade de onde os filisteus partiram para batalhar contra os israelitas e depois, vitoriosos, capturaram a arca da aliança; 1Samuel 29:1 — lugar de onde os filisteus se lançaram à batalha contra Saul no monte Gilboa.

Bibliografia. A. Eitan, P. Beck e M. Kochavi, Aphek, *NEAEHL*, 1:62-72. [BRUCE C. CRESSON]

2. Cidade cananeia ao norte, na fronteira com as terras dos povos amorreus (Js 13:4), tradicionalmente identificada com Afqa, a 37 km a nordeste de Beirute.

3. Cidade outorgada à tribo de Aser, nas vizinhanças de Aczibe, Umá e Reobe (Js 19:29,30; Jz 1:31). Muitos estudiosos identificam essa Afeque, ou Afeca, com Tell Kurdâneh, a 9 km a sudeste de Aco. Outros a identificam com Tell Kabri, a 4 km a leste de Nahariya.

4. Cidade em Golã, de onde Ben-Hadade deu início a uma investida contra os israelitas e para onde fugiu depois de ser derrotado por Acabe (1Rs 20:26-30). É provavelmente a mesma Afeque mencionada na predição de Eliseu de derrota dos sírios para Jeoás (2Rs 13:17). Tradicionalmente identificada com Afique, no vale de Nahal En Gev, a cidade é atualmente identificada com En Gev/Khirbet et-Asheq. [RONALD A. SIMKINS]

ÁFIA (gr. *Apphía*) Mulher a quem a epístola de Paulo a Filemom é também dirigida (Fm 2). Ela é ali chamada "nossa irmã", sendo frequentemente entendido como indicação de ser a esposa de Filemom, mas talvez indicando, sobretudo, sua posição de respeito na comunidade.

AFIAS (heb. *'ăpîaḥ*) Benjamita, pai de Becorate e ancestral do rei Saul (1Sm 9:1).

AFIQUE (heb. *'ăpiq*) Forma alternativa de Afeque (3), cidade no território de Aser (Jz 1:31).

AFORISMO Um dos vários termos que designam dito de sabedoria popular, breve e expressivo. Resultado de reflexão pessoal, distingue-se justamente do provérbio por ser este, geralmente, expressão anônima, de sabedoria coletiva. Sua autoridade depende, assim, do prestígio de quem o emite. Nesse sentido, o aforismo está intimamente relacionado ao *chreia* [narrativa breve, enfocando ação ou dito memorial associado a pessoa eminente], embora este seja, de modo geral, mais explícito em seu sentido biográfico.

O aforismo representa um dos modos característicos do discurso de Jesus, revelando ser, portanto, de interesse especial na busca do Jesus histórico. Embora o dito de sabedoria funcione tipicamente para sustentar valores e cosmovisões tradicionais, os aforismos de Jesus frequentemente refletem seu desafio radical à sabedoria aceita de seu tempo (Mt 8:22; Mc 8:35 par.; 10:31 par.; Lc 9:60; Lc 12:37).

O aforismo se apresenta de muitas formas. Nos evangelhos, abrange: bem-aventuranças (Mt 5:3-12; Lc 6:20-23; Evangelho de Tomé 54, 68–69); ditos condicionais (Mc 3:24,25 par.), admoestações (Lc 12:22 par.); paralelismos sinonímicos (Mc 4:22; Jo 13:16); paralelismos antitéticos (Mc 2:17 par.; Lc

6:45); e afirmações recíprocas (Lc 6:37,38; 12:8,9; Mt 10:32,33; cf. 1Clem 13.2).

O aforismo nunca é proferido nem transmitido isoladamente. Os de Jesus podem ser reunidos em coleções temáticas (Mt 7:7-11=Lc 11:9-13, perguntando; Mt 7:1-5, julgando; Lc 11:42-48; Mt 23:13-36, lamentando), constituindo recomendações, pronunciamentos ou conclusões "opinativas" (Mc 2:17; 12:17). Estudiosos recentes argumentam que os escritores do N T expandiram os aforismos ou *chreiai* para narrativas maiores, mediante o uso de regras padrão, do tipo das encontradas nos *progymnasmata* (manuais de retórica básica).

Como os aforismos de Jesus foram primeiramente expressos e transmitidos oralmente, torna-se questionável tentar recuperar a fraseologia original exata (*ipissima verba*). É mais útil considerar uma estrutura fixa (*ipissima structura*), a partir da qual mudanças poderiam ser feitas. John Dominic Crossan faz importante distinção entre variação na transmissão e na hermenêutica. A variação na transmissão envolve mudanças (expansões, contrações, conversão, substituição, transposição) que não afetam o sentido básico do aforismo. Essa teria sido uma característica natural dos ensinos de Jesus, à medida que falava a audiências diferentes. Compare-se "Mas muitos dos primeiros serão últimos; e os últimos serão os primeiros" (Mt 19:30) com "Assim, os últimos serão primeiros, e os primeiros serão últimos". A versão do Evangelho de Tomé 4, no entanto, é uma variação na hermenêutica, uma vez que fornece interpretação distinta: "Pois muitos que são primeiros se tornarão últimos; e eles se tornarão um e o mesmo".

Bibliografia. D. E. Aune, Oral Tradition and the Aphorisms of Jesus, in *Jesus and the Oral Gospel Tradition*, ed. H. Wansbrough. JSNTSup 64 (Sheffield, 1991), 211-65; J. D. Crossan, *In Fragments: The Aphorisms of Jesus* (San Francisco, 1983); V. K. Robbins, The Chreia, in *Greco-Roman Literature and the New Testament*, ed. D. E. Aune. SBLSBS 21 (Atlanta, 1988), 1-23. [MARTIN C. ALBL]

ÁFRICA Embora a Bíblia não mencione o nome "África", diversos lugares e povos do norte da África figuram destacadamente em fatos e narrativas tanto no AT como no NT.

O mais frequentemente mencionado desses é o Egito. Desde a era dos patriarcas até o tempo dos apóstolos, o Egito contou sempre com recursos de alimento em grãos muito abundantes e bastante requisitados pelas nações de todo o Mediterrâneo oriental (p. ex., Gn 41:50–42:25). O êxodo do Egito, provavelmente o mais importante evento da história judaica (Êx 3:1–20:21), constitui, sem dúvida alguma, argumento teológico significativo (p. ex., Am 5:25; Is 40:3). O Egito tornou-se também lugar de refúgio para judeus dissidentes e dispersos (p. ex., 2Mac 1.1-9; Mt 2:13-15,19,20). Egito e Israel compartilharam também da tradição de sabedoria do antigo Oriente Médio (cf. Pv 22:17–24:34 e das egípcias *Instruções de Amenemés*). A política, enfim, ligou Egito e Israel (p. ex., 1Rs 11:1; cf. Na 3:8,9).

Cuxe (heb.; lit., "negro") é mencionado frequentemente no Antigo Testamento. Devido a influências grega e romana, alguns o traduzem por Etiópia. Outros escritos antigos se referem a Cuxe como Núbia. Cuxe na Bíblia se refere às terras ao sul do Egito. Os escritores bíblicos frequentemente ligam Egito e Cuxe, sugerindo que igualmente se associaram (p. ex., Is 45:14; Ez 30:4-9; Sl 68:31 [TM 32]). Tal como o Egito, Cuxe era lugar de refúgio judaico (Sf 3:10).

O NT menciona egípcios, cireneus, líbios e cuxitas/etíopes (p. ex., Mc 15:21; At 2:10; 11:20,21; 18:24); e Atos 8:26-39 registra o batismo de alto funcionário etíope, realizado por Filipe.

Recentemente, a erudição bíblica afro-americana tem desafiado os tradicionais exegetas eurocêntricos da Bíblia quanto a não refletirem as perspectivas bíblicas neutras e, na verdade, "desafricanizarem" a Bíblia. Os africanos, pelo contrário, eram altamente considerados e foram frequentemente usados como exemplos positivos pelos escritores bíblicos.

Bibliografia. D. Adamo, *Africa and Africans in the Old Testament* (San Francisco, 1997); R. A. Bennett, Jr., Africa and the Biblical Period, *HTR* 64 (1971): 483-500; C. H. Felder, *Troubling Biblical Waters; Race, Class, and Family* (Maryknoll, 1989), 5-48; ed., *Stony the Road We Trod* (Minneapolis, 1991), 127-84.

AFUS (gr. *Apphoús*) Apelido de Jônatas (16), o filho mais novo de Matias (1Mc 2.5) e sucessor de Judas Macabeus.

AGAGITA (heb. *'ăgagî*) Povo gentio, associado a Hamã, inimigo dos judeus (Et 3:1,10; 8:3, 5; 9:24; cf. LXX), e referente ao rei amalequita Agague, que a Saul foi ordenado matar (1Sm 15:2-3), ou à nação amalequita, inimiga de Israel desde as peregrinações do deserto (Dt 25:17-19).

AGAGUE (heb. *'ăgag*) Nome de dois reis amalequitas (Nm 24:7; LXX "Gogue"; 1Sm 15:8,9,20,32,33), ou, possivelmente, nome dinástico para todos os reis amalequitas. Em 1Samuel 15 a recusa de Saul em matar Agague, pela crueldade de Amaleque para com Israel no êxodo (Êx 17:8-16; Dt 25:17-19), resulta na decisão de Yahweh, mediante Samuel, de rejeitar Saul como rei de Israel. O próprio Samuel mata Agague.

Balaão predissera que o(s) futuro(s) rei(s) de Israel seria(m) mais elevados que o exaltado rei Agague (Nm 24:7). A LXX, interpretando messianicamente, diz que "ele governará sobre muitas nações; e seu reino será exaltado como Gogue..." [PAUL J. KISSLING]

ÁGAPE (heb. *agápē*) Das diversas palavras gregas que significam "amor", a mais comum no Novo Testamento é, de longe, *agápē*. Conquanto os cristãos não tenham criado essa palavra (ela é comum na LXX), eles a tornaram uma palavra definidora da vida e do ensino cristãos. No NT, a forma verbal é mais frequente. O uso de *agápē* destaca-se mais nos textos de João (c. um terço do total de usos).

Os Evangelhos Sinópticos contêm narrativa de afirmação de Jesus sobre ser o "grande mandamento" o amor a Deus e ao próximo (Mt 22:38,39; Mc 12:30,31; Lc 10:27). O evangelho de João, que omite esse relato, tem, todavia, ênfase maior no amor, nos ensinos de Jesus, "porque Deus é amor" (1Jo 4:8). João enfatiza o amor como a ligação indissolúvel entre Jesus e Deus (Jo 15:9,10; 1Jo 3:16), Jesus e seu povo (Jo 13:1,34), o crente e Deus (1Jo 3:17) e entre os crentes (Jo 13:34,35; 1Jo 3:10-18).

Paulo usa principalmente a forma substantiva para mostrar o amor de Deus pela humanidade "quando ainda éramos pecadores" (Rm 5:8). Paulo descreve Deus como "o Deus de amor e paz" (2Co 13:11), e o autossacrifício de Cristo como a definição real de "amor". Raramente Paulo fala do amor dos crentes por Deus (1Co 2:9; Rm 8:28); seu motivo mais comum, no caso, é "fé". Contudo, para o apóstolo, o amor (juntamente com a fé e a esperança, 1Co 13:13) é uma das realidades-chave da vida cristã.

Bibliografia. V. P. Furnish, *The Love Command in the New Testament* (Nashville, 1972); W. Klassen, *Love of Enemies*. OBT 15 (Philadelphia, 1984). [WENDELL WILLIS]

AGAR (heb. *hāgār*) Mulher egípcia, serva da matriarca Sarai. A história de Agar, representando duas linhas da tradição em Gênesis 16 e 21, é uma história de competição pela posição social, de maternidade substituta, conflito étnico, luta de classes, abuso, exílio e triunfo.

A estéril Sarai dá Agar "por mulher a Abrão" (Gn 16:3), tornando assim cada filho que lhe nascesse herdeiro legal, de acordo com as normas mesopotâmicas da época. Sarai acaba deplorando o dia em que engendrou tal união. Após conceber, Agar despreza Sarai de tal forma (Gn 16:4) que esta, por sua vez, acaba maltratando-a. Agar foge para o deserto, grávida, a pé, caminhando cerca de 240 km para o sul, até Sur. O anjo de Deus ordena-lhe que volte para Sarai, com promessa semelhante à que fora feita a Abraão e que depois seria feita a Isaque e Jacó. Seu filho, que receberia o nome de Ismael, teria descendência numerosa demais para se contar (Gn 16:10) — doze tribos, que se tornariam uma grande nação (17:20).

Anos depois, quando Isaque já era desmamado, Sara vê Ismael rindo e brincando com ele (Gn 21:8-21). O incidente, embora positivo, é interpretado por Sara como ameaça à herança de Isaque. Ela pede que Abraão separe de sua família Agar e Ismael, de uma vez por todas. Agar, achando-se mais uma vez no deserto e sem sustento, abandona seu filho à morte (aqui, a idade do filho não encaixa de forma alguma com o contexto). Mais uma vez, Deus intervém, provendo alimento e água e reiterando a promessa feita a Agar. Mais tarde, Agar encontraria uma egípcia para ser esposa de seu filho já crescido.

O apóstolo Paulo usa alegoricamente a história de Sara e Agar (Gl 4:21-31) para retratar como escravos (da mesma forma que Agar) da antiga aliança os descendentes literais de Sara, enquanto os descendentes de Sara pela fé (e pela promessa) tornam-se a essência da nova aliança, libertadora. Ironicamente, para que sua analogia tenha efeito, Paulo, como outros comentaristas antes e depois dele, desconsidera a fidelidade ambígua tanto de Sara como de Agar.

Bibliografia. A. O. Bellis, *Helpmates, Harlots, Heroes*, (Louisville, 1994); P. E. Tarlow e E. C. Want, Bad Guys, Textual Errors and Wordplays in Genesis 21.9,10, *Journal of Reform Judaism* 37/4 (1990): 21-29; P. Trible, Hagar: The Desolation of Rejection, in *Texts of Terror*. OBT 13 (Philadelphia, 1984), 9-35; C. Westermann, *Genesis 12-36* (Minneapolis, 1985). [JAMES E. BRENNEMAN]

ÁGATA *Ver* CALCEDÔNIA.

AGÉ (heb. *'āgē'*) Hararita, pai de Samá, um dos guerreiros de Davi (2Sm 23:11).

AGEU, LIVRO DE Décimo texto do chamado Livro dos Doze, ou dos Profetas Menores, da Bíblia Hebraica. Ageu, que significa "festivo" ou "de festa", nome do profeta cujos oráculos constituem a obra, pode indicar que ele nasceu em um dia de festa. Não se possui informação biográfica sua, embora Ageu e seu contemporâneo (o primeiro) Zacarias sejam mencionados em Esdras 5:1 e 6:14 e referidos na terceira pessoa nas estruturas narrativas em que seus oráculos são colocados.

Ageu é ligado também ao primeiro Zacarias pela disposição singular de indicação de datas fornecida pela estrutura literária de Ageu e Zacarias 1–8. Diferentemente de informações cronológicas de outros livros bíblicos (Reis, Crônicas e diversos outros profetas), nos quais os eventos são datados com base nos anos de reinado de monarcas de Israel ou Judá, em Ageu e no primeiro Zacarias as datas estão ligadas aos anos de reinado de um imperador estrangeiro, Dario I (522-486 a.C.), primeiro de três soberanos chamados Dario, que governaram o Império Aquemênida. Essa relação cronológica do oráculo profético com o poder persa é significativa indicação da situação política em *Yehud*, a província persa pós-exílica, que continha a capital Jerusalém e parte do que antes havia sido o Reino do Sul, Judá. Embora suas palavras sejam dirigidas aos dois principais líderes de Yehud — o governador Zorobabel e o sumo sacerdote Josué — e à comunidade em geral, Ageu estava plenamente consciente da situação do país, como integrante de um império estrangeiro, e não mais um Estado autônomo, como havia sido o antecessor reino de Judá por quase um milênio, desde os dias do rei Davi.

A primeira das indicações de data em Ageu (seguida por três em Zacarias) aparece em 1:1, referindo-se ao primeiro dia do sexto mês do segundo ano do reinado de Dario I (29 de agosto de 520 a.C.). A última indicação, em 2:20, menciona (como também o faz a quarta indicação, em 2:10) a data de 18 de dezembro de 520 a.C., meses mais tarde. A especificação minuciosa das datas provavelmente reflete o conhecimento e a sensibilidade do profeta quanto a oráculos de videntes anteriores. Jeremias fizera referência a um período de setenta anos de desolação após a destruição do primeiro templo, em 587/586 a.C. (Jr 25:11,12; 29:10). Em 520 a.C., a iminência do fim desse período deve ter-se apresentado bastante forte no pensamento de Ageu. Convicto do controle intencional de Yahweh sobre os assuntos humanos, ele provavelmente viu, na emergência do Império Persa e sua política aparentemente benéfica de concessão de semiautonomia a muitas de suas províncias, os sinais antecipados da chegada de uma nova era. A estrutura de governo de Yehud era dupla, consistindo em uma figura sacerdotal — como continuação da forma de governo pré-exílica, ou mesmo pré-monárquica —, junto a uma figura política (sempre um descendente de Davi). Esse fato estimularia os oráculos de Ageu orientados ao futuro, com o sentido de que a condição de *Yehud* como província era apenas temporária e que o final das sete décadas de exílio e ruína traria consigo a inauguração de independência e prosperidades renovadas.

Somado às suas indicações incomuns de datas e íntimas conexões temáticas e léxicas com Zacarias 1–8, o livro de Ageu compartilha com o primeiro Zacarias uma textura literária difícil de caracterizar. Na sua maior parte, é prosa, embora certas passagens (p. ex., 1:5-10) sejam mais poéticas em sua estrutura, dando com isso um toque de poesia a seu texto todo. Com isso, talvez seus oráculos se conformem ao protótipo amplamente poético da profecia primitiva. O termo "prosa oracular", ou então "prosa elevada", possivelmente represente melhor a obra de Ageu. A mescla de seções poéticas e prosa evidencia o impulso criativo de uma figura profética extremamente consciente da forma e do conteúdo do legado profético.

O livro de Ageu consiste em duas partes principais. A primeira trata da restauração do templo, sendo formada por duas seções: 1:1-11; 1:12-15a. A segunda parte é composta de oráculos de encorajamento, que podem ser subdivididos em três seções: 1:15b-2:9; 2:10-19; 2:20-23. Cada uma dessas cinco subunidades está associada a um dos cinco cabeçalhos cronológicos, possivelmente indicando eventos ou proclamações proféticas separados. Embora cada uma das subunidades tenha sua integridade própria, fornecem em conjunto uma progressão de eventos e ideias, que formam um todo unificado.

Chamado profético para atuar no templo (1:1-11). O oráculo de abertura faz uma ligação entre as condições políticas e econômicas adversas de Judá no período pós-exílico e o fato de que o templo, destruído pelos babilônios em 587/586 a.C., ainda jaz em ruínas. Ageu procura convencer as pessoas de que a grande disparidade entre suas expectativas por uma comunidade florescente restaurada e a realidade de graves dificuldades econômicas será efetivamente minorada caso se dediquem à restauração do templo, símbolo da presença de Deus em seu meio. Encoraja o povo a assumir o projeto de reconstrução da casa de Deus. Seu oráculo é um chamado a se iniciar essa obra, fundamentado na crença — comum no antigo Oriente Médio — de que as bênçãos fluirão quando o centro sagrado da comunidade (lugar onde reside sua Divindade) estiver ativo como local do poder divino na terra.

Reação dos líderes e do povo (1:12-15a). A audiência de Ageu reage positivamente à sua exortação. Com isso, ele lhes assegura que Deus está com eles em sua tarefa. O entusiasmo da resposta fica claro pela indicação da data com que essa seção da profecia é encerrada: menos de um mês após o pedido do profeta, as pessoas decidiram obedecer à voz de Deus, conforme fora comunicada em sua palavra.

Assegurada a presença de Deus (1:15b-2:9). A segunda parte do livro de Ageu inicia-se com afirmação adicional, garantindo que a beneficência de Deus está com eles e que se devem animar na obra de reconstrução do templo. Restaurada, a casa de Deus irá atingir toda a humanidade, pois no final todas as nações reconhecerão que Yahweh é Deus. A solução dos problemas imediatos que afetam Yehud terá, portanto, implicações universais.

DIREÇÃO SACERDOTAL COM INTERPRETAÇÃO (2:10-19). Essa perícope protorrabínica revela, por um lado, conceitos de profanação e purificação do segundo templo e, por outro, de santidade e pureza. Estas últimas características envolvem Deus, sendo mais difíceis de transmitir do que as opostas. As categorias precedentes, de impureza, são causadas por imoralidade, pecado ou desobediência à palavra de Deus, e não por sujeira física, mas sendo todas, infelizmente, altamente contagiosas. A linguagem de mistério, de caráter sacerdotal, torna-se veículo da ideia de que a obra no templo pode afetar o bem-estar da terra e seus habitantes. O emprego, por parte de Ageu, de conceitos sacerdotais complexos provavelmente indica o papel autoritário que desfrutava o sacerdócio nessa época, bem como a familiaridade de sua audiência dos pontos de vista dos sacerdotes.

ESPERANÇA FUTURA (2:20-23). O oráculo de conclusão é dirigido exclusivamente a um único indivíduo: o governador Zorobabel. A menção desse descendente de Davi por seu nome dá origem à especulação de que o profeta tivesse a expectativa da restauração iminente da independência de Yehud, tendo Zorobabel como rei. No entanto, a linguagem do oráculo descreve um papel secundário para Zorobabel como governante humano. Ele deverá atuar como uma espécie de vice-rei de Yahweh ("um anel de selar" na mão de Deus), em um esquema teocrático abrangendo todas as nações do mundo. Portanto, é mais provável uma orientação escatológica do que uma histórica no pronunciamento final de Ageu. Ele entende a obra da comunidade em restaurar o local sagrado como parte integrante de seu estatuto supremo de centro do plano redentor universal de Deus.

Bibliografia. R. Mason, *The Books of Haggai, Zechariah and Malachi.* CBC (Cambridge, 1977); C. L. Meyers e E. M. Meyers, *Haggai, Zechariah 1–8.* AB 25B (Garden City, 1987); Haggai-Zechariah, *NAB*, ed. rev., ed. J. Jensen et al.; D. L. Petersen, *Haggai and Zechariah 1–8.* OTL (Philadelphia, 1985); Haggai, in *Oxford Bible Commentary*, ed. J. Barton e J. Muddiman (Oxford, 1999). [CAROL MEYERS]

ÁGRAFO (gr. *ágrapha*) Termo técnico (lit., "não escrito"), usado como referente a dito de Jesus não registrado nos quatro evangelhos canônicos. Ditos atribuídos a Jesus em outro lugar no Novo Testamento (p. ex., At 20:35; 1Co 11:24,25) são por vezes considerados ágrafos; contudo, o termo é geralmente empregado para referência a ditos extracanônicos. Há ágrafos localizados em fontes diversas, como manuscritos antigos do NT (p. ex., Códice de Beza [D] em Lucas 6:5), textos apócrifos (p. ex., Evangelho de Tomé, Evangelho de Filipe), fragmentos de papiros (p. ex., Papiro Oxyrhynchus), escritos dos pais da Igreja, Talmude e textos islâmicos. Um número limitado de ágrafos (especialmente alguns no Evangelho de Tomé) poderia ser de ditos autênticos de Jesus, mas são mais indicativos de como a tradição de Jesus já estava desenvolvida e pronta a se adaptar às necessidades de diversas comunidades.

Bibliografia. J. Jeremias, *Unknown Sayings of Jesus*, 2. ed. (London, 1964); W. D. Stroker, *Extra-canonical Sayings of Jesus* (Atlanta, 1988). [JEFFREY T. TUCKER]

AGRICULTURA Juntamente com o pastoreio, a agricultura era um dos principais componentes da economia israelita. Os agricultores israelitas provavelmente aprenderam suas aptidões com os cananeus, antigos habitantes da terra. Conquanto a agricultura fosse praticada por todo país, sua natureza mudava em razão de condições ambientais específicas e características da cada região. A falta de terra boa nas regiões mais altas foi resolvida pela derrubada de florestas e o estabelecimento de terraços, método que criou artificialmente áreas niveladas adequadas ao cultivo de sementeiras e pomares. A escassez de água em zonas áridas era resolvida com a prática de captação de água das chuvas e seu desvio para lugares próprios à agricultura.

Diferentemente do Egito e da Mesopotâmia, a irrigação dos canteiros agrícolas não era comumente praticada no Israel bíblico devido à falta de fontes de água e à natureza do terreno (cf. Dt 11:11: "a terra em que estais entrando para dela tomar posse é terra de montes e de vales, que bebe as águas da chuva do céu").

Os campos de colheita mais comuns eram de cereais (*dāgān*), como trigo (*ḥiṭṭâ*), cevada (*śĕʿōrâ*) e painço. Os legumes, embora cultivados, provavelmente não eram tão comuns quanto os cereais, pois nem todas as espécies são mencionadas na Bíblia, e a maioria deles é melhor conhecida por meio de amostras arqueológicas. Entre as espécies cultivadas, estavam fava (*pôl*), lentilha (*ʿădāšîm*), ervilhaca, grão-de-bico, ervilha e feno-grego. Em outros tipos de cultivo, o linho (*pištâ*) e o gergelim.

Importante ramo da agricultura israelita era o cultivo de árvores e arbustos frutíferos. O mais comum era a figueira, a videira (*gepen*), seguida de oliveira (*zayiṯ*), romãzeira (*rimmôn*), tamareira (*tāmār*) e sicômoro (*šiqmîm*). Outras árvores frutíferas cultivadas eram, ainda, *tappûăḥ* (talvez, marmeleiro ou damasqueiro), *bākā'* (talvez, amoreira) e alfarrobeira, além dos pés de amêndoa (*šāqēḏ*), pistache (possivelmente *boṭnîm*) e noz (*'ĕgôz*).

Pouca coisa é conhecida a respeito do cultivo de verduras e hortaliças, alimentos certamente não tidos em alta conta (Pv 15:17). Diversas referências bíblicas indicam, no entanto, que a horticultura era praticada em terrenos junto às casas, nas áreas urbanas, talvez mais pelas altas classes sociais (1Rs 21:2; 2Rs 21:18,26). Somente uma vez hortaliças são literalmente mencionadas nas Escrituras, quando os israelitas, no deserto, anseiam por comer, além de carne e peixe, pepino (*qiššu'îm*), melão (*'ăḇaṭṭiḥîm*), alho-poró (*ḥāṣîr*), cebola (*bĕṣālîm*), e alho (*šûmîm*) (Nm 11:5). O pepino era cultivado em grandes porções de terra, exigindo guarda por causa da ameaça de ladrões (Is 1:8) ou de danos causados por pássaros (Jr 10:5).

Outra forma de horticultura era o cultivo de ervas e condimentos, incluindo cominho (*kammōn*), cominho-preto (*qeṣaḥ*) e coentro (*gaḏ*), mencionados na Bíblia.

A agricultura era uma ocupação sazonal, sendo todas as tarefas predeterminadas segundo a época do ano e o clima predominante. Embora diversas estações e tarefas agrícolas sejam mencionadas na Bíblia, a melhor fonte para o ciclo agrícola é o chamado calendário de Gezer, inscrição descoberta em Tell Gezer em 1908. O documento começa com "dois meses de colheita (de azeitonas)" — de meados de agosto a meados de outubro —, seguidos por "dois meses de semeadura (de cereais)" — de meados de outubro a meados de dezembro — e "dois meses de semeadura posterior (de legumes e hortaliças)" — de meados de dezembro a meados de fevereiro. A isso se seguia "um mês de capina de erva daninha (para o feno)" — de meados de fevereiro até meados de março. Outros leem esta indicação como sendo "um mês de capina para o linho". Vêm, então, "um mês de colheita da cevada" — de meados de março, no equinócio da primavera, até meados de abril — e "um mês de colheita (do trigo) e medição (do grão)" — de meados de abril a meados de maio (tendo esta última palavra traduções diversas sugeridas). A lista termina com "dois meses de colheita da uva" — de meados de maio a meados de julho. Uma análise do calendário de Gezer mostra que as três festas de peregrinação — Páscoa/*Pesaḥ*, Semanas/*Šāḇu'ôṯ*, Tabernáculos/*Sukkôṯ*), que começaram como celebrações agrícolas, ocorriam de acordo com sua estação sazonal.

A tarefa agrícola exigia implementos especiais: o arado usado para semear era feito de madeira (*maḥărēšâ*), tendo uma ponta de metal e sendo projetado para tração animal (boi ou jumento). Essa atividade era realizada no outono, após as primeiras chuvas. Instrumento ligado a ela era o aguilhão (*malmāḏ* ou *dārḇān*), haste de madeira com uma ponta de ferro numa das extremidades para estimular (cutucar) os animais e uma espécie de escavadeira na outra extremidade para remover o barro sob o arado. Outras tarefas eram executadas com outras ferramentas, como a foice (*maggāl* ou *ḥermēš*) para a colheita, malho de debulhar (*môraḡ*) ou debulhadeira (*'ôpan 'ăgālâ*), ancinho de peneirar (*mizreh*) e peneiras (*kĕḇārâ* e *nāp̄â*). A semeadura de pomares e jardins era feita com enxada (*ma'dēr*) e outro implemento de revolver a terra (*'ēṯ*). Uma ferramenta que foi desenvolvida especialmente para trabalhar na vinha era uma faca de podar (*mazmērâ*), usada também para a colheita da uva (*zāmîr*).

Bom rendimento era assegurado com a restauração da fertilidade do solo e proteção contra pestes e doenças. A restauração empregava vários métodos, incluindo fertilização com esterco animal (*dōmen*) e cinzas (*'ēp̄er* e *dešen*) e adubo verde (uso de legumes para o enriquecimento do solo com nitrogênio). Todos esses métodos eram usados em combinação com a rotação do plantio, que abrangia terras em descanso. Com relação às pestes (gafanhotos, ratos e vermes) e doenças, pouco mais poderia ser feito sob as condições predominantes do que simplesmente manter boas práticas de agricultura. Pestes e doenças eram vistas como castigo de Yahweh pela não observância do pacto. Assim, a readesão aos termos do pacto era tida como indispensável para prevenir sua ocorrência; e na ocorrência, oração e arrependimento eram considerados necessários.

Um bom ano para agricultura era aquele que, naturalmente, dava abundantes resultados. O profeta Amós expressa isso de modo singular e certamente metafórico: "Dias virão, diz o Senhor, em que o que lavra seguirá logo ao que colhe, e o que pisa as uvas, ao que lança a semente; e os montes destilarão vinho novo, e todas as colinas se derreterão" (Am 9:13). Para se consumir os grãos, tinham de ser antes processados e estocados. Após a debulha e a separação, os grãos limpos eram estocados geralmente em celeiros de estocagem particulares perto de casa e em grandes silos públicos (do governo, do templo). Em uso, os cereais eram, na maioria das vezes, colocados no chão, para fazer pão, e os legumes eram consumidos como sopa ou mingau (*nāzîḏ*). Legumes eram estocados principalmente em vasos de estocagem, usados também para guardar produtos secos, como frutas em passa (como figos, tâmaras e uvas-passas), vinho e azeite. A produção de vinho e azeite, por sua vez, exigia instalações especiais, como *yeqeḇ* e *gaṯ*, para a feitura de vinho e espremer azeitonas. O espremedor de azeitonas israelita mais eficiente era uma espécie de prensa com uma trave de madeira. O azeite era usado não apenas na alimentação, mas também na iluminação e como cosmético. Outros produtos de frutos incluíam ainda suco fresco, geleia e xarope.

O produto excedente era usado geralmente para pagar taxas, conforme mencionado em inscrição gravada em fragmento arqueológico de cerâmica, o óstraco de Samaria. Algum excedente, no entanto, era oferecido também como sacrifício nos santuários locais e templos nacionais, e certa quantidade, negociada na troca de suprimentos. Não somente cidadãos comuns se dedicavam à agricultura, mas também a realeza e a nobreza, como exemplificado pelo rei Uzias (2Cr 26:10). *Ver* PASTOREIO.

Bibliografia. O. Borowski, *Agriculture in Iron Age Israel* (Winona Lake, 1987). [ODED BOROWSKI]

AGRIPA (gr. *Agríppas*) *Ver* HERODES (Família) 16, 18.

ÁGUA Requisito essencial para o sustento e a sobrevivência da vida vegetal e animal. Juntamente com o alimento, a água é desde muito considerada o mínimo necessário ao sustento da vida humana (cf. Gn 21:14; Êx 23:25); a falta de um dos dois causa a mais extrema necessidade e, como consequência, a morte (Is 3:1; Ez 4:17; cf. Is 30:20). A água é também usada amplamente para banho, lavagem e purificação cerimonial.

ASPECTOS FÍSICOS. A Palestina depende inteiramente da chuva para sua umidade. Diferentemente da Mesopotâmia e do Egito, com seus grandes rios alimentados por abundantes quedas d'água nas montanhas, uma leve variação na precipitação anual de chuvas na Palestina pode redundar em grave seca. Estiagens causadoras de fome eram problema frequente nos tempos bíblicos (Gn 26:1; 1Rs 17:1).

Em anos normais, a Palestina tem uma estação chuvosa de outono e inverno, separada por um período seco de verão (Sl 32:4). A quantidade de chuva varia muito na Palestina, mantendo-se na planície costeira uma média de cerca de 56 cm por ano. O norte e o oeste recebem geralmente a maior parte de chuva, assim como as encostas de montanhas voltadas para o mar. O sul da Palestina é praticamente um deserto, especialmente a região em torno do Mar Morto.

À Palestina não apenas faltam grandes rios e fontes como locais para a estocagem natural de reserva d'água. Seus habitantes tiveram de usar, por isso, como reservatórios, uma diversidade de instalações feitas pelo homem. Os poços (Gn 21:30; 29:2-8; Jo 4:11,12) eram grandes fossas cavadas no chão até a profundidade do lençol d'água, visando a prover água pelo menos o ano todo. O poço era geralmente cercado de um muro de pedra acima do chão, por segurança, e de uma parede de pedra abaixo do solo, para impedir desmoronamento ou precisar ser novamente escavado. Cisternas (2Cr 26:10; Jr 2:13) eram também escavadas no chão, sendo alimentadas por condutos, que levavam até elas a água da chuva dos telhados ou da superfície do solo. Tanto poços como cisternas eram mantidos geralmente cobertos, quando não em uso, para evitar evaporação e contaminação. Os tanques ou açudes (2Sm 2:13; Is 7:3; Jo 5:2-7), normalmente deixados descobertos, eram construídos a partir de fontes represadas ou como amplo reservatório de alvenaria.

IMPORTÂNCIA TEOLÓGICA. ***Cosmologia.*** Desde tempos imemoriais, os povos antigos perceberam que a água existia acima e debaixo da terra. Tanto descia de cima, sob a forma de chuva, quanto podia ser obtida, além de suas fontes naturais (mar, lagos, rios, quedas), das profundezas da terra, bastando estar disposto a cavar suficientemente. Em muitas sociedades do antigo Oriente Médio, esse aparente paradoxo era explicado pela narrativa de batalha primordial entre o deus-herói e o dragão do caos. Na versão babilônica, o vitorioso Marduk fende o corpo da serpente ou dragão fêmea Tiamat. Então, do corpo desta cria a Terra, colocando-a no útero do caos, abaixo das águas do céu e acima das águas das profundezas (cf. heb. *tĕhôm;* ac. *tiâmtu,* "Tiamat").

O AT adota de certo modo essa compreensão básica do Universo, ou cosmogonia, mas modificando-a à luz do monoteísmo israelita (relato da Criação, Gn 1:1-10; relato do Dilúvio, 7:11; cf. Êx 20:4; Dt 4:18; 2Sm 22:14-17; Jó 26:5-13; Sl 104:3-6; 136:6; 148:4-7; Jr 10:11-13; Am 9:5,6; Jn 2:2-6). Assim, as "águas do céu", ou águas cósmicas, são as águas acima da terra, contidas pelo firmamento. A chuva cai quando Deus abre as comportas do firmamento (Gn 7:11; 8:2). O céu é azul (cor do oceano) porque as águas podem ser vistas através do firmamento de cristal transparente (cf. Ez 1:26, que retrata Deus sentado acima do firmamento em um trono cor de safira [azul ou turquesa] — cor das águas profundas e do céu).

Ritual. Os israelitas refletiram também uma antiga concepção comum no Oriente Médio, ampliando em sentido metafísico as propriedades físicas da água como agente básico de purificação: a água tem o poder de tornar alguém cerimonialmente limpo. A interpretação de Ezequiel 16:4, p. ex., apoia-se nessa dupla propriedade de purificação.

O ritual de purificação no AT, em sua forma mais básica, envolve banho, lavagem da roupa da pessoa e espera até o final da tarde (Lv 15:5-27; 16:26-28; 17:15; 22:6; Dt 23:10,11). Exige-se, assim, que Arão e seus filhos se lavem com água antes de vestirem os trajes sacerdotais (Êx 29:4-9; cf. 30:17-21; 40:12-15, 30-32). A água é usada também para purificação em outros tipos de ritual: limpeza de vísceras e das pernas do novilho ou do cordeiro ou cabrito antes de sacrificá-lo como oferta queimada (Lv 1:9,13), ou limpeza de roupa ou de vasilha de metal do sangue de oferta pelo pecado (6:27, 28 [TM 20-21]).

Pelo fato de a água por si mesma poder se contaminar (Lv 11:32-36), os rabinos estabeleceram em quarenta *seahs* (264 litros) a quantidade mínima de água necessária para um banho de limpeza cerimonial (*m. Miqw.* 1:1-8; cf. Jo 2:6). Esta quantidade de água, achavam eles, deveria garantir que o poder natural de limpeza da água não se anularia mesmo diante de uma excessiva quantidade de impureza.

Nos casos mais sérios de impureza, a purificação deveria ser feita pelo uso de "água viva" (ou água corrente) — água que fluísse de tal forma que fosse continuamente renovada e, portanto, não pudesse tornar-se impura (Lv 11:32-36; cf. *m. Miqw.* 1). A "água viva" era usada na purificação de um leproso ou de uma casa contaminada pela lepra. O sacerdote tomava dois pássaros e matava o primeiro sobre uma vasilha de barro com água corrente. Então, imergia hissopo, madeira de cedro, pano carmesim e o outro pássaro, vivo, nessa mistura de sangue e água e aspergia esse fluido sete vezes na casa ou no indivíduo com lepra. Depois, soltava o pássaro vivo em campo aberto (Lv 14:1-7,48-53).

"Água viva" é também elemento de "água de amargura" e de "água de purificação".

A "água de amargura" (heb. *mê hammārîm ham'ārărîm;* Nm 5:18,19) era administrada pelo sacerdote a uma mulher suspeita de adultério (Nm 5:16-29; cf. Êx 32:19,20). O sacerdote escrevia, em um livro (de pergaminho), maldições, às quais a mulher respondia: "Amém, Amém". Então, lavava as maldições escritas, retirando-as do livro, com água de amargura, misturando-a à poeira do tabernáculo, e a mulher era forçada a beber essa "água santa" (*mayim qĕḏōšîm*). Se fosse inocente, nenhum dano lhe causaria; mas, se fosse culpada, a água faria inchar seu abdome e sua coxa definhar.

A "água de purificação" (heb. *mê niddâ;* Nm 19:9) era também água combinada com vários outros ingredientes, a fim de tornar seu poder purificador mais eficaz. O sacerdote oferecia uma novilha vermelha como oferta queimada fora do acampamento, junto com madeira de cedro, hissopo e lã carmesim, segundo o cerimonial (Nm 19:1-22). Misturava então a cinza da novilha com água corrente e aspergia essa "água da purificação" sobre alguém ou alguma coisa que tivesse tocado um cadáver. Isso era feito no terceiro e no sétimo dias após o toque. Depois de banhar-se no sétimo dia, o transgressor era considerado cerimonialmente puro. Os israelitas usaram de "água de purificação" para tornar limpa a presa de guerra que haviam capturado dos midianitas (Nm 31:23). A mesma "água de purificação", chamada também "de expiação" era usada para purificar os levitas (*mê haṭṭāṯ*) (Nm 8:7).

Referências a água ocorrem frequentemente no NT em conexão tanto com o batismo cristão (At 8:36-39; Hb 10:22; 1Pe 3:20) quanto com o batismo para arrependimento, de João (Mt 3:11; Mc 1:8; At 1:5; 11:6). O batismo é um rito de passagem que inicia o convertido do mundo na comunidade dos regenerados, sendo, consequentemente, em sua associação primordial, um ritual iniciatório de purificação. O simbolismo da água é particularmente apropriado, nesse ritual. O iniciado é submergido nas águas, rememorativas das águas do submundo e, portanto, simbólicas da morte. Ressurge então para uma nova vida — talvez como o bebê que nasce emergindo da bolsa de líquido amniótico, do útero [cf. Jo 3:5], ou rememorativo da criação do mundo a partir "das águas" [cf. Rm 6:3,4; Cl 2:12]). O batismo é também ritual de purificação; o iniciado tem seu corpo "lavado com água limpa", símbolo de purificação interior (Hb 10:22).

Espírito Santo. Várias passagens do AT usam figurativamente a água em relação ao Espírito de Deus (Is 44:3,4; cf. Ez 36:25,26; Jl 2:23,28[3:1]) ou ao próprio Deus (Jr 2:13; 17:13). Mais passagens até se referem ao Espírito em termos normalmente usados para fluido (*šāpaḵ*, "derramar", Ez 39:29; Jl 2:28,29[3:1,2]; *yāṣaq̄*, Is 44:3; *nāḇa'*, Pv 1:23; *'ārâ*, Is 32:15; *mālē'*, "encher", Êx 31:3; 35:31; "estar cheio", Dt 34:9). O Espírito é mostrado ativo também na criação, onde se encontra pairando sobre a face das águas (Gn 1:2).

O Espírito de Deus pode ter sido associado à água, que dá vida, ou à purificação (cf. *m.Sota* 9.15). Ou pode ser uma associação mais profunda e mais mitológica entre o Espírito de Deus e as águas cósmicas (cf. Gn 1:2; Ez 1:26).

O NT usa a água em relação ao Espírito em todas essas conexões. Lucas, em Atos, especialmente, continua o vocabulário de "fluidez" do Espírito ("derramar", At 2:17,18; 10:45; "ficar cheio", Lc 1:15,41,67; At 2:4; 4:8; cf. Ef 5:18).

O mais complexo simbolismo da água no NT pode ser no evangelho de João, no qual "água" ocorre como ponto focal de vários incidentes. Além do batismo de Jesus (Jo 1:26-33), sete das perícopes "água" são exclusivas de João: transformação da água em vinho (2:7-9; 4:46); conversas de Jesus com

Nicodemos (3:5) e com a mulher samaritana (4:7-15); cura do homem junto ao tanque de Betesda (5:3-7); proclamação de Jesus na Festa dos Tabernáculos (7:38); o lava-pés dos discípulos (13:5); e o sangue com água que flui do lado de Jesus crucificado (19:34). João usa a água quase exclusivamente para expressar sua teologia do Espírito, intimamente ligada à atividade do Espírito (Jo 1:32,33; 3:5-8; 7:38,39; cf. 19:30), ou à purificação cerimonial, que substitui (2:6; 13:10,11). A chave para este entendimento está no ritual de libação de água da Festa dos Tabernáculos, acompanhado de oração pela "chuva serôdia" de outono — que a igreja primitiva acreditava ser o derramamento do Espírito Santo (At 2:4,16-21; cf. Jl 2:28-32[3:1-5]). Jesus anuncia ser Ele a fonte dessa "água viva" exatamente naquela cerimônia (Jo 7:38-39; cf., à luz disto, a água que flui do lado do Senhor crucificado; 19:34; cf. Zc 12:10; 13:1).

"Águas/água da vida" (Ap 7:17; 21:6; 22:1,17) denota a vida genuína, eterna, sem fim, pela qual anseiam os que estão nesta vida terrena. A imagem aponta não apenas para uma fonte de água que sempre flui, mas também para sua qualidade, que contém, cria e comunica vida. [TIMOTHY P. JENNEY]

ÁGUA DE PURIFICAÇÃO Água usada para "purificar" ou remover formas diversas de impureza ritual (heb. *mê niddâ*, "águas de impureza"), que consistia em cinza de novilha vermelha queimada, madeira de cedro, hissopo e tecido carmesim misturados com água de um córrego (Lv 14:4-8,49-52; Nm 19:2-19).

A água era aplicada de três maneiras: imersão, aspersão e lavagem das mãos.

Era exigida imersão do sacerdote que sacrificasse a novilha vermelha (Nm 19:7) e na purificação de presa de guerra (31:21-23), do leproso (Lv 14:8,9), do homem que tivesse emissão de sêmen (Lv 15:16-18), da mulher menstruada ou quem com ela tivesse contato (15:19-24), de pessoa com enfermidade genital ou que tivesse contato com ela (2:15, 25-28) e de quem tivesse contato com cadáver ou ossadas (5:2; 11:8-40; Nm 19:11-13; Dt 14:8; Ag 2:13).

A aspersão precedia a imersão, no caso do leproso (Lv 14:1-7) e daquele que tivesse contraído impureza por contato com cadáver (Nm 19:14-19). No mais, era usada somente na consagração de levitas (Nm 8:7) e purificação de casas afetadas pela lepra (Lv 14:49-52). O hissopo era imerso na água para a realização deste ritual (Nm 19:18).

A lavagem das mãos para remover a impureza ritual era praticada quase exclusivamente pelo sacerdócio (Êx 30:17-21; 40:31; 2Cr 4:2-6).

A purificação realizada por estes métodos referia-se à impureza ritual, não à impureza moral (pecado). Autores posteriores, no entanto, usaram dessa linguagem em sentido figurado, para referir-se â purificação moral e ética (Sl 26:6; 51:2,7 [TM 4,9]; Is 1:16-18; Jr 4:14; Ez 36:25).

No NT, a referência à imersão (batismo) é no sentido de purificação (Lc 2:22; Jo 3:25; At 21:24,26). Além das situações que exigem imersão no AT, a tradição acrescentara a entrada no templo (Josefo, *Ant.* 12.145; *m. Yoma* 3.3; *y. Yoma* 40b) e impurezas graves (*Para* 3.7; cf. Hb 6:2; 9:10). Os prosélitos (gentios convertidos ao judaísmo) tinham de passar pela imersão (*y. Qidd.* 64d; *Yebam.* 46a-47b; 71a; *Ker.* 9a; cf. tb. 1QS 3.1-9; 4.20-23), provavelmente o antecedente do batismo cristão. A aspersão tem somente sentido metafórico (Hb 9:13; 10:22; cf. 1QS 4.20-23).

A lavagem das mãos ganhou crescimento de popularidade no judaísmo interbíblico. Provavelmente os sábios expandiram esta exigência de pureza sacerdotal para aplicação ao povo, base em Levítico 15:11 (*Hul.* 106a; cf. *t. Hag.* 3.2,3; *Dem.* 2.2). Posição mais rigorosa sobre lavar as mãos foi tomada pela escola de Shamai, que o exigia antes e depois das refeições (*y. Sabb.* 1.7 [3c]; cf. *BJ* 2.129-30). Os mais tolerantes resistiram inicialmente a ela (*'Ed:* 5:6; *'Erub.* 21b), com desdobramentos refletidos diretamente no NT (cf. Mc 7:1-16 par.; Lc 11:37-41). Tal purificação cerimonial explica a presença de grandes jarros de água nas bodas de Caná (Jo 2:6). O lavar das mãos é mencionado em sentido simbólico em Tiago 4:8. [W. E. NUNNALLY]

ÁGUA, SERVIÇOS DE Os habitantes da antiga Palestina desenvolveram engenhosas técnicas para obter fontes de água, todavia periódicas e escassas. Muros de terraço de pedra foram construídos ao longo dos contornos das encostas escarpadas, provendo nova terra para cultivo, controlando a erosão e impedindo fluxo de água encosta abaixo para que houvesse tempo de se infiltrar no solo. No Neguebe e na Transjordânia, segundo deduz-se de ruínas do início do quarto milênio a.C., conjuntos de muros foram construídos transversalmente no leito de córregos, criando uma série de diques visando a controlar o fluxo sazonal e irrigar os campos das propriedades mais baixas, de últimas plantações junto ao deserto. Os nabateus, mestres na administração de recursos hídricos durante os períodos históricos helenístico e romano, fizeram vicejar os desertos do sul de Israel e do Jordão.

Cisternas eram abertas para captar e estocar água da chuva em áreas onde o nível do lençol d'água subterrâneo não podia ser alcançado ou não havia fontes perenes. Cavernas e tanques naturais na rocha eram facilmente adaptadas para esta finalidade. No entanto, foi o desenvolvimento de tecnologia que permitiu fossem talhadas em pedra estruturas distintamente com a forma de garrafa, com gargalo estreito voltado para a superfície. Reboco à base de cal tornava as cisternas impermeáveis, sempre que as circunstâncias geológicas assim permitissem, sendo as aberturas protegidas por círculos de pedra e pesadas tampas de pedra também. As cisternas serviam tanto para fins públicos como particulares, e os israelitas chegaram a considerá-las um deleite, comparável ao vinho, ao figo e às azeitonas, em descrições idealistas de sua terra (Dt 6:10-12; 2Rs 18:31 = Is 36:16; Ne 9:25; cf. 2Cr 26:10).

As fontes e cisternas permitiam acesso mais fácil à água fresca, mas estavam quase sempre situadas, inconvenientemente, fora dos muros da cidade ou bem abaixo dos outeiros onde as cidades se achavam construídas, exigindo esforço e inventividade para chegar até elas. Poços e túneis levando a fontes foram escavados em Hazor, Jocneão, Gezer, Berseba, Arade, Cades-Barneia, Gibeom, Megido, Ibleã e Jerusalém. Na hoje Tell es-Say'idyeh, foi construída uma escada coberta com teto ao longo da encosta do monte até a fonte. A fonte Giom, de Jerusalém, foi desviada debaixo da colina de Ofel, onde podia ser alcançada por um poço vertical ("poço de Warren"), de dentro da cidade. Mais tarde, talvez no século VIII a.C., embora a data não seja certa, foi escavado um túnel de 533 metros de comprimento ("túnel de Ezequias") ligando a Giom ao tanque de Siloé.

Os tanques se destinavam ao armazenamento de água da chuva e das fontes. Os mais famosos mencionados na Bíblia estavam em Gibeom (2Sm 2:13), Hebrom (4:12), Samaria (1Rs 22:38), Hesbom (Ct 7:4) e Jerusalém (2Rs 18:17 = Is 36:2; Ne 2:14; 3:15,16; Ec 2:6; Is 7:3; 22:9; Jo 9:7). A crescente população de Jerusalém nos tempos pós-exílicos levou à necessidade ali de vários reservatórios. Josefo se refere ao tanque da Serpente, ao tanque da Torre e ao tanque Struthion. Outro, o tanque de Israel, estava localizado ao longo do muro norte da área do templo. A água era trazida para Jerusalém dos tanques de Salomão e das fontes do sul de Belém por um complexo sistema de aquedutos. Podem ser vistas ainda hoje as ruínas de um aqueduto construído por Herodes, o Grande, para trazer água, dos pontos mais altos ao norte, para Cesareia.

Bibliografia. R. Amiran, The Water Supply of Israelite Jerusalem, in *Jerusalem Revealed,* ed. Y. Yadin (New Haven, 1976), 75-78; D. Cole, How Water Tunnels Worked, *BARev* 6/2 (1980): 8-29; W. G. Dever, The Water Systems at Hazor and Gezer, *BA* 32 (1969): 71-78; R. J. Forbes, Irrigation and Drainage, in *Studies in Ancient Technology,* ed. rev., 2 (Leiden, 1965): 1-79; Water Supply, in *Studies in Ancient Technology* 1, 3. ed. (Leiden, 1993): 149-94; T. E. Levy, How Ancient Man First Utilized the Rivers in the Desert, *BARev* 16/6 (1990): 20-31; A. Mazar, The Aqueducts of Jerusalem, in *Jerusalem Revealed,* ed. Yadin, 79-84; Y. Olami e Y. Peleg, The Water Supply of Caesarea Maritima, *IEJ* 27 (1977): 127-37; J. P. Oleson, The Origins and Design of Nabatean Water-Supply Systems, in *Studies in the History and Archaeology of Jordan V,* ed. K. 'Amr, F. Zayadine e M. Zaghloul (Amman, 1995), 707-19; J. B. Pritchard, *The Water System of Gibeon* (Philadelphia, 1961); Y. Shiloh, Underground Water Systems in Eretz-Israel in the Iron Age, in *Archaeology and Biblical Interpretation,* ed. L. G. Purdue, L. E. Toombs e G. L. Johnson (Atlanta, 1987), 203-44; T. Tsuk, Reservoirs, *OEANE* 4.422-23; J. Wilkinson, Ancient Jerusalem: Its Water Supply and Population, *PEQ* 106 (1974): 33-51. [JAMES H. PACE]

ÁGUIA Grande ave de rapina. No AT, a palavra hebraica *nešer* designa tanto o abutre como a águia; mas o abutre imundo, que se alimenta de carniça e cuja carne não poderia ser ingerida, é diferente de *nešer* (heb. *rāḥām* ou *rāḥāmâ*; Lv 11:18; Dt 14:17). Quase todas as menções de *nešer* se referem a águia, e na maior parte do tempo são referências metafóricas.

Para os escritores bíblicos, a águia é símbolo de velocidade (Dt 28:49; 2Sm 1:23; Jr 4:13; Lm 4:19), notável pela construção de seu ninho em lugares elevados (Jr 49:16), por se elevar rapidamente a grandes alturas (Pv 23:5) e por atacar suas presas feroz e rapidamente (Jó 9:26; Hc 1:8). Outras características nela apreciadas são a sua grandeza imponente (Ob 4), seu cuidado protetor e amoroso por seus filhotes (Êx 19:4-6; cf. Dt 32:11) e seu vigor de juventude (Sl 103:5; Is 40:31, "subirão com asas como águias"). Na visão que Ezequiel teve do trono (Ez 1:10), o profeta viu quatro querubins, cada um tendo quatro faces (de homem, de leão, de boi e de águia). O escritor de Apocalipse faz uso dessas imagens, em sua visão do trono da majestade divina circundado por quatro criaturas, iguais a um leão, um touro, um ser humano e uma águia voando (Ap 4:7; gr. *aetós*). João também emprega a grandeza da águia e sua capacidade para o voo (ou fuga) em referência à mulher de Apocalipse 12:14 (cf. 8:13). Além dessas referências, a águia é mencionada no NT somente em Mt 24:28 (= Lc 17:37), onde é clara a referência aos abutres que comem carne putrefata, e não à águia nobre do AT. [RICHARD A. SPENCER]

ÁGUIA MARINHA Ave mencionada somente nas listas de animais impuros (Lv 11:13; Dt 14:12; heb. *'oznîyâ*). É impossível determinar a espécie exata com base nas escassas referências bíblicas, mas a tradição talmúdica apoia a identificação da ave como águia-pescadora (*Pandion haliaëtus*), um grande gavião comedor de peixe. Outros candidatos possíveis são a águia cobreira (ou guincho-branco) (*Circaëtus gallicus;* cf. aram. *'ûzya'*, "águia-do-mar"; também LXX), o abutre barbudo (*Gypaetus barbatus aureus*) e o abutre negro (*Aegypitus* [ou *Vultur*] *monachus*).

AGUILHÃO (tb. AGUILHADA) Instrumento pontiagudo, usado para aguilhoar e assim estimular os bois a andar quando arando. Era feito de um ramo de árvore de madeira dura, lascada da casca. No outro extremo da ponta de ferro havia geralmente outra peça de ferro, esta achatada, semelhante a um cinzel, que permitia ao lavrador ir raspando o barro e a lama que poderiam entupir o arado. As extremidades de ferro muito provavelmente foram usadas por Sangar para matar seiscentos filisteus (Jz 3:31). A prática de afiar o aguilhão com lima é constatada em 1Samuel 13:21.

Em Eclesiastes 12:11, o aguilhão é citado metaforicamente como significando "as palavras dos sábios", lembrando que o ensino dotado de sapiência aguilhoa e estimula o ser humano com relação a uma vida sábia. Paulo recorda sua recalcitração inútil contra o aguilhão de Deus, lutando teimosamente contra a vontade divina para com ele antes da conversão (At 26:14). [J. A. VADNAIS]

AGULHA Os arqueólogos têm encontrado, nas ruínas do mundo antigo, agulhas semelhantes às de hoje — objetos de formato próprio e facilmente identificável, cilíndricos ou achatados, finos ou grossos, agudos em uma das pontas e com um furo na outra extremidade, adequado para enfiar um fio, fino ou espesso, para uso geral em costura e bordado; agulhas de osso, marfim, bronze e ferro, algumas delas remontando ao sexto milênio a.C. A habilidade de bordar era considerada um dom de Deus e foi usada na decoração do tabernáculo (Êx 31:6-10). Todavia, a dificuldade na costura nos tempos bíblicos foi certamente um dos fatores da popularidade da túnica tecida quase por inteiro, pouco costurada, como vestimenta de homens e mulheres. Paulo, por sua vez, quando necessário, se sustentou como fazedor de tendas, que se resumia em unir tiras largas de pano (ou peles de animais) com costura (At 18:3).

O uso de agulha de costura ou similar é sugerido desde quando Adão e Eva "coseram" (entrelaçaram) folhas de figueira (Gn 3:7) e fizeram vestimentas (aventais) para si. A palavra "agulha" vai aparecer somente em Mateus 19:24 (=Mc 10:25; Lc 18:25). Mateus e Marcos usam o grego *rhaphís*, agulha de costura, enquanto Lucas usa *belónē*. Supõe-se que a escolha de Lucas reflita sua profissão de médico, sendo *belónē* agulha cirúrgica, mas não há comprovação clara dessa ideia. Em todos os três relatos dos evangelhos, o furo de uma agulha, uma das menores aberturas conhecidas em objetos de uso o mais comum, é contrastado com o camelo, um dos maiores animais comumente vistos na Palestina. Os primitivos intérpretes sustentavam que "furo da agulha" era o nome, ou apelido, de uma porta estreita em Jerusalém, mas esse ponto de vista não é mais aceito. Tal interpretação não explicaria a conclusão dos discípulos de que a salvação é impossível. A expressão é simplesmente uma típica hipérbole oriental, usada para comunicar a grande dificuldade enfrentada por aqueles que são ricos em deixar tudo para seguir Cristo. [JOHN S. HAMMETT]

AGUR (heb. *'āgûr*) Autor ou coletor de provérbios (Pv 30:1), filho de Jaqué, de Massá. Talvez fosse um compatriota de Lemuel, rei de Massá (Pv 31:1).

AI (heb. *hā'ay*) **I. (LUGAR)** Uma das maiores cidades conquistadas pelos israelitas na conquista de Canaã. De acordo com a narrativa em Josué, a conquista se realizou no decorrer da segunda campanha militar (Js 8), após tentativa anterior fracassada (cap. 7).

Embora a localização da Ai bíblica seja assunto de debate, tem sido geralmente identificada com et-Tell (1747.1472), cerca de 3 a 4 km a leste de Betel. O local foi sondado inicialmente por John Garstang, em 1928. De 1933 a 1935, Judith Marquet-Krause dirigiu ali os trabalhos da expedição Rothschild, que descobriu ruínas tanto de uma cidade do período inicial da Idade do Bronze quanto de uma aldeia do começo da Idade do Ferro. As escavações mais extensas foram conduzidas por Joseph Callaway, de 1964 a 1972. O propósito dos trabalhos dirigidos por Callaway era o de estabelecer nitidamente a cronologia da aldeia, já descoberta, da Idade do Ferro.

As escavações de Marquet-Krause e Callaway comprovaram que o sítio de et-Tell foi ocupado durante dois períodos importantes — a Idade do Bronze primitiva (c. 3100-2350 a.C.) e a Idade do Ferro I (c. 1220-1050 a.C.), com um intervalo de 1.100 anos na ocupação, entre ambos.

Durante a Idade do Bronze inicial, a localidade cresceu, de vilarejo, para uma cidade de tamanho considerável, com cerca de 11 hectares de área, tornando-se um dos maiores centros urbanos da Palestina na época. A evidência arqueológica revelou que uma pequena aldeia sem muros já estava estabelecida no local por volta de 3100 a.C. O vilarejo experimentou transição importante cerca de um século depois, com a chegada de pessoas vindas do norte da Síria e da Anatólia, o que levou ao aumento de seu tamanho e sua fortificação com muros. Em cerca de 2850 a.C., o sistema de defesa foi melhorado, sendo aumentada a largura dos muros. Por volta de 2700, o local experimentaria mudança radical, quando a cidade foi destruída e reconstruída pelos egípcios ou sob predomínio egípcio. A nova cidade foi então equipada com grande templo retangular e novo reservatório d'água, feito em terracota. O templo foi construído com pedras do campo, tendo uma coluna de pilares em direção ao centro, refletindo em sua técnica de construção a influência egípcia. O grande reservatório, revestido de pedras, tinha a capacidade de aproximadamente 1,9 milhão de litros de água. Apesar de seus muros de sólida fortificação, no entanto, a história da cidade da Idade do Bronze chega ao fim por volta de 2350 a.C., quando é destruída.

Após ficar desabitada por aproximadamente 1.100 anos, o lugar volta a ser habitado mais uma vez, em cerca de 1220 a.C. A nova povoação, sobre as ruínas da cidade da Idade do Bronze, constituiu um vilarejo, na Idade do Ferro I, de somente 1,2 hectares de área. A vila foi ali estabelecida por imigrantes vindos do norte, talvez hititas da Anatólia e da Síria setentrional. Era uma comunidade agrícola, sem muros, com ruas de pedras arredondadas, próprias para pavimentação. As casas, comumente mencionadas como construções ou casas de pilares, eram dotadas de pilares ou pilastras de pedra, que provavelmente serviam de suporte do telhado. Os habitantes usavam técnicas e métodos de agricultura desenvolvidos especialmente para o solo daquela área. O suprimento de água era proporcionado por cisternas lavradas na rocha. Algumas dessas cisternas, de pedra calcária e revestidas de reboco, se encontravam em cômodos das casas.

Por volta de 1125 a.C., uma segunda vila da Idade do Ferro foi estabelecida em Ai, por nova onda de população. Os recém-chegados, que adotaram e adaptaram as instalações dos primeiros habitantes, expandiram a vila, continuando a usar o desenho arquitetônico e a construção com pilares da época anterior. Uma das mudanças mais notáveis foi a construção de numerosos silos para grãos, muitos dos quais erguidos sobre as ruas de pedras arredondadas. Esses celeiros refletem a economia da comunidade, baseada fortemente na agricultura, e a continuidade do uso das técnicas agrícolas que haviam sido empregadas pela população anterior.

A vila da Idade do Ferro possuía também um santuário dotado de uma bancada de pedra. Entre os artefatos descobertos no santuário, estão imagens de pequenos animais e uma grande plataforma de cerâmica para oferendas, ou altar de incenso, decorada com janelas e patas de leões.

Com base nas descobertas arqueológicas, Callaway identificou essa segunda comunidade de Ferro I como pertencente aos israelitas invasores, datando assim de cerca de 1125 a.C a conquista de Ai por Israel.

Bibliografia. J. A. Callaway, Ai, *NEAEHL*, 1:39-45. [LAMOINE F. DE VRIES]

II. (EXCLAMAÇÃO ONOMATOPAICA) (heb. *hôy*; gr. *ouaí*), geralmente de lamentação, expressando o irromper de uma emoção. No AT, a palavra é usada para descrever lamentos funerais (1Rs 13:30) ou chamar atenção (Is 55:1). Ocorre predominantemente em discursos proféticos, de modo geral em uma série de alocuções, sinalizando anúncio de destruição iminente. A interjeição inicial, em "Ai dos...", é traço característico de oráculo de angústia e vem acompanhada de descrição de más obras e prognóstico de juízo divino (Is 5:8-10; Mq 2:1-5). Alguns estudiosos atribuem a origem dos oráculos de aflição à prática cúltica de imprecações (Dt 27:15-26); outros, à lamentação funerária. No NT, o "ai" funciona como denúncia profética (Mt 11:21; Jd 11) ou lamentação. Aparece sobretudo nos Evangelhos Sinópticos. [KENNETH J. ARCHER]

AÍ (heb. *'ăḥî*) Filho de Abdiel, da tribo de Gade, que morava em Basã (1Cr 5:15). O nome pode ser uma contração de Aías. Em 1Crônicas 7:34 a palavra hebraica provavelmente deve ser tomada mais como epíteto ("meu irmão") do que como nome próprio.

AIÃ (heb. *'aḥyān*) Filho de Semida, da tribo de Manassés (1Cr 7:19).

AIÃO (heb. *'ăḥî'ām*) Um dos valentes de Davi, filho de Sarar (2Sm 23:33) ou mais provavelmente Sacar (2Cr 11:35; cf. LXX para ambos).

AÍAS 1. (heb. *'ăḥîyâ*) Um dos que colocaram seu selo no pacto renovado, sob Neemias (Ne 10:26 [TM 27]).

2. (heb. *'ayyâ*) (tb. AIÁ) Filho de Zibeão e irmão de Anás; um dos chefes dos horitas (Gn 36:24; 1Cr 1:40).

3. Pai de Rizpa, concubina de Saul (2Sm 3:7). Seus dois filhos foram dados aos gibeonitas para compensar o mal que Saul praticou contra estes (2Sm 21:8-11).

AIATE (heb. *'ayyāṯ*) Forma alternativa de Ai (Is 10:28).

AICÃO (heb. *'ăḥîqām*) Filho de Safã (2Rs 22:12) e pai de Gedalias (25:22), foi um dos enviados pelo rei Josias à profetisa Hulda para inquirir do Senhor a respeito das palavras do livro da lei que fora encontrado no templo (2Rs 22:14; 2Cr 34:20). Mais tarde, protegeu Jeremias do rei Jeoaquim e seus seguidores (Jr 26:24).

AICAR (gr. *Achiacharos*) Lendário sábio, conselheiro da corte assíria, talvez modelado com base em uma figura histórica. Livros a ele atribuídos ou a seu respeito foram muito difundidos na Antiguidade mediterrânea. O exemplo mais antigo ainda existente de tais livros é o de um texto de papiros aramaicos que datam de cerca de 420 a.C., embora sua composição seja, na verdade, de um ou dois séculos antes.

A B C D E F G H I J K L M N O P Q R S T U V X Y Z

O texto está dividido em duas partes. A primeira nos conta a história de Aicar, sábio e conselheiro respeitável que, sem filhos na idade avançada, adota seu sobrinho Nadim como seu filho e sucessor na corte. Nadim, contudo, conspira para a desgraça e morte de Aicar, forjando documentos que o tornam culpado de traição. A conspiração, porém, falha e recai sobre a cabeça do próprio Nadim.

A segunda parte consiste em ditados atribuídos a Aicar e que portam uma similaridade geral com a literatura de sabedoria do AT, especialmente o livro de Provérbios (p. ex., Aicar 7:96: "Meu filho, não amaldiçoe o dia até que tenha visto a noite"). A ideia de não poupar o castigo a uma criança mimada é quase próximo a Provérbios 23:13,14, levando a acalentar a suposição de que os dois possam ter tido uma fonte em comum.

Embora esse texto tenha sido encontrado na colônia judaica de Elefantina, no Egito, o Aicar que aparece no texto é assírio de nacionalidade e religião. No entanto, como a história passou a circular em círculos judaicos e (posteriormente) cristãos, as referências a "deuses" foram substituídas por referências a "Deus" ou ao "Senhor" e foi dada a Aicar linhagem judaica. Com base em tal versão, o livro de Tobias traz Aicar na família de Tobias, como seu sobrinho, filho de Anael (Tb 1.21). A conexão serve para situar Tobias de maneira mais possível nas atividades da corte assíria, e o sobrinho de Aicar (referido como Nadab) proporciona um contraste para com a atitude filial de Tobias e Sara (Tb 11.18). [WILL SOLL]

AIEZER *Ver* AIZER.

AÍJA (heb. *'ăḥîyâ*) (tb. AÍAS) **1.** Filho de Aitube e bisneto de Eli. Era sacerdote em Siló e servia no exército de Saul portando o éfode (colete sacerdotal) (1Sm 14:3); responsável por levar ao campo de batalha a arca da aliança, então guardada na casa de Aminadabe, em Quiriate-Jearim (1Sm 14:18,19).

2. Profeta de Siló, que rasgou suas vestes em 12 pedaços diante de Jeroboão, encarregado por Salomão dos trabalhos forçados da casa de José, simbolizando a divisão iminente do reino (1Rs 11:29-31; 12:15; 2Cr 10:15). Além de predizer a ascensão de Jeroboão ao trono do Reino do Norte, ele vaticinaria mais tarde a morte do filho deste (1Rs 14:2-18; 15:29,30).

3. Filho de Sisa, um dos secretários do rei Salomão (1Rs 4:3).

4. Pai de Baasa, rei de Israel, da tribo de Issacar (1Rs 15:27,33; 21:22; 2Rs 9:9).

5. Filho de Jerameel, da tribo de Judá (1Cr 2:25).

6. Filho de Eúde, benjamita, dos que foram levados para o cativeiro (1Cr 8:6,7).

7. Pelonita, um dos valentes de Davi (1Cr 11:36).

8. Levita encarregado dos tesouros e das ofertas no templo, no reinado de Davi (1Cr 26:20). [KENNETH ATKINSON]

AIJA (heb. *'ayyâ*) (tb. AIA) Cidade de Judá reconstruída após o exílio (Ne 11:31).

AIJALOM (heb. *'ayyālôn*) **1.** Cidade levítica situada na área tribal original de Dã (Js 19:42; 21:24). Sendo os danitas incapazes de expelir os amorreus (Jz 1:34,35), deixaram a Sefelá, mudando-se para o norte da Palestina. Posteriormente, Aijalom foi incorporada ao reino de Judá, sendo uma das cidades que Roboão fortificou (2Cr 11:5-10). Foi também uma das cidades tomadas pelos filisteus no século VIII a.C. (2Cr 28:16-18).

Edward Robinson, baseado em descrições feitas por Jerônimo e Eusébio, identificou Aijalom com a moderna Yalo. William F. Albright distinguiu depois uma segunda Aijalom em Tell Qoqa, bem a leste de Yalo, apresentando sua fortaleza e ocupação anterior. Nenhuma escavação foi feita em ambos os lugares, mas fragmentos tão antigos quanto do final da Idade de Bronze foram em ambos encontrados.

2. Lugar de sepultamento do juiz Elom, em sua terra, Zebulom (Jz 12:12). [SCOTT M. LANGSTON]

AILUDE (heb. *'ăḥîlûḏ*) Pai de Jeosafá/Josafá, cronista durante os reinados de Davi e Salomão (2Sm 8:16; 20:24; 1Rs 4:3). Pode ter sido também o pai de Baaná, um dos 12 governadores de Salomão sobre Israel (1Rs 4:12).

AIM (heb. *'ayin*) **1.** Cidade na fronteira oriental da terra prometida, a oeste de Ribla (Nm 34:11) e ao norte do mar da Galileia. Se a palavra hebraica ("fonte") representa o nome de um lugar, sua localização é incerta. Localizações propostas são Khirbet Dufneh ou Khirbet 'Ayûn.

2. Cidade de Judá, mencionada antes de Rimom em Josué 15:32; 1Crônicas 4:32; provavelmente o mesmo que En-Rimom (p. ex., Ne 11:29).

3. Cidade levítica dada aos descendentes de Arão (Js 21:16), e que pode ser a mesma do item 2 acima.

AIM CAREM (heb. *'ân kerem*) Vilarejo a 8 km a oeste de Jerusalém, conhecido tradicionalmente como o lar de Zacarias e Isabel e lugar do nascimento de João Batista (cf. Lc 1:57-66). Consequentemente, Aim Carem ("fonte da vinha") é também identificado como o lugar onde Maria foi visitar Isabel, sua parenta, e onde foi predito o nascimento de Jesus (cf. Lc 1:39-56). [ROBERT A. DERRENBACKER, JR.]

AIM FESCA Fonte salobra cerca de 2 km a oeste do Mar Morto e 12 km ao sul de Jericó. Os Manuscritos do Mar Morto foram descobertos em cavernas vizinhas dali.

AIMÃ (heb. *'ăḥîman*) **1.** Um dos descendentes de Anaque, "gigantes" que habitavam a Palestina antes da chegada dos israelitas (Nm 13:22). Juntamente com seus irmãos Sesai e Talmai, foi expulso de Hebrom por Calebe (Js 15:14; Jz 1:10).

2. Levita, um dos quatro porteiros do templo pós-exílico (1Cr 9:17,18).

AIMAAZ (heb. *'ăḥîma'aṣ*) (tb. AIMAÁS/AIMÁS) **1.** Pai de Ainoã, esposa de Saul (1Sm 14:50).

2. Filho de Zadoque, o sacerdote, que, juntamente com Jônatas, filho de Abiatar, manteve Davi informado do progresso da rebelião de Absalão (2Sm 15:27,36; 17:20). Quando Absalão morreu, Aimaaz insistiu em transmitir pessoalmente a notícia ao rei (2Sm 18:19-30).

3. Um dos governadores de Salomão, designado para Naftali (1Rs 4:15). Era casado com Basemate, filha do rei. Alguns estudiosos sugerem que o nome indica o pai de um oficial, cujo nome tenha sido omitido na narrativa, e que seria, no caso, o mesmo Aimaaz do item 2 acima.

AIMELEQUE (heb. *'ăḥîmelek̠*) **1.** Filho de Aitube, da casa de Eli (1Sm 22:9), e pai de Abiatar (30:7). Durante o reinado de Saul, era sumo sacerdote em Nobe (21:1 [TM 2]), principal santuário de Yahweh após a queda de Siló.

Aimeleque acolheu Davi em sua fuga de Saul (1Sm 21:1-9[2-10]). Saul ordenou então a morte de Aimeleque e outros sacerdotes de Nobe, sendo assim cumprida profecia contra a casa de Eli (2:31-36). Partes do incidente são mencionadas tanto no cabeçalho do salmo 52 quanto por Jesus (Mt 12:1-4; Mc 2:23-28; Lc 6:1-5).

2. Heteu, companheiro e amigo de Davi, quando de seu refúgio da perseguição de Saul no deserto (1Sm 26:6).

3. Filho de Abiatar e neto de Aimeleque, que manteve posição sacerdotal com Zadoque durante o reinado de Davi (2Sm 8:17; 1Cr 18:16; 24:6,31). [NANCY L. DECLAISSÉ-WALFORD]

AIMOTE (heb. *'ăḥîmôṯ*) Levita da família de Coate, o segundo filho de Levi (1Cr 6:25 [TM 10]); um ancestral de Elcana, pai de Samuel.

AINADABE (heb. *'ăḥînāḏāḇ*) Filho de Ido. Um dos doze governadores de Salomão, responsável pelo território de Maanaim (1Rs 4:14).

AINOÃ (heb. *'ăḥînō'am*) **1.** Filha de Aimaaz (origem desconhecida) e esposa do rei Saul (1Sm 14:50). Ainoã é a única esposa mencionada de Saul e possivelmente mãe de seus sete filhos (1Sm 14:49; 1Cr 8:33-40; 9:39-44; cf. 2Sm 12:8).

2. Esposa jezreelita de Davi (1Sm 25:43) e mãe de seu primogênito, Amom. Ela o acompanhou na visita ao rei Áquis, da Filístia (27:3). Mais tarde, foi feita refém no ataque amalequita em Ziclague (30:5). Foi subsequentemente resgatada e acompanhou Davi a Hebrom (2Sm 2:2), onde foi coroado rei de Judá. Todas as referências a Ainoã a colocam em proximidade a outra esposa de Davi, Abigail.

Esta Ainoã e a do item 1 acima podem ser a mesma pessoa; cf. o que diz o profeta Natã, falando em nome de Deus, a Davi: "[...] e dei a casa e as mulheres de teu senhor" (2Sm 12:8).

Bibliografia. J. D. Levinson e B. Halpern, The Political Import of David´s Marriages, *JBL* 99 (1980): 507-18. [LINDA S. SCHEARING]

AIÔ (heb. *'aḥyô*) **1.** Um dos filhos de Abinadabe, em cuja casa a arca da aliança foi temporariamente guardada, e que levou a arca, com seu irmão Uzá, em um carro de bois, rumo a Jerusalém (2Sm 6:3,4; 1Cr 13:7). Quando, porém, chegaram à eira de Nacom (2Sm 6:6) ou Quidom (1Cr 1:39), Uzá estendeu a mão para segurar a arca, porque os bois tropeçaram, e "a ira do Senhor se acendeu" contra Uzá, que ali mesmo morreu.

2. Filho de Berias, da tribo de Benjamim (1Cr 8:14); ou, com base na LXX, como alguns tradutores preferem ler, seu irmão.

3. Benjamita, descendente de Jeiel e Maacá (1Cr 8:31), irmão de Quis, pai de Saul (9:35,37).

AIRÁ (heb. *'ăḥîra'*) Filho de Enã, líder da tribo de Naftali, um dos escolhidos para assistir Moisés e Arão no censo, no Sinai (Nm 1:15). Em Números 7:78-83, é descrita sua oferta na dedicação do tabernáculo.

AIRÃO (heb. *'ăḥîrām*) Terceiro filho de Benjamim, ancestral dos airamitas (Nm 26:38); pode ser o mesmo que Aer de 1Cr 7:12, ou Aará, de 8:1.

AISAAR (heb. *'ăḥîšaḥa*) Guerreiro da tribo de Benjamim, um dos filhos de Bilã, da família de Jediael (1Cr 7:10,11).

AISAMAQUE (heb. *'ăḥîsāmāḵ*) Danita, pai de Aoliabe (Êx 31:6; 35:34; 38:23).

AISAR (heb. *'ăḥîšār*) Mordomo, alto funcionário encarregado do palácio real, sob o rei Salomão (1Rs 4:6).

AITOFEL (heb. *'ăḥîṯōpel*) Homem da cidade de Gilo, das colinas do interior de Judá. Servindo como conselheiro de Davi (1Cr 27:33), seus pareceres eram altamente apreciados como palavra profética vinda de Deus (2Sm 16:23).

Durante a dissensão profunda no período final do reinado de Davi, quando seu filho Absalão se revoltou, Aitofel (lit. "irmão da tolice" [?]) se uniu à causa rebelde, tornando-se mentor por trás da sedição (2Sm 15:12ss). Após Absalão ocupar Jerusalém, Aitofel o aconselhou a desonrar o harém de Davi, assumindo assim posição que indicaria posse definitiva do reino; e propôs ele mesmo perseguir Davi antes que as forças deste pudessem se consolidar (2Sm 16:20–17:4). Sua proposta foi frustrada por Husai, um dos seguidores leais de Davi e espião infiltrado na corte de Absalão, que causou atraso na ação (2Sm 17:5-14). Tendo sido sua orientação rejeitada, e vendo que a revolta de Absalão estava então fadada a falhar, Aitofel suicidou-se por enforcamento (2Sm 17:23).

Alguns creem que Aitofel haja sido avô de Bate-Seba, mencionada em 2Samuel 11:3 como filha de Eliã, que, de acordo com 23:34, era filho de Aitofel. Parece improvável que Aitofel fosse idoso a ponto de ter uma neta adulta ao tempo do grande pecado de Davi. Também parece improvável que Aitofel viesse a conspirar contra os interesses de sua neta e do filho desta, Salomão. É mais fácil crer que houve dois homens em Israel chamados Eliã. Contudo, isso talvez explicasse a deserção de Aitofel, tendo por base o assassinato de seu genro por Davi e a perda de seu neto e a corrupção sexual de sua neta Bate-Seba. [JOHN L. HARRIS]

AITUBE (heb. *'ăḥîṭûḇ*; gr. Achitōb) (tb. AQUITOBE) **1.** Um dos dois filhos de Fineias e neto de Eli; pai de Aíja/Aías (1Sm 14:3) e Aimeleque (22:9).

2. Filho de Amarias e pai de Zadoque, o sacerdote (2Sm 8:17; 1Cr 6:7,8 [TM 5:33-34]; cf. 1Ed 8.2; 2Ed 1.1); avô de outro Zadoque (1Cr 9:11; Ne 11:11).

3. Filho de outro Amarias e avô de outro sacerdote chamado Zadoque (1Cr 6:11,12).

4. Ancestral de Judite, filho de Elias e pai de Rafaim (Jt 8.1).

AIUDE (heb. *'ăḥîhûḏ*, *'ăḥîhuḏ*) **1.** Filho de Selomi, líder da tribo de Aser designado para assistir Moisés na divisão de Canaã (Nm 34:27).

2. Descendente de Eúde, chefe de família ancestral da linhagem de Benjamim (1Cr 8:7).

AIZER (heb. *'ăḥî'ezer*) (tb. AIEZER) **1.** Filho de Amisadai; representante da tribo de Dã durante as peregrinações do deserto, auxiliando Moisés no censo dos israelitas (Nm 1:12; 2:25); ofereceu sacrifício na dedicação do tabernáculo (7:66-72).

2. Parente de Saul, chefe dos benjamitas de Gibeá, que aderiu a Davi em Ziclague (1Cr 12:3).

'AJJUL, TELL EL- Sítio arqueológico (0934.0976) a 9 km a sudoeste de Gaza. As primeiras e mais importantes escavações foram empreendidas entre 1930 e 1934 por *sir* William Flinders Petrie, que identificou o lugar como sendo a antiga Gaza. Para William F. Albright, o lugar teria sido Bete-Eglaim. Aharon Kempinski contestou essa identificação, opinando ter sido ali a cidade dos hicsos de Saruhan. Foi local de três ocupações gerais como cidade, cinco fases de "palácio"/fortaleza e necrópoles.

A ocupação começou ali no período primitivo da Idade do Bronze IV, com cemitérios a leste e a oeste da elevação, que revelaram peças de cerâmica. Um cemitério foi encontrado dentro do pátio do palácio governamental, predatando a primeira fase de construção na elevação. As tumbas vão até o período médio do Bronze I, com escaravelhos datados da fase final do reino médio, documentando influência egípcia.

Um grande canal, ou valado, percorre três lados do *tell*. Não foi construído como os declives típicos do período médio do Bronze, mas talhado no arenito da própria elevação. O material removido foi usado nos alicerces do complexo do palácio. Um muro de tijolos de barro foi construído ao longo do canal em época posterior, mas parece repousar sobre os alicerces datados do período médio do Bronze.

Cobrindo cerca de dois mil metros quadrados, o primeiro palácio foi construído em quadrilátero, com câmaras laterais ao redor do pátio central. Situado sobre algumas tumbas do cemitério do pátio, o palácio foi erguido no período médio do Bronze II, após 1780 a.C. Foi contemporâneo do primeiro nível de ocupação da cidade (Cidade III). Uma rica tumba, provavelmente a de um nobre hicso, continha restos de cavalos e carruagens. A data da cerâmica indica que esse nível foi destruído no século XVI a.C.

Um segundo palácio foi construído sobre o primeiro, em estilo diferente e bem menor. A julgar pela qualidade dos produtos de cerâmica, cipriota, as fases Palácio II/Cidade II podem ter durado até 1400 a.C. ou o período final do Bronze I-B. O Palácio III, por sua vez, é uma construção muito diferente do palácio anterior, de tijolos escuros, com paredes bem grossas e provavelmente dois andares de altura. Albright o considerou como fortaleza egípcia na estrada de Zile-Gaza. A fase final do Palácio III e da Cidade correspondente vai até o século XVI a.C. O Palácio IV, ligeiramente alterado em tamanho do III, provavelmente data do século XIII a.C. A chamada "tumba do governador", sepultura muito rica, no sopé do *tell*, revelou um escaravelho de Ramessés II e um maciço anel com selo de Tutancâmon, documentando a presença de alto funcionário egípcio no lugar. O palácio final, o quinto, não pode ser datado com exatidão, mas supõe-se ser do começo da Idade do Ferro.

Ajjul é um dos sítios arqueológicos mais ricos da Palestina, conhecido pela qualidade artística de seus pequenos achados. Usando esmalte cloasonado e granulação, os joalheiros de Ajjul criaram magníficos braceletes de ouro, brincos, colares, pingentes e ornamentos para o cabelo. A obra em ouro é contemporânea de outro grande meio de arte, a cerâmica bicromada. Conhecida como "louça de pintor" de Ajjul, essa cerâmica e sua influência alcançaram as regiões de Chipre, Cilícia e norte da Síria, floresceu por cerca de sessenta a 65 anos, desde 1550 até o começo do século XV a.C. Provavelmente o produto de cerâmica mais atraente da antiga Palestina, seus desenhos apresentam padrões geométricos, peixes e pássaros, pintados em vermelho e preto.

Bibliografia. O. Tufnell e A. Kempenski, 'Ajjul, Tell el-, *NEAEHL*, 1:49-53. [THOMAS W. DAVIS]

AJOELHAR Posição de humildade, rendição, respeito e adoração. Dobrar o joelho era expressão de respeito e submissão à realeza e a autoridades governamentais e religiosas (Gn 41:43). Ajoelhar era também a posição para dar à luz (1Sm 4:19) e simbolizava a aceitação legal do filho (Gn 30:3).

Mais importante ainda, ajoelhar, junto com o curvar-se (Sl 95:6), significava atitude reverente na oração e na adoração, inclusive no culto a Baal, tanto quanto a Deus (1Rs 19:18; Rm 11:4). Jesus e seus discípulos se ajoelhavam ao orar (Lc 22:41; At 9:40; 20:36). Estêvão se ajoelhou ao ser martirizado e orou pelos que o apedrejavam (At 7:60). Enfim, na segunda vinda de Cristo, seu senhorio será reconhecido porque ao nome de Jesus todo joelho se dobrará (Fp 2:10). [J. GREGORY LAWSON]

AKIBA O mais destacado mestre da tradição rabínica nas primeiras três décadas do século II da era cristã. Em zelosa defesa das Escrituras, Akiba Ben Joseph desenvolveu uma hermenêutica em que cada palavra, letra e marca crítica exigia uma interpretação. Para ele não havia palavras supérfluas nem mesmo letras supérfluas nas Escrituras. Essa abordagem serviria de metodologia operativa para muitos dos *midrashim* que se seguiriam, nas tradições rabínicas. A Akiba se atribui também o crédito de haver organizado a Torá oral de forma sistemática, com base no assunto em questão.

Akiba teve morte de mártir. Em 132 d.C., Simon bar Kokhba, em quem os seguidores projetavam esperanças messiânicas, liderou uma revolta contra o imperador Trajano, de Roma. O apoio de Akiba a Bar Kokhba e sua recusa em renunciar ao ensino público da Torá o levaram à morte prematura nas mãos do governo romano. [W. DENNIS TUCKER, JR.]

ALABASTRO Espécie de gesso natural firme, de grãos muito finos, usado para fazer estátuas e figuras, como pedra decorativa de interiores e, especialmente, em vasos ornamentais. É translúcido e geralmente branco, mas pode ser sombreado ou tingido de outros tons coloridos. Os termos bíblicos traduzidos por alabastro (heb. *šayiš*; gr. *alábastron*) podem se referir também ao mármore, embora o alabastro provavelmente deva ter entrado em Israel, vindo do Egito, muito antes de o mármore ter sido importado do mundo grego. Em 1Crônicas 29:2, Davi menciona o alabastro (traduzido, em muitos casos, por "mármore" ou "pedra marmórea") entre os materiais de construção que havia reunido para a construção do templo. Cântico dos Cânticos, de Salomão, usa termo relacionado ao alabastro, *šēš*, para descrever as pernas do noivo como pilares ou colunas de mármore (Ct 5:15). Os evangelhos relatam a história da mulher que unge os pés de Jesus com bálsamo de nardo puro, muito caro, trazido em vaso de alabastro (Mt 26:7; Mc 14:3; Lc 7:37). [MARTHA JEAN MUGG BAILEY]

ALABE (heb. *'aḥlāḇ*) Cidade costeira da herança tribal de Aser, ao norte de Tiro. Incapaz de expulsar os residentes cananeus da cidade, Aser foi forçado a assimilar o modo de vida do povo da terra (Jz 1:31). É provavelmente o mesmo que Maalabe (Js 19:29), localizada na atual Khirbet el-Mahalib ao sul do rio Litani, que caiu ante as forças assírias de Senaqueribe, em 701 a.C. [DAVID. C. MALTSBERGER]

ALAI (heb. *'aḥlay*) **1.** Filha (filho, em 1Cr 2:31, significando "descendente", de ambos os sexos) de Sesã, da tribo de Judá. Como seu pai não possuía nenhum herdeiro do sexo masculino, ele a deu em casamento a seu escravo egípcio Jará (1Cr 2:35), e eles se tornaram os pais de Atai.

2. Pai de Zabade, um dos valentes de Davi (1Cr 11:41).

ALALAQUE (ac. *alalaḫ*) *Tell 'Ạachana* (*'Ạšan*), elevação no noroeste da Síria (na atual província turca de Hatay) próximo à foz do rio Oronte. Foi escavada inicialmente em 1937, pelo arqueólogo britânico *sir* Leonard Woolley. Tabuletas descobertas na segunda empreitada confirmaram que o lugar era a antiga cidade comercial de Alalaque, que floresceu durante as Idades do Bronze média e final (c. 2400-1200 a.C.). Alalaque foi, por diversas vezes, vassala de Ebla, Ur III, Yambad, Mitani e Hati. Foi destruída, ao que parece, por povos marítimos.

Dezessete níveis de colonização foram ali descobertos, no decorrer de oito temporadas de escavação, sendo encontrados arquivos reais nos níveis IV e VII. Os arquivos consistiam em mais de quinhentas tabuletas de barro, a maioria delas escrita em acadiano. A maioria era constituída de listagens (p. ex., censos, inventários, rações), mas contratos e outros atos legais foram também encontrados nas tábuas. Os textos mostram uma sociedade estratificada, inclusive com uma camada social exclusivamente de marginais ("apiru") entre as classes mais baixas. O grande setor hurriano da população do estrato VII tornou-se o grupo predominante no estrato IV. Além desses textos, uma inscrição de 104 linhas em uma estátua do rei Idrimi oferece importante informação histórica sobre o período.

Bibliografia. D. J. Wiseman, *The Alalakh Tablets* (New York, 1953); C. L. Woolley, *Alalakh: An Account at Tell Atchana in the Hatay, 1937-1949* (Oxford, 1955). [JAMES R. ADAIR]

ALAMELEQUE (heb. *'alammelek̲*) Cidade do território de Aser (Js 19:26). Embora o lugar não tenha sido identificado, seu nome está preservado no do wadi el-Melek, que deságua no rio Kishon, perto do monte Carmelo.

ÁLAMO Dois tipos de álamo, ou choupo, eram comuns em terras bíblicas.

O álamo branco (*Populus Alba;* heb. *lib̲neh*) é assim chamado devido à sua casca e ao branco debaixo das folhas. Este tipo de árvore, que se espalha com rapidez, medra em solo úmido, como em margens de rios, onde pode chegar a trinta metros de altura. A madeira, macia, pode ser usada em instrumentos ou como vigas de telhado. A casca branco-acinzentada contém salicina, alcaloide que reduz a febre e inflamação das articulações. Jacó colocou ramos descascados de álamo ou choupo branco (em alguns casos traduzido, não precisamente, por "estoraque"), amendoeira e plátano nos bebedouros das cabras de Labão para conseguir a prole de rebanho desejada (Gn 30:37). O álamo ou choupo branco era uma das árvores fornecedoras de sombra no topo dos montes sob as quais Israel praticava idolatria (Os 4:13).

Outro álamo, também alto, o do Eufrates (*Populus euphratica*; heb. *'ărāb̲â*), cresce com facilidade no solo salgado próximo ao Jordão e às fontes salobras do deserto. Provavelmente foi uma das árvores que os seguidores dos profetas, discípulos de Eliseu, cortaram junto ao Jordão (2Rs 6:4). Suas folhas quando ainda não desenvolvidas parecem folhas de salgueiro, por isso é, muitas vezes, confundido com o salgueiro. Os chamados "salgueiros do ribeiro", p. ex., eram grandes o suficiente para cercar/ocultar o beemote (Jó 40:22; cf. Is 44:4). Era uma das quatro árvores cujos ramos eram usados na cerimônia da Festa dos Tabernáculos (Lv 23:40) e, provavelmente, a árvore na qual os exilados penduraram suas harpas em Babilônia (Sl 137:2).

Bibliografia. F. N. Hepper, *Baker Encyclopedia of Bible Plants* (Grand Rapids, 1992); M. Zohary, *Plants of the Bible* (Cambridge, 1982). [LAURIE J. BRAATEN]

ALAMOTE (heb. *'ălāmôt̲*) Termo indefinido, que pode se referir ao nome de uma melodia ou talvez a um instrumento musical ou um procedimento cúltico (como no cabeçalho de Salmos 46; 48:14 [TM 15] com emenda; e possivelmente no cabeçalho de Salmos 9). Alguns o relacionam a *'almâ*, "jovem mulher", sugerindo que denota o cantar no estilo de uma mulher jovem, isto é, como soprano (1Cr 15:20). A maioria das versões bíblicas modernas prefere traduzir "alamote" pela expressão "adaptado para alamote" (Sl 46). [TYLER F. WILLIAMS]

ALAÚDE Instrumento que provavelmente tinha um braço longo, era liso, com duas ou três cordas e forma triangular. O hebraico *šālîš* (1Sm 18:6) é traduzido por alguns como "instrumento de música"; seu nome (do heb. *šālôš*, "três") é uma referência às suas três cordas. Nessa passagem, as mulheres israelitas tocaram esses instrumentos com tamboris em celebração pela morte de Golias por Davi. O saltério não era um instrumento usado na adoração no templo. O termo hebraico corresponde ao acádico *šalaštu*, instrumento de braço longo, semelhante ao banjo moderno.

Representações de tais instrumentos são conhecidas tanto em pinturas em tumbas egípcias como num relevo em Carquemis; não existem exemplares conhecidos na Palestina. Embora a NRSV traduza o hebraico *nēb̲el* e *'āśôr* por saltério (Sl 150:3; 92:3 [TM 4]), respectivamente), estes instrumentos eram provavelmente harpas com mais de três cordas (heb. *'āśôr*, "dez"). [JENNIE R. EBELING]

ALCIMO (gr. *Alkimos*) Sumo sacerdote em Jerusalém (161-159 a.C.), designado pelo rei selêucida Demétrio I Soter (1Mac 7; 2Mac 14). Ele já havia servido antes como sumo sacerdote (2Mac 14.3), o que apoia a tese de Josefo de que fora precedentemente designado por Antíoco V Eupátor em 162 a.C. para suceder Menelau (*Ant.* 12.385).

Alcimo participou diretamente da morte de sessenta hassidins (1Mac 7.12-16), que o buscaram como sumo sacerdote, e ele os traiu. Os relatos o acusam como responsável também pelas atrocidades de Nicanor, general grego encarregado de esmagar a revolta judaica, e, após a morte deste, pela ação bélica subsequente, de Báquides (1Mac 9.1-53). O fim de Alcimo é explicado como punição por sua tentativa de derrubar o muro do átrio interno do Lugar Santo do templo (1Mac 9.54-57). [JOHN KAMPEN]

ALDEIA Pequeno povoado, geralmente sem fortificação (Dt 3:5; 1Sm 6:18; Et 9:19; heb. *ḥāṣēr*, "lugar cercado"), quase sempre difícil de distinguir de cidade no uso bíblico (cf. Lc 13:22). Embora a vida urbana tenha se desenvolvido a partir de aldeias agrícolas, esses povoados não representavam necessariamente um estágio de evolução na urbanização. Geralmente base domiciliar para os antigos migrantes palestinos (e do Oriente Médio) (cf. Gn 13:2,12; 26:12-14), a aldeia podia ser pouco mais que um pequeno vilarejo, mal distinguível de um campo aberto (Ez 38:11; cf. Lv 25:31,34).

A aldeia podia ser fundada por uma cidade (cf. heb. *bat̲* X, "filha de X", especialmente comum em matéria genealógica; p. ex., 1Crônicas 2:3,21,35,49;

cf. Salmo 48:11 [TM 12]). Várias delas podiam estar associadas a uma só cidade, daí a referência a uma cidade "e suas aldeias", "suas vilas", "seus povoados" (p. ex., Js 15:21-62; cf. Ne 12:29; Jr 49:2,3). A aldeia era geralmente dependente de comunidade maior, murada como proteção, podendo, em troca, prestar-lhe serviço militar (Jz 5:7,11; cf. Hc 3:14).

Evidências arqueológicas mostram significativo aumento no número desses povoados no período da Idade do Ferro I, particularmente na região montanhosa da Palestina central. Estima-se que cerca de 250 mil pessoas viviam em aldeias naquele período. No período da Idade do Ferro II (c. 1200 a.C.), esse número havia aumentado para 750 mil. Quase sempre agrupadas dentro do alcance dos olhos uns dos outros, as aldeias variavam, em área, de 0,3 a 1 hectare, e consistiam em várias configurações de casas, cavernas e tendas. Na sociedade da aldeia, prevalecia a lei tradicional. *Ver* CAMPONESES. [ALLEN C. MYERS]

ÁLEFE Primeira letra do alfabeto hebraico, representando a parada glotal (transliterado como:'). O caractere hebraico (א) designa o Códice Sinaítico, manuscrito grego da Bíblia do século IV d.C.

ALEGORIA Narrativa que usa figuras e ações simbólicas para sugerir significados ocultos por trás das palavras literais do texto. É similar aos gêneros enigma e parábola, que usam de linguagem figurativa e imagens para comunicar uma verdade velada por trás do significado literal das palavras. A palavra "alegoria" originou-se no mundo grego, sendo usada mais frequentemente por autores que desejavam reter as verdades de cosmovisões tradicionais quando as tradições antigas estavam sendo desafiadas por novos conhecimentos. As histórias homéricas de deuses foram interpretadas posteriormente de modo alegórico por gregos que desejavam "demitificar" as fábulas das divindades caprichosas e imortais do Olimpo. Eles queriam tornar tais narrativas mais intelectualmente significativas e eticamente aceitáveis para pessoas cuja cosmovisão estava se tornando mais científica e avançada. A palavra "alegoria" foi primeiramente usada nos tempos helênicos pelos estoicos e cínicos, para contestar os ataques ao panteão do Olimpo desferidos por Xenofonte, Pitágoras e Platão.

No judaísmo helênico, por volta da metade do século II, Aristóbulo de Alexandria usou interpretação alegórica do Antigo Testamento de modo bastante extensivo, procurando conciliar as Escrituras hebraicas com a cultura grega. Fílon de Alexandria veio a ser o teólogo judeu que usou a interpretação alegórica de modo o mais extensivo e capaz de manter equilíbrio entre as interpretações alegórica e literal da Lei. Interpretação alegórica do AT foi também empregada no judaísmo palestínico, embora a preocupação aqui, diferentemente da dos alegoristas de Alexandria, não fosse tanto com as questões de cosmologia e psicologia. Interpretação alegórica de Cântico dos Cânticos, de Salomão, pelos escribas da Palestina permitiu que essa obra extraordinária fosse aceita e posteriormente acrescentada ao cânon bíblico.

As Escrituras do AT não são tratadas alegoricamente de modo extensivo nos Evangelhos Sinópticos ou em João, embora alguns estudiosos da Bíblia considerem a interpretação da parábola do semeador (Mc 4:13-20) uma alegorização da parábola, pela igreja primitiva ou, possivelmente, pelo próprio Jesus. Alguns veem também interpretação alegórica da parábola do trigo e do joio (Mt 13:36-43) e da parábola da rede (v. 47-50).

Paulo também usa de alegoria em 1Coríntios 5:6-8, ao tratar do problema da disciplina eclesiástica em matéria de moralidade, com o fermento da tradição do êxodo representando o mal e a malignidade e sendo Cristo chamado "nossa páscoa" ou "nosso cordeiro da páscoa". Em 1Coríntios 9:3-10, o boi que debulha o grão, e que não deve ser amordaçado (Dt 25:4), representa o "debulhador" da igreja, que espera "participar da colheita". Em 1Coríntios 10:1-11, o batismo e a celebração da ceia do Senhor são comparados ao êxodo e à experiência que os israelitas tiveram no deserto, que "lhes aconteceu como exemplo e foi escrito como advertência para nós, sobre quem o fim dos tempos já chegaram" (v. 11).

Em Gálatas 4:21-31, Paulo alegoriza a narrativa a respeito de Agar e Sara, para mostrar que aqueles que dependem da Lei, em vez da fé na promessa de Deus, perderão sua herança. O uso que Paulo faz da alegoria é similar ao de Fílon de Alexandria, mas mais próximo da interpretação adotada pelos judeus palestínicos. Relacionando as Escrituras hebraicas à sua época e experiência, prefere usar a exegese do cumprimento, convicto que está de que o advento de Cristo capacita o crente a ver agora os verdadeiros significados das Escrituras.

Nos escritos dos pais da igreja (p. ex., Justino Mártir, Clemente, Orígenes, Ireneu, Tertuliano), a interpretação alegórica das Escrituras se tornaria muito comum.

Bibliografia. F. Büchsel, allegoreo, *TDNT* 2.260-63; J. Jeremias, *The Parables of Jesus*, 3. ed. (London, 1972). [WILLIAM R. GOODMAN, JR.]

ALELUIA (heb. *halĕlû-yāh*) Expressão traduzida pela frase "Louvai ao Senhor". É imperativo plural do verbo *hālal*, "louvar", tendo como objeto *yāh* (forma abreviada de *YHWH*) e passou a ser empregada nos escritos bíblicos a partir do período exílico. Ocorre 24 vezes nos livros 4 e 5 do Saltério: nos Salmos 104–106, 111–113, 115–117, 135, 146–150. Os livros de Crônicas testemunham seu uso na adoração cultual. O rei Davi designou levitas para louvarem o Senhor, Deus de Israel (p. ex., 1Cr 16:4; 23:5). "Aleluia" é então cantado por Asafe e seus irmãos, com acompanhamento de instrumentos musicais, em 1Crônicas 16:8-36. Em 1Crônicas 16:36, a congregação de Israel canta louvores, e em 29:10-19 Davi louva o Senhor.

Questiona-se o uso de "aleluia" no período pré-exílico, já que o termo não ocorre em nenhum texto primitivo do Antigo Testamento. Para a tradição judaica, "aleluia" era originalmente antigo grito cúltico, não ligado de forma alguma ao nome de Deus. Só mais tarde a expressão foi apropriada para uso no culto. Embora o verbo *hālal* seja empregado no Antigo Testamento para referir-se também a seres humanos e objetos (Gn 12:15; 2Sm 14:25; Pv 27:2; 31), na maioria de suas ocorrências é Yahweh o objeto de louvor.

Liturgias judaicas e cristãs preservam e usam a expressão de forma ampla. [NANCY L. DECLAISSÉ-WALFORD]

ALÉM/DO OUTRO LADO DO JORDÃO Termo geográfico (heb. *'ēḇer hayyardēn*) designando a região a oeste (p. ex., Gn 50:10,11, lugar do sepultamento de Jacó) ou (usualmente) a leste (p. ex., Jz 5:17, Gade; Mt 4:25, gr. *péran*) do rio Jordão, dependendo do ponto de vista do escritor.

ALÉM/DO OUTRO LADO DO RIO **1.** Área a leste do Eufrates (2Sm 10:16; 1Rs 14:15; Is 7:20; 1Cr 19:16).

2. Área a oeste do Eufrates (1Rs 4:24 [TM 5:4]; também traduzido por "oeste do Eufrates", "Trans-Eufrates" e "província além do rio". Desde o século VI a.C., a expressão "além do rio" (ac. *ebir nāri*) passou a ser usada como referência à região síro-palestina. Durante ou após o reinado de Xerxes, a região se tornou uma satrapia sob esse nome.

Bibliografia. M. W. Stolper, The Governor of Babylon and Across-the-River in 486 B.C., *JNES* 48 (1989): 283-305.

3. Referência a Harã, de onde veio Abraão (Js 24:2-15). Sob o ponto de vista narrativo, trata-se de uma perspectiva em direção a leste, geográfica e politicamente, da Mesopotâmia. [R. GLENN WOODEN]

ALEMETE (heb. *'ālemeṯ*) **I. (LUGAR)** Cidade de refúgio no território tribal de Benjamim (1Cr 6:60), também chamada Almon.

II. (PESSOA) **1.** Filho de Bequer, da tribo de Benjamim (1Cr 7:8).

2. Descendente de Saul, filho de Jeoada (1Cr 8:36) ou Jará (9:42).

ALEXANDRA (gr. *Aléxandra*) **1.** Alexandra Salomé, rainha da Judeia, da linhagem dos asmoneus (76-67 a.C.), também conhecida pelo nome hebraico de Shelamzion (ou Salomé, diminutivo grego do hebraico). Esposa de Alexandre Janeu (103-76 a.C.), pode também ter sido viúva de Judá Aristóbulo I (104-3 a.C.), embora seja algo incerto (comparar Josefo *Ant.* 13.320 com *BJ* 1.85); se assim foi, sua união conjugal com Janeu pode ter sido casamento por levirato. Nada é conhecido de sua família. Tendo nomeado seu filho mais velho, Hircano II, sumo sacerdote (*Ant* 20.242; 15.179), este atuou como regente durante enfermidade sua, embora tenha seu filho mais jovem, Aristóbulo II, aproveitado melhor a ocasião para consolidar posição. O reinado de Alexandra, lembrado na literatura rabínica em termos fervorosos por sua piedade (*Lev.Rab.* 35.10; *b. Ta'an* 23a; *Sipra* 110b), caracterizou-se pela ascendência dos fariseus (*BJ* 1.108-114; *Ant.* 13.408-415). Josefo o avalia de dois modos contraditórios: em *Ant.* 13.430-32, como sendo absolutista, ansiosa de poder e responsável pela rivalidade entre Hircano e Aristóbulo; em *BJ*, como sendo amável, intensamente religiosa e hábil administradora, embora sob domínio dos fariseus. Diferentemente dos reinados de seu marido e seus filhos, a rainha fortaleceu a Judeia e a manteve em paz. É mencionada — juntamente com Hircano e Emílio Scauro — em diversos fragmentos do Mar Morto (4Q322, 323, 324a,b).

2. Alexandra, filha de Hircano II e mãe de Mariamne I, esposa de Herodes; amiga de Cleópatra VII, do Egito (*Ant* 15.42,62,63). Muito da dissensão na família de Herodes ocorreu em torno dela. Pressionou Herodes a nomear seu filho sumo sacerdote, embora fosse jovem para a posição, e veio a transtornar-se pela morte prematura deste. Planejava ganhar o controle da Judeia durante a doença de Herodes, ocorrida após a execução de Mariamne (29 a.C.), mas Herodes a executou (c. 28; *Ant.* 15.247-252).

3. Alexandra, filha de Aristóbulo e neta de Mariamne I. Casou primeiro com Filipe de Cálcis, que viria a ser assassinado por seu próprio pai, Ptolomeu Menaeus de Cálcis, para casar com ela (*BJ* 1.85–86; *Ant.* 14.126).

4. Alexandra, filha de Fasael e Salampsio, neta de Herodes e Mariamne I, casada com Tímio de Chipre; não deixou filhos (*Ant.* 18.131).

Bibliografia. P. Richardson, *Herod, King of the Jews and Friend of the Romans* (Columbia, S.C., 1996), 74-78; M. O. Wise, *Thunder in Gemini* (Sheffield, 1994), ch. 5. [PETER RICHARDSON]

ALEXANDRE (gr. *Aléxandros*) **1.** Alexandre III da Macedônia, filho de Filipe II da Macedônia e Olímpia.

A marcha triunfal de Alexandre, cruzando o antigo Oriente Médio, foi o catalisador que resultou na síntese cultural chamada helenismo.

Alexandre nasceu em 356 a.C. e morreu, aos 32 anos, em 323 a.C., de exaustão, ferimentos de guerra, doença e bebida, após fazer suas tropas marcharem desde a Grécia rumo a Ásia Menor, Palestina, Egito, Oriente Médio, Mesopotâmia e o caminho todo até o rio Indo, conquistando assim a maior área geográfica que alguém isoladamente jamais o fizera. Ao longo de sua marcha, revolucionou a arte da guerra, fundou cidades e implantou bolsões de cultura grega, destinados a mudar para sempre a configuração e o autoentendimento do mundo antigo. Tais realizações o levaram ao epíteto de "o Grande".

Tudo indica haver sido Alexandre, no começo da vida, dominado por sua mãe, mulher forte, dotada de ambição de que seu filho rivalizasse com o pai. Filipe II obteve sucesso em exercer domínio sobre as regiões montanhosas do norte da Grécia e haver consolidado sua posição, estendendo influência sobre as regiões meridionais da península. Não seria surpresa, portanto, que o jovem Alexandre herdasse a ambição, a energia e a determinação de dois progenitores de poderosa vontade. Sob influência tutorial de Aristóteles, de 342 a 340 a.C., Alexandre bebeu profundamente do poço da cultura grega e jamais perderia seu amor pela *Ilíada*, de Homero. E tanto com Aristóteles como com seu pai, parece ter compartilhado de uma visão de dominação grega do mundo.

Em 340 a.C., Alexandre, então com 14 anos, serviu como regente do pai e comandou a ala esquerda do exército da Macedônia nas batalhas de Queroneia. Com o assassinato de Filipe, em 336, Alexandre subiu ao trono, com vinte anos de idade. Após eliminar todos os rivais conhecidos e em potencial e consolidar alianças políticas com os generais mais importantes de seu pai, Antípater e Parmênio, começou a exercer seu domínio sobre o restante da Grécia. Tornou-se rapidamente líder principal da Liga de Corinto, estabelecida por seu pai em 337 a.C., e lançou-se ao ataque para o declínio do Império Persa.

Em 334, Alexandre, liderando uma força combinada de aproximadamente quarenta mil soldados, cruzaria o estreito de águas que separa a Grécia da Ásia Menor. Nas batalhas de Granico (334) e Issos (333), derrotou o exército persa, conduzido pelo próprio rei Dario. Rapidamente, levou suas tropas para a Síria, em direção ao sul, até a Palestina, conquistando em 331 o Egito. O oscilante Império Persa procurou ainda impedir seu avanço, mas foi despedaçado de vez por todas em Gaugamela. Tendo vencido a última significativa barreira para o seu progresso, Alexandre e seu exército logo rumaram para a Mesopotâmia e o restante do Império Persa, em direção ao rio Indo. Ali, no entanto, estando as suas tropas exaustas, se recusaram a ir adiante. Já se encontrando em marcha por oito anos, deixaram sem cumprir o sonho de Alexandre de conquistar a Índia.

Com sua morte prematura, em 323, o império de Alexandre foi dividido entre seus mais poderosos generais, resultando no surgimento do Império Selêucida na Síria e no governo dos ptolomeus no Egito. Ambos os sucessores dessas dinastias de Alexandre exerceram influência significativa sobre a vida, a cultura e a consciência religiosa do judaísmo nos séculos III e II a.C.

Alexandre é mencionado explicitamente em 1Macabeus 1.1-8; 6.2. Referências mais ambíguas parecem estar em Daniel 7; 11:3-4. Há alguma discussão sobre se Zacarias 9:1-8 se refere à conquista da Palestina por Alexandre. O Alcorão lista Alexandre entre os profetas que precederam Maomé, e o Talmude se refere ao tratamento que Alexandre deu aos judeus durante o cerco de Tiro.

É difícil superestimar a influência da carreira de Alexandre sobre o mundo antigo. Entre as contribuições mais importantes, poderíamos listar: 1) A visão de uma civilização em que predominava a cultura proporcionou modelo para os construtores de um posterior império ocidental, incluindo Júlio César e demais imperadores romanos. Pode-se argumentar ter sido Alexandre o primeiro grande conquistador produzido pela Europa; antes de sua época, os grandes líderes militares eram produto dos impérios da Mesopotâmia, Egito e Irã-Iraque. 2) A revolução da arte da guerra. Alexandre aperfeiçoou seus exércitos e eliminou bagagem excessiva, e não combatentes. Fez uso extensivo da cavalaria e manteve seu exército móvel deixando os feridos para trás. Os combatentes eram ordenados a permanecer onde pudessem criar colônias de estilo grego (*pólis*) e a se casar com mulheres da população local. O resultado foi a implantação de bolsões de cultura grega por toda a Siro-Palestina, delta do Nilo, península Arábica e Mesopotâmia. 3) A difusão da língua e cultura gregas pelo antigo Oriente Médio. Esta inovação linguística resultou no surgimento do grego coiné como "língua franca" do mundo antigo, tornando capaz maior comunicação, comércio e troca de ideias, e que estaria destinado a se tornar a linguagem do NT e do cristianismo primitivo. 4) A fundação de cidades que se tornariam grandes centros intelectuais, como Alexandria, no Egito. Ali, o AT viria a ser traduzido para o grego (a LXX) por eruditos judeus. 5) A queda das barreiras entre as culturas do Oriente e do Ocidente, resultando no surgimento do helenismo. Como consequência das conquistas de Alexandre, aumentou grandemente a tendência para o sincretismo em linguagem, cultura, religião e instituições políticas.

Parece ter havido também, no entanto, uma face escura da personalidade e do caráter de Alexandre. Quando o assassinato de Filipe, em 336 a.C., seguiu-se ao seu repentino divórcio de Olímpia, alguns suspeitaram que o jovem Alexandre e sua mãe exerceram algum papel nessa morte. Fontes antigas registram que Olímpia nutriu a consciência de Alexandre com uma espécie de relacionamento com os deuses. Mais tarde, ele alegaria descender de Héracles e ser filho de Zeus-Amon. Seu contato com a cultura persa o conduziu a crescente orientalismo em sua conduta. Parece ter sido particularmente atraído à prática persa da *proskýnēsis* ou prostração diante do governante divino. Alguns acham que somente a morte de Alexandre o terá livrado de declarar a própria divindade. Os últimos anos de sua vida foram de devassidão, o que contribuiu indiretamente, se não diretamente, para sua morte. [D. LARRY GREGG]

2. Alexandre Balas, de Esmirna. Alegando ser filho do rei selêucida Antíoco IV Epifânio, desafiou o governo de Demétrio I, que tomou o trono de Antíoco V em 162 a.C. Sua alegação foi aceita pelos macabeus (1Mac 10.1) e por Josefo (*Ant.* 12.2.1[35]), mas duvidada por outras autoridades antigas e pela maioria dos eruditos modernos. Balas foi apoiado por poderosos inimigos de Demétrio I, incluindo Ptolomeu VI Filométor, do Egito. Até mesmo o Senado romano aprovou sua alegação (Políbio, *Hist.* 33.18).

Buscando aliados contra a ameaça de Balas, Demétrio procurou ganhar seu ex-inimigo Jônatas Macabeu. Todavia, sobrestimou Demétrio, dando a Jônatas o cargo de sumo sacerdote dos judeus, juntamente com outras honras reais. Posteriormente, derrotou e matou Demétrio (150 a.C.) e casou com a filha de Ptolomeu. Mostrou-se, contudo, governante fraco e impopular e logo foi desafiado pelo filho de Demétrio (mais tarde Demétrio II). Ainda que apoiado por Jônatas, foi finalmente derrotado nas redondezas de Antioquia, em 145 a.C., pelas forças combinadas de Demétrio e Ptolomeu, que haviam se voltado contra seu ex-genro. Balas fugiu para a Arábia, sendo logo morto ali por sicários.

3. Alexandre Janeu, rei asmoneu e sumo sacerdote da Judeia (103-73 a.C.), sucessor de seu irmão, Aristóbulo. Seu reinado foi marcado por guerras contínuas. Ele o expandiu agressivamente, atacando os idumeus, as cidades costeiras da Grécia e a Transjordânia.

Os inimigos internos de Janeu o consideravam indigno do sumo sacerdócio. Quando uma multidão o atacou com frutos da cidreira, enquanto oficiava na Festa dos Tabernáculos, Janeu respondeu com o massacre de seis mil pessoas. Uma rebelião eclodiu em 94 a.C., e cinquenta mil judeus foram mortos em uma guerra civil, que durou seis anos. Os oponentes de Janeu apelaram para a intervenção do selêucida Demétrio III, que inicialmente derrotou Janeu, mas foi depois derrotado. Como vingança, Janeu crucificou oitocentos oponentes, festejando com suas concubinas enquanto esposas e filhos dos adversários eram mortos diante dos olhos destes (Josefo, *Ant.* 13.13.5–14.2 [372-80]; *BJ* 1.4.4-6 [90-98]). O *pésher* de Qumran sobre Naum refere-se a esses eventos, chamando Janeu de "o leão irado" que "crucificou homens vivos no madeiro". Alegam alguns estudiosos que os fariseus lideraram oposição a Janeu e que a teoria de que alguns oponentes seus fizeram parte da comunidade de Qumran é controversa. Bebida em excesso provavelmente ajudou a levá-lo à morte, em 76 a.C.

4. Filho de Simão de Cirene e irmão de Rufo (Mc 15:21). Marcos, ao que parece, aparentemente presume que os dois filhos de Simão são conhecidos de seus leitores. A referência é omitida em Mateus e Lucas. Uma inscrição em um ossário datado do século I, em uma tumba no vale de Cedrom, possivelmente da família de um cireneu, diz: "Alexandre, filho de Simão"; embora intrigante, pode não estar, porém, relacionado com o mesmo Alexandre mencionado por Marcos.

5. Um dos membros da família do sumo sacerdote Anás que questionaram Pedro e João após sua detenção (At 4:6).

6. Judeu de Éfeso que tentou, sem sucesso, falar à multidão incontrolável, reunida para protestar contra a pregação de Paulo naquela cidade (At 19:33,34).

7. Um dos ex-seguidores de Paulo, que, juntamente com Himeneu, segundo o apóstolo, "vindo a rejeitar" a boa consciência, "naufragaram na fé", "os quais entreguei a Satanás" (1Tm 1:19,20). Talvez Himeneu fosse o mesmo que, com Fileto, pregava que "a ressurreição já aconteceu" (2Tm 2:17,18), e Alexandre ensinasse isso também.

8. Possível artesão, que trabalhava com bronze, e que "prejudicou-me bastante", segundo Paulo, invectivando-o (2Tm 4:14,15). Pode ser o mesmo Alexandre do item 7 acima, mencionado em 1Timóteo 1:19,20. *Ver* HERODES (FAMÍLIA).

Bibliografia. N. Avigad, A Depository of Inscribed Ossuaries in the Kidron Valey, *IEJ* 12 (1962): 1-12; L. L. Grabbe, *Judaism from Cyrus to Hadrian, 1: The Persian and Greek Periods* (Minneapolis, 1992); E.

Schürer, *The History of the Jewish People in the Age of Jesus Christ* (*175 B.C.–A.D. 135*), ed. rev., I (Edinburgh, 1973). [MARTIN ALBL]

ALEXANDRIA (gr. *Alexandria*) Cidade portuária no mar Mediterrâneo, no delta ocidental de um braço do Nilo, a 210 km ao norte do Cairo, situada em ligeira elevação, em uma restinga, entre o lago Mareótis, ao sul, e o mar, ao norte e a oeste. O local foi escolhido pelo próprio Alexandre, o Grande, que determinou a Cleômenes, de Náucratis, levantasse recursos financeiros para a construção, enquanto a Deinócrates, de Rodes, comissionou criar projeto para a cidade. Alexandria foi fundada em 7 de abril de 311 a.C., sendo Ciomenes seu primeiro governante. De todas as cidades e monumentos construídos por Alexandre ou em seu nome, provou ser o mais durável e proveitoso.

Alexandria sempre foi especialmente bem situada, estimulando e desenvolvendo intenso comércio marítimo, contando como privilégio com a península conhecida, desde os tempos greco-romanos, como cabo Lochias, que forma com a linha costeira do continente uma grande baía e um porto natural, protegido pela ilha de Faros. Na ilha, uma grande sinaleira de luz foi erguida para guia das embarcações, e de seu nome recebeu a denominação de "farol", tornando-se famosa como Farol de Alexandria, uma das sete maravilhas do mundo antigo (cf. Estrabão, *Geog.* 17). Daquela época até hoje, o lugar já afundou quatro metros de sua elevação original, alterando a linha costeira e submergindo partes da cidade antiga, incluindo o próprio porto, porções do quarteirão judaico e palácios da nobreza.

Quando Alexandre morreu, em 323 a.C., Ptolomeu I Soter, um dos seus três comandantes militares, tomou a parte sudoeste do império alexandrino, estabelecendo uma família dinástica, que governou de Alexandria o Egito até 80 a.C. Sob os Ptolomeus, Alexandria floresceria como capital do Egito e centro intelectual, político e econômico, tornando-se o coração cultural e educacional do mundo helênico.

Em 306 a.C., Ptolomeu estabeleceu a biblioteca de Alexandria, em honra a Alexandre, cujo corpo havia trazido de Babilônia e sepultado em sua capital. A biblioteca alcançou grande fama sob bibliotecários, eruditos, pesquisadores e cientistas como Demétrio de Falero (350-283 a.C.), Zenódoto de Éfeso (325-260 a.C.), Apolônio de Rodes (305-240 a.C.), Calímaco de Cirene (305-c. 235 a.C.), e Eratóstenes de Cirene (275-195 a.C.). Constituía realmente um centro universitário de pesquisa, ensino e escrita das ciências, artes, literatura, história, linguística, e humanidades em geral. Os eruditos e a aquisição de todo livro possível no mundo tinham o apoio de generosos estipêndios ou alocações do tesouro real. Demétrio colecionou 250 mil livros, e, quando da visita de Júlio César à biblioteca, sua administração poderia jactar-se de ter mais de 1 milhão de volumes, além de imensa coleção de artefatos históricos e arqueológicos e instrumentos científicos.

A filosofia e a ciência mediante as quais a biblioteca se tornou famosa desde sua fundação eram as do empirismo racional aristotélico. Por volta de 100-150 d.C. a estabilidade do mundo mediterrâneo foi grandemente perturbada pela expansão do Império Romano, e o idealismo especulativo do platonismo ganhou força. A filosofia religiosa e transcendental entrou em ascendência, floresceram as religiões de mistério e o grande centro de pesquisas de Alexandria mudou, das ciências naturais e sociais, para a especulação religiosa. O platonismo médio veio a dominar a cultura helênica. O judeu Fílon (30 a.C.-50 d.C.) se tornaria o erudito mais famoso de Alexandria no tempo de Cristo. Dois séculos mais tarde, o neoplatonismo competia com a teologia cristã especulativa em hegemonia. Plotino (203-c. 270), Porfírio (c. 234-305), Olímpio (350-391) e Hipátia (350-415) foram neoplatonistas eminentes. A perspectiva cristã era representada pela escola catequética de Clemente (150-215) e Orígenes (185-253) e por prelados como Teófilo (c. 350-435) e Cirilo (c. 375-444).

Acredita-se que Alexandria teve papel importante no surgimento do cristianismo, influenciada pelo discípulo Marcos, de quem a catedral central leva o nome. A teologia alegórica especulativa dos teólogos alexandrinos mostrou ser a influência determinante que deu forma à ortodoxia da doutrina cristã dos concílios ecumênicos, de Niceia (325) a Calcedônia (451). Após Calcedônia, o neoplatonismo secular, ou pagão, declinou, mas o cristianismo alexandrino absorveu seus princípios essenciais na criação da escola alexandrina do neoplatonismo cristão, de significativa influência sobre a civilização ocidental.

Em 47 a.C., Júlio César travou uma batalha naval na baía de Alexandria, durante a qual 50 mil volumes no depósito da biblioteca foram destruídos pelo fogo. Em 391 d.C., Teófilo derrotou as coortes pagãs de Olímpio e outras, entrincheiradas na extensão pública da biblioteca, no Serapeum, destruindo os pagãos, mas também outros 50 mil volumes de preciosas coleções. Durante a conquista árabe, em 641-642, foram saqueadas a cidade e a biblioteca.

A proeminência de Fílon em Alexandria no tempo de Cristo simboliza a importância da comunidade judaica na vida da cidade. É dito que Alexandre estabeleceu ali um grande número de judeus. A tradução da Bíblia Hebraica para o grego, a LXX, foi completada ali em algum período entre 150 e 50 a.C. Fílon informa que a comunidade judaica havia crescido para 1 milhão de pessoas em sua época. Um grande número de repressões pela Roma imperial e depois pelos arcebispos cristãos reduziu a colônia hebreia a virtual extinção por volta de 150 a.C. Ressurgiu por volta do século IV, mas foi eliminada por Cirilo de Alexandria em 415, mesmo ano em que morria a filósofa pagã Hipátia.

Bibliografia. J. H. Ellens, *The Ancient Library of Alexandria and Early Christian Theological Development*. Occasional Paper 27 (Claremont, 1993-95); B. A. Pearson, Earliest Christianity in Egypt, in *The Roots of Egyptian Christianity*, ed. Pearson e J. E. Goehring. Studies in Antiquity and Christianity 1 (Philadelphia, 1986), 132-39. [J. HAROLD ELLENS]

ALFA E ÔMEGA Primeira e última letras do alfabeto grego. A afirmação "Eu sou o Alfa e o Ômega" é atribuída a Deus (Ap 1:8; 21:6) e a Jesus (22:13) e explicada como "o primeiro e o último" (1:17; 2:8; 22:13) e "o princípio e o fim" (21:6; 22:13). Provavelmente, todas essas três frases aludem a Isaías 44:6; 48:12, em que Yahweh assevera sua eterna grandeza transcendente. "O Alfa e o Ômega" designa Jesus Cristo como criador e clímax do Universo (cf. Rm 11:36; Ef 1:10).

Bibliografia. A. König, *The Eclipse of Christ in Eschatology* (Grand Rapids, 1989), 23-31. [A. B. CANEDAY]

ALFABETO *Ver* ESCRITA.

ALFARROBEIRA Árvore leguminosa (*Ceratonia siliquia*), cujo fruto, em vagem, se pensa ser a alfarroba (*kerátion*) mencionada em Lucas 15:16. Suas vagens contêm grãos semelhantes à ervilha, comestíveis. É chamada, em alguns lugares, de "pão de São João", por alegar uma tradição que João Batista comia dessas vagens no deserto (cf. Mt 3:4). [RANDALL W. YOUNKER]

ALFEU (gr. *Halphaíos*) **1.** Pai do apóstolo Tiago (Mt 10:3; Mc 3:18; Lc 6:15; At 1:13). É provavelmente a mesma pessoa que Clopas, marido de Maria e pai de Tiago e José (Jo 19:25; cf. Mt 27:56; Mc 15:40), embora essa identificação repouse mais na tradição do que em evidência real.

2. Pai de Levi, depois o apóstolo Mateus, coletor de impostos (Mc 2:14; cf. Mt 9:9).

ALGODÃO O algodão (*Gossypium herbaceum* L.) é nativo da Índia e não crescia no antigo Oriente Médio até a conquista de Alexandre, o Grande. Todavia, o imperador persa Xerxes/Assuero, governante das terras "desde a Índia até a Etiópia" (Et 1:1), teria, ao que parece, cortinas de algodão branco (heb. *karpas*) em seu palácio, em Susã (Et 1:6).

As roupas naquela região nos templos bíblicos eram feitas principalmente de linho, tecido produzido da planta do mesmo nome, ou de lã animal. Espalhando-se na direção leste, o algodão se tornou uma das principais culturas agrícolas no Oriente Médio, assim permanecendo até hoje. [MEGAN BISHOP MOORE]

ALGUMIM, ALMUGUE Algumim (heb. *'algûmmîm*; 2Cr 2:8; 9:10,11) e almugue (heb. *'almuggîm* ; 1Rs 10:11,12) são consideradas a mesma madeira, de sândalo vermelha (*Pterocarpus santolinus* L. f.). É madeira resistente, pesada, e deve ter sido adequada para os suportes e acessórios que Salomão pretendia fazer. É dotada também de agradável aroma.

O sândalo vermelho é nativo da Índia e do leste da Ásia, um dos muitos lugares possíveis onde se situava Ofir. Embora 2Crônicas 2:8 registre que Salomão tenha pedido a madeira do Líbano, 9:10,11 diz ter sido trazida de Ofir. [MEGAN BISHOP MOORE]

ALHO Planta bulbosa (*Allium sativum* L.), da família da cebola, provavelmente natural da estepe da Quirguízia, na Ásia Central, amplamente usada desde a Antiguidade como condimento. Os israelitas tiveram o seu primeiro contato com o alho (heb. *šûm*) e outros condimentos quando no Egito (Nm 11:5). Cabeças de alho, envoltas em sua própria pele fina, eram mantidas juntas, como ainda hoje, trançadas em cordas. O alho costumava ser usado após moído em pilão e untado em azeite. Por vezes era comido com pão. É o óleo contido no bulbo que dá ao alho seu odor e sabor forte característicos. Nos tempos bíblicos, esse óleo era considerado capaz de estimular atividade e usado como remédio para a melancolia.

ALHO-PORÓ Planta (*Allium porrum*) que se acredita ter origem na Ásia Central. Ao contrário da cebola, sua base não forma um bulbo, e é mais aromático que esta. Números 11:5 registra ser desejado pelos israelitas no êxodo. O termo hebraico *hasîr*, que pode significar erva ou grama, tem levado alguns a acreditar que a intenção do texto fosse a de se referir ao feno-grego (*Trigonella foenum-graecum*); ambos são encontrados no Egito ainda hoje. O alho-poró era comumente considerado alimento dos pobres, o que o levou a ser considerado símbolo de humildade; sabe-se, no entanto, que o imperador romano Nero apreciava o alho-poró, tanto assim que, após sua morte, alguns se referiam a ele como "o porrófago", ou seja, "o comedor de alho-poró". [James V. Smith]

ALIÃ (heb. *'alyān*) Um filho, ou clã, de Sobal (1Cr 1:40). *Ver tb.* ALVA.

ALIÁ (heb. *'alyâ*) Chefe tribal edomita (1Cr 1:51). *Ver tb.* ALVA.

ALICATE *Ver* CORTADORES DE PAVIO.

ALIMAS (gr. *Alema*) Cidade de Gileade, queimada por Judas Macabeu após ter libertado dali cativos judeus (1Mac 5.26,35). A preposição grega *en* no versículo 35 sugere que Alimas seria mais um distrito, no qual estariam localizadas cinco cidades mencionadas. Pode ser o mesmo que Helã.

ALISTAMENTO Listagem de pessoas, geralmente por família, linhagem ou tribo, que vivem em determinada área, pertencem a determinado grupo social específico ou praticam uma ocupação específica. Os alistamentos antigos devem ser diferenciados dos censos modernos. Um censo atual é uma coleta regular de dados demográficos para propósitos estatísticos; já os alistamentos eram enumerações empreendidas por motivos práticos e imediatos, como impostos (Êx 30:11-16), recrutamento militar (Nm 1:1-47; 2Sm 24:1-9), reunião de trabalhadores para determinado fim (2Cr 2:17,18 [TM 16,17]; Ne 3:1-32), consagração de pessoal cúltico (Nm 3:14-39; 26:57-62), determinação da situação da comunidade (Ed 2:1-44) e distribuição de bens e propriedade (Nm 26:1-51).

A crença a respeito do potencial do alistamento em incorrer na ira divina (Êx 30:12; 2Sm 24:1,10-25) pode ter surgido como consequência de tabu baseado na convicção de que tais levantamentos demonstravam falta de confiança na divindade.

O NT contém duas referências a um alistamento para o pagamento de impostos, conduzido por P. Sulpicius Quirinius (Quirino) em 6 a.C., logo após haver sido empossado governador da Roma imperial na Síria. Lucas busca datar o nascimento de Jesus sincronicamente com este alistamento (Lc 2:1-5); e Gamaliel lembra que Judas, o galileu, deflagrou uma revolta contra Roma como reação a tal recenseamento (At 5:37). É considerável, porém, a dificuldade em harmonizar essas asserções com outras afirmações antigas.

Algumas passagens se referem ao alistamento divino de povos e nações (Sl 87:6; Hb 12:23). Entre essas, não há dúvida em poder-se incluir referências ao Livro da Vida (Sl 69:28[29]; Fp 4:3; Ap 3:5). [FRANK D. WULF]

ALMODÁ (heb. *'almôḏāḏ*) Primeiro dos treze filhos de Joctã e neto de Éber. Foi ancestral de uma tribo do sul da Arábia (Gn 10:26; 1Cr 1:20).

ALMOFARIZ/PILÃO Recipiente, geralmente feito de pedra, no qual substâncias eram trituradas, braçal ou manualmente, com um amassador apropriado. O material mais comumente triturado eram grãos, embora cosméticos, pigmentos corantes, temperos e maná (Nm 11:8) também fossem triturados no pilão (heb. *mĕḏōḵâ*). O almofariz ou pilão era normalmente feito de basalto (rocha vulcânica nativa de partes da Palestina), variando na forma, desde um bloco com uma depressão côncava em cima até modelos mais elaborados, com pés de apoio. O gral, pequeno almofariz de pedra para a produção de remédios e cosméticos, ficou também muito conhecido.

O mesmo que argamassa, material de construção usado para aglutinar tijolos ou pedras. Na Palestina e no Egito, a argamassa era normalmente feita do mesmo barro usado para tijolos (heb. *ḥōmer*); era misturada com palha ou outros materiais, usando-se os pés (Is 41:25; Na 3:14) e aplicada enquanto úmida. Nem sempre era usada argamassa nas construções de tijolos ou pedra; escavações têm mostrado muitas paredes construídas com pedra tão rigorosamente cortada que dispensava argamassa. Os construtores da torre de Babel usaram betume como argamassa (Gn 11:3). [JENNIE R. EBELING]

ALMOM (heb. *'almôn*) (tb. ALEMETE) Cidade da tribo de Benjamim (Js 21:18), cedida aos descendentes do sacerdote Arão como cidade levítica (cf. Js 21:1-42; 1Cr 6,54-81). Em 1Crônicas 6:60 [TM 45] é chamada Alemete. Almom pode ser provavelmente identificada com a atual Khirbet Almint, situada a 8 km a noroeste de Jerusalém. [JOHN R. SPENCER]

ALMOM-DIBLATAIM (heb. *'almōn diḇlāṯayim*) Um dos acampamentos de Israel durante as peregrinações pelo deserto (Nm 33:46-47). É mencionado em estela (placa com inscrições) do rei Messa, de Moabe (linha 30), que se revoltou contra o governo israelita no século IX a.C. O lugar estava ainda em mãos moabitas no século VI (Jr 48:22: Bete-Diblataim, "Casa dos Dois Bolos de Figo"). Sua localização é desconhecida, embora possa ser identificado com Deleilat esh-Sherqiyeh ou Deleilat el-Gharbieh. [ROBERT DELSNYDER]

ALMUGUE *Ver* ALGUMIM, ALMUGUE.

ALOÉS/ALOÉ Planta suculenta, da família das liliáceas, a aloés se identifica basicamente com grupos de plantas subtropicais da Eritreia sudanesa, encontradas na África Oriental e se estendendo ao sul da Arábia. Planta solitária, sem caule, tem um padrão de roseta distinta, de folhas grossas. Seu gênero, africano, tem mais de 180 espécies, 20 das quais são encontradas na Arábia. Em Omani Dhofar, somente duas espécies são regularmente encontradas. A *Aloe Dhugarensis* é uma planta medicinal muito conhecida, usada em uma variedade de doenças, tratadas principalmente com suco de aloés seca. Quatro principais espécies são conhecidas no Iêmen e, embora usadas com propósitos medicinais, algumas são empregadas com fins aromáticos. A *Aloe Barbadensis* foi cientificamente analisada, revelando conter um antibiótico (barbaloim), ativo contra a tuberculose. Tem sido igualada em valor medicinal à difundida *Aloe Vera* (babosa).

No contexto bíblico (Ct 4:14; Pv 7:17), o uso alternado das terminações plurais de macho e fêmea para a planta, no original, indica não familiaridade com ela, e sua inclusão junto a mirra, cálamo e canela sugere uma planta exótica estrangeira. É também mencionada no NT (Jo 19:39), no contexto do cerimonial do sepultamento de Cristo. As espécies de aloés mencionadas em fontes clássicas são claramente identificáveis com as do sudoeste da Arábia, particularmente com as da ilha de Socotra. Campos especiais foram destinados nessa região ao crescimento de plantas como aloés, olíbano, mirra e sangue-de-dragão.

Bibliografia. S. A. Ghazanfar, *Handbook of Arabian Medicinal Plants* (Boca Raton, 1994); A. G. Miller e M. Morris, *Plants of Dhofar* (Muscat, 1988). [JURIS ZARINS]

ALOM (heb. *'allôn*) Simeonita, filho de Jedaías e descendente de Semaías (1Cr 4:37).

ALOM-BACUTE (heb. *'allôn bākûṯ*) Lugar próximo a Betel onde foi sepultada Débora, ama de Rebeca (lit. "carvalho do pranto") (Gn 35:8). [WILLARD W. WINTER]

ALQUEIRE Medida para secos (gr. *módios*), aproximadamente igual a 7,4 litros. Em Mateus 5:15, Marcos 4:21 e Lucas 11:33, em algumas versões, designa um recipiente cujo tamanho ou formato daria para tapar a luz de uma lâmpada, ou candeia, se colocada debaixo dele.

ALTAR EVIDÊNCIA BÍBLICA. O hebraico *mizbēaḥ*, "altar", é derivado da raiz *zbḥ*, "matança". Interessante, no entanto, é que se há uma coisa que, parece, *não* era feita no altar judaico era matar. No sacrifício animal, a carnificina e a retirada das vísceras se realizavam fora do altar, não sobre ele. O altar sobre o qual era feita a oferta geralmente ficava no pátio do templo, sendo o próprio pátio o local do sacrifício.

No mundo do antigo Oriente Médio em geral, a preparação e oferta de alimento aos deuses tinham a ver com o conceito de deidades como sendo seres sobre-humanos com necessidades corporais humanas. A comida e a bebida eram oferecidas para mantê-los contentes e dispô-los positivamente para com os seus adoradores. A adoração no altar israelita, que pode ter derivado de adorações anteriores cananeias, incluía certamente o sentido tradicional de satisfazer as necessidades do Divino. Mais significativo, contudo, era o entendimento israelita de ser o altar um lugar no qual uma pessoa podia invocar — e encontrar — Deus.

No começo de Israel, os altares eram associados frequentemente à adoração espontânea. Quando as águas do dilúvio diminuíram, Noé construiu um altar para oferta de animais, e o odor suave da oferta queimada agradou a Yahweh (Gn 8:20,21). Abraão, Isaque e Jacó construíram altares para marcar os lugares em que Yahweh lhes havia aparecido (Gn 12:7; 22:9-13; 35:1,7) e servir à invocação do seu Deus (Gn 12:8; 13:4; 26:25). Esta prática continuou no período dos juízes (Gideão, Jz 6:24). Jacó e Moisés construíram altares como parte da cerimônia de nomeação de lugares, consagrando deste modo esses lugares de importância incomum (Gn 33:20; 35:7; Êx 17:15,16). Esses vários propósitos de construção de altar parecem apropriados, considerando a ausência de um santuário central com altar permanente.

No deserto, foi dada instrução específica a Israel sobre a construção de altar (Êx 20:24-26; Dt 27:5-7). Enquanto em outra parte no antigo Oriente Médio poderia ser erigido altar ante a imagem de um deus, a Israel eram proscritas todas as estátuas de deuses (Êx 20:23). O altar para o sacrifício de animais poderia ser feito de terra (Êx 20:24) ou pedras não lavradas (v. 25) e, para preservar a modéstia, não deveria ter degraus (v. 26). Esse altar simples, certamente do mesmo tipo dos construídos pelos patriarcas de Israel, era usado nos rituais de invocação do nome e das bênçãos de Yahweh (Êx 20:24).

Em combinação com pilares sagrados (*masseba*), o altar era lugar onde se firmava ou reafirmava o pacto entre Israel e Deus (Êx 24:4-8; Js 8:30-35) ou entre as tribos de Israel (Js 22:26-29). No monte Ebal, Josué construiu um altar de pedra não lavrada como parte da cerimônia de pacto ligando as doze tribos a Yahweh (Js 8:30,31). Durante o período dos juízes e da monarquia pré-templo, o altar constituía também lugar de jurisdição e governança (Samuel, 1Sm 7:17), bem como meio de preservar Israel do pecado (Saul, 1Sm 14:31-35) ou de punição imerecida (Davi, 2Sm 24:10-25).

Adicionalmente, os altares se tornaram lugares de refúgio e santuário para os amedrontados ou falsamente acusados (1Rs 1:50-53); mas os acusados justamente não poderiam ser salvos por se agarrarem ao altar (Êx 21:14; 1Rs 2:28-34), nem jurar falsamente diante dele (1Rs 8:31,32).

As descrições do altar portátil do tabernáculo usado pelos israelitas durante as peregrinações no deserto indicam ser um objeto cuidadosamente trabalhado, sendo sua construção (Êx 27:1-8; 37:25–38:7) e uso (29:10-26,36-42; Lv 1–7) sujeitos a regulamento detalhado. A santidade seria preservada mediante a própria observância das regras sacerdotais, e Yahweh moraria entre seu povo Israel (Êx 29:37,42-46). Aqui, também, prevaleciam regulamentos quanto à modéstia (Êx 28:42,43). O altar sacerdotal era usado não somente para a oferta de animais, mas também para a oferta de grãos (Lv 14:20; Nm 5:25) e rituais de sangue (Êx 24:6; 29:12; Lv 1:11; 4:18,34; 5:9).

A composição mais recente do material bíblico dito sacerdotal deixa clara aguda dicotomia entre os altares de pedra simples do período pré-mosaico e da era da conquista e de Juízes e o extraordinário estilo de construção e ornamentação do altar do tabernáculo. Os autores do texto sacerdotal podem até ter imaginado tais objetos rituais sendo carregados através do deserto, mas o testemunho da arqueologia e dos textos escritos mais próximos da era em questão (passagens não sacerdotais na Torá e em escritos) demonstra que este não era o caso. Não foi senão no período monárquico que objetos religiosos de ornamento foram incorporados à adoração israelita.

O impulso para a elaboração parece ter vindo do desejo salomônico de decoração da realeza, incluindo o magnificente complexo de palácio-templo. Dada a falta de recursos naturais e trabalhadores israelitas competentes para construir os edifícios requeridos, assim como de habilidade e destreza para a obtenção dos objetos desejados, Salomão confiou em materiais e artífices fenícios (1Rs 5:1-11 [TM 15-25]; 7:13,14). Como parte desse grande projeto, ordenou a construção e a instalação de um altar de cedro coberto de ouro, para ser colocado no santuário interior (*dĕḇîr*) do templo de Jerusalém acabado de construir (1Rs 6:20-22). Pode ter sido diante desse mesmo altar que Salomão fez sua oração a Deus por Israel (1Rs 8:22,54). Todavia, o altar de bronze, bem maior, sobre o qual Salomão e os subsequentes reis de Judá sacrificaram publicamente, estava situado do lado de fora (1Rs 8:62-64).

Cerca de dois séculos mais tarde, um segundo altar externo foi acrescido ao templo. Acaz ordenou um novo, com degraus, construído à moda de altar pagão de estilo assírio de Damasco. Passou a ser usado para as ofertas dos sacerdotes. O altar de bronze do templo de Salomão foi removido de sua posição original, e era agora usado exclusivamente pelo rei (2Rs 16:10-15).

A despeito da visão bíblica de centralização cúltica resultante da construção do templo de Jerusalém, evidências tanto textuais como arqueológicas garantem a popularidade de altares em locais alternados. Eles vieram a se tornar posteriormente símbolo dos erros israelitas e das transgressões dos reis (Manassés, 2Rs 21:3-5; reformas de Josias, 23:12). Como parte de seu esforço de legitimizar a adoração no Reino do Norte, Israel, Jeroboão construiu um altar em Betel (1Rs 12:32,33). Este altar foi mais tarde condenado como não javista (2Rs 23:15; Am 3:14), mas por toda parte é evidente a legitimidade dos altares múltiplos de Yahweh durante o período monárquico (1Rs 18:30-39; 19:10,14).

Os altares eram parte também das práticas religiosas legítimas não israelitas (Balaão, Nm 23:28-30; os profetas de Baal, 1Rs 18:25-27). Para os profetas, e segundo os deuteronomistas, constituíam parte efetiva do complexo cúltico cananeu, juntamente com os pilares [*maṣṣēḇâ*] e postes sagrados [*'ăšērâ*], que tinha de ser erradicado do meio dos israelitas (Êx 34:13; Dt 7:5; 12:3; Jz 2:2; 6:25-32; 1Rs 16:32; 18:26; 2Rs 11:18).

As descrições proféticas dos altares refletem o ambiente social em que se desenvolveram. Alguns transmitem a perspectiva acima mencionada sobre os altares não templários, descrevendo-os como lugares de transgressão para os israelitas (Jr 11:12,13; 17:1-3; Os 4:9; 8:11; Am 2:8). A visão sacerdotal de Ezequiel do templo restaurado inclui um altar elaborado, supervisionado pelo sacerdócio zadoquita. Até regulamento para as ofertas é ali detalhado (Ez 40:46,47; 43:13-27).

Evidência arqueológica. A tradição cananeia de ofertas sobre altares de pedra remonta, pelo menos, ao santuário do período calcolítico, em En-Gedi.

A área sagrada em Megido continha uma série de altares, no começo da Idade do Bronze, começando na Idade do Bronze Inicial I. Na Idade do Bronze Inicial III, foi montado um altar circular (4017), construído de pedras não lavradas, de 8 metros de diâmetro por 1,4 metro de altura, com sete degraus, cercado por um muro em torno da área mais sagrada. Ao seu redor, foram achados ossos de animais e pedaços quebrados de cerâmica. Um pouco mais tarde, foram construídos nas proximidades outros templos (4040, 5269 e 5192), alguns deles com as paredes de trás emboçadas por tijolos de barro.

Do período do Bronze Médio II de Siquém, foi achado um altar de pedra emboçada, erguido contra a parede de trás de um templo (7300), rodeado de cerâmica e ossos de animais. No mesmo sítio arqueológico, encontrou-se uma série de altares feitos de tijolos, medindo aproximadamente 4 metros quadrados, no pátio de um templo da Idade do Bronze I, em cidadela datada do Bronze Médio IIC. No templo 2 de uma cidadela do Bronze Final II, um altar de pedra lavrada, de 5,2 metros de extensão, jaz por sobre seus restos.

Em Hazor, o pátio interior do templo H, da Idade do Bronze Final, continha uma grande plataforma retangular e dois altares menores de pedra, assim como cinzas e ossos de animais. Diversos altares de pedra talhada da Idade do Bronze Final II foram encontrados no santuário interior do templo. Ao mesmo tempo, enorme altar de pedra estava na Área F, lugar cúltico ao ar livre. Em sua superfície havia duas depressões, entalhadas, ligadas por um canal estreito que conduzia a um sistema de drenagem próximo.

Um altar de degraus coberto da Idade do Bronze foi localizado junto à parede dos fundos do santuário de Tel Mevorakh (1441.2156). Numerosas ofertas foram encontradas sobre ele e próximas a ele. Altares semelhantes, com artefatos em cima e em volta e cinzas e ossos de animais próximos, foram encontrados em templos de Laquis da mesma época.

Um altar da Idade do Bronze Inicial, feito de uma única e grande pedra retangular, foi descoberto em um recinto cercado, no sítio arqueológico de Bull, um dos altos do rei bíblico Manassés. Havia oferendas sobre uma superfície de pedras planas em frente a ele.

Dois santuários faziam parte de Megido na era de Salomão. Um deles, um grande altar com chifres, ou pontas, permanece no pátio do santuário 2081. Pedras menores para ofertas e altares com chifres e outros eram também parte das cerimônias cúlticas ali realizadas. Mesas de pedra para ofertas e altares similares, cercadas de cinzas e ossos de animais, foram encontradas em diversos locais no santuário 338. Se houve algum antigo grande altar no pátio, no entanto, há muito deve ter desaparecido.

Na chamada Área T, estão os recintos sagrados de Dã, construídos por Jeroboão I no final do século X a.C. Em um pátio interior situa-se um altar de 7,5 metros por 5 metros, construído de grandes pedras de basalto, cobertas por grandes blocos de travertino. Objetos cúlticos permanecem sobre pedras arredondadas do pavimento que cercam o altar. Os recintos sagrados de Dã, tendo sido destruídos, foram restaurados no século VIII a.C., no reinado de Jeroboão II. Um altar belamente construído alcançado por uma escadaria nos dois lados é circundado por um grande muro. Um chifre de um altar de pedra que originalmente tinha 3 metros de altura foi encontrado nas proximidades. Era de um altar que possuía quatro pontas. Um altar de pedra calcária, de 1,03 metro, foi descoberto em um pequeno recinto. Pás, uma espátula e cinzas contendo ossos de animais estavam em suas proximidades e dois pequenos altares de pedra permaneciam perto da parede.

Grandes altares de pedra foram encontrados na monarquia dividida de Arade e Berseba. Em Berseba, um altar de 1,5 metro quadrado havia sido desmantelado, seus blocos reutilizados e, assim, sua constituição original manteve-se desconhecida. Lembrava os altares de pátio de Dã e Megido, assim como os pequenos altares de incenso, que se tornaram crescentemente populares nesse período. Na fortaleza judaica de Arade, um enorme altar quadrado de pedras não lavradas permanecia no pátio do santuário. Era coberto por dura laje, sulcada de canais de gesso emboçado. A entrada para o santuário era ladeada por dois pequenos altares de pedra para incenso.

Bibliografia. Y. Aharoni, Megido, *NEAEHL* 3.1003-12; A. Biran, *Biblical Dan* (Jerusalem, 1994); S. Gitin, Incense Altars from Ekron, Israel and Judah, *ErIsr* 20 (1989): 52*-67*; A. Mazar, The "Bull Site" — An Iron Age I Open Cult Place, *BASOR* 247 (1982): 27-42; O. Tufnell, C. H. Inge e L. Harding, *Lachish II* (Tell el Duweir): *The Fosse Temple* (Oxford, 1940); G. E. Wright, *Shechem: The Biography of a Biblical City* (New York, 1965); Y. Yadin and A. Ben-Tor, Hazor, *NEAEHL* 2.594-606. [BETH ALPERT NAKHAI]

ALTÍSSIMO Um epíteto de Deus (heb. *'elyôn*). Do mesmo modo que formas consagradas na literatura ugarítica (ug. *'ly*; cf. *UT*, nº. 1855), o termo ocorre na mais arcaica poesia hebraica e nos relatos patriarcais (p. ex., Nm 24:16; Dt 32:8; cf. 2Sm 22:14 = Sl 18:13 [TM 14]; cf. At 7:48). Aparece também na forma composta Deus Altíssimo (*'ēl 'elyôn*; p. ex., Gn 14:18-20; cf. Mc 5:7).

ALUS (heb. *'ālûš*) Local onde os israelitas acamparam entre Dofca e Refidim (Nm 33:13-14), possivelmente atual úadi el-Eshsh.

ALVA (heb. *'alwâ*) (tb. ALIÁ) Príncipe edomita, descendente de Esaú (Gn 36:40). Em 1Crônicas 1:51 é chamado Aliá. Pode ser o mesmo que Alvã.

ALVÃ (heb. *'alwān*) (tb. ALIÃ) Primeiro filho de Sobal, horeu, ancestral de um clã (Gn 36:23). Em 1Crônicas 1:40 é chamado Aliã.

AMA As amas (heb. *mêneqet*, *'ōmenet*) e parteiras (*mĕyalledet*) ajudavam as mulheres chefes de família a determinar que mulheres teriam filhos, quando os casais teriam relações sexuais, quem adotaria filhos e quem os amamentaria. Em muitas famílias, somente uma esposa concebia, dava à luz e amamentava os filhos (Gn 21:7; Êx 2:7; 1Sm 1:23; 1Rs 3:21; Ct 8:1; 2Mac 7.27), mas em algumas famílias um filho podia nascer da gravidez de uma mulher, ser adotado por outra e ainda amamentado por outra (Gn 24:59; 35:8; Rt 4:13-17; 2Rs 11:2 = 2Cr 22:11): Joquebede (Êx 6:20) concebe e amamenta Moisés, mas a filha de Faraó o adota (1:22–2:10); Rute concebe Obede, mas Noemi o adota e amamenta (Rt 4:13-17). A amamentação imunizava as crianças contra doenças e reduzia a possibilidade de a mãe conceber novamente antes de desmamar a criança que estava amamentando. Geralmente, as meninas eram desmamadas com um ano e meio (18 meses), e os meninos, com dois anos e meio (30 meses) de idade.

A Bíblia celebra Deus como mãe, parteira e ama. Deus embala a humanidade em seus braços (Is 46:3,4;

Os 11:3,4), amamenta a humanidade (Dt 32:13,14; Is 49:15; Os 11:4; 2Ed 1.28,29; Jo 7:37,38; 1Pe 2:2,3) e a desmama com alimento sólido (Sb 16.20,21; Sl 131:1,2). Parteiras e amas são símbolos de Deus criando o Universo, dando à luz os primeiros seres humanos, começando cada dia e parindo o fim (Lm 4:4; Jl 2:16). O controle de uma situação (Nm 11:12; Et 2:7; Is 49:23) e o cuidado das comunidades cristãs (1Ts 2:7) se espelham também no serviço de parteiras e amas no mundo bíblico.

Bibliografia. D. C. Benjamin, Israel's God: Mother and Midwife, *BTB* 19 (1989): 115-20; B. Jordan, *Birth in Four Cultures*, 4th ed. (Prospect Heights, Ill., 1993). [DON C. BENJAMIN]

AMÁ (heb. *'ammâ*) Colina "ao lado de Giá, junto ao caminho do deserto de Gibeão" (2Sm 2:24), onde Abner firmou trégua com Joabe, seu perseguidor (v. 26-28).

AMÃ (heb. *'ămām*) Cidade não identificada da Sefelá, pertencente à tribo de Judá (Js 15:26). Pode ser localizada como tendo sido próxima a Berseba.

AMADE (heb. *'am'āḏ*) Cidade de fronteira do território de Aser, próximo ao monte Carmelo (Js 19:26). Sua localização atual precisa é desconhecida.

AMAL (heb. *'āmāl*) Um dos filhos de Helém, chefe de uma família aserita (1Cr 7:35).

AMALEQUE (*heb. 'ămālēq*), **AMALEQUITAS** (heb. *'ămālēqî*) Povo nômade, ou seminômade, descendente de Amaleque, neto de Esaú (Gn 36:11,12). Os amalequitas não são especificamente mencionados fora da Bíblia, o que aponta para sua origem em Edom (cf. Gn 36:15,16) e identificação como inimigos tradicionais dos hebreus. Gênesis 14:7 menciona a vitória de Quedorlaomer sobre "toda a terra dos amalequitas", um anacronismo que pode ser explicado como uma inserção editorial. Em Números 24:20, que pode ser entendido como a única referência positiva a Amaleque na Bíblia, Balaão se refere aos amalequitas como povo muito antigo.

Tendo saído de Edom, seu estilo de vida nômade os conduziu a uma distribuição difusa, principalmente ao longo da zona agrícola do sul de Canaã (p. ex., Nm 13:29; Jz 12:15; 1Sm 15:7; 30:1,2). Os amalequitas dispunham de largo território, do ocidente do Sinai até a Arábia, fazendo muito uso de camelo (Jz 6:5; 7:12). Por causa de sua distribuição e mobilidade, estavam em contato frequente com os hebreus, desde a vaguear pelo deserto até o reinado de Davi. Todas as referências do Antigo Testamento ao contato entre amalequitas e hebreus descrevem relações hostis; o mesmo pode ser dito do encontro de Israel com a maioria dos povos nômades que habitavam regiões além das terras essencialmente agrícolas.

A hostilidade entre amalequitas e israelitas começou com os hebreus ainda no Sinai, com um ataque espontâneo de Amaleque (Êx 17:8-16; Dt 25:17,18; cf. 1Sm 15:2.,3). Embora Israel haja derrotado os amalequitas (Êx 17:13), ali se iniciava longo período de guerras intermináveis. Quando os israelitas tentaram entrar no sul de Canaã, foram impedidos pelos cananeus e amalequitas (Nm 14:44,45; Dt 1:44). Mais tarde, o rei moabita Eglom contratou amonitas e amalequitas para atacar os hebreus, tendo os invasores da Transjordânia capturado a Cidade das Palmeiras (Jz 3:12-14). Nos dias de Gideão, Amaleque invadiu tanto áreas do leste e norte como a região de Gaza e o vale de Jezreel (Jz 6:3-5,33), unindo forças com os midianitas e "povos do Leste" e atacando sobre camelos (Jz 6:5; 7:12).

Os registros de 1 e 2Samuel são os mais importantes para o entendimento do conflito entre Israel e Amaleque, especialmente o fim deste último. Na primeira referência ao ataque dos hebreus aos amalequitas, 1Samuel 15 descreve a chegada de Saul "à cidade de Amaleque", que provavelmente era mais um campo do que uma cidade. Embora Saul tenha vencido a batalha, deixou de executar a "destruição" (heb. *ḥērem*) de todo o espólio de Agague e dos amalequitas; Samuel o identificou como desobediência a Deus, transgressão espiritual de Saul, e ele mesmo, o profeta, matou Agague, rei amalequita (1Sm 15:8,9,20,32,33). Agague era provavelmente nome tradicional ou título de rei, ou chefe de tribo, amalequita (cf Nm 24:7).

Davi continuou a hostilidade contra Amaleque, o qual aproveitou vantagem sobre a ausência de Davi e saqueou sua base em Ziclague. Davi foi capaz de localizar as hostes dos amalequitas, matá-los e reconquistar seu território (1Sm 27:8,9; 30:1-25). Davi compreendeu também que Saul fora morto por um amalequita, provavelmente um mercenário no exército filisteu (2Sm 1:1-10). Por isso, decidiu eliminar a ameaça amalequita (2Sm 8:12; 1Cr 18:11). Ao que tudo indica, os amalequitas, juntamente com outros grupos nômades, passaram a ser mencionados daí em diante pelo termo coletivo "árabes".

Embora considerável conhecimento sobre povos nômades haja sido recuperado pela pesquisa arqueológica, nenhum sítio ou artefato arqueológico específico está ligado com alguma certeza a Amaleque. É possível que alguns dos territórios fortificados nas montanhas do Neguebe, até mesmo Tel Masos, perto de Berseba, tenham ligação com os amalequitas.

Bibliografia. D. Edelman, Saul's Battle Against Amaleq (1Sam.15), *JSOT* 35 (1986): 71-84; I. Eph'al, *The Ancient Arabs* (Leiden, 1982). [GERALD L. MATTINGLY]

AMANA (heb. *ămānâ*) O cume de uma montanha (Ct 4:8), no limite do Antilíbano, perto do rio do mesmo nome.

AMARELO Um dos sinais de "lepra" mencionados nas determinações legais para o diagnóstico de doenças da pele era haver "pelo fino amarelo" (heb. *ṣāhōḇ dāq*: Lv 13:30; cf. v. 32,36). A doença conhecida como favo, ou tinha favosa, causada por fungos, é caracterizada pelo amarelecimento do pelo, podendo ser assim parte do complexo de doenças da pele de que trata Levítico 13.

AMARIAS (heb. *'ămaryâ*) **1.** O segundo filho de Hebrom, primo de Moisés e Arão, listado na genealogia da tribo de Levi (1Cr 23:19; 24:23).

2. Sacerdote, descendente de Eleazar e de seu filho Fineias (1Cr 6:7,52 [TM 5:33; 6:37]).

3. Filho de Azarias que serviu como sacerdote no templo de Salomão (1Cr 6:10,11 [TM 5:37]).

4. Sumo sacerdote no templo de Jerusalém ao tempo de Josafá, rei de Judá (2Cr 19:11).

5. Sacerdote levita na época de Ezequias, rei de Judá (2Cr 31:15).

6. Filho de Ezequias e pai de Gedalias, que foi avô do profeta Sofonias (Sf 1:1).

7. Sacerdote, filho de Azarias e um dos ancestrais de Esdras, o escriba (Ed 7:3).

8. Membro da família de Hazum, um dos que haviam casado com mulher estrangeira no tempo de Esdras (Ed 10:42).

9. Um dos sacerdotes que selaram como testemunha a aliança renovada pela comunidade, sob a liderança de Neemias (Ne 10:3[4]).

10. Descendente de Judá e de seu filho Perez, listado em Neemias 11:4 entre os que habitavam Jerusalém nos dias de Neemias.

O nome aparece também em muitos selos (p. ex., em Quiriate-Jearim) e inscrições, tais como as encontradas na alça de um cântaro em Gibeão e outras em Kuntillet Ajrud/Horvat Teman. [ISAAC KALIMI]

AMARNA Atual Tell el-Amarna, situada a meio caminho entre Mênfis e Tebas, na margem ocidental do Nilo, e que deu nome a uma época e a uma "revolução" cultural ou religiosa. A cidade, de cerca de 20 mil a 50 mil habitantes, foi construída em território virgem, obedecendo aos planos do faraó Amenófis IV (Aquenáton). Fundado no quinto ano desse reino monárquico, no século XIV a.C., o lugar foi habitado por uma única geração e logo abandonado. Sua história única permitiu fosse ela estudada como representante das mais importantes do urbanismo antigo. O faraó e a família real residiam na parte norte da cidade e contavam com suprimento alimentício próprio. Nas muitas casas da comunidade parece que residiam famílias de cidadãos dotados de altos títulos. Seus servos e outros trabalhadores devem ter vivido com eles ou próximos às casas maiores. As casas dos cortesões eram uniformes em estilo, maiores ou menores em tamanho e refletiam uma identidade comum, em que o principal divisor econômico estava entre o rei e a família real, de um lado, e todos os demais, do outro. Alguns altos funcionários trabalhavam em um conjunto de pequenos escritórios, ao lado da casa real. Em um deles foi achada uma compilação de documentos cuneiformes, conhecidos como as Cartas de Amarna.

Aquenáton chamou o lugar Aquetáton, ou "Horizonte de Áton (o disco do sol)", refletindo a mudança de perspectivas que seu reino trazia para o Egito. Ao mudar-se do centro religioso de Tebas (onde, já no início de seu reino, estabelecera um centro de culto a Áton no templo de Carnaque), Aquenáton deixou a religião tradicional egípcia, com seu culto a uma variedade de deidades em muitas formas naturais, e em lugar dessa complexidade introduziu a adoração ao disco-sol, Áton, simbolizando o doador de toda a vida. Aquenáton e sua família recebiam a vida e a mediavam para todo o Egito. Na arte do período, a família real é representada como um grupo singular, que de modo exclusivo recebia os raios do disco Áton, aparecendo seus privilegiados integrantes juntos, como uma família amorosa. O alongamento altamente distintivo das áreas cranianas e pélvicas em imagens da família real pode refletir uma tentativa artística surrealista de interpretar seu papel incomum de intermediários do divino e não indica qualquer doença genética. As figuras de Aquenáton e sua família, sempre formada de mulheres, realçam a posição destacada do faraó, sugerindo ao observador que, a despeito da "revolução" cultural de Amarna, a percepção que Aquenáton tinha de si mesmo não diferia muito da dos outros monarcas do Novo Reino.

Embora Aquenáton seja amiúde visto como um autêntico precursor da religião monoteísta distintiva de Israel, perspectivas atuais veem nele mais um exemplo de tendências intelectuais tanto na Mesopotâmia como no Egito durante os séculos XIV a XII a.C. Outras divindades continuaram a ser toleradas e adoradas no Egito, e um Hino ao Sol e outras fontes textuais da teologia de Amarna parecem, enfim, ter feito uso emprestado de hinos e orações mais antigos, dedicados a outras deidades. A adoração ao deus Áton surgiu e desapareceu com Aquenáton e sua família. A adoração não sobreviveu sob nenhum aspecto na religião ou na cultura do Egito, e o evento todo parece ter sido esquecido nas gerações seguintes, que abandonaram o lugar e retornaram a Tebas e ao templo de Amon-Rá em Carnaque.

Bibliografia. B. J. Kemp, *Ancient Egypt: Anatomy of a Civilization* (London, 1989). [RICHARD S. HESS]

AMARNA, CARTAS DE Conjunto de correspondência internacional datado do século XIV a.C., descoberto na antiga capital de Amarna, no Egito. Os textos formam um volume de 380 documentos cuneiformes distintos que primeiramente chamaram a atenção do mundo erudito no final do século XIX. Formam parte de um arquivo dos faraós e servem como exemplo de seus relacionamentos internacionais naquela época. Os textos são de interesse particular pelo que revelam a respeito do mundo social da Siro-Palestina, da língua da região e de história política mais ampla do fim da Idade do Bronze. Nesse tempo, o Novo Reino egípcio reivindicava a Palestina e áreas do norte, incluindo todas do atual Líbano e algumas da Síria. A correspondência de líderes de cidades e administradores egípcios da região revela um grande mundo de pequenos territórios e cidades-estados, cada qual rivalizando com seus vizinhos por poder e suporte militar do Faraó. Todos os líderes clamavam subserviência ao Faraó, mas a correspondência indica que os territórios líderes buscavam vantagem política e usavam de cada oportunidade para depreciar seus vizinhos como ralé ou infiéis à realeza. Mais do que testemunhar a deterioração da situação política, a correspondência provavelmente reflete o empenho e interesse do Faraó em jogar as forças políticas e militares de cada cidade-estado umas contra as outras e, por meio disso, reduzir a força militar necessária para manter a soberania egípcia sobre a região. O mundo social desse período é comparável ao último período retratado no livro de Juízes, em que cada localidade tinha de lutar pela própria sobrevivência.

Os textos registram também as carreiras de determinados líderes e suas famílias à medida que subiam ao poder, até Faraó decidir que se haviam tornado uma ameaça à estabilidade política. Foi esse o caso de Labaya, líder de Siquém, que parece ter ganhado várias cidades e intervindo nas atividades de outras cidades independentes (p. ex., Gezer). Ele foi beneficiado em seu desejo de visitar Faraó, mas morreu ou foi morto antes de chegar ao Egito. Mais ao norte, o reino de Amurru foi abandonado por um tal de Azira, que se envolveu em atos políticos suspeitos e foi chamado de volta ao Egito. Mais tarde, ele e seu reino se aliaram aos inimigos hititas. No litoral, Rib-addi, de Biblos, escreveu uma dezena de cartas para o Faraó esperando que interviesse e o salvasse de vários problemas com inimigos locais. Ao final, é possível ler sobre uma ação bem-sucedida em Biblos, com Rib-addi dispensado temporariamente da administração de sua cidade.

Embora a maioria da correspondência de Amarna tenha sido escrita em acadiano cuneiforme, a língua franca do Oriente Médio nessa época, cartas redigidas por escribas de cidades da Palestina e regiões próximas revelam dialetos locais em seu vocabulário, morfologia, sintaxe e outras características gramaticais. Em alguns casos, termos do leste semita são colocados ao lado de seus equivalentes acadianos, como indicação de serem glosas para mostrar o significado de tais palavras. Em outras cartas, aparecem como parte do texto sem indicação de que os escribas estivessem conscientes de que não escreviam senão na língua oficial de correspondência. Linguistas identificaram várias formas gramaticais e estilísticas como sendo do leste semita, tais como o *waw*-consecutivo como tempo narrativo, formas verbais sufixadas da primeira pessoa do singular e formas retóricas de expressão que se assemelham ao hebraico bíblico tardio. Estas últimas incluem a repetição tripla de frases e ideias, o uso de quiasmo e técnicas de paralelismo, comuns nos salmos e outras formas de poesia e prosa bíblicas. Textos de lugares como Jerusalém e Siquém, bem como de Tiro e Biblos, atestam a presença de uma língua "cananeia" no século XVI a.C., na Siro-Palestina.

A constituição étnica da liderança na Palestina durante a época de Amarna é a de líderes do leste semita ao longo do litoral, mas registra-se também a presença de líderes com nomes procedentes do norte. Assim, Jerusalém tem um líder cujo nome contém o da deusa hurrita Hebat. Essa influência, da Anatólia e do norte da Síria, que talvez também tenha se refletido em alguns grupos populacionais e indivíduos mencionados em Josué, Juízes e 1 e 2Samuel, é um exemplo do mundo internacional em que os textos de Amarna foram escritos. Mensagens políticas dos reis de Babilônia, Assíria, Mitani, dos hititas e de Alashiya (Chipre) chegaram à corte de Faraó. Descrevem o interesse pelo comércio, seja na manutenção de rotas de comércio ameaçadas por bandidos e sicários, mediante o providenciamento de grande número de soldados para proteger objetos luxuosos enviados à corte egípcia como ato de comércio (oficialmente como "presentes"), seja simplesmente buscando salvaguarda para a passagem por terras e reinos intermediários. Aqui está representado um "clube fechado", de elite, da nação mais poderosa daquela época e seu interesse em adquirir preciosidades para o seu próprio prestígio. As cartas de Amarna são uma coleção singular de documentos que atestam interesses comerciais e políticos semelhantes aos refletidos posteriormente na monarquia israelita e censurados pelos profetas.

Bibliografia. R. S. Hess, *Amarna Personal Names*. ASORDS 9 (Winona Lake, 1993); W. L. Moran, *The Amarna Letters* (Baltimore, 1992). [RICHARD S. HESS]

AMASA (heb. *'ămāśā'*) **1.** Parente de Davi (2Sm 19:13 [MT 14]), filho ou de Itra, o jezreelita (2Sm 17:25) ou de Jeter, o ismaelita (1Cr 2:17). Durante sua rebelião contra Davi, Absalão nomeou Amasa comandante do exército (2Sm 17:25). Depois da morte de Absalão, Davi renomeou Amasa comandante do exército, efetivamente, no lugar de Joabe (2Sm 19:13). Pouco depois, Davi instruía Amasa a reunir os homens de Judá dentro de três dias para acalmar uma revolta, mas Amasa demorou mais que o necessário e foi então trocado (2Sm 20:1-6). Mais tarde, quando Joabe encontrou Amasa perto de grande rocha em Gibeão, este o golpeou (2Sm 20:7-10), da mesma forma que havia feito com Abner (3:27); os soldados deixaram de guardar o corpo de Amasa, que foi removido da estrada (2Sm 20:12). Joabe reassumiu o cargo de comandante do exército, até ser morto por Benaías, por causa do assassinato de Abner e Amasa (1Rs 2:5,32).

Amasa pode ser o mesmo indivíduo que Amasai (*'ămāsay*), "capitão dos trinta" que se comprometeu em aliança com Davi quando este estava em Ziclague (1Cr 12:18 [19]).

2. Filho de Hadlai, chefe efraimita (2Cr 28:12). Tendo os israelitas, sob Peca, capturado 200 mil de Judá, no reinado de Acaz, o profeta Odede advertiu o exército israelita de que subjugar os de Judá somente aumentaria sua própria culpa para com o Senhor. Amasa e outros homens efraimitas levaram então os cativos a seus parentes em Jericó (2Cr 28:8-15). [JOHN E. HARVEY]

AMASAI (heb. *'ămāśay*) **1.** Levita, filho de Elcana e ancestral de Samuel (1Cr 6:25,35 [TM 10,20]).

2. Capitão dos trinta que vieram a Ziclague (1Cr 12:18 [19]). Talvez seja também Amasa, o filho de Abigail e Itra.

3. Um dos sacerdotes que tocaram a trombeta quando a arca retornou a Jerusalém (1Cr 15:24).

4. Pai de Maate e contemporâneo do rei Ezequias (2Cr 29:12). Embora frequentemente identificado como o Amasai de número 1 acima, viveu em época posterior.

AMASIAS (heb. *'ămasyâ*) Filho de Zicri, de Judá, que foi um dos voluntários para o serviço de Josafá, e com ele, comandante, seus 200 mil soldados (talvez duzentas unidades) (2Cr 17:16).

AMASSADEIRA Utensílio doméstico para a produção de pão e outros alimentos de massa assados, sendo, assim, imagem da hospitalidade. Sara, provavelmente, usou uma amassadeira (heb. *miš'ereṯ*) quando preparou bolos para os três visitantes de Abraão (Gn 18:6). A médium de En-Dor amassou e assou pão para Saul (1Sm 28:24), e Tamar, bolos para Amnom (2Sm 13:8). Jeremias 7:18 cita mulheres amassando bolos para a rainha do céu, como exemplo da maldade de Israel.

A amassadeira é também imagem de vida e morte. Na segunda praga do Egito, as rãs foram tão numerosas que entraram nas amassadeiras dos egípcios (Êx 8:3 [TM 7:28]). Quando os israelitas saíram do Egito, carregaram suas amassadeiras ainda cheias de massa, amarradas em suas roupas, sobre os ombros (Êx 12:34). Deuteronômio 28 menciona as amassadeiras entre as bênçãos (v. 5) e maldições (v. 17). [VICTORIA ANDREWS]

AMAZIAS (heb. *ămaṣyâ, 'ămaṣyāhû*) **1.** Simeonita, pai de Josa (1Cr 4:34).

2. Levita da família de Merari, filho de Hilquias e pai de Hasabias (1Cr 6:45 [TM 30]), um dos que foram designados por Davi para o serviço de canto do templo (1Cr 6:31,32 [16,17]).

3. Sacerdote do santuário real israelita em Betel durante o reinado de Jeroboão II. Ele informou ao rei que Amós havia profetizado a morte de Jeroboão e o exílio de Israel, para ele mensagem que a nação não poderia mais tolerar. Amazias ordenou a Amós que fosse embora profetizar em Judá e nunca mais o fizesse em Betel. O profeta respondeu prevendo desgraças para Amazias, sua esposa e seus filhos (Am 7:10-17).

4. Rei de Judá, filho de Joás e Jeoadim ou Jeoadã. Assumiu o trono aos 25 anos e, até onde se sabe, continuou a reinar por 29 anos, na primeira metade do século VIII a.C. Uma vez que é difícil encaixar os 29 anos do governo de Amazias e o reinado de 52 anos de seu filho Azarias/Uzias nesse período, alguns têm sugerido que os dois tenham sido corregentes em parte de seus reinos. O governo de Amazias é descrito em 2Reis 14:1-20, que é certamente derivado dos arquivos reais de Judá, e em 2Crônicas 25:1-28, basicamente uma reelaboração do registro de Reis.

O livro de Reis caracteriza Amazias, de modo geral, de forma positiva, observando que mostrou moderação na punição dos assassinos de seu pai e empreendeu uma guerra bem-sucedida contra Edom, na qual recapturou Sela e a renomeou de Jocteel (2Rs 14:1-7). Infelizmente, Amazias desafiou Jeoás e Israel a medirem forças em combate e, embora o rei israelita tentasse dissuadi-lo por meio de uma fábula ardilosa, ele se recusou a ouvir. Em consequência, o exército de Judá foi derrotado na batalha de Bete-Semes e Amazias capturado; os muros de Jerusalém foram reduzidos a cerca de 200 metros de extensão; o templo e o tesouro real foram saqueados, e reféns foram levados para Samaria (2Rs 14:8-14). Pode-se supor que Amazias haja retornado ao trono, sobrevivendo a Jeoás por quinze anos, depois do que veio a ser assassinado por conspiradores, que o perseguiram até Laquis (2Rs 14:17-20).

O livro de Crônicas concorda com os contornos gerais do registro de 2Reis, mas o complementa em grande medida. Quanto à guerra com Edom, p. ex., informa que Amazias saiu para batalha com 300 mil tropas próprias e uma força de 100 mil mercenários israelitas, para os quais pagou 100 talentos. Um profeta, porém, condenou a contratação dos israelitas, persuadindo Amazias a mandá-los de volta para casa. Judá conquistou Edom e eliminou 20 mil de seus soldados, em vez de os 10 mil de 2Reis (2Cr 25:5-13). O livro de Crônicas informa, além disso, dois itens adicionais, relacionados à guerra seguinte contra Israel. Primeiro, que os mercenários israelitas atacaram e saquearam cidades de Judá, desde Samaria até Bete-Horom, por terem sido despedidos por Amazias da campanha edomita (2Cr 25:13). Esse ataque pode ser visto como motivo para o desafio posterior de Amazias a Israel. Segundo, que Amazias voltou da campanha contra os edomitas trazendo consigo imagens de deuses de Seir e os adorou. Quando um profeta condenou esse seu comportamento, Amazias respondeu ameaçando-o com morte e, em consequência, o profeta anunciou que Deus iria destruir o rei (2Cr 25:14-16). Assim, quando Amazias desafiou Jeoás à batalha e este tentou dissuadi-lo de desistir, o livro de Crônicas explica que o rei de Judá deixou de atender à advertência porque Deus queria vir puni-lo, destruindo-o, por causa de seu pecado (2Cr 25:20). E, embora Amazias tenha escapado dessa batalha com vida, o livro de Crônicas informa que a conspiração contra Amazias foi consequência final do pecado do rei (2Cr 25:27).

As principais características do reinado de Amazias registradas no livro de 2Reis têm sido aceitas pelos historiadores; mas não tanto as adições em Crônicas. O tamanho das forças militares, ali, parece excessivo, e as informações quanto aos deuses edomitas e as interações proféticas com Amazias podem, segundo alguns, ter sido fabricadas por Crônicas para querer explicar os desastres do seu reinado.

Bibliografia. M. P. Graham, Aspects of the Structure and Rhetoric of 2 Chronicles 25, in *History and Interpretation*, ed. Graham et al. *JSOT* Sup. 173 (Sheffield, 1993), 78-89. [M. PATRICK GRAHAM]

AMAÚ (heb. *ʿammô*) Traduz-se geralmente por "seu povo" e designa, segundo a Bíblia de Jerusalém, a terra natal de Balaão, a leste do Eufrates (Nm 22:5; ver Petor). Sua capital era Emar, a cerca de 80 km ao sul de Carquemis e a sudoeste da cidade de Balaão, Petor (ac. Pitru). De acordo com a inscrição de Idrimi, dois séculos antes (c. 1450 a.C.) Amaú estava sob o domínio de Alalaque.

ÂMBAR Resina amarelada (heb. *ḥašmal*), que torna pardos os fósseis translúcidos usados na confecção de objetos ornamentais (Ez 1:4,27; 8:2, Almeida Revisada de Acordo com os Melhores Textos). A LXX lê *ḗlektron*, e a Vulgata, *electrum*, que significa, mais precisamente, uma fusão de metais contendo quatro partes de ouro e uma de prata. Outros, tendo por base o ac. *Esmaru* (do el. *ilmasu*, "revestimento" ou "bronze"), traduzem-no por "bronze (ou metal) radiante".

AMÉM (heb. *ʾāmēn*; gr. *amḗn*) Transliteração de uma raiz hebraica que significa verdade, veracidade, firmeza. Tanto no AT como no NT, acompanha declarações importantes, como pronunciamentos reais ou divinos. A mulher acusada de adultério sob a Lei mosaica tinha de responder ao procedimento de averiguar sua culpa com um duplo "amém" (Nm 5:22). À medida que as maldições da lei eram lidas aos israelitas, tinham de responder com "amém" (Dt: 27:15,16). Benaia usou dessa palavra para indicar a confirmação divina à escolha de Davi de seu filho Salomão para reinar em seu lugar (1Rs 1:36). Quando Davi trouxe a arca da aliança para Jerusalém, o povo respondeu com prolongado cântico de louvor a Deus acompanhado de "amém" (1Cr 16:36). Nos Salmos, é acrescido "amém" duplo às orações que bendizem ao Senhor (Sl 41:13; 72:12; 89:52). Jeremias usou o termo para expressar seu desejo de que a falsa profecia de Hananias pudesse tornar-se verdade (Jr 28:6). Em todas, exceto em duas das passagens acima (Jr 28:6; 1Cr 16:36), a LXX usa *génoito*, "assim seja", em lugar de *ʾāmēn*.

O uso no NT segue intimamente o do AT. O grego *amḗn* é ligado a orações, pronunciamentos importantes ou doxologia (p. ex., Mt 6:13; Mc 16:20; Lc 24:53; Jo 21:25). Em duas passagens, Jesus é referido como nosso *amḗn* (2Co 1:20; Ap 3:14). O NT também contém muitos exemplos em que *amḗn* é traduzido por "verdadeiramente" ou "em verdade" (p. ex., Mt 5:18; Mc 3:28; Lc 4:24; Jo 1:51). [JOE E. LUNCEFORD]

AMÊNDOA A amendoeira, *Amygdalus communis* L., deriva seu nome hebraico (*saqed*) do verbo "despertar" ou "observar". Em um jogo de palavras, o Senhor mostra a Jeremias um ramo de amendoeira como sinal de que está atento, observando, para que sua palavra se cumpra (Jr 1:11).

Três espécies de amendoeiras são encontradas na Palestina; duas espécies, selvagens, *Prunus amygdalus* e *Amygdalus communis*, têm fruto amargo, não comestível, enquanto a terceira, de espécie doméstica,

Prunus dulcis, tem castanha comestível e produz um óleo leve. A amendoeira floresce em fevereiro, em cor rosa suave (cf. Ec 12:5, que compara sua florescência aos cabelos brancos da velhice). Taças douradas em formato de flor de amêndoa ornavam as lâmpadas do tabernáculo (Êx 25:33,34; 37:19,20), e a vara de Arão brotando em amêndoas em flor e fruto, o que o designava como cabeça da linhagem sacerdotal (Nm 17:8 [TM 23]). A amêndoa estava entre as iguarias que Jacó enviou a José no Egito (Gn 43:11). O hebraico *luz* também se refere a amendoeira (Gn 30:37), sendo o nome antigo de Betel. [MEGAN BISHOP MOORE/RANDALL W. YOUNKER]

AMENEMOPE, INSTRUÇÕES DE Texto didático egípcio, datado do final do século XII a.C. A única cópia completa está preservada em um papiro do século VI a.C. Concebido como sendo palavras de Amenemope a seu filho mais jovem, essas instruções para bem-estar e conduta própria são divididas em um prólogo e trinta capítulos numerados, o último dos quais funciona como epílogo. O tema dominante é distinguir a pessoa ideal ("verdadeiramente silenciosa"), honesta, modesta, respeitável, disciplinada, quieta, bondosa para com os outros e preocupada com os desamparados, daquela de temperamento difícil e "esquentado". É colocada ênfase sobre a honestidade em interações pessoais e de negócios, satisfação com o mínimo de possessão material e defesa do pobre. Paralelos estruturais e temáticos entre Amenemope e o livro de Provérbios, particularmente 22:17–24:22, têm estimulado eruditos ao debate sobre a natureza do relacionamento literário. Embora alguns discutam pela prioridade de Provérbios ou pela derivação de ambos os textos de uma fonte comum egípcia ou semítica, o consenso é que Amenemope tem prioridade, servindo de modelo para o conjunto dos ditos de Provérbios (Pv 22:20).

Bibliografia. G. E. Bryce, *A Legacy of Wisdom* (Lewisburg, Pa., 1979); M. Lichtheim, *Ancient Egyptian Literature* (Berkeley, 1976), 2:146-63. [CHRISTINE ROY YODER]

AMETISTA Pedra transparente avermelhada ou púrpura, muito apreciada em joias, contas, selos, amuletos etc. Traduções recentes leem "ametista" para o hebraico *'aḥlāmâ*, pedra entalhada, entre as colocadas sobre o peitoral do sumo sacerdote (Êx 28:19; 39:12). A LXX traz *améthystos* para *'aḥlāmâ*, e a inclui na relação de pedras preciosas (jaspe) referentes ao rei de Tiro (Ez 28:13). Designa também um dos adornos dos fundamentos do muro da Nova Jerusalém (Ap 21:20). Algumas traduções leem "cristal" ou "jaspe" para esses termos hebraico e grego. [JOSEPH E. JENSEN]

AMI (heb. *'āmî*) (tb. AMOM) **1.** Um ancestral da família dos "servos de Salomão" (Ed 2:55,57), chamado Amom em Neemias 7:59.

2. (heb. *'ammî*) Nome, dado a Israel, que significa "meu povo" e simboliza a aceitação divina (Os 2:1 [TM 3]), em contraste com Lo-Ami ("não meu povo", 1:9), representando a rejeição de Deus de seu próprio povo.

AMIEL (heb. *'ammî'ēl*) **1.** Filho de Gemali, da tribo de Dã, um dos doze enviados a sondar Canaã (Nm 13:12).

2. Pai de Maquir, manasseíta de Lo-Debar (2Sm 9:4; 17:27).

3. Pai da esposa de Urias, Bate-Seba, que depois se tornou mulher de Davi (1Cr 3:5). Por causa de uma transposição das consoantes, o nome aparece em 2Samuel 11:3 como Eliã.

4. Sexto filho de Obede-Edom, porteiro do templo (1Cr 26:5).

AMIGO No uso bíblico, termo que cobre amplo espectro de relacionamentos de amizade, desde o mais íntimo até o mais distante. O AT capta o sentido desses relacionamentos em substantivos retirados basicamente das raízes *'hb* e *r'h*. Na LXX e no NT, a palavra mais comum é o grego *phílos* e, ocasionalmente, *hetaíros*. A Vulgata quase sempre traduz pelo latim *amicus*.

No AT, os termos expressam o relacionamento normal, regido pelas convenções de amizade do antigo Oriente Médio. Podem representar simplesmente o relacionamento de vizinhos e conhecidos (Lv 19:18; Jr 6:21; Mq 7:5), assim como um relacionamento tão próximo que enfatize a igualdade entre os amigos (Dt 13:6 [TM 7]) e pender para o familiar (Sl 35:14; Pv 18:24; 27:10). Legendária nesse aspecto é a amizade entre Davi e Jônatas (1Sm 18:1-3; 20:17; 2Sm 1:26). A amizade com Deus também é possível, do modo em que Moisés é chamado amigo de Deus e fala com Deus face a face, tal como os amigos se falam (Êx 33:11). Juízes 5:31 reflete a sabedoria convencional de que se deve ajudar os amigos e ferir os inimigos. A literatura de Sabedoria dedica atenção especial à importância da amizade leal (Sir 6.14-16), aconselha sobre o seu valor (Pv 18:24; Ec 4:9-12; Sir 6.1; 25.1) e adverte sobre sua fragilidade (Pv 19:4; Sir 6.8-13; 9.10; 13.21; 22.20; 37.10). Sirácida 22.21,22 enfatiza a possibilidade de reparo de uma amizade prejudicada.

O NT não apresenta um ensino unitário sobre amigos e amizade, mas os autores mostram de fato algum interesse no tópico. Embora Paulo não use a palavra "amigo", mostra familiaridade com as convenções de amizade (Rm 5:6-8; 13:8-10; 1Co 1:10; Gl 4:12-20; Fp 2:2-4; 4:14-16) e até emprega elementos de amizade em sua correspondência (Fp 1:3,4,7,8,27;

2:12). Mateus usa o grego *phílos* somente uma vez (Mt 11:19), mas é o único autor do NT a usar *hetaíros*, três vezes, no vocativo (20:13; 22:12; 26:50). Lucas usa *phílos* mais do que os outros autores do NT (p. ex., Lc 7:6,34; 11:5-8; 12:4; 16:9; 23:12; At 10:24; 19:31). Lucas é o único autor dos evangelhos a narrar a parábola do amigo inconveniente (Lc 11:5-8). A parábola, caracteristicamente de Lucas, do filho pródigo (Lc 15:11-32) reflete aspectos do *topos* greco-romano sobre amizade e até mesmo desafia a ética da reciprocidade (6:34-35a; 14:12-14; At 20:35), que regia a amizade em seu tempo. No evangelho de João o termo "amigo" assume um significado especial, conotando um relacionamento íntimo com Jesus (Jo 3:29; 11:11; 15:14,15). João reflete motivos comuns à amizade que são o compartilhar (Jo 15:15) e a lealdade a ponto da morte (10:11,15,17,18; 15:13; cf. 11:16; 1Jo 3:16). Desse modo, os autores do NT se apropriam, adaptando às próprias necessidades, das tradições de amizade dos helênicos, judeus e greco-romanos de seu tempo.

Bibliografia. A. C. Mitchell, "Greet the Friends by Name": New Testament Evidence for the Greco-Roman *Topos* on Friendship, in *Greco-Roman Perspectives on Friendship*, ed. J. T. Fitzgerald, SBLRBS 34 (Atlanta, 1997), 225-62. [ALAN C. MITCHELL]

AMINADABE (heb. *ʿammînāḏāḇ*; gr. *Aminadáb*) **1.** Líder da tribo de Judá, cuja linhagem é traçada desde Rute até Davi (Rt 4:19,20; Mt 1:4). Filho de Rão (chamado Admim em Lc 3:33), pai de Nasom (Nm 1:7; 2:3) e de Eliseba, esposa de Arão (Êx 6:23).

2. Levita, filho de Coate e pai de Corá (1Cr 6:22 [TM 7]); LXX, Izar; cf. Êx 6:18).

3. Chefe de família levítica da linhagem de Uziel, descendente de Coate (1Cr 15:10,11). Um dos levitas que levaram a arca da casa de Obede-Edom para Jerusalém.

4. Pai de Ester, segundo a LXX, embora o TM registre Abiail como seu pai (cf. Et 2:15; 9:29).

5. Rei de Bete-Amom (ac. *Amminadbi*), que pagou tributo a Assurbanípal (*ANET*, 249a). É possível que seja o mesmo cujo nome aparece em um selo do século VII a.C. [ISAAC KALIMI/GREGORY A. WOLFE]

AMISADAI (heb. *ʿammîšadday*) Pai de Aizer/Aiezer, da tribo de Dã (Nm 1:12; 2:25; 7:66,71; 10:25).

AMITAI (heb. *ʾămittay*) Pai do profeta Jonas, de Gate-Héfer, território de Zebulom (2Rs 14:25; Jn 1:1).

AMIÚDE (heb. *ʿammîhuḏ*) **1.** Pai de Elisama, da tribo de Efraim (Nm 1:10; 2:18; 7:48,53; 10:22); ancestral de Josué (1Cr 7:26).

2. Pai de Semuel, que representou a tribo de Simeão na divisão da terra de Canaã (Nm 34:20).

3. Pai de Pedael, da tribo de Naftali, que participou da divisão da terra (Nm 34:28).

4. Pai do rei Talmai, de Gesur (2Sm 13:37; TM *ʿammîḥûr*), junto a quem se refugiou Absalão, filho rebelde de Davi.

5. Um dos que voltaram do exílio; filho de Onri, da família de Perez, filho de Judá, e pai de Utai (1Cr 9:4).

AMIZABADE (heb. *ʿammîzāḇāḏ*) Filho de Benaia, um dos trinta valentes de Davi, e chefe de seu turno (1Cr 27:6).

AMNOM (heb. *ʾamnôn*, *ʾamnōn*) **1.** Primogênito de Davi e Ainoã, de Jezreel (2Sm 3:2 = 1Cr 3:1). Sua história ilustra o julgamento anunciado por Natã para os crimes de adultério e assassinato por Davi (2Sm 12:11,12). O desejo obsessivo de Amnom por sua meia-irmã Tamar foi sua desgraça. Seguindo o conselho de seu primo Jonadabe, Amnom fingiu estar doente e pediu a Davi que enviasse Tamar para visitá-lo e fazer comida para ele. Quando Tamar lhe trouxe a comida, ele a agarrou e a obrigou a se submeter a seu desejo. Ela se recusou, pedindo que Amnom falasse com o pai deles sobre casamento, mas o irmão se recusou a ouvi-la e a estuprou; então, ordenou que ela saísse de sua casa. Quando ela suplicou que parasse de cometer aquele erro, ele já o tinha cometido. Então, Amnom ordenou que ela fosse jogada na rua. Incapaz de consolar sua irmã, Absalão procurou vingar-se. Dois anos depois, ele convidava o rei e os príncipes para celebrar a tosquia de suas ovelhas em Baal-Hazor. Davi não quis ir, talvez desconfiado do pedido de Absalão para que Amnom comparecesse; finalmente, permitiu que todos os príncipes comparecessem à festa de Absalão. Quando Amnom estava sob a influência do vinho, Absalão ordenou que seus servos o matassem — a vingança que planejara desde o estupro de Tamar.

2. Filho de Simão, descendente de Judá (1Cr 4:20). [KEITH L. EADES]

AMOM (heb. *ʾamôn*) **I. (DEIDADE)** O deus egípcio do vento (Jr 46:25). Como Amon-Rá, ele era o deus supremo do Novo Reino.

II. (PESSOA) 1. Rei de Judá, filho de Manassés, neto de Ezequias e pai de Josias. Seu reinado foi breve; durou apenas dois anos (643-642 a.C.; 2Rs 21:19-26; 2Cr 33:21-25).

Amom subiu ao trono após a morte de Manassés. Com apenas 22 anos ao tomar posse (2Rs 21:19), ele deve ter sido um dos filhos mais novos de Manassés. Sua mãe era Mesulemete, filha de Haruz. Amom recebe a avaliação negativa comum dada pelos editores deuteronomistas (2Rs 21:20). Ele foi assassinado por seus "servos" (talvez funcionários da administração real) no palácio, mas faltam motivos para o assassinato. Provavelmente, dada a aparente continuação da política de submissão de Manassés aos assírios, seus assassinos podem ter esperado revitalizar as esperanças de independência judaica; se assim for, foi um esforço fútil fadado ao fracasso. O texto de 2Reis 21:24 deixa claro que o "povo da terra", provavelmente a aristocracia latifundiária, providenciou para que Amom fosse substituído por seu filho de 8 anos, Josias; devido à sua menoridade, a política de submissão continuou. Outra possibilidade é que Amom foi morto por pessoas que desejavam uma restauração das reformas religiosas iniciadas por Ezequias no final do século VIII e abandonadas por Manassés no início do século VII. Também é possível que Amom tenha sido morto por outros membros da família real em uma disputa pelo trono. No final, nada conclusivo pode ser dito sobre as circunstâncias ou os motivos da morte de Amom, e o veredicto é o do editor deuteronomista que o condena por sua falha em reverter os erros de seu pai.

2. Um oficial ("governador") da cidade de Samaria (1Rs 22:26 = 2Cr 19:25). Amom aparece na narrativa sobre a profecia de Micaías como uma das duas pessoas acusadas de aprisionar e guardar o profeta durante a ausência do rei em Ramote-Gileade.

3. Alguém listado entre os que voltaram do exílio na Babilônia sob Zorobabel e Jesua (Ne 7:59). No texto paralelo em Esdras 2:57, o nome é listado com uma grafia alternativa, Ami (heb. *'āmî*).

Bibliografia. M. Cogan e H. Tadmor, II Kings. AB 11 (Garden City, 1988), 275-76; A. Malamat, "The Historical Background of the Assassination of Amon", *IEJ* 3 (1953): 26-29. [PAUL K. HOOKER]

AMONITAS (heb. *'ammônîm*) Povo sedentário que habitava a leste do Jordão, nas cabeceiras do rio Jaboque, descrito também em anais de Senaquerib (*ANET*, 279), Tiglate-Pileser III (282) e Assurbanípal (294). Embora antes da Idade do Ferro não se possa distinguir claramente material cultural especificamente amonita, como povo aparece na Idade do Bronze Média, ao derredor de Rabá (Rabá-Amom), talvez quando os amonitas dominam os refains, grupo étnico rival (cf. LXX, Dt 2:21). A cultura amonita alcança seu florescimento de prosperidade, poder e influência durante os séculos IX e VI a.C. Relevantes sítios arqueológicos escavados, referentes a esse povo, incluem a fortaleza de Amã, Tell Safut, Tell Siran, Tell Jawa (Sul), Khilda, Khirbet el-Hajjar, Meqabelein, Rujm el-Malfuf, Tell el-Mazar, Tell Sahab, Tell el-Umeiri e Umm ad-Dananir.

As fronteiras geográficas e a influência político-militar do reino amonita indubitavelmente variaram de tempos em tempos. Da limitada área original até mais ou menos as fronteiras mais distantes da própria Rabá, consta que os amonitas controlavam todo o espaço entre o uádi Mujib (Arnom) e o uádi Zerqa (Jaboque), do deserto oriental até o rio Jordão. O domínio amonita foi frequentemente ofuscado pelas tribos hebreias pré-monárquicas já estabelecidas e, posteriormente, pelos reinados de Israel e Judá.

Os amonitas entram no cenário bíblico com uma aliança com os amalequitas para ajudar o rei moabita Eglom a derrotar Israel (Jz 3:12-14). Os dezoito anos seguintes de seu jugo constituíram punição pelo abandono de Israel de seu relacionamento com Deus, preferindo adorar baalins e Astarote, ídolos de povos vizinhos (Jz 10:6-18). Os amonitas foram, por fim, derrotados por Jefté (Jz 11:33), arrasados por Saul (1Sm 11:11) e forçados a pagar tributo a Davi (2Sm 8:12), que os subjugou. Mais tarde, a amonita Naamá tornou-se esposa de Salomão e o presenteou com Roboão, futuro rei de Judá (1Rs 14:21,31). A hostilidade israelita para com os amonitas e moabitas é violentamente declarada: "Nenhum amonita ou moabita entrará na assembleia do Senhor, até a sua décima geração" (Dt 23:3 [TM 4]).

A religião amonita era de natureza fértil, típica do politeísmo de todo lugar na Antiguidade. O deus masculino Baal e sua correspondente feminina Astarote/Astarte/Aserá garantiam ritualmente juntos a fertilidade e prosperidade tanto do povo como da terra. Porque os israelitas aceitaram essas crenças e práticas, escribas e profetas os denunciaram. Milcom (ou Moloque) era o principal deus amonita. Sua preciosa coroa de ouro foi roubada por Davi. A esposa amonita de Salomão persuadiu o rei a não construir simplesmente um templo a Milcom, mas a abandonar Yahweh para adorar o seu deus. A correspondente feminina de Milcom é representada na forma de estatuetas da fertilidade, de terracota, encontradas em muitas escavações da Idade do Ferro. A cultura religiosa amonita, estranha à fé israelita, é o que os tornou inimigos, sem levar em consideração as mutantes situações político-militares.

Quando caíram os Reinos do Norte e do Sul, os amonitas deixaram de ser inimigos comuns de Israel e Judá. A população da baixa Gileade, com toda a probabilidade, já era constituída tanto de tribos amonitas como israelitas, que estavam constantemente, sem motivo algum, em desacordo umas com as outras. Durante o exílio, e especialmente depois da destruição do templo de Jerusalém, muitos judeus buscaram refúgio entre os amonitas do leste do Jordão (Jr 40:11).

Talvez sejam os escritores sacerdotais, interessados em genealogias, que melhor lancem luz sobre os amonitas. Narrativas primitivas de sua ancestralidade epônima os ligam a Abraão por meio da descendência de Ló (Gn 19:38): a linhagem amonita teria sido concebida (literariamente, se não literalmente) mediante a união entre Ló e, sem seu conhecimento, uma de suas filhas. Como é geralmente comum às etiologias, o interesse não está propriamente em biologia, mas em comunicar um valor, nesse caso um relacionamento positivo entre Israel e os amonitas em razão de um vínculo antigo (Gn 11:27). Ló migra com Abraão (Gn 12:4,5); posteriormente Abraão salva Ló (14:12-16). A filha mais nova de Ló dá a seu filho o nome de Ben-Ami, "filho do meu parente", o que deixa claro que todos os amonitas são parentes de todos os israelitas.

Pode-se ver claramente um paralelo entre as incursões israelitas no fim da Idade do Ferro em Rabá-Amom e antigas invasões israelitas sob Moisés. O autor de Deuteronômio 2, na proibição a Moisés de invadir território amonita, no final da Idade do Bronze, dá o motivo pelo qual os judeus da Idade do Ferro não deveriam entrar em suas terras: o Senhor as havia concedido aos descendentes de Ló (v. 19). Na cosmovisão da Antiguidade, as terras pertenciam aos deuses. Ao apresentar suas origens como medida da própria dispensação de Yahweh, transmite o reconhecimento de Israel da legitimidade do reino amonita, tendo sua existência derivada basicamente de um ato de Deus. Ocasião plausível para afirmar esse valor teria sido em face de um inimigo comum: Babilônia.

Ainda que seja correto falar do fim de um reino amonita efetivo e distinto pouco antes da Idade do Ferro, é errôneo pensar sobre ele como simplesmente absorvido pela população local pouco depois. A força amonita continuou. A conquista do mundo pelos persas e gregos obscureceu, mas necessariamente não diminuiu, a importância local dos amonitas, que claramente durou até o período helenista. A região tornou-se importante de novo sob influência grega e ainda estava em continuidade sob os Ptolomeus. Ptolomeu II mudou o nome de Amom para Filadélfia, que viria a tornar-se cidade-chave de Decápolis. O poder e a presença amonita continuaram, no mínimo, até a derrota de Judas Macabeu, no século II d.C. (1Mac 5.6). [DONALD H. WIMMER]

AMOQUE (heb. *'āmôq*) Um dos sacerdotes e chefes das famílias que voltaram do exílio com Zorobabel (Ne 12:7), ascendente de Eber, sacerdote nos dias do sumo sacerdote Joiaquim (v. 12,20).

AMOR Qualidade interior manifestada exteriormente como compromisso em buscar o bem-estar de outra pessoa por meio de atos de serviço concretos. O amor é um conceito bíblico central na definição do relacionamento entre Deus e o ser humano.

Várias palavras são usadas no AT para descrever os diversos aspectos de amor. A mais comum é a hebraica *'āhab̲* e suas derivadas, que caracterizam relacionamentos que vão do secular ao sagrado.

Relações humanas seculares. O amor abrange a ampla gama de relações entre os sexos (p. ex., Gn 29:18,20; Jz 16:4; 1Sm 18:20). A atração física e o amor sexual são forças interiores poderosas (Ct 8:6,7; Pv 5:19,20).

O amor é o vínculo entre pais e filhos (Gn 22:2; 44:20). O amor paterno/materno busca sempre o melhor para os filhos, o que pode incluir disciplina exercida por meios físicos (Pv 13:24; cf. 3:12)

O amor é o vínculo de dedicação e compromisso mútuos, expressos em íntima amizade, como a existente entre Jônatas e Davi (1Sm 18:1-4; 20:17; 2Sm 1:26) ou a dedicação de Rute, que buscou o bem-estar de Noemi além de todas as convenções culturais ou requisitos legais (Rt 4:15).

Relacionamentos divino-humanos. ***Torá.*** O livro de Deuteronômio resume a história salvífica da relação de Deus com Israel como expressão do amor de Yahweh oferecido gratuitamente. Yahweh escolheu Israel e o tirou do Egito por haver firmado um pacto com seus ancestrais, a quem amou (Dt 4:31-37). A narrativa do chamado, escolha, pacto e promessas feitas à família de Abraão, Isaque e Jacó (Gn 12-50) pode-se declarar ser a história do amor incondicional de Deus, concedido a Israel como ato espontâneo de graça.

Somente pela aceitação da integridade da revelação divina na história da salvação como ato de amor de Yahweh foi que puderam os israelitas ser levados a responder com sincero amor a Deus (Dt 6:4-6). Mas porque a condição do coração humano é de se afastar facilmente do compromisso com Yahweh (Dt 8:1-20) e de resistir teimosamente à vontade de Deus (10:16), o Senhor, em inesperado ato de graça, promete capacitar Israel a amar e a obedecer-lhe, mediante a circuncisão do coração de Israel (Dt 30:6). O amor de Israel, tal como o de Yahweh, é demonstrado por atos de amor, expressos em obediência à lei de Yahweh nas tarefas diárias da vida (Dt 6:7-9). A lei é a forma de Israel imitar o amor de Yahweh, como experimentou ao ser resgatado do Egito (p. ex., Dt 24:17,18).

Embora Deus tenha sido seletivo na escolha de Abraão e seus descendentes entre os povos do mundo (Dt 19:14,15), sua proteção e seu cuidado providencial se estendem aos de fora dessa sociedade, ou estrangeiros (v. 18; cf. Êx 23:9). O objetivo principal e definitivo de Deus em formar um povo Seu foi o de ser este uma bênção para os demais (Gn 12:2,3), e por meio do qual todas as nações devam ser

A B C D E F G H I J K L M N O P Q R S T U V X Y Z

ensinadas a respeito da vontade de Yahweh, objetivando a paz eterna (Is 2:2-4). Israel recebeu ordem de mostrar atos concretos de amor a seus inimigos e a não retaliar os que lhe fizessem mal (Pv 24:29).

Profetas. Os profetas, especialmente Oseias e Jeremias, retratam o amor de Yahweh por Israel em termos de imagens de família. Israel é o filho adotivo de Yahweh, em quem Yahweh colocou seu cuidado paternal resgatando-o do Egito e sustentando-o ao longo da jornada (Os 11:1-4). É também a esposa a quem Ele ama (Os 3:1).

Deus exige que os israelitas tenham um relacionamento com Ele caracterizado por "amor leal" ("lealdade" ou "fidelidade", heb. *ḥeseḏ*) e "conhecimento de Deus" (Os 4:1,2). Mas, para decepção de Yahweh, o amor de Israel é passageiro como a neblina da manhã (Os 6:4-6), tão mal orientado como a promiscuidade sexual com deuses cananeus no culto da fertilidade (3:1; 4:10-14; cf. Jr 2:20-25; 3:6-10).

Onde a restauração do relacionamento parece impossível, o amor de Deus transcende o amor humano. Deus é o Santo cuja compaixão restaura seu filho perdido (Os 11:8,9; cf. Jr 31:15-20), curando-o e capacitando-o a voltar a Ele (Os 14:1-8 [TM 2-9]; cf. Jr 3:21–4:1). Da mesma forma, traz de volta Sua esposa perdida e estabelece um casamento duradouro (Os 2:16-23 [TM 18-25]). Assim, Yahweh traz seu povo do exílio por causa do seu grande amor por ele (Is 43:4,5). Sua momentânea ira, ou juízo, desaparece ante Sua compaixão e amor eternos.

Evangelhos Sinópticos. No NT, o amor de Deus (gr. *agápē*) pelo ser humano é representado por meio de Cristo e tornado operante mediante o dom do Espírito Santo.

O amor de Deus é manifesto na obra de Jesus, que realiza atos de misericórdia, como a cura de doentes e aceitação dos rejeitados ao comer com publicanos e pecadores e perdoar seus pecados. Jesus apresenta Deus nas parábolas como aquele que oferece Seu amor, misericórdia e perdão como atos de graça imerecida (p. ex., Mt 18:23-35; Lc 15:11-32). Dos que recebem o compassivo perdão de Deus também se espera que tratem os outros com o mesmo amor.

O Grande Mandamento é o resumo da lei do AT, um duplo mandamento de amar a Deus e ao próximo (Mt 22:34-40 par., referindo-se a Dt 6:4; Lv 19:18). Na parábola do bom samaritano, Jesus define o próximo como aquele que mostra compaixão além dos limites da religião e da ética (Lc 10:29-37). O amor é fazer o bem até mesmo a quem não se ama, até ao inimigo (Lc 6:27-36).

Escritos joaninos. Nas obras atribuídas a João, o amor de Deus é claramente articulado. O amor de Deus pela humanidade é demonstrado ao mandar Seu Filho, Jesus, para morrer pelos pecados do mundo, para que os que nele creem possam ter vida eterna (Jo 1:29; 3:16; cf. 20:31). Os que pertencem ao Filho O amam e mostram seu amor obedecendo a seus mandamentos (14:15), resumidos como o mandamento de amar uns aos outros (15:12).

Em razão do grande ato de amor de Deus, os crentes devem amar uns aos outros (1Jo 4:10,11). Os que nasceram de Deus são capazes de amá-lo e guardar seus mandamentos pela fé (1Jo 5:1-5); porque o amor é uma característica essencial que define Deus. O amor que o crente mostra é "amor perfeito", o amor de Deus que atinge sua perfeição, ou meta, em amar uns aos outros (1Jo 4:17,18). O crente mostra o amor de Deus em atos concretos de serviço, que atendam à real necessidade humana, assim como Jesus mostrou o amor de Deus ao dar sua vida por ele (1Jo 3:16,17).

Cartas paulinas. Para Paulo, o amor começa com o "Deus de amor e paz" (2Co 13:11), cujo ato gracioso de reconciliação é revelado em Cristo. Nada na criação pode separar o reconciliado deste amor (Rm 8:35-39).

Segundo Paulo, "toda lei se resume numa só ordenança, a saber: "Amarás ao próximo como a ti mesmo" (Gl 5:14). A famosa descrição de Paulo do amor cristão em 1Coríntios 13 poderia ser também um retrato de Cristo.

A capacidade de amar vem somente de Deus. O Espírito Santo derrama o amor de Deus no coração do crente, produzindo amor como fruto principal do Espírito (Rm 5:5; Gl 5:22), o qual liberta o crente do poder do pecado, mediante a manifestação do amor de Cristo em sua vida (Rm 8:1-9).

Em resumo, o amor de Deus está em sua aceitação imerecida de todas as pessoas e é manifesto em atos concretos de providência e salvação. Por meio da fé em Cristo, o cristão é capacitado a amar com o amor de Deus, mediante a obra do Espírito Santo.

Bibliografia. V. P. Furnish, *The Love Command in the New Testament* (Nashville, 1972); W. Klassan, *Love Your Enemies: The Way to Peace*. OBT 15 (Philadelphia, 1984); A. Nygren, *Agape and Eros* (1953, repr. Chicago, 1982). [LAURIE J. BRAATEN]

AMORA/AMOREIRA (gr. *sykáminos*) (Lc 17:6), amiúde traduzido por "amoreira", é geralmente entendido como referência à árvore ou arbusto amoreira-preta (*Morus nigra* L.). O suco de amora foi usado para estimular os elefantes do exército de Antíoco V para a luta contra Judas Macabeu (1Mac 6.34; gr. *móron*). Sugerem alguns que o hebraico *bāḵā'* (2Sm 5:23,24; 1Cr 14:14,15) se refere a essa mesma planta, mas argumentam outros que o termo se refere ao choupo ou álamo. [RANDALL W. YOUNKER]

AMORREUS (heb. *'ĕmōrî*) Termo etnolinguístico usado para traduzir o sumério *mar-tu* e o acadiano *amurrû*. A designação é imprecisa, porque a palavra "amorreu" foi usada diferentemente em diferentes épocas e lugares. Embora usada mais cedo, a palavra apareceu pela primeira vez em destaque no tempo dos reis acadianos (2334-2154 a.C.), em referência a Jabel Bishri, na Síria, como a montanha do Amorreu. Não significa que seja esse seu berço ou único lugar de habitação: um século mais tarde, o sábio Gudea descreveria duas das tais "montanhas do Amorreu", Jabel Bishri e Jabel Hamrin, situadas no nordeste da Suméria. Nos antigos textos sírios de Ebla, datados do terceiro milênio a.C., há sinal dos amorreus e sua língua. Um lugar chamado *mar-tu* é mencionado, mas isso é tudo, e, portanto, pode-se concluir que os amorreus ingressaram na região algum tempo depois de 2400 a.C. Na época da terceira dinastia de Ur (2112-2004 a.C.), na Mesopotâmia, os amorreus aparecem pela primeira vez em números. Pessoas em atividade em uma grande variedade de tipos de comércio e ocupações foram identificadas como "amorreus" em textos administrativos, embora nem todas tivessem nomes amorreus. Por outro lado, nomes amorreus não são descritos como pertencentes a qualquer outro grupo étnico. A maioria dessas pessoas já se encontrava integrada na sociedade mesopotâmica. Outras fontes, incluindo cópias posteriores de cartas dos reis de Ur III, descrevem situação diversa: amorreus hostis na fronteira nordeste do império, o que ameaçava continuamente a estabilidade do Estado. Foram identificados mais precisamente como pertencentes ao clã Tidnum, e contra eles teve de ser construída uma linha de fortificações, que se estendia desde os rios Tigre e Eufrates em direção à região de Diyala. Durante o reinado do último dos soberanos de Ur III, esses amorreus, que se haviam expandido desde os vales das montanhas do leste, cobriam muito do norte da Suméria e constituíram fator decisivo na consequente queda do império. O sucessor do rei afirma que os que emergiram do tumulto foram governados por líderes amorreus, que não escondiam suas origens e frequentemente usavam os nomes de "chefe amorreu" ou "rei da tribo Amnanum" como parte de sua titulação. Por volta do século XIX a.C., as dinastias que governavam cidades da Mesopotâmia como Isim, Larsa, Uruk e Babilônia descendiam dos amorreus.

A situação era, porém, um pouco diferente na Síria e no norte da Mesopotâmia. Muito poucos nomes pessoais das fontes de Ur III são conhecidos; e boa quantidade deles está linguisticamente mais ligada à antiga língua eblaíta do que à dos amorreus. Na época de Zimrilim, rei de Mari (séc. XVI a.C.), todas as cidades e aldeias da costa do Mediterrâneo até os montes Zagros, abaixo do golfo Pérsico, estavam nas mãos de dinastias dos amorreus, fazendo fronteira com os hurritas, ao norte, e outro grupo linguístico, no que hoje é o Irã. Ninguém é designado especificamente pelo termo genérico amorreu, embora designações tribais mais específicas sejam bem atestadas. Além da população estabelecida, agora tem-se a evidência textual de uma população de amorreus nômade, presente em antigas fontes diferentes do povo estabelecido e designada por um termo amorreu específico, *hanâ*. Há bastante evidência da organização tribal dos amorreus, abrangendo tanto grupos estabelecidos quanto a população nômade. A estrutura tribal era mutável, não sendo possível transmitir informações de um período ou de um lugar para outro. Na Síria, durante o século XVI a.C., os vários clãs se agrupavam em dois grandes ramos: Yamina (Bene-Yamina) e Simal (Bene-Simal) — os "filhos da esquerda" (norte) e os "da direita" (sul). Os primeiros se agrupavam geralmente na região de Habur, enquanto os últimos se achavam estabelecidos na área em torno de Mari.

Uma de pelo menos três famílias de línguas semíticas usadas durante o segundo milênio a.C. era amorreu, classificada como semita ocidental, juntamente com variantes do acadiano e diferentes tipos de dialetos possivelmente relacionados a este, descendentes do eblaíta do terceiro milênio. Diferente das outras línguas, o amorreu não era escrito e os que o falavam escreviam exclusivamente em acadiano. É uma língua, portanto, conhecida a partir de nomes pessoais, de empréstimo do acadiano contemporâneo, bem como de alguns termos sobreviventes na linguagem literária babilônica posterior. É difícil traçar a história dos amorreus e sua língua a partir do século XVI a.C. As palavras *mar-tu* e *amurrû* continuaram a ser usadas de vários modos em textos, tendo existido um reino amurru na Síria ocidental, mas não ficando claro que conexão, se acaso existir alguma, teria esse reino com os amorreus dos tempos antigos.

Bibliografia. G. Buccellati, Amorites, *OEANE*, 1:107-11; R. M. Whiting, Amorite Tribes and Nations of Second-Millennium Western Asia, *CANE*, 2:1231-42. [PIOTR MICHALOWSKI]

AMÓS, LIVRO DE Compilação de discursos, ditos e relatos de visões atribuídos à carreira de uma figura profética do século VIII a.C. É o mais antigo dos textos do AT que contêm mensagens individuais de profetas, preservado como parte do Livro dos Doze Profetas Menores.

Amós, o profeta. Conforme a escassa informação existente no próprio livro, única fonte histórica disponível, o profeta Amós (heb. *'āmôs*) residiu no Reino do Sul, Judá, e profetizou no Reino do Norte, Israel, na metade do século VIII a.C. Amós é identificado como habitante de Tecoa, aldeia que ficava a 10 km ao sul de Jerusalém, fronteira com o deserto da Judeia. Amós 1:1 o descreve como *nōqēḏ* ("pastor"), enquanto em 7:14 ele mesmo se refere como *bôqēr* ("boieiro", "criador de gado") e "cultivador de sicômoros". Essa combinação de dons vocacionais sugere que Amós tanto poderia ser um trabalhador temporário de atividades variadas quanto, provavelmente, pessoa de algum recurso que possuía ovelhas, gado e terra suficiente para cultivar sicômoros como forragem para o gado. Embora se tenha envolvido conscientemente na tarefa de profetizar, ele nega explicitamente ter sido chamado para ser *nāḇî'* (7:14), profeta profissional sustentado por um lugar sagrado ou subsídio de natureza governamental. Empenha-se por mostrar que somente profetizou por coerção divina e sob circunstâncias extraordinárias (3:8; 7:15). Talvez o fato de a mensagem de Amós retratar as instituições religiosas de sua época como corruptas explique o motivo pelo qual um não profissional especialista da área, como ele, foi compelido a desempenhar o papel profético de intermediário religioso.

Contexto histórico. Amós 1:1 coloca sua atividade durante os reinados de Jeroboão II em Israel (786-746 a.C.) e Uzias em Judá (783-742 a.C.). Essas duas monarquias foram capazes de saber aproveitar um período de relativa fraqueza dos superpoderosos regionais Egito e Assíria para garantir estabilidade política e expansão territorial. O controle da rota do comércio intercontinental passando pela região da Transjordânia abastecia de prosperidade econômica e expansão o governo de Jeroboão. Escavações de Samaria, capital do reino de Jeroboão, revelam evidências arqueológicas de crescimento urbano da população e desenvolvimento de uma elite econômica, dotada de grandes casas, providas de itens luxuosos importados. O aceleramento da redistribuição da terra, recursos econômicos e autoridade obtida via consanguinidade sobre uma sociedade baseada no uso do solo, mediante uma burocracia centralizada, em um Estado em expansão, criaram certamente muito da revolta social que fornece o contexto para a mensagem de Amós. Amós é retratado como o porta-voz de Yahweh para aqueles que perderam seus direitos como resultado de rápida mudança social.

Amós 1:1 data a profecia "dois anos antes do terremoto". Sua mensagem emprega figuras de terremoto (8:8; 9:1,5,9) para descrever o juízo iminente de Yahweh sobre Israel. Um terremoto durante o reinado de Uzias foi, ao que parece, bastante severo para ser lembrado ainda três séculos mais tarde, em Zacarias 14:4,5. Evidências arqueológicas da cidade de Hazor, que ficava no norte de Israel, indicam forte terremoto ocorrido durante a metade do século VIII a.C. Amós usa também a figura de um eclipse solar (8:9) para descrever o julgamento divino. Dois eclipses solares podem ser datados dentro do suposto tempo de vida de Amós: em 784 e 763 a.C. Talvez sua mensagem deva a preservação à percepção de alguns de seus ouvintes, que haviam identificado conexão entre distúrbios cósmicos no céu e na terra e os distúrbios sociais em Israel no século VIII a.C.

Conteúdo. A abertura de 1:1 descreve o livro, de modo breve, como "Palavras de Amós [...] sobre o que viu a respeito de Israel", indicando a natureza visionária e reveladora da mensagem. Amós 1:2 funciona como tese para o livro inteiro. O brado irado de um enfurecido Yahweh de Seu trono universal em Jerusalém assinala desgraça e destruição para toda a ordem criada e demonstra a dimensão cósmica da ofensa social e moral de Israel.

Os capítulos 1 e 2 contêm um discurso unificado, composto de sete oráculos, altamente estilizados, de juízos contra Estados vizinhos de Israel, concluindo por Judá, seguido de um oitavo oráculo de julgamento voltado contra o próprio Israel. Cada oráculo inicia-se com a fórmula: "Assim diz o Senhor: Pelas três transgressões de [...], sim, e pela quarta, não retirarei o castigo...", seguido de descrição geral do pecado da nação e da declaração de punição. O efeito retórico dos primeiros sete oráculos é enfatizar o juízo contra o próprio Israel. Diferentemente das acusações gerais contra os seus vizinhos, os crimes de Israel são detalhados em uma lista de sete pecados, que constituem violação das tradições do pacto com Israel. Em uma inversão das tradições sagradas da eleição e salvação de Israel, características da mensagem de Amós, aqui a história da salvação de Israel não o isenta do juízo, mas, pelo contrário, intensifica sua punição, dados seu relacionamento e responsabilidade ímpares para com Yahweh (3:12).

Os capítulos 3 a 6 empregam uma variedade de dispositivos retóricos e formas de discurso para descrever o pecado de Israel e anunciar o julgamento de Yahweh. A versatilidade retórica dessa seção inclui o uso de enigmas (3:3-8; 6:12), parábola (3:12), insulto (4:1), sátira (4:4,5), doxologia (4:13; 5:8,9), lamento de funeral (5:1,2) e oráculos de angústia (5:18; 6:1; 6:4). A denúncia de Amós sobre Israel se baseia na ironia do crescimento da exploração social e econômica, por um lado, e a intensificação do grau de atividade religiosa, por outro. A prosperidade de Israel é descrita em referências a "casa de inverno", "casa de verão", "casas de marfim", "mansões" (3:15) e "casas de pedras lavradas" (5:11), onde o rico vive em ócio e autoindulgência (6:4-6), a expensas dos tributos dos pobres (4:1; 5:10-12). Suas incontáveis práticas religiosas são declaradas detestáveis a Yahweh (5:21-24), porque servem para isolar o rico do compromisso para com os pobres e para aliviar as exigências da consciência. Amós satiriza as observâncias religiosas de Israel como atividade que, na verdade, aumenta as suas transgressões (4:4,5). Embora os israelitas amem trazer sacrifícios, dízimos e ofertas voluntárias, seus abundantes atos religiosos não demonstram que hajam "voltado" para Yahweh (4:6,8-11). Derrota bélica (3:11) e exílio (5:27; 6:7) resumem o juízo que visitará Israel.

Os capítulos 7 a 9 contêm uma série de relatos de cinco visões do julgamento iminente de Israel. Nas duas primeiras visões (7:1-6), a profecia se mostra ameaçadora em presságios de juízo, primeiro com pragas de gafanhoto e depois com fogo. Após cada uma dessas visões, Amós intercede por Israel, e Yahweh suspende então a decisão de julgamento. A terceira visão, de uma linha de prumo (7:7-9), no entanto, é seguida por uma declaração de julgamento sem intercessão e sem revogação do castigo.

O relato das visões é interrompido em 7:10-17 pela narrativa do confronto de Amós com Amazias, sacerdote do santuário em Betel. O propósito dessa narrativa, que descreve a obstinação da instituição religiosa de Israel, é para explicar por que o anunciado juízo de Yahweh não será mais revogado. O anúncio do julgamento irrevogável é restabelecido na quarta visão (8:1-3), por meio de um jogo de palavras em hebraico. A visão de um cesto de frutos do verão (*qāyiṣ*) é interpretada significando que o fim (*qēṣ*) chegou para Israel.

Na quinta visão, Amós vê o Senhor junto ao altar do templo pronunciando a destruição total e completa do povo e da terra, em linguagem evocativa de um terremoto. A visão é seguida por um oráculo (9:2-4), que descreve o escopo de abrangência da destruição por Yahweh, e uma doxologia final (9:5,6), que afirma a justiça da divindade onipotente que executa tal julgamento.

A seção final do livro (9:7-15) suaviza os oráculos de juízo das seções anteriores, limitando a extensão da destruição de Israel. Amós 9:8 declara que o Senhor Deus não irá destruir "totalmente a casa de Jacó". Amós 9:9,10 usa da metáfora de uma peneira, pela qual os pecadores de Israel serão sacudidos como grãos, mediante julgamento, mas um remanescente permanecerá. A passagem mais esperançosa do livro é Amós 9:11-15, com sua promessa de um tempo de restauração e salvação para o povo de Israel, em alguma ocasião futura não determinada. Essa passagem final, no entanto, está em desacordo com a sentença do restante do livro, o que tem levado muitos a concluir haver sido adicionada posteriormente. Sugere a cosmologia do livro de Amós, porém, que, se o juízo divino é um corretivo para a injustiça total, então o resultado esperado há de ser o de uma harmonia restaurada, uma vez esteja cumprido o julgamento. A restauração prometida em Amós 9:11-15, qualquer que seja sua origem e por mais que pareça estar em contraste com o restante do livro, é, não obstante, compatível com a dimensão cósmica da mensagem de Amós.

Composição. Além de 9:11-15, outras passagens, tais como as três doxologias, referências a Judá e alguns dos oráculos contra as nações pagãs têm sido também questionados como adições posteriores a um conjunto de material original de Amós. Embora tenham sido propostas inúmeras reconstruções dos vários estratos literários de composição do livro, cada proposta é baseada em uma visão subjetiva de como a "antiga" forma do livro deveria ser. Estudos recentes têm procurado demonstrar como todo o conteúdo do livro pode ser entendido dentro do contexto histórico do profeta Amós no século VIII a.C., ou como trabalho coerente de um editor que viveu não muito depois da situação histórica de Amós. Aceite-se ou não todo o livro de Amós como produto do referido século, o livro em sua forma presente revela consistência de mensagem e coerência de pensamento nos diversos ditos e formas de discurso nele preservados. Os ecos da mensagem corrida do profeta Amós, de uma ordem criada estabelecida sobre o fundamento da justiça social, continuam a inspirar leitores e reformadores através dos tempos.

Bibliografia. F. I. Andersen e D.N. Freedman, *Amos*. AB 24A (Nova York, 1989); J. H. Hayes, *Amos, The Eigth-Century Prophet* (Nashville, 1988); S. M. Paul, *Amos. Herm* (Minneapolis, 1991); M. Polley, *Amos and Davidic Empire* (Oxford, 1989). [BARRY A. JONES]

AMOZ (heb. *'āmôṣ*) Pai do profeta Isaías (2Rs 19:2; Is 1:1). A tradição o considera irmão do rei Amazias e tio do rei Uzias, de Judá.

AMPLIATO (gr. *Ampliátos*) Membro da comunidade cristã de Roma, a quem Paulo afetuosamente chama "meu amado no Senhor" (Rm 16:8). Alguns manuscritos gregos leem Amplias.

AMULETO Talismã, objeto usado para proporcionar proteção sobrenatural contra enfermidades, acidentes, maldições, influências e espíritos maus e assegurar o bem-estar físico e material. Os amuletos eram feitos de pedras semipreciosas, joias, pérolas, metais preciosos e materiais perecíveis. Muitos deles traziam entalhados símbolos religiosos e de encantamento mágicos (cf. Zc 14:20; Ap 2:17). Estátuas de deuses e deusas em miniatura eram usadas também como amuletos (cf. Gn 35:4). Os amuletos foram difundidos por todo o antigo Oriente Médio, e inumeráveis exemplos foram descobertos: discos do sol, luas crescentes, estatuetas de Astarote etc. Isaías condena o uso de amuletos e parafernália mágica similar (Is 3:18-21; cf. Êx 2:3,4; Jz 8:21,26; 2Mac 12.40). [PAUL ANTHONY HARTOG]

ANA 1. (heb. *ḥannâ*) Mãe de Samuel (1Sm 1:20) e esposa de Elcana, efraimita de Ramataim (v. 1). Ana, primeira das duas esposas de Elcana, era estéril. Embora o marido a favorecesse — ele lhe oferecia porção dobrada, a cada ano, no sacrifício em Siló —, Penina, sua segunda esposa e mãe de seus filhos, tornava a vida de Ana infeliz, maltratando-a por não poder ter filhos, levando Ana a não comer (1Sm 1:6-8). Em certo ano, Ana se pôs diante do Senhor, em Siló, e fez um voto de que, se Deus lhe concedesse um filho, ela o dedicaria a Ele como nazireu (1:9-11). Enquanto orava, o sacerdote Eli pensou equivocadamente que estivesse embriagada, mas ela lhe assegurou de sua sobriedade e intenção piedosa (1:12-18). Ao retornar a família a Ramataim, Ana ficou grávida e deu à luz um filho, a quem chamou Samuel ("Eu o pedi ao Senhor", 1:19,20). Após Samuel estar desmamado, Ana voltou a Siló e, levando como sacrifício um touro de três anos, um efa de farinha e um odre de vinho, apresentou Samuel ao Senhor (1:21-28), entoando então um cântico de gratidão e louvor (2:1-10). Deixando Samuel, menino, com os sacerdotes em Siló (2:11), Ana foi para casa e, mais tarde, teve outros cinco filhos (três filhos e duas filhas, v. 21). A cada ano, porém, voltava a Siló e levava uma túnica a Samuel, que ali cresceu, ministrando com os sacerdotes (2:19,20).

A história de Ana contém diversos temas comuns na Bíblia: a mulher estéril (cf. Sara, Gn 11:30; Rebeca, Gn 25:21; Raquel, Gn 29:31; e a mulher de Manoá, Jz 13:2); a rivalidade entre as mulheres estéreis e férteis (p. ex., Sara/Agar, Gn 16:4; Raquel/Leia, 30:1-24), e a dedicação dos filhos a Deus, pelas mães antes estéreis, como nazireus (p. ex., o filho da mulher de Manoá, Jz 13). O que distingue o relato de Ana dos outros, todavia, é sua dimensão ritual. Somente Ana confronta o Senhor, faz um voto e, posteriormente, oferece sacrifício a Deus em cumprimento ao voto. A oração de Ana, além disso, é singular no Antigo Testamento. Raramente temos relatos de orações de mulheres nas Escrituras, e em nenhuma outra ocasião nos são dados tantos detalhes quanto ao conteúdo. O cântico de louvor de Ana (1Sm 2) é, muitas vezes, considerado secundário em relação ao relato do nascimento de Samuel; mas sua influência sobre o *Magnificat* de Maria (Lc 1:46-55) tem sido amplamente reconhecida.

Estudos recentes da história de Ana a ressaltam como "vítima e redentora" (Lillian Klein), e seu sacrifício, como exemplo de religião na mulher (Carol Meyers).

Bibliografia. L. R. Klein, Hannah: Marginalized Victim and Social Redeemer, in *A Feminist Companion to Samuel and Kings*, ed. A. Brenner (Sheffield, 1994), 77-92; C. Meyers, The Hannah Narrative in Feminist Perspective, in *Go to the Land I Will Show You*, ed. J. E. Colesin e V. H. Mattews (Winona Lake, 1996), 117-26. [LINDA S. SCHEARING]

2. (gr. *Hánna*) **1.** Esposa de Tobias e mãe de seu filho do mesmo nome (Tb 1.9,20). Exemplifica a boa esposa e mãe zelosa.

3. Viúva de idade avançada da tribo de Aser, que devotadamente cultuava a Deus diariamente no templo e lá estava no dia da apresentação do menino Jesus (Lc 2:36-38). Tal como Simeão, reconheceu o Messias e proclamou a redenção a todos em Jerusalém. É a única mulher no Novo Testamento a quem é dado o título de profetisa.

4. Mãe de Maria e avó de Jesus, segundo escritos apócrifos do Novo Testamento, especialmente o protoevangelho de Tiago. Conforme rezam esses textos, Ana era estéril e recebeu as novas de sua criança de mensageiros angelicais. Prometeu dedicar a criança a Deus e levou Maria ao templo quando tinha três anos de idade. [JO ANN H. SEELY]

ANÃ (heb. *'ānān*) Um dos chefes de tribo que selaram a renovação do pacto sob Neemias (Ne 10:26).

ANAARATE (heb. *'ănāḥărāṯ*) Cidade no vale de Jezreel destinada à tribo de Issacar (Js 19:19). Listada entre as cidades capturadas por Tutmés III, foi identificada como Tell el-Mukharkhash/Tell Rekhesh, a 7 km a sudoeste do monte Tabor.

ANABE (heb. *'ănaḇ*) Uma das cidades da região montanhosa de Judá, onde Josué derrotou os anaqueus (Js 11:21; 15:50). Foi identificada como *Khirbet 'Anâb ej-Ṣeghîreh*, a cerca de 5 km a oeste de Debir.

ANAÍAS (heb. *'ănāyâ*) **1.** Um dos seis homens (provavelmente sacerdotes) que permaneceram à direita de Esdras enquanto este lia para o povo o livro da Lei (Ne 8:4).

2. Chefe de tribo que selou em favor de seu povo a renovação do pacto sob Neemias (Ne 10:22 [TM 23]). Ele pode ser o mesmo que o referido acima.

ANAMELEQUE (heb. *ʿănammelek̲*) Deidade sefarvita à qual eram oferecidas crianças em sacrifício (2Rs 17:31). A identificação é incerta, possivelmente a divindade mesopotâmica Anu ou a síria Anate.

ANAMIM (heb. *ʿănāmîm*) Filho de Mizraim (Gn 10:13; 1Cr 1:11), cujos descendentes são considerados, variantemente, como sendo quenemeus (do oásis de Knmt, no oeste do Egito), cireneus ou habitantes do delta do Nilo.

ANANI (heb. *ʿănānî*) Um dos sete filhos de Elioenai, um descendente pós-exílico de Davi (1Cr 3:24).

ANANIAS (heb. *ʿănanyâ*) **I. (LUGAR)** Cidade recolonizada pelos benjamitas depois do exílio (Ne 11:32), talvez el-Azarieh (a bíblica Betânia), situada a cerca de 3 km a leste de Jerusalém.

II. (PESSOA) (heb. *ʿănanyâ*) **1.** Pai de Maaseias, cujo filho Azarias participou da reconstrução dos muros de Jerusalém (Ne 3:23).

2. (gr. *Hananías*) Membro da comunidade cristã primitiva em Jerusalém, marido de Safira (At 5:1-10). Ele e a esposa retiveram os lucros da venda de sua terra, doando à comunidade somente uma parte. Pedro interpretou isso como uma mentira à liderança apostólica, ao Espírito Santo e a Deus. Em consequência, tanto Ananias como Safira morreram, aparentemente como ato do juízo de Deus. A natureza exata de seu pecado não é clara (p. ex., o texto não diz se afirmaram explicitamente ter doado todo o lucro da venda). A confirmação em 1Coríntios 5:1-8 de que pronunciamentos graves eram feitos ocasionalmente contra membros altamente pecadores das comunidades cristãs permite aventar a possibilidade de que a história de Ananias e Safira haja se enraizado nas tradições da comunidade primitiva de Jerusalém, contendo um cerne histórico.

3. Discípulo em Damasco que desempenhou destacado papel na conversão de Saulo/Paulo (At 9:10-18; 22:12-16). Ananias recebe ordem divina de ir a Saulo, cego em Damasco, e impor as mãos sobre ele de modo que receba a visão de volta. Ananias contesta, dada a reputação de Saulo como um perseguidor da igreja, mas, pelo relato do chamado de Ananias, sabe-se que Saulo deverá ser o instrumento para levar o nome de Deus tanto aos judeus como aos gentios (At 9:15). A narrativa de Paulo desse evento, em seu discurso em Atos 22, complementa essencialmente a de Atos 9. Parece improvável que Lucas tenha inventando esse personagem, dada a associação negativa do nome com outros personagens em Atos.

4. Vigésimo primeiro sumo sacerdote judeu nomeado pelo rei Herodes Agripa II e que atuou de cerca de 47 a 58 d.C. Foi morto no ano 66 por rebeldes judeus pró-Roma. Ananias aparece em Atos como o sumo sacerdote perante o qual Paulo é levado (At 23:2-5) e que supervisiona pessoalmente a acusação contra o apóstolo ante o governador romano Félix (24:1).

Bibliografia. G. Lüdemann, *Early Christianity According to the Traditions in Acts* (Minneapolis, 1989). [J. BRADLEY CHANCE - N.os 2-4]

ANAQUE (heb. *ʿănāq*) O filho de Arba e ancestral de Aimã, Sesai e Talmai (Nm 13:22; Js 15:13-14; 21:11; Jz 1:20). O nome também é tomado como designação tribal equivalente a Anaquim, vista como os descendentes de Anaque.

ANAQUINS (heb. *ʿănāqîm*) Descendentes de Anaque (Nm 13:22) que viveram na parte sul de Canaã, especialmente na cidade de Hebrom. O nome original de Hebrom era Quiriate-Arba, nomeada depois de seu fundador Arba, o antepassado de Anaque (Js 15:13) e o maior dos Anaquins (14:15).

Descendentes dos Nefilins (Nm 13:32-33), os Anaquins eram um povo alto (cf. heb. *ʿănāq*, "pescoço longo" ou "gigante"), aos quais foram comparados os Refains em Amom (os amonitas chamavam os Refains de Zanzumins; Dt 2:20-21) e aos Emins em Moabe (v. 10). Anaquim pode ser um termo genérico usado no AT para descrever a altura imponente dos habitantes originais de Canaã, e não um nome próprio para uma nação ou tribo em particular (cf. Am 2:9). Quando Moisés enviou os 12 espias para explorar a terra de Canaã, 10 deles trouxeram de volta um relatório pessimista, declarando que estavam impressionados pelo tamanho dos habitantes de Canaã (Nm 13:32-33).

A despeito de seu tamanho, os Anaquins foram conquistados por Josué e retirados da terra. Somente um pequeno remanescente sobreviveu, encontrando refúgio nas cidades filisteias de Gaza, Gate e Asdode (Js 11:21-22). Quando Calebe conquistou Hebrom, a fortaleza dos Anaquins, ele expulsou três clãs: Aimã, Sesai, e Talmai (Nm 13:22; Js 15:14). [CLAUDE F. MARIOTTINI]

ANÁS (gr. *Hánnas*) Sumo sacerdote nomeado por Quirinus, o governador da Síria, que serviu de 6-15 d.C. (Josefo *Ant.* 18.2.1-2 [26-27]). Cinco de seus filhos e seu genro Caifás se tornaram sumo sacerdotes. Apesar da prisão, julgamento, e execução de Jesus terem ocorrido durante o sacerdócio de Caifás, Anás é designado como sumo sacerdote em Lucas 3:2 (juntamente a Caifás); Atos 4:6 (sem Caifás). Em João 18:13-14, Caifás é claramente identificado como o sumo sacerdote no poder; entretanto, o registro sugere que Anás é o sumo sacerdote quem primeiro interrogou a Jesus. Essas referências a Anás como sumo sacerdote refletem o poder e a influência que os sumos sacerdotes continuaram a exercer, mesmo depois de sua deposição (b. Pesah. 57a). O desejo do quarto evangelista de focar o papel dos romanos na prisão e julgamento de Jesus pode responder pelo registro mais longo da inquirição de Anás (Jo 18:19-24) e o apressado tratamento do interrogatório de Caifás (v. 24, 28). [EMILY CHENEY]

ANATE (heb. *'ănāṯ*) **I. (DEIDADE)** Deusa da guerra Noroeste Semítica. Anate é retratada claramente em textos Ugaríticos usando o arco e a espada tanto contra inimigos humanos como sobrenaturais. Ela é até mesmo descrita como alegremente passando pelo sangue de guerreiros mortos. Os eruditos concordam que ela desempenhou um papel incentivador na busca de sua irmã Baal por um palácio e o reino, que uma residência real implica. A visão unânime de que Anate é retratada em Ugarítico como "deusa da fertilidade" sexualmente ativa e como cônjuge de sua irmã Baal tem sido desafiada. Os desafiadores dizem que nenhum texto se refere claramente a Anate tendo relações sexuais ou parindo filhos, e refutam a noção de que todas as divindades femininas são sexualmente ativas e deusas fertilmente reprodutoras.

Anate, a deusa, em nenhum lugar é claramente mencionada no AT, embora seu nome possa aparecer como um componente do nome próprio Shamgar ben Anath (ex., Jz 3:31) e o nome do lugar Beth-anath (Js 19:38; Jz 1:33). Sobre as bases de emendas conjeturais, foram feitas propostas para ler a referência à deusa em Êxodo 32:18; Oseias 14:8 (TM 9). Vários eruditos sugeriram que "Rainha dos Céus" em Jeremias 7:18; 44:17 é Anate, e alguém entendeu Jó 31:1 como referência à Anate, pelo seu equivalente hebraico do epíteto Ugarítico *btlt* ("virgem"). Alusões a Anate foram propostas por Juízes 5 e Cantares 7. A descoberta de um templo a Anate em Beth-Shan sugerem aquela menção em 1 Samuel 31:10.

Bibliografia. P.L. Day, "Anat", *DDD*, 36-43; N.H. Walls, *The Goddess Anat in Ugaritic Myth*, SBLDS 135 (Atlanta, 1992). [PEGGY L. DAY]

II. (PESSOA) Pai do juiz Sangar (Jz 3:31; 5:6).

ANÁTEMA O recipiente ou objeto de maldição. Gr. *anáthema* e seu verbo cognato *anathematízō* ("colocar sob uma maldição") são usados na LXX para traduzir palavras da raiz hebraica *ḥrm*, que identificava objetos completamente devotados a Deus, notavelmente, as cidades canaanitas que estavam sob a interdição israelita. Várias vezes no NT essas palavras se referem a um juramento (Mc 14:71; At 23:12, 14, 21).

Nos escritos de Paulo *anáthema* significa "maldição". Deus é normalmente o sujeito implícito da maldição, fazendo com que o termo seja sinônimo de anátema (Rm 9:3; 1Co 16:22; Gl 1:8, 9). Paulo usa outra linguagem de maldição para aqueles que buscam ser justificados pela Lei (Gl 3:10, 13), e ele nota que ninguém que fala pelo Espírito (isto é, expressões carismáticas) pode dizer "Jesus é anátema", o oposto da qual é a confissão "Jesus é o Senhor" (1Co 12:3). [GARY S. SHOGREN]

ANATÓLIA *Ver* ÁSIA MENOR.

ANATÓLIA — GRUPOS RELIGIOSOS A vida religiosa de Anatólia reflete diversas influências culturais durante o curso de milhares de anos. Tão cedo quanto o sétimo milênio a.C. cabeças de touros e a deusa Mãe apareciam proeminentemente em santuários domésticos em Çatal Höyük. Tabletes do terceiro milênio dão origem ao registro histórico e mostram interações entre velhas colônias mercantis assírias e governadores locais de Anatólia. A civilização hitita subsequente dominou a maior parte da península por 2 milênios. Os hititas deixaram grandes rochas de escultura de suas divindades, incluindo uma galeria de 63 deidades no santuário de rocha natural em Yazilikaya, que era seu santuário nacional. Ele ficava perto de sua capital (Hattusa/Boghazkoy) a Leste de Ankara.

No meio do primeiro milênio, reinos menores dominaram territórios dentro da península. No imenso leste, a cultura Urartian floresceu (c. 900-600). O efêmero império Frígio surgiu no Oeste, seguido pelo Império Lídio, localizado em Sardes. A cultura lídia, que mostra mais afinidade com a cultura grega, estava em seu apogeu sob a dinastia Mermnad (c. 700-550) antes de ceder o lugar ao Império Persa Acamenita. A dominação persa em Anatólia (546-334) deixou seu legado na adoração de deidades como o deus da lua Mên e a deusa Anaietis (anahita), bem como em grupos religiosos que perduraram bem até a era cristã. Uma família persa manteve o importante sacerdócio de Ártemis, em Éfesos, até o século IV d.C. E mais, os habitantes da Lícia, Psídia, Panfília, Caria, Licaônia, Cilícia, e Capadócia, cada um, representa culturas distintas em seus respectivos territórios étnicos.

Na era helênica, a presença de colônias gregas e suas divindades expandiram-se da Ásia Menor Ocidental até o interior de Anatólia. A adoração de divindades tais como Zeus, Apolo, Leto, e Ártemis, contudo, também reflete a aplicação de nomes gregos às deidades anatolianas tradicionais como Apolo Lairbenos. As religiões grega e anatoliana deveriam ser vistas como entidades sobrepostas que se influenciaram mutuamente.

Colônias judaicas dentro da Ásia Menor eram conhecidas tão cedo quanto o século III a.C., quando Antiocus III recolonizou 2000 famílias judaicas da Babilônia para Lídia e Frigia. Uma grande sinagoga em Sardes testemunha da proeminência delas lá, e permanecem evidências de sua importância em outros lugares. Estudiosos diferem sobre o significado de inscrições, *Theos Hypsistos* (Supremo Deus), indicando uma influência judaica em Anatólia.

Os gálatas cruzaram a Europa em direção a Anatólia em 278 a.C. como uma multidão migratória de milhares de saqueadores celtas. Eles mantiveram sua organização tribal e foram uma presença dominante dentro de Anatólia, mesmo depois de serem controlados por Átalo I de Pérgamo. Os gálatas adotaram muitas práticas religiosas dos territórios que ocuparam e, dessa forma, acharam seu caminho para posições maiores no templo-estado de Pessinus.

Sob a dominação romana o processo de helenização se expandiu, o culto imperial romano tornou-se outra grande característica da vida religiosa de Anatólia. Os imperadores eram incorporados no modelo de divindades monárquicas. A adoração de imperadores contribuiu para santuários impressivos naquela região e para um estilo romano de atividade religiosa pública, incluindo jogos, banquetes, e distribuições de comida.

A adoração da Mãe dos Deuses (*Meter Theon*) era uma característica consistente da religião de Anatólia. Seus retratos helenizados posteriores, localizam-se entre dois leões, trazendo notável similaridade iconográfica com a deusa terracota entre dois felinos, descobertos em Çatal Höyük. Em fontes modernas, ela é, frequentemente chamada de Cybele, e um dos seus nomes primitivos era Kubaba. Na era greco-romana, em adição a *Meter-Theon*, ela era conhecida como Agdistis ou por um nome de um lugar local. Usualmente ela era designada pelo nome de uma montanha local, tal como Meter Dindymene para o Monte Dindymus contemplando seu templo-estado em Pessinus. A Meter Sipylene era também uma grande estátua esculpida no Monte Sipylus, provavelmente, durante a era hitita. Estátuas similares esculpidas em grandes rochas sobreviveram dos frígios. A Mãe dos Deuses era servida por funcionários autocastrados chamados *galli*. Seu companheiro masculino, também castrado, era Attis, e o sacerdote-rei de seu templo era chamado de Attis. Na Capadócia, na Anatólia oriental, a Mãe dos Deuses cedeu lugar à deusa Mâ (Bellona).

Formas de organização de culto e adoração refletem uma variedade de influências, incluindo formas gregas e romanas. Vários aspectos caracterizam o etos distintivo da religião de Anatólia, inclusive templos-estados, governados por sacerdotes-reis, e habitados por escravos sagrados (*hierodouloi*). Em adição a Pessinus, estavam os grandes templos-estados de Mâ, Anaeitis, o Venazian Zeus, Mên, e outros. Templos-estados funcionaram, frequentemente, como centros comerciais nas rotas de comércio e tinham grandes propriedades de terra.

Muitos anatolianos entenderam suas deidades como símbolos de monarquias poderosas, que administravam justiça em todos os níveis da vida comunitária. Inscrições de fé da Frigia e Lídia narram as experiências de punição dos ofensores por essas divindades "que impõe a força". Tendo sido punidos pela divindade, eles escreveram uma estela para confessar e comemorar os poderes da divindade como uma forma de compensação. Maldições copiosas invocam a punição divina sobre ofensores em potencial, especialmente como proteção para sepulturas e lápides. Vítimas também colocavam maldições escritas, em templos, para pleitear seu caso e para invocar ações divinas contra criminosos. Anjos e Potestades também tinham um papel nesse sistema judicial divino. Essa característica "judicial" é vista, distintivamente, nos nomes de tais divindades anatolianas como o par divino do Santo e do Justo (Hosios e Dikaios), retratados com balanças e cetro, e a deusa Dikaiosyne.

O culto anatoliano incluía formas entusiásticas associadas com a possessão divina. Os *galli* da Mãe dos Deuses eram conhecidos pela possessão frenética da deusa, em seu ato de autocastração e subsequentes realizações sangrentas de autopunição; contudo, formas de culto orgíacos não eram restringidas a eles. Na era cristã, tais formas extáticas também são refletidas no movimento montanista.

O contexto anatoliano é importante para os escritos do NT, incluindo Atos, Gálatas, Colossenses, 1Pedro, e Apocalipse; e outros escritos cristãos Martírio de Policarpo, e os Pais Capadócios.

Bibliografia. E. Akurgal, *Ancient Civilizations and Ruins of Turkey*, 4º ed. (Istanbul, 1978); S Mitchell, *Anatolia: Land, Men, and Gods in Asia Minor*, 2 vols. (Oxford, 1993); S.R.F. Price, *Rituals and Power: The Roman Imperial Cult in Asia Minor* (Cambridge, 1984); L. Robert, *Opera Minora Selecta*, 5 vols. (Amsterdam, 1969-1989). [SUSAN (ELLI) ELLIOTT]

ANATOTE (heb. *ʿănāṯôṯ*) Cidade levítica no território de Benjamim. Abiatar, sacerdote de Davi, tinha alguns campos lá e foi banido para a cidade por Salomão (1Rs 2:26-27). Dois dos guerreiros de elite de Davi, Abiezer (2Sm 23:29) e Jeú (1Cr 12:3), eram de Anatote. O profeta Jeremias veio de Anatote (Jr 1:1; 29:27) e tinha um campo lá (32:7-9); ironicamente, as oposições mais violentas a Jeremias vieram de Anatote (11:21-23). Depois do exílio babilônico, pessoas dessa cidade estavam entre os primeiros que voltaram para Judá (Ed 2:23).

A localização de Anatote não foi identificada conclusivamente. Dois lugares são sugeridos, um perto da Anata moderna (5 km a nordeste de Jerusalém) e a outra imediatamente ao sul de Anata em Râs el-Kharrûbeh. Pesquisas neste último lugar acharam pequenas quantidades de fragmentos de ferro direto dos períodos romanos. Alguns estudiosos creem que o lugar mudou de Râs el-Kharrûbeh, durante a Era do Ferro para Anata, durante os períodos helenista e romano. Recentemente, Khirbet Deir es-Sidd tem sido sugerida como a terceira alternativa; pesquisas no lugar indicam uma colônia durante o fim do século VII e o início do século VI a.C.

Bibliografia. Y. Nadelman, "The Identification of Anathoth and the Soundings at Khirbet es-Sidd", *IEJ* 44 (1994): 62-74. [SCOTT M. LANGSTON]

ANCESTRAL Fundador de uma família ou povo. Os descendentes se consideravam como expressões de ancestrais imediatos ou distantes, e os ancestrais eram considerados presentes nas instituições e tradições familiares. O termo usado para "ancestral" (heb. *ʾāḇ*) é a palavra para "pai", traduzida por "patriarca" em algumas passagens ou versões.

Israel participou em sua salvação e chamado por meio da ação graciosa de Deus para com Abraão, Isaque, e Jacó. Yahweh era "*Deus de vossos pais*" (Dt 1:11), e por meio deles, a Israel foi prometida uma terra (1:8; Gn 28:13), muitos descendentes (Dt 13:17), e uma bênção (Gn 12:3). Por causa de seu pacto de juramento com os ancestrais, Yahweh libertou o povo do Egito (Dt 7:8; Êx 2:24-25; 6:2-9) e continuaria a ser misericordioso para com eles (Dt 4:31). Contudo, cumprimento continuado das promessas baseava-se na obediência de Israel para com o pacto sinaítico (Dt 29:1 [28:69]-30:20). O profeta exílico apelou aos ancestrais para inspirar esperança pela libertação futura de Deus (Is 51:1-3).

O NT afirma que a história da salvação, culminando com o ato de Deus em Cristo, teve início nas promessas e eleição dos ancestrais (Lc 1:46-55; At 13:15-41; Rm 9; Gl 3:15-16). Paulo diz que pela misteriosa misericórdia de Deus, a eleição de Israel por meio dos ancestrais não seria revogada (Rm 11:11-35).

Bibliografia. C. Barth, "God Chose The Fathers of Israel", em *God with Us* (Grand Rapids, 1991), 38-55; C. Westermann, *The Promises to the Fathers: Studies in the Patriarchal Narratives* (Philadelphia, 1980). [LAURIE J. BRAATEN]

ANCIÃO Homem de autoridade, originalmente homem velho na família patriarcal e na estrutura social. Os anciãos de Israel (heb. *zāqēn*) são mencionados tão cedo quanto Êxodo 3:16, 18, e grupos chamados "anciãos" servem a muitas funções em vários contextos em todo o Antigo Testamento. Os anciãos, algumas vezes, representam todo o povo ou cidades individuais (p. ex., Êx 19:7-8; 24:1, 9; Dt 21:1-9; Jz 11:4-11); algumas vezes, servem como autoridades governantes (p. ex., Js 20:4; 2Rs 10:1, 5; Ed 6:7-8), outras vezes, como juízes (p. ex., Dt 21:18-21; Rt 4:1-12; 1Rs 21:8-14), e ainda outras vezes, como conselheiros (p. ex., 2Sm 17:4, 15; 1Rs 20:7-8). A instituição continuou em tempos posteriores, com concílios de anciãos (gr. *presbýteros*) servindo tanto a funções administrativas como judiciais em comunidades judaicas locais, como também representando a comunidade para autoridades estrangeiras (p. ex., Jdt. 7.23; 11.14; 1Mc 12.35; Mc 11:27; 15:1; At 4:5-8; 24:1). O concílio mais alto foi o Sinédrio em Jerusalém. Algumas comunidades cristãs primitivas adaptaram essa instituição ao seu próprio governo. 2João 1 e 3João são as únicas vezes em que um indivíduo é designado "o ancião", sem nenhuma menção de um corpo de anciãos. A posição exata, que está sendo reivindicada, é, portanto, incerta, mas evidentemente "ancião" era de tal estatura que poderia ser identificado somente por esse título. *Ver* PRESBÍTERO, PRESBITÉRIO. [DAVID RENSBERGER]

ANCIÃO DE DIAS Aram. *ʿattîq yômîn* aparece na "visão do trono" de Daniel 7:9-14, depois do surgimento inicial das quatro grandes bestas que emergiam do mar (cf. 7:22). Tal termo em referência a Deus, presumivelmente o referente aqui, é sem precedente nos textos hebraicos, embora associações com "Pai Eterno" em Isaías 9:6b são sugeridas. A fonte mais provável da visão é um mito canaanita, desde que El, o cabeça do panteão celestial, é referido como *ʿabu šanima* ("pai de anos") e, frequentemente, retratado sobre um trono com criados celestiais (cf. Is 6). A associação de El com duração de tempo geralmente ("barba envelhecida") é também notável na mitologia canaanita. O contexto da frase, ocorrendo em proximidade a "um como um Filho do Homem", que é claramente extraída da imagem de Baal, favorece essa associação.

Bibliografia. M. Pope, El in the Ugaritic Texts. *VT-Sup* 2 (Leiden, 1955). [DANIEL L. SMITH-CHRISTOPHER]

ANDORINHA Qualquer quantidade de pássaros pequenos da família Hirundinidae, de asas compridas e pontiagudas, cabeça redonda e pernas e pés pequenos. Elas são conhecidas por seu voo gracioso. Embora seja incerto quais espécies são designadas pelo hebraico *dĕrôr*, parece ser provável a andorinha. O instinto de nidificação dos pássaros é usado para retratar o desejo do adorador de descansar no templo e na presença de Deus (Sl 84:3 [TM 4]) e seu incessante voar de um lugar para outro ilustra uma maldição imerecida (Pv 26:2; LXX "pardal"). A evidência permanece inconclusiva quanto a que pássaro se refere o hebraico *sîs* em Isaías 38:14 (LXX "andorinha"); Jeremias 8:7. [T. J. Jenney]

ANDRÉ (gr. *Andréas*) Um dos 12 apóstolos, sempre entre os quatro primeiros tão mencionados (Mt 10:2; Mc 3:18; Lc 6:14; cf. At 1:13). André é irmão de Simão Pedro (Mt 4:18; Mc 1:16; Lc 6:14; Jo 1:40), e filho de João (Mt 16:17; Jo 1:42).

Os primeiros dois evangelhos identificam André e Pedro como pescadores, que comercializavam na região do mar da Galileia (Mt 4:18; Mc 1:16), e ambos relatam que André viveu com Pedro e sua família em Cafarnaum (Mc 1:29). André é um dos quatro apóstolos que questionaram Jesus sobre a destruição do templo e que receberam instrução especial (Mc 13), e mais tarde ele estará presente em Jerusalém, com os outros apóstolos, aguardando a promessa do Espírito (At 1:12-14).

O evangelho de João descreve André como um dos discípulos de João Batista que, depois de ouvir João proclamar que Jesus "é o cordeiro de Deus", diz para Pedro que Jesus "é o Messias" e o traz a Jesus (Jo 1:35-42). Um dos quatro discípulos de Jesus que eram de Betsaida (Jo 1:43-51), André é um dos que dirigem a atenção de Jesus para o garoto com pães e peixes (6:8) e quem, com Filipe, informa a Jesus que um grupo de gregos deseja vê-lo (12:20-22).

André aparece em muitos atos apócrifos (ex. Atos de André). De acordo com a tradição, ele pregou em Cítia e foi crucificado na Acaia. O santo padroeiro na Escócia e Rússia, seu dia de festa é 30 de novembro.

Bibliografia. K.R. Brooks, ed., *Andreas, and the Fates of the Apostles* (Oxford, 1961); P.M. Peterson, *Andrew, Brother of Simon Peter*. NovTSup 1 (Leiden, 1958). [JEFFREY T. TUCKER]

ANDRÉ, ATOS DE Um dos vários livros apócrifos (por volta da metade do século II) dos atos de vários apóstolos individuais. É primeiramente mencionado por Eusébio (HE 3.25.26), que o considerava herético. Nenhum manuscrito completo sobreviveu, mas ele pôde ser reunido em grande parte e o *Liber de Miraculis* (do século VI) de Gregório de Tours contém um vasto sumário. Originalmente escrito em grego, as partes e os fragmentos que ainda existem estão nessa língua, Latim, Cóptico, e Armênio. Nenhuma fonte discernível ou tradição histórica autêntica estão por trás do texto. Ele parece ser uma criação inteiramente fictícia para a inspiração, edificação, e entretenimento da sua audiência do século II. O valor do livro está em sua consideração do pensamento de uma linha de cristianismo daquele tempo.

A história nos diz como, depois da ascensão de Jesus, o apóstolo André, irmão de Pedro, embarca em uma viagem missionária pela Ásia Menor e Macedônia. Ele realiza milagres, curas, exorciza demônios e ressuscita os mortos. Ele encontra problemas em Patrae, quando ele cura e, subsequentemente, converte Maximilla, esposa do procônsul Egeates, e também converte o irmão do procônsul, chamado Stratocles. Maximilla, então, escolhe uma vida de celibato, para o horror de seu marido. Egeates se vinga ao ter André crucificado. André prega da cruz por três dias, exortando sua audiência ao celibato e ao desprezo pelas coisas desse mundo. Egeates, finalmente, decide libertar André, mas ele recusa. Ele condena Egeates e, então, morre. Mais tarde, Egeates comete suicídio.

O livro *Os Atos de André* mostra notavelmente pouca teologia cristã e diz pouco sobre Cristo. Embora alguns estudiosos tenham visto afinidades com o gnosticismo, neoplatonismo ou estoicismo, a obra não mostra nenhuma posição filosófica consistente.

Bibliografia. J.-M. Prieur e W. Schneemelcher, "The Acts of Anfrew", in *New Testament Apocrypha*, ed. E. Hennecke-W. Schneemelcher, ed. rev. (Louisville, 1991), 2:101-151. [J. CHRISTIAN WILSON]

ANDRÔNICO (gr. *Andrónikos*) **1.** Deputado sob Antíoco IV Epifânio (2Mac 4.31-38). De acordo com 2º Macabeus, ele foi subornado por Menelaus e, subsequentemente, encorajado a matar Onias, em retaliação à exposição do crime; por causa disso Antíoco ordenou sua execução. Outras fontes indicam que Antíoco IV o matou para encobrir o assassinato de Andronicus de Antíoco, filho de Seleuco IV (Diodorus Siculus *Hist.* 30.7.2-3).

2. Comandante da guarnição em Gerizim, sob Antíoco IV Epifânio (2Mac 5.23; cf. v. 22, "governador").

3. Cristão judeu, talvez originalmente da comunidade judaica em Tarsus, e companheiro de prisão de Paulo. Daqueles a quem o apóstolo envia suas cartas de agradecimento, Andrônico e Júnias são chamados de "*se destacam entre os apóstolos*" (Rm 16:7).

ANEL Anéis descritos na Bíblia são, na maioria das vezes, de ouro ou bronze, embora os encontrados no registro arqueológico sejam também de prata, ferro, cobre e osso. Em uma mulher, os anéis eram usados nos dedos, nariz (Gn 24:22) e orelhas para enfeites. Para um homem, eles estavam ligados à identidade ou autoridade e geralmente tomavam a forma de anéis-selo (Gn 41:41, 42); cf. a irrevogabilidade de um decreto selado com o anel-selo (Et 8:8). Anéis eram considerados itens de luxo (Is 3:21) e representavam *status* (Tg 2:2). Eles estavam entre os bens coletados por Arão para fazer os bezerros de ouro no Sinai (Êx 32:2-4).

Anéis estavam associados ao sagrado. Além de ser parte da adoração a outros deuses (Gn 35:4) e da adoração incorreta de Yahweh (Êx 32:4), anéis fizeram parte da armação (26:24), da mesa, do altar (25:26-27) do tabernáculo. Anéis de ouro foram usados para prender o colete sacerdotal ao seu peitoral (Êx 28:26-28).

Anéis foram também dispositivos funcionais. Anéis de prata prendiam as cortinas do palácio do rei persa (Et 1:6), e traves podiam ser inseridas em anéis presos aos lados da arca da aliança para possibilitar seu transporte (Êx 25:12). Anéis foram usados simbolicamente como metáfora para beleza (Pv 11:22), valor (25:12) e povo poderoso (Jr 22:24; Ag 2:23). [KATHARINE A. MACKAY]

ANÉM (heb. *ʿānēm*) (tb. EM-GANIM) Cidade levítica no território tribal em Issacar, dada aos gersonitas (1Cr 6:73 [TM 58]).Em Josué 19:21; 21:29, é chamada Em-Ganim, que pode ser identificada com a moderna Jenîn ou Khirbet Beit Jann. Por questões topográficas, o sítio é muito provavelmente ´Olam, 11 km a leste do monte Tabor, ou Khirbet ´Anim, 3 km a Nordeste de ´Olam.

ANER (heb. *ʿānēr*) **I. (LUGAR)** Cidade da meia tribo de Manassés (1Cr 6:70 [TM 55]), destinada ao clã dos coatitas como cidade levítica. Em uma segunda lista de cidades levíticas em Josué 21:25, Aner é trocada por Taanaque. Com base tanto nisso como em erro de escriba, muitos estudiosos concordam que as cidades são uma e a mesma. [TROY K. RAPPOLD]

II. (PESSOA) Amorreu que, com seus irmãos Manre e Escol, ajudou Abraão em sua batalha contra os quatro reis do Ocidente (Gn 14:13, 24). Como os nomes dos irmãos, Aner pode ser designação geográfica.

ANFÍPOLIS (gr. *Amphípolis*) Cidade Macedônia ao Norte da costa do Egeu, cerca de 4-5 km terra adentro a partir do porto da cidade de Elion cerca de 50 km WSW a partir de Filipos ao londo da Via Egnatia. Ela tem esse nome ("por volta da cidade") do rio Struma, que rodeia o planalto da cidade em três lados. Fundada pelos Trácios e colonizada pelos atenienses (437 a.C.), ela finalmente caiu sob os romanos (168), que fizeram dela a capital do primeiro distrito da Macedônia.

Lucas indica que Paulo e Silas passaram por Anfípolis quando vinham de Filipos e iam para Tessalônica (At 17:1). [RICHARD S. ASCOUGH]

ÂNGULO, O Local no muro de Jerusalém, onde o rei Uzias construiu uma torre para fortalecer as defesas (2Cr 26:9). O ângulo (heb. *hammiqsôa*) também é mencionado como parte dos reparos dos muros de Jerusalém, comandados por Neemias (Ne 3:19-20, 24-25). Ele pode estar localizado ao longo da parede ocidental, desde que em Neemias 3 ele é listado com o Portão de Água, a Parede de Ofel, e o Portão Leste.

Bibliografia. G. Auld e M.L. Steiner, *Jerusalem*, 1: *From the Bronze Age to the Maccabees* (Macon, 1996), 16-18, 39-40; W.H. Mare, *The Archaeology of the Jerusalem Area* (Grand Rapids, 1987), 119-37. [DAVID M. VALETA]

ANIÃO (heb. *ʾănîʿam*) Filho de Semida, da tribo de Manassés (1Cr 7:19).

ANIM (heb. *ʿānîm*) Cidade de fronteira na cidade montanhosa de Judá (Js 15:50). É chamada Hawina nas Cartas de Amarna. De acordo com Eusébio (*Onom.* 26.9), ela estava a nove milhas romanas ao sul de Hebrom; é possível ser identificada com Khirbet Ghuwein et-Tahtã, 20 km ao sul de Hebrom.

ANIMAIS Quase todos os comentaristas advertem que é virtualmente impossível ter 100% de certeza, ao identificar termos hebraicos para animais com as espécies científicas modernas. A fauna de hoje não é idêntica à do passado; também, muitos dos termos hebraicos aparecem como nomes isolados somente uma ou duas vezes na Bíblia, em textos que não dão dica real do habitat ou das características do animal citado; finalmente, os nomes para um determinado animal algumas vezes mudaram através do tempo, ou ao mesmo animal é dado um nome diferente por povos vizinhos que falam uma língua ou um dialeto, não idêntico, mas similar ao hebraico. Contudo, apesar dos problemas, estudiosos modernos chegaram a um consenso geral quanto à identidade da maioria dos termos para animais encontrados na Bíblia. Eles fizeram isso ao combinar etimologia, línguas comparativas, exame do contexto do texto e estudo tanto da fauna atual como da fauna no registro arqueológico.

MAMÍFEROS. o mínimo 128 espécies de animais foram identificadas em Israel até agora. Estas incluem grande número de pequenos mamíferos (ex., roedores, morcegos), como também mamíferos marítimos. Em adição aos animais selvagens, no mínimo 10 espécies de mamíferos domésticos vivem em Israel. Estes incluem o cachorro, gato, porco, ovelha, cabras, gado, boi, jumentos, cavalos e camelos.

O Antigo Testamento fornece, no mínimo, sessenta palavras que foram identificadas como pertencendo aos mamíferos tanto no sentido genérico como no sentido específico. Destas, oito foram aplicadas à família dos cavalos; seis aos gados maiores; quatorze aos gados menores; quatorze aos carnívoros; sete aos roedores; um aos macacos; e um termo genérico que se refere aos animais grandes. Nove termos são aplicados a mamíferos variados.

Agrupando esses termos de acordo com se os mamíferos eram selvagens ou domesticados, parece que trinta termos se referem a mamíferos selvagens, enquanto que o resto se refere a domésticos. Os mamíferos selvagens podem ser divididos em três grupos: herbívoros grandes, carnívoros grandes, e mamíferos pequenos. Os herbívoros incluem o boi selvagem (bisão europeu), o jumento selvagem ou onagro, o bode selvagem, a gazela, o íbex, o gamo, o corço, ádax (?), e os porcos selvagens. Os carnívoros incluem o urso, a raposa, o lobo, a hiena, o chacal, a pantera, e o leão. Pequenos mamíferos incluem os roedores, os ratos, a lebre, hyrax, o morcego, e possivelmente o porco-espinho. Um termo, *qôp̱*, refere-se ao macaco, que, embora provavelmente visto como animal de estimação exótico, era, todavia, selvagem.

Os mamíferos domésticos da Bíblia também podem ser divididos em vários grupos: camelo, família de cavalos (cavalos, asnos, mulas), gado grande, e gado pequeno, (ovelhas e bodes). O cachorro doméstico deveria, provavelmente, ser incluído aqui, embora cachorros selvagens também fossem, indubitavelmente, abundantes. Dos animais domésticos, as ovelhas e os bodes desempenharam o papel mais importante na vida dos povos da Bíblia, desde que eles forneciam carne, leite, queijo, pelo e lã ou cabelos de cabra. Não surpreendentemente, seus ossos fornecem as maiores quantidades de restos faunianos encontrados em sítios arqueológicos.

Anfíbios. Porque a Palestina é, em sua maior parte, uma região árida, há poucas espécies de anfíbios. Herpetologistas identificaram sete espécies de anfíbios, que vivem correntemente na região — três rãs, dois sapos, uma salamandra, e uma espécie de salamandra.

A referência mais conhecida aos anfíbios no Antigo Testamento aparece no registro da segunda praga egípcia (Êx 8:1-15), geralmente entendida como uma praga de rãs (*ṣĕpardēaʿ*; cf. Sl 78:45; 105:30). Rãs também aparecem na praga de Apocalipse 16:13 (gr. *bátrachos*). Desde que as pragas ocorreram no Egito, o tipo de rã envolvido nelas deveria ser identificado com uma das espécies locais, ou a comum *Rana esculanta* (rã verde) ou *Rana punctata* (rã pintada).

Répteis. Embora anfíbios sejam raros, répteis são numerosos na Palestina. No mínimo 126 espécies foram identificadas em tempos modernos. Estas incluem o lagarto, a cobra, e famílias de tartarugas marinhas.

O grupo mais numeroso de répteis são os lagartos, dos quais há no mínimo quarenta espécies. No mínimo sete palavras hebraicas são traduzidas como lagartos por vários tradutores, a maioria das vezes da lista de animais impuros de Levítico 11:29-30, embora provavelmente somente três ou quatro palavras realmente se refiram a lagartos e mesmo aqui não há certeza. O hebraico *lĕṭāâ* parece ser um termo geral para lagartos, embora alguns o igualaram com os numerosos lagartos sírios. Outros membros comuns ou bem conhecidos da família dos lagartos que podem ter sido aludidos na Bíblia incluem a lagartixa (*ʾănāqâ* [?]), o camaleão (*ḥōmeṭ* [?]), o lagarto de pelo macia, (uma cauda espinhosa dura também conhecida como o crocodilo da terra, possivelmente o hebraico *ṣāḇ*), e o varano (*kōaḥ* [?]).

Atualmente, existem cerca de 35 espécies de serpentes na Palestina, oito das quais são venenosas. Dez palavras hebraicas e quatro gregas foram traduzidas ou como serpente, ou como víbora, ou como cobra. O contexto sugere que os escritores da Bíblia estavam preocupados somente com as serpentes venenosas.

É difícil correlacionar os termos hebraicos e gregos com espécies específicas. O hebraico *peṯen* se refere, provavelmente, à cobra egípcia. O sarap é, provavelmente, um termo geral para víboras do deserto, das quais existem quatro espécies na Palestina. A única espécie mais provável que pode ser identificada com a serpente flamejante é a víbora da relva, que era numerosa e altamente venenosa.

Embora pareça não haver referência alguma a tartarugas marítimas na Bíblia, (a KJV traduziu mal Lv 11:29), existem, todavia, correntemente doze membros da família de tartarugas marítimas na Palestina. Em adição a sete espécies ou sub-espécies de tartarugas do mar, existem várias espécies de tartarugas de água doce e tartarugas terrestres. Os membros mais conhecidos da família de tartarugas da Palestina incluem a tartaruga de casco macio (*Trionyx triunguis*), a tartaruga de pescoço listrado (*Mauremys caspica rivulata* [*Clemys caspica*]), e a comum ou a tartaruga de coxa pontuda (*Testudo graeca terrestris*).

Algumas espécies importantes de répteis não vivem mais na Palestina. O crocodilo do Nilo (*Crocodylus niloticus*) costeou desde o Rio Nilo até os rios ao longo da costa da Palestina, até o século passado. De fato, o Rio Zerqa, que flui desde o Mediterrâneo perto de Cesareia, era conhecido como o rio Crocodilo. Entretanto, crocodilos foram, desde então, completamente eliminados da região norte de Aswan Dam no Egito. [RANDALL W. YOUNKER]

ANJO Ser espiritual, primariamente, um mensageiro (heb. *malʾāḵ*; gr. *ángelos*) de Deus (ex. Gn 16:7, 9; Êx 3:2; Nm 22:22-35). Outras designações incluem "filhos de Deus" (Jó 1:6; Sl 29:1), "santos" (ex. Sl 89:7; Dn 8:13) e "vigias" (Dn 4:13, 17, 23 [TM 10, 14, 20]). Algumas vezes, "exércitos celestiais" ou "exércitos do céu" também se referem a anjos (1Rs 22:19=2Cr 18:18; Sl 148:2; Ne 9:6). O hebraico *malʾāḵ* também é usado para profetas humanos (2Cr 36:15-16; Is 44:26; Ag 1:13), sacerdotes (Ml 2:7), e ventos (Sl 104:4); o grego *ángelos* também pode se referir a mensageiros humanos (Lc 9:52; Mc 1:2 par.).

Os anjos são parte da criação de Deus, criados ou no princípio ou em algum tempo antes da fundação do mundo (ex. Sl 148:2-5; Ne 9:6; Cl 1:15-17). Eles são de uma ordem maior do que humanos (Hb 2:7) e são mais fortes em poder e força (2Pe 2:11; cf. 2Rs 19:35). Entretanto, não devem ser adorados por humanos (Cl 2:18; Ap 22:8-9). Os anjos não são oniscientes como Deus é, pois não conhecem o tempo da vinda de Cristo (Mt 24:36; cf. 1Pe 1:12). Eles também não são onipresentes, pois deles é dito que vão de lugar a lugar (Dn 9:21-23). Os anjos são seres espirituais (Hb 1:14). Eles não morrem, nem se casam (Lc 20:36; Mc 12:25). Desde que o número de anjos nunca é definidamente dado, é dito que eles são inumeráveis (Dn 7:10; Hb 12:22; Ap 5:11).

Os anjos podem ser maus (2Pe 2:4; Jd 6; cf. Ap 12:7) ou bons. Os anjos bons parecem operar em combinação com o Espírito Santo na tarefa de levar a mensagem de Deus à humanidade. Se um anjo levasse uma outra mensagem, ele traria a maldição de Deus (Gl 1:8-9). Satanás ainda pode vir como um anjo de luz, e seus ministros como ministros da justiça, em formas enganosas e poderosas (2Co 11:14-15). A frase "sejam dominações, sejam principados, sejam poderes; tudo foi criado por ele e para ele" pode se referir a anjos (Cl 1:16).

Os anjos têm um papel a desempenhar na ordem de Deus nos céus, e arcanjos têm certas responsabilidades sobre outros anjos de sua ordem (1Ts 4:16; cf. Ap 12:7). Anjos justos realizam a obra de Deus (Sl 103:20). Eles executam a vingança e ira de Deus sobre os desobedientes, como é visto no castigo de Israel (2Sm 4:16); sobre Balaão (Nm 22:31); e quando Jesus voltar com seus anjos poderosos para se vingar daqueles que não conhecem a Deus ou não obedecem ao evangelho (2Ts 1:7-10).

Anjos justos administram a mensagem de Deus à humanidade, ao dar a lei a Moisés (Gl 3:19; Hb 2:2) e aparecem como humanos na revelação da mensagem de Deus aos patriarcas (Gn 18:1-19:5). Alguém deveria mostrar hospitalidade para com os estranhos, pois alguns podem ter "mesmo sem saber, alguns hospedaram anjos" (Hb 13:2). Anjos anunciam o nascimento de Jesus a Maria (Lc 1:26-28) e, em multidão, cantam no seu nascimento (2:8-15). Eles ministram a Jesus depois de sua tentação (Mt 4:11) e aparecem na sua ressurreição e ascensão (28:1-7; At 1:11). Os anjos estão agora sujeitos a Cristo e administrarão sua missão, quando Ele voltar (1Pe 3:22; 1Ts 4:16; Mt 25:31).

Os anjos trabalham no destino das nações para o bem do povo de Deus. Anjos bons se opõem a Satanás, enquanto a palavra de Deus é pregada ao rei da Pérsia (Zc 3:1). Eles trabalham na proteção dos justos e se acampam ao redor dos que temem ao Senhor (Sl 34:7 [8]), e eles libertam o povo de Deus de seus inimigos (2Rs 6:15-17). Anjos libertam Pedro da prisão e tranquilizam Paulo na grande tempestade no mar (At 12:7; 27:23). A eles é dada a responsabilidade de guardar os justos em todos os seus caminhos; e eles são espíritos ministradores daqueles que são herdeiros da salvação (Sl 91:11; Hb 1:14). Anjos representam indivíduos diante do trono de Deus (Mt 18:10; cf. Dn 12:1), e se anjos celestiais são tencionados em Apocalipse 2-3, então a eles são dadas tarefas específicas nas congregações da Igreja.

Anjos estão ativos nas orações dos justos, e tais orações têm muita eficácia diante de Deus (Dn 9:21-23). Anjos estão de alguma forma envolvidos em assembleias de culto (cf. 1Co 11:10). Eles se alegram por causa de cada pecador que se arrepende (Lc 15:10), e auxiliam na condução do redimido ao paraíso de Deus (16:22).

Bibliografia. H. Bietenhard, "Angel, Messenger", *NIDNTT* 1.101-3. [EDWARD P. MYERS]

ANNO DOMINI Contagem desde o nascimento de Jesus; o datar dos anos "A.D." (lat. "no ano do Senhor") e o conceito de uma "era cristã" resultaram do círculo Ocidental desenvolvido no século VI pelo monge Scythian Dionysius Exiguus. Antes do ano 753 a.u.c. ("da fundação da cidade" de Roma) sobre a qual o sistema é baseado, crê-se que o nascimento de Jesus ocorreu um pouco antes, provavelmente por volta de 7 a 6 a.C.

ANO A unidade básica do calendário para os antigos israelitas e outros povos do antigo Oriente Próximo. Estava baseado no ciclo anual do movimento do sol, da lua, das estrelas e no ciclo de plantio e colheita de safras. O AT não contém um calendário completo para o Israel antigo, por isso deve ser construído um a partir das referências em várias passagens a dias, datas, meses, estações e anos.

O AT não é claro se o antigo ano israelita começava na primavera ou no outono. Êxodo 23:16; 34:22 afirma que a festa de outono, a Festa da Colheita, é para ser celebrada "no fim do ano" (23:16) ou "na virada do ano" (34:22). Levítico 23:5; Números 28:16 afirmam, entretanto, que a Páscoa, a principal festa da primavera, deve ser celebrada no décimo quarto dia do primeiro mês. O Calendário de Gezer (c. 925 a.C.) indica que o ano começava no outono. O outono pode ter marcado o fim/início do calendário agrícola, enquanto a primavera marcava o princípio do calendário relativo ao culto.

Independentemente de quando o ano tenha começado, os nomes dos meses, emprestados da língua babilônica, foram fixados:

Hebraico	Babilônico	Equivalente
Nisã (Abibe)	Nisanu	Mar/Abr
Iyar	Ayaru	Abr/Mai
Sivã	Siwanu/Simanu	Mai/Jun
Tammuz	Du'uzu	Jun/Jul
Ab	Abu	Jul/Ago
Elul	Elulu/Ululu	Ago/Set
Tishri	Tisritu	Set/Out
(Mar)hesvan	(W)arah-sammu	Out/Nov
Kislev	Kisliwu/Kislimu	Nov/Dez
Tebet	Tebitu	Dez/Jan
Shĕbat	Sabatu	Jan/Fev
Adar	Addaru	Fev/Mar

Na Bíblia, são dados somente os nomes de quatro meses: os meses da primavera de Abibe (Nisã) e Zive (Iyar) e os meses de outono de Etanim (Tishri) e Bul (Marhesvan). Estes eram os meses mais importantes do ano, visto que neles ocorriam eventos significativos da vida agrícola e os equinócios solares.

As principais festas dividiam o ano no Israel antigo. As descrições bíblicas das festas enfatizam, geralmente, seu significado religioso, mas a maioria das festas foram incorporadas às celebrações agrícolas já existentes. As antigas celebrações religiosas israelitas começavam com a Páscoa, a Festa dos Pães Ázimos e a Festa da Oferta Movida, que eram observadas começando no décimo quarto dia de Abibe (Nisã; Êx 12; Lv 23:5-14). A celebração coincidia com o início da colheita da cevada na Palestina.

O Pentecoste, ou a Festa das Semanas, celebrada 50 dias depois da Páscoa, marcava a entrega da Lei no Sinai e o fim da colheita dos cereais (Lv 23:15-22). Levítico 23:24-25 afirma que o descanso do sábado é para ser observado no primeiro dia de Tishri. O judaísmo posterior celebrou este dia como o Ano Novo (*rô'š haššānâ*). O AT, entretanto, não traz referência à celebração do Ano Novo.

No décimo dia do sétimo mês (Tishri), os israelitas observavam o Dia da Expiação (*yôm kippur;* Lv 23:26-32). No quinto dia do mesmo mês, era celebrada a Festa das Cabanas ou dos Tabernáculos, também chamada de Festa da Colheita (Lv 23:33-44). A festa comemorava a peregrinação dos israelitas no deserto e moravam em tendas, e isso coincidia com a colheita de outono. Fora isso, o antigo Israel celebrava o ano sabático a cada sete anos, no qual a terra agrícola não era usada, e um ano jubileu a cada 50 anos, no qual acontecia um descanso geral e liberação da posse da terra.

O calendário de 364 dias existiu desde pelo menos o século III a.C., mas não está claro se este calendário foi alguma vez usado pelas comunidades judaicas predominantes. O calendário judaico atual evoluiu durante vários séculos depois do fim do período bíblico. Alguns afirmam que o problema de datar a Última Ceia no NT pode ser resolvido fixando-se o uso do calendário de 364 dias pela comunidade judaica. Os Evangelhos Sinópticos indicam que Jesus e os discípulos celebraram a Última Ceia próximo ao pôr do sol, já que começava o décimo quinto dia de Nisã (Mt 26:17-19; Mc 14:12-21; Lc 22:7-13). João dá a entender, entretanto, que a refeição foi feita no começo do décimo quarto dia de Nisã (Jo 18:28; 19:14,31,42). Se os escritores dos Sinópticos usaram o calendário de 364 dias e João usou o calendário lunissolar, então a discrepância nas datas pode ser explicada. Não existe evidência, entretanto, de que Jesus e seus discípulos tenham usado o calendário de 364 dias, e muitos sugerem que João moldou seu relato a partir de uma motivação teológica para apresentar Jesus como o cordeiro da Páscoa.

Bibliografia. D. J. A. Clines, "The Evidence for na Autumnal New Year in Pre-exilic Israel Reconsidered", *JBL* 93 (1974): 22-40; J. Finegan, *Light from the Ancient Past*, 2. ed. (Princeton, 1959) 2:552-98; W. S. LaSor, D. A. Hubbard, and F. W. Bush, *Old Testament Survey*, 2. ed. (Grand Rapids, 1996), 632-36.

ANRAFEL (heb. *'amrāpel*) Rei de Sinar e um dos quatro reis do Leste que se juntaram a Quedorlaomer, rei de Elão, para atacar os cinco reis no Vale do Mar Morto (Gn 14:1, 9). Essa coalizão saqueou Sodoma e Gomorra, antes de levar cativo o sobrinho de Abraão, Ló. Abraão reuniu uma força que derrotou a coalizão e salvou Ló e os outros cativos.

Sinar, onde Anrafel residia, foi identificada mais tarde no AT com Babilônia (Is 11:11; Dn 1:2; Zc 5:11), embora os Targuns e o 1QapGen 21.23 a traduzam como Babel. Anrafel foi uma vez identificado com o rei babilônico Hamurabi, sob a suposição que Anrafel refletia uma tradução hebraica incorreta de uma variante de um nome cuneiforme. Se estiver correto, isso situaria historicamente Abraão entre 1728 e 1686 a.C. Nenhum documento, contudo, existe para provar que Hamurabi tenha feito campanhas militares na Palestina. Outros usam os textos acadianos "Chedorlaomer", o assim chamado Spartoli Tablets, para igualar Anrafel com Marduk-apaliddina II (Berodaque-Baladã), cabeça da tribo caldaica de Bît-yakin, que por duas vezes pegou o trono babilônico da Assíria (722-710 e 703). Essas teorias permanecem filologicamente não convincentes, embora os detalhes geográficos e possíveis influências acadianas sustentem a credibilidade básica da narrativa. Muito provavelmente, Anrafel foi um membro de uma coalizão de vultos menores, a quem Abraão pôde derrotar com não mais do que 318 guerreiros.

Bibliografia. M.C. Astour, "Political and Cosmic Symbolism in Genesis 14 and in its Babylonian Sources", in *Biblical Motifs*, ed. A. Altmann (Cambridge, Mass., 1966), 65-112. [KENNETH ATKINSON]

ANRÃO (heb. *'amrām*) O neto de Levi (Êx 6:16-18) e filho (ou "descendente") de Coate; marido de Joquebede, a irmã de seu pai (Êx 6:20; 1Cr 6:2-3 [T 5.28-29]). O clã de Anrão, os anramitas, inclui seus três filhos famosos: Moisés, Miriã e Arão (Nm 26:59). Como parte da tribo de Levi, aos anramitas foram destinados deveres associados com o centro de culto de Israel (1Cr 26:23-24). O nome aparece frequentemente em listas genealógicas.

O filho de Bani. Residente pós-exílico de Jerusalém, que se divorciou de sua esposa não judia durante as reformas de Esdras (Ed 10:34). [J. RANDALL O´BRIEN]

ANTICRISTO "Anticristo" e "anticristos" aparecem na Bíblia somente em 1João 2:18, 22; 4:3; 2João 7 e são desconhecidos alhures na literatura cristã, antes de Policarpo no século II d.C. Contudo, pelo começo do século III (ex. Hipólito) a expectativa de um anticristo escatológico tinha se tornado altamente desenvolvida na teologia cristã e permanece como tópico de intrínseco interesse para muitos cristãos. Tentativas para identificar um Anticristo individual tem uma longa, mas lúgubre história.

É claro que João aplicou o plural anticristos a membros da congregação cristã primitiva que haviam se apartado do rebanho (1Jo 2:19), sob um manto de ensino e prática falsos. Mas por que João diz muito pouco sobre o Anticristo singular, os antecedentes bíblicos para essa figura estão em disputa.

Muitos estudiosos distinguem duas grandes tradições bíblicas, que envolvem figuras escatológicas opostas a Deus e a seus propósitos, uma que se previne de uma perseguição política ou militar e uma de influência enganosa. Por exemplo, em Seu discurso no monte das Oliveiras, Jesus falou tanto do surgimento da abominação da desolação de Daniel (Dn 9:27; 11:31; 12:11; Mt 24:15 ss) como da vinda de falsos profetas e falsos cristos que enganariam, se possível, até mesmo os eleitos (Mt 24:24). O "chifre pequeno" descrito em Daniel (Dn 7:8, 20, 24) parece ser uma predição do que Paulo chama de "o sem lei" (2Ts 2:3-10), um inimigo perseguidor com pretensões autodeificadoras. As terríveis expectações de Daniel do futuro são remoduladas em Apocalipse 13 como uma besta horrível que surge do mar, incorporando muitas das características das quatro bestas de Daniel 7:3-8. Mas João continua a descrever outra figura do Anticristo, uma segunda besta, que surge da terra e sustenta a primeira besta em seus ataques diabólicos contra os piedosos. Essa besta da terra tem a característica especial de um falso profeta (assim nomeado em Ap 16:13; 19:20; 20:10) que engana com suas mentiras blasfemadoras. Não há acordo sobre até que ponto o Anticristo de João representa somente um desses tipos ou uma combinação, embora da descrição limitada de João em 1 e 2João, seu Anticristo tenha mais em comum com a imagem do profeta enganador/falso, pois está associada à negação da verdade sobre Jesus Cristo (1Jo 2:22; 4:1-3; 2 Jo 7).

Bibliografia. G.C. Jenks, *The Origins and Early Development of the Antichrist Myth*. *BZNW* 59 (Berlin, 1991); C.E. Hill, "Antichrist from the Tribe of Dan", *JTS* n.s. 46 (1995): 99-117. [CHARLES E. HILL]

ANTÍGONO (gr. *Antígonus*) **1.** Um dos grandes generais de Alexandre, entre os primeiros de diádocos. Sátrapa na Frígia durante a vida de Alexandre, ele começou a expandir seu poder pelo Leste em 316 a.C. Ele reivindicou a coroa em 306, assim, designando a si mesmo como o sucessor de Alexandre. Atacado por uma coalizão do outro diádoco, ele foi morto na batalha em 302.

2. Filho do governador asmoniano João Hircano. Quando Aristóbulo, o irmão de Antígono, tornou-se sumo sacerdote (104), Aristóbulo prendeu sua mãe e seus irmãos, mas permitiu que Antígono permanecesse livre. Acusado de conspirar para o assassinato de seus irmãos, Aristóbulo foi executado (Josefo *Ant.* 13.303-317; *BJ* 1.80-84).

3. Antígono II, rei e sumo sacerdote da Judeia, (40-37 a.C.); filho de Aristóbulo II, que pegou o trono de seu irmão Hircano II em 67. Os romanos restauraram Hircano ao sumo sacerdócio, e levaram Aristóbolo e Antígono cativos para Roma em 63 (Josefo *Ant.* 14.5-79; *BJ* 1.116-158). Em 56, eles escaparam, e Aristobulo tentou retomar o trono. Embora ele tenha sido recapturado, Antígono foi liberto (*Ant.* 14.92-95; *BJ* 1.171-74). Em 40, depois da morte de seu pai, Antígono derrotou Hircano com ajuda da Pártia. Ele mutilou as orelhas dos antigos sacerdotes (de acordo com *BJ* 1.270, com o próprio dente) de modo que isso o desqualificou de jamais exercer o sacerdócio de novo. O senado romano, entretanto, outorgou o reino a Herodes, e Antígono foi eventualmente removido do trono. Ele foi decapitado em 37 a.C. (*Ant.* 15.2; *BJ* 1.357). [ANTHONY J. TOMASINO]

ANTILÍBANO (gr. *Antilibános*) Cadeia de montanhas a Leste das Montanhas do Líbano, que se estende de Kadesh (Síria) até Dã (Jdt 1:7). Separada do Líbano pelo Vale de Beca, o ponto mais alto do pico é o monte Hermom (cf. Dt 3:9; Senir).

ANTÍLOPE Ruminante veloz e encurvado (heb. *tĕ'ô*), listado como animal puro, sendo apropriado para o alimento (Dt 14:5). A Bíblia distingue várias espécies, incluindo a gazela, íbex, e o orix. Devido à velocidade, a caça ao antílope requeria o uso de uma rede ou outra armadilha (cf. Is 51:20; a derrota de Israel por causa da ira de Deus é relacionada a um antílope tomado numa rede). [LISA M. WOLFE]

ANTÍOCO (gr. *Antíochos*) Os eventos descritos em 1 e 2Macabeus e Daniel ocorreram no contexto da história Selêucida, no século II a.C. A sequência dos governadores Selêucidas (com seus anos de reinado aproximados) é: Antíoco III (223-187), Seleuco IV Filopator (187-175), Antíoco IV Epifânio (175-164), Antíoco V Eupátor (164-162), Demétrio I Soter (162-150), Alexandre I Balas (150-145), Demétrio II Nicator (145-139), Antíoco VI (e Trypho) (145-142), Antíoco VII Sidetes (138-129). Um mapa genealógico pode ajudar a esclarecer os relacionamentos entre os governantes.

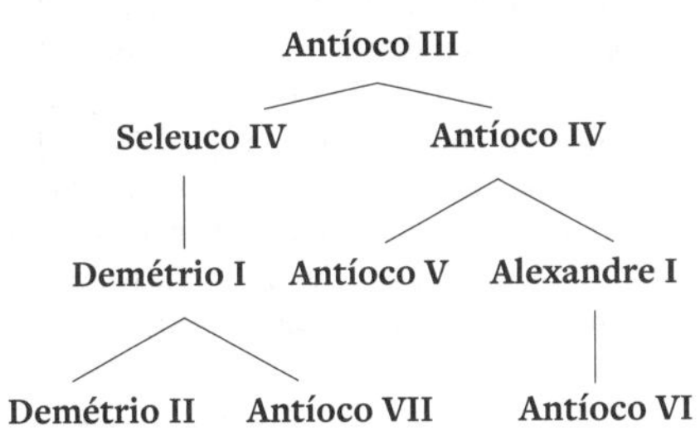

1. Antíoco III. Sob seu reinado a Judeia, como parte da Coele-Síria veio sob o controle Selêucida antes do que sob o Ptolomaico, depois de sua vitória em Panium, em 200 a.C. Mas suas derrotas pelos romanos em Termópilas (191) e Magnésia (190) e sua capitulação em Apameia (188) reprimiram sua expansão imperial. Ele morreu em Elam, em 187, enquanto saqueava o templo de Bel.

2. Antíoco IV Epifânio; o Antíoco mais famoso e mais importante para os estudos bíblicos. Filho de Antíoco III, ele foi enviado como prisioneiro para Roma, depois da batalha de Magnésia e permaneceu lá até 176. Depois de gastar algum tempo em Atenas, soube que seu irmão Seleuco IV tinha sido assassinado, e por isso, Antícoco viajou para Antioquia na Síria e reivindicou o trono Selêucida para si, em 175.

Ele ainda invadiu o Egito em 170 e em 168. Foi forçado a retirar-se do Egito pelo general romano Popílino Lenas ou seria considerado inimigo de Roma. Em sua volta do Egito, ele saqueou o templo de Jerusalém (talvez duas, ou somente uma vez em 168). Com o encorajamento de um grupo de judeus "progressistas" (1Mc 1.11-15), Antíoco IV ou cooperou em ou promoveu um programa de estabelecimento de instituições gregas em Jerusalém (o ginásio, e etc.), decretou novas leis no lugar da Torá e trouxe uma nova ordem de adoração para o templo de Jerusalém. Descrito em fontes judaicas como o "desolador da profanação" ou "abominação desoladora" (cf. Dn 11:31; 12:11; 1Mc 1.54; Mt 24:15; Mc 13:14), o novo culto envolvia a adoração do "Senhor do céu" — muito provavelmente a deidade semita, Baal Shamin, que era provavelmente vista como o equivalente do criador israelita e senhor do céu e da terra.

A extensão e propósito do envolvimento de Antíoco IV nas questões dos Judeus, entre 168-164, permanecem em disputa. Suas atividades são atribuídas à arrogância pessoal em 1Macabeus, enquanto Daniel e 2Macabeus o veem como parte da disciplina de Deus, antes da e/ou histórica justificação escatológica de Israel. Estudiosos modernos explicam suas atitudes de outra forma: promovendo o programa cultural helênico, efetuando perseguição religiosa, intervindo em uma guerra civil judaica, desenvolvendo o equivalente oriental ao Império Romano nascente, ou levantando dinheiro para pagar os seus soldados, ao leiloar o sumo sacerdócio judaico e roubar o templo e seus tesouros. Uma combinação de vários desses motivos parece ser provável.

De acordo com 1Macabeus, a resistência judaica ao programa de Antíoco IV e a seus colaboradores judaicos amalgamaram-se em torno de uma família asmoniana ou macabeia, conduzida primeiramente por um sacerdote de Modein, chamado Matias (1Mc 2) e, depois, por seus filhos Judas, Jônatas, e Simão. No início de 164, Antíoco IV deu anistia condicional aos judeus rebeldes e parou com a perseguição religiosa e o edito contra a observância da Torá. Isso coincidiu com a campanha de Antíoco IV para fortalecer a parte Leste de seu império. As fontes antigas fornecem registros contraditórios de sua morte (Dn 11:40-45; 1Mc 6.1-16; 2Mc 1.13-17; 9.1-28). Muito provavelmente, ele morreu de alguma doença em Tabae, na Pérsia (Polybius *Hist.* 31.9) no fim de 164 — por volta do tempo da purificação de Judas Macabeu e da rededicação do templo de Jerusalém.

O fato de que seu filho e sucessor, Antíoco V, foi chamado de Eupátor ("de um pai bom") sugere que Antíoco IV era respeitado. Ele foi o primeiro rei selêucida a ser designado de *théos* ("deus") em suas moedas, uma prática que provavelmente fez crescer a oposição judaica a ele. Políbio o descreveu como encantador, mas excêntrico (daí o trocadilho de *epimanés* ["maluco"] com *epiphanés* ["deus manifestado"]) e como estudante e patrocinador dos costumes religiosos locais (não um perseguidor religioso como o texto judaico sugere).

3. Antíoco V, feito rei em 164 com 9 anos, com Lysias como seu primeiro ministro (2Mc 10.11). Eles foram impedidos de tomar Jerusalém de volta, principalmente porque tiveram de voltar para Antioquia e rechaçar uma rebelião de Felipe, um cortesão que alegava que Antíoco IV lhe tinha prometido proteção e poder (1Mc 6.14-17, 55-63; 2Mc 13.23). No fim de 162 ou início de 161, Antíoco V e Lísias foram executados sob Demétrio I, o filho de Seleuco IV (1Mc 7.1-4; 2Mc 14.1-2).

4. Antíoco VI, o filho de Alexandre Balas, cuja reivindicação de ser filho de Antíoco IV (cf. 1Mc 10.1) foi contestada desde a antiguidade. Antíoco VI foi coroado rei no início de 144, através dos esforços de Trifo, que se tornou o verdadeiro governador (11:54-59) e que foi bem-sucedido na captura de Jônatas Macabeus (12:39-53). Trifo foi tão longe quanto assassinar Antíoco VI em 142 e reivindicar o reino para si (13:31-32).

5. Antíoco VII. Filho de Demétrio I (1Mc 15.1, 10), ele reivindicou o trono selêucida em 138. Ele renovou as tentativas de ganhar maior controle sobre Jerusalém e outras partes da terra de Israel (15:38-16:10), mas seu maior interesse era expandir o Império Selêucida contra os partos. Ele morreu em 129, ou na batalha ou pelo suicídio, depois de ser derrotado pelo exército parta, sob Fraates.

Bibliografia. E. Bickerman, *The God of Maccabees*. SJLA 32 (Leiden, 1979); M. Hengel, *Judaism and Hellenism* (Philadelphia, 1974); O. Morkholm, *Antiochus IV of Syria* (Copenhagen, 1966); E. Schürer, *The History of the Jewish People in the Age of Jesus Christ (175 a.C.-A.D. 135)*, ed. rev. (Edinburgh, 1973-1987); V. Tcherikover, *Hellenistic Civilization and the Jews* (Philadelphia, 1959). [DANIEL J. HARRINGTON, S.J.]

ANTIOQUIA (gr. *Antiócheia*) **1.** Antioquia em direção a Psídia. Cidade na parte sul da província romana chamada Galácia, na parte central da moderna Turquia. Mais precisamente, estava realmente localizada na Frígia, distrito na fronteira sul da Galácia, ao norte da fronteira do distrito da Psídia. As fronteiras de ambos os distritos são indefinidas. O geógrafo do século I, Estrabão, colocou a fronteira na Frigia, no lado sul da cadeia de montanhas diante da Psídia. Assim, ele a chamou de "Antioquia perto de Psídia", ou "Antioquia em direção a Psídia" (*Geog.* 12.8.14). Isso concorda com o melhor manuscrito de Atos 13:14, que tem "Psídia Antioquia" (NIV) e não "Antioquia da Psídia", como em outras traduções.

Ao rodear Perge, Paulo foi diretamente para Antioquia na sua primeira visita a Ásia Menor (At 13:13-14). Ele, provavelmente, visitou-a de novo em sua segunda viagem (At 16:6) e pode ter passado por ela em sua terceira viagem (18:23). A cidade estava no auge de sua importância quando Paulo esteve lá, funcionando como o centro tanto da administração civil como militar no sul da Galácia, com estradas saindo de lá para várias colônias. Em 25 a.C., o imperador Augusto tornou a fundar a cidade como colônia romana e a povoou com veteranos das legiões. A adoração do imperador floresceu nela, realçada por um número de construções associados ao culto imperial. A maior parte da construção em Antioquia foi feita sob os imperadores Tibério e Cláudio. Tibério foi o principal construtor do templo de Augusto, que se posicionava no centro da cidade. Outros dois templos se localizavam perto desse templo dedicado à adoração pagã, um dos quais um escavador de Antioquia descreveu como um dos maiores sítios de cumes sagrados no sudoeste de Anatólia.

2. Antioquia da Síria. A maior e mais importante de 16 cidades no mundo antigo que foram nomeadas depois do imperador Sírio, Antíoco. Seu filho, Selêuco I Nicator, fundador do império selêucida, a construiu e a nomeou em sua própria honra. Ela estava localizada a 80 km ao Sul do ponto onde a península da Ásia Menor dobra no sul para o litoral Oriental do Mediterrâneo da Síria-Palestina e ao pé do monte Silpius no Rio Orontes, que lhe deu acesso à cidade-porto Mediterrânea da Selêucia.

A população da cidade na metade do século I d.C. pode ter chegado a 300 mil, embora estimativas calculem números tão baixos quanto 100 mil. A estimativa maior foi sugerida pelo geógrafo do século I, Estrabão, (*Geog.* 16.2.5), que disse que ela não era muito menor que Alexandria no Egito. A cidade tinha tido mais de 300 mil homens livres na metade do século I a.C. (Diodorus Siculus *Hist.* 17.52).

Antioquia tinha uma grande, rica população Judaica no século I (Josefo *BJ* 7.43). Esses judeus doaram sinagogas belamente decoradas, e "constantemente atraíram às suas cerimônias multidões de gregos" (*BJ* 7.45). A primeira menção de Antioquia no Novo Testamento é em referência a um prosélito de fé judaica dessa cidade, Nicolau, que recebeu a Cristo e foi, subsequentemente, apontado como um dos homens para supervisionar as necessidades de viúvas helenistas nos primeiros dias da Igreja (At 6:5).

O trabalho missionário foi feito por pessoas que fugiram da perseguição em Jerusalém e, logo, depois de chegarem em Antioquia "falaram também aos gregos" (At 11:20). Esses "gregos" eram, provavelmente, "tementes a Deus", gentios que eram normalmente atraídos pelo monoteísmo judaico (ex. At 10:22). Essa atividade missionária resultou em "um grande número" (At 11:21) de conversões de gentios e impeliram a Igreja de Jerusalém a enviar Barnabé para Antioquia, a fim de que ele monitorasse o progresso. Barnabé, impressionado pelo grande número de convertidos e, provavelmente, cônscio da comissão de Paulo de pregar aos gentios (At 26:17), o trouxe de Tarso para trabalhar em Antioquia.

Por um ano, trabalharam juntos nesse centro gentílico (At 11:26) que, posteriormente, tornou-se a igreja patrocinadora de suas viagens missionárias ao mundo gentílico (13:3; 15:40; 18:22-23). O termo "cristão" ("seguidor do Messias") foi primeiramente aplicado aos discípulos de Jesus nessa cidade predominantemente de cristãos gentios.

Eusébio registra uma tradição no século IV de que o primeiro bispo de Antioquia foi Pedro (*HE* 3.36.2), que foi sucedido por Evolius e, então, pelo mártir bem conhecido Ignácio de Antioquia, que morreu no reinado de Trajano (por volta de 108; *HE* 3.22).

Um dos eventos mais dignos de nota na história da Igreja primitiva, relacionado às distinções étnicas, ocorreu em Antioquia. Quando Paulo, em certa ocasião, visitou a Pedro, esses dois líderes mais influentes no século I discutiram, na presença de toda a Igreja, sobre a hesitação de Pedro em relação às exigências aos gentios convertidos. Paulo acusou Pedro de agir "insinceramente" (gr. "hipocritamente"). Nessa situação muito dramática, Paulo "eu o enfrentei abertamente, pois merecia ser repreendido" (Gl 2:11), censurando esse chefe dos apóstolos "perante todos" (v. 14).

Antioquia era, sem dúvida, a cidade mais importante depois de Jerusalém, na expansão primitiva da Igreja. Depois do término da conferência em Jerusalém, as decisões tomadas por ela foram enviadas para Antioquia, em uma carta levada por dois "principais homens entre os irmãos", Silas e Judas, indicando a importância de Antioquia aos olhos da igreja de Jerusalém. Paulo e Barnabé os acompanharam (At 15:22).

Porque a moderna cidade Antáquia se localiza no antigo sítio de Antioquia, pouca escavação arqueológica tem sido dirigida lá. Muito da nossa informação sobre a cidade deve, portanto, ser obtida de escritos antigos, mais significativamente de Estrabão, Evágrio, Procópio, Libâneo, o imperador Júlio, João Crisóstomo, e especialmente a *Crônica* de John Malalas. Um número grande de pessoas contribuiu para os projetos de construção em Antioquia, entre eles os governadores helênicos Seleuco I (311-281 a.C.) e Antíoco Epifânio (175-164) e os governadores romanos Pompeo, Júlio César, Augusto César, Tibério César, Calígula, e Cláudio.

Antioquia foi construída sobre o plano hipodâmio de uma cidade tipicamente helênica com ruas estendidas em cidades de blocos de 112 m x 58 m. Herodes, a grande construção, uma rua colunata, que percorre toda a extensão da cidade, de norte a sul, e corta Antioquia pelo meio (Josefo *BJ* 1.425; *Ant.* 16.148). Tibério é creditado com a construção dos portões monumentais em cada cruzamento principal das ruas da cidade.

A cidade era circundada por um muro e continha muitas construções importantes, incluindo um palácio e um circo, ambos iniciados em 67 a.C. Começando em 47 a.C., Júlio César construiu um teatro, um anfiteatro, casas de banho, um aqueduto, e um Kaisareion, talvez a basílica mais antiga do leste, para uso do culto de Roma. O Kaisareion levava seu nome e continha uma estátua sua. Ele também reconstruiu o templo Panteão.

Parte da reconstrução foi motivada por dois terremotos que atingiram Antioquia no tempo de Paulo, um em 37 d.C., no início do reinado de Calígula (37-41), e durante o segundo reinado de Cláudio (41-54). O último terremoto também prejudicou Éfeso, Esmirna, e outras cidades da Ásia Menor.

O "Cálice de Prata de Antioquia", propositadamente descoberto aqui em 1910 e pensado, por muitos, ser o cálice usado por Cristo na Última Ceia, foi datado por autoridades como do século II ao século VI. [JOHN MCRAY]

ANTIPAS (gr. *Antipás*) **1.** Herodes Antipas, filho de Herodes o Grande e Malthace. Ele era tetrarca da Galileia, que tinha aprisionado e decapitado João Batista (Mt 14:1-11=Mc 6:14-28) e que zombou de Jesus em seu julgamento (Lc 23:7-11). *Ver* HERODES (FAMÍLIA) 11.

2. Cristão, em Pérgamo, que foi martirizado por causa de sua fé (Ap 2:12).

ANTÍPATRO (gr. *Antipátros*) **1.** Filho de Jason, um dos dois delegados enviados pelo asmoniano Jonathan para Roma e Sparta (Josefo *Ant.* 13.169; 1Mc 12.16; 14.22) para negociar — aparentemente com sucesso — renovação de contrato com a Judeia.

2. Nobre Idumeu (c. 100-43 a.C.), filho de Antipas, e pai de Herodes. *Ver* HERODES (FAMÍLIA) 1.

3. Filho mais velho de Herodes e de sua primeira esposa, Doris. *Ver* HERODES (FAMÍLIA) 6. [PETER RICHARDSON]

ANTIPÁTRIDE (gr. *Antipatrís*) A cidade reconstruída por Herodes o Grande em 9 a.C. no sítio de Aphek (1), renomeada depois de seu pai Antípatro. Localizada na moderna Râs el-´Ain/Tel Afeq na planície litorânea, talvez ela fosse um ponto de controle e estação de acesso entre a Cesareia Marítima e Jerusalém. Antipátride é mencionada em Atos 23:31 como o lugar de parada noturna por Paulo, quando sob guarda de Jerusalém para Cesareia, durante a procuradoria de Félix. [BRUCE C. CRESSON]

ANTISSEMITISMO E O NOVO TESTAMENTO É trágico que textos do Novo Testamento tenham sido usados para promover o antissemitismo através da história da igreja, incluindo a era moderna. Esses textos foram removidos de seu pano de fundo original e de seu contexto histórico; foram tomados como verdadeiros e repetidamente usados para endiabrar o povo judeu; foram empregados para justificar a perseguição aos judeus nos últimos 2000 anos, culminando no assassinato de 6 milhões de judeus no Holocausto Nazista.

Poucos exemplos mais notórios podem ser observados aqui. O evangelho de Mateus, que é cheio de controvérsias contra os judeus, registra a multidão que exige a crucificação de Jesus, gritando: "O seu sangue caia sobre nós e sobre os nossos filhos" (Mt 27:25). As palavras amargas contra "os judeus" no quarto evangelho chegam ao seu clímax na declaração: "o vosso pai é o diabo" (Jo 8:44). Comentando sobre os sofrimentos dos cristãos em Tessalônica, Paulo diz que as igrejas da Judeia também sofrem por causa "...que elas sofreram dos judeus. Estes mataram o Senhor Jesus, bem como os profetas, e nos perseguiram. Eles não agradam a Deus, são inimigos de todos os homens e nos impedem de pregar aos gentios para que sejam salvos; e desse modo aumentam sempre a medida dos seus pecados; mas, por fim, a ira lhes sobreveio." (1Ts 2:14-16). Na carta à Igreja em Esmirna, João, o vidente, escreve: "Conheço tua tribulação e tua pobreza, apesar de seres rico, e a blasfêmia dos que dizem ser judeus, mas não são; pelo contrário, são sinagoga de Satanás." (Ap 2:9; cf. 3:9).

Em adição ao tema da responsabilidade pela morte de Jesus — o crime descrito, mais tarde, como "deicídio" — muitas passagens se preocupam com o julgamento dos judeus, pela sua descrença na mensagem do evangelho. Frequentemente, linguagem retórica severa pode ser usada para se referir aos fariseus, em particular: ex. "hipócritas", "filho (s) do inferno", "tolos cegos", "guias cegos", "raça de víboras" (Mt 23). Outro elemento chave é a destituição de Israel pela Igreja: ex. "Portanto, eu vos digo que o reino de Deus vos será tirado e será dado a um povo que dê frutos." (Mt 21:43); "Estai cientes, então, de que esta salvação de Deus é enviada aos gentios, e eles ouvirão." (At 28:28, depois de uma citação de Is 6:9-10, aplicada aos judeus que não creem no evangelho); "Também vos digo que muitos virão do oriente e do ocidente e se sentarão à mesa de Abraão, Isaque e Jacó, no reino do céu; mas os cidadãos do reino serão lançados nas trevas exteriores; ali haverá choro e ranger de dentes." (Mt 8:11-12).

É uma grande ironia que essas palavras, escritas por judeus, sejam usadas para justificar o antissemitismo. O próprio Jesus era judeu, e o autor do quarto evangelho declara que "a salvação vem dos judeus" (Jo 4:22). Todos os primeiros cristãos eram judeus e, além disso, viam sua fé não como alienada da, mas como o clímax da esperança de Israel (cf. At 28:20). O fato é que a linguagem vitriólica reflete um debate interno, com judeus discutindo com judeus, judeus cristãos contra os judeus das sinagogas. Esse tipo de linguagem rude é remanescente daquela usada pelos profetas do Antigo Testamento em sua crítica a Israel. A aspereza da polêmica, além disso, reflete as convenções da retórica antiga.

É claramente errado olhar esse material como antissemita (isto é, envolvendo discriminação racial), e mesmo a palavra antijudaísmo também não é adequada, embora, para ser sincero, haja controvérsia contra o judaísmo no Novo Testamento. Porque o material em questão é amarrado ao tempo e historicamente condicionado, os seguintes fatores mitigadores devem ser guardados: (1) A desaprovação excepcionalmente severa dos judeus no Novo Testamento reflete, não somente argumento interno, mas também hostilidade resultante da perseguição judaica aos cristãos judeus; (2) muito da controvérsia do Novo Testamento é dirigida contra a liderança e não ao povo como um todo; (3) aplicar qualquer coisa desse material aos judeus ou ao judaísmo de hoje é ser culpado, não somente de anacronismo, mas também de um grave mal entendimento e mal uso dele. Mesmo que o Novo Testamento coloque a responsabilidade pela morte de Jesus sobre os judeus, aquela geração (e seus filhos) já desapareceu de cena e, por isso, não faz sentido colocar a culpa sobre os modernos judeus. É claro, cristãos que são cônscios teologicamente perceberão que a verdadeira responsabilidade pela morte de Jesus pertence tanto a eles mesmos como aos judeus.

Dada a história do abuso trágico desse material, os cristãos devem, agora, considerar-se sob a permanente obrigação de parar de enfatizar o que essas passagens não *dizem*. Cristianismo e antissemitismo são mutuamente excludentes. [DONALD A. HAGNER]

ANTÔNIA, FORTALEZA DE Grande fortaleza construída por Herodes, o Grande na região noroeste do monte do Templo. Antônia (gr. *Antōnia*) substituiu outra fortaleza mais antiga (Ne 2:8; 7:2) que Herodes removeu durante escavações de nivelamento, substituindo-a por uma estrutura mais impressiva, nomeada em honra ao seu patrocinador Marco Antônio. Antônia, entretanto, deve ter sido construída, antes da derrota de Antônia em 31 a.C. e serviu como quartel de Herodes em Jerusalém, até a construção de um novo palácio na região oeste da cidade.

A Antônia estava localizada sobre uma elevada plataforma rochosa (42 x 120 m) agora ocupada pela escola Omariyyeh; fossos profundos e escarpas naturais a protegem por todos os lados. De acordo com Josefo (*BJ* 5.238-47), Antônia tinha quatro torres nas pontas e quatro torres pequenas que prevaleciam sobre as cortes do templo a baixo. Na fortaleza havia banhos, pórticos, pátios, e outras conveniências adequadas aos visitantes reais, mas suficiente para acomodar a coorte normalmente situada lá (cf. At 21:27-37). Esse lugar estava ligado aos arredores do templo por duas escadarias, que levavam aos pórticos do recinto do templo e por um túnel (*Ant.* 15.424). O tanque *Struthion*, na parte nordeste de Antônia, fornecia água para a fortaleza.

Se Antônia foi ou não o lugar do julgamento de Jesus diante de Pilatos ainda é fruto de debates. Os procuradores romanos também poderiam ter estado ou no palácio de Herodes ou palácio asmoniano, ambos localizados na parte superior da cidade. [THOMAS V. BRISCO]

ANTOTIAS (heb. *'anĕṯōṯîyâ*) Benjamita, um dos filhos de Sasaque (1Cr 8:24).

ANTROPOLOGIA *Ver* HUMANIDADE.

ANTROPOMORFISMO A atribuição de características humanas a Deus, especificamente a conceptualização de Deus em aspectos de formas (gr. *morphḗ*) humanas (gr. *ánthrōpos*), mas não emoções humanas (tais como amor ou ira), chamadas de antropopatismo. A linguagem antropomórfica entremeia toda a Bíblia, mas é mais frequente no Antigo Testamento (especialmente o Pentateuco e os Salmos) que no Novo. Descrições figurativas de Deus com características humanas incluem referências à face de Deus (Sl 34:16 [TM 17]), aos olhos (2Cr 16:9), lábios (Pv 16:27), boca (Is 1:20), ouvidos (Tg 5:4), mãos (Êx 15:17), dedos (Lc 11:20), braço (Jo 12:38), e pé (Lm 1:15). Outras figuras antropomórficas sugerem características humanas. Deus é descrito como aquele que anda no jardim (Gn 3:8) e cheira sacrifícios (8:21). Embora outras religiões antigas imaginassem suas divindades com características realmente humanas ou animais em forma — ou como híbrido de características animais ou humanas — a antiga religião judaica, conforme refletida nas Escrituras, absteve-se de fazer o mesmo. Embora Gênesis 1:27 forneça uma análise racional para a figura antropomórfica, o perigo inerente é que tal linguagem figurada, empregada para expressar como humanos experimentaram um Deus transcendente, seja errada para uma linguagem literal, particularmente com respeito ao gênero de Deus. [JEFFREY T. TUCKER]

ANÚNCIO Evento no qual o anjo Gabriel informa a Maria que ela terá um filho chamado Jesus, que reinará sobre Israel para sempre (Lc 1:26-38; cf. Mt 1:18-25, um anjo informa José; Prot. Jas. 10-12). Esse anúncio é paralelo à profecia do nascimento de João Batista (Lc 1:8-25) e parece basear-se em registros do Antigo Testamento (Gn 18:1-15; Jz 13:2-7).

Em adição ao anúncio, eventos miraculosos cercando pessoas proeminentes eram também convencionais na literatura helênica (ex. Diogenes Laertius *Lives* 3.1-2; Flavius Filostratus *Life of Apollonius of Tyana* 1.4-6). [GREG CAREY]

ANZI (heb. *'aṯṣî*) **1.** Levita da tribo de Merári; o filho de Bani e ancestral de Etã (1Cr 6:46 [TM 31]).

2. Sacerdote, o filho de Zacarias e um ancestral de Adaías (Ne 11:12).

AOÁ (heb. *'ăḥôaḥ*) O filho de Bela, o primogênito de Benjamim (1Cr 8:4). O nome deveria provavelmente ser lido Aías, devido à provável ditografia com 1Cr 8:7 (que dá os filhos como Naamã, Aias e Gera). As versões grega, siríaca e aramaica dão suporte a essa leitura alternativa (LXX *Achia*). [NANCY L. DECLAISSÉ-WALFORD]

AOÍ (heb. *'ăḥôḥî*) O pai de Dodó e avô de Eleazar, um dos campeões de Davi (2Sm 23:9).

AOÍTA (heb. *'ăḥôḥî*) Patronímico ou nome gentílico dado a três dos campeões de Davi: Dodó (1Cr 11:12; cf. 2Sm 23:9), Zalmom (23:28), e Ilai (1Cr 11:29; talvez o mesmo que Zalmom).

APAIM (heb. *'appayim*) Filho de Nadabe e pai de Isi; um descendente de Jerameel, de Judá (1Cr 2:30-31).

APOCALIPSE Gênero de escritos (gr. *apokálypsis*, "revelação, manifestação") que se preocupa com visões e profecias do fim dos tempos ou da era vindoura). *Ver* APOCALÍPTICA.

APOCALÍPTICA Adjetivo usado para descrever uma ampla categoria de fenômenos ligados por uma cosmovisão similar. É parte de um conjunto de termos (apocaliptismo, escatologia apocalíptica) derivados do gênero literário de apocalipse.

O gênero "apocalipse" deriva do grego *apokálypsis* ("revelação" ou "manifestação"), que aparece na linha de abertura do livro neotestamentário chamado Apocalipse. Esse livro, um exemplo que exibe um apocalipse na literatura cristã primitiva, dá o seu nome para o gênero inteiro. O gênero em si mesmo pode ser definido como "gênero de literatura revelatória com estrutura narrativa, na qual

A B C D E F G H I J K L M N O P Q R S T U V X Y Z

uma revelação é mediada por um ser sobrenatural a um recipiente humano, revelando realidade transcendente que é tanto temporal, à medida que ela considera uma salvação escatológica, como espacial, à medida que ela envolve um outro mundo sobrenatural" (Collins, *Apocalypse*, 9). "Apocalipse" são caracterizados pela presença de visão, simbolismo, um vidente humano e um mediador sobrenatural, ênfase sobre eventos no cósmico antes que no domínio humano, um crescente interesse em anjos e demônios, a noção da transcendência de Deus, e pseudoniminidade. Dada essa definição, existe somente um exemplo de verdadeiro apocalipse no Antigo Testamento, Daniel 7-12, enquanto o único apocalipse do Novo Testamento é o livro de Apocalipse (que é uma exceção, por não ser pseudônimo).

O gênero, entretanto, era mais difundido do que os exemplos canônicos. Apocalipse como gênero floresceu entre 250 a.C. e 250 d.C., dando muito mais exemplos à literatura, tal como 1Enoque, 4Esdras, e 2Baruque. Entretanto, os antecedentes da literatura apocalíptica podem ser encontrados muito antes, na tradição profética e de sabedoria do antigo Israel, e nas mitologias do Antigo Oriente Próximo. Literatura apocalíptica se vale de profecia, na qual a mensagem de Deus interessada em uma situação histórica particular é transmitida a um recipiente humano, por meio de experiência auricular ou visual, pela ênfase na visão, a revelação especial dada ao recipiente humano, e o uso de eventos históricos para revelar o plano secreto de Deus. Textos proféticos posteriores, que contêm características incipientes do apocalipse, incluem Ezequiel 1-3 e Zacarias 1-6. Os antecedentes de apocalipse podem ser vistos particularmente no material especulativo de livros, tais como 1Enoque, no qual, no Livro dos Luminares Celestiais, Enoque é levado a uma jornada sobrenatural e lhe são mostrados os segredos do domínio celestial (cf. Jo 37-38). Finalmente, a influência da mitologia do Antigo Oriente Próximo, especialmente as literaturas da Babilônia e da Pérsia, pode ser discernida no tipo de símbolos usados por toda a literatura apocalíptica, p. ex., o mar como o símbolo do caos (Dn 7:2-3; Ap 13:1).

O gênero "apocalipse" empresta seu nome a uma área ampla de fenômenos livremente organizada sob a rubrica "apocalíptica". As razões para o surgimento desse tipo de literatura e seu fenômeno associado no período do Segundo Templo não são completamente entendidas, mas parece que há uma forte conexão com algumas crises, trazendo sentido de impotência social, política, ou religiosa, tanto de uma comunidade como de um indivíduo. Às vezes, a crise é clara para o leitor posterior, tal como a perseguição dos judeus por Antíoco IV Epifânio, refletida em Daniel 7-12, ou a destruição do Segundo Templo pelos romanos em 70 d.C., refletida em 4Esdras ou 2Baruque. Entretanto, às vezes, a crise precipitada não é evidente, e pode ter sido importante somente para o autor original. Esse é o caso de grandes porções da literatura de Enoque.

Esse sentido de crise e julgamento iminente explica o aparecimento de um fenômeno conhecido como escatologia apocalíptica, na qual a cosmovisão apocalíptica é aplicada a eventos relacionados com o fim do mundo, usualmente vistos como se aproximando rapidamente. A escatologia apocalíptica declara que as condições adversas do mundo presente, efetuada pela crise precipitada, terminarão em julgamento para o ímpio e vindicação para os justos, ambas da mão de Deus. O julgamento do mundo presente usualmente inclui sua destruição, seguida por uma nova e glorificada existência para o justo. Um exemplo irrefutável disso é Apocalipse 20-21, em que em um julgamento (o Grande Trono Branco) de todas as obras acontece, seguindo-se o lançamento dos condenados no lago do fogo do inferno. Depois desse julgamento, o vidente reconta: "E vi um novo céu e uma nova terra. Porque já se foram o primeiro céu e a primeira terra, e o mar já não existe. E vi a santa cidade, a nova Jerusalém, que descia do céu da parte de Deus, adereçada como uma noiva ataviada para o seu noivo" (21:1-2).

Escatologia apocalíptica é parte do movimento conhecido como apocaliptismo, termo usado para descrever cosmovisão ou universo simbólico, cujas características extrapolaram do apocalipse. Todas as comunidades, não simplesmente indivíduos, podem ter uma cosmovisão melhor descrita como apocalíptica, com tendência para crer que a história se move em direção à crise, que o *éschaton* virá brevemente (dentro do tempo de vida do crente ou da comunidade), e colocando ênfase na possessão da comunidade de uma revelação que lhe dá conhecimento especial (e algumas vezes secreto) sobre a era presente. Duas comunidades do período do Segundo Templo, que foram descritas como apocalípticas, são a comunidade de Qumran e os cristãos primitivos. Embora a comunidade de Qumran evidentemente não produziu qualquer apocalipse como tal, sua literatura é permeada com o apocaliptismo. Por exemplo, os *pesherim*, uma técnica de interpretação bíblica, usa os profetas bíblicos e os salmos para interpretar eventos contemporâneos na existência das seitas como parte do desdobramento do drama escatológico. O Rolo da Guerra (1QM), descrição das batalhas da era escatológica, assume que anjos e homens lutam juntos no exército de Deus, e é somente a intervenção decisiva de Deus na batalha final, que efetua a derrota do exército de Belial.

Foi reconhecido que, no mínimo, partes da comunidade cristã primitiva eram apocalípticas em perspectiva. O evangelho de Marcos entende a vinda de Jesus como o alvorecer da era escatológica, e o evangelho termina com a expectativa do retorno iminente de Jesus em glória (Mc 16:6-7). O apóstolo Paulo, do mesmo modo, espera o retorno do ressurreto Jesus em sua existência, com a subsequente ressurreição dos mortos (1Ts 4:13-5:11). Também, Paulo sugere em 2Coríntios uma jornada sobrenatural, durante a qual ele foi elevado "ao terceiro céu" (2Co 12:1-4). Apocalipses também ocorrem na tradição mística do judaísmo posterior, p. ex., 3 Enoque (Sefer Hekalot), indicando, talvez, a persistência do pensamento apocalíptico no período rabínico.

Bibliografia. J.H. Charlesworth, ed., *OTP*, 1: *Apocalyptic Literature and Testaments* (Garden City, 1983); J.J. Collins, *The Apocalyptic Imagination*, 2. ed. (Grand Rapids, 1998); *The Scepter and the Star: The Messiahs of the Dead Sea Scrolls and Other Ancient Literature* (Nova York, 1996); Collins, ed., *Apocalypse: The Morphology of a Genre. Semeia* 14 (1979); P.D. Hanson, *The Dawn of Apocalyptic*, ed. rev. (Philadelphia, 1979). [SIDNIE WHITE CRAWFORD]

APÓCRIFOS O termo "Apócrifos", do grego para "escondido" ou "obscuro" (*apó + krýptein*, "esconder"), refere-se a uma coleção de 15 livros julgados canônicos pelos Católicos Romanos e pela Ortodoxia Oriental, mas não pelos judeus nem pelos protestantes. A razão por que Jerônimo (420 d.C.) e Cirilo de Jerusalém (386 d.C.) primeiramente aplicaram o nome à coleção permanece desconhecida; somente 4Esdras (2Esdras) sugere um volume isolado (12.37-38; 14.4-6, 42-46). Talvez, originalmente o título indicava livros guardados da leitura pública, por causa de visões heréticas; talvez, ele se referisse a escritos ocultados daqueles que não tinham sabedoria.

Os rótulos "AT" ou "judaico" são frequentemente acrescentados aos "Apócrifos" para distinguir essa coleção dos Apócrifos "cristãos" ou "Neotestamentários". O termo Católico Romano corrente para a coleção, "Deuterocanônico", indica, não uma posição secundária, mas que os volumes se tornaram canônicos em uma data posterior, comparados aos "Protocanônicos" (hebraico) "Antigo Testamento". A Igreja Oriental, também usando "Deuterocanônico", destina "Apócrifos" para aquelas obras não canônicas também chamadas "Pseudepígrafos".

Os 15 livros mais frequentemente identificados como Apócrifos incluem textos atribuídos às dignidades passadas (Baruque e a Epístola de Jeremias usualmente incorporados dentro deles; Oração de Manassés; 1Esdras/3Esdras; 2Esdras/4Esdras), romances (Judite), fábulas populares (Tobias), histórias (1, 2Macabeus), literatura de sabedoria (Ben Siraque/Esclesiástico, Sabedoria de Salomão), e adições aos textos bíblicos hebraicos (Adições a/Resto do Livro de Ester; Adições a Daniel). Com exceção de 4Esdras, os textos existem em sua forma mais antiga somente em grego; em cópias da LXX, eles estão entremeados com traduções gregas dos textos hebraicos, antes do que reunidos separadamente. O livro de 4Esdras aparece primeiramente nas traduções antigas da LXX em Latim, e por meio dessa conexão ganha seu lugar nos Apócrifos.

Ambas a Igreja Grega e Igreja Ortodoxa Eslava expandem os Apócrifos, ao incluir 3Macabeus e Salmo 151, embora algumas vezes esses textos sejam vistos como tendo autoridade menor. O livro de 3Macabeus aparece em vários manuscritos da LXX, como também em manuscritos Peshitta e em muitas Bíblias Americanas. O salmo 151 aparece em Sinaítico, em muitos manuscritos gregos do Saltério, e em Siríaco. Finalmente, 4Macabeus, presente em muitos manuscritos gregos principais, não recebe posição canônica embora tenha influenciado o pensamento e prática da Igreja Ortodoxa e apareça como apêndice em Bíblias Ortodoxas Gregas. Esses três textos, juntos com os outros 15, são impressos hoje nos Apócrifos das versões RSV e NRSV que são tidas como ecumênicas.

Os livros, em si mesmos, são difíceis de localizar de acordo com a data, origem, e língua original. Eles vão desde o fim do século III a.C. até o século I d.C., com 4Esdras, o único apocalíptico na coleção, pós-datando a destruição do templo de Jerusalém em 70 d.C. Muitos estudiosos insistem que, salvo 2Macabeus e Sabedoria de Salomão, todos foram compostos em Israel e ou em hebraico ou aramaico; outros argumentam em favor das origens gregas e da Diáspora (especialmente Alexandria). A descoberta, em Massada, de fragmentos de Ben Siraque em hebraico e em Qumran, não somente de Ben Siraque, mas também de Tobias tanto em hebraico como aramaico e a Epístola de Jeremias em grego não resolveu o debate sobre a língua e a origem.

Esses livros eram autorizados pelos judeus, mas se as comunidades judaicas os consideravam como divinamente inspirados permanece em aberto. Provavelmente, as versões gregas e a data relativamente posterior das obras influenciaram o processo de decisão. O Novo Testamento, em si mesmo, substancialmente escrito por judeus, não tem citações diretas dos Apócrifos; entretanto, argumentos para a influência de Ben Siraque em Mateus, da Sabedoria de Salomão em Paulo e da Epístola aos Hebreus e Macabeus no Evangelho de João são plausíveis.

Várias outras fontes judaicas antigas mostram conhecimento das obras apócrifas. Josefo conhece o Adições a Ester; escritos rabínicos citam Ben Siraque 16 vezes; a celebração de Hanukkah depende de eventos relatados em 1 e 2Macabeus, embora o teor militarista dos livros não os recomende aos interesses rabínicos. A mãe mártir, macabeia, e seus sete filhos aparecem no Talmude, como também nas Lamentações de Rabbah.

Familiaridade similar é mostrada pelos escritores patrísticos: Clemente de Roma cita a Sabedoria de Salomão, Judite, e Adições a Ester; Policarpo cita Tobias; 2Macabeus aparece no Pastor de Hermas, e a Constituição Apostólica, além disso, nota que Baruque é lido no culto judaico; o fragmento Muratoriano inclui a Sabedoria de Salomão como um volume do Novo Testamento.

As Igrejas Orientais, dependentes da LXX, mais que dos rolos hebraicos, reconheceram os Apócrifos como autoritativos. Embora o Sínodo de Constantinopla (1642), seguindo promulgações do Sínodo de Laodiceia (360) e de outros, tenha considerado esses livros como não canônicos, porém dignos de leitura, o Sínodo de Jerusalém (1672), na autodefinição de ortodoxia iniciada pelos desafios protestantes, especificamente reconheceu Ben Siraque, a Sabedoria de Salomão, Judite e Tobias como canônicos.

Jerônimo — seguindo o hebraico antes que a LXX para sua versão latina, a Vulgata (382) — traduz somente Adições a Ester e Daniel, e, por causa do pedido de dois bispos, traduz também Tobias e Judite; ele notou que essas obras não estavam nas Escrituras Hebraicas. Para Jerônimo, textos apócrifos tinham valor didático (p. ex., ele aprovou Judite porque ele valorizava a viúva celibatária), mas não tinham importância doutrinária. À medida que a Igreja Ocidental copiava Bíblias, acrescentava os textos apócrifos, tais como 4Esdras, preservado no latim antigo para a Vulgata, mas isso deixou de lado as anotações de Jerônimo; assim, os Apócrifos foram incluídos como Escritura Sagrada. O Concílio de Trento (1546) reafirmou a canonicidade de todos os volumes para o Catolicismo Romano, exceto 1-2Esdras e a Oração de Manassés; mesmo essas obras aparecendo como um apêndice na Vulgata de 1592. O Primeiro Concílio Vaticano (1870) confirmou a decisão de Trento.

Contudo, a visão de Jerônimo nunca foi perdida. A Bíblia de Wycliff (1382), traduzida da Vulgata, cita Jerônimo em sua decisão de listar os Apócrifos (menos 4 Esdras) como faltando-lhes autoridade. Lutero — influenciado por Jerônimo, o “Tratado sobre a diferença entre nossa versão [a Vulgata] e a verdade hebraica]” pelo judeu convertido ao cristianismo Nicolau de Lira (1340 d.C.), que tinha uma preferência cultural crescente pela autoridade da antiguidade, e que talvez tinha preferência por citações católicas dos Apócrifos em suporte ao purgatório (2Macabeus 12.43-45) e mérito ganho por obras (ex. 2Esdr. 8.33) — reuniu os Apócrifos em uma seção nas costas de seu Antigo Testamento de 1534 e declarou que os livros, embora edificantes, não eram sagrados. A Bíblia de Genebra (1599) realmente os omitiu inteiramente (isso pode ter sido involuntário; os volumes aparecem no Índice); o terceiro artigo na Confissão Calvinista de Westminster (1646-1648) compara o livro a obras seculares.

O início do século XVII também testemunhou a impressão da KJV sem os Apócrifos. Embora a Igreja da Inglaterra tenha incluído os volumes em suas Bíblias e leituras delas em seus lecionários, os Trinta e Nova artigos (1562, 1571) negam o uso de obras na determinação de doutrinas (Art. 6). Em 1827, as Sociedades Bíblica e Estrangeira recusaram suporte para organizações irmãs na Europa, que imprimiam Bíblias com os Apócrifos; logo, dali para frente, a American Bible Society começou a imprimir Bíblias sem os Apócrifos. Fazer esse texto menor e mais popular era diminuir custos.

Da metade do século XX, desde que o ecumenismo ganhou popularidade e seus estudiosos reconheceram o valor dos Apócrifos para a reconstrução da história judaica tanto em seus próprios direitos e como pano de fundo para as origens cristãs, os volumes foram reapresentados aos leitores judeus e cristãos. Traduções modernas, tais como RSV, NRSV, e TEV, frequentemente incluem os Apócrifos.

Historicamente, os Apócrifos fornecem informação substancial sobre o helenismo e o judaísmo romano primitivo. 1 e 2Macabeus oferecem comentários conflitantes sobre a dinastia asmoniana e sobre o relacionamento entre religiosidade e política; o Adições a Ester e Daniel como também 2Macabeus e Tobias enfatizam a resistência à assimilação, particularmente na Diáspora, através de regras dietéticas e de endogamia; Ben Siraque reflete visões helenístico-mediterrâneas de honra e humilhação e da preocupação contínua do controle sobre as mulheres; e a Sabedoria de Salomão, influenciada pela filosofia grega, desenvolve o conceito de Sofia como a manifestação do divino. Preocupações litúrgicas juntamente a um enfoque profundo na piedade pessoal são demonstradas não somente no Salmo 151 e nas invocações de Manassés, Azarias, e os Três Homens Jovens, mas também pelas orações atribuídas a Tobias e suas noras Sara, Judite e Susana.

Comparados à Bíblia Hebraica, os Apócrifos mostram um interesse crescente mantido nos personagens femininos, nos temas de fábulas populares (Tobias), e no romance como tanto com tom divertido como instrutivo (Judite); Susana é possivelmente a primeira história investigativa. Comparados aos pseudepígrafos e aos livros posteriores da Bíblia Hebraica, os Apócrifos estão notavelmente carentes de materiais apocalípticos e, especialmente, proféticos; essa ausência pode ser explicada pela visão de que a profecia clássica terminou com Esdras ou, até mesmo, pela compreensão de que a coleção dos profetas estava completa.

Instrutivas sobre as preocupações da igreja e da sinagoga, as obras apócrifas em si mesmas influenciaram a pintura, a música, e o teatro; Chaucer e Shakespeare, Milton e Longfellow, Handel e Anton Rubinstein, Rembrandt e Artemesia Gentileschi todos eles também se basearam em livros apócrifos. Mesmo Columbo discutiu a partir de 2Esdras 6.42 que a passagem da Europa ocidental para Ásia duraria somente poucos dias.

Bibliografia. N.R.M. de Lange, *Apocrypha: Jewish Literature of the Hellenistic Age* (New York, 1978); B.M. Metzger, *An Introduction to the Apocrypha* (Oxford, 1977); S. Meurer, ed., *The Apocrypha in Ecumenical Perspective.* UBS Mon 6 (Nova York, 1992); H.H. Rowley, *The Origen and Significance of the Apocrypha,* ed. rev. (London, 1967); M.E. Stone, ed., *Jewish Writings of the Second Temple Period.* CRINT 2/2 (Philadelphia, 1984). [AMY-JILL LEVINE]

APÓCRIFOS, CRISTÃOS PRIMITIVOS Os termos "AT" e "NT Apócrifos" (gr. *apókryphos*, "estar escondido ou oculto", subsequentemente "esotérico") designa uma coleção diversa de escritos, fora dos dois cânons, retratando figuras e eventos bíblicos. Essa bifurcação é problemática quando, p. ex., uma reelaboração cristã de uma narrativa do AT ou de uma narrativa judaica pseudepígrafa não se encaixa bem em qualquer uma das duas categorias. "Apócrifos Cristãos Primitivos" é uma designação melhor do que Apócrifos do NT porque, embora esses textos empreguem figuras do NT, não mantêm necessariamente uma conexão teologicamente íntima com o NT e podem muito bem ter sido escritos antes que o cânon estivesse formado. Esse corpo amorfo, sem homogeneidade interna, acarreta numa grande variedade de gêneros incluindo evangelhos, ditos, apocalipses, epístolas, tratados e atos. A tentativa de categorizar textos dentro dessas categorias, entretanto, também é problemática porque eles frequentemente não se encaixam nitidamente em uma classificação ou em outra. Alguns combinam vários gêneros ou apresentam um gênero na forma de outro, tal como um discurso de revelação na forma de uma epístola. De fato, não existem formas puras porque os textos são frequentemente construídos sobre unidades literárias menores, tais como hinos, credos, poemas, fórmulas litúrgicas, e material parentético.

Os evangelhos apócrifos frequentemente incluem palavras e tradições sobre Jesus, como também narrativas a respeito de seu nascimento, infância, ensinos e paixão. Essa literatura preservou tradições tão bem conhecidas como os animais em volta da manjedoura, o nascimento na caverna, milagres na infância, e a descida de Cristo para o inferno. Também são retratadas as ações e palavras dos discípulos de Jesus e dos membros de sua família, tal como no Evangelho de Pedro, no Evangelho de Maria e no Evangelho de Tomé. Os textos descobertos em Nag Hammadi, em 1945, tornaram acessível um tesouro abundante de materiais, ao fornecer quase 50 textos previamente desconhecidos, muitos dos quais são apócrifos. Outras descobertas de manuscritos antigos em monastérios e bibliotecas, no século XX e até mesmo em décadas recentes, indicam que estudos desses textos prometem muito potencial para projetos de pesquisas futuros. Dentre essas descobertas estão fragmentos de papiros contendo ditos do Senhor (ditos), que se não forem historicamente confiáveis, pelo menos revelam consideravelmente sobre as comunidades que os preservaram. Tais ditos de tradição cristã primitivos como o Evangelho de Tomé e o Diálogo do Salvador parecem ter se alicerçado dentro delas, antes que as tradições orais primitivas. Semelhante ao modo como Lucas, Mateus, e Tatian reúnem fontes para produzir uma harmonia, assim também fazem os textos apócrifos, tal como o Evangelho dos Ebionitas, que harmonizou várias tradições e fontes num tempo quando os escritores eram livres para fazê-lo, porque os evangelhos ainda não tinham sido canonizados.

Os apocalipses incorporam revelações, visões, epifanias, ou aparições pós-ressurreição aos discípulos. Esses textos são frequentemente existentes somente em fragmentos, ao passo que outros são somente conhecidos pelo nome e ainda têm de ser achados. Eles preservaram exortações ao arrependimento e, por meio de linguagem pictórica, retratos tanto do juízo final como do céu e do inferno (Apocalipse de Paulo). As epístolas pseudepígrafas frequentemente complementam ou corrigem doutrinas e não são muito diferentes da produção das epístolas deuteropaulinas. Dentre as epístolas pseudepígrafas estão a Epístola de Paulo aos Laodicenses (Cl 4:16) e a Terceira Epístola aos Coríntios (Atos de Paulo). Outras epístolas importantes incluem a correspondência entre Cristo e Abgar, e entre Paulo e Sêneca.

Alguns dos textos apócrifos mais bem conhecidos são os Atos, tais como os Atos de Paulo e Tecla, de Pedro, de Tomé, de João, de André e de Filipe. Desses, os cinco primeiros foram atribuídos por Fócio a um certo Leucius Charinus, embora de acordo com o estilo e conteúdo, eles, claramente, não foram escritos pela mesma pessoa. Esses textos frequentemente apresentam uma biografia truncada de um apóstolo, usualmente começam com o recebimento da missão dele ou dela e com a inclusão dos discursos, viagens, e/ou milagres dele ou dela. Frequentemente, as seções finais dos Atos descrevem os martírios dos apóstolos, que deve ter tido um valor inspirativo tremendo em tempos de perseguição. Muitos dos textos apócrifos concentram-se em certos apóstolos ou reivindicam ter sido escritos por eles, dessa forma invocando a autoridade dele ou dela como o recipiente, transmissor, e fiador dessa mensagem particular. Na produção desses Atos ocorre, eventualmente, um desenvolvimento do destaque de um apóstolo para dois, que trabalham um com o outro em suas missões. Outra transição ocorre nos séculos IV e V, quando a literatura apócrifa se desenvolve em direção ao material hagiográfico, de tal forma que se torna difícil distingui-los. Esses Atos e outras histórias apresentam tradições a respeito da natividade e vida de Maria, mãe de Jesus, da crucificação de Pedro de ponta-cabeça, e das atividades missionárias de certas discípulas, tais como de Maria Madalena (Atos de Filipe), Tecla (Atos de Paulo e Thecla), e Maximila (Atos de André). Porque esses textos descrevem narrativas tão bem conhecidas, mas incomuns, e porque eram virtualmente as únicas fontes para descrições físicas dos apóstolos (confiáveis ou não), os textos são essenciais para o entendimento de temas em iconografia cristã, desde o fim dos tempos helenísticos até ao período medieval.

Porque as comunidades cristãs primitivas não valorizavam os mesmos textos, essa literatura é importante para os estudiosos porque lança luz sobre os interesses diversos de um cristianismo constantemente expansível. Embora frequentemente apresentem elementos românticos e imaginativos, esses textos também preservam partes históricas essenciais para a reconstrução do pensamento e das teologias cristãs primitivas. As tradições, que envolvem certos apóstolos, em certos casos originam-se das verdadeiras origens do cristianismo. Com uma pluralidade de recipientes, algumas das comunidades que valorizavam grandemente esses textos (p. ex., Montanistas, Maniqueus, ou Priscilianistas) eram eventualmente marginalizadas pelo que veio a ser conhecido como cristianismo dominante. Cheios de lendas, de milagres não usuais e, até mesmo, de conversa de animais, esses textos, não obstante, apresentam percepções do mundo religioso, social, e cultural do cristianismo primitivo, particularmente da religião popular das massas durante os tempos apostólicos. Eles comparam, completam, ou talvez, mesmo antedatam algumas das informações que a literatura canônica apresenta, aparentemente com uma variedade de propósitos que vão desde o entretenimento à propaganda, desde o material polêmico ou apologético à instrução e ao encorajamento, durante perseguição ou mesmo martírio.

Os problemas de data, origem, e autoria são frequentemente difíceis ou impossíveis de serem solucionados. Muitos dos textos podem ter sido escritos tão cedo quanto o século I, a maior parte nos séculos II e III, com alguns (exemplo, Pistis Sophia) originando-se em qualquer parte, entre os séculos III e V. É difícil fixar um limite cronológico para a variação de datas da literatura apócrifa, porque tal literatura continuou a ser produzida, revisada, e re-datada por séculos, sem uma data definida para o cessar de sua criação. Textos como o Didaquê, a Epístola de Barnabé, e o Pastor de Hermas foram escritos cedo o suficiente para serem considerados para a inclusão no cânon. De fato, Códex Sinaítico, o códex existente mais antigo do Novo Testamento, inclui tanto a Epístola de Barnabé como o Pastor de Hermas em sua coleção. Alguém não pode, por essa razão, prontamente generalizar negativamente sobre a recepção desses textos porque eles foram, algumas vezes, lidos como Escritura nas assembleias litúrgicas de algumas das igrejas cristãs primitivas e porque ainda eram lidos na Idade Média. Frequentemente, os títulos dos textos se perderam e só foram preenchidos por comentaristas posteriores; muitos textos foram escritos anonimamente ou pseudepigraficamente.

Em parte por causa da teologia, e em parte por causa da natureza pseudepigráfica dos textos, muitos escritos antigos retrataram esses textos como espúrios, dessa forma, obscurecendo-os com a suspeita de heresia. Embora as numerosas referências patrísticas provem quão difundido eles eram, essas referências também contribuíram para que eles fossem vistos como inferiores ao que se tornou sua contraparte canônica. A ampla existência geográfica desses textos aponta para o alcance de sua popularidade, conforme aparecem ou no idioma original ou nas traduções em grego, siríaco, cóptico, latim, árabe, geórgia, armênio, eslavo, gaélica e etiópica. Determinar a língua do texto original ou reconstruir evidência fragmentária é, algumas vezes, muito difícil. Por exemplo, tanto o Atos de Paulo como o Atos de Pedro contêm o *"Quo Vadis?"* cena do encontro de Pedro com Cristo no caminho da Appian, sinalizando que parte do desafio contínuo desses textos é determinar o grau de sua intertextualidade ou interdependência, como também determinar brechas entre material, fonte e redação. Essas questões, mais os problemas de transmissão oral e desempenhos, estudos de gênero, a complexidade da evidência de manuscritos e a reconstrução textual, fornecem áreas férteis para futuras pesquisas. Para esse propósito, edições críticas com traduções e notas estão crescentemente mais disponíveis. Fontes incluem Richard A. Lipsius e Max Bonnet para *Acta apostolorum apocrypha* (Leipzig, 1891-). Traduções inglesas existem em Edgar Hennecke-Wilhelm Schneemelcher, *New Testament Apocrypha* (Philadelphia, 1963-65; 2. ed., Louisville, 1991-92); James K. Elliot, *The Apocryphal New Testament*, ed. rev. (Oxford, 1993); e um vindouro projeto de quatro volumes da Polebridge Press. Um grupo internacional de estudiosos, dirigidos por François Bovon e Pierre Geoltrain, chamado Association Pour L´étude de La Littérature Apocryphe Chrétienne (Associação de Estudos Literários Apócrifos Cristã), tem se dedicado à intensa pesquisa nessa área, dessa forma, ajudando a superar anos de negligência de estudos dessas fontes vitais e ricas das tradições cristãs primitivas.

Bibliografia. J.H. Charlesworth, ed., *The New Testament Apocrypha and Pseudepigrapha* (Chicago, 1987); J.M. Robinson, ed., *The Nag Hammadi Library*, 3º ed. (São Francisco, 1988); D.M. Scholer, *Nag Hammadi Bibliography*. NHS 1 (Leiden, 1971). [ANN GRAHAM BROCK]

APOLIOM (gr. *Apollýōn*) Tradução grega do hebraico *ʾăḇaddôn*. A palavra, com o sentido de "destruidor", ocorre somente uma vez no Novo Testamento e refere-se ao "anjo do abismo" (Ap 9:11). A LXX traduz o termo hebraico para o grego como *apóleia*. Na literatura grega, o deus da destruição e da pestilência está, frequentemente, ligado a essa palavra. [JIM WEST]

APOLO (gr. *Apollṓs*) Judeu Alexandrino, melhor conhecido por sua ligação com a situação tratada por Paulo, em 1Coríntios. Muitos cristãos o estimam como seu professor (1Co 1:12; 3:4), e Paulo o descreve como cotrabalhador na "lavoura" de Deus (3:5-9) e companheiro servo de Cristo (3:22; 4:6). Entretanto, ele não está presente em Corinto quando Paulo escreve, e posteriormente recusa a sugestão de Paulo de voltar para lá (16:12).

Atos 18:24-28 contém a única informação biográfica sobre Apolo. Tendo um completo conhecimento da Escritura e grande fervor oratório, ele aprendeu o "caminho do Senhor", ensinou corretamente sobre Jesus, e recebeu o batismo de João. Ele falou corajosamente na sinagoga de Éfeso e foi reconhecido por Priscila e Áquila, que o convidaram para ir ao seu lar e lhe ensinaram mais adequadamente no evangelho. Apolo, então, foi para Acaia com o encorajamento e com as cartas de recomendação de muitos cristãos efésios. Em Corinto, Apolo ajudou grandemente os crentes e refutou vigorosamente judeus, em debate público, provando a partir das Escrituras que Jesus era o Cristo.

Esse esboço proveu especulação sobre os problemas tratados por Paulo em 1Coríntios. A designação de Apolo como *anèr lógios* ("homem eloquente", At 18:24) sugere que a raiz do problema está numa supervalorização da retórica greco-romana, embora sua herança alexandrina sugira que era um filósofo, seguidor de Fílon, treinado em técnicas de exegese alexandrina. Isso levou à sugestão de que tendências a ideias gnósticas, à sabedoria helênico-judaica, ou à espiritualidade excessiva, estão por trás das divisões em Corinto. Paulo não culpa Apolo pelas dificuldades naquela cidade e o retrata como companheiro valioso em seu ministério. As faltas encontram-se com os coríntios, que fazem dissensões.

Bibliografia. A.D. Litfin, *St. Paul´s Theology of Proclamation*. SNTSMS 79 (Cambridge, 1994). [JEFFREY S. LAMP]

APOLÔNIA (gr. *Apollōnía*) Cidade da Macedônia, ao Sul do Lago Bolbe, posicionada na Via Egnácia, a cerca de 43 km, a Leste de Tessalônica. Paulo e Silas passaram por Apolônia, viajando de Filipe para Tessalônica (At 17:1).

Várias outras cidades têm esse nome, a mais famosa estando no ponto final da Via Egnácia, no Ilírico. [RICHARD S. ASCOUGH]

APOLÔNIO (gr. *Apollṓnios*) **1.** Filho de Tharseas (ou talvez "de Tarsus"), governador da Coele-Síria e Fenícia, durante o reinado de Selêuco IV. De acordo com 2Macabeus 3.4-7, ele maquinou com um judeu, chamado Simon, e Selêuco, para roubar os tesouros do templo de Jerusalém. Apolônio enviou seu ministro-chefe Heliodorus para executar a ordem, mas Heliodorus foi impedido por uma aparição divina.

2. Filho de Menesteu, governador da Coele-Síria e Fenícia, durante o reinado de Selêuco IV e Antíoco IV, talvez idêntico ao 1 acima. De acordo com 2Macabeus 4.21, ele foi enviado ao Egito, por Antíoco, para participar da coroação de Ptolomeu VI Philometor, e trouxe notícias de que o Egito havia se tornado hostil para com Antíoco.

3. General dos soldados mercenários de Mísia, à serviço de Antíoco IV Epifânio. De acordo com 2Macabeus 5.24-26; 1Macabeus 1.29-32 Apolônio foi enviado a Jerusalém com ordens de saquear a cidade. Fingindo vir em paz, ele atacou e massacrou os judeus no seu dia de descanso, no sábado. Ele deveria, provavelmente, ser identificado com o general Apolônio, que veio com um grande exército de Samaria, a fim de suprimir a Revolta Macabeia (1Mc 3.10-12). Durante a batalha, Apolônio foi derrotado e perdeu sua espada para o líder rebelde, Judas.

4. Filho de Gennaeus, um dos governantes locais (gr. *stratēgós*) que, depois de os rebeldes terem feito paz com Antíoco V (164 a.C.), "recusou-se a permitir que os judeus vivessem em paz" e incitou renovados confrontos militares (2Mc 12.2).

5. Governador da Coele-Síria, nomeado pelo monarca selêucida Demétrios II (147). Josefo o identifica como o filho do 1 acima (*Ant.* 13.86-102). De acordo com 1Macabeus 10.69-87, Apolônio desafiou o sumo sacerdote asmoniano, Jônatas, à batalha, desde que Jônatas patrocinou o rival de Demétrio, Alexander Balas, ao trono selêucida. Jonathan respondeu, ao tomar a cidade de Jope da guarnição de Apolônio. Este tentou seduzir Jônatas a uma emboscada, mas Jônatas o afugentou. Apolônio e suas tropas fugiram para Asdode, onde eles se refugiaram no templo de Dagom. Jônatas queimou o templo até o pó e saqueou a cidade.

Bibliografia. J.C. Dancy, *A Commentary on 1 Macabees* (Oxford, 1954); J. Goldstein, *1 Maccabees*. AB (Nova York, 1976); E. Schürer, *A History of the Jewish People in the Age of Jesus Christ*, ed. rev., 4 vols. (Edinburgh, 1973-1987). [ANTHONY J. TOMASINO]

APÓS A VIDA, APÓS A MORTE Uma preocupação ocidental, ou mais especificamente, uma preocupação judaico-cristã com o destino físico além da morte tem proporcionado o ímpeto subjacente de muita coisa do estudo moderno da morte e após vida no antigo Israel. Infelizmente, as noções judaico-cristãs com respeito aos aspectos materiais da vida além da sepultura têm dominado os tratamentos ocidentais das outras culturas para a negligência de outros aspectos frequentemente presentes nos próprios dados principais. Naqueles casos raros em que a evidência de uma determinada cultura tem resistido uma reinterpretação judaico-cristã, essa tradição cultural tem sido caracteristicamente considerada como "primitiva", seja em termos de seu "mérito intelectual inferior", ou sua "virtude religiosa deficiente". Tal tendência também se perpetua nas suposições intelectuais primitivas centradas na Europa moderna concernentes à evolução das culturas e religiões nas quais as culturas antigas e estrangeiras foram caracterizadas como primitivas, e assim foram descritas como sustentadoras de crenças religiosas primitivas e observadoras práticas religiosas arcaicas. Entre os elementos primitivos detectados nas tradições do AT e no registro arqueológico estão aquelas práticas e crenças associadas com o culto aos mortos e com o culto aos ancestrais que, como tipicamente definidos pelos modernos, pressupunham um temor mórbido de superstições com relação aos espíritos. De um modo mais geral, os modernos viram tipicamente este temor e seu culto consequente como proporcionando o ímpeto original subjazendo o desenvolvimento de modos religiosos de pensamento pelos primitivos humanoides.

O consenso dos estudos primitivos salienta o fato de que o mundo do Israel antigo foi muito diferente do mundo do judaísmo posterior e do cristianismo, e isso pertence também às crenças respectivas deles e aos rituais associados com a morte e o após vida. A disparidade na opinião da erudição surge agora sobre as questões menos importantes tais como se as transformações nas crenças do após-vida aconteceram anteriormente ou posteriormente na história da história religiosa israelita/judaica; se os catalisadores para tais transformações foram internos ou influências estrangeiras; e se estrangeiras, de qual região local ou mais longe: egípcia, mesopotâmica ou persa.

Pelo tempo mais longe, o consenso foi que o Israel pré-exílico não teve crenças no pós-morte dignas de nota, ao menos não no sentido que os judeus posteriores e cristãos eventualmente vieram a conceitualizar o assunto: uma existência abençoada, material e física para o piedoso (e opostamente uma experiência perpétua e terrível para o ímpio). O que vem a seguir considerará o que constituiu uma vida de cumprimento e uma morte "aceitável" na Ásia do Mediterrâneo ocidental e no antigo Israel em particular.

A HABITAÇÃO DOS MORTOS. No AT, vários termos hebraicos como "*šě'ôl*", "morte", "terra", "abismo", e "lugar de destruição" poderiam se referir ao baixo-mundo ou habitação dos mortos. Alguns desses termos são, além disso, qualificados como *taḥtît* ou suas várias formas significando "as partes mais baixas". Sheol muito frequentemente designa as regiões mais baixas, embora tenha poucos cognatos, se é que existem, no antigo Oriente Próximo, tornando as suas origens etimológicas muito obscuras. Naturalmente, ainda que fôssemos capazes de revelar sua história etimológica plena, não seria necessário clarear a importância ou a função do *šě'ôl*.

Como as suas contrapartes do Oriente Próximo, o mundo inferior da tradição israelita antiga é descrito tipicamente como lugar para onde uma pessoa deve descer. É escuro, poeirento, um lugar de silêncio.

Ele pode ser conectado com as águas do caos sobre a qual alguém está tipicamente viajando para entrar nas regiões baixas. O *šĕʾôl* é descrito como cheio de trancas, portões, cordas, e armadilhas, todas essas coisas sugerindo improbabilidade completa de escape desse mundo inferior — ao menos não na plena capacidade que alguém possuía antes da morte — e se aproxima do que conhecemos como o caso na tradição da Mesopotâmia, onde as regiões inferiores são descritas como "a terra sem retorno" (para a terra dos vivos na plena capacidade anterior de alguém). As regiões baixas são sobrepostas com os vários termos do AT para "sepultura", sugerindo que a sepultura era considerada incorporada numa esfera mais ampla do sheol. Uma pessoa poderia entrar no sheol vindo da sepultura, indicando que poderia funcionar como um caminho de entrada para o mundo inferior. Nos contextos poéticos, o mundo inferior é personificado como portador de um apetite insaciável pelo qual ele engole tudo. Ele pode segurar alguém com tal força implacável que nunca liberta a sua vítima. Esses elementos comunicam alguma coisa da permanência e da penetração da morte na sociedade israelita primitiva.

Os habitantes das regiões inferiores. Aqueles que habitam as regiões inferiores no antigo Israel são chamados *meṯîm* ("os mortos") e *rĕpāʾîm* ("os fracos"; cf. Sl 88:1 [TM 12]; Is 26:14). O termo "refains" é usado em dois textos do século VI para denotar simplesmente os mortos (*KAI* 13.7-8; 14.8-9). Os espíritos dos mortos são repetidamente designados como "os que conhecem" (*yiddĕʿōnîm*) e "os que retornam" (*ʾōḇôṯ*) em textos bíblicos posteriores quando a prática da necromancia é também tomada pela primeira vez como uma adaptação da Mesopotâmia. Em Isaías 19:3, eles são chamados como *ittim* ("espíritos"), provavelmente o equivalente hebraico do aramaico *eṭemmu*. É frequentemente alegado que os mortos não podiam ser tidos como "deuses" (*ʾĕlōhîm*) baseados numa tradução questionável do texto deuteronomista de 1Samuel 28:13-14 e da suposição duvidosa de que os espíritos e os deuses são equalizados na Mesopotâmia e na tradição israelita. Embora alguns textos acadianos pareçam descrever duas classes de seres extramundanos, os deuses familiares ou pessoais (*ʾilu*) e os espíritos de parentes mortos (*eṭemmu*), a conexão exata deles permanece enganosa.

As palavras hebraicas *metim* ("mortos") e *ʾĕlōhîm* ("deuses") ocorrem igualmente em grande proximidade em Isaías 8:19, que por sua vez têm conduzido à equalização errônea delas. Os dois termos mais basicamente se referem a dois grupos distintos de seres extramundanos. Os deuses atonianos convocavam para assistir na recuperação de um espírito conjurado e o próprio espírito atestava nas tradições de necromancia na Mesopotâmia. Com essas considerações em mente, uma tradução alternativa de 1Samuel 28:13-14, uma composição do século VI a respeito da necromancia, é possível. Na primeira metade do questionamento de Saul, a mulher se refere ao aparecimento dos deuses do mundo inferior ("deuses [*ʾĕlōhîm*] atonianos subindo da terra") que eram tipicamente invocados nos rituais de necromancia na Mesopotâmia para a capacidade deles de assistir na recuperação de espíritos específicos. Na segunda parte, ela se refere ao espírito de Samuel que os deuses tinham trazido para a mulher de En-Dor para consultar. Os "deuses" aqui não devem ser equalizados com o espírito de Samuel como uma referência ao seu *status* divino (= os mortos deificados). Ao contrário, o texto preserva um eco dos dois grupos de seres extramundanos que tipicamente participavam nos rituais de necromancia.

O termo *rĕpāʾîm* ("Refaim") aparece em dois contextos no AT, nos textos de narrativa do Pentateuco e da história deuteronomista como gigantes e representantes de populações autóctones da Palestina/Israel, e nos textos poéticos e proféticos como os mortos. A similaridade na forma tem conduzido à especulação de alguma conexão orgânica entre os dois usos. Semelhantemente às suas contrapartes ugaríticas de *rpʾim qdmym* ("os antigos Refaim"), os Refaim bíblico do mundo inferior são sem poder (na tradição bíblica eles foram democratizados para incluir os mais comuns assim como os da elite). Em lugar algum eles são identificados como super-humanos, guerreiros heróis de antiguidade respeitável, sejam vivos ou mortos como é frequentemente suposto. Os Refaim das narrativas, contudo, realmente assumem dimensões míticas e heroicas como a maioria dos habitantes antigos da Palestina, e neste assunto encontram os seus análogos nas tradições do *rpʾum* em Ugarítico. Em *KTU* 1.161 o ugarítico *rpʾum* (impróprio pelo *qdmym*) representam um guerreiro vivo e nobilidade da elite que adotaram essa designação como meio de se identificarem com as tradições míticas ou heroicas a respeito do *Rpʾum* e *Ditanu*. Qualquer conexão suposta entre as duas tradições bíblicas do Refaim, as tradições heroicas dos textos poéticos e proféticos, permanece enigmática. Em lugar algum são atribuídos poderes sobrenaturais de pós-morte aos Refaim, embora tais poderes não sejam menosprezados. A polêmica bíblica contra as tradições dos Refaim está restrita à estatura mítica e heroica como habitantes que vivem na terra de Canaã ou *yĕlîḏê hārāp̄â* ("descendentes do Fraco").

Transformação nas recentes tradições israelitas. Após o exílio babilônico de 586/7 a.C., transformações importantes aconteceram face a face com as crenças israelitas/judaicas sobre a morte e sobre a vida após a morte. Estas têm sido explicadas como o resultado de uma combinação de fatores, estranhos à influência religiosa — persa, grego ou uma outra diferente — social e crises individuais, e a inadequacidade das formulações convencionais da teodiceia.

A ressurreição do corpo se torna uma expressão penetrante de uma vida bem-aventurada após a morte no judaísmo do Segundo Templo. Daniel 12:2, composto após a perseguição dos judeus em 165, é geralmente reconhecido como indicativo desse conceito. Outras passagens têm sido citadas como exemplos da existência dessa crença em tradição israelita mais anterior (Ez 37; Is 26:19; 53), mas a opinião está dividida quanto ao fato sobre se tais passagens supõem uma crença na ressurreição corporal ou se empregam a ideia da divindade que morre e ressuscita ou a figura da fecundidade para referir-se metaforicamente à restauração histórica da nação. Muito provavelmente essas passagens informavam desenvolvimentos que aconteceram na crença devidos à clara expressão posterior em Daniel 12. Além do mais, elas bem podem ter derivado o seu ímpeto da figura da divindade que morre e ressuscita em texto muito mais anterior como o de Oseias 13-14, que por sua vez poderia indicar dependência de figura canaanita mais antiga. Esses fatores casados com a possível influência da religião persa, particularmente a crença zoroastrista da ressurreição corporal durante o período pós-exílico, poderia ter culminado na crença judaica posterior sobre a ressurreição corporal como descrita em Daniel 12 e outras fontes judaicas apocalípticas.

Noções a respeito da ascensão e da imortalidade também são encontradas nas tradições judaicas e em textos desse período, desde aproximadamente o século VI em diante. Enoque mostra um grande número de paralelos impressionantes com figuras conhecidas nas fontes mesopotâmicas — Enmeduranki, um rei antediluviano e Utnapishtim, um herói do dilúvio — que foram diretamente admitidos à presença dos deuses ou transladados corporalmente para o céu. Enquanto noções de imortalidade eram possíveis de circulação em vários períodos da história religiosa israelita, somente com a passagem do tempo certas formas foram selecionadas para posterior elaboração e desenvolvimento.

A literatura da sabedoria judaica do Segundo Templo preserva elementos da imortalidade da alma como uma recompensa para os justos. Obras como 4Macabeus, Jubileus e 1Enoque todas apontam para esta direção. A Sabedoria de Salomão (ca.100 a.C.) repetidamente se refere ao tópico da imortalidade (Sab. 1.15; 3.4; 4.1; 8.17; 15.3) enquanto nunca trata do tópico da ressurreição; alguns veem uma forte influência da filosofia grega de Platão aqui. A imortalidade da alma tem sido identificada também em dois salmos de sabedoria pós-exílicos, 49 e 73. O Salmo 49:15 ("Mas Deus remirá a minha alma do poder do Seol, pois me receberá") coloca-se em contraste direto com os versos 8-10, no qual *é* alegado que ninguém pode se redimir para viver para sempre e nunca ver a sepultura; Deus deveria ser visto aqui como Aquele que tem poder que não pode ser exercido para si mesmo: o poder de conceder vida imortal.

Sumário. A evidência indica que antes do exílio, os israelitas, como muitos dos vizinhos do antigo Oriente Próximo, puseram uma ênfase principal (quando não única) na perpetuação da memória dos mortos da família e tornaram o melhor da vida nesse lado da sepultura. Ambos, os mais comuns e os da elite, foram a ponto de assegurar que o nome de família era epitomizado pelas sepulturas das muitas gerações com os ossos dos mortos da família e localizados na terra da família sem serem negligenciados, ou deixados no esquecimento. Pela demonstração regular de vários rituais comunitários e públicos, o nome e memória dos parentes mortos foram preservados do esquecimento. As palavras e os atos associados contêm o que tem sido descrito pelos antropólogos como a comemoração dos mortos. A adoração, a veneração e o temor mórbido dos mortos não tiveram nenhuma parte necessária nesse complexo de ritos há muito assumidos. A ideia de que os israelitas antigos observavam uma morte existente há muito tempo ou o culto dos ancestrais como convencionalmente entendido (para incluir a adoração ou veneração dos mortos) simplesmente não tem base alguma. Foi fundada nas suposições antropológicas antiquadas, nas questões culturais, e na interpretação forçada e questionável de textos. O que o israelita antigo realmente temia era a terrível "morte após a morte" —, ou deixados no esquecimento. Pela demonstração regular de vários rituais comunitários e públicos, o nome e a memória dos parentes mortos foram preservados do esquecimento. As palavras e os atos associados contêm o que tem sido descrito pelos antropólogos como a comemoração dos mortos. A adoração, a veneração, e o temor mórbido dos mortos não tiveram nenhuma parte necessária nesse complexo de ritos há muito assumidos. A ideia de que os israelitas antigos observavam uma morte existente há muito tempo ou o culto dos ancestrais como convencionalmente entendido (para incluir a adoração ou veneração dos mortos) simplesmente não tem base alguma. Foi fundada nas suposições antropológicas antiquadas, nas questões culturais e na interpretação forçada e questionável de textos. O que o israelita antigo realmente temia era a terrível "morte após a morte" — a possibilidade de que a memória de seu nome e a lembrança de seus atos realizados fossem esquecidas para sempre pelos seus descendentes, por sua comunidade, ou no caso da realeza, por sua nação.

Para ser exato, aparentemente existia a crença de que no caso da negligência, alguém poderia esperar a represália irada do espírito do falecido, mas isso dificilmente poderia ser suposto que o vivo deveria adorar ou venerar os mortos. Antes, exigia persistência em cuidar e alimentar os mortos como parte da comemoração deles e, acontecida a negligência, a iniciação dos ritos para desviar ou apaziguar o espírito — isto é, rituais de exorcismo poderiam ser ordenados (infelizmente, os dados principais sobre o assunto para o antigo Israel estão faltando). Além do mais, somente nos estágios finais da religião israelita pré-exílica havia a prática da necromancia introduzida, o que explica sua menção ocasional nos textos finais do código de Santidade, nas tradições da sabedoria e nos últimos profetas e nas tradições deuteronomistas. A menção da necromancia (Dt 18:11; 1Sm 28:3-25; 2Rs 21:6; 23:24; Is 8:19; 19:2; 29:4) encontra ímpeto na adaptação da necromancia da Mesopotâmia na religião pluralista da era do ferro. Então os espíritos outrora fracos possuíam o poder que vem com o conhecimento a respeito do futuro.

Vários outros textos têm sido identificados como pertencentes à morte e às práticas dos cultos aos ancestrais, mas essas lamentações aos mortos não contribuem com nada para as questões sobre se os antigos israelitas observavam ou não os ritos da morte ou dos ancestrais. Deuteronômio 14:1; 26:14 se referem não à morte ou a práticas de culto aos ancestrais, mas aos ritos de lamentação da raspagem da cabeça e dos cortes e a proibição contra o uso de dízimo como um dom de consolação para aqueles em lamentação. Semelhantemente, Amós 6:7 e Jeremias 16:5 mencionam o *marzeah*, que diz respeito a uma associação organizada com o propósito de desenvolver transações econômicas entre os escalões mais altos da sociedade. Numa instância excepcional esta associação poderia também procurar reconhecer a morte de um de seus membros, e alguns frequentadores poderiam indulgenciar a si mesmos a ponto de ficarem num estado de inebriação durante tal ritual funerário. Contudo, o *marzeah* não tem nada a ver com a morte e com os cultos de ancestrais, mas somente uma conexão ocasional com preocupações funerárias.

Conclusão. Todas as indicações são que os mortos da Ásia Ocidental mediterrânea antiga e o antigo Israel eram percebidos como fracos e débeis, e a persistência material deles além desta vida era caracterizada, no seu melhor aspecto, por uma existência sombria e silenciosa e no seu pior aspecto, pela negligência da parte dos vivos. Na tradição da Mesopotâmia, tal negligência poderia resultar na maleficência do espírito requerendo rituais de exorcismo para se opor a tal conduta. Semelhantemente, os espíritos daqueles que morriam de morte violenta e precoce poderiam requerer formas rituais de controle por parte dos vivos. Não obstante, na Ásia Ocidental mediterrânea, as fontes mencionadas sobre essa malevolência dos espíritos permanecem sem atestação. Para ser exato, há casos nos quais os demônios de várias espécies devem ser afastados por meio de rituais, mas os encantamentos e coisas semelhantes que foram direcionados especificamente para os espíritos hostis dos mortos humanos não devem ser encontrados em lugar algum nas fontes arqueológicas, epigráficas ou literárias (cf. os encantamentos de Arslan Tash e alguns encantamentos ugaríticos recentemente descobertos). Na verdade, a evidência sugere que o lugar mais central no pensamento e na ação dos israelitas antigos, quando eles contemplavam os seus prospectos de além sepultura, era a preocupação de perpetuar a memória dos mortos na mente dos vivos. Isso casou com a ênfase de tornar o melhor da vida desse lado da sepultura — um espaço de vida longo e sadio; recursos materiais suficientes; muitos filhos, parentes, e amigos; mínima dor e sofrimento — apresentado com o prospecto de obter uma medida significativa de realização nesta vida.

Bibliografia. J. Day, "The Development of Belief in Life after Death in Ancient Israel", in *After the Exile*, ed. J. Barton e D. J. Reimer (Macon, 1996), 231-57; B. B. Schmidt, *Israel´s Beneficent Dead: Ancestor Cult and Necromancy in Ancient Israelite Religion and Tradition*, ed. rev. (Winona Lake, 1996).

[BRIAN B. SCHMIDT]

APOSTASIA O ato de "afastar-se", "rebelar-se", ou "separar-se" (gr. *apostasía*, talvez derivado de *aphístēmi*, "afastar-se de", "rebelar-se", "separar-se", ou "apostatar de"). Um termo relacionado é *apostathḗs*, "um rebelde" ou "apóstata" (cf. variação textual em Jas. 2.11).

Na LXX, esses termos referem-se a vários tipos de separação relacional, incluindo separação política e rebelião (p. ex., 2Cr 21:8; Tob. 1.4; 2Mc 5.8; 1Esdr. 2.23) ou abandono religioso, rebelião, ou separação de Deus ou do pacto (ex., Dt 32:15; Js 22:18-19, 22; 2Cr 33:19; Is 30:1; Jr 2:19; 1Mc 2.19).

Atos 21:21 refere-se à visão de alguns cristãos de Jerusalém de que Paulo ensinou uma rejeição da Lei de Moisés. O substantivo também aparece como referência apocalíptica a uma rebelião no fim dos tempos (2Ts 2:3). Dois específicos usos teológicos do verbo que são problemáticos, são uma advertência para evitar ter um coração mau "para apartar-se do Deus vivo" (Hb 3:12), que evoca a analogia histórica da rebelião dos antigos israelitas contra Deus (Nm 14:26-45; Sl 95:7-11), e uma referência àqueles que "renunciam a fé", nos últimos dias (1Tm 4:1). Usos semelhantes do verbo aparecem em Lucas 8:13; Atos 15:38; 19:9; Apocalipse 3:8.

De acordo com Hebreus 6:6 (*parapesóntas*), muitos indivíduos "cometem apostasia" ou "apostatam" (NRSV). Isso pode implicar negação da fé, durante tempos de perseguição. [BENNIE R. CROCKETT, JR.]

APÓSTOLO "Aquele que é enviado", geralmente para proclamar uma mensagem. O uso do Novo Testamento está em continuidade com a ideia do Antigo Testamento de um mensageiro especial de Deus (cf. 2Rs 2:2; 2Sm 24:13). O termo tem uma variedade de sentidos específicos no Novo Testamento, mas "mensageiro especial, particularmente de Deus" melhor apreende o sentido dominante.

De acordo com Marcos 3:14-15, Jesus "designou doze para que estivessem com ele, e os mandasse a pregar; e para que tivessem autoridade de expulsar demônios" (cf. Mt 10:1-4; Lc 6:13-16). Os doze apóstolos, com outros discípulos, foram enviados por Jesus para proclamar a mesma mensagem que ele mesmo havia proclamado: "O tempo está cumprido, e é chegado o reino de Deus. Arrependei-vos, e crede no evangelho" (Mc 1:15; cf. 6:7-13; Lc 9:1-6, 60). De acordo com Mateus 10:2-4, os Doze eram Simão, também conhecido como Pedro, e seu irmão André; Tiago, filho de Zebedeu, e seu irmão João; Filipe e Bartolomeu; Tomé e Mateus, o publicano; Tiago, filho de Alfeu, e Tadeu; Simão o cananeu, e Judas Iscariotes, que traiu a Jesus (cf. Lc 6:14-16; Jo 1:40-51; At 1:13; veja At 1:15-26, para o sucessor de Judas).

Inicialmente, Jesus enviou os doze "às ovelhas perdidas da casa de Israel", antes que aos gentios ou samaritanos (Mt 10:5-6; cf. 15:24). A relevância dos Doze para a casa de Israel torna-se explícita em Mateus 19:28, em que Jesus lembra aos seus discípulos: "Em verdade vos digo a vós que me seguistes, que na regeneração, quando o Filho do homem se assentar no trono da sua glória, sentar-vos-eis também vós sobre doze tronos, para julgar as doze tribos de Israel". Dessa forma, os Doze representam a missão de Jesus de trazer renovação para todo o Israel, por meio de sua inauguração do reino de Deus (cf. Ap 21:12-14).

Os apóstolos estavam presentes nos momentos-chave da missão de Jesus, incluindo a alimentação dos cinco mil (Mc 6:30-44), a última Ceia (Lc 22:14), e o Getsêmani (Mc 14:32-43). Pedro e os dois filhos de Zebedeu também estavam presentes na transfiguração de Jesus (Mc 9:2-8), e o Senhor pediu-lhes, em particular, para que eles lhe acompanhassem no Getsêmani (14:33). Ainda assim, aqueles três não mostram nenhum entendimento especial de ou fidelidade a Jesus (cf. Mc 10:35-41; 14:66-72; Lc 9:33). Em Mateus 26:31, os apóstolos são retratados como dispersos no momento da prisão de Jesus (cf. Mc 14:27), e João 20:19 os descreve como escondidos em temor, como resultado da prisão e crucificação de Jesus. Entretanto, todos os quatro evangelhos retratam os apóstolos como testemunhas do Jesus ressurreto (Mc 14:28; 16:7; Mt 26:32; 28:16; Lc 24:36-53; Jo 20:19-29; 21:1-14; cf. At 1:1-3; 1Co 15:5). Lucas descreve os apóstolos recebendo o poder do Espírito de Deus, para proclamar uma mensagem de arrependimento e perdão por meio de Jesus a todas as nações (Lc 24:46-48; At 1:4-8; 2:1-13; cf. Jo 20:19-23; Mt 28:16-20).

O Novo Testamento não restringe o termo "apóstolo" aos Doze, escolhidos por Jesus. Em Hebreus 3:1, o próprio Jesus é chamado "o Apóstolo e Sumo Sacerdote da nossa confissão"; isso se coaduna com as referências de Jesus a si mesmo como o "enviado" por Deus (Mt 15:24; Mc 9:37; Lc 9:48; Jo 3:17, 34; cf. Lc 10:22; Mt 11:27). Em Gálatas 1:19, Paulo conclui que Tiago, o irmão de Jesus, era apóstolo (cf. 1Co 9:5), e em 1Coríntios 15:9 Paulo se refere como apóstolo (cf. 9:1; 2Co 11:5; Gl 1:1). Em Atos 14:14, Lucas refere-se a Barnabé e Paulo como apóstolos, e, em Romanos 16:7, Paulo sugere que Andrônico e Júnias eram apóstolos em Roma. (Talvez eles fossem marido e mulher).

Paulo distinguiu os apóstolos verdadeiros dos falsos (2Co 11:13; cf. Ap 2:2), e ele reconheceu "sinais de um verdadeiro apóstolo", aparentemente incluindo "sinais, prodígios e milagres" (2Co 12:12). Paulo também pode ter pensado que sua visão do Jesus ressurreto fosse suficiente para ele ser apóstolo (1Co 9:1). De qualquer forma, algumas pessoas em Corinto e na Galácia desafiaram o apostolado de Paulo (cf. Gl 2:8), talvez pela razão de que ele não seguiu o Jesus pré-ressurreto. Paulo insistiu em que ele era um apóstolo de Jesus Cristo e Deus Pai, não por meios humanos (Gl 1:1). Na tradição paulina, os apóstolos não eram aparentemente profetas

(Ef 4:11); embora, essa mesma tradição pudesse falar de apóstolos e profetas como o fundamento da casa de Deus.

Bibliografia. F.H. Agnew, "The Origin of the NT Apostle-Concept", *JBL* 105 (1986): 75-96; R.E. Brown, "The Twelve and the Apostolate", *NJBC*, 1377-81. [PAUL K. MOSER]

APÓSTOLOS, EPÍSTOLA DOS Um texto da metade do século II d.C., provavelmente de origem egípcia, que representa uma tentativa da Igreja "Ortodoxa" de usar o diálogo revelacional, gênero usado tipicamente por gnósticos, para combater o gnosticismo. Escrito como carta dos discípulos para a Igreja universal, o texto inclui uma série de milagres (Ep. Apost. 5), um aparecimento detalhado ressurreto (9-15), e passagens tratando de vários pontos da teologia cristã. O texto apareceu em 1895, com a descoberta de grandes porções de uma tradução cóptica. Mais tarde, fragmentos em latim e uma tradução etiópica completa foram encontrados.

Bibliografia. C. Detlef e G. Müller, "Epistula Apostolorum", em *New Testament Apocrypha*, ed. W. Schneemelcher e R. McL. Wilson, ed. rev. 1 (Philadelphia, 1991): 249-84; J.V. Hills, *Tradition and Composition in the Epistula Apostolorum*. HDR 24 (Minneapolis, 1990). [ANDREA LORENZO MOLINARI]

AQUEDUTO Estrutura elevada, frequentemente suportada por uma série de arcos, nas quais um canal aberto trazia água para as cidades e áreas secas. Os três tanques de Salomão, cerca de 21 km ao Sul de Jerusalém, estavam conectados à capital por meio de dois aquedutos; construídos por Herodes o Grande (37-4 a.C.), foram posteriormente reparados por Pôncio Pilatos (Josefo *Ant.* 18.3.2 [60]).

ÁQUILA (gr. *Akýlas*) **1.** O marido de Priscila/Prisca e companheiro de Paulo. Um nativo de Ponto, mas mais tarde um residente de Roma, Áquila encontrou Paulo em Corinto depois que ele, Priscila, e outros Judeus tinham sido expulsos de Roma, por Cláudio (At 18:2-3). Muitos estudiosos associam essa expulsão com a declaração de Suetônio de que o imperador expulsou os judeus de Roma, devido a uma instigação de *Chrestus* (*Claud.* 25.4), que pode ser uma referência à pregação de Jesus *Christos*. Mais tarde Áquila mudou-se para Éfeso, onde a sua casa foi usada como igreja (At 18:26; 1Co 16:19). De acordo com Atos, ele e Priscila instruíram Apolo "com mais precisão" sobre o Caminho (At 18:26), embora alguns estudiosos creiam que isso seja uma propaganda "pró-paulina" de Lucas, que sabia que Apolo era um rival de Paulo em Corinto (cf. 1Co 1:12; 3:4-9). Depois, Áquila voltou para Roma, abrindo mais uma vez a sua casa para a igreja (Rm 16:3-5). Alguns concluíram que, como fazedor de tendas, capaz de se mudar com relativa frequência e dono de uma casa grande o bastante para reuniões da igreja, ele era um homem de muitos recursos.

2. Tradutor das Escrituras hebraicas para o grego, durante os primeiros vinte e cinco anos do século II d.C. Nativo de Sinope, em Ponto, foi primeiramente convertido ao cristianismo, e depois ao judaísmo. Ele estudou com Rabbi Akiba. A tradução de Áquila era muito literal e foi sancionada pela sinagoga como alternativa à LXX, que estava crescentemente, tornando-se a Bíblia dos cristãos. Sua tradução existe hoje somente em fragmentos. Ambos, Jerônimo e Orígenes, empregaram essa tradução, com Orígenes a incluindo em sua héxapla. Muitos identificaram Áquila com Onqelos, o compilador do Targum do Pentateuco, mas não há consenso sobre isso.

Bibliografia. S. Jellicoe, *The Septuagint and Modern Study* (1968, repr. Winona Lake, 1993), 76-83. [J. BRADLEY CHANCE]

AQUENÁTON (eg. *'kh-n-i'tn*) **I. (PESSOA)** Rei egípcio da 18ª dinastia, conhecido principalmente por suas reformas religiosas. O segundo filho de Amenotep III e sua grande esposa Tiye, Aquenáton assumiu o trono depois da morte repentina de seu pai e governou por 17 anos (1379-1362 a.C.). Nefertiti, que desempenhou um papel importante na corte, foi a principal esposa de Aquenáton. Uma esposa inferior, Kia, e seis filhas também são conhecidas pelos relevos.

Subindo ao trono como Amenotep (Amenófis) IV, o novo rei residia inicialmente em Tebas, onde seu pai reinou em seus últimos anos, e concluiu o trabalho em duas torres em Carnaque iniciado por Amenotep III. No entanto, Aquenáton logo evidenciou uma preferência singular por uma divindade solar — Áton — simbolizada por um disco solar com as mãos estendidas para baixo. Aquenáton construiu quatro templos em honra a Áton em Tebas, um dos quais, o Gempaaten [onde Aton é encontrado], serviu como local para um festival sed [antiga cerimônia egípcia que celebrava o reinado continuado de um faraó] incomum no terceiro ano do rei. Durante esse período, Aquenáton eliminou sistematicamente o nome de deuses tradicionais dos relevos e instituiu um estilo revolucionário de arte para representar a si mesmo e à família real. O rei aparece com pescoço e nariz compridos, rosto magro, seios proeminentes e nádegas grandes. Ainda está em debate se essas características retratam realisticamente as características do rei, talvez indicando uma desordem genética, ou se o estilo foi destinado a diferenciar o rei da experiência humana normal. Mas o estilo Amarna desafiou as convenções de arte tradicionais egípcias.

No quinto ano de reinado, Aquenáton mudou sua residência oficial de Tebas para um local eleito pessoalmente por ele a fim de homenagear Áton. A nova capital, Aquetáton ("horizonte escolhido por Áton") estava repleta de templos para Áton, palácios cerimoniais e pessoais para o rei, aposentos para artesãos e trabalhadores e túmulos para altos funcionários governamentais. A tumba do rei foi preparada em um remoto uádi a leste da cidade. Hoje conhecida como Tell el-Amarna, Aquetáton serviu como capital do Egito por doze anos e rendeu um depósito de correspondência real escrita em acadiano. As cartas de Amarna fornecem detalhes vívidos do sul do Levante no século XIV.

Os túmulos de Amarna contêm o "Hino a Áton", uma peça poética que exalta Aton como criador e sustentador do universo. Os estudiosos notaram semelhanças entre esse hino e o Salmo 104. Aquenáton está intimamente ligado a Áton no hino, aparecendo como a contraparte terrena do grande disco solar — doador de vida e provedor de maat. É discutível se as inovações radicais de Aquenáton devem ou não ser descritas como monoteísmo, henoteísmo ou algum outro termo. Mas a ruptura de Aquenáton com a religião egípcia tradicional marcou-o como herege nas gerações posteriores.

Bibliografia. C. Aldred, Akhenaton, *King of Egypt* (New York, 1988); B. J. Kemp, *Ancient Egypt* (New York, 1989); D. B. Redford, Akhenaton, *The Heretic King* (Princeton, 1984). [THOMAS V. BRISCO]

II. (LUGAR) (eg. *ʾkht-ʾitn*) A capital do revolucionário faraó Aquenáton (Amenotep IV, c. 1363-1347 a.C.), moderna Tell el-Amarna, 322 km ao sul do Cairo, na margem leste do Nilo. *Ver* AMARNA.

AQUIS (heb. *ʾāḵîš*) O rei de Gate, na Filístia, durante o tempo de Davi (1Sm 21-29) e no começo do reinado de Salomão (1Rs 2:39). A despeito de dois patronímicos diferentes, Maoque (1Sm 27:2) e Maacá (1Rs 2:39), a referência é ao mesmo indivíduo.

Quando Davi estava fugindo de Saul, refugiou-se duas vezes com Aquis. Na primeira ocasião, Davi fingiu insanidade para evitar qualquer dano (1Sm 21:12-13 [TM 13-14]) e rapidamente abandonou Aquis. Na segunda ocasião, Aquis recebeu Davi e, a pedido deste, deu a Davi e seus seguidores a cidade de Ziclague como um feudo (1Sm 27:1-6). Rapidamente Davi ganhou o favor de Aquis, que o usou e a seu bando como seus guarda-costas. Na preparação para uma batalha contra Saul, os reis filisteus se reuniram em Afeque (1Sm 29). Davi e seu bando desejaram participar da batalha, mas, a despeito dos esforços de Aquis, os outros reis insistiram que Davi se fosse. Logo após, Davi tornou-se rei de Judá e deixou o serviço de Aquis. De acordo com o registro bíblico, ao menos 40 anos mais tarde Aquis ainda reinava em Gate (1Rs 2:39-40). [PAUL S. ASH]

AR (heb. *ʿār*) Sítio perto da fronteira moabita ao norte, situado no Rio Arnom (Nm 21:15, 28; Dt 2:18). O nome ("cidade") pode referir-se ao território moabita em geral (Dt 2:9, 29). Ar e Quir juntas referem-se ou aos dois sítios principais de Moabe ou às cidades moabitas no geral (Is 15:1). Ar foi identificada com a antiga Rabbath-Moabe/Areópolis (moderna Rabbah) e recentemente com Khirbet el-Bālqʿ, que melhor se encaixa nas condições geográficas descritas em Números 21:15.

Bibliografia. J.M. Miller, "The Israelite Journey through (around) Moab and Moabite Toponomy", *JBL* 108 (1989): 577-95; U. Worshech e F. Ninow, "Preliminary Report on the Third Campaign at the Ancient Site of el-Baluʹ in 1991", *ADAJ* 38 (1994): 195-203. [FRIEDBERT NINOW]

ARA (heb. *ʾărāʾ*) Filho de Jeter, da tribo de Aser (1Cr 7:38).

ARÁ (heb. *ʾāraḥ*) **1.** O filho mais velho de Ula, da tribo de Aser (1Cr 7:39).

2. Israelita, cujos descendentes (775, de acordo com Ed 2:5; 652 em Ne 7:10) voltaram do exílio, no tempo de Zorobabel. Ele é, provavelmente, o mesmo Ará mencionado em Neemias 6:18, cujo filho Secanias era sogro de Tobias, o amonita.

ARÃ (heb. *ʾărām*) **I. (PESSOA) 1.** Um dos filhos de Sem e neto de Noé; epônimo ancestral dos arameus (Gn 10:22-23; 1Cr 1:17).

2. Filho de Semer, da tribo de Aser (1Cr 7:34).

3. (heb. *ʾărān*) O filho mais novo de Disã, o horita; epônimo ancestral de um clã edomita (Gn 36:28; 1Cr 1:42).

II. (LUGAR) O território dos arameus, compreendendo a área do triângulo de Habur no leste, à região média do Eufrates, através da maior parte da Síria, e sul do Vale de Beca, Damasco e as Colinas de Golã. Em muitos lugares, Arã se refere a essas áreas em geral ou no mínimo a partes dela (mais claramente em 1Rs 10:29=2Cr 1:17, onde Salomão negocia com os reis de Arã), mas em outros lugares refere-se a componentes específicos (p. ex., Jz 10:6). Em Amós 9:7 é uma designação geral para o povo da região.

O uso do termo corresponde ao fato de que Arã nunca tornou-se um grande estado unificado, mas antes, sempre consistiu de várias entidades. Somente no fim do século IX a.C., sob a liderança de Hazael, os Arã-Damascos dominaram, de fato, a maior parte da Assíria, e até mesmo, rivalizaram com aquele poder. A divisão regional de Arã é refletida nos nomes compostos que designam a área, a cidade principal, ou a dinastia local:

Padã-Arã: Região ao longo do caminho (ac. *paddanu*) através do triângulo de Habur, até Harã no Rio Balikh, e no Eufrates.

Arã-Naaraim: Parte ocidental de Padã-Arã (cf. Gn 24:10) e parte de áreas da banda do Eufrates (cf. Dt 23:4 [TM 5]; Jz 3:8). Em Números 23:7; Juízes 3:10; Oseias 12:12 (13) o termo geral Arã designa essa área.

Muitos estados dessas duas regiões foram nomeados depois da dinastia reinante ou da capital, p. ex., Gozã (2Rs 17:6; 19:12), Harã (cf. Gn 11:31; 29:4), Petor (cf. Nm 22:5; Dt 23:4 [5]); Bete-Éden (cf. 2Rs 19:12; Am 1:5).

Arã-Zobá, também chamada Arã-Bete-Reobe (depois do início da dinastia), compreendendo o Vale do Líbano Beca, estendendo-se parcialmente ao longo do Orontes, descendo a Hamath, e em direção às montanhas do Antilíbano, possivelmente também em direção ao Eufrates (cf. 2Sm 8:3, 9). No século X, Arã-Zobá tornou-se parte de Arã-Damasco, mas o nome Zobá ainda é encontrado em listas assírias datando de cerca de 700, como o nome de uma província Assíria em Beca.

Arã-Damasco: De acordo com 1Reis 11:23-24, algum tempo depois que Davi derrotou os de Arã-Zobá, Rezon apoderou-se do poder em Damasco. Dessa forma, Damasco tornou-se arameia muito antes de Jerusalém tornar-se israelita, por meio de Davi. Arã-Damasco tornou-se o estado mais poderoso no sul da Síria. Nos séculos VIII e IX, Arã-Damasco iniciou e conduziu coalizões contra a Assíria. No último terço do século IX e início do século VIII, Arã-Damasco lutou e capturou partes de Israel, notavelmente as Colinas de Golã (cf. 2Rs 10:32-33 e a inscrição de Tell Dan). Sob o reinado de Hazael (c. 842-800) Arã-Damasco tornou-se um império e dominava grandes partes da Síria e da Palestina. Hazael até mesmo cruzou o Eufrates para atacar a Assíria. A Assíria reconquistou Damasco em 732. Arã-Damasco representa o poder arameu no Antigo Testamento, em que ele é simplesmente chamado de Arão.

Arã-Maaca e Gesur: Pequenos estados na Transjordânia, entre o monte Hermom e Rio Jarmuque, mencionado somente no Antigo Testamento. Arã-Maaca juntou-se com Arã-Zobá contra Davi (2Sm 10:6, 8). Gesur estava aparentemente ao sul de Arã-Maaca. Maacá, filha do rei de Gesur, Talmai, casou-se com Davi e foi a mãe de Salomão (2Sm 3:3; cf. 13:37-38). O caráter arameu de Arã-Maaca e Gesur é disputado, mas em 2Samuel 15:8 é dito explicitamente que Gesur é uma parte de Arão.

O estado arameu de Sam´al/Ya´udi, moderna Zinjirli, no sudeste da Turquia, cerca de 110 km a oeste da curva do Eufrates, tem rendido documentos importantes, mas não são mencionados no Antigo Testamento.

Bibliografia. S.C. Layton, "Old Aramaic Inscriptions", *BA* 51 (1988): 172-89; P.E. Dion, "Syro-Palestinian Resistance to Shalmaneser III in the Light of New Documents", *ZAW* 107 (1995): 482-89; N. Na´aman, "Hazael of ´Amqi and Hadadezer of Beth-rehob", *UF* 27 (1995): 381-94. [SIEGFRIED KREUZER]

ARABÁ (heb. *ʿărāḇâ*) Termo traduzido em alguns contextos como "deserto", "campina", ou "ermo". Seus significados derivam-se de um lugar específico conhecido como "a Arabá", distinguido de contextos gerais pela presença do artigo definido (Js 11:16), que incluía três grandes regiões dentro do Grande Vale Rift. A primeira é o Vale do Jordão, que descende para o sul ao longo do rio Jordão, desde o Sul do mar de Quinerete até ao Mar Morto, abaixo do nível do mar (Dt 3:17). Com referência a essa área, o termo é traduzido por "planícies", como "planícies de Jericó" (Js 4:13) e oposto a eles "as planícies de Moabe" (Nm 33:49). A segunda região inclui o Mar Morto e suas planícies ao redor. A terceira se estende para o sul, eleva-se rápida e inicialmente Mar Morto e, então, descende muito gradualmente ao nível do mar, no Golfo de Elate. A menção dessa terceira região está associada com a "rodovia de Arabá", que se refere a várias rodovias correndo para cima ao longo das linhas norte-sul de Ezion-Geber (2Sm 4:7). Como relevo, o Arabá criava uma fronteira distinta entre a terra de Israel e seus inimigos ao leste, Amom, Moabe, e Edom.

Características particulares tipificam a ecologia e o clima de uma dessas três divisões do Arabá. Embora a chuva seja essencialmente consistente com cada uma delas, o Vale do Jordão é o mais viçoso ao longo do rio e particularmente ao sul, onde fontes abundam nas planícies de Jericó. Em contraste total, um clima desértico caracteriza a região do sul do Mar Morto. Suas variações tanto na geografia como no clima provavelmente contribuíram para a sua associação com ou tradução ocasional como "matagal" ou "mato" (Jr 49:19), "deserto" (Is 35:6), e "planície" (2Rs 25:4-5). Como uma paisagem distinta, ela teria fornecido lugares excelentes de refúgio, como no caso da fuga de Davi de Saul para o deserto de Maom (1Sm 23:24) e na tentativa de fuga de Zedequias dos caldeus (Jr 39:4). [AARON A. BURKE]

ARABÁ, RIBEIRO DO (heb. *naḥal hāʿărāḇâ*) Rio representando a fronteira norte de Israel no oráculo de julgamento de Amós (Am 6:14). Se for identificado com o riacho Zerede (úadi el-Hesa), sua passagem pelos israelitas marcou o fim de sua peregrinação no deserto (Nm 21:12; Dt 2:13-14). Ele pode ser o mesmo que o Ribeiro dos Salgueiros (Is 15:7).

ARABE (heb. *'ărāḇ*) Cidade no país montanhoso de Judá, a sudoeste de Hebrom (Js 15:52); possivelmente o local de nascimento de Paarai, "o Arbita" (2Sm 23:35). O sítio foi identificado como a moderna er-Râbieh, a leste de Dumah (Deir ed-Dômeh).

ARÁBIA Termo usado para referir-se em algumas ocasiões a todo o deserto norte da Síria (cf. a ida de Paulo "para Arábia" depois de sua revelação, Gl 1:17), em outras ocasiões ao Sinai (a localização do monte Sinai na "Arábia", Gl 4:25), e anormalmente às riquezas de Sabá na LXX Sl 72:10, 15. A Arábia bíblica não foi interpretada como o conjunto da Península da Arábia, mas pode estar ligada a um paralelogramo vertical que se estende do oásis de Dedan no sudoeste, passa pelo oásis de Jawf em direção ao final do sul do ribeiro Sirhan, sobe em direção ao deserto da Síria, passa pelas fronteiras da Palestina e do Neguebe, e desce através de Hijaz. Nesse sentido, ela não era diferente da província romana posterior da Arábia. Quanto aos habitantes da Arábia, tanto as fontes extrabíblicas como bíblicas, especialmente os registros da neoassíria e neobabilônia, deixam claro que a Arábia era povoada por uma variedade de grupos e que ela abrigava comunidades sedentárias, que viviam nas cidades, e agricultores e criadores de animais.

Um número de topônimos e etnônimos do Norte da Arábia, atestados nas fontes neoassírias, podem ser identificados com nomes no Antigo Testamento. Assim, o povo de *Massa'* (*uruMas'ayya*) que pagaram tributo a Tiglate-Pileser III são idênticos ao Massá do Antigo Testamento (Gn 25:14; 1Cr 1:30), listado como um filho de Ismael e hailing de uma cidade não muito longe de Tema, como é mostrado pela referência à guerra contra *Massa'* (ms[']) em uma inscrição de Jabal Ghunaym. Tema, um oásis importante localizado na rota de Dedan para Dumá, ele mesmo aparece tanto nas fontes neoassírias como neobabilônias (*uruTemayya*), como também na lista dos filhos de Ismael (Gn 25:15; 1Cr 1:30; cf. Jó 6:19; Is 21:14; Jr 25:23). A pátria dos "príncipes de Quedar" (Ez 27:21) aparece em fontes neoassírias como *kurQid-ri, kurQid-id-ri, kurQí-id-ri, kurQa-da-ri*; está claro que o centro dessa região era Dumá (Gn 25:14; ac. *uruA-du-um-ma-tu, uruA-du-um-u, uruA-du-um--tu*) no oásis de *Jawf*, no norte da moderna Arábia Saudita, embora tribos quedaritas estendiam-se mais largamente das fronteiras da Mesopotâmia até às bordas da Palestina. Os *Idiba'ilu* (*lúIdiba'ilayya*) são Abdeel, um dos filhos de Ismael (Gn 25:13; 1Cr 1:29) e, de acordo com LXX em Gênesis 25:3, um filho de Dedan. O Hajappa (*uruHayappâyya*) pode ser identificado com Efá (Gn 25:4; 1Cr 1:33), um filho de Midiã, e algumas vezes identificado com o sítio de Ruwwafa, no noroeste da Arábia Saudita. A inclusão dos *sabaeans* (*lúSaba´ayya*) entre os povos do deserto do Norte da Arábia, que pagaram tributo à Assíria, sugere a existência de uma Sabá ao norte ou, no mínimo, de tribos Sabaean tanto no Norte como no sul da Arábia.

O Antigo Testamento refere-se grandemente a *'ărab/'ărāb* (Jr 25:24; Ez 27:21; 2Cr 9:14; Is 21:13) ou *'arḇiyyīm/'arḇī'īm/'arḇīm* (2Cr 17:11; 21:16; 22:1; 26:7; Ne 4:7 [TM 4:1]), isto é, "árabes". É costume ou identificar esses como algum tipo de beduínos, nômades, criadores de gado, habitantes de tendas, ou criadores de camelos, ou derivar o termo de *'ărāḇâ*, significando "estepe" ou "deserto". Outros estudiosos apontam para muitos casos (exemplo, Jr 25:24; 2Cr 9:14 comparado com o texto paralelo 1Rs 10:15), em que uma frase como "e todos os reis da *'ereḇ* que habitam no deserto" é oposta a "todos os reis do *'araḇ*". A raiz hebraica *'ereḇ*, que significa "mistura", parece, dessa forma, ter sido usada para explicar ´arab, um termo para os habitantes do Norte do deserto da Arábia, sejam sedentários ou móveis, usado também em registros de campanha neoassíria contra a Arábia (*kurArb-a-a, kurAra/i/ub-, matAribi*) e contra os árabes (*lúArba-a-a, lúArab-*), e também quando fala do pagamento de tributo à Assíria, pelas tribos dessa região. A natureza "misturada" dos *'ăraḇ* pode explicar por que eles não são mencionados nas genealogias do Antigo Testamento. É importante lembrar, entretanto, que esses "árabes" não estavam confinados à Arábia, mas que aparecem em todo o lugar do Crescente Fértil da Mesopotâmia.

A importância da Arábia para os habitantes de Israel está indubitavelmente menos sobre as riquezas de seus rebanhos (cf. os 7700 carneiros e 7700 bodes que os árabes trouxeram para Jeosafá, 2Cr 17:11; cf. Ez 27:21) do que na riqueza (p. ex., ouro e prata, 2Cr 9:14) originada de sua posição escarranchada na rota que ligava a importação de incenso e os estados de comércio do Sul da Arábia, tais como Sabá, e o mundo Mediterrâneo. Além disso, é difícil compreender a preocupação dos sucessivos monarcas neoassírios e a campanha estendida na região por Nabonido, se ela fosse feita somente pela produção pastoril e agrícola da área, coisas que estavam disponíveis na Assíria e Babilônia. A alta qualidade do incenso, por um lado, era um monopólio da Arábia do Sul, e mesmo se existissem outras fontes (exemplo, Somália, Índia) essas produziam, geralmente, um incenso de qualidade inferior.

Que a "Arábia" nunca foi unificada politicamente está evidentemente claro a partir das fontes neoassírias, pois mesmo que várias princesas árabes sejam mencionadas nelas, nada sugere que alguma delas tenha reinado sobre um país unificado, que pudesse ser identificado como "Arábia". Similarmente, quando a Bíblia se refere a "todos os reis da Arábia" (exemplo, 2Cr 9:14; cf. Peshitta *malkē 'arbāyē*; Vulg. *reges Arabiae*) esses deveriam ser entendidos no sentido de numerosos chefes insignificantes, cada um deles estabelecidos em uma das cidades da Arábia e desfrutando da fidelidade de uma população relativamente pequena e geograficamente limitada. A natureza descentralizada da Arábia bíblica responde por uma multidão etnônima, que pode ter sido designada para a área, e a ausência de um "rei para todos os árabes', um título nunca atestado na Bíblia, confirma que a "Arábia" nunca teve importância política.

Bibliografia. G.W. Bowersock, *Roman Arabia* (Cambridge, Mass., 1983); I. Eph´al, *The Ancient Arabs* (Leiden, 1982); J. Retsö, "The Earliest Arabs", *Orientalia Suecana* 38/39 (1989-1990): 131-39; R. Zadok, "Arabians in Mesopotamia during the Late-Assyrian, Chaldean, Achaemenian and Hellenistic Periods", *ZDMG* 131 (1981): 42-84; "On Early Arabians in the Fertile Crescent", *Tel Aviv* 17 (1990): 223-31. [D.T. POTTS]

ARADE (heb. *'ărāḏ*) **I. (LUGAR)** Cidade na região do deserto do Neguebe. No registro da entrada dos israelitas na região, "o rei de Arade" é mencionado numa luta contra Israel (Nm 21:1-3). Depois da derrota inicial, os israelitas foram vitoriosos e "destruíram a eles e a suas cidades"; o nome foi chamado de Hormah, ou "destruição" (cf. Nm 33:40). Em Josué 12:14, Arade aparece em uma lista de reis que foram derrotados por Josué. O texto de Juízes 1:16 informa que os Quenitas juntaram-se aos moradores de Judá para habitarem perto de Arade.

A lista de cidades conquistadas por Shishak do Egito (960 a.C.) inclui "as cidadelas de Arade o Grande e Arade da casa de YRHM" — ou a casa de Yeroham ou Jerahmiel. A evidência arqueológica não esclarece as identificações desses Arades.

Tel'Arade, 30 km a leste de Berseba e 32 km ao sul de Hebrom, conservou o nome antigo. É um grande sítio com um menor, mas marcante morro de cidadela. A cidade mais baixa foi escavada entre 1964 e 1982 por Ruth Amiran. Colônias não fortificadas são atestadas do período Calcolítico em 1950 (Época do Bronze I). As paredes da cidade, que fortificavam o sítio, datam da Época do Bronze II, e englobam uma área de 10 ha. Construções públicas e privadas, incluindo um palácio e templos, foram identificadas, com um reservatório de água bem construído. A cidade sofreu uma grande destruição por volta de 2800, mas a ocupação continuou até cerca de 2650. O fim da Arade canaanita deve, provavelmente, ser atribuído à diminuição de chuvas na área, e também, talvez, à agitação política por todo o Oriente Próximo.

Escavações da cidadela, por Yohanan Aharoni, mostram um intervalo de cerca de 1500 anos, desde o abandono da cidade da Época do Bronze até a construção de uma colônia na área da cidadela por volta de 1200. Três camadas sociais sucessivas da época do Ferro III seguiram-se na forma de uma cidadela retangular. Um templo ou um centro de culto, com um santo dos santos, foi identificado ali. Aharoni sugere que a camada XI foi destruída por Shishak. Também na cidadela havia uma colônia persa não fortificada, seguida por fortes helênicos e romanos. O sítio é notável por ter produzido mais óstracas — na maioria em hebraico, mas algumas em aramaico — que qualquer outro sítio arqueológico no antigo mundo bíblico.

Bibliografia. M. Aharoni, R. Amiran, e O. Ilan, "Arad", *NEAEHL* 1. 75-87; Y. Aharoni, *Arad Inscriptions* (Jerusalem, 1981); R. Amiran, *Early Arad* (Jerusalem, 1978). [BRUCE C. CRESSON]

II. (PESSOA) Filho de Berias e descendente de Benjamim (1Cr 8:15).

ARÃ-MAACA (heb. *'ăram ma'ăḵâ*) Nome alternativo para o reino arameu Maacá (1Cr 19:6).

ARAMAICO (heb. *'ărāmîṯ*) Língua semítica do noroeste intimamente relacionada com o hebraico. Bem atestada em dialetos múltiplos e extremamente duradouro (dialetos em aramaico moderno são falados hoje, em partes do Oriente Médio e alhures), sua importância para os estudos bíblicos não pode ser superenfatizada. Porções do Antigo Testamento (Dn 2:4-7:28; Ed 4:8-6:8; 7:12-26; Jr 10:11; Gn 31:47 [duas palavras somente]), e palavras individuais e frases no Novo Testamento estão preservados em aramaico original. O aramaico sucedeu o acadiano como língua internacional de comunicação e diplomacia no antigo Oriente Próximo, durante a última parte do primeiro milênio a.C., e era a língua mais falada durante o emergir do cristianismo e do judaísmo. Como tal, teve influência marcante tanto no hebraico bíblico como no judaísmo posterior. Duas das mais antigas traduções do Antigo Testamento estão compostas em aramaico — o Peshita Sírio e os Targuns Judaicos, que são porções importantes tanto dos Talmudes Babilônicos como Palestinos e de todo o corpo literário do Cristianismo Sírio. Por último, as fontes textuais aramaicas preservam uma riqueza de materiais comparativos inestimáveis de

A B C D E F G H I J K L M N O P Q R S T U V X Y Z

todos os períodos históricos, que tratam de uma grande variedade de assuntos, tais como linguística, história, literatura, epistolografia, religião, relações internacionais, e teoria legal e prática.

Para propósitos classificatórios, o aramaico pode ser dividido em cinco fases ou períodos principais.

Aramaico antigo. Essa é a fase mais antiga do Aramaico, seu limite mais recuado é convencionalmente marcado pela queda do Império Neoassírio (c. 612). Relativamente poucas inscrições, escritas em pedras ou em outros materiais não perecíveis, sobreviveram desse período. Mas a escassez de restos escritos dá uma falsa ideia da importância do aramaico nesse período, porque foi eventualmente adotado como língua de diplomacia internacional (cf. 2Rs 18:26), Linguisticamente, muitas das características que vieram definir os dialetos aramaicos posteriores estavam somente desenvolvendo-se nessa fase antiga da língua. Entretanto, quatro características linguísticas inovadoras foram identificadas e são compartilhadas pelas inscrições antigas e pelos dialetos aramaicos que vieram depois: 1. A mudança do **n* vocálico para **r* em palavras como *br* "filho" (cf. heb. *bēn*, Ugar. *bn*, Phoen. *bn*; cf. também palavras para "filha" e "dois" em dialetos posteriores). 2. O nivelamento do **–nā* final para a 1ª pessoa do plural. 3. A criação do grau **hittaqtal* causativo-reflexivo. 4. A completa perda do grau nifal. Essas inovações compartilhadas constituíram o aramaico como sub-ramo genético do semítico do noroeste, ao lado do ugarítico e do cananeu. Em adição, o inventário fonema protossemítico permanece basicamente no lugar nessa fase antiga, embora, devido ao uso das 22 letras do alfabeto canaanita, muitos símbolos gráficos representam mais de um fonema: *q* = *q* e *ḍ*; *z* = *z* e *ḏ*; *š* = *š*, *ś*, e *ṭ*; *ṣ* = *ṣ* e *ṯ̣*[= *ẓ*]; *ḥ* = *ḥ* e *ḫ*; ´ = ´ e *ǵ*. Por outro lado, o aramaico dessa fase é marcado pela falta de uma padronização geral e pela diversidade dialética. Entre as inscrições mais antigas estão o monólito bilíngue acadiano-aramaico de Tell Fakhariya e o monólito Tell Dan, ambos os quais datam do século IX. O último com sua referência à "Casa de Davi" (*bytdwd*) fornece a primeira referência extrabíblica à dinastia davídica. Outras inscrições aramaicas notáveis incluem a inscrição de Zakur, um monólito cujo conteúdo assemelha-se grandemente aos salmos bíblicos de gratidão, o Tratado Sefire, que é uma boa fonte para as maldições semíticas ocidentais, e as inscrições Hadad e Panammu, que representam um dialeto aramaico antigo muito idiossincrático utilizado por reis do antigo Sam´al (moderna Zinjirli).

Aramaico oficial. Essa fase do aramaico, que termina em cerca de 200, representa uma forma de língua que é altamente padronizada e admiravelmente homogeneizada. É nesse período que as características inventarias, que virão caracterizar todo o dialeto aramaico posterior, são estabelecidas. Tais características incluem a fusão de uma série de fonemas que diferencia o inventário consonantal do aramaico oficial e dialetos posteriores daquele do Antigo Aramaico (*ḍ* > ´; *ḏ* > *d*; *ṯ* > *t*; *ṯ̣*[= *ẓ*] > *ṭ*; *ḫ* > *ḥ*; *ǵ* > ´), o jussivo plural feminino do *yiqtelan*, a forma infinitiva peal *miqtal*, a terminação nominal feminina plural *-an*, a realização da categoria da determinação como o sufixo final *-a´*. O nome aramaico oficial (ou aramaico imperial) surge porque esse dialeto é usado por toda a Neobabilônia e, mais especialmente, pelos impérios persas. Os fragmentos textuais desse período estão espalhados por uma larga região geográfica (Egito, Arábia, Palestina, Síria, Mesopotâmia, Ásia Menor, Armênia, e o Vale Indus), e representam um grande espetro de gêneros (cartas, contras e obras legais, encantamentos, inscrições monumentais), que sugere que os sobreviventes devem representar somente uma fração do que existiu originalmente. O maior número de achados textuais vem do Egito, onde o clima seco é muito útil para a preservação do papiro e do couro, e de longe o achado mais importante do Egito é o arquivo da colônia judaica militar de Elenfatina. Ele consiste principalmente de cartas, vários tipos de documentos legais, e fragmentos de textos literários. O material aramaico do livro de Esdras também data provavelmente desse período.

Aramaico médio. Esse período data aproximadamente de cerca de 200 a.C. até 200 d.C. e representa uma fase da língua, em que o dialeto padronizado começa a sucumbir para um dialeto regional reconhecível, um desenvolvimento influenciado, sem dúvida, pela substituição do aramaico pelo grego como a língua administrativa do Oriente Próximo, durante os períodos helenístico e romano. Maiores achados epigráficos vêm de Palmira, o reino árabe de Petra (Nabateia), Hatra, e Qunram. Os textos palmiranos são especialmente uma rica fonte para a onomástica e informação sobre a celebração *marzeah*. Em Qunram, muitos dos textos extrabíblicos não sectários estão em aramaico, incluindo o Gênesis Apócrifo e o Targum de Jó. As porções aramaicas do livro de Daniel vêm desse período, como também as palavras aramaicas e frases nos textos gregos de Josefo e do Novo Testamento, bem como fórmulas legais encontradas em antigas fontes rabínicas. Muitos dos Targuns (Onkelos e Jonathan) e o material aramaico em manuscrito demótico preservados no papiros Amherst 63 também podem datar desse período.

Aramaico posterior. Essa fase data aproximadamente de cerca de 200 d.C. até o início da conquista islâmica (c. 700) e representa o corpo mais abundante de literatura e inscrições em aramaico. O aramaico posterior pode ser dividido em três principais ramos: 1. um ramo ocidental (Palestiniano), consistindo do aramaico palestino judaico (incluindo os dialetos do Talmude Palestiniano e dos Targuns), palestino cristão aramaico, e o aramaico samaritano; 2. um ramo Oriental (Babilônico), consistindo do aramaico do talmude babilônico e Mandaic, a língua de uma seita gnóstica não cristã do sul da Babilônia; e 3. Siríaco literário, consistindo da literatura litúrgica do cristianismo siríaco. O siríaco é o dialeto aramaico mais bem atestado. Nos dialetos orientais, as formas do verbo imperfeito são marcadas por *l-* prefixado, ao passo que no siríaco a mesma forma é marcada por *n-* prefixado. Ambos contrastam com o *y-* prefixado de dialetos anteriores. Outras características linguísticas próprias do aramaico posterior também foram notadas, incluindo uma declinação nos estados construtos e absolutos do substantivo, um crescimento no uso do pronome possessivo *dil-*, uma substituição de passivos internos com formas prefixadas com *´t-*, e pesada influência grega.

Aramaico moderno. Vários dialetos neoaramaicos são falados hoje. Esses incluem Ma´lula (uma cidade a Nordeste de Damasco), Turoyo e Mlahso (falado no sudeste da Turquia), neossiríaco (originalmente falado em partes do Curdistão, mas agora grandemente espalhado), e neomandaic (falado no sul do Iraque e Irã Ocidental).

Bibliografia. K. Beyer, *The Aramaic Language: Its Distribution and Subdivisions* (Göttingen, 1986); J.A. Fitzmyer, "The Phases of the Aramaic Language", *A Wandering Aramean* (Missoula, 1979), 57-84; repr. *The Semitic Background of the New Testament* (Grand Rapids, 1997), 57-84; J. Huehnergard, "Remarks on the Classification of the Northwest Semitic Languages", in *The Balaam Texts from Deir ´Alla Re-Evaluated,* ed. J. Hoftijzer e G. van der Kooij (Leiden, 1991), 282-93; E.Y. Kutscher, "Aramaic", in *Hebrew and Aramaic Studies*, ed. Kutscher et al. (Jerusalem, 1977), 90-155. [F.W. DOBBS-ALLSOPP]

ARAMEUS (heb. *'ărammîm*) A designação para um grande número de pessoas, que falavam dialetos relacionados com a língua oeste semítica conhecida como aramaico. O povo arameu floresceu a partir do segundo milênio a.C. na Síria, e espalhou-se em direção ao sudeste da Mesopotâmia e em direção ao sudoeste do centro e do sul da Síria, durante o início do primeiro milênio. Os estados arameus de Zobá, Damasco, Bete-Reobe, Gesur, e Maacá no sul da Síria desempenharam papéis importantes na história bíblica de Israel. Embora nunca tenham se unido em uma entidade singular, seja política ou cultural, os arameus desempenharam um papel importante na história do Oriente Próximo.

Os israelitas experimentaram um íntimo relacionamento cultural com os arameus e o descreveram nas tradições preservadas no livro de Gênesis. Em Gênesis 22:21, Aram, o epônimo ancestral dos arameus, é descrito como neto de Naor e como irmão de Abraão, ao passo que na Tabela das Nações em Gênesis 10:22, é dito que Arã é um dos filhos de Sem. Em Gênesis 25:20; 31:20, os parentes de Abraão, Betuel e Labão, são chamados de arameus, e o próprio Jacó é chamado de "arameu" em Deuteronômio 26:5. Essas tradições de relacionamentos familiares devem ser vistas no contexto da crença geral expressa no livro de Gênesis de que Israel estava ligado, por sangue, a maior parte dos povos que falavam semítico (com exceção dos cananeus), os quais os rodeavam. Elas não nos fornecem percepções históricas importantes das origens complexas dos vários grupos étnicos na Síria-Palestina.

Os arameus são, provavelmente, descendentes dos povos amoritas, que viveram na Síria durante a primeira metade do segundo milênio. Mas a referência mais clara e mais antiga aos povos chamados arameus ocorre somente nos textos assírios do fim do século XII e início do século XI. Tiglate-Pileser I lutou, naquele tempo, uma série de batalhas com as tribos arameias, ao longo do curso do rio médio Eufrates, no monte Bishri, na região da Síria. Por volta do fim do século XI e início do século X, vários estados arameus tinham se desenvolvido na parte superior da Mesopotâmia e na Síria, incluindo Bir-zamani, Bit-bahiani, Bit-halupe, e Laqu nos rios Tigre e Habur, Bit-adini, ao longo da grande curva do rio Eufrates, Yahan (posteriormente chamado de Bit-agusi) a Oeste de Bit-Adini, e Sam´al, uma pequena cidade-estado conhecida por causa do grande número de inscrições achadas no sítio. Hamath, na Síria central, aparentemente tinha uma população mesclada de arameus e anatolianos. No sul da Síria, dois outros estados arameus, Arã-Zobá e Arã-Damasco, tornaram-se importantes poderes políticos, o primeiro no século X, o último nos séculos IX e VIII. Diversas tribos arameias também migraram para o sul da Mesopotâmia, no segundo milênio.

Israel entrou em conflito com Arã-Zobá, durante o reinado de Davi no fim do século XI e início do século X. Quando Zobá, aparentemente o poder político dominante naquela época, interferiu em um conflito entre Amom e Israel, o exército de Davi lutou com eles, deixando-os em um beco sem saída (2Sm 10:15-19=1Cr 19:16-19). Encontrando-se novamente no sítio de Helam, Israel derrotou o exército de Zobá e trouxe muitos dos aliados posteriores para a órbita de Israel. Uma terceira batalha, descrita em 2Samuel 8, pode ser uma versão diferente da batalha de Helam, mas é muito provavelmente um registro da batalha final entre os dois estados, na qual Zobá foi decisivamente derrotado. Ela nunca mais desempenhou um papel importante na história sírio-palestina.

Pelo início do século IX, Arã-Damasco tinha aparecido como um poder formidável, atacando Israel durante o reinado de Baasa (1Rs 15:16-22) e levando a uma coalizão de 12 estados (incluindo Israel, sob Acabe) contra a invasão da Síria, por Salmaneser III da Assíria em 853 (cf. as inscrições de Salmaneser em *ANET*, 278-81). Em três confrontos com Salmaneser (853, 848, 843), Hadadezer de Aram-Damasco e a coalizão detiveram o exército assírio. Pouco depois (c. 842/841) Hazael, um usurpador, apoderou-se do trono em Damasco (cf. 2Rs 8:7-15) e a coalizão ruiu. Hazael foi forçado a lutar sozinho contra Salmaneser III mais três vezes (841, 838, 837), mas nunca foi derrotado completamente. Depois de Salmaneser voltar sua atenção para outros assuntos, Hazael prosseguiu criando um império ao redor de Damasco, dominando virtualmente todos os estados ao sul de Damasco, incluindo Israel e Judá (2Rs 10:32-33; 12:17-18). Por cerca de quarenta anos, Damasco esteve no auge de seu poder.

Mas as coisas mudaram no início do século VIII quando o filho de Hazael perdeu o império que o pai havia criado. Israel reconquistou a independência em uma série de batalhas no reinado do rei Jeoás (2Rs 13:22-25) e realmente dominou Damasco, algum tempo, durante o reinado de Jeroboão II (14:28). Depois, Damasco, como os outros estados da Síria, foi anexado ao Império Assírio e perdeu sua posição como estado independente.

A principal contribuição arameia à civilização do antigo Oriente Próximo foi sua língua e escrita. O aramaico tornou-se a língua predominante da Síria no início do primeiro milênio, e a partir dali espelhou-se por todo o Oriente Próximo. A política assíria de deportar grandes porções de população de estados rebeldes levou a um grande número de arameus vivendo na própria Assíria. Por volta da metade do século VIII, a língua aramaica era extensivamente usada na Assíria, e por volta do século VI ela era a língua predominante na Mesopotâmia. O aramaico tornou-se a *língua franca* oficial do Império Persa, e por volta dos tempos helenísticos a língua e a escrita tinham substituído a maior parte das línguas e escritas locais da Síria-Palestina, incluindo o hebraico. Traduções aramaicas do texto bíblico (os Targuns) eram feitas e usadas com os textos hebraicos originais. O aramaico foi provavelmente a língua primária de Jesus de Nazaré, e, como a siríaca, continuou a ser usada por porções da Igreja Oriental por séculos.

Bibliografia. J.A. Brinkman, *A Political History of Post-Kassite Babylonia,* 1158-722 B.C. AnOr 43 (Roma, 1968); J.C. Greenfield, "Aramaic Studies and the Bible", *VTSup* 32 (1981): 110-30; "Aspects of Aramean Religion", em *Ancient Israelite Religion*, ed. P.D. Miller, P.D. Hanson, e S.D. McBride (Philadelphia, 1987), 67-78; J.D. Hawkins, "The Neo-Hittite States in Syria and Anatolia", *CAH2* 3/1.372-441; W.T. Pitard, *Ancient Damascus* (Winona Lake, 1987); "Arameans", em *Peoples of the Old Testament World*, ed. A.J. Hoerth, G.L. Mattingly, e E.M. Yamauchi (Grand Rapids, 1994), 207-30. [WAYNE T. PITARD]

ARÃ-NAARAIM (heb. *'ăram nahărāyim*) A área geográfica localizada na grande curva do rio Eufrates, no norte da Síria. Textos egípcios da última parte do segundo milênio a.C. referem-se a essa terra como *Nhrn*, e as cartas de Amarna como *na-ah-rí-ma* e *na-rí-ma*. As fronteiras exatas da terra não podem ser determinadas, mas ela incluía territórios de ambas as margens do Eufrates, e também cidades como Harran, Naor, Petor e Tunip.

Seguindo a LXX, o termo é frequentemente traduzido "Mesopotâmia", nas versões inglesas. Em Gênesis 24:10, ele se refere à pátria da família de Abraão. Ambos, Balaão, filho de Beor (Dt 23:4), e o rei Cusã-Risataim, que foi o primeiro a oprimir Israel no tempo dos Juízes (Jz 3:8), eram nativos de Arã-Naaraim. Davi lutou com tropas mercenárias dessa área, alugadas por Hanum e os amonitas (1Cr 19:6; cf. Sl 60 o sobrescrito [TM 1]).

Bibliografia. J.J. Finkelstein, "´Mesopotamia´", *JNES* 21 (1962): 73-92; R.T. O´Callaghan, *Aram Naharaim*. AnOr 26 (Roma, 1948). [STEPHEN J. ANDREWS]

ARÃO (heb. *'ahărōn*) **1.** Filho de Quemuel e neto de Naor, irmão de Abraão (Gn 22:20-21).

2. Ancestral de Jesus (Mt 1:3-4; gr. *Arám*), frequentemente traduzido "Ram" em versões inglesas (cf. Lc 3:33; NRSV "Arni").

3. Descendente de Levi e irmão de Moisés (Êx 6:20; Nm 26:59; 1Cr 6:3 [Mt 5:22], líder com Moisés e a irmã deles, Miriam, na condução dos israelitas para fora do Egito através do deserto (Mq 6:4; Êx 4:10-16; 7:1-25), e o primeiro sumo sacerdote e ancestral da família sacerdotal de sacerdotes araônicos (Êx 28:1-2; Nm 18:1-7).

Sumo sacerdote (Êxodo-Números e Crônicas). Arão e seus descendentes são repetidamente mostrados como figuras centrais e como sacerdotes predominantes do culto de Israel em Êxodo-Números e em 1—2Crônicas. Cerca de 85% do número total (346) das referências a Arão na Bíblia estão concentradas nos livros de Êxodo, Números e Levítico. Ali, particularmente nas chamadas porções sacerdotais do Pentateuco, Arão e seus filhos são os sumos sacerdotes exaltados que superintendem os sacrifícios e o culto de Israel centrado na Arca e no Tabernáculo (Êx: 27-30). Os aronitas são encarregados do Urim e do Tumim, os objetos sagrados para determinar a vontade de Yahweh (Êx 28:30; Lv 8:5-9; Nm 27:21). Arão e seus filhos são os únicos sacerdotes autorizados a presidir os vários rituais e oferendas (Lv 6-8). A efetiva cerimônia de ordenação para Arão e seus filhos está narrada em Levítico 8. O cap. 21 de Levítico lista uma série de regulamentos designados para manter a santidade do sacerdócio arônico. Arão é um descendente da tribo sacerdotal de Levi (Êx 6:16-25), mas Arão e seus filhos representam um clã especial entre os levitas que são os únicos autorizados a se aproximar e a oficiar nos rituais associados ao culto do tabernáculo (Nm 3:5-10). Arão e seus filhos são encarregados do dever de abençoar os israelitas na forma da chamada Bênção Arônica, em Números 6:22-27. A predominância sacerdotal de Arão sobre os outros levitas está enfatizada na revolta de Coré, Datã e Abirão em Números 16, na vara de Arão que floresceu em Números 17, e na classificação das responsabilidades sacerdotais entre os araonitas e outros levitas em Números 18.

O livro pós-exílico de 1-2Crônicas reflete uma opinião exaltada do sacerdócio araonita semelhante ao que foi encontrado na tradição sacerdotal do Pentateuco. Arão e seus descendentes fazem oferendas e expiação no "lugar santíssimo" (1Cr 6:49 [34]). Os sacerdotes araonitas são "separados" de outros levitas para os deveres mais sagrados da adoração do templo na queima de incenso, na ministração, e na bênção (1Cr 23-24; cf. 2Cr 26:16-21).

Em outras partes do Antigo Testamento. Alusão a Arão e aos sacerdotes araonitas são muito raras ou mesmo ausentes em outras partes do AT tais como a história deuteronomista ou nos livros proféticos. Mesmo o livro do tempo do exílio de Ezequiel, que dedica atenção significativa aos assuntos dos sacerdotes e da adoração do templo, nunca menciona Arão e os araonitas. Ao contrário, Ezequiel designa outro grupo sacerdotal, os Zadoquitas, como os verdadeiros sumo sacerdotes que recebem assistência dos levitas (Ez 40:46; 44:15; 48:11). Em 1-2Samuel e 1-2Reis igualmente raramente mencionam o sacerdócio aaraônico, mas enfatizam os levitas e os zadoquitas como sacerdotes durante a monarquia de Israel (1Rs 2:27). Assim, o sacerdócio arônico aparentemente exerceu um papel pequeno na maior parte da literatura antes e depois do exílio (história deuteronomista e Ezequiel). Contudo, a figura de Arão e o sacerdócio arônico aparentemente emergiram como um grupo sacerdotal preeminente no Segundo Templo ou no período pós-exílio encarregado da adoração e dos rituais no templo de Jerusalém.

Descrições negativas e não sacerdotais. Partes do Pentateuco que os eruditos frequentemente datam como anteriores às tradições sacerdotais do exílio tendem a descrever Arão num papel não sacerdotal como líder com Moisés (Êx 4:27-31; 11:10; 12:31; 16:33-34). Estas tradições anteriores no Pentateuco também descrevem Arão negativamente em oposição ou rebelião contra Moisés ou Yahweh (Êxodo 32, a idolatria do bezerro de ouro; Números 12, a rebelião de Arão e Miriam contra Moisés; Números 20, a infidelidade de Moisés e de Arão no bater da rocha). A única referência profética a Arão, em Miqueias 6:4, lista Arão como simplesmente um colíder dos israelitas no deserto com Moisés e Miriam.

Novo Testamento. O sacerdócio de Arão diminui em importância à luz da importância expiatória da morte e da ressurreição de Jesus no NT. Atos 7:40 lembra o envolvimento de Arão com o bezerro de ouro. O livro de Hebreus reconhece o papel legítimo de Arão como sumo sacerdote (Hb 5:4), e ainda afirma Cristo como sendo agora o sumo sacerdote maior que se levantou "segundo a ordem de Melquisedeque" (cf. Gn 14:17-24) antes que "segundo a ordem de Arão" (Hb 7:11).

A pessoa: um resumo. A forma presente do texto bíblico equilibra a proeminência de Arão como um líder e sacerdote com uma consciência do potencial para a desobediência entre todos os líderes, mesmo um sumo sacerdote como Arão (Êx 32:1-6, 25; Lv 10:1-3; Nm 12:1-16; 20:1-13). No final, ambos, o sumo sacerdote Arão e o líder e profeta incomparável, Moisés, são condenados a morrer fora da terra prometida de Canaã (Nm 20:12, 22-29; Dt 34:1-12). Arão, igual a muitos líderes e figuras proeminentes da Bíblia, é humanamente falho, mas permaneceu ao mesmo tempo um agente eficaz para a bênção e a obra salvadora de Deus entre o seu povo.

Bibliografia. A. Cody, *A History of Old Testament Priesthood*. AnBib 35 (Roma, 1969); W. Horbury, "The Aaronic Priesthood in the Epistle to the Hebrews", *JSNT* 19 (1983), 43-71; R. D. Nelson, *Raising Up a Faithful Priest: Community and Priesthood in Biblical Theology* (Louisville, 1993); L. Sabourin, *Priesthood: A Comparaative Study*, Studies in the History of Religions 25 (Leiden, 1973).

ARARATE (heb. *'ărāṭ*) O nome bíblico para um país (assírio Urartu) na Ásia Menor oriental, perto do Lago Van, compreendendo partes da Turquia, Armênia, Irã e Iraque. O território ganhou proeminência como entidade política importante, durante o século IX a.C. Urartu bloqueou os avanços da Assíria para o norte, e campanhas grandes no território Urartian foram empreendidas pelos governadores assírios Salmaneser III (859-824) e Sargão II (722-705). Uraru eventualmente sucumbiu perante os Medas, que destruiu a região em 585. O território foi posteriormente incorporado no Império Persa.

Seguindo-se ao assassinato de seu pai, os filhos de Senaqueribe fugiram para a "terra de Ararate" (2Rs 19:37=Is 37:38). No oráculo de Jeremias contra a Babilônia, o reino de Ararate é convocado por Deus, com nações vizinhas (Jr 51:27).

Gênesis 8:4 registra que a arca de Noé veio descansar sobre os "montes do Ararate". A tradição antiga buscou identificar um pico específico como a localização da arca de Noé. Josefo cita o sacerdote babilônico do século III, Berossus, dizendo que porções da arca tinham sido descobertas na Armênia, na montanha dos Gordyaeans (*Ant.* 1.93). A identificação moderna do monte Ararate com *Agri Dag*, montanha no leste de Turquia, baseia-se numa tradição pós-bíblica posterior. [KENNETH ATKINSON]

ARATO (gr. *Arétos*) Poeta Estoico do século III a.C. de Soli, na Cilícia. Em seu discurso, no Areópago, Paulo cita *Phaenomena*, o poema de Arato (At 17:28).

ARAÚNA (heb. *'ăraunâ*) (tb. ORNÃ) Habitante jebuseu de Jerusalém, que ofereceu sua eira a Davi como um lugar para sacrifício, em um tempo de praga contra Israel e Jerusalém (2Sm 24:16-25; 1Cr 21:15-28). Em Crônicas, ele é chamado de Ornã. Davi insistiu em uma compra legal da eira, por cinquenta ciclos de prata (2Sm 24:24; cf. 600 ciclos de ouro, 1Cr 21:25). Em obediência a Gade, o vidente, Davi erigiu um altar em Araúna, sobre o qual ele fez oferendas, dessa forma, trazendo um fim para os três dias de praga, impostos pelo Senhor, devido ao censo de Davi. O escritor de Crônicas identifica o local da eira como o monte Moriá e como o local do futuro templo de Salomão (1Cr 22:1; 2Cr 3:1).

O nome pode estar relacionado com o Hurrian *iwirne*, "governador", e, assim, representa um título e não nome próprio (cf. o uso do artigo definido com Araúna, 2Sm 24:16, e a associação do título "rei", v. 23 TM). [JOHN D. FORTNER]

'ARAQ EL-EMIR Sítio localizado no ribeiro es-Sîr. Ele foi ocupado, com alguns intervalos, desde o início da Era do Bronze até o período Bizantino, e é provavelmente a cidade bíblica Ramá-Mizpe. Restos existem de Qasr el-ʹAbd, "Fortaleza do Servo", identificada como Tyros e construída por Tobias Hircano (séc. II a.C.), descendente de Tobias (Ne 2:10; cf. Ed 2:60; Josefo *Ant.* 12.4.1 [229-35]). Duas inscrições aramaicas de Tobias dos séculos V e IV foram achadas perto de Tyros. Gr. *týros* (do heb. *sôr*, "rocha") está preservado no nome do vale.

Bibliografia. P.W. Lapp-N.L. Lapp, "ʹIraq el-Emir", *NEAEHL* 2.646-49. [PAUL J. RAY, JR.]

ARÃ-ZOBÁ (heb. *'ăram ṣôḇâ*) Designação alternativa de Zobá (sobrescrito do Sl 60 [TM 1]), estado arameu poderoso derrotado por Davi.

ARBA (heb. *'arbaʿ*) O pai de Anaque (Js 15:13; 21:11), visto como o maior dos Anaquins (14:15). *Ver* QUIRIATE-ARBA.

ARBATITA (heb. *hā'arḇāṯî*) Residente de Beth-arabah, uma cidade na fronteira entre Judá e Benjamim. Esse gentio é associado com Abi-albon/Abiel, um dos valentes de Davi (2Sm 23:31; 1Cr 11:32).

ARBATTA (gr. *Arbátta*) Região, cujos habitantes judeus foram levados seguramente para Jerusalém por Simão Macabeu, depois de derrotar as tropas Sírias na Galileia (1Mc 5.23). Josefo chama o lugar de toparquia de Narbata, que era um refúgio para os judeus, durante a guerra judaica de 66-70 d.C. (*BJ* 2.14.5; 18.10). É localizada a cerca de 16 km ao sul do monte Carmelo, a Oeste de Samaria. [RICHARD A. SPENCER]

ARBELA (gr. *Arḗla*) Vila na Galileia baixa, provavelmente identificada com Khirbet Irbid/Arbel (1955.2467) no lado sudeste do Vale Haman. O lugar fica de frente a um íngreme despenhadeiro com numerosas cavernas estrategicamente importantes que eram esconderijos favoritos de refugiados, rebeldes e bandidos. Josefo informa que os exércitos selêucidas cercaram e capturaram muitos judeus que tinham fugido para lá (*Ant.* 12.11.1; cf. 1Mc 9.2) e que Herodes, o Grande, tinha grandes dificuldades em desalojar bandidos das cavernas (*Ant.* 14.15.4-5; *BJ* 1.16.2-5). O próprio Josefo tinha as cavernas fortificadas na preparação para a Primeira Revolta judaica (*BJ* 2.20.6; *Vita* 37) e apoiou uma conferência importante de judeus galileus na vila (*Vita* 60). [RANDALL D. CHESNUTT]

ARBITA (heb. *hā'arbî*) Epíteto dado a Paarai (2Sm 23:35), referindo-se ou ao seu pai ou à cidade de sua residência (cf. Arabe, Js 15:52).

ARCA DA ALIANÇA A caixa de madeira de acácia com as duas tábuas dos Dez Mandamentos e, de acordo com o Novo Testamento (Hb 9:4), a vara de Arão (Nm 17:1-11 [TM 16-26]) e um vaso de ouro com o maná (Êx 16:33-34); também chamada de a "arca de Deus", "a arca do Senhor" e "a arca do testemunho". O formato da arca era retangular, medindo 2.5 x 1.5

x 1.5 cúbitos, ou aproximadamente 114 cm. x 69 cm. x 69 cm. Ela era suspensa em pólos que passavam pelos anéis em seus lados e por meio dos quais ela podia ser carregada (Êx 25:10-22; 37:1-9).

Muitos estudiosos concordam que a fonte textual mais antiga que menciona a arca é a então chamada Canção da Arca em Números 10:35-36. Neste caso, então, desde o tempo de nossas atestações mais antigas supunha-se que a arca deveria representar a presença de Deus no culto sendo, de fato, virtualmente sinônima da divindade. Assim, de acordo com a canção, sempre que a arca era levantada para guiar os israelitas em suas peregrinações no deserto, Moisés dizia, "Levanta-te, Senhor"; similarmente, sempre que a arca era colocada em um novo campo, Moisés dizia, "Volta, ó Senhor". Essa simultaneidade entre a arca e a divindade também é indicada no que é comumente considerado como o nome mais completo e mais arcaico da arca, "a arca de Deus, a qual é chamada pelo Nome, o nome do Senhor dos exércitos, que se assenta sobre os querubins" (1Sm 4:5; cf. 2Sm 6:2). O que parece ter sido imaginado aqui é um trono por meio do qual a divindade senta invisivelmente acima da arca, sobre as asas estendidas dos querubins, com a própria arca servindo como o escabelo de Deus. Essa figura de um trono de querubim com escabelo é frequentemente encontrada na arte semítica ocidental e os textos bíblicos se referem explicitamente à arca como um escabelo (1Cr 28:2; Sl 99:5; 132:7; Lm 2:1) e descrevem asas de querubim estendidas acima da arca, depois que ela foi instalada no templo de Salomão (1Rs 6:23-28; 8:6-7).

A Canção da Arca e o antigo nome litúrgico associando a arca com o Senhor dos exércitos também enfatizam que Deus está associado com a arca como uma divindade guerreira e que a própria arca funciona, para os israelitas, como uma proteção e escudo. Na Canção da Arca, Moisés segue seu comando à arca para "Levanta-te Senhor" com uma exortação para que os inimigos de Deus fossem, então, dispersos e os inimigos da divindade fugissem. No nome litúrgico "a arca de Deus, a qual é chamada pelo Nome, o nome do Senhor dos exércitos, que se assenta sobre os querubins", os "exércitos" são muito provavelmente os "exércitos celestiais", o exército cósmico que luta em favor de Deus para assegurar uma vitória israelita na batalha (p. ex., Jz 5:20, "desde os céus pelejaram as estrelas"). Esse entendimento da função militar da arca também ilumina narrativas como Josué 6:1-21, em que a cidade de Jericó cai diante dos israelitas depois que os guerreiros andaram em torno de seus muros por sete dias, tocando trombetas e carregando a arca. O mesmo tema militar está presente na narrativa da Arca de 1Samuel 4-6, em que a arca é trazida do seu, até então, santuário de Siló, para estar presente quando os israelitas vão à guerra contra os filisteus.

A eficácia militar da arca na narrativa da Arca, entretanto, é inicialmente trazida a lume, quando a arca é capturada pelos filisteus e levada por eles ao templo do deus Dagom, em Asdode (1Sm 5:1-2). Contudo, essa falha da arca em realizar uma imediata vitória militar na terra é somente um prólogo da recontagem última da superioridade militar da arca no domínio cósmico. Durante a permanência da arca em Adode, a estátua de culto de Dagom e, por implicação, o próprio Dagom são destruídos; os cidadãos de Asdode são afetados por pragas, como o são, finalmente, todos os habitantes da Filístia. Os filisteus não tinham outra saída senão a de devolver a arca a Israel, que, dessa forma, tornaram-se os "vitoriosos" nessa batalha, sem que uma só espada fosse levantada.

À medida que a arca ia de lugar em lugar como parte das campanhas militares de Israel e como uma parte do estabelecimento geral do povo na terra, ela é comumente descrita como estando abrigada em uma tenda (embora haja algumas indicações de um santuário real em Siló). Estudiosos frequentemente compararam o *qubbah*, santuário de tenda portátil dos árabes pré-islâmicos que tinha duas pedras e que foi usada em tempos de batalha e também para adivinhação (Jz 20:27-28). Finalmente, entretanto, a arca terminou em Jerusalém, na câmara mais interior do templo. A história de como ela chegou lá é encontrada em 2Samuel 6 e também em Salmo 132, que é uma das poucas menções explícitas da arca fora do Pentateuco e dos livros históricos (cf. por outro lado somente em Jr 3:16). De acordo com os materiais de Samuel e Salmos, a arca desapareceu depois de ser devolvida aos israelitas pelos filisteus; p. ex., entre o final da narrativa da Arca em 1Samuel 7:1-2 e 2Samuel 6, ela é mencionada somente uma vez (1Sm 14:18), e essa referência é frequentemente assumida como erro textual. As razões para o esquecimento da arca a essa altura são incertas; somente podemos inferir que, por qualquer razão, ela não foi vista como importante por Saul, o monarca cuja monarquia é estabelecida em 1Samuel 8.

Qualquer que seja a causa do esquecimento temporário, 2Samuel 6; Salmo 132 deixam, ambos, bem claro que a arca reaparece na religião israelita, quando Davi, o sucessor de Saul, procurou estabelecê-la como o símbolo de culto de Jerusalém, que era sua capital recentemente apreendida. Consistente com a tradição mais antiga, Davi abrigou a arca em uma tenda em Jerusalém. A construção de um templo e a colocação da arca em seu santo dos santos são deixadas para Salomão, o filho de Davi. Contudo, mesmo no templo de Salomão, há uma elevação para fazer, como 1Reis 8:4 parece indicar, com que a tenda de habitação mais antiga seja erigida sobre a arca, no santo dos santos.

Com Salomão, a história da arca termina um tanto abruptamente. A tradição judaica e muitos estudiosos inferem que ela permaneceu no templo por quase 400 anos, até a destruição de Jerusalém pelos babilônios em 586 a.C., contudo ela não é mencionada na lista de espólios do que os babilônios pegaram do templo (2Rs 25:13-17). Talvez, isso indique que a arca foi tirada de Jerusalém já no fim do século X, como parte de campanhas militares empreendidas pelo faraó Sisaque, durante o reino de Roboão, filho de Salomão. Ou, talvez, o destino da arca depois de Salomão permaneça desconhecido, porque seus cronistas a acharam de pouca importância. Certamente no livro de Deuteronômio, cujos autores também fornecem nossos relatos primários da monarquia pós-salomônica, a arca tem muito menos importância do que, p. ex., nas tradições sacerdotais de Êxodo 25:1-31-11; 35:1-40:38.

Bibliografia. F.M. Cross, "The Priestly Tabernacle" em *BA Reader* 1, ed. G.E. Wright e D.N. Freedman (Garden City, 1961), 201-28; *Canaanite Myth and Hebrew Epic* (Cambridge, Mass., 1973); R.E. Friedman, "The Tabernacle in the Temple", *BA* 43 (1980): 241-48; P.D. Miller e J.J.M. Roberts, *The Hand of the Lord: A Reassessment of the "Ark Narrative" of* 1 *Samuel* (Baltimore, 1977); C.L. Seow, *Myth, Drama, and the Politics of David´s Dance.* HSM 44 (Atlanta, 1989); R. de Vaux, *Ancient Israel* (1961, repr. Grand Rapids, 1997); M.H. Woudstra, *The Ark of the Covenant from Conquest to Kingship* (Philadelphia, 1965). [SUSAN ACKERMAN]

ARCA DE NOÉ De acordo com Gênesis 6:1-8, a Deidade decidiu destruir a raça humana por meio de um grande dilúvio, com exceção da família do justo Noé. Estes escapariam por meio de um grande barco ("arca"), cujas dimensões são precisamente fornecidas (6:14-16).

A discussão sobre a embarcação, pelos pais da igreja e conservadores modernos, interessou-se em se suas dimensões eram adequadas para acomodar o grande número de passageiros animais por um longo ano de viagem ("De tudo o que vive [...] dois de cada espécie", Gn 6:19). Tem sido, também, declarado que restos da arca sobrevivem até hoje sobre uma montanha no Oriente Próximo. O problema de "adequação" resultou da falha dos intérpretes em perceber que as pessoas antigas descreviam eventos de tempos primitivos com imagens fantásticas e com números simbólicos.

No relato Mesopotâmico paralelo, o herói (chamado Utnapishtim) escapou do Dilúvio ao construir um barco, cujas dimensões são 120 cúbitos de cada lado. Desde que a forma de medida daquele tempo envolvia notação em fração decimal com base-60 (ao passo que o sistema moderno usa base-10), o barco não somente seguia um projeto divino, mas era de dimensões quase mágicas e "ideais": um cubo de 60 x 2 cúbitos de cada lado. Assim, ela não falharia em sobreviver às águas do Dilúvio!

Ao barco de Noé são atribuídas as dimensões 300 x 50 x 30 cúbitos (aprox. 127 x 23 x 14 m]. Colocado de outra maneira, é 60 x 5 cúbitos longos, 60/2 cúbitos altos e tem um volume de (603 x 2) + (602 x 5) cúbitos cúbicos. Tais dimensões tencionam representar uma construção ideal de origem divina. Assim, os estudiosos que interpretaram literalmente as figuras não somente mal compreenderam a natureza e intento do texto, mas também geraram fúteis discussões sobre a capacidade da arca. Outros relatos de tempos primitivos utilizam um registro "ideal", incluindo o tempo de vida das gerações anteriores ao Dilúvio (cf. Gn 7:11; Dt 34:7). Está claro que esses números são simbólicos, do contrário os escritores não teriam permitido a contradição com Gênesis 6:3.

Alegações modernas de que restos da arca ainda sobrevivem são baseadas em registros contraditórios, em supostas fotografias e documentos que desapareceram ou que são de origem questionável, em formações geológicas erroneamente identificadas, e em má interpretação da imagem do satélite. No mínimo, foram propostas nove localizações para o lugar de desembarcadouro da arca, que vão desde a Ásia Menor até o Afeganistão. Muitos produziram a "madeira da arca", pretendida ter sido datada, com segurança, a uma era de 5000 anos (aprox. o tempo de Noé, de acordo com a cronologia bíblica). Entretanto, nenhum desses textos é cientificamente crível, e a madeira, pelo contrário, parece pertencer ao século VII a.C.

O lugar de desembarcadouro comumente proposto, a montanha espetacular Agri Dag (Masis, "Mt. Ararate") na Armênia (Turquia), foi, então, identificado somente depois do século XIII. As reivindicações primitivas, cristãs e judaicas, centralizaram-se, ao contrário, no monte Qardu (agora chamado Jabal Judi).

Bibliografia. L.R. Bailey, *Noah* (Columbia, S.C., 1989), cap. 4; *Genesis, Creation, and Creationism* (Nova York, 1993), Apêndice VII. [LLOYD R. BAILEY]

ARCANJO "Chefe" ou "primeiro anjo" (gr. *archángelos*). Desde o período pós-exílico, o termo referia-se a um anjo que liderava um grupo particular de anjos. O número dos arcanjos varia, de sete (Tob 12.15; 2Ed 5.20), para quatro (1En 87.2-3; 88.1), para três (90.31). Miguel (Jd 9; Dn 10:13; 12:1; 1En 9.1; 10.11), Gabriel (Dn 8:16; 1En 9.1; 20.7; 40.9), Rafael (Tob 3.17; 12.14; 1En 10.4; 40.9), e Uriel (9.1; 19.1; 20.2) são arcanjos especiais que serviram como mediadores entre Deus e os homens. Os arcanjos serão ouvidos na segunda vinda de Cristo (1Ts 4:16). [EDWARD P. MYERS]

ARDE (heb. *'ard*) (tb. ADAR) Descendente de Benjamim e filho de Belá, listado entre líderes ancestrais de clãs, que acompanharam Jacó ao Egito (Gn 46:21; Nm 26:40). Em 1Crônicas 8:9, é chamado de Adar.

ARDOM (heb. *'ardôn*) O terceiro filho de Calebe e Azuba da tribo de Judá (1Cr 2:18).

ARELI (heb. *'ar'ēlî*) Filho de Gade e neto de Jacó (Gn 46:16; Nm 26:17).

AREOPAGITA (gr. *Areopagítēs*) Membro do prestigioso Concílio de Atenas, que tinha suas sessões no ou perto do Areópago. Dionísio, um dos convertidos de Paulo, era areopagita (At 17:34).

AREÓPAGO (gr. *Áreios págos*) (tb. MONTE DE MARTE) Alto monte de pedra, medindo cerca de 115 m, próximo ao Acrópole em Atenas, cujo nome derivara-se do deus da guerra grego Ares (tb. chamado Monte de Marte, depois Marte Romano). Areópago também se refere ao concílio que uma vez se reuniu no monte citado. (Esse concílio preservou o nome, mesmo depois de mudar seus encontros para Royal Stoa). A autoridade do Areópago oscilou com o passar do tempo, mas durante a era romana ele era responsável pelos vários interesses educacionais e filosóficos/religiosos, bem como por questões legais tais como falsificação e medidas padrão.

Filósofos epicureus e estoicos trouxeram Paulo ao Areópago para ouvi-lo, depois que ele debateu, na Sinagoga e na Ágora [Praça] (At 17:16-21), com os judeus e com os que temiam a Deus. Os estudiosos estão divididos a que uso do Areópago Atos refere-se. Paulo foi como debatedor habilidoso, e mesmo que ele não tenha convencido a multidão, alguns atenienses de fato creram em Cristo (At 17:22-34).

Bibliografia. F.F. Bruce, *The Book of Acts*, ed. rev. NICNT (Grand Rapids, 1988); H.J. Cadbury, *The Book of Acts in History* (London, 1955); F. Stagg, *The Book of Acts: The Early Struggle for an Unhindered Gospel* (Nashville, 1956). [STEVEN L. COX]

ARETAS (gr. *Harétas*) **1.** Aretas I, o primeiro governador nabateu mencionado na literatura antiga. De acordo com 2Macabeus 5.8, o sumo sacerdote judeu, Jason, de algum modo correu embaraçosamente de Aretas, quando fugiu de Jerusalém para Nabateia em 168 a.C. Nesse lugar, Aretas é chamado *týrannos*, que pode indicar que os governadores nabateus ainda não eram chamados de reis. Depois da erupção da Revolta Macabeia, os líderes nabateus são descritos como simpatizantes dos revolucionários (1Mc 5.25; 9.35).

2. Aretas II (c. 100 a.C.), prometeu ajudar a cidade de Gaza, quando ela foi cercada por Alexandre Janeu, o monarca asmoneu (Josefo, *Ant.* 13.356-364). Entretanto, essa ajuda veio muito tarde, e a cidade foi derrotada. Josefo descreve Aretas II como uma "pessoa muito ilustre", indicativo do poder crescente do reino nabateu.

3. Aretas III (c. 87-62 a.C.) que, de acordo com Josefo, obteve controle sobre Damasco e Coele-Síria. Ele invadiu a Judeia e derrotou Alexandre Janeu em batalha, mas estabeleceu condições e voltou para sua terra (*Ant.* 13.392; *BJ* 1.103). Em 65 a.C., Aretas III apoiou Hircano II, em sua luta contra Aristóbulo II, sitiando Aristóbulo em Jerusalém, mas ele foi ordenado a se retirar pelo general romano Escauro. Durante sua retirada, Aretas foi atacado e vencido por Aristóbulo (*Ant.* 14.14-33; *BJ* 1.123-130).

4. Aretas IV (9 a.C. a 40 d.C.), originalmente chamado Eneas. Ele forneceu tropas aos romanos para suas campanhas contra os judeus, durante as rebeliões que se seguiram à morte de Herodes, o Grande (4 a.C.; *Ant.* 17.287; *BJ* 2.68). Posteriormente em seu reino (c. 36 d.C.) Aretas IV irou-se com Herodes Antipas, o tetrarca judeu, quando Herodes divorciou-se da filha de Aretas para casar-se com Herodias. A indisposição resultante foi exacerbada por disputas de territórios, e Aretas e Herodes vieram à batalha, com Aretas emergindo vitorioso. Embora repreendido pelo imperador romano Tibério, Aretas não sofreu repercussões do incidente. Não muito depois, também correu desordenadamente de Aretas IV. Em 2Coríntios 11:32-33, Paulo fala como o governador de Damasco, sob o rei Aretas, tinha cercado a cidade para capturá-lo, mas ele tinha escapado num cesto descido pela janela. A história revela que Damasco ainda estava sob o controle nabateu, muito embora ela fosse uma província romana da Coele-Síria.

Bibliografia. G.W. Bowersock, *Roman Arabia* (Cambridge, Mass., 1983); A. Kasher, *Jews, Idumeans, and Ancient Arabs* (Tübingen, 1988); E. Schrürer, *A History of the Jewish People in the Age of Jesus Christ* (175 a.C.-135 d.C.), ed. rev. (Edinburgh, 1973-1987). [ANTHONY J. TOMASINO]

ARFAXADE (gr. *Arphaxád*) **1.** Rei desconhecido dos medos, que foi morto por Nabucodonosor (Jdt 1:1-15).

2. Ancestral de Jesus, na genealogia de Lucas (Lc 3:36).

3. (heb. *'arpakšad*) Filho de Sem (Gn 10:24; 11:10-13; 1Cr 1:17-18, 24; cf. Lc 3:36). O nome parece ser não semítico, e o debate continua sobre a identidade da nação da qual ele foi o progenitor, com suposições baseadas ou na primeira ou na última parte de seu nome, que se deriva variavelmente do caldeu, assírio e hurriano. [W. CREIGHTON MARLOWE]

ARGOBE (heb. *'argōḇ*) **I. (PESSOA)** Pessoa ligada com a matança de Peca (2Rs 15:25); omitido em algumas traduções. Alguns estudiosos consideraram Argobe e Arié como nomes de lugares (cf. 2Rs 15:29).

II. (LUGAR) Região com 60 cidades fortificadas e numerosas vilas em Basã, o reino de Ogue (Dt 3:4, 13-14). Ela foi conquistada por Israel e concedida à terra de Manassés. Jair a renomeou de Havote-Jair (Dt 3:4). Ela está inclusa na discussão do sexto distrito administrativo de Salomão e parece ser contrastada com "as aldeias de Jair" em Gileade (1Rs 4:13). Claramente a leste do rio Jordão e do mar de Quinerete, a localização precisa de Argobe é desconhecida.

Argobe também aparece em 2Reis 15:25, onde, com Arié, foi entendida ou como referência a uma pessoa ou a um nome de lugar transportado do verso 29. [ERIC F. MASON - item II]

ARIDAI (heb. *'ărîḏay*) Um dos dez filhos de Hamã mortos pelos judeus (Et 9:9).

ARIDATA (heb. *'ărîḏāṯā'*) Um dos dez filhos de Hamã, o agagita (Et 9:8).

ARIÉ (heb. *'aryēh*) Com Argobe, ou vítima de ou um conspirador no massacre no palácio real de Samaria (2Rs 15:25). Algumas versões omitem os nomes por causa das dificuldades textuais; de acordo com as notas da RSV, eles deveriam ser incluídos com os nomes de lugares capturados por Tiglate-Pileser III (2Rs 15:29).

ARIEL (heb. *'ărî'el*) **I. (LUGAR)** Nome obscuro designando Jerusalém (Is 29:1-2, 7) em um oráculo a respeito tanto do exílio quanto da preservação da cidade. O termo hebraico pode designar, aqui, a lareira de um altar (cf. 1QIsa[a]; Ez 43:15-16).

II. (PESSOA) 1. Membro da delegação enviada por Esdras, o escriba, para obter ministros para o templo (Ed 8:16; cf. 1Ed 8.43, "Iduel").

2-3. Dois moabitas (RSV "dois Ariéis de Moabe"; NJB "dois moabitas formidáveis") mortos por Benaías, um dos valentes de Davi (NRSV 2Sm 23:20=1Cr 11:22).

ARIMATEIA (gr. *Arimathaía*) Lugar mencionado por cada um dos evangelhos como a cidade natal de um homem rico, chamado José. Foi concedida a ele permissão para tirar o corpo de Jesus da cruz, ele o preparou para o enterro e o colocou em seu próprio túmulo (Mt 27:57; Mc 15:43; Lc 23:50; Jo 19:38). Referida como uma "cidade dos judeus" por Lucas (Lc 23:50), ela foi identificada tanto com Ramataim como com Rentis, cerca de 24 km e 32 km, respectivamente, a leste de Jafa. A tradição posterior (Eusébio e Jerônimo) identifica Arimateia como o lugar de nascimento de Samuel, chamado Ramá em 1Samuel 1:19.

ARIOQUE (heb. *'aryōḵ*) **1.** Rei de Elasar (Gn 14:1, 9), que com Anrafel, Quedorlaomer e Tidal lutaram com outros cinco reis no vale de Sidim. Arioque é, talvez, o mesmo que Arriwuk, filho de Zimrilim e contemporâneo de Hamurabi, conhecido dos arquivos de Mari, ou o Ariukki dos documentos de Nuzi.

2. Capitão da guarda de Nabucodonosor (Dn 2:14-15, 24-25), comissionado pelo rei, para executar todos os homens sábios na Babilônia, porque não puderam interpretar o sonho de Nabucodonosor.

3. Reis dos caldeus (Jdt 1:6), caso contrário não identificado. O texto grego está corrompido aqui. [JESPER SVARTVIK]

ARISAI (heb. *'ărîsay*) Um dos dez filhos de Hamã, o agagita, que foram mortos pelos judeus (Et 9:9).

ARISTARCO (gr. *Arístarchos*) Cristão judeu, a quem Paulo chama de "cooperador" (Fm 24) e "companheiro de prisão" (Cl 4:10; gr. *sunaichmálotos*, lit., "prisioneiro de guerra", mas usado, provavelmente, de maneira metafórica). Nativo de Tessalônica, Aristarco trabalhou com Paulo na Ásia e estava com ele quando a multidão revoltou-se em Éfeso (At 19:29). Ele foi companheiro de viagem de Paulo desde de Trôade até a Ásia (At 20:4,6) e, posteriormente, até Roma (27:2; Fm 24). Ambas as referências em Atos ocorrem nas passagens que usam o pronome pessoal "nós", sugerindo que Aristarco só poderia ter viajado com Paulo como seu escravo. Desde que Aristarco estava associado com a área e que era conhecido na Ásia proconsular, a comunidade de Filemom teria interesse especial nele. Possivelmente, 2Coríntios 8:18-19 refere-se a ele como "o irmão" que viajou com Paulo, desde que *synékdēmos*, "companheiro de viagem", é usado somente lá e em Atos 19:29, que claramente se refere a Aristarco. [BONNIE THURSTON]

ARISTEAS, CARTA DE Pretendida ser uma epístola de Aristeas (gr. *Aristaíos*), membro da corte de Ptomoleu II Filadelfo, para seu irmão Filócrates, este pseudepígrafo conta a história da tradução da Bíblia Hebraica para o grego (a LXX). Aristeas descreve como Ptolomeu II (285-247 a.C.) veio fazer um pedido formal ao sumo sacerdote em Jerusalém, solicitando que o sacerdote fornecesse 72 tradutores (seis de cada uma das 12 tribos) que se incumbiriam da criação de uma versão Grega da Lei Judaica (o

Pentateuco). Inclusos nessa seção da carta estão um catálogo dos presentes enviados pelo rei egípcio ao sumo sacerdote, o relatório dos bibliotecários ao rei sobre as Escrituras Judaicas, os "textos" completos do pedido do rei e a resposta afirmativa do sumo sacerdote, e descrições substanciais do templo de Jerusalém e da Palestina. Quando os tradutores chegaram a Alexandria, o rei preparou o longo banquete de sete dias. Durante o banquete, cuja descrição toma quase um terço do livro, o rei pergunta a cada um dos visitantes sobre seu deus e sua religião. Uma breve descrição da bem-sucedida tradução da Lei para o grego conclui a obra.

A carta foi, provavelmente, escrita no Egito, talvez Alexandria, durante a segunda metade do século II. Ela tem dois propósitos: 1. oferecer uma extensa "apologia" ao judaísmo e à Lei Judaica; e 2. defender a completa adequação da tradução grega da Lei para propósitos religiosos. Desde que a história veio a ser usurpada, transmitida e alterada pelos cristãos na defesa de seu uso da LXX contra a Bíblia Hebraica, este segundo tema veio dominar a leitura do texto. Entretanto, dadas as reflexões extensas sobre a Lei Judaica, o templo, Palestina, e o sábio conselho dos tradutores, parece claro que o propósito primário foi promover um entendimento melhor do judaísmo num ambiente egípcio.

Bibliografia. R.J.H. Shutt, "Letter of Aristeas", *OTP* 2 (Garden City, 1985): 7-34; J.R. Barlett, *The Jews in the Hellenistic World* (Cambridge, 1985). [JAMES B. MULLER]

ARISTION (gr. *Aristīōn*) Cristão do século I conhecido de Papias, uma autoridade primária em tradições sobre o Senhor. É dito que Aristion e João, caracterizados como "os discípulos do Senhor" analogamente com diversos dos doze apóstolos, transmitiram informação a Papias "como a palavra de uma voz viva e permanente" (Eusébio, *HE* 3.39.4). Presumivelmente, o texto indica que Aristion e João conheceram pessoalmente a Jesus, embora não fossem membros dos Doze. Alguns leem a mesma informação, deduzindo que os dois foram discípulos, não de Jesus, mas de alguns dos Doze.

Aristion não deve ser igualado com Ariston de Pella, o qual, sabia Eusébio, tinha escrito sobre a Revolta de Bar Kokhba (*HE* 4.6.4), apesar da identificação dos dois, feita por Máximo, o Confessor. Entretanto, uma identificação de Aristion conhecida de Papias, que é grandemente tomada como correta, é aquela achada na atribuição de autoria de Marcos 16:9-20, (o "final mais longo" de Marcos), do manuscrito armênio do século X, ao "presbítero Aristion". Assumir que esta é a mesma pessoa conhecida de Papias não é, entretanto, assumir necessariamente que ele, de fato, escreveu os versos em questão. [FLORENCE M. GILLMAN]

ARISTÓBULO (gr. *Aristóloulos*) **1.** Aristóbulo I, o filho mais velho de João Hircano; também chamado Judas (*Yehuda*). De acordo com Josefo, foi o primeiro daquela dinastia a reivindicar o título de rei. Enquanto Hircano tinha transferido autoridade sobre o reino à sua esposa, Aristóbulo pegou o trono, prendendo e matando de fome sua mãe até a morte. Ele também prendeu três de seus irmãos nesse afã e, então, assassinou seu irmão Antígono, com quem, inicialmente, dividira o poder. Ele exerceu as posições de sumo sacerdote e rei por apenas um ano, de 104 a 103 a.C. Alguns estudiosos atribuem as moedas, contendo a inscrição "Judas, o sumo sacerdote...", a ele.

2. Aristóbulo II, o filho mais novo de Alexandre Janeu e Salomé Alexandria. Na morte de Alexandre Janeu, Alexandra nomeou seu filho mais velho, Hircano II, como sumo sacerdote, enquanto ela assumia a coroa. Ele esteve nessa posição por nove anos (76-66 a.C.). Quando ela ficou doente, Aristóbulo II proclamou a si mesmo rei. Ela morreu, antes que pudesse desafiar sua reivindicação. Aristóbulo forçou Hircano a renunciar sua reivindicação ao trono e ao sumo sacerdócio. Aliado com Antípatro, o pai de Herodes, o Grande, Hircano II recrutou o auxílio de Aretas, o rei nabateu de Petra, para cercar seu irmão no templo. Esse cerco foi suspenso, através da intervenção do general Romano, Escauro, enviado por Pompeu. Depois que Pompeu começou a encontrar a resistência de Aristóbulo, ele gradualmente foi levado a mudar sua opinião e prendeu Aristóbulo. Com a ajuda de Hircano, Pompeu, capturou Jerusalém e ocupou o templo em 63 a.C. Aristóbulo e sua família foram levados cativos para Roma. Ele fugiu para levantar uma força na Judeia mais uma vez e mais uma vez voltou cativo para Roma. Aristóbulo foi liberado por César em 49 a.C., mas foi envenenado antes de poder chegar a Judeia. [JOHN KAMPEN]

3. Pessoa em Roma, para cuja família Paulo enviou saudações (Rm 16:10). Alguns estudiosos o identificam como neto de Herodes, o Grande, e irmão de Herodes Agripa I. *Ver* HERODES (FAMÍLIA) 7.

ARMAGEDOM (gr. *Harmagedōn*) O "lugar" onde as forças do mal devem se reunir para um ataque final violento contra as forças de Deus (Ap 16:16; "Harmagedon"). O nome hebraico translitera o hebraico *har mag̱eḏōn* (lit., "montanha de Magedom"), o qual muitos estudiosos creem que deveria ser lido *har mĕg̱iddôn*, "montanha de Megido".

A cidade de Megido era militarmente estratégica porque protegia a passagem norte-sul através da cordilheira de montanhas do Carmelo. A região foi o local de muitas batalhas antigas (p. ex., Jz 5:19; 2Rs 23:29-30 = 2Cr 35:22-24). Embora não haja nenhuma evidência de uma montanha na Palestina que tenha, alguma vez, se chamado ou Magedom ou Megido, o monte Carmelo é um pico proeminente a cerca de 8 km a Nordeste de Megido. Bem que essa pode ter sido a associação que o autor de Apocalipse pretendeu que seus leitores fizessem. A conveniência do monte Carmelo como símbolo para a derrota do mal repousa no fato de que este foi o local da derrota dos profetas de Baal, diante de Elias (1Rs 18:22-40). Entretanto, nenhuma batalha real é descrita em Apocalipse; para o autor, a batalha, em princípio, já foi ganha através da morte e ressurreição de Jesus. [JOE. E. LUNCEFORD]

ARMONI (heb. *'armōnî*) Um dos dois filhos de Saul e Rizpa, que foi entregue por Davi aos gibeonitas, com outros descendentes de Saul, como pagamento pelo sangue dos reis, que foi derramado anteriormente (2Sm 21:8).

ARNÃ (heb. *'arnān*) Descendente de Zerubabel; filho de Refalias (1Cr 3:21).

ARNI (gr. *Arní*) Ancestral de Jesus (Lc 3:33). Em Mateus 1:3-4, o nome é dado como Arão (frequentemente traduzido por "Rão", seguindo as listas dos descendentes de Davi em Rt 4:19 e dos descendentes de Judá em 1Cr 2:9-10).

ARNOM (heb. *'arnôn*) Um dos quatro principais rios perenes da Transjordânia. A fonte do Arnom fica próxima a el-Lejjun, a 16 km a nordeste de Crar, de onde ele atravessa o Planalto Moabita (o moderno úadi Môjib) em direção ao noroeste por 24 km e, então, retorna para o oeste onde ele flui por mais 24 km em direção ao Grande Vale Rift, finalmente desembocando no lado oriental do Mar Morto, em Ras el-Ghor. O grande canal que esse rio abriu com o passar dos tempos (que varia de 3 km a 5 km de extensão e 390 m a 690 m de profundidade) serviu como fronteira natural e política através da história (p. ex., Nm 21:13; Dt 3:8, 16; Js 13:16). [RANDALL W. YOUNKER]

ARODE (heb. *'ărôḏ*) (tb. ARODI) O sexto filho de Gade (Nm 26:17). Em Gênesis 46:16, ele é chamado Arodi.

AROER (heb. *'ărô'ēr*) **1.** "Aroer que está a borda do vale de Arnom", cidade que marcava a fronteira de Siom de Hesbom, rei dos amorreus (Dt 2:36; Js 12:2; Jz 11:26). Ela foi concedida aos Rubenitas (Js 13:16), embora tenham sido os gaditas que a reconstruíram e a ocuparam (Nm 32:34). De acordo com a inscrição de Messa (l. 26), Messa de Moabe (c. 830 a.C.) posteriormente tomou a cidade dos israelitas e a fortificou. Ela caiu temporariamente sob o governo de Hazael, de Damasco (2Rs 10:33), mas foi aparentemente reconquistada por Moabe pouco tempo depois (Jr 48:19).

Aroer de Arnom é confiadamente identificada com *'Arâ'ir*, a cerca de 5 km ao sul de Dibon, que fica ao leste da antiga estrada romana. As escavações exibiram seis níveis ocupacionais de cerca de 2250 a.C. até o século III d.C., com um espaço ocupacional durante a Era do Bronze Médio. Uma fortaleza foi estabelecida nesse lugar, durante o final da Era do Bronze e durante a Era do Ferro.

2. Cidade em Gileade, próxima à fronteira de Gade e "oposta" ou "em frente a" Rabá (provavelmente Rabbath-ammon; Js 13:25; Jz 11:33). Es-Sweiwina, a Oeste de Amman, foi sugerida como uma identificação possível.

3. Cidade na vizinhança de Damasco (Is 17:2a). A LXX não lê como um nome de lugar (cf. NRSV), e tal cidade próxima a Damasco não foi identificada.

4. Colônia a Oeste do Jordão (1Sm 30:28). O lugar pode ser *'Ar'arah* no Neguebe, a cerca de 19 km a Sudeste de Berseba, embora as escavações naquele local revelaram que não houve ocupação antes do século VII a.C. Uma candidata melhor pode ser Tell Esdar (1475.0645), 2.5 km ao Norte de *'Ar'arah*, onde alguns restos do séculos X e IX foram encontrados. [RANDALL W. YOUNKER]

AROERITA (heb. *hā'ărō'ērî*) Gentio associado com Hotão, o pai dos dois valentes de Davi, designado aparentemente um nativo de Aroer 1 (1Cr 11:44).

ARPADE (heb. *'arpāḏ*; ac. *arpadda*) Cidade arameia (Tell Rifa'at) a cerca de 30 km ao Norte de Alepo, no noroeste da Síria. O território de Arpade ocupava o estepe entre os rios Orontes e Eufrates. Estratégica na sua localização, ela conduziu o norte da Síria em uma luta contra o avanço dos assírios em direção ao Ocidente, durante os séculos IX e VIII a.C. Embora um tratado tenha sido feito entre Assíria e Arpade em 754, em 740 ela caiu sob o domínio de Tiglate-Pileser III. Na literatura bíblica, Arpade está sempre ligada com seu vizinho ao sul, Hamate (2Rs 18:34=Is 36:19; Is 10:9; Jr 49:23). [GARY P. ARBINO]

ARQUELAU (gr. *Archélaos*) Filho de Herodes, o Grande, que herdou a Judeia, Idumeia, e Samaria na morte de seu pai. Ele foi designado por seu pai para receber o título de rei. O historiador judeu é ambíguo nesse ponto, dizendo, em certo sentido, que ele de fato recebeu o título, mas em outro ponto, ele parece dizer que o título lhe foi prometido somente depois de um período de prova (*Ant.* 17.195; cf. *BJ* 2.93). Sua única menção no Novo Testamento é Mateus 2:22, que declara que Maria e José estão com medo de viver na Judeia com o menino Jesus, porque Arquelau governava lá. [JOE E. LUNCEFORD]

ARQUEOLOGIA E A BÍBLIA Com o início de um novo milênio o campo da arqueologia bíblica encontra-se no esforço para realizar uma arqueologia social da Síria-Palestina, que move-se de eventos particulares mencionados em dados textuais, à explicação de processos mais gerais responsáveis pela mudança cultural. Por anos, arqueólogos bíblicos foram contrários a ensaiar com perspectivas teoréticas que os deixavam muito longe dos limites do texto bíblico. Isso porque a Bíblia era as lentes primárias, através das quais todo dado arqueológico tinha de ser examinado. Até recentemente, a arqueologia bíblica era o ideal de uma disciplina histórica obcecada com eventos e povos particulares mencionados no texto. Entretanto, muitas escolas de pensamento histórico foram influenciadas pelas ciências sociais que enfatizam mais os períodos gerais e longos do processo histórico do que eventos de períodos curtos.

A geografia, especialmente a geografia histórica, desempenhou um papel chave na arqueologia da Terra Santa, desde o início do século XIX. Aproximações interdisciplinares são, particularmente, apropriadas à arqueologia, que por definição trabalha com uma extensa quantidade de dados — tanto material cultural como material textual. É importante conceituar fatores de períodos longos, tais como aqueles preocupados com geografia física, que trabalham juntos para estruturar a história, os fatores "habilitadores e constrangedores" que criaram oportunidades para as sociedades desenvolverem e mudarem na Palestina.

Cenário geográfico. A evolução das sociedades na Palestina, desde o início, mais de 1,5 milhão de anos, foi moldada por sua localização geográfica, que por sua vez criou um clima, topografia, hidrologia, e outros recursos naturais singulares. Apesar de sua menção na Bíblia e meio de comunicação contemporânea, a Terra Santa (um termo politicamente menos atacado que Israel, Jordão, Palestina, território Palestino Autônomo) e um lugar bem pequeno — geralmente a maior parte do sul do Levante. A Terra Santa é somente 410 km distante da fronteira do Líbano até o Golfo de Eilate/Ácaba. É cerca de 80 km distante do Rio Jordão até o Mediterrâneo. Quando o Jordão é incluído, a extensão da região é de aproximadamente 325 km. As fronteiras do Israel antigo, "de Dã até Berseba", coincidem com as zonas mediterrâneas e semiáridas, onde colônias permanentes são facilitadas pelas chuvas adequadas para a agricultura. A zona mediterrânea e semiárida no Jordão forma uma faixa estreita, estendendo-se de norte a sul, que tem somente 40 km de largura. Ajuntando a zona fértil da terra do Mediterrâneo e as zonas semiáridas do Neguebe e Transjordânia, a região inclui por volta de 20 mil km^2 — área aproximadamente do tamanho de Nova Jersey.

A localização da Terra Santa na terra que conecta dois grandes continentes, a África e a Ásia, determinou seu papel na história do antigo Oriente Próximo. Essa localização singular colocou a Palestina na periferia dos grandes poderes antigos no Egito e na Mesopotâmia. Não houve civilizações grandes como as que se desenvolveram na Palestina, mas em muitos aspectos o legado da Bíblia que se desenvolveu nessa área periférica excedeu a tudo o que o Egito e a Mesopotâmia produziram. Faltavam para a Palestina os grandes rios tais como o Nilo, o Tigres, e o Eufrates, que forneciam importantes fontes de água para sistemas de agriculturas altamente produtivas que se desenvolveram no Oriente Próximo, durante o início da Era do Bronze. Mais do que qualquer outra região no Antigo Oriente Próximo, a Palestina estava direta ou indiretamente conectada com outras partes do Oriente Próximo e do leste do Mediterrâneo.

Arqueologia bíblica. No mundo da academia arqueológica internacional, até bem recentemente, ouviu-se sobre a arqueologia de Israel e do Jordão, exceto descobertas sensacionais tais como os Rolos do Mar Morto. A arqueologia nessa parte do leste do Mediterrâneo foi dominada pela obsessão de encontrar materiais de prova dos eventos e povos mencionados na Bíblia e pela verificação ou aspectos contraditórios dos textos bíblicos. Ela é "particularmente histórica" em propósito. Um corretivo importante é a ênfase da escola Francesa de Anais sobre como as sociedades e suas respectivas economias mudaram em relação às diferentes escalas de tempo. Desenvolvida como padrão alternativo para a história europeia, sua ênfase na dialética entre três diferentes escalas de tempo que influenciam a mudança faz dela particularmente apropriada para a arqueologia. As escalas temporais incluem os "períodos longos", que representam as condições de mudanças invariáveis ou vagarosas da geografia física e como os homens responderam a elas. As forças do período longo focalizam-se no ambiente natural com restrições e oscilações geológicas, climáticas, e geomorfológicas. Esta é seguida por dimensões temporais de "períodos-curtos", que se relaciona com a mudança social e processos econômicos mais rápidos, caracterizados pelos ciclos sociopolíticos, agrários, e mudança demográfica. Finalmente, existem processos de "períodos-curtos", que são eventos de passos rápidos na história.

Esse padrão firma uma mudança do estudo do único e particular para alcançar maiores percepções da história humana. Ele exige explicitamente uma investigação interdisciplinar com todas as disciplinas preocupadas com a sociedade humana, procurando adaptar os dados e conceitos para o estudo da história a partir de uma grande extensão de campos incluindo os campos econômicos, linguísticos, sociológicos, antropológicos, psicológicos, e as ciências naturais. Uma vantagem é a noção de que diferentes processos históricos funcionam em diferentes níveis temporais. Frequentemente, arqueólogos sírio-palestinos trabalharam de acordo com a noção de que arqueólogos recuperam os restos de uma comunidade que uma vez viveu, parou em um tempo particular na história. De fato, arqueólogos raramente encontram "ocorrências instantâneas" fossilizadas em depósitos arqueológicos. Ao contrário, o registro arqueológico é usualmente um complexo de atividades repetidas efetuadas no mesmo lugar através do tempo, com pouca evidência do indivíduo. Assim, o problema da percepção do tempo pelos arqueólogos repousa no coração dos esforços recentes para fazer da arqueologia siro-palestina uma disciplina "secular", removida do particularismo histórico que até recentemente caracterizou a arqueologia bíblica.

Ambos os períodos "longos" e "médios" estão além da percepção de indivíduos do passado. Elas agem como "estruturas" que formam estruturas constrangedoras e habilitadoras da vida humana, tanto em comunidade como individualmente. Atenção sobre essas estruturas de tempo faz o período "longo" e "médio" de particular importância para os pesquisadores arqueólogos, onde o indivíduo frequentemente escapa ao reconhecimento no registro arqueológico. Essas escalas de tempo múltiplas e hierárquicas representam aspectos de continuidade e fornecem para a arqueologia heurística ferramenta para a conceitualização do tempo e da mudança nas sociedades pré-histórica, pós-históricas e históricas.

A insatisfação com seu desprezo para com a história e sua indagação cientificamente baseada pelas eternas "leis de comportamento cultural" levaram muitos arqueólogos, que trabalhavam em Israel e Jordânia, a virtualmente ignorar a arqueologia "nova" ou "processual", que se desenvolveu nos Estados Unidos da América no fim de 1960 até 1980. Essa escola tem, desde então, evoluído na tentativa de integrar as dimensões cognitivas e simbólicas da cultura antiga com fatores ambientais e explorar o papel da ideologia como uma força organizacional ativa. Talvez, o mais importante seja sua ênfase em projetos interdisciplinares, envolvendo especialistas na arqueolozoologia, arqueolobotânica, geologia, antropologia física, arqueologia, epigrafia, e outros campos.

O exame de aspectos mais gerais de uma sociedade, tais como as dimensões domésticas de culturas antigas, incluindo a religião, pode iluminar a natureza dinâmica de sociedades antigas. A preocupação renovada com a história advogada pela arqueologia americana e europeia "pós-processual" requer reconsideração sobre como integrar as vastas quantidades de dados arqueológicos e etno-históricos acumulados em uma visão mais sintética do passado. Por exemplo, em seus estudos da religião canaanita e da religião antiga de Israel, que combina dado arqueológico e textual, William G. Dever mostrou como a religião israelita, que o Antigo Testamento reclama como supostamente javista, foi um pouco mais sincrética do que previamente admitido.

Fundamentos: Política, prestígio e poder. Desde o início, tão tarde quanto 1800, a Bíblia permanecia incontestada no centro da vida intelectual e religiosa, por toda a Europa e América. Com o advento da "consciência científica" do século XIX, sua precisão literal foi desafiada. O crescimento da arqueologia bíblica foi um esforço para defender a "verdade" da Bíblia e para desenvolver uma nova compreensão das raízes de seu lugar de origem. Em muitos aspectos, isso ainda caracteriza a agenda secreta de muitos arqueólogos bíblicos.

Talvez o principal catalisador do interesse ocidental na Terra Santa foram as agendas políticas dos superpoderes europeus do século XIX. Por volta do fim do século XVIII, quando o Império Otomano estabeleceu-se na Turquia ainda havia controle sobre a maior parte do Oriente Próximo, incluindo a Palestina, o mundo estava na véspera da mudança. Desde a metade de 1500s, os turcos otomanos controlavam um império imenso que incorporava não somente o Oriente Médio, mas também a África do Norte e a Europa Oriental. Com o enfraquecimento desse império, os poderes da Europa Ocidental fizeram planos para assumir o território otomano, especialmente aquelas áreas críticas ao bom funcionamento do "sistema mundial" europeu.

Como o suporte do Mediterrâneo Oriental era o enfraquecimento do elo otomano, ambas, a França e a Inglaterra estavam interessadas no controle do Ístimo de Suez e, assim, nas rotas de comércio da Índia e do remoto Oriente para a Europa. Em adição ao equipamento de sítio e à artilharia pesada, Napoleão autorizou uma corporação elite de cientistas, engenheiros, naturalistas, orientalistas, e antiquários a buscar cada aspecto do Egito contemporâneo e propor os melhores meios para sua restauração. Assim, Napoleão foi útil na promoção da disciplina nascente da arqueologia e do interesse Europeu no antigo Oriente Próximo. Uma das descobertas mais importantes durante a Expedição de Napoleão foi a Pedra Roseta, que eventualmente serviu como a chave para a compreensão dos hieróglifos egípcios. Pela primeira vez era possível datar, aproximadamente, materiais arqueológicos na Palestina por compará-los com objetos datados com segurança do Egito. Isso estava para formar o fundamento para uma metodologia usada por estudiosos posteriores para datar as camadas acumuladas na Palestina, pela associação de materiais locais com produtos egípcios.

Muitos dos exploradores antigos, que contribuíram com o alvo europeu de obter controle sobre o território otomano em combinação com a pesquisa em antiguidades inclui Lewis Burckhard, que em 1812 descobriu as ruínas de Petra. Outros aventureiros incluem a diletante Senhora Hester Lucy Stanhope, que, informada de um tesouro maravilhoso enterrada sob o morro de Ascalom, descobriu uma estátua sem cabeça de um imperador romano, reputado ser o primeiro artefato arqueológico descoberto na Palestina.

O início da exploração científica. O início da pesquisa arqueológica científica na Palestina pode ser traçado a Edward Robinson, no início do século XIX. Diferentes de prévios exploradores da Palestina, Robinson era exclusivamente qualificado ao estudo dos sítios antigos baseado em seu conhecimento da história bíblica e da Bíblia Hebraica. Por volta de 1838, ele e Eli Smith foram capazes de identificar mais de cem grandes lugares mencionados na Bíblia, em parte porque Smith era fluente no árabe e porque muitas das vilas preservam traços dos nomes hebraicos antigos (p. ex., Gezer/Tell Jezer).

Entretanto, a arqueologia era a ferramenta mais fraca de Robinson, por causa da sua falta de experiência no campo que, em si mesmo, ainda estava não sofisticado. Robinson parece não ter entendido até mesmo a natureza de uma carta, compreendendo os milhares de bancos através da paisagem como formações naturais e, dessa forma, falhando em reconhecer lugares tão importantes como Laquis e Jericó. Todavia, ele foi o pioneiro da disciplina de geografia histórica que é, ainda, um aspecto importante da pesquisa arqueológica bíblica.

Antigas agendas nacionais. Como resultado de suas viagens e publicações, especialmente *Biblical Researches in Palestine* (1841), Robinson revolucionou a pesquisa bíblica. Em resposta, a Inglaterra estabeleceu o Palestine Exploration Fund, que patrocinou muitas das grandes pesquisas geográficas da Palestina Ocidental e da Transjordânia, bem como as escavações de diversos lugares grandes.

Com base no trabalho pioneiro na geografia histórica da Terra Santa de Robinson e Smith, a PEF em 1865-66 enviou Charles W. Wilson, funcionário da Royal Engineers, para supervisionar o primeiro mapeamento científico de Jerusalém. Wilson descobriu uma arquitetura, que conduziu ao monte do templo, o qual ainda tem seu nome, mas quando ele experimentou numerosos problemas técnicos com a pesquisa, a PEF expediu outro explorador, Charles Warren, cuja missão ostensivamente era planejar um moderno sistema de esgoto para Jerusalém. Warren fez uma série de eixos complexos através de camadas compactas de lixo da Cidade Antiga, efetivamente cortando a estratigrafia da cidade, resultando numa completa falta de dados exatos com que avaliar tais descobertas como, p. ex., as cisternas subterrâneas, associadas com Haram ash-Sharif, e a entrada do Templo Herodiano, bem como outros achados. Talvez, o projeto mais ambicioso realizado sob os auspícios da PEF foi a pesquisa do século XIX do tenente Charles R. Conder e H.H. Kitchener, que posteriormente ajudou a "conquistar" o Sudão. Entre 1872-1878, os dois realizaram uma pesquisa geográfica muito mais sofisticada que a de Robinson, registrando mais de 10 mil sítios, cobrindo 15.500 km e publicando sete volumes com exatidão notável de grandes escalas de mapas topográficos da Terra Santa.

Dez anos depois, um americano, Navy Lt. William F. Lynch, conduziu a primeira pesquisa científica do Mar Morto, produzindo mapas numerosos, delineações e informações da flora, fauna, e geologia da região. Pensador fundamentalista, Lynch cria que o Valo do Mar Morto ecoava as descrições bíblicas, e ele procurou achar as cidades bíblicas, Sodoma e Gomorra.

O explorador francês Charles Clermount-Ganneau, que começou trabalhando sob os auspícios do PEF em 1873, está associado a várias descobertas importantes que servem como referências para a arqueologia siro-palestina. Inclusos estão o marcador da fronteira de Gezer, uma inscrição grega do século I a.C. tendo o nome canaanita do lugar e advertindo os gentios a não entrarem na corte do templo, e também a Pedra Moabita.

A véspera da Primeira Guerra Mundial viu o início de escavações arqueológicas sistemáticas e controladas na Palestina. Antes de 1890s, a PEF concentrou a maior parte de seu trabalho dentro das fronteiras da Cidade Antiga de Jerusalém. Em 1890, eles embarcaram em uma escavação maior no Neguebe, uma área próxima da Península do Sinai com acesso ao estratégico Istmo de Suez, na esperança de fornecer a primeira evidência científica para o surgimento da civilização bíblica. Para essa tarefa, eles escolheram o egiptólogo inglês Sir William Flinders Petrie, que tornou o primeiro arqueólogo bíblico a compreender o significado das cartas como montículos artificiais compostos de fragmentos sobrepostos que representam diferentes civilizações antigas. Isto ele aprendeu de Heinrich Schliemann, escavador da Troia de Homero, que demonstrou como, por meio da observação da estratigrafia, mudanças no material cultural poderiam ser arranjadas sequencialmente, com o material mais antigo no fundo e o mais novo no topo. Trabalhando no Egito desde 1880, Petrie desenvolveu o método científico de datação de cerâmica, de modo que uma cronologia detalhada pudesse ser delineada, baseada em mudanças estilísticas nas formas de cerâmicas comuns egípcias. Foi essa probabilidade de relacionar a cronologia egípcia com a dos vizinhos do sul da Palestina que levaram Petrie a aceitar a oferta de dirigir as primeiras escavações sistemáticas da Terra Santa. Com base em uma pesquisa em sítios no sul da Palestina, Petrie escolheu Tell el-Hesi para suas escavações pioneiras em 1890. Metodologicamente registrando e datando materiais arqueológicos, Petrie introduziu um verdadeiro método científico de duplicar observações e interpretações. Em seis semanas de escavações em Tell el-Hesi, ele descobriu 11 cidades sucessivas datando da Era do Bronze Médio. Usando artefatos egípcios encontrados em cada camada como âncoras cronológicas, ele foi capaz de datar objetivamente cerâmicas locais e outros restos. Embora essa relativa datação fosse melhorada e esclarecida por estudiosos posteriores, Petrie levou a arqueologia da Palestina para fora do campo de estudos puramente bíblicos e ajudou a encaixar as antiguidades palestinas dentro do contexto cultural de todo o Oriente Médio.

O refinamento dos métodos de escavação. Quando Petrie voltou a trabalhar no Egito, a PEF escolheu um americano, Frederick J. Bliss, como seu sucessor em Tell el-Hesi de 1891-1894. Lá, ele escavou uma gigante, uma valeta cuneiforme agora referida como a "Escavação de Bliss". Embora muitos estudiosos o tenham punido por cavar quase um terço do montículo e usar cortes de "camadas" artificiais pelo sítio, os americanos consideram Bliss um estratígrafo excelente que aperfeiçoou os conceitos de Petrie. Em 1892, ele descobriu o primeiro tablete cuneiforme achado na Palestina, contemporâneo daqueles de Tell el-Amarna e mencionando Laquis. De 1894-1897, Bliss continuou o trabalho de Warren em Jerusalém. Ele, então, juntou-se a R.A.S. Macalister no primeiro projeto arqueológico regional, escavando quatro grandes tells em Sefelá: Tell es-Safi/Tell Zafit, Tell Zakariyeh/Tel Azekah, Tell el-Judeideh, e Tell Sandahanna. Essa foi, pela primeira vez, uma sequência completa, espandindo-se da Era do Bronze até o período das Cruzadas, que permanecia descoberta.

O surgimento de escavações de cidades bíblicas. Para ajudar a estabelecer uma presença britânica significativa na arqueologia da região, a PEF iniciou um grande projeto de longo alcance conduzido por Macalister, que em 1902-8 dug at Tell Jezer/el-Jazari (Gezer). Apesar de seu grande potencial, as escavações de Macalister em Gezer refletem as piores práticas do período. Ele progrediu através do monte, chagando à base, então escavando outro atrás dele e enchendo o primeiro com o barro de trás. Não havia controle sobre a estratigrafia, e a inter-relação entre os artefatos e as camadas foi ignorada. Contudo, apesar desses erros, os três volumes de Macalister *The Excavation of Gezer* (1912) [A escavação de Gezer] dura como uma das maiores contribuições a essa fase primitiva de escavação na Palestina.

Uma presença americana permanente. Por volta de 1900, os americanos também desejaram desempenhar um papel decisivo na exploração da Palestina, e assim formaram a American Schools of Oriental Research, uma associação de universidades interessadas em arqueologia, história bíblica, e antropologia da Terra Santa, situadas em Jerusalém (agora o W.F. Albright Institute of Archaeological Research). Embora as instituições americanas tivessem escavações em outras partes do Oriente Médio, eles não tinham experiência na Palestina. Determinados a conduzir escavações em uma escala comparável com os esforços britânicos e austríacos, eles recrutaram o renomado egiptólogo americano, George Andrew Reisner, sob o patrocínio do novo Museu Harvard Semitic, para dirigir sua primeira grande campanha em Sebaste (Samaria). O papel dual do sítio como capital do reino israelita do norte e a cidade posterior reconstruída por Herodes, o Grande, fez dele especialmente atrativo. Os palácios fantásticos e as construções públicas por Omri e seu Acabe faria do lugar uma das escavações mais importantes no país.

A maior contribuição de Reisner à arqueologia siro-palestina foi a introdução das técnicas de escavação "debris-layer", que consiste na separação de camadas ocupadas de estratos sobrepostos, ao mesmo tempo em que se mapeia cuidadosamente a localização de importantes artefatos. Reisner combinou esse método com um sistema detalhado de registro, incluindo registros fotográficos, um relatório ou diário escrito diariamente, e um registro de achados. O impacto de Reisner foi diminuído pela erupção da Primeira Guerra Mundial, que retardou a publicação de seu relatório até 1924.

Lawrence e Musil. Antes da Primeira Guerra Mundial, a única região na Palestina Ocidental que a PEF ainda tinha de investigar era o deserto do Neguebe no sul, próximo ao estratégico Canal de Suez. Para isso recrutaram dois arqueólogos jovens, C. Leonard Wooley, escavador da cidade Mesopotâmica de Ur, e T.E. Lawrence, posteriormente conhecido como Laurence da Arábia por causa de seu papel na revolta árabe contra os otomanos. Por causa da importância óbvia da região, deveria irromper hostilidade entre a Grã-Bretanha e o Império Otomano, Laurence devia usar sua pesquisa arqueológica como cobertura para o reconhecimento militar. A pesquisa primária de Laurence e Woolley centrava-se no deserto central árido do Neguebe, onde registraram tais impressivos lugares nabateus como Oboda (ʹAvdat), Sobata (Shivta), e Elusa (Haluza).

De maior importância para os estudiosos e para a exploração antiga, é o estudioso do Oriente Tcheco menos conhecido, Alois Musil (1868-1944). Musil é conhecido dos antropólogos ocidentais pelo seu estudo seminal, *The Manners and Customs of the Rwala Bedouin* (1928), ainda o padrão etnográfico da Arábia do Norte Beduína. Em adição a esse trabalho etnográfico, ele publicou Arábia Petraea (1917-18), uma série de relatórios em suas pesquisas topográficas-culturais do Neguebe, da Transjordânia, e da Arábia que ainda são confiáveis. Musil foi útil no registro de dezenas de sítios arqueológicos, de inscrições, e de monumentos, incluindo muito dos "castelos do deserto" no Jordão, datando do período islâmico primitivo.

Tradição orientalista por excelência. O estudioso Americano William F. Albright representa o que pode ser visto como a "Era de Ouro da Arqueologia Bíblica" (1925-1948). Por quase 50 anos, depois de sua primeira visita à Palestina em 1919, Albright produziu um corpo surpreendente de escritos sobre história, arqueologia, estudos do antigo Oriente Próximo, epigrafia, e mais que ajudou a ligar as disciplinas gerais de arqueologia e pesquisa bíblica. Nos anos anteriores a Albright, a arqueologia da Palestina desempenhou pouco ou nenhum papel nas controvérsias bíblicas/históricas geradas por Julius Wellhausen e a escola da alta crítica. Albright tornou-se o ator arqueólogo mais importante no debate por registrar novos dados, primariamente de textos encontrados em escavações em outros países do Oriente Próximo. Ele usou a definição mais ampla de "arqueologia bíblica", compreendendo todas as terras mencionadas na Bíblia e, dessa forma, coextensivo com o "berço da civilização". Para Albright, escavações em cada parte dessa ampla região lançava luz, direta ou indiretamente, sobre a Bíblia.

Durante esse período, o público, particularmente no mundo de fala inglesa, tornou-se fascinado com como a arqueologia poderia autenticar ou "provar" a história mais antiga de Israel. Pelo exame da evidência interna do texto bíblico, estudiosos bíblicos alemães, tais como Albrecht Alt e Martin Noth tentaram identificar os eventos históricos "originadores" que eram fonte das narrativas do Antigo Testamento. Albright também estava envolvido na busca pelo Israel antigo, mas ele empregou a evidência externa (não bíblica) fornecida pela arqueologia na Palestina e terras vizinhas, antes que na história da tradição na Bíblia somente. Como um "orientalista" ele planejava colocar Israel e suas tradições dentro daquelas maiores do antigo Oriente Próximo, ao examinar a Bíblia à luz dos dados textuais e do material cultural do antigo Oriente Próximo.

A instrução de Albright era em Assiriologia e estudos históricos/bíblicos enraizados na erudição alemã. Como arqueólogo autodidata, ele rapidamente ligou esse campo à geografia histórica. Durante os seus anos formativos na Palestina, ele se desenvolveu não como um arqueólogo, mas antes como um historiador cultural, buscando transformar a arqueologia bíblica na história no Mediterrâneo Oriental, compreendendo a literatura bíblica como pertencendo ao ambiente de culturas.

O poder do intelecto de Albright, conforme refletido em seus prolíficos escritos teve um impacto enorme sobre o discurso erudito desde o início de 1920 até sua morte em 1971. Surpreendentemente, ele tinha pouca experiência na arqueologia de campo. Sua reputação como um arqueólogo é baseada em suas escavações importantes em Tell Beit Mirsim, um pequeno tell no sul de Shephelah. Suas análises da cerâmica e da estratigrafia do sítio esclareceram a cronologia das Eras do Bronze Médio, do Bronze Posterior, e do Ferro — aqueles períodos mais relacionados com o Antigo Testamento — e representa um dos pilares sobre o qual a relativa datação na Palestina se baseia. O domínio de Albright de muitas disciplinas deu à sua voz uma autoridade que poucos questionaram durante a sua existência. Sua perícia em diversos campos como acadiano, hebraico, o Antigo Testamento, estudo do Oriente Próximo, história, religião, geografia histórica, e arqueologia forneceram um modelo para a primeira geração de estudiosos israelitas, os quais formariam uma instrução completa na arqueologia bíblica.

O surgimento da "Arqueologia Bíblica". Outro orientalista proeminente foi Roland de Vaux, O.P., um mestre da história do antigo Oriente Próximo, do Antigo Testamento, e da arqueologia da Siro-Palestina. Em adição à escrita das permanentes histórias do antigo Israel, de Vaux escavou (1946-1960) o norte de Tell el-Far´ah (identificada como o lugar de Tirza, capital do reino norte antes de Onri transferir a capital para Samaria) e Khirbet Qumran. Entretanto, se estudiosos tais como Albright, Musil, e de Vaux são disntiguidos por sua largura, muitos estudantes de Albright continuaram a estreitar a arqueologia bíblica para um campo limitado, que se concentrava em "provar" a Bíblia.

Talvez mais do que qualquer outro, Nelson Glueck representa o protótipo do "arqueólogo bíblico". Sua visão da arqueologia na Terra Santa focalizou-se mais estreitamente em dois grupos de dados — a Bíblia e a pesquisa superficial de lugares tanto na Palestina Ocidental quanto na Oriental. Todavia, a contribuição de Glueck na área, particularmente o estudo dos padrões de estabelecimento, não pode ser minimizada. De 1932 a 1947 ele empreendeu uma série de incríveis pesquisas arqueológicas, dirigidas por um só homem, na Transjordânia, principalmente nas regiões de Ammon, Edom, e Moabe, viajando a pé, de camelo, ou a cavalo, mapeando, coletando cacos de cerâmica, e fotografando lugares. Ele construiu mapas de distribuição de colônias, período por período, baseado nos tipos característicos de cerâmica coletados na superfície. Acesso negado ao Jordão, seguindo a fundação do estado de Israel, Glueck conduziu uma série de pesquisas semelhantes no deserto do Neguebe. Entretanto, Glueck tinha relativamente pouca experiência como escavador, trabalhando somente dois sítios importantes, o templo nabateu em Khibert et-Tannur (1937) e Tell el-Kheleifeh (1938-1940), que ele aceitou como a cidade-porto de Salomão, Ezion-Geber, e que ele datou como sendo dos séculos X ao V. Glueck também identificou um grande complexo de construção contendo depósitos compactos de cinza, fuligem, e evidência de fogo como uma instalação de caldeira sofisticada de minérios. A pesquisa posterior mostrou o caco da cerâmica como datando não antes do século VIII, nem os fragmentos indicam que havia trabalho com metal no sítio. Antes, isso representa uma excessiva aplicação subjetiva da arqueologia para pesquisa bíblica.

Outro estudante de Albright, George Ernest Wright, continuou a carregar o manto da "Arqueologia Bíblica" desde o início de 1950s até 1970s. Embora seu primeiro trabalho tenha se enraizado na arqueologia, tendo escrito uma tese importante, oferecendo a primeira tipologia de cerâmica para a Palestina (1937), o maior interesse de Wright na teologia caracterizou o restante de sua carreira e causou um impacto significativo na compreensão dos estudiosos americanos da arqueologia da Palestina. Para Wright, o papel da arqueologia era exibir a base histórica da fé judaico-cristã e demonstrar como a revelação tinha vindo através da história. Para esse fim, ele fundou a revista *Biblical Archaeologist*, em parte para levantar suporte para a arqueologia na Síria-Palestina. A grande contribuição de Wright como escavador foi seu trabalho em Shechem (Tell Balâtah), visto como divisor de águas na arqueologia americana por introduzir um método pedagógico de escola de campo e dado, registrando que ele influenciou uma geração de arqueólogos americanos e subsequentemente estudiosos israelitas também.

Em direção a uma arqueologia secular. A arqueologia britânica na Palestina nunca teve as fortes ligações com a teologia que caracterizou o período da pesquisa pós-Albright entre estudiosos americanos. Começando no fim do 1920s, a arqueologia britânica tornou-se ligada à pré-história com o trabalho de Dorothy Garrod no sítio da caverna do Período da Pedra do Vale Mughara, nas montanhas do Carmelo. De 1920-26, John Garstang serviu como o diretor fundador do British Mandatory Department of Antiquities of Palestine. Em 1930-36, ele realizou grandes escavações em Jericó, onde investigou problemas relacionados com o Êxodo e revelou a existência de uma cultura Neolítica Pré-Cerâmica no Levante. Uma contribuição maior foi uso que Kathleen M. Kenyon fez do método de "fragmentos de camada" de escavação empregado na Grã-Bretanha por Sir Mortimer Wheeler.

A insatisfação crescente com a orientação teológica da "Arqueologia Bíblica" pode ser vista em muitos estudantes de Wright. Como muitos deles, um membro do time da escavação de Tell Balâtah, Paul W. Lapp focalizou a tipologia cerâmica de períodos posteriores (200 a.C.-70 d.C.). Baseado em sítios bem estratificados, seu estudo detalhado apresentou o corpo de cerâmica mais completo até então possível, e representou uma ruptura importante. Antes de morrer com 39 anos, ele tinha realizado grandes projetos de campo, cobrindo uma ampla extensão de sítios, incluindo Bab edh-Dhra´ (EB), ´Araq el-Emir (helenística), Taanach (canaanita), e o Vale das cavernas ed-Daliyeh (contendo documentos aramaicos, datado de cerca de 375-335). Lapp também introduziu a prática de preparar os planos diários top, delineando em um mapa tri-dimensional a localização exata de cada artefato descoberto aquele dia.

O APARECIMENTO DA ARQUEOLOGIA ISRAELITA. O aparecimento e o desenvolvimento do estado de Israel teve um efeito profundo na arqueologia da Terra Santa. Em muitos aspectos, a mudança no número de pesquisadores e a extensa infraestrutura local terão implicações importantes para o futuro do campo. Embora a história do povo judeu, particularmente os períodos do Primeiro e Segundo Templo, tenha fornecido motivação considerável para a pesquisa, a interpretação e a análise estão longe de serem dogmáticas. Muitos dos estudiosos mais jovens, preocupados com as Eras do Bronze e do Ferro, são proponentes das visões mais amplas da arqueologia siro-palestina legadas com estruturas interpretativas, tal como a ecologia cultural.

As raízes da arqueologia de Israel estão nos inícios do movimento Sionista e na fundação da Jewish Palestine Exploration Society, em 1914. Entre os pioneiros da arqueologia em Israel, estavam Nahman Avigad, Michael Avi-Yonah, Ruth Amiran, Immanuel Bem-Dor, Avraham Biran, Benjamin Mazar, E.L. Sukenik, e Shmuel Yeivin. Muitos eram peritos em línguas estrangeiras do antigo Oriente Próximo, em estudos bíblicos e clássicos, e aprenderam a escavar através de expedições estrangeiras em seu país em 1920s e 1930s. Nesses primeiros anos, o limitado número de escavações realizado por estudiosos palestinos judeus estava em sítios relacionados com a Bíblia e história judaica antiga: os sítios filisteus de ´Afulah (Vale de Jezreel) e Nahariya (costa de Saron) por Moshe Dothan e Tell Qasile por Mazar; as vilas dos séculos II e IV de Beth She´arim por Mazar, Pesah Bar-Adon, Imanuel Dunayevsky, Moshe Jaffe, e Jacob Kaplan; e a sinagoga em Beth Alpha por Susenik e Avigad.

O que impulsionou a jovem arqueologia israelita para o pé de igualdade com os esforços americanos e europeus foi o trabalho de Yigael Yadin, em Hazor, iniciado em 1955. Essa escavação de larga escala de um lugar bíblico-chave moldou a arqueologia de campo israelita, ao fazer com que o seu foco maior se concentrasse em períodos relacionados com o Antigo Testamento. As escavações de Yadin de Hazor eram moldadas como uma base de treino para toda a geração de arqueólogos israelenses. Sua erudição enraizava-se na interpretação literal da Bíblia com claras ligações com o registro arqueológico. Entretanto, o conhecimento de Yadin da história e da cultura do antigo Oriente Próximo fez suas visões mais sintéticas do que as de Glueck ou Wright. Seu trabalho em Massada, em 1960, encaixaram com aspirações de uma jovem nação buscando por suas raízes.

Yadin selecionou Hazor, que é referida várias vezes em fontes extrabíblicas, por causa de seu papel central na história de Israel. Ele seguiu o método de escavação de Reisner-Fisher, que envolvia a exposição cuidadosa de grandes áreas para traçar o plano arquitetônico e o desenvolvimento urbano do lugar, em muitos aspectos prefigurando a metodologia de estudiosos agora interessados na arqueologia social. A aproximação de Yadin engendrou um debate entre a escola de arqueologia israelita, que concentrava-se em grandes áreas de exposição, e o método americano, que concentrava-se em áreas menores com um controle mais firme da estratigrafia. Esse debate frequentemente pungente em 1970s, foi gerado porque os americanos estavam re-escavando grandes lugares tais como Gezer, Ai, e Tell el-Hesi, com o objetivo de "corrigir" os erros de estudiosos anteriores.

Em Israel, uma rivalidade desenvolveu-se focalizando-se não na filosofia de como alguém deveria fazer arqueologia, mas antes na interpretação histórica. Com base em suas escavações em Hazor, Yadin argumentou que a colonização israelita começou somente depois da destruição de Hazor como descrito em Josué 11:10-14. A pesquisa de Yohanan Aharoni da Galileia Superior, entretanto, mostrou muitas colônias sem muros na Era do Ferro, em uma área relativamente inóspita, que quase não tinha sido habitada na Era LB. Esse dado insultou a estrita interpretação da Bíblia, por Yadin, e suportou as visões de Alt, que argumentou contra a conquista literal descrita em Josué. Em muitos aspectos, esse choque extinguiu a colaboração entre estudiosos israelenses, sendo que o resultado disso é sentido até hoje.

Ruth Amiran, do recentemente fundado Israel Museum, introduziu uma sistematização da cerâmica palestina baseada tanto na tipologia quanto na cronologia em seu clássico *Ancient Pottery of the Holy Land* (1963). Sua escavação de uma cidade da Era do Bronze em Tel Arad, no norte do Neguebe é notável, pois a descrição fornece uma das cidades com paredes mais antigas no Levante do Sul.

Estudiosos israelitas reuniram coleções importantes para os estudos comparativos na arqueologia. Naomi Porat e Yuval Goren têm uma coleção petrográfica extensiva de slides de cerâmica, do sul do Levante na Geological Survey of Israel e Tel Aviv University. Patricia Smith, Baruch Arensburg, e Israel Hershkovitz acumularam grandes coleções de fragmentos humanos cobrindo a extensão completa dos períodos pré-históricos e históricos. Mordechai Kislev em Bar Ilan University tem uma coleção abundante de materiais macro-botânicos de sítios arqueológicos no Levante, e Eitan Tchernov construiu uma coleção compreensiva arqueológica e de restos de fauna recentes na Hebrew University em Jerusalém. Essa coleção serve como pontos referenciais importantes para especialistas associados com o arqueológico trabalho científico de campo no sul do Levante.

Estudiosos israelitas desempenharam um papel importante na revitalização do debate sobre o processo do estabelecimento israelita em Canaã. O raciocínio focaliza-se em quatro modelos de estabelecimento: uma interpretação literal de uma conquista militar como descrita no livro de Josué; uma "infiltração" mais pacífica como visto nos Juízes; uma "revolta camponesa"; e um modelo simbiótico. A contribuição Israelita tem sido liderada por pesquisas compreensivas de campos arqueológicos por Israel Finkelstein, Adam Zertal, Ram Gophna, e outros. Essa imensa informação estabelecida torna possível a avaliação cuidadosa desses e outros modelos com dados empíricos sólidos anteriormente indisponíveis, fornecendo uma fonte adicional de dados extrabíblicos para examinar a historicidade dos registros bíblicos. Finalmente, há um grande número de escavações de grande escala em sítios, incluindo Acco, Aphek, Beth-shean, Dan, Megido, Tel Qasile, Tel Mevorakh, Tel Sera´, e Yoqne´am que fornecem dados adicionais para testar os modelos arqueológicos.

A erudição revisionista. Desde o final de 1970s, estudiosos usando a metodologia da crítica literária e da teoria crítica (desenvolvida pela alemã "Frankfurt School", uma aproximação, cuja ênfase está em que o conhecimento histórico é tendencioso às visões políticas do investigador) consideraram a Bíblia como literatura pura, faltando-lhe qualquer fato histórico. Ao "desconstruir" o texto a maioria dos estudiosos literários fragmentam grandes obras da literatura, argumentando que a edição do Antigo Testamento foi completada não antes dos séculos II e I a.C. e que Davi, Salomão, e outros personagens bíblicos são meramente uma parte dos mitos fundantes israelitas. Se isso estiver correto, essas considerações têm um efeito profundo na interpretação do registro arqueológico, especialmente para a Era do Ferro quando eventos tão importantes como o estabelecimento Israelita, a formação do estado, e outros processos sociais ocorreram. A agenda política dos próprios revisionistas é de emissão, como no livro de Philip R. Davis *In Search of Ancient Israel* (1992), que acusa os estudiosos bíblicos e arqueólogos de criarem uma história fictícia primitiva (séc. XIII-586) dos israelitas na terra.

Ao desconstruir o Israel antigo, esses estudiosos não medem esforços para dar satisfação de muitas referências da arqueologia sírio-palestina. Por exemplo, eles negam qualquer conexão entre o povo chamado "Israel" na inscrição Menérpta (c. 1208) e o Israel de Davi e de Salomão. Eles também rejeitam a validade das análises de fontes críticas, ao demonstrar materiais mais antigos tais como o Cântico de Débora, como estando embutidos na Bíblia ou em materiais extrabíblicos. Muitos revisionistas alegam que a inscrição de Siloé, comemorando o término do túnel de Ezequias, não data do fim do século VIII, como universalmente aceita pelos epígrafos, mas antes do século II, o que ignora a evidência da sintaxe e da lexicografia. Outros minimalistas vão mais longe a ponto de rotular a inscrição "Casa de Davi", descoberta em Tell Dan, como uma falsificação plantada pelo escavador e a ponto de alegar que, do mesmo modo, a inscrição filisteia do século VII, descoberta em Ecrom, é uma falsificação promulgada pelos arqueólogos. Semelhante a negações do Holocausto, essas alegações revisionistas estão em perigo de serem aceitas por um público mal informado, obrigando estudiosos objetivos a confrontar e a expor essas falsidades.

Desenvolvimentos recentes. A influência da aproximação de *Annales* à historiografia tem muito a ver com a necessidade da arqueologia bíblica de integrar dados históricos com a arqueologia, contudo o trabalho com pouco dado material, tanto textual quanto cultural, para produzir uma história social da Terra Santa. O resultado é um afastamento da orientação histórica particularista de campo, que tinha se cristalizado com Wright e Glueck. Conforme já notado, a busca pela história política de Israel, com sua ênfase em confirmar eventos relacionados com personagens mencionados na Bíblia, foi dominada nos Estados Unidos por estudiosos protestantes imersos na Bíblia e, em Israel, por estudiosos educados no Antigo Testamento e influenciados pelos ensinos de Albright. Durante 1960s, arqueólogos profissionais nos Estados Unidos, olharam de modo crescente os arqueólogos bíblicos como amadores não científicos.

Em 1975, William G. Dever propôs, primeiramente, uma nova arqueologia secular sírio-palestina, dissociada inteiramente do que ele viu como uma arqueologia teologicamente dirigida e determinista. A "nova arqueologia", que tinha vindo dominar outros ramos da arqueologia em 1960s, foi vista como uma aproximação explicitamente científica, para a qual a história era de pouca importância, e Dever demonstrou importância em focalizar o ambiente, a economia, e assuntos sociais.

Um crítico menos franco da arqueologia bíblica tradicional, Lawrence E. Stager, tem combinado cuidadosamente conceitos retirados da antropologia e sociologia, bem como da ecologia, da etnoarqueologia, dos estudos bíblicos e da história antiga para interpretar fontes tradicionais de materiais fornecidos pelo Antigo Testamento e a "vil" arqueologia. Ao reconstruir a organização social da família israelita, ele combina os registros bíblicos com fatos arqueológicos sólidos de planos de estabelecimento para mostrar como a extensa família Israelita viveu na antiguidade. Alhures, ele olha para a fase primitiva do estabelecimento israelita para determinar por que nem todas as tribos responderam ao chamado de Débora para a batalha, em Juízes 4-5. Ao estudar a ecologia local de onde as várias tribos viveram, a arqueologia dessas áreas e os dados bíblicos a respeito das variações na economia entre as tribos, Stager fornece claros discernimentos da dinâmica social do Israel primitivo. Similarmente, ele usa essa perspectiva ampla para examinar o processo de estabelecimento da Filístia, e também como uma "arqueologia da destruição" (p. ex., a conquista Babilônica da *Philistia*) pode ser estabelecida no sítio de Asquelom.

Bibliografia. W.F. Albright, *The Archaeology of Palestine and the Bible* (Cambridge, Mass., 1932); W.G. Dever, "The Contribution of Archaeology to the Study of Canaanite and Early Israelite Religion", em *Ancient Israelite Religion*, ed. P.D. Miller, P.D. Hanson, e S.D. McBride (Philadelphia, 1987), 209-47; P.J. King, *American Archaeology in the Mideast* (Philadelphia, 1985); T.E. Levy, ed., *The Archaeology of Society in the Holy Land*, 2. ed., (London, 1998); A. Mazar, *Archaeology of the Land of the Bible*, 10,000-586 a.C. (Nova York, 1990); P.R.S. Moorey, *A Century of Biblical Archaeology* (Louisville, 1991); N.A. Silberman, *Digging for God and Country: Exploration, Archaeology, and the Secret Struggle for the Holy Land, 1799-1917* (1982, repr. Nova York, 1990); L.E. Stager, "The Archaeology of the Family in Ancient Israel", *BASOR* 260 (1985): 1-35. [THOMAS E. LEVY]

ARQUEU (heb. *'arqî*) Habitante da cidade de Arqa, a moderna Tell ´Arqah, cerda de 18 km ao norte de Tripoli. Em Gênesis 10:17; 1Crônicas 1:15 os arqueus são mencionados entre os descendentes de Canaã. Nas Cartas de Armana, a cidade é chamada de Irqata; nos tempos romanos, era conhecida como Cesarea do Líbano. Arkantu, mencionda por Tutmóse III, pode ser o mesmo lugar.

ARQUIPO (gr. *Árchippos*) Membro da igreja de Colossos, ao qual Paulo saúda e o lembra a que ele seja fiel ao seu ministério (Cl 4:17). Arquipo ("mestre da casa") também é mencionado como "companheiro de lutas" (gr. *sustratiotes*, Fl 2), inferindo que eles tinham servido previamente juntos. Ele era um membro da casa de Filemon, talvez fosse filho ou irmão, e pode ter sido o dono de Onésimo, o escravo (Fl 8-20). Se a frase "recebido no Senhor" for uma linguagem técnica para o início da ordenação, então Arquipo pode ter sido um diácono em Colossos. [BONNIE THURSTON]

ARQUITA (heb. *hā'arkî*) Membro do clã benjamita, próximo a Betel. Essa designação gentílica é aplicada a Husai, amigo e conselheiro de Davi (2Sm 15:32). De acordo com Josué 16:2, o território do Clã estava em Atarote (talvez Atarote-adder).

ARQUITETURA A arquitetura, como arte ou ciência da construção, trata das necessidades físicas, ideológicas, sociais e criativas da humanidade, por meio dos traços das estruturas funcionais. Pelos séculos da existência humana, a humanidade reivindicou o direito de se expressar, tanto em jurisdições pessoais quanto monumentais, essas necessidades dentro dos limites dos materiais disponíveis. Registros textuais e arqueológicos do antigo Oriente Próximo testemunham dos monumentos deixados pelo curso dos milênios no "berço da civilização".

MATERIAIS E CONSTRUÇÃO. Os materiais de construção disponíveis na Palestina estavam limitados aos eventos naturais do calcário, do basalto, das madeiras locais e da terra usada na formação do tijolo de barro. Referências bíblicas ao uso desses materiais são abundantes e refletem corretamente as técnicas de construção local.

A pedra de calcário era o material de construção mais comum, especialmente nas regiões costeiras e nos países montanhosos centrais, ao passo que o basalto era usado no norte, particularmente no Vale do Jordão e na Galileia. Grandes pedras brutas e não cortadas eram usadas como fundamentos e paredes, com pedras rachadas colocadas em fendas, sendo que áreas acidentadas diante das paredes eram cobertas com barro ou emplastro. Não foi senão no último período da Era do Bronze que a obra de alvenaria foi introduzida para as construções finas, como é evidente nos palácios e nos templos em Hazor e na entrada de Megido na Era do Bronze. Essas construções no norte da Palestina refletem uma forte influência anatoliana. Durante períodos posteriores a obra de alvenaria foi mais bem desenvolvida e usada por toda a Palestina, especialmente durante o período da monarquia israelita e também posteriormente (1Rs 5:18). A pedra continuou a ser o principal material de construção, através dos períodos helênicos e romanos.

A madeira foi extensamente usada (Js 17:15, 18) na construção de vigas para a cobertura (1Rs 6:9), no reforço das paredes (6:36; Ed 5:8; 6:4), e para colunas internas feitas de madeira (1Rs 7:2) ou de pedra. Madeiras locais usadas na construção incluíam a tamareira, o zimbro, a oliveira, o pinheiro, o álamo, e a noz. O famoso cedro do Líbano era importado do norte e enviado para a Palestina e para o Egito, onde era apreciado como uma das madeiras mais finas (2Sm 5:11; 1Rs 5:8-9; 7:2).

O tijolo de barro ressecado pelo sol era usado por todo o Oriente Próximo como material versátil nas construções de fortificações, bem como nas construções domésticas, cúlticas, e administrativas. Já se pensou, uma vez, que a arquitetura foi introduzida no período persa, mas dois portões em forma de arco, feitos de tijolos de barro, foram encontrados em Tell Dan e Asquelom, datados da Era do Bronze Médio. O tijolo de barro era facilmente moldado em formas e, então, ressecado ao sol; algumas vezes, acrescentava-se palha, como um tempero, que aceleraria a secagem e a congruência. O tijolo de barro era posto e coberto com argamassa, feita de barro ou betume (Gn 11:3). As paredes, então, eram terminadas ou com um barro ou com uma camada de emplastro na superfície. Para a prevenção do declínio, a manutenção se fazia necessária. O uso combinado desses materiais em diferentes construções e em estilos de arquitetura variou no decorrer da história da Palestina antiga.

Busca geral. A Palestina, como ponte entre os Impérios do Egito, da Anatólia, e da Mesopotâmia, estava na encruzilhada das civilizações antigas. Desde o começo da urbanização na Era do Bronze II-III (3000-2400 a.C.) e especialmente durante a Era do Bronze Médio II-III (1850-1550) as cidades-estado da Palestina refletiam a forte influência da Síria e da Mesopotâmia, fator que continuou na Era do Bronze Posterior, acompanhado pelo impacto crescente do Egito sobre a arquitetura e sobre a cultura material. Com o colapso da civilização da Era do Bronze, por um período extenso que vai de mais ou menos 1250 a 1150, as mudanças arquitetônicas começaram a causar forte influência sobre vários grupos étnicos de tal forma que os israelitas e os filisteus começaram a ampliar suas colônias. Por todos os séculos seguintes, forças poderosas da Assíria, Pérsia, Grécia e Roma desempenhariam papel interativo com culturas nativas no desenvolvimento da arquitetura.

Fortificações. A construção de fortificações forneceu proteção contra animais pilhadores e contra o ataque de forças militares. O desenvolvimento da cidade fortificada indicava o estabelecimento permanente à medida que uma população juntava-se a uma determinada região e sentia que sua terra devia ser defendida. Estruturas defensivas incluíam plataformas e declives, paredes, e portões.

As plataformas e declives foram introduzidos na Era do Bronze II e continuaram durante períodos até aparecerem novamente nos sítios da Era de Ferro. A plataforma era um monte composto de terra que cercava a cidade e servia como base de maciços muros da cidade. Muitos pensaram que ela foi construída como uma defesa contra o ataque de carneiros, mas ela também prevenia a erosão e o enfraquecimento dos muros da cidade. O declive era a guarnição exterior da plataforma ou do monte (*tell*) feito de terra batida, visgo de emplastro, tijolo, ou pedra. Ele aparece em sítios da Era do Ferro II de Berseba, Laquis, Tel Malhata (Tell el-Milh), Tell en-Nasbeh, e Gezer.

A construção do muro da cidade na Era do Ferro continuou de várias formas. Na Era de Ferro I, poucas cidades fortificadas, que não as cinco cidades da Filístia, existiram ao longo da planície litorânea do sul. Escavações em Asquelom, Tel Miqne-Ecrom, e Asdode revelaram importantes muros de tijolo e torres, datados dos séculos XII e XI. Outras cidades eram cercadas por uma simples faixa de casas, com muros exteriores que serviam como defesa. Exemplos desse sistema defensivo na Monarquia Unida aparecem em Bete-Semes, Gezer, Megido, Tell en-Nasbeh, e Laquis. Durante e após a Monarquia, quando a administração se tornou centralizada, as fortificações foram desenvolvidas ainda mais. Desde o século X até o VIII, muros, em formato de xadrez, foram construídos em Hazor, Tell Beit Mirsim, Samaria, e ´En Gev. Esses muros, em formato de xadrez, consistiam de dois muros paralelos com um espaço entre eles, por paredes de partição em pequenas dependências que ou funcionavam como armazéns, ou eram cheias de terra para o reforço e o suporte de possíveis construções de andares. Essa parte interna e externa do muro é encontrada em Gezer e Megido, e muros maciços construídos de pedra são também evidentes em Tell em-Nasbeh, Hazor, Tell Batash-Timnah, Jerusalém, e Tell Malhata.

A vida no portão da cidade figurou em instituições importantes na Palestina antiga. A "a praça junto à porta da cidade" (2Cr 32:6) era uma área de fazer acordos diante de testemunhas, uma espécie de parlamento para os anciãos, profetas, e juízes da cidade. Nos portões de Megido (camada V-A) e Dã possivelmente foram encontrados "os altos" (2Rs 23:8) que correspondem às descrições bíblicas.

O portão da Era do Ferro desenvolveu-se de uma maneira sucinta. Durante o século X, os três portais de entrada do Final da Era do Bronze foram expandidos para quatro entradas com seis câmaras. Elas eram flanqueadas em ambos os lados com torres maciças de mais ou menos dois andares altos, que estavam abertos e acessíveis durante a Era do Ferro. Esses quatro portais de entrada foram atribuídos a Salomão, que reconstruiu os muros de Jerusalém, Hazor, Megido, e Gezer (1Rs 9:15), as últimas cidades revelando portais desse estilo com obra de alvenaria fina. Embora haja discussão a respeito de datar esses portais no período de Salomão, a obra de alvenaria especificamente mencionada em conexão com as atividades de construção (1Rs 5:15-17 [TM 29-31]; 7:9-10) é citada em seu favor.

Durante o século IX, os portais com três entradas tornaram-se proeminentes em sítios como Tell en-Nasbeh, Berseba, Megido, e Tel Dan/Tell el-Qadir. Outros dois portais de entrada simples forneceram uma estrutura básica em vários sítios da Era do Ferro II.

Construções domésticas. Um novo tipo de casa foi introduzido no começo da Era do Ferro. Devido à sua descoberta inicial no país montanhoso, as casas de três e quatro dependências estavam frequentemente associadas etnicamente aos israelitas. A construção era tipicamente projetada em forma retangular. A dependência ampla, a de espaço maior, ficava na parte de trás com as três dependências na frente, construídas em ângulos de acordo com os limites da dependência mais ampla. Uma fileira de pilares dividia as dependências da frente, criando uma espécie de pátio. A construção podia ter também um segundo andar, no mínimo, em cima do pavimento térreo. O tamanho da casa com quatro dependências parece indicar que ela era ocupada por núcleos de famílias.

Alguns pensam que a origem da casa com quatro dependências é uma nova inovação da Era do Ferro, ao passo que outros apontam para antecessores do período do Bronze Posterior. A casa verdadeira e mais velha com quatro dependências é encontrada em sítios tais como Giloh (final do século XIII), Tel Masos, e ´Izbet Sartah. Ela tornou-se mais comum durante o século XII, por todo país montanhoso central. Cidades administrativas da Era do Ferro II como Megido, Laquis, Hazor, e Tell en-Nasbeah demonstram plano arquitetônico cuidadoso e uma proliferação das casas com quatro dependências em áreas domésticas. Assim, essa forma tornou-se crescentemente popular, durante a Era do Ferro em colônias e cidades ocupadas pelos israelitas e filisteus (p. ex., Tell Qaside, Tell Ser´/Tell esh-Shari´a).

Construções de culto. Conhecido somente de suas elaboradas descrições bíblicas (1Rs 6; 2Cr 3:1-10; Ez 40-43), o templo de Salomão é, talvez, a construção de culto mais bem conhecida. Ele era retangular, com um compartimento grande junto a uma entrada no seu lado leste. Suas dimensões exteriores mediam cerca de 25 x 20 m. (82 x 65 ft.), seus muros de cerca de 2.5-6 m. (8-10 ft.) sólidos. Dois pilares decorativos formavam a entrada. O interior era dividido em dois compartimentos, o santo e o santo dos santos. Os pisos interiores eram postos com pinheiros, ao passo que as paredes e o telhado eram forrados com cedro. O santo dos santos também era revestido com ouro, com a ajuda da habilidade dos homens da Fenícia. O templo serviu à comunidade israelita até a sua destruição, pelos babilônios, em 586 a.C.

Outras construções de culto na Era do Ferro II são conhecidas de Tell Dan, Arade, e Tel Miqne-Ekron. Um grande pódium encontrado em Tell Dan foi interpretado como um alto lugar de culto (*bāmâ*). Suas várias fases cobrem os séculos X ao IX. O esboço perfeito da estrutura da praça é construído com obra fina de alvenaria, tendo um suprimento de terra e basalto. Dentro dos limites de sua fundação, as paredes parecem ter sustentado uma superestrutura maciça.

Em Arade, uma série de dependências dentro de uma fortaleza foi identificada como um santuário, por causa de sua estrutura tripartida, de grande altar de sacrifício, e altares menores dentro do interior das câmaras. Duas tigelas rasas foram encontradas inscritas, com uma fórmula abreviada que poderia ser interpretada como "santificada para os sacerdotes".

Um poderoso templo assírio foi descoberto em Tel Miqne-Ekron, datando do século VII. Uma inscrição dedicatória menciona que Padi, filho de Achsi, dedicou o templo a uma deusa, além de lançar mais luz sobre consideráveis práticas cúlticas, durante esse período.

Construções administrativas. Construções administrativas podem ser classificadas sob palácios ou grandes casas nobres e construções sustentadas por pilares, durante esse período.

A residência do "governador" foi um desenvolvimento apresentado na fase terminal da Era do Bronze Posterior. É dito que esse tipo de construção teve fortes influências egípcias e sírias. Eram construções quadradas feitas de paredes de tijolo, com um pátio central, cercado por dependências menores. Pensa-se que serviram a governadores locais, no governo da Palestina no sul e ao longo das principais vias que levavam ao norte. A maior parte dessas residências em tais sítios como Beth-shean (Tell el-Husn), Pella, Tell Jemmeh, Tell el-Hesi, Tell es-Sa´idiyeh, Tel Sera´/Tell esh-Shari´a, e Tell el-Far´ah (Sul) foram destruídas durante a transição da Era do Bronze Posterior para a Era do Ferro (c. 1200), mas outras sobreviveram ou foram construídas na Era do Ferro I (Tel Masos).

As narrativas bíblicas fornecem descrições vívidas dos palácios de Davi e de Salomão (2Sm 5:11; 7:7; 1Cr 17:1; 2Cr 2:3 [2]; 1Rs 7:1-12). Semelhante ao templo, eles foram erigidos pelas habilidades dos fenícios, mas a escavação arqueológica ainda tem de localizá-los. Outros palácios encontrados em lugares como Megido (Construções 1723 e 6000) e Gezer ("Palácio 10,000") indicam construções na tradição Síria *bit ilani*. Esses palácios foram planejados com duas salas compridas, junto ao eixo paralelo à fachada. A primeira sala era um pórtico com uma escadaria, que levava à entrada. A sala interior maior era a dependência do trono. Outos palácios em Ramat Rahel, Laquis, Hazor, e Samaria indicam desenvolvimentos arquitetônicos locais que diferiam de influências canaanitas anteriores e influências assírias posteriores. Referências bíblicas ao uso da viga de cedro na construção (1Rs 6:36; 7:12) são confirmadas pela evidência arqueológica nesses lugares, onde intervalos são encontrados entre o período da obra de cantaria. Fragmentos de pinturas de parede foram encontrados em Ramat Rahel.

Muitos lugares experimentavam a influência Assíria, durante os séculos VIII e VII, à medida que o Império assírio se expandia e os centros administrativos eram estabelecidos na Palestina. "Construções de pátios abertos" assírias são encontradas em Hazor (Building 3002), Megido (Buildings 1052, 1369, e 1853), Gezer, Tell Jemmeh/Tel Re´im, Tel Ser´/Tell esh-Shari´a, e Buseirah.

Construções sustentadas por pilares são outra característica arquitetônica importante da Era do Ferro. As estruturas retangulares, divididas por pilares em três salas estreitas, podem ter servido a uma função pública em Hazor, Tell Abu Hawan, Megido, Tell Qasile, Tell el-Hesi, Berseba, Tel Malhata, e Tell Masos. As funções dessas construções como estábulos, armazéns, celeiros, ou mercados permanecem como assunto em debate.

Desenvolvimentos posteriores. Influências das culturas helênicas e romanas eram crescentemente sentidas na região. Os romanos fundaram não menos do que trinta cidades na Palestina; um dos programas de construção mais impressivos foi iniciado por Herodes, o Grande (37-4 a.C.). Cidades tais como a Cesareia Marítima, a reconstrução de Jerusalém, Beth-shean, Pella, e Banias (Cesareia de Filipe) indicam planejamento cuidadoso para aquedutos, cisternas, templos, anfiteatros, hipódromos, casas de banho, e palácios colocados em relacionamento conjunto com nascentes e estátuas, criando, dessa forma, uma atmosfera magnificente de poder e cultura. A despeito desse show impressivo, a construção de sinagogas, o templo em Jerusalém, e outros edifícios atestam a natureza persistente e indomável dos elementos sociais, ideológicos, e criativos, ainda inerentes em culturas locais e em suas heranças antigas. *Ver tb.* CASA; TEMPLO.

Bibliografia. A. Biran, ed., *Temples and High Places in Biblical Times* (Jerusalem, 1981); W.G. Dever, "Palaces and Temples in Canaan and Ancient Israel", *CANE*, 1:605-14; V. Fritz, *The City in Ancient Israel* (Sheffield, 1995); A. Kempinski e R. Reich, eds., *The Architecture of Ancient Israel* (Jerusalem, 1992); G. Leick, *A Dictionary of Ancient Near Eastern Architecture* (Nova York, 1988); Y. Shiloh, "The Casemate Wall, the Four-Room House, and Early Planning in the Israelite City", *BASOR* 268 (1987): 3-15; L.E. Stager, "The Archaeology of the Family in Ancient Israel", *BASOR* 260 (1985): 1-35. [MICHAEL G. HASEL]

ARSACES (gr. *Arsakēs*) Líder militar parto, que na metade do século III a.C. rebelou-se contra Selêuco II e estabeleceu uma dinastia que permaneceu até o século III d.C. Arsaces tornou-se o nome que todos os reis partos adotaram. A Pártia ganhou independência oficial de Antíoco III, que foi incapaz de derrotar uma coalizão da qual a Pártia fazia parte. Antíoco IV também sofreu uma derrota nas mãos de Arsaces IV (Mithradates I). Depois da morte de Antíoco IV, Mithradates conquistou a Média e a Mesopotâmia. Em 161, Demetrius I tomou a Média dos partos, depois de sua vitória sobre Timarchus. Em 141, seu filho Demetrius II marchou em direção a leste, onde encontrou o expansível Império Parta, que ainda estava sob o governo de Arsaces Mithradates I. Os comandantes de Mithradates derrotaram e capturaram Demetrius e o trouxeram para o seu reino (1Mc 14.1-3). Mithradates, entretanto, tratou bem de Demetrius II e, posteriormente, Demetrius casou-se com sua irmã. [RODNEY A. WERLINE]

ARTAXERXES (heb. *ʾartaḥšastāʾ*; gr. *Artaxerxēs*) Nome comum entre os reis persas da dinastia de Achaemenid. Artaxerxes é mencionado como o rei persa, que comissionou as missões de Esdras e Neemias (Ed 7:1-28; Ne 2:1-8). Com base em referências extrabíblicas aos seus oponentes, Sambalate e Gesem (cf. Ne 6:1), as missões de Neemias devem, quase que certamente, ser colocadas durante o reinado de Artaxerxes I (445 e 433 a.C.; Ne 2:1; 13:6-7). Há menos acordo em relação a Esdras, embora haja uma crescente inclinação por parte dos estudiosos de datá-lo também no período de Artaxerxes I (458; Ed 7:7).

1. Artaxerxes I Longímano (465-424). Filho e sucessor de Xerxes I, Artaxerxes I enfrentou, primeiramente, uma rebelião feita pelo Egito, que foi reprimida em 455 por Megabyzus, sátrapa de "Além do Rio" (*'Abar Naharâ*). Em 448, Megabyzus revoltou-se e foi removido de sua posição. Alguns viram isso como o pano de fundo para a missão de Neemias. Por outro lado, o reinado de Artaxerxes desenvolveu-se relativamente de maneira pacífica.

2. Artaxerxes II Mnemon (404-359). Filho e sucessor de Dario II, sua pretensão ao trono foi desafiada em batalha por Ciro, o Júnior, conforme narrado na *Anabasis* de Xenophon. A derrota de Ciro (401) e a expulsão posterior dos espartanos em Cnido (394) devolveram o controle sobre o Ocidente a Artaxerxes. A hegemonia sustentada por ele através de seu prolongado reinado deveu-se grandemente à rivalidade entre as cidades-estados gregas, bem como a que ocorria entre os sátrapas. [GERALD M. BILKES]

ÁRTEMAS (gr. *Artemás*) Companheiro de Paulo, a quem o apóstolo esperava enviar para Creta, para permitir que Tito se juntasse a Paulo em Nicópolis (Tt 3:12).

ARTEMIS (gr. *Ártemis*) A deidade padroeira de Éfeso. Armetis Ephesia — uma manifestação local da deusa grega Ártemis e da romana Diana — é uma forma da Deusa-Mãe nativa de Anatólia, que era uma deidade fértil e lunar conhecida por causa de sua proteção à nova vida, especialmente de animais e mulheres durante o parto. Éfeso alega ser o lugar de seu nascimento e a festeja duas vezes por ano, no início do longo mês de artemísia, cujo festejo envolvia celebrações atléticas, teatrais e musicais, bem como banquetes e assembleias, e um evento no final do verão ou do outono restabelecendo o nascimento como parte de um culto misterioso. Nessas celebrações, imagens sagradas de Ártemis eram carregadas em procissão desde o Artemisium, o templo, até a cidade e, então, voltava para o santuário. Músicas e aclamações da multidão, semelhantes a "Grande é a Diana dos Efésios!" (At 19:28, 34), eram cantadas durante as procissões. Esses festivais atraíam milhares de visitantes e eram a economia industrial primária da cidade. A tradição em Atos 19:35 de que a sua imagem de culto "havia caído do céu" sugere que a estátua original tinha sido esculpida de um meteoro, embora não tenham sobrevivido outras referências literárias que suportem essa alegação.

O centro de culto de Ártemis era Éfeso, onde sua imagem era cunhada em moedas de prata e onde as estatuetas eram carregadas em procissões cívicas. Conversões ao cristianismo certamente teriam reduzido as doações para o Artemisium, e teriam tido também uma influência prejudicial na adoração da deusa, fazendo com que o cristianismo fosse visto como ameaça à atividade econômica subserviente do templo. Assim, Demétrio, provavelmente um membro do conselho do templo, viu o cristianismo como ameaça direta à religião e à economia da cidade, e incitou os artífices a revoltar-se contra essa intromissão do Caminho (At 19:23-41). [JOSEPH A. CORAY]

ARUBOTE (heb. *'ărubbôṯ*) (tb. ARBATA) Cidade do terceiro distrito de Salomão, onde Bene-Hesed devia reunir um estoque de comida para o rei, que fosse suficiente para um mês do ano (1Rs 4:10). Khirbet el-Hamam, na fronteira do sul do Vale de Dotã, é um candidato provável para a localização. Próximo, Arrabeh preserva o nome antigo. Em 1] Macabeus 5.23 é chamada Arbatta (cf. Narbata no período romano).

ARUMÁ (heb. *ărûmâ*) Cidade em Efraim, onde Abimeleque, filho de Gideão, residia (Jz 9:41), e que foi identificada com a moderna Khirbet el-ʹOrmah, a cerca de 8 km ao sul de Siquém. Ela também pode aparecer em Juízes 9:31, embora o texto ali seja problemático. O TM lê *bĕṯormâ*, o que parece ser a preposição hebraica *bĕ* seguida por um substantivo diferente não confirmado. Estudiosos que aceitam essa leitura deduzem que *tormâ* procede da raiz *rmh*, "enganar" (cf. KJV "secretamente"; NIV "sob cobertura"). Outros, incluindo a NRSV, leem *tormâ* como uma simples corrupção de Arumah. [WADE R. KOTTER]

ARVADE (heb. *'arwaḏ*; gr. *Arados*) A cidade mais setentrional das cidades-estado fenícias, ocupando uma ilha pequena (a moderna Ruad) justamente fora da costa Síria a cerca de 85 km ao sul de Ugarite. Na Tabela das Nações, seus habitantes estão inclusos entre os cananeus (Gn 10:18; 1Cr 1:16). As Cartas de Amarna indicam que a marinha de Arvade (ac. *Ar-ma-da-a*) era a principal força militar usada por uma confederação de cidades setentrionais contra cidades do sul de Byblos, Sidom, e Tiro. A marinha de Arvade impressionou a Tiglate-Pileser I da Assíria, que relatou sua viagem a bordo de uma embarcação Arvadita.

Os anais assírios registraram que Arvade hospedou Assurbanípal II, presumivelmente como parte das relações comerciais da Assíria. Entretanto, com o avanço imperial de Salmaneser III, Arvade juntou-se à coalizão do norte da Síria contra a Assíria, na batalha de Carcar em 853. Subsequentemente, Arvade tornou-se vassala da Assíria. Nabucodonosor capturou Arvade e outras cidades litorâneas, levando os seus reis cativos à Babilônia. A permanente soberania de Arvade no mar é ecoada no oráculo de

Ezequiel contra Tiro (Ez 27:8). Os persas conferiram autonomia às cidades fenícias, mas por volta de 333 a.C. Arvade se rendeu a Alexandre, o Grande, que usou sua marinha para cercar Tiro. Por volta da metade do século II, a cidade tornou-se mais uma vez importante o suficiente para receber uma proclamação declarando a aliança entre Roma e Simão Macabeu (1Mc 15.23). [GARY P. ARBINO]

ARZA (heb. *'arṣā'*) Administrador na cada do Rei Elá de Israel, em cuja casa o rei, enquanto estava embriagado, foi assassinado por Zinri (1Rs 16:9).

ASA (heb. *'āṣā'*) **1.** O neto de Roboão e o terceiro rei a governar Judá (o reino do sul), depois da divisão da monarquia. De acordo com 1Reis 15:10, reinou por 41 anos (c. 913-873 a.C.). Sua avó, Maacá, serviu como = rainha-mãe, cuja principal função era a de conselheira principal do rei e de outros membros da corte. Maacá exerceu papel de liderança no culto em Jerusalém e, quando Asa reformou a cidade, ele a depôs por ter erigido uma imagem a Aserá.

Foram os seus esforços para reformar o culto em Jerusalém que ganharam para Asa o louvor do autor de 1Reis 15. Ele removeu as prostitutas associadas aos ritos da fertilidade e destruiu as imagens que seus predecessores haviam colocado em Jerusalém. As imagens incluíam a Aserá de Maacá, a qual Asa derrubou e queimou no Ribeiro de Cedrom. Além disso, ele ofereceu a Deus coisas feitas de prata e ouro, bem como utensílios para o culto.

De acordo com 1Reis 15:16, Asa e Baasa, rei de Israel, lutaram por uma fronteira durante todo o seu reinado. Em um momento, durante a guerra deles, Baasa "edificou Ramá" (1Rs 15:17), o que significa que ele reconstruiu ou fortificou Ramá de Benjamim (a moderna er-Ram), que se situa a 8 km ao norte de Jerusalém na estrada pela qual os assírios avançaram contra aquela cidade (Is 10:29). Asa ofereceu a Ben-Hadade de Damasco um grande "presente" de prata e ouro, para que este quebrasse sua aliança com Baasa e atacasse Israel. Quando Ben-Hadade atacou as cidades do norte, tais como Ijom, Dã, Abel-Bete-Maaca, Quinerote, e "toda Naftali", Baasa foi forçado a ir para o norte de Tirza, a fim de parar o avanço de Ben-Hadade. Asa aproveitou a oportunidade, mandando seu povo ir para Ramá e remover os materiais de construção para usar na fortificação de Geba de Benjamim e Mizpá, estabelecendo-as, dessa forma, como sua fronteira ao norte.

O texto de 2Crônicas 14:1 (TM 13:23)-16:14 amplia esse registro do reinado de Asa, por meio de uma narrativa (14:9-13 [8-12]) de uma invasão feita por Zerá, o "cuxita" (etíope) e também através de discursos feitos por Azarias, filho de Obede (15:2-7) e por Hanani, o vidente (16:7-10). A invasão foi relatada como evidência de que o poder divino dominaria o poder militar. Como consequência da derrota de Zerá é dito que Israel atacou as cidades ao redor de Gerar, bem como os proprietários de fazendas, o que, talvez, deveria ser entendido como uma evidência a mais da proteção de Deus de Asa, como recompensa por sua obediência. Parece que os discursos foram compostos pelo cronista, o primeiro a indicar a aprovação divina das reformas de Asa, e o segundo a indicar a desaprovação da confiança de Asa no homem, e não na proteção divina. Esse tema é adiado até 2Crônicas 16:12, em que o cronista condena Asa mais uma vez, por causa da sua confiança nos médicos antes do que em Deus, para a cura de sua doença fatal dos pés, cuja natureza é obscura.

2. Levita, cujo primeiro filho, Berequias, estava entre os primeiros a receber de volta as possessões de sua família, depois do exílio (1Cr 9:16).

Bibliografia. N.-E. A. Andreasen, "The Role of the Queen Mother in Israelite Society", *CBQ* 45 (1983): 179-94. [PAUL L. REDDITT]

ASÃ (heb. *'āšān*) Cidade em Sefelá concedida inicialmente a Judá (Js 15:42), mas por ser a área muito grande para conquistarem sozinhos, foi, subsequentemente aquinhoada a Simeão (19:7-9). Depois foi dada finalmente aos filhos de Arão como cidade de refúgio (1Cr 6:57, 59 [TM 42, 44]). Alguns leem Asã por "Aim" em Josué 21:16, uma lista semelhante de cidades levíticas, mas o relacionamento entre os dois nomes é incerto em comparação com outras listas de cidades. Corasã ("parede de Asã") em 1Samuel 30:30 pode ser o nome do lugar. Asã foi associada com Khibert'Asan, a cerca de 8km a noroeste de Berseba. [LAURA B. MAZOW]

ASAEL (heb. *'ăśâ'ēl*) **1.** Um dos filhos de Zeruia, irmã de Davi. Ele e seus irmãos, Joabe e Abisai, estavam entre os servos de Davi, desde o período de seu exílio da corte de Saul. Embora Joabe e Abisai tenham servido por longos mandatos como comandantes no exército de Davi, Asael foi morto durante a prolongada guerra entre a casa de Davi e a casa de Saul (2Sm 2:18-32).

Apesar de sua morte prematura, Asael está incluso na lista dos *šālîšîm* de Davi (2Sm 23:24=1Cr 11:26), uma unidade de guerreiros de elite que podem ter combatido em grupos de três. A inclusão de Asael, sugere que a lista desses guerreiros existe desde o princípio da monarquia de Davi. Sua presença, nesse texto, implica também que a lista cresce com o passar do tempo, fato que fortalece a probabilidade de que essa referência aqui é aos *salîsîm*, e não aos *šělôšîm* (os "Trinta"). A presença do nome de Asael na lista dos comandantes de Davi dos grupos de 24 mil, que saíam uma vez por mês (1Cr 27:7) fornece evidência que essa lista é uma construção posterior e idealizada.

2. Um do grupo de seis levitas enviados pelo rei Jeosafá para as vilas de Judá, a fim de que eles ensinassem o Livro da Lei (2Cr 17:7-8).

3. Levita que assistia na coleta dos dízimos e que era devotado às ofertas no templo, durante a centralização do culto, feita por Ezequias (2Cr 31:11-13).

4. O pai de Jônatas, um dos exilados no tempo de Esdras. Este Jônatas, juntamente a Jazeias, filho de Ticvá, levantou-se contra os esforços de Esdras para que os exilados deixassem suas esposas e filhos estrangeiros (Ed 10:15).

5. Filho de Ezora, que despediu sua esposa estrangeira, seguindo a ação de Esdras (1Ed 9.34). [DONALD G. SCHLEY]

ASAFE (heb. *'āsāp̱*) **1.** O pai de Joá, o cronista ou "mensageiro" do rei Ezequias (2Rs 18:18, 37=Is 36:3, 22) e um dos três oficiais que se encontraram com os assírios, durante o cerco de Jerusalém.

2. Filho de Berequias, o levita; ancestral de um das proeminentes corporações de cantores e músicos. Asafe, (com Hemã e Jedutum) foi colocado, por Davi, como responsável pelo "serviço de canto" (1Cr 6:39 [TM 24]; cf. 25:1; 2Cr 5:12). Ele foi nomeado por Davi como o ministro "chefe" diante da arca do Senhor, em Jerusalém (1Cr 16:4-5; cf. 25:5, onde Hemá é preeminente), e é referido uma vez como "o vidente" (heb. *ḥōzeh*; 2Cr 29:30). É dito que os "filhos de Asafe" tinham "profetizar sob a direção do rei" durante o reinado de Davi (1Cr 25:1-2), e descendentes posteriores tiveram proeminência como corporação de cantores do templo, nos tempos pós-exílicos (Ed 2:41 [=Ne 7:44; Ed 5:27]; Ne 11:22). Os sobrescritos de 12 salmos trazem a anotação "de Asafe" (Salmos 50, 73-83), o que indica que foram, provavelmente, compostos no estilo ou na tradição de Asafe. Sugestões de que os salmos originam-se do norte de Israel ou que pertencem à "tradição efraimita" são atraentes, mas especulativas.

Bibliografia. M.J. Buss, "The Psalms of Asaph and Korah" *JBL* 82 (1963): 382-92; H.P. Nasuti, *Tradition History and the Psalms of Asaph*. SBLDS 88 (Atlanta, 1988).

3. "Os filhos de Asafe", uma das divisões dos porteiros no segundo templo (1Cr 26:1). heb. *eḇyāṯār* deveria ser lido como Abiasaph.

4. O guarda da floresta do rei Artaxerxes (Ne 2:8). O rei lhe pediu para enviar madeira para a construção do templo e dos muros da cidade. [TYLER F. WILLIAMS]

ASAÍAS (heb. *'ăśāyâ*) **1.** "Servo" real que estava entre aqueles dignitários enviados à profetisa Hulda para indagar ao Senhor sobre o livro da lei encontrado no templo (2Rs 22:12-14=2Cr 34:20).

2. Líder da tribo de Simeão, que participou do extermínio dos meunins (1Cr 4:36).

3. Cabeça de uma família levítica chamada Merari, nomeada por Davi para levar a arca até Jerusalém (1Cr 6:30 [TM 15]; 15:6, 11).

4. O primogênito dos silonitas que voltou do exílio (1Cr 9:5). Em uma lista paralela, ele é chamado Maaseias, filho de Baruque (Ne 11:5).

ASAREEL (heb. *'ăśar'ēl*) Filho de Jealelel, da tribo de Judá (1Cr 4:16).

ASARELA (heb. *'ăśar'ēlâ*) (tb. JESARELA) Um dos filhos de Asafe que, com os outros, profetizava com harpas, alaúdes e címbalos (1Cr 25:1-2; chamado Jesarela no v. 14).

ASBEL (heb. *'ašbēl*) (tb. JEDIAEL) O segundo (1Cr 8:1) ou o terceiro (Gn 46:21) filho de Benjamim. Em 1Crônicas 7:6 o nome é traduzido por Jediael (heb. "conhecido por Deus"), talvez para evitar alegadas conotações pagãs no nome Asbel (cf. Ishbaal, "homem de Baal").

ASCENSÃO Ascensão ao céu. A literatura bíblica e extrabíblica incluem muitas referências a pessoas que subiram ao céu. No Antigo Testamento, homens, que ainda estavam vivos, ascenderam ao céu. Aceita-se que Enoque tenha subido ao céu. Ele é descrito como aquele que "andou com Deus" e "até que não foi mais visto, porque Deus o havia tomado" (Gn 5:24). Elias é explicitamente descrito como ascendendo ao céu por meio de um "redemoinho de fogo" (2Rs 2:11).

LITERATURA EXTRABÍBLICA. A literatura judaica descreve personagens angélicos e humanos que desciam e ascendiam ao céu. O anjo Rafael ascende ao céu na presença de Tobias e seu filho Tobias (Tob. 12.20). José e Asenate descrevem a ascensão ao céu de um anjo em uma carruagem na presença de Asenate (Jos. As. 17.7-8). 4 Esdras refere-se a homens que foram tomados e que não provaram a morte (4ED 4.26). Várias versões de 4Esdras acrescentam um verso conclusivo ao cap. 14, descrevendo como Esdras foi apartado para o lugar daqueles como ele. O livro de 2Baruque sugere a ascensão futura de Baruque, quando o livro ensina que ele será preservado até o "fim dos tempos" (2Bar. 13.3; 25.1). O Testamento de Moisés foi usado para ensinar que Moisés ascendeu ao céu depois de sua morte, mas a passagem que ensina isso (T. Mos. 10.12) é questionável. Os textos místicos de Enoque 1-3 basearam-se em Gênesis 5:24, ao descrever a ascensão celestial de Enoque, as experiências, e a glorificação final como o anjo Metatron. A transformação de Enoque em um anjo pode ter se baseado no ensino de Daniel 12:3 de que os justos brilharão "como estrelas", uma vez que as estrelas são identificadas com anjos (Jó 38:7).

Muitos outros textos judaicos retratam personagens humanos que ascendiam e depois voltavam. Alguns textos deixam incerto se a ascensão foi física ou revelatória (mística). O livro de 3Baruque descreve a ascensão de Baruque sob a direção de um anjo, bem como o aprendizado de segredos celestiais (3 Bar. 2-17). No Testamento de Levi, este ascende ao trono de Deus e aprende mistérios que ele deve declarar aos outros. 4Q491 parece preservar a alegação do Mestre da Justiça (ou um dos seguidores que o adoravam) de que ele ascendeu ao trono celestial. Outros materiais de Qumran implicam ascensão quando descrevem membros de Qumran relacionando-se com os anjos (1QH 6.13; 3.20; 11.10; 2.10 1QS 2.5-10). O Apocalipse de Abraão e o Testamento de Abraão descrevem como Abraão ascendeu ao céu sob direção angelical, como aprendeu segredos celestiais, e como viu o trono de Deus (Apoc. Abr. 18.1ss.) O Testamento de Isaque descreve a ascensão e a viagem de Isaque ao trono de Deus. O livro de 3Enoque descreve a ascensão do Rabbi Ismael ao céu, onde ele vê o trono de Deus, e é levado para um passeio por Metatron, bem como aprende segredos celestiais.

Esses registros de subida e descida podem ter sido baseados na tradição judaica de que Moisés ascendeu ao céu, quando recebeu a Lei (Orphica, uma versão fragmentária de 3En. 15b). Fílon acrescenta a ideia de Moisés deificado quando entrou na presença de Deus (*Vida de Moisés* 2.290-91). A história rabínica de que quatro rabis que entraram no paraíso (céu?), preservada em *b. Hag.* 14b ilustra como judeus em tempos aramaicos continuaram em seu interesse por ascensões celestiais e como eles foram alertados sobre aceitar ascensões místicas ao céu. Ascensões místicas ao céu e as técnicas exigidas foram um elemento principal do que veio a ser conhecido como misticismo de Merkabah ("Carruagem") e de Hekalot ("Tronos").

Um texto se refere à ascensão celestial que aparece em seguida à ressurreição. O Testamento de Jó supunha a ressurreição dos filhos de Jó e ensina sua ascensão e glorificação celestiais (T. Job 38:11-40:3); no fim de seu registro, Jó morre e sua alma ascende ao céu em uma carruagem (52.10). A ascensão da alma, depois da morte no Testamento de Jó, também é encontrada em outros lugares (T. Abr. 20.9-12; T. Isaac 7.1; *Hist.* Rech. 14.2-5).

Jesus. A ascensão de Jesus é a ascensão mais proeminente na Bíblia e refere-se ao afastamento final do ressurreto Jesus de seus discípulos. Esse evento é descrito em Atos como uma ascensão ao céu seguindo-se à ressurreição de Jesus da morte (At 1:9-11). Lucas traz uma descrição da ascensão de Jesus, mas a leitura é suspeita (Lc 24:51). De fato, Lucas refere-se a ascensão de Jesus como marcador geográfico em seu relato do ministério de Jesus (Lc 9:51). A descrição de Atos da ascensão de Jesus em uma nuvem (At 1:9) faz referência a Daniel 7:13, "como o filho do homem" vem com as "nuvens do céu" diante do "ancião de dias". Marcos e Mateus preservam a predição de Jesus de que Ele voltará nas nuvens do céu (Mc 14:62=Mt 26:64). A inferência é que a nuvem da ascensão será o meio da volta de Jesus. O Apocalipse continua essa associação de Jesus com nuvens (Ap 1:7) e descreve "aquele semelhante ao filho do homem" (Jesus?) em uma nuvem branca no céu (14:14).

Além disso, Atos apresenta a ascensão de Jesus como exaltação à destra de Deus (At 2:33), que uma alusão ao Salmo 110:1 ("Assenta-te à minha direita"), e como ato de autorização por meio do qual Jesus concede o Espírito é reconhecido como "ambos, Senhor e Messias" (At 2:33, 38). Essa descrição está de acordo com a tradição cristã primitiva de que Jesus se sentaria à mão direita de Deus (Mc 14:62). Atos 2:34-35 conecta explicitamente a ascensão de Jesus à interpretação messiânica do Salmo 110, que prevê a entronização de Jesus sobre seus inimigos. A ascensão e glorificação de Jesus em Atos são, dessa forma, semelhantes às tradições de ascensão de Enoque, à entronização de Moisés em Ezequiel, o Trágico (séc. II a.C.), à alegação de entronização de 4Q491, e à crença do Rabi Akiba na entronização do Messias (*b. Hag.* 14a).

Os outros escritos do Novo Testamento ou se referem à ascensão de Jesus como um evento futuro ou aceitam sua ocorrência. Em João, Jesus se refere à Sua ascensão futura (Jo 3:13; 6:62; 20:17), e alude à própria ascensão em numerosas ocasiões (7:33; 8:14, 21; 13:3; 14:2-3, 28; 16:5, 10, 28). As referências de João à ascensão são usadas para ensinar a origem divina de Jesus, bem como o seu relacionamento especial com Deus, o Pai. Ele é aquele que desceu do céu e, então, subiu ao céu. Esse tema traz à mente Tobias e José, bem como Asenate, em que seres celestiais desceram somente para ascender à sua residência celestial.

As Epístolas e Apocalipse compartilham da visão de Atos de que a ascensão de Jesus resultou em entronização e autoridade ao lado de Deus (Ef 1:20-21; Ap 1:12-20; 3:21; cf. 1Pe 3:22). Paulo associa o evento da ascensão com eventos da Paixão (Rm 8:34; 1Tm 3:16 preserva o que parece ter sido um hino cristão primitivo que alude à ascensão de

Jesus, em conexão com outros eventos de sua vida). A descrição em Filipenses 2:9-10 da exaltação de Jesus por meio da concessão de um nome que está acima de todo nome e por meio de lhe tributar homenagem alude à sua ascensão-glorificação (cf. 3 En. 10.1; 12.5; 14.1-5).

Hebreus se refere à ascensão de Jesus no contexto do papel de Jesus como sacerdote celestial, que ascendeu a fim de entrar no templo celestial e fazer a purificação pelo pecado humano (Hb 1:3; 4:14; 6:19-20; 9:11-12). Na tradição judaica posterior, Metatron não é um sacerdote oferecendo sacrifício como Jesus, mas ele é designado para o serviço litúrgico e é colocado no céu para "servir ao trono da glória dia a dia" (3En. 7.1).

OUTRAS ASCENSÕES NO NOVO TESTAMENTO. Tanto Paulo quanto João do Apocalipse são descritos como tendo experimentado ascensões celestiais. A ascensão deles tem vários paralelos com os textos místicos judaicos no século I a.C., tais como o Apocalipse de Abraão e o Testamento de Abraão, que descrevem a ascensão celestial e a volta de Abraão, e também 4Q491. Em 2Coríntios 12:2-4, Paulo descreve sua ascensão celestial, na qual ele aprende segredos celestiais que não pode divulgar. Apocalipse 4:1-16:21 descreve a ascensão celestial de João, durante a qual ele vê o trono de Deus e aprende segredos celestiais (muitos dos quais ele não pode revelar). Esses registros ilustram que o cristianismo primitivo compartilhou do interesse judaico místico em ascensões celestiais.

Em João 14:2-3, Jesus fala aos seus seguidores de sua ascensão celestial, quando diz que voltará (descida) e o levarão ao lar celestial que ele lhes iria preparar. Como Jesus, Metatron, o ascendido e exaltado Enoque, era responsável pelo palácio celestial e seus depósitos (3En 11.6). Paulo também se refere à ascensão futura dos seguidores de Jesus e a conecta com o tema familiar da nuvem (1Ts 4:17). A descrição de Paulo da transformação futura dos crentes parece estar em conexão com o interesse em ascensão-glorificação, associado a Jesus e ao judaísmo primitivo (1Co 15:51-57; Fp 3:21). O Apocalipse descreve a ascensão futura das duas testemunhas martirizadas, a qual se dá por uma nuvem (Ap 11:12), trazendo à mente a descrição de Atos da ascensão de Jesus em uma nuvem (At 1:9).

Bibliografia. M.G. Abegg, Jr., "Who Ascended to Heaven? 4Q491, and The Teacher of Righteousness", em *Eschatology, Messianism, and the Dead Sea Scrolls*, org. C.A. Evans e P.W. Flint (Grand Rapids, 1997), 61-73; M. Dean-Otting, *Heavenly Journeys: A Study of the Motif in Hellenistic Jewish Literature*. Judentum und Umwelt (Frankfurt, 1984); J.E. Fossum, *The Image of the Invisible God: Essays on the Influence of Jewish Mysticism on Early Christology*. NTOA 30 (Göttingen, 1995); M. Himmelfarb, *Ascent to Heaven in Jewish and Christian Apocalypses* (Oxford, 1993); C.R.A. Morray-Jones, "Paradise Revisited (2Cor 12:1-12): The Jewish Mystical Background of Paul´s Apostolate, Part 1: The Jewish Sources", *HTR* 86 (1993): 265-92; A.F. Segal, "The Risen Christ and the Angelic Mediator Figures in Light of Qumran", em *Jesus and the Dead Sea Scrolls*, org. J.H. Charlesworth (Nova York, 1992), 302-28; J.D. Tabor, *Things Unutterable: Paul´s Ascent to Paradise in Its Greco-Roman, Judaic, and Early Christian Contexts* (Lanham, 1986). [PHILLIP MUNOA]

ASCENSÃO DE MOISÉS *Ver* MOISÉS, TESTAMENTO DE.

ASCENSÃO DA VIRGEM Mais de cinquenta apócrifos e homilias anteriores ao século X registram, em nove diferentes línguas, tanto o sono ("adormecer") da Virgem quanto a ascensão corporal para o céu ou seu sono sem ascensão. Não há, entretanto, evidência confiável de qualquer uma dessas duas doutrinas antes do final do século V, quando várias testemunhas, incluindo os apócrifos e homilias mais primitivos, atestam crença em doutrinas "rivais" da ascensão corporal e sono sem ascensão, respectivamente. O florescimento real dessa tradição ocorre primariamente no século VI, tempo no qual havia uma proliferação de narrativas revisando os textos mais antigos e purificando-os da heterodoxia. Os eventos principais da história ocorrem em Jerusalém (com a inclusão ocasional de uma viagem a Belém), e incluem a reunião miraculosa dos apóstolos e o retorno de Cristo para receber a alma de sua mãe, à medida que ela deixa o corpo. Somente certos textos continuam com um relato da ressurreição e ascensão da Virgem, mas todos são caracterizados por uma hostilidade ao judaísmo e por ataques frequentes aos líderes judeus que, entre outras coisas, tentam queimar o corpo da Virgem. Uma tradição oposta, que coloca o fim da vida da virgem em Éfeso, desenvolve-se posteriormente, primariamente na igreja medieval siríaca.

Bibliografia. W.J. Burghardt, *The Testimony of the Patristic Age Concerning Mary´s Death* (Westminster, Md., 1957). [STEPHEN J. SHOEMAKER]

ASCETISMO Referindo-se, inicialmente, ao exercício físico, treino, ou prática (gr. *áskēsis*), esse termo adquiriu importância religiosa no período helênico, indicando as atividades da mente, da alma e da vontade. Como termo religioso, a pureza ascética foi frequentemente vista como condição para aproximar-se dos deuses, realizar uma ordem divina, ou sobreviver a uma crise histórica. Embora a religião hebraica tenha adotado o termo, ela também o negou em momentos importantes. Jejuns em períodos distintos eram praticados na Festa de Purim (Et 9:31), no Dia da Expiação (Lv 16:29-31; 23:26-32), e em períodos de penitência (1Sm 7:6) ou de lamentação (2Sm 1:12; 3:35; Dn 9:3; 10:3). A participação no culto de sacrifício (Lv 10:9) e a adoção do voto de Nazireu (Nm 6:2) requeriam, no mínimo, uma abstinência temporária do vinho e do sexo. Os recabitas votaram que não teriam parte na plantação ou cultivo de vinhas nem na produção e consumo de vinho (Jr 35:7). A relação sexual também era proibida na preparação para a revelação divina (Êx 19:15), lutar uma guerra santa (2Sm 11:13) e o serviço sacerdotal no altar.

Esses atos ascéticos de autonegação serviram a uma multidão de funções. Pensava-se que a abstinência sexual, praticada na comunidade sacerdotal de Qumran, colocava alguém em companhia dos anjos, e oferecia meios para reentrar no primordial mundo perdido. Paulo cria que a abstenção de envolvimentos sexuais preparava uma pessoa para permanecer fiel durante a crise escatológica (1Co 7:32-35). Lucas sugere que o ascetismo sexual ritualizava uma escatologia realizada que conferia uma posição angélica aos crentes (Lc 20:34-36), um ponto de vista compartilhado pelos entusiastas de Corinto (1Co 7). Essa piedade capacitava alguém a transcender os limites físicos tão firmemente estabelecidos para toda a humanidade, ao enfocar o *eschaton*. Esse ascetismo, entretanto, diferente daquele dos filósofos céticos, tinha fortes ligações com as culturas normativas judaicas e primitiva cristã nas quais os céticos viam o ascetismo como tentativa para se libertar das algemas da cultura normativa, o ascetismo judaico e cristão oferecia um meio de intensificar a devoção, de engajar-se em atos de autonegação para se oferecer sem reservas à obra de Deus e de participar da história sagrada de Israel. [CALVIN J. ROETZEL]

ASDODE (heb. *'ašdôḏ*) Uma das cinco principais cidades dos filisteus. A cidade antiga é identificada com a moderna Asdode/Esdûd, a 15 km ao norte de Asquelom e cerca de 4 km terra adentro a partir do mar Mediterrâneo.

Asdode era parte do território tribal de Judá (Js 15:46-47), embora tenha permanecido sob o controle filisteu. A cidade é listada como uma das poucas cidades onde os anaquins tinham se situado, durante o estabelecimento israelita (Js 11:22). A narrativa da Arca conta que os filisteus colocaram a arca de Deus no templo de Dagom, em Asdode, onde receberam tumores de Deus (1Sm 5:5-6). Asdode não é mencionada de novo até que o Rei Uzias, de Judá, a conquistou e construiu cidades no "território de Asdode" (2Cr 26:6). Em 713 a.C., Azuri, o rei de Asdode, revoltou-se contra a Assíria, mas Sargão II conquistou Asdode e colocou Ahimetu no trono. Desse ponto em diante, a cidade tornou-se um vassalo da Assíria. De acordo com Heródoto, durante o reinado do rei assírio, Assubarnipal, Asdode resistiu a um cerco egípcio por 29 anos, antes de ser conquistada por Psamtik I. Depois que Nabucodonosor conquistou a região, Asdode e seu território se tornaram uma província babilônica. Durante esse período, Asdode é mencionada várias vezes nos oráculos dos profetas (Jr 25:20; Am 1:8; 3:9; Sf 2:4; Zc 9:6).

Asdode (gr. *Azōtos*) é mencionada em várias ocasiões desde o período persa até o romano (Jdt 2:28; 10:77-78; 3:34; 16:10; Josefo *Ant.* 5.87; 5.128; 13.395; *BJ* 1.156, 165-66; 4.130). Judas Macabeu a capturou (1Mc 5.68), e seu sucessor, Jonatã, a queimou (10.48; 16.10). Filipe, o evangelista, passou pela cidade quando ia para Cesareia, depois de seu encontro com o eunuco Etíope (At 8:40).

Extensas escavações do lugar antigo por Moshe Dothan, entre 1962 e 1970, mostraram uma descrição razoavelmente completa da cidade. Ela consiste de uma acrópole de cerca de 8 hc como cidade menor de no mínimo 40 hc. Tell Asdode foi continuamente ocupada desde a Era do Bronze Médio até o período bizantino. As escavações descobriram 23 estratos. Um amplo sistema de fortificação de um complexo de plataforma e portão foram construídos durante o século XVII (BM III). Durante a Era do Bronze Posterior (1500-1200), a cidade continuou a prosperar sob o domínio egípcio, evidenciado pela escavação de um palácio-fortaleza egípcio com vários artefatos egípcios e vasos importados de Egeia (Grécia). Essa cidade foi destruída e colonizada pelos filisteus, que construíram uma oficina de oleiro e novas regiões residenciais. Ela continuou a crescer e a se expandir na Era do Ferro I (1200-1000) até que ela foi destruída no início do século X. Ela foi reconstruída e expandida em uma cidade menor, provavelmente quando os imigrantes do interior da costa das cidades filisteias foram para lá, devido ao forte estado israelita sob Davi e Salomão. Fases subsequentes de ocupação e destruição devem-se muito provavelmente a Uzias, Assíria e Egito. O lugar foi continuamente ocupado em uma escala bem menor desde o período persa até o bizantino, com as atividades de construção mais notáveis durante o período de Herodes. [STEVEN M. ORTIZ]

ASENATE (heb. *'āsĕnaṯ*) A filha egípcia de Potífera, sacerdote de On (Heliópolis). Dada a José como esposa por Faraó como parte de sua recompensa por interpretar o seu sonho (Gn 41:45), Asenate também foi mãe de Manassés e Efraim (Gn 41:50-52; 46:20). O nome, que significa "ela pertence a Neith (uma deusa egípcia)", era comum durante o Reino Médio e durante o Primeiro Período Intermediário. Uma história apócrifa judaica escrita em grego, por volta da era cristã, José e Asenate explicam como o patriarca José pôde casar com a filha de um sacerdote egípcio. Na história, Asenate se converte à religião de Israel antes de se casar com José e se torna o protótipo para todos os prosélitos do judaísmo. [NANCY L. DECLAISSÉ-WALFORD]

ASER (heb. *'āšēr*) **1.** Uma divindade, a contraparte de Aserá, ou uma variação de Ashar, elemento de nome divino que ocorre no acadiano antigo e em nomes amoritas.

2. O oitavo filho de Jacó com Zilpa, a criada de Lia, esposa de Jacó, e o ancestral que dá seu nome a uma das 12 tribos (Gn 30:12-13). Quando Lia acreditou que havia passado do tempo da gravidez, ela deu Zilpa a seu esposo Jacó como concubina. Aser foi o segundo filho nascido de Zilpa em Padã-Arã, onde Jacó trabalhava como pastor para Labão, seu sogro. Aser é sempre mencionado depois de seu irmão Gade nas listas dos descendentes de Jacó (Gn 35:26; 46:17; Êx 1:4; 1Cr 2:2).

3. Fértil território tribal localizado nas montanhas ocidentais da Galileia, com as tribos de Naftali, ao leste e Zebulom, ao sudeste (Gn 49:20; Dt 33:24; Js 19:24-31). Porque a porção ocidental de Aser formava divisa com a Fenícia, ela manteve íntimo contato com estado costeiro de Tiro. Durante a conquista, a tribo falhou em expulsar os cananeus, vivendo, assim, pacificamente entre eles (Jz 1:31). Aser foi criticada no Cântico de Débora por não participar na batalha contra Jabim, o rei canaanita de Hazor (Jz 5:17). Mais tarde, Aser respondeu ao chamado de Gideão para lutar contra os midianitas na Planície de Jezreel (Jz 6:35; 7:23). Registra-se que a tribo dava suporte ao reinado de Isbosete seguindo a morte de Saul (2Sm 2:9 lê "asuritas").

Aser tornou-se um dos doze distritos administrativos de Salomão (1Rs 4:16). A porção norte de Aser, a "terra de Cabul", foi posteriormente cedida por Salomão a Hirão, rei de Tiro, como pagamento pela madeira e pelo ouro usados na construção do templo de Jerusalém (1Rs 9:10-14). Os habitantes de Aser são listados como respondendo ao convite de Ezequias para a celebração da Páscoa em Jerusalém (2Cr 30:11).

O Novo Testamento lista Ana, como membro da tribo de Aser (Lc 2:36). Em Apocalipse 7:6, Aser está entre aquelas tribos que foram seladas.

Bibliografia. Y. Aharoni, *The Land of the Bible*, 2. ed. (Philadelphia, 1979), 257-58; N. Na´aman, *Borders and Districts in Biblical Historiography* (Jerusalém, 1986), 40-62. [KENNETH ATKINSON]

ASERÁ (heb. *'ăšērâ*) O nome hebraico de uma deusa amorita e canaanita, bem como o objeto de culto dedicado a ela. Uma distinção completa entre a deidade e os postes sagrados erigidos em sua honra nem sempre é possível no Antigo Testamento (cf. Jz 3:7).

Aserá pode ser a mesma que Asratum, a companheira de Amurru, uma das principais divindades mencionadas na primitiva lista de deuses babilônicos; nas Cartas de Amarna seu nome aparece no nome pessoal Abdi-asirta ("Servo de Aserá"). Os textos de rãs Shamra a descrevem (Ugar. *'aṯrt*) como a esposa do deus supremo El (algumas vezes chamado Elat, "deusa") e como a mãe de 70 crianças, incluindo Baal (talvez também um companheiro); ela é também chamada "Senhora Aserá do mar". No ciclo de Baal, ela intercede para que El dê um palácio a Baal. Aserá era deusa-mãe, que deve ser distinguida de Astarte, a deusa canaanita da fertilidade. Centros de culto estavam localizados por todo o Antigo Oriente Próximo, particularmente na Fenícia. Foram identificadas manifestações de culto a Aserá em textos egípcios, hititas, filisteus e árabes.

O hebraico *'ăšērâ* não se refere somente à deusa, mas também aos postes consagrados, que também eram chamados Aserá (p. ex., Dt 16:21; Jz 6:25, 28) ou aserins (p. ex., Êx 34:13; Dt 7:5; 12:3), os quais representavam a deidade. Inicialmente, eles podem ter sido árvores vivas (cf. Dt 16:21; possivelmente um bosque sagrado), mas no posterior eles eram postes de madeira, talvez estilizados para representar uma árvore (cf. 2Rs 17:10). Esses postes também podem ter sido imagens esculpidas da deusa. Restos do que se crê serem de tais postes, incluindo aqueles descobertos entre os achados da Era do Bronze em Siquém, consistem principalmente de buracos, nos quais a madeira podre tinha deixado uma mancha colorida de modo diferente.

O culto que Israel prestava a Aserá é atestado em santuários durante o período dos juízes (Jz 3:7-8). Tanto Jeroboão I de Israel (1Rs 14:15) como Roboão de Judá (v. 23), filhos e sucessores de Salomão, promoveram a adoração de Aserá em seus respectivos reinos. Quando o rei Acabe casou-se com a princesa fenícia, Jezabel, a adoração a Aserá foi fortemente promovida no reino do norte, juntamente a adoração a Baal. O profeta Elias contou por volta de quatrocentos de seus profetas (e 450 de Baal), comendo à mesa de Jezabel (sem dúvida, sustentados pela rainha; 1Rs 18:19). A devoção de Israel a Aserá é citada como uma das causas para sua deportação a Assíria (2Rs 17:10, 16).

A devoção ao culto de Aserá era proibida (Êx 34:13-14; Dt 7:5), e foram feitas várias tentativas para erradicar essa prática (p. ex., Gideão, Jz 6:25-30). Maacá, a rainha-mãe, tinha posto uma "imagem" de Aserá em Judá, que foi destruída por seu neto, Asa, no ribeiro de Cedrom (1Rs 15:13; cf. 2Cr 15:16). O rei Josias de Judá queimou os "vasos" e as "cortinas" tecidas de Aserá (2Rs 23:4, 7; 2Cr 33:3, 19); reformas anteriores foram realizadas por Jeosafá (2Cr 19:3) e Ezequias (2Rs 18:4). Julgamentos proféticos incluem referências à contínua devoção aos "postes sagrados" (Is 27:9; Jr 17:1ss; Mq 5:14).

Inscrições encontradas em Kuntillet ʿAjrud e Khirbet el-Qom mencionam "Yahweh e seu *ʾăšērâ*". Muitos estudiosos interpretam isso como indicação de que a deusa Aserá era a cônjuge de Yahweh (da ordem de Baal e Aserá), mas o termo indica provavelmente o símbolo de culto ou, menos provável, a capela.

Bibliografia. T. Binger, *Asherah: Goddesses in Ugarit, Israel and the Old Testament*. JSOTSup 212 (Sheffield, 1994); J. Day, "Asherah in the Hebrew Bible and Northwest Semitic Literature", *JBL* 105 (1986): 385-408; B. Margalit, "The Meaning and Significance of Asherah", *VT* 40 (1990): 264-97; Z. Meshel, "Did Yahweh Have a Consort? *BARev* 5 (1979): 24-35; S.A. Wiggins, *A Reassessment of ʿAsherahʿ*. AOAT 235 (Neukirchen-Vluyn, 1993); N. Wyatt, "Asherah", *DDD*, 99-105. [ALLEN C. MYERS]

ASHUR *Ver* ASSUR.

ÁSIA (gr. *Asía*) A designação tanto do continente quanto da província romana da Ásia. Os gregos antigos usaram o termo para as terras que faziam fronteira com a parte oriental do mar Mediterrâneo. A região estendia-se no norte até o rio Tanais e até o mar de Azov, acima do mar Negro; no oeste até o mar Egeu; no sul até partes da África e no leste até o Oceano Índico. Os gregos consideravam a Ásia Menor como península da Ásia, que projetava-se em direção ao Mediterrâneo. Com a morte, em 133 a.C., de Átalo III, o último rei de Pérgamo, muito da Ásia Menor foi legada aos romanos, que fizeram dela uma província em 129. A província sofreu sob líderes inescrupulosos e gananciosos e juntou-se, finalmente, com Mitrídates VI, o rei de Ponto, numa revolta contra os romanos (88-84), que terminou em sua derrota por Sulla e na reorganização da província.

No Novo Testamento, a província da Ásia é principalmente mencionada como região da atividade missionária de Paulo (At 13:1-16:10; 19:1-41). Paulo escrevia cartas a Colossos e Éfeso (a cidade-capital onde ministrou por dois anos, At 19:10). Crentes da Ásia são mencionados nas cartas (1Co 16:19; 2Co 1:8; 2Tm 1:15; 1Pe 1:1). A menção mais notável da Ásia no Novo Testamento ocorre nas cartas de João às sete igrejas da Ásia (Éfeso, Esmirna, Pérgamo, Tiatira, Sardes, Filadélfia e Laodiceia, listadas na ordem em que alguém as visitaria durante uma viagem), as quais representam simbolicamente todas as igrejas na Ásia Menor (Ap 1:4-3:22). [RICHARD A. SPENCER]

ÁSIA MENOR Termo usado para descrever uma península anatoliana, cuja fronteira se dava com o mar Negro, ao norte, o mar Egeu, a oeste, e o mar Mediterrâneo, ao sul. Essa região de cerca de 518,000 km² — três vezes o tamanho do Texas — hoje constitui dois terços do ocidente da Turquia Asiática. A parte central da península consiste de um planalto alto e árido (c. 1219 m acima do nível do mar) rodeado por montanhas, mais notavelmente as montanhas do Pontic, ao norte, e as Montanhas Taurus, ao longo da costa do Mediterrâneo.

Durante o período do Antigo Testamento, a localização estratégica da Ásia Menor como ponte entre a Mesopotâmia e a Europa criou as circunstâncias que permitiram o florescimento da cultura hitita. Entretanto, essa posição estratégica também fez dela o campo de batalha entre culturas conflitantes, o que é visto na Guerra de Troia, na Guerra Persa, e nos conflitos entre os sucessores de Alexandre.

A principal importância bíblica da Ásia Menor, entretanto, está em seu papel admirável na difusão do cristianismo no Novo Testamento. O apóstolo Paulo nasceu em Tarso, a sudoeste da Ásia Menor, e muito de seu trabalho evangelístico concentrou-se na península. Na terceira viagem missionária de Paulo, ele investiu três anos em Éfeso, fazendo dela o centro de toda a sua missão. Timóteo também trabalhou com a igreja de Éfeso (1Tm 1:3), durante a prisão de Paulo em Roma, e João pode ter vivido lá depois da destruição de Jerusalém. A Ásia Menor continuou a ser a arena dominante para o labor cristão, depois do período apostólico, cuja prova disso são os quatro concílios ecumênicos feitos em Niceia (I e II), Éfeso e Calcedônia.

Bibliografia. E. Akurgal, *Ancient Civilizations and Ruins of Turkey*, 8º ed. (Istanbul, 1993); E.C. Blake e A.G. Edmonds, *Biblical Sites in Turkey*, 4º ed. (Istanbul, 1990). [JESSE CURTIS POPE]

ASIARCAS (gr. *asiárchēs*) Título dado a cidadãos proeminentes da Ásia (gr. *koinón Asías*), que se encontravam regularmente em Éfeso, a capital da província romana da Ásia Menor. Ocupando o ofício de modo permanente, os asiarcas eram frequentemente das principais famílias das principais cidades. Eles eram habitualmente benfeitores das celebrações públicas da cidade e participavam no governo da cidade e da província, bem como do culto aos imperadores. Os asiarcas também podem ter tido cargos no templo, agindo como líderes na adoração das deidades locais. Alguns dos asiarcas são descritos como amigos de Paulo, os quais procuraram defendê-lo de uma revolta da multidão (At 19:31). [JOSEPH CORAY]

ASIEL (heb. *'ăśî'ēl*; gr. *Asiēl*) **1.** O pai de Seraías e bisavô de Jeú. Ele foi um dos chefes dos simeonitas que buscaram terra em Gedor (1Cr 4:35).

2. Ancestral de Tobias, de tribo de Naftali (Tob 1.1).

3. Escriba que copiou os livros ditados por Esdras (2Ed 14.24).

ASIMA (heb. *'ăšîmā'*) Deidade trazida por colonizadores arameus de Hamate para Samaria (2Rs 17:30). Ele é mencionado em uma inscrição de Teima. Um relacionamento com o fenício Esmun e o elefantino Esem-bethel, ou ainda com o hebraico *'āšām* ("culpado") é improvável, embora Amós 8:14 possa conter um trocadilho com esse nome (*'ašmat šōmĕrôn*, "a vergonha de Samaria"). Uma conexão com o antigo deus semítico chamado deus-gado *Itm* (identificado em Ugarite com o Mesopotâmico Sumuqan) é possível. [MEINDERT DIJKSTRA]

ASÍNCRITO (gr. *Asýnkritos*) Cristão romano, a quem Paulo envia suas saudações (Rm 16:14).

ASMODEUS (gr. *Asmodaíos*) Demônio no livro de Tobias que mata o marido de Sara em sua noite de núpcias. De acordo com uma revisão grega do livro de Tobias, Asmodeus é motivado pelo ciúme (4QToba 6.15, "porque ele a amava"), mas ele também pôde ter agido simplesmente sem malícia. No Testamento de Salomão (sécs. I-III a.C.), Asmodeus diz: "eu sempre maquino intrigas contra recém-casados; Eu arruíno a beleza das virgens e faço com que seus corações fiquem frios" (T. Sol. 5.7). Seguindo as instruções do anjo Rafael, Tobias faz com que Asmodeus fuja para o Egito, onde ele é preso por Rafael.

Pensou-se que uma derivação do nome Asmodeus do nome persa Asehma Daeva, o demônio da violência e ira, estava praticamente correta. Entretanto, faltam ao Asmodeu do livro de Tobias as proporções cósmicas de Aeshma. Além disso, a evidência filológica é ambígua, e uma derivação alternativa do hebraico *šmd*, "destruir", tem encontrado favor crescente. Mas mesmo que o nome não seja persa, Asmodeus foi provavelmente considerado como um demônio "local", ativo na Pérsia e na Mesopotâmia (cf. T. Sol. 5.10). [WILL SOLL]

ASMONEUS (gr. *Asamōnaios*) Importante família sacerdotal — porém não arônica- de Modin. Os asmoneus começaram uma revolta em 167 a.C. contra o seu dominador, Antíoco IV Epifânio, o rei selêucida da Síria, e contra as facções de judeus helenizados em Judá e em Jerusalém. O último grupo incluía membros das ordens do sumo sacerdócio e da aristocracia que apoiavam e eram apoiadas pelos selêucidas.

Não é claro se a perseguição religiosa aos judeus não helenizados resultou da rebelião ou se foi a sua causa. A perseguição consistiu na interdição da guarda do sábado, da observância de dias de festa e da circuncisão. Também consistiu na profanação do templo e dos sacerdotes, e no oferecimento de sacrifícios a deuses gregos ou pagãos no altar do templo em Jerusalém, bem como em outros lugares em Judá e em Jerusalém (Dn 11:31-33; 12:11; 1Mac 1.1-64; 2Mac 6.1-6). Embora os rebeldes encarassem isso como tentativa de suprimir o judaísmo (1Mac 1-2; 2Mac 5.11-7.42), era tanto uma ação sociopolítica para apoiar as facções pró-Síria, como uma repressão religiosa em relação aos que eram pró-Egito e/ou contrário à Síria.

Matatias matou um oficial de Epifânio e o primeiro judeu a sacrificar no altar pagão de Modin. Então ele e seus filhos — João "Gadi", Simão "Tasi", Judas "Macabeu", Eleasar "Auarã" e Jônatas "Afus" — fugiram para a região montanhosa, onde um grupo de judeus que crescia cada vez mais se juntou a eles em sua rebelião. Alguns desses judeus eram hassidim (1Mac 2.42-44; 7.13-14; 2Mac 14.6).

Quando Matatias morreu, a liderança passou para Judas, chamado Macabeu ("o martelo"), de onde se derivou o nome popular para a família. Embora os asmoneus logo se tornassem suficientemente fortes para lutar mais convencionalmente e derrotar os exércitos sírios, eles realmente venceram porque Epifânio estava lutando com os partas ao mesmo tempo.

Segundo se alega, algum tipo de paz foi declarada (165), permitindo a entrada de Judas em Jerusalém, embora seja mais provável que, após o que pareceu uma vitória miraculosa (1Mac 4), ele realmente recapturou a cidade. Ele não teve acesso a Acra, uma fortaleza síria, embora tentasse tomá-la quando Epifânio morreu, em 164/3. No seu retorno a Jerusalém, Judas instituiu uma celebração de oito dias como parte da rededicação do templo de Jerusalém, em 164 a.C. (1Mac 4.52-59), posteriormente celebrada como Chanucá (4.59; Jo 10:22).

No entanto, Judas não conseguiu a independência. Mesmo após a morte de Epifânio, Judas continuou a luta contra seu sucessor, Antíoco V Eupátor. Apesar de Judas obter grande vitória sobre as forças selêucidas lideradas por Nicanor, em Bete-Horom, em 161, suas tropas foram derrotadas e ele morreu mais tarde, em outra batalha em 161/160. Nessa época, os judeus helenizados novamente assumiram a supremacia em Judá e Jerusalém.

O sucessor de Judas, Jônatas, então se aliou a Alexandre Balas contra Demétrio, cada um dos quais, tendo mais ou menos apoio explícito de diferentes facções em Roma, competia pelo trono selêucida. Balas, primeiramente, nomeou Jônatas sumo sacerdote (153). Após a morte de Demétrio, Balas também o nomeou governador da Judeia (150). O sucesso de Jônatas não durou muito tempo. Ele foi capturado e finalmente assassinado pelo general sírio Diodoto Tryphon, em 143 ou 142.

Então Simão assumiu a liderança, expandindo mais o Estado. Em 141, ele tomou Acra, em Jerusalém. No ano seguinte, tornou-se sumo sacerdote dos judeus em Judá e Jerusalém, embora não fosse de uma ordem sumo sacerdotal. Também se tornou comandante em chefe e etnarca dos judeus (1Mac 14.41-43), confirmado pelo rei selêucida. Sob o governo de Simão, o Estado tornou-se autônomo e livre de tributação (Josefo, *BJ* 1.53; *Ant* 13.211). Isso não significa que se tornou independente da hegemonia síria, como muitos creem, pois autonomia e independência não eram legalmente a mesma coisa no mundo helenista ou romano.

Em 134, Simão e dois de seus filhos, Judas e Matatias, foram assassinados pelo genro de Simão, Ptolomeu (1Mac 16.11-17). Quando a pretensão de Ptolomeu pelo poder falhou, o filho restante de Simão, João Hircano, tomou o poder. Após ser confirmado como sumo sacerdote, Hircano governou Judá e Jerusalém de 134 até 104. Ele estendeu as fronteiras desse Estado, tornando-o o maior desde Salomão. Ele mudou os "partidos" teopolíticos, concedendo precedência aos saduceus, embora presumivelmente os fariseus tivessem o apoio das massas.

Após a morte de Hircano, em 104, seu filho, Aristóbulo, tornou-se o primeiro asmoneu a usar o título de "rei". Ele governou um ano, durante o qual ampliou o reino. Após sua morte, em 103, sua viúva, Alexandra, casou com um de seus irmãos, Alexandre Janeu, que governou de 103 até 76.

Janeu entrou em guerras estrangeiras, estendendo o reino consideravelmente. Ele também lidou com conflitos internos, de base religiosa, apoiando os saduceus, como fizera seu pai. Em seu leito de morte, aconselhou Alexandra a fazer as pazes com os fariseus para assegurar que ela governasse. Quando Alexandra se tornou a governante (76) com o apoio dos fariseus, ela tornou seu filho, Hircano II, sumo sacerdote. Entretanto, isso não assegurou sua sucessão.

Quando Alexandra morreu (66), seus filhos Aristóbulo II e Hircano II envolveram-se numa guerra civil. Pompeio, o grande, foi convidado a intervir, e ele o fez em 64, primeiro enviando seu general, Scaurus. Um ano mais tarde, o próprio Pompeio veio, capturou Jerusalém e instalou Hircano como sumo sacerdote e etnarca — mas não rei — do Estado cujo território ele havia então submetido. Levou Aristóbulo consigo para Roma, onde teve que marchar com Pompeu em sua parada triunfal.

À luz da política externa romana, Pompeu — cuja atribuição sob a lei proposta por Aulo Gabínio era pacificar o mundo mediterrâneo e a quem fora dado poder ilimitado sob a lei de Gaio Manílio — não agiu precipitadamente ou seu observar o direito. A hegemonia de Roma sobre os asmoneus tinha sido estabelecida como tipo de protetorado, de acordo com a lei romana, quando Roma concedeu a Judas e seus seguidores amicitia ("amizade" ou acordo diplomático) em 161. Mais tarde, quando a amicitia foi alterada para um tratado de suserania (societas et amicitia, "aliança e amizade"), sendo este renovado cada vez que um asmoneu ascendia ao poder — exceto no caso de Aristóbulo e Alexandre Janeu — o "reino dependente" ficou submetido sob a mão de ferro do governo romano.

Hircano governou como preposto de Roma de 63 a 40. Após sua morte (40), Antígono II, com o apoio dos partas (inimigos de Roma), tornou-se o último governante da família dos asmoneus. Ele governou por três anos (40-37). Em 37, Roma colocou outro rei preposto no trono de Judá e Jerusalém, Herodes, que tinha laços com os asmoneus por meio de casamento.

Bibliografia. E. Bickerman, *From Ezra to the Last os the Maccabees* (New York, 1962); S. R. Mandell, "Did the Maccabees Believe That They Had a Valid Treaty with Rome?" *CBQ* 53 (1991): 202-20; "The Beginnings of Roman Hegemony over Judah and Jerusalem", *Approaches to Ancient Judaism* n.s. 3 (Atlanta, 1991): 3-83; M. Rostovtzeff, *The Social and Economic History of the Hellenistic World*, 3 vols. (Oxford, 1941). [SARA R. MANDELL]

ASNÁ (heb. *'ašnâ*) **I. (LUGAR) 1.** Cidade que ficava em Sefelá (planícies) de Judá, mencionada em conexão com Estaol e Zorá (Js 15:33). A moderna vila de Aslin, a leste de Azekah, e o Ribeiro Khirbet Allin, a sudeste de Bete-Shemesh, são localizações possíveis.

2. Cidade em Sefelá de Judá, mais ao sul do que a 1 mencionada acima (Js 15:43). O lugar pode ser a moderna Idna, a 10 km a leste de Laquis.

II. (PESSOA) (heb. *'asnâ*) O cabeça de uma família que servia no templo e que voltava do exílio com Zorobabel (Ed 2:50).

ASNO Animal do gênero *Equus*, que inclui o asno selvagem (*Equus africanus, asinus, hemionus*) e seus descendentes de jumentos domesticados. O termo hebraico mais frequente para "asno" é *ḥămôr*, que se refere ao animal macho domesticado e que se relaciona com uma raiz semítica que significa avermelhado (embora o asno seja frequentemente cinza ou branco, e não vermelho), tendo, também, possíveis conexões semíticas com a palavra teimosia. Outro termo comum é *'āṯôn*, que designa o asno ou a jumenta fêmea domesticada. Ocasionalmente, *'ayir* é usado com o significado de potro e asno jovem, com o sentido linguístico de "burro de carga". "Asno selvagem" vem mais frequentemente do hebraico *pere'*, mas o Antigo Testamento também menciona *'ārôḏ* e *'ărāḏ*, o burro (asno selvagem asiático). O termo neotestamentário é o grego *ónos* relacionado a *ónasthai* ("ser útil"). O grego *hypozýgion* (*hypó* + *zygós*) invoca a posição a posição do animal "sob" seu "jugo". O grego *onárion* refere-se particularmente a um asno jovem.

O asno era um animal de carga, que carregava suprimentos (Gn 44:13; Js 9:4) tais como alimento (Gn 42:26; 1Sm 16:20), riquezas (Is 30:6), cadáver (1Rs 13:29), e até mesmo uma carruagem (Is 21:7). O asno era usado como transporte (p. ex., Êx 4:20; 1Sm 25:20), frequentemente com uma sela (Gn 22:3; 1Rs 13:13). O asno era uma possessão valiosa (Êx 20:17; 21:33; Dt 22:3; cf. Gn 43:18; Nm 31:28-35; Js 7:24). Ele era um presente digno (Gn 12:16; 32:15), considerado uma bênção (24:35; Jó 1:3; 42:12), e usado como troca por comida (Gn 47:17). Desde que o asno é considerado impuro (Lv 11:3; Dt 14: 3-6; mas cf. 2Rs 6:25), seu primogênito devia ser redimido por meio da substituição (Êx 13:13; 34:20).

O asno aparece proeminentemente em algumas narrativas bíblicas. Na narrativa de Balaão (Nm 22:21-33), uma jumenta (*'āṯôn*) é antropomorfizada; ela fala e é uma heroína (por meio de sua teimosia proposital) ao salvar Balaão da ira de Deus, levando-o, consequentemente, de volta à fidelidade. O osso maxilar de um asno é usado para matar mil homens, na violência autoproterora de Sansão contra os filisteus (Jz 15:14-20). A busca de Saul pelos asnos perdidos de seu pai o leva até o "vidente" Samuel, que unge Saul como o próximo rei (1Sm 9:1-27). Em 1Reis 13:13-29, um leão e um asno permanecem juntos sobre o corpo de "um homem de Deus", que foi punido com a morte por participar em um ato de culto ilegítimo.

A profecia do Messias cavalgando um asno (Zc 9:9) é repetida no relato de Mateus da entrada de Jesus em Jerusalém (Mt 21:2, 5-6), que traz uma imagem estranha de Jesus sentado sobre um asno e sobre um potro. Existe algum significado para um rei messiânico cavalgar um asno, uma vez que o asno não era um animal usado na guerra, mas sim para o trabalho. Entretanto, o asno era notado como um sinal de prestígio (Jz 5:10; 2Sm 16:2) e riqueza (Gn 30:43; 32:5).

Finalmente, quando confrontado sobre trabalhar no sábado, Jesus alude ao cuidado de um asno ou ao seu livramento do perigo (Lc 13:15; 14:5).

Bibliografia. G. Savran, "Beastly Speech", *JSOT* 64 (1994): 33-55. [LISA MICHELLE WOLFE]

ASPATA (heb. *'aspāṯā'*) Um dos dez filhos de Hamã morto pelos judeus (Et 9:7).

ASPENAZ (heb. *'ašpĕnaz*) O chefe dos eunucos de Nabucodonosor, responsável pelo recrutamento de judeus notáveis entre os cativos para o serviço do rei (Dn 1:3-4).

ASQUELOM (heb. *'ašqĕlôn*) Amplo porto marítimo da antiga Palestina, uma das cidades da Filístia. O nome, possivelmente relacionado com o hebraico *šql*, "pesar", poderia se referir ao papel econômico da cidade ("Lugar dos Pesos"?).

Localizado na costa sul de Israel, Asquelom ocupava uma posição estratégica ao longo da rodovia litorânea, a Via Maris ("Caminho do Mar"). Um parque nacional fora da moderna Asquelom, 16 km ao norte de Gaza, 64 km ao sul de Tel Aviv, marca o lugar dessa cidade antiga. Povoado sucessivamente de cerca de no mínimo 3000 a.C. até 1270 d.C., pelo cananeus, filisteus, fenícios, judeus, gregos, romanos, cristãos bizantinos, muçulmanos, e por aqueles que faziam as cruzadas, Asquelom testemunhou e participou da exinição da história ocidental.

Na Bíblia, Asquelom é listada como uma das cinco principais cidades da Filístia, a pentápoles filisteia (Js 13:3; 1Sm 6:17). De acordo com Juízes 1:18, Judá tomou, mas não pôde dominar Asquelom. Em Asquelom, Sansão matou e tomou as vestes de trinta homens, para pagar uma aposta (Jz 14:12, 19). Em seu lamento por Jônatas e Saul, Davi se refere a Asquelom (2Sm 1:20). A maioria das referências bíblicas a Asquelom está em oráculos proféticos contra a Filístia (p. ex., Jr 25:20).

A era filisteia em Asquelom começou no início do século XII. Mais ou menos 600 anos depois, em 604, ela terminou quando o rei babilônico Nabucodonosor conquistou a cidade e levou sua elite para o exílio (Jr 47:5); 20 anos depois, um destino semelhante sobreveio a Jerusalém.

Por séculos, peregrinos, aventureiros, e arqueólogos visitaram, saquearam, e estudaram Asquelom, onde colunas romanas e plataformas Fatimid ainda permanecem. Entre os achados da escavação corrente, conduzida por Lawrence E. Stager, está uma pequena estátua em chapa de prata da panturrilha de um touro, datada do século XVI. Essa evidência física para o uso da iconografia bovina na religião canaanita lança luz sobre o pano de fundo de muitas passagens bíblicas que mencionam o uso das imagens de touro ou de bezerro (Êx 32; 1Rs 12:28; Os 8:5).

Ao longo de sua história, a posição de Asquelom como o principal porto da costa sul da Palestina deu para a cidade um caráter cosmopolitano e diverso. Asquelom era famosa na antiguidade por suas cebolas deliciosas; a palavra "cebolinha" vem do nome em latim dessa cidade.

Bibliografia. L.E. Stager, "Ashkelon", *NEAEHL* 1.103-12; *Ashkelon Discovered: From Canaanites and Philistines to Romans and Moslems* (Washington, 1991). [GREGORY MOBLEY]

ASQUENAZ (heb. *'aškĕnaz*) O mais velho dos três filhos de Gômer, o filho de Jafé (Gn 10:3; 1Cr 1:6). É também o nome de um reino (Jr 51:27). Muito provavelmente, ele era o reino Scythian (cf. Assur. *Is-ku-za*). Sua conexão com as invasões Cimmerian (Heródoto *Hist.* 4.11) testemunha de seu relacionamento com Gômer.

Aliando-se com o Mannai, os Scythianx rebelaram-se contra a Assíria (séc. VII a.C.), mas depois foram conquistados pelos medos e pelos persas. Em 538, forneceram contigentes de tropas para o ataque persa contra a Babilônia.

ASRIEL (heb. *'aśrî'ēl*) Descendente de Manassés (Nm 26:31; Js 17:2). De acordo com 1Crônicas 7:14, sua mãe foi uma concubina arameia.

ASSASSINOS Grupo revolucionário judeu (gr. *sikárioi*, do lat. *Sicarii*, "carregadores de adaga") que surgiram durante a procuradoria de Félix (52-60 d.C.; Josefo *Ant.* 18.23-25; 20.160-72; cf. *BJ* 2.261-63). Nomeados assim por causa de adagas curtas (lat. *sica*), que escondiam dentro de suas roupas, eles assassinavam seus inimigos em plena luz do dia, especialmente durante festivais, quando podiam escapar na multidão (*BJ* 2.252-60, 425-29; *Ant.* 20.185-88; cf. 20.204-10). Os assassinos promoveram liberdade e igualdade e eram contra governo humano de qualquer tipo (mesmo judaico). Seu relacionamento com os Zelotes é discutível. Paulo foi confundido com um líder egípcio de um grupo sicário (At 21:38). [DOUGLAS S. HUFFMAN]

ASSEMBLEIA *Ver* CONGREGAÇÃO.

ASSIR (heb. *'assîr*) **1.** Filho de Corá da tribo de Levi (Êx 6:24; 1Cr 6:22 [TM 7]).

2. Filho de Ebiasafe (1Cr 6:23 [8]) e neto de Corá (v. 37 [22]).

ASSÍRIA Designação política e geográfica para uma importante civilização mesopotâmica antiga. A extensão geográfica da entidade política variava devido à posição política da Assíria em algum período. Situada no que agora é chamado de norte do Iraque, a Assíria é comumente conhecida como a terra ao longo do "Tigre Médio".

A história primitiva da Assíria está ligada às configurações políticas da Babilônia, até o surgimento do Assur-Uballit I (que reinou de 1365-1330 a.C.). Os períodos da Assíria Média (1274-1077) e Neoassírio (911-612) são algumas vezes referidos como "impérios". Uma vez que diversos estudiosos usam diferentes critérios (língua, política, consideração histórica artística), nem todos concordam com as datas exatas dos períodos da Assíria Média e Neo.

As primeiras referências históricas a Assíria datam do período sargônico (2334-2193). Nesse tempo, a Assíria era uma série de cidades autônomas. Uma máscara de bronze do rei Sargão, da Acádia (que reinou de 2334-2279), descoberta no templo de Istar, em Nínive, testifica da presença sargônica na Assíria. Nínive está ligada a Manistusu (que reinou de 2269-2255), neto de Sargão, através de uma inscrição de Samsi-adad (que reinou de 1813-1781) alegando que ele restaurou um templo em Nínive, que fôra originalmente construído por Manistusu. Uma ponta de lança de cobre pertencendo a Manistusu descrê o governador de Assur como servo de Manistusu.

No período seguinte, o de Ur III, as várias cidades da Assíria foram tratadas diferentemente pela administração de Ur III. Por exemplo, em uma lápide de praga descoberta em Assur Zarriqum alega ter sido o governador de Assur e servo de Ur III o rei Amarsin (que reinou de 2046-2038). Embora Assur tenha sido um estado periférico governado por uma pessoa real nomeada, textos econômicos de Nínive mostram que ela foi um estado vassalo.

O período da Assíria Antiga é conhecido a partir de textos descobertos no lugar de Karum Kanesh (Kultepe), na Turquia, uma cidade habitada por uma colônia de mercadores da Assíria, que conduziram negócios na Anatólia. Os tabletes atestam comerciar em cobre (necessário para o bronze) e em tecidos.

Samsi-adad I é o governador mais famoso do período da Assíria Antiga. Ele foi um dos amoritas falantes de semítico, que entraram na Mesopotâmia, dominando a situação política na primeira metade do segundo milênio. Ele capturou a cidade de Ekallatum e, então, tomou o controle de Assur. Samsi-adad I alega ter descendido dos nômades, mas descreve a si mesmo como um governante legítimo de Assur, realizando construções naquela cidade. Mais informação sobre ele vem de um arquivo em Mari, no qual Samsi-adad I estabeleceu seu filho, Yasmah-adad, no trono. Muitas das correspondências entre o pai e o filho foram desenterradas. O reinado de Samsi-adad I foi de relativa estabilidade e prosperidade. Na sua morte, Hamurabi, da Babilônia, consquistou a maior parte das áreas previamente conquistadas por Samsi-adad.

A unidade entre as cidades-estados da Assíria desmoronou, e o período seguinte é frequentemente chamado de uma "era nebulosa" na Assíria, por causa da insuficiência da evidência. A Lista do rei assírio só fornece nomes de governantes de Assur. Muitas das cidades que compunham a "Assíria" caíram sob o controle do reino Mitanni.

Assur-uballit I (que reinou de 1363-1328) marca o surgimento do poder da entidade política da Assíria. Ele foi o primeiro a chamar a si próprio "rei da Assíria". Assur-uballit I se dirige ao rei egípcio como iguais em duas cartas de Amarna, indicando sua posição como personagem importante no cenário internacional. Sua filha foi casada com o rei da Babilônia, e seu neto finalmente herdou o trono daquele reino. Quando o neto foi morto durante uma rebelião, Assur-uballit I depôs o usurpador e colocou o seu próprio escolhido no trono.

Os três reis seguintes mantiveram a posição da Assíria como poder internacional. Durantes os reinados de Enlil-nirari, Arik-den-ilu, e Adad-ninri as fronteiras da Assíria se expandiram, embora eles tenham perdido o controle sobre a Babilônia. A expansão trouxe prosperidade para a Assíria, assentando o fundamento para o Império da Assíria Média. Salmaneser I (reinou de 1274-1245) continuou a campanha, e alega ter derrotado os hititas, arameus, e o exército Mitanni.

Tukulti-ninurta I (reinou de 1244-1208) continuou a lutar com os hititas, e foi o primeiro a realizar deportações em massa. Ele veio ao conflito com a Babilônia, saqueou a cidade, derrubou os muros, e trouxe a estátua de seu deus, Marduque, para a Assíria. Por esse feito, ele foi o único assírio que teve um épico histórico composto em sua honra. Entretanto, em outros círculos, a destruição da Babilônia foi considerada uma ofensa aos deuses, e Tukulti-ninurta I foi assassinado em seu palácio na nova cidade, que ele fundou ao lado do rio de Assur.

Seguindo-se ao assassinato de Tukulti-ninurta I, a Assíria entrou em declínio (1132-1076) coicindindo com os movimentos e destruições que punham um fim à Era do Bronze, no mediterrâneo Oriental, e também com da Babilônia Kassite. A Assíria não sofreu tão severamente quanto as áreas circunvizinhas, assim, sob Assur-res-isi I (que reinou de 113-1116), Assíria tonou-se novamente poderosa. Assur-res-isi I restarou a paz e a prosperidade à região, recapturando e fortalecendo fronteiras e também reconstruindo fortalezas. Com o reino seguro, Tiglate-Pileser I (que reinou de 1114-1076) expandiu a Assíria. O conflito com a Babilônia não resultou em muito ganho, mas o sucesso de Tiglate-Pileser I na batalha contra o Mushku e os arameus trouxe prosperidade para a Assíria, introduzindo um período de bem-estar. Como resultado, houve operações importantes de construções em muitas cidades assírias. Dois conjuntos de leis foram compilados nesse período, uma coleção de éditos de palácio de vários reis e outra coleção de leis preocupada com a posição (que era particularmente pobre nesse tempo) das mulheres na Assíria.

Seguindo-se à morte de Tiglate-Pileser I, a Assíria entrou em um período de declínio, provavelmente como resultado de uma administração inadequada sobre as terras recentemente conquistadas. Assur-dan II (que reinou de 934-912) restaurou a estabilidade interna da Assíria e foi o primeiro a fazer campanha em país estrangeiro desde Tiglate-Pileser I. Adad-nirari II (que reinou de 911-891) continuou o trabalho de seu pai, conduzindo até maiores e extensas campanhas militares. Os arameus eram a sua preocupação principal e, depois de uma campanha continuada Adad-nirari pôde, finalmente, empreender uma ofensiva "amostra de poder" excedida por seu filho e sucessor Tukulti-ninurta II (que reinou de 890-884).Ele foi também o primeiro a estabelecer armazéns de conservação, que foi o início do sistema provincial da Assíria.

Assurnasirpal II (que reinou de 883-859), o filho de Tukulti-ninurta I, foi um dos reis assírios mais famosos. Ele continuou a fazer campanhas, mas em uma escola maior do que a de seus predecessores. Ele foi o primeiro a entrar em contato com as cidades arameias e fenícias do oeste e a alegar ter chegado ao Mediterrâneo. Assurnasirpal II estabeleceu tributo regular para os territórios conquistados. Sua maior riqueza foi usada para construir uma nova cidade chamada Calah (Nimrud), que serviu como capital da Assíria para o próximo reinado. Os relevos dos palácios descrevem campanhas e outras façanhas e tonaram-se marca do período Neoassírio. Assurnasirpal II usou terminologia ensanguentada, aparentemente revelando cruelmente, para descrever seus feitos.

Salmaneser III (que reinou de 858-824) herdou o trono e continuou a reinar de Calah. Ele fez campanhas anuais por 31 anos, continuando a expandir as fronteiras da Assíria. No oeste, ele encontrou coalizões de cidades-estados incluindo Hadadezer, de Damasco, e Acabe, de Israel, culminado na batalha de Carcar. Posteriormente em seu reino, "Jeú, filho de Omri", que suplantou a dinastia de Omri em Israel, pagou tributo, uma cena descrita no famoso obelisco Negro de Salmaneser III. Ele também ajudou o rei da Babilônia, Marduk-zakir-sumi, ao recuparar o trono de seu irmão Marduk-bel-usate. O turtanu (segundo no comando) de Salmaneser III conduziu as últimas cinco campanhas militares em seu reinado. Possivelmente, como resultado da redistribuição do poder, um dos filhos de Salmaneser conduziu uma rebelião com a ajuda de cidades tais como Assure e Nínive. Salmaneser III morreu durante aquela rebelião. Seu filho Samsi-adad V (que reinou de 823-811) planejou obter o trono, mas a Assíria entrava, naquele momento, em um período de declínio, enquanto seu vizinho e inimigo Urartu ganhava ascendência.

Adad-nirari III (que reinou de 810-783) herdou um reino enfraquecido. Ele fez campanhas, primariamente, contra a Babilônia com sucesso não muito importante. Mais conhecida é a mãe de Adad-nirari III, Sammuramat, conhecida em tradições posteriores como Semiramis. Ela pode ter exercido um papel importante no reinado de seu filho, uma vez que ele era jovem quando ele ascendeu ao trono; isso levou à sua posição legendária em escritos dentre os arameus, gregos e persas. O rei seguinte, Salmaneser IV (que reinou de 782-773), era tão fraco que seu *turtanu*, Samsi-ilu, reivindicou vitórias sobre Urartu sem mencionar o nome do rei. Assur-dan III (que reinou de 772-755) e Assur-nirari V (que reinou de 754-745) fizeram muito pouco, ao passo que Urartu prosperava.

Tiglate-Pileser III (que reinou de 747-727), provavelmente o irmão mais novo de Adad-nirari III e não designado para herdar o trono, foi o arquiteto do último grande estágio do domínio assírio. Ele primeiramente perseguiu Urartu fora do território assírio e, então, invadiu a própria Urartu. Depois de sua derrota em Arpade, muitos dos estados do sul e do oeste trouxeram tributo e submissão voluntários. Tiglate-Pileser III conduziu seu exército pela Síria e Fenícia para o sul da Palestina, capturando, finalmente, Gaza, onde criou um centro comercial. Depois de problemas prolongados com a Babilônia, ele próprio tomou o trono da Babilônia, usando o nome Pulu (o bíblico Pul, 2Rs 15:19-20). Ele reorganizou e melhorou o exército e a administração provincial, usando deportações em massa como uma política padrão.

Pouco se sabe sobre Salmaneser V (que reinou de 726-722) senão que ele cercou Samaria, depois da revolta do rei Oseias de Israel. Sargão II (que reinou de 721-705) provavelmente usurpou o trono e iniciou a linhagem sargônica que incluía o resto dos reis assírios. Ele alegou a captura, destruição e deportação dos cidadãos de Samaria. Seu reino começou com rebeliões que ele tinha de dominar em casa e, somente então, ele poderia se voltar para o problema em Samaria. Sargão continuou em Gaza, onde derrotou um exército egípcio e subjulgou a Filístia. Sargão construiu uma nova capital a nordeste de Nínive, em Khorsabad, chamada Dur-sarrukin ("a fortaleza de Sargão"), que foi abandonada tão logo foi habitada.

Senaqueribe (704-681) foi levantado na "casa da sucessão" e, assim, foi preparado para seguir seu pai Sargão II. A maior parte de seu tempo esteve comprometido com revoltas no oeste da Babilônia. Seus anais registram suas campanhas para lutar com as cidades rebeldes de Sidon, Ashkelon, e Judá, bem como os habitantes de Ecrom, que foram tão longe quanto entregar seu rei Padi para Ezequias de Jerusalém. A destruição de Senaqueribe de Laquis é descrita num relevo de um muro, que decorava seu palácio. Embora ele tenha travado uma guerra nessa área, Senaqueribe nunca capturou Jerusalém. No final dessa campanha, Senaqueribe planejou, mas nunca executou uma invasão do Egito. Ele construiu um novo palácio em Nínive, revigorando a antiga cidade. A Babilônia se rebelou repetidamente, levando, finalmente, Senaqueribe a destruir a Babilônia. Ele foi, posteriormente, assassinado por seus filhos.

Esar-Hadom (que reinou de 680-669) veio ao trono em meio à violência do assassinato de seu pai. O início desagradável afetou grandemente Esar-Hadom, que era o contrário da política babilônica de seu pai e buscava apaziguamento, o qual se dava em grande medida através da companha de reconstrução. A despeito da aparência de que ele estava constantemente doente e com medo dos deuses, Esar-Hadom conquistou tão longe quanto a capital de Mênfis, no Egito. Foi numa campanha para suprimir uma rebelião no Egito que ele morreu. Sua mãe, Naqi´a, exerceu mais autoridade que qualquer outra mulher antes dela, às vezes escrevendo inscrições reais e também construindo um palácio em Nínive. Seu poder continuou no reinado de seu neto Assurbanípal.

Por causa das dificuldades, Esar-Hadom resistiu o trono e tomou medidas em sua vida para assegurar uma transição tranquila. Ele colocou seu filho, Assurbanípal (que reinou de 668-627), no trono da Assíria e seu filho, Samas-sum-ukin, no trono da Babilônia, e fez todos os vassalos do império jurarem lealdade para com ambos. A transição se deu de maneira tranquila. Assurbanípal reuniu 22 reis e iniciou sua invasão do Egito. Tão longe da Assíria, Assurbanípal teve de nomear egípcios para governar em seu lugar. Rebeliões posteriores exigiram sua volta, tempo no qual Assurbanípal destruiu

Thebes. Quando o Egito se revoltou pela terceira vez, Assurbanípal estava tão ocupado com problemas em Elam que ele não pôde recuperar o Egito. Depois de dezessete anos, o irmão de Assurbanípal, Samas-sum-ukin, cansou de sua posição secundária na Babilônia e revoltou-se. Assurbanípal respondeu ao marchar contra seu irmão. Depois de três anos de batalha contínua, Samas-sum-ukin colocou fogo no seu palácio e morreu nas chamas. Assurbanípal, então, tomou o trono da Babilônia usando o nome Kandalanu.

Não há registro dos últimos doze anos do reinado de Assurbanípal. Parece que disputas civis e militares levaram a Assíria a um nível de fraqueza, do qual ela nunca se recuperou. Uma luta pelo trono, seguida à morte de Assurbanípal, enfraqueceu a Assíria, de modo que em 614 a cidade de Assur foi destruída pelos medos. Em 612, Nínive, Nimrud, e Assur estavam todas em ruínas. Uma força pequena resistiu em Harã até 609, quando o "Império" Neobabilônico anexou todas as terras que previamente estavam sob o controle da Neoassíria.

Bibliografia. A.L. Oppenheim, *Ancient Mesopotamia*, 2. ed. (Chicago, 1977); G. Roux, *Ancient Iraq*, 3. ed. (Baltimore, 1992); H.W.F. Saggs, *The Might That Was Assyria* (1984; repr. Nova York, 1991). [TAMMI J. SCHNEIDER]

ASSOCIAÇÕES VOLUNTÁRIAS Grupo de homens e/ou mulheres, organizados com base na escolha livre das pessoas para se tornarem membros, tendo um propósito comum. Na antiguidade, tais associações eram populares desde o século V a.C. até o final do Império Romano, apesar de várias tentativas para eliminá-las. Milhares de associações são atestadas através de inscrições e, no caso do Egito, através de papiros. Essas inscrições registram frequentemente a lista dos membros da associação, os decretos, os estatutos, ocasionalmente podiam registrar também o fundador do grupo. Esses grupos eram relativamente pequenos, com membresia que variava entre dez e cem. Entre os próprios membros, não é incomum achar cidadãos e não cidadãos, senhores e servos, homens e mulheres, ricos e pobres, todos se ajuntavam em uma única associação (cf. Gl 3:28).

Três amplas categorias de associações podem ser distinguidas. Associações funerárias garantiam enterro próprio em troca de taxas de matrícula e/ou mensalidades regulares. Associações religiosas concentravam-se no culto de uma deidade ou deidades particulares por meio de atos de culto e dias especiais de festivais. Associações profissionais eram formadas por comerciantes e artesãos, que viviam em um local privado. Não há consistência na terminologia das associações, e muitos títulos eram usados incluindo *thíasoi, collegia, ekklēsía, synagōgē*, e *koiná*. Quase todas as associações adoravam uma ou mais deidades padroeiras e realizavam atos de culto, e muitas se reuniam para ocasiões especiais como banquetes ou festas de bebidas. Tais eventos sociais e religiosos eram financiados pelos patrões humanos, que recebiam várias honras em troca de seu favor.

A organização interna de uma associação incluía a indicação de vários oficiais e funcionários. Geralmente, isso dobrava a estrutura civil. Entretanto, há pouca consistência, entre os vários grupos, quanto à terminologia usada para esses oficiais.

Associações são geralmente consideradas populares porque ofereciam para uma pessoa um senso de posse, quando a família tradicional e grupos cívicos estavam se despedaçando. Através da membresia, diversas comunicações sociais poderiam ser estabelecidas e a caridade estava disponível para aqueles que passavam por momentos difíceis. A membresia em um grupo também permitia a obtenção de honra e prestígio que, do contrário, não estariam disponíveis à maioria das pessoas.

A referência neotestamentária mais óbvia a associação voluntária é o relato de Atos 19:23-40 do distúrbio causado pelos artesãos de Éfeso. Associações voluntárias também foram usadas por muitos estudiosos como analogia para o entendimento da formação da comunidade primitiva paulina e dos relacionamentos sociais, particularmente a igreja de Corinto.

Bibliografia. R.S. Ascough, *What Are They Saying About the Formation of Pauline Churches?* (Nova York, 1998); J.S. Kloppenborg e S.G. Wilson, orgs.,*Voluntary Associations in the Greco-Roman World* (London, 1996). [RICHARD S. ASCOUGH]

ASSÔS (gr. *Ássos*) Cidade estratégica no Golfo de Adramitino, na costa leste do mar Egeu, na Mísia. As defesas da cidade incluíam despenhadeiros naturais e artificiais (terraços), cuja altura chegava a 215 m acima do nível do mar, complementadas por um muro de 3.2 km de largura e 19.8 m de altura. Várias construções públicas (incluindo ginásio, ministério da fazenda, locais de banho, mercado e teatro) ficavam nos terraços. Assôs (a moderna Behramköy) abrigava um templo dórico a Atena e era o quartel-general dos filósofos platônicos, incluindo Aristóteles. O estoico Cleantes nasceu nessa cidade.

Assôs fazia parte do domínio dos reis Pergamenian e, foi posteriormente, um porto da Ásia. Paulo viajou de Trôade até Assôs na via costal enquanto Lucas e outros circundavam o Cabo Baba (Lectum) pelo mar (At 20:13-14). [STEVEN L. COX]

ASSUERO (heb. *'ăḥašwērôš*; gr. *'Assouēros*) **1.** Com toda possibilidade, o nome bíblico para Xerxes I (persa *khshayarsha*), rei da Pérsia, 486-465 a.C., filho e sucessor de Dario I. Sob seu pai, ele foi um sátrapa na Babilônia (498-486). Na sua ascensão, ele recapturou o Egito (484), que havia se revoltado no final do reinado de Dario I. Em 480, Xerxes moveu-se contra os gregos, para quem seu pai Dario havia perdido a batalha de Maratona (490). Ele inicialmente venceu uma batalha importante em Termópilas (480), mas perdeu em Salamina (480) e em Micale (479), e decisivamente perdeu em Eurimedonte (466). Ele implementou uma estrutura de imposto que colocou os não persas em desvantagem. Assuero é mencionado em Esdras 4:6 como o governante quando "o povo da terra" fez uma acusação especificada contra a comunidade em Jerusalém. De acordo com o livro de Ester, ele aprovou, antes de tudo, medidas antissemíticas (Et 3:12-14).

2. Assuero, o medo. Daniel 9:1 refere-se a ele. De outra forma, é considerado desconhecido e problemático.

3. De acordo com algumas versões de Tobias 14.15, juntamente a Nabucodonosor, um destruidor de Nínive. A referência apresenta problemas históricos.

ASSUR I. (PESSOA) (heb. *'aššûr*) Um dos filhos de Sem; ancestral dos assírios (Gn 10:22; 1Cr 1:17).

II. (DEIDADE) (heb. *'aššûr*; ac. *aššur*) A deidade nacional Assíria e principal do panteão; principalmente um deus da guerra, do relacionamento familiar, e da ideologia real. Seu nome é identificado com a cidade, e dele derivam-se estes nomes: Assíria e assírios. Assur pode ter sido uma deidade tribal local com nenhuma posição original ou linhagem no panteão Mesopotâmico. Ele associou as características de Enlil, deidade proeminente no panteão Mesopotâmico primitivo, algumas vezes durante o segundo milênio a.C. Assur tornou-se o "senhor do universo" e "pai dos deuses". Com sua companheira Ninlil, que também era esposa de Enlil, ele residia no templo E-kur, em Assur. Quando Senaqueribe, o rei assírio, destruiu a Babilônia (c. 689) ele substituiu o culto ao deus babilônico Marduque pelo de sua deidade, que era Assur.

Assur é identificada como Na-sar em Enuma Elish, o épico da criação Mesopotâmico, e na versão Assíria desse mito Assur substitui Marduque como o herói triunfante que mata Tiamate. As portas de bronze do templo do Novo Ano de Senaqueribe, em Assur, descrevem cenas dessa batalha. Adicionalmente, Assur assumiu o papel essencial desempenhado por Marduque no Akîtu, o festival anual do Novo Ano, no qual o rei proclamou obediência e lealdade a Assur e aos cidadãos da terra. Os reis assírios eram, dessa forma, considerados não somente os líderes administrativos do estado, mas também agiam como sumo sacerdotes no culto de Assur. A referência mais antiga a Assur aparece em textos cuneiformes assírios antigos da Capadócia, importante colônia comercial, datados de cerca de 2000. Assur, como deidade, não é mencionada no Antigo Testamento; entretanto, o nome aparece como um componente no nome teofórico do rei assírio, Assurbanípal ("Assur é o criador do herdeiro"). [JULYE BIDMEAD]

III. (LUGAR) (heb. *'aššûr*; ac. *aššur*) **1.** A cidade principal da Assíria durante a maior parte da história daquela nação. A cidade (a moderna Qal´at Sheqart) estava na área central da Assíria, ao longo da margem oeste do rio Tigre, na região fértil do norte do Iraque, no pequeno rio triburário Zab e na área de Jebel Hamrin. Com Nínive e Erbil, Assur formava um triângulo de cidades da Assíria.

Embora pouco se saiba sobre seu período pré-histórico, Assur era uma cidade estabelecida já por volta do terceiro milênio a.C., quando ela era um centro religioso importante com várias construções públicas, incluindo um templo dedicado à deusa Istar. Depois de 2300, Assur tornou-se parte do Império semítico acadiano, como é evidenciado por uma inscrição do rei acadiano, Manishtushu, encontrada no lugar.

O nome Assur apresentou problemas para os estudiosos, já que esse não era o único nome da cidade, mas também da deidade chefe (frequentemente soletrado "Ashur" para distingui-lo da cidade). Por volta de 2100, Assur era uma cidade vassala da Terceira Dinastia de Ur, como evidenciado por numerosas inscrições de construções dos "vice-reis de Assur", que escreveu no dialeto assírio antigo do acadiano.

No início do segundo milênio, Assur parece ter sido uma cidade-estado substancial com muros fortificados da cidade e interesses comerciais em áreas distantes, mais notavelmente o posto comercial de Kanesh, na Anatólia central. De acordo com a lista do rei assírio e outros textos (de Mari e Tell Leilan), o chefe amorita Samsi-adad I (c. 1814-1781) conquistou Assur e fez dela parte de seu extenso império. Pouco se sabe do destino de Assur nos próximos poucos séculos. Ela estava, aparentemente, sob o controle do estado Mitani por quase um século, até o reinado de Assuruballit I (1365-1330), quando a cidade tornou-se o centro de um amplo governo. O rei assírio Tukulti-Ninurta I (1244-1208) transferiu o poder real, através do Tigre para uma novícissima cidade, Kar-tukulti-ninurta, que não sobreviveu por muito tempo. Assur reivindicou seu título de cidade chefe logo depois disso e continuou até o reinado de Assurnasirpal II (884-859), que foi para a cidade próxima, chamada Kalhu. Assur, entretanto, continuou como o principal centro religioso do Império assírio, até que a cidade foi destruída em 614.

Bibliografia. H.W.F. Saggs, *The Might That Was Assyria* (1984, repr. Nova York, 1991). [MARK W. CHAVALAS]

2. Importante cidade na Assíria e, a certa altura, sua capital (Ez 27:23). *Ver* n.º 1.

3. Outro nome para a Assíria (Nm 24:22, 24).

ASSURBANIPAL (ac. *Aššur-bāni-apli*) O último dos grandes reis assírios (668-627 a.C.). Esar-Hadom nomeou seu filho, Assurbanípal, herdeiro natural durante seu reino, provavelmente como resultado do trauma experimentado sobre a própria sucessão. Os vassalos da Assíria declararam sua lealdade a Assurbanípal como rei da Assíria, e para com seu irmão Samas-Sum-ukin, que ocuparam o trono da Babilônia durante o reinado de Assaradão. Consequentemente, na morte de Esar-Hadom, Assurbanípal não teve de começar seu reino suprimindo revoltas como fizeram outros reis assírios, e, dessa forma, ele pôde continuar com as tentativas de seu pai para controlar o Egito.

Assurbanípal reuniu tropas auxiliares da costa do Mediterrâneo e planejou entrar em Tebas, a capital do Alto Egito. A distância entre a Assíria e o Egito era muito grande para a direta administração Assíria, por isso, governantes locais dominados pela Assíria eram colocados no controle. Revoltas estouraram pouco depois disso, induzindo Assurbanípal a destruir Tebas completamente. A ascensão no Egito fez com que Tiro e Arvad se revoltassem; ambas as ilhas foram reduzidas à penúria, antes que se rendessem. Assurbanípal, então, tornou-se profundamente envolvido com Elão, quando o Egito foi reforçado com as tropas jônicas e carias, como registrado pelo historiador grego, Heródoto. Assurbanípal, finalmente, matou o governador Elamite, Te´umma e trouxe seu cabeça de volta para Nínive, como descrito nos relevos de seu muro. Foi exatamente depois disso que Samas-sum-ukin cansou-se de sua posição secundária na Babilônia e conduziu uma revolta. Ela levou três anos para ser suprimida, terminando somente quando o rei babilônico colocou fogo em seu próprio palácio e morreu nas chamas. Assurbanípal tomou o trono da Babilônia, usando o nome Kandalanu. Nenhum registro existente descreve os últimos doze anos de seu reinado.

Assurbanípal é o único governante assírio que alega ter capacidade de ler e escrever, e sua biblioteca em Nínive, descoberta por Hormuzd Rassam em 1852, foi umas das chaves que abriu a língua e a história das civilizações acadianas. A biblioteca inclui cartas, contratos, inscrições econômicas e históricas, textos literários, religiosos e científicos. [TAMMI J. SCHNEIDER]

ASSURIM (heb. *'ăššûrîm*) Tribo que descendia de Jocsã e, enfim, de Abraão e Quetura, sobre os quais (assurim) pouco se sabe (Gn 25:3). Enquanto muitos comentaristas supõem que estão relacionados com os assírios (talvez, com base em Gn 25:18), eles são provavelmente um clã árabe.

ASSURNASIRPAL (ac. *Aššur-naṣir-apli*) Assurnasirpal II (883-859 a.C.), frequentemente considerado o monarca "Neoassírio" "clássico". Ele herdou um reino estável e expansível de seu pai, Tukulti-Ninurta II e, então, empreendeu dez campanhas militares importantes através da Ásia Ocidental. Ele chegou tão longe quanto o Mediterrâneo, no oeste. Foi o primeiro rei assírio a entrar nos reinos da Nova Fenícia, do Neo-Hitita, e dos arameus, dos quais ele recebeu pouca resistência e muito tributo. Ele mudou a capital da Assíria da antiga e religiosa cidade de Assur para uma nova cidade, que ele construiu em Calah (Ninrode). O poderoso palácio de Assurnasirpal foi a primeiro a ser adornado com relevos de pedras monumentais, descrevendo suas realizações. Seu monólito O Banquete preserva a lista de convidados, o menu, e as festividades que inauguraram o novo palácio e a nova cidade. As inscrições de Assurnasirpal estão cheias de autoexaltação extravagante, detalhes vívidos de seus sucessos militares, e descrições da punição de seus inimigos. [TAMMI J. SCHNEIDER]

ASTAROTE (heb. *'aštārôṯ*) **I. (DEIDADE)** Forma plural do nome da deusa canaanita chamada Astarte. Ela aparece no Antigo Testamento na frase "aos baalins, e às astarotes" (Jz 10:6; 1Sm 7:4; 12:10), em que ela denota as várias manifestações locais de Astarote ou, mais provavelmente, deusas em geral. O último sentido é ampliado em 1Samuel 7:3, em que a expressão "as astarotes" é acrescentada como o equivalente feminino das "deusas estrangeiras" (heb. *'ĕlōhê hannēḵār*). Astarote pode ser entendido como um nome divino no singular em duas instâncias: Juízes 2:13, texto no qual é paralelo do singular Baal, e 1Samuel 31:10, que se refere ao "templo de Astarote", "um templo das deusas", ou "um templo da deusa". [JOEL BURNETT] *Ver* ASTORETE.

II. (LUGAR) Cidade em Basã (com Edrei), onde o rei amorreu, Ogue, residia, o qual tentou impedir o progresso dos israelitas em seu caminho para Canaã (Dt 1:4; Js 12:4). Depois da derrota de Ogue, a cidade foi aquinhoada para a meia-tribo de Manassés (Js 13:31) e tornou-se uma cidade levítica dos gersonitas (1Cr 6:71 [TM 56]).

O nome (a forma plural da deusa canaanita da fertilidade) é mencionado em diferentes formas em várias inscrições antigas, incluindo os Textos de Maldição egípcios (séc. XIX a.C.), os registros de Tutmose III (1504-1450), as Cartas de Amarna, textos ugaríticos, e em um remédio de Tiglate-Pileser III (745-727).

O nome deve, provavelmente, ser identificado com Tell ʿAshtarah, a cerca de 5 km ao sul de Sheikh Saʿd, usualmente identificada com Asterote-Carnaim (Gn 14:5), e a cerca de 32 km ao leste do mar da Galileia. O lugar tem evidência ocupacional desde a Era do Bronze Antigo até a Era do Ferro I. [PAUL J. RAY, JR.]

ASTERATITA (heb. *hāʿaštĕrāṯî*) Nativo de Astarote, nome gentílico aplicado a Uzias, um dos "homens valentes" de Davi (1Cr 11:44).

ASTEROTE-CARNAIM (heb. *ʿaštĕrôṯ qarnayim*) O lugar onde Quedorlaomer e seus aliados derrotaram os refains (Gn 14:5).

Por causa da semelhança dos nomes e porque Ogue, rei de Basã, estava entre os últimos dos refains (Dt 3:11; Js 12:4; 13:12), Asterote-Carnaim pode ser a mesma que Astarote, em Basã (Dt 1:4; Js 9:10; 13:31; a moderna Tell ʿAstarah, no sul da Síria). Mais provavelmente, entretanto, a combinação assindética Asterote-Carnaim ("os dois chifres [deusa] de Astarte"; cf. Dt 1:4 TM) indica que o lugar estava localizado próximo a Carnaim (1Mc 5.26; Am 6:13), a moderna Tell Sheikh Saʿd/Tel Saʿd. [BRENT A. STRAWN]

ASTORETE (heb. *ʿaštōreṯ*; fen. *ʿštrt*; ugar. *ʿṯtrt*) Forma do nome da deusa canaanita Astarte no Antigo Testamento. É uma paródia deliberada do nome, empregando as vogais da palavra hebraica *boset*, "vergonha". Astarte é a contraparte semítica ocidental para o acadiano *Ishtar* e para o sumério *Inanna* em seu aspecto como deusa da guerra e (provavelmente) da sexualidade. Que a canaanita Astarte era, igual a Istar e Inanna, uma deidade Vênus, como a tradição grega pensa, é provável; como a estrela da tarde ela teria compartilhado aquele papel com o deus Astar, que aparece como a estrela da manhã e de cujo nome deriva-se a forma feminina para Astarte.

Embora desempenhe papel reduzido no mito ugarítico, o caráter guerreiro de Astarte é refletido em uma fórmula de maldição que a convoca para esmagar a cabeça do inimigo (*KTU* 1.2 I 7-8; 1.16 VI 54-57). Embora a discussão da identidade de Astarte como deusa do amor tenha, algumas vezes, excedido a evidência, no Épico Keret ela (com Anate) é mencionada como padrão para a beleza feminina (*KTU* 1.14 III 41-44). O relacionamento especial de Astarte com Baal, talvez como cônjuge, está refletido em seu epíteto usado na fórmula de maldição mencionada acima (e na inscrição fenícia de Eshmunazar), "nome de Baal" (*šm bʿl*, alternativamente, entendido como "céus de Baal"), um epíteto que denota seu papel como presença hipostatizada de Baal (cf. "o nome" de Yahweh no Antigo Testamento; p. ex., Êx 20:24; Dt 12:5; 2Sm 7:13).

A conexão entre Astarte e Baal é refletida em textos do Egito, em que a adoração da deusa semítica era comum. No texto de Hórus e Seti do século XII a.C., Astarte e Anate, que são tão íntimos em egípcio quanto o são em ugarítico, são dadas como esposas a Seti, o deus egípcio identificado com Baal. Um texto mágico do século XIII, descrevendo como Seti "abriu o ventre" de Anate e Astarte, "as duas grandes deusas que estavam grávidas, mas que não podiam conceber", pode ser entendido como evidência de que Astarte era uma deusa do amor sexual, ao mesmo tempo em que ela impede o aspecto da fertilidade; até que ponto esse tema preserva, em textos egípcios, um elemento do mito original à Astarte semítica é incerto. O mesmo pode ser dito do papiro fragmentário Astarte (*ANET*, 17-18), no qual a deusa, como filha de Ptah, é dada como noiva do Mar. No Egito, Astarte é decisivamente descrita como a deusa da guerra, frequentemente pintada na arte cavalgando o dorso do cavalo e brandindo armas.

Em fontes fenícias, Astarte é a deusa padroeira tanto de Siro como de Sidom, e é também cônjuge de Baal em cada uma dessas cidades. Na inscrição do século VI de Tabnit de Sidon (*KAI* 13), o rei considera a si mesmo e a seu pai diante dele como "sacerdotes de Astarte" alega ter construído templos para o deus Eshmun, para Baal de Sidon, e para Astarte-de-Baal (*KAI* 14). Eshmunazar situa o templo de Astarte em uma área sagrada de Sidom chamada "O Céu Mais Elevado" (1.17).

Exportado pelos fenícios, a adoração de Astarte floresceu por todo o Mediterrâneo, como indicado pelo nome da deusa em numerosos nomes pessoais e em inscrições de Cartage, Espanha (ambas, século VIII), e Itália (séc. VI, onde é igualada a Etruscan Uni-Juno). Por volta da metade do primeiro milênio, Astarte tinha assumido o papel da deusa Aserá como deidade marítima e tinha absorvido aspectos de Anate, com que ela foi, posteriormente, associada como a deusa Atargatis. Durante os períodos helênico e romano, Astarte é identificada com Afrodite e Vênus. Na Greco-Fenícia, Astarte é conhecida como a deusa do amor e da fertilidade.

De acordo com 1Reis 11:5, 33, a adoração de "Astarote, deusa dos sidônios" foi dada sanção oficial em

Israel, por causa de uma ou mais esposas estrangeiras de Salomão. Josias é louvado por derribar e por "corromper" os lugares de culto de Astarte e outras deidades estrangeiras (2Rs 23:13-14). A colocação dos filisteus das armas de Saul no templo chamado *bêt ʿaštārôṯ* em 1Samuel 31:10 implica possivelmente no caráter guerreiro dessa deidade. Entretanto, como *ʿaštārôṯ*, aqui, não é necessariamente o nome de uma deusa específica, não é certo com qual divindade o templo, localizado ou nas planícies filistinas ou em Beth-shan, deve ser associado (cf. 1Cr 10:10). É desconhecido se Astarte desempenhou papel central na religião dos filisteus, cujo deus chefe era Dagom. A identidade da "rainha do céu" em Jeremias 7:18; 44:17-25 é discutível. Embora fontes do Novo Reino Egípcio se refiram a Astarte como "Senhora do Céu", este epíteto também foi aplicado a Anate e Aserá. Entretanto, evidência de nomes pessoais fenícios e púnicos da metade do primeiro milênio e o fato de que o templo de Astarte de Sidom foi localizado na área chamada "O Mais Elevado Céu" (inscrição de Eshmunazar) pesam em favor de Astarte como a deusa em questão. O aspecto da fertilidade de Astarte está refletido indiretamente em um termo relacionado com a produção do rebanho (heb. *ʿaštārôṯ so'neak*; Dt 7:13; 28:4, 18, 51). Vestígios de um período pré-colonização da adoração de Astarte estão preservados nos topônimos Astarote (Js 12:4; 1Cr 6:71 [TM 56]), Asterote-Carnaim (Gn 14:5), e Beesterá (Js 21:27).

Bibliografia. F.M. Cross, *Canaanite Myth and Hebrew Epic* (Cambridge, Mass., 1973); S.M. Olyan, "Some Observations Concerning the Identity of the Queen of Heaven", *UF* 19 (1987): 161-74; J.B. Pritchard, *Palestinian Figurines in Relation to Certain Goddesses Know Through Literature*. AOS 24 (Philadelphia, 1943). [JOEL BURNETT]

ASTROLOGIA Crença de que os corpos celestiais, especialmente a lua, o sol, planetas e estrelas (em grego coletivamente chamado "estrelas"), influenciam o mundo terrestre.

A astrologia, propriamente falando, surgiu na esfera e período helênicos. Os babilônicos visualizaram as estrelas somente como indicadoras da vontade dos deuses, não em si mesmas como a causa dos eventos. Essa tradição babilônica antiga (segundo milênio a.C.), que influenciou a Grécia, o Egito, o Oriente Próximo e a Índia, é chamada *omina* ("presságios") celestiais e não astrologia. Visto que sobreviveu em trabalhos astrológicos posteriores, entretanto, ela é algumas vezes denominada astrologia natural.

A própria astrologia pode ser dividida em quatro variedades: genetialógica (o horóscopo de alguém no nascimento), catártica (posição das estrelas no início de uma ação), interrogatória (horóscopo quando uma questão é apresentada) e geral (efeitos nos grupos, nações, ou o mundo).

A astrologia é muito recente para ter influenciado a antiga tradição hebraica. A natureza e os graus dos elementos da religião astral do antigo Oriente Próximo (esp. culto ao sol; cf. 2Rs 17:16; 21:3-5; 23:11; Jr 8:2; Ez 8:16) na religião israelita são disputáveis. Há pouca evidência da tradição de presságio celestial (cf. Is 47:13-14).

Materiais judaicos combinando presságios e astrologia helênica são testemunhados pelo período intertestamentário. Escritos de Qumran e de Cairo Geniza estão lançando novas luzes na extensão e natureza da antiga astrologia judaica (4Q186, 4Q318, Cambridge Geniza MS T-S H 11.51), para a qual comunidades judaico-helênicas, tais como a de Alexandria, certamente contribuíram. Essas descobertas dão mais crédito a antigas referências a tratados astrológicos judaicos com nomes como Sete, Abraão, Salomão e Esdras. Elas também sustentam a suposição de uma natureza originalmente judaicas para tais tratados preservados em grego, latim, siríaco e árabe.

A validade geral da astrologia foi confirmada na tradição rabínica, embora aqui seja debatido se os próprios judeus estavam sob a influência das estrelas (b. Sabb. 156a-b). Evidência arqueológica, tais como zodíacos nas sinagogas, apontam para tradições astrológicas mais difundidas do que previamente supostas.

Pensa-se frequentemente que o cristianismo antigo estritamente rejeitou a astrologia. Did. 3.4 informa não ser um intérprete de presságios ou um astrólogo. Argumentos morais e científicos contra a astrologia desenvolveram-se na tradição greco-romana, como também uma tradição judaica de que anjos caídos ensinaram astrologia para a humanidade, foram aceitos heresiologistas cristãos. Ainda, há clara evidência para a astrologia cristã desde o período primitivo (base astrológica para a observância sabática e astrologia no livro de Elchasai, 116-17 d.C.; genetialogia [estudo dos nascimentos] em Bardesan, começando o século III; Mani).

No Novo Testamento, a observação de Paulo em Gálatas 4:10 sobre uma tendência para observar dias, meses, estações e anos parece condenar igualmente raciocínios astrológicos. O grupo dos oponentes combatidos em Colossenses 2:8-23 provavelmente reconheceu poderes astrais (cf. Jd 8). Imagens astrológicas e astrais permeiam Apocalipse (p. ex., Ap 11:12-13; 12:1), embora, aqui, o poder das estrelas nunca é reconhecido. Tal imagem é, também, amplamente testemunhada entre os "gnósticos", que variavelmente usaram predições astrológicas.

O valor da astrologia é louvado pelo autor da fonte do Pseudo-Clemente *Recognitions* 1.27-71 (c. 200), que, de acordo com uma tradição judaica, exalta Abraão como o primeiro astrólogo. Também influenciados por um precedente judaico (sectário helenístico), outros cristãos criam que as estrelas têm poder sobre qualquer um, exceto os cristãos (Clemente de Alexandria, *Excerpts from Theodotus*, 74.2-78.1; Pseudo-Clemente, *Recognitions*, 9.31.1). Outros, tais como Orígenes, afirmaram que as estrelas são indicadoras da vontade divina, sendo que os sinais só são inteligíveis aos anjos.

A estrela de Belém (Mt 2:1-12) foi uma questão de disputa já no cristianismo antigo. Em origem, as estrelas, sem dúvida, pertencem à tradição do presságio (semelhante às trevas na morte de Jesus, Mc 15:33; Lc 23:44-45), conectadas, talvez, com uma profecia do Antigo Testamento (Nm 24:17). O poder da astrologia cristalizou-se na tradição cristã por meio da celebração do dia 25 de dezembro, o aniversário do sol (rei das estrelas), como Natal.

Bibliografia. J.H. Charlesworth, "Jewish Astrology in the Talmud, Pseudepigrapha, the Dead Sea Scrolls, and Early Palestinian Synagogues", *HTR* 70 (1977): 183-200; F. Cumont, *Astrology and Religion among the Greeks and Romans* (1912; repr. Nova York, 1960); D. Pingree, "Astrology", *Dictionary of the History of Ideas*, org. P.P. Wiener (Nova York, 1973), 1:118-26. [F. STANLEY JONES]

ASTRÓLOGO Observadores de estrelas mesopotâmicos e egípcios praticaram o que modernos chamariam tanto de astronomia quanto de astrologia, e suas habilidades eram sofisticadas o suficiente para permitir predições exatas de eclipses e construções de calendários. Os monarcas neoassírios (743-612 a.C.) eram, em particular, patrocinadores zelosos dos astrólogos em todo o seu império, e muito de sua correspondência ainda sobrevive. Sacerdotes correlacionavam presságios com outros tipos, especialmente daqueles de ler as entranhas de uma ovelha, tudo para o benefício de seus governantes num esforço para predizer e controlar o futuro.

Textos bíblicos mostram claramente a importância da astrologia na Mesopotâmia (Is 47:13; Jr 10:2 chama essa prática "o caminho das nações", heb. *derek haggôyim*) e preveem que seus praticantes compartilharão nos destares que esperam sua sociedade. Embora nenhuma evidência direta da astrologia israelita tenha sobrevivido, a Bíblia não repudia explicitamente essa arte, e listas proibitivas de práticas de adivinhação visivelmente omitem referências a ela (Lv 19-26-28; Dt 18:9-13; Zc 10:1-2; cf. Is 3:3). Textos do Segundo Templo perpetuam essa ambivalência, p. ex., por incluir Daniel entre os astrólogos (embora como seu superior; Dn 2:27; 4:7, 10 [TM 4, 7]; 5:7, 11) e reconhecendo a descoberta de Abraão de Deus em parte à astrologia (Jub 12.16). Os magos de Mateus 2 são sacerdotes iraquianos, cuja astrologia os conduz a Jesus.

Bibliografia. S. Parpola, *Letters from Assyrian Scholars to the Kings Esrhaddon and Assurbanípal*. AOAT 5/1 (Neukirchen-Vluyn, 1970). [MARK A. HAMILTON]

ASTRONOMIA Ciência antiga que tenta descobrir as leis que governam os corpos celestiais. Sabe-se que calendários, baseados em observações astronômicas, foram desenvolvidos pelos egípcios e mesopotâmicos tão cedo quanto o terceiro milênio a.C. A astronomia foi ardentemente estudada pelos babilônicos primitivos, que combinaram observações astrais com seu politeísmo, o que resultou na astrologia. Os zigurates babilônicos, tais como a torre de Babel, eram estruturas provavelmente usadas para a observação dos corpos celestiais. A astronomia hebraica foi indubitavelmente influenciada pelos babilônios. Entretanto, como um todo as práticas astrológicas tiveram pouco impacto sobre Israel.

A literatura hebraica demonstra familiaridade com observações astronômicas. Jó 9:9 se refere a observações das constelações. Semelhantemente, o profeta Isaías (13:10) e Amós (5:8) sabiam de tais constelações.

Em Amós 5:26, o profeta relembra a recalcitrância de Israel por seguir deidades astrais (provavelmente Saturno e Júpiter). Além disso, um pecado comum durante a monarquia foi o problema da adoração das hostes celestiais. Enquanto essas práticas eram mais exceção do que a regra, elas indicam o grau a que a astronomia influenciou a vida de Israel.

Catástrofes astronômicas eram característica comum nos escritos apocalípticos judaicos, como também em passagens escatológicas da Bíblia. Isaías 13:10 afirma que o dia do Senhor será acenado pela escuridão do sol, lua e estrelas. Joel (2:10; 3:15 [TM 4:15]), Marcos (13:24-25), 2Pedro (3:10) e Apocalipse (8:10), do mesmo modo, alegam que as calamidades celestiais acompanhariam o dia do Senhor.

A narrativa do nascimento de Jesus, feita por Mateus inclui uma visita pelos Magos (astrólogos do leste) que testemunharam um fenômeno astronômico e o interpretaram como sinal do novo rei. Isso tem, frequentemente, sido explicado ou como um cometa, uma supernova, ou uma convergência de planetas. Mateus simplesmente explica isso como uma estrela e não fornece nenhum detalhe adicional. [MARK A. FAIRCHILD]

ASUR (heb. *'ašḥûr*) Filho de Hezrom e Abia, nascido após a morte de Hezrom (seguindo o TM). De acordo com a Almeida Século 21 (seguindo TM) ele era filho de Calebe e Efrata, esposa de Hezrom. Asur tornou-se o "pai" ou fundador de Tecoa (1Cr 2:24).

ASURITAS (heb. *hā'ăšûrî*) Povo situado entre Gilgal e Jezreel, governado brevemente por Is-baal/Isbosete, o filho de Saul (2Sm 2:9). Eles são, provavelmente, Aseritas (antes do que "assírios"), uma vez que "Aser" é o nome coletivo para as tribos de Aser, Zebulom, e Naftali.

ASVATE (heb. *'aśwāṯ*) Um dos filhos de Jaflete, descendente de Aser (1Cr 7:33).

ATACE (heb. *'ăṯāḵ*) Uma das cidades em Judá, para a qual Davi enviou espólios vitoriosos da derrota dos amalequitas (1Sm 30:30). É provavelmente a mesma que Eter, mencionada em Josué 15:42; 19:7. [STEVEN M. ORTIZ]

ATADE (heb. *'āṭāḏ*) Lugar "além do Jordão", onde a procissão do enterro de Jacó parou para lamentar por sete dias (Gn 50:10-11). A frase *gōren hā'āṭāḏ* é usualmente traduzida "a eira do debulhamento dos espinhos", sugerindo que Atade pode não ser um nome próprio. Quando canaanitas locais viram o pranto (Gn 50:11), eles renomearam o lugar Abel-mizraim ("pranto dos egípcios").

A localização e identificação de Atade são desconhecidas. A cidade deveria estar localizada na Transjordânia, mas o mapa Madeba do século VI A.D. traz a informação de que uma Alon-atade está localizada próxima a Bete-Hogla (a moderna Deir Hajlah) entre Jericó e o Mar Morto, que é o lado errado do Rio Jordão. É incerto porque o grupo de José teria escolhido uma rota mais longa em volta do final sul do Mar Morto.

Bibliografia. W.H. Shea, "The Burial of Jacob", *Archaeology and Biblical Research* 5 (1992): 33-44. [ZELJKO GREGOR]

ATAI (heb. *'attay*) **1.** Filho do escravo egípcio Jará que recebeu por mulher a filha de Sesã. Ele se tornou o pai de Natã (1Cr 2:35-36).

2. Guerreiro gadita que acabou aliando-se a Davi em Ziclague (1Cr 12:11 [TM 12]).

3. Filho de Roboão e de sua esposa favorita Maacá (2Cr 11:20).

ATAÍAS (heb. *'ăṯāyâ*) Pessoa de Judá, o filho de Uzias, que residia em Jerusalém depois do exílio (Ne 11:4).

ATÁLIA (gr. *Attáleia*) Cidade portuária (a moderna Antalya) que se situa na região sudoeste da Ásia Menor no mar Mediterrâneo, cerca de 36.5 m acima da foz do rio Catarractes. A cidade, fundada por Átalo II de Pérgamo (158-138 a.C.) e que leva seu nome, estava localizada na rota comercial entre a Macedônia, Síria e Egito. Ela era o porto para Perga, capital da província da Panfília. Paulo e Barnabé passaram por Atália quando retornavam a Antioquia (At 14:25).

Remanescentes das defesas helênicas são evidentes nos muros existentes da cidade. Esses muros, complementados com torres, estendidas para um porto externo, que os atalianos podiam fechar ao esticar uma corrente que cruzava a entrada. [STEVEN L. COX]

ATALIA (heb. *'ăṯalyâ*, *'ăṯalyāhû*) Rainha de Judá (c. 842-837 a.C.). Sua linhagem é incerta; identificada como a filha e esposa de Acabe (possivelmente a princesa Jezabel). Muitos estudiosos dizem que ela pode ter sido a filha de Omri e, portanto, a irmã de Acabe (2Rs 8:18; 2Cr 22:2). Seu nome é o documento mais antigo a usar um nome feminino com o componente teofórico "Yahweh".

Atalia casou-se com Jeorão, príncipe coroado de Judá e filho de Jeosafá. Ainda que essa união tenha sido uma boa mudança política pois juntou as casas de Judá e Israel, o casamento foi espiritualmente desastroso para Judá. Quando Jeorão tinha 32 anos, ele sucedeu ao trono e Atalia tornou-se rainha. A primeira ação de Jeorão foi assassinar todos os seus irmãos e outros príncipes (2Cr 21:4). Atalia pode ter dado suporte ou, até mesmo, provavelmente instigado essas obras.

Atalia introduziu o culto de Baal Melcarte em Jerusalém, durante o reinado de seu marido (2Rs 8:16-18). Igual a sua mãe Jezabel, ela era fanaticamente devotada a Baal Melcarte. O cronista faz dela responsável pela irreligiosidade de seu filho, Acazias (2Cr 22:3), informando que seus filhos quebraram o templo de Deus e usaram seus objetos sagrados para Baal (24:7).

Jeorão morreu lutando com os edomitas (2Rs 8:24), e seu filho Acazias tornou-se rei, reinando por um ano (v. 26). Acazias veio a Jezreel para visitar Jorão, filho de Acabe. Jeú de Israel encontrou os dois reis lá, matando Jorão e ferindo mortalmente Acazias, que, então, morreu em Megido (2Rs 9:27). Atalia era agora uma mãe-princesa e viúva muito poderosa; somente seus parentes — alguns deles seus netos — permaneceram entre ela e o trono. A ambição e o fanatismo estimularam Atalia a massacrar a casa real, por meio disso, erigindo a dinastia de Davi (2Rs 11:1). O filho menor de Acazias e sua ama foram escondidos e salvos por Jeoseba, tia de Joás (2Rs 11:2 = 2Cr 22:11).

Crendo que todos aqueles que competiam pelo trono estavam mortos, Atalia tinha proclamado a si mesma soberana. Por seis anos Jeioada, o sacerdote, e sua esposa, Jeoseba, ocultaram Joás. No sétimo ano, Jeoiada instigou uma revolução cuidadosamente planejada pelos sacerdotes e militares. Ele trouxe Joás, que estava bem protegido com guardas armados, para fora do templo. Ao rapaz foi apresentada uma cópia do pacto; ele foi ungido e aclamado rei (2Rs 11:12). Quando Atalia ouviu a gritaria, ela apressou-se para o templo. Tomando a situação imediatamente, ele rasgou suas vestes e gritou: "Traição! Traição!" — irônica e apropriadamente as únicas palavras que ela profere no registro (2Cr 23:13).

Atalia foi levada para fora da entrada dos cavalos e morta (2Rs 11:15-16; 2Cr 23:15). Depois de sua morte, a adoração cúltica foi purificada, o templo de Baal destruído e seus sacerdotes executados (2Rs 11:18 = 2Cr 23:17).

ATALIAS (heb. *'ăṯalyâ, 'ăṯalyāhû*) **1.** O filho de Jeorão e chefe de uma família benjamita proeminente, que habitava em Jerusalém (1Cr 8:26).

2. O pai de Jesaías, que voltou da Babilônia com Esdras e setenta homens. Ele foi membro da família de Elão (Ed 8:7). 1Esdras 8.33 dá seu nome como Gotholiah. [ROBIN GALLAHER BRANCH]

ATARA (heb. *'ăṭārâ*) A segunda esposa de Jerameel; mãe de Onã (1Cr 2:26).

ATARGATIS (gr. *Atargatis*) Deusa Síria provavelmente um composto da deusa canaanita Astarte, Anate, e Aserá. Sua imagem usualmente descreve sua libertação ou ataque por leões; seu cônjuge, Hadade, está entronado em ou atacado por touros. Ela está ligada a peixes e a tanques sagrados, ambos os quais aparecem em sua imagem e próximo aos seus templos. Luciano (*De Syria Dea*) identifica Atargatis com Hera e Hadade com Zeus. Em sua campanha contra nações vizinhas, Judas Maccabeus queimou um templo de Atargatis na cidade gileadita de Carnaim (1Mc 5.43-44; 2Mc 12.26; chamada Asterote-Carnaim, em Gn 14:5). [RODNEY A. WERLINE]

ATARIM (heb. *hā'ăṯārîm*) Lugar, possivelmente uma estrada, onde os israelitas foram atacados pelo rei Arade (Nm 21:1). A LXX e a Vulg. leem "espias".

ATAROTE (heb. *'ăṭārôṯ*) **1.** Cidade na Transjordânia tomada pelos israelitas de Siom, o amorita (Nm 32:3) e aquinhoada à tribo de Gade, a qual a reconstruiu (Nm 32:34; Monólito ou Estela de Mesa 1. 10). Mesa, o rei moabita, posteriormente a tomou dos gaditas (Mesa 1. 11) depois da morte de Acabe. Ela foi identificada com Khibert ´Attarûs, a cerca de 13 km a noroeste de Dibon.

2. Cidade na fronteira de Efraim e Benjamim (Js 16:2), provavelmente o mesmo lugar que Atarote-Adar (Js 16:5; 18:13).

3. Cidade em Efraim (Js 16:7) no Vale do Jordão, possivelmente identificada com Tell Sheikh edh-Dhiab.

4. Lugar em Judá (1Cr 2:54) que não foi identificado. Entretanto, é possível ler Atarote-Bete-Joabe ("as coroas da casa de Joabe") como aposto a Belém e aos netofatitas. [PAUL J. RAY, JR.]

ATAROTE-ADAR (heb. *'ăṭārôṯ 'addār*) Cidade benjamita, que ficava na fronteira do território de Efraim (Js 16:2, 5), ao norte, e Benjamim (18:13), ao sul. A cidade pode ser identificada com Khirbet Raddana (1695.1468), bem ao norte da moderna Ramalá, ou com a vila moderna de 'Attara, localizada na base sul de Tell en-Nasbeh (Mizpá), a cerca de 12 km a Noroeste de Jerusalém.

Bibliografia. W.F. Albright, Review of P.F.-M. Abel, *Géographie de la Palestine* 2, *JBL* 58 (1939): 177-87; J.A. Callaway, "Raddana Khirbet", *NEAEHL* 4.1253-54; J.R. Zorn, "Nasbeh, Tell en-", *NEAEHL* 3.1098-1102. [JOHN R. SPENCER]

ATAROTE-BETE-JOABE (heb. *'aṭrôṯ bêṯ yô'āḇ*) Uma das diversas cidades de Judá, mencionadas na genealogia de Salma, filho de Hur, descendente de Judá (1Cr 2:54). Se essas cidades são listadas em ordem geográfica, então Atarote-Bete-Joabe deve estar localizada entre Netofa (possivelmente Khirbet Bedd Faluh, a sudeste de Belém) e Manaate (provavelmente el-Malhah/Manahat, a noroeste de Belém). Isso colocaria Atarote-Bete-Joabe próxima da divisa do deserto da Judeia, embora a sua localização moderna não tenha sido ainda identificada. [WADE R. KOTTER]

ATAROTE-SOFÃ (heb. *'aṭrōṯ šôpān*) Cidade reconstruída pela tribo de Gade na Transjordânia (Nm 32:35). Enquanto na LXX há a ausência da palavra *'aṭrōm*, a Vulgata acrescenta *et* (e) entre as duas, criando assim dois lugares diferentes, Atarote e Sofã. Embora Jebel Attarus tenha sido proposta como o lugar desta cidade, sua localização está longe de ser certa. [ZELJKO GREGOR]

ATENAS (gr. *Athēnai*) A mais famosa de todas as cidades gregas, que recebeu o nome da deusa grega da sabedoria, chamada Atena. Atenas deu ao mundo Ocidental ideias influentes e duráveis sobre arte, filosofia, e política. Enquanto a ocupação nas ladeiras da Acrópole, a massa rochosa que é a característica natural mais proeminente de Atenas, data de tempos neolíticos, a cidade desempenhou uma posição secundária por todo o período miceno (1600-1200 a.C.) e surgiu como um local importante somente durante o século VIII, quando começou a dominar a região inteira da Ática. Atenas aparentemente resistiu à invasão dórica da Grécia em cerca de 1200 e permaneceu relativamente estável e isolada durante a Era Negra (1200-750), embora ela possa ter agido proeminentemente na imigração iônia dos gregos para a Ásia Menor (sécs. XI e X).

No século VII, Atenas começou sua mudança da monarquia para a democracia, com interrupções periódicas dos tiranos. Bem cedo, o poder oficial estava dividido entre governantes nomeados, com um concílio de nobres (o Areópago) exercendo papéis consultivos e designativos e uma larga assembleia de cidadãos gradualmente ganhando mais poder. O século VI viu uma série de aristocratas, começando com Solon (c. 594), iniciando reformas constitucionais que conduziram a uma forma de governo democrático. No início do século V, Atenas conduziu a resistência grega às tentativas dos persas de conquistar a Grécia, primeiro com a derrota do exército persa, em Marathon (490) e, então, na derrota da marinha persa, em Salamis (480).

O fim da ameaça persa levou a conflitos internos gregos, em grande parte causados pelas visões de Atenas de império e domínio de outras cidades-estados gregas, através de sua marinha e comércio. Sob Péricles, Atenas alcançou seu auge político e econômico, como também cultural na arquitetura, literatura e drama. Uma crescente rivalidade entre Atenas e Esparta causou a erupção da guerra do Peloponeso (431-404). Embora derrotada por Esparta, Atenas rapidamente rechaçou o inimigo com um poder marítimo e desfrutou o seu maior período de influência na filosofia e oratória no começo do século IV.

O papel de Atenas como poder político deu lugar à Macedônia sob Filipe II mais tarde no século IV. O controle macedônico de Atenas, com o restante da Grécia, foi selado pela vitória de Filipe sobre as forças de Tebas e Atenas em Queroneia na Beócia, em 338. Alexandre, o grande, filho de Filipe, havia sido tutorado por Aristóteles, estendendo a dominação macedônica, e com ela muitos aspectos da cultura ateniense, por todo o Mediterrâneo oriental e além. Na morte de Alexandre (323), Atenas se revoltou contra os macedônicos, mas foi dominada por Antípatro, general de Alexandre, que substituiu a democracia ateniense por uma oligarquia. Antígono Gonatas, o fundador da dinastia Antigônida, governando as porções gregas-macedônicas do império de Alexandre, fez de Atenas a sua capital cultural e religiosa (276). O anelo de Atenas por liberdade conduziu a uma desastrosa revolta sob Cremônides (267-262). O período macedônico terminou para Atenas quando Roma finalmente derrotou o último dos governadores antigônidas e dividiu a Macedônia em quatro províncias romanas (168).

Atenas foi poupada na devastação que Roma impingiu sobre muitas cidades gregas durante a segunda (200-197) e a terceira (171-168) guerras macedônicas, porque ficou do lado de Roma. Em 88, contudo, o nacionalismo ateniense levou a uma rebelião contra Roma e conduziu ao apoio a Mitrídates, do Ponto. O general romano Sula venceu a resistência ateniense seguindo-se sua derrota de Mitrídates, mas limitou sua vingança contra a cidade. Atenas também recebeu o perdão de Júlio César por ficar do lado de Pompeia (49-48) e de Antônio e Otaviano por dar suporte a Brutos (44-42). Otaviano impôs somente penalidades menores contra a cidade por seu apoio ao seu rival Antônio (31).

Sob o governo de Roma, o poder político regional se localizou na Corinto reconstruída (44), a capital da província romana da Acácia. Atenas continuou a florescer, contudo, como centro de cultura, com a nobreza romana enviando seus filhos para estudar ali em suas escolas filosóficas. Alguns de seus tesouros artísticos foram confiscados pelos imperadores Calígula e Nero, mas os imperadores romanos, em geral, trataram a cidade com grande deferência.

Atenas é mencionada na Bíblia somente em conexão com o apóstolo Paulo. Atos 17:15-34 registra Paulo pregando em Atenas. Ele argumentou na sinagoga com os judeus e pregou em praça pública (At 17:17), onde encontrou filósofos estoicos e epicureus (v. 18). O epicurismo e o estoicismo tinham o seu centro em Atenas desde o final do século IV. a.C., assim como a Academia mais antiga de Platão (um estudante do famoso filósofo ateniense, Sócrates) e o Liceu de Aristóteles, o antigo aluno de Platão. Paulo, então, pregou o seu famoso sermão sobre o "Deus desconhecido" no meio do Areópago (possivelmente a câmara do concílio na parte norte da colina rochosa chamada Areópago, e não na colina em si mesma; Atos 17:22-31). Ele também permaneceu em Atenas enquanto enviava Timóteo para encorajar os cristãos na Tessalônica (1Ts 3:1).

Atenas floresceu no século II. da era cristã devido ao generoso amparo de Roma sob os imperadores Adriano e Antonino. A praça pública sofreu grandes danos na invasão heruliana (Gótica), em 267, resultando na perda ateniense da confiança na proteção romana e numa redução na área habitada. Sob o início da dominação bizantina, Atenas diminuiu em importância. Ela continuou a ser um centro de educação filosófica, contudo, no Edito de Justiniano (529) fechou as suas escolas. A essa altura, muitos de seus monumentos famosos haviam sido convertidos em estruturas cristãs.

Bibliografia. R. Barber, *Greece*, 5a. ed. (New York, 1988); M. Grant, *The Rise of the Greeks* (New York, 1987); R. Meiggs, *The Athenian Empire* (Oxford, 1972).

[SCOTT NASH]

ATER (heb. *ʾāṭēr*) **1.** Ancestral de uma família que voltou do exílio, sob Zorobabel (Ed 2:16 = Ne 7:21).

2. Levita, o cabeça de uma família de porteiros que voltaram de Jerusalém com Zorobabel (Ed 2:42 = Ne 7:45).

3. Chefe israelita que colocou seu selo no pacto renovado, sob Neemias (Ne 10:17 [TM 18]).

ATHBASH Sistema criptográfico por meio do qual letras equidistantes do meio do alfabeto representam uma as outras. Assim, a primeira letra do alfabeto consonantal hebraico (*aleph*) é trocada pela última (*tav*), a segunda letra (*beth*) pela penúltima (*shin*), e assim por diante. O sistema hebraico de nomes representa suas primeiras duas trocas (*aleph-tav*, *beth-shin* = *athbash*).

No Antigo Testamento, o código foi descoberto três vezes em Jeremias. Em 25:26; 51:41 a Babilônia (*bbl*) é chamada "Sesaque" (*ššk*). Em 51:1, a Caldeia (*ksdym*) é representada por "Leb-qamai", frase que significa "o meio (lit. ´o coração´) deles que se levantou contra mim" (*lb-qmy*). [NICOLE J. RUANE]

ATLAI (heb. *'aṯlay*) Israelita da família de Bebai. Ele foi um dos que retornaram do exílio e que foram ordenados a despedir sua esposa estrangeira (Ed 10:28).

ATOS (apócrifo) Obras que descrevem os atos de vários apóstolos, parcialmente inspirados pelo livro de Atos dos Apóstolos, mas frequentemente em alguma tensão com este último, que se tornou canônico. A composição dessas obras continuou até o século VI a.C. Trechos delas têm permanecido no uso litúrgico. Esses atos, com os escritos a respeito da infância ou da paixão de Jesus, atestam ao primitivo interesse cristão de estender as narrativas a respeito dos fundadores do cristianismo. Construindo sobre o tipo Evangelho de narrativa, também refletem um compromisso com uma cultura literária mais ampla, incluindo biografias filosóficas e novelas populares. Teologicamente, os atos apócrifos apresentam desenvolvimentos da tradição do Jesus "radical" embebida em Q e no Evangelho de Tomé, porque os heróis deles são tipicamente itinerantes, sem casa, que pregam mensagens de renúncia e assuntos de mundanidade. O horizonte de suas narrativas geográficas se estende desde a Espanha até a Índia (para não mencionar o céu e o inferno). Os leitores desses livros podem encontrar ambas, mensagens edificantes e histórias de entretenimento.

Cinco composições "principais" emergiram no período entre c. 150 a c. 225: Atos de André, João, Paulo, Pedro e Tomé. Uma imitação mútua e contaminação complicam a tarefa de estabelecer as relações literárias entre eles. Esses atos têm perdido sua popularidade como têm sido condenados. Por causa da perda da popularidade, eles foram submetidos a repetida expansão ou abreviação, assim como edição para se conformar com o paladar ortodoxo. O uso feito pelos maniqueus e outros julgados heréticos levou à supressão eventual deles. Como resultado, nenhum desses atos sobrevive em sua forma original, e somente um manuscrito está completo. A despeito das similaridades gerais deles, os vários atos exibem uma variedade substancial de conteúdo e mensagem.

Os Atos de André, possivelmente escritos em Alexandria, provavelmente próximo ao começo do século III, apresenta uma mensagem radical influenciada pela filosofia grega. O livro Atos de João, igualmente radical, que pode também ser do Egito e data aproximadamente do ano 200, continua como tendências "heréticas" opostas pelas 3 Cartas de João. Edição subsequente impele essa obra para a esfera do gnosticismo valenciano. O livro dos Atos de Paulo, composto no século II na Ásia Menor, permaneceu como o mais próximo para ser obra canônica e recebeu o apoio dos cristãos do catolicismo. Uma seção, os famosos Atos de Tecla, sobreviveu pelo uso no culto da Igreja Católica. As porções existentes dos Atos de Pedro, também escritas na Ásia Menor durante o século II, retratam um líder de comunidade menos ocioso e que revela menos contracultura, embora os fragmentos indiquem que em algum estágio desse livro, como em outros atos apócrifos, o celibato tenha sido altamente honrado. Nenhum começo desses quatro livros de atos sobrevive hoje, mas as descrições climáticas das mortes dos apóstolos são bem atestadas e muito editadas. Os assuntos são totalmente diferentes com respeito aos Atos de Tomé, evidentemente composto em siríaco na região de Edessa, durante o primeiro quarto do século III. Essa obra completa exibe uma considerável profundidade literária e teológica. Sua mensagem, embora não classicamente gnóstica, era totalmente adaptável às ideias gnósticas.

Os numerosos Atos "menos importantes" apresentando figuras como Barnabé, Tito e Bartolomeu, assim como textos posteriores a respeito de apóstolos mais famosos, tendem a ser ortodoxos em teologia e eclesiológicos em sua orientação. Uma exceção é o livro de Atos de Filipe. Muita hagiografia (vidas dos santos) tem dívida para com esse gênero de Atos.

Esses textos têm sido o objeto de vigorosa atenção nas últimas décadas, permitindo novas edições, traduções, e um grande número de investigações especializadas. Essa atividade reflete as mudanças acadêmicas para uma apreciação do pluralismo e das vozes de minoria assim como a atração para os estudos culturais. Os atos apócrifos são importantes porque atestam para a diversidade do pensamento cristão primitivo em sua expressão popular e para a fascinação antiga com as vidas e os atos extraordinários de pessoas santas. O impacto delas sobre a arte e a literatura cristãs permaneceu proeminente por toda a Idade Média e em períodos posteriores.

Bibliografia. J. K. Elliott, ed., *The Apocryphal New Testament*, ed. rev. (Osford, 1993), 229-523; R. I. Pervo, "The Ancient Novel Becomes Christian", em *The Novel in the Ancient World*, ed. G. Schmeling. *Mnemosyne* Sup. 159 (Leiden, 1996), 685-711; W. Schneemelcher e R. McL. Wilson, eds., *New Testament Apocrypha*, ed. rev., 2 (Louisville, 1992), 75-482.

ATOS DOS APÓSTOLOS O quinto livro do NT. Composto pelo autor do evangelho de Lucas, o livro de Atos representa a tentativa mais antiga feita por uma escritor cristão de apresentar uma narrativa conectada de eventos importantes na vida da igreja primitiva da ressurreição de Jesus à morte de Paulo. Começando com a obra *Adversus haereses* de Ireneu, mas especialmente com a *História Eclesiástica* de Eusébio, todas as tentativas exitosas de reconstrução da história primitiva do cristianismo até a era moderna foram profundamente determinadas pelo livro de Atos dos Apóstolos. Não obstante a confiança colocada sobre a obra de Lucas pelos historiadores que o seguiram, a atenção à narrativa de Atos deixa claro que Lucas, em sintonia com as práticas de seus contemporâneos, subordinou a informação histórica ao seu projeto literário a fim de apresentar uma descrição do crescimento da igreja primitiva marcada pela unidade eclesiástica e pela força vida produzida pelo Espírito.

O plano básico de Atos pode ser esboçado da seguinte maneira: começando com a ascensão de Jesus, a narrativa descreve primeiro a vida e o crescimento dinâmico da comunidade primitiva em Jerusalém sob a liderança de Pedro e dos apóstolos até o martírio de Estevão (Atos 1-7). A perseguição que resultou na morte de Estevão leva a Igreja (exceto os apóstolos) numa missão mais ampla fora de Jerusalém caracterizada pela abertura aos não-judeus (cap. 8). Essas sugestões iniciais de uma missão gentílica introduz a conversão de Saulo/Paulo (cap. 9), que será a força vital por detrás da realização desta missão. Que estes desenvolvimentos são legítimos e representam o propósito de Deus é deixado claro pelo episódio de Cornélio registrado em 10:1 a 11:18. A seguir são narrados os primitivos esforços missionários de Barnabé e Paulo a partir da base deles na Antioquia da Síria (11:19 a 14:28), juntamente com uma digressão apresentando Pedro (cap. 12), culminando no reconhecimento decisivo da missão gentílica apresentando a libertação da lei, pelo concílio apostólico (cap. 15). Então a missão de Paulo propriamente dita é detalhada (15:36 a 21:26) numa espécie de descrição de viagens (mostrando Filipos, Tessalônica, Atenas, Corinto, Éfeso, Mileto, Cesareia, Jerusalém) através de várias descrições vívidas. Finalmente, a prisão de Paulo e os julgamentos em Jerusalém e Cesareia (apresentando sua interação com numerosos oficiais romanos) e sua transferência para a capital do Império são documentadas (21:27 a 28:31), terminando com a imagem encorajadora da pregação de Paulo e seu ensino, abertamente, em Roma.

Muitos eruditos supõem que o autor de Lucas e de Atos foi um cristão gentio, embora as indicações em ambos os livros deem apoio à suposição de que a comunidade lucana incluía um contingente de cristãos judeus. Que este indivíduo deveria ser identificado seguindo as tradições como Lucas, um companheiro de Paulo, entretanto, é problemático. Nas indiscutíveis cartas paulinas, Lucas é mencionado somente em Filemom 24; as referências em Cl 4:12; 2Tm 4:11 derivam de Filemom e da tradição paulina, respectivamente. Ireneu (c. 180 d.C.) entendeu as passagens onde aparece "nós" (16:10-17; 20:5-15; 21:1-18; 27:1-28:16) como prova de que Lucas era o colaborador inseparável de Paulo. Mas a interpretação dessas passagens na primeira pessoa do plural admite outras explicações que não exigem um conhecimento de primeira mão de Paulo da parte do autor. Além disso, enquanto está claro simplesmente pela narrativa dedicada a Paulo que o autor o admirava muito, a narrativa resultante aparentemente revela um profundo engano a respeito da obra e da teologia de Paulo que nos foi dada a conhecer através de suas próprias cartas. Portanto, quando Paulo prega em Atos, suas ênfases (assim como o estilo literário de seus discursos) são notavelmente semelhantes aos discursos apresentados por Pedro, sugerindo que em ambos o leitor de fato encontra uma teologia de Lucas. O livro de Atos parece ser o produto de um tempo quando as lutas apaixonadas de Paulo em favor dos cristãos gentílicos eram uma coisa do passado. O sobrepujante sucesso da missão gentílica deixou Lucas com uma preocupação diferente de dirigir-se aos cristãos contemporâneos que haviam se tornado excessivamente complacente com as suas origens judaicas.

Conquanto com certeza a data da composição de Atos não seja conseguida, as considerações precedentes indicam que é razoável colocá-la algum tempo após o evangelho de Lucas, que pode ser datado cerca de 80-85 a.C. No que respeita à localização geográfica de Lucas, há apenas indicações suficientes para especulação. A tradição antiga colocou-o em Antioquia. Sua genuína preocupação com Paulo e com a tradição paulina, mesmo que julgada idiossincrática quando medida em relação as cartas indiscutíveis de Paulo, talvez indique a sua ligação a uma das principais áreas da missão paulina ao redor do mar Egeu, mas isto é somente uma conjectura.

Uma questão excepcional com respeito à tradição dos manuscritos de Atos é sua existência em dois tipos principais de textos ou "versões", a alexandrina e a ocidental. O Códex Bezae (D) intensifica os aspectos especiais do último tipo de texto por expandir os títulos cristológicos, dando forma a uma atitude hostil em relação aos judeus, empregando um discurso mais reverente, suavizando os veios literários, e fazendo outras "melhoras". A maioria dos eruditos considera a versão ocidental como sendo uma revisão secundária e expandida do texto alexandrino.

Lucas não oferece nenhuma orientação a respeito das origens de sua informação para a narrativa apresentada em Atos. Enquanto Lucas provavelmente tenha utilizado algumas outras fontes para a sua narrativa, sua constante revisão estilística dos mesmos reproduz improvavelmente a recuperação deles (se nós tivéssemos somente o evangelho de Lucas, poderíamos reconstruir Marcos?) Enquanto os eruditos têm desenvolvido uma variedade de fontes hipotéticas, todas essas sugestões são problemáticas. Uma proposta recorrente é que o sabor bíblico dos caps. 1—12 se deriva de uma fonte aramaica subjacente. Mas nada evita a conclusão de que Lucas compôs a narrativa do período primitivo num estilo "arcaico" similar à adaptação das narrativas do nascimento em Lucas 1-2. Uma outra ideia perene é que um itinerário ou diária de alguma espécie proporcionou Lucas com informação sobre as viagens missionárias de Paulo; uma variante desta sugestão supõe que o próprio Lucas era o escriba para as passagens onde aparece "nós" desse diário. À parte dos problemas inerentes à hipótese do itinerário ou diário, várias explicações literárias servem para explicar as passagens onde aparece a palavra "nós" (p. ex., um artifício, atestado desde Homero, para tornar uma narrativa mais vívida). Podemos supor que na sua obra histórica Lucas procedeu de um modo não diferente do modo dos seus contemporâneos. Sem predecessores para o segundo livro, Lucas repousou sobre uma mistura de tradição e composição para descrever a expansão bem sucedida da missão cristã primitiva por todo o império romano sob a direção do Espírito de acordo com o propósito de Deus.

Um lugar onde a narrativa de Lucas se propõe a se tornar particularmente clara é nos discursos que ele proporcionou para os personagens na narrativa. Em linha com a prática geral dos historiadores helênicos, estes discursos, que compõem aproximadamente um terço do texto total, podem ser considerados como criações literárias de Lucas, inseridas na narrativa para instruir e agradar ao leitor. Antes do que preservar a particularidade da retórica dos vários oradores cristãos antigos, estes discursos partilham do mesmo estilo literário e consequentemente servem para o propósito de Lucas de demonstrar a unidade substancial da pregação cristã mais primitiva, mesmo quando elas incorporam a interpretação do próprio Lucas dos "eventos" cercando o surgimento da igreja.

Sem levar em conta o julgamento de alguém a respeito da confiabilidade de Atos como uma crônica histórica, o livro certamente pode ser tomado como uma expressão da teologia cristã primitiva. A noção da história da salvação que Lucas tem nas três eras (de Israel, de Jesus, e da Igreja) subjaz sua descrição da Igreja como uma entidade histórica com seu próprio tempo específico. Além do mais, o tempo da Igreja mais primitiva é distinto por sua própria imagem singular (nutrida pelo emprego de um estilo grego bíblico arcaico) em contraste com a Igreja dos dias de Lucas. As estruturas peculiares e irrepetíveis da comunidade primitiva são explicadas pela presença dos apóstolos e das testemunhas oculares. A preocupação de Lucas nesta descrição de destacar a continuidade entre Israel e a Igreja é expressa pela observância continuada de práticas judaicas no período primitivo em contraste com a situação sugerida nos próprios dias de Lucas. O intervalo entre a geração de Lucas e o tempo primitivo é ligado pelo endosso da missão gentílica nas deliberações do Concílio Apostólico e pela promulgação do Decreto Apostólico (At 15:20, 29; 21:25). O pronunciamento último pode ter continuado para funcionar praticamente no caso da própria comunidade de Lucas por assegurar a existência das condições necessárias para tornar possível a mesa da comunhão entre cristãos judeus e cristãos gentios. O fator-chave entre os fatores que promovem continuidade dentro da própria Igreja por toda a narrativa são as descrições da proclamação da Igreja, do ensino a respeito de Jesus e a constância da presença do Espírito como o primeiro motor nas junturas cruciais da história eclesiástica primitiva (p. ex., At 8:29; 10:19; 16:6-7).

Atos é mais teocêntrico do que cristocêntrico. É Deus quem ocupa o lugar dominante. A noção da preexistência de Jesus está ausente e um ar de "subordinacionismo" está presente. Jesus é descrito como um homem a quem Deus legitimou por obras poderosas, sinais e maravilhas (2:22). A visão da morte de Cristo como expiação ocorre somente uma vez numa expressão retirada da tradição (20:28). O evento focal da salvação é a ressurreição, que significa o grande ponto decisivo da história. Visto que Deus ofereceu a ressurreição como "prova" (17:31), não há mais lugar para qualquer desculpa para rejeitar a mensagem cristã.

A imagem de Paulo já tinha sofrido revisão no tempo de Lucas e Lucas não hesitou introduzir suas próprias ideias. Devendo a ele a sua esquematização da salvação histórica, Lucas foi obrigado a descrever Paulo como sujeito à lei. Mais adiante, na descrição de Lucas Paulo não pode estabelecer a liberdade dos cristãos gentílicos em relação à lei através de argumento teológico (daí as Cartas de Paulo, mesmo se conhecidas, são de pouco valor prático para Lucas). Ao contrário, a esta liberdade é dado o seu fundamento histórico e eclesiástico na conversão do gentio Cornélio (na qual Pedro exerce o papel principal!) e na decisão do Concílio Apostólico, respectivamente. As discrepâncias entre o Paulo Lucano e o Paulo das Epístolas têm sido longamente observadas. Assim, de acordo com Lucas, Paulo foi um grande operador de milagres, um notável orador, não geralmente conhecido como um apóstolo, e perseguido pelo ensino a respeito da ressurreição. Por contraste, Paulo em suas Cartas, enfatizava sua fraqueza (2Co 12:10), confessava que ele não tinha dotes para escrever (2Co 10:10), insistia veementemente sobre suas credenciais como um apóstolo (p. ex., Gl 2:1-10), e encontrou dificuldade em toda parte por causa da sua proclamação de um evangelho livre da lei. Todas essas contradições são explicadas quando se reconhece que o livro de Atos preserva uma descrição de Paulo de um tempo de décadas severas após a sua morte. O papel de Paulo no livro de Atos é assim ditado não somente por sua biografia, mas também pelas necessidades da teologia de Lucas; estritamente, as preocupações históricas não estão em vista.

Para Lucas, a relação da Igreja com Israel é tanto clara quanto problemática. Enquanto a Igreja deve permanecer em continuidade com o antigo povo de Deus, ela encontra incredulidade entre os judeus e, portanto, ela se volta para os gentios. Mas a missão da liberdade da lei para os gentios ameaçava quebrar a continuidade da história da salvação. Uma das principais preocupações de Lucas em Atos é tratar deste problema mostrando que os cristãos primitivos se apegaram firmemente à sua fé judaica até que foram impelidos por nada menos do que a intervenção divina para que dessem boas-vindas aos gentios na Igreja. Esta é a motivação fundamental por detrás das elaborações múltiplas do episódio de Cornélio (10:1-48; 11:1-18; 15:7-9) e da história da conversão de Paulo contada três vezes (9:1-19; 22:4-16; 26:9-18). Que Lucas descreve a aceitação da parte dos cristãos gentílicos de certas exigências básicas do AT expostas pelo Decreto Apostólico é o correlativo natural para a preocupação fundamental de Lucas a respeito da continuidade da salvação histórica, como são as visitas rotineiras de Paulo à sinagoga e ao seu estilo de vida judaico.

A descrição de Lucas das ligações próximas do cristianismo ao judaísmo também encoraja o seu apelo aos oficiais romanos para que não se preocupem com "as questões teológicas internas". Na descrição de Lucas as celebridades romanas expressam interesse no cristianismo (13:12; 19:31) ou ao menos indicam que o cristianismo não oferece nenhum perigo para o estado (18:15; 19:37; 23:29; 25:25; 26:32). Deste modo Lucas pode afirmar a natureza não-subversiva da Igreja, possivelmente num esforço de convencer os cidadãos de Roma do seu próprio tempo que nada permanecia no caminho da membresia deles na comunidade cristã.

O propósito de Lucas ao escrever Atos não pode estar limitado a qualquer outro fator. Sem dúvida, seu alvo geral era encorajar a comunidade cristã a ter confiança no seu futuro olhando para o seu passado. Isto foi cumprido por empregar habilidosamente um gênero que permitiu uma narrativa cativante composta de uma sucessão de lições tanto didáticas como de entretenimento. Como foi afirmado acima, Lucas dedicou energia considerável para clarear o relacionamento da Igreja tanto com judeus como com romanos. Finalmente, para os cristãos de um período posterior que precisavam conhecer algo a respeito de Paulo, talvez o livro de Atos tenha servido para oferecer uma reabilitação e uma domesticação dessa perigosa figura, que será encontrada logo na raiz dos vários impulsos "heréticos" no século II. *Ver* LUCAS, EVANGELHO DE; PAULO.

Bibliografia. P.F. Esler, *Community and Gospel in Luke/Acts*. SNTSMS 57 (Cambridge, 1987); E. Haenchen, *The Acts of the Apostles* (Philadelphia, 1971); J. Jervell, *The Theology of Acts of the Apostles* (Cambridge, 1996); R. I. Pervo, *Profit with Delight: The Literaty Genre of the Acts of the Apostles* (Philadelphia, 1987); B. W. Winter, ed., *The Book of Acts in Its First Century Setting*. 6 vols. (Grand Rapids, 1993-); B. Witherington, ed., *History, Literature, and Society in the Book of Acts* (Cambridge, 1996).

AUGUSTO (gr. *Augoústos*) César Augusto, o primeiro imperador em Roma. Nascido a 19 de setembro de 63 a.C., Gaius Octavius (Caio Otávio) era o neto de Júlia, irmã de Júlio César. Por quase um século,

Roma tinha suportado o caos de uma série de conflitos civis e de guerra entre facções poderosas de nobres, cada uma disputando um poder definitivo e duradouro na arcaica e moribunda República Romana. Por volta de 46 a.C., Júlio César, indiscutivelmente a maior figura militar da República, tinha consolidado o poder militar e político; pouco tempo depois, haveria de ser nomeado o cabeça do estado romano pela vida toda. Um imperador em tudo, exceto no nome, César foi assassinado em março de 44 a.C., de acordo com o Ides (antigo calendário romano). O testamento de César nomeava Octavius seu herdeiro e postumamente adotado como filho (agora chamado Gaius Julius Caesar Octavianus, após ter tomado o nome do seu pai adotivo com o cognome "Otaviano" denotando o seu nome original de família). Nos treze anos de caos que se seguiram à morte de César, Otaviano gradualmente expandiu a sua influência política e recursos militares, finalmente para derrotar Marco Antônio e Cleópatra no ano 31, na Batalha de Áccio e, assim, emergir como o único monarca do Império R omano, expandido por sua própria conquista e anexação do Egito.

Otaviano reorganizou o antiquado governo romano para manter a supremacia para si mesmo e para os seus seguidores, mascarando o que era de fato a soberania de um imperador com os ornamentos do velho sistema republicano. Desta maneira, o politicamente astuto Otaviano evitou a insensibilidade de César para a propensão romana contra as formas exteriores de monarquia. Ele era meramente conhecido como *princeps* (lit. "primeiro cidadão") e seu governo é identificado pela história como o Principado. Assim, "restaurando a República", Otaviano foi honrado com ainda uma outra mudança na nomenclatura — daí para frente passou a ser conhecido como César Augusto. Os nomes eram pessoais (lit. "aquele que governa, o sempre crescente César"), mas todos os três mais tarde se tornaram títulos para o imperador de Roma.

O longo reinado de 45 anos de Augusto é considerado a era dourada de Roma. As legiões de Augusto guardaram as longas fronteiras do vasto império mantendo a *pax Augusta*, a paz de Augusto. A paz trouxe prosperidade, e a prosperidade nutriu as artes. Grandes realizações na literatura permanecem mesmo hoje como testemunhas do tempo. Menos duradouros foram os monumentos físicos erigidos por Augusto quando ele transformou a cidade de tijolo numa cidade de mármore. A própria popularidade do *Princeps* parecia sem limite. Uma população que o adorava o chamava de "pai do país" e de "segundo fundador de Roma". Nas províncias, Augusto insistia numa administração justa, com o resultado de que todo o império se beneficiou do seu governo, com muitas lutas provinciais lutando para ganhar a cobiçada apelação do cidadão romano e muito desejoso de tributar a Augusto uma honra espontânea de uma divindade viva em seus templos.

Augusto sobreviveu a seu amigo, genro e herdeiro, Marcos Agripa, e também seus netos e herdeiros, Gaio e Lúcio César, de forma que na proximidade de sua morte, ele tinha somente seu neto adotivo Tibério, a quem ele poderia confiar Roma e seu império. Com a morte de Augusto, em 14 d.C., o principado chegou ao fim; Tibério não teve nenhuma hesitação em abertamente proclamar-se imperador. Embora o "Império" derivasse do Principado, a realização de Augusto é não obstante, reconhecida como a revitalização de Roma e, assim, permitiu a continuação de sua força civilizadora e unificadora por quase metade de um milênio pela frente.

Bibliografia. K. Galinsky, *Augustan Culture* (Princeton, 1996); F. Millar, *The Emperor in the Roman World, 31 a.C–337 a.D.* (1997, reimpressão, Princeton, 1992); R. Syme, *The Roman Revolution* (1939, reimpresso, Oxford, 1960). [JOHN F. HALL]

AUMAI (heb. *'ăḥûmay*) O filho de Jaate da tribo de Judá (1Cr 4:2).

AUZÃO (heb. *'ăḥuzzām*) O filho de Asur e Naará da tribo de Judá (1Cr 4:6).

AUZATE (heb. *'ăḥuzzaṯ*) "Amigo" (um termo técnico com o significado de "orientador") de Abimeleque, rei filisteu. Ele e Ficol acompanharam o soberano deles, que desejava fazer um pacto com Isaque (Gn 26:26).

AVA 1. (heb. *'ahăwā'*) Rio ou canal na Babilônia; possivelmente também o nome de uma cidade ou colônia associada a ela. Esdras menciona Ava como sítio em que ele reuniu os exilados que estavam para retornar a Jerusalém e proclamou um jejum preparatório antes da viagem (Ed 8:15, 21, 31).

Tentativas de localizar Ava são complicadas pelos dados limitados para reconstruir a rota do retorno de Esdras, e pela abundância de variantes textuais para o nome nos manuscritos relevantes (TM, LXX, Etiópico). Enquanto as localizações exatas são desconhecidas e diversos sítios têm sido propostos, a maioria a situa num raio de aproximadamente 200 km da Babilônia. [MONICA L. W. BRADY]

2. (heb. *'awwā*) Cidade na Assíria ou Síria, possivelmente o mesmo que Ivvah, da qual Salmaneser V fez colonos, recolonizando-os nas cidades de Samaria cujos habitantes israelitas havia deportado para a Assíria (2Rs 17:24; 722 a.C.).

AVARÃ (gr. *Auaran*) Nome alternativo de Eleazar (8), filho de Matias (1Mac 2.5), que matou um elefante na batalha em Bete-Zacarias (6.43-46).

ÁVEN (heb. *'āwen*) **1.** Abreviatura de Bete-aven, o apelido pejorativo ("Casa da Impiedade") da cidade e do santuário de Betel ("Casa de Deus"; Os 10:8; cf. Jr 4:15). Amós primeiramente a cunhou como um trocadilho derrogatório (Am 5:5), e Oseias a adotou (Os 4:15; 10:5).

2. Epíteto irônico para um vale arameu, provavelmente entre o Líbano e as montanhas do Antilíbano (Am 1:5).

3. Cidade que o TM vocaliza como "Áven" (*'āwen*, Ez 30:17), provavelmente evidenciando a celebrada adoração do sol da metrópole. A cidade é provavelmente a cidade egípcia chamada On (Heliópolis; cf. Gn 41:45, 50; 46:20). [STEPHEN I. COOK]

AVEUS (heb. *'awwîm*) **1.** Os habitantes da região posteriormente chamada de planície filisteia, próximo de Gaza, antes dos filisteus ("caftorins") os destruírem e se estabelecerem na área (Dt 2:23). Alguns foram aparentemente deslocados para o sul (cf. Js 13:3).

2. Uma cidade dentro do território da tribo de Benjamim (Js 18:23), provavelmente entre Betel e Para. A forma da palavra é gentílica e pode não representar um nome geográfico. O lugar poderia, então, ser identificado com Ai, mas não há nenhum consenso entre os eruditos sobre este assunto. [WILLARD W. WINTER]

AVITE (heb. *'ăwîṯ*) Cidade de Edom e o lar do rei Hadade, cujo pai, Bedade, havia derrotado os midianitas (Gn 36:35; 1Cr 1:46). Uma possível localização é Khirbet el-Jiththeh, entre Ma´an e el-Basta. [GERALD M. BILKES]

AYYAH (heb. *'ayyâ*) Cidade estabelecida pelos benjamitas que retornaram do exílio na Babilônia (1Cr 7:28). A LXX traduz como "Gaza" que seria distinto de Gaza na Filístia. Ayyah pode ser o mesmo que Aíja em Neemias 11:31. Alguns a identificam com um sítio próximo a Ai ou com a própria Ai (Ed 2:28). [WILLARD W. WINTER]

AZÃ (heb. *'azzān*) Pai de Paltiel, chefe da tribo de Issacar (Nm 34:26).

AZALIAS (heb. *'ăṣalyāhû*) Filho de Mesulão e pai de Safa o secretário, mencionado em conexão com a descoberta do livro da Lei (2Rs 22:3).

AZANIAS (heb. *'ăzanyâ*) Pai de Jesuá, o levita, que colocou o seu selo para o pacto renovado feito sob Neemias (Ne 10:9 [TM 10]).

AZAREL (heb. *'ăzar'ēl*) **1.** Coraíta que passou para o lado de Davi em Ziclague (1Cr 12:6 [TM 7]).

2. Cantor levita durante os dias de Davi (1Cr 25:18). Ele é chamado Uziel em 1Cr 25:4.

3. O filho de Jeroão; líder da tribo de Dã sob Davi (1Cr 27:22).

4. Israelita descendente de Binuí que teve de despedir a sua esposa estrangeira durante a administração de Esdras (Ed 10:41).

5. O filho de Aazai, descendente de Imer, e pai de Amassai (Ne 11:13).

6. Sacerdote pós-exílico entre aqueles que tocaram instrumentos musicais na dedicação dos muros de Jerusalém (Ne 12:36). Ele é provavelmente o mesmo que 5.

AZARIAS (heb. *'ăzaryâ*, *'ăzaryāhû*) **1.** Sumo sacerdote sob Salomão; filho do sacerdote Zadoque (1Rs 4:2).

2. Filho de Natã e supervisor de "governadores" (talvez soldados guarnecidos no palácio ou talvez oficiais) sob Salomão (1Rs 4:5).

3. Nome de nascimento do rei Uzias (2Rs 15:13; 2Cr 26:1-23). Filho de Amazias e Jecolias, tornou-se rei de Judá aos 16 anos (2Rs 14:21; 1Cr 3:12); diz-se que governou por 52 anos (2Rs 15:1-2). Seu reinado às vezes é considerado limitado a 783-742 a.C., e provavelmente envolveu a corregência com seu filho Jotão, e talvez até mesmo com Amazias, seu pai.

4. Bisneto de Judá por meio de Zerá (um dos filhos de Judá com sua nora Tamar) e Etã (1Cr 2:8).

5. Descendente distante de Judá por meio de Perez, Hezrom e Jerameel (1Cr 2:38-39).

6. Descendente de Arão e neto de Zadoque (1Cr 6:9 [5:35]).

7. Sacerdote no templo de Salomão (1Cr 6:10 [5:36]); neto do n.º 6.

8. Sacerdote, filho de Hilquias e pai de Seraías (1Cr 6:13 [5:39]).

9. Homem da divisão coatita dos levitas, cujo descendente Hemã, o cantor, ministrava no templo na época de Davi (1Cr 6:36 [21].

10. Sacerdote e oficial-chefe do templo, listado entre os primeiros colonos em Judá após o exílio (1Cr 9:11).

11. Um profeta, filho de Odede, influenciou Asa a buscar a reforma do culto (2Cr 15:1-7).

12. O nome de dois filhos do rei Josafá de Judá, assassinado quando seu irmão Jeorão subiu ao trono (2Cr 21:2).

13-14. Dois oficiais militares, Azarias, filho de Jeroão, e Azarias, filho de Odede, que ajudaram o sumo sacerdote Joiada na revolta contra Atalia (2Cr 23:1).

15. Sacerdote que, com outros oitenta sacerdotes, impediu o rei Uzias de oferecer um sacrifício no altar de incenso no templo (2Cr 26:17, 20, em uma narrativa que explica por que o rei contraiu lepra).

16. Efraimita, contado entre os chefes que se opuseram a conduzir cativos de Judá para a cidade de Samaria (2Cr 28:12).

17-18. Dois levitas, pai do coatita Joel e filho do merarita Jealelel, entre aqueles que ajudaram Ezequias na purificação do templo (2Cr 29:12).

19. Sumo sacerdote sob Ezequias (2Cr 31:10).

20. Avô de Esdras (Ed 7:1).

21. Pai de Amarias, outro ancestral de Esdras (Ed 7:3).

22. Um dos que restauradores do muro de Jerusalém que ficava ao lado de sua própria casa (Ne 3:23-24) e um líder que participou de sua dedicação (12:33).

23. Um dos líderes do povo que se mudou da Babilônia para Judá sob Zorobabel (Ne 7:7). Em Esdras 2:2, no entanto, aparece o nome de Seraías. Os dois nomes aparecem na lista dos sacerdotes que assinaram um documento para Esdras prometendo obedecer à lei, abster-se de fazer negócios no sábado, pagar os impostos do templo e impedir que suas filhas se casassem com estrangeiros (Ne 10:2 [3]).

24. Um dos homens que interpretou para o povo a lei lida por Esdras (Ne 8:7).

25. Um de dois homens que, após a queda de Jerusalém em 586, liderou um grupo de judeus ao Egito, levando Jeremias e Baruque com eles (Jr 43:2).

26. O nome hebraico de Abednego, um dos três amigos de Daniel na Babilônia (Dn 1:6-7, 11, 19; 2:17). [PAUL L. REDDITT]

AZARIAS, ORAÇÃO DE *Ver* DANIEL, ADIÇÕES A.

AZAZ (heb. *ʿāzāz*) Rubenita, filho de Sema e pai de Belá (1Cr 5:8).

AZAZEL (heb. *ʿăzāʾzēl*) O bode sobre o qual todas as transgressões e pecados do povo de Israel são transferidos no Dia da Expiação (Yom Kippur). O bode é então enviado para o deserto (Lv 16:8, 10, 21-22, 26).

Há quatro pontos de vista sobre o significado original dessa designação: (1) uma combinação de *ʿz*, "bode", e *ʾzl*, "partir", "ir embora", que pode ser denominada "bode expiatório", conforme algumas versões bíblicas; (2) "remoção total", que está de acordo com o propósito declarado tanto para o próprio bode (v. 21) quanto para o dia em geral (v. 34); (3) o local para o qual o bode parte; e (4) um demônio do deserto ou o próprio Diabo (cf. 1En 8.1 e *passim*). O deserto ou ermo é frequentemente descrito pelo AT e pelo NT como a morada dos espíritos malignos (Is 34:13; Mt 12:43 = Lucas 11:24; Ap 18:2).

Bibliografia. E. L. Feinberg, "The Scapegoat of Leviticus Sixteen", *BSac* 115 (1958):320-31; L. L. Grabbe, "The Scapegoat Tradition: A Study in Early Jewish Interpretation", *JSJ* 18 (1987):152-67; H. Tawil, "*ʿAzazel* the Prince of the Steepe: A Comparative Study", *ZAW* 92 (1980):43-59. [MILES V. VAN PELT]

AZAZIAS (heb. *ʿăzazyāhû*) **1.** Um levita que tocou lira quando a arca da aliança foi levada a Jerusalém (1Cr 15:21).

2. Um efraimita, pai de Oseias (1Cr: 27:20).

3. Superintendente do templo durante o reinado de Ezequias (2Cr 31:13).

AZBUQUE (heb. *ʿazbûq*) Pai de um certo Neemias, um dos que trabalharam na restauração dos muros e portões de Jerusalém (Ne 3:16).

AZECA (heb. *ʿăzēqâ*) Uma cidade da Sefelá de Judá (Js 15:35). Os cinco reis amorreus que Josué derrotou em Gibeão fugiram para Azeca (Js 10:10-11). Os filisteus acamparam entre Azeca e Socó no prelúdio da batalha de Davi e Golias (1Sm 17:1), ilustrando a importância estratégica da cidade na região fronteiriça entre Judá e a Filístia. Ela aparece entre os lugares fortificados por Roboão (2Cr 11:9).

Azeca é identificada com segurança com Tell Zakariya, um monte triangular de topo plano de um cimo proeminente de 117 metros acima do vale de Elá (cf. 1Sm 17:2). Um texto cuneiforme de 701 a.C., que atribui a invasão de Judá a Senaqueribe, se orgulha de este ter tomado "a cidade de Azeca, sua fortaleza [de Ezequias] [...] localizada no cimo da montanha, como inúmeros punhais de ferro pontiagudo (?) alcançando o céu". Apesar de sua aparente destruição pela Assíria, a importância estratégica de Azeca continuou até o fim da monarquia israelita. Durante a invasão da Babilônia em 587, Jeremias declarou Azeca e Laquis como as últimas cidades fortificadas restantes de Judá (Jr 34:7). Em um contemporâneo fragmento de cerâmica, um comandante de campo escreve a seu superior em Laquis: "estamos esperando os sinais de Laquis [...], pois não podemos ver Azeca".

Quando retornaram do exílio, os judeus estabeleceram-se em Azeca (Ne 11:30), e a ocupação continuou no período do Segundo Templo. Eusébio (Onom. 18.10) localiza Azeca entre Eleuterópolis (Bete Guvrin) e Jerusalém. No século VI d.C., o mapa de Madeba retrata um assentamento de Bete-Zacarias e um santuário para "São Zacarias" na estrada Jerusalém-Eleuterópolis; ao lado dessas características, aparece uma aldeia sem nome em uma montanha distinta, provavelmente uma representação de Azeca para a qual o nome Tell Zakariya foi transferido.

Ao escavar Tell Zakariya para o Fundo de Exploração da Palestina em 1898-1899, Frederick J. Bliss e R. A. S. Macalister descobriram uma fortaleza retangular no cume e torres defensivas separadas na borda do monte, talvez originando-se de Roboão e continuando em várias fases até o período romano. Uma fase continha alças de jarras impressas com selos de escaravelhos alados e a palavra *lmlk* ("pertencente ao rei"), conhecida até o período de invasão de Ezequias e Senaqueribe em 701. Vários achados sugerem o assentamento do monte, com interrupções, de cerca de 1500 até o período bizantino.

Bibliografia. E. Stern, "Azekah", *NEAEHL* 1.123-24. [DANIEL C. BROWNING, JR.]

AZEL (heb. *'āṣāl*) Azel ou Azal significa "nobre" e possivelmente se refere a uma localidade não identificada próxima de Jerusalém (Zc 14:5). Outros tradutores a traduzem como uma preposição, "o lado dela" (RSV), ou como um substantivo, "o outro lado" (TEV). [BERRY P. LAWSON]

AZEVINHO No uso bíblico, trata-se provavelmente da azinheira (*Quercus ilex* L.), pequena árvore sempre verde semelhante a um arbusto (heb. *tirzâ;* Is 44:14; cf. Sus. 58; gr. *prínos*). O verdadeiro azevinho (*Ilex aquifolium* L.) é um arbusto e não é encontrado nesse ambiente. Outras possíveis identificações incluem o cipreste (*Cupressus sempervirens*; assim na ARA e NVI) e o plátano (*Platanus orientalis* L.). [ROBERT E. STONE, II]

AZGADE (heb. *'azgāḏ*) O ancestral de um grupo de israelitas do exílio, do qual alguns retornaram sob Zorobabel (Ed 2:12 = Ne 7:17) e alguns sob Esdras (Ed 8:12). Ele pode ser o Azgade de Neemias 10:15 (TM 16] que firma o seu selo ao pacto renovado sob Neemias.

AZIEL (heb. *'ăzî'ēl*) Um dos levitas que tocava harpa quando a arca foi trazida a Jerusalém (1Cr 15:20). Ele é provavelmente o mesmo que Jaaziel de 1Crônicas 15:18.

AZIZA (heb. *'ăzîzā'*) Israelita da linhagem de Zatu, compelido por Esdras a se divorciar de sua esposa estrangeira (Ed 10:27).

AZMAVETE (heb. *'azmāweṯ*) **I. (LUGAR)** (tb. BETE-AZMAVETE) Cidade numa elevação no interior de Judá, a que 42 membros do clã retornaram do exílio com Zorobabel (Ed 2:24). A cidade proporcionou cantores para a dedicação dos muros reconstruídos de Jerusalém (Ne 12:29). Em Neemias 7:28, é chamada Bete-Azmavete. O sítio é identificado como a moderna Hizmeh, cerca de 8 km a nordeste de Jerusalém.

Bibliografia. W.F. Albright, "Alemeth and Azmaveth", *Excavations and Results at Tell el-Ful (Gibeah of Saul)*. AASOR 4 (New Haven, 1924), 156-57; J. Simons, *The Geographical and Topographical Texts of the Old Testament* (Leiden, 1959). [DENNIS M. SWANSON]

II. (PESSOA) 1. Um dos campeões de Davi (2Sm 23:31= 1Cr 11:33), o barumita.

2. Benjamita cujos dois filhos se juntaram a Davi em Ziclague (1Cr 12:3).

3. Pessoa responsável pelos tesouros no palácio de Davi (1Cr 27:25).

4. Um dos filhos de Jeoiada; um descendente de Saul (1Cr 8:36; em 9:42 seu pai é chamado Jará).

AZMOM (heb. *'aṣmôn*) Localidade no deserto de Sin que era parte da fronteira meridional da terra de Israel (Nm 34:4-5), e a fronteira meridional da distribuição tribal de Judá (Js 15:4). A localização provável é Ain Muweilih, a leste de Ain el-Qudeirat (Cades-Barneia) [PETE F. WILBANKS]

AZNOTE-TABOR (heb. *'aznôṯ tāḇôr*) Cidade ao norte do monte Tabor que marcava a fronteira ocidental do território de Naftali (Js 19:34). Khirbet Umm-Jubeil, a 4 km ao norte da montanha, tem sido sugerida como o sítio, baseado na descoberta relatada a respeito da cerâmica do período final do Bronze; recentes levantamentos feitos em Israel têm identificado somente o Bronze II e os materiais de períodos posteriores no sítio.

AZOR (gr. *Azṓr*) Ancestral pós-exílico de José e Jesus de acordo com a genealogia do Evangelho de Mateus (Mt 1:13-14).

AZOTO (gr. *Ázōtu*) Nome grego para Asdode.

AZRICÃO (heb. *'azrîqām*) **1.** Filho de Nearias, descendente de Zorobabel e Davi (1Cr 3:23).

2. Benjamita, filho de Azel e descendente de Jônatas (1Cr 8:38; 9:44).

3. Levita, o filho de Hasabias e pai de Hassube (1Cr 9:14 = Ne 11:15).

4. O comandante do palácio no tempo de Acaz. Ele foi assassinado com Maaseias e Elcana pelo efraimita Zicri (2Cr 28:7).

AZRIEL (heb. *'azrîqām*) **1.** O cabeça de uma família da tribo de Manassés vivendo na Transjordânia (1Cr 5:24).

2. O pai de Jerimote, líder na tribo de Naftali durante os dias de Davi (1Cr 27:19).

3. O pai de Seraías, o cortesão do rei Jeoiaquim, durante o ministério profético de Jeremias (Jr 36:26).

AZUBA (heb. *'ăzûḇâ*) **1.** Filha de Sili e mãe do rei Jeosafá (1Rs 22:42 = 2Cr 20:31).

2. Uma das esposas de Calebe, o filho de Hezrom, e mãe de três filhos (1Cr 2:18-19).

AZUR (heb. *'azzûr*) **1.** Israelita que, como representante do povo, colocou o seu selo sobre o novo pacto quando Neemias era governador (Ne 10:17 [TM 18]).

2. Pai do falso profeta Hanaias de Gibeão (Jr 28:1).

3. O pai de Jaazanias, contemporâneo de Ezequiel (Ez 11:1).

B

B Designação do Códex Vaticanus, do século IV a.C.

BAAL (heb. *ba'al*) **I. (DEIDADE)** Tempestade canaanita e o Deus da fertilidade. Como epíteto de várias divindades semíticas ocidentais, especialmente Hadade, o nome significa "senhor", designando estado legal de posse ou superioridade social. Com a exceção óbvia de Yahweh, Baal é a divindade mais significativa do Antigo Testamento.

Numa terra dependente onde a agricultura é alimentada pela chuva, o deus-tempestade é a divindade mais significativa na cultura. Baal realmente serve como o deus mais poderoso do panteão canaanita, embora o seu progenitor El seja o cabeça. Além do mais, o culto exerce um papel importante na vida ritual e diária dos membros da sociedade, devido à necessidade suprema de chuva e o seu impacto contínuo sobre a população.

Vários epítetos e funções derivados dessa divindade são comprovados. Uma extensão do conceito de chuva é o da fertilidade. Baal é representado iconograficamente por um touro, salientando os poderes frutíferos da divindade. Mitos ugaríticos registram detalhadamente a luta de Baal contra o seu castigo merecido Mot ("morte"). Baal sozinho, no meio do panteão, é poderoso bastante para atacar Mot. Uma luta de dois poderes antitéticos que colidem mitologicamente. A incursão de Baal sobre Mot (que o engole) é representativo do ciclo agrícola, como a vida é um clima subtropical de verão seco que requer meses de aridez, teologicamente é entendido como a ausência do deus da chuva.

O poder inerente numa tempestade de trovões e relâmpagos conduz em si mesmo à associação com bravura em guerra. Baal é o guerreiro por excelência na literatura ugarítica. Sua derrota das forças do caos, representada pelo deus Yamm ("mar"), salvou a ordem na esfera divina. O rei de uma sociedade que o reverenciava deveria imitar a Baal nesse aspecto, para proteger a sociedade mundana das forças do caos (como se fossem virtualmente todos os reis do antigo oriente próximo, imitando os respectivos deuses guerreiros deles que derrotaram as forças do caos). Iconograficamente, Baal é representado como guerreiro alavancando o raio como arma.

Uma gama de elementos do culto a Baal é atestada no Antigo Testamento. Os profetas estáticos são descritos na confrontação de Elias com os quatrocentos profetas de Baal no monte Carmelo (1Rs 18; cf. também a obra egípcia de Wen-amon). O retalhamento mencionado no ritual (1Rs 18:28) era provavelmente relacionado ao culto aos mortos, como a morte de Baal é equalizada com a aridez. A associação de Baal com tal culto está implícita nas proibições bíblicas contra o corte do cabelo ou do corpo no tempo de luto (Lv 19:28; Dt 14:1; cf. Jr 16:6; 41:5; Os 7:14).

As práticas dos cultos a Baal afetaram profundamente a sociedade de Israel e de Judá em dois níveis. Primeiro, um grande número de temas litúrgicos, imagens, e frases foram adaptadas pelos israelitas. Embora a real adoração de Baal fosse completamente proibida, naturalmente havia sobreposições teológicas entre Yahweh e as divindades de outros panteões. Que Yahweh e Baal sejam ambos descritos como divindades da tempestade (Jó 38; Sl 29) já é esperado em nichos ecológicos semelhantes, com epítetos similares. Ambos são guerreiros que "cavalgam as nuvens" (Sl 18:10 [TM 11] = 2Sm 22:11; Sl 77:18 [TM 19]). Os dois compartilham inimigos comuns, Leviatã (p. *ex.*, Jó 3:8; 41:1 [40:25]; Sl 74:14; Is 27:1), Tannin (p. *ex.*, Jó 7:12; Sl 74:13; Is 51:9; Ez 29:3) e Yamm (Sl 89:9). Esses últimos exemplos ilustram melhor a demitologização israelita dos eventos, quando a batalha mítica de Baal e Yamm é reduzida ao ato de criação. A ordem é parte da criação para os israelitas, já que o universo foi criado e controlado por Yahweh, do caos à organização. Seus inimigos no Antigo Testamento são mortais, os quais o rejeitam ou tentam frustrar seus planos na esfera mundana.

Segundo, as tendências sincretistas dos israelitas geralmente se focalizam sobre o culto a Baal. Além disso, a base lógica para a associação provém das funções teológicas que se sobrepõem dentro do mesmo nicho ecológico. Essas práticas começam com a narrativa no deserto dos eventos em Baal-Peor (Nm 25; a natureza da orgia da adoração a Baal, não incomum entre as deidades da fertilidade, é provavelmente refletida em Oseias 4:14; 1Rs 14:24; 2Rs 23:6-7). Os ciclos da opressão política estrangeira em Juízes centram-se na adoração dessa divindade (p. ex., Jz 2:11, 13). Na verdade, Gideão quase é morto pelos homens do vilarejo por destruir o altar de Baal e sua associada Aserá (Jz 6:25-32; a associação de Aserá com Baal no Antigo Testamento pode alimentar um mito fragmentário, no qual essa deusa, a consorte de El, parece tentar seduzir a Baal). O grau de sincretismo é sublinhado pela decisão do povo da cidade por permitir Baal tratar com Gideão (daí a etimologia popular de seu nome, Jerubaal). Essa prática sincretista se alastrou entre os israelitas no exílio (Jr 2:8). Ela pode ser refletida nos nomes de Baal.. A substituição de *bōšeṯ* ("vergonha") para o elemento Baal nos nomes é uma afirmação teológica feita por editores bíblicos posteriores (p. ex., 2Sm 2:10).

A adoração de Baal foi também patrocinada pelas monarquias de Israel e Judá. O rei Acabe construiu um templo para Baal (1Rs 16:31-33), e na verdade ele o adorou (22:53), sem dúvida impulsionado por sua esposa tíria, Jezabel. A estrutura cúltica, incluindo o sacerdócio e o templo, foi erradicada na ação sangrenta bem-sucedida de Jeú (2Rs 10:18-27). A sanção oficial da adoração de Baal em Judá foi creditada a Manassés (2Rs 21:3). A reforma de Josias erradicou completamente a adoração de Baal da terra durante seu reinado (2Rs 23:4-5). Contudo, a prática persistiu entre as massas. Ela foi condenada pela inclusão de maldições do pacto impostas por Yahweh, como retribuição pela infidelidade de Israel (cf. Dt 30:15-20). [MARK ANTHONY PHELPS]

II. (LUGAR) Cidade no território tribal de Simeão (1Cr 4:33), idêntica a Balaate-Ber.

III. (PESSOA) **1.** Rubenita e descendente de Joel que viveu antes da deportação das dez tribos do norte (1Cr 5:5).

2. Benjamita, o quarto filho de Jeiel, ancestral gibeonita de Saul (1Cr 8:30; 9:36).

BAALÁ (heb. *baʿălâ*) **1.** Outro nome para Quiriate-Jearim (Js 15:9).

2. Montanha na fronteira do território tribal de Judá, entre Ecrom e Jabneel (Js 15:11).

3. Cidade na parte meridional de Judá (Js 15:29), talvez o mesmo que Bala (Js 19:3) ou Bila (1Cr 4:29). Ela é provavelmente Tulul el-Medhbah próximo de Khirbet el-Meshash/Tel Masos (entre Berseba e o Mar Morto).

BAALÁ DE JUDÁ (heb. *baʿălê yĕhûḏâ*) "Baalá de Judá", cidade de onde a arca da aliança foi tomada após o seu retorno da Filístia (2Sm 6:2). *Ver* QUIRIATE-JEARIM [THOMAS W. DAVIS]

BAALATE (heb. *baʿălāṯ*) Cidade originalmente localizada no território tribal de Dã (Js 19:44) e mais tarde fortificada por Salomão (1Rs 9:18; 2Cr 8:6). Talvez o mesmo local identificado como monte Baalá (Js 15:9). O sítio tem sido identificado como el-Maghar.

BAALATE-BER (heb. *baʿălaṯ bĕʾēr*) Cidade dividida por Josué para a tribo de Simeão depois da conquista de Canaã (Js 19:8). Ela é equalizada a Ramá do Neguebe. Sua identificação posterior com a cidade Baal (1Cr 4:33) pode indicar a filiação cúltica de Baalate-Ber (o nome significa "senhora do bem"). A cidade pode ser também idêntica a Bealote (Js 15:24).

BAALBEQUE Cidade situada próxima da fonte do rio Orontes, na parte oriental extrema do fértil do Vale de Beca. Baalbeque (ou Balbeque) foi chamada Heliópolis pelos gregos por causa da clássica divindade do sol, que foi identificada com Baal durante o período helenístico. O nome semítico indica ocupação anterior ou santuário, mas nenhuma evidência da ocupação pré-helenista foi encontrada.

A cidade era o centro cúltico da chamada tríade heliopolitana: Júpiter (Zeus) Heliopolitano, Mercúrio (Hermes), e Vênus (Afrodite). As contrapartes sincréticas semíticas foram Baal com Júpiter e Atargatis com Vênus; a identificação do equivalente local de Mercúrio permanece problemática. Um dos templos da cidade está representado em moedas do final do século II e começo do século III d.C.

Os restos arquitetônicos visíveis datam do período romano e incluem um complexo importante do templo com uma grande escadaria, um portal de cerimonial que conduz por uma viela hexagonal para um enorme pátio. Piscinas de água flanqueavam o altar central. No lado oeste do pátio, estava o templo de Júpiter, construído numa plataforma retangular que o levantava acima dos edifícios vizinhos. Ao sul do templo de Júpiter, está o chamado templo de Baco, embora possa ter sido dedicado a Vênus. Mais tarde, no século IV, uma basílica cristã substituiu o altar central, e uma mesquita foi construída a oeste do templo de Baco após a conquista árabe. Não muito longe da acrópole, há uma pedreira de onde pedras para os templos eram extraídas e preparadas. [THOMAS W. DAVIS]

BAAL-BERITE (heb. *baʿal bĕrîṯ*) Nome ou título de uma divindade adorada pelos israelitas após a morte de Gideão (Jz 8:33) cujo templo estava em Siquém (9:4). Baal poderia ser a divindade canaanita Hadade, conhecida do ugarítico e dos textos bíblicos, ou a frase poderia ser um título, "Senhor ou Mestre do Pacto", aplicado a outra divindade. Em Juízes 9:46, o nome El-Berite (encontrado também em RS 24.278) é citado, e se comparado a outra referência poderia significar que El era o "senhor do pacto" ou inversamente que Baal era o "deus do pacto". Conquanto muitos eruditos consideram os dois templos e os títulos como referência à mesma divindade, alguns veem locais distintos para os dois eventos registrados em Juízes 9.

A significação do pacto e sua divindade ou divindades para os siquemitas não pode ser determinada pelo contexto de Juízes 8—9. Contudo, a tradição do pacto de Siquém para Israel é importante em Josué 8:24; Juízes 9 e 1Reis 12. Siquém se tornou o lugar do festival de outono da renovação do pacto para Israel.

Bibliografia. E.F. Campbell, "Sechem: Tell Balatah", *NEAEHL* 4.1345-54; F.M. Cross, *Canaanita Myth and Hebrew Epic* (Cambridge, Mass., 1973). [RUSSEL D. NELSON]

BAAL-GADE (heb. *ba'al gāḏ*) Cidade canaanita que marca a fronteira setentrional das conquistas de Josué (Js 11:17; 12:7; 13:5). A lista dos reis em Josué 12 inclui implicitamente Baal-Gade dentro do território de Ogue, rei de Basã. A cidade está localizada "abaixo do monte Hermom" e pode ter ocupado o sítio da moderna Banias. Fontes permanentes de água são por sua própria natureza, lugares sagrados, e o nome da cidade pode refletir a fonte permanente de Banias (2112.2949).

BAAL-HAMOM (heb. *ba'al hāmôn*) Lugar desconhecido onde Salomão teve uma vinha (Ct 8:1). De acordo com alguns comentadores, "vinha" se refere ao harém real; assim, o nome poderia ser uma alusão encoberta a Jerusalém.

BAAL-HANÃ (heb. *ba'al ḥānān*) **1.** Filho de Acbor; o sétimo rei de Edom (Gn 36:38 = 1Cr 1:49).

2. Superintendente das oliveiras e das árvores de sicômoros durante o reinado de Davi (1Cr 27:28).

BAAL-HAZOR (heb. *ba'al ḥāṣôr*) Montanha onde Absalão, filho do rei Davi, realizou uma celebração da tosquia das ovelhas, na qual teve o seu irmão Amnom assassinado por violentar sua meia-irmã Tamar (2Sm 13:23). No sopé da montanha, pode ter havido um povoado com o mesmo nome. A localização é geralmente tida como sendo Jebel *'Aṣûr*, situada a 1032 metros acima do nível do mar, a 7 km a nordeste de Betel.

BAAL-HERMOM (heb. *ba'al ḥermôn*) Um lugar nas montanhas do Líbano ocupado pelos heveus (Jz 3:3) e atribuído à meia-tribo de Manassés (1Cr 5:23). O lugar é provavelmente uma cidade dos heveus ou um santuário sobre as ladeiras ou nos contrafortes do maciço do Hermom. Embora o sítio de Baal-Hermom não tenha sido identificado, quase duas dúzias de antigos lugares de culto são conhecidos nessa área do Hermom datados dos períodos helênico e romano, indicando que a população local considerava o monte Hermom como área sagrada. Semelhante à maioria das montanhas mais altas na Palestina, o Hermom provavelmente era o lugar de uma deidade local. [THOMAS W. DAVIS]

BAALIS (heb. *ba'ălîs*) Rei amonita durante o ministério de Jeremias (Jr 40:14). Ele enviou Ismael, o filho de Netanias, para assassinar o governador Gedalias a fim de provocar a queda de Judá e ampliar o próprio reino.

BAAL-MEOM (heb. *ba'al mĕ'ôn*) Cidade (a moderna Ma'in) conhecida de outras formas como Baal-Meom (Nm 32:38), Beom (32:3), Bete-Baal-Meom (Js 13:17), ou Bete-Meom (Jr 48:23), localizada a 14.5 km, a leste do Mar Morto. Parte do presente de Moisés às tribos de Rubem e de Gade em troca de serviços militares contra Seom, rei dos amorreus, Baal-Meom foi reconstruída ou fortificada pelos rubenitas (Nm 32:38). Caiu nas mãos dos moabitas no século IX a.C. numa revolta liderada pelo rei Mesa, que reivindica em sua inscrição em pedra (a inscrição Mesa, 1.9) ter construído um reservatório de água em Baal-Meom. [ROBERT DELSNYDER]

BAAL-PEOR *Ver* BETE-PEOR; PEOR.

BAAL-PERAZIM (heb. *ba'al pĕrāṣîm*) A localidade da vitória de Davi sobre o exército filisteu após ele ter se estabelecido como rei sobre todo o Israel (2Sm 5:20 = 1Cr 14:11). Embora a localização não seja exata, o sítio está mais provavelmente acima do vale de Refaim, a sudoeste de Jerusalém (cf. Monte Perazim em Isaías 28:21, uma evidente alusão à vitória de Davi). O solo elevado ali permitiu a Davi uma vantagem tática em sua batalha contra os filisteus no vale. Após a vitória, Davi deu esse nome ao lugar, que significa "Senhor das fendas" ou "Irrupção Divina". [DENNIS M. SWANSON]

BAAL-SALISA (heb. *ba'al šālîšâ*) Vilarejo na região montanhosa de Efraim (1Sm 9:4), o lar de um homem que deu a Eliseu o "pão das primícias" (2Rs 4:42). O lugar poder ser a moderna Khirbet Sirisya, a sudoeste de Siquém. Kefr Thilth, a 5.5 km ao norte, preserva o nome antigo.

BAAL-TAMAR (heb. *ba'al tāmār*) Cidade próxima a Gibeá onde Israel emboscou os benjamitas (Jz 20:33-36). Sua localização e identificação modernas não são claras. O texto bíblico sugere uma localização perto de Gibeá, no território de Benjamim ao norte de Jerusalém. Alguns eruditos têm identificado Baal-Tamar com a "palmeira de Débora" ligeiramente mais ao norte de Efraim (Jz 4:5); outros, com a cidade bíblica de Tamar (Ez 47:19; 48:28) e com a cidade romana de Tâmara (Mezad Hazeva, 1734.0242; ou Mezad Tamar, 1731.0485) em Arabá. [JOHN R. SPENCER]

BAAL-ZEBUBE (heb. *ba'al zĕḇûḇ*) Deus da cidade filisteia de Ecrom. O rei israelita Acazias consultou Baal-Zebube a respeito da recuperação de uma queda, na qual Elias anunciou a morte de Acazias (2Rs 1:2, 3, 6, 16).

O nome sugere uma deidade semítica adotada após os filisteus terem se estabelecido em Canaã, embora a etimologia tenha sido questionada. Se *ba'al* significa "senhor, marido" ou se refere ao deus-tempestade dos cananeus, tudo fica dependente da interpretação do significado de *zĕḇūḇ* ("moscas"). O simples significado de "senhor das moscas" sugere, por extensão, o controle sobre as doenças. Isso se torna paralelo dos epítetos de Zeus, o que cura, (do grego *apomuios* — "o que evita as moscas"), e tal fato tem o apoio de Ras Ibn Hani 78.20, em que Baal faz sair "as moscas-demônios" (*dbbm*) de uma pessoa doente. Contudo, Acazias sofre ferimentos, não doença, lançando dúvida sobre a conexão de Baal-Zebube com a doença. É mais provável que o nome tenha sido originalmente *ba'al zĕbûḇ* (cf. Belzebu no NT). Embora *zĕḇûl* sozinho possa significar "lugar exaltado e grandioso" (assim, "senhor do céu"), a frase fixa *zbl b'l* ["príncipe baal") em ugarítico favorece tomar Baal-Zebul como manifestação local de Baal como deus-tempestade. Baal-Zebube assim seria um trocadilho derrogatório do nome original. [JOHN L. MCLAUGHLIN]

BAAL-ZEFOM (heb. *ba'al ṣĕpôn*) "Senhor do Norte", outro nome para Baal, o deus-tempestade dos cananitas. Baal-Zefom tem sido comparado ao deus grego Zeus-Casius; ambos foram padroeiros dos navios e dos marinheiros.

Baal-Zefom provavelmente se refere a uma cidade que tinha um templo dedicado a esse deus, e mais provavelmente um porto marítimo. Na narrativa bíblica, Baal-Zefom está localizada no Delta oriental próximo de Migdol e Pi-Hairote (p. ex. 14.2, 9; Nm 33:7). Otto Eissfeldt localizou Baal-Zefom em Mahammediyeh, no final ocidental do Lago Sirbonis (Lago Bardawil) a leste da Bainha do Pelusioum (cf. Heródoto *Hist.* 2.6; 3.5). Strabo (Geog. 16.2.28, 32-33) menciona um templo a meio caminho de Júpiter-Cassius (Zeus-cassius) com a faixa de terra entre o Lago Sirbonis e o mar Mediterrâneo em Ras Qasrun. Os eruditos que seguem a rota norte de Eissfeldt para o Êxodo identificam esse sítio como Baal-Zefom. William F. Albright ofereceu como alternativa, Tafnes (a moderna Tell Defneh no Delta oriental), que de acordo com a tradição antiga, tinha um templo a Baal-Zefom.

A referência bíblica ao sítio pode ser uma adição posterior para indicar a localização de Pi-Hairote e Migdol.

Bibliografia. W.F. Albright, "Baal-Zephon", *Festschrift Alfred Bertholet* (Tubingen, 1950), 1-14; J. Baines e J. Malik, *Atlas of Ancient Egypt* (New York, 1980); O. Eissfeldt, Baal Zephon, *Zeus Kasios und der Durchzug der Israeliten durchs Meer* (Haale, 1932). [LAWRENCE A. SINCLAIR]

BAANÁ (heb. *ba'ănā'*) **1.** Filho de Ailude (1Rs 4:12); superintendente de Salomão na parte meridional do vale de Jezreel, desde o Megido até o Jordão.

2. Filho de Husai e superintendente de Aser e Alote durante o reinado de Salomão (1Rs 4:16). *provavelmente seu pai foi conselheiro de Davi (2Sm 15:32-37; 15:15-17:4).

3. O pai de Zadoque, que ajudou consertar os muros de Jerusalém (Ne 3:4). Ele poder ser o mesmo que Baaná 6 tanto em Esdras 2:2=Ne 7:7 como Neemias 10:27 [TM 28].

4. (heb. *ba'ănâ*) **1.** Filho de Rimom que, com seu irmão Recabe, assassinou Isbosete, filho de Saul, e trouxe a cabeça cortada a Davi (2Sm 4:2-12), numa evidente tentativa de remover qualquer ameaça perceptível para a sucessão de Davi ao trono de Israel. A resposta de Davi foi típica do respeito que ele já tinha mostrado à casa de Saul (cf. 2Sm 1:11-16; 3:38-29); ele ordenou a execução dos irmãos e um sepultamento próprio para Isbosete.

5. O pai de Helebe, um dos "homens poderosos" de Davi (2Sm 23:29 = 1Cr 11:30).

6. O último entre os 10 (ou 11, Ne 7:7) "líderes" (1Ed 5.8) que retornaram do exílio babilônico com Zorobabel (Ed 2:2). Talvez ele deva ser considerado como o mesmo Baaná, um dos que colocou seu selo no pacto para guardar a lei (Ne 10:27 [TM 28]). [C. MACK ROARK]

BAARA (heb. *ba'ărā'*) Esposa do benjamita Saaraim (1Cr 8:8).

BAASA (heb. *ba'šā'*) Filho de Aías da tribo de Issacar; o terceiro monarca do reino do norte que estabeleceu a segunda dinastia. Ele reinou em Tirza, a nordeste de Siquém, por 24 anos (c. 900-877 a.C.). Baasa assassinou o rei israelita Nadabe quando Israel sitiou a cidade de Gibetom (1Rs 15:27-28; cf. v. 29-30). Essa batalha indica a instabilidade continuada dos territórios tribais ainda que um rei governasse o reino do norte. Após o golpe bem-sucedido, Baasa exterminou a casa de Jeroboão I, um destino que sobreveio também à sua casa (1Rs 16:11). Aparentemente, o extermínio das duas casas foi tal que as gerações posteriores ainda se lembravam da brutalidade dos eventos (2Rs 9:9).

Baasa e o rei Asa de Judá foram mutuamente hostis durante o reinado de ambos (1Rs 15:16). Baasa bloqueou Judá pela fortificação de Ramá, 8 km ao norte de Jerusalém, e controlou toda a passagem pela região (1Rs 15:17; 2Cr 16:1). Asa construiu fortificações para defender o seu território contra Baasa (Jr 41:9), mas isso não foi suficiente para deter o poder superior de Baasa. Asa, então, fez aliança com Ben-Hadade, rei da Síria, pagando-lhe com fundos do templo de Jerusalém. Ben-Hadade atacou Baasa vindo do norte, forçando assim aos israelitas a retirarem-se de Ramá e a abandonarem as suas fortificações ao sul (1Rs 15:21; 2Cr 16:5). Baasa perdeu muita coisa do seu território do norte para os sírios. Ao mesmo tempo, Asa removeu suas fortificações em

Ramá que haviam sido usadas por Baasa e empurrou o território alegado de Judá para o norte, até Mispá.

Baasa governou sob o escrutínio do profeta Jeú Ben Hanani. Elá, filho de Baasa, sucedeu o pai na morte aparentemente pacífica de Baasa. O registro bíblico condena Baasa por "andar no caminho de Jeroboão" (1Rs 15:34), ainda que tenha sido instrumento do Senhor para punir a casa de Jeroboão (v. 29). [STEPHEN VON WYRICK]

BAASEIAS (heb. *baʿăśēyâ*) Filho de Malquias e ancestral de Asafe, o músico (1Cr 6:40 [TM 45]).

BABEL, TORRE DE (heb. *bāḇel*) "Cidade e torre" no centro do conflito entre as vontades divina e humana descritos em Gênesis 11:1-9. Babel (Gn 11:49) significa "porta de Deus" (ac. *bab-ilu*). O escritor bíblico, contudo, opta por um jogo com o som da palavra e explica o nome pelo uso do verbo hebraico "misturar" (*bālal*): Babel é o lugar onde Yahweh "misturou" a linguagem de toda a terra.

Embora a interpretação popular tenha enfatizado a "torre", esta palavra nunca aparece no texto em si, mas somente na expressão "uma cidade e uma torre", figura de linguagem conhecida como hendíadis, na qual dois substantivos conectados pela conjunção "e" expressam uma única ideia: "uma cidade com uma torre" ou "cidade torre". O texto bíblico trata explicitamente da "cidade" que "foi chamada Babel" (Gn 11:8-9).

A história é notável por sua evidente familiaridade com as técnicas de construção babilônica e pela terminologia técnica nas inscrições de monumentos. Tijolos queimados em fornos foram usados para as camadas exteriores da arquitetura dos monumentos, e betume aquecido foi empregado como argamassa (Gn 11:3). Inscrições em edifícios babilônicos ainda existentes contêm frequentemente a frase padrão, "com betume e tijolo queimado" (cf. "asfalto e tijolos", em provérbio 44, *ANET*, 425). Além disso, "uma torre com seu topo nos céus" (Gn 11:4) é totalmente semelhante às expressões frequentemente atestadas da mesma ideia, como na fórmula de data para 36º. Ano de Hamurabi, na qual está registrado que ele "construiu o templo-torre [...] cujo topo é alto como o céu" (*ANET*, 270; cf. também a descrição das cidades canaanitas em Dt 1:28; 9:1). Finalmente, a ideia de assegurar um "nome" para alguém, através de grandes projetos de construção tais como templos e cidades, é ambição comum da realeza.

A figura da torre em estudo no texto bíblico é quase certamente um zigurate (templo babilônico de forma piramidal) da Mesopotâmia, uma imponente "torre-escada", regularmente de sete pavimentos com templo no andar térreo e santuário-capela no seu topo. O célebre templo de Marduque na Babilônia, Etemenanki, tinha cerca de 90 m. de altura. De acordo com o conceito religioso da Babilônia, o templo torre-escada era o lugar onde o céu e a terra se encontravam (a mesma ideia está refletida em Gênesis 28:17, no qual Jacó sonha com uma escada que era designada "a porta do céu").

Os comentaristas têm variavelmente identificado "pecado" em Babel. Na interpretação judaica tradicional, o pecado é a recusa da raça humana em obedecer ao mandamento de encher a terra (Gn 1:28). Outros têm visto o projeto de construção como outra tentativa de "serem iguais a Deus" (Gn 3:5, 22), ou como esforço para assegurar o futuro à parte de Deus. A arrogância e o orgulho, ou variavelmente, a desconfiança e o temor (mesmo o temor da diversidade) têm sido propostos. Lida à luz da tradição do construir da grande cidade da Mesopotâmia sobre a qual ela trata e do chamamento de Abraão que se segue no cap. 12, a história de Babel é uma crítica ao centro cúltico urbano e uma afirmação do nome e da bênção que Yahweh pretende "através da peregrinação de um povo que obedece" (Patrick D. Miller, 243).

Bibliografia. P.D. Miller, "Eridu, Dunnu, and Babel: An Study in Comparative Mythology", *HAR* 9 (1985): 227-51; N. Sarna, *Understanding Genesis* (New York, 1966).

BABILÔNIA (sum. *KÁ.DINGIR.RA*; ac. *bāb-ilim;* heb. *bāḇel;* gr. *Babylṓn*) Cidade muitíssimo importante da Antiguidade ("porta de deus"), situada junto ao rio Eufrates a sudoeste de Bagdá.

A história mais antiga da Babilônia é obscura por causa da ausência de fontes escritas e da obliteração virtual dos níveis arqueológicos mais antigos, mas durante o período de Ur III (aprox. séc. XXI a.C.) ela era a capital de uma província e a sede de um governador local. A cidade se tornou o centro proeminente político e cultural ao sul da Mesopotâmia durante os séculos XIX e XVIII sob os reis amorreus de sua Primeira Dinastia, sendo o mais ilustre deles Hamurabi (1792-1750). Durante a última quarta parte do seu reinado, Hamurabi transformou a cidade no centro daquilo que cautelosamente pode ser chamado de um estado extraterritorial que controlava a maior parte da Mesopotâmia meridional (Acádia no norte e a Suméria no sul) e, ainda que resumidamente, era um território na região do médio Eufrates (Mari) e Assíria. Os reis da dinastia de Hamurabi gastaram extensos recursos na fortificação e no embelezamento da cidade, e no crescimento de sua preeminência cultural e religiosa. Depois disso, a Babilônia permaneceu o centro psicológico ou, quando não, o centro da vida política e religiosa no sul da Mesopotâmia. A influência extraterritorial da Babilônia sob a Primeira Dinastia teve vida curta.

Já durante o reinado de Samsu-iluna, o sucessor de Hamurabi, a região sul adjacente ao Golfo Pérsico, a Terra do Mar, declara a sua independência; subsequentemente, o território sob o controle da Babilônia diminuiu rapidamente. Com surgimento do estado hitita, Mursilis I saqueou a Babilônia logo após 1600 a.C., terminando com a Primeira Dinastia. Nos cinco séculos e meio seguintes, os cassitas não-nativos governaram Babilônia. Esse período é relativamente desconhecido por causa da exiguidade de fontes. Desde o final do período cassita até a ascendência do estado assírio-mesopotâmio do norte, no primeiro milênio, uma série de dinastias sem importância governou a Babilônia. O monarca mais notável na série foi Nabucodonosor I (1125-1104), em cujo reinado o culto à estátua do deus Marduque foi recuperada do exílio em Elão, e o grande poema épico Enuma Elish, que celebra o surgimento de Marduque à preeminência no panteão, foi codificado. Marduque havia se tornado a divindade suprema no panteão, patrono da cidade e de seus reis. O texto topográfico erudito conhecido como TINTIR= Babilônia, que celebra a preeminência teológica e cosmológica da cidade, pode ser também datado desse período.

Durante a maior parte da dominação da Assíria em relação ao Oriente Próximo no primeiro milênio, a Babilônia permaneceu um espinho no lado do seu vizinho ao norte. Geralmente, os assírios respeitaram a proeminência cultural e religiosa da cidade, mesmo quando eles a governaram, embora tenha havido exceções, por exemplo quando Senaqueribe destruiu completamente a cidade em 689 a.C. por causa da persistente recalcitrância dela. O período da maior prosperidade e poder da Babilônia veio sob a dinastia neobabilônica fundada por Nabopolassar. A cidade se tornou a capital de um império que se estendeu sobre grande parte do Oriente Próximo sob o governo de seu filho, Nabucodonosor II (605-562). Os reis neobabilônicos empreenderam projetos enormes de construção, e Nabucodonosor II, parcialmente para imitar as realizações de Hamurabi, buscou tornar a Babilônia um centro econômico e administrativo do mundo, um projeto em que ele realizou, em alguma medida, com sucesso.

Foram feitas escavações na Babilônia entre 1899 e 1917 pelo Deustsche Orientgesellschaft sob a direção de Robert Koldewey. Parcialmente por causa da elevação do nível da água que obliterava os vestígios anteriores, e talvez por causa da extensão dos projetos de construção neobabilônicos, a maior parte dos resultados da escavação ilumina a cidade em sua fase imperial durante a metade do século VI a.C. e mais tarde. A cidade era aproximadamente retangular em sua forma, dividida em duas partes pelo Eufrates. Dois grandes muros de defesa e um fosso a circundavam. Com dois conjuntos de palácios, a Babilônia era o lar para uma gama de templos grandes e pequenos. Indubitavelmente, o mais importante era o Esagil ("casa cuja cabeça é alta"), o conjunto do templo do deus Marduque. Exatamente para o norte do templo estava o zigurate de Marduque Etemenanki ("Casa, plataforma fundamental do céu e do mundo inferior"), uma torre feita com sete níveis com capela no topo. Outro aspecto proeminente da cidade era a Rua da Procissão que corria paralela ao rio na metade oriental da cidade: ela conduzia ao portão monumental de Istar que era decorado com tijolos esmaltados apresentando leões e dragões.

Babilônia figura de maneira proeminente no AT, especialmente nos textos proféticos e históricos desde a era imperial, e Nabucodonosor, que foi responsável pelo ataque final a Jerusalém em 587 a.C., compreensivelmente foi um objeto de desprezo. Uma das mais famosas narrativas a respeito de Babilônia, entretanto, é a história da Torre de Babel em Gênesis 11:1-9. Toda a humanidade, compartilhando uma só linguagem, se estabelece na planície de Sinear (um nome para a parte sul da Mesopotâmia) e determina construir uma torre monumental para assegurar reputação duradoura. Deus confunde (*bālal*) a linguagem deles para frustrar o plano, e o sítio é subsequentemente chamado Babel (*bāḇel*). Os eruditos têm pensado, desde há muito, que a torre pode ser um reflexo do Etemenanki, o zigurate de Marduque. Alguns têm objetado que a descrição da "torre cujo topo alcance o céu" reflete melhor o nome cerimonial do templo de Esagil, no entanto, é necessário observar a reivindicação de Nabucodonosor: "Eu determinei levantar a cabeça de Etemenanki para se rivalizar com os céus" (Weissbach, 46, no. 3:22-26). A reputação da Babilônia como cidade imperial magnificente, ainda que em declínio, sobreviveu à dinastia neobabilônica, como pode ser visto nas narrativas da corte de Daniel (Dn 4:30); muito mais tarde, os cristãos primitivos atribuíram o nome vergonhoso de Babilônia ao Império Romano (Ap 14:8; 18:1-24).

Bibliografia. A.R. George, *Babylonian Topographical Texts*. Orientalia Lovaniensia Analecta 40 (Leuven, 1992); J. Oates, *Babylon*, ed. rev. (Londres, 1986); F. H. Weissbach, *Das Hauptheiligum des Marduk in Babulon, Esagila und Etemenanki*. WVDOG 59 (1938, repr. Osnabrück, 1967). [DAVID VANDERHOOFT]

Geografia. A terra conhecida dos gregos como Babilônia é equivalente à porção meridional do Iraque do tempo presente. Em Gênesis 10:10, ela é simplesmente mencionada como a "terra de Sinear" e era o centro do reino de Ninrode. Aproximadamente ela se estende desde a parte sul de Bagdá até o Golfo Pérsico, sendo caracterizada pelo rico solo de aluvião depositado pelos rios Tigre e Eufrates à medida que fluem para o sul, vindo de suas nascentes nas terras altas da Ásia Menor. Descrita pelos historiadores do século II a.C. como a Mesopotâmia mais baixa ("a terra entre os rios"), a Babilônia é totalmente seca, recebendo menos que 10cm de precipitação pluviométrica anual. Entretanto, a civilização como nós a definimos pode prosperar somente quando os métodos de irrigação forem desenvolvidos e empregados. A irrigação essencial pôde ser realizada por causa das enchentes anuais. No princípio de março e abril, as águas do Tigre e do Eufrates começam a subir, alcançando os seus níveis mais altos no final da primavera, quando transbordam atingindo as regiões mais baixas. Dessa forma, o plantio poderia ser feito somente no outono, visto que a terra estava inundada quando o cultivo normalmente deveria ser feito. A colheita acontecia na primavera seguinte.

A inundação anual não era sempre confiável, e o tempo restante que faltava na enchente das águas poderia facilmente combinar com outros fatores para transformar a Babilônia numa terra de turbulência. Embora o vale do Tigre-Eufrates, sem irrigação, fosse geralmente inóspito, não havia barreiras geográficas (incluindo as montanhas de Zagros e o deserto sírio) que impedissem a invasão da Babilônia por numerosos grupos étnicos. Assim, enquanto o Egito esteve basicamente isolado do mundo exterior por muitos séculos, a Mesopotâmia como um todo, e a Babilônia em particular, testemunharam repetidas migrações, conquistas e reconquistas. Basicamente a turbulência resultante evitou a criação de uma nação forte e unificada. Tais condições inibiram o colapso do localismo e asseguraram a instabilidade desde o tempo da primeira aparição de centros urbanos até a queda da Babilônia em 539 a.C.

Colonizações pré-históricas. A presente evidência arqueológica indica que a Babilônia foi habitada ao menos no começo do 6º. milênio a.C. Escavações têm mostrado resquícios de colonizações pequenas e relativamente grandes, indicando conhecimento de técnicas de irrigação que eventualmente conduziram ao estabelecimento de centros urbanos maiores em tempos históricos. Sítios desde Tell es-Sawwan a Tell al-Ubaid revelam a existência sedentária e o desenvolvimento de uma variedade de residências domésticas, celeiros, e estruturas religiosas (incluindo o protótipo do padrão babilônico de templos). Embora houvesse acertadamente variações locais de estilos de trabalhos de cerâmica, desenhos e pinturas, diversidade no planejamento da casa ou padrão geral de colonização, isso não exclui a existência de uma "cultura" com traços comuns subjacentes. Não obstante, a questão da origem étnica dos habitantes da Babilônia anterior ao aparecimento dos registros escritos provavelmente não será resolvida a gosto de cada um.

Terceiro milênio: Começo da história. As décadas finais do quarto milênio a.C. testemunharam a invenção da escrita e do aparecimento dos primeiros registros históricos. Embora o propósito original da escrita cuneiforme seja ainda sujeita a um debate considerável, ela provavelmente foi desenvolvida na Babilônia para satisfazer as necessidades de um estado burocrático. Sua invenção pode remontar ao tempo dos sumérios, que primeiramente apareceram cerca de 3200 a.C. e se estabeleceram na metade sul da Babilônia (chamada Sumer em Gênesis 10). Conquanto as origens deles não sejam ainda conhecidas, é amplamente aceito que foram nativos da Babilônia. Eles viveram em cidades-estados mais ou menos independentes consideradas como estados individuais de deuses ou deusas preocupadas com os seres humanos e governadas por agentes humanos conhecidos como "*en*" ("senhor") ou *ensi* ("mordomo") trabalhando fora do complexo do templo. De acordo com a lista de reis sumérios, essas teocracias competiam uma contra a outra pelo controle não somente das águas altas, mas (no tempo) pela totalidade de Sumer em si mesma. No começo do período dinástico (2900-2350 a.C.), cidades como Uruk, Kish, e Ur guerreavam uma contra a outra. Em tempos de crise comum, diversas dessas cidades-estado se juntavam sob um mesmo líder comum chamado *lugal* ("grande homem") até que as condições melhorassem o suficiente para permitir que as comunidades reassumissem a sua condição de independência. Finalmente, por volta de 2400 a.C., o *ensi* de Umma, Lugal-Zagesi, derrotou seu vizinho, Lagash, e subsequentemente reivindicou de ambos a cidade de Uruk e a monarquia de toda a terra de Sumer.

Após governar por 25 anos, as forças de Lugal-Zagesi sucumbiram diante dos exércitos de Sargão, líder do povo semita, conhecido como acadianos. Os semitas apareceram primeiramente nos textos próximos de Nippur na Babilônia e na parte norte da Síria perto de Ebla (Tell Mardikh) cerca de 2600 a.C. É totalmente possível que esses semitas tenham chegado mesmo mais cedo, porque a data do material de Ebla é ainda ardentemente disputada. O comércio entre os sumérios e os habitantes eblaítas da Síria já era aparentemente um fato estabelecido por volta da metade do terceiro milênio. Diferentemente, os acadianos eram semitas do oriente que originalmente vieram do deserto da Arábia e estabeleceram uma capital comum da qual toda a Mesopotâmia do sul foi governada. Sargão I fundou o reino acadiano e governou desde Agade, localizada em algum lugar no norte da Babilônia (chamada Acade em Gênesis 10). O neto de Sargão, Naram-sin não somente conquistou a Síria e destruiu a cidade de Ebla, mas também reivindicou ser divino. Seus súditos sumérios consideraram a declaração um sacrilégio, e quando o reino de Naram-sin foi derrotado pelo bárbaro Guti desde as montanhas de Zagros, eles inventaram uma explicação religiosa para a conquista que enfatizava a reivindicação de Naram-sin à divindade como razão para a derrota dele.

Os sumérios testemunharam um período final de reavivamento, o chamado período neosumério (2100-1925 a.C.), também conhecido como o período de Ur III. Ele começou quando Utu-Hegal de Uruk e Ur-Mammu de Ur derrotou Guti e estabeleceu Ur como a capital comum do reino sumério. Sob a orientação de Utu-Hegal, os templos e zigurates foram construídos no sul da Babilônia, pesos e medidas (assim como o calendário lunar) foram padronizados, e foi promulgado o primeiro código de leis escrito da história ocidental. As histórias de Gilgamesh foram provavelmente escritas nesse período (após serem transmitidas oralmente desde as gerações anteriores).

O período de Ur III terminou devido a uma combinação de fatores: primeiro, uma seca prolongada forçou o último rei da dinastia de Ur, Ibbi-Sin (1950-1925), a comprar grãos na Mesopotâmia do norte a qualquer preço; segundo, os elamitas desde Iran saquearam e queimaram Ur e levaram Ibbi-Sin para o cativeiro; finalmente, outro grupo de semitas — os amurru (AT — amorreus ou amoritas; lit., "povo do oeste") — invadiu a Mesopotâmia desde o Deserto Sírio e ocupou o território que os sumérios haviam desenvolvido.

Era de Hamurabi: Vinda dos indo-europeus. Embora nivelados de modo pouco lisonjeiro por alguns como nômades que "comiam carne crua e viviam em tendas", os amorreus eram um importante grupo semita que preservou a cultura e o sistema de escrita de seus predecessores. Eles eram orientados familiar e tribalmente, com patriarcas individuais, ou xeiques tribais, que frequentemente os lideravam contra povos não semitas e contra outros amorreus. Por volta de 1800, eles estavam bem fortificados na Babilônia, e tinham se firmado em várias áreas geográficas sendo leais a um líder tribal específico, com sede que poderia ser chamada capital de província. A cidade-estado continuava a existir somente em teoria, e a propriedade se tornou decrescentemente associada a templos e crescentemente associada a cidadãos privados.

A civilização dos amorreus é geralmente dividida em duas fases. A primeira, comumente chamada de período Isin-Larsa (2000-1800 a.C.), denota a dominação de dois centros urbanos, Isin e Larsa, cujos "reis" competiam entre si (e amorreus da Síria) por poder. Em direção ao final desse período, o dinâmico Samsi-Adad (1813-1784 a.C.) virtualmente reduziu as cidades de Assur, Ekallatum e Mari à subserviência através de conquista, e seus filhos Ishme-Dagan e Yasmah-Adad o sucederam no controle de Assur e Mari, respectivamente. O controle conjunto que tiveram da Assíria, contudo, teve vida curta, à medida que acontecia a independência das cidades de Isin e Larsa na Suméria e Acádia.

A segunda fase da dominação dos amorreus foi o antigo período babilônico (1800-1600) que testemunhou o surgimento da cidade da Babilônia e de seu governador, Hamurabi (Hammurapi, 1792-1750 a.C.). Por mais de 30 anos, Hamurabi muito cuidadosa e deliberadamente jogou um reino dos amorreus contra outro, colocando à mostra as fraquezas de seus adversários. Com habilidade consumada, ele conquistou Assur e Mari e, por volta de 1763 a.C., reduziu Isin e Larsa à subserviência. Por volta de 1760, a totalidade da Mesopotâmia foi efetivamente unida sob a liderança dinâmica de um homem, e as realizações militares, culturais, legais e administrativas associadas ao seu reino amplamente justificam a designação dos últimos dois séculos da civilização dos amorreus como a "Era de Hamurabi". Sem dúvida, um dos mais importantes eventos do reino de Hamurabi foi a promulgação de um longo código de leis escrito.

O antigo período babilônico terminou quando a Babilônia foi invadida por um grupo conhecido como indo-europeus, vindo originalmente da estepe norte das montanhas do Cáucaso, se dividiram em dois grupos. O primeiro, conhecido simplesmente como indo-europeus ocidentais, migrados para a Anatólia (moderna Turquia), a Península dos Balcãs, e a Europa ocidental. O segundo grupo, os indo-arianos, se estabeleceram na Mesopotâmia, Irã, e no Indus Valley. Os mais antigos desses indo-europeus, os hititas, estabeleceram-se na bacia do Rio Halys, na Anatólia, conquistaram o povo nativo de Hatti que vivia ali, e instituíram um pequeno reino centrado ao redor da cidade-capital de Hattusa (moderna Boghazköy). Em 1595, o rei hitita Mursilis I liderou um corajoso ataque repentino à Babilônia, saqueando e queimando a cidade, destruindo o templo de Marduque, e levando de volta a estátua dele para a Síria. Ele, assim, acabou com a dinastia de Hamurabi.

Um grupo conhecido como cassitas subiu ao poder após a destruição da Babilônia. A evidência disponível no presente sugere que os cassitas foram indo-arianos que adoravam deuses como Shuriya, Buriya e Marut, todos encontrados no Hindu Rig Veda. Os cassitas reconstruíram Babilônia e floresceram no sul da Mesopotâmia de 1600 a 1200 a.C. Eles evitavam guerras prolongadas com seus vizinhos do norte e do oeste, florescendo até o século XII, quando eles foram conquistados pelos elamitas.

Primeiro Milênio. Embora a história da Babilônia no começo do primeiro milênio esteja ainda basicamente envolta em mistério, os elamitas, arameus e caldeus exerceram papéis proeminentes no período. Semelhantemente aos seus contemporâneos, os fenícios e os arameus eram semitas ocidentais que adoravam um panteão de deuses e usavam um sistema de escrita que foi originariamente derivado dos hieróglifos egípcios. Contudo, as similaridades terminam aqui. Muitos eruditos ainda veem os arameus como seminômades que foram forçados a migrar como um resultado da turbulência causada pelo movimento dos Povos do Mar na parte oriental do Mediterrâneo, no século XIII a.C. Por volta do século XII, eles começaram a fazer com que sua presença enfraquecida fosse sentida na Babilônia. Os reis assírios Tiglate-Pileser I e Assur-Bel-Kala tiveram de conduzir muitas campanhas contra eles, e fontes escritas indicam que, por volta do final do século X, eles foram firmemente fortificados na área ao redor de Damasco e também na Mesopotâmia. A essa altura eles eram certamente urbanizados, e negociavam (através de animais de carga como burros e camelos) tanto com hebreus quanto com a Assíria. Os textos de Gênesis 25:20; 29:1-8; 1Samuel 14:47; 2Samuel 8:3 e 1Reis 10:29; 11:23-25; 15:16-21, estão repletos de narrativas de encontros pacíficos e hostis com os arameus durante primeiros anos da monarquia dos hebreus. Os textos de Ezequiel 23:23 e Jeremias 50:21 indicam que eram inicialmente disruptivos na Babilônia em geral e na cidade da Babilônia em particular. Embora não pareçam ter tido influência política de longo alcance, o fato de que os arameus nunca puderam realmente se unificar sob um rei significava que eram fonte constante de problema.

Os caldeus (Kaldu) aparecem no sul da Babilônia no começo do IX a.C. O lugar de origem deles e a sua etnicidade apresentam problemas. Os gregos usaram o termo "caldeu" para denotar tribos específicas de Kaldu que eventualmente destruíram o poderoso Império Assírio e estabeleceram sua capital na cidade de Babilônia. Conquanto alguns insistam em identificar caldeus como arameus, não há nenhuma evidência direta nas fontes cuneiformes para dar apoio a essa ideia. O que a limitada evidência que sobrevive sugere é que eram um grupo étnico antigo separado e distinto dos arameus, e que se juntaram num grupo reduzido com cerca de cinco tribos. De qualquer modo, as tribos Kaldu já possuíam a parte extrema do sul da Babilônia por volta da metade do século IX a.C. e (semelhantemente aos cassitas anteriormente) tinham adotado a adoração de Marduque, o deus supremo. A expansão em direção ao norte colocou-os em conflito direto com as tribos dos arameus coletivamente chamadas de Aramu. O deus supremo deles era Sin, deus cuja adoração era centrada em Ur no sul e em Haran no norte. Em 729, Tiglate-Pileser III, o rei assírio que conquistou Israel, terminou com a independência da cidade da Babilônia. Ele recebeu tributo do ardiloso Marduque-Aplaiddina (Merodaque-Baladã em 2Rs 20:12; Is 39:1), que era um xeique da importante tribo dos caldeus de Bit-Yakin e contemporâneo do rei Ezequias. Foi ele quem juntou as tribos dos caldeus e dos arameus em oposição à expansão da Assíria no sul da Babilônia. Os reis assírios Sargão II (722-705) e Senaqueribe (705-681) foram incapazes de capturá-lo, e sob sua liderança tanto as tribos dos caldeus como as dos arameus constituíam uma formidável ameaça à estabilidade do Império Assírio, não somente na Babilônia, mas em Elam, na Arábia, como também em Judá. Senaqueribe destruiu a cidade de Babilônia (694 a.C.), que permaneceu em ruínas até que seu filho e sucessor Esar-Hadom (681-669 a.C.) ordenou sua reconstrução. O dois monarcas seguintes, Assurbanípal e seu irmão Samas-Sum-Ukin, repartiram a totalidade da Mesopotâmia em dois reinos, o do norte e o do sul, prestando a lealdade deles a diferentes soberanos. Mas após a revolta em 652 a.C., a Babilônia uma vez mais se tornou uma parte do Império Assírio, e permaneceu assim nos 25 anos seguintes.

Por fim, o imenso tamanho e a fraqueza interna da Assíria cobraram o seu preço. Em 626, Nabopolassar, o xeique kaldu liderou um levante e declarou-se a si mesmo "Rei da Babilônia". Ambos, o rei Nabopolassar e o rei assírio Assur-Etil-Ilani (semelhantemente ao predecessor Sin-Sarra-Iskun, conhecido dos babilônicos) reivindicaram autoridade sobre a Babilônia. Nobopolassar aliou-se ao poderoso Medes do Irã do norte e ao rei deles Uvakshatra, conhecido dos escritores gregos como Ciaxeres. Os dois monarcas uniram forças e prepararam-se para atacar os assírios e seus aliados do Egito. Bolsões de resistência aos caldeus se desenvolveram então na Babilônia (em Uruk e Nippur), mas Nabopolassar foi capaz de vencê-los, e por volta de 612 a.C. a própria Nínive foi tomada. Ciaxeres retirou-se para a sua terra natal, e as forças de Nabopolassar derrotaram os assírios em última instância em Carquemis, em 605. Com a derrota do rei assírio Assur-Uballit II, o Império Assírio simplesmente deixou de existir.

Nabopolassar morreu em sua hora de triunfo, e seu trono passou para o seu filho, Nabu-Kudurri-Usur (Nabucodonosor no AT). Com a dinastia caldeia independente, agora firmemente no controle, Nabucodonosor fez da cidade de Babilônia o quartel-general da burocracia administrativa de seu império. Durante os 43 anos de reinado (605-562 a.C.), ele circundou a cidade-capital de nada menos do que cinco muros de fortificação feitos com tijolos queimados e esmaltados com diversos palácios que serviram como residências reais. Sob sua orientação, Marduque da cidade da Babilônia se tornou novamente supremo. Seu templo, a Esagila, e o zigurate Etemenanki (a infame torre de Babel) foram restaurados, e a cidade da Babilônia se tornou o exemplo admirável para o mundo ocidental.

Nabucodonosor se empenhou militarmente na Síria e na Palestina e em 597 a.C. estabeleceu o cerco em Jerusalém. Judá foi reduzida à condição de tributário e, de acordo com Jeremias, 2Reis, e 2Crônicas, se tornou um monturo em 586 a.C., quando o monarca babilônico destruiu o templo de Salomão e deportou os hebreus para o cativeiro. Jeoaquim de Judá foi aprisionado na Babilônia até que o filho de Nabucodonosor e seu sucessor, Amel-Marduque (Evil-Merodaque em 2Rs 25:27; Jr 52:31) o libertou. Os hebreus permaneceram no cativeiro durante todo o tempo da dinastia dos caldeus.

Nabucodonosor é proeminente no livro de Daniel, que registra histórias da loucura dele. Essas narrativas, sem dúvida, refletem a tentativa do escritor hebreu de associar Nabucodonosor com os feitos do último rei da dinastia caldeia, Nabonido (555-539 a.C.). Provavelmente de origem síria, Nabonido não somente introduziu a adoração de Sin de Harã na cidade-capital, mas também esteve ausente da cidade da Babilônia por diversos anos enquanto se incumbia de guerrear no oásis de Tema, na Arábia. Foi durante a sua ausência que seu filho Bel-Sarra-Usur (Belsazar em Daniel 5) governou como corregente. Logo após o seu retorno à Babilônia, Nabonido teve de lidar com os persas, um povo indo-ariano, originariamente associado com a província de Parsa no sudoeste do Irã. Sob a liderança do seu rei, Ciro II (549-529 a.C.), eles tomaram a Babilônia em 539 a.C., provavelmente através de uma combinação de forças e da traição do governador da cidade da Babilônia, Gubarru (Gobryas nas fontes clássicas). Nabonido foi enviado ao exílio, e os hebreus puderam retornar para a Palestina (Ed 6). Os persas continuaram a governar a Babilônia como parte do império deles até 331 a.C., quando foram conquistados por Alexandre, o Grande.

A história da Babilônia é uma das numerosas e diversas culturas. Não obstante, desde o tempo do domínio de Hamurabi até a queda da própria Babilônia, há evidência de um continuado respeito pelas realizações dos séculos anteriores. O politeísmo dos sumérios persistiu, ainda que Marduque tenha sido adorado como "rei dos deuses" na cidade da Babilônia durante os tempos dos amorreus, cassitas e caldeus. A literatura dos sumérios foi traduzida para a língua da Acádia, e como resultado dos esforços dos escribas nos tempos dos amorreus e cassitas, as explorações de tais heróis como Gilgamesh foram preservadas para a posteridade. Grande respeito foi mostrado pelos centros de culto das divindades da cidade-estado, e os monarcas tais como Nabonido orgulhavam-se da restauração que eles fizeram dos santuários "antigos". As realizações das civilizações da Babilônia (incluindo a escrita, matemática, e astrologia) foram basicamente preservadas pelos gregos, através de quem elas se tornaram parte do legado da Antiguidade.

Bibliografia. A.K. Grayson, *Assyrian and Babylonian Chronicles* (Locust Valley, 1975); J. Oates, *Babylon* (Londres, 1979); A.L. Oppenheim, *Ancient Mesopotamia*, 2a. edição (Baltimore, 1992); H.W.F. Saggs, *The Greatness That Was Babylon*, ed. rev. (Londres, 1988); D. J. Wiseman, *Nebuchadrezzar and Babylon* (Oxford, 1985). [RONALD H. SACK]

BACA, VALE DE (heb. *bāḵā'*) Vale aparentemente com árvores (heb. *balsam* [?]) que pareciam resina ou cola (o termo hebraico pode estar relacionado a "*bāḵâ*" "chorar", daí "árvore que chora"). Esse vale, de identificação desconhecida, aparentemente era uma região árida através da qual os peregrinos passavam a caminho de Jerusalém (Sl 84:6 [TM 7]).

BACIA Vaso aberto e raso que é descrito por várias palavras hebraicas. heb. *'ăgarṭāl* é provavelmente uma cesta (Ed 1:9), mas *'aggān* indica uma tigela (Êx 24:6). A palavra heb. *mizrāq* (*zāraq* "aspersão") é uma tigela profunda na qual era derramado o sangue do sacrifício de animais para ser aspergido nos lados do altar das ofertas queimadas (Êx 29:15; cf. 38:3). As palavras heb. *kiyyôr nĕḥōšeṯ* designam o "vaso de bronze" situado entre a tenda da congregação e o altar usado para as lavagens cerimoniais (Êx 30:17-21; cf. 1Rs 7:38-39; 2Cr 4:6).

O vaso (gr. *niptḗr*, de *níptō*, "lavar") em que Jesus lavou os pés de seus discípulos (Jo 13:5) pode ter sido uma espécie de bacia, embora normalmente os judeus lavassem os pés derramando água sobre eles. *Ver* VASO.

BAGOAS (gr. *Bagōas*) O eunuco encarregado dos afazeres pessoais do general assírio Holofernes (Jdt

A B C D E F G H I J K L M N O P Q R S T U V X Y Z

12:11). Ele foi instruído a convidar Judite para o banquete do general e, mais tarde, descobriu que ela assassinou Holofernes (Jdt 14:14-18).

BAIXADA Contrafortes que descem em direção ao oeste das terras altas da Judeia à planície costeira da Filístia. O hebraico *šĕp̄ēlâ* é usualmente transliterado como substantivo próprio Sefelá. A mesma palavra é usada mais amplamente em Js 9:1; 11:2 (aqui provavelmente se referindo às terras baixas litorâneas ao norte do Carmelo), 16; 12:8. *Ver* SEFELÁ.

BALÁ (heb. *bālâ*) Cidade na parte sul da Palestina, atribuída ao território de Simeão (Js 19:3). Também chamada Bila (1Cr 4:29) e Baalá (Js 15:29).

BALAÃO (heb. *bilʿām*) Profeta mencionado no Antigo e no Novo Testamento, assim como numa inscrição em gesso do século VIII a.C., encontrada em Tell Deir Allá no Jordão. O livro de Números contém o material mais extenso. Balaão é primeiramente apresentado no material bíblico quando os israelitas se aproximaram da terra de Canaã, após derrotarem a Siom e Ogue, reis dos amorreus e de Basã (Nm 21:21-35). Sua terra natal era Petor (Nm 22:5; Dt 23:4), algumas vezes identificada como Pitru, localizada no alto Eufrates. Balaque, rei de Moabe da Transjordânia, tendo testemunhado a debandada dos amorreus em virtude da força e do número de israelitas, enviou mensageiros a Balão pedindo que amaldiçoasse os israelitas (Nm 22:1-6). Após os mensageiros terem chegado com "as taxas da adivinhação" (cf. Js 13:22), Balaão disse-lhe que ele deveria primeiro consultar Yahweh, uma afirmação intrigante para um não israelita. Balaão se recusou ir a Moabe com os mensageiros, mas recebeu permissão de Deus para ir com o segundo grupo (Nm 22:7-21). Após um incidente incomum envolvendo a mula de Balaão e um anjo de Yahweh (22:22-35), Balaão chegou a Moabe. Embora Balaque desejasse que Israel fosse amaldiçoado, Balaão afirmou que deveria falar aquilo que havia sido permitido por Deus (22:36-39). Após os sacrifícios terem sido oferecidos, Balaão procurou Yahweh e recebeu a mensagem divina (23:1-6). Para o desgosto de Balaque, Balaão abençoou Israel em seu primeiro oráculo (23:7-12). Balaque convenceu Balaão a tentar novamente a maldição de Israel, mas o seu segundo oráculo foi também uma bênção (23:13-26). Mais dois oráculos de bênçãos foram pronunciados subsequentemente por Balaão, sendo que o final predizia que Israel haveria de dominar os reinos da Transjordânia, incluindo Moabe (24:1-25).

Embora as tradições antigas de Balaão em Números 22-24 sejam antes positivas, há tradições negativas posteriores a respeito dele. Por exemplo, havia aparentemente uma tradição de que Balaão estava realmente querendo amaldiçoar os israelitas, mas foi impedido de fazer isso por Yahweh (Dt 23:3-6; Js 24:9-10; Ne 13:1-2), algo diferente das afirmações de Números 22-24. Números 25:1-15 é uma narrativa combinada, um componente referindo-se aos incidentes envolvendo homens israelitas e mulheres moabitas (v. 1-5) e um segundo componente envolvendo um israelita e uma midianita (v. 6-15). O texto de Números 31 está consciente dessa narrativa combinada; ele sugere que Balaão era o instrumento na iniciação da apostasia (v. 16 ss) e afirma que ele foi morto com vários midianitas (v. 8). Além do mais, as referências a Balaão no Novo Testamento são todas negativas, vendo-o como um protótipo dos falsos mestres no período do Novo Testamento (2Pe 2:15; Jd 11; Ap 2:14).

Dois principais grupos de fragmentos de inscrições de gesso calcinado foram escavados em Tell Dier Alla em 1967, designados Combinação I e Combinação II. A última é particularmente fragmentária e enigmática. Com base tanto no manuscrito como no contexto arqueológico, os textos no gesso calcinado são datados de aprox. 700 a.C. A linguagem da inscrição tem aspectos da língua aramaica e da língua dos canaanitas, embora os eruditos estejam divididos quanto à sua classificação linguística exata. Com relação aos paralelos entre o material bíblico e epigráfico, a Combinação I menciona especificamente "Balaão filho (*Br*) de Beor", um "vidente dos deuses" que teve uma visão noturna em que os *Šaddayyin* lhe comunicavam o "futuro". O fato de que o nome e o patronímico são idênticos é certamente admirável e indica que ambas as tradições, bíblica e epigráfica, dizem respeito ao mesmo indivíduo. Além do mais, em ambos, os diálogos noturnos com deuses ocorrem (Combinação I, Nm 22:8, 19) e a raiz *hzh*, "vidente", é também usada a respeito de Balaão nos dois textos (Combinação II, linha 1; Nm 24:4). Finalmente, a referência a *Šaddayyin* ("Deuses da Montanha") é o equivalente linguístico de *Šadday* ("Deus da Montanha" ou "Deus todo-poderoso"), encontrado num oráculo bíblico de Balaão (Nm 24:4). As similaridades entre os dados bíblicos e epigráficos demonstram que ambos evidenciam uma tradição semelhante a respeito do mesmo personagem, mas há muito mais diferenças do que similaridades, revelando a distintividade de cada tradição.

Bibliografia. F.H. Cryer, *Divination in Ancient Israel and Its Near Eastern Environment*, JSOTSup 142 (Sheffield, 1994); J.A. Hackett, *The Balaam Text from Deir Alla*. Hsm 31 (Chico, 1984); W. C. Kaiser, Jr., "Balamm Son of Beor in Light of Deir All and Scripture", em *Go to the Land I Will Show You*, ed. J. Coleson e V. Matthews (Winona Lake, 1996), 95-106;

P. K. McCarter, Jr., "The Balaam Texts from Dier Alla: The First Combination", *BASOR* 239 (1980), 49-60; G. L. Mattingly, "Moabites", em *Peoples of the Old Testament World*, ed. A. J. Hoerth, Mattingly, e E. M. Yamauchi (Grand Rapids, 1994), 317-33; M. S. Moore, *The Balaam Traditions*. SBLDS 113 (Atlanta, 1990). [CHRIS A. ROLLSTON]

BALADÃ (heb. *bal'ăḏān*) O pai de Merodaque-Baladã, rei da cidade de Babilônia, contemporâneo do rei Ezequias de Judá (2Rs 20:12 = Is 39:1).

BALANÇAS Embora a cunhagem moderna tenha se desenvolvido no Mediterrâneo oriental, por volta do século VII a.C., as moedas não eram amplamente circuladas no antigo Oriente Próximo durante os tempos do Antigo Testamento. O ouro e a prata, que eram usados como meio de troca, eram pesados em balanças (Jr 32:10). Os pesos de pedra ou metal marcavam a quantia de ouro ou prata colocada no outro lado da balança.

As balanças de pesar descobertas em Timna (Tel Batash/Tell El-Batashi) desde o século VII a.C. eram feitas de pedra. Essas pedras redondas têm bases achatadas, e consistem de dois tipos de medida de peso: o pim e o shekel. As três pedras de pim descobertas pesavam 7.72, 7.88 e 8.01 gramas. Dois shekels pesavam 22.78 gramas, e quatro-shekels pesavam 43 gramas, e oito shekels pesavam 91.2 gramas e 91.16 gramas. Assim, os pesos variavam bem pouco.

As moedas eram amplamente usadas nos tempos do Novo Testamento, mas o dinheiro era ainda algumas vezes pesado (Mt 26:15). Balanças são mencionadas no Novo Testamento somente em Apocalipse 6:5.

Os mercadores desonestos poderiam facilmente usar pesos que eram mais pesados do que a quantia gravada neles. Desse modo, o mercador poderia coletar mais outro ou prata do que o comprador pensava que estava pagando. Tal prática desonesta era totalmente condenada no Antigo Testamento (cf. Lv 19:36; também Pv 11:1; 16:11; 20:23; Ez 45:10; Os 12:7 [TM 8]; Am 8:5; Mq 6:11). As balanças são usadas figurativamente na Bíblia para indicar a integridade, a vanglória inútil, ou a bancarrota moral de uma pessoa (Jó 31:6; Sl 62:9 [10]; Dn 5:27).

Bibliografia. A.R. Burns, *Money and Monetary Policy in Early Times* (1927, New York, 1965); M. I. Finley, *The Ancient Economy*, 2a. edição (Berkeley, 1985); G. L. Kelm e M. Amihai, *Timnah* (Winona Lake, 1995).

BALAQUE (heb. *bālāq*; gr. *Balák*) O filho de Zipor e rei de Moabe. Ele foi vencido pelo temor após os israelitas terem derrotado os amorreus e assim intimou Balaão a fim de que ele os amaldiçoasse (Nm 22—24). Suas tentativas fúteis de seduzir o povo à idolatria e imoralidade foram marcantes (Jz 11:25; Mq 6:5; Ap 2:14).

BÁLSAMO **1.** Planta resinosa obtida através de incisões na casca da árvore (heb. *ṣᵉrî* ou *ṣŏrî*). Os ismaelitas a comercializavam com o Egito (Gn 37:25), e José a recebe como um presente de Jacó (43:11). O bálsamo também aparece numa lista de exportadores judeus para a região de Tiro (Ez 27:17). Conquanto essas referências sublinhem o valor comercial do bálsamo como óleo de perfume, as referências em Jeremias (Jr 8:22; 46:11; 51:8) salientam o seu valor medicinal e sua associação com Gileade. Gileade evidentemente era famosa tanto por seus médicos como (especialmente) pelas propriedades curativas do unguento, cujo aroma talvez combatesse o odor das feridas infectadas (Jr 8:22).

As identificações sugeridas para o "bálsamo" incluem o estoraque e a resina de lentisco, mas nem uma dessas plantas é nativa da Palestina. Sua associação com Gileade pode refletir a importância comercial daquela região no intercâmbio de mercadorias. Escavações recentes no deserto da Judeia (Tel Goren/Tell el-Jurn) revelaram um possível centro de produção de perfume (identificado como bálsamo). [RICK R. MARRS]

2. Um arbusto (*Balsamodendrium Opolbalsamum*) que produz um condimento brando como uma fragrância (heb. *bosem*; Ct 5:1, 13; cf. Êx 35:28; heb. *baka* 2Sm 5:23-24; 1Cr 14:14-15) provavelmente indica a árvore de lentisco (*Pistacia lentiscus* L.), que é mais próxima de um arbusto do que de uma árvore e produz uma seiva leitosa. É proeminente no interior montanhoso da Judeia, e seus muitos ramos e folhas rígidas proporcionam um lugar agradável de proteção e de esconderijo.

BAMOTE, BAMOTE-BAAL (heb. *bāmôṯ*; *bāmôṯ-ba'al*) Lugar onde os israelitas descansaram ao norte de Arnon (Nm 21:19-20); Bamote é talvez o mesmo que Bamote-Baal, onde Balaque, rei de Moabe, pediu a Balaão para amaldiçoar Israel (Nm 22:41). Bamote-Baal foi uma das muitas cidades dadas a Rubem, também mencionadas como as cidades ao redor de Hesbom (Js 13:17). Bamote-Baal pode também corresponder a Bete-Bamote da placa de pedra de Mesa, lugar onde foi localizada a reconstrução de Mesa. A localização exata de Bamote-Baal é desconhecida, mas provavelmente ela era situada na margem ocidental do platô da Transjordânia, na área do monte Nebo. Embora a evidência arqueológica não tenha sido encontrada, alguns eruditos a equalizam com Khirbet-el-Quweiqiyeh, que corresponde às referências geográficas encontradas na Bíblia. [PHILIP R. DREY]

BANDEIRA Bandeira, emblema, imagem esculpida, ou flâmula atada a uma vara. A palavra heb. *nes* é conectada com esforços militares. Assim, sob a bandeira, os indivíduos se juntam para a batalha (Is 5:26; Jr

50:2; 51:12, 27) ou celebram vitória (Êx 17:15; Is 11:12). Isso pode também descrever um incidente que serve como advertência da parte de Deus (Nm 26:10), e pode ser metáfora de segurança para aqueles que confiam em Deus (Sl 60:4 [TM 6]). A palavra heb. *degel* também tem conotações militares (Sl 20:5 [6]; Ct 6:4, 10), mas é usada predominantemente para se referir a uma bandeira que identificava a localização de tribos específicas quando se acampavam ao redor do monte Sinai (Nm 2, 10). Ela pode também descrever a afeição pelo amado de alguém (Ct 2:4).

Ninguém sabe com que essas bandeiras se pareciam. Alguns eruditos especulam que as tribos tinham totem de animais (cf. Gn 49), que poderiam ter adornado as bandeiras. Na verdade, as pedras esculpidas e os textos literários indicam que outras nações (Egito, Babilônia, Assíria, Perdia e Roma) usavam bandeiras adornadas com animais tais como águia (a bandeira oficial de Roma), lobo, leão, serpente. Em outros casos, se encontra a imagem de um deus nacional sobre a bandeira (p. ex., o deus assírio Assur mostrava um arco). [RICK W. BYARGEON]

BANHO O lavar do corpo inteiro em água, o oposto da lavagem das mãos, face, ou pés (heb. *rāḥaṣ*; gr. *loúō*).

Foi ao tomar banho no rio Nilo que a filha de Faraó descobriu o pequenino Moisés num cesto (Êx 2:5). De Moisés é dito ter-se banhado [com Arão e seus filhos] em água" no processo de introduzi-los no sacerdócio (Lv 8:6). De acordo com Ezequiel 16:4, era costume banhar os infantes antes de colocar fraldas neles. Levítico 14:8 se refere ao banho em água como parte dos rituais extensos para a remoção da impureza de uma pessoa que havia sido diagnosticada por um sacerdote como curado de lepra; 2Reis 5:10 registra que Eliseu prescreveu um banho de 7 vezes no rio Jordão como cura para a lepra de Naamã. João 5:2-8 contrasta o poder curador do poço de Betesda com o poder de Jesus, que cura sem água. Era costume entre os pranteadores não se banhar e marcar o final de um período de pranto com banho, ungindo-se e se vestindo com roupa fresca (2Sm 12:20). As mulheres se banhavam e aplicavam cosméticos e roupa leve e/ou joias antes de seduzir um homem a ter relação sexual com elas (Rt 3:3; Ez 23:40). 2Samuel 11:2-4 registra que Davi viu Bate-Seba, a esposa de Urias, o hitita, se banhando, o que era um rito para purificação seguindo-se o final de seu ciclo menstrual. De acordo com Levítico 15:16 e Deuteronômio 23:10-11, a emissão do sêmen polui um homem; tendo-se banhado, ele se torna puro novamente ao anoitecer (cf. 1Sm 20:26; 21:5 [TM 6]).

Enquanto Êxodo 2:5; 2Reis 5:10-13 se referem ao banho em rios, o texto de 2Samuel 11 se refere ao banho em poço provavelmente cheio com água de chuva, um reservatório localizado no topo do telhado da casa de Bate-Seba. Judite repetidamente se purifica numa fonte natural (Jud 12.7). A virtuosa Susana tentava, sem sucesso, livrar-se dos homens ímpios enquanto se banhava num jardim fechado (Sus 17-27).

E possível observar que a maioria das referências ao banho no Antigo Testamento são encontradas nas leis da purificação e do sacrifício em Êxodo 29, 40; Levítico 14-17 e Números 19.

O testemunho arqueológico sobre o banho em Israel na Era do Ferro inclui uma banheira do século IX encontrada em Tel Dan, bacias de banho do século VI encontradas nos quartos de visita em Tell Beit Mirsim, cisternas enfileiradas de cal e gesso calcinado em moradias privadas israelitas desde o começo da Era do Ferro e cerâmica do século VIII de uma mulher se banhando numa bacia rasa (talvez um bidê?) encontrada no cemitério de er-Ras em ez-Zib.

Bibliografia. A. Biran, *Biblical Dan* (Jerusalém, 1994); E. Neufeld, "Hygiene Conditions in Ancient Israel (Iron Age)", *BA* 34 (1971), 42-66; R. de Vaux, *Ancient Israel* (1961, reimpr. Grand Rapids, 1997).] [MAYER GRUBER]

BANI (heb. *bānî*) Talvez seja uma forma abreviada de Benaia; contudo, visto que ambos os nomes aparecem nas mesmas listas, é provável que não sejam idênticos.

1. Gadita que era membro inferior do grupo guerreiro de elite de Davi, conhecido como os "Trinta" (2Sm 23:36). A narrativa paralela mostra "Hagri" (1Cr 11:38).

2. Levita na linha ancestral de Etã, que serviu no tempo de Davi (1Cr 6:46 [TM 31).

3. Um da tribo de Judá que era filho de Perez (1Cr 9:4).

4. Família da qual 642 membros retornaram a Jerusalém, vindos do exílio da Babilônia (Ed 2:10). Diversos membros que haviam se casado com mulheres estrangeiras estavam entre aqueles que prometeram despedir a esposa estrangeira (Ed 10:29, 34). Uma lista paralela registra Binuí (3) em vez de Bani (Ne 7:15), mas alguns eruditos pensam que os nomes representam duas famílias distintas.

5. O pai de Reum que esteve intimamente envolvido com a obra de reavivamento de Esdras. Ele dirigia um grupo de levitas que restaurou parte do muro de Jerusalém no tempo de Neemias (Ne 3:17). Bani estava também entre aqueles que permaneceram com Esdras quando o escriba lia a lei ao povo (Ne 8:7; cf. 9:4). Esdras lia um parágrafo ou dois e os outros homens explicavam, expunham, e possivelmente traduziam o texto para o aramaico à medida que Esdras lia. Não está claro se havia revezamento ou se cada homem tinha um grupo menor para o qual apresentava os textos.

Bani também poderia ser o pai de Uzi, o superintendente dos 284 levitas escolhidos por sorte para se mudarem para Jerusalém e ocupar a cidade além de trabalhar no templo (Ne 11:22). Originalmente, a família de Bani havia sido de cantores na casa de Deus no tempo de Davi.

6. Um que colocou o seu selo para o pacto renovado sob Neemias (Ne 10:15 [16]). [WESLEY PADDOCK]

BANQUETE *Ver* MARZEAH; COMIDAS.

BANQUETE DO AMOR *Ver* CEIA DO SENHOR.

BAQUEBACAR (heb. *baqbaqqar*) Levita que retornou do exílio e foi escolhido por sorte para morar em Jerusalém (1Cr 9:15).

BAQUEBUQUE (heb. *baqbûq*) Servo do templo cujos descendentes retornaram do exílio com Zorobabel (Ed 2:52 = Ne 7:53).

BAQUEBUQUIAS (heb. *baqbuqyâ*) Levita (Ne 11:17) e descendente de Asafe, o músico. Um dos que retornaram do exílio e foi designado por sorte para viver em Jerusalém. Ele era guarda do portão e o líder de um grupo de cantores do templo (Ne 12:9, 25).

BÁQUIDES (gr. *Bakchidēs*) Oficial sírio a quem Demétrio Soter I enviou para Jerusalém como general do exército sírio em 162 a.C. Ele instalou Aclimus como sumo sacerdote, deu-lhe controle da Judeia, e retornou ao rei, deixando para trás uma força de proteção. Báquides retornou para Jerusalém em 161 a.C., quando derrotou e matou Judas Macabeus. Subsequentemente, incapaz de derrotar Jônatas e Simão, Báquides construiu uma porção de fortalezas e fortificou cidades como uma contramedida antes de sair. Ele retornou em 158 a.C., mas ainda era incapaz de derrotar Jônatas, de modo que estabeleceu a paz com ele (1Mac 7.8-20; 9.1-73; Josefo *Ant.* 12.10.1-3; 11.1-2; 13.1.1-6).

Bibliografia. H. A. Kennedy, "The First Period: From Antiochus Epiphanes to the Capture of Jerusalem by Pompey", em E. Schürer, *The History of the Jewish People in the Age of Jesus Christ* (175 *B.C-D.C.* 135), edição revista (Edimburgo, 1973), 1:169, 173-76.) [R. GLENN WOODEN]

BARAQUE (heb. *bārāq*) Líder militar israelita (Jz 4:6-22; 5:1-12, 15), o filho de Abinoã de Kedesh em Naftali. Baraque ("relâmpago") teve um papel secundário na batalha entre a milícia israelita e o exército canaanita do rei Jabin de Hazor e seu general Sísera, conforme o registro tanto das narrativas em prosa (Jz 4) como em poesia (cap. 5). Baraque aceitou a comissão da profetisa Débora contingente ao fato de ela acompanhar as tropas (4:8) Com frequência,esse fato tem sido erroneamente interpretado como covardia; contudo, não era incomum procurar a segurança do suporte divino de um profeta ou de um sacerdote antes de começar a batalha. Ainda que Baraque tenha liderado a milícia tribal israelita numa batalha que ele venceu, a versão em prosa enfatiza que houve intervenção divina (4:15), assim como as ações de duas mulheres, Débora (v. 8-9) e de Jael (v. 12-22), que foram decisivas na vitória. Na narrativa poética, Débora e Baraque são parceiros complementares, agindo dentro das suas respectivas esferas como profetisa e guerreiro (5:12).

O catálogo de heróis em Hebreus 11:32 lista Baraque (e omite Débora). Nas fontes extrabíblicas, Baraque tem um papel maior na batalha: de acordo com Josefo (*Ant.* 5), ele assassinou de maneira violenta a Jabin e arrasou Hazor; de acordo com Pseudo-Fílon (*LAB* 31.9), Baraque degola Sísera e envia a cabeça para a mãe do general canaanita. [GREGORY MOBLEY]

BARAQUEL (heb. *bārak̲ʾēl*) O pai de Eliú, amigo de Jó, de Buz na Arábia oriental (Jó 32:2, 6).

BARAQUIAS (gr. *Barachias*) O pai de Zacarias (Mt 23:35), aqui confundido com o Zacarias que foi assassinado no templo (2Cr 24:20-23). Alguns eruditos o identificam com Berequias 7 (Zc 1:1).

BARBA Pelos crescidos na parte inferior da face, excluindo o bigode. As barbas usadas durante os períodos antigos eram vistas com grande reverência e frequentemente simbolizavam força e virilidade. Em algumas culturas, como na Babilônia antiga, p. ex., os juramentos importantes eram feitos sobre as barbas. Como contraste, os egípcios geralmente usavam poucos pelos ou nem um tipo de pelos em seus corpos, mas alguns Faraós usavam barbas postiças para definir a posição deles. Para ilustrar a importância da barba, a rainha Hatshepsut (aprox. 1500 a.C.) é descrita em retratos esculpidos usando barba falsa.

A barba era também importante no antigo Israel. Era considerada sinal de humilhação para o adulto macho não ter barba (2Sm 10:4-5). Contudo, os homens frequentemente faziam a barba durante os períodos de pranteamento (Jr 41:5).

As barbas variavam em suas formas e estilos no antigo Oriente Próximo. Desenhos intrincados, partes encaracoladas e padrões difiniam o estilo as barbas usadas pelos assírios, babilônicos e sumérios. As esculturas de cada uma dessas culturas descrevem as barbas se estendendo até o meio ou a parte superior do peito. Dependendo da cultura, o final da barba podia ser arredondado, horizontal ou pontiagudo.

Bibliografia. W. Cooper, *Hair, Sex, Society, and Symbolism* (New York, 1971); M. Roaf, *Cultural Atlas of Mesopotamia and the Ancient Near East* (New York, 1990). [THEODORE W. BURGH]

BÁRBARO Pessoa que não é da cultura grega nem fala o grego (gr. *bárbaros*). Originalmente um termo onomatopaico denotando o balbucio ou sons ininteligíveis (*"bar bar"*), e foi usado pela LXX, por Fílon, por Josefo, e pelo Novo Testamento para distinguir frequentemente pessoas helênicas "não-civilizadas", mas não necessariamente com conotação depreciativa.

No Novo Testamento, os habitantes não helenizados de Malta, duas vezes chamados *bárbaroi* (At 28:2, 4) sem conotações depreciativas, são louvados por sua "amabilidade incomum", e Paulo usa o termo com a conotação linguística original (1Co 14:11; NRSV "estrangeiro"). Paulo também usa o termo *"barbaros"* como antônimo de "gregos", com os dois grupos juntos constituindo-se de "gentios", que são distintos dos "judeus" (Rm 1:14). Contudo, "gregos" poderia ser usado como termo inclusivo para todos os não judeus (p. ex., Rm 1:16; 2:9), formando um contraste (judeu-grego) comparável ao que é usado pelos gregos (gregos-bárbaros). Talvez, no texto de Colossenses 3:11,três categorias étnicas são também pretendidas (judeus/circuncisos, gregos/incircuncisos, bárbaros [incluindo citas], com duas categorias sociais (escravo/cita, livre). [ERIC F. MASON]

BARCOS (heb. *barqôs*) O cabeça de uma família dos servos de templo que retornou do exílio com Zorobabel (Ed 2:54 = Ne 7:55).

BARIÁ (heb. *bārîaḥ*) Filho de Semaías, um descendente pós-exílico de Davi (1Cr 3:22).

BARIS (gr. *Baris*) Nome asmoneu para fortificações (heb. *birâ*). Baris era o nome formal do palácio de João Hircano, construído por volta de 138 a.C. Foi erigido no sítio de fortalezas mais antigas (Ne 2:8; 7:2), principalmente para proteger dos invasores o lado norte vulnerável de Jerusalém. Adjacente ao templo, a fortaleza se tornou rapidamente foco para as relações difíceis entre a realeza e o sacerdócio. Por exemplo, nos dias mais santos os sacerdotes tinham de solicitar permissão para entrar em Baris e ter acesso a suas vestimentas (Josefo, *Ant.* 15.11.4). Quando Herodes a reconstruiu como Fortaleza Antônia, ela manteve sua importância religiosa e política. [DAVID A. DORMAN]

BAR-JESUS (gr. *Bariēsoús*) Mágico judeu (At 13:6, 8). *Ver* ELIMAS.

BARJONAS (gr. *Bariōnás*) O patronímico de Simão Pedro (Mt 16:17; cf. heb. *bar yônâ*, filho de Jonas). Em João 1:42; 21:15-17, o discípulo é chamado filho de João. Não está claro se dois nomes diferentes são indicados ou um único nome hebreu é traduzido em grego de dois modos diferentes.

BAR KOKHBA (aram. *bar kôḵbā'*) Título dado pelos seus partidários a Simão Bar Kosiba, líder da Segunda Revolta judaica (132-135 d.C.). Muito frequentemente usado nos escritos cristãos primitivos, esse epíteto algumas vezes aparece nos textos rabínicos. De acordo com a tradição rabínica, Bar Kokhba (filho da estrela) era um jogo de palavras como o nome de Bar Kosiba, cunhado pelo Rabi Akiba numa alusão a Números 24:17, "de Jacó procederá uma estrela, de Israel se levantará um cetro" (y. Ta`an. 68d). A literatura rabínica interpretou essa passagem como profecia messiânica, de forma que o título sugeria que Bar Kosiba era o Messias. Seus detratores, contudo, tramaram um jogo de palavras similar, chamando-o de Bar Koziba, "filho da mentira", com o qual ele é conhecido na literatura rabínica.

De acordo com a tradição rabínica, ele era da descendência de Davi, o sobrinho de um certo Rabi Eleazar de Modein. A tradição descreve Bar Kosiba como homem de grande força e impetuosidade. Ele foi aclamado messias pelo Rabi.

Akiba, mas outros rabis se opuseram às suas aspirações. Textos descobertos em Uádi Muraba´at, incluindo alguma correspondência pessoal de Bar Kosiba, têm revelado seu nome real e também indicam que ele, na verdade, usou o título messiânico "príncipe de Israel". Eles também o mostram como iletrado, dependendo de outros para escrever suas cartas.

As causas da revolta de Bar Kokhba são incertas e provavelmente complexas. De acordo com o historiador romano do século III, Dio Cassius, os judeus se revoltaram por ouvir rumores de que o imperador Adriano planejava converter Jerusalém numa colônia romana. Outra fonte romana atribui a revolta à tentativa de Adriano de decretar a "mutilação das genitálias", que teria o significado de decretar o fim da circuncisão. Eusébio parece ter atribuído a revolta ao simples fervor messiânico. O curso da guerra, contudo, revela que os judeus estavam bem preparados para a luta, e não irromperam espontaneamente em violência como havia acontecido na Primeira Revolta. Em virtude do preparo deles, as forças judaicas infringiram um estrago muito grande nas legiões romanas antes de serem subjugadas em 135 d.C. Bar Kosiba foi morto no cerco de Bethar, próximo a Jerusalém, o último centro restante da resistência judaica.

Bibliografia. E. Schürer, *The History of the Jewish People in the Age of Jesus Christ* (175 a.C-d.C. 135), ed. rev. (Edimburgo, 1973-1987); Y. Yadin, Bar-Kokhba (New York, 1971).

BARNABÉ (gr. *Barnabás*) José, um apóstolo altamente considerado, ativo nas missões gentílicas e talvez o fundador delas, parceiro importante de Paulo. Era levita da diáspora originário de Chipre, que vendou um campo e doou os seus bens para os apóstolos para o experimento da comunidade de repartir suas posses, em Jerusalém (At 4:36-37). Os apóstolos o apelidaram de Barnabé (de acordo com Lucas, "o filho da exortação"); visto que o nome provavelmente significa "filho de Nebo" (um deus sírio), pode ser um nome pré-cristão da Diáspora Helenística. Eusébio alega que ele era um dos Setenta (HE 1.12).

Paulo sugere que Barnabé seja apóstolo e que não tinha esposa (1Co 9:1-7; cf. At 14:14). Não sabemos se Barnabé participava do culto do templo, mas seu papel em Jerusalém tornou-o um advogado natural de Saulo. Após a conversão deste, Barnabé apresentou o novo convertido aos apóstolos (At 9:27). Depois de o cristianismo ter se espalhado para fora da Palestina, Barnabé buscou Saulo de Tarso para assisti-lo (At 11:19-26). Por causa dos papéis que eles exerceram na Antioquia e Síria/Cilícia, foram encarregados de levar auxílio para a fome que acontecia em Jerusalém (At 11:27-30).

Barnabé e Saulo, com João Marcos (primo de Barnabé; Cl 4:10), viajaram para Chipre, com Paulo sendo apenas parceiro ajudante; após Marcos tê-los abandonado, Paulo começou a tomar maior importância que Barnabé (At 13:13, 43, 46, 50) à medida que trabalhavam na Panfília, Liaconia, e Pisídia. De acordo com Lucas, eles usaram as sinagogas como base e tiveram muito êxito entre os "tementes a Deus" e os "prosélitos". O gentios em Listra ficaram tão impressionados que eles se dirigiram a Barnabé como Zeus e a Paulo, como Mercúrio (At 14:8-18), sugerindo a continuidade da importância maior de Barnabé.

Retornando para a base em Antioquia, eles relataram a resposta dos gentios à mensagem cristã (At 14:24-28). Isso ocasionou debates a respeito da circuncisão com "alguns da Judeia", primeiramente em Antioquia e, depois, em Jerusalém (At 15:1-21). Em Jerusalém, Barnabé tomou novamente a primeira posição, sem dúvida por causa de sua estatura; a decisão do concílio foi enviada aos cristãos de Antioquia, Síria e Cilícia (At 15:22-29).

Essa tradição de Atos recebe o apoio da narrativa de Paulo em Gálatas 2:1-15, ao mesmo tempo em que mostra uma tensão com ela. Barnabé e Paulo se separaram logo após o retorno da Antioquia, embora as razões dadas sejam radicalmente diferentes: em Atos a razão é João Marcos, e em Gálatas as razões são os assuntos sobre comida (At 15:30-41; Gl 2:11-14). Paulo foi ambivalente em relação a Barnabé: hostil em Gálatas 2:13, e amigável em 1Coríntios 9:6, neutro em Gálatas 2:1, 9. É impossível descrever as ideias teológicas de Barnabé. Os Atos e a Epístola de Barnabé não são provenientes dele. Alguns argumentam que Barnabé tenha escrito a Epístola aos Hebreus.

Bibliografia. R. E. Brown, e J. P. MEier, *Antioch and Rome* (New York, 1983); A. von Harnack, *Mission and Expansion of Christianity* (New York, 1961), 58-59; G. Lüdermann, *Opposition to Paul in Jewish Christianity* (Minneapolis, 1989); L. H. Martin, "Gods ou Ambassadors of God? Barnabas and Paul in Lystra", *NTS* 41 (1995), 152-156; J. H. Schütz, *Paul and the Anatomy of Apostolic Authority* (Cambridge, 1975).
[PETER RICHARDSON]

BARNABÉ, ATOS DE Uma narrativa lendária do século V ou VI, feita em grego, alegando ser escrita por João Marcos. O texto relata as viagens de Barnabé com Paulo (ambos apóstolos) e seu martírio num hipódromo, havendo sido tomado de uma sinagoga.
[PETER RICHARDSON]

BARNABÉ, EPÍSTOLA DE Escrito cristão anônimo datado de 70-135 d.C., com alguns aspectos epistolares, mas melhor entendido como homilia. Ele foi incluso em alguns textos do Novo Testamento (*Códex Sinaiticus*), provavelmente por causa da afirmação de Barnabé como apóstolo.

Uma origem siro-palestina está sendo crescentemente sugerida, baseada em várias alusões (Ep. Barn. 4.10; 9.6) e por causa de associações protorrabínicas (7.6, 8, 10; 8.1), embora a maioria atribua sua origem ao Egito por causa de afinidades exegéticas com Alexandria. A Ásia Menor também tem sido proposta. Sua data resulta da interpretação de 16.1-5; 4.4-5, assim como da possibilidade de o autor ter usado documentos canônicos. Uma data considerada pela maioria está por volta da segunda revolta (132-135 d.C.), embora o final dos anos 90 pareça mais provável, enquanto poucos o datam aos anos 70 d.C.

O livro não tem destinatários específicos. É destinado a ambos, "filhos e filhas" (1.1), a única obra cristã primitiva a fazer isso, embora essa ênfase desapareça. O relacionamento da igreja com o judaísmo era uma questão controversa para a comunidade, provavelmente a dos judeus mistos e dos cristãos gentílicos. O autor era cristão gentílico, talvez previamente temente a Deus ou prosélito. Ele conhecia bem o judaísmo e o percebeu como ameaça, sentindo-se compelido a mencionar suas atrações. A atribuição tradicional a Barnabé e Paulo de Atos não pode ser correta.

A obra, que faz um uso extenso das tradições mais antigas, compõe-se de uma homilia (2.16) e um documento de "duas vias" (18.20) — a última provavelmente compartilhando uma fonte comum com Did 1-5 — mantidas juntas por introdução, passagem transicional e conclusão (1, 17, 21) com alguns elementos epistolares. Ela é parte do desenvolvimento da tradição exegética cristã em sua dependência da Escritura do Antigo Testamento, principalmente da

LXX, embora seja mais do que um pasticho de tradições sem qualquer relacionamento. O material que se parece com homilia em 2-16 é quiástico em sua estrutura: sacrifício/templo (1.82.10; 16), jejum/sábado (3.1-4.6ª; 15), pacto (4.6b-6.19; 13-14), expiação (7-8; 12), circuncisão/batismo (9-10; 11).

Uma interpretação tipológico-alegórica da Escritura domina a epístola, apresentando uma cristologia elevada (sem nem um interesse no Jesus histórico) e com forte preocupação ética, contra o pano de fundo de uma escatologia iminente e forte convicção de que o papel de Israel no esquema de Deus se tornou algo do passado. Os cristãos têm conhecimento (*gnósis*) do passado, do presente e do futuro. Muita coisa da importância de Barnabé repousa nas convicções de que ele abraçou (a observância do oitavo dia, batismo, morte expiatória de Jesus, e a Ceia do Senhor) e as coisas que ele firmemente rejeitou (jejum e leis sobre comida, sábado, circuncisão, sacrifício, templo). Barnabé adverte contra ser "naufragado pelo proselitismo à lei deles" (3.6), conquanto permanecesse geralmente dentro da tradição da Halaka (2.6; 5.9); o pacto não pode ser "ambos, deles e nosso; ele é nosso" (4.6). Há pouca evidência de familiaridade com os textos canônicos do Novo Testamento, mas há similaridades com as tradições de Mateus. Barnabé é parte do desenvolvimento (Mateus, Hebreus, Melito) da diferenciação enfatizada do judaísmo que conduziu enfim a uma tendência antijudaica.

Bibliografia. L. W. Barnard, "The Epistle of Barnabas´and Its Contemporary Setting", *ANRW* II.27.1 (Berlim, 1993), 159-207; J. C. Paget, The Epistle of Barnabas. *WUNT* 2/64 (Tübingen, 1993); P. Richardson e M. B. Shukster, "Barnabas, Nerva, and the Yavnean Rabbis", *JTS* n.s. 34 (1983), 31-55; S. G. Wilson, *Related Strangers: Jews and Christians 70-170 C.E.* (Philadelphia, 1995), cap. 4. [PETER RICHARDSON]

BARRABÁS (gr. *Barabbás*) Um "preso notório" (Mt 27:16) a quem Pilatos soltou para a multidão na Páscoa ao invés de soltar Jesus. Ele é também descrito como bandido (gr. *lestes*; Jo 18:40) e prisioneiro com os rebeldes que tinham se comprometido a matar durante uma insurreição (Mc 15:7; cf. Lc 23:19, 25). Todos os quatro evangelhos indicam que Pilatos queria soltar Jesus, mas a multidão insistiu na soltura de Barrabás. Conquanto não haja nenhuma evidência extrabíblica para o costume de soltar prisioneiros durante a Páscoa, práticas semelhantes existiam em festivais de outras culturas antigas.

Alguns manuscritos de Mateus 27:16-17 dão o nome de Jesus Barrabás a Barrabás. Conquanto essa pareça ser a leitura recomendada, que alguns escribas provavelmente tenham omitido por causa da reverência a Jesus Cristo, diversas perguntas ficam sem respostas. Mateus inventou o nome comum *Yesous* para criar um contraste entre Jesus Barrabás e Jesus que é chamado o Cristo. Ou estava ele seguindo, a esta altura, uma fonte não usada por Marcos? Se é assim, alguém na tradição da fonte usada por Mateus inventou o nome? Por que não podemos responder a essas perguntas com certeza, é impossível saber se Barrabás era realmente chamado Jesus. [WARREN C. TRENCHARD]

BARSABÁS (gr. *Barsabbas*) **1.** Sobrenome de José (cf. aram.; "filho do justo). Sortes foram lançadas para determinar se ele ou Matias substituiriam Judas Iscariotes como apóstolo (At 1:23).

2. Sobrenome de Judas, que foi enviado com Silas para assistir Paulo e Barnabé em Antioquia (At 15:22). Igual a Silas, ele era profeta (At 15:32).

BARTIMEU (gr. *Bartimaíos*) Mendigo cego que clama "Filho de Davi, tem misericórdia de mim", e cuja visão Jesus restaura após deixar Jericó (Mc 10:46-52). Bartimeu não é nome próprio, mas identificação, "filho de Timeu".

A história de Bartimeu conclui a seção central do evangelho de Marcos (Mc 8:22-10:52), que começa com o encontro de Jesus em Betsaida com outro indivíduo cego (8:22-26). Ambas as perícopes não somente se preocupam com a restauração da vista física, mas também são altamente simbólicas do discípulo ideal. Bartimeu passa a ver e a crer em Jesus, mas ele também "seguiu-o no caminho" para Jerusalém e para a cruz (Mc 10:52).

A narrativa de Bartimeu feita por Marcos é paralela com a de Mateus 20:29-34, mas com diferenças pequenas (dois cegos) e com a de Lucas 18:35-43 (quando Jesus entra em Jericó), mas esses evangelistas não identificam a pessoa cega (ou pessoas cegas).

Bibliografia. P. J. Achtemeier, "And He Followed Him": Miracles and Discipleship in Mark 10.46-52", *Semeia* 11 (1978), 115-45. [FELIX JUST, S.J.]

BARTOLOMEU (gr. *Bartholomaíos*) Um dos doze discípulos originais de Jesus de acordo com os Evangelhos Sinópticos e com Atos. Alguns eruditos o identificam com Natanael de João 1:45-46 que Filipe trouxe a Jesus. As razões são: (1) Bartolomeu vem com Filipe em todas as três listas dos Sinópticos. (2) O nome (do aramaico *bar tōlmay*, Filho de Talmai) parece estar incompleto sem um nome pessoal que o precede. (3) Bartolomeu nunca é mencionado em João, nem Natanael é mencionado nos Sinópticos. Evidência pendente adicional, contudo, mostra que essa identificação é especulativa.

Uma tradição mencionada por Eusébio associa Bartolomeu com a obra missionária na Índia. Outra tradição o coloca como missionário na região do Estreito de Bósforo. Eusébio também afirma que

Bartolomeu deixou uma cópia do evangelho de Mateus na língua hebraica. Se tal escrito existiu, nem um manuscrito dele sobreviveu. Na melhor das hipóteses, a totalidade dessa tradição é questionável. [JOE E. LUNCEFORD]

BARTOLOMEU O APÓSTOLO, LIVRO DE Livro apócrifo do século V ou VI, existindo somente em diversos manuscritos cópticos do período medieval. Também conhecido como o Livro da Ressurreição de Jesus Cristo; escrito por Bartolomeu, o apóstolo. A obra inclui, em ordem casual, "narrativas" a respeito do Cristo ressurreto e sua descida ao inferno para redimir, entre outros, Adão. "Duvidando" Tomé aparece, com o seu filho Siofanes, a quem Tomé ressuscita dentre os mortos num lugar remoto antes de seu próprio encontro com o Jesus ressuscitado. O narrador, Bartolomeu, ordena a seu filho, que primeiro ouça essas "histórias", para protegê-las com grande cuidado dos hereges e dos incrédulos. [IRA BIRDWHISTELL]

BARTOLOMEU, EVANGELHO DE Evangelho apócrifo mencionado no comentário que Jerônimo fez de Mateus (Jerônimo registra também que Bartolomeu pregou aos indianos e que morreu em Albanópolis, na Armênia). Essa obra foi condenada no decreto de Gelásio, sendo esse fato mencionado nas obras de Epifânio, o Monge; e pode ter sido citada nos escritos do Pseudo-Dionísio. Nada desse evangelho sobreviveu, embora alguns o associem com as Questões de Bartolomeu em grego, latim e eslavo.

Bibliografia. J. K. Elliot, "The Questions of Bartholomew and the Book of the Resurrection of Jesus Christ by BartholOmew the Apostle", *The Apocryphal New Testament* (Oxford, 1993), 652-72. [RICHARD A. SPENCER]

BARUQUE (heb. *bārûḵ*) **1.** O filho de Zabai. Ele ajudou na reconstrução das paredes do templo sob a liderança de Neemias (Ne 3:20).

2. Um dos oitenta líderes que ratificaram o pacto com Neemias (Ne 10:6). Como um dos 22 signatários de descendência sacerdotal, Baruque concordou com a observância estrita da Torá e com a abstinência de contatos exogâmicos com "o povo da terra".

3. O filho de Col-Hoze, listado no censo de judeus repatriados (Ne 11:5). Seu filho Maaseias era um dos principais da província que se voluntariaram para viver em Jerusalém.

4. O filho de Nerias, e neto de Maseias. Baruque (aquele que é abençoado) é apresentado no livro de Jeremias como companheiro chegado e escriba do profeta (Jr 36:26, 32). Ele é personagem proeminente nos caps. 32, 36, 43 e 45.

Durante o cerco de Jerusalém pelos babilônicos, no começo de 587 a.C., Baruque participou numa transação de negócio entre Jeremias e Hanamel, primo de Jeremias (Jr 32:12-15). A transação envolvia a compra de terra de família com o propósito de evitar a perda da propriedade da família. Jeremias confiou as escrituras de compra a Baruque, que foi instruído para colocá-las num "vaso de barro, para que se possam conservar muitos dias" (Jr 32:14). Como ato simbólico, a transação serve para ilustrar que Judá sobreviveria à presente tragédia e seria reconstruída e reconfigurada como uma comunidade nova, ainda que antiga — além do exílio e da deslocação.

No quarto ano de Jeoaquim, — ano que sinaliza perigo e o desmantelamento das estruturas sociais e simbólicas — Baruque escreve num rolo todos os oráculos de Jeremias datados dos "dias de Josias" para o presente (Jr 36:1-8). O escriba de Jeremias, então, lê o rolo no templo num dia santo, visto que o próprio profeta está impedido de entrar no templo. A leitura de Baruque cria um "alarme" considerável entre os oficiais do rei, que pedem a Baruque que repita o conteúdo do rolo na presença deles. Após o rolo ser relido na presença dos oficiais do rei, Jeudi então o lê para o rei Jeoaquim, que sistematicamente o destrói. Após a destruição do rolo, Jeremias dita outro rolo a Baruque com material adicional de igual substância (Jr 36:32).

Alguns eruditos discernem no ditado que Jeremias fez dos rolos a Baruque dicas importantes para o entendimento das origens do livro de Jeremias. Entre aqueles que sustentam tal opinião, existe pouco consenso com respeito ao conteúdo desses Urtexts (texto original). Outros eruditos, contudo, argumentam que o gênero e a Tendenz (intenção) de Jeremias 36 impedem os juízos com respeito ao desenvolvimento histórico do livro. Para os últimos, a perícope é mais teológica e didática que histórica ou referencial.

As referências restantes a Baruque em Jeremias "priorizam" sua obediência e fidelidade (cf. a conduta exemplar do etíope Ebede-Meleque em Jr 38:7-13; 39:15-18) em contraste com a rebelião e a teimosia do povo, que está a caminho da destruição. No cap. 45, Baruque tem a promessa de vida em meio a um mundo em desagregação. Não obstante essa promessa, Baruque, semelhantemente a Jeremias, deve sofrer profundamente como resultado de sua vocação (Jr 45:1-5) e, eventualmente, deve enfrentar o mesmo destino da nação judaica: deslocação e exílio para uma terra distante (43:1-7).

Embora Baruque seja figura de menor importância no livro de Jeremias, as construções do Segundo Templo o transformam num personagem principal e independente. Assim, conquanto seja negada proeminência a Baruque, que tanto desejou durante a sua vida (Jr 45:5), ele é ironicamente imortalizado na literatura judaica posterior, como 2Baruque, que prenuncia a sua ascensão.

Bibliografia. W. Brueggemann, "The 'Baruch Connection': Reflections on Jer 43.1-7", *JBL* 113 (1994), 405-20; R. P. Carroll, *Jeremiah OTL* (Philadelphia, 1986); W. L. Holladay, ***Jeremiah 1 Herm*** (Philadelphia, 1986); *Jeremiah 2 Herm* (Minneapolis, 1989). [LOUIS STULMAN]

BARUQUE, LIVRO DE Obra pseudoepígráfica de cinco capítulos atribuída a Baruque, o escriba altamente posicionado em Jerusalém no livro de Jeremias (Jr 32, 36, 43, 45). O livro de Baruque é preservado na LXX, na qual foi alocado imediatamente depois do livro de Jeremias. Baruque 1.1-3.8 e talvez a totalidade do livro tenha sido traduzido do original em hebraico. Ele é reconhecido como canônico pela Igreja Católica Romana e pelas comunidades ortodoxas, mas classificado entre os Apócrifos pelas comunidades judaica e protestante porque não faz parte da Bíblia Hebraica.

Baruque pode ser dividido em quatro partes desiguais, sendo as primeiras duas em prosa e as duas últimas em poesia: a narrativa da introdução (1.1-14); oração de confissão e arrependimento (1.15-3.8); poema de sabedoria, de admoestação e de exortação (3.9-4.4); poema de consolação e encorajamento (4.5-5.9). Embora cada uma dessas partes de Baruque tenha estilo e temas distintos, o autor ligou as partes com palavras, temas e tradições de forma que as diferentes perspectivas e propósitos retóricos funcionam juntos para formar uma unidade retórica e literária que se movimenta do sofrimento e arrependimento pelo pecado (1.15-3.8) para a devoção à sabedoria e obediência aos mandamentos de Deus (3.9-4.4) e conclui com um encorajamento à paciência e à promessa de intervenção divina (4.5-5.9).

Baruque é parte das tradições de Israel quando elas se desenvolveram a partir do exílio na Babilônia até o período do Segundo Templo: cf. 1.5-3.8 com Daniel 9, Jeremias, e Deuteronômio; 3.9-4.4 com Jó 28 e a tradição da Sabedoria; e 4.5-5.9 com Isaías 40-66. A confissão e oração de arrependimento, que é dirigida liturgicamente a Deus com o título próprio "Senhor", é semelhante a muitas orações do Segundo Templo, tais como a de Esdras 9:6-15; como as de Neemias 1:5-11; 9:5-37; Daniel 9; a Oração de Azarias (Dn 3:3-22 LXX); e as Palavras dos Luminares (4QdibHam a-c). O poema da sabedoria identifica a verdadeira sabedoria com a lei bíblica a Torá (heb. *tôrâ*) e a conduta sábia com a obediência aos mandamentos de Deus, como fazem outros livros do século II (p. ex., Sir. 24). Contrário a muitos textos sectários polêmicos, tais como os encontrados em Qumran, Baruque não distingue entre aqueles judeus que são fiéis a certo modo de guardar a lei e aqueles que são infiéis. O autor convida a todos os judeus a reconhecerem a pecaminosidade das nações, a se arrependerem, a obedecerem aos mandamentos, e a esperarem pela assistência divina numa nação restaurada. O autor produziu uma teologia tradicional de "meio do caminho" para Israel aderir a ela sob todas as circunstâncias. A real generalidade de Baruque e a sua falta de originalidade, pela qual tem sido frequentemente criticado, tornaram a obra atraente e disponível para os judeus de todas as tendências. O livro parece ter sido especialmente útil para os judeus de fala grega da Diáspora visto que foi conservado em língua grega.

O livro de Baruque é extremamente difícil de ser datado porque ele não proporciona quaisquer alusões certas a eventos contemporâneos com o autor e está posto numa linguagem tradicional que tem qualidade "atemporal". Comentadores modernos não colocam a composição de Baruque no período da Babilônia por causa da sua estrutura de narrativa, mas em algum lugar no período greco-romano de 300 a.C. a 135 d.C. e dentro desse tempo a crise dos Macabeus em 167-164 a.C. tem encontrado apoio recentemente. Embora Baruque 1.15-2.18 esteja literalmente relacionado a Daniel 9:4-19 como Baruque 5.5-9 está a Pss.Sol. 11, a evidência para a dependência e datas é ambígua. A atmosfera interna do livro e alusões a seu tempo de composição são vagas e contraditórias.

O livro de Baruque como um todo é orientado em relação a Jerusalém e provavelmente originado ali. O alvo das orações e exortações é a restauração de Jerusalém e de seu povo. O autor conhecia totalmente a tradição bíblica, a do Segundo Templo e apoiou a adoração no templo, a santidade de Jerusalém, a restauração de Israel, e a obediência à Torá (heb. *tôrâ*). O autor pode ter sido mestre ou oficial em Jerusalém, parte do círculo de eruditos dedicados ao estudo e à promoção das tradições de Israel. No turbilhão de conflitos, perigos, e mudanças no período helenístico Baruque provavelmente procurou influenciar as perspectivas, os comprometimentos, e as políticas da liderança de Jerusalém e do povo encorajando a aderência à teologia deuteronômica tradicional, à sabedoria de Israel articulada na Torá, e aos mandamentos como guia para a vida. [ANTHONY J. SALDARINI]

BARUQUE, SEGUNDO (APOCALIPSE SIRÍACO DE) Um pseudoepígrafo judaico em que Baruque, o escriba do profeta Jeremias, é o recipiente da revelação acerca da destruição que Babilônia haveria de fazer em Jerusalém e no templo em 587 a.C. O autor do texto está realmente escrevendo após a destruição de Jerusalém pelos romanos no ano 70 d.C., e usa a tragédia anterior para trazer um foco teológico ao desastre do seu tempo.

O principal assunto tratado pelas muitas questões, lamentos, orações e visões de Baruque, é se o desastre significa ou não que as promessas de Deus a Israel falharam. Baruque gradualmente chega a entender, e subsequentemente ensina ao povo, que tais promessas não falharam.

A parte central do livro consiste de três visões e diálogos em que Deus revela, com detalhes crescentes, como as promessas serão cumpridas (2Bar. 22-20, 36-43, 53-74). Em resumo, haverá angústia universal, o Messias aparecerá, o julgamento ocorrerá, e os mortos serão ressuscitados, os ímpios irão para o seu tormento, e os justos herdarão a terra renovada. É curioso que a restauração do templo não tem lugar nessas visões centrais, porque anteriormente no livro, a terra foi ordenada a se abrir e esconder os vasos do templo até o tempo do fim quando ela seria ordenada a restaurá-los (6.6-9).

Após cada uma dessas visões e diálogos, Baruque oferece mensagens de consolação que crescem em sua eficácia como as visões e diálogos crescem de forma mais elaborada. O povo não deveria ficar tão triste diante do que acontecia, porque uma angústia maior estaria por vir com o abalo de toda criação. Eles deveriam perseverar no temor de Deus, obedecer à Torá e seus mestres, confiar na misericórdia de Deus e esperar o bem no futuro.

Uma epístola concludente (caps. 78—87), escrita às nove tribos e meia do cativeiro assírio anterior, serve como uma reprise dos principais temas do apocalipse, embora falhe em mencionar qualquer papel no tempo final para o Messias e até mesmo parece eliminar a ideia de que os vasos do templo serão restaurados (80.2). Claramente, o papel da Torá (heb. *tôrâ*) tem mais influência controladora sobre o pensamento desse autor do que o faz o papel do Messias ou do templo.

A data sugerida do texto é após o ano 70 d.C. pelas dicas textuais, tais como a profecia de duas destruições do templo no cap. 32. Contudo, o material tradicional antes do ano 70 é quase certamente empregado pelo autor. O livro provavelmente foi originalmente escrito em hebraico, na Palestina. Ele é existente em sua inteireza somente na tradução siríaca, embora um fragmento significativo exista em grego.

Bibliografia. A. F. J. Klijn, "2 (Syriac Apocalypse of) Baruch", *OTP* 1 (Garden City, 1983), 615-52. [RANDAL A. ARGALL]

BARUQUE, TERCEIRO (APOCALIPSE GREGO DE) Pseudoepígrafo no qual um anjo é enviado para consolar Baruque, que está chorando sobre a destruição de Jerusalém. O anjo parece oferecer consolo por meio de uma distração, revelando-lhe os "mistérios de Deus" (3Bar 1.8). O anjo leva Baruque para uma viagem aos cinco céus (caps. 2—16). No final, o anjo traz Baruque de volta à terra onde Baruque louva a Deus (cap. 17).

Nos primeiros três céus, encontram-se novas interpretações da torre de Babel, do Jardim do Éden, do Dilúvio, e dos movimentos do sol e da lua. No quarto céu, Baruque vê as almas dos justos. O anjo Miguel desce para o quinto céu a fim de coletar as virtudes dos justos. As boas obras são colocadas numa grande tigela por outros anjos, e Miguel carrega a tigela levando-a para Deus. Miguel retorna com as bênçãos para os justos e as maldições para os que praticam o mal.

A mensagem do livro é que Deus permanece no controle do mundo, recompensa os justos e pune os ímpios. Jerusalém e o templo foram destruídos, mas o anjo Miguel executa um serviço sacerdotal quando ele oferece as virtudes dos justos no altar do céu.

O texto existe em grego e eslavo. Conquanto originalmente escrito em grego, o conteúdo de alguns capítulos parece estar mais confiavelmente preservado na versão eslava. O livro é provavelmente judaico, com algumas interpolações cristãs. O lugar e a data de composição são incertos, embora muitos eruditos favoreçam a data do século II d.C.

Bibliografia. H. E. Gaylord, Jr., "3 (Greek Apocalypse of) Baruch", *OTP* 1 (Garden City, 1983), 653-79. [RANDAL A. ARGALL]

BARZILAI (heb. *barzillay*) **1.** Gileadita de Rogelim que trouxe comida e suprimentos a Davi e seus seguidores em Manaim, durante a rebelião de Absalão (2Sm 17:27-29). Davi ofereceu a Barzilai residência permanente em Jerusalém como membro da corte real, mas ele declinou da oferta por causa de sua idade avançada e pediu que seu filho Quimã recebesse a oferta em seu lugar. Davi abençoou Barzilai antes de voltar para Jerusalém (2Sm 19:31-40), e perto de sua morte, instruiu Salomão a favor dos filhos de Barzilai para que tivessem um lugar à mesa do rei (1Rs 2:7).

2. Meolatita cujo filho Adriel casou-se com Merabe, a filha de Saul (2Sm 21:8).

3. Sacerdote que se casou com uma das filhas de Barzilai, o gileadita (igual a 1 acima). Ele adotou o nome Barzilai como o seu próprio nome (Ed 2:61 = Ne 7:63; cf. 1Esdras 5.38). Seus filhos estavam entre aqueles excluídos do sacerdócio como impuros, que falharam em proporcionar evidência de sua genealogia sacerdotal (Ed 2:59-63 = Ne 7:61-65). É sugerido que Barzilai prejudicou o seu status sacerdotal ao adotar o nome de uma família não sacerdotal. [KENNETH ATKINSON]

BASÃ (heb. *bāšān*) Conquanto os seus limites exatos tenham sido mudados com o correr dos anos, o nome Basã geralmente se refere ao planalto ligeiramente inclinado ao norte do Jordão, localizado a leste do antigo lago Hula, o mar da Galileia, e do Alto Vale do Jordão. Sua elevação varia de 850-500 metros acima do nível do mar. Quando sua extensão máxima é considerada, o limite norte de Basã é o presente Al-Wa´ara, um deserto rochoso de 24 km a sudoeste de Damasco;, o seu limite ao sul ficava ao sul do rio Jarmuque (que divide o Basã) no ponto onde os contrafortes ao norte de Gileade começam a emergir do planalto, cerca de 8 km ao sul da presente rodovia Irbid-Mafraq.

Elementos vulcânicos decompostos tornaram o solo do norte de Basã extremamente fértil tanto para a flora como para a agricultura. Assim, nos tempos bíblicos, a região era famosa por seu gado, madeira e agricultura (Jr 50:19; Mq 7:14; Na 1:4; Is 2:13; Ez 27:6; Dt 32:14; Sl 22:12 [TM 13]; Am 4:1).

Durante os tempos do Antigo Testamento, parece que Basã era dividido ao menos em quatro sub-regiões que correspondem proximamente com a topografia natural: (1) a terra de Gesur; porção norte das atuais Colinas de Golã, a nordeste da Galileia; (2) a terra de Maacá, equivalente às Colinas de Golã imediatamente a leste e sudeste da Galileia; (3) o distrito de Argobe ao nordeste de Basão; (4) Havote-Jair, ao sul do rio Jarmuque (Nm 32:41; Js 12:4-5; 13:30).

De acordo com o Antigo Testamento, os habitantes originais de Basã eram chamados "refains". A meia tribo de Manassés tomou posse da região após derrotar o Rei Ogue na batalha de Edrei (Nm 21:33-35; Dt 3:1-11; Js 13:7, 8, 12). Basã tecnicamente permaneceu dentro do território do reino do norte após a separação, mas tal território constantemente mudou de mãos durante os numerosos conflitos com Damasco (1Rs 22:3; 2Rs 8:28; 10:32-33; 14:25). Tiglate-Pileser III finalmente tornou Basã vassalo da Assíria após conquistar Damasco (2Rs 15:29).

Durante o período greco-romano, Basã foi dividido em três distritos: (1) Os Gaulanitis (que juntavam os antigos territórios de Gesur e Maacá); (2) Batanea, que, embora preserve o nome antigo de Basão (AT Argob) — especificamente a área espremida entre os Gaulanitis ao oeste e Jebel Druze a leste; (3) o Planalto Gadareno (ao sul de Basã), ao sul do Jarmuque. As principais cidades da região durante este período incluíam Seleucia, Hippos, Gamala, Decápolis, Abila, e Dion. Basã estava nas mãos dos nabateus no século II a.C., até ficar debaixo do controle de Herodes, o Grande. Então foi governado por seu filho Filipe e finalmente por Agripa II, seu último governador judaico.

BASEMATE (heb. *bāśĕmaṯ*) **1.** Uma das esposas de Esaú e mãe de Reuel (Gn 36:4, 13, 17). Em Gênesis 26:34, é chamada filho de Elon, o hitita; mas em 36:3 é considerada filha de Ismael (em 36:2 Ada é chamada a filha de Elon, o hitita). Em Gênesis 28:9, Maalate é o nome dado à filha de Ismael casada com Esaú.

2. A filha de Salomão e esposa de Aimaás, o oficial de Salomão em Naftali (1Rs 4:15). [RANDALL W. YOUNKER]

BASILIDES, O EVANGELHO DE Evangelho perdido atestado por Orígenes (Hom. Lucas 1:5:5-7) sendo composto por Basilides, um poeta e filósofo cristão ativo em Alexandria aprox. 132-135 d.C., cujo movimento continuou ali até o século IV, e cujos escritos ecléticos de longo alcance, incluindo alguns dos comentários mais antigos sobre o NT, sobrevivem somente em fragmentos.

Bibliografia. H.-C. Puech, "The Gospel of Basilides", em *New Testament Apocrypha*, ed. W. Schneemelcher e R. McL. Wilson, ed. rev., 1 (Louisville, 1991), 397-99; B. Layton, *The Gnostic Scriptures* (Garden City, 1987), 417-44. [IRVING ALAN SPARKS]

BASLITE, BASLUTE (heb. *baṣlîṯ, baṣlûṯ*) Servo do templo cujos descendentes voltaram do exílio sob Zorobabel (Ne 7:54). Na lista paralela, o nome é escrito "Baslute" (Esdras 2:52)

BASTARDO Pessoa de posição dúbia (heb. *mamzer*, mista). Se o termo denota a descendência de uma mulher solteira ou a descendência de uma origem mista (sendo um dos pais gentio) não é claro. Um "bastardo" não pode entrar na assembleia do Senhor, mesmo até a décima geração de descendentes (Dt 23:2). Zacarias 9:6 denuncia o povo "híbrido" do filisteu Asdode.

Falta de disciplina significa ilegitimidade (Hb 12:8), visto que um pai disciplina somente o filho a quem ele ama (Pv 3:12). A palavra grega *nóthos* aparece também em Sabedoria 4.3 a respeito da falta de perseverança da descendência "ilegítima" do ímpio. [SCOTT NASCH]

BATANEIA (gr. *Batanea*) Nome de Basã no período greco-romano; uma das quatro divisões do reino de Herodes, o Grande.

BATE-RABIM (heb. *baṯ-rabbîm*) Portão na cidade de Hesbom (Ct 7:4 [TM 5]), defronte a Rabá.

BATE-SEBA (heb. *baṯ-šeḇaʿ*) (tb. BATE-SUA) A esposa de Urias, o hitita (2Sm 11:3), um dos guerreiros de elite de Davi (23:39). A história de Davi e Bate-Seba (2Sm 11:1-12:25) começa com Urias no campo de batalha enquanto Davi permanecia em Jerusalém.

Espiando Bate-Seba do seu palácio, Davi a trouxe para si, ainda que soubesse que aquela mulher era esposa de Urias. Quando ele engravida, Davi tenta esconder seu adultério trazendo Urias de volta e encorajando-o a visitar sua esposa. Sua estratégia falha, então ele ordena que Urias seja morto, e rapidamente se casa com Bate-Seba para legitimar o filho (11:26-27a). Convicto do adultério e do assassinato, Davi se arrepende e a sentença de morte é transferida para seu filho (12:13-23). Davi é, então, inocentado e o seu casamento com Bate-Seba se torna legal, de forma que o filho seguinte é legítimo (12:24). Este é Salomão, e a narrativa conclui com a antecipação da sua futura monarquia (12:24b-25).

A história de Davi e Bate-Seba é, portanto, a respeito do crime, da punição, do arrependimento de Davi e do nascimento de Salomão. Bate-Seba se torna presente apenas quando necessária para o desenvolvimento do plano. Não há uma caracterização clara dela, sendo meramente citada como a esposa de Urias, o objeto do adultério de Davi, a esposa de Davi e a mãe de Salomão.

A mediação de Bate-Seba no pedido de Adonias e seu resultado fatal (1Rs 2:13-25) mostram a ambiguidade da posição de Abisague. Ela vem para a corte como a consorte de Davi, mas ele nunca teve relações sexuais com ela (1:1-4). Bate-Seba aparentemente não considera Abisague como uma participante do harém, de forma que ela medeia o pedido a Salomão (2:18-21). Salomão, contudo, precisa de um pretexto para eliminar o seu rival (1:52), de forma que ele interpreta o pedido como usurpação do seu privilégio real (2:22-25; cf. 2Sm 16:20-22).

O historiador de Salomão acrescentou 2Sm 10-12; 1Rs 1-2 para uma história da corte existente de Saul e Davi para legitimar a sucessão de Salomão. As cenas antecipam o surgimento de Salomão, o contraste da fraqueza de Davi com a determinação de Salomão, e lista a ajuda de Bate-Seba no estabelecimento do trono de seu filho.

Em 1Crônicas 3:5, ela é chamada de Bate-Sua.

Bibliografia. A. Berlin, "Characterization in Biblical Narrative: David´s wives", *JSOT* 23 (1982), 69-85; P. K. McCarter, II Samuel. AB 9 (Garden City, 1984). [MARSHA WHITE]

BATE-SUA (heb. *baṯ-šûaʿ*) **1.** A esposa canaanita de Judá e a mãe de seus filhos: Er, Onã, e Selá (1Cr 2:3). Sua designação como a "filha de Sua" (Gn 38:2) sugere que "Bate-Sua" não representa um nome próprio.

2. Uma forma alternativa de Bate-Seba, a filha de Amiel, esposa de Davi, e mãe de Simeia, Sobabe, Natã e Salomão (1Cr 3:5).

BATISMO Os rituais de purificação do corpo eram claramente estabelecidos na Torá (Êx 29:4; 30:17-21; 40:30-33; Lv 17:15-16; Dt 21:6), assim como por todo Antigo Oriente Próximo. Foi dito a Naamã que se lavasse sete vezes no Jordão para ser curado (2Rs 5:10). Mais tarde, a purificação exerceu papel central em Qumran. A cerimônia do lava-pés foi usada por Jesus como exemplo de sua humildade e da necessidade de submissão e serviço em favor de seus seguidores (João 13:2-20).

Antes do Novo Testamento, um ritual de limpeza foi instituído para a purificação dos convertidos gentios ao judaísmo. Se esse ritual foi o antecedente do batismo do neotestamentário, João Batista presumiu um novo significado pelo qual tal prática anterior se tornou sinal de arrependimento para os próprios judeus. Há indicações de que mais tarde, a igreja encontrou outra alteração crucial no significado para o seu uso do batismo. Se o batismo cristão e o de João tivessem sido vistos como idênticos, o registro em Atos 19:3-5 teria sido inexplicável. Nem essa distinção é peculiar à teologia de Lucas. De acordo com Mateus, João ficou confundido pelo fato de que Jesus tinha vindo a ele para o batismo, visto que o arrependimento não parecia ter nenhuma aplicabilidade a Jesus (Mt 3:13-17). Dentro dessa narrativa pode estar a chave para a distinção: Jesus pede o batismo aparentemente não para identificar-se com os pecadores, mas principalmente "para cumprir toda a justiça".

"Cumprir" pode ser traduzido como "trazer à plenitude ou à perfeição". O próprio batismo de Jesus é, assim, sinal identificador a respeito do próprio Jesus. Ele é aquele que completa a intenção de Deus, que traz à perfeição tudo o que Deus havia previsto desde a criação. O batismo cristão é, portanto, menos uma negação (símbolo de renúncia) que uma afirmação de ser incorporado em Cristo, que é a perfeição de tudo o que Deus quer, e garantindo assim a nova vida como um dom.

Esse tema de produzir o completamento de tudo o que Deus pretende torna inteligíveis as alusões de outra forma obscuras nas narrativas do batismo de Jesus. Os Sinópticos (Mt 3:13-17; Mc 1:9-11; Lc 3:21-22) mencionam a água e uma voz, juntas com a descida do Espírito — tudo rememorativo do Espírito de Deus pairando sobre as águas e trazendo as coisas à existência em Gênesis 1:1-5. Assim, Jesus em seu batismo, é identificado como aquele que cumpre a antiga criação por instituir a nova criação. Jesus, por ir ao deserto durante 40 dias, é descrito como o novo Moisés e o novo Elias (Êx 24:18; 1Rs 19:8). Semelhantemente, a figura da pomba adicionalmente identifica-o como o novo Noé (Gn 8:8-12), intensificando assim o tema da nova criação. Ser batizado como cristão é receber e ser recebido na totalidade da história sagrada em sua realização — um profundo dom do Espírito Santo, cuja atividade no batismo é tão frequentemente asseverada por todo o Novo Testamento.

Contudo, a sequência exata da água do batismo, da recepção do Espírito, e da associada imposição das mãos não é clara. Em Atos, estas coisas vêm numa variedade de ordem (água, mais, Espírito: em 19:5-6 o uso de mais é imediato; em 8:14-17 a imposição de mãos é adiada e feita por outros; mãos, Espírito, água: 9:17-19; Espírito, água, sem menção de mãos: 10:44-11:18). O que é asseverado especialmente por Lucas, contudo, é que pelo batismo a presença e a obra do Senhor Ressurreto (que é concretizada pela presença do Espírito para os cristãos) são compartilhados dentro da comunidade (assim a importância da imposição das mãos). Esse dom é visto por Lucas não como transmissão estática, mas como interação dinâmica — uma perspectiva compartilhada pelo ensino joanino (Jo 3:1-8; 1Jo 5:6-8). A importância do batismo para a igreja antiga é atestada pelo *status* evangélico em harmonia com o rito em Mateus 28:19.

A alegada indiferença de Paulo com respeito ao batismo em 1Coríntios 1:14-17 se refere somente à pessoa do batizador: Se alguém é batizado por Paulo, Pedro, ou Apolo não significa nada; uma pessoa deve estar centrada em Cristo, em quem ela é batizada. Essa passagem algumas vezes distorcida deve ser interpretada à luz da afirmação clara de Paulo sobre o batismo como a incorporação na morte e ressurreição de Cristo (Rm 6:1-11) e como o revestir-se de Cristo como uma vestimenta, e por meio disso receber nova identidade ao lado da qual todas as distinções usuais desaparecem (Gl 3:27, 29). O comentário mais confuso de Paulo a respeito de Israel ser "batizado em Moisés na nuvem e no mar" (1Co 10:2) realmente é muito iluminador uma vez que alguém resiste à tentação de supor que o apóstolo está se referindo literalmente a um rito. Paulo está sugerindo que como bando fragmentado de refugiados encontrou uma nova identidade no êxodo e suas consequências no pacto no Sinai, assim aqueles que são batizados em Cristo por meio dele encontram nova identidade por meio de seu pacto com Deus.

Assim também com a comparação que Pedro fez do batismo com a salvação sobre a arca: ambos os eventos evidenciam uma novidade dada pela graça de Deus pela qual a humanidade é resgatada da destruição. Em Hebreus 6:2-4; 10:32, a palavra "iluminação" diz respeito ao batismo; e a antiga igreja quando instruía os catecúmenos liberalmente, ela usava João 9, sobre a cura que Jesus fez do cego de nascença.

O assunto sobre o modo de batismo no Novo Testamento é muito menos claro do que é usualmente suposto. O batismo de 3000 em Jerusalém no dia de Pentecoste (At 2:41), uma cidade sem um rio, lança dúvida sobre a suposição comum de que os batismos do Novo Testamento tenham sido por imersão. Na verdade, pode ser questionado se o NT prova que a imersão foi usada (embora seja quase certo que o era). A iconografia antiga persistentemente mostra Jesus permanecendo com água à altura da cintura (daí o entrar e o sair da água registrados pelos Sinópticos e sobre a história do eunuco em Atos 8:36-38, assim como a necessidade de água abundante em João 3:23), com João Batista derramando água sobre a cabeça de Jesus. Quando as igrejas começaram a construir batistérios, alguns eram profundos o suficiente para ficar de pé dentro deles, mas não largos o suficiente para se deitar neles — um fato estranho se a imersão era o modo invariável usado desde o tempo dos apóstolos. O texto de Romanos 6:4 pode se referir tanto ao modo como ao significado; mas isso não é certo; esse texto poderia também se referir ao tempo adequado, se o batismo em Roma durante o tempo de Paulo era feito principalmente no tempo da Páscoa, como certamente o foi em séculos subsequentes.

O argumento de que o grego *baptízō* significa imersão supõe que uma determinada palavra pode ter somente um significado — como se o uso do termo "a ceia do Senhor" hoje deva necessariamente significar somente à noite. Se a palavra para batismo não pode significar nada além de imersão, as referências de Pedro e Paulo não fazem sentido, visto que nem no grande Dilúvio nem na fuga pelo mar as pessoas foram cobertas com água. Certamente o uso da palavra em Lucas 11:38 não implica banho total.

Semelhantemente, nem pode ser provado ou refutado que o batismo dos infantes tenha sido praticado no período apostólico, pelo uso da Escritura. Que deve ter havido infantes inclusos nos batismos de família (At 16:31; 18:8; 1Co 1:16) é pura conjectura; a asserção de que nenhum infante poderia estar envolvido é igualmente o resultado de especulação, particularmente à luz da incorporação tradicional dos infantes masculinos no pacto através da circuncisão.

Ambos, o modo de batismo e a idade em que alguém podia ser batizado, devem ser resolvidos por meio da teologia sistemática e da eclesiológica, não por um apelo a um mandato da Escritura. Embora as igrejas difiram sobre esses assuntos, todos concordam que o batismo é a incorporação na comunidade da nova criação, que é de Cristo, pela graça do Espírito. Conquanto nem todas as igrejas reconheçam o batismo uma das outras, essa concordância com relação ao significado essencial ao menos aponta para a ênfase sobre a unidade em relação ao batismo exposta em Efésios 4:5.

Bibliografia. G. R. Beasley-Murray, *Baptism in the New Testament* (Grand Rapids, 1962); J. Daniélou, *The Bible and the Liturgy* (Notre Dame, 1956); W. F. Flemington, *The New Testament Doctrine of Baptism* (Londres, 1948); D. McDonnell, *The Baptism of Jesus in the Jordan* (Collegeville, 1996); L. H. Stookey, *Baptism* (Nashville, 1983). [LAURENCE HULL STOOKEY]

BATO Uma medida de líquido (heb. *baṯ*). De acordo com Ezequiel 45:11 e 14, essa medida equivalia a um décimo de um ômer e, assim, o equivalente a uma efa, uma medida seca. Nas escavações em Laquis, foi descoberto um vaso quebrado, datado do século VIII a.C., inscrito *br* (*lmlk*), "bato real"; o volume desse vaso é de 22 litros.

BAURIM (heb. *baḥûrîm*) Cidade (a moderna Khirbet Ibqe'dan) localizada no lado norte da estrada que vai de Jerusalém a Jericó, a leste do monte das Oliveiras.

Baurim é proeminentemente na história de Davi. Ela é o lar de Simei, que abusou e amaldiçoou Davi quando este estava fugindo de Absalão (2Sm 16:5; 19:16; 1Rs 2:8), e o local onde Abner compeliu Palti a deixar sua esposa Mical, a filha de Saul, quando ela estava sendo trazida de volta a Davi (2Sm 3:16). Azmavete, um guarda da elite militar de Davi, era de Baurim (2Sm 23:31; 1Cr 11:33 [TM "Bahurum"]). [DENNIS M.SWANSON]

BAVAÍ (heb. *bawway*) O filho de Henadade, o "governador da outra metade do distrito de Queila" (Ne 3:18). Ele era um daqueles levitas que ajudaram na restauração dos muros de Jerusalém sob Neemias (Ne 3:24).

BDÉLIO Aparentemente resina ou cola grossa e amarelada (heb. *bĕḏōlaḥ*). A cola era derivada de árvores da Assíria, Babilônia, Índia, Média e era apreciada a um condimento doce ou uma goma perfumada. O termo está associado com ouro e ônix como produtos da terra de Havilá (Gn 2:12), talvez denotando seu valor. Em Números 11:7, o maná é assemelhado ao bdélio, aludindo à sua cor amarelada. [L. THOMAS STRONG III]

BEALIAS (heb. *bĕʻalyâ*) Guerreiro benjamita que se uniu a Davi em Ziclague (1Cr 12:5 [TM 6]).

BEALOTE (heb. *bĕʻālôṯ*) **1.** Cidade no Neguebe de Judá (Js 15:24), provavelmente outro nome para Baalate-Ber (Js 19:8).

2. Lugar no território de Aser (1Rs 4:16; cf. LXX gr. Baaloth).

BEBAI (heb. *bēḇay*) **1.** Israelita cujos descendentes retornaram do exílio, alguns dos quais sob Zorobabel (Ed 2:11 = Ne 7:16) e outros sob Esdras (Ed 8:11).

2. Israelita, um dos principais do povo que pôs o seu selo sobre o pacto renovado sob Neemias (Ne 10:16 [TM 16]).

BEBIDA, BEBER As palavras "bebida" e "beber" ocorrem em vários contextos: (1) consumo de fluidos para o sustento do corpo; (2) celebração comunitária e compromissos; (3) uso cúltico ou sacramental; (4) metaforicamente, denotando atividade divina e humana; e (5) simbolicamente, para o sustento da terra pela chuva.

As bebidas comuns eram: água, leite, vinho, suco de uva, e vinagre. A cerveja era também consumida amplamente no Antigo Oriente Próximo já no começo da Era do Bronze. Porque a água era o bem comum mais importante, as fontes abundantes eram bem entesouradas. A iconografia é repleta no Antigo Oriente Próximo descrevendo os vários líquidos como dons das divindades para a manutenção da vida humana. Beber e comer deviam ser para a glória de Deus (1Co 10:31); o excesso e o abuso eram condenados (Pv 23:21; Is 22:13).

As pessoas que bebiam e comiam juntas formavam um laço de comunhão especial, compartilhando tempos de alegria (Jó 1:18). O vinho era símbolo das bênçãos de Deus para a terra, e o consumo da melhor qualidade marcava as ocasiões especiais. O primeiro milagre feito por Jesus, registrado no evangelho de João, foi o de transformar água em vinho numa festa de casamento (Jo 2:1-11). Oferecer vinho aos visitantes era ato comum de hospitalidade (Jz 4:19). Oferecer bebida a alguém em necessidade é ato da compaixão cristã (Mt 25:35).

De acordo com a lei do dízimo, as pessoas deviam comer e beber seus dons na presença do Senhor com alegria, celebrando a beneficência do Senhor (Dt 14:22-27). Uma bebida oferecida (heb. *nezek*) era derramada ao Senhor no santuário durante muitas das oferendas das festas (Nm 28:7-8, 10).

O vinho vermelho bebido na celebração pascal era simbólico do sangue do cordeiro pascal e do pacto de Israel com Deus. Na última ceia, o vinho é reinterpretado como símbolo do novo pacto no sangue de Jesus (Lc 22:7-20). O cálice comum deve ser bebido em memória, celebração, e proclamação da morte de Cristo pelos pecados da humanidade (1Co 11:25-26).

A bebida é usada metaforicamente em contextos da recepção humana do julgamento divino e do abuso humano. Desde que Judá rejeitou o pacto e abandonou seu Deus, a "fonte das águas vivas" (Jr 2:13; 17:13), ele beberia água envenenada (8:14) e beberia destruição (Is 51:17-22; Ez 23:32-34; Sl 75:8 [TM 9]). No final, todas as nações beberão o cálice da fúria de Deus (Jr 25:19-29; Ap 14:9-10). A injustiça humana costumava ser descrita em termos de bebida (Is 5:22-23), e seu abuso (Jr 35:1-9), enquanto na restauração, Israel bebe o vinho das bênçãos de Deus (Is 27:2-5; 43:19:21).

A manutenção da terra é descrita no modo como ela bebe as águas dos céus e da terra (Gn 2:6; Dt 11:11; Ez 31:14; Hb 6:7). [R. DENNIS COLE]

BECA (heb. *beqaʿ*) Peso igual à metade de um *shekel* ou cerca de 5.712 g, a quantia de prata fixada para todos os israelitas do sexo masculino para a construção do tabernáculo (Êx 38:26).

BECORATE (heb. *bĕḵôraṯ*) Benjamita, filho de Afias e ancestral do rei Saul (1Sm 9:1).

BEDÃ (heb. *bĕḏān*) **1.** O filho de Ulão da tribo de Manassés (1Cr 7:17). Sua avó, a concubina de Manassés, era dos arameus (1Cr 7:14).

2. Possivelmente um juiz de Israel (1Sm 12:11). Seu nome aparece somente nessa referência e não é mencionado no livro dos Juízes.

BEDADE (heb. *bĕḏaḏ*) O pai de Hadade, rei de Edom (Gn 36:35; 1Cr 1:46).

BEDEIAS (heb. *bēḏĕyâ*) Um israelita do período pós--exílio que foi compelido a despedir a sua esposa estrangeira (Ed 10:35).

BEELIADA (heb. *bĕʿelyāḏāʿ*) Filho de Davi, nascido em Jerusalém (1Cr 14:7). O nome ("Baal conhece") foi mudado para Eliada ("Deus conhece" em 2Samuel 5:16; 1Crônicas 3:8).

BEEMOTE (heb. *behēmôṯ*) Lit., uma "grande animal". O termo representa o plural de majestade (plural do substantivo hebraico para "animais", "gados", acompanhado de verbos no singular), implicando em um único animal (Jó 40:15). O Beemote tem sido identificado tradicionalmente com o hipopótamo. Na religião egípcia, o rei, no papel do deus Hórus, caçava o hipopótamo, que simbolizava Seth, deus do caos, assassino do pai de Hórus, Osíris. Depois de vencer a batalha, Hórus assumiu o trono egípcio e estabeleceu a ordem.

Desde a descoberta dos textos ugaríticos que identificam o Leviatã (Jó 41: 1) como um personagem mítico, a identificação do Beemote como um hipopótamo foi questionada. Vários textos pós-bíblicos confirmam o caráter mitológico de ambas os animais (1En 60.7-9; 2Ed. 6.49-52). Esses textos sugerem que o Beemote, como o Leviatã nos mitos ugaríticos, tinha um protótipo na mitologia pré-israelita, talvez entendido como um monstro primitivo, um símbolo mítico do caos. [Patricia A. Macnicoll]

BEER (heb. *bĕʾēr*) **1.** Acampamento ("poço") na Transjordânia usado pelos israelitas antes de marcharem para Matana (Nm 21:16), associado com o poço cavado pelos príncipes e nobres celebrados no Cântico do Poço (v. 18). A maioria dos eruditos concorda que o lugar deveria ser encontrado na parte nordeste de Moabe em Uádi eth-Themed, onde água adequada para um grande número de pessoas podia ser facilmente conseguida bem próximo da flor da terra. Este é provavelmente o mesmo lugar que Beer-Elim (Is 15:8).

Bibliografia. N. Glueck, *Exploration in Eastern Palestine*. 1.AASOR 14 (Baltimore, 1933-34), 1-113; A. H. Van Zyl, *The Moabites* (Leiden, 1960). [ZELJKO GREGOR]

2. O lugar para o qual Jotão fugiu de seu irmão Abimeleque (Jz 9:21). Talvez deva ser identificado com El-Bireh, a leste do monte Tabor.

BEERA (heb. *bĕʾērāʾ*) **1.** O filho de Zofa da tribo de Aser (1Cr 7:37).

2. O filho de Baal; capitão da tribo de Rúben que foi deportado para a Assíria por Tiglate-Pileser III (1Cr 5:6).

BEER-ELIM (heb. *bĕʾēr ʾēlîm*) Lugar em Moabe (Is 15:8 = "poço de terebintos"), provavelmente o mesmo que Beer 1, onde os israelitas acamparam durante as peregrinações do deserto (Nm 21:16). Tem sido identificado com Uádi Eth-Themed.

BEERI (heb. *bĕʾērî*) **1.** O pai hitita de Judite, a esposa de Esaú (Gn 26:34).

2. O pai do profeta Oseias (Os 1:1).

BEER-LAAI-RÓI (heb. *bĕʾēr laḥay rōʾî*) Poço no caminho de Sur, na vizinhança de Cades-Barneia e Berede. Ali ("poço daquele que vive que me vê"); cf. Vulgata). Hagar encontrou-se com o anjo do Senhor quando ela descansava durante a sua fuga de Sara (Gn 16:7-14). Mais tarde, Isaque viveu perto desse poço (Gn 24:62; 25:11).

BEEROTE (heb. *bĕʾērôṯ*) Uma das quatro cidades dos heveus que pactuaram a paz com Josué (Js 9:17) e foram incorporados no território de Benjamim (18:25-28; cf. 2Sm 4:2-3). Os assassinos de Isbosete, Baaná e Recabe (2Sm 4:2-3), vieram de Beerote, como o fez Naarai, o escudeiro de Joabe (23:37 = 1Cr 11:39).

Eusébio falou de uma Beerote que era contemporânea dele e que esteve "sob Gideão" nos tempos do Antigo Testamento (Onom. 48.9-10). A localização do vilarejo, apontada por ele, sugere a identificação com el-Jib a noroeste de Jerusalém no caminho até Nicópolis (Emaús; conforme a tradição de Jerônimo em Onom. 49.8-9: Neápolis). Outras localizações possíveis incluem a antiga cidade em Tell-en-Nasbeth ou el-Bireh, que aparece cerca de 11 km acima do caminho que conduz ao norte para fora de Jerusalém, via el-Jib. Talvez a descrição de Eusébio da Beerote em relação ao sétimo marco significava que ele poderia ser acessado ou visto daquele ponto da estrada principal. [MARK E. MOULTON]

BEEROTE-BENE-JAACÃ (heb. *bĕʾērōṯ bĕnê-yaʿăqān*) (tb. BENE-JAACÃ) Os poços dos filhos de Jaacã, lugar próximo a Edom onde os israelitas acamparam durante as peregrinações no deserto (Dt 10:6). Em Números 33:31-32, o lugar é chamado simplesmente Bene-Jaacã. Jaacã, listado como um descendente de Esaú (1Cr 1:42), era o epônimo ancestral de um clã edomita. A moderna Birein, 11 km ao norte de Cades-Barneia, pode ser o lugar. [PETE F. WILBANKS]

BEESTERÁ (heb. *bĕʿeštĕrâ*) (tb. chamada ASTAROTE) Cidade localizada na terra possuída por Manassés e dada aos clãs levitas (Js 2127; 1Cr 6:71 [TM 56). Ela tem sido identificada com Tell Ashtarah na rodovia do Rei. Na década de 1920, William F. Albright descobriu cerâmica, datada do começo da Era do Ferro e do Bronze. [PHILIP R. DREY]

BEIJO A palavra hebraica *nasâq* parece ser uma onomatopeia, refletindo um som bilabial inspiratório; o grego *philéo*, *kataphiléo* ("amar") aponta para o beijo geralmente como expressão física de profunda afeição.

No AT, o beijo serve como expressão de saudação normalmente envolvendo membros da família (Gn 29:11, 13; 33:4; 45:15; 48:10; Êx 4:27),, de amizade (1Sm 20:41; 2Sm 15:5; 19:39) e de amor erótico (Pv 7:13; Ct 1:2; 8:1). Parece haver referência ao beijo dos lábios ou alguma outra área da face, embora "lábios" apareça somente uma vez (Pv 24:26; cf. Ct 1:2, "da sua boca").

No mundo bíblico, beijar os pés é expressão de profunda reverência. Tal beijo é descrito como "lamber o pó" (Sl 72:9-11; Is 49:23; Mq 7:16-17); na última passagem a referência ao beijo de obediência é também "comer o pó", expressão que aparece na humilhação da primitiva serpente (Gn 3:14). Pede-se à humilhada nação de Judá que "coloque sua boca no pó" (Lm 3:29-30).

Os outros exemplos do ato de beijar envolvem um gesto de adoração apóstata (1Rs 19:18; Jó 31:27; Os 13:2), a saudação do rei em sua entronização (1Sm 10:1) e metáforas e símiles baseadas no beijo de saudação (Sl 85:10 [TM 11]; Pv 27:6).

No NT, o beijo santo era símbolo de comunhão e companheirismo de todos os cristãos (Rm 16:16; 1Co 16:20; 2Co 13:12; 1Ts 5:26; 1Pe 5:14), e Jesus censura Simão por não tê-lo saudado com beijo (Lc 7:45; cf. v. 36-50). Exatamente porque era tido como verdadeiro que as pessoas íntimas se beijassem ao se encontrar, Judas conseguiu beijar Jesus para identificá-lo para os principais sacerdotes. O beijo traiçoeiro de Judas (Mt 26:49; Mc 14:45; Lc 22:47) tornou-se com isso "o beijo da morte".

Bibliografia. M. I. Gruber, *Aspects of Nonverbal Communication in the Ancient Near East*, 2 vols. Studia Pohl 12 (Rome, 1980); W. Klassen, "Musonius Rufus, Jesus and Paul: Three First-Century Feminists", in *From Jesus to Paul*, ed. P. Richardson e J. C. Hurd (Waterloo, Ont., 1984), 185-206; C. Nyrop, *The Kiss and Its History* (1901, reimpr. Detroit, 1968). [MAYER I. GRUBER]

BEL (heb. *bēl*; ac. *bēlu*[*m*]) Substantivo acadiano comum significando "senhor", "governador", ou "possuidor"; o cognato do semítico ocidental *baʿl*. Em acadiano, o termo era amplamente usado para referir-se ao rei ou para especificar vários oficiais (*bēl pīḫati*, "governador"). Com o nome próprio de qualquer divindade, *belu* podia ser usado como designativo em títulos deferenciais: *bēlu Šamaš*, "senhor Samas", ou *Marduk bēliya*, "Marduque, meu senhor". O título honorífico, "senhor" era usado independentemente desde o começo para um dos diversos deuses: Enlil originalmente, e então Marduque. Na Babilônia, tornou-se um título onipresente de Marduque, a deidade patronesse do estado e da cidade da Babilônia (cf. Enuma Elish).

No Antigo Testamento, Bel ocorre sempre como nome ou título para Marduque (Is 46:1; Jr 50:2; 51:44). Os três textos em que a palavra ocorre datam da metade do século LX a.C., durante ou imediatamente depois da era imperial neobabilônica (605-539). Em Isaías 46:1, Bel está emparelhado com Nebo, o deus Nabu da Mesopotâmia; Marduque e Nabu eram as principais deidades do estado babilônico. Isaías 46:1-2 descreve-os juntos em procissão, partindo sem auxílio da Babilônia para o exílio, provavelmente uma reinterpretação satírica da procissão ritual comum deles durante o Ano Novo Babilônico, ou o festival de akitu. Jeremias 50:2b diz: "Tomada está Babilônia, confundido está Bel, caído está Merodaque, confundidos estão os seus ídolos, e caídos estão os seus deuses". Aqui, o uso de Bel como nome para Marduque é explícito. Em Jeremias 51:44, Yahweh declara: "Eu punirei bel na Babilônia". É difícil determinar se os oráculos antibabilônicos em Jeremias 50-51 pertencem a um período antes ou após a queda da Babilônia para Ciro, o rei persa, em 539 a.C. Claramente o profeta supôs que Yahweh resgataria seu povo da Babilônia e de seu deus principal, Marduque/Bel. Bel é encontrado novamente mais tarde na história apócrifa de Bel e o Dragão.

Numerosos nomes na Bíblia e nas epígrafes semíticas ocidentais são compostos com *baʿl*. Porém, na Bíblia, com certeza somente um nome é composto com o *bēl* semítico oriental: Belsazar (soletrado de várias maneiras: aram. *bēlšaʾṣṣar* em Dn 5; em 7:1 e 8:1 *bēlʾšaṣṣar*; a forma acadiana é *Bēl-šarra-uṣur*, "Bel (p.ex., Marduque) proteja o rei". Belsazar foi coroado príncipe e o filho Nabonido, o último rei do império babilônico. [DAVID VANDERHOOFT]

BEL E O DRAGÃO *Ver* DANIEL, ADIÇÕES A.

BELÁ (heb. *bela'*) **I. (PESSOA) 1.** O filho de Beor e rei de Edom que reinou desde a cidade de Dinabá (Gn 36:32-33 = 1Cr 1:43-44).

2. O filho mais velho de Benjamim (Gn 46:21; 1Cr 7:6; 8:1). Seus descendentes foram os belaítas.

3. O filho de Aza e pastor principal da tribo de Rúben que possuía uma grande quantidade de território na terra de Gileade (1Cr 5:8-9)

II. (LUGAR) O nome original de Zoar, uma das "cidades do vale" de Sidim (Gn 14:3), provavelmente localizada na margem sudeste do Mar Morto.

BELÉM (heb. *bêṯ leḥem, bêṯ halaḥmî*; gr. *Bēthleém*) Nome de cidade originalmente derivado do hebraico "*bayiṯ*, "casa", denotando o lado cúltico, e o nome de uma par de divindades da Antiga Mesopotâmia agricultural, Lahmu e Lahamu, listados a princípio na cosmogonia de Enuma Elish.

1. Vila no território tribal de Zebulom (Js 19:15). Ela era provavelmente a terra natal do juiz Ibzã (Jz 12:8, 10). O nome sobrevive na moderna Beit Lahm, a 11 km a noroeste de Nazaré.

2. Belém de Judá, localizada a 8 km a sudoeste de Jerusalém, numa elevação de cerca de 762 m e exatamente a leste do caminho de Hebrom que vai para a região montanhosa da Judeia. A menção mais antiga da cidade pode se reportar ao século XIV a.C. nas tábuas de Amarna (*ANET*, 489, n. 21) em que o governador de Jerusalém Abdi-Heba sugere que Bit Lahmi (ou Bit-ilu Nin.urta) caiu nas mãos do povo saqueador de Apiru.

A origem da cidade é desconhecida, e o lugar é primeiramente mencionado como Efrata, e parenteticamente Belém, exatamente ao norte do lugar onde Raquel morreu após dar à luz a Benjamim (Gn 35:19; 48:7). A cidade não é mencionada no texto hebraico da lista de alocação tribal para Judá em Josué 15:1-63, embora a LXX incluía a cidade no nono distrito de Judá. Salma, o neto de Calebe, através de Efrata, é chamado o "pai de Belém" em 1Crônicas 2:51. Uma visão geral da superfície de um montículo imediatamente a leste da Igreja da Natividade atribuído à Era do Bronze e do Ferro ainda resta, mas nenhuma escavação estratégica foi levada a efeito na moderna cidade.

Os habitantes israelitas em Belém são conhecidos desde o tempo dos juízes. Embora a cidade não tenha sido alocada aos levitas, um jovem levita de Belém serviu como sacerdote de Mica na região montanhosa de Efraim (Jz 17:7). Era o lar da concubina de um levita efraimita cujo assassinato precipitou uma guerra civil contra a tribo de Benjamim, levando à quase aniquilação da tribo (Jz 19-20). Belém era o lar de Elimeleque e Noemi, e ali Rute se encontrou com Boaz, que como parente-redentor comprou o campo de seu marido falecido. Portanto, Belém se tornou a cidade de Davi, o descendente de Obede e Jessé.

A cidade cresceu em proeminência após Samuel ter ungido a Davi como o segundo rei de Israel (1Sm 16:1-13). Os filisteus estabeleceram posto militar avançado em Belém nos dias de Saul (2Sm 23:13-17) enquanto Davi estava reunindo o seu exército de guerreiros. Mais tarde Roboão fortificou Belém e 14 outras cidades judaítas como uma rede de defesa ao redor de Jerusalém (2Cr 11:5-6). Listados entre os que retornaram do exílio da Babilônia sob Zorobabel estão 123 homens de Belém (Ed 2:21; Ne 7:26 cita 188 combinados dentre os de Belém e de Netofá).

A profecia de Miqueias a respeito do rei messiânico (Mq 5:2) era familiar aos líderes religiosos de Jerusalém, à qual Herodes se referiu quando os magos buscavam conhecimento a respeito do nascimento do Rei (Mt 2:1-8). Mateus registra que Herodes, então, ordenou a matança de todos os do sexo masculino de dois anos para baixo em Belém (Mt 2:13-18).

Jesus nasceu em Belém cerca de 6 a.C., e os cristãos do século II reverenciavam certa caverna de pedra calcária como o lugar do nascimento do Messias (Justino Mártir Dial. 78). Uma gruta sagrada no lugar foi dedicada a Adonis (Tammuz) no tempo de Adriano, seguindo sua supressão da Revolta de Bar Kockba de 132-135 d.C. Os judeus foram expulsos de Belém e Jerusalém no distrito de Aelia Capitolina, e numerosos sítios judaicos e cristãos foram profanados. Tertuliano confirma a ausência de judeus em Belém, e o Protoevangelho de Tiago, do século II (Prot. Jas. 18.1; 19.2) se refere à caverna como àquela que José encontrou para o nascimento de Jesus. Orígenes, que viajou através de toda a Palestina desde cerca de 215, falou da manjedoura de Jesus (*Contra Celso* 1.51).

Com o apoio de Helena, mãe de Constantino, o Grande; a construção da primeira Igreja da Natividade se iniciou a [ideia da] gruta tradicional do nascimento de Jesus (Eusébio Vita Const. 3.25-32, 51-53). De acordo com Bordeaux Pilgrim (aprox. 333) a "basílica" foi construída "na gruta que havia sido o cenário do nascimento do Salvador" (Eusébio 3.43). O santuário foi dedicado em 31 de maio de 339. Jerônimo residiu em uma das grutas na proximidade desde 385 a 420 d.C., durando o tempo em que ele preparou a tradução da Vulgata.

Bibliografia. M. Avi-Yonah, "Bethlehem", *NEAEHL* 1.203-10; J. Finegan, *The Archeology of the New Testament*, 2.ed. (Princeton, 1992), 22-43). [R. DENNIS COLE]

BELIAL (heb. *beliyya'al*; gr. *Beliár*) Na literatura hebraica antiga, o possessivo "*(de) beliyya'al* (p. ex., Dt 13:13 [Tm 14]; Jz 19:22) proporciona uma conotação má ao povo ou coisas (lit. "filhos de *beliyya'al*"). Embora a etimologia da palavra permaneça incerta, a partir do paralelo com *Mot* e *Sheol* em 2Samuel 22:5-6 = Sl 18:4-5 (5-6), os eruditos reconhecem um pano-de-fundo mitológico original. Contudo, o contexto bíblico real e a tradução grega da LXX sempre dão à palavra o sentido genérico de impiedade.

No período final romano-helênico, alguns grupos judeus (incluindo os cristãos primitivos), em sintonia com a teologia dos Observadores (1En 1-36), alegaram crença na origem angélica do mal. Num determinado ponto, esses grupos tomaram o termo Belial como um dos nomes do principal dos demônios — o diabo. Não sabemos exatamente quando tal fenômeno primeiramente ocorreu. As duas referências no livro dos Jubileus (metade do século II a.C.) são ainda ambíguas e poderiam ser mais propriamente traduzidas como "espírito de impiedade" (Jub. 1.20) e " filhos da impiedade" (15.33), semelhante ao uso bíblico do termo como nome comum. É na literatura de Qumran, que Belial primeiramente aparece sem ambiguidade e repetidamente como nome próprio (p. ex., 1QH, 1QS, 1QM). O Documento de Damasco é, assim, provavelmente, a evidência literária existente mais antiga desse uso (CD 4.13, 15; 5.8). Nem uma teologia específica do papel e da função do diabo parece estar ligada à dominação dele como Belial (ou a variante Beliar). O nome era usado pelos documentos ideologicamente diversos, notadamente os Testamentos dos Doze Patriarcas, a Vida dos Profetas (Liv. Pro. 4.6, 20; 17.2), os Oráculos Sibilinos (Sib. Or. 2.167; 3.63, 73), o Martírio e Ascensão de Isaías (p. ex., Mart. Isa. 1.8, 9; 2.4), e 2Coríntios 6:15.

Após o século I d.C., as tradições rabínica e cristã ocasionalmente reteriam o nome Belial como parte de sua herança comum. O nome, contudo, nunca recuperou sua popularidade anterior.

Bibliografia. P. Sacchi, Jewish Apocalyptic and Its History. *JSP Sup 20* (Sheffield, 1997); J. A. Emerston, "Sheol and the Sons of Belial", *VT* 37 (1987), 214-17. [GABRIELE BOCCACCINI]

BELMAIN (gr. *Belmaín*) (tb. BALBAIM, BALAMON) Vila na Palestina onde os judeus erigiram fortificações em sua luta contra Holofernes (Jdt. 4.4). Se Betulia é outro nome para Siquém, Belmain pode ter sido localizada na vizinhança de Dota, cerca de 14 km ao norte de Samaria (cf. Judt. 7.3, Balbaim; 8.3, Balamon).

BELSAZAR (heb. *bēlša'ṣṣar*; ac. *bēl-šar-uṣur*) governador da cidade de Babilônia durante o tempo de Daniel. De acordo com a Bíblia, Belsazar foi morto quando a cidade foi capturada pelos medos e persas em 539 a.C. (Dn 5:30).

Belsazar governou no lugar de seu pai Nabonido (556-53), que esteve na Arábia por longo período de tempo. Nabonido havia confiado o exército e o reinado a seu filho, que era aparentemente considerado um corregente, situação singular na história da Mesopotâmia. Belsazar, porém, nunca foi chamado rei, nem tomava parte do Festival do Ano Novo. Seu período de governo na Babilônia durou até o 14º. ano do reinado do seu pai (c. 543 a.C.), que pode ser sido o retorno de Nabonido.

Uma gama de textos legais, contratos, e cartas descrevem Belsazar coroado e delineiam seus deveres como cogovernador, incluindo a superintendência dos tempos de Uruk e Sippar e o arrendamento da terra do templo. De acordo com as Crônicas de Nabonido, Belsazar era neto de Nabucodonosor II (cf. Bar. 1.11-12), mas isso pode ter sido uma tentativa de justificar o reino de seu pai, visto que Nabonido não fazia parte da família real.

O livro de Daniel pode ter datado eventos ao governo de Belsazar (cf. Dn 7:1; 8:1), embora os textos cuneiformes mostram cálculos pelo reino de seu pai. O banquete bizarro de Belsazar (Dn 5) não aparece nas fontes extrabíblicas, e não há nenhuma sugestão de que o reino estava para cair. Seu nome desaparece abruptamente dos registros em 543. Ele pode ter sido capturado na Babilônia em 539 ou derrotado pelo rei persa, Ciro, enquanto comandava as forças da Babilônia em Opis.

Belsazar é também mencionado por Heródoto, historiador grego (*Hist.* 1.188) e por Josefo (*Ant.* 10.254).

Bibliografia. R. P. Dougherty, *Nabonido and Belshazzar*. Yale Oriental Series 15 (New Haven, 1929); A. K. Grayson, *Assyrian and Babylonian Chronicles* (Locust Valley, 1975). [MARK W. CHAVALAS]

BELTESSAZAR (heb. *bēlṭĕša'ṣṣar*) O nome babilônico (ac. *balāṭsu-uṣur*, "proteja sua vida") dado a Daniel durante seu cativeiro na Babilônia (Dn 1:7; 2:26; 4:8-9). Em Daniel 4:8, Nabucodonosor interpreta o nome como derivado da deidade babilônica Bel, mas essa é provavelmente a etimologia popular. A LXX e a Vulgata traduzem "Baltazar", que na tradição Católica Romana se tornou o nome de um dos três sábios do Oriente que visitaram o infante Jesus.

BELZEBU (gr. *Beelzeboúl*) A tradução grega de Baal-zebul, a corrupção de Baal-Zebube do Antigo Testamento. Nos Evangelhos Sinópticos Jesus é acusado de praticar exorcismo pelo poder de Belzebu, "o maioral dos demônios" (Mt 12:24 = Mc 3:22 = Lc 11:15), e em Mateus 10:25, os oponentes de Jesus o identificam com Belzebu. No Novo Testamento Belzebu é igualado a Satanás, não somente implicitamente pelo título "maioral dos demônios", mas explicitamente em Marcos 3:23. Peggy L. Day explica a conexão pelo jogo de palavras sobre *bĕʿēl dîḇāḇāʾ* (o aram. equivalente de *baʿal zĕḇûḇ*, a forma corrupta de *baʿal-zĕḇûl*) e *bĕʿel dĕḇāḇāʾ* (aram. "inimigo"). *Ver* BAAL-ZEBUR.

Bibliografia. P. L. Day, *An Adversary in Heaven: śāṭān in the Hebrew Bible*. HSM 43 (Atlanta, 1988). [JOHN MCLAUGHLIN]

BEM Diferentemente do ideal abstrato platônico de "o Bem", os textos bíblicos descrevem a bondade como qualidade de experiência vivida.

As árvores do AT (Gn 2:9) e as espigas de grão (41.5) são descritas como boas (heb. *ṭôḇ*). Os aspectos da experiência humana mencionados como bons incluem hospitalidade (Gn 2629), lealdade (1Sm 29:9), prosperidade (Os 10:1), e velhice (Gn 15:15). A bondade descreve os prazeres sensórios da doçura (Jr 6:20), fragrância (Ct 1:3) e beleza (Gn 24:16). Deus também traz os israelitas a uma "terra boa e espaçosa, para uma terra que mana leite e mel" (Êx 3:8), "uma boa terra" de ribeiros e água, de fontes e correntes (Dt 8:7-10).

Os escritos bíblicos testificam em toda parte da bondade de Deus, incluindo a criação e a fidelidade ao seu pacto com Israel (Êx 18:9). Contudo, Josué lembra à comunidade israelita que o Senhor "se tornará, e vos fará o mal, e vos consumirá depois de vos ter feito o bem", se eles abandonassem os caminhos de Deus (Js 24:20). A exortação para ser fiel ao pacto e andar nos caminhos de Deus é comum na literatura profética (Jr 6:16; Os 3:5). O salmista agradece a Deus por "sua bondade" (Sl 54:6 [TM 8]), e o Espírito e seus frutos são bons (Sl 143:10; Gl 5:22). O Salmista também enfatiza que não há nenhum bem à parte de Deus (Sl 16:2), porque somente Deus é bom (Mt 19:17).

No NT, a palavra gr. *agathós* se refere à excelência moral de uma pessoa ou de um objeto. Mateus consistentemente contrasta *agathós* com *ponerós*, "mal", em suas descrições de indivíduos (Mt 5:45; 12:34-35; 22:10; 25:21-26). No Novo Testamento, o grego *agathós* aparece mais frequentemente em Romanos Epístola em que Paulo discute a bondade de Deus e o bem pelo qual os seres humanos lutam.

O grego *kalós* é usado frequentemente nos Evangelhos Sinópticos, nas parábolas e nas exortações morais. Objetos como "bom fruto" (Mt 3:10), "boa semente" (13.38), e "finas pérolas" (v. 45) tudo significando a bondade que reside com Deus. O grego *chrestós* aparece principalmente nas cartas de Paulo para se referir à bondade de Deus. [HENRY L. CARRIGAN, JR.]

BEM-AVENTURANÇAS Forma literária melhor conhecida pelas nove afirmações "bem-aventurados" que dão início ao Sermão do Monte (Mt 5:3-12; cf. quatro no Sermão de Lucas no lugar plano, registrado em Lc 6:20-23). Essas afirmações são exemplos de uma forma comum conhecida como macarismos (gr. *makários*, "felizes" ou "bem-aventurados" que frequentemente introduzem um enunciado) encontrados na literatura egípcia, grega e hebraica. A forma parece ter pertencido a contextos litúrgicos, mas aparece com propósitos didáticos no material literário. Ela era usada para proporcionar um breve sumário da doutrina essencial. Várias vezes, assegurava e instruía a respeito do destino na vida após a morte ou a respeito da justiça divina, mas de um modo que tem implicações claras para a ética e a moralidade do presente. Coleções de bem-aventuranças são também comuns no começo de obras literárias, como é o caso do Sermão do Monte.

Na literatura judaica, as bem-aventuranças são mais comuns na adoração e nas tradições da sabedoria (Sl 1:1-2; 32:1, 2; 33:12; 41:1; 106:3; 119:1-2; Pv 8:32, 34; Ec 10:17). Elas apontam uma situação ou ação em que declaram que a bênção ou favor de Deus é experimentado. Implicitamente elas exortam outros a manifestarem esse modo de vida ou a experimentar essa situação. Para aqueles que não o fazem, as bênçãos funcionam como condenação.

As bem-aventuranças também aparecem na literatura apocalíptica (Dn 12:12; 1En 58.2; 81.4; 82.4; 2En 42.6-14; 52.1-15). Numa situação de crise, o vidente revela que Deus fará acontecer o inverso da situação atual. As bem-aventuranças tendem a declarar os juízos de Deus sobre o presente e,/ou promessa ou os veredictos antecipados e favoráveis no futuro. Como tal, elas exigem um modo de vida agora, que é baseado nos justos veredictos de Deus e consoante com eles. As bem-aventuranças pertencentes tanto às tradições da sabedoria (Rm 14:22) como da apocalíptica (Ap 19:9; 20:6; 22:7) aparecem aproximadamente quarenta vezes no Novo Testamento.

As nove bem-aventuranças no começo do Sermão do Monte têm provocado muitas discussões. Os eruditos têm debatido sobre as origens delas. A ideia mais comum vê três das primeiras quatro bem-aventuranças — as bênçãos sobre os pobres, os que choram, e os que têm fome (Mt 5:3, 4, 6; cf. Lc 6:20-21), como derivadas, em ao menos de alguma forma, de Jesus. Elas exemplificam a preocupação de Jesus com os pobres e mantêm uma tensão entre a experiência presente e a benção futura, que muitos veem como reflexivas de uma tensão evidente por todo o ministério de Jesus. Alguns eruditos também reivindicam com base na múltipla atestação que a quarta bem-aventurança se origina de Jesus, a benção em 5.11-12 sobre o sofrimento (cf. Lc 6:22-23).

Sobre essa opinião, estas quatro bem-aventuranças estavam presentes (de alguma forma) na coleção dos dizeres de Jesus conhecida como Q (50 d.C.). Essa coleção foi provavelmente expandida no tempo antes de o evangelho ter sido escrito (antes da década de 80) pela adição de quatro bem-aventuranças à forma de Q conhecida da comunidade de Mateus. Diversas dessas bem-aventuranças (Mt 5:5, sobre os mansos; 5.8, sobre os puros de coração) foram provavelmente formadas por assumirem as bem-aventuranças encontradas nos Salmos (Sl 37:11; 24:4). O escritor do evangelho de Mateus toma a coleção de oito e faz mudanças redacionais posteriores, talvez com base em Isaías 61, e talvez acrescente a bem-aventurança encontrada em 5:10.

Alguns têm argumentado convincentemente que as bem-aventuranças se dividem em três estrofes de 5:3-6, 7-10, 11-12. Cada estrofe tem 36 palavras; a primeira e a segunda terminam com uma referência à "justiça" (5:6, 10), e a primeira evidencia aliteração da letra p, em grego e inglês ("o pobre em espírito, o que chora, os sem poder, e aqueles que anseiam por justiça", assim [pensa] David E. Garland). A primeira estrofe enfatiza situações que Deus reverte, circunstâncias em que as pessoas estão abertas à atividade salvadora de Deus. A segunda estrofe mostra as qualidades de um modo de vida criado pela presença salvadora de Deus. A terceira diz respeito à consequência para a vida da comunidade. Uma vantagem dessa abordagem é que ela reconhece alguma conexão entre as bem-aventuranças e o evangelho do qual elas fazem parte. Em Mateus 4:17-25, Jesus demonstrou a presença do reino de Deus nas curas e na pregação entre as multidões aflitas. As bem-aventuranças de 5:3-6 elaboram a experiência de 4:23-25, enquanto que 5:7-12 delineiam consequências posteriores dessa bênção presente e futura.

Bibliografia. H. D. Betz, The Sermon on the Mount. *Herm* (Minneapolis, 1995), 91-153; W. Carter, What Are They Saying About Matthew´s Sermon on the Mount? (New York, 1994), 12-25, 82-84; W. D. Davies e D. Allison, the Gospel According to Saint Matthew. ICC (Edinburgh, 1988), 1:1429-69; D. E. Garland, Reading Matthew (New York, 1993); R. Guelich, The Sermon on the Mount (Waco, 1982), 62-118; M. A. Powell, God with Us (Minneapolis, 1995), 119-40. [WARREN CARTER]

BEN Usado como prefixo, termo designativo de relacionamento ou condição (heb. *bēn*, "filho de"; pl. *bĕnê*). Com muita frequência, indica descendente masculino direto, mas também pode designar um membro de uma tribo ou pessoas ("filhos de Israel", Gn 42:5), origem nacional ou geográfica ("filho de Jabes", 2Rs 15:10), ou classe profissional ou social ("filhos dos profetas", ex., 1Rs 20:35; 2Rs 2:3). "Filhos de Deus" pode se referir a pessoas piedosas que creem (Gn 6:2; Os 1:10) ou anjos (Jó 1:6; 2:1; 38:7).

BEN-ABINADABE (heb. *ben-'ăḇînāḏāḇ*) Administrador da região alta de Dor que supria as provisões reais uma vez por ano. Ele casou-se com Tafate, a filha de Salomão (1Rs 4:11). [WILLIAM D. MATHERLY]

BENAÍAS (heb. *bĕnāyâ, bĕnāyāhû*) **1.** Filho de Jeoiada o sacerdote, da cidade de Kabzeel, ao sul da Judeia, comandante do exército de Salomão. Benaia veio à proeminência sob o reinado de Davi como comandante dos cretenses e filisteus, as tropas mercenárias da guarda pessoal de Davi (2Sm 8:18; 20:23; 1Cr 18:17). Os feitos de Banaías foram renomados entre os Trinta de Davi, embora ele não fosse parte dos Três (2Sm 23:20-23 = 1Cr 11:22-25). No final da vida de Davi, ele ficou do lado de Salomão contra Adonias, e assegurou a posição de Salomão no trono (1Rs 1:36-38). Sob a ordem de Salomão, Benaías matou Adonias (1Rs 2:25), Joabe (v. 29-34), e Simei (v. 46). Salomão recompensou Benaías colocando-o sobre todo o exército (1Rs 2:35).

O cronista acrescenta que Benaías foi comandante da milícia de Davi de 24 mil homens que serviam durante o terceiro mês, mas também sugere que ele deu a responsabilidade da milícia a seu filho Amizabade (1Cr 27:5-6). Outro filho, Jeoiada, sucedeu Aitofel como conselheiro de Davi (1Cr 27:34).

2. Efraimita de Piraton; um dos Trinta de Davi (2Sm 23:30 = 1Cr 11:31). Ele ficou responsável pela milícia de Davi de 24 mil homens, e serviu durante o enésimo mês (1Cr 27:14).

3. Um dos diversos chefes meunitas que migraram para a região de Gedor durante o reinado do rei Ezequias (1Cr 4:36-41).

4. Levita músico que foi designado ao comando de Davi para tocar harpa perante a Arca (1Cr 15:18, 20; 16:5). Ele é provavelmente o avô do levita Jaaziel, que profetizou durante o reinado de Jeosafá (2Cr 20:14).

5. Um dos sacerdotes designados por Davi para fazer soar a trombeta perante a Arca (1Cr 15:24; 16:6).

6. Levita que assistia na superintendência das contribuições do templo durante o reinado de Ezequias (2Cr 31:13).

7-10. Quatro israelitas que se divorciaram de suas esposas estrangeiras durante o tempo de Esdras. Eram descendentes de Parós, Paate-Moabe, Bani e Nebo(Ed 10:25, 30, 35, 43).

11. O pai de Pelatias, oficial leigo cuja morte foi parte da visão de Ezequiel (Ez 11:1, 13). [RONALD A. SIMKINS]

BEN-AMI (heb. *ben-'ammî*) O ancestral epônimo dos amonitas, descrito como a descendência do relacionamento incestuoso entre Ló e sua filha mais jovem (Gn 19:38).

BEN-BERAQUE (heb. *bĕnê-ḇĕraq*) Cidade da herança da tribo de Dã (Js 19:45), localizada na planície costeira. O lugar tem sido identificado como a moderna Kheiriyah/Ibn Iraq, a 4 km ao sul de Bene-Baraque, um subúrbio de Tel Aviv que preserva o nome bíblico.

BÊNÇÃO, ABENÇOAR A raiz hebraica *brk* porta uma gama de significados etimológicos sem conexão: as formas verbais e nominais de "abençoar"; as formas verbais e nominais de "ajoelhar"; e um substantivo, "poço, tanque, bacia". Mesmo dentro da esfera semântica "abençoar", *brk* pode significar conceder bondade ou favor ou saudar, congratular, agradecer, fazer as pazes, adorar, ou louvar. O particípio passivo do qal, baruk, significa "abençoado", ocorre muitas vezes na fórmula "bendito seja...".

Brk frequentemente é marcador relacional, significando a existência de relacionamento sacro, legal ou social. Deus, os anjos e a humanidade podem abençoar; Deus, a humanidade, os animais, e os objetos inanimados podem ser abençoados (ou benditos). Exatamente o que é comunicado pelo ato da bênção difere dependendo de ambos: do outorgante (beneficiador) e do outorgado (beneficiado). Em primeiro lugar, entretanto, a bênção é expressão ou ato de linguagem que pode ser executado, que traz o bem a alguém ou alguma coisa em contraste com a maldição, que é maléfica ao seu recipiente.

Repetidamente Deus abençoa a indivíduos (Jó 42:12), a grupos (cf. Êx 32:29), e a nações (Jr 4:2), particularmente a Israel (Dt 26:15), de acordo com o relacionamento pactual divino-humano. Esta ideia é enfatizada na história através das comunicações de bênçãos da parte de Deus por causa da obediência pactual, como oposto às maldições por causa da ruptura pactual (Dt 27-28). Tais bênçãos e maldições serviriam para reforçar a provisão da lei (Js 8:34). É provável que os escritores hebreus modelassem esse relacionamento pactual em antigos tratados de suserania do Oriente Próximo. Deveria ser observado que há amplo desacordo entre os eruditos a respeito do grau ao qual a bênção divina tem a ver com a história da salvação antes que com a natureza e a criação estabelecidas na história primeva. Os benefícios de Deus são diversos e incluem: vitalidade, saúde, longevidade, fertilidade, terra, prosperidade, honra, vitória, e poder. Deus também abençoa as criaturas (Gn 1:22; Dt 28:4) e os objetos inanimados, tais como a terra (Dt 26:15), a habitação dos justos (Pv 3:33), o fruto da terra (Dt 7:13), o pão e a água (Êx 23:25), o trabalho (Dt 28:8), e o sábado (Gn 2:3), usualmente para o benefício da humanidade.

Os humanos podem também abençoar. Enquanto no começo do século XX, a erudição sugeria que as bênçãos no mundo antigo evidenciavam um poder independente de Deus, a mais recente erudição conclui que Deus é a fonte original de todas as bênçãos humanas (Nm 6:22-27; 23:20). Primeiramente, os humanos podem abençoar outros em seus papéis como intermediários de Deus, ou seja, cabeças de família (Gn 9:1), líderes (Êx 39:43), reis (2Sm 6:18 = 1Cr 16:2), profetas (Nm 23:11), sacerdotes (1Sm 2:20), ou discípulos (At 3:26). Tais bênçãos podem portar uma significação legal ou sacra. Uma benção no leito de morte que vem de um cabeça de família serve como legado irrevogável de propriedade (Gn 27-28, 48-49). Uma bênção pode também evidenciar o status legal de um tratado de paz, quando oferecido por um rei ou outro em autoridade (2Rs 18:31 = Is 36:16). Os sacerdotes são especialmente importantes para as suas funções litúrgicas (Nm 6:24-26).

Em segundo lugar, um ser humano pode procurar invocar a bênção divina sobre outra pessoa, que poderia ser oferecida por alguém nas coisas mais mundanas da vida em saudação (Gn 47:7), nas partilhas (Gn 24:60), entre o hospedeiro e o hospedado (1Sm 25:14), na amizade (2Sm 21:3), nas congratulações (1Cr 18:10), na gratidão (Ne 11:2), ou nas homenagens (2Sm 14:22). Alguém também poderia abençoar a si mesmo (Dt 29:19 [TM 18]. Em todos esses casos, a bênção denota a presença de um relacionamento entre o doador e o recebedor que está firmado no relacionamento divino-humano.

Em terceiro lugar, os seres humanos, algumas vezes, abençoam coisas. Esse é outro aspecto da invocação do favor de Deus sobre a humanidade que surge do uso de um objeto abençoado. A consagração de artigos de sacrifício seja talvez o exemplo mais significativo dessa categoria (1Sm 9:13).

Finalmente, os seres humanos e os anjos podem bendizer a Deus (Sl 134:1-2; 103:20). Os eruditos discordam a respeito da importância desse tipo de bênção: pode ela significar a concessão de favor ou bondade sobre Deus? A resposta depende não somente da ideia antropológica que alguém tem dos israelitas antigos a respeito do poder mágico do ato de discurso em si mesmo. Mais tarde, a erudição sugere que provavelmente *brk* aqui denota somente os atos de adoração, louvor ou ação de graças (Sl 115:17-18).

A palavra "abençoados" (ou "bem-aventurados") pode adicionalmente ser usada para traduzir a palavra heb. *asre* (ou *oser*, Gn 30:13), que poderia também ser traduzida como "felizes". Essa palavra é frequentemente encontrada nas fórmulas de bênçãos encontrada nos Salmos e Provérbios: "bem-aventurados..." A palavra do Novo Testamento equivalente é a grega *makários*, encontrada mais notadamente nas Bem-aventuranças (Mt 5).

No NT, as bênçãos de Jesus tomam importância considerável. Jesus abençoa (gr. *eulogéō*) os elementos da Ceia do Senhor (Mt 26:26-28), e consequentemente Paulo chama o vinho da comunhão de Cálice da bênção (1Co 10:16). Jesus também abençoa os pães dos milagres de multiplicação (Mt 14:19), assim como os próprios discípulos (Lc 24:50-51). A bênção sobre aqueles que amaldiçoam e maldizem os seguidores do Senhor é outro tema importante (Lc 6:28). Nos escritos de Paulo, "bem-aventurados" (ou "benditos") adquire um significado adicional no sentido em que Deus é chamado bendito no sentido de ser santo (Rm 1:25).

Bibliografia. C.W. Mitchell, the Meaning of BRK "To Bless" in the Old Testament, SBLDS 95 (Atlanta, 1987); R. Westbrook, "Undivided Inheritance", em Property and the Family in Biblical Law, *JSOT* Sup 113 (Sheffield, 1991), 188-41; C. Westermann, Blessing in the Bible and the Life of the Church, OBT (Philadelphia, 1978). [F. RACHEL MAGDALENE]

BEN-DEQUER (heb. *ben-deqer*) Oficial do segundo distrito administrativo de Salomão, que incluía Macaz e Bete-Semes (1Rs 4:9).

BENEDICTUS Cântico de Zacarias (Lc 1:68-79), proclamado no nascimento de seu filho João Batista, e conhecido pela sua primeira palavra na versão latina. Igual ao *Magnificat* de Maria, é um hino profético de louvor a Deus por sua visitação e pela amabilidade do seu pacto genuíno (cf. Sl; Is 9; Ml 4; 1QM 14.4-5). O hino (especialmente os v. 76-77) dá uma interpretação cristã de João como precursor, embora não diga nada a respeito de sua obra como batizador ou sua morte. A salvação (não-especificada) é livramento dos inimigos que os odeiam (Ne 9:27; Sl 106:9-10) e significa "liberdade do temor para servir" (v. 74, perdão de pecados (v. 77), e paz (v. 79). [SEÁN KEALY, C.S.SP.]

BEN-GEBER (heb. *ben-geḇer*) Oficial no sexto distrito administrativo de Salomão. O distrito abrangia a parte norte de Gileade e Argobe (1Rs 4:13).

BEN-HADADE (heb. *ben-hădaḏ*) Provavelmente o nome de um trono tomado pelo rei de Damasco (aram. *Bir-hadad*). Embora os eruditos debatam sobre como exatamente muitos governadores tiveram esse nome na Bíblia e na evidência epigráfica preservada em acadiano e aramaico, três reis são atestados.

1. Ben-Hadade (885-865 a.C.), o filho de Tabrimom e neto de Heziom (1Rs 15:18); contemporâneo de Baasa, rei de Israel e Asa de Judá. Asa solicitou ajuda de Ben-Hadade para atacar o reino do norte (Israel) enquanto Baasa estava restringindo acesso a Jerusalém através de fortificações na fronteira (1Rs 15:16-22 = 2Cr 16:1-6). O plano deu certo para Asa, já que Ben-Hadade tomou as cidades de "Ijom, Dã, Abel-Bete-Maaca, e a todo o distrito de Quinerote, com toda a terra de Naftali" (1Rs 15:20). Essa aquisição deu a Damasco o controle sobre a rota comercial para o sul da Fenícia. Por volta do reinado de Acabe (875-853) a região estava de volta para as mãos dos israelitas.

2. Ben-Hadade II (aprox. 865-842), seja um filho ou neto de Ben-Hadade I. Contemporâneo do rei Acabe de Israel, Ben-Hadade II é conhecido por sua tentativa frustrada do cerco de Samaria, seguida por sua catastrófica perda de Afeque na primavera seguinte (1Rs 20). Ele lutou com Acabe contra o rei assírio Salmaneser III, em Qarqar (853 a.C.), mas Acabe morreu na batalha contra as forças do anterior aliado em Romote-Gileade (1Rs 22:29-36). Ben-Hadade II foi mais tarde assassinado pelo usurpador Hazael, a quem Ben-Hadade havia enviado para perguntar a Eliseu a respeito de sua recuperação de uma enfermidade (2Rs 8:7-15).

3. Ben-Hadade III (reinou a partir de 806 a.C.), filho do usurpador Hazael. Este havia sido o mais poderosos dos reis de Damasco, mas seu filho sofreu uma série de derrotas que reduziu grandemente o reino herdado. Ele foi derrotado três vezes por Joás, que libertou Israel da vassalagem a Damasco (2Rs 13:25). De acordo com Zakkur Stela, Ben-Hadade III fracassou no cerco de Hazrak, uma cidade do reino de Hamate. Além disso, o rei assírio Adadnirari III atacou Damasco, forçando a rendição da cidade através de seu rei Mar´i (identificado como Ben-Hadade III) e o pagamento de tributo em 796 a.C.

A ambiguidade da enumeração dos reis com o nome de Ben-Hadade, em parte, vem da placa de pedra Melqart. O rei de Arã (um título que um número de cidades poderia reivindicar, não somente Damasco) mencionado na placa de pedra é Ben-Hadade. Seu patronímico é quebrado, e sua reconstrução é uma matéria de debate. Frank Moore Cross é o mais forte proponente da identificação desse patronímico com o Hadadezer dos anais da Assíria, que é usualmente considerado como Ben-Hadade II. Assim, o Ben-Hadade da inscrição seria contado como Ben-Hadade III, e o filho de Hazael, então, seria Ben-Hadade IV.

Uma confusão posterior surge da identidade de Hadadezer dos anais da Assíria. Ele é identificado como Ben-Hadade II pela maioria dos eruditos, com a força da aparição das referências bíblicas denotando o líder de Damasco durante este mesmo período. Isso resulta na noção do uso deste nome como um

A B C D E F G H I J K L M N O P Q R S T U V X Y Z

nome de trono, assumido por todos os governantes da cidade. [MARK ANTHONU PHELPS]

BENE-HAIL (heb. *ben-ḥayil*) Príncipe da tribo de Judá, a quem o rei Josafá enviou (com outros) através das cidades da parte sul do reino a fim de instruir o povo na lei (2Cr 17:7).

BENE-HANÃ (heb. *ben-ḥānān*) Judaíta, um dos quatro filhos de Simão (1Cr 4:20).

BENE-HINOM, VALE DE *Ver* GEENA; HINOM, VALE DE.

BEN-HESEDE (heb. *ben-ḥeseḏ*) Oficial do terceiro distrito administrativo de Salomão, que incluía Socó e toda a terra de Hefer. Ele morava em Arubote (1Rs 4:10).

BEN-HUR (heb. *ben-ḥûr*) Oficial designado por Salomão para a região montanhosa de Efraim, o primeiro distrito administrativo (1Rs 4:8).

BENÍNU (heb. *bĕnîn*) Levita que pôs o selo no pacto renovado feito sob Neemias (Ne 10:13 [TM 14]).

BEN-JAACÃ (heb. *bĕnê ya'ăqān*) (tb. BEEROTE-JAACÃ) ACAMPAMENTO israelita durante a jornada no deserto, localizado próximo à terra de Edom (Nm 33:31-32). Em Deuteronômio 10:6, é chamado Beerote-Benê-Jaacã. [PETE F. WILBANKS]

BENJAMIM (heb. *binyāmîn*) **1.** Um dos doze filhos de Jacó. Também o território e tribo que pertenceram aos descendentes dele. Benjamim era o filho mais jovem de Jacó, um dos dois filhos (o outro era José) nascido de Jacó e Raquel (Gn 34:16-19). Raquel morreu durante o parto, chamando o filho Benoni, "filho da minha tristeza". Jacó deu outro nome, Benjamim, "filho do correto/sul" (ou "filho da felicidade" ?). A tristeza de Raquel se tornou a felicidade de Jacó. Na verdade, Benjamim era o querido de Jacó (Gn 44:20), e José contou com isso para atrair Jacó e o clã dele para o Egito (cap. 42).

O território de Benjamim estava localizado nas terras altas do sul da Judeia. Sua fronteira instável ao norte estava próxima de Betel; sua fronteira ao sul, ao redor de Jerusalém. Para o leste Benjamim se estendia até o Jordão. Para o oeste, ao SefeláSefelá. Visto que Benjamim estava entre Judá, a tribo preeminente do sul, e Efraim, a tribo preeminente do norte, sua localização era estratégica. A orientação geográfica do seu nome ("filho do sul") provavelmente resulta da localização de Benjamim ao sul da tribo de José, Efraim. Uma expressão da importância estratégica de Benjamim é que dois diferentes livros da Bíblia, Gênesis no âmbito familiar e Juízes no âmbito tribal, terminam com histórias a respeito da restauração de um Benjamim alienado para um grupo bem maior.

Talvez relacionada com a localização estratégica de Benjamim estava a história violenta da tribo. Chamada de "lobo que despedaça" (Gn 49:27), Benjamim produziu muitos guerreiros: o juiz Eúde, assassino de Eglom, rei de Moabe (Jz 3:15-23); os 700 da tropa de elite mencionados em Juízes 20:20 (como Eúde, esses guerreiros eram "canhotos"); Saul; os assassinos Baaná e Recabe (2Sm 4:2); e, entre os guerreiros de Davi, Itaí (23:29). Os benjamitas de Gibeá violentaram e brutalizaram a esposa de um levita (Jz 19), dando surgimento a uma guerra civil entre Benjamim e as outras tribos (cap. 20); os benjamitas foram dizimados e os sobreviventes do sexo masculino valeram-se da captura das filhas de Siló a fim de manterem a linhagem deles (cap. 21). Outro benjamita notável foi Jeremias (Jr 1:1).

A despeito de antigas conexões com a casa de José (Sl 80:2 [TM 3]) e de apoio ao filho favorito, Saul, anteriormente (2Sm 2:9; 16:5-8), Benjamim ficou do lado de Judá após a divisão da monarquia (1Rs 12:21). Em relação ao restante do período monárquico e ao período pós-exílico, Benjamim e Judá, compuseram o reino de Judá e mais tarde, a província persa de Yehud (Ne 11:4).

Paulo (Saulo) era benjamita (Rm 11:1), homônimo do ancestral tribal mencionado pelo apóstolo num sermão em Antioquia (At 13:21).

Bibliografia. B. Halpern, The First Historians: The Hebrew Bible and History (1988, reimpr. University Park, Pa., 1996), 40.43). [GREGORY MOBLEY]

2. Filho de Bilã, benjamita (1Cr 7:10). Um israelita da família de Harim que tinha tomado uma esposa estrangeira (Ed 10:32). Ele pode ser a mesma pessoa que trabalhou na restauração dos muros de Jerusalém e tomou parte na restauração deles (Ne 3:23; 12:34).

BENO (heb. *bĕnô*) Filho de Jaazias, levita (1Cr 24:26-27). O termo hebraico pode simplesmente ser traduzido como "seu filho" (cf. LXX) ao invés de um nome próprio.

BENONI (heb. *ben-'ônî*) Nome (heb. "filho de minha tristeza") dado por Raquel ao seu filho mais jovem. Jacó, entretanto, mudou-o para Benjamim ("filho da mão direita"; Gn 35:18).

BEN-ZOETE (heb. *ben-zôḥēṯ*) Filho de Isi da tribo de Judá (1Cr 4:20). O nome também pode ser interpretado como filho de Zoete e neto de Isi.

BEOM (heb. *bĕ'ōn*) Cidade no território de Rúben (Nm 32:3). *Ver* BAAL-MEOM.

BEOR (heb. *bĕ'ôr*) **1.** Pai de Bela, o primeiro rei de Ecom (Gn 36:32; 1Cr 1:43).

2. Pai do vidente Balaão (Nm 22:5; 2Pe 2:15, gr. *Bosór*, seguindo o Vaticanus).

BEQUER (heb. *beḵer*), **BEQUERITAS** (*baḵrî*) O segundo filho de Benjamim, de acordo com duas genealogias de Benjamim (Gn 46:21; 1Cr 7:6), e o pai de Zemira, Joás, Eliézer, Elioenai, Onri, Jerimote, Abias, Anatote e Alemete (1Cr 7:8). Duas outras genealogias de Benjamim, contudo, omitem Béquer, listando Asbel como segundo filho de Benjamim (Nm 26:38; 1Cr 8:1). Em Gênesis 46:21 Asbel é listado como terceiro filho de Benjamim após Béquer, mas ele não está listado na genealogia de 1Crônicas 7:6. Esta é somente uma entre muitas inconsistências com as genealogias de Benjamim.

Béquer está também listado em uma genealogia como o segundo filho de Efraim (Nm 26:35), mas este nome está omitido na LXX e pode ter sido colocado erroneamente partindo da genealogia de Benjamim que a segue. Num outro lugar, o segundo filho de Efraim é Berede (1Cr 7:20), um nome que poderia ter sido confundido com Béquer. A proximidade geográfica de Benjamim com Efraim pode também ter levado à confusão sobre os ancestrais do clã de Béquer. [RONALD A. SIMKINS]

BERA (heb. *bera'*) O rei de Sodoma, derrotado por Quedorlaomer quando invadiu o vale de Sidim (Gn 14:2).

BERACA (heb. *bĕrāḵâ*) Guerreiro benjamita que desertou de Davi em Ziclague (1Cr 12:3).

BERACA (HEB. *bĕrāḵâ*), VALE DE Lugar ("vale de bênçãos") onde Jesafá juntou seus soldados para bendizer a Deus, após vários povos da Transjordânia terem invadido sua terra, e se trucidado mutuamente (2Cr 20:13). A localização pode ser el-Baq´ah, a noroeste de Khirbet et-Tuqu, bem situada, próximo da estrada entre Belém e En-Gedi. O vale próximo de Belém onde está Khirbet Bereikut é outra possível localização. Visto que *bĕrēḵâ* significa "poço de água" o nome moderno provavelmente revele uma associação tradicional com o poço maior e com muita água, Uádi el-Arrub, exatamente ao sul dali. De qualquer forma, o lugar não é distante de Tecoa (2Cr 20:20). Joel 3:2, 12 (TM 4:2, 12) pode ser uma alusão a Beraca em sua profecia a respeito de um "vale de Josafá" apocalíptico. [MARK E. MOULTON]

BERAÍAS (heb. *bĕrā'yâ*) Filho de Simei e descendente de Saaraim da tribo de Benjamim (1Cr 8:21).

BEREDE (heb. *bereḏ*) **I. (LUGAR)** Localidade perto do poço de Beer-Laai-Roi, associada com a fuga de Hagar (Gn 16:14). Beer-Laai-Roi era pretensamente localizada entre Berede e Cades, embora o relacionamento geográfico exato entre esses últimos dois sítios é incerto. A tradição judaica (Targuns) sugere que Berede deva ser buscada entre o norte e nordeste de Cades. [RYAN BYRNE]

II. (PESSOA) Filho de Sutela e neto de Efraim (1Cr 7:20).

BEREIA (gr. *Berea*) **1.** Lugar próximo de Jerusalém, talvez a 16 km, ao norte da cidade, na estrada de Jerusalém a Nablos. Bereia servia como ponto de parada para todas as forças de Báquides e Alcimo (1Mac 9.1-4), que chegavam ali com cerca de 20 mil soldados a pé e 2 mil a cavalo. Duas outras possíveis localizações são el-Bireh e Bir ez-Zait, 13 km ao norte de Jerusalém. [AARON M. GALE]

2. (gr. *Béroia, Bérroia*) Cidade da Macedônia nos contrafortes do monte Bermiom, a 80 km, a oeste de Tessalônica. A Via Ignatia passava vários quilômetros ao norte dela. Sob os romanos, se tornou o quartel general da confederação (*koinón*) macedônica e foi a sede do culto imperial. No século I da era cristã, era uma cidade populosa e próspera.

Paulo e Silas fugiram de Tessalônica para Bereia, onde tiveram êxito na conversão de várias pessoas (At 17:10-14). Paulo fugiu para lá novamente quando os líderes judaicos chegaram de Tessalônica e incitaram as multidões contra ele. Silas e Timóteo permaneceram em Bereia e se reuniram a Paulo mais tarde em Corinto. Sópatro, um companheiro de Paulo, é de Bereia (At 20:4).

3. O nome helênico de Alepo, no norte da Síria, onde Menelau foi executado (2Mac 13.1-8). [RICHARD S. ASCOUGH]

BERENICE (gr. *Berníkē*) Julia Berenice (nascida em 28 d.C.), filha mais velha de Agripa I e, assim, a bisneta de Herodes, o Grande (Josefo, *Ant.* 18.132; 19.354). Berenice casou-se primeiro com Marcus Julius Alexander que morreu em 41. Então, ela se casou com seu tio Herodes, rei de Cálcis (*Ant.* 19.276-77; 20.104; *BJ* 2.217-21). Após Herodes ter morrido em 48 d.C., ela viveu com seu irmão Agripa II. Visitando Festo em Cesareia, aproximadamente em 59 d.C., ouviram Paulo fazer a defesa da sua fé (At 25:13—26:32). Para silenciar os rumores de incesto (Juvenal Satires 6.156-60), Berenice convenceu Polemo, rei da Cilícia, a passar pela circuncisão judaica e se casar com ela em 63, mas ela logo o deixou, retornando para Agripa (*Ant.* 145-47).

No princípio da guerra judaica, em 66 d.C., e com algum risco para sua segurança pessoal, Berenice e Agripa lutaram pela a paz judaica. Ela apelou em vão com seu procurador Gessius Florus em favor dos judeus que ele estava matando (*BJ* 2.310-14, 405-6, 425-29). Semelhantemente a Agripa, Berenice logo ficou do lado de Roma e ajudou a financiar a subida de Vespasiano ao trono de imperador (Tácito *Hist.* 2.81). Ela se tornou a amante de Tito, o filho de Vespasiano, e mudou-se para Roma (75 d.C.), esperando ser sua esposa (Dio Cassius *Hist.* 65.15). Mas quando Tito se tornou imperador em 79 d.C., ele relutantemente dispensou Berenice de Roma numa tentativa de melhorar sua reputação (Suetônio *Titus* 7). Algum tempo antes da morte de Tito, em 81 d.C., Berenice retornou a Roma sem dano de sua imagem pública (Dio Cassius *Hist.* 66.18). Berenice é frequentemente mencionada como "rainha" (p. ex., *BJ* 2.312; Vita 119, 180-81; Suetônio *Titus* 7; Tácito *Hist.* 2.2; Quintilian Inst. Orat. 4.1).

Berenice (lat. *Veronica*) era nome herodiano bastante trivial.

Bibliografia. D. C. Braund, "Berenice in Rome", Historia 33 (1984), 120-23; J. A. Crook, "Titus and Berenice", AJP72 (1951), 162-75; R. Jordan, Berenice (New York, 1974); G. H. Macurdy, "Julia Benenice", *AJP* 56 (1935), 246-53; R. D. Sullivan, "The Dynasty of Juaea in the First Century", *ANRW* II.8,310-12. [DOUGLAS HUFFMAN]

BEREQUIAS (heb. *berekyâ, berekyāhû*) **1.** O quinto filho de Zorobabel listado entre os descendentes de Davi do período pós-exílio (1Cr 3:20).

2. O pai de Asafe, o levita músico (1Cr 6:39 [TM 24]; 15:17).

3. O filho de Asa; levita listado com aqueles que primeiro retornaram a Jerusalém após o exílio (1Cr 9:16). A lista quase paralela de Neemias 11:3-10 omite Berequias.

4. O porteiro para a Arca durante o reinado de Davi (1Cr 15:23).

5. O filho de Mesilemote, líder efraimita que foi objetado vitoriosamente quando capturava escravos judaítas após a invasão israelita durante o reinado de Acaz (2Cr 28:12).

6. O filho de Mesezabel e pai de Mesulão (Ne 3:4, 30).

7. O filho de Ido e pai do profeta Zacarias (Zc 1:1, 7). Esdras 5:1; 6:14; Neemias 12:16 identificam Ido como o pai de Zacarias. [WILLIAM D. MATHERLY]

BERI (heb. *bērî*) Filho de Zofa da tribo de Aser (1Cr 7:36).

BERIA (HEB. ***bĕrî'â*****), BERITAS** (heb. *habbĕrî'î*) **1.** Filho de Aser e pai de Heber e Malquiel (Gn 46:17; 1Cr 7:30-31). Ele era o epônimo ancestral dos beritas (Nm 26:44).

2. Filho de Efraim, nascido após outros filhos terem sido assassinados pelos homens de Gate (1Cr 7:23). heb. *bĕrā'â* ("mal"), neste verso pode sugerir uma etimologia popular.

3. Benjamita, filho de Elpaal e pai de nove filhos (1Cr 8:14). Os habitantes de Aijalom eram descendentes de Berias e seu irmão Sema (1Cr 8:13).

4. Filho do levita Simei, da linhagem de Gérson. Porque eram poucos em número, seus filhos e os de seu irmão Jeús eram contados como uma família (1Cr 23:10-11).

BERILO Pedra verde ou azul encontrada na península do Sinai. Recentes traduções colocam "berilo" para o hebraico *taršîš* (LXX *chrysólithos*), algumas vezes traduz como algo que brilha (Ez 1:16; 10:9; Dn 10:6), outras vezes como pedra esculpida sobre o peitoral de um sacerdote (Êx 28:17-20; 39:10-13), ou como pedra que adorvava o rei de Tiro (Ez 28:13). Ela é também usada para traduzir *bāreqet* (LXX *smáragdos*) e *šōham* (LXX *bērýllion*). Gr. *bḗryllos* designa um curso no fundamento do muro da cidade da nova Jerusalém (Ap 21:20). Algumas traduções mostram "crisólito", "esmeralda", "malaquita", "ônix", ou "topázio" para estes termos hebraicos e gregos. [JOSEPH E. JENSEN]

BEROTA (heb. *bērôtâ*) Cidade na fronteira ao norte do Israel ideal (Ez 47:16). Pode ser o mesmo que Berotai.

BEROTAI (heb. *bērôtay*) Cidade de Hadadezer, rei da Síria, da qual Davi tirou muito bronze (2Sm 8:8). Provavelmente deve ser identificada com a moderna vila de Bereitan, a 13 km ao sul de Baalbeque. Ela pode ser a mesma que Berta em Ezequiel 47:16. A passagem paralela de 1Crônicas 18:8 traduz o nome dela como Cum.

BERSEBA (heb. *bĕ'ēr šeba'*) Cidade importante no Neguebe. Berseba, que significa "poço de um juramento" (Gn 21:25-31) ou "poço de sete" (Gn 26:26-35), é mencionada proeminentemente nas narrativas do Antigo Testamento dos patriarcas em Gênesis até as histórias do restabelecimento após o exílio.

Berseba é frequentemente usada para indicar a extensão sul da terra; ex., de Dã no norte, até Berseba, no sul (p. ex., Jz 20:1; 2Sm 24:2). Na distribuição dos territórios das tribos, Berseba ficou para Simeão, mas o território de Simeão foi assimilado por Judá. Berseba era comumente considerada como a "capital do Neguebe". Referências breves incluem a designação dos filhos de Samuel como juízes em Berseba (1Sm 8:2); Elias passou por Berseba quando fugia de Jezabel (1Rs 19:3); seu lugar elevado foi destruído por Josias (2Rs 23:8); Amós condenou a adoração em Berseba (Am 5:5; 8.;14); sua reocupação se deu no retorno dos exilados (Ne 11:27).

A identificação do lugar do poço de Abraão e Isaque não é certa. Alguns contendem por um poço na moderna Berseba (*Bir es-Seba*), outros por um poço encontrado em Tell es-Seba/Tell Beer Sheva para o leste. Referências à cidade nas histórias do período de ocupação de Israel e controle da terra são quase certamente à cidade escavada em Tell es-Seba sob a direção de Yohanan Aharoni de 1969 a 1976. A cidade esteve ocupada na Idade do Ferro provavelmente começando no século XII a.C. A primeira colonização fortificada foi construída aprox. 1000 e continuada até aprox. 700 a.C, talvez destruída por Senaqueribe.

Grandes áreas daquela cidade foram escavadas, revelando construções públicas e privadas, muros de defesa, e, em escavações mais recentes, um sistema de suprimento de água. Aharoni identificou, entre muitos outros achados, um altar de pedra em forma de chifre — pedras que foram desmanteladas num contexto secundário. A cidade que não esteve ocupada por cerca de 300 anos, então revela evidências de ocupação nos períodos persa, helênico, romano e o começo do período árabe.

Bibliografia. Z. Herzog, *Beer-sheba 2* (Tel Aviv, 1984); J. Perrot, et a., "Beersheba", *NEAEHL* 1.161-73. [BRUCE C. CRESSON]

BESAI (heb. *bēsay*) O cabeça de uma família de servos do templo que retornou do exílio sob Zorobabel (Ed 2:49 = Ne 7:52).

BESODEIAS (heb. *bĕsôḏyâ*) O pai de Mesulão. Ele assistia na reparação do velho portão de Jerusalém no tempo de Neemias (Ne 3:6).

BESOR (HEB. ***bĕśôr*****), UÁDI** Ribeiro onde Davi deixou 200 homens exaustos enquanto ele e os 400 remanescentes cruzaram na perseguição aos amalequitas (1Sm 30:9-10). Os amalequitas tinham anteriormente atacado as cidades do Neguebe, incluindo Ziclague. O Uádi Besor (Uádi Shallaleh/Ghazzeh, Nahal Besor) é um dos principais uádis do Neguebe Ocidental. O Besor é a drenagem ocidental natural das colinas do Neguebe e da bacia de Berseba para o mar Mediterrâneo. Diversos e importantes centros antigos estão localizados ao longo dessa fonte de água, incluindo Tell el-Ajjul, Tell Jemmeh, e Tell el-Far`ah. [STEVEN M. ORTIZ]

BESTA Criaturas não especificadas do reino animal. heb. *ḥayyâ* (cf. aram. *ḥêwâ*) e *behema* frequentemente traduzidas por algum animal mamíferos e são comumente usadas como termos coletivos para um grupo de animais. O hebraico *ḥayyâ* indica com frequência animais selvagens, enquanto *bĕhēmâ* é mais comumente aplicado a animais domésticos, mais especificamente gado.

Embora um uso metafórico do conceito não tenha sido dominante em outro lugar do Antigo Testamento, Daniel usou o aramaico *hewa* para identificar os poderes do mundo que eram hostis a Israel (Dn 7:1-12); os governadores emergentes do mundo foram vistos como possuidores dos atributos das bestas selvagens. Essa metáfora se tornou o uso dominante de besta (gr. *therion*) no Novo Testamento.

O livro do Apocalipse usa o termo "besta" 37 vezes para se referir aos inimigos da Igreja. Uma besta surge do abismo (Ap 11:7); outra do mar (13:1); outra da terra (v. 11), e outra é descrita como besta escarlate sobre a qual uma mulher adúltera está sentada (17:3). A besta preeminente do Apocalipse emerge para se tornar o anticristo que se opõe à Igreja e a persegue, e que se opõe à vontade de Deus até a batalha final com Cristo (19:20).

O uso metafórico da palavra besta é expandido para outras passagens do Novo Testamento: Tito 1:12 comenta depreciativamente que o povo de Creta é composto de mentirosos, bestas ruins, glutões preguiçosos. Em 1Coríntios 15:32, Paulo afirma que ele lutou contra bestas selvagens em Éfeso (gr. *thēriomachéō*). [MARK R. FAIRCHILD]

BETÁ (heb. *beṭaḥ*) Cidade de Hadadezer da qual Davi retirou muito bronze (2Sm 8:8). O nome deve ser provavelmente traduzido como "Tibate" (cf. 1Cr 18:8).

BETABARA (gr. *Bēthabará*) Lugar onde João estava batizando, a leste do rio Jordão (p. ex., João 1:28 KJV; o *Madeba Map* localiza-o a oeste do rio). Os manuscritos mais exatos, contudo, indicam o nome como Betânia 2.

BETÂNIA (gr. *Bēthanía*) **1.** Vila provavelmente na região mais baixa do declive oriental do monte das Oliveiras, cerca de 3 km a leste de Jerusalém. O nome latino Lazarium remonta ao século IV d.C., é usado a respeito de ambos, da vila e de uma igreja primitiva construída no sítio tradicional do túmulo de Lázaro. Ela é provavelmente refletida no presente nome árabe da vila, el-Azariyeh. O nome Betânia pode se derivar do hebraico *bêṯ 'ănanyâ*, "casa dos pobres/aflitos". O vilarejo benjamita próximo de Jerusalém mencionado em Neemias 11:32 como Ananias pode ser o mesmo lugar. Artefatos e túmulos escavados na área vizinha atestam para uma colonização cerca de 1550 a.C., e achados de cerâmica na vizinhança imediata indicam que Betânia foi continuamente ocupada do século LX em diante.

O Novo Testamento identifica Betânia como o lar de Maria, Marta e Lázaro. Jesus visitou Betânia seis dias antes da Páscoa e foi ali ungido por Maria (Jo 12:1-8). Ele também foi ungido ali por uma mulher sem nome na casa de Simão, o leproso (Mt 26:6; Mc 14:3), e sua ascensão se deu próximo dali (Lc 24:50).

Os peregrinos têm visitado a cripta tradicional de Lázaro em Betânia desde ao menos o século IV. Escavações na década de 1950 descobriram evidência de quatro igrejas, a mais antiga datando do final do século IV.

2. "Betânia dalém do Jordão", o lugar onde João Batista batizava (Jo 1:28). A localização dessa Betânia é desconhecida, mas parece ser uma cidade no lado ocidental do rio.

Bibliografia. W. H. Maré, *The Archeology of the Jerusalem Area* (Grand Rapids, 1987); S. J. Saller, *Excavations at Bethany* (1949-1953) (Jerusalem, 1957). [SCOTT NASH]

BETE (heb. *bêṯ*; gr. *bēth, baith, beth*) heb. "casa", frequentemente empregado para designar família ou grupo social. O termo é comumente o primeiro componente de tais nomes próprios compostos como Betel ("Casa de Deus), Bete-Sean, e Bete-Semes ("casa do filho").

BETE-ANATE (heb. *bêṯ-ʿănaṯ*) Cidade canaanita ("casa de [deusa] Anate) atribuída a Naftali (Js 19:38). Os habitantes não foram expulsos, mas compelidos pelos israelitas a trabalho forçado (Jz 1:33). Nomeada nas listas de diversos faraós egípcios, ela pode ser identificada com a moderna Safed el-Battikh, cerca de 24 km a sudeste de Tiro.

BETE-ANOTE (heb. *bêṯ-ʿănôṯ*) Cidade mencionada apenas como parte da herança da tribo de Judá (Js 15:59). Sua localização pode ser em algum lugar na região montanhosa de Judá, talvez na vila de Beit`Anun, a 5 km a nordeste de Hebrom. [AARON M. GALE]

BETE-ARÃ (tb. BETE-HARAN) Cidade de Gade, localizada no rio Jordão, do lado oposto de Jericó (Js 13:27); chamada Bete-Arã em Números 32:36. Herodes, o Grande, mudou o nome da cidade para *Livias*; Herodes Antipas a chamou *Julia* em honra da esposa de Augusto. Ela tem sido identificada com a moderna Tell Iktanu no lado sul do Uádi er-Rameh.

BETE-ARABÁ (heb. *bêṯ-hāʿărāḇâ*) Cidade na fronteira entre Judá e Benjamim (embora a fronteira entre as duas tribos seja mencionada como passando ao norte da terra; Js 15:6; 18:18). Ela é alternativamente mencionada tanto como cidade judaíta (Js 15:61) como benjamita (18:22), sugerindo que pode ter mudado de mãos. Bete-Arabá tem sido identificada com Ain el-Gharabeh, cerca de 4:8 km a sudeste de Jericó, na margem norte do Uádi Qelt. [LAURA B. MAZOW]

BETE-ARBEL (heb. *bêṯ ʾarbēʾl*) Cidade cuja localização permanece desconhecida. É comumente associada com Arbela da Transjordânia (moderna Irbid), embora outra Arbela exista a oeste do mar da Galileia (1Mac 9.2). Oseias cita a destruição de Bete-Arbel feita por Shalman para ilustrar o que aguardava Israel (Os 10:14-15). [PHILIP R. DREY]

BETE-ASBEIA (heb. *bêṯ ʾašbēaʿ*) A residência da "casa dos fabricantes de linho", uma associação remontando suas origens a (ou debaixo de) Selá, o filho de Judá (1Cr 4:21). Localizada na Sefelá de Judá. Nem a cidade nem o povo são mencionados em outro lugar na Bíblia.

BETE-ÁVEN (heb. *bêṯ ʾāwen*) Cidade benjamita situada próximo de Ai e Betel (Js 7:2; 18:12); de acordo com 1Samuel 13:5 e 13:23, uma cidade a oeste de Micmás perto de Betel. Em Oseias *Beteaven* ("casa da impiedade") se torna um nome pejorativo para Betel (Os 4:15; 5:8; 10:5), porque os bezerros de ouro feitos por Jeroboão I foram adorados ali (1Rs 13:28-29). Gilgal e Betel foram cidades com santuários nacionais (Am 4:4; 5:5; Os 10:15; 12:4 [TM 5]). Betel e Bete-Áven eram duas cidades distintas na história primitiva de Israel, embora a identificação da última permaneça incerta. [AARON W. PARK]

BETE-AZMAVETE (heb. *bêṯ-ʿazmāweṯ*) Forma alternativa de Azmavete (Ne 7:28).

BETE-BAAL-MEOM (heb. *bêṯ baʿal mĕʿôn*) Nome alternativo para Baal-Meom (Js 13:17).

BETE-BARA (heb. *bêṯ bārâ*) O lugar onde Gideão reagrupou a tribo de Efraim para acabar com os midianitas (Jz 7:24). O inimigo foi capturado. Os homens de Gideão executaram os líderes midianitas Orebe e Zeebe, e trouxeram a cabeça deles a Gideão (Jz 7:25). Visto que não há identificação de Bete-Bara, alguns têm sugerido emendar o texto para que tenha "as vaus do Jordão (*hyrdn mʿbrwt*)". [JOHN A. MCLEAN]

BETEBASI (gr. *Baithbasi*) Lugar no deserto a sudeste de Jerusalém no qual Jônatas e Simão Macabeus se defenderam contra Baquides (1Mac 9.62, 64).

BETE-BIRI (heb. *bêṯ-birʾî*) Cidade na qual os filhos de Simeão viviam (1Cr 4:31). A maioria dos eruditos sugere que Bete-Biri seja o nome de Bete-Lebaote, atribuída a Judá (Js 15:32), mas posteriormente reatribuída a Simeão (19:6). Jebel el-Biri, a 32 km a sudoeste de Berseba, pode ter preservado o nome. [LAURA B. MAZOW]

BETE-CAR (heb. *bêṯ-kār*) Lugar elevado a sudoeste de Mispá, além do qual os israelitas perseguiram os filisteus (1Sm 7:11). Sua localização exata é desconhecida, embora alguns tenham proposto sua identificação com Ain Karim.

BETE-DAGOM (heb. *bêṯ-dāgôn*) **1.** Cidade inclusa na lista da herança tribal de Judá (Js 15:20-62). Embora a localização exata da cidade seja incerta, sua associação a cidades como Libna, Maressa e Laquis (Js 15:41), a coloca dentro de Sefelá, ou as terras baixas da costa de Judá. Referências a Bete-Dagom ocorrem nos textos da Assíria (Bit-Dagannu), o prisma Taylor, e os textos de Ramessés III (bet dgn).

2. Cidade na fronteira ao sul da herança tribal de Aser no reino do norte (Js 19:27). Tem sido associada com o sítio moderno abaixo do monte Carmelo, Jelamet el-Atiqa. [AARON A. BURKE]

BETE-DIBLATAIM (heb. *bêṯ diḇlāṯāyim*) Cidade mencionada no oráculo de Jeremias contra Moabe (Jr 48:22). Pode ser a mesma que Almon-Diblataim (Nm 33:46), lugar de descanso durante o êxodo. A cidade é mencionada com Medeba e Baal-Meom na Pedra Moabita, no século IX.

BETE-ÉDEN (heb. *bêṯ ʿeḏen*; ac. *Bīt-adini*) O nome hebraico de um estado arameu localizado a leste da grande curva do Rio Eufrates, na Síria moderna. Bete-Éden foi tornada parte do Império Assírio em 856 a.C. (2Rs 19:12=Is 37:12). Durante a primeira metade do século VIII, um poderoso general assírio, Samsi-Ilu, estabeleceu o Império Assírio Ocidental a partir de Bete-Éden, e se proclamou o monarca do novo império (Am 1:5). A conexão entre Bete-Éden, conhecida como Padã Arã (o lar ancestral de Abraão) em Gênesis e o "jardim do Éden" permanece incerta. [GARY P. ARBINO]

BETE-EMEQUE (heb. *bêṯ hāʿēmeq*) Cidade nos termos do território atribuído à tribo de Aser (Js 19:27). Embora sua localização seja indicada entre o vale de Iphtah-el para o sul e a cidade Cabul ao norte, os arqueólogos têm geralmente identificado-a com Tel Mimas, a noroeste de Cabul (a moderna Cabul) e a nordeste de Aco. Outros têm sugerido uma identificação com Khirbet Mudawer Tamra, ao sul de Cabul. [ERIC F. MASON]

BETE-EQUEDE (heb. *bêṯ-ʿēqeḏ*) Lugar na estrada que vai de Jezreel a Samaria, talvez deva ser identificado com a moderna Beit Qad, cerca de 5 km a leste de Jenin. De acordo com Eusébio, Bete-Equede é Bethacath, a 24 km distante de Legio na planície. Foi ali que Jeú se encontrou com os parentes do rei Acazias e os matou (2Rs 10:12, 14).

BETE-EZEL (heb. *bêṯ ḥāʾēṣel*) Cidade ao sul de Judá, talvez deva ser identificada com a moderna Dei rel-Asel, aprox. 16 km a sudoeste de Hebrom. O profeta Miqueias cita esse local num jogo de palavras em hebraico *asal* "retirar, reter" (Mq 1:11).

BETE-GADER (heb. *bêṯ-gāḏēr*) "Filho" de Harefe na genealogia do judaíta Hur (1Cr 2:51). O nome, igual a outros nessa lista, talvez seja nome de lugar. *Ver* GEDOR (LUGAR) 1.

BETE-GAMUL (heb. *bêṯ gāmûl*) Cidade em Moabe contra a qual Jeremias pronunciou juízo (Jr 48:23). Provavelmente, pode ser identificada com Khirbet el-Jumeil, cerca de 13 km a leste de Dibon.

BETE-GILGAL (heb. *bêṯ haggilgāl*) Cidade em Judá aparentemente estabelecida pelos cantores do templo que participaram da dedicação dos muros reconstruídos de Jerusalém no tempo de Neemias (Ne 12:29). Embora tenha sido identificada com a Gilgal de Benjamim, a leste de Jericó (Js 4:19), e com a de Judá (15:7), sua localização permanece incerta.

BETE-HAGÃ (heb. *bêṯ-haggān*) Cidade da qual o rei Acazias fugiu de Jeú (2Rs 9:27). Está localizada na moderna Jenin, cerca de 10 km ao sul de Jezreeel perto de Ibleam.

BETE-HAQUEREM (heb. *bêṯ-hakkerem*) Cidade a 4 km ao sul de Jerusalém, mais recentemente identificada com Ramat Rahel (1708.1275). Ela foi observada como o lugar de "sinal de fogo" onde mensagens de sinais para Jerusalém e de Jerusalém e cidades vizinhas e sítios militares seriam retransmitidos (Jr 6:1). Durante o período persa ela foi o lugar do quartel-general administrativo de Judá ao sul de Jerusalém (Ne 3:14).

Outras diversas localidades têm sido citadas como possíveis sítios, mas notadamente o vilarejo de Ain Karim (6,5 km a oeste de Jerusalém). Há ruínas em Jebel Ali, de onde se contempla essa vila, que poderia ter sido uma estação de sinal, mas esse local conflita com a referência geográfica de Jeremias. Os documentos de Qumran (3Q15 [3QInv]; 1QapGen) indicam um lugar do mesmo nome no vale do rei (2Sm 18:18), mas tal localidade não pode ser conciliada com as referências de Jeremias ou Neemias. A evidência mais convincente aponta para Ramat Rahel, que mais proximamente se encaixa no Antigo Testamento e em outras fontes.

Bibliografia. Y. Aharoni, "The Citadel of Ramat Rahel", *Archeology* 18 (1965); M. AviYonah, *The Holy Land*, ed. rev. (Grand Rapids, 1977); N. Glueck, *Explorations in Eastern Palestine* IV. AASOR 25-28 (New Haven, 1951). [DENNIS M. SWANSON]

BETE-HOGLA (heb. *bêṯ-ḥoglâ*) Colônia que marca a fronteira tribal de Benjamim e de Judá (Js 15:6; 18:19), listada como posse de Benjamim (18:21). Bete-Hogla é presentemente identificada com base geográfica e linguística com a moderna Dier Hajilah, próximo de Ain Hajlah. [RYAN BYRNE]

BETE-HOROM (heb. *bêṯ-ḥôrôn*) Cidade levita no território tribal de Efraim (Js 21:22; 1Cr 6:68). O nome significa "casa de Horom" (talvez uma deidade cananita). Cidades gêmeas são indicadas: Bete-Horom mais baixa foi atribuída a Efraim (Js 16:3), enquanto a Bete-Horon Alta estava na fronteira entre Efraim e Benjamim (v. 5; 18:13-14). O cronista atribui a construção delas a Uzem-Seerá, neta de Efraim (1Cr 7:24). Ambas as cidades estavam situadas na "subida [ou descida] de Bete-Horom", onde Josué perseguiu os amorreus, fugindo de sua derrota em Gibeão (Js 10:10-11). A localização delas no declive para a região montanhosa da planície costeira tornava as cidades estrategicamente importantes e vulneráveis ao ataque. A Bete-Horom Alta tem sido identificada com Beit ' Ur el-Foqa e a Baixa Bete-Horom com Beit Ur et-Tahta.

Durante o reinado de Saul, os filisteus atacaram Bete-Horom (1Sm 13:18). Salomão reconstruiu a Baixa Bete-Horom (1Rs 9:17); o cronista cita ambas, chamando-as "cidades fortificadas, com muros, portas, e trancas" (2Cr 8:5-6). O faraó egípcio Shishak cita Bete-Horom em sua lista de lugares conquistados na Palestina, registrada no templo de Amum em Karnak. Mais tarde Bete-Horom foi atacada pelos mercenários judeus renegados que promoveram desordens desde Samaria até Bete-Horom (2Cr 25:13). A área permaneceu estrategicamente importante no período intertestamentário. Judas Macabeus venceu ali (1Mac 3.15, 24). Os sírios usaram Bete-Horom como acampamento (1Mac 7:39) e mais tarde refortificaram o lugar (9:50). [DANIEL C. BROWNING, JR.

BETE-JESIMOTE (heb. *bêṯ hayĕšîmôṯ*) Um dos últimos lugares de parada dos israelitas no final dos seus quarenta anos de peregrinação (Nm 33:49). A cidade, identificada com Tell-el-Azeimeh, estava junto à antiga estrada "o caminho de Bete-Jesimote — Js 12:3) que mais tarde se tornou a rota de Jericó-Livias-Esbus conectando à Via Nova de Trajano. A cidade foi alotada à tribo de Rúben (Js 13:20), no entanto, posteriormente foi tomada pelos moabitas (Ez 25:9). No período romano, uma cidade conhecida como Besimote (Khirbet es-Suweimeh), preservando o antigo nome, foi localizada na proximidade.

Bibliografia. N. Glueck, "Some Ancient Towns in the Plains of Moab", *BASOR* 91 (1943), 7-26.

BETEL (heb. *bêṯ-'ēl*) **I. (DEIDADE)** Deidade atestada pela primeira vez no tratado do século VII a.C. de Esar-Hadom, embora certamente venerada em períodos anteriores. A despeito de muitas possibilidades, poucas referências desse deus têm sido convincentes na Bíblia. As mais prováveis são as referências corruptas do texto de Zacarias 7:2, no nome pessoal Bet-el- sarezer ("Pode Betel proteger o príncipe"), e Jeremias 48:13, em que Betel é paralelo da deidade moabita Quemós. Todavia, mesmo esses exemplos são incertos. O primeiro poderia ser elíptico ou uma circunlocução para Deus; o segundo, a despeito do paralelismo, pode ainda ser uma designação topográfica.

Fora da Bíblia, as referências mais claras a Betel estão no papiro Elefatino e em Fílon de Biblos, que cita o relato do século VI feito pelo historiador fenício Sanchuniathon, dizendo que Betel (*Baitylus*) era uma irmã de Elus (*Kronos*, *El*), Dagom, e Atlas, todos sendo filhos de Uranus e Ge.

Bibliografia. J.P. Hyatt, "The Deity Bethel and the Old Testament", *JAOS* 59 (1939), 81-98; W. Rölig, "Bethel", *DDD*, 173-75. [BRENT A. STRAWN]

II. (LUGAR) 1. Cidade importante ("casa de Deus") estrategicamente situada na encruzilhada a 19 km ao norte de Jerusalém na fronteira de Efraim/Benjamim (para a fonte de ambiguidade compare Js 18:22 e Jz 1:22) e Judá. Somente a cidade de Jerusalém é mencionada mais frequentemente no Antigo Testamento. Betel não é citada no Novo Testamento.

Abraão armou a sua tenda a leste de Betel (Gn 12:8) antes de ir para o Egito e estabeleceu-se em Betel por algum tempo em seu retorno (13:3). O "Deus de Betel" falou a Jacó enquanto ainda estava em Harã (Gn 31:13). Mais tarde, Jacó foi ordenado a ir para Betel e construir um altar (Gn 35:1), que foi o que ele fez (v. 6). O último episódio também se refere ao lugar pelos nomes mais antigos, Luz e El-Betel. Débora, a ama de Rebeca, está sepultada sob um carvalho perto de Betel (Gn 35:8), e a mais famosa, Débora que julgou Israel num lugar entre Betel e Ramá (Jz 4:5). A arca do pacto foi trazida a Betel (fato talvez implícito em Jz 20:18 e confirmado em 20:27). Foi em Betel que o povo de Israel se reuniu para inquirir do Senhor quem seria o primeiro a lutar contra Benjamim para vingar o estupro e o assassinato de uma concubina de Judá (Jz 20:18). Betel foi a primeira parada na última viagem de Elias antes de ser levado por uma carruagem de fogo (2Rs 2:3), e foi em Betel que seu sucessor, Eliseu, expressou sua ira contra os meninos que o chamaram de "calvo" (v. 23). Jeroboão, o primeiro rei do reino do norte, estabeleceu um santuário israelita ali (1Rs 12:25-33) que tanto um profeta sem-nome de Judá (1Rs 13) quanto Amós condenaram. Finalmente, a cidade foi destruída por Josué (2Rs 23:15-20).

Escavações na moderna Beitin feitas por William F. Albright e James L. Kelso sugerem uma ocupação contínua desde aprox. 2200 a.C. até os tempos bizantinos. Ela foi totalmente queimada no final do século XIII (final da Era de Bronze), mas rapidamente reconstruída e prosperou até o começo do período persa. Betel era somente uma pequena vila após o exílio, mas foi reconstruída por Baquides no século II a.C.

Alguns sustentam que Betel era primariamente um santuário antes de ser cidade. Albright, entre outros, procurou ligações com a deidade semítica ocidental do mesmo nome mencionada nos Papiros Elefantinos e possivelmente nos textos ugaríticos de Rãs Shamra. *Ver* AI.

Bibliografia. W. F. Albright, *From de Stone Age to Christianity* (New York, 1957); D. Livingston, "One Last Word on Bethel and Ai", *BARev* 15/1 (1989), 11.

2. Cidade no Neguebe (Judá), mencionada na lista de cidades em 1Samuel 30:27 e Josué 19:4 (Betul); 1Crônicas 4:30 (Betuel). [ROBERT T. ANDERSON]

BETE-LE-AFRA (heb. *bêṯ lĕʿaprâ*) Pequena cidade em Judá ("casa do vigor" ou "casa da lisonja"). O profeta Miqueias fez um jogo de palavras em sua profecia de condenação contra o reino do sul por zombeteiramente se referir à cidade como uma "casa do pó" (Mq 1:10). Localizada a leste de Laquis e ao sul de Jerusalém, a colônia pode ter sido saqueada pelo rei assírio, Senaqueribe, durante sua invasão de Judá em 701 a.C. A ruína da cidade pode ser identificada com et-Taiyibeh, a noroeste de Hebrom. [DAVID C. MALTSBERGER]

BETE-LEBAOTE (heb. *bêṯ lĕḇā'ôṯ*) (tb. BETE-BIRI) Cidade atribuída a Simeão, localizada na região do Neguebe de Judá (Js 19:6). Em 1Crônicas 4:31, é chamada Bete-Biri.

BETE-MAACA (heb. *bêṯ-ma'ăkâ*) Nome alternativo de Abel-Bete-Maaca (2Sm 20:14-15).

BETE-MARCABOTE (heb. *bêṯ hammarkāḇōṯ*) Cidade atribuída à tribo de Simeão depois da conquista de Canaã (Js 19:5; 1Cr 4:31). A similaridade da lista paralela no alotamento de Judá (Js 15:31-32) pode refletir a assimilação territorial de Simeão por Judá, e sugere que Bete-Marcabote pode ser identificada como Madmana. [RYAN BYRNE]

BETE-MEOM (heb. *bêṯ mă'ôn*) Nome alternativo de Baal-Meom (Jr 48:23).

BETE-MILO (heb. *bêṯ millô*) Fortaleza na região de Siquém (Jz 9:6-20), possivelmente associada com a fortaleza-torre que foi queimada por Abimeleque e suas forças (v. 46-49). Do significado de *millô'* (heb. *ml'*, "encher"), pode ser identificada com o fundamento da cidade alta de Siquém.

BÉTEN (heb. *beṭen*) Cidade de Aser (Js 19:25). Eusébio identifica "Batnai" com Betebeten (perto de Ptolemais ou Aco), sugerindo identificação do lugar com a moderna Khirbet Ibtin/Horvat Ivtan, s 4 km a leste/nordeste do monte Carmelo.

BETE-NINRA (heb. *bêṯ nimrâ*) (tb. NIMRAH) Cidade na herança de Gade (Nm 32:36; Js 13:27), chamada Ninra em Números 32:3. De acordo com Eusébio (*Onom.* 44.17), fica a 8 km ao norte de Livias (Bete-Harã). O nome é preservado na Tell Nimrin (Localizada no Uádi Nimrin na Transjordânia, no lado oposto de Jericó), mas o estabelecimento mais antigo de Bete-Ninra (durante a Idade do Bronze) é próximo de Tell el-Bleibil.

BETE-PAZEZ (heb. *bêṯ paṣṣēṣ*) Cidade no território de Issacar (Js 19:21). A localização não é conhecida, embora alguns a coloquem em Kerm el-Haditeh, a leste do monte Tabor.

BETE-PELETE (heb. *bêṯ peleṭ*) Cidade herdada pela tribo de Judá. Embora sua localização exata seja desconhecida, pode estar no extremo sul de Judá, próximo da fronteira de Edom (Js 15:27). Era uma das cidades habitadas após o exílio (Ne 11:26). [AARON M. GALE]

BETE-PEOR (heb. *bêṯ pĕ'ôr*) Sítio a noroeste de Moabe que servia como centro de culto para a adoração de Baal-Peor, divindade que residia no monte Peor. Ele estava localizado ao lado de um vale, abaixo do monte Peor, no lado oposto ao lugar não especificado do sepultamento de Moisés (Dt 34:1-6). Eventualmente estava dentro do território atribuído à tribo de Rúben (Js 13:20).

Na sua obra *Onomasticon,* Eusébio localizou Bete-Peor (*Bethphogor*) no lado oposto de Jericó, a 9.6 km acima de Livias e 11 km de Esbus, localização que conrresponde quase perfeitamente com Khirbet el-Mahatta (= Khirbet esh-Sheik Jayil) no espinhaço de Mushaqqar, exatamente ao norte de Jebel em-Nebu, identificação que a maioria dos eruditos modernos tem apoiado. Oswald Henke, contudo, crê que a identificação deste sítio "migrado" durante os tempos romanos e prefere identificar o Bete-Peor do Antigo Testamento com Khirbet Ayun Musa, sítio no qual a cerâmica de Idade do Ferro I tem sido encontrada (os mais antigos fragmentos em Khirbet el-Mahatta foram do Perios Persa/Ferro II). Contudo, nem um dos argumentos para qualquer das identificações pode ser considerados conclusivos até o presente. [RANDALL W. YOUNKER]

BETER (gr. *Baithēr*; heb. *beṯer*) Cidade na região alocada a Judá (Js 15:59 — LXX) próxima de Jerusalém. O lugar tem sido identificado como Khirbet el-Yahudi, exatamente a sudoeste de Mittar (onde o antigo nome é mantido), a 11 km a sudoeste de Jerusalém. Beter (talvez "casa da montanha") é também mencionada em Cantares 2:17, mas o uso é provavelmente descritivo oposto ao nome próprio; de qualquer forma, ele não acrescenta nada à identidade do lugar. Beter é mais notável como o lugar da capital final da Rebelião de Barkokhba (Segunda Revolta judaica), em 132-135 d.C. Em 135, Adriano, o general romano, tomou a cidade e massacrou os rebeldes, terminando com a revolta. O nome desse lugar tem tido ortografias diferentes (Bettar, Bittir, e Beithther) através da história desde a era do Ferro I até a era romana.

Bibliografia. W. D. Carroll, "Bittir and Its Archeological Remains", *AASOR* 5 (1923-24), 77-104; J. Simons, *The Geographical and Topografical Texts of the Old Testament* (Leiden, 1959); D. ussishkin, "Archeological Soundings at Betar. Bar Kochba´s Last Stronghold", *Tel Aviv* 20 (1993), 66-97. [DENNIS M. SWANSON]

BETE-RAFA (heb. *bêṯ rāpā'*) Filho de Estom da tribo de Judá (1Cr 4:12), provavelmente o nome de um clã ou lugar.

BETE-REOBE (heb. *bêṯ rĕḥōḇ*) Lugar ao sul da Síria, próximo da cidade de Dã (Jz 18:28). Durante a campanha de Davi contra os amonitas, estes contrataram 20.000 soldados sírios a pé de Bete-Reobe (2Sm 10:6). Não aparece na passagem paralela (1Cr 19:6-7), possivelmente porque o cronista enfoca a contratação das carruagens e cocheiros para elas e Bete-Reobe somente possuía soldados a pé. Isso pode sugerir que Bete-Reobe se refere a uma área de terra alta das Colinas de Golã e porções da Alta Galileia próxima dos contrafortes do monte Hermom, onde as carruagens não poderiam ser usadas. Pode se referir também à extensão total do Antilíbano. [THOMAS W. DAVIS]

BETE-SEÃ (*bêṯ-šĕʼān*) ou **BETE-SÃ** (heb. *bêṯ-šan*) Lugar na junção dos Vales do Jezreel e do Jordão que permanece como sentinela das rotas de comércio leste-oeste e norte-sul que passam por esses vales. A região é fértil com água disponível vinda do rio Harode que segue para o norte da região. O ponto mais alto de Tel Bete-Seã/Tell el Husn cobre cerca de 4 hectares e fica imponentemente a 80 metros acima do rio. O acesso ao topo é via uma selada de terra no canto noroeste onde o antigo portão foi localizado. De outra forma, os declives do lugar são amedrontares, possuindo cerca de 30 graus. de inclinação. As características físicas do local podem ter contribuído para o seu nome, "casa do repouso/descanso".

As primeiras referências bíblicas ao lugar narram a incapacidade de Israel de conquistá-lo (Js 17:11; Jz 1:27). Aparentemente os filisteus controlaram Bete-Seã por algum tempo porque eles espetaram o corpo de Saul e de seus filhos sobre os muros do templo da cidade (1Sm 31:12). Eventualmente a cidade foi controlada por Israel e aparece como parte dos distritos administrativos de Salomão (1Rs 4:12).

Referências extrabíblica s ao lugar incluem os anais de Tutemés (ou Tutemósis) III e os tabletes de Amarna. Stelae e Beteseã indicam a presença egípcia durante os reinados de Seti I, Ramessés II e Ramessés III.

Durante os tempos helênico e romano, o lugar foi conhecido como Cipótolis cf. 2Mac 12.29) e era parte de Decápolis (cf. Mt 4:25; Mc 5:20; 7:31).

Escavações em Bete-Seã começaram sob os auspícios da Universidade da Pensilvânia (1921-33) dirigidas por C. S. Fisher, Alan Rowe e Gerald Fitzgerald. Os israelenses têm escavado a cidade e as áreas ao redor desde 1961, dirigidos por Gideon Forster, Yoram Tsafrir, Yigael Yadin, Shulamit Geva, Amihai Mazar e Gaby Mazor.

Até os tempos romanos, a maioria das instalações estava sobre a colina. Restos do período da Cerâmica Neolítica B com alguns do período Calcolítico têm vindo à luz (estrato XVIII-XVII; o Calcolítico tem sido bem representado em vestígios no pé do sítio arqueológico). Edifícios ovais, estruturas de multiquartos, e ruas em cruzamento representam o começo da Era de Bronze (XVI-XI). Os artigos distintivos EB III e Khirbet Kerak aparecem em abundância.

Com somente alguma evidência das tumbas de MB IIA, o lugar parece ter estado desocupado até MB IIB. Mas mesmo com a sua recolonização, o aspecto incomum do período MB IIB é a falta de fortificações que eram tão dominantes em outros sítios MB.

Durante o final da Era do Bronze, Bete-Seã cresceu, e as escavações têm mostrado a sequência dos templos. Cada um construído sobre os restos do anterior. O estrato IX preserva os restos de um complexo de templo construído sobre os restos de um anterior e orientado sobre a estrutura central leste-oeste. Vários altares e salas de culto foram encontrados e os restos egípcios têm conectado o estrato com Tutemés III (aprox. 450 a.C.). Poucos vestígios do estrato VIII têm sido encontrados, mas o estrato seguinte (VII) tem um outro templo orientado na direção norte-sul que provavelmente foi construído durante a hegemonia de Ramessés II (aprox. 1270). Este templo preservou características de motivos egípcios, e os residentes recuperaram de um período anterior o monólito de Seti I e o colocaram no templo.

O templo continua na camada VI, mas com alguma modificação. A presença egípcia é adicionalmente indicada por numerosa parafernália de estilo egípcio, incluindo diversos ornamentos e uma estátua de basalto de Ramessés III. A camada terminava com extensiva conflagração, que foi provavelmente causada por uma invasão dos povos dos mares.

A estratigrafia da camada V é confusa, mas a esse período provavelmente pertenceu um par de templos que eram orientados para a direção leste. Estes provavelmente eram os templos onde os corpos de Saul e seus filhos foram espetados como troféus de guerra (1Sm 31:10; 1Cr 10:10). Numerosos vasos cúlticos de cerâmica com serpentes, animais e figuras humanas esculpidas, vieram desses templos assim como as pedras de inscrição de Seti I, Ramessés II e uma estátua de Ramessés III. A camada terminou com fogo, talvez como um resultado da captura daquele lugar feita por Davi. Posteriormente, a cidade se tornou parte dos distritos administrativos de Salomão (1Rs 4:12), e as áreas do templo parecem ter sido convertidas em quartéis administrativos.

A camada seguinte tinha vestígios de construções similares aos estábulos/depósitos de outras cidades israelitas (p. ex.: Megido, Berseba). A camada foi destruída por fogo, provavelmente pela invasão assíria sob Tiglate-Pileser III (aprox. 732). O lugar foi reocupado pela construção de edifícios pobremente construídos, mas essa colonização terminou durante a primeira metade do século VII. *Ver* CITÓPOLIS.

Bibliografia. G. Foerster, "Beth-shean at the Foot of the Mound", *NEAEHL* 1.223-35; Foerster, et al., "The Bet She´an Excavation Project (1989-1991)", *Excavations and Surveys in Israel* 11 (1993), 1-60; F. W. James, *The Iron Age at Beth Shan* (Philadelphia, 1966); A. Mazar, "Beth-Shean", *NEAEHL* 1.214-23; A. Rowe, *The Four Cannanite Temples of Beth Shan* 1 (Philadelphia, 1940); Y Yadin e S. Geva, *Investigations at Beth Shean: The Early Iron Age Strata*. Qedem 3 (Jerusalém, 1986). [DALE W. MANOR]

BETESDA (gr. *Bēthesdá*) Poço localizado em Jerusalém "junto à porta das Ovelhas" (Jo 5:2, possivelmente "o poço das ovelhas"). De acordo com João 5:1-9, pessoas muito doentes e fisicamente debilitadas reuniam-se nos cinco alpendres desse poço, e aqui Jesus curou um homem que havia estado doente por 38 anos (mas não totalmente paralisado; cf. v. 7b). Escavações arqueológicas ao lado da presente Igreja de Santa Ana, ao norte do monte do templo têm parcialmente descoberto os resquícios de um grande poço duplo datando de tempos pré-cristãos que é quase com certeza o poço mencionado em João 5, no entanto, a localização exata dos "cinco alpendres" é ainda debatida. Tradições terapêuticas continuaram nesse lugar no século II e além através de um santuário dedicado a Esculápio, um deus romano da cura.

A maioria das versões traduz por *Betesda*, mas há variações significativas nos textos gregos de João 5:2. Alguns erroneamente traduzem por *Betsaida* (cf. Jo 1:44). Outros traduziram por *Betzata* (aram. "lugar das olivas"), que alguns eruditos argumentam como a leitura original (UBS4), mas isso é provavelmente apenas uma variante de Bezeta, a mais nova seção de Jerusalém no século I (Josefo, *BJ* 2.15.5 [328]; 5.5.2 [148-52]). A maioria dos manuscritos do Novo Testamento mostram Betesda, significando "casa da misericórdia" (aram. *bet hesda*) ou "lugar de água corrente" (aram. *bet esda*). Esta última interpretação tem o apoio de um rolo cóptico de Qumran do século I, no qual *bet esdatayim* (uma forma dual) aparentemente se refere a um poço duplo perto do templo de Jerusalém (3Q15.11:12). Assim, a confusão textual pode se originar de transliterações gregas diferentes de nomes aramaicos similares, Betesda se referindo ao poço em si e Betzata à sua localização.

Bibliografia. J. Jeremias, *The Rediscovery of Bethesda* (Louisville, 1966); D. J. Wieand, "John V. 2 and the Pool of Bethesda", *NTS* 12 (1966), 392-404.

[FELIX JUST, S.J.]

BETE-SEMES (heb. *bêṯ šemeš*) **1.** Cidade (lit. "casa do sol") ocupando uma pequena elevação nas proximidades da junção do Vale de Soreque e do fosso ao longo da base ocidental da região montanhosa pelo Uádi Ghurab e o Uádi em-Hanjil. A cidade foi atribuída à tribo de Dã, mas nunca conquistada ou ocupada (Jz 1:33). Durante o período salomônico, foi designada como segundo distrito (1Rs 4:9). Amazias e Joás batalharam naquela região, e por um tempo, durante o reinado de Acaz, a cidade ficou sob o controle filisteu (2Rs 14:11; 2Cr 28:18).

Escavações dos oito hectares de Tel Bete-Semes/Tel ler-Rumeileh (1477.1286), a oeste de Ain Shems, revelaram seis camadas datando do começo da Era do Bronze através dos períodos persa e helênico. Os escavadores consideram a cidade do final do Bronze como a mais próspera. Somente vestígios escassos do nível mais antigo sobrevivem. Durante o período dos hicsos (Médio Bronze II), um muro com um portão de estilo sírio e duas torres circundam todo o sítio.

Um muro completo cercava a cidade LB, com grandes torres colocadas em intervalos. Este era um estilo de fortificação singular para o período quando os senhores egípcios de Canaã dificilmente permitiam que as cidades construíssem defesas fortes. A posição estratégica da cidade ao longo da beira da região montanhosa exigia fortes defesas para evitar acesso Sefelá dos invasores descendo das colinas ao Sefelá. O assentamento podia se defender com sucesso contra os invasores como uma cidade-estado independente, fora do controle egípcio. Os vestígios das estruturas domésticas revelam pátios pavimentados com emplastro branco e numerosos compartimentos de depósito. Uma fornalha para derreter minério foi encontrada não muito longe das instalações domésticas. Um tablete ugarítico cuneiforme e placas de pedra do alfabeto canaanita foram descobertos nas proximidades. Uma série de silos e cisternas servia para armazenar trigo e água. Outros vestígios incluem um santuário a céu aberto defronte para o céu e duas placas apresentando a deusa Astarte.

A cidade da Idade do Ferro era menor que sua poderosa predecessora. Os residentes simplesmente recuperaram o mais antigo muro da LB, habitando em casas típicas de um pátio. Durante a Idade do Ferro II (sécs. X–VIII) um muro de casamata circundava a cidade, contíguo a casas de quatro quartos. A destruição da camada II é atribuída à invasão babilônica em 586 a.C.

2. Vila perto da fronteira de Issacar com Naftali, a sul do mar da Galileia (Js 19:22). O antigo sítio é mais provavelmente associado com a moderna Khirbet Sheikh esh-Shamwawi.

3. Assentamento atribuído a Naftali (Js 19:38), mas não conquistado por Israel durante o período da conquista e da colonização (Jz 1:33). Localizada ligeiramente ao norte e ao oeste de Hazor (possivelmente Khirbet Tel ler-Ruweisi), o lugar é mencionado nos textos posteriores de execração egípcios (séc. XIX a.C.).

4. Nome do Texto Massorético para o egípcio On (Jr 43:13 KJV; cf. LXX *Hēlíou póleōs*).

Bibliografia. E. Grant, "Beth Shemesh, 1928", *AASOR* 9 (1929); *Ain Shems Excavations 1-3* (Haverford, Pa., 1931-34); Grand e G. E. Wright, 4-5 (1938-39); W. H. Shea, "A Potential Biblical Connection for the Beth-shemesh Ostracon", *AUSS* 25 (1987), 257-66.

[DAVID G. MALTSBERGER]

BETE-SITA (heb. *bêṯ haššiṭṭâ*) Lugar mencionado na narrativa da batalha entre os gideonitas e os midianitas (Jz 7:22), mais provavelmente a moderna Shutta no lado norte do Vale de Jezreel, a leste da fonte de Harod (Ain Jalud).

BETE-TAPUA (heb. *bêṯ-tappûaḥ*) Cidade na região montanhosa de Judá (Js 15:33). O nome é preservado na moderna Taffuh, a 5.5 km a noroeste de Hebrom.

BETE-TOGARMA (heb. *bêṯ tôḡarmâ*) Lugar ao norte de Israel, provavelmente na moderna Armênia, onde os descendentes de Togarma viveram (cf. Ac. *Til-garimmu*). No oráculo de Ezequiel contra Tiro Bete-Togarma ("casa de Togarma"), havia a troca de cavalos e mulas por mercadorias (Ez 27:14). Ezequiel 38:6 lista esse lugar como um aliado de Gogue. De acordo com a Tábua das Nações (Gn 10:3; 1Cr 1:6), Togarma era um dos três filhos de Gômer, descendente de Jafé, filho de Noé. [H. WAYNE HOUSE]

BETE-ZACARIAS (gr. *Baithzacharía*) Lugar onde Judas Macabeus defendeu-se contra Antíoco V, Eupátor, que tinha marchado contra Bete-zur (1Mac 6.32-33; cf. Josefo *Ant.* 12.9.4). Ele é identificado com Khirbet Beit Zekaria, a 10 km a nordeste de Bete-zur.

BETE-ZETE (gr. *Bēthzaíth, Bēzéth*) Local ao qual Baquides removeu e onde matou muitos dos judeus que haviam deserdado dele (1Mac 7.19; cf. *bêṯ zayiṯ*, "casa da oliveira"). Ele tem sido identificado com Khirbet Beit Zita, a 6 km ao norte de Beth-zur; uma cisterna próxima é apontada como a grande cova na qual o general atirou os judeus assassinados.

BETEZATA (gr. *Bēthzathá*) O nome usado pela NRSV e encontrado em poucos manuscritos antigos para o poço comumente chamado Betesda (João 5:2). [FELIX JUST, S.J.]

BETE-ZUR (heb. *bêṯ-ṣûr*) Cidade na região montanhosa ao sul de Judá (Js 15:58) que pode ter sido da origem de Calebe (1Cr 2:45). Foi fortificada por Roboão (2Cr 11:7) e era, aparentemente, o centro de um distrito administrativo no período pós-exílio (Ne 3:16). Judas Macabeus derrotou Lísias perto de Bete-Zur em 165 a.C. (1Mac 4.29). Lísias retornou em 163 e tomou Bete-Zur através de um cerco (1Mac 6.31, 49), deixando para trás pequenas guarnições. Baquides reconstruiu as fortificações em 160 (1Mac 9.52), e a cidade permaneceu nas mãos dos selêucidas até que Simão recapturou a cidade em 145 (1Mac 11.65-66).

O nome da cidade aparentemente sobrevive no pequeno sítio de Khirbet Burj es-Sur, a 20 km ao sul de Jerusalém. Visto que esse lugar data dos períodos árabe e bizantino, a maioria dos eruditos aceita a alegação de que a antiga Bete-zur deva ser identificada com as ruínas maiores de Khirbet et-Tubeiqah (1590.1108) somente a 500 m do sítio mais recente e menor. Duas estações de escavação em 1931 e 1957 expuseram os vestígios extensos datando da Era Média do Bronze através do período do Segundo Templo. Essas escavações revelaram que o assentamento da Era do Ferro no lugar não foi fortificado, a despeito de sua inclusão na lista das cidades fortificadas por Roboão. O ajuste entre a evidência arqueológica e a histórica é muito melhor para o período da Revolta dos Macabeus.

Bibliografia. R. W. Funk, "Beth-Zur, *NEAEHL* 1.259-61; O. R. Sellers, et. Al., *The 1957 Excavations at Beth-Zur*. AASOR 38 (New Haven, 1968). [WADE R. KOTTER]

BETFAGÉ (gr. *Bēthphagḗ*) Vilarejo no monte das Oliveiras próximo de Betânia. O nome significa "a casa do verde ou figos imaturos". Os evangelhos chamam Betfagé como o ponto de partida da entrada triunfal de Jesus em Jerusalém (Lc 19:29; Mc 11:1; Mt 21:1). Na literatura talmúdica, Betfagé (Beth Pagi) marcava os limites orientais de Jerusalém.

A Capela Franciscana em Betfagé, da qual a moderna cerimônia do Domingo de Ramos começou, deve ser muito próxima da localidade da antiga vila. Achados esparsos (tumbas, cisternas, lagares) na área indicam uma data de ocupação a partir do século II ao século VIII d.C. [THOMAS V. BRISCO]

BETONIM (heb. *bĕṭōnîm*) Cidade da Transjordânia dada por Moisés à tribo de Gade (Js 13:26). Eusébio (*Onom.* 48.11; 49.10) referiu-se à Betonim como Botnia (gr. *Botanei*), identificada com Khirbet Batneh ou Batana a sudoeste de es-Salt. A linha de Hesbom para Ramate-Mispá e Betonim pode ter delineado o limite entre Rúben e Gade. [PHILIP R. DREY]

BETSAIDA (gr. *Bēthsaïdá*) Cidade localizada a 3 km a nordeste da foz do rio Jordão na entrada do mar da Galileia. Era o lar dos apóstolos Pedro, André, e Filipe (João 1:44; 12:21). A abundância de caça e de pesca tornou populosas aquelas planícies e águas e é responsável pelo nome Betsaida, que significa "casa do caçador/pescador".

Josefo registra que algum tempo antes de 2 a.C., sob o tetrarca Filipe Herodes, o status de Betsaida cresceu para o de uma *polis* e foi renomeada Betsaida Julias por causa da filha do imperador Augustos (*Ant.* 18.2.1). É provável que Filipe esteja sepultado em Betsaida (*Ant.* 18.4.6).

Diversos milagres do ministério de Jesus são registrados em Betsaida ou próximo dela, tais como a alimentação dos 5000 (Mc 6:30-44), o andar de Jesus sobre as águas (6:45-52). Não obstante, os habitantes de Betsaida parecem permanecer basicamente impassíveis diante dessas maravilhas, e por isso a cidade é amaldiçoada por Jesus juntamente a Corazim por não dar atenção à sua mensagem (Mt 11:21-22).

Escavações na colina de Betsaida, a moderna et-tell, começaram em 1987 e têm desenterrado muitos restos datando da Idade do Ferro II até o começo do período romano, incluindo diversos implementos de pesca tais como âncoras, anzóis e pesos de rede.

Bibliografia. R. Arav e R. Freund, eds., *Bethsaida* (Kirksville, MO., 1995). [MICHAEL M. HOMAN]

BETUEL (heb. *bĕṯs'ēl*) **I. (PESSOA)** O filho mais jovem de Milca e Naor, o irmão de Abraão (Gn 22:22), também chamado "o arameu" (25:20; 28:5).

II. (LUGAR) (tb. BETUL) Lugar onde os descendentes de Simeão viviam (1Cr 4:30). Em Josué 19:4, a grafia do nome é Betul. Numa lista comparável de cidades ao sul da Judeia, Quesil aparece em seu lugar (Js 15:30). Sua localização próxima a Hormá e Ziclague sugere que é a mesma que Betel em 1Samuel 30:27. A localização é incerta, mas as identificações propostas incluem Khirbet er-Ras e Khirbet al-Qaryatein, próximas a Berseba. [LAURA B. MAZOW]

BETÚLIA (gr. *Baithuloua*) Cidade em Samaria na qual os eventos do livro de Judite são descritos. Judite proporciona alguma informação geográfica, mas a existência da cidade é incerta e sua localização é desconhecida. Betúlia está ao norte de Jerusalém (Jdt. 11.19), com face para "Esdrelom oposta à lanícia perto de Dota" próximo de Betomesthaim (4.6), na "região montanhosa de Samaria", acima das fontes que supriam a cidade com água (6.11-12; 7.12-13).

Formas variantes para Betúlia têm levantado a possibilidade de que ela não é o nome de uma real cidade, mas um pseudônimo (para Betel, "casa de Deus"). Seu significado pode também ser derivado de *bêṯ 'ălîyâ*, "casa de ascensão", que pode se referir a uma cidade da região montanhosa samaritana como Siquém. Eruditos também argumentam que os nomes de cidade em Judite são elementos simbólicos literários, e assim, o cerco de Betúlia pode ser equiparado ao estupro de Diná (Jdt 9; cf. heb. *bethulah*, "virgem". [MONICA L. W. BRADY]

BETUME Termo usado para descrever todos os hidrocarbonos que são solúveis em carbono bissulfeto, incluindo gases, líquidos facilmente transportáveis, líquidos viscosos, e sólidos. No ambiente natural, o betume é de coloração escura, comparativamente dura, uma substância não volátil. Seus constituintes não-minerais são fundíveis e basicamente solúveis em carbono bissulfeto. Originalmente, o termo era usado para o piche mineral nativo, alcatrão, asfalto, ou lodo, mas agora ele é aplicado a qualquer dos líquidos viscosos inflamáveis, misturas de hidro-carbono sólido, solúvel em carbono bissulfeto. O piche é uma substância viscosa grossa, obtida pela ebulição de alcatrão, enquanto o lodo é um cimento feito de betume ou asfalto. O atual betume não é mencionado na Bíblia. O lodo foi usado como argamassa para assegurar a flutuabilidade da cesta onde Moisés estava (Êx 2:3, heb. *ḥēmār*) e para construir Babel (Gn 11:3), e o piche foi usado para a arca de Noé (Gn 6:14) e para os forros, canos e aquedutos.

BEULÁ (heb. *bĕ'ûlâ*) Nome simbólico dado a Israel, designando sua prosperidade futura (Is 62:4 TM). Ao invés de ser abandonada e desolada, Israel será "*casada*" (NRSV; lit. "possuída") e seus numerosos habitantes vão remover a presente repreensão de sua viuvez.

BEZAI (heb. *bēṣay*) O cabeça de uma família que retornou do exílio sob Zorobabel (Ed 2:17 = Ne 7:23). Um dos representantes deles que colocou o seu selo para o pacto renovado (Ne 10:18 [TM 19]).

BEZALEEL (heb. *bĕṣal'ēl*) **1.** Judaíta, descendente de Calebe com sua esposa Efrata, filho de Uri, neto de Hur e (1Cr 2:20). Um habilidoso artesão (Êx 35:30-36:3); ele e Aoliabe foram escolhidos para construir o tabernáculo e seus móveis (Êx 31:1-11; 38:22; 2Cr 1:5) assim como a arca do pacto (Êx 37:1).

2. Um dos que retornaram do exílio da família de Paate-Moabe que foi compelido a se divorciar de sua esposa estrangeira (Ed 10:30).

BEZEQUE (heb. *bezeq*) **1.** A cidade onde as tribos de Judá e Simeão derrotaram Adoni-Bezeque e seu exército (Jz 1:1-7). Sua localização é desconhecida. A maioria dos eruditos iguala essa cidade com a Bezeque a nordeste de Siquém (2), mas outros a colocam em algum lugar ao sul de Siquém, provavelmente mais próxima de Jerusalém.

2. Cidade onde Saul ajuntou suas tropas para a batalha (1Sm 11:8-11). A maioria dos eruditos identifica o lugar como a moderna Khirbet Ibzik, aprox. 20 km a nordeste de Siquém no território de Manassés. Contudo, escavações têm falhado em encontrar traços da ocupação anterior ao final da Era do Bronze e recente evidência arqueológica sugere que o sítio da Idade do Ferro, próximo de Khirbet Salhab era a localização original. [WADE R. KOTTER]

BEZER (heb. *beṣer*) **I. (PESSOA)** Filho de Zofa da tribo de Aser (1Cr 7:37).

II. (LUGAR) Cidade no deserto da Transjordânia no território de Rúben (Dt 4:43). Foi atribuída aos levitas e designada como cidade de refúgio (Js 20:8; 21:36). De acordo com a Pedra Moabita (1:27), ela foi reconquistada e fortificada por Mesa, o rei moabita.

A localização e a identidade da antiga Bezer são incertas. Umm=el-Amad, a 12 km a nordeste de Madaba, e Tell Jalul, a 5 km a leste de Madaba, tem sido propostas como o local dessa cidade. [RANDAL W. YOUNKER]

BEZERRO DE OURO A história do bezerro de ouro (Êx 32) é parte da revelação da lei divina e do estabelecimento do pacto no monte Sinai em Êxodo 19-34. A narrativa começa com Moisés, separado do povo no topo do monte Sinai, onde ele recebe a revelação do culto no tabernáculo e uma cópia do Decálogo em tábuas de pedra. A ausência de Moisés preocupa Israel, que pede de Arão deuses para conduzi-los, porque não sabem o que aconteceu a Moisés. Arão faz uma coleta de objetos de ouro do povo, somente de joias recentemente adquiridas dos egípcios após deixarem o Egito, e aparentemente molda um bezerro de ouro na forma de um jovem bovino macho. O ídolo é descrito como derretido, enfatizando que foi feito do metal líquido. A construção do bezerro quebra o pacto entre Deus e Israel como está expresso no fato de Moisés despedaçar as tábuas.

O bezerro de ouro se torna o símbolo central da desobediência de Israel. Ele vem simbolizar, em particular, o perigo da idolatria do Israel antigo e, através de exemplo negativo, ilustra como a adoração a Yahweh deve ser livre de imagens (anicônico). Repetidas referências a Êxodo 32 por todo o Antigo Testamento reforçam esse ponto. Como resultado da construção do bezerro de ouro, Israel perde as joias que simbolizavam o triunfo sobre os egípcios (Êx 33:1-6). Moisés salienta que não somente Israel fez uma imagem de ouro derretido, mas tal ato de fazer uma imagem era uma rejeição de Yahweh (Dt 9:6-21). O pecado do bezerro de ouro é historiado em 1Reis 11-12, quando Jeroboão I, o primeiro rei do reino do norte, é condenado por construir dois bezerros de ouro em Dã e em Betel (1Rs 12:28-29). Tão grande é esse pecado que ele sela a destruição desse reinado e se torna o símbolo central do governo mal na história. O profeta Oseias, também, condena a adoração do bezerro de ouro como idolatria (Os 8:5; 10:5-6; cf. 106:19).

O símbolo negativo do bezerro dourado vive na tradição judaica e na cristã. No pseudo-Fílon a culpa é colocada somente sobre os líderes do povo que não sobre Arão (*LAB* 12). Estevão se refere ao incidente como ilustração do caráter obstinado de Israel (At 7; cf. Dt 96-21).

Bibliografia. M. Aberbach e L. Smolar, "Aaron, Jeroboam and the Golden Calves", *JBL* 86 (1967), 129-40; J. M. Sasson, "Bovine Symbolism in the Exodus Narrative", *VT* 18 (1968), 380-87; "The Worship of the Golden Calf", em *Orient and Occident*, ed. H. A. Hoffner. AOAT 22 (Neukirchen-Vluyn, 1973), 11-59.

[THOMAS B. DOZEMAN]

BÍBLIA Nem os judeus nem os cristãos chamaram originalmente as suas Escrituras de "a Bíblia" (lit. "o Livro"). Os judeus frequentemente usavam palavras para designar "os Rolos", e os cristãos costumavam chamar suas Escrituras de "os Livros" (Lit. "os códices"). Nos primeiros séculos, a Bíblia Cristã apareceu quase que exclusivamente na forma de códices(fascículos), com um dos livros maiores (p. ex.: Isaías) ou uma coleção de livros menores (Cartas de Paulo), de forma que as Escrituras fisicamente correspondiam à palavra latina *biblia*, "os livros" (cf. Jerônimo: *bibliotheca*, lit. "a biblioteca"). O termo se deriva de *Bíblos* ou *biblíon*, palavras emprestadas do egípcio, denotando originalmente o talo e, então, a parte interior da planta papiro da qual os rolos eram regularmente feitos.

Tanto na Escritura hebraica dos judeus como em suas traduções gregas mais antigas, um dos nomes técnicos mais comuns para Escritura é "os Rolos". Daniel 9:2 interpreta o livro de Jeremias que ele encontra "nos rolos" (cf. 1Mac 12.9; 2Clem. 14.2). Sem o artigo definido o substantivo hebraico pode ser usado genericamente como "literatura" além de Bíblia.

O próprio Novo Testamento não possui o grego plural, *tá biblía*, como nome para a Escritura, embora esse termo ocorra em coleções não bíblicas (Jo 21:25; At 19:19; 2Tm 4:13; Ap 20:12). A contraparte técnica é *hai graphai*, "os escritos". Os termos gregos no singular, *Bíblos* ou *biblíon*, ocorrem em referência somente a porções da Escritura, tais como um simples rolo (p. ex.: "o livro de Moisés", Mc 12:26; "o livro de Isaías", Lc 3:4), um "livro" dentro de um único rolo maior (p. ex.: "o livro [Joel] dos profetas", At 7:42), ou mesmo um "livro" que se torna parte do próprio Novo Testamento (p. ex.: João 20:30).

As referências mais antigas aos códices de pergaminho usados com propósitos literários (lat. *membrána*) datam das últimas duas décadas do século I d.C. Uma transliteração grega desse termo ocorre em 2Timóteo 4:13, quando Paulo pede a Carpo para trazer de Trôade sua capa e "também os rolos (*tá biblía*), especialmente os códices de pergaminho (*tás membránas*)". Presumindo a autoria paulina, tal referência poderia ser a mais antiga e conhecida referência aos códices literários.

O que se quis dizer com essa referência a "códices" permanece um mistério, enquanto que "os rolos" poderiam facilmente sugerir os livros da Escritura hebraica, cópias das cartas de Paulo, ou outra literatura. Talvez Paulo tivesse editado e publicado a primeira edição de suas próprias cartas. *Membránas* poderia se referir a notas efêmeras de Paulo, alguns outros recursos desconhecidos, ou cópias de uma coleção literária de códices que o próprio Paulo havia publicado ou cartas mais tarde editorialmente atribuídas a Paulo.

Escritura judaica. A palavra hebraica *torah* pode significar ensino, instrução e lei. Pode indicar um ensino normativo por sacerdote ou posteriormente Rabi (Jr 18:18), uma coleção escrita de oráculos proféticos (Is 8:16), partes do livro de Deuteronômio ou outras coleções menores de leis, os primeiros cinco livros (Js 1:7-8), ou toda a Escritura Judaica (cf. Dn 9:10). Muito mais tarde o termo podia se referir ao assunto revelado tanto da Torá escrita (Escritura) como da *torah* oral (*Mishnah* e *Talmud*).

Desde o século XIX, a maioria dos eruditos tem identificado "o livro da Torá" mencionado em 2Reis 22- livro de Deuteronômio (cf. Atanásio, Jerônimo, Crisóstomo).

O rolo dos cinco livros da Torá, primeiramente publicado e lido por volta da metade do século V por Esdras (Ne 8), constitui-se no exemplo confiável mais antigo de um rolo considerado como parte da Bíblia Judaica.

De acordo com Josué 1:7-8, Josué ordenou ao povo para "meditar dia e noite" neste "rolo da Torá" (cf. Sl 1:2-3). Como parte da "história deuteronomista", o "rolo" em questão teria sido Deuteronômio.

O termo "a Torá" serve a um propósito duplo de nomear um gênero de literatura singularmente bíblico — os cinco livros da Torá(Dt 1:5; 31:24) — e o de denominar o assunto revelatório dessa mesma literatura, que por extensão posterior é também o assunto da totalidade da Escritura Judaica. Essa Torá pode ser descrita como "coisas secretas" que Deus somente pode tornar conhecidas a Israel (Dt 29:29 [TM 28]; cf. 30:11-14). Deus revela a Torá por meio de Moisés, que é "profeta" por excelência (cf. 34:10). (Tradições judaicas posteriores generalizaram essa ideia para outros livros da Escritura de forma que mesmo Salomão é chamado "profeta" nos Targuns para descrever o seu papel como um escritor da Escritura. Aqui está um conceito especializado de inspiração profética para os livros da Escritura). A Torá é ouvida no tempo presente e no futuro no sentido em que ela sempre foi dirigida "a nós e aos nossos filhos para sempre" (29:29 [28]; cf. 4:9-10; 6:2, 7; esp. 31:13), tratando diretamente com as gerações posteriores ao invés de simplesmente descrever ou lembrar certos eventos passados. A Torá não é expressa numa linguagem celestial, mas está "escrita" em palavras humanas num rolo (cf. Êx 17:14; 24:4; 34:27; Nm 33:2; Dt 28:58, 61; 29:20, 21, 27 [19, 20, 26]; 31:9, 22).

As palavras humanas escritas da Bíblia comunicam revelação somente quando elas são ouvidas como um "testemunho" perpétuo da Torá (Dt 31:26; cf. 32; 46) isto é, quando o testemunho do texto e seu assunto podem ser ouvidos simultaneamente. Nesse sentido, o "testemunho" é um modo de discurso peculiar à Escritura, análogo a ela, mas não redutível a afirmações legais num tribunal, afirmações de testemunhas oculares, ou afirmações finais resultantes da leitura dos testamentos. Tal testemunho é falado por um profeta que dá testemunho de alguma coisa que somente Deus pode tornar conhecido. A linguagem teológica mais antiga para "inspiração" (2Tm 3:16) buscava assegurar essa diferença com relação ao lado da linguagem humana da Bíblia, enquanto o conceito de "revelação" tem sido usado para estabelecer a diferença em termos do assunto do qual o testemunho vive e encontra sua única reivindicação de validade.

Esse testemunho da Torá é preservado como um "pacto" escrito (Dt 31:26) entre Deus e Israel. Ele delineia a identidade deles como povo, seus termos de posse e governo duma terra específica, e as outras obrigações mútuas de Deus e de Israel, de um para com o outro. Além de suas narrativas essenciais, poderíamos descrever melhor esse pacto como um conjunto peculiar de regras de governo da conduta (mundana assim como santa) e a construção própria dos espaços santos, implementos santos, e procedimentos rituais.

A diferença entre as leis dadas em Êxodo e aquelas dadas em Deuteronômio tem sido explicada pela alegação de que Moisés entregou a Torá à primeira geração do Êxodo, mas em Deuteronômio ele "interpretou a Torá" (Dt 1:5) para a geração seguinte após a primeira geração rebelde ter morrido. Assim, a necessidade de interpretar a Escritura de geração a geração é construída na estrutura da própria Escritura Judaica.

Dentro da própria Bíblia, Moisés não é chamado "autor", mas é, mais exatamente, a única pessoa mencionada como "escrevendo-a" e pode, portanto, ser chamado seu "escritor designado" ou mesmo seu "autor".

A ligação entre as várias pessoas mencionadas e os livros da Escritura judaica tem estimulado uma preocupação infindável com as "vidas" dessas figuras bíblicas, sejam mencionadas explicitamente como escritores ou não (p. ex.: Jonas, Rute, Ester). Essas considerações devem informar quaisquer que sejam os critérios que aplicamos para julgar a integridade de um livro bíblico com base em sua menção como "escritor" principal, dominante ou normativo. Qualquer esforço moderno para fazer justiça aos "escritores" e escribas da Escritura deve levar em conta esse legado de diferenças ponderáveis, de forma que somente após uma imaginação empática de um mundo estranho ao nosso próprio, poderíamos nos aventurar no vernáculo de nosso próprio tempo a uma história inteligível das mesmas coisas através do tempo.

A lista exata de livros e a determinação do texto oficial da Bíblia Hebraica se tornaram questão particularmente importante com o alvorecer do judaísmo rabínico após a destruição do templo em 70 d.C. e a Segunda Guerra Judaica de 132-135 d.C. Embora a maioria dos livros pertencentes à Escritura judaica tivesse sido reconhecida por alguns grupos judaicos por volta de 180 a.C. (cf. Siraque), a Escritura judaica entre os rabinos no século II poderia ser melhor vista como uma massa inclusiva e crítica de livros correspondentes para a maior amplitude da comunidade judaica. Essa coleção relativamente abrangente poderia ser secundariamente debatida, levando a listas oficiais, a continuados debates sobre certos livros, a esforços refinados para dispor a ordem dos livros bíblicos, e a um esforço em estabelecer um texto oficial. Seria mais exato dizer que historicamente os judeus sentiram que Deus através da Escritura os havia escolhido, que dizer que membros de sua liderança sempre pensaram que eles escolheram os livros da Escritura.

A decisão a respeito do texto específico da Escritura Judaica parece novamente mais como uma reação ao reconhecimento de uma Escritura do que um esforço de criá-la. Da evidência dos manuscritos de Qumran e das antigas traduções gregas, vemos a existência, em períodos anteriores, de várias tradições textuais, algumas vezes com diferenças substanciais. Podemos chamar de "protomassorético" o texto oficial da Escritura aceita pelos rabinos do século II. Embora tenha precedentes em textos que podem ser remontados aos séculos anteriores, ela também antecipa os reais massoretas do século V d.C., que ajudaram a refinar detalhes textuais, acrescentando vogais, acentos, e outras notas.

Bíblia cristã. Não temos nenhuma evidência de uma Bíblia Cristã até o século II d.C., no mesmo período quando os líderes do judaísmo rabínico publicaram os rolos da Escritura Judaica e começaram a codificar os *Mishnah*. O judaísmo rabínico e a cristandade pós-apostólica começaram a consolidar as próprias identidades distinguindo-as uma da outra.

A Bíblia Cristã não é produto de uma igreja triunfante no Ocidente. Enquanto a Bíblia Cristã sugere uma distinção clara entre judeus e cristãos, ela também admite sua dependência direta da Escritura Judaica. Os cristãos não precisaram de um manual sobre oração no Novo Testamento, porque eles já tinham um livro suficiente, o de Salmos, que serviu para essa função para ambos, igreja e sinagoga. Todavia, os cristãos tradicionalmente interpretavam os Salmos como testemunho para o evangelho, e de uma maneira inteiramente estranha ao *midrash* judaico — partes dos salmos de lamento como "messiânicos". Em geral, os cristãos procuravam ler a Escritura Judaica, diferentemente dos intérpretes rabínicos, à luz do Novo Testamento, mas eles também usavam "o Antigo Testamento" para suplementar e para lançar luz sobre o Novo Testamento.

Os fragmentos textuais da Bíblia Cristã, que sobreviveram, sugerem que foi publicada aprox. 150,na forma de fascículos em códices. Cada códice tinha uma porção da Escritura, provavelmente um para os evangelhos, outro para Atos e as Epístolas Gerais, outro para as Cartas de Paulo, e um exclusivo para o livro de Apocalipse. O Antigo Testamento estava todo traduzido para o grego, dependente de cópias selecionadas (p. ex., *Teodocião* para Daniel) e melhoradas de traduções judaicas anteriores do grego antigo dos originais hebraicos. Essa pode realmente ser a primeira "LXX" publicada, significando uma coleção completa de traduções gregas da Escritura Judaica numa série única de publicação. Não temos evidência de que uma coleção completa de rolos em grego antigo jamais tenha exercido o mesmo papel como o Antigo Testamento grego exerceu dentro da Bíblia Cristã.

De acordo com Ireneu, bispo de Lião, essa Bíblia Cristã deveria prevalecer contra a versão de Marcião que tratava a Escritura Judaica como revelação inferior e continha somente um único "Evangelho" — uma edição de Lucas expungido de seus elementos "judaizantes" — com o "Apóstolo", uma coleção de dez Cartas de Paulo. Essa primeira Bíblia Cristã parece ser uma coleção de livros abrangente, ecumenicamente generosa. Subsequentemente, os eruditos e os líderes da igreja debateriam se certos livros verdadeiramente mereciam o status e procurariam determinar a lista mais exata, a ordem, ou o texto para a Bíblia. Semelhantemente ao caso da Escritura Judaica, a publicação de uma massa crítica de livros parece ter ganhado circulação anterior às decisões mais matizadas, incluindo o acordo sobre a questão do texto do Antigo Testamento ser conformado ao hebraico da Escritura Judaica ou simplesmente repousar na publicação grega oficial mais antiga da Bíblia Cristã.

Os cristãos sabiam o que haveria de caracterizar a Bíblia Cristã por causa da noção de um corpo da Escritura que já havia sido aceito por diversos séculos entre os judeus. "O Evangelho" indica tanto um gênero bíblico singular de livros (os quatro evangelhos) como o assunto da revelação para totalidade da Escritura Cristã, incluindo o Antigo Testamento. Os cristãos retiveram a Torá incorporando-a de vários modos, interpretada pelos Evangelhos e cumprida por eles ou como exercendo papéis mais limitados, tais como uma lei (*nomos*) que serve como uma preparação para ouvir o evangelho. A Escritura Cristã garantiu acesso ao evangelho revelado que tinha sido "o Verbo" com Deus desde o princípio (João 1:1-5) e pertence também aos fins dos tempos.

O entendimento judaico da Escritura como testemunho profético da Torá é conspícuo quando os escritores do Novo Testamento citam a Escritura Judaica quanto a um "testemunho" revelado (p. ex., At 13:22; cf. Hb 2:6). Afirmações relacionadas à natureza da Escritura cristã ocorrem na nota editorial no final do Evangelho de João (cap. 21) e na menção das mortes iminentes de Pedro (2Pe) e de Paulo (2Tm). O texto de 2Timóteo 1:8 parece supor que esse testemunho agora pertence ao "padrão" (v. 13) manifesto na própria Escritura (3:14-17).

Parece que 2Timóteo 3:15 claramente se refere ao Antigo Testamento, mas a certeza no v. 16 de que "toda Escritura é inspirada por Deus" pode bem refletir circunstâncias do século II, quando essa Escritura cristã seria usada na refutação do evangelho de Marcião, assim como as propostas de outros. Pedro parece antecipar a Bíblia cristã por referir-se a leitores aos "vossos apóstolos", citando Paulo como "apóstolo" e as próprias cartas de Paulo como exemplo fundamental. O que Pedro parece descrever é a transição do ensino pré-bíblico de Jesus e seus discípulos para uma forma bíblica de ensino apostólico, em equivalência com a Escritura Judaica.

Em suma, a visão cristã de "toda Escritura" como "testemunhos" proféticos ou apostólicos da revelação de Deus no evangelho exerce papel importante na edição final dos livros do Novo Testamento e encontra o seu precedente no entendimento judaico da Escritura Judaica. Ambos, judeus e cristãos perceberam desde tempos antigos que a Bíblia é no máximo um testemunho para uma revelação que existe antes, dentro, e além das palavras da Bíblia. Somente diante desta luz podemos entender a lógica por detrás tanto do *Midrash* na interpretação rabínica como a concepção de um "senso literal" normativo da Escritura advogada pelos cristãos. Para os cristãos, tanto a Torá como o evangelho os direciona através do testemunho humano da Escritura do ponto de vista de Deus, de forma que a melhor das confissões cristãs pode igualmente ser, no máximo, um testemunho para o mistério da revelação de Deus, antes do que totalmente preso nas palavras humanas.

Bibliografia. D. M. Carr, "Canonization in the Context of Community", em *A Gift to God em Due Season*, ed. R. D. Weis e D.M. Carr. JSOTSup. 225 (Sheffield, 1996), 22-64; B. S. Childs, *Biblical Theology of the Old and New Testaments* (Minneapolis, 1992; H. Y. Gamble, *Books and Readers in the Early Church* (New Haven, 1995); G. T. Sheppard, "Biblical Interpretation After Gadamer", *PNEUMA* 16 (1994), 121-41; *The Future of the Bible as Scripture in the Church* (Toronto, 1990); W. C. Smith, *What Is Scripture?* (Minneapolis, 1993); D. Trobisch, *Paul´s Letter Collection* (Minneapolis, 1994). [GERALD T. SHEPPARD]

BÍBLIA, TRADUÇÕES "Se o humor de todo homem fosse observado, não haveria fim para tradução." Assim falou Richard Bancroft, bispo de Londres, na Conferência de Hampton Court, em 1604, onde a proposta primeira foi produzir uma nova versão da Escritura que se tornaria a King James Version. Contudo, o humor de cada pessoa não pode ser seguido. A tradução da Bíblia é uma empreitada ambiciosa e cara. Nem uma tradução ou revisão de uma tradução existente pode ser justificada sem um propósito distinto e claro.

Há dois fatores que exigem novas versões ou revisões de vez em quando: avanços na erudição bíblica e mudança linguística. Dois fatores adicionais tornam novas versões ao menos desejáveis no julgamento de muitos: tradução confessional e público específico. Esses quatro fatores não são de forma alguma mutualmente excludentes e uma nova versão pode satisfazer mais do que um dessas necessidades. Alem do mais, indivíduos executam ocasionalmente a jornada de força da tradução da Bíblia, ou ao menos do Novo Testamento, por si mesmos, frequentemente sem nenhuma outra razão além do simples desafio e o amor pela Escritura. Além disso, a mudança da teoria e da prática de vez em quando, e as traduções produzidas por alguém, por qualquer grupo ou indivíduo e por alguma das razões acima geralmente vão refletir alguma teoria que governa a prática da tradução.

Avanços na erudição bíblica. Esta é uma das razões colocadas pelos tradutores da King James Version para a obra deles, e é um dos fatores que exigem novas versões ou revisões aparecerem de tempos em tempos. Esses avanços na erudição são geralmente três:

Textuais. A crítica textual, que é a tentativa erudita de chegar a um texto final no hebraico e no grego em relação à forma em que ele foi deixado pelas mãos dos escritores originais, ainda estava na sua infância no tempo da KJV, com os eruditos tendo acesso às versões de poucos manuscritos e pouca ferramenta crítica de avaliação das diferentes versões. Durante o século XIX, especialmente foi descoberta uma abundância de manuscritos antigos. No final desse século, muito mais coisas foram conhecidas a respeito do texto original da Bíblia, particularmente do Novo Testamento, e uma nova versão se tornou necessária para traduzir o texto de maneira mais exata. Nos Estados Unidos, essa necessidade foi satisfeita pela American Standard Version (a versão revisada da KJV) em 1901, assim como outras traduções apareceram por volta da mesma época, tais como a versão de James Moffatt (1913-1924). Ambas foram muito mais exatas do que a KJV na apresentação do texto real da Bíblia, mas a ASV em particular fez pouco esforço para modernizar o inglês. Conquanto a KJV tivesse um estilo arcaico, ao menos ela era no mínimo charmosa e no máximo atraente, a ASV soava simplesmente peculiar. Conquanto a ASV, e em algum grau a de Moffatt, foi muito usada por diversas décadas como texto nas aulas de faculdades e de seminários, onde a exatidão era mais importante do que o estilo eficaz, a KJV continuava a dominar o uso litúrgico. A ASV em si mesma foi revisada em 1952 e apareceu como Revised Standard Version (RSV). Mesmo na última metade do século uma quantidade significativa de conhecimento textual havia se tornado disponível, e isso capacitou a RSV a melhorar significativamente em relação ao seu predecessor imediato.

O progresso hoje na crítica textual repousa menos na descoberta de novos manuscritos do que nos novos meios de avaliar a crítica textual. As traduções e as revisões futuras se beneficiarão disso, como o estudo dos avanços pequenos e dos lecionários, à medida que mais dados estiverem disponíveis para estudos computadorizados. No período moderno não tem sido necessário para os tradutores trabalhar diretamente com os manuscritos; eles sempre têm tido acesso à evidência textual através de sistemas de notas de rodapé nos seus textos gregos e hebraicos. Exatamente como os leitores devem confiar na obra dos tradutores, os tradutores devem confiar no trabalho dos críticos textuais, embora os tradutores sejam livres para fazer as suas próprias decisões textuais.

Lexicográficas. O prefácio da KJV admitiu que os tradutores foram forçados a adivinhar o significado de muitas palavras raramente usadas, particularmente no Antigo Testamento. Desde então o conhecimento dos vocabulários do grego e do hebraico tem sido grandemente ampliado pela descoberta de fontes literárias além da bíblica. No caso do Antigo Testamento, essas fontes não têm necessariamente sido sempre em hebraico, mas em línguas muito relacionadas. O estudo de raízes semelhantes em línguas relacionadas (p. ex., árabe, ugarítico) tem capacitado os eruditos a desenvolver opiniões mais instruídas a respeito do significado de palavras desconhecidas anteriormente; em muitos casos, descobriu-se significados inesperados de palavras muito conhecidas. Todas as versões modernas do Antigo Testamento têm lucrado com esse estudo, embora nem uma delas tenha levado isso a um grau maior do que a New English Bible (1970), que era amplamente defeituosa por muito rapidamente adotar significados que ainda eram especulativos. Muita coisa disso foi corrigida quando a NEB foi revisada vindo a ser a Revised English Bible (REB), em 1989.

No Novo Testamento, a descoberta de muitos papiros, usualmente de uma natureza completamente não bíblica, tornou possível o entendimento do vocabulário grego de modos não registrados anteriormente nos léxicos dos eruditos. Todas as versões recentes repousam sobre tal obra.

Literárias. Desde aprox. 1960 os estudos literários começaram a impactar a teoria e a prática da tradução. A RSV (1952) havia relegado às notas de rodapé de Marcos 16:9-20 e de João 7:53-8:11 com bases textuais dizendo que essas passagens não eram parte do texto original dos dois evangelhos. A segunda edição da RSV (1977) restaurou essas passagens ao texto, não com bases textuais, mas com bases literárias ou canônicas. O que constitui a canonicidade se não o uso continuado pela Igreja por séculos? O reconhecimento de que diferentes gêneros de escrita (p. ex., poesia, profecia, saga, provérbios, pequenas histórias, história) podem requerer diferentes abordagens para a tradução manifestou-se na Today's English Version (1976). Podemos esperar que esses estudos afetem a tradução muito mais no futuro, de modos interessantes.

Mudança linguística. Mesmo que o nosso conhecimento da Bíblia fosse estático, a língua está sempre fluindo através do tempo. Muitas partes da KJV são agora ininteligíveis. Mais perigosamente ainda, muitas partes são agora entendidas de um modo nunca pretendido pelos autores ou tradutores, visto que o significado das palavras inglesas tem mudado tanto (p. ex., "mansões" em Jo 14:2), assim como em algum grau também as estruturas da gramática inglesa têm mudado. A grande falha da ASV foi que ela basicamente ignorou o estilo contemporâneo do inglês em seu esforço de preservar o texto da KJV. Isso foi corrigido pela RSV, que proporcionou não somente um texto mais exato, mas também uma forma mais moderna do inglês. Nisso ela teve muito mais sucesso do que a sua predecessora. Mas mesmo a RSV foi cautelosa. Na década de 1950, era estilo usual do povo, mesmo para os adolescentes, orar nas conjugações e nos pronomes arcaicos (coisas essas próprias da língua inglesa na época), e a RSV manteve a linguagem dirigida a Deus naquele estilo. Em décadas posteriores esse estilo desapareceu, mesmo em algumas das situações litúrgicas mais formais, e a New Revised Standard Version

(1989) eliminou totalmente a linguagem arcaica. Isso nunca foi mesmo considerado pela TEV ou pela New International Version (1973-1978, a NVI americana), que é teologicamente conservadora.

A mudança linguística mais notável nos últimos anos foi a mudança para a linguagem inclusiva de gênero. Na última década do século XX alguns usos (p. ex., a evitação do "homem" genérico ou o uso do pronome masculino para se referir a qualquer pessoa) tinham se tornado bem aceitos a ponto de revisões substanciais terem sido feitas incorporando tais ajustes. Entre esses estavam a NRSV (1989, com grande sucesso), TEV (1993; com sucesso razoável), e REB (1989, com menos sucesso). Nem uma dessas foi tão longe a ponto de refrear ao se referir a Deus em termos masculinos. Em 1995, uma revisão de Salmos e do Novo Testamento da NRSV foi publicada como uma Versão Inclusiva, que passou por grandes dificuldades para evitar as referências masculinas a Deus (p. ex., Pai, Rei) ou mesmo ao Cristo Exaltado (embora não ao Jesus Terreno).

A mudança linguística é impredizível, e os tradutores tentam evitar gírias e mesmo os coloquialismos, visto que muitos desses usos rapidamente se tornam obsoletos. Parece melhor almejar um público de 25-35 anos de idade, pessoas cuja linguagem não mais é marcada pela gíria evanescente dos adolescentes, mas que ainda não se tornou fossilizada.

Traduções confessionais. Ocasionalmente novas traduções são feitas, ou revisões menos frequentemente, por membros de uma comunidade religiosa específica. Os resultados podem ser altamente tendenciosos e úteis somente para aquela comunidade (p. ex., A Tradução Novo Mundo da Sociedade Torre de Vigia [1951-1960]) ou do amplo apelo ecumênico (p. ex., A Nova Bíblia de Jerusalém [Católica Romana, 1990]). Mesmo da KJV pode ser dito que é confessional. Feita para servir às necessidades da Igreja da Inglaterra (e a nenhuma outra mais), ela realmente veio para servir às necessidades da clientela da Alta Igreja contra os interesses dos Puritanos.

Quando a RSV apareceu em 1952, ela foi o primeiro desafio viável diante da influência da KJV, e ela foi asperamente condenada por muitas pessoas conservadoras da igreja. Muita coisa do veneno contra tinha uma inspiração política, visto que ela foi publicada durante o surgimento do pânico anticomunista de McCarthy (que alguns apontaram como a primeira edição que tinha uma capa vermelha). A erudição evangélica foi fraca a essa altura; para aqueles que queriam uma alternativa para a RSV "liberal", não havia melhor opção disponível que a Berkeley Version (1949, 1959), teologicamente inócua, mas ímpar em alguns sentidos. Com a reemergência da força teológica entre os evangélicos, na parte final do século XX, a NIV foi produzida para servir essa comunidade. Ela é a versão textual e traducionalmente responsável que se tornou um sucesso de venda da versão em inglês nos Estados Unidos. Sua abordagem traducional é completamente tradicional, realmente não muito diferente da RSV, mas ela ofereceu uma alternativa para os cristãos conservadores que ainda desconfiavam do pano de fundo da RSV. Kenneth Taylor abriu um novo terreno para os evangélicos com sua "paráfrase" chamada Bíblia Viva (1971), onde se lia livremente a sua "posição evangélica rígida" num texto com um estilo alegre marcado por mudanças admiráveis de frases. Teve tanto sucesso essa versão que a erudição conservadora se organizou para produzir uma verdadeira tradução inspirada pela abordagem estilística de Taylor: a New Living Translation (1996).

É natural que os judeus de fala inglesa quisessem uma versão traduzida pelos judeus. A primeira versão judaica amplamente usada foi a da Jewish Publication Society (Americana) (1917). Uma tradução de mais sucesso foi a New Jewish Publications Society Version (1962-1985). Ambas, mas especialmente a última, podem ser muito úteis e lidas sem apreensão pelos leitores cristãos.

Para os católicos de fala inglesa, a Douai-Rheims Version (1582-1610, severamente revisada em 1750) serviu como a versão padrão por longo tempo. No século XX, os católicos fiéis foram atraídos pelas versões protestantes que tinham recebido o *imprimatur* da Igreja (p. ex., RSV, TEV) antes das modernas versões católicas estarem disponíveis. As traduções feitas pelos eruditos católicos agora em grande uso são a New American Bible (1970, parcialmente revisada em 1986 e 1991) e a New Jerusalem Bible, uma revisão da Bíblia de Jerusalém de 1966. Muitos protestantes usam essas versões sem hesitação.

Públicos específicos. A maioria das principais traduções da Escritura tem sido dirigida a um público tão amplo quanto possível, mas alguns indivíduos e grupos têm patrocinado versões dirigidas às necessidades de grupos específicos. Num sentido, as traduções confessionais têm esse propósito; os eruditos batistas que produziram a Improved Version (1912) tinham pouca expectativa de seu uso além dos círculos batistas. Mas grupos não confessionais podem ser identificados e atingidos. O principal público da TEV era o de pessoas que haviam aprendido o inglês como uma segunda língua; ela foi escrita num "inglês comum", definido como inglês usado com facilidade pelos que são bem formados e falam o inglês como nativos e pelos que não possuem uma boa educação formal. A New Living Translation visa cristãos de tendência teológica muito conservadora. As traduções inclusas na série de comentários da Anchor Bible são destinadas aos eruditos.

Ocasionalmente porções da Bíblia são apresentadas em gíria comum de algum grupo, tal como os adolescentes ou membros de gangues. Essas têm pouco interesse permanente. Um dos poucos a evocar uma ampla atenção foi a Cottonpatch Version de Clarence Jordan, uma talentosa transculturação à linguagem e vida dos americanos do sul, de 1968-1973. Hoje ela lança luz sobre a cultura da época à qual ela falava.

Traduções individuais. Traduções importantes da Bíblia são virtualmente sempre um produto dos labores de uma comissão. (Seis comissões, totalizando quase cinquenta pessoas, traduziram a KJV). Ocasionalmente, contudo, indivíduos têm traduzido uma boa porção, quando não a Bíblia toda. Por volta de 382, Jerônimo empreendeu a tradução da Bíblia que ficou conhecida como a Vulgata Latina (ao menos basicamente sua obra) a pedido do papa Damásio. Mais recentemente, Helen Barrett Montgomery traduziu o Novo Testamento (Centenary New Testament, 1924), patrocinada pela American Baptist Publication Society. Rober. G. Bratcher traduziu o Novo Testamento da Today's English Version (1966), para a Sociedade Bíblica Americana. Outros têm visto uma necessidade específica ou apenas um desafio. A primeira tradução da Bíblia toda em inglês foi feita basicamente por John Wyclif (aprox. 1382). Diversas porções da Bíblia foram publicadas desde 1947 por J. B. Phillips procurando a princípio uma forma que ele pudesse usar com pessoas que viviam amontoadas nos abrigos antiaéreos nas batalhas de Londres. Ronald Knox, um sacerdote católico da Inglaterra, traduziu a Bíblia toda do latim (1945-1949) num estilo inglês altamente idiossincrático. Em 1995, Everett Fox publicou uma versão inglesa da *Torá*, procurando comunicar a atmosfera do hebraico antigo embora ela tenha sido atraentemente legível.

Teoria da tradução. As traduções podem estar localizadas em qualquer ponto entre dois polos de equivalência formal (literal) e equivalência dinâmica (livre). Uma tradução estritamente literal seria basicamente ininteligível, mas as traduções tradicionais, tais como a KJV, RSV e NIV, têm tendido a traduzir estruturas de sentença e figuras de linguagem literalmente. Essas são usualmente percebidas como inteligíveis e frequentemente normais, ainda que algumas vezes isso seja pouco incomum para o inglês. A equivalência dinâmica (NEB, TEV) faz pouca tentativa de preservar a estrutura original da sentença, mas procura afirmar o significado do texto no idioma contemporâneo natural. As metáforas originais podem ser retidas se o significado delas é claro para o leitor contemporâneo. Hoje parece claro que ambos os tipos de tradução têm o seu lugar. As versões de equivalência formal são convenientes para o estudo acadêmico, e as de equivalência dinâmica para a leitura particular. Ambas são usadas na adoração pública.

O cenário presente exibe tendências conflitantes. A RSV foi traduzida de modo mais dinâmico na NRSV, enquanto que a NEB se tornou menos em sua revisão como a REB. Se a NIV serve à comunidade evangélica bem como uma tradução de equivalência formal, talvez a NLT servirá como a versão de equivalência dinâmica.

Bibliografia. L. R. Bailey, ed., The Word of God: A Guide to English Versions of the Bible (Atlanta, 1982); E. S. Frerichs, ed., The Bible and Bibles in America (Atlanta, 1988); S. Kubo e W. F. Specht, So Many Versions? Twentieth Century English Versions of the Bible, ed. rev. (Grand Rapids, 1983); J. P. Lewis, The English Bible from KJV to NIV, 2a. ed. (Grand Rapids, 1991); H. M. Orlinsky e R. G. Bratcher, A History of Bible Translation and the North American Contribution (Atlanta, 1991); A. C. Partridge, English Biblical Translation (Londres, 1973).
[ROGER A. BULLARD]

BIBLOS (gr. *Byblos*) Nome grego da antiga cidade de Gebal (a moderna Jebeil). E possível relacionar o nome ao grego *bíblos*, "papiro", sugerindo a manufatura ou o comércio desse material de escrita na cidade.

BICRI (heb. *beṣer*) O pai de Seba, o benjamita que se rebelou contra Davi (2Sm 20:1-22). O nome provavelmente designa um membro da linha se Béquer (Gn 46:21; 1Cr 7:6; cf. 2Sm 20:14, "Bicritas" [heb. *habbikrîm*]).

BIDCAR (heb. *bidqar*) Ajudante militar de Jeú no assassinato do rei Jorão de Israel (2Rs 9:24-25).

BIGTÁ (heb. *bigṯā'*) Um dos sete eunucos ou mordomos do rei persa, Assuero (Et 1:10; conforme o persa *bagadāna*, *bagadāta*, "dom de Deus").

BIGTÃ (heb. *bigĕṯān*, *bigĕṯāna'*) Eunuco e cortesão do rei Assuero que com seu companheiro cortesão Teres conspirou contra o rei (Et 2:21; conforme o persa *Bagadāna*, "dom de Deus"). Quando descobriu a conspiração deles, Mardoqueu (Mordecai) convenceu sua sobrinha, a rainha Ester, a informar ao rei, que então ordenou a execução dos homens (Et 6:2; conforme o persa *Bagadāta*, "dado por deus").

BIGVAI (heb. *bigway*) **1.** Líder da comunidade pós-exílica que retornou do exílio com Zorobabel (Ed

2:2 = Ne 7:7; cf. 1Esd. 5.8). É possivelmente a mesma pessoa que mais tarde selou o pacto de Esdras de guardar a lei (Ne 10:16 [TM 17]. No Papiro Elefantino (30.1; 32.1), o nome Bagohi (aram. *bgwhy*) aparece, referindo-se a um governador de Judá (410-407 a.C.).

2. Um grande grupo familiar ("filhos de Bigvai") que retornou à Palestina com Zorobabel após o exílio (Ed 2:14, 2056 membros; Ne 7:19, 2067; 1Esd. 2.14, 2066). É também o nome de um grupo familiar pequeno (setenta membros) que retornou mais tarde com Esdras, liderados por Utaí e Zabude (Ed 8:14; cf. 1Esd. 8.40, Utai filho de Istalcurus). [MONICA L. W. BRADY]

BILA (heb. *bilhâ*) **I. (PESSOA)** Serva de Raquel, que foi dada a Jacó como concubina (Gn 30:3); mãe de Dã e Naftali (v. 5-8; cf. 1Cr 7:13). Após Raquel der dado à luz Benjamim, em seu leito de morte, o filho mais velho de Jacó, Rúben, cometeu incesto com Bila (Gn 35:22; cf. 49:4).

II. (LUGAR) (tb. BALÁ, BAALÁ) Cidade ao sul de Judá (1Cr 4:29), também chamada Bala (Js 19:3) e Baalá (15:29). O lugar não foi identificado.

BILÃ (heb. *bilhān*) **1.** Filho do horita Ezer e descendente de Seir (Gn 36:27; 1Cr 1:42), ancestral de um clã edomita.

2. Benjamita, o filho de Jedial e pai de sete filhos (1Cr 7:10).

BILDADE (heb. *bildaḏ*) O suíta, um dos três amigos de Jó cujo intento é a consolação (Jó 2:11), mas que se torna um pobre confortador (16:2). O nome Bildade não aparece em nenhum outro lugar no AT, nem Suá aparece como um nome de lugar, mas tem sido ligado a Suá, o filho de Abraão com Quetura, que viveu numa região oriental (Gn 25:2, 6; 1Cr 1:32). Eruditos especulam conexões com os edomitas.

Nos primeiros dois ciclos de diálogos no livro de Jó, os amigos fazem discursos de aproximadamente igual tamanho, aos quais Jó responde por sua vez. Bildade é o segundo a falar em cada ciclo. No primeiro ciclo, o argumento de Bildade começa e termina com justiça retributiva (Jó 8:1-7, 20-22). Seu tom é intransigente, mas cheio de esperança: porque a justiça de Deus é certa, e se Jó faz súplicas a Deus e vive retamente, Deus haverá de restaurar Jó à sua posição legítima. Bildade apela para a tradição dos ancestrais (8:8-10) citando uma parábola das duas plantas e aplicando-a às circunstâncias de Jó (8:11-19). O discurso condenatório de Bildade no segundo ciclo (cap. 18) enfoca o destino do ímpio, um tema sapiencial comum, que se move da experiência de terror da longa vida do ímpio (v. 7-15) até sua morte. O ímpio se afunda em total obscuridade, não deixando nenhuma lembrança, ou geração (v. 17-19). O terceiro ciclo parte do padrão precedente: não há nenhum discurso de Zofar, e o discurso de Bildade é encurtado (cap. 25). Os eruditos argumentam sobre a disrupção do terceiro ciclo; há várias sugestões para a reconstrução do texto, mas nenhuma evidência textual os apoia. Em seu discurso final, Bildade argumenta que ninguém pode ser justo diante de Deus (25:4): se mesmo a lua e as estrelas são impuras aos olhos de Deus, os mortais devem ser também (v. 4-5). De um modo definitivo, as palavras de Bildade são refutadas por Deus (42:7).

Bibliografia. D. J. A. Clines, *Job 1-20*. WBC 17 (Waco, 1989); N.C. Habel, *The Book of Job*. OTL (Philadelphia, 1985); J. G. Janzen, *Job*. Interpretation (Atlanta, 1985). [PATRICIA A. MACNICOLL]

BILEÃ (heb. *bil'ām*) Cidade na porção ocidental da meia-tribo de Manassés, mencionada como uma cidade levita do clã coatita (1Cr 6:70 [TM 55]). O nome é, provavellmente, uma forma variante de Ibleão (Js 17:11; Jz 1:27). [TROY K. RAPPOLD]

BILGA (heb. *bilgâ*) **1.** O cabeça de uma família sacerdotal, a décima-quinta das turmas no serviço no tempo de Davi (1Cr 24:14).

2. O líder de uma família de sacerdotes que retornou do exílio com Zorobabel (Ne 12:5, 18).

BILGAI (heb. *bilgay*) Sacerdote entre aqueles que colocaram os seus selos para o pacto renovado sob Neemias (Ne 10:8 [TM 9]). Ele é provavelmente o mesmo que Bilga 2.

BILSÃ (heb. *bilšān*) Israelita proeminente que retornou do exílio com Zorobabel (Ed 2:2=Ne 7:7 = 1Esd. 5.8; LXX gr. *Beelsarus*).

BIMAL (heb. *bimhāl*) Filho de Jaflete e descendente de Aser (1Cr 7:33). [TERRENCE PRENDERGAST, S.J.]

BINEÁ (heb. *bin'ā'*) Benjamita, o filho de Mosa e um descendente de Saul (1Cr 8:37; 9:43).

BINUÍ (heb. *binnsy*) **1.** Um dos filhos de Paate-Moabe que foi compelido a despedir a sua esposa estrangeira (Ed 10:30).

2. O pai de treze filhos que foram forçados a despedir suas esposas estrangeiras (Ed 10:38)

3. O cabeça de uma família cujos descendentes retornaram do exílio com Zorobabel (Ne 7:15). Ele é chamado Bani (4) em Esdras 2:10.

4. Um levita pós-exílico e contemporâneo de Zorobabel (Ne 12:8), provavelmente o filho de Henadade que tomou parte na reconstrução dos muros de Jerusalém e colocou o seu selo no pacto renovado sob Neemias (3:24; 10:9 [TM 10]). De acordo com Esdras 8:33, era o pai de Noadia, o levita. Essa pessoa pode ter sido a mesma que Bavai (Ne 3:18).

BIRSA (heb. *birša'*) O rei de Gomorra durante o tempo de Abraão (Gn 14:2), derrotado após sua rebelião contra Quedorlaomer (v. 8, 10).

BIRZAVITE (heb. *birzāwiṯ*) O filho de Malquiel e neto de Berias, um descendente de Aser (1Cr 7:31). O nome pode designar um lugar, provavelmente Khirbet Bir Zeit, 21 km ao norte de Jerusalém.

BISLÃO (heb. *bišlām*) Um dos oficiais persas que enviou uma carta ao rei Artaxerxes I, objetando às atividades de construção em Jerusalém (Ed 4:7). Bislão pode ser o significado do termo aramaico "filho da paz" (cf. LXX em *eirḗnē*, "em paz"; mas cf. 1Esd. 2.16).

BISPO Alto oficial no ministério e no governo da igreja primitiva. Não é claro quando a palavra (gr. *epískopos*), da forma como foi usada nos círculos cristãos primitivos, passou do sentido genérico "superintendente" ou "guardião" para o significado específico de "bispo". O significado anterior está provavelmente em Atos 20:28, texto no qual Paulo descreveu os presbíteros da igreja de Éfeso (v. 17) como *episkópoi* do rebanho, designados pelo Espírito Santo (cf. a associação de presbíteros, rebanho, e o exercício de guardar o rebanho [do verbo *Episkopéō*] em 1Pedro 5:1-2). A conexão pastoral é também encontrada em 1Pedro 2:25, em que Jesus é descrito como o Pastor e *epískopos* de nossas almas. Para um sentido genérico similar da palavra relacionada *episkopḕn* ("posição de superintendente"), cf. Atos 1:20 (citação de Sl 109:8 — LXX).

O significado de "bispo" parece provável em Filipenses 1:1, em que Paulo se dirige aos *episkópoi* e os diáconos. No tempo das Epístolas pastorais, a tradição de aspirar ao episcopado (*episkopē*) era bem estabelecida e aprovada (1Tm 3:1). As congregações receberam conselho sobre o tipo de pessoas próprias para o ofício (1Tm 3:2-7; T 1:7-9). As características incluíam traços exemplares domésticos, pessoais e organizacionais. Enquanto fica claro que os bispos naquele tempo eram distintos dos diáconos, o relacionamento deles com os presbíteros é mais incerto. Ambos, 1Timóteo e Tito, incluem material a respeito dos presbíteros que complementa (1Tm 5:17-22) e sobrepõe (Tt 1:5-6) as discussões deles sobre os bispos. A última passagem pode ser um subconjunto superior da primeira ou pode ser apontada por eles (possivelmente sugerido em 1Tm 4:14), ou os dois podem ser títulos diferentes para o mesmo ofício. Certamente, no tempo de Inácio (começo do século II) as duas posições fossem distintas. [WARREN C. TRENCHARD]

BÍTIA (heb. *bityâ*) Filha do faraó egípcio, esposa do judaíta Merede (1Cr 4:17 [TM 18]). O nome dela (heb. "filha de Yahweh") sugere que ela era seguidora do Javismo.

BITÍNIA (gr. *Bithynía*) Região montanhosa ao norte da Ásia Menor, localizada no mar Negro (Euxine). O reino helênico da Bitínia foi entregue a Roma pelo rei Nicomedes IV (74 a.C.) e, unido com a região pelo lado leste, se tornou a província romana de Bitínia-Ponto (aprox. 63). Prusa, uma de suas maiores cidades, era o lar do filósofo Dio Crisóstomo, cujos escritos proporcionam um importante vislumbre da vida cívica no século I na província. Uma sinagoga judaica é atestada na Nicomédia por volta do século II ou III d.C.

As comunidades cristãs da Bitínia e Ponto estão entre as que Pedro se dirige em sua primeira carta, e a correspondência entre Plínio, o Jovem (o governador romano) e o imperador Trajano revela que os cristãos foram evidentes o suficiente para garantir a reação negativa de habitantes locais (Plínio *Ep.* 10.96-97; aprox. 110 d.C.). Paulo e seus companheiros foram impedidos de entrar na Bitínia pelo "Espírito de Jesus" (At 16:7).

Bibliografia. C. P. Jones, *The Roman World of Dio Chrysostom* (Princeton, 1978); D. Magie, *Roman Rule in Asia Minor* (1950, reimp. New York, 1975). [PHILIP A. HARLAND]

BIZIOTIÁ (heb. *bizyôṯyâ*) De acordo com o TM, cidade próxima de Berseba (Js 15:28). Contudo, o texto deveria traduzir o hebraico *bĕnôṯeyhā* ("filhas dela", isto é, lugares ao redor; cf. LXX e Ne 11:27).

BIZTA (heb. *bizzĕṯā'*) Um dos sete eunucos que serviram como mordomos do rei persa Assuero (Et 1:10).

BLASFÊMIA O ato de amaldiçoar ou difamar o nome de Deus. Não é somente um ato cometido contra Deus (Êx 22:28 [TM 27]), mas também um ato de difamação, insulto, ou injúria contra outras pessoas ou grupos (Rm 3:8; 1Co 4:13; 1Pe 4:4). A blasfêmia também aparece em textos legais da Assíria (cf. Dn 3:29).

Geralmente, as leis do AT enfatizam a responsabilidade pessoal do indivíduo que comete blasfêmia, e assim ele é um blasfemo (não sua família) recebendo a punição pelo pecado (Lv 24:10-16). Visto que a blasfêmia de uma pessoa pode poluir a comunidade toda, a punição administrativa pela própria comunidade funciona para "exterminar o mal do meio deles" (Dt 17:7). Neemias, entretanto, acusa todo o Israel de cometer "grandes provocações [blasfêmias]" (heb. *ne'āṣâ*) quando eles fizeram um bezerro fundido e o adoraram durante as peregrinações deles no deserto (Ne 9:18).

Os oponentes de Jesus o acusaram de blasfêmia em diversas ocasiões (p. ex.: Mt 9:3). No seu julgamento, o Sinédrio publicamente acusou Jesus de blasfêmia total e recomendou a sentença de morte para Ele (Mt 26:65-66 = Mc 14:64). As autoridades judaicas acusaram muitos dos seguidores de Jesus de blasfêmia e os mataram por apedrejamento (At 6:11; cf. Jo 10:31-39). Antes de sua conversão, Paulo blasfemava, perseguia e insultava Cristo (1Tm 1:13) além de injuriar os cristãos (At 26:11). Após sua conversão,

Paulo admoesta os cristãos a "não darem nenhum motivo de escândalo" (2Co 6:3), para evitar o pecado da blasfêmia.

Em Mateus e Marcos, Jesus ensina que a blasfêmia contra o Espírito Santo é um pecado eterno. Mateus 12:31-32 registra que enquanto "todo o pecado e blasfêmia se perdoará aos homens; mas se alguém falar contra o Espírito Santo, não lhe será perdoado, nem neste mundo, nem no porvir". Marcos 3:29 adverte que "qualquer que blasfemar contra o Espírito Santo [...] é culpado de pecado eterno". [HENRY L. CARRIGAN, JR.]

BLASTO (gr. *Blástos*) Mordomo do rei Herodes Agripa I (At 12:20). Em sua disputa com o rei, as pessoas de Tiro e Sidom "persuadiram" (provavelmente subornaram) Blasto a usar sua influência como guardador da câmara real a assegurar-lhes uma audiência com o rei.

BOÃ (heb. *bōhan*) Filho ou descendente de Rúben. Um monumento (talvez uma rocha; cf. heb. *bōhen* "polegar") recebeu o nome dele. Essa pedra serviu como marco de fronteira entre as tribos de Judá e Benjamim (Js 15:6; 18:17).

BOANERGES (gr. *Boanērgés*) Um sobrenome (do aramaico, provavelmente heb. *bĕnê regeš*, "filhos da inquietação", ou *bĕnê rēgez*, "filhos do trovão") dado por Jesus a Tiago e João, os filhos de Zebedeu (Mc 3:17). O nome apropriadamente refletiria a conduta impetuosa deles no final do ministério de Jesus (Mc 10:35-39; cf. Lc 9:54).

BOAZ (heb. *bōʿaz*) **1.** Parente rico da família de Elimeleque e Noemi, dono dos campos nas proximidades de Belém. Boaz é descrito como o protetor de Rute, a nora estrangeira de Noemi, ao ordenar que os trabalhadores dos campos não a incomodassem e que deixassem grãos extras para ela (Rt 2:15-16), ao instruí-la na preservação de sua reputação (3:14); ao persuadir publicamente o parente mais próximo de Noemi a desistir do direito de compra da terra pertencente a Elimeleque (4:7-10); e ao tomar Rute por sua esposa e ser o pai de Obede, o avô de Davi (v. 17, 22).

Bibliografia. D. N. Fewell e D. M. Gunn, *Compromising Redemption: Relating Characters in the Book of Ruth* (Louisville, 1990); J. M. Sasson, *Ruth*, 2a. edição (Sheffield, 1989).

2. Nome de uma coluna colocada em frente ao templo de Salomão (1Rs 7:21; 2Cr 3:17). O significado desse nome e de sua função é discutido. [ALICE H. HUDIBURG]

BOCRU (heb. *bōḵĕrû*) Benjamita, um dos filhos de Azel e um descendente de Jônatas e Saul (1Cr 8:38; 9:44).

BODE EXPIATÓRIO *Ver* AZAZEL.

BODES A indicação da importância deles como animais domesticados nos tempos bíblicos é a ocorrência de sete diferentes palavras hebraicas e três gregas. Além do termo geral *ʿēz* (pl. *ʿizzîm*) para as fêmeas, quatro palavras hebraicas ocorrem especificamente para os machos (*kāʿîr, tayiš, ʿattûḏ* [pl. somente], e *ṣāpîr*),um termo para o macho jovem (*gĕḏî*), e um para o bode selvagem (*ʾaqqô*). As palavras gregas se referem a um cabrito (*eríphion*), um jovem cabrito (*ériphos*), e um bode (*trágos*).

O bode doméstico comum na Palestina é *capra hircus*. Os bodes são distintos por suas primas ovelhas, com quem eles são regularmente guardados, pelas peles destas últimas (regularmente negras [cf. 1Sm 19:13] ou cinza, mas algumas vezes branca, marrom, ou qualquer combinação delas), e pelos seus chifres achatados e torcidos. Conquanto não tão desejáveis para a comida como as ovelhas, os bodes são uma espécie de animal mais resistente, menos discriminador com respeito à vegetação que comem, e assim, tendem a aparecer em número maior nos rebanhos em ambientes mais hostis. Na verdade, a proporção de ossos de bodes em relação aos das ovelhas pode dar aos arqueólogos alguma noção das condições ambientais locais antigas na antiguidade. Infelizmente, os hábitos de pastoreação dos bodes por muitos séculos tem tido um grande impacto negativo sobre a vegetação da Palestina, tanto no declínio de diversas plantações importantes da comunidade como no rejuvenescimento inibidor delas.

Os subprodutos das cabras têm sido, desde longa data, aspectos familiares entre as pessoas do deserto da Palestina desde os tempos bíblicos até a presente data, incluindo o leite (Pv 27:27), queijo, os depósitos para água e vinho feitos de pele de cabras (p. ex. Mc 2:22), e roupas de pele de cabras, travesseiros, e tendas (Êx 26:7; 35:26; 1Sm 19:13; Hb 11:37). Enquanto as cabras adultas têm carne pobre, os carneiros fornecem uma comida desejável (Jz 6:19; 13:15-23). Além do papel de subsistência deles no Israel antigo e para a sociedade judaica, as cabras, especialmente os bodes, exerciam um importante papel cúltico, servindo como o sacrifício chave em várias cerimônias religiosas (p. ex., Nm 7:16). [RANDALL W. YOUNKER]

BOI Bovino macho castrado (*Bos taurus*), usado para tração, carne, obtenção de couro e outros subprodutos. Entre as raças identificadas em contextos artísticos e arqueológicos estão as variedades do *Bos indicus*, o zebu ou "corcunda". O fato de serem usadas várias palavras hebraicas e gregas para "boi" sugere a existência de grande variedade de raças, classificação ou usos (heb. *bāqār, ʾelep, pār, šôr*; gr. *bous, taúros*). A domesticação e o manejo do gado começaram antes de 6000 a.C. Existe provavelmente uma ligação entre a intensificação da criação do gado e períodos de sedentarismo ou da vida citadina.

O boi foi importante nas sociedades agrícolas do mundo bíblico. A castração abrandava a natureza agressiva do boi e tornava sua imensa força e resistência controláveis. O cuidado e o controle do boi eram do seu proprietário (p.ex., Êx 21:28, 29) e havia regras de uso e abuso. Os instrumentos que canalizavam o poder do boi incluíam aguilhões, cangas e cordas, arados, grades, trilhadora e, possivelmente, moedores giratórios ou moinhos.

O investimento de recursos necessários para criar esses animais tornou o boi muito valioso. O animal é mencionado frequentemente como indicador de riqueza ou objeto de saque. De igual modo, o boi é quase sempre listado em primeiro lugar nas listas de sacrifício (p. ex., Dt 17:1; 2Sm 24:22). Além de tais ofertas caras, somente os novos ou muito velhos eram provavelmente abatidos pela carne ou pelo couro.

BOLO Vários produtos alimentícios feitos de trigo ou da farinha de cevada, figos ou passas de uva, e formados ou moldados em uma fôrma compacta. Água, óleo e temperos poderiam ser adicionados para a massa de farinha que era formada em moldes de anel, disco, coração e fôrmas planas. Vários termos hebraicos são usados para denotar bolos. "Maná" é usado para traduzir o hebraico *sappîhit*, um bolo fino feito de mel (Êx 16:31). Bolos para ofertas de cereais podiam ser assados num forno, numa assadeira, ou numa frigideira (Lv 2:4-7).

Bolos de farinha eram parte da refeição oferecida aos convidados (Gn 18:6). Bolos de figos eram usados para presentes (1Sm 25:18) e como suprimentos de viagens (1Cr 12:40). Bolos não levedados, feitos com óleo, eram usados durante a oferta de ordenação de bem-estar (Êx 29:2,3) e também para ofertas de cereais (Lv 2:4). Muitos israelitas faziam bolos para a Rainha do Céu, que eram marcados com ou preparados em sua imagem (Jr 44:19). [STEPHEN ALAN REED]

BOLOS DE PASSAS Ao que tudo indica uma iguaria (Ct 2:5; Is 16:7). Os bolos de passas foram distribuídos a todo o povo de Israel por Davi após sua grande celebração que levou a arca da aliança para Jerusalém (2Sm 6:19 = 1Cr 16:3). Podem também estar ligados com a observância religiosa em Oseias 3:1, embora lá os bolos de passas pareçam ser dedicados ao culto de uma divindade ou divindades diferentes de Yahweh. Todavia isso não nos deve causar surpresa, porque a composição das oferendas de cereais ou de pão é um ato cúltico associado com a maioria, se não todos, os deuses e deusas do Antigo Oriente Próximo. A Bíblia, p. ex., descreve os bolos como oferendas a uma deusa chamada pelo epíteto de "Rainha do Céu" (Jr 7:16-20; 44:15-28). Deve-se notar, entretanto, que esses bolos, em particular, não parecem conter passas. [SUSAN ACKERMAN]

BOLSA Há três espécies de bolsa na Bíblia: sacola ou bolsa (usualmente heb. *kîs*; gr *ballántion*), bolsa de um viajante (gr. *pḗra*), ou grande sacola (heb. *'amtaḥat̠*). O hebraico *kaq* normalmente se refere ao material, p. ex., pano de saco.

As pessoas tanto no Antigo Testamento como no Novo Testamento poderiam carregar dinheiro em uma bolsa (Pv 1:14; Lc 10:4) assim como grãos em sacos (Gn 42-44). Deus adverte os comerciantes no Antigo Testamento a não ter pesos falsos em suas bolsas ou sacolas (Dt 25:13; Pv 16:11; Mq 6:11). Em sua luta contra o gigante, o jovem Davi coloca cinco pedras em sua sacola de pastor (heb. *kĕlî*; 1Sm 17:40). Judite faz sair às escondidas para fora do acampamento assírio a cabeça de Holofernes em sua sacola de provisões (Jdt 10:5; 13:9-10, 15).

Quando Jesus envia os Doze (Mt 10:10 = Mc 6:8; Lc 9:3) e os Setenta (-dois) (Lc 10:4), ele lhes diz para não levarem a bolsa com eles. Mais tarde, ele lhes diz para pegar uma bolsa (Lc 22:35-36). Alguns eruditos rejeitam a interpretação da "bolsa do mendigo" e concluem que a bolsa era simplesmente uma peça de bagagem.

Jesus usa a bolsa do dinheiro (*ballántion*) figurativamente quando ele urge o "pequenino rebanho" a dar ao pobre e, através disso, adquirir "bolsas que não envelheçam" (Lc 12:32-34). [CARL BRIDGES]

BONS PORTOS Pequena baía na margem sul de Creta, a leste de Cape Littinos e próxima à cidade de Laseia (At 27:8). O nome (gr. *Kaloí Liménes*) foi, provavelmente, escolhido pelos habitantes a fim de atrair o comércio, mas os ventos sulinos prevalecentes no inverno fariam, de fato, do porto lugar inseguro (At 27:12).

BOQUIM (heb. *bōk̠îm*) Lugar ("Pranteadores") a oeste do Rio Jordão onde os israelitas choraram por sua desobediência na quebra do pacto feito com o Senhor (Jz 2:4-5). O lugar é desconhecido, mas era provavelmente perto de Gilgal, na região montanhosa a oeste de Jericó. Boquim tem sido associado com Betel, onde uma antiga tradição (Gn 35:8) chama um lugar de sepultamento Allon-Bacute ("Carvalho de Prantear"; cf. Jz 20:23, 26; 21:2). [LAURA B. MAZOW]

BORASÃ (heb. *bôr-'āšān*) Um lugar ("cisterna" ou "poço de Asã") no sul de Judá ao qual Davi enviou parte dos despojos de sua vitória sobre os amalequitas (1Sm 30:30). Talvez seja o mesmo que Asã.

BORDADO O embelezamento das vestimentas usando fibras texturizadas ou coloridas (nos tempos bíblicos) de materiais naturais tais como a lã, algodão e a seda. Poucos exemplos de tecidos têm sido encontrados desde os tempos bíblicos. As melhores indicações são as impressões criadas quando o tecido era colocado contra o reboco ou barro antes desses materiais mais duráveis secassem. A preponderância da evidência arqueológica para o têxtil está na forma de teares pesados de cobre, bronze e agulhas de ossos. Embora o bordado tenha sido uma atividade difundida e estava entre as habilidades dadas por Deus às tribos de Judá e Dã (Êx 35:35), os registros textuais fenícios estão mais intimamente associados à indústria; o nome deles pode se referir à tintura de "púrpura de Tiro" que eles produziam das conchas de *murex*. Resquícios dessas conchas na região costeira do Levante atestam a respeito dessa indústria, como atestam também as fábricas de manufaturas de tecidos e de tintura, encontradas nos lugares ao longo da Fenícia. Os bordados de linho feitos no Egito foram usados para as velas dos navios de Tiro (Ez 27:7). Roupas e vestes bordadas eram comerciadas entre Tiro, Edom, a península árabe, e a Mesopotâmia (v. 16, 24).

A cor do bordado era vista no mundo bíblico como um sinal de status. A púrpura era associada com a realeza, o carmesim com a luxúria (2Sm 1:24) e o azul com o pacto de Deus (Nm 15:37-40). O bordado aparece nas telas na entrada do tabernáculo (Êx 26:36), na porta da corte (27:16), sobre a roupa da noiva (Sl 45:13 [TM 14]), para vestir os ídolos (Ez 16:18), e como despojo (Jz 5:30). A destreza do bordado é usada como uma metáfora para a atenção que Deus deu a Jerusalém (Ez 16:10, 13). [KATHARINE A. MACKAY]

BORDÃO Qualquer vara forte usada para andar (Gn 32:10 [TM 11]; Mt 10:10, pelos pastores como defesa contra predadores (Zc 11:7; cf. Sl 23:4), como objeto cerimonial semelhante a um cetro (Gn 49:10; Is 14:5), para punição (30:32) ou como um aguilhão (Nm 22:27), um bastão para adivinhação (Os 4:12) ou arma de guerra (Is 10:24). O uso de um bordão para apoiar o corpo é a base para a expressão "o sustento [bordão] de pão" como alimento suficiente para sustentar dada sociedade (Lv 26:26; Sl 105:16; Ez 4:16; 5:16; 14:13; cf. Is 3:1).

BORRA O sedimento formado na fermentação do vinho (heb. *šĕmārîm*). O vinho era deixado no odre por um determinado tempo para melhorar o sabor e a riqueza, então era coado antes de beber (Is 25:6; cf. Sf 1:12). Jr 48:11 aparentemente se refere a prática de derramar vinho de contêiner para contêiner para manter a borra em suspensão. Beber a taça da ira do Senhor "à borras" significa estar debaixo da punição de Deus até o fim (Sl 75:8 [TM 9]; Is 51:17).

BOSOR (gr. *Bosór*) **I. (LUGAR)** Cidade em Gileade capturada por Judas Macabeus (1Mac 5.25, 36). Tem sido identificada com Bus rel-Hariri, na extremidade sul de el-Leja.

II. (PESSOA) De acordo com 2Pedro 2:15, o pai de Balaão. Em outro lugar ele é chamado Beor (2).

BOZCATE (heb. *boṣqaṯ*) Cidade na planície de Judá, parte daquela herança da tribo e o lar de Jedida, mãe de Josias, (2Rs 22:1). Embora F.-M. Abel tenha ligado Bozcate com ed-Dawa'ime, a 15 km a sudeste de Laquis, sua identificação não é amplamente aceita. Bozcate estava inclusa dentro do mesmo distrito que Laquis e Eglom (Js 15:39). [JENNIFER L. GROVES]

BOZEZ (heb. *bôṣēṣ*) Um dos desfiladeiros rochosos que ladeavam a passagem para as montanhas perto de Micmás (1Sm 14:4), no lado norte de Uádi es-Suweinit, aprox. 11 km a nordeste de Jerusalém. O outro desfiladeiro, ao sul da garganta oposta a Geba, era chamado Sene.

BOZRA (heb. *boṣrâ*; gr. *Bosorra*) **1.** Capital de Edom, a moderna Buseirah a oeste da Rodovia do Rei na Jordânia. Situada próxima às valiosas minas de cobre e da fronteira com Judá, a posição de Bozra era de grande importância estratégica. Possivelmente devido a confrontações anteriores, os vários profetas do AT predisseram a condenação de Bozra nas mãos da vingança de Deus (Is 34:6; 63:1; Jr 49:13; Am 1:12). Nas escavações em Buseirah, descobriu-se camadas datando aproximadamente do século VIII a.C. Na cidade alta foram construídos grandes edifícios públicos, de arquitetura monumental, impressionantes casamatas de defesa e um possível complexo de templo. A relação dos achados cronológicos sobre as listas de reis edomitas (Gn 36:31; 1Cr 1:44) permanece um assunto de discussão entre os eruditos.

Bibliografia. C.-M. Benett, "Excavations at Buseirah, Southern Jordan, 1971", *Levant* 5 (1973), 1-11.

2. Cidade listada entre os assentamentos moabitas numa profecia polêmica de destruição e condenação (Jr 48:4). Bozra pode se referir a *bsr* na Pedra Moabita ou Bezer, a cidade de refúgio (Dt 4:43; Js 20:8; 21:36). A despeito de muitas localizações possíveis, a identificação arqueológica obrigatória para Bozra permanece em discussão.

3. Cidade em Gileade, conquistada por Judas Macabeus (1Mac 5.26-28), identificada com a moderna Busra as-Sam. Os nabateanos informaram Judas que muitos judeus estavam sendo mantidos cativos em Bozra. Ele prontamente marchou para ajudá-los, matando seus capturadores e saqueando a cidade. Trajano renomeou a cidade nabateana chamando-a Noba Trajana Bostra durante sua reorganização arábica de 105 d.C., tornando-a capital da província. [RYAN BYRNE]

BRAÇA Unidade de medida (gr. *orguiá*) representando a distância entre as pontas dos dedos de ambos os braços estendidos, equivalentes a 4 cúbitos ou 1.8 metros (At 27:28).

BRACELETE Objeto decorativo usado no pulso ou no braço tanto de homens como de mulheres. Os braceletes nos tempos bíblicos eram feitos de bronze ou cobre, também de prata, ouro, ferro, e vidro foram usados posteriormente. Os braceletes possuíam vários desenhos: anéis simples redondos e planos, fios entrelaçados, ou anéis sólidos de forma simples. Alguns eram de ponta aberta com remates de animais. Pendentes feitos de metal, vidro, faiança, pedra, concha, osso, e marfim eram juntamente enfileirados e também usados no pulso. Os braceletes eram itens não somente de beleza, mas também de valor visto que eles eram doados à tenda da congregação (Nm 31:50) e foram dados como presente a Rebeca na esperança de assegurar o casamento com Isaque (Gn 24:22). Eles têm sido encontrados nos braços de esqueletos em sepulturas antigas. [KATHARINE A. MACKAY]

BRANCO O AT não tem um vocabulário bem desenvolvido para as diferentes cores. Muitas palavras usadas para cores foram originalmente descritivas em vez de nome para alguma cor específica. O hebraico *laḇan* é normalmente traduzido por "branco", mas pode ter também o significado de "leve", "brilhante". Em Levítico 13, a palavra se aplica a doenças da pele (cf. Êx 4:6; 2Rs 5:27, no qual a pele doente é comparada a neve).

Tanto no AT quanto no NT "branco" normalmente transmite a pureza ritualística. No NT, ocorre com imagens cristológicas como um sinal de pureza (gr. *leukós;* Ap 3:4, 5, 18; 7:9, 12-14) e também como símbolo de salvação e/ou de pureza (4:4; 6:11; 19:14). Entretanto, em Apocalipse 6:2, o primeiro cavalo, um cavalo branco, simboliza o sofrimento que toda guerra produz; constitui também uma punição escatológica sobre a humanidade pecadora (cf. 19:11, 14). Em geral, no livro de Apocalipse, "branco" simboliza uma associação positiva com Deus todo-poderoso, com Cristo ou com a justiça dos cristãos que venceram como Cristo venceu (p. ex., Ap 1:14; cf. 2:17, a pedra branca dada aos cristãos perseverantes como símbolo da recepção deles na vida eterna). [THOMAS B. SLATER]

BRINCOS Homens, mulheres e crianças do Antigo Oriente Próximo adornavam seus ouvidos e narizes com joias. Ezequiel 16:12 distingue a palavra heb. *'ăgîlîm*, ornamentos para o ouvido, de *nezem*, um pendente de nariz (Gn 24:22, 30, 47; Is 3:21; Pv 11:22), mas *nezem* pode também se referir a brincos (Gn 35:4; Êx 32:2-3; Pv 25:12). Em outras passagens, a distinção não é clara, e *nezem* pode ter simplesmente se referido a qualquer pequeno item em forma de pendente de joia.

Os pendentes estão associados à manufatura de um ídolo ou objeto de culto (Êx 32:2-3; Jz 8:27; Gn 35:4), e estão entre as peças de joia oferecidas para o uso na tenda do tabernáculo de Deus (Êx 35:22). O material de um pendente, quando mencionado, é sempre ouro (Gn 24:22, 30, 47; Êx 32:2-3; 35:22; Jz 8:24; Jó 42:11). Pendentes de ouro ou prata não são frequentes entre os achados arqueológicos na Palestina, mas pendentes de ferro, cobre, e bronze são comuns. Os pendentes de ouro são comumente luniformes (na forma de lua crescente) com um ponto no final para inserção no lóbulo das orelhas ou nariz. Outros pendentes são circulares com travas e dois pontos sobrepostos. Alguns brincos eram muito pesados (Gn 24:22; Jz 8:24-26; cf. *ANEP*, 72). Os pendentes algumas vezes possuíam decoração adicional, especialmente os cachos de bolas (brincos de amora) e pendentes moldados com botões em forma de romãs. Os joalheiros faziam esses pendentes em moldes de pedra lavrada. [JOSEPH E. JENSEN]

BRONZE Metal com tonalidade amarela-marrom composto principalmente de cobre. Os metalúrgicos usam o termo para designar as ligas de cobre e latão de menos que 11% de latão. Nos textos antigos e entre os eruditos contemporâneos "bronze" inclui itens feitos de cobre e ligas com arsênico, antimônio, chumbo, ou prata e não apenas latão. Na KJV o termo "latão" (metais) é usado uniformemente, visto que hoje o termo que especifica as ligas de cobre/zinco era usado a respeito de todas as ligas de cobre monovalente em 1611 d.C.

A liga de cobre é usada para manufaturar produtos que são superiores aos feitos de cobre puro. A liga de bronze proporciona vantagens de produção por ser mais fundível, exigindo menos recozimento, porque é mais fluída na fundição. Os produtos de bronze são mais duros, menos suscetíveis à oxidação e podem ser polidos para mostrar mais brilho. A proporção de cobre e ingredientes de liga pode ser variada de acordo com o propósito do produto. O bronze é endurecido, mas também se torna mais maleável quando misturado com determinadas quantidades de estanho. O conteúdo de estanho de aprox. 20%, p. ex., contribui com uma qualidade sonora que é desejável para os címbalos, mas que não satisfaria as exigências de flexibilidade de uma espada. A maioria do bronze encontrado no antigo Oriente Próximo tem um conteúdo de aprox. 5-10% de estanho. O bronze endurecido pelo martelar é tão duro quanto 5.5 na escala de Mohs e quase duas vezes mais duro do que o cobre. O bronze praticamente substituiu o cobre visto que era um material superior para ferramentas e armas que precisavam permanecer rígidas ou para manterem-se afiadas. Também era o principal metal usado para armas e ferramentas até que foi suplantado pela tecnologia do ferro.

A perícia de trabalhar com o metal é identificada na Bíblia com Tubalcaim (Gn 4:22), que é eponimamente reconhecido como o "pai da metalurgia". O antigo uso do martelo e do fogo foi básico para toda a metalurgia subsequente. A evidência dos produtos manufaturados aponta para o trabalho em cobre que começou a acontecer na Mesopotâmia Superior por volta do Sexto Milênio a.C. Ligas de cobre, particularmente cobre arsênico, estão amplamente evidenciadas no quarto milênio, tendo como exemplos mais conhecidos a multidão de clavas de cabeça e coroas encontradas em Nabal Mishmar. Esse "bronze" foi quase exclusivamente o tipo utilizado no terceiro milênio. O bronze se tornou dominante no segundo milênio.

Na Bíblia, a tecnologia do bronze era amplamente conhecida, e é evidenciada na confecção de artefatos desde a última metade do segundo milênio e da parte inicial do primeiro. A ação de forjar, a ação de esticar o metal, a ação de entalhar o material são vistas na manufatura dos itens para o exterior tanto do tabernáculo como do templo (Êx 27:1; 1Rs 7). As ligas de cobre são relativamente avaliadas em listas taxonômicas usadas dentro das estruturas religiosas (Nm 31:22) como de menor valor que o ouro e que a prata. O bronze era usado para a manufatura de objetos rituais extensivamente utilizados tais como jarros, bacias, altares, e instrumentos musicais (1Cr 15:19); suprimentos militares tais como armadura, lanças, espadas e pontas de flechas (1Sm 17:5-7; 2Cr 12:10; Jó 20:24); e aparelhagem doméstica como portas e mecanismos de fechar (Sl 107:16; 1Rs 4:3). Não enfatizado na Bíblia, mas evidenciado nos restos físicos há grande variedade de ferramentas e objetos pessoais que vão além de uma sovela (Dt 15:17) e de espelhos de mão (Êx 30:17).

Bibliografia. B. Rothenberg, ed., The Ancient Metallurgy of Copper (Londres, 1990). [ROBERT WAYNE SMITH]

BRONZE, MAR DE *Ver* MAR FUNDIDO.

BRONZE, BACIA DE Bacia localizada no espaço entre a tenda do tabernáculo e o altar das ofertas queimadas, na qual os sacerdotes deveriam lavar as mãos antes de sacrificar no altar (Êx 30:17-21). Esse objeto, feito de espelhos de bronze doado pelas mulheres que ministravam à tenda da congregação (Êx 38:8), ficava em um suporte também de bronze (30:18). No templo de Salomão, a bacia de bronze foi substituída pelo mar fundido (1Rs 7:23-26; 2Cr 4:2-5; cf. 2Rs 25:13; 1Cr 18:8, "mar de bronze").

BRUXO *Ver* MÉDIUM, BRUXO.

BRUXARIA A prática de feitiçaria (cf. Êx 22:18) ou da necromancia (1Sm 28) para adivinhação ou manipulação de espíritos (geralmente maus) (cf. Dt 18:10, 11). *Ver* MÁGICO, MÉDIUM, BRUXO.

BUL (heb. *bûl*) O oitavo mês do calendário israelita (Out. Nov.; 1Rs 6:38). Também conhecido como o mês da chuva, é o mês para a semeadura do trigo e da cevada, e para a colheita das azeitonas (no norte da Galileia) e dos figos de inverno. Após o exílio, os hebreus adotaram o nome babilônico para esse mês: Marheshvan.

BUNA (heb. *bûnâ*) Judaída, filho de Jerameel (1Cr 2:25).

BUNI (heb. *bunnî, bûnnî*) **1.** Levita pós-exílico entre aqueles que tomaram a liderança numa confissão pública (Ne 9:4).

2. Israelita que pôs o selo para o pacto renovado sob Neemias (Ne 10:15 [TM 16]).

3. Levita, ancestral do pós-exílico Semaías (Ne 11:15).

BUQUI (heb. *buqqî*) **1.** Líder da tribo de Dã; um dos escolhidos para auxiliar na divisão da terra prometida de Canaã (Nm 34:22).

2. Levita, filho de Abisua e descendente de Arão (1Cr 6:5, 51 [TM 5:31; 6:36]), ancestral de Esdras, o escriba (Ed 7:4).

BUQUIAS (heb. *buqqîyāhû*) Filho de Hemã, líder da sexta divisão dos cantores levitas (1Cr 25:4, 13).

BUZ (heb. *bûz*) **1.** Filho de Naor e Milca (Gn 22:21). Seus descendentes formaram uma tribo árabe (Jr 25:23), os buzitas (cf. Jó 32:2, 6).

2. O pai de Jado, da tribo de Gade (1Cr 5:14).

BUZI (heb. *bûzî*) Sacerdote, pai do profeta Ezequiel (Ez 1:3).

A B C D E F G H I J K L M N O P Q R S T U V X Y Z

C

C O símbolo usado para designar o Códex Ephraemi Syri.

CABEÇA Geralmente a cabeça do corpo físico, o centro dos órgãos dos sentidos e local do cérebro (heb. *rō'š*; gr. *kephalḗ*). Muitas passagens aludem a costumes particulares no que se refere à cabeça. A cobertura da cabeça de uma pessoa era sinal de contrição (2Sm 15:30) ou de vergonha (Jr 14:3). Cobrir a cabeça com pó da terra era ato demonstrativo de pesar (2Sm 13:19; Lm 2:10; Ez 27:30; Ap 18:19). Raspar a cabeça também era ato de pesar (Jó 1:20; Jr 16:6), mas raspar a cabeça de outra pessoa era uma forma de humilhá-la (1Cr 19:4-5; 1Co 11:5-6). Por meio da unção da cabeça com óleo, a pessoa era consagrada e recebia a bênção de Deus. Uma cerimônia de unção acompanhava a ordenação de novos sacerdotes (Êx 29:7; Lv 8:12) e de reis (1Sm 10:1; 16:13).

Muitas vezes, o termo "cabeça" se refere a uma pessoa em posição de liderança (Js 11:10; Jz 11:11). Paulo combinou essa compreensão de cabeça com o conceito literal ao falar metaforicamente da Igreja como corpo e de Cristo como cabeça (Ef 1:22-23; 4:15; Cl 1:18; 2:19), dessa maneira enfatizando a unidade da Igreja, que se encontra sob a liderança de Cristo (a cabeça).

"Cabeça" também pode referir-se ao que é o mais importante. Esse é provavelmente o sentido nas referências a Jesus como "principal (*kephalḗ*) pedra angular" (Mc 12:10; Mt 21:42; Lc 20:17; At 4:11; 1Pe 2:7; cf. Sl 118:22). Semelhantemente, o monte Sião é citado como "mais alto dos montes" (Is 2:2; Mq 4:1), e Jerusalém é exaltada acima da minha "maior alegria" (Sl 137:6). [MARK R. FAIRCHILD]

CABELO Cabelo e moda sempre foram importantes. Enquanto os egípcios raspavam a cabeça, os hebreus e seus vizinhos preferiam cabelos e barbas longos, como no caso de Absalão (2Sm 14:26) e Jeú (note seu cabelo longo no Obelisco Negro). Na época do Novo Testamento, os homens gregos e romanos usavam cabelo curto e raspavam a barba. As mulheres romanas usavam penteados altamente individualizados (1Co 11:6). A maioria das mulheres ricas tinha seu cabelo trançado ou franzido (1Tm 2:9; 1Pe 3:3), e algumas cobriam a cabeça com algum tipo de véu (1Co 11:6). Em Roma, as perucas eram comuns entre as mulheres abastadas. A mulher de Caracala, Plautila, foi representada numa estátua com cabelo removível, de maneira que pudesse acompanhar a moda corrente.

No que se refere a cabelo e religião, talvez o exemplo bíblico mais conhecido seja o do voto do nazireado (Nm 6), de acordo com o qual o participante fazia um voto de nunca mais cortar o cabelo (p. ex., Sansão, Jz 16:13-31). Enquanto sacerdotes nunca deviam raspar a cabeça (Ez 44:20), leprosos recém-purificados tinham obrigação de fazê-lo (Lv 14:8). A cor do cabelo de pele infectada determinava se a doença era lepra ou não (Lv 13). Corte cerimonial de cabelo com o propósito de dedicação a ídolos foi repetidamente proibido (Lv 19:27; Jr 9:26; Ez 5:1). Até mesmo o apóstolo Paulo fez um voto do tipo nazireu, que foi encerrado com um corte de cabelo (At 18:18). Em ambos os Testamentos, Deus é visto com "cabelos brancos como lã" (Dn 7:9; Ap 1:14).

A cabeça e, portanto, o cabelo eram objeto de unção com óleo (Sl 45:7 [TM 8]) e pranto. Em situações de pesar, o cabelo podia ser arrancado (Ed 9:3) ou coberto com pó e cinzas. Maria ungiu os pés de Jesus com perfume muito caro usando os próprios cabelos (Lc 7:38; Jo 11:2), assim demonstrando amor e hospitalidade.

O cabelo também oferecia um meio efetivo de comunicação por meio de figuras de linguagem (p. ex.,, Mt 10:30 e paralelos; Lc 21:18) ou metáforas comuns e comparações. [DONALD FOWLER]

CABOM (heb. *kabbôn*) Cidade na distribuição das tribos que coube a Judá (Js 15:40), uma das 16 cidades pertencentes ao distrito de Laquis na planície sudoeste. Sua localização é desconhecida, embora ela tenha sido recentemente identificada com Tel Haraqim. Ela é algumas vezes identificada com Macbena (1Cr 2:49). [STEVEN M. ORTIZ]

CABRAS SELVAGENS, ROCHA DAS Região rochosa deserta perto de En-Gedi (heb. *ṣûrê hayyĕʿēlîm*), a curta distância do Mar Morto, onde existem muitas cabras selvagens (1Sm 24:2 [TM 3]). Numa das cavernas da área, Davi teve a oportunidade de matar o rei Saul, mas recusou-se a levantar a mão contra o ungido do Senhor.

CABRITO, CABRITO MONTÊS *Ver* VEADO, CERVO.

CABUL (heb. *kāḇûl*) **1.** Cidade fronteiriça localizada no território de Aser (Js 19:27). É geralmente associada com a moderna cidade árabe de Cabul na baixa Galileia, aprox. 16 km a sudoeste de Acre. Cabul é a única cidade da antiga fronteira oriental no território da tribo de Aser que tem o mesmo nome até hoje.

2. Distrito na Galileia consistindo de vinte cidades que foi dado a Hirão de Tiro por Salomão como remuneração pelo cedro, madeira de cipreste, e ouro (1Rs 9:13). O nome Cabul ("desagradável" ou "infrutífero") conotava o desprazer de Hirão com a área, embora o significado exato da palavra não seja conhecido. [JOHN FOTOPOULOS]

CABZEEL (heb. *qaḇṣĕʾēl*) Cidade no sul de Judá, perto da fronteira de Edom (Js 15:21), lar de Benaías, um dos guerreiros de Davi (2Sm 23:20 = 1Cr 11:22). Depois do exílio, foi repovoada sob o nome de Jecabzeel (Ne 11:25). A cidade pode ser identificada com a moderna Khirbet Gharreh/Tell ʻIra, perto do uádi Mishash, cerca de 21 km a nordeste de Berseba.

CAÇA As pessoas nos tempos bíblicos caçavam para ter comida, praticar esporte e ou proteger humanos, animais domésticos e a colheita. Caçar era importante fonte de comida: o hebraico *ṣayiḏ*, "caça", também pode significar "comida" ou "jogo". Há numerosas referências a animais selvagens como cervos, gazelas, corças, íbex, antílopes, cabras selvagens, ovelhas montesas, e várias aves selvagens como fontes de comida (p. ex., Dt 14:5; as Aventuras de Sinué). Nomeado entre os descendentes dos servos de Salomão se encontra Poquerete-Hazebaim ("o apanhador de gazelas"; Ed 2:57 = Ne 7:59), talvez preservando o nome de uma família responsável pelas provisões reais (cf. 1Rs 4:23).

Ninrode, um caçador heroico, é identificado na Tábua das Nações como o fundador de muitas cidades na Mesopotâmia (Gn 10:9) e depois é chamado de "poderoso" ou guerreiro (cf. 1Cr 1:10; Mq 5:6 [TM 5]). A caça estava frequentemente conectada com a atividade de heróis e guerreiros no antigo Oriente Médio (cf. História de Aqhat; Epopeia de Gilgamesh; Jr 16:16). Muitas das habilidades e armas usadas na caça eram transferíveis para a guerra. Entre as armas e técnicas usadas para caçar, pode-se relacionar o arco e flecha (Gn 27:3), espadas, facas, fundas, varas, bordões (Sl 23:4), lanças, redes, covas e armadilhas.

A caça é principalmente uma atividade nômade ou rural. Esaú era hábil caçador de campo aberto, o que era apreciado por Isaque (Gn 25:27-28). Ismael, outro habitante do deserto, é descrito como um arqueiro (Gn 21:20).

Caçar por esporte era símbolo do poder real, comum na arte e história egípcias e assírias. Os assírios mantinham leões em covas, libertando-os para os propósitos das caçadas reais (cf. Benaia, 2Sm 23:20 = 1Cr 11:22); o que poderia explicar a sua presença na corte de Dario (Dn 6:7-24).

A caça como forma de proteção estava ligada especialmente à defesa do rebanho contra os predadores, realizada pelo pastor (1Sm 17:34-37). Sabe-se que leões, ursos, leopardos, chitas, lobos e chacais habitavam a Palestina. A imagem de ataques por animais selvagens é usada para descrever Israel e seus inimigos (Jr 5:6). Predadores e presas vivendo em harmonia são metaforicamente usados para descrever a paz e a harmonia na era messiânica (Is 11:6-7).

Bibliografia. O. Borowski, *Every Living Thing: Daily Use of Animals in Ancient Israel* (Walnut Creek, Calif., 1998); V. H. Matthews & D. C. Benjamin, *Old Testament Parallels: Laws and Stories of the Ancient Near East*, ed. rev. (New York, 1997); J. D. Wineland, "Hunting and Fishing", in *By the Sweat of Thy Brow: Labor and Laborers in the Biblical World*, ed. C. Mattingly (Sheffield). [JOHN D. WINELAND]

CADES (heb. *qāḏēš*), **CADES-BARNEIA** (*qāḏēš barnēaʿ*) Cades-Barneia, local ao norte do Sinai (o deserto de Zin; Nm 20:1; 33:36) onde Israel acampou pelo menos duas vezes em sua peregrinação. Na narrativa da campanha de Quedorlaomer no sul de Canaã, Cades é chamada de En-Mispate "fonte de julgamento" (Gn 14:7). Foi perto de Cades que Hagar recebeu a promessa de Deus do nascimento de Ismael (Gn 16:11-14). Moisés enviou os espiões de Cades para reconhecerem Canaã, mas o relatório deles destruiu a resolução de Israel de conquistar a terra (Nm 13-14; Dt 1:19). Devido à falta de fé deles, Deus sentenciou Israel a quarenta anos de peregrinação, que acabou levando o povo de volta a Cades-Barneia. Foi também em Cades que Míriam, irmã de Moisés, morreu e foi enterrada (Nm 20:1) e ali Israel novamente se queixou da falta de água (v. 2-10). Em Cades, Moisés desobedeceu a Deus ao ferir a rocha com seu bastão para produzir água, em vez de apenas falar-lhe, como Deus havia ordenado; essa insubordinação impediu a entrada de Moisés em Canaã (Nm 20:2-13). O local acabou servindo como marco para a fronteira sul de Judá (Js 15:1-3; cf. v. 23, "Quedes").

ʻAin el-Qudeirat, o local identificado como Cades-Barneia, nem sempre combina com os textos bíblicos. Trabalhando em parte sobre a identificação de Nathaniel Schmidt, C. Leonard Woolley e T. E. Lawrence (1914-1915) confirmou as conclusões de Schmidt. Moshe Dothan reescavou o local em 1956, e Rudolph Cohen em 1972-1982.

Escavações revelam três fortalezas superpostas que datam dos séculos X ao VII-VI a.C., sucedida de alguma ocupação persa. A fortaleza do século X tinha a grande forma oval (c. 27 m de diâmetro) com paredes em casamata. A coleção de cerâmica e o plano do local sugerem que ela foi construída durante o reinado de Salomão, provavelmente como parte de uma linha defensiva ao longo da fronteira sul de Judá. Foi provavelmente destruída durante as campanhas de Sisaque em Israel e Judá.

A fortaleza foi reconstruída cerca de dois séculos depois. A nova fortaleza era retangular (c. 60 x 40 m) com muros sólidos (c. 4 m de largura) e oito torres que se destacavam ao longo de seus muros. Um revestimento de terra e um fosso protegiam os muros da fortificação. Uzias pode ter dirigido a construção dessa fortaleza (2Cr 26:10). Ela foi provavelmente destruída no fim do reinado de Manassés, em meados do século VII a.C.

A última fortaleza foi construída com muros com casamatas e seguiu basicamente o mesmo desenho retangular da fortaleza intermediária. O revestimento e o fosso continuaram em uso. No canto noroeste da fortaleza, havia uma grande estrutura circular de tijolos de barro (c. 1,9 m de diâmetro). Essa estrutura foi preenchida com uma grossa camada de cinza e, próximo a ela, havia vasos de cerâmica, um pequeno queimador de incenso e ossos de animal. Essa área pode ter sido um santuário para o pessoal do local ou para a região. Cohen sugere que tal fortaleza foi construída durante o tempo de Josias e destruída durante a campanha de Nabucodonosor, quando ele também destruiu Jerusalém.

A escavação não produziu evidência para indicar a presença de um número maior de pessoas no local durante qualquer período quando se imagina ter ocorrido o Êxodo. Estudiosos têm interpretado o problema de maneira diferente. Os conservadores podem afirmar que a identificação é um erro e que Cades-Barneia seria identificada com outro local, ainda não descoberto. Outros sugerem que a história bíblica é um relato etiológico. Um número cada vez maior de estudiosos sugere que não houve um número grande de pessoas que saiu do Egito para acampar em Cades-Barneia e, portanto, nenhum resíduo deveria ser esperado.

Bibliografia. R. Cohen, "Excavation at Kadesh--Barnea, 1976-1978", *BA* 44 (1981): 93-107; "The Iron Age fortresses in the Central Negev", *BASOR* 236 (1979): 61-79; Kadesh-barnea (Jerusalem, 1983); M. Dothan, "The Fortress at Kadesh-Barnea", *IEJ* 15 (1965): 134-51.

Cades no Orontes, moderna Tell Nebî Mind na Síria. Embora os anais egípcios mencionem batalhas anteriores no local (p. ex., Tutmés III, Seti I), o mais notável conflito ocorrido cerca de 1285 a.C., quando Ramessés II e os hititas, sob Muwatallis, lutaram perto de Cades pelo controle da Síria. Ambos os lados sofreram gravemente no conflito e o terminaram com um tratado que foi preservado pelas duas partes (*ANET*, 199-203); a versão hitita provavelmente preserva os termos com mais precisão. Ramessés retratou a batalha em vários entalhes em templos no Egito.

Bibliografia. J. H. Breasted, ed., *Ancient Records of Egipt*, 5 vols. (Chicago, 1906-7). [DALE W. MANOR]

CADINHO Vaso usado para refinar a prata, provavelmente feito de cerâmica. heb. *maṣrēp̄* é usado metaforicamente para descrever o teste ou o julgamento de Deus sobre a raça humana (Pv 17:3; 27:21).

CADMIEL (heb. *qaḏmîʾēl*) O chefe de uma família levítica que, com seus descendentes, retornou com Zorobabel do cativeiro na Babilônia (Ed 2:40; Ne 7:43; 12:8, 24). Ele e seus filhos supervisionaram os que reconstruíram o templo (Ed 3:9). Cadmiel participou da confissão pública do pecado (Ne 9:4-5) e assinou o pacto renovado (10:9 [TM 10]).

CADMONEU (heb. *qaḏmōnî*) Um povo listado entre os habitantes pré-israelitas (Gn 15:19). O nome ("orientais") representa provavelmente o mesmo povo chamado de "filhos de Qedem" ARA "povo do oriente"; ex., Gn 29:1; Jz 6:3, 33; Jó 1:3).

CAFARNAUM (heb. *kĕp̄ar naḥum*; gr. *Kapharnaoúm*) Cidade à margem noroeste do mar da Galileia, identificada com a moderna Tell Hum (Talhum). Localizada exatamente ao oeste de onde desemboca o Jordão no mar da Galileia, Cafarnaum era uma cidade-fronteira separando o território de Herodes Antipas e Herodes Filipe durante o ministério de Jesus. Nem um texto anterior ao século I d.C. menciona Cafarnaum, É improvável que Naum em seu nome se refira ao profeta do Antigo Testamento. Josefo menciona duas vezes anedoticamente Cafarnaum, sem dar a ela qualquer importância política ou cultural: ele caiu uma vez de seu cavalo lá perto, e ele (talvez incorretamente) identificou as "Fontes de Heptapegon" como as "Fontes de Cafarnaum" (Vita 403; *BJ* 3.520). Posteriormente, a literatura rabínica destaca a associação de Cafarnaum com os *minim*, um grupo judaico não ortodoxo (que alguns simplesmente supõem ser judeus-cristãos; cf. Qoh. Rab. 1.8).

Escavações arqueológicas completam o vácuo deixado nos textos literários de Cafarnaum. Mais de um século de escavações têm descoberto muitos muros e fragmentos da Era do Bronze, mas os restos mais importantes datam dos períodos romanos, bizantinos e islâmicos. As estruturas mais impressionantes são a sinagoga do século IV e a igreja octogonal do V. A sinagoga é uma das maiores em Israel; suas fachadas de pedras calcárias brancas permaneceram em absoluto contraste com as casas de basalto negro que a circundam. De interesse por causa dos nomes paralelos no Novo

Testamento é uma inscrição aramaica numa coluna do período bizantino que lê: "Alfeu, filho de Zebedeu, filho de João, fez esta coluna; possa ser ele abençoado" (*CIJ*, 982-83). Se um andar de basalto sob essa sinagoga representa uma sinagoga do século I ou não é discutível. A igreja octogonal do século V,conhecida como a Casa de São Pedro foi reconstruída numa igreja domiciliar do século IV. A pintura cristã faz dela provavelmente o lugar mencionado por um peregrino do século IV, Egéria, como a "casa do príncipe dos apóstolos". Alguém especula que os restos sob essa estrutura, o assim chamado *insula sacra*, que foi construída no século I d.C., estava associada com Pedro (Mc 1:29-31). Escavações recentes têm também apontado uma pequena casa de banho, semelhante àquelas usadas pelos soldados romanos situadas junto às fronteiras romanas. A ligação óbvia com centurião de Cafarnaum mencionado no Novo Testamento é enfraquecida pela provável data posterior das casas de banhos nos séculos I ou II (Mt 8:5-13=Lc 7:1-10).

Mais importante que essas estruturas posteriores para o entendimento da vida de Jesus foi o quadro da Cafarnaum do século I que as escavações pintam: rudes casas de basalto reforçadas com barro e adubo e cobertas com telhados de palha (cf. Mc 2:1-12). As casas consistiam de quartos e apriscos de animais em volta de um pátio central batido de terra. As estradas não pavimentadas, o abrigo rude, e a falta de características da arquitetura pública greco-romana tornam o uso técnico termo grego *pólis* pouco provável nos evangelhos (Mt 9:1; Lc 4:31). Com uma população não maior do que 1500 pessoas, era uma grande vila que vivia dos lucros da pesca, como indicam os muitos anzóis de peixe encontrados lá. Um barco do século I encontrado pelos arqueólogos próximo a Kibbutz Ginnosar fornece uma boa ilustração de tipo de barco pequeno usado pelos pescadores da Galileia. Um marcador de distância ao estilo romano datando do início do século II confirma que uma grande estrada levava de Cafarnaum até a Síria, e a tradicional identificação de Mateus como coletor de impostos pode ser, talvez, mais precisamente ligada a pedágios de fronteiras (Mt 9:9).

Os evangelhos indicam que o ministério de Jesus centralizava-se em torno de Cafarnaum, e não seria errado marcá-la como a base de suas operações. Mateus 4:13 declara que Jesus deixou Nazaré e foi para Cafarnaum, e Marcos 2:1 descreve Jesus como "estando em casa" lá. Os evangelhos registram vários milagres ocorridos em Cafarnaum, incluindo a cura de um paralítico que foi baixado pelo telhado aberto, até o lugar onde Jesus pregava (Mc 2:1-12) e o exorcismo de um espírito imundo de um homem da sinagoga (Mc 1:23-28). Cinco dos discípulos foram escolhidos em ou perto de Cafarnaum: Pedro e André eram de Cafarnaum e foram chamados para seguir Jesus perto de lá (Mc 1:16, 29), Tiago e João pescavam na região quando foram chamados (1:21), e a coletoria de impostos de Mateus aparentemente estava situada lá (Mt 9:9-13). O relacionamento único de Jesus com Cafarnaum é, talvez, como em nenhum outro lugar, mais aparente que sua maldição contra Cafarnaum pela sua recusa em responder aos seus ensinos (Mt 11:23).

Bibliografia. S. Loffreda, *A Visit to Capharnaum* (Jerusalem, 1972); Loffreda e V. Tzaferis, "Capernaum", *NEAEHL* 1.291-96; J.L. Reed, *The Population of Capernaum. Institute for Antiquity and Christianity Occasional Paper* 24 (Claremont, 1993); J.E. Taylor, *Christians and the Holy Places* (Oxford, 1993). [JONATHAN L. REED]

CAFTOR (heb. *kaptôr*) O sétimo "filho" de Mizraim (Egito) (Gn: 10:13-14=1Cr: 1:11-12). Deuteronômio 2:23 informa que os caftorins desalojaram os avvim ao longo da costa da Palestina até Gaza. Caftor é, de acordo com Jeremias 47:4 e Amós 9:7, o lugar de origem dos filisteus. A nota parentética de Gênesis 10:14, entretanto, indica que os casluim, não os caftorins, são os ancestrais dos filisteus, mas muitos estudiosos sugerem que a nota deve ser transposta para o fim do verso.

O nome Caftor é tradicionalmente associado com a ilha de Creta. Textos de Mari e Ugarite mencionam um lugar chamado Kaptara, descrito como além do Mar Superior e dentro da esfera de influência de Sargon de Acade. Documentos egípcios frequentemente mencionam um lugar chamado Keftíu; desde que os egípcios tiveram uma extensa relação comercial com Creta depois de 2200 a.C., identificar Keftíu com Creta daria satisfações a muitas referências. Caftor tem também sido identificada com áreas litorâneas da Ásia Menor ou Síria. (A LXX traduz Caftor como Capadócia em Amós 9:7). Creta, entretanto, parece ser a localização mais provável.

Poucas conexões arqueológicas ou literárias podem ser feitas entre os filisteus e Creta/Caftor. Os filisteus podem ter "feito escala" em Caftor em suas viagens de alguma outra pátria, ou Caftor pode ter se tornado, por volta do segundo milênio, um nome para toda a área do Egeu.

Bibliografia. Y. Aharoni, *The Land of the Bible*, 2. ed. (Philadelphia, 1979); G.A. Rendsburg, "Gen 10.13-14: An Authentic Hebrew Tradition Concerning the Origin of the Philistines", *JNSL* 13 (1987): 89-96. [NANCY L. DECLAISSÉ-WALFORD]

CAIFÁS (gr. *Kaïáphas*) Mais frequentemente descrito como o sumo sacerdote envolvido no julgamento de Jesus.

Lucas cita Caifás e o liga com Anás como sumo sacerdote. Em 3:2 situa a aparição de João Batista no deserto no tempo do sumo sacerdócio de Anás e Caifás.

Mateus cita somente Caifás como sumo sacerdote. Líderes judeus conspiram prender Jesus no palácio do "sumo sacerdote, que foi chamado Caifás" (Mt 26:3), e depois de sua prisão, Jesus é levado a "Caifás, o sumo sacerdote" (v. 57). João menciona ambos, Anás e Caifás, por nome, mas nunca usa o título "sumo sacerdote" para Anás. Caifás é designado como "sumo sacerdote daquele ano" (Jo 11:49, 51; 18:13) ou simplesmente como "o sumo sacerdote" (18:24), e Anás como "o sogro de Caifás, que era o sumo sacerdote naquele ano" (v. 13). De acordo com João, depois da prisão Jesus foi primeiramente enviado a Anás e, então, a Caifás (Jo 18:13, 24).

Bibliografia. R.E. Brown, *The Death of the Messiah* (New York, 1994), 1:404-11; W. Horbury, "The 'Caiaphas' Ossuaries and Joseph Caiaphas", *PEQ* 126 (1994): 32-48. [SEUNG AI YANG]

CAIM (heb. *qayin*) **I. (LUGAR)** Assentamento incluído na lista de cidades na distribuição tribal de Judá (Js 15:57). Tem sido identificado com mais frequência com En-Nebi Yaqin, um pequeno local cerca de 10 km a sudeste de Hebrom. Infelizmente o local não tem sido sistematicamente examinado pelos arqueólogos. Entretanto, a semelhança no nome e na localização do sítio bem próximo a outros locais bem conhecidos com os quais Caim está agrupado em Josué 15 (p. ex., Maom, Carmelo, Zife e Jutá) fornece forte apoio circunstancial para esta identificação.

A LXX omite Caim em Josué 15:57, sugerindo a alguns que Caim podia ser um acréscimo ao TM para modificar Zanoa ("Zanoa de Caim", ou "Zanoa dos quenitas") para diferenciá-lo de outra Zanoa listada no v. 34. [WADE R. KOTTER]

II. (POVO) Termo coletivo, na forma singular, que designa o povo quenita (Nm 24:22; cf. Jz 4:11).

CAIM (heb. *qayin*) **E ABEL** (*heḇel*) Caim era o filho mais velho de Adão e Eva (Gn 4:1), "um lavrador da terra"; Abel, seu segundo filho, era um "pastor de ovelhas" (v. 2).

Muitas leituras das histórias de Caim e Abel (Gn 4:3-5:32) culpam Caim de sacrilégio e assassinato (4Mac 18.11; 1Jo 3:12) e as consideram uma explicação para o conflito irreconciliável entre lavradores e pastores. O autor de Hebreus vê Caim como aquele cujo sacrifício não era tão bom quanto o de seu irmão (Hb 11:4). Judas pronuncia julgamento sobre aqueles que agem como Caim e levam outros ao pecado (Jd 11). Para Josefo e muitos rabis, Abel representa o virtuoso, Caim o mesquinho e aquele que tem sede de fama. Abel é uma vítima inocente, Caim um assassino. Para Agostinho, as histórias demonstram a propagação do pecado. A desobediência se propaga para o sacrilégio (Gn 4:3-7), assassinato (v. 8), perjúrio (v. 9-10), e vingança (v. 23-24).

Antes de Alexandre o Grande trazer o helenismo para o mundo bíblico em 333 a.C., nem teologias do pecado original nem etiologias sobre conflitos de classes aparecem nas tradições do antigo Oriente Próximo. Como o mito de Enuma Elish da Mesopotâmia e o de de Anubis e Bata do Egito, as histórias de Caim e Abel e as de Adão e Eva (Gn 2:4b-4:2) eram sobre como humanos aprenderam a gerar filhos, fazendas, a construir cidades, fazer tendas, a domesticar rebanhos, tocar música, trabalhar com metal, administrar justiça e fazer comércio.

Quando a história começa, Caim e Abel estão ratificando pactos por sementes para plantar e animais para procriar. "fruto da terra uma oferta" e "... primícias do seu rebanho e da gordura deste" são expressões bíblicas padrão para os sacrifícios de lavradores e pastores. "Suas porções mais gordas" (v. 4) não privilegia o sacrifício de Abel acima do de Caim. Todos os sacrifícios devem ser o melhor ou as porções "gordas".

Bibliografia. J.D. Levenson, *The Death and Resurrection of the Beloved Son* (New Haven, 1993); S. Niditch, *Undergods and Tricksters* (San Francisco, 1987); J.G. Williams, *The Bible, Violence and Sacred* (Valley Forge, 1995). [DON C. BENJAMIN]

CAINÃ (gr. *Kaïnám*) **1.** De acordo com a genealogia de Jesus, apresentada por Lucas, Cainã era o filho de Arfaxade (Lc 3:36; cf. LXX Gn 10:24; 11:12).

2. Outro nome para Quenã, na genealogia de Lucas (Lc 3:37; cf. Gn 5:9-14; 1Cr 1:2).

CAL Argamassa líquida colorida com cal e usada para branquear paredes. No sentido metafórico, "cal" dá ideia de hipocrisia, a ocultação da corrupção interna. Todas as referências bíblicas à cal (exceto Pv 21:9 LXX) têm esse sentido.

Ezequiel compara as promessas de paz feitas por falsos profetas a um muro pintado com cal e feito com pedras soltas (Ez 13:10-16). Paulo emprega imagem semelhante ao referir-se a Ananias (At 23:3). Jesus chama os fariseus de "sepulcros caiados" (Mt 23:27). O costume judeu de pintar as sepulturas para evitar profanação acidental pode ter sugerido essa rica metáfora. [PERRY L. STEPP]

CAL, PEDRA CAL Óxido de cálcio, um pó cáustico, branco e irregular com muitos usos industriais, comumente produzido da pedra cal ou conchas por meio de calor intenso. Quando misturado com água, ele forma a cal de caiação, usado para pintar paredes e outras superfícies. Em Deuteronômio 27:2 e 4, a cal é usada para revestir as pedras em preparação para registrar as palavras da lei depois da travessia do Jordão pelo povo de Israel. Quando ossos são queimados até se transformarem em pó, o resultado é a cal. Isaías 33:12 descreve essa queima como aniquilação total. Em Amós 2:1, Moabe é condenada por reduzir a cal os ossos do rei de Edom. [MARTHA JEAN MUGG BAILEY]

CALÁ (heb. *kālaḥ*; ac. *kalḫu*) A capital do Império Assírio durante muito tempo na Era do Ferro; localizada na moderna Nimrûd, próxima à confluência dos rios Tigre e Zab, a cerca de 35 km ao sul de Nínive (Tell Kuyunjik). A cidade estava localizada à margem do Tigre. Escavações revelaram que a cidade era habitada desde o terceiro milênio a.C. É mencionada pela primeira vez em documentos escritos do século XIII. A partir da pouca evidência do último período médio Assírio pode se inferir que Kallu funcionava como capital provincial naquele período. No início do século IX, Assurbanípal II reconstruiu e expandiu a cidade para fazer dela a capital do Império Neoassírio, com muitos palácios e templos. Kallu estava localizada numa área agrícola no centro da Assíria. Como um centro político e religioso a cidade também era um centro escriba, que fundou a própria biblioteca. A cidade funcionava como o local onde o exército era reunido antes das campanhas militares, mesmo depois que Sargão II mudou a capital para Dur-sharruken. Nos anos finais de Esar-Hadom, Kallu funcionou novamente como capital, mas por pouco tempo.

Nenhuma deportação dos israelitas para Kallu é mencionada nas inscrições assírias. Os nomes pessoais dos israelitas em inscrições neoassírias, entretanto, dão evidência de que depois da conquista de Samaria, israelitas foram trazidos para Calá para trabalhar no exército Assírio.

A cidade é identificada como uma das cidades pelo caçador heroico, Ninrode, depois que ele se mudou de Babel para Assíria (Gn 10:11-12).

Bibliografia. B. Becking, *The Fall of Samaria, Studies in the History of the Ancient Near East* 2 (Leiden, 1992), 73-87; M.E. Mallowan, *Nimrud and Its Remains* (London, 1996). [BOB BECKING]

CALAFATES Comerciantes (heb. *maḥăzîqê bidqēk*, "aqueles que fortalecem sua brecha" hábeis no conserto de grandes buracos em embarcações marítimas (Ez 27:9, 27). A tarefa teria envolvido o uso de betume e piche (cf. Gn 6:14). Mais precisamente, esses trabalhadores eram carpinteiros de navios, num centro comercial em Gebal (Byblos; cf. 1Rs 5:18). Ezequiel 27 é um lamento sobre "o bom navio Tiro", um grande centro marítimo fenício.

CALAI (heb. *qallay*) Chefe da família sacerdotal de Salai no tempo do sumo sacerdote Joiaquim (Ne 12:20).

CÁLAMO Artigo de comércio produzido de um junco aromático (heb. *qāneh*; Ct 4:14; cf. Ez 27:19). *Ver* CANA DOCE.

CÁLAMO AROMÁTICO Uma variedade de cana ou erva aromática (heb. *qāneh*, "cana, ramo, galho"; Ez 27:19). Em Cântico dos Cânticos 4:14, o termo é traduzido por "cálamo". Entre as plantas assim referidas podem estar o cálamo (*Acorus calamus*), o capim-limão indiano (*Andropogon citratus*) e outras ervas e canas. Essas plantas eram usadas em perfumes (Ct 4:14) e no incenso feito para a adoração no tabernáculo e no templo (Êx 30:23; Is 43:24; Jr 6:20; cf. Êx 30:23, "cana aromática").

CALCEDÔNIA Uma variedade de quartzo com uma estrutura cristalina microscópica, ocorrendo em muitas variações de cores. A forma de ágata é negra com tiras alternadas, sombras irregulares, ou com estruturas parecidas com musgo, usualmente da opala. Quando se refere a joias, o termo calcedônia é usado para uma variedade de luz azul-cinza de tal quartzo. O peitoral de julgamento do sumo sacerdote é decorado com doze pedras, série em ouro e cada uma com o nome gravado das doze tribos. A pedra média na terceira de quatro de linhas é o hebraico *šĕbô*, muito frequentemente traduzido "*ágata*" (Êx 28:19; 39:12). Em Apocalipse 21:19, a terceira das doze pedras fundamentais de Jerusalém, que desce do céu, é calcedônia (gr. *chalkēdṓn*). [MARTHA JEAN MUGG BAILEY]

CALCOL (heb. *kalkōl*) **1.** O neto de Judá, de sua nora Tamar e seu filho Zerá (1Cr 2:6).

2. Um dos filhos de Maol, que era provavelmente o nome de uma corporação de músicos. 1Reis 4:31 (TM 5:11) compara Salomão favoravelmente a Calcol, um dos quatro homens mais sábios de seu tempo. [PAUL L. REDDITT]

CALDEIA A região no sul da Babilônia, fazendo fronteira com o Golfo Pérsico. Depois que uma dinastia caldeia veio ao poder sobre toda a Babilônia em 626 a.C., o termo Caldeia (ac. *kaldû*; heb. *kakdîm*) se tornou sinônimo de "Babilônia".

TERRA E POVO. Essa região pantanosa entre os rios Tigre e Eufrates, fazendo fronteira com o Golfo Pérsico, foi chamada as "Terras-Mar", pelos assírios e babilônios no segundo milênio a.C., mas no primeiro milênio "Terra dos Caldeus", por causa das tribos que viveram lá. O nome grego (*gḗ Chaldaíōn*) segue o acad. *Kaldû*, mas o hebraico (*kakdîm*, *'ereṣ kakdîm*; cf. aram. *kakdāy*) não segue. Uma vez que não haja explicação satisfatória para isso, a explicação mais frequentemente sugerida é que a forma hebraica reflete uma forma acadiana primitiva *kašdu*. (O *s* hebraico representaria, dessa forma, o s acadiano, antes da assimilação do s ao l diante de d, como ocorre comumente no acadiano posterior). Entretanto, essa forma postulada **kasdu* permanece não atestada em textos cuneiformes.

Os caldeus eram parte de uma população babilônica heterogênea e politicamente fragmentada que também incluía grupos tribais aramaicos e os habitantes nativos de cidades tradicionalmente semi-independentes. Havia três tribos caldaicas maiores: Bit-Dakkuri, Bit-Amukani, e Bit-Yakin, e duas menores, Bit-Sa'alli e Bit-Silani. Os Bit-Dakkuri e os Bit-Amukani viveram ao longo do Eufrates central e baixo, o primeiro fixando-se ao sul de Borsippa e o último logo acima de Uruk, enquanto que os Bit-Yakin estavam ativos ao longo do próprio Golfo Pérsico, desde Ur até as terras pantanosas que se estendiam para o leste de Elam. A designação do lar de Abraão como "Ur dos Caldeus" (Gn 11:28, 31; 15:7; At 7:4) reflete essa última associação.

Na Bíblia, o termo "caldeu" é usado em dois sentidos. Em muitos contextos ele ocorre como um sinônimo de "babilônico"; entretanto, em Daniel é um termo técnico para praticantes das ciências tradicionais babilônicas, isto é, astrólogos, mágicos, e adivinhos (Dn 2:2, 4).

História. Existem dois períodos principais da história caldaica: o primeiro durante o qual a Babilônia e seus povos diversos foram ofuscados pelo Império Neoassírio; o segundo depois do colapso do Império Neoassírio, no qual a Babilônia foi unida sob a dinastia caldaica.

Os assírios encontraram, primeiramente, as tribos caldaicas quando eles tentaram estabilizar rotas de comércio no sul, durante o primeiro milênio. Entretanto, sempre que os assírios deixavam o sul sozinho por qualquer duração substancial de tempo, as tribos caldaicas rivalizavam com os babilônios pelo controle da Babilônia; cada uma das três maiores tribos caldaicas foi capaz de colocar um rei sobre o trono, durante a primeira metade do século VIII.

Provavelmente, o maior caldeu desse período primitivo da história caldaica foi Marduk-Aplaiddina II (o bíblico Merodaque-Baladã) da Bit-yakin. Ele lutou com os assírios durante os reinados de Tiglate-Pileser III, Sargão II, e Senaqueribe, e foi capaz de exercer poder na Babilônia, no mínimo, duas vezes na metade final do século VIII. Merodaque-Baladã se refugiou em Elam mais de uma vez, e os elamitas frequentemente concediam seu apoio contra os assírios. Em Isaías 39:1-8 = 2 Reis 20:12-19, diz-se que Merodaque-Baladã enviou mensageiros a Ezequias para solicitar a ajuda de Judá contra os assírios também; isso foi, talvez, ocasionado por um espírito de revolta geral em todo o Império Assírio, depois da morte de Sargão II.

O segundo período da história caldaica começa depois da morte de Assurbanípal da Assíria. Os caldeus sob Nabopolassar foram capazes de se revoltar com êxito e capturar a Babilônia em 626 a.C. Nabopolassar se aliou, então, com os medos para derrubar o Império Assírio; a grande cidade assíria de Assur caiu em 614 e Nínive, a capital, em 612. O filho de Nabopolassar, Nabû-kudurri-usur II (Nabucodonosor, 605-562) fez uma campanha em direção ao oeste para a Síria e Palestina e derrotou os egípcios, rivais da babilônia pelo controle daquela região, em Carquemis, em 605.

Nabucodonosor é mais notado na Bíblia por ter ocasionado o fim do reino de Judá (2Rs 24-25; 2Cr 36). Em 605, durante a campanha de Nabucodonosor em direção ao oeste, Joaquim de Judá inicialmente se submeteu a Nabucodonosor. Judá posteriormente desertou dos egípcios, e Nabucodonosor foi provocado a atacar Jerusalém em 597, exilando o sucessor de Jeoacaz, Jeoaquim, e outros cidadãos nobres com ele para Babilônia. Nabucodonosor colocou, então, Matanias (o nome no trono, Zedequias) no trono de Judá, mas Judá também se rebelou sob o seu governo. Jerusalém foi finalmente saqueada pelos babilônios em 587, e até mesmo mais judaítas foram levados ao exílio.

Nabucodonosor foi um governador poderoso e bem-sucedido que reconstruiu a Babilônia e trouxe prosperidade política e econômica para ela. Depois de sua morte, o império decaiu. O filho de Nabucodonosor, Amêl-marduk (Evil-Merodaque, 2Rs 25:27-30) e seus sucessores, Neriglissar (Nergal-Sarezer, Jr 39:3) e Labasi-Marduk, reinaram uns poucos anos entre eles. Nabonido (556-539), com seu filho Belsazar como corregente, restaurou alguma estabilidade, mas não poderia evitar a queda final de Babilônia perante os persas, sob Ciro, o Grande, em 539.

Bibliografia. J.A. Brinkman, *A Political History of Post-Kassite Babylonia, 1158-722 B.C.* AnOr 43 (Rome 1968); *Prelude to Empire: Babylonian Society and Politics, 747-626 B.C. Occasional Publications of the Babylonian Fund* 7 (Philadelphia, 1984); J. Oates, *Babylon*, ed. rev. (London, 1986); H.W.F. Saggs, *Babylonians* (London, 1995); *The Greatness That Was Babylon*, ed. rev. (London, 1988). [TAWNY L. HOLM]

CALEBE (heb. *kālēḇ*) **1.** O terceiro filho de Hezrom; irmão de Jerameel e Rão. Nas genealogias das tribos israelitas os descendentes de Calebe são membros da família de Hezrom, o clã de Perez, e a tribo de Judá (1Cr 2:9 [ARA "Quelubai"], 18, 42). Embora sua genealogia em 1Crônicas 2:18-24; 2:42-55 não seja inteligível, está claro que seus descendentes eram líderes de importantes clãs de Judá para os quais as cidades de Hebrom, Tapua, Belém, Quiriate-Jearim, e outras foram designadas.

2. O filho de Jefoné, quenezeu (Nm 13:6; 32:12), e sogro de Otniel, um dos primeiros juízes de Israel (Js 15:17). Originalmente, um clã edomita (Gn 36:15, Quenaz) que se estabeleceu no sul da Palestina. Os quenezeus são listados entre os povos de Canaã, que deviam ser desapropriados pelos descendentes de Abraão (15:19). Os calebitas aparecem em 1Samuel 25:3 como um grupo distinto da tribo de Judá. Muitos estudiosos creem que os calebitas eram um clã quenezita, que foi incorporado na tribo de Judá durante o reinado de Davi. Quando Moisés solicitou que cada tribo designasse um homem para explorar a terra de Canaã, Calebe foi selecionado porque ele era um dos líderes de Judá (Nm 13:3). Ele foi enviado como um dos doze espias para examinar a terra de Canaã e trazer um relatório ao povo de Israel. Embora os outros dez espias tenham trazido um relatório pessimista, Calebe e Josué encorajaram o povo a confiar em Yahweh e a tomar posse da terra. Por causa de sua fidelidade, foi permitida a Calebe e Josué a entrada na terra e uma parte na conquista de Canaã (Nm 13:1-14:10; Js 14:6; 13-14).

Quando Moisés apontou um grupo de pessoas responsáveis pela distribuição da terra de Canaã, Calebe foi selecionado para representar a tribo de Judá (Nm 34:19). Ele tinha 85 anos quando terminou de conquistar a terra destinada ao seu clã (Js 14:7, 10). Calebe recebeu como sua herança a cidade de Hebrom, primeiramente conhecida como Quiriate-Arba, da qual ele expulsou três líderes dos anaquins (Js 14:13-15; 15:14). Como recompensa para a conquista de Otniel de Quiriate-Sefer (Debir), Calebe deu sua filha, Acsa, em casamento (Js 15:15-19); uma vez que o texto não é claro, não é certo se Otniel era irmão ou sobrinho de Calebe. A terra ocupada por Calebe e seus descendentes era conhecida como Neguebe de Calebe (1Sm 30:14). Sua localização é desconhecida, mas provavelmente situava-se ao Sul de Hebrom, a área onde Nabal, um descendente de Calebe, vivia (1Sm 25:3). [CLAUDE F. MARIOTTINI]

CALEBE DE EFRATA (heb. *kālēḇ ʾeprāṯâ*) O local onde Hezrom, pai de Calebe, morreu (1Cr 2:24). A localização do lugar é desconhecida. Se o texto hebraico estiver correto, Calebe-Efrata deveria estar localizada na terra de Gósen, uma vez que Hezron entrou no Egito com seu pai, Perez, e seu avô, Judá (Gn 46:8-12). Se a localização de Calebe-Efrata deve ser encontrada em Canaã, então, ela seria próxima a Hebrom, onde Calebe se estabeleceu depois que ele veio do Egito. A leitura da LXX de 1Crônicas 2:24, "Calebe veio para Efrata", é preferível porque Calebe-Efrata não aparece em lugar algum no Antigo Testamento como o nome de uma cidade (cf. NTLH "casou-se com Efrata", isto é, a viúva do seu pai). [CLAUDE F. MARIOTTINI]

CALENDÁRIO *Ver* ANO.

CALÍGULA (*lat. Caligula*) Gaius Julius Caesar Germanicus, nascido em 31 de augusto de 12 d.C., em Antium, cerca de 40 km ao sul de Roma, em direção a Germanicus. Sobrinho de Tibério, foi apelidado Calígula ("Bootkins") pelos rebeldes legionários Rhine, em 14. Embora Tibério tenha tido sua mãe e dois irmãos mortos por conspiração, o imperador favoreceu Gaius e o nomeou como seu sucessor. Gaius sucedeu Tibério em 37 com o apoio da guarda pretoriana, do senado e do povo.

O favor de Calígula terminou logo. Atacado por uma enfermidade, ele governou despoticamente, instituindo julgamentos de traição contra senadores e contra a guarda pretoriana, e executou partidários e inimigos também. Sua inclinação para aspectos e vestuários extravagantes, os confiscos e as extorsões trouxeram. Em 39, ele demitiu os cônsules, os baniu e executou membros de sua família, por conspiração. Suas campanhas na Inglaterra e Alemanha falharam. Ao retornar para Roma no ano 40, Calígula adotou a pompa dos cultos populares imperiais no leste, mas desagradou Roma. Ele construiu um templo para si mesmo no Palatinado e forçou grande número de cidadãos a serem seus sacerdotes, e ordenou que o templo de Jerusalém fosse convertido em um santuário imperial. Depois do assassinato de Calígula em 24 de janeiro de 41, seu nome foi removido dos registros oficiais e suas estátuas foram destruídas.

Bibliografia. A.A. Barrett, *Caligula: The Corruption of Power* (New Haven, 1990); C. Scarre, *Chronicle of the Roman Emperors* (London, 1995). [SCOTT NASH]

CALNÉ (heb. *kalnēh*) Cidade ao norte de Aram-Naharaim (Am 6:2). Situada no fim do norte de Orontes, essa área se tornou um centro para a resistência do avanço assírio no século VIII a.C. Tiglate-Pileser III atacou a coalizão Urartiana em 743, então, moveu-se contra o estado neo-hitita de Unqi, cuja capital Kullania (Calné) foi tomada em 738 (registrado em Amós 6:2 como um predecessor do julgamento de Israel). Inscrições reais de Tiglate-Pileser III mostram que Samaria, Damasco, e Tiro pagaram tributo a Assíria em 738 (*ANET*, 282-84).

A referência a Calné em Amós 6:2 (e Is 10:9, no qual é chamada Calno) ajuda no estabelecimento de uma cronologia relativa entre a derrota de Calné, em 738, e os discursos proféticos depois desse evento.

Gênesis 10:10 (TM) lista Calné como cidade fundada por Ninrode, presumivelmente no sul da Mesopotâmia. Conjetura-se que o texto hebraico esteja corrompido e por isso, o texto pode ser traduzido também "e todas elas na terra de Sinar". [AARON W. PARK]

CALNO (heb. *kalnô*) Uma cidade ao norte da Síria, capturada por Tiglate-Pileser III em 738 a.C. (Is 10:9). A localização de Calno, chamada Kullanî nas inscrições assírias, foi identificada com Kullan Köy, cerca de 13 km a noroeste de Alepo. Essa antiga capital do estado de Unqi é chamada, Calné, em Amós 6:2. [HYUN CHUL PAUL KIM]

CALVO (CALVÍCIE) O vocabulário bíblico para calvície se refere a diversos fenômenos. A perda natural de cabelos da cabeça (*qaraḥ*) ou da testa (*gibbēaḥ*) é encontrada em homens. A perda de cabelo associada com processos de doença e a calvície autoinfligida são encontradas em ambos os sexos.

A calvície pode ser uma condição ordinária (Lv 13:40-41) ou pode resultar do carregar peso sobre a cabeça (Ez 29:18). Eliseu reagiu de maneira ruim quando uma multidão de jovens gritava para ele: Sobe, calvo; sobe, calvo! (2Rs 2:23).

Se certo tipo de ferida é encontrada em manchas na cabeça calva, "a lepra" era uma possibilidade, o portador dessa mancha deve ser examinado (Lv 13:43-44; cf. v. 55).

A calvície intencional que é autoinfligida, associada com a lamentação, era uma prática comum em Israel no tempo de Jeremias (Jr 16:6). Tal calvície está entre as respostas apropriadas aos desastres nacionais, tanto em Israel (Is 22:12; Ez 7:18; Am 8:10; Mq 1:16; entre as mulheres somente, Is 3:24) como em outro lugar qualquer (Is 15:2; Jr 47:5; 48:37; Ez 27:31). Contudo, tal calvície é proibida na Torá: ambos, aos sacerdotes (Lv 21:5; cf. Ez 44:20) e a todo Israel (Dt 14:1). Práticas de lamentação incluem o corte da barba ou o encurtamento dela (Lv 19:27; Is 15:2) e o cortar da carne (Lv 19:28; 1Rs 18:28; Jr 16:6). [VICTORIA ANDREWS/M. O'CONNOR]

CAM (heb. *ḥām*) Um dos filhos de Noé. Normalmente, listado como o filho do meio (Gn 5:32; 10:1; 1Cr 1:4), mas em Gênesis 9:24 é chamado de "mais moço". A etimologia exata do nome é incerta. Alguns eruditos o derivam de termos que conotam divindade, mas um estatuto (semi-) divino para Cam é pouco provável.

Cam escapou do dilúvio na arca, presumivelmente por causa da justiça de Noé (Gn 6.8-9), e recebeu a bênção de Deus (9:1). Mais tarde, quando Noé se encontrava bêbado em sua tenda, Cam, "o pai de Canãa" (Gn 9:18, 22), "viu a nudez de seu pai" — o que pode referir-se a um ato sexual (cf. Lv 18:7-19; 20:11-21). Quando acordou, Noé inesperadamente amaldiçoa o filho de Cam, Canaã (Gn 9:25-27). A presente forma da história está um pouco confusa. Mesmo assim, foi apenas na Idade Média que a maldição de Canaã foi equivocadamente atribuída a Cam e usada com propósitos racistas.

Cam também é o progenitor de Cuxe, Egito (cf. Sl 78:51; 105:23, 27; 106:22) e Pute (Gn 10:6-20; 1Cr 1:8-16). Esses descendentes ocuparam porções da África, Arábia, Síria-Palestina e Mesopotâmia.

Bibliografia. K. vand der Toorn, "Ham", *DDD*, 383-84. [BRENT A. STRAWN]

CAMA Duas das palavras hebraicas mais proeminentes para cama são *miškāḇ* "lugar de deitar, leito", e *miṭṭâ*, "lugar de reclinar" ou "leito". As contrapartes do Novo Testamento são *krábattos*, mais frequentemente traduzida como "esteira" ou "palheta" nas traduções modernas, e *klínē*, "cama, leito".

Na sua maioria, as camas são portáteis. Escavações arqueológicas em Jericó mostraram esteiras tecidas como uma cama normal, embora uma cama de madeira tivesse cordas entrelaçadas. Numa sociedade seminômade utensílios e móveis portáteis eram uma exigência. Para os mais pobres, as roupas ou os capotes serviam como camas, sugerindo a proibição de guardar um capote como segurança para empréstimo (Êx 22:26-27). A maioria das ocorrências do Novo Testamento está em narrativas de cura, nas quais os defeituosos eram trazidos a Jesus deitados em suas camas e os deixavam ir embora carregando seus leitos.

As pessoas mais ricas possuíam camas mais trabalhadas. O profeta Amós criticou a ostentação das camas feitas de marfim (Am 6:4) possuídas por alguns da sua época, e o rei Assuero da Pérsia exibia o seu esplendor em "leitos de ouro e prata" (Et 1:6). Entre os extremos de riqueza e pobreza estão as camas que consistiam de colchões sobre plataformas elevadas, ou camas de madeira com pernas curtas (cf. 1Sm 19:15; 28:23). Lâmpadas podiam ser colocadas sob essas camas (Mc 4:21 = Lc 8:16).

A cama era usada não somente como lugar de repouso, mas também como lugar no qual a pessoa esperava a morte (Gn 48:2; 49:33). Era usada como expressão figurada para a morte (Jó 17:13; Sl 139:8). O justo medita (Sl 4:4 [TN 5]; 63:6 [7]) e canta ao Senhor (Sl 149:5) de sua cama, enquanto o ímpio planeja a sua impiedade também em sua cama (Pv 26:14), ao passo em que deveria fazer coisas mais nobres nela (Sl 132:3).

A cama é também usada eufemisticamente para relações sexuais. Rúben deitou-se com a concubina de seu pai, e assim manchou o leito do seu pai (Gn 49:4; 1Cr 5:1). Na única ocorrência de cama nas Epístolas do Novo Testamento, os crentes são admoestados a manter imaculado o leito do matrimônio (Hb 13:4). Com significado semelhante, cama é usada no contexto da infidelidade de Israel para com Deus (Is 57:7; Ez 23:17). [JOHN S. HAMMETT]

CAMBISTA Na antiga Palestina, o banqueiro que trocava a moeda local pela moeda de um país ou província diferente. As moedas eram amplamente usadas no Império Romano e muitos tipos, pesos e formas de moedas eram conhecidos na antiga Judeia. Isso era especialmente verdade em Jerusalém durante a Páscoa, quando os judeus vinham fazer o sacrifício no templo. Além disso, todo judeu do sexo masculino pagava ao templo uma taxa anual de meio siclo.

As moedas romanas tinham efígies de divindades e inscrições que proclamavam a dominação romana, todas ofensivas aos judeus. Por isso, as autoridades judaicas insistiam que a taxa do templo fosse paga com moedas com imagens mais aceitáveis, normalmente siclos cunhados em Tiro. Usando uma taxa nominal, os cambistas trocavam outras moedas pelos siclos tírios. Eles podem também ter vendido animais para o sacrifício aos peregrinos e emprestado dinheiro, tudo em troca de uma pequena comissão.

As mesas dos cambistas eram armadas em áreas afastadas aproximadamente um mês antes da Páscoa. Quando os peregrinos começavam a chegar a Jerusalém para a Páscoa, as operações eram mudadas para o templo (provavelmente o Pátio dos Gentios). Este foi o cenário do confronto um tanto violento de Jesus com os cambistas e seus companheiros de comércio (Mt 21:12,13; Mc 11:15-17; Lc 19:45,46; Jo 2:13-16). [STEVEN M. SHEELEY]

CAMBISES (pers. *Kanbujia, Kambujet*) **1.** Cambises I, rei persa de Anshan (c. 600-559 a.C.) e um vassalo de Astiages, rei do Império Medo. Ele se casou com Mandane, filha de Astiages, por quem ele gerou Ciro II ("o Grande"), fundador do Império Aquemênida.

2. Cambises II, sucessor de seu pai, Ciro II, como rei do Império Aquemênida (529-522). Fontes babilônicas o descrevem como superintendendo negócios na Babilônia, durante a administração de Ciro. No entanto tornou-se famoso, ao realizar a ambição não alcançada por seu pai - acrescentar o Egito ao império. Conseguiu tal façanha quando conquistou Mênfis em 525 e fundou a 27º Dinastia do Egito. Sua proeza militar e administrativa lá foi relativamente próspera (alcançando o sul indo, no mínimo, além da primeira cachoeira do Nilo e passando o oeste de Cirene), embora pareça até que os seus maiores planos para as conquistas no sul e oeste na África foram frustrados pelas dificuldades em sustentar as prolongadas linhas de abastecimento necessárias para sustentar seus exércitos. De acordo com os papiros elefantinos no sul do Egito, o templo Judaico lá escapou da destruição durante a campanha de Cambises, embora muitos templos egípcios não eram aparentemente tão afortunados.

As circunstâncias do fim da vida de Cambises na Síria, em 522 a.C., são incertas. Fontes persas sugerem ou suicídio ou um acidente (assim também Heródoto). Com nenhum herdeiro claro ao trono (e com uma rebelião que já tinha se iniciado, liderada ou pelo irmão de Cambises, Bardiya, ou por um impostor, Gaumata ["Pseudo-Smerdis"], apresentando-se como ele) o governo persa foi lançado em um estado de desordem que foi finalmente suprimido por Dario, que tomou o trono persa em 521 e suprimiu rebeliões em muitos lugares por todo o império. Nesse contexto de dissensão e instabilidade, seguindo-se à morte de Cambises, os profetas Ageu e Zacarias levantaram expectativas em Jerusalém do retorno do poder real dos descendentes de Davi, em particular Zorobabel, que naquele tempo servia como governador de Judá, sob a superintendência persa (Ag 2:20-23; Zc 4:6-10; 6:11-13). Entretanto, Dario e seu exército passaram pela Palestina em 519 em direção ao Egito, e o renascente nacionalismo judeu parece ter diminuído rapidamente.

Bibliografia. J.L. Berquist, *Judaism in Persia's Shadow* (Minneapolis, 1996); J. Boardman et al., eds., *CAH2, 4: Persia, Greece, and the Western Mediterranean c. 525 to 479 B.C.* (Cambridge, 1998). [JEFFREY S. ROGERS]

CAMELO Havia duas espécies de camelo (heb. *gāmāl*; gr. *kámēlos*): o dromedário, o camelo de uma giba, nativo da Arábia; e o bactriano, o camelo de duas gibas, assim chamado por causa de sua origem na Ásia central. O dromedário é aquele normalmente citado na Escritura, embora Isaías 21:7 possa se referir ao camelo bactriano, que tinha se propagado na Assíria em 1100 a.C.

Abraão ganhou camelos do faraó do Egito (Gn 12:16). Camelos também figuram na história do servo de Abraão que foi enviado para procurar uma esposa para Isaque (Gn 24). Mais frequentemente, entretanto, os camelos são propriedade daqueles que não eram israelitas: os egípcios (Êx 9:3), midianitas (Jz 6:5; 7:12), amalequitas (1Sm 15:3; 27:9; 30:17), a rainha de Sabá (1Rs 10:2), o rei da Síria (2Rs 8:9), e outros. Os camelos foram usados durante o reinado de Davi (1Cr 12:40) e trazidos de volta para a Palestina por aqueles que retornaram do exílio (Ed 2:67), mas eles permaneceram muito mais extensivamente usados nas terras ao sul e a leste da Palestina, onde suas características fisiológicas os tornaram exclusivamente adaptados à vida na aspereza do deserto.

A lei Mosaica proibia que se comesse da carne do camelo (Lv 11:4), mas, uma vez que leite e carne melhores estavam disponíveis de outros animais domésticos, isso não era grande dificuldade. Além disso, os camelos tendiam a ser mal-humorados, intratáveis e, de vez em quando, perigosos, e, por isso, outros animais eram preferidos pelos hebreus.

A pele de camelo era usada pelos judeus para couro, e o pelo grosso de cabelo que o camelo deixava cair a cada primavera era tecido para se tornar um traje peludo, tal como aquele vestido por João Batista (Mt 3:4=Mc 1:6), possivelmente como símbolo de sua posição profética (cf. Zc 13:4; 2Rs 1:8).

Em Mateus 23:24, coar um mosquito (aram. *qalmāʾ*) e engolir um camelo (*gamlāʾ*) produz um jogo de palavras em aramaico. Jesus comenta que é mais fácil "um camelo passar pelo fundo duma agulha, do que entrar um rico no reino de Deus" (Mt 19:24=Mc 10:25; Lc 18:25). A sugestão de que o grego *kámēlon* (camelo") deveria ser lido *kámilon*("cabo") tem falta de qualquer base séria e é desconsiderada por muitos estudiosos.

Bibliografia. F.E. Zeuner, *A History of Domesticated Animals* (New York, 1963).

CAMINHO No sentido concreto, uma estrada (Dt 1:2; Rt 1:7) ou a locomoção ao longo de uma trilha em particular, isto é, uma jornada (Êx 13:21; 1Rs 19:4). Entretanto, o hebraico *dereḵ* era também empregado em sentido mais amplo. Andar nos caminhos de Deus significava viver de acordo com sua vontade e mandamentos (Dt 10:12, 13; 1Rs 3:14). Em Isaías, o "caminho do Senhor" pode ser uma referência à provisão de Deus de livramento da escravidão ou do exílio (Is 40:3; 43:16-19). A palavra foi frequentemente usada para identificar a direção geral da vida de uma pessoa, seja íntegra ou perversa (Jz 2:17-19; Sl 1:6; cf. Mt 7:13, 14), sábia ou tola (Pv 4:11; 12:15).

No NT o grego *hodós* tem uma gama semelhante de significados. No evangelho de Marcos, a palavra é usada repetidamente para apresentar Jesus como "o caminho", ou seja, em sua jornada para Jerusalém (Mc 8:27; 9:33, 34; 10:32). O contexto mais amplo acrescenta um significado mais profundo a essas referências mais literais, visto que a disposição de Jesus de percorrer o caminho do sofrimento dá exemplo para seus seguidores que precisam também se preparar para sofrer (Mc 8:31-34). Em João 14:6, Jesus alega ser "o caminho", isto é, o único meio de acesso a Deus (cf. Hb 9:8; 10:19, 20). Em Atos "o caminho" funciona como título para a mensagem cristã (At 19:9, 23; 22:4; 24:22) ou para a comunidade cristã (9:2; 24:14). [JOEL F. WILLIAMS]

CAMITAS, CAMÍTICO **1.** Os descentes de Cam, o mais moço dos três filhos de Noé. Cam trouxe maldição sobre seu próprio filho, Canaã, quando "viu a nudez de seu pai" (Gn 9:18-27). A Bíblia também liga os camitas com os cuxitas, descendentes de um dos filhos de Cam (Gn 10:6). Por vezes, os cuxitas foram chamados de etíopes camitas. E, de fato, embora seja difícil de confirmar étnica e geograficamente, muitos etíopes identificam sua origem em Cam.

2. Camito-semítica, designação primitiva do Bérbere (Algéria e Marrocos), do Tchádico (norte da Nigéria, Chade e países vizinhos, principalmente o povo Hauçá), do Cushítico-omótico (Etiópia e Somália; principalmente os povos oromo e somali), e línguas egípcias primitivas (o cóptico tardio) e culturas relacionadas. Afro-asiático tornou-se a designação mais comum para essa família de línguas. A grande proximidade entre afro-asiático, egípcio e semita permanece incerta.

Bibliografia. M. Bernal, *Black Athena: The Afroasiatic Roots of Classical Civilization* (London, 1987); E. Ullendoff, *Ethiopia and the Bible* (Oxford, 1968). [MARK A. CHRISTIAN]

CAMOM (heb. *qāmôn*) Local do sepultamento de Jair, o gileadita, um juiz menor de Israel (Jz 10:5). Políbio (*Hist.* 5.70.12) refere-se a Camom, que Antíoco conquistou depois de Pela, Abila, Gadara e outros locais em Gileade enquanto combatia Ptolomeu Filopater. Camom tem sido associado com Hanzir, ao norte do Jaboque e a 8 km a leste de Pela, onde indícios da Idade do Ferro I e pedaços de cerâmica helenística foram encontrados. Krak-Canatha, entre Derala e Souweida e Qamm, 20 km a sudeste do mar da Galileia, também tem sido sugerida. [PHILIP R. DREY]

CAMPAINHA Um objeto de ouro (heb. *paʿămôn*, "badalo do sino") preso às roupas do sumo sacerdote, que agia como advertência de seus movimentos no santuário (Êx 28:33-35; 39:25-26). Em Zacarias 14:20, encontramos a profecia que o tilintar ornamental das "campainhas dos cavalos" (heb. *mĕṣillôṯ*) portaria a mesma inscrição que o turbante do sumo sacerdote: "Santo ao Senhor" (cf. Êx 28:36; 39:30); na era escatológica, mesmo as coisas mais profanas seriam usadas a serviço de Deus.

CAMPEÕES A tradução do hebraico *gibbôr*, "herói", ou*gibbôr hay'l*, "herói valente" (outras traduções possíveis "homem poderoso", "homem poderoso de valor"). Na época do combate corpo a corpo entre corpos de infantaria concentrados, antes do assalto das carruagens pesadas, indivíduos de grande estatura e de grande talento marcial poderiam por si próprios forçar brechas na linha inimiga. Tais heróis estavam especialmente aterrorizando tropas armadas mais superficiais e milícia de camponeses, como ilustrado pelo terror dos israelitas perante Golias (1Sm 17:4-11). A melhor apresentação literária desses heróis e de suas habilidades ainda deve ser encontrada em Homero, nas Ilíadas, na qual Ájax, Aquiles, e Diomedes, isoladamente e em vários momentos, forçam brechas na linha de Troia. Algumas vezes, esses guerreiros desafiariam outro do lado oposto para um combate sozinho com ambos os lados observando.

Golias, Isbi-Benobe, Safe, e um quarto, guerreiro não nomeado, são listados em 2Samuel 21:15-22 como guerreiros filisteus. O uso impróprio do termo "gigantes" dá conotação de lenda a essas histórias, mas a listagem da altura de Golias nos textos de Qumran como de "quatro cúbitos e um palmo" — 1.98 m. (6 ft. 6 in.) — oferece uma impressão mais realística. Davi contou com seus próprios campeões, listados sob o título de os *šĕlōšîm* (os "trinta") em 2Samuel 23:8-39. [DONALD G. SCHLEY]

CAMPO DO OLEIRO *Ver* ACÉLDAMA.

CAMPONESES No sentido antropológico, uma classe de agricultores cujas rendas excedentes eram exploradas pela(s) classe(s) dominante(s). Caracterizados como autônomos/independentes e conservadores/tradicionais, eles personificam a transição e a contradição entre dois tipos opostos de formação social: o "feudalismo" e o estado-nação. Devido às fontes escritas, incluindo a Bíblia, por ser o produto da classe de escribas como um auxiliar da corte real, a classe de camponeses é, em grande medida, não documentada.

A base agrária da vida israelita foi caracterizada por uma combinação de cultivo de cereais, criação de animais domésticos e o cultivo de videira e de frutos. O lavrador israelita produzia e vivia de sua produção diversificada: cereal (trigo e, em menor extensão, cevada); leite, carne e peles de ovelhas e cabras; azeite de oliva, figos e vinho de seu pomar e vinhedo. Alguns produtos eram usados no comércio e na troca por materiais necessários, como ferramentas. No Israel semiárido, com precipitação variável e poucos rios perenes, a fome e a necessidade permaneciam uma ameaça constante (Gn 12:10; 26:1; 45:56; 47:4, 13; Rt 1:1, 2; 2Sm 21:1; 1Rs 18:2; 2Rs 6:25; 25:3). A atividade agrícola era empreendimento familiar, com todos os membros realizando os vários trabalhos diários.

A casa israelita, caracterizada pela construção sobre pilares e com vários aposentos e um pátio, era mais uma instalação agrícola do que um espaço para a família morar. Grandes vasos para estocagem cheios de grãos, vinho e azeite teriam sido provavelmente guardados em vários dos aposentos, com outros produtos de cerâmica e ferramentas. Os animais podem ter sido alojados dentro de casa durante a noite. O pátio servia frequentemente como área de trabalho onde as instalações agrícolas se encontravam, e também um redil ao ar livre para os animais.

Descrições arqueológicas e bíblicas sugerem que grande parte da população vivia em pequenos vilarejos ou cidades. O hebraico *pĕrāzôn* (Jz 5:7, 11) provavelmente representa os habitantes de vilarejos não fortificados em campo aberto ao redor de cidades muradas (cf. Et 9:19; Ez 38:11); em tempo de guerra eles tinham permissão para se refugiar dentro dos muros em troca de serviço como guerreiros (cf Hc 3:14; heb. *przw*). Alguns estudiosos propõem uma revolta de camponeses para a conquista israelita.

Bibliografia. O. Borowski, *Agriculture in Iron Age Israel* (Winona Lake, 1987); M. Broshi E I. Finkelstein, "The Population of Palestine in Iron Age II", *BASOR* 287 (1992): 47-60; B. Rosen, "Subsistence Economy in Iron Age I", in *From Nomadism to Monarchy*, ed. I. Finkelstein E N. Na'aman (Washington, 1994), 339-51; Y. Shiloh, "The FourpRoom House: Its Situation and Function in Israelite City", *IEJ* 20 (1970): 180-90; L. Stager, "The Archaeology of the Family in Ancient Israel", *BASOR* 260 (1985): 1-35; E. R. Wolf, *Peasants* (Englewood Cliffs, 1966). [CAREY WALSH/ALLEN C. MYERS]

CANA (heb. *qānâ*) *Ver* JUNCO, BAMBUZAL.

CANÁ (gr. *Kaná*) **1.** Uma vila na Galileia. As únicas referências neotestamentárias a Caná estão no evangelho de João, que usa a frase "Caná da Galileia" (Jo 2:1; 4:46; 21:2); este último versículo diz que o discípulo de Jesus, Natanael, veio de Caná. A localização exata dessa cidade (que deve ser distinguida de Caná em Js 16:8; 19:28) é incerta. Duas igrejas no lugar tradicional na vila moderna de Kafr Kana comemoram o milagre de Jesus de transformar a água em vinho lá (Jo 2:1-11). Kafr Kana, a 6 km ao norte de Nazaré, era facilmente acessível aos peregrinos bizantinos e cruzadores viajando fora da via principal que ia de Séforis até Tiberias. Entretanto, o lugar mais provável é Khirbet Qâna (o nome é etimologicamente mais relacionado com Caná), a 13 km ao norte de Nazaré, ao longo da planície de Asochis (talvez conectada em Josefo *Vita* 14; 41). Nenhuma escavação foi realizada nesse lugar. [JONATHAN L. REED]

2. Ribeiro que definia a fronteira entre os territórios de Efraim e Manassés (Js 16:8; 17:9). Na descrição bíblica, Caná flui do mar Mediterrâneo. Esse ribeiro tem sido identificado com úadi Qanah (riacho Caná), que agora deságua no rio Yarkon antes de chegar ao Mediterrâneo.

Cidade incluída no território designado a Aser (Js 19:28). Muitos identificam Caná com a moderna Qâna cerca de 10 km a sudoeste de Tiro. A cidade é parte da fronteira norte do território de Aser. Não se deve confundir a cidade com a Caná da Galileia (Khirbet Qâna/Horvat Qana) mencionada no NT.

Bibliografia. E. Danelius, "The Boundary of Ephraim and Manasseh in the Western Plain", *PEQ* 90 (1958): 32-43. [C. SHAUN LONGSTREET]

CANAÃ (heb. *kĕna'an*) **I. (PESSOA)** Filho de Cam e neto de Noé (Gn 9:18, 22); de acordo com 1Crônicas 1:8, ele é o filho mais novo de Cam. Tornou-se o ancestral do povo, que posteriormente, foi chamado de cananeus (Gn 10:15-19).

Por causa do erro de Cam de ver a "nudez" de seu pai (Gn 9:22-24), Noé amaldiçoou Canaã, dizendo que ele deveria ser "servo dos servos" (Gn 9:25) de seus irmãos. Essa maldição, que se aplica mais aos seus descendentes que ao próprio Canaã, não implica escravidão de uma raça em particular (como alguns têm sustentado); antes, ela sugere a posição inferior dos cananeus antes da Conquista, quando comparados com o importante papel desempenhado pelos seus vizinhos, os egípcios e os habitantes da Mesopotâmia. *Ver* CAM (PESSOA).

II. (LUGAR)/ CANANEUS (*kĕna'anî*). **NOME.** A origem do nome Canaã e cananeu (*kĕna'anî*). é obscura. A raiz semítica óbvia parece ser *kn'* que aparece em hebraico e aramaico nos troncos verbais secundários, com o significado de "curvar-se". O sufixo não acentuado *-an* não é comum na língua semítica. A visão mais antiga de que o termo representa o nome de um tecido colorido azul (cf. Nuzi *kinahhu*) tem sido desafiada. Além disso, fontes cuneiformes, especialmente as Cartas de Amarna, falam frequentemente de *Kinahhi, Kinahni* como ortografia para Canaã. O uso do sinal *h* é simplesmente um meio gráfico de representar a gutural *'ayin*, na qual o *n* final é normalmente assimilado. Poucas passagens na LXX traduzem Canaã ou cananeus como *Phoiníkēs* (Êx 16:35; Js 5:1). Um ancestral epônimo *Chna* é citado por Sanchuniaton e explicado por Fílon de Biblos como o primeiro a usar o título *Phoinikos*, "Fenício".

TERRA. ***Fontes bíblicas.*** Há duas descrições de fronteiras para a entidade geográfica conhecida como a terra de Canaã (heb. *'ereṣ kĕnā'an*, Nm 34:1-2; Ez 47:15-20; 48:1-28). A fronteira sul é idêntica com a que foi destinada para a herança tribal de Judá (Js 15:1-4); ela começa no fim do sul do Mar Morto e alcança a costa Mediterrânea no "Riacho do Egito" (*naḥal miṣraim*= Ribeiro *el-'Arîsh*; cf. as inscrições de Esar-Hadom, século VII a.C.). O ponto central é marcado por Cades-(Barneia) localizado próximo a *'Ain Qudeis*. É duvidoso se essa fronteira sul vigorava durante a Era do Bronze Posterior, uma vez que ela encontra um eco nas fontes egípcias que trabalham com o norte do Sinai.

A fronteira ao norte tem dois pontos cruciais: *lĕḇô' ḥâmaṯ* ("a entrada de Hamate") é certamente a moderna Lebweh, localizada na bacia entre os rios Litani e Orontes no Leba-Sadâd, ao norte de Damasco. A fronteira gira para o leste, encobrindo todo o distrito damasceno, incluindo a área de Basã e chega até a costa oriental do Quinerete (mar da Galileia). O rio Jordão é a fronteira ao leste (cf. a controvérsia em Js 22 sobre o relacionamento das tribos da Transjordânia com Israel, embora elas vivessem fora de Canaã).

As passagens de Ezequiel mostram que essa fronteira ao norte para Canaã era reconhecida no século VI. Ela deve refletir a real fronteira ao sul do reino de Hamate na Era do Ferro. A diferença entre a área ocupada atualmente por uma população associada com Israel e com o território geográfico de Canaã é mostrada na expressão "e ainda muitíssima terra ficou para se possuir" (Js 13:1-6).

A referência à zona ocupada pelos cananeus (Gn 10:19) faz somente uso de centros geográficos maiores, p. ex., Sidom (do qual a fronteira cananeia sempre foi mais ao norte) e Gaza (onde a fronteira cananeia sempre foi mais ao sul). Não há justificativa nessa passagem para identificar o Riacho do Egito com úadi Ghazzeh.

Fontes não bíblicas. Infelizmente, o famoso tratado de paz entre Ramesés II e Hattusilis III não tem descrição de fronteira, definindo as esferas sob o controle político das respectivas partes. Há motivo para se acreditar, entretanto, que essa descrição se assemelharia detalhadamente à descrição da fronteira, fornecida pela passagem bíblica de Números 34:7-9. Várias referências da Era do Bronze apontam na mesma direção.

A alusão mais antiga aos cananeus vem de um texto de Mari (A. 3552), que é um relatório de um general que estava ativo nos arredores de Qatanum, aonde veio ficar na reserva com alguns *habbātum u kinahnu*("Invasores e cananeus") que estão listados no palácio chamado Rahisu (cf. Rôgisu, lista topográfica de Tutmoses III, no. 79; também os textos de Amarna).

O príncipe desertor Idrimi se refere, em sua autobiografia, à cidade de Ammiya na terra de Canaã, mais provavelmente a moderna Amyûn nas montanhas acima de Biblos. Depois que ele tomou o trono de Alalakh, na banda norte de Orontes, os cananeus estavam presentes, mas listados como estrangeiros.

Semelhantemente, textos ugaríticos registram "*Ya'ilu*, um cananeu" (*KTU2* 496.7) da mesma maneira que eles registram um egípcio ou um hitita ou um assírio. Além disso, um relatório fragmentado de um processo, encontrado em Ugarit (RS 20.182 A + B), menciona os "filhos de Ugarite" e os "filhos de Canaã" como os disputadores. Ugarite e seu reino não eram parte de Canaã e seu povo não era considerado cananeu.

Uma epístola de Alashia (provavelmente em Chipre) faz referência específica à "província de Canaã"

(EA 36:15). O rei do Império Mitanni enviou um embaixador com carta de apresentação "aos reis da terra de Canaã" (EA 30:1).

O uso de *kn'n* como sinônimo de fenício em moedas de Beirute, datados do período helenístico, mostram que Laodiceia em Canaã (Beirute) era diferente de seu mais famoso homônimo ao norte (11 km ao Sul de Ugarite).

Povo. ***Fontes bíblicas.*** Não é possível definir um grupo étnico como os "cananeus", mas uma entidade social reconhecida na Bíblia como os "habitantes de Canaã" (Êx 15:15) é distinta dos filisteus, dos edomitas da Transjordânia e dos moabitas. A coalizão dos governantes na batalha de Débora e Baraque consiste dos "reis de Canaã" (Jz 5:19). Os cananeus são comumente listados e muitas vezes contrastados com outros povos, tais como os amorreus (Dt 1:7; Js 5:1) ou perizeus (Gn 34:30). Em Gênesis 15:19-21, os cananeus aparecem entre uma longa lista de povos, demonstrando, assim, que a entidade geográfica inclusa na promessa a Abraão ("desde o rio do Egito até ao grande rio Eufrates" Gn 15:18) era bem maior do que a terra de Canaã. Algumas dessas listas (Nm 13:29; Dt 1:7; Js 5:1; 13:3; 17:15-18; Jz 1:1-36) colocam os cananeus na planície costeira e no interior dos vales de Jezreel e do Jordão.

Algumas cidades e populações estão listadas em Gênesis 10:16-18, das quais se diz ser parte do povo cananeu: Sidom (a cidade-estado mais importante da Fenícia, durante o último período israelita e persa), Hete (os neo-hititas, realmente falantes do aramaico no século IX), e um grupo dos povos pré-israelitas: jebuseus, amorreus, girgaseus, e heveus. Em 2Samuel 24:7 "todas as cidades dos heveus e cananeus" são evidentemente aquelas cidades não conquistadas no processo inicial de colonização (Jz 1). Outras populações de cidades em Gênesis 10:17-18 (cf. referências extrabíblicas a 'Arqat, Siyannu, Arwad, Sumur, e Hamate no Orontes) estavam todas no extremo norte da Fenícia, algumas exatamente fora da fronteira norte bíblica de Canaã.

Um contexto usa o termo cananeus como um epíteto para mercadores (Is 23:8; cf. Pv 31:24; Zc 14:21; Ez 16:29; 17:4; Os 12:7 [8]; Sf 1:11; que reflete o papel dos fenícios, os cananeus na Era do Ferro, no comércio do Mediterrâneo).

Fontes não bíblicas. A lista de saque da primeira campanha de Tutmóses III como único governante menciona "640 cananeus", mas nenhum outro grupo nacional ou étnico é listado, somente grupos sociais (p. ex., *ma-r-ya-na* "guerreiros de carruagem" [homens nobres]). Os *Ki-na-'-nu* são equiparados pelos "hurrians", aqui residentes do Oriente sul, e os Nugássians, residentes da Síria central. Realmente, os cananeus, na primeira lista, correspondem aos Hurrians, na segunda. Assim, os egípcios conheciam os cananeus como um entre vários grupos nacionais/étnicos que viviam no Oriente.

Cultura e religião. A descrição mais detalhada das crenças religiosas da religião cananeia é encontrada em Fílon de Biblos, em sua *Phoenician History* [História Fenícia], preservada somente em Eusébio, no *Preparation for the Gospel* [Preparação para o Evangelho] e em Porfírio, no *Against the Christians* [Contra os cristãos]. Essa obra antiga é provavelmente baseada em tradições originais fenícias, que vêm de Tiro e Biblos e, talvez, de Sidom. Há uma cosmogonia e a história de Kronos (a quem Fílon iguala a El), que finalmente domina Ouranos, seu pai. Ambas, tanto as fontes de Fílon quanto aquelas de Hesíodo parecem retroceder às tradições mais antigas do Oriente Próximo, tais como o mito hitita Kumarbi. Os textos falam de uma criação cosmológica a partir do caos e do governo de Kronos na terra. Existem claros pontos de contato com a cosmogonia bíblica de Gênesis 1-2 e também contatos com os mitos e lendas literários encontradas em Ugarite. É usualmente presumido na literatura erudita de hoje que os materiais ugaríticos, incluindo as histórias de vários membros do panteão, refletem a religião "cananeia". Entretanto, geográfica e politicamente (tb. etnicamente) Ugarite não era uma cidade cananeia.

Reconstruir uma descrição clara da religião cananeia é praticamente impossível. Cada cidade costeira da Fenícia, bem como Ugarite não fenícia devem ter dito as próprias diferentes versões dos grandes mitos religiosos, teogonias e cosmogonias. Alguns aspectos, como sacrifício de criança (atestados principalmente em fontes posteriores e na arqueologia cartaginesa), eram conhecidos dos povos vizinhos, mas a ideologia daquela prática não está registrada em qualquer texto fenício ou clássico antigos. Que Baal e Aserá eram deuses líderes é óbvio a partir das muitas denúncias bíblicas de sua adoração, mas não há registro da mitologia ou ideologia ligadas a eles.

A visão bíblica da prática religiosa cananeia é totalmente negativa. Um tema frequente são as inclinações de Israel para adotar as práticas dos povos, entre os quais eles viviam em Canaã (Jz 3:1-6). Eles são constantemente exortados a "lançai do meio de vós os deuses estranhos e as astarotes" (1Sm 7:3). O reino do norte foi destruído porque "seguiram a vaidade e tornaram-se vãos, como também seguiram as nações que estavam ao redor deles" (2Rs 17:15; cf. Am 5). Salomão também encorajou a adoração das divindades dos povos vizinhos (1Rs 11:4-8). O reinado de Manassés foi o mais notório por causa de sua adoção das práticas de culto estrangeiras (2Rs 21:2-9; 2Cr 33:2-9). Tal atitude polêmica dificilmente permitia a qualquer escritor bíblico a oportunidade de dar qualquer avaliação objetiva dos cananeus ou de outras religiões estrangeiras.

As inscrições fenícias e algumas fontes greco-romanas fornecem os nomes de várias divindades: p. ex., "A senhora de Biblos", "Baal do céu", Melqart (em Tiro), Ashmun (em Sidom). Mas além de temas míticos preservados em fontes gregas, não há acesso real a textos religiosos.

Vários templos escavados em contextos da era do Bronze Médio e Final na Palestina (p. ex., Hazor, Megido, Siquém, Beth-shean) mostram algumas características gerais em comum: pátio externo, vestíbulo, câmara principal e quarto interior, vão ou plataformas para a imagem da deidade. Entretanto, eles dificilmente têm a mesma orientação ao perímetro, e tipos de altares associados com eles (se achados) não são dispostos uniformemente.

Cultos domésticos podem ser inferidos por estatuetas de culto e outros artefatos semelhantes, mas seu uso ainda é disputado. Eles têm, mais provavelmente, a ver com fertilidade e parto.

Formas artísticas em cerâmicas, escultura de marfim, trabalho em metal são basicamente o mesmo em Canaã tanto quanto no Norte da Síria (incluindo Ugarite). Realmente, não há qualquer arte "cananeia" distinta com características que a separam de todo o litoral (e Chipre) mediterrâneo oriental. Escultura de marfim e arte gliptológica mostram, de fato, adoção considerável de formas e temas egípcios, mas isso é típico de toda a área, não somente de objetos encontrados em Canaã.

Linguagem. A reivindicação mais legítima ao título Cananeu vai para o que os modernos eruditos chamam de Fenício. O fenício propagou-se para além das fronteiras de Canaã; ele foi adotado por reinos na Cilicia e norte da Síria, por colônias fenícias em Cyprus e no litoral norte da África (Cartago nos tempos Greco-Romanos) e Malta. Entretanto, as íntimas afinidades do hebraico antigo mostram que ele também era um dialeto da mesma família. As cartas de Amarna dos escribas cananeus foram compostas numa estranha mistura de dialetos Acadianos/Oeste Semíticos. Desde que essa língua híbrida está confinada à área conhecida a partir dos textos geográficos de Canaã, as características da linguística oeste semita por ser legitimamente chamadas "Cananeias".

O ugarítico é usualmente chamado um dialeto Cananeu, mas apesar de muitas características linguísticas compartilhadas [isoglossas] (e também expressões literárias e sintáticas, bem como frases) há fortes semelhanças com muitos dialetos do Aramaico. O pequeno, assim chamado alfabeto fenício de 22 caracteres era sabido esporadicamente em Ugarit (em contraste com o alfabeto nativo com muito mais consoantes), mas somente como um intruso ou importação.

Bibliografia. M.C. Astour, The origin of the terms 'Canaan', 'Phoenician', and 'Purple' *JNES* 24 (1965): 346-50; N.P. Lemche, *The Canaanites and Their land.* JSOTSup 110 (Sheffield, 1991); B. Mazar (Maisler), Canaan and the canaanites, *BASOR* 102 (1946): 7-12; *The early biblical period* (Jerusalem, 1980); A.F. Rainey, *Canaanite in the Amarna Tablets*, 4 vols. HO 25 (Leiden, 1996); "Unruly elements in Late Bronze Canaanite Society", in *Pomegranates and Golden Bells*, org. D.P. Wright, D.N. Freedman e A. Hurvitz (Winona Lake, 1995), 481-96; Who is a Canaanite? A Review of the Textual Evidence", *BASOR* 304 (1996): 1-15; K.N. Schoville, "Canaanites and Amorites", in *Peoples of the Old Testament World*, org. A.J. Hoerth, G.L. Mattingly e E.M. Yamauchi (Grand Rapids, 1994), 157-82; M.S. Smith, Myth and mythmaking in Canaan and ancient Israel, *CANE* 3.2031-41. [ANSON F. RAINEY]

CANANEU (gr. *Kananaíos*) Epíteto de Simão (7), um discípulo de Jesus (Mt 10:4 = Mc 3:18), aparentemente transliteração do aram. *qan'ān*, "zelote". Em Lucas 6:15 e Atos 1:13, ele é chamado Simão, o Zelote.

CANDACE (gr. *kandákē*) Título etíope para a rainha e a rainha mãe. O termo Candace mencionado em Atos 8:27 não é identificado como nome. Filipe batizou seu mordomo-mor, um etíope eunuco que veio para Jerusalém a fim de adorar. De acordo com Bion de Soli (*Aethiopica* 1, cerca do século II d.C.), o Candace era o chefe do governo do reino núbio de Meroe (localizado no moderno Sudão). O título Candace também é atestado em várias fontes clássicas (cf. Strabo *Geog.* 17.1.54; Dio Cassius *Hist.* 54.5.4-5; Pliny *Nat. hist.* 6.35.186; Pseudo-Callistus 3.18). [JO ANN H. SEELY]

CANDELABRO Pedestal para lâmpadas a óleo, com pavio, ou um apoio que incorpora uma ou mais lâmpadas em sua estrutura.

Embora as lâmpadas possam ser colocadas numa prateleira ou nicho, elas podiam ser, com frequência, colocadas num candelabro separado (heb. *mĕnôrâ*); 2Rs 4:10; gr. *luchnía*; Mt 5:15). Alguns candelabros eram formados por uma única haste para uma única lâmpada, enquanto outros apresentavam vários braços no pedestal.

Assim como à lâmpada, muitas referências bíblicas são feitas ao candelabro no âmbito do uso cúltico: um candelabro de ouro, com sete braços, de forma cilíndrica, usado no tabernáculo no deserto (Êx 25:31-40; 37:17-24); dez candelabros de ouro no templo de Salomão (1Rs 7:49); o candelabro de ouro (talvez dois?) do segundo templo pós-exílio, retratando uma tigela com lâmpadas de sete lábios (cf. Zc 4:1-6, 11-14). As visões apocalípticas de Ap 1:12,13, 20; 2:1 descrevem sete candelabros únicos.

O candelabro de sete braços do templo do período romano aparece nas primeiras ilustrações artísticas (cf. o arco de Tito, em Roma) e forma a base, na tradição judaica, para suas traduções posteriores. [MICHAEL D. GUINAN, O.F.M.]

CANÉ (heb. *kannēh*) Cidade da mesopotâmia que mantinha relações comerciais com Tiro (Ez 27:23). Tentativas antigas de identificá-la com Calné (Am 6:2) foram desacreditadas.

CÂNON DO ANTIGO TESTAMENTO Termo cristão para os escritos religiosos do antigo Israel, que são considerados sagrados pelo judaísmo e cristianismo. O nome "Antigo Testamento" reflete a autocompreensão do cristianismo primitivo como o cumprimento da profecia de Jeremias (Jr 31:31) de um novo pacto (lat. *testamentum*) entre Deus e Israel. O judaísmo usa uma variedade de designações para seus escritos sagrados: (1) "escritura", do hebraico *miqrā'*, "aquilo que é lido em voz alta"; (2) "*Tanak*", um acrônimo criado a partir dos nomes das três divisões tradicionais das Escrituras Hebraicas: *Torá* (Lei), *Nebi'im* (Profetas), *Kethubim* (Escritos); e (3) "Torá", já que esta é a seção mais importante das Escrituras para a religião judaica.

O desenvolvimento do cânon do Antigo Testamento é o resultado da interação entre dois distintos, mas inseparáveis, significados do termo "cânon". "Cânon" é derivado do semítico *qāneh*, "cana", e toma seu significado metaforicamente a partir do uso desse objeto como dispositivo de medir. Quando aplicado a uma coleção literária, cânon, em seu sentido mais estrito, refere-se a uma lista fixa de textos, que possui posição exclusiva em relação a outros escritos. Com base em tal definição, alguém pode pressupor que o cânon do Antigo Testamento teve formato uniforme e data de origem precisa. Entretanto, a evidência da sua história não fornece nem uma data claramente identificável de origem nem uma descrição singular ou universalmente aceita de seus conteúdos. Sob essas circunstâncias, é necessário definir Cânon em seu sentido mais amplo como o funcionamento normativo de determinados textos dentro de grupos sociais, sem considerar o conteúdo fixo ou a posição exclusiva dos textos em uso. Por essa definição, os textos do Antigo Testamento foram empregados, por muitos anos, como mutáveis ou como um relativo "cânon em formação", até a sua definição última como uma coleção fixa e exclusiva.

EVIDÊNCIA EM FAVOR DE UM CÂNON FIXO. Manuscritos hebraicos e listas rabínicas dos livros definitivos das Escrituras Judaicas incluem 24 livros, arranjados em uma divisão tríplice, que consistia da Torá, dos Profetas e dos Escritos. O número dos livros reflete o número de rolos individuais usados para registrar cada livro na antiguidade.

A referência mais antiga a uma coleção fixa das Escrituras Judaicas é achada nos escritos do historiador Josefo (*Ag. Ap.* 1.8, cerca de 90 d.C.). De acordo com Josefo, os 22 livros sagrados das Escrituras Judaicas foram escritos durante o período clássico de Israel da inspiração profética, desde o tempo de Moisés até o período da restauração judaica no meio do século V. Embora o conteúdo das Escrituras seja descrito em três seções, essas seções não são idênticas à tríplice divisão rabínica. O cânon de Josefo consistia de: (1) os cinco livros de Moisés; (2) os treze livros proféticos, incluindo não somente os oito livros da seção rabínica "Profetas", mas também Jó, Daniel, Crônicas, Esdras-Neemias e Ester; e (3) os quatro livros dos Salmos, Provérbios, Eclesiastes e Cantares. A diferença entre os 22 livros na lista de Josefo e os 24 nas listas rabínicas é usualmente explicada, ao contar Rute com Juízes e Lamentações com Jeremias. O número 22 é idêntico ao número de letras no alfabeto hebraico, simbolizando a inteireza da coleção. A tradição de contar os livros como 24 é atestada em 4Esdras 14:45, uma passagem aproximadamente contemporânea de Josefo.

Tentativas de traçar a história de uma coleção fixa das Escrituras em um tempo anterior a Josefo são frustradas por uma complexa série de achados. A LXX, a antiga tradução das Escrituras Judaicas do hebraico para o grego, fornece evidência cronológica anterior para a história do cânon do Antigo Testamento, mas não sem complicar consideravelmente aquela história. Com exceção da Torá, a LXX preserva os livros em uma ordem diferente, baseada livremente na tipologia cronológica e literária e com uma variedade de diferenças textuais a partir dos manuscritos hebraicos disponíveis. A diferença mais importante é que a tradução grega incluiu vários escritos não aceitos pelos que elaboraram o cânon hebraico. Textos adicionais encontrados na LXX, mas não em manuscritos hebraicos, e listas da mesma versão incluem 1-2Esdras, Judite, Tobias, 1-2Macabeus, Sabedoria de Salomão, Siraque e Baruque, como também os numerosos acréscimos aos livros individuais.

A tradução grega das Escrituras Judaicas deve sua preservação ao cristianismo primitivo. A Bíblia grega era a Escritura da igreja primitiva, um fato refletido não somente nas numerosas citações da

LXX encontradas no Novo Testamento, mas também na aceitação da maior parte dos livros da Bíblia Grega no cânon da igreja primitiva, livros que foram preservados até o presente no cânon das Igrejas Católica Romana e Ortodoxa Cristã. Embora o Cristianismo Protestante aceite como canônicos somente aqueles livros das Escrituras Judaicas preservados em hebraico, o Antigo Testamento Protestante segue a ordem encontrada na LXX e não a da Bíblia Hebraica. Até o século XIX, mesmo as edições impressas da Bíblia Protestante, incluíam os livros deuterocanônicos do Antigo Testamento Católico e Ortodoxo que são designados como "Apócrifos" pelo Protestantismo.

A melhor explicação da diferença entre o número e a ordem dos livros no cânon Judaico rabínico e o dos manuscritos da LXX e os da igreja primitiva é que, exceto os cinco livros da Torá, os limites e divisões das Escrituras Judaicas não estavam completamente definidos no tempo da tradução para o grego, entre os séculos III e I a.C. As descobertas de manuscritos da região do Mar Morto, especialmente Qumran, apoiam essa conclusão. A seita judaica, que vivia em Qumran, preservou e estimou escritos religiosos além daqueles do subsequente Cânon hebraico, tais como os livros pseudônimos de Jubileu e Enoque, bem como textos exclusivos da comunidade de Qumran. A descrição completa que os manuscritos da LXX e de Qumran fornecem é que antes do século I d.C., os 24 livros do Cânon hebraico foram preservados, traduzidos, empregados, e estimados como Escritura, mas, exceto a Torá, eles não possuíam posição exclusiva nem formato uniforme. Baseado na evidência disponível, antes da última metade do século I d.C., as Escrituras Judaicas consistiam da Torá, um impreciso grupo definido de escritos referidos como "Os Profetas", e um grupo indefinido de escritos mistos.

Processo de canonização. Embora identificar a última metade do século I d.C. como a data da mais antiga coleção explicitamente determinada das Escrituras Judaicas satisfaça a definição estrita do cânon, como uma coleção fixa de posição exclusiva, tal descrição exclui a extensa evidência do uso com autoridade da maior parte do Antigo Testamento em tempos muito antes do que essa data mínima de origem. Alguns argumentam que a presente forma de porções do material bíblico pode ser traçada diretamente de volta até a figura histórica de Moisés. Muitos concordariam que, no mínimo, o material preservado em Deuteronômio 12-26 está diretamente relacionado com o rolo da lei promulgado pelo rei de Judá, Josias, no século VII (2Rs 22:8-23:25). Uma grande porção das Escrituras Judaicas tomou sua forma presente no século VI, durante o exílio babilônico, de modo que naquele tempo, quando Esdras, o escriba, veio a Jerusalém da Babilônia no século V "segundo a Lei do teu Deus, a qual está na tua mão" (Ed 7:14), muito do subsequente cânon do Antigo Testamento circulava aproximadamente da mesma forma que o conhecemos hoje.

A diferença entre o surgimento relativamente posterior da posição exclusiva do cânon do Antigo Testamento e a grande antiguidade do uso normativo dos escritos do Antigo Testamento demonstra a necessidade de expansão da definição de cânon, para incluir o conceito mais geral do papel de um texto como um padrão normativo de avaliação. No estágio funcional da formação do cânon, a posição de uma obra canônica é implicitamente pressuposta em seu uso. Além disso, o papel canônico de uma obra é contingente da situação em que ele é usado e está, portanto, sujeito às mudanças, dadas as exigências do momento. O cânon fixo e definitivo do Antigo Testamento é o estágio final e reflexivo de um processo longo e complexo, durante o qual os textos bíblicos continuaram a desempenhar um papel normativo sobre uma extensa série de circunstâncias. Devido à natureza implícita e, de alguma forma, casual do contínuo uso normativo dos livros canônicos, o processo do desenvolvimento canônico é mais bem descrito de maneira teórica, do que objetiva.

O estágio inicial na formação do cânon do Antigo Testamento foi a preservação escrita do seu conteúdo. Para a maior parte do material do Antigo Testamento, entretanto, esse estágio do processo está envolto em mistério. A atual forma escrita da maior parte dos livros do Antigo Testamento é o resultado de coleção ou compilação do material existente em uma forma prévia, oral ou escrita, que não pode ser recriada com muita certeza.

A fim de continuar o processo que leva à canonização, o material escrito requeria alguma forma de publicação ou sanção oficial dentro de uma comunidade. O registro dado em 2Reis 23 da promulgação de Josias do código de lei deuteronômico fornece um vislumbre raro do tipo de publicação oficial que era necessária para a sobrevivência da literatura bíblica, apesar do silêncio do registro bíblico em relação a tais sanções oficiais.

O fato de que os textos do Antigo Oriente Próximo fora da Bíblia sobreviveram somente como descobertas arqueológicas mostra que publicações e sanções oficiais não garantem, por si só, a posição canônica contínua. Textos publicados devem ser reproduzidos textualmente, um esforço que não deve ser subestimado em uma cultura predominantemente oral. Fatores econômicos relacionados com escribas treinados, adquirindo e preparando materiais escritos, reproduzindo longos textos à mão, guardando os textos e as cópias, e repetindo o processo de cópia, requeria um interesse de grupo altamente motivado. Os textos preservados devem ter encontrado alguma necessidade urgente da comunidade preservadora, seja por autocompreensão ou pelo governo da comunidade, a fim de justificar tal despesa em termos de labor e materiais. O entendimento de Israel de sua tradição como revelação divina, tanto como instrução sacerdotal (*tôrâ*) ou como palavra profética (*dāḇār*), reflete o valor religioso explícito das tradições preservadas. Referências a livros antigos não mais existem, tais como o Livro das Guerras do Senhor (Nm 21:14) e o Livro de Jasar (Js 10:13; 2Sm 1:18), sugerem que somente uma fração da literatura israelita foi valiosamente apreciada o suficiente por gerações sucessivas para receber contínua reprodução.

Além da reprodução física, a transmissão textual por gerações sucessivas exigia vários graus de interpretação atualizada a fim de tornar textos antigos apropriados às novas situações. Frequentemente, tal interpretação tomava a forma de uma alteração editorial do texto em si, processo que é demonstrável em relação ao Antigo Testamento, ao comparar os textos dos vários manuscritos antigos. Outras interpretações contemporâneas circularam independentemente do texto bíblico na forma de tradição oral. A descrição de Esdras lendo a Torá de Moisés em Neemias 8, enquanto os levitas "interpretam e dão o sentido ao texto", fornece exemplo claro do papel da interpretação na transmissão de textos valiosos.

Se um texto sobrevive por tempo suficiente devido à atualização contínua e também à sobrevivência continuada da comunidade interpretadora, então, ele alcança um significado maior não somente pelo seu conteúdo, mas também pelo seu caráter "infinito". Ao texto é permitida uma posição "clássica" relativa à outra literatura por causa de sua antiguidade e durabilidade. Tal fenômeno explicaria a proliferação de escritos pseudônimos durante os séculos III e II. Consequentemente, um nível de estudo "crítico" emerge a fim de distinguir a literatura clássica de outras obras imitativas e arcaicas. Os limites emergentes entre um texto clássico e um texto secundário são ilustrados ao comparar o livro de Daniel, que está incluso no cânon, talvez, por causa de seu contexto narrativo exílico, e o livro de Siraque que, embora seja altamente estimado tanto pelo judaísmo quanto pelo cristianismo, está, todavia, excluído do Cânon Judaico por causa de sua origem autoconsciente e explícita no século II a.C. No tempo de Josefo, o cânon foi definido para excluir não somente textos escritos posteriores ao tempo de Esdras e Neemias, mas também aqueles textos que alegavam ter sido escritos antes de Moisés.

Estudo e reflexão sobre textos clássicos aumentam a posição daqueles textos e fornecem o cenário intelectual para um cânon definido. Depois da determinação de obras canônicas, o texto, o arranjo, e a classificação do conteúdo desenvolvem um grau de padronização. É teoricamente possível que um texto pode ter sido tirado ou acrescentado ao cânon nesse último estágio, mas tais mudanças são extremamente improváveis. O último estágio, reflexivo do processo canônico, possui uma tendência autoperpetuadora.

Cânon e interpretação. O conceito de cânon do Antigo Testamento como estágio distinto na história do texto bíblico recebeu cada vez mais atenção na erudição recente. Em adição a vários outros estágios de desenvolvimento dos textos bíblicos, a forma final ou "canônica" do texto tornou-se tópico de investigação renovada. Estudo dos textos em sua forma canônica pressupõe que o texto sofreu transformação de gênero a partir de uma categoria literária prévia até a categoria distinta normativa de Escritura e pode ser interpretado produtivamente como tal.

Bibliografia. J. Barr, *Holy Scripture: Canon, Authority, Criticism* (Philadelphia, 1983); J. Barton, *Oracles of God* (London, 1986); B.S. Childs, *Introduction to the Old Testament as Scripture* (Philadelphia, 1979); D.N. Freedman, *The Unity of the Hebrew Bible* (Ann Arbor, 1991); J.A. Sanders, *From Sacred Story to Sacred Text* (Philadelphia, 1987); B.H. Smith, *Contingencies of Value: Alternative Perspectives for Critical Theory* (Cambridge, Mass., 1988). [BARRY A. JONES]

CÂNON DO NOVO TESTAMENTO Uma pessoa não pode discutir o assunto do cânon do Novo Testamento hoje sem reconhecer a diversidade de avaliações da parte dos estudiosos, que abordam o assunto a partir de pontos diferentes. A consideração seguinte pressupõe a validade permanente do cânon tradicional do Novo Testamento, mas é escrita em diálogo com outras visões, particularmente aquelas que, a partir da evidência histórica, questionariam sua legitimidade.

Fundamento profético do evangelho. A origem do cânon do Novo Testamento pode ser vista como implícita na consumação da redenção que conhecemos como encarnação, morte, ressurreição e ascensão de Jesus. Isso já está profetizado no Antigo Testamento, em lugares como Jeremias 31:31-34, que anuncia o novo pacto entre Deus e seu povo. O autor de Hebreus, que explicitamente se apropria da profecia de Jeremias, utiliza outros textos do Antigo Testamento que também enfatizam a natureza incompleta e temporária dos modos do antigo pacto e apontam para algum melhor a ser realizada em Cristo (Hb 7:17, 20; 8:8-13; 10:5-10, 16-18). Era convicção fundamental da igreja primitiva que as próprias Escrituras do Antigo Testamento anteciparam a redenção maior, e o adendo da revelação divina não pode ser visto como consequência antinatural da esperança profética realizada uma vez que ele tenha vindo. Nas palavras de Jesus em Lucas 24:46-47 é visto que não somente "o evento Cristo", mas até mesmo a missão e mensagem dos primeiros seguidores de Jesus foram preditas pelos profetas: "está escrito [...] e que em seu nome se pregasse o arrependimento para remissão de pecados, a todas as nações, começando por Jerusalém". Isaías havia previsto uma luz para as nações (Is 49:6); uma nova lei e palavra do Senhor deviam brotar de Jerusalém (Is 2:4-5 = Mq 4:1-3). Os profetas predisseram não somente o Messias, mas a mensagem para acompanhá-lo (Rm 1:1-2; 15:16-22; Is 66:18-21). Portanto, visto que o cânon final do Novo Testamento é a cristalização da mensagem da missão apostólica original, ele tem sua autorização, em princípio, nas próprias Escrituras do Antigo Testamento.

Autorização e mensagem dos apóstolos. Essa autorização recebe sua mais alta validação em Jesus, como pode ser observado de duas maneiras. Primeiro, a missão apostólica original estava baseada em uma comissão especial de Jesus. Como seus representantes, os apóstolos representam a Jesus e falam por Ele (Mt 10:40; cf. Jo 13:20; 20:21). Ao lado dele, constituem o fundamento da igreja (Mt 16:18; Gl 2:9; Ef 2:20; Ap 21:14). São exclusivamente dotados para seu trabalho pelo Espírito Santo (Mt 10:18-20; Mc 13:11; At 1:8; Jo 14:26; 15:26, 27; 16:13, 15). O conceito de "testemunha" em 1Pedro e Lucas-Atos e o direito de "testemunho ocular" de João 1:1-3 correspondem a isso. Essa autoridade exclusiva dos apóstolos, posta de lado aquela dos ofícios contínuos na igreja, é claramente observada nos escritores primitivos e não apostólicos (1Clem. 44.1-4; *Inácio* Rom. 4.3; *Magn.* 6.1; *Trall.* 7.1; 12.2; Policarpo *Phil.* 3.2; 6.3).

Segundo, a missão dos apóstolos é apresentada no Novo Testamento como a missão do próprio Jesus. Em Isaías 49:6, a comissão de trazer luz aos gentios pertence ao Messias. Mas a missão de Paulo é a missão de Jesus (Rm 15:18-20), assim a profecia de Isaías se relaciona diretamente com o chamado de Paulo (At 13:47). Por todo o livro de Atos, o trabalho dos apóstolos na evangelização das nações é representado como a obra do Cristo ascendido (2:33; 14:3), e a pregação deles é a palavra do Senhor (6:7; 12:24; 19:20). A forma da mensagem do evangelho foi dada pelo próprio Senhor (Gl 1:12) e pelo Senhor através dos apóstolos (1Co 11:23; 15:8; 2Pe 3:2). Jesus trará suas "outras ovelhas", elas irão atender Sua voz (Jo 10:16), mas aquela voz só pode ser ouvida por eles através dos seus apóstolos escolhidos (17:18, 20). O testemunho apostólico será o meio de transportar pecadores da descrença para a fé (Jo 20:31).

Do ponto de vista do Novo Testamento, então, a missão apostólica é exclusivamente a missão do próprio Jesus e é parte e parcela de sua própria obra redentora como predita pelos profetas.

Consciência da autoridade apostólica. É frequentemente declarado que a igreja do século I tinha apenas o Antigo Testamento, e algumas palavras de Jesus transmitidas oralmente, como fonte de autoridade. Contudo, nos escritos neotestamentários é facilmente perceptível que os autores viram seus ensinos como a Palavra de Deus (1Ts 2:13) de maneira nenhuma inferior, e em muitas considerações, superior à Palavra de Deus que eles conheciam como a Lei, os Profetas, e os Escritos (1Pe 1:10-12; Tt 1:3; Hb 1:1-2). E, de fato, essa avaliação da sanção divina de sua mensagem não desapareceu quando aquela mensagem foi confinada ao escrito. Paulo iguala sua palavra escrita em carta com sua palavra falada (2Ts 2:15; 3:14), e iguala também sua palavra falada de instrução e proclamação com a Palavra de Deus (1Ts 2:13; 2Ts 3:1, 6, 14; cf. 1Co 14:37). Em Efésios 3:4, Paulo antecipa que seus leitores reconhecerão sua percepção do mistério de Cristo não somente ouvindo-o, mas também lendo sua epístola. Que Paulo entendia sua atividade epistolar, embora dirigida a muitas preocupações particulares de muitas igrejas, como tendo mais do que meramente validade local, é visto nas suas instruções para a troca de cartas (Cl 4:16) e provavelmente no caráter da carta aos Efésios, que parece ter sido enviada, inicialmente, como uma carta circular para várias igrejas. A coleção e publicação das cartas de Paulo, de qualquer forma, marca um tempo quando elas foram entendidas como válidas para toda a igreja, e, provavelmente, como perpetuamente válidas. Existe agora boa evidência a partir da prática contemporânea da publicação de cartas e a partir da estabilidade do corpo paulino na tradição do manuscrito para se crer que foi o próprio Paulo quem primeiro reuniu e publicou uma coleção editada de suas cartas, para a distribuição entre as igrejas. Um conjunto das cartas de Paulo estava geralmente disponível nas congregações e era conhecida como Escritura por volta, no mínimo, do tempo de 2Pedro 3:16. E por todo o Novo Testamento, uma pessoa percebe a deliberada construção de um legado, um depósito, um corpo de ensinos a ser deixado para as gerações seguintes (1Co 11:2; 15:1-8; 1Tm 6:20; 2Tm 1:14; 2:2; Lc 1:1-3; 2Pd 1:12-15; 1Jo 1:1-4; Jd 3, 17; Ap 1:3; 22:18-19).

Extensão do cânon do NT. A autorização de um novo capítulo da revelação implícita na redenção consumada por Jesus não assinalou antecipadamente, é claro, o número preciso ou a identidade dos documentos que finalmente incorporariam aquela revelação. A partir do ponto teológico, a canonicidade, ou a posição escriturística, é antes de tudo um julgamento divino, embora seu eco humano seja imperfeito e não imediatamente unânime.

Seria o final do século IV (a 39º Carta Festiva de Atanásio; os concílios de Hippo Regius, 393, e Cartago, 397) antes que as igrejas do Ocidente e do Oriente pudessem concordar sobre os 27 livros completos que, desde aquele tempo vinham sendo geralmente confessados em todos os maiores ramos da Cristandade (partes das Igrejas Siríacas e Etíopes nunca se conformaram completamente com o resto). Contudo, tem sido amplamente reconhecido que, por volta do fim do século II, um "cânon central" de vinte ou mais livros era geralmente reconhecido por todas as igrejas. Entretanto, isso tem sido ativamente desafiado por estudiosos que mantêm que a Igreja não se preocupava com canonicidade, ou com os limites de coleções de sua literatura escriturística, até o século IV.

É verdade que no período dos Pais Apostólicos (c. 90-140) os evangelhos e as cartas apostólicas são citados com algumas tradições orais ocasionais das palavras de Jesus — ambos usados, de fato, como se fossem aceitos por todos os cristãos. Com a tradição oral tornando-se menos confiável, entretanto, a Igreja, mesmo nesse período, confiava na exclusividade crescente de seu depósito escrito.

Alguns têm sustentado que a produção continuada dos pseudepígrafos apostólicos em alguns círculos nos primeiros séculos demonstra a abertura da Igreja para o recebimento de novos livros. Mas o uso preponderante dos nomes dos apóstolos para tais obras mostra, ao contrário, o entendimento de todos sobre em que residia a autoridade da Igreja. Serapião de Antioquia (anos 180) é frequentemente citado por sua disposição para aceitar o Evangelho de Pedro como documento escriturístico. Entretanto, não era questão de posição escriturística, mas de aptidão para a leitura edificante, como pode ser visto em suas palavras, "recebemos Pedro e os outros apóstolos da mesma forma que recebemos a Cristo, mas os escritos que, falsamente trazem seus nomes rejeitamos, como homens de experiência, sabendo que tais não foram legados a nós" (Eusébio *HE* 6.12.3-6). Serapião, como outros de sua geração, não conceberam a Igreja como autorizada a escolher os documentos a seu gosto, mas como obrigadas a usar e preservar o que tinha lhe tinha sido entregue.

É costume citar "critérios" tais como apostolicidade, catolicidade, uso pela maioria das igrejas e ortodoxia, como usados pelas igrejas desde o século II até o IV na determinação de seus documentos canônicos. Considerando que esses critérios, de fato, funcionaram negativamente para excluir certos livros, no entanto, nós não lemos de outros livros encontrando aceitação porque "passaram" nos testes. Tais livros simplesmente funcionaram desde o princípio, como documentos detentores de autoridade transmitidos à Igreja por seus apóstolos e profetas. Cria-se que a maior parte tinha sido escrita pelos apóstolos, mas "apostolicidade" estendeu-se também às obras dos imediatos cotrabalhadores dos apóstolos envolvidos com eles na sua missão apostólica original. Por volta do final do século II, quando os líderes da Igreja começaram a lidar com o problema das diferentes coleções, pode não ter havido nenhuma questão séria sobre a recepção do tamanho dos livros (quatro evangelhos, Atos, treze ou quatorze Epístolas Paulinas, 1Pedro, 1João), e tais livros "combinados" estabeleceram o fundamento, em termo de ortodoxia apostólica, para a aceitação do restante. Qualquer que tenha sido o "critério" empregado quase não era importante para alguns, senão Hebreus, Tiago, 2Pedro, 2—3João, Judas, e Apocalipse.

Daqueles livros sobre os quais existia alguma controvérsia, Hebreus e Apocalipse sofreram subsequentemente depois de um reconhecimento primitivo. No caso de Hebreus, que foi usado por Clemente de Roma no século I, as incertezas sobre a autoria, com dúvidas restantes sobre um visível rigorismo penitencial (Hb 6:4-6). Com Apocalipse, ao contrário, os ataques iniciais no século III, estavam baseados num alegado suporte para o Montanismo e, então, o milenarianismo (quiliasmo), instigando mais questões sobre autoria. Esses problemas evitaram a unanimidade nos séculos II e III, e até mesmo no IV, em relação a Hebreus, duvidado no Ocidente, e Apocalipse, duvidado no Oriente. Eusébio conta, que além de Hebreus e Apocalipse, 2Pedro, 2—3 João, Judas, e Tiago, embora "conhecidas da maioria", eram contestados por muitos (Eusébio *HE* 3.25.3). Não lemos sobre nenhuma objeção teológica a essas cinco pequenas epístolas; as dúvidas diziam respeito à autoria e deviam-se em grande parte à falta de citação em escritores primitivos (*HE* 2.23.25). Todos esses livros eram conhecidos e usados pela igreja em Alexandria nos séculos II e III, até que Apocalipse foi temporariamente superado.

Apesar da impressão dada algumas vezes, há somente um punhado de documentos fora dos 27 tradicionais que podem ter prestígio temporário e local semelhante aos outros. Analisando a história da Igreja no início do século IV, Eusébio (*HE* 3.25) lista cinco semelhantes obras que ele julga que devem ser consideradas espúrias: os Atos de Paulo, Pastor de Hermas, Apocalipse de Pedro, Carta de Barnabé, e Ensinos dos Apóstolos. Em adição, 1Clemente deveria, talvez, ser mencionada. A primeira dessas era conhecida de Tertuliano, que diz que ela tinha sido escrita recentemente por um presbítero da Ásia que não gostava de Paulo, embora isso o depusesse (*De bapt.* 17).

O Pastor de Hermas foi citado frugalmente, mas muito favoravelmente por Ireneu, Clemente de Alexandria, e Orígenes. Embora ele o rejeitasse, Eusébio nos diz que era "lido publicamente" em muitas igrejas (*HE* 3.3.6). Foi especificamente excluído, entretanto, pelo Cânon Muratoriano, a mais antiga lista de cânon do Novo Testamento que ainda sobrevive, desde cerca do final do século II, rejeitado como nem apostólico nem profético e posterior. Ela foi severamente criticada por Tertuliano, que também diz que tanto os concílios ortodoxos como os Montanistas a tinham rejeitado. (*De pudicitia* 10).

Clemente de Alexandria citou o Apocalipse de Pedro, como se tivesse sido escrito por Pedro, embora ele não tenha sido seguido nesse ponto por Orígenes. O Cânon Muratoriano diz que ele é aceito pela Igreja, "embora alguns de nós não queiramos que ele seja lido na igreja". Ele está ausente nas listas de cânon desde o século IV.

A Carta de Barnabé também foi usada por Clemente de Alexandria, embora isso tenha sido baseado na noção errada de que ela foi escrita por um companheiro de Paulo e era, portanto, semiapostólica. Orígenes também a considerou grandemente, embora ele não tenha escrito nenhum comentário ou homilia sobre ela. Nem Ireneu nem Tertuliano parecem tê-la conhecido, e ela era praticamente desconhecida no Ocidente.

O Didaquê, um manual de Igreja não posterior ao século II, também foi citado favoravelmente tanto por Clemente quanto por Orígenes. Ele não foi mencionado pelo Cânon Muratoriano ou evidentemente usado por outros Pais primitivos, embora sua doutrina dos "dois caminhos" possa ter sido a fonte do mesmo ensino em Barnabé. É listado por Atanásio como um documento catequético, mas não canônico.

A epístola da Igreja Romana aos Coríntios, comumente conhecida como 1Clemente, era universalmente amada, embora claramente colocada por Ireneu na categoria das epístolas de Policarpo, e não com os apóstolos. Ela está ausente do Cânon Muratoriano e de todos, exceto das listas de cânon mais excêntricas do século IV (os Cânons Apostólicos).

Tentativas correntes para promover o Evangelho de Tomé, que data do século II, fazem assim em virtude da aversão unificada das fontes patrísticas. Hipólito (c. 235) diz que um livro desse nome pertenceu aos Gnósticos Naassene (*Ref.* 5.7.20). Orígenes o criticou como espúrio (*Hom. Lk.* 1), e Eusébio aconselhou que ele devia ser "evitado como no geral pecaminoso e ímpio" (*HE* 3.25.6).

A carta Festiva de Atanásio, que data de 369, é provavelmente a primeira lista existente com os 27 livros presentes e deles somente, embora haja um texto contestado em Orígenes. A partir do final do século IV, existe unanimidade virtual entre o Oriente e o Ocidente sobre o cânon do Novo Testamento. Lutero lançou ataque bem conhecido contra a Epístola de Tiago, e em menor grau a Judas, 2Pedro e Apocalipse, mas nem mesmo os seus sucessores mais devotados o seguiram nisso. Calvino não viu nenhum conflito nesses livros com a doutrina da justificação pela fé, encontrando nelas nada indigno dos apóstolos, e aceitou seu autotestemunho e o testemunho da igreja primitiva. As Igrejas Protestantes confirmaram esse julgamento, somando suas vozes ao Catolicismo Ortodoxo e Romano.

Bibliografia. H.Y. Gamble, *The New Testament Canon* (Minneapolis, 1985); G.M. Hahneman, *The Muratorian Fragment and the Development of the Canon* (Oxford, 1992); C.E. Hill, "The Debate over the Muratorian Fragment and the Development of the Canon", *WTJ* 57 (1995): 437-52; B.M. Metzger, *The Canon of the New Testament* (Oxford, 1987); H.N. Ridderbos, *Redemptive History and the New Testament Scriptures*, 2. ed. (Philipsburg, N.J., 1988); D. Trobisch, *Paul's Letter Collection* (Minneapolis, 1994).
[CHARLES E. HILL]

CÂNTICO DE SALOMÃO "Cântico dos cânticos de Salomão" (1:1), também chamado de Cântico dos Cânticos. Um dos cinco rolos lidos liturgicamente pelos judeus em várias épocas do ano ritual, este livro é associado ao Festival da Páscoa, na primavera. Nas Bíblias cristãs, está agrupado a outros escritos salomônicos, precedendo imediatamente os profetas. Como poesia de amor, aparentemente desprovido de conteúdo religioso, sempre pareceu anômalo; consequentemente uma longa tradição de interpretação alegórica e mística se desenvolveu. A ansiedade exagerada vinculada ao que pode ser exemplificado por Rabbi Akiba que se acredita ter declarado que o "Cântico dos cânticos é o Santo dos Santos" (*m. Yad.* 3.5) e também que "quem gorjeia na casa do banquete perde sua participação no mundo vindouro" (*Sanh.* 102b). No entanto, sua influência tanto na poesia secular erótica ocidental quanto nas tradições místicas judaicas e cristãs é insondável.

Não se sabe quando o Cântico foi escrito. As estimativas variam do século I ao século III a.C., com a maioria dos comentaristas atuais preferindo a data mais recente. Seu antigo reconhecimento como texto protocanônico é provado pela presença de fragmentos entre os rolos do Mar Morto. Jerusalém é o centro de seu mundo simbólico, o que induz muitos críticos a considerá-lo como o local da composição.

A maior parte de Cântico dos Cânticos consiste de monólogos ou diálogos entre dois amantes, com a voz feminina dominante. Às vezes, uma terceira voz, impessoal, que pode ser identificada como a do narrador ou do poeta, parece interferir e, em dois pontos pelo menos (5:9; 6:1), há um coro das filhas de Jerusalém. Muitos críticos, entretanto, atribuem muito mais material ao coro, às vezes, apresentando também um coral masculino (p. ex., 8:8,9).

Muito esforço tem sido dedicado para reconstruir sua história. As reconstruções, entretanto, geralmente necessitam de considerável conjectura e correm o risco de impor uma estrutura narrativa sobre um discurso lírico, não narrativo. Os amantes falam um ao outro e a respeito um do outro, em lembrança, expectativa e desejo; a fronteira entre realidade e imaginação é sempre ambígua. Por exemplo, no centro do Cântico, o homem afirma que entrou em "seu jardim"(5:1) que, no contexto, é uma metáfora para a mulher; no verso seguinte, entretanto, meio adormecida, ela o ouve do lado de fora da porta, pedindo para entrar. Não sabemos se os amantes alguma vez têm relações sexuais; eles são, de qualquer forma, invenção da imaginação do poeta e a tarefa do poema é comunicar as sensações do amor em linguagem. Ele está menos preocupado com as aventuras de dois amantes do que em fazê-los representantes de todos os amantes. Os papéis diferentes que eles desempenham — rei e pastor, moça campestre ou citadina — são evidência de origens não tão diversas quanto à intersecção de diferentes paradigmas tradicionais de amor. Uma personagem particularmente associada ao homem é a do rei Salomão, não somente como amante supremo e poeta (cf. 1Rs 4:32 [TM 5:12]), mas como símbolo de perfeição humana.

O Cântico é composto por muitas unidades de vários comprimentos, usualmente claramente demarcadas uma outra e sem continuidade óbvia. Esses são poemas separados ou, para os que pensam que o Cântico tem unidade literária, apenas justapõem perspectivas e gêneros contrastantes. Várias unidades combinam uma com a outra no texto, frequentemente com variações ou inversões significativas; os que propõem a unidade consideram esse elemento o principal princípio de composição. Entre as unidades que se igualam estão retratos formais dos amantes, tecnicamente chamados de *wasfs* (4:1-7; 5:10-16; 6:5-7; 7:2-7 [1-6]), nos quais partes do corpo são elaboradas simbolicamente; duas sequências de sonho (3:1-4; 5:2-7), nos quais a mulher procura seu amante na cidade noturna; duas descrições da primavera (2:10-13; 7:11-13 [12-14]). O clímax do livro, que corresponde à descrição do jardim de amor em seu centro (4:12–5:1), é um conjunto de equivalências, no qual se diz que o amor é tão forte e insaciável como a morte (8:6-7).

A qualidade poética do livro justifica plenamente o superlativo afirmado pelo título, "O Cântico dos Cânticos". Como toda grande poesia, tanto é sensualmente rico, uma comparação literária do mundo sensorial dos amantes, como repleto de significado. Em particular, é notável por suas imagens intensas, às vezes, bizarras, por sua riqueza de vocabulário e sua penetrante aliteração e jogo de palavras. As metáforas com frequência conseguem atingir vida própria, subvertendo a diferença entre a figura e aquilo que representa. A distância entre a imagem e seu assunto é uma fonte de tensão estética e riqueza hermenêutica. Alguns estudiosos observaram a padronização fonológica e as conexões entre aliteração e metáfora no Cântico, e intertextualmente em outra parte do AT para que os sons e os significados sejam mutuamente produtivos.

Um grande número de estudiosos recentes tem discutido as implicações feministas do Cântico. Alguns têm postulado a autoria feminina, apontando para a predominância da voz feminina no Cântico e sua inversão dos valores patriarcais. Outros acham improvável a autoria feminina, dadas às condições de produção literária no mundo antigo, sugerindo que o Cântico é uma fantasia erótica masculina, e que a centralidade da mulher expressa o desejo masculino.

Alguns críticos sustentam que o Cântico tem um elemento de autoparódia, subvertendo seu próprio ideal de beleza; por meio disso ele promove amor como o que transpira entre os seres humanos reais e imperfeitos. Outros o veem como infundido com uma visão cômica, da integração do mundo por meio do amor.

Vários estudiosos têm investigado as analogias entre o Cântico e outra literatura erótica do antigo Oriente Próximo. As correlações são especialmente íntimas com a poesia de amor do Egito antigo. Outros críticos têm explorado as ligações intertextuais entre o Cântico e o restante do AT, incluindo Eclesiastes e o jardim do Éden, que eles veem reconstituído e questionado no Cântico. Os que leem o Cântico como uma alegoria política ou religiosa encontram nele várias alusões à literatura profética ou histórica.

A importância espiritual do Cântico, e a razão para sua incorporação ao cânon, tem sido objeto de muita discussão. Alguns afirmam tratar-se de uma obra puramente secular; outros encontram nele referências ao culto mortuário ou outros. No clímax do livro (8:6), o nome de Deus aparece embora como sufixo ao nome *šalhebet*, "chama". Frequentemente interpretada como superlativo convencional ("chama poderosa"), ela pode significar também que o amor é a chama de Deus, que queima no altar. As frequentes referências à geografia da terra de Israel e ao rei Salomão, bem como uma a Davi, sugerem que a história e a paisagem de Israel são desenhados na rede de comparações e alusões. Se Salomão representa Israel no apogeu de sua glória, essa glória é nostalgicamente evocada e criticada no contexto de sua passagem.

Bibliografia. A. Bloch e C. Bloch, *The Song of Songs* (1995, repr. Berkeley, 1998); A. Brenner, ed., *A Feminist Companion to the Song of Songs* (Sheffield, 1993); M. V. Fox, *The Song of Songs and the Ancient Egyptian Love Songs* (Madison, 1985); M. D. Goulder, *The Song of Fourteen Songs.* JSOTSup 36 (Sheffield, 1986); F. Landy, *Paradoxes of Paradise: Identity and Difference in the Song of Songs* (Sheffield, 1983); R. E. Murphy, *The Song of Songs. Herm* (Minneapolis, 1990); M. H. Pope, *Song of Songs.* AB 7C (Garden City, 1977). [FRANCIS LANDY]

CÂNTICO DOS TRÊS JOVENS *Ver* DANIEL, ACRÉSCIMOS A.

CÂNTICOS *Ver* CÂNTICO DE SALOMÃO.

CÃO Mamífero carnívoro domesticado (*canis familiaris*). Na Palestina, os cães selvagens vagueavam em bandos vivendo nos arrabaldes das cidades. Esqueletos de cães, encontrados em escavações em Asquelom sugerem que os cães eram também guardados como animais de estimação. Esqueletos de cães jovens foram encontrados cuidadosamente colocados em sepulturas individuais, como se sepultaria um animal de estimação, ao invés de atirá-los numa vala como alguém que dispõe de um animal vagante. Na Bíblia, o cão (heb. *keleb̲*) porta uma imagem muito negativa, representando o desprezado, o impuro, ou o inimigo esperando para devorar. Nas leis dietéticas (Êx 22:31), os israelitas são instruídos a atirar comida imprópria para os seres humanos aos cães. Os homens que praticam prostituição são chamados de cães (Dt 23:18), e chamar-se a si mesmo um cão indica auto-humilhação (1Sm 17:43; Jó 30:1). O NT também usa o cão (gr. *kýōn*) para se referir aos impuros (Mt 15:26-7; Ap 22:15).

Os cães eram carniceiros e mantinham as cidades limpas por consumirem o lixo e os cadáveres não sepultados (Sl 59:14-15 [TM 15-16]). Era considerado um destino horrível alguém ter o cadáver comido ou ter o sangue lambido pelos cães ao invés de ter um sepultamento devido (cf. o destino profetizado dos descendentes de Jeroboão, Baasa, Jezabel, e Acabe; 1Rs 14:11; 16:4; 21:23-24; cumprido em 22:38; 2Rs 9:36).

Os inimigos do salmista são apresentados como cães ameaçadores (Sl 22:16 [17]), e os cães representam um tolo em Provérbios 26:11, texto no qual o tolo ou os pecados do tolo são comparados à imundície do vômito de um cão. As sentinelas de Israel são chamadas "cães silenciosos" que dormem ao invés de latir, enquanto o inimigo de Israel é descrito como um cão voraz e devorador (Is 56:10-11).

Os cães eram também figuras cúlticas. No Egito, como imagens de divindades, os cães eram frequentemente mumificados e sepultados com seus donos, e identificados com os deuses dos mortos, Khenti-Amentiu e Anúbis. Na Mesopotâmia, os cães eram usados no culto a Gula, a deusa da cura, como está descrito em objetos de cerâmica e brasões. No ritual da cura um cão e um porco eram balançados sobre o paciente para absorver as doenças deles, e então queimados. O cão e o porco eram também usados nos exorcismos de Lamastu, o demônio da doença e da febre. O uso de *keleb̲* por sodomitas (Dt 23:18) pode ser uma referência a tal atividade cúltica.

Bibliografia. D.W. Thomas, "Kelebh 'Dog': Its Origin and Some Usages of It in the Old Testament", *VT* 10 (1960), 410-27; P. Wapnish e B. Hesse, "Pampered Pooches or Plain Pariahs? The Ashkelon Dog Burials", *BA* 56 (1993), 55-80. [MICHELLE ELLIS TAYLOR]

CAOS Estado de confusão, vazio e desordem. O caos existiu antes de Deus trazer ordem ao universo, durante a criação. Em um épico paralelo da criação, o babilônio Enuma Elish, a deusa do mar, Tiamat, representa o caos ilimitado e o poder do oceano. Marduk a derrota em uma luta heroica e, então, corta seu corpo em pedaços, criando, assim, os limites da ordenança do mundo físico. Ecos do épico babilônico podem ser encontrados no livro de Gênesis, onde a "terra era sem forma (heb. *t̲ōhû*) e vazia, e havia trevas sobre a face do abismo (*t̲ĕhôm*)" (Gn 1:2).

Isaías e Jeremias frequentemente predisseram desolação e caos como a punição de Deus para as nações: o Senhor "esvazia a terra e a transtorna", e Babilônia se tornará "a cidade do caos", desolada e caída (Is 24:1-12). Assim também Edom deverá ser assolada "de geração a geração", quando Deus usa seu "prumo do caos" (Is 34:10-11; cf. Jr 49:7-22). Jeremias dirige sua profecia para Judá, mas encoraja todas as nações a retornar para o caminho de Deus ou, caso contrário, a terra retornará ao seu estado primitivo de "sem forma e vazia" (Jr 4:23-28). Em uma passagem onde ele profetiza que todas as nações irão se curvar ao Israel de Deus, Isaías enfatiza a onipotência de Deus ao declarar que Deus "não a [a terra] criou para ser um caos, mas para ser habitada" (Is 45:18). [HENRY L. CARRIGAN, JR.]

CAPADÓCIA (gr. *Kappadokía*) Distrito não favorável e montanhoso a leste central da Ásia Menor. Localizada ao norte da Cicília e das Montanhas de Tarsus, ao leste da Frígia e Galácia, e a oeste do Rio Eufrates, Capadócia era famosa pela criação de cavalos, pelo crescimento do trigo, e a produção de vinhos. Por causa da falta de atenção à montanha mais estratégica de seu território, a cidade foi frequentemente o objeto de conquistas estrangeiras, tornando difícil a localização das suas fronteiras mutáveis na antiguidade. De 1700 até 1400 a.C., Capadócia era o centro da cultura hitita, conhecida por sua arte de fundição de metal e por suas minas de prata.

Originalmente, o distrito incluía todo o território nordeste da Ásia Menor, mas a parte norte foi separada (provavelmente sob os persas) e veio a ser conhecida como Capadócia no Ponto (depois simplesmente Ponto) e a parte sul foi chamada Grande Capadócia. Diferente das regiões litorâneas da Ásia Menor, que veio sob forte influência grega, essa profunda região dentro do território não favorável anatoliano perpetuou suas tendências persas até os romanos fazerem uma aliança com o rei Ariarathes (164; cf. 1Mac 15.22). Marco Antônio deu Capadócia a Arquelau para governar como rei (36 a.C.), concessão perpetuada por Augusto. Quando Tibério sucedeu Augusto, ele chamou Arquelau para Roma e o tirou de sua coroa (14 d.C.). Capadócia se tornou uma província romana (17), administrada como dez distritos desde que havia tão poucas cidades na província.

Os capadócios estavam presentes no Pentecoste (At 2:9), e estavam entre os destinatários de 1Pedro 1:1. Seu distrito não foi visitado por Paulo, possivelmente por causa de seu difícil relevo. Capadócia se tornou famosa pelos teólogos do século IV que ela produziu: Basil (posteriormente de Cesareia), Gregório de Nazianzo e Gregório de Nissa. [RICHARD A. SPENCER]

CAPHAR-SALAMA (gr. *Chapharsalama*) Lugar perto do qual o general Círio Nicanor sofreu uma emboscada, perdendo quinhentos soldados em batalha (1Mac 7.31-32). Alguns estudiosos identificam esse lugar com Khirbet Selmah próximo a ej-Jîb, aprox. 10 km. a noroeste de Jerusalém.

CAPITÃO Usualmente uma pessoa da classe militar (heb. *śārar*). O título é depois qualificado pelas responsabilidades específicas dos oficiais (p. ex., Gn 37:36; 2Rs 1:9; 1Sm 22:7; Êx 18:21). O hebraico *śar-ṣĕḇā'*, literalmente "chefe do exército" (2Rs 5:1), é normalmente traduzido como "comandante supremo".

No Novo Testamento, o grego *stratēgós* é restrito ao material lucano. Usado frequentemente no seu sentido mais simples como "capitão" (Lc 22:4; NTLH "oficial"), mas também como "capitão do templo" (Lc 22:52; At 4:1; 5:24), isto é, um guarda do santuário. O plural é usado para oficiais civis (RC 95 "magistrados") em Atos (16:20, 22, 35, 36, 38).

O termo *śārar* também é encontrado na inscrição Mejad Mashavyahu, em uma carta de Arad, em dois selos primitivos, e em uma gravura de Kuntilet 'Ajrud. Aqui, também, é usado em contexto militar. Os selos e gravuras se referem ao "capitão da cidade", provavelmente o comandante de uma cidade de guarnição militar (cf. 2Cr 11:11, 18-23). [T.R. HOBBS]

CAPITÃO DO TEMPLO O oficial sacerdotal que presidia a guarda do templo e que estava sujeito ao sumo sacerdote (Jr 20:1; 1Cr 9:11; 2Cr 31:13; Ne 11:11). O aspecto militar do templo, pelo qual o capitão do templo (heb. *nāgîḏ*) era responsável, incluía o ato de vigiar, a administração dos portões, a guarda de postos de sentinela (Josefo, *BJ* 6.5.3), e a guarda dos tesouros do templo. O termo, normalmente traduzido como "oficial chefe", "supervisor", ou "em comando", também era usado em contextos administrativos (p. ex., 1Rs 4:7).

No Novo Testamento, o termo (gr. *stratēgós toú hieroú*) aparece em Atos 4:1; 5:24; 26 e em Lucas 22:4, 52; as formas plurais indicam muito provavelmente os subordinados do capitão. Josefo constata que Ananus, o capitão do templo, foi preso com Ananias, o sumo sacerdote, e enviado a Cláudio César em Roma (*Ant.* 20.6.2). [BRUCE W. GENTRY]

CARACOL Molusco gastrópode normalmente fechado numa concha em espiral (heb. *šabbĕlûl*). O talmude sugere algum tipo de gastrópode em Salmos 58:8(TM 9), uma lesma (cf. ARA) ou um caracol. O termo compara "nascimento precoce" na segunda metade do verso, sugerindo a natureza efêmera da vida ou o desejo do salmista de que seus inimigos nunca tivessem nascido (cf. Jó 3:16; 10:18,19).

CARAVANA Grupo de viagem com animais carregados com cargas e mercadorias. Para países sem a habilidade e a capacidade para conduzir o comércio por meio da viagem marítima, o comércio de caravana era vital para o bem-estar econômico. A posição geográfica de Israel entre três continentes fez do país um centro de comércio via terrestre. Como viagem no antigo Oriente Próximo era um negócio perigoso e difícil devido ao clima, aos animais selvagens, e aos bandos de ladrões itinerantes, as caravanas forneciam a vantagem da segurança por causa do número de pessoas que viajavam. As autoridades governamentais operavam as caravanas quase exclusivamente. O rei ou o líder do clã poderia ter recursos para fornecer escolta armada, manter fortalezas em pontos estratégicos ao longo do caminho (p. ex., a fortaleza de Salomão em Arade), e guardar o oásis vital para o suprimento de água. Somente bem poucas caravanas "privadas" são registradas na história, embora grupos individuais e familiares eram bem-vindos para viajarem com as caravanas. As caravanas normalmente viajavam à noite para evitar o calor de dia e reduzir a probabilidade de ataque. Muitas caravanas eram notavelmente grandes e poderiam levar quantidades substanciais de cargas. Macacos, mulas e camelos eram o grupo de animais mais frequentemente utilizado, embora por volta de 1900 a.C., as mulas mais fortes tenham substituído os macacos em muitas caravanas. Enquanto mulas ou macacos poderiam carregar grandes quantidades de carga e eram mais simples de administrar, os camelos tinham a vantagem da velocidade e a capacidade de percorrer distâncias mais longas entre os oásis. A caravana média contava de 100-300 animais; entretanto, um registro testifica de uma caravana de 3000 macacos. Em outra ocasião, 170 camelos transportaram 30 toneladas de mercadoria de Damasco a Meca.

A Bíblia registra várias caravanas notáveis: a viagem de Abraão de Ur dos Caldeus para Canaã (Gn 12); a caravana de comércio para quem José foi vendido (Gn 37:25); a visita da rainha Sabá a Salomão (1Rs 10:1-2); e a fuga, à noite, de José, Maria, e Jesus de Belém para o Egito (Mt 2:14). [DENNIS M. SWANSON]

CARBÚNCULO Pedra vermelha escura na Península do Sinai. A ARA lê "carbúnculo" para o hebraico *'eqdaḥ*, o material dos portões idealizados de Sião (Is 54:12). Outras traduções incluem "cristal", "berilo", "pederneira" e "granito vermelho". Algumas traduções prévias usaram "carbúnculo" para *bāreqeṯ*, uma pedra gravada no peitoral do sumo sacerdote (Êx 28:17; 39:10) e uma pedra adornando o rei de Tiro (Ez 28:13), onde a LXX *smáragdos*, "esmeralda", sugere uma pedra de cor verde. Traduções recentes traduzem "esmeralda" ou "feldspato". [JOSEPH E. JENSEN]

CARCA (heb. *haqqarqa'*) Cidade na fronteira sul do território tribal de Judá, localizada entre Adar e Azmom a noroeste de Cades-Barneia (Js 15:3). Talvez o local deva ser identificado com a moderna 'Ain el-Qeseimeh na confluência do úadi el-'Ain e Umm Has.

CARCÁS (heb. *karkas*) Um dos eunucos que serviu como camareiro do rei persa Assuero (Et 1:10).

CARCOR (heb. *qarqōr*) Local onde Gideão capturou dois reis de Midiã (Jz 8:10). Com base no relato de Juízes, pode-se presumir que o local fica no norte da Transjordânia, mas de outra forma é desconhecido. Alguns sugerem a moderna Qarqar no úadi Sirhân ou o castelo de Carcaria. [PHILIP R. DREY]

CARDO Várias palavras hebraicas têm sido traduzidas por "cardo", "espinho", "sarça", "arbusto espinhoso" e "urtiga", e uma tradução pode usar vários termos (em português) para a mesma palavra hebraica. Entretanto, heb. *dardar*, tem sido traduzido sistematicamente por "espinho" em várias versões. Essa palavra ocorre somente duas vezes na Bíblia, uma como parte da maldição de Deus sobre a terra (Gn 3:18) e uma como símbolo da destruição de Israel (Os 10:8). Nas duas vezes, *dardar* está com *qôṣ*, normalmente traduzido por "espinho". Às vezes, o hebraico *ḥôaḥ* também é traduzido por "cardo". No NT, cardos (gr. *tríbolos*, "tridente") são também comparados com espinhos (gr. *ákantha*).

Os cardos são abundantes em Israel. Algumas espécies incluem o cardo espanhol (*Centaurea ibérica Spreng*), que tem folhas em forma de espiral, o cardo globo (*Echinops viscosus* DC), que produz flores redondas de cor vermelho-escura, o cardo sírio (*Notobasis syriaca* [L.] Coss.) e o cardo-santo, ou "cardo de Maria", (*Silybum marianum* [L.] Gaertn).

Cardos e espinhos dominam rapidamente terra sem cultivo e, assim, representam inutilidade (cf. Mt 7:16; Hb 6:8). O cardo queima com facilidade e o fogo é a forma mais comum e eficiente de limpeza. [MEGAN BISHOP MOORE]

CAREÁ (heb. *qārēaḥ*) Pai de Joanã (1), líder militar em Judá que escapou da deportação depois da conquista de Jerusalém pela Babilônia (2Rs 25:23; Jr 40:8; 41:11; 42:1, 8; 43:2).

CARGO Posição ou responsabilidade oficial. Um cargo claramente definido significa que a autoridade e a legitimidade dessa posição estão seguros e podem ser transferidos de geração para geração. Três tipos básicos de autoridade legitimam um cargo: autoridade legal (baseada em regras e precedentes), autoridade tradicional (baseada em tradições e crenças sagradas) e autoridade carismática (baseada nas habilidades extraordinárias de liderança de um indivíduo).

No Israel tribal, os cargos derivavam de uma combinação de autoridade tradicional e de autoridade carismática. Os "juízes" chegaram a posições temporárias de liderança unindo algumas tribos contra um inimigo comum. A liderança a nível local era derivada mais da autoridade tradicional. Samuel administrou sua autoridade como profeta e juiz por meio de um "circuito" regular de três cidades: Betel, Gilgal e Mizpá (1Sm 7:16). No mesmo período, reis como Abimeleque, de Siquém, governaram suas pequenas cidades-estado pelo poder da autoridade legal (Jz 9).

Uma administração clara com cargos baseados mais na autoridade legal começou a aparecer no tempo da monarquia israelita unida. A dificuldade da transição da administração tradicional de um profeta-sacerdote para um rei é demonstrada pelo fato de o povo ter de pedir um rei a Samuel. O rei teria autoridade para cobrança de impostos, recrutamento de pessoas para o serviço militar e fins de trabalho e organização da economia em uma economia "real" (1Sm 8:10-17).

A monarquia israelita unida e as monarquias de Judá e Samaria serviram na institucionalização de vários cargos no antigo Israel. A singularidade da religião israelita dentro de seu contexto no Antigo Oriente Próximo é confirmada pela tradição profética que foi capaz de produzir uma crítica contra o cargo do rei.

Bibliografia. R. R. Hutton, *Charisma and Authority in Israelite Society* (Minneapolis, 1994). [BRUCE W. GENTRY]

CARIA (gr. *Karia*) Região a sudoeste da Ásia Menor, limitada por Lídia ao norte, Frígia ao leste, Lícia ao sul, o mar Egeu ao oeste, e pelo mar Mediterrâneo ao sudoeste. A população das cidades litorâneas era grega e a população do interior do país teria considerado a si própria indígena e relacionada aos lídios e mísios. Controlada pelos persas e, depois, então, por Alexandre, o Grande; através da ilha de Rhodes, Caria recebeu sua independência dos romanos. De acordo com 1Macabeus 15.23, Roma escreveu a Caria e a outros países declarando apoio ao governo de Simão sobre o estado judaico. Em 129 a.C., a região foi incorporada à província romana da Ásia.

Ao lado das importantes cidades de Halicarnassus e Cnido (At 27:7), Mileto ficava em Caria (At 20:15-17; 2Tm 4:20). A Caria propriamente dita não é mencionada em Atos, uma vez que ela era parte da província da Ásia no tempo das viagens de Paulo. Inácio de Antioquia, em sua viajem para Roma e em seu martírio, enviou uma carta a Tralles em Caria. Inscrições, restos de sinagoga, e outras evidências indicam que Caria tinha uma substancial população judaica. [DOUGLAS LOW]

CARITAS (heb. *kārî*) Guardas-costas que ajudaram Jeoiada, o sumo sacerdote, a proteger Jerusalém durante a coroação de Joás (2Rs 11:4, 19). Eles podem ter realizado uma função semelhante àquela dos Cherethites. Alguns estudiosos os associam com Caria, região que fornecia mercenários para o Egito.

CARMELO (heb. *karmel*) **1.** Cadeia de montanhas arborizadas ao longo da costa norte de Israel que vai desde noroeste da planície de Esdrelon até a costa do Mediterrâneo, próxima à cidade moderna de Haifa, onde seu cabo (Mt. Carmelo ou Jebel Kurmul) forma o porto e a baía do Acre. A cadeia separa a planície costeira de Aco ao norte das planícies de Sharon e da Filístia ao sul. A altura média da cadeia de montanhas é de 475 m, com seu ponto mais alto perto de Isfiya (530 m). Por causa da altura do Carmelo e da localização próxima à costa, as temperaturas durante o verão são suaves, e a média anual de pancadas de chuvas é de 91 cm. Esses fatores deram origem a uma vegetação abundante, o que explica por que essa região foi chamada de Carmelo ou "pomar".

O evento bíblico mais memorável ligado a essa área girou em torno da questão da fertilidade e da divindade. De acordo com 1Reis 18, Elias desafiou os profetas de Baal e Aserá no Carmelo. Foi aqui que Yahweh demonstrou ao povo de Israel que Baal não era o verdadeiro Deus, ao consumir a oferta de água sobre a lenha com fogo/relâmpago e, então, enviando o que Baal não podia enviar, isto é, a chuva. O fogo e a chuva foram provas convincentes da soberania de Deus para um povo que praticava uma religião sincretista.

2. Torre no deserto de Judá (cf. Js 15:55) que pode ser identificada com a moderna el-Kirmil, uma vila a cerca de 13 km a sudeste de Hebrom. Foi nessa área que Saul erigiu um monumento em honra a sua vitória sobre os amalequitas (1Sm 15:12). Em acréscimo, a história de Davi e Abigail ocorreu nesses arredores (1Sm 25; cf. 27:3). O Carmelo era parte de uma linha ocidental de fortificações protegendo as estradas da área e a estabilidade econômica da região, que se concentrava primariamente na criação de animais.

Bibliografia. O. Borowski, "The Carmel-Formidable Barrier and Wedge into the Sea", *BibRev* 6/5 (1990): 46-52. [RICK W. BYARGEON]

CARMESIM (heb. *karkĕmîš*) *Ver* ESCARLATE, CARMEZIM.

CARMI (heb. *karmî*) **1.** O filho mais novo de Rúben, que acompanhou os outros filhos de Jacó ao Egito (Gn 46:9; Êx 6:14; 1Cr 5:3; cf. Nm 26:6).

2. Natural de Judá e pai de Acã (Js 7:1, 18; chamado "Acar" em 1Cr 2:7).

3. Um possível nome alternado para Calebe em 1Cr 2:18.

CARMITAS (heb. *karmî*) Clã rubenita cujo ancestral era Carmi 1 (Nm 26:6).

CARNAIM (heb. *qarnāyim*; gr. *Karnaim*) **1.** Uma cidade em Gileade, cujos habitantes foram levados cativos (1Mac 5.26; 2Mac 12.21, 26), identificada com a moderna Tell Sheikh Sa'd/Tel Sa'd, a 5 km a Nordeste de Tell 'Astarah. Pode ser a mesma cidade identificada como Asterote-Carnaim.

2. Cidade fortificada em Gileade. Localizada na moderna Tell Sheikh As'd/Tel As'd num afluente norte do médio rio Jarmuque, cerca de 32 km a leste do mar da Galileia e a 5 km ao norte de Asterote. É talvez idêntica à Carnaim pós-exílio (1Mac 5.26, 43-44) e próxima à Asterote-Carnaim (Gn 14:5). Em Amós 6:13, o profeta faz trocadilhos com os nomes Carnaim (os "chifres" de um touro, portanto "força", cf. 1Rs 22:11) e Lo-debar ("Nada"), aparentemente cidades conquistadas pelo rei Jeroboão II de Israel (2Rs 14:28).

CARNE 1. No Antigo Testamento, era primariamente a parte muscular do corpo (Gn 2:23). "Carne" (heb. *bāśār*) é usada com referência tanto a homens quanto a animais (Gn 6:17), e tanto para o vivo quanto para o morto (1Sm 17:44). A carne dos animais pode ser usada para o sacrifício e para a alimentação (1Sm 2:13).

No Novo Testamento, carne (gr. *sárx*) é bem diferente do corpo (*sōma*), e se refere à natureza humana. Às vezes, ela se refere ao corpo humano (Gl 2:20), mas em outras vezes ela designa a humanidade como um todo (Mt 24:22). Também é usada até mesmo para enfatizar a natureza essencial da humanidade como a alma, o corpo, e o espírito (1Jo 4:2). Carne pode sugerir a experiência total da vida, como um ser psicofísico (2Co 7:5). Carne também é usada para descrever o comprometimento de um casal, um com o outro no casamento (Mt 19:5).

Da mesma forma, carne se refere aos aspectos mais fracos da natureza humana que estão sujeitos à tentação (Mt 26:41; 2Pd 2:18). Se uma pessoa não resiste à tentação, então, o desejo para pecar vai crescer (1Jo 2:16) e o resultado será escravidão espiritual (Rm 6:19). Quando isso acontece, o indivíduo será escravizado pelos desejos da carne (Ef 2:3) e terá a mente governada pela carne (Rm 8:5-7). A consequência será corrupção (Gl 6:8) e a inabilidade para discernir a revelação do próprio Deus (Mt 16:17).

Carne, entretanto, não é naturalmente pecaminosa. Cristo veio em carne (Jo 1:14) e não tinha pecado (Hb 4:15), de modo que ele poderia redimir aqueles que estão na carne (Gl 2:20). Aqueles que recebem Cristo como Salvador permanecem fisicamente na carne, mas não vivem de acordo com a carne pecaminosa (Rm 8:9). Eles são levados pelo Espírito para fazer morrer as obras da carne, mas não a própria carne (Rm 8:13). [DONALD R. POTTS]

2. A carne (heb. *bāśār*) provavelmente não fazia parte da dieta normal nos tempos bíblicos e era, provavelmente, consumida ocasionalmente ao oferecer' sacrifícios (1Sm 2:13), em reuniões periódicas, ou para recepcionar visitas especiais (Gn 18:7; Jz 13:15; Lc 15:27). Entretanto, era um gênero alimentício desejado, e parece indicar um jantar abundante (Êx 16:12; Am 6:4; Dn 10:3). Carneiros e cabras eram os principais animais preparados para o consumo, embora gado e pássaros também fossem comidos. A carne era provavelmente assada (Is 44:16) ou cozida (1Sm 2:3; Ez 24:10) e tinham várias restrições, como não comer o sangue de um animal (Dt 12:23) ou o tendão da coxa (Gn 32:32 [TM 33]), ou "Não cozerás o cabrito no leite da sua própria mãe" (Êx 23:19; Dt 14:21). Todos os animais considerados puros para o sacrifício eram permitidos como alimento e, de acordo com o código levítico, eles incluíam ruminantes e ungulados, pássaros (exceto a carniça) e peixes com barbatanas e escamas (Lv 11). O porco e qualquer outro animal impuro eram proibidos.

Bibliografia. D. Brothwell e P. Brothwell, *Food in Antiquity*, ed. rev. (Baltimore, 1998); B. Rosen, "Subsistence Economy in Iron Age I", in *From Nomadism to Monarchy: Archaeological and Historical Aspects of Early Israel*, ed. I. Finkelstein e N. Na'aman (Washington, 1994), 339-51. [CAREY WALSH]

CARNEIRO 1. Junto a cabras, os carneiros são os animais domesticados mais comuns durante os tempos bíblicos, tal fato é evidenciado linguisticamente em fontes bíblicas e extrabíblicas e apoiado por achados zoo-arqueológicos em muitos locais. As referências bíblicas ao pastoreio e ao gado de pequeno porte (heb. *ṣō'n miqneh*) são numerosas, incluindo os dois principais componentes do grupo, carneiro (*kebeś*) e cabras (*'ēz*). Além disso, no Antigo Oriente Próximo, as riquezas eram medidas, em parte, pelo tamanho do rebanho que uma pessoa possuía.

A ovelha era criada para obtenção de lã ou pelo, leite e seus derivados (iogurte, manteiga, queijos), carne, peles, ossos, chifres e esterco. A importância do leite (*ḥālāḇ*) na dieta bíblica é notória já que ele denota fartura e riqueza nutricional, especialmente quando mencionado com outro alimento completo e integral, o mel (*dĕḇaš*), uma combinação usada em muitas sociedades antigas para sacrifício (cf. a expressão que descreve a terra de Israel como a que "mana leite e mel"; p. ex., Êx 3:8).

A ordenha nas sociedades pré-industrial era feita colocando-se as ovelhas uma oposta à outra e amarrando-as em pares por uma corda comprida, criando-se duas longas fileiras (*riḇqâ*). Embora o carneiro fosse criado também com objetivo de sua carne, ela não era consumida diariamente. Na antiguidade, a produção de carne e leite eram empreendimentos muito importantes nos quais os indivíduos, bem como os templos e o palácio real participavam (1Cr 27:29, 31; 2Cr 26:10). Os levitas receberam grandes glebas de terra onde esperava-se que eles manteriam pastagens "para os seus rebanhos, seu gado e todos os seus animais" (Nm 35:3; cf. Js 14:4). Um pequeno número de animais era mantido para engorda. Aparentemente a criação e a venda de animais gordos eram lucrativas porque até reis (2Rs 3:4) e outros líderes (Ez 27:21) estavam envolvidos. A gordura (*ḥēleḇ*) era considerada um alimento nutritivo, então desde tempos muito antigos (Gn 4:4) ela era o principal componente dos sacrifícios (Êx 29:13).

Representações artísticas de Ur (Uruk III), Assíria, Arábia e Israel sugerem que o carneiro criado na antiguidade estava intimamente relacionado ao carneiro Awassi de rabo grosso, a espécie mais numerosa e abundante no Oriente Próximo hoje (tb. cf. Heródoto). O carneiro Awassi normalmente é branco com cabeça e pés marrons; brancura total, ou cabeça e pés pretos são frequentes. Entretanto, inteiramente preto ou cinza e manchados são incomuns, o que pode explicar a disposição de Labão em aceitar a oferta de Jacó para ficar com "todas as ovelhas salpicadas e malhadas" como seu salário (Gn 30:31, 32).

O processo de domesticação levou os animais a se tornarem menos resistentes e, pior ainda, mais suscetíveis a doenças. As referências bíblicas a doenças dos rebanhos são raras em termos gerais. As maldições que acompanham o Pacto incluem uma declaração ampla: "Serão amaldiçoados [...] as crias das tuas vacas e das tuas ovelhas" (Dt 28:18), mas não existe lista como nas maldições referentes aos humanos ou às colheitas.

A lã é um importante subproduto do carneiro. A tosquia (*gēz*, Dt 18:4) é feita uma vez por ano em abril-maio, exatamente antes do início do calor do verão. Se existe água disponível, os carneiros são lavados antecipadamente (Ct 4:2; 6:6), caso contrário a lã é vendida por peça e não por peso, já que ela está suja e pesada. A tosquia era um evento que reunia muitas pessoas envolvidas em cuidar dos animais e, tal como na reunião de outras colheitas, era uma ocasião para grande celebração (1Sm 25; 2Sm 13:23-28).

Bibliografia. D. Brothwell e P. Brothwell, *Food in Antiquity*, ed. rev. (Baltimore, 1998); H. Epstein, *The Awassi Sheep* (Rome, 1985); S. Hirsch, *Sheep and Goats in Palestine* (Tel Aviv, 1993). [ODED BOROWSKI]

2. Macho da ovelha (heb. *'ay'l*), muito usado em sacrifícios (p. ex., Lv 5:15; 6:6; cf. 1:10). A pele do carneiro foi usada como cobertura para o tabernáculo (Êx 36:19), e seus chifres (heb. *šôpār*) foram usados para sinalizar a adoração e a batalha (p. ex., Js 6:2; 2Sm 6:15). Quando o obediente Abraão tentou sacrificar Isaque, o Senhor proveu um carneiro como uma oferta queimada em substituição (Gn 22:13).

CARPINTEIRO A arte da carpintaria não foi completamente desenvolvida no Israel do Antigo Testamento. Talvez por causa do contexto nômade, os israelitas dependeram dos mais habilidosos artesãos de Tiro na construção do templo e palácios sob Davi e Salomão. O rei Hirão enviou carpinteiros (heb. *ḥārāš 'ēṣ*, "trabalhadores na madeira") para esses projetos (2Sm 5:11; 1Cr 14:1). Mais tarde, quando o templo precisava de reparos, Joás e Josias foram capazes de encontrar carpinteiros nativos para os projetos de reforma (2Rs 12:11; 22:6). Entretanto, o cativeiro babilônico esvaziou Jerusalém desses carpinteiros habilidosos, com outros artesãos e cidadãos copiosos (Jr 24:1). Nos tempos de Zorobabel, os carpinteiros foram trazidos da Fenícia para a construção do templo (Ed 3:7).

As ferramentas de carpinteiros incluíam o compasso, a caneta, o nível, a serra, o martelo, o machado, a enxó, o buril, o fio de prumo, a broca, a lima, e o quadrado (Is 44:13; Am 7:7-8). Juntas poderiam ser usadas com o uso de pregos e tachas. Juntas encaixadas, entalhadas, e mitradas eram comuns. Trabalho de arte de tumbas, especialmente no Egito, ilustra o uso dessas ferramentas e técnicas. Em algumas cidades, carpinteiros podem ter formado corporações (1Cr 4:14), e eles também usaram suas habilidades para esculpir ídolos (Is 40:20; Jr 10:3).

No Novo Testamento, a carpintaria incluía a construção de jugos, arados, pranchas de debulha, bancos, camas, caixas, caixões, barcos e casas. Grandes projetos de construção, tais como aqueles patrocinados por Herodes, podem ter fornecido emprego para carpinteiros (*téktōn*) tais como José e Jesus (Mt 13:55; Mc 6:3). O acréscimo de um quarto nas casas palestinas era comum e, em alguns casos, exigia a ajuda de carpinteiro.

Bibliografia. H. Hodges, *Technology in the Ancient World* (New York, 1980); S. Safrai e M. Stern, orgs., *The Jewish People in the First Century*, 2 vols. (Assen, 1974-76). [DENNIS GAERTNER]

CARPO (gr. *Kárpos*) Companheiro do apóstolo Paulo (talvez seu anfitrião) residindo em Trôade, em cujo cuidado Paulo tinha confiado seus livros e pergaminhos (2Tm 4:13). Enquanto estava preso aguardando sua execução, Paulo pediu que esses materiais retornassem para ele. A capa citada aqui (gr. *phailónēs*) pode ter sido uma caixa em que os livros podiam ser colocados para proteção.

CARQUÊMIS (heb. *karkĕmîš*) Cidade na Síria, localizada próxima à fronteira da Turquia, a cerca de 100 km ao norte de Alepo. A cidade é bastante citada no Antigo Testamento e nos textos eblaítas, acadianos, ugaríticos e egípcios. Escavações pelo Museu Britânico em 1879 e 1911-1920 revelam vários artefatos e uma parte da arquitetura do período neo-hitita.

Habitada desde os tempos calcolíticos, o lugar fica próximo ao principal vau do rio Eufrates. Assim, a cidade foi continuamente ocupada, para tomar vantagem financeira dessa característica geográfica natural. A presença do vau também tornava o lugar sujeito a frequentes ataques, à medida que a maioria dos poderes regionais ambicionava ter acesso à riqueza material gerada pela cidade. Ela experimentou a independência como mostram os textos de Ebla, Mari, Emar, e Ugarit. Carquemis foi agrupada por Mitanni (séc. XV a.C.), conquistada pelo faraó Egípcio Tutmóses III (1504-1450), e governada pelo poderoso rei hitita Suppiluliumas I (aprox. 1340). Começando com seu filho Piyassili, cinco gerações dos descendentes de Suppiluliumas I governaram Carquemis, enquanto o governo Hitita lá sobreviveu com o Império hitita (que caiu por volta de 1200). A cidade dominou a cena política na Síria como capital hitita provinciana. A influência cultural hitita, da mesma forma, sobreviveu (daí o termo neo-hitita), uma vez que as estátuas da Era do Ferro revelam estilo hitita. A cidade foi incorporada ao Império Assírio em 717 por Sargão II, com suas classes de elite deportadas (cf. Is 10:9). O evento mais importante em relação à cidade foi a destruição do restante das forças assírias com seus aliados egípcios por parte das forças babilônicas de Nabucodonosor em 605 (Jr 46:2-12; 1Esdr. 1.25). Foi a imprudente tentativa de Josias, rei de Judá, de impedir que o faraó egípcio, Neco II, se unisse com os assírios, atitude que lhe custou a vida (2Cr 35:20-24). [MARK ANTHONY PHELPS]

CARRO Veículo com rodas puxado por cavalos (Is 28:28) ou vacas (1Sm 6:7), usado para transportar pessoas ou mercadorias. Carros foram usados com mais frequência para o trabalho agrícola (Is 28:27; Am 12:13), mas um foi usado para carregar a arca da aliança (1Sm 6:7; 2Sm 6:3 = 1Cr 13:7). As cordas que arrastam um carro são usadas como uma analogia para o modo como alguém arrasta o pecado após si (Is 5:18), ao passo que um carro carregado é símbolo da punição dada por Deus por causa da transgressão de Israel (Am 2:13).

Fontes não bíblicas sugerem que carros com quatro rodas em forma de disco eram usados em batalha, mas esse tipo de veículo foi encontrado somente em contextos agrícolas e mitológicos. O peso de um carro e a falta de capacidade de manobra não permitiriam uma atuação excelente no campo da batalha, nem seriam apropriados para os andar nos terrenos duros de Israel. O carro de duas rodas foi claramente usado em contextos militares. Informação obtida de pinturas de parede, de vaso, de relevos, de carros reais, do contexto de esqueletos de cavalo, e de descrições literárias sugerem que o carro parece ter sido acessível a todos, embora a carruagem fosse prerrogativa da elite no mundo antigo. [KATHARINE A. MACKAY]

CARRUAGEM Veículo com rodas que serviu a uma variedade de funções ao longo da história, incluindo transporte normal, caça, guerra, procissões reais e religiosas. Seu esquema foi alterado e melhorado através dos séculos. Por volta do tempo em que as corridas de carruagens eram realizadas nas grandes cidades do Império Romano, esse veículo — em uma forma ou outra — tinha sido usado por mais de três milênios. A carruagem é mais conhecida por seu papel na guerra, como uma plataforma de luta móvel (para duas ou três cavaleiros) em conflitos lutados em campos de batalha amplos e planos. Informação sobre a evolução da carruagem vem de uma variedade de fontes — textos, arte, e restos arqueológicos, isto é, os restos de carruagens reais (no Egito).

As carruagens mais primitivas foram construídas na Mesopotâmia, na última parte do quarto milênio a.C.; esses modelos primitivos eram pesados; com quatro rodas, e muitas vezes puxados por um time de onagros [burros selvagens]. Por volta do primeiro milênio, a carruagem havia passado por quase cada mudança concebível no desenho e na construção. Informação sobre a carruagem neoassíria não é igual ao que se sabe sobre o veículo egípcio, uma vez que muitos exemplos deste último tenham sobrevivido nas tumbas egípcias. Embora as carruagens tenham sido usadas por outros exércitos do antigo Oriente Próximo (p. ex., em Anatólia, Síria, Israel), as carruagens de guerra da última Era do Bronze egípcia e da Era do Ferro assíria eram superiores às de seus competidores, e esforço tremendo (pesquisa e desenvolvimento) foi investido para melhorar as carruagens de guerra. Mudanças no desenho e na construção de carruagens resultavam quando os exércitos voltavam da guerra, como no grande combate de carruagens em Kedesh-on-the-Orontes, em 1286.

As carruagens serviam como símbolo de poder e prestígio, como quando o Faraó egípcio deu a José uma carruagem (Gn 41:43; cf. 46:29; 50:9; 2Sm 15:1; 1Rs 1:5). No relato de Filipe e do eunuco etíope, a posição do último é indicada por seu uso de uma carruagem para transporte (At 8:26-40). Os reis egípcios eram descritos em carruagens para indicar suas proezas militares, e muitas dessas carruagens eram enterradas com eles em tumbas reais.

Os hebreus caíram estupefatos quando se defrontaram com as carruagens egípcias no mar Vermelho (Êx 14:6-7, 17-18; 15:4, 19). Essas eram as carruagens suaves e superficiais conhecidas a partir da arte do Novo Reino e semelhantes aos exemplos das tumbas egípcias, incluindo seis recuperadas da tumba de Tutancâmon. Posteriormente, os cananeus (Js 11:4-9; 17:16; Jz 1:19; 4:3, 13) e os filisteus (1Sm 13:5) usaram carruagens contra os hebreus. Samuel avisou os hebreus, os quais pediam por um rei, que esse passo para o Estado exigiria que eles entregassem seus filhos como homens de carruagens no tempo de guerra (1Sm 8:11-17).

Davi capturou carruagens em sua guerra contra os arameus (2Sm 8:4); isso foi mais fácil do que Israel construir as suas próprias, uma vez que a produção de carruagens requeria perícia considerável. Salomão deu atenção considerável ao desenvolvimento de forças de carruagens (1Rs 4:26; 9:19, 22; 10:26, 29); a tentativa de identificar arqueologicamente os instrumentos de Salomão para cavalos e carruagens permanece controversa. As carruagens permaneceram em uso para os últimos reis hebreus (1Rs 22:34-38; 2Rs 9:21-25; 2Cr 35:24); Acabe contribuiu para uma força de carruagens em favor de uma coalizão que encontrou Salmaneser III em Qarqar, em 853. Jeremias 51:51 se refere a Ciro, como o instrumento de Deus que "despedaçaria o cavalo e seu cavaleiro". O único quadro de uma carruagem israelita é encontrado no relevo de um muro de Senaqueribe que documentou seu ataque em Laquis, em 701.

Bibliografia. M.A. Littauer e J.H. Crouwel, *Chariots and Related Equipment from the Tomb of Tut'ankhamun* (Oxford, 1985); *Wheeled Vehicles and Ridden Animals in the Ancient Near East.* HO 7, 1/2, B/1 (Leiden, 1979); Y. Yadin, *The Art of Warfare in Biblical Lands* (Jerusalem, 1963). [GERALD L. MATTINGLY]

CARSENA (heb. *karšĕnāʾ*) Um dos sete príncipes da Média e da Pérsia chamados para aconselhar o rei Assuero (Et 1:14).

CARTA As cartas estavam entre os tipos mais importantes de textos escritos na antiguidade, em parte por serem entendidas como substitutas da presença do autor. Além de alguns manuais de redação, grande número de cartas helenísticas do período iniciado em meados do século III a.C. ainda existe. Esses materiais são fonte importante para a compreensão das cartas do NT.

A carta é a forma literária mais comum no NT. Além de quase vinte livros do NT escritos nessa forma, algumas cartas são encontradas embutidas nos livros do AT (p. ex., 2Sm 11:15) e no NT (At 15:23-29).

As cartas no período helenístico incluíam diversas partes convencionais ou "períodos". Eram eles: saudação, com frequência ação de graças ou oração, corpo e fechamento. A saudação identificava tanto o remetente como o destinatário e, às vezes, incluía informação sobre cada um deles, como seu relacionamento ou seus respectivos lugares na hierarquia social. Assim, a saudação estabelecia um contexto para o restante da correspondência. Ela incluía também com frequência um desejo de saúde para o destinatário. Quando uma carta incluía ação de graças ou oração aos deuses, ela consistia quase sempre de um extenso desejo de saúde, mas não era incomum incluir outros assuntos. Depois do corpo da carta, que continha a mensagem básica e o propósito, o fechamento era normalmente composto de convenções e saudações estereotipadas para e de outros conhecidos tanto do remetente como do destinatário.

No início do século XX, Adolf Deissmann dividiu as cartas em dois tipos: epístolas (que ele via como produções literárias para uma audiência pública/geral), e cartas genuínas (que eram particulares, estritamente casuais e não literárias). Embora houvesse textos na forma epistolar, compostos principalmente como obras literárias, a distinção de Deissmann não se adapta satisfatoriamente tampouco à produção de cartas no mundo greco-romano de um modo geral ou às cartas do NT. As cartas de Paulo são claramente ocasionais e não adotam o elevado estilo de uma obra literária, mas são claramente particulares porque têm a intenção de serem lidas a congregações, assim como todas as cartas do NT.

Os escritores cristãos primitivos adaptaram a forma da carta para atender às necessidades de suas igrejas. Paulo expande com frequência as frases convencionais para que elas contribuam para o propósito das cartas das quais fazem parte. Isso é muito evidente para as ações de graças que sinalizam antecipadamente as principais preocupações da carta. Estudos do uso de Paulo de cada um dos períodos epistolares convencionais revelam muitos padrões que contribuem para a nossa compreensão de suas cartas. O corpo das cartas canônicas inspira-se tanto nas convenções epistolares quanto retóricas. Embora os primeiros escritores cristãos pareçam demonstrar conhecimento prático do conteúdo de manuais sobre estilo epistolar, suas cartas não indicam que tais escritores possuíam treinamento retórico avançado. Começando no fim do século II, entretanto, os escritores cristãos de cartas foram com frequência treinados em retórica e começaram a produzir cartas de natureza mais literária.

Esse estilo de cartas canônicas está entre a correspondência do dia a dia e produções literárias. Assemelham-se mais às cartas escritas pelos filósofos para exortar e ensinar seus leitores. Mas até mesmo isso não é uma comparação exata. É significativo que os escritores do NT tenham escolhido a carta como seu principal gênero literário. As cartas são, por sua natureza, ocasionais, isto é, destinam-se a situações específicas. Assim, o propósito delas é suprir instruções específicas para as situações particulares nas quais se encontram o remetente e o destinatário. As cartas são também caracterizadas pelo diálogo, parte de uma conversa entre o remetente e o destinatário. Assim, os leitores modernos precisam conhecer tanto quanto possível as circunstâncias tando do remetente como do destinatário para compreender o conteúdo da carta.

Alguns textos do NT que receberam uma estrutura epistolar não são de fato cartas. De forma muito especial, a introdução e o fechamento das cartas de Hebreus e Tiago têm características de cartas, mas são tratados de um tipo diferente. Embora estes escritos sejam cartas genuínas, dão testemunho do poder de um gênero epistolar como meio de ensino e exortação no cristianismo primitivo.

Bibliografia. S. K. Stowers, *Letter Writing in Greco-Roman Antiquity.* Library of Early Christianity 5 (Philadelphia, 1986); J. L. White, *Light from Ancient Letters.* Foundations and Facets (Philadelphia, 1986). [JERRY L. SUMNEY]

CARTÁ (heb. *qartâ*) Cidade levítica no território tribal de Zebulom, designada para a família gersonita (Js 21:34). O local não foi identificado. Pelo fato de o nome estar omitido no relato similar em 1Crônicas 6, alguns estudiosos sugerem que esse termo pode ser erro de cópia derivado de Cartã em Josué 21:32.

CARTÃ (heb. *qārtān*) (tb. QUIRIATAIM) Cidade levítica gersonita no território de Naftali (Js 21:32); chamada de Quiriataim em 1Crônicas 6:76(TM 61). Não há consenso quanto à localização exata desse local, mas dois sítios são possíveis: Khirbet el-Quneitereh/Tell Raqqat, 1 km ao norte da moderna Tiberíades no lado oeste do mar da Galileia; e Khirbet el-Qureiyeh, próxima ao moderno vilarejo libanês de Aytarun nas montanhas da Galileia, ao norte.

Bibliografia. J. L. Peterson, *A Topographical Surface Survey of the Levitical "Cities" of Joshua 21 and 1Chronicles 6* (diss., Seabury-Western, 1977). [PETE F. WILBANKS]

CARTAS CATÓLICAS As sete cartas do Novo Testamento: Tiago, 1-2 Pedro, 1-2-3 João, e Judas. O grego *katholikós*, "católicos" ou "gerais" denota carta enviada a várias igrejas separadas geograficamente ou à Igreja universal, i.e., como um todo (quase no sentido de uma encíclica). Tal carta é diferente de uma enviada às igrejas locais em uma comunidade ou para indivíduos (como eram as cartas de Paulo). Embora 2João se dirija a uma congregação local e 3João a um indivíduo, essas cartas estavam tão intimamente associadas a 1João que elas foram incluídas com ela dentro das Cartas Católicas.

A designação Cartas Católicas pode ser traçada desde o final de século II d.C. em Apolônio (Eusébio *HE* 5.18.5) e era aplicada a cartas gerais, fossem canônicas ou não. Por exemplo, Orígenes chama a Epístola de Barnabé de uma epístola católica porque ela não é dirigida a qualquer congregação (*Contra Celso* 1.63). Assim, primeiramente o termo "Cartas Católicas" não denotava a posição de autoridade ou canônica dessas sete cartas como se fosse para distingui-las como ortodoxo e não heréticas. Nem a designação sugeria reconhecimento universal de sua autoridade, pois enquanto eram chamadas "católicas" sua inclusão no cânon estava sendo discutida. Entretanto, por volta do século IV, a designação era usada para especificar essas sete como uma coleção (*HE* 2.23.24-25), provavelmente a fim de distingui-las da coleção paulina. À medida que as sete cartas eram canonizadas, "católica" começou a denotar sua posição de autoridade e canônicidade, algo refletido em sua designação ocasional como "epístolas canônicas" (*epistolae canonicae*).

Bibliografia. B.M. Metzger, *The Canon of the New Testament* (Oxford, 1987); R.W. Wall e E.E. Lemcio, *The New Testament as Canon.* JSNTSup 76 (Sheffield, 1992), 161-83.

CARTAS DA PRISÃO As quatro cartas (Efésios, Colossenses, Filipenses e Filemom) do conjunto paulino que se acredita terem sido escritas enquanto Paulo estava na prisão (Ef 3:1; 4:1; Cl 4:3,10,18; Fp 1:7,13,14, 16,17; Fm 1,9,10,13,23). Tradicionalmente a prisão de Paulo em Roma tem sido considerada o local mais provável da origem delas (At 28), e este ainda é o ponto de vista da maioria dos estudiosos. Entretanto, uma grande discussão pode também haver em relação à Cesareia (At 23:33–26:32) ou Éfeso (cf. 1Co 15:32; 2Co 1:8-10). A evidência não é conclusiva. Alguns atribuiriam Filipenses a um aprisionamento diferente daquele que gerou as outras três cartas da prisão. Embora 2Timóteo também afirme uma origem de prisão (2Tm 1:8), ela está normalmente agrupada com as Epístolas Pastorais (1-2 Timóteo, Tito). [KENT L. YINGER]

CARVALHO Existem muitas espécies de carvalho (gênero *Quercus*) em Israel. Vários deles têm sido identificados com o carvalho bíblico (heb. *'allôn, 'ē lôn*), mas não existe nenhum consenso acadêmico. Por exemplo, o carvalho do Tabor (*Quercus ithaburensis Decne.*) é uma imensa árvore decídua, que pode alcançar 23 m de altura e 18 m de circunferência na coroa, um porte que coincide com a referência bíblica em relação ao tamanho do carvalho. O carvalho valônia (*Q. Aegilops*) ainda existe em Basã, e pode ser uma das espécies dos "carvalhos de Basã" (Is 2:13; Ez 27:6; Zc 11:2). Os carvalhos são conhecidos por sua longevidade, acima de 500 anos.

Estas árvores simbolizam força e poder (Am 2:9), o que pode explicar sua associação com deuses e costumes rituais na Bíblia. As grandes árvores eram também locais de sepultamento; Débora, a ama de Rebeca, foi enterrada sob um carvalho (Gn 35:8). Os profetas condenam a adoração de ídolos sob os carvalhos e outras árvores grandes (Ez 6:13; Os

4:13). Em Gênesis 18:1, Deus aparece a Abraão nos carvalhos de Manre.

Em alguns textos, *ʾallôn* e *ʾēlôn* têm sido também traduzidos por "terebinto", e *ʾēlâ* e *ʾallâ* por "carvalho". Discussões a respeito desses termos ainda permancem. É possível que eles se refiram a grandes e majestosas árvores em geral, desde que muitos tipos de carvalho e o terebinto se encaixam nessa descrição. [MEGAN BISHOP MOORE]

CARVÃO Embora o carvão seja entendido hoje como uma pedra prontamente inflamável, primariamente composta de material carbônico, tal mineral não era conhecido no mundo bíblico. Antes, o "carvão" (heb. *gaḥelet̠, reṣep̄, peḥām*; Gr. *ánthrax*) da Bíblia era formado por uma madeira plantada, frequentemente a madeira dura da planta de zimbro (Sl 120:4), em uma chama vagarosa de calor intenso, que transformava a madeira em carvão vegetal. Assim, o carvão também pode ser referir aos carvões ou brasas quentes encontradas no fogo de carvão (Lv 16:12; Sl 18:8 [TM 9]; Pv 6:28; Is 47:14; Ez 10:2).

O carvão é usado em sentido figurado, para representar a perda da vida e linhagem de alguém (2Sm 14:7), como também atos de bondade para com o inimigo de alguém (Pv 25:22; cf. Rm 12:20). Um carvão ardente é colocado nos lábios de Isaías por um serafim a fim de purificar os lábios impuros do profeta, de modo que ele pudesse falar o que é a verdade (Is 6:6). [MARTHA JEAN MUGG BAILEY]

CASA Lugar de abrigo ou de moradia. Os textos bíblicos, os do Oriente Médio e os contextos arqueológicos fornecem fontes independentes e complementares sobre o desenvolvimento histórico e cultural da casa na Síria-Palestina.

USO TEXTUAL. Em seu sentido básico, a palavra heb. *bayit̠* designa um edifício. O termo abrange todos os níveis sociais e econômicos da sociedade e tem uma extensa história ao longo da Mesopotâmia, do Egito e da Síria-Palestina. Pode especificar uma estrutura na qual um homem e sua família vivem (Dt 19:1; 21:12); um palácio ou edifício de um rei (Gn 12:15; Jr 39:8); um templo (1Sm 5:2; 31:10), inclusive o templo de Yahweh (Êx 23:19; 34:26; Dn 1:2; Arad Ostraca); e, se o complexo incluísse vários edifícios ou quartos, um quarto ou um salão (Et 7:8; 2:3; Jr 36:22; cf. Amós 3:15). O termo também pode designar a sepultura ou o cemitério (Jó 17:13; 30:23; Sl 49:11 [TM 12]; Ec 12:5).

O termo "casa" normalmente designa famílias, clãs ou tribos. A família (ou a unidade social) é descrita amiúde como casa em contextos cultuais (p. ex., Êx 12:3-11; 20:10). O termo também pode se referir a dinastias governantes (p. ex., a "casa de Saul", 2Sm, 3:1; 9:1-3; a "casa de Davi", 1Sm, 20:16; 1Rs 13:2; cf. estela de Dã, estela de Mesa).

O termo também aparece com frequência em nomes de lugares ou com nomes divinos (p. ex., Betel, Gn 12:8; Bete-Baal-Meom, Js 13:17; Bete-Horom; 16:5; 18:13), como termo topográfico (Bete-Arabá, Js, 15:6,61; 18:18; Bete-Zur, 15:58), como substantivo (Bete-Ezel, Mq 1:11; Bete-Lebaote, Js 19:6), ou nos termos que o segundo elemento é um nome próprio ou de família (Bete-Hogla, Js 15:6; 18:19,21; Atrote--Bete-Joabe, 1Cr 2:54). Podem ser achados paralelos para muitos desses usos em antigas fontes do Oriente Próximo.

No NT, o termo grego *oikós* tem significados tanto literais quanto figurativos. Jesus falou da "casa de meu Pai" (Jo 2:16; 14:2) em referência ao templo. A "casa de Deus" foi aplicada frequentemente para a igreja (Ef 2:19-22; Hb 3:1-6), designação que, em parte, reflete a prática cristã primitiva de usar casas como lugares de reunião e comunhão (2Tm 4:19; Fm 2; 2Jo 10).

CONTEXTOS ARQUEOLÓGICOS. O desenvolvimento arquitetônico das casas na Síria-Palestina tem sido iluminado por mais de um século de pesquisas arqueológicas. Durante a Idade Inicial do Bronze (IIB), podem ser distinguidos pelo menos cinco tipos. Casas curvilíneas foram associadas com vários grupos étnicos. A planta alongada e oval das casas em Yiftahel foi atribuída à cultura invasora de Esdrelon. As estruturas ovais da IIB II, escavadas no Sinai, foram atribuídas a populações locais. Em Mezer, uma casa retilínea calcolítica está estratificadamente intercalada entre duas casas ovais IIB I posteriores. As casas retilíneas encontradas na IIB II, em Arad e Tell Chuera, consistem em vários quartos fixos, o que oferece suporte à interpretação que esse era um complexo familiar. Tal tipo, achado no sul do Sinai, está estreitamente relacionado em sua função a um complexo familiar, mas é feito com fundamentos de pedras subcirculares, um pilar central e numerosos bancos.

Casas da Idade Média do Bronze (IMB) possuíam frequentemente dois pavimentos, com quartos em volta de um salão com pilar (Tell Beit Mirsim, Megido e Tell Bi'a; cf. os modelos de barro de Emar). Casas do final do Bronze (IFB) demonstram continuidade com a tradição arquitetônica da IMB. Durante esse período de influência da dinâmica cultural egípcia, hitita, israelita e dos Povos do Mar, vários novos tipos de casa foram introduzidos. Os tipos egípcios de "residências" são introduzidos na Síria-Palestina (Beth-shan, Tell Far'ah [Sul], Tell el-Hesi, Tel Masos, Aphek, Pella), sendo associados à dominação política egípcia. Outras casas mostram a influência hitita (Tell Abu Hawam, Hazor). Ao término desse período e no início da Idade do Ferro, um novo tipo de casa parece derivado das tradições arquitetônicas da IFB. A "casa de quatro quartos", construída de pedra, possui um salão central com conjuntos opostos de quartos menores, em geral construída com um pavimento superior. Foi etnicamente associada com os israelitas, mas também foi identificada em locais litorâneos e na Transjordânia. Elementos arquitetônicos assírios e babilônios foram introduzidos na Síria-Palestina durante o segundo período da Idade do Ferro, após a incorporação de numerosas regiões como vassalas daquelas potências.

Durante os períodos helenísticos e romanos, o urbanismo se tornou altamente avançado e foram construídas casas com plantas retangulares. No período romano, os ricos construíam casas de inverno em Jericó. As casas eram em geral edificadas com um pátio aberto cercado por quartos que possuíam um pátio interno acompanhado por aposentos mais privativos. Nos níveis mais altos da sociedade, as casas incluíam banheiros. O palácio de Herodes em Jerusalém, seu palácio de inverno em Jericó e sua fortaleza em Massada continham elaborados jardins e quartos luxuosos com pisos em mosaico e casas de banho associadas.

Bibliografia. P. M. M. Daviau, Houses e Their Furnishings in Bronze Age Palestine. *JSOT/ASURMS* 8 (Sheffield, 1993); H. A. Hoffnet, "bayit", *TDOT* 2.107-116; J. S. Holladay, Jr., "House: Syro-Palestinian Houses", *OEA* NE, 94-114; A. Kempinski & R. Reich, eds., *The Architecture of Ancient Israel* (Jerusalem, 1992); O. Michel, "oikos", *TDNT* 5.119-134; K. R. Veenhof, ed., *Houses and Households in Ancient Mesopotamia* (Istanbul, 1996). [MICHAEL G. HASEL]

CASA DA MÃE Mais precisamente "família da mãe" (heb. *bêṯ 'ēm*), indicando não simplesmente moradia, mas também unidade social. É a contraparte feminina para "casa (família) do pai (*bêṯ 'āḇ*), o termo normal para o grupo básico de vida em sociedade, usado amplamente em referência a um grupo familiar estendido ou misturado, que pode também ter incluído membros não pertencentes à família, como servos ou estrangeiros residentes. Além de seus integrantes humanos, a família como unidade básica econômica da sociedade, era formada de propriedade (terra), animais, vasos de cerâmica, implementos agrícolas e até objetos da religião familiar. A ligação do termo "pai" a "casa" nos inúmeros textos nos quais família e casa são mencionados leva à conclusão de que a unidade familiar era dominada pelo homem e patriarcal por natureza, com a figura do ancião controlando a dinâmica e as decisões da vida familiar. O aparecimento do termo "casa da mãe" num pequeno, mas significativo grupo de passagens é um apelo a essa tradicional interpretação em questão.

Em Gênesis 24:28, na terna história de como Rebeca se tornou esposa de Isaque, "família da mãe" aparentemente se refere à mesma entidade ("casa do pai") mencionada vários versículos anteriormente (v. 23; cf. 24:27). Quando se descreve que a própria Rebeca vai para casa, é para a casa de sua mãe que ela corre. A memorável declaração de lealdade de Rute à sua sogra (Rt 1:16) depois da recomendação de Noemi pra que tanto Rute como Orfa voltem, cada uma delas para a "casa de suas mães" (v. 8). No Cântico de Salomão, no qual predomina o feminino, a mulher expressa o quanto é querido o seu amado ao falar em levá-lo para a "casa de sua mãe" (Ct 3:4; 8:2).

Várias referências indiretas à família da mulher aparecem em Provérbios. Em Pv 9:1 a mulher sábia é descrita como tendo "construído sua casa" e, nos versículos seguintes, ela é mostrada gerenciando sua casa. Uma referência a mulheres sábias construindo suas casas aparece no hebraico de Provérbios 14:1 (o difícil hebraico aqui significa que nas traduções do inglês com frequência se suprime a palavra "mulheres"; cf. 24:3). O poema da "mulher virtuosa" de Provérbios 31:10-31 descreve uma mulher, claramente uma mãe (v. 15, 28), gerenciando habilidosamente as funções do seu lar, destacadamente as funções econômicas.

Várias características encontradas na maioria ou em todos esses contextos são dignas de atenção; a história de uma mulher está sendo contada; está presente uma associação sábia; as mulheres são agentes de seu próprio destino; a ação de mulheres afeta outras; o ambiente é doméstico; está envolvido casamento. O termo "casa da mãe" reflete aparentemente a família vista a partir da perspectiva feminina. A família era a principal arena da vida diária para a maioria das mulheres israelitas (e dos homens também); dentro desse ambiente a voz das mulheres era ouvida e suas atividades eram essenciais. As mulheres e seus feitos moldaram a dinâmica da unidade social fundamental do antigo Israel. Esses poucos exemplos nos quais o lar é identificado em relação a seus integrantes veteranos femininos fornecem um raro ângulo feminino de visão sobre os trabalhos internos da vida familiar. Como os antropólogos têm notado, os documentos formais de uma sociedade nem sempre mapeiam corretamente a realidade informal, os quais, nesse caso, podem ter sido a maneira na qual as mulheres foram atrizes poderosas nos negócios diários dos lares israelitas.

Bibliografia. C. Meyers, *Discovering Eve: Ancient Israelite Women in Context* (Oxford, 1988); " 'To Her Mother's House': Considering a Counterpart to the Israelite *Bêt'ab*", in *The Bible and the Politics of Exegesis*, ed. D. Jobling, P. L. Day e G. T. Sheppard (Cleveland,

1991), 39-51, 304-7; L. Stager, "The Archaeology of the Family in Ancient Israel", *BASOR* 260 (1985): 1-35. [CAROL MEYERS]

CASA DO PAI Literalmente, a estrutura física na qual a família vivia, vista como possessão do pai por causa da orientação patriarcal da sociedade bíblica (Gn 24:23; Dt 22:21; Jz 19:3). Em sentido figurado o hebraico *bêṯ 'āḇ* significa a família estendida, a estrutura menor e mais íntima e a unidade básica da sociedade israelita. Muitas "casas do pai" compreendem um "clã", e muitos "clãs" compreendem uma "tribo". As "casas do pai" incluíam o patriarca e sua esposa, filhos não casados, filhos e netos casados com suas famílias, escravos e suas famílias, e estrangeiros residentes. Essa família estendida poderia facilmente chagar a cem membros, que residiam juntos em um grupo de habitações. Governada pelo patriarca, a *bêṯ 'āḇ* também servia como a unidade básica do exército (cf. Gn 41:51; 46:31; Jz 9:5; 1Sm 2:27-31; 2Cr 25:5).

No Novo Testamento o grego *oíkos oikía toú patrós* tem um paralelo direto com o uso do Antigo Testamento. O termo aparece com referência à estrutura física literal (At 7:20), e também à família estendida (Lc 16:27-28). O Novo Testamento acrescenta duas nuanças metafóricas adicionais. A frase é usada por Jesus para se referir ao templo (Jo 2:16) e ao céu (14:2; cf. Fílon *Somn.* 1.43), ambos os contextos se referindo ao lugar de habitação de Deus. [W. E. NUNNALLY]

CASAMENTO No antigo Israel e no mundo greco-romano, o casamento englobava muitos hábitos sociais diferentes no que diz respeito à formação de família. O casamento era expressão de parentesco e padrões familiares, na qual, de uma maneira característica, um homem e pelo menos uma mulher moravam juntos pública e permanentemente, como unidade social básica. Na maioria das sociedades retratadas no AT e no NT, a casa ou a família criada por tal casamento representa a extensão da propriedade de um homem e do controle da pessoa e dos bens. As famílias interagem umas com as outras na sociedade geral em termos mais ou menos equivalentes; tanto o costume como a lei respeitam a autoridade do homem para interagir no lar e no trato com outras famílias com base na posição hierárquica familiar e social entre homem e família. Ademais, o homem casado tinha o privilégio relacionar-se sexualmente com sua mulher (e talvez outras) dentro do lar, da forma como era determinada pelo tabu e pela lei. Os filhos nascidos de tais uniões sexuais pertenciam ao homem e são parte da mesma família, sob as mesmas condições. Assim, o casamento forma uma unidade social, econômica, política e sexual.

O hebraico não tem uma palavra específica para "marido" ou "esposa". As palavras traduzidas como tais no AT são quase sempre as mesmas palavras traduzidas com mais frequência como "homem" e "mulher". Em algumas versões do AT, o hebraico *ba'al*, "senhor" é de vez em quando traduzida por "marido". É, portanto, muito difícil avaliar até que ponto o casamento funcionava como instituição social independente no antigo Israel. É claro que o antigo Israel organizou a maior parte, senão todos seus lares em torno do homem, e tais lares incluíam tanto as mulheres como os filhos sob a autoridade do homem.

Não existe evidência clara da idade na qual o (a) israelita se casava ou constituía família, embora seja provável que os israelitas se casassem, tornando-se sexualmente ativos, com vida familiar na metade da adolescência. Da mesma forma, o AT não registra cerimônias de casamento que descrevam como tais aconteciam. Nem sequer se sabe se havia cerimônia de casamento na maioria dos casos, ou se tais ocasiões ocorriam somente entre as famílias mais ricas. É possível que as mulheres constituíssem família logo depois da primeira menstruação ou até mesmo antes; os homens podiam esperar vários anos antes de formar sua própria família, devido às exigências econômicas de constituição e manutenção. Embora a discussão no AT de como as famílias eram formadas sejam bem raras, é possível que os homens comprassem mulheres como esposas, filhas de outra família e, assim, a entrada das mulheres em nova família pode ter sido uma transação negociada (com ou sem transações financeiras) entre homens de duas famílias, nos papéis de pai e marido.

Muitos textos do AT, mostram famílias com um homem e várias mulheres adultas. Esse padrão de casamento é polígino, um tipo de poligamia no qual existem muitas mulheres. Esse padrão maximiza a taxa de fertilidade, embora tenda a favorecer o poder político somente do homem como líder da família. Não se sabe se as famílias políginas eram a norma em Israel ou se elas ocorriam somente entre as famílias mais ricas, como as que são mais de forma mais comumente representadas na literatura existente. Quando de fato ocorria a poliginia, é provável que as mulheres fossem de idades diferentes. As famílias podem ter começado com um homem e uma mulher, acrescentando outras mulheres à medida que aumentavam os recursos financeiros da família. A expectativa de vida das mulheres era muito mais curta do que a dos homens e a gravidez estava entre as principais causas de morte das mulheres israelitas. Nessa situação, a poliginia tornou-se uma forma de manter o suprimento de mulheres na família, bem como de aumentar sua fertilidade. Se o homem da família sobrevivia à primeira esposa em muitos anos, então deve ter havido uma grande diferença entre ele e as esposas subsequentes. Tal versão de poliginia compartilha alguns paralelos com casamentos sucessivos.

O AT usa o casamento como metáfora para descrever a relação de Deus com o povo. Em Oseias 1-3; Ezequiel 16 as imagens contêm acusações vívidas de traição e relatos de violência sexual. A separação de Deus é condenada (Ml 2:10-16). Isaías 62:4-5 retrata a beleza de casamento de Deus com seu povo.

No mundo helenístico e romano, a poligamia era mais comum entre as pessoas de posses. O mundo greco-romano praticava cerimônias de casamento, e o NT registra uma história de Jesus num casamento em Caná (Jo 2) bem como as parábolas de Jesus sobre casamentos. A idade média para o casamento provavelmente tenha aumentado, talvez no começo dos 20 anos, mas existe pouca evidência direta da idade de qualquer personagem no NT. O NT retrata um número relativamente grande de pessoas solteiras, embora não possa ser determinado se eram pessoas que nunca se casaram, haviam se casado anteriormente ou estavam separadas. O estado conjugal de Paulo permanece incerto; como líder religioso e judeu instruído, teria sido extremamente raro ele não ter-se casado, embora aconselhe as pessoas a considerarem em relação ao casamento ser melhor permanecer solteiro como ele (1Co 7:8). Da mesma forma, o estado conjugal de Pedro permanece problemático; sua sogra é mencionada (Mc 1:30 par.), mas não uma esposa, tornando provável que ele vivesse separado da esposa, mas também é possível que fosse viúvo e tivesse assumido algumas responsabilidades financeiras em favor da mãe de sua falecida esposa.

As últimas porções do NT oferecem vários códigos de família, que associa muitos traços em comum com a sabedoria popular da cultura greco-romana (Cl 3:18-4:1; Ef 5:21-6:9; 1Pd 2:11-3:12; 1Tm 2:8-15; 5:1-2; 6:1,2; Tt 2:1-10; 3:1). Esses códigos encorajam esposas a se submeterem aos maridos, continuando padrões do domínio masculino nas famílias que estavam encontrando várias exceções nos variados padrões da época. Esses códigos privilegiam o casamento e o limitam em um homem e uma mulher. [JON L. BERQUIST]

CASÍFIA (heb. *kāsipyā'*) Lugar não identificado na Babilônia ("lugar de artesãos que trabalham com prata [?]"), não muito longe do rio Ahava (Ed 8:17). Foi para essa vila que Esdras enviou uma delegação, pedindo a Ido, seu residente principal, "ministros para a casa de Deus".

CASLUIM (heb. *kasluḥîm*) Descendentes de Mizraim, o filho de Cam (Gn 10:6, 14; 1Cr 1:8, 12), chamados ancestrais dos filisteus. Alguns estudiosos relacionam esses povos com os habitantes da região próxima ao Monte. Cassius, a leste do Delta do Nilo. *Ver* CAFTOR.

CATATE (heb. *qaṭṭāṯ*) Cidade na fronteira de Zebulom (Js 19:15), provavelmente a mesma que Quitrom (Jz 1:30). O local não foi identificado, embora seja possível relacioná-la a Khirbet Qutteneh a 8 km a sudoeste de Tell Qeimûn (bíblica Jocneã).

CATIVOS Termo que abrange uma série de significados, incluindo prisioneiros de guerra, escravos, criminosos suspeitos, deportados, exilados, oprimidos, e prisioneiros em sentido figurado. Essas categorias devem ser entendidas dentro das circunstâncias dos tempos bíblicos. O "prisioneiro" de moderno sistema penal não é encontrado na Bíblia. Assim, textos bíblicos trabalhando com a liberdade dos cativos (p. ex., Lc 4:18) não podem ser simplesmente aplicados à sociedade de hoje, na qual prevalecem princípios de crime e punição diferentes.

Nos tempos bíblicos, criminosos suspeitos eram presos no que hoje pode ser chamado de "prisões preventivas", até o julgamento e a sentença. A detenção era uma transição ou para a punição física (p. ex., açoitamento), morte, escravidão, ou deportação e exílio. Prisioneiros de guerra eram tratados da mesma forma. A detenção simplesmente como punição não era conhecida. Ocasionalmente, pessoas suspeitas de atividades subversivas eram presas para frear suas atividades e influências. A detenção de devedores nos tempos bíblicos é mais bem entendida no sentido de uma prisão de garantia para forçar os parentes e amigos a honrar as dívidas. O termo "cativos" era usado para "exilados", referindo-se àqueles israelitas deportados e que viviam entre estrangeiros como babilônios. Nesse caso, há sugestão de perseguição religiosa: os israelitas são vistos como sofredores por sua fé. Contudo, aos olhos das autoridades imperiais, a deportação era política. Da mesma forma, nos tempos do Novo Testamento, indivíduos como Paulo são como detidos porque proclamavam a Cristo, enquanto aos olhos das autoridades civis o crime deles era perturbação à paz.

Com a possível exceção do devedor, a estrita conotação bíblica de "cativo" é aquela de um inocente oprimido. Hoje, a analogia mais próxima deve ser encontrada no caso dos refugiados, pessoas desabrigadas, prisioneiros de guerra, perseguidos por razões religiosas, e prisioneiros da consciência. [MICHAEL CAHILL] *Ver* EXÍLIO.

CAUDA (gr. *Kaúda*) Uma iIlha pequena, atualmente chamada Gaudos, a cerca de 37 km ao sul de Creta, mencionada em conexão com tempestade repentina que fez naufragar o navio, levando Paulo e outros prisioneiros para Roma (At 27:16; RA "*Clauda*"). Tomando abrigo no lado da ilha contrário ao vento (sul), os náufragos foram capazes de sobreviver à tempestade (At 27:17-19).

CAVALO Introduzidos pela primeira vez na Palestina pelos hicsos, no início do segundo milênio a.C., os cavalos são normalmente mencionados em contextos em que são arreados para uma carruagem ou para cavalaria. Os cavalos sempre pertenceram à realeza, pois apenas os reis podiam custear a sua manutenção. Eles tinham pequeno valor para o israelita comum, que se servia de asnos e mulas na vida diária.

Os filisteus reuniram 30 mil carruagens e 6 mil cavaleiros contra o rei Saul (1Sm 13:5). Davi ficou com apenas cem cavalos para ele, preferindo aleijar os outros que havia capturado (2Sm 8:4). Porém os cavalos foram uma das bases do poder de Salomão: ele possuía 4 mil baias e 12 mil cavalos (1Rs 4:26), uma arma importante no exército israelita. Na batalha de Qarqar em 853, Acabe contribuiu com 2 mil carruagens para a coalizão contra os assírios. A Porta dos Cavalos, situada no canto sudeste dos muros da cidade (Jr 31:40; Ne 3:28), demonstra como cavalos haviam se tornado essenciais para Jerusalém. Embora o texto diga que Salomão comprara seus cavalos no Egito (1Rs 10:28), os egípcios devem tê-los importado da Anatólia.

Cerca de dois terços das referências bíblicas a respeito de cavalos são metafóricos. Essas montarias eram assim usadas para se ilustrar os perigos da realeza e do militarismo (Dt 17:14-16; Sl 20:7 [TM 8]; Is 2:7). Os cavalos também figuram em imagens apocalípticas (Ap 6:2,4-5; 19:11,14,19,21). [DONALD FOWLER]

CAVEIRA Tradução latina de Gólgota (Vulg. *calvaria* para o grego *kraníon*, "caveira", Mt 27:33 par.).

CAVEIRA, A *Ver* GÓLGOTA.

CAVERNA Buraco natural ao lado de um monte. Humanos primitivos usaram cavernas para abrigo, proteção, residência, e muitas das expressões mais antigas da arte humana foram encontradas em cavernas, p. ex., na França e Espanha. As cavernas também tinham associações mitológicas, representando simbolicamente as esferas do nascimento e da morte, terras natais dos deuses e entradas (locais de nascimento) de um mundo para o outro. Alguns usos de cavernas nos textos bíblicos são:

1. *Lugar de enterro.* Abraão comprou a caverna de Macpela como um lugar de sepultamento para Sara (Gn 23:10), e de acordo com Mateus (Mt 27:60), Jesus foi enterrado em uma caverna (cf. Jo 11:38).

2. *Lugar de esconderijo.* Cinco reis amorreus se esconderam em uma caverna em Maqueda, onde foram finalmente mortos e subsequentemente enterrados (Js 10:16-27). Davi se escondeu na caverna de Adulão (1Sm 22:1-2), e de lá ele formou seu bando de seguidores. Ele também usou um incidente dentro de uma caverna para poupar a vida de Saul, indicando, com isso, seu apoio ao ungido do Senhor (1Sm 24:1-16). Obadias, vizir do rei Acabe, salvou muitos profetas do perigo da rainha Jezabel colocando-os em uma caverna (1Rs 18:3-4), e as cavernas se tornaram um lugar de esconderijo do "terror do Senhor" (Is 2:19-22).

3. *Lugar de revelação.* Elias ouve as palavras de Yahweh em uma caverna no monte Horebe (Sinai), onde Deus lhe disse para ungir sucessores reais e proféticos (1Rs 19:9-18).

Bibliografia. R. Stenuit, *Caves and the Marvelous World Beneath Us* (South Brunswick, N.J., 1966). [C. GILBERT ROMERO]

CEBOLA Um dos vegetais desejados pelos israelitas no deserto (Nm 11:5; heb. *bāṣāl*. Das diversas variedades de cebolas cultivadas no Antigo Oriente Próximo, a cebola egípcia (*Alium cepa L.*) era considerada entre as mais saborosas, comida crua, cozida ou usada como condimento em pratos de lentilhas. Na Palestina, os israelitas comiam as cebolas maduras, mas não as folhas da planta, que eram consideradas nocivas. A cebola era empregada medicinalmente, como antisséptico e laxante, e sua casca era usada como tinta.

CEDRO Os celebrados cedros do Líbano são grandes, coníferos, árvores de montanhas perenes (Cedrus libani Forte). Esses cedros (heb. *'erez*) eram habilmente escolhidos, uma vez que não cresciam em Israel. Quando árvores jovens, os cedros têm formato de cone, mas quando chegam à velhice, os ramos se expandem e se aplainam. Os cedros do Líbano crescem até 28 metros de altura e podem viver por 3 mil anos. Havia muito mais cedros no Líbano, nos tempos bíblicos, do que existem hoje. A madeira da árvore era um produto popular usado na construção. Ela exala uma fragrância prazerosa e resistente a insetos.

Várias vezes, a Bíblia registra cedros do Líbano usados em construção, a mais conhecida foi o templo de Salomão. Salomão negociou com o rei de Tiro, Hirão, para trazer grandes quantidades de cedro e outras madeiras para construir o templo em Jerusalém (1Rs 5:2; 2Cr 2). O cedro foi extensivamente usado na estrutura, desde os suportes e pilares até na obra de revestimento e entalhe. Além do templo, as casas do rico eram feitas de cedro. Davi viveu numa casa de cedro (2Sm 7:2 = 1Cr 17:1), e Ezequiel menciona o cedro que era usado em construção (Ez 27:5).

A Bíblia também contém muitas referências à grande altura e força das árvores de cedro. Amós profetiza que o poder dos amorreus "cuja altura era como a dos cedros" (Am 2:9), e Ezequiel compara o poder da Assíria com o cedro do Líbano (Ez 31:3-9). O salmista compara o crescimento dos justos com aquele dos cedros (Sl 92:12 [TM 13]), e Zacarias usa a imagem de cedros e outras árvores destruídas e caídas para mostrar quão devastador será o julgamento de Deus (Zc 11:1-2).

A madeira de cedro também está associada com a limpeza. O cedro, com o hissopo e o sangue, é prescrito em rituais de limpeza em Levítico 14. [MEGAN BISHOP MOORE]

CEDROM (heb. *qiḏrôn*; gr. *Kedrṓn*) O vale (e o pequeno riacho que por ele corre em época de chuva forte) localizado a leste de Jerusalém. A antiga cidade murada de Jerusalém fica a oeste dele e o monte das Oliveiras a leste desse vale. Sugere-se que o nome significa "escuro", "não claro" ou "turvo", devido ao riacho ser denso e opaco, com sedimentos. Na encosta ocidental do vale, está a fonte Giom, antigo e principal suprimento de água de Jerusalém. Essa fonte fluía para o vale, mas com a construção do túnel de Ezequias (2Rs 20:20) suas águas foram desviadas para o Tanque de Siloé, dentro da cidade. Na encosta leste do vale, estão muitas tumbas antigas onde certos oficiais reais, possivelmente alguns reis de Judá, podem ter sido enterrados. Dos arredores de Jerusalém, o vale do Cedrom segue um curso sudeste, estendendo-se pelo deserto de Judá, alcançando o Mar Morto cerca de 16 km abaixo da foz do rio Jordão.

Este Esse vale é mencionado pela primeira vez na Bíblia como o lugar que Davi atravessou (p.ex., a fronteira ocidental da cidade) quando fugiu de Jerusalém por causa da rebelião de Absalão (2Sm 15:23). Durante a monarquia, provavelmente deva ser identificado como o lugar do jardim do rei (2Rs 25:4; Ne 3:15).

Junto ao monte do templo, o Cedrom (vale/riacho/campo) serviu como lugar conveniente onde imagens e altares de ídolos foram levados para serem destruídos pelos reis reformadores: Asa (1Rs 15:13), Ezequias (2Cr 29:16; 30:14) e Josias (2Rs 23:4-6; cf. v. 12).

O Cedrom é mencionado apenas uma vez no NT. Depois do discurso de despedida, Jesus "para o outro lado do ribeiro de Cedrom" (Jo 18:1). A tradição identifica o vale do Cedrom como o vale de Josafá ("Yahweh julga"), onde Deus reunirá todas as nações e presidirá o julgamento sobre elas (Jl 3:2, 12 [TM 4:2, 12]). [JOHN L. GILLMAN]

CEFAS (gr. *Kēphás*) Apelido ou sobrenome dado ao apóstolo Pedro (do aram. *kêpā*, "rocha"). *Ver* PEDRO.

CEFIRA (heb. *kĕpîrâ*) Uma das quatro cidades hivitas que fizeram pacto de paz com Josué e com os anciãos de Israel, escapando, dessa forma, da destruição (Js 9:17). Depois do exílio, os israelitas repovoaram Cefira, com Quiriate-Jearim e Beerote (Ed 2:25; Ne 7:29). A cidade foi identificada com a moderna Khirbet el-Kefîreh, a cerca de 8 km ao oes-sudoeste de el-Jîb (Gibeão).

CEGUEIRA Uma das doenças mais mencionadas na Bíblia e no Antigo Oriente Próximo. As causas da cegueira no antigo Israel incluíam defeitos congênitos (Jo 9:1), trauma físico (Jz 16:21), e provavelmente uma ampla variedade de infecções. Embora as sociedades modernas e o Talmude reconheçam graus de cegueira, a palavra hebraica usual para uma pessoa cega (*ʿiwwēr*) parece se referir à cegueira total (p. ex., Dt 28:29). A palavra grega correspondente no NT é *tuphlós*(p. ex., Mc 8:22).

O antigo Israel tinha atitudes ambivalentes para com o cego. O AT registra leis proibindo obstáculos que pudessem causar danos aos cegos (Lv 19:14; Dt 27:18). Mas a cegueira era uma das maldições que Deus poderia trazer sobre o desobediente (Dt 28:29), e algumas passagens indicam que os cegos eram pessoas indesejáveis e não eram aceitos no templo (2Sm 5:8). Levítico 21:18 proíbe que o cego sirva como sacerdote. Era também impróprio oferecer animais cegos para o sacrifício (Ml 1:8).

A comunidade responsável pelos textos em Qumran parece expandir as proibições contra os cegos. Assim, o Rolo do Templo (11QT 45.12-13) proíbe a entrada de pessoas cegas em Jerusalém pela vida toda, porque a cegueira era vista como forma de impureza que poluiria a cidade sagrada.

As políticas de Levítico e dos textos de Qumran, se realmente implementadas, teriam criado um grupo de cidadãos de segunda classe, com pouco acesso a importantes instituições religiosas e sociais. Embora a cura do cego deveria ser sinal da vinda do Messias (Is 29:18; 35:5; Mt 11:2-6), os esforços de Jesus e de outros discípulos de curar e ministrar aos cegos (Mt 9:27-31; 12:22) também podem ser vistos como crítica às práticas do cuidado da saúde refletidas em Levítico e em Qumran.

Histórias bíblicas. Por exemplo, Aías retém os seus poderes proféticos de percepção ainda que seja fisicamente cego (1Rs 14:4-5). A mensagem parece ser falada por Deus e é tão clara que ela não precisa depender da visão (cf. 1Sm 9:9, que observa o fato de os profetas serem chamados anteriormente de "videntes"). Por toda a Bíblia, a cegueira também é frequentemente mencionada como símbolo de incredulidade (Is 43:8), ignorância (Is 42:16; 56:10), e outras imperfeições morais (2Pd 1:9). [HECTOR AVALOS]

CEIA DO SENHOR Refeição realizada em respeito a Jesus Cristo, comemorando sua última alimentação com os discípulos. Na teologia bíblica, o termo Ceia do Senhor é preferível a outros sinônimos. "Comunhão" é uma tradução questionável de 1Coríntios 10:16, e "eucaristia" não parece referir-se a tal cerimônia no NT. Na teologia histórica, a eucaristia é geralmente usada para fazer referência tanto às orações consagratórias como à cerimônia de comer "o pão" e beber "o cálice", praticada de forma distinta e separada de uma refeição regular na igreja. Essa prática pode ser datada do início do século II.

O termo (gr. *kuriakós*, "pertencente ao Senhor") ocorre somente uma vez no NT (1Co 11:20). As primeiras comunidades cristãs se reuniam nas casas para compartilhar a refeição principal do dia (gr. *deípnon*, que era feita no mundo greco-romano no dia) em honra ao Senhor ressurreto. A realização de uma refeição em honra a Jesus Cristo, no dia do Senhor (Ap 1:10, o primeiro dia da semana no cômputo judaico; cf. At 20:7; 1Co 16:2) é consagrada na tradição cristã (cf. Lc 24:1, 13, 29, a aparição de Jesus ressurreto aos seus discípulos depois da crucificação). O termo "banquete do amor" (gr. *agápē*) foi também usado nesse contexto (Jd 12; e alguns manuscritos de 2Pd 2:13).

Paulo. ***1Coríntios 11:17-34.*** As instruções de Paulo à igreja de Corinto contêm a mais antiga informação histórica sólida sobre a Ceia do Senhor. A primeira carta aos Coríntios 11:17-34 trata do problema da desunião que ameaçava arruinar a igreja que se reunia nas casas. De acordo com o versículo 21, no momento da refeição principal, alguns ficavam com fome enquanto outros tinham mais do que o suficiente e até bebiam em excesso. Estava claro que cada um levava sua própria comida, e o rico tinha, obviamente, mais do que o pobre. Os que não tinham o suficiente ficavam humilhados e marginalizados (v. 22).

Paulo interpreta essa atitude como indicadora da deterioração espiritual que se abatera sobre a igreja (v. 27-32). Ele encoraja a igreja a receber bem e tratar uns aos outros com hospitalidade no momento da refeição (v. 33). Para confirmar sua argumentação, Paulo repete a tradição apostólica que recebeu a respeito da Ceia do Senhor (vs. 23b-26). Que a refeição teve sua origem na noite em que Jesus foi traído (v. 23) está de acordo com os relatos sinópticos do que aconteceu no cenáculo. Paulo certamente compreende o fato de Jesus ter tomado o pão e dito as palavras "Isto é o meu corpo que é por vós" (v. 24) como ato inicial da refeição. A referência dificilmente pode ser outra coisa senão o oferecimento por Jesus de sua vida (corpo) na cruz. O convite a participar ("fazei isto em memória de mim") foi um convite para renovar a participação nos benefícios da salvação concretizada por meio de seu oferecimento definitivo. Do mesmo modo, quando o cálice foi tomado (v. 25) no final da refeição, o mesmo princípio foi aplicado. A intenção de Paulo foi mostrar que, se todos à mesa podiam receber uma porção de dons dessa magnitude, era impensável que todos os participantes não compartilhassem alegremente com seus irmãos na fé do alimento e da hospitalidade da refeição.

De fato, desde que a refeição não era apenas uma maneira de exigir os benefícios da salvação sob o senhorio de Cristo, mas uma expectativa de participação no banquete messiânico na vinda do Senhor, ela podia ser vista como proclamação da fé dos coríntios (v. 26). Evidentemente, então, a falha em receber bem os irmãos na fé e mostrar-lhes cuidado, indicava que alguns estavam participando de forma indigna e, agindo assim, interpretando mal e difamando o propósito do sacrifício de Cristo, que eles supostamente pretendiam celebrar (vs. 27 e 29).

1Coríntios 10:14-22. Paulo também trata da incompatibilidade da participação cristã em refeições em honra ao Senhor Jesus e as dedicadas a outros senhores. Paulo não acreditava que os deuses pagãos tivessem qualquer existência real, mas sustentava que por trás deles havia forças demoníacas com poder real (1Co 10:19-21). Assim como a comida e a bebida espiritual não protegeram a geração do deserto (v. 1-13), a participação na Ceia do Senhor não ofereceria um muro de proteção contra os poderes demoníacos que operam em refeições dedicadas a deuses pagãos. De fato, era incompatível com a confissão cristã participar das duas mesas; elas eram mutuamente excludentes (v. 21).

Nesse contexto, Paulo dá um ensino específico com referência à afirmação que o Senhor Jesus fizera a respeito dos crentes (v. 16, 17). Paulo usa um fragmento da tradição relativa ao cálice de bênção, que provavelmente derivou da refeição de fato na noite em que Jesus foi traído (v. 16; cf. Lc 22:20). Essa é a terminologia usada na Páscoa para estipular a última taça tomada no fim da refeição. Paulo afirma que a taça de bênção é uma participação (*koinōnía*) no sangue de Cristo, e o pão, no corpo. Alguns, de acordo com comparações a atividades cúlticas greco-romanas, entendem que Paulo está afirmando que o crente está realmente unido ao Cristo ressurreto, que se julga presente à refeição. A referência mais provável é somente à participação nos benefícios da salvação obtida por meio da morte (sangue/corpo) de Cristo.

Fazendo alusão ao pedaço de pão tomado e comido por muitos (1Co 10:17), Paulo vê nessa ação comum a expressão por parte de todos os participantes da unidade visível da igreja que, como extensão do ministério terreno de Jesus, constitui agora sua presença no mundo. Paulo antecipa aqui 1Coríntios 12, no qual novamente ele apela por unidade dentro da igreja, usando a metáfora de um corpo.

Mateus e Marcos. Uma segunda importante tradição envolve os relatos sinópticos de Mateus 26:17-30; Marcos 14:12-26. Os estudiosos não têm conseguido qual dos relatos deve ter prioridade. As poucas variantes podem ser explicadas principalmente ou no estilo do autor ou nas práticas litúrgicas diferentes nas comunidades que nutriram esses evangelhos.

Tanto Mateus como Marcos afirmam que a Ceia começou numa refeição pascal (cf. Lucas 22:7-9). A referência ao cálice (de bênção) depois da ceia indica que este foi um ponto de vista unânime na igreja primitiva (Lc 22:20; 1Co 11:25). A cronologia diferente do relato da Paixão joanina (Jesus é morto enquanto os cordeiros da Páscoa estavam sendo mortos; Jo 13:1; 18:28; 19:14, 31) sugere que João e os Sinópticos refletem dependência de diferentes calendários judaicos ou práticas do povo da época. O relato de João é também guiado por uma pauta teológica (cf. Jo 1:29).

Essa tradição é também mais desenvolvida liturgicamente do que a de 1Coríntios 11:24-26. O relato da tradição destaca somente tais características da refeição que seriam mais úteis a uma comunidade posterior que celebrasse a Ceia. Embora tal comunidade não pudesse negar sua origem histórica nos tempos das festividades da Páscoa, ela se diferenciou o suficiente para ser tornar significativamente uma nova realidade na história da salvação.

Uma importante diferença da tradição paulina é que os dizeres referentes ao pão e o cálice (refletindo o costume cristão em desenvolvimento) são colocados juntos, presumivelmente no final da refeição. As palavras de instituição para o pão (Mt 26:26; Mc 14:22) são as mesmas de 1Coríntios 11:24. Paulo acrescenta o grego *hypér*, *"em favor de vocês"*, uma versão do que Mateus 26:28; Marcos 13:24 ligam ao cálice (e também Is 53:12). Evidentemente, tanto na tradição paulina, como nas de Mateus e de Marcos, a morte de Jesus é interpretada como algo feito em favor de outros (expiatória). Isso é ressaltado pela ênfase de Mateus em 26:28 que é *"para remissão dos pecados"*. Como no relato paulino — apesar de um tom mais litúrgico — a ideia de que a Ceia é uma expectativa do banquete no final dos tempos é tratada tanto em Mateus (26:29) como em Marcos (14:25).

Lucas. O relato de Lucas parece ligar duas unidades importantes (Lc 22:14-18, 19-20). A primeira ressalta o fato de Jesus estar reunido com seus discípulos para uma última refeição, representando talvez o ato culminante dos primeiros tempos em que Jesus esteve à mesa (Lc 7:36-50; 11:37-52; 14:7-24). Funciona também como uma expectativa de refeições no reino de Deus, cumprida em certo sentido nas refeições após a ressurreição com os discípulos (Lc 24:30-35, 41-43).

Assim, Lucas entendeu a refeição pascal (Lc 22:7-13) como "uma refeição festiva", prenúncio glorioso de vida no reino de Deus. O cálice, muito provavelmente o *qiddûš* ou primeira taça dando graças pelo vinho, tomada antes da própria refeição pascal, é incorporada à cena do banquete (Lc 22:7-18).

Isso torna possível a Lucas seguir o padrão básico de incorporar os dizeres do pão e do cálice na ordem padrão da tradição cristã primitiva (Lc 22:19, 20). Lucas também usa a palavra *hypér* com o corpo e o apelo: "Façam isto em memória de mim" (Lc 22:19; 1Co 11:24, 25).

O fato de um importante segmento da antiga tradição textual (Ocidental) omitir Lucas 22:19b-20 tem sido interminavelmente debatido. O assunto é extremamente técnico e, para o propósito deste artigo, esses versículos foram aceitos como parte do texto genuíno.

Outras tradições. Em João 6:53-58, no final do discurso do pão da vida, Jesus fala sobre "comer sua carne" e "beber seu sangue". Embora isso possa refletir a compreensão joanina do significado da Ceia do Senhor, o texto pode ecoar também a ênfase joanina ao apelo para que alguém participe do resultado da vida encarnada de Cristo para ter a vida eterna. Pode-se presumir qualquer informação adicional aqui na compreensão cristã primitiva da Ceia do Senhor (como em Hb 6:4; 13:10).

As referências a refeições em Atos (2:42, 46; 27:35, com a possível exceção de 20:7, 11) refletem a ênfase de Lucas na continuação do costume dos discípulos de compartilharem refeições. O termo "partir do pão" aqui se refere a uma prática comum no início de uma refeição. É sinédoque de uma refeição comum.

Conclusão. No último dia antes da crucificação, Jesus passou mais um pouco de tempo numa refeição com seus discípulos. Os detalhes do que aconteceu ali têm sido suscetíveis de várias interpretações ao longo da história; mas ninguém pode negar que a realidade daqueles acontecimentos deixou uma impressão indelével na consciência da igreja. Todo primeiro dia desde então as pessoas se reúnem em algum lugar, em torno de uma mesa, em nome de Jesus. As tradições aqui examinadas indicam que no centro dessas observâncias da refeição do Senhor está uma projeção da mente dos crentes tanto no passado como no futuro. Ao trazer o passado à memória, os crentes relembram e reclamam uma participação nos benefícios da morte de Cristo. Ao mesmo tempo, a vida com o Senhor ressurreto no reino de Deus plenamente concretizado é esperado no futuro.

Bibliografia. X. Léon-Dufour, *Sharing the Eucharistic Bread* (New York, 1984); J. Jeremias, *The Eucharistic Words of Jesus* (Philadelphia, 1990); I. H. Marshall, *Last Supper and Lord's Supper* (Grand Rapids, 1981); B. F. Meyer, ed., One Loaf, One Cup (Macon, 1993). [ALLAN J. MCNICOL]

CELIBATO Abstinência do casamento no cumprimento de um voto. Celibato como prescrito no Novo Testamento tem tanto parentesco judaico como helenístico.

O Antigo Testamento fala dos votos dos nazireus, feitos para a vida (Jz 13:5, 7; 16:17). A tarefa profética imposta a Jeremias proibia expressamente o casamento (Jr 16:1-2). Fílon informa que, a fim de permanecer em prontidão perpétua à revelação divina depois do Sinai, Moisés nunca mais "conheceu" sua esposa Zípora (*Life of Moses* 11.68-69). De acordo com Jubileus, Adão e Eva eram castos no jardim até o tempo de sua expulsão (3.34-35; 4.1), e não tiveram relacionamento sexual e filhos até o primeiro Jubileu depois que foram expulsos (49 anos).

Como um símbolo para Jerusalém, a entrada no santo lugar e a participação no culto santo em Qumran exigiam permanente inatividade sexual e celibato. Da mesma forma, dentro das correntes filosóficas helenísticas dos últimos dois séculos a.C., o celibato funcionava como uma pré-condição para a entrada no espaço sagrado, para a fuga o mundo desamparado, à preparação para a comunhão com os deuses e para o fundamento de uma vida virtuosa. Qualquer alfabetizado judeu em contato com os grandes movimentos filosóficos daquele tempo teria sido influenciado por esse rico corpo de tradição e prática.

O celibato cristão primitivo compartilhava muito dessas tendências. Lucas 20:34-36 reflete uma crença cristã primitiva de que o celibato oferecia um antegozo do *escaton*, 1Coríntios 7 dá como base ao celibato de Paulo a crise escatológica iminente. [CALVIN J. ROETZEL]

CEM, TORRE DOS Torre sobre o canto nordeste dos muros de Jerusalém, próxima da torre de Hananel, entre a Porta das Ovelhas e a Porta do Peixe. Foi restaurada por Neemias (Ne 3:1; 12:39). O significado de seu nome é obscuro, talvez indicasse a sua altura (possivelmente cem côvados de altura ou por ser acessada através de cem degraus) ou seu tamanho e importância para a defesa (alojando uma guarnição de "cem" homens). Algumas traduções transliteram a palavra heb. *hammē'â*, chamando-a assim de Torre de Meá [ARC] (ou Hameá [TB]). [RICHARD A. SPENCER]

CENÁCULO Sala no andar superior ou uma construída no telhado de uma grande casa palestina. Foi numa dessas câmaras superiores (gr. *anágaion*) em Jerusalém que Jesus se reuniu com seus discípulos para a Última Ceia (Mc 14:15 = Lc 22:12; cf. Mt 26:18). O cenáculo é descrito como "grande" e "mobiliado". esta última descrição indica a provisão de almofadas para a refeição. A tradição recente (séc. X d.C.) identificou a sala como uma câmara com abóbada (o cenáculo) no segundo andar da mesquita En-Nebi Daud, que também contém no primeiro andar a célebre tumba de Davi.

O grego *hyperōon* designa o lugar em Jerusalém onde os discípulos ficaram esperando a ascensão de Jesus (At 1:12-14). O uso do artigo definido ("o" cenáculo) tem levado à sugestão de que o local é idêntico ao conhecido local da Última Ceia. Ele pode também possivelmente estar na casa de Maria, mãe de João Marcos (At 12:12).

Outras referências a cenáculos incluem o lugar em Jope para onde Tabita/Dorcas foi levada depois de morta e subsequentemente ressuscitada por Pedro (At 9:36-43) e o lugar em Trôade onde Paulo pregou longamente e o sonolento Êutico caiu da janela do terceiro andar (20:7-12). [B. KEITH BREWER]

CENCREIA (gr. *Kenchreaí*) Porto grego localizado na Acaia, no Golfo Saronic, a cerca de 11 km a leste de Corinto e a cerca de 4 km ao sul de Isthmia. Ele serviu como o porto oriental de Corinto tanto no período grego clássico quanto no período romano. A abertura do posto em direção ao Mediterrâneo Oriental, tornou natural que Paulo, Áquila e Priscila tenham partido de lá em sua viagem a Síria (At 18:18). A carta de Paulo aos romanos (Rm 16:1-2) menciona a mulher cristã, Febe, e a congregação que ela ajudou a sustentar em Cencreia. [RICHARD E. OSTER, JR.]

CENDEBEUS (gr. *Kendebaios, Cendebaeus, Kendebaeus*) Oficial sírio que foi derrotado por João Hircano. Quando Antíoco VII reivindicou o trono sírio, ele perseguiu o usurpador Tryphon, e em sua ausência, nomeou Cendeceus comandante supremo do "país litorâneo" com instruções "para fazer guerra" contra os habitantes da Judeia (1Mac 15.38-39). Sob o comando dos filhos de Simão Macabeus, Judas e João, os habitantes da Judeia lutaram com os sírios perto de Modein. Os sírios fugiram, e João os perseguiu até Kedron, onde 2 mil caíram e suas fortificações foram destruídas (16.1-10). [EDMON L. ROWELL, JR.]

CENSO Registro oficial de um grupo ou grupos de pessoas. O censo é bem atestado no Antigo Oriente Próximo, incluindo o Egito, Mari, Ugarite, e Assíria.

O censo antigo, entretanto, era diferente de um moderno quanto a sua integridade. Raramente uma nação inteira era contada ou uma reunião de informação sobre idade, sexo, rendimento ou ocupação era oferecida pelo censo. O paralelo mais próximo é o "Livro Assírio do Dia do Juízo", que enumerou e arranjou o povo por idade e sexo, incluindo informação sobre o tamanho da terra e outras. Esse censo, entretanto, estava restrito à província de Harã, no norte da Síria.

Êxodo 30:11-16 faz o censo dos israelitas uma parte estabelecida da Lei. Em acréscimo, a Bíblia registra censos formais em três ocasiões. De acordo com Números 1, logo depois do êxodo, os homens que podiam lutar foram contados: esse número exclui levitas, mulheres e crianças. De acordo com Números 26, um censo dos israelitas foi feito antes da entrada em Canaã. Nessa ocasião, os machos acima de 20 anos eram em número de 601.730. Além da contagem de homens adequados para o serviço militar (Nm 1:3), esses dois censos estabeleceram a manutenção do tabernáculo e enfatizaram a posição isenta dos levitas (1:48-53). Além disso, o censo em Números 26 determinaria o tamanho da terra concedida às tribos (v. 52-56).

Como registrado em 2Samuel 24, Davi enviou Joabe para contar os homens que podiam lutar no exército. Novamente. Por causa desse censo, Yahweh enviou uma praga contra Israel e matou 70 mil pessoas. A razão para a praga é incerta. Possivelmente, o censo implicava recenseamento militar e violava as regras da guerra santa, contestando a prerrogativa de Yahweh de conduzir o exército, ou talvez uma proibição contra a contagem do povo existente. Muito provavelmente, entretanto, interesses cúlticos estavam na raiz do problema. De acordo com Êxodo 30:11-15, como parte do censo, os israelitas tinham de dar meio siclo como resgate específico para evitar a praga. Em acréscimo, foi achada evidência em Mari de que um ritual de limpeza era exigido antes do censo. Portanto, Davi muito provavelmente violou ou a pureza da lei de meio siclo ou outra exigência cúltica, causando a praga.

O Novo Testamento menciona um censo feito durante o reinado de Augusto, exigindo o registro de todos os indivíduos no Império Romano (Lc 2:1). Começando com Augusto, a administração romana conduziu um censo das províncias para determinar o grau da taxação. No Egito, parece que um censo era conduzido a cada quatorze anos. De acordo com Lucas, por causa desse censo, José e Maria foram para Belém onde Jesus nasceu. [PAUL S. ASH]

CENTAVO Uma das duas moedas romanas de bronze: o quadrante (gr. *kodrántēs*; Mt 5:26; Mc 12:42), que representava 1/64 de um denário, e o asse (gr. *assárion*; Mt 10:29; Lc 12:6), 1/16 de um denário.

CENTRO DA TERRA Título para os templos santos dos samaritanos e israelitas, nos montes Gerizim e Sião respectivamente. Cada grupo considerava seu lugar sagrado como o "centro" (espiritual) da terra (heb. *ṭabbûr hā'āreṣ*; Jz 9:37; Ez 38:12). A LXX traduz "centro" (gr. *omphalós*; cf. lat. *umbilicus*) o que sugere ligação com a mitologia do Antigo Oriente Próximo onde o templo servia como vínculo entre céu e terra. Esse tema ou veio através da literatura ugarítica, via a mitologia canaanita da montanha cósmica (Monte Sião) ou foi adicionada ao texto bíblico, através da tradução da LXX, durante o período helenístico. Entretanto, o talmude judaico e a literatura midráshica entenderam a expressão como alusiva a Jerusalém que seria o ponto do qual o mundo tinha sido criado (b. Yoma 54b; Tanhuma Kedoshim 10).

Bibliografia. E. Burrows, "Some Cosmological Patterns in Babylonian Religion", in *The Labyrinth: Further Studies in the Relation between Myth and Ritual in the Ancient World*, org. S.H. Hooke (London, 1935), 43-70; S. Terrien, "The Omphalos Myth and Hebrew Religion", *VT* 20 (1970): 315-38; A.J. Wensinck, "The Ideas of the Western Semites Concerning the Navel of the Earth", in *Studies of A.J. Wensinck* (New York, 1978), 43-70. [J. RANDALL PRICE]

CENTURIÃO O posto designado para o comandante de uma centúria romana, uma subdivisão de uma coorte. Em força total, a centúria era constituída de oitenta soldados (não a centena que o nome implica).

O centurião (gr. *hekatontárchēs*) era o oficial não comissionado de posto mais alto tanto no exército romano quanto nas coortes auxiliares. Em uma legião, o centurião veterano da primeira coorte era designado *primus pilus*; uma posição que ele ocuparia por um único ano, depois do qual ele era promovido da classe de centurião. Em coortes auxiliares, os centuriões eram classificados em seis níveis, com o centurião veterano em comando depois o *chiliarch* ou comandante. O centurião era a espinha dorsal da organização militar romana, os soldados profissionais do império (cf. Polybius *Hist.* 6.24). Os centuriões são mencionados várias vezes nos evangelhos e em Atos, sempre de maneira positiva, e dois mencionados por nome: Cornélio (At 10:1-8) e Júlio (27:1-6). Embora não contado entre a aristocracia na sociedade romana, os centuriões eram cidadãos romanos e frequentemente se tornavam influentes e importantes em assuntos locais (cf. Lc 7:2-5; At 10:2). Jesus exaltou a fé de um centurião (Mt 8:5-13).

Bibliografia. T.R.S. Broughton, "The Roman Army", in *The Beginnings of Christianity*, org. F.J.

Foakes-Jackson e K. Lake (London, 1933), 5:427-45; B. Dobson, "The Significance of the Centurion and the 'Primpilaris' in the Roman Army and Administration", *ANRW* II.1, 392-434.

CERÂMICA A cerâmica é um dos mais comuns e abundantes achados em sítios arqueológicos do Oriente Próximo. Isso se deve ao fato de todas as culturas terem vasos de cerâmica e, porque o barro era queimado em um forno, por isso podia se quebrar, mas não se desintegrar como materiais orgânicos. A cerâmica pode fornecer grande quantidade de informação a respeito de vários aspectos da vida antiga, como padrões de comércio, etnicidade, dieta, hábitos culinários, religião e rituais. Além disso, a cerâmica é usada ainda como importante meio de datação. Embora a análise petrográfica e de ativação de nêutrons possam ajudar na determinação da origem do barro, as datas absolutas são obtidas por meio de sistemas classificatórios, ou tipologias, que agrupam vasos cerâmicos com base nas características do estilo.

Características de estilo. As características de estilo usadas para classificar a cerâmica incluem artigo, técnica, queima, morfologia e decoração/tratamento da superfície. O artigo é o material do qual a peça de cerâmica é feita. Inclui o barro e os microelementos no solo, inclusões e mistura. Inclusões são impurezas que permanecem depois que o barro é purificado pelo ceramista.

A mistura é material como rocha triturada ou palha adicionada ao barro como agente aglutinador. A técnica recorre ao processo de produção: à mão (apertar, enrolar), em um torno, num molde, ou qualquer combinação desses métodos. As primeiras vasilhas eram feitas à mão, e tal método continua a ser aplicado em várias partes do Oriente Próximo até os tempos modernos. A cerâmica manipulada em tornos dominou as técnicas dos oleiros depois de ser introduzida cerca de 2000 a.C. Os moldes, introduzidos no período helenístico, foram normalmente usados para a produção de lâmpadas a óleo e certos tipos de tigelas.

O processo de queima desidrata o utensílio e, assim, determina sua dureza relativa. A temperatura do forno e a quantidade de oxigênio contida nele também afetam a cor da peça produzida. Por exemplo, utensílios queimados num forno com pouco ou sem oxigênio absorverão a fumaça e ficarão cinza ou pretos, enquanto um forno com muito oxigênio produzirá peças de coloração vermelha.

A morfologia tem relação com a forma em geral, o tamanho e as proporções das peças. Utensílios abertos, como tigelas, taças e pratos são aqueles cujo diâmetro mais largo está na borda. Utensílios fechados, como as botijas, jarras e canecos são aqueles cuja borda é mais estreita do que a largura do corpo. Peças parcialmente abertas ou fechadas, como panelas de cozinhar, se encaixam entre essas duas categorias.

Existem muitos tipos de decoração ou tratamento de superfície, a maior parte dos quais é aplicada antes de o utensílio ser queimado no forno. Entre as mais comuns está a barbotina ou engobe: uma fina solução de barro, misturada com água que é aplicada à superfície da peça antes de ela ser queimada (se aplicada depois de o utensílio ser queimado é chamada de esmaltação). A pintura pode ser semelhante em composição a barbotina, mas é aplicada com pincel para formar padrões. Diferentes desenhos gravados como pentear, entalhar, puncionar e gravar podem ser feitos usando-se vários instrumentos. A decoração plástica se refere a pedaços ou tiras de barro aplicados à superfície do utensílio. A ondulação, que apareceu primeiro no período persa e helenístico, consiste de faixas horizontais, criadas pelo ceramista enquanto girava o vaso na roda. O brunimento é o polimento da superfície do vaso esfregando-o com seixo, concha, ou até mesmo com um punhado de grama. Esse processo pode ser aplicado diretamente sobre a superfície da vasilha ou sobre a barbotina. Pode ser também usado para criar um padrão de linhas mais escuras contrastando com as áreas não brunidas. A verdadeira vitrificação que consiste de uma camada vítrea sobre a superfície do utensílio não se tornou comum fora do Irã e do Iraque antes do início do século IX d.C.

Embora a utilização exata de cada tipo de utensílio não possa ser sempre determinada com certeza, é possível estabelecer categorias funcionais amplas baseadas nas características de estilo anteriormente explicadas. Os utensílios de mesa incluem vasilhas usadas para comer ou beber, como pratos, tigelas, taças e pratos usados para servir, como jarros e garrafas. Assim como a porcelana fina, os utensílios de mesa tendem a ser mais decorados que outras categorias de vasilhas. Os utensílios para cozinhar incluem as panelas, que têm o diâmetro da borda relativamente estreito e caçarolas, mais abertas na forma. Progredindo do mais largo para o mais estreito na forma, os utensílios para estocagem incluem os *pithoi*, potes (normalmente com duas alças), moringa (vasilhas com uma alça) e a moringa pequena (versão menor da moringa). O tamanho menor e o pescoço estreito da moringa pequena reflete seu uso como recipiente para líquidos preciosos, como perfumes e óleos essenciais. Lâmpadas a óleo iluminavam espaços interiores. Elas se desenvolveram em forma de tigelas abertas comuns para tigelas com um bico apertado para utensílios fechados, feitos em molde.

Tipos de cerâmica. A seguir, os principais tipos de cerâmica característicos da Palestina dos períodos neolítico ao bizantino.

Cerâmica do período neolítico (*c.* 6000-4000 *a.C.*). A cerâmica apareceu no Oriente Próximo por volta de 6000 a.C. O período neolítico testemunhou a transição de uma economia de coletores de alimento (caçar e procurar) a uma economia de produção (criar e cultivar). Se a cerâmica foi introduzida de fora da Palestina ou se desenvolveu localmente de características pré-cerâmica neolítica, como chão de argamassa polida e crânios de argamassa humanos ainda é controverso e debatido. Os utensílios neolíticos eram feitos a mão e têm formas simples, com bases chatas e corpos redondos. O barro continha grande quantidade de mistura de palha e cereal moídos e tende a ser esboroadiço por ter sido queimado em baixa temperatura. Algumas vasilhas eram decoradas com barbotina crema que era parcialmente coberta por uma barbotina vermelha brunida, com as partes reservadas da barbotina creme formando galões, triângulos ou desenhos semelhantes. Outros têm faixas contendo incisões em forma de espinha de peixe com uma barbotina vermelha cobrindo o restante da vasilha.

Período Calcolítico (*c.* 4000-3300). A cerâmica desse período ainda era feita à mão. As impressões na base lisa de algumas vasilhas sugerem que elas foram manufaturadas enquanto eram giradas vagarosamente em esteira. Tipos comuns de decoração incluem pintura vermelha nas bordas de tigelas e cones, e grossos ornamentos em forma de corda em grandes jarras. As formas comuns de vasilhas incluíram as tigelas em forma de V, com paredes estreitas e bordas ligeiramente reluzentes; taças, uma forma calcolítica característica que lembra um cone de sorvete; taças, que eram copos numa base circular alta; tigelas com pés e cálices; botijas com alças em espiral ou de suporte; *pithoi* decorados com faixas em forma de cordas e desnatadeiras, que tinham um corpo horizontal em forma de barril com pegadores em cada uma das extremidades e um gargalo estreito. O último, que representa um tipo calcolítico diferente, pensa-se ter sido usado para desnatar o leite, transformando-o em iogurte, manteiga ou queijo.

Idade do Bronze Antigo (*c.* 3300-2000). A idade do Bronze Antigo é subdividida em quatro fases importantes: Bronze Antigo (BA) I, II, III e IV, com base principalmente em mudanças nos tipos de cerâmica. A maior parte da cerâmica era ainda feita a mão. Três grupos importantes de cerâmica que se distinguiram em forma e decoração foram encontrados no período BA I. O primeiro é caracterizado por uma faixa vermelha brunida à mão, que decora tigelas hemisféricas com uma base ônfala (côncava), tigelas grandes com borda curvada para dentro, jarros e canecos com uma alta alça redonda e bules (jarras com bico). O segundo grupo é caracterizado por linhas vermelhas ou marrons pintadas em grupos ou untadas com listras sobre um fundo amarelo claro, com formas correspondendo às do primeiro grupo. O terceiro grupo é um artigo cinza escovado com formas acentuadas de prato imitando vasilhas de metal. Ele é chamado de artigo do vale de Jezreel ou Esdraelom, conforme a área onde é mais comumente encontrado. A cerâmica dos períodos BA II e III formam arquivos individuais. As vasilhas têm paredes grossas e pesadas e bases grandes e achatadas. A decoração consiste principalmente de uma faixa vermelha brunida uniformemente ou o desenho brunido. O padrão penteado encontrado em alguns utensílios dá-lhes um toque metálico. Formas características incluem bandejas; canecos piriformes (em forma de pera); jarras altas, delgadas com base achatada e beiradas alargadas; e os chamados jarros de Abydos, que têm corpo alto e elegante, pequena base achatada e beirada alargada com uma única alça. Durante o período BA III um tipo diferente de cerâmica chamada de tipo Khirbet Kerak faz curta aparição, mencionada conforme o único sítio arqueológico onde foi encontrada em abundância. Os contornos desses utensílios são caracterizados por uma forma em S e pelo exterior preto altamente polido com uma beirada e interior vermelhos, produzido pelo fogo.

A cerâmica do período BA IV (William F. Albright BA I e K. M. Kenyon BA-BM Intermediário) demonstra elementos de continuidade e mudança do período anterior. Alguns utensílios são parcialmente artesanais e parcialmente feitos na roda. A maior parte tende a ter paredes relativamente finas, com textura ligeiramente amarela ou bronzeada comum no sul e textura comum cinza escuro mais comum no norte. Novas formas incluem chaleiras com uma base muito larga e achatada; pequenas xícaras; taças e lâmpadas a óleo abertas, com quatro bicos. Embora continuem alguns polimentos em vermelho, novos tipos de decoração incluem linhas gravadas diretamente ou onduladas e linhas pintadas de branco ou argila escura. As novas formas de utensílios e vasilhas escuros com decoração leve pintada refletem influência síria.

Idade do Bronze Médio (*c.* 2000-1500). A cerâmica da Idade do Bronze Médio (BM) representa quase um completo rompimento com as tradições do Bronze Antigo, tanto em termos de morfologia quanto de decoração. Embora seja comum a faixa vermelha brunida no começo do período, os utensílios posteriores tendem a ser simples. É rara a decoração pintada. A técnica também muda, com um torno rápido que facilita a produção de utensílios de paredes finas, em forma de prato, com bases altas redondas. As formas características incluem tigelas com paredes em forma de prato e bases redondas altas, no começo com um uma faixa vermelha brunida, mas depois feitas de artigo branco ("casca de ovo") e fino. Uma forma especial de panelas para cozinhar apareceu então, em vez de jarros que foram anteriormente usados para esse fim. No começo do período, as panelas de cozinhar tinham uma base achatada e paredes retas com moldura em forma de corda. Estas foram substituídas por tigelas fundas com paredes em forma de prato e bordas alargadas, que continuaram a se desenvolver na Idade do Bronze Recente. As botijas têm uma base achatada redonda ou pequena, um corpo em forma de ovo e alças em arco ou não têm alças. As botijas pequenas têm um corpo em forma de ovo, uma pequena base achatada, e muitas alças em arco (duplas ou triplas). As lâmpadas a óleo consistem de uma tigela funda com bocal único, levemente pinçado. Um tipo diferente da última parte do período é o utensílio de Tell el-Yehudiyeh, nomeado assim depois que o sítio arqueológico egípcio onde estava foi descoberto. Ele é usualmente representado por botijas pequenas piriformes com uma alça fechada e base feita de um artigo escuro com faixa cinza brunida, pinçada por linhas gravadas e pontos cheios de giz branco.

Idade do Bronze Recente (*c.* 1500–1200). Embora alguns novos artigos e elementos apareceram na Palestina durante a Idade do Bronze Recente (BR), a maior parte da cerâmica representa um desenvolvimento de tipos do BM. Em geral, houve acentuada deterioração dos utensílios locais durante o BR. Ao mesmo tempo, o número de importações foi aumentado, especialmente de Chipre e da Grécia micênica. Dois artigos primorosamente pintados são característicos da transição do BM para o BR. O primeiro, um artigo cipriota de duas cores, tem desenhos preto e vermelho pintados num fundo claro. A pintura está dividida em zonas com animais. O segundo, um artigo local "chocolate sobre branco", é coberto com uma faixa branca cremosa brunida sobre a qual são traçados desenhos geométricos numa pintura marrom escura ou marrom avermelhada. A influência desses dois artigos é refletida na popularidade da decoração pintada sobre a cerâmica local do BR. No começo do período, muito da pintura foi em duas cores (vermelho e preto ou marrom), e os temas foram elaborados e bem executados. Uma simplificação posterior está refletida pelo uso da pintura marrom monocromática e temas mais simples. Além disso, a carenação dos vasos se tornou cada vez menos marcada e suas paredes e bases e tornaram mais grossas. A parte superior das panelas de cozinhar se tornam mais carinadas e desenvolveram uma borda mais grossa, cortada na parte de baixo. As jarras em forma de ovo do BM desenvolveram partes superiores angulares e uma base alongada e pontuda. As lâmpadas a óleo tornam-se maiores e mais pesadas, o bocal é pinçado mais profundamente e a tigela desenvolve um friso (beirada) em toda a volta.

Idade do Ferro (*c.* 1200–586). A cerâmica encontrada em pequenos sítios arqueológicos normalmente associados ao assentamento israelita durante o início da Idade do Ferro era feita de maneira grosseira. As paredes são grossas e mal queimadas, e os utensílios parecem ter sido feitos numa roda vagarosa. Há pouca decoração além de uma faixa levemente pintada de amarelo claro. Muitos dos modelos, como as panelas de cozinhar, representam desenvolvimento de formas do BR. Jarras com bordas em colarinho, um tipo de grandes jarras para estocagem comum nesses sítios arqueológicos, têm um corpo elíptico, uma borda grossa com um sulco levantado na base do gargalo e duas alças em arco no corpo. Ao mesmo tempo, um tipo diferente de utensílios de mesa bem decorados foi encontrado em sítios arqueológicos associados com o assentamento filisteu na região costeira. A decoração pintada (no começo marrom, depois preta e vermelha), temas geométricos e pássaros emoldurados por "metopes" e formas (incluindo vasos com alças horizontais, jarras com estribos e "canecas para cerveja") refletem a aparente origem egeia dos filisteus. Durante a última parte da Idade do Ferro (depois do estabelecimento do reino unificado), esse utensílio desapareceu e a influência fenícia se tornou evidente em termos de forma e decoração. Há também um progresso geral na qualidade da cerâmica local. É rara a decoração pintada, e muitos utensílios são agora cobertos com uma faixa vermelha brunida. No começo, a faixa é vermelha escura a brunida cobre o utensílio todo em padrões irregulares. Em utensílios posteriores a faixa é vermelho-alaranjada e o brunimento era feito no torno. Isso produziu um padrão em espiral, com as linhas brunidas tornando-se espaçadas mais amplamente à parte com o passar do tempo. Formas características da Idade do Ferro II incluem grandes tigelas carinadas com paredes grossas e borda revirada; garrafas (canecos com gargalo alto sulcado); frascos assimétricos e pequenas lâmpadas a óleo abertas com bocal intensamente pinçado e bordas largas.

Períodos persa, helenístico, romano e bizantino (*c. 586 a.C.–640 d.C.*). O período do domínio persa sobre a Palestina corresponde ao florescimento da Atenas clássica. Entretanto, só com a conquista de Alexandre, o Grande (332 a.C.) foi que a cultura grega começou a ter um impacto significativo sobre a cultura material da Palestina. Em termos de cerâmica, isso está refletido principalmente pelas lâmpadas a óleo, que se tornam fechadas, feitas em molde e decoradas, e pelas mudanças nos requintados utensílios de mesa. Do século V ao século III, utensílios de mesa revestidos com uma reluzente faixa preta (erroneamente chamada de revestimento de vidro preto) eram populares na Grécia. Fragmentos importados desse utensílio são ocasionalmente encontrados em sítios arqueológicos no Oriente Próximo. Durante o século II e I, ele foi gradualmente substituído por cerâmica revestida com faixa reluzente (erroneamente chamada de revestimento de vidro vermelho). Por volta do século I a.C., a cerâmica de faixa vermelha, chamada de terra sigillata, foi produzida em sítios arqueológicos em torno do Mediterrâneo oriental e é comum em sítios arqueológicos romanos na Palestina. Utensílios de mesa de faixa vermelha permaneceram popular até a conquista muçulmana; os produzidos do século IV ao século VI d.C. são chamados de utensílios vermelhos romanos recentes. Os tipos mais utilitários de cerâmica continuam as tradições locais, com utensílios para estocagem tendo o corpo na forma de saco, e panelas de cozinhar de corpo redondo que apareceu durante a Idade do Ferro.

Bibliografia. R. Amiran, *Ancient Pottery of the Holy Land* (Jerusalem, 1969); J. W. Hayes, *Late Roman Pottery* (London, 1972); P. W. Lapp, *Palestinian Ceramic Chronology, 200 B.C. — A.D.70* (New Haven, 1961); J. Magness, Jerusalem Ceramic Chronology circa 200-800 C.E. *JSOTSup* 103. ASORMS 9 (Sheffield, 1993); A. O. Shephard, *Ceramics for the Archaeologist* (Washington, 1971); E. Stern, *The Material Culture of the Land of the Bible in the Persian Period, 538-332 B.C.* (Warminster, 1982). [JODI MAGNESS]

CERCO Estratégia de guerra envolvendo o cerco de uma cidade até que sua população se rendesse ou fosse enfraquecida o suficiente para ser subjugada. Um cerco efetivo cortava todas as linhas de comunicação da cidade bem como todos os suprimentos de água dos quais a cidade dependia. Embora os cercos de guerra fossem praticados desde o Médio Império do Egito e conhecido no Antigo Oriente Próximo, os assírios e depois os babilônios tornaram-se verdadeiros mestres nesse tipo de estratégia de guerra.

O cerco de Rabá (2Sm 12:27) é o mais antigo cerco registrado, feito pelos israelitas; antes disso, o ataque direto era o meio preferido de capturar uma cidade. Quando os israelitas sitiavam uma cidade, eles construíam um muro em torno dela ou um monte de terra para proteger os atacantes que ficavam na parte inferior da estrutura (2Sm 20:15; 2Rs 19:32 = Is 37:33; Jr 6:6; 32:24; 33:4; Ez 4:2; 17:17; 21:22). Exemplos dessas construções foram encontrados em sítios na Palestina, bem como túneis para água que permitiam a coleta de água sem ameaçar a segurança de uma cidade com muralhas (como Hazor, Megido e Jerusalém).

Os métodos de cerco assírio são bem documentados tanto em relevos como em fontes cuneiformes. Os assírios usavam aríetes e outras máquinas de guerra para derrubar as portas e os muros da cidade; os muros ficavam mais enfraquecidos cavando-se fossos ao longo da parte externa do muro da cidade. Quando as defesas da cidade estavam suficientemente fracas, eles, fortemente armados, escalavam altas escadas, defendendo-se de flechas e óleo fervente atirados pelos que estavam na cidade sitiada. Acredita-se que os muros das cidades eram extremamente grossos e bem construídos e as portas da Palestina da Idade do Bronze Médio eram construídas tendo-se em mente os aríetes.

Os selêucidas também empregavam os métodos assírios e babilônios de cerco de guerra, notadamente em seu cerco a Jerusalém no século II a.C. (1Mac 6.48). Os selêucidas tinham vários métodos para arremessar fogo e pedras em Jerusalém na época do cerco; não está claro se catapultas ou máquinas similares eram conhecidas dos assírios. [JENNIE R. EBELING]

CERINTO (gr. *Kērinthos*) Gnóstico que ensinava uma cristologia adocionista e sustentava que Jesus era filho natural de José e Maria. Vivendo perto do final do século I d.C., Cerinto é o exemplo principal da tendência em direção ao sincretismo na vida religioso do mundo helenístico, visto que ele trouxe o milenismo judaico, o ebionismo primitivo e o gnosticismo egípcio; e uma imaginação lúgubre a fim de sustentar seu entendimento da natureza de Jesus de Nazaré. Além do mais, ele parece ter defendido que a matéria é essencialmente má; da mesma forma que Marcião, que o Deus do Antigo Testamento era um anjo ou um demiurgo que criou a ordem natural; que o Deus supremo era, em última instância, incognoscível; e que, se seguindo ao segundo advento, Jesus governaria um reino terreno pródigo e sensual. [D. LARRY GREGG]

CÉSAR (gr. *Kaisar*) Originalmente o nome de família de Júlio César, que foi adotado para a família de Júlio pelos primeiros três imperadores: Augusto, Tibério e Calígula. Cláudio, um neto de Augusto, não foi adotado no clã de Júlio e começou uma nova tradição quando tomou o nome César como um cognome e manteve o seu nome de família. Os imperadores subsequentes seguiram o mesmo processo, tomando o nome César seja por ascensão, quando adotado ou designado herdeiro legítimo. O nome de família assim se tornou uma marca de status. Em 285, o imperador Diocleciano concedeu o título "César" (imperador auxiliar) a Maximiano. Quando Diocleciano mais tarde elevou Maximiano a imperador titular (Augusto), ambos designaram imperadores auxiliares (Césares).

César é o título pelo qual o NT refere-se aos imperadores: César Augusto (Lc 2:1), Tibério César (3:1), Cláudio César (At 17:7). Jesus afirmou pagar tributo a César (Mt 22:17-21). No julgamento de Jesus, os líderes judeus acusaram Pilatos de não ser "amigo de César" (Jo 19:12), e os sacerdotes asseveraram que eles não tinham nenhum rei "senão César" (v. 15). Paulo exerceu o seu direito como cidadão romano levando o seu caso a César (At 25:10-12), e ele se refere aos da "casa de César" (Fp 4:22).

Bibliografia. C. Scarre, *Chronicle of the Roman Emperors* (Londres, 1995). [SCOTT NASCH]

CÉSAR, CASA DE Paulo enviou saudações daqueles "da casa de César" (Fp 4:22). Isso pode indicar que Paulo escreveu de Roma enquanto esperava o julgamento perante César, e que conversões haviam ocorrido entre a família de César. Contudo, a frase tem diversos significados. Já no tempo de Augusto, o império poderia ser referido como a casa do imperador visto que ele era o *paterfamilias* da totalidade do seu reino. Tácito referiu-se à incorporação do Egito ao *domus Ceasaris* (*Hist.* 1.11). Mais frequentemente, a expressão se referia à vasta burocracia imperial que consistia de servos pessoais, libertos, e escravos (Philo Flacc. 35). [SCOTT NASH]

CESAREIA (gr. *Kaisáreia*) Cesareia Marítima (1399l2115), a mais importante cidade portuária grega e romana no Mediterrâneo, cerca de 40 km ao norte de Tel Aviv; conhecida também como "Cesareia da Palestina". Herodes, o Grande, a construiu entre 22 e 10/9 a.C., no lugar de uma anterior cidade fenícia-grega chamada Torre de Estraton, tomando o nome do imperador César Augusto. Quando Josefo a descreveu (*BJ* 1.408-15), Cesareia era uma cidade helenista moderna e desenvolvida, com mercados, teatros, ruas num plano quadriculado, e especialmente com um porto de grande capacidade, igualmente chamada por Augusto (gr. *sebastós*), com diques que protegiam os navios de tempestades e correntes costeiras.

Quando os romanos anexaram a Judeia em 6 d.C., Cesareia se tornou o quartel-general dos governadores romanos, incluindo Pôncio Pilatos. Vespasiano, aclamado imperador ali em 69, fundou Cesareia novamente como colônia romana, a primeira na província, e ela permaneceu metrópole da Palestina e centro da administração romana até o fim da antiguidade. O seu zênite em população e influência foi no começo dos períodos cristão e bizantino, do século III ao século V, quando Cesareia era a sé metropolitana da Palestina e celebrada pela erudição bíblica. Orígenes e Eusébio ensinaram ali e criaram uma famosa biblioteca. Em 640/41 a cidade sucumbiu diante do cerco árabe. Nos séculos X e XI a islâmica Qaisariyyah era uma cidade próspera comercial e agriculturalmente, embora muito menor do que a antiga cidade, e nos séculos XII e XIII ela continuou como centro de autoridade dos Cruzados. Destruída pelos islâmicos em 1265 e 1278, o lugar permaneceu muito abandonado até ser novamente colonizado em 1884 pelos refugiados islâmicos bosnianos, de quem uma pequena comunidade sobreviveu até a década de 1940.

Cesareia é proeminente nos Atos dos Apóstolos como assentamento urbano importante do cristianismo primitivo. Paulo navegou dali no começo de sua missão e desceu no porto de Cesareia antes de subir para Jerusalém (At 9:30; 18:22). Filipe, o evangelista, aparentemente trouxe o cristianismo para Cesareia logo após a Crucificação, e anos mais tarde, ele e quatro filhas adultas, aparentemente um núcleo da comunidade de Cesareia, hospedaram Paulo (At 6:5; 21:8). Preso pelas autoridades romanas aproximadamente 60 d.C., Paulo foi mantido em cativeiro em Cesareia pelo governador Félix até ser julgado pelo governador seguinte, Festo, e enviado dali para Roma (23:33-27:1). Enquanto isso, Pedro também trouxe a mensagem cristã para Cesareia, onde ficou hospedado na casa de Cornélio, um centurião romano (At 10). Com esse homem e sua família aparentemente se formou a comunidade gentílica cristã mais antiga de que se tem notícia.

O lugar nunca ficou perdido, mas somente recentemente os arqueólogos exploraram vastas regiões dela. Grupos israelitas e de outras nações têm explorado os portos extensivamente, onde os engenheiros de Herodes usaram concreto hidráulico, importado da Itália, para construir os diques. Sob as ruas, estava um elaborado sistema de tubos e drenos, como Josefo os descreveu. O teatro herodiano tem sido escavado, e mais recentemente o anfiteatro na região da costa onde Herodes patrocinou corridas de bigas quando ele dedicou a cidade. Na plataforma do templo, acima do porto no lado oriental, estava o templo de Augusto levantado por Herodes; essa construção possuía estátuas colossais da deusa Roma

A B C D E F G H I J K L M N O P Q R S T U V X Y Z

e de Augusto retratado como deus. Ao sul, sobressaindo-se ao mar, estava o palácio do promontório, indubitavelmente o pretório dos governadores romanos, mencionado em Atos, onde Paulo ficou na prisão e se defendeu diante das autoridades. Presentes escavações sob posteriores níveis prometem a revelação de restos físicos do assentamento urbano que primeiro nutriu o cristianismo primitivo.

Bibliografia. K. G. Holum, R. L. Hohlfelder, R. J. Bull e A. Raban, *King Herod´s Dream: Caesarea on the Sea* (New York, 1988); K. G. Holum, A. Raban e J. Patrich, ed.,: Caesarea Papers II Herod´s TemplE, the Later Harbor, Byzantine Praetorium and Warehouses, the Gold Coin Hoard, and Other Studies. *Journal of Roman Archaeology Sup*; A. Raban e K. G. Holum, eds., Caesarea Maritima: A Retrospective after Two Millenia. *DMOA* 21 (Leiden, 1996) (com bibliog.); R. L. Vann, ed., Caesara Papers: Straton´s Tower, Harod´s Harbour, e Roman and Byzantine Caesarea, *Journal of Roman Archeology*, Sup 5 (Ann Arbor, 1992). [KENNETH G. HOLUM]

CESAREIA DE FILIPOS (gr. *Kaisáreia hē Philíppou*) A capital, principal residência do tetrarca Herodes Filipe. Localizada no norte da Palestina, na cadeia mais baixa do monte Hermom, o lugar tinha diversos aspectos que contribuíram para o seu desenvolvimento. Numa elevação de 340 m acima do nível do mar, tinha uma vista grandiosa do fértil Vale de Huleh até o sudoeste. Situada na rodovia leste-oeste que vai de Tiro a Damasco, a cidade estava ligada ao sistema de estradas de comércio internacional. O lugar também possuía uma fonte, que proporcionava água para habitação com uma caverna que a tornava atraente para atividades cúlticas.

Alguns sugerem que o lugar pode ser identificado como Baal-Gade, Baal-Hermom, ou Bete-Reobe do AT, mas fragmentos de cerâmica encontrados não mostram datas anteriores ao o período helênico. Os desenvolvimentos mais anteriores aconteceram durante aquele período na área da caverna e da fonte. Colonizadores gregos chamaram o lugar de *Paneion* (tb. escrito *Paneas* e *Panias*) que vem do deus grego Pan; o território circunvizinho era também conhecido como *Paneas*. Nichos foram cortados na região da costa íngreme e ao redor da caverna, reconhecidos como santuários ou lugares de habitação dos deuses, e dedicados a “Pan e às Ninfas”. De acordo com Josefo, a região foi dada a Herodes por César Augusto no ano 20 a.C. Herodes, por sua vez, construiu um belo templo de mármore branco dedicado a Augusto, e ele muito provavelmente se tornou o ponto focal do distrito cúltico.

Paneion e seu território se tornaram parte da tetrarquia do filho de Herodes, Herodes Filipe. Em 2 a.C., Herodes Filipe fundou a primeira real cidade ali, chamando-a Cesareia em homenagem a César Augusto, e Filipos, para distingui-la da Cesareia da costa do Mediterrâneo. Como a capital de Herodes Filipe, a cidade funcionou como centro tanto da adoração como do governo. Esse *status* é refletido na narrativa da confissão de Simão Pedro (Mt 16:13; Mc 8:27).

A cidade foi reconstruída por Herodes Agripa II, aproximadamente em 60 d.C. e renomeada Neronias, numa homenagem ao imperador Nero. Ela era uma das mais magnificentes cidades do mundo romano. Após a morte de Nero, o nome foi revertido para Cesareia de Filipos. De acordo com Josefo, ambos, Vespasiano e Tito, visitaram a cidade (*BJ* 3.443-44; 7.23-24) durante o desenvolvimento da guerra judaico-romana (66-70 a.D.), usando o lugar para descanso e refrigério de suas tropas. Subsequentemente, o nome do lugar reverteu para o nome antigo *Paneas*, preservado no nome moderno de Banias.

Escavações recentes no lugar têm confirmado a área cúltica na base do costão perto da caverna de Pan e do centro urbano ao sul. Escavações no distrito cúltico têm revelado os restos de um templo, talvez o que tenha sido construído por Herodes, o Grande. Escavações do centro urbano têm revelado a evidência de uma grande basílica dos séculos III e IV, uma série de arcos com salas abobadadas, uma seção do Cardo Máximo da cidade, e um monumental e antigo criptopórtico romano.

Bibliografia. Z. U. Ma´oz, “Banias”, *NEAEHL* 1.136-43. [LAMOINE F. DE VRIES]

CESTA Nas culturas bíblicas, as pessoas usavam cestas para carregar fardos e estocar materiais. Havia cestas em vários tamanhos, algumas com alças ou tampas. Os textos bíblicos usam várias palavras hebraicas para se referir a cestas. A *sal* carregava comida (Gn 40:16; Jz 6:19; Êx 29:3). A *ṭene'* carregava as ofertas de alimento (Dt 26:2). A *kĕlûḇ* era vagamente uma cesta tecida (Am 8:1; cf. Jr 5:27 “gaiola”). A palavra heb. *dûḏ* se refere a diferentes tipos de recipientes: panela de cozinhar (Jó 41:20 [TM 12]), cestas para carregar pesos (Sl 81:6 [TM 7]) ou as cabeças dos inimigos mortos (2Rs 10:7). O infante Moisés foi colocado numa *tēḇâ*, uma caixa de papiro selada (Êx 2:3, 5; *tēḇâ* se refere à Arca de Noé em Gn 6:14-9:18).

O Novo Testamento menciona dois tipos de cestas. Após alimentar os 5 mil, os discípulos ajuntaram doze cestos (gr. *Kophinói*) de pães que sobraram (Mt 14:20 = Mc 6:43; Lc 9:17; Jo 6:13). Após alimentar os 4 mil, eles juntaram os pães restantes em sete *spyrídas* (Mt 15:37 = Mc 8:8, 20). Os evangelistas sustentam uma distinção entre os termos (Mt 16:9-10; Mc 8:19-20). Além disso, Paulo escapou de Damasco por ser descido numa cesta (*sargane*:cesto grande). Assim o *spyrís* era provavelmente uma grande cesta, enquanto *kophinós* era menor. [PERRY L. STEPP]

CETRO A vara ou bastão empregado como símbolo de autoridade por reis e chefes (gr. homérico *sképtron*; cf. Is 14:5; Ez 19:11; Sl 60:7 [TM 9]; 110:2). Originalmente o termo designava uma vara ou porrete usado como arma (cf. Nm 21:18). A terminologia do AT inclui o hebraico *māṭṭeh*, *šēḇeṭ*, *mĕḥōqēq*, e *šarḇ'ṭ*.

O rei Assuero estendendo o cetro de ouro para receber uma *persona grata* (Et 4:11; 5:2; 8:4) é um tipo de gesto que significa estender a mão em sinal de boas-vindas frequentemente retratado na arte mesopotâmica. O cetro como símbolo de autoridade real no AT, no Antigo Oriente Próximo e no mundo helenístico deriva do uso de uma vara ou bastão mais como cassetete moderno de policial para punir inimigos (Sl 110:2; Ez 19:14). Em Amós 1:5, 8 e nas inscrições mesopotâmicas reais uma referência ao rei como "aquele que detém o cetro" foi encontrada; usando uma metonímia o AT se refere ao rei e à realeza como "o cetro" (Gn 49:10; Nm 24:17; Jr 48:17; Zc 10:11).

Em alguns manuscritos gregos de Hebreus 1:8, o grego *sképtron* traduz o hebraico *šēḇeṭ* na citação de Salmo 45:6 (LXX 44:7), mas muitas versões gregas interpretam *rhábdos*, o termo usado na LXX. Hebreus 1:8 transforma os emblemas equivalentes de realeza temporal — trono e cetro — em símbolos de soberania divina. [MAYER I. GRUBER]

CÉU Na cosmologia hebraica, o céu (ou os céus) (heb. *šāmayim*) é a morada de Yahweh, enquanto a terra compreende a criação de Deus. O céu representa a abóbada celeste, a parte superior do mundo criado, e denota o firmamento (um arco ou telhado da terra). Pode ser usado literal ou metaforicamente para se referir a uma realidade fixa ou material. O termo céu designa a morada singular de Deus, o santuário, o trono da majestade divina, distância e transcendência. O céu é um espaço que circunda imediatamente a Terra (atmosfera), um lugar de sinais naturais e sobrenaturais, o espaço exterior. O firmamento (Gn 1.6-8), uma massa sólida (Is 45:12), descansa sobre colunas (Jó 26:11) e tem janelas (Gn 8.2). Escatologicamente, *šāmayim* tem a ver com a nova ordem destinada a substituir a antiga — ou presente — ordem imperfeita. Mais tarde, céu assumiu o significado de destino e ápice da justiça que é fruto da aliança com Deus, de acordo com alguns grupos de judeus que afirmavam a ressurreição dos mortos e o julgamento final.

No NT, céu (ou céus) (gr. *ouranós*) e terra compreendem a totalidade da criação, embora os dois sejam distintos (Mt 6:9-10). Deus chamou ambos à existência, mas a humanidade não é capaz de entender nenhum dos dois (Is 40:12). Os céus trazem a estiagem, abrigam as estrelas e fornecem atmosfera para as nuvens. Na consumação, novas maravilhas aparecerão no céu. O NT relaciona o céu ao governo ou reino de Deus sobre a Terra e ao retorno de Jesus. O céu, a sede da redenção e da reconciliação, está além do tempo; pode aparecer como série (três ou sete); e é fundamental para este mundo, onde se tem a experiência da alegria, do louvor e do serviço. No judaísmo pós-exílico do NT, céu simboliza Deus, ou o nome divino, e imputa autoridade divina. O céu não é um lugar idílico de pura luz e glória, mas uma arena de conflito, de ira divina. O clímax dos atos salvíficos de Deus ocorre como catástrofe escatológica por meio do julgamento do Senhor. Novo céu e nova terra emergem: eternos, puros e livres da ira de Deus (Ap 21:1, 27; 22:3). O céu, a morada de Deus e de Jesus, antes e após sua jornada terrena, ressurreição e exaltação, produz vozes, anjos, o Messias e almas.

Teologicamente, o céu é domínio de Deus. Algumas vezes, Deus e céu são usados como sinônimos. A abertura dos céus assinala a proximidade de Deus. Céu é o lugar da morada de Cristo com Deus, antes dos tempos, bem como dos anjos, de Satanás e dos espíritos maus. Para Cristo, o céu é o lugar de sua origem, antes de vir para a Terra, e seu destino na ascensão. É o local da atividade de Cristo a favor da Igreja, e de onde há de vir na *Parousia*. Soteriologicamente, o céu é a arena da verdadeira Jerusalém da misericórdia, bênçãos e verdade divinas. Os salvos residirão no céu, via ascensão. Nos Profetas e nos Salmos, o céu é a sede da soberania de Deus.

O céu é a habitação de Deus e seus anjos, do justo e do santo. É o verdadeiro lar dos cristãos na terra, o tesouro dos fiéis e a arena da salvação — o lar final dos discípulos de Cristo. Para Mateus, Jesus tem autoridade no céu e na terra — uma mediação cristológica de cima e uma mediação lógica eclesiológica de baixo. Para alguns, o reino dos céus em Mateus tem a ver com uma realidade futura, iminente, mas transcendente, na qual o mundo presente não mais existirá. Outros, entretanto, argumentam que esse reino em Mateus nem sempre se refere ao futuro, distinto do reino de Deus que já começou. O reino do céu em Mateus possivelmente já começou no ministério de Jesus e, quando não reconhecido, revela a dureza espiritual da pessoa.

Em Apocalipse, o céu deseja enviar mensageiros, de maneira que os cristãos possam entender as coisas celestiais. O céu parece ser uma arena de atividades em que qualidades humanas, sociais básicas são reformuladas, defendidas e determinadas. No mundo celestial, espiritual, existem corpos celestiais, sempre mantidos pela presença energética divina que era, que é e que há de ser.

Para os cristãos, a cosmologia contemporânea requer um céu da fé não contido por um hemisfério acima do horizonte, onde está o trono de Deus. Deus não existe apenas num céu em sentido localizado, espacial, acima do mundo, nem metafisicamente, além do mundo. Nossa experiência de céu não é limitada pelo finito ou infinito do universo no espaço e no tempo. O céu da fé é ontológico, é uma maneira de ser. O céu de Deus é a arena da sua existência, simbolizada pelo céu físico visível, que denota uma esfera invisível, misteriosa, de governo de Deus, que integra tudo o que é bom. Céu simboliza a esperança da ressurreição, de experimentar um amor pela vida antes e depois da morte, sendo interconectado e simultaneamente fundamentado no céu e na terra. O céu significa tanto agora, o já, como o processo, o ainda não. O céu incorpora a visão da vida eterna com Deus, em mutualidade, misericórdia e justiça, que concilia liberdade transcendente, amor escatológico e salvação libertadora para a humanidade.

Bibliografia. D. A. Carson, "The homoios Word-group as Introduction to Some Matthean Parables", *NTS* 31 (1985): 277-82; K. Grayston, "Heaven and Hell: a Door Open in Heaven", *Epworth Review* 19 (1992): 19-26; H. Küng, *Eternal Life?* (Garden City, 1984); J. Michl, "Heaven", in *Sacramentum Verbi*, ed. J. B. Bauer (New York, 1970), 366-69; M. Pamment, "The Kingdom of Heaven According to the First Gospel", *NTS* 27 (1981): 211-232; G. von Rad e H. Taub, "ouranós", *TDNT* 5.497-543; K. Syreeni, "Between Heaven anda Earth: on the Structure of Matthew's Symbolic Universe", *JSNT* 40 (1990): 3-13. [CHERYL A. KIRK-DUGGAN]

CEVA (gr. *Skeuás*) Judeu, chefe dos sacerdotes (gr. *archiereús*) cujos sete filhos tentaram exorcizar demônios em Éfeso "por Jesus, a quem Paulo prega" (At 19:14). Eles tiveram resultados desastrosos, quando um espírito maligno ridiculariza a apropriação indébita que estavam fazendo da autoridade de Paulo e os agride com violência (At 19:11-16).

Nada se sabe fora de Atos referente ao sumo sacerdote judeu chamado Ceva, um nome latino. Historicamente, isso sugere que Ceva ou tinha conexões sacerdotais mais amplas (o texto ocidental o chama de "um certo sacerdote"), ou, mais provavelmente, que ele se disfarçava de sumo sacerdote para incrementar sua reputação como poderoso intermediário de nomes sagrados.

Nas narrativas de Atos, a superioridade do ministério milagroso de Paulo sobre os esquemas pretensiosos de exorcistas judeus e outros praticantes de magia (At 19:17-20) lembra a derrota anterior por Paulo do diabólico mago judeu e falso profeta Barjesus (At 13:6-12). Também, a humilhação de um suposto sumo sacerdote e seus filhos em Éfeso estabelece um padrão de expor a fútil oposição da família do sumo sacerdote em Jerusalém à missão cristã em expansão (At 4:1-22; 5:17-42; 22:30–23:11).

Bibliografia. S. R. Garrett, *The Demise of the Devil: Magic and the Demonic in Luke's Writings* (Minneapolis, 1989), cap. 5. [F. SCOTT SPENCER]

CEVADA Grão de inverno (*hordeum*; heb. *śĕʿōrâ*) plantado no final de outubro até dezembro. Seu período de crescimento é mais curto do que o do trigo, e sua colheita começa em abril, coincidindo com a festa do *pesaḥ* / *maṣṣôṯ*(Páscoa). A cevada é muito mais resistente que o trigo sob severas condições ambientais; mas seu cultivo pode ser estendido em regiões onde o trigo não tem sucesso por causa da baixa precipitação ou de solos pobres. Essas características colocaram a cevada na lista dos sete cereais e árvores frutíferas com as quais o Israel bíblico foi abençoado (Dt 8:8). A cevada, que foi introduzida ao uso doméstico com outros cereais no primitivo período neolítico, é dividida em três espécies: cevada de seis fiadas (H. vulgare L. emend.), cevada de duas fiadas (H. disticon L.) e cevada irregular (H. irregulare Aberg e Weibe).

A cevada pode ser comida crua (2Rs 4:42) ou tostada (2Sm 17:28). Também pode ser triturada no chão (*qemaḥ śĕʿōrîm*; Nm 5:15) para fazer pão (Jz 7:13) e para fazer bolos de cevada (Ez 4:12). Ela era usada para fazer mingau de cereal (Ez 4:9) e para produzir cerveja — bebida forte (*šēḵār*; Is 29:9).

Bibliografia. O. Borowski, *Agriculture in Iron Age Israel* (Winona Lake, 1987); J. M. Renfrew, *Palaeoethnobotany* (News York, 1973). [OBED BOROWSKI]

CHACAL Membro da família dos canídeos, comum no sudoeste da Ásia e norte da África. O chacal oriental ou dourado (*Canus aureus*) se assemelha a uma grande raposa na forma e nas maneiras, com face afilada, orelhas curtas e uma cauda espessa. Seu pelo é de uma cor amarela suja, intercalado com vermelho, marrom, branco e cinza. Ao contrário da raposa, os chacais são criaturas sociais, acasalam-se de modo vitalício e farejam em pequenos grupos nos limites das habitações humanas. Eles são esquivos, noturnos e se alimentam de carniça, refugo, vegetação e pequenos depósitos desprotegidos. Seus lamentos horripilantes explicam por que têm o apelido de "uivadores" em hebraico (*tann'm, tann'n*). Na mitologia egípcia, Anubis, a divindade com cabeça de chacal, era o guardião dos mortos.

Na Bíblia, o chacal é apresentado como símbolo de isolamento, destruição e abandono (Jó 30:29; Sl

44:19 [TM 20]; Jr 9:11 [10]). É possível que os animais agarrados por Sansão e soltos com tições amarrados em suas caudas fossem chacais (Jz 15:4-5; ARA "raposas"), assim como a criatura capaz de derrubar muros de pedra no gracejo de Tobias (Ne 4:3 [3:25]).

A identificação de chacais na tradição bíblica é dificultada pelo grande número de palavras hebraicas para designá-los e de suas traduções para o grego. A LXX traduziu o termo hebraico *tann'm* pelo grego *drákontes*, "dragões, ou *seirḗnes*, "sereias". O que resultou em traduções como "monstros" ou "monstros marinhos". Outro termo hebraico, *šûʿāl*, é normalmente traduzido por "raposas" (gr. *alṓpēx*), mas, em alguns lugares, parece melhor ser vertido para chacais (p. ex., Jz 15:4; Sl 63:10 [11]; Ez 13:4; Ne 4:3). [MARK ZIESE]

CHAMADO, VOCAÇÃO O verbo (heb. *qārā'*; gr. *kaléō*) usado para descrever "nomeação" (Gn 3:20; Lc 1:60) ou para se referir ao ato da oração, na qual pessoas "invocam a" Deus (Sl 145:18; Rm 10:13). Em acréscimo, a ideia de um "chamado" ou "vocação" no sentido de uma comissão ou vocação (divina) também está presente tanto no Antigo quanto no Novo Testamento.

No Antigo Testamento, as narrativas do chamado ocorrem frequentemente com profetas (Is 6:1-13; Jr 1:1-10; Ez 1:1-28) bem como com outros (p. ex., Moisés; Êx 3:1-4:17). É interessante que uma característica consistente das narrativas do chamado do Antigo Testamento seja a relutância da pessoa chamada (p. ex., Moisés, Êx 4:10-13; Gideão, Jz 6:15). Os chamados também podem ser estendidos a toda a comunidade: Israel deve ser um reino de sacerdotes (Êx 19:6); a maior parte da comunidade israelita no exílio recebe uma comissão para ser o servo de Deus (Is 49:3-6).

No Novo Testamento, indivíduos e a maior parte da comunidade recebem chamados. Nos evangelhos, as narrativas dos chamados ocorrem com os discípulos (p. ex., Mc 1:16-20; 2:13-14). Uma característica consistente das narrativas do chamado no Novo Testamento é que os "chamados" bem-sucedidos têm dois elementos: primeiro, Jesus toma a iniciativa; segundo, há uma aceitação absoluta e imediata. Os evangelhos registram uma série de histórias de chamados malsucedidos, nos quais um ou ambos os critérios acima não são efetuados (Lc 9:57-62). Nas Epístolas, ser membro da comunidade cristã significa ter recebido um chamado divino (Ef 1:18; Fp 3:14). [GREGORY MOBLEY]

CHEFE DA SINAGOGA Um dos vários cargos da sinagoga judaica. O chefe ou "líder" ou "principal" (gr. *archisynágōgos*) era responsável por manter a ordem na assembleia (Lc 13:14), por decidir quem ia dirigir a adoração pública (At 13:15) e em manter a congregação fiel à Torá (18:1-17).

O chefe não era um escriba, mas estava no nível imediatamente depois do ofício de escriba. Um grupo de líderes dirigia as atividades das sinagogas locais e o chefe era provavelmente escolhido dentre aqueles líderes. Jairo (Mc 5:22), Crispo (At 18:8) e Sóstenes (At 18: 17) são mencionados pelo nome no NT como "chefe" ou "principal da sinagoga".

Bibliografia. L. L. Grabbe, "Synagogues in Pre-70 Palestine: A Re-assessment", *JTS* N.S. 39 (1988): 401-10; J. Gutmann, ed., The Synagogue (New York, 1975). [DALE ELLENGURG]

CHIBOLETE (heb. *sîbbōleṯ*) Palavra ("espiga de cereal" ou "rio corrente") usada como teste pelos guardas de Gileade para discernir os efraimitas que tentavam atravessar o Jordão (Jz 12:5,6). Pelo fato de falar um dialeto distinto do hebraico, os efraimitas pronunciavam a primeira letra da palavra *shin* (sibilante) como a consoante *sin* (fricativo), originalmente som de th(?)[t], que se fundiu com shin num tempo primitivo no costume palestino ao do transjordaniano, produzindo *sibbolet* (escrito, como originalmente não mostrado no hebraico, com um *samech* para distinguir os sons).

CHIFRE **1.** Recipiente para líquidos ou o óleo que eram derramado sobre os ungidos para uma tarefa específica (1Sm 16:1, 13; 1Rs 1:39), certamente feito do chifre de um animal.

2. Símbolo de poder, ajuda, vitória ou glória (Dt 33:17; 1Rs 22:11). O "chifre de salvação" representava o poder salvador do rei (2Sm 22:3 = Sl 18:2 [TM 3]). Um chifre quebrado denotava a derrota (Jr 48:25). Os profetas predisseram o futuro aparecimento de uma besta com múltiplos chifres, enquanto representando os poderes contrários a Deus (Zc 1:18-21 [2:1-4]; Dn 7:8; Ap 13:1). Em Apocalipse 5:6, os sete chifres do Cordeiro (Jesus Cristo) indicam a exuberância de seu poder. *Ver* MÚSICA, INSTRUMENTOS MUSICAIS.

CHIFRES DO ALTAR Projeções na forma de chifre que se elevavam dos quatro cantos do altar (Êx 27:2; Lv 4:7; 1Rs 1:50; 2:28; Ap 9:13). O chifre talvez fosse uma lembrança simbólica da força, presença e poder de Deus, certamente derivada do touro ou boi, animais conhecidos por essas qualidades. O título genérico semita para Deus, El, era grafado em duas letras hebraicas, o *álef*, na forma de uma cabeça de boi com chifres, e o *lámed*, com o formato de um aguilhão para bois; combinadas, as duas letras comunicavam a ideia de Deus como poder ativo. Os chifres poderiam também representar os cumes de montanhas ou um tipo de montanha santa, isto é, o lugar de habitação da divindade (refletido na descrição do altar de Ezequiel; Ez 43:13-17; cf. também o zigurate mesopotâmio, um tipo de montanha sagrada identificada como a casa da deidade).

Os chifres desempenhavam importante papel no sistema sacrificial, pois no ritual se derramava sobre eles um pouco do sangue da oferta pelo pecado (Lv 4:7). Os chifres também eram reconhecidos como objeto de santidade ou de proteção (1Rs 1:50; 2:28).

Escavações arqueológicas em Megido, Tell Belt Mirsim e Berseba descobriram exemplos fragmentados e intactos. Os altares com chifres encontrados nos dois primeiros sítios eram pequenos e de pedra calcária com 0,6 m de altura. Uma versão maior, construída com enormes blocos de pedra, foi descoberta em Berseba. Embora as oferendas aparentemente fossem feitas na superfície dos altares, em alguns casos, os chifres poderiam apoiar uma tigela ou bacia na qual o sacrifício seria realizado. [LAMOINE F. DEVRIES]

CHIPRE As transversais do Mediterrâneo Oriental, uma ilha que fica a 70 km da costa ao sul de Anatólia e 95 km do Levante, fazendo dela uma parada óbvia tanto para comerciantes como para invasores. A pré-história da ilha parece datar de cerca de 10.000 a 8000 a.C. Suas conexões pré-históricas mais antigas parecem ser com Anatólia do período Neolítico através da Era do Bronze Médio. Suas conexões com o Levante e com o grande Oriente Próximo parecem se tornar mais evidentes na Era do Bronze Posterior, quando contatos com o Egeu também se tornaram aparentes.

A geologia de Chipre foi particularmente influente em sua história. O processo formativo primário do maciço montanhoso de Troodos no sudoeste — a maior anomalia magnética da face da terra. Por outro lado, a cadeia de montanhas de Kyrenia é uma longa série de rochas sedimentadas, levantadas, formadas durante o último período de Mioceno. Ao longo da costa norte, ao Norte da cadeia montanhosa de Kyrenia, está a planície costeira do norte. A outra grande área cultivável é a planície Mesaoria, que fica entre duas cadeias montanhosas. Essa paisagem severamente dividida levou a um relacionamento particular de localizações geográficas da ilha umas com as outras e com influências externas. Onde os povos colonizaram lugares litorâneos, tais lugares parecem se concentrar em períodos históricos exteriores, sendo mais fortemente influenciados por culturas estrangeiras do que por povos que habitavam nas ilhas. Lugares de Mesaoria lugares a Sudoeste de Troodos se concentraram mais para dentro das ilhas ou foram mais puros na cultura de Chipre.

A cultura do período calcolítico é conhecida como a cultura Erimi, depois do lugar de Erimi Pamboula. Durante esse período, a primeira evidência de uso de metal aparece na forma de cobre. Alguns estudiosos argumentam que os objetos de cobre encontrados em lugares de Erimi não foram feitos de cobres nativos de Chipre, o que implica comércio internacional.

O período Calcolítico produziu a mais antiga evidência reconhecida de prática religiosa na ilha, estatuetas femininas em forma de cruz esculpidas em picrolite [uma variedade fibrosa de serpentina]. Os que parecem ser objetos de culto, ou, no mínimo, rituais de nascimento, foram atestados em Kissonerga Mosphilia, representados por um santuário ou modelo de casa e estátuas de barro, incluindo uma de nascimento de uma mulher.

O período transicional seguinte, a cultura Philia, é variadamente descrita como a Era Calcolítica Posterior ou Bronze Primitivo. Existem desenvolvimentos claros na metalurgia, e fortes elos com a cultura material de Anatólia aparecem particularmente na cerâmica. Esses são os primeiros sussurros de conexões internacionais, que caracterizam os períodos seguintes do Chipre Primitivo e Médio (Bronze Primitivo e Médio).

É durante o início do segundo milênio que os textos de Mari mencionam pela primeira vez "Alasiya", atualmente reconhecido como nome mesopotâmico para Chipre. Esse nome também aparece na Anatólia, na Síria, na Palestina, e no Egito depois desse período, usualmente em conexão com o bronze e com o comércio do bronze. Durante o período Médio Cipriota, a tendência para a variação regional emerge da ilha, que caracteriza a cultura de Chipre em maior ou menor grau até hoje. Durante esse período, a massa da população parece ter se concentrado na parte oriental final da ilha, talvez, centralizando-se em Kalopsidha. Tem sido sugerido que o comércio com o Levante desempenhou um importante papel na prosperidade da região oriental de Chipre, o que pode explicar o desenvolvimento de cidades portuárias como Enkomi e Kition no final desse período. A região do norte, representada por Lapethos, Ayia Irini, e mais ao noroeste Morphou, parece ter iniciado contatos com o Aegean nesse período, em acréscimo a continuação de contatos com Anatólia.

O início do período Cipriota Posterior é a era de Enkomi. Em cerca de 1550, um forte foi construído ao lado do porto do norte em Enkomi, e a partir de lá o enorme centro urbano se desenvolveu, presumivelmente baseado no comércio de bronze. A partir de cerca de 1400 em diante, os Mycenaeans se tornaram uma forte presença em Chipre, deixando grandes quantidades de cerâmicas distintivas nos sítios litorâneos do sul e do leste. Algumas daquelas formas "Mycenaean" são conhecidas somente a partir de exemplos encontrados em Chipre. As relações com o Oriente Próximo continuaram, com correspondência registrada entre o rei de Alasia e o rei de Akenatan do Egito; algum tipo de tributo combinado, embora haja muito pouca evidência da hegemonia egípcia visível no registro arqueológico.

Em cerca de 1200, quando os grandes centros urbanos do Aegean estavam em declínio, novos centros começaram a crescer em Chipre. Novos centros apareceram no sudoeste de Palaepaphos (*Kouklia*), em Maa Palaeokastro, e centralmente em Sinda. Todos esses lugares tiveram fortificações construídas de maçonaria ciclópica e arquitetura de elite incluindo palácios e complexos de templos com frente de blocos bem talhados de pedra polida.

Também datando do final do século XIII estão vários "complexos de palácios" regionais fortemente remanescentes da cultura minoana (de Creta), mais notavelmente Kalavassos Ayios Dimitrios, próximo a Maroni, e Alassa Pano Mantilari no ocidente. Também pertencendo a esse período está a colonização fortificada de Pyla Kokkinokremos, próxima a Larnaca. O quadro que emerge é um dos centros regionais de comércio, da competição entre o que aparentemente nem sempre era amigável.

Embora reviravoltas subsequentes do Mediterrâneo oriental não tenham contornado Chipre, terminando a habitação em Enkomi, Kition, e Hala Sultan Tekke, existe ampla evidência de vida urbana continuada e do comércio por toda a ilha. Essa continuada é exemplificada por descobertas recentes em Idalion. Restos funerários dão evidência da continuação da prosperidade e do comércio internacional.

No primeiro milênio a geografia política de Chipre se juntou à das cidades-reinos bem conhecidas, cada uma com seu próprio caráter. Em Kition, os de Tiro estabeleceram um novo reino Fenício, talvez, cinquenta anos depois da destruição da fortificação ciclópica da última cidade de Chipre. Em Salamis surgiu o sucessor da abandonada Enkomi. Na costa litorânea do sul Amathus surgiu, e Idalion, Ledra, Chytroi, e Tamassos no interior. Desse período em diante o nome Alashiya desapareceu, e Chipre é conhecida como Kypros no oeste e como Yadnana no leste.

Os reis assírios Sargon II (722-705) e Esar-adon (680-669) reivindicaram ter hegemonia sobre a ilha. Como com o Egito antes, existe pouca evidência arqueológica, embora traços gerais do Oriente Próximo apareçam nos estilos artísticos e na experimentação de cerâmicas do período. Depósitos fenícios de jarras são comuns, mesmo no interior de ilhas até o século V, e esculturas Cipriotas se juntam aos "caracóis" nos cabelos e rosários longamente depois que outras culturas do Ocidente e do Oriente desistiram deles. Ao mesmo tempo, costumes de enterro frequentemente seguem o padrão helenístico com uma "superfície de corrida" levando à câmara de sepultamento.

No final do século VIII as assim chamadas Tumbas Reais de Salamis com sua construção monumental, sacrifícios de cavalos por atacado, e cargas de sepulturas ricas demonstram um alto nível de riqueza material e comércio cosmopolitano. Não há dúvida de que o cobre era a fonte da difundida prosperidade da Chipre Arcaica, com as cidades-reinos renovando suas próprias moedas e comercializando por todo o Mediterrâneo. Grandes quantidades de artefatos de Chipre são encontradas no Levante, Naucratis, e Samos.

A religião no primeiro milênio parece se centralizar em torno do culto da Grande Deusa, a "Wanassa" na língua nativa cipriota (exceto em Kition, onde o panteão tradicional fenício tinha influência). O santuário mais famoso da deusa estava em Pafos, onde os reis eram sacerdotes de seu culto e onde festivais periódicos pancipriotas aconteciam. Os gregos a identificaram com Afrodite, e a lenda de seu nascimento em Pafos reflete a antiguidade do culto lá.

Em 545 Ciro I da Pérsia reivindicou hegemonia sobre Chipre, mas uma vez mais o soberano estrangeiro deixou poucas marcas, e cidades-reino continuaram a governar a si próprias e a fazer suas próprias moedas. Depois de 500 e da Revolta dos Iônios, o regionalismo da ilha se tornou até mais declarado. Influência grega era forte em Marion e Salamis, enquanto a cultura fenícia permanecia influente em Kition. O "Eteocipriota" Amathus tinha o seu próprio estilo influente egípcio autóctone, e o eclético inconfundível estilo cipriota nativo exerceu influência em Pafos, Idalion, e Tamassos. A indústria de bronze (gr. *kýpros*) permanece forte, causando muitas rivalidades econômicas e militares. A cerca de 450, Kition conquistou Idalion e dominou Tamassos algum tempo depois.

Em cerca de 300 os kitians fenícios foram expulsos de Idalion, presumivelmente pelos helenistas gregos que, então, exerceram influência até o advento dos romanos. Durante a segunda parte do primeiro milênio, gregos e fenícios aparecem lado a lado em inscrições, e presumivelmente eram as línguas do comércio. Em lugares como Amathus e Idalion inscrições cipriotas nativas não-gregas no roteiro silábico de Chipre continuaram até o período helenístico.

Durante o período helenístico Chipre se tornou, verdadeiramente, parte do grande mundo grego. Somente Kition tentou resistir, e como consequência

Ptolomeu tomou a cidade e destruiu seus templos — e seu caráter fenício. A região sagrada fenícia nunca foi reconstruída. O período helenístico durou duzentos anos.

Em 58 a.C. Chipre se tornou parte da província romana da Cilícia e o centro geográfico da gravidade mudou para o sudoeste, com a cidade-capital em Nea Pafos, e outro importante centro urbano em Kourion. Os romanos não usaram o velho método de dois estágios de processamento do cobre, mas desenvolveram um mais eficiente, de alta-temperatura, um processo de fundição do cobre de um estágio, todos os quais foram dirigidos nos lugares de mineração por exércitos de escravos. As cidades que ficavam no interior da ilha, cuja riqueza tinha dependido do estágio de processamento do cobre se definharam em cidades agrícolas. Os métodos romanos contribuíram significativamente para o desmatamento da ilha. A presença romana foi importante através do século IV a.C., com a ilha sendo vista como um centro da cultura grega no Império Romano Oriental.

Bibliografia. S. Hadjisavvas, "Excavations at the Tombs of the Kings", in *Archaeology in Cyprus, 1960-1985*, ed. V. Karageorghis (Nicosia, 1985); V. Karageorghis, *Cyprus: From the Stone Age to the Romans* (London, 1982); *Kition, Mycenaean and Phoenician Discoveries in Cyprus* (London, 1976); E. Peltenburg, org., *Early Society in Cyprus* (Edinburgh, 1989).

CHUMBO Elemento químico mais pesado e mais macio entre os metais comuns. Às vezes encontrado como sulfeto de chumbo ou galena, e não em sua forma pura. O chumbo tem o brilho metálico entre branco prateado-azulado a cinza azulado. Muito maleável e bastante dúctil, tem sido usado para diversos fins como selo oficial ou como selante para contêineres de alimentos quando misturado com óleo de semente de linho. O chumbo é também usado na cerâmica como vitrificador. O chumbo foi comumente usado pelos hebreus, já que é encontrado no Egito, no Sinai e na Palestina (cf. Sir. 47.18). Usado em trabalho em metal como incrustação (cf. Jó 19:24) e com frequência derretido com outros metais (Ez 22:18). O vidro primitivo foi provavelmente feito com chumbo como um dos ingredientes. Outros usos incluíam o cianeto de chumbo que era veneno, como base para tinturas e liga metálica de bronze. Considerado agora carcinógeno se ingerido com água ou outro líquido. Muito provavelmente várias pessoas sofreram de entorpecimento ou paralisia em decorrência do envenenamento pelo chumbo, sem saber da causa. [RICHARD A. STEPHENSON]

CIAMON (gr. *Kyamōnos*) Lugar associado com a marcha de Holofernes para Bethulia (Jdt 7.3). Pode ser Kammona, que Eusébio (Onom. 116.21) coloca a 10 km a oeste de Aco. O lugar seria Tell Qeimûn, o mesmo que Tel Yoqne'am (*Jokneam*).

CIDADANIA No uso bíblico, o termo significa a comunidade da qual alguém é membro. Por toda a Bíblia, indivíduos são descritos tendo cidadania em três tipos de comunidade. O primeiro tipo é a cidadania dentro de uma localidade geográfica concreta. Em Atos 21:39, Paulo declara ser um "natural de Tarso, cidade não insignificante", acentuando a identificação de sua cidade natal com algum orgulho cívico. O segundo tipo é um grupo que compartilha uma posição especial e temporal que transcende a geografia. Enquanto pregava por duas vezes em Filipos e, posteriormente, em Jerusalém, Paulo duas vezes revela sua cidadania romana às autoridades que o prenderem (At 16:37; 22:25). Ele fez assim para reivindicar os direitos que somente aqueles que tinham cidadania desfrutavam por todo o Império Romano. O terceiro tipo é um grupo unido com Deus como igreja local. Paulo proclama aos filipenses que eles já têm cidadania no céu (Fp 3:20). Ele não vê somente um grupo físico de pessoas que tinham fé em Jesus Cristo, mas uma comunidade que coletivamente tinha a qualidade escatológica da fé cristã: esperança no retorno de Cristo, quando eles serão glorificados. A carta aos Efésios retrata os crentes lá como cidadãos da "família" de Deus (Ef 2:19); uma vez separados de Deus pelo pecado, a fé deles em Cristo os faz cidadãos de uma comunidade especial na qual o Espírito de Deus habita.

Em Atos, o retrato de Paulo exercendo seus direitos como cidadão de Roma é a mais explícita demonstração de cidadania na Bíblia. A cidadania romana era a posição política concedida somente a homens livres em todo o império. Aquele que a tinha desfrutava explicitamente de direitos legais e de privilégios implícitos. Os direitos explícitos da cidadania romana eram a proteção de punições injustas (cf. At 16:37; 22:25), o apelo de um caso judicial a César (25:9-11) e o direito de votar nas eleições romanas. (Alguns homens livres, ao receber cidadania romana, não ganhavam esse direito). Os primeiros dois direitos tinham mais relevância para os cidadãos romanos fora da Itália. (Um cidadão tinha de estar fisicamente presente na própria cidade de Roma para dar seu voto). Paulo usou seus direitos para assegurar que ele continuasse a pregar o evangelho pelo império. Sua cidadania lhe deu posição diante das autoridades locais, por meio da qual ele poderia se defender contra os desafios legais dirigidos por seus oponentes na tentativa de obstruir suas atividades evangelísticas (p. ex., At 17:22-23). Algumas vezes, Paulo não precisava abrir a boca, as acusações eram simplesmente descartadas porque não violava a lei romana (p. ex., At 18:14-15).

Posteriormente, quando aprisionado pela autoridade romana, Paulo tinha certos privilégios estendidos a ele devido à sua cidadania. Ele podia receber visitantes (At 23:17; 28:30), fazer visitas pastorais como as que ele fez enquanto esteve em Malta (At 28:8) e ordenar a um centurião romano a fazer o que ele mandava (At 23:17). Mais importante era seu privilégio de pregar o evangelho sem restrição, mesmo como um prisioneiro de César no coração do império (At 28:30).

Bibliografia. A. Berger, *An Encyclopedic Dictionary of Roman Law* (Philadelphia, 1953); M. Black, "Paul and Roman Law in Acts", *ResQ* 24 (1981): 209-18; P. van Minnen, "Paul the Roman Citizen", *JSNT* 56 (1994): 43-52; J.J. O'Rourke, "Roman Law and the Early Church", in *The Catacombs and the Colosseum: The Roman Empire as the Setting of Primitive Christianity*, org. S. Benko e O'Rourke (Valley Forge, 1971), 165-86; J. Richardson, *Roman Provincial Administration, 227 B.C. to A.D. 117* (London, 1976); A.N. Sherwin-White, *Roman Society and Roman Law in the New Testament* (Oxford, 1963). [RAMÓN LUZÁRRAGA]

CIDADE I. Dois tipos de cidades aparecem no mundo da Bíblia, uma do Antigo Oriente Próximo (heb. *ʿîr*), e a outra helenista (gr. *pólis*). Os povos da Síria-Palestina estabeleceram cidades do Antigo Oriente Próximo como Jericó e Megido muito cedo, cerca de 3000 a.C. Cidades hebraicas nesse mesmo molde foram escavadas em Dã, Hazor, Laquis, Arade, e Berseba. Depois de conquistar a Síria-Palestina em 333, Alexandre, o Grande, da Macedônia estabeleceu suas primeiras cidades helenísticas. As cidades de Samaria (gr. *Sebastós*) e Cesareia Marítima construídas por Herodes (73-4 a.C.) seguem o mesmo modelo das anteriores, também Jerusalém, Jerash, e Beth-Shean.

As cidades do Antigo Oriente Próximo e helenísticas foram definidas tanto pelo arranjo arquitetônico quanto pela estrutura econômica. Arquitetonicamente, uma cidade é uma colônia onde pessoas vivem fisicamente com um complexo de construções monumentais à sua volta protegidas por um muro. Economicamente, cidade ou estado é um sistema centralizado para a produção e distribuição de mercadorias e serviços. Esse sistema centralizado é também chamado um "excedente econômico", porque produz mais mercadorias e serviços básicos que a própria gente precisa para sobreviver. Esse excedente é usado para comercialização com outras cidades por luxos.

Lavradores e pastores constituíam menos de 50% da população da cidade. As famílias restantes se especializavam em artes, p. ex. a escrita e na fabricação de mercadorias de comércio como vinho em Gibeão ou tecidos coloridos em Debir. As cidades controlavam não somente a terra usada para lavoura e pastoreio, mas também rotas de comércio. Os primeiros documentos escritos conhecidos tratam de urbana.

O santuário é a expressão arquitetônica primária da autoridade da cidade para manter seu povo. Ali os sacerdotes recebiam rebanhos e colheitas como sacrifícios, que eram processados, armazenados, e redistribuídos. O palácio com seu muro e portão é a expressão arquitetônica primária da autoridade da cidade para proteger seu povo. Ali, os monarcas resolviam suas disputas entre famílias, entre comerciantes com seus sócios, e comandavam seus soldados. O estilo e o arranjo dessas construções variavam nas cidades do Antigo Oriente Próximo. Cidades helenísticas eram projetadas de acordo com o plano de Hipódamo de Mileto descrito na Politica de Aristóteles (2.1267b-1268a). A terra de uma cidade helenística era medida em retângulos divididos por uma rua principal (*decimanus*) indo à direção do leste. Essas ruas se cruzavam no centro geográfico da cidade, onde o mercado (gr. *agorá*) ou fórum estavam localizados. Elas eram cercadas por uma passagem (*stoá*) alinhadas com colunas que davam suporte ao telhado. Templos, um salão de encontro (*bouleutḗrion*), um salão de festa (*prytaneíon*), teatros, ginásio, estádio, e palácios eram colocados em posições predeterminadas nessa rede Hippodamian.

Algumas tradições do antigo Israel e do cristianismo primitivo na Bíblia desafiam os sistemas econômicos que as cidades suportavam. Jericó e Ai são colocadas sob interdição (Js 5:13-6:27). Betel é sentenciada por violar o pacto entre Yahweh e Israel (Am 7:10-17). Sodoma (Gn 19), Jerusalém (Is 5:1-7; Jr 34-35; Ez 16), e Samaria (Am 4) são acusadas de injustiça social. As cidades de Jerusalém e Roma martirizaram Jesus e Paulo. Esse preconceito, que considera o antigo Israel e o cristianismo primitivo como maneira de se viver nômade e de vila, na qual as cidades ameaçam a se destruir, é antiga e ultrapassada. Por exemplo, os javistas, cujas tradições (J) são a espinha dorsal dos livros do Pentateuco, viviam na cidade de Jerusalém. Além disso, as tradições deles negam que as cidades tenham sido lares próprios para os hebreus. Para os javistas, o Criador dá a Adão um jardim, não uma cidade (Gn 2:4-17). As cidades são os lares de assassinos como Caim (Gn 4:3-5:32), de brigões como os cidadãos de Babel (11:1-9), e de selvagens como as pessoas de Sodoma (19:1-38). A história dos javistas é o êxodo de Abraão das cidades da Mesopotâmia (Gn 11:27-25:18), o êxodo de Moisés das cidades do Egito (Êx 1:7-13:16), e a vitória de Josué sobre as cidades de Canaã (Js 1:1-Jz

21:25). Eles retratam os hebreus como pessoas ou que abandonam as cidades ou as destroem.

As cidades são bem antigas no relato bíblico, o Criador dá a Adão um jardim, não uma cidade (Gn 2:4-17). Mas as cidades são os lares de assassinos como Caim (Gn 4:3-5:32), de brigões como os cidadãos de Babel (11:1-9), e de selvagens como as pessoas de Sodoma (19:1-38). A história do êxodo de Abraão ocorre em cidades da Mesopotâmia (Gn 11:27-25:18), o êxodo de Moisés nas cidades do Egito (Êx 1:7-13:16), e a vitória de Josué sobre as cidades de Canaã (Js 1:1-Jz 21:25).

Além disso, as tradições do Israel antigo e do cristianismo primitivo na Bíblia também sancionam as economias que as cidades suportam. Betel é a primeira terra dada como propriedade aos hebreus por Yahweh (Gn 11:27-13:18; 28:10-22) e o contexto das histórias da arca (1Sm 4-6; 2Sm 6). Jerusalém é celebrada como o lugar de habitação de Yahweh (Ez 40-48; Ap 21:1-22:7). A maior parte das palavras e obras mais importantes de Jesus e Paulo se passam nas cidades de Cesareia de Filipe, Decápolis, Jerusalém, Cesareia Marítima, Antioquia, e Roma. Nas tradições do Êxodo, as cidades desempenham um papel importante no entendimento de Israel de si mesmo e de Yahweh. Às vezes, os hebreus eram migrantes, itinerantes, ou pastoris, mas sempre estavam indo para algum lugar. Mesmo quando os hebreus estavam sem terra, eles nunca estavam sem uma terra prometida, e o centro dessa terra, com a qual o destino deles está tão intimamente ligado, é a cidade. As cidades não eram somente os lugares adequados para o povo de Yahweh habitar, mas eram também o símbolo adequado de Yahweh.

Antropólogos e sociólogos de hoje continuam a fornecer evidência de que uma dicotomia entre os valores e o estilo de vida do povo vivendo em cidades e do povo vivendo no campo aparecem somente depois da revolução industrial na Europa Ocidental. No mundo da Bíblia, as cidades e as vilas eram duas partes de uma economia única. As cidades dependiam de lavradores e pastores para abastecê-las com mercadorias, a fim de mantê-las e produzir excedente. As cidades protegiam a colheita dos lavradores, ofereciam aos pastores lares e mercadores para suas colheitas e forneciam os benefícios de outras artes, tais como obra de metal, a manufatura de cerâmica, e tecelagem, que lavradores e pastores não tiveram muito tempo para praticar. Podem ter existido divisões entre ricos e pobres, entre os mais poderosos e os menos poderosos, entre militares e civis, entre governantes e governados, mas não havia dicotomia entre o povo que vivia nas cidades e aqueles que viviam nas vilas.

Bibliografia. D.C. Benjamin, *Deuteronomy and City Life* (Lanham, Md., 1983); F. Frick, *The City in Ancient Israel.* SBLDS 36 (Chico, 1977); V. Fritz e P.R. Davies, eds., The Origins of Ancient Israelite States. *JSOT* Sup 227 (Sheffield, 1996); Z. Herzog, "Social Organization as Reflected by the Bronze and Iron Age Cities of Israel", *Comparative Studies in the Development of Complex Societies* 2 (London, 1986); J.E. Stambaugh e D.L. Balch, *The New Testament in Its Social Environment.* Library of Early Christianity 2 (Philadelphia, 1986). [DON C. BANJAMIN]

II. Povoado relativamente pequeno, aparentemente maior que o vilarejo, porém menor que uma metrópole. Embora as cidades às vezes sejam diferenciadas dos vilarejos (Js 15:45; Mt 10:11; Lc 13:22; cf. 8:1; Mt 9:35), a classificação exata torna-se difícil por causa da designação da cidade pelos mesmos termos usados em outra parte para "vilarejo" ou "cidade grande" (p. ex., heb. *ʿîr*, Jz 17:8; gr. *pólis*, Lc 2:4; *kṓmē*, Jo 7:42). Em alguns casos o termo pode simplesmente indicar um povoado de qualquer tamanho (cf. Mt 10:5).

A evidência arqueológica sugere que os israelitas primitivos estavam fortemente concentrados em vilarejos pela região montanhosa central da Palestina. Diferente dos povoados, as cidades podiam ser fortificadas, normalmente por trincheiras ou muros com portas e, às vezes, por um fosso (1Sm 23:7; Pv 8:3; cf. Tell el-'Umeiri). As cidades eram administradas por anciãos; os povoados maiores também controlavam as atividades econômicas das tribos vizinhas do interior. Até mesmo durante a Idade do Ferro Antiga (sécs. XII a X a.C.) os habitantes permaneceram basicamente emigrantes por razões climáticas. Quando dependentes de cidades fortificadas maiores, é feita referência às cidades menores (vilarejos) pelo termo hebraico familiar de *bat*, "filha" (p. ex., Js 15:45, 47; 1Cr 2:49; 7:28), que pode também refletir a história política e social de seus relacionamentos. [ALLEN C. MYERS]

III. (NOVO TESTAMENTO) As cidades desempenhavam importante papel no mundo social, cultural e religioso do Império Romano, ilustrado de modo anedótico na raiz latina para civilização (*civitas*, "cidade"). O ministério de Jesus aconteceu nos subúrbios das cidades em volta da Galileia, as viagens de Paulo e a redação de suas cartas ocorreram em contextos urbanos. Cidade é um conceito teológico chave em vários livros do Novo Testamento.

Embora o termo *pólis* ocorra mais do que 150 vezes no Novo Testamento, o conceito grego de cidade-estado democrática, autônoma quanto a governo, tinha dado o caminho para a realidade das necessidades administrativas dos romanos. Roma governou seu império através de cidades e fazia distinção entre uma variedade desconcertante (p. ex., *civitas*, *colonia*, *municipium*). No leste, Roma integrava as elites locais e governantes em uma rede de cidades para taxar eficientemente seu império, e até mesmo criar confederações de cidades, tais como Decápolis, para facilitar sua defesa. As cidades tinham maiores populações que cidadelas ou vilas, mas eram primariamente reconhecíveis por características e padrões arquitetônicos distintos. As cidades do período romano adotaram várias características arquitetônicas do grego *pólis* e forneceram confortos necessários para o que os romanos pensavam ser uma vida civilizada: *agora*, *basilika* usada como corte ou construção administrativa, *odeon*, aqueduto, banheiros públicos, *numphaea*, e templos. O arranjo arquitetônico tendia para redes ortogonais regularizadas, frequentemente por suavizar limitações e desafios topográficos. Fachadas de pintura a fresco, mármore, ou gesso, unidas com colunatas ingenuamente executadas criadas com panoramas que focalizavam monumentos de governo dos romanos, tais como templo, posição do imperador, ou *basilika*. A posição social do rico era visivelmente reforçada em assentos de teatros e anfiteatros ou em inscrições declarando a generosidade deles.

Na estrutura sociopolítica deles, as elites da cidade competiam umas com as outras por prestígio ao patrocinar projetos de construção, manutenção urbana e festivais públicos, possíveis por causa das rendas e taxas que coletavam do campo. Em uma variedade de graus, cidades individuais contavam com poucos residentes ricos, mas com maior número de pobres, muitos dos quais haviam migrado depois de terem sido desapossados de sua terra somente para se tornarem dependentes da distribuição e da beneficência das elites. Aparte dos poucos ricos, alguns mercadores, artesãos, soldados, e trabalhadores públicos, a população da cidade compreendia primariamente escravos, trabalhadores diários, o cronicamente pobre e indigentes. Rotas de comércio por meio das cidades maiores, e especialmente aquelas próximas à costa do Mediterrâneo, facilitavam a mobilidade e juntavam vários grupos culturais, étnicos, e religiosos — que comumente se confrontavam. Tal tumulto social e o descontentamento substrato mais pobre, eram ambos reprimidos e duramente controlados pelos nomeados governantes romanos.

Cidades numerosas na Palestina já tinham sido urbanizadas do mesmo modo que as helenísticas nos primeiros poucos séculos a.C. O governo de Herodes, o Grande (37-4 a.C.) como rei cliente de Roma foi caracterizado por grandes atividades arquitetônicas e urbanas — ele fundou Cesareia Marítima como o porto mais bonito e mais moderno no Levante, e Jerusalém e Samaria foram transformadas com a arquitetura urbana romana. Herodes Antipas, que herdou a Galileia do reinado de seu pai, constituiu as cidades de Séforis e Tiberíades como suas capitais - embora em uma escala de ostentação menor — e ele aparentemente evitou claros sinais de paganismo, tais como estátuas e templos pagãos, e suas moedas permaneceram sem cônicas. Embora nenhuma evidência indique que Jesus tenha visitado essas cidades durante seu ministério, certamente elas tiveram um impacto na Galileia ao reordenar os padrões de comércio e a centralização dos lucros da produção agrícola do campo como taxas para Antipas e Roma. A tendência dos escritores do evangelho para o termo *pólis* — eles até mesmo concederam esse título para as vilas de Nazaré (Mt 2:23) e Cafarnaum (Mt 9:1 e Lc 4:31) — é indicativo da imprecisão com a qual a designação era usada ou, talvez, até mesmo do desconhecimento deles desses locais.

Enquanto o ministério de Jesus aconteceu na vila cultural da Galileia judaica na extremidade dos centros urbanos de segunda categoria, Paulo estava completamente imerso na vida urbana do mundo greco-romano. Sua cidade natal de Tarso era uma cidade portuária importante, e as cidades mais identificadas com suas viagens missionárias — Antioquia, Corinto, Éfeso — contadas entre as maiores e as mais cosmopolitas daquele tempo. A diversidade e a complexidade social, religiosa, e cultural delas deixam sua marca nas cartas de Paulo e em Atos. O apóstolo tipicamente fazia contato com as cidades dessas comunidades judaicas, e a partir delas buscava expandir para incluir os gentios em seu trabalho missionário. A última parte do livro de Atos pode até mesmo ser lida como tentativas oficiais das várias cidades para lidar com o conflito político e com a reviravolta social que acompanhavam as missões de Paulo. A demografia das comunidades paulinas era primariamente de classe mais baixa — embora algumas classes mais altas donas de escravo (p. ex., Filemon) estavam inclusas, e uma mistura de judeus e gentios com várias heranças étnicas. As visitas de Paulo à Palestina eram confinadas primariamente à grande cidade portuária de Cesareia e a Jerusalém (At 21-26).

A própria cidade de Jerusalém desempenha um papel teológico nos evangelhos, em Atos, e em Apocalipse. Duas vezes, Mateus explicitamente a chama de a "cidade santa" (Mt 4:5; 27:53), e Lucas apresenta Jerusalém como um tipo de *axis mundi*, o centro cristão do mundo. Jesus se dirigiu firmemente a Jerusalém no evangelho de Lucas, culminando em sua inevitável crucificação que deve ocorrer lá, de acordo com Lucas 13:30-33. No esquema geográfico de Atos, o cristianismo se espelha a partir de Jerusalém [...] até aos confins da terra. A crise da destruição do templo de Jerusalém também repercutiu entre os cristãos primitivos, e suas consequências devastadoras podem ser mais bem vistas nas predições encontradas em Marcos 13. A visão apocalíptica de João antevê uma nova Jerusalém que substituirá a caída Babilônia/Roma (Ap 21).

Bibliografia. M. Finley, *The Ancient Economy* (Berkeley, 1973); W. Meeks. *The First Urban Christians: The Social World of the Apostle Paul* (New Haven, 1983). [JONATHAN L. REED]

CIDADE, ESCRIVÃO DA Alto oficial civil que dirigia a política da cidade e frequentemente agia como porta-voz da assembleia da cidade. Além disso, o escrivão da cidade (gr. *grammateús*, usualmente "escrivão") era responsável por redigir decretos em conjunto com os magistrados locais e por muitos detalhes da administração da cidade, incluindo manter a ordem (cf. At 19:35). Pouco mais se sabe sobre esse cargo no governo da cidade.

O título aplicado ao oficial em Éfeso foi "guardião (*neōkóros*) do templo da grande Ártemis". O termo, usado em Atos e por Filóstrato na 32ª carta de Apolônio de Tiana (1.352.7), refere-se literalmente, pelo menos em Éfeso, a um secretário ou escrivão. Entre os judeus do século I d.C., o termo também é referência a um perito da lei que está frequentemente ligado aos escribas e aos sumos sacerdotes (At 23:9). [JOSEPH CORAY]

CIDADE DAS PALMEIRAS Outro nome para Jericó ou para o vale em volta, famoso por suas muitas árvores de palmeiras (Dt 34:3; 2Cr 28:15). Era a residência dos queneus (Jz 1:16) e, depois da conquista, do rei Eglom (Jz 3:13). De acordo com historiadores antigos, levava-se cinco horas para viajar através dos bosques das palmeiras a fim de cruzar canais.

CIDADE DE MOABE Lugar vagamente notado na narrativa de Balaão e Balaque (Nm 22:36;). Parece localizar-se na fronteira de Arnon, na (norte) fronteira do território de Balaque. Dada à evidência corrente, qualquer tentativa de ligar um nome de lugar específico com a cidade que tinha tal posição importante nos dias de Balaque deve permanecer especulativa. Além disso, se "a cidade de Moabe" for identificada como "Ar, de Moabe" (Nm 21:28; Is 15:1), existem várias possibilidade — p. ex., Rabá (a antiga Ar/Areopolis/Rabath-moabe), Karak (Kir/Kir-hareseth), Khirbet el-Misnaʿ (nordeste de Rabá), Khirbet el-Medeineh (na região nordeste de Moabe), e *khirḇet-el- bālûʿ* (nordeste de Qasr). Todos esses lugares estão localizados ao sul do Ribeiro el-Môjib (Arnon), mas muitas ficam tão longe desse canal para que sua localização seja considerada próximas da fronteira de Moabe. Estudiosos frequentemente identificavam "a cidade de Moabe" com Ar (Nm 21:15; Dt 2:18), mas *khirḇet-el-bālû* é a opção mais provável por causa da sua localização, tamanho, e história da sua ocupação (isto é, evidência da colonização da Era do Bronze Posterior e da Era do Ferro).

Bibliografia. J.M. Miller, "The Israelite Journey through (around) Moab and Moabite Toponymy", *JBL* 108 (1989): 577-95. [GERALD L. MATTINGLY]

CIDADE DO CAOS Epíteto (heb. *qiryaṯ-ṯōhû*) para uma cidade de pecadores (Is 24:10), mais comumente atribuído a Jerusalém, mas possivelmente Babilônia, Samaria, Tiro, ou uma cidade simbólica do mal.

CIDADE DO SAL Cidade que ficava em Judá (Js 15:62; heb. *ʿîr hammelaḥ*), localizada no deserto entre Nibsã e En-Gedi. Alguns estudiosos sugerem identificação com Khirbet Qumrân com base nos restos de construções da Era do Ferro II (900-600 a.C.).

CIDADE DO SOL Cidade localizada a nordeste do Delta egípcio da moderna Cairo. Servia como um dos mais importantes centros espirituais e religiosos do antigo Egito, hospedando templos dos deuses Re-Harachte e Atum. Seus cultos eram caracterizados como cosmológicos, e suas Festas dos Céus eram bem conhecidas.

Potífera, o pai da esposa de José, Asenate, era sacerdote de Om (Gn 41:45). A LXX (Êx 1:11b) acrescenta "e Om, isto é, Heliópolis" depois de Pitom e Ramessés, como a terceira cidade que os israelitas construíram para Faraó. É improvável que essas cidades estivessem localizadas muito longe de Gosén; portanto, a originalidade da LXX aqui é duvidosa. Muito provavelmente, a menção de Josefo (*Ant.* 2.188) de que a família de Jacó habitou em Heliópolis esteja baseada na LXX. Em Ezequiel 30:17, o jovem homem de Awen ("iniquidade", um jogo de palavras com o nome de Om, simbolizando todo o Egito) vai cair pela espada e será cativo. Em Isaías 19:18, a cidade é chamada *ʿîr haḥeres*, "a cidade de destruição", um jogo com o nome "ʿʿʾr *haḥeres* " (assim 1QIsaa e muitos MSS), que é *ʿîr hašemeš* ("a cidade do sol"; cf. Tg. Jonathan e Vulg.; também Jó 9:7; Jr 43:13). Entretanto, de acordo com esse verso "a cidade do Sol" será uma das cinco cidades egípcias, cujos habitantes falarão hebraico e adorarão Yahweh. [ISAAC KALIMI]

CIDADE-ÁGUA *Ver* CIDADE DAS ÁGUAS.

CIDADES DAS ÁGUAS Outro nome para Rabá 2 (2Sm 12:27).

CIDADES DE REFÚGIO A lei mosaica exige o estabelecimento de um lugar, ou lugares de exílio, para o qual alguém que mata acidentalmente ou sem malícia pode fugir para escapar do vingador de sangue. Êxodo 21:13 menciona somente “um lugar para onde ele fugirá”, mas Números 35:9-34; Deuteronômio 4:41-43; 19:1-13; Josué 20:1-9 todos tratam do estabelecimento de cidades específicas (heb. *'arê miqlāṭ*) para tal propósito.

O estabelecimento de cidades de refúgio pode ser visto como esforço para limitar e controlar a prática da vingança de sangue. No Israel antigo, como também em outros lugares no Antigo Oriente Próximo, a vingança de sangue foi aceita como um meio de lidar com o derramamento de sangue fora do contexto de guerra. Se um membro de família era morto, era a responsabilidade do *gō'ēl ha'ddām*, “vingador de sangue”, um parente homem, encontrar e matar a pessoa que tinha tomado a vida do membro da família, tivesse o assassinato sido intencional ou não.

O fornecimento de lugares de exílio para o qual um assassino acidental pudesse ir, entretanto, combina a consciência da distinção entre matar com malícia (assassinato) e matar por acidente ou sem intenção, com proibições contra o derramamento de sangue inocente.

Em Números 35, o estabelecimento de seis cidades de refúgio dentre as cidades levíticas é ordenado, três além do Jordão e três na terra de Canaã. As cidades foram intencionadas para qualquer um que tivesse matado uma pessoa sem intenção (cf. Nm 35:22-28). Se um assassino não intencional buscasse refúgio em uma das cidades, a “congregação” devia resgatar a pessoa do vingador de sangue e devolvê-lo para a cidade de refúgio, onde ele tinha de ficar até a morte do sumo sacerdote.

As passagens de Números deixam bem claro que aqueles culpados de assassinato, isto é, assassinato intencional, ou assassinato com malícia, deveriam ser executados e de modo algum poderiam ser soltos pelo pagamento de um resgate. A intenção em ambos os casos parece ser evitar a corrupção da terra, uma vez que o “sangue profana a terra” (Nm 35:33), aparentemente até mesmo o derramamento de sangue sem intenção.

Josué 20 é semelhante a Números 35, mas em acréscimo exige julgamento (Js 20:6), e nomeia seis cidades de refúgio (v. 7-8): Quedes na Galileia, na região montanhosa de Naftali; Siquém na região montanhosa de Efraim; Quiriate-Arba (Hebrom) na região montanhosa de Judá; Bezer no deserto, no planalto da tribo de Rúben; Ramote, em Gileade, da tribo de Gade; Golã, em Basã, da tribo de Manassés.

Em Deuteronômio 4:41-43, somente as três cidades além do Jordão são nomeadas. O estabelecimento das três restantes é tratado em Deuteronômio 19:1-13, embora aquelas três não sejam mencionadas. Deuteronômio também permite o estabelecimento de três cidades adicionais se as fronteiras da terra fossem alargadas.

A intenção em Deuteronômio parece ser diferente da registrada em Números. Lá o propósito do exílio parece ser prevenir o assassino (mesmo se acidental) de corromper a terra, ao guardá-lo dentro de um espaço limitado. Em Deuteronômio, as cidades estão lá para prevenir o derramamento de sangue inocente, ou seja, aquele do assassino acidental (Dt 19:6, 10).

Bibliografia. D. Patrick, *Old Testament Law* (Atlanta, 1985); R. de Vaux, *Ancient Israel* (1961, repr. Grand Rapids, 1997). [MARILYN J. LUNDBERG]

CIDADES DO VALE Cinco cidades (tb. chamadas “cidades da planície”) — Sodoma, Gomorra, Admá, Zeboim, e Bela (ou Zoar) — que ficavam na região do vale do rio Jordão e do Mar Morto, em Gênesis 14:3,8,10 chamado de vale de Sidim. Os reis dessas cidades (heb. *'ārê hakkikkār*) se rebelaram contra Quedorlaomer, rei de Elão, iniciando a batalha registrada em Gênesis 14. Com exceção de Zoar, as cidades foram destruídas por *Yahweh* por causa de sua corrupção (Gn 19:24-29).

CIDADES LEVÍTICAS Quarenta e oito cidades designadas aos levitas, espalhadas pelos territórios de outras tribos. A Bíblia apresenta Levi como único entre as tribos israelitas que não recebeu a partilha de terra como as outras tribos (Js 13-19). Dois textos dão os nomes dessas cidades: Josué: 21:1-42; 1Crônicas 6:54-81 (TM 39-66). Números 35:1-8 afirma que esse arranjo foi vontade divina.

A tradição das cidades levíticas reflete a primitiva emergência dos levitas como especialistas em assuntos de adoração. Eles eram sustentados pelo serviço prestado a outras tribos (Nm 18:21-24; Dt 18:1-4; Js 13:14). Embora em certo estágio da vida do antigo Israel, qualquer israelita do sexo masculino podia oferecer sacrifício, textos como Juízes 17 mostram que os levitas eram preferidos. Não obstante, a história do sacerdócio no antigo Israel e do relacionamento dos levitas com os sacerdotes é um assunto que requer mais esclarecimento. Como entender as cidades levíticas aguarda a resposta a essas perguntas.

As cidades levíticas como tais existiram no antigo Israel ou foram ideias teológicas? No início, os estudiosos presumiram que as cidades levíticas existiram de fato para servir aos propósitos descritos na Bíblia. Entretanto, a evidência arqueológica mostra que a maioria das cidades mencionadas nas listas de Josué e 1Crônicas não foi ocupada durante a maior parte do período monárquico e que a lista de Josué foi compilada no século VIII a.C. Também nem todas as cidades levíticas fizeram parte dos reinos de Judá ou de Israel no século VIII, nem está claro por que a lista de Josué foi compilada nesse tempo.

Bibliografia. A. G. Auld, "The 'Levitical Cities': Texts and History", *ZAW* 91 (1979): 194-206. [LESLIE J. HOPPE, O.F.M.]

CILÍCIA (gr. *Kilikía*) País ao sul de Anatólia, a costa do sudeste da Ásia Menor. Cilícia tem duas regiões geográficas distintas, a acidentada região costeira ocidental (*Cilicia Aspera*) e a planície fértil no leste (*Cilicia Campestris*). É rodeada por montanhas separando-a da Panfília, ao norte pela cadeia de montanhas Taurus separando-a da Capadócia e Licaônia, e ao leste pela cadeia de montanha Amanus separando-a da Síria. Na antiguidade, a Cilícia oferecia a principal rota de comércio entre a Síria e as seções centrais da Ásia Menor.

Os cicilianos afirmaram que sua terra fora fundada por Cilix, o filho de Agenor, que acompanhava seus irmãos Cadmus e Phoenix em busca de sua irmã Europa, mas que colonizou a planície fértil. Por causa de sua localização estratégica para o comércio, a cidade foi invadida sucessivamente pelos hititas, gregos micenos, assírios, persas (sob os quais os cicilianos tinham grau de autonomia como sátrapas), Alexandre, o Grande, os reis selêucidas, e finalmente os romanos que fizeram dela província em 102 a.C. Em 67 a.C., Pompeu aniquilou a pirataria que floresceu na árida região costeira (que eram intratáveis e que não se juntaram à província até o reinado de Vespasiano, 69-79 d.C.). Em 51 a 50 a.C., Cícero relutantemente tentou como governador corrigir vários problemas administrativos anteriores. Em 36 a.C., Marco Antônio deu Chipre e as regiões acidentadas costeiras ocidentais a Cleópatra como presente. Sob governadores romanos, a região foi, em tempos, ligada à Síria para propósito de governo.

No Novo Testamento, a Cilícia é mais bem conhecida como o país lar de Paulo (At 21:39; 22:3; 23:34) e uma parada em suas viagens missionárias pela Ásia Menor (15:41; Gl 1:21). [RICHARD A. SPENCER]

CÍMBALOS Instrumento músical (heb. *mĕṣiltayim, ṣelṣĕl'm*; gr. *kýmbalon*), consistindo de dois discos ou arcos (cf. gr. *kýmbē*), de metais (1Cr 15:19, bronze), segurados pelas duas mãos e tocados juntos. Sons diferentes (cf. Sl 150:5) poderiam ser obtidos de címbalos de diferentes formatos ou, talvez, por segurar o instrumento ou verticalmente ou horizontalmente.

Címbalos foram empregados no retorno festivo da arca para Jerusalém (1Cr 15:16, 28; cf. 13:8) e na dedicação do templo pelo rei Salomão (2Cr 5:12-13). Asafe, Hemã, e Jedutum eram tocadores chefes de címbalos (1Cr 16:5, 42). Posteriormente, os levitas assumiram as funções de tocadores de címbalos — durante o reinado de Ezequias (2Cr 29:25) e na dedicação pós-exílica da fundação do templo (Ed 3:10) e dos muros de Jerusalém (Ne 12:27).

CINAMOMO Membro das folhas de loureiro. A árvore de cinamomo (*Cinnamomum zeylanicum Nees*) é sempre verde e cresce até 9 metros. O fruto da árvore de cinamomo (heb. *q'nnāmôn*; gr. *kinnámōmon*) fornece um óleo fragrante quando pressionado. A casca da árvore destilada também produz óleo de menor qualidade. A casca seca da árvore e a casca interna da casca seca são usadas para adocicar a comida. É provável que em tempos bíblicos o cinamomo tenha sido importado do leste tropical pela estrada da Seda.

Em tempos antigos, o óleo de cinamomo era valorizado como perfume precioso. Era um ingrediente no óleo sagrado de Moisés, feito para ungir a arca da aliança e a tenda do encontro (Êx 30:23). A mulher "estranha" de Provérbios perfumava sua cama com cinamomo (Pv 7:17). Em Cantares de Salomão e Apocalipse, o cinamomo aparece como artigo luxuoso (Ct 4:14; Ap 18:13). [MEGAN BISHOP MOORE]

CIPRESTE Qualquer um dos gêneros de árvore (*Cupressus*) que têm coníferas perenemente verdes, comumente quase cilíndricas em formato. O cipreste italiano (*Cupressus sempervirens*), comum em muitos países que fazem fronteira com o Mediterrâneo, cresce a uma altura de 30 m.

A NTLH traduz o hebraico *bĕrôš* como "pinheiro ou pinho" (Sl 104:17; Ez 27:5; 31:8), no entanto, "cipreste" é a tradução mais comum (p. ex., 1Re 5:8 [TM 22]; Os 14:8). Como outras árvores amplamente mencionadas no Antigo Testamento, a identificação dessa árvore é incerta.

CIRCUNCISÃO A remoção do prepúcio do pênis. Embora fosse praticado por muitas pessoas no Antigo Oriente Próximo por várias razões e de maneiras específicas, a circuncisão tinha um lugar especial no culto e na prática do povo de Israel.

De acordo com Gênesis, a circuncisão foi primeiramente praticada pelos patriarcas e envolvia todos os machos da família, incluindo escravos; até mesmo residentes estrangeiros tinham de ser circuncidados (Gn 34:13-24). Normalmente, bebês machos eram circuncidados quando tinham oito dias de idade (Gn 17:12; Lv 12:3). A circuncisão se tornou a marca distinta mais crítica separando os israelitas dos povos ao seu redor. Era exigência da aliança de Deus (Gn 17:9-14), juntamente a observância do sábado e das leis de alimentação. Por volta do tempo dos Macabeus, a circuncisão estava intimamente ligada com a identidade de Israel como o povo do pacto de Deus (1Mac 1.14-15, 60-61; 2Mac 6.10). Ela era o sinal mais importante que distinguia judeus de gentios, aqueles que estavam dentro do pacto daqueles que estavam fora.

Povos conquistados eram circuncidados de modo que os habitantes pudessem ser vistos como parte de Israel (1Mac 2.46; Josefo *Ant.* 13.257-58, 318). Por volta do tempo do Segundo Templo do judaísmo, os termos "circuncidado" e "judeu" eram virtualmente sinônimos. Embora a circuncisão fosse praticada por outros povos daquela época (p. ex., os egípcios), fontes greco-romanas ressaltam a prática como sinal distintivo do judaísmo (p. ex., Tácito *Hist.* 5.5.2).

Tudo isso não deveria ser mal-entendido de modo a significar que somente a prática externa da circuncisão era importante para guardar o pacto. A circuncisão e a obediência a todo o pacto caminhavam de mãos dadas. A transformação do coração de alguém era de importância tão essencial que sem ela a circuncisão não tinha valor (Dt 10:16; 30:6; Jr 4:4; 9:25 [TM 24]). Uma distinção clara entre o interno e o externo não podia ser mantida no judaísmo; aqueles que são povo de Deus devem viver como povo de Deus.

No Novo Testamento, a questão da circuncisão vem à tona no final de 40 d.C. com o Concílio de Jerusalém (At 15:1-29; cf. Gl 2:1-10). Por que essa questão não pareceu ser importante mais cedo na igreja é difícil de se dizer.

O debate da circuncisão no Novo Testamento encontra seu foco no corpus Paulino. Em Gálatas, Paulo insiste que a circuncisão não deve ser exigida dos crentes gentios. Para os oponentes de Paulo, isso era nada menos que o abandono do requerimento necessário para a aliança que era irredutivelmente ligada à identidade nacional de Israel. Para esses oponentes, alguém não poderia abandonar a circuncisão, o sinal do pacto de Deus com Abraão, e permanecer fiel ao pacto. Paulo argumenta muito fortemente em Gálatas que os gentios pertencem ao povo de Deus por virtude de sua fé em Cristo. Eles não precisam identificar a si mesmos como judeus, por adotar os sinais do pacto tão identificados com a etnia de Israel. De acordo com Paulo, a cruz é o caminho pelo qual alguém entra no pacto, tornando-se membro do povo de Deus (cf. Cl 2:11). Assim, Paulo pode acusar seus oponentes de diminuir a cruz em seu desejo de reter a circuncisão (Gl 5:11; 6:12-15). Para Paulo, em Cristo, não pode haver nenhum valor no circunciso ou incircunciso, judeu ou gentio.

Bibliografia. J.M.G. Barclay, *Obeying the Truth: Paul's Ethics in Galatians* (Minneapolis, 1991); S.J.D. Cohen, "Crossing the Boundary and Becoming a Jew", *HTR* 82 (1989): 13-33; J. Collins, "A Symbol of Otherness: Circumcision and Salvation in the First Century", em "To See Ourselves as Others See Us": Christians, Jews, "Others" in *Late Antiquity*, org. J. Neusner e E. Frerichs (Chico, 1985), 163-86; J.D.G. Dunn, *The Partings of the Ways: Between Christianity and Judaism and Their Significance for the Character of Christianity* (Philadelphia, 1991), 28-29, 124-27; J. Nolland, "Uncircumcised Proselytes?" *JSJ* 12 (1981): 173-94; F. Thielman, *Paul and the Law* (Downers Grove, 1994), 119-44. [ALLAN R. BEVERE]

CIRENE (gr. *Kyrḗnē*) A capital da província romana norte africana de Cirenaica (a moderna Líbia), localizada a cerca de 8 km em direção ao interior da ilha. Cirene era, com Berenice, Arsinoe, Ptolomais, e Apolônia, parte da região conhecida como Pentápolis (Plínio *Nat. hist.* 5.31). A cidade foi colonizada pelos gregos no século VII a.C. (Heródoto *Hist.* 4.145-59). Durante a maior parte do período helenístico essa região estava sob o domínio ptolomaico, mas veio a ficar sob a hegemonia romana em 96 a.C. Durante a primeira metade do século I, Líbia e Creta formaram juntas a província senatorial de Cirenaica.

Embora a arquitetura da cidade seja originária do período helenístico, a maior parte das estruturas arqueológicas existentes veio do período romano e incluíam um santuário de Demétrio, um Augusteum, um templo de Zeus, uma ágora, a casa de Jason Magnus, banheiros trajânicos, um anfiteatro, um estádio e um altar de Apolo. Cirene também tinha o cemitério mais elaborado e mais difundido de qualquer cidade grega.

Havia uma importante comunidade judaica em Cirene, datada de pelos menos do início do período helenístico (cf. Strabo, citado em Josefo *Ant.* 16.7.2). Durante o início do período romano, vários judeus de Cirene participaram na vida política e cívica local da cidade e não ficaram sem representação importante na classe alta (Josefo, *BJ* 7.11.2 [445]). Durante o final do século I e II d.C., a maioria dos judeus em Cirene era suscetível, por razões econômicas e sociais, à retórica de líderes messiânicos. Os judeus norte-africanos participaram na sedição antirromana durante o reinado de Vespasiano e posteriormente, com consequências mais sérias, durante o reinado de Trajano.

Bibliografia. S. Applebaum, *Jews and Greeks in Ancient Cyrene*. SJLA 28 (Leiden, 1979); P. Mac-Kendrick, *The North African Stones Speak* (Chapel Hill, 1980); R. Stillwell, "Cyrene (Shahat)", *The Princeton Encyclopedia of Classical Sites* (Princeton, 1976), 253-55. [RICHARD E. OSTER, JR.]

CIRO (heb. *kôreš*; pers. *ant. kuruš*) Ciro II, rei da Pérsia em 558-530 a.C. Embora fontes antigas relacionem histórias variadas com respeito à linhagem de Ciro e ressaltem o poder dele, parece mais provável que ele fosse o filho de um monarca que governou grupos nômades tribais centrados na região de Pasárgada. Um rei-cliente da monarquia da Média, Ciro foi aparentemente aclamado pelos nobres elamitas em 533 a.C., para se revoltar contra o senhor medo deles. O rei dos medos se lançou aos campos para suprimir a revolta de Ciro, somente para fazer seu exército se voltar contra ele, e, assim, ele se rendeu a Ciro. Por volta de 550, Ciro tinha estabelecido Ecbatana, uma das cidades principais da Média, como residente persa real e tinha solidificado seu reinado tanto sobre a Pérsia quanto sobre a Média.

Dos Medos, Ciro adotou várias estruturas administrativas e sociais, dando ao Império Persa uma base que serviria muito bem. Com a formação em conjunto dos "Medos e dos Persas" (Dn 5:28; Et 10:2), uma nova força surgiu no antigo Oriente Próximo que iria dominar a história pelos próximos 200 anos.

Tão logo ele percebeu que os territórios recentemente combinados estavam estáveis, Ciro começou a expandir sua esfera de domínio. O primeiro movimento de Ciro foi em direção ao noroeste, atacando o reino da Lídia, naquele tempo governado por Creso, cuja riqueza legendária foi o resultado de controle perspicaz do comércio no continente entre o mundo asiático e grego. Em 547, a capital Lídia de Sardes tinha caído diante dos persas, e grande porção do interior da Ásia Menor estava, agora, sujeita a Ciro. O próximo esforço de expansão de Ciro foi dirigido em direção ao oeste, isto é, Babilônia, um império que tinha ocupado muito do território vago pelo Império Assírio quando ele desmoronou. Tão cedo quanto 543, Nabonido, rei da Babilônia, tinha iniciado preparações para guerrear com Ciro. Em 539, Ciro conduziu seus exércitos para as Planícies Diyala, região do leste da Babilônia e estabeleceu a si próprio como o monarca legítimo da região, por vários meses agindo para melhorar o sistema de irrigação e outros recursos públicos, que os reis babilônicos tinham deixado em ruínas. Durante esse mesmo tempo, Ciro foi capaz de aumentar forças na capital, procurando enfraquecer o reinado de Nabonido, e no fim de 539, Ciro e seu exército foram capazes de entrar na Babilônia sem luta. À Babilônia foram dados privilégios especiais ao manter sua impressionante história, e Ciro tinha efetivamente dominado todo o Oriente Próximo, exceto o Egito.

Provavelmente, foi durante o tempo que Ciro ocupou a Planície de Diyala, que aqueles judeus exilados na Babilônia começaram a sentir a mão de Deus operando essa mudança inesperada no destino do mundo. A segunda parte de Isaías fala de Ciro como o "pastor" de Deus (Is 44:28) e faz a reivindicação audaciosa de que Ciro é o ungido de Deus ("messias"; 45:1). O profeta acrescenta que Deus estava por trás da impressionante habilidade militar de Ciro, embora esse rei não fosse um seguidor do Deus de Israel (Is 45:1-4). A conquista de Ciro da Babilônia é vista como o meio da redenção de Israel do exílio e como o início de um retorno a Sião. Essa mesma avaliação positiva do papel de Ciro é refletida no final das Crônicas e no início de Esdras, em que é dito que Deus "incitou" o espírito de Ciro para decretar o retorno dos exilados para Jerusalém e para o restabelecimento do templo. Embora a autenticidade de tal decreto tenha sido questionada, existem claras indicações tanto na redação do decreto em si mesmo quanto no modelo da política imperial persa para com os povos subjugados, elementos que dão credibilidade para o decreto. Essa mesma avaliação positiva do papel de Ciro em relação à comunidade judaica é refletida em narrativas subsequentes em Esdras, em que o decreto de Ciro para a reconstrução do templo serve para proteger a comunidade da interferência de povos vizinhos (Ed 3:7; 4:3, 5; 5:13-17; 6:3, 14). Além dessas menções, a figura de Ciro não desempenha papel importante na Bíblia.

Seguindo-se à absorção da Babilônia e suas propriedades, Ciro gastou aparentemente tempo cuidando da infraestrutura de seu governo. Algumas das principais capitais do Império Persa, tal como Pasárgada, foram provavelmente fundadas durante esse tempo. Entretanto, existe pouca documentação do papel de Ciro seguindo-se a captura da Babilônia. Por volta de 530, Ciro se movia para a Ásia Central, intencionando, aparentemente, expandir as fronteiras do império. Antes de partir nessa campanha, ele nomeou seu filho Cambises como seu sucessor, e o colocou como rei sobre a Babilônia. No curso da campanha na Ásia Central, Ciro foi assassinado. Mesmo contemporâneos próximos, tais como o historiador grego, Heródoto, admitem que havia várias versões da história de sua morte. Os restos de Ciro foram enterrados num mausoléu simples, mas impressivo em Pasárgada, e visitantes antigos relataram uma inscrição autobiográfica tomando crédito por fundar o Império Persa; nenhum traço da inscrição sobrevive.

Seguindo-se à sua morte, Ciro se tornou um personagem de lenda. Creditado com esperteza política e habilidade militar, muitos no mundo grego viam Ciro como um líder ideal. O escritor grego, Xenofontes, foi o autor de um registro semifictício do início da educação de Ciro, a Ciropédia , que tanto louva as realizações do rei persa, real e exageradamente, como esboça um curso ideal para o desenvolvimento de líderes iguais a ele. Vários séculos depois, Josefo, historiador judeu, , entendeu a empreitada de Ciro ao construir um império mundial como o resultado de suas leituras no profeta Isaías. Essa última tradição está cheia de improbabilidades históricas, mas evidencia o desejo de muitos de ver Ciro como parte de sua tradição religiosa e cultural.

Bibliografia. J.M. Cook, *The Persian Empire* (New York, 1983), 25-43; M.A. Dandamaev, *A Political History of the Achaemenid Empire* (Leiden, 1989), 10-69; A. Kuhrt, "The Cyrus Cylinder and Achaemenid Imperial Policy", *JSOT* 25 (1983): 83-97. [KENNETH G. HOGLUND]

CISTERNA Recipiente subterrâneo para juntar e armazenar a corrente de água de chuvas sazonais. Elas são distintas das facilidades de armazenagem de água aberta, que são mais apropriadamente chamadas piscinas ou reservatórios, e de poços, que tiram a água das camadas de pedras subterrâneas.

A típica cisterna com formato de garrafa com gargalo estreito se expandindo para uma área de armazenagem maior data do quarto milênio a.C. O interior era frequentemente revestido com emplastro. Um colar de pedras era erguido, em forma circular, em volta da boca da cisterna, e uma pesada pedra removível a cobria para reduzir a evaporação e para impedir a entrada de entulhos. Cisternas localizadas em leitos de ribeiros eram cheias por inundações sazonais, enquanto cisternas de declive recebiam a corrente procedentes das bacias de água canalizadas até elas. Sinais nas beiradas das cisternas indicam, que a água foi extraída diretamente delas por meio de recipientes de couro ou de cerâmicas. As cisternas variam em formato e tamanho. Cisternas privadas e domésticas tendiam a ser pequenas e em formato de garrafa, enquanto aquelas que serviam à comunidade, tais como Arade e Massada, eram grandes, delimitadas em forma retangular, frequentemente com degraus levando ao nível da água. Normalmente, cavernas em declives eram ampliadas e usadas como cisternas.

A Bíblia se refere a cisternas (heb. *bôr*) em passagens que descrevem a abundância e generosidade da terra (Dt: 6:11; 2Re 18:31 = Is 36:16; 2Cr 26:10). Elas não estão sujeitas a rituais de impureza (Lv 11:36). Os israelitas se esconderam dos filisteus em cisternas (1Sm 13:6), Jeremias foi aprisionado em uma (Jr 38:1-13), e outra se tornou o túmulo daqueles assassinados por Ismael em sua revolta contra Gedalias (41:7-9). As cisternas são usadas figurativamente como símbolos para a rejeição de Deus (Jr 2:13), o julgamento de Deus (14:3), e mortalidade (Ec 12:6). [JAMES H. PACE]

CITAÇÕES O AT contém inúmeras citações diretas, todas poéticas, de livros não mais existentes, incluindo o Livro de Jasar (Js 10:12,13; 2Sm 1:18-27) e o Livro das Guerras do Senhor (Nm 21:14-15). Aparecem também citações indiretas de tais obras. Os livros das Crônicas dos Reis de Israel e Judá são fontes importantes para 1 e 2Reis (p. ex.,1Rs 14:19; 2Rs 24:5). 1Reis 11:41 faz referência a um Livro dos Atos de Salomão. Um livro das genealogias dos reis de Israel foi usado pelo cronista (1Cr 9:1), como foram um comentário sobre o Livro dos Reis (2Rs 24:27) e outras obras (1Cr 27:24; 29:29; 2Cr 12:15; 33:18,19). O cronista também se inspirou no Pentateuco e nos livros de Samuel e Reis (talvez referindo-se ao último pelo nome em, p. ex., 2Crônicas 16:11; 32:32). Uma citação mais curta de um livro canônico é a citação de Miqueias 3:12 em Jeremias 26:18.

O NT contém mais de cem citações e alusões a cada uma das três divisões do AT. Essas funcionam numa variedade de formas, para enfatizar amplamente a autoridade de uma afirmação do NT, para mostrar um acontecimento como divinamente ordenado. A hipótese essencial que fundamenta tais citações é que a origem divina da salvação em Jesus e da proclamação e posse dessa salvação pela igreja é reorganizável somente porque os eventos assim registrados o AT atingiram seu cumprimento: por exemplo,as fórmulas de citação ("para que se cumprisse o que fora dito da parte do Senhor pelo profeta" — Mt 2:15) torna isso claro. Em outra parte o ensino do AT é mostrado como exemplo de ensino moral (p. ex., Mc 10:19) ou pode ser citado somente por causa da crítica e da correção (v. 2-9).

Frequentemente de acordo com a LXX. Mateus é a exceção mais significativa a essa regra; 32 de suas citações diferem da LXX, o que pode indicar que ele usou o TM ou que ele tinha acesso a uma versão grega do AT a qual não temos acesso,. Algumas citações têm o estilo targúmico (Rm 12:19, citando Dt 32:35), enquanto outras unem intimamente a interpretação à citação de um modo um tanto parecido com os comentários de Qumran (Mc 1:2-4, citando Ml 3:1; Is 40:3). Geralmente é feito esforço na escolha do texto em sua apresentação para mostrar claramente a correspondência entre o texto do AT e o aspecto da redenção futura em Cristo que constitui o cumprimento de um texto em particular. Às vezes, o significado de uma passagem do AT em seu contexto histórico original é desprezado em sua aplicação a uma nova situação no NT; p. ex., o que é dito de Salomão em 2Samuel 7:14 é aplicado aos crentes em Cristo em 2Coríntios 6:18. Em tais casos, uma correlação tipológica entre a forma original da declaração e o novo foco é presumida, como é a subjacente continuidade da história da salvação.

O livro pseudoepígrafo de 1Enoque é citado em Judas 14-15 (1En. 1.9). Os poetas gregos são citados

A B C D E F G H I J K L M N O P Q R S T U V X Y Z

nas Epístolas: o cretense Epimênides em Tito 1:12; Epimênides e Aratus da Cilícia em Atos 17:28 e o ateniense Menander em 1Coríntios 15:33.

Cada um dos escritores do evangelho dependeu de fontes primitivas, tanto orais quanto escritas, como base para o seu trabalho. Essas fontes eram citadas livremente, como pode-se ver na forma como Marcos serve de fonte para Mateus e Lucas, às vezes, citado literalmente e em outras com significativas mudanças pelos evangelhos posteriores. Outros autores além dos evangelistas citam livremente fontes de hinos e poesias (Fp 2:6-11; 1Tm 3:16; e hinos encontrados no livro de Apocalipse). Alguns livros posteriores do NT foram escritos com conhecimento de outros escritos anteriormente e contêm um desenvolvimento do pensamento encontrado nas obras anteriores. 2Pedro, p. ex., baseia-se parcialmente na epístola de Judas e Efésios sendo aparentemente desenvolvimento do pensamento em Colossenses e sua aplicação a uma nova circunstância.

Bibliografia. J. M. Efird, ed., *The Use of the Old Testament in the New* (Durha, 1972); R. H. Gundry, *The Use of the Old Testament in St. Matthew's Gospel*. NovTSup 18 (Leiden, 1967). [LEE E. KLOSINSKI]

CITAS Conjunto de tribos nômades associadas à área da Ucrânia e famosa na antiguidade por sua crueldade e barbárie. Primeiramente identificados nos anais assírios do século VII a.C., os citas (ac. *Asguzai*) descendiam do norte e, de acordo com Heródoto (*Hist.* 1), dominaram o Oriente Próximo durante 28 anos até serem expulsos pelos medos para o outro lado do Cáucaso. Eles participaram da derrota babilônica pelos persas em 538 a.C. (Jr 51:27). Com Asquenaz, o neto de Jafé (Gn 10:3; 1Cr 1:6), o principal significado bíblico deles está em sua fama de selvageria.

Alguns estudiosos da Bíblia rejeitam a tradicional associação dos babilônios com os inimigos "do norte" de Jeremias (Jr 1:14; 4:29; 5:15-17; 6:22-26; 50:41,42) e veem nos citas um quadro mais consistente com a descrição dos arqueiros montados. Pode ser que essa incursão ou subsequentes sobre a Palestina e possíveis assentamentos citas sejam responsáveis pela mudança de nome de Bete-Seã para Citópolis. O interesse moderno nos citas foi alimentado pela menção de Heródoto ao uso deles cerimonial e recreativo da maconha. Embora a referência histórica aos citas desapareça nos primeiros séculos d.C., alguns estudiosos veem elementos sobreviventes da cultura deles no povo da Ossétia da Rússia caucasiana e na República da Geórgia.

Em Colossenses 3:11, os citas são mencionados como exemplo extremo de povos bárbaros e indicação do potencial de renovação e do poder unificador do evangelho de Cristo. [JESSE CURTIS POPE]

CITÓPOLIS (gr. *Skythópolis*) Uma cidade de Decápolis (Plinio Nat. hist. 5.74). *Citópolis*, com materiais arqueológicos helenísticos, romanos, bizantinos e árabes antigos, está localizada ao pé do monte de Bete-Seã (Tell el-Husn, 1977.2124). Um muro cercava a cidade no período bizantino e uma necrópole cercava partes da cidade.

Escavações têm revelado que o plano geral da cidade foi estabelecido no século II d.C. com ruas principais se estendendo em ângulos nordeste-sudoeste e sudeste-noroeste devido às limitações do terreno. Ao longo das ruas, foram construídos vários edifícios públicos. Um teatro romano decorado de forma elaborada com mármore e granito (fim dos séculos II e III; há evidência também ali de um teatro do século I) foi construído ao sul da rua nordeste-sudoeste; sua *scaenae frons*, decorada com mármore e granito, tinha uma fachada de dois ou três andares, adornada com colunas, capitéis e entablamento. Flanqueada por uma calçada com colunatas, coberta e uma fileira de cerca de vinte lojas, a rua de colunatas no sentido nordeste-sudoeste (rua Palladius, de uma inscrição dedicatória), que foi pavimentada com blocos retangulares de basalto, ia do teatro cerca de 180 m até o pé do monte Bete-Seã. No lado ocidental dessa rua, no sentido nordeste-sudoeste, foram escavados restos de um portal que levava ao grande complexo de casa de banho em forma de T; e junto a ele uma sala de concertos (ou *bouleuterion*), com orquestra pavimentada com ladrilhos.

No centro municipal, perto dos cruzamentos havia um templo (possivelmente de Dionísio ou de Tique) voltado para o noroeste, com escadas monumentais que subiam até um prostilo de quatro colunas que dava acesso ao próprio templo; na praça em frente ao templo havia um pedestal circular para uma estátua (a inscrição grega do pedestal afirma que os cidadãos de Coele-Syria a dedicaram a Marco Aurélio). Ao leste dessa rua, sudeste-noroeste (a Rua do Vale), estão as ruínas de uma fonte consagrada às ninfas (*nymphaeum*), incluindo uma inscrição grega do século IV sobre a viga mestra; outra ornamentação arquitetônica lá aponta para uma fase romana anterior ao fim do século II. A leste da fonte está uma plataforma de pedra de 4 m de altura para um monumento em forma de coluna, e para o sul dela está o edifício de uma basílica do século II com um abside e quatro fileiras de colunas e pilares de canto para sustentar o teto. Mais para o sudeste e quase no sul da rua sudeste-noroeste, um pórtico (séc. II) foi construído, cerca de 56 m de comprimento, com 18 colunas monolíticas de pedra calcária e capitéis jônicos, sobre os quais uma série de lojas foi depois construída no fim do período bizantino. Outra ampla rua com colunas (a rua oriental) com calçadas cobertas (total, 23 m de largura) e com lojas ao longo da rua, se estendia da ponte romana que atravessava o rio Harod e ia na direção sudoeste para uma praça pública em frente ao monumento em forma de coluna na rua sudeste-noroeste; e uma rua adicional, que ia do anfiteatro no sul até se juntar à rua sudeste-noroeste, a leste da praça pública. Para o oeste do centro da cidade, foram escavados uma vila e uma sinagoga ("Casa de *Leontius*"), a última retratando um chão em mosaico descrevendo uma treliça de parreira e uma menorá.

Ao sul do teatro, estão restos de um grande anfiteatro retangular (possivelmente do século II) que foi usado para jogos de gladiadores. *Ver* BETE-SEÃ.

Bibliografia. G. Foerster, "Beth-Shean at the Foot of the Mound", *NEAEHL* 1.223-35; "Glorious Beth--Shean", *BARev* 16/4 (1990): 16-31. [W. HAROLD MARE]

CIÚME Os termos heb. *qin'â*; gr. *zēlos*, *phthónos* descrevem uma intensa gama de emoções para a qual as línguas modernas não dispõem de uma única palavra: o negativo "ciúme" e os positivos "zelo", "cólera" e "devoção". No AT, o termo denota paixão pela justiça em uma situação particular e é associado mais com a aliança de Deus do que com povo. Deus é descrito como "ciumento" quando sua proibição contra a adoração de outros deuses não é observada (Êx 20:5; 34:14; Dt 4:24; 5:9; 6:15). O ciúme é como fogo (Ez 36:5; Sf 1:18) e tipifica o Deus guerreiro em ação (Is 42:13). É protetor do povo (Is 26:11) e da terra (Joel 2:18) e até mesmo de Deus (Nm 25:11). A dedicação que Josué tinha por Moisés é descrita como ciumenta (Nm 11:29; cf. 1Rs 19:10). Os filhos de Jacó tiveram ciúmes de José (Gn 37:11), como os filisteus de Isaque (26:14). O ciúme manteve os reinos israelitas divididos (Is 11:13). Ele pode destruir quem o possui como também o seu objeto (Jó 5:2; Pv 6:34; Ct 8:6).

No NT, o ciúme é raramente usado para Deus. Ele se aplica aos humanos no sentido positivo de zelo (2Co 9:2; 11:2; Rm 10:2), mas também negativamente, como inveja (Mt 27:18; Rm 13:13; 1Co 3:3; 13:4; 2Co 12:20; Gl 5:20; Tg 3:14; 1Pe 2:1). Deus pode ser levado ao ciúme (1Co 10:22). Os líderes religiosos judeus demonstraram ciúmes do sucesso da pregação cristã primitiva (Atos 5:17; 17:5). No entanto, Paulo fez menção de um ciúme piedoso entre os romanos (Rm 10:2; 11:11, 14). Um cristão deveria ter zelo pelo Espírito (1Co 12:31; 14:1), por aquilo que é certo (1Pe 3:13) e pelas boas ações (Tt 2:14). Apesar de Deus ter feito morar em nós um espírito que tende para o ciúme, ele também oferece uma maior graça para os humildes e para aqueles que resistem ao orgulho (Tg 4:5-6).

Bibliografia. J. A. Fischer, "Jealousy", in *Collegeville Pastoral Dictionary of Biblical Theology*, ed. C. Stuhlmueller (Collegeville, 1996), 472-73. [SEAN KEALY, C.S.SP.]

CIZÂNIA Plantas daninhas não cultivadas, a palavra é encontrada no AT em Jó 31:40 (heb. *bā'ăšâ*; RA "cardos"); Os 10:4 (*rōš*; RA "erva venenosa"). A referência em Jonas 2:5(TM 6) provavelmente indica erva daninha marítima (*sûp̄*).

No Novo Testamento, todos os casos do grego *zizánion* são encontrados na parábola do semeador e em sua interpretação (Mt 13:24-30, 36-43; KJV "ervas daninhas"). Essa erva daninha em particular era provavelmente joio (*Lolium tremulentum*), erva venenosa enquanto é muda se parece com o trigo, tornando assim, a separação precoce dos dois quase impossível (cf. Mt 13:29). Na parábola, essas ervas representam os filhos da maldade vivendo no mundo com os filhos do reino. Assim como as ervas daninhas e o trigo, a separação das pessoas boas das más não acontecerá até o julgamento do fim dos tempos, representado na parábola pela colheita e pela queima das ervas daninhas.

CLÁUDIA (gr. *Klaudía*) Mulher cristã que vivia em Roma, entre aqueles que enviaram saudações a Timóteo por meio de Paulo (2Tm 4:21). De acordo com a tradição posterior, ela foi a esposa de Prudente e mãe de Lino, mencionados no mesmo verso, ou a esposa de Lino.

CLÁUDIO DRUSO O quarto imperador de Roma. Tibério Cláudio Druso era meio neto e sobrinho-neto de Augusto e neto de Marco Antônio. Nascido em 10 de agosto de 10 a.C., Cláudio sobreviveu aos assassinatos políticos de Sejanus, durante o reinado de seu tio, o imperador Tibério, mas por causa de debilidades físicas ele não era considerado um candidato para o trono como eram seu irmão e sobrinhos. No assassinato de seu sobrinho: o imperador Gaio (Calígula), Cláudio foi encontrado se escondendo no palácio ao enlouquecer os guardas pretorianos que proclamaram o abalado Cláudio como imperador.

O reinado de Cláudio (41-54 d.C.) demonstrou excelente administração, particularmente nas províncias, talvez não inesperadamente de alguém que tivesse gastado a maior parte de sua vida como um historiador do passado de Roma. Pela primeira vez, os líderes provinciais foram admitidos ao Senado de Roma. Cláudio estabeleceu um governo burocrático para facilitar ainda mais a eficiência e a administração justa das províncias. Ele se engajou em vários projetos de construção que aperfeiçoaram o suprimento de água e semente de Roma, incluindo sua bem-sucedida construção do porto de Roma em Óstia. Ele centralizou o poder do imperador de forma eficiente, mas sua confiança no conselho de homens livres e sua aparente manipulação por suas esposas mancharam sua reputação. Embora cedo em seu reinado, talvez, devido à influência de seu amigo de infância, Herodes Agripa, Cláudio tinha decretado um edito protegendo a liberdade religiosa dos judeus por todo o império, posteriormente, ele ordenou a expulsão dos judeus de Roma por causa de sua frequente amotinação na instigação de "Crestos".

Durante o reinado de Cláudio, a Britânica e a Trácia foram acrescentadas ao seu império depois da conquista dos generais de Cláudio. Seu único filho foi chamado Britânico em honra a conquista da Britânica. A quarta esposa de Cláudio foi sua sobrinha Agripina, que arranjou primeiro o assassinato de Cláudio e, então, do Britânico, para obter e assegurar o trono para seu filho, Nero, por meio de um casamento prévio.

Bibliografia. B. Levick, *Claudius* (New Haven, 1990). [JOHN F. HALL/SCOTT NASH]

CLÁUDIO LÍSIAS (gr. *Klaúdios Lysías*) A tribuna ou o quiliarco (comandante de tropas de 1000) de Roma era uma coorte situada na Fortaleza de Antônia em Jerusalém. Lísias não era romano por nascimento: seu apelido é grego e sua cidadania romana veio por alto preço (At 21:27-36). Sabendo que Paulo não era terrorista (cf. Josefo *BJ* 2.261-63), Lísias permitiu que ele falasse (At 21:37-40). Quando Paulo quase provocou uma segunda baderna, Lísias o levou a fortaleza, onde Paulo escapou da sova ao revelar sua cidadania romana (At 22:1-29). Depois que Paulo apareceu diante do Sinédrio, no outro dia, Lísias soube de um complô contra a vida de Paulo e o enviou, à noite, sob guarda pesada a Cesareia, com uma carta a Félix, o governador de Cesareia, explicando as circunstâncias (At 23:26-30). A narrativa de Lucas apresenta os romanos — como em outros lugares em Atos — como sem preconceitos e justos no tratamento de Paulo. [MARK L. STRAUSS]

CLEMENTE (gr. *Klḗmēs*) "Companheiro trabalhador" que compartilhou da luta de Paulo "no trabalho do evangelho", e que está entre aqueles "cujos nomes estão no livro da vida" (Fp 4:3). Isso indica o valor dele para Paulo, que não revela mais nada sobre ele. Clemente era um nome latino comum, apropriado por sua presença na próspera colônia romana de Filipos. Orígenes o identifica como Clemente de Roma, o autor de 1Clemente, mas essa identificação é, no máximo, especulativa. [DAVID B. BECK]

CLEMENTE, EPÍSTOLA DE Dois textos são atribuídos a Clemente encontrados no Códex Alexandrino do século IV e citados pelos Pais Apostólicos. Eles estão de fato completamente separados dos documentos cristãos escritos por dois autores diferentes. Ambos refletem piedade tradicional fortemente influenciada pelo judaísmo, mas têm pouco em comum.

1CLEMENTE. Um dos mais antigos documentos cristãos fora do cânon do Novo Testamento, 1Clemente é uma carta genuína da igreja romana para a igreja de Corinto, escrita por volta da virada do século I. Esses cristãos romanos foram estimulados a escrever pelo relatório (1Clem 47.7) da nova explosão de partidos e divisões em Corinto, despertada pela deposição de alguns presbíteros de Corinto (1Clem 44.6). Ao permanecer de acordo com estratégias retóricas aceitáveis, o(s) autor(es) fornece(m) somente alusões vagas à exata natureza da discussão e de sua causa. Entretanto, considera(m) seus efeitos sérios o suficiente para garantir alguma reposta da comunidade de Roma na forma de apelo para a restauração da paz e do acordo (63:2). A carta foi levada a Corinto por emissários de Roma (63:3; 65:1) que, sem dúvida, agiram como mediadores na discussão.

A identidade do autor(es) permanece obscura, mas a tradição antiga do tempo de Eusébio no século IV (HE 3.16.1; 38.1) atribui a carta a "Clemente". Que isso pode ter permanecido incerto, embora muitos argumentem que ele era um homem livre do império da família de *Titus Flavius Clemens* e um (ou o) líder entre os presbíteros de Roma. Ele pode ter sido o mesmo Clemente mencionado pelo Pastor de Hermas (*Visions* 2.4.3) cujo dever era enviar um comunicado de Roma "para as cidades no exterior", mas essa identificação é, de maneira nenhuma, certa. Entretanto, é inegável que ele não ocupou o cargo de como bispo monárquico. Ireneu posteriormente argumentou (*Adv. Haer.* 3.3.3), uma vez que outras fontes mais antigas (notavelmente a carta de Ignácio a Roma) confirmam que o episcopado monárquico não existiu em Roma até, no mínimo, o meio do século II. Além disso, 1Clemente usa os termos "bispos" e "presbíteros" intercambiavelmente e sempre no plural.

Qualquer que tenha sido o(s) autor(es) verdadeiro, a cosmovisão e a perspectiva da carta são ambíguas. O autor compartilha uma avaliação positiva da sociedade e do governo de Roma (1Clem 61.1-3) e demonstra preocupação pela manutenção da ordem hierárquica consistente com a perspectiva prevalecente da bem-educada "elite social" da sociedade de Roma. Isso se levanta em claro contraste com a perspectiva do livro contemporâneo de Apocalipse, que vê o sistema imperial romano como a "Besta" que deve ser confrontada a todo o custo, mesmo correndo risco de morte.

Eusébio relata (HE 4.22.1; 23.11) que 1Clemente foi bem-sucedida em sua tentativa de findar a crise em Corinto. Além disso, as perspectivas da carta contribuíram significativamente para o desenvolvimento posterior do ofício eclesiástico em Corinto.

2CLEMENTE. Essa não é uma carta para todos, mas um sermão da metade do século II, exortando sua audiência à fidelidade em virtudes tradicionais cristãs em face do julgamento vindouro. Não há nada muito distintivo sobre o sermão, e seu valor principal é que ele demonstra o estilo ordinário da pregação cristã no século II. Escrito para uma audiência predominante de cristãos gentios (2Clem 1.6), o pregador acentua a necessidade de arrependimento e de autocontrole, recomenda as práticas de piedade tradicionais judaicas de jejum, oração e caridade. Ele exorta a audiência guardar puro e incorrupto o "selo do batismo" (2Clem 6.9; 7.6; 8.6) de modo que eles possam "colher o fruto imortal da ressurreição" (2Clem 19.3). [BARBARA E. BOWE]

CLEOPAS (gr. *Kleopás*) Um dos dois discípulos a quem Jesus apareceu no caminho de Emaús (Lc 24:13-32). Os dois estavam discutindo a crucificação de Jesus e não O reconheceram, até que Ele partiu pão com eles em sua casa. Alguns identificaram Cleopas com Clopas, o marido de Maria, que estava junto à cruz de Jesus (Jo 19:25). O nome é provavelmente uma forma mais curta do nome Cleopatros. [JOE E. LUNCEFORD]

CLIMA **1.** O clima está associado com o tempo, mas difere dele. O tempo é frequentemente definido dentro de curtos períodos cronológicos: dia, semana, mês, ou ano. Descreve condições atmosféricas que determinam níveis de precipitação, direção e velocidade do vento, o caminho da corrente de água e a temperatura. O clima define a posição de vários fatores associados ao tempo, mas acima de uma duração maior, anos ou milênios. O clima não é a soma das condições do tempo, mas o estudo das condições atmosféricas que determinam os padrões do tempo.

Dois sistemas de clima determinam o tempo do Antigo Oriente Próximo; (1) os ventos ocidentais, que controlam o tempo na Grécia, Turquia, Síria, Palestina, Iraque e Irã; e (2) o monção que controla o tempo no leste da África e da Etiópia. Os ventos ocidentais controlam a quantidade de precipitação na Turquia, onde estão localizadas as fontes dos rios Tigres e Eufrates, estas determinam o volume de água no sistema do rio. O monção africano determina a quantidade de precipitação na Etiópia e no Lago Vitória, onde estão as fontes do Rio Nilo, e determina o volume de água no rio. Uma vez que há pouco ou nenhum aguaceiro no sul da Mesopotâmia, ou no Egito, esses dois sistemas são vitais para a sobrevivência nessas áreas. Os dois sistemas trabalham em harmonia. Se as condições climáticas causam mudança nortista dos dois sistemas, então, haveria menos precipitação na Turquia e baixo nível dos rios na Mesopotâmia, levando à falta de comida e à fome. O Egito, por outro lado, teria abundância de água e excesso de comida. O contrário também seria verdade.

Um método desenvolvido recentemente, conhecido como modelador do arqueoclima é de lugar específico e de alta resolução, relacionando condições do clima a sociedades específicas em localizações particulares dentro de certo período de séculos ou milênios. O modelo começa com a variação do calor da terra e da atmosfera baseado em rotação vulcânica da entrada de radiação e da extensão do gelo sobre a superfície da terra. Em acréscimo, inclui dados das dinâmicas atmosféricas, localização no fluxo a jato, e convergência intertropical. Climas de épocas passadas podem ser calculadas para cada seção dos hemisférios em intervalos de 200 anos até 14 mil anos para trás. A técnica de modelagem é importante para o estudo do Antigo Oriente Próximo, mostrando importantes mudanças climáticas nos últimos 10 mil anos.

A modelagem mostrou que, na Palestina, as condições climáticas estão conectadas com os ventos ocidentais e em muitos casos, mas não em todos, opostas as do Egito. Por exemplo, a Era pré-dinástica do Egito terminou com um duro dilúvio, enquanto na Mesopotâmia a Era pré-dinástica terminou com seca. Na Palestina, o fim da Era de Bronze Primitiva I terminou com seca. Esses eventos ocorreram ao mesmo tempo, cerca de 2900/2800 a.C.

Bibliografia. W.C. Brice, org., *The Environmental History of the Near and Middle East Since the Last Age* (New York, 1978); F.A. Hassan e S.W. Robinson, "High-precision Radiocarbon Chronology of Ancient Egypt, and Comparison with Nubia, Palestine e Mesopotamia", *Antiquity* 61 (1987): 119-35; H.H. Lamb, *Climate: Present, Past, and Future 1* (London, 1972); M.R. Rampino et al., orgs., *Climate: History, Periodicity Predictability* (New York, 1987), esp. 37-46. [LAWRENCE A. SINCLAIR]

2. Embora a tradição rabínica trate de quatro estações, o AT menciona apenas duas: "período para semear e para ceifar", inverno e verão. O ano é dividido em duas partes, a primeira começando com Nisã, o primeiro mês e outra, com Tisri, o sétimo. As festas sagradas do AT caem no período de sete meses, entre elas a Páscoa (no mês de Nisã) e das Cabanas (em Tisri). Durante o inverno, as principais atividades agrícolas são devotadas às colheitas de grãos, esperadas na primavera e no verão; no verão o trabalho é nos vinhedos e pomares, em relação aos frutos de verão.

O padrão do tempo no inverno consiste de sistemas de baixa pressão que chegam do oeste e noroeste.

Os vindos do norte da Itália passam na direção do Adriático para a Grécia e o mar Egeu, chegando à Síria. Os outros vêm do sul da Itália para o Mediterrâneo central e atravessam para a Palestina. As chuvas de determinado ano normalmente vêm em três etapas: a "chuva", "primeira chuva" e "última chuva". A "primeira chuva", em pequena quantidade para amolecer a terra dura e facilitar a tarefa de arar, pode vir em setembro, mas normalmente chega de vez em quando em outubro. A principal fase da chuva, cerca de 75%, cai entre dezembro e fevereiro. A semeadura principal acontece de novembro a dezembro e a última semeadura normalmente se dá durante um intervalo das chuvas em janeiro. Em março, a erva está suficientemente grande para ser cortada para alimentar os animais de criação e, em abril, a "última chuva" é necessária como dosagem final para germinar os grãos. Mas se a chuva em abril/maio for excessiva pode ocasionar catástrofe.

As chuvas caem com mais intensidade nas cadeias montanhosas de Judá, Efraim e na Galileia. Há diferença de sete graus na temperatura durante o inverno entre Jerusalém e o litoral, sendo o último moderado. Além do divisor de águas em Efraim e Judá existe uma área de pouca chuva, desde que a maior precipitação ocorre nos montes; assim os desertos secos da Judeia têm pouca chance de conseguir umidade. Entretanto, os mesmos ventos que trouxeram as chuvas do oeste descem novamente à úmida depressão do vale do Jordão e do Mar Morto, onde pegam mais umidade e se depositam nos espigões de Gileade e Moabe. Num ano de estiagem para a Palestina ocidental, ventos secos e altas temperaturas produzem evaporação mais alta no Vale da Fenda de forma que a Transjordânia pode de fato ter precipitação ligeiramente mais alta para variar.

As neves do monte Hermom fornecem a principal fonte de água para o Jordão. A maior parte da água da chuva de inverno é absorvida pelas montanhas de pedra calcária da Cisjordânia e desce a um profundo nível d'água subterrâneo. Isso não era utilizado na antiguidade, mas um pouco da água vinha à superfície na forma de fontes e poços geralmente localizados ao longo à beira de planícies ao pé das cadeias de montanhas.

Bibliografia. Y. Aharoni, *The Land of the Bible*, 2. ed. (Philadelphia, 1979), 21-42; D. Baly, *The Geography of the Bible*, ed. rev. (New York, 1974); A. Horowitz, *The Quaternary of Israel* (New York, 1979), 11-43; Y. Karmon, *Israel, a Regional Geography* (London, 1971); A. F. Rainey, revisão de D. Baly, *The Geography of the Bible*, 2. ed. *JBL* 94 (1976): 634-35. [ANSON F. RAINEY]

CLOÉ (gr. *Chlóē*) Rica mulher de negócios cujo povo trouxe a Paulo, em Éfeso, notícias da divisão dentro da igreja em Corinto (1Co 1:11). A casa de Cloé (lit. "aqueles de Cloé") ou eram membros de sua família, sócios de negócio, escravos ou empregados livres. Se ela residia em Corinto e enviava outros para conduzir os negócios em Éfeso ou vice-versa é incerto. Os da casa de Cloé eram indubitavelmente cristãos, mas pode ser que Cloé não fosse, embora a designação de Paulo "aqueles de Cloé" seja típica de como ele se referia à família dos cristãos (cf. Rm 16:10-11). Cloé pode ter sido líder de uma igreja doméstica. [JOANN FORD WATSON]

CLÔPAS (gr. *Klōpás*) O marido de Maria que estava perto da cruz (Jo 19:25; a construção grega "de Maria" também pode referir-se a marido ou irmão). Alguns o identificam com Cleopas, a quem o Senhor ressurreto apareceu na estrada de Emaús (Lc 24:18) e com Alfeu, pai de Tiago, o menor.

CNIDO (gr. *Knídos*) Cidade portuária na costa sudoeste da Ásia Menor, localizada na extremidade ocidental de uma longa península que se projeta em direção ao Mediterrâneo, oposta a ilha de Cos, na região chamada Caria. Uma pequena ilha, artificialmente conectada à península, também fazia parte de Cnido. Esta era famosa pela estátua de Praxiteles de Afrodite. Rama enviou a Cnido e a outras cidades uma carta declarando apoio ao governo de Simão no estado judaico (1Mac 15.23), Depois de uma viagem difícil, o navio que levava Paulo como prisioneiro para Roma teve de mudar o rumo para Cnido, quando enfrentou ventos desfavoráveis (At 27:7). [DOUGLAS LOW]

COA (heb. *qôaʿ*) **1.** Povo que provavelmente viveu a leste do rio Tigre e a norte do território ocupado por Pecode (Ez 23:23). Acredita-se geralmente que sejam idênticos aos gutianos conhecidos das fontes cuneiformes.

2. (heb. *qōweh, qōwēʾ*) Reino neo-hitita do sudeste da Turquia, estabelecido durante a primeira metade do primeiro milênio a.C., delimitado pelas montanhas Taurus no norte, pelas montanhas Amanus, no leste e pelo Mediterrâneo, ao sul. A região foi habitada pelos luvianos e hurrianos. Salomão procurou cavalos de Coa (1Rs 10:28 = 2Cr 1:16). Ele foi conhecido como *Kizzuwatna* no período hitita (1650-1200) e Cilícia, no período greco-romano. [H. WAYNE HOUSE]

COATE (heb. *qĕhāṯ*) O segundo filho de Levi (Gn 46:11) e pai de Anrão, Izar (chamado de Aminadabe em 1Cr 6:22), Hebrom e Uziel (Êx 6:16, 18). Entre seus descendentes estavam Arão, Moisés e Miriam.

Durante a peregrinação no deserto, os coatitas acampavam no sul ou ao lado esquerdo da tenda do encontro e guardavam o complexo do santuário do sul. Suas tarefas mostram que eles eram as famílias levíticas mais importantes. Eram responsáveis pelo transporte da arca, da mesa, do candelabro, dos altares, dos utensílios do santuário e da cortina, tudo o que se exigia para o serviço — mas somente depois que Arão e seus filhos os envolviam em panos e os colocavam em sacos de couro. Eles próprios não tinham permissão para tocar os objetos (Nm 3:27-31; 4:1-20; 7:9).

Tal como o restante dos levitas, os coatitas receberam cidades e pastagens em Canaã. Na área de Efraim, essas incluíam as cidades de Siquém (uma cidade de refúgio), Gezer, Quibzaim, Jocmeão e Bete-Horom. Da área de Dã, elas incluíram Elteque, Gibetom, Aijalom e Gate-Rimom. Da meia-tribo de Manassés, elas foram Taanaque e Bileã (Js 21:20-26; 1Cr 6:66-70 [TM 51-55]).

Durante o período do Segundo Templo, um ramo dos coatitas, os coraítas, foram os porteiros, guardiões das entradas e dos tesouros, encarregados da guarda dos estoques e manutenção dos utensílios, da mobília e dos gêneros alimentícios do serviço (1Cr 9:17-33). Os coatitas eram também oficiais seculares e juízes por toda a terra e, provavelmente, encarregados de tomar decisões legais, alistamento, corveia e taxas para os negócios seculares e cúlticos do templo (1Cr 26:22-30). Durante o tempo do cronista, os cantores do templo reivindicavam descender de Levi, com o cantor Hemã, alegando descender da linha de Coate (1Cr 6:33-38 [18-23]). Nessa época, os coatitas eram conhecidos por seu fervor em cantar e louvar a Deus (2Cr 20:19) e por serem dedicados ao cuidado, à manutenção e à santificação do templo (29:12ss; 34:12).

Bibliografia. R. G. Boling e G. E. Wright, *Joshua*. AB 6 (Garden City, 1982); S. Japhet, *I and II Chronicles*. OTL (Louisville, 1993); B. A. Levine, *Numbers 1-20*. AB 4 (New York, 1993). [LISBETH S. FRIED]

COBIÇA A palavra cobiça hoje é usada quase que exclusivamente no sentido de forte desejo sexual. O uso na ARA tem a conotação de intenso prazer ou deleite, ou simplesmente inclinação ou vontade.

No AT, "cobiça" como substantivo traduz uma variedade de palavras hebraicas e designa, entre outras coisas, intenso desejo por guerra santa (Êx 15:9), intenso desejo por comida (Sl 78), desejo tão forte que a tradução mais apropriada seria "teimosia" (Sl 81:12), e desejo sexual (Pv 6:25).

No NT, o grego *epithumía* é traduzido com mais frequência como "desejo", às vezes como "ambição" (Mc 4:19), em algumas versões. O termo foi usado para descrever forte desejo puro de Cristo (Lc 22:15), anseio de estar com Cristo (Fp 1:23); desejo de fazer o mal (Jo 8:44), e adultério (Mt 5:28) e outras paixões e práticas impuras sexuais (Rm 1:24; 6:12; Gl 5:16, 24). Além de *epithumía* para indicar desejo sexual, o NT usa também o grego *órexis*, *tumos*, *hēdonḗ*, e *pathós*. O contexto deve sempre ser considerado na escolha da tradução apropriada. [WILLIAM R. GOODMN, JR.]

COBIÇAR Desejo intenso e pleno que pode manifestar-se em várias ações, boas ou más, dependendo do objeto da afeição e das intenções daquele em quem o desejo arde. Tais desejos são condenados quando tomam formas tais como inveja e ciúme, nutridos na ausência da fé na provisão de Deus (cf. Fp 4:5-13; Abot 4.1) e negligência de seus mandamentos (Pv 6:20-25).

O conceito de resistir à cobiça está fundamentado no Decálogo (Êx 20:17; Dt 5:21) e potencialmente antecede todos os outros pecados ali condenados (Phylo Leg. 79-99). Os sujeitos da cobiça podem ser bons (Pv 10:24; incluindo Deus: Sl 68:16 [TM 17]; Jesus: (Lucas 22:15) ou o mal (Pv 24:1; Rm 1:24). Muitos personagens bíblicos, incluindo Eva (Gn 3:6) e Paulo (Rm 7:7-8), foram afetados por esse desejo intenso.

A palavra cobiça é tradução de sinônimos que derivam do hebraico *ḥāmaḏ* (Êx 20:17) e *'āwwâ* (Dt 5:21), ambos traduzidos pela palavra grega *epithumeín*. Os tradutores têm sempre usado "cobiça" para diferenciar palavras hebraicas que se referem a emoções ou ações que não são distintas de cobiça (avareza, inveja e ciúme).

Bibliografia. W. L. Moran, "The Conclusion of the Decalogue (Êx 20:17 = Dt 5:21)", *CBQ* 29 (1967), 543-54; J. A. Ziesler, "The Role of the Tenth Commandment in Romans 7", *JSNT* 33 (1988), 41-56. [MARK D. NANOS]

COBRE Elemento metálico avermelhado comum. Nem o hebraico (*nĕḥōšeṯ*) nem o grego (*chalkós*) distinguia entre o cobre e o bronze, e as traduções modernas não são consistentes no uso. Os materiais metálicos mencionados na Bíblia eram usualmente feitos de bronze; entretanto, quando a referência é feita a metais nativos ou minério, o cobre é o termo mais correto (Dt 8:9; Jó 28:2).

Antigamente o cobre era um dos metais mais conhecidos. Por volta de 8000 a.C., o cobre nativo era forjado para formar vários objetos. A maioria do cobre aparece com impurezas como óxidos e sulfídios que devem ser removidas através de um processo de derretimento. A tradição bíblica associou as origens da metalurgia com Tubal-Caim (Gn 4:22). As técnicas de trabalho com metal tais como extração, derretimento, derramamento, e o forjamento, foram adquiridas lentamente. Antes do ano 3000, a metalurgia significava quase exclusivamente trabalhar com o cobre, com somente alguma coisa de prata, ouro e chumbo, mas durante o terceiro milênio, todos os metais conhecidos da humanidade antiga começaram a ser usados em grande variedade e combinações.

O grande avanço na metalurgia do cobre foi a adição de um segundo metal para formar a liga de cobre. O arsênico foi o primeiro metal acrescentado ao cobre para melhorar suas propriedades. A adição de estanho, que foi o elemento de liga dominante, produziu o bronze, e a adição de zinco produziu o latão. As ligas produziram metais mais fortes e mais duros com ponto de fusão mais baixo e de muito mais fácil fundição por causa da fluidez aumentada. Como resultado, as ligas podiam formar peças mais sofisticadas e intrincadas e melhores ferramentas. Enquanto o cobre era usado extensivamente, ele era encontrado usualmente na forma de uma liga.

O número de objetos feitos de cobre ou liga de cobre era extenso, incluindo utensílios (Êx 27:3), ferramentas, joias, instrumentos musicais (1Cr 15:19), e equipamento militar. Nos tempos do NT, a maioria da cunhagem era feita de prata, mas as moedas menores eram feitas de cobre ou bronze (Mt 10:9; Mc 12:42; Lc 21:2).

A Palestina era relativamente pobre em recursos de cobre. Contudo, uma mina de cobre foi localizada em Timna, ao longo do uádi Arabah, na parte sul da Palestina (a mina foi operada pelos egípcios e não pelo rei Salomão, como primeiramente se pensava), e os fornos para derreter o cobre têm sido encontrados em Beth-shemesh, Tell Qasile, e Ai (1Rs 7:14, 45-46). Uma das maiores fontes antigas de cobre estava em Chipre. [BRADFORD SCOTT HUMMEL]

CÓDEX (CÓDICE) Tablete de madeira (ou tabletes conectados com correias através de buracos perfurados perto das extremidades). O códice, a forma mais antiga de livro — que em tempos romanos começou a repor o rolo — foi primeiramente usado em negócios e em transações legais. Depois, os romanos experimentaram um códice de material de pergaminho dobrado e costurado. *Ver* LIVRO; PERGAMINHO.

CÓDEX ALEXANDRINO Códice do século V (sigla A) com o Antigo Testamento, exceto por várias mutilações, e a maior parte do Novo Testamento. Estão faltando Gênesis 14:14-17; 15:1-5, 16-19; 16:6-9; 1 Samuel 12:20-14:9; Salmos 49:19-79:10; Mateus até 25:6 está perdido, como estão João 6:50-8:52; 2Coríntios 4:13-12:6, e, de acordo com a tabela do conteúdo, os Salmos de Salomão. Inclusas estão as cartas de Clemente a Roma. O manuscrito agora contém 773 folhas, mas originalmente havia 822. Cada página mede 32 por 26:3 cm. Existem duas colunas na página, e a escrita é feita em firme letra uncial. O trabalho de vários editores é claro.

A natureza do texto do Códice A, cuja origem é desconhecida, está longe de ser uniforme. Influência da héxapla é evidente em Josué, Rute, Ester, e em grande medida em Samuel e Reis. Crônicas e 1 e 2 Esdras provavelmente representam um texto alexandrino antigo, e elementos luciânicos ocorrem em Jó, Salmos e Profetas. Os evangelhos representam o texto bizantino; o resto do Novo Testamento, com o Códex Vaticanus e com o Códex Sinaíticus, representa o texto alexandrino.

O códice está na Inglaterra desde 1627, quando foi apresentado ao Rei Charles I por Cirilo Lucaris, patriarca de Alexandria (até 1621) e Constantinopla (1621-38). Lucaris obteve o manuscrito do Monte Athos em 1616. Agora, reunido em quatro volumes, está hospedado no Museu Britânico depois do Códex Sinaiticus. [CARROLL D. OSBURN]

CÓDEX BEZAE Códice do século IV ou V (sigla D ou 05) cuja origem é desconhecida. Códex Bezae Cantabrigienses, representante principal do assim chamado Texto Ocidental do Novo Testamento, contém textos paralelos, que foram repetidamente corrigidos, de Grego e Latim antigo em páginas opostas. O manuscrito inclui a maior parte dos quatro Evangelhos e Atos, como também um fragmento de 3João. Os Evangelhos estão arranjados em ordem Ocidental (Mateus, João, Lucas, Marcos). As leituras do Códex Bezae são únicas em milhares de ocorrências, particularmente no texto de Atos, que é quase 10 por cento mais longo do que o texto geralmente aceito. Estudiosos tentaram verificar as motivações teológicas por trás de leituras particularmente singulares no texto, mas a investigação permanece aberta. O códex foi doado pelo reformador Teodoro Beza a Universidade de Cambridge em 1581.

Bibliografia. D.C. Parker, *Codex Bezae: An Early Christian Manuscript and Its Text* (Cambridge, 1992). [PAUL ANTHONY HARTOG]

CÓDEX CLAROMONTANUS Códice do século VI (sigla DP), a autoridade principal para o assim chamado Texto Ocidental das Epístolas. O códice, cuja origem é incerta, contém textos paralelos, que foram repetidamente corrigidos, de grego e latim antigo em páginas opostas. O manuscrito tem as epístolas de Paulo, incluindo Hebreus, com exceção de Romanos 1:1-7, 27-30, e 1Coríntios 14:13-22, do qual o texto grego está perdido. O códice contém 533 páginas, cada página medindo 24:6 por 19:5 cm, com uma coluna de 21 linhas por página.

O Códex Claromontanus frequentemente concorda com o Códex Augiensis e com o Códex Boernerianus. Diferente do Códice de Beza, o texto do lado latino de Claromontanus não é sempre dependente do grego. Com poucas exceções, o texto latino é consideravelmente semelhante ao de Lúcifer de Cagliari no século IV.

Ambos, o Códex Claromontanus e o Códex Bezae pertenceram a Teodoro Beza, e eles provavelmente se pertenceram. Como indicado por Beza, nas costas da página preta, Claromontanus foi encontrado no monastério em Clermount-en-Beauvoisis; está agora hospedado na Biblioteca Nacional em Paris. [CARROL D. OSBURN]

CÓDIGO DE LENINGRADO Códex Leningradensis (L), o manuscrito antigo mais completo da Bíblia Hebraica existente. Foi copiado cerca do ano 1008/1009 d.C. pelo escriba Shemu'el ben Ya'aqob no Cairo, de acordo com os manuscritos autorizados de Aharon ben-Asher de Tiberíades. A Bíblia Hebraica completa mais antiga contendo pontos indicativos de vogais e acentuação, o código é particularmente valioso por sua extensa coleção de comentários sobre textos em hebraico do AT, anotações marginais referentes a questões textuais como ocorrências e ortografia. Ele é a base para a terceira (BHK) e quarta (BHS) edições da Bíblia Hebraica; todas as notas massoréticas do Código de Leningrado serão incorporadas na quinta edição (BHQ).

O código é composto de 491 fólios escritos em pergaminho branco grosso. Cada página consiste de três colunas, exceto Salmos, Provérbios e Jó, que têm duas colunas com poesias inseridas no texto. Em relação aos Profetas Menores, os Escritos aparecem em ordem "cronológica": Crônicas, Salmos, Jó, Provérbios, Rute, Cântico dos Cânticos, Eclesiastes, Lamentações, Ester, Daniel, Esdras e Neemias. Um colofão de abertura indica a data e lugar da cópia: dois outros colofões fornecem o nome do escriba. O manuscrito retrata também dezesseis "páginas-tapete" bem como listas massoréticas e poemas de ben-Ya'aqob e Moshe ben-Asher.

Guardado na Biblioteca Nacional russa em São Petersburgo, o código é também identificado como Firkovich B 19 A, obtido da coleção de Abraham Firkovich em 1862.

Bibliografia. D. N. Freedman, ed., *The Leningrad Codex: A Facsimile Edition* (Grand Rapids, 1998). [ALLEN C. MYERS]

CÓDEX EPHRAEMI SYRI Códice grego (nome completo Ephraemi Syri rescriptus Parisiensis), escrito nos séculos V e VI, provavelmente no Egito. Consistindo originalmente da toda a Bíblia, o manuscrito foi separado e remontado no século XII. O códice é, assim, um palimpsesto e seu nome pertence ao segundo texto, uma tradução grega dos tratados do pai da Igreja Síria, Ephraem, que foi escrito em cima do original. O códice presentemente consiste de 209 páginas: 64 páginas do Antigo Testamento e 145 do Novo. Cada livro canônico do Novo Testamento está representado; somente porções de Provérbios, Eclesiastes, Cantares, Jó e Sabedoria do Antigo Testamento estão presentes. Correções foram feitas ao texto bíblico no século VI e de novo no século IX. O códice é importante para a crítica textual, embora o manuscrito permaneça difícil de ser decifrado devido ao seu caráter palimpséstico. [TAWNY L. HOLM]

CÓDEX LENINGRADENSIS *Ver* CÓDEX DE LENINGRADO.

CÓDEX SINAITUCUS Manuscrito uncial do século IV que originalmente continha toda a Bíblia. Escrito em fino velino [papel pergaminho], 390 folhas (de um total original de ao menos 730) foram descobertas por Constantin Von Thischendorf no monastério de Santa Catarina ao pé do monte Sinai. Folhas adicionais do AT, ainda não publicadas, foram descobertas em 1975. Conquanto somente menos da metade do AT exista, o NT está completo. Além disso, a Epístola de Barnabé e a primeira quarta parte do Pastor de Hermas estão inclusas após o livro de Apocalipse.

O códice pode ter se originado no Egito ou em Cesareia. O texto do AT reflete o grego antigo. No NT do Sinaítico, é frequentemente citado como testemunha alexandrina, mas João 1-8 está mais intimamente relacionado com a tradição ocidental. A antiguidade do manuscrito e a qualidade de seu texto o tornam um dos mais importantes manuscritos da Bíblia.

Bibliografia. H. Lake e K. Lake, *Codex Sinaiticus Petropolitanus*, 2 vols. (Oxford, 1911-22). [JAMES R. ADAIR]

CÓDEX VATICANUS Um dos mais importantes manuscritos da Bíblia em grego. Produzido por volta da metade do século IV e posto na Biblioteca do Vaticano ao menos desde o século XV, o Vaticanus (B) originalmente incluía a totalidade do AT e do NT e a Apócrifa ou os Deuterocanônicos (os livros de Macabeus foram omitidos, aparentemente de um modo inadvertido, e ele agora não tem os primeiros 46 capítulos de Gênesis, cerca de 30 salmos, final de Hebreus, as Epístolas Pastorais, e Apocalipse). No Códex B, as Epístolas gerais seguem o livro de Atos (e, portanto, precedem as cartas de Paulo), e ambos, o final alongado de Marcos (16:9-19) e João 7:53-8:11 estão faltando. O Códex Vaticanus é um dos melhores representantes da família alexandrina de manuscritos, a revisão antiga mais confiável do texto bíblico. Ele também é uma testemunha importante com relação à origem e crescimento da LXX. [JEFFREY S. ROGERS]

CÓDEX WASHINGTONENSIS Manuscrito uncial na forma de códice (do final do século IV e começo do século V) com os quatro evangelhos na chamada ordem ocidental (Mateus, João, Lucas e Marcos). O manuscrito (W) se encontra na Freer Gallery da Smithsonian Institution em Washington.

Por trás do presente texto, podem estar diversos fragmentos de diferentes manuscritos de evangelhos, representando variadas famílias de textos que foram selecionadas e reunidas por um único escriba. Isso explicaria os tipos de textos variados representados. Mateus e Lucas 8:13-24:53 representam o Texto Bizantino comum; Marcos 1:1-5:30 é ocidental, semelhante ao Latim Antigo; Marcos 5:31-16:20 é do tipo de Cesareia; e Lucas 1:1-8:12; João 5:12-21:25 representa o tipo alexandrino.

Uma variante importante no W é uma adição a Marcos 16:14, a chamada Freer Logion, em que os discípulos dão uma desculpa por sua falha em crer naqueles que haviam relatado a ressurreição de Jesus.

Bibliografia. H. A. Sanders, *Facsimile of the Washington Manuscript for the Four Gospels in the Free Collection* (Ann Arbor, 1912); *The New Testament Manuscripts in the Freer Collection, 1: The Washington Manuscript of the Four Gospels* (1912, reimpr. New York, 1972). [WILLIAM R. GOODMAN]

CÓDIGO DE SANTIDADE O corpo de leis em Lv 17–26 que especificamente se concentra em matérias religiosas e cultuais. Os tipos de leis civis e criminais, encontrados em Êxodo e Deuteronômio, estão visivelmente ausentes aqui. Com ênfase no mandamento para que sejam santos porque Yahweh é santo (Lv 19:2; 20:7,26; 21:6,8), essas leis se opõem de propósito às práticas cerimoniais cananeias (18:3ss.). Teóricos documentários argumentam que, embora tal corpo seja uma adição posterior aos escritos sacerdotais, ele contém material pré-monárquico e talvez inclua algumas das leis possivelmente mais remotas da história de Israel. A natureza independente desse bloco de texto tem sido combatida com base em que nenhuma ordem interna pode ser encontrada e a advertência temática: "Vós sereis santos, porque eu sou santo", surge apenas em Lv 19-22, assim como também fora do corpo (11:44-45).

Bibliografia. J. E. Hartley, *Leviticus*. WBC 4 (Waco, 1992); I. Knohl, *The Sanctuary of Silence: The Priestly Torah and the Holiness School* (Minneapolis, 1995); M. Noth, *The Laws in the Pentateuch and Other Studies* (1966, repr. London, 1984). [TONY S. L. MICHAEL]

CODORNIZ Coturnix coturnix, uma pequena ave parecida com o faisão, de 19 cm de comprimento e 100 g de peso. No deserto, Deus supre por duas vezes os israelitas com codornizes (heb. *šĕlāw*) para alimento do povo (Êx 16:13; Nm 11:31-32). As codornizes passam pelo Mediterrâneo durante suas migrações anuais e eram capturadas aos milhões até a década de 1930, quando o número delas foi reduzido (cf. Nm 11:31).

Bibliografia. *Fauna and Flora of the Bible*. 2. ed. Helps for Translators 11 (New York, 1980); A. Parmelee, *All the Birds of the Bible* (1959, repr. New Canaan, Conn., 1988). [MATTHEW A. THOMAS]

COELE-SÍRIA (gr. *Koílē Syría*) Nome helênico para "todas as terras da Síria". A visão mais antiga é que "Coele-Siria" significa "vale da Síria", mas outros eruditos afirmam que a palavra "coele" é uma adaptação grega do sem. Kol, "todas". O termo foi usado no tempo de Alexandre para se referir a uma grande unidade administrativa, mas continuou pelos períodos helênico e romano se referindo às variadas fronteiras definidas que poderiam incluir Israel, Líbano, Jordânia e Síria do tempo presente, dependendo da fonte usada. O termo era também usado para designar os territórios da Transjordânia no período do NT (cf. Josefo *Ant.* 12.13.3; 2Mac 3.5, 8; 1Esd 2.17, 24). [DANIEL L. SMITH-CHRISTOPHER]

COELETE *Ver* QOELETE.

COINÉ *Ver* GREGO.

COLAÍAS (heb. *qôlāyâ*) **1.** Homem da tribo de Benjamim; ancestral de Salu (Ne 11:7).

2. Pai do falso profeta Acabe, oponente de Jeremias (Jr 29:21).

COLETA A coleta de fundos feita por Paulo nas igrejas gentílicas para a comunidade cristã em Jerusalém cerca de 53-56 d.C. (Gl 2:10; Rm 15:25-32; 1Co 16:1-4; 2Co 8-9; cf. At 24:17). O entendimento da igreja de Jerusalém a respeito do acordo no Concílio Apostólico de que "nos lembrássemos dos pobres" (Gl 2:10) é mais bem visto em sua autodesignação como a comunidade escatológica fiel ("os pobres"), do que em sua situação de pobreza econômica. A maioria dos estudos supõe que Paulo considerava a coleta a demonstração de um método ou a realização de uma unidade eclesiológica, mas há problemas com essa suposição. De um modo claro, Paulo inicialmente reconheceu a prioridade escatológica de Jerusalém e viu a coleta como conexão visível entre as duas missões cristãs. Mas após a controvérsia entre os Gálatas, Paulo também pressentiu a coleta como prova da realidade da graça de Deus entre os gentios e como uma peregrinação gentílica simbólica que apontaria para o *escathon*.

No tempo em que ele escreveu a Carta aos Romanos, Paulo procurou somente reconhecer o débito histórico dos gentios a Jerusalém pela ajuda econômica. Outras questões interpretativas incluem: o relacionamento da coleta com o alívio da fome em Atos 11 e para a taxa do templo; a retórica de Paulo persuadindo as igrejas a contribuir, e a resposta delas; e a ausência de certas cidades do catálogo dos participantes (cf. Rm 15:26; 1Co 16:1; At 20:4).

Bibliografia. D. Georgi, *Remembering the Poor: The History of Paul´s Collection for Jerusalem* (Nashville, 1992). [JENNIFER K. BERENSON MACLEAN]

COLHEITA *Ver* AGRICULTURA.

COL-HOZE (heb. *kol-ḥōzeh*) **1.** O pai de Salum, governador do distrito de Mispá durante a administração de Neemias (Ne 3:15).

2. Judaíta, o pai de Baruque e um ancestral de Maaseias, que se estabeleceu em Jerusalém após o exílio (Ne 11:5). Ele pode ser a mesma pessoa citada no item anterior desse vocábulo (1)..

COLINA DE MARTE *Ver* AREÓPAGO.

COLOCÍNTIDAS As colocíntidas selvagens (heb. *paqqu'ōṯ*) que o servo de Eliseu juntou perto de Gilgal eram mais provavelmente parecidas com o fruto da Citrullus colocynthis (L.) Schrad., ou colocíntidas (2Rs 4:39). A colocíntida é uma videira que cresce abundantemente em condições áridas. Seu fruto é redondo e amarelo, com manchas verdes, aproximadamente do tamanho de uma laranja. Sua polpa é venenosa, por isso se adapta bem à história de Eliseu. Os botões em forma de flor lavrados adornavam o templo de Salomão (1Rs 6:18). O pepino-do-diabo (Ecbalium elaterium) e o pepino em forma de globo (Cucumis prophetarum) também se encaixam na descrição da colocíntida bíblica.

A palavra heb. *qîqāywōn* também é traduzida como abóbora. Enquanto Jonas esperava fora de Nínive, essa planta cresceu rapidamente para lhe proporcionar sombra, mas ela foi destruída por um verme no dia seguinte (Jn 4:6-7). As abóboras realmente crescem muito rapidamente; além dessa, a Bíblia não proporciona nenhuma outra sugestão que dê suporte a qualquer identificação de *qîqāywōn*. [MEGAN BISHOP MOORE]

COLÔNIA Territórios administrados como unidades políticas subordinadas dentro de entidades governamentais mais amplas, p. ex. impérios. Uma colônia pode ter alguma autonomia, mas em muitos aspectos é subjugada ao império ou outra entidade governamental. No mundo antigo, os impérios expandidos pela conquista de nações e cidades as tornavam colônias, com o propósito de extrair mão de obra e riqueza delas para sustentar a burocracia imperial.

Quando o império babilônico conquistou a nação de Judá (586 a.C.), ele colonizou Jerusalém e a área circunvizinha. Essa não foi apenas uma conquista militar; o Império Babilônico intencionalmente deixou na região de Jerusalém um número suficiente de agricultores e outras pessoas para trabalhar no campo, para pagar taxas e impostos, e para providenciar força de trabalho para os projetos imperiais. Durante o tempo do exílio (586-516), houve comunidades judaicas não somente na Babilônia, mas também na região de Jerusalém.

Em 539, a Pérsia derrotou o império da Babilônia e tomou o controle de Jerusalém, que o Império Persa chamou de colônia de Yehud. A Pérsia administrou essa colônia designando e apoiando líderes como Sesbazar, o governador,; Josué, o sacerdote; Zorobabel, o governador; Esdras, o sacerdote e escriba; e Neemias, o governador.

Durante os períodos grego e romano, a região de Judá e Jerusalém formavam uma colônia ou unidade governamental similar dentro dos impérios reinantes na época. Os governadores e administradores eram conhecidos por uma variedade de termos, incluindo reis, tetrarcas, e governadores. Lucas e Atos mostram uma consciência dessas estruturas políticas, mencionando diversas dessas autoridades com seus títulos, incluindo rei Herodes da Judeia (Lc 1:5), Quirino, governador da Judeia (3:1); Herodes, o tetrarca da Galileia (Lc 3:1, 19; 9:7-9; At 12:1-6, 20-23; 13:1), Gálio, o procônsul da Acaia (18:12-17); Félix governador (23:24-24:27); Festo, o governador (24:24.27-26:32); e o rei Agripa (25:13-26:32). Figuras semelhantes aparecem por todo o restante do NT assim como na literatura grega e latina antigas. Embora não seja possível determinar o inter-relacionamento exato entre esses vários ofícios governamentais, é claro que o cristianismo primitivo surgiu num império com uma administração burocrática complexa, imposto através de várias colônias menores. [JON L. BERQUIST]

COLOSSENSES, EPÍSTOLA AOS Epístola do Novo Testamento que é a comunicação de Paulo e Timóteo aos cristãos em Colossos, cidade importante no Vale do Lico, aproximadamente 195 km a leste de Éfeso (Cl 1:1-2). Isso implica que a igreja ali nunca foi visitada por Paulo. A comunidade foi iniciada por um dos seus companheiros: Epafras (1:7-8; 4:12). Referências a outros leitores cristãos em 4:7-17 (tais como Tíquico, Onésimo, Marcos, Barnabé, Lucas e Ninfa) oferecem uma descrição vívida da importância dos contatos pessoais e amizades nas igrejas paulinas (incluindo congregações fundadas pelos companheiros e discípulos de Paulo). Essa carta é também uma comunicação oficial para uma comunidade cristã, e o escritor recomenda que ela seja lida na igreja em Colossos e também na igreja de Laodiceia. Posteriormente ele instrui os colossenses a lerem "a carta de Laodiceia" (presumivelmente uma carta escrita por ele próprio). Um dos propósitos da Carta aos Colossenses é o desejo de repudiar vigorosamente a falsa posição religiosa que pode desviar aqueles a quem ele escreve (2:8-23). O ensino vigoroso da carta a respeito de soteriologia e ética tem como finalidade proporcionar a alternativa sadia para essa posição falsa.

O vocabulário e a sintaxe de Colossenses mostram similaridades com as cartas que são indiscutivelmente paulinas, notadamente Romanos, 1-2Coríntios e Gálatas. Semelhantemente a Romanos e a Efésios, Colossenses oferece uma divisão estrutural clara entre a principal seção focalizando a doutrina e outra centrada na exortação. Em seu ataque à falsa "filosofia", essa carta tem afinidade especial com a Carta aos Gálatas; com respeito aos líderes da igreja mencionados por nome, ela é muito próxima a Filemom; nas ideias teológicas e na fraseologia, é extraordinariamente semelhante à Carta aos Efésios.

À parte da polêmica em 2:8-23, há pouco argumento. A maior parte da carta toma a forma de afirmações concisas e injunções, aparentemente expressando "visões e conceitos previamente cunhados e fixados" (Gunther Bornkamm). Ao menos no "hino" de 1:15-20 e na "tábua dos deveres familiares" em 3:18-4:1, Colossenses evidentemente repousa nos materiais normativos tradicionais da igreja. Em contraste com uma série de outras cartas paulinas, a dos Colossenses em nenhum lugar enfatiza a autoridade das escrituras judaicas (não há citações do AT, e muito poucas alusões a ele). Talvez isso aconteça porque os supostos leitores de Colossenses sejam predominantemente gentios (cf. 1:27), mas o conteúdo provavelmente reflete o fato de que o "falso ensino" atacado em 2:8-23 tem ao menos alguns aspectos judaicos. O escritor de modo variado assume e assevera a autoridade de Paulo, "embora ausente quanto ao corpo, contudo, em espírito, estou convosco" (2:5). Todos os seus labores ministeriais são em favor dos crentes como os de Colossos, e esses labores (e ensinos) são inspirados por Deus (1:25-29).

A natureza exata do falso ensino não é muito clara, embora Colossenses sugira que seus advogados o chamem de uma "filosofia" e enfatizavam "os espíritos elementares do universo", visões e adoração de anjos, a observância de festas especiais (incluindo os sábados), e certos rituais e regulamentos ascéticos (incluindo circuncisão e a restrição de certas comidas). Muitos eruditos modernos têm tentado identificar o ensino mais precisamente, ligando-o com os cultos pagãos de mistério (Martin Dibelius), gnosticismo (Bornkamm), ou judaísmo apocalíptico (Fred O. Francis). Outros têm realçado que o "falso ensino" não seja cristão de forma alguma, mas simplesmente uma forma de judaísmo da diáspora (Morna Hooker, James D. G. Dunn). Sabe-se que uma população judaica relativamente grande existia na área de Colossos no século I.

A cristologia está no coração da Carta aos Colossenses. A principal acusação contra o "falso ensino" é que ele não está baseado em Cristo e que não o sustenta como cabeça da igreja. O Espírito Santo quase nunca é mencionado (1:8), mas Deus é enfatizado frequentemente como Pai de Jesus e dos cristãos e a fonte suprema da criação e da salvação. Cristo é a imagem de Deus, aquele por meio de quem e por quem Deus criou todas as coisas. Toda a plenitude de Deus habita em Cristo. Sua obra redentora tem resultados cósmicos e universais, embora estes sejam conhecidos no presente somente pela igreja (seu corpo). A orientação ontológica da cristologia relembra, e ao mesmo tempo pode ser dependente dos conceitos judaico-helênicos de Sabedoria e do Verbo (*Logos*) divino. Uma ênfase especial é colocada sobre a morte salvadora de Jesus, que reconciliou todas as coisas no céu e na terra com Deus e simultaneamente obteve vitória sobre as forças espirituais hostis aliadas com um laço legal ameaçando os pecadores (2:13-15). A vida presente e futura dos crentes é de participação em Cristo: a presente existência deles está "oculta" nele, e a ligação deles com Ele assegura a glória futura (1:27; 3:3-4).

O ensino ético em 3:5-4:6 está fundado na alegação de que os cristãos receberam uma nova natureza através do morrer e do ressuscitar com Cristo (possivelmente o batismo). Eles devem "se tornar o que eles já são" por abrir mão de todas as inclinações e práticas pecaminosas e devem se "revestir" de um eu radicalmente novo marcado pela pureza, amor, e perdão mútuo. Cristo vive neles, e eles todos são aparente e espiritualmente iguais (3:10-11). Não obstante, em 3:18-4:1 os deveres dos crentes são descritos em relação às posições dentro da família (esposas-maridos; filhos-pais, escravos-senhores): os inferiores são ensinados a obedecer, e os superiores a ordenar, cada um tem necessidade de ter em mente a sujeição comum ao Senhor celestial. O autor deliberadamente afirma o código moral hierárquico que exteriormente não perturbaria as sensibilidades ordinárias dos judeus e dos pagãos, mas serve como preliminar para um amor ético igualitário que pode transformar ou ao menos pode tornar mais toleráveis os padrões "mundanos" de autoridade e submissão.

Bibliografia. C. E. Arnold, The Colossian Syncretism. *WUNT* 2/77 (Tübingen, 1995); J. E. Crouch, *The Origin and Intention of the Colossian Haustafel.* FRLANT 109 (Göttingen, 1972); J. D. G. Dunn, *The Epistles to the Colossians and to Philemon.* NIGTC (Grand Rapids, 1996); F. O. Francis e W. A. Meeks, *Conflict at Colossae.* SBLSBS 4 (Missoula, 1973); A. T. Lincoln e A. J. M. Wedderburn, *The Theology of the Later Pauline Letters* (Cambridge, 1993); E. Schweizer, *The Letter to the Colossians* (Minneapolis, 1982).

[DAVI M. HAY]

COLOSSOS (gr. *Kolossaí*) Cidade nas terras altas e centrais da Ásia menor, a 201 km, a leste do mar Egeu, e a 145 km, ao norte do mar Mediterrâneo, situada principalmente no parte sul do Rio Lico. Ela estava localizada ao longo da principal rota comercial sul que se estendia por toda a Ásia Menor desde a costa do Egeu para a região síria do Eufrates. O fértil vale do Lico fez de Colossos uma cidade rica de azeitonas e figos, e a cidade tinha uma próspera indústria de lã, especializando-se em lã negra e num famoso tecido de lã tingido de púrpura avermelhado.

Parte do reino da Frígia (séc. XII ao século VII a.C.) Colossos foi dominada sucessivamente por cimérios, lídios, persas, gregos, selêucidas, gálatas, e romanos. Xenofonte (aprox. 401) referiu-se a Colossos como "cidade grande e próspera", mas Estrabão mais tarde aparentemente a considerou somente como pequena (c. 15 d.C.). No século I da era cristã, Colossos foi eclipsada por suas vizinhas ao norte, Laodiceia e Hierópolis.

As moedas romanas de Colossos indicam a adoração de numerosas divindades, incluindo Ártemis, Hélios, Demétrios, Men, Ísis, e Serápis. Para esse ambiente religioso poderiam ser provavelmente acrescentados os mistérios da Frígia, o culto imperial romano e o judaísmo. A comunidade cristã de Colossos foi provavelmente fundada por Epafras, companheiro de Paulo (Cl 1:7-8; 4:12-13; Fm 23). A carta aos Colossenses pode aludir aos aspectos do ambiente sincretista de Colossos.

Um terremoto entre 60 e 64 d.C. devastou Laodiceia e Hierópolis, e presumivelmente Colossos. Moedas cunhadas em Colossos aparecem a partir de 150 a 250 d.C., mas não mais tarde. A população mudou-se para Kona, uma cidade nas cercanias, mas o bispado ali conservou uma referência a Colossos até o século VIII.

Bibliografia. M. Barth e H. Blanke, *Colossians* AB 34B (New York, 1994); J. B. Lighfoot, *St. Paul´s Epistle to the Colossians and to Philemon* (1886, reimpr. Wheaton 1997). [SCOTT NASCH]

COLUNA Pedra permanente (heb. *maṣṣēḇâ*) erigida como memorial ou objeto de adoração. Durante o período dos patriarcas, eram colocadas pedras como memoriais (Gn 28:18; 31:45-52; 35:14, 20; Êx 24:4; 2Sm 18:18), às vezes, representando a morada de Deus (Gn 28:22). Outras vezes traduzido como "imagem", o termo hebraico refere-se também a pedras colocadas para representar divindades canaanitas, costume abominado pelos escritores bíblicos. Essa prática de erigir pedras para representar divindades foi adotada pelos israelitas (Êx 23:24; Lv 26:1; 1Rs 14:23; 2Cr 31:1). Como essas pedras estavam associadas à Baal, o deus cananeu e, possivelmente, eram erigidas ao lado de um pilar de madeira simbolizando Asherah, a divindade feminina, elas podem ter sido, em alguns casos, símbolos fálicos. O termo é também usado em referência a um obelisco egípcio (Jr 43:13); Isaías se refere a um *maṣṣēḇâ* que será erigido na fronteira do Egito para expressar o senhorio de Deus sobre as nações estrangeiras (Is 19:19). Ambas as referências afirmam que o *maṣṣēḇâ* é um monumento da presença do deus (Amon-Re, o deus-sol egípcio e o Deus hebreu, respectivamente) e, assim, um objeto de adoração.

São conhecidos muitos exemplos de colunas da Idade do Bronze e do Ferro palestina. Colunas arquitetônicas usadas como suporte são encontradas feitas ou de pedras rusticamente trabalhadas, ou de pedras bem cortadas com capitéis (como em Megido e Samaria). Pedras encontradas isoladas ou em fileiras podem ser interpretadas de maneira bem diferente, entretanto, já que não têm propósito estrutural, com frequência têm topos lisos arredondados, e são encontradas em associação com materiais de natureza cúltica. O "lugar alto" da Idade do Bronze Médio em Gezer consiste de dez grandes pedras com topos lisos e uma estrutura semelhante a uma bacia, e tem sido interpretado por alguns como representação de pessoas vivas ou clãs unidos na adoração de uma divindade personificada pela coluna sagrada. Um templo do Bronze Recente em Hazor inclui uma fileira de pedras eretas com topos lisos arredondados, encontradas em associação com uma figura de uma divindade masculina, feita de rocha basáltica. Uma das pedras tem uma representação entalhada de dois braços erguidos num gesto de adoração debaixo do emblema do deus-sol.

O hebraico *'ammûḏ* normalmente se refere a colunas e pilares arquitetônicos (Êx 26:32, 37; 1Rs 7:15-22) e à coluna de fogo e de nuvem na história do Êxodo. [JENNIE R. EBELING]

COLUNA DE NUVEM, COLUNA DE FOGO Manifestações complementares da presença divina, a nuvem durante o dia e o fogo, à noite, para guiar os israelitas pelo deserto (Êx 13:21). O termo combinado ocorre somente em Êxodo 14:24. Esse padrão é interrompido uma vez no mar Vermelho; aqui a coluna de nuvem muda para uma posição defensiva atrás dos israelitas à noite, aparentemente para suplementar a escuridão da noite para os egípcios e, assim, evitar um ataque noturno. Além disso, a coluna de nuvem está associada com a presença de Deus na tenda do encontro (Êx 33:9, 10).

Fogo e nuvem são símbolos comuns de Deus na Bíblia. A nuvem revela tanto a presença de Deus quanto esconde Sua pessoa (Êx 16:10; Lv 16:2), enquanto o fogo representa o poder de Deus, paixão e pureza (Êx 19:18; Ml 3:2). Essas imagens remontam às teofanias dos patriarcas e apontam para a teofania no monte Sinai e mais longe às dos profetas.

Os estudiosos têm tentado ligar a coluna de fogo e da nuvem ou com tochas usadas em cerimônias militares e religiosas, ou com colunas do templo de Salomão, bem como com tempestades e erupções vulcânicas, mas esses esforços permanecem mera conjectura.

Bibliografia. J. I. Durham, *Exodus*. WBC 3 (Waco, 1987); T. W. Mann, "The Pillar of Cloud in the Reed Sea Narrative", *JBL* 90 (1971): 15-30. [CHERYL LYNN HUBBARD]

COMANDANTE Título de autoridade dado aos líderes militares, governamentais, civis e religiosos. A palavra heb. *śar* é traduzida por diversos vocábulos no AT. Ela se refere aos príncipes egípcios de Faraó (Gn 12:15), aos capitães das unidades militares de Moisés (Nm 31:14), e aos homens de honra ou valor (Is 23:8). Por ocasião da morte de Abner, Davi disse: "Não sabeis que, hoje, caiu em Israel um príncipe e um grande homem?" (2Sm 3:38).

Nos contextos de governos, serviço cívico e religião, diversas referências são feitas a respeito dos comandantes: Jz 9:30, ao governador de uma cidade; Gn 40:16, ao chefe dos padeiros; Jr 35:4, aos oficiais religiosos que serviam no templo; 1Cr 24:5, na organização dos sacerdotes do santuário, aos filhos de Eleazar e os filhos de Itamar.

Daniel usa o termo *śar* quando se refere aos seres celestiais e divinos. O anjo Miguel é chamado de "o príncipe" de Judá (Dn 10:21), e o próprio Deus é mencionado como comandante, o "Príncipe dos príncipes", que enfrentará o ataque de um rei mal (8:25). [A. PERRY HANCOCK]

COMBUSTÍVEL Material de combustão em estado sólido, líquido ou gasoso que fornece calor quando aceso. É usado para produzir calor para propósitos domésticos ou industriais. Todos os combustíveis são uma combinação de compostos de carbono e hidrogênio. O combustível pode ser classificado como vegetal ou animal; combustíveis de animal tais como pedaços de madeira, carvão, e esterco, combustíveis fósseis tais como turfa, lignita, carvão, e óleo, assim como os produtos de destilação de plantas e combustíveis fósseis tal como a gasolina de hoje. A queima de combustíveis (heb. *peḥām*) usualmente resulta na produção de uma variedade de gases danosos tal como o monóxido de carbono. A Bíblia faz menção de carvão (*gaḥeleṯ*) produzido pela queima do zimbro (Sl 120:4), pela queima do esterco para cozinhar pão e peixe (Ez 4:15), e madeira sendo usada como combustível para o aquecimento (Jo 18:18). O combustível é também mencionado em conexão com ofertas queimadas (Lv 16:12) e com a produção e fogo ou com a ira do Senhor (Is 9:19). [RICHARD A. STEPHENSON]

COMENTÁRIO Gênero de explicação de textos bíblicos, usualmente seguindo a ordem dos versos em que eles se apresentam na Bíblia. Os elementos constituintes do gênero comentário geralmente incluem discussão crítica do texto relativa ao estabelecimento de um texto confiável e uma análise filológica e gramatical que trata de palavras difíceis ou incomuns, frases, ou sintaxe. Uma vez que esses elementos da "baixa crítica" são aplicados, segue-se, então, a "alta crítica". Esta está interessada na formação do texto em seu contexto histórico e inclui análise crítica da fonte, forma e redação. Juntamente a esses elementos mais aspectos técnicos do comentário, outra gama de características do texto bíblico é frequentemente analisada: suas qualidades literárias do texto e sua importância teológica. Os comentários também incluem frequentemente abordagens interdisciplinares que trazem a teoria crítica corrente que tem ligação com a análise dos textos.

A história do comentário bíblico é parte de uma história mais ampla da exegese da Bíblia. Talvez, os exemplos mais antigos sejam as paráfrases aramaicas (cf. Ne 8:8) tais como os Targuns e os Midrashim (cf. 2Cr 13:22). Muito do que aparece no gênero moderno de comentário está registrado também nos comentários do período clássico final e no período medieval. Os comentários críticos modernos normalmente ignoram a obra desses comentários primitivos porque são considerados como "pré-criticos". O que na verdade os comentários primitivos compartilham com suas versões modernas é a consciência das ambiguidades na gramática, lexicografia, variantes textuais, e significado em geral. De modo geral, a diferença entre as formas de comentário moderna e as formas mais antigas não está na capacidade de reconhecer a problemática de interpretar a Bíblia, mas, antes, na posição do significado. Diz-se que anterior à abordagem "crítica" o mundo era entendido principalmente através da Bíblia, mas com o surgimento da abordagem "crítica" começou a ser entendido principalmente através das observações a respeito do mundo em geral. [LARRY L. LYKE]

COMIDA Referências a "comida" e temas relacionados aparecem em cada livro da Bíblia, começando com Gênesis 1 e terminando em Apocalipse 22. De fato, algumas das histórias mais famosas são aquelas lidando com comida e com adquirir comida. Os exemplos do Antigo Testamento incluem a tentação de Eva de Adão; José salvando o povo do Egito e sua família da fome; os filhos de Israel comendo maná no deserto; Rute colhendo espigas de milho nos campos de Boaz; Davi, o pequeno rapaz pastor corajoso; Elias que manteve o derramamento de óleo da viúva; os jovens rapazes hebreus que não comeriam a comida impura do rei.

Os exemplos do Novo Testamento são numerosos também. Incluem histórias sobre Jesus transformando a água em vinho; ajudando os discípulos a pescar peixe; alimentando os 5 mil com pão e dois pequenos peixes; sua última ceia. Jesus também contou parábolas que frequentemente lidam com temas relacionados a comida, p. ex., a parábola do semeador; as ervas daninhas; a semente de mostarda e o fermento; a ovelha perdida; os trabalhadores na vinha; e o banquete de casamento. A esses exemplos muitos outros podem ser acrescentados do livro de Atos e das cartas de Paulo, Pedro, e João.

Existem várias razões para a importância da comida na Bíblia. Na antiguidade, muitas pessoas eram produtoras de comida — agricultores, pastores, e pescadores. Em outras palavras, a vida diária de quase todo homem, mulher e criança era tomada em tais atividades como cuidar do curral e do pasto dos animais, limpando e lavrando, plantando e administrando a colheita, colhendo e processando a produção, transportando e estocando gêneros alimentícios, preparando e consumindo comida, e preocupando-se em ter o suficiente para guardar até a próxima colheita.

A comida também é tema central por toda a Bíblia, por causa da teia de interações que ela evoca — interações entre o povo e a terra, entre o povo como atores sociais, e entre o povo e o Divino. Em outras palavras, como a comida era produzida, distribuída, preparada, a comida tinha consequências muito além do fornecimento do florescimento dos corpos das pessoas. A comida servida nos tempos bíblicos, como hoje, é instrumento poderoso para a comunicação de significado social — para expressar hospitalidade (Abraão e os anjos que o visitaram); comemorar evidências da intervenção divina nos assuntos humanos (as festas anuais), e selar contratos entre os povos e os indivíduos (a Última Ceia).

De longe, os ingredientes mais importantes nas dietas das pessoas eram trigo (*Triticum durum, Triticum vulgare, Triticum spelta*) e cevada (*Hordeum vulgare*). No Egito, onde a chuva é praticamente inexistente, o trigo era cultivado ao longo das margens do Nilo por meio da irrigação das cheias do rio. Um sistema semelhante foi usado pelos mesopotâmicos antigos que produziam seu trigo em campos irrigados por uma extensa rede de canais ligados ao rio Eufrates.

Na paisagem e no clima do sul do Levante, as condições são bem diferentes; daí, métodos diferentes eram usados para o cultivo de grãos. Nessa paisagem das planícies costeiras, montes e vales de dentro da ilha, montanhas e desertos — onde os verões são quentes e secos e os invernos são suaves e úmidos — contava-se com uma grande variedade de estratégias para produzir cereais. Ao longo das planícies costeiras e dos Vales do Jordão as águas das fontes, dos rios e das correntezas eram desviadas para aquedutos e canais para fornecer água, a fim de irrigar os campos de cereais. Ao longo das ladeiras das áreas elevadas, as vilas mantinham desvios de barragens de água e varandas de vertentes para preservar a umidade e reter o solo para o cultivo de seus grãos. Contava-se também com transumância — o movimento de pessoas e de animais de pasto, especialmente ovelhas e cabras — entre os grãos das áreas de inverno e as terras de pasto de verão. Ainda outros — especialmente o deserto Beduíno — cultivavam pouco ou nenhum trigo para si próprios, mas contavam com vários arranjos de parcerias com os habitantes de vila para o seu suprimento de trigo.

Embora o trigo e a cevada fossem o cerne das dietas de todos esses diferentes grupos por todos os tempos bíblicos, outros cereais (painço e arroz), legumes (lentilhas, feijões, grão-de-bico, ervilhaca), vegetais (cebolas, alhos, pepinos), frutas (azeitonas, uvas, romãs, melões, figos, tâmaras, maçãs), aves (pombos, frangos), carne (ovelha, cabra, gado, suíno), leite, raízes selvagens, peixe, e caça também eram consumidos, mas de jeito nenhum na mesma medida e ao mesmo tempo e lugar. O que determinava o quê e quanto desses outros itens seriam inclusos na dieta era onde estava e quando o povo vivia em determinado lugar, seu modo de sustento (cultivo de vila, transumância, pastoreio), sua situação econômica (rico ou pobre), acesso aos mercados e às crenças religiosas.

Dadas essas contingências, segue-se que as refeições mais comumente comidas pelos patriarcas, aos quais a Bíblia indica serem nômades, diferia, de alguma forma, daqueles de seus descendentes que se estabeleceram permanentemente em vilas nas altas terras de Canaã. Embora o trigo e a cevada fossem predominantes em ambas as dietas, a carne de rebanho macho e o queijo, coalhada, e leite produzidos pelo rebanho fêmea perfaziam o volume dos ingredientes restantes (Gn 18:6-8). Deveria ser notado, entretanto, que a carne do rebanho dos animais mortos não era comida todos os dias, mas, antes, em ocasiões especiais. Raiz selvagem, mel, tâmaras, e condimentos obtidos pela caça e colheita também eram importantes para a dieta patriarcal (Gn 27:3-4).

Ao contrário, as dietas consumidas pelas famílias das vilas em Canaã eram muito mais variadas em termos de itens produzidos localmente. Por exemplo, uma típica comunidade de vila cultivaria trigo e cevada em áreas aplanadas, e ovelhas de pasto e cabras no restolho; eles cultivariam azeitonas, uvas e outros frutos de árvores nos montes baixos, com pedações de vegetais e condimentos em volta da vila (Is 5:1-3). Esse modelo tradicional assegurava que a dieta típica da vila em Canaã incluísse não somente grãos e animais derivados, mas também vegetais e frutas, e nozes.

As frutas consumidas pelas elites de grandes cidades tais como Jerusalém e Cesareia eram até mesmo mais diversificadas devido à ampla variedade de gêneros alimentícios importados de lugares distantes e a grande riqueza com a qual comprar comidas exóticas. Uma dieta de pessoa rica poderia, portanto, incluir carnes e peixes exóticos, vegetais, frutas, e condimentos importados de lugares tão longínquos quanto o sudeste da Ásia, o norte da África, ou a Europa. Havia também muitas pessoas sem terra vivendo nas cidades e em volta delas, muitos dos quais subsistiam da mendigagem e da limpeza de ruas.

Dada a diversidade geográfica da terra de Canaã, e dadas as mudanças ocorridas nas condições políticas da região por todos os tempos bíblicos, as condições econômicas dos vários grupos nativos, incluindo as diferentes tribos israelitas, variavam consideravelmente no tempo e no espaço. Assim, os alimentos comidos pelos benjamitas em volta de Jerusalém no tempo de Davi e Salomão, p. ex., não eram exatamente o mesmo daquele dos rubenitas na Transjordânia. Além disso, um milênio depois, no tempo de Cristo, muitos itens novos de comida estavam disponíveis devido ao vasto crescimento do comércio intercontinental, de modo que as dietas, especialmente em áreas urbanas, incluíam itens dos quais nunca se ouvira um milênio antes (p. ex., garum [um tempero do mundo antigo] e frango).

A despeito de tais descontinuidades regionais e temporais, as regras cúlticas da pureza serviram para colocar a dieta israelita à parte onde quer que os judeus vivessem. Em acréscimo às questões de restrições de animais daqueles dos mamíferos que ruminavam e tinham a unha fendida (Lv 11:1-8; Dt 14:6-8) e vários pássaros, peixes, e insetos "limpos" (Lv 11:9-47; Dt 14:9-21), as regulações proibiam qualquer comida que tivesse sido contaminada pelo contato (pelo cozinhar ou outra coisa qualquer) com água estragada pela carcaça impura (Lv 11:32-38); outra legislação governava os modos de preparo e as combinações dos gêneros alimentícios (p. ex., Êx 23:19 par.). [OYSTEIN S. LABIANCA]

COMINHO *Cuminum cyminum L.*, uma erva cujas sementes são moídas para fazer um tempero pungente que frequentemente é acrescentado ao pão. O cominho (heb. *kammōn*; gr. *kýminon*) é semeado como o grão (Is 28:25-27). Jesus repreende os escribas e fariseus por gastarem energia sobre o dízimo do cominho (Dt 14:22-23) e por desconsiderarem a justiça, a misericórdia e a fé (Mt 23:23). [MEGAN BISHOP MOORE]

COMISSÃO, GRANDE Trata-se da responsabilidade dada pelo Jesus ressuscitado aos seus seguidores de "ir e fazer discípulos de todas as nações" (Mt 28:18-20). Essa tarefa de atrair tanto gentios como judeus para o discipulado cristão envolve batizá-los e instruí-los nos ensinos de Jesus. A ordem é fortalecida pela afirmação de Jesus de que ele possui autoridade divina, e é apoiada pela promessa da presença de Jesus com seus seguidores "até a consumação dos séculos". Paralelos ou alusões à Grande Comissão estão presentes em diversos lugares da tradição do NT (Mc 16:15; Lc 24:47-48; Jo 20:21; At 1:8; cf. Mc 13:10; Mt 24:14). [PETER K. NELSON]

COMPANHEIRO Termo usado em algum empreendimento (gr. *sýzygos*) e que pode significar "camarada, parceiro" (Eurípedes Iph. T. 250; Aristófanes Plut. 945) e "irmão" (Eurípedes Tro. 1001). Na forma feminina, pode significar "esposa" (Eurípedes Alc. 314, 34). Paulo pede ao "leal companheiro de jugo" que ajude Evódia e Síntique a resolver suas diferenças (Fp 4:3), e ele pode estar se referindo tanto a Timóteo, Epafrodito, Silas, Lucas, ao marido ou irmão de Evódia ou de Síntique, à esposa de Paulo, a um oficial da igreja em Filipos, um homem chamado Sízigo ("companheiro de jugo"), colega prisioneiro de Paulo, qualquer voluntário da igreja que possa ajudá-lo, toda a igreja de Filipos ou até mesmo Cristo. A identidade da pessoa permanece um mistério.

Bibliografia. M. Hájek, "Comments on Philippians 4.3 — Who Was 'Gnésios Syzygos'?" *Communio Viatorum* 7 (1964): 261-62. [DOUGLAS S. HUFFMAN]

COMPOSIÇÃO ORAL Os organizadores dos materiais que agora compõem o AT e o NT (e quase todos os outros materiais da época) esperavam que a maioria das pessoas que entrasse em contato com suas composições as ouvissem, e não as lessem. A taxa de alfabetização era menor que 10%, por isso as composições foram estruturadas para o ouvido ao invés do olho. Os ouvintes recebiam pistas do significado e da estrutura porque haviam aprendido a se comunicar num mundo onde aquelas pistas eram essenciais à compreensão, tanto quanto as frases e as entradas de parágrafo no português moderno.

Numa "cultura oral básica" que não tem contato com a escrita, atitudes e ações voltadas para os assuntos são mais dependentes da interação interpessoal do que um conjunto abstrato de valores. Muitos estudiosos relacionam o desenvolvimento do alfabeto fonético vocalizado ao desenvolvimento do pensamento abstrato. O pensamento filosófico, então, é mínimo em tais culturas. Por exemplo, o princípio de justiça não é definido, mas demonstrado em ilustrações épicas. Alguém age de certa forma não porque é "certo", mas para seguir o exemplo de um herói. De fato, os contos épicos da cultura oral são os meios básicos de educação. Normas morais, habilidades comerciais, história e todos os aspectos da vida em conjunto são transmitidos em poesia oral.

Como consequência natural da necessidade de preservar o material tradicional, a ênfase está na comunidade em vez de no individualismo e no pensamento individual. Os materiais tradicionais tratam também de assuntos de grande praticidade e interesse. Se uma ideia ou procedimento perde sua validade ou utilidade, ela é esquecida. Assim, estas sociedades tendem a ser muito conservadoras, mantendo um equilíbrio durante gerações.

A característica básica da composição oral é o uso de um estilo formalista e temático. Fórmulas são grupos de expressões ou figuras de linguagem preparadas anteriormente para comunicar dadas ideias dentro da métrica poética. Elas não indicam tema, estrutura ou estilo. Temas são grupos de assuntos normalmente associados um com o outro na composição de canções tradicionais. Vários temas, como nascimento, a reunião e o casamento vêm um depois do outro em padrões reconhecíveis e são encontrados nas composições orais de praticamente todas as sociedades orais primárias. Os poetas orais não procuram a originalidade de um autor literário. Eles simplesmente seguem um tema e, geralmente, usam fórmulas associadas ao tema para preencher a métrica de seus cânticos.

Numa sociedade basicamente oral, os poetas aprendem a técnica formalista pela aprendizagem, e isto é assimilado pelo restante da sociedade. Esse estilo formalista (e temático) conduz tanto à consistência quanto à inconsistência. Enquanto o uso de fórmulas e temas que caracteristicamente ficam claras em canções convencionais deixam as histórias fáceis de compreender, ele também leva à substituição de fórmulas e temas parecidos ao recontar a história. A memorização textual é extremamente rara. Assim, os poetas orais podem dizer uma canção centenas de vezes com bem pouca mudança no conteúdo geral, mas é improvável que eles digam exatamente a mesma coisa duas vezes.

As composições orais na forma de poesia e canção estão presentes em todas as sociedades, e a influência recíproca que flui entre literatura e talento artístico oral não deve ser subestimado. Isto é especialmente verdade em culturas com um alto grau de oralidade residual, como aquelas que produziram a Bíblia e a literatura da igreja primitiva. Os documentos bíblicos foram escritos por autores influenciados por seu próprio grau de alfabetização. Entretanto, esses autores nunca esqueceram que estavam se dirigindo a um público de ouvintes (cf. Ap 1:3). Pistas auditivas e mnemônicas foram tão importantes nas composições literárias do AT e NT como as composições orais nas sociedades primordialmente orais.

Existe alto grau de ação recíproca entre um contador de história ou professor e a audiência numa cultura oral. Os autores numa cultura com um alto grau de oralidade residual tendem a ser mais atentos ao relacionamento orador/audiência. Eles dialogam com sua audiência e criam adversários contra os quais argumentam para expressarem o que desejam dizer. Estão mais preocupados como os relacionamentos são afetados por um tópico do que com uma posição filosófica de "certo" contra "errado". É mais provável que eles deem exemplos a seguir e casos de elogio e censura em vez de estabelecer um argumento lógico com o fim de promover uma certa ação.

Desde que a informação não usada tenha a tendência de ser esquecida, além do suprimento tradicional de frases (p. ex., na exortação), autores em culturas com alto grau de oralidade residual tendem a lidar com tópicos que são imediatamente aplicáveis à situação presente, seja do autor ou da audiência, em vez de teóricos. Os autores induzirão a si e à audiência à discussão em vez de olhar para um assunto à distância.

Figuras de linguagem, amplamente usadas em todas as formas de comunicação, são especialmente importantes na composição oral. Do tempo de Cícero em diante, o critério retórico básico para julgar o mérito de um discurso era o uso adequado da metáfora e outras figuras. Entre as principais figuras de linguagem estão a antítese, a sinonímia, a ambiguidade, a metáfora e o jogo de palavras.

A repetição, como evidenciada em padrões estruturais como a inclusão e o quiasmo, tem sido até este ponto a principal ênfase da maioria dos críticos orais bíblicos. Entre as formas de repetição estão os sons, as construções gramaticais, palavras e tópicos. A repetição pode ser usada para agrupar elementos em blocos de alta frequência, para indicar unidades, ou ser moldada em inclusão e quiasmo para mostrar estrutura. Especialmente no caso de repetição de palavra e tópico, ela pode ser estendida sobre grandes blocos de material para designar estruturas importantes.

Os compositores orais usam palavras raras devido a considerações auditivas e retóricas. Com respeito a considerações auditivas, palavras raras podem ser escolhidas para evitar hiatos, formar par de rima ou acrescentar ênfase a uma unidade na qual certo som está agrupado. Retoricamente, uma palavra rara pode ser usada para prender a atenção da audiência ou influenciar suas emoções.

O uso por um autor de fórmulas orais pode indicar material que o autor discute com frequência. Numa cultura sem hábito de leitura, fórmulas são palavras e frases que tratam de um tópico específico e se ajustam a certo ritmo. Num ambiente oral/literário, no qual a métrica não chega a ser uma preocupação, uma fórmula é mais um clichê ou frase padrão usado para expressar certo pensamento. Ela é o uso de uma expressão num ambiente gramatical ou contextual simplesmente por causa de sua associação habitual com aquele ambiente. Existe pouca ou nenhuma deliberação com respeito ao seu uso.

A consciência da influência dos princípios de oralidade é particularmente útil com respeito a determinar a estrutura de um livro e unidades individuais dentro desse livro. Ela também dá percepção dos usos de muitas palavras e formas que podem parecer pouco comuns a leitores numa sociedade plenamente alfabetizada.

Bibliografia. C. W. Davis, *Oral biblical Criticism: The Influence of the Principles of Orality on the Literary Structure of Paul's Epistle to the Philippians*. JSNTSup 172 (Sheffield, 1999); J. Goody e I. Watt, "The Consequences of Literacy", in *Literacy in Traditional Societies*, ed. J. Goody (Cambridge, 1968), 27-68; W. V. Harris, *Ancient Literacy* (Cambridge, Mass., 1989) E. A. Havelock, *The Literate Revolution in Greece and Its Cultural Consequences* (Princeton, 1982); A. B. Lord, *The Singer of Tales. Harvard Studies in Comparative Literature* 24 (Cambridge, Mass., 1960); W. J. Ong, *Orality and Literacy* (1982, repr. London, 1991). [CASEY W. DAVIS]

COMUNHÃO Alguma coisa que é compartilhada, ou/e aqueles que a compartilham (embora possa estar implícita, antes do que explícita em uma passagem em particular). Com respeito ao uso particular de Paulo do grego *koinonía* ("aquilo que é em comum")para se referir à Ceia do Senhor ou ao relacionamento que os crentes têm com Cristo, é difícil dizer se a ênfase está sobre o que é compartilhado (a Ceia ou a crença em Cristo) ou o ato de compartilhar com outros (a comunhão).

O grupo de palavra *koinonía* foi amplamente usado nos séculos iniciais da era cristã (e antes) e se referia a várias situações e tópicos: união das responsabilidades na guerra e na vida civil, casamento (ou relacionamentos sexuais), vida religiosa, parceria de negócios, amizades, e clubes. Antes de Platão, o provérbio "os amigos têm tudo em comum" aponta para o compartilhamento como estabelecedor ou manifestador de um campo de relacionamentos. Assim, *koinonía* no Novo Testamento não implica "intimidade" ou "relacionamento místico", a menos que esses significados estejam presentes no contexto.

Paulo usa frequentemente *koinonía* para descrever a igreja. É o relacionamento mútuo em Cristo que resulta do chamado de Deus (1Co 1:9), e é sustentado pelo Espírito Santo (2Co 13:14; Fp 2:1). Entretanto, *koinonía* também encontra uma expressão concreta quando aplicada ou ao alívio dos pobres de Jerusalém (Rm 15:26) ou ao dinheiro dado àqueles que ensinam (Gl 6:6). Essa divisão financeira relacionada com o trabalho da igreja é manifestada mais claramente em Filipenses 4:14-20 (cf. Hb 13:16).

Um uso controverso está em 1Coríntios 10:16-18. Estudiosos do século XIX enfatizaram os paralelos que Paulo faz com o culto pagão para provar um entendimento "sacramental" da Ceia do Senhor. Essa visão tem, agora, declinado em favor, até mesmo entre altos grupos cristãos sacramentais. O fato de que Paulo descreve grupos judaicos, pagãos, e cristãos como exemplos de "comunhão" limita a comparação com o alegado sacramentalismo pagão e deveria também ser contra qualquer singularidade alegada à refeição cristã. Antes, todos os três grupos são exemplos de como participar de uma ação definida (especialmente, comer) tanto cria quanto manifesta uma comunidade particular. Em termos bíblicos, pertencer é uma ação pactual.

A "comunhão" de Atos 2:42 significa provavelmente "vida comum" ou "comunidade", incluindo a refeição e o partilhar do pão. Os usos em 1João também enfatizam a vida comum, vital em uma igreja tendo acabado de sofrer divisão. João lembra seus leitores de que o relacionamento pactual com Deus é seguro, uma vez que seja comunhão com Deus, e com Seu Filho (1Jo 1:6-7).

Bibliografia. P. Perkins, "Koinonia in 1 John 1.3-7", *CBQ* 45 (1983): 631-41; J. P. Sampley, *Pauline Partnership in Christ* (Philadelphia, 1980). [WENDELL WILLIS]

COMUNHÃO DE BENS Ainda que não encontrada no NT, a expressão "comunhão de bens" é descrição comum do compartilhamento de posses na igreja primitiva em Jerusalém. De acordo com Atos 2:44-47, os cristãos viviam juntos e partilhavam todas as coisas em comum (*hápanta koiná*), quando cada um vendia todas as posses pessoais. O produto da venda das propriedades e edifícios era dado aos apóstolos para a distribuição entre os membros em necessidade (At 4:32-35).

Barnabé, que vendeu sua propriedade e deu o produto à igreja, serve como exemplo positivo (At 4:36-37). Entretanto, a prática não ficou sem problemas. Ananias e Safira mentiram em sua alegação de entregar todas as suas posses e foram abatidos por Deus (At 5:1-11). Reclamações a respeito de uma distribuição desigual de comida deram origem à formação de uma comissão de sete supervisores (At 6:1-6).

A existência de um real grupo comunitário dentro da igreja primitiva é posta em dúvida pelos que encontram contradições dentro da narrativa de Lucas. Outros sugerem que Lucas está simplesmente apresentando uma descrição idealizada baseada no tema filosófico comum entre os gregos de "todas as coisas comuns". Contudo, um grupo de comentadores tem sugerido antecedentes históricos para essa prática.

Alguns eruditos olham para o Governo da Comunidade dos Rolos do Mar Morto, que estabelece como os membros da comunidade deveriam compartilhar a sua propriedade. Alguns até identificam em Atos a terminologia técnica de compartilhamento de propriedade usada no texto de Qumran. Outros olham para a prática de compartilhar propriedade dentro dos grupos essênios (Josefo, *BJ* 2.8.2-4), embora muitos que presumem ser o grupo de Qunram composto de essênios veem a descrição de Josefo como variação. Outros eruditos conectam a prática cristã primitiva com a narrativa rabínica posterior do *quppa*, que era uma coleta semanal de dinheiro para os pobres residentes de uma cidade, e o *tamhuy*, uma coleta diária de comida para os pobres que não eram residentes. Entretanto, há alguma dúvida se isto era pratica no século I d.C.

A prática dentro da igreja primitiva logo desapareceu. Não há nenhuma menção dela em outro lugar no NT, e ela rapidamente desaparece da narrativa de Atos. Pela narrativa de Atos 11:27-30 as igrejas da Judeia são empobrecidas e necessitadas de ajuda externa (cf. coletas de Paulo).

Bibliografia. B. J. Capper, "Community of Goods in the Early Jerusalem Church", *ANRW* II.26.2, 1730-74; K. Lake, "The Communism of Acts II. and IV-VI and the Appointment of the Seven", in *The Beginnings of Christianity, 1; 1: The Acts of the Apostles*, ed. K. Lake e H. J. Cadbury (1933, reimpr. Grand Rapids, 1966), 5:140-51; D. P. Seccombe, *Posessions and the Poor in Luke-Acts. Studien zum Neuen Testament und seiner Umwelt B/6* (Linz, 1982), esp. 197-222. [RICHARD S. ASCOUGH]

CONANIAS (heb. *kônanyāhû*) **1.** Levita encarregado de supervisionar contribuições, dízimos e coisas dedicadas no reinado do rei Ezequias (2Cr 31:12-13).

2. Líder entre os levitas que contribuíram para a oferta da Páscoa no tempo do rei Josias (2Cr 35:9).

CONCÍLIO APOSTÓLICO UMA REUNIÃO EM JERUSALÉM (também chamada de Concílio de Jerusalém) de representantes da igreja na Síria e Antioquia (incluindo Paulo e Barnabé), juntamente com outros apóstolos e anciãos da igreja irmão em Jerusalém, para responder às alegações de alguns Judeus Cristãos de que os gentios convertidos precisavam ser circuncidados a fim de serem salvos (At 15:1-35).

Pedro é o primeiro a falar na assembleia, e a força do seu argumento está na forte insistência contra a circuncisão como exigência para a salvação dos gentios (At 15:7-11). Ele relembra o Concílio de sua experiência com Cornélio, um gentil tementе a Deus que, juntamente com sua família e amigos, veio à fé e recebeu o Espírito Santo, totalmente à parte do rito da circuncisão (cf. At 10:1-11:18). Para Pedro isso é uma evidência de que Deus, da mesma maneira, tanto para o coração do Judeu como do Gentio (At 15:8-9); a fé, e não características externas, é o único caminho para a salvação (v. 9-11). Depois de Pedro, Paulo e Barnabé falam dos sinais e maravilhas que Deus fez, quando eles serviam entre os Gentios, apelando de novo à atividade divina que conquista os Gentios para o Evangelho, como evidência que circuncisão não é um requisito para a salvação.

Tiago (talvez o "meio-irmão" de Jesus; cf. Mc 6:3) está especialmente convencido pelo testemunho de Pedro e vê suporte bíblico para a abertura e o interesse de Deus nos gentios (At 15:13-21; cf. Am 9:11-12). Tiago, então, entrega uma decisão que é bem recebida pelos apóstolos, os anciãos e toda a Igreja (At 15:19-22): os gentios não precisam ser circuncidados para serem salvos, mas devem aceitar certas expressões da observância da lei pelos Judeus, para promover harmonia e moralidade dentro de sua misturada congregação (v. 20, 29). Lucas indica que essa decisão é alegremente aceita pela Igreja de Antioquia (At 15:31). O fato de que as características Judaicas não são suprimidas e que a lei do Antigo Testamento não é colocada de lado faz (no mínimo a maioria), indubitavelmente, com que os defensores da circuncisão aceitam essa decisão (cf. At 21:18-26).

A questão frequentemente levantada é se há uma possível convergência do Concílio de Jerusalém e do registro da visita de Paulo a Jerusalém em Gálatas 2.1-10. Em favor dessas passagens como recontando uma ocasião histórica singular estão a associação de Paulo com Barnabé e uma preocupação com a circuncisão em ambos os relatos. Argumentos em favor do registro de Gálatas como descrevendo uma visita a Jerusalém, antes do Concílio são, portanto, dignas de nota. As duas visitas de Paulo à Jerusalém descritas em Gálatas (Gl 1:18-19; 2:1-10) correspondem às duas visitas mencionadas por Lucas em Atos antes do Concílio (At 9:26-30; 11:30). Mais importante, se Paulo estava cônscio da decisão do Concílio Apostólico antes de escrever Gálatas, nós deveríamos esperar que ele apelasse àquela decisão, a fim de fortalecer seus argumentos contra os "agitadores" na Galácia, que defendiam a circuncisão para os gentios convertidos (cf. Gl 5:2, 6, 11-12; 6:12-13, 15), mas ele não faz isso.

A importância do Concílio Apostólico na vida da Igreja Primitiva é muito grande. Um precedente é criado para o tratamento de assuntos conflitantes e controvérsias teológicas de maneira civil, racional, conduzida pelo Espírito, e um fundamental vital da teologia Cristã é expressa: a salvação é pela graça, através da fé, e não através de obras humanas (At 15:11).

Bibliografia. R.N. Longenecker, *Galatians*. WBC 41 (Waco, 1990), Lxxiii-Lxxxiii; I.H. Marshall, *The Acts of the Apostles*. TNTC (1980, reimpr. Grand Rapids, 1996), 242-56. [PETER K. NELSON]

CONCÍLIO DE JERUSALÉM *Ver* CONCÍLIO APOSTÓLICO.

CONCUBINA Mulher cujo *status* em relação ao seu parceiro sexual legítimo (um homem não escravo), é diferente da esposa. A palavra hebraica *pîlegeš* parece claramente ser uma palavra de origem não semítica. Consequentemente, as tentativas de comparar o termo com o paralelo alegado dos estados da mulher nas culturas representadas por aquelas linguagens são de valor duvidoso. O fato de que há cognatos claros no grego (*pallakís pallakḗ*) e no latim (*paelex*) sugere que a palavra é indo-europeia em sua origem, emprestada a todas três línguas vinda de fonte de língua ainda sem evidência (p. ex. *filisteia*).

Alguns eruditos sustentam que a palavra originalmente era aplicada a mulheres não-israelitas. O conceito de uma *pîlegeš* era a parceira feminina num casamento matrilocal chamado *sad'ka* ou *beena*, tem sido basicamente abandonado. Esse conceito era baseado nas premissas de que a residência matrilocal é um indicador do matriarcado, forma menos evoluída da organização social do que o patriarcado, e era firmada por analogia com os alegados costumes conubiais pré-islâmicos. Os textos bíblicos tipicamente citados para dar suporte a esse conceito (Jz 8:29-31; 19:1-30) têm sido explicados com sucesso.

Ainda é discutível se as concubinas eram de *status* de escrava ou "livres". Eruditos têm observado que Bila é tanto denominação de uma escrava (Gn 29:29; 30:3) como de uma concubina (35:22). Semelhantemente, a concubina sem um nome de Gideão/Jerubal (Jz 35:22) é também mencionada como sua escrava (9:18). O levita de Juízes 19-20 uma vez se refere à sua concubina como escrava (19:19), mas as considerações textuais apontam para o entendimento disso como um exemplo de linguagem de deferência. Eruditos que afirmam que as concubinas eram escravas geralmente entendem Êxodo 21:7-11 como regulando o tratamento que os homens dão às suas concubinas ainda que *pîlegeš* não seja usado em nenhum lugar nesses versos.

Os eruditos que descrevem as concubinas como não escravas geralmente centram o seu argumento na terminologia do casamento, observando que a linguagem usada para descrever o *status* marital de uma concubina se iguala à linguagem usada a respeito das esposas "livres". Ambas são tomadas (*lāqaḥ*) por seus parceiros de casamento em perspectiva (Jz 19:1; Gn 26:34), e o parceiro de uma concubina entra num relacionamento de genro/sogro com o pai dela (Jz 19:4-5). Quetura é explicitamente tanto esposa (Gn 25:1) quanto concubina (1Cr 1:32). Também, 2Samuel 20:3 aplica o termo "viuvez" (*'almānûṯ*) às dez das concubinas de Davi. Alguns eruditos especulam que as concubinas eram uma espécie de *status* inferior em relação às esposas principais porque nenhum tipo de dote (*mōhar*) era pago por elas, ou elas não traziam quaisquer dotes (*šillûḥ'm*) consigo, ou ambos, mas nenhum texto bíblico confirma ou nega essas especulações.

Os filhos das concubinas herdavam a terra do pai a juízo do pai (compare Gn 25:6, texto no qual aos filhos das concubinas de Abraão são dados presentes, mas não propriedades, com a tradição de que aos quatro filhos de Bila e Zilpa — Dã, Naftali, Gade e Aser — é dada terra pelo seu pai (Jacó/Israel). As concubinas eram parte da herança que era passada aos filhos (Gn 35:22; 2Sm 3:8; 16:22; 1Rs 2:17-22; cf. 2Sm 12:8, texto em que as questões de herança e as relações sexuais com as concubinas são justapostos).

Inferir de uma estrutura de família israelita típica, p. ex., descrições da família de Jacó em Gênesis, implicitamente falha de maneira séria em levar o assunto em conta funcional e formalmente. O fato de que a palavra *pîlegeš* não é mencionada em nenhum lugar nos conjuntos legais de Êxodo e Deuteronômio, nem nas listas das relações sexuais proscritas em Levítico 18, 20; é fato suficiente para se ter cuidado na sustentação pronta de que essa forma de arranjo conubial era amplamente praticada. Vários fatores levam à conclusão de que reis no antigo Israel tinham concubinas, mas além disso é difícil dizer mais.

Bibliografia. M. Bal, *Death and Dissymmetry* (Chicago, 1988); L. M. Epstein, "The Institution of Concubinage Among the Jews", *Proceedings of the American Academy for Jewish Research* 6 (1934-35): 153-88; D. R. Mace, *Hebrew Marriage* (New York, 1953); J. Morgenstern, "Beena Marriage (Matriarchat) in Ancient Israel and its Historical Implications", *ZAW* 47 (1929), 91-110; "Additional Note on 'Beena Marriage (Matriarchat) in Ancient Israel'", *ZAW* 49 (1931), 46-58; E. Neufeld, *Ancient Hebrew Marriage Laws* (Londres, 1944); C. Rabin, "The Origin of the Hebrew Word Pileges", *JJS* 25 (1974), 353-64. [PEGGY L. DAY]

CONDUÍTE No sentido ambiental, geralmente canal fechado ou passagem que fica cheia de fluído sob pressão. Geologicamente, é uma passagem vertical através da qual a lava flui para cima num vulcão. Ele pode ser considerado também um cano feito para conectar o bambu, troncos de árvore, tijolos, ladrilhos, ou mesmo fazer uma flauta. Porque a água é um recurso extremamente importante em terras áridas, nos tempos antigos os conduítes frequentemente supriam os assentamentos com água que vinha das fontes e de outros lugares. Muitos poços da Terra Santa foram cavados para coletar água da terra, e os conduítes (ou *kanats*) conectados a eles nos intrincados sistemas de suprimento de água. Muitos *kanats* antigos estão ainda em uso hoje por todo o Oriente Médio. Os conduítes são mencionados na Bíblia como um meio de se obter água das fontes ou correntes para as cidades como Jerusalém. Por exemplo, o conduíte de uma fonte para um reservatório superior e, então, para outros dois reservatórios abaixo em Jerusalém durante os tempos de Ezequias e Isaías é bem conhecido. O conduíte do reservatório superior na estrada do Campo do Pisoeiro onde as roupas eram lavadas era um lugar de encontro particularmente importante. [RICHARD A. STEPHENSON]

CONFIRMAÇÃO A prática da igreja primitiva que foi bem estabelecida somente por volta do século III, para ungir com óleo e para a imposição das mãos sobre os que emergiam das águas batismais para a comunicação do Espírito Santo. A justificação escriturística para esse ato duplo era encontrada em Marcos 1:10, em que o Espírito Santo desceu sobre Jesus quando ele veio do Jordão; em Atos 10:38, é dito que Jesus foi "ungido" com o Espírito Santo; e em Atos 8, em que o Espírito Santo foi retido esperando a imposição das mãos apostólicas. Essa última ligação entre o ministério apostólico e a concessão do Espírito Santo levou à insistência de que o bispo somente desempenha o ato, e à necessidade de pospô-la até que o bispo fizesse o seu circuito eventualmente levou, no Ocidente, a ser tratada como ação sacramental separada, chamada de confirmação desde o século V em diante. No período posterior da Idade Média, veio a ser considerada como a renovação do sacramento do batismo e associada ao curso de instrução nas crenças cristãs básicas ou um catecismo confessional prescrito. [RONALD V. HUGGINS]

CONFISSÃO Confessar significa "dizer a mesma coisa" ou "concordar com uma afirmação". Amplamente usada nos contextos legais antigos, nos textos bíblicos o termo e seus cognatos são usados para expressar crença em Deus, reconhecer falha em guardar a lei de Deus, e louvar a Deus pela salvação. Esses significados estão evidentes nos contextos litúrgicos, individual e coletivo, dos Salmos (Sl 9; 22; 34; 50:14; 51; 116). Confessar, então, servia como parte essencial do culto, funcionando para identificar, separar, e reafirmar a participação no pacto (Dt 6:4-9).

No NT, igualmente frequente dentro dos contextos litúrgicos, a confissão expressa significados semelhantes. Contudo, o foco está agora sobre a centralidade de Jesus e sua atividade na salvação. As formulações mais antigas são as que afirmam que Deus ressuscitou a Jesus dentre os mortos (Rm 1:3; 4:24; 10:9; 1Co 6:14; 15:15; 2Co 4:13-14; 1Ts 1:10). Esse motivo da ressurreição está ligado tanto com a libertação de Israel efetuada por Deus no Egito como ao fato de Jesus ser levado ao céu e estar à destra de Deus e seu papel vindouro de julgar (1Co 16:22; Did 10.6).

A confissão de Jesus como o Cristo ou Senhor (Mc 8:29; Rm 10:9; 1Co 8:6) é fundamental, tanto para os textos de Paulo (em que forma a base do *kērygma*, 1Co 15:3) e nos evangelhos (Mc 8:29 par.). Em Romanos 10:9, a aclamação "Jesus é Senhor" (igual as de 1Co 8:6; 12:3; Fp 2:11) serve como confissão cristológica que liga Jesus à atividade criadora de Deus. A confissão funciona como critério de ortodoxia (1Jo 2:22; 4:2-3, 15; 5:1, 5). Ela está associada com a perseguição, e modelada no exemplo da confissão do próprio Jesus (1Tm 6:13; Mt 10:17-18).

No pensamento cristão posterior, a confissão é frequentemente usada indistintamente com o Credo. Contudo, não existe nenhuma afirmação sistemática e abrangente no NT. Ao contrário, devido ao gênero do material (p. ex., cartas), ali existem somente breves afirmações do senhorio de Jesus (a confissão de Pedro, Mc 8:29 par.) e outras de caráter "binitário" ou trinitário (Mt 28:19; 2Co 13:13), que refletem crenças e práticas cristãs primitivas tais como as afirmações confessionais no batismo (1Tm 6:12; At 8:36-38, no Texto Ocidental). A partir desses elementos kerigmáticos, litúrgicos e catequéticos, os credos posteriores foram desenvolvidos desde o século II em diante.

Bibliografia. O. Cullmann, *The Earliest Christian Confessions* (Londres, 1949); J. N. D. Kelly, *Early Christian Creeds*, 3. ed. (Londres, 1976). [IAIN S. MACLEAN]

CONGREGAÇÃO Reunião ou assembleia. As palavras heb. *'ēḏâ* e *qāhāl* são sinônimas em muitos contextos, especialmente em referência às instituições políticas do antigo Israel. Enquanto *'ēḏâ* é usada para denotar os oficiais de Israel, *qāhāl* nunca aparece em tais contextos, sugerindo que o termo não implica nenhuma função legislativa ou judicial.

A função de *'ēḏâ* é trazer a julgamento e punir os violadores do pacto (Nm 35:12, 24-25; Lv 24:14, 16); arbitrar nas questões entre as tribos (Jz 21:10, 13, 16);

coroar reis (1Rs 12:20); e admoestar seus próprios líderes (Js 9:18-19). A *'ēḏâ* podia incluir a nação toda, inclusive mulheres e crianças; todos os adultos homens; ou os líderes do povo. O uso de *qāhāl* é aproximadamente equivalente ao de *'ēḏâ*, embora seja mais geral. Ele é usado a respeito de uma multidão de nações (Gn 28:3), um exército (Nm 22:4; Ez 17:17; 23:46), e outros ajuntamentos humanos de várias espécies. Embora *qāhāl* seja relativamente mais frequente nos livros posteriores como Crônicas, Esdras, Neemias, Ezequiel, ambos os termos hebraicos estão espalhados por todos os livros bíblicos desde Gênesis até os Profetas Menores.

No NT a palavra gr. *ekklēsía* designa "a assembleia [local]" ou "igreja" (1Co 11:18) e a "igreja [universal]" (12:28); *synagōgḗ*, "um lugar de assembleia"(Mt 10:17; Tg 2:2) ou um encontro para adoração (Mt 4:23); e *plēthos*, uma "multidão de pessoas" (Lc 6:17), "comunidade" (At 6:2, 4), ou "a igreja" (15:30). A LXX sempre usa *synagōgḗ* para traduzir o hebraico *'ēḏâ*, mas *qāhāl* é traduzida por ambas, *ekklēsía* e *nagōgḗ*. Na literatura grega clássica e helênica, *ekklēsía* se tornou uma expressão técnica para a assembleia de pessoas, consistente de homens livres designados para votar. Embora os três termos sejam quase sinônimos no NT, *ekklēsía* é o mais comum. Ele foi adotado pelos cristãos primitivos ao invés de *synagōgḗ* para designar a comunhão que eles tinham após a ressurreição de Jesus, mas não durante o seu tempo de vida. [MICHAEL D. HILDENBRAND]

CONGREGAÇÃO, FESTA DA *Ver* TABERNÁCULOS, FESTA DOS.

CONHECER, CONHECIMENTO As palavras para "conhecimento" e "entendimento" na Bíblia (heb. *yāḏa'*; gr. *ginōskō*) representam conceitos bíblicos significativos difíceis de apreender com uma simples difinição; elas têm um vasto âmbito de significados. Não obstante, um pouco de generalização é útil na tentativa de caracterizar o que faz diferença sobre o uso de "conhecimento" no AT e no NT.

No AT o conhecimento é prático e relacional. O "homem de dores" em Is: 53:3 ele é "experimentado nos" (heb. "conhece") sofrimentos. Quando o profeta Oseias anuncia que "na terra não [...] há conhecimento de Deus" (Os 4:1), ele está igualando o conhecimento com a lealdade e a fidelidade. O conhecimento de Deus envolve a obediência reverente a Ele (Pv 1:7).

O mesmo é verdade no terreno humano: conhecer outrem é ter relacionamento com essa pessoa. Por exemplo, próximo ao início do Êxodo é relatado que "se levantou novo rei sobre o Egito, que não conhecera a José" (Êx 1:8); isto é, o novo faraó não tinha conhecimento de qualquer relacionamento com as obrigações para com os descendentes de José. O elemento experiencial e relacional no exercício do conhecimento no AT é, talvez, mais bem visto nas inúmeras passagens nas quais ele se refere ao ato sexual (p. ex., Gn 4:1; 1Rs 1:4). Ao mesmo tempo, o conhecimento pode ter os sentidos abstratos de compreensão (Jz 13:21), discurso racional (Jó 15:2) e percepção da natureza da realidade (Jó 12:3; Ec 1:16).

No NT, o conhecimento pode ser experiencial e relacional, assim como no AT (p. ex., "O Senhor conhece os que lhe pertencem", 2Tm 2:19). Em geral, entretanto, o NT usa conhecimento num sentido mais teórico, coerente com sua extensão de significado em grego. Por exemplo, o conhecimento de Jesus é a percepção de uma verdade revelada, ou seja, que Jesus, contra as aparências é, de fato, o eterno Verbo de Deus (Jo 1:10). Como o conhecimento na filosofia grega e na religião helenística pode ter uma qualidade abstrata e até mística, Paulo pôde ser crítico desse conhecimento, colocando-o como inferior à suprema virtude: o amor (1Co 8:1-3). As palavras do apóstolo Paulo em 1Coríntios 13:8 ("O amor jamais acaba; [...] havendo ciência, passará") não teriam sentido para um profeta do AT a quem, em termos hebraicos, o conhecimento de Deus é equivalente a amar a Deus (Sl 91:14). [GREGORY MOBLEY]

CONIAS (heb. *konyāhû*) Forma alternada de Joaquim, o último rei de Judá (Jr 22:24, 28; 37:1).

CONQUISTA: NARRATIVA BÍBLICA Nas partes narrativas de Êxodo e Números, Moisés lidera as 12 tribos unificadas dos israelitas libertos do Egito pelo deserto à terra de Canaã. Antes de chegar ao rio Jordão, eles conquistaram as terras dos reis Seom e Ogue, a leste do Jordão, e fizeram a limpeza étnica de seus habitantes (Nm 21:21-35; Dt 2:24-3:17). Após distribuir essas terras a duas tribos e meia (Nm 32:33-42; Js 13:8-32) e designar Josué como seu sucessor (Nm 27:18-23; Dt 3:28; 31:7-23), Moisés morre. Josué lidera os israelitas ao cruzar o Jordão onde, numa orgia de terror, violência, e destruição, conquistam a terra de Canaã e tentam limpá-la dos habitantes. Josué supervisiona a distribuição da terra para as tribos remanescentes, e todas as tribos se estabelecem em suas novas posses (Js 1—19, 21—22).

A história da conquista diz respeito às lutas das tribos, mas aspectos notáveis apontam para uma perspectiva monárquica que não tribal, em particular da casa de Davi. Um contexto monárquico está indicado pela simples unidade das tribos, a delineação exata de um imenso território a ser uniformemente habitado por eles, o massacre em massa baseado na lei de dedicar vítimas e pilhagem a um santuário central (heb. *ḥērem*, "banimento"), e a exigência de lealdade militar estrita a um único comandante, que não se aconselha com ninguém. A magnitude da narrativa da conquista é limitada ao território de Benjamim, imediatamente ao norte da Jerusalém davídica (Js 2-9). Essa seção focaliza três localidades benjamitas que mais tarde exercem papel importante no surgimento da casa de Davi e sua reivindicação de soberania monárquica sobre Israel, como é apresentado em: Gilgal (1Sm 13:8-14), Ai próximo de Betel (cf. Js 12:9; Betel, 1Rs 12:25-13:3, cumprida em 2Reis 23:15-20), e Gibeom (2Sm 2:12-3:1; 21:1-14). Benjamim é a tribo da casa de Saul, que Davi usurpou. A conquista é concluída com duas campanhas estereotipadas, uma em Judá instigada pelo rei de Jerusalém, mais tarde a cidade de Davi (Js 10), a outra contra uma aliança centrada em Hazor no norte (11:1-15). A área central das montanhas de Israel não exerce nenhum papel na conquista como tal: as referências pacíficas a Siquém em Josué 8:30-35; 24:1-28 são secundárias. Na distribuição da terra às tribos, Judá recebe de longe o tratamento mais detalhado (Js 14:6-15:63). A distribuição de terra é concluída com três episódios que igualmente refletem uma perspectiva monárquica: as cidades de refúgio, designadas para reduzir o derramamento de sangue; as cidades e as pastagens atribuídas a Levi através de todas as outras tribos; e uma disputa sobre um altar construído pelas tribos da Transjordânia numa violação potencial da lei deuteronômica da centralização (Dt 12:2-27). Mais do qualquer outro aspecto geográfico, o Jordão, que na longa história da Palestina não foi normalmente considerado como um limite natural (assim a tribo de Manassés aparecia em ambos os lados), define o território conquistado por Josué; essa perspectiva reflete a administração assíria na Palestina nos séculos VIII e VII a.C.

Assim, com toda probabilidade, a narrativa da conquista reflete o interesse da casa de Davi no governo deles sobre Judá, e foi provavelmente formulada naquele tempo. Após a queda de Samaria em 722, a casa de Davi reviveu sua reivindicação ao território de Israel, que se tornou um dos principais componentes das reformas centralizadoras tanto de Ezequias como de Josias. A narrativa da conquista em suas histórias da soberania davídica, a base da chamada história deuteronomista, reflete o seu conceito de como um herói monárquico uma vez conquistou — e agora poderia reconquistar — a Canaã de uma vez por todas supostamente debaixo da soberania davídica.

O relacionamento entre Josué e Josias é sugerido próprio caráter real de Josué: ele sucede Moisés como se por uma sucessão dinástica; sua responsabilidade segue a forma de uma instalação da realeza (Js 1:1-9), em que a promessa à nação (Js 11:24-25) é concentrada num único comandante (Js 1:5); ele estuda a lei dia e noite que é prescrita para o rei (Dt 17:18-19; Js 1:7-8); ele ordena uma obediência absoluta sob pena de morte; e ele supervisiona a redistribuição da terra conquistada aos seus seguidores. O historiador deuteronomista usa a expressão "não te desvies dela [lei], nem para a direita nem para a esquerda" com respeito a unicamente Josué e Josias (Js 1:7; 23:6; 2Rs 22:2), e a frase "livro da lei" com respeito unicamente a Josué e Josias (Js 1:8; 2Rs 22:8, 11; cf. 14:6). Igualmente importante, a conquista começa com a recapitulação e a comemoração da Páscoa (Js 3:1-5:12), que é não é comemorada novamente, de acordo com a história, até que Josias a reinstitui como o clímax de sua reforma, seguindo a prescrição da lei recentemente descoberta (2Rs 23:21-23). *Ver* COLONIZAÇÃO: ARQUEOLOGIA.

Bibliografia. M. D. Coogan, "Archeology and Biblical Studies: The Book of Joshua", em *The Hebrew Bible and Its Interpreters*, ed. W. Propp, B. Halpern, e D. N. Freedman (Winona Lake, 1990); I. Finkelstein e N. Na´aman, eds. *From Nomadism to Monarchy* (Washington, 1994); R. D. Nelson, "Josiah in the Book of Joshua", *JBL* 100 (1981), 531-40; L. L. *Rowlett, Joshua and the Rhetoric of Violence.* JSOTSup 226 (Sheffield, 1996); J. Van Seters, "Joshua´s Campaign of Cannan and Near Eastern Historiography", *SJOT* 2 (1990), 1-12; K. L. Younger, Jr., *Ancient Conquest Accounts.* JSOTSup 98 (Sheffield, 1990).
[ROBERT B. COOTE]

CONSAGRAR Dedicar ou ordenar uma pessoa para um ofício sagrado (p.ex:, Êx 29:33; Lv 16:32) ou um objeto para propósitos sacros (p.ex:, 2Cr 31:6; Ez 43:36). *Ver* SANTIFICAR, SANTIFICAÇÃO.

CONSCIÊNCIA Aquela qualidade da consciência humana que permite que alguém seja cônscio das categorias morais e imorais do pensamento e da conduta.

O hebraico não tem nenhuma palavra específica para consciência, embora algumas traduções modernas assim traduzem a heb. *lēb*, "coração" (1Sm 25:31). Uma possível razão para essa ausência é a perspectiva dos escritores hebreus de que a consciência moral de uma pessoa não é uma categoria psicológica autônoma na personalidade; antes, a consciência moral é um desejo de obedecer aos mandamentos do Deus Yahweh (Dt 30:14; Ec 12:13b). No pensamento hebreu, a identidade moral de uma pessoa encontra seu significado na relação com a natureza moral dos mandamentos de Yahweh para a comunidade da fé, não a autorreflexão ou introspecção (Sl 1:1-3; 16:7-8; 24:4 [TM 5]; 40:8 [9]; 119:11. Temor pelo Senhor é o começo da sabedoria moral (Jó 28:28; Sl 111:10; Pv 9:10; Sir. 1.11-30).

A B C D E F G H I J K L M N O P Q R S T U V X Y Z

Em Sabedoria 17.11, um texto que tem importância para o entendimento de diversas ocorrências do termo "consciência" no NT refere-se à consciência do mal moral. Esse uso sugere um entendimento helênico da natureza autônoma do processo de tomar decisões morais. Enquanto no AT as decisões morais de uma pessoa são respostas à vontade e à Palavra de Yahweh, em Sabedoria 17.11, as decisões morais más e autônomas de uma pessoa resultam num péssimo caráter moral. E tais decisões morais — sejam boas ou más — não são unidas necessariamente à vontade de Yahweh.

O uso que Paulo faz de "consciência" (gr. *syneídēsis*) em 1Corintios 8:7-13; 10:25-30 é significativo para o entendimento da evolução do significado do termo na literatura pós-paulina e na cultura ocidental. No debate se um cristão deveria comer comida oferecida a ídolos, Paulo usa "consciência' como equivalente prático dos "deveres autoimpostos", "escrúpulos", ou mesmo "consciência perceptiva". A origem da consciência, portanto, variaria de acordo com a ideologia do crente, e Paulo não limita o termo a uma consciência má somente.

Em outro lugar, Paulo eleva o termo a um nível da autoconsciência, pensamentos, conhecimento, e atos de uma pessoa em relação ao senhorio de Cristo (Rm 2:15; 9:1; 2Co 1:12; 4:2; 5:11). Os usos que o NT faz do termo na literatura não-paulina imitam a aplicação de Paulo do termo para a perspectiva moral da autoconsciência de um cristão (At 23:1; 1Tm 1:5, 19; 2Tm 1:3; Tt 1:15; Hb 10:22; 13:18; 1Pe 3:16, 21). A relação da autoconsciência moral (p.ex. consciência)com o Cristo ressurreto é uma identificação ideológica que teve implicações de longo alcance para uma cosmovisão ocidental.

Bibliografia. C. A. Pierce, Conscience in the New Testament. *SBT* 15 (Londres, 1955); K. Stendahl, "The Apostle Paul and the Introspective Conscience of the West", *HTR* 56 (1963, 199-215. [BENNIE R. CROCKETT, JR.]

CONSELHEIRO Os conselheiros (heb. *yōʿēṣ*) ocupavam um lugar regular nas cortes dos reis israelitas (Is 3:3; Ed 7:14-15, 18). A posição deles era talvez similar em poder ao próprio rei, como está sugerida pela justaposição de "reis e conselheiros" (Jó 3:14; 12:17-18; Mq 4:9). A corte de Davi tinha dois conselheiros: Aitofel e Husai. O conselho de Aitofel (heb. *ʿēṣâ*) gozou de reputação tão extraordinária que ele foi assemelhado a um oráculo do céu (2Sm 16:23). Era sábio para o rei empregar uma "multidão de conselheiros" para aconselhá-lo em questões de segurança nacional (Pv 11:14; 15:22) e de guerra (20:18; 24:6). O tolo ignora o conselho e produz ruína (Pv 1:25, 30), ou segue o conselho errado (1Rs 12:6-14). O faraó do Egito (Is 19:11) e Nabucodonosor na Babilônia (Dn 3:2) também tinham conselheiros. Artaxerxes da Pérsia tinha sete conselheiros (Ed 7:14), correspondentes aos "sete príncipes da Pérsia e e dos medos" consultados por Assuero (Et 1:14).

Fora da corte, pais (Pv 1:8), anciãos (Ez 7:26), profetas (Jr 38:15; 2Cr 25:16), e homens sábios (Jr 18:18; 49:7) tipicamente agiram como conselheiros. Deus é um conselheiro (Sl 16:7; 32:8; 33:11; 73:24), e a lei e o testemunho de Deus são personificados como conselheiros do povo (119:24). Deus não procura nenhum conselho, e ninguém pode aconselhar Deus (Is 40:13-14). Deus prometeu à dinastia davídica uma "maravilhoso conselheiro" (Is 9:6 [TM 5]), sobre quem desceria o "Espírito do Senhor [...] O espírito de conselho" (11:2). [DANIEL GROSSBERG]

CONSOLAÇÃO Tem a ideia de amor, preocupação, e conforto que se estende a alguém em tempo de necessidade. A raiz hebraica *nāḥam* é traduzida como "consolar", "encorajar", "confortar", e pode aparecer conectada às relações sexuais (Gn 24:67; 2Sm 12:24; Rt 2:13), ao vinho (referido pela associação do nome Noé com *nāḥam*, "trazer alívio" da terra; Gn 5:29; 9:20), visitas e dons (Jó 42:11), ou simplesmente pela presença de alguém (Lm 1:2, 9, 16). Deus consola como bom pastor (Sl 23:4) ou através de promessas (119:50, 76, 82). Alguém pode permanecer consolado mesmo durante a aflição (Jó 6:10; Sl 94:19), ou esperar que Deus o "conforte" novamente (Sl 71:21; 135:14). Em ira, Deus pode reter compaixão (Os 13:14) e deixar Jerusalém sem qualquer conforto para ela (Lm 1:17, 21), mas após a devida punição a consolação divina retornará (Is 12:1; Jr 31:13). Esse pensamento vai profundamente enraizado no Deutero-Isaías (Is 49:13; 51:3, 12; 52:9) e no Trito-Isaías (66:13).

O verbo grego "consolar" é *parakaléō*; o substantivo formado dele é *paráklēsis* e *paráklētos*, que pode significar "consolação", "encorajamento", e "advogado". No NT Simeão esperava a "consolação de Israel" (Lc 2:25), a era messiânica (cf. Is 61:2). Os ricos recebem a sua "consolação" aqui na terra (Lc 6:24); em contraste, Lázaro foi "confortado" no seio de Abraão (16:25). As bem-aventuranças prometem que os que choram "serão consolados" por Deus (Mt 5:4).

Paulo foi "encorajado" por outros (1Ts 3:7; 2Co 7:4) e pediu-lhes que encorajassem "uns aos outros" (1Ts 4:18), observando que a capacidade de consolar outros vem do "Deus de toda consolação" (2Co 1:3-4; cf. Rm 15:5; 2Ts 2:16-17), em Cristo (Fp 2:1).

Jesus tinha prometido enviar outro "Advogado", o Espírito da verdade (Jo 15:26; 16:7), também enviado pelo Pai (14:16-17), para habitar nos discípulos e guiá-los. O próprio Jesus permanece um "Advogado" junto ao Pai (1Jo 2:1). [JOSEPH F. WIMMER]

CONSOLADOR *Ver* PARÁCLITO.

CONSTELAÇÕES Arranjo arbitrário de estrelas numa área dos céus (heb. *kesilim*). Em sua forma singular, refere-se também à constelação de Orion (Jó 9:9; 38:31; Am 5:8; cf. Is 13:10). A identificação do Sete-Estrelo com o hebraico *kîmâ* é também relativamente certa (Jó 9:9; 38:31; Am 5:8). Contudo, a identificação de *as* (Jó 9:9) ou *'ayiš* (38:32) é incerta. Pode se referir a Arcturo, Ursa Maior ou Hiades. O hebraico *mazzārôṯ* é também uma estrela ou constelação cuja identificação é desconhecida (Jó 38:32). De acordo com Isaías, as constelações e estrelas não brilharão no dia de Yahweh (Is 13:10).

Os sacerdotes do *mazzālôṯ*, que foram retirados do templo por Josias, podem se referir aos sacerdotes das constelações (2Rs 23:5). Entretanto, os *mazzālôṯ* podem ser tomados, seguindo o ac. *manzaltu*, como os sinais do zodíaco. [WILLIAM D. MATHERLY]

CONVERSÃO A noção de conversão como "arrependimento" de Israel diante de uma falha em obedecer às ordens divinas surgiu na pregação dos profetas do século VIII. Em Amós, que pregou contra pecados específicos; em Oseias, que apontou a teimosia e a prostituição de Israel, a palavra heb. *šûḇ* foi usada com o sentido de "retornar" (a Deus). O termo comunica movimento e se cinge de uma gama de significados ("retorno, volta, regresso"). Adequadamente, Jeremias fez uso dele nos contextos de pacto para permitir que *šûḇ* portasse um significado duplo de mudança de lealdade da parte seja de Israel ou de Deus, um em relação ao outro. Para Jeremias, o termo poderia se referir tanto à apostasia como ao arrependimento, e um povo que uma vez havia se apartado de Deus poderia também ter uma mudança de coração e manifestar a nova realidade interior por "se arrepender". Ezequiel e o deuteronomista em geral expressaram o convite profético de um modo negativo ("volta do mal"), mas Jeremias quase sempre tem orientação positiva ("volta para Deus"). Para Jeremias, a base essencial do arrependimento repousa não na humanidade, mas na real natureza de Deus como misericordioso. É essa rica visão do arrependimento, convidando Israel para mudar sua mente a respeito de Deus, que veio a caracterizar os conceitos de conversão do Novo Testamento.

Os Evangelhos abrem as suas narrativas do ministério de Jesus com João Batista pregando "batismo de arrependimento para perdão de pecados" (Mc 1:4). Mateus iguala a mensagem de João e Jesus como mensagens de arrependimento (Mt 3:2; 4:17), e o quarto evangelho retrata João Batista e Jesus simultaneamente conduzindo um ministério batismal (Jo 3:22-23; mas cf. 4:2). Em termos gráficos João Batista instou a conversão por causa da vinda de um julgamento apocalíptico (cf. Mt 3:10-12 = Lc 3:9, 17). Jesus, por contraste, parece ter tomado um curso mais compassivo, aliviando o tema do julgamento e realçando os temas do amor — especialmente da casa de Israel — que havia se tornado perdida ou (figurativamente) perecida (Lc 15:1-32).

Os eruditos perguntam se o próprio Jesus passou por uma "conversão" ou sugerem que o aspecto escandaloso da conduta de Jesus repousa em sua comunhão com pecadores sem chamá-los a se arrependerem de seu modo de vida. O tema da "conversão", nessa última visão, seria uma retroação em seu ministério pela igreja primitiva (compare "eu vim não chamar justos, mas pecadores ao arrependimento" em Lucas 5:32 com a formulação mais curta em Mc 2:17; Mt 9:13). Contudo, a preponderância do testemunho de todos os níveis (período de Jesus, a igreja, os evangelistas) e formas da tradição de Jesus (bem-aventuranças, parábolas, gestos de cura, ações proféticas) mostra Jesus exigindo uma mudança de perspectiva a respeito do que Deus estava fazendo através do seu ministério. Jesus enfatiza a necessidade de atenção ao seu ensino sobre uma mudança de vida. As manifestações de conversão são descritas sob uma variedade de figuras tais como "tornar-se como criança" (Mt 18:3), ser "nascido de cima/de novo" (Jo 3:3), e "renascer" (1Pe 1:3).

Visto que Paulo caracterizou a conversão dos gentios da seguinte maneira: "e como vos convertestes dos ídolos a Deus, para servirdes ao Deus vivo e verdadeiro" (1Ts 1:9), alguns preferem descrever sua própria orientação no caminho de Damasco (At 9:1-22; cf. Gl 1:15-22) como uma "vocação". Na parênese de Paulo, grande ênfase recai sobre a mudança radical que veio aos crentes por sua associação com a morte e ressurreição de Jesus no batismo após a conversão (Rm 6:1-11).

No NT, a natureza definitiva da conversão é acompanhada de exortações para permitir "o fruto do Espírito", que habita nos discípulos para se tornar manifesto na vida deles (Gl 5:22-26). A salvação dada por Deus deve ser "desenvolvida com temor e tremor" (Fp 2:12). A expressão cristã da vida mudada inclui a humildade, o compartilhar dos bens (Lc 19:8; At 2:42-47) e a imparcialidade nas distinções humanas, como as que existem entre ricos e pobres (Tg 2:1-7).

As Escrituras cristãs contêm uma variedade de conceitos com respeito à natureza contínua da conversão. Os crentes são instados a permanecerem firmes "porque é impossível restaurá-los novamente para arrependimento aqueles que uma vez foram iluminados" (Hb 6:4-6). O Senhor Jesus glorificado se dirige às sete igrejas com a mesma chamada de "arrependimento" (Ap 2:1-3:22).

A B C D E F G H I J K L M N O P Q R S T U V X Y Z

Bibliografia. R. E. Clements, *Jeremiah. Interpretation* (Atlanta, 1988); W. L. Holladay, *The Root subh in the Old Testament* (Leiden, 1958); P. W. Hollenbach, "The Conversion of Jesus: From Jesus the Baptizer to Jesus the Healer", *ANRW* II.25.1, 196-219; A. D. Nock, *Conversion: The Old and New in Religion from Alexander the Great to Augustine of Hippo* (1933, reimpr. Baltimore, 1988); K. Stendahl, "Call Rather than Conversion", in *Paul Among Jews and Gentiles* (Philadelphia, 1976), 7-23. [TERRENCE PRENDERGAST, S.J.]

CONVOCAÇÃO Assembleia solene mencionada em conexão com os festivais de Israel e sempre seguida de ordem para não trabalhar. heb. *miqrā'-qōdeš* significa lit. "proclamação santa" ou "proclamação de um tempo santo" (2Rs 10:20; Lv 23:36; Nm 29:35; Dt 16:8).

Sete dias associados com este termo em Levítico 23: o primeiro e o sétimo dias de pão sem fermento (v. 4-8); semanas (v. 21); a festa das Trombetas, o primeiro dia do sétimo mês (v. 24); o dia da expiação (v. 27); e o primeiro e oitavo dias eram de santa convocação (v. 35-36). O sábado está também associado a esse termo (Lv 23:3). [MICHAEL D. HILDENBRAND]

COORTE Unidade militar romana (gr. *speíra*) composta geralmente de seiscentas pessoas (o tamanho poderia variar de quinhentas a mil) sob a liderança de um *chilíarchos*. As Coortes eram tanto regulares, isto é, um décimo de uma legião, ou auxiliares, não ligadas a uma legião. As Coortes auxiliares eram frequentemente divididas aproximadamente 4:1 entre infantaria e cavalaria; essas eram as unidades posicionadas nas regiões de fronteira e áreas remotas do império. Conquanto posicionadas por todo o império, as Coortes recrutariam gente da população local para suprir novamente a força deles (Josefo, *BJ* 2.13.7), tendo a cidadania como recompensa por vinte anos de serviço. Durante o reinado de Cláudio(41-54 d.C.), a prática ocasional de recompensar coortes que mereciam com a cidadania foi tornada procedimento padrão. Nenhuma tropa legionária ficou posicionada na Judeia desde 6 até 66 d.C. As unidades auxiliares posicionadas em Jerusalém funcionavam como tropas de guarnição e polícia militar (cf. Mt 27:27; Mc 15:16; João 18:3, 22; At 21:31).

As Coortes tinham nomes descritivos e honoríficos. A Coorte Italiana à qual o centurião Cornélio estava ligado (At 10:1), consistia de cidadãos romanos inicialmente recrutados na Itália e igualmente posicionados em Cesareia desde 41 a 44 d.C. As inscrições referentes às Coortes II Itálica também atestam que esta coorte estava posicionada na Síria, cerca de 69 d.C. A Coorte Augusta (*Cohors Augusta Sebasternorum*), à qual o centurião Julius estava ligado (At 27:1), é atestada por evidência epigráfica e Josefo como posicionada na Síria. A identidade e função dessa coorte têm sido debatidas. Alguns identificam Julius e sua coorte como *frumentarii*, oficiais especiais agindo como contatos entre o imperador e as províncias e como polícia imperial, mas esses deveres adicionais não são atestados anteriormente ao reinado de Adriano (117-138). No tempo de Atos 27, os *frumentarii* tinham somente o dever imediato de supervisionar o transporte de grãos para Roma.

Bibliografia. F. F. Bruce, The Acts of the Apostles, 3. ed. (Grand Rapids, 1990), 510-12; D. B. Saddington, "The Development of the Roman Auxiliary Forces from Augustus to Trajan", *ANRW* II.3 176-201; A. N. Sherwin-White, *Roman Society and Roman Law in the New Testament* (Oxford, 1963), 155-61. [DENNIS M. SWANSON]

COPEIRO Posição de prestígio nas cortes reais do antigo Oriente Próximo. O copeiro servia vinho (Gn 40:13), mas também o provava como proteção em caso de envenenamento. Um utensílio do século IX a.C. de 'En-gev está inscrito "os copeiros" e pode indicar uma quantidade de vinho que os copeiros traziam do depósito durante determinada ocasião. Em seu sonho da prisão, o copeiro serviu Faraó no copo suco de uvas frescas espremidas (Gn 40:11); José interpretou esse sonho como a restauração daquele copeiro à sua posição. Neemias tinha servido a Artaxerxes, rei persa, como copeiro antes de retornar para reconstruir sua terra após o exílio (Ne 1:11; 2:1). Jesus se tornou o copeiro como servo digno de confiança de seus discípulos quando Ele lhes ofereceu o cálice na última ceia (Mt 26:27). [CAREY WALSH]

CÓPTICO O último estágio de um ramo linguisticamente independente da família de línguas afro-asiáticas falado no Egito. Essa língua se espalhou desde a extremidade da Península Arábica até a costa noroeste do continente africano. Nos primeiros séculos do período cristão, experimentos foram feitos na escrita egípcia, como faladas naquele tempo, com o alfabeto grego. Este sistema de escrita, com sua estrutura linguística, é chamado cóptico. Popular no estágio final da escrita hieroglífica, ela era complicada, difícil de ler, e tinha uma sintaxe que não era mais falada. As vantagens do alfabeto grego, à disposição para um escritor bem formado, era a simplicidade, a aceitação, e a adição de vogais em lugar de um sistema consonantal estrito. O alfabeto grego, contudo, foi rearranjado para se adaptar à fonética do cóptico falado, e diversos fonogramas populares foram acrescentados para suprir os sons que não estavam no grego: s, f, h, j, c, ti, e em alguns dialetos, h. A linguagem cóptica, devido a diversas centenas de anos de helenização, também emprega um vocabulário razoável de derivação grega. O uso do cóptico declinou nos séculos seguintes após 640 d.C. quando se deu a conquista do Egito pelos árabes.

As sentenças cópticas caem em três padrões. As "sentenças nominais" consistem de predicado nominal mais pronome sujeito e são caracterizadas pela ausência do verbo "ser/estar". As "bipartidas" têm substantivo ou pronome como sujeito seguido de predicado consistindo de frase preposicional, advérbio, verbo infinitivo. As "tripartidas" têm, na ordem estrita, marcador de tempo, sujeito, e verbo, que são seguidos de objetos, modificadores ou outros elementos da sentença. Através de um sistema de tempos "secundários", negadores, e conversores, as sentenças cópticas são capazes de descrever uma gama ampla e sutil de expressão. Não obstante, o cóptico não usa diversos aspectos encontrados no grego, que deveriam ser lembrados quando se estuda os textos bíblicos e biblicamente relacionados, visto que estes são, na sua maioria, traduções do grego. O cóptico não possui gênero neutro, verdadeiros adjetivos, particípios, voz passiva, ou verbo "ter", e em outros aspectos, tais como a ordem das palavras, a tradução cóptica não adere à grega.

A codificação do sistema de escrita, tradução, e cópia dos textos está ligada, e é geralmente adjacente, com o desenvolvimento da igreja cristã no Egito e, nos séculos anteriores, com as escolas cristãs fora da igreja tais como a dos valencianos. A propagação do ensino religioso através de textos escritos resultou no uso de diversos dialetos, ao menos uns doze, se estendendo até o Vale do Nilo desde o delta até Teba. Por volta do século IV, saídico, o dialeto de cerca da metade do país, começou a dominar como "padrão" ortodoxo; a mais moderna obra de referência da linguagem cóptica emprega esse dialeto. A famosa biblioteca de textos de Nag Hammadi proporciona exemplos úteis desse estágio de transição. Desde o século VIII até o século XI, com a substituição gradual do cóptico falado pelo árabe e com a remoção do patriarcado para os monastérios do deserto ao sul de Alexandria, o dialeto dessa região, o boárico, foi preservado e ainda sobrevive, mas somente como linguagem litúrgica para a Igreja Ortodoxa Cóptica. "Cóptico" (*copt* é simplesmente uma pronúncia ao estilo árabe da palavra grega para "Egito") agora se refere geralmente ao Egito cristão, e os estudos cópticos incluem a linguística, arqueologia, liturgia, história e literatura.

Para o estudo da Bíblia, as versões cópticas dos textos do NT datam dos séculos III e IV. As versões cópticas de muitas passagens da LXX também existem, como também é importante a apócrifa do NT encontrada em Nag Hammadi, tais como o Evangelho de Tomé, assim como a pseudoepígrafa do AT, incluindo o Apocalipse de Elias. Com esses estão conjuntos interessantes da patrística, hagiógrafa, e literatura mágica em cóptico desde o começo do Egito cristão que nos fornecem uma descrição vívida das tradições registradas. [RICHARD SMITH]

COR Embora o termo abstrato "cor" não seja encontrado no AT e nem usado no NT, ambas as partes da Bíblia cristã descrevem várias cores. Athalya Brenner identifica cinco cores básicas mencionadas no AT: (1) vermelho (heb. *'ādōm*); (2) branco (heb. *lābān*); (3) preto (*šāḥōr*); (4) verde (*yārôq*); e (5) amarelo (*ṣāhōb*). Embora outros termos para cores sejam encontrados na Escritura (p. ex.,, púrpura), eles não se encaixam nos critérios para as cores básicas. Esses termos reúnem três características primárias: (1) monolexêmica (sem expressões tais como avermelhada); (2) importância exclusiva (não deve ser um termo que possa ser classificado sob uma cor mais ampla); e (3) aplicabilidade irrestrita (a cor tem uma aplicação universal; ela não é restrita a uma classe estrita de objetos). Dos cinco principais termos de cores, os três dominantes são vermelho, branco e preto.

O branco é o termo usado mais frequentemente, e não somente descreve a cor de um objeto (cabelo em Lv 13), mas também tem uma significação simbólica. Ele indica riqueza (Gn 49:12; Et 1:6), alegria (Ec 9:8), ou pureza (Ap 3:4; 7:9, 13-14). O branco não era uma cor natural em Israel; os alvejadores trabalhavam nos tecidos naturais para produzir a cor.

O preto é usado para descrever a cor de objetos, tais como ovelha (Gn 30:32-33, 35, 40) ou cabelo (Ct 5:11), mas ele pode também simbolizar problema (Jó 3:5) ou juízo (2Pe 2:17; Ap 6:5). O vermelho é usado para descrever a cor da pele (Gn 25:25), o guisado (v. 30), e o sangue (2Rs 3:22). O vermelho também é usado simbolicamente para descrever a luxúria (Is 63:2) e a guerra (Ap 6:4). As tinturas de vermelho incluem termos como púrpura, escarlate, e carmesim. A púrpura, como símbolo de luxúria ou realeza (Et 8:15; Ct 3:10; Jo 19:2), era derivada do molusco morex ao longo da costa da Palestina, que dá nome à região — Canaã (a terra da púrpura). O escarlate e o carmesim são derivados de um inseto-fêmea conhecido como quermes e usado para descrever a cor do pecado (Is 1:18).

Frequentemente, há tendência de interpretar indevidamente a Escritura por atribuir significado simbólico a uma cor no texto. Os eruditos podem sugerir que as cores do tabernáculo — predominantemente azul, púrpura, e escarlate — têm algum significado profundo e espiritual ligado a elas. Entretanto, se o texto não faz alusão a um significado mais profundo, é melhor evitar essas interpretações.

Bibliografia. A. Brenner, *Colour Terms in the Old Testament*. JSOTSup 21 (Sheffield, 1982). [RICK W. BYARGEON]

CORÁ (heb. *qōraḥ*) **1.** Membro de um clã edomita, filho (Gn 36:14) ou neto (v. 16) de Esaú, listado como um dos chefes de Temã.

2. O filho mais velho de Izar (Êx 6:21-24; 1Cr 6:38 [TM 23]), um descendente de Levi, da divisão de Coate dos sacerdotes levíticos (1Cr 6:22 [7] o chama de Aminadabe). No período do deserto, os coraítas eram guardas da entrada da tenda do encontro (1Cr 9:19), cujas responsabilidades eles reassumiram no período pós-exílio. Eles também foram uma importante corporação de cantores no templo (2Cr 20:19).

O livro de Números mostra Corá e seus companheiros como paradigma de rebelião contra Moisés e o sacerdócio arônico durante a jornada no deserto (Nm 16; 26:9-11). Corá, Datã e Abirão, filhos de Eliabe, e Om, filho de Rúben, reuniram 250 líderes da congregação para protestar contra o privilégio arônico do sacrifício no altar. Eles aparecem perante Moisés e Arão para afirmar que toda a congregação é santa e não apenas os sacerdotes arônicos. Assim, a objeção deles não é somente contra a divisão entre grupos levíticos e o sacerdócio arônico, mas também contra qualquer divisão com relação à santidade entre a congregação e o sacerdócio. A rebelião de Corá representa, assim, o primeiro conflito laico-clerical em Israel. Para remediar a situação, Moisés sugere que Yahweh dê a solução para o conflito no dia seguinte. Corá e seus rebeldes devem se apresentar com incenso em seus incensários diante da tenda do encontro, onde Yahweh mostrará o incenso de quem será aceito, resolvendo, assim, a santa controvérsia. No dia seguinte, Corá e seu grupo chegam com seus incensários. Yahweh responde, fazendo com que o chão se abra, engolindo Corá, Datã, Abirão e suas famílias, mandando fogo para consumir os outros 250 companheiros. Na sequência, Yahweh ordena que os incensários de bronze queimados na rebelião sejam amoldados como revestimento do altar para advertência a todos os futuros desafios à hegemonia arônica. Quando a congregação vê o que Yahweh fez, começa a murmurar, o que causa mais problemas. Irritado, Yahweh manda uma praga entre eles, matando 14.700 pessoas. Finalmente, Moisés intervém, pedindo que Arão faça expiação pela congregação, o que põe fim ao horrendo episódio. Alguns têm sugerido que a história da rebelião de Corá é uma volta de controvérsias sacerdotais posteriores ao período de Moisés. Se verdadeiro ou não, o episódio adverte contra qualquer desafio ao sacerdócio aarônico.

3. Filho de Hebrom, sem parentesco com o Corá levítico ou edomita, listado entre os descendentes de Judá (1Cr 2:43).

4. Descendentes do Corá levítico. Os coraítas tinham o trabalho de guardas da entrada da tenda do encontro (1Cr 26:19), o trabalho de padeiros (9:31), e de compositores, que começou com Davi e continuou no serviço do templo durante o período pós-exílico (6:31; 9:19). São estes cantores coraítas que aparecem nos sobrescritos dos Salmos 42, 44-49, 84-85, 87-88.

Bibliografia. G. W. Coats, *Rebellion in the Wilderness* (Nashville, 1968); A. Cody, *A History of Old Testament Priesthood*. AnBib 35 (Rome, 1969). [JEFF H. MCCRORY, JR.]

CORAL Uma peça que vai do semitranslúcido ao opaco de calcário duro eliminado pelos pólipos de coral, um invertebrado marinho, frequentemente usado como uma joia (heb. *rā'môṯ*; Jó 28:18; Ez 27:16). A cor é mais frequentemente vermelha ou vermelho laranja, mas pode ser branca, creme, marrom, azul ou negra. O coral é um dos bens dados em pagamento aos mercadores de Tiro (Ez 27:16). Em Jó 28:18, ele é uma das muitas pedras de menor valor em relação à sabedoria. [MARTHA JEAN MUGG BAILEY]

CORAZIM (gr. *Chorazín*) Cidade que ficava na Galileia Superior, repreendida por Jesus pela falta de arrependimento, embora a cidade tivesse testemunhado seus milagres (Mt 11:21; Lc 10:13). Fontes rabínicas descrevem Corazim como cidade de tamanho médio, que tinha produção de trigo distintiva (b. *Menah*. 85a). A cidade prosperou no século II d.C., quando a região se expandiu com os refugiados da Rebelião de Bar Kokhba.

Khirbet Karâzeh (2031.2575), a cerca de 3 km a noroeste de Cafarnaum, foi primeiramente identificada como Corazim no meio do século XIX por C.W.M. Van de Velde. Uma sinagoga do século IV d.C. foi descoberta lá em 1926. O Departamento de Antiguidades e Museus de Israel conduziu escavações lá em 1962-65 e trabalho de restauração em 1982-86.

Bibliografia. Z. Yeivin, "Ancient Chorazin Comes Back to Life", *BARev* 13/5 (1987): 22-36. [STEPHEN J. ANDREWS]

CORBÃ (heb. *qorbān*; gr. *Korbán*) Termo referente a presentes religiosos reservados para Deus. O presente poderia ser um animal para o sacrifício (Lv 1:2, 3, 10), uma oferta de vegetal (Lv 2:1, 5), ou um presente de metais preciosos (Nm 7:13; 31:50). Em Levítico, o termo distingue o animal separado do restante do rebanho (Lv 22:27) ou molho de grãos tirado das colheitas (23:14) como oferta ao Senhor, removendo assim essa propriedade dos seus usos mundanos. No NT, Jesus adverte a respeito da prática de propriedade declarada como "corbã" para evadir-se das responsabilidades para com os pais (Mc 7:11-13), uma estratégia que permitia ao possuidor evitar gastá-la para sustentar os pais em sua velhice, permitindo assim deixar de lado uma obrigação para com Deus. [DENNIS GAERTNER]

CORÇA DA MANHÃ Talvez nome de uma melodia ou de uma instrução musical semelhante (heb. *'ayyelet haššaḥar*), mencionada no sobrescrito do Salmo 22:2 (TM 1). A expressão sugere um tema comum dos Salmos, a ajuda de Deus ao necessitado (Sl 46:5 [6]).

CORDEIRO Carneiro com menos de um ano de idade (Lv 17:3-4; 1Sm 17:34; Is 11:6; 65:25). No Antigo Testamento, os cordeiros (heb. *keśeḇ*) são normalmente mencionados em relação ao sistema de sacrifício. Um cordeiro devia ser oferecido pela manhã e um ao anoitecer, continuamente (Êx 29:38-42; Nm 28:4). Um cordeiro tinha também de ser oferecido como oferta voluntária (Lv 22:23), um sacrifício queimado (Gn 22:7, 8), um sacrifício pacífico (Lv 3:1-7), uma expiação pelo pecado (Lv 5:6; Nm 6:12, 14), e anualmente, na Páscoa, para comemorar a libertação da escravidão egípcia (Êx 12:3, 5, 21). Às vezes, entretanto, a distinção entre a oferta queimada, pacífica e pelo pecado parece nebulosa (Ez 45:15). Sacrificar um cordeiro era parte também do ritual de purificação do leproso que tivesse sido curado (Lv 14:1-10, 24-25), e o primogênito do asno podia ser resgatado com um cordeiro (Êx 13:13).

O sacrifício de um cordeiro era um evento bastante comum para ser usado metaforicamente em relação ao sofrimento ou morte de um inocente em favor de outros (2Sm 12:1-6; o "servo sofredor", Is 53:7). Jeremias falou de si mesmo como um cordeiro levado para o matadouro (Jr 11:10) e Oseias falou de Yahweh alimentando Israel apóstata como [se alimenta] um cordeiro (Os 4:16).

No Novo Testamento, a palavra aparece somente em duas passagens fora do livro de Apocalipse. Atos 8:32, 33 cita a passagem do "servo sofredor", e 1Pedro 1:19 usa um cordeiro como metáfora com relação ao sacrifício de Cristo. O uso de João em Apocalipse é semelhante. Ali o cordeiro (gr. *arníon*) é o Cristo crucificado, ressurreto, exaltado e vitorioso (Ap 5:6, 8, 12, 13; 6:1, 16). [JOE E. LUNCEFORD]

CORÉ (heb. *qōrē'*, *qôrē'*) **1.** Levita da descendência de Corá; antepassado dos porteiros do templo, Salum (1Cr 9:19) e Meselemias (26:1).

2. Levita; filho de Imná (2Cr 31:14). Foi nomeado por Ezequias como guarda da porta leste do templo (a porta do rei) e era encarregado de repartir as ofertas voluntárias.

CORÍNTIOS, PRIMEIRA CARTA AOS Uma das cartas canônicas que Paulo escreveu aos cristãos de Corinto. Embora chamada de 1Coríntios, ela não é a carta mais antiga, pois Paulo escreveu uma carta anterior a essa (havia também uma carta da igreja a Paulo), que não foi preservada. O caráter da carta a tornou uma das fontes fundamentais para uma descrição social dos "primeiros cristãos urbanos".

AUTOR, PROCEDÊNCIA, DATA. Os autores são Paulo, apóstolo aos gentios, e Sóstenes (1Co 1:1; cf. At 17:17?), a respeito de quem nada é conhecido. A carta foi enviada da Ásia (1Co 16:19), provavelmente de Éfeso. A data é menos certa: a maioria sustenta uma data "tardia", baseada na cronologia de Atos que coloca a primeira visita de Paulo a Corinto no tempo de Gálio (aprox. 51/52 d.C.) e 1Coríntios aprox. 53/55. Uma minoria sustenta que o livro de Atos é confuso a respeito do encontro com Gálio como na primeira visita, que a primeira visita de Paulo a Corinto foi "antes" (41:42), e que 1Coríntios foi escrita entre 46 e 49.

CORINTO. A cidade de Corinto é bem conhecida por meio de escavações feitas desde o século XIX. A informação sobre Corinto e suas cercanias no período romano é muito rica e proporciona um contexto geral e específico para o entendimento da carta, incluindo a situação econômica da região. Alguns aspectos das escavações têm ajudado significativamente na interpretação das atividades de Paulo e da comunidade de Corinto: salas de refeição para comidas cúlticas, inscrições de obras de caridade (por Erasto; Rm 16:23), evidência de sinagogas, mercado de comida, casas dos ricos, portos e estradas.

OCASIÃO. Após sua primeira longa visita a Corinto, durante a qual a comunidade cristã foi estabelecida, Paulo foi a Éfeso e a Ásia, de onde escreveu uma carta a Corinto (a "carta anterior"; 5:9-13), tratando firmemente dos padrões de conduta da comunidade, talvez argumentando pela concordância dos coríntios com respeito ao decreto apostólico de Atos 15. Essa carta primeira (um fragmento da qual pode ser visto em 2Coríntios 6:14-7:1) lembrada tanto por carta como por mensagens orais como respostas (5:1; 7:1, 25; 8:1; 12:1; 16:1, 12; cf. também 15:1; 11:2). A partir dessa informação, pode ser feita uma reconstrução da carta de Paulo aos Coríntios e da carta anterior de Paulo. É óbvio que os coríntios sentiram muito a respeito de vários problemas e levantaram uma série de questões.

A carta que chamamos 1Coríntios é a resposta de Paulo. As comunicações anteriores fizeram Paulo sentir necessidade premente de instruir aos Coríntios detalhadamente sobre assuntos de conduta e prática cristãs: sexo, queixas, casamento, noivado, virgindade, comida, apoio apostólico, dons espirituais, ressurreição, apoio para as igrejas de Jerusalém, mesmo uma visita de Apolo. As condições em Corinto envolviam incerteza e confusão ao menos, dissensão e oposição na pior das hipóteses. A ocasião era, portanto, difícil para Paulo: como responder à informação que havia obtido de Corinto? O "tom" de 1Coríntios reflete essa ambivalência, em alguns pontos ásperos (sua caligrafia, 16:22; apelo no preâmbulo, 1:10; admoestação, 4:14 e 21), e em outros pontos Paulo é moderado e obsequioso.

Partidos e oposição. O tom mais intenso é encontrado especialmente na discussão a respeito de querelas e divisões (1:10-4:21), que começa com a identificação sugestiva de alguma coisa semelhante a partidos: "Eu sou de Paulo [...] Apolo, Cefas [...] Cristo" (1:12). Conquanto Paulo rejeitasse a validade desses grupos, ele continuou a falar deles como se fossem realidade objetiva na situação de Corinto (3:4-5; 21-23; 4:6). Preocupações se configuram nos caps. 1—4 que podem ter ligação com esses grupos incluindo a questão do batismo, sabedoria, espiritualidade, maturidade, precedência, liderança e poder. Estas são diferentes das questões éticas dos caps. 5—16; essas envolvem qualificações de liderar e dirigir a congregação, intimamente ligadas aos rótulos partidários de 1:12 e enfatizados em 4:14-21. Em Corinto, havia questões a respeito do papel de Paulo como fundador e mestre (4:15-17; 3:1-3, 6-7, 10; 4:1-5; cf. também Romanos 16:17-20, escrito de Corinto); era igualmente uma questão de "apoio e poder".

A evidência de uma comunidade em problemas é forte, mas havia alguma oposição deliberada a Paulo? Várias sugestões têm sido dadas, usualmente são sugestões derivadas dos *slogans* colocados na carta ("é bom que o homem não toque em", 7:1; "todos somos senhores do saber", 8:1; "sabemos que o ídolo, de si mesmo, nada é no mundo", 8:4; "Todas as coisas são lícitas", 10:23; Jesus é anátema (12:3), ou de uma leitura dos conselhos de Paulo (que presumem que se Paulo argumentava alguma coisa, alguém estava argumentando contra ele). Algumas vezes é feito um esforço para ligar os *slogans* e os partidos e líderes, mas sem resultados convincentes; p. ex., alegações anteriores a respeito de uma oposição "gnóstica" a Paulo são raramente repetidas agora. Todavia, o tom e alguns dos detalhes sugerem que havia oposição; se é verdade, é mais provável que isso seja refletido no corpo da carta (caps. 1—4) do que nos conselhos éticos (caps. 5—16), porque essa questão é mais diretamente tratada na primeira e principal seção, na qual a liderança rival é discutida.

Intimamente ligada a essa questão está a análise de quais tinham sido os líderes que atuaram em Corinto. Paulo, Sóstenes e Apolo certamente tinham estado ali e foram vistos como líderes, embora Sóstenes não tenha sido parte do quadro exceto como coautor da carta; Cefas/Pedro provavelmente tinha estado em Corinto, visto que alguns o viam como figura importante para o grupo; Timóteo havia representado Paulo (4:17; 16:10; cf. Rm 16:21), e Tito estava para fazer isso se já não tinha feito (2Co 2:13; 8:16; 12:18); Cloe (1:11) exerceu alguma função, como Estéfanas, Fortunato e Acaico (16:15, 17, 1:16); provavelmente Crispo e Gaio (1:14; cf. Rm 16:23) foram influentes dentro da comunidade; e sem dúvida Erasto também (Rm 16:23); Áquila e Priscila (16:19) além de Silvano (2Co 1:19) tiveram algum papel no começo da igreja. A lista é longa, menor apenas que a lista mais complexa de Romanos 16:1-16. Entre os que trabalhavam na igreja em Corinto estavam algumas ricas, que tinham poder e *status*, pessoas acostumadas à honra e à deferência, que agiram como benfeitores e colhiam o prestígio. Enquanto algumas das pessoas conhecidas como líderes ativos em Corinto eram muito ligadas a Paulo (Sóstenes, Timóteo, Tito, Áquila e Priscila), nem todas o foram; se houve oposição a Paulo, essa atitude foi provavelmente centrada na liderança de uma ou mais dessas pessoas, caso em que Apolo e Cefas/Pedro encabeçam a lista.

Análise literária e retórica. Uma ampla variedade de teorias de divisão foi desenvolvida, argumentando a partir de repetições, sobreposições, junções e planos de viagem conflitantes. Ninguém ordenou um amplo consentimento; o conceito usual é que 1Coríntios (possivelmente com uma ou duas interpolações: 14:34-35?) é uma unidade. Há duas principais abordagens para a análise da estrutura e da unidade da carta. Uma usando um modelo de escrita da carta, que argumenta que 1Coríntios seja uma resposta sequencial a tópicos orais e escritos — tópicos levantados com Paulo pelos coríntios e refletidos nos caps. 5—16 — cercados por elementos típicos de cartas. A outra, baseada nas convenções de retórica da antiguidade, argumenta em favor de uma carta unificada, de persuasão com sua própria lógica interna, uma retórica controlada por Paulo, não pelos recipientes. Ambas as abordagens chegam à mesma conclusão sobre a unidade da carta, embora elas se movam em direções diferentes com respeito ao propósito de Paulo: num caso ele adota uma "retórica de reconciliação"; no outro, a carta é basicamente uma defesa da tentativa de Paulo de trazer os coríntios a uma conformidade com o decreto apostólico, argumentando que a tensão existente derivava daquela decisão.

Questões importantes em Corinto. A matéria mais divisora é a da liderança (1:10—4:21), tópico sobre o qual Paulo apela diversas vezes (1:10; 4:16), ameaçando (4:19-21), ficando na defensiva (2:1-5), condescendendo (3:1-4), e sendo sarcástico (4:8-13). Seu principal objetivo é reivindicar sua precedência na fundação da igreja, para minimizar os papéis de outros, de Apolo em particular, e para instar a igreja a evitar divisões. Muita atenção é dada ao sexo (caps. 5—7), a respeito do qual Paulo ouviu tanto oralmente (5:1) como de forma escrita (7:1). Os tópicos incluem um relacionamento incestuoso, um processo civil, um recurso continuado às prostitutas (sagradas?), disputas conjugais, divórcio, noivado, e virgindade. Paulo também enfatiza a questão da comida (caps. 8—10), tratando da comida oferecida aos ídolos e das questões sacrificiais, com uma defesa de suas próprias práticas de apoio (ambos, comida e dinheiro). Esse enfoque muda as preocupações sobre a adoração comunitária (caps. 11—14): código de vestimenta de homens e mulheres, aberrações na observância da ceia do Senhor; e o uso de dons espirituais, especialmente o mais proeminente dos dons extraordinários que é o falar em línguas. Um interesse particular é a atitude de Paulo com respeito às mulheres, enfocando principalmente 11:2-16 (papel das mulheres na adoração), mas envolvendo também as questões mais gerais da "igualdade" sexual das mulheres (cap. 7) e seu lacônico comentário em 14:33b-36 a respeito das mulheres deviam falar ou não nas reuniões — essa última passagem frequentemente é vista como uma interpolação.

A única questão doutrinária que Paulo trata é a da ressurreição dos mortos, sobre a qual há discordância na congregação (esp. 15:12-19). O cap. 15 levanta a questão mais geral do conhecimento de Paulo e do uso das tradições de Jesus: tradição da morte e ressurreição de Jesus (15:3-7); tradição da Última Ceia (11:23-26); mandamentos do Senhor sobre o divórcio e o apoio apostólico (7:10; 9:14; cf. 11:2). As implicações da compilação dos materiais relacionados a Jesus em 1Coríntios são ainda debatidas: era mais importante em Corinto, comparado com outras comunidades, porque alguns líderes tinham relações próximas com Jesus? Finalmente, Paulo descreve os seus planos de viagem e os de Timóteo, tratando principalmente das reuniões e do transporte das coletas para suprir a fome que assolava a igreja em Jerusalém, mas também incluindo uma alusão à recusa de Apolo de retornar a Corinto (16:1-12; cf. 4:18-21).

Importância. Uma preocupação continuada e sábia com 1Coríntios deriva-se de diversos fatores: (1) É um recurso básico para as descrições da ética de Paulo e algumas de suas ênfases teológicas; (2) Em nenhum lugar as tensões dentro do cristianismo primitivo são vistas mais claramente do que nesta carta; elas incluem não apenas assuntos de partidos e divisões, mas também questões como status social, proteção, riqueza, escravidão, e poder; (3) Muitos estudos enfocam as dimensões pastorais do relacionamento de Paulo com a comunidade; (4) A carta serve como uma parte integral de uma análise diacrônica ou longitudinal de questões em uma igreja num período de quase cinquenta anos (até 1Clemente na metade dos anos 90) e ainda envolvendo um número substancial de troca de cartas, o que mostra uma contínua preocupação com as divisões (1Clem 1.1; 3.1-4; 9.1) e mudança de dinâmica. Em suma, uma leitura cuidadosa de 1Coríntios permite um senso vívido da difusão do cristianismo, dos relacionamentos variados de Paulo e de suas congregações, da independência de pensamento de Paulo, e da gama de figuras que emergiram no desenvolvimento do cristianismo primitivo.

Bibliografia. J. K. Chow, *Patronage and Power: A Study of Social Networks in Corinth.* JSNTSup 75 (Sheffield, 1992); A. D. Clarke, *Secular and Christian Leadership in Corinth.* AGJU 18 (Leiden, 1993); J. C. Hurd, *The Origin of 1Corinthians*, 2a. edição (Macon, 1983); L. A. Jervis e P. Richardson, eds., *Gospel in Paul.* JSNTSup 108 (Sheffield, 1994); W. A. *Meeks, The First Urban Christians* (New Haven, 1983); M. M. Mitchell, *Paul and the Rhetoric of Reconciliation* (Tübingen, 1991); J. Murphy-O´Connor, *St. Paul´s Corinth* (Wilmington, 1983); G. Theissen, *The Social Setting of Pauline Christianity* (Philadelphia, 1982).
[PETER RICHARDSON]

CORÍNTIOS, SEGUNDA CARTA AOS Parte da correspondência de Paulo com os cristãos na capital da Acaia romana.

A carta de 2Coríntios é a mais pessoal das cartas de Paulo, todavia também é a de mais difícil interpretação. Em termos da teoria da epistolaria antiga, ela é uma carta mista; contém não apenas estilo literário e retórico, mas vários estilos e elementos diferentes, inclusive ironia, autodefesa, autocongratulação, repreensões, ameaças, ataques, contra-ataques, orações, apelos e exortações. O documento também parece desarticulado. Por exemplo, 6:14-7:1 parece ser uma digressão que interrompe o apelo que começa em 6:11-13 e recomeça em 7:2-4. Todavia, 6:11-7:4 parece pertencer a uma digressão muito mais longa que começa em 2:14. O documento também contém duas discussões longas sobre a coleta para a igreja de Jerusalém (caps. 8—9), com a segunda começando de um modo que parece ignorar a discussão precedente (9:1). O tom do documento também varia consideravelmente. No cap. 7, p. ex., Paulo está alegre e conciliatório, expressando confiança nos coríntios e louvando o arrependimento e a obediência deles. Como contraste, em 10-13, Paulo é irônico e argumentativo, temeroso a respeito da devoção dos Coríntios a Cristo e os castiga por sua impenitência e desobediência. Tais digressões, repetições, e diferenças em tom e estilo têm levado alguns eruditos a concluir que 2Coríntios é um documento composto por fragmentos de ao menos duas ou talvez de cinco cartas.

Conclusões díspares a respeito do número de cartas contidas em 2Coríntios têm levado a diferentes reconstruções da história do contato e da correspondência de Paulo com a igreja de Corinto. Essa igreja foi fundada por Paulo, com a assistência de Silvano (Silas) e Timóteo, em sua chamada segunda viagem missionária por volta de 50 d.C. (1:19; At 18:1-17). De acordo com Atos 18:11, essa visita inicial a Corinto durou cerca de 18 meses, durante os quais ele escreveu 1Tessalonicenses e 2Tessalonicenses. Depois de sua partida de Corinto, Paulo viajou em direção ao leste para Éfeso na Ásia Menor (At 18:18-21), que estava para se tornar o foco de seus esforços evangelísticos em sua terceira viagem missionária (19:1). Todos os contatos subsequentes de Paulo com a igreja de Corinto derivam desse último período, que durou por volta de três anos (At 20:31). Esse contato inclui ao menos quatro cartas a Corinto (1Co 7:1), duas viagens subsequentes de Paulo à cidade (2Co 2:1; 12:14; 13:1-2; At 20:2-3) assim como outras viagens feitas a Corinto por seu enviado Timóteo (1Co 4:17; 16:10-11) e Tito (2Co 7:6-7; 8:6; 12:18), e ao menos duas viagens em direção a Paulo feitas pelas pessoas que viviam em Corinto ou que tinham visitado a cidade (1Co 1:11; 16:17).

A primeira carta de Paulo a Corinto tratou, ao menos em parte, da questão da associação dos crentes com a imoralidade sexual (1Co 5:9). Essa carta, usualmente conhecida como a Carta A ou a "Carta Anterior", é quase certamente perdida, embora alguns eruditos creiam que um fragmento esteja preservado em 6:14-7:1. Nessa carta, Paulo ordenou os coríntios a não se associarem com os membros da comunidade cristã que eram imorais sexualmente (cf. Ef 5:3-7), mas os coríntios entenderam que a separação ordenada pelo apóstolo se referia aos pagãos imorais. Paulo esclarece o significado que pretendia e se dirige a outro grupo de questões em sua segunda carta à igreja de Corinto, a canônica 1Coríntios (Carta B). Essa carta foi motivada por um relato oral a respeito da igreja de Corinto, vindo da família de Cloé (1Co 1:11) bem como o recebimento de uma carta vinda dos próprios coríntios (7:1), foi escrita de Éfeso, aproximadamente em 54 (1Co 16:8). Por volta da mesma época da Carta B, Paulo enviou Timóteo a Corinto, antecipando que seu cooperador retornaria em tempo de acompanhá-lo numa viagem da Macedônia a Corinto (1Co 4:17; 16:5-11). Exatamente o que acontece após o despacho de Timóteo e a Carta B não é claro, e todas as reconstruções desse período posterior do contato de Paulo com Corinto envolvem inferência e conjectura.

A maioria dos intérpretes supõe que Timóteo tenha voltado para Paulo em Éfeso com um relato perturbador a respeito da situação em Corinto. Os problemas presumivelmente envolveriam a continuação de algumas questões mencionadas na Carta B (12:20-21) assim como o surgimento de novos problemas. A situação era suficientemente séria para impelir Paulo a pospor ou mudar seus planos de viagem que ele havia anunciado em 1Coríntios 16:5, quando tinha dito que viajaria para Corinto via Macedônia. Ele agora viajaria diretamente para Corinto a fim de lidar pessoalmente com os problemas. Infelizmente, essa segunda visita foi um desastre. O que tornou a visita tão dolorosa para Paulo é desconhecido (2:1-5). A visão dominante é que alguns em Corinto, seja membro da congregação ou alguém de fora, confrontou Paulo e dirigiu-lhe algum insulto muito pesado que deu origem a questões muito sérias a respeito de sua autoridade apostólica. Alguns eruditos, entretanto, sugerem que o ofensor era o mesmo homem incestuoso de 1Coríntios 5; outros argumentam que o episódio doloroso envolvia dinheiro, ou seja, que alguém tinha acusado Paulo de desfalque ou de ter roubado dinheiro dele que havia sido depositado com o apóstolo para a coleta de Jerusalém.

De qualquer forma, Paulo deixou Corinto com os problemas por resolver. Ao invés de retornar a Corinto logo após, como havia pretendido anteriormente (1:15-16), o apóstolo escreveu uma carta carregada de emoção na qual tratou de forma decisiva da situação que se deteriorava rapidamente. Essa carta (Carta C), usualmente chamada de "Carta Severa" ou "Carta de Lágrimas" (2:3-4; 7:8-12), foi escrita na Macedônia (1:16) ou em Éfeso (para onde ele eventualmente voltou), e foi levada a Corinto por Tito. Após enviá-la Paulo começou a se preocupar com a maneira que seria recebido. Ele eventualmente deixou Éfeso e viajou para Trôade, onde esperava encontrar Tito e receber o relatório do seu cooperador. Cheio de tanta ansiedade que ele não podia nem mesmo tirar vantagem da oportunidade de evangelizar a cidade, deixou Trôade e foi para a Macedônia à procura de Tito (2:12-13). Quando eles finalmente se encontraram, Tito deu a Paulo as boas-novas a respeito dos efeitos salutares da Carta Severa (7:15-16). Consolado pelo relato de Tito, Paulo então escreveu uma quarta carta (Carta D), na qual expressou sua alegria e esclareceu os motivos que o haviam impelido a escrever a Carta C. Essa carta foi presumivelmente levada a Corinto por Tito.

O relacionamento das Cartas C e D com 2Coríntios é questão de controvérsia substancial da erudição. De acordo com a teoria que foi recentemente adotada por vários eruditos, a Carta C está perdida e a Carta D é a canônica 2Coríntios. A grande vantagem dessa teoria é sua simplicidade; todas as outras parecem mais conjecturas. A questão-chave é se tal hipótese pode adequadamente explicar os dados textuais ou se o texto em si mesmo exige explicação mais complexa. O problema mais sério conectado com essa ideia é a ruptura brusca entre os caps. 1—9 e 10—13. Alguns eruditos têm tentado explicar a ruptura argumentando que os quatro capítulos finais sejam uma peroração histórica na qual Paulo faz um poderoso apelo emocional aos coríntios. Contudo, a maioria continua a duvidar sobre se todas as diferenças entre os caps. 1—9 e 10—13 podem ser suficientemente explicados por essa análise retórica.

Uma segunda teoria coloca a mudança de situação para a composição dos caps. 10—13. De acordo com essa teoria, a Carta C está perdida e Paulo escreveu os caps. 1—9 após receber o relatório positivo de Tito. Antes de escrever os quatro capítulos finais, contudo, ele recebeu outro relatório indicando que a situação tão boa como Tito havia indicado ou que as coisas tinham mudado dramaticamente desde a partida de Tito. Esse novo relatório levou o apóstolo a mudar o tom de sua carta. 2Coríntios é, portanto, uma carta (Carta D), mas foi escrita com duas situações diferentes em vista.

A terceira teoria sustenta que os caps. 1—9 formavam uma carta separada (Carta D), que havia sido enviada após Tito ter dado o seu relatório positivo. Os caps. 10—13 são um fragmento de uma quinta carta (Carta E), escrita após Paulo ter recebido um novo relatório negativo. Uma variante dessa teoria sustenta que os caps. 1—8 são a Carta D, e o cap. 9 é o fragmento de uma carta separada a respeito da coleta (Carta E); nessa teoria, o enviado que levou a carta retornou a Paulo com as notícias a respeito dos terríveis desenvolvimentos em Corinto. Os caps. 10—13 são, assim, a Carta F, escrita em resposta a esse relatório perturbador.

Considerando todas as teorias previamente mencionadas a respeito da Carta Severa de Paulo como uma carta perdida, a quarta teoria considera os caps. 10—13 como fragmento dessa carta. Os caps. 10—13 são, assim, a Carta C, escrita cronologicamente antes dos caps. 1—9 (Carta D). Nesse caso, a correspondência com Corinto termina com um tom feliz.

A mesma coisa é verdadeira para a quinta teoria que, contudo, é consideravelmente mais complexa. De acordo com essa teoria, a terceira carta de Paulo a Corinto não foi uma Carta Severa, mas uma carta em que o apóstolo defendeu-se das acusações feitas contra ele por seus oponentes. Essa carta, preservada (exceto por seus pré e pós-escritos epistolares) em 2:14-6:13; 7:2-4, é a Carta C. A falha dessa primeira apologia movida pela visita dolorida de Paulo a Corinto, fato que gerou a Carta Severa (Carta D), levou a uma segunda apologia que está quase inteiramente preservada nos caps. 10—13. Isso conduziu os coríntios ao arrependimento e fez com que Paulo lhes escrevesse a quinta carta (Carta E), uma carta de reconciliação contida em 1:1-2:13; 7:15-16 (e 13:11-13). Depois dessa reconciliação, Paulo escreveu outras duas cartas administrativas, ambas a respeito da coleta. Uma delas (Carta F, a Corinto) está preservada no cap. 8, e a outra (Carta G, a Acaia), no cap. 9.

De acordo com as cinco teorias, Paulo veio a Corinto não muito depois de escrever a última de suas cartas à igreja dali. Essa foi sua terceira visita, durante a qual ele escreveu sua carta aos romanos e finalizou os seus planos de viagem para Jerusalém com a coleta. O fato de ele querer deixar a área do mar Egeu indica que teve sucesso em se defender das acusações contra ele por seus oponentes, um grupo de missionários judeus cristãos (11:22-23) a quem ele repudia como falsos apóstolos (cap. 13). Se esses oponentes eram judaizantes, gnósticos, ou propagandistas judaico-helenistas é discutível, como também é discutível o tempo de sua chegada em Corinto. Qualquer que seja a teologia deles ou o tempo da chegada, eles agravaram os problemas que Paulo encontrou no seu trato com os coríntios. Embora esse tenha sido um tempo extremamente traumático na vida do apóstolo, as interações de Paulo com os coríntios e seus opositores deram forma e substância à totalidade da sua teologia.

Uma questão final é o relacionamento de 6:14-7:1 com a teologia de Paulo. Essa seção que interrompe o apelo de Paulo em 6:11-13 e 7:2-4, contém grande número de palavras não encontradas em outro lugar nas cartas de Paulo, além de afinidades com os Rolos do Mar Morto. Os que defendem a autoria de Paulo dessa seção oferecem diversas explicações, com algumas sugerindo que é um fragmento da "Carta Anterior" mencionada em 1Coríntios 5:9, e outros argumentam que é uma digressão em que Paulo deliberadamente usa uma linguagem incomum e altamente emocional para tratar um problema em Corinto. Outros ainda sustentam que a seção não seja de Paulo na sua origem, mas diferem com relação ao fato de o próprio Paulo ser o editor ou se um outro editor posteriormente tenha inserido tal porção na carta. Alguns outros consideram a passagem como originalmente antipaulina, refletindo a teologia dos oponentes de Paulo. Os continuados debates sobre isso e outras partes de 2Coríntios sugerem que esse documento continuará a receber atenção como uma das peças mais fascinantes da literatura cristã primitiva.

Bibliografia. P. Barnett, *The Second Epistle to the Corinthians*. NICNT (Grand Rapids, 1997); H. D. Betz, *2Corinthians 8 and 9*. *Herm* (Philadelphia, 1985); V. P. Furnish, *II Corinthians*. AB 32A (Garden City, 1984); R. P. Martin, *2 Corinthians*. WBC 40 (Waco, 1986); M. E. Thrall, *The Second Epistle to the Corinthians*, 1. ICC (Edimburgo, 1994); B. Witherington, III, *Conflict and Community in Corinth* (Grand Rapids, 1995).
[JOHN T. FITZGERALD]

CORINTO (gr. *Kórinthos*) Importante cidade que controla o istmo, conectando o continente grego à península do Peloponeso. Embora o seu "período dourado" tenha sido cinco séculos antes da visita de Paulo, Corinto havia desfrutado um retorno à proeminência e um ressurgimento de expansão durante o século I d.C.

Corinto teve papel de liderança na unificação das cidades-estado da Grécia no império (com planos de dominar o mundo) sob Filipe da Macedônia e seu filho Alexandre. Dois séculos mais tarde, Corinto foi líder na tentativa fracassada da Liga da Acaia que tinha o objetivo de frear a expansão do Império Romano na Grécia. Severamente danificada e punida em 146 a.C., na guerra contra Roma, Corinto foi restaurada a uma proeminência política e econômica por Júlio César em 44 e em 27 tornou-se uma capital de província. Novos colonos vindos de muitas áreas se juntaram aos da cidade procurando ganhar dinheiro nesse centro comercial.

A cidade foi importante para o governo romano como a capital da Acaia. Corinto era a residência do governador romano (diante de quem Paulo compareceu em 51 d.C., quando Lucius Junius Gallio era governador). Na Corinto romana, os velhos templos foram restaurados e aumentados, novas lojas e mercados foram construídos, novos suprimentos de água foram desenvolvidos e muitos edifícios públicos foram acrescidos (incluindo três prédios governamentais e um anfiteatro para talvez 14 mil pessoas). No século I, o mercado público de Corinto (fórum) era maior do que qualquer um em Roma. Todas essas melhorias sugerem que, quando Paulo visitou Corinto em aproximadamente 50 d.C., ela era a cidade mais bela, mais moderna e a mais industrial do seu tamanho na Grécia. Um frequente viajor, Aristides, comentou que se os concursos de beleza fossem feitos entre as cidades, assim como eram feitos entre as deusas, Corinto se equivaleria a Afrodite (isto é, a primeira).

Comércio. A geografia de Corinto determinava a sua importância comercial. A cidade estava assentada sobre um istmo estreito (5.5 km) conectando a parte superior do continente com o Peloponeso ("quase uma ilha"). Localizada entre o mar Egeu no leste e o Mar Adriático no oeste e no controle de dois grandes portos, Corinto adquiriu o apelido de "rica Corinto".

Havia boa agricultura, embora limitada, na região de Corinto. Todo o comércio terrestre que vinha da região mais alta para a região baixa passava por Corinto, e muita coisa do comércio marítimo entre Roma e o Império Oriental também passava por ali. A viagem ao redor da parte mais baixa da Grécia era muito perigosa, especialmente perto de Cabo de Maleia ("cabo do mal"). Portanto, a navegação frequentemente vinha através dos portos de Corinto, Cencreia (9.6 km a leste) e Licaônia (a 3 km a oeste).

Corinto também tinha algumas indústrias leves, manufaturando obras de bronze de alto valor, incluindo espelhos engenhosos polidos (cf. 1Co 13:12; 2Co 3:18). Os artesãos da cidade também faziam cerâmica e lâmpadas valiosas que eram exportadas ao redor do Mediterrâneo.

Religião. Cerca de dois séculos após a devastação de Corinto, feita por Roma, muitas das antigas religiões da área estavam novamente florescendo, e elas foram unidas por novas religiões trazidas pelos mercadores e soldados para esse centro comercial. Corinto era um lugar de "muitos deuses" e "muitos senhores" (1Co 8:5).

Talvez muito familiar aos estudiosos da Bíblia seja a adoração de Afrodite, cujo templo no alto da parte alta da cidade de Corinto (Acrocorinto), é infame pelas comentadas "mil prostitutas sagradas". Conquanto Afrodite fosse a patronesse da cidade, tal acusação moral nunca foi atestada. Ela se originou na propaganda feita por Atenas, e a imaginação concupiscente dos marinheiros deu a ela muita proeminência. Corinto não era melhor nem pior do que outras cidades portuárias. Afrodite era adorada em diversos locais na cidade e por muitas razões, incluindo a de ser patronesse dos marinheiros.

De igual fama em Corinto era o deus Poseidom, o senhor do mar (de quem a vida comercial de Corinto dependia) e o causador dos terremotos (um perigo frequente na área). Poseidom tinha um templo muito grande numa vila próxima onde os jogos bienais do Istmo eram realizados, menores somente que os Jogos Olímpicos de Delfos (cf. 1Co 9:24-25).

Havia também um templo dedicado a Esculápio, o deus da cura, e sua filha Higeia que incluía instalações para acomodação, banhos, piscina, e alpendres cobertos para os muitos que vinham ao templo procurar a cura (frequentemente as prescrições incluíam banhos e exercícios). Escavações na região encontraram um grande esconderijo de oferendas de terracota dedicadas a esse deus, deixadas por aqueles que vieram buscar cura. Essas cópias de barro de partes do corpo humano, que eram penduradas ao redor do templo por adoradores, poderiam ter dado um poder especial à imagem que Paulo usa da igreja como o "corpo" de Cristo em 1Coríntios.

O difundido culto grego de Demétrio e Kore também tinha um santuário no lado da Acrocorinto. Embora em declínio no período romano, um grande número de salas de jantar foi mantido. Elas eram adjacentes ao templo e seu teatro, e oferecem alguma luz a 1Coríntios 8:10. Essas salas eram usadas por alguns que sacrificavam no templo e convidavam seus amigos para refeições particulares nessas instalações.

Algumas novas religiões de Mediterrâneo oriental, incluindo o cristianismo, vieram à Corinto romana. Entre esses vários cultos de Ísis, de Serápis (uma religião egípcia baseada em mistério), da deusa frígia Cibele e o judaísmo. A famosa novela de conversão escrita por Apuleio, *Metamorphoseon Libri XI* (Onze livros da metamorfose), que louva os mistérios de Ísis, é parcialmente estabelecida em Corinto. A verga da porta de uma sinagoga judaica foi encontrada (embora ela seja do século IV). Tanto Atos como Fílon mencionam presença judaica na cidade.

CRISTIANISMO. A evidência mais antiga da presença do cristianismo em Corinto está, naturalmente, dentro do próprio NT. Paulo visitou a cidade mais frequentemente e escreveu mais cartas (possivelmente quatro, com duas perdidas) do que a qualquer outro ponto de sua tarefa missionária. Mais tarde, 1Clemente foi escrita a Corinto por um líder da igreja de Roma. Essa carta mostra que as antigas questões de facções e disputas que Paulo tinha mencionado, continuavam entre os cristãos de Corinto; referindo-se às cartas de Paulo, Clemente repreende alguns jovens crentes que tinham se livrado da liderança dos presbíteros.

Entre os achados arqueológicos há uma inscrição dedicada relatando o dom de Erasto, provavelmente o cristão que Paulo menciona em Romanos 16:23 como o *oikonómos* ("tesoureiro da cidade").

Bibliografia. D. W. Engels, *Roman Corinth* (Chicago, 1990); V. P. Furnish, "Corinth: What Can Archeology Tell Us?" BAReV 14/3 (1988), 14-27; J. Murphy-O´Connor, *St. Paul's Corinth* (Wilmington, 1983); J. Wiseman, "Corinth and Rome, 1:228 B.C. to A.D. 267", *ANRW* II.7.1.438-548; B. Witherington, *Conflict and Community in Corinth* (Grand Rapids, 1995). [WENDELL WILLIS]

CORMORÃO Pássaro do mar (*Phalacrocorax*), do qual há cerca de trinta espécies. Algumas espécies passam o inverno na Palestina, ao longo da costa e nas margens do mar da Galileia, fazendo seus ninhos nas rochas, nas cavidades e nas fendas. Eles são excepcionais nadadores e mergulhadores, capazes de engolir grandes peixes inteiros por causa da elasticidade de suas goelas. Os corpos estendidos delas e seus pescoços longos e finos são notáveis.

Como um pássaro predador, o cormorão está incluído entre os pássaros imundos (Lv 11:17; Dt 14:17). Contudo, os eruditos continuam a debater sobre o significado da palavra heb. *šālāḵ* ("mocho-pescador", "pelicano").

CORNALINA (sardônia ou sárdio) Pedra marrom ou vermelho-escura apreciada para escultura e pintura. A RA e NTLH traduzem como sárdio o hebraico *'ō ḏem* (LXX *sárdion*), uma pedra gravada colocada sobre o peitoral do sumo sacerdote (Êx 28:17; 39:10) e uma pedra adornando o rei de Tiro (Ez 28:13). No Novo Testamento, algumas versões traduzem o grego *sárdion* como sárdio, outras como sardônia, descrevendo a aparência de Deus (Ap 4:3) e um curso no fundamento do muro da cidade da Nova Jerusalém (21:20). Outras traduções desses termos hebraicos e gregos incluem rubi. [JOSEPH E. JENSEN]

CORNÉLIO (gr. *Kornḗlios*) Centurião do exército romano, lotado na Cesareia Marítima, a sé do governo imperial romano na Palestina. Cornélio aparece como o primeiro gentio convertido ao cristianismo (At 10:1-48; 11:1-18; 15:7-9, 13-18). O fato de sua conversão ser mencionada quatro vezes em Atos sugere sua importância paradigmática, particularmente nos últimos dois exemplos nos quais tanto Pedro quanto Tiago invocam a memória de Cornélio no Concílio de Jerusalém para justificar a inclusão plena dos gentios na igreja. Descrito como justo e piedoso, Cornélio pode representar a classe de gentios conhecida como "tementes a Deus", que se ligavam às sinagogas e a quem Atos apresenta como pessoas que reagem positivamente ao evangelho.

Após convidar Pedro para ir à sua casa, Cornélio, com toda a sua família, ouve as palavras da paz salvadora e recebe o Espírito Santo na experiência que tem sido descrita como "Pentecoste dos Gentios". A participação da família na salvação de Cornélio resulta na fundação de uma congregação gentílica e estabelece o padrão para outros casos de salvação de famílias em Atos (16:14-15, 31-34; 18:8). A comunhão que se segue entre Pedro e a família recém-convertida ocasiona uma crítica acalorada de certos crentes circuncidados em Jerusalém (At 11:3), levando Pedro a narrar detalhadamente sua própria experiência de "purificar" os gentios (10:15, 28) e a persuadir a igreja a adotar seu novo ponto de vista no processo (11:18). Como resultado, a conversão dá início à missão aos gentios, que finalmente eclipsa os cristãos judeus como membros dominantes no povo de Deus (At 28:28).

Bibliografia. B. R. Gaventa, *From Darkness to Light: Aspects of Conversion in the New Testament*. OBT 20 (Philadelphia, 1986), 96-122; D. L. Matson, *Household Conversion Narratives in Acts*. JSNTSup 123 (Sheffield, 1996), 86-134. [DAVID LERTIS MATSON]

CORO (heb. *kōr*) Usualmente uma medida para alimentos secos com um pouco mais de 220 litros (58 galões), igual ao ômer (Ez 45:15). A provisão diária de Salomão consistia de trinta coros de farinha fina (aprox. 6.5 kg e 60 coros de comida (c. 13 kg; 1Rs 4:22).

COROA Objeto que se põe na cabeça para mostrar posição ou honra. O uso de uma coroa define o personagem da realeza ou sumo sacerdote israelita diferentemente dos outros. Saul (2Sm 1:10) e Joás (2Rs 11:12=2Cr 23:11) usaram coroas, como supostamente outros reis israelitas e judaítas (cf. Sl 89:39 [TM 40]). Uma coroa, provavelmente um ornamento circular, com as palavras "Santo a Yahweh", formava parte da proteção da cabeça do sumo sacerdote (Êx 29:6; 39:30; Lv 8:9; cf. Êx 28:36-38). Quando Davi capturou o amonita Rabá, ele simbolizou o seu controle sobre Amom ao colocar a coroa do "rei deles" (TM) ou do deus "Milcom" (LXX) sobre a própria cabeça (2Sm 12:30= 2Cr 20:2). Durante o exílio, Ester e o seu parente Mordecai usaram coroas dadas pelo rei persa (Et 2:17; 6:8; 8:15). O líder messiânico receberia uma coroa (Zc 6:9-14).

No AT a coroa (heb. *ăṭārâ, keṯer, nēzer*) simboliza glória pessoal (Jó 19:9; Pv 4:9). Os sinais da velhice, tais como o cabelo grisalho e os netos, consistem de uma coroa (Pv 16:31; 17:6). Uma coroa (RA "coroa dos bêbados") pode simbolizar orgulho do ímpio (Is 28:1, 3, 5). Deus tem coroado a humanidade com glória, honra e amor imutável (Sl 8:5 [6]; 103:4).

No Novo Testamento, a coroa real (*diádēma*) e grinalda (*stéphanos*), dadas para mostrar honra ou vitória, são distintas (contraste Ap 14:14). Contudo, essa distinção não é consistentemente observada pelos tradutores da LXX, os escritores pós-apostólicos e os tradutores da língua inglesa.

A coroa real aparece somente três vezes no NT, em Apocalipse. O "grande dragão vermelho" (o diabo) usa sete coroas, uma para cada uma de suas sete cabeças (Ap 12:3). De um modo semelhante, a "besta vinda do mar", que recebe poder e autoridade do dragão, tem dez coroas, uma para cada um dos seus chifres (13:1). "O Verbo de Deus", que se assenta sobre um cavalo branco, aquele "que é fiel e verdadeiro, está coroado com "muitos diademas" (19:11-13). A coroa real, então, aparece somente sobre a cabeça de Cristo, que a merece, ou sobre as cabeças de seus inimigos, que esperam derrotar o Seu governo. [CARL BRIDGES]

CORPO O pensamento semítico não fazia nenhuma distinção clara entre os aspectos físico e espiritual ou psicológicos da existência humana, visto que o AT não contém nenhuma palavra que conote "corpo" no entendimento moderno do termo. A palavra heb. *bāsār*, "carne" que designa basicamente a totalidade do ser exterior de uma pessoa (Lv 13:3; Sl 109:24) como distinta das partes específicas (pelo, ossos, sangue; cf. Lm 3:4; Ez 37:6, 8), refere-se geralmente à totalidade de uma criatura viva e pode ser usada indistintamente com *nepēš*, "alma". No AT, o termo refere-se coletivamente às pessoas (Is 40:5), tanto as vivas (Êx 30:32) como as mortas (Sl 79:2), e a todas as criaturas viventes, incluindo os animais (Gn 6:19). Ela pode também designar a carne para alimento — tanto animal como comida para pessoas (Nm 11:4) quanto humana como alimento para animais (1Sm 17:44).

O NT distingue mais claramente entre "corpo" (gr. *sōma*) e "carne" (*sárx*). Embora ambas possam se referir ao aspecto externo, *sōma* traz consigo uma conotação mais de totalidade (cf. Mt 5:29). Ela se refere a seres humanos vivos (Mt 6:62), seres humanos mortos (Mc 15:43), seres humanos ressuscitados (Rm 8:11) e animais (Hb 13:11), assim como a corpos celestiais (1Co 15:40). Uma distinção maior é feita entre a natureza física dos seres humanos e a espiritual ou alma (Mt 10:28; 1Ts 5:23; cf. 2Co 12:2-3). Como o órgão de geração, o corpo não deveria ser usado para imoralidade sexual (1Co 6:13, 16) porque no sexo ele pertence a uma outra pessoa (7:4).

"Corpo" tem significado especial com referência a Cristo. Seu corpo crucificado é o modo de Deus reconciliar a raça pecaminosa consigo mesmo (Cl 1:22). Como resultado dessa salvação, os cristãos se tornam o corpo de Cristo na comunidade da fé (1Co 12:27). Como corpo de Cristo, cada membro dessa comunidade precisa dos outros e todos se pertencem conjuntamente (Rm 12:5). Através da observância da Ceia do Senhor, a comunidade cristã celebra "a comunhão do corpo de Cristo" (1Co 10:16). Igualmente, o corpo de Cristo é desenvolvido numa igreja através da "obra do ministério" (Ef 4:12). Cristo é não somente o salvador do corpo de crentes, mas também o cabeça da igreja que é seu corpo (Ef 5:23).

Bibliografia. N. P. Bratsiotis, "basar", *TDOT* 2.317-32. [DONALD R. POTTS]

CORPO DE CRISTO Metáfora para a comunidade de cristãos. O "corpo de Cristo" se deriva das palavras de Cristo na última Ceia, quando ele ofereceu o pão para ser partido como "meu corpo, que é dado por vós" (1Co 11:24; Lc 22:19). Aqui "corpo" (gr. *sōma*) se refere à presença contínua de Cristo dentro da comunidade. No partilhar da Ceia do Senhor, a comunidade reunida celebra a presença do Cristo ressurreto no meio deles "até que ele venha" (1Co 11:26). Nenhum outro termo ou metáfora pode comunicar tão adequadamente quanto a palavra soma a realidade corporativa que Paulo define como "o corpo de Cristo".

Paulo usa a palavra soma para se referir a ambos, a individualidade — é como "corpo" que seremos ressuscitados e transformados no final do tempo para sermos iguais ao "corpo glorioso" de Cristo (Fp 3:21) — e a corporeidade da existência humana, mas é a união com Deus "em Cristo" que marca a corporeidade da existência cristã. Exatamente as Escrituras hebraicas haviam falado de Israel como uma "personalidade corporativa", assim também, para Paulo, o "corpo" retém esse caráter corporativo essencialmente. Paulo usa a metáfora para neutralizar os efeitos divisores das facções presentes em Corinto, mas expande o seu significado de modos extraordinários (1Co 12:12-31), afirmando sua convicção a respeito do "corpo" do Cristo ressurreto e identificando esse corpo com a comunidade cristã (v. 27) composta de "muitos membros" (v. 12). O batismo marca a entrada dos crentes nesse corpo, e compartilha num espírito comum aquilo que é o seu caráter distintivo. Participar da "Ceia do Senhor" (1Co 11:17-34) sem "*discernir o corpo*" é desconsiderar a presença do Senhor na comunidade e, portanto, trazer juízo sobre si. "*Discernir o corpo*" não é nada além de reconhecer na comunidade o corpo de Cristo. A existência autêntica para um cristão, portanto, é vivida somente como um membro de um corpo, que é Cristo (Rm 12:5).

A analogia do corpo humano como figura para o corpo social era presente em toda parte na antiguidade (em textos clássicos, cf. M. Aurelius Med. 7.13; Livy Urb. cond. 2.32). [BARBARA E. BOWE]

CORREÇÕES DOS ESCRIBAS Uma tradução do hebraico *t'qqûnê sōpĕrîm*, que era usada pelos massoretas para notar textos bíblicos específicos que haviam sido corrigidos ou emendados por escribas anteriores. Essas correções de textos frequentemente eram mudanças pequenas, tais como a omissão ou a alteração de uma ou mais consoantes. O propósito para a maioria das correções era remover uma linguagem objetável que se referia a Deus. São várias listas 7, 11 ou 18 textos (Gn 18:22; Nm 11:15; 12:12; 1Sm 3:13; 2Sm 16:12; 20:1; 1Rs 12:16; 2Cr 10:16; Jr 2:11; Ez 8:17; Os 4:7; Hc 1:12; Zc 2:8 [TM 12]; Ml 1:13; Sl 106:20; Jó 7:20; 32:3; Lm 3:20).

Uma comparação com traduções antigas sugere que algumas correções propostas eram genuínas. A maioria, entretanto, parece ser de correções textuais que surgiram para apoiar exegese medieval posterior. Os escribas podem ter corrigido textos por razões teológicas a princípio no processo de transmissão textual — desde o século III a.C. até o século I d.C. Essa correção não era feita sistematicamente ou abrangentemente. Os eruditos têm identificado outros casos — não encontrados nessas listas — que poderiam refletir obra editorial semelhante.

Bibliografia. C. McCarthy, *The Tiqqune Sopherim.* OBO 36 (Göttingen, 1981). [STEPHEN ALAN REED]

CORRUPÇÃO, MONTE DA É o lugar (heb. *har-hammašḥîṯ*), a leste de Jerusalém sobre o qual Salomão erigiu os lugares altos para a adoração das divindades de suas esposas estrangeiras (1Rs 11:7) e que foi destruído na reforma feita pelo rei Josias (2Rs 23:13). A raiz hebraica *šḥt* pode ser entendida como "destruir", "corromper", "arruinar", e num determinado caso "corrupção" (Lv 22:25). Em muitos contextos, ela pode conter o sentido moral ou cúltico de violação do pacto que espera juízo divino, como com a profecia de Jeremias contra essa montanha (Jr 51:25). Vindo da Vulgata Latina *Mons offensionis* surgiu o nome tradicional moderno "Monte da Ofensa". O lugar deve ser provavelmente identificado com o espinhaço sul do Monte das Oliveiras ocupado pela vila Silwan no seu lado ocidental. [J. RANDALL PRICE]

CORTADORES DE PAVIO Instrumentos de ouro feitos pelos hebreus, usados no serviço do tabernáculo e do templo. Esse item em particular estava associado especificamente com as luminárias no ambiente antigo e evidentemente também no templo de Salomão (1Rs 7:50; 2Cr 4:22; *mĕzammĕrôṯ*). Outra tradução comum da palavra para "cortadores de pavio" é "pinças" (*melqāḥayim*); o termo usado para tirar uma brasa do altar. O hebraico *melqāḥêhâ*, um aparente sinônimo interpretado como "cortadores de pavio" (Êx 25:38; 37:23), está mais intimamente associado com "aparar" ou "podar" (2Rs 12:13 [TM 14]; 25:14; cf. "removedores de pavio"). [WALTER E. BROWN]

CORUJA Pássaro predador noturno da ordem Strigiformes, listado entre os pássaros proibidos de se comer (Lv 11:17; Dt 14:16). A coruja é caracterizada por olhos excepcionalmente grandes dirigidos para frente em vez de para os lados. As penas ao redor dos olhos se irradiam de um centro comum e aumentam o aparente tamanho dos olhos. Todavia, apesar disso, as corujas confiam mais em seus ouvidos do que em seus olhos na busca pela presa. Seu voo é extremamente silencioso, embora lento, e surpreende a presa descendo sobre ela. Suas garras afiadas e curtas e o bico recurvo são extremamente fortes e tornam difícil a fuga da presa.

Vários termos hebraicos (*kôs, qāʾat̠, yanšûp̄, qippōḏ*) são traduzidos de diversas maneiras por "coruja", "coruja que guincha" e "coruja do deserto" (Sf 2:14) e "coruja pequena" e "corujão" (Lv 11:17; Dt 14:16). As tentativas para associar os termos hebraicos a espécies particulares são extremamente problemáticas e podem nunca ser conseguidas. Dessa lista é perfeitamente óbvio que as traduções variem devido à necessidade de distinguir entre diferentes palavras hebraicas para corujas, não entre espécies diferentes. [JESPER SVARTVIK]

CORVO Pássaro preto, grande e forte com cerca de 61 cm de comprimento e bico grande com 7,6 cm. O corvo (heb. *ʿōrēḇ*; gr. *koráx*) se distribui amplamente pela Europa, Ásia e África. Alimenta-se de pássaros e pequenos animais, bem como de sementes, grãos e frutas. Alimenta-se em parte de carniça e foi designado como pássaro impuro provavelmente devido a esse fato e à ampla variedade de sua dieta (Lv 11:15; Dt 14:14). A Palestina tem oito espécies diferentes de corvos (ordem passeriformes). Esses pássaros grasnam particularmente alto. Noé mandou um corvo para encontrar terra seca devido à força de seu longo voo e à habilidade de se alimentar nas mais variadas fontes (Gn 8:7). Os corvos alimentaram Elias, quando ele estava se escondendo de Acabe (1Rs 17:4-6). Isso teria sido contrário ao padrão do corvo, que normalmente cuida de si desprezando até mesmo seus filhotes (Jó 38:41; Sl 147:9). Jesus ensinou que o cuidado de Deus aos corvos era indicação do maior valor que Deus dispensa ao ser humano (Lc 12:24). [JOHN A. MCLEAN]

CÓS (gr. *Kṓs*) Ilha no mar Egeu, a sudoeste da Ásia Menor com uma cidade do mesmo nome como porto principal. Florescendo como parte das rotas comerciais, Cós foi a cidade natal de Hipócrates e tinha o santuário do deus Esculápio além de escola de medicina. Existia uma importante comunidade judaica em Cós. Era uma das cidades à qual o cônsul romano escreveu declarando apoio ao governo de Simão sobre o estado judeu (1Mac 15.23). Josefo registra sobre os interesses de Herodes, o Grande em Cós (GB 1.21.11). Quando Paulo estava retornando de sua terceira viagem missionária, após deixar Mileto, ele e seus companheiros chegaram a Cós (At 21:1). [DOUGLAS LOW]

COSÃO (gr. *Kōsám*) Ancestral desconhecido (antes do exílio) de Jesus Cristo (Lc 3:28).

COSMÉTICOS No mundo antigo, homens e mulheres usavam muitos cosméticos da mesma forma em que eles são usados hoje: para embelezar e preservar a pele, para equilibrar os odores do corpo e para adornar o cabelo. O perfume é o cosmético mais comum encontrado no AT (Et 2:12; Pv 27:9), usado principalmente para contrabalançar os odores naturais do corpo. Os perfumes também serviam para fins higiênicos, proporcionando um alternativo para a água do banho. Uma espécie de perfume, a mirra, era tornada pó, coletado numa pequena bolsa, e usado ao redor do pescoço da mulher (Ct 1:13). A tintura era usada para pintar as unhas das mãos e para tingir os cabelos (Ct 4:13). Descobertas arqueológicas têm revelado utensílios cosméticos e paletas, espelhos, e acessórios de cabelo tais como pentes e grampos de cabelo.

Pinturas de parede no Egito revelam que uma substância negra conhecida como Kohl, usada para tingir as pálpebras de escuro, provavelmente servia como uma proteção contra o brilho dos raios do sol. Kohl era usada por mulheres para realçar os olhos e escurecer as pálpebras, ressaltando assim a aparência física delas. No AT, as mulheres que delineavam seus olhos eram consideradas como desonráveis (Jr 4:30; Ez 23:40; cf. esp. Jezabel que, antes de sua morte violenta, pintou seus olhos; 2Rs 9:30). Em acréscimo às substâncias usadas para embelezar os olhos, vários unguentos eram aplicados para proteger e preservar a pele do clima árido do Oriente Médio. [JIM OXFORD, JR.]

COSMOGONIA, COSMOLOGIA *Ver* COSMOVISÃO.

COSMOVISÃO Maneira de olhar para a realidade; hipóteses básicas que cada pessoa tem a respeito do mundo. A cosmovisão deriva da experiência pessoal, dos ambientes sociais e físicos e fornece uma maneira mais ou menos coerente de pensar a respeito do mundo. Ela serve, por sua vez, como base cognitiva para a interpretação da pessoa de seus ambientes social e físico. A cosmovisão dos israelitas incluía suposições sobre o ego e suas relações com outros egos, sexo, causalidade, espaço e tempo.

A distinção entre o ego e o ambiente da pessoa é fundamental à cosmovisão de todos, todavia como o ego é compreendido é culturalmente específico. A maioria das pessoas nos Estados Unidos, p. ex., define o ego em termos individuais; o ego tem limites coincidentes com o corpo, e o comportamento do indivíduo é, em grande medida, determinado pelos objetivos pessoais. Embora difundido na cultura ocidental, o individualismo é raro na história da humanidade. Os israelitas, ao contrário, definem o ego em termos coletivos. O ego pertence a um grupo e a identidade própria está incrustada no grupo. O comportamento social da pessoa é, em grande medida, determinado pelos objetivos do grupo. Os desejos e valores individuais estão subordinados aos desejos e valores do grupo.

Nas sociedades coletivistas, como Israel, outros egos (incluindo seus recursos como terra e animais) são classificados de acordo com o grupo ao qual pertencem. Todos os membros do grupo compartilham objetivos e valores semelhantes, enquanto os objetivos dos de fora do grupo serão irrelevantes, inconsistentes ou até mesmo hostis aos do grupo. Uma autoidentidade do israelita estava incrustada em primeiro lugar em seu grupo familiar. Outros grupos nos quais o israelita estava inserido incluíam grupos profissionais (sacerdotes, profetas, sábios), de classe (administradores, proprietários de terras, líderes, "povo da terra"), geográficos (clãs, tribos) e políticos (israelita, judeu).

As suposições dos israelitas sobre o sexo estavam arraigadas na compreensão deles da procriação e na contribuição que homens e mulheres davam, individualmente, ao processo. Embora as diferenças biológicas entre homens e mulheres na reprodução sexual não tenham significado em si mesmos, os israelitas definiam tais diferenças em termos de agricultura. O homem é como o agricultor e a mulher a terra arável. Assim como o homem semeia a semente no solo e, dessa forma, faz com que a terra produza vegetação, ele pode semear sua semente (sêmem) numa mulher fazendo com que ela dê à luz um filho. Em ambos os casos, o homem provê o que é essencial para a vida: semente e sêmem. O sêmem do homem, tal como a semente, determina o caráter ou a qualidade do que será produzido; ele contém todas as características essenciais do filho que vai nascer. A mulher, que é como o solo, nutre o pleno desenvolvimento da semente plantada dentro dela. Ela não contribui com nada de essencial à formação do recém-nascido. Seu papel na procriação é dependente da semente do homem.

Esse relacionamento metafórico está presente no relato da Criação já que, entre outros propósitos, serviu para simbolizar e, por meio disso, reforçar o significado israelita do sexo. O homem (heb. *hā'āḏām*) nasce da terra arável (*hā'ăḏāmâ*), precedendo os nascimentos humanos de Eva, a mãe de toda vida. Todavia, a terra arável é dependente do homem para trabalhar o solo e ará-lo; a terra permanece estéril sem a contribuição do homem e, por essa razão, ele foi criado (Gn 2:4-7). Da mesma forma, a mulher (*"ššâ*) é tirada do homem (*"š*), construindo uma metáfora entre a mulher e a terra (Gn 2:21-23). Assim como a terra arável, a mulher dará à luz uma nova vida e, com a aquisição de conhecimento. a mulher sabe dar à luz filhos. Entretanto, ela é também dependente de seu marido para semear nela a semente, assim como ele ara e semeia o campo (Gn 3:16-19). Essa compreensão do sexo está também articulada nas numerosas referências que identificam a "semente" do homem com seus descendentes. A compreensão dos israelitas do sexo foi expressada por meio de seus valores sociais de honra e vergonha.

As ideias dos israelitas sobre causalidade são mais bem descritas em contraste com as conjecturas de muitos ocidentais, que incluem tanto a causalidade pessoal como a natural. Os israelitas, em contraste, percebiam somente a causalidade pessoal. Toda mudança no mundo era atribuída a agentes pessoais — humanos (e animais por personificação) ou deuses. Os eventos naturais eram manifestações de atividade divina. Um exemplo comum é que os israelitas atribuíam o nascimento de crianças e a infertilidade à ação de Deus em vez de a causas naturais; Deus abria e fechava os úteros das mulheres (cf. Gn 29:31; 30:2).

As ideias dos israelitas sobre o espaço eram moldadas pela experiência deles de teofania. A aparição de Deus dava orientação a espaço e introduzia distinções qualitativas dentro do espaço. Duas orientações complementares a espaço podem ser detectadas. De acordo com uma orientação horizontal, a atividade vital de Deus na criação está localizada no centro do mundo e diminui em seu significado e efeito à medida que se move para a periferia. A teofania torna santo o centro da terra num sentido cosmológico. A terra é caracterizada pela ordem divina; ela é o ponto de onde se originou a criação. A sacralidade divina do centro contrasta com a periferia que é sentida como demoníaca e diabólica. A periferia é caótica, hostil à vida. Ela é simbolizada tanto pelo deserto como pelo mar que formam a fronteira entre a terra dos seres vivos e o submundo. A periferia é uma região estéril habitada por demônios, animais selvagens e monstros marinhos. Os humanos são incapazes de habitar lá sem assistência divina.

De acordo com uma orientação vertical, o mundo é orientado em torno de uma montanha cósmica. A base da montanha é o mundo comum de seres humanos. À medida que se sobe ao topo, chega-se ao céu, a habitação de Deus. Assim, os israelitas construíam seus templos e santuários nos picos das montanhas. Debaixo da montanha está o submundo, o mundo dos mortos. Uma nascente jorra com frequência da base da montanha, vindo de uma fonte de água do submundo. A montanha serve para unir o céu, a terra e o submundo, tornando possível a comunicação entre as áreas dos três mundos.

As ideias dos israelitas a respeito de tempo podem ser mais bem descritas como uma orientação presente. Em contraste com a maioria dos ocidentais que olha para o futuro para atingir objetivos e resolver problemas, os israelitas focavam no presente. Em vez de simplesmente um momento no tempo, o presente abrange uma gama de experiências humanas: tudo o que se experimentou no passado referente ao que se está experimentando no momento e o que se está prestes a experimentar como resultado do passado e do presente. O presente é repetitivo, marcado por intervalos regulares, durante os quais as tarefas da vida — trabalhar, comer, dormir, divertir-se — são realizadas. Como resultado, o presente está sujeito a limitações ambientais. Os tempos de plantar e de colher, p. ex., são determinados pelas condições ecológicas de uma região. Os tempos de comer e de defecar são impostos pela exigência biológica do corpo humano. Os meses chuvosos de inverno eram caracteristicamente um período de reduzida atividade externa.

Existe um tempo imaginário além do presente. Ele está fora do escopo da experiência humana atual e, como tal, não está sujeito às limitações da experiência humana. O tempo imaginário é o tempo de monstros e criaturas mitológicas, heróis e feitos heroicos, milagres e rupturas dos ritmos da natureza. A partir da perspectiva dos israelitas, o tempo imaginário foi o domínio exclusivo de Deus. Os mundos possíveis do passado e do futuro são tornados possíveis por Deus; eles estão fora do controle humano. As preocupações e aspirações presentes são projetadas no passado e no futuro. Os israelitas voltavam-se para o passado para explicar certos costumes, como a redenção do sacrifício do filho primogênito (Gn 22:1-18; Êx 13:11-16), ou para justificar as exigências sociais, como as leis da aliança. Israel também compelia as exigências das leis ao se voltar para o futuro com advertências proféticas do iminente juízo de Deus.

Bibliografia. R. J. Clifford, *The Cosmic Mountain in Canaan and the Old Testament*. HSM 4 (Cambridge, Mass., 1972); M. Kearney, *World View* (Newto, Calif., 1984); B. J. Malina, "Christ and Time: Swiss or Mediterranean?" *CBQ* 51 (1986): 1-31; R. A. Simkins, *Creator and Creation: Nature in the Worldview of Ancient Israel* (Peabody, 1994); H. C. Triandis, "Cross-Cultural Studies of Individualism and Collectivism", in *Cross-Cultural Perspectives*, ed. J. J. Berman (Lincoln, 1990), 41-133. [RONALD A. SIMKINS]

COSTA, LITORAL A costa ou do continente (p. ex., Is 23:2, 6), ou da ilha (p. ex., Jr 2:10; 47:4) próxima a ou dentro do mar Mediterrâneo (heb. *'î, gĕḇûl*). A palavra é traduzida frequentemente como "província" ou "fronteira" (p. ex., Êx 34:24; Js 13:23). "Litorais" também indica nações (gentios) distantes (p. ex., Is 40-66; Jr 31:10; Ez 26:15).

COSTELA Um osso curvo, frequentemente cartilaginoso, ligado à espinha dorsal e que protege as vísceras (heb. *ṣēlā'*; aram. *ṣāla'*). Foi de uma das costelas de Adão que Deus formou Eva (Gn 2:21-23). O segundo animal da visão de Daniel tem três costelas em sua boca (Dn 7:5; O uso bíblico em outra parte é menos preciso, traduzindo o termo hebraico como "lado", com referência ao material cúltico (p. ex., Êx 25:12, 14; 26:20), câmaras laterais do templo (1Rs 6:5,6; Ez 41:5), as folhas de uma porta (1Rs 6:34) e a encosta de um monte (2Sm 16:13).

COURAÇA ESCAMEADA Armadura consistindo de 400-600 pratos de prata, que eram furados e costurados em uma veste ou em um casaco interno de couro. Os pratos se sobrepunham para fornecer o máximo de proteção; a armadura era mais fraca na junção da manga à túnica do corpo e entre as escalas (1Rs 22:34 = 2Cr 18:33). Tal armadura foi provavelmente desenvolvida para deixar as mãos livres de segurar um escudo, tornando possível, desse modo, que os homens de carruagem dirigissem e soldados pudessem empunhar os arcos e, contudo, ainda tivessem proteção.

A couraça escameada foi usada ou por estrangeiros (1Sm 17:5) ou pela elite (v. 38) até o tempo de Uzias (2Cr 26:14; Ne 4:16 [TM 10]), que apresentou essa tecnologia ao posto e ao destacamento. O profeta Isaías usa armadura metaforicamente para se referir ao caráter das ações justas de Deus (Is 59:17). No Novo Testamento, Paulo aplica a metáfora de Isaías ao estilo de vida reto do Cristão (Ef 6:14; 1Ts 5:8).

Bibliografia. R. Gonen, *Weapons of the Ancient World* (Minneapolis, 1976); T.R. Hobbs, *A Time for War*. OTS 3 (Wilmington, 1989). [W.E. NUNNALY]

COURO Matéria-prima para muitos produtos de uso comum nos tempos antigos, incluindo cintos, sapatos, botinas e sandálias (Ez 16:10). João Batista usou um cinto de couro (Mt 3:4; Mc 1:6), assim como Elias (2Rs 1:8). Odres de animais continham leite, água e vinho (Jz 4:19; Gn 21:14; Mc 2:22), e outros recipientes de couro estocavam óleo para cozinhar, itens cosméticos, remédios e combustível para lâmpadas. Camas e cadeiras eram quase sempre feitas de couro e os reposteiros do tabernáculo eram de couro (Êx 25:5; Nm 4:8). Os equipamentos militares incluíam capacetes, escudos, fundas, aljavas e os cuidados destes produtos incluíam esfregar óleo na superfície do couro (2Sm 1:21; Is 21:5).

A produção de couro está sugerida na Bíblia (Êx 25:5; Lv 13:48). O pelo e a carne eram tirados da pele do animal, que era depois tratada para adquirir flexibilidade e impermeabilização. A rápida degeneração do couro deixou poucos artefatos arqueológicos. Uma exceção são os rolos do Mar Morto. O rolo de Isaías consiste de dezessete folhas de couro costuradas juntas para formar uma peça medindo quase sete metros. Os pergaminhos de Paulo (2Tm 4:13) foram provavelmente peles finas nos quais estavam escritas as Escrituras do AT.

Bibliografia. R. J. Forbes, "Leather in Antiquity", in *Studies in Ancient Technology*, 3. ed., 5 (Leiden, 1993), 1-79). [DENNIS GAERTNER]

COXA A parte superior da perna. O termo hebraico (heb. *yārēḵ*) tem conotações sexuais e provavelmente se refere aos órgãos genitais. Quando usado em conjunto com o verbo *yāzā'*, "proceder de", a expressão é entendida como uma referência a "descendência" (os que "vêm da" coxa; Gn 46:26; Êx 1:5; Jz 8:30). Às vezes, o termo é traduzido por "quadril" ou "encaixe do quadril". A palavra hebraica correspondente *yarkâ* também tem conotações cúlticas, significando "lado" (do altar; Êx 40:22, 24; Lv 1:11; Nm 3:29, 35; 2Rs 16:14) ou "base" (do candelabro de ouro; Êx 25:31; 37:17; Nm 8:4).

As espadas eram usadas na coxa (às vezes, traduzido por "lado"; Êx 32:27; Jz 3:16, 21; Sl 45:3 [TM 4]; Ct 3:8). A pessoa devia ser ferida ou "golpeada" ali em batalha ou para expressar remorso (Jz 15:8; Jr 31:19; Ez 21:12 [17]). Os sacerdotes usavam calções de linho dos lombos até a coxa (Êx 28:42). Quando uma mulher tivesse sido infiel ao seu marido e um sacerdote a fizesse beber a "água amarga" (Nm 5:16-28), sua coxa "cairá" (vs. 21, 22, 27), talvez significando sofrer um aborto. A coxa é parte do ensopado na panela na visão de Ezequiel da casa rebelde (Ez 24:4). Finalmente, o autor de Cântico dos Cânticos descreve as coxas de sua amada como joias (Ct 7:1 [2]).

O servo de Abraão jura que realizará seu último desejo (Gn 24:2, 9), colocando sua mão sob a "coxa" de Abraão. Esse é claramente um juramento sério, feito nos órgãos genitais, a fonte de vida e, assim, sob ameaça de perda de fertilidade. Quando Jacó luta com Deus em Peniel, Deus o fere nos órgãos genitais/coxa (Gn 32:25, 26 [26, 27], fazendo com que Jacó manque (v. 31 [32]); o relato torna-se uma história etiológica sobre uma proibição de consumir aquela parte de um animal (v. 32 [33]). Assim como o servo de Abraão, José coloca sua mão sob a coxa de seu pai moribundo e faz um juramento (Gn 47:29).

No NT, o grego *mēros* ocorre somente em Apocalipse 19:16, em que a frase "Rei dos reis e Senhor dos senhores" é escrita sobre a "coxa" e a túnica de Cristo.

Bibliografia. S. Gevirtz, "Of Patriarchs and Puns: Joseph at the Fountain, Jacob at the Ford", *HUCA* 46 (1975): 33-54; M. Malul, "More on pahad yishaq (Genesis XXXI 42, 53) and the Oath by the Thigh", *VT* 35 (1985): 192-200; S. H. Smith, "'Heel' and 'Thigh': The Concepto f Sexuality in the Jacob-Esau Narratives", *VT* (1990): 464-73. [JOHN R. SPENCER]

COZ (heb. *qôṣ*) Homem da tribo de Judá; pai de Anube e Zobeba (1Cr 4:8).

COZBI (heb. *kozbî*) A filha de Zur, um líder midianita. Ela era a esposa ou concubina de Zinri, o filho de Salu, um simeonita. É dito que Cozbi, Zinri, e muitos israelitas se envolveram em atividades idólatras, ou seja, a adoração de Baal-Peor. A morte do casal nas mãos de Fineias, neto de Arão, terminou uma praga israelita que ficou entendida como a retribuição divina em razão dos atos ilícitos do povo (Nm 25:14-18). CAROL J. DEMPSEY

COZEBA (heb. *kōzēḇā*) Uma das cidades listadas na genealogia de Judá habitada por alguns dos filhos de Selá (1Cr 4:22). Ela está localizada na planície, e é considerada a mesma que Quezibe (Gn 38:5) e Aczibe (Js 15:44), que é identificada como Tel el-Beidã/Horvat Lavnin. [STEVEN M. ORTIZ]

CRESCENTE (gr. *Krḗskēs*) **1.** Companheiro de Paulo durante um de seus períodos de prisão (2Tm 4:10. Quando 2Timóteo foi escrito, ele havia partido para a Galácia (alguns textos traduzem o grego *Gallía*), mas o texto não diz a razão disso.

2. Uma das fases da lua (cf. inscrição de Zakir; aram. *šhr*, equivalente a Sin, o deus-lua); ornamentos (heb. *śahărōn'm*), seja de ouro ou prata, usados pelos reis midianitas ou seus camelos (Jz 8:26, 21). Em Isaías 3:18, os crescentes constituem parte do vestuário espalhafatoso das "filhas de Sião" que o Senhor haveria de remover, por causa de sua associação pagã.

CRESCENTE FÉRTIL A designação, cunhada pelo orientalista James H. Breasted, para aquela faixa semicircular de terra que faz um arco entre a Palestina e o Golfo Pérsico. Contida pela cadeia de montanhas Taurus, Amanus, e Líbano no oeste e pela cadeia de montanha Zagros no leste, essa região consiste de planícies e de regiões montanhosas relativamente úteis à civilização e que contrastam agudamente com os desertos próximos da Arábia e da Síria. Berço das civilizações suméria, babilônica, assíria e palestina, o Crescente Fértil também servia como ponte terrena para o comércio e para a atividade militar entre o Egito e os impérios dos vales do Tigres e do Eufrates.

CRETA (gr. *Krḗtē*) A maior das ilhas gregas, aprox. 274 km ao sul de Atenas. Uma avançada civilização, rotulada Minoana pelo arqueólogo Arthur Evans por causa do lendário rei Minos, começou a florescer na ilha no terceiro milênio a.C. e alcançou seu ápice cerca de 1500, como fica evidente de seus extensos complexos de palácios. Os minoanos exerceram influência sobre os miceneanos do continente e estabeleceram colônias em muitas ilhas gregas e na Ásia Menor. Eles desenvolveram uma espécie de escrita que ainda não foi decifrada (Linear A). Por volta do

A B C D E F G H I J K L M N O P Q R S T U V X Y Z

século XV Creta estava refletindo a influência dos micênicos, que começaram a preservar os registros da corte numa primitiva escrita grega (Linear B). O famoso palácio minoano em Knossos foi destruído em 1380 aproximadamente.

O desaparecimento da civilização minoana aparentemente levou à imigração, talvez influenciando em parte o movimento dos Povos do mar Mediterrâneo para vários lugares, incluindo a Palestina e a Fenícia. No AT, Creta é chamada Caftor, o lar original dos filisteus (Am 9:7). Desde 1.100, os dóricos do continente grego, se infiltraram em Creta, levando ao surgimento das cidades-estados. O século VIII presenciou o desenvolvimento de tendências orientalizadas que eventualmente afetaram outras partes da Grécia. Enquanto Creta fica de fora da tendência corrente da atividade grega durante os períodos clássico e helênico, ela contribuiu com muitos mercenários e tinha uma reputação de nutrir a pirataria. Quando a Grécia se tornou parte do Império Romano no século II, Creta permaneceu independente até 67 a.C.

No NT, os cretenses estavam entre os diversos grupos de judeus em Jerusalém para a observância do Pentecostes (At 2:11), e Paulo descreve uma viagem marítima desastrosa ao longo da costa meridional de Creta, mencionando diversos lugares de Creta (At 27). A carta de Paulo a Tito insinua que ele deixou Tito em Creta para corrigir problemas e constituir presbíteros nas igrejas (Tt 1:15). Que Paulo "deixou" Tito ali sugere uma viagem dele a Creta sobre a qual não temos informação. A carta a Tito cita um dos profetas de Creta: "Cretenses, sempre mentirosos, feras terríveis, ventres preguiçosos" (Tt 1:12). Conquanto a real fonte dessa afirmação seja incerta, os escritores cristãos primitivos atribuíram-na ao antigo poeta Epimênides, um dos lendários sete homens sábios da antiga Grécia.

Bibliografia. P. Cameron, *Crete* (New York, 1988); M. Grant, *The Rise of the Greeks* (New York, 1987). [SCOTT NASH]

CRIAÇÃO O conceito de criação no AT e no NT exibe ao menos dois significados distintos, mas relacionados. A criação pode se referir à origem primeira do mundo, o começo da história (*creatio ex nihilo*). Além do mais, a criação bíblica pode conotar a ordem continuada e a manutenção do mundo (*creatio continua* ou *continuata*). O primeiro significado pode ser visto em Gênesisn 1:1-2:3; 2:4b-25, assim como a descrição de Sabedoria da criação cósmica em Provérbios 8:22-31. A criação como obra em progresso ou continuada é enfatizada em certos Salmos (Salmos 8, 19, 33, 104) e Jó 38:12-41:34(TM 41:26). Além disso, esses dois sentidos da criação estão ligados. De um lado, as narrativas da criação que descrevem o momento originador do mundo também dizem alguma coisa significativa a respeito de como o mundo é presentemente ordenado e estruturado. De outro lado, as passagens que tratam da atividade criadora e contínua de Deus no mundo frequentemente têm como seu ponto de referência o ato primordial da criação.

Com relação ao segundo significado, uma terceira conotação da criação é evidente na literatura bíblica. Criação pode significar uma criação nova ou futura. O tema da nova criação se torna proeminente entre os profetas exílicos e pós-exílicos (Ez 40-48; Is 40-55). O novo começo da história de Deus envolve um novo ato de criação. Desse modo a criação, como o começo da história, pode antecipar o final da história; a consumação da história é tipicamente comunicada como o cumprimento ou substituição da criação originária (cf. Zc 14:6-8; Gn 1:3-18). Como tal, a nova criação assume aspectos notadamente redentores ou soteriológicos: o caos é vencido (Is 27:1); o dia vencerá o terror da noite (Is 60:19-20; Ap 21:23-24); e um novo céu e uma nova terra serão fonte eterna de alegria (Is 65:17-25; Ap 21:1-4).

Em todos os três sentidos, a visão bíblica da criação tem pouco a ver com as concepções modernas e científicas de como o universo foi trazido à existência ou como ele terminará (as teorias chamadas Big Bang e Big Crunch). Assim como as contrapartes do antigo Oriente Próximo, as narrativas bíblicas da criação não fazem a moderna distinção entre natureza e cultura. A sociedade humana, seu caráter e organização, foi de extrema preocupação para os cosmólogos antigos, fossem eles das classes dominantes da sociedade da Babilônia evidentes na Enuma Elish ou da hierarquia sacerdotal do antigo Israel em Gênesis 1:1-2:3. Comunidade e cultura, por contraste, não fazem parte das modernas teorias a respeito da origem da vida e do mundo. As narrativas bíblicas da criação, contudo, invariavelmente indicam como a sociedade humana deve ser estruturada e organizada vis-à-vis da criação. Porque cada texto em que a criação é o contexto, a vida moral da comunidade é um subtexto significativo. Além disso, a maneira de relatar é muito diferente dos relatórios e teorias científicos da origem da vida e do cosmos: longe de ser um estilo impessoal e objetivo, as narrativas antigas da criação são caracterizadas pelo drama, poesia, e linguagem prescritiva. Elas delineiam não somente ordem física, mas também moral e existencial.

A maioria dos leitores modernos da Bíblia associa a criação bíblica com o livro de Gênesis, que realmente contém duas narrativas da criação, Gênesis

1:1-2:3 e 2:4b-25. A narrativa em Gênesis 1 descreve o processo de criação se estendendo por seis dias que começa com a ordem de Deus para a criação a luz original antes das coisas aquosas, o caos escuro (1:3).É duvidoso que a noção de "criação do nada" (creatio ex nihilo) esteja em vista. Em nenhum lugar as criações de água e trevas são mencionadas (cf. 2Pe 3:5). Na verdade, a noção de criação do nada foi uma tradição muito posterior na Escritura (cf. 2Mac 7.28; Rm 4:17; Hb 11:3). Além disso, Gn 1:1-2 é sintaticamente uma cláusula temporal estendida que introduz a principal sentença no verso 3. A luz é o primeiro ato criador. Começando com a ideia de vazio e sem forma (*ṯōhû wāḇōhû*. v. 2), a criação diz respeito à formação de estruturas interdependentes e da separação de coisas em suas próprias categorias (cf. Ez 44:23). Através de todo o processo, Deus não recebe oposição. Nada precisa ser sacrificado para produzir a criação. Na verdade, os "grandes monstros marinhos" vêm diretamente do poder criador de Deus (Gn 1:21).

A criação da luz original, distinta da luz das esferas celestiais (Gn 1:14-16), funciona para distinguir o dia da noite, colocando então em movimento o progresso do tempo. No segundo dia, Deus cria a abóbada ou o firmamento que verticalmente separa as águas de cima das águas de baixo. A separação das águas de baixo resulta no aparecimento da terra seca, que é ordenada a produzir a vegetação no terceiro dia. Com os três domínios do céu, água, e terra, firmemente estabelecidos sobre o curso de três dias, as esferas celestiais de luz são criadas no quarto dia, com a abundância de vida nos mares, no ar e na terra aparecendo no quinto e sexto dias. Como o ato culminante do ato das mãos de Deus, a raça humana, macho e fêmea, é criada no sexto dia. A narrativa da amplitude da criação, contudo, não termina aqui. Como o clímax e completamento da narrativa, o sétimo dia é selecionado dentre outros como um dia santificado do descanso divino (Gn 2:1-3). Na verdade, o número sete assume uma importância crucial na narrativa: os primeiros dois versos contêm um total de 21 palavras (7+14). Certas palavras-chave tais como "Deus", "bom", e "terra" aparecem em números divisíveis por 7. Através de tais arranjos numerológicos, o autor teve muito trabalho para demonstrar o alvo e a integralidade da criação.

Além disso, a narrativa da criação em Gênesis 1 reflete estrutura altamente definida na qual os três primeiros dias formam um conjunto que é colocado em paralelo com o segundo conjunto de três dias. Na verdade, a estrutura de ponta a ponta pode muito bem refletir a de um templo, com o dia final representando um "santo dos santos' temporal. De qualquer forma, o processo da criação é caracterizado por um ritmo discernível da ordem e execução divinos, assim como a aprovação ("bom') e a diferenciação de material: trevas e luz, água e terra, animais e raça humana. Certos elementos tais como a água, terra e as esferas celestiais assumem papéis ativos no processo e na manutenção da criação (Gn 1:11-12, 16, 20). O papel mais crítico, contudo, pertence à humanidade. Homens e mulheres são distintos do mundo animal por terem sido criados à "imagem de Deus" (Gn 1:26-27). Essa linguagem de imagem tem pouco a ver com a essência da raça humana ou com a natureza de Deus. Ao contrário, como representantes de Deus na terra, os seres humanos são capacitados com a tarefa real de gerenciar e de exercer domínio sobre a esfera total da vida sobre a terra (Gn 1:26-31). Como parte da mordomia da terra pela raça humana, os seres humanos adquirem o prazer de, em toda parte, observar o sábado (Êx 20:8-11; Lv 23:3; Dt 5:12-15), um ato que Gn 2:1-3 deixa claro como sendo um ato de *imitatio dei*.

Talvez reflita a influência egípcia, a narrativa da criação de Gênesis 1 é verdadeiramente singular entre as cosmogonias do antigo Oriente Próximo. Ao invés do divino combate e luta entre os deuses, como descrito no Enuma Elish babilônico e o épico Ugarítico Baal, a criação de acordo com esse relato é produzida pacífica e sistematicamente através de uma palavra e ação soberanas. Em outra parte no AT, contudo, a luta contra o caos inclui uma parte do processo criador (Is 51:9b-10; 27:1; Sl 74:13-14; Jó 26:12). Nestas passagens, a criação pressupõe a derrota do caos aquoso, simbolizado pelos monstros marinhos Raabe e Leviatã (cf. Sl 104:6-7, Jó 26:12). Por comparação, a narrativa da criação de Gênesis 1 parece mais orientada "filosoficamente". Os "grandes monstros marinhos" criados no quinto dia são relatados de uma maneira incontestável (Gn 1:21) como parte da boa criação de Deus. Muitos eruditos têm descrito essa narrativa da criação como narrativa desmitologizada do combate tão prevalente nas fontes extrabíblicas, particularmente as fontes da Mesopotâmia. Tal contraste intencional pode não ser casual, visto que a narrativa foi provavelmente escrita durante o período final do exílio ou no começo do período pós-exílio (final do século VI a.C.). Além do mais, os modernos intérpretes têm observado uma espécie de desenvolvimento sistemático, e mesmo "evolutivo", da ordem criada em Gênesis 1, um movimento do inferior para o superior, de formas mais complexas de vida, culminando na raça humana.

Em contraste ao cap. 1 está a narrativa que se segue (Gn 2:4b-3:25). Aqui, a ordem da criação é revertida:

o homem (*'ādām*) aparece primeiro, criado do solo (*'ădāmâ*; Gn 2:7), seguido pelas plantas e animais. Com o jardim do Éden como o ambiente, essa narrativa enfatiza as criações separadas de homem e mulher e suas funções no jardim. Enquanto Gênesis 1:26-28 descreve os seres humanos como exercendo domínio sobre a criação (cf. Sl 8:5-9 [6-10], Gn 2:15-17 torna o homem um servo do solo, uma vocação que se torna um fardo como um resultado da expulsão do casal do jardim (3:17-19). A criação da mulher a partir do homem (*"ššâ* de *"š*; Gn 2:22) de modo algum implica subordinação da mulher ao homem, mas antes enfatiza a identidade comum deles, como está poeticamente expresso no júbilo do homem em 2:23. A igualdade mútua dos gêneros sucumbe somente quando o homem culpa a mulher (Gn 3:12), quando vem a maldição (3:16).

No NT, por comparação com o AT, há uma verdadeira escassez de modelos cosmológicos. Não obstante, as referências ao Criador e à criação são frequentes (Mc 10:6 = Mt 19:4; Mc 13:19 = Mt 24:21; Rm 1:20; 8:18-30; 1Tm 4:4; 1Pe 4:19; 2Pe 3:4; Ap 4:11; 10:6; 21:1; 22:1-5). Na verdade, durante o período helênico a doutrina da criação se tornou um aspecto essencial para fé para a igreja primitiva em sua resposta ao gnosticismo. Ecoando tanto Isaías como Gênesis, o Novo Testamento entende a criação à luz da ação de Deus em Jesus Cristo, o cumprimento da história e da criação. A revelação de Cristo inaugurou uma nova era e, consequentemente, uma nova criação (2Co 5:17). Como a revelação dos propósitos de Deus na história, Cristo envolve tudo da criação (Jo 1:1-9; Ef 1:9-10; Cl 1:17; Hb 1:3). Todavia a criação, de acordo com Paulo, permanece em angústia, "gemendo com dores de parto" (Rm 8:22). A nova era que Paulo previu é a que envolvia o completamento dos propósitos de Deus em Cristo, na "revelação dos filhos de Deus" (Rm 8:19). A nova era descrita no livro do Apocalipse registra a batalha original contra o dragão (Ap 12:7-10; 20:2-3), cuja derrota introduz um novo céu e uma nova terra, incluindo uma Nova Jerusalém (Ap 21:1-2), uma cidade sem a necessidade de templo, sol, ou lua, "porque a glória de Deus é sua luz, e sua lâmpada é o Cordeiro" (21:23; cf. Is 60:19-20). Além do mais, a nova cidade deverá desfrutar da água da vida e da árvore da vida (Ap 22:1-2; cf. Ez 47:1-12; Zc 14:8; Gn 2:9). Retirando os temas e figuras das narrativas da antiga criação, a nova era imaginada por João em Patmos é uma nova criação que suplantará a era primeva.

Bibliografia. B.W. Anderson, *From Creation to New Creation*, OBT (Minneapolis, 1994); W. P. Brown, Structure, *Role, and Ideology in the Hebrew and Greek Texts of Genesis 1:1-2:3*. SBLDS 132 (Atlanta, 1993); R. J. Clifford, *Creation Accounts in the Ancient Near East and in the Bible*. CBQMS 26 (Washington, 1994); T. Hiebert, *The Yahwist's Landscape* (Oxford, 1996); J. D. Levenson, *Creation and the Persistence of Evil* (San Francisco, 1988); R. A. Simkins, *Creator and Creation* (Peabody, 1994). [WILLIAM P. BROWN]

CRIANÇAS, INFÂNCIA As crianças eram importantes na sociedade antiga. O vocabulário associado com a infância reflete uma ciência da criança em seu contexto social, mas não está relacionado a qualquer entendimento dos estágios precisos do desenvolvimento da criança (p. ex., Mc 5:42 une dois estágios de vida bem diferentes). As crianças eram essencialmente valorizadas por seu potencial econômico (Mt 22:23-28) e como futuros cuidadores dos adultos em idade avançada (embora a mortalidade infantil fosse muito alta e o tempo de vida da maioria das pessoas fosse consideravelmente mais curto do que hoje).

A vida da criança era formada e orientada dentro família, sob a autoridade última do chefe da família, que poderia (Lc 11:7) ou não (no caso de filhos de escravos) ser o pai. As crianças eram geralmente deixadas para serem educadas até a idade dos 7 anos pela mãe e outras mulheres; desde então, embora as filhas continuassem a aprender um papel doméstico, os filhos eram socializados dentro do ambiente masculino adulto. O valor da obediência era especialmente enfatizado (cf. Dt 21:18-21; Sir 3.2-16; Mt 21:28-31; Rm 1:30; 1Tm 3:4; 5:8), e uma vez que não se pensava que ela cresceria naturalmente, os pais eram exortados à disciplina atenta (Pv 3:11-12; Hb 12:7-11). Tal disciplina poderia ser severa (Sir 30.1-13). Todavia, práticas sociais na educação de crianças refletem a tristeza dos pais na morte delas e, tanto no Código Doméstico como no ensino da bondade de Jesus para com as crianças, ela é claramente defendida (Mt 7:9-11; Cl 3:21; cf. 2Co 12:14; 1Ts 2:7; Is 66:12b-13; 4Mac 15.4).

O entendimento metafórico da infância comparado com o discipulado reflete o papel e a posição das crianças, expressado negativamente como infantilidade, a criança como paradigma de lição para o que se evitar (1Co 13:11-12; Ef 4:14; *cf.* m. *'ab"t* 3.11). Dado que as crianças eram vistas essencialmente como adultos em formação, ocorria frequentemente o caso em que as crianças eram lembradas como fracas na mente, isto é, deficientes em racionalidade. Isso pode ser mais reforçado pela imagem relacionada com distinções dietéticas (1Co 3:1-2; Hb 5:12-14; 1Pe 2:2).

Paulo descreve o professor judeu como "guia dos cegos, luz dos que estão em trevas, instruidor dos néscios, mestre de crianças" (Rm 2:19-20). O corolário para isso, em que a imagem da criança tem um significado positivo, repousa no louvor da criança que frequenta a escola, alguém que pode ser imitado por adultos como aprendiz. De fato, o relacionamento entre professor e pupilo pode ser definido em termos de pais e filhos (Jo 21:5; Gl 4:19; 1Ts 2:11; 1Jo 2:1), e o discipulado pode ser descrito como obediência filial e confiança (Sl 131). Uma vez que não havia nenhuma ênfase sobre a inocência da criança (embora o Evangelho de Tomé estabelecesse uma ligação com inocência sexual), a infância podia ser associada com cumprimento paradisíaco (Is 11:6-9), e podia-se pensar que espontaneidade intuitiva fornecia discernimento do propósito divino (Mt 21:15-16; cf. Sl 8:1-2 [TM 2-3]; Mt 11:25-26 = Lc 10:21). No mundo antigo, a exposição de crianças não desejadas era comum (cf. Ez 16:5), mas no judaísmo considerava-se que as crianças estavam sob a proteção divina (Êx 1:15-2:10; Mt 18:10).

Especialmente nos evangelhos sinópticos, um valor particular liga a criança ao ensino de Jesus tanto em termos de sua saudação às crianças como em termos da importância metafórica da infância. Duas passagens se relacionam com o recebimento das crianças: o incidente da criança no meio de Marcos 9:36-37 (*cf.* Mt 18:2, 4-5; Lc 9:47-48) e a bênção das crianças em Marcos 10:13-16 (*cf.* Mt 19:13-15; Lc 18:15-17). Na primeira história, colocada no contexto da baixa posição social das crianças, a criança é bem-vinda e serve como lição para os discípulos. Além disso, também se declara que a criança em seu próprio direito é uma embaixadora do Reino, uma vez que é da natureza de Deus importar-se com o menor. Na segunda história, Jesus saúda e abençoa as crianças que lhe são trazidas (ecoando a bênção dada por Jacó em Gn 48) e declara que elas são completamente parte da aliança de Deus. Ambas as histórias expressam o entendimento de Jesus da livre graça de Deus concedida a todos sem referência à posição ou mérito (e, assim, elas lembram a própria experiência de Israel como uma criança: Dt 7:7-8; Os 11:1-4; Ez 16:3-7, 22). Mas dentro da história de Marcos da bênção das crianças há um novo dito sobre receber o reino de Deus "como uma criança" (Mc 10:15 par.; *cf.* Mt 18:3). Isso provavelmente deveria ser entendido como recebendo "de um modo inocente" (como em Mc 9:37). A infância, dessa forma, torna-se, agora, uma metáfora para a própria atitude de fé do crente. Para Marcos e Lucas isso se expressa como uma aceitação alegre e sincera do Reino como um dom, ao passo que em Mateus (18:4) há ênfase na humildade no reconhecimento da necessidade e da dependência.

Mais dois objetos de lições envolvendo crianças devem ser encontrados em Mateus 11:16-19 par. (a parábola do jogo das crianças na praça) e Mateus 21:15-16 (as vozes das crianças no templo). Na primeira, não é o caso de Jesus ser crítico das crianças, uma vez que a conjetura faz parte do jogo. Esta é uma referência visual à situação desagradável da presente geração que falhou em entender a missão de João e de Jesus. O outro incidente (cf. Sl 8:2 [3]) retorna a um tema familiar de que são as crianças que são classificadas com os marginalizados (Mt 21:14) que exibem verdadeira sabedoria (cf. 11:25).

Em geral, a saudação de Jesus às crianças e seu consistente entendimento metafórico não pejorativo da infância são dignos de nota. Seria notável o suficiente para um adulto pensar que ele não tinha nada para aprender de uma criança, a não ser o zelo pela criança que frequenta a escola, mas Jesus trata das crianças em seu próprio direito. Além do mais, em contraste com a figura prevalecente da infância como imaturidade, ele faz da infância uma metáfora para a fé. O ensino de Jesus a respeito das crianças representa uma aguda reavaliação do valor social da honra. Ele defende a exigência para se adotar o modo de uma criança tanto em confiança pronta quanto na identificação com o menor e com o desapropriado como um modo do Reino. Pode ser essa chamada a uma mudança de visão de mundo (Mt 18:3) que influencia o quarto evangelho a relacionar o discipulado com o novo nascimento (Jo 3:3-6). A figura do nascimento é também descritiva da vinda da era messiânica (Jo 16:21; Rm 8:22; 1Ts 5:3; Ap 12:2; cf. Is 26:17-18; 66:7-9).

O tema da infância também ajudou a formar a cristologia nos evangelhos. Ele contribui indubitavelmente para o retrato mais amplo do próprio Jesus como o Filho de Deus, obediente por todo o Seu ministério à vontade de Seu Pai. Ele também preenche as narrativas da infância de Mateus e Lucas (cf. Lc 2:49-52). No quarto evangelho, uma distinção é feita segunda a qual somente Jesus é consistentemente referido como o Filho de Deus, ao passo que os crentes são as crianças de Deus.

O ensino das crianças era parte da missão da igreja primitiva, talvez, embora não associado exclusivamente com a influência das mulheres na família (p. ex., 2Tm 1:5; cf. At 16:1; 1Co 7:14). Mas o próprio ensino de Jesus sobre a infância, dado dentro de um contexto familiar (Mc 9:33; 10:10), indubitavelmente continuou a influenciar a Igreja em sua consciência do cuidado das crianças, e de todos que podiam ser descritos como "os pequeninos" independente da idade (Mt 18:5; Lc 9:48; Barn. 19; cf. Lc 22:26).

Bibliografia. W. Barclay, *Educational Ideals in the Ancient World* (1959, repr. Grand Rapids, 1974); E. Best, "Mark 10.13-16: The Child as Model Recipient", in *Disciples and Discipleship* (Edinburgh, 1986), 80-97; J. Francis, "Children and Childhood in the New Testament", in *The Family in Theological Perspective*, org. S.C. Barton (Edinburgh, 1996), 65-85; H.-R. Weber, *Jesus and the Children* (Atlanta, 1979); T. Wiedemann, *Adults and Children in the Roman Empire* (New Haven, 1989). [JAMES FRANCIS]

CRIATURA NOTURNA Palavra (heb. *l'l'ṯ*) traduzida de diversas maneiras (Is 34:14) "bruxa/criatura/monstro noturno", "coruja que guincha" e "Lilith - espírito mau". A LXX traduz o grego *onokéntauros* ("macaco sem cauda" ou "demônio de áreas desoladas") e a Vulg. Lat. *lamia* ("bruxa"). Lilith era um demônio de sexo feminino da mitologia assírio-babilônica. A noite é associada devido à semelhança com o hebraico *lāylâ* ("noite"). O contexto é o julgamento de desolação de Deus sobre Edom. É possível que a descrição das criaturas de lugares desolados, incluindo os imaginários seja exagerada; entretanto, uma interpretação mitológica é menos provável desde que a maioria das, senão todas, criaturas em Isaías 34:11-15 são animais reais.

Bibliografia. H. Torczyner, "A Hebrew Incantation against Night-Demons from Biblical Times", *JNES* 6 (1947): 18-29. [W. CREIGHTON MARLOWE]

CRIME, CRIMES O termo denota, em contextos jurídicos, uma violação séria e intencional da ordem da sociedade, sujeita às sanções de retaliação. Uma sociedade declara através de seus órgãos de soberania que certos atos são tão injuriosos a ela que o perpetrador deve sofrer proporcionalmente ao dano. Infrações menores são designadas "contravenções". As disputas entre membros da comunidade legal que não são consideradas violações da ordem da sociedade exceto no grau em que elas colocam em perigo a paz entre os membros, pertencem ao direito civil ("delito civil, não criminal").

A lei bíblica difere em diversos aspectos significativos da lei moderna. De acordo com o AT, a sociedade não legisla por si mesma, mas Deus como criador e soberano sobre Israel estabelece os padrões de justiça, retidão, e santidade para seu povo. Os vizinhos de Israel partilhavam dessa crença de que as normais sociais têm origem divina. Israel era distintivo em atribuir lei diretamente ao Senhor, que tinha formado o povo como sua esfera de soberania e tornado a obediência à sua vontade um componente da constituição deles.

A lei bíblica carece de termos correspondentes às palavras modernas como "crimes", "contravenções", e "delito civil", indicando que os legisladores antigos não operavam com essas categorias. O hebraico tinha um conjunto de termos para regras da lei e outro para as transgressões, cada qual com as suas próprias nuanças, mas nenhum se encaixa na categoria de crime ou delito civil.

É possível para o intérprete categorizar as leis bíblicas como criminais ou civis pelas espécies de sanções impostas. As ofensas punidas com retaliação — morte, punição corporal, banimento — claramente caem na esfera de "crime", enquanto as ações resolvidas pela restituição, são chamadas civis. Quando a restituição envolve compensação por aflição e intimidação, a retaliação e restituição estão ambas envolvidas. A lei israelita não tinha nenhuma provisão para a prisão.

Não há no AT nenhuma evidência nos textos legais de distinções jurisdicionais ou diferenças em regras para prova para lei criminal ou civil.

Os crimes capitais são formulados diferentemente dos casos de magnitude menor. Em Êxodo 21:1-23:19, as formulações começam com um particípio que descreve a ofensa, e o verbo da cláusula principal está no causativo passivo aumentado por um infinitivo de intensificação. Isto é normalmente traduzido como: "Quem fizer X certamente será morto" (Êx 21:12, 15, 16, 17; 22:19 [TM 18]; cf. 22:18, 20 [17, 19]).

Conquanto seja comum considerar tais formulações como exigência de penalidade de morte, é possível que ela conceda permissão para impô-la. No caso do assassinato, todas as indicações são que a terra devia ser purgada da "culpa de sangue" (Nm 35:31-34; Dt 19:11-13; 21:1-0). Por outro lado, é duvidoso que amaldiçoar ou bater nos pais (Êx 21:15, 17) exigia que os pais matassem seus filhos para impedir a ira de Deus contra a comunidade. Talvez esta formulação seja a autorização do Criador de matar uma criatura feita à sua imagem a despeito de ela estar debaixo da proteção divina (cf. Gn 9:1-6).

A lei bíblica contém muitas ofensas capitais que o intérprete moderno classificaria como "crimes sem vítimas". Esse tipo de crime pode ser classificado sob duas categorias: as ofensas religiosas e as sexuais. A adoração de deuses além do Senhor (Êx 22:20 [19]; Dt 13; 17:2-7), a profanação do nome divino (Lv 24:10-16), a entrega de filhos a Moloque (Lv 20:1-5), e a prática de feitiçaria (Êx 22:18 [17]; cf. Lv 20:6) são selecionados como violações supremas da ordem religiosa. Os deveres cúlticos e as regras para o sacrifício, etc., não são sujeitos à sanção criminal ou civil, mas estão sob a jurisdição dos funcionários do santuário, com sanções cúlticas. Uma variedade de uniões sexuais são condenadas como "abominações" (cf. esp. Lv 20:11-21). Visto que o antigo Israel não tinha polícia nem promotor público, as acusações dos transgressores se originariam com testemunhos (Dt 17:2-7; 1Rs 21:9-13).

As ações para remediar os crimes com vítimas normalmente se originariam com as vítimas ou suas famílias. O assassinato, o sequestro para a escravidão, abuso de pais (Êx 21:12, 15-17), e adultério (Lv 20:10) estão sob a pena de morte. Há uma grande medida de "autoajuda" na apreensão, na instauração de processo, e na punição de um homicida, refletindo provavelmente uma prática mais antiga (grupo de parentesco) de vingança particular; a comunidade exerce autoridade judicial em conceder ou recusar o santuário. Embora o adultério seja definido na lei israelita como crime contra o marido, os textos bíblicos legais (Dt 22:13-27) concedem autoridade legal para os juízes tomarem decisões e punirem; o interesse da sociedade na fidelidade marital sobrepuja os interesses pessoais do marido.

A lei criminal se estende para além dos casos de pena de morte, mas pouquíssima coisa é dita a respeito dos crimes menores. Em Êxodo 21:22-25 um caso de aborto espontâneo devido a um dano físico é normatizado: se a mulher não é ferida, é um caso civil; se a mulher é ferida, a responsabilidade deve ser calculada pela fórmula de talião. A mutilação pode não ser tomada literalmente nessa fórmula, porque há somente um caso prescrevendo a mutilação em toda a lei casuística da Bíblia (Dt 25:11-12). O açoitamento é mencionado em uma passagem (Dt 25:1-3), mas é o texto é vago a respeito de quando essa penalidade poderia ser aplicada. A expressão "eliminarei do meio do seu povo" (Lv 20:6, 18) pode significar banimento, embora alguns eruditos a interpretem como sanção divina.

A lei para o roubo, perda e dano de propriedade (Êx 22:1-15 [21:37-22:14]) se encaixa na categoria de lei civil em muitos aspectos. A vítima inicia o caso e tem sua propriedade restaurada com a compensação pela aflição se ela vence a causa. As acusações de roubo ou apropriação indébita que podem somente ser resolvidas pelo recurso do juramento (Êx 22:7-13 [6-12]) que pode ser exigido tanto do acusador como do acusado. Não obstante, a melhor compensação para o furto é uma sanção "retaliatória" com um efeito restringente.

As sanções divinas são ameaçadas pela falha do sistema judicial na manutenção da justiça na sociedade (Êx 22:21-27 [20-26]) ou fazer justiça nas cortes (23:7). Essas sanções extralegais têm a mesma lógica como na lei criminal, na qual Deus autoriza a punição de morte e a impõe através da agência dos juízes.

Bibliografia. M. J. Buss, "The Distinction between Civil and Criminal Law in ancient Israel", *Proceedings of the Sixth World Congress of Jewish Studies*, 1 (Jerusalem, 1977), 51-62; F. Crüsemann, *The Torah: Theology and Social History of Old Testament Law* (Minneapolis, 1996); M. Greenberg, "Some Postulates of Biblical Criminal Law", em *Yehezkel Kaufmann Jubilee Volume*, ed. M. Haran (Jerusalem, 1960), 5-28; D. Patrick, *Old Testament Law* (Atlanta, 1985); R. Westbrook, Studies in *Biblical and Cuneiform Law*. Cahiers de la RB 26 (Paris, 1988). [DALE PATRICK]

CRISÓLITO Pedra verde clara, também chamada peridoto. Algumas versões traduzem o hebraico *taršîš* (gr. *chrusólithos*) como "crisólita", alguma coisa brilhante ou resplandecente (Ez 1:16; 10:9), uma pedra gravada colocada no peitoral do sumo sacerdote (Êx 28:17-20; 39:10-13) e uma pedra adornando o rei de Tiro (Ez 28:13). "Crisólito" também é usada para o grego *chrusólithos*, uma camada no fundamento do muro da Nova Jerusalém (Ap 21:20).

Outros termos traduzidos como "crisólito" incluem o hebraico *piṭdâ* (gr. *topázion*, "topázio"). Algumas traduções usam "berilo", "quartzo de ouro", "ônix", ou "topázio" para esses termos. [JOSEPH E. JENSEN]

CRISÓPRASO Variedade de calcedônia de cor verde-maçã, valorizada como uma joia no Egito e a décima pedra preciosa no fundamento dos muros da Nova Jerusalém (Ap 21:20; gr. *chrusópatos*).

CRISPO (gr. *Krispos*) Antigo chefe da sinagoga em Corinto que foi batizado com diversos outros convertidos (At 18:8). De acordo com 1Coríntios 1:14, ele e Gaio estavam entre os poucos crentes batizados pelo próprio Paulo.

CRISTAL Termo geral para qualquer sólido homogêneo com disposição atômica que se repete regularmente. Quartzo ou sílica cristalina é como um cristal hexagonal transparente, que pode ser colorido por impurezas. O vidro, primeiramente feito nos tempos antigos, provavelmente no Oriente Médio, é também composto de sílica e pode ser formado em estruturas cristalinas. "Cristal" pode se referir a formas naturais ou feitas pelo homem. O cristal (heb. *gāḇîš*) está incluso na lista de materiais com os quais não se pode adquirir sabedoria (Jó 28:18). O firmamento ou expansão acima dos quatro seres viventes brilhava como *qeraḥ* ("cristal; Ez 1:22); o termo é mais frequentemente usado para a geada ou gelo, que forma cristais. Apocalipse 4:6 se refere ao mar de vidro, que era igual a *krýstallos*, também ligado à palavra geada; já Apocalipse 22:1 descreve a água da vida clara como o cristal. [MARTHA JEAN MUGG BAILEY]

CRISTÃO Termo (gr. *christianós*) encontrado na Bíblia somente em Atos 11:26; 26:28; 1Pedro 4:16. Entre, os escritos latinos e gregos, era comum acrescentar o sufixo *-ianus* (latim) ou *-ianós* (grego) ao nome próprio de alguém considerado ser o líder de um grupo. De acordo com Atos 11:26, foram os não cristãos antioquinos da Síria que primeiro aplicaram o nome aos seguidores de Jesus. Isso indica que eles eram conhecidos por pessoas de fora como homens que seguiam alguém conhecido como *Chrystós*, e isso implica que desde um período relativamente primitivo, as pessoas reconheciam algo distintivamente não-judeu sobre o movimento (desde que é improvável que os gentios tivessem conhecimento do significado judaico da palavra *Chrystós*, "messias"). Não foi até o início do século II que os cristãos começaram, com alguma regularidade, a empregar o termo como autodesignação (p. ex., Inácio e o Didaquê). [J. BRADLEY CHANCE]

CRISTÃOS JUDEUS O núcleo original de um movimento de reforma dentro do judaísmo que depois emergiu como religião separada, conhecida como cristianismo. Devido à dinâmica e às mudanças dentro desse processo, os estudiosos têm lutado para encontrar uma definição historicamente aceitável de cristianismo judaico. Num extremo, alguns têm focado em todos os tipos de pensamentos cristãos primitivos expressos em formas emprestadas do judaísmo (Jean Daniélou). No outro extremo, alguns têm preferido usar "judeus cristãos" somente para a ala radical do movimento que se recusou a aceitar os cristãos gentios (Hans Joachim Schoeps). A definição a seguir dá espaço para diversidade e desenvolvimento.

"O mais primitivo cristianismo judaico" é equivalente ao grupo de judeus que cedo confessou Jesus como pessoa a ser adorada ou como o messias e, portanto, a todo cristianismo mais primitivo. Esse grupo de cristãos continha vários pontos de vista não plenamente desenvolvidos a respeito da precisa natureza do cristianismo.

"O mais primitivo cristianismo judaico" representa, porém, um desenvolvimento do cristianismo mais primitivo. Suas características são: (1) confissão de Cristo; (2) observância judaica (quando relevante, a ponto de separá-lo da Grande Igreja que se desenvolvia, particularmente incluindo um ou mais elementos: observância do sábado, do calendário judaico, dos mandamentos relacionados à pureza sexual, da circuncisão e frequência a uma sinagoga); e (3) algum tipo de relacionamento genético direto com o cristianismo judaico mais primitivo.

Parte do problema em definir o cristianismo judaico primitivo é que, como está evidente nas cartas de Paulo, os cristãos primitivos não adotavam um nome de forma universal para si. Um dos nomes mais comuns era nazarenos ("observadores"). Essa designação foi preservada entre os cristãos judeus e, de fato, entre todos os cristãos aramaicos, por um longo período. Outros etnônimos para os judeus cristãos foram ebionitas ("os pobres") e sampsenos ("servos [de Deus]").

CRISTO O grego *Chrystós*, lit., "o Ungido", uma tradução de heb/aram. "o Messias". O termo está relacionado com o verbo "ungir, untar". Como sua contraparte hebraica, "Cristo" pode ser usado adjetivalmente ("o sacerdote ungido"; p. ex., Lv 4:5 e 16), no entanto, é mais comum como substantivo. Como título, "o Cristo" faz sentido somente na literatura judaica e cristã, nas quais a antiga (bíblica) prática de ungir com óleo como parte do ritual de investidura está em vista. O termo pressupõe não somente o contexto bíblico, mas uma história de interpretação, uma vez que a forma — um substantivo e um artigo definido, sem modificadores — não é atestada na LXX Grega nem na Bíblia Hebraica.

CARTAS PAULINAS. O termo aparece no Novo Testamento mais de duzentas vezes nas cartas paulinas. Na maioria das vezes, "Cristo" aparece em forma não titular. A palavra pode aparecer com o nome próprio Jesus ("Jesus Cristo", "Cristo Jesus", "o Senhor Jesus Cristo"), ou sozinha, em uma forma inarticulada ("Cristo morreu pelos nossos pecados", "em Cristo", "batizado em Cristo"), na qual a referência é claramente ao único Cristo Jesus. Somente uma vez no corpo paulino "o Cristo", de fato, se refere claramente a um personagem da tradição judaica, sem necessariamente ser uma referência a Jesus ("deles [israelitas] são os patriarcas, e também deles descende o Cristo, segundo a carne"; Rm 9:5).

Desde que o título nunca aparece como um nominativo predicativo ("Jesus é o Cristo"), os dados nas cartas de Paulo representam um estágio avançado numa tradição cristológica em desenvolvimento, pressupondo uma confissão inicial hebraica/aramaica, "Jesus é o Messias". É possível ler as cartas de Paulo sem conhecer muito sobre "Cristo", a não ser que haja alguma designação honrosa que apareça após o nome de Jesus. O significado do termo é provido por declarações sobre o Cristo Jesus. Como Nils A. Dahl mostrou, entretanto, uma leitura mais cuidadosa das cartas de Paulo indica o estágio, para o qual Paulo pressupõe uma história completa de tradição cristológica, incluindo uma "exegese messiânica" complexa e sofisticada das Escrituras de Israel. Conhecer algo sobre a tradição messiânica de Israel é, dessa forma, importante para entender o uso que Paulo faz do termo.

É impressionante como as afirmações "cristológicas" de Paulo diferem grandemente do messianismo judaico tradicional. Com exceção de poucas passagens como Romanos 2:16; 1 Coríntios 15:24-28 que se referem a julgamento e governo, identificar Jesus como "Cristo" tem menos a ver com um ofício real que mais com sofrimento, humilhação, e morte (p. ex., 1Co 1:22-24; 15:3-4). Paulo pode falar em termos mais tradicionais, p. ex., sobre a dinastia davídica de Jesus, o Cristo; mas mesmo nesses exemplos é a morte e a vindicação de Jesus que são o foco de seu "ofício" (Rm 1:2-4).

Embora "Filho de Deus" seja um termo mais compreensivo, seu lugar em oráculos messiânicos como 2Samuel 7:14; Salmo 2:7, nos quais Deus se dirige ao rei como "Filho", é característica importante do título. Ser o Cristo prometido é parte do que significa ser "o Filho de Deus".

Embora não explicitamente desenvolvido nas cartas existentes, a identidade de Jesus como "Cristo" é central para a teologia de Paulo. Embora Jesus possa ser chamado "Filho de Deus" e "Senhor", termos correntes nas tradições religiosas gentílica e judaica, como "Cristo" Jesus pertencem a Israel (Rm 9:5). Não é surpreendente, portanto, que Paulo devesse encontrar oposição judaica de larga escala à sua pregação, um problema teológico grave e pessoal. Em jogo estão as promessas de Deus a Israel. Romanos 9-11 é crucial para o entendimento de Paulo do evangelho, bem como de sua missão.

Que Jesus é o Cristo prometido é, da mesma forma, central para a reflexão de Paulo sobre a desobrigação gentílica para com a adesão à lei de Moisés. Seu argumento em Gálatas 3 sobre a participação gentílica na herança de Abraão inclui citações reais e alusões a uma multidão de textos, alguns dos quais eram parte da tradição messiânica (2Sm 7:10-14; Gn 49:10). No centro de seu próprio argumento está a imagem do Cristo crucificado que morreu "sobre um madeiro" e, dessa forma, sob a maldição da lei de Deus (Gl 3:13; citando Dt 21:23). A isenção dos gentios do comprometimento para com a lei de Moisés está em estreita ligação com a morte de Jesus como Cristo — e sua vindicação por Deus na ressurreição. Gálatas 3, em particular, dá um vislumbre de uma tradição inteira da "exegese messiânica", que Paulo tanto pressupõe quanto desenvolve ainda mais.

É importante que precisamente no ponto em que a reflexão teológica e pastoral de Paulo estão mais distantes da tradição judaica (Romanos e Gálatas), ele faça o uso mais abrangente de argumentos escriturísticos aprendidos, comparando com aqueles das escolas de tradição dentro do judaísmo. Embora o conhecimento da tradição messiânica judaica seja crucial para o entendimento do argumento de Paulo, o que sobressai é a novidade das conclusões de Paulo — algo que até mesmo os colegas dele dentro da Igreja acharam subversivo e perigoso.

Evangelhos. Nos evangelhos, "Cristo" é usado mais frequentemente do que nas cartas de Paulo (Mt, 17 vezes; Mc, 7; Lucas, 12; [At, 28]; Jo, 18). Como nas Epístolas, "Cristo" pode ser usado com o nome de Jesus (p. ex., Mc 1:1). Entretanto, o uso de "o Cristo" como título é mais comum ("onde havia de nascer o Cristo", Mt 2:4; "Tu és o Cristo", Mc 8:29; "o Cristo é filho de Davi?", 12:35; "desça agora da cruz o Cristo, o rei de Israel", 15:32; "estes, porém, estão escritos para que creias que Jesus é o Cristo, o Filho de Deus...", Jo 20:31). Somente em Lucas-Atos o termo, de fato, aparece ocasionalmente em sua forma mais bíblica ("o Cristo do Senhor", Lc 2:26; "o Cristo de Deus", 9:20; "seu Cristo", At 3:18). Em todos os exemplos, espera-se que os leitores saibam o que o termo significa: ele tem a ver com um ofício real.

Existem poucas exceções, como em Lucas 4:17-19, em que Jesus é "ungido" para pregar boas-novas ao pobre, mais claramente um ofício profético que real. Em outro lugar em Lucas/Atos, entretanto, o conteúdo do ofício de Jesus como "um salvador que é Cristo o Senhor" é fornecido por tradição real: ele é o "Filho do Altíssimo" que sentará "sobre o trono de seu ancestral Davi"; ele "reinará para sempre sobre a casa de Jacó, e o seu reino não terá fim" (Lc 1:32-33). Ele é aquele do qual o Deus fez "ambos, Senhor e Cristo" ao ressuscitá-lo dos mortos e ao fazê-lo sentar à sua direita (At 2:34, citando Sl 110:1). Passagens como Lucas 4, são mais bem entendidas como preenchendo o que elas pretendem ser "o Cristo", por meio de interpretação criativa das Escrituras.

O termo é notavelmente incomum dentro dos relatos do evangelho sobre o ministério de Jesus. Nos Evangelhos Sinópticos, são os demônios que, desde o início, sabem quem Jesus é. Contudo, de acordo com Marcos e Mateus, os demônios não reconhecem Jesus como "Messias", mas como "o Filho de Deus" (embora "Filho de Deus" seja claramente um título associado com o ofício real, como no Sl 2:7; 2Sm 7:14). As pessoas comuns reconhecem Jesus como personagem profético: João, o Batista; Elias ou um dos profetas (Mc 8:28 par.). Nas narrativas dos evangelhos, a única pessoa que chama Jesus de "o Cristo" é Pedro — uma percepção que, em Mateus, Jesus caracteriza como possível somente através de inspiração ("porque não foi carne e sangue que to revelou, mas meu Pai, que está nos céus"; Mt 16:16-17). A "confissão" de Jesus como o Cristo é seguida pela primeira das predições de Jesus da sua rejeição iminente, morte, e ressurreição (Mt 16:21-23; Mc 8:31-33). A reação de Pedro — sua "repreensão" a Jesus — indicam que "Cristo" e cruz não se pertencem.

Em todos os evangelhos, "Cristo" aparece mais frequentemente, que imagens reais relacionadas, nas narrativas da Paixão: Jesus é preso, julgado, ridicularizado, e executado como rei. O ofício real é expresso diferentemente por vários grupos na história. O chefe dos sacerdotes usa a linguagem da tradição ao se referir a Jesus como "o Cristo", "o Cristo de Deus", "o Cristo, o Rei de Israel". Os romanos, apropriando a sua posição gentílica, se referem a Jesus como "o Rei dos judeus", usando "judeus" em vez de "Israel" e olhando o título exclusivamente como uma reivindicação política. Jesus é mais frequentemente identificado como "o Cristo" (= Rei) naquele ponto da história, onde Ele menos se parece com o Messias prometido.

Mesmo aparte do conhecimento da tradição bíblica judaica, as histórias do evangelho realçam a estranheza do termo, quando aplicado a Jesus nesse contexto. Para as autoridades judaicas, chamar Jesus "o Cristo" é blasfêmia e absurdo (Mc 14:63-65). Ele é ridicularizado à medida que é sufocado na cruz: "desça agora da cruz o Cristo, o rei de Israel, para que vejamos e creiamos. Também os que com ele foram crucificados o injuriavam" (Mc 15:32). Ele não desce, o que significa para as autoridades judaicas que Ele é simplesmente outro impostor. A reivindicação de ser o Cristo, que faz Jesus culpado de sedição no império de César, não é menos absurda aos romanos, que lidam com Jesus como falsa investidura. Eles colocam um manto sobre ele, fazem uma coroa, e o saúdam: "Salve, rei dos judeus!" (Mc 15:17-19). A partir da perspectiva dos personagens, portanto — as autoridades políticas e religiosas — existe alguma coisa grosseiramente inapropriada em chamar Jesus "o Cristo".

A partir da perspectiva dos leitores, as acusações e as ridicularizações são irônicas. É dito aos leitores em vários pontos que Jesus é o Cristo: sua vindicação por Deus em sua ressurreição é prenunciada por toda a narrativa do evangelho. Que os inimigos de Jesus são os únicos a vesti-lo e a anunciar sua identidade ao mundo é uma expressão literária da insistência de Paulo de que Deus escolheu revelar sabedoria através da loucura (1Co 1).

O que significa chamar Jesus "o Cristo" está, dessa maneira, fortemente ligado a julgamento, morte e ressurreição. Assim, há nos evangelhos e em Paulo, um elemento subversivo, um reconhecimento de que a carreira "messiânica" de Jesus é uma surpresa, um escândalo, um momento crítico que exige uma reavaliação de todo o testemunho bíblico. É apropriado que aqueles que não são persuadidos devam encontrar tal confissão em desacordo com a herança bíblica de Israel. E embora os crentes em Jesus tenham começado um esforço para entender o testemunho do Antigo Testamento à luz de sua morte e ressurreição — finalmente refazendo a noção de "o Cristo", através de uma remodelação radical da tradição messiânica — o escândalo do "Cristo crucificado" ainda permanece.

Para entender o que significa que Jesus é "o Cristo" no Novo Testamento é preciso estar amparado pelo conhecimento da tradição messiânica judaica. A linguagem se deriva das Escrituras de Israel e da história de sua exposição nos tempos pós-bíblicos. Os detalhes da tradição do Novo Testamento, entretanto, estão ligados aos pormenores da carreira de Jesus de Nazaré. Somente em vista daqueles pormenores, especialmente os registros do julgamento e morte de Jesus, é possível entender a mudança dramática no significado de "o Messias" como é usado de Jesus de Nazaré.

Além do Novo Testamento. As tradições judaica e cristã desenvolveram-se em direções diferentes a partir de uma herança em comum. Para os rabis posteriores, o Messias-Rei permaneceu um dos importantes personagens em visões e sonhos do futuro. Para os seguidores de Jesus, "Cristo" se tornou amplamente um segundo nome para Jesus, embora importante o suficiente para servir como a base para uma nova autodesignação que distinguiria aqueles herdeiros da herança de Israel que confessavam Jesus daqueles que não confessavam. Por volta do fim do século II, "cristão" veio a designar um adorador do Deus de Israel que cria em Jesus, o Cristo, para distinguir do "judeu".

A última tradição da Igreja tomou a tarefa de fazer sentido teológico e cristológico num contexto gentílico. A confissão de Jesus como "o Cristo" era pressuposta, mas era grandemente insignificante para os desenvolvimentos da tradição dogmática e trinitariana. Mesmo por volta da metade do século II, o assunto da identidade de Jesus como "Cristo" era importante para autores como Justino Mártir quase exclusivamente no contexto da interpretação da Escritura. Mais importante deviam ser as imagens bíblicas como o "Logos", o "Senhor", e "o Filho" e seu relacionamento com o Pai.

Contudo, embora o Novo Testamento tenha começado o processo de refletir sobre as novas regras de falar sobre Deus como aquele que levantou Jesus dos mortos e que, agora, está revelado em Jesus, Jesus permanece "o Cristo" — enraizado na tradição de Israel — cuja identidade está mais intimamente ligada à sua morte e vindicação como "o Rei dos Judeus". *Ver* MESSIAS.

Bibliografia. J.H. Charlesworth, org., *The Messiah: Developments in Earliest Judaism and Christianity* (Minneapolis, 1992); N.A. Dahl, *Jesus the Christ: The Historical Origins of Christological Doctrine* (Minneapolis, 1991); D. Juel, *Messianic Exegesis: Christological Interpretation of the Old Testament in Earliest*

Christianity (Minneapolis, 1988); G. Vermes, *Jesus the Jew* (1973, repr. Philadelphia, 1981). [DONAL JUEL]

CRISTO E ABGAR Uma das lendas mais intrigantes da igreja primitiva envolvendo a correspondência do rei Abgar de Edessa com Jesus, como registrado por Eusébio e pelo Ensino de Addai. Abgar diz a Jesus que ele tinha ouvido de suas curas milagrosas e que tinha concluído que Jesus devia ser ou Deus ou o Filho de Deus e, então, pede que Jesus venha a Edessa para curá-lo de seu "sofrimento". A carta é concluída com uma oferta de refúgio seguro, uma vez que Abgar também sabia da perseguição dos judeus contra Jesus. A carta de Jesus em resposta louva a fé de Abgar, mas recusa seu convite. Jesus promete, entretanto, enviar um discípulo para curar Abgar e para pregar o evangelho depois de sua ascensão. O Ensino de Addai difere do relato de Eusébio no fato de que Jesus envia uma resposta oral, com uma descrição de Si mesmo, em vez de uma carta. Embora a lenda de Abgar tenha circulado amplamente na igreja primitiva e medieval (a carta de Jesus foi usada como atrativo para impedir o mal), a maioria dos intérpretes modernos concordam com a determinação de Roma, no século VI, de que as cartas eram espúrias.

Bibliografia. S.H. Moffett, *A History of Christianity in Asia*, 2. ed. (Maryknoll, 1998); S. Runciman, "Some Remarks on the Image of Edessa", *Cambridge Historical Journal* 3 (1929-1932): 238-52; H.C. Youtie, "A Gothenberg Papyrus and the Letter to Abgar", *HTR* 23 (1930): 299-302; "Gothenberg Papyrus 21 and the Coptic Version of the Letter to Abgar", *HTR* 24 (1931): 61-65. [CHARLES GUTH]

CRISTOLOGIA No sentido mais amplo, a cristologia tenta responder a questão que Jesus colocou aos seus discípulos em Marcos 8:27-29: "Quem dizem os homens que eu sou?" Num sentido mais estrito, a cristologia é o estudo dos títulos que a igreja primitiva atribuiu ao Jesus histórico, embora aqueles títulos (p. ex., Filho do Homem, Cristo, Filho de Deus, Messias, Mestre) reflitam o próprio autoentendimento de Jesus. Ainda mais estritamente, a cristologia se refere à doutrina teológica a respeito da pessoa e natureza de Cristo e na medida em que a humanidade e a divindade estão unidas em sua pessoa. Embora os escritos do Novo Testamento levantem questões sobre a identidade de Cristo, afirmações explicitamente cristológicas não aparecem até bem dentro do século I, quando a igreja primitiva estava aspirando por autodefinição e ortodoxia.

Embora os credos dos séculos IV e V sejam os documentos mais antigos a definir a união da humanidade e divindade de Cristo, confissões cristológicas mais primitivas no Novo Testamento identificam a natureza divina de Deus com a natureza humana de Cristo, particularmente no ato da criação. Paulo declara que "há um só Deus, o Pai, de quem são todas as coisas e para quem existimos; e um só Senhor, Jesus Cristo, pelo qual são todas as coisas, e nós também, por ele" (1Co 8:6). Em Colossenses 1:15-20 Cristo é "a imagem do Deus invisível [...] pois, nele, foram criadas todas as coisas" [...] porque aprouve a Deus que, nele, residisse toda a plenitude. Hebreus 1:10 proclama que Cristo não somente criou a terra, mas também que "os céus são obra das tuas mãos". Mesmo o antigo cristão escritor e mártir, Policarpo, corajosamente testifica que Jesus é o "Pai de Jesus Cristo", isto é, a atividade de Deus é conhecida somente através da atividade de Cristo.

Tais confissões cristológicas primitivas capacitaram a igreja primitiva para demonstrar sua autoidentidade distintiva aos movimentos religiosos judaicos e helênicos do século I. À medida que a Igreja crescia, entretanto, surgiam grandes debates entre os vários partidos cristãos sobre a pessoa e a natureza de Cristo.

Dentro do século I, os docetistas consideraram que a humanidade e o sofrimento de Cristo eram irreais antes que reais. Para os docetistas, que criam que o corpo era mal, Deus não poderia ter entrado em um corpo humano corrupto. Alguns docetistas argumentavam que Jesus tinha escapado da morte, e Judas Iscariotes ou Simão de Cirene tinha ocupado o seu lugar na cruz. Em contraste, os ebionitas negavam a divindade de Jesus, argumentando que Ele era o filho humano de José e Maria, sobre o qual Deus colocou poder divino no momento de Seu batismo.

No século IV, um presbítero chamado Ário argumentou que não havia duas naturezas presentes em Cristo. Ele prosseguiu e negou que Cristo é verdadeiramente Deus. No Concílio de Niceia, em 325, Atanásio e vários outros bispos condenaram as ideias de Ário e declararam que Jesus era completamente divino e igual com o Pai. Mais tarde no século IV, Apolinário, bispo de Laodiceia, argumentou que a deidade de Cristo era tão dominante que a natureza divina de Cristo substituiu Sua natureza humana. Em 381, o Concílio de Constantinopla ratificou o trabalho do Concílio de Niceia e declarou que Cristo era completamente humano e completamente divino. Aproximadamente vinte anos mais tarde, Êutico, o chefe de um monastério em Constantinopla, manteve que Cristo tinha duas naturezas "antes da encarnação". O Concílio de Calcedônia (451) condenou as heresias de Nestório e Êutico e estabeleceu o que se tornou a fórmula ortodoxa cristológica, ao declarar que há "um [...] Cristo [...] em duas naturezas, sem confusão, sem mudança, sem divisão, sem separação."

Embora a definição de Calcedônia tenha dominado o autoentendimento teológico cristãos por séculos, novas correntes no criticismo bíblico continuam a levantar questões importantes sobre os modos como os escritos do Novo Testamento descrevem a autocompreensão de Jesus, como também o entendimento primitivo da Igreja sobre Jesus. Focalizando-se no quadro de Jesus nas fontes Q e extracanônicas, John Dominic Crossan, Leif Vaage, Burton Mack, Gregory Riley, e o Seminário de Jesus desafiaram a descrição de Jesus como profeta apocalíptico (Filho do Homem), conduzindo o iminente reino de Deus. Nesses escritos, Jesus é menos messiânico Filho de Deus do que um camponês judeu (Crossan) do Mediterrâneo que se identifica com os setores marginalizados da sociedade palestina e que expõe ditos morais sábios (Mack) no modo de uma filosofia Cínica (Vaage). Tais debates demonstram a centralidade da cristologia para a fé cristã, como também sua natureza dinâmica.

Bibliografia. O. Cullmann, *Christology of the New Testament*, ed. rev. (Philadelphia, 1964). [HENRY L. CARRIGAN, JR.]

CRÍTICA BÍBLICA A crítica bíblica é filha do Iluminismo, uma era em que se cria que todo esforço humano deve comparecer diante do crivo da razão e ser julgado por ela de acordo com sua relação com a verdade universal. Inevitavelmente, o Antigo e o Novo Testamentos passaram pelo crivo da razão.

Os propósitos pelos quais a crítica bíblica foi usada foram muitos e variados. Por exemplo, o prelado francês Ricardo Simon (1712) sujeitou a Bíblia ao escrutínio da crítica a fim de provar que ela não era regra suficiente para a fé. O grande filósofo judeu Benedito Espinoza (1667) aplicou o método crítico para distinguir qualquer coisa na Bíblia que originava dogma, ocasionando assim a perseguição, e qualquer coisa que pudesse ser reconhecida como eternamente válida e, assim, poderia terminar o conflito religioso. Devido ao seu rigoroso exame no Tractatus, Espinoza tem sido festejado como o "pai" da crítica bíblica moderna. Johan Salomo Semler (1791), primitivo crítico bíblico protestante, aplicou a disciplina para a questão do cânon bíblico — principalmente a fim de desligar o Antigo Testamento do Novo Testamento, e os orientalistas Hermann Samuel Reimarus (1768) usou-o para distinguir o "sistema" de Jesus do sistema dos seus discípulos, intenção de embuste.

Inicialmente, a palavra "crítica" não possuía conotação negativa. O termo alemão *Kritik*, que era o termo que servia para tradução, simplesmente denotava um método discreto de investigação. Mas devido aos resultados basicamente negativos a que seus advogados chegaram, ele veio a ser associado com ataque às Escrituras Sagradas, e assim identificado como inimigo da fé, uma identificação feita por alguns até hoje. Outros, então como também agora, têm insistido em que a crítica bíblica poderia ser feita para servir aos fins da fé. Nos Estados Unidos, a crítica bíblica realmente fez seu advento nas mãos do povo da fé. Moses Stuart de Andover (1852), representante do evangelicalismo de Jonathan Edwards, ficou a princípio atraído pelos eruditos críticos alemães, cujas obras ele começou a dominar e a interpretar para os seus leitores americanos. A abordagem de Stuart ao Antigo e ao Novo Testamento ganhou para ele o título de "pai da ciência bíblica na América".

Se a crítica bíblica nos séculos XVII e XVIII serviram para os fins do Iluminismo, isto é, elevar as "verdades universais da razão" a partir daquilo que é meramente histórico ou "acidental", no século XIX, ela se embrenhou numa "escavação" histórica. Através dos avanços na arqueologia e no deciframento de textos antigos, os eruditos encontraram testemunhos dos textos bíblicos que eram anteriormente desconhecidos, e que facilitaram grandemente a aproximação daqueles textos de seus originais ou autógrafos. O pietista alemão Johan Albrecht Bengel (1752) começou a agrupar os testemunhos em "famílias", prática continuada por Brook Foss Westcott (m. 1901) e por F. J. Anthony Hort (m. 1892) na Inglaterra. Essa "baixa crítica" ou crítica textual veio a ser distinta da "alta crítica" com questões tocando nas fontes, estruturas, e contexto religioso-histórico dos escritos bíblicos. Enquanto os mais cautelosos restringiram-se à baixa crítica, recentemente a restrição não garante segurança. O chamado Textus Receptus ("texto recebido") que havia dominado desde o século XVI, e sobre o qual os ortodoxos haviam baseado sua doutrina da inspiração verbal, agora perdeu a sua força. O resultado foi a eliminação da neutralidade da busca da baixa crítica.

Na primeira metade do século XIX, os maiores avanços na crítica bíblica foram feitos pelos eruditos do Antigo Testamento, principalmente na busca por fontes subjacentes ao Pentateuco. Seguindo a suspeita da tradição judaica em relação à autoria do Pentateuco atribuída a Moisés, o erudito francês Jean Astruc (m. 1776) elaborou a teoria de que o patriarca combinou duas fontes principais em sua composição de Gênesis: uma usando o nome divino Elohim, e a outra o nome Yahweh. Edificando sobre a teoria de Astruc, os eruditos do Antigo Testamento chegaram à chamada Teoria Documentária ou a hipótese de Graf-Kuenen-Wellhausen, chamada assim por causa dos seus três principais proponentes. Karl Heinrich

Graf (1869) e Julius Wellhausen (1918) da Alemanha, e Abraham Kuene (1891) da Holanda. De acordo com essa teoria, o editor final do Pentateuco combinou quatro fontes (a Javista [J], Eloísta [E], Deuteronomista [D] e a Sacerdotal [P], daí as iniciais JEDP).

Influenciado por seus colegas de Antigo Testamento, os eruditos do Novo Testamento avançaram para o problema da similaridade e dissimilaridade entre os primeiros três evangelhos, "o Problema Sinóptico". Se o Pentateuco reunia uma onda de fontes distintas seja por seu uso dos nomes divinos ou por seu caráter cúltico ou legal, o relacionamento entre os evangelhos do NT exigia uma teoria análoga de fontes. Anteriormente, optando por uma única fonte escrita (Gotthold Ephraim Lessing, 1781) ou por fragmentos da tradição de Jesus (Friedrich Schleiermacher, 1834) por detrás de todos os quatro evangelhos, os eruditos vieram a estabelecer a teoria da dependência literária entre os primeiros três (J. K. L. Gieseler, 1854), atribuindo ao quarto evangelho um lugar separado. De acordo com essa "hipótese de múltipla fonte", o evangelho de Marcos era anterior e forneceu a Mateus e Lucas o esboço deles. Mateus e Lucas, então, suplementaram o que eles haviam conseguido de Marcos com uma segunda fonte sinóptica intitulada "Q" (Ale. *Quelle*, "fonte"). Além disso, os dois coevangelistas de Marcos incluíram material peculiar de cada um deles (p.ex:, em Mateus a visita dos Magos, em Lucas as parábolas da ovelha perdida, moeda perdida, e dos dois filhos).

Na última metade do século XIX, a crítica bíblica voltou-se seriamente para a questão do contexto religioso-histórico da Bíblia, e a Escola da História das Religiões (Religionsgeschichtliche Schule) nasceu. Por exemplo, o erudito do AT Herman Gunkel (1932) tentou demonstrar a dependência que a história da criação de Gênesis teve do mito babilônico, purgado de seus aspectos politeístas, enquanto Richard Reitzenstein (1931) asseverava a influência do gnosticismo sobre a cristologia do NT. Outros insistiam em que o judaísmo sozinho forneceu o pano de fundo para o entendimento dos dois Testamentos, e uma divisão entre os eruditos se seguiu e que tem persistido até o presente tempo. A influência da Escola da História das Religiões tem sido mista. A ideia de Reitzenstein de um "Redentor Redimido" gnóstico do tempo pré-cristão pousando para o retrato do NT do Cristo não perdurou em face de nova evidência ou da melhora nas técnicas de se ler uma antiga evidência. Mas o estudo de Gunkel sobre o Espírito em ambos os Testamentos como diretamente contrário à identificação romântica do Espírito com a consciência humana permanece axiomático.

O maior e o mais conhecido entre os críticos bíblicos do século XIX foi Ferdinand Christian Baur (1860) de Tübingen, Alemanha. Baur, atraído pelo esboço de G.F. W. Hegel do desenvolvimento do "Espírito Absoluto" para a autorrealização, definiu a literatura do NT dentro do contexto de um conflito e sua resolução final entre duas partes: uma refletida no evangelho de Mateus, com seu entendimento do evangelho particularista e nomístico supostamente judaico; e o outro representado pelas "genuínas" epístolas paulinas (1-2Coríntios, Gálatas, e Romanos) com o seu livre-evangelho de características universalistas. A avaliação que Baur fez de cada livro do NT refletindo os vários estágios desse conflito e sua resolução, tem sido descartada ou corrigida, mas a sua insistência sobre a interpretação do NT em seu contexto histórico permanece como regra importante de interpretação.

Antes da Primeira Guerra Mundial a pesquisa bíblica consistia basicamente da "crítica da fonte". A partir de Astruc, Graf, Kuenen, Wellhausen, Lessing, Schleiermacher, Giseler, e entre as centenas de homens que se seguiram afirmando ou negando o que eles disseram, os eruditos se concentraram em questões a respeito das origens literárias. Agora, a atenção foi dada à formação do texto bíblico antes de assumir a sua forma escrita, e sobre o fato de ele assumir a "situação na vida" (*Sitz im Leben*) da comunidade na qual ele foi criado. O nome do novo método passou a ser "crítica da forma"

Num famoso ensaio de 1938 ("Das formgeschichtliche Problem des Hexateuchs"), Gerhard von Rad de Heidelberg (1971) tentou demonstrar que os primeiros seis livros do AT repousavam sobre "credos históricos" ou ensaios dos atos salvadores de Deus que tinham tomado uma forma estereotipada e "canônica" para dar um aspecto e conteúdo à adoração de Israel. Von Rad continuou a fixar os tempos e os lugares nos quais esses credos se originaram. Aqueles que refletiam a promessa da terra tiveram sua origem onde a questão de sua posse era acentuada, em Gilgal perto de Jericó, no tempo de Samuel e Saul; aqueles que refletiam a doação da lei tinham sua "situação na vida" em Siquém, durante a coalizão das 12 tribos.

Os principais pioneiros da crítica da Forma do Novo Testamento foram Karl Ludwig Schmidt (1956), Martin Dibelius (1947), e Rudolf Bultmann (1976). Schmidt e Dibelius cautelosamente começaram com o isolamento das unidades individuais da tradição do evangelho, presumivelmente poupados no período oral para propósitos de pregação, enquanto Bultmann cria no método que o capacitou a determinar a genuinidade ou a não genuinidade de uma determinada unidade da tradição. Na sua

History of Synoptic Tradition, concluiu que a totalidade da tradição de Jesus tinha resistido uma revisão antes de ser escrita, tendo tido acréscimos em analogia com a evolução das tradições em círculos não bíblicos. Eruditos conservadores registraram o alarme, aderindo estritamente a uma crítica da fonte "mais segura', ou afirmavam uma tarefa puramente fenomenológica, classificando as várias unidades da tradição do evangelho. Nos Estados Unidos, a obra The Beginnings of Gospel Story (1909) de Benjamin Wisner Bacon (1932) antecipou a análise da crítica da forma no continente, e deu estímulo à "pesquisa de ambiente social" da Universidade de Chicago.

Logo em seguida à crítica da forma veio a crítica da redação, que se concentrou sobre a questão da intenção do autor. Se a crítica da forma inquiriu sobre a "vida" de um texto antes de ele assumir a sua forma escrita, a crítica da redação inquiriu sobre a vida daquele texto uma vez que ele tinha vindo à existência pelas mãos do autor. A crítica da redação também teve os seus precursores. Em sua obra sobre os evangelhos, Bacon, Wellhausen, e William Wrede (1906) já tinham lutado com a questão do grau em que a perspectiva teológica do autor afetava a sua organização de material tradicional. E, como foi também o caso com a crítica da forma, o método foi afiado e amolado a ponto da possibilidade de seus ancestrais não o reconhecerem.

Parceira em cada estágio na evolução da crítica bíblica tem sido "A Busca do Jesus Histórico". Na verdade, a busca sobre a vida e a carreira do Jesus de Nazaré como um objeto à parte da fé tem frequentemente servido à crítica como o alvo supremo. No século XVIII, Reimarus cria que seu método revelava um propósito de Jesus antitético ao seus discípulos, e que eles debaldemente pretenderam obscurecer, como testemunhas de contradições pesadas nos evangelhos. No começo do século XIX, David Friedrich Strauss (1874) de Tübingen tentou desvencilhar a história de Jesus das camadas de mito e lenda derivadas do judaísmo e do pensamento helênico. Os críticos do final do século XIX anunciaram a prioridade de Marcos e o documento "Q" como os dois grandes pilares sobre os quais se poderia basear uma vida autêntica de Jesus. Esta confiança mais tarde se despedaçou na percepção de que cada evangelho foi escrito de uma perspectiva teológica discreta que tornou impossível distinguir a mensagem de Jesus daquela de Sua comunidade. Numa revisão festejada, Albert Schweitzer (1965) declarou falida esta "primeira" busca do Jesus histórico do século XIX, e concluiu com uma linha o que todas as gerações tem na memória:

"Ele vem a nós como Alguém desconhecido, sem um nome, como antigamente, pelo lado do lago, Ele veio para aqueles homens que não o conheciam. Ele nos diz a mesma palavra: 'Sigam-me' e nos põe nas tarefas que Ele tem de realizar em nosso tempo (The Quest of the Historical Jesus)."

O século XX testemunhou a retomada da pesquisa da vida de Jesus. A investigação feita por Bultmann sobre o desenvolvimento da tradição do evangelho o levou a eliminar a busca e a dar prioridade à proclamação ou *kerigma* da comunidade primitiva, esvaziado de qualquer ligação de material com o Jesus histórico. O resultado foi a revolta de todos os lados. Ernst Käsemann (1906-) jogou a primeira saraivada de palavras em seu ensaio de 1954, "O problema do Jesus Histórico". Ele insistiu em que o ceticismo não precisa ter a última palavra; que o Sermão do Monte, p. ex., refletia uma reflexão clara e inequívoca da consciência que Jesus tinha de Si mesmo e de Sua missão. O ensaio de Käsemann foi seguido por uma multidão de outros. Uma "segunda" busca veio à existência e ocupou os eruditos na América do Norte e em outras partes por mais de trinta anos. Mais recentemente, uma "terceira" busca do Jesus histórico ficou em voga. Menos disciplinada do que a "primeira" e a "segunda" em termos do uso das ferramentas aceitas, ela é mais radical em distanciar o Jesus histórico da proclamação da comunidade cristã.

A década de 1950 estabeleceu a grande marca de confiança no método histórico. Desde aquele tempo os eruditos começaram a refletir o mal-estar sobre o conflito e, às vezes, sobre os resultados absurdos aos quais a crítica bíblica chegou, havendo a ausência total de consenso mesmo nos assuntos menos debatíveis, e que exigiam uma revisão radical ou mesmo o abandono dos métodos tradicionais.

As consequências para a crítica textual ("baixa crítica") têm sido menos dramáticas, conquanto tenham irritado as pessoas escoladas nos métodos tradicionais. Por exemplo, o agrupamento de textos em famílias tem sido abandonado em favor do método "local-genealógico". Uma vez que foi estabelecida a variedade de testemunhas para um determinado texto ou passagem, este método sujeita cada testemunha a um exame, linha por linha, sentença por sentença, para determinar qual testemunho poderia ter dado origem a outro.

O resultado para a alta crítica rotulada anteriormente tem sido um acúmulo de métodos, com a intenção de suplementar ou substituir métodos do passado. O método "estruturalista" está preocupado com o "sincrônico" como oposto aos aspectos "diacrônicos" do texto. Ocupado com a lógica de uma narrativa toda antes que com uma determinada sentença, ele inquire em como um autor aparece em seu texto e coloca os seus leitores nele. O método da "história oral" tratar de mover-se da "oralidade" para a textualidade, sacrificando uma "metafísica de presença" e inquire sobre o levante social e psicológico que tal movimento reflete. Outra convenção de interpretação presta atenção exclusiva ao texto, rejeitando toda crítica exclusiva e atenção ao alvo do autor como uma "falácia intencional". Um método relacionado nega às palavras quaisquer referentes além deles mesmos, preocupando-se somente com as relações intratextuais das palavras, com qualquer significado que possa ser juntado da observação da conexão entre os significadores, exclusivos do que eles significam. "A crítica do leitor-resposta" descreve a relação do texto com o leitor, rejeitando a autonomia do texto em favor de sua dependência da participação do leitor. De acordo com alguns, a leitura não meramente descobre o significado de um texto, mas realmente o cria, no sentido de que o leitor ou intérprete constitui o texto. O que não deve ser ignorado é a "leitura" feminista, que examina o texto bíblico quando reflete ou inibe as vidas e as preocupações das mulheres. Em contraste com períodos anteriores, muita coisa da crítica bíblica contemporânea tem a sua liderança a partir de uma comunidade de eruditos fora das disciplinas teológicas. Nos Estados Unidos, nomes de eruditos das ciências humanas aparecem com regularidade em ensaios, monografias e volumes que tratam da crítica bíblica e da interpretação. Na verdade, uma quantidade considerável da crítica bíblica contemporânea é anglo-americana em seu caráter, visto que a crítica na Europa ainda dá grande importância aos métodos tradicionais.

Bibliografia. K. e B. Aland, *The Text of the New Testament*, 2ª.ed. (Grand Rapids, 1989); H. Conzelmann e A. Lindemann, *Interpreting the New Testament* (Peabody, 1988); R. A. Harrisville e W. Sundberg, *The Bible in Modern Culture* (Grand Rapids, 1995).
[ROY A. HARRISVILLE]

CROCO Qualquer um do vasto gênero (Crocus) de ervas da família da íris (heb. *ḥăḇaṣeleṯ*), mencionada em Isaías 35:1 para simbolizar beleza e esplendor. A "rosa de Sarom" (como nas antigas versões) pode ser um croco (Ct 2:1), mas é mais provável o açafrão da campina (*Colchicum*; ac. *Dabsjillatu*), que se assemelha ao croco.

CROCODILO, TERRA DE *Ver* LAGARTO (CAMALEÃO).

CRÔNICA Registro ou lista de eventos. O gênero de crônica (heb. *sep̄er diḇrê hayyam'm*) não deveria ser igualado com o de 1 e 2Crônicas, que são histórias que utilizam várias fontes e gêneros, incluindo crônicas. Uma crônica lista eventos sem qualquer conexão ou coerência e, portanto, não constitui uma história em si mesma. As crônicas eram usualmente mantidas pelo palácio ou pelo templo para registrar eventos importantes com datas precisas em sequência cronológica. As crônicas incluíam tipicamente pequenos relatórios altamente estilizados de campanhas militares, projetos de construção, proezas de caça e doações reais. As crônicas podem ser tão específicas quanto agendas, registros datados diária e precisamente da atividade no palácio, ou tão gerais quanto os sumários das obras principais dos reis.

Os historiadores bíblicos citam várias crônicas tais como as crônicas ("Anais") dos Reis de Judá (1Rs 14:29; 15:7, 23), as crônicas dos reis de Israel (14:19; 15:31), os livros dos Reis de Israel e Judá (1Cr 9:1; 2Cr 16:11), o livro dos Atos de Salomão (1Rs 11:41), as crônicas do Rei Davi (1Cr 27:24), as crônicas de Samuel, Natã, e Gade (29:29), as crônicas de Semaías, o profeta, e de Ido, o vidente (2Cr 12:15), as crônicas do reis da Média e da Pérsia (Et 10:2) e outras várias crônicas (Ne 12:23; Et 2:23; 6:1).

O gênero de crônicas usado pelos historiadores bíblicos era comum em todo o Antigo Oriente Próximo. Numerosas crônicas mesopotâmicas e egípcias são existentes ou conhecidas em referências antigas, tais como a Crônica Weidner, as listas de data babilônicas, e as listas epônimas assírias.

Bibliografia. A.K. Grayson, *Assyrian and Babylonian Chronicles*. Texts from Cuneiform Sources 5 (Locust Valley, N.Y., 1975); B. Halpern, *The First Historians* (1988, repr. University Park, Pa., 1996); J. Van Seters, *In Search of History* (New Haven, 1983).
[BRADFORD SCOTT HUMMEL]

CRÔNICAS, LIVRO DAS Da mesma forma que muitos outros livros bíblicos, Crônicas é anônimo e sem título. O nome atribuído ao livro pelos antigos rabis, "o livro dos eventos dos dias" (*sep̄er diḇrê hayyam'm*), indica que eles viram Crônicas como um livro sobre eventos passados — uma história. O nome dado na LXX, *Paralipomena*, "as coisas omitidas", testifica de outra compreensão antiga: Crônicas registra os eventos omitidos da história bíblica mais antiga. Mas foi a descrição de Jerônimo do livro como uma "crônica", um sumário da história divina, que mostrou ter mais influência na história da interpretação cristã.

COMPOSIÇÃO, DATA, E FONTES. Por volta do tempo em que o cronista escreveu no período pós-exílico, muito da literatura que associamos com o AT já tinha sido escrita. O autor extrai extensivamente dessa rica tradição literária. Sua dependência de Gênesis é evidente nas genealogias (1Cr 1—9), e sua dependência sobre Samuel e Reis está óbvia em sua narração da Monarquia (1Cr 10—2Cr 36). A dívida do cronista para com a literatura antecedente não está confinada, entretanto, ao seu uso seletivo de Gênesis, Samuel, e Reis. Paralelos com ou citações de Josué, Isaías, Jeremias, Ezequiel, os Salmos e Rute, todos aparecem em Crônicas. Estudiosos geralmente concordam que o cronista também teve acesso a fontes extrabíblicas, mas a natureza e a extensão dessas fontes são discutidas.

Dentro do período pós-exílico é muito difícil de datar Crônicas. Não existem referências específicas, nenhum sincronismo absoluto, nenhuma citação extrabíblica que poderia situar definitivamente o livro dentro de uma dada década ou século. De fato, uma extensão de mais de 350 anos (desde o final do século VI até o início da metade do II a.C.) foi sugerida. Embora uma data absoluta não possa ser atribuída, uma que passe o final do século III é improvável. Primeiro, alguém deve dar tempo para que Crônicas ou Crônicas-Esdras-Neemias seja trazido ao Egito e traduzido para, no mínimo, duas diferentes obras (1Esdras e Paralipômenos). Segundo, Paralipômenos é citada por Eupolemos, um escritor judeu-helênico, no século II (Eusébio Praep. ev. 9.30-34).

Os estudiosos discordam sobre a história da composição de Crônicas. Alguns creem que o livro passou por uma redação sacerdotal, levítica ou deuteronomista. Os argumentos para a falta de unidade falham, entretanto, em desentender-se com as características distintivas das técnicas de composição de Crônicas: sua dívida para uma variedade de tradições bíblicas mais primitivas, sua destreza em citar e sintetizar passagens originalmente muito diferentes nos escritos deuteronômicos e sacerdotais e sua habilidade para negociar perspectivas ideológicas diferentes. Não há dúvida do fato de que alguém encontra, ambas, passagens pró-sacerdotais e pró-levíticas em Crônicas. Mas antes de provar que Crônicas passou por redações, é mais provável que esses textos evidenciem uma preocupação do autor para mediar perspectivas historicamente diferentes dentro do contexto da era pós-exílica.

Estrutura e temas principais. Crônicas tem duas grandes seções: as genealogias de 1 Crônicas 1-9 e a história da Monarquia (1Cr 10-2Cr 36). A primeira seção, que forma a introdução da obra, inclui genealogias breves para outros povos com os quais Israel (Jacó) está relacionado (1Cr 1), mas se concentra na identidade e localização das 12 tribos de Israel. O escopo e a estrutura do sistema genealógico do cronista enfatiza a indivisibilidade de Israel. Contudo, Judá, Levi e Benjamim recebem as genealogias mais extensas. O cronista tanto cria um retrato compreensivo de seu povo quanto enfatiza os papéis cruciais desempenhados por essas tribos. A lista daqueles na comunidade restaurada (1Cr 9) chama a atenção para a continuidade entre a sociedade pós-exílica e o Israel de eras passadas. As mudanças na população, guerra, tumulto político, desastre natural e exílio são parte da mudança da história, mas o relacionamento de Deus com seu povo permanece.

A apuração do cronista da monarquia procede de acordo com um esboço fundamentalmente histórico. Depois de se dirigir brevemente e de condenar o reinado de Saul (1Cr 10), o cronista devota extensa atenção ao surgimento altamente bem-sucedido do reinado de Davi (1Cr 11-29) e da gloriosa estabilidade de Salomão (2Cr 1-9). O resto do livro se compromete com o surgimento, continuação e queda do reino de Judá. Ao colocar as realizações de Davi e Salomão no centro da história israelita, o autor enfatiza a centralidade da dinastia davídica para a vida israelita.

Em Crônicas, a ascensão de Davi ao poder é um sonho político. Enquanto que em Samuel a unificação de Judá (2Sm 2:4) e Israel (5:1-10) sob o comando de Davi é um processo longo, ardoroso e altamente contestado, em Crônicas representantes de todo o Israel vêm a Davi para ungi-lo, aclamando-o rei e juram dar apoio (1Cr 11-12). O primeiro ato público de Davi como rei é trazer a arca da aliança para Jerusalém. Essa paixão para o culto apropriado, uma característica consistente do reinado de Davi, culmina em sua transmissão a Salomão de planos detalhado e doações generosas para a construção do templo de Jerusalém (1Cr 22, 28-29). Davi também devota grande atenção a Jerusalém, a cidade escolhida do Senhor (2Cr 6:34, 38; 12:13; 33:7), as responsabilidades relativas aos sacerdotes e levitas (1Cr 15; 23-24), e a questão de melodia e música (1Cr 16:7-36; 25).

Mas Davi é mais do que patrono da adoração, do sacerdócio e da música. Ele também é líder perspicaz e gênio militar. O apoio que Davi recebe e o conselho que ele busca de todos os cantos consolidam a solidariedade nacional de Israel, enquanto que o sucesso extraordinário de Davi contra os vizinhos de Israel assegura controle completo sobre a terra (1Cr 11-12; 14; 18-20). Sua transmissão de uma administração nacional (1Cr 23-27) para o seu filho e sucessor divinamente escolhido assegura uma transferência estável de poder para Salomão e contribui para o seu sucesso. De fato, no final do reinado de Davi todo Israel, incluindo o restante dos filhos de Davi, aclama a ascensão de Salomão (1Cr 29:20-25; cf. 2Sm 9-20; 1Rs 1-2).

Como Davi, Salomão recebe apoio popular difundido no início de seu reinado. Ele também é um ávido patrono da adoração. Muito do reinado de

Salomão é, de fato, dedicado a questões religiosas. No início do seu reinado, todo o Israel acompanha Salomão na jornada para a tenda do encontro em Gibeão (2Cr 1:2-5). De acordo com a vontade divina, Salomão prepara e supervisiona a construção do tão esperado templo de Jerusalém. Todos os santuários religiosos anteriores, tal como a tenda do encontro e a arca da aliança, desfrutam de posição sagrada, mas temporária. O estabelecimento do templo sob Salomão representa a culminação de tradições cúlticas bem diferentes.

O valor do templo para todos os israelitas, repetidamente enfatizado durante as cerimônias de dedicação, é especialmente visível na oração de Salomão (2Cr 6:19-39; cf. 1Rs 8:28-49). Orando em direção ao templo em tempos de confusão, os israelitas podem achar compaixão divina, perdão, e restituição. Em sua resposta aos pedidos de Salomão, Deus afirma que se o povo responder à calamidade humilhando a si próprio, orando, buscando a Deus, ou retornando para Ele, Deus "ouvirá do céu, perdoará os seus pecados, e sarará a sua terra" (2Cr 7:14). O interesse do cronista na importância nacional do templo não está limitado ao seu registro da Monarquia Unida. Quando monarcas posteriores, tais como Roboão (2Cr 12:1-12), Abias (13:2-18), Asa (14:9-15 [TM 8-14]), Josafá (18:28-34; 20:5-30), Ezequias (30:13-21; 32:16-26) e Manassés (33:10-13), respondem a adversidade de acordo com as petições de Salomão, Deus intervém e os restaura. Contrariamente, quando ou o rei ou o povo negligencia o templo, Israel sofre.

Em Crônicas, a solidariedade nacional que caracteriza a ascensão de Salomão e a dedicação do templo continua por todo o seu reinado (cf. 1Rs 11). Não existe sinal de tensão entre as tribos do norte e as tribos do sul até a divisão. Esse quadro simples da harmonia intertribal tem sido visto como sinal da largura da visão do cronista, mas essa visão também tem limite. Por causa da descrição do cronista do reino unido ser tão uniformemente positiva, ela exclui efetivamente qualquer pessoa ou qualquer grupo que a viole. Tendo descrito o estabelecimento das instituições políticas normativas e cúlticas, no tempo de Davi e Salomão, o cronista nunca recusa sua conexão com todos os israelitas.

Seguindo-se a morte de Salomão e à ascensão de seu filho Roboão, as 10 tribos do norte se afastam do governo do sul (1Rs 12:1-20; 2Cr 11:1-17). Enquanto o autor de Reis segue o curso tanto dos reinos do norte quanto do sul, o cronista se concentra nas tribos de Judá, Benjamim e Levi, que compõem o reino de Judá (2Cr 11). Culpando grande e maiormente Jeroboão e seu séquito pela divisão, o cronista vê tanto a separação cúltica quanto política de Israel como uma afronta contra Deus (2Cr 13:4-12). Diferente do autor do livro de Reis (1Rs 11:11-13; 29-38; 14:9), o cronista olha as promessas davídicas como permanentemente válidas para todas as 12 tribos. Daí, o cronista ignora a história independente do reino separatista, fundado por Jeroboão. Além disso, o autor mostra um prolongado interesse na história israelita (norte) ao registrar virtualmente cada incidente entre o norte e o sul, mencionados em Reis, como também vários outros contatos. A cobertura do cronista das monarquias duais é, portanto, amplamente consistente com o padrão que ele estabeleceu nas genealogias. Israel continua a compreender todas as 12 tribos, mas Judá, Benjamim e Levi perpetuam as estabelecidas instituições normativas durante a Monarquia Unida.

A monarquia de Judá é caracterizada tanto por realizações quanto por falhas. O escritor documenta consistentemente as realizações dos melhores reis de Judá — Abias (2Cr 13), Asa (caps. 14—15), Josafá (caps. 17, 19), Ezequias (caps. 29—31), e Josias (cap. 34) — instituindo reformas, reunindo o povo e reconquistando territórios perdidos. Retrocessos importantes ocorrem nos reinados de Acaz (2Cr 28) e Manassés (33:1-9). Contudo, consistente com a compreensão do cronista da misericórdia divina, Manassés se arrepende e desfruta de recuperação substancial (33:10-19).

Durante a monarquia de Judá os profetas desempenham um papel importante na sociedade. Enquanto o deuteronomista descreve bem poucos profetas ativos no reino do sul, até a queda do reino do norte (2Rs 17), o cronista descreve muitos. Em Crônicas, a profecia representa uma instituição independente que controla os retrocessos reais e populares. Mesmo muito dos melhores reis de Judá, tais como Josafá, sucumbem ao compromisso militar, comercial e cúltico (2Cr 18:1-19:3; 20:35-37). Como uma instituição divinamente ordenada, os profetas limitam o excesso e o abuso de poder, sancionando guerras (20:14-17) ou se recusando a fazê-lo (18:4-27), louvando a humildade (12:5-8) ou desaprovando a arrogância (16:7-10), encorajando reformas (15:1-7) ou arremetendo contra a idolatria (25:15-16). Confiar em Deus é, até mesmo, comparado com confiar nos profetas (20:20). Ao comentar sobre a derrota e exílio de Judá, o autor estabelece que embora Yahweh envie um firme grupo de profetas para incentivar o povo e os líderes sacerdotais à reforma, seus avisos foram ignorados (36:14-16).

Ambos Reis e Crônicas terminam com o exílio babilônico, mas o final de Crônicas oferece esperança mais clara para o futuro. Nos versos finais de seu trabalho, o cronista apresenta a decreto de

Ciro recomendando o retorno dos deportados babilônicos para Judá (2Cr 36:22-23). Dessa maneira, Crônicas contém e relativiza a tremenda tragédia das deportações para a Babilônia. À medida que o início de Crônicas apresenta o povo de Israel e traça seu surgimento na terra, o final antecipa seu retorno.

Bibliografia. S. Japhet, *I and II Chronicles*. OTL (Louisville, 1993); H.G.M. Williamson, *1 and 2 Chronicles*. NCBC (Grand Rapids, 1982); *Israel in the Book of Chronicles* (Cambridge, 1977). [GARY N. KNOPPERS]

CRONISTA Importante posição administrativa no governo hebreu, semelhante ao de grão-vizir egípcio. Embora não sejam descritas as tarefas específicas no registro bíblico, o cronista (heb. *mazk̲'r*) atuava como secretário de estado, aconselhando o rei em importantes assuntos de governo. O cargo foi ocupado por Josafá durante o reinado de Davi e Salomão (2Sm 8:16; 20:24; 1Rs 4:3; 1Cr 18:15). Joá, o filho de Asafe, esteve a serviço de Ezequias e representou o rei em suas negociações com Rabsaqué (2Rs 18:18, 37 = Is 36:3, 22). Outro Joá, filho de Joacaz, esteve a serviço de Josias e foi encarregado dos reparos do templo (2Cr 34:8).

Bibliografia. D. J. Elazar, *Covenant and Polity in Biblical Israel* (New Brunswick, 1995); D. R. Gordan, *Old Testament in Its Cultural, Historical, and Religious Context* (1985, repr. Lanham, 1994). [A. PERRY HANCOCK]

CRONOLOGIA DO ANTIGO TESTAMENTO O Antigo Testamento contém uma extensa série de informação cronológica que tem sido usada para orientar a história narrada no tempo. Começando no final do período do Antigo Testamento, nós possuímos números completamente precisos para a cronologia dos períodos persa e babilônio. A cronologia apresentada lá não varia por mais ou menos de um ano. Por volta do tempo em que alguém chega ao tempo de Davi no início do primeiro milênio a.C. aquela variação ainda está provavelmente limitada a menos do que uma década.

A cronologia para os eventos bíblicos do segundo milênio é baseada em mais variáveis; assim, há mais flexibilidade para os tempos possíveis quando aqueles eventos ocorreram. O grande esquema da cronologia do Antigo Testamento concluído aqui coloca as três personalidades marcantes de Abraão em cerca de 2000, Davi em cerca de 1000, e Esdras em cerca de 450, fornecendo datas para eventos que se estendem por mais de 1500 anos.

ASSUNTOS ESPECIAIS NA CRONOLOGIA BÍBLICA. ***Intercalação.*** Virtualmente, todos os calendários semíticos da Ásia Ocidental operavam com base no mês lunar, que é de aproximadamente 29,5 dias. Entretanto, meses lunares rendem um ano que é mais curto do que 10 dias de um ano solar, o tempo que este leva para a terra fazer uma rotação completa. A fim de guardar o calendário lunar em alinhamento com o ano solar, que determinava o ano agrícola, teve de ser feito um ajuste pelo acréscimo de um mês extra a cada terceiro ano. A comunidade pós-exílica de Judá pode ter seguido o padrão babilônico da intercalação, que eles podem ter trazido de volta do exílio. No máximo, a diferença envolvida aqui é de um mês, que não é substancial.

Calendários de primavera ou outono. A Moisés é atribuída a introdução de um calendário de primavera a primavera para o ano religioso (Êx 12:2). Isso aplicado à primeira Páscoa e, então, subsequentemente aos festivais religiosos que se seguiam por todo o ano (Lv 23). A questão ficou complicada depois, entretanto, pelo acréscimo de um novo ano de outono (*rôš haššānâ*), que designava o ano civil.

Parece que o novo ano de primavera foi usado para a guerra civil no reino do norte e o novo ano de outono foi usado para o ano real muito consistentemente no reino do sul, embora alguns pudessem mudar essa aplicação. Calculando os anos reais dos reis, pode haver uma diferença de até seis meses, dependendo de se o rei ascendia ao trono depois do novo ano de primavera ou depois do novo ano de outono.

Ascensão e não ascensão na contagem do ano. Os antigos empregavam dois sistemas para lidar com o resto do ano real depois da morte do antigo rei. Na contagem do ano de não ascensão, o primeiro ano real do novo rei começava imediatamente, de modo que havia uma sobra de anos reais em contraste com os anos de calendário. Não havia período de ascensão (ano 0 do novo rei). Esse foi o sistema usado no Egito e, possivelmente, por alguns períodos no reino norte de Israel.

Na contagem do ano de ascensão, o restante do ano de calendário depois da morte do antigo rei não era contado, mas era computado como ano zero. O primeiro ano real completo do novo rei começava no próximo novo ano ou na primavera ou no outono, qualquer que estivesse em uso no momento. Esse sistema guardava os anos reais e também o número dos anos de calendário. Esse sistema foi usado na Assíria e na Babilônia, e também regularmente no reino sul de Judá. A diferença que esses dois sistemas apresentavam poderia envolver poucos dias ou meses.

Corregência. A prática de dois reis vivos ou correis no trono foi antigamente um costume egípcio tão cedo quanto a 12º dinastia (c. 2000 a.C.). Pode ter havido corregência em Judá próximo ao Egito, mas provavelmente nenhuma de importância no reino norte. Parece provável que havia algumas corregências durante a monarquia dividida, seguindo o precedente de Davi e Salomão. Quando Adonias procurou suplantar Davi, o envelhecido rei colocou Salomão no trono (1Rs 1). Assim, havia dois reis ou corregentes no trono do Reino Unido; Davi era o rei veterano e Salomão o rei júnior. A corregência foi aparentemente adotada em tempos de guerra ou quando o rei mais velho ficava fisicamente incapacitado.

O uso da LXX. Num moderado número de casos o hebraico e a LXX dão um número diferente de anos para um rei em particular. Quando reunidas, essas variações oferecem um sistema cronológico diferente. Provavelmente, a LXX seja expansionista (cf. Êx 12:40).

Cronologia relativa e absoluta. O Antigo Testamento contém uma quantidade massiva de dados cronológicos, mas quase todos estão em termos relativos. Para a Monarquia Dividida, p. ex., as datas são dadas em termos das extensões do reinado e em sincronia com o reino oposto. Isso dá uma datação relativa do rei A para o rei B, mas não dá uma data absoluta a.C. para nenhum deles.

Assim, precisa haver um sincronismo externo para ambos os reinos que forneça um sistema melhor de conexão dessas datas relativas com datas absolutas a.C. Para o período da Monarquia Dividida, isso é suprido pelos registros da Assíria e da Babilônia. Esses incluem listas de reis, listas epônimas que nomeiam cada ano, entradas de ano em ano nos anais ou crônicas reais, todas as quais podem ser reguladas astronômica e matematicamente pelos registros dos eclipses, que pode ser datado em termos absolutos pelos astrônomos modernos. Infelizmente, sincronismos externos entre a Bíblia e o antigo Oriente Próximo não foram, contudo, descobertos do segundo milênio para trás.

HISTÓRIA DO AT. A partir dessas considerações teóricas nos voltamos para a cronologia real do Antigo Testamento. A maior parte das cronologias começa com o início e faz o seu trabalho através do curso da história do Antigo Testamento até o final. A aproximação tomada aqui é um tanto invertida, pela razão de que o historiador trabalha a partir do mais conhecido para o menos conhecido.

Período persa. A cronologia extrabíblica para o período pós-exílico vem de várias fontes que datam os reis persas: tabletes de contrato cuneiformes, a Olimpíada Grega, um texto de eclipse que menciona a morte de Xerxes e uma lista de rei do período selêucida.

Vários livros bíblicos contêm material datado desse período, que começam em 539 com a queda da Babilônia (Dn 5). O decreto de Ciro para o retorno dos judeus é datado em seu primeiro ano real na Babilônia (2Cr 36:22; Ed 1:1), em 538. Dario I vem ao trono em 522. Em 520 os profetas Ageu e Zacarias encorajaram a construção do templo, que foi completado antes em 515. Ester fornece dado cronológico do reinado de Xerxes (o Assuero bíblico, Et 1:3-4; 2:16; 3:7, 12, 13; 8:9, 12; 9:1-21). O segundo retorno dos judeus do exílio liderado pelo próprio Esdras, seguindo um decreto de Artaxerxes I, chegou a Jerusalém provavelmente no verão de 457, se Esdras usou um calendário de outono judaico (Ed 7:7-8; cf. Ne 1:1). Neemias registra que ele foi enviado de volta a Judá por Artaxerxes em seu 20º ano (Ne 1:1; 2:1) e que serviu como governador de Judá por 12 anos (5:14), 444-432.

Período neobabilônico. A cronologia do reino neobabilônico é bem estabelecida através de dados extensivos de tabletes de contratos e das crônicas de Nabopolassar, Nabucodonosor II, Nabonido, e regulado por um texto de eclipse do ano 37 de Nabucodonosor. O período começa com Nabucodonosor vindo ao trono em 605 e termina com a conquista persa da Babilônia em 539.

Para propósitos bíblicos esse período pode ser estendido de volta até 609, o ano em que o rei Josias morreu na batalha com o rei egípcio, Neco II, em Carquemis (2Rs 23:29). A cronologia dos últimos quatro reis de Judá depois da morte de Josias segue um padrão:

Jeoacaz reinou três meses (2Rs 23:31)
Jeoaquim reinou onze meses (2Rs 23:36)
Joaquim reinou três meses (2Rs 24:8)
Zedequias reinou onze meses (2Rs 24:18)

Correlações com a crônica de Nabucodonosor indicam que Jeoaquim governou até o final de 598, e Joaquim se rendeu a Nabucodonosor em 2 de Adar de 597. Zedequias reinou até 587 se um calendário de primavera foi usado em Judá nesse tempo ou 586 se um calendário de outono foi usado. Pressupondo o calendário de outono, Jerusalém resistiu a Nabucodonosor por três anos em vez de dois. O cerco de Nabucodonosor à cidade começou cedo em 589 e terminou no verão de ou 587 ou 586.

Não somente os escritores de 2Reis e Jeremias conheciam bem a cronologia dos reis de Judá, como também conheciam a cronologia do reinado de Nabucodonosor. Eles dataram duplamente os últimos anos de Judá para Joaquim e Zedequias, e para Nabucodonosor (2Rs 24:12; 25:2, 8).

Os últimos anos de Judá. A maior parte das datas nesse período é simples e clara, mas seu início com o reinado de Ezequias é um dos problemas mais difíceis na cronologia bíblica. Esse problema se origina do fato de que a ascensão de Ezequias parece ser datada de duas formas diferentes, cada uma delas conectada com um evento diferente, no qual os assírios estavam envolvidos. A "primeira" ascensão de Ezequias é datada no terceiro ano de Oseias, o último rei do reino do norte (2Rs 18:1). Parece que isso dataria a ascensão de Ezequias em 728 e o cerco de Samaria em 724-722. Mas outra importante incursão assíria no oeste, que pode ser correlacionada diretamente com a terceira campanha de Senaqueribe em 701, é datada somente no 14º ano de Ezequias, não seu 27º ou 28º ano. Isso é esclarecido pela admissão de uma corregência, por meio da qual o pai de Ezequias, Acaz, nomeou seu filho como corregente em 728 e o reinado solo de Ezequias começando em 715, quando Acaz morre.

As datas para os reis de Judá, depois que o reinado permaneceu sozinho após a queda de Samaria, podem ser tabuladas como se segue:

Ezequias — 728-686
    Corregente com Acaz — 728-715
    Corregente com Manassés — 696-686
Manassés — 696-642
    Corregente com Ezequias — 696-686
Amom — 642-640
Josias — 640-609

Os últimos anos da monarquia dividida. O ano de 841 fornece um conveniente ponto de referência na cronologia de Israel e Judá, porque os reis de ambos os reinados foram executados e um novo rei e rainha (uma regente feminina) reinaram sobre aqueles reinos.

Esse período é um dos mais complicados de todos na cronologia bíblica, por causa de uma sobra de anos em cronologia comparativa de Israel e Judá em relação ao número de anos de calendário na cronologia absoluta derivada dos sincronismos com a Assíria. Ajustes menores feitos para os calendários de primavera e outono e para as práticas de ascensão e não ascensão podem responder a uns poucos desses problemas.

Todos os reis de Judá eram, nesse período, corregentes (embora os reinados paralelos de Atalia e Joás fossem somente semicorregentes). Para Israel, onde a corregência parece não ter sido praticada, a solução está em erros de escriba ou em ajustes. Ambos os reinados de Jeroboão e Peca parecem ser inexatos por, precisamente, uma década.

Os sincronismos externos disponíveis a partir de fontes assírias incluem: (1) A recepção de Salmaneser III de tributo de Jeú (841), (2) o pagamento de tributo feito por Joás de Israel a Adad-ninari III (provavelmente 796), (3) o pagamento de tributo feito por Menaém a Tiglate-Pileser III (provavelmente em cerca de 742-740), (4) o pagamento de tributo feito por Peca para o mesmo rei assírio (732), (5) a conquista de Samaria por Salmaneser em 722 e (6) a reconquista de Samaria por Sargão depois da revolta de 720.

Os primeiros anos da monarquia dividida. A monarquia hebreia foi dividida nos reinos de Israel e Judá, logo após a morte de Salomão em 932. Essa data é determinada ao se trabalhar para trás através da lista de reis sucessivos. Uma vez que o primeiro de ambos os reinos datava seus anos reais a partir da morte de Salomão, isso cria um limite útil para o início desse período. As mortes relativamente simultâneas dos reis Jorão e Acazias em 841 marcam um conveniente ponto final para esse período. O único sincronismo externo de importância nesse período é o contato entre Acabe e Salmaneser III, na batalha de Qarqar em 853.

A data da morte de Acabe é discutida. A referência a partir dos anais de Salmaneser indica que ele estava vivo durante o verão de 853. A questão é se ele morreu mais tarde no mesmo ano ou se morreu no ano seguinte.

Existem três corregências no reino do sul nesse período. A mais óbvia é aquela entre Jorão e Josafá, desde que a ascensão de Jorão de Israel é datada duplicadamente em termos de ambos os seus reinados (2Rs 1:17; 3:1). Josafá também tinha sido corregente com seu pai Asa. Acazias pode ter sido apontado como um corregente, quando seu pai Jorão caiu enfermo (cf. 2Rs 8:25; 9:29).

A monarquia unida. As datas de dois ou três reis da Monarquia Unida são relativamente claras. Os anos reais oficiais de Roboão e Jeroboão começam em 931, colocando a morte de Salomão no ano anterior, em 932. 1Reis 11:42 indica que seu reinado durou quarenta anos. Dada a natureza detalhada dos registros da corte naquele tempo, esse número pode ser tomado com segurança.

O reinado de Davi é também datado em quarenta anos. Desde que esse número é dividido em sete anos de reinado em Hebrom e 33 anos em Jerusalém, a especificidade daqueles números deveria ser aceita (1Rs 2:11). Não nos é dada indicação específica sobre quanto tempo a corregência de pouca vida entre Davi e Salomão durou e se ela foi inclusa ou exclusa do número total dos anos reais. Alguém pode estimar que ela poderia ter durado de seis meses a dois anos (cf. 1Rs 2:39, 46).

A duração do reinado de Saul é mais problemática. Parte da fórmula de data para o seu reinado em 1Samuel 13:1 parece ter sido perdida na transmissão do texto. O número "[20 e] dois anos" é uma estimativa comum aqui, mas outras combinações são possíveis.

A referência em Atos 13:21 ao reinado de Saul como tendo durado quarenta anos parece ser um método esquematizado de se ligar com esse intervalo, ao se projetar os quarenta anos do reinado de Davi e Salomão para trás no tempo de Saul.

As datas para os reis da Monarquia Unida podem ser esboçadas como se segue:

- Saul — (2) dois anos, 1034 (?)-1012
- Davi — quarenta anos, 1012-972
- Salomão — quarenta anos, 972-932

O período dos juízes. O livro dos Juízes está repleto de uma quantidade extensa de dados cronológicos. Aproximadamente duas dúzias de declarações cronológicas são quase divididas igualmente entre declarações sobre a extensão dos períodos de opressão pelos inimigos de Israel e períodos de paz ou descanso iniciados pelos juízes libertadores de Israel.

Entretanto, não existem sincronismos externos para Israel com os quais determinar os dados internos. Os inimigos de Israel no livro dos Juízes, com apenas uma exceção, são inimigos locais e não as grandes potências do antigo Oriente Próximo. Também, muitas das opressões eram contemporâneas. Juízes 10:7 declara que Israel foi oprimido pelos filisteus (no oeste) e os amonitas (no leste) durante o mesmo período de dezoito anos. Quantas opressões a mais em Juízes foram contemporâneas não é fácil de determinar por causa da falta de dados específicos. Essa questão pode ser estendida para se perguntar quantas opressões em algumas partes de Israel foram contemporâneas com períodos de paz liderados pelos juízes em outras partes. Por exemplo, nem todas as tribos responderam ao chamado à guerra dado por Débora e Baraque (Jz 4-5). Da mesma forma, a opressão de Moabe em Juízes 3 parece, principalmente, ter sido um exercício da tribo do norte.

Uma vez que a data do Êxodo tenha sido fixada, as datas em Juízes podem ser divididas, desde que os limites mais baixos desse período com Samuel e Saul possam ser fixados com aproximação razoável. Fixar a data do Êxodo, entretanto, não é um processo fácil. Existe, entretanto, uma série de pormenores mais ampla em Juízes que pode auxiliar naquela tarefa. A argumentação de Jefté (Jz 11:26) de que os israelitas tinham se estabelecido no território amonita trezentos anos antes fornece um número redondo que não é preciso, mas ainda é útil. Se a data de Jefté for estimada em cerca de 1100, então, o estabelecimento inicial foi em cerca de 1400. Isso é consistente com uma das linhas de cronologia que fornece as datas para o Êxodo.

Datas do êxodo. O Êxodo do Egito foi identificado como evento ponto de referência na formação do antigo Israel como um povo que pactuou com seu Deus no Sinai. Primeiramente, entretanto, veio a libertação. Desde que o Faraó do Êxodo não é nomeado no livro de Êxodo, mais meios indiretos devem ser aplicados para determinar a data daquele evento. Isso tem levado a quatro soluções principais:

1. Final do século XVI. Isso é consistente com o uso de Josefo do historiador egípcio, Maneto, em sincronizar a saída dos israelitas com a derrota e expulsão dos hicsos. É universalmente rejeitada pelos estudiosos modernos.

2. Metade do século XV. Essa data se baseia na declaração cronológica em 1Reis 6:1 de que Salomão começou a construir o templo em seu 4º ano, 480 anos depois do Êxodo. Uma minoria de estudiosos, em sua maioria conservadores, aderiram a essa data.

3. Século XIII. Essa visão se baseia em três pontos principais (1) O nome de Ramessés para uma das cidades-armazéns construída pelos israelitas no Egito (Êx 1:11) da qual eles saíram depois no tempo de sua partida (12:37). Ramessés II foi um rei famoso e importante que governou sobre o Egito por mais da metade de um século, cobrindo a primeira metade do século XIII. Ele construiu sua capital ao norte de Per-Ramessés na área de Avaris, a primeira capital dos hicsos. A identificação dessa cidade com a cidade bíblica é o primeiro fundamento dessa teoria. (2) O que se pensou ser uma "onde de destruição" causada pelos israelitas em lugares bíblicos estratégicos em Canaã. Estudo mais cuidado determinou que foi um fenômeno mais complexo e irregular. (3) O monolito de Menerpta (em cerca de 1200), menciona Israel como povo que tinha se estabelecido em Canaã, por volta do tempo em que o monolito foi escrito.

4. Século XII. À medida que o consenso sobre a onda de destruições em Canaã, no final do século XIII, desmoronava, as pessoas olhavam para outros lugares, tanto antes quanto depois, para o Êxodo e o estabelecimento subsequente. Particularmente, evidência arqueológica específica para o estabelecimento de Israel aparece no século XII, na forma de estabelecimentos de muitas vilas pequenas espalhadas pela terra com características principalmente israelitas.

Embora a maioria de estudiosos provavelmente, agora, se incline para o século XII como a data do Êxodo, uma minoria importante tende para o século XV.

Peregrinação. Uma estimativa da duração do tempo que Israel ficou no Egito depende de dois fatores. (1) A afirmação genealógica em Êxodo 6 nomeia as duas gerações que desceram ao Egito (Levi e Coate) e as duas que saíram de lá (Anrão e Moisés).

A B C D E F G H I J K L M N O P Q R S T U V X Y Z

Se essa é uma lista genealógica completa, então a peregrinação no Egito deve ter sido relativamente um período curto de tempo. (2) Êxodo 12:40 afirma que Israel permaneceu no Egito por 430 anos. Um papiro da 13ª Dinastia Egípcia, do início do século XVIII, favorece a cronologia mais extensa para a peregrinação. Esse documento é uma lista de escravas domésticas, um bom número delas com nomes semíticos, alguns mais distintivamente israelitas. Se elas forem descendentes de Jacó e seus filhos, teriam de ter descido ao Egito durante a 12ª dinastia, não na 15ª (hicsos) dinastia como a cronologia que sustenta um período de peregrinação mais curto parece indicar.

Até o momento, a evidência arqueológica lançou bem pouca luz no assunto. A questão permanece em aberto e até que mais evidências sejam descobertas e possam fundamentar a questão.

Patriarcas. De acordo com Gênesis 47:7, 28, Jacó tinha 130 anos quando desceu ao Egito. Ele havia nascido quando Isaque tinha 60 anos (2:26). Abraão veio para Canaã quando tinha 75 anos (12:4), e Isaque nasceu quando Abraão tinha 100 anos de idade (21:5). Esses números soam como exagerados, mas os historiadores deveriam encará-los pelo menos como hipotéticos.

Em termos gerais, a cronologia bíblica coloca a entrada de Abraão em Canaã em cerca de 2000 a.C., com uma margem de erro de um século aproximadamente. Há considerável debate sobre qual período arqueológico deveria ser classificado como paralelo ao período dos patriarcas. Aqueles que favorecem a Idade do Bronze Recente IV destacam que Abraão era seminômade. Aqueles que favorecem a Idade do Bronze Médio II destacam o número de cidades estabelecidas no período daquelas narrativas.

Bibliografia. D.N. Freedman e E.F. Campbell, "The Chronology of Israel and the Ancient Near East", In *The Bible and the Ancient Near East*, org. G.E. Wright (1961, repr. Winona Lake, 1979), 203-28; G. Galil, *The Chronology of the Kings of Israel and Judah* (Leiden, 1996); J.H. Hayes e P.K. Hooker, *A New Chronology for the Kings of Israel and Judah* (Atlanta, 1988); S.H. Horn, "The Chronology of King Hezekiah's Reign", *AUSS* 2 (1964): 40-52; N. Na'aman, "Historical and Chronological Notes on the Kingdoms of Israel and Judah in the Eighth Century B.C.", *VT* 36 (1986): 71-92; R.A. Parker e W.H. Dubberstein, *Babylonian Chronology 626 B.C.-A.D. 75* (Providence, 1956); W.H. Shea, "Exodus, Date of the", *ISBE* 2 (Grand Rapids, 1982): 230-38; "Menaham and Tiglath-Pileser III", *JNES* 37 (1978): 43-49; E.R. Thiele, *The Mysterious Numbers of the Hebrew Kings*, rev ed. (Grand Rapids, 1994); *A Chronology of the Hebrew Kings* (Grand Rapids, 1977); D.J. Wiseman, *Chronicles of Chaldean Kings (626-556 B.C.)* (London, 1961). [WILLIAM H. SHEA]

CRONOLOGIA DO NOVO TESTAMENTO A cronologia do Novo Testamento pode ser dividida nos períodos de Jesus e dos apóstolos, incluindo especialmente Paulo. Todo o estudo da cronologia do Novo Testamento, entretanto, é complicado por vários fatores: os autores do Novo Testamento não estavam preocupados com o mesmo tipo de observação de datas que os modernos estão; os meios de cálculo e o tempo eram diferentes no mundo antigo; e, mais importante, existem poucas datas firmemente estabelecidas para, em torno delas, criar uma cronologia.

A VIDA DE JESUS. As questões que dizem respeito à vida de Jesus são: seu nascimento, o início de seu ministério, sua duração, e sua morte.

Nascimento. A discussão sobre o nascimento de Jesus gira em torno de três eventos importantes: a morte de Herodes, o Grande; o censo lucano e a visita dos magos.

A morte de Herodes. Mateus 2:1 e Lucas 1:5 declaram que Jesus nasceu durante o reinado de Herodes sobre a Judeia, e Mateus 2:15, 19-20 declaram que Herodes morreu quando Jesus era bebê. Josefo declara que Herodes morreu 34 anos depois de executar Antigonus em 37 a.C. e 37 anos depois de ser nomeado rei pelos romanos em 40 a.C. (c. 4 a.C.), embora alguns estudiosos recentes argumentam para uma data de 4/3 a.C. para a morte de Herodes (*Ant.* 17.190-91; *BJ* 1.665), e que houve um eclipse da lua no ano em que Herodes morreu (12 ou 13 de março de 4 a.C.; *Ant.* 17.167), e que a Páscoa aconteceu logo depois que seu filho, Arquelau, tornou-se rei (17 de abril de 4 a.C.; *Ant.* 17.213; *BJ* 2.10). Assim, Jesus nasceu antes de abril de 4 a.C., não no ano 0. No século VI d.C., Dionysius Exiguus errou nos cálculos e ninguém nunca corrigiu.

Censo. Lucas 2:1-5 declara que um censo foi feito pelo Imperador Augusto antes de Jesus nascer, e que os pais de Jesus viajaram para Belém para se registrarem em sua terra natal. Entretanto, nenhum historiador romano menciona um censo em cerca de 4 a.C. Em Lucas 2, o censo é relatado em relação ao governo de Quirino, que se tornou governador da Síria depois de 6 d.C. e, então, realizou um censo (*Ant.* 17.355; 18.356). Muitos estudiosos, se não a maioria, sustentam que Lucas se enganou em sua cronologia, ou por identificar incorretamente o governador da Síria como Quirino, dando a Quirino o título errado, ou apresentando um censo anterior que nunca ocorreu.

Vários fatores devem ser considerados antes de descartar o registro de Lucas. Primeiro, os romanos empreenderam censos por todo o seu império. Na Roma egípcia, está bem confirmado que desde 33/34 d.C. até 257/258 foram feitos censos de 14 anos de intervalos. Evidência recentemente discutida, entretanto, indica que durante o reinado de Augusto foram feitos censos em intervalos de sete anos, e podem ser estabelecidos com evidência direta ou indireta para 11/10, 4/3 a.C., 4/5 d.C. e 11/12. Segundo, à luz da desordem no final do reinado de Herodes (*Ant.* 16.300-404; *BJ* 1.516-51), incluindo o que ele entendia como ameaças ao seu poder por seus filhos e relações hostis com Roma e o fato de que ele era um rei cliente que reinava somente por causa do favor romano, pode muito bem ser que o censo egípcio de 4/3 a.C. tenha sido estendido a Judeia ou que algum igual a esse tenha sido realizado lá, e que esse é o que foi referido em Lucas 2:1. Terceiro, o edito de Vibius Maximus em 104 d.C. (P. Lond. III 904.18-27), que dizia que todas as pessoas deveriam voltar para os seus lares por causa do censo, indica a plausibilidade da viagem a Belém registrada nos evangelhos. Finalmente, interpretou-se que a gramática grega de Lucas 2:2 diz que esse foi "o censo anterior, antes de Quirino se tornar governador da Síria." Lucas pode estar usando o governo de Quirino e o censo como um ponto de referência, uma vez que o censo de Quirino em 6 d.C., quando a Judeia se tornou parte da Síria, foi traumático para os judeus — ele certamente marcou o fim da pretensão de autogoverno. Essa evidência apoia uma data de cerca de 4 a.C. para o nascimento de Jesus.

Magos. Várias propostas foram feitas com respeito à "estrela" que os magos ou astrólogos seguiram em busca de Jesus (Mt 2:1-12). O cometa de Halley que pode ser visto a cada 76 anos, teria sido visível no céu em 12/11 a.C., mas essa data é demasiadamente cedo. Alguns pressupõem uma forma de estrela explosiva espetacular (supernova) em cerca de 5/4 a.C., mas não há evidência sólida. O astrônomo Johannes Kepler calculou, em 1606, que deve ter havido uma união dos planetas Marte, Júpiter e Saturno em 7 a.C., algo que acontece somente a cada 805 anos. A astrologia estava difundida no Antigo Oriente Próximo, com eventos especiais frequentemente vistos como acompanhando o nascimento de uma pessoa importante (p. ex.- Alexandre, o Grande). Entretanto, a história dos magos acrescenta pouco para o estabelecimento da data do nascimento de Jesus.

A evidência aponta para uma data do nascimento de Jesus em cerca de 5/4 a.C. A data tradicional de 25 de dezembro (6 de janeiro para a Igreja Oriental) é baseada na influência do paganismo romano posterior sobre o cristianismo e não é de confiança.

Ministério. O início do ministério de Jesus gira em torno do de João Batista, de declarações nos evangelhos sobre a idade de Jesus, e da construção do templo. A história da visita de Jesus ao templo, quando ele tinha 12 anos (Lc 2:41-45) não fornece evidência para o estabelecimento de uma cronologia precisa.

João Batista. Lucas 3:1-2 objetiva datar o início do ministério de Jesus precisamente no 15º do Imperador Tibério. Entretanto, essa data não é tão precisa quanto parece ser. Se o calendário Juliano é usado, a data seria 29 d.C.; se os anos reais começando com a própria regência de Tibério são usados (muito provavelmente), a data seria 28/29; se os anos reais começando com a corregência de Tibério com Augusto forem usados (11/12), a data seria 25/26 (embora, seu corregente seja discutido pelos historiadores e pareça não ser usado para datar eventos em seu reinado). (Isso pressupõe que Lucas sabia como calcular datas de acordo com esses métodos e estava interessado em fazê-lo). Em geral, a última data seria demasiadamente tardia. Não há indicação no Novo Testamento com respeito ao montante de tempo entre o início do ministério de João e batismo de Jesus feito por ele, mas os dois ocorreram provavelmente em cerca de 28/29.

A idade de Jesus. Lucas 3:23 diz que Jesus tinha cerca de "30 anos" quando começou seu ministério. A palavra traduzida "cerca de" indica que "30" é um termo aproximado. Embora alguns tenham proposto que 30 é usado aqui por razões teológicas ou para indicar uma idade de maturidade espiritual, tais propostas são, no máximo, secundárias a isso servindo como um indicador de estimativa temporal. Pelo cálculo da data do nascimento de Jesus, ele teria começado o seu ministério em cerca de 27 (a data podia ser posterior devido ao período de tempo ser impreciso).

O Templo. De acordo com João 2:13-3:21, Jesus visita Jerusalém na Páscoa. A ele é dito que levou 46 anos para a construção do templo (ele ainda estava sendo construído, e nunca terminaria completamente antes que os romanos o destruíssem em 70). De acordo com Josefo (*Ant.* 15.380), a reconstrução de Herodes do templo começou no 18º ano de seu reinado (em *BJ* 1.401 Josefo data o início da construção no 15º ano). Esse foi o mesmo ano em que Augusto chegou à Síria (*Ant.* 15.354), que se calcula ser o ano 20 a.C. (*Dio Cassius Hist.* 54.7.4). Assim, o 18º ano de Herodes teria sido em 20/19 d.C., e os 46 anos desde o início do templo seriam em 28 d.C. Jesus provavelmente começou seu ministério, portanto, em cerca de 28, quando tinha cerca de 31 anos.

A duração do ministério de Jesus é um dos aspectos mais controversos no estabelecimento da cronologia da sua vida, especialmente uma vez que os Evangelhos Sinópticos e João parecem estar em

A B C D E F G H I J K L M N O P Q R S T U V X Y Z

divergência. Os Sinópticos mencionam uma Páscoa (Mt 26:17; Mc 14:1; Lc 22:1), ao passo que João menciona três (Jo 2:13, 23; 6:4; 11:55). Como resultado, propostas para a duração do ministério de Jesus variam de um a quatro anos. Muitos dos Pais da igreja sustentaram o ministério de um ano (alguns vendo Jo 2:13; 11:55 como indicando o início e o fim do ministério de Jesus com as Páscoas). Outros argumentam em favor de um ministério de três a quatro anos baseados em João, e alguns defendendo uma quarta Páscoa não mencionada entre 2:13 e 6:4. Embora muitos tenham criticado a confiabilidade da cronologia de João por causa das suas tendências teológicas, é um exagero explicar cada referência a Páscoa em termos teológicos. Muito provavelmente, Jesus teve um ministério de três anos.

Morte. A morte de Jesus envolve consideração do dia e ano daquele evento.

Dia. Determinar o dia da morte de Jesus mais uma vez coloca, aparentemente, os Evangelhos Sinópticos e João em conflito. Todos concordam que Jesus foi crucificado em uma sexta-feira (Mt 27:62; Mc 15:42; Lc 23:54; Jo 19:31, 42), antes do início do *sabath* (e que ele foi ressuscitado no terceiro dia, domingo), e que esse foi o tempo da Páscoa. Os Sinópticos retratam Jesus na última Ceia, como uma refeição de Páscoa com os seus discípulos, na noite anterior da Sua crucificação (Mt 26:17-35; Mc 14:12-25; Lc 22:7-38), embora haja alguma ambiguidade se eles podiam considerar o dia dos pães asmos como o dia anterior à Páscoa (Mt 27:62; Mc 14:12; Lc 23:54). Nos Sinópticos, a prisão de Jesus, julgamento e crucificação aconteceram aparentemente na Páscoa (15 de Nisã), o dia anterior ao sábado. João, entretanto, retrata Jesus na última Ceia no dia anterior à Páscoa (Jo 19:14, 16), ou ao dia da Preparação (14 de Nisã), o mesmo dia em que ele foi morto e também o dia anterior ao *sabath*. Existiram muitas tentativas para reconciliar essas aparentes discrepâncias. Muitos pressupuseram que Marcos (subsequentemente seguido por Mateus ou Lucas) se enganaram ao ligar a última Ceia com a refeição da Páscoa. Outros sugeriram uma pré-refeição de Páscoa particular feita por Jesus e seus discípulos ou que a Páscoa foi celebrada em vários dias sucessivos, por causa do grande número de animais que deviam ser abatidos. Alguns afirmam que vários calendários estavam envolvidos, de acordo com a associação da região ou da religião. Qumran pode ter seguido um calendário solar em oposição ao calendário lunar seguido por outros judeus, mas não há evidência de que Jesus e seus seguidores seguiram o calendário de Qumran. Alguns sugerem que os parâmetros de um dia eram calculados diferentemente: de nascer do sol ao nascer do sol (os Sinópticos: galileus e fariseus) ou de anoitecer a anoitecer (João: judeus e saduceus). Aqueles que desejam harmonizar os relatos do evangelho frequentemente favorecem essa última proposta. Não há consenso entre os estudiosos sobre isso, mas muitos estudiosos sustentam, com base em João e possível ambiguidade nos Sinópticos, que Jesus foi crucificado na sexta-feira, dia 14 de Nisã.

Ano. O ano da morte de Jesus é determinado por dois fatores: quando 14 de Nisã cai na sexta-feira e quando as pessoas envolvidas na morte de Jesus estavam em ofício. Essas pessoas incluem Pilatos, governador da Judeia, 26-36 (Mt 27:2-26; Mc 15:1-15; Lc 23:1-25; Jo 18:28-19:16; At 3:13; 4:27; 13:28; *Ant.* 18.89); Herodes Antipas, tetrarca da Galileia e Pereia, 4 a.C.-39 d.C. (Lc 23:6-12; *Ant.* 18.240-56; 19.351), e Caifás, sumo sacerdote, 18-37 (Mt 26:3, 57; Jo 11:49-53; 18:13-14; *Ant.* 18.35, 90-95). Dentro do governo de Pilatos, 27, 30, 33 e 36 parecem ser possibilidades teóricas para 14 de Nisã cair na sexta-feira. De acordo com a contagem acima, 27 é muito cedo e 36 muito tarde. Muitos estudiosos, especialmente aqueles que argumentam em favor de um ministério mais curto de Jesus, creem que Jesus foi morto em 30. Estudiosos que argumentam para um ministério mais longo tendem a crer que Ele morreu em 33.

Período apostólico, incluindo Paulo. A reconstrução do período apostólico envolve o exame de três grandes corpos de evidência: o livro de Atos, as cartas de Paulo, e pessoas e eventos extrabíblicos. Uma vez que Atos pode muito bem ter sido escrito por alguém intimamente associado ao movimento missionário cristão primitivo, e à luz do fato de que as cartas de Paulo não foram escritas com cronologia histórica em mente, a distinção frequentemente feita entre Atos como fonte secundária, e as cartas de Paulo como fontes primárias, é claramente exagerada. Todos os dados disponíveis devem ser judiciosamente pesados.

Atos. O livro de Atos fornece a seguinte informação listada sequencialmente com respeito à cronologia da igreja primitiva, especialmente com referência a Paulo: o apedrejamento de Estevão, quando Paulo era um "homem jovem" (At 7:58; possivelmente indicando o nascimento em 5 a 15 d.C.); a conversão de Paulo, a estada em Damasco, e a fuga dramática (9:1-25; *cf.* 22:4-5; 26:12); a primeira viagem a Jerusalém e, então, a viagem para Tarso e Antioquia (9:26-30; 11:25-26); a segunda viagem a Jerusalém, trazendo o socorro à fome de Antioquia (11:27-30; 12:25); a primeira viagem missionária (13:1-14:28); a terceira viagem a Jerusalém, para o concílio apostólico (15:1-35);

a segunda viagem missionária (15:35-18:22; alguns colocam os eventos de 18:18-19:20 juntos, embora a Antioquia pareça marcar, em Atos, um ponto de término e início das viagens paulinas); a terceira viagem missionária (18:23-21:16); uma viagem final (quarta ou quinta) a Jerusalém (21:17-23:10); o aprisionamento por dois anos em Cesareia (23:12-26:32); e a viagem a Roma e o aprisionamento lá (27:1-28:31).

É extremamente difícil estabelecer a quantidade de tempo que levou cada estágio da cronologia, uma vez que Atos tem somente referências raras às quantidades de tempo (11:26; 14:3, 28; 18:11; 19:8, 10, 22; 20:3; 24:27; 28:30).

Epístolas. As cartas de Paulo, especialmente Gálatas 1-2, fornecem a seguinte cronologia (o relacionamento desses eventos como compilados das cartas individuais está sujeito à diferença de opinião dos estudiosos): a conversão de Paulo (Gl 1:12-16); a estada na Arábia e o retorno a Damasco (v. 17); a primeira viagem a Jerusalém (v. 18-20); a estada na Síria e na Cilícia (v. 21-24); a segunda viagem a Jerusalém para conferenciar com Pedro (2:1-10); o incidente em Antioquia com Pedro (v. 11-14; talvez, antes da segunda viagem a Jerusalém); pistas de uma primeira viagem missionária a Macedônia e a Acaia/Grega (1Ts 1:8; 3:1; cf. Fp 4:15-16); a estadia em Éfeso (2Co 1:8-11), antes de ir para Trôade e Macedônia (1Co 16:8-9; 2Co 2:12-13); e referência clara ao que provavelmente foi, posteriormente, uma viagem missionária a Macedônia (Filipos) e a Acaia/Grega (1Co 16:1-9; 2Co 8-9; Rm 15:19-32).

Exceto as duas referências em Gálatas (Gl 1:18; 2:1), as cartas paulinas não contêm indicadores temporais específicos. A lista acima oferece um provável arranjo dos eventos, embora a primeira viagem missionária possa ter ocorrido antes da segunda viagem a Jerusalém, uma vez que 1Tessalonicenses não menciona a visita a Jerusalém. Isso é improvável, entretanto, com base na sequência de Gálatas 1-2.

Referências extrabíblicas. Pontos extrabíblicos de referência cronológica atestam oito eventos com possível ligação com a cronologia do Novo Testamento. Todos têm interpretações debatíveis.

1. Em 2 Coríntios 11:32-33, Paulo menciona que o governante sob o rei Aretas guardava Damasco. Questões críticas incluem disputa sobre a data da morte de Aretas (entre 38 e 40), a data em que Aretas começou a dominar Damasco (possivelmente tão tarde quanto 37, a ascensão de Calígula), e se essa passagem até mesmo exige que Aretas estivesse dominando Damasco. A referência pode indicar que a fuga de Paulo aconteceu entre 37 e 38-40 ou simplesmente antes de 38-40.

2. Atos 11:28 diz que um profeta chamado Ágabo previu uma grande fome durante o reinado de Cláudio (41-54). Datas possíveis variam de 45, 46, 48 até depois de 51. Alguns discutem que de maneira nenhuma havia fome, certamente uma que abrangesse o mundo todo (Suetônio *Claudius* 18; Tácito Ann. 12.43). Outra dificuldade em datar a segunda viagem a Jerusalém é que a profecia pode ter sido dada muito antes da própria fome.

3. Atos 12:20-25 registra a morte de Herodes Agripa I em 44 (cf. *Ant.* 19.343-52). Atos a coloca entre a história de Pedro nos versos 1-19 e as declarações sumárias do verso 24 e o reinício da história de Paulo no verso 25. É difícil estabelecer a relação cronológica exata desses eventos, embora seja provável que a sequência esteja correta, e que a primeira viagem missionária tenha acontecido depois da morte de Herodes Agripa.

4. Atos 13:7 diz que Sérgio Paulo era procônsul de Chipre. Várias inscrições ligam tal pessoa com Chipre, mas elas são ambíguas com respeito à referência e a data.

5. Atos 18:2 se refere à ordem de Cláudio para que todos os judeus deixassem Roma. Suetônio (25:4) se refere à expulsão dos judeus que estavam causando distúrbios instigados por um Cresto (não está claro se essa é uma referência a Cristo), mas não é dada nenhuma data. A data tradicional desse evento — ainda amplamente sustentada em círculos de estudiosos — é 49, seguindo o historiador da igreja do século V, Orosius (7.6.15), que a data no 9º ano do reinado de Cláudio. De acordo com Dio Cassius (60.6.6), a expulsão dos judeus não foi possível durante as revoltas judaicas em 41, por causa de seu grande número, mas essa data alternativa foi desafiada como tardia devido à confiabilidade questionável da informação de Orosius e à possibilidade de que a expulsão envolveu somente alguns, mas não todos os judeus. As implicações para o estabelecimento da cronologia são importantes. A data mais primitiva sugere uma data anterior para a primeira visita de Paulo a Corinto, mesmo que ele não tenha chegado logo após Áquila e Priscila. Isso também exigiria uma segunda visita a Corinto, quando Gálio era procônsul, possivelmente ou logo antes ou depois do Concílio de Jerusalém. Atos 18 fornece alguma evidência de fusão porque o verso 8 se refere a Crispo e o verso 17 a Sóstenes como líder da sinagoga. A data posterior, que sugere que Atos 18 registra uma visita singular a Corinto durante o tempo de Gálio, ainda é mais provável.

6. Atos 18:12 se refere a Gálio como procônsul da Acaia, diante do qual Paulo foi arrastado pelos judeus. A inscrição bem conhecida de Gálio (incompleta e em muitas seções maiores) achada em Delphi é um

edito de Cláudio referindo-se a Gálio como procônsul. Com base nisso e em outras inscrições que estabelecem sua data, como também o fato de que os procônsules usualmente serviam por um período de um ano, é possível datar o período de ofício de Gálio em 51/52. Parece que Paulo esteve em Corinto em 51 ou 52, sem levar em consideração se essa foi ou não sua primeira visita.

7. Em Atos 23:2; 24:1, Paulo aparece na presença de Ananias, o sumo sacerdote. Nomeado em 47, Ananias foi enviado a Roma em 52, como o resultado de uma discussão entre judeus e samaritanos, mas foi provavelmente restaurado ao poder quando Cláudio governou em favor dos judeus e continuou naquele ofício até ser trocado, provavelmente em 59 (*Ant.* 20.128-36; *BJ* 2.241-44).

8. Atos 23:24-26:32 coloca Paulo na custódia dos procuradores romanos, Félix e Festo. Ele ficou sob a custódia de Félix por dois anos (24:27) antes de Festo começar a exercer o ofício. De acordo com Atos, dentro dos dias depois de sua chegada, Festo foi a Jerusalém e foi persuadido a colocar Paulo sob julgamento, mas Paulo apelou a César. Poucos dias depois, o rei Herodes Agripa II visitou Cesareia, e durante sua estada, Paulo apareceu diante dele. É difícil estabelecer as datas das procuradorias de Félix e Festo. De acordo com Josefo, Félix assumiu seu posto em 52 ou 53 (*BJ* 2.247; *Ant.* 20.137). Existe uma discussão sobre quando o seu período de ofício terminou; muitos estudiosos bíblicos argumentam em favor de uma data em cerca de 55, mas estudiosos clássicos preferem uma data posterior. A data anterior se baseia na noção de que Palas, o tesoureiro rico e mais influente de Cláudio (Suetônio 28) perdeu seu favor diante de Nero em 55 e deve ter perdido imediatamente seu poder e, por causa disso, autoridade para manter seu irmão Félix no ofício. Entretanto, existe clara evidência (Tácito Ann. 13-14) de que Palas reteve muito poder, até ser envenenado por Nero em 62 (*cf. BJ* 2.250-70). A data posterior para a secessão de Festo de Félix, entretanto, ainda é discutida. Estimativas variam de 56, com base na tradução latina da Crônica (2.155) de Eusébio, até 58 a 61. Uma data bem plausível é 59.

Síntese da cronologia paulina. Com base na evidência demonstrada, várias sinopses plausíveis da cronologia paulina podem ser desenvolvidas. Talvez, muito notavelmente, aquelas de Atos e das cartas paulinas têm surpreendentemente alto grau de harmonia. A bibliografia que segue fornece linhas de tempo alternativas, mas a seguinte é uma sugestão plausível. Nem todos os dados se encaixam bem, como indicam os itens controversos mencionados acima. Qualquer cronologia do Novo Testamento está sujeita a limitações numerosas.

Em primeiro lugar, a pessoa tem de decidir quando se deu a conversão de Paulo: 33 ou 34 d.C. são prováveis, com o resultado de que ele ficou três anos na Arábia e em Damasco, antes de primeiro visitar Jerusalém em 37. Depois de cerca de mais de dez anos (Gl 2:1 marca quatorze anos após sua conversão), Paulo fez sua visita a Jerusalém, para socorrê-los por causa da fome (provavelmente é equivalente a Gl 2:1-10). A primeira viagem missionária se deu, então, de 47 a 48 e o Concílio de Jerusalém de Atos 15 em 49. Essa ordem, seguindo Atos, não é incompatível com a cronologia paulina. A segunda viagem missionária (a primeira visita a Macedônia e a Acaia/grega) durou de 49 a 52, e a terceira (segunda visita a Macedônia e Acaia/grega) de 53 a 57. Paulo foi preso em Jerusalém e aprisionado em Cesareia de 57 a 59. Em 59, ele foi enviado a Roma, onde ele foi aprisionado em 62, e pode bem ter morrido lá.

Nesse ponto, Atos inclui nada a mais à cronologia paulina. Com base em uma possível localização das Epístolas Pastorais dentro da cronologia paulina, tem sido pressuposto que Paulo foi liberto em 62, que viajou por dois anos no Mediterrâneo, que possivelmente foi ao oeste da Espanha e, então, foi preso e morto em Roma em 64 ou 65 sob Nero.

Bibliografia. L.C.A. Alexander, "Chronology of Paul", em *Dictionary of Paul and His Letters*, org. G.F. Hawthorne e R.P. Martin (Downers Grove, 1993), 115-23; R.S. Bagnall e BW. Frier, *The Demography of Roman Egypt* (Cambridge, 1994); H.W. Hoehner, "Chronology", em *Dictionary of Jesus and the Gospels*, org. J.B. Green e S. McKnight (Downers Grove, 1992), 118-22; R. Jewett, *A Chronology of Paul's Life* (Philadelphia, 1979); A. Kushnir-Stein, "Another Look at Josephus' Evidence for the Date of Herod's Death", *Scripta Classica Israelica* 14 (1995): 73-86; G. Lüdemann, *Paul, Apostle to the Gentiles* (Philadelphia, 1984); L. McDonald e S.E. Porter, *Early Christianity and Its Sacred Literature* (Peabody, 2000); G. Ogg, *The Chronology of the Life of Paul* (London, 1968); B.W.R. Pearson, "The Lukan Censuses, *Revisited", CBQ 61 (1999): 262-82; R. Riesner, Paul's* Early Period (Grand Rapids, 1998). [STANLEY E. PORTER]

CRUCIFICAÇÃO Modo de punição particularmente horrível pelo qual uma pessoa (ou algumas vezes o cadáver de uma vítima executada) era pregada ou amarrada a uma cruz (gr. *staurós*, †; também na forma de um X ou numa forma estruturada de T), ou a uma estaca ou árvore.

A crucificação (do latim *crux*, "cruz" e uma forma do verbo *figere*, "fixar" ou "amarrar") era amplamente praticada na antiguidade. Heródoto a menciona como forma de execução da Média e Pérsia (*Hist.* 1.128.32; 3.132.2) e diz que Dario crucificou 3 mil habitantes da Babilônia (3.159.1). Fontes antigas, com graus de variação de exatidão, mencionam a crucificação entre os assírios, povos da Índia, cartagineses, celtas, bretões, e alemães. Alexandre, o Grande, após o cerco de Tiro, teve 2 mil pessoas crucificadas (*Curtius Rufus Hist.* Alex. 4.4.17); após a morte de Alexandre a rebelião contra seus sucessores foi suprimida com crucificações em massa (*Diodorus Siculus Hist.* 19.67.2). Josefo registra que Antíoco IV Epifânio após sua captura de Jerusalém em 168 a.C., açoitou e crucificou os judeus que resistiram sua helenização forçada "enquanto ainda estavam vivos e respirando" (*Ant.* 12.5.4 [256]; a narrativa correspondente em 1Mac 1.54-65 não menciona crucificação).

Sob influência helenista durante o período asmoneu, a crucificação foi praticada entre os judeus. Alexandre Janeus (103-76) crucificou oitocentos fariseus (anastaurosas) e viram de suas cruzes suas esposas e filhos mortos. Josefo chama esse fato de "o mais selvagem de todos os atos" (*Ant.* 13.14.2 [380-83], *BJ* 1.4.6 [97]. Este ato é também mencionado no *pesher* de Qumran sobre Naum, onde Alexandre é chamado "o Leão da Ira" que pendurou homens vivos (4QpNah 3-4:7-8 = 4Q169). O Rolo do Templo de Qumran comentando sobre Deuteronômio 21:22-23 ("porque qualquer que for pendurado num lenho está debaixo da maldição de Deus") parece se referir à crucificação como uma punição por traição entre os essênios (11QT 64.6-13), embora alguns autores interpretem este texto, de modo similar a Deuteronômio, como sendo uma referência ao enforcamento público de uma pessoa já executada.

Sob os romanos a crucificação aumentou em extensão e em severidade. Cícero (106-43) chamou-a de "a mais cruel e repulsiva penalidade" (*In Verrem* 2.5.65 [165], 66 [169]; cf. Hb 12:2). Com raras exceções, os cidadãos romanos e as classes superiores eram poupados da crucificação, e ela veio a ser classificada como a punição "dos escravos" (*supplicium servile*; cf. Fp 2:7-8). O mais famoso exemplo é a crucificação de 6 mil escravos na Via Ápia entre Cápua e Roma feita por Crasso, o vitorioso sobre Spartacus na revolta dos escravos em 73-71 a.C. A crucificação era também empregada contra as classes mais baixas por traição (deserção do exército) e como um exemplo público horrível contra pessoas reconhecidas como ameaça ao governo romano. Após a revolta abortiva, seguindo a morte de Herodes (4 a.C.) Varo, o governador romano da Síria, crucificou 2 mil judeus (Josefo, *Ant.* 17.10.10) [295]; durante o reinado de Calígula (37-41 a.D.) Flaco, o prefeito romano do Egito, torturou e crucificou judeus no anfiteatro de Alexandria como forma de entretenimento (*Fílon In Flaccum* 83-86), e um pouco antes do irromper da Guerra Judaica (66-72 a.D) o procurador Gessius Florus torturou e crucificou cidadãos judeus que eram também cavalheiros romanos (Josefo, *BJ* 2.14.9 [306-7]). Nero foi o primeiro imperador romano a se encarregar de crucificação em massa de cristãos (Tácito Ann 15.44).

Como modo público de execução, a crucificação deu livre vazão aos impulsos sádicos dos executores (Josefo, *BJ* 5.11.1 [451]; Sêneca Dial. 6.20.3; Ep. 101). Ela era precedida pelo açoite e outras formas de tortura. Frequentemente era exigido dos criminosos que usassem um cartaz ao redor do pescoço mostrando por que tinham sido condenados à morte. (Suetônio *Calígula* 32.2; *Domitian* 10.1; Eusébio *HE* 5.1.44; cf. Mc 15:26 par.). As vítimas eram pregadas com longos pregos ou presas em várias posições doloridas às cruzes ou pranchas de madeira. Há alguma evidência de haver algum tipo de correia para dar suporte ao corpo do crucificado, que servia para prolongar a punição e evitar a morte por asfixia. Frequentemente, as pessoas crucificadas morriam aos poucos, e a morte vinha definitivamente pela perda de sangue ou asfixia. Tanto homens como mulheres eram crucificados. Normalmente, como meio de intimidação para os futuros criminosos, os corpos eram deixados sobre a cruz para se decompor.

Embora virtualmente todas as fontes antigas sobre a crucificação sejam literárias, a descoberta em 1968 da tumba de um homem crucificado a nordeste de Jerusalém, próximo à estrada de Nablus, ligeiramente ao norte do Monte Scopus (*Giv´at ha-Mitvtar*) proporcionou valiosa evidência arqueológica para a crucificação. A tumba é datada do século I da era cristã e continha os ossos de um homem adulto entre 24 e 28 anos de idade, provavelmente com 1,65 m de altura, identificado por uma inscrição como *Yehohanan*. Embora alguns detalhes permaneçam em discussão, ambos os ossos do calcanhar haviam sido transfixados por um grande prego e aparentemente os ossos da canela foram quebrados como golpe de misericórdia. Embora esta descoberta não seja historicamente relacionada à crucifixão de Jesus Cristo, ela dá boa evidência de confirmação para as narrativas de crucifixão dos evangelhos.

A crucificação de Jesus nos evangelhos, embora narrada com reserva considerável, reflete as fontes literárias e arqueológicas antigas. Jesus é açoitado (Mc 15:15; Mt 27:26; Jo 19:1) antes da crucificação. Foi exigido dele o carregar da cruz transversa (Mc 15:21 par.) e, embora não mencionado explicitamente, ele é pregado numa cruz (Lc 24:39; Jo 20:27). Ele é publicamente crucificado com *lēstai*, "bandidos sociais"

(Mc 15:27; *cf.* Mt 27:23; Lc 23:33, *kakoúrgoi*, "malfeitores"), que poderiam ter sido vistos como uma ameaça à ordem social. A despeito do costume geral de negar sepultamento aos crucificados, por causa da sensibilidade romana às leis judaicas proibindo deixar as vítimas expostas durante a noite e nos dias de festa, Jesus é sepultado. O exemplo de *Yehohanan* mostra também que amigos ou parentes recebiam permissão para comprar uma pessoa crucificada. Josefo relata que os judeus eram muito cuidadosos a respeito dos direitos de sepultamento. Os culpados crucificados eram retirados da cruz e sepultados antes do cair da noite (*BJ* 4.5.2 [317]). Fílon menciona que em Alexandria, o governador romano permitia que os corpos das pessoas crucificadas fossem removidos antes de uma festa (In Flaccum 83).

A repugnância pessoal e a desgraça pública associadas à crucificação estão refletidas na proclamação que Paulo fez do Cristo crucificado como "escândalo para os judeus, loucura para os gentios" (1Co 1:23). O paradoxo no coração da fé cristã segue-se imediatamente: o Crucificado é "para os que são chamados, tanto judeus como gregos, Cristo o poder de Deus e sabedoria de Deus" (1Co 1:24; cf. v. 18).

Bibliografia. J. A. Fitzmyer, "Crucifixion in Ancient Palestine, Qumran Literature, and the New Testament", *CBQ* 40 (1978), 493-513; M. Hengel, *Crucifixion in the Ancient World and the Folly of the Message of the Cross* (Philadelphia, 1977). [JOHN R. DONAHUE]

CRUZ No Novo Testamento, a cruz não representa simplesmente o instrumento da morte de Jesus, mas evoca ampla esfera de afirmações "kerigmáticas" e teológicas. A cruz não deveria ficar isolada do evento total de Cristo, a morte e ressurreição — entendido como o ato salvador de Deus (Rm 4:24-25; 6:4-5; 2Co 4:10-11). A despeito da desgraça pública e do horror associado à crucificação, num curto espaço de tempo, os cristãos primitivos produziram uma apologética sustentável para a cruz com uma elaborada reflexão teológica.

A apologia da cruz surge do fato de que, enquanto tenha havido um precedente no judaísmo para o sofrimento e morte de mártires (2Mac 6.7-7.42), assim como para a perseguição de profetas e justos (1Rs 18:4, 13; 2Cr 24:20-22; Jr 26:20-23; 38:1-5), não há nenhuma expectativa pré-cristã de um Messias sofredor e moribundo, especialmente um Messias que também não é aceito pelo seu próprio povo. Conquanto não haja nenhum indivíduo que claramente prefigure o sofrimento e a morte de Jesus, os cristãos primitivos se voltaram para uma gama de textos do AT que foram, então, aludidos de forma explícita ou foram explicitamente citados para mostrar que a morte de Cristo estava "de acordo com as Escrituras" (1Co 15:3). Os principais dentre eles estava o quarto "Cântico do Servo" de Isaías 52:13-53:12, não simplesmente através de citação explícita, mas através de alusão ao sofredor silente, o Servo de Deus é uma pessoa justa que foi "ferida pelas nossas transgressões" (53:5) e "levou o pecado de muitos" (53:12). Isso está refletido no uso da fórmula do *hypér* ("no lugar de" ou "em favor de", frequentemente nos fragmentos pré-paulinos), em que Cristo morreu "por nós" ou "por nossos pecados" (1Co 15:3; 11:23-25; Rm 4:25; 8:34; 1m 2:6) e no uso de formas de *paradídōmi* ("fez cair", Is 53:6 LXX; cf. 1Co 11:23; Rm 4:25; 8:32; Mc 9:31 par.; 10:33). Tais alusões servem para enraizar a cruz na vontade de Deus (Mc 8:31, "*dei*, é necessário"; 14:26, "não a minha vontade seja feita, mas a tua"), que em si mesmo é, então, prefigurada na Escritura. Igualmente influentes são as referências aos salmos do justo sofredor (Sl 22, 31, 34, 41, 69) e a similaridade de Jesus ao justo sofredor de Sabedoria 2.12-20; 5.1-12. Tais textos se tornam a mina para ilustrar os detalhes da narrativa da Paixão.

No tempo das cartas de Paulo (51-58 a.C.), ocorreram significativas reflexões teológicas sobre a cruz. Fundamentalmente (e paradoxalmente) para Paulo a morte de Jesus é expressão de ambos: do amor de Deus (Rm 5:8) e do amor de Jesus (Gl 2:20). É também um ato de obediência do "último Adão", que reverte a desobediência do primeiro Adão e seus efeitos desastrosos do pecado e morte (Rm 5:12-21). Paulo também se vale de ampla variedade de figuras das Escrituras hebraicas para descrever o efeito da cruz. Os principais dentre elas são: justificação (*dikaiosýnē, dikaíon*), a isenção dos seres humanos pela qual eles podem permanecer perante o tribunal ou julgamento de Deus sem a penalidade da culpa, justos ou retos (Gl 2:16; Rm 3:26-28; 4:25; 5:18); expiação, limpeza do pecado humano pelo sangue do Cristo crucificado que é agora o novo "propiciatório" superando o *kappōreṯ* antigo (Rm 3:25); resgate/redenção (*apolýtrōsis*; cf. *lýtron* [Mc 10:45], emancipação ou alforria dos seres humanos produzindo sua libertação através de um "resgate" pelo qual Deus adquire um povo em semelhança da redenção prototípica do povo do Egito (1Co 1:30; Rm 3:24; cf. 8:32; Ef 1:14); e reconciliação (*katallagḗ, katallássein*), restauração da humanidade e do mundo (*kósmos*) a um estado de amizade com Deus e seus companheiros (2Co 5:18-20; Rm 5:10-11; 11:15; cf. Cl 1:20-22). Todos esses e outros tais como salvação (2Co 7:10; Rm 1:16; 10:1; 13:11), liberdade (Gl 5:1, 13; Rm 8:1-2, 21; 2Co 3:17), e nova criação (Gl 6:15; 2Co 5:17; Rm 6:4; 1Co 15:45), sugerem mudança de um estado de alienação de Deus e do próximo para renovação do amor pactual de Deus e harmonia com o próximo.

Igualmente importante é a aplicação ampla à morte de Jesus da linguagem originada do culto sacrificial. A morte de Cristo é uma "uma oferta de cheiro e de sacrifício a Deus" (Ef 5:2), um sacrifício pascal (1Co 5:7-8; Jo 19:14), um novo pacto ratificado pelo sangue (morte) de Jesus (Mc 14:24; 1Co 11:25; Hb 7:22; 8:6; 9:15), e a oferta das primícias (1Co 15:20, 23). A adoração cristã é para deixar na memória essa oferta (1Co 11:25-26; Lc 22:19).

Os evangelhos foram escritos retrospectivamente a partir da morte e ressurreição, de forma que eles apresentam não simplesmente uma teologia da cruz, mas uma narrativa da vida do Crucificado. O ensino de Jesus com poder (Mc 1:27) e suas confrontações com a enfermidade, a morte, e o mal incorporado (os exorcismos) prefiguram a restauração feita por Deus de um mundo caído por meio da morte e da ressurreição de Jesus.

Nos evangelhos e em outros lugares do NT, a morte de Jesus se torna paradigma para a vida cristã. Os chamados seguidores devem ser preparados para tomar a cruz de Jesus (Mc 8:31 e par.). Paulo urge os cristãos contenciosos em Filipos "Nada façais por partidarismo ou vanglória" e propõe o exemplo de Cristo que não considerou nem mesmo a igualdade com Deus como coisa de que não pudesse abrir mão, mas esvaziou-se a Si mesmo na cruz (Fp 2:3-11); aos coríntios exortou que limitassem a própria liberdade ao invés de escandalizar os irmãos por quem Cristo havia morrido (1Co 8:8-13; cf. Rm 14:15). Em 1Coríntios 1:17-2:5, Paulo invoca a cruz como princípio crítico contra as pretensões do sábio e do poderoso. Ela é pedra de tropeço para os judeus e loucura para os gentios, mas para os que creem ela é poder de Deus e sabedoria de Deus (1:23-24). O *status* social marginal de uma comunidade, que não obstante recebeu os dons de Deus, é sinal paradoxal de que a cruz é, enfim, sabedoria, justiça, santificação e redenção (cf. 2Co 4:7-15).

A riqueza das figuras e expressões no NT é um mandato para a igreja, exortando-a a adaptar essas coisas aos diferentes períodos da história. As teorias clássicas da expiação (satisfação, resgate), com traços de apaziguar ao Deus irado, frequentemente têm pouca relevância para as pessoas hoje, enquanto os motivos de libertação, salvação, e a derrubada dos muros de separação (Ef 2:14-18) são a matriz de novas explorações teológicas. Embora as pessoas se voltem para a imagem de Jesus na cruz para consolo em tempo de sofrimento, o NT não autoriza o uso da cruz pelos poderosos para impelir pessoas a suportar o sofrimento e a injustiça. É antes a consequência do despojamento de poder a que Jesus se submeteu e que o levou a dar-se a Si mesmo aos homens (Fp 2:6-11; Mc 10:42-45), e encerra o mistério que nem mesmo Deus podia poupar Seu filho amado da dor da condição humana. Todavia, a cruz e a ressurreição são os portadores da promessa da renovação de um mundo caído e alienado.

Bibliografia. J. T. Carroll e J. B. Green, *The Death of Jesus in Early Christianity* (Peabody, 1995), esp. 256-79; J. A. Fitzmyer, "Reconciliation in Pauline Theology", em *To Advance the Gospel* (1981, reimpr. Grand Rapids, 1998), 162-85; K. Grayston, *Dying, We Live* (Oxford, 1990); H. E. Mertens, *Not the Cross but the Crucified.* Louvain Theological and Pastoral Monographs 11 (Grand Rapids, 1992). [JOHN R. DONAHUE]

CUBE (heb. *kûḇ*) Povo não identificado, mencionado na profecia contra o Egito (Ez 30:5), possivelmente os líbios (LXX *libyes*; cf. heb. *kûḇ*) na Cireneia.

CÚBITO Unidade básica de medida linear no antigo Israel e outras sociedades do Oriente Próximo.

Como o hebraico *'ammâ*("antebraço", "cúbito") sugere, o cúbito originou-se da distância entre o cotovelo e a ponta dos dedos. As subdivisões do cúbito incluíam a palma, a mão e o dedo. O comprimento real do cúbito variava de acordo com a data e a região, p. ex., as sociedades do Egito e da Mesopotâmia. Cada uma delas empregou dois cúbitos — um longo e outro mais curto. A referência em 2Crônicas 3:3 a "côvados, segundo o primitivo padrão" sugere que também em Israel mais do que um cúbito era usado. Ezequiel 40:5 e 43:13 podem ter em mente um cúbito mais longo, referindo-se a um cúbito que correspondia a uma mão de comprimento.

Muitas tentativas têm sido feitas para determinar o valor exato de cada cúbito, com resultados variados. Alguns eruditos têm usado os 1200 cúbitos mencionados numa inscrição em Siloam e o comprimento do próprio túnel para calcular o comprimento do cúbito em Israel. A probabilidade, entretanto, é que 1200 seja um número redondo acrescido da incerteza sobre quão próximo o presente túnel preserva seu comprimento original, combina com o fato deste método não ser confiável. Uma melhor abordagem é a de Gabriel Barkay, que compara as medidas de tumbas lavradas na Idade do Ferro na área de Jerusalém para chegar à estimativa de 52,5 cm, e 45 cm, para o cúbito longo e curto respectivamente. Estes resultados sugerem que o cúbito israelita longo corresponde muito proximamente ao cúbito egípcio longo de sete palmos e que o cúbito israelita mais curto era de seis palmos de comprimento.

Bibliografia. G. Barkay, "Measurements in the Bible — Evidence at St. Etienne for the Length of the Cubit and the Reed, *BaRev* 112/2 (1986), 37. [BRIAN P. IRWIN]

CUEIROS Faixas de tecido usadas para envolver um bebê (Ez 16:4; Sab. 7.4; cf. Jó 38:9) ou fixar um membro quebrado do corpo (Ez 30:21). Depois que um pano era dobrado em torno da criança, tiras de pano eram enroladas em torno dela do umbigo aos pés. O costume presumia que o movimento restrito das pernas da criança as fortaleciam. Em Lucas 2:7 e 12, o fato de Maria ter enfaixado o menino Jesus é parte do sinal que os anjos deram aos pastores a fim de que identificassem Jesus como o Messias. As roupas significam também que Jesus havia recebido cuidados familiares adequados (cf. Sab. 7.4). [EMILY CHENEY]

CULTO *Ver* ADORAÇÃO.

CUM (heb. *kûn*) Cidade pertencente a Hadadezer da Síria, da qual o rei Davi saqueou grande quantidade de bronze, usado mais tarde por Salomão para a construção do mar de bronze e outros objetos do templo (1Cr 18:8; cf. 2Sm 8:8, Berotai). Cum, chamada Conna pelos romanos, é algumas vezes identificada como a moderna Rās Ba´albek, vila a sudoeste de Ribleh e cerca de 20 km ao norte de Baalbek.

CUMEEIRA (beira do teto) Detalhe estrutural mencionado na descrição do palácio real de Salomão (1Rs 7:9). Se a palavra heb. *tĕpaḥ* se refere aos cavaletes de sustentação (servindo de suporte para as pedras sobre as cumeeiras nas quais o teto repousava), então a expressão "desde o fundamento até a cumeeira" simplesmente significa que a parede toda — desde o chão até o topo — era coberta de pedras preciosas.

CUNEIFORME Termo para a variedade de sistemas de escrita usando grafemas "em forma de cunha" (lat. *Cuneatus*). As cabeças triangulares das marcas individuais dos símbolos foram criadas pela pressão do ponto de um estilo de junco (usualmente) num barro úmido. Os símbolos eram reproduzidos com um cinzel para as inscrições de metal e pedra. Os sumérios desenvolveram essa maneira de escrever no terceiro milênio a.C., para registrar transações comerciais. Os símbolos eram originalmente pictográficos, eventualmente se tornando principalmente silábicos. Certo número de grupos de línguas adotaram (e adaptaram) o sistema, incluindo o acadiano, eblaíta, ugarítico (um sistema de escrita alfabética), hitita, elamita, hurriano e o persa antigo. [MARK ANTHONY PHELPS]

CURA *Ver* DOENÇA E CUIDADO COM A SAÚDE.

CURTIMENTO Processo que emprega uma variedade de materiais e soluções para transformar peles duras de animais em produtos macios e flexíveis. A evidência, a partir de textos e pinturas, indica que a antiga tecnologia remonta ao Egito e exigia o separar da pele do animal, do pelo e da carne, após o que era aplicado calcário, o sumo de certas plantas e a casca ou folhas de certas árvores, que produziam o efeito desejado. Uma forma do hebraico *'aḏōm* (usada para peles de animais tingidas de vermelho) trazia consigo a ideia desse processo (Êx 25:5; 26:14; 35:7, 23; 36:19; 39:34), visto que curtir uma pele levava à produção de uma aparência avermelhada. A LXX usa o grego *ēruthrodanōména*, "tingir de vermelho".

Peles curtidas serviam a vários usos, p. ex., as cortinas do tabernáculo (Êx 25:5; 26:14; Jz 4:19; Mt 9:17). Peles inteiras de animais com os furos costurados serviam como recipientes domésticos para estocagem de itens como azeite para cozinhar, artigo de toucador, remédios e óleo para iluminação. O couro era usado para móveis, bem como na produção de armas, como escudos, capacetes, fundas e aljavas. João Batista ficou conhecido por seu cinto de couro (Mt 3:4; Mc 1:6), bem como Elias, seu predecessor (2Rs 1:8).

Morar perto de um curtidor não era considerado uma experiência agradável devido ao odor produzido no processo de trabalho com peles de animais. Simão, o curtidor (gr. *byrséus*) morava fora da cidade de Jope (At 9:43; 10:6, 32). A literatura talmúdica confirma com frequência essa atitude negativa com relação aos curtidores. A decisão de Pedro de ficar com Simão, o curtidor, destaca a receptividade do apóstolo à acessibilidade do evangelho àqueles uma vez considerados impuros.

Bibliografia. R. J. Forbes, "Leather in Antiquity", *Studies in Ancient Technology* 5, ed. rev. (Leiden, 1966): 1-79. [DENNIS GAERTNER]

CUSÃ (heb. *kûšān*) Povo ou distrito em paralelo com Midiã em Habacuque 3:7. Possivelmente relacionada ou até mesmo idêntica a Cuxe.

CUSAÍAS (heb. *qûšāyāhû*) (tb. QUISI) Levita; descendente de Merari, que ministrava o cântico no tabernáculo na época do rei Davi (1Cr 15:17). Foi o pai de Etã. Em 1Cr 6:44(TM 29), é chamado de Quisi.

CUSÃ-RISATAIM (heb. *kûšan rišʿāṯayim*) Rei da Mesopotâmia (heb. *'aram nahărāyim*) para quem *Yahweh* deu o seu povo como escravos por oito anos, antes de Otoniel libertá-los de seu domínio (Jz 3:8-10).

CUSI (heb. *kûšî*) **1.** Pai de Selemias e ancestral de Jeudi, que chamou Baruque e, então, leu o rolo da lei ao rei Jeoiaquim (Jr 36:14, 21-23).

2. Pai do profeta Zacarias (Zc 1:1).

CUSITA Termo gentílico (heb. *kûš'*) que designou um escravo etíope, escolhido por Joabe para transmitir as novas da morte de Absalão ao rei Davi (2Sm 18:21-23, 31-32).

A esposa de Moisés, Zípora, é identificada como mulher cushita (*kûš'ṯ*), talvez, referindo-se a um distrito em Midiã (Nm 12:1).

CUSPE Tanto no AT quanto no NT, cuspir é considerado sinal de desprezo (Jó 17:6; 30:10; Is 50:6; Mc

10:34; 14:65; 15:19). Em Deuteronômio 25:9 (e talvez Números 12:14), essa atitude é parte de um ritual de humilhação. O ritual de impureza era caracterizado pelo cuspe (Lv 15:8). "Até que eu engula minha saliva" (Jó 7:19) era uma expressão que significava "nem por um instante". A saliva escorrendo pela boca de uma pessoa era tomada como sinal de insanidade (1Sm 21:13 [TM 14]). O costume de Jesus em usar saliva nas curas (Mc 7:33; 8:23; Jo 9:6) reflete o entendimento da saliva como substância curativa.

CUTA (heb. *kûṯ*, *kûṯâ*; ac. *Kutû*) (tb. CUTE) Cidade importante do norte que ficava a cerca de 30 km a nordeste da antiga Babilônia. O grande monte artificial de Tell Ibrahîm, quase certamente o lugar da antiga Cuta, foi brevemente escavado somente em 1880s e foi submetido a esperar pesquisas no século XX; daí, a história política e cúltica da ocupação do lugar estar essencialmente limitada a fontes escritas.

Reis neoassírios (Salmaneser III, Samsi-adad V, Adad-nirari III, Tiglate-Pileser III, Sargon II [?], Esar-hadom [?], Assurbanípal). ansiosos para legitimar suas alianças políticas com a Babilônia realizaram sacrifícios em Cuta. Periodicamente, Cuta se juntava a outras forças babilônicas na resistência às ambições imperiais neoassírias, e foi conquistada por Senaqueribe e Assurbanípal, ambos dos quais exilaram babilônios por anos no século VII a.C. Por isso, eles são melhores candidatos para anônimo rei assírio, que está por trás da colonização de exilados de Cuta no antigo reino do norte (2Rs 17:24) do que o favorito dos comentaristas: Sargão II.

Cuta era o local de um panteão popular dos que moravam sob a terra. Centralizado no deus Nergal em várias manifestações, sua consorte Las, e Ereskigal, rainha do submundo. O culto a Nergal Cutana é atestado do reinado de Naram-sîn no terceiro milênio e continua na era selêucida. 2 Reis 17:30 parte de uma passagem mais longa descrevendo cultos não javistas praticados por povos estabelecidos no antigo reino do norte, exige que os exilados de Cuta (aqui Cuth) adorem Nergal.

Bibliografia. D.O. Edzard e M. Gallery, "Kutha", *Reallexikon der Assyriologie* 6 (Berlin, 1980-83): 384-87. [STEVEN W. HOLLOWAY]

CUTELO Utensílio de corte, representado por várias palavras hebraicas. O hebraico *ma'ăḵeleṯ* (de *'kl*, "comer") era utensílio usado para matar um animal e prepará-lo para alimento (Gn 22:6, 10; Jz 19:29). Esse instrumento de corte era grande o suficiente para cortar a carne humana e esquartejar um corpo humano. Era, portanto, o equivalente à moderna faca de açougueiro (cf. Pv 30:14, par. *ḥereḇ*, "espada").

O hebraico *śakkîn* (Pv 23:2), provavelmente uma palavra emprestada do aramaico, era um vocábulo comum para uma faca de abate na literatura rabínica. O uso bíblico e as descobertas arqueológicas oferecem de fato a distinção exata entre uma *ma'ăḵeleṯ* e uma *śakkîn*. O hebraico *ḥereḇ*, "espada", é frequentemente traduzido por "faca" quando o instrumento era usado para circuncisão e o barbear (Js 5:2; Ez 5:1-2); cf. a LXX, onde o grego *máchaira* se traduz tanto por *ma'ăḵeleṯ* como *ḥereḇ*. O hebraico *ṯa'ar* se refere a um utensílio de barbear (Nm 6:5; 8:7; Is 7:20; Ez 5:1) bem como a um canivete (Jr 36:23). A palavra não ocorre no NT.

Foram descobertos cutelos em quase todas as escavações arqueológicas em Israel. Eles eram feitos de sílex, metal, cobre e ferro. [MARK F. ROOKER]

CUXE (heb. *kûš*) (ETIÓPIA) **I. (LUGAR)** Área geográfica ao sul do Egito e imediatamente a leste do mar Vermelho, correspondendo à áreas do moderno Sudão, Etiópia, Eritreia, Arábia Saudita, Yêmen (Et 1:1; Is 11:11; 18:1; Zc 1:1). A erudição ocidental moderna faz diferença entre a Cuxe africana (Etiópia) e a Cuxe árabe. Alguns pensam que Cuxe em Gênesis 2:13 seja uma referência aos Cassitas (*Cossean*), território da região da Mesopotâmia. Outros veem como referência à origem da esposa de Moisés, uma indicação de que os midianitas também tinham uma cidade ou região contendo o nome Cuxe (Nm 12:1; Hb 3:7; cf.cf. Êx 2:21). Embora essas visões sejam difundidas, a noção de referências multigeográficas para Cuxe é desafiada pela erudição contemporânea.

Bibliografia. C.H. Felder, *Troubling Biblical Waters* (Maryknoll, 1989); E. Ullendorff, *The Ethiopians*, 3. ed. (Oxford, 1973). [KEITH A. BURTON]

II. (PESSOA) 1. O filho mais velho de Cam e pai de Ninrode (Gn 10:6-8; 1Cr 1:8-10). A Tabela das Nações registra-o como o pai de Seba, Havilá, Sabtá, Raamá e Sabtecá.

2. Mensageiro que informou Davi da derrota e morte de Absalão (2Sm 18:21-23).

3. Um benjamita e oponente de Davi (Sl 7 sobrescrito [TM 1]). [KEITH A. BURTON]

CUZA (gr. *Chouzás*) Oficial ou administrador de Herodes Antipas. Seu ofício preciso não é claro (cf. Mt 20:8; Gl 4:2). A esposa de Cuza, Joana, estava entre os seguidores de Jesus (Lc 8:3), sugerindo que a mensagem de Jesus alcançou até mesmo a aristocracia. A presença de Joana entre os seguidores de Jesus levou a especulações de que ou Cuza tinha morrido antes de sua esposa começar a seguir a Jesus, ou que ele mesmo também era convertido; nenhuma das duas hipóteses é sugerida pelo texto. Cuza pode ter sido um nabateu, uma vez que o nome Cuza foi encontrado em inscrições nabateanas e sírias. [KIM PAFFENROTH]

D

D 1. Símbolo para o Deuteronomista, uma das fontes literárias do Pentateuco, encontrada grandemente no livro de Deuteronômio.

2. Símbolo de dois manuscritos bíblicos: Códex Bezae (D) e Códex Claromontanus (D2).

DÃ (heb. *dān*) **I. (LUGAR)** Cidade que ficava no norte da Galileia, no Vale Huleh a sudoeste do fundo do monte Hermom. Umas das fontes que serve como nascente do Rio Jordão saiu de baixo de Tel Dan/Tel el-Qâdi (2112.2949), o lugar da cidade antiga. Uma importante estrada norte-sul, conectando a cidade síria de Qatna com a cidade galileia de Hazor, passava logo a oeste de Dã. Registros mesopotâmicos e egípcios do segundo milênio mencionam a cidade de Laís ("Lion"), o nome da cidade antes de sua conquista pelos danitas, que a renomearam com o nome de seu ancestral (Jz 18; "Lesem", Js 19:47).

Juízes 18 mostra a fundação da cidade e de seu santuário. Os conquistadores danitas trouxeram consigo um sacerdote levita e a parafernália de culto (Jz 18:19-20). Um sacerdócio que traçava suas raízes até Moisés (Jz 18:30) serviu no santuário danita. Depois do rompimento da monarquia, o rei israelita Jeroboão fez o santuário de Dã (e Betel) um dos dois santuários para o reino do norte. Amós condenou esses santuários (Am 8:14), nos quais Jeroboão instalou imagens de ídolos de bois (1Rs 12:29-30; 2Rs 10:29).

Dã foi conquistada por Ben-Hadade de Arã em cerca de 900 a.C. (1Rs 15:20); isso enfatiza a ameaça perene que a Síria impôs a Dã, que era muito mais íntima de Damasco do que de Samaria, muito menos de Jerusalém. Dã permaneceu israelita até 732, quando Tiglate-Pileser III (Pul) terminou a era israelita em Dã com sua conquista da Galileia e subsequente exílio de muitos de seus habitantes (2Rs 15:19, 29). Existe evidência arqueológica para o estabelecimento no lugar pelo período romano.

Como posto de fronteira, Dã ficou marcada na frase comum "desde Dã até Berseba" (p. ex., Jz 20:1; 1Sm 3:20) que delimitou, respectivamente, os limites norte e sul de Israel.

Escavações em Tel Dã, lideradas por Avraham Biran, descobriram restos dos limites sagrados dos israelitas e uma inscrição aramaica do século IX menciona a "casa de Davi" (*byt dwd*), a única referência extrabíblica existente com relação a Davi.

Bibliografia. A. Biran, *Biblical Dan* (Jerusalem, 1994). [GREGORY MOBLEY]

II. (PESSOA) O quinto filho de Jacó e seu primeiro de dois com Bila, a ama de Raquel (Gn 30:6). O íntimo relacionamento entre Dã e seu irmão Naftali é também questão de proximidade geográfica; as tribos ocupavam áreas adjacentes do campo durante a marcha do Êxodo (Nm 2:25-31) e territórios vizinhos no reino de Israel.

Inicialmente os danitas (heb. *haddān'*) tentaram se estabelecer no sul, na vizinhança de Zorá e Estaol (Js 19:40-48). Essa tentativa falhou em uma região cheia de amoritas nativos (Jz 1:34), de filisteus imigrantes (13-16), e grupos israelitas tais como os da tribo de Judá (15:9-13) e de Efraim (1:35). Como resultado, os danitas migraram durante o período dos juízes para o extremo norte (Jz 18; Js 19:47). Cinco danitas espiões começaram, consultando um sacerdote levita no Monte Efraim ao longo do caminho, e descobriram Laís, cidade tanto rica em recursos quanto vulnerável a ataque (Jz 18:7-10). Um destacamento do exército de seiscentos soldados logo foi e tomou a cidade, a qual renomearam em honra ao seu ancestral tribal. Os danitas forçaram o sacerdote levita a acompanhá-los; ele fundou o santuário em Dã (Jz 18:30-31). O território danita estava grandemente confinado a esse único centro urbano. Possivelmente, muitos danitas permaneceram no sul, o coração do segundo distrito administrativo de Salomão pode ter sido preservado (1Rs 4:9).

Em muitos aspectos, os danitas são incomuns. Eles aparentemente não tinham muitos clãs (somente um é listado; Nm 26:42-43), e algumas vezes eles são referidos como um "clã" (*mišpāḥâ*; Jz 13:2; 18:11) e não como uma "tribo". Os danitas foram a única tribo que falhou em reter (Jz 1:34-35; Js 19:47) ou receber (Jz 18:1) uma porção tribal. Eles são criticados no cântico de Débora por falharem em se juntar à coalizão israelita contra os cananeus (Jz 5:17). O danita mais bem conhecido, Sansão, foi o mais não característico dos juízes (Jz 13-16). A bênção tribal em Gênesis 49:17 ("Dã será serpente junto ao caminho, uma víbora junto à vereda") pode refletir a reputação para a violência (nada sobre a conquista danita de Laís camufla tal reputação). As palavras de Jacó no leito de morte sobre Dã ("Dã julgará o seu povo como uma das tribos de Israel" — Gn 49:16) tem uma qualidade enigmática, e tem deixado alguns pensando se aos danitas faltou completa posição tribal em algum momento.

Outra questão sobre os danitas é seu relacionamento com outros grupos étnicos com nomes semelhantes migrando na região próxima ao fim do segundo milênio. Os registros gregos têm o nome *danaoi*; os registros fenícios, o *dnym*; os egípcios, o *denye* [*n*] e *danuna*. Todos podem estar ligados; a evidência é inconclusa.

As tribos galileias caíram diante do exército assírio de Tiglate-Pileser III em 732 a.C. (2Rs 15:29), e muitos danitas estavam entre os exilados forçados a se estabelecer na Assíria. As tribos restantes do norte foram para o exílio quando Samaria caiu uma década mais tarde. A migração danita provavelmente terminou nos distritos da Assíria.

Bibliografia. A. Malamat, "The Danite Migration and the Pan-Israelite Exodus-Conquest", *Bibl* 51 (1970): 1-16; Y. Yadin, "And Dan, Why Did He Remain in Ships?" *AJBA* 1 (1968-1971): 9-23. [GREGORY MOBLEY]

DABERATE (heb. *dāḇĕraṯ*) Cidade levítica destinada aos gersonitas (Js 21:28=1Cr 6:72 [TM 57]) dentro do território tribal de Issacar, na fronteira de Zebulom (19:12). O local foi identificado como Khirbet Dabura, logo ao Leste de Dabûriyeh, ao fundo em direção a noroeste do Monte Tabor. Rabite (Js 19:20) pode ser o mesmo lugar.

DABESETE (heb. *dabbešeṯ*) Cidade (ou limite; heb. "montículo") na fronteira sul de Zebulom (Js 19:11). Das identificações modernas possíveis Tell esh-Shammam/Tel Shem, ao norte de Tell Qeimûn/Tel Yoqneam (bíblica Jocneão), é a mais provável.

DAFNE (gr. *Daphnē*) Cidade localizada na vizinhança de Antioquia (Síria), a cerca de 8 km ao sudoeste. Localizada num jardim magnífico de mais ou menos 16 km de área. Dafne foi o lugar de muitos santuários, incluindo o belíssimo templo de Apolo, aos pés das fontes perenemente fluentes. Dafne também era um lugar de exílio (Strabo Geog. 16.2.6); Onias o sumo sacerdote fugiu para o santuário de Apolo depois do suborno de Menelaus (c. 171 a.C.; 2Mac 4.32-33).

DAGOM (heb. *dāgôn*) Importante deidade do oeste semita que se tornou o deus nacional dos filisteus, depois que eles chegaram a Canaã. A figura de Dagom é objeto de discussão. Uma descrição de Dagom como o deus-peixe surgiu de uma etimologia folclórica baseado no hebraico *dāḡ* "peixe". Outra sugestão é a de Dagom, como o deus do grão (dagan), a última palavra sendo tomada do nome da divindade ou vice-versa. Contudo, outra visão atribui tal aspecto de fertilidade como derivado do papel primário de Dagom, deus da tempestade, e reconstrói a etimologia para o nome baseado no árabe *dagana*, "ser sombrio, obscuro".

Dagom, cujo nome é comumente atestado em nomes teofóricos do terceiro milênio a.C., é reconhecido na inscrição de Sargão de Acade como a deidade chefe da alta Mesopotâmia durante aquele período (*ANET*, 268), uma associação que persiste um milênio depois em Ugarite, onde é chamado "Dagom de Tuttul". Dagom figura de forma destacada no terceiro milênio em Ebla (Síria) e durante o período de Mari (início do segundo milênio). Embora Dagom esteja virtualmente ausente da mitologia ugarítica, seu nome aparece em listas de ofertas e dedicações, e um grande templo da cidade foi, experimentalmente, identificado como dele.

A adoração primitiva de Dagom pelos cananeus, dos quais os filisteus herdaram seu deus, é refletida no nome do lugar Bete-Dagom. O texto de 1Samuel 5:1-7 retrata Dagom como a deidade nacional dos filisteus, representada por uma estátua de culto e servida pelos sacerdotes em seu templo em Asdode. Em Juízes 16:23-24, os filisteus celebraram um festival honrando Dagom, a quem eles creditaram a derrota de seu inimigo, Sansão. Os filisteus mostraram a cabeça de Saul no templo de Dagom, localizado, talvez, em Bete-Sã (1Cr 10:10; cf. 1Sm 31:10). Dagom, que ainda era adorado em seu templo em Asdode durante o século II, sobreviveu aos filisteus (1Mac 10.83).

Bibliografia. D. E. Fleming, "Baal and Dagan in Ancient Syria", *ZA* 83 (1993): 88-98; J. F. Healey, "The Underworld Character of the God Dagan", *JNSL* 5 (1977): 43-51; F. J. Montalbano, "Canaanite Dagon: Origin, Nature", *CBQ* 13 (1951): 381-97; N. Wyatt, "The Relationship of the Deities Dagan and Hadad", *UF* 12 (1980): 375-79. [JOEL BURNETT]

DÃ-JAÃ (heb. *dān ya'an*) Parte da rota que os homens de Davi usaram para viajar enquanto faziam o censo do povo (2Sm 24:6 TM). Esse local está localizado na parte extremo norte da terra de Israel entre o monte Hermom e Sidom. A LXX lê "para Dã e de Dã". Alguns intérpretes leem *dān-ya'ar*, "Dã do bosque", demonstrando influência aramaica (cf. NEB "Dan-Iyyon"). [PETE F. WILBANKS]

DÁLET (heb. *dāleṯ*) A quarta letra do alfabeto hebraico. O caractere hebraico representa tanto a parada dental (transliterado d) e, com o daguesh, a fricativa interdentária (d).

DALFOM (heb. *dalpôn*) Um dos dez filhos de Hamã, oficial executado por tentar matar todos os judeus na Pérsia (Et 9:7).

DALILA (heb. *dĕlîlâ*) A mulher que derrotou Sansão. O significado do nome dela é incerto; as propostas incluem "devotada", "moça faceira", "cachos pendentes", e "pequena". Devido à associação do nome

Sansão com o hebraico *šemeš* ("sol"), ela parece envolver um jogo de palavras com *laylâ* ("noite"). A história não especifica a identidade étnica de Dalila; provavelmente ela fosse filisteia, como as outras amantes de Sansão.

As histórias de Sansão giram em torno do eixo de suas ligações com as três mulheres. A do amor de Sansão por Dalila (Jz 16:2-22) é a terceira e a mais letal delas. Recebendo grande propina dos senhores filisteus, Dalila concorda em descobrir o segredo da força de Sansão. Três vezes ela pede a Sansão para lhe mostrar como ele poderia ser vencido; recebe dele uma falsa resposta. Na quarta vez, Sansão divulga seu segredo: sua força repousa em seu cabelo não cortado. Enquanto Sansão dorme, Dalila corta seu cabelo, amarra-o, e o entrega a seus inimigos.

Dalila ilustra um tema bíblico comum e folclórico: a mulher "estrangeira" que seduz homens. A interpretação tradicional descreve Dalila como a sedutora de quinta-essência enganosa. Em contraste, as interpretações feministas recentes, sugerem que Dalila, igual à mulher de Timnate que trai Sansão para salvar a sua vida (Jz 14:1-20), é uma mulher que faz o que deve para sobreviver. Outras observam de uma perspectiva dos filisteus que Dalila é igual a Jael, heroína festejada por seduzir e, então, matar Sísera, o inimigo de Israel (Jz 4:17-22; 5:24-27).

Bibliografia. J. L. Crenshaw, *Samson* (Atlanta, 1978); J. C. Exum, "Aspects of Symmetry and Balance in the Samson Cycle", *JSOT* 19 (1981), 3.29; D. N. Fewell, "Judges", em *The Women's Bible Commentary*, ed. C. A. Newsom e S. H. Ringe (Louisville, 1992), 67-77. [CAROLYN J. PRESSLER]

DALMÁCIA (gr. *Dalmatía*) Província romana localizada ao nordeste da costa do mar Adriático. Dalmácia forneceu um modelo para a subsequente história conturbada dos estados balcãs. Essa área montanhosa próxima a Macedônia ficou sob o domínio romano em 228 a.C. Entretanto, Roma nunca teve sucesso em estabilizar completamente seu controle sobre a região. Dalmácia tomou seu nome de Dalmantae ou Dalmante, designação de povos tribais que originalmente ocuparam a área. Durante o tempo do Novo Testamento, a Dalmácia estava associada com a província do Ilírico (2Tm 4:10). Várias fontes antigas testificam que a igreja na Dalmácia era suscetível a rituais, ao sincretismo, e a brigas internas. [D. LARRY GREGG]

DALMANUTA (gr. *Dalmanouthá*) Lugar na costa do mar da Galileia para o qual Jesus se retirou, seguindo-se a alimentação dos quatro mil (Mc 8:10). Variantes do nome incluem Dalmounai (Códex Washingtonensis), Mageda (minúsculos 28, 565), Magedan (Siríaco Sinaítico), e Melegada (Códex Bezae). Na passagem paralela (Mt 15:39), Magdala/Magadan aparece como o nome do distrito.

A localização e identificação de Dalmanuta são desconhecidas, embora ela tenha sido identificada como uma ancoragem pequena a oeste de Cafarnaum. [ZELJKO GREGOR]

DÂMARIS (gr. *Dámaris*) Mulher ateniense destacada em Atos 17:34 (omitida no Códex D) como crente na mensagem de Paulo a respeito da ressurreição (cf. At 16-32). Ela é comparada somente com outro crente citado: Dionísio, membro do concílio principal de Atenas (Areópago). Essa associação imediata com um oficial civil é o foco mais amplo em Atos 17, passagem que menciona que creram no evangelho mulheres gregas de alta posição (v. 4, 12), sugere que a própria Dâmaris era pessoal de alguma posição social.

Bibliografia. I. Richter, *Women in the Acts of the Apostles* (Minneapolis, 1995), 246-48. [F. SCOTT SPENCER]

DAMASCO (heb. *dammeśeq*; gr. *Damaskós*) Cidade que ficava no sul da Síria. Damasco desempenhou papel importante na história política de Israel durante o primeiro milênio a.C. Essa cidade também aparece no Novo Testamento em conexão com a conversão de Saulo de Tarso ao cristianismo.

A cidade está localizada em uma bacia bem regada, ao longo das bordas do rio Barada. A fertilidade da região e sua localização na rota de comércio principal norte-sul deram a Damasco um papel-chave na história política e econômica da Síria-Palestina.

Por que a cidade continuou a ser ocupada, bem pouca escavação foi feita abaixo dos níveis do período romano. Entretanto, trabalho recente no pátio da mesquita de Umayyad indicou que a cidade foi ocupada, no mínimo, tão cedo quanto o terceiro milênio. O registro escrito mais antigo de Damasco vem de uma inscrição do faraó egípcio, Tutmés III, na qual ele lista os nomes das cidades submetidas a ele em 1482 a.C., seguindo uma campanha egípcia em Canaã. A cidade também aparece em três das Cartas de Amarna do século XIV. Esses textos não sugerem que ela foi importante durante esse período. Antes, ela era simplesmente uma de várias cidades ao longo da periferia norte do controle político egípcio.

Damasco se tornou politicamente importante durante o primeiro milênio, quando emergiu como a capital de um importante reino arameu, algumas vezes chamado Aram-Damascus, mas usualmente referido simplesmente como Aram no Antigo Testamento. A primeira informação que temos a respeito da Era de Ferro de Damasco vem de 2Samuel 8 = 1Crônicas 18, que relata a batalha entre exércitos israelitas sob o rei Davi e aqueles de Damasco. Os israelitas derrotaram Damasco, e Davi incorporou a cidade em seu novo império. Durante o reinado de Salomão, entretanto, Rezom proclamou a si mesmo rei em Damasco e recuou a soberania israelita (1Rs 11:23-25). Salomão foi incapaz de recuperar seu controle sobre a região. Isso representa o início de Arã-Damasco como entidade política importante.

Desde o início do século IX, Arã se tornou uma séria rival do reino norte de Israel. Bir-hadad I (bíblico Ben-Hadade) atacou Israel durante o reinado do rei Baasa, depois de fazer aliança anti-israelita com o rei Asa de Judá. Durante essa campanha, ele capturou e destruiu várias cidades na parte norte de Israel (1Rs 15:16-22). Por volta do meio do século IX, Arã era o estado mais poderoso na Síria-Palestina, seu rei Hadadezer liderou uma coalizão de doze estados contra a invasão do norte da Síria pelos assírios. A inscrição monólita de Salmaneser III da Assíria se refere a Acabe de Israel como um dos maiores aliados de Hadadezer, durante a batalha de Qarqar em 853.

Em 842-841 aproximadamente, Hazael, oficial da corte damascena, assassinou o rei de Damasco e tomou o trono (cf. 2Rs 8:7-15). Seguindo-se dois ou três confrontos a mais com Salmaneser III entre 841 e 837, Hazael começou uma política expansionista pela qual ele criou um império arameu substancial que incluía Israel e Judá, e também outros estados palestinos como vassalos (2Rs 10:32-33; 12:17-18). Por cerca de quarenta anos, Arã dominou a região. Mas depois da morte de Hazael, seu filho Bir-Hadad perdeu o controle sobre o império. Os assírios voltaram em 796, atacando a cidade de Damasco e forçando o rei a pagar pesado tributo. Bir-Hadad liderou uma coalizão de estado contra Zakkur, rei de Hamate e Luash ao norte de Arã, mas foi derrotado por esse último. O rei Joás de Judá foi capaz de se livrar da dominação arameia durante esse período (2Rs 13:14-19, 24-25). Durante o reinado de Jeroboão II (c. 786-746), Israel de fato fez de Damasco um vassalo (2Rs 14:25, 28).

O último período de poder político de Arã-Damasco veio de 730s, quando o rei Radyan (bíblico Rezim) de Arã e Peca de Israel formaram uma coalizão antiassíria. Eles tentaram forçar Acaz de Judá a juntar-se a eles, mas foram parados quando o exército assírio, sob Tiglate-Pileser III, marchou para a região em 734 (2Rs 16:5-9; Is 7:1-8:15). Depois de dois anos, os assírios recapturaram todos os estados rebeldes, conquistando Damasco e anexando-a a Assíria em 732. Esse foi o fim de Arã-Damasco como estado independente.

Damasco permaneceu importante pelos séculos seguintes. Era capital provincial durante o período persa (539-334) e continuou a florescer nos períodos helenístico e romano. A cidade, durante o período romano, foi projetada de acordo com o plano helenístico tradicional. Ela tinha um muro substancial, partes do qual ainda são preservados, um impressionante cardo maximus, que pode ser a "rua chamada Direita" de Atos 9:11 e um dos maiores templos da Síria romana. A construção do templo de Júpiter Damascenius (Hadad-Ramman) começou no início do século I d.C., e restos substanciais de seus dois concêntricos e delimitados muros ainda permanecem.

Bibliografia. J. M. Miller, "The Elisha Cycle and the Accounts of the Omride Wars", *JBL* 85 (1966): 441-54; W. T. Pitard, *Ancient Damascus* (Winona Lake, 1987). [WAYNE T. PITARD]

DANÁ (heb. *dannâ*) Cidade localizada na região montanhosa de Judá (Js 15:49), próxima a Debir (Kiriath-sannah). Sua localização não foi, contudo, identificada.

DANÇA A dança na Bíblia está associada a várias ocasiões. Aniversários (Mt 14:6; Mc 6:21-22), casamentos (pressupondo que Jeremias 31:22 se refira à dança como parte da cerimônia de casamento e que Mateus 11:17; Lucas 7:32 se refira a Jesus como noivo), reuniões de família (Lc 15:25) são todas marcadas pela dança. Entretanto, surpreendentemente, a dança está associada com eventos de culto. Os profetas de Baal realizaram algum tipo de dança do coxo em volta do altar de Elias no monte Carmelo em uma tentativa de suplicar que seu deus aparecesse (1Rs 18:26); Arão e os israelitas dançaram diante do bezerro de ouro ao pé do monte Sinai (Êx 32:6, 18-19); e Davi e os israelitas dançavam diante da arca da aliança à medida que ela era trazida para Jerusalém (2Sm 6:1-23; 1Cr 13:1-14; 15:1-29). A dança é, de modo mais geral, em louvor a Deus, descrita nos Salmos 26:6; 87:7; 149:3; 150:4, e aparece como antítese ao luto (Sl 30:11 [TM 12]; Eccl. 3.4; Lm 5:15). Dado que o luto é um comportamento ritualizado na religião israelita, a dança justaposta a isso deveria ser entendida como ritualizada também. Igualmente, os nomes de algumas festas israelitas estão associados lexicalmente com a dança: p. ex., o verbo hebraico *pāsaḥ* (piel), "realizar uma dança dos que mancam", é a raiz de "Pesach" ou Páscoa.

De forma inesperada, na religião de dominação masculina israelita, dois tipos de dança de culto parecem ser a ocupação exclusiva das mulheres. Primeiro, a dança das mulheres na celebração da vitória israelita na batalha (Êx 15:20-21; Jz 11:34; 1Sm 18:6-7; Jdt 15:12-13). Embora o contexto religioso de tal dança possa não ser tão aparente, é importante relembrar que a guerra no Israel antigo era uma atividade sagrada. A dança diante de dois exércitos (Ct 6:13 [7:1]) e a dança da Israel virgem que celebra sua restauração em Sião (Jr 31:4) deveriam, provavelmente, ser entendidas como parte da dança tradicional de vitória das mulheres. O "tambor de mão" ou "tamboril" (*tōp̄*), mencionado em Jeremias 31:4, era um instrumento distinto das danças de vitória das mulheres.

Segundo, a dança das mulheres como parte de alegria de culto na festa anual da vinha na primavera (Jz 21:19-21; Jr 31:12-13). Embora a Mishnah (Ta'na. 4.8) localize essas danças anteriormente, na estação de colheita (o 15º de Ab e Yom Kippur), essa fonte rabínica deixa claro que a tradição da dança da colheita das mulheres durou por mais de um milênio.

Bibliografia. J. H. Eaton, "Dancing in the Old Testament", *Exp Tim* 86 (1975): 136-40; M. I. Gruber, "Ten Dance-Derived Expressions in the Hebrew Bible", *Bibl* 62 (1981): 328-46; repr. In D. Adams e D. Apostolos-Cappadona, orgs., *Dance as Religious Studies* (New York, 1990), 48-66; C. L. Meyers, "Of Drums and Damsels: Women's Performance in Ancient Israel", *BA* 54 (1991): 16-27; J. Sasson, "The Worship of the Golden Calf", in *Orient and Occident*, org. H. A. Hoffner. AOAT 22 (Neukirchen-Vluyn, 1973), 151-59. [SUSAN ACKERMAN]

DANIEL (heb. *dānî'ēl, dānîyē'l*) **1.** O segundo filho de Davi, de acordo com o cronista (1Cr 3:1). O autor dos livros de Samuel lembra seu nome como Quileabe. Uma vez que ele não figura na luta para a sucessão ao trono de Davi (2Sm 3:3), ele possivelmente morreu antes de chegar à maturidade ou era incapacitado física ou mentalmente.

2. Sacerdote pós-exílico que voltou para a terra de Israel no tempo de Esdras (Ed 8:2). Ele era descendente de Itamar. É possivelmente o mesmo sacerdote Daniel que apoiou o pacto de Neemias (Ne 10:6).

3. Indivíduo justo e sábio que Ezequiel coloca na companhia de Noé e Jó (Ez 14:14, 20; 28:3). Embora o nome seja vocalizado "Daniel" pelos massoretas e pela maior parte das traduções da Bíblia, a ortografia hebraica sugere que "Danel" é o mais correto. Assim, pode haver uma conexão entre o Danel de Ezequiel e o Danel do texto Aqhat de Ugarite (segundo milênio a.C.), um juiz estimado que protegia os direitos das viúvas e dos órfãos. A conexão é mais plausível quando alguém considera que Ezequiel alude a Daniel em um oráculo contra Tiro (Ez 28), pois as culturas de Ugarite e de Tiro eram ambas cananeias.

4. O herói do livro que leva seu nome. O livro de Daniel descreve um jovem judeu que foi levado para o exílio na Babilônia, no qual os babilônios o treinaram para servir como um dos conselheiros do rei.

O livro foi usado para encorajar os judeus que estavam sendo perseguidos pelo rei selêucida, Antíoco IV Epifânio. Seus oficiais forçaram os judeus a comer alimentos impuros, tais como o porco, e, assim, a história de como Daniel e seus amigos não corromperiam a si próprios com a comida do rei era um lembrete aos judeus para que observassem a dieta da lei (cap. 1). Os soldados exigiam que os judeus adorassem aos deuses gregos ou morreriam, e, assim, as histórias da fornalha acesa (cap. 3) e Daniel na cova dos leões (cap. 6) encorajaram fidelidade a Deus, que levaria à libertação divina, ou martírio (3:17-18) com a esperança da ressurreição (12:1-4).

Como o Danel de antigamente, Daniel foi notado por sua retidão e sabedoria. Como José, ele podia interpretar sonhos, que resultou na sua promoção a uma alta posição na corte (Dn 2:48; 5:29). Justamente como Moisés e Arão revelaram mais poder para operar maravilhas do que os mágicos do Egito, Daniel exibiu mais poder para revelar coisas secretas mais do que todos os mágicos, feiticeiros, bruxos, e caldeus da Babilônia (caps. 2, 4— 5). Deus também deu a Daniel suas próprias visões (caps. 7—12), que predizem o fim do reino selêucida, a vinda do reino de Deus (cap. 7), a ressurreição dos mortos, e o julgamento final (cap. 12). Daniel é mencionado no Novo Testamento em Mateus 24:15.

Bibliografia. J. J. Collins, *Daniel*. Herm (Minneapolis, 1993); J. E. Goldingay, *Daniel*. WBC 30 (Dallas, 1989); L. F. Hartman e A. A. Di Lella, *The Book of Daniel*. AB 23 (Garden City, 1978). [WILLIAM B. NELSON, JR.]

DANIEL, ADIÇÕES A As "adições" ao TM de Daniel são vários textos encontrados em versões gregas do livro de Daniel. Ao suplementar o texto hebraico/aramaico de Daniel, eles o "interpretam" ao acrescentar textos falados à narrativa de Daniel com mais duas histórias sobre ele. Esses acréscimos representam gêneros diferentes: dois contos (Bel e a Serpente; Susana), uma oração (A Oração de Azarias), e um cântico de louvor (Cântico dos Três Jovens). Embora um original semita seja grandemente pressuposto para cada um dos textos, eles são existentes somente em versões gregas: o Antigo Grego (AG — próximo da LXX) e Teodocião (voltado ao TM). Já que a versão AG (LXX) foi provavelmente produzida em Alexandria, cerca de 100 a.C., esses textos deveriam ser anteriores àquela época, contudo cada texto pode oferecer mais dicas sobre a própria origem. O AG parece ter arranjado os textos nessa ordem: Daniel, Bel, e Susana. Aparentemente, Teodocião tinha uma ordem diferente: Susana, Daniel e Bel.

As narrativas não são muito importantes na tradição judaica, assim, elas são consideradas como "apócrifas" nos círculos protestantes, embora os Católicos Romanos as incluam como deuterocanônicas e os Ortodoxos as leiam como parte da LXX. Jerônimo usou o texto hebraico como base para a tradução latina, mas ele também traduziu esses acréscimos e explicou que eles não constavam no texto hebraico no prefácio; já que o prefácio é usualmente omitido em reimpressões posteriores, muitos consideram os acréscimos como parte integral da Vulgata. Bíblias contemporâneas geralmente colocam as histórias de Susana e Bel como parte dos capítulos 13 e 14 respectivamente.

A oração de Azarias. Essa oração (3:24-25 [Eng. 1-22]) e a canção seguinte (3:52-90 [29-68]) seguem a narrativa sobre os três judeus lançados na fornalha de fogo na Babilônia, porque eles tinham se recusado a reverenciar uma estátua que Nabucodonosor tinha erigido para aquele propósito. Esses dois acréscimos estão entre 3:23 e 3:24 na tradição massorética; eles estão juntados por um acréscimo de prosa (3:46-51 [23-28]).

A oração de Azarias se assemelha a um tipo comum no período do segundo templo, no qual um pedido de livramento e vindicação é colocado na estrutura de oração que também inclui confissões da justiça e misericórdia divinas, do pecado humano, descrições da humilhação presente, lembrança das promessas do pacto de Deus, e promessa de contrição da parte dos pecadores (cf. Ed 9:6-15; Ne 1:5-11; 9:5-37; Dn 9:4-19; Bar 1.15-3.8; Sl 106). De muitas formas, essa oração também lembra os Lamentos Públicos dos Salmos (p. ex.: Sl 44, 74, 79). Uma característica incomum nessa oração é a referência a "um rei injusto, o mais ímpio de todo o mundo" (3:32 [9]); essa frase pode indicar a era de Antíoco Epifânio e dos macabeus (semelhantemente v. 44 [21]).

Essa oração se encaixa desajeitadamente no contexto narrativo de Daniel, uma vez que o apuro dos três homens jovens aconteceu apesar de sua aparente inocência diante de Deus; de fato, muitos consideram a perseverança deles como precursora da tradição de martírio. Entretanto, se o texto vem da era macabeia , essa oração se encaixaria melhor no contexto e no texto de Daniel 7-12. Muitos estudiosos defendem um original semita, e um comentário recente favorece o hebraico e não o aramaico como a língua da composição. O interlúdio de prosa depois dessa oração não mostra evidência de um original semita, assim, ele pode ter sido composto quando a oração e o hino foram incorporados ao hebraico/aramaico de Daniel; então, ele serviria para introduzir o hino seguinte.

Cântico dos três jovens. Esse cântico de louvor a Deus pela libertação da fornalha se assemelha ao gênero conhecido como "hino" no recente estudo de Salmos. Ele começa com seis versos declarando a glória de Deus ("Bendito sejas tu/teu nome, etc."; 3:52-57 [29-34]); isso se assemelha à introdução no Salmo 144:1. Ele também corresponde bem a uma linha no TM de Daniel, na qual Nabucodonosor é levado a louvar o Senhor depois que ele testemunhou a salvação desses homens: "Bendito seja o Deus de Sadraque, Mesaque e Abednego, o qual enviou os seus anjos e livrou os seus servos" (3:28). O hino continua com típicos imperativos para louvar ("bendito seja Deus") dirigido para quase toda a criação nos céus e na terra (3:58-89 [35-66]); que o fogo e o calor deveriam louvar a Deus diretamente depois da libertação da fornalha de fogo fornece conexão apta e irônica com o TM de Daniel. Em forma, esse hino se assemelha ao Salmo 136, 148. Os mandamentos para se louvar a Deus nesse cântico podem ser divididos pelo conteúdo em quatro categorias: (1) corpos celestes (3:59-64 [36-41]); (2) elementos da natureza (3:65-74 [42-51]); (3) a terra e seus corpos (3:75-83 [52-59]); e (4) seres humanos (3:83-91 [60-68]). Uma antífona ("cante, louve-o e o exalte altamente para sempre") é também encontrada em cada verso, e se assemelha à repetição antifônica encontrada por todo o Salmo 136: "porque a sua misericórdia dura para sempre". Tal antífona lembra a liturgia dos contextos de culto.

Questões sobre a data da composição deveriam também considerar o modo de se descrever a era: o templo serve como o lugar de culto, e nenhuma perseguição dos judeus é aparente. Na Liturgia das Horas, o Cântico dos Três Homens Jovens é usado como um cântico paralelo a alguns dos salmos cantados ou recitados no serviço religioso.

Susana. Essa história sobre Daniel salvando Susana, uma mulher judia babilônica, começa descrevendo o desejo dos dois anciãos judeus pela esposa de seu colega e amigo, Joaquim (v. 1-4). Logo, descobrem que cada um compartilha os mesmos desejos, então, tramam um plano para ter relacionamento sexual com ela, enquanto Susana toma banho sozinha no jardim. Eles ameaçam acusá-la de adultério com um jovem no jardim se ela recusá-los (v. 15-27). Mas ela, de fato, recusa, preferindo cair em sua injustiça ímpia que no pecado aos olhos de Deus. Assim, em um julgamento público, ela é acusada de adultério, sendo sentenciada à morte (v. 28-41). Leitores modernos podem ficar impressionados que os dois juízes também testemunham contra ela, e que nunca lhe é permitido falar no julgamento; mas ela levanta os seus olhos para o céu, porque confia em Deus. Depois que a assembleia aceita o testemunho dos anciãos e a condena à morte, Susana faz uma oração audível de queixa a Deus, que conhece todos, de que ela foi acusada falsamente de ações que ela não cometeu e que ela está prestes a morrer a despeito de sua inocência. Finalmente, um jovem homem chamado

Daniel é levado por um espírito de Deus para tentar salvar essa mulher inocente, o que ele faz por meio de um astuto processo de interrogação dos dois anciãos, mostrando como eles tinham dado versões conflitantes de um detalhe importante: sob qual árvore isso aconteceu? Como resultado, Daniel os condena por seu crime (v. 42-64). A "congregação toda" se levanta contra os dois anciãos e os executa, salvando, dessa forma, o sangue inocente de Susana. Daniel recebe louvor dos parentes e do marido da mulher inocente e cresce em visibilidade para com o povo daqueles dias.

Vários temas teológicos adornam essa história. Deus é o Senhor do Universo que a tudo conhece, como também o Senhor da história e Salvador dos indivíduos que são justos. Deus responde ao clamor do oprimido (como em Êxodo). Um espírito santo habita o jovem Daniel, e a atividade salvadora de Deus ocorre através de sua ousadia e sua investigação nas atitudes de um trapaceiro. Deus também permite ao ímpio receber como punição o que eles tinham planejado contra uma mulher inocente, o outro aspecto de um Deus salvador. Essa história eleva o caráter de grandes indivíduos e os deixa como papéis modelo.

A história descrita aqui vem da versão de Theodotion, que difere consideravelmente do AG em tamanho, quantidade de detalhes, e ordem dos conteúdos. O AG coloca muito menos ênfase em Susana como personagem, focalizando mais os pecados dos anciãos. Detalhes de seu banho são muito menos elaborados, nem é ela o foco da conclusão; AG, entretanto, termina com uma exortação para procurar por mais jovens como Daniel, que serão piedosos e cheios de conhecimento e entendimento (v. 62b). No AG, essa história normalmente permanece ou no cap. 13 ou no 14. Essa versão mais curta, focalizando-se em qualidade de liderança, provavelmente serviu como fonte para a tradução posterior de Teodocião, que localiza comumente a história de Susana antes de Daniel 1, introduzindo, efetivamente, o homem jovem judeu piedoso diante dos assim chamados contos da corte em Daniel 1-6.

Um original hebraico parece ser a melhor explicação de várias anomalias de tradução, e isso é mais facilmente entendido atribuindo à Palestina o local de composição. Mas a versão AG, que é mais orientada para assuntos e categorias sociais, é frequentemente conectada com Alexandria, ao passo que Teodocião, com sua ênfase em caráter e éticas individuais, parece mais recordativo do romance helenístico, que também surgiu em contextos da Diáspora (paralelo ao contexto babilônico da história). Uma hipótese de que a tradução de Teodocião foi feita ou na Síria (Antioquia) ou na Ásia Menor (Éfeso) se encaixa melhor nessas qualidades de traduções mais populares. Estudiosas feministas recentes parecem explorar ambos os caminhos: com o foco nos indivíduos, Susana dá segundo lugar a Daniel (Teodocião), enquanto que a análise de gênero e de papéis sociais (Susana como mulher e estranha) permite à história apresentar uma sutil e desafiadora mensagem: Susana e o judaísmo são ambos vistos como "estranhos". Estudos mais recentes demonstram uma variedade de interpretações: desde a análise legal do caso na corte até a história da interpretação cristã, especialmente as posições alegóricas, desenvolvidas na era patrística. Como Judite, Susana forneceu um tópico bíblico imensamente popular para pintores. Estudos contemporâneos dessas pinturas tendem a focalizar detalhes do texto mais colorido de Teodocião e podem compartilhar muita luz interpretativa sobre respostas a esse conto por todos os séculos. No lecionário Católico Romano, a história de Susana era tradicionalmente lida em um Sábado em período de jejum.

Bel e a serpente. Três histórias sobre a ridicularização de Daniel da idolatria de Babilônia e seus esforços para suprimi-la estão colocadas nesse acréscimo, também conhecido como Bel e o Dragão (ou Serpente). A primeira preocupação da comida diária e das rações de bebida (sacrifícios) trazia a imagem de Bel (Marduk) cada dia. O rei reverencia esse deus e questiona Daniel por que ele não adora Bel. Daniel responde que Bel não é deus e que nunca comeu ou bebeu qualquer coisa que foi trazida diante da sua imagem. O rei desafia setenta sacerdotes de Bel a demonstrar quem, de fato come as oferendas. A sabedoria de Daniel o permite demonstrar que a comida e a bebida são, de fato, consumidas pelos sacerdotes e suas famílias, assim, o rei se ira contra eles e defende Daniel. A segunda história introduz uma serpente que os babilônios reverenciavam e o rei desafia a Daniel a negar que tal serpente era uma deusa viva. Nesse caso, Daniel demonstra que a serpente viva não é um deus, ao alimentá-la com uma mistura que faz a serpente explodir depois de engoli-la; se a serpente fosse divina ela não teria comido os bolos envenenados. Na terceira história, os babilônios se iram com o seu rei por permitir que um judeu ridicularizasse seus deuses e o forçaram a se voltar contra Daniel. Então eles o jogaram na cova dos leões. O profeta Habacuque é, então, transportado por um anjo a Babilônia para alimentar Daniel, assim, quando o rei volta depois para a cova dos leões para lamentar Daniel o encontra salvo e são. O rei confessa, então, a grandeza do Deus de Daniel ("e não há outro deus além de ti", v.

46) e dá aos inimigos de Daniel o tratamento que eles tinham planejado lhe dar.

Em cada caso, Daniel demonstra a estupidez dos ídolos de Babilônia e daqueles que mantêm a sua adoração: Bel não está vivo, e a serpente não é deusa. Em cada caso, o jovem homem judeu não somente ridiculariza os deuses estrangeiros, mas também mostra que a adoração dos ídolos não deveria nem mesmo ser permitida. Em cada história, Daniel opera com perspicácia e sabedoria recordativas de alguns exemplos antigos de Israel (as parteiras de Êxodo 1). Escapar da cova dos leões demonstra novamente que o Deus dos judeus nunca abandona os fiéis; em cada circunstância, Deus efetua uma mudança dramática da sorte dos dois lados na contestação. Alguns contendem que essas histórias demonstram uma midrash sutil em Jeremias 51:34-35, 44; sendo assim, os leitores poderiam refletir sobre a crueldade babilônica contra Jerusalém no século VI a.C. e reconhecer a a punição desse inimigo nessas histórias.

As versões AG e Teodocião dessa história diferem muito menos que Susana, mas o suficiente para distinguir algumas tendências. Em AG, Daniel descende de uma linhagem sacerdotal, assim, essa história provavelmente é anterior a Daniel 1-6 com sua visão muito diferente dele; também a noção de um sacerdote judeu na corte do rei pode ser imaginada para a situação do Egito ptolomaico mais do que para outras daquele tempo. Se a língua original da história é hebraica, então, um contexto palestino diante das cruéis relações com Antíoco Epifânio pode ser previsto. Um contexto de Diáspora poderia explicar melhor o conteúdo e teologia da história, mas a evidência para qualquer posição parece menos do que o suficiente. Na história da interpretação, Bel e o dragão teve muito menos atração para os ouvintes do que a de Susana.

Bibliografia. J. Collins, *Daniel*. Herm (Minneapolis, 1993); M. D. Garrard, "Artemisia and Susanna", in *Feminism and Art History*, org. N. Broude e M. D. Garrard (New York, 1982), 147-71; A.-J. Levine, "'Hemmed In on Every Side': Jews and Women in the Book of Susanna", in *A Feminist Companion to Esther, Judith and Susanna*, org. A. Brenner (Sheffield, 1995), 303-23; C. A. Moore, Daniel, *Esther and Jeremiah: The Additions*. AB 44 (Garden City, 1977); E. Spolsky, org., *The Judgment of Susanna*, SBLEJL 11 (Atlanta, 1996); M. J. Steussy, *Gardens in Babylon*: Narrative and Faith in the Greek Legends of Daniel. SBLDS 141 (Atlanta, 1993). [JOHN C. ENDRES, S.J.]

DANIEL, LIVRO DE O registro da atividade e visões de Daniel, um nobre judeu exilado na Babilônia.

CONTEÚDO. O livro de Daniel contém duas coleções de material: (1) histórias que descrevem a sabedoria piedosa de quatro dos exilados (Dn 2—6) e (2) relatos de visões atribuídos a Daniel (caps. 7—12). Ambos, as narrativas e os relatos de visões evidenciam o conflito das culturas.

O livro prepara o cenário para essas histórias ao relatar a deportação de cidadãos proeminentes por Nabucodonosor. Mesmo nessa primeira história, alguém nota o confronto entre as culturas dos judeus e a de seus dominadores. Isso permanece como elemento nos enredos das histórias subsequentes — relatos que se tornaram um dos mais ricos das histórias bíblicas, tais como a narrativa da fornalha ardente (cap. 3) e a da cova dos leões (cap. 6). O conflito cultural e teológico manifesta a si próprio na descrição dos governadores pagãos. Relatos com respeito ao rei que queria um sonho interpretado, mas que se recusava a contá-lo para os intérpretes (cap. 2) e a bizarra amostra de Nabucodonosor comendo grama como uma vaca (cap. 4) descrevem um comportamento excêntrico. A crítica mais assinalada dos capturadores da Babilônia vem no cap. 5, no qual lemos a frase "escrevendo na parede" da descrição do evento não esperado na festa de Belsazar.

Os temas de conflito continuam nos relatos das visões. Nessa parte, entretanto, a interação entre história e os personagens celestiais se tornam mais explícitas. Cada relato fornece uma versão enigmática da história dos impérios e prediz a morte do sistema colonial que será trocado pelo reino de Deus e por aqueles que lhe são fiéis. O primeiro relato da visão (cap. 7) conta a morte dos impérios do mundo e a vinda das nuvens "daquele semelhante a Filho do Homem" (7:13), que recebe poder "do Ancião de Dias". Um paralelo pode ser traçado entre esse capítulo, que também trata do fim dos impérios trocados por um novo reino de Deus. As primeiras duas visões relatam descrições de animal para os impérios. Exatamente como o cap. 4 descreve o rei agindo não como humano, a visão relata as categorias do império como o auge da humanidade que não é nada, senão humana. A primeira visão caracteriza quatro bestas, a segunda (cap. 8) um carneiro e um bode. Os relatos das visões são interrompidos por oração e predição do futuro (cap. 9). O último e mais longo relato (caps. 10—11) conta o conflito entre os impérios selêucida e ptolomaico. A conclusão do livro descreve Daniel recebendo instrução de um anjo intérprete, que também acontece em outros relatos de visões. Nessa instrução, entretanto, o texto dá uma das referências bíblicas mais antigas e mais explícitas à ressurreição e à vida após a morte. A instrução também aconselha segredo até o tempo apropriado.

Problema de bilinguismo. O livro de Daniel passa do hebraico (1:1-2:4a) para o aramaico, que era a língua da atividade diplomática naquele tempo (2:4b—7:28), e volta para o hebraico (8:1—12:13). Até mesmo os materiais de Qumran indicam a natureza bilíngue do livro. Estudiosos ofereceram várias sugestões para explicar esse fenômeno.

Tais propostas tipicamente tentam explicar o caráter bilíngue do livro, através da reconstrução de sua redação e composição. A mudança na língua se torna muito mais problemática, porque ela não muda a forma literária. Uma teoria é que havia um texto aramaico para todo o livro que não está mais disponível. Entretanto, a retroversão do presente texto hebraico em aramaico faz dessa tese improvável. Daí uma história da redação mais complexa deve ser oferecida. As narrativas estavam circulando como histórias individuais reunidas primeiramente em um coleção compreendendo 3:31 a 6:28 em algum tempo durante o século III a.C. Essa coleção foi expandida pelo acréscimo do cap. 2. O cap. 7 foi acrescentado à coleção aramaica provavelmente durante o início da perseguição selêucida. Embora ainda no contexto de perseguição, os caps. 8—12 foram adicionados. É difícil determinar se o cap. 1 foi escrito em hebraico para fazer uma *inclusio* para a coleção aramaica (caps. 2—7) ou se ele foi composto em hebraico como introdução para todo o livro como nós o temos.

Outra estratégia para o entendimento da natureza bilíngue do livro se concentra em paralelos sociológicos. Essa abordagem pergunta: como funciona o bilinguismo em comunidades com poder desproporcional? Esses estudiosos discutem que esse fenômeno no livro de Daniel é reflexo do sistema colonial. Povos colonizados mantêm uma língua nativa bem como também a língua da colônia. O livro de Daniel reflete essa função política da língua.

Ambas as aproximações fornecem dicas sobre a função do bilinguismo tanto como estratégia retórica quanto crescimento da história da redação.

Data. O debate vem em três categorias: linguística, alusões históricas, e conhecimento dos costumes persas e helenísticos. Embora as narrativas descrevam um contexto babilônico, somente uma minoria de estudiosos aceita essa asserção como válida. A maioria discute que a data sugere mais realisticamente o contexto helenístico do século II. Embora a evidência linguística seja fraca, a presença de palavras emprestadas do grego e do persa parecem indicar um contexto helenístico. Problemas históricos importunam os capítulos 1—6. A data da campanha de Nabucodonosor em Jerusalém em 606 parece improvável de acordo com as fontes babilônicas, mas, antes, parece ser dependente de 2Crônicas 36:6. A designação de Belsazar como rei parece ser menos exata; antes, ele era corregente com seu pai, mas nunca um rei em seu direito de fato. Outro problema é Dario, o medo. Vários governantes do Império Persa foram chamados com o nome Dario, mas nenhum deles o medo. Nenhum Império Medo reinou sobre a Babilônia entre os Impérios Neobabilônico e persa. Embora as narrativas contenham vários problemas com respeito a alusões históricas, as referências nos capítulos 11 parecem muito exatas até a descrição da perseguição em 167. Entretanto, a predição sobre a morte de Antíoco IV Epifânio em 167 não se enquadra com outras fontes, que indicam uma data um pouco posterior a 167. Se alguém entende o cap. 11 como *vaticinia ex eventu* (profecia depois do evento), então, uma data no século II parece a mais apropriada. Entretanto, se alguém aceita a possibilidade de previsão detalhada, então, o contexto descrito no texto é viável (os problemas de exatidão histórica aludidos acima persistem, apesar de tudo).

Lugar no cânon. O livro de Daniel ocupa um lugar diferente na Bíblia Hebraica do lugar que ele ocupa no Antigo Testamento cristão. Ambos os arranjos foram informados pela localização da linha histórica na história. A Bíblia Hebraica coloca Daniel na coleção de Escritos (Ketubim) entre Ester e Esdras-Neemias. Isso é assim porque de acordo com a narrativa os eventos seguem as intrigas descritas no livro de Ester e precedem os esforços de reconstrução de Esdras e Neemias. O cânon cristão toma sua ordem dos livros do Antigo Testamento Grego (LXX), no qual Daniel segue Ezequiel, o último dos Profetas Maiores. Ele precede o livro dos Doze (Os Profetas Menores).

Embora o cânon cristão concorde com a colocação do livro, existe desacordo sobre seu escopo. A Bíblia Protestante inclui somente aquelas porções da Daniel contidas na Bíblia Hebraica, mas a tradição Católica Romana segue o texto grego, incluindo a oração de Azarias e o Cântico dos Três Homens Jovens (ou Crianças) no cap. 3 entre os versos 23 e 24 e acrescentando as histórias de Susana e de Bel e o Dragão nos capítulos 13 e 14. Na Bíblia Protestante, essas histórias são vistas como acréscimos e são consideradas entres os Apócrifos ou Deuterocanônicos.

Bibliografia. J. J. Collins, *Daniel*. Herm (Minneapolis, 1993); T. Craven, “Daniel and Its Additions”, in *The Women´s Bible Commentary* org. C. A. Newson e S. H. Ringe (Lousville, 1992), 191-94; D. N. Fewell, *Circle of Sovereignty: Plotting Politics in the Book of Daniel* (Nashville, 1991); André Lacocque, *The Book of Daniel* (Atlanta, 1979); D. Smith, *The*

Religion of the Landless (Bloomington, Ind., 1989). [STEPHEN BRECK REID]

DARCOM (heb. *darqôn*) O cabeça de uma família dos "Servos de Salomão" que voltaram do exílio sob Zorobabel (Ed 2:56=Ne 7:58).

DARDA (heb. *dardaʿ*) Um dos quatro israelitas famosos cuja sabedoria foi ultrapassada somente pelo Rei Salomão (1Rs 4:31 [TM 5:11]). Ele é chamado "filho de Maol", provavelmente designado membro da corporação orquestral. Em 1Crônicas 2:6, ele é incluído entre os cinco descendentes de Zera de Judá (aqui chamado Dara, seguindo o TM *dāraʿ*).

DÁRICOS Moeda de ouro persa pesando cerca de 8,4 g, carregando a imagem de Dario I Histaspes (em cerca de 500 a.C.) por isso teve aquele rei como responsável por cunhá-la. O nome pode derivar do acadiano *darag mana* (um sexto de uma mina; heb. *ʾăḏarkôn*; Ed 8:27; cf. 1Cr 29:7). A moeda (*darkĕmôn*) inclusa entre as ofertas dos exilados durante os reinados de Ciro (Ed 2:69) e Artaxerxes (Ne 7:70-72) pode ter sido a dracma.

DARIO (heb. *dārĕyāweš*; pers. *ant. darayavahuš*) **1.** Dario I, rei da Pérsia 522-486 a.C. Dario, de linhagem incerta, veio ao trono da Pérsia através de circunstâncias suspeitas. A famosa inscrição Behistun reivindica a tentativa simuladora de tomar o trono de Cambises, o filho de Ciro, o Grande; que tinha bem-sucedidamente conquistado o Egito em 525. Enquanto voltava para a Pérsia, Cambises morreu de maneira inesperada e misteriosa. Então Dario, com a ajuda de várias famílias nobres persas, acalmou a revolta impostora. Seguindo um oráculo favorável apontando-o como rei, Dario prosseguiu para consolidar seu governo sobre um império importunado com intranquilidade com a sucessão ao trono. Ele foi amplamente bem-sucedido devido ao apoio da nobreza persa. Em troca, Dario fez o compromisso do estabelecimento de sátrapas, grandes grupos administrativos de pequenas entidades políticas nomeando membros da nobreza persa como governadores (sátrapas) sobre essas grandes unidades. Com certo grau de independência, os sátrapas, apesar de tudo, pareciam confortáveis em permanecerem leais à corte persa por todo o período de Dario e além dele.

Um dos administradores mais habilidosos do Império Persa, Dario é creditado pelos gregos como legislador. Esse bem pode ser reflexo dos esforços de Dario para codificar costumes legais existentes nos vários territórios sujeitos, à medida que ele se responsabilizava pela reorganização de um império que tinha sido criado pelo poderio militar de seus predecessores Ciro e Cambises, mas cuja posição administrativa e legal tinha sido negligenciada. Um exemplo bem conhecido da preocupação de Dario pela ordem social dos territórios sujeitos é a missão do colaborador egípcio Udjahorresnet, que registra que ele foi comissionado por Dario para cuidar da reorganização das escolas de escribas entre outras tarefas importantes. Dario empreendeu uma extensa campanha de trabalhos públicos no Egito, incluindo o acabamento do precursor do Canal de Suez.

A própria expansão militar de Dario do império foi largamente dirigida em direção ao oeste, e por volta de 493, os persas controlavam todas as cidades-estado gregas da Ásia Menor. Percebendo que as cidades livres das principais terras gregas apresentaram uma fonte continuada da agitação contra o governo persa na Ásia Menor, Dario empreendeu preparações extensas antes de lançar uma longa campanha contra os gregos. Em 490, uma força considerável de talvez 15 mil soldados persas se reuniu nas planícies da Maratona para fazer uma guerra com uma coalizão de forças gregas. A batalha foi ganha pelos gregos, e os persas se retiraram com pesadas perdas, somente para voltar várias décadas depois sob Xerxes I para renovar o conflito com a Grécia. Maratona permaneceu na consciência grega como um símbolo da determinação grega de permanecer livre de tiranos estrangeiros, embora para os persas isso pode ter simplesmente representado uma mínima reversão.

À comunidade pós-exílica de Yehud, o distrito administrativo persa em volta de Jerusalém, Dario serviu como figura que apoia nos esforços para a reconstrução do templo. Esdras conta como, apesar de voltar para Jerusalém sob Ciro, o trabalho no templo de Jerusalém não começou seriamente até o segundo ano do reinado de Dario, em cerca de 520 (Ed 4:24). Durante aquele ano, os profetas Ageu e Zacarias, trabalhando com Zorobabel, o governador, e Josué, o sumo sacerdote, iniciaram um esforço de comunidade bem-sucedida para reconstruir o templo que tinha estado em ruínas desde a conquista da Babilônia em 587. Oponentes locais desse esforço pediram a Dario que parasse o trabalho (Ed 5:6-17), aos quais Dario respondeu com uma clara ordem sustentando o decreto anterior de Ciro permitindo os esforços de reconstrução e exigindo que os oficiais do império apoiassem o trabalho (6:1-12). Embora a autenticidade de porções desses relatos tenha sido questionada, a preocupação geral para o procedimento próprio parece estar de acordo com o papel administrativo maior de Dario de usar a legislação para administrar um império crescentemente complexo e variado.

Entre as inovações de Dario estava a introdução da cunhagem imperial o que os gregos chamaram de "dárico". Ele também estabeleceu várias novas formas de imposto, colocando o império em base financeira firme. Dario se engajou em extensa construção de complexo de palácios em Susa e Persépolis, enfatizando seu completo controle do poder real dentro do coração do Império Persa. Seguindo-se à derrota das forças persas na batalha de Maratona, ele aparentemente empreendeu preparações extensivas para um novo esforço militar contra os gregos. A morte de Dario depois de 36 anos de governo (e com 60 anos) trouxe essas preparações a uma parada até que seu filho e sucessor Xerxes I pudesse empreender uma tentativa renovada para derrotar os gregos.

Bibliografia. J. M. Cook, *The Persin Empire* (New York, 1983), 50-182; M. A. Dandamaev, *A Political History of the Achaemenid Empire* (Leiden, 1989), 83-178.

2. Dario II Ochus (423-404), filho de Artaxerxes I; também chamado Nothus ("o bastardo") porque sua mãe era uma concubina babilônica. Manipulado durante a maior parte do seu reinado por Parysatis, sua meia-irmã e esposa, Dario planejou retomar as cidades gregas na Ásia Menor ao apoiar Esparta durante a Guerra do Peloponeso (431-404). Ele é mencionado no papiro aramaico judeu de Elefantina.

3. Dario III Codommanus (336-331), sobrinho-neto de Artaxerxes III. O último monarca aquemênida, ele sofreu derrotas repetidas nas mãos de Alexandre, o Grande, e das forças macedônias (cf. 1Mac 1.1-8).

4. Dario, o medo; mencionado somente no livro de Daniel. Ele é descrito como dominador sobre o Império Neobabilônico na onda da captura da Babilônia e na morte de Belsazar (Dn 5:30-31). Chamado o filho de um tal Assuero e um medo por nascimento (Dn 9:1), ele dividiu o reino em 120 satrapias administradas por três "presidentes" (6:1). Foi esse rei que ordenou que Daniel fosse jogado na cova dos leões (Dn 6:16). Entretanto, fontes gregas e babilônicas indicam que foi o Ciro I persa que conquistou a Babilônia, e registros extrabíblicos não mencionam nem um rei medo chamado Dario nem uma invasão medo da Babilônia. Alguns identificariam esse Dario com Nabonido, o último rei da Babilônia e corregente com Belsazar; ou Ciro I, talvez confundido com Dario I.

DATÃ (heb. *dāṯān*) O filho de Eliabe (Nm 16:1; 26:9), que com seu irmão apoiou Coré no desafio à liderança de Moisés, durante a peregrinação no deserto (16:1-40). Como resultado, ambos foram "engolidos" pela terra (Nm 16:27, 31-33; cf. Dt 11:6; Sl 106:17).

DATHEMA (gr. *Dathema*) Fortaleza em Gileade arrumada pelos judeus e usada como refúgio quando perseguida pelos gentios (1Mac 5.9). O cerco foi quebrado por Judas Macabeus e por seu irmão Jonathan. Esse lugar não foi positivamente identificado; propostas incluem Tell er-Ramet (Ramatha) em Gileade e Tell Hamad, a leste de Carnaim/Karnaim.

DAVI (heb. *dawîḏ*) O segundo rei de Israel (c. 1010-970 a.C.).

Fontes. Alguns estudiosos mantêm que, como o rei Arthur, Davi é uma invenção posterior, mas isso é contradito pela profundidade de sua personificação na tradição judaica. Duas inscrições indicam que em 830 (ou 840) o estado de Judá foi identificado como "a Casa de Davi" (inscrição de Tel Dan e provavelmente a pedra de Mesa) e confirmam que Davi foi um estadista pioneiro. Essa história inicial, atestada no século IX, explica a importância de Davi no século VIII como ícone de Judá (Amós) e como progenitor de uma linha de reis na ascensão por Yahweh (Isaías). Tudo sugere que a corte de Jerusalém assegurou o lugar de Davi no cânon literário muito antes da era do exílio.

1 Samuel 16-31 é em si mesmo um registro do "surgimento" de Davi, ou de uma carreira jovem, em interação com o primeiro rei Saul da tribo de Benjamim. Esse texto reflete duas fontes paralelas agora em combinação. Uma divisão representativa produz fontes narrativas como as seguintes:

A. 1 Samuel 9:1-10:13; 13:1-14:52; 17:12-31, 41, 48b, 50, 55-58; 18:1-6a, 10-11, 17-19, 30; 20:1b-24:22 [TM 23] 28:3-25; 31.

B. 1 Samuel 8; 10:17-27; 11:12; 15-16; 17:1-11, 32-40, 42-48a, 49, 51-54; 18:6b-9, 12-16, 20-29; 19; 25-27; 28:1-2; 29-30; 2Sm 1ss.

Ambas as fontes contêm material fabuloso, incluindo o registro do assassinato de Golias por Davi, a quem 2Samuel 21:19 identifica como a vítima de El-Hanã (cf. 1Cr 20:5; Josefo *Ant.* 7.302).

Depois de introduzir a monarquia, as fontes A e B traçam a carreira primitiva de Davi. Na A, a narrativa de Davi é interposta entre materiais (1Sm 13-14; 28; 31) centrada em Saul. Na B, a narrativa muda de Saul para Davi no cap. 16 e segue Davi daqui em diante. Os componentes B são frequentemente mal identificados, e B foi mal entendido como uma fonte posterior e antimonárquica. Sua posição é mais complexa, e sua apresentação a respeito das origens da monarquia, como instituição adotada pela iniciativa humana e somente tolerada por Yahweh, foi programática para as teologias israelitas da monarquia (Os 13:10; Dt 17:14-15; Jz 8:22-23). Ela também representa uma íntima reconstrução constitucional do início da monarquia mais do que os estudiosos têm reconhecido até recentemente. Por contraste, a fonte A trata o reinado como um dado. Mas como ela se concentra em Saul e termina com sua morte nas mãos dos filisteus, sua data, previamente pensada como antiga, não é clara. Essa fonte trata a monarquia de Saul, muito no padrão de Abimeleque (Jz 9), como um aborto, antes como o mundo antidiluviano, antes do estabelecimento da linha davídica.

2 Samuel, a continuação da fonte B, exibe sinais de lembranças próximas. (1) 2 Samuel (como parte da B) declara que Davi se juntou aos filisteus na última batalha de Saul e cometeu os assassinatos de Abner, Isbaal, Absalão, Amasa, e todos menos um dos descendentes de Saul, sem mencionar Urias, o heteu; essas personagens cuja relevância, e memória, tinham expirado no tempo da divisão de Salomão. (2) 2 Samuel, tomado no nível literal, faz muitas reivindicações modestas sobre as conquistas de Davi, enquanto que fontes posteriores (Crônicas, Josefo, e mesmo 2Rs 14:25) faz reivindicações muitas mais grandiosas. (3) Algumas poesias, notavelmente os lamentos de Davi sobre Saul e Abner e provavelmente suas "últimas palavras", são inquestionavelmente antigos. (4) A sintaxe de sentenças complexas não é típica daquela de prosa bíblica posterior. (5) A delineação geográfica das fronteiras de Israel e a ordem em que componentes do seu território são enumerados diferem de concepções de textos bíblicos dos séculos VIII e VII até os séculos V e IV. (6) Os padrões de colonização, especialmente do Neguebe e da Filístia, refletidos na fonte B (1Sm 27-30) e em 2 Samuel, refletem realidades do século X mas não de eras subsequentes. (7) 1 Samuel 27:6 reivindica que Ziclague permaneceu subordinada aos reis de Judá no tempo da composição de Samuel. Como Ziclague está nas terras mais próximas do interior de Gade, ela não poderia ter pertencido aos reis de Judá, depois do século VIII, e não foi, provavelmente, nem mesmo colonizada nos séculos IX e VIII. (8) 2 Samuel, um registro das transações da corte, permanece no início de uma linha de registros nos livros dos Reis cuja afirmações com respeito a relacionamentos internacionais são geralmente corroborados ou por evidência externa, como nos casos de Roboão e Sisaque ou de Omrides e Mesa e Hazael, ou por lógica interna, como no caso da divisão de Salomão e suas implicações tanto para o Egito e entre Israel e Judá.

2 Samuel descreve a morte de Saul. A ascensão de Davi em Judá e a guerra civil com Isbaal, a ascensão de Davi ao trono israelita, a conquista de Jerusalém e a transferência da arca lá, a promessa de Yahweh de dinastia perpétua, as conquistas estrangeiras de Davi, a guerra amonita e os assuntos de Davi com Bate-Seba, e o censo de Davi e a aquisição para o fundamento do templo. Intercalados estão os detalhes da descendência, dos oficiais, e do exército de Davi.

Muito do material em 1Samuel 31-2Samuel 24 é retomado em 1Crônicas 10-21, embora Crônicas também trate boa parte do material como irrelevante. Ainda que porções não sinópticas de Crônicas contenham muita informação independente, o texto é usualmente derivado e normalmente midráshico ao fornecer listas de oficiais. Entretanto, Crônicas é importante como testemunha textual para a reconstrução das leituras primitivas em Samuel.

Reis se refere a Davi como o escolhido para perpetuar uma dinastia divina e como alvo do amor de Yahweh, que deixa de destruir Judá (mas não Israel). Por essa razão, o livro compara os reis louváveis de Judá com Davi; diretamente estabelecendo Davi como o padrão, ou indiretamente, citando-o como ancestral (pai) piedoso (exceção: Acaz). Da mesma forma, Amós e Oseias se referem a Davi como o emblema da dinastia que retomará o poder sobre Israel na plenitude dos tempos. Isaías, Jeremias e Ezequiel fazem o mesmo, como também Zacarias 12-13. Esdras e Neemias, como Crônicas, lembram Davi como fundador do culto (Ed 3:10; 8:20; Ne 12:24-46). Provérbios e Eclesiastes mencionam Davi como ancestral de seus autores. O livro de Rute apresenta a si próprio como história sobre os ancestrais de Davi, com ênfase em sua genealogia. Cantares 4:4 menciona um dos trabalhos públicos de Davi (cf. 2Rs 11:10).

Finalmente, numerosos Salmos mencionam Davi em seus sobrescritos, mais provavelmente como personagem ícone, simbolizando a dinastia governante. Vários mencionam Davi como personagem histórico, ou no sobrescrito (Sl 52, 54) ou no corpo do Salmo (78, 89, 122, 132, 144). Salmo 18:50 (51); 72:20 o menciona em cólofons, embora alusões a Davi tenham sido encontradas em outros Salmos (p. ex., 83). Nenhum desses testemunhos é claramente primitivo. Salmos 89, 132, cujas referências são mais explícitas e extensas, principalmente se dirigem às promessas dinásticas. Por outro lado, Amós 6:5 (meio do século VIII) já reflete a imagem de Davi como poeta da corte.

Em textos se referindo aos períodos finais, Davi incorpora relacionamentos de estado, tanto doméstico quanto internacional. Embora as referências a Davi em contextos judaítas frequentemente contrastem a dinastia com outras linhagens possíveis, as referências com respeito a Israel carregam a implicação de que "Davi" ou "a casa de Davi" é (o estado de) Judá (1Re 12:19). A frase é comum em Isaías (7:2, 13; 22:22; cf. 9:7 [6]; 16:5; também 11:1-10) e de uma era pós-exílica.

Nome. A etimologia do nome de Davi é incerta. Estudiosos antigos identificaram o significado do cognato acadiano "líder", mas isso estava baseado em uma má leitura do cuneiforme. A raiz do termo é *dwd*, usualmente construída como "(parente) tio" ou "amado". Entretanto, nenhum texto trata o termo como se tivesse um ditongo sujeito a contração. É sempre soletrado *dwd* ou mesmo *dwyd* (o y representando uma vogal da classe î), nunca dd (como "tio" é algumas vezes escrito).

Provavelmente, relacionados estão os nomes *dōḏî* (Dodó, p. ex., 2Sm 23:9, 24) e *dōḏāwāhû* (2Cr 20:37), no qual o ditongo é contraído. Além disso, o rei moabita Mesa fala da remoção de Ataroth o *'r'l dwdh*, o "Ariel" de (Atarote) *dwd*. Aqui, *dwd* não se refere à casa de Davi. A inscrição atribui a fortificação de Atarote e Nebo a Omrides, a dinastia que estava para deixar a Israel seu próprio nome ("a casa de Omri"). Todavia, o *dwd* de Atarote era um item importante, fosse humano ou não, absolutamente tão singular quanto Yahweh. Uma vez que "tio parente" é raro como um elemento em nomes israelitas, o nome Davi deveria provavelmente ser construído sobre o modelo não claro de Mesa. Ele pode como não pode ser um nome de trono.

Patronímia. Davi é chamado "o filho de Jessé" no discurso direto em 1-2Samuel somente em contextos depreciativos, principalmente por Saul (p. ex., a revolta de Sebá em 2Sm 20:1). 1Reis 12:16, considerando a divisão de Salomão, é primeiramente um clamor contra Davi, portanto, contra sua dinastia e neto. A fórmula congelada, mesmo antiga em sua origem, é evidência do paternalismo de Davi, como na invocação de Jessé como o ancestral da dinastia em Isaías 11:1, 10. O texto singular em Samuel para denominar Davi como "Davi filho de Jessé Teodocião (2Sm 23:1) introduz uma poesia arcaica. Essa mesma locução em Crônicas implica somente que o patronismo foi fixado por volta do tempo daquela obra. O cronista fornece o patronismo para acentuar seu registro (1Cr 10:14; 29:26; em poesia, 12:18), algo que ele não faria por Moisés ou Arão. Isso pode refletir algum programa ideológico — o cronista não está nos dizendo "que Davi" era seu assunto, como, parecido em outros nomes antigos (patriarcas, tribos, exceto para Manassés; reis antigos) isso não acontece em tempos bíblicos. Entretanto, a preservação do patronismo indica que o Jessé histórico possuía recursos e provavelmente influência.

Genealogia. A genealogia de Davi é registrada no fim de Rute e, identicamente, em 1Crônicas 2:3-17. A antiguidade da tradição é controvertida, outros textos apontam o ancestral de Davi, Naasom, como cunhado de Arão (Êx 6:23) e chefe de Judá (Nm 1:7). Isso mais provavelmente reflete a genealogia do que a inspira. Tal fato nem seria surpreendente se o nome do avô de Davi (Obede) estivesse preservado. Alguns veem a história em que Davi confiou seus pais ao rei de Moabe (1Sm 22:4) como evidência de uma conexão moabita registrada em Rute.

Localização em Belém. A genealogia de Davi, Rute, e 1Samuel (16; 17:15, 58; 20:6, 28) coloca a família de Davi em Belém, por várias gerações. Mais convincente é referência quase inconsciente de 2Samuel 2:32 ao ancestral de tumba de Asael. O texto de Miqueias 5:2(1) indica que essa tradição estava entrincheirada em 700. Belém, a despeito da associação com a tumba de Raquel (Gn 35:19; 48:7; Jr 31:15), era um subúrbio que estava afastado uma marcha de uma hora ao sul de Jerusalém. A afiliação de Davi com a vila é dificilmente uma invenção.

Carreira inicial. O livro de 1Samuel apresenta Davi como o escolhido de Yahweh, pela designação de Samuel, para suceder Saul. A narrativa o leva à corte de Saul, onde contrata um casamento com uma das filhas de Saul (Merabe, Mical). 2Samuel 3 continua com uma história da retomada de Mical a Davi tirada de seus filhos e de seu outro marido, seu subsequente sequestro e a ausência de filhos. Além disso, um poema, incitando a ira de Saul, é anunciado "Saul matou os seus milhares, porém Davi os seus dez milhares?" (1Sm 21:11). Tudo isso apoia associação de Davi com a corte de Saul. De modo contrário, quando a maior parte de Samuel foi escrito, teria sido política inflar a reputação de Davi como um aliado de Saul e um assassino dos filisteus, mais urgentemente para cobrir a realidade de que foi para um período crítico um vassalo filisteu e que ele permaneceu seu aliado por todo o seu reinado.

Entretanto, Davi era vassalo de Aquis de Gade. Isso é um embaraço aos nossos autores: a fonte A nega toda a associação (1Sm 21:10-15 [11-16]). A fonte B abranda o ponto do embaraço por desculpar Davi pela batalha em que Saul morreu. Ele estava empregado do rei filisteu de Gade, embora dirigido lá pela raiva de Saul; ele estava presente e foi guarda-costa de Aquis, mas em virtude dessa honra foi alocado na retaguarda; ele foi dispensado pelos outros reis filisteus; Davi foi embora, mesmo de casa, perseguindo invasores em volta do sul; depois, matou o mensageiro que anunciou a morte de Saul e matou o homem por ter reivindicou ter matado o rei (1Sm 27; 29-30; 2Sm 1).

O fato de Davi, o fugitivo de Saul, tornar-se rei em Hebrom (2Sm 2:2-4) é discutido. O texto o designa sete anos em Hebrom, enquanto Ishball reina somente dois e Davi toma Jerusalém logo depois do conflito com o seu sucessor. Alguns críticos colocam um interregno entre Saul e Isbaal, que é contradito caso Davi tenha erigido com um reino competitivo no sul (assim 2Sm 2:5-9, Abner coroa Isbaal para enfraquecer alguma campanha em favor de Davi). Outros sugerem que Davi se tornou rei de Judá cinco anos antes da morte de Saul. Entretanto, ele não ganhou as lealdades do norte ou transferiu sua capital para Jerusalém sem atraso. Essa opção explica como a tradição de conflito com a Filístia se levanta sobre a tomada de Jerusalém. Em Hebrom, o reinado de Davi era provavelmente sem expressão, como a pobre arqueologia do lugar e a limitada colonização de Judá do século XI sugere, e ele continuou como um vassalo filisteu. Sua tomada de Jerusalém pode ter sido uma declaração de independência.

Relações históricas com a casa de Saul. Na morte de Saul, um ataque contra Ziclague (1Sm 30:1-2) pode ter levado Davi a mudar sua residência para a planície de Judá. Essa expansão territorial para o interior da histórica Jerusalém deve ter sido uma recompensa por um serviço, provavelmente em Jezreel. De Hebrom, Davi continuou sua guerra épica com Israel, cujo rei era Isbaal e cujo chefe de estado maior era Abner (2Sm 2-4). Finalmente, em consideração a uma colonização, Abner e vinte serventes, (re) alistaram a irmã de Isbaal como esposa de Davi. No banquete de celebração, entretanto, o general de Davi, Joabe, atacou Abner de tocaia e indubitavelmente sua guarda. 2Samuel 3 apresenta isso como uma traição de Joabe contra um homem caluniando Isbaal para entregar o reino a Davi. Mas em nenhum caso em que Joabe mata para Davi (Urias, Absalão, Amasa) Joabe sofre por insubordinação. Da mesma forma, Samuel alega que Mical foi noiva de Davi (1Sm 19:11-24) antes do casamento dela com Palti, o marido israelita de quem e de cujos filhos Isbaal e Abner tiraram dela. Esse noivado não consumado confere a ela, agora, extradição de um relutante reconhecimento de uma reivindicação justa, evitando a imputação de que a extradição significava aliança pacífica. Davi, daqui por diante, sequestrou Mical: ele rompeu sua união anterior, e recusou, então, uma aliança real com a casa de Saul.

A morte de Abner não impulsionou Israel aos braços de Davi. Pelo contrário, dois não israelitas, da cidade "gibeonita" de Beeroth, assassinaram Isbaal e levaram sua cabeça até Hebrom. Davi, entretanto, feriu-os, proclamando sua inocência (2Sm 4). Contemporâneos devem tê-los acusados de ordenar as mortes de Abner e Isbaal.

Davi reteve o corpo de Abner e a cabeça de Isbaal até a consolidação de sua autoridade sobre Israel. Em algum tempo, antes da revolta de Absalão, traçando uma fome da guerra de Saul com os gibeonitas, ele extraditou os últimos filhos e netos sobreviventes de Saul. Somente depois dessa limpeza trouxe de volta os corpos de Saul e Jônatas ao sepulcro da família em Benjamim (2Sm 21:1-14).

Davi isentou somente o neto coxo de Saul. Mefibosete (Meribbaal), o filho de Jônatas, habitou na corte, enquanto um administrador, Ziba, administrou as terras de Saul (2Sm 4:4,9). Depois da revolta de Absalão, Davi entregou metade do estado ao administrador (16:1-4; 19:24-30 [25-31]). O único outro parente a sobreviver à limpeza foi Simei, que acusou Davi de matar a família inteira (2Sm 16:5-10). Simei foi executado na transição do reino a Salomão.

Um último da linhagem de Saul foi o filho de Davi com a esposa de Saul, Ainoã de Jezreel. Amnom, o primogênito de Davi, foi assassinado por Absalão. A punição de Absalão foi mais severa do que a dos outros assassinos de Joabe: três anos em exílio e mais dois preso em casa. Entretanto, a morte de Amnom, apresentada como vingança pelo estupro da irmã de Absalão, removeu o último vestígio da casa de Saul, deixando um buraco na sucessão. À luz do padrão completo, isso não é coincidência — especialmente uma vez que o estupro foi sugerido a Amnom pelo sobrinho de Davi (2Sm 13:1-5).

Além do mais, Davi exterminou sistematicamente a casa de Saul, preservando Mical e Mefibosete como reféns na corte, por amor da aparência. Histórias do serviço de Davi na corte de Saul, seu relacionamento com Jônatas e seu noivado com as filhas de Saul lhe deram pretexto para o assassinato de Abner e Isbaal e para as execuções de outros descendentes de Saul. Mas todos esses fatos serviram à conveniência de Davi. As acusações contemporâneas contra as quais a literatura responde parecem longe de não ter base.

Elevação ao reinado. O primeiro compromisso real de Davi foi como vassalo de Aquis de Gate, na cidade de Ziclague. De Hebrom, depois da morte de Saul, ele reivindicou soberania sobre Judá, um território esparsamente habitado no final do século XI, especialmente nas regiões lestes de Sefelá. Elementos não sedentários podem também ter estado ativos no Neguebe. Nem é Judá, ou sua tribo "companheira", Simeão, que estão representadas em qualquer tradição israelita pré-monárquica (especialmente Jz 5:13-18). Provavelmente, nem a tal "tribo", ou algum território geográfico israelita, existiu antes de Davi, seu arquiteto, e ocupou Hebrom. Daí, Benjamim (lit. "o sulista") ser originalmente o nome do grupo que ocupava a parte mais ao sul de Israel, Judá incluso.

O modesto estabelecimento de Davi em Hebrom permaneceu à disposição de Aquis, ajudando a conter as forças israelitas no interior. Davi também iniciou um padrão de diplomacia conjugal. Sua primeira esposa, Ainoã, era de Jezreel no norte (a Jezreel de Judá não estava ocupada nessa época). A única outra Ainoã na Bíblia foi a mãe de Jônatas, sugerindo que Davi a tomou de Saul. A segunda esposa de Davi, Abigail, também tem somente outro *alter ego*, sua irmã. Ela, ao contrário, teve um marido rico em Judá (1Sm 25; cf. 2Sm 17:25; 1Re 2:32; 1Cr 2:17). Através de Ainoã até Mical, Davi estabeleceu uma reivindicação ao reino de Saul. Através de Abigail (e seu marido) e por aliança conjugal com o rei de Gesur (em Golã), Davi também estava em volta do norte. Ele, mais tarde, acrescentou apelos à Transjordânia para desertar de Isbaal (2Sm 25:5-7), uma antiga aliança com os amonitas, e, posteriormente em seu reino, uma aliança com Tiro. Com essas regiões, em combinação com os seus aliados filisteus, Davi agiu contra as tribos do norte. Ele libertou os gibeonitas das planícies dos benjamitas e vários elementos mercenários e construiu uma coalizão para conter os israelitas.

Depois da morte de Isbaal, Davi orquestrou uma submissão à sua liderança por meio de certas pessoas em Israel. Samuel descreve os colaboradores como representantes de todo o norte. Mas as dinâmicas de desenvolvimento, de fato, de Davi sujeitar pessoas rebeldes no norte, de modo geral, não está aberto à nossa inspeção. Que algum elemento de coerção estava envolvido, entretanto, fica claro tanto a partir da posição defensiva adotada por 2Samuel, provavelmente em defesa da sucessão de Salomão, e das rebeliões contra Davi sob Absalão e contra a sucessão do Roboão sob Jeroboão.

Administração e empreendimentos. O livro 2Samuel pontua muitos aspectos da vida pessoal de Davi. Frequentemente, oficiais são identificados por gentios (Itai, de Gate; Urias, o heteu). Embora, provavelmente nesse modelo, 1Samuel forneça uma breve lista dos oficiais de Saul e 1Reis forneça uma completa lista dos oficiais de Salomão, nada remotamente semelhante aparece para qualquer outro rei israelita. Aqui, os relatos da Monarquia Unida distinguem a si próprios da historiografia de épocas posteriores. Esse relato da administração rudimentar do maquinário atesta desenvolvimento da autoridade de estado, caso Davi tenha conquistado Israel, sujeitando-o à exploração imperial, ou caso Davi tenha sido um conciliador, que instigou o suporte da cidadania.

Estrangeiros no estabelecimento de Davi, seu conluio com Gibeão na exterminação da casa de Saul e os padrões de sua aliança conjugal (Gesur, norte de Manassés) e outras (Filístia e Amnom, Tiro) diplomacias, todos, ameaçavam as tribos do norte. De modo contrário, 1-2Samuel insistem que ele tinha um mandato popular — mesmo depois que os mercenários de Davi derrotaram os impostores na revolta de Absalão, era politicamente expediente reivindicar uma legitimação popular. A campanha de Davi para a reeleição depois da revolta de Absalão indica a dependência da tática de trazer popularidade aos seus sujeitos.

São as omissões de Samuel que melhor caracterizam esse estado davídico. Davi não construiu um templo, mas unificou o estado com o novo ícone central da arca em Jerusalém (2Sm 6-7). Davi não organizou obras públicas fora de Jerusalém — nenhuma fortificação, nenhuma construção de palácio. Nem, no interior israelita, no Vale de Jezreel, o texto alega qualquer conquista: a captura de Megido, Bete-shã, e outros fortalecimentos de terras baixas pelos israelitas deveriam, portanto, ser atribuídas a Saul e Isbaal.

É como um engenheiro do império, como guerreiro-herói com uma dimensão dominantemente trágica, que Davi imprimiu a si próprio na cultura ocidental. De novo, as reivindicações de conquista alojadas em Samuel são limitadas (contraste com Reis, Crônicas). Davi nunca domina território ao oeste de Gezer ou na própria Filístia: sob Salomão, Gezer permaneceu extraterritorial. Os próprios encontros de Davi com os filisteus estão confinados às montanhas próximas a Jerusalém, ou não podem ser localizados. Da mesma forma, Davi sujeita Arã-Zobá (em Beqaʿ), Amnom, Moabe, e Edom. Mas nada sugere uma campanha ao norte de Dã — o confronto com Arã se dá durante a guerra contra Amnom, na Transjordânia. A atividade mais ao norte, em que é dito que as tropas de Davi se engajam, dá-se em Abel-Bete-Maaca.

Nem é patente como Davi dominou a Transjordânia. Samuel discute que ele guareceu (alguma parte da terra principal de) Damasco, verso "todos de Edom", onde ele massacrou a população. Suas invasões em Moabe estão não especificadas.

Amnom apresenta um caso complicado. Davi inicialmente se aliou com os oponentes reais de Saul, Nahash. Na morte de Nahash, Davi interveio na sucessão, conquistando a capital, e instalando Hanum bem-nahash. Isso teve sucesso durante a revolta de Absalão, quando Hanum encorajou Davi contra as milícias tribais de Israel e Judá. Isso, em compensação, levou a um casamento que fez da filha de Hanum a mãe do sucessor de Salomão. Amnom, então, era servo da Jerusalém de Davi, mas também era indispensável ao exercício da autoridade doméstica de Davi.

Em teoria, a expansão de Israel, tanto interna (nas fortalezas das planícies) quanto externas (Transjordânia), deveria ter um fundamento bem-sucedido por um orgulho "nacional". Entretanto, acumulação de fontes e a inovação até mesmo de uma monarquia das mais modestas, rodeada por mercenários, deixou a linhagem dos campos com medo de perder sua autonomia. As políticas de Davi (p. ex., administração de impostos) provavelmente conduziram à revolta de Absalão, que não foi dirigida contra a dinastia, mas contra Davi pessoalmente. Era uma guerra a respeito da sucessão.

A insurreição foi grande: o texto a descreve como recompensa pelo assassinato de Davi de Urias, o heteu; isso desculpa os participantes das acusações de traição. O texto insiste que Davi ativamente fez campanhas para a reeleição como rei depois da revolta de Absalão (2Sm 19), até mesmo suplantando seu homem de confiança, Joabe, como comandante nacional com o rebelde general Amasa. O texto, então, atribui o assassinato de Amasa não a Davi, mas a Joabe (durante o pretexto de uma revolta que falhou). Como exército em ascendência, a campanha humilhante para a reeleição e o apontamento de Amasa apontam para reivindicações de império popular, e para a importância de apoio popular.

As políticas religiosas de Davi são transparentes. Além de adotar a arca da cidade gibeonita como um símbolo nacional, ele adotou dois estados de sacerdócio — um, provavelmente de Judá, reivindicando descendência de Arão, e outro ligado a Eli, no santuário abandonado de Siló. De outra maneira, Davi prescindiu da interferência em assuntos clericais. Além disso, enquanto a liturgia do templo (p. ex., Sl 89) e Samuel 7 reivindicariam, depois, que a dinastia davídica era um presente divino inconstitucionalizado, visões alternativas vêm à expressão (p. ex., Sl 132), mais obviamente na divisão de Israel depois da morte de Salomão.

Um grande, provavelmente davídico, empreendimento foi a sedentarização no Neguebe. Isso reflete a exploração das caravanas do tráfico árabe no litoral, desde então, no exterior. O comércio de especiaria, explorado às expensas do Egito, formou uma base para a prosperidade do estado até a invasão de Sisaque, cinco anos após a morte de Salomão.

Politicamente, as últimas criações de Davi foram a nação (ou "tribo") de Judá e a dinastia cuja longevidade dependia de seus sucessores. Embora ele tenha escrupulosamente observado as formas de soberania popular, Davi também criou uma brecha entre a cultura real e a do campo, uma brecha exacerbada por Salomão que, depois, erradicou aquelas formas.

Sucessão. Davi exerceu a sucessão com suas mãos. De seus filhos, o terceiro, Absalão, matou o mais velho, e foi, por sua vez, morto por Joabe na revolta. O segundo filho, de Abigail, nunca é mencionado depois do seu nascimento. O quarto, Adonias, era grandemente esperado para a sucessão.

A competição à sucessão recapitulou as tensões da revolta de Absalão. A expectação popular se concentrou (esperançosamente?) em Adonias, e o apoio de Joabe sugere que ele era o designado de Davi. No partido do impostor, estavam os sacerdotes Elide, Abiatar. Assim, forças tradicionais, na corte e fora dela, permaneceram por trás da candidatura de Adonias.

A sucessão de Salomão, apresentada com simpatia, permanece um golpe. Por trás de Salomão está Zadoque, o sacerdote de Judá; Benaia, o capitão mercenário; e os mercenários da capital. A administração de Salomão, com sua ênfase em obras públicas e das extorsões que ela exigia, colorem o contraste com a candidatura tradicional. Contudo, manobras conciliatórias cedo no reino — o casamento de Roboão com a filha de Absalão, a publicação de 2Samuel para desculpar Davi dos assassinatos políticos e da população de Israel de traição, e até mesmo a construção do templo com implicações de taxas de ajuda aos trabalhadores (próximo a Jerusalém?) — tudo sugere que a transição foi gradual. Salomão começou perseguindo o curso de seu pai; somente quando uma ameaça materializada do Egito em 24º ano fez o impulso pela modernização assumir urgência. Por essa razão, obras públicas (p. ex., em Megido) não estavam completadas antes da destruição dos níveis salomônicos lá.

O lugar de Davi na tradição. A identificação de Davi como o messias, o "ungido" de Yahweh e, assim, filho, deriva-se da ideologia do templo real durante séculos até o exílio babilônico. Como dinastia, Davi personificou o reinado de Yahweh sobre Judá e, por extensão, Israel. Posteriormente, a reinterpretação da concepção do Davi redivivo — descrita na comparação dos reis de Judá a ele nos livros dos Reis — e da metáfora de entronização do seu filho divino levou à ratificação deles como esperança futura em um período sem os reis davídicos (a restauração). Além disso, a imagem de Davi como um fundador do culto completamente desenvolvido na apresentação de 1Crônicas, deriva-se da designação do seu reino do título dinástico, usualmente associado com a construção do templo, e dos sobrescritos dos Salmos.

Enquanto a era de ouro de Israel é usualmente associada com Salomão, a figura de Davi, longe de tragicamente humana, naturalmente atraiu a atenção e afeição de leitores posteriores.

Bibliografia. D. Barthélemy, et al., *The Story of David and Goliah*. OBO 73 (Göttingen, 1986); W. Brueggemann, *David's Truth in Israel's Imagination and Memory* (Philadelphia, 1985); R. A. Carlson, *David, the Chosen King* (Stockholm, 1964); J. W. Flanagan, *David's Social Drama*. JSOTSup 73 (Sheffield, 1988); J. P. Fokkelman, *Narrative Arte and Poetry in the Books* *of Samuel, 1: King David*. SSN 20 (Assen, 1981); D. M. Gunn, *The Story of King David*. JSOTSup 6 (Sheffield, 1978); P. K. McCarter, Jr., "The Historical David", *Int* 40 (1986): 117-29; L. Rost, *The Succession to he Throne of David* (Sheffield, 1982). [BARUCH HALPERN]

DAVI, CIDADE DE Lugar que Davi tomou dos jebuseus e estabeleceu como capital de todas as tribos, "fortaleza de Sião" (2Sm 5:7,9). Localizado em território neutro entre as tribos do norte e do sul, se tornou o centro unificador do governo de Davi tanto político quanto religioso. Ele trouxe a arca da aliança para essa cidade (2Sm 6:1-23). O nome era também usado em referência à localização do túmulo de Davi (1Rs 2:10) e Salomão (11:43) como também de outros reis de Judá (14:31; 15:7, 8, 24; 22:50 [TM 51]; 2Rs 8:24; 9:28; 12:21 [22]; 14:20; 15:38; 16:20), ou seja, o monte ao sul ou a parte mais velha de Jerusalém como um todo. A cidade é mencionada nos Textos de Execração Egípcios que datam do período do Bronze Médio e das Cartas de Amarna da Era do Bronze Posterior.

Historicamente, o nome é usado como referência à parte mais antiga de Jerusalém, a cadeia leste também chamada Ofel. Como os jebuseus, Davi foi atraído ao lugar por causa de suas características singulares. O lugar era compreendido de estreita cadeia de montanhas norte-sul, formadas pelo Vale do Cedrom no leste e os Vales do Tiropeon e dos Queijeiros no oeste e no sul. O declive se inclina ao leste e ao oeste, fazendo da cidade de Davi um lugar quase impenetrável e fácil de ser defendido. Em acréscimo às suas características de defesas naturais e únicas, ela também tinha suprimento de água natural e adequado, fornecido pela Fonte Giom no lado leste da cadeia de montanhas do Vale do Cedrom. Geograficamente, o lugar estava na cadeia de montanhas norte-sul que se estendia por todo o comprimento da terra da Palestina e a grande via norte-sul que ligava as maiores cidades na cidade montanhosa central.

Escavações durante o século passado ajudaram a fornecer, no mínimo, um esboço parcial da história do lugar. Embora a evidência da habitação na área date de volta na Era Neolítica, a primeira cidade importante foi estabelecida durante a Era do Bronze Médio, quando o local foi fortificado com um sólido muro, descoberto durante escavações por Kathleen Kenyon de 1960 a 1968. Esse muro, que continuou em uso durante a Última Era do Bronze, fornece informação valiosa sobre os limites da cidade jebusita, que cobria cerca de 4.5-6 hectares. Outras características descobertas por Kenyon ou mais recentemente Yigael Shiloh incluem vários terraços, localizados no declive ao leste da cadeia de montanhas, evidência da expansão do local norte em direção ao Monte do Templo; a casa de terraço mais baixo, que data do século VIII a.C.; a casa de pedra polida descoberta na estrutura; o quarto queimado, citado do nível grosseiro dos restos carbonizados em seu andar; e a casa do selo, na qual foram descobertos 51 selos ou selos de barros, quatro dos quais datam dos séculos VII e VI.

Em acréscimo à Fonte Gion, a cidade de Davi tinha vários sistemas de água. Estes incluíam Poços de Coelheira, que tinha um túnel à pé e um poço vertical para fornecer acesso protegido ao suprimento de água da cidade durante os tempos de guerra; o canal de água Shiloah, que corria ao longo do lado leste da Cadeia de Montanhas Ophel e que trazia água ao leste para propósitos de irrigação; e o túnel de Ezequias, de 558 m através do espinhaço rochoso para levar água da fonte de Giom do lado oriental da cidade até o Poço de Siloé no lado sudoeste (2Rs 18:13-18; 20:20).

Durante o reinado de Salomão, a cidade foi expandida para o norte, quando o Templo do monte foi construído. Durante o século VIII, provavelmente no reinado de Ezequias, a cidade expandiu-se para a colina ocidental.

Bibliografia. D. Tarler e J. M. Cahill, "David, City of", *NEAHEL* 2.:52-67. [LAMOINE F. DEVRIES]

DEBIR (heb. *dĕḇîr*) **I. (PESSOA)** Rei da cidade dos amorreus/canaanitas de Eglom. Ele era membro da coalizão dos reis canaanitas do sul que, levados pelo rei Adoni-Zedeque de Jerusalém, atacaram Gibeom após ter firmado um tratado com Josué e Israel (Js 10:3, 5). Após a derrota inicial deles em Gibeom, os reis fugiram em direção oeste até a descida de Bete-Horom, então em direção ao sul através da Planíce para a área da cova de Maquedá (Js 10:10-27). [R. DENNIS COLE]

II. (LUGAR) (tb. LIDEBIR, LO-DEBAR) **1.** Cidade na região montanhosa ao sul de Judá, citada na narrativa da conquista feita por Josué (Js 10:38-39). Ela tem sido identificada, como tentativa, com Khirbet Rabûd (1515.0933), 13 km ao sudoeste de Hebrom. O lugar foi primeiramente sugerido por Kurt Galling, e as escavações foram lideradas por Moshe Kochavi em 1968-69, durante as quais desenterraram a única grande cidade do final da Era do Bronze (LB IIA) nas colinas de Hebrom datando dos séculos XIV e XIII a.C. Amplas cisternas e poços superiores e inferiores de Bi ´Alaqa de acordo com a narrativa de Acsa, filha de Calebe (Js 15:15-19 = Jz 1:11-15). Anteriormente, o lugar havia sido identificado com Tell Beit Mirsim (William F. Albright) e Khirbet Tarrameh.

Os nomes mais antigos para o lugar foram Quiriate-Sefer (Js 15:15), e Quiriate-Sana (v. 49). Após a conquista da cidade, é dito que Josué destruiu os remanescentes dos anaquins de Debir (11:21).

Bibliografia. M. Kochavi, "Rabud, Khirbet", *NEAEHL* 4.1252.

2. Cidade de Gade na região de Gileade ao norte de Pela (Js 13:26; 2Sm 9:4-13).O nome é escrito Lidebir em Josué 13:26 e Lo-Debar em 2Sm 9:5. A família de Jônatas fugiu para ali após os israelitas sob Saul terem sido derrotados no baixo vale de Jezreel e nas ribanceiras do Monte Gilboa. Mefibosete, o filho aleijado de Jônatas, foi trazido por Davi de Lo-Debar para residir com a família real em Jerusalém. A moderna Umm el-Dabar, a 18 km ao norte de Pela (Tabaqat al-Fahl), pode ter preservado o nome original e a localização da antiga cidade.

3. Cidade ao longo da fronteira norte de Judá com Benjamim. Ela estava localizada entre Jerusalém e o rio Jordão, acima do Vale de Açor e perto de Gilgal (Js 15:7). [R. DENNIS COLE]

DÉBITO, JUROS, EMPRÉSTIMOS A prática de fazer empréstimos a juros era um fenômeno difundido nos tempos bíblicos. A primeira fonte legal existente regulando as taxas de juros está nas Leis de Eshnunna (aprox. 1800 a.C.) na Babilônia onde as taxas de juros eram limitadas a 20% para o dinheiro e 33,3% para os grãos. Geralmente, para os padrões modernos essas taxas são exorbitantes, mas não são incomuns para os tempos do AT.

Dois termos comuns para "juros" de débito no AT são o hebraico *nešeḵ* (lit. "mordida") e *tarbîṯ* ("aumento"). Os significados exatos são incertos, mas *nešeḵ* pode se referir a juros "arrancados" de antemão; p. ex., alguém tomando cem unidades de empréstimo poderia receber oitenta unidades, mas possuir cem. Heb. *tarbîṯ* pode se referir a pagamentos regulares de juros subsequentes ao empréstimo. Alternativamente, *nešeḵ* pode se referir ao juro de dinheiro, enquanto que *tarbîṯ* pode se referir a juros sobre produtos pagos na colheita.

A omissão poderia resultar em qualquer garantia extra (um penhor ou compromisso) confiscada pelo credor (Ne 5:3-5). Se esse não cobria a quantia, os devedores ou seus filhos poderiam ser vendidos à escravidão (2Rs 4:1; cf. Êx 22:3b [TM 2]; Mt 18:25) ou em períodos posteriores presos (Mt 18:30; Lc 12:57-59; 1Mac 13.15). Os devedores poderiam temporariamente evitar a prisão por se abrigarem no templo (1Mac 10.43).

O Pentateuco procura proteger os israelitas pobres da exploração econômica resultante dos empréstimos com juros que lhes foram feitos (Êx 22:25 [24]; Lv 25:35-38). Deuteronômio 23:19-20 (20-21) parece estreitar os mandamentos mais antigos, condenando totalmente a cobrança de juros (exceto de estrangeiros), não apenas dos pobres. Nessa base, o cristianismo medieval, o judaísmo talmúdico e o islamismo amplamente condenaram toda cobrança de juros, embora as coisas legais consideradas como fato precisassem ser delineadas para evitar dificuldades práticas criadas por esta aplicação literalista. Contra essa abordagem, a exceção feita para os juros de estrangeiros indica que o Pentateuco não considera toda cobrança de juros como má.

Calvino e o movimento protestante geralmente assimilaram Deuteronômio 23:19-20 (20-21) e outras passagens, limitando a proibição de cobrança de juros de empréstimos aos pobres. Além disso, Neemias 5:1-13 sugere que todas essas "leis" serviam como admoestações morais ao invés de serem estatutos forçados: daí, Neemias, o governador, persuadiu ao invés de ter ordenado os israelitas ricos a parar de cobrar juros dos israelitas pobres a despeito de os de Esdras terem feito (assumindo a prioridade de Esdras) da Lei Mosaica a lei da terra (cf. Ed 7:25-26). A cobrança de juros, embora "legal", é desencorajada pela Torá.

O Ano Sabático (Dt 15:1-3; 31:10) e o Ano do Jubileu (Lv 25:39-55) prescreviam uma remissão de débitos (novamente com a exceção de estrangeiros) que pode significar a suspensão por um ano do reembolso ao invés do cancelamento completo, embora os eruditos ainda debatam esse assunto. Esse regulamento, praticado esporadicamente, na melhor das hipóteses, nos tempos do AT, foi reintroduzido por Neemias (Ne 10:31). Os credores eram admoestados a respeitar a dignidade e os direitos de propriedade dos devedores não entrando na casa para se apoderar dos penhores de devedor (Dt 24:10-11). Movidos por compaixão, os credores são encorajados a não se apoderar como penhor o único manto de uma pessoa que a mantém aquecida ou sua pedra de moinho essencial para preparar farinha do pão (Êx 22:26-27 [25-26]; Dt 24:6, 12-13).

A falha em suprir as necessidades dos devedores podia gerar agitação civil: um elemento essencial dos primeiros quatrocentos seguidores de Davi foi negligenciar os devedores que se sentiram privados dos direitos civis pela administração de Saul (1Sm 22:2).

O Livro de Provérbios condena a exploração dos pobres via cobrança de juros (Pv 28:8), mas exalta aquele que empresta sem juros como se fosse um empréstimo a Deus que recompensará (19:17). O Livro de Provérbios recomenda evitar os débitos: aquele que pega emprestado se torna escravo daquele que concede o empréstimo (22:7), e bem pode ter a sua cama retirada de debaixo de si, se não puder pagar (v. 26-27). Garantir um empréstimo a alguém, especialmente estrangeiro, é procurar problema (11:15;

17:18; 22:26). Qualquer que se torna fiador de débito de risco ao estrangeiro ou a mulheres livres pode esperar concessores prudentes de empréstimo que exijam garantia antecipada , antes de completar os acertos comerciais com eles (20:16; 27:13).

Emprestar sem juros é virtude e bênção concedidas pelo justo (Sl 15:5; 37:26; 112:5; Ez 18:7-8, 17). Os ímpios fazem exatamente o oposto e merecem morte ou exílio (Ez 18:13; 22:12). Eliseu, mostrando uma preocupação prática, realiza um milagre para ajudar uma pobre viúva pagar seus débitos e evitar a redução a escravidão por um credor (2Rs 4:1-7).

No NT, Jesus expande as admoestações morais, exigindo que seus discípulos emprestem a quem lhes peça, não apenas aqueles de quem se espera o retorno, incluindo os inimigos (Mt 5:42; Lc 6:34-35). Paulo ilustra esse espírito de generosidade ao aceitar os débitos do fugitivo, o agora convertido escravo Onésimo (Fm 18).

A linguagem comercial é usada frequentemente nas parábolas: o homem que escondeu seu talento é condenado por não investir o seu dinheiro no banco para poder receber juros (Mt 25:27; Lc 19:23), ilustrando assim que os discípulos não devem ser passivos, mas devem correr riscos agora em razão do reino vindouro. O mordomo injusto que usa sua autoridade para perdoar débitos para ganhar amigos antes de sua iminente dispensa (Lc 16:1-8) ilustra a necessidade do uso prudente da riqueza material na presente era com recompensas eternas em mente. O credor incompassivo (Mt 18:23-35) salienta que exatamente como o servo não estava desejoso de perdoar os débitos de outro, assim o Pai de Jesus estaria indisposto a perdoar os pecados de alguém que não perdoa no coração os pecados de seu irmão. A parábola dos dois devedores (Lc 7:41-43) mostra que os pecadores tinham muitos pecados perdoados, exatamente como os devedores que têm seus grandes débitos perdoados, são mais reconhecidos do que aqueles que receberam perdão por poucos pecados.

A linguagem de finanças fortalece a descrição de perdão no Novo Testamento. A palavra gr. *aphíēmi*, "perdoar", "enviar para longe", é também o termo usado para perdão de dívidas. A versão de Mateus da Oração do Senhor traduzida literalmente significa "e perdoa as nossas dívidas, assim como perdoamos aos nossos devedores" (Mt 6:12). O termo "dívida" reflete a expressão aramaica contemporânea na qual "dívida", registrada nos Targuns, é a tradução regular para "pecado". A versão de Lucas substitui "dívidas" por "pecados"; assim, Lucas interpreta "dívida" para os seus leitores gentílicos como metáfora para o pecado (Lc 11:4). No tempo de Jesus, em que os dízimos, tributos, e taxas exigidas eram quase a metade dos dois terços do produto de um lavrador, e a dívida era correspondentemente comum, a linguagem de Jesus representa a figura concreta e vívida, trazendo à mente tanto a aplicação literal como a figurativa.

Colossenses 2:13-14 provavelmente também usa a linguagem financeira para descrever o perdão. Ali, o perdão de pecados é comparado ao cancelamento de um "escrito de dívida", p. ex., provavelmente um "certificado de débito" ou "título de débito". Este título é uma promissória (que representa um reconhecimento de dívida) possuída por pecadores perante Deus por violações dos mandamentos de Deus (a Lei), um débito que os pecadores são incapazes de saldar. Igual uma nota promissória, há uma cláusula de penalidade por falha no pagamento, e nesse caso é a morte (cf. Rm 6:23). Mas esse título de débito, com suas penalidades, foi anulado por ser transferido para Jesus e pago por ele na cruz.

Bibliografia. J. S. Kloppenborg, "Alms, Debt, and Divorce: Jesus' Ethics in the Mediterranean Context", *Toronto Journal of Theology* (1990), 182-200; S. E. Loewenstamm, """נשך and מ/חרבית", *JBL* 88 (1969), 78-80; R. P. Maloney, "Usury and Restrictions on Interest-Taking in the Ancient Near East", *CBQ* 26 (1974), 1-20; P. T. O´Brien, Colossians, Philemon. *WBC* 44 (Waco, 1982), 124-25; A. Rugy, "Prohibition of Interest and Islam", *Hamdard Islamicus* (12/3 (1989), 95-98; J. R. Sutherland, "The Debate Concerning Usury in the Christian Church", *Crux* 22/2 (1986), 3-9; C. J. H. Wright, *God´s People in God´s Land* (Grand Rapids, 1990), 167-73; D. Wright, "The Ethical Use of the Old Testament in Luther and Calvin", *SJT* 36 (1983), 463-85. [JOE M. SPRINKLE] J.

DÉBORA (heb. *dĕḇôrâ*) **1.** Uma das mulheres mais notáveis no Antigo Testamento. Débora ("abelha de mel") figura proeminentemente em Juízes 4 e 5, que narram a batalha decisiva entre os canaanitas, sob o comando de Jabim e seu general Sísera, e uma força militar tribal de Israel. Esse episódio, atribuído ao período dos juízes, é um de uma série de histórias de libertação que constituem a seção central do livro. Juízes 5, conhecida como "Cântico de Débora" (embora sobrescrito em 5:1 a atribua a ambos, a Débora e seu general Baraque), é uma versão poética e muito antiga. Sua linguagem arcaica do triunfo divino sobre os inimigos de Israel representa a única narrativa poética extensa, acompanhando a descrição em prosa de um episódio em Juízes.

Débora é identificada em Juízes 4:4 por dois termos: "um profeta" (RA "profetisa"), literalmente, "uma mulher (heb. *'iššâ*), uma profetisa"; e como alguém que estava "julgando Israel" no tempo de um período de vinte anos de opressão movida por canaanitas fortemente armados. Entre esses dois termos está outro identificador, a frase *ʾēšeṯ lappîḏôṯ*, tipicamente traduzida como "esposa de Lapidote (Tochas)". Contudo, ela podia igualmente significar "mulher ardente (determinada) (lit. mulher de tochas) porque *lappîḏôṯ*, em nenhuma outra parte da Bíblia, homem é traduzida como nome próprio masculino e porque o substantivo *ʾēšeṯ* (construto de *ʾiššâ*) pode significar "mulher de" assim como "esposa de". A necessidade de identificar uma mulher pela relação dela com um homem, mais que o reconhecimento de que a identidade feminina poderia em alguns casos, ser descrita sem identificação com um homem, influenciou virtualmente tanto traduções antigas quanto modernas. Entretanto, todos os papéis desempenhados por Débora, como mulher autônoma no cenário nacional, garantiriam o epíteto "mulher ardente" como referência ao seu nome sem a necessidade de identificá-la com um homem. Por causa da sobreposição de territórios e graus de parentesco no Israel Antigo, sua identidade familiar nos é dada pela informação de sua localização geográfica em Juízes 4:5 e não pelo relacionamento com um parente homem — Ela era proveniente de algum lugar "entre Ramá e Betel, na região montanhosa de Efraim".

Débora exerceu uma gama de papéis de liderança vitais. Como juíza, ela estava envolvida em atividade militar como estiveram todos os outros juízes que o Senhor tinha levantado para "libertar" Israel. Mas também, singularmente entre os juízes, Débora estabeleceu "julgamento", ou decisões legais, à medida que ela se senta "debaixo da palmeira de Débora". Além disso, ela é a única figura em Juízes que é chamada "profeta". Essa designação pode estar relacionada com o cântico atribuído a ela no cap. 5, pois a irrupção poética narrando os poderes salvadores (ou punitivos) de Yahweh, frequentemente relacionados com a atividade dos profetas, que mediaram a palavra de Deus ao povo. Débora também porta o título "mãe em Israel" (Jz 5:7), talvez porque ela emite conselhos sábios aos que procuram sua ajuda (cf. 2Sm 20:19). Mais provavelmente, "mãe" é o título honorífico para uma figura feminina de autoridade ou protetora numa família ou numa comunidade maior, exatamente como "pai" é para uma autoridade masculina (cf. 1Sm 24:11; Is 12:21).

Débora é consultada pelos israelitas, que estão grandemente preocupados com a ameaça canaanita. Ela convocou seu general Baraque, que passou em revista as tropas das duas tribos (Jz 4:6) ou talvez seis (5:14-15). Todavia, por causa dos números e fontes superiores da coalizão inimiga, Baraque ficou relutante em sair para a batalha a menos que Débora fosse também. Concordando em fazer assim, ela zombou dele, dizendo que a vitória não seria dele, mas pertenceria antes a uma mulher. A mulher não era Débora, mas sim a queneia Jael, que seduziu Sísera em sua tenda e o matou com uma estaca na fronte (Jz 4:17-22; 5:24-27), assegurando assim a vitória de Israel.

Tanto a constrangedora ironia da narrativa da prosa, que começa e termina com as decisões e ações das mulheres, como a vívida paixão da versão poética, que conclui com duas notáveis cenas de mulheres, testificam a vitória contra grandes desigualdades numa batalha decisiva. Na verdade, o Cântico de Débora pode ser identificado como um "cântico de vitória", um gênero de irrupções poéticas inspiradoras reconhecendo a intervenção miraculosa de Yahweh para salvar o povo, que de outra forma parece condenado. No antigo Israel os compositores e artistas femininos tipicamente cantaram tais cânticos (cf. Êx 15:20-21, o cântico da "profetisa Miriam", e a narrativa de 1Samuel 18:6-7 das mulheres cantoras anunciando a vitória de Davi sobre o poder militar superior dos filisteus). Além de pertencer a um gênero atribuído a autoras femininas, o Cântico de Débora exibe aspectos temáticos, tais como cooperação de gênero e solidariedade, que caracterizam os textos feitos por mulheres.

A proeminência de Débora como uma mulher num mundo militar predominantemente masculino é frequentemente vista como incomum e notável. Contudo, a menos que fossem proibidas por costumes ou leis (de monarcas ou sacerdotes), as mulheres poderiam atuar e realmente atuaram em vários papéis públicos na sociedade israelita. Porque elas tinham um tempo de vida mais curto que os homens, e porque a maturidade delas era usualmente tida depois que fossem mães, talvez poucas exerceram tais papéis. E porque os homens que compuseram o cânon bíblico tipicamente exibiram questões androcêntricas, os atos delas foram ainda menos lembrados. Todavia, períodos como o dos Juízes, com padrões de liderança para descentralizados, tipicamente proporcionam maiores possibilidades para os talentos de mulheres emergirem. Débora, ainda visível para nós milênios mais tarde, pode representar muitas outras "mães" no Israel primitivo.

Bibliografia. M. Bal. Gender, *Genre, and Scholarship on Sisera´s Death* (Bloomington, Ind., 1988); M. D. Coogan, "A Structural and Literary Analysis of the Song of Deborah", *CBQ* 40 (1978), 143-66; E. van Kijk-Hemmes, "Mothers and a Mediator in the Song of Deborah", em *A Feminist Companion to Judges* (Sheffield, 1993), 110-14; D. N. Fewell e D. M. Gunn, "Controlling Perspectives: Women, Men, and the Authority of Violence in Judges 4 & 5", *JAAR* 58 (1990),

389-411; J. Hackett, "In the Days of Jael: Reclaiming the History of Women in Ancient Israel", em *Immaculate and Powerful: The Female in Sacred Image and Social Reality*, ed. C. W. Atkinson, C. H. Buchanan, e M. L. Miles (Boston, 1985), 15-38.

2. Ama de Rebeca, que semelhantemente à juíza Débora, está associada com uma árvore (Gn 35:8).

3. A avó de Tobias (Tob. 1.8). [CAROL MEYERS]

DECÁLOGO *Ver* DEZ MANDAMENTOS.

DECÁPOLIS (gr. *Dekápolis*) Grupo de cidades (gr. "Dez Cidades") na parte sul da Síria e norte da Jordânia (exceto Citópolis, localizada ao sul do mar da Galileia, exatamente a oeste do rio Jordão), existindo sob esse nome nos períodos helênico e romano antigo. Antigas fontes literárias identificam a região com cerca de dezoito ou dezenove cidades no grupo, incluindo Damasco, Filadélfia, Rafana, Citópolis, Gadara, Hippos, Dion (Dium), Pela, Gerasa e Canata, com Abila e diversas outras cidades listadas como tetrarquias ou reinos (Plínio Nat. Hist. 5.74). Inclusas também estão Heliópolis, Abila (Quailibah), Saana (Sanamyn), Ina, Abila de Lisânias, Capitolias (Beit Rãs), Adra (Edrei, Der`a), Gadora, e Samoulis (Ptolomeu Geog. 5.14.22). No NT, a Decápolis é mencionada, mas nenhuma cidade em particular é especificada (Mt 4:25; Mc 5:20; 7:31).

Uma gama de cidades permaneceu como parte da região no período bizantino e nos tempos islâmicos (Damasco, Abila/Quailibah, Pela, Filadélfia, Citópolis). Alguns alegaram que Alexandre, o Grande é o fundador (Gerasa, Pela, Filadélfia, Dion), mas a evidência indica que, como cidades da Decápolis, elas foram estabelecidas no século III a.C., durante a dinastia primitiva dos ptolomeus (Filadélfia/Amman, Nysa-Citópolis). Ainda outras cidades foram estabelecidas como parte deDecápolis durante a hegemonia dos selêucidas, após a batalha de Panias em 198, quando Antíoco III conquistou Abila (Quailibah), Gadara, Pela, Rab-batamana (Filadélfia) e Citópolis. A identificação de termos em moedas, tais como Antioquia (Gadara, Gerasa, Hipos) e Selêucia (Abila/Quailibah), indica ao menos uma lembrança da identidade e influência dos selêucidas.

As moedas de várias cidades da Decápolis frequentemente estão estampadas com os termos autônomos ("independentes, vivendo sob a lei própria de alguém; Abila/Quailibah, Capitolias, Gadara), eleutheros ("livre; Nysa-Scytopolis), asylos ("soberano, sob proteção divina"; Abila, Capitolias, Gadara, Hipos, Nysa-Scytopolis), e hieros ("santificado, sagrado, separado"; Abila, Capitolias, Gadara, Hipos, Nysa--Scytopolis), que indicam o *status* (ou pelo menos uma espécie de *status*) de independentes, sobernas ou dedicadas.

As cidades da Decápolis bem podem ter sido ligadas por relacionamentos comerciais fortes, promovidos por um sistema rodoviário estabelecido, assim como afinidade política similar entre gregos e romanos (a polis), conceitos sociais, culturais (escultura, pintura, arquitetura, monumentos) e influências religiosas (adoração do culto imperial; cf. figuras religiosas e outros itens religiosos encontrados nas tumbas helênicas e romanas). Tais afinidades são apoiadas por evidências arqueológicas vindas das tumbas, cidades planejadas, e edifícios públicos. Nos tempos romanos (após 106 d.C.) Gerasa, Filadélfia, Canata, e Dion foram organizadas com Nysa-Scytopolis, Hipos, Gadara, Abila, Capitolias, e Pela na Palestina Segunda; Filadélfia, Adra´a, Gerasa, Canata e Philop-popolis permaneceram na Província Arábia. Moedas e inscrições indicam que, por volta do século II, uma gama de cidades foram também identificadas com o nome Coele-Siria: Filadélfia, sob Adriano; Gadara, Abila, Citópolis, sob Marco Aurélio; Dion e Pela, sob Caracalla.

Bibliografia. M. Avi-Yonah, *The Holy Land* (Grand Rapids, 1966), 51, 69; A. N. Barghouti, "Urbanization of Palestine and Jordan in the Hellenistic and Roman times", *Studies in the History and Archaeology of Jordan*. A. Hadidi (Amman, 1982), 209-29; A. H. M. Jones, *The Cities of the Eastern Roman Provinces* (Oxford, 1937), 222-94; A. Spijkerman, *The Coins of the Decapolis and Provincia Arabia*, ed. M. Piccirillo (Jerusalem, 1978). [W. HAROLD MARE]

DÉCIMO-PRIMEIRO, O Designação para os onze discípulos de Jesus (gr. *hoi héndeka*) no breve período sucedendo a morte de Judas e sucedendo sua substituição por Matias (At 1:26). O Salvador elevado apareceu-lhes em duas, possivelmente três ocasiões — em Jerusalém (Lc 24:9, 33), na Galileia (Mt 28:16), possivelmente em outros lugares (Mc 16:14). Em Atos 2:14, Pedro é descrito como o representante dos Onze, uma interpretação apoiada pelo Códex Bezae (D), que lê "os dez".

DECISÃO, VALE DA O lugar (heb. *ēmeq heḥārûṣ*) onde Deus se vingará das nações no dia escatológico do Senhor (Joel 3:14 [TM 4:14]). *Ver* JOSAFÁ, VALE DE.

DECRETO Declaração pública feita por um monarca ou um grupo de governo que tivesse a força de lei (cf. "edito", "interdito"). O decreto seria falado em voz alta e subsequentemente promulgado de forma escrita.

Embora a literatura bíblica pré-exílica raramente atribua decretos a reis humanos (Pv 8:15; Is 10:1; Jn 3:7), textos posteriores se referem a uma série de decretos feitos por monarcas imperiais (Et 1:19-22; Dn 2:5; 1Mac 1.57; At 17:7). O decreto de Ciro (Ed 1:2-4; cf. 6:3-5) permite que os exilados judeus retornem à terra deles e reconstruam seu templo. Diversos decretos exigindo a aniquilação do povo judeu ou a supressão de suas práticas religiosas introduzem histórias louvando os benefícios da obediência à lei de Deus (Et 3:15; 4Mac 4.23). Um decreto de César Augusto proporciona a base lógica para José e Maria viajarem a Belém para o nascimento de Jesus (Lc 2:1).

Diversas passagens retratam Deus como Aquele que governa Israel ou o mundo por meio de decretos (Dt 4:45; Jó 28:26; Sl 78:5; Jr 19:5; Rm 1:32). Paulo e seus intérpretes posteriores asseveram que a salvação oferecida através de Cristo Jesus é o cumprimento da sabedoria divina decretada por Deus antes da criação do mundo (Rm 8:29-30; 1Co 2:7). [FRANK D. WULF]

DECRETO GELASIANO Um documento latino datado em sua presente forma do século VI d.C.; tradicionalmente atribuído ao papa Gelásio (492-496), mas talvez refletindo as decisões sinódicas de 382 sob o papa Damaso. De importância especial para o estabelecimento do cânon cristão, são suas listas dos livros canônicos de ambos, AT e NT, os escritos dos Pais da igreja como aceitos pela igreja primitiva, a "apócrifa" bíblica e as obras patrísticas, e vários livros rejeitados como heréticos. Em adição, essa compilação inclui pronunciamentos concernentes à primazia de Roma e a natureza de Cristo e do Espírito Santo.

DEDÃ (heb. *dĕḏān*) Nome dado ao oásis al-'Ula no noroeste da Arábia, cerca de 300 km a norte-noroeste de Medina, e confirmado por sua presença (Ddn) na inscrição funerária (JS 138) de "Kabar´il, filho de Mata´il, rei de Deda", encontrada ali pelos padres dominicanos Antonin J. Jaussen e Raphael Savignac em 1909/1910. Listado como filho de Quetura (Gn 25:3; 1Cr 1:32) e de Raamá (Gn 10:7), Dedão é duas vezes associado com Edom (Jr 49:8; Ez 25:13) e uma vez com a cidade de Tema do oásis do norte da Arábia (Jr 25:23). O povo de Deda é composto de mercadores (Ez 27:15-20), e das "caravanas de dedanitas" e habitam "na floresta da Arábia" (Is 21:13). De acordo com os registros, o rei babilônico Nabonido (555-539 a.C.) visitou Dedã Hippos e derrotou o seu rei anônimo.

Por volta do século IV, Dedã tinha se tornado o sítio de uma grande colônia comercial de mercantes minaeanos vindos do sul da Arábia, como é atestado pelas inscrições minaeanas e o grafite em al-`Ula e a ocorrência do nome Dedã (DDN) nas inscrições do hierodule [escravos do templo] do templo de Rsf em Qarnaw (antigo Ma`in) no Yêmem. Posteriormente ela se tornou capital do reino Lihyanite, do qual treze reis são atestados epigraficamente. No final do século I a.C., Dedã parece ter sido eclipsado pela vizinha cidade nabateana de Hegra (Meda´in Salih).

Bibliografia. W. F. Albright, "Dedan", in *Geschichte und AT. Festschrift Albrecht Alt*. Beiträge zur historischen Theologie 16 (Tübingen, 1953), 1-12. [D. T. POTTS]

DEDICAÇÃO, FESTA DA Celebração que recordava a restauração do templo de Jerusalém e a consagração do seu novo altar em 165 ou 164 a.C., sob Judas Macabeus (1Mc 4.36-61). O nome hebraico para essa festa é Hanukkah (*ḥănukkâ*), atestada primeiramente no século I d.C., *meggillat ta'anit*. A observância do oitavo dia começa em 25 de Kislev (Nov.Dez); cf. João 10:22, que se refere à permanência de Jesus em Jerusalém no inverno, durante a Festa da Dedicação (gr. *enkaínia*, "renovação, restauração"). A celebração inicial incluía a oferta de sacrifícios, música, e o adorno do frontal do templo e das câmaras dos sacerdotes (1Mac 4.52-58). Nessa primeira celebração foi decidido que Hanukkah deveria ser observada anualmente (1Mac 4.59; 2Mac 10.8). Os oitavos dias de Hanukkah são basicamente baseados na duração da dedicação feita por Salomão do primeiro templo (1Rs 8:66; 2Cr 7:9).

As narrativas da rededicação em 1 e 2Macabeus diferem alguma coisa nas ênfases. Enquanto o foco de 1Macabeus 4.36-59 é a consagração (*enkainismós*, v. 56) do novo altar, 2Macabeus enfatiza a purificação (*katharismós*, 1.18; 2.19; 10.3, 5, 7) do templo. O livro de 2Macabeus 10.6-7 trata da similaridade da celebração com a Festa dos Tabernáculos (incluindo sua duração de oito dias, o movimento dos ramos); a associação entre as duas festas também é feita em 1.18.

Desde o princípio, Hanukkah estava associada à luz e ao fogo. Josefo (*Ant.* 12.7.7 , parágr. 325) relata que a própria Hanukkah era conhecida como "luzes" (gr. *phōtá*) e explica que o nome veio do "fato de que o direito de adorar apareceu para nós num tempo quando nós dificilmente nos atrevíamos a esperar por ele". 2Macabeus 1.18 associa Hanukkah com "a festa do fogo", evocando uma lenda a respeito do fogo do altar do Primeiro Templo resultado no altar de fogo no tempo de Neemias (2Mac 1.19-36). Uma tradição talmúdica trata de uma pequena quantidade de óleo, encontrada pelos macabeus na descoberta que fizeram do templo. Esse óleo durou miraculosamente por oito dias. 1Macabeus 4.50 e 2Macabeus 10.3 descrevem como a restauração do templo incluía o candelabro e o acender das lâmpadas, mas a razão para a ênfase sobre a luz parece ter se tornada obscura num tempo antigo. [JOEL BURNETT]

DEDO No uso bíblico, um instrumento de criatividade ou produtividade (p. ex., Is 2:8; 17:8; Mt 23:4; Lc 11:46), frequentemente o equivalente de mão (cf. Is 59:1, 3). Usado antropomorficamente, ele representa o poder divino (p. ex., Êx 8:19; 31:18; Sl 8:3; cf. Lc 11:20).

Em várias ofertas, o sacerdote que asperge ou unta com o dedo o sangue sacrifical nos chifres do altar (p. ex., Êx 29:12; Lv 4:25), na frente do propiciatório (16:14), ou em frente à tenda da revelação (Nm 19:4); ao purificar leprosos, o sumo sacerdote era especificamente instruído a usar o "dedo direito" (Lv 14:16, 27). Os hebreus tinham de ligar as leis do Pentateuco nos filactérios de seus próprios dedos (Pv 7:3).

Como uma unidade de medida o dedo é a vigésima quarta parte de um cúbito ou 1,85 cm. (Jr 52:21).

DEFEITO Deficiência física proibida nos sacerdotes que servem no altar e nos animais oferecidos no altar (Lv 21:17-21; 22:19-25). Aos sacerdotes deficientes era permitido proporcionar outros serviços no santuário, exceto os serviços que envolvessem sacrifícios no altar, e animais com defeitos limitados poderiam ser oferecidos como ofertas voluntárias (Lv 22:23). Nem o sacerdote defeituoso nem o animal defeituoso eram considerados impuros, visto que aos sacerdotes deficientes era permitido comer da maioria das ofertas (Lv 21:22) que somente os sacerdotes puros podiam comer, e os animais defeituosos não eram proibidos como comida. "Sem defeito" denota a ausência de qualquer deficiência física (Ct 4:7; 2Sm 14:25) e moral (Jó 11:15; 31:7).

Os sacrifícios do AT deveriam ser oferecidos com animais sem qualquer defeito físico, assim também foi o cordeiro de Deus (Hb 9:14; 1Pe 1:19). Os crentes devem viver suas vidas sem defeito moral (Fp 2:15), característica que deveriam ter de acordo com o juízo divino (2Pe 3:14). Em contraste, os falsos mestres, em razão de sua conduta imoral, são defeituosos entre o povo de Deus (2Pe 2:13). [MICHAEL D. HILDENBRAND]

DELAÍAS (heb. *dělāyâ, dělāyāhû*) **1.** Um dos filhos de Elioenai, descendente de Davi por meio de Zorobabel (1Cr 3:24).

2. Descendente de Arão; cabeça de dois terços da divisão sacerdotal durante os dias de Davi (1Cr 24:18).

3. Ancestral de um grupo de exilados que foram incapazes de provar sua ascendência judaica e, assim, assegurar sua herança (Ed 2:60 = Ne 7:62).

4. O filho de Meetabel e pai de Semaías (Ne 6:10).

5. O filho de Semaías (Jr 36:12); um dos três príncipes que, sem sucesso, urgiu o rei Jeoaquim a não queimar o rolo profético de Jeremias (v. 25).

DEMAS (gr. *Dēmás*) Gentio cooperador que partilhou da primeira prisão de Paulo e enviou saudações à comunidade de Filemom (Fm 24) e aos colossenses (Cl 4:14). Ele aparentemente "amou este presente século", abandou Paulo e foi para Tessalônica (2Tm 4:10), causando uma ruptura nas comunidades de Paulo. Alguns eruditos identificam Demas (uma forma abreviada de Demétrio, Demócrito, ou Demóstenes) com o Demétrio de 3Jo 12. O livro "Os Atos Apócrifos de Paulo" (3.1, 4, 12-14) menciona um Demas que coopera para que Paulo seja preso por pregar o evangelho e por ensinar que a ressurreição já havia ocorrido (um problema observado nas cartas canônicas aos tessalonicenses). [BONNIE THURSTON]

DEMÉTRIO (gr. *Dēmḗtrios*) **1.** Demetrius Poliorcetes (338-283 a.C.), rei da Macedônia e filho de Antígono I. Por duas vezes, tentou restaurar o império de Alexandre a um único governante. Em 307, ele começou a libertar a Grécia do controle de Cassandro ao apoderar-se de Atenas. No ano seguinte, ele conquistou Chipre e os portos marítimos da Ásia e derrotou Ptolomeu I numa batalha marítima. Tal êxito, levou a ele e ao pai a reivindicarem o governo conjunto (diarquia) sobre o império de Alexandre. Após falhar na captura do Egito e Rodes, em 305, ele retornou para controlar a Grécia e, por volta de 303, planejou tomar a Ásia. Essa tentativa falhou em 301, na batalha de Ipsus, na qual Antígono foi morto e Demétrio derrotado por uma aliança de Cassandro, Lisímaco, Ptolomeu I, e Seleuco I.

Após ser deixado com o controle de Chipre e algumas cidades na Ásia Menor, Demétrio aliou-se com Seleuco I. Quando essa aliança se partiu em 296, na posse de Tiro e Sidom, Demétrio pôs-se a caminho para retomar a Grécia. Por volta de 293, ele governou a Macedônia e continuou dominando a Grécia até 289. Em 289, Demétrio novamente planejou conquistar a Ásia, o que resultou numa nova aliança de Lisímaco, Ptolomeu I e Seleuco I contra ele. Em 285, ele foi forçado a render-se a Seleuco I e morreu no cativeiro em 283.

2. Demétrio I Soter (162-150), rei da Síria e filho de Seleuco IV. Ele foi criado como refém em Roma. Quando o Senado recusou fazê-lo voltar como rei após a morte de seu tio Antíoco IV, ele escapou e retornando à Fenícia. Antíoco V tinha sido morto, e Demétrio proclamou a si mesmo rei. Ele assim pôs-se a caminho para restabelecer seu reino em Antioquia, libertando as províncias babilônicas de Timarco da Milésia, e apoiando a destruição de Orofernes de Ariarathes V, na Capadócia.

Procurando promover a solidificação do seu reino, ele tomou medidas a fim de parar o crescente movimento de independência em Judá, sob a liderança de Judas Macabeus (1Mac 7-9; 2Mac 14-15). Demétrio designou Alcimus como sumo sacerdote provindo de uma legítima família sacerdotal, satisfazendo assim muitas das preocupações dos Hassidim. Nicanor foi também enviado para estabelecer a paz civil. Mas quando Nicanor foi ordenar a prisão de Judas, a guerra irrompeu-se novamente resultando na morte de Nicanor. Demétrio retaliou por enviar Baquides com uma grande força, o qual matou Judas numa batalha.

Eumenes então surgiu com um reivindicador para o trono, Alexandre Balas. Demétrio ofereceu a Jônatas, o asmoneu, a liderança militar e civil, mas Alexandre sobrepujou-o oferecendo a Jônatas o sumo sacerdócio. Por volta de 153, Alexandre formou uma coalizão maior com Átalo II, Ariarathes V, e Ptolomeu Philometor contra Demétrio. A despeito dos sucessos iniciais, Demétrio perdeu o apoio de muitas das suas tropas e morreu numa batalha contra Alexandre.

3. Demétrio II Nicator, rei selêucida 145-140, 129-125. Filho de Demétrio I, com 14 anos foi enviado em 148-147 com mercenários de Creta para desafiar Alexandre Balas. Com o apoio de Ptolomeu VI Philometor, ele se tornou rei em Antioquia em 145, e Alexandre foi derrotado e morto. A resposta dos asmoneus a Demétrio II variava de acordo com a situação política (1Mac 10.67-13.30). Até sua morte, Jônatas apoiou Alexandre contra Demétrio II. Uma vez no trono, Demétrio confirmou as honras passadas de Jônatas por Alexandre, assim como reduziu seu tributo e estendeu seu território até Samaria. Como resultado, as tropas judaicas apoiaram Demétrio quando os motins se irromperam contra ele em Antioquia.

Quando Diodoto (Trypho) colocou Antioco VI, filho de Alexandre, no trono em Antioquia, Jônatas mudou sua fidelidade. Durante a batalha seguinte por poder Jônatas estendeu a força e a independência política de Judá. Como resultado, Trypho capturou Jônatas e mais tarde o matou. Mas quando Trypho matou Antíoco VI em 143-142 e declarou a si mesmo rei, Simão apoiou Demétrio em troca da independência de Judá.

Em 140, Demétrio lutou contra os partos e foi capturado. Ele foi liberto em 129 por Antíoco VII. Quando este morreu em batalha, Demétrio reconquistou o trono. Após tentativa fracassada de conquistar o Egito e de perder Antioquia para um pretendente, ele foi morto a bordo de um navio em Tiro, após ter recusado entrar em segurança na Ptolomaica.

4. Demétrio III Eucerus (95-88), filho de Antíoco VIII Grypus. Ele se proclamou rei em Damasco contra seus irmãos Antíoco IX e Filipe. Demétrio veio para ajudar os judeus quando Alexandre Janeus assassinou 6 mil pessoas durante um levante na Festa dos Tabernáculos, porém mais tarde partiu, quando tropas judaicas mudaram seu apoio para Alexandre (Josefo, *Ant.* 13.13-14). Em 88, ele atacou seu irmão Filipe, mas foi derrotado e levado prisioneiro para Parthia, onde morreu.

5. Demétrio de Phalerum (345-283), governador peripatético de Atenas sob Cassandro até 307, quando Demétrio Poliorcetes (1 acima) atacou a cidade. Demétrio de Phalerum rendeu-se e foi dada passagem segura para o Egito, onde ele serviu como presidente e bibliotecário da Biblioteca de Alexandria sob Ptolomeu I.

A Carta de Aristeas alega que Demétrio foi responsável pela tradução das Escrituras Hebraicas para o grego sob Ptolomeu II Philadelphus, mas não há evidência de que Demétrio tenha sustentado qualquer posição na biblioteca durante o governo de Ptolomeu II.

6. Demétrio, artesão que trabalha com prata, em Éfeso (At 19:23-41) fazia nichos de prata para Ártemis (Diana). Sua preocupação a respeito da perda dos negócios e da diminuição da adoração da deusa resultantes da pregação de Paulo provocou o levante dos artesãos de Éfeso. O secretário da cidade lembrou à multidão reunida no teatro que Paulo e seus companheiros não haviam feito nada ilegal contra o templo ou o culto e sugeriram que Demétrio, ao contrário, trouxesse acusações civis nas cortes.

7. Pessoa fortemente recomendada a Gaio em 3Jo 12. Visto que, em parte, a carta é tida como documento de referência, é possível que Demétrio seja também o portador dela.

Bibliografia. E. R. Bevan, *The House of Seleucus*, 2 vols. (1902, reimpr. New York, 1966). [RUSSELL NELSON]

DEMÔNIO No grego clássico, deus ou divindade pequena (gr. *daímōn*). No pensamento grego posterior, os demônios eram concebidos como seres espirituais intermediários que poderiam vir tanto de cima como de baixo (p.ex., eles podiam ser tanto bons como maus). Por causa dessa natureza inconsistente, os demônios se tornaram uma explicação conveniente para as coisas más que acontecem no mundo. Os escritores judeus e os primitivos cristãos coalesceram *daimónion* com o hebraico; o grego *ángelos* ("espírito mensageiro") e criaram uma nova divisão de espíritos bons (anjos) e espíritos maus (demônios). No NT e na literatura contemporânea, o termo *daimónion* se tornou mais do que pejorativa, referindo-se não somente a espíritos malévolos, mas também e mais exatamente a seres que em sua verdadeira natureza são agentes de Satanás e cuja missão é opor-se à obra de Deus e seu povo.

A tradição judaica descreve os demônios como anjos caídos que tinham se juntado a Satanás em sua revolta contra Deus (1En 16.1; 19.1). Gênesis 6:1-4 foi interpretado como a narração da queda de anjos que desceram à terra para se acasalarem com mulheres, cujos filhos se tornaram espíritos maus sobre a terra (1En 69.4; Jub 4.15-22; 2Bar 56.12). Fílon de Alexandria identificou os anjos de Gênesis 6:1-4 com "demônios" (De gigantibus 6). No AT, contudo, os espíritos maus e bons eram mandados e controlados por Yahweh. Assim, o "espírito mentiroso" enviado ao rei Zedequias não agiu por si próprio, mas dirigido por Deus (1Rs 22:21-23), como também o espírito mau que atormentava Saul (1Sm 16:15-16). O próprio Satanás operava sob autoridade divina (Jó 1:12). No Livro de Tobias, que contém narrativas elaboradas das atividades demoníacas, Asmodeus, o demônio mau, aflige as sete sucessivas prometidas de Sara (filha de Raquel) com a morte em sua noite de núpcias, mas ele é mais tarde exorcizado pelo anjo Rafael (Tob 8.2-3).

Os demônios se destacaram proeminentemente como adversários no ministério de Jesus, e como agentes de Satanás eles deveriam ser vencidos se o ministério de Jesus fosse vitorioso. O próprio Jesus falava de sua vinda para roubar os bens de Satanás (Lc 11:21-22); a expulsão de demônios das pessoas era um dos meios usados por Jesus nas narrativas dos evangelhos (Mt 12:27-28). O judaísmo primitivo ensinava que quando o Messias viesse, ele venceria o reino de Satanás.

De acordo com a literatura cristã primitiva, os demônios não operam num vazio. Eles "oprimem", atacam as pessoas de fora, ou "possuem", entrando no corpo de um indivíduo, atacando-o de dentro. Eles causam doenças e enfermidades de toda espécie, embora nem todas as enfermidades possam ser atribuídas a eles (Mc 1:32; 2:10-12). Para as pessoas na antiguidade, certas espécies de enfermidades eram causadas por demônios mesmo que os sintomas possam ser explicados pela medicina moderna. A presença de um demônio numa pessoa poderia algumas vezes não ser óbvia a uma terceira pessoa a menos que fosse confrontado por um exorcista (Mc 1:21-28). Na maior parte do tempo, contudo, uma atividade demoníaca na vida de uma pessoa seria óbvia (Mc 5:1-19 par. ; 9:14-29 par.).

Bibliografia. E. Ferguson, *Demonology of the Early Christian World* (New York, 1984); E. Langston, *Essentials of Demonology* (1949, reimpr. New York, 1981); W. Wink, *Naming the Powers* (Philadelphia, 1986). [CHARLES YEBOAH]

DENÁRIO (gr. *dēnárion*) Moeda de prata romana pesando aprox. 3,64 gramas, semelhante a uma dracma grega. Uma pessoa teria que trabalhar o dia todo por um denário na Palestina, durante o tempo de Jesus (Mt 20:2; cf. Tob. 5.15-16, o anjo Rafael concorda em trabalhar para Tobias por uma dracma um dia mais despesas e bônus). Cem denários eram um débito significativo, mas controlável (Mt 18:28). Duzentos denários alimentariam 5 mil pessoas com uma refeição (Mc 6:37 par. João 6:7), e uma garrafa de perfume poderia custar trezentos denários (Mc 14:5 = João 12:5). Um quarto de trigo, ou três quartos de cevada poderiam custar um denário em tempo de guerra (Ap 6:6). Na Parábola contada por Jesus, o Bom Samaritano pagou ao dono da estalagem dois denários para que ele cuidasse do viajante ferido, esperando que o dinheiro cobrisse todos os custos da recuperação do homem (Lc 10:35). Foi um denário que os oponentes de Jesus trouxeram quando ele disse, "Dai a César o que é de César e a Deus o que é de Deus" (Mt 22:19 = Mc 12:15; Lc 20:24). [CARL BRIDGES]

DERBE (gr. *Dérbē*) Cidade na parte sudeste de Licônio, distrito da província romana da Galácia. Derbe fica numa importante rodovia, muito movimentada, que ia de Icônio e leste de Listra a Tarso, na Cilícia. Alguns arqueólogos creem que suas ruínas estão em Kerti Hüyük, 4.8 km a noroeste da moderna Zosta e a 72.4 km ao sul de Konia (Icônio). Nada é conhecido da história primitiva da cidade.

Paulo visitou Derbe na sua primeira e segunda viagens missionárias (At 16:4, 20; 16:1), possivelmente porque ela era o lar de Gaio, um de seus companheiros de viagem (20:4). Na primeira viagem de Paulo, após ser apedrejado e deixado como morto em Listra (14:14-19) ele viajou 48.3 km a sudeste até Derbe, o ponto mais oriental daquela viagem. Então, retornou para Listra e retraçou seus passos através de Icônio, Antioquia, e Perge na sua volta para casa. Paulo visitou Derbe novamente na sua segunda viagem (16:1). Não temos nenhum registro de quaisquer eventos específicos que aconteceram ali. [DALE ELLENBURG]

DESCANSO DA TERRA A terra que foi lavrada, mas que intencionalmente permanece sem qualquer cultivo. A cada sete anos, os campos na Palestina não deviam ser semeados a fim dar à terra um descanso e, assim, preservar sua fertilidade (Lv 26:34-35). Qualquer coisa que crescesse naquele campo durante o ano sabático devia ser dado como sustento para o pobre e para os animais domésticos (Êx 23:11; Ne 10:31 [TM 32]; cf. Pv 13:23). Em Jeremias 4:3 e Oseias 10:12, a instrução "lavrai o campo alqueivado" significa *arai o campo de pousio* ou, metaforicamente, "vir a uma renovação da vida".

DESCIDA AO INFERNO Crença muito difundida na igreja primitiva. Mais tarde tornou-se um artigo do Credo dos Apóstolos, afirmando que entre a crucificação e a ressurreição, Jesus desceu ao mundo inferior (Hades) seja para proclamar vitória, para libertar os santos do AT, ou para proclamar o evangelho. Tais crenças e seus desenvolvimentos em credos posteriores enfatizaram a universalidade da salvação oferecida em Jesus Cristo.

Nenhuma passagem bíblica se refere a todos esses elementos, mas a tradição judaica tinha analogias a tais descidas (Sl 16; 18; 42:7 [TM 8]; 69:2 [3]; Jonas 2:2-6; 1Enoque). As fontes do NT para a descida estão no discurso de Pentecoste de Pedro (At 2:24-31) e passagens dos textos paulinos (Rm 10:7; Ef 4:9; 1Co 15:54). Ditos de Jesus proporcionaram fontes adicionais para a elaboração posterior da crença (Mt 8:11; Lc 13:28-29; Jo 5:19-29).

A descida de Jesus ao inferno e a subsequente ressurreição eram comumente associadas a dois temas: a derrota dos poderes do mal ou anjos e a libertação dos santos judeus. A ideia da pregação de Jesus aos mortos era um desenvolvimento do século II associado a 1Pedro 3:18 por Justino, Clemente de Alexandria, Orígenes, Ireneu, e Hipólito. No final do século IV, Agostinho de Hipona interpretou a narrativa de Pedro de modo alegórico como referência à pregação cristã aos pecadores ("os mortos"). A cláusula "Ele desceu ao Inferno" foi primeiramente incluída no antigo Credo Romano de Aquileia por Rufino, aprox. 400 d.C.

Bibliografia. W. J. Dalton, *Christ's Proclamation to the Spirits*, 2.ed. AnBib 23 (Roma, 1989); B. I. Reicke, The Disobedient Spirits and Christian Baptism (Copenhagen, 1946). [IAIN S. MACLEAN]

DESERTO Ambiente árido e hostil à vida. Na Bíblia, o deserto funciona tematicamente como lugar de revelação e base de treinamento para a fé e obediência, em preparação para uma missão.

O deserto é uma região árida (que significa uma precipitação pluviométrica de 25 cm ou menos), com esparsa vegetação, poucos animais, pouca ou nenhuma agricultura, e baixa densidade populacional. ("Deserto", uma designação incorreta comum que meramente denota uma região desabitada, sem referência a comida e recursos de água). Nos desertos bíblicos, as temperaturas são muito duras, frequentemente excedendo a 45º C. nos dias de verão e despencando para abaixo de zero nas noites de inverno. O principal meio de vida é o pastoreio de ovelhas e de bodes.

Os vários desertos mencionados na Bíblia são parte de um sistema maior de deserto chamado Saara-Arábico, mas cada um tem aspectos geológicos, topográficos, meteorológicos, hidrográficos, florais e de fauna distintos. Embora o uso simbólico seja mais frequente do que o estritamente histórico, as histórias bíblicas se passam nesses desertos e tendem a refletir as diferentes condições de cada um deles.

CARACTERÍSTICAS FÍSICAS. ***Neguebe.*** A terra de Abraão e Sara, a região semidesértica do Neguebe estava limitada às bacias de Berseba e Arade e era considerada parte da Terra Prometida. Ele tem alguma parte de solo fértil e isso significa densidade pluviométrica anual altamente flutuante de 10-25 cm, algumas vezes chegando aos 25 cm necessários para o trigo do inverno. Em anos normais, a vegetação de pastor é encontrada em todas as regiões de vale e nas regiões mais altas. Assim, era uma terra de pastoreio nômade, mas não confiável para a agricultura, tornando-se um lugar de alto risco nos anos de estiagem (cf. histórias de Abraão, Isaque, e José).

Sinai. A localização do deserto do Sinai, do lugar do monte Sinai e das histórias do pacto, permanece desconhecida. Se correlato com a enorme Península do Sinai, pode ser visto em três regiões diversas: (1) uma planície setentrional de dunas de areia e cascalho perto da costa do Mediterrâneo, com uma precipitação pluviométrica de 7.5-10 cm; (2) o grande platô central et-Tih, drenado pelo sistema el-Arish, coberto com uma espécie de calcário e de pedra muito dura em direção à parte central e pedra calcária em direção ao sul, com densidade pluviométrica de 2.5-5 cm; (3) montanhas altas de granito do sul, incluindo Jebel Mûsa, o tradicional monte Sinai, de 2.285 m, com densidade pluviométrica de 7.5-10 cm. Os oásis perenes de água e vegetação dão suporte à modesta população, mas a maior parte do Sinai é hostil à vida.

Parã. Cruzado pelos israelitas entre o Sinai e Zim, o áspero deserto de Parã drena uma grande área de platô a nordeste em direção ao Vale Rift. Sua áspera pedra calcária e geologia calcária com planícies de cascalho e aluvião, com precipitação esparsa (0-5 cm), e poucas fontes perenes de água, torna boa parte dessa região hostil à vida — uma região dura e quente, merecendo sua descrição como "terrível deserto de serpentes abrasadoras, de escorpiões e de secura, em que não havia água; e te fez sair água da pederneira" (Dt 8:15). Levar os israelitas com segurança para cruzar esse deserto proporcionou um exemplo extremo do cuidado e do poder divinos, uma imagem de Deus como um líder beduíno — o bom pastor do seu povo.

Zim. Lugar de muitas das "peregrinações no deserto" dos israelitas, o deserto de Zim é drenado pelo sistema substancial úadi Zim, entre Parã para o sul e o Neguebe ao norte. Sua média anual de precipitação de 10-20 cm, em calcário macio, calcário argiloso e barro com algum sedimento de aluvião dá suporte a muitas fontes de águas perenes e alguma vegetação durante o ano todo, nos vales de rios e algumas regiões inclinadas ao norte. Ele permite a sobrevivência a pastores que pastoreiam seus bodes, mas não dá suporte confiável ao plantio.

Associada a Zim estava a região do oásis de Cades-Barneia, descrito como paragem israelita importante e ponto central de encontro. Estava aparentemente localizada na região fronteiriça entre Parã e Zim, por isso ela estava ligada a ambos (Parã: Nm 13:26; Zim: 20:1; 27:14; 33:36), e pode ter incluído todos os outros oásis da moderna região de Ain el-Qudeirat. Histórias a respeito de Moisés enviar os doze espias (Nm 13), retirar água por bater na rocha (cap. 20) e dos israelitas tentarem entrar na terra prometida prematuramente (14:39-45) ocorreram ali durante a longa permanência deles (14:33, 35; Dt 1:46).

Condições e lições. A vida no deserto ensina lições importantes a respeito de fé e ética. Sobreviver nesse ambiente implacável exige tanto conhecimento especializado como disciplina para aplicá-lo. Todavia, nenhuma quantidade de habilidades e disciplina garantirá a sobrevivência, de forma que a vida no deserto requer que as pessoas se ajudem mutuamente, e também gera mais confiança direta em Deus. O deserto parece facilitar a revelação. As pessoas ouviam a voz de Deus mais claramente, livres da civilização ou de suas racionalizações.

Narrativas bíblicas. O deserto exerceu um papel importante nas narrativas dos patriarcas (Gn 12—50). Como um todo, esse ciclo criou uma geografia salvífica simbólica em que o deserto guarnece a terra prometida antes das grandes civilizações da época (Mesopotâmia e Egito) e funcionava como o lugar escolhido para o treinamento do nascente povo escolhido.

As mais importantes histórias do deserto estão relacionadas ao Êxodo (Êx 15:22; 16:1; 17:1), ao Sinai (18:5; 19:1-2), e à peregrinação de quarenta anos (Nm 14:33; 32:13; Dt 2:7).

O deserto funcionava como lugar de refúgio da opressão, p. ex., para Hagar fugindo de Sara (Gn 16:7); Moisés de Faraó (Êx 2:15-3:1), os benjamitas dos israelitas (Jz 20:47), Davi de Saul (1Sm 23—26) e mais tarde, de Absalão (2Sm 15—17) e Elias de Jezabel (1Rs 19:1-4).

Os temas do deserto são semelhantes no NT. João Batista foi treinado para o seu ministério e o desenvolveu no deserto, pregando mensagem de arrependimento e justiça, características dos valores do deserto (Mt 3:1-12; 11:7-10; Mc 1:3-4; Lc 1:80; 3:1-20; João 1:23). Ali Jesus fez a sua preparação final antes de entrar no ministério público (Mt 4:1-11; Mc 1:12-13; Lc 4:1-13) e retirou-se para lugares desérticos para renovação ou revelação (Mt 14:13; Mc 6:30-32; Lc 4:42; 5:16; 6:12; Jo 6:15; 11:54).

Bibliografia. G. Brubacher, "City and Civilization Ideology in the Book of Genesis", em *Within the Perfection of Christ*, ed. T. L. Brensinger e E. M. Sider (Napanee, Ind.), 33-46; A. Danin, *Desert Vegetation of Israel and Sinai* (Jerusalem, 1983); E. Orni e El. Elisha, *Geography of Israel*, 4.ed. (Jerusalem, 1980); S. Talmon, "midbar, araba", *TDOT* 8.87-118.
[GORDON BRUBACHER]

DESTRUIÇÃO O termo hebraico *ḥērem* não é empregado de forma consistente dentro do Antigo Testamento. Algumas vezes aparece como prática voluntária empreendida pelos israelitas (Lv 27:28; Nm 21:2) e outras vezes parece ser ordenada por Deus (Dt 20:17; Js 6:17-18). Em geral, há muito mais ocorrências em que Deus ordena a destruição como oposto a instâncias em que ele é tomado como parte de um voto. Em Deuteronômio e na história deuteronomista, a destruição nunca aparece como voto e frequentemente, embora nem sempre, ele é explicitamente ordenado por Deus (Dt 7:2; 13:15 [TM 16]; Js 10:40; 11:14, 20; 1Sm 15:2-3). Nas mesmas ocasiões, uma é permitida para guardar as pilhagens de guerra (Js 8:2), e em outras vezes tudo deve ser destruído (Dt 13:15-17 [16-18]; 1Sm 15:3). É possível que essa prática tenha mudado com o tempo, ou talvez textos diferentes apresentem essa instituição de modos diferentes.

Assim Josué 6—7 se refere a uma destruição em que todas as coisas deveriam ser mortas, destruídas ou dedicadas a Deus. Mas ao menos em dois casos em Deuteronômio, se permite uma para despojar a criação e o saque de uma nação que foi colocada à destruição (Dt 2:34-35; 3:6-7). É muito interessante que após o infortúnio resultante desde a apropriação indébita que Acã fez dos despojos em Josué 7, a destruição é reduzida no cap. 8 e ao povo agora é permitido guardar o despojo e os animais (v. 2, 27). Esse exemplo, com 1Samuel 15, pode sugerir que a destruição total era difícil de implementar e que as versões mais moderadas desenvolveram-se da necessidade de recompensar as tropas.

Frequentemente a linguagem adjacente ao conceito de destruição indica que o objeto é consagrado ou dedicado de maneira quase sacrificial (Lv 27:28-29; Dt 13:16 [7]. Uma propriedade sagrada adicional de tais bens destruídos é a capacidade aparente de transferir o estado de dedicação delas para aqueles que se apropriam indevidamente delas (Dt 7:26; Js 6:18). Essa é a explicação mais provável pela qual Josué executa a família toda de Acã e também todos os animais (Js 7).

Coisas análogas à ideia de destruição aparecem em outras culturas antigas do Oriente Próximo. Tais paralelos sugerem fortemente que essa prática ocorreu em certos períodos e não deveria ser vista como um conceito de ficção, inventado pelos escritores bíblicos romantizando a respeito das glórias do passado. A analogia mais próxima ao modo em que a destruição funciona no Antigo Testamento pode ser vista nas inscrições da pedra de Mesa, do século IX. A linha 17 usa a raiz *jrm* para descrever o assassinato do rei moabita e absolutamente para dedicar uma cidade toda ao seu deus.

Um uso semelhante é empregado em 2Reis 19:11. Aqui o rei assírio, Senaqueribe, instrui seu oficial para dizer a Ezequias: "Já tens ouvido o que fizeram os reis da Assíria a todas as terras, como as destruíram totalmente; e crês tu que te livrarias?" Se a delegação assíria realmente usou o verbo *ḥrm* não pode ser sabido com certeza, mas o fato de que muita coisa das guerras antigas era entendida explicitamente como luta seja para proteger ou para expandir os vários territórios dos deuses, faz com que certamente esta seja uma real possibilidade.

O acádio *asakku*, encontrado nos textos de Mari, contém uma conotação semelhante. Uma pessoa que comia um *asakku* se tornava contaminado por ele e, originalmente, teria sido morta por essa ofensa. Esse tabu pode ter se originado em qualquer lugar, mas ele ocorre também nos contextos militares. Embora esteja claro que a noção do *asakku* lança alguma luz sobre a noção bíblica de destruição, é também certo que ela não seja um análogo exato porque o *asakku* pode pertencer a um rei e mesmo a um soldado, assim como a um deus.

Bibliografia. M. Fretz, "Herem in the Old Testament", em *Essays on War e Peace: Bible and Early Church*, ed. W. M. Swartley (Elkhart, 1986), 7-44, 67-95; J. S. Kaminsky, *Corporate Responsibility in the Hebrew Bible*. JSTSup 196 (Sheffield, 1995); S. Niditch, *War in the Hebrew Bible* (Oxford, 1993); P. D. Stern, *The Biblical Herem*. Brown Judaic Studies 211 (Atlanta, 1991). [JOEL S. KAMINSKY]

DESTRUIDOR A manifestação do poder de Yahweh como o anjo da morte. Na praga final sobre o Egito, Yahweh promete matar os filhos primogênitos dos egípcios (Êx 11:4-8). Quando o agente da destruição divina passa pela terra (Êx 12:29), os israelitas evitam a calamidade seguindo a ordem de Yahweh de espargir o sangue do cordeiro nos umbrais das portas (v. 21-23). Um anjo destruidor desempenha outros atos de punição após o censo de Davi (2Sm 24:16-17) e no meio do acampamento assírio durante o cerco de Jerusalém, nos dias de Ezequias (Is 37:36). No AT, o destruidor (heb. *măšḥ'ṯ, šōḏēḏ*) também se refere aos agentes humanos empregados como instrumentos do poder de Yahweh (Jó 15:21; Is 21:2; Jr 4:7; 48:8, 15, 18).

No NT, Paulo ordena aos coríntios que não murmurem como os israelitas o fizeram no deserto quando Yahweh liberou o destruidor (gr. *olothreutḗs*) sobre eles (1Co 10:10; cf. Nm 16:13-14, 41-50). Não fica claro se Paulo identifica o destruidor como Satanás ou como um anjo específico. A última identificação representa a visão na literatura rabínica. [WILLIAM D. MATHERLY]

DEUEL (heb. *dĕʿŝʾēl*) Representante da tribo de Gade no deserto e o pai de Eliasafe (Nm 1:14; 7:42, 47). Em Números 2:14, ele é chamado Reuel (4), provavelmente resultante de uma confusão das consoantes hebraicas daleth e resh.

DEUS Palavra genérica para a divindade, usada para se referir ao Deus de Israel (heb. *ēl / 'ĕlōhîm*) e usada pela comunidade cristã (gr. *theós*) assim como referência aos deuses de outros povos. A palavra também se tornou nome para a Divindade da comunidade crente e foi usada em clamores direcionados ao Senhor (p. ex:, Sl 22:1 [TM 2]; Mc 15:34).

Deus é o assunto central da Bíblia. Sempre é apresentado em relacionamento com o mundo, com aquilo que não é Deus. A existência de Deus é crida desde o primeiro verso de Gênesis, o caráter central de Deus e os propósitos mais básicos são constantes em ambos os testamentos. A fala e a ação divinas estão sempre a serviço de seus propósitos, seja na criação, juízo ou salvação. A pessoa e a obra de Jesus Cristo completam o testemunho do NT, mas o "Cristo-evento" é entendido como o ato decisivo de Deus testemunhado no AT. Jesus Cristo se constitui na revelação mais plena do Deus de Israel e na culminação dos propósitos salvadores de Deus para o mundo.

QUESTÕES DE GÊNERO. Deus é uma personagem em toda tradição bíblica (exceto Ester). Deus é apresentado como aquele que fala, com quem se fala e a respeito de quem se fala (embora a fala direta de Deus seja rara no NT). Também é descrito como aquele que age e é afetado pelas ações de outros (p. ex., provocado à ira). Mais comumente, Deus é apresentado como uma personagem da narrativa, cuja presença pode ser descrita tanto como intensa (Sinai, Jesus Cristo) quanto discreta (a história de José). As narrativas proporcionam profundidade ao caráter de Deus sem trazer fechamento à descrição dele; elas apresentam Deus como realidade viva com toda a ambiguidade e complexidade resultantes.

Ao mesmo tempo, os textos bíblicos não se contentam com as narrativas em si e suas descrições de Deus. Afirmações (credais) generalizadas a respeito de Deus estão entrelaçadas com as narrativas. Os tipos de gêneros generalizadores são aqueles que juntam as alegações a respeito de Deus a soma dos atos divinos (Dt 26:5-9; cf. At 2:14-36; 7:1-53), em modos mais abstratos (Êx 34:6-7;cf, 1Co 8:4-6), e em hinos e doxologias (1Tm 6:15-16; Sl 145).

A integração desses tipos de afirmações dentro de outros gêneros sugere que eles representam a centralização em meio ao pluralismo teológico da Bíblia. O apelo regular do livro de Salmos — que apresenta a fé em sua forma mais pura — a essas generalizações é digno de nota. Em geral, as narrações históricas especificavam aqueles eventos na história que foram constitutivos da comunidade da fé, e as generalizações a respeito de Deus proporcionaram uma interpretação contínua para a espécie de Deus tido como ser ativo naqueles eventos.

Essas alegações da verdade não são apresentadas em formulações finais e permanecem abertas a nova linguagem e conteúdo. Além disso, algumas descrições narrativas de Deus não se encaixam na confissão predominante, testemunhando à teologia em processo por levantar reflexões e desafios com respeito a Deus que as afirmações credais devem levar em conta na discussão contínua a respeito da identidade divina (Jn 4:2). O NT continua esse processo em seu trinitarianismo incipiente (Mt 28:19) e suas alegações a respeito de Jesus e Deus (Jo 1:1; 20:28).

Outra questão de gênero é levantada pela linguagem para Deus e a respeito de Deus na literatura de lamento e protesto. Como alguém "traduz" a linguagem desses gêneros em formulação teológica (p.ex:, Sl 44:23-24 [24-25]? Que essas expressões ocorram predominantemente é um fato importante. O leitor deve separar a função retórica dessa linguagem e seu caráter metafórico antes de discernir como usá-la em formulação teológica.

O conhecimento de Deus. As fontes para a ideia bíblica de Deus são diversificadamente orais e complexas (Hb: 1:1-2). Uma ênfase recente na revelação no decorrer da história tem dado margem a um entendimento mais abrangente que inclui a história de Israel: eventos naturais; experiência de cada dia; encontro pessoal e verbal; eventos litúrgicos; interação com outra religião e literatura antiga, tanto no antigo Oriente Próximo como no mundo greco-romano; o ministério, vida, morte e ressurreição de Jesus; o testemunho interno do Espírito Santo.

O NT pressupõe o entendimento de Deus do AT e, desse modo, baseia suas formulações teológicas, incluindo sua centralização na confissão de que Jesus é o Cristo, a imagem do Deus invisível (Cl 1:15). Ao mesmo tempo, as alegações do NT a respeito de Jesus Cristo e do Espírito Santo resultam numa perspectiva nova que preenche a identidade do Deus de Israel.

Geralmente, a linguagem para Deus é baseada em ao menos três fontes:

1. Revelação de Deus. Deus não é "nomeado" por outros (Gn 16:13 é exceção), pessoas diversas ou outros deuses. Embora não plenamente reveladores do caráter, os nomes de Deus dão uma ideia de Deus, como faz outra linguagem de autoidentificação (Êx 34:6-7).

2. A experiência contínua com Deus, em grandes eventos, ocasiões de adoração e em encontros diários. A linguagem para Deus é quase sempre metafórica e está usualmente associada com o cada dia, com o que é terreno e com o concreto: esferas do lar e família, social e comercial; relacionamentos entre os seres humanos; entidades não humanas. A mais fundamental dessas metáforas é o seu caráter relacional, revelando um Deus que não é indiferente ao mudo, mas que entrou em relacionamento genuíno com as pessoas, e opera em e através das complexidades e ambiguidades da vida.

3. O contexto antigo. A dependência linguística e de imagens nas culturas do antigo Oriente Próximo e do mundo greco-romano não é simplesmente formal; as verdades a respeito de Deus estavam disponíveis para os estranhos à comunidade da fé e os entendimentos eram enriquecidos por esse contato (At 17:22-31). Longe de diminuir a singularidade da fé bíblica, elas testemunham da obra de Deus, o Criador.

Entre as metáforas para Deus (algumas são também usadas para Jesus) estão: marido (Is 62:5), pai (63:16; Hb 12:9, mais frequentemente por Jesus), rei (Sl 95:3; Mt 5:35), juiz (Gn 18:25; Hb 12:23), pastor (Sl 23:1; Mt 18:10-14), redentor-salvador (Is 44:24; Lc 1:47), oleiro (Jr 18:1-6); guerreiro (Êx 15:3), rocha (Sl 18:3 [3]), luz (Sl 4:6 [7]; 1Jo 1:5) e espírito (Is 63:10; João 4:24). As metáforas antropomórficas são muito mais comuns no AT do que no NT (Lc 11:20; Rm 1:18); todavia, a visão que o NT tem de Deus não é mais espiritual, devido à encarnação. Imagens femininas são usadas, refletindo as experiências peculiares de mulheres, especialmente a maternidade (Is 42:14; 66:13; Lc 15:8-10); a imagem de uma criança no ventre de sua mãe ou no seu seio comunica um senso singular de proximidade com Deus. Todas as metáforas têm um "Sim" e um "Não" respeitosos; elas têm continuidade com a realidade que é Deus, mas não uma correspondência exata, pois nenhuma imagem ou metáfora pode apreender Deus.

Alegações básicas a respeito de Deus. As alegações a seguir são centrais com respeito ao entendimento bíblico de Deus; os textos são citados de ambos os Testamentos e são significativamente representados através de vários gêneros e tradições.

Vivo e eterno. A existência de Deus é pressuposta na Bíblia desde Gênesis 1:1. A vida de Deus é sem começo e sem fim (Sl 90:1-2; 102:2627 [27-28]; Rm 1:23; 16:26). Ele não é depende de ninguém para existir. Deus não tem árvore genealógica (teogonia).

Somente Deus tem o poder de fazer ressurgir dos mortos e de conceder vida eterna (2Rs 5:7; Dn 12:2), o NT é centrado na ressurreição de Jesus(1Pe 1:21). Ao mesmo tempo, Deus, tendo criado o mundo, resolveu ser dependente das criaturas para a vida contínua e o contínuo cuidado do mundo (Gn 1:22, 28).

Unidade. Deus é um. Deus não é divisível em divindades ou poderes (cf. Baal). Há uma unidade para a identidade divina (Dt 6:4-5; 1Co 8:4-6; Ef 4:6). Deus une em um único ser tudo o que é Deus. Uma pessoa pode discernir algum desenvolvimento no entendimento de Israel a esse respeito, mas a descrição canônica de Deus é decisivamente monoteísta (Dt 4:35; Is 45:7; 1Tm 1:17).

Ao mesmo tempo, diversos textos do AT descrevem Deus como Aquele que age dentro da esfera do *divino* (Sl 103:20-21; Jr 23:18:22). Essas passagens testificam de Deus como ser social, dentro da comunidade divina num relacionamento de mutualidade. A criação dos seres humanos, é entendida como o resultado de um diálogo intradivino (Gn 1:26). Esses testemunhos da riqueza e complexidade da esfera divina, sem dúvida, contribuem para as reflexões do NT a respeito de Deus que se move para uma identidade trinitariana.

Único, incomparável. Comparado a quaisquer outros poderes, não há nenhum Deus como o Deus de Israel. Deus é incomparável (Sl 35:10; Is 40:18, 25). A santidade de Deus (Is 5:19, 24; João 17:11) expressa a qualidade de ser transcendente, a alteridade do Senhor; Deus não é um ser humano (Os 11:9). Todavia, esse Santo habita no meio de Israel (Is 12:6), Jesus é o "Santo de Deus" (Mc 1:24) e o Espírito Santo é relacionado à presença divina (Jo 14:26). Consequentemente, a santidade não significa desinteresse ou distância. Deus é revelado como o transcendente exatamente em sua imanência, pela maneira como Deus está presente e ativo entre o povo.

Presente. Deus está presente e ativo em todo o mundo. Deus "enche os céus e a terra" (Jr 23:24; Sl 139), "é sobre todos, por todos e em todos" (Ef 4:6). Deus é parte do mapa da realidade e está relacionado a tudo que não é Deus. A Terra está também "cheia da bondade de Deus" (Sl 33:5 [6]; Rm 8:38-39). Deus não está simplesmente "aqui e ali"; Deus está sempre presente *em amor*, em cada ato divino. Daí, a presença de Deus não ser estática ou passiva, mas fundamentada num amor constante e sempre obra pelo bem de tudo.

No desenvolvimento de uma tipologia da presença divina, alguém pode falar de variações de identificação na comparação da presença geral (ou criadora) de Deus, da presença de acompanhamento, presença de habitação e presença teofânica. A Bíblia nunca trata de ausência real de Deus, embora tal fato possa ser percebido (Sl 22:1 [2]; Mc 15;34). Nenhuma narrativa *plena* de qualquer evento é possível sem decompor Deus no processo.

De acordo com o Salmo 104:1-3, Deus fez o tempo e o espaço deste mundo, o lugar da própria habitação de Deus. Para usar a linguagem de Isaías 66:1, o céu é o trono de Deus e a terra o estrado de seus pés. Qualquer movimento de Deus do céu para a terra é o movimento de uma parte da ordem criada para outra. Deus — que está além do mundo — opera de dentro do mundo, dele não do lado de fora dele (At 17:28).

Ativo. Deus age no mundo. A Bíblia testifica de uma obra divina que é abrangente. A ação de Deus está enfocada em Israel, Jesus Cristo e a comunidade cristã primitiva, e a fala de Deus é especialmente articulada ali, mas a atividade divina não está limitada a eles ou aos eventos históricos (Rm 3:29). Gênesis 1-11, ao introduzir o cânon, proporciona uma estrutura universal de referência, descrevendo Deus como criador de tudo (como faz o NT; Rm 11:36; Hb 2:10), e também testemunha de um Deus cuja atividade *universal* inclui angústia, julgamento, salvação, eleição, promessa, bênção, o estabelecimento do pacto e a promulgação da lei. As ações de Deus na comunidade da fé e para ela assim ocorrem *dentro* das ações mais abrangentes de Deus no mundo mais amplo e são moldadas pelos propósitos de Deus para este mundo. Alguns textos (Am 9:7) reforçam o entendimento que mesmo as ações salvadoras de Deus não estão confinadas à comunidade da fé ou efetuadas somente através de sua mediação.

Relacional. As ações de Deus ocorrem a partir desses relacionamentos estabelecidos com o mundo. Essas ações são, por sua vez, baseadas na realidade social de Deus. Em outras palavras, o relacionamento é integral para a esfera divina independente do relacionamento de Deus com o mundo.

Esse Deus relacional entra livremente em relacionamento com o que foi criado de tal modo que as criaturas têm alguma coisa de importante para dizer e fazer. Isso é visto numa linguagem muito comum a Deus — que é retirada dos relacionamentos interpessoais. Mesmo textos em que a linguagem não é pessoal, ela é relacional (Sl 31:2 [3]). Esse foco relacional fica evidente também na ênfase sobre Deus como Aquele que não somente comunica, mas que está desejoso da voz das criaturas como retorno (Is 65:1-2). Além disso, Deus fornece o(s) próprio(s) nome(s), por meio disso, identificando o eu divino como membro distinto da comunidade daqueles que têm nomes. A visão que o AT tem de Deus não é menos relacional e íntima do que a visão do NT.

O Deus de Israel entra em relacionamento de compromisso. Já em Gênesis 1-11, Deus se compromete com o próprio eu a ter um relacionamento que exige compulsão e restrição no exercício de poder no mundo (1:28; 8:21-22). Mesmo além do pecado, Deus está comprometido a compartilhar poder com os seres humanos (Sl 8). Além do mais, os pactos nos quais Deus entra — com Noé, Abraão, Israel, Davi, e o novo pacto (Hb 8:8-12) — são relacionais por sua própria natureza. Deus, nesse sentido, faz compromissos que vai honrar aconteça o que acontecer (cf. Gn 15:7-21). Assim, tanto na criação como na redenção, as ações de Deus ocorrem a partir de relacionamentos de dentro que ele vai honrar em qualquer circunstância — por causa de quem Ele é.

Intencional. As ações de Deus são ativação da vontade divina. As ações de Deus são intencionais, não casuais ou acidentais. Cada ato divino é ato de vontade. Os atos de Deus sempre servem a um propósito dele no mundo. A palavra do Senhor procura clarear e dirigir a Sua vontade dentro de uma presença já penetrante, e torna disponível uma experiência viva (incluindo o conhecimento) da vontade de Deus. Cada ação divina é informada pela vontade salvadora suprema de Deus para o mundo, pela fidelidade às promessas e pelo constante amor de Deus por todos.

As distinções dentro da vontade de Deus são importantes para o pensamento a respeito da salvação e do juízo. A vontade salvadora de Deus é suprema e absoluta (Gn 12:3; Rm 11:32; 1Tm 2:4); a vontade de Deus no juízo é contingente e circunstancial. Diferentemente do amor, a ira não é um atributo de Deus. Deus é "provocado" à ira (Sl 106:29; Rm 2:1-8) pelo pecado humano em razão da justiça divina; se não houvesse nenhum pecado não haveria ira ou julgamento. A ira divina e o seu julgamento, comum tanto no AT como no NT, funciona tanto temporária como escatologicamente (Jo 3:18-19; Rm 5:9; 13:4), com efeitos tanto sobre os indivíduos como sobre as comunidades.

Interativo. Usualmente Deus toma a iniciativa de ação no mundo (criação, encarnação). Todavia, uma vez que os relacionamentos são estabelecidos, Deus também age em resposta às iniciativas da criatura. Por exemplo, Deus ouve os clamores dos israelitas no Egito e se "lembra" do pacto (Êx 2:23-25). Deus interage com Moisés no extenso diálogo em que as respostas do líder de Israel são levadas a sério por Deus, e produzem um novo discurso divino (Êx 3-6). A persistência de Moisés diante de Deus aumenta as possibilidades reveladoras, e diversos textos do NT tratam de tal perseverança como ocasionando novos direcionamentos para a ação divina (Lc 11:5-13; 18:1-8). Na verdade, em resposta às orações Deus pode mudar a mente divina (Êx 32:14; Jr 26:19), mesmo em resposta aos não escolhidos (Jn 3:10). Todavia, o caráter íntimo de Deus é imutável, assim como os propósitos divinos (Nm 23:19; 1Sm 15:28-29; Tg 1:17-18; Hb 6:13-20), e Deus será constante em seu amor. Os caminhos de Deus em relação ao futuro, portanto, não são decididos unicamente pela palavra e vontade divinas; a Palavra de Deus interage com a palavra humana e juntamente elas dão forma ao futuro.

Situacional. A ação de Deus é sempre situacionalmente apropriada, se adaptando para lugares e tempos específicos (Gl 4:4). O ser de Deus precede as suas ações (Êx 3:7-10). Deus é um mestre no discernimento. Em Êxodo 1-15, Deus responde à opressão de natureza sociopolítica nos moldes que a salvação de Deus toma. Deus age para salvar Israel dos efeitos dos pecados de outros, não de seus próprios. Os atos salvadores de Deus no retorno do exílio, contudo, têm necessidades diferentes em vista; Israel é perdoado de seus pecados e salvo dos efeitos de sua pecaminosidade (cf. Is 43:25). Na vida e morte de Jesus, ambos os sentidos de salvação estão presentes. Dentro daquelas ações enfocadas, os propósitos de Deus mais abrangentes estão em vista (Êx 9:16).

Efetivo. A atividade de Deus é efetiva no mundo, seja na criação, no êxodo, na queda de Jerusalém, na encarnação, na cruz, e no Pentecostes. Entre os efeitos, dois resultados mais abrangentes podem ser observados. No primeiro, os atos de Deus resultam em novo conhecimento. As promessas não conhecidas anteriormente são afirmadas, as responsabilidades são delineadas e os assuntos são clareados e julgados. Os atos de Deus resultam também em ato de formação. As ações de Deus iniciam novo relacionamento com Deus e um *status* mudado para os seres humanos e para as comunidades, p. ex., libertação da opressão e do pecado (2Co 5:17-21). As ações de Deus são também efetivas em várias formas de vida de adoração. As festas dramatizadas de Israel e dos sacramentos cristãos são veículos pelos quais a salvação de Deus no evento histórico é tornada novamente disponível para Israel. O sistema sacrificial de Israel tem uma estrutura sacramental em e através do qual Deus age para perdoar o adorador penitente.

As ações de Deus podem também resultar em novo conhecimento e tornarem para Deus, sendo a encarnação a mais fundamental. As respostas humanas às ações de Deus podem também conduzir a um novo nível do conhecimento de Deus (cf. Gn 22:12; Dt 8:2), que podem levar a novos direcionamentos na ação divina. Os novos compromissos feitos por

Deus e os novos relacionamentos estabelecidos tornam a situação mudada para Deus. Em algum sentido, alguém deve falar também de uma inovação [ou novidade] em Deus.

Vulnerável. A atividade de Deus não é inevitavelmente cheia de sucesso. A Palavra de Deus uma vez dada está nas mãos daqueles que podem usá-la indevidamente. A vontade de Deus nem sempre é feita. A finitude e o pecado podem conduzir à deslealdade e ao entendimento errôneo. Conquanto poderosa, a palavra de Deus possa ser (Jr 23:29), ela pode ser resistida (Ez 2:7), questionada (Jr 1:6-7), rejeitada (Zc 7:11), ridicularizada (Gn 18:12-13), zombada (Jr 6:10), desprezada (Jr 23:17), duvidada (Jz 6:13-17) ou descrida (Sl 106:24). O NT intensifica a oposição a Deus, com sua ênfase nas forças demoníacas (Lc 8:12; 1Ts 2:18). A Palavra de Deus é, portanto, não somente poderosa; ela é vulnerável, como é a atividade de Deus de modos não verbais. Isto resulta em sofrimento divino, evidente de um modo mais claro nos lamentos de Deus nos profetas (Os 11:1-9; Jr 319-20). O Deus que sofre por causa de Israel, com Israel, e por Israel e também pelo mundo é trazido ao foco supremo em Jesus, especialmente na cruz.

Deus manterá as promessas feitas, embora não seja possível saber como tais promessas serão cumpridas. Alguém poderia falar de um futuro aberto, dentro do qual a resposta humana participa na moldagem da vida no mundo, mas Deus opera intencionalmente dentro do complexo de eventos de modo que num novo céu e uma nova terra eventualmente serão trazidos à existência.

Uso de agentes. Deus opera por meio da linguagem humana e de vários agentes humanos e não humanos para ter as coisas feitas no mundo. Deus age diretamente, mas sempre através de meios. A variedade de meios é impressionante. Deus opera através daquilo que é criado para produzir novas criações (Gn 1:2; 11); através da linguagem humana para chamar Abraão, assim como através da dinâmica de sua viagem interrompida a Canaã (11:31-12:3); através de agentes não humanos nas pragas, na Páscoa, e no mar Vermelho (o não humano é salvador do humano); através dos rituais de sacrifícios para produzir reconciliação com Deus; através de reis não israelitas e de exércitos para enviar Israel ao exílio e para trazê-los de volta; através de profetas e pregadores (Rm 10:14-17) para proclamar a palavra de Deus de juízo e de graça.

Em tal atividade divina agenciada pela criatura, ela não é reduzida à impotência; a atividade de Deus não é determinante. Não há uma espécie de "deixa acontecer" da parte de Deus com respeito à criação, nem uma retenção divina de todos esses poderes. Deus resolveu ser dependente das criaturas, e ambos, Deus e as criaturas, são agentes eficazes. Porque as criaturas não são perfeitas, as ações de Deus através delas sempre terão resultados confusos. Como um exemplo, a violência está associada aos atos de Deus porque isso é característica das criaturas através de quem a obra é feita.

Geralmente, essa obra divina no mundo não deve ser vista de modo deístico nem determinista. Deus nunca permanece oculto no céu nem Deus administra o mundo de modo tão detalhado que controla cada movimento de forma que a agência da criatura não valha nada.

Atos poderosos. Algumas ações divinas são mais significativas que outras. Israel entendeu que esse era o caso mostrado pelo vocabulário ("atos poderosos", Sl 145:4, 12) e os gêneros empregados (alguns atos divinos estão esboçados em credos; Dt 26:5-9). A comunidade cristã fez um movimento similar com respeito ao "Cristo-evento", especialmente a morte e ressurreição de Jesus, evidente no tratado da história da Paixão e nas ênfases de Paulo.

Esse grande nível de importância está mais fundamentalmente relacionado às espécies de efeitos produzidos. Com respeito à formação, certos eventos são constitutivos da comunidade, sem os quais Israel ou a Igreja não seria o que é. Com respeito ao conhecimento, esses eventos são mais translúcidos em relação aos propósitos de Deus, trazendo coerência e clareza mais pronunciadas para um raio mais amplo do propósito e da atividade divinos.

Eventos extraordinários. Esses grandes níveis de importância podem ser relacionados aos eventos (mas não são necessariamente) sendo "extraordinários" ou miraculosos. Nos textos em que aparecem eles não são facilmente separados. A extraordinariedade não é entendida em termos de intervenção ou intrusão divina, como se Deus não estivesse normalmente presente. Os atos de Deus não são usualmente considerados extraordinários. Deus é visto como agindo em e através de meios proporcionados por um *continuum* causal, mas essa suficiente "execução" existe nesse *continuum* para permitir que Deus opere e o evento ocorra. Por exemplo, Jó 38-41 trata da liberdade da onda causal com seu interesse na ambiguidade e na imprevisão na criação (cf. o papel da sorte em Ec 9:1; 1Sm 6:9; Lc 10:31).

As questões de gênero e retórica são importantes. A linguagem usada para os eventos do Êxodo inclui aspectos extraordinários — pragas, páscoa, cruzamento do mar. Mas a queda de Jerusalém e o retorno dos exilados são descritos em termos mais mundanos como os efeitos dos movimentos do exército da Babilônia e a política da realeza persa. Isaías

40—55 usa figuras extraordinárias para falar de um retorno futuro (incluindo as mudanças na natureza) e liga esse fato à nova obra de Deus. Mas os textos descritivos do retorno em si não usam tal retórica. Essa diferença levanta questões sobre o gênero do material de Êxodo e sobre a extensão da qual sua extraordinariedade é reflexo dos eventos reais ou se constitui uma estratégia retórica mais em linha com a que é usada pelo Deutero-Isaías.

Bibliografia. S. B. Balentine, *The Hidden God* (Oxford, 1983); W. Brueggemann, *Old Testament Theology* (Minneapolis, 1992); T. E. Fretheim, *The Suffering of God: An Old Testament Perspective*. OBT 14 (Philadelphia, 1984); A. J. Heschel, *The Prophets* (New York, 1962); P. Trible, *God and the Rethoric of Sexuality*. OBT 2 (Philadelphia, 1978); C. Westermann e G. W. Friedemann, *What Does the Old Testament Say About God?* (Atlanta, 1979). [TERENCE E. FRETHEIM]

DEUS DESCONHECIDO, O Designação na inscrição de um altar ateniense "ao (ou 'um') deus desconhecido", usado por Paulo como texto do seu "sermão do Areópago" (At 17:22-31). Paulo tomou essa inscrição como indicativo da religiosidade ateniense e, com base nessa expressão da religiosidade, pregou o evangelho cristão a eles, refutando a acusação anterior deles de que ele estava apresentando novos deuses (At 17:18). Embora os antigos escritores (Pausânias, Filóstrato, Tertuliano, Jerônimo) confirmem a preocupação dos atenienses da omissão de quaisquer deuses desconhecidos de suas devoções religiosas, não existe evidência fora do livro de Atos de qualquer altar a um deus desconhecido. A historicidade da inscrição e do sermão está, portanto, sujeita a discussão acadêmica. Os estudiosos concordam, contudo, que ambos refletem com precisão o clima religioso do século I d.C. do mundo helenístico. A inscrição não deve sugerir quaisquer ideias gnósticas ou monoteístas embrionárias.

Bibliografia. H. Conzelmann, "The Address of Paul on the Areopagus", in *Studies in Luke-Acts,* ed. L. E. Keck e J. L. Martyn (1966, repr. Philadelphia, 1980), 217-30. [CHRISTOPHER SCOTT LANGTON]

DEUS NO ANTIGO TESTAMENTO, NOMES DE As palavras mais comuns para Deus no Antigo Testamento são o nome Yahweh (6639 vezes) e Elohim ("deus", 2750 vezes). A discussão a seguir enfoca os nomes menos frequentes e as palavras para Deus.

ADON. A palavra heb. *'ādôn* significa "senhor", com a conotação de superioridade, e era usada para ambas, as soberanias divina e humana. No AT, ela indica o poder e o controle de Yahweh sobre cada um e cada coisa. A forma Adonay (*'ădōnāy*) é usada exclusivamente a respeito de Yahweh. A terminação *ay* pode ser enfática ("o Senhor de tudo"). A tradução tradicional "meu Senhor" supõe um plural de majestade, com a vogal final alongada para distingui-lo de outros "senhores", tanto humanos como divinos. Quando usada independentemente de Yahweh, ela toma o caráter de um nome separado, mas a referência ao Deus de Israel é sempre clara (Gn 18:27; Êx 5:22; 349; Is 6:1). Ela é pronunciada no lugar do nome sagrado Yahweh.

BAAL. A palavra heb. *ba'al* significa "senhor", mas com uma nuança de posse; algumas versões traduzem essa palavra como "senhor" e "marido". Ela é frequentemente usada em referência aos deuses não israelitas em geral e como o nome deus-tempestade dos cananeus em particular. A única evidência clara para Baal como um título de Yahweh é o nome *be'alyah* (1Cr 12:5 [TM 6]; "Yah(weh) é Senhor"). Não é possível determinar se outros nomes incorporando Baal foram inicialmente entendidos como se referindo a Yahweh. Por exemplo, o filho de Saul, Esbaal (homem de Baal, 1Cr 8:33; 9:39) pode também ter sido chamado Isvi ("homem de Yahweh [?]"; cf. 1Sm 14:49), mas fica claro que a substituição de *bō šeṯ* ("vergonha") em quase todos esses nomes que os deuteronomistas entenderam o elemento teofórico como deus cananeu. Esbaal é chamado Isbosete na chamada história deuteronomista (, 2Sm 2:8, 10, 12, 15), e o filho aleijado de Jônatas, Meribe-baal (1Cr 8:34; 9:40) é chamado Mefibosete (2Sm 4:4). Finalmente, tem sido sugerido que Oseias 2:16 [18] ("Naquele dia, diz o Senhor, ela me chamará: Meu marido e já não me chamará: Meu Baal.") rejeita um uso estabelecido de Baal por Yahweh como Senhor. Contudo, o contexto é de casamento, e ambos os termos hebraicos deveriam ser traduzidos como "marido", demonstrando a rejeição do profeta com o último a fim de evitar qualquer confusão possível com a divindade pagã.

EL. A palavra heb. *'ēl* é o equivalente hebraico da palavra semítica comum para "deus" (cf. Ugar. *Il*, mesopotâmico e amorreu *ilu*, Arábia do norte, *ilah*, fen. *`l*). A derivação mais provável é da raiz verbal *`wl*, "ser forte, dominar". Embora o termo frequentemente signifique simplesmente "deus" no AT, há alguns exemplos nos quais ele preserva o nome de uma divindade além de Yahweh. Em Gn 33:20, Jacó dedica um altar em Siquém a *'el 'ĕlōhê yiśrā'ēl*, "El, o deus de Israel", enquanto em 46:3 um deus identifica-se a Jacó como *'el 'ĕlōhê 'āḇ'ḵā*, "El, o deus de teu pai". Entretanto, não deveria ser surpresa que o nome de Jacó tenha sido mudado para "Isra-El" após seu encontro noturno com "um homem" (Deus?) no vau do Jaboque (Gn 32:22-30 [23-31]) ou que a primitiva confederação tribal foi chamada "Israel". Esse nome indica que El era a divindade adorada pelo grupo que preservou as histórias patriarcais e que a identificação de Yahweh com "o Deus de Abraão, Isaque e Jacó". Em Êxodo 3:6, o nome representa uma assimilação posterior de duas divindades originalmente separadas.

Frequentemente El é seguido imediatamente por um epíteto, isto é, "El, que vê" (*'ēl rŏ'î*, Gn 16:13; cf. 22:14) e "El, o eterno" (*'ēl 'ôlām*, Gn 21:33; cf. Is 40:28; Jr 10:10). A frase *'ēl bêt-'ēl* em Gênesis 35:7 poderia simplesmente significar "o deus de Betel". Semelhantemente, *'ēl bĕr'ṯ* em Jz 9:46 é melhor entendido como "El do pacto"; *ba'al bĕr'ṯ* ("senhor do pacto", Jz 8:33; 9:4) é provavelmente um epíteto de El. Esses "nomes de El" estão associados a lugares específicos (p.ex:, Beer-lahai-roi, Berseba, Betel, Siquém), e são geralmente interpretados como manifestações locais de El.

El Elyon. O adjetivo *'elyôn* era comumente aplicado a reis e a deuses, e El Elyon (heb. *'el 'elyôn*) é um título apropriado para o deus altíssimo do panteão cananeu ("El, o altíssimo"). Em Gn 14:19, El Elyon é chamado *criador do céu e da terra* (*qōnēh šāmayim wā'āreṣ*). Essa é uma expansão de "El, criador da terra" (*'l qn 'rṣ*), que ocorre numa inscrição fenícia do século VIII a.C. de Karatepe e uma inscrição neopúnica do século II e está refletida no nome divino *El-ku-ni-ir-sa* de um mito heteu descoberto em Boghazkoy. A respeito da localização, à parte do Sl 78:35, a fórmula plena ocorre somente durante o encontro de Abraão com Melquisedeque, rei de (Jeru)salém (Gn 14:18-20, 22). Contudo, ele é divorciado de Jerusalém nas cinquenta ocorrências em que Elyon aparece sozinho(quatro estão paralelas com El), e no Salmo 78:35, o contexto é a peregrinação no deserto. À parte da equalização do (El) Elyon de Abraão com Yahweh, os dois são ligados somente no Saltério (Sl 7:17 [18]; 18:13 [14] (= 2Sm 22:14]; 21:7 [8]; Sl 46:4 [5]; 50:14; 57:2 [3]; 73:11; 78:56).

El Shaddai. Na literatura extrabíblica, esse nome ocorre em ugarítico e na inscrição talmúdica de Teima. A inscrição de Deir Allá menciona um grupo de deuses chamados *šdyn*. O El Shaddai (heb. *'el šadday*) bíblico era tradicionalmente traduzido como "Deus todo-poderoso" sob a influência da LXX *pantokrátōr* e da vulgata *omnipotens*. O elemento *šadday* é geralmente explicado como duplicação de *šaḏ* ("seio, montanha"). A tradução "El das montanhas" se adapta bem à descrição ugarítica da morada de El na montanha cósmica e nas "montanhas de El" (*harĕrê-'ēl*) no Sl 36:6 [7]. Visto que El era o deus dos patriarcas, é significativo que cinco dos oito exemplos da fórmula plena ocorrem em Gênesis (Gn 17:1; 28:3; 35:11; 43:14; 48:3). A função de Shaddai como epíteto de El é posteriormente refletida em suas treze ocorrências em paralelo com El (Nm 24:4,16; Jó 8:3; 13:3) e duas vezes com Elyon, outro dos títulos de El (Nm 24:16; Sl 91:1). Que ele foi considerado um nome divino antigo é evidenciado pelo fato de que 31 das 41 ocorrências de Shaddai em si mesmo são encontradas no livro de Jó deliberadamente arcaico. A autorrevelação de Yahweh a Moisés como El Shaddai em Êx 6:3 é parte da principal identificação bíblica de Yahweh com El (cf. Gn 17:1; Rt 1:21; Is 13:6; Jl 1:15).

Eloah. Forma expandida de El e possivelmente a forma singular de Elohim, a palavra heb. *'ĕlōah* é usada tanto como o substantivo genérico "deus" quanto nome divino. Assim como El e Elohim, alguns casos são ambíguos, mas *'ĕlōah* é claramente substantivo em 2Crônicas 32:15; Salmo 114:7; Isaías 44:8; Daniel 11:37-39. A maioria das ocorrências de *'ĕlōah* como nome ocorre na poesia de Jó (inclusive todas as 41 vezes em Jó), livro em que ela é paralela de Shaddai e El. Fora de Jó, Eloah é referência direta a Yahweh.

Temor de Isaque. O "*paḥaḏ* de Isaque" é creditado com a ajuda de Jacó, durante sua curta permanência com Labão (Gn 31:42), e Jacó invoca o "*paḥaḏ* de seu pai Isaque" como fiador do tratado subsequente com seu sogro. O contexto e conteúdo requerem a nuança da proteção divina, derrubando as possíveis derivações significando "clã" ou "coxa" (Gn 24:2, 9; 47:29). A tradução tradicional como "o temor de Isaque" denota o temor que Deus instila em outros como meio de proteger Isaque e Jacó (cf. o temor de Yahweh" em 1Sm 11:7; Is 2:10, 19, 21). É mais uma descrição da atividade de Deus que um nome.

O Santo. A palavra hebraica *qāḏôš* enfatiza a qualidade divina de ser distinto aplicada aos deuses em geral e de Yahweh em particular: das 44 ocorrências 31 são "o Santo de Israel". É o termo favorito de Isaías (30 vezes; 25 delas com a fórmula plena; 3 outras se referem a Israel no mesmo verso). Ele é frequentemente usado no contexto da singularidade de Israel, por meio da qual acentua o contraste com Yahweh (Sl 78:41; Is 1:4; 30:12; 37:23; Jr 51:5; Os 11:12 [12:1]). O vocativo em Salmo 71:22 indica que ela poderia ser usada como um nome divino, como faz o paralelo com Eloah em Hc: 3:3.

O Poderoso de Jacó. O adjetivo *'abb'r* significa "forte, poderoso" e é usado a respeito de seres humanos e animais. O animal forte por excelência era o touro (cf. o paralelismo em Is 34:7; Sl 22:12 [13]), e muitos traduzem a frase *abb'r ya'ăqō ḇ* como "o touro de Jacó", apelando para o epíteto "Touro" para El no ugarítico. Em Gênesis 49:24, a frase está ligada a referências a El Shaddai (v. 25b) e "El, teu pai" (v. 25a). Isso provavelmente representa a preservação de outra lembrança de El como o deus de Jacó, a que enfatiza o poder da divindade que cuida do patriarca. Entretanto, todas as outras menções explicitamente identificam "o Poderoso" como Yahweh (Is 49:26; 60:16; Sl 132:2, 5; cf. Is 1:24, "o Poderoso de Israel"). Os massoretas pontuando sem um daguesh na consoante média dissociam o epíteto da figura do touro no culto israelita do norte e procuram evitar a confusão com Baal.

Bibliografia. A. Alt, "The God of the Fathers", em *Essays on Old Testament History and Religion* (1967, reinpr. Sheffield, 1989), 1-77; F. M. Cross, *Canaanite Myth and Hebrew Epic* (Cambridge, Mass., 1973), 31-75; O. Eissfeldt, "'adon, "adonai", *TDOT* 1.59-72; T. J. Lewis, "The Identity and Function of El/Baal Berith", *JBL* 115 (1996), 401-23. [JOHN L. MACLAUGHLIN]

DEUS NO NOVO TESTAMENTO, NOMES DE Os três termos principais para a divindade no NT são "Senhor", "Deus" e "Pai".

O NT refere-se à divindade como o "Senhor" (gr. *kýrios*") aprox. 180 vezes. Mais de 70 dessas ocorrências são citações e alusões textuais, que traduzem tipicamente a palavra hebraica YHWH (Yahweh). Embora esse uso não possa ser demonstrado no século I, os judeus daquela época se referiam a Deus com o Senhor. Enquanto a maioria das referências do NT ao Senhor sejam simples referências articulares ou de anartria (sem qualquer diferença aparente em significado), umas poucas estão em frases como "Senhor do céu e da terra" e "Senhor Deus de Israel". Não é claro se algumas referências ao Senhor (Mt 3:3) se refiram à divindade ou a Jesus.

O substantivo "Deus" (*théos*), é um título antes do nome divino, ocorre mais 1300 vezes no NT. A maioria dessas ocorrências se refere ao Deus proclamado pelo NT; elas pressupõem o ensino judaico de que "o Senhor nosso Deus é um" (Mc 12:29). A maioria dessas ocorrências é articular, embora as referências articulares e de anartria sejam usadas sem qualquer diferença em significado. Muitas dessas referências a Deus são citações textuais, nas quais frequentemente traduzem a palavra heb. *'ĕlō h'm*. Outras ocorrências de *theós* se referem ao diabo (2Co 4:4), a outros seres sobrenaturais (At 14:1) e mesmo a uma deusa (At 19:37).

O NT usa o epíteto "Pai" 261 vezes, usualmente em frases de várias palavras tais como "meu Pai", "vosso Pai", "o Pai no céu", e "Deus, nosso Pai". Embora essa metáfora ocasionalmente ocorra no AT, comparativamente poucas das referências do NT a Pai são citações textuais. Enquanto muitas passagens do NT identificam o Pai como o Pai de Jesus, muitas outras identificam o Pai como o Pai dos discípulos.

O Jesus histórico pressupunha o monoteísmo judaico. Jesus não foi reticente em usar o termo "Deus", especialmente quando proclamava a proximidade do reino de Deus. Muitos eruditos supõem que Jesus também se referia a Deus como Pai.

Marcos contém 48 referências a Deus, mas menos que dez ao Senhor e somente quatro ao Pai. Enquanto as referências a Deus ocorrem em material de ambientes muito diferentes, as referências ao Pai são somente na oração de Jesus no Getsêmani (Mc 14:36) e suas palavras aos discípulos (8:38; 11:25; 13:32).

O material Q contém ao menos cinco referências ao Senhor, nove a Deus, e nove ao Pai. Em cinco das referências, o Pai é identificado como o Pai de Jesus (Lc 10:21bd, 22abc), nas outras quatro como o Pai dos discípulos (Lc 6:36; 11:2, 13; 12:30).

Mateus contém 19 referências a Senhor, 50 a Deus e 44 a Pai. Mateus 1-2 enfatiza que o Senhor que falou através dos profetas é o mesmo Senhor que agiu durante os eventos da infância, e Mateus 3-4 associa Deus com as Escrituras e o poder divino. Os ditos de Jesus em Mateus 5:43-48 introduzem o agrupamento de referências ao Pai em 6.1-8 ("vosso Pai") que associam o Pai com a vontade divina, oração, perdão, e recompensa escatológica. Na maioria das referências de Jesus, após o Sermão do Monte, o Pai é identificado como seu próprio Pai ("meu Pai"). Conquanto muitas das referências de Mateus a Deus estejam nas palavras de Jesus a seus adversários ou no discurso de seus adversários, todas as referências ao Pai estão nas orações de Jesus, em suas palavras aos seus discípulos ou em suas palavras aos que O ouviam, isto é, seus discípulos e as multidões.

Por associar repetidamente o Senhor com a herança de Israel, a narrativa da infância feita por Lucas proclama que o Senhor que agiu durante os eventos da infância era o Senhor de Israel. Lucas 3-24 e Atos, entretanto, se referem muito mais repetidamente a Deus do que ao Senhor ou ao Pai. Enquanto ambos, Jesus e outros frequentemente se referem à deidade como Deus, somente Jesus usa o epíteto "Pai" nesse evangelho. Embora ocorra somente dezesseis ou dezessete vezes, essas referências ao Pai permanecem em pontos proeminentes na história. Muitas das referências a Deus em Atos estão em discursos, nos quais elas normalmente servem como sujeitos de afirmações que proclamam os atos de Deus na história de Israel e na história de Jesus, especialmente na ressurreição. Visto que as referências ao Pai aparecem somente em Atos 1-2 e a maioria das referências ao Senhor está em Atos 1-15, Deus é virtualmente o único título na última metade de Atos.

Sete cartas de Paulo contêm 430 referências a Deus, mas somente trinta a Senhor e 24 a Pai. Visto que a saudação de todas essas cartas apresenta a divindade como "Deus nosso Pai" (Rm 1:7; 1Co 1:3;

2Co 1:2; Gl 1:3; Fp 1:2; Fm 3) ou "Deus o Pai" (1Ts 1:1), elas implicitamente associam o Pai com as referências subsequentes a Deus. A maioria das outras dezessete referências ao Pai está nas passagens que também mencionam Deus; as únicas exceções são uma referência ao Pai numa citação textual (2Co 6:18), uma em material tradicional (Rm 6:4), e duas referências a "Abba, Pai" (Rm 8:15; Gl 4:6). Metade das referências a Senhor são citações textuais ou alusões.

João é o único evangelho canônico que se refere mais frequentemente ao Pai ao invés de Deus. A maioria das 120 referências ao Pai está nas palavras de Jesus, e muitas delas em passagens que principalmente identificam a divindade como o Pai de Jesus. Jesus também se refere repetidamente à divindade como "Aquele que me enviou" (Jo 4:34; 5:23-24). Ambos, o narrador (Jo 1:1, 18) como Tomé (20:28) se referem a Jesus como Deus. Muitas das outras referências a Deus estão nas palavras de Jesus, inclusive suas asserções de que Deus é "espírito" (Jo 4:24) e "o único Deus verdadeiro" (17:3); contudo, a palavra "Deus" ocorre muito mais vezes do que a palavra Pai nos discursos dos oradores do que nos de Jesus, inclusive oradores como Nicodemos, Pedro, Marta, Caifás e Pilatos. Esse evangelho tem somente cinco referências a Senhor.

As Epístolas joaninas se referem muito mais vezes a Deus do que ao Pai, com 1João enfatizando que "Deus é luz"v (1Jo 1:5) e Deus é amor (1Jo 4:8). Enquanto as outras epístolas e Apocalipse se referem muito mais a Deus do que ao Senhor ou ao Pai, 2Pedro e Judas contêm quase o mesmo número de referências a Senhor como a Deus.

Além de usar as palavras "Eli" ("meu Deus", Mt 27:46) e "Eloi" ("meu Deus", Mc 15:34), os autores do NT ocasionalmente usam outros títulos como o "Grande Rei" (Mt 5:35), ""Aquele que se assenta no trono" (Mt 23:22), "Poder" (Mt 26:64; Mc 14:62), o Bendito" (Mc 14:61), o "Altíssimo" (Lc 1:32), "Senhor dos Exércitos" (Rm 9:29), "Deus nosso Salvador" (1Tm 1:1), "Majestade" (Hb 1:3; 8:1); "Pai das luzes" (Tg 1:17), e "Senhor Deus todo-poderoso" (Ap 4:8). Vários autores usam construções mais longas como "o Pai das misericórdias e o Deus de toda consolação" (2Co 1:3), e o bendito e único soberano, o Rei dos reis e Senhor dos senhores" (1Tm 6:15). A linguagem litúrgica dos cristãos primitivos está por detrás de várias dessas passagens. Alguns autores do NT indiretamente se referem à divindade ao usar os passivos divinos e ao expressar a necessidade divina com o verbo *deí* ("é necessário").

Bibliografia. D. M. Bossman", Images of God in the Letters of Paul", *BTB* (1988), 67-76; R. L. No-wery, "God, Lord and Father: The Theology of the Gospel of Matthew", *BR* 33 (1988, 24-36; "Lord, God and Father: Theological Language in Luke-Acts", *SBLSP* 34 (Atlanta, 1995), 82-101. [ROBERT L. MOWERY]

A

DEUTEROCANÔNICOS, LIVROS Nome alternativo ("segundo cânon") que as Igrejas Católica Romana e a Ortodoxa aplicam àqueles livros encontrados na LXX e na Vulgata, mas não no texto hebraico do AT. De acordo com a decisão do Concílio de Trento (1548) e do Primeiro Concílio Vaticano (1870), esses livros iguais aos do Cânon Hebraico, são considerados como possuidores de autoridade divina e canônica.

B C **D** E

DEUTERO-ISAÍAS *Ver* ISAÍAS, LIVRO DE.

DEUTERONOMISTA, HISTÓRIA A história deuteronomista (ou deuteronômica) (HD) é uma construção teórica usada pelos eruditos modernos para abranger a unidade exibida pelos livros de Deuteronômio, Josué, Juízes, Samuel e Reis. Esse consenso da erudição deve muito ao estudo clássico de Martin Noth, que enfatizou que os livros de Deuteronômio a Reis constituem uma história contínua caracterizada por uma homogeneidade na linguagem, estilo e conteúdo. Na reconstrução feita por Noth, o deuteronomista incorporou a lei deuteronômica no começo de sua obra, estruturando-a com discursos de Moisés, e então acrescentou outras fontes — narrativas da conquista e do assentamento na terra, narrativas e discursos proféticos, anais e registros oficiais. O deuteronomista ordenou e deu forma a essas fontes, introduziu sua própria cronologia distinta, e inseriu seus próprios comentários e discursos (frequentemente na boca dos principais personagens) em momentos oportunos em sua história. Porque a técnica de composição do deuteronomista incluía seleção, edição e criação de novo material, a obra resultante não foi meramente uma compilação de narrativas, anais e sagas, mas uma obra unificada manifestando um desígnio deliberado e uma uniformidade de propósito. O estudo de Noth proporcionou alternativa convincente para aqueles primeiros eruditos que se concentravam somente sobre os livros históricos isolados sem a HD, e para aqueles que tentavam identificar filamentos dentro do HD contínuos ou mesmo análogos às fontes do Pentateuco.

F G H I J K L M N O P Q R S T U

Tematicamente Noth viu o HD como uma obra pessimista que narrava e censurava os registros da existência de Israel na terra. Para ser exato, houve pontos altos na história de Israel, tais como a dedicação do templo (1Rs 8), mas tais eventos positivos não poderiam evitar a eventual queda da monarquia nem proporcionar uma base para uma esperança futura. A história de Israel é, assim, um registro do "declínio sempre intenso" que culmina num desastre — o Exílio da Babilônia. As ideias de Noth têm sido desenvolvidas e refinadas na erudição recente.

V X Y Z

John Van Seters defende a unidade essencial da HD através de uma comparação com a historiografia do antigo Oriente Próximo e da Grécia. Os novos críticos literários enfatizam sua unidade como uma cuidadosa e habilidosa obra de arte.

Muitos outros eruditos têm procurado modificar as ideias de Noth. Ambos, Gerhard Von Had e Hans Walter Wolff desafiam as conclusões de Noth a respeito do propósito e do tema. Von Rad assinala para uma alternativa entre temas do "evangelho" e da "lei" em Samuel-Reis. As promessas davídicas protelam o exílio (1Rs 11:11-13, 31-35), enquanto a soltura de Jeoaquim da prisão (2Rs 25:27-30) prenuncia o reavivamento definitivo da linhagem de Davi, assinalando que a HD termina com uma promessa messiânica e não um julgamento final. Wolff cita a importância de voltar (sub) para Yahweh em Deuteronômio, Juízes, e Reis para argumentar que a HD adianta um elemento de esperança. O julgamento divino não vincula a condenação de Israel, mas chama os exilados ao arrependimento, porque o retorno (sub) do povo a Deus pode evocar o retorno compassivo de Deus para eles (1Rs 8:46-53).

Frank M. Cross e Rudolf Smend desafiam as noções de Noth de que a HD foi o produto de um autor do exílio. Esses eruditos, e as escolas de pensamento que eles representam postulam uma série de edições. Cross argumenta que a principal edição da HD foi composta durante o reinado de Josias como um documento programático promovendo o reavivamento de Josias do estado davídico. Essa edição principal da HD (Dtr1) foi retocada e revisada numa edição muito menos extensa (2Rs 23:25-25:30) no exílio (Dtr2). Cross baseia seu argumento na interação entre dois temas principais que correm na maioria dos livros de Reis: "o pecado de Jeroboão", que reverbera por meio da narrativa do reino do norte, e as promessas a Davi, que refreiam a ira divina na história de Judá. O editor exílico (Dtr2) retocou a obra mais anterior, introduziu o subtema da apostasia de Manassés, atribuindo a destruição de Judá à sua perfídia, e registrou o exílio de Judá. Os simpatizantes da teoria de Cross têm debatido se a contribuição de Dtr2 foi mais substancial (Brian Peckham) ou menos substancial (Steven L. McKenzie). Outros têm enfatizado a obra de Dtr1. Gary N. Knoppers, p. ex., argumenta que a atenção dada à história da monarquia do norte, à queda de Israel, e ao reino de Josias, podem somente ser entendidas no contexto do tratamento que Dtr1 deu à Monarquia Unida e as causas que ele atribui à criação da monarquia davídica.

Smend constrói essas sucessivas edições, quando presentes através da maioria de Josué a 2Reis e acrescenta um segundo deuteronomista nomisticamente orientado (DtrN) para o deuteronomista historicamente orientado postulado por North (DtrH). Para essas edições exílicas Walter Dietrich acrescenta uma terceira edição profeticamente orientada (DrtP), escrita após DtrH, mas antes de DtrN. Considerando que DtrH, muito parecida com a DH de Noth, funciona como uma etiologia para o ponto mais baixo de Judá, DtrP ataca a política e a apostasia cúltica da realeza do norte. O terceiro redator (DtrN) propositalmente acrescentou ditos legais variados, o código de lei em si mesmo, e as tradições da realeza de Jerusalém. Embora Dietrich afirme que todas as três redações estivessem completadas por volta de 560 a.C., Smend crê que DtrN provém do começo do período pós-exílico. Outros seguidores de Smend argumentam por uma sucessão das edições de DtrN. Todavia, outros discordam de Dietrich a respeito da natureza e do propósito das redações principais — DtrH, DtrP, e DtrN.

Alguns eruditos recentemente têm desenvolvido novas teorias de redações múltiplas, citando variações na *regnal formulae* dos reis do norte e do sul. Os argumentos deles não se inclinam facilmente em qualquer padrão específico, mas em muitos casos eles incorporam aspectos das hipóteses de Cross ou Smend. Todos esses eruditos (Manfred Weippert, André Lemaire, Mark A. O´Brien, Iain Provan, Baruch Halpern, e David S. Vanderhooft) abordam uma ou mais edições substanciais pré-exílicas da HD e de ao menos uma edição exílica. A despeito da proliferação de diferentes hipóteses redacionais, a maioria dos comentadores trata de uma história deuteronomista, testificando assim de uma profunda influência da teoria de Noth.

Bibliografia. F. M. Cross, *Canaanite Myth and Hebrew Epic* (Cambridge, Mass, 1973); B. Halpern e D. S. Vanderhooft, "The Editions of Kings in the 7ty-6th Centuries B.C.E.", *HUCA* 62 (1991), 179-244; G. N. Knoppers, *Two Nations Under God: The Deuteronimistic History of Solomon and the Dual Monarchies*, 2 vols. HSM 52-53 (Atlanta, 1993-94); Sl L. McKenzie, *The Trouble with Kings: The Composition of the Book of Kings in the Deuteronomistic History*. VTSup 42 (Leiden, 1991); M. Noth, *The Deuteronomistic History*. JSOTSup 15 (1943; trad. inglês; Sheffield, 1991); M. A. O'Brien, *The Deuteronomistic History Hypothesis*. OBO 92 (Göttingen, 1989); B. Peckham, *History and Prophecy* (New York: Doubleday, 1993); I. Provan, Hezekiah and the Book of Kings. *BZAW* 172 (Berlim, 1988); G. von Rad, Studies in Deuteronomy. *SBT* 9 (Chicago, 1953); J. Van Seters, *In Search of History* (New Have, 1983); H. W. Wolff, "The Kerygma of the Deuteronomic Historical Work", em *The Vitality of Old Testament*

Traditions, ed. W. Brueggemann e Wolff (1961; eng. Trans. Atlanta, 1975), 83-100. [GARY N. KNOPPERS]

DEUTERONÔMIO, LIVRO DE O quinto e último livro do Pentateuco. Visto de ambas as perspectivas, literária e teológica, é difícil de sobrestimar a importância do livro de Deuteronômio. Conquanto ele não seja em si mesmo uma obra-prima literária, sua influência literária direta é difundida através de uma boa porção do AT. Por exemplo, o escritor responsável por contar a história do antigo Israel em sua terra encontrado em Josué, Juízes, Samuel e Reis era deuteronomista. Outros escritores, usando a linguagem e o pensamento deuteronômicos, editaram diversos livros proféticos, em particular, Oseias e Jeremias. Deuteronômio que se apresenta como lei escrita normativa para Israel em sua terra é o primeiro livro a se ver como "Escritura" (Dt 17:19-20; 28:58; 29:19; 31:11). Deuteronômio, que vê o futuro de Israel determinado por sua observância da lei, moldou o desenvolvimento do judaísmo primitivo. Esse livro capacitou, mais do que qualquer outro, o antigo Israel a sobreviver a perda de suas instituições religiosas e culturais durante a crise na Babilônia. Ele fez da lei a instituição preeminente e doadora da vida religiosa para Israel.

Deuteronômio apresenta-se como o testamento de Moisés a Israel, que ele entrega como discurso de despedida para as tribos exatamente antes de sua morte na Transjordânia e a entrada deles em Canaã. O "testamento" era uma forma comum usada no mundo antigo para difundir o ensino moral. A despeito dessa unidade formal, o livro de Deuteronômio como o temos, não é obra literária unificada. Por exemplo, ele tem duas introduções (1:1-4:40; 4:44-11:32). Há diversos apêndices ligados ao livro, p. ex., o Cântico de Moisés (32:1-43) e a Bênção de Moisés (33:2-29). Há concordância geral que 4:44-28:68 forma o cerne do livro. Ainda, esse cerne não é também uma obra homogênea. O código de lei, que deve guiar a vida de Israel na terra, compõem os caps. 11—26. Os caps. 5—11 proporcionam uma introdução homilética ao código de lei. Parte do caráter de Deuteronômio é que ele consistentemente tenta motivar Israel à obediência de forma que o impulso dos caps. 5—11 enfatiza a motivação. Os caps. 27—28 refletem um ritual pelo qual Israel aceita as obrigações do código.

A despeito da atenção que Deuteronômio tem recebido dos intérpretes por causa de sua importância, consenso não tem sido alcançado a respeito de diversas questões fundamentais. Por exemplo, quais círculos nos grupos da liderança religiosa de Israel eram responsáveis por Deuteronômio? Conquanto a maioria dos intérpretes reconheça que atribuir o livro a Moisés seja instrumento teológico para legitimar seu conteúdo, eles não têm alcançado consenso algum a respeito da questão da autoria. Os sacerdotes, profetas, sábios, e os anciãos têm sido sugeridos. Semelhantemente, a questão da data do livro é ainda matéria de discussão. Os intérpretes têm apoiado as datas dos períodos pré-exílico, do exílio e pós-exílicos para sua composição. Muitos favorecem uma data no século VII a.C., em parte porque eles identificam o "livro da lei" de 2Reis 23:1-3 com alguma forma de Deuteronômio.

Uma das questões literárias mais significativas do livro não está óbvia para aqueles que leem o livro somente na versão inglesa. Há textos no livro que se dirigem a seus leitores na segunda pessoa do singular e outros que usam a segunda pessoa do plural. Por exemplo, 6:7-9; 11:18-20 são quase idênticos no conteúdo, mas o primeiro usa a segunda pessoa do singular, enquanto que o último usa a segunda pessoa do plural. A mudança de pessoa aponta para duas fontes? É um instrumento didático para se dirigir primeiro ao indivíduo e, depois, ao grupo? É simplesmente uma questão de variação literária? Esse fenômeno tem atraído grande atenção dos intérpretes. A maioria concorda que cada exemplo de mudança na pessoa tem de ser examinada particularmente. Esta não parece ser uma única explicação para as mudanças.

Conquanto muitas questões literárias devem ainda ser resolvidas, a importância de Deuteronômio para o desenvolvimento do pensamento religioso do antigo Israel é clara. Primeiramente, Deuteronômio introduz um novo entendimento do Divino. A expressão "então, haverá um lugar que escolherá o Senhor, vosso Deus, para ali fazer habitar o seu nome" (12:11) é um refrão constante em Deuteronômio e na história deuteronomista. Ela matiza a crença dos povos antigos de que seus deuses realmente moravam em seus templos. Deuteronômio nunca diz que Deus habitava no templo ou que o templo é a "casa de Deus". O templo é onde o nome de Deus habita e foi construído para o nome de Deus. Deus habita nos céus (26:15). Semelhantemente, quando fala da teofania no Sinai, Êxodo 19:21 observa que ver Deus representava um perigo para os israelitas. Para Deuteronômio, ver Deus não era nem mesmo uma questão. Ouvir Deus é que representava o perigo (4:32). O Deus que Deuteronômio descreve é transcendente. Este Deus é revelado através da Lei. A obediência a essa Lei torna a vida possível para Israel (30:15-16).

Então, Deuteronômio está acima de todo o livro da Lei. Ainda, ele não é simplesmente um depósito para antigas leis. Para Deuteronômio a lei é uma realidade viva. A grande façanha do livro é como ele adapta a tradição legal antiga a novas situações. Por exemplo, no antigo Oriente Próximo os sacrifícios que Israel fazia nos templos eram consumidos pelos deuses e seus sacerdotes (Êx 22:29-30 [TM 28-29]; Nm 18:15-21). Em Deuteronômio, ele é o doador dos sacrifícios que os consome. Além disso, Deuteronômio instrui o ofertor a convidar o pobre para partilhar da comida sacrificial (14:22-29; 15:19-23). O resultado da interpretação que Deuteronômio faz da tradição legal antiga é frequentemente uma humanização das antigas leis. O judaísmo primitivo seguiu o padrão estabelecido por Deuteronômio na produção do Mishnah e do Talmud, que são novas adaptações das tradições legais do antigo Israel.

Deuteronômio oferece uma visão utópica da vida de Israel, não porque ele apresente um plano inexequível para a vida de Israel na terra, mas porque apresenta Israel com ideais somente não um grupo somente com leis. Por exemplo, a lei do rei (17:14-20) não é realista. Nenhum monarca do antigo Oriente Próximo jamais concordaria em limitar suas prerrogativas como Deuteronômio sugere. O que essa lei enfatiza é a igualdade de todos os israelitas sob a Lei. Aos olhos da Lei, não há súditos ou rei, mas somente "irmãos". Semelhantemente, Deuteronômio consistentemente exige que pessoas de recursos se lembrem dos pobres. "A viúva, o órfão, o estrangeiro, e o levita", que Deuteronômio nunca esquece (10:8; 16:11; 24:19-21; 26:12-13; 27:19), eram pessoas que não tinham nenhum acesso à terra e à riqueza. Eles não podiam se sustentar a si mesmas e eram dependentes dos seus irmãos israelitas. Deuteronômio fica fortemente do lado daqueles que não possuíam vantagem alguma.

O propósito da Lei não é simplesmente providenciar ordem e organização para a vida do antigo Israel. Para Deuteronômio, ela descreve um modo de vida que está congruente com o status de Israel como um povo de Deus (cf. 4:32-40). A ideia da eleição de Israel está por detrás do livro de Deuteronômio. Essa eleição concede um status que Deuteronômio identifica quando ele chama Israel de "um povo santo" (7:6; 14:2, 21). Em outros códigos israelitas antigos, a santidade de Israel é uma consequência de sua observância (Êx 22:31 [30]). Para Deuteronômio, a santidade é característica fundamental do povo de Deus e deve ser o motivo por detrás das escolhas morais dele.

Outra ideia teológica importante para Deuteronômio é a terra. Deuteronômio e a literatura deuteronomista têm como tema principal o destino de Israel em sua terra. Deus deu a Israel a Lei para observar em sua terra (12:1), e a existência continuada de Israel na terra é dependente da qualidade de sua observância (4:26; 11:17; 28:63; 30:19). Para Deuteronômio, a terra de Israel não é simplesmente o ambiente para a história da vida de Israel nem a base para sua economia. A terra é o meio pelo qual Israel pode ter um encontro autêntico com o Divino através da experiência do cuidado providencial de Deus — especialmente através do dom da chuva e da fertilidade. A infidelidade de Israel tem somente uma consequência: a perda de sua terra e sua comunhão com Deus. A importância de Deuteronômio no desenvolvimento do judaísmo tem selado o relacionamento de Israel com sua terra.

Finalmente, Deuteronômio apresenta o pacto como metáfora básica para o relacionamento de Israel com Deus. Alguns sugerem que o livro em si mesmo segue a estrutura de um pacto do antigo Oriente Próximo. Conquanto essa visão possa ser difícil de sustentar, o pacto é uma ideia deuteronômica fundamental. Deuteronômio vê o pacto que ele pressente entre Deus e Israel como fluindo do pacto em Horebe (Sinai; cf. esp. caps. 1—3). Ainda, o pacto em Deuteronômio é um novo pacto que responde a uma nova situação (29:1 [28:69]). Deuteronômio apresenta a seus leitores uma noção do relacionamento de Israel com Deus que é tanto constante como desenvolvido. Vivendo esse relacionamento, é importante lembrar o passado, mas é também importante olhar para as circunstâncias em mudança que o povo de Deus enfrenta. Ainda mais, a única resposta que deve caracterizar a reação de Israel a essas novas circunstâncias é a fidelidade a seu Deus.

Deuteronômio é o livro mais teológico no AT. Ele ajudou Israel a sobreviver a perda de suas instituições sagradas que se seguiram à queda de Jerusalém até os babilônicos. Ele configurou a reconstituição de Judá seguindo-se a restauração que foi tornada possível pelos persas. O judaísmo, como ele existe hoje, é um produto do livro de Deuteronômio. O cristianismo desenvolveu seu autoentendimento em conversa com as perspectivas teológicas que estão no coração desse livro. De uma perspectiva teológica, é difícil avaliar em demasia o valor do livro de Deuteronômio.

Bibliografia. G. Braulik, *The Theology of Deuteronomy* (North Richland Hills, Tex., 1994); D. L. Christensen, *A Song of Power and the Power of Song* (Winona Lake, 1993); F. García Martínez, ed., *Studies in Deuteronomy*. VTSup 3 (Leiden, 1994); E. W. Nicholson, *Deuteronomy and Tradition* (Philadelphia, 1967); M. Weinfeld, *Deuteronomy and the Deuteronomic School* (1972; reimpr. Winona Lake, 1992). [LESLIE J. HOPPE. O.F.M.]

DEUTERO-ZACARIAS *Ver* ZACARIAS, LIVRO DE.

DEVOTO, DEVOTADO *Ver* BANIMENTO.

DEZ MANDAMENTOS Série de mandamentos dados por Deus ao seu povo da aliança por meio de Moisés. A Bíblia registra os Dez Mandamentos duas vezes. Em Êxodo 20:1-17, eles são a palavra que Deus fala a Israel no monte Sinai. Em Deuteronômio 5:6-21, eles são as palavras de Moisés, que relata o que Deus revelou a ele no monte Horebe. Ambas as versões estão incrustadas na história da libertação de Israel da escravidão no Egito. Separar os mandamentos dessa estrutura narrativa põe em risco a compreensão do signficado dos próprios mandamentos. Os mandamentos não são estipulações arbitrárias, e sim, a revelação do Deus que libertou os escravos hebreus.

A tradição bíblica apresenta os mandamentos como a base sobre a qual se torna possível o contínuo relacionamento com Deus. A libertação por Deus do povo de Israel da escravidão no Egito estabeleceu esse relacionamento. Os Dez Mandamentos fornecem a Israel a estrutura moral para mantê-lo. A metáfora que a Bíblia usa para expressar esse relacionamento é aliança. Embora a metáfora venha da esfera da lei internacional, é errado entender os mandamentos meramente como resumo das obrigações de Israel para com Deus. Eles não foram forçados à liberdade de Israel, e sim, a maneira que devia orientar Israel à plenitude de vida na terra que Deus lhes daria. Também, a obediência de Israel aos mandamentos não era questão de submissão à vontade divina tanto quanto era uma resposta de amor. A bondade e o amor de Deus, experimentados por Israel em sua libertação da escravidão, produziu uma resposta de amor de um Israel agradecido.

A Bíblia não sugere como os mandamentos devem ser divididos ou numerados. Referências aos "dez mandamentos" (heb. "dez palavras", por conseguinte "Decálogo") não aparecem nem em Êxodo 20, nem em Deuteronômio 5, mas em Êxodo 34:28; Deuteronômio 4:13; 10:4. As tradições católica romana e luterana seguem Orígenes, Clemente de Alexandria e Agostinho, que consideram a proibição de adoração a outros deuses e a feitura de imagens como mandamento e separam a proibição de cobiçar a mulher e os bens do próximo em dois mandamentos. As tradições rabínica e reformada juntam os dois mandamentos que proíbem a cobiça e separam em dois mandamentos a proibição de falsa adoração e feitura e imagens.

Não parece ser uma ordem lógica aos mandamentos, embora a série comece com obrigações que Israel tem para com Deus e depois continua com as obrigações que os israelitas têm uns para com os outros. O conteúdo dos mandamentos não é único na tradição israelita. O que é único é a associação deles nesse grupo de dez. A simplicidade dos mandamentos é também impressionante. Eles são diretos e não requerem especialista em interpretação legal. A tradição deuteronômica ressalta o entendimento do Decálogo quando nota que depois de dar os mandamentos Deus "e nada acrescentou" (Dt 5:22).

A compreensão da divindade no antigo Oriente Próximo fixou os parâmetros dos mandamentos que tratam das obrigações de Israel para com Deus. Os mandamentos proíbem qualquer atividade que implique controle humano sobre o divino. O povo instalava imagens de seus deuses em seus templos para garantir a presença divina no meio dele, mas nenhuma imagem podia forçar a presença divina em Israel. A cosmovisão mitológica no antigo Oriente Próximo imaginava os céus povoado por muitos deuses, enquanto os mandamentos exigiam que Israel servisse exclusivamente a Deus. O Deus de Israel não devia servir como fiador de falsos juramentos. A proibição de trabalhar no sábado mostra que o Deus de Israel ia determinar o padrão de vida do povo.

Os mandamentos que tratam das obrigações dos israelitas entre si têm paralelo nos códigos legais de outros povos do antigo Oriente Próximo e refletem um tempo quando o povo começa a viver junto em grupos. Para manter a solidariedade do grupo os membros precisam confiar uns nos outros, respeitar a vida um do outro, os relacionamentos matrimoniais e a propriedade. Que sociedade poderia durar por muito tempo se as pessoas mentissem regularmente umas às outras, roubassem, não respeitassem os laços matrimoniais e fossem complacentes com o assassinato? O que tornou única a abordagem do antigo Israel a essas obrigações comuns foi a sua crença de que o relacionamento do povo com Deus era dependente da criação e da manutenção de relacionamentos intrassociais justos. Quaisquer rupturas nesses relacionamentos comprometiam o relacionamento de Israel com Deus. Os Dez Mandamentos não contêm penalidades a eles ligadas porque o castigo máximo para roubar, mentir, assassinar e adulterar não é uma pena que a comunidade pode impor, e sim, somente Deus.

O mandamento que exige dos israelitas honra aos pais (Êx 20:12; Dt 5:16) é atípico porque encerra em si a ameaça implícita de que sua desobediência pode levar a um abrupto fim da vida na terra que Deus está dando a Israel. O mandamento que proíbe o assassinato (Êx 20:13; Dt 5:17) vê a morte de outro ser humano como ato incompatível com o relacionamento pactual que liga Israel a Deus e uns aos outros. Ele não proíbe a pena capital (Dt 17:2-7; 19:12) ou a guerra (caps. 20—21); outra legislação trata do assassinato acidental (19:1-13). Os Dez Mandamentos proíbem o adultério (Êx 20:14; Dt 5:18), mas não outras formas de atividades sexuais ilícitas; outras leis tratam delas (caps. 22—25). A tradição bíblica vê a violação da fidelidade matrimonial como ameaça à integridade do relacionamento de Israel com Deus (Jó 24:13-17; Jr 5:7; Os 4:2).

Há uma questão a respeito do mandamento que proíbe o roubo (Êx 20:15; Dt 5:19): o simples furto ou tomar algo de alguém pela força para venda como escravo. Ambos os crimes solapam as relações sociais. O mandamento que proíbe a mentira (Êx 2:16; Dt 5:20) tem como objetivo manter a integridade do sistema legal garantindo a veracidade do testemunho. Mas, tal veracidade não é uma necessidade legal, e sim, uma exigência de Deus. Os mandamentos que proíbem a cobiça (Êx 20:17; Dt 5:21) tratam da motivação e não das ações. Eles formam a conclusão adequada para o Decálogo, considerando que proíbem alimentar o desejo que leva a ações manifestas contra os outros mandamentos.

Os Dez Mandamentos refletem a percepção de que o Deus de Israel é Deus que governa todas as esferas da vida humana e que esse Deus exige obediência. Mas, é essencial ver os mandamentos no contexto da aliança de Israel com Deus. A obediência que Deus requer de Israel flui da ação libertadora de Deus em favor de Israel. Libertar os escravos hebreus da escravidão egípcia estabeleceu um relacionamento entre eles e o Deus deles. Os Dez Mandamentos são o meio pelo qual o antigo Israel devia manter aquele relacionamento. Finalmente, as estipulações individuais que formam os Dez Mandamentos mostram que a condição do relacionamento de Israel com Deus era um subproduto de harmonia na comunidade israelita.

Bibliografia. C. M. Carmichael, *Law and Narrative in the Bible* (Ithaca, 1985); W. Harrelson, *The Ten Commandments and Human Rights* (Philadelphia, 1980); A. Phillips, "The Decalogue — Ancient Israel's Criminal Law", *JJS* 34 (1983): 1-20; E. Nielsen, *The Ten Commandments in New Perspective*. *SBT*, 2nd ser. 7 (Naperville, 1968). [LESLIE J. HOPPE]

DIA "Dia" (heb. *yōm*; gr. *hēméra*) pode designar período de tempo definido. Quando a palavra "dia" é acompanhada por um número definido (Gn 1:5, 8; 7:11; Êx 16:1; Lv 23:34) ela aponta somente para um período de 24 horas. Esse tempo se estende desde o nascer do sol até o poente, compreendendo "tarde, manhã, e meio-dia" (Sl 55:17 [TM 18]). Enquanto Neemias 9:3 denota "quartos" de um dia, o AT não faz quaisquer outras divisões. Ele fala da "tardinha" (Gn 3:8; cf. Ct 2:17), do "calor do dia" (Gn 29:7), do meio-dia (Ne 8:3), do "sol se pondo ao meio dia" (Am 8:9), e do "dia perfeito" (Pv 4:18). Entretanto, o NT parece refletir dois períodos de 12 horas (Jo 11:9), com designações específicas tais como "o primeiro dia" (Lc 24:1), divididos em dois segmentos como as horas "sexta" e "sétima" (Mt 20:1-12; cf. Jo 4:6, 52). Porções de um dia eram contadas como um todo, assim contaram "três dias" para referir-se ao sepultamento de Cristo, embora eles não fossem três períodos plenos de 24 horas.

O sábado, o dia sétimo, é o único dia especificamente mencionado (Êx 20:8-11). Os outros seis dias são designados para o trabalho, mas o sábado é reservado para o descanso e adoração. O exemplo divino dos seis dias de trabalho, seguidos por um dia de descanso (Gn 1-2), se torna o padrão para a atividade humana e para a explicação do sábado.

"Dia" pode representar também um período indefinido de tempo. As referências aos "dias de Abraão" (Gn 26:18) ou "os dias de Salomão" (1Rs 10:21) apontam para o período de vida de uma pessoa (Hb 5:7) ou do reino dela (2Cr 34:33; Am 1:1).

Simbolicamente, a salvação e a justiça são descritas como o dia pleno de luz de modo que um viajante pode andar sem tropeçar (Jo 11:9; Rm 13:11-13). 2Coríntios 6:2 ao refletir Isaías 49:8, denota o "tempo aceitável" como o "dia da salvação". O Êxodo deve ser comemorado como "dia da salvação", porque naquele tempo Deus efetuou a libertação do seu povo da servidão do Egito (Êx 12:17; Dt 16:13). Esse foi um lembrete constante do desejo de Deus de salvar ("no dia em que eu vos tirei do Egito..."; 1Sm 8:8; Is 11:16). De acordo com Deuteronômio 5:12-15 a libertação de Israel por Deus proporciona uma razão soteriológica para a observância do sábado.

Os cristãos são chamados de "filhos do dia" (1Ts 5:5, 8). A certeza da palavra profética é assemelhada ao nascer do sol e de um novo dia (2Pe 1:19). Em João 9:4, o dia para o trabalho simboliza o período de serviço para a salvação. Apocalipse 21:25 descreve a vida eterna com Deus como um dia perpétuo.

Expressões como "nos últimos dias", (At 2:17; 2Tm 3:1; Hb 1:2), "os dias que estão para vir" (Am 4:2; 8:11; Jr 23:4, 7; 31:27, 31), "naqueles dias" (Jr 33:15; Zc 8:6) parecem ter uma referência escatológica. Esses "dias" apontam tanto para o julgamento como para a salvação. [KENNETH D. MULZAC]

DIA DO SENHOR **1.** O tempo da visitação definitiva de Yahweh, quando ele vier intervir para punir os ímpios, libertar e exaltar o remanescente fiel par adorá-lo e estabelecer Seu governo. Ambos, o julgamento e a salvação, são aspectos especialmente proeminentes. O Dia do Senhor é um conceito significativo na escatologia bíblica, especialmente nos livros proféticos do AT. Embora o termo exato apareça somente 16 vezes no AT, outras frases temporais são claramente relevantes ("naquele dia", Sf 1:9-10; Am

8:9; "o dia do sacrifício do Senhor" Sf 1:8; "o dia da ira do Senhor", Ez 7:19; cf. Is 2:12). Alguns eruditos consideram isso como o tema central da totalidade da mensagem profética. Os livros de Joel e Sofonias são completamente dedicados à proclamação do Dia do Senhor e seus eventos consequentes. Na verdade, a preocupação com a suposta origem do Dia (as tradições da guerra santa, uma festa antiga de entronização) não é necessariamente determinativa de seu significado posterior.

O Dia do Senhor traz o derramamento da punição de Yahweh sobre Israel e Judá. Amós 5:18-20, provavelmente a referência mais antiga, proclama o julgamento sobre Israel e sugere que o profeta destrói as expectativas do povo sobre o que vai acontecer. O povo do pacto, que espera Deus intervir para derrotar seus inimigos, é ao contrário desamparado com respeito ao juízo. De acordo com os profetas, esse julgamento divino não é arbitrário, mas é impelido pela idolatria (Is 2:8, 20; Sf 1:4-6), orgulho e arrogância (Is 2:11, 17), e uma falta de justiça social (Am 2:6-7; Sf 3:1-3). É um julgamento purificador, que limpa a mancha da impiedade de entre a nação escolhida de Deus. Impiedoso e inevitável (Am 5:18-19; Sf 1:12), o juízo especificamente visa atingir os líderes da nação (Is 3:1-3; Sf 3:2-3). Embora a punição venha na forma de uma derrota militar (Am 2:13-16; Sf 1:16), fica claro que Yahweh é a força motriz por detrás dele (observe os verbos na primeira pessoa em Amós 8:9-11; Sf 1:8-9, 11; cf. Joel 2:11).

O julgamento não está limitado ao povo do pacto, mas inclui certas nações vizinhas (Am 1:13-15; Sf 2:4-15; cf. também Jl 3:11-12 [TM 4:11-12]) que são destinadas a colher as consequências de seus atos infames (Am 1:13; Sf 2:8, 10). Diversos profetas o descrevem como um dia de proporções mundiais (Is 13:9; Sf 3:8; Zc 14:1-3, 9). De acordo com Sofonias, não é nada menos do que a reversão da criação, uma destruição mais vasta do que a que foi trazida pelo Dilúvio (cf. a abrangência dele em 1:2-3). Essa expectativa profética de um evento final e climático que é cósmico em seu escopo, não é inconsistente com o fato de os escritores bíblicos, às vezes, aplicarem o "Dia do Senhor" a eventos passados, tais como a destruição de Jerusalém (Lm 2:22) e a derrota do Egito (Jr 46:10). No pensamento bíblico, esses eventos passados representam o futuro e tendem a fundi-lo, prefigurando o tempo quando toda a impiedade humana for julgada, todo orgulho e arrogância humanos forem expostos, e qualquer poder de oposição a Deus for deposto, preparando o caminho para o estabelecimento do reino de Deus (Is 2:6-22).

Infelizmente, o aspecto salvífico tem sido frequentemente considerado como menos importante (ou mesmo incongruente) do que o aspecto de julgamento. Contudo, o Dia não é somente um tempo de julgamento ou de salvação. É um tempo de salvação por meio do julgamento, purificação e bênção pela purificação. Os profetas anunciam que um grupo da nação do pacto emergirá de um julgamento e receberá as bênçãos divinas. Esse grupo de sobreviventes, chamado remanescente (Mq 4:6-7; Sf 3:11-13), será composto de pessoas que procuram atentamente a Yahweh (Am 5:4-6), manifestam humildade (Is 2:11-12; Sf 3:11-12) e vivem eticamente (Am 5:14-15). Eles serão ajuntados por Yahweh, restaurados à sua terra e desfrutarão da presença de Yahweh em seu meio (Am 9:14-15; Sf 3:15, 20).

Com o julgamento, não somente Israel, mas também as nações experimentarão a bênção futura. Transformados por Yahweh, os estrangeiros expressarão sua devoção e lealdade (Is 19:18; Sf 3:9), fazendo peregrinações a Jerusalém para adorar (Is 2:2-4; Mq 4:1-4; Zc 14:16-17) e para venerar Yahweh em seu país (Is 19:19; Sf 2:11). Na verdade, cada objeto remanescente será dedicado a Yahweh naquele tempo (Zc 14:20).

No NT o Dia do Senhor é identificado com a Segunda Vinda de Jesus Cristo (2Pe 3:10-13; 1Ts 5:2; cf. 4:13-18) e é também chamado "o dia de nosso Senhor Jesus Cristo" (1Co 1:8; cf. 5:5; 2Co 1:14), "o dia de Jesus Cristo" (Fp 1:6) e outras frases semelhantes. Visto que é descrito como tempo de responsabilidade universal, quando o julgamento final for distribuído e as recompensas finais atribuídas, inclui o mesmo alcance básico de eventos semelhantemente ao conceito do AT.

Com respeito ao tempo adequado daquele Dia, embora certos eventos possam acontecer primeiro (2Ts 2:1-3; cf. Mq 4:5 [3:23]), o apóstolo Paulo ecoa os profetas do AT na proclamação de que ele está próximo (Rm 13:11-12; cf. Is 13:6; Jl 1:15; Sf 1:7-14). Esse Dia, o tempo da vindicação final do remanescente piedoso e da derrota completa dos ímpios, o mundo ainda aguarda.

Bibliografia. G. A. King, "The Day of the Lord in Zephaniah", *BSac* 152 (1995): 16-32; W. Van Gemeren, *Interpreting the Prophetic Word* (Grand Rapids, 1990), 214-25. [GREG A. KING]

2. A frase "o dia do Senhor" é encontrada na Escritura somente em Apocalipse 1:10, em que João está descrevendo as circunstâncias nas quais ele recebeu sua revelação. A frase é comumente usada em referência ao domingo e está com frequência ligada ao sábado no AT. Não há dúvida de que "o Senhor" nesse caso refere-se a Jesus e não ao Pai. Na igreja primitiva, os cristãos se reuniam para adoração no domingo, por ser o dia da ressurreição de Jesus (At

20:7; 1Co 16:2). Além disso, o domingo foi o primeiro dia da semana no calendário judaico e, portanto, recordava ao povo o primeiro dia da criação e da recriação de Jesus por meio da redenção. Ele foi também chamado de oitavo dia, apontando para o esperado dia do juízo. Os cristãos primitivos podem ter acreditado que Cristo voltaria no domingo.

Além de domingo, dois outros significados possíveis da frase "o dia do Senhor" em seu contexto em Apocalipse foram propostos. Alguns argumentam que pode referir-se à observância anual da Páscoa. Entretanto, outros usos dos cristãos primitivos de "o dia do Senhor" sugere a guarda semanal, em vez da anual. Outros estudiosos têm argumentado que ele se refere ao próprio dia do juízo, em vez do domingo, como tipo do esperado dia do julgamento ou oitavo dia acima descrito. Entendido dessa forma, pode ser sinônimo de "o grande dia" mencionado em Apocalipse 6:17; 16:14; entretanto, isso não faz sentido no contexto de Apocalipse 1. Para harmonizar Apocalipse 1 com essa teoria, alguns têm sugerido que João foi transportado nessa visão ao dia do juízo.

Bibliografia. D. A. Carson, ed., *From Sabbath to Lord's Day* (Grand Rapids, 1982). [ANN COBLE]

DIABO Tradução vernacular da palavra grega *diábolos*, que tanto no grego helênico como no clássico significava mal (humano), adversário, falso acusador, difamador, caluniador. Em todas, exceto em quatro, de 21 aparições na LXX, *diábolos* (usualmente com o artigo) é a tradução do hebraico *(haś)śāṭān*, "um adversário ou conspirador, aquele que maquina meios para se opor a outro". Em alguns desses casos, *(h o diábolos)* denota (1) Agente (divino/celestial?) a quem foi atribuído o papel de precipitar a ira de Deus contra Israel (1Cr 21:1); (2) Conspirador humano ímpio e falso acusador (Sl 109:6; Et 7:4; i.1); ou (3) Obstáculo à fidelidade de Israel (1Mac 1.36). Na maioria dos casos, entretanto, *diábolos* (sempre com o artigo) significa especificamente ser celestial, em particular um membro da corte celestial, responsável por acusar e perseguir pecadores perante a corte da justiça divina. Esse ser é considerado como legalista rigoroso que busca seus deveres com a inclinação de um zelote (Jó 1:6, 7, 9, 12; 2:1-7; Zc 3:1, 2). Se, como frequentemente é alegado, Sabedoria 2.24 porta uma alusão a Gênesis 3 e sua história da Queda, então *diábolos* pode também ser a chave para a serpente sedutora do Éden.

No NT, outros escritos cristãos primitivos, e alguma literatura pseudoepígrafa judaica contemporânea, *diábolos* é usado primariamente como um entre muitos nomes próprios ou epítetos para a figura muito geralmente conhecida como Satanás, o inimigo sobrenatural de Deus e adversário de seu povo, que além de causar sofrimento e outras enfermidades que atacam a raça humana, luta poderosamente para desviar os piedosos do caminho da obediência para Deus e, assim, romper o laço entre Deus e seus servos (Mc 4:15; 8:33; 1Co 7:5; cf. Ef 4:27; 1Tm 3:7; 2Tm 2:26; 1Pe 5:8). Seu principal instrumento nisto é *peirasmós* (usualmente traduzida como "tentação", mas melhor como "provação", "prova"), uma provação de uma espécie ou outra que "testa" a confiança que uma pessoa tem na fidelidade de Deus, e, assim, revela a natureza e a extensão da fidelidade dessa pessoa a Deus (Mt 4:1-11 par.; 1Ts 3:5). O diabo é apresentado aqui como príncipe do mundo (Mt 4:8-9; cf. 1Jo 5:19) e como chefe de uma hoste de espíritos ímpios (Mt 25:41) e como forças invisíveis (Ef 6:12), algumas das quais, com seu senhor, são ditas como permanecendo por detrás e direcionam não somente as nações estrangeiras que oprimem o povo de Deus, mas todos os apóstatas dentro de Israel também. Todas as fontes testificam que no devido curso, esse *diábolos* será subjugado ou vencido, seja por um agente divino como o Messias de Deus ou um arcanjo ou mesmo o próprio Deus. Enquanto isso, *diábolos* permanece ativo, iludindo e fascinando os eleitos. É a fidelidade a Deus e a seus caminhos que evitará a reprovação do piedoso no teste e sua consequente queda diante do maligno (Mt 6:13; Ef 6:11; Tg 4:7).

Em algumas ocorrências do NT, *diábolos* parece significar somente um "caluniador [humano]", "difamador (1Tm 3:11; 2Tm 3:3; Tt 2:3). Também, a despeito da informação da influência do Diabo sobre Judas em João 13:2, em 6:70 *diábolos* (sem artigo) se referindo a Judas, não pode significar nada além de um "adversário ímpio [humano]".

A escolha feita pelos tradutores da LXX de usar um termo carregado de conotações de malevolência como o equivalente a *(haś)śāṭān* pode ter sido um fator na aceleração da "queda" de "Satanás" diante de Jó e Zacarias, passando da função à personalidade e de servo para oponente de Deus. Por outro lado, pode refletir uma identificação que no tempo da obra dos tradutores já estava (ou apenas tinha começado a ser) feita.

Bibliografia. S. T. Page, *Powers of Evil: A Biblical Study of Satan and Demons* (Grand Rapids, 1995); E. Pagels, "The Social History of Satan, the 'intimate enemy'", *HTR* 84 (1991), 105-28; G. J. Riley, "Devil", *DDD*, 244-49; J. B. Russel, *The Devil: Perceptions of Evil from Antiquity to Primitive Christianity* (Ithaca, 1977). [JEFFREY B. GIBSON]

DIACONISA Ofício no ministério da igreja primitiva. O único uso claro da palavra *diákonos* com referência a uma mulher é Rm 16:1, em que Paulo introduz "nossa irmã Febe" como um *diákonos* "da igreja de Cencreia" (a mesma forma é usada para o masculino e feminino). O termo aqui pode ser traduzido como o "servo" genérico ou como "diácono" específico ou "diaconisa". É improvável, contudo, que uma ordem separada chamada diaconisa tenha existido, visto que no tempo das Epístolas Pastorais nenhuma ordem separada de ofício diaconal seja evidente. Ao contrário, as mulheres, provavelmente diaconisas, são mencionadas no meio (v. 11) do conselho de Paulo sobre os tipos de pessoas apropriadas para o ofício de diácono (1Tm 3:8-13). Essas mulheres devem possuir traços pessoais de exemplaridade. *Ver* DIÁCONO. [WARREN C. TRENCHARD]

DIÁCONO Ofício no ministério da igreja primitiva. Não fica claro quando a palavra grega *diákonos* usada nos círculos primitivos cristãos passou de um significado genérico de "servo" ou "ministro" para o significado específico de "diácono". O significado literal anterior está óbvio nos evangelhos (Mt 20:26; 22:13; 23:11; Mc 9:35; 10:43; nos quais aparece "servidores à mesa", cf. Jo 2:5, 9, 9; At 6:2). Paulo usa a palavra metaforicamente de vários modos para se descrever a si mesmo e outros cristãos: servo ou ministro (1Co 3:5; Ef 6:21; Cl 4:7); servo do evangelho (Ef 3:7; Cl 1:23); servo da igreja (Cl 1:25); servo do novo pacto (2.Co 3:6); servo de Deus (6:4); servo de Cristo (11:23; Cl 1:7; cf. Jo 12:26; 1Tm 4:6); e servo da justiça (2Co 11:15). Paulo também se refere a Cristo como um servo (Rm 15:8; cf. Gl 2:17) e descreve as autoridades governamentais como servas de Deus (Rm 13:4).

O significado de "diácono" parece provável em Fp 1:1, onde Paulo se referiu aos *diakónoi* juntamente como os bispos. No tempo das Epístolas Pastorais, as congregações receberam conselho sobre os tipos de pessoas adaptadas para o ofício de diácono (1Tm 3:8-13); As características incluíam traços de exemplaridade pessoal, doméstica e organizacional.

É geralmente crido que a origem do ofício de diácono se origine do apontamento e ordenação pelos Doze dos sete homens para administrar a distribuição (*diakonía*) da comida diária às viúvas dos cristãos helênicos (At 6:1-6, embora a palavra diákonos não apareça). Os apóstolos declararam que eles não podiam se afastar da proclamação da Palavra para servir (*diakonéō*) às mesas. Os sete, que faziam mais do que distribuir comida, foram os pioneiros na proclamação do evangelho entre os gentios e os judeus helenistas (p.ex:, At 6:8-9; 8:26-38). *Ver* DIACONISA. [WARREN C. TRENCHARD]

DIAMANTE Pedra preciosa notadamente por sua dureza. No oráculo de Jeremias 17:1, o pecado de Judá "está escrito com um ponteiro de ferro; com diamante pontiagudo [heb. *šām'r*] gravado". Em Zacarias 7:12, o termo hebraico é traduzido como "duro como diamante" (cf. Ez 3:9 "mais dura do que a pederneira").

DIÁSPORA *Ver* DISPERSÃO.

DIATESSARÃO Harmonia dos Evangelhos (gr. *dia tessarōn*, "através dos quatro") na forma de uma narrativa contínua, compilada ca. 170 d.C. por Taciano.

DIBLAIM (heb. *diḇlāyim*) Pai de Gômer (Os 1:3). Derivado do ugarítico *dblt* (lit. "bolos de figos secos"), o nome pode representar uma continuação do uso figurativo de nomes que Oseias faz, uma localização geográfica (talvez a cidade moabita de Diblatayim), ou uma designação patronímica literal. Este sentido é preferível porque fica em oposição ao nome pessoal Gômer. [ARCHIE W. ENGLAND]

DIBOM (heb. *dîḇôn*) **1.** Importante cidade localizada na rodovia do rei, na Transjordânia central. Dibom é geralmente identificada com um monte de ruínas ao norte da moderna vila de Dhiban, 64 km ao sul de Amam e 3 km ao norte do uádi el-Möjib (Arnom bíblica). O egiptólogo Kenneth A. Kitchen argumenta que um equivalente egípcio para Dibom (Tibunu) aparece nas inscrições egípcias desde o tempo de Ramessés II. O nome também aparece na inscrição de Mesa encontrada em Dhiban.

De acordo com a evidência bíblica, Dibom era originalmente uma cidade moabita que foi subsequentemente conquistada primeiramente pelos amorreus e, então, pelos israelitas quando estes conquistaram Siom de Hesbom (Nm 21:26; 32:3-5). Embora Dibom fosse atribuída à tribo de Ruben (Js 13:9, 17), parece que a cidade foi definitivamente construída por Gade e renomeada Gibom-Gade (Nm 32:34; 33:45-46; Mesa 10-11). Durante o tempo da Monarquia Dividida, Mesa de Moabe escapou com sucesso do controle israelita e restaurou Dibom como cidade moabita (Is 15:2; Jr 48:18, 22; Mesa 21, 28).

Escavações têm revelado uma ocupação durante o começo da Era do Bronze II-IV, Era do Ferro II, os períodos nabateano, romano, bizantino, e árabe. Desde a Era do Bronze II-IV, uns poucos segmentos dos muros de um possível sistema de defesa foram descobertos. Ao menos duas fases de um assentamento na Era do Ferro II foram registradas: importantes achados incluem um portão, grandes silos circulares para grãos, um grande edifício público (o "palácio"), um "santuário" em que foram encontradas peças de um suporte de incenso (Ferro I) e duas estatuetas de fertilidade, várias torres, e muros de casamata. É do período do Ferro II a placa de pedra de Mesa. Nada ainda foi encontrado desde a era do Médio Bronze ou o período final dessa era. [RANDALL W. YOUNKER]

2. Cidade no Neguebe de Judá, em direção à fronteira oriental entre Hebrom e Jecabzeel, reocupada após o exílio (Ne 11:25). Ela pode ser a mesma que Dimona (Js 15:22).

DIBOM-GADE (heb. *dîḇōn gāḏ*) Nome alternativo ("Dibom de Gade") para Dibom 1 (Nm 33:45-46).

DIBRI (heb. *diḇrî*) O pai de Selomita de Dã; seu neto foi apedrejado por amaldiçoar e blasfemar contra Deus (Lv 24:11, 14).

DICLA (heb. *diqlâ*) Descendente de Sem através de Joctã (Gn 10:27; 1Cr 1:21); ancestral de um povo ou região da Arábia do Sul. O nome pode estar associado com um oásis na Arábia Saudita, talvez na vizinhança de Sirwah, a WSW de Marib.

DIDAQUÊ (gr. *Didachḗ*) Referência estenográfica comum (gr. "ensino") para o escrito cristão primitivo chamado O Ensino dos Doze Apóstolos (ensino que vem do Senhor para os gentios). Dividido pelos eruditos modernos em dezesseis capítulos breves, essa é uma coleção singular de ditos, de tradições litúrgicas, e de ordem oficial da comunidade cristã primitiva. Somente uma cópia completa permanece em grego (redescoberta em 1873), embora a popularidade antiga do texto seja evidente de versões espalhadas preservadas nas Constituições Apostólicas, Ordem da Igreja Apostólica, Vida de Shenoute, Sintagma de doutrina, e Regra de Benedito.

Exemplo de "literatura desenvolvida", Didaquê combina ditos e tradições antigos com orientação para a vida da igreja primitiva em três estágios de composição. A forma final pode ser datada entre 70 e 150 d.C., embora as fontes materiais indubitavelmente sejam mais antigas. O autor ou didaquista (um termo usado de formas variadas para se referir ao compilador original das fontes ou ao editor final) parece ter sido um judeu cristão. Isso é sugerido pelo enfoque do autor sobre a literatura do AT e os ditos de sabedoria (caps. 1—6), as formas judaicas de batismo e orações de ação de graças (caps. 7, 9—10), e uma cristologia limitada.

A erudição primitiva frequentemente atribuía a procedência do texto ao Egito por causa do seu amplo uso ali. Opinião mais recente favorece a Antioquia da Síria, baseada no clima volátil da igreja naquela região. A influência da Palestina certamente é possível. O propósito do Didaquê não é claro. Tipicamente mencionado como um "manual" cristão primitivo, ele pode ter sido usado para a instrução de catecúmenos ou para o treinamento dos oficiais da igreja. Cristãos posteriores adotaram o texto para ambos os propósitos.

O Didaquê tem ao menos três seções principais: o chamado material dos "Dois Caminhos" (1:1-6:3); instruções litúrgicas e eclesiásticas (7:1-15:4); e um breve apocalipse (16:1-8). Num sentido amplo, essas três divisões provavelmente representem o processo sócio-histórico pelo qual os materiais foram reunidos para o uso dentro de uma comunidade primitiva cristã específica. Espalhadas por toda parte estão as subseções que, sem dúvida, revelam alterações posteriores no escrito.

A seção dos "Dois Caminhos" é um convite ao amor a Deus e ao próximo, para distinguir entre o caminho da vida (1:1-2:7) e o caminho da morte (5:1-2), e para honrar a antiga sabedoria como uma avenida em direção à vida (3:1-4:14). O autor apela para o Decálogo como fundamento para a vida ética (2:1-7) e para os códigos domésticos contemporâneos como base para a ordem (4:9-11). Esses ensinos não portam especificamente nenhuma marca cristã, exceto no trecho em que um bloco dos ensinos de Jesus é secundariamente inserido no começo do documento (1:3b-2:1). Os versos concluintes (6:1-3), que formam uma advertência para seguir o ensino de vida e para evitar a comida sacrificada a ídolos, servem como ponte para a segunda seção principal. Os materiais dos "Dois Caminhos" contêm ditos que encontram um paralelo bem próximo aos materiais encontrados na Epístola de Barnabé 18-20. Eles teriam servido como instrução apropriada para os novos cristãos e como uma exortação para a comunidade em geral para seguir um estilo de vida ético.

A seção litúrgica e eclesiástica é uma coleção de tópicos intrigantes. Preservadas aqui estão as instruções a respeito do batismo (7:1-4), das orações pessoais e pelas refeições (8:1-10:7), dos profetas peregrinos (11:1-13:7), e da interação da comunidade (14:1-15:4). Os materiais refletem uma igreja em seu período formativo, anterior à padronização do cristianismo católico. Três questões servem aqui como fontes para debate: (1) As instruções batismais refletem as preocupações judaicas comuns da igreja mais antiga. (2) As orações eucarísticas (9:1-10:7) preservam tanto uma abordagem singular à comunhão, um suplemento para as palavras escriturísticas da instituição usadas na eucaristia, como observância da festa do amor. (3) Os regulamentos da comunidade são dirigidos somente aos bispos e diáconos, sem menção alguma dos presbíteros.

O apocalipse serve para concluir o Didaquê muito parecido com o livro do Apocalipse do NT. Ele oferece a esperança da recompensa futura para a observância dos justos de um estilo de vida ético e de uma conduta eclesiástica apropriada. Reunidos ali estão os ditos apocalípticos que lembram material dos evangelhos do NT e das Cartas de Paulo. Alguns eruditos creem que essa seção pode originalmente ter servido como uma conclusão à seção de abertura dos "Dois Caminhos".

O Didaquê sobrevive como enigma da literatura cristã primitiva, embora ele pareça se adaptar amplamente na situação da igreja primitiva. O autor dependeu muito do evangelho de Mateus ou de alguma fonte similar, que dá ao texto um sentido familiar. Inácio de Antioquia provavelmente já conhecia de alguma forma o Didaquê por volta do final do século I. Clemente de Alexandria (começo do século III) aceitou-o como Escritura, embora Eusébio de Cesareia (começo do século IV) a tenha rejeitado como espúria. Embora Atanásio, em sua Festal Epistle 39 (367),igualmente tenha rejeitado o *status* canônico do texto, listou-o como material importante de leitura para instrução na fé cristã.

Bibliografia. C.N. Jefford, ed. *The Didache in Context.* NovTSup 77 (Leiden, 1995); R. A. Kraft, *Barnabas and the Didache*, vol. 3 de The Apostolic Fathers, ed. R. M. Grand (New York, 1965). [CLAYTON N. JEFFORD]

DÍDIMO (gr. *Dídymos*) Sobrenome do apóstolo Tomé, o equivalente grego do hebraico *t̲ĕʾōm*, "gêmeo" (assim na NRSV).

DIDRACMAS (gr. *dídrachmon*) Moeda de prata pesando 7.27 gramas, igual a duas *drachmaí* gregas ou aproximadamente dois denários romanos. Na LXX, a palavra grega *dídrachmon* aparece como a tradução normal para o hebraico *šeqel*, mas no tempo de Jesus a didracma valia meio-siclo. A taxa de meio-siclo do templo (Êx 30:11-16; cf. Josefo *Ant.* 3.193-196) assim correspondendo ao didracma. Em Mateus 17:24-27 os coletores de impostos do templo aparecem como aqueles "que recebiam a didracma". [CARL BRIDGES]

DILEÃ (heb. *dilĕʿān*) Cidade na distribuição tribal de Judá, uma das dezesseis cidades pertencentes ao distrito de Laquis, no sudoeste da planície (Js 15:38). A localização do assentamento antigo é desconhecida; um sítio proposto é Rãs Dahinah (Dihna) . [STEVEN M. ORTIZ]

DILÚVIO (heb. *mabbûl*; gr. *kataklysmós*) O evento narrado em Gênesis 6:5-9:19, no qual Deus destrói a criação, mas salva Noé e sua família com animais de cada espécie para povoar a nova terra.

TERMINOLOGIA. Exceto Salmo 29:10, o hebraico *mabbûl* ocorre somente em Gênesis, relacionado com o Dilúvio. No Salmo 29:10, *mabbûl* pode ser a água acima do firmamento, armazenada em jarros (cf. Gn 1:7; 7:11). No hebraico de Siraque (Sir. 44.17), e no apócrifo aramaico de Gênesis (1QapGen ar 12.10), *mabbûl* se refere ao Dilúvio do Gênesis. A LXX sempre lê o grego *katakysmós* para *mabbûl*. Em Sir. 40.10; 44.17-18; 4Mac 15.31 *katakysmós* se refere ao Dilúvio do Gênesis. Mas na LXX do Salmo 32(31).6; Naum 1:8; Siraque 21.13; 4Macabeus 15.32, o termo é genérico. Todos os quatro usos do Novo Testamento de *katakysmós* (Mt 24:38-39; Lc 17:27; 2Pe 2:5) se referem ao Dilúvio do Gênesis.

NARRATIVA BÍBLICA. Quando o Senhor observa a penetrante impiedade humana, Ele se arrepende de ter feito a humanidade e decide destruir todas as coisas vivas. Noé, entretanto, encontra favor para com o Senhor. Noé era reto, íntegro, e andava com Deus, mas a terra tinha se tornado arruinada e sem lei. Deus conta a Noé a sua decisão de trazer o Dilúvio. Deus instrui Noé a construir uma arca e promete uma aliança que, na arca, Noé e sua família vão sobreviver, com um par de cada animal. Noé faz como Deus ordena (Gn 6:5-22).

Então, o Senhor diz a Noé para entrar na arca, trazendo sua família e animais, incluindo sete pares de animais limpos. Depois de sete dias, virão quarenta dias de chuva que destruirão todas as coisas na terra. De novo, Noé faz como o Senhor ordena. Eles entram na arca e o Senhor fecha a porta pelo lado de fora. O surgimento da água levanta a arca e cobre as montanhas. Cada criatura morre, deixando somente aquelas que estavam com Noé na arca. As águas crescem por 150 dias (Gn 7:1-24).

Deus se lembra de Noé e manda um vento. As águas começam a baixar. Depois de 150 dias a arca paira entre as montanhas do Ararate, e as montanhas aparecem. Noé solta um corvo e um pombo. O corvo voa, mas a pomba, incapaz de se estabelecer, volta. Depois de mais duas tentativas a pomba não volta. Ao comando de Deus, Noé, sua família, e os animais deixam a arca (Gn 8:1-19).

Noé constrói um altar e sacrifica alguns animais limpos. Quando o Senhor cheira o aroma agradável, Ele decide nunca mais amaldiçoar a terra ou destruir toda a criação, embora a humanidade se incline para o mal (Gn 8:20-22).

Deus abençoa Noé e seus filhos, e anuncia uma nova ordem para a criação. Os homens podem, agora, usar os animais para a comida, uma mitigação das maldições prévias. Deus, entretanto, exige dos humanos a responsabilidade por toda a vida. Como Deus usa Noé para preservar a humanidade e a vida animal para uma nova criação, Deus usa, agora, Noé e seus descendentes para proteger e preservar a vida na nova criação. Daqui para frente, os homens são responsáveis por limitar e punir a falta de lei e o derramamento de sangue. Deus, então, retorna à fórmula de bênção que Ele havia iniciado (Gn 9:1-7).

Deus, então, codifica sua decisão de nunca mais destruir a criação em um pacto com Noé e as gerações futuras, com os animais, e com a própria terra. Deus designa o arco-íris como lembrete de seu pacto eterno com a criação (Gn 9:8-19).

A B C D E F G H I J K L M N O P Q R S T U V X Y Z

Característica literária. O entendimento da história do Dilúvio apreciação da natureza de composição do registro e de sua unidade estrutural. Os estudiosos reconhecem duas fontes dentro da narrativa: Javista (J) e Sacerdotal (P). Muitos aspectos da narrativa são repetidos com detalhes diferentes. Segmentos atribuídos a J têm *YHWH* ("Senhor" ou "Yahweh") como o nome divino e descrições antropomórficas de Deus. Outros segmentos, atribuídos a P, têm *'ĕlōh'm* ("Deus") para a deidade e exibem preocupação com as datas precisas. As diferenças incluem os números dos animais (dois de cada em P [Gn 6:19-20; 7:15-16], e sete pares de animais limpos e um par de outros em J [7:2-3]), a causa da destruição (queda d´água em J [7:12]; as fontes da profunda explosão e das comportas abertas em P [7:11]), e a duração do Dilúvio (quarenta dias em J [7:4, 12], em vez de um ano em P [7:11, 24; 8:3, 5, 13-14]). Os estudiosos também reconhecem a unidade e a hábil estrutura da narrativa. Essa estrutura é mantida em uma extensa *palistrophe*, característica literária na qual os detalhes do início da história se assemelham aos detalhes do fim e os detalhes na primeira parte têm detalhes correspondentes na segunda parte. Por exemplo, a narrativa se abre e se fecha com os nomes dos três filhos de Noé (Gn 6:10; 9:18-19); o pacto de Deus para preservar Noé, sua família, e alguns animais, e o pacto de Deus para nunca mais destruir toda a vida (6:18-20; 9:8-17); as montanhas são cobertas e elas reaparecem (7:20; 8:4-5); e as águas crescem por 150 dias, então, recuam por 150 dias (7:21-24; 8:3), O centro, estruturalmente e teologicamente, é quando Deus se lembra de Noé (Gn 8:41).

Significado. Deus é o protagonista da história. Noé nunca fala. No início, o coração de Deus se condói porque a inclinação do coração humano para o mal tem corrompido o que era "muito bom" da criação (Gn 1:31). Deus continua para destruir a criação, mas salva o justo Noé, sua família, e alguns de seus animais para uma criação renovada. No final, os corações humanos ainda estão inclinados para o mal, mas o coração de Deus decide nunca mais amaldiçoar a terra, ou destruir a criação. A era anterior a Noé foi caracterizada pelo pecado penetrante. Deus responde com maldições sobre a terra (Gn 3:17; 4:11) e com o Dilúvio destrutivo. Na criação renovada, Deus elege uma nova resposta, caracterizada por bênção e pacto. Deus fala da responsabilidade humana por toda a vida, tanto animal quanto humana. Como imagens de Deus com a autoridade de Deus, Noé e seus descendentes devem preservar a vida, de modo que a falta de lei nunca mais deverá corromper a criação. Essa nova ordem começa a ser desempenhada na história seguinte, onde Noé é o último a falar. Noé, não Deus, amaldiçoa Cão e o descendente de Cão, Canaã, por causa de seu pecado. Noé abençoa Sem e Jafé por causa de seu comportamento justo (Gn 9:20-27).

Outras tradições de dilúvio. Enquanto que tradições de dilúvio existem entre muitas civilizações, três da Mesopotâmia antiga são de especial interesse. Componentes em Atrahasis, Gilgamesh Tablete XI, e Ziusudra têm paralelos nos registros bíblicos (*ANET*, 42-44, 93-97, 104-106). Entretanto, as semelhanças não sugerem dependência literária direta. As muitas diferenças, especialmente em descrições das deidades e de seus motivos e nas interpretações dos eventos, são de especial importância.

Questões científicas. A evidência científica não apoia um dilúvio universal correspondendo ao relato bíblico. Fósseis marítimos comumente encontrados em áreas montanhosas resultaram de levantamentos geológicos. Alguns argumentam que a madeira descoberta no Monte Ararate, na Turquia, é da arca. Mas estudos com carbono 14 datam a madeira como sendo somente de 1600 anos. Além disso, a ausência de evidência científica e histórica, medida pelos padrões humanos modernos, não desacredita do significado teológico ligado à história bíblica como uma história constrangedora sobre Deus e sobre o relacionamento de Deus com a humanidade.

Bibliografia. W. Brueggemann, *Genesis*. Interpretation (Atlanta, 1982); A. Dundes, org., *The Flood Myth* (Berkeley, 1988); G. J. Wenham, *Genesis 1-15*. WBC 1 (Waco, 1987); C. Westermann, *Genesis 1-11* (Minneapolis, 1984). [JOSEPH E. JENSEN]

DIMNA (heb. *dimnâ*) Cidade levítica dos meraritas, localizada em Zebulom (Js 21:35). A cidade pode ser a mesma que Rimom 2 (Js 19:13) ou Rimono (1Cr 6:77 [TM 62]).

DIMOM (heb. *dîmôn*) Topônimo moabita mencionado no oráculo de Isaías contra Moabe (Is 15:9); também conhecido como "Dibom" (a tradução em 1QIsa a,b; cf. Is 15:2). Jerônimo mencionou que em seu tempo a vila era chamada tanto Dimon como Dibom. Alguns retificam o topônimo Madmém em Jeremias 48:2 para Dimom.

Ambos, Dimom e Madmém, têm sido identificados com Dimneh, a 4 km a noroeste de Rabbah, mas esse lugar não revelou nenhum vestígio de cerâmica da Idade do Ferro. Um grande sítio da Era do Ferro foi mais recentemente descoberto exatamente a 200 m mais distante num declive que contempla úadi ibn Hammad e que pode ser Dimom. [FRIEDBERT NINOW]

DIMONA (heb. *dîmônâ*) Cidade no Neguebe próximo a Edom, mencionada com Quina e Adada (Aroer [?]; Js 15:22). Ela pode ser a mesma que Dibom 1 (Dhiban), repovoada por judeus que retornaram do exílio (Ne 11:25). A antiga Dimona deve ser distinta da moderna Dimona a sudeste de Berseba, cidade fundada em 1955.

DINÁ (heb. *dînâ*) Filha única do patriarca Jacó e de sua esposa Lia. O nome é derivado do hebraico *d'n*, "julgamento" ou "justiça". Em Gênesis 34, Diná é estuprada por Siquém, que prontamente se apaixonou por ela. Ansioso por casar-se com Diná, Siquém suplica a seu pai Hamor para negociar os termos do casamento com Jacó. Mas o ato ultrajante de Siquém, composto não somente por seu desejo de casar-se com uma mulher hebreia, mas também pela intenção de seu pai de negociar um casamento entre hebreus e siquemitas, incita os irmãos de Diná, Simeão e Levi, a planejar uma vingança traiçoeira. Eles insistem em que todos os machos siquemitas sejam circuncidados antes daquele casamento inter-racial, e quando os siquemitas concordam, Simeão e Levi entram na cidade indefesa, matam à espada todos os machos, e levam Diná para longe. Jacó desaprova a conduta cruel de seus filhos, temendo que ela possa encorajar outros a se levantarem contra ele e sua família. O episódio é concluído abruptamente com a réplica mordaz de Simeão e Levi a seu pai: "Abusaria ele de nossa irmã, como se fosse prostituta?"

Essa narrativa breve e forte contém toda a história de Diná em Gênesis. Mas a partir de uma data anterior, os intérpretes encontraram uma "alusão" à narrativa de Diná num dito a respeito de Simeão e Levi em Gênesis 49:5-7, que é parte de uma série de "bênçãos" proferidas por Jacó exatamente antes de sua morte. Se a "bênção" era totalmente sem relação com a narrativa de Diná ou relacionada de modo longe de ser claro, esses dois textos foram entendidos pelos intérpretes primitivos como conectados de alguma forma.

A história de Diná foi reelaborada, recontada, ou mencionada em obras apócrifas e pseudoepígrafas tais como Judite, Sobre os judeus, de Teódoto, Jubileus, os Testamentos de Levi e Jó, José e Asenate, Antiguidades Bíblicas de Pseudo-Fílon, Antiguidades de Josefo, e muito mais tarde Genesis Rabbah. Em algum lugar, a narrativa de Gênesis é livremente expandida como um midrash de Hagadá para proporcionar orientação ética para os judeus que enfrentavam as vantagens culturais tentadoras da helenização. A maioria aplica a história de Diná aos eventos contemporâneos, para enfatizar a continuidade da tradição judaica em sua validade e aplicabilidade duradoura. Simeão e Levi são modelos de zelo e coragem ao tratarem com os gentios. Levi é o perfeito protótipo do sacerdote judaico, e os siquemitas representam as forças antagônicas ao Senhor e ao povo do pacto. O casamento com estrangeiros é proibido, as fraquezas sacerdotais são severamente criticadas, e Diná, a filha virgem de Israel, é restaurada por se casar com Jó.

A interpretação que Fílon faz de Gênesis 34 é alegórica: Siquém é o emblema da loucura e da vergonha; Diná, da justiça; Simeão e Levi são os campeões da verdade. Fílon demonstra o poder da etimologia não somente para desintegrar a narrativa numa expressão alegórica da ideia universal, mas também para transformar o episódio da história bíblica num modelo para a salvação pessoal. Nesse período cristão primitivo, a interpretação tipológica do episódio de Diná predominou (Simeão e Levi como tipos dos escribas e fariseus). Mas a figura-chave na história da interpretação medieval da história de Diná é Gregório, o Grande; para quem Diná é figura para a alma peregrina nas garras do demônio, uma peça sem muita importância na luta cósmica entre Deus e o maligno pela posse moral do espírito humano.

Enquanto o amplos pincéis da narrativa bíblica falham em descrever os motivos e os sentimentos de Diná, as leituras tropológicas (em forma figurativa) de Gregório e seus numerosos seguidores repousam consistentemente sobre a comparação da mulher como a queda do homem. Embora essas interpretações morais de Gênesis 34 sejam totalmente completas e engenhosas, elas geralmente demonstram quão leve uma pressão o *sensus literalis* pode realmente exercer sobre o *sensus spiritualis*. Os aspectos potencialmente positivos ou ambíguos ou mesmo neutros do texto bíblico são feitos para servir a propósitos moralizadores dos expositores, cujas interpretações caem claramente dentro de uma tradição ascética de misoginia que é trazida de volta a Pseudo-Clemente e Jerônimo.

Um dos capítulos menos explorados de Gênesis, a narrativa de Diná continua a apresentar problemas para a interpretação. Inequivocamente não clareada pelo texto hebraico nem pelas traduções antigas e modernas, a questão permanece controversa na exegese moderna: alguns comentadores explicam a situação de Diná como sedução, outros como estupro, e ainda outros usam os termos indistintamente ou mesmo afirmam diretamente que Diná é responsável pelo que acontece a ela. Alguns críticos ideológicos têm argumentado que a obscuridade dessas distinções constitui-se num ato hermeneuticamente violento que reflete, apoia e perpetua a brutalidade androcêntrica da própria narrativa. [LUCILLE C. THIBODEAU, P.M.]

DINABÁ (heb. *dinhāḇâ*) A cidade em que o rei edomita Bela reinou (Gn 36:32; 1Cr 1:43). Sua localização é desconhecida.

DINHEIRO O meio usado na troca de bens e serviços.

A B C D E F G H I J K L M N O P Q R S T U V X Y Z

Funciona como reflexo do intercurso econômico, medindo o valor relativo e facilitando a transação de mercadorias. A cunhagem foi a forma inventada de dinheiro, padronizada e sancionada por uma agência governamental, para beneficiar a cooperação econômica. Um debate sobre o dinheiro na Bíblia é o tratamento sistemático do complexo de textos bíblicos que se referem a mercadorias de troca.

Os precursores da cunhagem foram o escambo, metais preciosos, pesos e medidas. No texto bíblico, barras de metal e pedras preciosas foram usadas como pagamento (Js 7:21; Gn 33:19). Ouro e prata foram medidos de várias formas. Entre os termos para as várias medidas estavam o talento, mina, shekel, pim, bekah e gera. Existe grande grau de continuidade entre os costumes refletidos na Bíblia e os do Antigo Oriente Próximo.

As referências a dinheiro ocorrem em todos os períodos históricos e gêneros literários da Bíblia. No período ancestral, existem as transações de Abraão (Gn 23:15,16) e a política de hipoteca de José no Egito (47:14-26). No período monárquico, existe a economia real de Salomão (1Rs 9:10-28; 10:14-29). Os códigos legais contêm dados significativos referentes ao dinheiro, normalmente em conexão com dízimos e ofertas (p. ex., Dt 14:25; cf. Êx 30:16; Nm 18:29), escravos (Êx 21:21), indenização de danos (21:32), ou a cobrança de juros (22:25 [TM 24]). Os profetas denunciam práticas de negócios fraudulentos (Os 12:7; Am 8:5; Mq 6:11) e opressão econômica (Am 2:6; 8:6).

Inscrições hebraicas pré-exílicas contêm referências aos metais preciosos. Lingotes e botijas de pedras preciosas foram confirmados arqueologicamente. Um pedaço de cerâmica encontrado no Tell Qasile, datado do tempo de Ezequias (715-687 a.C.) demonstra a importância do ouro. Dois pedaços de cerâmica de Arade e um de Yavneh-yam fazem referência a quantidades pesadas de prata, sendo a denominação o shekel. Tesouros desse período (em Gaza, Siquém, Megido, Bete-Seã, Bete-Semes e En-Gedi) sugerem que o metal precioso estava se tornando reconhecido por seu valor transacional e que o movimento no sentido da cunhagem estava em vias de execução. O *lmlk* pré-exílico e selos de roseta, impressões de selos oficiais encontrados em cabos de botijas de cerâmica para armazenamento, constituem um precedente para a sanção real de mercadorias e medidas. O valor do dinheiro, entretanto, era regulado pelas forças do mercado e o diferencial era configurado em peso. Referências à "moeda corrente entre os mercadores" (Gn 23:16), "o peso real (2Sm 14:26), e "o siclo do santuário" (Êx 30:13) sugerem que vários padrões estavam em vigor.

De acordo com Heródoto, a cunhagem originou-se na Ásia Menor na segunda metade do século VIII. Subsequentemente, muitas cidades gregas cunharam moedas, embora as moedas atenienses tenham conseguido circulação mais amplamente. As cunhagens imperiais persas tiveram somente circulação limitada, exceto o dárico de ouro cunhado pelo rei persa Dario I, cerca do ano 515. O comércio com os fenícios e gregos introduziu a cunhagem na Palestina. As moedas gregas de prata importadas predominaram com as imitações da tetradracma ateniense procedentes de cidades fenícias de Arvade, Biblos, Sidom e Tiro. Algumas moedas foram produzidas e circularam por casas de moedas locais, incluindo Gaza, Samaria, Asdode, Asquelom e Jerusalém. Essas moedas são frequentemente designadas como "filisto-árabe" ou simplesmente "palestinas". Elas seguiam o padrão ateniense e eram exclusivamente de prata. Além disso, moedas provinciais com a denominação de "Yehud" estiveram em circulação desde cerca de 400 até o período ptolemaico. Essas foram cunhadas pelo governador da província de Yehud, evidente em outro grupo de moedas com a inscrição "Yehezqiyah, governador". O desenho iconográfico dessas moedas imita a tradição ática, mostrando a cabeça da deusa Atena no verso e o símbolo de uma coruja, depois o lírio e o falcão, com o dístico no reverso. Uma moeda yehud dessa época traz a representação de uma divindade entronizada, talvez Yahweh, embora isso seja discutido. A impressão da divindade entronizada com a deusa Atena sugere que nessa época as autoridades judaicas que autorizavam a cunhagem de moedas tinham poucos escrúpulos com a representação iconográfica de divindades. Contemporâneas às moedas Yehud de Yehezqiyah durante a segunda metade do século VI, existem moedas de Samaria que trazem a inscrição "Jeroboão". É provavelmente um governador samaritano que assumiu um nome rememorativo da dinastia israelita do norte.

Esdras e Neemias contêm muitas referências a dinheiro, mas é difícil determinar se elas tratam de dinheiro cunhado ou de barras de ouro ou prata. Para a reconstrução do templo, ainda durante o tempo de Ciro, "sessenta e um mil dáricos, e em prata cinco mil minas foram doados" (Ed 2:69; cf. Ne 7:70,71). Pagamentos em dinheiro eram feitos a membros das associações profissionais (Ed 3:7). Os governadores de Yehud implementaram uma estrutura de taxas que incluía "siclos de prata" (Ne 5:15; 10:32 [33]). Os cidadãos de Yehud hipotecaram suas propriedades e bens em troca de dinheiro para pagar o imposto real (Ne 5:4, 10,11). Independentemente das referências serem a moedas cunhadas ou a barras de ouro e prata, Esdras e Neemias sugerem uma agitada atividade econômica.

O estudo do relacionamento entre a origem das moedas e sua distribuição topográfica aponta para a extensão e vitalidade do comércio na Palestina durante o século XL. O fortalecimento econômico, isto é, o vibrante comécio e indústria, tem sido confirmado nas povoações costeiras, como Aquezibe, Aco, Shiqmona, Dor, Jafa, Asdode, Asquelom e Jabneel. É também arqueologicamente evidente que a região do interior desfrutou os benefícios da vantagem econômica litorânea. Registros em documentos de fora da Palestina, como os papiros elefantinos, as tábuas de Persépolis e os documentos de Murashu indicam o uso democratizado da cunhagem nesse período.

Em seguida às conquistas de Alexandre, o padrão ateniense de cunhagem quase eliminou as cunhagens locais. Alexandre licenciou as principais casas da moeda de Aco, Arado e Sidom, e sua cunhagem imperial continuou inalterada mesmo durante a luta política resultantes de sua morte. Esse alinhamento na cunhagem parece ter dado sequência à tendência do desenvolvimento socioeconômico. Depois do ano 312, a Palestina continuou basicamente sob o controle ptolemaico. Os ptolomeus praticaram uma política econômica isolacionista no Egito e no território deles. As tetradracmas de prata eram cunhadas em Sidom, Tiro, Aco (renomeada para Ptolemaida), Jope e Gaza trazem a inscrição "de Ptolomeu o Rei (ou Salvador)". A moeda local de Yehud foi novamente cunhada durante este período, provavelmente durante o reinado de Ptolomeu II (c. 285-270). Do ponto de vista iconográfico, as moedas normalmente trazem a representação do governante ptolemaico na face da moeda, e de uma águia ou de um pombo, no verso. É sugestivo que algumas moedas tenham eliminado os símbolos de endeusamento na representação do governante e deve, talvez, ser entendido como evidência da ausência de qualquer representação. O arquivo Zenon e Carta de Aristeias ilustram os efeitos do desenvolvimento da cunhagem no Egito ptolemaico e na Palestina. A Sabedoria de Salomão (Sab. 15.12), Siraque (Sir. 7.18; 18.33; 21.8; 29.5,6; 31.5; 51.28) e Tobias (Tob. 1.7; 2.11; 5.19), todos do período ptolemaico, fazem referência à cunhagem.

Depois de 198, sob os governos selêucidas, moedas tanto de prata quanto de bronze circularam na Palestina. Antíoco IV, conhecido por seu imperialismo religioso, difundiu o culto a Zeus em suas moedas com uma imagem divinizada de si mesmo. O estado judeu que emergiu sob a liderança asmoniana emitiu uma moeda cunhada independente, predominantemente de bronze para suplementar as denominações maiores em circulação. Embora 1Macabeus 15.6 dê a entender que Antíoco VII permitiu que Simão, o sacerdote, cunhasse moedas, parece que Antíoco revogou esta e outras permissões (v. 27). Ao contrário, João Hircano I (135-104), filho de Simão cunhou uma série de moedas, uma das quais traz o que viria a ser o emblema asmoniano, duas cornucópias com uma romã. A inscrição diz: "Yehonan o sumo sacerdote e o conselho de judeus". Seu filho, Alexandre Janeu, (103-76) usou a autodenominação "Jônatas, o rei" em suas moedas. Posteriormente, por razões desconhecidas, muitas dessas moedas foram cunhadas novamente com a designação "Jônatas, sumo sacerdote e o conselho dos judeus". Depois de Alexandre Janeu, são confirmadas moedas do tempo de João Hircano II (67-64) e Matatias Antígono (40-37).

Após seu triunfo sobre Antígono em 37 d.C., Herodes I começou uma cunhagem em bronze contendo o seu nome e o título "rei". Seus sucessores continuaram cunhando moedas de bronze até o fim da dinastia herodiana com Agripa II (95 d.C.). Vários procuradores romanos na Palestina (6-59 d.C.), como Pôncio Pilatos, também emitiram moedas de bronze. As moedas de prata em circulação durante este tempo foram o siclo de Tiro, a tetradracma romana e o denário (valor aproximado da dracma grega), cunhadas em Roma, Tiro, Antioquia e Nabateia.

Esse é o cenário para os evangelhos do NT. A moeda apresentada a Jesus para pagamento do imposto romano (Mt 22:19; Mc 12:15; Lc 20:24) foi provavelmente um denário de Tiro. A efígie imperial no verso do denário era padrão desde Augusto. Seu valor era de aproximadamente um dia de trabalho (cf. Mt 20:21). O imposto do templo de Mateus 17:24 era de uma didracma, que é igual à metade de um siclo. Os evangelhos dão evidência tanto do comércio em bens como em dinheiro. Os arrendatários pagavam pelo arrendamento do vinhedo uma porcentagem da colheita (Lc 16:6,7; 20:10). O dízimo podia ser pago em mercadoria (Lc 16:6). Transações consideráveis eram feitas usando-se o talento (Mt 18:24; 25:14-28) ou a mina (Lc 19:13-25). O devedor da parábola de Jesus devia 10 mil talentos (Mt 18:24) ou 500 denários (Lc 7:41). As moedas de menor valor como o chalkos, lepton, assarion e o quadrans podiam ser carregadas numa bolsa e eram usadas mais nos assuntos diários (Lc 22:36). A troca monetária era exigida para favorecer a diversidade de cunhagem, de modo algum para propósitos cúlticos e sacerdotais (Mt 21:12; Mc 11:15-18; Jo 2:14). Lucas julga os fariseus por serem "amantes de dinheiro" (Lc 16:14).

Os evangelhos retratam a atitude de Jesus em relação ao dinheiro e aos ricos da crítica à indiferença. Por um lado, Ele demonizou a riqueza (Lc 16:13) e apelou à renúncia das posses (Mc 10:21; Lc 9:3). Por outro lado, Ele aceitou o apoio de devotos ricos (Lc 8:2,3) e esteve na companhia de ricos (Mt 11:19). Em alguns casos, a igreja primitiva praticou certo comunalismo (At 4:32) e, de forma programática, distribuiu aos que eram economicamente vulneráveis (6:1-6). Os cristãos primitivos dos centros urbanos eram formados de pessoas de todos os estratos sociais (p. ex., 1Co 11:22). Paulo também recomenda que a propriedade seja considerada relativa (1Co 7:30,31), e inicia o levantamento de ofertas para os pobres da zona rural em e ao redor de Jerusalém (Rm 15:26; 1Co 16:2; At 11:30).

Durante a Primeira Revolta Judaica (66-70 d.C.), a cunhagem de moeda tanto em prata como em bronze era feita em Jerusalém. A cunhagem era frequentemente feita para custear um exército. A iconografia das moedas compunha-se de vegetação e instrumentos cúlticos e estava unida a *slogans* nacionalistas ou religiosos. Após o ano 70, a tetradracma de prata de Tiro e Antioquia tornou-se a moeda padrão, suplementada pelas moedas de bronze cunhadas em Neápolis e Sebaste. Moedas especiais comemorativas da derrota da Judeia foram emitidas pelos romanos. Durante a Segunda Revolta liderada por Simão Bar Kokhba (132-135), as tetradracmas de prata e o denário receberam novo valor com *slogans* referindo-se ao líder, à cidade de Jerusalém, ou simplesmente "à liberdade de Israel".

Bibliografia. D. V. Edelman, "Tracking Observance of the Aniconic Tradition Through Numismatics", in *The Triumph of Elohim* (Grand Rapids, 1995), 185-225; A. Kindler, ed., *The Patterns of Monetary Development in Phoenicia and Palestine in Antiquity* (Tel Aviv, 1967); Y. Meshorer, *Ancient Jewish Coinage*, 2 vols. (Dix Hills, N.Y., 1982); "Ancient Jewish Coinage: Addendum I", *Israel Numismatic Journal* 11 (1990-91): 104-32; M. Rostovtzeff, *The Social and Economic History of the Hellenistic World*, 2. ed. 2 vols. (Oxford, 1957). [GERALD M. BILKES]

DIOCLECIANO Valério Diocleciano, o "segundo fundador do Império Romano", imperador em 285-305 d.C. Reconhecendo que um único governador seria incapaz de manter o poder contra as ameaças internas e externas, Diocleciano reorganizou e transformou o império. Ele criou a tetrarquia, um colegiado de quatro imperadores, dois Augustos seniores, e dois Césares juniores. Ele também reorganizou a estrutura das províncias, com províncias menores e novas e maiores estruturas regionais chamadas prefeituras e dioceses. A princípio, as administrações política e militar estavam completamente separadas. O exército foi completamente reestruturado e os sistemas financeiro e judicial de Roma foram revisados. Essas reformas revigoraram Roma e, em grande parte, tornaram possível a continuação do império por quase outros duzentos anos.

O programa de Diocleciano também exigiu nova ênfase nos valores romanos tradicionais, incluindo a religião. Ele e seu colega Maximiniano identificaram-se com Jove e Hércules, respectivamente. Os deuses romanos deviam ser honrados unicamente ou com deuses de outras religiões pelos servos civis e soldados. Grande número de cristãos, que ocupavam postos governamentais e militares, se recusaram a obedecer, o que deu surgimento à difundida perseguição deles.

Bibliografia. T. D. Barnes, *The New Empire of Diocletian and Constantine* (Cambridge, Mass., 1982); S. Williams, *Diocletian and the Roman Recovery* (New York, 1985). [JOHN F. HALL]

DIONÍSIO (gr. *Dionysios*) Homem convertido ao cristianismo por meio do ministério de Paulo, em Atenas (At 17:34). Chamado "o areopagita", Dionísio era membro do concílio que governava Atenas, o Areópago, e o primeiro bispo de Atenas (Eusébio HE 3.4.11; 4.23.3). A tradição também o considera como o primeiro mártir cristão de Atenas e santo protetor daquela cidade. Um conjunto de literatura mística pseudonímica, misturando o pensamento cristão e neoplatônico, é atribuído a ele. Seu nome era derivado do nome Dioniso (gr. *Diónysos*), o deus grego do vinho, da experiência extática, da vegetação e do drama (cf. 2Mac 6.7; 14.33). [ERIC F. MASON]

DIONISO (gr. *Diónysos*) Divindade grega da vegetação (o romano Baco), adorado primeiramente como deus do vinho. Sua grande festa era conhecida como a Dionisa (Grécia) ou Bacanália (Roma), mas as festas de Dioniso eram realizadas em tempos diferentes, em vários locais. A adoração envolvia êxtase, até mesmo conduta de orgias. As bacanálias foram banidas de Roma em 186 a.C., mas emergiram novamente nos dois primeiros séculos da era cristã. O aspecto extático do culto e seu apelo às mulheres são celebrados na obra As Bacantes, de Eurípedes. Nos tempos helênicos, Dioniso era adorado amplamente como deidade de mistério e adotado como o protetor de várias associações voluntárias. Os aspectos dos mistérios comparáveis ao cristianismo incluem a associação de Dioniso com a morte e o renascimento, e o senso de identificação com o deus experimentado pelos iniciantes.

Antíoco IV Epifânio compeliu os judeus a usarem grinaldas de hera na procissão anual que se fazia a Dioniso (2Mac 6.7). Ptolomeu IV Filopator registrou que a comunidade judaico-egípcia os marcava com a folha de hera, símbolo de Dioniso (3Mac 2.29). [MARY ANN BEAVIS]

DIÓTREFES (gr. *Diotréphēs*) Presumivelmente o anfitrião de uma igreja-casa que "gostava de exercer a primazia" em sua congregação (3Jo 9-10). Ele recusou-se a receber uma mensagem ou mensageiros de João e expulsou da congregação aqueles que realmente mostraram tal hospitalidade. Nada mais é sabido de Diótrefes, e seus motivos não são claros. Alguns supõem que ele estava entre os hereges mencionados em 1 e 2João, que ele suspeitou do próprio presbítero ser herege, ou que simplesmente desejava manter essa controvérsia fora de sua congregação. Outros sugerem que as questões da estrutura e autoridade da igreja estavam envolvidas: p. ex., que Diótrefes era um primitivo bispo e que o presbítero representava um estilo mais antigo de autoridade; ou que o presbítero mantinha um ofício semelhante ao de bispo e que Diótrefes resistia a tal inovação. De qualquer forma, as incertezas sobre novos desenvolvimentos na hierarquia da igreja parecem estar envolvidas, particularmente difíceis para as igrejas joaninas com sua tradição fundamentalmente igualitária. As questões de poder pessoal e honra podem também ter exercido uma parte significativa na questão.

Bibliografia. J. M. Lieu, *The Second and Third Epistles of John* (Edimburgo, 1986); A. J. Malherbe, "Hospitality and Inhospitality in the Church", em *Social Aspects of Early Christianity*, 2. ed. (Philadelphia, 1983), 92-112. [DAVID RENSBERGER]

DIREITA, RUA CHAMADA Uma rua em Damasco na qual Saulo de Tarso (Paulo) foi instruído a entrar depois de seu encontro com o Jesus ressurreto, à casa de Judas (At 9:11). Tal como muitas cidades do período clássico (p. ex., Cesareia, Gerasa), Damasco era dividida ao meio por uma extensa e ampla rua com colunatas (*cardo maximus*) que ia na direção oeste originária da Porta Leste da cidade. Nos dias de Paulo, a rua era demarcada por lojas e arquitetura monumental incluindo um arco romano, teatro e, talvez, um palácio. Os restos dessa rua (ár. Darb AL-Mustaqim) podem ainda ser vistos em fragmentos de colunas e pedestais. [D. LARRY GREGG]

DIREITO DE PRIMOGENITURA O direito do filho primogênito da mãe da família de ser o herdeiro. A sua herança recebida é duas vezes a propriedade que os outros recebem (Dt 21:17; MAL B:1).

Quatro gerações compõem uma família (heb. *bêṯ'āḇ*): o pai da família e seus irmãos; seu pai e tios; seus filhos; e seus netos (Lv 18:6-18). As famílias eram patrilineares: os membros recebiam o status social do pai; somente ele designava os seus herdeiros. Alguns designados "herdeiros" ou "primogênitos" (heb. *bēn*) por direito de primogenitura, outros por realização. Usar o direito de primogenitura reduzia a competição entre as mães e os filhos da família. Nas histórias de Isaque e Rebeca (Gn 27:1-45) e no Código de Hamurabi, contudo, a conquista designa um herdeiro mais competente do que o macho com direito de primogênito, que ajudou os hebreus a sobreviverem num mundo instável.

Bibliografia. V. H. Matthews e D. C. Benjamim, *Social World of Ancient Israel, 1250-587 a.C.* (Peabody, 1993), 7-21, 110-20. [DON C. BENJAMIN]

DISÃ Um dos filhos de Seir (Gn 36:21; 1Cr 1:38); o pai de Uz e Arã (Gn 36:30; 1Cr 1:42); um chefe dos horeus.

DISCÍPULO Seguidor, aluno ou aderente de um mestre ou líder religioso. A história greco-romana e a literatura proporcionam exemplos de figuras respeitáveis que fizeram discípulos a fim de ensiná-los e liderá-los. No NT gr. *mathētḗs* é usado repetidamente a respeito dos seguidores de Jesus, embora o termo seja também usado para descrever seguidores de outras figuras (discípulos "de João", Mc 2:18; ou "de Moisés" Jo 9:28). Uma distinção geral entre os discípulos de Jesus e "as multidões" pode ser observada. Os primeiros são seguidores comprometidos e os últimos como espectadores não ligados a ele. Todavia, mesmo alguns do grupo maior dos "discípulos" abandonaram Jesus e voltaram para a sua vida anterior, quando acharam difícil de aceitar o seu ensino (Jo 6:60, 66).

Três círculos concêntricos de discípulos podem ser identificados nos evangelhos: um grande grupo de seguidores, dos quais os doze são escolhidos (Lc 6:13, 17; cf. Mt 8:21) e que aparentemente incluía algumas mulheres (Lc 8:1-3); "Os Doze", que foram designados "apóstolos" e foram especialmente chamados por Jesus para viajarem com Ele e para aprender dele (Mc 3:16-19); e um círculo mais íntimo composto de Pedro, Tiago e João que sozinhos acompanharam Jesus em certas ocasiões especiais (na transfiguração [Mc 9:2-13] e no jardim do Getsêmani [Mt 26:36-46]).

Os nomes dos Doze são listados no NT em quatro passagens (Mt 10:2-4; Mc 3:16-19; Lc 6:13-16; At 1:13 [Judas Iscariotes não é mencionado nesse texto]). Eles são: Pedro, André, Tiago, João, Filipe, Bartolomeu, Tomé, Mateus (ou Levi), Tiago o filho de Alfeu, Tadeu (provavelmente a mesma pessoa referida em algumas listas como Judas, o filho de Tiago), Simão, o zelote (tb. chamado Simão, o cananeu) e Judas Iscariotes (o traidor).

Lucas indica que na igreja primitiva o termo "discípulo" servia para se referir ao grupo crescente de crentes em Jesus,isto é, aos cristãos (At 6:7; 9:26; 14:21-22; cf. 11:26). Uma noção semelhante de um círculo expandido de discípulos é sugerida pela "Grande Comissão" (Mt 28:18-20), em que o Jesus ressurreto

A B C D E F G H I J K L M N O P Q R S T U V X Y Z

ordena aos seus seguidores mais próximos a "fazer discípulos" de todas as nações/grupos étnicos.

A vida do discípulo cristão apresentada no NT exige devoção suprema a Jesus através da aceitação de suas elevadas exigências. O comprometimento a ele deve vir antes de todas as outras afeições (Lc 9:57-62; 14:25-33). Não obstante, uma dimensão do discipulado cristão que é algumas vezes negligenciada é a promessa de alegria e benefícios supremos para aqueles que tomam a cruz e seguem Jesus (Lc 14:12-14; 18:29-30).

Bibliografia. R. N. Longenecker, ed. *Patterns of Discipleship in the New Testament* (Grand Rapids, 1996); M. J. Wilkins, *The Concept of Disciple in Matthew's Gospel*. NovTSup 59 (Leiden, 1988). [PETER K. NELSON]

DISCIPULO AMADO Figura sem nome no quarto evangelho. Ele aparece explicitamente somente na segunda metade do evangelho (Jo 13-21) e serve como testemunha de todos os principais eventos da semana final de Jesus: ceia, julgamento, crucificação, túmulo vazio, e ressurreição. Sua primeira aparição é na refeição final de Jesus, quando ele se reclina junto ao peito do Senhor e é impelido por Pedro a fazer uma pergunta pessoal sobre o traidor de Jesus (13:23-25). Ele também aparece na cruz, permanecendo com a mãe de Jesus enquanto os outros discípulos haviam desaparecido (19:26), recebendo uma comissão para cuidar de Maria em sua casa (v. 27). No túmulo, ele corre mais que Pedro (20:1-10) e crê ainda que Pedro tenha entrado na tumba primeiro. Mais tarde, quando os discípulos estavam pescando na Galileia e Jesus aparece na praia, somente esse discípulo reconhece Jesus (21:7); e enquanto Pedro corre para a praia, o Discípulo Amado trabalha para arrastar a rede de peixes.

Alguns eruditos creem que as outras referências indiretas podem igualmente identificar a sombra desse discípulo em outros lugares no evangelho. Um discípulo anônimo está com André em João 1:35-42. Em 18:15, ele está com Pedro na interrogação de Jesus e é conhecido pelo sumo sacerdote. Na cruz, ele é testemunha ocular da morte de Jesus (19:35). Acima de tudo, João 21:24 o descreve como a fonte dos testemunhos do evangelho sobre a vida de Jesus.

As sugestões mais importantes para a identidade dessa figura literária incluem Lázaro, a única pessoa a quem o Evangelho diz que Jesus amava (Jo 11:3, 11, 36; compare 11:25-26 e 21:20-23). Outra sugestão é João Marcos (At 12:12), que está associado a Pedro (1Pe 5:13) e pode ter sido confundo com João na antiguidade. A identificação tradicional é João, o filho de Zebedeu. João era um dos Doze, e o discípulo amado estava na refeição final de Jesus. João frequentemente aparece com Pedro na tradição sinóptica, assim a concorrência aqui é com Pedro. O quarto evangelho é curiosamente silencioso a respeito de João, que aparece nos Sinópticos como a figura principal. Uma gama de escritores pós-apostólicos (p. ex., Ireneu e Policarpo) alega que João seja o discípulo amado, o autor do quarto evangelho.

Hoje o interesse maior se concentra no papel literário ou simbólico exercido pelo Discípulo Amado na estrutura teológica do quarto evangelho. Alguns têm alegado que ele é o discípulo ideal, oferecido como modelo de discipulado — uma pessoa que crê sem evidência física. Outros o têm descrito como uma testemunha ideal, que crê e testifica ante o mundo o que Deus fez em Cristo. Alguns críticos têm até pensado que ele simbolicamente representava a igreja joanina carismática competindo com as comunidades petrinas mais formais. Mais recentemente, os eruditos têm sugerido que ele era um cristão desconhecido que exerceu uma papel revelador, mediante a verdade divina para a comunidade (muito parecido com o anônimo Mestre da Justiça em Qumran). Esses eruditos comparam o discípulo amado com o Paráclito-Espírito prometido, cujos atributos podem ter sido os mesmos dos atributos do discípulo amado.

Contudo, deve haver uma figura histórica por detrás desse nome. Sua atividade histórica como fonte digna de confiança da tradição testemunha ocular exige que alguma pessoa servisse a comunidade joanina como sua inspiração e sua ligação com Jesus. Ele é um modelo de fé e de discipulado — mas também uma âncora para a história e o fundador da comunidade joanina.

Bibliografia. R. E. Brown, *The Community of the Beloved Disciple* (New York, 1979); G. M. Burge, *Interpreting the Gospel of John* (Grand Rapids, 1992), 37-54; J. Charlesworth, *The Beloved Disciple* (Valley Forge, 1995); V. Eller, *The Beloved Disciple: His Name, His Story, His Thought* (Grand Rapids, 1987); M. de Jonge, The Beloved Disciple and the Date of the Gospel of John", em *Text and Interpretation*, ed. E. Best e R. McL. Wilson (Cambridge, 1979), 99-114; J.N. Sanders, "Who Was the Disciple Whom Jesus Loved?" em *Studies in the Fourth Gospel*, ed. F. Cross (Londres, 1957), 72-82. [GARY M. BURGE]

DISENTERIA Doença caracterizada por uma severa diarreia com passagem de muco e sangue (gr. *dysintérion*). Essa doença, devido a um micróbio parasita (*Bacillus dysenteriae*) às vezes fatal, tem sido provada como epidêmica. De acordo com Atos 28:8, o pai de Públio sofria de febre e disenteria, em Malta.

DISOM (heb. *dîšōn*) **1.** Um dos filhos de Seir (Gn 36:21; 1Cr 1:38). Ele era o ancestral de quatro tribos dos horeus (Gn 36:26; TM Disan; 1Cr 1:41).

2. O filho de Ana e neto de Seir, um chefe dos horeus (Gn 36:25; 1Cr 1:41); irmão de Aolíbama (Gn 36:25), a esposa de Esaú (v. 1-2).

DISPERSÃO Espalhamento geográfico e cultural do povo hebreu e/ou a religião e a cultura judaicas com o passar do tempo. As nações de Israel e Judá primeiramente existiram como Monarquia Unida (aprox. 1030-922 a.C.) e, então, como par de reinos separados, mas frequentemente inter-relacionados, Israel (922-722) e Judá (922-587). Quando a Assíria conquistou Israel em 722, grande número de israelitas foi morto, mas alguns podem ter emigrado para outro lugar, retendo alguma coisa de sua identidade; o destino deles é incerto. Quando a Babilônia derrotou Judá em 597 e destruiu Jerusalém em 586, os invasores levaram uma porção de judeus para o exílio na Mesopotâmia. Após aquele tempo, houve ao menos duas comunidades de pessoas chamadas judaicas ou judeus. Isso foi o início da dispersão dos judeus, repetidamente chamada de Diáspora, palavra vinda de um termo grego relacionado.

Nos séculos subsequentes, significativas populações judaicas apareceram em quase todo canto do mundo antigo. No século V, havia uma colônia judaica na ilha de Elefantina, no Nilo egípcio. Por todo o período helênico, a presença judaica no Egito cresceu, a ponto de a cidade helênica do Egito, Alexandria, ter sido frequentemente considerada o centro do judaísmo, por diversos séculos, durante o período helênico. No tempo do NT, havia sinagogas judaicas ou ao menos judeus praticantes na maioria das cidades gregas e romanas. Em particular, o livro de Atos descreve judeus de todas as partes do mundo e descreve Paulo encontrando grupos judeus num grande número de cidades. [JON L. BERQUIST]

DIVES Nome tradicional do homem rico (lat. "rico") na parábola que Jesus contou do homem rico e de Lázaro (Lc 16:19-31). *Ver* LÁZARO.

DIVÓRCIO O fim legal de um casamento enquanto as duas partes ainda estão vivas. Portanto, é assunto de grande seriedade e foi tratado como tal em ambos os Testamentos.

A Lei Mosaica permitia o divórcio (Dt 24:1-4), embora as condições sob as quais ele é permitido não são claras. Dentro do contexto cultural que permitia a um homem divorciar-se de sua mulher sob quaisquer circunstâncias ou caprichos, a tradição legal israelita teria parecido estrita no sentido em que ela colocou limites sobre o direito do divórcio (Dt 22:19, 29). Em toda parte, a lei parece proteger as mulheres de alguns dos mais flagrantes riscos do sustento delas. O divórcio deveria ser colocado de forma escrita, e a mulher deveria ser enviada de uma casa (a do marido) para uma outra casa (presumivelmente a casa do pai dela), em que ela teria uma oportunidade de vida. Outras circunstâncias, costumes, ou leis que regularam o divórcio não são conhecidos. Certamente, muitos casamentos não terminaram dessa maneira. A história de Sansão e sua primeira esposa (uma mulher filisteia sem nome conhecido, vinda de Timnate; Jz 14:1-15:8) mostra um caso no qual o casamento pode não ter sido legalmente completado (dependente do costume dos sete dias de jejum) ou pode ter sido legalmente terminado após a partida repentina de Sansão; em ambos os casos, Sansão parece pensar que ele era casado, quando sem ele saber a esposa se casou com outro. Em geral, o AT expressa uma aceitação do divórcio, embora dentro dos limites e com algum reconhecimento das dificuldades envolvidas. (Ml 2:16 é textualmente problemático, e mesmo se o texto não se refira ao divórcio, trata da cessação de um relacionamento entre Deus e o povo).

O NT proporciona uma resposta muito diferente ao divórcio. Nos evangelhos, Jesus iguala o divórcio ao adultério (Mt 5:31-32; 19:3-9; Mc 10:2-12; Lc 16:18). Paulo permite o divórcio, quando o cônjuge que inicia a separação não é crente, mas ele argumenta que os crentes não deveriam instigar o divórcio (1Co 7:1-16). Paulo mais tarde permite o recasamento de viúvas (1Co 7:39), mas permanece silente a respeito do recasamento de crentes divorciados. [JON L. BERQUIST]

DI-ZAABE (heb. *dîzāhāḇ*) Lugar associado ao primeiro discurso de Moisés (Dt 1:1). A palavra é um apelo descritivo combinando um genitivo performativo aramaico (di) e o hebraico *zāhāḇ*, "ouro". Alguns têm identificado o lugar com edh-Dheibeh, a leste de Hesbom no platô da Transjordânia, enquanto outros sugerem Mina ed-Dhahab ("Porto de ouro") na parte sudoeste da Península do Sinai ao longo do Golfo de Aqaba. Nenhuma localização é certa. [PETE F. WILBANKS]

DÍZIMO Um décimo da renda anual de uma pessoa separada para fins sagrados. O ato de dizimar era comum não apenas no Antigo Israel, mas em todo o Antigo Oriente Próximo e, embora a função básica fosse ritual, era também utilizada para renda do estado (1Mac 3.49; 10.31). A maior parte dos textos bíblicos indica que o fiel era obrigado a dizimar, embora a forma como era praticada pareça variar de tempos em tempos.

A natureza do dízimo ritual é mais clara e consistentemente ressaltada nas tradições do Pentateuco. Levítico 27:30-33 estabelece que todas as sementes da terra e os frutos das árvores pertencem a Deus, e um décimo de todo o rebanho e da manada é santo ao Senhor. Esperava-se que as pessoas dessem o dízimo do cereal, do vinho, do azeite, das primícias do rebanho e da manada (Dt 14:22-24). Um componente importante do dízimo envolvia trazer o lucro ao santuário designado, onde as pessoas participavam juntas de uma refeição. Se não fosse possível transportar o lucro devido à distância, então este podia ser resgatado por pagamento em dinheiro e o produto resultante podia ser usado para o que a pessoa desejasse. Entretanto, se o lucro de uma pessoa fosse resgatado por dinheiro, então devia ser acrescentado ao dízimo um quinto à soma (Lv 27:31).

O dízimo também tinha um componente social para cuidar do pobre dentro da sociedade e, a cada três anos o dízimo devia ser separado para o levita, o estrangeiro residente, o órfão e a viúva. As bênçãos de Deus estão diretamente ligadas a esse mandamento (Dt 14:28, 29). O adorador deve fazer todas as oferendas, incluindo o dízimo, com alegria e felicidade (Sir. 35.8-12). Amós foi crítico do povo por este cumprir todas as obrigações rituais, incluindo a entrega dos dízimos, sem obedecer so Senhor nas outras áreas da vida (Am 4:4,5).

O levita, diferente de outros residentes, não tem herança e, visto que o dinheiro e os bens do povo são considerados parcela da herança do levita, então um décimo deve ser dado a ele (Nm 18:21-32). Parte da reforma geral de Esdras e Neemias incluiu o dízimo (imposto) arrecadado para o templo, para sustentar os sacerdotes e os levitas (Ne 10:37, 38). Tais como outras leis obrigatórias, o dízimo nem sempre foi cumprido (Ml 3:8, 10).

A distinção entre propósitos rituais e não-rituais do dízimo é, às vezes, obscura, particularmente quando o dízimo é dado a um santuário real (2Sm 6; 1Rs 12:25-33). O rei Ezequias recolheu dízimos e os guardou para o templo (2Cr 31:5, 6). Quando o povo busca estabelecer a monarquia, Samuel o adverte que o rei exigiria dízimo do cereal, dos vinhedos e dos rebanhos de todos os cidadãos para seus oficiais (1Sm 8:14, 15). [HEMCHAND GOSSAI]

DOC (gr. *Dṓk*) Pequena fortificação construída por Ptolomeu (17) onde em 135 a.C., Ptolomeu assassinou Simão Macabeus e seus dois filhos (1Mac 16.11-15). Josefo se refere à fortificação como Dagom, localizando-a ao norte de Jericó (*Ant.* 13.8 [230]; *BJ* 1.22.3 [56]. O lugar é mencionado no rolo de cobre (3Q15). A fortificação pode ter sido localizada em Jebel Qarantal, a 3 km a noroeste de Jericó. `Ain Dûq, uma fonte na base da montanha, pode indicar a preservação do nome antigo. [LAURA B. MAZOW]

DOCETISMO Designação de vários conceitos com respeito à humanidade de Cristo que começaram a ser ensinados no final do século I d.C. O termo está relacionado ao grego *dokeín*, "parecer". O pensamento docético é derivado do ambiente helênico do cristianismo primitivo que, filosoficamente, estabeleceu a distinção radical entre o material e o espiritual, e assim negou que o Cristo espiritual tenha realmente assumido forma humana. Com a negação da encarnação, foi logicamente impossível defender que Cristo tenha experimentado os genuínos sofrimentos e morte na cruz, fato que tornou irrelevante qualquer discussão sobre uma ressurreição autêntica.

As formas primitivas de docetismo parecem ter sido desafiadas nas Cartas de João. No começo do século II, Inácio ataca essa heresia em suas cartas (Trallians, Smyrnaeans). Clemente de Alexandria se opôs à doutrina, e Eusébio registra que Serapião denunciou o Evangelho apócrifo de Pedro (c. 190) por suas tendências docéticas.

Atualmente, o termo se aplica a qualquer posição cristológica que tenda a limitar ou a negar a plena humanidade de Cristo. [D. LARRY GREGG]

DOCUMENTO DAMASCUS (CD) Texto extremista preservado em dois manuscritos medievais, descoberto na geniza da sinagoga de Ben Ezra no Cairo, por Salomon Schechter em 1896. Várias cópias fragmentadas foram posteriormente encontradas em Qumran, indicando o texto originado no século I ou II a.C.

Porque o texto enfatiza a legitimidade única da linhagem sacerdotal de Zadok, o sumo sacerdote sob Davi e Salomão, ele foi primeiramente chamado os Fragmentos Zadokite. Porque ele alude a uma residência de um grupo de Damasco é também chamado O Documento Damascus. Abreviado CD (Cairo Damascus), o texto de Cairo está incluso em coleções de textos dos Rolos do Mar Morto.

O texto consiste de duas partes: Admoestação e Leis. As admoestações relatam a história do grupo — como ele se separou de Israel para o deserto e foi finalmente conduzido pelo Mestre da Justiça. Ele também contém exortações para os membros do grupo, designados como os Filhos da Luz, para se separarem dos transgressores da lei. A Lei contém regras que governavam a comunidade, incluindo a entrada no grupo, purificação, dízimos, Sabath, e a punição dos transgressores.

Esse documento mostra muitas afinidades com outros textos de Qumran, em particular a regra da Comunidade (1QS). Seguindo-se ao comentário de Josefo de que os essênios tinham dois tipos de comunidade (*BJ* 2.119-61), muitos estudiosos creem que a Regra da Comunidade governava grupos específicos de essênios, vivendo em Qumran, ao passo que o Fragmento Zadokite dirigia aqueles que viviam em comunidades espalhadas por todo o Israel. Como e quando o texto foi transmitido da comunidade de Qumran para a comunidade judaica em Cairo não é certo.

Bibliografia. J. M. Baumgarten e D. R. Schwartz, *Damascus Document, War Scroll, and Related Documents*, vol. 2 in The Dead Sea Scrolls, org. J. Charlesworth (Louisville, 1995); S. Schechter, *Documents of Jewish Sectaries, 1: Fragments of a Zadokite Work* (1910, repr. New York, 1970). [DAVID R. SEELY]

DOCUMENTO SACERDOTAL Uma das fontes hipotéticas do Pentateuco, comumente referida como “P”. São atribuídos ao Documento Sacerdotal o primeiro relato da Criação (Gn 1:1–2:4a), as genealogias no Pentateuco e a maior parte das leis pertinentes ao sistema sacerdotal e de sacrifícios em Êxodo, Levítico e Números. Acredita-se que ele teve origem nos círculos sacerdotais não depois do século VI a.C.

DODAI (heb. *dôḏay*) Aoíta, comandante da segunda divisão do exército de Davi (1Cr 27:4). Ele é provavelmente o mesmo que Dodô (2) (2Sm 23:9 = 1Cr 11:12).

DODANIM (heb. *dōḏānîm*) Povo iônio, os descendentes de Javã (Gn 10:4). Em 1Crônicas 1:7, esse povo é chamado de Rodanim, o povo de Rodes.

DODAVAÚ (heb. *dōḏāwāhû*) O pai do profeta Eliézer, de Maressa, em Judá (2Cr 20:37).

DODÔ (heb. *dôḏô*) **1.** Descendente de Issacar, o pai de Pua, e avô de um juiz menor, Tola (Jz 10:1).

2. O filho de Aoí (2Sm 23:9) ou o aoíta (1Cr 11:12); pai de Eleazar, um dos três de Davi. Ele é provavelmente o mesmo que Dodai mencionado em 1Cr 27:4.

3. Belemita, o pai de El-Hanã que era um dos Trinta de Davi (2Sm 23:24 = 1Cr 11:26).

DOEGUE (heb. *dō'ēg*) Líder edomita dos pastores de Saul que observava Davi em Nobe, durante a fuga de Davi em relação a Saul. Reivindicando estar numa missão real por Saul, Davi tinha enganado Aimeleque, o sumo sacerdote de Nobe que então permitiu que Davi tomasse o pão sagrado do santuário e a espada de Golias e consultasse o Senhor em seu favor (1Sm 21:1-9 [TM 22:9-10]). Doegue informou a Saul que Aimeleque tinha apoiado a fuga de Davi. Então Saul convocou todos os sacerdotes de Nobe para Gibeá, acusou-os de traição e ordenou a execução deles. Quando os guardas de Saul se recusaram, Doegue obedientemente matou os 85 sacerdotes de Nobe, exceto Abiatar, filho de Aimeleque, que escapou e refugiou-se com Davi (1Sm 22:6-23). A traição de Doegue a Davi é também mencionada no sobrescrito do Salmo 52.

DOENÇA E CUIDADOS MÉDICOS As práticas curativas têm longa e complexa história em terras bíblicas, e deveriam ser tratadas como parte de um sistema de cuidados médicos que inclui as concepções sobre as causas das doenças, as opções disponíveis aos pacientes e o papel dos governos no cuidado médico, mas que não se limita a esses aspectos. A higiene pública, que se remete de forma ampla aos esforços organizados de uma comunidade em promover a saúde e prevenir a doença, também faz parte de qualquer sistema de cuidados médicos.

Períodos pré-históricos e primitivos. Caçadores-coletores da Síria-Palestina podem ter conhecido o valor medicinal de algumas plantas e praticado alguns rituais terapêuticos no final da era paleolítica, o primeiro período de cultura material humana.

Durante o período neolítico (aprox. 8500-4300), a domesticação de animais provavelmente introduziu nas populações humanas alguns novos focos de doenças trazidas por animais (p. ex., a tuberculose bovina). A tuberculose humana está testemunhada em esqueletos provenientes do Egito e de Bab edh-Dhra (Jordão) já no quarto milênio.

Ao longo de todos os períodos pré-históricos, a família foi provavelmente o principal cuidador do doente. Porém, a longa existência de especialistas curadores na Síria-Palestina é evidenciada nos crânios trepanados descobertos na Jericó neolítica, nas espátulas de osso de princípios do primeiro milênio achadas em Tell Jemmeh (perto de Gaza) e na implantação de um arame de bronze em um dente em Horvat En Ziq, uma pequena fortaleza nabateia no norte do Neguebe, da era helenística. Modelos de fígado encontrados em Hazor e Megido da Idade Final do Bronze podem ter sido usados em consultas médicas.

As Cartas de Amarna (séc. XIV a.C.) mencionam epidemias e o trânsito de médicos pelas cortes reais cananeias. Textos ugaríticos (p. ex., *Epopeia de Keret*) indicam que El, o deus supremo em Ugarite, estava relacionado às curas, especialmente com a da infertilidade. Em Tiro, Sidom e outras cidades-estado fenícias importantes do primeiro milênio, Eshmun era um deus curativo, cujos templos podem ter oferecido serviços terapêuticos. Yahweh, Resheph e outras divindades médio-orientais traziam doenças e curas.

Israel pré-exílico. Israel no período pré-exílico provavelmente compartilhou muitos dos problemas de saúde que eram comuns em assentamentos médio-orientais. O tratamento inadequado do lixo e dos dejetos humanos com certeza foi uma ameaça constante à saúde pública na Síria-Palestina. Cidades (p. ex., Gibeão) em áreas de chuva escassa tiveram de construir cisternas que eram vulneráveis à contaminação. Partes de Jericó, Tell Beit Mirsim e outras cidades aparentemente possuíam canais de escoamento, alguns deles podem ter levado esgoto durante as Idades Média e Final do Bronze. Embora recentes escavações em Jerusalém tenham recuperado assentos de banheiro (um dos quais foi achado em um cubículo separado da casa, datado de cerca de 586), tais confortos eram com certeza incomuns para a maioria de Israel.

Apesar de muitas referências textuais a banho e a atividades higiênicas relacionadas (Gn 18:4; Sl 60:8 [TM 10]), é provável que a higiene pessoal fosse em geral pobre na ausência de abastecimentos de água abundantes. Rute 3:3 indica que tomar banho era, às vezes, visto como evento especial ou incomum.

Arqueoparasitologistas recentemente admitiram a provável existência de certas doenças intestinais (p. ex., infecções de solitária [*taenia*] e verme-chicote [*Trichurus trichiura*]) no Israel antigo, mas a identificação precisa da maioria das doenças na Bíblia é de fato muito difícil, especialmente nos casos de epidemias (Nm 25; 1Sm 5:6-12). No entanto, são vistas muitas pestilências devidas ao contato de Israel com grupos externos (p. ex., os midianitas em Números 25). As narrativas das pestilências no Egito em Êxodo 7–10 também reconhecem que as epidemias podem alterar o curso de história.

A condição normalmente traduzida como "lepra" (heb. *ṣāra'aṯ*) recebe maior atenção na Bíblia (Lv 13–14), mas não há equivalente simples na atualidade, pois abrangia uma grande variedade de doenças que provavelmente produziam uma descoloração crônica da pele. Também há várias referências à cegueira (2Sm 5:8) e deficiências musculares e ósseas (9:3). A infertilidade, outra doença repetidamente mencionada na Bíblia (Gn 16:1-2; 1Sm 1:5-6), deprimia o *status* social da mulher com esse problema (Gn 30:1-20).

O AT tem pelo menos duas explicações principais para a doença. Uma delas, presente em Dt 28, afirma que a saúde (heb. *šālôm*) abrange um estado físico associado ao cumprimento das estipulações da aliança, que foram completamente reveladas aos membros da sociedade, e doença se origina da violação de tais ordenamentos. A terapia inclui o exame das ações da pessoa, levando-se em conta a aliança.

O livro de Jó oferece uma visão contraposta, embora complementar, argumentando que a doença pode se fundar em planos divinos, que não vão ser de forma alguma descobertos pelo paciente, e não na transgressão das regras promulgadas. O paciente precisa confiar que as razões secretas de Deus são justas.

Talvez o aspecto mais característico do sistema de cuidados médicos israelita, descrito nos textos canônicos, seja a divisão entre opções de consultas legítimas e ilegítimas pelo paciente. Essa divisão está relacionada em parte com a monolatria, na medida em que doença e cura no final das contas dependiam do controle de Yahweh (Êx 15:26; Jó 5:18), e as opções não javistas eram proibidas. O significado de "magia" está submetido a um grande debate nos estudos modernos, e não há nenhum acordo sobre se as distinções entre consultas "legítimas" e "ilegítimas" podem ser classificadas pelo uso relativo de abordagens "mágicas" ou "não mágicas".

Considerando-se que era acessível e barata, a oração a Yahweh provavelmente era a opção legítima mais comum de um paciente. Pedidos e ações de graças proferidos do ponto de vista do paciente são atestados na Bíblia (p. ex., Is 38:10-20).

Muitos salmos (p. ex., Sl 38, 39, 88, 102) em particular poderiam ter o propósito de serem usados como orações por pacientes. Tais salmos também registram importantes conceitos hebraicos relativos à doença e ao cuidado médico. No Salmo 38, o autor atribui a doença à ira e à "mão" de Yahweh (v. 2 [TM 3]). Esse conceito é semelhante ao frequente uso mesopotâmio de "a mão" (acádio *qāṯu*) de uma divindade para descrever a origem divina de uma doença. Conforme muitas descrições de doenças na Mesopotâmia, o paciente em Sl 38:4(5) atribui a ira da deidade ao próprio pecado. A confissão é considerada como parte da terapia (Sl 38:1 8 [19]), e o paciente se queixa das consequências sociais de doença (v. 11-12 [12-13]).

Tratamentos tangíveis mencionados na Bíblia incluem "tipoias" (Ez 30:21), "mandrágoras" para infertilidade (Gn 30:14), e "bálsamo" de Gileade, que pode ter sido uma importante fonte de substâncias medicinais exportadas para o Egito (Jr 46:11). Incenso, óleo e pentes encontrados em vários locais de vários períodos (p. ex., Megido do Final do Bronze) podem ter sido usados para combater o piolho e outros ectoparasitas que podem ter sido vetores significativos de doenças.

Opções ilegítimas, que com certeza foram usadas amplamente por israelitas, incluíam consultores designados em hebraico como *rōpĕ'îm* (2Cr 16:12; "os médicos"), santuários não javistas (2Rs 1:2-4) e sem dúvida uma grande variedade de "feiticeiros" (Dt 18:10-12). Estatuetas femininas achadas na maioria dos períodos de Israel, especialmente em contextos domésticos, poderiam ser usadas em rituais de fertilidade. O maior cemitério de cachorros conhecido no mundo antigo foi descoberto em Asquelom, e pode estar associado ao culto curativo do período persa.

Os profetas provavelmente são os primeiros consultores legítimos nos textos canônicos, mantendo-se constantemente numa feroz competição com os consultores "ilegítimos". Deuteronômio 18:10-17 parece defender o monopólio do profeta javista de todas as atividades de consulta, incluindo as para doenças, que previamente haviam sido distribuídas por uma larga variedade de consultores em Canaã. As narrativas de milagres de curas (p. ex., 2Rs 4; 8) talvez reflitam um esforço de promover os profetas como os legítimos e exclusivos consultores. A função deles era oferecer diagnósticos (2Rs 8:8) e interceder em nome dos pacientes (5:11). Ao contrário de alguns dos principais consultores curativos de outras sociedades médio-orientais, a eficácia dos profetas israelitas dependia mais de sua relação com Deus de que de perícias técnicas.

Os santuários de Yahweh provavelmente eram outra opção legítima importante no período pré-exílico. Em 1Samuel 1, Ana visitou o templo de Siló a fim de reverter a sua infertilidade. O livro de 2Reis 18:4 indica que, antes de Ezequias, a serpente de bronze feita por Moisés como dispositivo terapêutico (Nm 21:6-9) era utilizada em rituais terapêuticos aceitáveis no templo de Jerusalém. Foram encontradas serpentes de metal em templos (p. ex., o Asclepieion de Pérgamo), conhecidas por sua aplicação em terapias durante o primeiro milênio. As serpentes de metal, como as achadas em santuários, ou suas proximidades, datados da Idade do Bronze, nas localidades de Timna, Tell Mevorakh (1441.2156) e Hazor, poderiam ter sido usadas em rituais terapêuticos, mas outras funções não devem ser excluídas.

A centralização do culto em Jerusalém e as reformas atribuídas a Ezequias (715-687) e Josias (640-609) talvez tenham provocado mudanças significativas, quer na teoria, quer na prática, no sistema de cuidados médicos. Santuários que antigamente funcionavam como centros terapêuticos (p. ex., Siló) podem ter sido destruídos.

A oração de Salomão (1Rs 8) talvez fosse em parte uma tentativa de mitigar a perda dos papéis terapêuticos do templo de Jerusalém e dos santuários periféricos. A oração, com efeito, anuncia que não é mais necessário se dirigir ao templo para tratamentos, sendo suficiente estender as mãos para o templo a fim de receber a cura (1Rs 8:38-39). A narrativa da doença de Ezequias em 2Reis 20:1-11 também demonstra que a vinda ao templo não era necessária para a cura. Ezequias, na realidade, pretendia visitar o templo depois de curado (v. 5).

Israel pós-exílico. Antes do período pós-exílico, o código sacerdotal (que poderia ser visto como um extenso manual de saúde pública, centralizando no sacerdócio o poder de definir doença e saúde para uma nação inteira), restringiu severamente o acesso ao templo para os doentes crônicos (p. ex., aos "leprosos" em Lv 13–14; cf 2Sm 5:8 sobre os cegos e os coxos) por causa do temor de "impureza". As leis concernentes às comidas puras (p. ex., Lv 11) estavam associadas à manutenção da boa saúde em algumas passagens bíblicas (p. ex., Dn 1:15), no entanto, nem sempre as motivações das leis alimentares se restringiam às práticas de saúde.

A teologia de impureza, como sistema de limites sociais, poderia servir para afastar as populações onerosas em termos socioeconômicos da sociedade e, em especial, o doente crônico. Apenas a "lepra" já abrangia uma ampla variedade de pacientes. Com efeito, o código sacerdotal minimiza a responsabilidade estatal pelo doente crônico, jogando a erradicação da doença para uma utopia futura (Ez 47:12; cf. Is 35:5-6).

As ações de graça ou as ofertas "pacíficas" (Lv 7:11-36) depois de uma doença sempre seriam aceitáveis e economicamente vantajosas para o templo. Oferendas pelo fim de uma doença também poderiam servir de notificação pública da readmissão de pacientes anteriormente excluídos da sociedade (Lv 14:1-32).

Com relação ao código sacerdotal, a comunidade responsável pelos *miqṣat maʿaseh tôrâ* ("alguns preceitos da Torá", 4QMMT), os Rolos do Templo (11QT) e outros textos de Qumran acrescentaram à lista de doenças excluídas da comunidade normal e ampliaram as restrições ao "leproso", ao cego e ao coxo. Razões socioeconômicas, como também o medo da contaminação mágica, seriam responsáveis por tal aumento das restrições.

A extinção do ofício profético no início do período do Segundo Templo provavelmente levou à larga legitimação do *rōpĕʾîm* ("médico", cf. Eclesiástico 38), mas vários tipos de curandeiros e parteiras populares (Êx 1:15-21) teriam sido de fato os consultores de cuidados médicos mais comuns.

Cristianismo primitivo. Durante o século I d.C., uma variedade de sistemas de cuidados médicos estavam disponíveis na Palestina. Entre eles, alguns associados à deusa egípcia Ísis e ao deus grego Asclépio. Além disso, havia as tradições greco-romanas seculares relacionadas a Hipócrates, Celso e outros médicos.

O cristianismo primitivo pode ser visto, em parte, como crítica ao sistema de cuidados médicos levítico. Mateus 10:8, Marcos 14:3 e outras passagens indicam que Jesus e seus discípulos parecem se dirigir às populações cronicamente doentes (os "leprosos", os cegos e os coxos) que seriam marginalizadas pelas políticas de cuidados médicos refletidas em Levítico.

No período cristão primitivo, a doença podia ser causada por numerosas entidades demoníacas, que nem sempre estariam agindo conforme a determinação de Yahweh (Mt 15:22; Lc 11:14), nem necessariamente em razão da violação de estipulações da aliança (Jo 9:2). As doenças mencionadas incluíam febres (Mc 1:30), hemorragias (Mt 9:20) e aquilo que foi identificado por alguns estudiosos como epilepsia (Mc 9:14-29). A cura para tais doenças era passível de ser obtida neste mundo e não simplesmente em algum futuro utópico.

O cristianismo teria ainda atraído pacientes que eram muito pobres para pagar os pesados encargos exigidos das muitas tradições greco-romanas (cf. Mt 10:8). Algumas dessas tradições insistiam na necessidade de se viajar até um santuário para se obter a cura, mas o cristianismo, com sua ênfase no valor da fé e nada mais, proclamava que tais viagens não eram necessárias (Mt 8:8). Igualmente, o cristianismo resistiu às restrições temporais em relação ao momento em que as curas deveriam ser administradas (Mc 3:2-5). No entanto, ele também preservou muitas das antigas tradições hebraicas a respeito de curas milagrosas (Atos 5:16; 9:34) e de saúde coletiva (Tg 5:16), embora alguns estudiosos também percebam a influência de tradições curativas helenísticas (p. ex., as tradições de Asclépio).

CONCLUSÃO. A maioria dos sistemas de cuidados médicos nas terras bíblicas teve uma variedade de opções que foram sem dúvida organizadas hierarquicamente, dependendo em parte das necessidades e dos meios do paciente. A oração com certeza foi uma das primeiras e mais econômicas opções escolhidas por doentes em todos os sistemas. Uma variedade de especialistas em curas existiu, mas nem todos foram considerados legítimos pelos escritores bíblicos. Porém, é provável que a maioria dos pacientes lançasse mão de qualquer tratamento que fosse acessível e disponível. Em todos os períodos bíblicos, a família foi com certeza o principal cuidador do doente (2Sm 13:5-6; Mt 8:14).

A melhor tecnologia médica (p. ex., escalpelos, fórceps, brocas dentais e talas) pode ter ajudado apenas problemas simples (p. ex., a extração de armas alojadas no corpo). Em geral, os traumas (causado por acidentes, brigas), a desnutrição e as doenças limitaram a expectativa de vida para menos de 40 anos durante os períodos bíblicos.

O estudo sobre os cuidados médicos é uma avenida cada dia mais promissora para as pesquisas nos estudos bíblicos, em especial à medida que vai ficando patente que os cuidados médicos modelam a religião e são por ela moldados. Deve-se dedicar atenção ao papel dos consultores de cuidados médicos no Israel antigo e ao papel desses cuidados no surgimento do cristianismo, como também à integração entre a antropologia médica, a sociologia e os estudos bíblicos.

Bibliografia. H. Avalos, *Illness and Health Care in the Ancient Near East.* HSM 54 (Atlanta, 1995); F. H. Cryer, *Divination in Ancient Israel and Its Near Eastern Environment.* JSOTSup 142 (Sheffield, 1994); G. Majno, *The Healing Hand: Man and Wound in the Ancient World* (Cambridge, Mass., 1975); J. Preuss, *Biblical and Talmudic Medicine* (1978, repr. Northvale, N.J., 1993); K. Seybold & U. B. Mueller, *Sickness and Healing* (Nashville, 1978); J. Zias, "Death and Disease in Ancient Israel", *BA* 54 (1991): 146-59. [HECTOR AVALOS]

DOFCA (heb. *dopqâ*) O primeiro acampamento no deserto depois de os israelitas terem deixado o deserto de Sim (Nm 33:12-13; omitido em Êx 17:1). Alguns têm conjeturado que o nome vem do egípcio *mfkt*, "turquesa". Consequentemente, o sítio é comumente identificado com o centro de mineração egípcio, Serabit el-khadim. [PETE F. WILBANKS]

DOMICIANO Titus Flavius Domitianus, o filho mais jovem de Vespasiano, nascido em Roma em 51 d.C. Diferentemente de seu irmão Tito, Domiciano não foi educado na corte romana e não se uniu a seu pai nas campanhas militares. Além disso, era figura-chave na posse de Flaviano em Roma em 69. Na morte de Tito, em 81, Domiciano se tornou imperador e governou até seu assassinato em 96.

Domiciano era administrador capaz, mas autocrático no governo, basicamente ignorando o senado. Sua adoção dos títulos "senhor" e "deus" e sua construção de um palácio luxuoso realçou seu despotismo. Embora tentasse levantar os padrões da moralidade pública, Domiciano foi posteriormente difamado por conduta concupiscente. Ele introduziu numerosos elementos gregos nos jogos e na cultura de Roma, a custos muito altos, que levaram o governo a confiscações e impostos pesados. Seu apoio generoso aos militares e seu envolvimento em diversas campanhas germânicas lhe renderam a lealdade das legiões. Em 93, ele começou a executar vários senadores, cavaleiros e oficiais imperiais por suspeita de conspiração. A execução que ele fez do marido de sua sobrinha, Flavius Clemens, com a acusação de ateísmo e a excessiva taxação de judeus foram associadas por escritores posteriores com um suposto assalto sobre os cristãos. Alguns entendem o encorajamento de Domiciano ao culto imperial como o pano de fundo para a perseguição aos cristãos da Ásia Menor, refletida no livro de Apocalipse.

Bibliografia. B. W. Jones, *The Emperor Domitian* (Londres, 1992); C. Scarre, *Chronicle of the Roman Emperors* (Londres, 1995). [SCOTT NASH]

DOMÍNIO A tradução de diversas palavras hebraicas e gregas que implicam "senhorio" e o poder de "governar" e de "ter domínio sobre" (p.ex:, heb. *rāḏâ, māšal, šālaṭ, ba'al*; gr. *krátos, kyriótēs, kyrieúō, exousía*).

A natureza precisa do governo ou domínio varia com a situação ou contexto. Assim, do sol e da lua é dito que eles governam o dia e a noite (Gn 1:18; Jó 38:33). "Domínio" expressa o poder político (Jz 14:4; 1Rs

4:24) e se refere ao domínio do pecado e da morte sobre a raça (Sl 19:13 [TM 14]; Rm 6:9, 14). E do domínio da raça humana sobre a natureza (Gn 1:26, 28). A palavra pode portar traços messiânicos (Mq 4:8) e se referir à posição ou ordem dos anjos (Ef 1:21; Cl 1:16). O Cristo exaltado, contudo, governa sobre todos esses domínios.

O horizonte final, para os escritores bíblicos tanto no AT como no NT, é que o "domínio" supremamente pertence a Deus (Jó 25:2; Sl 72:8; Dn 4:3; 1Tm 6:16; 1Pe 4:11). Porque Deus é o criador de tudo e o seu domínio durará para sempre, Ele é livre para delegar autoridade sobre as obras de suas mãos para a raça humana (Sl 8:6 [7]). Consequentemente, os seres humanos são chamados para exercer responsabilidade em seu domínio e para cuidar da criação de Deus, por meio disso, imitando o caráter de Deus e refletindo a imagem de Deus no governo de toda criatura vivente. [FRANK M. HASEL]

DONINHA Pequeno mamífero carnívoro do gênero Mustela, algumas espécies das quais os israelitas consideravam impuras (Lv 11:29). O hebraico *ḥōleḏ* pode derivar da raiz semítica comum *hld*, "cavar, rastejar". Embora a tradução "doninha" (Mustela nivalis) seja apoiada pela LXX e outras versões, os tradutores mais modernos têm preferido as espécies relacionadas "toupeira" (Spalax Ehrenbergi) ou "rato toupeira" (Spalax typhlus). [JOHN R. HUDDLESTUN]

DONS ESPIRITUAIS Afirmações do poder do Espírito de Deus, presentes no mundo em abundância tanto no AT quanto no NT. O Espírito de Deus capacita indivíduos desde o tempo de Moisés e da peregrinação no deserto (Nm 11:25, 29) e está constantemente relacionado de maneira especial ao dom de profecia (Is 42:1; 61:1,2; Jl 2:28,29 [TM 3:1,2]; Zc 12:10). Os juízes israelitas (p. ex. Otniel, Jz 3:10) receberam confirmação de sua liderança por meio do dom do Espírito do Senhor, e Isaías profetizou que "um ramo surgirá do tronco de Jessé" sobre quem repousará o Espírito do Senhor (Is 11:1,2). Esse texto, além disso, especifica que os sinais (tradicionalmente "dons") deste Espírito serão: "sabedoria, entendimento, conselho, poder, conhecimento e temor do Senhor". A essa lista a LXX acrescenta "piedade", arredondando o número para sete. Tais referências do AT constituem na melhor das hipóteses dons implícitos do Espírito; somente nos textos cristãos encontramos um vocabulário mais preciso referindo-se aos dons espirituais.

Paulo fala repetidamente da presença do Espírito e da outorga de poder na comunidade cristã. Em Gálatas 5:22, o apóstolo lista o "fruto" do Espírito como "amor, alegria, paz, paciência, amabilidade, bondade, fidelidade, mansidão e domínio próprio". Esse fruto é comum a toda manifestação espiritual e é dado igualmente a todas as pessoas. Em contraste ao fruto espiritual, Paulo usa dois termos gregos diferentes para identificar os dons do Espírito: *tá pneumatiká* ("dons espirituais"; p.ex., 1Co 14:1) ou simplesmente *tá charísmata* ("dons, graça"; p.ex., Rm 12:6). O grego *pneumatiká* enfatiza que esses dons derivam unicamente do Espírito (*pneúma*); *charísmata* e destaca o fato de que eles são inteiramente gratuitos, o efeito da graça de Deus (*cháris*). Para Paulo, existem duas características essenciais desses dons espirituais. Primeira, existe *um* Espírito que é a fonte de todos os dons e capacitação (1Co 12:4); consequentemente qualquer manifestação do Espírito deve ser sinal e fonte de unidade. Segunda, os dons do Espírito diferenciam-se e são concedidos às pessoas de formas diferentes, mas sempre para o bem comum (1Co 12:7) e não para o benefício individual somente. Foi um mal-entendido fundamental desde o princípio em Corinto que fez com que Paulo esclarecesse sua posição com tanta veemência em 1Coríntios 12—14.

Três vezes em 1Coríntios 12 Paulo lista os dons do Espírito (v. 8-10, 28, 29-30) e dá uma quarta lista em Romanos 12:6-8. Nem duas listas são exatamente iguais e cada uma mistura ambos os dons tecnicamente "espirituais" com dons comuns da prática ministerial. As listas pretendem ser representativas e não exaustivas e a variedade delas confirma sua natureza para determinado fim. Os vários dons enumerados se enquadram em três categorias gerais. Primeira, há dons de "palavra" como "palavra de sabedoria, palavra de conhecimento" (1Co 12:8), profecia (v. 10, 28, 29; Rm 12:6), discernimento de espíritos (1Co 12:10), ensino (v. 28; Rm 12:7; cf. 1Co 14:6), falar ou interpretar línguas (1Co 12:10, 28, 30; cf. 14:5, 13). Segunda, há dons de ministração prática, como ajuda, administração (1Co 12:28), serviço, conforto, contribuição, auxílio e prática de atos de misericórdia (Rm 12:7,8). Finalmente, existem dons de operação de maravilhas como cura, milagres, atos poderosos de fé (1Co 12:9,10,28-30).

Uma lista parece designar uma hierarquia de dons enumerando-os pela ordem de "primeiramente apóstolos; em segundo lugar, profetas; em terceiro lugar, mestres" (1Co 12:28), mas a referência pela ordem não continua na lista. Certamente, para Paulo, o dom do apostolado é mais importante que qualquer outro e, de certa forma, inclui o restante. É a principal categoria que Paulo usa em suas cartas para se identificar e o dom que ele mais valoriza. Seja qual for o dom, entretanto, seu valor é medido pelo grau com o qual o dom edifica o corpo de Cristo. [BARBARA E. BOWE]

DOR (heb. *dōʾr*, *dôr*; gr. *Dṓra*) Cidade na costa do Mediterrâneo, abaixo do monte Carmelo, Khirbet el-Burj/Tell Dor (142.224), a 21 km ao sul da moderna Haifa. A primeira menção a ela aparece num documento egípcio do século XIII a.C., que lista as cidades na costa da Palestina. Josué derrotou o rei da cidade canaanita Dor (Js 12:23), e no século XII, os povos dos mares ("filisteus") a conquistaram. Incorporada a Israel, Dor foi a capital do quarto distrito administrativo de Salomão (1Rs 4:11). Os assírios conquistaram a cidade em 732, e no século V. o rei persa a concedeu ao rei fenício de Sidom. Protegida por poderosas fortificações, Dor asseverou sua independência no período helênico até o asmoneu Alexandre Janeu tê-la acrescentado ao reino dos judeus por volta do ano 100. Em 63 a.C., o general romano Pompeu deu a liberdade à cidade de Dor, e ela floresceu por diversos séculos como porto marítimo, sucumbindo gradualmente somente no período romano à competição de sua vizinha Cesareia. Nos séculos VI e VII, reduzida a uma vila, ela possuía ainda o seu próprio bispo.

Desde 1923 até 1980, várias equipes esporadicamente escavaram em Tell Dor e na Dor mais baixa a leste do monte. Desde 1980, Ephraim Stern da Universidade Hebraica de Jerusalém, encabeçando um consórcio de instituições estrangeiras, tem explorado o lugar continuamente durante as missões de verão. Essas escavações recuperaram ricos achados desde o Período Médio do Bronze (aprox. 2000 a.C.) até o final do período romano. Especialmente importante é a sequência dos muros da fortificação, o plano de ruas Hipodamianas (grade) da cidade, introduzidas pelos persas, e os quarteirões doméstico e industrial de diversos períodos de ocupação. Entre os outros achados se incluem um grande complexo de templos helênicos, moedas apresentando a Astarote fenícia e o Zeus helênico, objetos de culto, material para estudo da indústria de tintura púrpura antiga, e inscrições de fragmentos de cerâmica. Outro grande templo, a leste da Tell, se tornou uma primitiva igreja cristã, sede de um posterior bispo da cidade.

Bibliografia. E. Stern, "Dor", *NEAELH* 1:357-68; *Dor, Ruler of the Seas* (Jerusalém, 1994). [KENNETH G. HOLUM]

DORCAS (gr. *Dorkás*) (tb. TABITA) (aram. *ṭĕḇîṯāʾ*) Apelido feminino muito comum ("gazela", "corça"), sugerindo uma escrava; era o apelido de uma mulher cristã altamente considerada em Jope, conhecida por suas boas obras e apresentada como modelo de discípula (At 9:36-43). A forma feminina de "discípulo" (gr. *mathḗtria*) é usada somente aqui no NT (ocorre em relação a Maria Madalena no apócrifo Evangelho de Pedro) e sugere um relacionamento especial a Jesus ou a um ofício, possivelmente uma líder da ordem das viúvas em Jope. Suas "boas obras e atos de caridade" se equiparam aos atos de outras mulheres (Lc 8:1-3). Dorcas foi ressuscitada por Pedro, o primeiro milagre dessa natureza feito por um apóstolo (cumprindo Mt 10:8). No emparelhamento de Lucas entre homem-mulher, Dorcas recebe mais atenção do que Eneias (At 9:32-35). [BONNIE THURSTON]

DORES DE PARTO As dores do parto são fundamento inescapável da existência humana. Gênesis 3:16 as menciona especificamente como parte da maldição sobre a raça humana, juntamente à morte e à necessidade de fadiga no trabalho. Embora haja conexão óbvia entre o horror da fadiga do trabalho e a alegria de um nascimento, os textos bíblicos frequentemente usam a figura da dor por si mesma.

As dores do parto são uma forma intensa e perigosa de dor. A morte de Raquel enquanto dava à luz Benjamim é descrita com realismo em Gênesis 35:16-18. A dor e o perigo são também claros em Jeremias 4:31; 30:12-15, nos quais a dor é figura para o juízo de Deus. Significativamente em 1En. 62.4-6, a mecânica do nascimento de uma criança é mencionada, mas o nascimento em si, não; nenhuma criança figurativa deve nascer aos reis e governadores que estão sob juízo; a dor intensa é tudo o que eles têm. Isso é assim mesmo em passagens do NT (1Ts 5:3; cf. Mc 13:17 e par.). Não devemos ler a ideia de nascimento em textos que não a contêm.

As dores de parto são uma dor sem socorro. Os profetas em particular descrevem os oponentes de Deus como mulheres em trabalho de parto (Jr 48:41; 49:22, 24; 50:41-43; Is 13:6-8; 26:17-18; 42:14; Sl 48:4-6 [TM 5-7]; cf. 1QH 5). Essas não são passagens que dão esperança, mas imagens de dor, ineficácia e humilhação (cf. Jr 6:24; 13:21; 22:23; 30:6). Este pode ser o pano de fundo de Romanos 8 apresentando não somente as dores de parto, mas a frustração e a metáfora mista de adoção. Em Gálatas 4:19, é Paulo quem sente a dor de parto até que Cristo "seja formado em vós", expressão irônica de sua impotência.

As dores de parto podem, contudo, ser uma dor produtiva. Algumas passagens tornam explícito o que outras omitem. Em João 16:20-22., a dor não é negada, mas classificada sob a alegria. Parece haver precedente para ser um padrão apocalíptico do juízo e restauração nas dores de parto e nascimento (Is 66:6-9; Mq 4:10; 5:3-4 [2-3]; e explicitamente em 1QH 3; b. Sanh. 97-98; cf. Ap 12:1-6).

Finalmente, as dores de parto são uma dor que deve correr o seu curso: um período de tempo antes do que um ponto. Assim, em Miqueias 4:9-10 com

5:3 [2], tal época antes do nascimento figurativo parece o foco antes do que o nascimento predito em si mesmo (assim também as discussões rabínicas do "dores do nascimento do Messias"; b. Sanh. 97-98; Ketub. 111ª; Sabb. 118). Além disso, há um sentido de um processo inexorável. Uma vez que ele começou, não há como escapar; ele deve ir até o final. O começo das dores do nascimento não são ainda o final, mas o começo do processo que deve certamente conduzir ao final (4Ed 16:37-39; Mc 13 par.; cf. 4Ed 4:40-42; At 2:24).

As dores do parto são encontradas através de uma varredura total do Cânon, do Gênesis ao Apocalipse. Mas no Apocalipse a imagem dominante muda de direção. Uma vez, o aparecimento terrível de Yahweh torna seus inimigos como mulheres em trabalho de parto. Em Apocalipse 12, contudo, ela é o Inimigo que desfila com ferocidade enquanto a salvação chega através da humildade das dores de parto e do nascimento. *Ver* AIS MESSIÂNICOS.

Bibliografia. D. C. Allison, Jr., *The End of the Ages Has Come* (Philadelphia, 1985); G. Bertram, "odin, odino" *TDNT* 9.667-74; C. Gempf, "The Imagery of Birth Pangs in the New Testament; "*TynBul* 45 (1994), 119-35.

DOTE Presente dado pelo pai da noiva à noiva. Geralmente deve ser interpretado no contexto de casamento. Era prática comum nas sociedades do antigo Oriente Próximo. Alguém poderia ver o dote como a porção que a filha tinha na herança do pai, quando deixa o lar paterno para ir ao lar do marido. O dote, que pode compreender diferentes itens da casa em adição a outros valores, poderia servir como persuasão para atrair possíveis pretendentes.

Labão dá suas servas Zilpa e Bila como dote a Leia e Raquel respectivamente no casamento delas com Jacó (Gn 29:24, 29). Esse costume é distinto dos presentes dados pelo noivo à noiva, como no caso de Rebeca, que com a sua família é contemplada com presentes (Gn 24:53). Esses presentes podem incluir um pagamento do preço da noiva ao pai do noivo, como no encontro entre Siquém e os irmãos de Diná (Gn 34:11-12). Se um homem seduzisse uma virgem, era exigido dele que pagasse o preço que a noiva valia e se casasse com ela legalmente (Êx 22:16 [TM 15]; cf. Dt 22:29). Quando a mulher se muda da casa do seu pai para a do seu marido, uma transação financeira entra em pauta.

Em alguns casos, o dote é usado fora do contexto imediato do casamento. Após Leia ter dado à luz Zebulom, ela viu o nascimento de seus seis filhos como dote de Deus, e por sua vez ela creu que isso lhe traria a honra de Jacó (Gn 30:20). Em 1Reis 9:16, Faraó deu a cidade destruída do Gezer à sua filha e seu marido Salomão como dote. Em ambos os casos, embora usados figurativamente, os dotes ainda mantêm a noção essencial de um presente à noiva. [HEMCHAND GOSSAI]

DOUTOR DA LEI Termo técnico (gr. *nomikós*) usado no NT para designar uma pessoa versada na lei. Embora os Evangelhos tenham em mente os entendidos na lei judaica (Lc 11:45,46), parece que Zenas, o doutor da lei (Tt 3:13) é hábil na lei romana. Os doutores da lei são mencionados com os fariseus em vários lugares em Lucas (Lc 7:30; 14:3; cf. 11:53, "escribas") e se colocam de maneira característica em oposição a Jesus nos evangelhos (cf. Mt 22:35 = Lc 10:25). [ROBERT A. DERRENBACKER, JR.]

DOXOLOGIA Fórmula curta expressando louvor a Deus (gr. *doxología*, de *dóxa*, "glória", e *lógos*, "falar"). Tais expressões são encontradas por todo o AT e NT.

As afirmações doxológicas ocorrem no AT mais frequentemente nos Salmos (Sl 28:6; 31:21 [TM 22]; 41:13 [14]; 68:19, 35 [20, 36]; 72:18; 89:52 [53]; 106:48), mas também são encontradas no final dos cânticos ou hinos (1Cr 16:36) e como orações (1Sm 25:32). Uma série de formas-padrão ocorre, mais comumente descrevendo Deus ou as ações de Deus como "bendito": p. ex., "Bendito seja o Senhor" (Gn 24:27; 1Sm 25:39; 2Sm 18:28; Sl 28:6) ou "Bendito seja o Senhor, o Deus de Israel" (1Rs 1:48; 1Cr 16:36; Sl 41:13 [14]). Essas expressões são frequentemente completadas com a enumeração de ações realizadas por Deus. A doxologia do Salmo 119:12 é o fundamento provável do *Berakot* (ou bênçãos) rabínico que se desenvolveu posteriormente e alcançou as formas tradicionais que continuam a ser usadas na adoração judaica. Outras formas comuns de doxologia dentro do AT incluem "atribuir glória ao Senhor (1Cr 16:28) ou "atribuir grandeza ao Senhor" (Dt 32:3).

O objeto da doxologia no NT e na igreja primitiva parece ter sido qualquer que exclusivamente Deus, antes que Cristo (Rm 11:36), embora tal louvor de Deus seja ocasionalmente "através" de Cristo (16:27). Possíveis doxologias dirigidas a Cristo podem ser encontradas em Gálatas 1:5; 2Timóteo 4:18; 1Peseo 4.11, embora o texto não seja inteiramente claro sobre a quem a glória é dirigida. As doxologias paulinas frequentemente tomam a forma "a [Deus] seja a glória para sempre e sempre, Amém" (Gl 1:5; Rm 11:36; Fp 4:20; cf. Ef 3:20-21). Essas doxologias cristãs primitivas foram posteriormente modificadas à luz do arianismo e das controvérsias trinitárias e dirigidas "ao Filho e ao Espírito Santo". [MATTHEW S. COLLINS]

DOZE, OS O círculo central dos discípulos de Jesus, a quem Ele chamou de apóstolos. O termo "os Doze" aparece nos quatro evangelhos (mesmo depois da morte de Judas em Jo 20:24; cf. Lc 24:9). As listas dos Doze nos Evangelhos Sinópticos e em Atos concordam com o número, mas não inteiramente com os nomes deles (Mt 10:2-4; Mc 3:16-19; Lc 6:14-16; At 1:13). "Os Doze" aparece também como designação para os apóstolos em Atos 6:2; 1Coríntios 15:5; Apocalipse 21:14. Os usos do termo sugerem que um significado particular estava ligado ao número em si. Jesus relacionou o número de Seu grupo às doze tribos de Israel de tal forma que os apóstolos se tornaram o núcleo de um Israel escatológico (Mt 19:28 = Lc 22:30); uma ideia similar é expressa em Apocalipse 21:14 (cf. Ef 2:20). A escolha de Matias após a morte de Judas foi uma tentativa de recompor o número Doze (At 1:15-26).

DRACMA (gr. *drachmḗ*) Moeda grega de prata mencionada na parábola da moeda perdida, contada por Jesus (Lc 15:8). Seu valor era aproximadamente o equivalente a um denário romano ou a um quarto de um shekel de prata, correspondente ao salário de um dia de um trabalhador. Por volta de 300 a.C., uma única dracma era suficiente para comprar uma ovelha, mas ela pode ter valido menos à altura do século I. Não era uma grande quantia de dinheiro. Está registrado que os soldados de Marco Antônio consideravam o seu presente de 100 dracmas como prova de sua mesquinhez. Para a mulher da parábola contada por Jesus, uma dracma poderia representar seu dote. [DAVID R. BECK]

DRAGÃO Réptil mítico comum na mitologia e na iconografia do antigo Oriente Próximo. Recentemente, pensou-se estar relacionado à criatura do caos da mitologia canaanita (a quem estão também ligados termos como "Behemoth", Jó 40:15; "Leviatã", Jó 41:1; "Raabe", Sl 89:10 [TM 11]; e "serpente" Is 27:1; Jó 26:13) mais que às figuras da Mesopotâmia (cf. heb. *ṯĕhôm* em Gn 1:2, relacionados ao ugar. *thm* antes do que o acadiano *Tiamat*). A maioria das referências bíblicas são polêmicas contra os deuses pagãos, promovendo Yahweh como o verdadeiro criador e mantenedor da ordem no universo.

"Dragão" é tradução cada vez menos frequente da terminologia hebraica nas recentes versões brasileiras do AT. No NT a palavra grega *drákōn*, "serpente, dragão" (simbólico de Satanás), que a LXX emprega para o hebraico *kĕp̄'r*, "leão"; *liwyāṯān*, "Leviatã"; *nāḥās*, "serpente"; *'attûḏ*, "bode"; e *peṯen*, "serpente". "Chacais" é normalmente a tradução correta para "dragões" das versões mais antigas em Malaquias 1:3 (*tannôṯ*) e na maioria das referências nas quais a palavra é assim apresentada; Ez 29:3 reflete a interpretação de *tann'n* como "dragão, serpente, baleia, monstro marinho, ou criatura do mar." *Ver* MONSTRO MARINHO. [W. CREIGHTON MARLOWE]

DRUSILA (gr. *Droúsilla*) A filha mais jovem de Agripa I (e irmã de Agripa II, Berenice e Mariane). Julia Drusila nasceu cerca de 38 d.C., por volta do mesmo tempo em que morreu a irmã do imperador Calígula, que possuía o mesmo nome dela. Foi prometida em casamento ainda criança a Epifânio, filho do rei Antíoco IV, de Comagena (Josefo, *BJ* 2.220; *Ant.* 18.132; 19.354-55). Após a morte de Agripa (44), contudo, Epifânio fugiu do seu compromisso de se converter ao judaísmo, e assim o casamento não se realizou. Em 53, Drusila se casou com Azizus, da Emesa Síria, após a circuncisão dele.

Contrariamente à lei judaica, ela logo deixou Azizus para se casar com Antônio Félix, o procurador gentio da Judeia. A beleza de Drusila (que aparentemente a levou a relacionamento abusivo com Berenice sua irmã igualmente bela) deixou Félix tão apaixonado a ponto de ele ter enviado um amigo judeu chamado Atomus para persuadi-la a se divorciar do marido e a se casar com Félix, afirmando que isso a faria feliz (*Ant.* 20.137-43). Com Felix, aprox. 57, ela ouviu Paulo falar a respeito da fé em Cristo Jesus (At 24:24). Drusila deu a Félix um filho chamado Agripa que foi morto na erupção do Monte Vesúvio em 79 (*Ant* 20.144). Incidentalmente, de suas três esposas (Suetônio, *Claud.* 28), é registrado que Félix se casou com outra Drusila, a bisneta de Cleópatra e Antônio (Tacitus, Hist. 5;9).

Bibliografia. R. D. Sullivan, "The Dynasty of Judaea in the First Century", *ANRW* II.8, 329-31. [DOUGLAS S. HUFFMAN]

DUALISMO Com origem no início do século XVIII, o termo "dualismo" assumiu conotações metafísicas, éticas e epistemológicas em contraste com o monismo e o pluralismo. Especificamente, ele se refere a duas substâncias ou princípios que compreendem a realidade. O termo não aparece na Bíblia, mas a ideologia associada ao dualismo cósmico, metafísico e ético frequentemente subjaz muita coisa do estudo da Bíblia.

Na antiga religião de Zoroastro, os dois deuses opostos do bem e do mal compreendem a realidade cósmica, com o deus do bem finalmente ganhando o controle do mundo numa era futura. Por contraste, a antiga religião israelita era monoteísta; Yahweh mantinha o controle sobre o bem e o mal. Contudo, no judaísmo pós-exílico (cf. IQM) e no cristianismo subsequente (Gl 1:14; Rm 8:18-25; Fp 3:20-21; Ap), o pensamento apocalíptico se levantou parecendo o dualismo cósmico do zoroastrismo na medida em que o bem (Deus) triunfa sobre a presente era do mal (sob o controle de Satanás e os demônios). Diferentemente do dualismo cósmico do Zoroastrismo com implicações morais, o dualismo ético na Bíblia é mais pragmático visto que uma pessoa escolhe fazer o bem ou o mal. Em particular, os ensinos de Jesus afirmam que as pessoas determinam sua identidade moral como pessoas que se aproximam do reino de Deus ou como pessoas em oposição a esse reino.

O dualismo metafísico presume que há duas substâncias irredutíveis no universo (matéria *versus* não matéria; corpo *versus* alma). O antigo dualismo metafísico tem sua exposição mais ampla na doutrina platônica dos mundos sensível e inteligível, que Fílon, o exegeta judeu de Alexandria, adotou. O livro de Hebreus apresenta algumas observações interessantes (Hb 9:11, 23-24; 10:1; 11:16; cf. 2Co 4:18) que podem ser interpretadas como afirmação de dualismo metafísico de Platão ou de Fílon.

Embora a antropologia na Bíblia assevere a unidade das pessoas (Gn 2:7; 1Co 15:35-50), alguma literatura bíblica pode refletir a influência de um dualismo antropológico (Dt 6:5; Sab 3.1-4; Mc 12:30 e par.; Mt 10:28; 1Ts 5:23; 1Co 5:3; 2Co 5:1-10). Paulo, contudo, afirma que uma alma desincorporada é parecida com a nudez (2Co 5:3). Outros exemplos de influência do dualismo na ideologia e antropologia bíblicas podem ser observados em algumas das bipolaridades do pensamento cristão primitivo (luz *versus* trevas; vida *versus* morte; amor *versus* ódio; e verdade *versus* mentira).

O desenvolvimento da ideologia gnóstica intensificou um entendimento dualista da personalidade, fazendo com que alguns primitivos cristãos separassem o aspecto "corporal" da personalidade do aspecto "físico ou espiritual" da personalidade. Quando separados aquilo que está ligado a Deus é o "espiritual" (não físico?), permitindo uma conduta antinomiana (cf. 1Co 5:1-8; 6:12-20) ou ascética (cf. Cl 2:16-23). Essas cosmovisões e moralidades incipientes dos gnósticos no NT aparecem mais refinadas mais tarde, na literatura dos séculos II e III.

Bibliografia. U. Bianchi, "Dualism" em *The Encyclopedia of Religion* (New York, 1987), 4:506-12; K. Rudolph, *Gnosis* (San Francisco, 1984). [BENNIE R. CROCKETT, JR.]

DUMÁ (heb. *dûmâ*) **I. (PESSOA)** Sexto filho de Ismael e o suposto ancestral de uma tribo árabe (Gn 25:14 = 1Cr 1:30). [RONALD A. SIMKINS]

II. (LUGAR) 1. Cidade na região montanhosa de Judá (Js 15:52), identificada com a moderna Khirbet ed-Deir Dômeh, cerca de 10 km a sudoeste de Hebrom.

2. Próspero distrito e oásis na parte centro-norte da Arábia, Dumat al-Jandal (moderna al-Jawf) no úadi Serhan ao longo das principais rotas de comércio que levam a Amã e Damasco. Dumá é primeiramente mencionada nos anais assírios de Senaqueribe como Adummatu. Senaqueribe lançou uma campanha contra Dumá após sua oitava campanha, entre 691 e 689 a.C. Ela permaneceu um importante centro na Arábia até o século VIII d.C.

3. Lugar mencionado num oráculo profético associado à região de Edom (Is 21:11). A referência é provavelmente uma corrupção textual do próprio Edom (como acontece na LXX). [RONALD A. SIMKINS]

DURA (arab. *dûrā'*) A planície sobre a qual Nabucodonosor, rei da Babilônia, erigiu uma grande imagem de ouro (Dn 3:1). Porque eles se recusaram a se dobrar e adorar a imagem, os amigos de Daniel, Sadraque, Misaque e Abede-Nego foram lançados na fornalha ardente. A localização do sítio é desconhecida, mas o nome pode estar relacionado ao acadiano *duru*, "cidade muro" ou "fortificação". Jules Oppert identificou o lugar como Tell Der, a 27 km a sudoeste de Bagdá, onde tinha encontrado uma estrutura de tijolo maciço que pensou ser a plataforma para a imagem de Nabucodonosor. [STEPHEN J. ANDREWS]

DURA-EUROPOS Antiga cidade localizada a 434 km a noroeste da Babilônia, onde o rio Habur desemboca no Eufrates, cerca de meio caminho entre a moderna Alepo e Bagdá. O sítio de Circesium, posto de fronteira romano localmente conhecido em grego como *Europos* de sua fundação durante o governo helênico de Seleuco I (311-281 a.C.) até ao menos 180 d.C., após 200 d.C., foi chamado *Doura* (gr.), baseado no nome semítico que significa "fortaleza". O nome hifenizado é uma construção moderna. A cidade foi destruída em 256 sob o governo de Shapur I e nunca mais foi reconstruída.

Após a oportuna descoberta de pinturas murais por tropas britânicas em 1920, as escavações sistemáticas começaram em 1922 e converteram aquela cidade desolada numa recuperação arqueológica famosa do século XX. Dura-Europos é provavelmente melhor conhecida pelas obras de arte com temas religiosos. Isso inclui uma sinagoga judaica ainda existente, originalmente uma casa particular, cujas quatro paredes são cobertas por um fascinante panorama de pinturas do AT; uma igreja cristã, também criada a partir de uma casa particular remodelada, com pia batismal abobadada; e um templo de Mitra, atípico para tais templos visto que foi construído acima e não abaixo do solo. [FLORENCE M. GILLMAN]

E

E Designação de Eloísta (E), considerada como uma das principais fontes do Pentateuco.

EBAL (heb. *ʿêḇāl*) **I. (LUGAR)** Montanha exatamente ao norte de Siquém, cruzando o vale desde o monte Gerizim, medindo 933 m de altura, acima do nível do mar. Moisés ordenou aos israelitas que construíssem um altar no Monte Ebal (o Pentateuco Samaritano diz "monte Gerizim"), quando eles haviam cruzado o Jordão, e que sacrificassem ali (Dt 27:5). O cumprimento dessas ordenanças está descrito em Josué 8. Em 1982, foi escavado um monturo de pedras no Monte Ebal. Tal fato tem sido interpretado (de modo variado) como o altar de Josué, um altar israelita subsequente, ou uma estrutura não cúltica, possivelmente uma torre de vigia.

Bibliografia. A. Zertal et al., *Archaeology and the Bible, 1: Early Israel*, ed. H. Shanks e D. P. Cole (Washington, 1990), 76-107 [quatro artigos].

II. (PESSOA) 1. O terceiro filho de Sobal e descendente do horita Seir; ancestral epônimo de um clã edomita (Gn 36:23; 1Cr 1:40).

2. Filho de Joctã e descendente de Sem (1Cr 1:22). A narrativa paralela na Tabela das Nações dá seu nome como Obal (Gn 10:28).

ÉBANO Madeira de duas espécies de árvores, *Diospyros ebenaster Retz*, e *Diospyros melanozylon Roxb.*, ambas nativas do subcontinente indiano e Sri Lanka. Os fenícios transportavam a madeira para Tiro a partir de Dedã no Golfo Pérsico e dali comercializavam por todo o mundo do Mediterrâneo (Ez 27:15). A madeira externa é branca e tem pouco valor, mas a parte interna se torna negra, dura muito tempo e era altamente valorizada nas carpintarias finas, nos ornamentos, nos móveis e em algumas práticas religiosas do mundo antigo. As obras de ébano tinham alto preço entre os babilônios, egípcios, gregos, fenícios e romanos. [THOMAS B. SLATER]

EBEDE (heb. *ʿeḇeḏ*) **1.** Pai de Gaal, adversário de Abimeleque (Jz 9:26-35).

2. Filho de Jônatas e cabeça de família de Adim que, acompanhado de "50 homens", retornou do exílio com Esdras (Ed 8:6).

EBEDE-MELEQUE (heb. *ʾeḇeḏ meleḵ*) Etíope que repreendeu o rei Zedequias pela decisão de colocar Jeremias numa cisterna (Jr 38:7-13; 39:15-18) durante o cerco babilônico de Jerusalém. Ebede-Meleque, então, resgatou Jeremias da cisterna, num tempo quando todos de Jerusalém pareciam ter abandonado o profeta. Seu nome em hebraico significa "servo de um rei". Tradicionalmente, os eruditos têm suposto que ele era escravo de Zedequias, mas a aquiescência do rei ao seu pedido seria uma resposta incomum à crítica do escravo. A frase "servo do rei" ocorre em vários selos desde o século VII de Judá, em que = se refere aos oficiais de alta posição. Ebede-Meleque é chamado *sāris*, termo que se refere a um eunuco ou um oficial (assim usado em todo o livro de Jeremias, regularmente em contextos militares).

Ebede-Meleque é chamado "o etíope" (Jr 38:7). Esse homem era indubitavelmente africano de pele negra (cf. a referência de Jeremias à pele dos etíopes, Jr 13:23). Os etíopes eram soldados e mercenários no exército do Egito, aliado primário de Judá em sua rebelião contra os babilônicos. Ebede-Meleque, entretanto, era provavelmente o comandante de uma unidade militar egípcia/etíope, exercendo considerável pressão política sobre Zedequias.

Bibliografia. R. Deutsch e M. Heltzer, *Forty New Ancient West Semitic Inscriptions* (Tel Aviv, 1994); J. D. Hays, "The Cushites: A Black Nation in the Bible", *BSac* 153 (1996), 396-409. [J. DANIEL HAYS]

EBENEZER (heb. *ʾeḇen hāʿezer*) O lugar da batalha em que os filisteus capturaram a arca (1Sm 4:1; 5:1). Ebenézer é também onde os israelitas comandados por Samuel derrotaram os filisteus, após o que ele erigiu um monumento que ele chamou "Ebenézer" (lit. "Pedra de Ajuda") para celebrar a ajuda de Deus (1Sm 7:12). Os eruditos têm debatido se esse termo representa um lugar ou dois. Visto que Samuel erige e nomeia seu monumento Ebenézer após a batalha de 1Samuel 4 já ter ocorrido, duas localizações distantes podem ser inferidas. Além do mais, a Ebenézer em 1Samuel 4 é próxima de Afeque, no caminho da costa da Filístia em direção a Siló, enquanto que a Ebenézer em 1Samuel 7 está próxima de Mispá (Tell em-Nasbeh) exatamente ao norte de Jerusalém. Contudo, há uma simetria de narrativa entre as duas batalhas, e as duas narrativas refletem a importância da fidelidade de Israel a Yahweh na determinação do seu destino, sugerindo que o nome pode simplesmente ser um instrumento literário.

Os arqueólogos têm sugerido identificar Ebenézer com *ʿizbet Ṣarṭah*, um sítio israelita 4-dunam perto de

Afeque, se somente é o sítio israelita mais próximo defronte a Afeque da Filístia. Contudo, não há nada além de sua correspondência geográfica a 1Samuel 4 que pode confirmar sua identidade com Ebenézer.

Bibliografia. I. Finkelstein, *Izbet Sartah* (Oxford, 1986). [ROBERT D. MILLER, II]

ÉBER (heb. *'ēḇer*) **1.** Ancestral epônimo dos hebreus; descendente de Selá, Arfaxade e Sem. A Bíblia apresenta duas linhagens distintas de Éber. Na Tabela das Nações, a linhagem de Éber é traçada por meio de seu filho Joctã (Gn 10:21-31) e Éber provavelmente designa a "região além" (*eber*) do rio (Jordão?). Isto é, Éber se refere ao território dos povos semitas, desde Mesa até a região montanhosa no leste. Éber é também listado na genealogia de Sem com relação a Terá, mas sua linhagem é traçada através de Pelegue, seu primeiro filho (Gn 11:14-17). Essas duas linhagens são combinadas pelo autor de Crônicas (1Cr 1:17-27).

No oráculo final de Balaão, Éber é mencionado com Assur (Assíria) como o lugar afligido pelos navios de Quitim, provavelmente os gregos da Anatólia oriental ou Chipre (Nm 24:24). Essa referência, assim como na Tabela das Nações, provavelmente se refere ao território dalém do rio.

2. Um dos sete clãs da tribo de Gade, vivendo na terra de Basã (1Cr 5:13).

3. O primeiro filho de Elpaal, da tribo de Benjamim (1Cr 8:12).

4. O filho de Sasaque, da tribo de Benjamim (1Cr 8:22, 25).

5. Um sacerdote pós-exílico, cabeça de família da casa de Amoque, durante os dias de Joaquim (Ne 12:20). [RONALD A. SIMKINS]

EBIASAFE (heb. *'eḇyāsāp̄*) (tb. ABIASAFE) Levita da linhagem de Coate, pai de Assir (1Cr 6:23, 37) ou Coré (9:19). Em Êxodo 6:24, é chamado Abiasafe.

EBIONITAS Nome para os cristãos judeus, testemunhado primeiramente em Ireneu (*Adv. Haer.* 1.26.2; gr. *ebionaioi*) aprox. 180 d.C. A palavra se deriva do hebraico *'eḇyôn* e significa "o pobre".

A origem exata e a referência ao nome são incertas. O uso paralelo do hebraico nos escritos de Qumran apresenta virtualmente certo de que o nome foi originalmente uma autodesignação honorífica: os "pobres" são as pessoas favorecidas de Deus (p.ex:, 4QpPs37 2.9; 1QpHab 12.3; 1QM 11.9). O fundamento desse uso está evidente no AT (Am 2:6-7; o sinônimo *'ān'* é também comum; cf. esp. os Salmos, p. ex., Sl 35:10) e no Oriente antigo mais amplo.

Quão remota é essa designação entre os seguidores de Jesus é discutido. Alguns eruditos veem essa designação já presente nas referências de Paulo a uma coleta para os "pobres" de Jerusalém (Gl 2:10). Mas em Romanos 15:26, Paulo distingue esse grupo dos outros crentes de Jerusalém ao falar dos "pobres entre os santos". Em 2Coríntios 9:12, Paulo confirma o aspecto econômico ou literal ao mencionar a coleta como suprimento para as "deficiências dos santos". Não obstante, a coleta de Paulo para os pobres, sem dúvida, tinha um aspecto político-eclesiástico que envolvia o reconhecimento de Jerusalém como centro dos crentes. É difícil imaginar qualquer uso da palavra "pobre" entre os crentes primitivos sem algumas nuanças religiosas (cf. Mt 5:3).

Outros eruditos pensam que o termo foi somente mais tarde, adotado por um grupo de judeus cristãos, firmando-se, em parte, num dito de Jesus em Mateus 5:3. No século XIX, Adolf Hilgenfeld aceitou a historicidade de um fundador chamado Ebion, primeiramente testemunhado em Tertuliano (De *preascr. haer.* 33.5) e Hipólito (Erf. 7.35.1). Todavia, mais provavelmente a suposição da existência de um Ebion se deriva do ímpeto heresiológico de atribuir as "heresias" a alguma figura herética específica (aqui talvez originalmente na *Syntagma* perdida de Hipólito). Sem dúvida, os heresiólogos são responsáveis em parte pela aplicação do nome ebionitas de um modo mais amplo a todos os judeus cristãos. Assim, Ireneu, seguindo sua fonte, coloca todos os judeus cristãos sob o título ebionitas e atribui-lhes a crença na geração natural de Jesus por José e Maria, o uso somente do evangelho de Mateus, a rejeição de Paulo como apóstata da lei e a veneração de Jerusalém.

As tensões da erudição moderna têm seguido Epifânio na distinção dos ebionitas de outros ramos dos judeus cristãos, como os nazoreanos. Por ligar a descrição que Ireneu faz dos ebionitas com o grupo mais estrito dos judeus cristãos, mencionados sem um nome específico no *Dial.* 47-48, de Justino Mártir, esses eruditos aplicam o nome ebionitas aos judeus cristãos mais estritos e deixam os nazoreanos como os moderados. Isso deve ser desencorajado, porque carece de justificação histórica. Além do mais, isso negligencia a real descrição de Epifânio do grupo ebnionita ou deve postular uma variedade "gnóstica" adicional do ebionismo. Epifânio conecta seus ebionitas com os pseudoclementinianos, com os ascendentes antipaulinos de Tiago e com um evangelho convenientemente chamado o Evangelho dos ebionitas por eruditos modernos. Conquanto seja possível que Epifânio tenha recebido esses escritos de um grupo do século IV. que se chamava a si mesmo de ebionitas, a divisão que Epifânio fez dos judeus cristãos em ebionitas e nazoreanos pode ser parcialmente devida à pressão para ele aparecer com as suas anunciadas "80 heresias"; ele inventou e dividiu quando possível, pegando aqui amplamente a visão heresiológica mais anterior de que havia dois tipos de judeus cristãos.

Bibliografia. E. Bammel, "*ptochós*", *TDNT* 6.888-915; A. F. J. Klijn e G. J. Reinink, *Patristic EvidenCe por Jewish-Christian Sects*. NovTSup 36 (Leiden, 1973); G. A. Koch, *A Critical Investigation of Epiphanius´knowledge of the Ebionites* (Philadelphia, 1976); G. Strecker, "On the Problem of Jewish Christianity", em W. Bauer, *Orthodoxy and Heresy in Earliest Christianity* (Philadelphia, 1971), 241-85 [F. STANLEY JONES]

EBLA O nome antigo de Tell Mardikh no norte da Síria, a 65 km ao sul de Alepo. A colina foi intermitentemente ocupada desde os tempos pré-históricos ao menos até o século V d.C. Os arqueólogos têm discernido uma longa sucessão de níveis de ocupação; as principais áreas exploradas pertencem ao Médio Bronze (aprox. 2400-2300 a.C.) e ao Médio Bronze II (aprox. 1800-1600). O sítio consiste de uma acrópole central, assim como uma cidade-torre muito mais ampla, cercada por um muro maciço; em sua parte expandida mais larga, ela cobria quase 60 hectares.

Escavações em Tell Mardikh têm sido feitas desde 1964, sob a direção de Paolo Matthiae, da Universidade de Roma. A descoberta, em 1968, de uma pedra inscrita do rei Ibbit-lim assegurou a identificação da cidade como a antiga Ebla, já conhecida de outras fontes cuneiformes. Em 1975, os primeiros tabletes de barro com inscrições foram encontrados no Palácio G na acrópole, e eventualmente 15 mil tabletes e fragmentos foram recuperados. Esses foram os restos do que uma vez foi um grupo de mais de 300 mil textos que foram deixados em três salas fechadas no principal saguão das recepções. A data desses textos tem sido o assunto de muito debate, mas agora é quase universalmente acordado que eles foram escritos exatamente antes do reinado de Sargão de Acade, na Mesopotâmia (2334-2279, equivalente à Era do Bronze IV A1). A destruição do Palácio G tem sido atribuída a Sargão e mesmo a seu neto Naram-sin, porque ambos alegavam ter conquistado a cidade, mas não há nenhuma evidência arqueológica direta para conectar o feito a qualquer um deles. O espaço de tempo interno dos arquivos foi igualmente um assunto de controvérsia, mas está recentemente estabelecido que cobriam os últimos cinquenta anos antes da destruição do Palácio (isto é, o tempo dos reinados dos reis Igris-halam, Irkab-damu, e Isar-damu). A dinastia propriamente dita remonta a muito tempo antes disso, pois os textos rituais e administrativos proporcionam os nomes de 27 reis.

Os textos foram escritos em ao menos três línguas: suméria, uma forma de acadiano primitivo e uma língua semítica até agora não confirmada que imediatamente foi chamada eblaíta. As primeiras duas foram usadas somente em textos de escola literária com origem na Mesopotâmia, enquanto a eblaíta era usada nos textos administrativos, diplomáticos da chancelaria, assim como em poucas composições literárias, principalmente os textos de encantamentos e léxicos. Há muito debate sobre a classificação da nova língua; a morfologia sugere que é uma forma de semítico oriental (acadiano), mas visto que usa muitas palavras que ocorrem somente nas línguas semíticas ocidentais, ela tem sido também considerada como uma forma primitiva da língua canaanita. É agora evidente que essa não era apenas uma língua local, mas uma língua que estava em uso por toda a Síria e norte da Mesopotâmia no terceiro milênio, Tal uso é atestado, com variações locais, em tabletes aproximadamente contemporâneos de Mari e Tell Beydar. Dialetos relacionados estavam em uso em Mari até o reinado de Yahdun-lim (aprox. 1800), quando uma mudança para o antigo babilônico foi efetuada com propósitos administrativos.

Os arquivos do terceiro milênio consistem de um pequeno número de textos escolares e rituais assim como uma ampla variedade de registros administrativos e diplomáticos. Os documentos econômicos são lacônicos, repetitivos e foram usados muito constantemente. Aprendemos mais a respeito da forma escrita da língua eblaíta através de outros tipos de textos. Os rituais locais de entronização são particularmente importantes para o nosso conhecimento da cultura, da língua da cidade, assim como um pequeno número de tratados, de doações de terra e de textos epistolares. A maioria dos textos de escola foi importada da Mesopotâmia e estão duplicados em sítios sumérios como Abu Salabikh e Fará. Os encantamentos eblaítas podem ter sido locais, mas em acréscimo às deidades sírias, eles mencionam tais deuses mesopotâmios como Enlil (Illilu). Listas de palavras, também chamadas textos léxicos, uma parte importante do estudo do cuneiforme, estão bem representadas, alguns traduções eblaítas de palavras sumérias. Há também poucas listas de palavras eblaítas monolinguais. As composições literárias — todas de origem mesopotâmia — incluem um hino ao deus-sol, um texto concernente à deusa da escrita e uma difícil composição suméria, mencionando o deus Ama-usumgal-ana.

Os textos administrativos se encaixam num certo número de categorias e dizem respeito primariamente à coroa e a seus dependentes; assim, revelam assim os trabalhos de somente um setor específico do estado. O ponto focal dos arquivos era a família estendida do governador, os dependentes da coroa e as famílias relacionadas da elite. A autoridade maior para as transações nos arquivos principais estava nas mãos de uma pessoa, um vizir ou mordomo da realeza estatal. As três pessoas que ocuparam essa posição foram Arenum, Ibrium, e seu filho Ibbi-zikir. O reino era um dos muitos listados nos estados territoriais da Síria; mais de 1400 nomes de lugares ocorrem nos documentos, e embora muitos deles não possam ser identificados no presente, um bom número era indubitavelmente de pequenas vilas na vizinhança da cidade. Na posição oriental, o estado aliado do Emar, e mais abaixo no Eufrates, estava Mari. Ao norte e nordeste, Ebla tinha de lutar com outras políticas e sua influência chegou até Carquemis. Às vezes, Ebla teve de pagar tributo a Mari. A população das cidades mencionadas nos documentos de Ebla parece ter sido uniformemente de língua semita, se alguém pode julgar pelos nomes próprios. Não há nenhum vestígio de amorreus ou hurrianos, embora uma cidade chamada *mar-tu* (o escrito mesopotâmio para o amorreu) ocorra. Os arquivos documentam os relacionamentos diplomáticos complexos entre Ebla e outros estados sírios, assim como com o estado de Kish na Mesopotâmia. Recibos lacônicos de libertação e deuses extrovertidos escondem a real natureza das transações, sejam classificadas, em termos modernos, como tributo, troca de presentes ou comércio. Os relacionamentos que são registrados são com outros centros urbanos e é impossível assegurar-se da importância dos povos não sedentários neste período. As rações de comida para o pessoal do palácio, assim como a documentação de mulheres envolvidas na produção de lã — a principal parte da economia da realeza — proporcionam uma boa noção dos assuntos da organização dos dependentes da coroa. Além da indústria de roupa, muito importante em Ebla, os textos proporcionam informação detalhada sobre a economia da pecuária, principalmente, o cuidado de grandes rebanhos de ovelhas, o cultivo da cevada, do trigo, das oliveiras, das uvas, assim como da troca e da produção de grandes quantidades de metais e mercadorias metálicas, incluindo prata, ouro, estanho, cobre e bronze. A quantidade de metais preciosos registrada nos textos é impressionante, como está exemplificado pelo registro de entregas feitas por Ebla à cidade de Mari por muitos anos, de um montante maior que 65 kg de ouro e 1000 kg de prata.

As tradições religiosas de Ebla podem ser somente vislumbradas. O principal deus da cidade, Kura, e sua consorte Barama são desconhecidos. Os outros dois deuses principais do estado eram a deusa-sol e o deus-tempestade, Hadda, também adorados sob o nome Hadda-baal. Outras divindades importantes eram Ashtar, Dagan, Gasru, Rasap. Kamis, e Ishara. Listas de oferendas e rituais proporcionam alguma informação sobre o culto estatal, incluindo a adoração de ancestrais da realeza, mas nada se sabe das práticas religiosas diárias da população.

No tempo em que a dinastia de Ur III era dominante na Suméria e Acádia (2100-2000), Ebla era uma das poucas cidades sírias mencionadas nos textos da Mesopotâmia. Em Ebla, esse período (IIB2) é representado por um grande complexo de construções (o Palácio Arcaico), encontrado na parte noroeste da colina. Resquícios arqueológicos da primeira metade do segundo milênio (IIIA e IIIB, ca. 2000-1600) demonstram que Ebla era uma cidade florescente exatamente antes da destruição seguinte, geralmente atribuída aos hititas. A essa altura, o centro urbano alcançou sua maior expansão e era cercada por um muro de tijolo maciço. Embora não tenha sido descoberto nenhum arquivo desse período, os ricos achados arqueológicos — incluindo amplas sepulturas da elite — proporcionam muita informação sobre a cultura daquele tempo. A cidade nunca mais alcançaria tal expansão e foi ocupado intermitentemente em vários tempos após 1600; os últimos achados de atividade humana são do primeiro milênio depois de Cristo.

Bibliografia. A. Archi, "Fifteen Years of Studies on Ebla", *OLZ* 88 (1993), 461-71; "Ebla Textes", *OEANE* 2.184-86; P. Matthiae, "Ebla", *OEANE* 2.180-83; L. Milano, "Ebla: A Third-Millennium City-State in Ancient Syria", *CANE* 2.1219-30. [PIOTR MICHALOWSKI]

EBROM (heb. *'eḇrōn*) Cidade no território tribal de Aser (Js 19:28), provavelmente o mesmo que Abdom (21:30; 1Cr 6:7 [TM 59]). A forma é geralmente explicada como um erro de copista, que leu o hebraico *resh* em vez de *Dálet*.

ECBATANA (heb. *Ekbatana*; pers. *ant. hagmatāna*; aram. *'aḥmĕṯā'*) Tradução grega do persa Hagmatana (moderna Hamadan), a principal cidade da Média. Ela ocupa uma posição estratégica na principal passagem pelo alinhamento Alvand, a cadeia mais oriental das Montanhas Zagros, antes do platô iraniano. Ecbatana está na principal rota comercial leste-oeste entre a Mesopotâmia e o Oriente. A intensa urbanização na Assíria desde o século IX a.C. em diante e a correspondente necessidade dos suprimentos estrangeiros provavelmente deram à cidade a sua importância durante o século VII. De acordo com Heródoto, Ecbatana foi fundada pelo rei Deioces, aprox. 700, mas a historicidade do relato em que Heródoto registra o surgimento do estado Medo tem sido questionada.

Uma investigação arqueológica sistemática de Ecbatana é vista como extremamente difícil, visto que o lugar é ainda habitado. As escavações arqueológicas em outros sítios medos indicam prosperidade econômica e cultural durante o século VII. Após Ciro, o Grande, tê-la conquistado aprox. 550, Ecbatana se tornou a residência de verão para os reis aquemênidas. Em seus arquivos, Dario I encontrou cópia do edito de Ciro (Ed 6:2).

O livro de Judite, julgado pelos eruditos como historicamente suspeito, menciona que Ecbatana foi fundada por um desconhecido Arfaxade (Jdt 1:1), e relata que Nabucodonosor saqueou a cidade numa campanha contra Arfaxade (v. 13-14). Ecbatana é o lar de Raguel e Edna e sua filha Sara, com quem Tobias se casa (Tob 3.7; 5.6; 7.1); Mais tarde, Tobias foge de Nínive para se estabelecer em Ecbatana (14.14). [GERALD M. BILKES]

ECLESIASTES, LIVRO DE Nas Bíblias cristãs, o 21º livro do AT, imediatamente depois de Provérbios. Na Bíblia Hebraica, ele está agrupado ao Megilloth (os cinco rolos usados nas principais celebrações religiosas do judaísmo). O livro é lido em sua totalidade durante o Sukkoth (a Festa das Tendas ou dos Tabernáculos), quando Israel se lembra de sua viagem no deserto e celebra o final de outro período de colheita na Terra Prometida.

Eclesiastes recebe o nome do principal escritor no livro, chamado Qoheleth ("aquele que reúne") em hebraico ou *ekklēsiastēs* ("membro de uma assembleia") em grego. Em alguns lugares, o termo é usado como título (o *Qoheleth* em 7.27; 12.8) e em outros parece ser o nome ou o apelido de uma pessoa (1:1, 2, 12; 12:9-10). Em hebraico *qōheleṯ* pode se referir à atividade de juntar pessoas, seja uma assistência ou uma coleção de ditos. Visto que a tradição lembra Qoheleth como aquele que "ensinava o povo o conhecimento, pesando e estudando e arranjando muitos provérbios" (12:9), a tradução "Mestre" é mais acurada do que "Pregador".

A Sinagoga e a Igreja tradicionalmente têm identificado o Qoheleth com Salomão, mas o nome Salomão não aparece em lugar algum no livro. Salomão era conhecido como o protótipo da liderança da sabedoria e 1:1 chama Qoheleth de "Filho de Davi, rei em Jerusalém". Mas uma série de afirmações no livro se torna difícil de ser reconciliada com o que conhecemos sobre Salomão por meio de outras fontes. Em 1:12, Qoheleth diz que ele "*era* rei de Israel em Jerusalém", sugerindo que ele se refere a um tempo, quando o seu reinado havia findado e 1:16 e 2:7 sugerem que muitos outros reis haviam precedido o narrador no trono em Jerusalém. Ambos, 8:2-9 e 10:16-19 soam mais como opiniões sobre um assunto do que sobre um rei.

O hebraico, em que a forma presente do livro é escrita, apresenta um estágio muito grande no desenvolvimento da língua. O texto contém vocábulos emprestados do persa e do aramaico e usa certo vocabulário e formas gramaticais que somente se tornam comuns um pouco antes do começo da era cristã.

O Eclesiastes tem sido entendido de modos radicalmente diferentes por diferentes intérpretes, porque a metáfora temática central (tradicionalmente traduzida "tudo é vaidade") é inerentemente ambígua. O hebraico *hebel* ("vaidade") ocorre 38 vezes em Eclesiastes, comparado a somente 35 usos em todo o restante do AT. Em seu sentido mais simples e mais básico, *hebel* significa "um sopro de ar", "um sopro", ou "vapor" (Is 57:13; Sl 39:5, 11 [TM 6, 12]). Mas *hebel* adquire associações negativas, quando usada para descrever a inutilidade ou a indignidade dos ídolos (Jr 2:5; 8:19; 10:8; 2Rs 17:15) ou a falibilidade dos aliados humanos (Is 30:7). Assim, a expressão "tudo é *hebel*" (1:2; 12:8) pode ser entendida seja num sentido positivo ou negativo.

Aqueles que pensam " vaidade" (*hebel*) como um termo pejorativo "inútil' ou "sem sentido" veem o Mestre como um homem carente de fé e questionam a presença do livro no cânon da Sagrada Escritura. Aqueles que entendem *hebel* ("vaidade") como referência ao que é transitório ou não permanente veem os ensinos de Eclesiastes numa luz mais positiva, especialmente quando a instabilidade é entendida para se aplicar a tudo "debaixo do sol" em contraste com a estabilidade de Deus. Qoheleth pensa que a vida humana e os produtos do labor humano são como o vento (instável, de curta duração), não "sem sentido".

Várias partes de Eclesiastes parecem apresentar pontos de vista conflitantes (compare 5:1-6 [4:17-5:5] com 9:1-2 ou 8:12-13 com 8:14), porque o Mestre usa uma forma antiga de retórica conhecida como "diatribe" ou "discurso de disputa", em que um orador cita um ponto de vista oposto a fim de refutá-lo. Esse estilo de linguagem "Sim, mas..." é usado a fim de questionar a verdade de diversas suposições tradicionais. Na verdade, Eclesiastes diz a si mesmo (ou aos seus leitores), "Sim, isso pode ser verdadeiro como a tradição nos diz, que "bem sucede aos que temem a Deus, porque temem diante dele" e "ao ímpio, porém, não irá bem" (8:12-13), mas a experiência nos diz que "ainda há outra vaidade que se faz "sobre a terra": há justos a quem sucede segundo as obras dos ímpios, e há ímpios a quem sucede segundo as obras dos justos. Eu disse que isso também é vaidade".

Diferentemente dos oradores no livro de Provérbios, que parecem pensar serem relativamente predizíveis as consequências da ação humana, Qoheleth argumenta que os seres humanos devem escolher agir sem estarem completamente certos dos resultados finais de suas ações (11:1-6) e que os mortais devem viver sua breve vida sob o sol sem ser capazes de saber exatamente o que Deus tem em mente fazer (3:1-11; 8:17).

O livro não pode ser esboçado como argumento ordenado, estruturado ou lógico. Os tópicos, no fluxo e no refluxo, são brevemente considerados, abandonados por um pouco de tempo e, então, reaparecem para um exame posterior. Contudo, em geral, os primeiros seis capítulos consideram o que é bom para os seres humanos fazerem durante as sua breve vida "debaixo do sol", enquanto os últimos seis capítulos estão principalmente preocupados com o que os seres humanos podem e não podem conhecer.

Nos caps. 1—6, Eclesiastes insiste que nada duradouro ou permanente pode resultar dos esforços humanos. Iguais aos elementos continuamente reciclados da natureza, as ações humanas devem ser feitas continuamente (1:3-9). Para aqueles que esperam causar uma impressão permanente no mundo, Qoheleth declara que a fama não permanece (1:10-11). Ele relembra àqueles que trabalham para empilhar as "boas coisas na vida", que eles não podem ficar com as posses deles quando morrerem (5:15 [14]). Na verdade, ele diz, "alguns tolos" provavelmente herdarão aquilo pelo que eles têm trabalhado tão duro para acumular (2:18-21; 4:7-8; 5:13-17 [12-16]; 6:1-3). O Mestre lembra aqueles que trabalham excessivamente a fim de ganhar sabedoria que, a despeito do que os oradores de Provérbios dizem sobre a fonte de vida das propriedades da sabedoria (Pv 13:14), "o sábio morre como os tolos" (Ec 2:14-17).

Ao invés de trabalharem para a morte a fim de ganhar fama, riqueza ou sabedoria, Eclesiastes pensa que as pessoas deveriam "comer, beber, e encontrar alegria em seu trabalho (2:24-26; 3:12-13; 5:18-20 [17-19]; 8:15; 9:7-10) durante a sua breve (igual *hebel*) vida "debaixo do sol". Ele não crê que as pessoas deveriam se sentar sem fazer nada. Antes, ele insiste que o trabalho deveria ser feito para a pura alegria dela, pelo prazer de um trabalho bem feito, ou simplesmente porque ele precisa ser feito (4:5-6; 5:18-20 [17-19]; 9:9-10), não porque trará riqueza, sabedoria ou notoriedade ao trabalhador.

O verso final do cap. 6 apresenta as perguntas que vão dominar os caps. 7—12: "Porque, quem sabe o que é bom nesta vida para o homem, durante os poucos dias da sua vida vã [como *hebel*]? [...] os quais gasta como sombra? Pois quem declarará ao homem o que será depois dele debaixo do sol?" (6:12). Qoheleth duvida que as alegações daqueles que pensam predizer o que Deus fará (7:14; 8:17). Assim, ele aconselha aos seus alunos: "Vai, pois, come com alegria o teu pão e bebe o teu vinho com coração contente; pois há muito que Deus se agrada das tuas obras" (9:7). "Goza a vida com a mulher que amas, todos os dias da tua vida vã (lit. como o sopro) os quais Deus te deu debaixo do sol"(9:9).

O cap. 3 junta os principais temas das duas partes do livro. O Mestre usa o poema bem conhecido de 3:2-8 para argumentar que Deus tem propósitos que permanecerão desconhecidos de nós e porque não podemos acrescentar ou retirar nada da obra de Deus, portanto nós não devemos trabalhar a ponto da exaustão, tentando garantir que as nossas próprias ações venham a ter resultados permanentes (v. 9-15).

A frase "debaixo do sol" exerce uma parte significativa no desenvolvimento do argumento de Qoheleth. A despeito do que a sabedoria tradicional ensina, a experiência de Qoheleth lhe diz que a justiça nem sempre acontece "debaixo do sol" (3:16; 7:15; 8:14; contra Pv 10:2, 16; 11:4, 31 etc.), e que necessariamente esse pecado não encurta a vida de um pecador nem a retidão aumenta a vida do justo (Ec 7:15; 8:12-14; contra Pv 10:27). Contudo, Qoheleth deixa aberta a possibilidade de que alguma forma de julgamento possa acontecer fora da esfera da experiência humana. Tendo argumentado que há um tempo apropriado para tudo "debaixo do sol" (3:1-8), Qoheleth pode continuar a crer "em seu coração" que Deus (eventualmente) julgará o justo e o ímpio (3:17). Mas ele não crê que ninguém possa realmente conhecer o que nos acontece após a nossa morte (3:19-22).

A metáfora estendida em 12:1-7, que compara a velhice e a morte a uma mansão em decadência, é usada para lembrar ao leitor, uma vez mais, que a vida (igual tudo mais debaixo do sol) é de duração breve. Mas a falta de permanência não significa falta de valor. A vida é tanto rápida (*hebel*) quanto doce (11:7-10).

O livro termina com alguns conselhos e conclusões finais (12:11-14).

Bibliografia. J. L. Crenshaw, *Ecclesiastes*, OTL (Philadelphia, 1987); F. Crüsemann, "The Unchangeable World: The 'Crisis of Wisdom' in Koheleth", em *God of the Lowly*, ed. W. Schottroff e W. Stegemann (Maryknowll, 1984), 57-77; K. A. Farmer, *Who Knows What Is Good: A Commentary on the Books of Proverbs and Ecclesiastes*. ITC (Grand Rapids, 1991); M. V. Fox, *A Time to Tear Down and a Time do Build Up: A Rereading of Ecclesiastes* (Grand Rapids, 1999); R. B. Y Scott, *Proverbs-Ecclesiastes*. AB 18 (Garden City, 1965); R. N. Whybray, "Qoheleth, Preacher of Joy", *JSOT* 23 (1982), 87-98. [KATHLEEN FARMER]

ECLESIÁSTICO *Ver* SIRAQUE, SABEDORIA DE JESUS, O FILHO DE.

ECONOMIA Muito pouco se sabe a respeito dos detalhes das instituições e práticas econômicas no mundo Mediterrâneo antigo. Daquilo que é conhecido a respeito das condições gerais ali, contudo, é possível inferir vários aspectos a respeito da vida econômica nesses tempos. De importância principal, é o fato de a maioria das pessoas ser muito pobre. Como sabemos de nosso mundo moderno, as pessoas que são muito pobres gastam a maior parte do seu salário em comida, e há toda razão para crer que esse era o caso no mundo bíblico. Consequentemente, a economia do Mediterrâneo antigo foi basicamente a da agricultura. Contudo, isso não significa que eram rurais no sentido de morar nas amplas localidades de terra em que trabalhavam. Mesmo hoje é prática em certas regiões do Mediterrâneo, os fazendeiros viverem em cidades ou vilas e irem aos seus campos para o trabalho todo dia.

Outros dois aspectos do Mediterrâneo antigo levaram a um alto grau de autossuficiência em agricultura ao invés da especialização em comércio e produtos de agricultura. O primeiro aspecto era o alto custo do transporte por terra de materiais volumosos. De acordo com o famoso edito de Diocleciano, imperador romano, emitido aprox.. 300 d.C., que procurava controlar os preços após meio século de enfraquecimento da moeda e de inflação, o custo da entrega de uma carroçada de trigo dobraria com uma viagem de 480 km. O transporte por água era muito mais barato, por isso, grandes quantidades de trigo e outros produtos da agricultura eram transportados por mar. O alto custo dos transportes causou o aumento do custo dos produtos da agricultura de um modo muito rápido com a distância, quando eles eram transportados por terra e reduziam a probabilidade de que produtos importados fossem mais baratos do que os produzidos localmente.

O outro fator que inibia a especialização e comércio de produtos da fazenda é a similaridade das condições climáticas na bacia do Mediterrâneo. Para ser exato, há alguns aspectos especiais e dramáticos de lugares específicos. A enchente anual do Nilo renovava a fertilidade das terras aráveis ao longo das suas margens no Egito. A localização do Levante no sotavento do Mediterrâneo produzia um forte padrão sazonal de densidade pluviométrica que influenciava fortemente o tempo de plantio dos grãos. Em geral, contudo, a densidade pluviométrica e a temperatura são semelhantes por toda a região, de modo que as plantas cultivadas cresciam. Especialmente importantes eram a cevada e o trigo, as uvas e as azeitonas. As uvas eram convertidas em passas e vinho; embora as azeitonas fossem comidas, eram usadas principalmente para produzir azeite de oliva, que era usado para cozinha, banho e iluminação.

Período do AT. A principal diferença entre o tempo de Israel e Judá e os tempos mais antigos era o uso do ferro envolto em aço. O aço era produzido pelo aquecimento repetido do ferro em fogo de carvão e mergulhado em água fria. A técnica de fazer isso com o ferro foi desenvolvida em aprox.. 1400 a.C., provavelmente nas montanhas da Armênia. Sua introdução no Oriente é regularmente atribuída aos filisteus. O aço era mais barato que o bronze, o principal metal até então usado, em parte porque o minério de ferro era amplamente disponível enquanto o estanho (misturado com cobre para obter o bronze) era obtido somente em poucos lugares. Quando usado em ferramentas, o aço cortava mais fundo. Esse metal era melhor adaptado às ferramentas como machado, usados para cortar árvores nas florestas. O aço, assim, contribuiu tanto para o povoamento das terras altas de Israel como para a construção de navios para os fenícios.

O antigo Israel era sujeito à moderada ou alta variabilidade tanto na densidade de precipitação como em sua distribuição sazonal. Por causa dessa variabilidade, era desejável para os fazendeiros que crescesse uma diversidade de plantações como seguro em caso de falha de algumas, ao invés de se especializar numa só espécie de plantação. Assim, os fazendeiros plantariam ambos, trigo e cevada, cujas colheitas eram separadas por cerca de sete semanas, e também cresciam as uvas, azeitonas, e outros frutos que eram colhidos no outono. Além disso, eles achavam desejável manter ovelhas e bodes, parcialmente como segurança e também pomares de adubo e campos presentemente deixados sem cultivo. Tal variedade de produtos exigia atenção em tempos diferentes, de modo que o labor do fazendeiro seria mais equilibradamente utilizado por todo o ano ao invés de todo esforço ser concentrado numa monocultura. Esses fatores, além do alto custo de transporte por terra e da similaridade climática, tendiam a produzir autossuficiência em agricultura e a trabalhar contra a especialização e comércio de produtos da fazenda no antigo Israel.

A despeito da produção de uma diversidade de coisas como seguro contra a falha de um plantio devido ao tempo, a variabilidade da precipitação pluviométrica provavelmente resultava em perdas ocasionais para os fazendeiros. Essas perdas, por sua vez, seriam seguidas de empréstimos e algumas vezes por perdas posteriores. Alguns fazendeiros provavelmente perdiam sua terra e/ou ficavam presos às dívidas. A concentração crescente de latifúndio e uma população crescente de escravos domésticos poderia ter tido consequências sérias para a estabilidade social. Talvez por essa razão as instituições tais como o Ano Sabático e o Ano do Jubileu envolveram a diminuição dos efeitos das perdas resultantes da variabilidade da precipitação pluviométrica.

Dois aspectos da produção da agricultura, sem dúvida, contribuíram para a formação de grandes famílias e enormes grupos sociais tais como os clãs e os pequenos assentamentos. Um é o esforço intensivo exigido em certas épocas, especialmente no plantio e na colheita. Grandes grupos de famílias ajudavam a suprir a mão de obra além do simples fazendeiro em tais períodos. De modo surpreendente em tempos de plantio — e assim também em tempos de colheita — diversos fazendeiros e suas famílias podiam assistir outros no plantio e nas colheitas. Igualmente, os equipamentos como os arados e os bois podiam ser mais plenamente utilizados através do compartilhamento por mais do que uma família. Outras peças importantes de equipamento tais como a debulha e a eira e a prensa de azeitona e uva, que nenhuma família individual seria capaz de utilizar plenamente, poderiam ser compartilhadas por grupos maiores ainda. Assim, se poderia esperar que os assentamentos se desenvolvessem.

Embora a agricultura fosse, de longe, a atividade econômica dominante no Mediterrâneo antigo, o comércio sempre existiu. Havia duas maiores rotas comerciais na Palestina: o Caminho do Mar e a Estrada do Rei. A primeira ia do norte em direção a leste do Egito, ao longo da costa do Mediterrâneo e sobre o espinhaço do Carmelo ao Megido. Desse ponto, as rotas iam à Fenícia, ao norte da Síria e Damasco. A Estrada do Rei ia em direção ao norte a partir do Golfo de Acaba através das montanhas a leste do rio Jordão até Rabá e para Damasco. A maioria das mercadorias vinda por mar igualmente tinha de vir através do Golfo de Acaba ou através de um dos portos fenícios. Por causa do alto custo do transporte de mercadorias grandes por terra, uma pessoa esperaria que as mercadorias transportadas fossem relativamente avaliadas por seu peso — bens luxuosos, metais preciosos, matéria bruta estratégica tal como estanho. O nosso conhecimento mais pleno de comércio no NT e nos tempos medievais e das mercadorias observadas em 1Reis 10:2, 22, 25 parece dar suporte a essa suposição.

Há pouca evidência de bens manufaturados além dos artesanatos locais tanto para o período do AT como do NT. A principal evidência para o princípio desses períodos é a descoberta de mais de cem instalações de óleo de oliva em Tel Miqne-Ekron, todos eles relativamente de pequena escala. Enquanto o óleo de oliva sem dúvida era produzido em muitas localidades para o consumo local, assim grande número de instalações sugere a produção em Ecron era para exportação, provavelmente transportada por água. Essas instalações parecem ter existido sob os assírios durante o século VII, mas parecem ter deixado de existir após a derrota da Assíria pelos babilônicos. Só se pode especular sobre a razão desse desaparecimento das instalações. Não há nenhuma razão específica, além disso, de se crer que as instalações de Ecron sejam indicativas de um desenvolvimento industrial e econômico constante e sustentado durante o período do AT.

Semelhantemente às cidades-estado de Canaã, no final da Era do Bronze, o aspecto econômico das instituições governamentais parece ter sido igual ao feudal ou mesmo primitivo durante a Era do Ferro. As unidades militares podem frequentemente ter sido pequenos bandos de soldados mercenários, e estes eram provavelmente apoiados por doações de terra de algum líder ou rei. Os reis recebiam alguns de seus vencimentos dos estados reais, e as taxas eram tributáveis em espécie ou em forma de mão de obra recrutada. O dinheiro tomou a forma de metais pesados para se apropriar de quantias ao invés de moedas de peso e espessura predeterminados.

Período do NT. As conquistas persas, começando na metade do século VI, prenunciaram uma nova era de governo mais sofisticado que durou muito além do período do NT. Os exércitos eram maiores; p. ex., o exército de Ciro, o Grande, consistia de aprox. 30 mil soldados. Eles eram formados por arqueiros, arremessadores de fundas e cavalaria, além da infantaria e não mais usavam carruagens em campo aberto. Nas batalhas de cerco e bloqueio, no cerco de colinas, os túneis sob os muros foram empregados. Os persas e os romanos estabeleceram governos de províncias. Impostos foram recebidos e os soldados recebiam seus salários em dinheiro; entretanto, os governadores continuavam recebendo seus vencimentos dos estados reais. Ambos, os persas e os romanos, construíram estradas que foram usadas para movimentar suas tropas e para os correios, além de outros propósitos. Talvez a maior diferença entre os períodos do AT e NT foi o uso de cunhagem, peças valiosas de metais de peso e espessura prescritos. As moedas foram primeiramente empregadas na Lídia aprox. 600 a.C., e foram amplamente usadas nas cidades-estado gregas desde a Iônia até a Sicília e na Pérsia. Enquanto Herodes, o Grande, cunhava moedas, as moedas mais amplamente usadas nos tempos do NT eram os denários de prata romanos, que equivaliam a um dia de trabalho para um trabalhador ou um legionário romano, e o sesterce de bronze, igual em valor a 1/4 de um denário.

A B C D E F G H I J K L M N O P Q R S T U V X Y Z

As condições da agricultura eram basicamente as mesmas no NT em relação ao período do AT. Elas diferiram basicamente no sentido em que havia grandes propriedades ou estados e a mão de obra era mais comumente empregada na agricultura. Em contraste com a Itália e outras partes do Império Romano ocidental, havia pouca confiança na mão de obra escrava na agricultura na Ásia Menor e no Oriente. A indústria também era pouco diferente da dos tempos do AT. A maior parte da produção tomava a forma da manufaturas para o mercado local. Os itens eram produzidos em localidades amplamente espalhadas nas cidades e mesmo dos grandes estados. Entretanto, havia poucas exceções dignas de confiança em relação a esse padrão. Laodiceia, Tarso, e Alexandria, p. ex., eram importantes centros para a produção de vestes de linho. A produção tendia a se concentrar próxima das áreas onde se produzia fibra de linho por causa da perda de peso inerente na conversão da fibra em linho. Um dos exemplos mais importantes de especialização e comércio no mundo romano era a produção e exportação de utensílios de mesa de Aretrium, a moderna Arezzo a sudeste de Florença.

Como a agricultura e a indústria, o comércio também era basicamente local durante os tempos do NT. Contudo, havia duas exceções interessantes. Uma era o comércio transportado por água de bens da agricultura na região do Mediterrâneo. Havia exportação de larga escala de trigo do Egito, Sicília e do norte da África para Roma, e o trigo era provavelmente exportado para algumas cidades maiores no Mediterrâneo oriental. O vinho era exportado da Itália para a Gália no século I antes de Cristo, e da Gália para a Itália no final do século I. Igualmente, do final do século I depois de Cristo, houve exportação de larga escala de óleo de oliva do norte da África para Roma. No Mediterrâneo oriental, o óleo italiano era substituído pelo óleo da região costeira da Ásia Menor e da Síria.

No tempo do NT, o comércio de longa distância de mercadorias de alto valor em relação ao peso delas era digno de nota. As mercadorias envolvidas nesse comércio eram principalmente a seda, pedras preciosas e "condimentos". Estes últimos não somente incluíam temperos como pimenta, mas também remédios, tinturas e cosméticos. Essas mercadorias se originavam no oriente longínquo e eram trocadas especialmente por metais preciosos. Elas eram aparentemente transportadas parcialmente por água até o Golfo Pérsico ou o mar Vermelho e parcialmente por terra pela famosa rota da Seda através da Ásia Central. As mercadorias do Golfo Pérsico eram transportadas por terra, cruzando o deserto através de Palmira na Síria ou Petra que agora é a Jordânia. As mercadorias também eram transportadas para o ocidente, a partir do sudeste do mar Negro e de Alexandria, seguindo a baldeação do mar Vermelho.

Bibliografia. D. C. Hopkins, *The Highlands of Canaan* (Sheffield, 1985); J. D. Muhly, "How Iron Technology Changed the Ancient World and Gave the Philistines a Military Edge", *BARev* 8/6 (1982), 40-54; R. F. Muth, "Economic Influences on Early Israel", *JSOT* 75 (1997), 77-92. [RICHARD F. MUTH]

ECROM (heb. *'eqrôn*; gr. *Akkarōn*) Uma cidade das cinco cidades filisteias (Js 13:3). Com o surgimento de Israel, Ecrom foi reconhecida como cidade tanto de Judá (Js 15:45-46) quanto de Dã (19:43), talvez porque estivesse situada na fronteira deles. Nenhuma das tribos israelitas, contudo, poderia, com sucesso, manter o controle sobre a cidade, e ela frequentemente era devolvida ao controle filisteu (cf. Jz 1:18).

Durante o início da judicatura de Samuel, os filisteus controlavam a cidade. Ecrom foi a cidade preparatória para o retorno da arca da aliança a Judá, seguindo-se à sua captura pelos filisteus, na batalha de Ebenezer (1Sm 4, 6). O episódio reflete a proximidade de Ecrom como a cidade que ficava mais ao norte, junto à fronteira de Judá, em relação às cinco cidades filisteias da qual ela fazia parte. Posteriormente, no período de judicatura de Samuel, Ecrom veio a ficar sob o controle israelita (1Sm 7:14) e voltou ao controle dos filisteus mais tarde (17:52).

Referências posteriores indicam que Ecrom estava fora da hegemonia israelita (Jr 25:20; Am 1:8; Sf 2:4; Zc 9:5-7). Elias menosprezou Acazias por sua inquirição a respeito de sua saúde a Baal-Zebube, deus de Ecrom (2Rs 1:2-16); isso implica que a cidade estava sob domínio estrangeiro. Nabucodonosor, da Babilônia, destruiu toda a cidade em 603, depois do que ela permaneceu desocupada. A última referência a Ecrom é quando a cidade foi recompensada pelo asmoniano, Jônatas, por sua lealdade a Alexandre Balas (1Mac 10.89).

Ecrom é identificada com as ruínas em Tel Miqne/Khirbet el-Muqanna´ (1356.1315) a cerca de 56 km a sudoeste de Jerusalém. O lugar fica na fronteira mais ao leste de Sefelá que tradicionalmente servia como a fronteira entre os filisteus e Israel. Tel Miqne cobre cerca de 20 ha consistindo de 16 ha da cidade baixa e uns 4 ha de Acrópole.

Restos de utensílios espalhados testificam da ocupação na área a partir da Era Calcolítica, passando pela Era do Bronze Médio. Entretanto, no final da Era do Bronze três camadas, todas preservando mercadorias do Bronze Final, fornecem um quadro mais claro da ocupação do lugar. Essas mercadorias esquisitas refletem o surgimento repentino dos filisteus e são recordativas da sua herança egea. Na Era do Ferro I, os filisteus fortificaram a cidade e fizeram construções pomposas com santuários (heb. *bāmôṯ*) que refletiam influências cipriota. No final da Era do Ferro (séc. X a.C.), a cidade foi totalmente abandonada, refletindo, talvez, as contínuas campanhas israelitas e egípcias na área.

Ecrom ressurgiu como um local importante no século VIII, durante a presença neoassíria. Durante esse período, Ecrom desenvolveu comércio especializado na produção de óleo. Mais de cem instalações de óleo foram identificadas ao longo do perímetro do lugar, produzindo uma estimativa de 100 toneladas de óleo por ano.

O lugar forneceu vários altares de pedra de quatro pontas, o que sugere algum controle religioso-político na produção de óleo. Algumas das jarras de óleo indicam que o óleo era dedicado à deusa-mãe, Aserá. Uma inscrição de dedicação no templo indica o lugar como Ecrom e também se refere a Aquis, o filho de Padi, que dedicou o templo à deusa, provavelmente Aserá.

Bibliografia. T. Dothan e S. Gitin, "Miqne, Tel (*Ekron*)", *NEAEHL* 3.1051-59; Gitin, "Incense Altars from Ekron, Israel and Judah", *ErIsr* 20 (1989): 52*-67*; "Philistine Silver and Jewelry Discovered at Ekron", *BA* 55 (1992): 152; "Royal Temple Inscription Found at Philistine Ekron", *BA* 59 (1966): 181-82. [DALE W. MANOR]

ÉDEN (heb. *'ēḏen*) **I. (PESSOA)** Filho de Joá; levita descendente de Gérson que ministrava durante o reinado do rei Ezequias (2Cr 29:12). Ele pode ser a pessoa mencionada em 2Crônicas 31:15, que assistiu na distribuição das ofertas voluntárias.

II. (LUGAR) (heb. *'ēḏen*; gr. *Edem*) Região geográfica na qual Deus plantou um jardim, em que o primeiro homem e a primeira mulher foram colocados e do qual eles foram expulsos. Às vezes, o nome pode melhor conotar beleza "edênica" ao invés do lugar em si. O jardim é "no" Éden somente em Gênesis 2:8 (com a preposição em outro lugar somente em Ezequiel 28:13, em que é também chamado de "o jardim de Deus" — cf. 31:9, par. "árvores do Éden"). Em Isaías 51:3, Éden está em paralelo com "jardim de Yahweh", encontrado em outro lugar somente em Gênesis 13:10 (onde Éden não é mencionado). Éden pode ser igualado ao jardim em Ezequiel 28:13; 31:9 somente se seu uso é apositivo ao invés de atributivo.

As teorias da localização estão entre a Armênia (norte) ou Babilônia (sul) na Mesopotâmia oriental e regiões mais ocidentais. Um fator importante aqui é Éden como a fonte de quatro grandes rios (Gn 2:10-14). As opções para os dois "rios" debatidos (Pisom e Giom incluem os rios Indus, Ganges, canais que conectam os dois rios conhecidos, correntes menores em Elão, o Nilo (azul e branco), a Fonte de Giom em Jerusalém e o Golfo Pérsico. As questões principais e persistentes são: (1) a conexão da etimologia do Éden a um raro vocábulo acadiano (*edinu*, "estepe plana") ou a um cognato mais próximo e mais comum do semítico ocidental ("encanto; abundância"; Ugar., Sir. e Aram. *'dn*; Ar. *gdn*), que é a visão tradicional (cf. LXX Gn 2:8; 3:23-24; Is 51:3; Lc 23-43; 2Co 12:4; Ap 2:7); (2) o rio de Gn 2:10 "segue-se" ou "surge em" Éden, e se os quatro rios são interdependentes ou inter-relacionados/ (3) *miqqeḏem* em Gn 2:8 é Etiópia ou Elão (a região kassita a leste do Tigre); e (4) ou *miqqeḏem* em Gênesis 2:8 significa que o jardim estava no Éden oriental, o Éden estava no leste, ou que Éden era "antigo". O sítio babilônico conflita com o movimento em direção ao oriente da humanidade que saiu do jardim para o norte e sul da Mesopotâmia em Gênesis 2-11. Essa visão também deve explicar como o Éden é um oásis, derivado de um termo significando "planície".

A importância de conectar o paraíso da presença de Deus junto ao primeiro casal com o lugar futuro do templo (cf. Fonte de Giom) simbolizando a presença de Deus e o paraíso palestino prometido (cf. Is 51:3; Zc 14:8; Ap 22:1-2) não deveria ser perdida. Na mitologia do antigo Oriente Próximo, o jardim do paraíso de dois rios é onde o conselho divino se reúne; e na literatura pseudoepígrafa, o Éden está associado ao "céu" de salvação para o fiel.

Numa análise final, estabelecer a localização exata pode ser impossível devido à intenção do autor ou das mudanças topográficas catastróficas resultantes do Dilúvio.

Bibliografia. W. F. Albright, "The Location of the Garden of Eden", *AJSL* 39 (1922), 15-31; W. H. Gispen, "Genesis 2.10-14", em *Studia Biblica et Semitica* (Wageningen, 1966), 115-24; A. R. Millard, "The Etymology of Eden", *VT* 34 (1984), 103-6; E. A. Speiser, "The Rivers of Paradise", em *Oriental and Biblical Studies*, ed. J. J. Finkelstein e M. Greenberg (Philadelphia, 1967), 23-24; H. N. Wallace, *The Eden Narrative*, HSM 32 (Atlanta, 1985). [W. CREIGHTON MARLOWE]

ÉDER (heb. *'ēḏer*) **I. (PESSOA) 1.** Benjamita pós-exílico residente em Jerusalém (1Cr 8:15).

2. Levita, segundo filho de Musi e descendente de Merari que viveu durante o reinado do rei Davi (1Cr 23:23; 24:30).

II. (LUGAR) 1. Cidade na parte sul de Judá, próxima à divisa com Edom (Js 15:22). A identificação do lugar é desconhecida, mas tem sido associada com (ou talvez confundida com) Arad (uma versão da LXX de 15:22 traduz Arade por Éder). Contudo, o fato de que Éder é listada com Arade entre os descendentes de Judá (1Cr 8:15), sugere que elas são cidades separadas.

2. Nome de um marco antigo ("torre"; Mq 4:8, "torre do rebanho") na vizinhança de Belém. Jacó estabeleceu acampamento ali após a morte de Raquel (Gn 35:21). Sua localização exata é desconhecida, embora tenha sido associado frequentemente com Khirbet Siyar el-Ganam, aprox. 5 km a leste de Belém, na cadeia de montanhas que deixa ver a moderna vila árabe de Beit Sahur. A torre de Éder é vista como o lugar onde o Messias se fará conhecido (Tg. Ps.-J. em Gn 35:21). [WADE R. KOTTER]

EDIFICAÇÃO Literalmente uma construção ou o ato de construir (gr. *oikodomē*), especialmente nos evangelhos (Mt 24:1; 26:61; Mc 14:58) e em Atos. Figurativamente, o termo era usado para a Igreja (Mt 16:18; 1Co 3:9-10), mas tanto os escritores não cristãos como os cristãos mais comumente o usavam para denotar enriquecimento espiritual. Paulo exorta os crentes a edificar uns aos outros (Rm 14:19; 15:2; 1Co 14:3; 1Ts 5:11) e a Igreja (1Co 14:4-5, 12). A autoridade apostólica de Paulo é exercida para a edificação (2Co 10:8; 13:10), e os atos são feitos para edificação (2Co 12:19). A adoração deveria ser uma experiência de edificação (1Co 14:26). Quem fala em línguas edifica-se a si mesmo, mas quem profetiza edifica outros (1Co 14:4; cf. v. 17). Os dons espirituais (Ef 4:12, 16) e toda fala (v. 29) devem ser usados para edificação (cf. 1Co 8:1; 10:23). [ERIC F. MASON]

EDOM (heb. *'ĕḏôm*) **1.** A Transjordânia meridional era conhecida como monte Seir ou Edom. O nome pode ter designado também a terra alta ao sul do Neguebe, mas durante a Monarquia indicavam as montanhas de arenito vermelho ao sul de Zerede. Alguns picos atingem a altitude de 1.736 m. O território de Edom propriamente dito, embora com 120 km de extensão, tem apenas 20 km de largura. A baía atrás de Feinân (bíblica Punom) divide a área em duas partes. A capital no AT era Sela (ár. *Sila'*), enquanto a capital nabateia e romana se mudaram para Requém (Petra em fontes gregas). O povo de Edom estava em constante rivalidade com Judá pelo controle do Arabá, ao sul do Mar Morto, e Elate/Eziom-Geber mudou de mãos várias vezes. Para o sul do território de Edom, ficava o território de Mídiam; e a leste, Quedar, cujo rei ganhou o controle de toda a área na direção de Gaza e do Egito durante o período persa.

2. Nome de uma nação, uma região geográfica e uma pessoa nos tempos do AT. Edom é derivado de uma raiz que significa "vermelho". A associação do nome com o lugar é usualmente explicada pela aparência avermelhada das formações rochosas e do solo; com relação à pessoa é, algumas vezes, suposto que Edom era a aparência avermelhada e, menos frequentemente, uma pessoa com cabelo vermelho.

A pessoa, Edom, é inicialmente conhecida como Esaú, o filho mais velho dos gêmeos nascidos de Isaque e Rebeca; o mais novo era Jacó ou Israel. A história de Gênesis 25 trata do nascimento de Esaú e fornece duas sugestões para ele ser chamado "Edom" ou "vermelho". Gênesis 25:26 o descreve como vermelho no nascimento; o verso 30 associa o nome com o guisado vermelho pelo qual ele trocou o seu direito de primogenitura com Jacó. Ele é considerado o epônimo ancestral dos edomitas.

A área geográfica conhecida como Edom está localizada primeiramente a leste do úadi Arabá, ao norte do Golfo de Ácaba, ao sul do úadi el-Hesã (seu limite com Moabe), e a oeste do Deserto da Arábia. Há concordância geral com respeito aos limites norte, sul e leste, mas a fronteira ocidental é descrita de diversos modos. A descrição bíblica do território edomita parece incluir áreas a oeste do úadi Arabá. O Livro de Números, cap. 34, descreve o território de Judá como ficando "contra" o território de Edom. O território de Judá é posteriormente descrito em Josué 15:1 como alcançando o sudoeste da fronteira de Edom, ao deserto de Zim na sua parte mais meridional. Em Números 20:16, Cades (provavelmente ʿAin el-Qudeirat) é descrita como localizada na fronteira do rei de Edom. É importante observar a existência de uma estrada importante, "a estrada do Rei", atravessando essa terra. O lucro com o controle da viagem e do comércio nessa estrada deve ter sido uma das principais forças econômicas em funcionamento em Edom naqueles tempos antigos.

A visão dominante da erudição em meados do século XX, baseada especialmente no levantamento que Nelson Glueck fez da região nas décadas de 1930 e 1940, argumentava que Edom estava a leste do úadi Arabá. Recentes descobertas arqueológicas têm documentado a presença edomita se estendendo ao oeste, especialmente a partir do século VII e mais tarde. Mais provavelmente a área central de Edom era a área a leste de Arabá, mas houve vez por outra uma presença e controle dos edomitas ao oeste também.

A história antiga de Edom (tb. chamada Seir) está envolta nas incertezas da antiguidade. O assentamento primitivo data de tempos pré-históricos. Provavelmente, a região não era conhecida como Edom até o século XIII. As histórias dos patriarcas, apontando para um tempo anterior, registram que Esaú/Edom e sua família se estabeleceram ali. Esses edomitas primitivos podem representar os povos nômades da região, mencionados em textos egípcios (Papyrus Anastasi VI) como ocasionalmente vindos com seus rebanhos para dentro das fronteiras do Egito.

Algumas referências (Gn 14:6; 36:20ss) se relacionam aos horeus como habitantes pré-edomitas da terra. A identidade dos horeus é debatida: alguns os associam como os heveus, mas a identificação com os hurrianos é mais provável. Gênesis 36 inclui uma lista de reis que governaram a terra de Edom antes de qualquer rei ter reinado sobre os israelitas. O mesmo capítulo lista esposas e descendentes de Esaú como também algumas listas de horeus.

O registro arqueológico de Edom está baseado principalmente nas pesquisas regionais de superfície com poucas e pequenas escavações, mas escavações sempre crescentes em número. Os resultados do levantamento, mas não os sítios escavados, indicam uma ocupação antes da Idade do Ferro. Contudo, os sítios escavados documentam os séculos VI a VIII como o tempo importante de ocupação com cidades fortificadas, com evidências mais importantes desde o século VII. Uma ocupação posterior não aparece em alguns sítios, especialmente para o período helênico. A descrição apresentada é somente uma tentativa sujeita a revisão constante à medida que mais evidências se tornem disponíveis.

O padrão de ocupação parece ser de flutuação, provavelmente relacionado às forças climáticas e ecológicas. Parece que houve uma considerável ocupação em fases posteriores da primitiva Era do Bronze — especialmente EB III e IV (da metade ao final do terceiro milênio) — diminuindo até quase o começo da Era do Ferro. Não obstante, houve uma contínua ocupação da terra até os períodos Médio e Final do Bronze.

De acordo com Números 20:14-21, durante as peregrinações no deserto, os "reis de Edom" se recusaram a permitir uma passagem segura aos israelitas por sua terra, forçando-os a rodear a terra de Edom. Nenhuma evidência arqueológica de um assentamento fortificado e organizado foi encontrada em relação a esse tempo.

Os edomitas não são mencionados como fator no tempo do estabelecimento dos hebreus em Canaã. Saul foi o primeiro a lutar contra eles (1Sm 14:47). Davi encetou uma importante campanha em Edom (2Sm 8:13-14), ganhando e mantendo o controle desse território. Um levante conduzido por Hadade, um edomita de sangue real, forçou Salomão a lutar contra os edomitas várias vezes. Salomão utilizou Eziom-Geber, no território edomita, como um abrigo.

Após a morte de Salomão, Edom permaneceu sob o controle de Judá, embora isso não seja atestado na narrativa bíblica até o tempo de Jeosafá. De acordo com a inscrição real, no templo de Karnak, Edom era um dos territórios devastados pelo Sisaque egípcio na mesma excursão que o levou a Jerusalém no tempo de Roboão. Jeosafá (873-849) procurou reativar o comércio marítimo via mar Vermelho, mas sua frota naufragou nas rochas perto de Eilate (1Rs 22:47-50). Próximo do final do reinado de Jeosafá, os edomitas se juntaram com outros inimigos de Judá para um ataque repentino em En-Gedi (2Cr 20). Edom se revoltou com êxito contra Jeorão (849-842), obtendo a liberdade de Judá (2Rs 8:20-22).

Então, seguiu-se um tempo do poder assírio e edomita e um tempo de fraqueza de Judá. Adad-nirari III, da Assíria (810-783), alega ter feito expedições a oeste em 806, 805, e 797, em que foi recebido tributo de Edom, entre outros lugares. Edom é mencionado por esse monarca como uma nova conquista da Assíria. Mas a Assíria se tornou fraca por um breve período no começo do século VIII, e Judá expandiu o seu território que incluiu Edom uma vez mais.

Edom foi subjugada parcialmente por Amazias de Judá, que capturou Sela e mudou seu nome para Joktheel. Uzias, o filho de Amazias, buscou ter um final vitorioso no ataque sobre Edom, mesmo capturando Eilate. Foi no tempo de Acaz que o controle de Judá sobre Edom foi permanentemente rompido. Edom nunca mais readquiriu o seu antigo esplendor, mas reteve realmente alguma medida de independência. Enquanto Acaz era rei, os edomitas fizeram ataques repentinos sobre Judá para conseguir escravos, induzindo Acaz a apelar para a Assíria (2Cr 28:16-17). O rei da Assíria, Tiglate-Pileser (744-727) alega, numa inscrição de um edifício, que ele recebeu tributo de Kaushmalaku (Qaushmalaku) de Edom. O pagamento de tributo à Assíria foi muito pesado e Edom, entre outros estados (mas não Judá), foi encorajado a se revoltar pelo Egito. Sargão II (721-705) registra em seu "Prisma Quebrado" tentativa de revolta que ele subjugou. A revolta foi contra pagar tributo, indicando que as nações revoltosas, incluindo Edom, não haviam sido conquistadas como Israel havia sido. Senaqueribe alega ter recebido tributo de Aiarammu, rei edomita, em 701, como fizeram Esarhaddon e Assurbanípal de Qaushgabri.

As narrativas bíblicas, assim como os registros seculares, mantêm quase completo silêncio a respeito do papel de Edom depois do declínio do império assírio. Edom bem como Amom, Moabe, Tiro, Sidom e Judá conspiraram uma revolta que não se materializou.

Com respeito ao papel exercido por Edom e o efeito das circunstâncias na Palestina sobre Edom, na destruição de Jerusalém acontecida em 586, os registros históricos — bíblico e não bíblico — são silentes. A única informação, que é discutível, é a referência em 1Ed 4.45: "Vós tendes votado construir o templo, que os edomitas queimaram quando a Judeia foi devastada pelos caldeus". Essa citação afirma o suporte que os edomitas na participação da destruição de Jerusalém e de seu templo pelos babilônicos.

Que os edomitas se mudaram para o Neguebe de Judá no final do século VII fica totalmente claro. Restos da cerâmica edomita foram encontrados em muitos sítios. Uma ostraca (tablete de barro) edomita, que inclui uma referência a Qos, o principal deus deles, foi encontrada em Horvat ʿUza, perto de Arade. Santuários edomitas foram encontrados em Arabá em Ein Haseva e em Horvat Qitmit, próximo a Arade. Materiais edomitas importantes também foram encontrados em Malhata.

Os edomitas são frequentemente mencionados nos escritos proféticos — quase sempre em palavras de condenação (Obadias, Jr 49). O ódio sem paralelo pelos edomitas no AT é regularmente relacionado à invasão edomita em território hebreu e ao suporte e/ou assistência que eles deram aos babilônicos quando Jerusalém e o templo foram destruídos em 586.

Os edomitas, na parte sul da Cisjordânia Palestina, foram conhecidos como Idumeus durante os períodos helênico e romano. A família de Antipater e Herodes, o Grande, eram de origem edomita. É impossível localizar os edomitas ou seus descendentes além do tempo da campanha romana que resultou na destruição do templo de Jerusalém em 70 d.C.

Assim, o ódio pelos edomitas era tão consumado que os termos Edom/Edomita se tornaram um termo equivalente a "inimigo", que foi particularmente aplicado a Roma durante as ações opressoras dela contra os judeus e cristãos, nos primeiros séculos da era cristã.

Bibliografia. Y. Aharoni, *The Land of the Bible*, 2ª. edição (Philadelphia, 1979); J. R. Bartlett, *Edom and the Edomites*. JSOTSup 77 (Sheffield, 1989); I. Beit-Arieh, "New Light on the Edomites", *BARev* 14/2 (1988), 28-41; R. Cohen e Y. Yisrael, *On the Road to Edom: Discoveries from ʿEn Hazeva* (Jerusalem, 1995); B. C. Cresson, "The Condemnation of Edom in Postexilic Judaism", em *The Use of the Old Testament in the New*, ed. J. M. Efird (Durham, 1972), 125-48; B. MacDonald, *Ammon, Moab, e Edom* (Amman, 1994).
[BRUCE C. CRESSON]

EDREI (heb. *'eḏreʿî*) **1.** Importante cidade da Transjordânia e uma das residências de Ogue, o rei amorreu de Basã. Após derrotar o rei Siom de Hesbom, os israelitas marcharam em direção ao norte e se encontraram com o exército de Ogue exatamente ao sul de Edrei (Nm 21:33-35; cf. Dt 1:4; Js 12:4; 13:12, 31). Com Saleca, Edrei era uma cidade fronteiriça de onde o exército do rei vigiava sobre a possibilidade de ataque tanto do sul como do leste. Após a vitória, Edrei foi atribuída aos maquiritas, um clã da tribo de Manassés (Js 13:31). Edrei pode ser localizada em Dera, aprox. 97 km ao sul de Damasco.

2. Cidade não identificada em Naftali, localizada em algum lugar na parte superior da Galileia (Js 19:37), provavelmente mencionada na lista itinerária de Tutmosés III (*ANET*, 242). [ZELJKO GREGOR]

EDUCAÇÃO Por toda a Bíblia, a linguagem da educação (aprendizado, ensino, estudo), seus efeitos (escrita, conhecimento, conduta apropriada) e o desejo de obter educação são muito evidentes. Além disso, conhecemos o ambiente geral em que a educação ocorria (corte, culto, família, escolas) e aproximadamente qual deve ter sido a maior parte do conteúdo do ensino. Não obstante, tratar de educação na Bíblia é entrar com muita incerteza numa área, principalmente, por causa do que não sabemos. Quem eram os mestres do antigo Israel? Onde, especificamente, eles ensinaram? E como eles ensinaram? Quais foram seus métodos, sua pedagogia? A despeito de muita erudição e estudo, a identidade e a funda dos sábios e dos professores, seus métodos e seu ambiente específico na Bíblia permanecem velados e sujeitos a muito debate.

Desenvolvimento e história. A educação nos tempos bíblicos é mais bem entendida, quando observamos as muitas instituições interligadas e sobrepostas e suas respectivas tradições (culto, família, corte, escolas). Essas instituições de educação foram encontradas dentro e fora do antigo Israel numa ampla variedade de ambientes. Desde os tempos mais antigos, fica claro que a família era a instituição central na qual o aprendizado ocorreu e continuou por todo o período bíblico. O "conteúdo" da educação familiar variava amplamente. Supomos que os filhos eram ensinados não somente nas habilidades e no modo de vida de seus pais, mas também em alguns dos valores básicos da sociedade, além de receber orientação para a identidade do antigo Israel (quem somos, onde estamos, como nos relacionamos com o mundo em derredor de nós, e por quê). O ambiente suposto para toda esta importante educação é o lar.

Com o advento da monarquia (aprox. 1000-587 a.C.) em Israel e Judá, uma crescente necessidade de alfabetização é claramente vista. Os tratados, a capacidade de produzir listas para compras e outras atividades de manter registro, a necessidade de escrever histórias do estado — tudo criava uma preocupação especial por um grupo letrado e culto ao redor do rei e da corte. Muitos dos aforismos no livro de Provérbios podem ser reconhecidos devido a esse ambiente. A influência das culturas egípcia e babilônica foi vista como importante nos tempos monárquicos, quando os primitivos israelitas lutavam com diferentes modelos de realeza e as necessidades educacionais provenientes delas. Em ambas as culturas, havia escolas da realeza nas quais os burocratas de nível médio eram treinados. Conquanto não tenhamos nenhuma evidência direta de tais escolas em Israel, o treinamento especial era claramente necessário para alguns dos oficiais da monarquia. O palácio e suas cercanias imediatas eram o ambiente provável para tal educação.

Em quase todos os tempos da história de Israel, o culto foi um centro importante de educação. Os materiais legais e os salmos oferecem muita evidência da atividade catequética para os novatos com respeito às histórias e à fé do povo (cf. Dt 6:20-25; Sl 15, 24). Além disso, o culto é suposto ser um eixo central para se falar e ensinar os valores morais da sociedade (o Decálogo, Êx 20:1-17) e as expectativas para a conduta em todas as partes da cultura. Em Judá, o templo era um ambiente importante para se determinar o necessário a ser ensinado e a real proclamação e o ensino propriamente ditos.

Embora muitos eruditos creiam que as escolas devam ter existido no período monárquico, as primeiras referências claras a elas não ocorrem até os tempos pós-exílicos em Israel. O judaísmo rabínico, a cultura helênica e, então, a cultura romana, e as instituições educacionais associadas com elas coloriram e moldaram o que era a educação em Israel no final do período pós-exílico e no do NT. Embora Ben Sira e mais tarde os textos judaicos se refiram a escolas, sabemos muito pouco a respeito tanto do conteúdo do currículo como dos alvos dessas instituições. Supomos que o estudo da Torá seja uma parte muito importante do currículo, mas mais do isso não é claro. Quão acessível era a educação para todos os membros da sociedade naquele tempo é também sujeito a muito debate. Certamente as sinagogas eram outro lugar onde a educação ocorria, como está testemunhado no NT e nos materiais rabínicos primitivos (Lc 4:16-30).

Em acréscimo às leis institucionais da educação, associadas aos grupos particulares, dentro das tendências correntes da sociedade, três outras fontes da educação merecem estudo. Primeira, as escolas e os outros fenômenos educacionais associados às culturas fora de Israel (Babilônia, Egito, Grécia, Roma) claramente influenciaram tanto a forma como o conteúdo da educação no antigo Israel. Segunda, uma gama de comunidades sectárias tinha agendas especiais educacionais (Qumran, os essênios). Finalmente, houve sempre pessoas especiais reconhecidas por sua perspicácia e pelo valor de seu ensino. Algumas vezes, essas pessoas eram itinerantes (Jesus), outras vezes não (a médium de En-Dor, 1Sm 28:7-25).

Mestres e sábios. Sem referências explícitas a "escolas" no AT é difícil determinar quem eram os mestres do antigo Israel. Embora a Literatura de Sabedoria (Jó, Provérbios, Eclesiastes) do AT seja frequentemente reconhecida como material para propósitos pedagógicos e escrita por sábios, é ainda difícil descrever com que um mestre poderia se parecer. A natureza da Literatura de Sabedoria e o vocabulário principal usado para descrever o aprendizado e o ensino na Bíblia não ajudam a clarear quem esses autores eram ou mesmo em qual dos ambientes acima eles eram encontrados. No tempo de Ben Sira, contudo, a figura do sábio é associada com o ensino nas escolas e com a habilidade especial em interpretação bíblica. Eventualmente essa figura se desenvolveria para ser rabino e para ser "sábio", que são aqueles cuja interpretação da Torá se torna normativa para a comunidade. Esse desenvolvimento no judaísmo começa no período bíblico, mas é completado muito mais tarde.

Dois exemplos interessantes de "mestres" são o profeta Amós e Jesus. Ambos eram itinerantes. Ambos usaram formas de literatura de sabedoria e retórica para expressar suas mensagens ao povo (parábolas e perguntas retóricas). Conquanto nenhum deles seja visto primariamente como sábio, ambos recebem autoridade por causa do seu ensino e do seu poder. No mínimo, Amós e Jesus refletem a existência do ensino da sabedoria e sua influência. Ambos foram educados e eram educadores.

Conteúdo e método. Textos primitivos do ugarítico e outras culturas canaanitas (cf. o Calendário de Gezer) sugerem que o aprendizado era normalmente uma questão de memorização (as estações do ano), com ou sem o uso da escrita. As orientações cúlticas de guardar os mandamentos em algum lugar visível no corpo ou no lar refletem outra tentativa de aprendizado pela repetição e lembrança (Dt 6:6-9). O ensino apresentado no livro de Provérbios repousa sobre a observação cuidadosa e análise da experiência com algumas conclusões lógicas e teológicas. Não se sabe como tal processo era "ensinado" aos estudantes, mas a literatura bíblica contém muito material desse tipo de ensino e observação. Talvez o conteúdo mais importante da educação e do ensino bíblico, contudo, não seja uma habilidade específica na observação e na escrita, nem o conteúdo de um código especial de leis, mas antes entendimento e instrução básica nos valores sobre os quais a lei, os provérbios, o ensino profético, as parábolas e todas as outras coisas permaneceram. Esse conjunto foi incorporado nas tradições literárias e orais específicas, testemunhadas pelo texto bíblico, com ambientes associados ao culto, corte e palácio. A família foi o principal ambiente no qual o *lócus* da transmissão desses valores permaneceu.

A educação no antigo Israel é tanto envolta em mistério quanto vista como assunto tratado significativamente na Bíblia.

A educação no antigo Israel não era apenas cópia da Babilônia, do Egito ou de Canaã, embora saibamos que ela foi influenciada pelas tradições educacionais deles. A educação na Bíblia estava em transição de um fenômeno baseado na família para uma instituição que a sociedade viu como sua responsabilidade primária. Foi uma mistura peculiar de instituição e indivíduo, sábio e profeta, lei e aforismo, todos baseados em valores que poderiam receber e que receberam numa base lógica humanista e, finalmente, atribuídas a Deus, o Mestre.

Bibliografia. J. L. Crenshaw, "Education in Ancient Israel", *JBL* 104 (1985), 601-15; M. V. Fox, "The Pedagogy of Proverbs 2", *JBL* 113 (1994), 233-43; J. G. Gammie e L. G. Perdue, eds. *The Sage in Israel and the Ancient Near East* (Winona Lake, 1990); H. I. Marrou, *A History of Education in Antiquity* (1956, reimpr. Madison, 1982); R. N. Whybray, *The Intellectual Tradition in the Old Testament BZAW* 135 (Berlim, 1974); B. Witherington, *Jesus the Sage* (Minneapolis, 1994). [DONN F. MORGAN]

EFA (heb. *'êpâ*) Medida seca, 10 vezes o tamanho de um ômer (Êx 16:36). O volume exato é incerto; um efa é igual a 10-20 litros, ou um/terço a dois/terços de um alqueire e é igual ao bato líquido (Ez 45:11). O termo também designa um contêiner com a capacidade de um efa (Zc 5:6-10).

EFÁ (heb. *'êpâ*) **1.** Um dos filhos de Mídia (Gn 25:4; 1Cr 1:33). O nome provavelmente designa uma tribo midianita, da região sudeste da Palestina, ao longo da costa nordeste do Golfo de Aqaba. A tribo era famosa por criar camelos (Is 60:6).

2. Concubina de Calebe, mãe de Harã, Moza e Gazez (1Cr 2:46).

3. Filho de Jadai (1Cr 2:47). Embora não haja nenhum parentesco, o contexto sugere que ele é membro da comunidade de Calebe.

Bibliografia. E. A. Knauf, "Midianitas and Ishmaelites", em *Midian, Moab, and Edom*, ed. J.F.A. Sawyer e D. J. A. Clines, *JSOTSup* 24 (Sheffield, 1983), 147-62. [JOHN R. SPENCER]

EFAÍ (heb. *'êpay*) Netofatita cujos filhos estavam entre os "líderes da forças" que vieram a Gedalias em Mispá, após a queda de Jerusalém (Jr 40:8). Ali a assembleia toda foi morta por Ismael, o filho de Netanias (Jr 41:1-3). Na narrativa paralela (2Rs 25:23), os "filhos de Efaí" são omitidos.

EFATÁ (gr. *Ephphatha*) Transliteração grega do termo aramaico do comando de Jesus para que a boca e os ouvidos do homem "fossem abertos", de modo que o homem pudesse ouvir a falar (Mc 7:34). Ela representa o verbo imperativo passivo *pĕtaḥ*, "abrir". Milagres helenistas continham frequentemente palavras não usuais que transportavam poder extraordinário. Se o evangelho de Marcos foi escrito primariamente para pessoas que entendiam o grego, então, o comando em aramaico pode ter soado mágico. [EMILY CHENEY]

EFER (heb. *'ēper*) **1.** O segundo filho de Mídia, neto de Abrão e Quetura (Gn 25:4; 1Cr 1:33), ancestral epônimo de um clã midianita.

2. O terceiro filho de Ezra e ancestral epônimo de um clã judaíta (1Cr 4:17).

3. O primeiro mencionado numa lista de "guerreiros poderosos, homens famosos" e cabeças de clãs na meia tribo de Manassés na Transjordânia (1Cr 5:24).

EFES-DAMIM (heb. *'epes dammîm*) Área em que o exército filisteu acampou enquanto se preparava para a batalha contra Saul, precedendo a batalha de Davi e Golias (1Sm 17:1). Embora alguns eruditos o identifiquem com a moderna Damun, aprox. 6,5 km a nordeste de Socó, o texto sugere que deveria estar a oeste de Socó. Ela também é identificada como Pás-Damim, onde Eleazar, um dos homens poderosos de Davi, lutou com Davi no meio de um campo de cevada (1Cr 11:13). [STEVEN M. ORTIZ]

EFÉSIOS (gr. *Ephésioi*), **CARTA AOS** Carta atribuída ao apóstolo Paulo, com certa discussão a respeito do seu verdadeiro destinatário. As palavras "em Éfeso", nas modernas traduções de Efésios 1:1, são omitidas nos manuscritos melhores e mais antigos. Também a afirmação em 3:2 de que os leitores "tinham ouvido" do ministério apostólico de Paulo (em oposição a terem uma familiaridade pessoal com ele) conflita com Atos, que registra o ministério de Paulo ali por quase três anos. Há quem afirme que muito provavelmente a carta foi originariamente uma carta circular a várias igrejas gentílicas, provavelmente na região ocidental da Ásia Menor. Alguns eruditos têm identificado Efésios com "a carta de Laodiceia" (Cl 4:16), mas isso é duvidoso. Ela pode ter sido escrita para um público geral de cristãos gentílicos e, em algum ponto, veio a estar associada com Éfeso, mas como isto aconteceu é incerto. Possivelmente, a carta circulou desde Éfeso para as igrejas nas regiões mais afastadas; ou talvez, quando as cartas de Paulo estavam sendo colecionadas, foi conveniente atribuir uma carta paulina não endereçada a ninguém para a igreja onde Paulo teve um longo ministério, mas que não tinha enviado nenhuma outra carta a ela. Há também os que apoiam que a carta foi destinada aos efésios, especialmente pelo relacionamento entre Paulo e esta igreja, descrito em Atos.

Conteúdo. Após o prólogo (1:1-2), vem o tributo de louvor a Deus pelos benefícios espirituais que os gentios haviam recebido por meio da obra de Deus em Cristo (1:3-14) e uma oração de agradecimento e petição pela iluminação espiritual deles com respeito a esses benefícios (1:15-23). Então, numa reminiscência (lembrando o passado para informar as ações ou atitudes presentes), o passado dos leitores (morte espiritual e exclusão) é contrastado com o presente deles (vida espiritual e inclusão) com o propósito de fazê-los "recordar" e apreciar o que Deus lhes tinha feito (2:1-22). Mais uma oração de petição se segue, clamando poder que os levasse mesmo a benefícios espirituais maiores (3:1, 14-19). A interrupção da oração é uma longa digressão a respeito de Paulo como apóstolo aos gentios e ministro do evangelho (3:2-13), para mostrar o papel crucial que ele exerceu em mediar o conhecimento do "mistério de Cristo". A doxologia (3:20-21) fecha a primeira parte principal da carta. A exortação a respeito da vida cristã compõe a segunda parte principal. Os cristãos deveriam "andar dignamente" de sua vocação, preservando a unidade do Espírito por meio do amor (4:1-16), e não "andar como os gentios", mas como aqueles que são renovados (4:17-24). Instruções a respeito de situações específicas de conduta são dadas (5:1-20), então as regras que governam os relacionamentos na família à moda antiga (5:21-6:9). Um apelo final é feito a fim de preparar para a batalha espiritual, e à luz dela, orar (6:10-20). A parte final da carta contém uma recomendação de Tíquico e uma bênção (6:21-24). A carta assim tem duas partes, uma parte mais teológica seguida de uma parênese desenvolvendo as implicações práticas da teologia (cf. Romanos, Gálatas).

Ocasião, propósito e classificação literária. A ocasião e o propósito de Efésios são assuntos de debate. O ensino ambulante e a perseguição são ocasiões sugeridas (cf. 4:14; 6:10-17). Outras sugestões fazem um apelo mais geral ao texto, p. ex:, de que Efésios foi escrita (1) como apologia para mostrar a conexão da igreja com o judaísmo e, assim, neutralizar o impedimento sobre o aparecimento relativamente recente da igreja; (2) como polêmica para tratar da crise sobre a unidade entre os cristãos judaicos e gentílicos em que o cristianismo judaico estava sendo marginalizado por um cristianismo gentílico florescente; e (3) como polêmica para tratar da ameaça do uso sincrético de práticas mágicas pelos cristãos. Tudo isso é muito especulativo, e carece de base no texto.

De acordo com 3:2-4, os destinatários, que "ouviram" do ofício apostólico de Paulo, serão capazes de perceber a perspectiva de Paulo do "mistério de Cristo" por lerem o que ele "escreveu acima em poucas palavras". Isso sugere que o propósito principal e a ocasião de Efésios são o de promover o entendimento do leitor sobre a raiz do evangelho de Paulo, devido à falta de intimidade pessoal com ele. "O mistério de Cristo" se refere à verdade divinamente revelada, além de toda imaginação humana, de que os gentios são cordeiros, membros do mesmo corpo, e participantes da promessa em Cristo Jesus através do evangelho (3:6). Aqueles que eram excluídos e sem esperança são agora incluídos como participantes plenos na salvação. A Paulo foi confiada a pregação desse mistério (3:7), e a presente carta é descrita como tentativa de levar adiante essa tarefa numa cela de prisão (3:1; 4:1). A carta é escrita para cristãos gentios que já haviam sido evangelizados e são, assim, já incorporados na nova unidade de judeus e gentios em Cristo; mas eles não tinham sido evangelizados ou ensinados por Paulo. Assim, Efésios aproveita-se da oportunidade para informar-lhes mais plenamente de sua igualdade e unidade com os crentes judeus e das riquezas de que agora são herdeiros em Cristo, e para esboçar-lhes as implicações práticas da posição deles em Cristo. A carta assegura que o legado especial de Paulo não será perdido para esses leitores gentílicos. Essa explicação parece ter o melhor suporte no texto.

Uma questão relacionada é a da classificação literária do texto. É uma carta, p. ex., um discurso de sabedoria, um ensaio teológico, uma dogmática de forma esboçada, uma homilia para uma ocasião batismal, uma meditação, uma introdução a uma coleção recentemente formada das cartas de Paulo? Se é uma verdadeira carta, de que espécie é? Alguns a têm comparado com a carta grega de congratulações (carta *epideictic*) que usa o louvor para reforçar certos valores, nesse caso a congratulação com os leitores por causa do seu novo estado em Cristo para fortalecer a apreciação deles em relação ao evangelho. Ela pode também ser comparada à carta grega de conselho (carta deliberativa) que procura encorajar uma determinada conduta. Parece melhor ver Efésios como uma carta real, mas uma carta que mistura vários elementos retóricos, litúrgicos e tradicionais para cumprir os seus propósitos específicos.

Temas teológicos. De acordo com o propósito de reforçar os benefícios espirituais que os crentes gentílicos receberam pela incorporação deles em Cristo, Efésios chama a atenção para a ressurreição espiritual e exaltação deles com Cristo nos lugares celestiais, sendo a salvação deles pela graça por meio da fé à parte de obras, e sendo a reconciliação deles pela morte de Cristo "em um só corpo". As categorias soteriológicas dominantes são a união com Cristo e a reconciliação (como algo oposto à justificação). O aspecto horizontal da reconciliação — de que judeus e gentios estão reconciliados mutuamente em Cristo — é proeminente e é desenvolvida em 2:11-22. Por sua morte, Cristo destruiu a lei que funcionava como um "muro de separação" entre judeus e gentios, e criou "uma nova pessoa", a Igreja. Outras metáforas para a Igreja com essa nova unidade são o edifício, a casa, o templo santo, a noiva de Cristo e o corpo.

Efésios também desenvolve o tema da unidade por ocasionar a exaltação e a entronização de Cristo. Aqui a metáfora paulina da igreja como o corpo de Cristo é expandida para incluir a noção do Cristo exaltado como "cabeça" do "corpo" num sentido figurativo. Efésios costura sua noção da "igreja" no seu interesse mais amplo de unidade, usando *ekklēsía* para a igreja universal, não para a congregação local. O interesse na unidade também se estende à totalidade do cosmos: Cristo é "cabeça" sobre "todas as coisas", cabeça de uma unidade cósmica que é o alvo final da obra de Deus em Cristo, tornada conhecida por meio da Igreja. Ela é o propósito de Deus para resumir todas as coisas em Cristo como cabeça delas. A cristologia, eclesiologia e a escatologia estão, dessa forma, em Efésios.

Mantendo sua ênfase sobre a exaltação e a entronização de Cristo, a carta enfatiza a presente realização da salvação para aqueles que pertencem a Cristo, especialmente nas referências enfáticas à salvação como um evento passado (2:5, 8), e para a corressurreição e o assentar-se com Cristo como algo que já aconteceu (2:6). A grandeza e a gratuidade dessa salvação são realçadas pelo fato de que ela está enraizada no conselho eterno de Deus — eleição e predestinação dos crentes desde antes da fundação do mundo — e de preparar de antemão as boas obras nas quais eles têm de andar. Os propósitos salvadores de Deus, contudo, não estão ainda completamente realizados. Efésios retém uma perspectiva escatológica futura com a ênfase sobre um cumprimento presente. Os crentes são "marcados com o selo do Espírito Santo prometido" como um "penhor da nossa herança". A Igreja tem ainda de alcançar "a unidade da fé", até a plena maturidade. Os cristãos devem ainda "se revestir da armadura de Deus" para a batalha espiritual contra os esquemas do diabo. Não obstante, a ênfase de Efésios sobre a escatologia realizada conduz à omissão da menção do retorno de Cristo encontrada em Colossenses 3:4.

Autoria, data, e questões afins. De vários modos, Efésios fica à parte das epístolas que são aceitas como autenticamente paulinas. Ela originalmente carecia de um endereço geográfico. Ela não trata de quaisquer questões congregacionais, e nem pode mesmo ter sido escrita para uma congregação local. Ela é distinta por um estilo redundante e elaborado, e tem um número significativo de palavras e frases que não ocorrem em outra parte dos escritos de Paulo. Sua estrutura é distintiva, e algumas de suas perspectivas teológicas não são características.

Efésios possui uma notável proximidade com Colossenses, fato que os defensores de uma autoria paulina usam como argumento, incluindo uma grande porcentagem de vocabulário compartilhado, acordos literais, material temático compartilhado que aparece na mesma sequência em blocos maiores, e similaridade e estilo. Efésios também difere de Colossenses: ela desenvolve e reconfigura alguns dos materiais compartilhados, cita a Escritura, e carece de referências a ensinos controversos e a conexões pessoais que sugeririam que uma congregação específica está em vista. Assim, a maioria dos eruditos tem concluído que Efésios foi escrita por alguém usando Colossenses como um modelo. Uma visão da minoria é a de que Efésios foi o modelo para Colossenses, enquanto que alguns argumentam que houve um plano comum para ambas.

A maioria dos eruditos vê o efeito cumulativo dos aspectos distintivos de Efésios e seu relacionamento com Colossenses como lançando dúvida sobre a autoria paulina. Efésios parece permanecer muito distante de outras cartas paulinas de vários modos, ainda que o próprio escrito registre claramente a autoria paulina (1:1; 3:3). Paulo como autor da carta nunca foi dúvida na igreja primitiva. Efésios é, assim, mais comumente julgada como sendo de alguém usando um pseudônimo, escrita por um seguidor posterior de Paulo, usando o nome de Paulo. Pressupondo a pseudonímia, Efésios foi escrita algum tempo após Colossenses, não antes de 62 d.C., mas provavelmente entre 70 e 95. A pseudonímia era prática literária comum naquele tempo, um instrumento para trazer a herança intelectual ou espiritual de uma grande figura para ter ligação com uma nova situação ou tempo. O intento de enganar não está necessariamente implícito, e os leitores de Efésios poderiam ter conhecido plenamente bem que a carta foi escrita por alguém assumindo o nome de Paulo. Além disso, a autoridade canônica não repousa na questão da autoria autêntica x pseudonímica.

A minoria dos eruditos rejeita a hipótese da pseudonímia, argumentando que as variações de estilo e conceito existem dentro do corpus paulino aceito. Além do mais, alguns dos aspectos não característicos de Efésios podem ser atribuídos a diferentes circunstâncias que circundam a carta, incluindo seu endereçamento geral ao invés de específico, sua ocasião e propósito conjecturados, os desenvolvimentos na própria situação e pensamento de Paulo (seu aprisionamento em Roma), seu empréstimo de material tradicional (liturgia da Igreja em 5:14; Escritura em 4:8-10; códigos éticos em 5:21-6:9), o uso de um secretário diretamente responsável pelas formulações reais da carta, ou uma combinação desses fatores. A proximidade de Efésios com Colossenses pode ser tomada como suporte para a autoria paulina, nas condições de que Colossenses é de Paulo: Efésios pode ser vista como uma reelaboração de Colossenses para destinatários mais gerais. Nesse caso ela teria sido escrita de Roma em aproximadamente 62.

Até que critérios melhores sejam desenvolvidos para avaliar o que Paulo poderia ter escrito, diferentes avaliações de Efésios a respeito de sua autoria nesta carta vão persistir. O débito ao pensamento e aos escritos paulinos é óbvio. Outras influências têm sido sugeridas também. Por causa dos paralelos com a literatura de Qumran, é provável que alguns padrões de pensamento tenham sido transmitidos pelo judaísmo sectário. As fontes gregas helênicas ou judaicas podem ter contribuído também, como no caso do conceito do "corpo". Uns poucos têm proposto a influência do pensamento gnóstico nas ideias cosmológicas e soteriológicas de Efésios, mas o paralelo pode ser exagerado. Essas prováveis influências identificariam o autor como judeu-cristão com raízes do judaísmo helênico, e, se não o próprio Paulo, um seguidor bem ligado a ele.

Bibliografia. M. Barth, *Ephesians 1-3*. AB 34 (Garden City, 1974); *Ephesians 4-6*. AB 34A (Garden City, 1974); A. T. Lincoln, *Ephesians*, WBC 42 (Waco, 1990); Lincoln e A. J. M. Wedderburn, *The Theology of the Later Pauline Letters* (Cambridge, 1993); R. P. Martin, "An Epistle in Search of a Life-Setting", *ExpTim* 79 (1967-68), 296-302; A. van Roon, *The Anthenticity of Ephesians*. NovTSup 39 (Leiden, 1975); R. Schnackenburg, *Ephesians* (Edimburgo, 1991). [JUDITH M GUNDRY-VOLF]

ÉFESO (gr. *Éphesos*) Antiga colônia grega que ficava no sudoeste de Iônia, no litoral da Ásia Menor e que era membro da liga das doze cidades de Iônia (Strabo *Geog.* 8.7.1). De acordo com a lenda, Éfeso foi fundada (c. 900 a.C.) por Androclus, filho de Codrus, rei de Atenas (Strabo 14.1.3; Pausanias *Descr. Gr.* 7.2.7). A cidade estava originalmente localizada no lado sul do rio Cayster, mas, por séculos de acúmulo de sedimentos, está, agora, localizada a 10 km em direção ao centro da ilha. Estrabo descreveu Éfeso como o maior centro comercial da Ásia (14.1.24). O estreitamento para a entrada no porto por Attalos III (c. 159-138) aparentemente facilitou inconscientemente o entupimento do porto (Strabo 14.1.24). Estimativas mais modernas da população de Éfeso, durante o Império Romano, são baseadas na suposição de que a cidade tinha cerca de 40 mil cidadãos homens, com estimativa de uma população total de 200 a 225 mil. Isso se baseia na leitura errônea do número 40 mil em uma inscrição que tem, de fato, o número 1040, então os números 200 a 225 mil, embora não sejam impossíveis como possibilidade real para uma grande população, não são baseados em evidências reais da antiguidade.

Através de sua história longa e complexa, Éfeso foi vassala de vários reinos e impérios. Sua história pode ser dividida em três períodos. (1) Fundação em 555. Pouco se conhece sobre sua fundação em cerca de 900, até ela ter sido capturada por Croesus, rei da Lídia, em cerca de 555 (Heródoto, *Hist.* 1.26). (2) Éfeso foi capturada por Ciro da Pérsia em cerca de 546, e seguindo-se às guerras greco-persas ela se tornou parte da Liga de Delos (confederação marítima de Atenas), mas se revoltou junto com Esparta contra Atenas em 412 e, durante a cessação da guerra do Poloponeso (431-404). Em 386, como resultado da "Paz do Rei", Éfeso estava de novo sob o domínio persa. Quando Iônia foi libertada por Alexandre em 334, Éfeso ficou sob o controle de vários governantes helenistas. (3) Éfeso, a cidade helenística e romana, (c. 290 a.C. até 1000 d.C.). Lisímacos controlou a região em volta de Éfeso, depois da morte de Alexandre e pacificou a região aprox. em 302 (Pausanias, 1.9.7). Ele construiu um muro de 10 km de circunferência em volta da cidade em cerca de 287 (Strabo, 14.1.21). Em 197, Antíoco III da Síria conquistou o litoral sul da Ásia Menor e fez de Éfeso sua segunda capital. Éfeso ficou sujeita a Ecumenes de Pérgamo em 190 e esteve sob o controle dos governantes da linhagem Pérgamo até 133, quando Attalos III de Pérgamo morreu e deixou seu império para Roma. Desde então, a cidade se tornou a residência oficial do governador da província romana da Ásia. Éfeso estava originalmente localizada no monte Pion, mas foi mudada pelo rei da Lídia, Croesus, para uma região plana, a leste de Pion. O culto da deusa éfesa, Diana, pré-data a colonização grega de Iônia (Pausanias 7.2.6). A éfesa, Diana, foi originalmente uma deusa anatoliana da caça e da fertilidade, chamada Cibele na Frigia, e Ma, na Capadócia. Os efésios reivindicaram, posteriormente, que Apolo e Diana tinham nascido, não em Delos, mas em Éfeso (*Tacitus Ann.* 3.60-63; cf. Estrabo 14.1.20). O templo mais antigo de Diana foi destruído pelos cimerianos cerca de 660. Ela foi reconstruída por duas vezes, seguida por uma grande reconstrução iniciada em Croesus aproximadamente em 550, mas não terminada até cerca de 430. Em 356, o antigo templo foi destruído pelo fogo e reconstruído sob a supervisão do arquiteto macedônio, Deinocrates (*Vitruvius*, 1.1.4). O edifício resultante foi considerado uma das sete maravilhas do mundo antigo (Pausanias 4.31.8; 7.5.4). O local, onde eram feitas miniaturas do templo de Diana (At 19:23-41), estava localizado ao nordeste da cidade, e era famoso como o lugar do santuário no mundo antigo (Pausanias 7.2.8; Estrabo 14.1.23; Josefo *Ant.* 15.89). Embora tenha sido destruída pelos ostrogodos em 263 a.C., o grande altar, localizado a oeste do recinto do templo, foi escavado. Em 29 a.C., os romanos na província da Ásia receberam permissão de Otávio, que estava para se tornar o imperador Augusto, para dedicar um templo em Éfeso a Roma e a Divus Julius (Dio Cassius *Hist.* 51.20.6-7). Durante o período imperial romano, as cidades honradas por serem escolhidas como os locais para o levantamento de templos a deidades patronas (isto é, Diana) e ao culto imperial assumiram o título “guardadora do templo” (At 19:35), aplicado a cidades na Ásia romana por volta da metade do século I d.C. que tinham recebido o direito de construir templos em honra a deidades importantes. As construções escavadas pelos arqueólogos incluem uma biblioteca construída em honra ao imperador romano da Ásia, C. Julius Celsus Polemeanus (106-107), um templo em honra a Hadrian (117-138), erigido em direção ao começo do seu reino e contendo vários frisos importantes, uma fonte em honra a Trajano, e traços de um templo em honra a Domiciano e um templo dedicado a Serápis (séc. II), com fachadas massivas de oito colunas de pedras de 14 m de altura e com um diâmetro aproximado de 1,5 m. O teatro (cf. At 19:23-41), que poderia acomodar cerca de 24 mil pessoas, também foi escavado.

Existe bem pouca evidência da presença do judaísmo em Éfeso, durante os períodos helenista e romano. Alexandre, o Grande, tinha concedido direitos civis aos judeus de Iônia, e eles receberam de fato *isonomia* (isto é, suas próprias leis e costumes eram respeitados em mesmo pé de igualdade com aquelas dos gregos) de Antíoco II (Josefo, *Ag. Ap.* 1.22). A presença de uma sinagoga em Éfeso é mencionada em Atos 18:26; 19:8, embora nenhum achado arqueológico e comparativamente poucas inscrições judaicas tenham sido encontrados. Josefo indica que havia uma grande comunidade judaica em Éfeso por volta da metade do século III a.C. (*Ant.* 12.125-26, 166-68, 172-73).

Éfeso foi um importante centro para o cristianismo primitivo frequentemente mencionado no Novo Testamento. A comunidade cristã lá foi provavelmente fundada por Paulo (Ireneu *Adv. haer.* 3.3.4). Paulo escreveu 1Coríntios de Éfeso, onde tinha experimentado a pronta aceitação do evangelho (1Co 16:8-9), e ele também menciona o fato de que ele tinha “combatido em Éfeso com as feras” (15:32). Se tomado literalmente, isso poderia se referir ao estádio que foi escavado. Entretanto, ele pode ter falado metaforicamente, tomando emprestada uma frase da descrição da filosofia moral helenista da luta de um homem sábio com o hedonismo. A primeira visita de Paulo a Éfeso foi comparativamente breve (At 18:19-21). Sua segunda visita, entretanto, durou mais que dois anos (At 19:1-41), embora de acordo com 20:31, ele tenha ficado três anos em Éfeso. Ainda que Atos 19 narre vários eventos em Éfeso, bem pouco é, de fato, revelado sobre a comunidade cristã lá.

Inácio de Antioquia escreveu uma carta à igreja de Éfeso, enquanto estava em uma marcha forçada pela província da Ásia, em direção a Roma, em cerca de 110. Ele menciona Onésimo como o bispo de Éfeso (*Eph.* 1.3; 6.2), a quem alguns têm delicadamente ligado ao escravo fugitivo com o mesmo nome em Filemon 10 (Cl 4:9), embora o nome tenha sido um nome de escravo relativamente comum.

Éfeso é a residência tradicional, no final da vida de João, o apóstolo (Eusébio *HE* 3.1), que se pensou ter vivido até o reinado de Trajano (98-117; Ireneu *Adv. haer.* 3.3.4). De acordo com a tradição, ele escreveu seu evangelho em Éfeso (*HE* 5.8.4), e foi finalmente enterrado lá (3.39.5-6; 5.24.3). A basílica de São João foi erigida no local tradicional de sua sepultura, durante o reinado de Justiniano (527-565). Timóteo é lembrado como o primeiro bispo de Éfeso (*HE* 3.4.5), tradição baseada provavelmente em 1Timóteo 1:3. Éfeso também é o lugar do diálogo de Justino com Trifo, o Judeu (*Dial.* 2-8; Eusébio *HE* 4.18.6).

Bibliografia. F. V. Filson, “Ephesus and the New Testament”, *BA* 8 (1945): 73-80, repr. In *BAR* 2, org., D. N. Freedman e E. F. Campbell (Garden City, 1964), 343-52; S. J. Friesen, *Twice Neokoros: Ephesus, Asia and the Cult of the Flavian Imperial Family* (Leiden, 1993); G. H. R. Horsley, “The Inscriptions of Ephesos and the New Testament”, *NovT* 34 (1992): 105-68; D. Magie, *Roman Rule in Asia Minor to the End of the Third Century After Christ*, 2 vols. (1950, repr. New York, 1975); R. E. Oster, *A Bibliography of Ancient Ephesus* (Metuchen, 1987); R. Strelan, *Paul, Ártemis,* *and the Jews in Ephesus. BZNW* 80 (Berlin, 1966); P. D. Warden e R. S. Bagnall, "The Forty Thousand Citizens of Ephesus", *Classical Philology* 83 (1988): 220-23. [DAVID E. AUNE]

EFLAL (heb. *'eplāl*) Nativo de Judá, filho de Zabade e pai de Obede (1Cr 2:37).

ÉFODE (heb. *'ēpōd*) **I. (INDUMENTÁRIA)** Vestuário externo, sem mangas e ornado, vestido pelo sumo sacerdote israelita. Êxodo 28:6-10 descreve o éfode como vestuário feito de linho trançado, fino, decorado com materiais de ouro e de cores azuis, violetas e escarlates. Duas peças nos ombros e um cinto entrelaçado, feito do mesmo material, completam a peça de vestuário. Afixadas às peças sobre os ombros estavam duas pedras de ônix inscritas com os nomes dos filhos de Israel. Um peitoral feito dos mesmos materiais e decorado com doze pedras preciosas, simbolizando as doze tribos, era afixado por anéis de ouro na frente do éfode (Êx 28:15-28). Um bolso no peitoral guardava o Urim e o Tumim, as sortes de profecia.

O éfode também podia ser um vestuário comum. Davi veste um éfode de linho, enquanto dança selvagemente na celebração da chegada da arca da aliança em Jerusalém (2Sm 6:14). O garoto Samuel veste um éfode, em torno do templo como um vestuário diário (1Sm 2:18).

Várias passagens descrevem um éfode idólatra. Gideão faz um éfode com ouro capturado dos ismaelitas e o coloca na cidade de Ofra. Ele se torna uma pedra de tropeço para Gideão e sua família, junto a todo Israel (Jz 8:27). O éfode de Gideão não é descrito, mas ele pode ser ou um vestuário sem ícones empregado na obtenção de oráculos ou um vestuário que cobria um ídolo, tais como aqueles associados com as estátuas de culto da Mesopotâmia e do Egito (cf. Is 30:22). Com um terafim, uma imagem esculpida e um sacerdote levita, Mica colocou um éfode no santuário do lar (Jz 17-18). A espada de Golias embalada e um tecido e guardada atrás do éfode no santuário de Nobe (1Sm 21:9). Esse éfode, entretanto, pode ser um vestuário sacerdotal suspenso na frente da espada, em vez de na frente de um ídolo.

1Samuel se refere ao éfode como um objeto tangível de adoração. Aíja, sacerdote de Saul, carrega um éfode na batalha de Micmás (1Sm 14:3). Pelo comando de Saul, Doegue matou os 85 sacerdotes do templo em Nobe, que carregavam um éfode (22:18). Davi é descrito como procurando o éfode para direção de Yahweh (23:6, 9; 30:7). Alguns estudiosos argumentam que esse éfode é o vestuário com uma bolsa que carregava a sorte de oráculo, o mesmo éfode como descrito em Êxodo 28, 39. [TERRY W. EDDINGER]

II. (PESSOA) O pai de Haniel, um líder de Manassés escolhido para assistir na distribuição da terra entre as tribos (Nm 34:23).

EFRAIM (heb. *'eprayim*) **I. (LUGAR)** Cidade ao Sul de Baal-Hazor e a cerca de 23 km ao norte de Jerusalém nos montes da Judeia, usualmente identificada com a moderna et-Taiyibeh. Aqui Absalão vingou o estupro de sua irmã Tamar, ao assassinar Amnom, o homem que atacara a moça (2Sm 13:23). Depois da ressurreição de Lázaro, Jesus foi a Efraim "perto do deserto" para estar com os seus discípulos (Jo 11:54). O nome foi associado com a cidade bíblica Ofra (Js 18:23), Efron (1Mac 5.46) e Aphairema (11.34). [RICHARD A. SPENCER]

II. (PESSOA) O segundo filho do patriarca José, ancestral epônimo da tribo, que concedeu seu nome à parte montanhosa central da Palestina.

FIGURA ANCESTRAL. A etimologia exata do nome Efraim é desconhecida. O texto bíblico fornece uma etimologia baseada no hebraico *prh*, "ser fértil" (Gn 41:52). Embora a terminação *-ayim* sugira um nome topográfico, existe desacordo a respeito de informações mais elaboradas da origem do nome.

O personagem bíblico é o segundo filho de José e Asenate, filha do sacerdote de Om, chamado Potífera (Gn 41:52; 46:20). Entretanto, ele recebeu de Jacó a bênção da primogenitura no lugar de Manassés, por causa das objeções de José (Gn 48:13-20). Ambos, Efraim e Manassés foram adotados por Jacó como seus próprios filhos e, assim, contaram entre os seus tios como ancestrais tribais (Gn 48:5). Efraim foi pai de nove filhos que foram mortos pelos homens de Gate e, então, pai de um casal de filhos(1Cr 7:20-24).

TRIBO. A história de Efraim trocando Manassés como o primogênito em Gênesis 48 pode estar relacionada à situação histórica, por meio da qual a tribo de Manassés, primeiramente mais importante do que a tribo de Efraim (Nm 26:28-37), foi superada por Efraim, que eventualmente passou a designar toda a tribo norte de Israel. Embora algumas passagens falem da "terra de Efraim e Manassés" (Dt 34:2; 2Cr 30:10) como designação territorial, em muitas passagens proféticas "Efraim" sozinha designa a entidade sociopolítica do reino norte (Is 7:2-17; 9:9, 21 [TM 8, 20]; 11:13; Jr 31:9-20; Ez 37:16-19; Os 5). A origem desse uso é incerta, mas pode se derivar do fato de que o território de Efraim constituía realmente o centro geográfico da tribo do norte, ou porque o seu primeiro rei, Jeroboão, era da tribo de Efraim (1Rs 11:26). Oseias 5 pode ser uma classe especial, no sentido de que parece haver distinção entre Israel e Efraim (v. 5). Isso pode refletir um tempo quando o reino norte foi dividido em dois regimes: Israel na margem leste do Jordão (= Gileade, primeiramente anexado pela Assíria), e Efraim na margem oeste permanecendo sob o controle de Samaria.

Território. A terra de Efraim compreendia a parte montanhosa central da Palestina, estendendo-se aproximadamente de Betel, no sul, até a latitude de Siquém, no norte. A fronteira norte ia de Jericó em direção ao oeste passando por Ai, Betel, Gezer e pelo mar, enquanto a fronteira norte seguia o rio Yarkon a partir da costa, e o seu tributário, o rio Kanah, tão para dentro da terra quanto o agrupamento de montanhas de Ebal-Gerizim. A leste de Siquém, o território de Efraim não se estendia ao rio Jordão, mas se voltava para o sul em Taanate-Siló e ia ao longo das fronteiras lestes de Samaria até Jericó.

Essa área geográfica contém várias zonas topográficas diferentes, tão diversas quanto a estreita planície de Sharon, junto à costa e aos cumes de Ebal e Gerizim. A maior parte de Efraim era a região montanhosa da concavidade de Nablus, entre as áreas mais férteis na Palestina, ostentando tanto boas quantidades de chuva quanto bons solos. Ela suportava uma economia tanto de cultivo de cereal quanto da produção de azeite de oliva, enquanto que os vales mais secos de Micmetá (Js 16:6; 17:7) e Bete-Dagom eram mais adaptados ao rebanho.

A colonização israelita em Efraim começa com um crescimento dramático no início da Era do Ferro. Tanto nos extremos norte quanto sul de Efraim estavam os centros regionais em Siquém (*Tell Balâtah*) e Betel (*Beitin*) e Ai (*et-Tell*), respectivamente. Isso ilustra o problema de se aplicar as fronteiras bíblicas tribais aos registros arqueológicos, porque essas cidades que ficam em volta das fronteiras tribais parecem ter governado territórios que se estendiam em "ambos os lados" das supostas linhas. Um regime econômico, que poderia mais claramente ser chamado Efraim, estaria centralizado no Ferro I Siló (*Khirbet Seilûn, Sailun*). Aqui, as doze cidades fortificadas de milhares de metros quadrados parecem ter sido sustentadas por um sistema de centros de vilas subordinados e pequenos vilarejos que se estendiam até bem longe ao leste e ao oeste. No Ferro II, havia um tremendo crescimento de 65% nos números dos locais, mais do que 120 ha foram construídos e a região inteira estava sob o cultivo. A transição para uma economia de estado, entretanto, eliminou as grandes cidades de Efraim: Siló declinou ao nível de uma colonização pobre, Siquém foi trocada pelas capitais do reino norte em Tirza e Samaria, e os centros na extremidade sul diminuíram por causa das turbulências políticas lá na fronteira, separando os reinos de Judá e Israel. Depois de uma grave diminuição no período persa, a colonização em Efraim foi extensa nos períodos helenista, romano e bizantino.

Bibliografia. I. Finkelstein, *The Archaeology of the Israelite Settlement* (Jerusalem, 1988); org., *Shiloh: The Archaeology of a Biblical Site* (Tel Aviv, 1993); D. C. Hopkins, *The Highlands of Canaan* (Sheffield, 1985); L. Watkins, "Southern Samaria, Survey of", *OEANE*, 5:66-68. [ROBERT D. MILLER, II]

EFRAIM (heb. *'eprayim*), **BOSQUE DE** Lugar da morte de Absalão (2Sm 18:6). Talvez, um dos vários bosques na Palestina, durante os tempos bíblicos. Sua localização tem sido questão de debate. Uma vez que o bosque é identificado com Efraim, muitos sugerem que ele estava localizado no território de Efraim a oeste do rio Jordão, uma área para a qual a Bíblia atribui um bosque relativamente extenso (Js 17:18). Outros localizam esse bosque a leste do Jordão, baseados em 2 Samuel 17:24 que trata de Davi e sua viagem para Maanaim, no território de Gileade, antes do confronto com Absalão. As fontes florestais de Gileade são mencionadas no Antigo Testamento (Gn 37:25; Jr 8:22; 46:11), e nos Profetas elas são colocadas no mesmo pé de igualdade com o bosque do Líbano (Jr 22:6; Zc 10:10). [LAMOINE F. DEVRIES]

EFRATA (heb. *'eprāṯ*, *'eprāṯâ*) **I. (LUGAR) 1.** Cidade próxima de onde Raquel morreu, dando à luz Benjamim (Gn 35:16). Efrata no sul de Benjamim (1Sm 10:2; Jr 31:15).

2. Lugar onde Raquel foi enterrada (Gn 35:19; 48:7), geralmente identificada com Belém/Efrata (Rt 4:11; Mq 5:1).

3. O nome de um lugar usado em referência com Belém e com a região em volta (Rt 4:11; Mq 5:2). Jessé, pai de Davi, é chamado de efrateu de Belém (1Sm 17:12), como também o são Noemi, seu marido e filhos (Rt 1:2). A LXX inclui Efrata na lista de lugares próximos a Belém, inseridos por ela depois de Josué 15:59.

Efrata também aparece como o nome de uma mulher (1Cr 2:19) que é identificada como ancestral (*eponymous*) de Belém, de Tecoa, Bete-Gader e Quiriate-Jearim (1Cr 2:24, 50-51; 4:4-5), cidades bem conhecidas no norte de Judá. Não está claro se o parentesco do grupo associado com esse território emprestou seu nome de tal pessoa ou se o nome é meramente uma personificação do território para propósitos genealógicos. A inclusão de Quiriate-Jearim dentro dos limites de Efrata estende essa fronteira norte até a fronteira com Benjamim (cf. Sl 132:6, *'eprōṯâ* = "campos de Jaar"). Efrata também pode referir ao local para onde Jacó viajava quando Raquel morreu (Gn 35:16, 19; 48:7); cf. passagens posteriores que colocam a tumba de Raquel ao sul de Benjamim (1Sm 10:2), especialmente na vizinhança de Ramá (Jr 31:15). [WADE R. KOTTER]

II. (PESSOA) Tb. "EFRATE". Segunda esposa de Calebe, mãe de Hur e Asur (1Cr 2:19).

EFROM (heb. *'eprôn*; gr. *Ephrōn*) **I. (PESSOA)** Filho de Zoar, heteu, habitante de Hebrom, que vendeu a Abraão seu campo e a cova de Macpela, por quatrocentos siclos de prata (Gn 23:8-18; cf. 25:9-10; 49:29-30; 50:13).

II. (LUGAR) 1. "As cidades do monte de Efrom" (Js 15:9), distrito na fronteira norte de Judá, próximo a Baalah/Quiriate-Jearim (a moderna Deir el-´Âzar). A localização exata do lugar é desconhecida, mas el-Qastel próximo a Mozah é uma possibilidade.

2. Cidade tomada pelo rei Abias de Jeroboão I de Israel (2Cr 13:19). É frequentemente identificada com Ofra (Js 18:23) e Efraim (2Sm 13:23). O local é a cidade moderna et-Taiyibeh, a cerca de 6.5 km ao nordeste de Betel e a 21 km ao norte do nordeste de Jerusalém.

3. Cidade grande e muito forte que fechou e bloqueou os portões com pedras, na tentativa de impedir a passagem de Judas Macabeus e seu exército, que voltavam de Judá para Gileade. Judas enviou mensagem amigável pedindo que lhes fosse permitido atravessar a cidade. Depois, ele passou pela cidade sobre os corpos mortos (1Mac 5.46-52; 2Mac 12.27-29). Efrom está localizada a leste do rio Jordão, a cerca de 19.5 km a sudoeste do mar da Galileia. [JORGE L. VALDES]

EGÍPCIO (LÍNGUA) Braço do grupo da língua afro-asiática (tb. chamada hamito-semita). Como acontece com outras línguas afro-asiáticas (semitas, berber, chushitic, chadic, omotic), a língua egípcia exibe características linguísticas particulares, incluindo estruturas de raízes com duas ou três consoantes que são flexionadas de vários modos, um sistema vocálico original de /i/, /a/, /u/, o feminino final em **at*, uma forma verbal qualitativa ou estativa (Perfeito Antigo), sufixo pronominais independentes, e um sufixo adjetivo em *-I* ("nisbation").

HISTÓRIA E DESENVOLVIMENTO. A história da linguagem egípcia, estendendo-se por aproximadamente quatro milênios de uso (c. 3200 a.C. — 1300 d.C.), é geralmente dividida em duas fases históricas e, em alguns casos, elas se sobrepõem: (1) Egito Antigo (c. 3200-1300), encobrindo o Egito Arcaico, o Egito Antigo, o Egito Médio, e o Egito Médio Posterior; e (2) Egito Posterior (c. 1300 a.C. — 1300 d.C.), consistindo do Egito Posterior, demótico e cóptico. Os exemplos mais antigos de escrita não contínua (final do quarto milênio) consistem de hieróglifos em caracteres de ossos e marfim, carimbos de selos de barro, e vasos de osso, registrando a troca das mercadorias. A língua egípcia em sua maior parte provavelmente veio a existir sob o estado egípcio recentemente formado (c. 1300), para o qual ela serviu tanto como ferramenta administrativa (escrita cursiva) quanto como meio para a exibição da ideologia real e religiosa na forma de escrita hieroglífica monumental. As 2º e 4º dinastias (c. 2840-2500) viram desenvolvimentos importantes na exibição escrita e pública, movendo-se de listas de títulos e de oferendas (em tumbas particulares) para textos contínuos (Djoser em Heliópolis) e posteriores contextos administrativos. Por toda a história egípcia, a escrita e a alfabetização estavam restritas a um segmento bem pequeno da sociedade egípcia, provavelmente não mais do que 1 ou 2% da população total, e textos preservados refletem a cosmovisão da elite letrada.

A linguagem das dinastias mais antigas (3º a 8º), aproximadamente contemporâneo com o Reino Antigo (c. 2700-2160), é chamada egípcia antiga e é mais grandemente representada nos Textos da Pirâmide (rituais/feitiços funerários reais, 5º a 8º Dinastias) e biografias em tumbas particulares. A próxima fase da língua escrita, egípcio médio ou clássico, estende-se aproximadamente do final do Reino Antigo até a metade da Dinastia 18º (c. 2160-1400). Foi durante esse período, especialmente a Dinastia 12º (1963-1786), que muitas das grandes composições literárias da literatura egípcia foram escritas, compreendo uma variedade de completos desenvolvimentos de gêneros literários, incluindo contos (p. ex., Sinuhe, Naufrágio do Marinheiro), hinos (por exemplos, Hino da Inundação), e ensinos (p. ex., Merikare).

Paralelo à escrita egípcia formal da elite da Dinastia 12º, uma forma mais coloquial da língua, Final do egípcio médio, aparece inicialmente em contextos práticos, tais como cartas e relatos. Por volta do Novo Reino (1540-1069), o final do egípcio médio é encontrado em textos monumentais religiosos e reais (p. ex., Livro da Vaca Celestial, Pap. Leiden I 350, Decreto de Nauri) e continua a ser usado por todo o período faraônico e além dele (p. ex., Pedra de Shabako, Estela Pi [ankhi], e em inscrições de templos greco-romanos). Em acréscimo, clássicos literários do Reino Médio, cópias/fragmentos, eram transmitidas no final do egípcio médio; esse corpo literário servia como o âmago da literatura clássica para a primitiva e elevada elite cultural do Novo Reino.

O egípcio posterior, como língua escrita, surge na segunda metade do Novo Reino, durante o período de Amarna (p. ex., Wenamun, Hórus e Seti), que exibem várias características com o egípcio clássico padrão (p. ex., tempos da narrativa, algumas partículas de negação), e formas literárias não encontradas na literatura do Reino Médio (ficção narrativa, poesia de amor, e textos escolares). O egípcio não literário posterior se refere à linguagem dos assuntos diários contidos nos documentos administrativos, cartas, e registros do Período de Ramessés (1292-1075). No período Seite e além dele (644 a.C. — 450 d.C.), o demótico cursivo, denotando tanto a escrita cursiva e a escrita vernácula encontradas nele, serviu como a língua dos interesses administrativos, legais, e econômicos, como também alguns textos literários (p. ex., contos de Setne Khamwas). A última fase do egípcio é a cóptica (c. terceiro ao décimo quarto milênio d.C.), a língua dos cristãos ou da Igreja Cóptica no Egito. A escrita cóptica consiste de cartas do alfabeto grego com um pouco de sinais adicionais tomados do demótico para representar fonemas egípcios não encontrados em grego. De seus vários dialetos, aquele conhecido como bohairic se tornou a língua oficial e litúrgica da Igreja Cóptica. Em acréscimo a textos mágicos e traduções de livros bíblicos, os manuscritos cópticos também preservam escritos não canônicos importantes, incluindo o Evangelho de Tomé e o Apócrifo de Tiago.

Escrita. O egípcio é escrito em quatro grandes escritas: hieróglifo, hierático, demótico e cóptico. Os últimos dois já foram discutidos. O elaborado e enfeitado sistema hieróglifo de escrita (do grego "[letras] sagradas esculpidas") é o que teve vida mais longa — grandemente reconhecido hoje — originando-se no período Pré-dinástico e se estendendo em uso até o final do século IV d.C. Como a escrita monumental (p. ex., esculpida ou pintada em pinturas do templo, tumbas, estelas, estátua, etc.), o hieróglifo serviu às necessidades ideológicas por meio da exibição pública do estado egípcio. Para interesses administrativos e de negócios, uma adaptação cursiva foi elaborada, conhecida como hierático (1º dinastia até ao século III d.C.), escrita com palheta, caneta em papiro e em ostraca. Os escribas trabalhavam normalmente em hierático e em uma forma hieroglífica mais simplificada; embora eles fossem letrados, a evidência sugere que o conhecimento deles do hieróglifo decorativo monumental era limitado.

Os números de sinais hieroglíficos empregados na língua dos egípcios variam à medida que o tempo passa, indo de 750 no egípcio clássico até cerca de 6000 no período greco-romano. Esses sinais são pictográficos, descrevendo tanto objetos (p. ex., construções, utensílios e utensílios culturais) e objetos vivos (por exemplos, pessoas, animais, árvores, plantas). Diferente de outras línguas do antigo Oriente Próximo, o egípcio por toda a sua longa história reteve seu pictórico tanto quanto arte escrita quanto como arte descritiva. Essa fusão da escrita e os meios de representação, p. ex., que os sinais de agrupamento, orientação, e localização são determinados por considerações estéticas e artísticas além da mera escrita de um documento.

Princípios básicos de escrita. Os sinais pictográficos egípcios são de dois tipos básicos: fonogramas e semogramas. Os fonogramas podem representar até três sons consonantais consecutivos; dessa forma, um dado sinal pode ser mono- (a figura de um pé humano = fonética / b/), bi- (figura de uma casa = fonética /p-r/), ou triconsonantal (o besouro de estrume egípcio = fonética /h-p-r/). O egípcio tem 24 sinais consonantais, frequentemente referidos como seu "alfabeto", mas somente raramente essas funções trabalham independentemente de indicadores semânticos. Em acréscimo a indicadores fonológicos, os sinais poderiam servir como semogramas, ou por descrever o objeto em si mesmo (logograma) ou por indicar seu campo semântico ou lexical (determinante genérico ou taxograma). Por exemplo, a palavra egípcia "sol" (*rʿw*) é representada por um quadro do próprio sol, e a palavra "face" (egip. *hr*) é mostrado como uma face humana. Usando o princípio de rebus (p. ex., em inglês, a imagem de um olho (*eye*), uma abelha (*bee*) e uma folha (*leaf*) podem ser usados para formar a frase "I Believe" (*eye-bee-leaf*), tais logogramas poderiam ser usados em várias palavras escritas, ou porções delas, que não são relacionadas em significado, mas com fonologia parcialmente idêntica (p. ex., o logograma "face" indica a fonética /h-r/ em egip. *hrt*, "tumba, cemitério").

Determinantes genéricos são colocados depois de palavras para indicar seu campo semântico (p. ex., um homem sentado com a mão na boca frequentemente denota ações ou estados como comer, beber, estar com fome, falar, ou silêncio). Partes do corpo (p. ex., orelha, olhos, nariz, braço) também podem servir como determinantes (p. ex., o olho como determinante com palavras relacionadas com ver, olhar, cegueira, fraqueza, ou lacrimejante).

Palavras que são foneticamente idênticas são distinguidas em sentido por seus determinantes. Por exemplo, dependendo de seu determinante, egip. *ms* poderia ser lido como "criança" (com uma criança como determinante), "bezerro" (com um bezerro funcionando como determinante), "ramalhete" (com uma planta determinante), ou a partícula enclítica (seguida pela figura humana com a mão na boca).

Existe também muita sobreposição entre os tipos ou categorias acima, de modo que um dado sinal poderia funcionar como fonograma, logogram, ou semogram. Por exemplo, o sinal da casa retangular poderia ser lido como (1) a combinação fonética /p-r/; (2) a palavra "casa" (com um risco vertical para mostrar seu uso não fonético); ou (3) um determinante com palavras relacionadas a construções ou estruturas (p. ex., "quarto", "santuário", "interior", etc.).

Empréstimos de palavras no AT. Várias palavras e frases hebraicas no AT podem ser explicadas como derivadas tanto diretamente quanto indiretamente, do egípcio. Por exemplo, heb. *ye'ôr*, "rio Nilo" (Gn 41:1-3) do egip. *i(t)rw*, "rio Nilo, correnteza (do Nilo)"; heb. *par'ōh*, "Faraó", (Gn 12:15) do egip. *pr'3j*, rei do Egito [lit. 'grande casa']"; e heb. *šûšan*, "lírios, flor de lírio" (1Re 7:19, 26) do egip. *šûšan*, "flor de lírio".

Bibliografia. J. P. Allen, *Middle Egyptian Grammar* (Cambridge, 2000); J. Baines, "Communication and Display: The Integration of Early Egyptian Art and Writing", *Antiquity* 63 (1989): 471-82; J. Cerny e S. Israelit-Groll, *A Late Egyptian Grammar*, 4th ed., Studia Pohl, ser. maior 4 (Roma, 1993); A. Gardiner, *Egyptian Grammar, Thus Wrote "Onchsheshongy": An Introductory Grammar of Demotic*, 2. ed. SAOC 45 (Chicago, 1991); T. O. Lambdin, *Introduction to Sahidic Coptic* (Macon, 1983); A. Loprieno, *Ancient Egyptian: A Linguistic Introduction* (Cambridge, 1995). [JOHN R. HUDDLESTUN]

EGÍPCIO, O Um dos profetas populares na Palestina cujo movimento foi esmagado por Roma no tenso período que levou à Guerra Judaica (cf. Theudas). De acordo com Josefo, "o falso profeta egípcio" conduziu 30 mil seguidores do deserto até ao Monte das Oliveiras. Dizendo que os muros de Jerusalém cairiam ao seu comando, ele planejou dominar a guarnição romana. O procurador romano, Félix, (52-60 d.C.), atacou preventivamente; o egípcio escapou enquanto a maioria de seus seguidores eram assassinados ou levados para a prisão (*BJ* 2.261-63; *Ant.* 20.169-72). Em Atos 21:38, um tribunal romano confundiu Paulo com o egípcio, que, aqui, é creditado com 4000 seguidores e chamado de líder dos terroristas revolucionários conhecidos como sicários.

As ações simbólicas dos egípcios relembram imagens escriturísticas da liberdade e do poder de Israel e do seu Deus. O deserto simbolizava pureza espiritual e êxodo da opressão, a predição a respeito dos muros aludidos na conquista de Jericó (Js 6:20), e o Monte das Oliveiras era conhecido como o lugar para o qual o Senhor mesmo viria a fim de lutar contra as nações que atacariam Jerusalém (Zc 14).

Bibliografia. M. Hengel, *The Zealots* (Edinburgh, 1989); R. A. Horsley e J. S. Hanson, *Bandits, Prophets, and Messiahs* (Minneapolis, 1985). [MARTIN C. ALBL]

EGÍPCIOS, EVANGELHO DE ACORDO COM OS (III, 2; IV, 2)

Evangelho gnóstico apócrifo, provavelmente criado no Egito na metade do século II d.C. Embora seja frequentemente citado pelos Pais da igreja dos séculos II e III, tudo o que resta sobre a obra são poucas alusões e paráfrases. Essas referências revelam que esse tratado era um estudo dos ensinos de Jesus que apoiam as crenças gnósticas de modo geral e várias doutrinas em particular: a ideia naasene de que a alma é variável em forma, natureza, e disposição (Hippolytus *Ref.* 5.7); a ideia sabeliana de que o Pai, o Filho, e o Espírito Santo são um e o mesmo (Epiphanius *Adv. haer.* 62.2.4; cf. *Excerpta ex Theodoto* 67); e, mais proeminentemente, a ênfase encratite no celibato, a rejeição do casamento e a erradicação das diferenças entre homem e mulher (pelo batismo), a fim de restaurar o crente ao estado de Adão, antes da criação de Eva. Uma mulher, Salomé, é proeminente nessa última doutrina, mas somente como uma plataforma para Jesus anunciar a doutrina encratita. Por exemplo, ela pergunta até quando a morte vai durar e Cristo lhe diz que ela durará tanto quanto as mulheres derem à luz (Clemente *Misc.* 3.6.45; 3.9.64; 3.13.92). Esse Evangelho não é o mesmo que o Evangelho Cóptico dos egípcios, que é parte da literatura Nag Hammadi.

Bibliografia. R. Cameron, *The Other Gospels* (Philadelphia, 1982), 49-52, 186; J. K. Elliott, "The Gospel of the Egyptians", in *The Apocryphal New Testament*, ed. rev. (Oxford, 1993), 16-19. [RICHARD A. SPENCER]

EGITO Uma das maiores e mais antigas civilizações do mundo antigo, situada ao longo do rio Nilo.

Naqada I, II. O Vale do Nilo tem muitos vestígios dos povos do paleolítico ao mesolítico, mas os precursores mais antigos da cultura faraônica surgiram de um movimento dos povos neolíticos, da região do Saara para o Vale do Nilo, onde se misturaram com grupos de caçadores e desenvolveram os assentamentos mais antigos. Os habitantes do Saara tinham domesticado o gado e adquirido ovelhas e bodes, assim como a cultura do trigo e da cevada, estes provavelmente vindos inicialmente do oriente. No Egito, esses povos desenvolveram duas culturas distintas: a cultura do Vale do Alto Egito, da qual o povo mais antigo eram os badarianos; e no Delta do Nilo, outra série de culturas, distintas das que habitavam o vale.

Dos badarianos desenvolveram-se nas culturas da Naqada I-II. Naqada I desenvolveu-se em vilas maiores e começou a extração dos despenhadeiros de calcário do Nilo. As pessoas viviam em casas circulares e formaram os grupos religiosos conhecidos mais antigos. Eles desenvolveram diversos tipos de cerâmica, incluindo um estilo de artigos decorados que demonstra o tipo fauna e flora do Nilo e, algumas vezes, a caça. Essa cultura também se espalhou para cima e para baixo no Vale do Nilo.

Naqada II (aprox. 3600-3300 a.C.), desenvolveu-se diretamente de Naqada I, marca o florescimento da cultura do vale e sua prosperidade num crescimento gradual. Os primeiros centros de poder emergiram nesta época, em áreas em que o Vale do Nilo deu acesso às rotas para o deserto oriental, onde os naqadeanos encontraram boa qualidade de pedra e, ainda mais importante, encontraram depósitos de ouro e cobre. Dois principais centros se desenvolveram, Nubt ("o Dourado"), assim chamado Naqada, no médio Egito perto do uádi Hammamat, e Nekhen, mais para o sul perto do uádi Mia. Ambos os centros plantaram cidades na margem oriental, próximas às entradas dos uádis, Koptos para Nubt e Elkab para Nekhen. O acesso aos recursos do deserto enriqueceu grandemente tanto as cidades bem como conduziu ao surgimento de sua elite. Essas comunidades também começaram o comércio de longa distância, que levou ao surgimento de outros centros, Buto e Ma`adi no norte e Ta-seti e Qustul no sul. Esses novos centros tiveram prosperidade por controlar o comércio de longa distância que os naqadeanos desejaram: cedros [madeira de lei] e óleo do Líbano, lápis-lazúli de lugares muito distantes, e no sul, marfim, ébano, peles de pantera, babuínos e outros produtos. Os centros envolvidos no comércio também prosperaram. Ma`adi conduziu o comércio via terrestre, incluindo o cobre do Sinai e de Canaã enquanto Buto mantinha o comércio marítimo com o Libado e o Vale do Amuq. Da região do Amuq, os egípcios entravam em contato com os da Mesopotâmia via assentamento de Buto.

Protodinástico. O período do Naqata II desenvolveu-se no Naqada III, ou a era protodinástica. Nesse período, as elites elegeram os chefes supremos. Esses líderes foram também responsáveis pelo início da escrita hieroglífica egípcia, que se originou no couro decorado de búfalo no período de Naqada II. Esses artigos frequentemente reproduziam a figura de navios, refletindo o comércio já vívido no Vale do Nilo. Muitos dos navios mostravam padrões por detrás de suas cabines encimadas com sinais que podem ser lidos como nomes de províncias ou nomes divinos. Muitos desses artigos eram produzidos na área entre Abydos e Luxor, e os sinais ligados com a nomenclatura dessa área são comuns nos padrões. As elites emergentes de Naqada III entraram em conflito com os seus vizinhos, e os chefes comemoravam suas vitórias com sinais derivados dos artigos decorados. Isso deu surgimento ao padrão conhecido como ciclo faraônico, descrevendo uma procissão de barcos em direção a um complexo de palácios. Tais cenas eram esculpidas em paletas ampliadas de sedimento arenoso (grauvaque), faces nas paredes rochosas, instrumentos cortantes duros, ou mesmo pinturas no linho. Quando o período Naqada III progrediu, tais cenas se proliferaram e foram conhecidas desde Nubt, Nekhen e Qustul, na baixa Núbia. Outro desenvolvimento durante esse período foi o *serekh*, uma entrada de palácio decorada como a que está escavada em Nekhen. As casas desde o período de Naqada II eram retangulares e construídas de tijolo de barro; algumas construções de vime entrelaçado e argamassa continuaram, mas principalmente como abrigos temporários. Um tipo de estrutura cercada de junco conhecida como *zeriba* foi posteriormente desenvolvida. Os santuários religiosos se tornaram mais proeminentes, agora marcadas na frente e nos fundos com bandeiras nas estacas. Alguns santuários vangloriavam-se de imagens colossais da divindade, tais como Koptos ou Min. Outros santuários permaneceram pré-formais, e poderiam ser um bosque de árvores ou um nicho entre dois seixos arredondados, como em Elefantine. Paletas decoradas e bastões também faziam parte dos santuários, com uma estrutura definida: um pátio, com um estandarte comum emblema divino por cima, ou uma construção de santuário, algumas vezes com a representação colossal de uma divindade.

Em direção ao final do período de Naqada III, o poder se centra engajado numa série de conflitos. Nekhen aparentemente emergiu triunfante num conflito com Ta-seti. Seu governador, conhecido como Escorpião, então conquistou Nubt. No triunfo, ele assumiu a Coroa Vermelha de Nubt. (a Coria de Nekhen e Qustul era a Coroa Branca) Abydos, um novo cemitério da realeza na província egípcia de Nubt, agora se tornou um lugar de sepultamento dos vitoriosos governadores de Nekhen. Os sucessores de Escorpião lutaram em direção ao norte e no tempo de Nar-mer eles adquiriram o controle do Delta. Buto foi transformada num santuário nacional do baixo Egito, como o Delta veio a ser conhecido. Nekhen no alto Egito se tornou um santuário nacional, enquanto que Elkab se tornou o centro tutelar do alto Egito. As duas divindades de Buto e Elkab, uma cobra e um corvo, respectivamente, agora se tornaram divindades nacionais. Na cabeça do bastão decorado, Nar-mer é representado entronizado como rei do baixo Egito. Essa cabeça de bastão evidentemente contém enumeração dos recursos do Delta: o gado, animais de granja e homens (c. 120 mil). Extrapolando por acrescentar mulheres e filhos, aprox., 500 a 600 mil pessoas podem ser estimadas para o Delta, e a maioria dos eruditos postula uma população ligeiramente maior para a dominante cultura do Vale (700 mil). Isso definiria a população de todo o Egito em cerca de 1,4 a 1,6 milhão, por volta da data da Unificação (aprox. 3100).

Se Nar-mer é o real unificador, ou seu filho e sucessor Aha, que fundou a cidade de Mênfis (então conhecida como "Muros Brancos"), é controverso. Aha também criou os Anais Reais, um registro anual dos feitos dos faraós, por enfileirar os eventos anteriormente transmitidos por bastões decorados ou paletas numa sequência contínua, ligados por eventos regularmente recorrentes tais como o censo bienal do gado. Mais tarde, na primeira Dinastia, na entrada de cada ano havia o registro da altura da enchente do Nilo. A lista fragmentária hoje conhecida como a Pedra Palermo, apresentava os anais do antigo reino, preserva os dois últimos do reino de Aha. A titulação real também começou a se desenvolver. Já Nar-mer tinha o nome de "Duas Senhoras". Os nomes usados para esses reis primitivos são nomes Horus, transmitidos por um nome real superior, o *serekh*, encimados pela deidade falcão Horus de Nekhen. Todos os artefatos desenvolvidos em Naqada II-III se proliferaram, especialmente os vasos de pedra, mas os faraós primitivos destruíram os centros de comércio, *Ma`adi* e *Qustul*, quando eles procuravam monopolizar o comércio estrangeiro. A obra em metal se tornou melhor estabelecida, a roda de fazer cerâmica foi introduzida, e a obra de madeira floresceu, com a melhor obra sendo feita para as elites. Os faraós também estabeleceram a primeira burocracia para administrar o reino deles. O padrão de avaliação da altura da enchente do Nilo, realinhando os marcadores de limite dos campos, dos cálculos de impostos, da condução do censo e do imposto sobre o gado. Tudo isso se desenvolveu nessa época. Um alto oficial, o vizir, era designado para administrar esses programas. Os reis, e evidentemente sua rainha reinante, Meryt-neith, eram sepultados no solo real de Abydos, repleto de templos funerários de nicho de barro e sepulturas de centenas de serventes da corte. Assim, surgiu o estado faraônico do antigo Egito, que reconhecia o rei como divindade.

A segunda Dinastia surgiu cerca de 2850, e seus governadores mudaram seu lugar de sepultura para Saqqara. Os nomes reais deles mostram sugestões de dois poderes, as divindades de Horus de Nekhen e Seth de Nubt. Registros que ainda sobrevivem sugerem dificuldades na forma de rebeliões. Então na dinastia média, um grande conflito irrompe. Um faraó abandonou Horus, e de modo contrário, colocou Seth no topo do seu *serekh*. Isso pode ser a rebelião do povo de Naqada que progressivamente havia perdido o status no processo de unificação. Outro rei Horus, Khasekhem, surgiu em Hekhen e progressivamente derrotou os rebeldes e reunificou o Egito. Ele se proclamou faraó, com Horus e Seth no topo do seu *serekh*, o nome de suas Duas Senhoras dando a entender que "os dois poderes estão contidos nele". A rebelião terminou. A tumba real retornou a Abydos e a rainha do último rei Khasekhemwy se tornou a mãe dos primeiros dois faraós da 3ª. Dinastia. Um novo título de realeza havia se desenvolvido: Horus no topo do glifo de ouro, ou Horus sobre Nubt.

Antigo Reino. O novo faraó Sanakht pode ser um enigma, mas seu irmão Djoser brilha para sempre como o fundador do antigo Reino. Djoser encontrou um arquiteto-mestre, Imhotep, que construiu para ele a primeira estrutura de pedra completa conhecida, a grande Pirâmide Step de Saqqara. Ela era cercada por um complexo fechado numa versão dos "Muros Brancos" em blocos de calcário marcando a evolução da arquitetura egípcia de madeira, junco e tijolo de lama para pedra. As construções simulavam um pátio de celebração Heb-sed e todo detalhe original foi fielmente copiado em pedra. O rei seguinte, Sekhemkhet, construiu seu complexo atrás do complexo de Djose, mas os muros de pedras eram de blocos maiores. Os reis seguintes viveram menos e construíram pirâmides que não terminaram, mas cada complexo mostra um domínio maior da alvenaria. O último rei, Huni, construiu uma pirâmide de degraus completa em Meidum. Pela primeira vez, o templo funerário foi mudado para o oriente da pirâmide e ligado por uma longa calçada até um templo do vale. (Anteriormente, os templos funerários estavam no lado norte da tumba, evidentemente ligados a uma crença de que o morto era ressuscitado para se juntar às estrelas circumpolares.) Então, o morto devia se juntar ao sol levante, símbolo da ressurreição poderosa. Também marcando essa transição para o culto solar, a pirâmide de degraus foi alterada para ser uma verdadeira pirâmide.

A verdadeira pirâmide tinha sua base no topo da pedra *benben* (uma pedra da pirâmide que possuía uma forma cônica) da pedra sagrada de Heliópolis, centro do culto solar. A pedra *benben* era um obelisco curto e grosso, seu topo formando uma pirâmide. Sneferu, o filho de Huni, e fundador da 4ª. Dinastia construiu as primeiras verdadeiras pirâmides em Dahshur. Ele também tentou transformar a pirâmide de seu pai numa verdadeira pirâmide, mas o monumento enfrentou um desastre, caindo em algum ponto da sua história. Atualmente, somente o centro da Pirâmide de Degraus permanece com a alvenaria acrescentada sendo visível na base. Khufu (Queops), o filho de Sneferu, mudou a sua pirâmide para Giza, talvez vendo-a como uma *benben* ocidental, onde o sol se punha visto de Heliópolis. Nas três mudanças de plano, Khufu mudou sua câmara de sepultura levantando-a com alvenaria de pirâmide. Com Sneferu e Khufu, os dois títulos finais do rei se desenvolveram, o nome e o prenome ambos em cartuchos, unidos por um título "filho de Re", enfatizando o culto solar. O emblema solar final foi o Grande Sphinx. Conhecido posteriormente como Hor-em-akhet, "Horus sobre o Horizonte", ele pode ser visto como a divindade manifesta entre as pirâmides de Khufu e Khafre (Quefren).

A 5ª Dinastia marcou o triunfo do culto solar. A pirâmide real era menor e não tão bem construída, mas os templos-pirâmide cresciam para ser extraordinários. Maiores ainda eram os templos solares que os reis construíram em Abusir no deserto ocidental. Abertos para o céu, eles eram decorados com destaques que celebravam as estações e a criatividade de Re na natureza. Os reis finais da 5ª Dinastia foram sepultados mais longe ao sul, em Saqqara, e não construíram templos solares, mas o último rei, Unas, foi o primeiro cujas paredes da pirâmide interior foram esculpidas com o que se tornou conhecido como Textos de Pirâmide. Um agrupamento eclético de palavras, esses textos incluem material muito mais antigo com alusões a sepultamentos no solo, em tijolos retangulares, e finalmente em pirâmides de pedra. Num longo discurso, o rei, ressuscitado através de Re, se torna senhor do céu. Os textos de pirâmides posteriores mostram uma mudança. Agora, o rei procura a ressurreição através de Osíris. Todavia, outra grande transformação da religião havia ocorrido. De acordo com o Grande Mito da Criação, Osíris tinha sido governante, mas Seth ficou com ciúme dele e o assassinou. Ísis, esposa de Osíris, levantou Osíris da morte, criando a primeira múmia. Eventualmente Osíris se tornou senhor da vida após a morte e os reis se tornaram Osíris, enquanto os sucessores deles se tornaram Horus, filho de Ísis e Osíris. Os reis da 6ª Dinastia reviveram o comércio estrangeiro do sul, e começaram a importação maciça de arqueiros nubianos para o Egito como mercenários. Estes os ajudaram a lutar nas guerras com os estrangeiros, de acordo com diversas autobiografias. Pepy II da 6ª dinastia começou a reinar quando tinha mais de 90 anos, mas com ele o antigo reino cambaleou, para cair somente na 8ª Dinastia quando o Nilo não teve enchente, criando uma crise muito grande. Os egípcios marcaram o fim do antigo reino como o fim de uma era. Nada mais que 930 anos haviam se passado desde a unificação na 1ª. Dinastia.

O Reino Médio. Nos cem anos seguintes, duas dinastias rivais surgiram, as dinastias 9 e 10 em Heracleopolis e a dinastia 11 em Tebas, no sul. Durante esse Primeiro Período Intermediário, os governadores de província se alinharam uns aos outros: o Médio Egito com as dinastias 9 e 10 e o sul com a 11ª dinastia. Por volta do ano 2060, um poderoso rei de Tebas, Montuhotep II, surgiu, derrotando os Heracleopolis numa série de batalhas e emergindo como o reunificador do Egito aproximadamente em 2020. Seus sucessores tentaram governar o Egito desde Tebas, mas isso se provou impraticável, e Amenemhet I, da 12ª dinastia, os substituiu e iniciou o período do Reino Médio, mudou a sua residência para Itjtawy, ao sul de Mênfis, que permaneceu como capital até a 13ª dinastia. A 12ª Dinastia também entrou em contato com Kish, outro poderoso estado Nilótico que se levantou em Kerma, próximo da terceira catarata do Nilo. Eles construíram fortalezas poderosas para sustentar Kush num cerco, mas também para ajudar a explorar os recursos de Núbia, onde os reis da 12ª. dinastia haviam encontrado ricos depósitos de ouro. Senwosret III, que empurrou o [reino] bem mais para o sul, também desenvolveu um rico comércio com Kish, conduzido através da fortaleza de Iken-mirgissa. A história de Sinuhe, escrita no começo da 12ª dinastia, descreve um egípcio num autoexílio em Canaã e no sul da Síria que fixou residência com um chefe migratório (chamado Heka-Khaswet) que tinha estilo de vida não distinto do de Abraão e Jacó. Mais tarde na dinastia, um governador de Beni Hasan no Médio Egito descreveu uma delegação cananita que veio à sua corte local para comerciar. As mulheres estavam vestidas com túnicas coloridas, lembrando a túnica de José.

Hicsos. Em 1786, cerca de cem anos após a 12ª Dinastia ter terminado, um grupo de estrangeiros com bigas puxadas por cavalos, uma nova arma e com machados de guerra aperfeiçoados, invadiram o Delta e se estabeleceram numa cidade chamada Avaris (*Hwt-waret*). Eles eram os Hicsos, um termo derivado de Heka-Khaswet, "governadores de terras estrangeiras". Por 108 anos esse povo dominou o Egito. Eles se apoderaram de Mênfis e acabaram com a 13ª Dinastia, enquanto a 17ª Dinastia somente sobreviveu em Tebas como vassala. A 14ª Dinastia foi um grupo dissidente no Delta ocidental; a 15ª Dinastia compreendia os seis grandes reis hicsos, e a 16ª Dinastia era composta das miríades de vassalos deles, alguns hicsos e outros egípcios. Através da rota do Oásis, os hicsos contataram Kush e os próprios aliados com ela. Então, em 1628, um vulcão entrou cataclismicamente em erupção, atirando grandes quantidades de cinza e criando maremotos que devastaram o Delta, causando aos hicsos um grande abalo. Esse desastre evidentemente encorajou os habitantes de Tebas a uma revolta sob Seqenenre Ta´as II. Ele morreu na batalha, mas seu filho Kamose continuou a luta com sua mãe, a viúva do rei. Finalmente Ahmose I, o irmão mais jovem de Kamose, foi capaz de expulsar os hicsos do Egito, perseguindo-os até Sharuhen, em Canaã. Então, os reis da 18ª Dinastia atacaram Kush e destruíram seu poder. Um oficial, conhecido como vice-rei de Kush, se tornou seu governante. Contudo, não até que a rainha Hatshepsut os massacrasse em três campanhas nas quais os kushitas dominaram.

O Novo Reino. Tutmoses III, numa série de 17 campanhas reduziu Canaã e a Síria à hegemonia egípcia e criou uma marinha militar no Mediterrâneo para ajudar a controlá-la e para conduzir a luta até o reino de Mitanni na parte norte da Síria. Isso aconteceu até o tempo de Aquenáton, quando os hititas destruíram Mitanni, somente para ver a Assíria reaparecer como um grande poder. Sob Amenotepe III, o Egito também contatou os micenos. Então os micenos começaram a comerciar extensivamente com o Oriente, mas algumas micenos e da Anatólia também começaram ataques à maneira dos piratas. Sob as dinastias de Ramesside, o Egito primeiramente lutou contra os hititas para conseguir superioridade sobre Cades e Amurru na Síria. Os povos do mar, que eram invasores, contudo, se tornaram uma ameaça maior, e Ramesés II construiu uma série de fortalezas no lado ocidental do Delta para impedir os ataques deles. Não obstante, eles fizeram um desembarque na Cirenaica, e com os líbios, a quem eles haviam armado, e atacaram o Egito sob Mrempta. Os hititas e o Egito anteriormente tinham assinado um tratado de paz, que ajudava agora o Egito a sobreviver. Merempta também ajudou os hititas com grãos e armas. Contudo, o Egito não pôde resistir a um terceiro ataque violento dos Povos do Mar que golpearam no oitavo ano do reinado de Ramessés III. Esses Povos do Mar também atacaram o Egito pelo mar e terra através de Canaã. Os invasores por mar foram aniquilados, mas Ramessés III tinha que permitir que o contingente vindo por terra se estabelecesse na costa de Canaã, onde eles se tornaram os filisteus e aliados deles, conhecidos da Bíblia. Entretanto, logo depois o Egito perdeu todo o império do oriente. Na metade da 20ª Dinastia, a erupção do vulcão Hekla III na Islândia produziu crise econômica no Egito e no Mediterrâneo oriental. Muitas sociedades se desmoronaram, mas outras como as dos líbios, arameus, e povos do mar estabeleceram a sua peregrinação. Somente a Assíria e o Egito emergiram intactos desse desastre. O sumo sacerdote de Amon, sob Herihor, encerrou a 20ª Dinastia e estabeleceu um estado teocrático dual no Egito, com reis governando desde Tanis no Delta oriental e sumo sacerdotes em Tebas, no alto Egito. Grande número de líbios, incluindo a família de Herihor, havia se estabelecido no Egito e eles vieram ao poder quando Sheshonq I fundou a 22ª Dinastia.

Terceiro Período Intermediário. Durante o Terceiro Período Intermediário (1070-712) os sumo sacerdotes lutaram contra o último vice-rei de Cuxe, e assim perderam Cuxe. Isso levou a um sério empobrecimento, porque as minas de ouro de Cuxe haviam ajudado a alimentar a expansão do Novo Reino e seus soldados equipavam o exército egípcio. Então o reino do norte se tornou mais rico. Shoshenq I (o Sisaque da Bíblia) também lutou contra Reoboão, rei de Judá, e triunfou. Mais tarde os egípcios se aliaram aos estados do levante, enquanto a Assíria surgia como uma ameaça maior. A 22ª Dinastia fragmentou-se após 805 como uma dinastia rival, a 23ª, surgida em Leontopolis, e um pouco mais tarde uma outra dinastia rival emergiu em Sais, no Delta ocidental. Em Cuxe, uma dinastia nativa havia surgido, e ela agora intervinha no Egito. Piye lutou contra as dinastias da Líbia, e Shabaka eliminou-as em 712, resolvendo governar o Egito a partir de Mênfis. Acomodados ao Egito, os cuxitas adoraram Amon-Ra, e assim os egípcios os aceitaram. Contudo, em 701, eles ajudaram Ezequias contra Senaqueribe, o rei assírio, e assim complicaram seu relacionamento com os assírios. Esarhaddon invadiu o Egito em 671, e Taharqa fugiu para o sul. Taharka, entretanto, logo contra-atacou, expulsando os assírios. Assurbanípal, o rei assírio seguinte, atacou em 667, e Taharqa novamente se retirou para o sul. Quando Tarharqa novamente contra-atacou, Assurbanípal retaliou uma vez mais, e fez de Psamtik de Sais seu vassalo principal. Anlamani, o sucessor de Taharqa, atacou os assírios em 664, assassinando de maneira violenta Neco I, o pai de Psamtik. Dessa vez, Assurbanípal decidiu atacar Tebas, que havia dado um apoio leal aos kushitas. Em 663, ele saqueou Tebas, forçando os cuxitas a saírem do Egito. Psamtik foi capaz de tornar-se a si mesmo rei, também se separando da Assíria e se aliando com a Líbia. Por volta de 656, ele controlava todo o Egito e fundou a 26ª Dinastia Saite. Ele fortificou poderosamente a região oriental do Delta, mas seu sucessor, Neco II (o Neco da Bíblia) ajudou a Assíria contra os medos e os neobabilônios. Em Carquemis, ele enfrentou um terrível combate, mas perdeu e se retirou para o Egito. Anteriormente, ele havia matado a Josias da Judeia, que tinha tentado bloquear a sua rota de avanço.

Período Persa-Saiteano. Em 601 e novamente em 568, os saitanos derrotaram duas tentativas dos neobabilônios de invadir o Egito. Os saitanos

A B C D E F G H I J K L M N O P Q R S T U V X Y Z

estabeleceram a marinha no Mediterrâneo e procuraram aliados entre os estados gregos. Após a queda de Jerusalém em 586, o Egito aceitou alguns refugiados judeus e os colocou para guardar Aswan das invasões dos cuxitas. Em 539, contudo, os persas e os medos derrotaram os neobabilônios, e após Amasis ter morrido em 525, o rei persa Cambisis atacou e invadiu o Egito, acabando com a dominação dos saitanos. Tornado uma satrapia, o Egito ficou sendo novamente uma província. Em 405, o Egito revoltou-se com sucesso, e as dinastias 28, 29 e 30 buscaram aliança com a Grécia no esforço de resistir a um contra-ataque persa. Em 343, contudo, Dario II Ochus atacou e penetrou no Egito, reduzindo-o novamente a uma província. Entretanto, em 332, Alexandre, o Grande atacou o Império Persa e libertou o Egito. Agora, a administração macedônica substituía a administração persa.

Governo Helênico-Romano. Ptolomeu I, general de Alexandre, reivindicou o Egito como território, e em 323 proclamou-se rei. Governando a partir de Alexandria, recentemente construída, ocupou o Egito e alguns territórios ultramarinos. Sob os posteriores ptolomeus, o Egito tornou-se envolvido com os selêucidas da Síria, e logo tiveram de pedir ajuda para a República de Roma. Os romanos responderam com ajuda, mas eles também invadiram o Mediterrâneo oriental, enfraquecendo o reino macedônico e, então, o selêucida, de forma que somente o Egito permaneceu nas esferas helênicas. A linhagem real vacilou após Ptolomeu X e Ptolomeu XI, levando à bancarrota o Egito em seu esforço de comprar a sua legitimidade dos políticos romanos.

Na morte de Ptolomeu XII, Cleópatra VII e dois irmãos mais novos herdaram o Egito, mas logo entraram em desavença. Na procura de Pompeu, o Grande, Júlio César seguiu-o até o Egito em 48-47 a.C., e se tornou envolvido em disputas da realeza. Ele percebeu que Cleópatra VII era mais hábil, e ofereceu seu apoio a ela. Cleópatra planejou seu casamento com César numa tentativa de assegurar o reino dela, dando-se um filho, Cesarion (Ptolomeu XV). O assassinato de César em 44 impediu os planos dela, e ela se retirou para o Egito. Em 42, Marco Antônio chamou Cleópatra para comparecer na Síria, e ela o subornou completamente. Ele teve três filhos com Cleópatra, mas Otaviano procurou convencê-lo a sair com sua irmã. Antônio, entretanto, não conseguiu resistir Cleópatra, que ajudou o seu exército ferido após seu ataque aos partos ter falhado. Após vingar-se no rei da Armênia, Antônio decidiu manter sob controle o seu triunfo em Alexandria e elevar a Cleópatra como sua consorte e cogovernante, com todos os filhos dela como governantes juniores. Otaviano foi afrontado, e servindo-se de uma campanha violenta de propaganda, atacou Antônio e Cleópatra como figuras devassas e maldosas. Os dois lados se aprontaram para a guerra. Cleópatra tinha devolvido a prosperidade ao Egito construindo sessenta navios. O exército de Antônio colocou um freio na insistência de Cleópatra de participar da batalha, e quando a maré virou contra eles, Cleópatra retirou seus navios e fugiu para o Egito. Antônio a seguiu, mas perdeu a maior parte do seu exército. O rei dos nabateus queimou os navios de Cleópatra quando ela tentava transferi-los para o mar Vermelho, e assim a situação deles ficou desesperadora. Antônio tentou o suicídio, e então, Cleópatra seguiu o exemplo dele, quando Otaviano os encurralou no Egito. Assim, terminou o último reino helênico, e o Egito se tornou uma província imperial. Otaviano, assim, temeu o Egito como base de poder na qual ele proibiu que qualquer senador romano pusesse o pé.

Bibliografia. M. A. Hoffman, *Egypt Before the Pharaohs*, (Austin, 1991); A. J. Spencer, *Early Egypt* (Norman, 1995); N. C. Grimal, *A History of Ancient Egypt* (Oxford, 1992); K. A. Kitchen, *The Third Intermediate Period in Egypt* (1100-650 B.C.), (Warminster, 1986); W. W. Tarn, *Hellenistic Civilization*, (London, 1986); F. W. Walbank, *The Hellenistic World* (Cambridge, Mass., 1993). [FRANK J. YURCO]

EGITO, RIBEIRO DO Ribeiro ou riacho (heb. *naḥal miṣrayim*) que formava a fronteira mais ao sul de Canaã (Nm 34:5), a tribo de Judá (Js 15:4, 47), e de todo o Israel (1Rs 8:65=2Cr 7:8) e durante o dia do Senhor (Is 27:12; Ez 47:19; 48:28). Esse rio pode muito bem ter servido como a fronteira entre a Palestina e o Egito (2Rs 24:7). Em outro lugar, Sior (Js 13:3; 1Cr 13:5) e o ribeiro da Arabá (Am 6:14) são designados como a fronteira sul de Israel. O Ribeiro do Egito deveria ser identificado com o Ribeiro el-'Arish, que mana do Sinai penetrando o Mediterrâneo ao Sul de Rafa e Gaza. [BRADFORD SCOTT HUMMEL]

EGLÁ (heb. *'eglâ*) Uma das esposas de Davi e a mãe de Itreão (2Sm 3:5 = 1Cr 3:3).

EGLAIM (heb. *'eglayim*) Lugar mencionado na profecia contra Moabe em Isaías 15:8. Sua identificação é incerta. Por causa do paralelismo à "fronteira de Moabe" deve-se olhar em direção à periferia da região moabita. Com Beer-elim (semelhante a Dã e Berseba em relação a Israel) é uma expressão definidora de território. Eusébio identificou uma Agallim, 8 milhas romanas ao sul de Areopolis (a moderna Rabbah). A melhor candidata é Rujm el-Jilimeh, a sudeste de Kerak.

Bibliografia. J. Simons, *The Geographical and Topographical Texts of the Old Testament* (Leiden, 1959), paragr. 1259; A. H. Van Zyl, *The Moabites*. Pretoria Oriental Series 3 (Leiden, 1960). [FRIEDBERT NINOW]

EGLATE-SELÍSSIA (heb. *ʿeglaṯ šĕlišîyâ*) Um termo difícil nos oráculos contra Moabe em Isaías 15:5 e Jeremias 48:34, possivelmente uma expressão apelativa ou figurativa descrevendo algum aspecto de Moabe e suas cidades ("uma novilha de três anos de idade") ou um nome de lugar ("uma terceira Eglate"). As traduções mais modernas seguem a LXX na interpretação de um nome de lugar, uma interpretação favorecida pelo contexto imediato e pela diferenciação de outros sítios com o mesmo nome por um numeral. A localização do sítio é desconhecida. [ROBERT DELSNYDER]

EGLOM (heb. *ʿeglôn*) **I. (LUGAR)** Uma cidade da Planície da Judeia ou a planície costeira adjacente. O rei canaanita de Eglom era parte da coalizão derrotada por Josué na questão de Gibeão (Js 10:3, 5, 23; 12:12) e a própria cidade foi tomada na mesma campanha (10:34-35). O nome do rei canaanita, Debir (Js 10:3), pode representar uma confusão textual, como em qualquer outro lugar do AT Debir se refere a uma outra cidade da região da Planície destruída na mesma campanha (Js 10:36-39). Eglom é mencionada como uma das cidades da região da Planície da tribo de Judá (Js 15:39)

A localização de Eglom é controversa. As identificações primitivas incluíam os sítios das planuras da Filístia de Tel Nagila/Tell Nejileh e Khirbet ʿAjlan/Horvat Egla, esta última preservando possivelmente uma forma árabe do nome Eglom. O advento da obra arqueológica moderna colocou o foco sobre Tell el-Hesi, próximo de Khirbet ʿAjlan e anteriormente identificada como Laquis. Tell el-Hesi, digna de nota como a primeira escavação sistemática na Palestina, feita em 1890 por Flinders Petrie, tem produzido resquícios das Eras do Ferro e do Bronze. É algo improvável, contudo, que Tell el-Hesi represente Eglom, quando as narrativas bíblicas parecem colocar esta última na Planície. Uma sugestão mais recente coloca Eglom em Tell Aitun na Planície, uma identificação que tem mais reconhecimento devido à correspondência dos restos arqueológicos e da topografia.

Bibliografia. A. F. Rainey, "The Biblical Shephelah de Judah", *BASOR* 251 (1983), 1-22. [DANIEL C. BROWNING, JR.]

II. (PESSOA) Rei de Moabe a quem Eúde assassinou para libertar Israel do domínio moabita (Jz 3:12-30). "Eglom" parece ser um jogo de palavras para "gordo" e "novilho". A palavra pode ter sido escolhida para se adaptar aos trocadilhos que caracterizam a narrativa. A facilidade com que os moabitas em geral são enganados é assunto constante no AT, e esse rei incorpora tal peculiaridade muito fielmente, assim como é gordo.

Eglom havia conquistado Israel com a ajuda dos amonitas e dos amalequitas, assim como com a capacitação de Deus (Jz 3:12-13); ele é o único governante no livro de Juízes a precisar de tal ajuda. Ele governou os israelitas por dezoito anos antes de Eúde enganá-lo, permitindo-lhe uma conferência particular. A história sugere que Eglom era piedoso o suficiente para desejar a palavra confidencial dos deuses que ele entende que Eúde está vindo para trazer-lhe. Por fraude e por fazer um trocadilho esperto, o benjamita manipula Eglom colocando-o numa situação em que ele pode ser assassinado sem o auxílio dos seus guardas. Os moabitas na história ficam todos mortalmente inativos, salientando a estupidez de seu líder.

Bibliografia. L. K. Handy, "Uneasy Laughter: Ehud and Eglon as Ethnic Humor". *SJOT* 6 (1992), 233-246; E. A. Knauf, "Eglon and Orpah", *JSOT* 51 (1991), 25-44. [LOWELL K. HANDY]

EÍ (heb. *ʾēḥî*) Um dos filhos de Benjamim (Gn 46:21). O nome deve, provavelmente, ser combinado com o nome que se segue, Ros, para ser lido Airão (cf. Nm 26:38) ou, talvez, Aará (1Cr 8:1).

EIRA Local onde o cereal colhido (cevada ou trigo) é espalhado para secar a fim de que o núcleo da semente possa ser separado do resíduo de palha. Essa separação pode ser realizada batendo-se no talo do cereal com uma debulhadora, mas é mais característico envolver o uso de um malho de trilhar. O malho, feito de uma ou várias tábuas grossas nas quais foram incrustadas pedras, é arrastado repetidamente por um boi ou jumento por cima do cereal, separando a casca da semente.

As eiras parecem ter sido localizadas no canto ou na porta de um vilarejo ou cidade (1Rs 22:10=2Cr 18:9) e, talvez por causa dessa proximidade, podem ter sido locais de atividades diferentes das agrícolas: p. ex., a sedução de Boaz por Rute (Rt 3:1-18). Tais atividades não relacionadas à agricultura são frequentemente de natureza cúltica. Em Gênesis 50:10-11, quando José e seus irmãos retornam os ossos de seu pai Jacó para Canaã, o ritual de lamentação deles é realizado na eira de Atade, em algum lugar na margem leste do Jordão. De acordo com Juízes 6:37, Gideão, desejando um sinal de que de fato serviria como libertador de Deus na guerra de Israel contra Moabe, recebe na eira a garantia que procura. O texto de 1Reis 22:10 par. relata que os profetas profetizam perante os reis de Israel e Judá na eira de Samaria. Mais significativo, entretanto, são as tradições encontradas em 2Samuel 24 (= 1Cr 21), em que Davi vê um anjo de Yahweh na eira de

Araúna, o jebuseu (v. 16–17) e, em seguida, compra a propriedade e edifica um altar lá (v. 18-25). Em 2Crônicas 3:1 se associa esse local com o de Jerusalém, onde Salomão veio a edificar seu grande templo. [SUSAN ACKERMAN]

EL (heb. *'ēl*) Em muitas línguas do Oeste Semita, o nome El é o mesmo que a palavra para "deus", evidência, talvez, de que El era o deus preeminente dos antigos panteões do Oeste Semita (ou possivelmente divindade encarnada). Embora a etiologia seja incerta, a palavra pode ser derivar de **'wl*, "estar na frente" ou "ser forte", ou pode ser um substantivo "primitivo" de dois radicais, não relacionado a uma raiz verbal com o significado próprio de "chefe" ou "deus".

Fontes da Era do Bronze Médio e Final. Textos de Ebla, Mari, e Amarna testemunham de El como um elemento teofórico em nomes próprios. Subsequentemente, pensa-se que El era um deus importante na Síria-Palestina. Em contraste, a evidência em nomes pessoais do centro da Mesopotâmia é contestada. Dada a falta de evidência para o culto de El, na Mesopotâmia, esses casos podem envolver ou termos genéricos, "deus", ou o deus pessoal, mas não o nome próprio El.

A fonte mais extensa sobre El vem do Final da Era do Bronze de Ugarite. Nas narrativas mitológicas ugaríticas, El é o patriarca divino por excelência. Ele é o progenitor divino, "pai" do panteão, que é a sua família real e uma assembleia real sobre a qual exerce autoridade. Sua autoridade é expressa em seu título, "rei" (*mlk*), a mesma noção parece estar por trás de seu epíteto, "touro"; como o chefe e mais poderoso dos animais, El é o chefe das deidades. Aserá é a esposa de El, com a qual ele produziu o panteão (genericamente, mas nem todo inclusivo, chamado "os 70 filhos de Aserá").

Ambos os textos e a iconografia apresentam El como ancião, uma figura com barba, "o idoso", "pai dos anos" (*'ab šnm*, embora o sentido do segundo termo seja discutível). Anate e Aserá afirmam, ambos, a eternidade da sabedoria de El.

Como o patriarca divino, El desfruta de uma série de atividades sociais. Como os homens prósperos de Ugarite, ele tem ligação social ou de sociedade (*mrzḥ*), e textos descrevem competições de bebida e atividades sexuais.

O lar de El é idealizado tanto em termos terrestres como em termo cósmicos. De acordo com o ciclo de Baal, está situado nas águas do "double-deeps", localizado em uma montanha, o lugar terrestre do qual não se conhece. Sua residência é caracterizada também em termos que sugeririam uma tenda. Um texto que descreve rituais (*KTU* 1.100.3) fornece uma localização cósmica para o lar de El, colocando-a em um ponto onde os oceanos cósmicos alto e baixo encontram-se.

A posição de El frente a frente com Baal, o próximo cabeça da próxima geração dos deuses, tem sido um assunto de debate. Alguns estudiosos têm discutido que a promoção de Baal à cabeça do panteão aconteceu às expensas de El. Embora essa visão seja severamente contestada, a luta para o reinado divino entre Baal e os filhos de El é cheia de tensão e intriga. Ele induz a deusa do mar (Yamm) ao reinado divino contra o seu rival, Baal, que pode ter sido visto como intruso na família de El (cf. o título de Baal "filho do Dragão"). Posteriormente, no círculo de Baal, El apoia a deusa Athtar, uma deidade astral e um dos filhos de El, para o reinado divino. Textos descrevendo competição entre os deuses mais jovens na família divina, superintendidos pelo deus El, podem refletir duas formas de divindade ou culto, uma astral, envolvendo El e seus filhos e a outra, atmosférica, envolvendo Baal. Pode ser sugerido (com a devida precaução) que o sol, a lua e as estrelas estavam especialmente associadas com El na religião do Oeste Semita.

El não se preocupa somente com sua família, mas também com a família humana. Na história de Keret, El mostra cuidado solícito por esse rei, aparecendo a ele num sonho de incubação e o abençoando com descendência. Da mesma forma que El engendrou a família divina, seu relacionamento com a humanidade é exemplificado por seus títulos "pai da humanidade" (*'b 'adm*) e "criador das criaturas" (*bny bnwt*; cf. Gn 14:19, 22). Os textos mitológicos nunca descrevem o papel de El como criador do cosmos, das deidades ou da humanidade, e pareceria que essa atividade era vista como pertencente ao passado distante. Outra atividade desempenhada por El é a batalha, baseada no título "El, o guerreiro" (*'ēl gibbôr*; Is 9:6 [TM 5]) ou "Guerreiro Divino".

Fontes da Era do Ferro. Fora os nomes próprios, o hebraico *'ēl* ocorre cerca de duzentas vezes na Bíblia Hebraica. Ele pode designar uma deidade estrangeira (Ez 28:2) como também o chefe da deidade de Israel (Nm 23:22 = 24:8). Mais comumente, a palavra é usada com outros elementos gramaticais (tais como o artigo definido). Ela aparece como nome próprio da deidade nos livros poéticos tais como os Salmos (Sl 5:4 [5]; 7:11 [12]; 18:3, 31, 33, 48 [2, 30, 32, 47] = 2Sm 22; Sl 102:24 [25]) e Isaías (Is 40:18; 42:5; 45:14, 15, 20-22; 46:9). Ilustrativo desse uso e a oração bíblica mais curta (e um quiasmo brilhante) que Moisés faz em favor de Miriã: "El, por favor, cure-a, por favor" (Nm 12:13; cf. Os 11:12 [12:1]; Mq 7:18; LXX Pv 30:3).

De acordo com muitos estudiosos, o culto do El não existe em Israel exceto como parte da sua identificação com Yahweh. Essa questão depende se Yahweh era título de El ou foi secundariamente identificado com El. Além das questões gramaticais levantadas contra essa visão, as tradições bíblicas mais antigas descrevem Yahweh como um deus da tempestade do Neguebe e o Arabá, especialmente Edom, Tema, Parã, e Kuntillet ´Ajrud/Horvat Teman (0940.9560; cf. Jz 5; Hb 3). Esses fatos militam contra a identificação de Yahweh como originalmente um título de El.

El e Yahweh exibem disposição semelhante para com a humanidade. Como El, Yahweh é pai (Dt 32:6; Is 63:16; 64:8; Jr 3:14, 19; 31:9; Ml 1:6; 2:10; cf. Êx 4:22; Os 11:1), com disposição de compaixão ("Deus misericordioso e compassivo"; Êx 34:6; Ne 9:17; Sl 86:15; 103:8; 145:8; Jl 2:13; Jn 4:2). Como El, Yahweh é o progenitor da humanidade (cf. Dt 32:6-7). Ambos, El e Yahweh aparecem aos homens em visões e sonhos e funcionam como o patrono divino deles. Como El, Yahweh é Deus de cura (Gn 20:17; Nm 12:13; 2Rs 20:5, 8; Sl 107:20). A descrição do lugar de habitação de Yahweh como "tenda" (p. ex., Sl 15:1; 27:6), chamada nas tradições do Pentateuco a "tenda da revelação" (Êx 33:7-11; Nm 12:5, 10; Dt 31:14, 15), relembra a tenda de El. Além disso, as águas cósmicas da habitação de El são um tema evocado nas descrições da morada de Yahweh em Jerusalém (Sl 87; Is 33:20-22; Ez 47:1-12; Jl 31:18 [4:18]; Zc 14:8).

Desconhece-se se alguma distinção entre El e Yahweh em Israel se estende à evidência epigráfica. Não é necessário interpretar *'l* nas inscrições Kuntillet ´Ajrud como "Deus" e pressupor alguma identificação com Yahweh. Inscrições israelitas incluem 557 nomes com Yahweh como o elemento divino, 77 nomes com *'l*, uns poucos com o componente divino *b'l*, e nenhum se referindo à deusa Anate ou Aserá. O elemento *'l* em nomes próprios pode representar um título de Yahweh, mas é possível que essa identificação não deveria ser pressuposta em todas as ocorrências.

O culto de El no Levante fora de Israel é questão de debate. Os dados fenícios são raros e espaçados (p. ex., Karatepe, uma inscrição neopunic, uma inscrição helenista de Umm el-´Awamid, Philo de Byblos). Ezequiel 28 descreve o lar de Tiro El em termos similares às descrições ugaríticas da morada de El, e a sabedoria relacionada com Tiro El também relembra El nos textos ugaríticos. Além do mais, a Betel fenícia foi entendida como uma hipóstase de El, que representaria também evidência fenícia para o culto de El no período de Ferro II. Essa perspectiva é discutível. Finalmente, o fenício e o Punic Baal Harmon podem ser um título de El. Se isso estiver correto, o culto de El era muito difundido.

A evidência aramaica do século VIII é mais esparsa, mas não menos equívoca. Pannamuwa, rei de Samal, menciona El em uma lista de deidades, e a inscrição Sefire é um texto de tratado com uma lista de testemunhas divinas, incluindo El.

Da mesma forma que a evidência fenícia, o material da Transjordânia para o culto de El tem sido vigorosamente debatido. Os nomes pessoais amonitas atestam do elemento *'l*, mas não é claro se o referente é El. Da mesma forma, o elemento divino *'l* domina os elementos teofóricos na onomástica edomita. Um culto na Transjordânia do primeiro milênio de El pode ser uma sugestão das inscrições de Deir ´Alla. Alguns dos materiais poéticos mais antigos em Números 22-24 atestam do culto de El no contexto da Transjordânia. Como as inscrições Deir ´Alla, Números 22-24 apresenta um vidente da Transjordânia, cuja profecia vem de El, um papel atestado para esse deus nos textos ugaríticos. Em suma, enquanto cultos dinásticos do Levante do primeiro milênio tinham outras deidades patronas que não El, a admitida evidência esparsa e algumas vezes ambígua indica o culto de El no Levante, durante o primeiro milênio.

Bibliografia. F. M. Cross, "el", *TDOT* 1.242-61; *Canaanite Myth and Hebrew Epic* (Cambridge, Mass., 1973), 3-75; W. Herrmann, "El", *DDD* (Leiden, 1995), 274-80; B.A. Levine, "The Balaam Inscription de Deir ´Alla: Historical Aspects", in *Biblical Archaeology Today* (Jerusalem, 1985), 326-39; C. E. L´Heureux, *Rank Among the Canaanite Gods*. HSM 21 (Missoula, 1979); P. D. Miller, Jr., "El the Warrior", *HTR* 60 (1967): 411-31; U. Oldenburg, *The Conflict between El and Ba´al in Canaanite Thought* (Leiden, 1969); M. H. Pope, *El in the Ugaritic Texts*. VTSup 2 (Leiden, 1955). [MARK S. SMITH]

EL ELYON (heb. *'ēl 'elyôn*) Nome de Deus, traduzido "Deus Altíssimo" (cf. Ugar. *'ly*). É encontrado na poesia bíblica primitiva (p. ex., Nm 24:16; Dt 32:8) e posteriormente, na poesia arcaica (p. ex., Sl 78:35; cf. aram. *'elyôn'n*, Dn 7:18, 22, 25, 27).

ELÁ (heb. *'ēlâ*) **1.** Um dos onze chefes de Esaú/Edom (Gn 36:41; 1Cr 1:52). Os textos bíblicos indicam que as referências representam, provavelmente, um lugar dentro do território de Edom, possivelmente próximo a Aqaba.

2. O quarto rei de Israel e filho de Baasa, que reinou em Tirza aprox. 877-876 a.C. (1Rs 16:6, 8-14). Foi assassinado por Zinri, oficial de alto posto militar, em uma aparente busca do exército. Zinri executou seu plano, enquanto Elá estava bêbado na casa de um de seus oficiais do palácio. Isso aconteceu enquanto o exército israelita se engajava em uma batalha contra a cidade filisteia de Gibetom e Tirza, que estavam relativamente desprotegidas.

Zinri continuou para exterminar os membros da família e amigos Baasa-Elá, cumprindo a profecia de Jeú, filho de Hanani, de que a punição do Senhor cairia sobre a casa de Baasa (1Rs 16:1-4). Elá é especialmente condenado por participar na idolatria.

3. O pai de Oseias, o último rei de Israel (2Rs 15:30; 17:1; 18:1, 9).

4. Um dos três filhos de Calebe, filho de Jefoné (1Cr 4:15). Ele foi pai de Quenaz. Elá, aqui, pode se referir a um lugar (cf. Gn 36:41).

5. Benjamita, que retornou para Jerusalém seguindo-se ao cativeiro da Babilônia (1Cr 9:8). O nome se refere à família que vivia em Jerusalém durante o período pós-exílico (cf. Ne 11, onde o nome é omitido). [STEPHEN VON WYRICK]

ELÁ (heb. *'ēlâ*), **VALE DE** O vale onde o drama entre Davi e Golias foi terminado, diante das tropas filisteias e da milícia de Saul (1Sm 17:2-3, 19; cf. 21:9 [TM 10]). O vale (heb. *'ēmeq hā'ēlâ*, "vale do terebinto") é identificado com o fértil Ribeiro es-Sant ("Vale de Acácia"), 14-15 km, a oeste do sudeste de Belém, fornecendo uma entrada para a região montanhosa da Judeia. A fortaleza de Azeca (Tell ez-Zakarîeh) permanecia como uma guarda na passagem para o vale.

As forças filisteias se posicionavam nos declines ocidentais próximos a Azeca. Saul e suas tropas acamparam na estratégica região montanhosa no lado oriental do vale, que fica em direção a Socó. Assim, o vale formava a linha de batalha à medida que as duas tropas militares acampavam em lados opostos. [T. J. JENNEY]

ELÁ (heb. *'ēlā'*) Pai de Simei, o governador do distrito de Benjamim, durante o reinado de Salomão (1Rs 4:18).

ELÃO (heb. *'êlām*) **I. (LUGAR)** Nome que denota uma região na área montanhosa na província de Fars (Irã), em volta da cidade moderna de Shiraz, da qual a antiga capital foi Anshan (Tal-i Malyan), e um estado, cujo tamanho mudou por toda a sua história e, às vezes, incorporava a moderna Khuzistan, partes de Luristan e o ocidente de Kerman como também as regiões montanhosas de Fars. A Tabela das Nações (Gn 10:22; 1Cr 1:17) lista Elão, com Assur, como filho de Sem, indubitavelmente por causa das conexões históricas entre Elão e seus vizinhos mesopotâmicos (cf. o papel de arqueiros elamitas nos exércitos assírios e babilônicos; Is 22:6; Jr 49:35), antes que por qualquer razão etno-linguística (elamita não está relacionado nem com acadiano nem com sumério).

Mais confuso para comentaristas bíblicos por toda a história, entretanto, é a declaração identificando Susã (heb. *šušan*), um grande sítio, de período múltiplo ao norte de Khuzistan, onde os eventos registrados no livro de Ester aconteceram, como cidade "na província de Elão" (Dn 8:2). Muitos dos nomes pessoais no TM de Ester são, de fato, elamitas, mas como as fontes cuneiformes claramente mostram, Susã (ac. *k'ršu-ša-annšu-šu-'n*) era capital de Susiana (*šu-še-ennšu-sa-anki*), Anshan era capital de Elão (Estátua de Gudea B.6.64-69, "golpeou a cidade de Anshan em/de Elão). O fato de que Elão, no sentido de estado político desse nome, antes que a terra natal territorial em Fars, periodicamente anexou Susiana e tornou Susã em uma importante cidade "elamita" não deveria obscurecer o fato de que Elão somente incluiu Susiana em um sentido político e nunca foi sinônimo dessa extensão oriental do aluvião mesopotâmico em um sentido geográfico. Isso não nega, entretanto, que a partir da distância, da perspectiva israelita, a maior parte das pessoas identificava provavelmente Susiana com Elão. Como muitos comentaristas em Jeremias 49:35-39 notaram, Elão representava, a parte de qualquer outra coisa, uma das entidades mais remotas do horizonte oriental geográfico de Israel, e como tal é raramente surpreendente que um entendimento exato da diferença entre Elão e Susiana escapou à maior parte da leitura pública da Bíblia, estudiosos e leigos também, até bem recentemente. Essa perspectiva confusa pode ser contrastada com as geograficamente exatas percepções dos autores do Talmude Babilônico, que distinguiam escrupulosamente Be Huzaë (planície Khuzistan) de Elão (região montanhosa Fars). Semelhantemente, o geógrafo grego Estrabo distinguia estritamente Elymais, longamente identificada com a Elão bíblica, de Susã ou Susiana (*Geog.* 15.3.12).

Existe pouco conteúdo a respeito de Elão tanto no Antigo quanto no Novo Testamento. Gênesis 14:1 preserva o nome de Quedorlaomer, chamado "rei de Elão", mas ele que certamente não é Kutir-nahhunte II, o rei elamita que ocasionou a queda da dinastia cassita (aprox.. 1155 a.C.) e um personagem com cujo nome tem sido frequentemente assimilado. Embora a história de Ester ocorreu no palácio em Susã, isso se deu no contexto do papel de Susã como residência de inverno para os reis aquemênidas depois de 250, quando Dario I começou a construção de um palácio lá, e pós-data a última dinastia elamita politicamente consolidada (do assim chamado período neoelamita, cerca de 750-500). Quando os judeus de Elão, juntamente com seus irmãos médios e persas, apareceram em Jerusalém no Pentecoste (At 2:9), eles serviram para ilustrar os diversos grupos linguísticos "de cada nação sob o céu" presentes na cidade e devem ter sido vistos como estrangeiros do distante oriente.

As referências bíblicas a Elão não dão nenhuma dica de sua importância histórica, um dos adversários mesopotâmicos mais ferozes do terceiro milênio até o saque de Assurbanípal de Susã em 646. Contemporâneos dos antigos reis acadianos, a Dinastia Elamita de Awan sucumbiu às forças de Sargão de Acade, inaugurando um período de controle crescente da Mesopotâmia sobre Susã e de suas terras internas. No entanto, o rei elamita Puzur-inshu-shinak planejou adquirir controle sobre porções da Mesopotâmia, antes de ele ser derrotado por Ur-nammu, fundador da terceira dinastia de Ur (c. 2100 a.C.). Foi outro rei elamita, entretanto, Kindattu, o Shimashkian, que saqueou Ur e conduziu Ibbi-sin, o último rei da 3º Dinastia de Ur, cativo para Anshan, onde morreu. Do século XIX até a metade do XVIII, além disso, foi o Sukkal de Elão, que Zinri-lim de Mari, Hamurabi de Babilônia, e Rim-sin de Larsa referido como "o grande rei de Elão", cuja posição na região foi suprema e marca os elamitas como um dos poderes mais importantes na Ásia Ocidental, durante o antigo período babilônico. A eventual derrota de Hamurabi dos elamitas neutralizou o poder deles por séculos, mas uma ressurreição foi experimentada no período Elamita Médio (c. 1400-1100), e um dos reis do Elamita Médio, Kutir-nahhunte II, é creditado por causar a morte da dinastia cassita em 1155 aproximadamente. Entretanto, quase trinta anos depois, os elamitas foram derrotados por Nabucodonosor I. Por volta do século IX, os elamitas tinham novamente se tornado motivo de vergonha para os estrangeiros ocidentais, nesses casos, os assírios, cujo saque de Susã em 646 deu um severo golpe no reino neoelamita, que existiu, entretanto, até a vinda de Ciro, o Grande.

Exceto pela possível referência a Quedorlaomer (Gn 14:1), nenhuma dessas histórias é sequer tocada pela Bíblia, mas isso se deve, sem dúvida, ao fato de que o conhecimento de primeira mão de Elão veio somente no período pós-exílico, particularmente depois de Elão ter sido absorvido politicamente no Império Aquemênida. Por volta desse período, entretanto, era um poder difícil de ser reconhecido como tal.

Bibliografia. P. O. Harper, J. Aruz e F. Tallon, orgs., *The Royal City of Susa* (New York, 1992); W. G. Lambert, "The Fall of the Cassite Dynasty to the Elamites: An Historical Epic", in H. Gasche, et al., orgs., *Cinqaunte-deux reflexions sur le Proche-Orient ancien* (Gent, 1994), 67-72; J. Simons, *The Geographical and Topographical Texts of the Old Testament* (Leiden, 1959); R. Zadok, "Notes on Esther", *ZAW* 98 (1986): 105-10. [D. T. POTTS]

II. (PESSOA) 1. O primeiro dos cinco filhos de Sem (Gn 10:22; 1Cr 1:17), de acordo com a Tabela das Nações, o progenitor dos habitantes de Elão.

2. Benjamita, filho de Sasaque (1Cr 8:24).

3. Filho de coraíta, Meselemias, listado na divisão dos guardas do tabernáculo (1Cr 26:3).

4. O cabeça de um clã de israelitas, dos quais 1254 voltaram para Jerusalém do Exílio babilônico com Zorobabel (Ed 2:7 = Ne 7:12). Outros setenta voltaram com Esdras (Ed 8:7; cf. 10:2, 26).

5. O "outro Elão" (assim chamado por Ed 2:31 = Ne 7:34) que voltou do exílio, também como líder de um grupo de 1254 pessoas (cf. 1Esdr. 5.22). A semelhança óbvia com a alternativa 4 levanta questões sobre como distinguir os dois.

6. Líder daqueles que assinaram a aliança com Neemias (Ne 10:14 [TM 15]).

7. Sacerdote entre aqueles que assistiam Neemias em sua dedicação do novo muro, em redor de Jerusalém (Ne 12:42). [JOHN S. VASSAR]

ELASA (gr. *Elasa*) **I. (LUGAR)** O local onde Judas Macabeus pichou seu campo, antes da batalha contra Báquides em 161 a.C. (1Mac 9.5). Embora a maior parte das 3000 tropas de Judas tenha desertado quando confrontada com as tropas assírias incomparavelmente maiores (um número maior do que sete para um), Judas foi bem-sucedido em derrotar a asa direita de seu oponente, antes de ser morto (1Mac 9.8-18). O local é provavelmente ou Khirbet Il´asa, que está entre a Beth-horon Alta e Baixa, ou Khirbet el-´Assi, pela moderna Ramalá. Ambos os locais estão próximos a el-Bîreh. [WILLARD W. WINTER]

II. (PESSOA) (heb. *'el'āśâ*) **1.** Filho de Pasur, o sacerdote que prometeu expulsar sua esposa estrangeira (Ed 10:22).

2. Filho de Safã; um dos dois emissários enviados pelo rei Zedequias a Nabucodonosor com a carta de Jeremias aos exilados na Babilônia (Jr 29:3).

ELASAR (heb. *'ellāsār*) A cidade ou reino governado por Arioque, um confederado do rei elamita Quedorlaomer, que atacou Sodoma, capturou Ló, e, por causa disso, envolveu Abraão no conflito (Gn 14:1, 9). Elasar não tem sido convincentemente identificado ou localizado, mas cinco maiores possibilidades têm sido sugeridas: (1) Larsa, a capital da Mesopotâmia do sul que foi conquistada pelo rei Hamurabi da Babilônia; (2) Telassar na Mesopotâmia do norte (2Rs 19:12 = Is 37:12; (3) Assur/Assíria, com base na fonética ou pronúncia; (4) Ilânsura, mencionada nos textos de Mari e localizada entre Carquemis e Harram; e (5) Alisar Hüyük, uma cidade da Capadócia localizada aprox. 80 km a sudeste de Hattusa, capital dos hititas. [SHEILA MARIE DUGGER GRIFFITH]

ELATE (heb. *'ēlaṯ*) Cidade e refúgio no topo do Golfo de Ácaba. A posição estratégica de Elate fez dela uma importante passagem para a caravana e o comércio naval com a Arábia e com África oriental. No Antigo

Testamento, Elate é frequentemente colocada em íntima proximidade a Eziom-Geber. Alguns estudiosos consideram Tell el-Kheleifeh, que fica entre a moderna Elate e Ácaba, como Elate, outras como Eziom-Geber e ainda outras como lugar tanto para Elate quanto para Eziom-Geber. O local também era conhecido como El-Parã (Gn 14:6). Os Ptolomeus mudaram o seu nome para Berenice.

Elate era originalmente edomita, tomando seu nome do chefe edomita Elá (Gn 36:41 = 1Cr 1:52). Em direção ao final do Êxodo, os israelitas passaram por Elate, antes de se voltar para o norte em direção a Edom e Moabe (Dt 2:8). Davi provavelmente a capturou durante sua campanha contra os edomitas (2Sm 8:13-14). Então, Salomão estabeleceu uma esquadra de navios em Eziom-Geber, próximo a Elate (1Rs 9:26 = 2Cr 8:17). Aparentemente, os edomitas tinham retomado o controle, mas Uzias (Azarias, 2Rs 14:22; 2Cr 26:2) a recapturou e a restaurou (c. 780 a.C.). Entretanto, sob a pressão arameia (Síria), durante a guerra siro-efraimita (c. 735), Acaz a perdeu permanentemente para os edomitas (2Rs 16:6).

Bibliografia. G. D. Pratico, *Nelson Glueck´s 1938-1940 Excavations at Tell el-Kheleifeh: Reappraisal*. ASOR Archaeological Reports 3 (Atlanta, 1993). [BRADFORD SCOTT HUMMEL]

EL-BERITE (heb. *'ēl bĕrîṯ*) Deidade cananeia ("El [ou Deus] da aliança") adorada em Siquém (Jz 9:46). *Ver* BAAL-BERITE.

EL-BETEL (heb. *'ēl bêṯ-'ēl*) O nome dado a Jacó para um altar construído por ele em Betel (Gn 35:7). Aqui, ele ocorre como nome alternativo para Betel, onde Deus apareceu duas vezes a Jacó: depois do seu sonho da escada ou da escadaria (Gn 28:12-15) e no seu retorno de Padã-Arã (35:9-15), cada vez erigindo e ungindo uma pedra memorial. A frase hebraica ocorre com o artigo definido em Gênesis 31:13, em que Deus identifica a si próprio a Jacó como "o Deus de Betel". [KEITH L. EADES]

ELCANA (heb. *'elqānâ*) **1.** Descendente de Corá da família de Levi (Êx 6:24). Como o cabeça da casa de seu pai, é chamado o filho de Assir, filho de Corá e nomeado pai de Ebiasafe (1Cr 6:23 [TM 8]).

2. O pai de Samuel e marido de Ana; um residente de Ramataim-Zofim na região montanhosa de Efraim (1Sm 1:1; 1Cr 6:27, 34 [TM 12, 19]).

Ana, a favorita das duas esposas de Elcana, era estéril, mas mais tarde ela deu à luz ao profeta Samuel; sua outra esposa, Penina, era notada por sua fecundidade (1Sm 1:2). Elcana pode ter sido uma pessoa de alguma importância, porque é o único cidadão nos livros de Samuel e Reis notado como alguém com mais de uma esposa. Anualmente preregrinava com sua família a Siló para oferecer sacrifícios, distribuindo porções dobradas de comida sacrificial para Ana por seu amor a ela (1Sm 1:5). Ele também acompanhava Ana em sua visita anual a Samuel. O casal foi abençoado com mais três filhos e duas filhas (1Sm 2:21).

De acordo com a tradição judaica, Elcana está associado a boas ações e comparado a Abraão (*Ber.* 50). Ana foi sua primeira esposa e ele não se casou com Penina senão dez anos mais tarde. Elcana era tão piedoso que fez quatro viagens a Siló por ano ao invés das requeridas três. Em cada viagem, sua grande caravana teria percorrido uma rota diferente, atraindo a atenção e encorajando outros ao longo do caminho a adorar ao Senhor. Por sua piedade, ele recebe o crédito de ser responsável por todas as peregrinações de Israel a Siló.

3. Ancestral de Samuel e descendente de Levi (1Cr 6:25, 36 [10, 21]).

4. Outro dos ancestrais de Samuel (1Cr 6:26, 35 [11, 20]), possivelmente o mesmo de 3 acima.

5. Levita, ancestral de Berequias, filho de Asa, que viveu em Jerusalém após o exílio (1Cr 9:16).

6. Levita coraíta, um dos homens poderosos de Davi que se uniu a ele em Ziclague (1Cr 12:6).

7. Levita que foi designado por Davi como um dos dois guardas para a arca (1Cr 15:23).

8. Oficial da corte durante o reinado de Acaz que foi o segundo em autoridade sob o rei (2Cr 28:7). Ele abandonou o Senhor e foi morto pelo efraimita Zicri. [ROBIN GALLAHER BRANCH]

ELCOS (heb. *'elqōšî*) A residência do profeta Naum (Na 1:1). A localidade Elcos é desconhecida, mas vários lugares têm sido propostos. A alegação mais singular tem sido a identificação tradicional de Elcos com al-Qush, uma vila ao norte de Mosul na antiga Nínive; essa tradição não pode ser remontada antes do século XVI. Diversos locais na Galileia têm sido propostos, incluindo Hilkesei ou Elkesi (Jerônimo, no prefácio de seu comentário sobre Naum), e Cafarnaum, que significa "vila de Naum". A situação política no tempo de Naum, contudo, torna improvável uma localização de sua residência na Galileia. Outras tradições que localizam Elcos na parte sul de Judá, no território de Simeão, são mais prováveis. As Vidas dos Profetas afirma que Elcos está próximo de Bete-gabrin, que provavelmente deve ser identificada com Eleuterópolis (a moderna Beit Jibrin/Bete Guvrin), ca. 51 km a sudoeste de Jerusalém. [RONALD A. SIMKINS]

ELDÁ (heb. *'eldā'â*) O quinto filho de Mídia, um dos netos de Abraão e Quetura (Gn 25:4 = 1Cr 1:33).

ELDADE (heb. *'eldāḏ*) Um dos setenta homens escolhidos por Moisés para receber o espírito da profecia, diante da tenda da revelação. Quando Eldade e

Medade permaneciam no campo, Josué ficava perturbado com o seu comportamento irregular (talvez, profecia extática), ao que Moisés replicou, "Oxalá que do povo do Senhor todos fossem profetas" (Nm 11:28).

ELEADÁ (heb. *'el'āḏâ*) Descendente de Efraim (1Cr 7:20).

ELEADE (heb. *'el'āḏ*) Um dos filhos de Efraim assassinado pelos habitantes de Gate, enquanto invadia o gado deles (1Cr 7:21).

ELEALE (heb. *'el'ālēh*) Cidade moabita associada com a próxima Hesbom em oráculos de julgamento em Isaías 15:4; 16:9; Jr 48:34. O antigo Eleale ("Deus está subindo") foi identificado com a moderna el-´Al, a cerca de 2.5 km a nordeste de Hesbom. O planalto norte do Rio Arnom era bem adequado para o pastoreio, por isso os animais domésticos que as tribos ricas de Rubem e Gade procuraram e receberam de Moisés como paga pelo serviço militar fez dessa área uma possessão valiosa (Nm 32:3, 37). Os rubenitas construíram (isto é, reconstruíram ou fortificaram) Hesbom e Eleale (Nm 32:37). Embora não seja mencionada pela Pedra Moabita entre aquelas cidades tomadas de Israel, Eleale e outras colônias no planalto caíram sob o controle moabita, quando o rei Mesa se revoltou contra o domínio israelita em cerca de 830 a.C. Ela permaneceu como tal no tampo do oráculo Jeremias contra Moabe (c. 600). [ROBERT DELSNYDER]

ELEASÁ (heb. *'el'āśâ*) **1.** Habitante de Judá, filho de Helez, da linhagem de Jerameel (1Cr 2:39-40).

2. O filho de Rafa e um descendente de Saul e Jônatas (1Cr 8:37). Em 1Crônicas 9:43 afirma que ele é o filho de Refaías.

ELEAZAR (heb. *'el'āzār*) (tb. ARAVAN) **1.** Filho de Arão. Eleazar, Nadabe, Abiú e Itamar (Êx 6:23), foram consagrados ao ofício sacerdotal (Êx 28:1). Enquanto os israelitas estavam acampados ao pé do monte Sinai, os dois irmãos mais velhos, Nadabe e Abiú, "ofereceram fogo estranho perante o Senhor" e, por isso, Deus os destruiu com fogo (Lv 10:1-2). Eleazar seu irmão mais novo e Itamar foram, então, colocados como responsáveis pela tenda da revelação. A linhagem da descendência sacerdotal de Arão é traçado por meio da descendência deles. Parece que Eleazar tinha uma posição "sênior". Em Números 3:32 e 4:16, ele é descrito como "chefe dos líderes dos levitas", em tudo o que dizia respeito ao transporte do tabernáculo. Moisés nomeou Josué como seu sucessor, mas sob a direção de Eleazar (Nm 27:18-23). Dezesseis divisões de sacerdote pós-exílicos foram destinados a Eleazar e oito a Itamar (1Cr 24). Zadoque e Esdras traçaram seu ancestral sacerdócio, por meio de Eleazar (1Cr 6:3-8, 50-53 [TM 5:29-34; 6:35-38]; 24:3; Ed 7:1-5).

2. Filho de Abinadabe de Quiriate-Jearim (1Sm 7:1; 2Sm 6:3-4). Era um guardião da arca da aliança e pai de Uzá e Aiô, que a levaram para o rei Davi (2Sm 6:2-7).

3. Filho de Dodô; um dos três homens mais poderosos que ajudaram na batalha contra os filisteus (2Sm 23:9; 1Cr 11:12). De acordo com 2Samuel 23:13-17; 1Crônicas 11:15-19 os três foram para Belém, quando os filisteus a ocuparam e trouxeram água de sua fonte para Davi, na caverna de Adulão.

4. Filho de Mali, o merarita. Era um levita que tinha dois filhos, por isso, suas filhas se casaram com os seus primos, os filhos de Quis (1Cr 23:21-22; 24:28).

5. Filho de Fineias, um sacerdote que acompanhou Esdras da Babilônia para Jerusalém e ajudou no inventário do tesouro do templo que havia voltado (Ed 8:33).

6. Sacerdote que teve parte na dedicação do muro de Jerusalém (Ne 12:42); talvez, o mesmo que o da alternativa 5, acima.

7. Filho de Parós, um do grupo dos homens que expulsaram suas esposas estrangeiras, por causa da insistência de Esdras (Ed 10:25).

8. Também chamado Avaran; filho de Matatias, o irmão de Judas Macabeus (1Mac 2.5; 6.43-44; 2Ma. 8.23). Ele foi esmagado até à morte quando matou um elefante na batalha em Bet-Zacarias (1Mac 6.44-46).

9. O pai de Jasom, escolhido para fazer parte dos emissários de Judas Macabeus a Roma (1Mac 8.17).

10. Escriba de alta posição "em seu 19º ano", que se recusou a comer carnes suínas durante uma refeição sacrificial, instituída por Antíoco IV Epifânio. Aqueles que eram responsáveis pelo ritual tentaram salvar Eleazar do martírio ao encorajá-lo a trazer sua própria carne para o sacrifício e somente fingir comer o porco, mas Eleazar se recusou e foi assassinado (2Mac 6.18-31).

11. De acordo com a genealogia de Mateus, um ancestral de José, o marido de Maria (Mt 1:15). [NANCY L. DE CLAISSÉ-WALFORD]

ELEFANTINO, PAPIRO Um grande número de fragmentos e de documentos de papiros, escritos em aramaico durante o século V a.C., descobertos em Elefantina (gr. *Elephantinê*), uma ilha no rio Nilo oposta a Aswan (a bíblica Sevené) que se tornou asilo para refugiados judeus depois da conquista da Babilônia de Jerusalém (cf. Jr 43-44). O papiro, que oferece uma ideia compreensiva da vida religiosa e social dos colonos judeus, inclui contratos, cartas particulares, textos históricos e literários (esp. O livro aramaico de Ahiqar), e correspondência oficial com as autoridades egípcias e persas e com o sacerdócio de Jerusalém.

Em 525 o rei persa Cambises capturou o Egito e fez da colônia judaica uma guarda militar para proteger a fronteira sul de seu império. Mesmo antes disso, a colônia judaica tinha estabelecido seu próprio templo, onde o Deus nacional *Yhw* (uma abreviação de YHWH) era adorado com a sua contraparte (*Anat-yhw*) e com outras deidades do panteão cananeu. No templo, ofertas de refeição, incenso, sacrifícios de animais eram realizados pelo sacerdócio local judaico. Inicialmente, o modo de adoração dos judeus elefantinos (tão manifestadamente oposto às regras de Deuteronômio) foi um desenvolvimento peculiar de possíveis elementos sincréticos do norte-israelita no contexto politeísta egípcio. Uma reavaliação da ampla natureza politeísta da religião israelita antes do período babilônico tem levado estudiosos modernos a reconsiderar a experiência elefantina como vestígio do javismo pré-exílico, que a Bíblia iria rotular, em retrospecto, como corrupção canaanita. Os achados em Elefantina são fortemente semelhantes ao que foi descoberto em outros santuários judaicos pré-exílicos, notavelmente em Kuntillet ʹAjrud do século VII. O conservadorismo religioso de Elefantina não era mera consequência do isolamento geográfico; ele testifica do processo histórico através do qual os exilados babilônicos lutaram para impor sua autoridade e seu ideal de monoteísmo exclusivo sobre os judeus tanto de dentro quanto de fora de Jerusalém, durante o século V. Os colonos elefantinos sempre olharam a si próprios como judeus e eram considerados como tal pelas autoridades de Elefantina, como é testificado pelo envio de uma carta oficial no tempo de Dario II (419) contendo regulamentos para a festa da Páscoa. Quando em 410, o templo elefantino foi destruído pelos egípcios, possivelmente em um tumulto antipersa, os sacerdotes elefantinos apelaram às autoridades políticas e religiosas em Jerusalém, o sumo sacerdote Joanã e o governador Bagoas (Ne 12:22; Josefo *Ant.* 11.297-301). Aparentemente, os sacerdotes elefantinos receberam apoio para a reconstrução do templo, embora não lhe fora mais permitido oferecer sacrifício animal. Poucos anos depois, no início do século IV, com o término da influência persa no Egito, a guarnição judaica em Elefantina foi retirada e o templo foi abandonado.

Bibliografia. A. E. Cowley, *Aramaic Papyri of the Fifth Century B.C.* (1923, repr. Osnabrück, 1967); E. G. Kraeling, *The Brooklyn Museum Aramaic Papyri* (1953, repr. New York, 1969); B. Porten e A. Yardeni, *Textbook of Aramaic Documents from Ancient Egypt, 1: Letters* (Jerusalém, 1986). [GABRIELE BOCCACCINI]

ELEFE (heb. *hāʼelep*) Cidade benjamita na vizinhança de Jerusalém (Js 18:28). Com base na LXX (gr. *ṣēla haʼelep*), o nome provavelmente deve ser lido Zela-elefe. *Ver* ZELA.

ELEIÇÃO Embora os termos "eleito" e "eleição" não apareçam com grande frequência na maioria das traduções inglesas, a série de termos associados com eles indicam sua importância à teologia bíblica. Embora a eleição esteja associada também com palavras como "chamar/chamado", "aliança", "predestinação", "pré-ordenação" e "povo de Deus", a palavra primária para expressar o conceito de eleição é a palavra heb. *bḥr* (gr. *eklégomai*), comumente traduzida por "escolher". Embora o termo possa ser usado no sentido ordinário da escolha humana (cf. Gn 13:11; 1Sm 17:40), é empregado primariamente para descrever a iniciativa de Deus na escolha de um povo ou de indivíduos para seus propósitos.

ANTIGO TESTAMENTO. A formulação clássica da doutrina da eleição é Deuteronômio 7:6-11. É proclamado a Israel: "Porque tu és povo santo ao Senhor, teu Deus; o Senhor, teu Deus, te escolheu, para que lhe fosses o seu povo próprio, de todos os povos que há sobre a terra" (v. 6). Deus "escolheu" Israel, não por causa de seus números ou moralidade superiores, mas por causa do Seu amor. Essa eleição de Israel é expressa no poder redentor de Deus e na fidelidade ao juramento prometido aos pais de Israel. Assim, como demonstra o desenvolvimento desse tema feito pelo autor (cf. Dt 4:19-24; 10:14-22; 14:2; 26:18-19), a eleição de Deus de Israel é a expressão de seu firme amor e fidelidade às promessas que tinha feito aos pais. De fato, o destino e a história de Israel — as promessas a Abraão, o Êxodo do Egito e a promessa continuada de proteção dos inimigos — são aspectos da eleição de Israel (7:8-10). Como consequência da escolha de Deus de Israel, requer-se, agora, daqueles que são escolhidos que guardem os mandamentos daquele que os escolheu (7:11), pois a eleição divina exige a resposta obediente do povo de Deus.

Num período de desespero nacional por causa da derrota de Israel, o profeta oferece uma palavra de conforto (41:9). De fato, ele se refere sete vezes a Israel como o "escolhido" de Deus (41:8-9; 43:10, 20; 44:1-2; 45:4), das quais todas, exceto uma referência (43:20) conectam o termo com a missão do servo que será uma "luz das nações, para seres a minha salvação até as extremidades da terra" (49:6). Assim, a linguagem da eleição em Isaías serve como a segurança para um povo desesperado de que Israel tem um futuro que envolve, não somente a própria sobrevivência, mas também ser bênção para todas as nações.

Porque a eleição está associada com as obrigações pactuais de Israel, os profetas refletem ocasionalmente sobre as consequências da falha de Israel em honrar o seu relacionamento especial com Deus. Amós apela à eleição de Israel quando anuncia a punição do povo ("De todas as famílias da terra só a vós vos tenho conhecido; portanto eu vos punirei por todas as vossas iniquidades", Am 3:2; cf. 9:7). Isaías 65 distingue entre um "povo rebelde" (v. 2) que não guarda a aliança (v. 2-8, 11-12) e o "escolhido" de Deus (v. 8, 15), que permaneceu fiel. Deus promete bênçãos futuras para os seus servos, mas punição para o povo rebelde (cf. Is 65:15). Essa distinção entre as promessas para o "escolhido" e a punição para o desobediente reflete um estágio inicial na distinção entre "o escolhido" e o restante de Israel.

Novo Testamento. A variedade de testemunhas do Novo Testamento que incorporam a vocabulário da eleição atesta a importância continuada desse conceito na igreja primitiva. Termos comuns são o "eleito" (*eklektós*), "eleição" (*eklogḗ*), e o verbo "escolher" (*eklégomai*) ou termos que pertencem à mesma série semântica (p. ex., "chamar", *kaléō*). Embora ele possa ser usado para um indivíduo que é escolhido para uma missão específica (p. ex., At 9:15), a importância primária da eleição está em sua designação tanto de Jesus Cristo quanto da comunidade da fé.

Jesus Cristo. De acordo com 1Pedro 2:4, 6 Jesus Cristo é a "pedra" que foi rejeitada pelos homens, mas "escolhida" por Deus. Embora os escritores do Novo Testamento somente raramente descrevam Cristo como o "escolhido" (cf. o comentário dos escarnecedores em Lc 23:35; Jo 1:34), contudo, essa reivindicação cristológica desempenha um papel importante, pois os escritores do Novo Testamento citam frequentemente passagens do Antigo Testamento, que ressoam o tema da eleição. A referência de 1Pedro a Cristo como o escolhido (2:4, 6) vem de Isaías 28:16 (cf. Mt 21:42; Rm 9:33; também Ef 2:20). Semelhantemente, numerosos escritores do Novo Testamento dão interpretação cristológica aos Cânticos do Servo de Isaías 40-55 (Mt 3:17 par.; 8:17; 20:28 par.; At 8:32-33; 1Pe 2:21-25), que descrevem o escolhido.

A comunidade da fé. O emprego mais comum do Novo Testamento da terminologia da eleição para descrever a comunidade da fé. Na tradição sinóptica, "o eleito" são os fiéis que apelam para a vindicação de Deus (Lc 18:7) e que resistem às tribulações escatológicas (Mt 24:22, 24) antes de Cristo vir "ajuntar os escolhidos" (v. 31). Paulo também emprega a linguagem da eleição para descrever suas comunidades. Ele as lembra de sua eleição (1Ts 1:4; cf. Cl 3:12). De fato, ele apela à tradição da eleição para explicar aos coríntios que tal comunidade composta primariamente de classes baixas é o resultado da eleição de Deus das coisas fracas e tolas do mundo (1Co 1:27-28). A própria cruz não é nada mais do que a escolha soberana de Deus (1Co 1:21).

A presença dos gentios na Igreja e a rejeição do evangelho pelos judeus fornecem a Paulo a ocasião de seu mais completo desenvolvimento do conceito da eleição em Romanos 9-11. A questão que domina os caps. 9—11 é: A eleição de Deus de Israel falhou? Em sua resposta, Paulo afirma em 9:6-29 que a situação presente, nas qual predominam os gentios, é o resultado da escolha soberana de Deus. Da mesma forma que a história inteira de Israel está baseada na eleição de Deus, a presença dos gentios é manifestação da escolha de Deus. De acordo com 9:30-10:21, o evangelho se apagou para Israel, o qual tem a responsabilidade por sua própria desobediência. De acordo com o cap. 11, a situação presente não é final, pois o mesmo Deus que elegeu os gentios por enxertá-los na oliveira também agirá para trazer salvação a Israel. Assim, a eleição de Deus de Israel não falhou, pois todo "o Israel será salvo" (11:26).

A terminologia da eleição de Israel é penetrante no Novo Testamento. A primeira carta de Pedro é dirigida aos "eleitos exilados" (1Pe 1:1-2). Esse autor lembra essa comunidade de gentios de que eles são "raça eleita" (2:9), à medida que eles seguirem a pedra que foi escolhida por Deus (2:4-8). Os leitores de 2 Pedro são desafiados a confirmar sua "eleição e chamado" (2Pe 1:10). 2João é dirigida à "senhora eleita" (2Jo 1). Assim, a linguagem da eleição de Israel desempenhava um papel importante na formação da identidade da igreja primitiva.

Bibliografia. B. S. Childs, *Biblical Theology of the Old and New Testaments* (Minneapolis, 1992); W. G. Kümmel, *The Theology of the New Testament* (Nashville, 1973). [JAMES W. THOMPSON]

EL-ELOÉ-ISRAEL (heb. *ʾēl ʾĕlōhê yiśrāʾēl*) O nome do altar que Jacó erigiu em Siquém, depois de dividir os caminhos com seu irmão Esaú (Gn 33:20). A frase pode ser traduzida como "El, o Deus de Israel", "El é o Deus de Israel", ou "Poderoso é o Deus de Israel". Ocorrendo próximo à conclusão do ciclo de Jacó (Gn 25-35), essa declaração marca o estágio final na transformação de Jacó de trapaceiro a pai do povo israelita. Ao adquirir o pedaço de terra, erigindo e nomeando o altar, Jacó tanto confessava que o Deus que mudou seu nome para Peniel era, agora, o seu Deus (cf. Gn 28:21) quanto identificava a si próprio com a terra prometida a seus pais. Por implicação, o nome do altar é também uma confissão do povo de Israel, e nesse sentido, o indivíduo "Jacó" e o coletivo "Israel" se unem. [TYLER F. WILLIAMS]

EL-HANÃ (heb. *'elḥānān*) **1.** O filho de Jair (ou Ajare-oregim) de Belém, que matou um filisteu em Gob. Existe um problema textual a respeito da identidade do pai de El-Hanã e seu filisteu oponente. Provavelmente o nome original Jair (1Cr 20:5) foi corrompido pelo copista de 2Samuel 21:19, que também inadvertidamente repetiu a palavra hebraica *'ōreg̃'m* ("entrelaçar") e a anexou a Jaare, resultando no nome Jaare-oregim. Embora 2Samuel identifique o adversário filisteu de El-Hanã como Golias, em 1Crônicas ele é designado como Lami, o irmão de Golias.

2. O filho de Dodô de Belém; listado entre os "Trinta" homens poderosos de Davi (2Sm 23:24; 1Cr 11:26). Embora alguns considerem esse El-Hanã o mesmo indivíduo que matou o filisteu em Gob (alternativa 1 acima), os patronímicos diferentes indicam o contrário. É também improvável que El-Hanã deva ser identificado com Davi. [KENNETH ATKINSON]

ELI (gr. *'ēlí*) **1.** Pai de José, de acordo com a versão de Lucas sobre a genealogia de Jesus (Lc 3:23; cf. heb. *'ēl'*).

2. (heb. *'ēlî*) Sacerdote do santuário de Siló logo antes do surgimento da monarquia (1Sm 1-4). Naquele papel, ele veste o éfode, pronuncia oráculos, queima incenso e supervisiona o sacrifício. Foi também nomeado juiz em Israel, creditado com um juizado de quarenta anos na sua morte (1Sm 4:18).

Três episódios relacionados acontecem em torno de Eli. Primeiro, quando, sem filhos, Ana e seu marido Elcana chegam para sacrificar em Siló. Ana ora por um filho, ao qual ela promete ao serviço de Yahweh. Eli, ouvindo a oração dela por acaso, interpreta mal a sua articulação como bêbada e a reprova. Tendo ela corrigido sua má compreensão, ele pronuncia um oráculo de cumprimento às palavras de Deus, verificadas quando Samuel nasce e é trazido para o santuário (1Sm 1:9-28). O segundo episódio ocorre quando Yahweh vem ao jovem Samuel no santuário em uma audição noturna e pronuncia o término da linha sacerdotal de Eli, que é o resultado do comportamento dos filhos de Eli, Hofni e Fineias: violação do culto e imoralidade sexual, sustentada e recalcitrante (1Sm 2:12-36). O terceiro evento é a morte de Eli, ocasionada pelas novas da devastação de Israel nas mãos dos filisteus: derrota militar em Afeque inclui também a morte dos filhos de Eli e a captura da arca da aliança (1Sm 4:12-18).

A linha sacerdotal de Eli tanto o precede quanto sobrevive a ele. Fundada antes de Israel deixar o Egito e descendida dos filhos de Arão, Itamar e Elide, os sacerdotes estão associados com Saul, que tenta extirpá-los (1Sm 21-22). Davi, cuja corte inclui o sacerdote Abiatar (2Sm 15-19); e Salomão, cujo banimento de Abiatar traz o fim à linhagem, como Yahweh havia indicado a Samuel (1Rs 2).

Os historiadores discernem nos fragmentos da genealogia Elide ou memória antiga genuína ou evidência de redação e intenção teológica, com o grupo de Itamar-Eli subsidiário à casa rival dos descendentes de Fineías, os zzadoquitas. A poderosa caracterização de Eli nas histórias deuteronomistas mostra o velho, cansado e cego líder, sentado passivamente em seu trono para esperar a notícia do destino de Israel, profeticamente simbolizando a própria monarquia — maldita e arruinada de seu lugar quando o exílio começa.

Bibliografia. R. D Nelson, *Raising Up a Faithful Priest* (Louisville, 1993); R Polzin, *Samuel and the Deuteronomist* (1989, repr. Bloomington, Ind., 1993). [BARBARA GREEN, O.P.]

ELI, ELI, LAMÁ SABACTANI (gr. *ēlí ēlí lemá sabachtháni*) Tradicionalmente conhecida como a quarta palavra da cruz, a última resposta de Jesus na cruz (Mt 27:46). A sentença "Deus meu, Deus meu, por que me desamparaste?" é tradução grega de uma versão hebraica do Salmo 22:1 (TM 2). A questão paralela (Mc 15:34; gr. *elōí elōí lemá sabachtháni*) é tradução grega de uma versão aramaica do Salmo 22:1 (2). Tanto em Mateus quanto em Marcos a tradução grega segue a transliteração.

Jesus fala essas palavras depois de um período de três horas de escuridão sobre toda a terra, um dos sinais de que sua morte antecipa a Parúsia. Em ambos os evangelhos, os espectadores pensam que Jesus está chamando Elias para ajudá-lo. Aqueles que ouvem ou leem o evangelho sabem, entretanto, que Elias não salvará Jesus, uma vez que a volta de Elias tinha sido simbolizada pelo ministério de João Batista, a quem Herodes tinha decapitado. Se as palavras de Jesus relembram as audiências de Mateus e Marcos todo o Salmo 22, que conclui com a confiança do salmista em Deus, então, pode também ter entendido as palavras de Jesus como expressão de Sua confiança em Deus, em meio à Sua angústia. [EMILY CHENEY]

ELIÃ (heb. *'ĕlî'ām*) (tb. AMIEL) **1.** O pai de Bate-Seba, a esposa de Urias, o heteu (2Sm 11:3). Em 1Crônicas 3:5, ele é chamado Amiel.

2. Filho de Aitofel, o gilonita, que se tornou um dos Trinta de Davi (2Sm 23:34).

ELIABÁ (heb. *'elyaḥbā'*) Um homem de Saalbon, um dos Trinta de Davi (2Sm 23:32 = 1Cr 11:33).

ELIABE (heb. *'ĕlî'āḇ*) **1.** Filho de Helom; líder dos da tribo de Zebulom durante o período no deserto (Nm 2:7; 10:16). Ele assistiu Moisés no censo da geração do Êxodo (Nm 1:9) e trouxe uma oferta ao tabernáculo quando ele estava completo (7:24-29).

2. Descendente de Rúben (Nm 26:8-9); pai de Datã e Abirão, que participaram na revolta contra Moisés e Arão (16:1, 12; Dt 11:6).

3. O primogênito de Jessé (1Sm 17:13; 1Cr 2:13). Ele foi a primeira escolha de Samuel para ser rei de Israel (1Sm 16:6). Enquanto servia com as forças de Davi durante a guerra com os filisteus, ele castigou Davi por perguntar entre os israelitas sobre o desafio de Golias (1Sm 17:13, 28-30). A filha de Eliabe, Abiail, casou-se com Jerimote, o filho de Davi, e deu à luz a Maalate, que casou-se com Roboão (2Cr 11:18).

4. Descendente de Levi (1Cr 6:27) e possível ancestral de Samuel.

5. Gadita que se juntou a Davi em Ziclague, durante sua fuga de Saul e que serviu como um oficial no exército de Davi (1Cr 12:9).

6. Levita nomeado para tocar harpas na adoração relacionada com a arca da aliança no tabernáculo de Jerusalém (1Cr 15:18-20; 16:5).

7. Ancestral de Judite (Jdt. 8.1). [MICHAEL L. RUFFIN]

ELIADÁ (heb. *’elyādā‘*) (tb. BEELIADA) **1.** Um dos filhos de Davi, nascidos em Jerusalém de uma mãe não nomeada (2Sm 5:16; 1Cr 3:8). Em uma lista paralela é chamado Beeliada (1Cr 14:7).

2. O pai do rei sírio, Rezom, o adversário de Salomão (1Rs 11:23).

3. Benjamita que assumiu uma posição de comando no exército do rei Jeosafá (2Cr 17:17).

ELIAQUIM (heb. *’elyāqîm*) **1.** Oficial da corte sob o rei Ezequias, envolvido nas negociações com o término da invasão de Senaqueribe de Judá (2Rs 18:17-19:7 = Is 36:3-37:7). Eliaquim, descrito como o "mordomo do palácio", foi enviado, juntamente com Sebna e Joá, para se encontrar com a delegação assíria composta de Tartã, Rabe-Sáris e Rabsaqué. Quando Rabsaqué enfatizou a posição precária de Judá, Eliaquim e seu bando pediram que ele falasse em aramaico e não em hebraico, porque o povo de Jerusalém não entenderia. Quando Rabsaqué se recusou, os três mensageiros relataram as novas a Ezequias. Ezequias ficou de luto e enviou Eliaquim, Sebna, e alguns sacerdotes para ver Isaías, que entregou um oráculo de esperança. Em outro oráculo (que parece pré-datar os eventos descritos acima), Isaías proclamou que Eliaquim usurparia o papel de Sebna como o "mordomo da casa", mas parece que ele também havia perdido favor (Is 22:15-25).

2. Filho de Josias, irmão de Jeoacaz (2Rs 23:29-24:7 = 2Cr 36:3-8). Quando Josias foi morto na batalha com o faraó Neco em 609 a.C., Jeoacaz se tornou rei. Depois de três meses, Neco depôs Jeoacaz, exilando-o em Ribla, e tornou Eliaquim em rei, mudando o seu nome para Jeoiaquim. Eliaquim reinou de 609-597. No início, ele era leal ao Egito, mas depois, Eliaquim mudou sua lealdade para a Babilônia, para Nabucodonosor, somente para se rebelar contra Nabucodonosor na esperança de despistar o Egito. De acordo com 2Reis 24:6, ele morreu depois do subsequente cerco babilônico de Jerusalém, enquanto que de acordo com 2Crônicas 36:6-7 ele foi levado cativo para a Babilônia.

3. Sacerdote que participou no serviço de gratidão pelo término dos muros de Jerusalém, durante o governo de Neemias, fazendo parte de um grupo que tocava trombetas (Ne 12:41).

4. O neto de Zorobabel, o filho de Abiúde, e o pai de Azor na genealogia de Mateus de Jesus (Mt 1:13).

5. Descendente de Davi, filho de Meleá e pai de Jonã, na genealogia que Lucas faz de Jesus (Lc 3:30). [MICHAEL L. RUFFIN]

ELIAS (heb. *’ēlîyāhû*) Profeta javista feroz na tradição de Moisés. O ciclo de Elias (1Rs 17-19, 21; 2Re 1:1-2:18) é uma coleção de histórias que circularam e foram preservadas dentro da comunidade profética da qual Elias ("Yahweh é meu Deus") fazia parte, antes de ser incorporado na história deuteronomista. Descrito como um indivíduo de extraordinária força e energia, Elias estava ativo durante o século IX a.C., no reinado do rei Acabe, politicamente um dos grandes governantes do reino do norte.

Tendo vindo de Gielade, que fica a leste do Jordão, onde o javismo tinha, muito provavelmente, preservado sua separação de outros cultos, Elias ficou aterrorizado pelo sincretismo que ele encontrou em Israel. A esposa de Acabe, Jezabel, uma princesa de Tiro, era devota do Baal fenício. Para fazê-la sentir-se em casa, Acabe erigiu "um templo de Baal" em Samaria (1Rs 16:32-33). O culto cananeu fértil, sempre uma ameaça à adoração de Yahweh, tinha agora uma evangelista fanática que importou vários profetas de Baal da Fenícia, e lhes deu suporte dos fundos do estado (1Rs 18:19), e começou uma campanha entusiástica para fazer do Baal fenício, a unida deidade de Israel. Embora Acabe tenha servido "pouco a Baal" (2Rs 10:18), ele não intencionava rejeitar Yahweh, como os nomes dos seus filhos — Acazias, Jeorão e Atalia (todos formados com o nome divino Yahweh) indicam. Antes, a posição tolerante de Acabe era destinada a dar para a sua esposa liberdade religiosa, da mesma forma que Salomão tinha feito com suas esposas estrangeiras. Mas tais ideias colaboradoras e permissivas eram incompatíveis com a reivindicação de Yahweh por aliança exclusiva e levou à aguda crítica profética da corte: "Até quando coxeareis entre dois pensamentos?" (1Rs 18:21). Isso foi o prelúdio de uma perseguição geral na qual altares de Yahweh foram despedaçados, os profetas foram mortos e os partidários leais foram enterrados.

Foi contra esse contexto de luta entre Yahweh e Baal que Elias apareceu repentinamente na corte de Acabe para anunciar, em nome de Yahweh, que haveria uma seca paralisante. Assim, Elias levantou um potente desafio a Baal na arena de sua especialidade — fertilidade. De fato, a questão crucial por trás de todas essas histórias em 1Reis 17 é, "Quem tem o poder da vida?" Embora os adoradores de Baal acreditassem que o seu deus era o possuidor daquele poder, a série de vinhetas em 1Reis 17 é designada para mostrar que todo o poder atribuído a Baal é controlado pelo Deus de Israel. É Yahweh que tem o poder de suavizar a fome (1Rs 17:2-7, 8-16) e vencer a morte (v. 9-24). É digno de nota que o poder de Yahweh não está confinado a Israel. Antes, como a renovação do suprimento de comida de Elias da viúva de Sarepta deixa claro, o poder de Yahweh se estende até Fenícia também, o preservador especial do Baal de Jezabel. Além disso, enquanto a preocupação de Baal não é com viúvas, mas com o *status quo*, Yahweh defende o fraco e dá vida àqueles que não têm poder social.

Como a seca e a fome devastaram o país, de modo que até mesmo o rei foi forçado a drenar a terra por causa da água e da grama para manter os animais vivos, Elias recebeu uma ordem divina para confrontar Acabe mais uma vez (1Rs 18:1-18). Depois de cumprimentos irados, o monarca concordou com uma medição de força entre Elias e os profetas de Baal e Aserá de Jezabel, isto é, entre Yahweh e Baal. A descrição da competição é um dos registros bíblicos mais dramáticos. Encontrando-se no monte Carmelo, Elias acusou o povo de comportamento sincrético, tentando manter um pé no caminho tradicional de Israel e outro na adoração de Baal (v. 21). Assim, o claro objetivo da competição era determinar que realmente era o senhor e controlador da chuva e da fertilidade. O autor tem prazer em enfatizar a desigualdade dos procedimentos. Depois de tudo, era 450 contra 1 (v. 22), e a chuva era a especialidade de Baal. A cena no monte Carmelo é dominada pelos temas de chamar e responder, silêncio e compreensão. Ambas as partes concordam em clamar por sua divindade, realizar seus ritos, com o entendimento de que "o deus que responder por meio de fogo, esse será Deus" (v. 24). Como Elias satiricamente ridiculariza seus esforços, os profetas de Baal falam alto, ficam empolgados, e se cortam (v. 27-28). Não houve, entretanto, "voz, ninguém respondeu, nem atendeu" (v. 29). Então, Elias toma o estágio central, arrumando um altar abandonado de Yahweh e, assim, reclamando um lugar de culto para Yahweh que tinha estado sob o controle fenício e usado para ser o palco das danças de Baal. O profeta prepara seu sacrifício e, então, manda o povo drenar o altar com água, um sacrifício precioso durante uma seca (v. 33-35). Elias clama a Yahweh, que responde ao enviar fogo, o símbolo tradicional da presença histórica ativa de Deus, para consumir a oferta. Convencidos pelo espetáculo, o povo exclama "O Senhor é Deus!" (v. 39), e os profetas de Baal são condenados à morte (v. 40). É importante notar que o clímax real da narrativa é o fim da seca (v. 41-46). A queda d´água era prova de que Yahweh, e não Baal, controlava a produtividade da terra e merecia a completa lealdade do povo. Embora a ressonante vitória de Yahweh parecesse definitiva, a política real não tinha sido influenciada. Poucos anos depois, havia adoradores de Baal o suficiente para encher um templo de Baal (2Rs 10:21).

Quando Jezabel soube do resultado no monte Carmelo, ela fez um juramento pelos deuses de que ele faria a Elias o que ele tinha feito com os profetas de Baal (1Rs 19:1-2). Com medo, Elias fugiu por causa de sua vida, passando por Judá e indo além de Berseba, para o deserto. Quebrado e fatigado, imaginando como Yahweh poderia ser soberano quando o poder de Jezabel não tinha sido diminuído (1Rs 19:3-4). Tocado por um mensageiro de Deus, Elias foi divinamente alimentado com comida, um sinal de que ele tinha sido desertado por Yahweh. Assim, ele foi capaz de continuar sua jornada por "40 dias e 40 noites", isto é, um longo tempo (1Rs 19:5-8).

O encontro de Elias com Yahweh em Horebe (1Rs 19:9-19) é colocado dentro de uma inclusão ("lá" e "de lá"), que enfatiza a viagem de Elias para e do sagrado espaço da tradição de Israel. Embora alusões a Moisés impregnem o relato e pareçam apresentar Elias como o Moisés *redivivus* — o local é o mesmo, Horebe; a visita é acompanhada por um terremoto, vento, fogo, o fenômeno tradicional da revelação de Yahweh no monte sagrado (Êx 19) — é também ver temas polêmicos operando aqui. O profeta foge para Horebe, que está localizado no sul da Palestina, longe do domínio de Baal no Monte Casius (*spn*) no norte. Assim, Elias anuncia que *spn* não é o centro da inspiração divina. E mais, embora o vento, o terremoto, e o fogo acompanhem a teofania de Yahweh, a deidade não está naqueles elementos violentos. Diferente de seu rival, o deus da tempestade, Baal, Yahweh possui todos os atributos de um deus da tempestade, mas não é parte da natureza, antes, ele está acima dela e a controla.

As palavras de Yahweh a Elias tomam a forma de um pronunciamento que tem sido variadamente traduzido como "som baixo", "o fraco sussurro de uma voz", "um som de absoluto silêncio", "uma pequena voz" (1Rs 19:12). Em completo contraste com os trovões do deus da tempestade, o de Yahweh era um calmo discurso que poderia ser ouvido somente se alguém devotasse a si mesmo a escutá-lo. Yahweh comissiona Elias a ungir Hazael como rei de Damasco, Jeú como rei de Israel, e Eliseu como seu sucessor (1Rs 19:15-18). Embora Elias realize somente uma das três comissões (1Rs 19:19-21), sua menção aqui deixa claro que, porque Yahweh age na esfera da história, os profetas não podem se esconder daqueles lugares onde a história está sendo feita. Eles podem viajar de volta ao Horebe para buscar inspiração, mas eles são exortados a se posicionar nas situações correntes em que se encontra o próprio povo de Deus.

A bem conhecida história da vinha de Nabote é estabelecida como contexto para a maldição de Elias sobre Acabe e sua casa (1Rs 21:1-29). Aqui, o confronto entre o culto de Yahweh e de Baal é visto em perspectivas opostas do reinado dos relacionamentos sociais. Nabote, cuja vinha Acabe quer, insiste que ele não tem o direito de vender a herança de seus ancestrais. Embora Acabe aparentemente aceite o direito de recusar de Nabote, é o surgimento de Jezabel em cena que traz um ponto de volta. Sua religião de Baal não colocava limites ao exercício do poder real. De fato, ela via o rei no costume oriental como um déspota absoluto com direitos de pegar qualquer coisa que ele quisesse, incluindo a terra. Assim, quando Acabe se recusou a se afirmar, Jezabel toma a questão para si. No nome de Acabe, ela ordena um jejum (algo feito durante tempo de crise) na cidade de Nabote. Dois ordinários trazem acusações inventadas contra Nabote, de que ele "amaldiçoou Deus e o rei" (v. 10), um crime particularmente odioso, uma vez que se cria que a palavra falada tinha efeito imediato. Para anular a maldição, Nabote foi executado (v. 13) e Acabe toma a vinha que ele desejava (v. 16). Dirigido por Yahweh, Elias se encontra com Acabe na vinha e proclama que tal comportamento é condenado por Deus. O julgamento divino é pronunciado e diz que destruirá eventualmente a casa de Acabe (v. 21ss).

É interessante notar que de acordo com 2Reis 9:21-26, Acabe, e não Jezabel, foi originalmente considerado responsável pela morte de Nabote. Tem sido sugerido que durante a luta de Neemias e Esdras contra o casamento misto (sécs. V-IV a.C.), a responsabilidade foi mudada de Acabe para Jezabel (1Rs 21), a sedutora e estrangeira mulher, e através dela todas as mulheres estrangeiras foram estigmatizadas.

No culto de Baal, que apoiava o *status quo* com a aristocracia no topo, não havia guardas seguros com uma política social opressora do forte contra o fraco. Elias, entretanto, proclamava uma deidade que sustenta uma comunidade pactual em que cada pessoa, rica ou pobre, rei ou vassalo, é igual perante a lei.

O ciclo das histórias de Elias termina com a ida do profeta a o céu por meio de um redemoinho, enquanto cavalos e carruagens de fogo se interpuseram entre Elias e seu sucessor escolhido, Eliseu (2Rs 2:1-18). Colocado entre o obituário do rei Acazias (2Res 1:17-18) e entre a sucessão de Jorão (3:1-3), a narrativa parece ter sido cortada da fluência natural da história. Sua localidade, através do Jordão que Elias miraculosamente parte ao atingi-lo com o seu manto, também é descrito como removido do seu mundo ordinário. Os profetas de Jericó que seguiam Eliseu e Elias não fazem a passagem. Como durante sua vida, Elias foi descrito como andante evasivo, aparecendo e desaparecendo em momentos de alerta, assim, no fim o texto nos informa que ele desapareceu, carregado para o céu por cavalos de fogo e uma carruagem. Eliseu, que estava observando, foi deixado com poder. A ele foi dada a legalidade de um primogênito, uma "dupla porção" do espírito de Elias como também o manto do profeta que Eliseu também usa para partir o Jordão e, assim, reentra na esfera histórica na qual os profetas, que estavam aguardando, o reconhecem como seu novo líder (2Rs 2:19-25).

O mistério do translado de Elias deixa claramente uma profunda impressão na imaginação de Israel. De fato, o pressuposto de que Elias não deve ter experimentado a morte como pessoas comuns estabelece o fundamento para o crescente papel que ele deveria desempenhar no final do Antigo Testamento, e nas tradições intertestamentárias e do Novo Testamento. Assim, em Malaquias 4:5-6 (TM 3:23-24), era esperado que Elias retornasse como o preparador da vinda do Dia de Yahweh. Esperava-se que ele iria reconciliar a humanidade (Ml 4:6 [3:24]) e que viria das câmaras celestiais "para restaurar as tribos de Jacó" (Sir. 48.10). Na comunidade cristã primitiva, Elias era o precursor reconhecido do Messias (Mc 6:14-15; 8:27-28; Mt 16:13-14; Lc 9:7-8). Alguns pensaram que Jesus era Elias (Mt 16:14), e a João Batista perguntaram se ele era Elias (Jo 1:21, 25). Com Moisés, Elias aparece na transfiguração de Jesus (Mc 9:4; Mt 17:3; Lc 9:30), sugerindo uma tradição de dois precursores messiânicos (Mc 9:4-5; Ap 11:3). Na Epístola de Tiago, Elias, "homem sujeito às mesmas paixões que nós", é proposto como modelo para a oração (Tg 5:17).

Bibliografia. L. Bronner, *The Stories of Elijah and Elisha*. Pretoria Oriental Series 6 (Leiden, 1968); W. Brueggemann, *A Social Reading of the Old Testament* (Minneapolis, 1994); J. Jeremias, "El(e)ías", *TDNT* 2.928-41; A. Rofé, "The Vineyard of Naboth: The Origin and Message of the Story", *VT* 38 (1988): 89-104. [BETH GLAZIER-MCDONALD]

ELIAS, APOCALIPSE DE Referências ao Apocalipse de Elias e aos escritos de Elias ocorrem em escritos judaicos e cristãos do período pós-bíblico. Somente dois existem. O relacionamento deles é incerto, mas podem ter uma fonte comum como evidenciado por suas tradições sobre o anticristo.

1. Livro judaico-cristão de 150-275 d.C., provavelmente composto em grego e traduzido para o cóptico. Um manuscrito é intitulado "Apocalipse de Elias", embora Elias seja mencionado somente em 4:17-19; 5:32. A fonte parece ter uma origem palestina; as últimas camadas judaicas e cristãs parecem ter uma origem egípcia. A camada judaica possivelmente data de antes da destruição da região judaica em Alexandria (117).

O livro consiste de cinco capítulos: uma homilia sobre o jejum e a necessidade de um único pensamento (cap. 1); uma profecia de eventos que conduzirão ao tempo do anticristo (2); uma descrição do anticristo (3); um relato dos martírios (4) e profecias dos eventos "daquele dia", quando Deus salva os retos e julga os ímpios (5).

2. Apocalipse judaico escrito em hebraico (metade do século VI e início do século VII a.C.). Nele aparecem as revelações de Miguel no monte Carmelo, detalhes de uma viagem sobrenatural, uma discussão sobre o nome do último rei, uma descrição do anticristo, eventos do ano final, e cinco visões.

Bibliografia. D. Frankfurter, *Elijah in Upper Egypt: The Apocalypse of Elijah and Early Egyptian Christianity*. Studies in Antiquity and Christianity 7 (Minneapolis, 1993); O. S. Wintermute, "Apocalypse of Elijah", *OTP* 1.721-53. [R. GLENN N. WOODEN]

ELIASAFE (heb. *'elyāsap*) **1.** O cabeça da tribo de Gade, que assistiu Moisés no censo (Nm 1:14) e no sacrifício (7:42, 47); filho de Deuel (Nm 10:42) ou Reuel (2:14).

2. O filho de Lael, chefe dos gersonitas durante as peregrinações no deserto (Nm 3:24).

ELIASIBE (heb. *'elyāšîḇ*) Nome próprio (lit. "Deus restaura") para sete indivíduos associados com a literatura pós-exílica do Antigo Testamento. Pensou-se, certa vez, que tais nomes estavam limitados ao período pós-exílico, mas as Cartas Arade pré-exílicas contêm referências a Eliasibe que tinha posição de responsabilidade na guarnição da Judá.

1. Descendente de Davi que viveu possivelmente durante o século IV a.C. (1Cr 3:24).

2. Sacerdote do tempo de Davi e descendente de Arão, que foi nomeado o 11º em importância (1Cr 24:12).

3. O pai de Joana, o sumo sacerdote, para cuja câmara Esdras se retirou para lamentar o estado dos exilados (Ed 10:6). Não é claro se esse personagem deve ser identificado com o sumo sacerdote em Neemias 12:23. Tal identificação afetaria a cronologia das missões de Esdras e Neemias.

4. Cantor no tempo de Esdras que tinha se casado e, então, divorciado-se de uma esposa não israelita (Ed 10:24).

5. Ascendente de Zatu, que também tinha se casado com uma esposa não israelita (Ed 10:27).

6. Descendente de Bani, que tinha se casado e se divorciado de uma esposa não israelita (Ed 10:36).

7. O sumo sacerdote no tempo de Neemias que apoiou Neemias em seu programa da reconstrução de Jerusalém (Ne 3:1, 20-21) e que estava associado por casamento com Sambalate, o oponente de Neemias (13:28).

8. Levita, descendente de Jesuá; filho de Joiaquim e pai de Joiada (Ne 12:10).

9. Sacerdote da equipe do templo durante o tempo de Neemias, que se aliou com outro oponente de Neemias, Tobias (Ne 13:4-7). [T. R. HOBBS]

ELIATÁ (heb. *'ĕlî'āṯâ*) Um dos filhos de Hemã, que servia como um músico do templo durante o reinado de Davi (1Cr 25:4), destinado por meio de sorte para dirigir as vinte divisões de músicos (Nm 34:21).

ELICA (heb. *'ĕlîqā'*) Homem de Harode; um dos Trinta de Davi (2Sm 23:25).

ELIDÁ (heb. *'ĕlîḏāḏ*) Filho de Quislom e representante da tribo de Benjamim, escolhido para assistir na divisão da terra (Nm 34:21).

ELIEL (heb. *'ĕlî'ēl*) **1.** Cabeça da casa paterna da Transjordânia manassita, deportado pelo rei assírio, Tiglate-Pileser III (1Cr 5:24).

2. Levita da família de Coate e ancestral do profeta Samuel. Seu nome aparece em listas levíticas de Eliú (1Sm 1:1) e Eliabe (1Cr 6:27 [TM 12]). Foi nomeado por Davi para ser o cantor para os serviços no templo (1Cr 6:34 [19]).

3. Benjamita, chamado na genealogia do cronista de filho de Simei (11; 1Cr 8:20) e filho de Sasaque (v. 22).

4. Maavita e um dos "homens poderosos" de Davi (1Cr 11:26, 46); outro Eliel pode ter sido alistado no versículo 47.

5. Um dos gaditas que veio a Davi na fortaleza de Ziclague (1Cr 12:1, 8, 11).

6. Levita dos filhos de Hebrom que ajudou a Davi a transferir a arca para Jerusalém (1Cr 15:9, 11).

7. Levita e superintendente dos dízimos, das ofertas e das contribuições sob Ezequias (2Cr 31:13). [CAROL J. DEMPSEY]

ELIENAI (heb. *'ĕlî'ênay*) Chefe benjamita, cabeça de uma família ancestral que vivia em Jerusalém; descendente de Simei (11; 1Cr 8:20).

ELIÉZER (heb. *'ĕlî'ezer*) (tb. ELEAZAR) **1.** O mais velho e mais digno de confiança dos servos de Abraão (Gn

15:2-3). Textos do Antigo Oriente Próximo contêm referências à prática de adoção de servos como herdeiros nas casas sem filhos e a história de Abraão reflete, aqui, tais influências. Posteriormente, Eliézer escolhe uma esposa para Isaque (Gn 24:2).

2. O mais novo dos dois filhos de Moisés e Zípora (Êx 18:4). Em 1Crônicas 23:17, Eliézer se torna o cabeça de uma família levítica e tem um filho chamado Reabias. 1Crônicas 26:25 lista Jesaías, Jorão, Zicri e Selomote como descendentes de Eliézer.

3. Guerreiro poderoso, um dos filhos de Bequer e membro da tribo de Benjamim (1Cr 7:8).

4. Um dos sacerdotes que toca a trombeta, diante da arca da aliança (1Cr 15:24).

5. O filho de Zicri e chefe oficial dos rubenitas, sob o reinado de Davi (1Cr 27:16).

6. O filho de Dodavaú de Maressa que profetiza a destruição do rei Jeosafá de Judá por causa de sua aliança com Acazias, o rei ímpio de Israel (2Cr 20:35-37).

7. Um dos sacerdotes enviados por Esdras a Casífia para encontrar "ministros para a casa do nosso Deus" em Jerusalém (Ed 8:16-17).

8. Um dos filhos dos sacerdotes que tinham jurado se divorciar das esposas estrangeiras e dar uma oferta pela culpa (Ed 10:18; chamado Eleazar em 1Ed. 9.19).

9. Levita que se divorciou de sua esposa estrangeira (Ed 10:23).

10. Um dos filhos de Harim, que se divorciou de sua esposa estrangeira (Ed 10:31).

11. Ancestral de Jesus (Lc 3:29). [HENRY L. CARRIGAN, JR.]

ELIFAL (heb. *'ĕlîpāl*) O filho de Ur e um dos Trinta de Davi (1Cr 11:35). Em uma lista paralela (2Sm 23:34), aparece como Elifelete (2), o filho de Acasbai de Maacá.

ELIFAZ (heb. *'ĕlîpaz*) "O temanita", um dos três amigos de Jó (Jó 2:11). O nome Elifaz é bem atestado como edomita (Gn 36:10, 11; 1Cr 1:35, 36, em que Elifaz é listado como o filho de Esaú e como o pai de Tema) e significa, possivelmente, "Deus é ouro puro". Temã estava localizada em Edom e era renomada por sua sabedoria (Jr 49:7).

Elifaz é o primeiro a falar depois da automaldição de Jó e expressa a perspectiva comum da literatura do Antigo Oriente Próximo de que nem um mortal pode ser justo diante de Deus (Jó 4:17); assim, a melhor esperança de Jó é apelar para Deus por ajuda (5:8). Ele busca confortar Jó por lembrá-lo de que ele ainda está vivo (4:6-7) e que, embora Deus possa disciplinar, ele também cura e cura a ferida (5:17-18).

Em seus últimos discursos, Elifaz se volta para a acusação e para a advertência, primeiro acusando Jó de falar "palavras que de nada servem" e de "destruir a reverência" (Jó 15:3-4) e, então, relembrando com grandes detalhes a ruína reservada para o ímpio (15:20-35). A acusação se torna mais forte com uma lista das transgressões de Jó (22:5-9). A última palavra de Elifaz é uma volta ao seu conselho original: que Jó se submeta a Deus e seja curado (22:21-30).

O texto diz que Elifaz e os outros dois amigos "cessaram de responder a Jó" (Jó 32:1). A última coisa que ouvimos deles é que eles são repreendidos por não falar "o que é reto" e são condenados a oferecer sacrifícios, com Jó, agora vindicados, como intermediários (42:7). [MARILYN J. LUNDBERG]

ELIFELETE (heb. *'ĕlîpeleṭ*) **1.** Um (dois?) dos 13 filhos nascidos das esposas de Davi (2Sm 5:16; 1Cr 3:6, 8; 14:5, 7). O nome aparece duas vezes nas listas de Crônicas, uma vez na lista de 2 Samuel. A discrepância pode ser o resultado da ditografia escribal nas listas de Crônicas ou omissão escribal em 2Samuel.

2. Um dos Trinta de Davi (2Sm 23:34), o filho de Acasbai de Maacá. Ele pode ser identificado com Elifal na lista paralela (1Cr 11:35).

3. O terceiro filho de um benjamita, chamado Eseque e um descendente distante de Saul (1Cr 8:39).

4. Descendente de Adonicão, que voltou do exílio para Judá sob a liderança de Esdras. Estava acompanhado por seus dois irmãos (?) e uma considerável companhia de mulheres (Ed 8:13; 1Ed. 8.39).

5. Descendente de Hasum, ordenado a se divorciar de sua esposa não israelita no tempo das reformas religiosas de Esdras (Ed 10:33; 1Esdr. 9.33). [JOHN D. FORTNER]

ELIFELEU (heb. *'ĕlîpĕlēhû*) Levita da segunda ordem e músico nomeado por Davi para tocar durante as celebrações (1Cr 15:18, 21).

ELIM (heb. *'êlim*) O segundo local de acampamento das crianças de Israel no mínimo quatro dias depois da passagem do mar Vermelho (Êx 15:27-16:1; Nm 33:9-10). O nome indica provavelmente um tipo de árvore ou bosque de palmeira inteiro (cf. El Parã). Outro significado possível poderia ser "deuses" (improvável por causa da ortografia). Talvez, Elim fosse um oásis na fronteira entre o deserto de Sur e o deserto de Sim (mais especificamente entre Mara e Sim). De acordo com o registro bíblico, Elim tinha doze fontes de água e setenta palmeiras (Êx 15:27). No terreno duro do Sinai, áreas desérticas não há fronteiras exatas. Portanto, Elim poderia ter servido como ponto de demarcação entre Sur e Sim. Elim é usualmente localizada no Ribeiro el-Gharandel, 90-100 km a Sudoeste de Suez. [PETE F. WILBANKS]

ELIMAIS (gr. *Elymais*) Província na região entre a Pérsia e a Babilônia, muito provavelmente equivalente a Elão (cf. Dn 8:2 LXX MSS) ou Susiana, cuja capital era Susã (cf. Ptolomeu *Geog.* 6.3; Strabo *Geog.* 15.732, 744). Em 1Mac 6.1, é chamada cidade (gr. *pólis*; cf. Josefo *Ant.* 12.9.1).

ELIMAS (gr. *Elýmas*) Feiticeiro judeu que Paulo encontrou em Pafos, na ilha de Chipre (At 13:6-12). Elimas se opôs aos esforços de Paulo de ensinar o evangelho a Sérgio Paulo, o procônsul romano da ilha. Por sua oposição, Elimas foi acometido de uma cegueira temporária. A narrativa apresenta o cristianismo em contraste com a mágica religiosa.

Elimas era provavelmente ligado ao séquito do procônsul como conselheiro pessoal que alegava conhecer a vontade divina. Igual a muitos romanos, Sérgio Paulo estava interessado em conhecer qualquer orientação divina para os seus afazeres e reteve Elimas para esse propósito. Indubitavelmente, Elimas percebeu os esforços de Paulo como ameaça para a sua posição com o procônsul.

Elimas é também conhecido como Bar-Jesus ("filho de Jesus", At 13:6), mas Paulo sarcasticamente o chama de "filho do demônio" (v. 10). O nome Elimas é traduzido *mágos* ("mágico", At 13:8) e pode ter se derivado do aramaico *ḥălōmā'* ("sonhador") ou *hălimā'* ("poderoso").

Bibliografia. A. B. Nock, "Paul and the Magus", em *The Beginnings of Christianity* 5, ed. F. J. Foakes-Jackson e K. Lake (Grand Rapids, 1979); L. Yaure, "Elymas-Nehelamite-Pethor", *JBL* 79 (1960), 297-314. [L. DAVID MACLISTER]

ELIMELEQUE (heb. *'ĕlîmelek̠*) Nativo de Belém e marido de Noemi. Quando uma fome severa golpeou a terra, Elimeleque se mudou com sua família para a vizinha Moabe, onde logo morreria (Rt 1:1-3), deixando sua viúva à disposição de sua terra (4:3, 9). Os dois filhos de Elimeleque, Malom e Quiliom, que tinham se casado com mulheres moabitas, também morreram (Rt 1:3-5). Sua nora, Rute, casou-se com Boaz, parente da família, e teve um filho, Obede, mantendo, dessa forma, a linhagem da família de Elimeleque e preservando sua propriedade em Belém.

ELIOENAI (heb. *'elyĕhô'ênay*) **1.** O sétimo filho de Meselemias, levita e guardador do templo (1Cr 26:3).

2. O filho de Zeraías; cabeça de uma família que voltava do Exílio com Esdras (Ed 8:4).

3. (*'elyô'ênay*) O filho mais velho de Nearias, listado entre os descendentes de Salomão (1Cr 3:23-24).

4. Líder da tribo de Simeão (1Cr 4:36).

5. Benjamita, um dos filhos de Bequer (1Cr 7:8).

6. Sacerdote pós-exílico da família de Pasur que jurou se divorciar de sua esposa estrangeira (Ed 10:22).

7. Israelita, membro do clã de Zatu, ordenado a mandar embora sua esposa estrangeira (Ed 10:27).

8. Sacerdote que participou no serviço de dedicação para a restauração dos muros de Jerusalém (Ne 12:41).

ELION (heb. *'elyôn*) *Ver* DEUS, NOMES DE (AT); ALTÍSSIMO.

ELIOREFE (heb. *'ĕlîḥōrep̄*) Alto oficial da corte de Salomão, que, com seu irmão Aias, serviram como secretários reais (1Rs 4:3).

ELISÁ (heb. *'ĕlîšâ*) Supostamente o filho de Javã (Grécia) e neto de Jafé, mencionado na Tabela das Nações (Gn 10:4; 1Cr 1:7). O nome está associado ao território costeiro famoso (mesmo em Tiro) pelo corante de alta qualidade (Ez 27:7). A maioria dos eruditos identifica Elisa com Alasiya (provavelmente derivada do sumério *alas* "cobre"), atestado no segundo milênio a.C., textos do Egito, Amarna, Ugarítico, e Mari. Se isso é verdade, o nome pode designar a parte oriental de Chipre (talvez Enkomi) ou ser um nome alternativo para Chipre (cf. gr. *kýpros*, "cobre"). [PAUL J. KISSLING]

ELISAFÃ (heb. *'ĕlîṣāp̄ān*) (tb. ELZAFÃ) **1.** O segundo filho de Uziel, parente de Arão e levita (Nm 3:30; chamado Elzafã em Êxodo 6:22; Lv 10:4). Quando Nadabe e Abiú, os filhos de Arão, foram consumidos pelo fogo perante Deus, Moisés convocou Elisafã e seu irmão Misael para retirar os corpos deles do santuário (Lv 10:4). Ele era o cabeça do clã dos coatitas (Nm 3:30). O rei Davi designou alguns dos descendentes de Elizafã com outros levitas para carregar a arca para Jerusalém (1Cr 15:8). Seus descendentes também participaram da limpeza do templo, durante o reinado de Ezequias (2Cr 29:13).

2. O filho de Parnaque e líder da tribo de Zebulom que participou na distribuição da terra de Canaã (Nm 34:25). [HYUN CHUL PAUL KIM]

ELISAFATÉ (heb. *'ĕlîšāp̄āṭ*) Um dos cinco comandantes do exército que assistiram Jeoiada em assegurar a realeza para o jovem Joás e, assim, ajudaram no destronamento da rainha Atalia (2Cr 23:1).

ELISAMA (heb. *'ĕlîšāmā'*) **1.** Filho de Amiúde e líder da tribo de Efraim durante o tempo em que os israelitas começaram a sua jornada através do deserto (Nm 2:18; 10:22). Ele ajudou Moisés durante a viagem (Nm 1:10; 7:48, 53). 1Crônicas 7:26-27 identifica-o como o avô de Josué.

2. Um dos filhos de Davi nascido em Jerusalém após Davi ter sido coroado rei (2Sm 5:16; 1Cr 3:8; 14:7). Em 1Crônicas 3:6, o nome é provavelmente um erro de escriba que escreveu Elisua (cf. 2Sm 5:15).

3. Membro da casa de Judá, avô de Ismael e pai de Netanias. Ele era comandante de um grupo de tropas judaicas e após a destruição de Jerusalém em 587 a.C., ele assassinou Gedalias (2Rs 25:25 = Jr 41:1-3).

4. Descendente de Jerameel, filho de Jecamias (1Cr 2:41).

5. Um dos dois sacerdotes que tomava parte da comitiva de Jeosafá enviada para ensinar a lei ao povo de Judá (2Cr 17:8).

6. Um *sōp̄ēr*, um escriba ou secretário durante o reinado do rei Jeoiaquim (Jr 36:12, 20-21). [CAROL J. DEMPSEY]

ELISEBA (heb. *ʾĕlîšeḇaʿ*) A filha de Aminadabe e irmã de Nasom; mãe de uma família sacerdotal. Ela casou-se com Arão, irmão de Moisés e lhe deu quatro filhos: Nadabe, Abiú, Eleazar e Itamar (Êx 6:23).

ELISEU (heb. *ʾĕlîšāʿ*) O "homem de Deus" que ministrou com sucesso e sucedeu Elias, após o que realizou milagres e pronunciou oráculos visionários. As narrativas do discipulado de Eliseu com Elias (1Rs 19:19-21) e a sucessão de seu senhor à semelhança de Moisés (2Rs 2:1-18) foram provavelmente acrescidas para ligar originalmente os homens santos que não estavam relacionados entre si e para criar a impressão de um profeta mosaico em cada geração (cf. Dt 18:15-19). Eliseu ("meu Deus salva") esteve também listado com Elias na legitimação após o fato ter ocorrido após o expurgo sangrento de Jeú da dinastia de Onri (2Rs 9-10; cf. 1Rs 17-19, 21). O restante do material a respeito de Eliseu (2Rs 2:19-8:15; 13:14-25) é uma coleção de histórias de milagres originalmente independentes e de lendas políticas. A coleção é organizada de acordo com os princípios de associação: histórias que têm palavras comuns, temas ou localidades são colocadas lado a lado, pelas quais se conta a "história da vida" de Eliseu.

HISTÓRIAS DE MILAGRES. As histórias de milagres são curtas, com uma exceção (2Rs 4:8-37). A maioria apresenta os "filhos dos profetas", membros de uma associação profética que buscava em Eliseu orientação e ajuda. 2Reis 2:1-5 sugere que as escolas de profetas da associação estavam localizados em Betel e Jericó. Os movimentos de Eliseu sugerem que havia também escolas de profetas em Gilgal, monte Carmelo, e Samaria (2Rs 2:25; 4:25, 38). Eliseu aparece como santo homem itinerante, viajando de um grupo para outro e realizando milagres como resposta aos apelos por ajuda que vinham de seus discípulos acometidos de pobreza. Ele tornou sadias as águas de uma fonte (2Rs 2:19-22), multiplicou o azeite da viúva de modo que ela não perdeu seus filhos para um credor (4:1-7), anulou o veneno no caldo de uma panela (4:38-41), multiplicou vinte pães para alimentar cem pessoas (4:42-44) e fez flutuar um machado que havia caído no rio (6:1-7).

O tema comum dessas histórias é o desempenho das ações de Eliseu que salva os seus seguidores marginalizados da aflição material. Não há quaisquer ensinos morais ou religiosos; as histórias simplesmente induzem a veneração do homem de Deus. Comparações com as histórias de Shaman (feiticeiro) ao redor do mundo sugerem que os discípulos de Eliseu contaram essas histórias a fim de estabelecer a sua autoridade como *o* homem de Deus e o status deles como seus discípulos.

A história de Eliseu amaldiçoando os meninos que o insultaram (2Rs 2:23-25) deixa claro que o alvo desses relatos de milagres era estabelecer a sua autoridade. A morte de 42 dos meninos parece contradizer Eliseu como doador da vida, mas seus atos salvadores na sua vida são todos dirigidos para os que reconhecem sua santidade. Eliseu e os meninos pode, portanto, ser considerada como história invertida de milagre.

Outra história de milagre que não se conforma ao gênero, nesse caso em seu comprimento e complexidade, é a história da sunamita e seu filho (2Rs 4:8-37). Aqui a seguidora é uma mulher rica sem filhos que reconhecia Eliseu como "um santo homem de Deus" (v. 9). Em resposta à hospitalidade dela, ele lhe deu um filho (v. 11-17). Mais tarde, quando Eliseu foi embora, o menino morreu (v. 18-20). A mulher deitou o menino na cama de Eliseu, esperando que o contato com alguma coisa de Eliseu pudesse revivê-lo (v. 21). Então, ela ignorou as objeções de seu marido, e foi a Eliseu, e o envergonhou para que retornasse e salvasse seu filho (v. 22-30). O contato com a cama de Eliseu não havia resultado em nada, nem o ajudante de Eliseu conseguiu nada (v. 31). Então, Eliseu abriu a porta (v. 4), orou a Yahweh e deitou-se sobre o menino até que o esquentou (v. 32-34). Uma segunda tentativa finalmente fez reviver o menino (v. 35). A história termina com Eliseu intimando a sunamita a tomar seu filho, e ela se inclinou perante seus pés (v. 36-37). Em contraste com essas curtas histórias de milagre em que os atos de precisar e de salvar são sucintamente registrados, os esforços exigidos pela sunamita para convocar Eliseu e para que Eliseu fizesse retornar a vida ao menino são elaborados. A impressão resultante é que isso foi considerado o milagre mais espetacular de Eliseu, exigindo uma narrativa mais plena. Essa impressão é corroborada pela existência de uma continuação (2Rs 8:1-6), singular entre as histórias de milagres.

Uma história final de milagre é a revitalização de um cadáver que entrou em contato com os ossos de Eliseu (2Rs 13:20-21). Há um toque de humor aqui, visto que os cavadores de sepultura não pediram uma ressurreição e Eliseu não pretendia realizar nenhuma ressurreição.

RELATOS POLÍTICAS. Os relatos políticos são de muitos modos diametralmente opostos às histórias de milagres. Eles são todas elaborados; acontecem na esfera pública dos reis e dos oficiais reais; são colocados em guerras historicamente conhecidas. A maioria aconteceu na guerra com os arameus no final do século IX a.C. e demonstram o conhecimento sobrenatural de Eliseu.

Um tema proeminente nos relatos políticos é a capacidade de Eliseu de salvar a nação quando o rei havia falhado. No relato do cerco feito pelos arameus em Samaria (2Rs 6:24-7:20), que causou uma fome devastadora, a impotência do rei foi ressaltada quando uma mulher que tinha comido o seu próprio filho e queria que o amigo dela entregasse seu próprio filho para que também fizesse o mesmo com ele (6:26-30). No desespero o rei foi a Eliseu, sabendo que a fome vinha de Yahweh (6:31-33). Os eventos aconteceram exatamente como Eliseu havia predito. Yahweh fez com que os arameus ouvissem um enorme exército e os impeliu a abandonar o acampamento deles. Quatro leprosos samaritanos que não tinham nada a perder desertaram para o inimigo (7:3-7). Depois de desfrutar da abundância do acampamento abandonado, eles compartilharam as boas novas (7:8-10). Após confirmar o relatório, os samaritanos correram para a comida, pisando os pés ao servo incrédulo, matando-o (7:11-17). O relato afirma que Eliseu salva quando o rei não pode salvar, e que a crença nele é essencial para o bem-estar da nação.

Se houve ou não um real cerco feito pelos arameus no final do século IX, é incerto, mas Israel esteve em guerra com Aram-Damasco por todo o reinado de Jeú, Jeoacaz e Joás. O arameu Hazael tirou vantagem da perda das alianças militares de Jeú após a ação bem-sucedida e da conquista de Israel. Os relatos políticos de Eliseu, exceto o de 2Reis 3:4-27, pertencem a esse contexto. Eles expressam tanto o temor da ruína (sendo vastamente excedida em número na batalha, 2Rs 6:15), como na descrença de que Yahweh estava no controle da guerra (a presença de um exército celestial, v. 16-17). Se o Deus de Israel estava dirigindo os eventos, então Deus de modo definitivo salvaria a nação através de seu profeta.

Visto que Yahweh estava controlando a guerra com os arameus, Yahweh estava também dirigindo as questões políticas em Damasco. Quando Eliseu facilitou o assassinato de Ben-Hadade I (na realidade Hadade-ezer) por Hazael, não era porque ele favoreceu Hazael, mas porque a usurpação de Hazael ao trono arameu e a subsequente espoliação de Israel faziam parte do plano de Yahweh (2Rs 8:7-15). O envolvimento de Yahweh com a guerra dos arameus começou com a sucessão de Hazael e terminou com as três vitórias de Josias sobre Ben-Hadade II, filho de Hazael, também predita por Eliseu (2Rs 13:14-19, 22-25).

O relato de Naamã e Geazi (2Rs 5:1-17) inclui um milagre de cura, mas o foco cai sobre uma reversão dos dois personagens. Naamã era comandante das forças dos arameus (desconhecido historicamente), mas ele ouviu a serva israelita cativa e foi a Eliseu para ser curado de sua lepra (v. 1-9). Imergindo-se sete vezes no Jordão como ordenado, ele foi curado (v. 9-14). Ele voltou para Eliseu e proclamou sua crença em Yahweh (v. 15-19), uma confissão espantosa dado o relacionamento entre as nações e seus deuses no mundo antigo. Geazi, então, buscou Naamã e exigiu alguns dos presentes que Eliseu havia recusado, por causa dos quais ele recebeu a lepra de Naamã (5:20-27). A posição dos personagens é assim revertida: o comandante inimigo leproso, o estrangeiro de forma suprema, é curado e confessa o Deus de Israel; então, o servo de Eliseu, a pessoa mais estimada entre os estimados, trai o profeta e é condenado. O relato explora as ramificações de uma ética universal baseada unicamente na fidelidade a Yahweh, sem levar em conta a nacionalidade, classe ou estado religioso.

Bibliografia. T. W. Overholt, *Prophecy in Cross-cultural Perspective.* SBLSBS 17 (Atlanta, 1986); W. T. Pitard, *Ancient Damascus* (Winona Lake, 1987); A. Rofe, *The Prophetical Stories* (Jerusalém, 1988); M. C. White, *The Elijah Legends and Jehu´s Coup. BJS* 311 (Atlanta, 1997). [MARSHA WHITE]

ELISUA (heb. *'ělîšûaʿ*) Um dos filhos de Davi, nascido em Jerusalém, de uma mulher de nome desconhecido (2Sm 5:15; 1Cr 14:5). Por causa de um erro de escriba, ele é incorretamente chamado Elisama (2) em 1Cr 3:6.

ELIÚ (heb. *'ělîhû*) (tb. ELIABE, ELIEL) **1.** Efraimita, filho de Toú, e bisavô de Samuel (1Sm 1:1); é chamado Eliel em 1Crônicas 6:34 e Eliabe em 1Crônicas 6:27.

2. Chefe de milhares de Manassés, que desertaram de Davi em Ziclague (1Cr 12:20).

3. Guardador do templo, da linhagem de Obede-Edom (1Cr 26:7).

4. Irmão de Davi, oficial chefe da tribo de Issacar (1Cr 27:18). A LXX lê Eliabe, como o mesmo que o irmão mais velho de Davi, mencionado em 1Samuel 16:6-7.

5. O filho de Baraquel; jovem amigo e o debatedor final de Jó (Jó 32-37), o único falante no livro que tem um nome israelita.

Estudiosos discutem que esses capítulos são uma inserção secundária no livro porque: Eliú é mencionado em parte alguma, incluindo o epílogo; o estilo é pretensioso, inferior ao restante do livro; e os discursos interrompem a continuidade do livro e contribuem pouco. A maioria dos estudiosos recentes refuta esses argumentos. Satanás também não é mencionado no epílogo, não aparece no corpo do livro; talvez não fosse digno de menção no epílogo. O estilo diferente pode ser uma deliberada intenção autoral para descrever o falante autoinflamado.

Existem várias opções a respeito da contribuição dos discursos de Eliú ao livro. Alguns os consideram como crítica da tradição profética (J. Gerald Janzen). Eles funcionam como complemento ao discurso divino: Eliú diz que ninguém deveria ouvir Deus falar, mas, então, Deus fala (J. G. Herder). Eliú assume o papel de mediador, de defensor de Deus (Norman C. Habel). A solução de Eliú para o sofrimento como disciplina, tirar o orgulho do coração é clímax do livro (Karl Budde). Os discursos de Eliú são uma crítica antiga do livro, inseridos por um mestre de sabedoria posterior (Claus Westermann). Eliú é propositadamente descrito pelo autor como insolente e precipitado (Janzen, Habel). Ele é cortado pelos discursos divinos e pelo epílogo, que o ignora, e por seus próprios discursos, nos quais sua ira e sua falta de tato provam que é a antítese de um homem sábio (cf. Pv 12:15-16; 14:17, 29). Ele inconscientemente caracteriza a si próprio como um "cheio de palavras" (Jó 32:18). Eliú reivindica inspiração divina como uma fonte de autoridade (32:8, 18; 33:4). Seu principal argumento, que o sofrimento é disciplina, já tinha sido levantado por Elifaz (5:17).

Bibliografia. J. G. Janzen, *Job*. Interpretation (Atlanta, 1985); M. H. Pope, *Job*. AB (Garden City, 1973). [PATRICIA A. MACNICOLL]

ELIÚDE (gr. *Elioúd*) Ancestral de Jesus, de acordo com a genealogia de Mateus (Mt 1:14-15).

ELMODÃ (gr. *Elmadám*) Ancestral pré-exílico de Jesus (Lc 3:28).

ELNAÃO (heb. *'elnaʿam*) O pai de Jeribai e Josavias, dois dos guerreiros de Davi (1Cr 11:46). A LXX menciona o próprio Elnaão como um dos guerreiros.

ELNATÃ (heb. *'elnāṯān*) **1.** O pai de Neústa, a esposa do rei Jeoiaquim e mãe de Joaquim (2Rs 24:8); um residente de Jerusalém.

2–4. Dois (a LXX menciona um) "líderes e outro considerado como "sábio" que acompanhou o retorno dos exilados a Jerusalém (Ed 8:16).

5. O filho de Acbor que capturou o fugitivo profeta Urias no Egito e o fez retornar ao rei Jeoiaquim (Jr 26:22). Ele também se uniu a um grupo de príncipes judaítas na leitura do rolo ditado por Jeremias em sua tentativa de dissuadir o rei de queimar o documento (Jr 36:12, 25). Alguns eruditos o identificam com o Elnatã mencionado nos Ostraca 3 de Laquis, pai de Conias, "comandante das hostes" que foi despachado para o Egito.

ELOAH (heb. *'ĕlôah*) Nome hebraico para Deus, de ocorrência mais frequentemente nos textos bíblicos em que os não-israelitas ignoram os nomes de Deus associados à história da tradição de Israel. Muitos eruditos creem que Eloá poderia ser uma forma singular posterior de Elohim. Conquanto a palavra frequentemente se refira à deidade em geral (Jó 12:6), também funciona como o nome do Deus israelita (Is 44:8). Eloá aparece principalmente em textos poéticos (Dt 32:15, 17; 1Sm 22:32 = Sl 18:31 [TM 32]; Pv 30:5; Hc 3:3) variando do período da monarquia ao período pós-exílico. O nome ocorre mais vezes (42 ocorrências) na poesia de Jó. [HENRY L. CARRIGAN, JR.]

ELOHIM (heb. *'ĕlōhîm*) O nome genérico de Deus mais frequente no AT; possivelmente o plural de Eloah, em si mesmo uma expansão de El, "deus".

Elohim mais naturalmente se refere a uma pluralidade de deuses, p. ex., os do Egito (Êx 12:12), Síria, Sidom, Moabe, os amonitas e filisteus (Jz 10:6), e os amorreus (Js 24:15; Jz 6:10). É também usado individualmente a respeito de Astarote, Quemós e Milcom (1Rs 11:33) e de Baalzebu (2Rs 1:2, 3, 6, 16). Isso se constitui num plural de identificação, isto é., o mais importante dos deuses de um grupo particular.

Elohim é usado com verbos no singular e/ou adjetivos com o foco na adoração israelita que é a Yahweh. Frequentemente, Elohim funciona como nome alternativo divino, como no Saltério Eloísta (Sl 42-83); p. ex., a única diferença significativa entre os Sl 14 e o 53 é o uso de Yahweh ou Elohim respectivamente. Uma preferência similar é usada para delinear ao menos duas fontes no Pentateuco usadas pelos proponentes da hipótese documentária.

Números 23:19 é representativo da crença antiga de que as divindades eram fundamentalmente diferentes dos seres humanos: "Deus não é um ser humano, de forma que minta, ou um mortal, para que mude sua mente" (cf. Is 31:3; 55:8-9; Os 11:9). Uma distinção importante é a longevidade dos deuses; a mortalidade humana é um tema comum para o Épico Gilgamesh (Mesopotâmia), a história de Aqhat (Ugarit), e Gênesis 3:22-24.

Alguns usos de Elohim em forma de adjetivos são também melhor entendidos como intensivos. Por exemplo, visto que Nínive leva três dias para ser percorrida, heb. *ʿîr-gĕḏôlāh lēʾlōhîm* (Jn 3:3) significa "uma cidade excessivamente grande". Exemplos comparáveis podem ser vistos quando *'ĕlōh'm* modifica o espírito da pré-criação(Gn 1:2), o temor que golpeia os filisteus (1Sm 14:15) e a sabedoria de Salomão (1Rs 3:28). Uma nuança de grande importância também sublinha o uso limitado de Elohim pelos seres humanos vivos: Moisés será "como Deus/

um deus" para Arão e Faraó (Êx 4:16; 7:1) e o rei pode ser chamado "deus" em comparação com seus súditos (Sl 45:6 [TM 7]).

A caracterização do espírito de Samuel (1Sm 28:13) como *'ĕlōh'm* é diferente, refletindo a crença antiga nos mortos deificados (cf. os Refains em ugarítico). Essa é uma interpretação possível (embora não exigida) de *'ĕlōh'm* em paralelo com "os mortos" em Isaías 8:19 também. *Ver* DEUS, NOMES DE (AT).

Bibliografia. H. Ringgren, "*elohim*" *TDOT* 1.267-84; K. van der Toorn, "God (I) אלהים", *DDD*, 352-65. [JOHN L. MCLAUGHLIN]

ELOÍSTA De acordo com alguns eruditos, uma das quatro fontes ou camadas que subjazem e compõem o Pentateuco. O discernimento de tais fontes está longe de ser assegurado, e nem sempre concordam aqueles que veem fontes nesses aspectos. Não obstante, uma descrição coerente do eloísta pode ser tentada.

O eloísta (E) é tipicamente entendido como localizado no reino do norte, de Israel, no final do século X ou no começo do século IX a.C. A obra, que talvez tenha sido independente ou é agora truncada, é tida como um suplemento à fonte Javista (J), consequentemente compartilhando a linha de história J de eventos: as aventuras de encontrar ancestrais, a descendência do povo no Egito, a emergência deles da viagem no deserto. O eloísta acrescenta algumas vinhetas à narração javista (p. ex., o amarrar de Isaque em Gênesis 22, o encontro de Moisés com Jetro em Êxodo 18), acrescenta detalhes (a visão noturna de Jacó em Gênesis 28:10-22), e em certos casos tem um vocabulário distintivo (Israel ao invés de Jacó, Jetro ao invés de Reuel, Horebe ao invés de Sinai).

O aumento eloístas da narrativa básica do Javista é também caracterizado por aspectos estilísticos. A fonte E é mencionada a partir de sua propensão de chamar a divindade Elohim (o plural da palavra para "deus"), exatamente como a fonte javista recebe o seu nome do seu hábito de chamar a divindade de Yahweh. Elohim é mais remoto que a divindade Javista, mais inclinado a empregar intermediários como anjos ou sonhos. Os seres humanos respondem apropriadamente aos relatos eloístas com temor de Deus ou reverência perante ele. Os múltiplos episódios eloístas nos quais os filhos estão em perigo e em que se especifica os sítios do norte onde as pedras memoriais são estabelecidas e a simples adoração pode ocorrer: Siquém, Betel e Peniel.

Os eruditos sugerem que o projeto do eloísta é reformista, originando-se para dar suporte ao ato de secessão do reino davídico por dez tribos do norte, uma revolução conduzida por Jeroboão I. Por esse tipo de raciocínio, o eloísta é crítico dos excessos de poder do reino do sul, Judá, depreciativo de sua liderança sacerdotal da linhagem zadoquita descendente de Arão, sedento de projetar os ancestrais que recordam o seu próprio rei rebelde, Jeroboão, e desejoso de patrocinar a descentralização de autoridade na remoção de Jerusalém. Os eruditos têm tendido a descrever os textos eloístas como eticamente mais sensíveis do que alguns dos javistas, mas essa alegação é difícil de substanciar. Algumas histórias creditadas a E relatam detalhadamente de um modo mais explícito as circunstâncias mais preocupantes.

A diferença da posição esboçada aqui vai daqueles que negam a presença de uma fonte eloísta a aqueles que discordam de haver ou não certos textos que deveriam ser atribuídos a ele; que a diferença em ponto de vista pode ser mantida pelos critérios oferecidos acima nem sempre é razão suficiente para vê-las em operação numa longa narrativa como a história de José (Gn 37-50), que funciona perfeitamente bem, talvez mais artisticamente sem elas. Como o consenso uma vez forte dando apoio à hipótese documentária continua a se desintegrar, assim também a confiança se desintegrará no eloísta como voz coerente na sinfonia do Pentateuco.

Bibliografia. R. B. Coote, *In Defense of Revolution: The Elohist History* (Minneapolis, 1991). [BARBARA GREEN, O.P.]

ELOÍ, ELOÍ, LAMÁ SABACTÂNI *Ver* ELI, ELI, LAMA SABACTÂNI.

ELOM (heb. *'ēlôn, 'êlôn*) **I. (LUGAR)** Vila no território tribal de Dã, entre Aijalom e Timnate (Js 19:43), possivelmente Khirbet úadi ʿAlin. Alguns eruditos pensam que é a mesma vila chamada Elom-Bete--Hanã (1Rs 4:9).

II. (PESSOA) 1. Heteu, o pai de Basemate, uma das duas esposas hititas de Esaú (Gn 24:34). Em Gênesis 26:2, a filha de Elom é chamada Ada, e o pai da Basemate é Ismael. A tradição da LXX rotula-o como heveu.

2. Um dos três filhos de Zebulom (Gn 46:14), ancestral dos elonitas (Nm 26:26).

3. Zebulonita que sucedeu Ibzã de Belém como juiz sobre Israel (Jz 12:11). Elom foi juiz por dez anos e foi sepultado em Aijalom, na terra de Zebulom. A similaridade verbal na escrita hebraica consonantal entre Elom e Aijalom sugere que esta é uma explicação etiológica. [JESPER SVARTVIK]

ELOM-BETE-HANÃ (heb. *'êlôn bêṯ ḥānān*) Vila na região tribal de Dã, pertencente ao segundo distrito administrativo de Salomão (1Rs 4:9). Alguns eruditos têm identificado o lugar com Aijalom em Josué 19:43 ("o carvalho da casa de Hanã", a moderna Yalo), cidade de refúgio (1Cr 6:69) na planície nordeste a leste de Emaús. [DAVID C. MALTSBERGER]

ELOTE (heb. *'êlôṯ*) Forma alternativa para Elate.

ELPAAL (heb. *'elpa'al*) O líder de uma família benjamita (1Cr 8:11-12, 18).

EL-PARÃ (heb. *'êl pā'rān*) Localidade do território horeu que marcava o ponto mais meridional da expedição militar de Quedorlaomer (Gn 14:6), adjacente ao Deserto de Parã. heb. *'el* ("terebinto") é provavelmente uma variante de élate, a moderna cidade portuária no Golfo de Aqaba (cf. LXX *terébinthos tẽs pháran*, "Terebinto de Parã"). [PETE F. WILBANKS]

ELPELETE (heb. *'elpālet*) (tb. ELIFELETE) Um dos filhos de Davi nascido em Jerusalém, de uma mãe desconhecida (1Cr 14:5). Em 1Crônicas 3:6, o nome ocorre como Elifelete (1; cf. 3:8; 14:7). Considerado por alguns eruditos como o resultado de um erro de escriba, sua ocorrência ali pode antes ser um esforço consciente para expandir a genealogia registrada em 2Samuel 5:14-16.

EL SHADDAI (heb. *'ēl šadday*) Um nome de Deus (Êx 6:3). Foi esse nome pelo qual os patriarcas e as matriarcas de Israel conheceram a Deus (p. ex., Gn 17:1; 28:3; 35:11), em contraste com o nome compartilhado com Moisés, Yahweh (Êx 6: 3). Com o tempo, El Shaddai se identificou com Yahweh.

A origem, a história e a etimologia exatas do nome são altamente debatidas. Tradicionalmente, ele foi conectado ao heb. *šādad*, "agir com vigor", mas o verbo na verdade tem a conotação "agir violentamente". Outros estudiosos associam-no com o assírio *šadu*, "montanha" ou "alto", traduzindo assim o hebraico como "Deus Altíssimo" ou "Deus das montanhas". A tradução usual "todo-poderoso" deriva da tradução do hebraico na LXX e na Vulgata, que era uma tradução livre do que era então um termo obscuro.

Bibliografia. W. F. Albright, "The Names Shaddai and Abram", *JBL* 54 (1935): 173-204; D. Baile, "The God with Breasts: El Shaddai in the Bible", *HR* 21 (1982): 240-56. [LISA W. DAVISON]

ELTECOM (heb. *'eltĕqōn*) Cidade na região montanhosa de Judá, mencionada como Bete-Zur e Bete-Anote (Js 15:59). Pensa-se que o lugar deve ser Khirbet ed-Deir, aprox.. 9 km a oeste-sudoeste de Belém.

ELTEQUE (heb. *'eltĕqēh*) Cidade dos levitas (Js 21:23) na distribuição da terra ao sul de Dã (19:44). Identificada com a moderna Tell esh-Shallf/Tel Shalaf, o assentamento cresceu nas margens do leito do córrego de Soreque (úadi es-Sarar/Nahal Soreque) perto do mar Mediterrâneo. Um levantamento de superfície indica que o assentamento continuou por toda a Idade do Ferro (c. 1200-587 a.C.). O Prisma de Taylor registra que durante a invasão de Judá em 701, Senaqueribe da Assíria capturou a cidade com Timnate mais adiante do Vale de Soreque. [DAVID C. MALTSBERGER]

ELTOLADE (heb. *'eltôlad*) (tb. TOLADE) Cidade alocada a Judá (Js 15:30), mais tarde atribuída a Simeão (19:4, 7). Em 1Crônicas 4:29, é chamada Tolade, nome que ocorre na ostraca de Berseba associada com a distribuição de vinho. Uma possível identificação de lugar é Khirbet Erqa Saqra, 20 km a sudeste de Berseba. [LAURA B. MAZOW]

ELUL (heb. *'ĕlûl*) O sexto mês do ano hebraico (agosto-setembro; ac. *elulu, ululu*).

ELUZAI (heb. *'el'ûzay*) Guerreiro benjamita, um dos "cem" de Saul que se uniu a Davi em Ziclague (1Cr 12:5).

ELZABADE (heb. *'elzābād*) **1.** O nono dos guerreiros experimentados de Gade que se uniram a Davi em Ziclague(1Crr 12:8, 12 [TM 9, 13]).

2. Coraíta, guarda da porta no templo de Jerusalém (1Cr 26:7).

ELZAFÃ (heb. *'elṣāpān*) (tb. ELIZAFÃ) Uma forma variante de Elizafã (1), um dos filhos de Uziel ordenados a remover os cadáveres de Nadabe e Abiú (Êx 6:22; Lv 10:4).

EMANUEL (heb. *'immānû'ēl*; gr. *Emmanouḗl*) O nome de uma criança cujo nascimento simboliza a presença de Deus ("Deus [está] conosco"). O nome ocorre primeiro em Isaías (Is 7:14; 8:8; cf. v. 10). Também é usado numa das citações de cumprimento do AT, por Mateus (Mt 1:23, "Emmanuel").

O contexto em Isaías é a guerra sírio-efraimita (735-732 a.C.). Judá foi ameaçado pela Síria e Israel porque esse reino recusou juntar-se a uma revolta contra a Assíria (cf. 2Rs 16). Acaz é advertido para não depender da Assíria para apoio político (Is 7:1-9), e Isaías o assegura da proteção de Deus. Acaz não crê e pede um sinal (Is 7:12), talvez porque já tivesse pedido ajuda à Assíria (2Rs 16:7-9). Não obstante, Deus dá um sinal de dois gumes, tanto de salvação quanto de julgamento (Is 7:13-17): a jovem mulher conceberá (ou talvez já concebeu), dará à luz um filho e o chamará Emanuel. Antes de a criança crescer o bastante para ter discernimento moral, as duas nações que ameaçam Judá serão destruídas. Essa palavra de esperança é, no entanto, contrabalançada com uma palavra de ameaça, de que a falta de confiança em Deus demonstrada por Acaz, resultará num grande desastre para Judá, que virá pela dominação assíria (Is 7:17; 8:1-10).

Muitos aspectos da interpretação exata do sinal e a identidade da criança e de sua mãe estão em conflito. Alguns interpretam a criança como sendo o rei, talvez Ezequias. Outros sugerem que ele seja o próprio filho do profeta, ou talvez uma referência ao futuro nascimento de Jesus séculos depois. Porém, a segunda visão não leva em conta a situação contemporânea de Isaías. A ideia central da profecia em seu contexto do AT não é a virgindade da mãe da criança (heb. *ʿālmâ*, "a mulher jovem em idade de casar-se"). Normalmente, dado aos costumes sociais prevalecentes, tal pessoa seria uma virgem, mas o hebraico *bĕṯûlâ* é um termo mais comum para virgem. Além disso, o uso do artigo sugere uma mulher específica, conhecida por Isaías e por Acaz. O nascimento e o nome da criança, portanto, expressam simbolicamente a crença de que Deus estava presente, cuidando e protegendo o seu povo, e o significado de Emanuel encontra-se no momento providencial do sinal.

A citação de Mateus, em Isaías 7:14, é apresentada com uma fórmula de cumprimento estereotípica (Mt 1:22) e, com algumas exceções secundárias, segue a LXX, que traduz *ʿālmâ* pelo grego *parthénos*, uma palavra regularmente usada para traduzir *bĕṯûlâ*. Mateus utiliza Isaías 7:14 na sua narrativa de nascimento, pois apoia a sua crença nos aspectos davídicos e divinos da identidade de Jesus. Primeiro, a genealogia de Jesus por Mateus, procura estabelecer a linhagem davídica de Jesus (Mt 1:1-17), e Isaías tinha apresentado o seu sinal referindo-se a Acaz como "casa de Davi" (Is 7:13). Segundo, Mateus cita Isaías 7:14 depois de José ter sido informado que a gravidez de Maria era pelo Espírito Santo; e a referência à "virgem" ajuda a explicar por que Jesus é o filho de Deus. O interesse de Mateus está no significado teológico do nome, o qual ele interpreta para que seus leitores não percam o significado hebraico (cf. Is 8:10). Essa citação de cumprimento sublinha a crença de Mateus de que em Jesus Deus está presente com o seu povo. A promessa da presença em Mateus 1:23 forma uma moldura em torno de todo o evangelho, com 28:20, no qual Jesus ressuscitado promete: "estou convosco todos os dias até o final dos tempos".

Bibliografia. R. F. Brown, *The Birth of the Messiah*, ed. rev. (New York, 1993); C. Seitz, *Isaiah 1-39*. Interpretation (Louisville, 1993). [DAVI B. HOWELL]

EMAÚS (gr. *Emmaoús*) Vila a aproximadamente 11 km de Jerusalém (30 km de acordo com algumas testemunhas antigas). O Jesus ressuscitado apareceu a dois discípulos no caminho de Emaús (Lc 24:13-35). Diversos sítios modernos têm sido propostos para a Emaús do NT, incluindo Amwas (Khirbet Imwas, a antiga Nicópolis) sendo o mais distante. El-Quibeibeh (Crusader Castellum Emmaus), Abu Ghosh ou Qaloniyeh (antiga Colônia; Motza, j. *Sukk.* 54b) sendo os mais próximos, mas nenhum deles tem ganho uma aprovação comum.

Um exemplo de história antiga de reconhecimento, a narrativa de Emaús ocorre somente em Lucas e, assim, comunica a ênfase lucana distintiva sobre o aparecimento de Jesus: Lucas combina o aparecimento de Jesus com uma refeição e uma profecia. Jesus aparece sem ser reconhecido, e os olhos dos discípulos são abertos somente quando Jesus toma, abençoa, parte, e distribui o pão (cf. Lc 9:16; 22:19; também 24:41-43). Todavia, Jesus não compartilha da comida; ele desaparece quando os dois discípulos o reconhecem. Outras passagens lucanas também mostram Jesus tomando refeições (Lc 9:10-17; 22:14-38; At 10:41), e a mesa proporciona um lugar-chave de reunião para a igreja (At 2:42, 46; 20:7; 27:33-36).

A narrativa de Emaús também enfatiza a importância da profecia. Os discípulos se lembram de Jesus como profeta poderoso em atos e palavras e recordam seus desapontamentos pelo fato de ele ter sido morto. Mas Jesus os repreende, explicando que os sofrimentos do Messias tinham sido apontados por Moisés e pelos profetas.

Significativamente, a história de Emaús começa e termina em Jerusalém. Único entre os Evangelhos Sinópticos, o livro de Lucas aponta os aparecimentos de Jesus e o início da igreja naquela cidade.

Bibliografia. R. J. Dillon, *From Eye-Witnesses to Ministers of the Word*. AnBib 82 (Roma, 1978). [GREG CAREY]

EMBALSAMAMENTO O processo de preservação do corpo dos que morriam (do latim as palavras significavam "colocar resinas aromáticas", referindo-se ao uso dos unguentos, resinas e óleos para preservar o corpo). "Mumificar" é derivado do árabe *mummiya*, "resina" ou "betume", palavra usada porque alguns criam que os cadáveres enegrecidos das múmias egípcias haviam sido cobertos com resina. Conquanto um grupo de povos antigos inventou modos de preservar os corpos dos falecidos de sua sociedade, os antigos egípcios devem ser considerados os principais especialistas nessa atividade. Muitos detalhes da cultura deles estão refletidos no Antigo Testamento, especialmente em Gênesis e Êxodo, e a prática de mumificação que eles tinham — ou embalsamamento — é a que está diretamente relacionada ao estudo da Bíblia. Os evangelhos discutem algumas das preparações feitas para o sepultamento do corpo de Jesus, mas esse não era o embalsamamento no seu verdadeiro sentido, especialmente quando comparado aos processos elaborados desenvolvidos pelos egípcios.

Algumas civilizações antigas fizeram esforços para preservar os cadáveres dos mortos com a ideia de respeito pelo indivíduo, especialmente se a pessoa falecida possuía alta posição. Os egípcios faziam grande esforço para preservar os corpos porque criam que a sobrevivência do corpo, de forma reconhecível, era necessária para a sobrevivência dos componentes imortais dos seres humanos, o *ka*, *ba*, e *akh* — a força da vida, personalidade, e "espírito".

Através do uso de vários processos físicos/cirúrgicos e químicos, os egípcios inventaram meios artificiais de preservar os corpos. O processo de mumificação foi introduzido muito cedo na história dinástica do Egito, na primeira metade do terceiro milênio a.C. Mesmo antes disso, os egípcios devem ter observado que a areia quente e seca do deserto frequentemente retirava a umidade e preservava os corpos sem qualquer processo artificial. Uma variedade de técnicas foi desenvolvida durante muitos séculos para conservar os corpos da nobreza egípcia; entre esses se incluía a remoção dos órgãos internos. O corpo era encharcado de sódio e embrulhado apertadamente num pano de linho. Quando Heródoto visitou o Egito, no século V, ele documentou os métodos de mumificação que ainda eram conhecidos, ainda que a arte e a ciência do embalsamamento não eram a essa altura tão importantes como haviam sido anteriormente.

De acordo com Gênesis, José tinha se tornado tão aculturado à vida egípcia que ordenou a seus "médicos" que embalsamassem o corpo de seu pai Jacó/Israel (Gn 50:2-3). De acordo com outros textos antigos, Gênesis registra que o processo de mumificação levava quarenta dias e que o tempo da lamentação durava setenta dias. Quando José morreu, ele foi também mumificado e levado num caixão (Gn 50:26); heb. *'ărôn* corresponde a um "caixa", mas é um termo apropriado para descrever o invólucro para levar a múmia.

Bibliografia. C. Andrews, *Egyptian Mummies* (Cambridge, Mass., 1984); C. Hobson, *The World of the Pharaohs* (New York, 1987); S. Quirke e J. Spencer, eds., *The British Museum Book of Ancient Egypt* (New York, 1992). [GERALD L. MATTINGLY]

EMBRIAGUEZ Intoxicação advinda de bebida forte. A embriaguez era um dos muitos problemas sociais dominantes no mundo antigo, e seus efeitos eram de longa duração nas famílias e nações do AT. Noé e Ló servem como exemplos de embriaguez conduzindo a relacionamentos sexuais impróprios (Gn 9:21-27; 19:30-38). Os efeitos físicos incluem o andar cambaleante (Sl 107:27; Is 24:10), a perda da força (Ec 10:17), a diminuição da agilidade mental (1Rs 16:9; 20:16), o sono induzido (Jl 1:5), cegueira (Is 29:9), ou mesmo a morte e a destruição, como aconteceu com Nabal (1Sm 25:36-38) e a Efraim (Is 28:1-3).

A embriaguez pode levar a uma conduta ridícula (Sl 69:12 [TM 13]), a um estilo de vida indecente (Rm 13:13), querelas e lutas (Pv 4:17; 20:1) ou destituição (23:21). Aqueles que vivem dessa forma devem ser evitados, porque eles não herdarão o reino (1Co 5:11; 6:10). A dissipação total da vida é descrita como o cambalear de um bêbado em seu vômito (Is 19:14).

A embriaguez impede a destreza para a obra de Deus no mundo (Lc 21:34). Consequentemente, os sacerdotes eram proibidos de consumir vinho ou bebida forte no serviço do santuário (Lv 10:9), e o nazireu devia se abster de todo o produto da vinha durante o período da dedicação a Deus (Nm 6:2-4).

A embriaguez é usada frequentemente como metáfora para o julgamento de Deus. Muitos oráculos proféticos contra as nações vizinhas a Israel e Judá continham tal figura dramática, incluindo Moabe (Jr 48:26), Edom (49:12-13; Lm 4:21), Babilônia (Jr 51:39), Egito (Is 19:14), Assíria, e Nínive (Na 1:10). Jerusalém, que também havia se tornado inimiga de Deus, por sua continuada idolatria e rejeição da Torá, experimentaria o horror e a desolação como resultado da taça da embriaguez, trazida pelo Senhor (Ez 23:32-34). [R. DENNIS COLE]

EMEQUE-QUERIZ (heb. *'ēmeq qĕṣîṣ*) Cidade atribuída à tribo de Benjamim (Js 18:21). O lugar é desconhecido. Sua disposição segue-se a Jericó e Bete-Hogla e antes de Bete-Arabá. Uma localização na planície do Jordão a sudeste de Jericó foi sugerida, embora o nome do lugar ("vale cortado") seja inconsistente com tal topografia. [LAURA B. MAZOW]

EMIM (heb. *'êmîm*) Os primeiros habitantes de Moabe, desalojados pelos moabitas (Dt 2:10); raça de gigantes parecidos com os anaquins e também conhecidos como refains (v. 10-11). Os emins foram derrotados por Quedorlaomer em Savé-Quiriataim (Gn 14:5).

ENÃ (heb. *'ēnām*) **I. (LUGAR)** Vila no território da tribo de Judá, perto de Azeca e Socó (Js 15:34), talvez seja o mesmo que Enaim.

II. (PESSOA) (heb. *'ēnān*) O pai de Airá, o líder da tribo de Naftali (Nm 1:15; 2:29; 7:78, 83; 10:27).

ENAIM (heb. *'ênayim*) Cidade no caminho para Timná vindo de Adulão. Foi nas cercanias dessa cidade que Tamar, colocou-se como prostituta cultual e recebeu a proposta de seu sogro Judá (Gn 38:14, 21). Muitos eruditos equalizam Enaim com Enam na planície de Judá (Js 15:34). Sua localização é incerta. A maioria coloca-a entre Zoanoa e Jarmute ou próximo do final oriental do Vale de Elá. [STEVEN M. ORTIZ]

ENCARNAÇÃO A crença cristã de que Deus revelou o eu divino na realidade humana na pessoa e obra de Jesus de Nazaré (lat. *incarnatio*, *lit.*, "tornar-se carne").

A ênfase joanina sobre o "Verbo se fez carne" (Jo 1:14) e aquela dos escritores sinópticos sobre o nascimento de um filho de Maria, servem ambas para proteger a doutrina da encarnação de uma interpretação docética ou uma cristologia adocionista (cf. Rm 8:3; Cal. 1.19; 1Tm 3:16; 1Jo 4:2; 2Jo 7). Nos primeiros séculos, a comunidade crente debateu sobre como articular a crença na Encarnação em resposta à completa negação e revisões heréticas (docetismo, adocionismo, arianismo, apolinarismo, nestorianismo, eutiquianismo, monotelitismo). Essa luta é refletida na afirmação de Niceia em 325 d.C. e na reafirmação de Calcedônia em 451.

Tradicionalmente, a doutrina da encarnação procurou articular três verdades cristológicas centrais: (1) Jesus Cristo era uma pessoa divina. (2) Jesus Cristo era ser humano autêntico. (3) a natureza divina e a natureza humana existiam em união hipostática na pessoa de Jesus Cristo. Seria possível argumentar que estas três verdades estão estabelecidas na afirmação do prólogo do evangelho de João (Jo 1:14). A afirmação de que é o *Logos* divino que é encarnado enfatiza a preexistência e personalidade divina daquele que nasce de Maria. O grego *sárx* aqui se refere à substância tangível, material, corpórea que inclui o corpo humano. Quando essa verdade é vista em relação à afirmação antidocética de 1João 1:1, fica claro que o escritor joanino tinha compreensão de Jesus como pessoa completamente humana, do mesmo modo que se compreendiam todos os outros como humanos. Finalmente, gr. *egéneto* ("se tornou") enfoca a união dinâmica das naturezas divina e humana em uma pessoa. O termo sugere a atividade volitiva livre do *Logos* preexistente, que se torna carne sem qualquer diminuição da pessoa divina. Além disso, enfatiza que uma tal carne não é produto de nenhum subterfúgio divino, mas, antes, é consistente com a natureza corpórea de toda a carne humana.

Desde o Iluminismo, a doutrina da encarnação experimentou diversas tentativas de modificação, revisão e completa rejeição. A rejeição é vista claramente no unitarismo em algumas escolas de pensamento pós-reforma e no Deísmo posterior. A revisão é vista na reformulação filosófica da doutrina encontrada no pensamento de G. W. F. Hegel. Finalmente, o pensamento do século XX procurou muitas vezes modificar a doutrina. Por um lado, alguns viam a doutrina cristã da encarnação como simplesmente uma das muitas manifestações místicas da ideia de encarnação na experiência religiosa humana de modo geral. Por outro, o escândalo da particularidade dentro da compreensão cristã da encarnação passou a ser vista como barreira ao diálogo dentro de um ambiente religioso contemporâneo pluralista. Essas afirmações lembram que a Encarnação continua no âmago da crença cristã. [D. LARRY GREGG]

EN-DOR (heb. *'ēn dôr, 'ên dôr, 'ên dō'r*) Cidade a noroeste de Manassés (Js 17:11), na área da planície de Esdraelom. Visto que a escrita da palavra varia no hebraico, o significado do nome não é certo. Ele pode estar conectado com uma fonte (heb. *dwr*) ou com os dorianos, um grupo tribal grego. En-dor é uma cidade onde as forças de Baraque triunfaram sobre Sísera (Sl 83:10 [TM 11]; cf. Jz 4-5). Ali viveu uma feiticeira a quem Saul visitou na véspera de sua batalha final a fim de obter ajuda de Samuel, o profeta morto. Talvez, dependendo de exatamente onde se localiza En-dor, Saul precisou viajar por detrás das linhas inimigas a fim de visitar a médium, dado o seu disfarce. O nome pode estar preservado na Indur moderna, mas a localização preferida é Khirbet es-Safsafeh/Horvat Zafzafot.

Bibliografia. J. P. Brown, "The Mediterranean Seer and Shamanism", *ZAW* 93 (1981), 374-400; N. Zori, "New Light on Endor", *PEQ* 84 (1952), 114-17. [SAMUEL LAMERSON]

ENDRO Erva umbelífera (Anethum graveolens L.) que se assemelha à salsa (heb. *qeṣaḥ*; gr. *ánēthon*). A planta era cultivada por suas sementes marrons de forma oval, que eram usadas como condimento na cozinha e como remédio contra gases intestinais. De acordo com m.Makot 3.16 (aram. *šĕḇēṯa*) o endro estava sujeito ao dízimo (cf. Dt 14:22), pelo qual Jesus repreende os líderes judeus que davam atenção a assuntos insignificantes da lei às expensas da justiça, da misericórdia e da fé (Mt 23:23; cf. Lc 11:42, "arruda").

A planta citada na parábola de Isaías sobre o fazendeiro (Is 28:25, 27) é provavelmente a flor da noz-moscada ou o "cominho negro" (*Nigella sativa L.*), planta que pode alcançar cerca de 60 cm de altura e cujas sementes podem ser facilmente descascadas para o preparo de condimentos. No hebraico rabínico, o hebraico *qeṣaḥ* é traduzido como cominho negro(Ber. 40a; assim na LXX *melánthion*).

EN-EGLAIM (heb. *'ên 'eglayim*) Lugar mencionado na visão escatológica que Ezequiel teve do rio sagrado fluindo para o sudeste vindo do templo de Jerusalém para o deserto (Ez 47:10). Ezequiel localiza En-Eglaim na praia do Mar Morto, como um bom lugar para pescar uma vez que o doar da água da vida a tornou água cristalina. A real localização de En-Eglaim é incerta. As possíveis identificações incluem Ain Hajlah (ao norte do Mar Morto), Ain Feskha, e /or Eglaim (Is 15:8). [MONICA L. W. BRADY]

ENEIAS Homem de Lida que tinha estado acamado por oito anos antes de Pedro curá-lo de sua paralisia (At 9:33-35).

ENFERMIDADE *Ver* DOENÇAS.

EN-GANIM (heb. *'ên gannîm*) (tb. ANEM) **1.** Assentamento na planície da Judeia. A cidade era provavelmente a leste de Zanoa e Jarmute, vindo entre elas na descrição da planície ocidental em Josué 15:34. A localização exata é incerta, embora alguns tenham sugerido Beit Jemal, 3.2 km ao sul de Bete-semes, ou Umm Jina, a 1,6 km a sudoeste de Bete-semes.

2. Cidade levítica dentro dos limites tribais de Issacar (Js 19:21; 21:29), provavelmente identificada com Khirbet Beit Jann a sudoeste da moderna Tiberius. A narrativa paralela em 1Crônicas 6:73 chama o assentamento de Anem. [DAVID C. MALTSBERGER]

EN-GEDI (heb. *ʿên geḏî*) Oásis mencionado como uma das cidades de Judá que tinha o tamanho suficiente para comportar vilas (Js 15:62). Fonte perene, aprox. 200m acima do Mar Morto, supre o lugar com água. Quando Davi fugia de Saul, buscou refúgio nas "fortalezas" (aparentemente cavernas) da região; ali Davi insultou Saul por cortar a orla de seu manto (1Sm 23:29-24:5). Durante o reinado de Jeosafá, uma coalizão de moabitas, amonitas e meunitas se reuniu em Hazazom-Tamar que é identificado com En-Gedi (2Cr 20:1-2); contudo, antes de eles terem uma oportunidade de se confrontar com o exército de Judá, as forças da coalizão destruíram uma às outras (v. 22-23).

En-Gedi era conhecida por suas vinhas, palmeiras e bálsamo (Ct 1:14; *Sir.* 24.14; Josefo *Ant.* 9.1.2; Eusébio *Onom.* 86.18). A visão do templo que Ezequiel teve (Ez 47:10) menciona En-Gedi com En-Eglaim como marcos geográficos para um rio de águas frescas fluindo do templo para o Mar Morto.

En-Gedi tem sido identificada com Tel Goren/Tell el-Jurn, localizada na metade do caminho para a costa ocidental do Mar Morto. Escavações têm descoberto um centro de culto bem construído desde o período calcolítico sobre um promontório, contemplando a cidade da Era do Ferro. Na cidade propriamente, os restos remontam ao final da Era do Ferro (camada V; ca. 630-582 a.C.). Os edifícios estão situados ao redor dos pátios. A descoberta de numerosos jarros de estocagem e o bálsamo abundante da região sugere que o lugar era um centro para a produção de perfume. Essa camada foi destruída por Nabucodonosor aproximadamente em 582.

Após o exílio, o lugar foi reocupado durante o período persa (camada IV) com uma morada palaciana de aprox.. 658 jardas quadradas com mais de 23 quartos. Esse edifício foi inexplicavelmente destruído aprox. em 400. Camada III (período Ptolomaico/Selêucida) consistiu de um lugar fortificado que foi destruído provavelmente no conflito entre os asmoneus e Herodes.

A última ocupação importante (camada II) ocorreu durante o século I d.C., quando o lugar foi fortificado novamente com uma outra cidadela. Os muros mediam cerca de 2m de largura. Várias moedas foram descobertas com essa camada (Agripa I, Cláudio, Nero, e moídas do segundo ano da Primeira Revolta). Josefo indica que durante a rebelião contra Roma os ocupantes de Massada invadiram En-Gedi e massacraram seus habitantes (*BJ* 4.7.2). Após essa destruição, a camada I consistiu apenas de habitações não-permanentes e de plataformas de agricultura.

Nas proximidades, foi construída uma casa de banho durante o período entre a Primeira Revolta e a Revolta de Bar Kokhba (aprox. 132 d.C.). Após a Revolta de Bar Kokhba, foi construída uma sinagoga na base da cidade e foi reconstruída por diversas fases. Ela foi destruída no século VI.

Bibliografia. D. Barg, Y. Porat e E. Netzer, "The Synagogue at 'En-Gedi'", em *Ancient Synagogues Revealed*, ed. L. I. Levine (Jerusalém, 1981), 116-19; B. Mazar, T. Dothan, e I. Dunayevsky, "En-Gedi: The First and Second Seasons of Excavations, 1961-1962", *Atiqot* 5 (1966), 116-19; D. Ussishkin, "The Ghassulian Shrine at En-Gedi", *Tel Aviv* 7 (1980), 1-44. [DALE W. MANOR]

EN-HACORE (heb. *ʿên haqqôrēʾ*) Fonte em Leí, da qual Sansão, cansado da batalha contra os filisteus, bebeu e recobrou suas forças (Jz 15:19). O nome (heb. "fonte daquele que é chamado") pode se derivar do fato de Sansão ter sido primeiramente chamado (*qārāʾ*) do Senhor para ajudar (Jz 15:18).

EN-HADA (heb. *ʿên ḥaddâ*) Vila no território da tribo de Issacar (Js 19:21). O lugar é provavelmente a moderna el-Hadetheh/Tel em-Hadda, cerca de 10 km a leste do Monte Tabor.

EN-HAZOR (heb. *ʿên ḥāṣôr*) Cidade fortificada atribuída à tribo de Naftali na parte mais alta da Galileia (Js 19:37). O lugar seja talvez o mesmo que *ʿn-y* nas listas topográficas de Tutmoses III. A localização não é certa, mas Yohanan Aharoni tem sugerido a identificação com a moderna Ainitha, perto de Bint Jbeil no sul do Líbano. [STEPHEN J. ANDREWS]

ENIGMA Gênero Sabedoria comum na literatura do antigo Oriente Próximo. São abundantes os exemplos em fontes sumérias, babilônias, assírias, egípcias, iranianas e gregas. Um enigma sumério propõe uma charada clássica: "Qual a coisa mais útil para o ser humano?" O enigma predominante: "Qual a coisa mais forte do mundo?" é representado nas histórias de Sansão (Jz) e em 1Esdras 3.1–5.6).

Enigmas aparecem em todo o AT e estão relacionados a fábulas, parábolas e metáforas, todas as quais requerem que o ouvinte ou o leitor olhe além das palavras e das imagens para discernir o significado ou sabedoria nelas oculta. Alguns estudiosos falam da forma de "pista" e da "armadilha" que os enigmas assumem. Os enigmas provavelmente tiveram origem em alguma situação específica na vida de um povo. Provavelmente eles foram originalmente independentes dos contos e histórias nos quais apareceram e, como enigmas quando passaram adiante de geração em geração.

A função da forma de enigma é testar os participantes e ouvintes para discernir alguma verdade. Mas essa busca pela verdade pode tomar um rumo divertido durante o enigma. O debate do enigma na narrativa de Sansão, no qual o israelita disputa com os filisteus tanto na competição intelectual quanto física, é exemplo dessa diversão, ocorrendo num ambiente com apostas muito altas (Jz 14:14, 18).

A Literatura de Sabedoria do AT contém muitos enigmas. 1Reis 10:1-3 fala de Salomão, patrono e fornecedor de sabedoria por excelência, envolvendo-se numa disputa de enigmas com a rainha de Sabá. Josefo relata a tradição de um intercâmbio de "problemas enganadores e provérbios enigmáticos" entre Salomão e Hirão, rei de Tiro (*Ant.* 18.143).

1Esdras preserva um conto de uma disputa de enigma na corte de Dario, na qual um dos mais antigos enigmas do mundo foi proposto para três jovens, provavelmente guardas do rei. Quem pudesse resolver o enigma: "Qual é a coisa mais forte do mundo?" seria graciosamente recompensado. Os três jovens deram respostas diferentes: vinho, o rei e mulheres, respectivamente. No original, a versão secular da disputa vence o terceiro pajem com a resposta "mulheres", mas numa versão posterior "verdade" é acrescentada como vencedora, moralizando, assim, o conto.

Enigmas aparecem também em oráculos proféticos (p. ex., Am 6:12). Muitos dos enigmas na Bíblia, especialmente aqueles associados a Sansão e Salomão (Cântico dos Cânticos, Provérbios) podem refletir um contexto erótico dissimulado. [WILLIAM R. GOODMAN]

ENLIL (sum. *ENLIL*) Deus sumério da atmosfera e dos ventos, adorado em Nippur. O principal deus do panteão sumério, ele mais tarde foi identificado com Marduque. *Ver* BEL.

EN-MISPATE (heb. *ʿên mišpāṭ*) Oásis ("fonte de julgamento"), e provavelmente centro de culto, no Neguebe onde Quedorlaomer e seus reis aliados derrotaram os amalequitas (Gn 14:7). Foi mais tarde chamado Cades ou Cades-Barneia.

ENOM Lugar perto de Salim onde João Batista estava batizando durante o começo do ministério de Jesus (Jo 3:23). Embora esse lugar de água abundante (do hebraico, *ʿênayim*, "fonte dupla") ainda não foi identificado. Eusébio (*Onom.* 40.1-4) o localiza cerca de 10 km ao sul de Bete-sham, talvez próximo da moderna Umm el-Amdan.

ENOQUE (heb. *ḥănôk*) **I. (LUGAR)** Cidade construída por Caim e que recebeu o nome de seu filho mais velho, Enoque (Gn 4:17).

II. (PESSOA) 1. O filho de Caim e pai de Irade (Gn 4:17-18). A presente forma do texto indica que a primeira cidade foi construída por Caim e chamada Enoque. O contexto e a forma típica de genealogias, contudo, parecem indicar que Enoque construiu a primeira cidade; ela foi chamada Irade (cf. Eridu).

2. O primeiro filho de Jarede (Gn 5:18; cf. 1Cr 1:3), o pai de Matusalém (Gn 5:21-22), e descendente de sétima geração de Adão (Jd 14). O espaço de vida de Enoque de 365 anos (Gn 5:23) é comparativamente pequeno em relação aos outros membros de sua linhagem familiar e pode sugerir uma conexão com o ano solar. Sobre esse assunto, Enoque tem sido comparado com Enmeduranki, que é usualmente mencionado como o sétimo dos reis mesopotâmios antes do dilúvio, ou com Utuabzu, conselheiro de Enmeduranki. A história de Enoque termina com "e não apareceu mais, porquanto Deus o tomou" (Gn 5:24). Tal terminologia é atípica e sugere que Enoque não teve uma morte natural, ou física (cf. Elias; 2Rs 2:1-12). Esse escape da morte é evidentemente devido à piedade de Enoque, visto que ele é descrito duas vezes como aquele que "andou com Deus" (Gn 5:22, 24). A primeira ocorrência não é encontrada na LXX, que diferentemente diz "e Enoque viveu...". Além disso, a frase tem sido interpretada como "Enoque andou com seres celestiais". Ainda assim, a frase é, não obstante, comparável à descrição de Noé (Gn 6:9) e assim provavelmente relaciona-se à retidão e trasladação (cf. Sir. 44.16; 49.14; Hb 11:5; cf. Sb. 4.10). Esse "tomar" tem ocasionado muita especulação e pode ser a razão pela qual Enoque figura proeminentemente em literatura posterior (p.ex:, Jubileus, 1Enoque [cf. Judas 14]; 2Enoque; 3Enoque).

Bibliografia. J. C. VanderKam, *Enoch and the Growth of an Apocalyptic Tradition.* CBQMS 16 (Washington, 1984). [BRENT A. STRAWN]

ENOQUE, LIVROS DE Três livros vieram até nós com o nome de Enoque: 1Enoque (ou Etíope), 2Enoque (ou Eslavo) e 3Enoque (ou hebraico). Muita coisa do conteúdo desses livros depende da ideia de que Enoque havia aprendido dos anjos os segredos cosmológicos e celestiais. Isso é derivado da narrativa bíblica de Gênesis 5:2-24 (cf. v. 21-24). Devido à distinção entre *hā-ʾĕlōhîm* ("os anjos"; "Deus" em Gn 5:22) e *ʾĕlōh'm* ("Deus") feita na tradição de Enoque, essa perícope foi interpretada assim: após o nascimento de Matusalém, Enoque gastou os 300 anos seguintes com os anjos e, então, após breve retorno à terra, foi tomado para o céu.

1. ENOQUE (ETÍOPE). Enoque é uma coleção de cinco livros, além de umas poucas adições, datando do século III a.C. até o século I d.C. Foram originalmente escritos em aramaico, traduzidos para o grego e do grego para outras línguas. Fragmentos do aramaico de tudo, exceto o Livro 2, foram encontrados em Qumran. Um livro relacionado, o Livro fragmentário dos Gigantes, que sobrevive numa forma revisada entre os maniqueus, foi também encontrado em Qumran. 1Enoque teve grande dose de influência no final da antiguidade. É citado explicitamente em Judas 14-15, na Epístola de Barnabé e por Tertuliano. Esse livro é refletido nos Evangelhos Sinópticos, no Apocalipse de João e outros textos cristãos primitivos e judaicos. Subsequentemente saiu de circulação e sobreviveu somente no Etíope antigo, a versão sobre a qual todas as tradições modernas estão baseadas. Uma narrativa diacrônica dos livros separados se segue.

O Livro 3, o Livro Astronômico (caps. 72—82), foi composto no século III a.C. ou possivelmente antes. A presença da versão etíope é uma forma abreviada e desordenada do original aramaico. Ela consiste da viagem de Enoque aos céus conduzida pelo anjo Uriel; a Enoque são mostrados os movimentos do sol e da lua, dos "portões" do qual eles se levantam e nos quais eles se põem, dos ventos — aspectos geográficos proeminentes e informa calêndrica. Um ano solar de 364 dias é sincronizado com o ano lunar de 354 dias. 1Enoque 80.2-82.3 (uma provável interpolação posterior) contém uma crítica aos chefes angélicos das estrelas por causa de sua falha em corresponder exatamente ao calendário prescrito; uma crítica aos humanos pecadores e uma narrativa do retorno de Enoque à terra para o seu tricentésimo sexagésimo ano — seu ano 365 — sugestivo de preocupações calêndricas) para ensinar sabedoria a seu filho Matusalém e a seus descendentes.

O Livro 1, o Livro das Sentinelas (caps. 1—36), foi composto durante o século III. O centro dele (caps 6-11), baseado na narrativa da união dos "filhos de Deus" com as "filhas dos homens" em Gênesis 6:1-4, é a história da conspiração de duzentos sentinelas angélicos, sob a liderança de Shemihazah para tomar esposas humanas. A descendência de gigantes (que pode funcionar como metáfora para os sucessores de Alexandre, o Grande) dessas uniões ilícitas começaram a consumir todos os recursos da terra até Deus enviar um arcanjo para destruir os gigantes, aprisionar as sentinelas e restaurar a terra ao estado de frutuosidade e justiça. Esse centro foi expandido pela adição dos caps. 12—16, que introduz Enoque à narrativa e que descreve a sua subida visionária ao céu e sua intercessão pelas sentinelas. A petição deles foi rejeitada porque haviam corrompido a si mesmos por violar a distinção entre céu e terra (possivelmente uma metáfora para a suposta corrupção do sacerdócio de Jerusalém). O terceiro estágio consiste da introdução de Asael e do tema dos ensinos ilícitos dos segredos celestiais nos caps. 6—16 e um ou mais arcanjos vingadores no cap. 10. Os caps. 17—36 são uma narrativa das duas viagens de Enoque aos vários lugares de punição eterna, o maldito vale de Hinom em Jerusalém, o jardim da justiça, a montanha de Deus e os quatro cantos da terra onde os portões das estrelas, dos ventos e as várias formas de precipitação são situados. Finalmente, os caps. 1—5 foram acrescidos como introdução à totalidade do tema do juízo final e da necessidade de obedecer aos mandamentos do Senhor.

O Livro 4, o Livro dos Sonhos (caps. 83—90), consiste de duas visões de sonhos. O primeiro sonho, de data incerta, diz respeito ao julgamento dos ímpios no Dilúvio e, por implicação, também se refere ao julgamento final. O segundo sonho, escrito em 165 ou 164, é uma narrativa alegórica da história da humanidade, em que os animais representam seres humanos, os humanos representam os anjos e as estrelas representam as sentinelas. Os patriarcas desde Adão até Isaque são representados por touros, Israel por ovelha e as nações gentílicas por vários animais predadores que não podiam ser comidos. Deus é descrito como o possuidor das ovelhas. Em resposta a várias falhas das ovelhas, o possuidor delas as abandona nas mãos de setenta pastores infiéis (anjos). A história culmina com a intervenção de Deus numa batalha final entre as ovelhas, conduzidas por um cordeiro (Judas Macabeus) e por outros animais. Isto é seguido pelo julgamento das estrelas, pastores e ovelhas ímpias; o nivelamento e a reconstrução da casa das ovelhas (Jerusalém, provavelmente em um novo templo); e a reunião de todos os animais justos (judeus e gentios) numa nova casa a presença do possuidor. Finalmente, um novo touro branco aparece (um novo Adão) e todos os animais são transformados em touros brancos, representando a transformação escatológica de toda humanidade numa única raça adâmica.

O Livro 5, a chamada Epístola de Enoque (caps. 91—105), foi composto no século II a.C. Ele contém uma introdução testamentária e o Apocalipse das Semanas (93.3-10 e 91.11-17). Ambos, o apocalipse e os ais proféticos, bem como as admoestações e as predições expressam oposição fundamental à violência e engano contra a justiça e a verdade. O apocalipse proporciona uma estrutura temporal para os julgamentos proféticos subsequentes, para a opressão deles contra os justos e para o engano de muitos. Duas narrativas breves são anexadas ao fim. A primeira é a narrativa do nascimento miraculoso de

Noé e da certeza de Enoque a respeito da salvação de Noé e seus filhos, quando o restante do mundo for destruído pelo dilúvio (caps. 106—107). A segunda é um livro final de Enoque que detalha a punição futura do ímpio e a recompensa do justo (cap. 108).

O Livro 2, as Similitudes, ou o Livro das Parábolas (caps. 37—71), consiste de três "parábolas" e foi composto no século I a.C. ou no século I d.C. As parábolas são uma expansão e uma interpretação das narrativas anteriores das viagens visionárias de Enoque ao céu e por todo o cosmo. A primeira parábola contém informação a respeito do destino dos justos e dos pecadores e segredos astronômicos. A segunda e a terceira parábolas desenvolvem o tema do julgamento escatológico principalmente nos termos do juiz escatológico que é chamado "o Justo", "o Eleito" e "o Filho do homem". Seguindo-se à terceira parábola há uma visão final na qual Enoque é informado de que é o Filho do Homem.

Cada um dos livros de 1Enoque é um apocalipse em sua forma presente. O Livro Astronômico, o Livro das Sentinelas e o Livro das Parábolas consistem basicamente de viagens cósmicas e interpretações angélicas. As camadas mais antigas do Livro das Sentinelas, contudo, não são apocalípticas na sua forma ou no seu conteúdo, e a forma original do Livro Astronômico não se interessa por escatologia. O Livro dos Sonhos e o Apocalipse das Semanas são visões simbólicas da história que conduzem ao final escatológico. A Epístola de Enoque contém formas testamentárias, sapienciais, proféticas e apocalípticas. Do ponto de vista de seus autores, os livros são a sabedoria celestial revelada nas visões e viagens de Enoque e nas placas de pedra nos céus.

2. ENOQUE (ESLAVO). Enoque foi traduzido do grego para o eslavo. É a única versão antiga em que ela sobrevive, tendo sido composta provavelmente em hebraico (ou aramaico). A data da composição pode ser próxima da virada da era. Não há ideias especificamente cristãs nele (à parte de poucas interpolações), nem há muita coisa que seja especificamente judaica. Seus ensinos fundamentais parecem ser limitados ao monoteísmo e à ética geral. A segunda metade consiste do discurso final de Enoque a seus filhos e sua subsequente ascensão ao céu, no seu último ano de vida (o ano 365). O livro lembra 1Enoque no conteúdo e na teologia, com descrições da viagem de Enoque ao céu, do próprio céu, da cosmologia,da escatologia, do calendário, da angelologia e da sabedoria secreta concedida a Enoque.

3. ENOQUE (HEBRAICO). Enoque é um pseudoepígrafo escrito em hebraico provavelmente no século V ou VI d.C. Como representante do misticismo de Merkabah, tem o propósito de ser uma narrativa pelo Rabi Ismael (no começo do século II d.C.) de sua ascensão ao trono de Deus. Ali recebeu revelações a respeito da hierarquia angélica, liturgia, cosmologia, escatologia, exaltação e transformação de Enoque para a vice-regência dos arcanjos de Deus.

Bibliografia. P. S. Alexander, "3 (Hebrew Apocalypse of) Enoch", *OTP* 1 (Garden City, 1983), 223-315; F. I. Andersen, "2 (Slavonic Apocalypse of) Enoch", *OTP* 1.91-221; M. Black, *The Book of Enoch or 1 Enoch*. SVTP 7 (Leiden, 1985); M. A. Knibb, *The Ethiopic book of Enoch*, 2 vols. (Oxford, 1978); J. T. Milik, *The Books of Enoch: Aramaic Fragments of Qumran Cave 4* (Oxford, 1976); D. W. Suter, *Tradition and Composition in the Parables of Enoch*. SBLDS 47 (Missoula, 1979); P. A. Tiller, *A Commentary on the Animal Apocalypse of 1 Enoch*. Early Judaism and Its Literature 4 (Atlanta, 1993); J. C. VanderKam, *Enoch, a Man for All Generations* (Columbia, S.C., 1995); *Enoch and the Growth of an Apocalyptic Tradition*. CABQMS 16 (Washington, 1984). [PATRICK A. TILLER]

ENOS (heb. *'ěnôš*) (tb. ENOS) (gr. *Enos*) Filho de Sete e neto de Adão (Lc 3:38). De acordo com Gênesis 5:9-11, com a idade de 90 anos, Enos gerou um filho, Quenã, e então viveu mais 815 anos. Durante a geração de Enos, as pessoas começaram um novo padrão de adoração ao invocar o nome Yahweh (Gn 4:26). Essa afirmação pode sugerir um contraste com Gênesis 4:17-24, mas somente se a linhagem de Caim for de fato interpretada como exemplo de impiedade.

Bibliografia. A. S. Maller, "The Difficult Verse in Genesis 4.26", *JBQ* 18 (1990), 257-59, 263. [EDWIN C. HOSTETTER]

EN-ROGEL (heb. *'ên rōgēl*) Fonte perto de Jerusalém. Um importante marco na fronteira entre as tribos de Judá e Benjamim (cf. Js 15:7; 18:16), En-Rogel servia como o lugar onde Jônatas e Aimaaz juntavam informação para Davi, durante a revolta de Absalão (2Sm 17:17). Foi também o lugar onde Adonias fazia sua festa sacrificial, quando antevia a morte de seu pai, esperando se apoderar do trono.

Alguns têm interpretado que o nome significa "a fonte do mais completo" ou "a fonte dos pés", da crença de que ali os mais completos trabalhavam os seus panos com seus pés. Contudo, o significado de *rōgēl* (tb. traduzido "espias", "exploradores", "os que dão passos") é incerto.

En-Rogel é geralmente identificada como Bir Ayyub ("o poço de Jó"), aprox. 200 m além da junção dos vales do Cedrom e do Hinom. Alguns objetam a essa associação com base no fato de que Bir Ayyub é poço, não fonte. Contudo, é possível que a fonte original tenha sido coberta como resultado de um terremoto. Josefo (Ant 9.10.4) conecta En-Rogel com o terremoto no tempo de Uzias (cf. Am

1:1; Zc 4:5). Se é verdade ou não, o presente poço é a localização da antiga "fonte". En-Rogel estava mui certamente em suas cercanias. [JOHN L. HARRIS]

EN-SEMES (heb. *'ên šemeš*) Fonte que é ponto de referência ("fonte do sol") na fronteira entre os territórios de Judá (Js 15:7) e Benjamim (18:17; LXX "Bete-semes"). É comumente identificada com Ain el-Hod/Ein Haud, aprox. 4 km a leste de Jerusalém. De acordo com uma tradição (aprox. século XV d.C.), os apóstolos beberam dessa fonte; desde então ela tem sido chamada "Fonte dos Apóstolos".

ENSINO Jesus é apresentado nos evangelhos do NT como mestre (gr. *didáskalos*) ou "rabi" (Mc 1:22; Lc 4:32). Em Mateus, Jesus dá autoridade aos discípulos para continuarem seu ensino (Mt 28:19,20). Para João, a autoridade do ensino de Jesus vem do Pai (Jo 8:28); o Espírito Santo ensinará os discípulos quando Jesus partir (14:26; cf. Lc 12:12 par.).

O NT faz distinção entre o ensino e a proclamação ou pregação (At 4:2; 1Tm 5:17). O tema do ensino é vago; ele incluiu, porém foi além do *kērygma* básico de pregar. Tiago 3:1 enfatiza a séria responsabilidade da tarefa do mestre.

Paulo entende o ensino como um dos dons espirituais a ser usado em benefício de todo o corpo de Cristo (Rm 12:7). Em 1Coríntios 12:28, a função de mestre está listada em terceiro lugar (depois de apóstolos e profetas; cf. Ef 4:11). O próprio Paulo é, às vezes, apresentado como mestre (de tradições, 2Ts 2:15; de "meus caminhos em Jesus Cristo", 1Co 4:17; cf. Cl 1:28; 1Tm 2:7).

O grego *didaskalía* ocorre quinze vezes nas Cartas Pastorais como termo para doutrina cristã confiável (cf. *didachḗ* em At 2:42; Rm 6:17; 16:17; 2Jo 9–10). O ensino da "sã doutrina" (1Tm 1:10; Tt 1:9) é oposto aos falsos ensinos (1Tm 1:3-7; Tt 1:10-16) e está ligado à adequada interpretação da Escritura (1Tm 1:8-11; 2Tm 3:16). As Pastorais enfatizam o ofício do ensino pelo bispo (1Tm 3:2; Tt 1:9); as mulheres não devem ensinar aos homens (1Tm 2:12; mas cf. Tt 2:3).

Bibliografia. J. A. Fitzmyer, "The Office of Teaching in the Christian Church According to the New Testament", in *Teaching Authority and Infalibility in the Church*, ed. P. C. Empire, T. A. Murphy e J. A. Burgess (Minneapolis, 1980), 186-212; respondido por J. Reumann, 213-31. [MARTIN C. ALBL]

ENSINO DOS DOZE APÓSTOLOS *Ver* DIDAQUÊ.

EN-TAPUA (heb. *'ên tappûaḥ*) Fonte ("fonte da macieira") localizada num espinhaço, cerca de 9 km ao sul de Nablos, mencionada como localizada na vizinhança da cidade de Tapua (moderna Sheikh Abu Zarad; Js 17:7-8). Era marcadora de fronteira entre a parte norte de Efraim e a parte sul de Manassés, na planície central. Essa área foi uma fortaleza canaanita no tempo da conquista feita por Josué, e ali houve os esforços combinados das tribos para desalojar os canaanitas. [JOHN A. MACLEAN]

ENXOFRE Provavelmente enxofre em combustão (cf. lat. *Ignis et sulphur* e gr. *púr kaí theíon*). Exceto a passagem de Jó 18:16, todas as referências bíblicas a enxofre estão ligadas ao fogo. Sodoma e Gomorra foram destruídas por fogo e enxofre (Gn 19:24). O salmista usa fogo e enxofre como metáfora para o juízo de Deus sobre os ímpios (Sl 11:6). O lago que arde com fogo e enxofre é o destino final do diabo, da besta e do falso profeta (Ap 19:20; 20:10), da morte e do hades (20:14) e de todas as pessoas cujos nomes não estão escritos no livro da vida (21:8). [JOE E. LUNCEFORD]

EPAFRAS (gr. *Epaphrás*) Homem de Colossos a quem Paulo descreve como "amado conservo" e "fiel ministro de Cristo", "servo de Cristo Jesus" (Cl 1:7; 4:12-13) e "companheiro de prisão" (Fm 23). Que seu nome apareça encabeçando a lista em Filemom, e que Paulo o chame de *doúlos* e *sýndoulos*, termos usados por si mesmo, mas de modo incomum para outros, indica a alta consideração que Paulo tinha por ele. Epafras fundou a igreja de Colossos (Cl 1:7), trouxe notícias dela para Paulo (v. 4-8) e assumiu a responsabilidade por ela e talvez por Laodiceia e Hierápolis (4:13). Sua "oração sincera" (*agonizōmenos*) por essas igrejas é indicada pelo mesmo termo usado para descrever a oração de Jesus no jardim do Getsêmani e para as lutas de Paulo pelo evangelho (Cl 1:29). Epafras ora para que os colossenses sejam amadurecidos (*téleioi*) e plenamente seguros (*peplērophorēménoi*) na vontade de Deus (Cl 4:12), termos alusivos aos mestres rivais em Colossos. A oração de Epafras, igual à de Paulo (Cl 1:3-12), se opõe à "filosofia" deles (2:8). A confiança de Paulo em Epafras e a recomendação dele levantam seu *status* entre os colossenses e os inspira à confiança nele (em oposição aos falsos mestres). Epafras é talvez uma abreviatura de Epafrodito, mas nenhuma evidência o conecta com o Epafrodito de Filipenses 2:25 e 4:18.

Bibliografia. D. E. Hiebert, "Epaphras, Man of Prayer", *BSac* 136 (1979), 54-64. [BONNIE THURSTON]

EPAFRODITO (heb. *Epaphróditos*) Cristão enviado pela igreja de Filipos para levar os donativos ao prisioneiro Paulo e para ajudá-lo (Fp 4:18). Epafrodito ficou doente e quase morreu. Paulo o chamou de irmão, companheiro de trabalho (*synergós*), companheiro de luta (*systratiōtēs*), e o mensageiro dos filipenses (*apóstolos*) e ministro (*leitourgós*) em Filipenses 2:25-30. Os termos significam o reconhecimento de Paulo do serviço sacrificial e exemplo dele para servi-lo e em favor do evangelho. Epafrodito era um nome próprio comum no século I d.C., que estava relacionado ao nome da deusa grega do amor, Afrodite, e pode lançar luz sobre o pano de fundo de sua família.

Paulo se refere a um Epafras como seu companheiro de prisão (Fm 23) e identifica Epafras de Colossos como conservo amado (*syndoulos*) e fiel ministro (*diákonos*) e servo (*doúlos*) de Cristo (Cl 1:7; 4:12). Conquanto o nome Epafras possa ser uma forma abreviada de Epafrodito, este último era mais provavelmente um homem de Filipos, não de Colossos.

Bibliografia. R.A. Culpepper, "Co-Workers in Suffering: Philippians 2:19-30", *RevExp* 77 (1980), 349-58. [SCOTT NASH]

EPÊNETO (gr. *Epaínetos*) Cristão a quem Paulo saúda como "meu amado" e "o primeiro convertido na Ásia" (Rm 16:5). Epêneto provavelmente pertencia à igreja-casa de Priscila e Áquila e foi convertido por eles ou Paulo. No tempo da saudação de Paulo, (aprox. 58 d.C.), Epêneto provavelmente vivia em Roma. Embora uma inscrição romana portasse o nome Epêneto, e existe uma em Éfeso também (*CIL* 6.17171), sua identificação com o Epêneto de Romanos é impossível. [FLORENCE M. GILLMAN]

EPICUREUS (gr. *Epikoúreioi*) Epicurismo, escola filosófica que se derivou de Epicuro (341-271 a.C.), que fundou uma escola de pensamento aprox. em 306, em Atenas, baseada em sua apreciação da natureza e da filosofia prática como medicina da alma. Epicuro suspeitou da filosofia erudita como era comumente praticada e tinha somente coisas ruins para dizer sobre outros mestres da arte e da ciência, incluindo Platão e Aristóteles. Ele ofereceu uma filosofia de vida para as pessoas comuns, intencionando levá-las ao desfruto da felicidade.

Epicuro acreditava que o único guia digno de confiança eram os sentidos das percepções. Homens, mulheres e escravos faziam parte de sua comunidade, que se reunia em seu jardim. Epicuro propôs uma teoria atômica, de que tudo no mundo é feito de átomos, os quais são eternos, indestrutíveis e imutáveis. Ele explicou a diferença na natureza e na aparência das coisas, afirmando que elas eram diferentes grupos de átomos. A eternidade dos átomos e a falta de métodos em suas colisões criativas eliminavam qualquer necessidade de um Deus ou de uma Razão por trás do universo. A teoria também faz dos homens um acidente atômico e sua morte não é nada trágica ou moral, mas, antes, a alteração dos átomos.

Os epicureus criam que havia deuses, mas eles estavam removidos e não se interessavam com a existência humana, não estavam engajados na providência e não estavam inteligentemente envolvidos com a operação da vida humana ou do universo. Epicuro ensinou que uma pessoa deveria buscar prazer e felicidade — não satisfação egoísta hedonista, mas prazer como a norma do bem no universo. Ele definiu o prazer como a ausência de dor e das ansiedades ordinárias da vida. As pessoas seriam felizes se fossem livres do medo dos deuses e da morte. Na busca pelo que é bom, a pessoa poderia confiar nas sensações mais interiores como guia digno de confiança. A busca epicureia por prazer pessoal levou a uma retirada das atividades públicas e participação no governo, o que era contrário à expectativa grega de que uma pessoa devia ser ativa na vida pública. Essa filosofia era um sistema de pensamento centrado no indivíduo e, em sua maior parte, desinteressado pela sociedade. Ele foi perseguido pela elite intelectual e sustentou que não havia lei universal ou ordem moral no universo. Os ensinos de Epicuro foram apresentados ao mundo romano no século I a.C. por meio do poema filosófico de Lucrécio, *De Rerum Natura*.

Os epicureus debateram com Paulo em Atenas (At 17:18). Embora ele tenha usado o vocabulário deles (p. ex., gr. *átomos*, 1Co 15:52; cf. Tt 3:3), sua mensagem de julgamento divino e ressurreição era contrárias às suas crenças. [RICHARD A. SPENCER]

EPILEPSIA De acordo com alguns pesquisadores que trabalham no campo da medicina, uma desordem caracterizada pela ocorrência repetida de ataques na ausência de uma precipitação sistêmica ou insulto do cérebro. Alguns estudiosos veem as referências históricas mais antigas à epilepsia nas descrições (tão antigas quanto o segundo milênio a.C.) de doenças conhecidas como *antasubba* e *bennu* na antiga Mesopotâmia, embora outras interpretações sejam possíveis. Na literatura greco-romana, "cair doente" e a "doença sagrada", condição particularmente atribuída às ações dos deuses, são usualmente vistas como referências a epilepsia.

O Antigo Testamento não contém referências claras à epilepsia, embora alguns estudiosos vejam a menção aos efeitos da lua no Salmo 121:6 como uma referência possível. O comportamento de Saul (1Sm 16:14-16) e Ezequiel (Ez 3:26) também têm sido atribuídos à epilepsia por alguns estudiosos.

Muitos estudiosos modernos relacionam com epilepsia os sintomas de possessão demoníaca do jovem em Marcos 9:14-29. A passagem paralela em Mateus 17:15 usa o grego *selēniázetai*, que é frequentemente traduzido "lunático", rubrica associada com as fontes de epilepsia greco-romanas. Casos mais ambíguos de epilepsia incluem referências ao espinho da carne em Paulo e às experiências "fora do corpo" (2Co 12:1-7). [HECTOR AVALOS]

EPÍSTOLA (gr. *epistolē*) *Ver* CARTA.

EPÍSTOLAS GERAIS *Ver* CARTAS CATÓLICAS.

EPÍSTOLAS PASTORAIS A primeira e segunda cartas a Timóteo e Tito, três cartas que formam um grupo distinto no corpo paulino. Esses textos outrora muitos estimados caíram na sombra com a ascensão da alta crítica. Daí em diante os conservadores trabalharam para reabilitá-las, embora os estudiosos mais liberais tenham achado sua visão da igreja, da sociedade e da teologia passíveis de objeção. A estratégia dos que defendem a composição paulina exigia alocar as epístolas pastorais à data mais antiga possível enquanto buscavam conformar o conteúdo delas às epístolas incontroversas. Essa estratégia não tem sido especialmente bem-sucedida. Se escritas por Paulo, as epístolas pastorais representam um final obscuro para uma carreira brilhante. Se pós-paulinas, elas são testemunho interessante de conflitos posteriores sobre a herança de Paulo. Reconhecer a alegada autoria tem mais a ver com autoridade do que com composição e que escritos secundários não são necessariamente inferiores (cf. Is 40-66) tem aliviado as tensões. O mundo das epístolas pastorais é mais prontamente explicável à luz de 1Clemente, dos Atos de Paulo e da carta de Policarpo do que a partir da carreira de Paulo. Uma data provável é cerca de 100-125.

Os destinatários das epístolas pastorais não são comunidades, mas colaboradores de Paulo. Timóteo e Tito aparecem aqui como relativamente jovens (Tt 2:7, 15; 1Tm 4:12) sucessores de Paulo. Essas cartas, parenéticas (admoestativas) na forma, têm duplo objetivo: mostrar a obra e o pensamento de Paulo e dar modelos para a organização de comunidades cristãs num mundo hostil. O ex-politeísta Tito (Tt 3:4-5) está desenvolvendo uma nova área missionária, Creta, enquanto Timóteo, descendente de família devota (2Tm 1:3-14; 3:15), supervisiona a igreja estabelecida em Éfeso.

Esses líderes enfrentam desafios de falsos mestres tanto dentro (1Timóteo) como fora (Tito) da comunidade. Porque algumas acusações, como a motivação da ambição, são estereótipos polêmicos enquanto outros estão sintetizados, é difícil estabelecer se uma ou mais "heresias" estão em vista. A referência a mitos, genealogias, pensamentos especulativos e ascetismo (p. ex., 1Tm 1:3-7; Tt 3:9-11) evoca o gnosticismo incipiente. "Judaicas" (Tt 1:14) *pode* não ser mais do que um epíteto hostil. As epístolas pastorais defendem que os falsos mestres sejam evitados em vez de refutados (2Tm 3:5). Particularmente censurável é o rompimento da vida social convencional pelo comportamento não-conformista, especialmente pelas mulheres (1Tm 2:8-15; 4:7; 5:13). O gradiente está claro: Paulo é a favor do celibato, mas afirma que é melhor casar-se do que arder de desejo (1Co 7). Nos Atos de Paulo, sua obediente convertida, Tecla, literalmente prefere arder de desejo a se casar. O cap. 2 de 1Timóteo exige que as mulheres se casem. As epístolas pastorais procuram preservar o pensamento de Paulo suavizando seus efeitos potencialmente especulativos e enfatizando a normalidade de sua moralidade.

A Igreja não é inimiga dos antigos "valores familiares"; ela é a "casa de Deus" (1Tm 3:15). Os oficiais (bispos/supervisores, presbíteros, anciãos e diáconos/ministros) possuem as qualidades tanto dos chefes de família como dos líderes organizacionais (p. ex., 1Tm 3:1-13). O serviço deles é formação. O que chamamos de "ética" era para os antigos, em grande medida, a execução de tarefas e responsabilidades adequadas ao papel e ao posto de alguém na vida. A graça não é simplesmente deixar alguém à vontade; ela é educativa (Tt 2:12). As epístolas pastorais aceitam a possibilidade de perseguição (1Tm 6:13), mas desejam condenar a conduta que prejudicasse a reputação da Igreja. Hoje é fácil ver o quanto este conselho é específico da cultura e deplora aparentes concessões aos padrões mundanos. O que é mais importante do sua coloração cultural é o testemunho das epístolas pastorais aos princípios de uma estrutura que gradualmente faria, durante séculos, a Igreja uma força moral no mundo greco-romano e, depois, no mundo "bárbaro".

Bibliografia. J. C. Beker, *Heirs of Paul* (1991, repr. Grand Rapids, 1996); M. Dibelius e H. Conzelmann, *The Pastoral Epistles. Herm.* (Philadelphia, 1972); G. W. Knight III, *The Pastoral Epistles.* NIGTC (Grand Rapids, 1992); D. R. MacDonald, *The Legend and the Apostle* (Philadelphia, 1983); F. M. Young, *The Theology of the Pastoral Letters* (Cambridge, 1994).
[RICHARD I. PERVO]

EQUER (heb. *ʿēqer*) O terceiro filho de Rão, descendente de Jerameel (1Cr 2:27).

ER (heb. *ʿēr*; gr. *ēr*) **1.** O filho primogênito de Judá e a filha do canaanita Suá (Gn 38:1-3, 12; 46:12; Nm 26:19; 1Cr 2:3). O casamento de Er com Tamar, provavelmente canaanita, terminou logo por causa de sua morte, atribuída ao fato de que "ele era mau aos olhos do Senhor" (Gn 38:7; 1Cr 2:3).

2. Um dos filhos de Selá; o neto de Judá e pai de Leca (1Cr 4:21).

3. O pai de Elmodã; listado entre os ancestrais de Jesus na genealogia de Lucas (Lc 3:28).

ERÃ (heb. *ʿērān*) Um dos filhos de Sutela e neto de Efraim; ancestral de nome do clã eranita (Nm 26:36; LXX "Eden", v. 40).

ERASTO (gr. *Érastos*) O tesoureiro da cidade (gr. *oikonómos*) de Corinto, do qual Paulo envia cumprimentos à Igreja em Roma (Rm 16:23). Atos 19:22 menciona um Erasto enviado com Timóteo por Paulo à Macedônia de Éfeso. 2Timóteo 4:20 se refere a Erasto que permaneceu em Corinto. Uma inscrição latina escavada em um pátio pavimentado, próximo ao teatro de Corinto diz: "Erasto colocou [o pavimento] às suas custas, em retorno ao seu magistrado".

Romanos 16, talvez originalmente dirigido a Éfeso e não a Roma, foi provavelmente escrito de Corinto. Atos é um registro secundário, e 2Timóteo pode ser pseudopaulino. Ainda, o mesmo Erasto foi provavelmente intencionado em cada um desses textos do Novo Testamento e na inscrição. O título *oikonómos* pode corresponder ao questor, uma posição inferior ao magistrado, mas também responsável por fundos públicos; uma pessoa podia ser *questor* antes de ser *aedile*. Se o mesmo Erasto é intencionado por Paulo e pela inscrição, isso sugere que o cristianismo tinha seguidores entre pessoas de posição notável em Corinto.

Bibliografia. G. Theissen, *The Social Setting of Pauline Christianity* (Philadelphia, 1982). [SCOTT NASH]

EREQUE (heb. *'ereḵ*) O nome bíblico da antiga Uruk (a moderna Warka) que ficava no baixo rio Eufrates, no Iraque. O nome sumério antigo da cidade era Unug, provavelmente "a cidade"; durante aquele tempo Uruk teria sido a maior cidade do mundo. De acordo com a Lista Suméria de Reis, a Primeira Dinastia de Uruk incluía Enmerkar, Lugalbanda, Gilgamesh, e Dumuzi (Tammuz), personagens semilendários nos épicos mesopotâmicos.

A parte de visitas exploratórias, escavações em Uruk foram iniciadas em 1912 e continuaram com interrupções até a 39º estação em 1989. O lugar foi primeiramente colonizado no quinto milênio a.C. Durante o quarto milênio — o nome do período Uruk — o lugar estava dominado por dois centros: Eanna, a localização em tempos posteriores de um templo em Inanna, e o assim chamado zigurate Anu, uma plataforma que dava suporte ao templo Branco, que era possivelmente dedicado ao deus Anu. Textos protocuneiformes encontrados nessas áreas sugerem a muitos que a escrita foi inventada na cidade em, talvez, 3300. Durante o terceiro milênio a cidade cresceu a uma extensão de 400 ha na área e era rodeada por um grande muro de fortificação. Durante o segundo milênio, a cidade foi politicamente menos importante, embora fosse o lugar do palácio do governante da Antiga Babilônia, Sin-kasid. Durante o primeiro milênio, Uruk foi renovada pelo rei assírio Sargão II (721-705). Ela experimentou um reavivamento econômico nos tempos partos e selêucidas, quando os templos de Anu, Antum, e Gareus, e outro templo que os escavadores chamavam Südbau, foram construídos.

Ereque é mencionada na Bíblia como uma das cidades governadas pelo lendário rei Ninrode, na terra de Sinar, com Babilônia e Acade (Gn 10:10). Seus cidadãos estavam entre aqueles deportados para Samaria (Ed 4:9). [GEOFF EMBERLING]

ERI (heb. *'ērî*) O quinto filho de Gade (Gn 46:16). Seus descendentes, os eritas, são mencionados no primeiro censo feito no deserto (Nm 26:16).

ERMO Literalmente, lugar não habitado por seres humanos. Como tal, veio a ser considerado a habitação natural de demônios (Mt 12:43; Lc 8:29). A palavra não implica necessariamente área desolada e deserta, e sim, somente uma área não habitada por seres humanos.

A maior parte das referências bíblicas é ao deserto do Sinai no qual os israelitas vagaram durante quarenta anos. Pelo menos três ideias teológicas significativas se associaram àquele deserto: aliança, provisão milagrosa e julgamento. Foi no monte Sinai, no deserto, que Israel recebeu a lei e se tornou o povo da aliança de Deus. Certamente isso ficou idealizado como tempo de fidelidade pactual (Jr 2:2). Oseias e Ezequiel profetizaram que Deus guiaria novamente Israel para o deserto para renovar a aliança (Os 2:14 [TM 16]; Ez 34:25). No que se refere à provisão milagrosa, diz-se Deus ter encontrado "Jacó" num imenso vazio de um deserto e ter cuidado dele (Dt 32:10; cf. Os 9:10). Israel é exortado repetidas vezes a lembrar como Deus o guiou no deserto (Dt 8:2; 29:5; cf. Am 2:10). É feita referência em Deuteronômio 8:16 à provisão do maná no deserto e está implícita em Neemias 9:21; Os 13:5-6 (cf. Jr 31:2; Ap 12:6).

Mais comum que as referências à aliança de Deus ou que a provisão no deserto são as passagens que se referem ao julgamento. Mais comumente mencionada é a morte da geração original que saiu do Egito (com exceção de Josué e Calebe) por causa de sua falta de fé (Nm 14:22, 23, 29, 32, 35; Js 5:6; Sl 95:8-11; Ez 20:15). Referências adicionais detalham o julgamento de Deus no deserto durante o período dos reinos hebraicos e posteriores. Deus ameaça transformar os rios em desertos (Is 50:2). Isaías lamenta que Sião tenha se tornado um deserto (Is 64:10). Ezequiel e Jeremias propagam a ameaça de que Deus fará de Israel um deserto (Jr 22:6; Ez 6:14) e Jeremias lamenta esse julgamento como já realizado (Jr 4:26; 12:10). Os escritores bíblicos também trataram de Deus julgar as nações estrangeiras no deserto, ou profetizaram que o julgamento seria como um deserto. É profetizado que Edom se tornaria um deserto desolado por causa da violência feita a Jacó (Jl 3:19 [4:19]). Deus promete tornar Nínive "seca como um deserto" (Sf 2:13) e abandonar Faraó no deserto (Ez 29:5). Isaías, em particular, emprega o tema da reversão do julgamento, de tornar frutífero o deserto (Is 35:1, 6; 41:18, 19; 43:19, 20; 51:3).

Os escritores do NT fazem referência ao deserto somente de forma reduzida. Como os discípulos de Jesus conseguiriam comida no deserto (Mt 15:33). Paulo menciona estar em perigo no deserto (2Co 11:26). De forma muito destacada, o deserto é o local do ministério de João Batista (Mt 11:7; cf. 3:1; Mc 1:4; Lc 7:24). *Ver* DESERTO. [JOE E. LUNCEFORD]

ERUPÇÕES DE PELE Cicatriz ou borbulha (heb. *sappaḥaṯ*). Por causa das erupções da lepra incipiente eram frequentemente indistintas de borbulhas causadas por outra coisa, tais irregularidades passavam por um ritual de exame para determinar se eram ou não benignas (Lv 13:2, 6; 14:56-57).

ERVA Várias centenas de espécies de plantas silvestres que cresciam em Israel são representadas na Bíblia pelos termos hebraicos *deše'*, *'ēśeḇ*, *ḥāṣ'r* e *yereq*, sozinhos ou combinados. O termo erva é uma aproximação ao significado dessas palavras, mas também designam a vegetação verde em geral, tanto gramíneas como herbáceas. O grego *chórtos* também se refere a qualquer planta verde.

Erva aparece em diversos contextos na Bíblia. Acabe ordena que Obadias vá procurar erva para alimentar seus animais (1Reis 18:5). O salmista dá graças a Deus por prover erva para o gado (Sl 104:14).

Muitas menções a erva encontramos em analogias. Elifaz promete a Jó que seus descendentes seriam como a erva da terra (Jó 5:25). "floresçam habitantes na cidade como a relva da terra, cantou o salmista" (Sl 72:16), que também achava que os ímpios "brotam como a erva" (Sl 92:7 [TM 8]).

A água sobre a erva, especialmente o orvalho da madrugada, faz com que ela cintile e pareça ainda mais vital. Moisés afirmou em um cântico: "a minha palavra desça como o orvalho, como garoa sobre a grama e como chuva sobre a relva" (Dt 32:2). A visão de Miqueias sobre um Israel renovado vê o remanescente de Jacó como orvalho da parte do Senhor, "como chuvisco sobre a relva" (Mq 5:7 [6]). Em Provérbios, se compara o favor do rei como orvalho sobre a erva (Pv 19:12).

Em contraste, a erva facilmente murcha com o calor do dia, tornando-se assim símbolo de fragilidade. Isaías profetiza que a Assíria seria como "a erva do campo e como a relva verde, e como o mato dos telhados ou de um campo, que se queimaram antes de amadurecer" (Is 37:27). Jesus, de forma semelhante, cita a erva do campo, que num dia produz flores e logo após é usada como forragem (Mt 6:30 = Lc 12:28). [MEGAN BISHOP MOORE]

ERVAS Termo geral que designa todas as formas de plantas verdes próprias para o consumo humano. Como ocorre com muita terminologia bíblica para fenômenos naturais, o uso é impreciso para os padrões atuais.

As ervas incluíam legumes (heb. *yārāq*; Pv 15:17) e condimentos como cominho, hortelã e endro (gr. *láchanon*; Lc 11:42). Em geral as ervas eram colhidas dos campos onde se desenvolviam naturalmente (*'ēśeḇ*; Gn 2:5; Pv 27:25; *'ôrâ*; 2Rs 4:39). *Ver* ERVAS AMARGAS.

ERVAS AMARGAS Para que os israelitas pudessem lembrar a amargura da escravidão deles no Egito, Deus prescreveu que os israelitas comessem ervas amargas (heb. *mĕrōrîm*) juntamente com o cordeiro e o pão sem fermento na Páscoa (Êx 12:8; Nm 9:11). Muitas ervas que se mostravam amargas cresciam no baixo Egito, incluindo o dente-de-leão, cominho, endívia, agrião e azeda. Os rabinos sugeriram cinco plantas como adequadas para comer como *mĕrōrîm*, duas das quais poderiam ser positivamente identificadas como alface e chicória (Pesah, 2:6). Rabanetes, alface e rábano silvestre podem representar as ervas amargas na celebração da Páscoa moderna. [MEGAN BISHOP MOORE]

ESÃ (heb. *'eš'ān*) Vila na cidade montanhosa de Judá (Js 15:52). Embora sua localização exata seja desconhecida, Esã pode ser identificada com Khirbet Sama'a (cf. LXX B Gr. *sōma*), cerca de 15 km ao sudoeste de Hebrom.

ESAR-HADOM (heb. *'ēsar-ḥaddôn*; ac. *Aššur-aḫḫa-iddina*) Rei da Assíria (680-669 a.C.). Seguindo-se à morte de seu pai Senaqueribe (2Rs 19:37 = Is 37:38), Esar-Hadom foi imediatamente confrontado com uma rebelião que ele apaziguou depois de seis semanas. Depois de restaurar a Babilônia, que seu pai tinha destruído, voltou sua atenção para os assuntos no oeste, na Siro-Palestina e no Egito. Continuando as políticas de Senaqueribe, coletou pesado tributo de reis vassalos na Siro-Palestina, incluindo os governantes de Edom, Moabe, Amom, Tiro e Sidom. Ele também exigiu que enviassem materiais de construção para a Assíria e Babilônia. O rei israelita Manassés pode ter sido transportado para a Babilônia também, o que pode explicar o registro em 2Crônicas 33:11. Posteriormente em seu reinado, Esar-Hadom exigiu que todos os vassalos (provavelmente incluindo Manassés) assinassem um tratado assegurando a sucessão pacífica para seu filho Assurbanípal.

Uma vez que o Egito ainda era uma ameaça à tomada de controle do litoral do Lavante dos assírios, Esar-Hadom, depois de uma breve derrota, tornou-se

A B C D E F G H I J K L M N O P Q R S T U V X Y Z

o primeiro rei assírio a entrar e a conquistar o Egito (671). Os anais de Esar-Hadom dão uma descrição detalhada da captura e da pilhagem de Mênfis, a cidade egípcia mais importante. Logo depois que o rei assírio morreu, os egípcios sob Taharqa se revoltaram, precipitando, assim, outra revolta contra Esar-Hadom, que morreu, entretanto, antes de se tornar capaz de voltar.

Embora não seja mencionado nos anais assírios, existe evidência de que Esar-Hadom tenha enviado deportados para Judá. De acordo com Esdras 4:2, durante o período aquemênida (metade do século V) os inimigos de Judá pediram para ajudar os exilados, que tinham voltado, a reconstruir o templo, uma vez que eles vinham sacrificando a Deus "desde os dias de Esar-Hadom, rei da Assíria, que nos trouxe para cá". Parece provável que essa deportação tenha acontecido por causa da grande campanha de Senaqueribe no oeste (c. 700) e pode ter continuado durante o reinado de Esar-Hadom.

Bibliografia. S. Parpola, *Letters from Assyrian Scribes to the Kings Esarhaddon and Assurbanípal II*, AOAT 5/2 (Kevelaer, 1983); D. J. Wiseman, *The Vassal-Treaties of Esarhaddon*. Iraq 20 (1958): 1-99. [MARK W. CHAVALAS]

ESAÚ (heb. *'ēśāw*) O filho mais velho de Isaque e Rebeca e irmão gêmeo de Jacó (Gn 25:24-25; 1Cr 1:34). A etimologia do nome de Esaú é incerta. Sua descrição como avermelhado em aparência (heb. *'ḏmôn'*, Gn 25:25; cf. *hā'āḏōm*, v. 30) está etimologicamente relacionado não com o nome Esaú, mas com Edom (*'ĕḏôm*; 36:1, 8, 19, 43), o descendente epônimo de Esaú (v. 9, 43). Assim também, o fato de ser peludo (*śē'ār*, Gn 25:25) está relacionado com Seir (*se'îr*; 36:8; Dt 2:4-5; Js 24:4), a terra onde ele finalmente se estabeleceu.

Como o filho mais velho, Esaú foi designado para receber a bênção da primogenitura. Ele vendeu a bênção a Jacó por comida (Gn 25:29-34; cf. Hb 12:16) e perdeu a primogenitura por causa da trapaça de Rebeca e Jacó (Gn 27:1-38). Assim, Isaque poderia dar somente a Esaú uma bênção secundária e subordinada (Gn 27:39-40; mas cf. Hb 11:20). Tais inversões nas quais o irmão mais novo é favorecido sobre o mais velho são comuns na Bíblia e esse acontecimento particular tinha sido predito (Gn 25:23). Além disso, essas inversões sempre vêm com algum preço — nesse caso, Esaú odeia Jacó e planeja matá-lo (Gn 27:41-45). Os dois irmãos são, então, afastados até sua reunião muitos anos depois (caps. 32—33). Embora esse encontro tenha causado em Jacó muita ansiedade (note especialmente Gn 32:22-32), Esaú é apresentado como irmão gracioso e perdoador (33:4-9; cf. as palavras de Rebeca em 27:44-45). Reconciliados Esaú e Jacó partem, então, em diferentes direções, habitando em áreas diferentes (Gn 35:16, 21; cf. 36:6-8), mas se unindo novamente quando Isaque morre (35:29).

Esaú é descrito como caçador e um homem do campo (Gn 25:27). Ele se casou com duas mulheres hititas (compare Gn 26:34 com 36:2-3; 36:10-12, 14), que fizeram a vida de Isaque e Rebeca mais amarga (26:35; 27:46), e ele também se casou com uma filha de Ismael (compare 28:6-9 com 36:2-3, 13), aparentemente para agradar a seus pais. Os nomes de suas esposas são confusos de um texto para outro, mas está claro que cinco filhos vieram desses casamentos: Elifaz, Reuel, Jeús, Jalão e Corá. Uma genealogia mais extensa dos descendentes de Esaú é dada em Gênesis 36 (cf. 1Cr 1:35-54).

O restante do material bíblico é de alguma forma ambivalente sobre Esaú. Seu relacionamento de irmão com Jacó, o ancestral de Israel, é relembrado e respeitado em alguns pontos (p. ex., Dt 2:4-5, 8, 29). De fato, Deus deu Seir para Esaú (Dt 2:5, 12, 22; Js 24:4), não diferentemente de dar Canaã a Jacó. Em outro lugar, entretanto, Esaú/Edom é rival de Israel, julgado por Deus (cf. Jr 49:7-22; Obadias). Malaquias 1:2-3 declara que Deus amou Jacó, mas odiou Esaú, um tema retomado por Paulo (Rm 9:13).

Bibliografia. M. Dijkstra, "Esau", *DDD*, 306. [BRENT A. STRAWN]

ESBÃ (heb. *'ešbān*) O segundo filho de Disom, ancestral de um clã horeu (Gn 36:26; 1Cr 4:1).

ESBAAL (heb. *'ešbā'al*) O nome original de Isbosete, filho e sucessor do rei Saul (1Cr 8:33; 9:39).

ESCADA Série de degraus ou níveis. Pode ser uma estrutura de madeira, metal ou de cordas com peças dos dois lados e uma série de degraus. A escada representa simbolicamente o movimento ascendente ou de progresso e era considerada lugar onde a humanidade e a divindade interagiam, um meio de ligação entre o céu e a terra (Gn 28:12). O hebraico *sullām*, com frequência traduzido por "escada", passa melhor a ideia de "escadaria" porque a imagem vem do zigurate babilônio, uma torre do templo que tinha escadas de tijolo que levava a um pequeno templo no topo. Esse é o lugar onde os anjos sobem e descem (cf. Jo 1:51). [C. GILBERT ROMERO]

ESCADA DE TIRO Característica terrestre da linha costeira palestina perto de Tiro (gr. *klímax Týrou*), possivelmente a cadeia de montanhas que se estende da costa até um ponto cerca de meio caminho entre Ptolemaida (Acre) e Tiro. Antíoco VI, um dos concorrentes ao trono selêucida, nomeou Simão Macabeu governador "da Escada de Tiro à fronteira do Egito" (1Mac 11.59; cerca de 145 a.C.) da costa da Palestina.

ESCARLATE, CARMESIM Corante obtido de um inseto (*Kermococcus vermilio*), encontrado no carvalho kermes. Os colhedores recolhem o inseto fêmea e a borrifam com uma solução ácida para matá-la. Os insetos são secos, depois dissolvidos em água para produzir uma tintura vermelha permanente. O Lat. *kermes*, de onde derivam as palavras carmim e carmesim, significa "vermes", assim como o hebraico *tôlâʿ*, "escarlate".

O escarlate era caro para ser produzido, visto que 70 mil insetos eram necessários para produzir 453 gramas de tintura. Ele custava menos que a púrpura, mas ainda acentuava quem usava como uma pessoa rica ou privilegiada (2Sm 1:24; Jr 4:30; Ap 18:16). Escarlate usualmente é referência ao fio ou tecido tingido, usado para marcar o filho primogênito de Tamar (Gn 38:28-30) e a casa de Raabe (Js 2:18) ou usado em rituais de purificação (Lv 14:4, 6; Nm 19:6). Os artesãos usaram fios escarlate, com azul e púrpura, para fazer as cortinas do tabernáculo (Êx 25:4; 26:1) e as vestes de Arão (28:5) e o véu do templo de Salomão (2Cr 3:14).

Isaías 1:18 trata de pecado como semelhante a escarlate e carmesim; essa metáfora é referência à natureza da tintura indelével do tecido, que somente Deus pode transformar em branco.

Bibliografia. A. Brenner, *Colour Terms in the Old Testament*. JSOTSup 21 (Sheffield, 1982), 143-45; F. Brunello, *The Art of Dyeing in the History of Mankind* (Vicenza, 1973). [MARY PETRINA BOYD]

ESCATOLOGIA A escatologia (gr. *éschatos*, "último") diz respeito às expectativas dos fins dos tempos, seja o final da história, o próprio mundo ou a era presente. A linguagem escatológica se tornou proeminente nos profetas do Antigo Testamento e nos textos apocalípticos judaicos posteriores (ambos canônicos e extracanônicos). É característica impregnante na literatura cristã primitiva. Uma rica variedade de imagens aparece nesses escritos: o "dia do Senhor" (ou "aquele dia"), frequentemente caracterizado como dia de julgamento (p. ex., Ez 30:1-4; Jl 2:1-2; Am 5:18-20; Sf 1:17-18; 4Ed 7:33-44; 1En 3, 45, 62-63, 100; Mt 11:22; 25:31-46; Rm 2:1-16; 1Co 3:10-15), precedido por um período de provação e desintegração social e política (Dn 12:1-4; 4Ed 5:1-13; 2Bar. 25, 70; T. Levi 16-18; T. Zeb. 9.5-9; T. Naph. 4.2-5; Sib. Or. 3.635-56); uma guerra decisiva na qual os inimigos de Israel (ou as forças do mal) são finalmente derrotados e Israel (ou o povo de Deus) é restaurado (Ez 37-39; Jl 3 [TM 4]; Zc 12, 14; 1En. 56; 1QM; Ap 19:11-21; 20:7-10); restauração da cidade e da terra santas (Is 35, 40-55; Tob. 14.5; Jub. 1.15-18); um templo escatológico (Ez 40-48; 11QT); a conversão ou a vinda das nações a Jerusalém (Is 60; cf. 11:10; Zc 8:20-23; 14:16-21; Tob. 14.6-7; cf. Ap 21:24); uma colheita na qual os fiéis são reunidos e os ímpios removidos (4Ed 4:26-32, 39; 2Bar. 70.2; Mt 3:12; 13:36-43; Ap 14:14-20); um banquete escatológico festivo para o povo de Deus (Is 25:6; Lc 13:29; 14:15-24); ressurreição (para a vida ou julgamento; Is 26:19; Dn 12:2; 1En 51; 4Ed 7:32; Sib. Or. 4.179-92; Jo 5:25-29; 1Co 15); um casamento alegre ou um banquete de casamento (Mt 22:1-14; Ap 19), e simplesmente "estar com" o Senhor (2Co 5:8; Fp 1:23). Caracteristicamente, tais imagens expressam a esperança de que a libertação ou vindicação do povo fiel de Deus é iminente, e com ela a eliminação final das forças opressoras do mal. Muitos textos, entretanto, também ressoam uma demora no cumprimento escatológico (p. ex., Habacuque; Ed 4-6; 2Bar 21.19-25; Mt 25:1-13). De fato, a reafirmação da esperança em face ao cumprimento demorado e parcial das expectativas escatológicas é característica regular da escatologia judaica e cristã primitivas.

A linguagem escatológica tem naturalmente um aspecto informativo, à medida que anuncia a vinda da era escatológica do conflito específico em perspectiva. Todavia, é primariamente linguagem expressiva; suas imagens de julgamento e vindicação, de desastre e proteção, de perdição e resgate são feitas para engajar as emoções dos ouvintes e para movê-los a um particular tipo de vida — comprometimento fiel e perseverante com Deus, até mesmo no contexto de adversidade. A "retórica da escatologia" desdobra, portanto, suas imagens e metáforas para suster a esperança a despeito das ambiguidades da existência histórica, mas também, através de avisos da destruição iminente do mal, para reforçar mais apelos. Inferindo a partir da experiência passada a bondade de Deus (seja no êxodo, na restauração dos exilados, ou na morte e ressurreição de Jesus) e a partir da experiência presente do mundo (banquetes, colheitas, cortes e batalhas) a fé descreve a conclusão futura: será como aquilo! Deus está fazendo uma nova coisa (Is 43:19), mas seus contornos podem ser vistos já nos padrões de vida e da história evidentes à fé. A escatologia bíblica é, assim, inescapável metaforicamente em caráter; ela não dá informação precisa (p. ex., quando o final ocorrerá ou quem participará), mas capacita uma comunidade a viver na fé e obediência — uma vida que tanto extrai sua força quanto testemunha da fidelidade de um Deus soberano, cujos propósitos para a criação serão, contudo, "feitos na terra e no céu".

Profetas do AT. Os profetas pré-exílicos avisavam constantemente a nação a respeito da destruição iminente, entendida como julgamento divino sobre um povo desobediente. Amós descreve o "dia de Yahweh" como tempo de desastre, e não de libertação para Israel (Am 5:18-20). Para Isaías, também, o futuro reserva retribuições terríveis para a injustiça e infidelidade da nação (Is 1-5). Imagens do julgamento escatológico recebem, até mesmo, expressões mais agudas nos oráculos de Jeremias, que anunciou a destruição do templo (Jr 7:1-15; cf. Ez 10:1-22). Ao mesmo tempo, os profetas imaginavam um futuro quando Deus iria redimir e restaurar a nação (Is 2:1-4; 4:2-6; 9:1-7 [8:23-9:6]; 11:1-9; 14:1-2; Jr 16:14-15; Os 14:4-7), voltando a justiça e a sabedoria ao trono. Uma vez que desastre tinha caído sobre a nação, os profetas das eras exílicas e pós-exílicas esperavam a ação de Deus para restaurar as sortes de Israel (Is 35, 40-55, 60; Jl 3 [4]; Ob 15-17; Zc 10:6-12; 12-14; Ez 11:14-21; 20:33-44; 37:1-28; 39:21-29), contudo, questionavam também sua demora em chegar(Habacuque). A esperança escatológica da necessidade lutava com o problema das expectativas não cumpridas.

A literatura apocalíptica judaica. A história trouxe um pequeno alívio precioso, entretanto, a dissonância entre a promessa divina e a continuada experiência de fraqueza e submissão de Israel (sem dúvida, ajudadas por ideias correntes nas culturas grega e persa) se tornou o catalisador para o surgimento da escatologia apocalíptica. E se o sofrimento e até mesmo a morte visitaram o povo, não por causa da infidelidade e desobediência, mas precisamente por causa da observância da Torá? Dirigidos por tais questões perturbadoras, os visionários de Israel viram a vindicação divina em termos incrivelmente supra-históricos; a visão da fé apelou a poderes e resultados transcendentes não visíveis dentro da própria história. Deus interviria em favor dos justos, derrotando o mal opressor e restaurando a nação, embora aquele livramento assumiria muitas formas diferentes (Ez 38-39; Zc 12-14; Dn 10-12; Jub. 1.15-18; T. Levi 16-18; 1En. 38-39, 48-58, 61-63; Sib. Or. 3.657-808; 4.40-48; 1QM).

Jesus e os Evangelhos. Apesar de tentativas recorrentes para desviar perspectivas escatológicas de Jesus e da igreja primitiva, Jesus provavelmente esperava a chegada iminente do governo poderoso de Deus; de fato, ele discerniu o amanhecer do reino de Deus em sua própria atividade (p. ex., refeição de comunhão, a declaração do perdão, e exorcismos). Jesus, portanto, comungou da intensa expectativa escatológica de João Batista (cf. Mt 3:7-12), mas a modificou — apontando para sinais presentes de reino e também mudando a ênfase da destruição iminente para a esperança. Tanto em Mateus quanto em Marcos, o ministério de Jesus começa (Mt 4:17; Mc 1:15) e termina (Mt 24-25; Mc 13) com reivindicações escatológicas. Enquanto Lucas tem Jesus inaugurando o seu ministério sob a bandeira do cumprimento (Lc 4:16-21), esse evangelho, dá, também, proeminência às imagens escatológicas (12:35-48; 17:20-18:8; 21:5-36).

Contudo, cada um dos Sinópticos desenvolve esse tema em suas próprias maneiras. Marcos acentua agudamente os perigos do discipulado fiel; Jesus, cujo próprio caminho é o caminho da cruz, promete a seus seguidores um futuro marcado por crise e adversidade (Mc 13:5-23). Contudo, eles servem para chamar à coragem para a sua missão no mundo (Mc 13:10), confiantes que, apesar da severidade de suas dificuldades, Deus vai em breve resgatar o fiel (v. 26-30), se eles permanecerem vigilantes. Descrições da libertação escatológica, centrando-se na volta triunfante do Filho de Homem, ressegura à comunidade de Marcos e os apoia em uma missão custosa "por amor ao evangelho". Mateus, ao contrário, destaca os temas dos julgamentos dos fins dos tempos, usando figuras escatológicas para enfatizar um apelo à vida definido pela retidão (Mt 13:24-30, 36-43, 47-50; 25:31-46). Conquanto uma estrada larga e fácil conduza muitos à destruição, Mateus desafia os leitores a seguirem o caminho estreito e árduo que conduz à vida (Mt 7:13-14). Embora "o final da era" será protelado, lançando a comunidade para uma era de intenso conflito (Mt 24:4-14), eles devem permanecer alerta e vigorosos no serviço a Deus (24:45-51; 25:1-30). A escatologia nesse evangelho serve, acima de tudo, para motivar uma vida definida por obediência radical a Deus e misericórdia compassiva para com os outros. Marcos, e até certo ponto Mateus, pensam, com alguma demora, no cenário de completude dos fins dos tempos (Mc 13:5-8, 10; Mt 24:6-8, 48; 25:1-13), sem, contudo, abandonar a expectativa da Parúsia num futuro bem próximo.

Esse modelo é até mesmo mais típico de Lucas, que ajusta o horário para proporcionar o ensejo para a demora (Lc 12:42-48; 17:25; 18:1-8; 19:11-27; 21:7-12; cf. At 1:6-8), mas, ao mesmo tempo, reafirma a esperança da volta iminente do Senhor (Lc 12:39-40; 17:22-37; 21:28-36). A marca da comunidade deve ser, portanto, a fé perseverante (Lc 18:1-8) e a fidelidade (12:35-48; 21:12-19) no tempo que resta antes da vindicação dos fins dos tempos para o povo de Deus. Enquanto a narrativa investe pesadamente nesse quadro de uma demora, mas ainda expectativa escatológica viável, Lucas também enfatiza o cumprimento presente das esperanças, durante a vida de Jesus. A era do Espírito (assinalando os "últimos dias", At 2:17-21) já começa com Jesus (Lc 4:16-21), que discerne em seus próprios atos de cura e perdão o governo soberano de Deus reordenando a vida humana no presente (11:20; 17:20-21). Assim, as esperanças postergadas de Israel apressam o cumprimento com o advento de João e Jesus (Lc 1-2). Onde Jesus trabalha, a salvação se torna realidade em Israel (Lc 7:48-50; 8:43-48; 17:11-19; 19:9-10; 23:39-43; cf. 2:11, 30-32). Além disso, a história de Israel retém sua ambiguidade fundamental, e, até mesmo o Salvador, deve ser rejeitado e seu reino impedido por causa do tempo que virá (Lc 19:11-27). Sua comunidade deve, portanto, esperar — e trabalhar vigorosamente — para a completude da salvação inaugurada por ele.

Esse modelo, por meio do qual as esperanças escatológicas encontram um decisivo, se não completo, cumprimento no presente com a pessoa e obra de Jesus, vem à sua mais clara expressão no evangelho de João. Jesus *é* o *escaton*. As esperanças ordinariamente ligadas ao futuro (ressurreição, vida eterna, julgamento final) todas se ancoram no presente, uma prerrogativa do próprio Jesus (Jo 3:16-21; 5:19-30; 11:23-26). O julgamento para aqueles que rejeitam o revelador (Jesus) de Deus está selado mesmo no presente. A vida eterna para aqueles que creem também acontece no seu tempo. A Parúsia de Jesus parece ser a reforma com a presença do Espírito (o Paráclito) na comunidade (Jo 16:7-15; cf. 14:15-26). Para toda essa ênfase na realização presente das esperanças escatológicas, João preserva, de fato, elementos escatológicos (p. ex., a ressurreição "no último dia", Jo 6:39-40; cf. 5:28-29; e uma experiência pessoal da Parúsia, 14:2-3). A chave para essa tensão entre o cumprimento presente (Jesus como o *escaton*) e a esperança futura se baseia na reivindicação joanina de que a vida do discípulo é totalmente dependente da conexão com Jesus, o doador da vida (Jo 15:1-11). O verdadeiro discipulado pode somente ser validado após um período de vida fiel de testemunho da Verdade. A entrada na vida, já realizada em fé agora, deve ser, portanto, confirmada no final. A escatologia passa por uma radical reinterpretação em João, contudo, o futuro não está inteiramente absorto na experiência presente da comunidade de João. O pêndulo balança de volta para a escatologia futura, orientada na carta, posteriormente enviada à mesma comunidade (1Jo 2:18, 28; 3:2; 4:17), sem eliminar, entretanto, a convicção de que a vida eterna é realidade presente para aqueles que são da fé (5:5, 11).

Paulo. As cartas de Paulo expressam a fé escatológica vibrante do princípio ao fim. 1Tessalonicenses exprime a convicção de que a Parúsia de Jesus ocorreria num futuro próximo, certamente dentro do período de vida de Jesus (1Ts 4:15-18). Paulo organiza as imagens escatológicas (Parúsia, "ladrão na noite") para consolar os leitores perturbados pelas mortes de alguns membros da comunidade diante "do dia" e para reforçar seus apelos para a seriedade moral (1Ts 5:1-11). Embora a suposição de Paulo de que ele viveria para ver a Parúsia tenha recuado em cartas posteriores (2Co 5:1-10; Fp 1:19-26), ele reafirma suas convicções escatológicas no final (1Co 7:25-31; Rm 13:11-12; Fp 4:5). Contudo, para Paulo, também o futuro não é o único interesse. Sua intensa expectativa do término da escatologia iminente se deriva de sua percepção do sentido do que já tinha ocorrido na morte e ressurreição de Jesus. A cruz é o evento abalador mundial que redefine a característica da vida no mundo (1Co 1:18-2:5; Gl 6:14-15), e a ressurreição de Jesus é claro sinal de que os eventos do término da história estão à mão. A ressurreição de Jesus é o "primeiro fruto" que assegura que a completa colheita está prestes a acontecer (Rm 8:23; 1Co 15:20, 23). A presença do Espírito de Deus na comunidade é, portanto, uma "penhora" que garante "pagamento" completo da salvação num futuro próximo (2Co 1:22; 5:5; cf. Rm 8:11; Ef 1:14). Paulo também usa a figura do julgamento escatológico para apoiar seus apelos morais (Rm 2:1-16; 1Co 3:10-17; 2Co 5:10). Em Colossos e Éfeso, existe uma mudança das categorias temporais para as espaciais: o crente já ressurgiu dos mortos e já reside no céu (Ef 2:6; cf. Cl 2:12; 3:1-3). Contudo, a revelação de Cristo em glória ainda está por vir (Cl 3:4; cf. "o dia da redenção", Ef 4:30).

Epístolas Gerais e Apocalipse. A escatologia permanece característica importante por todas as Epístolas Gerais. 1Pedro chama a comunidade de leitores a uma seriedade moral que conta com julgamento iminente dos fins dos tempos (1Pe 4:1-11) e os assegura de que o seu sofrimento presente vai logo ceder à salvação escatológica (1:5) e à glória (v. 7). 2Pedro se dirige ao ceticismo abastecido pela demora na realização das esperanças escatológicas: "Onde está a promessa da sua vinda? (2Pe 3:4). O autor atribui essa demora à paciente misericórdia de Deus e começa um forte aviso contra à desistência da fé escatológica. Com as imagens de uma Parúsia iminente e do juiz escatológico às portas (Tg 5:8, 9), Tiago proporciona o apelo para a congruência entre a fé e o justo, que é a vida em compaixão. Hebreus, escrito nesses "últimos dias" (Hb 1:2), da mesma forma, informa da rápida aproximação do dia do julgamento final (10:23-31).

No livro de Apocalipse, as visões apocalípticas capacitam os leitores a discernir o sentido verdadeiro e o curso da história: não Satanás, mas Deus; não Roma, mas Cristo governa o mundo. É claro, no presente somente os olhos da fé podem ver. Contudo, as forças do mal lançaram um assalto final e feroz contra os fiéis, precisamente porque sofreram uma derrota decisiva (Ap 12:7-17), e seu tempo já quase terminou (v. 12). Cristo, o Cordeiro, já conquistou a vitória, paradoxalmente pelo seu testemunho até à morte (Ap 5:9-12; 12:10-11). Uma vez mais, a libertação futura é assegurada por causa do que Deus já tem feito. Contudo, os leitores enfrentando o prospecto de intensa perseguição (algo que João espera que ocorra) precisam de encorajamento, e a afirmação da rápida volta de Jesus se tornou tema proeminente no Apocalipse de João (Ap 1:3; 3:11; 16:15; 22:12, 20). A volta de Cristo, seu reinado milenar com os mártires, a derrota final do mal (incluindo a "morte" da própria morte) e o surgimento de uma Jerusalém renovada, gloriosa e santa, tudo isso aparece no horizonte. Tais imagens potentes reforçam a esperança em uma comunidade importunada, mas avisa aos leitores para que escolham, de maneira sábia, a quem ser leal. Um compartilhamento da "vida" espera aqueles que perseveram em sua fidelidade a Deus, até mesmo a ponto de grande custo.

Bibliografia. D. C. Allison, Jr., *The End of the Ages Has Come: An Early Interpretation of the Passion and Resurrection of Jesus* (Philadelphia, 1985); J. J. Collins, *The Apocalyptic Imagination*, 2. ed. (Grand Rapids, 1998); D. Gowan, *Eschatology of the Old Testament* (Philadelphia, 1986); A. A. Hoekema, *The Bible and The Future* (Grand Rapids, 1979); C. Holman, *Till Jesus Comes* (Peabody, 1996); J. Plevnik, *Paul and the Parousia* (Peabody, 1997). [JOHN T. CARROLL]

ESCOL (heb. *'eškōl*) **I. (LUGAR)** Vale ao sul de Judá na vizinhança de Hebrom. Foi desse vale que dois dos espias enviados por Moisés para investigar Canaã trouxeram relatório de um cacho de uvas tão grande que tiveram de carregá-lo numa madeira entre eles (Nm 13:22-23); daí o nome do vale ("Escol"; v. 24). Números 32:9 implica que a descrição dos espias desse vale, com relatórios dos gigantes nessa área, desencorajaram os israelitas a entrar na terra. Entretanto, de acordo com Deuteronômio 1:24, o relatório dos espias era evidência de que Canaã era terra boa. Embora a área ao norte de Hebrom seja especialmente bem adequada à viticultura, não existe evidência o suficiente para tentar uma identificação mais precisa. [WADE R. KOTTER]

II. (PESSOA) Amorreu que habitava perto de Hebrom, assim como seus irmãos Aner e Manre, foi aliado de Abrão contra Quedorlaomer (Gn 14:13, 24). O nome pode ser designação geográfica.

ESCORPIÃO (gr. *Skythópolis*) Aracnídeo (classe que inclui aranhas) que pertence à ordem Scorpiones. Os escorpiões são noturnos, habitam climas quentes e secos e tendem a entrar nas casas, buscando esconderijo em roupas, camas, fendas e rachaduras.

Aproximadamente 12 variedades de escorpiões habitam Israel. O maior e mais perigoso é o escorpião da rocha, que mede 127-177 mm de comprimento. Os escorpiões mais comuns em Israel são o escorpião amarelo (*Buthus questriatus*) e o escorpião preto (*Buthus judaicus*).

O escorpião tem um ferrão de veneno na ponta da cauda usado para paralisar sua presa. Os escorpiões não atacam intencionalmente os humanos, mas o fazem em autodefesa.

Os escorpiões no AT (heb. *'aqrāḇ*) estão associados aos perigos do deserto (Dt 8:15). Roboão se refere aos escorpiões de forma análoga em referência a seu governo implacável e doloroso sobre o povo (1Rs 12:11, 14 = 2Rs 10:11, 14). O chamado de Ezequiel por Deus inclui uma analogia da picada do escorpião à natureza rebelde do povo (Ez 2:6).

Jesus fala de escorpiões (gr. *skorpíos*) como perigoso (Lc 10:19) e indesejável (11:12). Em Apocalipse, é feita uma analogia à picada de escorpiões como indicação de tortura e dano (Ap 9:3, 5, 10). [ALAN RAY BUESCHER]

ESCRAVO Pessoa mantida em servidão pela violência, alienação natalícia e desonra pessoal como bem móvel de outra pessoa. Diferentemente da escravidão moderna, a antiga não era baseada na raça. Os autores da Bíblia partem do princípio que a propriedade do escravo é parte inquestionável da vida diária, tão normal como possuir bois, jumentos e implementos agrícolas. Essa presunção reflete a perspectiva dos próprios escritores, a maioria dos quais muito provavelmente veio de classes que praticavam a escravidão de suas respectivas sociedades.

A maior parte do material do AT sobre os escravos (heb. *'eḇeḏ*) é legal, notória, procedente de depoimentos e mencionada apenas de passagem (p. ex., Pv 12:9; 22:7; 29:19, 21; Sir. 7.20). Embora alguns escravos sejam figuras importantes da história israelita (p. ex., José, Gn 39–41; Moisés, Êx 2–15), outros são figuras de origem indistinta, frequentemente com os nomes omitidos. "Homens e mulheres escravos", conseguidos como presentes ou compras (p. ex., Gn 12:16; 17:23), incluídos trabalhadores variados (26:25) e domésticos (Êx 11:5; Jz 3:24; Jo 31:13). Salomão subjugou estrangeiros ao trabalho forçado para reconstruir cidades israelitas e construir o templo de Jerusalém (1Rs 9:20-22 = 2Cr 8:7-10). Esses escravos estrangeiros aparentemente eram numerosos, servindo a uma variedade de funções reais e sacerdotais para a monarquia israelita (1Sm 8:10-18; 1Rs 10:2-5 = 2Cr 9:34).

Os escravos aparecem de forma destacada nas leis do AT referentes à escravidão em função de dívidas e à alforria (Êx 21; Lv 25; Dt 15), evidência importante para a escravização tanto de estrangeiros como de hebreus. Embora com o fim de restringir e, talvez até mesmo, terminar com a escravidão por dívida, essas leis deuteronomistas aparentemente passaram despercebidas, porque a escravização por dívida de conterrâneos judeus continuou a ser comum no período bíblico (2Rs 4:1; Am 2:6; 8:6; Mq 2:9). O rei Zedequias, de Judá, tentou acabar com a prática com sua lei da alforria em larga escala (Jr 34:8-22).

Um tema recorrente no AT é a história do povo como escravo no Egito, forçado ao trabalho manual, recusado a ter suprimentos básicos como palha para a fabricação de tijolos e espancado pelos feitores (Êx 5:1-23). A admoestação a servir a Yahweh pela lembrança de Moisés e do Êxodo repete-se por toda parte (Êx 13:3; 20:2; Lv 25:42; Dt 6:21; Js 24:17). Esse tema do Êxodo repete-se em relatos do cativeiro babilônico (Ed 9:8,9; cf. 2Cr 36:20).

Entre os escravos mencionados no NT estão Onésimo (Fm 10–21), o eunuco etíope (At 8:27-39), a empregada Rode (12:13-15), a jovem escrava vidente de Filipos (16:16-24), o escravo do centurião romano (Lc 7:1-10 = Mt 8:5-13) e escravos do sumo sacerdote Caifás (Mc 14:47, 66-69 par.). Escravos também aparecem como arquétipos nas parábolas de Jesus (p. ex., Lc 16:1-13). Ao tratar ostensivamente do problema da dívida entre administradores domésticos escravos, a parábola do escravo implacável (Mt 18:23-25) não trata de escravos como ordem social, mas dos cristãos primitivos na igreja de Mateus (que podem ser ou não escravos de fato). As admoestações sinópticas à vigilância têm como objetivo informar não a respeito do antigo tratamento de escravos, e sim, sobre o julgamento escatológico de Deus (Lc 13:25-48; Mt 24:45-51). Esse uso alegórico da escravidão revela que esta era admitida como certa naquele período; nem um dito de Jesus ainda existente condena a instituição como intrinsecamente má.

Paulo, autoidentificado como "escravo de Jesus Cristo" (Rm 1:1) e até mesmo "escravo de todos" (1Co 9:19) usa simbolicamente a escravidão. Entre os cristãos batizados "nem escravo nem livre" (Gl 3:28; Cl 3:11). Em 1Coríntios 7:21-24, Paulo aconselha os crentes que foram batizados na condição de escravos a "não se preocuparem" com tal situação a menos que tenham oportunidade de ser alforriados. Adaptações cristãs primitivas de códigos domésticos greco-romanos de administração de negócios domésticos ordenam aos escravos: "obedecei a vossos senhores deste mundo, com temor e tremor [...] assim como a Cristo" (Ef 6:5; Cl 3:22; cf. 1Tm 6:2; 1Pe 2:18-21). Essa evidência mostra que os cristãos primitivos assim como Paulo e seus seguidores mantinham atitudes sobre a escravidão pessoal semelhantes as do enorme mundo greco-romano.

Bibliografia. G. C. Chirichigno, *Debt-Slavery in Israel and the Ancient Near East.* JSOTSup 141 (Sheffield, 1993); J. A. Harrill, *The Manumission of slaves in Early Christianity.* Hermeneutische Untersuchungen zur Theologie 32 (Tübingen, 1995). [J. ALBERT HARRILL]

ESCRIBAS Pessoas que podiam ler e escrever. A instrução delas as tornava indispensáveis em muitas civilizações pela necessidade de manter todos os registros militares, governamentais, legais e financeiros. As funções seculares desses escribas são encontradas nas mais antigas referências bíblicas a eles (p. ex., Jz 5:14; 2Sm 8:17; 1Rs 4:3; 2Rs 12:10; 18:18; 22:3, 12; Jr 36:10). Baruque, o secretário de Jeremias, é escriba, ajudando-o em transações comerciais (Jr 32:12), bem como, anotando palavras ditadas (36:18,32).

Embora os escribas continuaram executando tais papéis no período pós-exílico (cf. Ne 13:13, em que um escriba chamado Zadoque é nomeado tesoureiro dos depósitos onde os dízimos eram guardados), o termo começa a ser mais especificamente associado com a transmissão e interpretação da Torá. Os escribas eram estudiosos da Torá que preservavam e interpretavam a Lei para manter sua centralidade no judaísmo depois do exílio e na Diáspora. Esdras é um epítome desse tipo de escriba (Ed 7:6, 10).

Ben Sira (c. 180 a.C.) descreve o escriba como aquele cujo estudo da revelação de Deus se traduz em grande poder no governo e nas cortes (Sir. 38.24–39.11). O estudoo do escriba se estende a todas as tradições israelitas (e até não israelita): ele "se dedica ao estudo da lei do Altíssimo. Ele busca a sabedoria de todos os antigos e está preocupado com profecias; preserva as palavras dos famosos e penetra as sutilezas das parábolas" (Sir. 38.34–39.2). Somente o escriba tem "destaque na assembleia pública"; é ele quem pode "sentar-se na cadeira dos juízes" e pode "explicar a disciplina ou julgamento" (Sir. 38.33). O escriba "serve entre os grandes e aparece perante reis; ele viaja em terras estrangeiras e aprende o que é bom e mau na condição humana [...] O Senhor dirigirá seu conselho e conhecimento, à medida que ele medita em seus mistérios" (Sir. 39.4,7).

Essa descrição dos escribas como piedoso e influente encontra-se em 1 e 2Macabeus (fim do século II a.C.). Em 1Macabeus 7.12, um grupo de escribas negocia com os sírios, sugerindo que eles estavam numa posição de alguma autoridade e poder. Mais tarde, um escriba, Eleazar, é tomado como modelo de piedade para o resto da comunidade (2Mac 6.18-20).

Os escribas estão novamente presentes como intérpretes influentes da Torá no NT, embora com descrição decididamente negativa a respeito deles. Eles estão normalmente presentes com outros grupos judeus, especialmente os fariseus (p. ex., Mt 5:20; 23:2). Como intérpretes da Torá, os escribas provavelmente estariam com mais frequência associados aos fariseus, que buscavam ampliar a aplicabilidade da Torá. Em bem poucas ocasiões, os escribas são mostrados respondendo positivamente a Jesus (Mc 8:31; 10:33; 11:18; 14:1, 43, 53; 15:1). Não é de admirar que seus conflitos com Jesus quase sempre tinham a ver em como a lei de Moisés deveria observada (Mc 2:15-17; 7:1-8; Lc 6:6-11).

A descrição que Mateus faz dos escribas no NT é ao mesmo tempo negativa e a mais positiva. Por um lado, provavelmente devido à oposição que sua comunidade estava experimentando dos oficiais judeus, Mateus vê os escribas judeus como corruptos e falsos, tendo Jesus os atacado com o refrão: "Ai de vós, escribas e fariseus, hipócritas!" (Mt 23). Mas embora ele veja os então intérpretes da lei como equivocados (Mt 23:16), Mateus ainda aceita a legitimidade e a autoridade deles (v. 2,3). Mateus também não acredita que Jesus tenha vindo para abolir as leis e as instituições antigas, mas para cumpri-las e completá-las, dando-lhes sua autoridade e lugar adequados (Mt 5:17). Mateus, então, acredita que existirão escribas na nova comunidade cristã e continuarão sua função de tornar relevantes e vivas aos crentes as tradições passadas, preservando-as como tesouros preciosos (Mt 13:52; cf. 23:34). [KIM PAFFENROTH]

ESCRITA As três línguas bíblicas são escritas com dois alfabetos: o alfabeto aramaico (alfabeto hebraico quadrado) e o alfabeto grego. A língua de cada uma das antigas versões é escrita com seu próprio alfabeto: o siríaco, o arábico; o etiópico; o latino; o copta; o gótico; o armênio; o georgiano e o eslávico da Igreja Antiga. As línguas do antigo Oriente Próximo frequentemente consultadas pelos estudiosos bíblicos acrescentam vários outros alfabetos: o cuneiforme mesopotâmico, os hieróglifos egípcios e uma diversidade de sinais semíticos ocidentais, incluindo o ugarítico, Antigo Sul da Arábia, fenício e aramaico.

ALFABETOS BÍBLICOS. ***Hebraico.*** O hebraico quadrado (col. 3 da tabela) é em si uma forma do alfabeto aramaico que havia chegado a esta aparência moderna na época dos Rolos do Mar Morto (c. 200 a.C.). Tal como todos os alfabetos semíticos ocidentais, é consonantal, denotando explicitamente somente segmentos de consoantes (fonemas): o termo "abjad" é recomendado para esse tipo de sistema de escrita, com o "alfabeto" reservado para os sistemas de escrita que denotam explícita e necessariamente tanto segmentos de consoantes como de vogais. As consoantes são registradas uma a uma, em ordem linear (da direita para a esquerda) correspondendo ao ritmo no qual os sons são pronunciados. Cada palavra inclui vogais e consoantes, mas as vogais não são escritas: emergem do contexto ou da prévia familiaridade do leitor com o texto; não era impossível aos leitores equivocar-se quanto ao sentido pretendido escolhendo interpretação alternativa do texto consonantal. Esse problema podia, às vezes, se tornar ainda mais complexo pela falta de divisão entre as palavras (por espaço ou um sinal), embora tais escritas contínuas não fossem a norma sempre e onde as *abjads* fossem usadas. Formas características de algumas letras para os finais de palavras em hebraico (e grego) parecem resultar do prolongamento da pincelada da caneta precedendo o espaçamento entre as palavras (assim ao marcar o fim das palavras, elas não eram, com esse propósito, deliberadamente iniciadas).

As 22 letras do hebraico denotam 23 consoantes diferentes (o š e o ś eram semelhantes, porém com sons distintos quando foi estabelecida a ortografia hebraica), incluindo as semivogais w e y. As variações de som que operavam nas línguas semíticas do noroeste incluíam os ditongos que se tornavam vogais longas: ay>ē e aw>ō. As letras y e w ainda eram escritas no texto (sua ortografia é muito resistente à mudança no tempo), por isso, em algumas circunstâncias elas terminaram representando ē e ō, respectivamente. Com o passar do tempo, vieram a ser usadas também em lugar de ī e ū. Nos finais das palavras, h, às vezes, podia representar ā. As letras que dessa forma representam vogais são chamadas de *mater lectionis* ("mães da leitura"). Eventualmente, podiam ser inseridas onde historicamente não eram justificadas (p. ex., para vogais que não tinham sido anteriormente ditongos); e nos estágios rabínicos do hebraico e do aramaico, o sistema de escrita funcionava quase alfabeticamente, com a maioria das vogais, mesmo as curtas, indicadas por *mater lectionis*.

Por volta da metade do primeiro milênio d.C., o hebraico deixou de ser falado, então estudiosos judeus chamados de massoretas reconheceram o perigo de corrupção ou interrupção da transmissão oral da pronúncia exata do texto da Bíblia e durante vários séculos, diversas academias (em Nisibia [?], Mesopotâmia, chamada a babilônica; sul da Palestina e Tiberíades, Galileia — a última emergindo como definitiva) inventaram sinais suplementares para registrar as vogais, nuanças consonantais, acentuação, análise e mudança do texto bíblico. Por causa da forma, a ortografia exata do texto é em si sagrada, o texto consonantal herdado é preservado sem alteração, com estas marcas — chamadas de indicação (heb. *niqqud*) ou vocalização (mas não *mater lectionis*) — escritas acima, abaixo ou até mesmo dentro das letras; de fato, não estão incluídas na maioria dos rolos da Torá, aqueles usados durante a leitura pública da Escritura na sinagoga (onde um estudioso versado, um *gabbai*, assiste aos leitores leigos na pronúncia correta).

Os rolos da Torá representam a sobrevivência dos formatos mais antigos de livros compridos: rolos de papiro ou de pergaminho. Eles foram escritos com tinta feita de fuligem (negro-de-fumo) misturada com água e um pouco de goma arábica, com o uso de uma pena cortada de uma cana oca. Memorandos temporários podiam ser anotados num pedaço de cerâmica (nessa função chamado de óstraco) usando-se pena e tinta, ou duas tábuas articuladas, as faces internas recobertas de cera, usando-se um instrumento pontudo para arranhar a superfície macia e reusável. Por volta da virada da era, o códex começou a entrar em moda, um grupo de folhas dobradas arrumadas como livro moderno; esse formato foi associado aos livros cristãos.

Grego. Os manuscritos do NT, os Pais da igreja e outras literaturas gregas foram escritos com um alfabeto completo de 24 letras (col. 9), nas formas unciais semelhantes às agora usadas como letras maiúsculas (as letras minúsculas se desenvolveram durante a Idade Média). A sequência linear é da esquerda para a direita para vogais e consoantes; no alto das letras aparecem as duas aspirações — que marcam vogais — e r — palavras iniciais que começam com ou sem h ("áspero") ou ("suave") — bem como as três acentuações, cuja exata interpretação é incerta. Essas marcas estavam disponíveis desde pelo menos o século II a.C., mas não eram consistentemente usadas até cerca de 800 d.C. A escrita contínua é mais característica de textos gregos que do semítico ocidental — em muitas inscrições gregas clássicas, as letras são equidistantes tanto no sentido vertical quanto horizontal — mas é menos problemática, porque as palavras gregas podem terminar com somente um grupo limitado de letras.

Alfabetos pós-bíblicos. O contexto histórico do hebraico quadrado e dos alfabetos gregos pode começar a ser apreciado com consideração de outros alfabetos em uso na antiguidade recente. Os alfabetos siríaco (col. 5) e arábico (col. 6) são os principais sobreviventes (outro é o mandaico, col. 4) de um conjunto de abjads aramaicos que floresceram no sudoeste da Ásia, por volta da virada da era cristã, emergindo respectivamente nas áreas de Palmira e dos nabateus. Esses alfabetos aramaicos eram normalmente escritos com estilete (sempre da direita para a esquerda) em papiros, pergaminhos ou cacos de louça, em vez de gravados em superfícies duras — cursiva em vez de letras grandes — em funções utilitárias em vez de artísticas. Sua inferioridade e pouca duração e a conveniência de seus usuários, significou que exigências conflitantes ocasionais de velocidade e legibilidade foram os fatores mais importantes em sua evolução. Um resultado frequente foi a ligação de letras adjacentes dentro de uma palavra — evitar a perda de tempo levantando a pena; isto significou que algumas letras podiam assumir aparências particularmente diferentes de acordo com sua posição na palavra, e algumas letras podiam se tornar desconfortavelmente semelhantes — dificultando a legibilidade. Essa dificuldade foi minorada pela introdução de pontos para distinguir as letras cujas formas básicas tinham convergido — d e r em siríaco (aquelas letras eram muito semelhantes em quase todas as letras de mão siríacas), vários grupos no árabe.

Esses alfabetos aramaicos herdaram o uso de *mater lectionis* e sistematizaram seu uso para todas as vogais longas (quase todas as vogais no mandaico), mas por razões semelhantes que prevaleceriam no domínio hebraico, tornou-se necessário indicar (opcionalmente) também as vogais breves. O siríaco clássico não era mais falado, pelo menos no tempo da Conquista Árabe no início do século VII, por isso a pronúncia do texto bíblico precisou ser preservada; bem antes então, o afluxo de palavras persas e gregas em obras científicas e teológicas haviam tornado desejáveis o registro de vogais. O mais antigo manuscrito siríaco existente, datado de 411 d.C., traz indicação de vogal (literalmente; somente pontos são usados) no sistema que desenvolveu na parte oriental do cristianismo sírio. Um pouco mais tarde, no setor ocidental, minúsculas letras vogais gregas vieram a ser acrescentadas ao texto consonantal. (Um método para inserção de caracteres vocálicos semelhantes ao grego diretamente nas linhas da escrita foi rejeitado tanto porque falsificaria o texto sagrado como porque deixaria, em uma geração, todos os manuscritos existentes ilegíveis.) As práticas dos escribas siríacos eram provavelmente conhecidas tanto dos estudiosos hebreus como dos árabes, quando desenvolveram suas técnicas de vocalização.

Para o árabe, o problema foi a preservação do texto do Alcorão face à multiplicidade de dialetos árabes. A solução envolveu símbolos não apenas para as três vogais breves do árabe, como também para vários processos gramaticais (morfofonêmicos) que operaram no dialeto que se tornou o árabe clássico, mas talvez não no falado por aqueles que primeiro registraram as consoantes do Alcorão como veio da boca do profeta Maomé. Tanto as indicações de consoantes como vogais marcadas com pontos ocorrem no papiro secular mais antigo, desde o início do século I do islamismo, encontrado na Geniza do Cairo.

O mais antigo alfabeto semítico ocidental que indica as vogais, entretanto, não foi nenhum dos anteriores — foi o etíope (col. 8). Diz-se normalmente que o alfabeto etíope foi importado do sul da Arábia por volta ou antes da virada da era cristã. Várias inscrições dos sabeus foram encontradas no antigo reino de Aksum, que se estendia pela fronteira da moderna Eritreia/Etiópia; vários monumentos na língua ge'ez e no alfabeto etíope sobrevivem da metade do século IV d.C. No começo, o alfabeto era muito semelhante ao sabeu (col. 7), exceto que posteriormente foi lido da esquerda para a direita; mas do centro do reino do rei Ezana, e, coincidindo com sua conversão ao cristianismo, as inscrições são totalmente vocalizadas. A vocalização é aplicada não com letras como no grego ou no copta (muito provavelmente as línguas dos missionários envolvidos), nem como em siríaco (não se sabe se tinha alguma vocalização na época), mas pela união de suplementos às letras consoantes (as letras, às vezes, são bastante deformadas no processo) — exceto que uma letra sem suplemento representa sua consoante mais a vogal, em vez de sua consoante sozinha. (Assim, cada uma das 182 letras etíopes denota uma sílaba consoante-vogal [CV]; esse tipo de alfabeto pode ser chamado de "abugida", e deve ser distinguido de um silabário, no qual não existe semelhança entre os caracteres incluindo uma consoante particular ou vogal). Esse padrão é encontrado em outra parte somente nos alfabetos da Índia (em que, cerca de quinhentos anos antes, quando foram confirmados pela primeira vez, floresceu a ciência fonética). Esses foram desenvolvimentos independentes? Ou é possível que os missionários que trouxeram o cristianismo para Aksum tenham atravessado o mar da Arábia e também levado sua própria noção de como a escrita deveria funcionar?

A língua que se tornou o veículo para o cristianismo ocidental, o latim, havia sido escrita com um desdobramento do alfabeto grego — passando pelo etrusco — desde o século VII a.C. Embora as consoantes explosivas b, d, g e a vogal o não ocorram na língua etrusca (e não apareçam nas inscrições etruscas), suas letras foram preservadas no alfabeto (os ancestrais de B, D, C e O) e foram usadas para o latim. De modo oposto, o etrusco distinguia três tipos de k, escritos com C antes de e/i, K antes do a, e Q antes do u; essa distinção desnecessária persiste no latim e nas línguas românicas hoje. Desde que o latim não precisou distinguir g de k, o G foi distinguido do C no século IV a.C. (I/J e U/V não se tornou totalmente independente até os tempos modernos). As letras maiúsculas atingiram sua forma final na Roma imperial; a generalização de que as letras rústicas de mão servem às obras pagãs e as unciais (como o grego) e semiunciais (associadas aos copistas celtas) servem aos escritos cristãos é excessivamente manifesta, porém viável. As minúsculas são o resultado do desenvolvimento gradual e foram codificadas no tempo de Carlos Magno (início do século IX); as formas itálicas foram aperfeiçoadas durante a Renascença italiana. As formas distintivas alemãs usadas até meados do século XX representaram desenvolvimentos paralelos da Renascença do norte europeu.

É digno de nota que em todo lugar que chegou o cristianismo ocidental, e o latim permaneceu como língua litúrgica, as línguas locais vieram a ser escritas no alfabeto romano, geralmente com bem pouca modificação; mas na área do cristianismo oriental (Ortodoxo, ou de língua grega), em que o vernáculo foi adotado para uso sagrado, as línguas locais receberam seus próprios alfabetos, derivados ou inspirados no alfabeto grego. (As formas iranianas do alfabeto aramaico foram levadas pela Ásia Central tanto pelos missionários cristãos como pelas administrações seculares. Alguma forma de aramaico foi a provável inspiração dos alfabetos da Índia; a sofisticação deles pode indicar que foram desenvolvidos depois do florescimento da tradição gramatical indiana).

Os cristãos coptas acrescentaram várias letras emprestadas do demótico para o alfabeto grego em relação a sons encontrados no egípcio, mas não no grego; de uma forma típica, as letras acrescentadas não são intercaladas na ordem padrão entre letras de aparência ou som semelhantes, mas aparecem no final. O copta (col. 10) tem sido usado desde o século IV d.C. O alfabeto gótico (col. 11), que registra a mais antiga língua germânica a ter sobrevivido em qualquer quantidade, foi concebido pelo bispo Wulfila (tb. no século IV), para registrar a tradução de sua Bíblia.

As histórias dos dois alfabetos sobreviventes nativos do Cáucaso — armênio e georgiano — estão mais evidentes em lendas do que talvez nos registros históricos. Ambos são atribuídos (na tradição armênia) a São Mesrop, cujo alfabeto armênio (col.12) data de 406/7 d.C.; sua ordem relacionada, mas aparência diferente indica que sua estrutura, e não sua forma deriva do grego. Os estudiosos georgianos argumentam que Mesrop não tinha conhecimento da língua georgiana, e que seu alfabeto (col. 13) — confirmado pela primeira vez (numa igreja na Palestina!) em 430 d.C. — data de algum tempo depois da introdução do cristianismo no país cerca de 337. Sua adesão à ordem do alfabeto grego, com novas letras anexadas, demonstra nisso sua dependência.

Os dois alfabetos da Antiga Igreja Eslovena (Búlgaro Antigo) são também atribuídos a santos: Constantino (Cirilo) e Metódio da metade do século IX. O alfabeto glagolítico parece ter-se desenvolvido do grego cursivo durante os séculos VII-IX e ter sido formalizado por Cirilo, durante o início da década de 860; o cirílico (col. 15) parece ter usado como modelo as unciais gregas mais exaltadas por discípulos de Cirilo, na década de 890, com as letras acrescidas inspiradas no alfabeto glagolítico. (O glagolítico saiu de uso aos poucos, especialmente em funções seculares, começando no século XII; o cirílico permanece muito difundido.

Escrita pré-bíblica. Durante mais de 2 mil anos, o principal e durante mais da metade desse tempo o único alfabeto usado internacionalmente no antigo Oriente Próximo foi o cuneiforme mesopotâmico. As mais recentes indicações são que esse alfabeto foi inventado em Uruk, cerca de 3200 a.C., pelos sumérios — isto é, bem próximo no tempo e no espaço aos mais antigos exemplos encontrados pelos arqueólogos. Seus usos mais antigos foram econômicos e eruditos: manter os registros de mercadorias envolvidas na economia do templo e para manter listas de todos os tipos de itens relevantes à sociedade. No começo, a escrita registrava somente a raiz das palavras (nomes de coisas e ações; no começo os caracteres eram imagens reconhecíveis, mas rapidamente tornaram-se abstratas), mas logo passaram a anotar também sufixos e, com a flexibilidade assim fornecida, podia registrar a prosa relacionada — comunicações interpessoais, anais, decretos, literatura "clássica". As sutilezas da fonologia suméria ainda não são bem compreendidas, mas o sistema de escrita era suficientemente sutil para ser adaptável a línguas desvinculadas com suficiente eficiência para servir durante milênios.

Provavelmente a primeira e mais importante dessas línguas foi o acádio semítico, cuja decifração abriu um universo de materiais da civilização mesopotâmica com relevância direta para a Bíblia. Essa é a razão da escrita cuneiforme acádica estar caracterizada aqui. Seu sistema de escrita é um logossilabário — um silabário (caracteres — conhecidos como sinais — representando sílabas da forma CV, V, VC ou CVC) cujos sinais (logogramas) servem também para palavras inteiras. Os valores fonéticos dos sinais estão relacionados às palavras que os sinais originalmente representavam (e porque os sinais podem ser lidos como palavras em sumério ou acádico, e porque os sinais podem representar mais do que uma palavra numa ou noutra língua e porque existem mais sons em acádico que em sumério, sinais que podem ter bem poucas interpretações fonéticas e palavras diferentes). Quando as palavras são escritas com sinais usados foneticamente (e essa é a maneira mais comum de usar o alfabeto), sua leitura é bastante direta. A quantidade de palavras frequentes são normalmente escritas logograficamente; nesses casos, os afixos gramaticais são acrescentados com sinais fonéticos. Se um logograma for pouco conhecido ou ambíguo, ele pode ser provido com um sinal semântico determinativo que marca a classificação do sentido pretendido (p. ex., nome divino, objeto e madeira, lugar); ou porções da leitura da palavra pretendida podem ser acrescentadas com sinais do complemento fonético antes e/ ou depois do logograma em questão. Deve se ter em mente que, embora as transliterações para o alfabeto romano usem variada panóplia de tipo itálico e romano, o deslocamento vertical, a acentuação e índices numéricos, os textos originais não incluem indicação de se algum sinal em particular é usado como logograma, fonograma ou auxiliar.

O nome cuneiforme significa "forma de cunha". Refere-se aos entalhes feitos na superfície da uma pequena massa de argila, que era o material usual para escrita. Os entalhes eram feitos pelo toque da extremidade de um estilete de junco na superfície; cada sinal era feito com um a doze entalhes. (Os entalhes podiam também ser imitados entalhando-se uma superfície dura, ou delineando uma base de metal.) O típico objeto de argila, uma placa, era usualmente um retângulo com a parte da frente lisa e a parte de trás ligeiramente convexa e podia ser segura comodamente em uma mão, seu formato dependendo do comprimento do texto a ser registrado; havia também vários padrões de formatos usados para fins específicos. Os sinais eram escritos da esquerda para a direita empregando-se a *scriptio* continua, mas uma palavra, na prática, nunca é dividida entre linhas e frequentemente o último sinal numa linha é espaçado para a margem direita.

Linhas retas podiam ser pautadas numa placa pela impressão de uma linha esticada, para dividir um texto em seções (nos tempos primitivos, os lançamentos individuais numa lista ou linhas de uma composição literária podiam ser operados em caixas pautadas).

A escrita cuneiforme foi adaptada por várias línguas ao redor da Mesopotâmia, incluindo o elamita, hitita, hurriano, caldeu e canaanita, o último conhecido quase que exclusivamente dos arquivos de Amarna que acidentalmente preservaram a correspondência diplomática da corte de Akhenaton

A B C D E F G H I J K L M N O P Q R S T U V X Y Z

(Amenotep). A língua egípcia em si, entretanto, não foi adaptada para o cuneiforme, mesmo para fins internacionais.

Os hieróglifos egípcios permanecem únicos entre as escritas do mundo que denotam somente consoantes, durante toda sua história de mais de três milênios. É um logoconsonantário, composto de sinais de uma, duas ou três consoantes; logogramas; e determinativos (fonético e semântico) que são usados mais consistentemente do que os cuneiformes — em tal extensão que os determinativos semânticos servem com fidelidade como marcadores de fim de palavra. Note que embora 24 sinais monoconsonantais possam ser listados, em nenhum momento isto serviu como um "alfabeto" usados com exclusão de outros sinais fonéticos na composição de palavras. Nem os sinais representam sílabas com vogais indeterminadas, para que um e o mesmo sinal policonsonantal possa marcar um grupo de consoante, o começo e o fim de uma sílaba, ou o fim de uma sílaba e o começo da próxima.

Os hieróglifos egípcios, tal como os sinais cuneiformes, se originaram como imagens reconhecíveis, mas durante todo seu uso eles retiveram sua qualidade pictórica. Sinais assimétricos — particularmente os que representam pessoas e animais — sempre estão voltados para o início da linha da escrita. Usualmente a escrita é da direita para a esquerda, mas as considerações do desenho, como a simetria numa parede, pode requerer inscrições para ser lida da esquerda para a direita. Junto com o hieróglifo, que continuou a ser usado em situações formais até o fim da civilização egípcia, desenvolveu-se um estilo cursivo de escrever os mesmos caracteres, conhecidos como hierático, bem como uma letra de mão mais rápida, a demótica, na qual muitas ligaduras representam combinações de hieróglifos; a hierática pode, mas a demótica não pode, ser transposta diretamente para hieróglifos.

Existe concordância geral de que os hieróglifos egípcios tiveram algum tipo de influência no desenvolvimento do abjad semítico ocidental, mas no que essa influência consistiu é difícil de imaginar. As mais antigas inscrições que têm sido colocadas nessa linhagem, um pouco de textos protossinaíticos, compreendem caracteres que têm alguma semelhança com hieróglifos; mas até mesmo a interpretação deles como semíticos é correta (e o argumento para esse fim é evasivo), os valores do som das letras não concordam com seus valores em egípcio. Normalmente, quando um sistema de escrita é tomado emprestado, toma-se posse de seus valores, bem como de suas formas. Além disso, não houve precedente no egípcio para usar nada a não ser caracteres monoconsonantais. Talvez tudo o que pode ser dito é que um orador semita sabia apenas um pouco de como o egípcio era escrito, mas não o suficiente para imitar diretamente o sistema de escrita.

Os mais antigos textos abjadicos que claramente fazem parte da linha semítica ocidental de desenvolvimento são as inscrições protocanaanita em pequenos objetos, nenhum mais do que algumas letras; quando eles podem ser interpretados, parecem ser nomes de proprietários. O primeiro grande arquivo são os textos ugaríticos de Ras Shamra e arredores, que datam do século XIV a.C. O alfabeto (col. 1) é impresso em argila como cuneiforme, mas fora isso não tem relação; as formas das letras podem estar relacionas a formas semíticas ocidentais contemporâneas. Temos sorte de ter vários abecedários que demonstram que a ordem alfabética conhecida está em uso desde perto do começo da escrita segmentária. Mais três letras foram incluídas ao abjad ugarítico — a última foi um fonema sibilante, necessário para o hurriano ou talvez textos indo-europeus; os outros foram formas extras de aleph: cada uma das três letras aleph denota uma vogal seguinte diferente. Novamente, estas podem ter sido motivadas pela necessidade de registrar textos ou nomes estrangeiros, porém muitos séculos antes.

Tal como o ugarítico, o grupo de sistema de escrita do sul da Arábia (de forma mais destacada, o sabeu, col. 7) preserva vários destaques de consoantes que foram perdidas nos sistemas de escrita semíticos; também agora conhecida é a ordem da letra, que é completamente independente da ordem conhecida, porém semelhante à etíope. A reduzida lista de 22 consoantes prevaleceu na mais ampla família de abjads semíticos, o fenício (col. 2a); ela deu surgimento a um grupo hebraico/fenício antigo (sobrevivente apenas no samaritano, col. 2b) e um grupo aramaico, descendentes dos quais permanecem importantes até hoje (a língua hebraica adotou o sistema de escrita aramaico talvez durante o exílio babilônico e reviveu o antigo sistema de escrita hebraico, chamado Paleo-hebraico, somente nos contextos sagrados e arcaizantes, como escrever o tetragrama em alguns textos dos Rolos do Mar Morto).

Um desdobramento do sistema de escrita fenício provou de fato ser importante. Via um processo que permanece mal compreendido e profundamente controverso, o abjad fenício tornou-se o alfabeto grego. Um cenário provável é que isto tenha sido um evento essencialmente acidental (e não uma descoberta ou invenção), talvez cerca de 800 a.C. Um estudioso ou mercador grego, admirando a habilidade dos fenícios de registrar transações, procurou fazer o mesmo; visto que o semítico inclui várias consoantes guturais que não fazem parte do grego, e assim seria difícil a um orador grego entender, os valores de algumas letras podiam ter sido interpretadas como (o que parece ter sido) as vogais iniciais de seus nomes (ou de palavras relevantes) — assim os sons semivocálicos y e w podiam ser usados como i e u, e as guturais ', ', e h como a, o e e, respectivamente. Esta necessidade aconteceu apenas uma vez e foi comunicada ao redor do mundo grego com relativa rapidez, com várias comunidades suplementando o alfabeto de várias formas para registrar os sons gregos não encontrados no fenício. O alfabeto grego foi padronizado por Atenas em 402 a.C., preparando o caminho para o seu uso e de seus descendentes ao redor do mundo; mas não deve se supor que "o alfabeto" seja responsável pela "alfabetização" e "civilização" — que a antecede em milênios; a espada e o símbolo, ambos, preparam poderosamente o caminho para a caneta.

Bibliografia. British Museum, *Reading the Past* (Berkeley, 1990) (tb. uma série de palfletos, 1987-1991); P. T. Daniels e W. Bright, eds., *The World's Writing Systems* (Oxford, 1996); G. R. Driver, *Semitic Writing from Pictograph to Alphabet*, ed. rev. (Oxford, 1976); J. Naveh, *Early History of the Hebrew* Alphabet, 2. ed. (Leiden, 1987); S. Segert, "Writing" *ISBE* 4 (Grand Rapids, 1988): 1136-60. [PETER T. DANIELS]

ESCRITOS A última das três seções do cânon hebraico (heb. *kĕṯûḇ'm*). Neles estão os livros de Salmos, Jó, Provérbios, Rute, Cântico dos Cânticos, Eclesiastes, Lamentações, Ester, Daniel, Esdras, Neemias e 1-2Crônicas. Essa sequência, encontrada em versões modernas do AT, provavelmente não é outra senão a do século XII d.C.; de fato, a ordem variou grandemente em tempos distintos e nunca foi oficialmente estabelecida pela sinagoga. Os livros foram provavelmente agrupados entre os anos 300 a.C. e 100 d.C.

ESCRIVÃO DA CIDADE Alto oficial civil que dirigia a política da cidade e frequentemente agia como porta-voz da assembleia da cidade. Além disso, o escrivão da cidade (gr. *grammateús*, usualmente "escrivão") era responsável por redigir decretos em conjunto com os magistrados locais e por registrar muitos detalhes da administração da cidade, incluindo manter a ordem (cf. At 19:35). Pouco se sabe sobre esse cargo no governo da cidade.

O título aplicado ao oficial em Éfeso foi "guardião (*neōkóros*) do templo da grande Ártemis". O termo, usado em Atos e por Filóstrato na 32ª carta de Apolônio de Tiana (1.352.7), refere-se literalmente, pelo menos em Éfeso, a um secretário ou escrivão. Entre os judeus do século I d.C. o termo também é referência a um perito da lei que está comumente ligado aos escribas e aos sumos sacerdotes (At 23:9). [JOSEPH CORAY]

ESCUDO O uso de escudos em batalha é comprovado desde o início do terceiro milênio a.C., em cenas do Egito e da Mesopotâmia. O longo escudo dos sumérios protegiam um soldado do pescoço aos tornozelos. Com os avanços na construção de armadura corporal, na Idade do Bronze Recente, os escudos se tornaram menores e mais leves, variando em tamanho e formato de acordo com o país de origem.

Os escudos normalmente consistiam de uma estrutura de madeira coberta com pele ou couro, que era engraxado para evitar rachadura e repelir com mais eficiência golpes oblíquos (2Sm 1:21; Is 21:5). Embora o metal desse maior proteção, os escudos militares feitos somente de metal eram raros visto que o peso aumentado impedia a mobilidade do soldado. O metal era usado principalmente para fortalecer os escudos de madeira.

Escudos de ouro ou de bronze eram pendurados nas paredes dos templos e palácios como decoração e troféus tomados em batalha (2Sm 8:7; 1Rs 10:17; 14:27). As ameias dos muros e torres de uma cidade sitiada eram, às vezes, cobertas com os escudos dos defensores (Ez 27:11). Isso possibilitava o proprietário livrar-se do peso e ainda desfrutar de um meio de proteção. Ele protegia as ameias dos mísseis. Ao mesmo tempo, o escudo podia ser usado no combate corpo a corpo quando necessário.

A palavra "escudo" é frequentemente usada em sentido figurado para denotar o relacionamento de Deus com seu povo. Deus é um escudo sobre seus servos (Gn 15:1; Sl 3:3 [TM 4]). O escudo é símbolo do livramento divino (2Sm 22:36 = Sl 18:35 [36] e da unção de Deus (84:9 [10]. No NT, é símbolo do teor da fé, uma das vitais defesas do cristão (Ef 6:16).

Bibliografia. R. Gonen, *Weapons of the Ancient World* (Minneapolis, 1976); Y. Yadin, *The Art of Warfare in Biblical Lands* (Jerusalem, 1963). [W. E. NUNNALLY]

ESDRELON (gr. *Esdrēlōn*) A forma grega de nome "Jezreel". Embora o termo não apareça no Antigo Testamento (é encontrado nos Apócrifos em Jdt. 1.8; 3.9; 4.6; 7.3), é frequentemente usado de modo intercambiável com Jezreel (que ocorre no Antigo Testamento várias vezes). Tecnicamente, a maior parte dos arqueólogos sustenta que Esdrelon se refere à seção ocidental dos vales e das planícies que se intersectam na Galileia, exatamente ao norte do monte Carmelo, separando-o de Samaria, ao passo que a seção oriental menor dessa área é conhecida como o vale de Jezreel. Algumas vezes, entretanto, esses nomes são usados para se referir à área toda.

A Grande Planície (1Mac 12.49) é triangular em forma e inclui o Vale de Megido (Zc 12:11), estendendo-se ao longo da ladeira do monte Carmelo para a planície En-Gammin (a moderna Jenin) ao sul, e ao nordeste das ladeiras do Monte Tabor. Muitas cidades estavam localizadas dentro da planície, sendo Megido a mais importante. Essa cidade era local estratégico durante os tempos do Antigo Testamento e foi fortificado para guardar a passagem do Carmelo. Foi controlado pelos cananeus até o tempo de Davi (Jz 1:27), quando os israelitas finalmente ganharam controle. O rio Quison passa por esse vale rico e fértil. Como parte do Caminho do Mar (Is 9:6; [TM 8:23]), a planície de Esdrelon incluía a rota que levava do litoral filisteu, passava por Megido e chegava a Damasco. Ele ligava o Egito com o norte e, assim, servia como parte da rota de comércio dos tempos antigos.

Algumas das batalhas mais famosas aqui incluem a derrota dos filisteus por Saul (1Sm 3:1) e a derrota de Faraó Neco por Josias (2Rs 23:29). Uma única referência neotestamentária a essa área está em Apocalipse 16:16, sugerindo-a, talvez, como o local da batalha apocalíptica. *Ver* JEZREEL. [WATSON E. MILLS]

ESDRAS (heb. *'ezrā'*, *'Ezrā'*) **1.** Escriba e sacerdote enviado com poderes religiosos e políticos pelo rei persa, Artaxerxes, para liderar o grupo de exilados judeus da Babilônia para Jerusalém (Ed 7-8). Esdras condenou o casamento misto (Ed 9), encorajando os judeus a se divorciarem e a banir as suas esposas estrangeiras (cap. 10). Ele leu e interpretou a lei (Ne 8:1-12), renovou a celebração das festas (v. 13-18), e apoiou a rededicação do templo (caps. 9—10) e a reconstrução dos muros de Jerusalém (12:36).

A opinião erudita a respeito da data e missão de Esdras varia grandemente. A maioria data a missão de Esdras em 458 a.C. (treze anos antes de Neemias), mas outros sugerem 398 (depois de Neemias), e ainda outros duvidam da historicidade da missão. Embora Esdras e Neemias sejam apresentados como cotrabalhadores, muitos argumentam que as passagens que os conectam têm redações anacrônicas (Ne 8:9; 12:26, 36). Além disso, uma vez que as ações registradas de Esdras (possivelmente ditadas por outros; cf. Ed 9:1; 10:1-5; Ne 8:1) diferem muito de seus atribuídos poderes, muitos duvidam do registrado conteúdo da carta de Artaxerxes (Ed 7:11-26) e fazem comparação com outras ordens oficiais persas. Talvez, Esdras tenha sido chamado pelos persas depois da falha da política segregacionista, uma vez que Esdras 10 termina tão abruptamente. *Ver* ESDRAS, LIVRO DE.

2. Sacerdote que acompanhou Zorobabel e Josué da Babilônia para Jerusalém (Ne 12:1, 13; cf. Azarias, 10:2 [TM 3]).

3. Sacerdote que participou na rededicação da cerimônia dos muros de Jerusalém (Ne 12:33).

Bibliografia. J. Blenkinsopp, *Ezra-Nehemiah*. OTL (Philadelphia, 1988); L. L. Grabbe, *Judaism from Cyrus to Hadrian, 1: The Persian and Greek Periods* (Minneapolis, 1992), 94-98, 136-38. [ERIC F. MASON]

ESDRAS, LIVRO DE 1. Esdras 1-10 descreve os estágios iniciais da reconstrução da vida judaica em Judá (*yĕhûdâ*), sob o domínio colonial persa, no resultado da destruição de Jerusalém e do exílio da Babilônia. Nas Bíblias cristãs, o livro de Esdras aparece com os livros históricos, entre Crônicas e Neemias. Nas modernas Bíblias judaicas, Esdras e Neemias são colocados os "Escritos", imediatamente antes de Crônicas, o último no cânon (embora os manuscritos hebraicos mais antigos, tais como o Códex Leningradense, os coloquem por último).

DATA, ESCOPO E ESTRUTURA. Escrito primariamente entre 400 e 300 a.C., o livro de Esdras reflete a política e a religiosidade do período persa, antes do surgimento do helenismo. É a única historiografia bíblica que descreve explicitamente as transformações, durante o principal período pós-exílico. O autor é desconhecido, embora Esdras e Neemias tenham sido sugeridos.

De acordo com Esdras, os judeus exilados voltaram para Judá e Jerusalém, em massa, debaixo de um decreto de Ciro, o rei da Pérsia (538; 1:1-14). Entusiasticamente, eles restauraram as práticas de culto e reconstruíram o Segundo Templo, em Jerusalém (516-5; caps. 3—6). Posteriormente, sob a liderança de Esdras, o sacerdote e escriba, também começaram a aplicar os preceitos da Torá (458; caps. 7—8) e a reconstruir a própria comunidade ao se separar de estrangeiros (caps. 9—10). O registro da volta e a reconstrução continuam no livro de Neemias, que originalmente fazia parte de Esdras (como ele ainda é na LXX e TM). A estrutura do unificado Esdras-Neemias se dá como segue.

I. O decreto de Ciro (538) para restaurar a casa de Deus em Jerusalém (Ed 1:1-4)

II. O cumprimento do decreto (Ed 1:5-Ne 7:73 [TM 72])
   - A. Lista dos exilados que voltaram (Ed 1:5-2:1-70)
   - B. Cumprimento do decreto em três movimentos (Ed 3:1-Ne 7:73 [72])
     1. Primeiro movimento: a construção do templo sob a liderança de Zorobabel e Josué em 538-516/5 (Ed 3:1-6:22)
     2. Segundo movimento: a construção da comunidade sob a liderança de Esdras em 458-457 (Ed 7:1-10:44)

3. Terceiro movimento: a construção dos muros de Jerusalém sob a liderança de Neemias em 445-444 (Ne 1:1-7:5)

C. Conclusão com uma recapitulação da lista dos exilados que voltaram (Ne 7:6-73 [72])

III. Celebração da reconstrução sob Esdras e Neemias com a Torá no centro (Ne 8:1-13:3)

IV. Coda: o relato de Neemias (Ne 13:4-31).

O livro contém fontes hebraicas e aramaicas, a última frequentemente como correspondência com a corte persa. Como outros historiógrafos antigos (tais como Heródoto), Esdras inclui o dado histórico ao seu próprio ponto de vista e propósito. Embora os estudiosos questionem a exatidão histórica de algumas descrições e da autenticidade dos documentos que Esdras reproduz, a perspectiva completa do livro e os contornos gerais de seu relato adquiriram crédito em anos recentes porque (1) estudos arqueológicos apoiam o influxo de estabelecimentos em Judá, no século V; (2) as estruturas e as práticas que vieram dominar a vida judaica em Judá se conformam com aquelas descritas e Esdras; e (3) a perspectiva do livro nesses desenvolvimentos concorda *geralmente* com fontes extrabíblicas.

Conteúdo e mensagem. Esdras (como Esdras-Neemias como um todo) organiza seu material para refletir a ideologia particular do livro, esclarecendo três temas: (1) a importância da comunidade como um todo, não somente seus líderes; (2) a centralidade dos documentos escritos, especialmente o livro da Torá; (3) a expansão do espaço santo para incluir não somente o templo, mas também a cidade. O livro se desenvolve como segue:

O decreto de Ciro** (538) **para restaurar a casa de Deus em Jerusalém (*1:1-4*). O decreto de Ciro exorta o povo de Yahweh a construir a casa de Deus, em Jerusalém. Esboçada a resposta de Ciro ao mandato de Yahweh, o decreto apresenta o governador persa como instrumento benevolente do Deus de Israel, colocando a ênfase para o livro como um todo e refletindo uma adaptação importante para o governo colonial, durante o período persa. Esse decreto ocorre em forma abreviada em 2Crônicas 36:22-23 (Ed 5:13-15 reproduz uma versão diferente de autorização). Em forma e conteúdo, o decreto de Ciro em Esdras se conforma com outros documentos do período persa, tais como o famoso rolo de Ciro, que, de modo semelhante, apresenta Ciro como o emissário do deus babilônico. Embora nenhuma fonte extrabíblica mostre autorização específica para a volta dos judeus e para a reconstrução, é claro que os judeus da Babilônia recolonizaram, de fato, a Judá, e o templo foi, sem dúvida, construído. Tais atividades não poderiam se tornar públicas sem a autorização de uma corte imperial burocrática.

O cumprimento do decreto do decreto (***Ed 1:5—Ne 7:73*** [72]). Lista dos exilados que voltaram (Ed 1:5-2:1-70). O restante de Esdras descreve a complacência pelos membros da família de Judá, Benjamim e Levi, que se levantam e vão para Jerusalém, com o apoio daqueles que deixaram para trás. Esdras inclui duas das três viagens de Esdras-Neemias do exílio de Judá, esboçadas por uma lista repetida de mais de 42 mil dos que voltaram (Ed 2 = Ne 7).

Cumprimento do decreto em três movimentos (***Ed 3:1—Ne 7:73*** [72]). Primeiro movimento: a construção do templo sob Zorobabel e sob a liderança de Josué em 538-516/5 (Ed 3:1-6:22). Esdras enfatiza a natureza religiosa dos que voltaram do cativeiro. Consequentemente, a primeira onda de recolonizadores se apressa na construção do altar e do templo (e estabelece culto pessoal). Cada completude é seguida de celebração (de Sucote [3:4] e da Páscoa [6:19] respectivamente). Esdras também esclarece a liderança dual de Zorobabel (o último descendente de Davi conhecido com autoridade no Antigo Testamento) e Josué, o sacerdote, estabelecendo um padrão que continuará. Finalmente, Esdras enfatiza a dedicação comum para a tarefa, atribuindo atrasos na construção à interferência externa: alguns habitantes locais, inicialmente rotulados "adversários de Judá e Benjamim" e, então, povo da terra" (v. 4) primeiramente, tentam se juntar aos construtores e, então, quando recusados, incitam as autoridades persas contra os judeus. Então, o governa persa para a reconstrução.

A reconstrução se reinicia somente no tempo de Dario (520). É completada em 516/5. Para documentar a oposição, Esdras inclui a correspondência aramaica com Artaxerxes. Essa correspondência levanta o problema mais espinhoso no livro, uma vez que o reinado de Artaxerxes *se seguiu* ao de Dario e que Artaxerxes apoiou, em Esdras 7 e Neemias 2, os esforços dos judeus. Além disso, algumas das cartas dizem respeito aos muros de Jerusalém, e não ao templo. O uso de tal correspondência nesse estilo, entretanto, pode também se derivar do desejo de enfatizar a perspectiva de Esdras de que a casa de Deus se estende à cidade como um todo.

Segundo movimento: a construção da comunidade sob a liderança de Esdras em 458-457 (Ed 7:1-10:44). Esdras 7-10 descreve a formação da comunidade de acordo com a Torá. Em 458, Esdras vem a Jerusalém, comissionado por Artaxerxes I (398 se o rei for Artaxerxes II). O objetivo de Esdras é aplicar a Torá. Suas credenciais de sacerdote e de escriba são impecáveis. Ele permanece o líder modelo não somente em Esdras, mas também em Esdras-Neemias como um todo.

A seção inclui uma carta aramaica de Artaxerxes, delineando os extensos poderes de Esdras como também o apoio financeiro substancial para a sua missão e para o templo (7:11-27), seguido por um relato de 1º pessoa (convencionalmente rotulado de Memórias de Esdras), no qual Esdras descreve sua viagem para e sua atividades em Jerusalém (7:28-9:15).

A parte mais dramática aqui é a crise sobre os casamentos dos líderes judeus com mulheres dos "povos de outras terras" (9:2). Esdras interpreta tais casamentos como violação da Torá e a repetição de pecados que, anteriormente, causaram o exílio (9:6-15). O livro conclui com um relato de 3º pessoa descrevendo passos empreendidos para solucionar a crise e se separar as esposas estrangeiras (10:1-44).

O livro celebra a volta e comunica um novo modelo para Israel em sua terra. A liderança é diárquica, com um governador e um sacerdote no comando, ambos centrados em Jerusalém. A vida do povo é governada pela Torá, em harmonia com o governo persa. A separação voluntária protege os limites da comunidade em meio a outras nações e assegura lealdade para as tradições particulares de Israel (ao contrário de uma solução militar empreendida no período pré-exílico).

Contexto histórico. O período persa começa com a conquista de Ciro, da Babilônia (539) e se estende até a era de Alexandre, o Grande (332). Inicialmente, o Império Persa incluiu o Império Babilônico. Mas, por volta de 525, também incluía o Egito e lutava com a Grécia pelo controle da região. Os reis persas, Ciro (539-530), Dario (522-486), Assuero (485-464), Artaxerxes I (465-424), todos mencionados em Esdras, estiveram profundamente envolvidos no movimento em direção ao oeste. A era constitui a primeiro grande encontro entre o "Oriente" (antigo Oriente Próximo) e o "Ocidente" (Grécia e Europa), e sua influência foi decisiva para ambas as regiões. O Mediterrâneo se tornou uma arena de conflito, e a importância comercial, militar, econômica e política das terras em redor dele cresceram inevitavelmente.

As políticas persas em Judá foram, muito provavelmente, influenciadas por esses conflitos, embora o próprio Esdras-Neemias não se refira explicitamente a eles. Supostamente, ele serviu ao interesse persa de colonizar, organizar e fortalecer populações leais ao longo da margem leste do Mediterrâneo e também em Judá.

Questões históricas e literárias. Várias questões permanecem contestadas nos estudos de Esdras.

1. O relacionamento com Crônicas. A visão de que o cronista também compôs Esdras-Neemias e de que sua compartilhada ideologia tenha sido sustentada por 150 anos.

2. A identidade e o papel dos "povo(s) da(s) terra(s)". Em Ageu, a apatia dos judeus é responsável pela resistência à construção do templo. Em Esdras, são "o(s) povo(s) da(s) terra(s)". A ênfase de Esdras na oposição externa pode ser um retrocesso (embora os fatores internos e externos pudessem coexistir). A identidade exata desses oponentes em Esdras 4-5 e as "mulheres estrangeiras" são incertas. Embora o termo possa designar verdadeiras moabitas, amonitas, etc., também pode incluir os israelitas do norte, os samaritanos (que não devem ser confundidos com os samaritanos posteriores) e/ou os judeus que se esquivaram do exílio e cuja legitimidade Esdras se recusa a reconhecer.

3. A Torá de Esdras. Tentativas de estabelecer a extensão da Torá que Esdras teve de administrar têm levado a conclusões diferentes: que ela é a lei sacerdotal, a lei deuteronômica, uma combinação das leis do Pentateuco ou algum tipo de nosso Pentateuco. Desde Spinoza, os estudiosos têm considerado a possibilidade de que Esdras foi um importante, talvez o redator mais importante do Pentateuco.

Outras questões incluem a confiabilidade histórica da correspondência aramaica, a historicidade do próprio Esdras e a autoria das Memórias de Esdras. Com poucas exceções, os estudiosos de hoje se mudaram do ceticismo radical de estudos anteriores sobre essas questões.

Bibliografia. J. Blenkinsopp, *Ezra-Nehemiah*. OTL (Philadelphia, 1988); T. C. Eskenazi, *In an Age of Prose: A Literary Approach to Ezra-Nehemiah*. SBLMS 36 (Atlanta, 1988); K. G. Hoglund, *Achaemenid Imperial Administration in Syria-Palestine and the Missions of Ezra and Nehemiah*. SBLDS 125 (Atlanta, 1992); S. Japhet, "The Temple in the Restoration Period: Reality and Ideology", *USQR* 44 (1991): 195-251; H. G. Williamson, *Ezra, Nehemiah*. WBC 16 (Waco, 1985).
[TAMARA COHN ESKENAZI]

2. *1Esdras.* O livro apócrifo de 1Esdras recebe seu título dos manuscritos padrões da LXX, em que ele aparece como Esdras A ou 1Esdras. Condenado por Jerônimo, contudo, aparece nas Bíblias Latinas como 3Esdras. O livro é canônico somente para as Igrejas Ortodoxas Orientais e não para Igreja Católica Romana, embora 1Esdras apareça em muitas coleções da literatura apócrifa/deuterocanônica.

Com a exceção de 1Esdras 3.1-5.6, o restante do livro é, antes, uma livre versão grega da história bíblica desde a Páscoa de Josias até as reformas de Esdras. 1Esdras 1.1-55 duplica 2Crônicas 35:1-36:21;

1Esdras 2.1-15 duplica Esdras 1:1-11; 1Esdras 2.16-30 duplica Esdras 4:7-24: 1Esdras 5.7-46 duplica Esdras 2:1-70; 1Esdras 5.47-73 duplica Esdras 3:1-4:5; 1Esdras 6.1-7.15 duplica Esdras 4:24-6:22; e 1Esdras 8.1-9.55 duplica Esdras 7:1-10:44 e Neemias 7:73—8:12.

A seção sem paralelo na obra do cronista (1Ed 3.1—5.6) é a história de um homem jovem na corte de Dario, o rei persa. Ele resolve o enigma do "que é a coisa mais forte no mundo" com uma amostra magnífica de inteligência e sabedoria em uma competição de enigmas diante do rei e sua corte. Como o vencedor da competição, o jovem ganha o privilégio de reconstruir a cidade de Jerusalém e o templo, levando os judeus do exílio de volta para o lar, além de tomar de volta certos vasos do templo que ainda estava em cativeiro. Pelo tempo em que essa narrativa foi juntada como restante de 1Esdras, o vencedor da competição do enigma tinha sido identificado como Zorobabel, a história se tornando uma "lenda devocional" sobre a maravilhosa oportunidade de Zorobabel no exílio para influenciar o curso da história judaica. O sucesso de um judeu sábio na corte de um rei estrangeiro é tema encontrado em Daniel (1—6), Ester e nos livros deuterocanônicos de Tobias, Judite, Susana e a história de Bel e o Dragão.

Em sua presente forma, 1Esdras pode ser datado entre 165 a.C. e 50 d.C. As semelhanças linguísticas e estilísticas com Daniel e Ester e o fato que foi usado por Josefo justifica a data. Existe grande possibilidade de que ele foi composto no Egito, durante a última parte do século II a.C. Essa história devocional, que tinha como propósito tanto entreter quanto educar, nasceu a partir de um conto da corte persa, discernível em 1Esdras 3.1—4.42. Uma análise da estrutura dessa seção mostra que ela está dividida em arcabouço narrativo consistindo de uma longa introdução em prosa (3.1-16a) com uma conclusão truncada (4.42) e quatro discursos longos sobre a força do vinho, do rei, das mulheres e da verdade, respectivamente (3.16b—4.41).

Existe forte evidência de que o cerne da narrativa é baseado na prática do antigo Oriente Próximo de fazer enigmas como parte do entretenimento da corte. Os assuntos defendidos como os mais fortes por cada participante — vinho, rei, mulheres — sugeririam isso. A resposta vitoriosa — verdade — foi, sem dúvida, acrescentada em um período posterior quando a história foi moralizada para propósitos religiosos. A sugestão do terceiro participante de que as "mulheres" são as mais fortes, sem dúvida, a entrada do vencedor no conto original, pode ser uma referência à certa Apame (esposa ou concubina de um rei selêucida). A natureza cósmica e ética da verdade, como descoberta na versão final, sugere que ela teria sido acrescentada em algum momento para celebrar o poder de Asha na crença zoroastra, Hokmah da literatura de sabedoria hebraica, a Sofia grega ou o Maat egípcio.

O verso mais famoso no livro é a resposta do rei e dos nobres reunidos na conclusão do hino em louvor da verdade: "Grande é a verdade, e a mais forte de todas" (4:41). Agostinho, na obra Cidade de Deus (17:36), identifica a grandeza da verdade em 1Esdras com Cristo, a Verdade.

Bibliografia. J. L. Crenshaw, "The Contest of Darius' Guards", em *Images of Man and God*, ed., B. O. Long (Sheffield, 1981), 74-88; W. R. Goodman, *A study of 1 Esdras 3:1-5:6* (diss., Duke, 1971); J. M. Myers, *I and II Esdras*. AB 42 (Garden City, 1974).

3. 2Esdras. O único livro apocalíptico nos Apócrifos leva o nome de Esdras. Ele aparece como 2Esdras em alguns manuscritos latinos, na *Geneva Bible* (1560), na Authorized Version, mas como 4Esdras na maior parte dos manuscritos latinos. Outros manuscritos o listam como 1 ou 3Esdras.

Esse é um trabalho composto contendo porções dos séculos I e II a.C. Sua presente forma é datada do século III. A porção maior foi originalmente escrita em língua semítica, provavelmente o hebraico ou o aramaico, mas infelizmente nenhuma versão semítica sobreviveu. A tradução grega do original semita também se perdeu.

A obra consiste de três partes distintas de extensão e datas variadas: 2Esdras 1—2; 3—14; e 15—16. O estilo e o conteúdo das três porções levaram os estudiosos a datar cada uma delas em um período diferente. A primeira seção (caps. 1—2) apresenta Esdras como o autor, recebendo sua comissão do Senhor para entregar uma mensagem ao povo. Essa seção data da metade do século II e parece ter sido escrita por um autor cristão. O principal corpo da obra (caps. 3—14) tem Esdras na Babilônia recebendo sete revelações, algumas das quais aconteceram na forma de visões. A maioria dos estudiosos pensa que essa seção central foi escrita por volta do final do século I, em hebraico ou aramaico, por um judeu desconhecido. A seção final (caps. 15—16) também parece ter sido escrita, como os dois primeiros capítulos, em grego por um autor cristão e afixada à primeira seção, talvez, por volta da metade do século III. Essa porção final reflete a ameaça parta à estabilidade do Império Romano naquele tempo.

A primeira seção contém a fraseologia do Novo Testamento (1.30, 37; 2.42), um argumento muito forte em favor da autoria cristã. Esdras avisa Israel de que por causa dos pecados deles, Deus os espalhará entre as nações e escolherá as nações gentílicas, em vez de seu povo. Então, inumeráveis santos (os mártires cristãos?) se colocarão no Monte Sião e receberão vitoriosamente suas recompensas de coroas e palmas de um homem jovem de grande estatura, a quem um anjo identifica como "o Filho de Deus" (2.47).

A seção central contém uma série de revelações mediadas pelo anjo Uriel. A primeira visão (3.1-5.20) é datada de trinta anos depois da destruição da "nossa cidade", referindo-se, provavelmente, à destruição de Jerusalém, por Nabucodonosor, em 587/586 a.C. Muitos tomam essa data como evidência de que o autor estava escrevendo trinta anos depois da destruição de Jerusalém pelos romanos em 70 d.C., dando, assim, a data de 100 d.C. para a composição da parte central do livro. Perturbado pelo que ele percebe ser o tratamento injusto de Deus de Israel, Esdras recebe na primeira visão por sonho a resposta de que os caminhos de Deus estão simplesmente além da compreensão humana. O vidente na segunda visão (5.21-6.34) se queixa novamente sobre o modo injusto de Deus de lidar com Israel. Novamente, os caminhos da terra e os julgamentos e os propósitos de Deus estão além da compreensão. Tais problemas intricados como a inferioridade das gerações posteriores comparadas com as mais antigas no plano divino para o mundo na vinda da era messiânica e a determinação do tempo do fim das eras são respondidas com cautela para que não se esteja muito ansioso sobre essas questões: "Creia e não tenha medo!" A terceira visão (6.35-9.25) lida com a obra de Deus na criação, o reino messiânico e o final do mundo. O vidente está perplexo de que somente um pequeno número será salvo e de que haverá intercessão pelo mal no dia do julgamento. O apelo do vidente para que Deus tenha misericórdia de sua criação é respondido com a palavra de que Deus se regozijará nos justos salvos e esquecerá os perversos. O vidente estará entre aqueles salvos abençoados e não mais deveria perturbar seus pensamentos com a punição dos pecadores perdidos. A seção final apresenta uma descrição dos últimos dias e dos sinais que o precederão. Na quarta visão (9.26-10.59), o registro de Israel é comparado desfavoravelmente com a lei mosaica. A destruição de Israel será devastadora, mas a Sião celestial será gloriosa e bela. Na quinta visão (11.1-12.51), conhecida como a "visão da águia", Esdras vê a destruição de uma besta poderosa com forma de águia, simbolizando, provavelmente, as lutas no Império Romano depois da morte de Nero (68 a.C.), como a interpretação da visão (12.3b-39) sugeriria. Pede-se a Esdras, então, que escreva suas visões num livro, esconda-o, e, então, ensine as visões ao "sábio", que serão os únicos que poderão entendê-las. A sexta visão (13.1-58) apresenta a Esdras o surgimento do Messias em forma de homem vindo do mar e voando com as nuvens do céu, olhando e falando em julgamento a todos, destruindo, finalmente, por fogo, as multidões que lutariam contra ele. Na interpretação, o vidente entende que somente ele foi esclarecido sobre o tempo dos ais messiânicos e a vinda do Filho de Deus. Na sétima e última visão (14.1-48), Deus ordena que Esdras restitua as Santas Escrituras, talvez o Antigo Testamento, fazendo algumas delas públicas, mas guardando algumas para o "sábio" somente. Esdras, então, reúne o povo e lhe roga que governem a mente e disciplinem o coração, de modo que eles possam obter misericórdia depois da morte e, então, reviver. Esdras, com cinco homens, ausenta-se por 40 dias. Esdras recebe a inspiração do Espírito e escreve 24 livros, que devem ser feitos públicos. Setenta livros, entretanto, devem ser guardados pelo sábio. Neles "está o manancial do entendimento, a fonte da sabedoria, e o rio do conhecimento". Finalmente, Esdras é levado para o céu.

A terceira visão de 2Esdras (15.1—16.78) é um apêndice cristão do século III, que repete muito dos temas da seção apocalíptica central, tais como a vingança de Deus sobre o ímpio, além de assinalar o fim. Nação lutará contra nação e as cidades serão lugar de confusão e destruição, fome e roubos. Babilônia (Roma), Ásia, Egito, Síria são denunciadas; os pecadores são avisados para não negar os seus pecados, e aos justos é prometido que Deus certamente os libertará do tempo da tribulação.

Bibliografia. R. J. Coggins e M. A. Knibb, *The First and Second Books of Esdras* (Cambridge, 1979); W. R. Goodman, *A Study of I Esdras 3:1-5:6* (diss., Duke, 1972); J. M. Myers, *I and II Esdras*. AB 42 (Garden City, 1974); M. E. Stone, *Features of Eschatology on IV Ezra*. HSM 35 (Atlanta, 1989). [WILLIAM R. GOODMAN, JR.]

ESEQUE (heb. *ʿēšeq*, *ʿēšeq*) **1.** Benjamita, descendente de Saul e Jônatas (1Cr 8:39).

2. Poço escavado pelos servos de Isaque (Gn 26:20). O nome ("contenção") reflete a tensão entre os pastores de Isaque e aqueles de Gerar sobre os direitos às fontes de água. O contexto da tradição coloca o poço entre Gerar e Berseba, possivelmente ao longo do Ribeiro Gerar (Ribeiro esh-Sheriah). [LAURA B. MAZOW]

ESER (heb. *ʿēzer*, *ʾēṣer*) **1.** O sexto filho de Seir e chefe de um clã horeu, em Edom (Gn 36:21, 27, 30; 1Cr 1:38, 42).

2. Habitante de Judá, o pai de Husá (1Cr 4:4).

3. Efraimita, morto pelos habitantes de Gate, quando ele atacou o seu rebanho (1Cr 7:21).

4. Chefe dos soldados de Gade que se juntaram a Davi em sua fortaleza em Ziclague (1Cr 12:9 [TM 10]).

5. O filho de Jesua e governador de Mizpá, que ajudou na reconstrução dos muros de Jerusalém no tempo de Neemias (Ne 3:19).

6. Sacerdote que participou na edificação dos reconstruídos muros de Jerusalém (Ne 12:42).

ESLI (gr. *Eslí*) Descendente pós-exílico de Natã e ancestral de Jesus, conhecido somente a partir da genealogia de Lucas (Lc 3:25).

ESMERALDA A esmeralda moderna era desconhecida no antigo Oriente Próximo até que começou a ser escavada no alto Egito, nos últimos dois séculos a.C. Algumas traduções usam "esmeralda" quando o hebraico sugere uma pedra apreciada de coloração verde. Algumas traduções apontam "esmeralda" para a palavra *bāreqet* (LXX *smarágdos*), uma pedra lavrada no peitoral do sumo sacerdote (Êx 28:17; 39:10) e uma pedra de adorno do rei de Tiro (Ez 28:13). Nessas passagens, algumas versões traduzem "esmeralda" do hebraico *yāhălōm* (LXX *íaspis*, "jaspe").

A palavra grega *smarágdos*, com relação ao alicerce do muro da cidade da Nova Jerusalém (Ap 21:19), e a palavra *smarágdinos*, adjetivo descrevendo o arco-íris ao redor do trono de Deus (4:3), são traduzidas como "esmeralda" na maioria das versões do NT e, provavelmente, se referem a gemas como são conhecidas hoje. Outras traduções usam "berilo", "carbúnculo", "cristal", "diamante", "feldspato", "granada", "jade", "ortoclásio" ou "turquesa", para esses termos gregos e hebraicos. [JOSEPH E. JENSEN]

ESMIRNA (gr. *Smýrna*) Cidade (moderna Izmir) localizada no final das rotas comerciais do país que seguiam os vales do Hermus (Gediz) e Maeander pelo leste. De seu porto protegido no sul do Egeu, o comércio seguia para o oeste para o interior da Grécia. Uma colônia grega dominou a área desde o início do século X a.C., reivindicando ser o local de nascimento de Homero. Na era romana, a cidade foi convidada para ser uma das guardiãs do templo de Augusto. É listada entre as sete igrejas da Ásia Menor em Apocalipse 1:11 (cf. 2:8-11).

Nos tempos do NT, Esmirna foi uma importante cidade comercial. Competiu com e foi comparável a Éfeso, ao sul. A carta de João, em Apocalipse, é a primeira pista de uma comunidade cristã em Esmirna. Ele elogia os cristãos por seu vigor contra terrível perseguição por uma sinagoga local. Essa intrepidez na fé é também citada depois por Inácio (120 d.C.), que parou em Esmirna a caminho de Roma e do martírio e lá escreveu quatro cartas. Policarpo foi martirizado no estádio da cidade no ano 156, evidência de continuada animosidade entre judeus e cristãos. Ireneu (202),bispo da Gália, veio de Esmirna. Em 1932 e 1941, a ágora foi escavada, mas as ruínas estão debaixo da moderna cidade (pop. 500.000).

Bibliografia. E. M. Blaiklock, *Cities of the New Testament* (London, 1965), 98-103; C. J. Cadoux, *Ancient Smyrna* (Oxford, 1938); C. foss, "Archaeology and the 'Twenty Cities' of Byzantine Asia", *AJA* 81 (1977): 469-86; C. J. Hemer, *The Letters to the Seven Churches of Asia in Their Local Setting* (1986, repr. Grand Rapids, 2000). [GARY M. BURGE]

ESPADA Arma ofensiva de guerra e conflito, projetada para infligir o maior ferimento ao oponente. Diferente do arco e flecha, da funda, da lança e possivelmente do dardo, a espada (heb. *ḥereḇ*; gr. *máchaira*, *romphaía*) é uma arma de combate corpo a corpo, usada quando as linhas de infantaria se confrontavam em combate. É a arma de guerra mais mencionada na Bíblia, nos relatos de lutas reais e também simbólicas da atividade de Deus e de seu povo.

Escavações arqueológicas desenterraram vários tipos de espadas de bronze e de ferro, usadas em batalha e em propósitos cerimoniais. A "espada falciforme" de bronze retratada nos relevos egípcios foi usada como insígnia de dignidade no exército egípcio e como arma "penetrante" com o gume no lado curvo da lâmina.

A espada reta é um desenho posterior e está associada à chegada dos "Povos dos Mar", possivelmente do Egeu. Painéis egípcios de batalhas entre suas forças e as dos Povos dos Mar retratam esses últimos, portando a espada reta e penetrante. Modelos, quase sempre feitos de ferro, foram encontrados em cemitérios da região filisteia.

A espada "de dois gumes" (*romphaía*) não é necessariamente uma arma cortante; ao contrário, ela é projetada com ponta afiada, amolada dos dois lados para uma penetração mais profunda no oponente. O último estágio de desenvolvimento dessa arma durante o período bíblico foi o gládio romano endurecido. Um ferimento penetrante num inimigo tem mais probabilidade de produzir maior dano do que uma cutilada ou corte, que podia mais facilmente ser desviado por uma armadura ou um escudo. Entretanto, nos tempos do AT tanto o corte (Js 8:24; 10:30) quanto a penetração (Sl 37:15) eram comuns no uso da espada.

A Bíblia, especialmente o AT, conhecia os horrores da guerra antiga na qual a espada era a arma principal. Mas isso era um terror que mesmo Israel e Judá manipularam e exploraram (Dt 13:15; 20:13; Js 6:21; 8:26). Os profetas pré-exílicos e exílicos mencionaram com frequência o terror que a espada inspirava; Jeremias e Ezequiel, especialmente, retratam o dano físico e psicológico que os ataques com espada podiam infligir à população (Jr 6:25; Ez 5:12; 11:8). A espada tornou-se símbolo de guerra no AT (Lv 26:7; Dt 32:42) e foi um símbolo ideal de juízo (p. ex., Lv 26:25, 33).

A espada está associada simbolicamente à boca. Ela devora suas vítimas (Is 1:20; Jr 2:30) e sacia-se de sangue (Is 34:6). Os mentirosos têm dentes afiados como espadas (Sl 57:4 [TM 5]) e línguas que causam dano semelhante (64:3 [4]). Assim, a espada torna-se sinônimo de metáfora da poderosa palavra de Deus (Ef 6:17; Hb 4:12; Ap 1:16).

Embora a esperança de paz sem a espada seja expressa muitas vezes na Bíblia (Lv 26:6; Is 2:4; Mq 4:3), a arma é muito mais também característica comum da vida antiga a ser rejeitada. Os capítulos iniciais de Gênesis apresentam a enigmática "espada flamejante que se movia" como arma pela qual os humanos são impedidos [de retornar] ao Paraíso (Gn 3:24) e Apocalipse descreve a espada como arma pela qual os cavaleiros apocalípticos destroem suas vítimas em julgamento (Ap 6:4, 8). O comentário de Jesus de que quem vive pela espada também por ela perecerá (Mt 26:52) é menos um pronunciamento ético que uma declaração infeliz de fato.

Bibliografia. R. Maxwell-Hyslop, "Daggers and Swords in Western Asia", *Iraq* 8 (1946): 1-65. [T. R. HOBBS]

ESPANHA (gr. *Spanía*) Na praxe bíblica, toda a península Ibérica, isto é, Espanha e Portugal. Tem-se discutido que Társis, terra com abundância de minerais (Ez 27:12; 1Mac 8.3) e situada distante, "para fugir do Senhor" (Jn 1:3), pode possivelmente se referir à Espanha.

Pelo menos a parte sudeste dessa terra era povoada pelos rústicos ibéricos desde cerca de 3000 a.C. Os fenícios estabeleceram postos de comércio espalhados, e no século VI, os gregos de Foceia colonizaram a costa leste e sul. Ao mesmo tempo, os celtas ocupavam grandes porções da península. Durante o século III, os cartagineses invadiram a Espanha e fundaram Cartago Nova (moderna Cartago) como capital. Da Espanha, o general Hanibal organizou a Segunda Guerra Púnica contra Roma. Após sua vitória em 201, os romanos formaram duas províncias na Espanha (Hispânia Citerior ao longo da costa leste e do vale do rio Ebro, e Hispânia Ulterior ao longo da costa sul e do vale Baetis [Guadalquivir], mas a resistência nativa continuou até 133. Os imperadores Trajano, Adriano e Teodósio I eram de origem espanhola.

Paulo pretendeu fazer uma parada em Roma em sua viagem à Espanha (Rm 15:24, 28), mas nada no NT sugere que ele alguma vez tenha ido lá. Entretanto 1Clem 5.6-7 (provavelmente 97 d.C.) chama Paulo de arauto, tanto do leste quanto do oeste, ao dizer que ele chegou aos "limites do oeste" que, sob a perspectiva de um escritor em Roma, muito provavelmente se refere à península ibérica de Gibraltar. Tem-se sugerido que os planos de viagem de Paulo à Espanha deveriam ser entendidos à luz de seus escritos sobre "a plenitude dos gentios" (Rm 11:25). Ireneu é provavelmente o primeiro a mencionar a existência de comunidades cristãs na Espanha (*Adv. haer.* 1.10.2; ca. 180 d.C.).

Bibliografia. A. J. Dewey, "Εις την Σπανιαν: The Future and Paul", in *Religious Propaganda and Missionary Competition in the New Testament World*, ed. L. Bormann, K. Del Tredici e A. Standhartinger. NovTSup 74 (Leiden, 1994), 321-49; O. F. A. Meinardus, "Paul's Missionary Journey to Spain", *BA* 41 (1978): 61-63. [JESPER SVARTVIK]

ESPARTA (gr. *Spartē*) Capital da Lacônia no Peloponeso da Grécia. Fundada cerca de 1000 a.C. pelos dórios, foi primeiramente conhecida como Lacedemônia. No começo, vários vilarejos independentes, os espartanos se uniram sob dois reis e acabaram chegando ao poder supremo na Grécia. Eles desprezavam o luxo e supervalorizavam o serviço ao estado e o constante preparativo para a guerra. Os espartanos enfatizavam a coragem, a abnegação e o rigor (os recém-nascidos fracos eram expostos à morte, sendo os meninos criados severamente pelo estado dos 7 aos 20 anos; os homens casados viviam em acampamentos militares). Esparta apoiou bravamente Atenas nas Guerras Persas, mas a derrotou como inimiga nas Guerras do Peloponeso (431-404). Correspondência entre os judeus e espartanos indica tentativas de relações diplomáticas (cf. 1Mac 12.2-23; 14.16-23; 15.16-22). Em 168, Jason, o sacerdote oníada, procurou asilo na comunidade judaica em Esparta, após seu golpe fracassado (2Mac 5.9).

Bibliografia. C. B. Avery, ed., *The New Century Handbook of Classical Geography* (New York, 1972), 314-17; J. A. Talbert, ed., *Atlas of Classical History* (New York, 1985), *s.v.* [RICHARD A. SPENCER]

ESPECIARIAS Termo genérico para qualquer perfume caro altamente valorizado como mercadoria preciosa (heb. *bōśem*). O alto valor monetário da especiaria é indicado por sua repetida associação com metais e pedras preciosas (Ez 27:22). Eram parte significativa do comércio de itens de luxo (cf. Ap 18:13; gr. *ámōmon*). A rainha de Sabá levou para Salomão algumas especiarias exclusivas de sua terra (1Rs 10:2, 10 = 2Cr 9:1, 9; cf. Ez 27:22), como fizeram todos os dignitários que visitaram Salomão (1Rs 10:25). Ezequias construiu tesourarias especiais só para suas especiarias (2Rs 20:13 = 2Cr 32:27). O esquife de Asa continha especiaria em seu funeral (2Cr 16:14); especiarias (gr. *arōma*) foram usadas para embalsamar Jesus (Mc 16:1; Lc 23:56; 24:1), de acordo com o costume funerário judaico (Jo 19:40).

As especiarias tinham também o uso aromático e são mencionadas com frequência em Cânticos de Salomão. Aqui elas aparecem para serem usadas como afrodisíaco enquanto o amante é obcecado pelo perfume (Ct 5:13). Elas são usadas com mirra (Ct 5:1). A amante é personificada como "canteiro de especiarias" (Ct 6:2), todavia sua fragrância é melhor do que a especiaria (4:10, 14). A energia sexual do amante é comparada à de um cervo e de uma gazela numa "montanha de especiarias" (Ct 8:14).

Além disso, as especiarias tinham um uso cúltico e eram ingrediente principal do óleo usado para unção (Êx 35:8, 28). Os ingredientes para essa especiaria eram a mirra líquida, canela, cana aromática e cássia (Êx 30:22-24). Certos levitas foram especialmente designados para cuidar das especiarias do templo (1Cr 9:29), e outros foram responsáveis pelo preparo da mistura (v. 30). As "doces especiarias" (heb. *sam*) usadas na unção eram famosas por sua fragrância (Êx 30:34; 37:29).

O hebraico *nĕkō'ṯ*, às vezes traduzido por "resina", parece ser condimento (Gn 43:11). Ela tem sido identificada como a planta *Astragalus tragacantha.* [KEITH A. BURTON]

ESPELHO Os espelhos antigos eram feitos de metal polido, normalmente cobre, ouro, prata ou bronze. Eram produzidos em larga escala, como confirmado nas Cartas de Amarna. Os espelhos feitos de vidro remontam ao século I d.C. Escavações na Palestina desenterraram espelhos de formato circular, normalmente com cabos de madeira, metal ou marfim.

No AT, a bacia de bronze do tabernáculo foi feita de espelhos de bronze das mulheres que serviam à entrada da Tenda do Encontro (Êx 38:8). Usando o termo no sentido metafórico, Eliú, o amigo de Jó, compara o firmamento a um espelho fundido (Jó 37:18); e o autor da Sabedoria de Salomão compara a sabedoria a "um espelho sem mancha do trabalho de Deus" (Sab. 7.26). O espelho é usado também no sentido simbólico no NT. A imagem indistinta que se vê em um espelho representa o conhecimento incompleto na vida presente (1Co 13:12), e Tiago usa o espelho para distinguir entre ouvir e praticar a Palavra (Tg 1:23; cf. 2Co 3:18). [J. EDWARD OWENS]

ESPELTA Forma de trigo (heb. *kussemeṯ*), provavelmente ou espelta (*Triticum spelta* L.) ou outra espécie de trigo (*Triticum dicoccum* Schrank). Ele sobreviveu à praga de granizo no Egito (Êx 9:32), foi usado para delimitar os campos na Palestina (Is 28:25) e dele se fez pão na Babilônia (Ez 4:9).

ESPERANÇA Embora as conotações atuais incluam sombras de incerteza associadas a um resultado desejado (algo como um "desejo ilusório"), para a compreensão bíblica, a esperança é um conceito muito mais profundo que contribui significativamente para a visão de mundo da fé bíblica. O que inclui expectativa sobre o futuro, garantia em relação a tal futuro, paciência enquanto o espera, o desejo dos benefícios associados e a confiança nas promessas divinas.

Na esperança do AT, um tema proeminente aparece especialmente nos livros poéticos e proféticos. A esperança é o componente fundamental da vida do justo (Pv 23:18; 24:14). Sem esperança, a vida perde seu significado (Lm 3:18; Jó 7:6) e na morte não há nenhuma esperança (Is 38:18; Jó 17:15). O Eclesiastes afirma que, enquanto durar a vida, haverá esperança (Ec 9:4).

No entanto, para que a esperança seja genuína e não tolice ou presunção, deve estar fundamentada em Deus e em suas promessas. Com frequência, essa esperança se manifesta em tempos de dificuldade e está intimamente relacionada a confiar em Deus. O justo que confia ou coloca a sua esperança em Deus será amparado (Sl 28:7), e não será confundido, nem envergonhado, ou desapontado (27:2-3; 30:6 [TM 5]; 119:116; Is 49:23). O justo, que possui tal esperança depositada em Deus, tem confiança geral na proteção e na ajuda de Deus (Jr 29:11), estando livre do medo e da ansiedade (Sl 46:2 [3]; Is 7:4). Essa esperança, cuja atitude fundamental é expressa nas fórmulas "confio em Deus" (p. ex., Is 12:2) e "temor de Yahweh" (p. ex., Pv 23:17-18), é manifestada na tranquila espera diante do Senhor, que recompensa a confiante paciência com a justificação (Sl 37:5-7; Is 30:15).

Essas afirmações positivas da esperança são complementadas por várias declarações negativas que tratam da esperança extraviada. Se não estiver fundamentada em Deus e em suas promessas, a esperança é fútil, especialmente se for depositada em meios humanos de realização. Semelhante esperança desencaminhada pode transformar a sensação de segurança em temor e ansiedade (Is 32:9-11; Am 6:1). A confiança desviada que conduz à ruína possui suas fontes específicas nas riquezas (Sl 52:7 [9]), na justiça humana (Ez 33:13), outra pessoa (Jr 17:5) ou em objetos de devoção religiosa como santuários ou até mesmo o templo (7:4; Hab. 2:18).

Embora a esperança possa ser expressa no desejo por bênção e ajuda temporais, ela também se converte em esperança num futuro escatológico (Is 25:9; 26:8; 51:5; Jr 29:11; 31:16-17; Mq 7:7). A restauração do trono davídico, a expectativa messiânica do AT, a literatura apocalíptica (e depois rabínica) e a ressurreição dos mortos são expressões da esperança baseada nas promessas da aliança de Deus. A libertação do reino de Deus em favor dos santos, o fim da angústia terrestre pela salvação de Deus e o julgamento da esperança desviada do descrente também caracterizam a esperança escatológica. Sua base era confiança firme nas promessas de Deus e confiança que seriam cumpridas.

A concepção de esperança do NT é essencialmente determinada pela visão do AT, especialmente pelo ethos fortemente escatológico de sua expressão. Crucial para o desenvolvimento da esperança no NT é o reconhecimento de que, em Cristo, se encontra o cumprimento das promessas e esperanças do AT (cf. Mt 12:21; 1Pe 1:3). Na vinda de Cristo, a era messiânica invade a história humana e com ela chegam as bênçãos da esperança escatológica. A esperança cristã se enraíza na fé dedicada ao ato escatológico da salvação divina em Cristo (Gl 5:5). Portanto, a presente esperança do cristão é, ela própria, bênção escatológica, sendo fundamentada na salvação que é a ação escatológica de Deus em Cristo. Temos ainda um paradoxo no quadro da esperança do NT, pois, enquanto a presente esperança é em si mesma uma bênção escatológica, ela também retém como seu foco a confiança e a esperança paciente no futuro. A certeza da consumação escatológica do futuro prometido por Deus é a confiança presente, a paciência confiante e o desejo que formam a esperança dos cristãos, e essa esperança é gerada pela presença do prometido Espírito Santo (Rm 8:24-25).

O objeto declarado da esperança cristã é diversamente identificado. É a esperança futura na ressurreição dos mortos (At 23:6), nas promessas dadas a Israel (26:6-7), na redenção do corpo e da criação inteira (Rm 8:23-25), na glória eterna (Cl 1:27), na vida eterna e na herança dos santos (Tt 3:5-7), no retorno de Cristo (2:11-14), na transformação à semelhança de Cristo (1Jo 3:2-3), na salvação de Deus (1Tm 4:10), ou simplesmente em Cristo (1:1). A certeza desse futuro santificado está garantida pelo Espírito residente (Rm 8:23-25), por Cristo em nós (Cl 1:27) e pela ressurreição de Cristo (At 2:26). Repita-se, o futuro escatológico é garantido pelo ato escatológico da salvação em Cristo.

A ênfase do AT sobre a confiança e a espera paciente é retomada da mesma forma no NT. Os cristãos devem confiar na libertação e proteção contínua de Deus (2Co 1:10). A esperança é produzida pela perseverança em meio ao sofrimento (Rm 5:2-5) e, ao mesmo tempo, é a inspiração por trás da resistência e da perseverança até o fim (1Ts 1:3; Hb 6:11; 10:22-23). Os que esperam em Cristo não serão expostos à vergonha, mas lhes será dada a coragem para ver Cristo exaltado na vida e na morte (Fp 1:20). Com base nas fiéis promessas de Deus, os crentes encontram âncora para a esperança (Hb 6:18-19). Tão confiantes estão os crentes em sua esperança no futuro que eles "se gloriam" nessa esperança (Hb 3:6) e exibem grande coragem em sua fé (2Co 3:12). Ao contrário, os que não colocam sua confiança em Deus não possuem esperança (Ef 2:12; 1Ts 4:13).

A esperança é básica para a visão de vida cristã, e apresenta uma percepção transformada da realidade e de sua abordagem. Com a fé e o amor, a esperança é virtude permanente da vida cristã (1Co 13:13). Na realidade, fé e o amor se originam da esperança (Cl 1:4-5). A fé e a esperança estão intimamente entrelaçadas, como estão a fé e a confiança, e a fé em si é a expressão presente da confiança na esperança futura (Hb 11:1). A fé e a santidade produzem a esperança na vida dos cristãos (Cl 1:23), enquanto a fé, a esperança e o amor trabalham juntos para moldar os crentes em discípulos (1Ts 1:3).

Mencionada sozinha, a esperança produz alegria e paz nos crentes pelo poder do Espírito (Rm 12:12; 15:13). Paulo atribui seu chamado apostólico à esperança na glória eterna (Tt 1:1-2), e por causa dessa esperança as viúvas devem entrar em um ministério de incessante oração (1Tm 5:5). Além disso, a esperança no futuro prometido por Deus tem implicações éticas. A esperança no retorno de Cristo é o fundamento para os crentes se purificarem nesta vida (Tt 2:11-14; 1João 3:3), ela capacita aqueles cujo coração foi lavado e a consciência purificada para que se incentivem uns aos outros às ações de bondade e de amor (Hb 10:22-24; cf. 1Pe 3:15-16).

Embora justamente identificada com a definição de fé, Hb 11:1 relaciona esperança e fé, indicando que a fé é a realidade presente e a convicção na invisível promessa do futuro santificado de Deus. A esperança é assim identificada como componente crucial da visão de mundo cristã. A realização desse futuro está além das capacidades humanas, portanto é apenas pela esperança fundamentada na promessa de Deus que os crentes estão aptos a receber as bênçãos da fé. Nessa esperança, os crentes podem descansar confiantes, pois a promessa de Deus para o futuro é indiscutível em razão da confiabilidade do Deus que fez a promessa.

Bibliografia. J. Moltmann, *Theology of Hope* (1967, repr. Minneapolis, 1993); C. F. D. Moule, *The Meaning of Hope* (Philadelphia, 1963). [JEFFREY S. LAMP]

ESPINHO O espinho da Bíblia não é uma planta em especial. Assim como a palavra "espinho" em português, trata-se de uma designação geral para várias espécies. Mais de vinte palavras hebraicas foram traduzidas por "espinho", "cardo", "sarça", "arbusto espinhoso" e "urtiga", frequentemente de maneira inadequada. Destes, o hebraico *qôs*, *šayit*, *ʾāṭāḏ* e *ḥôaḥ* aparecem frequentemente aos pares. O grego *ákantha* também significa "espinho".

Os espinhos cresciam fácil e abundantemente no antigo Israel. *Ziziphus spina-christi* (L.) Desf. e *Paliurus spina-christi* Mill. são dois espinhos comuns que têm sido identificados com a coroa de espinhos de Cristo (Mt 27:29 par.). Entretanto, é impossível discernir qual planta foi usada para fazer a coroa, visto que existem mais de setenta espécies de plantas espinhosas na Terra Santa. O *Ziziphus spina-christi* pode atingir a altura de nove metros e produz uma pequena quantidade de fruto. Ele pode ser o espinho da parábola de Jotão de Juízes 9:8-15 ("arbusto espinhoso"). Jesus faz alusão à baixa qualidade do fruto do espinheiro quando pergunta: "Colhem-se uvas dos espinheiros ou figos de plantas com espinhos?" (Mt 7:16; cf. Lc 6:44).

Em Gênesis 3:17-18, Deus amaldiçoa a terra, declarando que ela produziria espinhos e cardos. De fato, os agricultores precisam combater constantemente os espinhos que crescem prontamente em terras sem tratamento (Pv 15:19). Jesus usa essa imagem na parábola do Semeador (Mc 4:1-9 par.). Os profetas usam espinhos e sarças como símbolos da desolação da terra e do povo (p. ex., Is 5:6; Jr 12:13).

Os espinhos eram usados como cerca viva (Sir 28.24) e instrumentos de tortura (Jz 8:16). Eles são altamente inflamáveis (Êx 22:6 [TM 5]), limpados pelo fogo (Is 33:12) e eram usados no fogo das lareiras (Sl 58:9; Ec 7:6).

Em 2Coríntios 12:7 o grego *skólops* é uma referência a uma aflição física ("um espinho na carne"). [MEGAN BISHOP MOORE]

ESPÍRITO No AT, o hebraico *rûaḥ* significa antes de tudo vento e fôlego, mas também o espírito humano no sentido de força vital e até mesmo energia pessoal. Em 1Reis 18:45, Salmos 103:16, e Jeremias 4:11, a palavra significa vento, fenômeno da natureza. Em alguns casos, entretanto, o vento é visto como instrumento de Deus (p. ex., Gn 8:1; Nm 11:31; Is 11:15). O termo ocorre com o significado de fôlego em Gênesis 6:17; Jó 34:14,15. Na última passagem, é explícito o significado de Deus como a fonte do fôlego humano. Em Juízes 15:19 e 1Reis 10:5 "fôlego" significa a energia humana. Às vezes o termo torna-se virtualmente um sinônimo de *nep̄eš*, "alma" ou "força vital" e *lēḇ*, "coração" (não no sentido moderno como sede do amor, mas no antigo significado de centro da personalidade, incluindo a inteligência e a vontade); cf. Jó 20:3; 32:18; Is 54:6; 57:15; 66:2; Dn 5:20.

O hebraico *rûaḥ* refere-se não simplesmente à vida dada à humanidade por Deus. Deus também é espírito. O espírito de Deus veio sobre as pessoas para capacitá-las para um serviço especial (Jz 3:10). Deus podia também inquietar as pessoas com um espírito maligno (Jz 9:23; 1Sm 16:14-23). A profecia era entendida como sinal da presença do espírito de Deus (Nm 11:25,26; Is 41:1; 61:1; Mq 3:8). Esperava-se que o espírito de Deus fosse derramado em abundância no futuro (Jl 2:28,29 [TM 3:1,2]). Os antigos hebreus entendiam que o poder de Deus estava em toda parte (Sl 139:7), era pessoal (Is 34:16; 48:16) e, todavia, maravilhoso e transcendente.

Às vezes, não fica claro quais nuanças de *rûaḥ* o autor de texto bíblico tinha em mente. Gênesis 1:2 pode ser traduzido por "um vento de Deus", "um vento forte" ou "o espírito de Deus".

A ideia de espíritos como seres sobrenaturais encontra-se em certos textos hebraicos (p. ex., 1Rs 22:21).

No NT, o grego *pneúma* pode significar vento (Jo 3:8; Hb 1:7, citando Sl 104:4). Pode também ter o significado de fôlego (2Ts 2:8; Tg 2:26; Ap 11:1; 13:15). O termo é encontrado com o significado de ego interior em Marcos 2:8; 8:12; Lucas 1:8; João 11:33; 13:21. O plural é usado para o conceito de espírito (mau) em várias passagens (p. ex., 2Co 11:4; 1Tm 4:1; Ap 16:13,14). O plural pode referir também aos mortos, isto é, a fantasmas (Mt 14:26; Mc 6:49; Lc 24:39; Hb 12:23; 1Pe 3:19).

Jesus refere-se ao espírito quando cita Isaías 61:1 (Lc 4:18). As referências traduzem a palavra como espírito de Deus; no AT com frequência usam as palavras como Espírito Santo. Por exemplo, quando Jesus é batizado, Mateus, Marcos e João dizem que o Espírito desceu sobre Jesus como pomba (Mt 3:16 = Mc 1:10 = Jo 1:32). Entretanto, Lucas 3:22 indica que foi o Espírito Santo que desceu sobre Jesus. Da mesma forma, no Pentecoste, o derramamento do espírito de Deus profetizado em Joel 2:28,29, se cumpre quando as pessoas são cheias com o Espírito Santo (At 2:4). Às vezes, o espírito recebido pelos cristãos é identificado como o espírito de Jesus (Gl 4:6). Em 1Coríntios 12:4-6 o Espírito, Deus e o Senhor são considerados os mesmos.

O espírito de Deus é visualizado no NT como tendo sido dado às pessoas de uma nova forma (Jo 7:38, 39; At 2:1-21; Gl 3:2, 14; Tt 3:6). As pessoas adoram Deus "em espírito" (Jo 4:24; Fp 3:3), elas nascem do espírito (Gl 4:29), mas o conflito entre o espírito e a carne continua (Rm 8:2-17; 1Co 3:1; Gl 3:3; 5:16-18). Embora isso sugira que os autores do NT tenham se envolvido no dualismo helenístico de corpo/espírito, provavelmente usaram a terminologia grega, mas a compreenderam de uma forma mais semítica, isto é, mais holística (Rm 8:10; 1Co 5:5; 2Co 4:16; Ef 2:2,3; 1Ts 5:23; Hb 4:12).

Viver no Espírito contrastava com a escravidão da lei (Rm 7:6). Seu fruto é amor, alegria, paz, paciência, amabilidade, bondade, fidelidade, mansidão e domínio próprio (Gl 5:22,23). Quem vive pelo Espírito é aconselhado a também ser guiado por ele (Gl 5:25).

Durante o período helenístico, o conceito de hierarquia de poderes espirituais também havia se desenvolvido, e tal concepção provavelmente coloriu a compreensão dos escritores do NT das forças espirituais contra as quais se pensava que os cristãos combatiam (At 23:8; 1Co 12:10; Ef 6:12).

Finalmente, "espírito" pode significar um contato imediato ou direto com as realidades divinas em contraste com a abordagem mais intelectual associado ao termo "mente" (1Co 14:14,15), mas tanto "espírito" como "mente" são usos da pessoa toda e não simplesmente de partes componentes. [ALICE OGDEN BELLISB]

ESPÍRITO SANTO A tremenda dimensão do divino que repele, embora fascine, e atrai. Um dos temas mais evasivos da Bíblia e da teologia, a atual designação de Espírito Santo (heb. *rûaḥ qāḏôš*; gr. *pneúma hágion*] se encontra apenas em alguns recentes textos pré-cristãos do AT (Is 63:10-11; Sl 51:11 [TM 13]; Sabedoria 1.5; 9.17; 1QS 3.7). De acordo com Jerônimo, o fato de o termo hebraico *rûaḥ* ser principalmente feminino, o grego *pneúma*, neutro e o lat. *spiritus*, masculino demonstra que Deus não possui gênero de forma nenhuma.

ANTIGO TESTAMENTO. O admirável poder criativo de Deus no universo e na preservação da vida das pessoas e animais (Gn 1:2; Jó 33:4; Sl 104:30) pode ser uma força destrutiva capaz de secar as nascentes de água (Os 13:15) ou um poder salvador ou renovador (Êx 14:21; 1Rs 18:45). Alguém pode ter um espírito mau enviado por Yahweh, para causar dissensão (Jz 9:23), mentiras e mortes (1Sm 19:9; 1Rs 22:23).

O Espírito figura de forma proeminente na direção exercida por Deus na história, ao produzir os líderes carismáticos nos momentos necessários. O que fica evidente na experiência dos juízes na plenitude da teocracia de Israel (Jz 3:10; 6:34), na seleção dos reis Saul (1Sm 10:1-13) e Davi (16:13), em Zorobabel depois do Exílio (Zc 4:6), e no enigmático Servo de Isaías 42, enfatizado pelos profetas (Is 34:16; 63:10; Ez 18:31).

A manifestação primária do Espírito é a profecia, evidente nos sonhos de José (Gn 41:38), em Balaão (Nm 24:2) e Saul (1Sm 10:10). Note-se o uso comum de "o Espírito da Profecia" nos Targums. Para Oseias, o profeta é o "homem de espírito" (Os 9:7). Miqueias declara estar cheio "do poder do Espírito do SENHOR" (Mq 3:8). Especialmente em Ezequiel, nos períodos do exílio e posterior, o Espírito é agente inspirador (Ez 2:2; 3:24). Embora no AT, o Espírito não seja geralmente entidade pessoal, textos como Isaías 48:16; Zacarias 7:12; Neemias 9:30 descrevem o Espírito de modo mais pessoal.

A atividade escatológica e messiânica caracteriza uma era final do Espírito, quando Deus enviará a salvação definitiva para Israel e as nações. O Espírito e seus dons repousarão sobre o rei, o servo e o profeta (Is 11:1-10; 42:1; 61:1), e será derramado sobre o povo em geral (Is 32:15; 44:3; Ez 39:29; Jl 2:28 [3:28] [citado por Pedro no Pentecostes, At 2:17-21]). Finalmente, Deus verterá o Espírito no coração das pessoas, para o transformar de pedra em carne, e assim as capacitar na manutenção da aliança (Is 59:21; Ez 36:26-27).

O judaísmo anterior ao NT enfatizava o Espírito de profecia, revelação e orientação (Eclo 48.24), sabedoria (Sabedoria 7.7; 9.17; 1QH 12.11-13) e ocasionalmente louvor. Porém muitos (não todos) acreditavam que o Espírito havia partido por causa do pecado, devendo retornar com a restauração.

NOVO TESTAMENTO. No NT, o Espírito Santo, a experiência da poderosa presença de Deus entre seu povo, é amplamente tratado em continuidade com o AT. Para 1Pedro é o Espírito da glória (1Pe 4:14). As tradições de Lucas, Paulo e João são em particular proeminentes. Nos evangelhos, o foco está na vida e no ministério de Jesus.

Evangelhos. Em Marcos, o Espírito é enfatizado em momentos significativos: o futuro batismo com o Espírito ministrado por Jesus (Mc 1:8), o próprio batismo de Jesus (v. 10), o seu constante conflito com os espíritos impuros (3:11; 5:12; 6:7; 7:25; 9:25), a acusação de blasfêmia contra o Espírito Santo (3:29).

Em comparação com a extraordinária concepção de João Batista, Mateus descreve com um crescente paralelismo a concepção virginal de Jesus por meio da atividade criadora do Espírito Santo. Ele transfere a declaração pós-Páscoa de Marcos sobre o Espírito falar pelos discípulos (Mc 13:11) para as instruções da missão (Mt 10:17-22; 12:17-28). Durante a comissão final, Mateus recorda o anúncio de que Jesus batizaria com o Espírito e oferece uma indicação do desenvolvimento da compreensão trinitária do Espírito (Mt 28:18-20).

Para Lucas, o coração da Igreja é a missão, e no coração se manifesta o movimento do Espírito para a multiplicação da Palavra, uma verdadeira explosão do Espírito. O Espírito Santo dá início a cada parte de seu evangelho. Quando Jesus é concebido pelo Espírito Santo, Maria, Isabel, Zacarias, João e Simeão ficam plenos do Espírito Santo profético. O Espírito desce em forma corporal no batismo de Jesus, levando-o ao deserto e trazendo-o de volta. Lucas cita Isaías 61:2 e 58:6 ao relatar a manifestação de Jesus em Nazaré de "evangelizar os pobres".

O Espírito figura com relevo novamente conforme Jesus se dirige a Jerusalém (Lc 10:21; 11:13; 12:10, 12). Por fim, Jesus é o dispensador do Espírito para a Igreja (Lc 24:49) — o Espírito é o seu substituto.

Não surpreende, portanto, que o Espírito tenha um papel tão proeminente em Atos que este poderia muito bem ser intitulado "Atos do Espírito Santo". Há um paralelo claro entre o início do evangelho e o de Atos. Jesus concede seu Espírito no Pentecostes, o nascimento da comunidade cristã. São registradas dramáticas efusões do Espírito nos crentes em Atos 2:1-4; 4:28-31; 8:15-17; 10:44; 19:6. Todos os cristãos agora possuem o Espírito Santo. Pedro, João, Filipe, Estêvão, Barnabé e Paulo estão "cheios do Espírito Santo" para testemunhar de modo corajoso e entusiasmado através da proclamação, das boas novas, de sinais e maravilhas. Assim Lucas combina o testamento da salvação universal de Deus, o ministério modelar de Jesus e a missão mundial da igreja primitiva.

Paulo. Paulo, com sua teologia concentrada no problema e na situação, descreve a experiência cristã em termos do Espírito ("no Espírito", Rm 8:9), enquanto os Sinópticos falam a linguagem do reino. O Espírito é distinto do Jesus exaltado, embora claramente relacionado a Ele, e reside no cristão (Rm 15:30; 1Co 6:11; 12:4).

Paulo insiste que o evangelho deve vir não apenas em palavras, mas no Espírito Santo poderoso que traz convicção e alegria (1Ts 1:5-6; 2Ts 2:13). Paulo adverte: "Não apagueis o Espírito" (1Ts 5:19, sua única referência usando o artigo definido). Esse é um dom da graça de Deus, mas envolve uma luta entre o espírito (a pessoa cristã plena) e a carne (a pessoa sujeita ao pecado).

O caráter vivo do Espírito é evidente nos nove dons descritos em 1Coríntios 12–14: a sabedoria, a palavra do conhecimento, a cura, os milagres, a profecia, o discernimento de espíritos, o falar em línguas, a interpretação de línguas, mas o maior dom é o amor. Os próprios coríntios são a "carta" de Paulo escrita pelo Espírito Santo (2Co 3:2).

Em Gálatas, anterior a Romanos, a reflexão de Paulo sobre a recepção do Espírito é apaixonadamente desenvolvida. O Espírito é recebido no coração de forma a podermos clamar "Aba" como filhos adotivos. Ele vem por meio da fé e não por meio das obras da lei, de cuja escravidão o cristão é libertado e justificado (Gl 3:2-5; 5:5). O fruto do Espírito é: amor, alegria, paz, paciência, benignidade, generosidade, fidelidade, mansidão, autocontrole (Gl 5:22-23). Um cristão é selado com o prometido Espírito Santo: "A garantia da nossa herança" (Ef 1:14; 3:14-19).

Romanos (esp. cap. 8, em que a nova era se faz ver) é um bom resumo da pneumatologia de Paulo. Cristo consegue aquilo que a lei não pôde fazer. A vida conduzida pelo Espírito é a vida dos filhos livres de Deus, os herdeiros de Cristo, libertos do medo e do pecado. O Espírito ajuda as pessoas a orar, pois são muito fracas para orarem de forma adequada. O Espírito Santo participa na redenção de toda a criação (Rm 8:18-27). E Ele é testemunha da grande tristeza e angústia de Paulo por seu próprio povo (Rm 9:1-2).

João. Enquanto Lucas enfatiza a experiência externa do Espírito e Paulo, a experiência interna da pessoa na comunidade carismática, João descreve o Espírito como o "outro Consolador" (Jo 14:16) e enfatiza a relação do indivíduo com Cristo por meio do Espírito. O Batista descreve sua revelação da identidade de Jesus como "aquele sobre quem vires descer e permanecer o Espírito" (1:33). O novo nascimento passa pelo Espírito que "sopra onde quer" (3:5-8). Deus é Espírito (4:24). A vida plena vem do Espírito (6:63).

João, ainda mais do que Paulo, descreve o Espírito como o paracleto, o advogado, o conselheiro ou o confortador. As funções do paracleto são copiadas das de Jesus: desenvolver o ensino de Jesus ao encontrar novas situações (Jo 16:14) — "o que Jesus dissera" ou o que João de fato escrevera em seu evangelho; enfatizar e ensinar o que já viera com Jesus, sendo que haverá uma ressurreição futura, o juízo e a parusia (5:28-29); ajudar a tornar real o reino da vida e do amor, mesmo que o mundo não veja a sua vinda (14:15-21). A maior contribuição de João é o ensino da presença contínua de Jesus no coração de cada indivíduo (1João 3:24).

O Apocalipse reúne Deus, Jesus e o Espírito (as sete tochas que ardem continuamente diante do trono de Deus; Ap 1:4); é o Espírito que convida todos a receber "de graça a água da vida" (22:17). Mas é Mateus 28:19 (junto com 1Co, 12:4-6; 2Co 13:13; Jd 19-21) que parece ter apontado o caminho para o mais pleno desenvolvimento da doutrina cristã da Trindade.

Bibliografia. R. E. Brown, *The Gospel According to John*, 2 vols. AB 29-29A (Garden City, 1966-1970); Y. Congar, *I Believe in the Holy Spirit*, 3 vols. (New York, 1983); J. D. G. Dunn, *Jesus and the Spirit* (1975, repr. Grand Rapids, 1997); Michael P Hamilton, ed., *The Charismatic Movement* (Grand Rapids, 1975); Watson E. Mills, The *Holy Spirit: A Bibliography* (Peabody, 1988); C. F. D. Moule, *The Holy Spirit* (Grand Rapids, 1978); M. Walker, *God the Spirit* (Minneapolis, 1994).
[SEAN P. KEALY, C. S. SP.]

ESPÍRITO MAU/IMUNDO Ser espiritual sob a autoridade de Yahweh que realiza os aspectos mais negativos de sua vontade (heb. *rûaḥ ra'â;* Jz 9:23;

1Sm 16:14-23; 18:10; 19:9; cf. 1Rs 22:19-23, "espírito de mentira"; Zc 13:2, *rûaḥ tum'â*, "espírito imundo"). Os textos judaicos pós-bíblicos fazem referência a "espíritos maus" (T. Sim. 4.9; 6.6; Jub 10.3, 13; 11.4; 12.20; 4Q511 15 1.7; 81 1.3) e "espíritos imundos" (cf. T. Benj. 5.2; 11QPs 19.15; 1En. 99.7). Existem designações sinônimas para esses seres que, tal como os espíritos maus no AT, agem independentemente de Deus, procurando afastar os seres humanos da obediência a Deus. Eles estão frequentemente sob a autoridade de um único ser espiritual que recebe nomes variados, p. ex., Satanás, Mastema, Belial.

Diz-se nos evangelhos que Jesus exorcisa "espíritos maus" (gr. *peneúmata akártharta*; Mc 3:11; Lc 8:2; cf. 11:26) ou "espíritos imundos" (Mc 1:23-28 par.; 5:2-13 [cf. Lc 8:29]; Mc 6:7 par.; 7:25; 9:25 par.). Diz-se também que a igreja primitiva expulsou espíritos imundos (At 5:16; 8:7) e espíritos maus (19:11,12; cf. v. 13-16). Efésios 6:12 refere-se a "exércitos espirituais de maldade nas regiões celestiais" contra as quais os crentes devem se defender.

Bibliografia. J. M. Hull, *Hellenistic Magic and the Synoptic Tradition. SBT*, 2nd ser. 28 (Naperville, 1974); G. H. Twelftree, *Jesus the Exorcist* (Peabody, 1994). [BARRY D. SMITH]

ESPÍRITOS ELEMENTARES Termo (gr. *stoicheía*) com os seguintes significados: (1) série de cartas ou sons; (2) elementos constituintes básicos ou princípios orientadores; (3) as estrelas como corpos celestiais elementares ou (4) anjos, espíritos, ou espíritos elementares. Parece que Paulo tinha o segundo ou o quarto sentido em mente nos textos de Gálatas 4:3, 9; Colossenses 2:8, 20. No entanto, o uso que ele faz do termo não é claro. A íntima conexão desses espíritos elementares com a lei em Gálatas e com a filosofia em Colossenses sugere que os princípios elementares desses ensinos humanos podem ser o significado pretendido aqui. Esses espíritos elementares também podem ser forças espirituais ativas governando o universo e potencialmente adoradas pelos gálatas e colossenses. Parece que esse sentido é pretendido em Hebreus 5:12, em que o autor se refere aos "princípios elementares da palavra de Deus". Em 2Pedro 3:10, 12 os quatro elementos clássicos da matéria (terra, ar, fogo, água) são claramente sugeridos pela afirmação de que "os elementos se dissolverão" na Parúsia. [MATTHEW S. COLLINS]

ESPOSA DE POTIFAR A esposa do senhor egípcio de José, e cujo nome não é mencionado no relato bíblico (cf. Mut-em-enet [Thomas Mann, *Joseph in Egypt*]; Zuleika [Midrash, *Sura* 12 do Alcorão]). Apaixonada pelo atraente José, ela tenta várias vezes o virtuoso herói com todos os ardis do estereótipo de "mulher estrangeira", acusando-o falsamente de estupro (Gn 39:6-20). Levada pelo desejo sexual, as ações dela contrastam nitidamente com a esperada passividade habitual das esposas (cf. também Tamar, Gn 38). Potifar mostra lealdade à sua esposa ao mandar prender José em vez de matá-lo, a pena por adultério.

Os esforços dela são intensificados na versão da narrativa encontrada no Testamento de José (cf. T. Jos. 6.1-8; 9.1). Após prometer matar o marido (Pentephres) para que ela e José possam se casar (T. Jos. 5.1), ela o persuade a resgatar José dos mercadores ismaelitas (14.1) e o pressiona a comprar o escravo hebreu (16.4).

Bibliografia. A. Bach, *Women, Seduction, and Betrayal in Biblical Narrative* (Cambridge, 1997).

ESPOSO SANGUINÁRIO Epíteto em Êxodo 4:24-26, discutivelmente a passagem mais enigmática no Pentateuco. O trecho tem sido visto de modo variado como a etiologia da circuncisão infantil em Israel; uma recircuncisão simbólica e ritualmente correta de Moisés; ou mesmo a expiação da culpa de sangue de Moisés após matar o egípcio.

Moisés retorna ao Egito de acordo com as instruções de Deus e traz consigo sua esposa Zípora e seus filhos. Em algum lugar ao longo do caminho, enquanto estavam acampados durante a noite, o Senhor procura matar Moisés (ou seus filhos; o pronome no texto é ambíguo). A essa altura Zípora usa uma pedra pontiaguda para circuncidar seu "filho", toca o pé dele (um eufemismo comum para a genitália), e então pronuncia uma frase misteriosa, "Esposo Sanguinário", quando então Deus solta Moisés.

Algumas traduções acrescentam o nome de Moisés como aquele que foi tocado em seu prepúcio; a maioria dos comentadores também o veem como o objeto do ataque de Deus, e muitos o veem como o recipiente das palavras de Zípora. Outros veem Zípora tocando e falando diretamente ao seu filho. Tudo o que é evidente é que as ações decisivas de Zípora afastam o ataque de Deus.

As perguntas relativas a essa passagem, que não podem ser respondidas, são muitas, e vão além da identificação dos antecedentes pronominais e do pronunciamento obscuro de Zípora. Qual é a motivação quase possessa de Deus, e por que procuraria ele tirar a vida de Moisés ou de filho de Moisés? Por que a circuncisão permaneceu nas mãos de Deus? Como Zípora soube o que fazer? Por que Zípora tocaria o pé de alguém? O que a expressão "Esposo Sanguinário" significa, e por que ela é repetida duas vezes? As respostas propostas variam desde a psicológica (não houve nenhum ataque real; antes, Moisés sofria de uma depressão séria, ou foi tudo um sonho), até a comparativa (Zípora executou um ritual midianita no seu filho para evitar um ataque de uma divindade pagã). De qualquer forma, após esse episódio, Moisés é capaz de continuar seguro em sua missão de libertar os filhos de Israel da escravidão do Egito. [SHARON R. KELLER]

ESSÊNIOS (gr. *Essaios*, *Essēnos*) Movimento dentro do judaísmo, conhecido primariamente no final do período do Segundo Templo, cerca de 146 a.C. a de 70 d.C. Eram uma associação popular. Entrava-se nela por iniciação. Os essênios consideravam a si próprios como o remanescente predestinado daqueles que verdadeiramente observavam a vontade de Deus. Seguiam a própria interpretação da Torá e dos Profetas. Embora os essênios tenham influenciado o desenvolvimento do judaísmo rabínico e do cristianismo, nenhum desses grupos concordava com a autodescrição dos essênios, e a história dos essênios tem frequentemente sido considerada enigmática.

O nome essênio tem duas formas gregas, *Essaios Essēnos*; a pronúncia inglesa vem de uma forma posterior, embora a grafia *Essaios* seja confirmada em um período anterior e pareça ter conexão mais íntima com a forma original semita. Porque a solução é crucial, mais que cinquenta propostas diferentes para a etimologia foram oferecidas. As formas gregas do nome Essênio se derivam provavelmente de uma raiz semita (hebraica ou aramaica). As duas sugestões mais repetidas envolvem duas palavras aramaicas, *ḥasayyā᾽* ("piedoso") e *᾽āsayyā᾽* ("curadores"), mas nenhum desses termos aparece em qualquer texto antigo com qualquer referência aos essênios. Uma proposta hebraica é a raiz *ʿāśāh* na forma do particípio *ʿôśîm* e a forma construta *ʿôśê hattôrâ* ("fazedores da lei"); essa proposta aparece como autodescrição em vários Rolos do Mar Morto. (A maioria dos Rolos sectária está em hebraico, não em aramaico). Ele faz paralelo com o autoentendimento de outros grupos relevantes (p. ex., os samaritanos como os "guardadores" da Torá); ele corresponde à sugestão etimológica de Fílon de *hosios*, a transliteração de Josefo do hebraico *hōšen como*, e a grafia de Epiphanius dessa seita judaica como *ossaioi* e *ossēnoi*. Essa solução hebraica foi aceita por muito tempo antes das descobertas de Qumran (p. ex., Johann Carion, *Chronica* [1532], folio 68 verso) e concorda bem com a evidência, mas não existe nenhum consenso.

Várias descrições antigas dos essênios sobreviveram nos textos gregos e latinos. Entre as mais importantes estão aquelas dos três escritores mais antigos, Fílon, Josefo, e Plínio. Registros posteriores de Hipólito e Epiphanius, entre outros, também preservam observações adicionais importantes. A maior parte dessas descrições foi dirigida a públicos não-judaicos, que influenciaram a seleção das características essênias e de sua descrição em termos das virtudes gregas. Esses textos mostram interesses filosóficos (especialmente estoico) e etnográficos encontrados tipicamente nas histórias e geografias helênicas. Várias das descrições confiaram em textos mais antigos, atualmente perdidos, incluindo no mínimo uma fonte grega mais antiga que Fílon, cujo registro é o mais antigo existente. Posidonius, Estrabo, e Marcos Vipsanio Agripa estão entre os prováveis autores das descrições (atualmente perdidas)dos essênios.

Plínio localizou uma colonização essênia próxima ao Mar Morto. A maioria dos estudiosos concluiu que as ruínas de Qumran e os rolos de cavernas em redor pertenciam a um grupo de essênios. Embora poucos argumentem que Khirbet Qumran possa ter sido um forte ou um vilarejo de inverno, a maioria dos historiadores e arqueólogos considera Qumran como uma das colonizações dos essênios. Outras colonizações ou centros comunitários estavam localizados em Jerusalém e a "terra de Damasco" (a leste do rio Jordão) e em outros lugares. Fílon também descreve o Therapeaute no Egito como grupo relacionado aos essênios.

Vários dos manuscritos de Qumran incluem paralelos ao ensino, às práticas, e à autodescrição dos essênios. Certamente, alguns dos textos encontrados em Qumran são essênios, incluindo o *serek hayyaḥad̲* (Governador da Comunidade), vários comentários bíblicos (*Pesharim*), e 4QMMT (*Miqsat Maʿaseh ha-Torá*, "certos decretos da Lei"). Tais textos como os jubileus e porções de Enoque são provavelmente textos pré-Qumran escritos dentro do movimento essênio.

Ensinos essênios compartilhavam muito com outros ensinamentos judeus, tais como a Torá e os Profetas, mas reivindicavam uma interpretação especial e, algumas vezes, esotérica das Escrituras. Os essênios consideravam os sumo sacerdotes do templo de Jerusalém (às vezes, associados com os saduceus) errados em sua prática e calendário. Embora os essênios fossem cuidadosos em suas deliberações legais, eles não chamavam isso "halakha", e usavam aquele termo somente como um trocadilho negativo contra os fariseus como os "buscadores de coisas fáceis (*dôršê haḥălāqôt̲*)". Os essênios observavam estritamente a Torá, mas de acordo com sua própria interpretação. As crenças essênias incluíam a predestinação, papéis importantes para anjos, e ressurreição, embora não incluindo necessariamente a ressurreição corporal (Josefo e Hipólito descordam). Eles esperavam um Messias, ou, em algumas descrições, messias sacerdotais e reais. A cosmovisão essênia apocalíptica e dualística é semelhante a Daniel — e não a 1 e 2Macabeus, que não são encontrados em Qumran; Deus e os anjos — não os homens — destruirão os inimigos.

Os essênios eram uma organização popular. Eles tinham regras para a iniciação e as punições, incluindo expulsão. Alguns essênios eram celibatários e alguns observavam períodos de celibato limitados a certos tempos ou lugares. Os essênios não tinham escravos, e, no mínimo, todos os membros tinham propriedades em comum. A agricultura era a ocupação principal; eles não faziam armas. Eles evitavam as cortes de estranhos e seguiam estritas regras de rituais de pureza. Até que ponto eles participavam no culto no templo de Jerusalém ainda é questão de debate.

Josefo escreveu que os essênios existiram em 146 a.C. (*Ant.* 13.171), provavelmente porque sua fonte, Estrabo, tenha começado sua *História* naquela época. O ano exato em que se originaram é desconhecido, talvez, porque o movimento essênio se desenvolveu mais gradualmente e porque o movimento precedeu a forma grega de seu nome. Três de quatro indivíduos essênios mencionados em Josefo "são conhecidos por profecia e viveram em Jerusalém. O quarto, João o (antigo) Essênio que se juntou aos zelotes, não é típico; era incomum" para um essênio confiar em armas humanas. Josefo também localizou um portão essênio a sudoeste de Jerusalém (*BJ* 5.145).

Textos de Qumran descrevem certos indivíduos, especialmente um Mestre Essênio da Justiça e seu oponente o Sacerdote Ímpio. Embora muitos estudiosos considerem Jônatas (161-143/2 a.C.) o melhor candidato para o Sacerdote Ímpio, Alexandre Janeu (103-76) pode ser melhor candidato. Alguns estudiosos sugerem que havia mais que um Sacerdote Ímpio e mais de um Mestre da Justiça. Embora a identidade do Mestre de Justiça não seja uma questão na qual haja unanimidade, um candidato plausível é Judas, o Essênio, mencionado por Josefo (*BJ* 1.78-80; *Ant.* 13.311), como ensinando por volta de 104, logo antes do governo de Alexandre. Em *b. Qidd.* 66a (o mesmo?) Judas pede que Alexandre deixe o sacerdócio. A visão negativa dos essênios dos asmonianos posteriores foi compartilhada por Estrabo, que escreveu (*Geog.* 16.2.35-40) que Alexandre estava entre os sacerdotes supersticiosos e tirânicos que se afastaram dos ensinos honráveis de Moisés (cf. Philo *Apol. Jud.* 8.11.1). Os essênios desapareceram da história em algum momento depois da guerra com Roma.

Muitos aspectos da história essênia ainda são debatidos.

Bibliografia. J. M. Baumgarten, "The Disqualifications of Priests in 4Q Fragments of the ´Damascus Document´", *Madrid Qumran Congress.* STDJ 11 (Leiden, 1992), 2:503-13; F. C. Conybeare, *Philo: About the Contemplative Life* (1895; repr. New York, 1987); S. Goranson, "Posidonius, Strabo and Marcus Vipsanius Agrippa as Sources on Essenes", *JJS* 45 (1994): 295-98; G. Vermes e M. D. Goodman, *The Essenes according to the Classical Sources* (Sheffield, 1989). [STEPHEN GORANSON]

ESTÁDIO (gr. *stádion*) Unidade de distância equivalente a 170-190 m. A NTLH representa o estádio pelo equivalente em quilômetros (Lc 24:13; Jo 6:19; 11:18; Ap: 14:20; 21:16).

ESTANHO Metal que, misturado ao cobre na proporção de 10% de estanho para 90% de cobre, produz uma liga mais dura, o bronze. A existência de bronze levou à criação de armas e ferramentas mais fortes, bem como moedas e espelhos.

O minério de estanho é encontrado em veios rochosos na forma de cascalho ou areia em aluvião. A fundição primitiva era feita usando-se lareiras. O minério era atirado ao fogo e o metal era retirado da areia e das cinzas. Os progressos na fundição acabaram criando blocos de estanho das fornalhas que podiam direcionar o fluxo do metal (Ez 22:20; Diodoro Sículo *Hist.* 5.21-22).

Os fenícios importaram estanho de Társis, de navio, para o Oriente Próximo (Ez 27:12). Os romanos usaram estanho na produção de pratos de peltre, broches e vasos.

Bibliografia. E. S. Hedges, *Tin in Social and Economic History* (New York, 1964). [JAMES V. SMITH]

ESTAOL (heb. *'eštā'ôl*) Uma das cidades baixas de Judá (Js 15:33). Crê-se que Estaol esteja localizada exatamente a sudoeste de Jerusalém na baixada (Jz 13:25), no território de Dã (Js 19:41). O lugar tem sido identificado como Khirbet Deir Shubeib a cerca de 2,5 km a leste de Zorá e 21 km a oeste de Jerusalém, perto da moderna Ishwa´/Estaol, que preserva o nome. Seus habitantes são listados na genealogia de Calebe (1Cr 2:53). [AARON M. GALE]

ESTÁQUIS (gr. *Stáchys*) Cristão de Roma saudado por Paulo como "meu amado" (Rm 16:9).

ESTÁTUA Objeto preservado no templo de Ártemis em Éfeso (At 19:35). A "estátua" ou "pedra sagrada que caiu do céu" são paráfrases do grego *diopetḗs*, que ocorre somente nessa referência em todo o NT. Muitos estudiosos interpretam esse fato como a ocorrência de um meteorito, considerado sobrenatural pelos antigos. Livy falou dessa pedra na *Magna Mater*, trazida de Pessina para Roma cerca de 204 a.C. (*Urb. Cond.* 29.11.7). Essas rochas tornaram-se objetos de culto sagrados: a imagem de Ártemis Táuride (Euripedes *Iph. A.* 91, 1395); Ceres em Ena, Cicília (Cícero *Verr.* 2.7.72, 187); El Gabal de Emesa (Heródoto *Hist.* 5.3,5); Atena (Pausânias *Descr. Gr.* 1.8.4; 1.26.4). [GERALD L. STEVENS]

ESTÉFANAS (gr. *Stephanás*) Importante cristão de Corinto e primeiro convertido de Paulo, na Acaia (1Co 16:15; cf. At 17:34), a quem ele batizou pessoalmente (1Co 1:16). Com Fortunato e Acaico (membros de sua família?), Estéfanas visitou Paulo em Éfeso, de acordo com o que foi escrito pelo apóstolo em 1Coríntios 16:17. Talvez deram a Paulo notícias dos problemas em Corinto ou lhe trouxeram a carta da igreja, a quem ele respondeu (1Co 7:1; cf. v. 25; 8:1; 12:1; 16:1). Podem ter levado tudo ou uma parte de 1Coríntios de volta àquela congregação. A visita deles parece ter ajudado Paulo no começo de um período difícil com a igreja de Corinto (1Co 16:17, 18). Paulo endossou a autoridade de Estéfanas na congregação, porque ele e sua família "se dedicaram ao serviço dos santos" (1Co 16:15, 16). Tal serviço, embora não fosse uma função formalizada, pode ter incluído o ensino, a pregação, ou alguma forma de apoio à igreja. [CHRISTOPHER SCOTT LANGTON]

ESTEMOA (heb. *'eštĕmôa'*) **I. (PESSOA) 1.** O filho de Isbá, e descendente de Calebe (1Cr 4:17).

2. Descendente de Hodias, a irmã de Naã; uma maacatita da tribo de Judá (1Cr 4:19).

II. (LUGAR) (heb. *'eštĕmōh*) Cidade levita na parte montanhosa de Judá (Js 21:14), listada também entre as cidades de refúgio (1Cr 6:57 [TM 42]). Na lista de propriedades destinadas a Judá, essa cidade é chamada de Estemó (Js 15:50). Quando Davi derrotou os amalequitas, ele enviou uma parte de seu exército a Estemoa (1Sm 30:28). Eusébio relata uma colonização judaica "muito grande" que existiu aqui tão tarde quando o século IV d.C. (*Onom.* 26.11; 86.20). O consenso erudito concorda com a localização da antiga Estemoa embaixo da moderna vila árabe de es-Samu', 14 km, a sudoeste de Hebrom. Embora as escavações na sinagoga do século IV d.C., vários vasos de cerâmica da Era do Ferro foram descobertos.

Bibliografia. Z. Yeivin, "Eshtemoa", *NEAEHL* 2.423-26. [WADE R. KOTTER]

ESTER (heb. *'estēr*), **LIVRO DE** O quinto e último dos rolos (Megilloth), é parte dos Escritos no cânon hebraico.

SINOPSE. O livro começa com um banquete dado pelo rei persa, Assuero, para todos os habitantes de sua capital, Susã. Depois de uma sessão de bebidas, o rei convoca sua rainha, Vasti, de modo que a corte pudesse admirar sua grande beleza. Vasti se recusa, e o furioso rei a bane. Quando o rei se arrependeu por tê-la perdido, seus conselheiros sugerem uma busca por todo o império por uma nova rainha. Todas as virgens elegíveis são reunidas em seu harém. Entre eles está Ester (heb. "*hădassâ*", Et 2:7), a protagonista, que ganha o respeito de todos que a conhecem. Ester agrada tanto a Assuero que acaba por fazer dela sua rainha. Subsequentemente, o tio de Ester, Mordecai, descobre um plano para assassinar o rei e o relata a Ester, salvando, dessa forma, a vida de Assuero.

Algum tempo depois, o rei promove a Hamã, o agagita, como vizir. Hamã exige que todas as pessoas se curvem diante dele, mas Mordecai se recusa. Irritado, Hamã busca vingança ao planejar o assassinato de todos os judeus no Império Persa. Mordecai toma conhecimento do plano e se volta para Ester para que ela interceda junto ao rei. No clímax da história, Ester arrisca sua vida, aparece sem ser chamada diante do rei em uma tentativa de salvar seu povo. Ela ganha o favor de Assuero e, então, em uma série de manobras inteligentes, desvela o plano de Hamã e frustra seus esquemas. Hamã é condenado à morte, os inimigos dos judeus são destruídos, e Mordecai é elevado a vizir. O livro termina com a instituição da Festa do Purim por Ester e Mordecai a fim de comemorar esses grandes eventos.

Como a história mostra, o plano é bem simples, e a ênfase é no estudo da ação mais que no personagem. De fato, os personagens parecem estereotípicos — Mordecai e Ester são os sábios justos, lutando contra o estulto Hamã e sua esposa pelo favor do poderoso, mas insensato Assuero.

CANONICIDADE. Historicamente, existem opiniões contraditórias sobre as contribuições que o livro de Ester faz para as doutrinas religiosas como também para sua canonicidade. Martinho Lutero era hostil ao livro porque era muito "judaizado" e tinha "muitas impropriedades pagãs", mas Maimônides o posicionou depois de Pentateuco. Ester é o único livro do Antigo Testamento que ainda não foi encontrado entre os Rolos do Mar Morto, talvez por questões teológicas. Os essênios podem tê-lo rejeitado porque o livro não contém menção de Deus e não há registro de observação das leis de dieta. Embora Josefo mencione o livro em sua *Antiguidades* e embora tenha sido considerado canônico no Concílio de Jâmnia em 90 d.C., a canonicidade de Ester era questão de alguma disputa no judaísmo até depois do século III. A Igreja Ocidental aceitou o livro como canônico no século IV, enquanto que a Igreja Oriental não o aceitou até o século VIII.

O livro de Ester é encontrado em partes diferentes da Bíblia. No TM Hebraico, faz parte dos Escritos (Ketubim); a LXX o coloca entre Siraque e Judite, e a versão portuguesa João Ferreira de Almeida o coloca entre Neemias e Jó.

COMPOSIÇÃO. A autoria de Ester é desconhecida. A maioria dos estudiosos concorda que a história apareceu primeiramente no século IV (durante o período persa). A versão hebraica final, como transmitida

A B C D E F G H I J K L M N O P Q R S T U V X Y Z

no TM, data do período helenístico, no máximo, na virada do século I a.C. (cf. 2Mac 15.36). Em apoio a essa data, estão o contexto persa e a pintura local, a ausência de influência grega e a atitude simpática do rei gentílico. O escritor mostra um conhecimento bem íntimo e exato da corte e dos costumes persas, a tal ponto de Ester ser usada para preencher os buracos nos registros de historiadores clássicos. Assuero foi identificado como Xerxes, o quarto monarca aquemênida (486-465). Além disso, existe um número significativo de substantivos persas.

Entretanto, certas declarações no livro parecem contradizer as fontes extrabíblicas. Algumas dessas discrepâncias são bem menores, p. ex., Mordecai como parte da deportação de Nabucodonosor em 597 (2:6), que faria dele, e especialmente Ester, antigos de mais para se encaixar nesses eventos. Outras contradições são mais significativas: p. ex., de acordo com Heródoto, rainhas persas tinham de vir de uma das sete famílias persas nobres, o que teria dispensado Ester, uma judia. Tomados individualmente, poucos desses problemas são suficientemente notáveis para minar a historicidade essencial de Ester. Em última instância, são importantes somente porque eles tendem a apoiar mais duas objeções: (1) A aparência impressionante de vários elementos com certas histórias lendárias do Oriente Próximo, tais como *As mil e uma noites*, e (2) a suspeição de que o Purim era um festival pagão.

Embora o cerne da narrativa seja o confronto entre dois oponentes, Hamã e Mordecai, existem também vários enredos secundários: o banimento de Vasti, a escolha de Ester para ser rainha, a atitude de livramento da morte do rei por Mordecai, a instituição do Purim e a descrição de Hamã como usurpador dos privilégios de monarca. A despeito do fato de que o plano pareça ser bem elaborado, a conexão dessas várias linhas históricas tem levado os estudiosos a sugerir que alguns dos enredos secundários são baseados em narrativas individuais, talvez, contos persas específicos, emprestados e reformulados pelo autor de Ester (p. ex., Henri Cazelles, Elias Bickerman, Hans Bardtke).

É verdade que qualquer uma das linhas históricas poderiam de fato, confirmar a história como lenda, mas o argumento mais convincente dividindo a narrativas em fontes separadas é o literário. Os enredos secundários não se separam completamente, mas, ao contrário, se sobrepõem consideravelmente, e não podem ser sustentados sem os elementos-chave do todo. A despeito das tentativas para provar duas camadas separadas, uma com foco nas intrigas do harém, envolvendo Vasti e Ester, e a outra, na corte nas lutas de Mordecai e Hamã, existe legitimidade literária na consideração desse livro como uma unidade. Joyce G. Baldwin demonstra a unidade da história baseada em um papel reverso, da elevação para a queda (Vasti, Hamã, e os inimigos dos judeus) e da humilhação para a vitória (Ester, Mordecai, e a comunidade judaica).

Versões. A versão da LXX de Ester, produzida no final do II ou no início do século I a.C., contém seis passagens não encontradas no texto hebraico. Quando o estudioso cristão, Jerônimo, revisou a antiga tradução latina da Bíblia, ele as ajuntou e colocou essas passagens no final do livro canônico. Nas traduções portuguesas, as Bíblias Protestantes não aceitam os acréscimos ao livro de Ester, Já as Bíblias Católicas Romanas recentes traduzem o Ester hebraico, mas inserem as adições gregas em lugares apropriados. A tradição assinala para as Adições as letras A-F.

As Adições gregas descrevem sonhos proféticos, orações de Mordecai e Ester, declarações de Ester de sua abominação da comida e cama persas, e outros enfeites piedosos. Diferente da narrativa hebraica, que ricamente explora elementos cômicos da história (a vaidade humana de Hamã e Mordecai, a queda de Hamã, a cegueira de Assuero), a versão grega apresenta uma lição mais dramática e um tom mais sério.

Gênero. Vários gêneros foram atribuídos ao livro, incluindo "o conto de sabedoria tornado histórico" (Shemaryahu Talmon), baseada na caracterização (Assuero o rei tolo, Mordecai o cortesão sábio e virtuoso, Hamã o sábio, mas um cortesão ímpio, e Ester, a órfã por um homem sábio que faz o bem) e "romance" (Edgar McKnight), descrevendo uma busca bem-sucedida, transmitindo uma jornada perigosa e uma luta crucial em face da morte e da exaltação do herói. Outras sugestões incluem uma "comédia" tradicional (enriquecedora e, em última instância, otimista com a libertação purificadora da tensão da vindicação última dos heróis), "conto da corte" (a heroína [herói] sábia representando um "grupo étnico governado", perseguição dos protagonistas e sua vindicação última), e "disfarce", dentro do qual assuntos sérios são tratados suavemente, baseando-se na incongruência das situações e duras mudanças do destino (Jack Sasson).

Alguns estudiosos consideram Ester como romance judaico primitivo ou como "romance da Diáspora", prosa fictícia que não é intencionada como um documento histórico "exato". Ele tem uma estrutura de narrativa "tradicional": a tensão se desenvolve, várias complicações, e, por fim, a resolução da tensão. Diferentemente de narrativas longas, existe somente uma cadeia de eventos sobre um período de tempo limitado, com o foco na ação antes do que no desenvolvimento do personagem.

Outros estudiosos afirmam a historicidade de Ester e consideram a narrativa legítima e verídica.

Propósito. Vários comentaristas concordam que Ester foi escrito para evocar a identificação com a audiência que estava subordinada sociopoliticamente. Tanto Ester quanto Mordecai operam em um contexto completamente pagão, vulneráveis e relativamente sem poder, usando habilidades cruciais para a sobrevivência da Diáspora judaica em um mundo predominantemente gentílico, que não prevê e não promove a volta dos judeus para a Palestina. Ester serve, em particular, como papel modelo das características necessárias para a sobrevivência em um mundo precário; ao trabalhar dentro do sistema, ela é bem-sucedida no sentido de fazer o sistema trabalhar para si (Sidnie Ann White). Mordecai é, variadamente, admirado por demonstrar reconciliação à posição da minoria em um contexto imprevisível (B. W. Jones) e classificado como inflexível, incorrendo na ira de Hamã e, assim, pondo em perigo os judeus sob o governo persa.

Outros veem propósitos diferentes no livro: um "chamado a armas". Por volta do tempo do Concílio de Jâmnia, com Jerusalém destruída pelos romanos em 70 d.C. e seu povo, até mesmo mais disperso do que antes, os judeus tinham um bom motivo para encontrar consolo na esperança de que outra Ester ou outro Mordecai surgiria para salvá-los da finalidade da Diáspora. Nada no livro parece improvável, especialmente uma vez que o plano se concentra em torno da intriga da corte e dos preconceitos étnicos. De fato, o texto se esforça para parecer um registro histórico exato de um tempo quando os judeus foram salvos da extinção quase certa.

Ler o texto grego em vez do hebraico sugere outro propósito possível. As seis adições gregas começaram a ser escritas brevemente depois do texto hebraico e mudaram radicalmente a natureza da narrativa. O ritmo da versão da LXX (o colofão, Adições F atribui a tradução a Lisímacos "no quarto ano do reinado de Ptolomeu e Cleópatra", ou 144-77 a.C.) parece indicar que a história de Ester foi logo entendida ou reinterpretada como recurso para transmitir mensagem religiosa. Diferente do texto hebraico, que não menciona nem a deidade nem as observâncias religiosas, a LXX se refere a Deus mais do que cinquenta vezes, como também a orações, ao templo, ao culto e à prática das leis de dieta. Ester se torna mais "judia" por reivindicar ter seguido essas leis e, em particular, ao declarar sua abominação por seu ambiente pagão. Purim é mais enfatizado e uma atitude mais fortemente antigentílica é exposta. As Adições, ao mudar o que originalmente era uma intriga na corte para um conflito cósmico entre os judeus e os gentios, faz de Deus o campeão pela escolha do povo, e, assim, o "herói" verdadeiro do livro.

Questões eruditas recentes. Se a "força" da literatura puder ser definida pela intensidade de seu impacto sobre os leitores, o livro de Ester se qualificaria, sem dúvida, como uma dos textos "mais fortes" e mais eficazes de todos os tempos. Poucos textos literários provocaram tantas interpretações, tantas paixões exegéticas e tantas controvérsias acirradas. Muito do trabalho recente tem estado entre os estudiosos feministas e tendem a se concentrar em questões de gênero e em suas implicações (p. ex., a comparação da história de Ester e do círculo de José em Gênesis; a "problemática" dos personagens femininos — Ester, a bela; Vasti, teimosa). Outros estudiosos têm se concentrado em questões mais amplas de forma, contexto, ideologia, tais como os apropriados usos da autoridade real, da assimilação, e da identidade nacional. Atualmente, como por toda sua história, esse texto pequeno continua a provocar grandes emoções e a estimular debates acadêmicos.

Bibliografia. J. G. Baldwin, *Esther*. TOTC 12 (Downers Grove, 1984); S. B. Berg, *The Book of Esther*. SBLDS 44 (Missoula, 1979); A. Brenner, org., *A Feminist Companion to Esther, Judith and Susanna* (Sheffield, 1995); C. A. Moore, *Esther*. AB 7B (Garden City, 1971); J. M. Sasson, "Esther", in *The Literary Guide to the Bible*, org., R. Alter e F. Kermode (Cambridge, Mass., 1987), 335-342; S. Talmon, "´Wisdom´ in the Book of Esther", *VT* 13 (1963): 419-55; S. A. White, "Esther: A Feminine Model for Jewish Diaspora", in *Gender and Difference in Ancient Israel*, org., P. L. Day (Minneapolis, 1989), 161-77. [Ilona N. Rashkow]

ESTER, ADIÇÕES A O livro de Ester é singular no Antigo Testamento por ter três edições literárias distintas. A mais familiar é aquela do TM, dez capítulos em hebraico encontrados em todas as Bíblias hebraicas e na maioria das traduções de língua inglesa. Entretanto, também existem duas versões gregas de Ester, o texto Alfa (A), uma tradução grega de uma versão hebraica ligeiramente diferente do TM, e a LXX de Ester, uma tradução do TM que foi alterada e expandida o suficiente de modo que deveria ser considerada uma obra literária separada do TM de Ester. A versão da LXX é canônica nas Igrejas Ortodoxas.

O propósito das Adições na LXX de Ester é claro. O Ester do TM é notório, tanto hoje quanto no passado, por sua falta de linguagem religiosa, particularmente sua omissão de qualquer menção de Deus. A Adições suprem essa falta, com orações e sonho profético, dando o crédito da salvação dos judeus inteiramente a Deus. Além disso, a Adições aumentam o interesse dramático da história ao enfatizar as emoções dos personagens.

Adições A contêm um sonho profético do personagem masculino chefe, Mordecai. No sonho, Mordecai vê dois dragões, símbolos antigos do caos, lutando enquanto o resto do mundo, em particular os judeus, observa com medo. O conflito é resolvido por Deus, que envia um jarro de água e luz. Os judeus se regozijam, e Mordecai acorda. Esse sonho, que significa o prenúncio da história de Ester, serve para mover o conflito entre Mordecai e Hamã, o chefe antagonista, para fora do insignificante domínio político humano e levá-lo para aquele da batalha cósmica, em que a única resolução possível vem de Deus. A narrativa coloca o livro de Ester justamente no domínio da literatura religiosa. Adições A também explicam como Mordecai descobriu o plano dos eunucos contra o rei persa (cf. Et 2:21-23), e coloca a culpa pelo plano sobre Hamã.

Adições B e E funcionam como par, Adições B dá o texto do edito de Hamã para a destruição dos judeus e Adições E, o texto contraedito do rei. Ambas as Adições, escritas em grego rebuscado, são destinadas para dar um ar de verossimilhança histórica ao texto, embora nenhum dos dois seja realmente autêntico.

Adições C e D, que se seguem no texto, são o coração dramático da LXX de Ester. Adições C contêm as orações de Mordecai e Ester, que descrevem a condição dos judeus persas no contexto da história da salvação de Israel e colocam o destino dos judeus completamente nas mãos de Deus. Essas orações, especialmente as de Ester, são fortes compensações pela falta de religiosidade no TM de Ester.

Adições D, que contêm surgimento de Ester, sem ser chamada, diante do rei, é a solução dramática da edição da LXX. No TM, essa cena ocupa meros dois versos (Et 5:1-2) e é muito seca. Embora Ester tenha declarado previamente que aparecer diante do rei sem ser chamada é arriscar a vida, quando ela de fato faz isso, ele simplesmente aparece na porta, o rei estende o seu cetro para ela, e ela faz o seu pedido. À cena falta qualquer sentido de tensão ou perigo. Na Adições D, entretanto, Ester está tão agitada que deve se apegar à sua empregada para apoiar-se, e quando o rei a encara do trono ela está tão amedrontada que ela desmaia, não uma, mas duas vezes! Nesse momento, o propósito real da Ester da LXX é revelado. Adições a Ester 15:8 declaram, "Então, *Deus* mudou o espírito do rei para a bondade", e ele se apressa em confortá-la. Assim, para a Ester da LXX, a real força motora por trás de todos os eventos é Deus, e o leitor é assegurado de um resultado positivo.

Adições F dão a interpretação do sonho de Mordecai, no qual dois dragões são identificados como Mordecai e Hamã, e o jarro de luz como Ester. O sonho e sua interpretação não se encaixam bem nos elementos do plano de Ester, indicando sua posição secundária.

Adições F contêm um colofão, singular entre os livros bíblicos, que atribui a tradução a um Lisímacos, que a trouxe de Jerusalém para Alexandria no século I a.C. A verdade histórica desse colofão não pode ser verificada, mas parece claro que a versão da LXX de Ester, com as Adições, circularam primeiramente entre os judeus de fala grega de Alexandria, no século I a.C.

Bibliografia. J. D. Levenson, *Esther*. OTL (Louisville, 1997); C. D. Moore, *Daniel, Esther and Jeremiah: The Additions*. AB 44 (Garden City, 1977); S. A. White, "Esther", in *The Women's Bible Commentary*, org. C. A. Newsom e S. H. Ringe (Louisville, 1992), 131-37.

[SIDNIE WHITE CRAWFORD]

ESTÊVÃO (gr. *Stéphanos*) Líder da igreja em Jerusalém e o primeiro mártir cristão. Ele foi um dos sete homens escolhidos e aprovados, tando pelos Doze quanto pela comunidade, para a distribuição diária de alimento.

A história de Estêvão (At 6:1–8:2) está relacionada aos conflitos judaico-gentio em Jerusalém bem como com a oposição judaica à missão cristã na cidade. Colocado no contexto de uma disputa entre cristãos judeus de fala hebraica — (ou aramaica) — e grega aculturados (hebreus e helenistas, respectivamente), o relato tem influência direta, de acordo com o autor de Atos, na disseminação do movimento de Jesus além da Cidade Santa na Diáspora e no mundo grego.

Estêvão confronta e confunde os judeus da Diáspora, que apresentam acusações aliciadas perante o conselho judaico contra ele relativas ao templo, à Lei e aos costumes de Moisés (At 6:8-15). Num extenso discurso perante o Sinédrio (At 7:1-53), Estêvão fala da relação de Israel com o Deus de Abraão, Isaque e Jacó. Após cáustica recapitulação da história judaica, conclui acusando os ouvintes de serem descendentes merecedores de ancestrais rebeldes. A reação da audiência é previsível, especialmente à luz da declaração de Estêvão de que vê o Jesus ressurreto à direita de Deus. Estêvão é apedrejado (na presença de Saulo, o jovem perseguidor), a comunidade cristã é dispersada e o corpo do pregador cristão é enterrado (At 7:54–8:4).

O episódio levanta muitas questões históricas e teológicas. A introdução da narrativa retrata um problema eclesiástico que é resolvido pela escolha de sete homens usualmente presumidos como helenistas. Eles são escolhidos para tratar do problema da distribuição de alimento e, assim, liberar os discípulos para o ministério deles, mas informa-se depois que Estêvão e Filipe estão completamente envolvidos na pregação ou no trabalho missionário ao invés da distribuição de alimentos. Outra questão é o relacionamento, culturalmente, de Estêvão com os opositores que ele encontra (At 6:9): Ele é um cristão de fala grega e, dessa forma, o elo ou o impulso para a divulgação das boas-novas entre os gregos (At 11:19-20). Além disso, as acusações apresentadas contra Estêvão são similares às apresentadas contra Jesus e Paulo em seus respectivos julgamentos.

A conclusão da narrativa apresenta outros problemas. A cena da morte supõe um julgamento formal, legal ou uma ação da multidão que termina em linchamento. Por que há uma mudança tão brusca de tom no fim do discurso (At 7:51,52) e por que a mistura de elementos legais, multidão e visionário na cena da morte? Qual destes, bem como os elementos anteriores da narrativa e do discurso são históricos? Quais são os produtos da atividade do autor?

Empregando a tradição e a erudição da comunidade primitiva sobre os primeiros dias, Lucas aceita o papel fundamental de Estêvão como primeiro mártir (At 22:20) e o impulso para a missão cristã de Jerusalém para o mundo grego. O episódio e a figura de Estêvão, extraído da tradição, torna-se para Lucas o meio de reviver a história judaica (uso da LXX para formular um discurso apropriado) e preparar para uma expansão maior do movimento.

No livro de Atos, o episódio constitui a última cena de Jerusalém e fornece o terceiro confronto culminante com o populacho da Cidade Santa: advertência, açoitamento e morte (At 2–7). O discurso de Estêvão, a exemplo de discursos anteriores, é uma reação a uma questão oficial (cf. At 4:7-12; 5:27-32) e dá ao episódio seu momento decisivo para a partida do movimento de Jerusalém para o mundo grego. As referências a Saulo (At 7:58; 8:1) apontam para o caráter e a atividade principal da obra.

O episódio também dá especial atenção a uma série de acusações contra a comunidade primitiva, ou seja, seu irreverente tratamento com relação a Moisés e a Deus e indiferença da Lei e dos costumes mosaicos. Principalmente, oferece um ponto negativo e um ponto positivo do judaísmo, sua história e sua relação com o movimento de Jesus. Embora os líderes judeus fossem punidos (At 7:51-53), informa-se que grande número de sacerdotes juntou-se à comunidade (6:7). Em vez de falar contra Moisés (como foi acusado), Estêvão ressalta o importante papel dele no relacionamento de Deus com Israel. Há, entretanto, um movimento distante "deste lugar" ou templo para uma visão mais universal da habitação de Deus (At 6:13, 14; 7:49, 50). O movimento de Jesus se espalha de Jerusalém e não pode ser limitado àquele lugar; ao mesmo tempo, tem sua origem e encontra suas raízes neste centro judeu e seus arredores.

Desde o início, Estêvão, e os outros em Atos (p. ex., Cornélio, Timóteo), é identificado como membro ilustre e respeitável da comunidade; ele é também cheio do Espírito, de fé, de graça e de poder (At 6:3, 8). É membro ortodoxo da comunidade e fala em seu nome. Uma figura parecida com as do AT, que realiza sinais e maravilhas, um homem de visão, como José e Moisés (At 7:10, 22), que compreende o propósito de Deus (6:3, 10), procura esclarecer o plano de Deus para seus ouvintes e tem morte parecida com a de Cristo enquanto a comunidade é dispersada para além de Jerusalém.

Bibliografia. C. K. Barret, *The Acts of the Apostles,* 1. ICC (Edinburgh, 1994); E. Haenchen, *The Acts of the Apostles* (Philadelphia, 1971); L. T. Johnson, *The Acts of the Apostles.* Sacra Pagina 5 (Collegeville, 1992); J.J. Kilgallen, "The Function of Stephen's Speech (Acts 7, 2-53)", *Bibl* 70 (1989): 173-93; E. J. Richard, *Acts 6:1–8:4: The Author's Method of Composition.* SBLDS 41 (Missoula, 1978). [EARL J. RICHARD]

ESTÊVÃO, APOCALIPSE DE Livro apócrifo, não mais existente, listado pelo Decreto Gelasiano do século VI, entre as obras a serem rejeitadas pela Igreja. Alguns estudiosos argumentam que essa é uma referência equivocada a um documento composto em 415 d.C., que conta a descoberta de Luciano das relíquias de Estêvão. Embora o título *Revelatio Sancti Stephani* possa ser aceito como um apocalipse, é ainda possível, dada a experiência de Estêvão, registrada em Atos 7:55-56, que esse é um apocalipse pseudepígrafo escrito em nome de Estêvão. [TIMOTHY W. SEID]

ESTOICOS (gr. *Stōikoi*) Etoicismo, escola filosófica fundada em Atenas por Zenão (c. 336-263 a.C.). Este foi grandemente influenciado por Sócrates. Seu ensino foi uma reação contra Epicuro, o qual ensinou que tudo é resultado do acaso ou da colisão acidental de átomos. Zenão, completamente ao contrário, via todo o universo governado pela Razão e o propósito de vida como mais social, religioso e moral. O nome da escola de pensamento vem do grego *Stoa Poikilē*, o "pórtico pintado" ou estrutura de colunas em Atenas onde Zenão ensinava. Entre os seguidores dessa escola, que atraiu mais a elite intelectual, estavam Cícero, Epiteto, Sêneca e Marco Aurélio, embora o ensino de Zenão se destinasse tanto a homens como mulheres. O estoicismo oferecia aos seguidores uma comunidade de intelectualismo, liberdade do medo da morte, visão filosófica que envolvia mais que a salvação pessoal, mundo no qual a ordem material era permeada por Deus, plataforma ética consistente e respeitável além de uma filosofia com uma mistura vívida de religião e moralidade.

Os estoicos buscavam a felicidade pela sabedoria e pelo reconhecimento da Razão por trás do universo, que dava vida com propósito moral e tornava o mundo compreensível. Afirmavam que todo o mundo material é permeado por Deus, com Razão. Isso significa que em todo universo há harmonia divina e racional. Os estoicos chamavam de Logos a razão cósmica e viam a alma humana como centelha da mente universal. Embora Logos desse ordem ao universo, estava subordinada ao Destino. A crença deles de que Logos estava subordinada ao Destino criava uma tensão no sistema filosófico dos estoicos porque, se a Razão era Lei obrigatória e universal e o Destino era inalterável, como os humanos podiam ter qualquer liberdade real e por que alguém deveria se incomodar em produzir mudança para sempre no mundo? Eles respondiam que não eram os resultados dos atos e comportamento de uma pessoa, mas a tentativa em si de ter uma vida boa e de conseguir a virtude que, finalmente, importava. Eles achavam que mesmo que alguém não pudesse escolher para sempre conseguir circunstâncias diferentes para elas, pelo menos podiam tomar atitudes com as quais estavam dispostos a aceitar as circunstâncias inevitáveis. Consequentemente, buscavam controlar o que estava em seu poder e a aceitar com dignidade o que a vida lhes trazia. Afirmavam que era tarefa dos humanos perceber e encaixar-se na ordem universal, desempenhar o seu papel na experiência humana e escolher de que maneira lidar com os eventos na vida. A pessoa feliz, eles pensavam, não luta contra a vida, mas a aceita com tranquilidade e dignidade, suportando tanto as experiências favoráveis como as trágicas com tranquilidade imperturbável. A felicidade é conseguida pelo autocontrole e estabilidade. Os estoicos acreditavam que não se devia temer a morte porque a alma imortal, parte do ardente princípio universal, viverá novamente muitas vezes. Se as pessoas não podem escapar da morte, pelo menos podem escapar do medo da morte.

Os estoicos estavam no auditório de Paulo quando ele falou em Atenas (At 17:18).

Bibliografia. F. H. Sandbach, *The Stoics* (New York, 1971). [RICHARD A. SPENCER]

ESTOM (heb. *'eštôn*) Filho de Meir de Judá, descendente de Quelube (provavelmente Calebe). Ele é contado entre o povo de Reca (1Cr 4:11-12; LXX "Rechab"), provavelmente um trabalhador itinerante da companhia de metal.

ESTÔMAGO Várias palavras hebraicas se referem de uma forma geral ao abdome humano. O hebraico *beṭen* é usado com muita frequência para útero (Gn 25:23; Sl 139:13), mas pode indicar o abdome em geral (Jz 3:21,22) e, mais especificamente, o estômago (Jó 20:15; Ez 3:3). Já o hebraico *mĕʿîm* é usado geralmente para "órgãos internos, partes internas" (p. ex., "entranhas"; Nm 5:22; 2Cr 21:15, 18, 19), mas pode também significar o estômago (Jó 20:14; Ez 3:3). O grego *koilía* refere-se com bastante frequência ao útero, mas pode também ser traduzido por "estômago" (Mt 15:17; 1Co 6:13); seu uso é primeiramente simbólico. O grego *stómachos* encontra-se apenas em 1Timóteo 5:23, em que Paulo aconselha Timóteo a "usar um pouco de vinho por causa do seu estômago".

Os hebreus viam os intestinos como a sede de emoções profundas e, assim, *beten* e *meʿîm* são ocasionalmente traduzidos por "coração" (Jó 15:35; Is 63:15; Jr 4:19). Da mesma forma, embora o grego *Splánchna* originalmente significasse "entranhas" ou "intestinos" (cf. At 1:18), na época do NT veio a significar a sede do amor ou da misericórdia (Cl 3:12; 1Jo 3:17). A forma verbal foi usada com frequência para descrever a compaixão de Cristo (Mt 9:36; 14:14; 15:32 par.; Mc 1:41; Lc 7:13).

Claro, as entranhas podem também ser a sede de emoções negativas (cobiça, Jó 20:20; agonia, 30:27; lamentação, 1:20; ambição ou desejo, Rm 16:18; Fp 3:19).

Bibliografia. H. W. Wolff, *Anthropology of the Old Testament* (Philadelphia, 1974). [JOHN S. HAMMETT]

ESTORAQUE Uma das "especiarias aromáticas" (heb. *nāṭāp̄*) usadas no preparo do incenso do tabernáculo (Êx 30:34), provavelmente uma resina do storax (*Styrax officinalis* L.).

ESTRADA Via de comunicação geralmente longa e bem cuidada (heb. *mĕsillâ*), em contraste com um "caminho"(*derek̲, šĕb'l,*) que pode variar de uma trilha batida a uma pequena estrada. As referências às estradas no AT incluem a rota tomada pelas vacas que transportavam a arca para Bete-Semes (1Sm 6:12) e alusões à construção ou à manutenção de estradas importantes (Is 40:3; 49:11; 62:10).

As estradas eram meios de comunicação entre os grandes impérios do Egito e Mesopotâmia, unindo a África e a Ásia. Entre elas, estava a Palestina como ponte de terra. Exércitos, comerciantes e peregrinos dependiam de rotas estáveis e bem conhecidas. O movimento das pessoas e produtos ao longo das estradas do Israel antigo era constante (Pv 9:13-15; Lm 2:15). Em tempo de guerra, o controle das estradas ou a destruição delas tinha sérias consequências.

Portanto, Isaías 40:3-4 descreve os tempos prósperos em termos de uma passagem tranquila pelas estradas.

As rotas comuns muitas vezes começavam como trilhas batidas pela constante passagem de pessoas e animais. Em um dia de viagem comum, percorriam-se cerca de 32 km a pé, se o tempo e o terreno estivessem em condições favoráveis. Obviamente, a estradas eram construídas em conexão com áreas naturais como passagens nas montanhas, vales, lagos e rios, bem como com as principais cidades no caminho. As mais importantes estradas citadas no AT incluem a Estrada do Rei (Nm 20:17; 21:22), também conhecida em diferentes períodos como a Estrada do Sultão e a Estrada de Trajano, e a Grande Estrada Principal, indo do Egito à Mesopotâmia atravessando o Crescente Fértil (Êx 13:17; Is 9:1 [TM 8:23]).

Durante o período romano, avanços na engenharia marcaram melhorias na construção e manutenção das estradas. As estradas romanas eram pavimentadas e possuíam drenagem. O exército, o comércio e o transporte público se beneficiaram desses novos métodos. Como nos tempos atuais, o grande inimigo das estradas era a época do inverno. Esforços anuais eram organizados para reparar as estradas após a estação das chuvas.

Bibliografia. D. A. Dorsey. *The Roads and Highways of Ancient Israel* (Baltimore, 1991); J. J. Pilch. "Travel in the Ancient World", *TBT* 32 (1994): 100-107. [J. EDWARD OWENS]

ESTRADA REAL Importante rota (heb. *dereḵ hameleḵ*, "Estrada do Rei" ou "caminho real"), a "estrada principal" pela qual Moisés procurou conduzir os hebreus através de Edom e Moabe (Nm 20:17; 21:22; cf. Dt 2:27). Muitos estudiosos entendem o termo hebraico como nome próprio para a rota internacional que ligava Damasco a Ácaba (no mar Vermelho) e a associam com o itinerário mencionado em Gênesis 14:5-6. Uma rota deve ter existido na Transjordânia de norte a sul, contudo seguia sempre os contornos transitáveis e não era necessariamente bem feita e oficialmente mantida. Na Pedra Moabita, do século IX a.C., o rei Messa alega ter consertado a estrada que atravessava o Arnom (úadi Môjib). No início do século II a.C., os romanos construíram uma estrada nessa mesma região, e trechos de seu calçamento e alguns marcos de distância ainda existem até hoje. De fato, uma das modernas estradas da Jordânia, de norte a sul, serve ao mesmo propósito, embora a estrutura exigida pelos automóveis e caminhões da atualidade, com frequência variem da estrutura construída apenas para pedestres, cavalos e/ou animais de carga. Tal como a antiga rota, a moderna "Estrada Real" liga as cidades de Amã, Madaba, Dibã, Carak, Buseira e Acaba.

Bibliografia. D. A. Dorsey, *The Roads and Highways of Ancient Israel* (Baltimore, 1991). [GERALD L. MATTINGLY]

ESTRADAS Estradas e ruas durante o período do AT eram geralmente duas ou mais faixas de largura (com pelo menos 3-4 m), suficiente para comportar o trânsito de carruagens, carroças e carros. Durante o período romano, as estradas iam de duas a cinco faixas de largura. Até os tempos romanos, as estradas eram geralmente sem pavimentação, embora as ruas das cidades fossem ocasionalmente pavimentadas. Ainda que existisse a tecnologia de pavimentação, não se encontrou estrada pavimentada do período pré-romano na Palestina, e presume-se vias sem pavimentação na literatura bíblica (cf. Os 2:6 [TM 8]; Pv 15:19; 22:5). As ruas na antiga Mesopotâmia eram, às vezes, pavimentadas com técnicas quase comparáveis às dos romanos, incluindo uma camada básica de tijolos assentados em betume, sobre a qual era colocada uma superfície de pesadas placas de rocha calcária, com as juntas entre elas seladas com betume. Em Israel, a pavimentação de ruas da cidade é confirmada já no início da Idade do Bronze. As ruas da Idade do Ferro em Tell Deir 'Alla eram pavimentadas, e a pavimentação era regularmente restaurada. A rua principal da Dã israelita era pavimentada com pedras. Ruas calçadas com pedras da Idade do Ferro incluem a rua de 3,5 m de largura descoberta em Asdode e a rua do século X em Gezer. O processo de construção de estrada durante o período do AT é mencionado em Isaías 40:3; 57:14; 62:10; Malaquias 3:1. O procedimento simplesmente envolvia "limpar" (heb. *pnh*) a pista e "uniformizar" (*yšr*) e "aplainar" (*sll*) a superfície. Os romanos introduziram a prática de pavimentar estradas abertas. A técnica deles apresentava excelentes fundações, drenagem adequada e uma ou mais camadas de aglutinadores ou calçada com pedras destinada a durar séculos. Os remanescentes de muitas dessas estradas romanas pavimentadas podem ser vistos ainda hoje.

As estradas eram nomeadas de acordo com seus destinos. Por exemplo, a "estrada Bete-Semes" mencionada em 1Samuel 6:12 era a estrada que ia até Bete-Semes, a estrada "Basã" (Nm 14:25; Dt 3:1) ia para Basã e a estrada Bete-Hagã (2Rs 9:27) ia até Bete-Hagã.

Considerando que poucos vestígios de estradas pré-romanas foram descobertos, a determinação dessas vias primitivas é conseguida por dedução. Primeiro, pode haver evidência de uma estrada em particular nas fontes históricas. O texto de Juízes 21:19 menciona uma estrada de Betel a Siquém, passando a oeste de Siló. Segundo, os limites de antigos assentamentos, como revelados por escavações ou pesquisas arqueológicas, quase sempre confirmam a existência de antigas vias, considerando que as estradas determinaram padrões de assentamentos. Cidades, vilarejos, paradas e fortes geralmente apareciam ao longo das estradas; até mesmo depois que estas caíam em desuso e desapareciam. As ruínas dos assentamentos, que uma vez floresceram junto à estrada, continuavam a confirmar a existência da mesma. Terceiro, os cursos de rotas posteriores, incluindo as romanas, medievais e estradas do século XIX, quase sempre preservam o os cursos das estradas do período do AT, visto que estas estradas mais recentes simplesmente seguiram os cursos das estradas primitivas. Finalmente, as condições geográficas e topográficas de uma área determinaram em grande escala os cursos seguidos pelas estradas. Passagens, vaus em rios, portos, vales facilmente transpostos, subidas e fontes atraíam as estradas, enquanto vales profundos, montanhas altas, pântanos, desertos e rios não vadeáveis eram barreiras naturais evitadas.

Os cursos de muitas estradas de Israel tanto do período do AT como do NT têm sido investigados. Cerca de 245 estradas do período do AT foram identificadas, incluindo 62 estradas de norte a sul pela planície costeira de Israel, 42 estradas que ligam a planície norte de Sarom com a Transjordânia e o vale do Beqa, 34 estradas norte-sul pelas terras altas da Judeia e Samaria, cinco estradas norte-sul pelo vale do Jordão ocidental, quatorze estradas locais na Galileia, 29 em Samaria e 59 na Judeia. Destas, seis foram particularmente importantes nos tempos bíblicos, incluindo duas estradas no sentido norte-sul e quatro leste-oeste. A mais importante foi indubitavelmente a principal estrada litorânea internacional e suas ramificações ao norte. Essa estrada ligava o Egito, no sul, com a Fenícia, Síria e a Mesopotâmia, no norte. Vindo do Egito, a estrada entrava em Canaã perto de Gaza e se dirigia ao norte pela planície costeira, passando por Ascalom, Asdode, Afeque e depois contornando o lado oriental da planície de Sarom (que era pantanosa nos tempos bíblicos). Da extremidade norte da planície de Sarom, várias passagens levavam pela cadeia mais baixa do monte Carmelo e entravam no vale de Jezreel, a mais importante das quais surgia em Megido. Do vale de Jezreel, um ramo tomava o rumo oeste, passando ao norte do monte Carmelo e, daquele lugar, para a Fenícia. Um segundo ramo tomava o rumo leste e passava por Bete-Seã para a Transjordânia. Um terceiro ramo continuava na direção norte, passando pelo monte Tabor, pelo mar da Galileia, Hazor e acabava chegando à Mesopotâmia.

A segunda estrada em importância com o sentido norte-sul foi a estrada Berseba-Jerusalém-Jezreel, que passava pelo cume das terras altas israelitas. Essa estrada ia de Berseba a Hebrom, Belém, Jerusalém, Gibeá, Ramá, Mizpá, Betel, Siló, Siquém, Samaria, Dotã, Ibleã e Jezreel. A estrada tem sido chamada de "Caminho dos Patriarcas", visto que Abraão, Isaque e Jacó e seus filhos viajaram com frequência por ela; é a estrada mencionada com mais frequência nas narrativas bíblicas.

As quatro estradas leste-oeste mais importantes deram passagem às terras altas israelitas, ligando a planície costeira e o vale do Jordão. A mais ao norte foi a passagem para o vale de Jezreel, que passava pelos vales de Jezreel e Bete-Seã, passando pelas cidades de Jocneã, Megido, Taanaque, Jezreel e Bete-Seã. A segunda rota no sentido leste-oeste passava por Samaria, pela passagem entre os montes Gerizim e Ebal, Siquém e pelo vale Faria. A terceira passagem ligava o litoral com o vale do Jordão passando por Gezer, pela elevação de Bete-Horom, Gibeão, Jerusalém (ou, alternativamente, por Betel e Ai) e Jericó. A quarta passagem ligava Gaza com o sul da Transjordânia passando por Gaza e Berseba.

Bibliografia. M. Avi-Yonah, "Map of Roman Palestine", *Quarterly of the Department of Antiquities of Palestine* 5 (1936): 139-93; L. Casson, *Travel in the Ancient World* (1974, repr. Baltimore, 1994), 163-75; D. A. Dorsey, *The Roads and Highways of Ancient Israel* (Baltimore, 1991); R. J. Forbes, "Land Transport and Road-Building", in *Studies in Ancient Technology*, 3. ed. (Leiden, 1993) 2:131-92; *Notes on the History of Ancient Roads and Their Constructions* (Amsterdam, 1934). [DAVID A. DORSEY]

ESTRANGEIRO *Ver tb.* HÓSPEDE; RESIDENTE TEMPORÁRIO. No Antigo Testamento, as palavras derivadas das raízes hebraicas *zwr* e *nkr* são frequentemente usadas para descrever aqueles que estão "fora" do ponto de vista do falante. As duas raízes são mais ou menos sinônimas e são normalmente usadas em paralelismos (p. ex., Jr 5:19b; Pv 27:13; também Sl 69:8 [TM 9]; 81:9 [10]; Is 61:5; Ob 11). Mas em textos narrativos e proféticos, *nēḵār, ben-nēḵār*, e *noḵrî* indicam usualmente "não israelita" (p. ex., 1Rs 8:41; Rt 2:10) enquanto *zār* significa mais propriamente "aquilo que não pertence" (em qualquer categoria que esteja sendo considerado). Na legislação sacerdotal, *zār* é usada para designar os israelitas que não são membros das famílias levíticas e araônicas e são, assim, "estrangeiros" tanto quanto a realização dos deveres sacerdotais está em questão (Êx 29:33; 30:33; Lv 22:10, 13; Nm 1:51; 3:10, 38; 16:40 [17:5]; 18:4, 7;). Mais frequentemente, *zār* assume conotações negativas, quando usada para significar formas "não javistas" (e, assim, por implicação idolatria) de "diversidade" (cf. Os 5:7).

Diferente do "peregrino" ou "estrangeiro residente (*gēr*), o qual era protegido por leis israelitas (Êx 12:29), o estrangeiro não podia participar de celebrações da Páscoa (v. 43) e não poderia ser escolhido como rei (Dt 17:15). Apesar de não ter certos direitos, era devedor de impostos como qualquer cidadão (Dt 23:20-21), e não tinham seus débitos perdoados no ano do jubileu (15:2-3)

Pupilos de viúvas são avisados contra se associar com mulher estranha (*'iššâ zārâ*) ou com estrangeira (*nôḵr'yâ*) que representa a tentação personificada, não porque é sexualmente promíscua (como alguns tradutores presumem por engano), mas porque representa afastamento dos caminhos (Pv 2:16; 5:3, 20; 6:24; 7:5; 23:27) da sabedoria (e, portanto, do Senhor).

Os textos do Novo Testamento tendem a minimizar as distinções étnicas de acordo com os princípios articulados em Efésios 2:11-19, e os cristãos são encorajados a mostrar hospitalidade (a dar comida, abrigo, e proteção) ao estranho (gr. *xénos*) em seu meio (Mt 25:35ss; 3Jo 5). Entretanto, aqueles que não estão relacionados com o povo de Israel por nascimento ainda são, algumas vezes, chamados "estrangeiros", como em Lucas 17:18 (*allogenḗs*); Atos 17:21 (*xénos*); Hebreus 11:34 (*allótrios*).

Bibliografia. M. Guttmann, "The Term 'Foreigner' (....) Historically Considered", *HUCA* 3 (1926): 1-20; L. A. Snijders, "zûr-zar", *TDOT* 4.52-58. [KATHLEEN A. FARMER]

ESTRANGULAMENTO Jó menciona estrangulamento em conexão com o suicídio de Aitofel (2Sm 17:23; heb. *ḥānaq*, geralmente traduzido por "enforcado"), notando que ele próprio preferia a morte por estrangulamento do que continuar em seu sofrimento (Jó 7:15). Naum trata de estrangulamento como o método do leão de matar a presa (Na 2:12 [TM 13)]. A proibição mosaica de comer sangue (Gn 9:4; Lv 3:17; Dt 12:23-25) levou a métodos específicos de abate de tal forma que o sangue era totalmente drenado. Assim, o estrangulamento ficava excluído, e o que não era abatido do jeito rápido prescrito era considerado "estrangulado" (*m. Hul.* 1.2). A proibição de "sangue" e "o estrangulado" foram recomendados aos cristãos gentios da Síria e da Ásia Menor como acomodação aos escrúpulos dos judeus (gr. *pniktós;* At 15:20, 29; 21:25).

ESTRELA Embora os antigos hebreus acreditassem que Deus fizera todos os corpos celestes, incluindo as estrelas (heb. *kôḵāḇ*; Gn 1:16; Am 5:8), a crença geral dos povos antigos de que as estrelas eram divindades cósmicas (Is 47:13) fazia parte da cultura israelita também. A crença na animação das estrelas nunca foi um dogma importante entre o povo hebreu, embora tais crenças fossem, às vezes, imitadas em períodos de apostasia monoteísta (Am 5:26). A Torá proibia a adoração das estrelas (Dt 4:19; 17:2-5). No entanto, o povo de Israel tinha conhecimento de observações astronômicas e constelações (Jó 38:31, 32; Is 13:10; Am 5:8).

As estrelas são, às vezes, usadas como símbolos de anjos. Jó 38:7 alude aos filhos de Deus (anjos) como estrelas da manhã. Da mesma forma, em Apocalipse 1:20, as sete estrelas da visão são identificadas como anjos das sete igrejas. Esse é provavelmente também o sentido de Daniel 8:10, em que o pequeno chifre causou a queda do "exército dos céus" e das estrelas à terra (cf. Is 14:12, 13; Ap 12:4). Judas 13 chama certos apóstatas da igreja de "estrelas errantes" (cf. os anjos infiéis de 1Enoque).

Os antigos frequentemente olhavam para as estrelas e corpos celestes à procura de sinais do fim (p. ex., Lc 21:25; Mc 13:25 par.), como refletido na literatura apocalíptica (Ap 6:12, 13; 8:10, 12; 12:1, 4). A crença de que as estrelas ofereciam sinais também trouxe os magos do Oriente para presenciar o nascimento de Cristo (Mt 2:1-10). [MARK R. FAIRCHILD]

ESTRELA DA MANHÃ Nome simbólico do Senhor Jesus. Traduzido por "estrela do dia" ou "estrela da manhã". O termo grego *phōspóros* aparece somente em 2Pedro 1:19. Entretanto, "estrela" (gr. *astḗr*) como epíteto para o Messias não é incomum (Ap 2:28; 22:16; cf. Nm 24:17).

Em Isaías 14:12, há a referência ao rei da Babilônia como "estrela da manhã, filha da alva" (heb. *hêlēl*), que às vezes se traduz por "Lúcifer", acompanhando o latim. A palavra significa "o que produz luz" e significava o planeta Vênus, que precedia ou acompanhava o nascer do sol. Jesus pode ter feito referência à passagem de Isaías quando falou a respeito de Satanás caindo do céu (Lc 10:18). Daí Lúcifer veio a ser usado na Idade Média como nome de Satanás. [DALE ELLENBURG]

ESTRELA DO DIA *Ver* ESTRELA DA MANHÃ.

ETÃ (heb. *'ēṯām*) **I. (LUGAR) 1.** Primeiro local de descanso depois que os israelitas partiram de Sucote durante o Êxodo. De acordo com Êxodo 13:20 e Números 33:6-7, Etã está localizada "à entrada do deserto", sugerindo uma localização não muito distante do delta oriental do rio Nilo. [C. SHAUN LONGSTREET]

2. Local onde Sansão pernoitou, depois de assassinar os filisteus, seguindo-se ao assassinato de sua esposa e de seu padrasto (Jz 15:8). Enquanto estava na rocha de Etã, os homens de Judá vieram a Sansão com o objetivo de libertá-lo das mãos dos filisteus (Jz 15:11). O local permanece incerto.

3. Cidade ocupada pelos descendentes de Simeão (1Cr 4:32). A localização permanece incerta.

4. Cidade na parte montanhosa de Judá, listada entre as cidades fortificadas por Roboão (2Cr 11:6). A LXX inclui Etã na lista de cidades próximas a Belém inserida depois de Josué 15:59. Josefo (*Ant.* 18.3.2) localiza Etã, 12 km ao sul de Jerusalém, próximo ao aqueduto de Pilatos. Ele também argumenta (8.7.3) que Salomão frequentemente se retirava para Etã, quando desejava escapar de sua capital muito ocupada. Devido a suas conexões com Belém e com o suprimento de água de Jerusalém, muitos estudiosos têm procurado Etã na vizinhança de 'Ain 'Aitān, uma fonte cujo nome pode refletir aquele da cidade antiga. O local apropriado mais próximo é Khirbet el-Khôkh, situado em uma cadeia de montanhas acima da fonte, a cerca de 3,5 km ao Sudoeste de Belém na vizinhança das poças de Salomão. [WADE R. KOTTER]

II. (PESSOA) (heb. *'êṯān*) **1.** Sábio famoso, um dos filhos de Maol (corporação orquestral?) e irmão de Hemã, Calcol e Darda, cuja sabedoria foi sobrepujada por Salomão (1Rs 4:31 [TM 5:11]). Ele é chamado "o esraíta" (heb. *hā'ezrāḥ'*; cf. Sl 89 sobrescrito [1]), designando talvez um membro de um grupo pré-israelita.

2. Descendente de Judá, por sua nora Tamar e pai de Azarias (1Cr 2:6, 8; cf. Gn 38:20). Sua ligação com Hemã e Calcol apoia sua identificação com Etã 1 acima.

3. Filho de Zima e pai Adaías, ancestral de Asafe (1Cr 6:41-42 [26-27]).

4. Levita merarita (1Cr 6:44 [29]), o filho de Quísi (ou Cusaías; cf. 15:17). Foi um dos três levitas que Davi nomeou para o "serviço de canto" no templo (1Cr 6:31-48 [16-33]), provavelmente devendo ser igualado com Jedutum em 16:41-42; 25:1-3. [TYLER F. WILLIAM]

ETANIM (heb. *'ēṯānîm*) O nome pré-exílico do 7º mês no ano hebraico (Set/Out), de derivação fenícia. Seu equivalente babilônico era Tisri.

ETBAAL (heb. *'eṯba'al*) Rei da cidade fenícia de Sidom (889-856 a.C.). Etbaal ("Baal está com ele") foi o pai da esposa de Acabe, Jezabel. Esse casamento, provavelmente um componente de uma aliança entre Omri de Israel e Etbaal, foi visto pelo deuteronomista como apostasia (1Rs 16:31). Josefo se refere a Ithobalus (Etbaal) como sacerdote de Astarote que usurpou o trono (*Ag. Ap.* 1.18). Em um período anterior, Biblos teve um rei com o mesmo nome. [CHRIS A. ROLLSTON]

ETE-CAZIM (heb. *'ittâ qāṣîn*) Cidade na fronteira oriental do território de Zebulom (Js 19:13), possivelmente a moderna Kefr Kennä, a cerca de 7 km ao Nordeste de Nazaré. A tradição a identifica com Caná, onde Jesus mudou a água em vinho (Jo 2:1-11).

ETER (heb. *'eṯer*) **1.** Cidade no lote tribal de Judá (Js 15:42). Parte do distrito de Libnah-Mareshah na central da planície, é identificada com Khirbet el-´Ater/Tel ´Eter, a cerca de 6 km a nordeste de Laquis.

2. Cidade ocupada pela tribo de Simeão dentro do lote tribal de Judá (Js 19:7). Está localizada em algum lugar do sul, embora sua localização exata seja desconhecida. É provavelmente o mesmo lugar mencionado em 1Samuel 30:30 como Atace. [STEVEN M. ORTIZ]

ETERNIDADE *Ver* TEMPO.

ÉTICA Termo próprio da filosofia grega, "ética" que denota esforço para apresentar normas de comportamento de modo sistemático a fim de mostrar coerência racional e interna. Nem todos os escritos bíblicos preocupados com as normas de comportamento representam exatamente uma postura ética no sentido filosófico. Muitas passagens tratam as normas simplesmente como regras separadas e distintas (p. ex., muito da Torá), ou partes de conselhos sábios (p. ex., Provérbios) com somente interconexões mínimas. O pensamento ético é significativo, entretanto, em contextos tais como Levítico (com ênfase na pureza como expressão ritual da santidade), os profetas (com o chamado para a justiça como resposta humana primária ao amor e a bondade de Deus), os evangelhos (p. ex., no sumário da lei) e Paulo (que subordina os detalhes da lei à fé e ao amor). Tais temas amplos como pacto, escatologia e discipulado também podem servir como princípios organizadores dos escritos bíblicos.

Dado o caráter inerentemente não sistemático da Bíblia, a ética bíblica tende a ser uma dimensão menor do próprio texto e não sua interpretação. Os mandamentos, os provérbios e as partes de sabedoria podem não ter tido nenhuma necessidade de se explicar, mas leitores posteriores desejaram entender as razões por trás deles, a fim de interpretá-los e aplicá-los aos próprios contextos muito diferentes do original. Eles precisaram tomar decisões, equilibrando a importância relativa de mandamentos potencialmente conflitantes ou para interpretar o que um mandamento modelado em termos de uma sociedade pastoril poderia significar em termos de, p. ex., uma sociedade industrial. A ética bíblica, então, é um inevitável, mas sempre, de alguma maneira, um descendente híbrido dos próprios textos bíblicos.

No desenvolvimento de tal reflexão ética, talvez, o primeiro passo óbvio é estabelecer uma hierarquia entre os mandamentos — um processo que já está a caminho dentro das Escrituras. Êxodo 20 e

Deuteronômio 5, p. ex., dão especial ênfase às Dez Palavras ou aos Dez Mandamentos, sugerindo, talvez, que fornecem uma chave para os mandamentos como um todo. Certos profetas insistem no dever da justiça como mais importante que outros mandamentos (p. ex., Am 6; Mq 3; Jr 7). Jesus se concentra em dois mandamentos — amar a Deus com todo o ser (Dt 6:5) e ao próximo como a si mesmo (Lv 19:18) — como os dois princípios dos quais "toda a lei e os profetas" (Mt 22:34-40; Mc 12:28-34; cf. Lc 10:25-28).

Paulo, de forma relacionada, mas distinta, ressalta o amor como valor preeminente que determina a relevância de outros mandamentos: "Quem ao próximo tem cumprido a lei [...] o amor é o cumprimento da lei" (Rm 13:8-10). Paulo dá também à fé um papel semelhante: "e tudo o que não provém da fé é pecado" (Rm 14:23). Na literatura joanina, alguém encontra algo semelhante no lugar central dado ao mandamento para que "amai-vos uns aos outros" (p. ex., Jo 15:12; 1Jo 2:7-11).

Ao elevar somente alguns princípios ao nível mais alto e fazer das outras normas de comportamento dependentes delas ou subordinadas a elas, alguém poderia simplesmente ligar normas de comportamento independentes umas com as outras. Daí, uma história famosa sobre o Rabi Hillel: quando um gentio insistiu para que Hillel o ensinasse toda a Torá enquanto permanecia sobre um pé, Hillel pacientemente respondeu com a Regra de Ouro e então acrescentou, "Vá e aprenda", implicando que a Regra de Ouro era a chave para algo maior e mais complexo (*b. Sabb.* 31a). Como alternativa, alguém poderia relativizar regras "menores" pois estão distantes dos princípios centrais e, por isso, são menos importantes. Assim, o Jesus de Marcos, ao se reconcentrar em "pureza de coração", relativiza a pureza física e faz dela efetivamente opcional (Mc 7:1-23).

O pensamento ético do antigo judaísmo rabínico se concentrava no *halakhah*, as regras de comportamento encontradas na Torá escrita e interpretadas pela tradição da Torá Oral. Interpretações com autoridade surgiram do debate caloroso sobre o sentido de textos particulares — com outros textos extraídos para a comparação. Certos modos específicos de argumento, funcionando por dedução e analogia, eram reconhecidos como legítimos. O judaísmo rabínico tendia a preservar porções importantes do próprio debate, como também as conclusões. Por essa razão exibiu uma qualidade dialética que ainda é característica do discurso rabínico — uma qualidade que valoriza o processo imperativo e o resultado final.

O judaísmo antigo, de fala grega, seguiu um procedimento diferente, como é visto, p. ex., em seu representante preeminente, Fílon de Alexandria. As reflexões éticas de Fílon tendem a se assemelhar mais com o discurso filosófico grego contemporâneo do Platonismo Médio e Estoicismo. Mesmo ao interpretar textos da Escritura, Fílon usualmente os explicava em termos de axiomas éticos básicos, extraindo daí normas específicas de comportamento. A tendência do cristianismo primitivo seguiu esse padrão mais que o rabínico. Tal tendência continuou a ser dominante no cristianismo posterior. A ética cristã tem sido tipicamente uma tarefa sistemática, mais uma subdivisão da teologia do que da interpretação bíblica; e ela tendeu a enfatizar a resposta final e nem tanto o debate do qual surgiram as conclusões.

Na erudição bíblica contemporânea, a análise ética de textos inclui usualmente um esforço para mostrar como as normas encontradas no texto se encaixavam nos sistemas éticos, explícita ou implicitamente, da cultura em que o texto foi escrito. A relevância para a ética moderna pode ser, então, buscada numa comparação dinâmica entre os textos e os contextos. Tais comparações podem produzir resultados amplamente divergentes, estendendo-se de uma crítica negativa dos textos bíblicos como representante de uma norma cultural opressiva (assim, p. ex., no feminismo ou na hermenêutica de alguns da libertação) para a reivindicação ou "reinterpretação" de um texto para dar nova direção em circunstâncias mudadas.

Bibliografia. L. W. Countryman, *Dirt, Greed, and Sex* (Philadelphia, 1988); T. W. Ogletree, *The Use of the Bible in Christian Ethics* (Philadelphia, 1983); W. Schrage, *The Ethics of the New* Testament (Philadelphia, 1988); W. C. Spohn, *What Are They Saying about Scripture and Ethics?* ed. rev. (New York, 1995); P. Trible, *God and the Rhetoric of Sexuality*. OBT 2 (Philadelphia, 1978); A. Verhey, *The Great Reversal* (Grand Rapids, 1984). [L. WILLIAM COUNTRYMAN]

ETIÓPIA (gr. *Aithiopia*) A antiga região ao sul do Egito incluindo toda a área do moderno Sudão. O ponto mais ao norte ficava perto da cidade egípcia de Sevené (Aswan), na primeira catarata do rio Nilo (Ez 29:10; heb. *kûš*). Seus limites ao sul se estendiam para a moderna Etiópia e Eritrea. No oeste da Etiópia, ficavam também regiões entrelaçadas com o leste do mar Vermelho, incluíam alguns dos territórios representados hoje pela Arábia Saudita e Yêmen (Homer *Od.* 1.22-23; Strabo *Geog.* 1.2.28; 2.3.8; Aeschylus *Supp.* 284-86). Embora os limites precisos da antiga Etiópia sejam discutíveis, geralmente se concorda que depois de Heródoto, e por toda a era do Novo Testamento, a Etiópia se referia ao território diretamente ao sul do Egito, fazendo fronteira com margem oeste do mar Vermelho.

A Bíblia menciona a Etiópia em conjunto com seus vizinhos mais próximos, Egito (Sl 68:31 [TM 32]; Is 20:3-5; Ez 30:4, 5; Dn 11:43; Na 3:9) e Líbia (2Cr 16:8; Ez 30:5; 38:5; Dn 11:43; Na 3:9). É feita referência também aos rios da Etiópia (Is 18:1; Sf 3:10), que são comumente aceitos como os Nilos Branco e Azul ao longo de Atbara. A Etiópia era rica em recursos naturais e conhecida por sua riqueza e comércio (Jó 28:19; Is 43:3; 45:14; Dn 11:43; Diodorus Siculus *Hist.* 3.11.12).

A raiz etimológica do grego *Aithiopia*, "face queimada", descreve a pigmentação do povo etíope. Consequentemente, não apenas Etiópia se refere ao território geográfico, mas também indica a etnia (Jr 13:23). Os historiadores no mundo greco-romano criam que os etíopes foram os primeiros humanos sobre a terra (Diodorus 3.2.1-3). Havia muitos subgrupos entre os etíopes, cada qual com características físicas e culturais distintas (cf. Heródoto *Hist.* 7.70). Os antigos relataram que os mais altos, mais belos e mais velozes dos seres humanos podiam ser encontrados neles (cf. Is 18:2; Heródoto 3.20; 4.183). Havia interação importante entre a Etiópia e outras culturas antigas, e os etíopes podiam ser encontrados por toda a Europa e Ásia. Outros grupos étnicos também podiam ser encontrados vivendo na Etiópia, e a influência cultural é evidenciada pelo fato de que muitos habitantes da Etiópia abraçaram a religião de Israel (Sl 87:4; Is 11:11; At 8:27).

A Bíblia identifica Cuxe, filho de Cam, como o pai dos etíopes (Gn 10:6). Muito da história da Etiópia se mistura com a do Egito. A influência etíope era evidente no Egito da Era Protodinástica (c. 2900 a.C.). A Etiópia foi eventualmente conquistada pelos reis egípcios da 12º Dinastia, mas reconquistou sua independência durante o Segundo Período Intermediário (c. 1780-1550). Seguindo-se à independência, a Etiópia estabeleceu sua capital em Napata, próximo à 4ª catarata do Nilo.

O Egito planejou reconquistar o controle da Etiópia durante o Novo Reino (1500-1070). A extensão do controle do Egito sobre a Etiópia durante essa era é questionável, particularmente à luz do registro bíblico da vitória do rei Asa sobre um exército etíope independente (2Cr 14:9-15 [8-14]). Sob a liderança militar de Piankhy e Shabako, a Etiópia subjugou o Egito e iniciou a 25ª (Etiópia) dinastia (c. 715-663). Taharqa (*Tirhakah*), o rei mais conhecido da dinastia etíope, foi um aliado do rei Ezequias, de Judá, na guerra contra Senaqueribe e os assírios em 701 (2Rs 19:9; Is 37:9). De fato, eram os assírios os responsáveis pela morte definitiva da dinastia etíope seguindo-se ao saque de Tebas em 664.

O reino etíope reduzido estabeleceu seu centro de poder em Meroe e iniciou uma dinastia que tinha de durar até o início da era bizantina (c. 350 d.C.). Enquanto certas províncias podem ter estado brevemente sujeitas à Pérsia (Et 1:1; 8:9; Ad. Et 13:1; 16:1), durante a maior parte dessa era a Etiópia manteve sua independência. Durante a era do Novo Testamento, a Etiópia foi governada por uma série de rainhas (Candaces). Por volta do século I d.C., a proeminência de Meroe foi compartilhada por Aksum, que tinha se tornado o centro comercial mais importante na Etiópia com sua própria dinastia de prestígio. Vários reis aksumitas eram cristãos.

A Etiópia é tratada em várias profecias bíblicas. Isaías expõe o julgamento que tem de vir sobre a Etiópia por sua disposição em apoiar o Israel rebelde (Is 20:3-4). Ezequiel profetiza a morte da Etiópia que, com o Egito, é destinada a receber a punição da Babilônia (Ez 30:4, 5, 9); o profeta, posteriormente, lista a Etiópia entre os aliados do derrotado Gogue (38:5). Sofonias também proclama a destruição da Etiópia por causa de sua arrogância (Sf 2:12). Mas o julgamento da Etiópia não é diferente do de Israel (Am 9:7). De fato, a conversão da Etiópia vai permitir que ela compartilhe das bênçãos de Israel (Sl 68:31 [32]; Is 45:14; Sf 3:9-10).

Várias personalidades bíblicas são identificadas como etíopes: Zípora, a mulher de Moisés (Nm 12:1; desde que ela habitava em Midiã [Êx 2:21], "cuxita" provavelmente é uma opção à sua etnicidade); Cushi, o mensageiro do exército israelita que trouxe as novas da morte de Absalão a Davi (2Sm 18:21-23, 31-32); a rainha de Sabá (1Rs 10:1-10), também conhecida como a rainha do Sul (Mt 12:42; Lc 11:31; a Këbrä Nägäst ["Glória dos Reis"], que alegadamente contém as crônicas reais da monarquia etíope, registra uma linha contínua dos governantes que se originaram de Menelek I, o lendário filho de Salomão e da rainha de Sabá); Zerá, o rei etíope que foi derrotado pelo rei Asa de Judá (2Cr 14:9); Tiraca, o rei etíope que apoiou Ezequias contra a Assíria (Is 37:9); o profeta Sofonias (Sf 1:1); Ebede-Meleque, o oficial da corte que resgatou a Jeremias (Jr 38:7-13; 39:15-17); Amantitere, a rainha merótica que tinha o título *Candace* (At 8:27); o eunuco, um oficial representante de Candace, que também era judeu praticante e o primeiro etíope cristão registrado no NT (At 8:27-40).

Bibliografia. E. A. W. Budge, *A History of Ethiopia, Nubia, and Abyssinia* (1928, repr. Oosterhout, 1970); C. H. Felder, *Troubling Biblical Waters* (Maryknoll, 1989); A. H. M. Jones, *A History of Ethiopia* (Oxford, 1955); H. G. Marcus, *A History of Ethiopia* (Berkeley, 1994); F. M. Snowden, *Blacks in Antiquity* (Cambridge,

Mass., 1970); E. Ullendorff, *The Ethiopians*, 3. ed. (Oxford, 1973). [KEITH A. BURTON]

ETIÓPICO O etiópico clássico (*Ge'ez*) é documentado como o membro mais antigo do etiópico semítico, uma família de mais ou menos uma dúzia de línguas semíticas faladas em Eritrea e nas áreas montanhosas da Etiópia. O etiópico semítico é presumivelmente derivado de uma ou mais formas do semítico do sul, trazido do Yemen, provavelmente na primeira metade do primeiro milênio a.C. Uma colônia árabe do sul, não muito distante da última capital etíope, Aksum, foi, pela paleografia, datada em cerca de 500, por inscrições monumentais árabes do velho sul do tipo sabean. O etiópico clássico desapareceu como língua falada provavelmente em algum tempo antes do século X d.C. Entretanto, continua hoje como a língua litúrgica da Igreja Ortodoxa Etíope e era a única língua oficial escrita da Etiópia até praticamente o final do século XIX.

A prova mais antigo do etiópico clássico é um corpo de mais ou menos uma dúzia de inscrições reais em etiópico (mas seis em grego), sendo a mais importante a de um rei chamado Ezana (talvez, metade do séc. IV d.C.). Seis das inscrições Ge'ez são escritas no alfabeto árabe do velho sul, duas em etiópico não vocalizados e quatro nos mais antigos escritos vocalizados etiópicos já documentados. As inscrições mais antigas de Ezana são pagãs, enquanto as últimas poucas tratam da introdução do monoteísmo (presumivelmente cristão) na corte de Aksum.

Depois de Ezana, o cerne mais antigo da literatura etiópica tomou forma gradualmente na forma de traduções do grego (e depois, algumas vezes traduzidos do hebraico ou aramaico). Essa literatura, preservada e copiada de novo nas igrejas e monastérios durante uma longa "era das trevas", quando o surgimento do islamismo na Arábia e na área do mar Vermelho cortara efetivamente a Etiópia do resto do mundo cristão do Oriente Próximo, inclui uma tradução etiópica da Bíblia com um apócrifo (em particular, uma longa e completa versão de Enoque), com textos litúrgicos, alguns das vidas dos santos, alguns fragmentos patrísticos (e poucos *não* citados em outros lugares) e uma versão das monásticas Regras de Pachomius.

Em cerca de 1000, a Etiópia restabeleceu contato com o Egito. Uma metropolita (*abuna*) para a Igreja Etíope era regularmente despachada pelo patriarca de Alexandria, e havia um novo florescimento da literatura eclesiástica de todos os gêneros (muitas das quais traduzidas do árabe, e depois traduzidas do grego, cóptico, siríaco e outras fontes). Além disso, uma literatura secular original ou da corte surgiu na forma de crônicas reais, textos legais, mesmo num tipo de épico nacional (o *Kĕbrä Nägäst*, "Glória dos Reis", uma elaboração da lenda de Salomão e Sabá). Uma literatura mágica mais popular também tomou forma, centrada em torno da produção de amuletos e "rolos mágicos". A produção dessa literatura e de alguns gêneros de hinos, continuou até o século presente.

Bibliografia. A. Dillmann, *Ethiopic Grammar*, 2. ed. (1907, repr. Amsterdam, 1974); T. O. Lambdin, *Introduction to Classical Ethiopic* (Ge´ez). HSS 24 (Missoula, 1978); W. Leslau, *Comparative Dictionary of Ge´ez* (Wiesbaden, 1987). [GENE B. GRAGG]

ETNÃ (heb. *'eṯnān*) Nativo de Judá, o filho mais jovem de Asur e Helá (1Cr 4:7). O nome pode representar a unidade social de Itnã, localizada ao sul de Judá (Js 15:23).

ETNARCA (gr. *ethnárchēs*) Título político (lit., "governador do povo") designando mais comumente ou um monarca dependente (1Mac 14.47; 15.1-2) ou o líder de uma comunidade semiautônoma na Alexandria (Josefo, *Ant.* 14.7.2). Significados adicionais foram propostos para o etnarca sem nome, sob o rei Aretas, em Damasco (2Co 11:32): governador da cidade, chefe tribal, cônsul étnico e líder militar tribal. A despeito de nenhuma evidência externa para o controle de Aretas IV de Damasco, a maioria dos estudiosos aceita o registro de Paulo e sugere ou que Aretas recebeu Damasco como benfeitoria de Gaius em 37 d.C. ou que Aretas controlou brevemente Damasco depois da derrota de Herodes Antipas em 36. A minoria entende o etnarca e a jurisdição de Aretas como fora de Damasco e, assim, aliviaram a carga do declarado controle nabateano da cidade. Esse incidente pode fornecer um ponto fixo dentro da cronologia paulina ao colocar a missão de Paulo na Arábia (Gl 1:7) entre 36 e a morte de Aretas em 39/40. Entretanto, a veracidade histórica de 2Coríntios 11:32-33 é desafiada por sua identificação como um disfarce textual pelas semelhanças de narrativa com Josué 2.

Bibliografia. J. Taylor, "The Ethnarch of King Aretas at Damascus: A Note on 2 Cor 11,32-33", *RB* 99 (1992): 719-28. [JENNIFER K. BERENSON MACLEAN]

ETNI (heb. *'eṯnî*) (tb. JEATERAI) Levita do ramo dos gersonitas, filho de Zerá e ancestral de Asafe, o cantor (1Cr 6:41 [TM 26]). Em 1Crônicas 6:21 [6], é chamado Jeaterai.

EU SOU O QUE SOU Explicação do significado da palavra Yahweh, o nome do Deus de Israel na aliança, proferido para Moisés quando ele se encontrava diante da sarça ardente (Êx 3:14; heb. *'ehyeh 'ăšer 'ehyehō*. Também pode ser traduzido por "eu serei o que serei" ou talvez "eu crio aquilo que crio". *Ver* YAHWEH. [ROBERT F. STONE, II]

A B C D E F G H I J K L M N O P Q R S T U V X Y Z

ÊUBULO (gr. *Eúboulos*) Cristão, presumivelmente preso com Paulo em Roma, que também mandou congratulações a Timóteo (2Tm 4:21).

EUCARISTIA O rito da Santa Comunhão ou da Ceia do Senhor (gr. *eucharistía*, "ação de graças"). Entre as evidências mais antigas desse nome, que não ocorrem no Novo Testamento, estão referências no Didaquê (9.1), Inácio de Antioquia (*Phld.* 4), e Justino Mártir (*Apol.* 1.66). *Ver* CEIA DO SENHOR.

EÚDE (heb. *'ēhûḏ*) **1.** O segundo juiz de Israel, o filho de Gera, benjamita. A história da atuação dele como libertador de Israel do poder de Eglom, rei de Moabe, segue a fórmula padrão para os juízes mais importantes (Jz 3:12-30). De acordo com a cronologia bíblica, essa história deve ter acontecido durante o século XII.

Eúde é descrito como "homem canhoto"; ao mesmo tempo é mostrado como muito inteligente. Ambas as características o ajudam no tratamento com Eglom, que é apresentado como ingênuo. No ano 18º do domínio moabita, os israelitas selecionaram Eúde para entregar tributo ao rei de Moabe. O fato de que Eúde poderia somente usar uma mão provavelmente fez com que Eglom não o considerasse como uma ameaça. Entretanto, com a frase "Tenho uma palavra da parte de Deus para dizer-te", Eúde convenceu Eglom a conceder-lhe uma audiência exclusiva. Esta "palavra secreta da parte de Deus" é uma espada que Eúde usa para assassinar Eglom em sua própria câmara. Fecha a porta e deixa o rei morto sozinho. Sem suspeitas dos guardas, Eúde escapa pelos fundos para levantar um exército em Israel sob o seu comando a fim de atacar, e aniquilar, as tropas moabitas no rio Jordão. Então, Israel teve oitenta anos de paz. O texto nunca diz que Eúde reinou sobre Israel como comenta de outros juízes, embora a história de Débora comece com referência à morte de Eúde (Jz 4:1).

Bibliografia. M. Z. Brettler, "Never the Twain Shall Meet? The Ehud Story as History and Literature", *HUCA* 62 (1991): 285-304; B. Halpern, "The Assassination of Eglon", *BibRev* 4/6 (1988): 32-41, 44; L. K. Handy, "Uneasy Laughter: Ehud and Eglon as Ethnic Humor", *SJOT* 6 (1992): 233-46.

2. Um dos sete filhos de Bilã, listados na genealogia benjamita em 1 Crônicas 7:10.

3. Um benjamita, o pai de Naamã, Aías e Gera (1Cr 8:6).

EUFRATES (gr. *Euphrátēs*) O rio mais longo e mais importante do sudoeste da Ásia. As águas do Eufrates nutriam culturas importantes da Mesopotâmia, incluindo a suméria, a acadiana, e a babilônica. Indiscutivelmente, nenhum rio foi mais importante para o desenvolvimento inicial da civilização urbana.

O Eufrates começa ao leste da Turquia, próximo ao Lago Van. Dois rios, o Kara Su e o Murat Su, unem-se perto de Malatya para formar o Eufrates. O rio desce em direção ao sul por cerca de 400 km e entra na Planície Síria próximo a Carquemis. Próxima à antiga Emar, o Eufrates se vira agudamente em direção ao sudeste. Dois grandes tributários, os rios Balikh e Habur, juntam-se ao Eufrates antes de chegar à Planície inundada da Mesopotâmia próxima à moderna Hit no Iraque. O Eufrates exibe um curso anastomose por toda superfície da planície da cheia aluvial; o rio segue canais múltiplos que se separam e se juntam num modo intrincado que, propriamente utilizado, fornecia possibilidades de irrigação adequadas, em uma região onde a queda d´água era insuficiente para dar suporte à agricultura. Os cursos vagueantes do baixo Eufrates mudam periodicamente. Na antiguidade, os dois braços principais do baixo Eufrates passavam por Sippar, Babilônia, Uruk, Nippur, Kish, e Ur. Hoje, vários desses lugares estão no deserto como os dois principais braços do Eufrates (o Shatt al-Hindiyah e Shatt al-Hillah) mudaram para o leste. O Eufrates e o Tigre se juntam no sul para formar o Shatt al-´Arab, um canal de água que deságua até o Golfo Pérsico. Pântanos, lagos rasos, e canais de água predominam na parte sul do delta, formado pelo Tigre e o Eufrates.

A vida na Mesopotâmia central e sulina dependia da irrigação fornecida pelo Eufrates. O Eufrates, com o Tigre, inundava anualmente desde o final de março até junho. Diferente do Nilo, a inundação era imprevisível, causando, algumas vezes, a destruição de plantações e cidades, e em outros momentos, sendo insuficiente para propósitos de irrigação. Também, em algumas épocas, o ritmo da inundação era menos adequado para a colheita da produção. Alguns estudiosos creem que esse fenômeno é responsável, em parte, por um pessimismo básico que está por trás da cosmovisão mesopotâmica. A salinização do solo também era um problema para o agricultor. Como o Eufrates se construía lentamente sobre a planície e sobre a água derramada sobre as barragens, por um período de tempo o solo construiu sobre o solo. Os agricultores se adaptaram, ao utilizar safras tolerantes ao sal, especialmente a cevada.

Os escritores bíblicos chamam ou fazem alusão ao Eufrates com frequência excedida somente por referências ao Jordão e ao rio Nilo. O Eufrates (heb. *perat*; cf. Ac. *Purattu*) apareceu primeiramente como um dos quatro rios associados com o Éden (Gn 2:14). Os ancestrais de Israel vieram de "além do Eufrates" (Js 24:2), uma referência à região de Harã de onde Abraão migrou. O Eufrates aparece na descrição da terra prometida a Abraão e aos seus descendentes (Gn 15:18; Dt 1:7; 11:24; Js 1:4). O profeta Balaão veio de Beor para o Eufrates (Nm 22:5). Davi derrotou a Hadadezer, rei de Hamate, quando ele estendia seu alcance militar para o rio Eufrates (2Sm 8:3), Posteriormente, Josias morreu nas mãos de Neco II, quando o último estava reforçando a posição egípcia em Carquemis, no Eufrates, contra a emergente ameaça caldaica/babilônica (2Re 23:29). Porque o Eufrates era a fronteira natural que separava o Levante da Mesopotâmia, os profetas se referiam ao Eufrates à medida que eles alertavam Israel e Judá dos julgamentos iminentes executados pela Assíria e Babilônia (Is 7:20; 27:2; Jr 13:4-7; 46:2-10). No período persa Judá era parte da Quinta Satrapia "Além do Rio", a terra ao oeste da grande curva do Eufrates (Ed 4:10-11; 5:3; 6:6; Ne 2:7). No Novo Testamento o Eufrates é o contexto para os eventos apocalípticos (Ap 9:14; 16:12).

Bibliografia. R. McC. Adams, *Heartland of Cities* (Chicago, 1981); S. W. Cole, "Marsh Fomation in the Borsippa Region and the Course of the Lower Euphrates", *JNES* 53 (1994): 81-109; J. Zarins, "The Early Settlement of Southern Mesopotamia" *JAOS* 112 (1992): 55-77. [THOMAS V. BRISCO]

EUMENES (gr. *Eumenēs*) Eumenes II, rei Attalid, que governou em Pérgamo (197-159 a.C.). Ele adquiriu partes significativas da Ásia Menor Selêucida dos romanos, depois da derrota do governador Selêucida, Antíoco III, na batalha de Magnésia em 190 (1Mac 8.8). Sua aliança com Roma criou tensão entre Pérgamo e seus vizinhos. Eumenes adquiriu provavelmente o título "Soter" em 184, depois da vitória sobre a vizinha Bitínia. Ele ganhou controle completo sobre a Galácia em 180/79 depois de derrotar Ponto. Permanecendo interessado na política selêucida, ele ajudou Antíoco IV a reconquistar o trono selêucida, depois da libertação de Antíoco, exilado em Roma (175/4). [RODNEY A. WERLINE]

EUNICE (gr. *Euníkē*) Habitante de Listra (cf. At 14) e "um crente" (16:1); a mãe de Timóteo. Mencionada como mulher de fé (2Tm 1:5), foi presumivelmente a pessoa que ensinou a Escritura a Timóteo quando ele era criança (3:15). Alguns estudiosos pensam que Eunice era liberal em seu judaísmo (casada com um "grego" [gentílico] e o fato de que Timóteo não foi circuncidado). [ERIC F. MASON]

EUNUCO Tipicamente um oficial castrado nas cortes reais do antigo Israel e de reinos em redor, que é apropriado para servir à rainha (2Rs 9:30-32; Et 4:4-5; At 8:27) ou do harém do rei (Et 2:14-15). O termo (heb. *sārîs*) também pode ser aplicado a um oficial casado (p. ex., Potifar, Gn 39:1).

A despeito da alta posição política desfrutada por alguns eunucos, sua falta de capacidade fazia com que eles estivessem entre os membros mais desprezados e estigmatizados da sociedade. Numa cultura patriarcal, na qual a honra estava ligada ao domínio masculino, o eunuco efeminado e impotente era visto com vergonha e como uma ameaça ao padrão social (Luciano, *Eunuch* 6-11; cf. Josefo *Ant.* 4.190-91). No mundo judaico, a posição alienada do eunuco era composta pela sua falta de inteireza (santidade) e inabilidade para perpetuar a linha pactual por meio da circuncisão e procriação. A lei bíblica excluía os homens com danos nos órgãos genitais da comunidade da aliança (Dt 23:1) e do santo sacerdócio (Lv 21:17-21; cf. Fílon *Spec. Leg.* 1.324-25).

Outras tradições, entretanto, oferecem um lugar favorável para os eunucos piedosos dentro da casa do Senhor (Is 56:3-8; Sb. 3.14-15). No Novo Testamento, um eunuco proeminente e temente a Deus (gr. *eunoúchos*) da Etiópia é batizado pelas mãos de Filipe, o evangelista (At 8:26-40). A declaração singular de Jesus a respeito dos que se fizeram eunucos "por causa do reino dos céus" (Mt 19:12) representa uma metáfora para a disciplina do celibato, refletindo ou uma vida longa de voto ou o comprometimento para não casar de novo depois do divórcio com uma esposa infiel (cf. v. 3-12). [F. SCOTT SPENCER]

EUNUCO ETÍOPE Simpatizante dos judeus e superintendente do tesouro da rainha da Etiópia (Candace) que recebeu instrução e batismo de Filipe ao longo de uma rota deserta de Jerusalém a Gaza (At 8:26-39). Sua devoção ao judaísmo é evidente em sua peregrinação a Jerusalém e em sua leitura de uma cópia pessoal do rolo de Isaías (At 8:27-31). É improvável, entretanto, que ele era prosélito ou aderente do judaísmo. Embora fosse um oficial rico e proeminente, como eunuco imperfeito e corrompido de acordo com a tradição da lei judaica, seria banido para sempre da comunidade da aliança (cf. Lv 21:18-21; Dt 23:1; Josefo *Ant.* 4.290-91; Fílon *Spec. Leg.* 1.324-25). Essa posição marginal é sugerida na questão do eunuco a respeito do que poderia "impedir" o seu batismo (At 8:36). O foco do potencial "produtivo" da figura tosquiada e a vergonha de Isaías 53:7-8 — a quem Filipe identifica implicitamente com o Jesus crucificado e ressurreto (At 8:32-35) — parece particularmente relevante para a condição física e para localização social do eunuco.

A evangelização do eunuco etíope completa a visão inclusiva do texto de Isaías (Is 56:3-8, embora o eunuco estrangeiro em Atos seja aceito enquanto se retira de, não para, a cidade santa) e a missão expansiva descrita em Atos 1:8 "até os confins da terra". Esse incidente também estabelece o estágio para se estender a Cornélio, outro gentílico temente a Deus (At 10-11).

Bibliografia. F. S. Spencer, "The Ethiopian Eunuch and His Bible", *BTB* 22 (1992): 155-65; *The Portrait of Philip in Acts*. JSNTSup 67 (Sheffield, 1992), cap. 4. [F. SCOTT SPENCER]

EUSÉBIO (gr. *Eusébios*) Bispo de Cesareia e "Pai da História da Igreja" (c. 260-cerca de 339 d.C.). Eusébio nasceu na Palestina e passou a maior parte de sua vida lá. Quando jovem, se tornou estudante de Panfílio, mestre cristão muito conhecido; adotou o nome Eusébio de Panfílio depois da morte de seu mentor, em 310. O próprio Eusébio foi preso no Egito, durante os anos finais de perseguição. Logo depois que a Grande Perseguição terminou (313), e foi eleito bispo de Cesareia, onde serviu até a morte.

A contribuição mais permanente de Eusébio é a sua *História eclesiástica*, uma história da igreja até cerca de 323. Nessa obra, Eusébio demonstrou uma preocupação com as fontes originais não citadas em outras obras na história antiga; sua extensa pesquisa e citação preservam uma rica documentação da igreja primitiva que, de outra forma, não teria sido preservada para a igreja posterior. Em adição a *HE*, Eusébio escreveu mais de quarenta obras em áreas tão diversas como apologética, teologia, exegese, criticismo do evangelho, geografia bíblica, biografia, cronologia, martirologia.

A contribuição de Eusébio para a igreja foi mais que literária. Ele foi também um personagem importante nas controvérsias teológicas e na política eclesiástica de seu tempo. Como o primário conselheiro teológico de Constantino, Eusébio ajudou a formar o conceito de império cristão, proposto por Constantino. Ele foi fundamental em alcançar consenso no Concílio de Niceia e esteve ativo nos concílios da igreja até à sua morte.

Bibliografia. T. D. Barnes, *Constantine and Eusebius* (Cambridge, Mass., 1981); R. M. Grant, *Eusebius as Church Historian* (Oxford, 1980); D. S. Wallace-Hadrill, *Eusebius of Caesarea* (London, 1960). [CHARLES GUTH]

ÊUTICO (gr. *Eútychos*) Homem jovem de Trôade que caiu dois andares de sua janela, quando adormeceu durante um dos discursos mais longos de Paulo (At 20:9). Lucas registra que Êutico foi "levantado morto", mas Paulo reviveu o jovem (At 20:10-12). [JULIE GALAMBUSH]

EVA (heb. *ḥawwâ*)

ANTIGO TESTAMENTO. A primeira mulher, de acordo com o registro da criação de Gênesis 2:4b-3:24. Tal como Adão foi formada para remediar a infertilidade da terra (Gn 2:5), bem como responder às necessidades de Adão (talvez também sua infertilidade; v. 18). Yahweh, portanto, começa a criar para o homem uma *ʿēzer kĕneḡdô*, uma "auxiliadora correspondente a ele". O hebraico *ʿēzer* não tem as nuanças de subordinação associada com a palavra inglesa "ajudante". Antes, uma *ʿēzer* é alguém capaz de ajudar, e, em muitos casos, a palavra descreve Deus como ajudador de seu povo (Êx 18:4; Dt 33:26; Sl 146:5; Os 13:9). A mulher, entretanto, não é superior ao homem; é explicitamente dito a ela para *corresponder* a ele. Diferente dos animais ou do próprio Adão, a mulher não é formada da terra, mas de uma costela tirada do lado de Adão. À palavra "mulher" é dada uma divertida etimologia no texto; ela é "varoa" porque é "do varão" (*ʾiššâ* ´de *ʾîš*; Gn 2:23). O homem recebe alegremente sua parceira e anuncia que um homem vai, a partir de então, deixar seus pais para "se unir" a uma mulher porque os dois se tornam uma só carne, celebrando aparentemente o final da esterilidade do homem, como também sua solidão.

A mulher é abordada pela serpente e, como descrito pela própria Eva, é enganada pelo animal a comer do fruto proibido. Ao contrário da tradição popular, ela não seduz seu marido a comer; ela "deu dele a seu marido que também comeu" (Gn 3:6), ele foi aparentemente parte de toda a troca entre a mulher e a serpente. Eva é, então, punida tanto com as ameaças de dores para dar à luz quanto com a subordinação ao seu parceiro (Gn 3:16). Somente agora Adão toma a autoridade para nomear a mulher Eva (*ḥawwâ*), celebrando seu papel como "mãe de todos os viventes" (*ḥay*). Uma conexão tem sido proposta entre o nome *ḥawwâ* e o Aram. *hewyaʾ*, "serpente", mas a conexão é incerta.

Em Gênesis 4:1, Eva dá à luz o primeiro filho, Caim, exclamando, "Alcancei do Senhor um filho homem". Curiosamente, depois dos nascimentos subsequentes de Abel e Sete, Eva não é mencionada novamente no Antigo Testamento. A figura de Eva é ambígua. Sua posição como "mãe de todos os viventes" sugere afinidade com a deusa mãe do Oriente Próximo, mas a narrativa bíblica consigna propositalmente a progenitora a posição mortal.

ESCRITOS INTERTESTAMENTÁRIOS E O NT. Eva é mencionada em vários escritos do período intertestamentário, durante o qual a tradição desenvolve que Eva (ou mesmo "mulher") é responsável por introduzir tanto o pecado quanto a morte para a humanidade: "De uma mulher o pecado teve seu início; e por causa dela todos nós morremos" (Sir. 25.24; cf. 2En. 30.17; Apoc. Mos. 7.1.21). Por volta do período do Novo Testamento Paulo é, dessa forma, capaz de citar Eva (2Co 11:3) como o exemplo de susceptibilidade para o engano e até mesmo para a sedução sexual. Em 1Timóteo 2:12-15, Eva ("a mulher") aparece como o protótipo cuja punição cai, agora, sobre todas as mulheres. O autor argumenta (como Gn 2 faz) que a criação de Adão antes da mulher estabelece sua autoridade sobre Eva (gr. *prótos*, "primeiro", é tomado para designar tanto a criação antes quanto a posição mais importante). Além disso, porque Eva foi enganada pela serpente (e presumivelmente passou as palavras da serpente para Adão; cf. Gn 3:17 em que Adão "ouviu a voz" de sua mulher) ela é uma autoridade não confiável; as mulheres não devem ensinar os homens na igreja, mas devem se manter em silêncio. O ensino sobre nascimento em 1 Timóteo 2:15 é notoriamente difícil. A passagem, que parece argumentar que as mulheres modernas obtêm salvação pela gravidez, pode, ao contrário, referir-se à sentença de Eva das ameaças de dores ao parir (Gn 3:16). Se a tradição antiga, "ela será trazida seguramente durante o nascimento", for adotada, então, o autor está continuando o paralelo entre Eva e as mulheres modernas: a punição de Eva do trabalho difícil e perigoso pode ser mitigada para as mulheres que vivem vidas piedosas. A premissa base das ações das mulheres deve ser estritamente regulada tanto como punição quanto como proteção contra as impressionantes ações de Eva, assim também o dado uso contrastante de Adão como o tipo redimido de Cristo em Romanos 5:1; 1Coríntios 15. Eva está virtualmente ausente dos evangelhos; a referência única e indireta a Adão e Eva é o dito de Jesus sobre o divórcio registrado em Mateus 19:4-6 = Marcos 10:6-9. Porque o homem e a mulher "se tornam uma carne" no casamento, o divórcio é proibido.

Tradições posteriores. Eva aparece proeminentemente nos textos judaicos e cristãos primitivos, como parte do primeiro casal crescentemente desempenhando o papel de (um papel curiosamente ausente do Antigo Testamento) do paradigma para a condição humana. Nos textos rabínicos, Eva é geralmente citada como a origem de vários traços femininos que os rabinos achavam peculiares ou detestáveis. Assim, a criação de Eva de um osso explica a implacabilidade das mulheres, uma vez que os ossos não são facilmente amaciados, e assim por diante (*Gen. Rab.* 17.8). Intérpretes alegóricos como Fílon imaginam Eva como o lado "sensual" da natureza humana, que é corrompido por prazer (a serpente), passa pelo mau controle da vontade (Adão) e chega ao pecado. Essa oposição entre Adão como mente ou vontade e Eva como o corpo ou a sensação antecipa a interpretação de autores cristãos posteriores que reivindicaram que o conhecimento adquirido por Adão e Eva era conhecimento especificamente carnal, resultado da sedução de Adão por Eva. A mulher de Adão no Alcorão não é nomeada, embora seja conhecida como *ḥawwâ* na tradição posterior. A mulher e o homem não agem independentemente um do outro nesse relato; os dois enfrentam a tentação, comem o fruto, e são punidos como par (humanidade) antes que indivíduos (Alcorão, *Sura* 7.19-25). Há ainda que várias tradições condenam Eva, no século II d.C. Ireneu apresentou Eva como tipo de Maria, que permite possibilidade de redenção para Eva paralelo àquele fornecido por Adão, por meio de Cristo.

Bibliografia. J. Galambush, "*ʹadam* from *ʹadamâ* and *ʹissâ* from *ʹîs*: Derivation and Subordination in Genesis 2.4b-3.24", in *History and Interpretation*, ed. M. P. Graham, W. P. Brown e J. K. Kuan. JSOTSup 173 (Sheffield, 1994), 33-46; J. A. Phillips, *Eve: The History of an Idea* (São Francisco, 1984); P. Trible, *God and the Rhetoric of Sexuality*. OBT 2 (Philadelphia, 1978); H. N. Wallace, *The Eden Narrative*. HSM 32 (Atlanta, 1985). [Julie Galambush]

EVANGELHO, BOAS-NOVAS As traduções no vernáculo do grego *euangélion*, no sentido mais geral no NT se referem à palavra de salvação tornada disponível ao mundo em e por meio de Jesus Cristo.

Origem do uso. A despeito da impressionante evidência linguística do mais amplo mundo greco-romano, tal como a inscrição do calendário de Priene (datado próximo do nascimento de Jesus) que usa essa terminologia para celebrar a "salvação" de Augusto, é duvidoso que uso da palavra nesse âmbito seja o responsável pela importância central do *euangélion* no NT.

Ao contrário, a centralidade deste uso se origina da percepção de Jesus como o embaixador (heb. *mĕḇaśśēr*) de uma era escatológica para Israel. A proclamação de Jesus de que Deus estava para mostrar o seu poder salvador perante as nações por trazer salvação a Sião está fundamentada na promessa de passagens como Is 52:7-12; 61:1-4. A terminologia comum ao hebraico/aramaico para essa proclamação no AT é *bĕśōrâ*(= gr. *euangélion*/*eauangélia*, "evangelho"; cf. Targum de Is 51:1). De acordo com Mateus 11:2-6 (= Lc 7:18-23), Jesus ecoa Isaías 61:1 quando informa aos discípulos de João que ele é o embaixador ungido por Deus para trazer "boas-novas" ao pobre (cf. Lc 4:14-18). O entendimento de que Jesus cumpriu as palavras de Isaías em suas palavras, atos e ministério torna possível a afirmação de que Ele pregou o evangelho.

Mateus e Lucas. As duas narrativas fundamentais da vida de Jesus ecoam essa perspectiva, cada uma a seu próprio modo. Nas seções redacionais de Mateus (Mt 4:23; 9:35; 24:18) a obra de Jesus no ensino e na cura é enfatizada e descrita como proclamação escatológica do "evangelho do reino" (cf. Mt 26:13). Lucas prefere a forma infinitiva *euangelízesthai* (aprox. 25 vezes em Lucas-Atos); ela tem afinidades bem próximas com a terminologia da LXX que Lucas regularmente imita.

Para Lucas, que está de acordo com Isaías 40:3-5, João Batista é o precursor do evangelho (Lc 3:4-6; 16:16). Conscientemente ecoando Isaías 61:1-2; 58:6, a missão de Jesus é vista como anúncio de "boas-novas para o pobre" (Lc 4:14-18). A ênfase é que a pregação de Jesus traz reversão do *status* em Israel. O pobre e o doente são vindicados, enquanto o rico e o orgulhoso são resistidos (Lc 7:22; 8:1; 9:6; cf. 14:33; 16:13; 18:24).

O tema é continuado em Atos, texto no qual os apóstolos e outros líderes persistem numa proclamação semelhante. Contudo, o foco da proclamação agora se move para o próprio Jesus. Como aquele que foi rejeitado pelos líderes de Israel, Ele é agora proclamado (*euangelízesthai*) como o agente da salvação, visto que Deus O vindicou ao ressuscitá-lo dentre os mortos (At 5:42; 8:35; 15:35; 17:18).

Marcos. Ao invés da forma infinitiva, Marcos usa o substantivo *euangélion*. Marcos está muito mais próximo de Atos (e de Paulo) na descrição de Jesus como Aquele que traz salvação e como Aquele em quem a salvação é encontrada.

Para Marcos, contar a história de Jesus é proclamar o evangelho. É pelo ensino de Jesus, seus atos de cura e de conduta, especialmente em Sua Paixão, que o poder salvador de Deus (evangelho) é mostrado. Assim, para Marcos o evangelho foi primeiramente prometido em Isaías (Mc 1:1-2), mas veio a se realizar quando Jesus começou a pregar (v. 14-15). Essa pregação do evangelho exigia fé e arrependimento (Mc 1:15). Ele exigia uma decisão pessoal para o discipulado que em Marcos, contrastando com Mateus e Lucas, está ligado com a aceitação do evangelho (Mc 8:35; 10:29). É a esta história (evangelho) que os leitores de Marcos são chamados a serem leais (Mc 14:9) e para anunciá-lo a toda criatura (13:10; 16:15).

Paulo. A preponderância dos usos do "evangelho" (tanto o infinitivo como o substantivo) no NT é encontrada nos escritos paulinos. A conexão entre Paulo e a tradição do Evangelho Sinóptico não é ainda claro. Todavia, a visão que Paulo teve da terminologia e do uso geral do "evangelho" tomada das tradições que ele aprendeu da igreja helênica é compatível com a evidência de Atos.

Não obstante, como em muitas outras áreas, Paulo colocou sua marca singular sobre o conceito. Mais claramente do que qualquer outro escritor do NT, ele enfatiza que o evangelho é a mensagem acerca da salvação realizada pela morte, sepultamento e ressurreição do Messias, Jesus de Nazaré (1Co 15:1-11; Rm 1:3; 1Co 1:17). Mas o "evangelho" também incluía as alegações doutrinárias básicas da mensagem cristã total, incluindo a esperança do retorno de Cristo (1Ts 1:5, 9-10; 2Ts 1:8; Rm 2:16). Na verdade, para Paulo, ele era um sinônimo para a estrutura total da mensagem cristã (Rm 1:16).

Paulo insistia que sua vocação como ministro do evangelho vinha diretamente como resultado do encontro pessoal com o Cristo ressurreto (Gl 1:13-16; 2Co 4:4-6). Por meio do mesmo poder tornado conhecido dele pelo Cristo ressurreto, em cumprimento das promessas do AT de que no tempo final os seres humanos anunciariam ao mundo o cumprimento das promessas de Deus, Paulo se tornou o mensageiro do evangelho por servir como enviado especial de Deus aos gentios (Rm 10:13-17; Gl 1:16; Rm 15:15-20). Como a palavra escatológica de Deus às nações, há somente um evangelho (Gl 1:6-9). A percepção do que foi prometido de antemão aos dignatários do AT (Rm 1:2-3; Gl 3:8) devia ser agora recebida como um dom da graça de Deus e não na condição de obediência à Torá (Gl 2:2-3:5; 2Co 3:4-18). Para Paulo, em toda parte, a salvação de alguém é dependente unicamente do evangelho.

Outros usos do NT. Curiosamente, em contraste com Paulo, o termo "evangelho" ocorre somente uma vez no espectro total dos escritos joaninos (Ap 14:6). Nesse grupo literário funciona como advertência solene a um mundo recalcitrante. Uma advertência semelhante é dada em 1Pedro 4:17.

Bibliografia. C. H. Dodd, *The Apostolic Preaching and Its Developments* (Chicago, 1937); P. Stuhlmacher, ed., *The Gospel and the Gospels* (Grand Rapids, 1991).
[ALLAN J. MCNICOL]

EVANGELHO, EVANGELHOS O termo padrão para quatro livros do NT: Mateus, Marcos, Lucas e João. Todos os quatro mostram considerável semelhança, a despeito (às vezes considerável) de diferenças de conteúdo. Todos os quatro começam com a figura de João Batista, então fornecem longas narrativas da vida e ensino de Jesus, levando a uma extensa descrição de seu julgamento e execução; além do mais, todos os quatro concluem com alguma narrativa de sua tumba sendo encontrada vazia e (certamente em três dos evangelhos) seu aparecimento vivo aos seus discípulos após Sua morte. Num sentido muito real, entretanto, é sensível e significativo tratar desses quatro livros como exemplos de uma categoria genérica simples mais ampla.

Deveria ser observado, contudo, que o uso da palavra "evangelhos" para se referir a estes livros é somente estabelecido na história cristã desde a segunda metade do século II. No século I e no próprio NT, especialmente em Paulo, "evangelho" se refere a toda mensagem cristã, acima de tudo o que está escrito sobre a morte de Jesus e sua importância no plano salvador de Deus. O "evangelho" para Paulo tem muito pouco a ver com qualquer ensino pré-ressurreição de Jesus (cf. 1Co 15:1ss). Assim também "o evangelho" para Paulo é singular: há — e somente pode haver — um verdadeiro evangelho (Gl 1:6-7), não quatro! A data da mudança semântica no significado da palavra não pode ser definida exatamente.

Contudo, embora a terminologia e as ideias tivessem se tornado fixas no final do século II, assim que houve o pensamento de ser quatro e somente quatro evangelhos, a situação foi muito mais fluida na metade do século II. Muitos outros textos vieram à existência nessa época, todos alegando ser "evangelhos", mas muito diferentes no escopo e estrutura dos evangelhos canônicos. Alguns deles têm se tornado disponíveis nos textos descobertos em Nag Hammadi (outros já eram conhecidos). Assim, o Evangelho de Tomé consiste unicamente num filete de ditos de Jesus. Não há nenhuma narrativa dos milagres de Jesus ou de outras ações, nenhuma narrativa de Seu julgamento, paixão, morte ou aparições após a ressurreição. O Evangelho da Verdade, também de Nag Hammadi, é menção explícita de Jesus (embora os eruditos tenham detectado alusões às tradições de Jesus embebidas no texto). O Evangelho de Maria, em contraste, está preocupado totalmente com as conversas que o Jesus ressurreto tem com seus discípulos, e não inclui nada a respeito de Seu sofrimento e morte, ou qualquer coisa de sua vida anterior à paixão. Todos esses textos vindicam o termo "evangelho", seja implícita ou explicitamente. Assim fica claro que antes do final do século II, o termo "evangelho", mesmo quando restrito a referências a documentos literários (ao invés da totalidade da mensagem cristã), poderia se referir a uma ampla variedade de textos.

Geralmente, os evangelhos proporcionam a nossa fonte principal para qualquer conhecimento a respeito de Jesus. Nesse sentido, o valor dos evangelhos não canônicos é provavelmente muito insignificante. Antes de dar qualquer informação a respeito do próprio Jesus, tais textos testemunham das ideias de seus escritores e das comunidades que os preservaram. Muitos são textos gnósticos de um período após o tempo de Jesus e refletem ideias gnósticas colocadas nos lábios de Jesus.

A única exceção possível pode ser o Evangelho de Tomé. Diversos têm argumentado vigorosamente que Tomé preserva uma linha independente da tradição e pode ter material autêntico a respeito de Jesus. Outros têm argumentado que Tomé de fato pressupõe os evangelhos do NT como já obra terminada e, consequentemente, testemunha somente do desenvolvimento da tradição do evangelho, num período posterior. Certamente parece inegável que em sua forma presente o texto de Tomé pressupõe os evangelhos canônicos; se outras tradições são também preservadas em Tomé que podem ser anteriores, é muito contestado.

Se restringirmos a atenção para os quatro evangelhos canônicos, a questão inevitavelmente surge: que espécie de documentos são eles? A qual categoria literária, ou a qual "gênero", pertencem?

Até o começo do século XX, era suposto que os evangelhos eram em algum sentido "biografias" comparáveis a obras a respeito de Sócrates (por Platão ou Xenofonte), *Epictetus* (por Arrian), ou Apolônio de Tyana (por *Philostratus*). Isto mudou com a obra dos críticos que insistiram que os evangelhos eram realmente uma literatura do povo e que não deviam ser comparados com obras literárias. Os evangelistas eram simplesmente contadores de histórias populares que não impuseram as suas próprias ideias sobre a obra como um todo. Assim, Rudolf Bultmann concluiu que os evangelhos não possuíam realmente paralelo na literatura antiga: eles não possuíam nenhum dos aspectos característicos de biografia (nada sobre a personalidade de Jesus, seu desenvolvimento psicológico, sua educação ou origem). Os evangelhos eram sem analogia e, portanto, *sui generis*.

Tal alegação é extremamente ímpar em termos literários. Algum entendimento do gênero de um texto é essencial se ele tiver que ser entendido; um texto sem qualquer analogia seria quase incompreensível. Além disso, a ideia de que os evangelistas eram apenas editores de seu material tem sido questionada em estudos mais recentes dos evangelhos. Tem havido uma mudança da ideia mais antiga da crítica da forma e do reavivamento da teoria de que os evangelhos podem ser vistos (em algum sentido ao menos) como "biografias". Isso não significa que sejam biografias no sentido moderno da palavra. Na verdade, não há nada sobre a personalidade de Jesus, muito pouco sobre a sua origem, etc. Todavia, os escritos antigos reivindicam dar "vidas" (gr. *bíoi*) a indivíduos que frequentemente têm carecido de alguns desses aspectos. Tomando uma difusão razoavelmente ampla das antigas "vidas" de indivíduos, os evangelhos podem ser mostrados como classificados dentro desses parâmetros (reconhecida e amplamente amplos) que tais obras sugerem. É provavelmente dizer que, ao menos em termos de um gênero relativamente geral e amplo, os evangelhos do NT podem ser vistos como suficientemente similares a algumas "vidas" antigas ou biografias a serem incluídas nessa categoria genérica.

Tal categorização não determina exatamente como os evangelhos podem ou devem ser lidos. Certamente a categoria de "biografia" não necessariamente implica veracidade histórica. Muitas "biografias" não cristãs foram escritas com o próprio programa de trabalhos do autor. Assim também, como observamos, é aceito agora que os evangelistas do NT podem ter feito uma contribuição mais significativa em sua apresentação de suas tradições do que os mais antigos críticos da forma permitiam.

Todavia, como já observado, os evangelhos do NT são virtualmente nossas únicas fontes de informação a respeito de Jesus. Quão confiáveis são nesse sentido? Deve ser lembrado que os evangelistas eram todos cristãos. (Não temos nenhum registro de Jesus feito por não-cristãos). Como tal, eles todos criam que o Jesus que havia vivido e ensinado sobre a terra antes de sua crucificação, tinha sido ressuscitado dentre os mortos por Deus, e estava vivo num novo modo, dirigindo e guiando sua igreja. O "Jesus da história" era crido como alguém vivo e ainda falando a seus seguidores; consequentemente, o ensino de Jesus preservado na tradição era não somente o de uma figura passada; era também o de um Senhor vivo da comunidade cristã. Assim, quaisquer distinções que alguém pudesse fazer entre a situação pré-ressurreição e pós-ressurreição provavelmente teriam sido irreais para os cristãos do século I.

Parece claro que os evangelistas evidentemente não se sentiram livres para alterar a tradição deles. Isto pode ser visto muito claramente no caso dos evangelistas sinópticos, em que um escritor certamente quase usou um dos outros evangelhos como uma fonte (provavelmente Mateus e Lucas usaram Marcos), mas no processo de uso da fonte, houve certo grau de liberdade para mudar a tradição.

À medida que Jesus é uma figura singular no mundo antigo (p. ex., as alegações cristãs a respeito da "ressurreição" de Jesus são sem analogia real), então as narrativas de sua vida, morte e ressurreição são sem analogia. Por exemplo, nenhum judeu escreveu uma vida comparável de Johanan bem Zakkai ou Hillel. Mas a natureza dos evangelhos do NT como em algum sentido "biografias", ao menos como entendido no mundo antigo, deveria nos alertar para as riquezas que contêm e as complexidades que envolve qualquer interpretação delas.

Bibliografia. D. E. Aune, *The New Testament in ITs Literary Environment* (Philadelphia, 1988); R. A. Burridge, *What Are the Gospels?* SNTSMS 70 (Cambridge, 1992); H.Koester, *Ancient Christian Gospels* (Philadelphia, 1990); C. M. Tuckett, *Reading the New Testament* (Philadelphia, 1987). [CHRISTOPHER TUCKETT]

EVANGELHOS SINÓTICOS Três evangelhos — Mateus, Marcos e Lucas — são chamados de sinópticos devido à estreita relação que mantêm uns com os outros. A relação tão próxima entre eles torna possível colocá-los um ao lado do outro e compará-los (gr. *syn*, "com" +*optikós*, que significa "olhar"). Todos os três concordam amplamente na ordem dos eventos que descrevem. Há também uma alta medida de acordo verbal nas histórias e tradições que compartilham. Esse acordo abrangente tem levado quase à visão geral de que os três evangelhos estão relacionados uns com os outros por meio de um relacionamento literário: a obra de um evangelista foi usada por um ou mais dos outros e/ou os evangelistas tiveram acesso a uma(s) fonte(s) comum(ns). O problema de determinar a exata natureza desse relacionamento é conhecido como o Problema Sinóptico.

A solução mais amplamente sustentada para o Problema Sinóptico hoje é a chamada teoria das Duas Fontes. Esta teoria alega que o evangelho de Marcos foi usado como uma fonte por Mateus e Lucas. Além disso, Mateus e Lucas tiveram acesso a outro corpo de fonte material, normalmente conhecido como Q. (Há, entretanto, muito mais discordância sobre a natureza exata de Q).

Tal solução tem, em termos gerais, tem amplo apoio. Entretanto, de forma alguma é universalmente aceita. A opinião de uma forte minoria tem continuado a defender a teoria (associada acima de tudo ao estudioso do século XVIII, J. J. Griesbach) de que o evangelho de Marcos foi escrito por último, não em primeiro lugar, usando tanto Mateus quanto Lucas como fontes. (A "hipótese de Griesbach" é defendida com firmeza hoje por William R. Farmer e outros). Outros também, embora aceitem a teoria de que o evangelho de Marcos foi uma fonte para Mateus e Lucas (a teoria da "prioridade de Marcos"), têm questionado a existência da hipotética fonte Q e têm argumentado que a dependência direta de Lucas de Mateus pode melhor explicar as concordâncias entre estes evangelhos (cf. Michael D. Goulder).

O debate atual sobre o Problema Sinóptico tem destacado a fraqueza de alguns argumentos usados no passado para estabelecer e defender a teoria das Duas Fontes. Por exemplo, recorrer simplesmente ao fato de que quase todo o evangelho de Marcos tem semelhança com Mateus ou Lucas, ou ambos, como alguns fizeram para argumentar pela prioridade de Marcos, é visto como inconclusivo. Isso não mostra nada por si só. Os defensores da teoria das Duas Fontes procuravam, entretanto, argumentar mais que a teoria da prioridade de Marcos pode se tornar mais plausível quando se considera a natureza dos conteúdos compartilhados por todos os três evangelhos dentro de cada evangelho. Os paralelos de Mateus e Lucas com Marcos são frequentemente mais curtos, e tanto Mateus como Lucas têm muito mais material que Marcos. Se o evangelho de Marcos foi o primeiro, Mateus e Lucas teriam abreviado as histórias de Marcos para dar espaço a outras tradições que eles tinham disponíveis. Isso parece ser um procedimento editorial em geral plausível. A hipótese Griesbach tem de presumir que Marcos omitiu grande parte de Mateus e Lucas, mas também ampliou o material que conservou de modo considerável. Tal procedimento editorial parece particularmente menos plausível.

A comparação detalhada da redação das tradições individuais também parece a muitas pessoas ser facilmente explicada se o evangelho de Marcos veio em primeiro lugar. A versão de Marcos da confissão de Pedro em Cesareia de Filipe em Marcos 8:29 é "Tu és o Cristo". Essa expressão é repetida em Mateus 16:16 pela frase mais longa "Tu és o Cristo, o Filho do Deus vivo". Se Mateus usou Marcos como fonte, deve ter acrescentado a referência extra a Jesus como Filho de Deus e, tal observação é totalmente característica da cristologia de Mateus. Se Mateus veio primeiro e Marcos usou Mateus, Marcos deve ter omitido esta referência a Jesus como Filho de Deus. Dado o claro interesse de Marcos pela filiação divina de Jesus em outra parte (cf. Mc 1:1; 15:39) tal omissão parece muito difícil de imaginar. É com base em argumentos como esses que uma justificativa gradual e plausível para a teoria da prioridade de Marcos pode ser desenvolvida.

A justificativa para a existência de uma fonte Q é claramente mais complexa, pelo fato da suposta fonte Q não mais existir. Muitos estudiosos baseavam a justificativa para tal fonte na improbabilidade tanto de Mateus como Lucas (normalmente Lucas) usar o outro como uma fonte direta. Se, p. ex., Lucas usou Mateus, ele deve ter mudado a ordem de Mateus drasticamente: todavia ele parece ter se mantido próximo à ordem de Marcos. Além disso, Lucas parece não saber nada dos acréscimos substanciais de Mateus a Marcos nas passagens deste (cf. Mt 16:17-19). Muitos argumentariam que, no material que eles têm em comum que não é derivado de Marcos, nem Mateus nem Lucas, fornecem consistentemente a forma mais original da tradição: às vezes Mateus é mais original, às vezes Lucas (p. ex., a versão mais curta das Bem-aventuranças por Lucas em 6:20-23, ou da oração do Senhor em 11:2-4, ambos são amplamente considerados mais originais do que as versões ampliadas de Mateus). Portanto, argumenta-se, a dependência direta de um escritor do evangelho de outro é improvável e a íntima concordância verbal entre os evangelhos deve ser explicada pela dependência comum de fonte(s) material(s) Q. Se Q foi uma única fonte ou um conjunto mais geral de materiais não relacionados é outra questão, embora tenha havido forte movimento nos últimos anos para analisar Q do ponto de vista da crítica da redação e tentar determinar os traços teológicos característicos dessa suposta fonte.

O Problema Sinóptico é importante para o estudo dos evangelhos sinópticos em vários níveis. Se o interesse de alguém pelos evangelhos é descobrir informação a respeito de Jesus, então é importante poder identificar os mais antigos fios da tradição e poder reconhecer quais das versões paralelas nos evangelhos é provavelmente a mais antiga e qual a que vem depois. Claro que isso não significa que ao isolar as origens mais antigas dos evangelhos tenhamos necessariamente conseguido um Jesus puro e destituído de verniz. A crítica da redação tem ensinado que todos os evangelhos estão influenciados pelo ponto de vista e pela situação de seus autores, e isto se aplica tanto a Marcos (e provavelmente a Q para os que acreditam em sua existência) quanto a Mateus e Lucas.

A nossa compreensão dos próprios evangelistas é significativamente dependente do Problema Sinóptico. Uma maneira de determinar as preocupações dos evangelistas é ver a maneira como eles usam suas fontes: e então um exato delineamento dos relacionamentos das fontes entre os evangelhos é vital para possibilitar que o trabalho seja empreendido. Certamente soluções diferentes ao Problema Sinóptico levariam a conclusões um tanto diferentes sobre as preocupações e interesses dos evangelistas.

Em certo sentido, tratar "os" evangelhos sinópticos como um todo é anacronismo. Cada evangelho merece ser tratado com seus próprios méritos. Mas um estudo de todos os três juntos, de fato, lança fascinante luz sobre as formas pelas quais as tradições sobre Jesus estiveram circulando, e a liberdade que os evangelistas evidentemente sentiram em relação a essas tradições, num período anterior à canonização e à fixação destes livros como "escriturísticos".

Bibliografia. A. J. Bellinzoin, Jr., ed., *The Two Source Hypothesis* (Macon, 1985): W. R. Farmer, *The Synoptic Problem* (1964, repr. Macon, 1981); J. A. Fitzmyer, "The Priority of Mark and the 'Q' Source in Luke", in *Jesus and Man's Hope* (Pittsburgh, 1970), 1:131-70 (repr. In *To Advance the Gospel*, 2. ed. [Grand Rapids, 1998], 3-40); M. D. Goulder, *Luke: A New Pafadigm*. JSNTSup 20 (Sheffield, 1989); C. M. Tuckett, "The Existence of Q", in *The Gospel Behind the Gospels*, ed. R. A. Piper. NovTSup 75 (Leiden, 1995), 19-47 (repr. In Tuckett, *Q and the History of Early Christianity* [Peabody, 1966], 1-39). [CHRISTOPHER TUCKETT]

EVANGELISTA Aquele proclama as "boas-novas" (gr. *euangélion*) ou aquele que "prega o evangelho, traz boas novas" (*euangelízō*). Esses termos, ambos se derivam de *ángelos*, "mensageiro". Os textos de Atos 21:8; Efésios 4:11 descrevem um ofício; 2Timóteo 4:5 indicam uma atividade colocada sobre Timóteo. Nessas passagens, o evangelista (*euangelistḗs*) é distinto do ofício apostólico; o primeiro entrega a mesma mensagem apostólica, mas sem o mesmo nível de autoridade do último.

Embora a palavra companheira *ángelos* apareça frequentemente na literatura secular, *euangelistḗs* é muita rara. É usada na literatura cristã exclusivamente para aquele que continua a pregação das boas-novas de Jesus Cristo. [DALE ELLENBURG]

EVI (heb. *'ĕwî*) Rei midianita e vassalo do Sihon amorita. Com outros quatro reis midianitas, foi derrotado e morto pelos hebreus (Nm 31:8; Js 13:21) seguindo-se a apostasia israelita nas planícies de Moabe (Nm 25:1-3).

EVIL-MERODAQUE (heb. *'ĕwîl mĕrōḏaḵ*; ac. *Amel-Marduk*) Filho e sucessor de Nabucodonosor II como rei da Babilônia em 562 a.C. Reinou como o terceiro rei da dinastia caldaica por dois anos. Diferente de Neriglissar ou Nabonido, nada se sabe de suas atividades antes de se tornar rei. Da mesma forma, nenhum texto cuneiforme detalha qualquer campanha militar que o rei possa ter conduzido. É dito em 2Reis 25:27-30; Jeremias 52:31 que Evil-Merodaque libertou o rei de Judá, Joaquim, de um cativeiro de 37 anos e lhe deu pensão. De fato, textos cuneiformes que sobreviveram detalham as rações dadas a Joaquim enquanto estava na Babilônia. De acordo com a *Babylonica* de Berossus Evil-Merodaque foi vítima de um plano organizado por seu cunhado Neriglissar (ac. *Nergal-sarra-usur*). Até hoje, nenhum texto cuneiforme confirmando esse relacionamento familiar foi descoberto, embora seja altamente sustentado que o relato é verdadeiro.

O nome de Evil-Merodaque é proeminente tanto em grego clássico quanto em fontes latinas, como também nos comentários rabínicos. Existem também indicações na literatura apocalíptica babilônica e nos tabletes de contrato que Nabucodonosor pode ter estabelecido uma corregência com Evil-Merodaque antes de sua morte. Berossus afirma que a administração de Evil-Merodaque foi "arbitrária e libertina", mas fontes rabínicas contradizem sua declaração. O folclore judaico está repleto de história de problemas envolvendo sua sucessão ao trono, como também da remoção do corpo de seu pai de seu lugar de descanso. Essas histórias, entretanto, podem ser o resultado de uma tentativa de lançar Evil-Merodaque em uma luz favorável como oposta a de seu pai, que foi lembrado para sempre como o arquiteto do cativeiro babilônico e o destruidor do templo de Salomão.

Bibliografia. R. H. Sack, *Amel-Marduk — 562-560 B.C.* AOAT Sond 4 (Neukirchen-Vluyn, 1972). [RONALD H. SACK]

EVÓDIA (gr. *Euodía*) Mulher, cuja disputa com Síntique afetou evidentemente toda a congregação filipense (Fp 4:2). Paulo foi informado da disputa enquanto estava preso (cf. 2:25), ele exortou as duas mulheres "que sintam o mesmo no Senhor" (Fp 4:2; 2:2). Essas mulheres, tinham "lutado junto" ao apóstolo "no trabalho do evangelho" com Clemente e outros cooperadores de Paulo (Fp 4:3; cf. 1:27). Tinham evidentemente posições proeminentes nessa igreja, cujos primeiros convertidos eram mulheres (At 16:11-15). Não existe evidência, entretanto, de que eram diaconisas. A natureza da disputa delas permanece incerta. [JAMES A. KELHOFFER]

EXCOMUNHÃO A exclusão permanente ou temporária de um membro da sociedade dentro da comunidade. Essa prática, mencionada especificamente no evangelho de Mateus (Mt 18:15-17) e na correspondência com a igreja de Corinto (1Co 5:5; 2Co 2:6), serve a dois propósitos. Primeiro, protege a comunidade da influência prejudicial do pecado (1Co 5:6-7). Segundo, lembra o pecador do pecado (2Co 2:7) na esperança de que ele se arrependa (7:9) e seja redimido. A excomunhão nunca é individual (2Co 2:6) nem é atividade de julgamento (v. 8). Também não significa desprezo pelo pecador, mas sempre tem a restauração como o seu alvo último.

Embora o termo "excomunhão" não apareça na Escritura, o conceito está claramente presente. Mateus instrui a igreja a tratar os não arrependidos como "gentio e publicano" (Mt 18:17), e Paulo quer que o culpado seja entregue "a Satanás" (1Co 5:5), isto é, entregue ao domínio dele, o mundo fora da Igreja.

A disciplina na igreja, terminando em excomunhão, deveria somente ser usada para questões sérias tais como pecados sexuais grosseiros (1Co 5:1), não arrependimento (Mt 18:15-17), partidarismo (Tt 3:10-11), e a propagação de heresia (Rm 16:17). Os pecadores deveriam ser tratados com rapidez e seriedade tanto para a saúde da comunidade como para a saúde espiritual do ofensor.

Bibliografia. A. Y. Collins, "The Function of ´Excommunication´ in Paul", *HTR* 73 (1980): 251-63; V. Taylor, *Forgiveness and Reconciliation*, 2. ed. (London, 1941). [SAMUEL LAMERSON]

EXCREMENTO Estrume tanto de seres humanos como de animais, classificado como imundo pelos sacerdotes nos rituais religiosos. No sacrifício, deveria ser queimado com as outras partes imundas do animal, num lugar afastado da congregação (Êx 29:14; Lv 4:11; 8:17; 16:27; cf. Nm 19:5 no qual o animal é queimado completamente). As roupas manchadas de excremento tinham de ser limpas (Is 4:4), embora os tolos possam não notar que suas roupas estão sujas (Pv 30:12).

Como termo usado em textos bíblicos, o esterco é símbolo dos mortos não sepultados espalhados sobre os campos (2Rs 9:37; Sl 83:10 [TM 11]; Jr 8:2; 9:22 [21]; 16:4; Sf 1:17). Certamente, ser associado ao excremento era vergonhoso e insultante (Jó 20:7) e os mortos são desrespeitados por terem sua casa feita em montões de excremento (Ed 6:11). Os sacerdotes apóstatas de Malaquias são ameaçados de terem excremento jogado em suas faces (Ml 2:3).

O esterco era usado como combustível para o fogo, mas usar excremento humano para cozinhar tornava a comida imunda (Ez 4:12, 15). Nos tempos antigos, assim como nos tempos modernos, o esterco também era usado como fertilizante em áreas rurais. O depósito de excremento humano em áreas urbanas era uma preocupação para os escritores bíblicos. Um método de depósito era a queima (1Rs 14:10), mas o excremento era geralmente removido das áreas habitadas e era concentrado numa esterqueira (Ed 6:11; Lc 14:35). Em Jerusalém, o lixo era removido da cidade através do Portão do Monturo, na esquina sudeste do muro da cidade (Ne 2:13; 3:13-14; 12:31). Deuteronômio 23:13 descreve os procedimentos próprios de uma latrina para um acampamento militar. Em tempos de fome e pobreza, as pessoas podem ter consumido excremento de animal (possivelmente 2Rs 6:25) ou humano (18:27 = Is 36:12). [NICOLE J. RUANE]

EXEGESE A explicação ou interpretação crítica de um texto bíblico. O termo etimologicamente relacionado com o significado da palavra grega "guiar" ou "tirar para fora". A história da exegese bíblica pode ser traçada até os autores que escreveram determinadas porções do texto sagrado. Em particular, pode-se defender que, no mínimo, algumas das edições da Bíblia começaram o processo de exegese. Alguns estudiosos argumentam que os títulos dos Salmos estão entre as formas mais primitivas da exegese. Mais evidências desse processo antigo são textos como o de Deuteronômio e Crônicas, ambos dos quais parecem reinterpretar ou reapresentar o material que conhecemos de outras partes da Bíblia. Em acréscimo, versões da Bíblia em outras línguas, e muito nos pseudepígrafos, podem ser entendidas como exegéticas. Além disso, a história da exegese continua no primitivo judaísmo rabínico e nas fontes cristãs primitivas, chegando à literatura medieval de cada tradição religiosa.

A exegese moderna, assim chamada "crítica", começou com a compreensão de que a Bíblia poderia ser entendida como o produto de seu período histórico e também como guia para a vida religiosa. Como resultado, a exegese moderna tende a ter como seu alvo a busca do objetivo que está por trás do texto. O século XX viu a relativização de muitas pressuposições críticas modernas sobre exegese, com o resultado de que a exegese, compreende uma série extremamente ampla das aproximações de leitura da Bíblia, muitas das quais compartilham bem pouco, a não ser o objeto de sua investigação.

No entanto, ainda há exegetas que sustentam a pressuposição que o texto bíblico tem apenas um significado original, isto é, exegetas de épocas e culturas diferentes, ao estudar o texto com essa pressuposição podem chegar ao mesmo significado. Essa linha é chamada de histórica-gramatical.

EXÍLIO O período (c. 587-586-515 a.C.) quando grande parte da população de Judá foi deportada para o cativeiro na Babilônia.

Nabucodonosor II se tornou príncipe coroado do Império Neobabilônico por volta do tempo de sua vitória dramática sobre as forças egípcias em Carquemis, em 605. Depois de uma pausa de alguns anos, reiniciou sua campanha no oeste e colocou Jerusalém sob um breve cerco em março de 597. Depois de coroar um rei "de seu gosto", Nabucodonosor, então, tomou muitos bens e os levou para Babilônia. Mais importante ainda, depois que o jovem rei de Judá, Joaquim, rendeu-se, vários residentes foram levados para o exílio e recolonizados no coração da Babilônia. A confirmação desses eventos vem não somente de inscrições reais babilônicas, mas também do texto Weidner, um documento cuneiforme listando rações emitidas para a família de Joaquim no exílio. O pai de Joaquim, Jeoiaquim, tinha sido colocado no trono em Jerusalém pelo faraó egípcio, depois, Nabucodonosor removeu essa linhagem e coroou Zedequias (mudando seu nome de Matanias) como rei cliente. Entretanto, Zedequias tentou conquistar apoio egípcio por independência, e Nabucodonosor voltou a lidar com a rebelião. Depois de um longo cerco, Jerusalém caiu em agosto de 586. Os dois eventos, a rendição em 597 e a destruição em 586 (e talvez, outras campanhas apresentadas somente por Jeremias), envolveram um importante número de prisioneiros de guerra que foram deportados para o sul da bacia do Tigre-Eufrates.

É importante entender o exílio babilônico como a conclusão de um processo histórico longo. As campanhas destrutivas pelos regimes mesopotâmicos começam, discutivelmente, com a reforma da milícia neoassíria e com a estrutura política do império, iniciada por Tiglate-Pileser III (745-727). A destruição de Jerusalém e o templo, a queda de Judá e a deportação de um segmento importante de uma população conquistada deve ser teológica e sociologicamente apreciada dentro do grande desenvolvimento histórico do "império mundial" no Oriente Próximo. A comunidade que foi para o exílio se tornou, talvez, a comunidade judaica mais importante pela qual a maior parte do Antigo Testamento foi ou editado ou escrito. A despeito dos importantes significados desses eventos, entretanto, o exílio babilônico é frequentemente entendido como o padrão das obras históricas.

Tentativas para entender o impacto do exílio se concentram tipicamente em três tipos principais de evidência:

1. As estimativas bíblicas do número de exilados na rendição de 597 variam grandemente. O texto de 2Reis 24:14 numera os "guerreiros" e "oficiais" (o vago *śarîm*) em 10 mil, mas também implica que o número inclui "artesãos" e "ferreiros". Somente os "mais pobres da terra" foram deixados, talvez essa frase foi colocada para dar a ideia de qualificação do resto da comunidade. Em 1Reis 24:16, são dados mais números para "homens de valor" (7 mil) e "artesãos e ferreiros" (1 mil). Observando os números exatos e o tamanho grande, muitos estudiosos favorecem as estimativas mais baixas, dadas em Jeremias 52:28 como mais exatas. Mas somente os homens são contados? Baseadas em várias leituras dessa contagem, as estimativas do número real de exilados variam de 3 mil até mais de 30 mil. Até mesmo os números mais altos, entretanto, são diminuídos pelo absoluto tamanho de mais de 3 milhões que o Império Neoassírio reivindica ter deportado em várias campanhas. Os números da comunidade listados em Esdras 2 = Neemias 7 não são tipicamente considerados medida confiável da comunidade exilada, porque esse texto tardio representa provavelmente um censo antigo da população dentro da província de "Yehud", sob o governo persa (pós-539).

O texto nem mesmo cita os mortos e exilados em 586, em um horrível encontro com força principal e completa da milícia de Nabucodonosor. A situação da comunidade deixada para trás é uma questão de mais debate. Uma ativa comunidade religiosa e social pode ter permanecido na Palestina e pode ter sido responsável por atividade literária considerável (cf. Jr 41:4-5). Esse grupo certamente teria interesse no regime neobabilônico para continuar a produtividade econômica na terra, mas uma leitura de Lamentações como mais do que uma linguagem de lamento estereotipado sugere, antes, completa devastação. Todas essas questões convidam para maiores considerações da evidência arqueológica.

2. Praticamente, todas as avaliações arqueológicas de 586 sugerem que Jerusalém foi tratada severamente, os muros foram derrubados e a cidade foi saqueada, com evidência da destruição babilônica por toda parte. Muitas cidades próximas também mostram total ausência de níveis de ocupação ou destruição indicando batalhas babilônicas. É improvável que qualquer material de cultura viável poderia ser mantido acima de um mero nível de subsistência.

Qualquer pesquisa arqueológica deveria incluir inscrições reais que se relacionam com os eventos e com a propaganda neobabilônica sobre o Exílio. Uma importante inscrição cuneiforme de Nabucodonosor II menciona seus povos dominados deportados para fazer o trabalho obrigatório, que concorda com referências frequentes ao trabalho forçado associado com o governo neobabilônico sobre os povos cativos. Isso concorda com a pesquisa arqueológica de Robert Mc. Adams da planície central de enchente do Eufrates mostrando um rápido crescimento no número de colonizações no Império Neobabilônico, sugerindo uma campanha de transferência de grandes massas de pessoas a fim de fornecer trabalho na reabilitação daquela região.

3. Por fim (seguindo uma tentativa de avaliar as realidades sociais e políticas), qualquer teoria sobre os impactos teológicos do exílio deve começar com uma avaliação da importância do crescente vocabulário desse período se referindo a ligações, cadeiras e correntes (p. ex., Is 45:14; 52:2; Sl 149; Lm 3:7) como também vários termos para lugares de detenção (Jr 32:2; 34:13; 38:6; Zc 9:11) e a incidência crescente do tema de "mudança de sorte" na literatura e no folclore exílicos e pós-exílicos (Dn, Et, Sl 137; cf. os temas bíblicos frequentes "vista ao cego" e "libertação dos cativos" como metáforas do exílio, Sl 146:7-8; Is 42:7; 61:1; Zc 9:1). A preocupação óbvia dos escritores bíblicos em manter a pureza e a separação reflete seriamente as estratégias de uma população minoritária preservando a identidade e a estrutura interna.

Quaisquer avaliações teológicas, entretanto, são difíceis em face da subestimação geral do impacto do exílio nas tradições bíblicas. Resta uma ambiguidade notável nas obras padrão que avaliam tal impacto. Os estudiosos continuam a buscar um "equilíbrio" ao tomar cuidado para não "enfatizar" o significado do exílio e negar inevitavelmente que os exilados deveriam ser chamados "escravos" ou "prisioneiros". Sugestões de como teriam sido legalmente classificados na antiga sociedade neobabilônica lançou poucas luzes sobre o verdadeiro tratamento das comunidades no exílio. A situação dos exilados é descrita, de modo variado, como liberdade e prosperidade relativa, com a oportunidade de cuidar dos próprios assuntos, contudo, ainda incompatível. Inevitavelmente, a suposta falta de evidência parece ter empurrado a erudição do século XX para uma avaliação benigna do efeito humano e social do exílio. Um impacto mais severo, que parece estar suposto, teria deixado mais evidência, embora como argumentado aqui, exista mais evidência do que é normalmente citado.

Alguns estudos consideraram uma influência mais intensa do exílio na tradição teológica e textual. Tal atenção ao impacto sociológico como também ao teológico do exílio levaria a um novo exame de temas tradicionais históricos como: (1) uma leitura dos "contos da corte" da Diáspora (Daniel, Ester) que dá tanta atenção às ameaças de execuções constantes quanto ao alto ofício dos personagens judeus; (2) o fato de que o Exílio foi uma das motivações teológicas mais importantes para o trabalho histórico do historiador deuteronômico (cf. 1Rs 8:46-53) e especialmente sua ênfase nos pecados da monarquia; (3) o "sofrimento" do servo em Isaías 40-55 como o estilo do tipo de vida do exílio; (4) o tema da restauração messiânica (p. ex., Zacarias, Ageu, Is 9, 11); (5) a tradição dos lamentos para a destruição de Jerusalém como tema teológico do arrependimento (Lamentações; Sl 137); e (6) o fato de que a Babilônia passa para a tradição como o símbolo de tudo o que é mal (já Jr 51; cf. 1Pe 5:13; Ap 14:8; 17:5; 18:10).

O exílio continuou a ter sérias implicações tanto interna quanto externamente, até bem depois da queda do Império neobabilônico. Internamente, a separação da comunidade em 597-586 começou a criar divisões longa permanência (Ez 11:14-18; 33:23-27) que persistiu depois de grupos da Diáspora dos judeus voltaram para palestina sob apadrinhamento persa (assim Ed 3-6 e os conflitos detalhados lá), particularmente quando alguém nota Esdras, o sacerdote, usando terminologia sectária ("filhos do exílio") para se referir àqueles da linhagem da Diáspora como a verdadeira comunidade na Palestina (Ed 9). Externamente, o fracasso em reconquistar a independência restaurada de Israel sob um governante davídico deu origem não somente às especulações messiânicas (Zacarias, Ageu) mas também a ideias de que o exílio teria, de fato, de ser uma condição de longo tempo para o povo judeu. Discutivelmente, então, o Novo Testamento deveria ser lido com um olho nessa continuada tradição do impacto e importância do exílio.

Bibliografia. P. R. Ackroyd, *Exile and Restoration*. OTL (Philadelphia, 1968); R. McC. Adams, *Heartland of Cities* (Chicago, 1981); J. L. Berquist, *Judaism in Persia´s Shadow* (Minneapolis, 1996); R. W. Klein, *Israel in Exile*. OBT 6 (Philadelphia, 1979); M. A. Knibb, "The Exile in the Literature of the Intertestamental Period", *Heythrop Journal* 27 (1976): 253-72; M. Noth, *The History of Israel*, 2. ed. (New York, 1960); D. L. Smith, *The Religion of the Landless* (Bloomington, Ind., 1989). [DANIEL L. SMITH-CHRISTOPHER]

ÊXODO Séries de eventos experimentados pelos israelitas, sob a liderança de Moisés, quando deixaram a terra de Gósen, localizada ao nordeste do Delta do Nilo, do Baixo Egito e foram até ao sul do monte Sinai. As dez pragas e a Páscoa são eventos que precedem o Êxodo. Esse evento tinha também um importante significado religioso para o Israel antigo e até hoje é lembrado pelas comunidades judaicas na celebração anual da Páscoa.

Dois relatos de Êxodo aparecem na Torá: (1) Êxodo 12:37; 13:20; 14:2, 5; 15:22, 27; 16:1-2; 17:1; 19:1-2; (2) Números 33:3-15. Eles concordam no essencial, mas alguns estudiosos sustentam que a passagem de Números é posterior, baseada no itinerário de Êxodo. Várias referências a Êxodo ocorrem em outros livros da Bíblia (p. ex., Jz 6:8, 13; Sl 78:12-53; 106:7-46; Is 63:11-13; Ez 20:5-26; Hb 11:27-29), mas estão baseadas nas tradições da Torá.

Não existe menção do Êxodo israelita nos registros egípcios conhecidos. De fato, não existe referência ou descrição contemporânea em qualquer fonte extrabíblica. Isso significa que devemos usar o material bíblico cuidadosamente e relacioná-lo com o contexto cultural e histórico do Delta do Nilo, baseado na evidência arqueológica e nas fontes literárias.

A data para o Êxodo tem sido debatida, e ainda existem opiniões diversas. O evento tem sido datado dentro do reinado de vários faraós egípcios: a rainha Hatshepsut (1477 a.C.; Hans Goedicke), Tutmés III (1470; John J. Bimson), Tutmés III (1447; James Garstang), Ramessés II (1270; Jack Finegan), ou Menérpta (1220 [?]; S. R. Driver). Essa lista não é exaustiva, e muitos estudiosos podem ser acrescidos em favor de cada interpretação.

De acordo com Êxodo 1:11-15, os israelitas foram forçados a fazer tijolos de barro para a construção de Pitom e Ramessés. Essas duas cidades foram identificadas com as modernas Tell er-Retâbeh e Qantir, respectivamente, no nordeste da região do Delta. Em ambos os sítios, os escavadores descobriram materiais relacionados a Seti I e a seu filho, Ramessés II. Parece que Seti começou projetos de construção nos sítios; quando ele morreu, Ramessés tomou posse dos bens de seu pai. Essa situação forneceria o contexto para os gemidos dos israelitas conforme registrado em Êxodo 2:23.

Outra linha de argumento indireto para a datação do Êxodo se baseia na data da entrada e do estabelecimento israelita na região montanhosa da Palestina, sob Josué. A evidência arqueológica sugere que esse evento aconteceu em cerca de 1200. Nós podemos ser, de alguma forma, mais precisos porque Menérpta, o sucessor de Ramesés II, menciona em uma inscrição triunfal que, durante uma campanha militar na Palestina, ele derrotou os israelitas. A campanha pode ser datada em cerca de 1220. Acrescentando 40 anos para a duração da permanência de Israel no deserto faria com que a data do Êxodo fosse em cerca de 1260. Alguns estudiosos podem argumentar para uma data na década posterior ou mais tarde ainda, mas concordam geralmente em colocar os eventos no século XIII.

Uma característica geográfica importante do leste do Delta tem sido descrita, o que acrescenta uma nova dimensão da rota do Êxodo. Essa nova característica é o canal leste descoberto por Amihai Sneh, Tuvia Weissbrod e Itamar Perath nas fotografias aéreas do nordeste do Delta e verificadas pela exploração do solo. Uma parte do canal pode ser traçada começando em Qantarah, o nordeste de Tell Abu Seifeh, então, indo ao Norte de Tell el-Her e na Seção Pelusiac do Nilo, logo a oeste do Pelusium (Tell Farama). Esse segmento é cerca de 15 km de comprimento. O canal era de 70 metros de largura nas margens e 20 metros de profundidade. A profundidade poderia ter sido de, no mínimo, 2-3 metros. Uma seção de 12 km do canal foi antigamente identificada pelo engenheiro francês Limant de Bellafonds, em 1872. Essa seção pode ser traçada começando em Ismailia, indo, então, para o norte de El Ballah. Sneh e associados sugerem que essas seções estavam conectadas e se juntaram a um canal através do uádi Tumilât, ligando o Nilo como mar Mediterrâneo. O canal teria servido a vários propósitos. Em acréscimo a servir como um meio de transporte, ele teria fornecido uma defesa para proteger o Leste do Delta de ataque, como também de imigrantes não desejados. Outro propósito teria sido suprimento de água a numerosos poços de irrigação ao longo de seu curso, fazendo da terra de Gósen um lugar muito bom para a agricultura.

Os israelitas deixaram Ramessés localizada na área de Qantir, no limite norte de Gósen e no final do úadi Tumilât (Êx 12:37; Nm 33:3-5). Eles não usaram esse caminho da terra dos filisteus, porque essa era uma via altamente militarizada e comercial através do norte do Sinai e bem guardada pelos fortes egípcios (Êx 13:17-18). Alguns estudiosos chamam essa rota de Caminho de Hórus. O povo foi deixado em volta do caminho do deserto em direção ao mar de Juncos (LXX "mar Vermelho"). Depois, eles partiram de Sucote e acamparam em Etã, na fronteira do deserto (Êx 13:20; Nm 33:6). Em seguida, foi-lhes dito para voltar e acampar próximo a Pi-Hairote ("boca do canal"), entre Migdol ("fortaleza"; Tell el-Her) e o mar, em frente a Baal-Zefom (Êx 14:1-2; Nm 33:7). Êxodo 14:3 contém um pedaço de um verso arcaico:

> Então o faraó dirá dos filhos de Israel:
> Eles estão embaraçados na terra, o deserto os encerrou.

Referências ao "caminho do deserto", "a fronteira do deserto", e "o deserto os encerrou" parecem indicar alguma coisa mais do que somente a região semiárida do Sinai. De fato, o deserto do Sinai não parou os israelitas. O caminho do deserto poderia se referir ao curso da água chamado "o Caminho de Hórus", na história Sinuhe. A única característica geográfica que os teria encurralado teria sido o canal leste. Depois de chegar em Sucote, no sul, os israelitas foram parados pelo canal cheio de crocodilos e tiveram de voltar e ir ao longo do canal para encontrar um lugar seguro para cruzar. O lugar exato para a passagem não está ainda determinado, mas a narrativa bíblica que descreve a rota dos israelitas como primeiramente indo para o sul e, então, para o norte, faz sentido à luz do canal leste. A referência ao mar de Juncos poderia se referir a uma marcha, ao longo da rota do canal.

A passagem do mar de Juncos é registrada em Êxodo 14 e 15. No texto de 14:21, o Senhor fez retirar o mar por um forte vento oriental (LXX "Sul"). A terra seca apareceu como passagem segura para os israelitas. Posteriormente, (Êx 14:27-28) o mar voltou à sua profundidade normal e cobriu as carroças de faraó, que estavam perseguindo os israelitas. A imagem poética em Êxodo 15:1-18 sugere uma tempestade repentina que afundou os barcos dos egípcios e atirou as carroças e os cavalos no mar. Qualquer que seja o caso, Israel louvou ao Senhor por salvá-los dos egípcios.

O grupo sob a liderança de Moisés voltou para o sul e parou em frente ao Sinai. Os lugares mencionados na Bíblia, Mara (Êx 15:23), Elim (15:27), e Refidim (17:1), não são claramente identificados com quaisquer locais conhecidos. A rota os teria levado para perto de Serabit el-Khadem e às minas turquesas egípcias. O monte Sinai (Êx 19:1-2) está localizado em Jebel Mûsa ao sul da península do Sinai.

Bibliografia. J. J. Bimson, *Redating the Exodus and the Conquest* (Sheffield, 1978); J. Finegan, *Let My People Go* (New York, 1963); N. M. Sarna, *Exploring Exodus* (New York, 1986); N. H. Snaith: "ים־סוף: The Sea Of Reeds: The Read Sea", *VT* 15 (1965): 395-98; A. Sneh, T. Weissbrod e I. Perath, "Evidence for an Ancient Egyptian Frontier Canal", *American Scientist*

63 (1975): 542-48; I. Wilson, *Exodus: The True Story* (São Francisco, 1986). [LAWRENCE A. SINCLAIR]

ÊXODO, LIVRO DE O segundo livro no Antigo Testamento e um dos cinco que fazem parte da Torá ou o Pentateuco. O título "Êxodo" se deriva do grego ou da tradução da LXX do texto hebraico (TM) e enfatiza o evento de Israel deixando o Egito. Em hebraico, o título do livro é *Šĕmôṯ*, que se deriva das palavras de abertura, "estes são os nomes". O título do texto hebraico enfatiza a localização dos israelitas no Egito, mais que a sua partida dele; os "nomes" são os filhos de Jacó, que agora são descritos como os filhos de Israel.

CONTEXTO CANÔNICO. O título hebraico relaciona o livro de Êxodo com o primeiro livro da Bíblia, uma vez que no final de Gênesis, há o registro da mudança de Jacó para o Egito com os seus onze filhos, a fim de viver com o seu décimo segundo, José, que previamente havia sido vendido como escravo por seus irmãos. A descrição dos filhos de Jacó como os filhos de Israel, logo na abertura do Êxodo, indica uma transição das histórias da família ancestral em Gênesis para o registro das origens de Israel como nação.

Os capítulos de abertura do livro enfatizam como a família de Jacó se desenvolveu para uma grande nação, cujo tamanho fez com que Faraó se sentisse ameaçado, por isso este inicia uma opressão (Êx 1-2). A opressão de Israel cria um conflito com a promessa divina aos ancestrais em Gênesis. Eles ouviram que seus filhos seriam abençoados por Deus com numerosa descendência e com terra própria (Gn 12:1-3).

CONTEÚDO. Êxodo é o registro da fidelidade inicial de Deus com a promessa aos ancestrais. Êxodo 3-15 descreve a resposta de Deus à opressão de Faraó, ao chamar Moisés para libertar Israel da escravidão egípcia. Êxodo 16-18 descreve a viagem inicial de Israel através do deserto para a casa montanhosa de Deus. O livro termina com um registro do encontro de Israel com Deus no monte Sinai, onde os israelitas iniciam um relacionamento pactual com Deus (caps. 19, 24) e recebem a revelação divina da lei (caps. 20, 21—23), bem como as instruções para o sistema de culto do tabernáculo (caps. 25—31, 35—40). No meio da revelação da lei e do santuário, Israel quebra seu pacto recém-formado com Deus ao adorar o bezerro de ouro (cap. 32), o que estimula a renovação do pacto (cap. 34). A revelação do culto do tabernáculo continua além do livro de Êxodo através de Levítico e Números 1—10, depois que Israel deixa o monte Sinai e continua sua viagem pelo deserto, em direção à Terra Prometida de Canaã.

TEOLOGIA E HISTÓRIA DA COMPOSIÇÃO. Os escritores bíblicos colocam a opressão de Israel no Egito, durante o reinado de Ramessés II (c. 1304-1237 a.C.). A falta de material extrabíblico com a natureza cúltica e teológica da literatura em Êxodo torna difícil a reconstrução histórica da escravidão no Egito. Israel é mencionado por nome em uma inscrição egípcia, a Estela de Merneptá (c. 1230), na qual parecem ser um grupo que vivia em Canaã. Quaisquer que tenham sido os exatos detalhes históricos, o livro de Êxodo descreve consistentemente a salvação como libertação divina da opressão egípcia. Essencial ao evento da libertação é também o encontro de Israel com Deus, no deserto. A história da composição do livro de Êxodo testemunha da reflexão mutante de Israel sobre o significado desses eventos.

Êxodo é uma antologia da liturgia e da literatura de quase todos os períodos da história israelita. Três ações de Deus formam o cerne de Êxodo: (1) A libertação divina de Israel da opressão egípcia; (2) A revelação divina a Israel na montanha de Deus, no deserto; (3) A habitação divina com Israel por meio da construção de um lugar de culto. O livro de Êxodo contém algumas das tradições mais antigas de Israel sobre cada um desses tópicos. (1) O Cântico do Mar (15:1-18, 21) é um registro poético antigo da libertação divina de Israel no mar. Nesse hino, Deus é descrito como aquele que afogou Faraó e seu exército na tempestade do mar. (2) Êxodo 19:16-19 reflete relatos antigos da revelação divina a Israel, na casa montanhosa de Deus. Outros relatos antigos da casa montanhosa de Deus no deserto incluem poesias tais como Juízes 5:5; Salmo 68:8, 17 [TM 9, 18]; Deuteronômio 33:2. Finalmente, (3) Êxodo 33:1-6 descreve a habitação de Deus com Israel em um santuário móvel, no deserto: a tenda do encontro, que está localizada fora do campo israelita. Essas tradições, muito provavelmente, existiram independentemente uma da outra em um estágio primitivo da vida cúltica de Israel.

O desenvolvimento mais significativo na história composicional de Êxodo ocorre quando as três ações de Deus como salvador, revelador, e habitante são inter-relacionadas em uma única história da origem e da salvação nacional. A transformação mais antiga de liturgias independentes em um registro da história da salvação acontece em torno do personagem de Moisés. Os hinos de libertação em 15:1-18, 21 têm sua âncora em uma extensa narrativa que inclui o nascimento e a comissão de Moisés, seu conflito com Faraó por meio de várias pragas, que levam à morte dos primogênitos egípcios, a expulsão de Israel do Egito, e finalmente, o confronto no mar. A revelação de Deus na montanha do deserto está ligada ao êxodo, como viagem no deserto na qual Moisés lidera Israel. A revelação em si é composta no contexto de uma cerimônia pactual, em que a presença de Deus com Israel é transferida em leis que são mediadas por Moisés, o legislador.

Esse registro da história da salvação foi tradicionalmente descrito como a história javista, escrita no século X, durante o período da Monarquia Unida, quando Davi e Salomão construíram um império, a partir de doze tribos. Mais recentemente estudiosos têm questionado tal data primitiva para a escrita da história no antigo Israel, favorecendo, ao contrário, o final da monarquia e até mesmo uma data no exílio.

Escritores sacerdotais apresentam outra interpretação de Deus como libertador, revelador e habitante. Em seu registro da história da salvação, Moisés liberta Israel com a ajuda de seu irmão, Arão, o sacerdote, que confronta feiticeiros egípcios com o poder do Deus de Israel. O evento da salvação incorpora a imagem de uma nova criação. Deus não destrói simplesmente a Faraó no mar, mas corta realmente o mar em dois. Tal ação é recordativa da criação no mundo do Antigo Oriente Próximo. Como resultado, para os escritores sacerdotais, a viagem de Israel pelo deserto até a casa do deserto de Deus se torna uma exploração em um mundo novo e emergente, no qual o sábado reaparece pela primeira vez, desde a criação original em Gênesis 1. A revelação de Deus no monte Sinai se concentra nos detalhes do santuário do tabernáculo, com seu sistema sacrificial e sacerdócio oficial. A revelação e a construção do tabernáculo permitem a Deus deixar sua casa montanhosa e habitar no meio do acampamento israelita, à medida que viajam para a Terra Prometida.

O registro sacerdotal da história da salvação tem sido tradicionalmente interpretado como uma história separada e independente da história javista, registrada no período exílico. Nessa hipótese documentária, os dois relatos foram reunidos posteriormente pelas mãos de um editor. Mais recentemente, estudiosos têm questionado se o registro sacerdotal foi, algum dia, uma história independente. Alguns favorecem uma interpretação da literatura sacerdotal como acréscimo à história javista com a intenção de reinterpretá-la para se encaixar na teologia sacerdotal. Outros estudiosos têm argumentado que as porções legais da história sacerdotal são pré-exílicas na origem e, assim, mais velhas do que tem se pensado tradicionalmente.

Importância continuada. A história composicional de Êxodo reflete mudanças na antiga sociedade israelita, no culto e na reflexão teológica. Como consequência, a presente forma do livro contém várias interpretações do mesmo evento ou tema. Por exemplo, a salvação é tanto libertação quanto nova criação. A revelação se concentra no pacto, na lei (Torá) e no culto. Deus habita com Israel tanto na tenda do encontro fora do acampamento quanto no tabernáculo no meio do acampamento.

Contudo, em todas as muitas mudanças na linha histórica da salvação de Israel do Egito e da jornada para Deus no deserto, os três temas de Deus como salvador, revelador e habitante fornecem os pontos de continuidade. Esses temas se tornam os princípios organizadores para a prática de culto no antigo Israel que continua a influenciar tanto as tradições judaicas quanto cristãs. A circuncisão (4:24-26), a Páscoa e a recordação do assassinato dos primogênitos (12:21-36, 43-49), o pão levedado ou *maṣṣôṯ* (12:37-39; 13:3-10), a consagração dos primogênitos e a entrega das primícias (13:1-2, 11-16) são meios do culto para a participação no poder de Deus como salvador. O sábado (cap. 16), a formação das comunidades pactuais (caps. 19—24), a chamada dos líderes no modelo de Moisés, Arão, e Miriã, a leitura da Sagrada Escritura (20:1-17; 24:3-8), comer com Deus (24:9-11) e o estabelecimento de lugares sagrados (caps. 35—40) continuam a ser modos importantes em que Deus é revelado e habita com o seu povo.

Bibliografia. B. S. Childs, *The Book of Exodus*. OTL (Philadelphia, 1974); F. M. Cross, *Canaanite Myth and Hebrew Epic* (Cambridge, Mass., 1973); T. B. Dozeman, *God at War: Power in the Exodus Tradition* (New York, 1996); *God on the Mountain: A Study of Redaction, Theology and Canon in Exodus 19-24*. SBLMS 37 (Atlanta, 1989); S. E. Loewenstamm, *The Evolution of Exodus Tradition* (Jerusalem, 1992); J. Van Seters, *The Life of Moses: The Yahwist as Historian in Exodus-Numbers* (Louisville, 1994). [THOMAS B. DOZEMAN]

EXORCISMO Tentativa de controlar e expulsar os espíritos que se crê tenham entrado numa pessoa, a fim de lhe causar dano. Os evangelhos (com exceção de João) contêm várias referências à possessão demoníaca e ao exorcismo. Existe um registro importante de exorcismo em Atos (16:16-18) e observações incidentais sobre os exorcistas Paulo e judeus (19:13-20). Jesus realizou a maior parte dos exorcismos nos relatos dos evangelhos (p. ex., Mt 4:11, 23; Mc 1:12-13, 21-34), embora os apóstolos também tenham praticado alguns. O exorcismo pressupõe a crença na existência de seres espirituais que podem entrar no corpo de um indivíduo e ocupá-lo, permanente (Mc 5:1-14) ou intermitentemente (9:14-27). Além da possessão demoníaca em si, o fato envolve frequentemente algum tipo de opressão por um espírito estranho.

O exorcismo é traçado até o antigo Oriente Próximo. Um exorcista usualmente recorria a um espírito bom e mais forte, para subjugar ou expulsar um espírito menos forte e usualmente malevolente. Os métodos variavam de poucas palavras de comando até uma cerimônia ritual completa, além de encantamentos mágicos elaborados. Quando necessário, o exorcista vai usar uma combinação de métodos para assegurar o sucesso. Práticas de exorcismo estão associadas com a crença de que a possessão demoníaca trazia frequentemente doença à vítima. Assim, exorcizar o demônio de um indivíduo era uma forma de tratamento da doença que, se cria ter sido causada pela intrusão de um espírito. Existe, entretanto, uma distinção entre exorcismo e cura. A epilepsia que o garoto em Marcos 9:14-27 sofreu foi causada por um espírito maligno, mas não existe tal conexão feita para a mulher com uma hemorragia sanguínea (5:25-34).

Jesus exorcizou demônios por Sua palavra de ordem sem apelo aparente à autoridade dele próprio. Os cristãos primitivos, entretanto, expulsaram os demônios no nome e na autoridade de Jesus (Lc 10:17-20; At 16:16-17).

Bibliografia. S. Eitrem, *Some Notes on Demonology* (1971): S. R. Garrett, *The Demise of the Devil* (Minneapolis, 1989); S. V. McCasland, *By the Finger of God* (New York, 1951); G. N. Twelftree, *Jesus the Exorcist* (Peabody, 1994). [CHARLES YEBOAH]

EXPIAÇÃO Ação sacrificial que remove a barreira de pecado que bloqueia a comunhão entre Deus e o povo. Conceitos expiatórios estão intimamente relacionados com ideias de culpa, pureza, julgamento divino e misericórdia. As ideias do Antigo e do Novo Testamento sobre a expiação são, depois, ligadas com amplos padrões de pensamento sacrificial no antigo Oriente Próximo e no mundo greco-romano. Nos tempos modernos, tem havido muita discussão das diferenças entre "expiação" e "propiciação", o primeiro sugerindo iniciativa divina e o último, uma atividade humana (objetivando desviar a ira divina). Tais distinções não podem ser prontamente derivadas de termos hebraicos e gregos em si na Bíblia. As Escrituras não parecem pressupor regularmente, entretanto, que os homens não podem controlar ou manipular a resposta de Deus aos seus pecados.

O Antigo Testamento afirma geralmente o valor dos sacrifícios expiatórios, mas nunca apresenta uma interpretação ou explicação geral de sua eficácia (cf. Hb 9:22). Naturalmente, muitas declarações sobre a expiação a conectam com sacrifícios sacerdotais. Levítico, em particular, oferece prescrições detalhadas para os rituais sacrificiais adequados às várias classes de transgressões das quais se diz que elas as "expiam". Poucas passagens tratam da morte e das execuções de seres humanos como instrumento de purificação das nações e como meio de obtenção do perdão divino (Fineias: Nm 25:7-13; Sir. 45.23; Davi: 2Sm 21:1-14). Entretanto, os profetas do Antigo Testamento declaram frequentemente que os sacrifícios não obtêm o perdão quando os sacrificadores não se arrependem. Passagens como Miqueias 6:6-8; Jeremias 7:21-23 (cf. Sl 51:16-17 [TM 18-19]) vêm juntas para negar que qualquer rito sacrificial expia o pecado. O quarto Cântico do Servo de Isaías (Is 52:13-53:12) desenvolve, com poder único, a morte voluntária humana que funciona como sacrifício vicário para o perdão dos pecados de outros. Um texto judaico helenista, que pode ter influenciado a soteriologia cristã primitiva, trata de mártires cuja morte expia os pecados de Israel (4Mac 17.20-22; cf. 2Mac 7.30-38).

Muitas declarações do Novo Testamento sobre expiação estão ligadas com a morte de Jesus, e tais declarações estão difundidas no Novo Testamento. A influência de Isaías 53 é particularmente aparente em Hebreus 9:28; 1Pedro 2:18-25; 3:18. Contudo, as interpretações cristãs primitivas da morte de Jesus como expiação pelo pecado implicam frequentemente em que aquele evento tanto cumpriu quanto substituiu os sacrifícios feitos sob a lei do Antigo Testamento.

As cartas de Paulo, os escritos mais antigos do Novo Testamento, incorporam fórmulas pré-paulinas interpretando a morte de Jesus como sacrifício pelos pecados (1Co 11:23-26; 15:3; Rm 3:24-26; 8:3; 2Co 5:20-21). O próprio Paulo parece aceitar tais ideias, embora ele não explique ou discorra sobre elas. Há várias passagens paulinas que tratam do assunto (Ef 1:7; 5:2; Cl 1:20-22; 2:13-15). É digno de nota que as cartas de Paulo explorem mais significados sobre a morte de Jesus, especialmente a liberdade da lei (Gl 2:19-21; 3:10-5:12; Rm 7:1-8:4; cf. Ef 2:14-16; Cl 2:13-15) e as contínuas experiências cristãs do sofrimento; interpretações paulinas da morte não estão limitadas às expiatórias.

Nos Evangelhos Sinópticos, as interpretações sacrificiais da morte de Jesus são sugeridas especialmente na narrativa da Ceia do Senhor (Mc 14:22-25 = Mt 26:26-29) e o dito de "resgate" possivelmente relacionado em Marcos 10:45 (=Mt 20:28). As narrativas da Paixão nos evangelhos também indicam que a morte de Jesus está especificamente relacionada com o templo e seus sacrifícios (Mc 15:29, 38).

Um interesse especial na interpretação da morte de Jesus como expiação pelos pecados é mostrada em 1João (especialmente, 1Jo 2:2), e isso está claramente relacionado com ênfase na humanidade de Jesus (4:2-10; cf. Hb 2:17). No evangelho de João, o pensamento expiatório traz à tona a descrição que

João Batista fez de Jesus: "Cordeiro de Deus que tira o pecado do mundo" (Jo 1:29; cf. 11:50), mas aquele evangelho trata da morte de Jesus principalmente em modo não sacrificiais. O livro de Apocalipse também faz alusão às visões expiatórias da morte de Jesus (Ap 1:5; 5:9).

Sem dúvida, a apropriação completa das categorias da expiação no Novo Testamento é encontrada na Carta aos Hebreus. O autor apresenta um argumento meticuloso sobre um auto-oferecimento do Filho de Deus, de uma vez por todas, no santuário celestial pelos pecados de "muitos" (Hb 9:1-10:18). A morte de Jesus é entendida simultaneamente como cumprimento do culto sacrificial da antiga Aliança e fato que o tornou obsoleto.

Bibliografia. C. B. Cousar, *A Theology of the Cross: The Death of Jesus in the Pauline Letters*. OBT 24 (Minneapolis, 1990); R. G. Hamerton-Kelly, *Sacred Violence: Pauls Hermeneutic of the Cross* (Minneapolis, 1992); M. Hengel, *The Atonement* (Philadelphia, 1981). [DAVID M. HAY]

ÊXTASE Estado de emoção intensificada (gr. *ékstasis*, do verbo *exístēmi*, lit. "sair do lugar"). O fenômeno em si é difícil de definir, mas é encontrado por toda literatura bíblica e grega (p.ex:, Fílon *Heres* 264). O conceito encerra uma variedade de experiências tanto no AT como no NT. Em Gênesis 15:12, Abraão cai num profundo transe no qual recebe uma palavra do Senhor. Outros exemplos incluem transe provocado por cântico e dança (1Sm 10:5, 12; 19:20; 2Sm 5:12-23), fenômenos naturais (1Rs 19:11-18) e revelação da Palavra de Deus (Jr 23:9; Is 6; Am 7-9).

No NT, o êxtase tende a enfatizar duas esferas específicas. A primeira é um estado de espanto intenso ou assombro a ponto de se estar fora de si (p. ex., Mc 5:42, lit., "e todos foram tomados de grande espanto"; cf. 16:8; Lc 5:26; 24:22; At 3:10; 13:12). A segunda é um estado visionário acompanhado por um estado mental alterado. Em Atos 10:10, Pedro entra em transe (cf. 11:5). Outras ocorrências possíveis desse fenômeno podem ser encontradas na experiência de tentação de Jesus (Lc 4:1-12), na transfiguração (Mc 9:2-8), no Pentecoste (At 2), na experiência de Paulo no caminho de Damasco (At 9, 22, 26; Gl 1:15-16) e na descrição que Paulo faz do terceiro céu (2Co 12:1-9). [VAUGHN CROWETIPTON]

EZBAI (heb. *'ezbāy*) Pai de Naarai, um dos campeões de Davi (1Cr 11:37). O nome pode ser uma leitura corrompida de "o arbita" (heb. *'rby*), um epíteto de Paarai na lista paralela (2Sm 23:35).

EZBOM (heb. *'eṣbôn*) (tb. OZNI) **1.** O quarto filho de Gade (Gn 46:16). Ele é chamado Ozni em Números 26:16.

2. Filho de Belá, da tribo de Benjamim (1Cr 7:7).

EZEL (heb. *hā'āzel*) Pedra onde Jônatas e Davi concordaram em se encontrar, depois que Davi fugiu de Saul (1Sm 20:19) e onde se despediram (v. 35-42). Sua localização precisa é desconhecida.

EZEM (heb. *'eṣem*) Cidade destinada a Simeão (Js 19:3; 1Cr 4:29), posteriormente incluída Judá, quando Simeão foi assimilado (Js 15:29). O sítio tem sido identificado com Umm el-´Azam, a cerca de 36 km a sudoeste de Beer-Seba. Sua menção possível no óstraco de Tell esh-Sheri´, sugere que a colonização pode ter se localizado no norte de Beer-Seba, talvez, identificada com o semelhante nome Umm el-´Azem. [LAURA B. MAZOW]

EZEQUIAS (heb. *ḥizqîyâ*) **1.** Filho de Nearias e descendente de Zorobabel, portanto membro da casa real de Judá (1Cr 3:23).

2. (heb. *ḥizqîyâ, ḥizqîyāhû*) Rei de Judá (provavelmente 715-687 a.C.), filho e sucessor de Acaz. A mãe dele era Abi, filha de Zacarias. Seus 29 anos de governo foram iniciados quando tinha 25 anos de idade (2Rs 18:2 = 2Cr 29:1), sendo avaliados positivamente (2Rs 18:3 = 2Cr 29:2). O deuteronomista até mesmo afirma que "de modo que não houve ninguém semelhante a ele entre todos os reis de Judá, nem antes nem depois dele" (2Rs 18:5; mas cf. 2Cr 32:25). Ezequias foi lembrado por sua devoção (2Cr 32:20; Is 38:10-20), por seu apoio aos sábios (Pv 25:1) e pelos projetos de construção, inclusive um túnel subterrâneo que ligava a fonte Giom de Jerusalém ao poço de Siloé (2Rs 20:20; 2Cr 32:30; Is 22:9-11).

Quando Ezequias subiu ao trono, Judá era vassalo da Assíria. Seu pai Acaz não só pagara tributo à Assíria como também modificara as práticas rituais judaicas para agradar seus novos senhores (2Rs 16:10-18). O cronista sugere que Acaz chegou até a fechar o templo de Jerusalém (2Cr 28:24).

Ezequias reverteu as políticas religiosas de seu pai. Os estudiosos há muito vêm debatendo a extensão de suas reformas, já que o deuteronomista dedica apenas três versículos a elas (2Rs 18:4,16,22). No entanto, Crônicas as descreve em detalhes (2Cr 29:3-32:31). Estudos mais antigos menosprezavam a historicidade desse relato, mas hoje Crônicas é visto como confiável. O deuteronomista pode haver eliminado alguns detalhes para evitar comparações com o rei Josias.

As reformas de Ezequias incluíram a remoção dos lugares altos, a demolição dos símbolos religiosos cananeus e até mesmo a destruição de Neustã, a serpente de bronze que segundo o relato fora feita por Moisés no deserto. O rei ordenou a purificação e restauração do templo de Jerusalém e seu culto (2Cr 29:3-36), uma renovação da celebração de Páscoa (2Cr 30:1-27) além da reorganização do sacerdócio de Judá (2Cr 31:2-19). A centralização do culto em Jerusalém fortaleceu a autoridade moral e política da monarquia ao manter a população de Judá mais próxima à capital. Os remanescentes das tribos do norte também foram convidados a se unir a Judá numa celebração comum da Páscoa (2Cr 30:1-11).

Em consequência, Ezequias se rebelou contra a Assíria. A evidência bíblica e extrabíblica da revolta de Ezequias, embora extensa, às vezes é contraditória. É incerto se Ezequias participou de revoltas que aconteceram durante o reino de Sargão II. O mais provável é que Ezequias tenha planejado sua rebelião por um longo período de tempo, pois ele cuidadosamente forjou uma série de alianças e fortificou Jerusalém e algumas outras cidades de Judá. Ezequias apoiou os cidadãos rebeldes de Ecrom e Asquelom, ao aprisionar Padi, rei de Ecrom. Com certeza, manteve contatos com a Babilônia, com Tiro e com o Egito (2Rs 18:21; 20:12-15; Is 18:1-2; 30:2; 31:1). A morte de Sargão II no campo de batalha, em 705, e as dificuldades iniciais de Senaqueribe para debelar as numerosas revoltas ao longo do império teriam provavelmente convencido Ezequias de suspender o tributo e completar os preparativos para a guerra. É possível que a celebração comum da Páscoa e as reformas religiosas de Judá tenham ocorrido nesse momento.

No entanto, Senaqueribe pacificou a parte oriental de seu império e, em seguida, marchou para o oeste. Ele atacou Tiro e substituiu seu rei, Luli, que fugiu para Chipre. Então passou para a Filístia e conquistou as cidades rebeldes da região. As forças egípcias foram derrotadas perto da cidade de Elteque. Senaqueribe poderia agora concentrar sua atenção em Judá. Os anais assírios declaram que ele sitiou e capturou 46 de suas cidades e deportou suas populações. Ezequias foi "feito prisioneiro em Jerusalém, em sua residência real, como um pássaro em uma gaiola", *ANET*, p. 288). A Bíblia confirma que Ezequias suplicou pela paz e pagou um tributo pesado (2Rs 18:13-16).

Nesse momento, a evidência torna-se ambígua. Judá foi saqueado e perdeu sua independência, mas Jerusalém não foi capturada ou destruída pelos assírios. Ezequias (líder da revolta) voltou a ser vassalo, mas não perdeu seu trono. Em seus anais, Senaqueribe declara sua total vitória sobre Judá, enquanto a Bíblia registra um massacre de assírios (185 mil de acordo com 2Rs 19:35 = Is 37:36; cf. 2Cr 32:2 1) por um anjo de Deus. Rumores de retrocessos políticos ou militares (2Rs 19:7 = Is 37:7) podem ter forçado Senaqueribe a voltar para Nínive, capital da Assíria, onde foi depois assassinado por dois de seus filhos (2Rs 19:36-37 = Is 37:37-38; 2Cr 32:21). Alguns estudiosos defendem que a evidência aponta para duas campanhas militares distintas realizadas por Senaqueribe contra Judá (em 701 e dez ou quinze anos depois). A maioria dos estudiosos hoje entende que esses relatos narram de forma tendenciosa uma única campanha.

Há também alguma ambiguidade na relação de Ezequias com os profetas de Judá. Miqueias e Isaías foram seus contemporâneos. Não há nenhuma evidência bíblica de que Ezequias tenha se relacionado com Miqueias, embora uma geração posterior haja reconhecido que o rei fora tolerante para com a sua mensagem (Jr 26:18-19). No entanto, Isaías ofereceu frequentemente orientação para Ezequias (2Rs 19:2-7,20-34 = Is 37:2-7,21-35). Embora Isaías tenha encorajado Ezequias a resistir aos assírios quando estes injuriaram a Deus (2Rs 19:32-34 = Is 37:33-35), parece provável que o profeta a princípio se opusera aos planos de Ezequias de se rebelar contra a Assíria (Is 30:1-17; 31:1-5).

As reformas religiosas de Ezequias foram desmanteladas por seu filho Manassés, e suas tentativas de obter independência política para Judá só trouxeram devastação e um pesado tributo para a nação. Porém, Ezequias deixou exemplo de devoção, de fidelidade e de zelo em relação a Deus o qual deu ímpeto para o sucesso de reformas religiosas posteriores.

Bibliografia. R. E. Clements, *Isaiah and the Deliverance of Jerusalem.* JSOTSup 13 (Sheffield, 1980); R. H. Lowery, *The Reforming Kings: Cults and Society in First Temple Judah.* JSOTSup 120 (Sheffield, 1991); A. R. Millard, "Sennacherib's Attack on Hezekiah", *TynBul* 36 (1985): 61-77; F. L. Moriarty, "The Chronicler's Account of Hezekiah's Reform;' *CBQ* 27 (1965): 399-406; J. Rosenbaum, "Hezekiah's Reform and the Deuteronomistic Tradition", *HTR* 72 (1979): 23-43.
[TIMOTHY A. LENCHAK]

3. O cabeça de uma família que voltou da Babilônia com Neemias depois do exílio (Esdras 2:16 = Ne 7:21 = 1Esdras 5.15). Seu nome babilônio era Ater, e ambos os nomes estão entre aqueles que selaram a aliança renovada (Ne 10:17 [TM 18]).

4. Um antepassado do profeta Sofonias (Sf 1:1), talvez o mesmo do item 1 acima.

EZEQUIEL, LIVRO DE Livro classificado como Profeta Maior, atribuído ao profeta Ezequiel (heb. *yĕḥezqʾēl*).

O PROFETA. Ezequiel, filho do sacerdote Buzi, estava entre os cidadãos de Judá que foram levados ao exílio babilônico, com o rei Joaquim, para a Babilônia em 597 a.C. Seu chamado para ser profeta é datado em 13 de julho de 594, e seu último oráculo registrado é datado em 10 de abril de 574 (seguindo as equivalências cronológicas de Ernst

Kutsch; a referência ao 30º ano de Ezequiel em 1:1 não foi explicada satisfatoriamente). Há bem pouca informação biográfica. O casamento de Ezequiel é a única informação conhecida sobre sua família, por causa da nota sobre a morte de sua esposa em 24:15-24. Contemporâneo do profeta de Judá, Jeremias, a quem ele não faz menção; Seu período primário de atividade na Babilônia foi de aproximadamente 25 anos. Seu conhecimento da Jerusalém contemporânea pode ser explicado ou por sua experiência própria anterior lá ou por relatos que chegaram aos exilados na Mesopotâmia. Seu comportamento sacerdotal incomum pode quase sempre ser interpretado como expressão de suas perspectivas apaixonadas sobre julgamento ou esperança, e não como evidência de instabilidade emocional ou até mesmo de psicose.

O LIVRO. O livro de Ezequiel é dividido em três grandes seções: caps. 1—24, oráculo de julgamento contra Judá e Jerusalém; caps. 25—32, oráculos de julgamento contra nações estrangeiras; e caps. 33—48, palavras de esperança. Vocabulário e expressões características no livro incluem "mortal" como a designação de Deus para o profeta; "casa de Israel"; "você (ou eles) conhecerá que Eu sou o Senhor", e muitas palavras em comum com os documentos do Pentateuco H e P. O grande número de palavras de controvérsia no livro indicam que o profeta experimentou oposição considerável durante a sua vida. Quatro grandes registros de visões (caps. 1—3; 8—11; 37; 40—48) dominam a estrutura do livro.

O simbolismo complexo e vívido no cap. 1 conota a realidade de Deus que apareceu ao profeta e sua mobilidade, mostrado por sua presença na Babilônia, longe do templo e da terra prometida. No relato de seu chamado, Ezequiel é instruído a passar adiante obedientemente uma mensagem caracterizada como lamentação, luto, e aflição, indiferente de se o povo ouviria ou não (3:11). O parágrafo da sentinela (3:16-21; cf. 33:1-9) limita a responsabilidade profética de dar um aviso sobre o ataque iminente de Deus de Jerusalém. O relato da sentinela no cap. 33 insiste em que Yahweh não deseja a morte do ímpio, mas somente que eles se voltem de seus modos e vidas pecaminosos.

Doze ações de sinais são registradas em Ezequiel, pouco mais do que para seu contemporâneo Jeremias e sobrepujando, em muito, o número de profecias anteriores. A severa resposta de Ezequiel à morte de sua esposa antecipa a resposta dos exilados à destruição do templo e à morte de seus próprios parentes (24:15-24). Seu período sem discurso durante seus primeiros anos é quebrado somente quando Deus permite ou o autoriza a falar (3:22-27), mas sua mudez termina quando os refugiados da capturada cidade de Jerusalém chegam na Babilônia (24:25-27; 33:21-22) e a boca de Ezequiel está livre para falar a passagem de esperança mais longa e prolongada na Bíblia. Ele age fora do cerco de Jerusalém (4:1-3), traz a culpa do povo como seu substituto (v. 4-8), come rações limitadas como uma pessoa no cerco (v. 9-11), alega comer pão assado em brasas feitos com estercos humanos, somente por ter Yahweh mitigado levemente o seu destino permitindo-lhe usar combustível feito do esterco de animal (v. 12-15). Em 5:1-4, Ezequiel queima um terço de seu cabelo, pica outro terço dele com uma espada, e espalhas os últimos um terço para representar o que irá acontecer com o povo na queda de Jerusalém. O verso 3 introduz a ideia de um remanescente, através do símbolo de poucos cabelos ligados à bainha de seu vestuário. Outras ações de sinais estão em 12:1-16, 17-20; 21:6-7, 8-13; e 37:15-28, a única ação de sinal com uma mensagem positiva.

Na grande visão de julgamento nos caps. 8—11, Ezequiel é transportado para Jerusalém para observar as abominações, os pecados cúlticos, no templo. Ele, então, vê executadores passarem pela cidade para golpear tanto velhos quanto jovens, mas somente depois um personagem sacerdotal colocou marcas sobre aqueles que suspiram ou gemem por causa das abominações da cidade, indicando que eles serão poupados da punição. A primeira parte de sua visão termina com uma descrição da glória de Yahweh se movendo do templo para o trono de uma carruagem estacionada próxima e, então, indo em direção ao exílio. O Deus que pronuncia o julgamento contra Jerusalém é o mesmo que tinha chamado Ezequiel para ser um profeta no exílio. Na segunda parte de sua visão, Pelatias, filho de Benaías, cai morto enquanto Ezequiel está profetizando (11:1-13). O significado de sua morte pode estar em seu nome, que significa algo como "Yahweh liberta", o filho de "Yahweh constrói". Se uma pessoa com tal nome não pode escapar do julgamento de Yahweh, quem pode?

Nos caps. 14, 18, e 33 Ezequiel desenvolve uma discussão teológica sofisticada sobre várias questões controversas. Ele sustenta que é possível para os exilados se arrependerem, e que essa possibilidade não está restrita pelo comportamento de prévias gerações ou, até mesmo, por estágios de sua vida. A retidão de uma pessoa não pode reverter a retribuição enfrentada por outros na comunidade que são ímpios ou, até mesmo, a retribuição enfrentada pelos próprios descendentes ímpios da pessoa. O comportamento mal não arrependido fará nulas e vazias as bênçãos contidas nas promessas de Yahweh.

No cap. 20, Ezequiel conta simbolicamente a história de Israel, indicando que Yahweh tinha contemplado destruir o povo, antes de eles deixarem o Egito (v. 8), e que o exílio havia sido determinado como seu destino, antes de eles entrarem na terra (v. 23-24). Daí, a inquirição de Yahweh durante o exílio é descartada da questão por Ezequiel (v. 31). Além disso, Yahweh agiria como rei para libertar seu povo de seus vários lugares de exílio, separando no processo todos os rebeldes e traidores, antes de trazê-los de volta a Sião (v. 32-44). Através da imagem da impureza sexual feminina, beirando a vulgaridade, Ezequiel acusa Jerusalém e Samaria (caps. 16, 23), e ele compara Jerusalém infavoravelmente a Samaria e Sodoma por causa de sua grande impiedade (16:47-48). A tendência patriarcal de ambos os capítulos é problemática para os leitores modernos.

Os oráculos contra as nações nos caps. 25—32 se dirigem a sete regiões: Amom, Moabe, Edom, Filístia, Tiro, Sidom, e Egito. Evidente por sua ausência é a Babilônia. Esse silêncio pode ser explicado pela expediência política ou pelo fato de que Ezequiel viveu no início do período do exílio, quando a prioridade maior deveria ser dada ao destino das nações em volta de Israel, ante do que ao próprio grande poder mundial. Os oráculos contra as nações são usualmente vistos como um tipo de meio-termo entre palavras de julgamento contra Israel e palavras de esperança para Israel. Ezequiel argumenta que a glória e a santidade de Yahweh poderiam ser mantidas somente se as nações fossem julgadas, e se Israel, além de seu julgamento presente, fosse finalmente salvo.

As palavras esperançosas dos caps. 33—37 têm seu clímax em 37:24b-28, que prometem eterna posse da terra, um eterno príncipe davídico, um pacto eterno, e um santuário eterno no meio de Israel. Na visão do vale dos ossos secos (37:1-14), Ezequiel assegura que um futuro é possível para Israel somente pelo poder de Deus, e ele descreve aquele poder por ações que podem somente ser realizadas por Yahweh, tais como a criação, o êxodo, e a ressurreição. O objetivo final da libertação é o conhecimento de Yahweh (37:6, 13-14).

Antes de soletrar a promessa futura em detalhes, o livro de Ezequiel salta à frente do tempo, depois que Israel foi restaurado à terra, quando ele está amedrontado por uma invasão misteriosa do norte (caps. 38—39). Gogue de Magogue (talvez, uma alusão mitológica a Giges da Lídia) será trazido por Yahweh contra Israel, mas, então, será completamente derrotado na terra, com o povo destruindo as armas e enterrando seus mortos. Subsequentemente, Yahweh irá convidar cada tipo de pássaro e animal selvagem — isto é, toda família não humana — para um grande banquete de vitória, no qual os soldados derrotados e seus animais são servidos como o curso principal. Esses capítulos demonstram que nenhuma nação inimiga irá, jamais, invadir a Terra Santa com sucesso novamente.

O tema da presença de Yahweh com seu povo é o tema central na visão final do livro (caps. 40—48). Ezequiel é deixado em volta do templo e de seus arredores e lhe são dadas as dimensões do novo santuário que será construído lá (40:1—44:3). No final da descrição, Ezequiel vê a glória do Deus de Israel voltar do leste e reentrar no templo através do portão leste (43:1-5). Seu guia o informa de que o portão leste irá sempre permanecer fechado, de modo que ninguém, jamais, atravessará pelo mesmo caminho de Yahweh em direção ao templo (44:2), mas implicando também que Yahweh nunca mais abandonará aquele portão. A terra é colocada de lado para o "príncipe" (o termo que Ezequiel usa para o rei ou messias do futuro; cf. 34:24; 37:25), a fim de lhe dar rendimento suficiente de modo que ele não será tentado a oprimir aqueles sobre os quais ele governa (45:7-8), De modo geral, Ezequiel tem uma baixa opinião dos reis durante a sua vida (caps. 17, 19, 34). Um dos principais papéis futuros do príncipe será como um personagem principal na adoração, com o resultado de que a ele é destinado um lugar favorável no portão leste, durante os rituais sacrificiais (46:2). Um rio vindo do templo significa a presença renovada de Yahweh com o povo, e isso traz nova vida ao deserto de Judá e, até mesmo, ao Mar Morto (47:1-12; cf. Gn 2:10-14; Sl 46:4-5 [TM 5-6]; Jl 3:18 [4:18]; Zc 14:8). A divisão da terra entre as tribos dá a cada uma a mesma quantidade de território (implicando igualdade), todas no lado oeste do Jordão (implicando separação do território avaliado como religiosamente suspeito, Js 22:26-29), e o livro concebe o arranjo da terra em zonas de santidade: o templo, seus sacerdotes, e os levitas estão no centro da terra, e próximo a essa área sagrada vêm quatro tribos ao norte e quatro ao sul, que são descendentes de uma das esposas completas de Jacó. As três tribos mais longas no norte e a tribo mais longa no sul são descendentes das criadas das esposas. O verso final do livro pode ser secundário, mas ele expressa bem a ideia teológica central do que foi desenvolvido por toda a visão final: "e o nome da cidade desde aquele dia será Yahweh-Samá" (Ez 48:35).

Bibliografia. L. C. Allen, *Ezekiel 1-19*. WBC 28 (Waco, 1994); *Ezekiel 20-48*. WBC 29 (Waco, 1990); J. Galambush, *Jerusalem in the Book of Ezekiel*. SBLDS 130 (Atlanta, 1992); M. Greenberg, *Ezekiel 1-20*. AB 22 (Garden City, 1983); R. W. Klein, *Ezekiel: The Prophet and His Message* (Columbia, S.C., 1988); W. Zimmerli,

Ezekiel 1. Herm (Philadelphia, 1979); *Ezekiel 2. Herm* (Philadelphia, 1983). [RALPH W. KLEIN]

EZIOM-GEBER (heb. *'eṣyôn geḇer*) Cidade em Edom, no Golfo de Aqabah, listada como lugar de descanso ao longo da rota tomada no Êxodo (Nm 33:35-36). Davi pode ter capturado essa vila quando ele subjugou Edom (2S, 8:13-14). Salomão construiu frota de navios lá (1Rs 9:23 = 2Cr 8:17; cf. 10:22). Com a morte de Salomão, a região reverteu o controle edomita. Eziom-Geber foi conquistada por Jeosafá, de Judá, que também construiu navios naquele lugar, mas esses foram destruídos (1Rs 22:48; 2Cr 20:36) como a retribuição divina por sua aliança com Acazias (v. 37), e seu filho, Uzias, reconstruiu o sítio (v. 22).

Muitos arqueólogos, seguindo Nelson Glueck, debatem que Eziom-Geber estava localizada na moderna Tell el-Kheleifeh, na extremidade norte do Golfo de Aqabah, a cerca de 457 m da margem. A Bíblia o localiza "junto a Elate, na praia do mar Vermelho, na terra de Edom" (1Rs 9:26). Embora Eziom-Geber e Elate sejam tradicionalmente vistas como estabelecimentos distintos, muitos estudiosos os olham como nomes diferentes para o mesmo sítio.

A característica principal de Tell el-Kheleifeh é uma série de muros com buracos que Glueck pensou ser canos de chaminé e de ar. Esses muros tinham sofrido calor tão intenso que eles se tornaram forno de assar. Mais ainda, eles trazem traços de enxofre e de vários outros metais. Inicialmente, Glueck concluiu que ele tinha encontrado os restos de uma refinaria especificamente projetada para fazer uso dos ventos do Golfo para superaquecer o fogo em um fundidor de cobre. Posteriormente, ele revisou completamente seus achados para sugerir que os buracos realmente suportavam as vigas mestras de madeiras que tinham sido destruídas pelo fogo e identificou a estrutura como depósito e celeiro. A destruição dessa e de outras construções podem estar relacionadas com a invasão dos egípcios, sob Sisaque, cerca de 925 (cf. 2Cr 12:4).

Uma sugestão mais recente para o local está centrada na ilha de Jezîrat Far´ôn/Ilha Coral, que parece oferecer um porto natural para os navios. [WATSON E. MILLS]

EZRA (heb. *'ezrâ*) Cidadão de Judá (1Cr 4:17), listado entre os descendentes de Calebe.

EZRAÍTA (heb. *'ezrāḥî*) Forma alternativa do Zerahite gentílico, designando os descendentes de Zerá (1Cr 2:6). Etã e Hemã foram membros famosos desse clã (1Rs 4:31 [TM 5:11]; cf. os sobrescritos dos Salmos 88-89).

ÉZRI (heb. *'ezrî*) Filho de Quelube; supervisor dos trabalhadores nas terras reais de Davi (1Cr 27:26).

F

FÁBULAS Narrativa ou declaração fictícia, na qual existem acontecimentos maravilhosos em circunstâncias incomuns, envolvendo usualmente animais ou plantas que falam ou agem como seres humanos. Originando-se a partir de uma tradição oral folclórica, a fábula busca tanto entreter quanto ensinar uma lição moral. O gênero é conhecido na literatura do antigo Oriente Próximo, séculos antes de ele aparecer na literatura hebraica. Existem também representantes pictóricos do segundo milênio a.C. envolvendo animais e plantas que sugerem que um momento crucial em uma suposta fábula está sendo ilustrado.

Um dos melhores exemplos do gênero de fábula é encontrado em Juízes 9:7-15, uma narrativa dos esforços de Abimeleque para estabelecer um reinado em Israel. A atitude negativa para com o reinado é ilustrada graficamente na fábula de Jotão do cardo ou do arbusto (Abimeleque) que foi escolhido rei, em vez de árvores mais dignas — a oliveira, a figueira e a videira (filhos de Jerubaal). A oliveira, a figueira, e a videira oferecem cada uma extensas razões em formas poéticas pelas quais elas não podem concordar com o pedido das árvores de governar sobre elas, mas o cardo concorda incondicionalmente.

Outro exemplo de fábula caracterizando a conversa entre plantas ocorre em 2Reis 14:8-10 (cf. 2Cr 15:18). O rei Jeoás enviou uma mensagem ao rei Amazias, de Judá, mencionando simplesmente "o cardo que está no Líbano" desafiando arrogantemente "ao cedro que lá está: Dá tua filha por mulher a meu filho". Essa última arrogante foi encontrada com uma fera que estava no Líbano que a pisou.

Novas traduções do Novo Testamento traduzem o grego *mýthos* (1Tm 1:4; 2Tm 4:4; 2Pe 1:16) como "mito" em vez de "fábulas" de KJV. [WILLIAM R. GOODMAN, JR.]

FACE Em vários contextos, "face" (heb. *pāne*) é sinônimo de "superfície", como "a face de toda a terra" (Gn 1:29), "a superfície do solo" (2:6), "a face do abismo" (1:2). Em outros contextos, a palavra supõe um relacionamento íntimo com uma pessoa, de modo que em "ver a face de..." (Gn 32:20) e "esconder a face de..." (Sl 27:9) ambos são indicadores da presença e ausência, da aceitação e da rejeição. O último é também uma tentativa de esconder a identidade de alguém (Sl 102:2 [TM]; Is 53:3).

"Prostrar-se com o rosto em terra" (Lc 5:12; gr. *prósōpon*) e "cair com o rosto em terra" (Ez 1:28) são sinais de humilhação e reverência. "Virar o rosto" (2Rs 20:2) e "dirigir o rosto contra..." (Ez 35:2) são indicadores de determinação e intenção. Além disso, "semblantes tristes" (Gn 40:7) e ter um "semblante caído" são sinais de desrespeito e desonra, como o é dar uma bofetada na face de alguém (Jo 18:22). De modo semelhante, mutilar a face (Lv 21:18) ou ter o rosto coberto (2Sm 19:4-5) é uma indicação de perda, lamentação, e vergonha. Como contraste, "levantar o rosto" (2Rs 5:1) ou conversar com alguém "face a face" (1Ts 3:10) é sinal de respeito e honra ao tratar alguém como o seu igual.

Na sociedade mediterrânea tradicional, que mantém um forte senso de honra entre os homens, a face é a expressão pública mais óbvia do caráter e da posição de uma pessoa no grupo social. Assim, curvar a face ou cair sobre a face é um gesto apropriado de reverência a um superior. Ter a face erguida é uma concessão de honra por um superior a um inferior. A esperança dos crentes é que eles também vejam a Deus "face a face" (1Co 13:12), tendo recebido o dom último de aceitação por Deus, em Cristo. [T. R. HOBBS]

FACE (queixo) Porção de uma oferta queimada de um boi ou uma ovelha reservada para o sustento do sacerdote, juntamente com as espáduas e o estômago (Dt 18:3; "papos"; heb. *lĕḥ' raqqâ*). As faces de uma mulher, cuja suavidade era uma marca de beleza, eram sempre perfumadas e enfeitadas com ornamentos, talvez pérolas ou franjas (Ct 1:10; 5:13). Talvez porque a face fosse considerada como centro da modéstia (cf. Ct 4:3; 6:7), pessoas no antigo Oriente Próximo consideravam uma afronta significativa tocar ou bater na face de uma pessoa (1Rs 22:24; Sl 3:7; cf. Mt 5:39 = Lc 6:29; gr. *siagṓn*).

FALCÃO Ave de rapina pertencente à família *Falconidae* (heb. *'ayyâ*). Várias espécies do gênero *Falco* têm sido atestadas na Palestina. A aguçada visão do pássaro ajudaria na localização e no golpe de sua presa (Jó 28:7).

FALCÃO NOTURNO Pequeno pássaro noturno parente da coruja e do falcão (heb. *taḥmās*); também conhecido como curiango ou bacurau (*Caprimulgus europaeus*) ou "chupa-cabra". Existem cerca de 95 espécies conhecidas, incluindo as que se desenvolvem na Europa, Ásia e Palestina. Pelo menos uma espécie, *Caprimulgus nubicus*, é encontrada no norte da África, embora somente quando migra.

É improvável, entretanto, que *taḥmās* designe o falcão noturno pelo fato de ele raramente ser encontrado no Oriente Médio. Ao contrário, provavelmente, signifique uma pequena coruja predadora (cf. NJB, NIV "coruja que guincha"; LXX gr. *glaúx*). Esses pequenos pássaros noturnos se alimentam de presas à noite e se empoleiram em árvores durante o dia nas florestas da Galileia. Esse pássaro foi considerado impuro e, assim, não podia ser comido (Lv 11:16; Dt 14:15). [T. J. JENNEY]

FALSOS PROFETAS Profetas que falam em nome de Baal (p. ex., 1Rs 18:19-40) ou, mais frequentemente, aquele que fala mentiras em nome do Senhor (Mq 3:5-8; Jr 4:9-10).

Vários testes definiam um falso profeta (gr. *pseudoprophḗtēs*). Se a palavra do profeta não se tornasse verdade, então, o profeta era falso (Dt 18:22; Jr 28:9). Contudo, esse teste era útil somente depois do fato, não antes que o desastre aparecesse. Além disso, até mesmo palavras de verdadeiros profetas não se tornaram verdade (p. ex., Am 7:11a). Os falsos profetas foram condenados por sonhos (Dt 13:1-3; Jr 23:25-38; Ez 13:9), mas sonhos também eram aceitáveis (Gn 28:10-22). Falsos profetas se engajavam em atividades estáticas (1Rs 18:19-40; 22:5-23), mas profetas extáticos também eram aceitos como verdadeiros (1Sm 10:9-13). Falsos profetas reivindicavam ter o espírito do Senhor (1Rs 22:24), mas assim faziam os verdadeiros profetas (Mq 3:8; Is 61:1). Por causa dessas ambiguidades, as pessoas tinham dificuldade em discernir entre os profetas verdadeiros e os falsos.

Os fatores decisivos pareciam ser que os falsos profetas não participavam do conselho do Senhor (Jr 23:18) e não eram enviados por Deus (v. 21). Eles tinham suas próprias visões (Jr 23:16), valendo-se de mentiras e adivinhações indignas (Mq 3:7; Ez 13:3, 6). Eles davam ao povo falsa confiança, dizendo que a espada não viria (Jr 4:10; 6:14; Ez 13:10).

A igreja primitiva estava agudamente cônscia dos perigos colocados pelos falsos profetas, que poderiam distrair os crentes das responsabilidades do discipulado cristão (cf. Did. 11.3-12). Jesus avisou sobre tais indivíduos "que vêm a vós disfarçados em ovelhas, mas interiormente são lobos devoradores" (Mt 7:15). Eles reivindicavam poderes sobrenaturais (1Jo 4:1) e praticavam exorcismo, usando o nome de Jesus (Mt 12:27; At 19:13-16). O mágico judeu, Bar-Jesus (Elimas), que se opôs a Paulo e a Barnabé, era um falso profeta (At 13:6). Em tempos de crise social, o número de falsos profetas parece crescer (cf. 2Pe 2:1-3); consequentemente, eles figuravam proeminentemente nas percepções cristãs do fim dos tempos (Mc 13:22 par.; cf. Ap 16:13; 19:20; 20:10).

Martin Buber argumenta que os falsos profetas desenvolviam mensagens a partir das próprias vontades e dos desejos comuns a eles e ao seu povo, e essa mensagem do cumprimento desejado levou Israel para fora do caminho. Falsos profetas podem não ter intencionado enganar os israelitas; eles eram simplesmente pegos em um mundo falho e desejoso.

Bibliografia. M. *The Prophetic Faith*. New York 1960, esp. 176-80 [LAWRENCE A. SINCLAIR]

FAMÍLIA *Ver tb.* CASA DO PAI; LAR; CASA DA MÃE. Unidade básica da estrutura social no mundo antigo. A família era mais extensa do que a dos tempos atuais, e não só incluía a família imediata como ainda um largo espectro de agrupamentos de parentesco e dependentes.

No judaísmo, como na sociedade gentia, a família era o lugar primordial para se inculcar as crenças e a moralidade tradicionais, mas em dois importantes aspectos elas diferiam. Primeiro, a família judaica era o meio primário para se manter a ligação entre fé e etnicidade e, segundo, nela não havia nenhuma distinção entre as esferas domésticas e públicas da religião. Recitar o *Shemá* era reconhecer a soberania do Senhor e observar o mandamento de ensinar isso à própria família (Dt 6,11). Da mesma forma, a observância da Torá governava o padrão de vida dentro da família assim como em público (a preparação da comida, com quem se poderia casar e o ritmo do trabalho em relação ao sábado e às festas). O ethos patriarcal da família é refletido ao longo de linhas do gênero nos Salmos 127; 113:9 (cf. Mt 7:9-10; Mc 6:24; Mt 10:35-36 e paralelos.; 1Tm 2:15; 3:4; 5:14).

Na igreja primitiva, a família continuou desempenhando um papel central como o lugar de reunião (At 2:46; 5:42; 1Co 1:16; Fm 2; cf. At 16:15; 18:8) e como uma metáfora autodescritiva, " a família da fé" (Gl 6:10; cf. Ef 2:19; 1Tm 3:15; 1Pe 4:17). Essa descrição pode se estender em sua imagem doméstica à mordomia (2Tm 2:20; cf. 2Co 4:7). A compreensão metafórica da igreja como uma família pode se derivar em parte das referências a Israel como uma casa (Nm 12:7 [Hb 3:2,5]; Jr 31:31 [Hb 8:8,10]; Am 5:25-27 [At 7:42-43]; Am 9:11 [At 15:16]). A família, como o lugar primário para a expressão de fé, comunica à lembrança da igreja as declarações de Jesus sobre a vida familiar e o ambiente doméstico "em casa" (p. ex., Mc 10:2-31). Para Jesus, o reino de Deus deve ter precedência mesmo sobre a lealdade familiar (Mc 3:31-35; Mt 10:37; Lc 14:26), mas, ao mesmo tempo, tal determinação não pretende desobrigar os filhos de honrar os pais (Mc 7:10; 10:19). Portanto, a família não apenas está submetida às exigências do discipulado como ainda é o contexto para ele. Realmente, o padrão missionário dos discípulos (e, em Lucas, dos Setenta) de usar a família como base (Mt 10:11 e paralelos) reforça a família como um lugar de evangelismo (1Co 7:12-16).

No código doméstico de 1Pedro 3:1-6, o número de versículos dedicados ao aconselhamento das esposas denuncia o delicado relacionamento provocado pela conversão da esposa na estrutura patriarcal da família. Os Guias de Obrigações Domésticas aqui, em Efésios 5:21–6:9 e Colossenses 3:18–4:1 refletem a ética cristã emergindo dentro da família. A recorrente expressão "no Senhor" serve como uma lembrança das transcendentes exigências do evangelho. A sequência dos pares, por exemplo, esposa-marido, filhos-pais, escravo-senhor, de acordo com a qual o inferior é mencionado primeiro, expressa uma valoração característica do exemplo do serviço, sem dúvida ajudada pelo "particular igualitarismo" da Oração do Senhor ("Pai nosso"; cf. Mt 23:9-12). Desse modo, é possível se discernir a influência que a fé cristã estava começando a mostrar na vida doméstica e na família.

Bibliografia. D. L. Balch, *Let Wives Be Submissive: The Domestic Code in I Peter*. SBLMS 26 (Chico, 1981); J. F. Gardner & I. Wiedemann, eds., *The Roman Household* (London, 1991). [JAMES FRANCIS]

FANUEL (gr. *Phanouḗl*) Pai da profetisa Ana, da tribo de Aser (Lc 2:36).

FARAÓ Egip. *pr-ʿ3* (lit. "Casa Grande"), designando originalmente o palácio real do rei do Egito. Por volta da 18ª Dinastia (c. 1560-1320 a.C.) "faraó" designava não somente a residência real, como também a autoridade real, personificada no próprio rei, tal como a "Casa Branca" pode se referir à residência do presidente dos Estados Unidos ou ao próprio presidente (Ex: "A Casa Branca disse...").

O título ocorre no AT como locução genérica para o "rei do Egito". Episódios envolvendo faraós (sem nome) incluem a estada de Abraão no Egito (Gn 12:10-20); a ascensão de José ao poder e a permanência de Israel no Egito (Gn 39–50); a libertação de Israel do Egito (Êx 1–15) e o casamento de Salomão com a filha do faraó (1Rs 3:1). Citados especificamente são os faraós Sisaque (1Rs 11:40; 14:25, 26), Sô (2Rs 17:4), Neco (23:29, 30), Tiraca (19:9 = Is 37:9) e Hofra (Jr 44:30).

No NT o termo "faraó" ocorre em referências à permanência de Israel [no Egito] e à libertação (At 7:10, 13, 21; Rm 9:17; Hb 11:24).

Bibliografia. A. F. Rainey, ed., *Egipt, Israel, Sinai: Archaeological and Historical Relationships in the Biblical Period* (Tel Aviv, 1987). [JEFREY C. GEOGHEGAN]

FARATOM (gr. *Pharathōn*) Cidade da Judeia, uma das fortificadas por Báquides, governador selêucida da província além do rio (1Mac 9.50). A cidade não deve ser identificada com a cidade efraimita Piratom (Jz 12:13-15).

FARINHA Grão aterrado entre rochas (Nm 11:8; cf. Mt 24:41), produzindo farinha de qualquer cereal e farinha mais fina. A melhor farinha exigia completa limpeza e repetida trituração e peneiração. O hebraico *qemaḥ* designa farinha ou farinha de qualquer cereal feita da cevada ou do trigo, e *sōlet̠* se refere à farinha de trigo mais fina. No Novo Testamento o grego *áleuron* designa a farinha regular (Mt 13:33) e *semídalis* a designa a farinha de trigo (Ap 18:13). Tanto a farinha de qualquer cereal quanto a farinha de trigo eram estocadas em jarros (1Rs 17:12).

A farinha de trigo e a farinha de qualquer cereal eram mercadorias básicas para a maioria das refeições. Elas podiam ser preparadas para o consumo ao acrescentar água e cozinhar para fazer mingau, bolo, ou pão. A farinha também era usada como um ingrediente em bolos oferecidos para a deidade como ofertas de cereais, feitos de farinha de trigo escolhida que era não levedada e misturada com óleo (Lv 2:1-7, 11). [STEPHEN ALAN REED]

FARISEUS (gr. *Pharisaíoi*) Importante grupo dentro do judaísmo do fim do período do Segundo Templo (séc. II a.C. — século I d.C.). Pelo fato de não termos texto sobrevivente escrito por um fariseu compromissado e nenhuma descoberta arqueológica que os mencione, a reconstrução dos objetivos e pontos de vista dos fariseus dependem de textos de terceiros: os escritores do NT, Flávio Josefo, historiador judeu do século I e dos autores de literatura rabínica. Nenhuma dessas pessoas de fora, entretanto, teve interesse fundamental em explicar quem foram os fariseus.

Os três conjuntos de fontes, embora entendam os fariseus de forma muito diferente, apoiam as conclusões que: eles formavam uma associação leiga (não sacerdotal) considerada especialista nas leis; eram, no sentido sociológico, "servidores" que intermediavam o poder entre a aristocracia e as pessoas comuns; promoviam uma tradição especial de viver, em acréscimo às leis; eram muito interessados em assuntos de pureza ritual e de dízimo; criam na vida após a morte, no juízo e num mundo espiritual organizado e densamente povoado. Poucos críticos, hoje, fariam as declarações confiantes que caracterizaram o conhecimento de uma geração do passado referentes ao significado do nome dos fariseus ("separatistas", "os consagrados", "persas", "detalhistas"), a data e as circunstâncias da origem deles (no tempo de Esdras, depois da Revolta Macabeia, desde os hassidim), seu grau de envolvimento com o apocaliptismo e a plataforma política estabelecida por eles. É plausível que os fariseus tenham surgido de um tumulto após a Revolta Macabeia, mas não pode ser dito muito mais sobre esse ponto.

O assunto mais fortemente contestado, hoje, está relacionado ao grau e ao costume da influência dos fariseus sobre a população comum judaico-galileia no tempo de Jesus e Paulo. Os autores do NT usam os fariseus principalmente como contraste negativo em relação a Jesus. Paulo é o único escritor conhecido por nós que de fato viveu como fariseu (Fp 3:5), mas pelo fato de seus escritos estarem totalmente condicionados por seu encontro com o Cristo ressurreto (ele despreza seu passado farisaico como "esterco"; v. 8), é arriscado tirar conclusões a respeito do farisaísmo a partir deles. O exímio conhecimento bíblico de Paulo vem, sem dúvida, de sua vida pregressa como fariseu e, certos aspectos de sua cosmovisão (crença na ressurreição e nos poderes espirituais) provavelmente também vêm daquele passado.

Marcos e João retratam os fariseus como elementos-chave da batalha cósmica entre Jesus e os espíritos malignos. Agrupados numa liderança judaica com pouca diferença, eles são apresentados como hostis a Jesus desde o princípio e em aliança com o Diabo (Mc 3:6, 19-30; Jo 8:13, 22, 44). Em ambos os textos, os fariseus aparecem como o mais importante grupo judeu no ambiente de Jesus. Marcos os mostra preocupados com assuntos de pureza, dízimo e interpretação legal (Mc 2:1–3:6). Marcos atribui também a eles uma especial tradição extrabíblica, que Jesus denuncia como invenção meramente humana (Mc 7:5-8).

Mateus sempre junta os fariseus aos saduceus, até mesmo com os sumo sacerdotes, para retratá-los como a liderança do antigo Israel (Mt 3:7; 16:1, 6), de quem o reino será tirado (8:12; 21:43-45). Entretanto, permanecem as tensões, talvez em parte como resultado das fontes conflitantes de Mateus. Os fariseus são "guias cegos", cujos ensinos são danosos (Mt 15:14; 16:11, 12) e os que "sentam-se à mesa de Moisés", cujos ensinos deveriam ser observados, embora suas práticas devessem ser evitadas (23:2, 3). Mateus introduz observações específicas a respeito dos fariseus usarem filactérios e franjas e de sua preocupação com o dízimo (Mt 23:5, 23). Este evangelho assume sua importância na vida judaico-galileia.

A descrição que Lucas faz dos fariseus lembra o retrato dos sofistas em textos helenísticos: os respeitados mestres do povo comum que aparecem para examinar as atividades de Jesus (Lc 5:17).Embora algumas ocasiões criticavam a Jesus, em outras se dirigem a ele respeitosamente como mestre colega e o convidam regularmente para jantar, e mesmo assim tentam colocá-lo em dificuldade (Lc 7:36; 11:37; 13:31; 14:1). Jesus é muito mais penetrante em sua crítica a eles pelos erros típicos dos sofistas — por serem ávidos por dinheiro, complacentes e ineficientes em produzirem mudança real (Lc 11:39-44; 12:1; 16:14, 15; 18:9-14). Os fariseus de Lucas permanecem fora de Jerusalém e, assim, são completamente distintos das autoridades do templo.

Em Atos, essa franqueza continua no começo, especialmente na pessoa de Gamaliel, um membro influente do Sinédrio (At 5:33-39). Mas com a execução de Estevão, Atos apresenta uma reanimada oposição judaica ao "Caminho" cristão (At 8:1-3). Alguns fariseus se convertem e permanecem mais zelosos em relação à precisa observância da Torá (At 15:5). De fato, Atos alega que os fariseus são a escola mais escrupulosamente precisa (At 22:3; 26:5). Quando levado à presença do Sinédrio, o Paulo de Atos é capaz de fazer uso mais inteligente da famosa oposição dos fariseus aos saduceus, a respeito do assunto da ressurreição (e dos anjos) para desviar as acusações contra ele.

Flávio Josefo, representante da aristocracia sacerdotal, escreveu a *Guerra judaica* no fim dos anos 70 d.C. para persuadir os leitores gregos de que a recente perda judaica para Roma (66-74) não tinha sido uma derrota do Deus judeu, e que a maioria dos judeus não tinha nada a ver com a revolta. Ao relatar a história mais antiga como evidência do bom caráter de cidadão do judeu, ele menciona casualmente os fariseus como força destrutiva, por causa do poder exagerado que eles exerceram sob Alexandra, a rainha asmoniana (*BJ* 1.110-14) e mais tarde sob Herodes (1.571). Quando, entretanto, finalmente irrompeu a revolta contra Roma, os fariseus mais eminentes uniram-se às autoridades do templo na tentativa de dissuadir os revolucionários, mas foram igualmente malsucedidos (*BJ* 2.411). Descrevendo as tradições filosóficas dos judeus, Josefo menciona rapidamente que os fariseus, ao contrário dos saduceus, acreditam na vida após a morte, no julgamento e no destino ou providência (*BJ* 2.162-66).

Em *Antiguidades/Vida dos judeus*, Josefo apresenta os fariseus como o mais influente dos partidos judeus, embora eles não controlem oficialmente os órgãos do poder, que estão centrados no templo. Ele repudia de forma cáustica e consistente suas atividades, seja sob o príncipe asmoneu João Hircano, Alexandra, Herodes, o Grande ou ele mesmo como comandante das forças galileias na revolta: eles supostamente usam seu grande apoio popular para causar problemas aos líderes certos — isto é, a Josefo e aos aristocratas (*Ant.* 13.288, 400-432; 17.41-45; *Vita* 189-98). Ele cita novamente a doutrina deles do pós-morte e da tradição extrabíblica, que Josefo alega os tornar simpáticos às massas (*Ant.* 13.297-98; 18.12-15). Em todas as suas obras, Josefo reitera a reputação dos fariseus como a mais precisa das escolas em interpretar as leis (*BJ* 1.110; 2.162; *Ant.* 17.41; *Vita* 191).

A literatura rabínica é extremamente complexa e tem muitos níveis, escrita em hebraico e aramaico do século III ao século VI d.C. na Galileia e na Babilônia. Pelo fato de esta literatura mencionar entre seus achados figuras que de certa forma estão em outra parte ligadas aos fariseus (esp. Hillel e Shammai e a família de Gamaliel), os estudiosos têm tradicionalmente identificado os fariseus com os rabis. Os que gostaram do que descobriram na literatura rabínica viram os fariseus como um grupo progressista compromissado em tornar a Torá viável a todos. Os que ficaram desconcertados e alienados pelo estilo rabínico encontraram apoio à sua opinião sobre os fariseus como legalistas insignificantes. Curiosamente, quando esses textos se referem a um grupo chamado de *pĕrûš'm*, na maioria dos casos o tom é desfavorável (p. ex., *m. Sota* 3.4); os rabis não chamam seus próprios ancestrais de *pĕrûš'm*. Os estudiosos discordam, também por razões linguísticas, em que extensão estes *pĕrûš'm* devem sequer ser identificados com os fariseus (gr. *pharisaíoi*) de Josefo e do NT.

A tendência geral, hoje, é ver a primitiva literatura rabínica como o produto de uma pequena elite, que somente gradualmente veio a exercer influência sobre círculos maiores de judeus em finais do século II d.C. Essa elite reivindicou fariseus notáveis entre seus fundadores, mas também assumiu o papel do ensino relacionado ao templo. Ela provavelmente se originou não simplesmente entre os fariseus, mas numa coalizão sobrevivente de sacerdotes, escribas, fariseus, saduceus e outros. A literatura rabínica não deveria ser mais usada, portanto, como evidência direta em relação aos fariseus.

Bibliografia. L. L. Grabbe, *Judaism from Cyrus to Hadrian*, 2 vols. (Minneapolis, 1992); S. N. Mason, "Chief Priests, Sadducees, Pharisees, and Sanhedrin in Acts", in *The Book of Acts in Its First Century Setting, 4: Palestinian Setting*, ed. R. Bauckham (Grand Rapids, 1995), 115-77; *Flavius Josephus on the Pharisees*. SPB 39 (Leiden, 1991); J. Neusner, *The Rabbinic Traditions About the Pharisees before 70*, 3 vols. (Leiden, 1971); A. J. Saldarini, *Pharisees, Scribes, and Sadducees in Palestinian Society* (1988, repr. Grand Rapids, a ser publicado); E. P. Sanders, *Judaism: Practice and Belief, 63 b.c.e. — 66 c.e.* (Philadelphia, 1992); G. Stemberger, *Jewish Contemporaries of Jesus: Pharisees, Sadducees, Essenes* (Minneapolis, 1995). [STEVE MASON]

FARMASTA (heb. *parmaštā'*) Um dos dez filhos de Hamã, morto pelos judeus depois que o pai deles foi enforcado (Et 9:9).

FARPAR (heb. *parpar*) Rio da Síria mencionado com o rio Abana em 2Reis 5:12. É geralmente aceito ser o moderno Nahr el-A'waj, 16 km ao sul de Damasco.

FASAEL (gr. *Phasaélos*) Irmão mais velho de Herodes I, o Grande. O pai deles, Antípatro, procurador dos territórios judeus (Josefo, *Ant.* 14.143), nomeou Fasael governador da Judeia e fez de Herodes governador da Galileia.

De acordo com Josefo, o governo de Fasael foi pacífico e marcado por moderação (*Ant.* 14.158-62). Fasael e seu pai impediram Herodes de atacar Jerusalém depois que ele ficou com raiva devido à tentativa do Sinédrio de condená-lo por ações militares na Galileia (*Ant.* 14.168-85). Entretanto, os antipátridas eram vistos como usurpadores da dinastia asmoniana, cujos herdeiros (Aristóbulo II e seus filhos Antígono e Alexandre) foram o foco de várias rebeliões nos anos 50 e 40 a.C. Várias delegações de judeus apelaram para a remoção de Antípatro e seus filhos. O assassinato de Antípatro em 43 renovou esses apelos, mas Antônio apoiou Fasael e Herodes, nomeando-os tetrarcas em 42 (*Ant.* 14.326).

As invasões dos partos no ano 40 deu oportunidade a Antígono, o único filho sobrevivente de Aristóbulo, para reclamar o reino asmoneu. A invasão fez com que Fasael, Herodes e Hircano II reforçarem a defesa. Cercados em Jerusalém, Fasael e Hircano procuraram um entendimento negociado e viajaram a Ptolemaida para se encontrarem com os partos. Ambos foram presos. Percebendo que era impossível escapar, Fasael cometeu suicídio (*Ant.* 14.366-69). Herodes fugiu para Roma, onde o Senado ratificou sua nomeação por Antônio como rei dos judeus.

Herodes, depois, celebrou a memória de seu irmão dando o nome de Fasael à maior das três torres ao norte do seu palácio em Jerusalém (*BJ* 5.166). Conhecida nos tempos bizantinos como torre de Davi, ela foi uma das poucas estruturas a sobreviver à destruição de Jerusalém por Tito no ano 70 d.C. [THOMAS V. BRISCO]

FASAELIS (gr. *Phasaélis*) Cidade no vale do Jordão (Khirbet el-Fasayil), 16 km ao norte de Jericó. Construída por Herodes, o Grande, em memória do seu irmão Fasael, foi dada à sua irmã Salomé no ano 4 a.C. com a divisão do reino de Herodes. Ela aparece no mapa do mosaico de Madeba do século VI. [LAURA B. MAZOW]

FASÉLIS (gr. *Phasélis*) Cidade na região da Lícia, na costa sul da Ásia Menor e importante ponto comercial entre o Oriente e o Ocidente. Em 139 a.C., o cônsul romano Lúcio a mencionou numa carta a vários líderes de governo (1Mac 15.23), instruindo-os a tratar os judeus da região com gentileza. Fasélis foi tomada em 77 a.C. pelos romanos pelo fato de ela ter-se tornado uma base para os piratas cicilianos. [WAYNE HOUSE]

FÉ Conceito teológico central representando o relacionamento correto com Deus. O hebraico *'nm* e gr. *pisteúein* demandam uma variedade de traduções além de crença, fé, confiança, especialmente, fidelidade. Eles podem ser usados para Deus ou para seres humanos. Uma questão continuada envolve distinguir a fé pessoal com a qual uma pessoa crê, e "a fé" com um conteúdo objetivo, algo para se crer.

A Teologia Bíblica usualmente enraíza a fé do Novo Testamento no Antigo, e alguns falam de um conceito judaico-crisão, até mesmo de uma noção "fundamentalmente idêntica" do Antigo e do Novo Testamento. De fato, no hebraico falta uma palavra para "fé" (*'ĕmûnâ* é rara e se iguala a "fidelidade"). Isso, e mais outros fatores, fez Martin Buber distinguir dois tipos de fé: a judaica do Antigo Testamento (*'ĕmûnâ*), que era tribal, nacional, confiança e fidelidade comuns, baseadas na aliança; e a cristã (gr. *pístis*), que era uma persuasão individualista ou fé, crença em alguma coisa.

No Antigo Testamento, juntamente com *'āman*, termos como *bāṭaḥ* ("confiar; estar confiante, seguro"), *qāwâ* ("esperança"), *yāḥal* e *ḥākâ* (ambas "esperar em esperança") vêm à consideração. A ideia básica de *'āman* é "constância", algo que é permanente (Is 33:16) ou alguém que é confiável (8:2). Mais importante é hiphil *he'ĕm'n*, "tornar-se leal, adquirir habilidade", usado para uma pessoa e para Deus. Aplicado a seres humanos, o termo tem frequentemente conotação negativa: "não te fies neles [uma pessoa]" (Jr 12:6; Mq 7:5; Jó 4:18) ou uma mensagem (Gn 45:26; 1Rs 10:7; Is 53:1).

Três substantivos de *'mn* aparecem no Antigo Testamento: (1) *'ĕmeṯ*, significando originalmente "estabilidade" (Is 38:8; "segurança"), vem denotar fidelidade ou verdade (gr. *alḗtheia*), da parte de uma pessoa (Êx 18:21; "digno de confiança") ou de Deus (Sl 31:5 [TM 6]; 146:6) e a Palavra de Deus (Sl 119:43; 142; 160). As obras de Deus são fiéis (Zc 8:8); nesse Deus, os adoradores confiam (Sl 40:11 [12], com *ḥeseḏ*). Essa confiança torna possível para os mortais confiar em Deus. (2) O substantivo *'ĕmûnâ* sugere a conduta que cresce a partir de um relacionamento, de fidelidade, especialmente na atitude e conduta mais interior da parte de uma pessoa (Pv 14:5; 20:6; 1Sm 26:23) ou de Deus (Sl 89:2, 5, 8, 49 [3, 6, 8, 50]; Dt 32:4; Is 33:6). (3) O hebraico *'āmēn* foi usado em resposta a Deus na oração (Ne 8:6), ou em rituais de maldições (Dt 27:15, 16; Ne 5:13).

Seguindo-se ao chamado de Deus a Abraão e a promessa de fazer dele e de Sara uma grande nação e uma bênção (Gn 12:1-3), a visão e a Palavra do Senhor apresentam a promessa de Deus sobre a posteridade (15:1-5), seguida por um pacto ligando Deus (não Abraão) à promessa (v. 7-21). Como resultado, Abraão reconheceu o poder de Deus para cumpri-la.

Em Isaías, o profeta vai esperar pelo Deus escondido e esperar nele durante os tempos de crise, quando Israel rejeitou a fé (cf. Is 7:9; 30:15).

Alguns enfatizam o chamado de Jesus à fé e ao reconhecimento dele em indivíduos; outros encontram em Jesus somente um sábio cínico. Existe alguma concordância que, de acordo com os Sinópticos, Jesus ensinou a fé em Deus (Mc 11:12 par.) como uma base para a "oração de fé" (Mc 11:24 par.) e "para a fé que move montanha" (11:23 par.; 1Co 13:2). Diferente do quarto evangelho, no qual os milagres podem produzir fé (Jo 2:11; 4:52-54; 20:30-31), para Jesus, nos Sinópticos, "a fé suplicante" conduz aos milagres (Mc 9:24-27; 2:5, 12 par.; 6:5-6 par.).

Um uso novo e especificamente cristão de *pístis* vem em termos de aceitação do *kḗrygma* ou da proclamação apostólica sobre o Jesus crucificado e ressurreto (Gl 3:2, 5). O grego *pístis* se torna um termo técnico para a reação à pregação do evangelho, um ato de fé com respeito à história sobre Jesus unida com a promessa de salvação futura (At 4:4, com 3:19-26; 13:48, com v. 38-39, 46-47; Rm 10:9-14). Essa esperança futura foi parte do *kḗrygma* (1Ts 1:9-10). Os cristãos são "crentes" (At 2:44; Rm 1:16; 3:22), "são os domésticos da fé" (Gl 6:10).

Paulo herda e exibe muito desse entendimento cristão primitivo. A fé pessoal que vem pelo ouvir a Palavra e confessar o senhorio de Jesus inclui "obediência" ou comprometimento "por fé" (Rm 1:5; cf. 16:16). Daí, a fé se relaciona com a ética, em íntimo relacionamento com sua expressão para com o futuro como "esperança", e para com outros como amor (1Ts 1:3; Rm 12:1-2, 9-10; 13:8-10).

A contribuição de Paulo envolvia relacionar a fé com a retidão e a justificação (cf. Gl 3:6-14; Rm 4). Ele conecta a fé com o "evangelho" para a salvação (Rm 1:16), "paz" e "acesso a Deus" (5:1-2), o Espírito (Gl 3:2, 5, 14), "em Cristo" (Gl 3:25-26). A "reconciliação" compara a justificação pela fé (Rm 5:9-11), com a "redenção" (3:24-25). A "comunhão" (*koinōnía*) está ligada à fidelidade de Deus (1Co 1:9) e com a nossa participação em Cristo (Fp 3:9-10), e a "graça" é frequentemente ligada à "fé". Para Paulo, a fé se torna o critério, não as "obras da lei", tais como a circuncisão, e não as regras envolvendo o puro e o impuro que marcava os judeus em relação a outros e, assim, impedia uma missão universal.

Alguns cristãos podem ser "fracos na fé" (Rm 14:1), enquanto outros podem ser vistos como "fortes" ou capazes (15:1). A fé é algo que pode crescer (2Co 10:15) ou pode estar faltando em alguns aspectos (1Ts 3:10), mas, então, torna-se forte em sua convicção (Rm 4:20-22; 14:5). Ela não é estática em frente às ameaças, mas dinâmica, mostrando-se em ação (1Ts 1:3), através do amor (Gl 5:6).

Hebreus tem 32 ocorrências do grego *pístis*, a maior parte no cap. 11, sobre o que as pessoas em Israel fizeram "pela fé". Deus é o objeto da fé (6:1; cf. 11:6). Aqueles que são os destinatários vieram à fé na mensagem do evangelho (4:2-3; 6:12). A fé significa "segurança completa" (10:22), mas existe um grave perigo dos destinatários caírem na descrença (3:12; cf. v. 19). Em 11:3-12:2 *pístis* pode ser confiança na promessa de Deus (11:11), aceitar o que Deus diz (v. 8), ou denotar o que motivou Abraão a sacrificar Isaque (v. 17-18) ou mover Moisés (v. 24-25) ou como entendemos a criação do mundo (v. 3; cf. 1:2).

Lucas-Atos enfatizam a vinda à fé como conversão, "ouvir a palavra, crer, e ser salvo" (Lc 8:12-13; At 10:43; 13:19; 16:31; 20:21; 24:24). Nas histórias de milagres, a fé salva (Lc 7:50; 17:19). "Os apóstolos" podem pedir "Senhor: aumenta-nos a fé" (Lc 17:5). Maria é um modelo de fé, na beatitude em Lucas 1:45. Surgem questões sobre a existência da fé por parte dos discípulos (Lc 8:25; 18:8). Jesus ora para que a fé de Pedro não falhe (Lc 22:32). Em Atos, "a fé" se torna um termo para o cristianismo (At 6:7; 13:8; cf. Lc 18:8).

A fé surge a partir do confronto com a(s) palavra(s) de Jesus (Jo 2:22; 4:41, 50; 5:24), como também em suas obras (milagres) e testemunho (1:7; 4:39; 17:20). Tais encontros exigem decisão, levando à fé ou ao julgamento (Jo 3:36; 5:24). O conceito joanino de crer também envolve "guardar" ou "permanecer na" palavra de Jesus (Jo 14:23; 15:20; 8:31; 15:4), com uma ênfase considerável no "conhecer" (17:3, 7, 21; 16:27-30; 6:69; 1Jo 4:16). O quarto evangelho também explora o relacionamento de "ver" e "entender", notavelmente na história de Tomé (Jo 20:25-29; cf. 4:48).

Bibliografia. A. Dulles, *The Assurance of Things Hoped For: A Theology of Christian Faith* (Oxford, 1994); J. D. G. Dunn, *The Theology of Paul the Apostle* (Grand Rapids, 1997); W. Henn, *One Faith: Biblical and Patristic Contributions Toward Understanding Unity in Faith* (New York, 1995); H.-J. Hermisson e E. Lohse, Faith (Nashville, 1981); J. Reumann, *Variety and Unity in New Testament Thought* (Oxford, 1991); W. H. Schmidt, *The Faith of the Old Testament* (Philadelphia, 1983); I. G. Wallis, *The Faith of Jesus Christ in Early Christian Traditions*. SNTSMS 84 (Cambridge, 1995). [JOHN REUMANN]

FEBE (gr. *Phoíbē*) Mulher importante e diaconisa da igreja em Cencreia, o porto oriental de Corinto. Ela levou a carta de Paulo à igreja de Roma (Rm 16:1, 2). Febe aparece em primeiro lugar, numa longa lista, indicando sua importância para Paulo. A introdução formal de Romanos 16 sugere que "Romanos" pode ter sido uma carta de recomendação em relação a ela por sua viagem. Mencionada sem associação com alguém do sexo masculino, sua independência para viajar sugere que Febe era solteira ou viúva, teria corrido perigo ao viajar sozinha e fornece evidência de que as mulheres serviram à Igreja em funções itinerantes. Três importantes termos descrevem Febe. Ela é "nossa irmã" (gr. *adelphḗ*), uma companheira cristã. Ela é "diácono" (*diákonon*, não "diaconisa"; não é feita distinção entre atividade feminina e masculina), um termo técnico do ofício cujas atribuições não são claras por si só (cf. 1Tm 3:8-13). Ela era uma "benfeitora" (*prostátis*) ou protetora, usado somente aqui no NT, mas um termo legal comum para patrocínio técnico, indicando sua responsabilidade por uma igreja que provavelmente se reunia em sua casa (a forma masculina aparece três vezes em 1Clemente em relação a Jesus como "patrono" dos cristãos). Neste papel, ela ajudou a igreja em Cencreia e o próprio Paulo. Cristã gentia, altamente recomendada e aprovada por Paulo, Febe foi uma importante diaconisa que serviu, trabalhou, apoiou e viajou por uma igreja apostólica.

Bibliografia. W. D. Thomas, "Phoebe: A Helper of Many", *ExpT* 95 (1984): 336-37. [BONNIE THURSTON]

FEL Fel da vesícula (Jó 20:25) e sua bílis (15:13). As palavras heb. *mĕrōrâ* / *mĕrērâ* e *rōʾš* / *rôš* são também empregadas no AT como uma metáfora para a amargura da vida, especialmente de uma vida esvaziada das bênçãos de Deus (por ex: Dt 32:32). Na LXX, a palavra gr. *cholḗ* traduz várias palavras hebraicas significando "fel", "veneno" e "amargura". Mateus 27:34 atesta que a Jesus foi oferecido um vinho misturado com fel exatamente antes de sua crucificação; essa zombaria a Jesus é ao mesmo tempo o cumprimento do Salmo 69:21 [TM 22]. Em Atos 8:23, o fel é usado metaforicamente para descrever a escravidão que impede Simão, o mago, de discernir a graça de Deus. [DAVID A. DORMAN]

FÉLIX (gr. *Phḗlix*; *lat. Felix*) Antônio Félix, governador (procurador) da província romana da Judeia de 52 a 59 d.C., mencionado em conexão com a prisão de dois anos de Paulo, em Cesareia, a capital provinciana (At 23-25). Líderes judeus acusaram Paulo de dividir sinagogas fora da Palestina e de profanar o templo em Jerusalém. Paulo negou as acusações, e Félix continuou o caso indefinidamente — em parte, com esperança de receber propina para libertá-lo. Durante o interrogatório de Paulo, as palavras do apóstolo sobre justiça, autocontrole, e ira futura alarmaram Félix e sua esposa, Drusila. Quando foi chamado por Nero, Félix deixou Paulo em prisão, de modo que os judeus não poderiam acusá-lo de libertar um agitador.

Outras informações sobre Félix vêm de Josefo, Suetônio e Tácito. Ele era homem livre que recebeu seu ofício, porque ele e seu notório irmão, Pallas, eram os favoritos do imperador Cláudio. Sua terceira esposa foi Drusila, a filha de Herodes Agripa I (At 12). Félix instigou o assassinato do sumo sacerdote Jonathan, que perseguiu "os egípcios" e seus seguidores (At 21:38), e permitiu um massacre contra os judeus em Cesareia. Ele era corrupto, imoral, e opressivo. Durante sua gestão, a oposição ao governo romano cresceu ao ponto em que a rebelião de 66 d.C. se tornou inevitável. [JAMES A. BROOKS]

FÊNICE (gr. *Phoínix*) Cidade e porto na costa sudoeste de Creta que o navio de Paulo tentou, sem sucesso, alcançar (At 27:12). Pode estar localizado na ponta nordeste do cabo Mouros (moderno vilarejo de Loutro), ou mais provavelmente numa baía na extremidade noroeste do cabo, local de uma capela chamada Phoinika. O cabo Mouros tem um porto razoável, mas oferece pouca proteção contra o vento nordeste de inverno. A baía para noroeste teria dado proteção e se encaixa com a descrição de Atos. Hoje, a cidade não tem um porto satisfatório, porém terremotos no século VI podem ter alterado a profundidade do oceano. [JAMES A. BROOKS]

FENÍCIA (gr. *Phoinikē*) Nome pelo qual os gregos e romanos chamavam a antiga Canaã, região costeira do sul da Síria-Líbano-Israel. Estendendo-se aproximadamente da cidade de Arwad (Aradus) no norte até Ascalom, no sul, a região foi habitada na antiguidade por um povo semita do noroeste que se autodenominava canaanita ou Pon(n)im, origem do nome Fenícia. No sentido mais estrito e limitado, como usado pelos próprios fenícios, Canaã denotava somente sua região costeira, dominada política e culturalmente no primeiro milênio a.C. pelas cidades-estado de Tiro e Sidom.

A expansão fenícia além-mar e a colonização mediterrânea ocidental, empreendidas por volta de 1200 pelos tírios e sidônios, resultaram na emergência da Grande Fenícia, abrangendo duas sub-regiões, a própria Fenícia, terra natal histórica; e a Fenícia ocidental. A Fenícia ocidental compunha-se das regiões costeiras do norte da África (da Cirenaica ao Marrocos ocidental), sul e sudoeste da Espanha, noroeste e oeste da Cicília, bem como as ilhas de Malta, Gozo, Sardenha, Maiorca e Minorca. O mais importante dos estados fenícios ocidentais foi Cartago, na Tunísia, fundada em 825 ou 814 por Tiro. Por volta do ano 500, Cartago tornou-se o centro político e cultural dominante dos estados fenícios ocidentais e, num sentido real, suplantou Tiro em importância no período clássico. Em seu apogeu, Cartago rivalizou-se com Grécia e Roma, e a fenício ocidental (chamada púnica, para diferenciá-la do fenício) foi uma língua de nível internacional tão importante quanto o grego e o latim. Embora Cartago tenha sido derrotada e destruída por Roma em 146, a língua fenícia ocidental, a religião e a cultura continuaram a florescer na África e em outras partes até o século V d.C. Nesse período, a língua púnica contou, entre seus falantes nativos, com o imperador romano Sétimo Severo, o poeta Apuleius e Agostinho, pai da igreja.

Povo e língua. Considerando que as cidades de Tiro e Sidom detiveram a hegemonia sobre a Fenícia oriental e ocidental durante o primeiro milênio, "tírio" e "sidônio", usados como termos culturais, passaram também a ser funcionalmente equivalentes a "fenício". De fato, já no século IX o dialeto de Tiro e Sidom havia sido aceito por todos os fenícios como padrão de linguagem literária; a língua da Fenícia ocidental (púnica) é meramente um subdialeto dessa língua.

Numa perspectiva histórica mais ampla, os fenícios foram um dos vários povos do subgrupo etnolinguistico "canaanita" dos povos semitas ao qual pertenciam os israelitas, moabitas, amonitas e edomitas. Embora politicamente distintos num período primitivo, esses povos tinham herança histórica de uma cultura comum, falando línguas intimamente relacionadas e possuindo tradições e instituições culturais e religiosas. Assim, no fim do período clássico, os próprios fenícios seguiram suas origens a um ancestral chamado *Khna*, "Canaã", que eles acreditavam ser sido o irmão de *Isiril"s* ("Israel"). Essa linhagem indica a consciência de um laço histórico e cultural com os israelitas.

Religião. ***Deuses.*** A religião dos fenícios foi uma expressão conservadora da antiga religião de Canaã, preservando formas, tradições e práticas que a religião israelita havia muito tinha rejeitado e abolido. A religião fenícia permaneceu politeísta e icônica, tolerante e amoldável à diversidade. Sem possuir nenhuma doutrina central ou coerente ou "verdade", ela estava sempre pronta a absorver deuses e práticas de outras religiões, incluindo as dos israelitas.

Os fenícios tinham inúmeras palavras para "deus(es)" ou "deusa(s)", sendo a mais comum *ilim*, usada para "deus", "deusa" e "deuses". Normalmente o tratamento e a referência a um deus era pelo título de "Senhor" (*adum*) e uma deusa por "Senhora" *ribbot* ou *adot*) ou "Nossa Senhora" (*ribbat"n*). Dois epítetos comuns de um deus ou deusa eram "santo" (*qiddis*) e "poderoso, grande" (*iddir*).

Os deuses dos fenícios eram organizados no Panteão em três ordens, à maneira da antiga religião canaanita: os Deuses Altos, amplamente ociosos; os deuses ativos, os de adoração comum e os deuses infernais. Nada da rica mitologia e dos Deuses Altos, a não ser nomes e títulos, sobrevive: Il, Criador da Terra (chefe dos deuses), Semes (deusa-sol), Yera (deusa-lua), Khusor (deus-artesão, em sua forma feminina Khusart identificado no fim da antiguidade clássica com a "deusa" israelita Turo, a Torá), e Balsamem (senhor dos céus, Urano). Curiosamente, a esposa de Il, a deusa Ashirat, nunca é mencionada na religião fenícia do primeiro milênio.

Com relação aos deuses ativos, os mais importantes eram Baal, Baalhammum, Esmum (Baal Sidom, "proprietário de Sidom", identificado com o grego Esculápio), Milqart (Baal Sor, "deus proprietário de Tiro"), Milkastart (deus da cidade de Hammum,perto de Tiro), Meskar, Osíris (o deus egípcio), Rasan e Sikkun. A mais importante das deusas femininas era Astarte, divindade padroeira dos reis e rainhas de Sidom, que eram sacerdotes dela. Outras deusas importantes eram Anat, Ísis (a deusa egípcia) e Tinnit. Governando o mundo inferior estavam o deus Nergal e a deusa Hawwit, chamada de Amma, "Mãe".

Deuses maiores como Baal ou Astarte, tinham seus cultos em muitas cidades e eram especificados, p. ex., como "Baal/Astarte (que está) em Tiro" ou "Baal/Astarte de Tiro". Como entendia a teologia do período pré-persa, os deuses residiam em suas cidades, nos templos para eles construídos e eram proprietários divinos das cidades e pessoas por eles governadas. Assim, Milqart era "proprietário de Tiro" (Baal Sor) e Esmun "proprietário de Sidom" (Baal Sidon). Os habitantes de uma cidade consideravam-se sob a custódia e proteção de seus deuses proprietários. Um relacionamento completamente semelhante existia entre um deus e uma família, especialmente uma família governante ou uma dinastia real.

No período persa, emergiu uma nova teologia que entendia os deuses residindo permanentemente não em suas cidades, mas "nos Grandes Céus". Assim, no período romano, vemos a comunidade do deus Meskar orando ao deus "que se volta para o Céu".

Outra inovação teológica, relacionada à teologia do céu, apareceu no fim do período: a dualidade de deus. Esta crença sustentava que um deus (*illim*) era na verdade dois deuses (*all"nim*), o primeiro (chamado por seu nome simples) era sua manifestação celestial, o outro (chamado por seu nome prefixado pela palavra *mal'aḵ*) era sua manifestação terrena. Por exemplo, Milkastart e Mal'ak-Milkastart designam o mesmo deus, todavia, ao mesmo tempo, deuses distintos: um como dois ou dois como um, uma forma celestial e uma terrestre. Na perspectiva histórica, temos aqui a evolução do conceito do mensageiro divino (*mal'aḵ*): no segundo milênio, no princípio da mitologia canaanita, todo deus maior tinha um mensageiro ou dois sob seu comando; no primeiro milênio, na religião fenícia, um deus era seu próprio mensageiro, assumindo aquele papel e forma apropriada, quando entre os humanos.

Templo. Um templo fenício era a "casa de um(a) deus/deusa" (*bet ilim*), também chamado simplesmente de "casa" (*bet*); assim, o templo de Baal era "casa de Baal" (*bet Baal*). O templo, um complexo que consistia da "casa do deus" e um pátio (*haser*), ficava situado numa colina, chamada de "a montanha dos deuses", dentro de uma grande área protegida ou de um precinto, cercado por uma parede ou muro. A inauguração de um novo templo era conhecida como o dia em que "o deus entrou no santuário", isto é, quando a estátua do(a) deus/deusa foi levada para dentro do templo; era nesse momento que os implementos sagrados para o culto eram "entregues aos sacerdotes" pelos oficiais municipais "encarregados dos templos".

Existiam muitos tipos de templos, sendo a forma mais comum a construída por arquitetos fenícios (tírios) para o deus de Israel no tempo de Salomão. Era uma estrutura de três salões, consistindo de uma antessala ou vestíbulo; um santuário principal e, atrás, uma sala privativa, ou santo dos santos, contendo a estátua do(a) deus/deusa e um divã sobre o qual o(a) deus/deusa dormia.

Associado ao templo, um anexo ou estrutura separada, era o "depósito", no qual eram guardadas as imagens, estátuas, altares e outras mobílias e equipamentos exigidos pelos sacerdotes; o depósito tinha o seu próprio administrador. Incluída estava a tesouraria do templo, de onde eram feitos os pagamentos como salários dos sacerdotes e outras pessoas contratadas, bem como resgates para garantir a libertação de cidadãos de prisão e detenção em cidades vizinhas.

Pessoal do templo. O templo fenício tinha um grande quadro de pessoal que consistia de religiosos e leigos. São conhecidas quatro classes de sacerdotes: (1) os *kuhen*, a classe principal de sacerdote, liderada pelo "Chefe dos Sacerdotes"; uma "sacerdotisa" servia principalmente às divindades femininas, como

Astarte; (2) os *kumir*, cuja função não é conhecida; (3) o "sacerdote-vigilante" (*sufe*); e (4) o "sacerdote-sacrificial" (*zabah*) encarregado de administrar o ritual da "Entrega do Primogênito", isto é, o culto do sacrifício infantil. Ajudando os sacerdotes consagrados havia uma ordem de sacerdotes leigos chamados de "ajudadores" (*‘’’zrim*), chefiada pelo "Prefeito dos Ajudadores". Também ligado ao culto estava o "homem do(a) deus(a) (*is ilim*), um profeta cúltico, conhecido também na religião israelita (*’’š hā’ĕlōh’m*); nada substancial se conhece do papel deste funcionário cúltico.

O pessoal profissional do templo era ajudado por um grande quadro de "pessoal de serviço", chefiado por uma pessoa leiga chamada de "Chefe do pessoal de serviço". Muitos deles eram empregados assalariados, entre eles rapazes (*na‘arim*) e moças (*‘alamut*), bem como pessoal de serviço técnico (escrivãos profissionais, barbeiros, padeiros, cantores), artesãos (arquitetos e construtores) e trabalhadores. Os últimos parecem ter sido membros de uma "força de trabalho" especial que eram encarregados dos "capatazes".

Liturgia sagrada diária. O serviço divino (lit., "trabalho sagrado") lembra em certo grau o realizado no templo egípcio. De madrugada, um sacerdote especializado chamado de "Despertador dos deuses" entrava no santo dos santos e cumprimentava o deus/deusa que estava dormindo (isto é, a estátua que estava deitada em seu divã) a acordar (cf. 1Rs 18:27). (Esse mesmo ato era realizado no templo de Jerusalém pelos sacerdotes levitas chamados de "Acordadores" *mĕ‘ôrĕr’m*), que se colocavam numa plataforma em frente ao santo dos santos; a prátia e o sacerdócio foram abolidos por João Hircano.) Uma vez acordada, a estátua do deus/deusa passava por uma meticulosa toalete. Depois de barbeada, lavada e vestida, eram-lhes oferecidos "pães" frescos; os chamados "pães da presença [adequadamente, 'colocados perante Deus']" do templo israelita.

Sacrifício. O sacrifício aos deuses no templo era estritamente controlado por leis públicas e religiosas administradas por um departamento chamado de os "Trinta homens encarregados dos Preços (dos sacrifícios)". O custo para cada animal disponível para compra para o sacrifício no templo, a especificação de quais partes do animal pertencia à pessoa sacrificante e a pertencente ao sacerdote, a prática adequada exigida dos sacerdotes e do público, incluindo as multas a serem impostas por violações, tudo era publicado num livro mantido pelos Trinta e de forma condensada numa tabela de preços (lit., "documento de vendas") publicado no templo. Como no costume israelita, os sacrifícios eram de dois tipos básicos: a "oferta queimada totalmente" e a oferta de cereal. Entre os animais oferecidos no altar estavam os bovinos, caprinos, ovinos, aves, caça selvagem; também eram oferecidos azeite, gordura e leite.

Eram observados três importantes sacrifícios públicos periódicos: o sacrifício periódico de um boi; um cordeiro na época da aradura e um cordeiro na época da colheita. Além disso, havia o sacrifício diário e o sacrifício mensal na lua nova e na lua cheia. Este último era oferecido para garantir o bem estar da família real e da própria família do sacrificante.

Sacrifício de criança. O sacrifício de criança foi um elemento essencial da religião fenícia. Embora esse ritual antigo pareça ter caído em desuso na terra natal fenícia, continuou a ser praticado intensamente pelos fenícios ocidentais até o fim do período romano. Dois rituais relacionados estavam ligados ao sacrifício do "Juramento em Agonia", obrigando a imolação de uma criança em cumprimento de um voto feito para obter a divina intervenção para superar uma dificuldade pessoal ou nacional; e a "Entrega do Primogênito/Primeira coisa", o oferecimento do filho primogênito da própria carne da pessoa ao(s) deus(es), presumivelmente para expressar obediência.

O sacrifício em si de um ser humano era chamado de "oferta *molk*". A vítima humana era chamada de *izrim*, "alguém separado antes do tempo com a idade de poucos dias"; outro termo para a vítima era "alguém trazido para o(s) deus(es)". A qualificação da criança ser da própria carne do sacrificante era uma segurança de conformidade com a estrita ortopraxia, que reprovava a substituição do filho de um escravo pelo de alguém para lograr a lei.

A imolação era realizada por uma classe especializada de sacerdotes chamada de "Sacrificadora" (*zabbah*). Os restos cremados eram colocados em urnas, que eram depositadas em grandes recintos ao ar livre (talvez chamados de "campos sagrados"); os locais eram marcados por pequenas estelas com inscrições de símbolos religiosos e a fórmula de apresentação contendo o nome da(s) pessoa(s) que fez o sacrifício.

Os fenícios cobriam a criança sacrificada com eufemismos para negar seu caráter horrível. Até o período romano, a palavra "sacrifício" (*zab"h*) nunca foi usada em conexão com o ritual; ao contrário, dizia-se apenas que o pai havia "trazido" ou "carregado" seu filho ao deus. Mais marcante ainda é a expressão fraudulenta "Dia Feliz e Bom" para descrever o dia do sacrifício. A justificativa do ritual era a crença de que as crianças eram elevadas à qualidade de sagradas no mundo inferior, constituíam uma classe distinta de mortos e eram chamadas de "os deuses que foram sacrificados".

A morte e o mundo inferior. Os fenícios compartilhavam a crença canaanita num mundo inferior onde os mortos viviam como deuses, chamados de "deuses Rafa'im". Quando alguém morria, ia ter "descanso entre os Rafa'im". De acordo com a crença fenícia ocidental, o mundo inferior, chamado de "Câmara(s) Escura(s)", era governado por "Hawwit, a deusa que governa a Morte", também conhecida como "Mãe". Seu companheiro foi provavelmente o deus Nergal. A entrada no mundo inferior provavelmente não era automática, mas conseguida pela conduta correta durante a vida da pessoa; isso pode ser inferido do termo *miske* ("os que morreram inocentes") em relação à morte sobre quem Hawwit governava. Outros epitáfios observavam que o morto "morrera uma pessoa inocente", "foi honesto durante sua vida", ou "foi justo". Esse aspecto da crença funeral fenícia pode ter sido profundamente influenciado pelo culto de Ísis e Osíris, que era popular tanto na Fenícia Ocidental quanto na Oriental.

A SOCIEDADE E SEUS VALORES. A sociedade fenícia, oriental e ocidental, foi fortemente motivada por um profundo senso de responsabilidade cívica e religiosa por parte do indivíduo e da coletividade. A mais importante e altamente estimada das virtudes era a "realização de serviço em favor da comunidade", ou "serviço (público)" (*misrat*). O serviço exigido recebia apoio para beneficiar o bem-estar da comunidade da pessoa e seu(s) deus(es); cabia a todo indivíduo e ao grupo, com a promessa de retribuição e aprovação pública pela ação, mas de ostracismo social e condenação divina pela inércia.

A dedicação ao serviço público era também um foco principal dos mais importantes das instituições fenícias, as associações ou clubes de homens: os *marzih ilim* e *misrah ilim.* Tratava-se essencialmente de clubes onde se comia e se bebia (cf. Am 6:4-6). Conhecidos pelo termo geral de "sociedade", os clubes eram organizados por uma membresia geral de "colegas", chefiados por um presidente eleito chamado de "convocador". Os assuntos financeiros do clube, incluindo aluguel de alojamento para suas reuniões, eram atendidos por um "tesoureiro" eleito. Não somente os humanos pertenciam a esses clubes, mas os deuses também, como descrito na antiga mitologia canaanita, que apresenta um relato do deus Il comendo e bebendo até se embriagar no banquete de seu *marzih.* De fato, na sociedade canaanita era dever de um bom filho carregar seu pai embriagado para casa. Embora organizado primariamente com fins sociais, cada um dos clubes era afiliado a um deus/deusa em particular. Era para o serviço de seu deus patrono que a sociedade se dedicava de forma persistente, reunida para orar e sacrificar em conjunto à divindade protetora.

Bibliografia. D. C. Baramki, *Phoenicia and the Phoenicians* (Beirut, 1961); D. B. Harden, *The Phoenicians,* 3. ed. (New York, 1980); S. Lancel, *Carthage: A History* (Oxford, 1995); P. MacKendrick, *The North African Stones Speak* (Chapel Hill, 1980); S. Moscati, *The World of the Phoenicians* (London, 1968); B. H. Warmington, *Carthage,* 2. ed. (New York, 1969). [CHARLES R. KRAHMALKOV]

FERREIRO O número de especialistas que trabalhava com metais deve ter aumentado tremendamente com a introdução do bronze e do ferro no fim do quarto e do segundo milênios a.C., respectivamente. Muito antes de ser feita a liga do cobre e do estanho para a produção do bronze, o cobre era usado para forjar vários implementos e o trabalho com prata e ouro se desenvolveu com mais metais utilitários. Os antigos metalúrgicos e artesãos contribuíram muito para o surgimento da alquimia e da química primitiva e suas habilidades foram vitais para a ascensão das civilizações do antigo Oriente Próximo. O ferreiro produzia um amplo conjunto de ferramentas e armas, junto com tachas para cavalos e bestas de carga, peças para veículos (incluindo carruagens), e montagens de mobiliários. Onde a química do solo e outras condições permitem, escavações arqueológicas recuperaram grande número de artefatos de metal, objetos que foram usados em muitos aspectos da vida antiga.

Numa narrativa que explica a origem de muitos componentes da cultura humana, Tubalcaim é identificado como o primeiro ferreiro "que fabricava todo tipo de ferramentas de bronze e de ferro" (Gn 4:22). Mais tarde, os filisteus tentaram manter o monopólio da produção de ferramentas e armas e, com isso, proibiram a circulação de armas para as mãos dos israelitas, proibindo os ferreiros israelitas experientes (1Sm 13:19-21). Os hebreus tinham vários objetos feitos por ferreiros, entretanto, como estoque padrão de implementos agrícolas da Idade do Ferro Antigo (isto é, arado, picareta, machado, foice e forcado; cf. 1Sm 13:20,21).

O profeta Isaías escreveu uma extraordinária sátira sobre a idolatria que incluiu uma descrição do papel do ferreiro e do carpinteiro em moldar ídolos pela tecnologia e pela força humana (Is 44:9-20). É feita referência ao trabalho do ferreiro de fundir o metal e modelar ou forjar seu produto usando sua fornalha, martelo e músculos (Is 44:10,12; cf. v. 19; 54:16). As ferramentas do ferreiro são mencionadas em Sir. 38.28, onde o trabalho na forja é contrastado com o do escriba ou da pessoa culta. Jeremias 6:29 menciona os foles pelos quais se conseguia altas temperaturas em fornos de fundição; o termo acádico comum para "ferreiro" de fato significava "assoprador" dos foles. [GERALD L. MATTINGLY]

FERRO Metal maleável derivado de minérios de óxido comuns como hematita e limonita. É o ingrediente primário no ferro forjado e no aço. A exploração e uso do ferro como artefatos são comprovados desde o início do o terceiro milênio a.C. Esses artefatos primitivos são tipicamente ricos em níquel e aparentemente feitos de ferro meteórico. As origens celestiais do ferro primitivo são indicadas nas referências feitas a ele no Reino Antigo egípcio como o "metal do céu" e nos signos cuneiformes sumérios para "céu" e "fogo" usados para designar o metal na Mesopotâmia. Os artefatos eram feitos de ferro terrestre na Anatólia em meados do terceiro milênio. A tecnologia férrea foi bastante desenvolvida pelos hititas no segundo milênio. Atualmente, a prova física mais antiga de mineração e fundição de ferro em Canaã é do final do segundo milênio em Yimnah. No primeiro milênio, o ferro se tornou o principal metal utilitário na parte oriental do mediterrâneo; por isso a designação do período como a Idade do Ferro.

A utilização do ferro superou a do bronze em consequência do avanço tecnológico, das propriedades do metal e de fatores econômicos. O desenvolvimento do ferro foi inicialmente limitado pela técnica da pirotecnia. As fornalhas antigas que poderiam derreter cobre de minérios de cúpreos a 1083ºC não tinham calor suficiente para derreter ferro de minérios de ferro a 1538ºC. Com um arremedo de maçarico e forja, era possível gerar calor suficiente para derreter as impurezas e criar "lingotes de ferro" semelhantes a esponjas com cerca de 10 kg, os quais tinham que ser reaquecidos e martelados para extrair as impurezas da escória e carvão, e fazer o ferro forjado. O produto do ferro produzido dessa maneira não era tão rígido quanto o bronze forjado e não podia ser colocado em moldes, visto que não era liquefeito. O uso do carvão nas fornalhas criou uma atmosfera que reduzia o monóxido de carbono, tornando possível separar eficientemente o ferro de seu óxido e minérios de carbonato. Os passos seguintes, que levaram à grande expansão do trabalho com o ferro, foram a carburação e a têmpera. A incorporação de menos de 1% de carbono no ferro forjado produziu o aço. Esse aço, quando aquecido de forma incandescente e resfriado por imersão, resultava num produto leve que poderia atingir uma dureza de 6,5 na escala de Mohs, ultrapassando o melhor bronze e tendo uma resistência muito mais elevada à tração e ao choque. Os metais ferrosos poderiam, assim, oferecer possibilidades de seu emprego em ferramentas e armas que resistiriam ao uso intensivo.

O ferro suplantou o bronze como o metal utilitário padrão para a maioria dos instrumentos de metais do início do primeiro milênio, à exceção daqueles que eram moldados com detalhes complexos e aqueles cuja estética exigia um material diferente do ferro. Fatores econômicos contribuíram para essa transição. A produção do ferro utilizava minérios localmente disponíveis e eliminava a necessidade de caras importações de estanho. Uma vantagem adicional na produção do ferro era o fato de o processo utilizar apenas metade da quantidade de combustível necessário para o bronze. A única desvantagem do trabalho com o ferro é que era mais intensivo, mas esse não foi um grande obstáculo, visto que a mão de obra era barata.

Na Bíblia, o epônimo "pai dos metalúrgicos", Tubalcaim, é reconhecido como o antepassado daqueles que trabalharam com bronze e ferro (Gn 4:22). O trabalho em metal antediluviano de Tubalcaim foi interpretado de vários modos como um mito anacrônico, como prova da grande perícia metalúrgica primitiva, que foi perdida com o Dilúvio, ou mais provavelmente como o primeiro uso do processo de aquecer e martelar os metais e seus minérios, iniciando uma tecnologia que se desenvolveu ao longo do tempo. De acordo com o texto bíblico, o ferro de era bem conhecido no tempo de Moisés. No contexto do Êxodo, Canaã foi reconhecida como um lugar onde os israelitas poderiam explorar os minérios de ferro locais (Dt 8:9) e onde possivelmente se usavam armas (Nm 35:16) e ferramentas (Dt 27:5) de ferro. O ferro não é mencionado como empregado na construção do tabernáculo, mas seu processo de fabricação era conhecido o bastante para formar uma figura de linguagem para descrever a experiência cultural dos israelitas no Egito (Dt 4:20). Na Conquista e até na monarquia davídica, os israelitas parecem ter estado em desvantagem metalúrgica em relação aos cananeus, cujos "carros de ferro" eram um poderoso empecilho à expansão israelita nas planícies (Js 17:16; Jz 1:19; 4:3). Subsequentemente, os filisteus que usaram armas de ferro como aquelas encontradas, nos contextos do século XI, em suas cidades de Ekron e Tell Qasile, mantinham um monopólio sobre a metalurgia, e sobre o ferro em particular, e isso os ajudou a dominar os israelitas (1Sm 13:19-22). O monopólio metalúrgico foi rompido pelo rei Davi, que se infiltrou entre os filisteus. Ele armazenou grandes quantidades de ferro durante a preparação para a construção do templo de Jerusalém (1Cr 29:2-7) e também forçou os amonitas a trabalharem para ele usando ferramentas de ferro como serras, picaretas e machados (2Sm 12:31). O ferro chegou a ser amplamente utilizado na arquitetura (Jr 1:18), especialmente com trancas e pregos de ferro para fortalecer as portas (1Cr 22:3; Is 45:2). Os instrumentos de ferro foram usados pelos hebreus em grande escala (1Cr 20:3) e eram de um valor considerável (1Cr 29:7). Em listas taxonômicas, o ferro é listado atrás do ouro, prata e bronze (Js 6:19; 22:8; 2Cr 2:14; Dn 2:33-35), mas à frente do chumbo (Ez 22:20). O ferro é símbolo de força tanto no AT quanto no NT (p. ex., Jó 40:18; Ap 12:5).

Bibliografia. V. C. Pigott, "Neat Eastern Archaeometallurgy", in *The Study of the Ancient Near East in the Twenty-first Century*, ed. J. S. Cooper e G. M. Schwartz (Winona Lake, 1996), 139-76. [ROBERT W. SMITH]

FERROLHO/TRANCA UMA TRAVESSA USADA PARA TRANCAR OS PORTÕES DAS CIDADES (heb. *bĕrʼaḥ*; p. ex., Dt 3:5; Jz 16:3; Ne 3:3, 13-15; Sl 147:13), as portas das casas (2Sm 13:17), e as prisões (Sl 107:16 — "portas"); de acordo com Josefo (*BJ* 4.4.6 [298] as portas do templo eram trancadas da mesma maneira. Tais ferrolhos, usualmente feitos de travessas de madeira, embora pudessem ser de ferro (Is 45:2) ou de bronze (1Rs 4:13), eram inseridos em buracos nos batentes no lado interno da porta ou portão e eram sustentados de modo firme por meio de cravelhas. Um outro tipo de ferrolho poderia ser colocado numa posição de trancamento do lado de fora pela mão ou com uma correia; para abrir as portas fechadas assim era necessária uma chave (Jz 3:25).

Uma cidade com portas e ferrolhos era considerada segura. De modo inverso, uma cidade que perdia seus ferrolhos era vista como caída (p. ex., Am 1:5). Metaforicamente, os ferrolhos se referem ao domínio do mundo inferior (heb. *baḏ*, em Jó 17:16) ou do mar (38:10). Em Levítico 26:13, "os canzis do vosso jugo" (*môṭâ*) simbolizam a opressão.

FERRUGEM Dano causado às colheitas e vegetações por um calor muito forte vindo de um vento temido do leste. Seu relacionamento com o míldio (descoloração causada por fungos) (p. ex., 1Rs 8:37 = 2Cr 6:28) poderia indicar uma doença trazida por um fungo (Ustilago carbo), sendo as sementes carregadas pelo vento. Em Deuteronômio 28:22; Amós 4:9 e Ageu 2:17 ela vem como uma punição divina.

FESTA DAS TENDAS *Ver* TABERNÁCULOS, FESTA DOS.

FESTAS, FESTIVAIS As festas e os festivais forneciam ocasiões para que os israelitas viessem diante de Deus e expressassem sua gratidão pela colheita bem sucedida, para lembrar e celebrar os atos salvadores de Yahweh em favor de sua nação, e para refletir em sua posição como o povo santo de Yahweh. Cinco "calendários festivos" são encontrados no Pentateuco: Êxodo 23:14-17; 34:18-26; Levítico 23; Números 28-29; Deuteronômio 16:1-17 (cf. Ez 45:18-25). Esses textos e as práticas ritualísticas que eles preveem refletem desenvolvimentos tanto históricos quanto teológicos. É importante reconhecer que tal desenvolvimento não impõe necessariamente o completo abandono das dinâmicas e das preocupações anteriores. Antes, ele acrescenta complexidade, de modo a criar novos contextos e possibilidades para a reflexão e para a lei. Assim, por exemplo, a preocupação posterior para relacionar os festivais a momentos específicos na história de Israel não precisa significar que as preocupações agrícolas anteriores tinham sido completamente perdidas. O ritual da lembrança e celebração da atividade e bênção de Deus recebe complexidade teológica precisamente no contexto de sanção e reflexão. Nesse sentido, alguém pode entender a vida cúltica de Israel como tendo sido, no mínimo em parte, produtiva de suas reflexões teológicas.

Êxodo 23:14-17; 34:18-26, as prescrições festivas mais antigas, exigem três festas anuais: A Festa dos Pães Ázimos (*ḥag̱ hammaṣṣôt*); a Festa da Sega (em 34:22, a Festa das semanas [*ḥag̱ šāḇuʻōṯ*], as primícias da colheita de trigo), e a Festa da Colheita (*ḥag̱ hāʼāsip̱*). As festas da Sega e da Colheita estavam claramente ligadas à vida agrícola da terra. Originalmente, a Festa da Sega celebrava as primícias da colheita da cevada na primavera; a Festa da Sega estava relacionada com a colheita dos frutos em outono no final do ano (Êx 34:22). Essas observâncias foram, com toda a probabilidade, adaptadas das práticas agrícolas cananeias já existentes. Os agricultores trariam suas ofertas a Yahweh na celebração da fertilidade da terra. Tais observâncias agrícolas enfatizavam o relacionamento íntimo de Israel com a terra e com a bênção de Yahweh ao povo com a produção bem sucedida. A celebração da colheita e a apresentação do ritual se misturavam.

A Festa dos Pães Ázimos tem sido geralmente associada com a colheita de primavera, embora a sua posição primitiva como uma observância agrícola não seja certa. É uma observância de sete dias na qual nada que é levedado por ser comido e está, nos textos mais antigos, relacionada com o Êxodo de Israel do Egito. Ela não está associada com a Páscoa em qualquer um desses textos antigos. Assim, o pão levedado pode refletir uma observância israelita antiga especificamente designada para celebrar os atos de redenção de Yahweh. Deve ser notado, entretanto, que, em tempo posterior, a observância dessa festa estava relacionada com a apresentação do feixe das primícias (cf. Lv 23:9-14). Nesse sentido, ela veio a ter tanto conotações agrícolas quanto históricas.

É, geralmente, reconhecido que uma grande mudança na observação dessas festas aconteceu no século VII. Celebrações agrícolas locais foram transformadas em celebrações nacionais que exigiam uma peregrinação ao santuário central. Essa exigência reflete a ordenada centralização da adoração na capital da cidade de Jerusalém, que está geralmente associada com as reformas do rei Josias (2Rs 22-23). Tal transformação é refletida nas instruções encontradas em Deuteronômio 16:1-17. Esse texto enfatiza que os peregrinos devem observar "no lugar que Yahweh irá escolher", que em Deuteronômio, refere-se ao templo em Jerusalém. De importância particular, a Páscoa (*pesaḥ*) e a Festa do Pão Ázimo estão, agora, unidas como duas partes de uma festa de peregrinação. Embora não seja certo, a Páscoa parece ter sido originalmente uma observação de família que aconteceu no contexto das casas individuais (Êx 12:21-23). Deuteronômio a torna em peregrinação nacional que exige que o sacrifício da "Páscoa" seja realizado no santuário central. O sacrifico da Páscoa se sobrepõe ao primeiro dos sete dias da Festa dos Pães Ázimos. Não era exigido que o povo permanecesse em Jerusalém, por sete dias. Deles era exigido, entretanto, observar uma assembleia solene no sétimo dia.

As prescrições festivas em Deuteronômio 16 também procuram localizar o tempo da Festa das Semanas mais precisamente (v. 9-12). Ela deve ser observada por sete semanas a partir do tempo em que a foice é colocada no solo fixo. A observação das Semanas exige uma oferta voluntária que funciona como uma resposta ritual de gratidão pelas bênçãos de Yahweh. Além disso, o povo deveria se alegrar diante de Yahweh e, ao mesmo tempo, lembrar que eles foram escravos no Egito. Embora não seja indicado nos textos bíblicos, a festa viria a ser associada, em tempos pós-exílicos, com a composição do pacto do Sinai (cf. p. ex., o livro dos Jubileus).

A festa da Colheita é agora chamada Festa dos Tabernáculos (*ḥaḡ hassukkôṯ*; Dt 16:13-15). No sétimo dia do festival de outono, associada com a colheita da produção usada na fabricação de óleo e de vinho (geralmente, setembro-outubro). É um tempo de celebração que funciona tanto como uma resposta quanto como uma antecipação das bênçãos de Yahweh. Embora não seja certo, é provável que os "tabernáculos" fossem abrigos temporariamente cheios e construídos pelo povo, durante o tempo da colheita. Quando a festa era centralizada, os tabernáculos eram construídos na cidade capital para fornecer regiões para a vivência dos peregrinos.

Em Deuteronômio, alguém detecta um movimento em direção ao significado histórico e teológico das festas, que estavam associadas com momentos específicos na história nacional de Israel. Embora o contexto agrícola das festas não esteja inteiramente perdido, um esforço é feito para construir um contexto de ritual que forneça a ocasião e a oportunidade para a reflexão teológica sobre os atos de Yahweh na história, em favor de toda a comunidade. É duvidoso, entretanto, que o agricultor israelita, que realizava a peregrinação ao santuário central, a fim de fazer uma oferta a Yahweh, iria falhar em experimentá-lo, em alguma medida, em termos de bênção agrícola. Muito tem sido feito da suposta dicotomia entre a natureza e a história na vida e no pensamento israelita. Ambos podem ser experimentados em termos das bênçãos de Yahweh. A oferta de ritual fornece a ocasião para sancionar a resposta de alguém à experiência das bênçãos divinas na "natureza" e na "história". Assim, as festas forneciam contextos não somente para pensar sobre Deus e sobre suas ações, mas também para responder ao ser divino em atos de gratidão, celebração, e oferta.

Um movimento em direção ao significado teológico do ano sagrado é evidenciado em Levítico 23 (cf. Nm 28-29). O esforço para impor uma ordem ritual sobre o ano pode refletir a perda da monarquia e a experiência do exílio da Babilônia (séc. VI a.C.). Levítico 23 (cf. Nm 28-29) fornece os detalhes dessa ordem ritual. A observância festiva e ritual se torna meio para estabelecer um ritmo ordenado para a vida da comunidade.

Levítico 23:15 data a Festa das Semanas 50 dias depois da apresentação do molho das primícias na Festa dos Pães Ázimos. O texto exige uma apresentação de dois pães produzidos pelo trigo colhido pelos israelitas. Uma lista completa dos sacrifícios e das ofertas a serem apresentados nesse tempo é encontrada em Levítico 23:15-21; Números 28:26-31. Em termos da Festa dos Tabernáculos, Levítico 23:33-36, 39-43 especifica que ela deve durar por sete dias, com uma convocação santa para o descanso completo no primeiro dia e uma observância adicional no oitavo dia. Em acréscimo, os tabernáculos estão, agora, associados com as tendas em que os israelitas viveram durante sua caminhada no deserto (Lv 23:42-43). Nesse sentido, a Festa dos Tabernáculos vem a ser associada com a história do Êxodo.

Levítico 23 inclui uma história do sábado (sabbath) como uma característica significativa das observâncias do ritual do ano sagrado (cf. Êx 23:12). Embora a observância do sábado pareça ter sido conhecida em Israel desde um período antigo, ela começou a receber mais ênfase nos anos posteriores da Monarquia e durante o exílio babilônico. O sábado está relacionado com uma variedade de assuntos em materiais bíblicos, por exemplo, a criação (Gn 2:1-3), o recolhimento do maná durante a caminhada pelo deserto (Êx 16:1-36; cf. Nm 15:32-36), a posição dos israelitas como escravos no Egito e na história do Êxodo (Dt 5:12-15). O sábado foi observado como um dia de descanso completo em que nenhum trabalho era feito. Ele também era um dia de alegria e celebração.

A segunda observância ritual adicional acontece no décimo dia do sétimo mês (Lv 23:26-32); é o dia anual de purificação (os detalhes da sanção do ritual dessa comunidade são encontrados em Lv 16). Nesse ritual, o sumo sacerdote entra no santo dos santos, o único dia do ano em que uma pessoa entra nesse lugar mais sagrado de todos, e asperge sangue sacrificial na arca da aliança e diante dela. Ele também asperge sangue sacrificial na parte exterior do altar das ofertas queimadas. Depois de completar os ritos de sangue, o sacerdote coloca os pecados da comunidade na cabeça de uma cabra, que é enviada para o deserto. O ritual funciona para limpar o campo das impurezas e remover os pecados do povo do acampamento.

O dia anual de purificação reflete o sistema ritual sacerdotal, que está primariamente preocupado em guardar e proteger a pureza e a santidade do tabernáculo e do acampamento. As dinâmicas do ritual não estão mais primariamente relacionadas com a colheita ou com história. Antes, a preocupação é proteger o acampamento e a presença divina, que habita no meio do acampamento, das impurezas do ritual. O ritual da purificação anual se concentra em manter a posição santa e limpa do povo santo de Yahweh.

Os "significados" associados com as várias festas e com os vários caminhos em que elas foram sancionadas continuam a se desenvolver no século I. A Mishná fornece informação importante sobre os modos em que as festas foram observadas e transformadas. É importante reconhecer que as festas estavam sujeitas ao desenvolvimento contínuo no Judaísmo e suas experiências do mundo, de Deus, e da comunidade. Longe de serem formas estáticas de atividade vazia e mecânica, as celebrações festivas e as observâncias de ritual forneciam ocasiões para a reflexão teológica e para a adaptação das condições de vida sempre mutantes.

Bibliografia. R. Albertz, *A History of Israelite Religion in the Old Testament Period*, 2 vols. (Louisville, 1994); G. Fohrer, *History of Israelite Religion* (Nashville, 1972); H. L. Ginsberg, *The Israelian Heritage of Judaism* (New York, 1982); H. Ringgren, *Israelite Religion* (Philadelphia, 1966); H. H. Rowley, *Worship in Ancient Israel* (London, 1976); R. de Vaux, *Ancient Israel* (1961, repr. Grand Rapids, 1997), 269-517. [FRANK H. GORMAN, JR.]

FESTO, PÓRCIO (gr. *Pórkios Phḗstos*) Governador (procurador) da província romana da Judeia em 59 a 62 d.C., aproximadamente. Festo é mencionado em conexão com a decisão de enviar Paulo a Roma para o julgamento formal (At 24-26). Quando líderes judaicos apresentam acusações contra Paulo, primeiramente Festo recusa-se a enviá-lo a Jerusalém para o julgamento. Entretanto, depois de uma audiência em Cesareia, a capital provinciana, Festo estava prestes a mudar de ideia quando Paulo tirou o caso de suas mãos, ao apelar, como cidadão romano, para ser julgado diante do imperador (Nero). Festo não estava certo sobre como acusar Paulo, e quando Herodes Agripa II, o rei vassalo do norte e do leste da Palestina, pagou uma visita a Festo, ele pediu a ajuda de Agripa. Festo interrompeu a defesa de Paulo e o acusou de ser insano, mas Paulo negou isso e apelou ao rei para substanciar sua reivindicação. Entretanto, nenhum dos dois queria ouvir nada mais de Paulo, e tanto eles quanto seus conselheiros concordaram que Paulo não tinha feito nada digno de morte, e que ele poderia ser solto, se ele não tivesse apelado ao imperador.

Josefo descreve Festo como um administrador honesto e consciente que, todavia, era incapaz de manter a ordem, a despeito de tomar ações vigorosas contra os sicários (os "homens adagas"; *Ant.* 20.8.10; At 21:38, "os sicários"). Festo se juntou a Agripa em uma disputa com os sacerdotes de Jerusalém, que tinham construído um alto muro para prevenir que Agripa observasse os procedimentos do templo, de sua torre do palácio ao derredor. Festo morreu ainda no exercício do cargo e foi sucedido por Albinus. [JAMES A. BROOKS]

FIAÇÃO, TECELAGEM, TEAR Fiação e tecelagem são os principais processos na produção de vestuário e eram conhecidos nos tempos bíblicos. Embora essas atividades fossem tradicionalmente trabalho de mulheres no lar (Pv 31:13, 19, 22, 24), existe evidência de que os homens se envolveram na produção de vestuário como um empreendimento econômico.

Os fios eram produzidos de fibras cruas pelo processo de fiação (Mt 6:28 = Lc 12:27). O linho (heb. *pēšeṯ*, *pištâ*; Lv 13:47; Os 2:5 [TM 7]) e a lã (*ṣemer*; Lv 13:47) eram as principais fibras usadas no mundo bíblico. Por meio da fiação (*ṭāwâ*), as fibras cruas eram transformadas em filamentos soltos, frequentemente controladas por um fuso (*k'šôr*; Pv 31:19) e torcidos para formar um fio contínuo. Uma roca (*peleḵ*; 2Sm 3:29; Pv 31:19) era uma vara fina que podia ser torcida para trançar um filamento de fibras que eram apanhadas num gancho ou ranhura na parte superior. Um peso em forma de disco, ou espira da roca, era instalado na roca como um volante para uma torção mais eficiente. O fio torcido era enrolado no bastão.

Às vezes, o fio, especialmente linho, era torcido (*šāzar*), dois ou três fios sendo torcidos juntos (Êx 26:1; 36:8, 35). O fio acabado, de lã ou linho, podia ser usado para tecer (Êx 35:25).

A tecelagem é o entrelaçamento de fios para formar o tecido. Embora a tecelagem fosse feita em casa, alguns tecelões aparentemente eram profissionais especializados em tipos particulares de trabalho. O AT estabelece a diferença entre tecelões comuns (*'ō rēḡ*; Êx 39:22, 27), "desenhistas" (*ḥōšēḇ*; 26:1; 28:6; 36:8), e "bordadores" (*rōqēm*; 26:36; 28:39; 36:27).

A tecelagem era geralmente feita em teares, dispositivos projetados para criar aberturas entre a urdidura alternada vertical dos fios pelos quais passou a urdidura horizontal dos fios. Depois de colocada cada urdidura, ela era batida contra a anterior com um bastão chato, firmando assim o tecido. Três modelos principais de teares eram usados no mundo bíblico. No tear horizontal, as tramas eram esticadas entre vigas presas ao chão. Aparentemente é a este tipo que se faz referência na história de Sansão (Jz 16:13,14), o que teria possibilitado que Dalila trançasse seus cabelos enquanto ele dormia; quando Sansão levantou-se de repente, puxou os pinos do tear (*'ereḡ*; v. 14b) que prendiam as vigas ao chão.

Em alguns teares verticais, a trama era esticada entre duas vigas fixadas numa armação retangular. O produto manufaturado procedia do fundo do tear e o tecido podia ser enrolado na base do tear (Is 38:12). Isso permitia ao tecelão permanecer sentado e produzir tecidos mais compridos. A metáfora pela qual a haste da lança de um homem valente é comparada à "lançadeira de tecelão" (1Sm 17:7; 2Sm 21:19) pode derivar do tamanho das traves dos teares verticais. Também é possível que a imagem indicasse que a lança estava presa a uma correia por uma argola, como a lançadeira usada pelo tecelão para passar a trama pela urdidura dos teares grandes.

Os teares de urdidura com pesos tinham os fios da urdidura amarrados a uma trave superior e eram mantidos esticados em grupos por uma série de pesos de pedra ou de barro. A tecelagem era feita de cima para baixo e a trama era batida para cima. Grande número de teares de urdidura com pesos escavados confirmam a popularidade desse tear no antigo Israel. Faixas ou tiras de cor eram feitas usando-se fios tingidos para partes da urdidura ou dos fios da trama ou tecido. Os teares de urdidura com pesos permitiam que partes do urdume se abrissem de uma vez para que padrões complexos pudessem ser feitos na trama cobrindo pequenas áreas com cores diferentes. Este tipo de tecelagem era feito com mais facilidade e eficiência usando-se urdidura de linho e trama de lã. O trabalho de "bordadores" e "desenhistas" na produção de cortinas para o tabernáculo e o vestuário para o sumo sacerdote (Êx 26:1, 36; 39:29) pode ter envolvido os dois. A proibição de usar roupas feitas de linho e lã misturadas no mesmo tecido (Dt 22:11) pode ser decorrente de um tabu contra o uso de técnicas "sagradas" para fins profanos.

Bibliografia. E. J. W. Barber, *Prehistoric Textiles* (Princeton, 1991); *Women's Work: The First 20,000 Years* (New York, 1994); C. Bier, "Textile Arts in Ancient Western Asia", *CANE* 3. 1567-88. [DANIEL C. BROWNING, JR.]

FICOL (heb. *pîḵōl*) Chefe do exército filisteu que testemunhou a aliança de Abimeleque com Abraão em Berseba (Gn 21:22, 32) e de Isaque em Gerar (26:26). O nome pode ser um título em vez de um nome próprio.

FÍGADO O maior e mais pesado órgão do corpo animal e humano. Tudo indica que o termo hebraico (*kāḇēḏ*) vem da raiz semítica comum *kbd*, "ser pesado", e pode referir-se a um órgão físico ou às profundezas do ser de uma pessoa. Somente em uma ocorrência no AT o termo não se refere a um animal. A ponta ou apêndice do animal sacrificado, junto com dois rins e com a gordura ligada aos intestinos e rins, eram queimados sobre o altar (ex., Êx 29:13, 22; Lv 3:4, 10, 14-15).

Provérbios 7:23 descreve uma flecha atravessando o fígado de um cervo pego numa armadilha, mortalmente ferido, como a descrição de um homem que se submete à sedução de uma prostituta. Lamentações 2:11, a única referência no AT ao fígado humano, articula intenso sofrimento ocasionado pela trágica destruição de Jerusalém. Embora o termo "entranhas", geralmente usado, sugira mais emoções passionais, a expressão "o meu fígado se derramou sobre a terra" serve a uma função semelhante (o cognato acádico e ugarítico pode denotar a sede de emoções).

A literatura assíria e babilônica tem referências abundantes quanto ao exame do fígado com propósitos divinos. Inúmeros compêndios sobre a observação do fígado, coleções de textos sobre presságios e uns 32 modelos de um fígado em Mari indicam a importância e a preponderância desse costume. Em sua declaração que o juízo viria sobre Israel pelos babilônios, o profeta Ezequiel (Ez 21:21 [TM 26]) descreve Nabucodonosor utilizando três variedades de adivinhação para determinar a rota adequada para suas tropas militares. De acordo com Ezequiel, Nabucodonosor tiraria a sorte atirando flechas, consultando ídolos e examinando fígados (hepatoscopia).

Bibliografia. C. Dohmen e P. Stenmans, "Kabed I", *TDOT* 7.13-22; H. W. Wolff, *Anthropology of the Old Testament* (Philadelphia, 1974). [MICHAEL A. GRISANTI]

FÍGELO (gr. *Phýgelos*) Cristão da província da Ásia que, junto com Hermógenes e outros cristãos da Ásia, abandonaram Paulo preso (2Tm 1:15).

FIGUEIRA Uma árvore (*Ficus carica* L.; heb. *tĕʾēnâ*; gr. *sýkon, sykḗ*) cujo fruto permanece como elemento principal na dieta do antigo mundo do Mediterrâneo, desde os tempos mais antigos. A árvore chega a uma altura média de 3-6 metros. Suas grandes folhas espalmadas se abrem no início da primavera e caem no início do inverno. Normalmente, os primícias (cf. Ct 2:13; Os 9:10) aparecem em fevereiro, antes que as folhas apareçam em abril/junho. Quando as folhas aparecem a fruta está usualmente madura. Uma árvore produz duas colheitas por ano, uma no início do verão e a colheita principal no outono. É uma árvore dioica, significando que existem variedades tanto machos quanto fêmeas. O macho (lat. *caprificus*) cresce selvagemente a partir de sementes espalhadas principalmente por árvores e morcegos, enquanto que a fêmea é plantada a partir dos ramos de árvores cultivadas e requerem supervisão (Pv 27:18). A produção do fruto macho depende de um processo conhecido como *caprification*: vespas incubadas nas flores *caprifigs* trazem o pólen da árvore macho para fertilizar as flores fêmeas, das quais o figo se desenvolve. Ramos de figo de dois ou três anos se tornarão árvores jovens que frutificarão no primeiro ou segundo ano, depois do plantio. Existe literatura considerável sobre o cultivo do figo nos manuais de agricultura gregos e romanos (Plínio, Cato, Varro, Theophrastus, Columella).

A figueira é a primeira árvore que dá fruto mencionada no Antigo Testamento. As muitas outras referências à figueira indicam seu importante papel na economia da Palestina. Ela era um dos itens da alimentação que interessava aos hebreus na conquista de Canaã (Nm 13:23; Dt 8:8), e a falta de adequação do deserto para a figueira era uma grande reclamação (Nm 20:5). O fruto era comido como uma fresca cortesia da árvore (Is 28:4), ou seco individualmente ou em séries, ou amassado em bolos (1Sm 25:18) para os meses de inverno. Figos secos em bolos também eram usados como emplastro medicinal (2Rs 20:7 = Is 38:21).

A referência mais comum à figueira no Antigo Testamento é metafórica. Ela é geralmente usada para descrever a paz, a prosperidade, e a bênção de Deus ("Mas assentar-se-á cada um debaixo da sua videira, e debaixo da sua figueira", Mq 4:4; 1Rs 4:25; Ag 2:19; Zc 3:10; 1Mac 14.12; cf. 2Rs 18:31; Is 36:16; Jl 2:22), ou o julgamento de Deus ("Fez da minha vide uma assolação, e tirou a casca à minha figueira", Jl 1:7, 12; cf. Sl 105:33; Jr 5:17; Os 2:12 [TM 14]; Am 4:9; Na 3:12; Hb 3:17). Outros usos metafóricos ocorrem em Juízes 9:10-11; Isaías 34:4; Jeremias 8:13; 24:1-8; 29:17; Oseias 9:10; cf. Amós 8:2.

No Novo Testamento, o uso dominante da figueira também é metafórico (Mt 7:16 = Lc 6:44; Tg 3:12). Ele descreve o fim iminente do mundo (Mc 13:28 = Mt 24:32 = Lc 21:29). A passagem mais problemática é a maldição de Jesus da figueira (Mc 11:12-14, 20-22 = Mt 21:18-22). Porque esse relato esboça a limpeza do templo, parece que Marcos o considera como um ato de julgamento profético sobre o culto do templo por prometer, mas não entregar a verdadeira piedade (Jr 8:13; 24:1-10; cf. Mt 7:15-20). Em Lucas 13:6-9, Jesus conta uma parábola sobre uma figueira estéril que reflete as características reais da agricultura na Palestina do século I. Lucas não fornece uma interpretação à parábola.

Bibliografia. F. N. Hepper, *Baker Encyclopedia of Bible Plants* (Grand Rapids, 1992), 110-14; H. N. e A. L. Moldenke, *Plants of the Bible* (1952, repr. New York, 1986), 103-6. [CHARLES W. HEDRICK]

FILACTÉRIOS Par de pequenas caixas de couro escuro (heb. *tĕp̄illîn*) contendo tiras de pergaminho escritas com mandamentos bíblicos (Êx 13:1-10, 11-16; Dt 6:4-9; 11:13-21). Embora o mandamento "amarre-as [as palavras da Torá] como um sinal nos braços e prenda-as na testa" (Dt 6:8) não tivesse originalmente a intenção de ser tomado literalmente, os judeus desenvolveram a prática de amarrar os *tĕp̄illîn* no braço esquerdo e na cabeça. Feitas de peles de animais "limpos", elas eram amarradas ao corpo com tiras de couro de qualquer cor, exceto vermelho cor de sangue. Às vezes, no século I e antes, outras passagens da Torá (p. ex., o Decálogo e Dt 5:22, 23) eram também incluídos, como confirmado pelos *tĕp̄illîn* encontrados entre os rolos do mar Morto.

O grego *phylaktḗrion* (somente em Mt 23:5) vem do verbo *fylássō*, "guardar/proteger". Consequentemente, alguns estudiosos têm sugerido que o filactério servia como um amuleto mágico (cf. *b. Ber.* 6a, 23b, 30b; *Menah.* 43b). A vasta quantidade de evidência, entretanto, sugere outro propósito principal. O verbo *fylássō* tem, às vezes, a nuança de "observar (os mandamentos)" (assim Ep. Arist. 159). Os rabis, Targuns e a Peshita, todos se referem aos mesmos objetos pelo aramaico *tĕp̄illîn*, que vem tanto de *Pll* ("orar") quanto de *plh* ("separar/distinguir [judeus de não judeus]").

Fontes rabínicas sugerem que no século I d.C. e antes era costume ao fiel usar filactérios o dia todo; hoje, "colocar" (*t̠ĕp̄ill'm*) ocorre somente durante as orações da manhã nos serviços dos dias da semana. [W. E. NUNNALLY]

FILADÉLFIA (gr. *Philadélphia*) **1.** Cidade na província romana da Ásia, na Ásia Menor ocidental (Ap 1:11; 3:7-13). Pelo fato de Filadélfia estar debaixo da moderna cidade turca de Alashir, ela nunca foi sistematicamente escavada. A cidade foi fundada no século II a.C. por Atalo II de Pérgamo. Ela sofreu graves danos de um terremoto no período do antigo Império Romano; um terremoto de magnitude sem paralelo que ocorreu durante o reinado do imperador Tibério (17 d.C.; Plínio *Nat. hist.* 2.86, 200; Tácito *Ann.* 2.47), que destruiu várias cidades asiáticas e devastou também Filadélfia (cf. Strabo *Geog.* 12.8.18; 13.4.10).

As fontes mais antigas relacionadas ao cristianismo em Filadélfia vêm do livro de Apocalipse e da carta a Filadélfia escrita por Inácio de Antioquia no início do século II. Por meio dessas fontes está claro que havia contínua animosidade entre o cristianismo e a comunidade judaica local (Ap 3:9; Inácio *Phld.* 6.1). Os esforços para interpretar a mensagem joanina à igreja de Filadélfia, à luz da história social e política da cidade, têm sido frequentemente subjetivos.

Os vários resíduos epigráficos da cidade e seus arredores não foram seriamente investigados pelos estudiosos do NT. Uma inscrição particularmente interessante do século I a.C. registra os deveres morais exigidos dos membros de um culto pagão ao deus Zeus. Além de demonstrar uma íntima ligação entre a devoção pagã e padrões éticos, essa longa inscrição fornece a compreensão sobre a resistência pagã à participação em relações sexuais promíscuas, uso de abortivos, uso de feitiços e participação em pedofilia. Além disso, essa inscrição informa explicitamente que os membros da corporação religiosa representavam "homens e mulheres, livres e escravos".

Bibliografia. S. C. Barton e G. H. R. Horsley, "A Hellenistic Cult Group and the New Testament Churches", *JAC* 24 (1981): 7-41; C. J. Hemer, *The Letters to the Seven Churches of Asia in Their Local Setting* (1986, repr. Grand Rapids, 2000); D. Magie, *Roman Rule in Asia Minor,* 2 vols. (1950, repr. New York, 1975). [RICHARD E. OSTER, JR.]

2. Cidade em Decápolis, moderna Amã. *Ver* RABÁ.

FILEMOM (gr. *Philēmōn*) Destinatário da carta de Paulo, escrita em favor do escravo de Filemom, Onésimo, que estava com Paulo em Roma. Essa epístola é a nossa única fonte de informação sobre Filemom, com inferências possíveis da concomitante carta aos Colossenses (cf. Fm 12; Cl 4:9). Embora não haja certeza, Áfia e Arquipo, a quem Paulo saúda em Filemom 2, podem ser, respectivamente, esposa e filho de Filemom (cf. Col 4:17). Desde que Onésimo e Arquipo residem com Filemom (Fm 2, 10-21) e pertencem à igreja de Colossos (Cl 4:9, 17), podemos supor que Filemom também reside em Colossos, no vale do Lico, na província romana da Ásia.

Filemom foi um dos convertidos de Paulo (Fm 19), talvez quando Paulo esteve ministrando em Éfeso em sua terceira viagem missionária e a província da Ásia foi evangelizada (At 19:10). Paulo considera Filemom um colega obreiro (gr. *synergós*), possivelmente pelo fato de ele ter sido providencial na fundação da igreja de Colossos. Filemom era um rico patrocinador de uma igreja doméstica em sua casa em Colossos (Fm 2) e era conhecido por sua hospitalidade (v. 5-7). Paulo tentou convencer Filemom que a conversão de Onésimo ao cristianismo transcendia o relacionamento de senhor e escravo, parecendo insinuar que uma opção aberta a Filemom era libertar Onésimo.

Bibliografia. J. M. G. Barclay, "Paul, Philemon and the Dilemma of Christian Slave-Ownership", *NTS* 37 (1991): 161-86; N. R. Peterson, *Rediscovering Paul: Philemon and the Sociology of Paul's Narrative World.* Guides to Biblical Scholarship (Philadelphia, 1985). [DUANE F. WATSON]

FILEMOM (gr. *Philēmōn*), **CARTA A** A mais breve correspondência de Paulo preservada, em sua comparativa brevidade mais parecida com a maioria das antigas cartas gregas preservadas do que outros escritos de Paulo. Diferentemente de outras cartas de Paulo, Filemom não trata de controvérsias teológicas ou de dificuldades éticas na vida de sua audiência.

Filemom é universalmente aceita como carta autêntica de Paulo, e sua autenticidade foi apenas raramente questionada no passado. Entretanto, têm persistido perguntas desde tempos mais remotos relativos ao valor da carta. Intérpretes antigos e modernos têm respondido a críticas sobre Filemom retirando dela uma variedade de lições morais, apontando para seu valor em mostrar a profundidade da humildade e cuidado de Paulo como exemplo a todos os cristãos, e enfatizar o valor da carta ao mostrar como as pessoas cristãs de diferentes níveis sociais devem se relacionar umas com as outras.

ESTRUTURA. A carta toda a Filemom se divide em quatro ou cinco partes. O mais comum é o delineamento nas cinco partes a seguir:

1. Os versículos 1-3 formam uma saudação que menciona os remetentes, os destinatários e faz um cumprimento.

2. Os versículos 4-7 oferecem uma ação de graças a Deus por uma específica lembrança da vida de Filemom. O versículo 7 é uma ponte à parte principal da carta.

3. Os versículos 8-21 são o corpo da carta, discutindo o retorno de Onésimo, o escravo. Na primeira parte do corpo (v. 8-14), Paulo apela a Filemom em

favor de Onésimo ao declarar sua afeição pelo escravo e ao dizer a Filemom seu desejo de ter Onésimo com ele em sua prisão por causa do evangelho. Na segunda parte do corpo (v. 15-20), Paulo reflete sobre a mudança em Onésimo produzida por sua conversão e promete assumir a responsabilidade por qualquer coisa que Onésimo pudesse dever a Filemom.

4. Os versículos 21-22 são uma parênese, unindo uma declaração da confiança de Paulo em Filemom com um pedido para que seja preparada hospedagem para que Paulo possa fazer uma visita à igreja.

5. Os versículos 23-25 formam o fechamento da carta, mandando saudações dos companheiros de Paulo a Filemom e aos outros finalmente, uma palavra um tanto formal.

Conteúdo. Paulo, que está na prisão, escreve uma carta com alguma ajuda de Timóteo; ele inicia a carta com uma saudação a Filemom, Áfia, Arquipo e à igreja que se reúne na casa de Filemom. É impossível dizer com certeza onde Paulo estava quando escreveu a carta. Roma, o local tradicional, tem perdido alguma preferência devido à improbabilidade de Paulo voltar atrás de Roma para visitar uma congregação no leste após chegar à Itália e planejar trabalhar na Espanha. Tem sido defendido Cesareia, mas a teoria mais comumente proposta hoje é a de que Paulo estava na prisão em Éfeso (cf. 1Co 15:32; 2Co 1:8-11). A localização da igreja na casa de Filemom é também um quebra-cabeças, embora as semelhanças entre porções de Filemom e Colossenses (se ou não autenticamente paulinas) levam muitos estudiosos a concluir que Filemom viveu em Colossos.

Paulo, então, se volta para Filemom em particular. Com base em seu conhecimento do caráter de Filemom e certo de seu próprio compromisso com Cristo, Paulo trata da situação. Aparentemente Onésimo era um escravo que pertencia a Filemom, a quem Filemom teria considerado inútil, mais ainda pelo fato de ter fugido do seu senhor. No entanto, em rica combinação, tanto de metáforas como de jogo de palavras, Paulo molda seu testemunho concernente à conversão de Onésimo a Cristo — uma conversão que teve o efeito prático de mudar Onésimo de alguém que não tinha nenhum valor em alguém altamente valioso. De fato, Paulo considerou Onésimo, após sua conversão, de tal utilidade em seu ministério apostólico, que desejou retê-lo para ajudá-lo em vez de devolvê-lo a Filemom. Paulo assumiu que o próprio Filemom teria alegremente dado tal ajuda se estivesse presente e estava desejoso de ter Onésimo para ajudá-lo em nome de Filemom; mas ao contrário, presumindo a conhecida generosidade de Filemom, Paulo decidiu devolver Onésimo a Filemom e deixar o assunto à decisão de Filemom.

Paulo continua seu apelo suplicando que Filemom reconheça o escravo como se fosse o próprio apóstolo. Além disso, Paulo interpõe que se Onésimo devesse a Filemom alguma coisa em termos de prejuízo ou dívida, ele, Paulo, assumiria a responsabilidade pela soma; Paulo chega a ponto de escrever uma nota promissória de próprio punho. Todavia, Paulo vai além do apelo e da promessa de reembolso, declarando sua confiança em Filemom de fazer ainda mais do que Paulo disse.

Propósito. Existem pelo menos dois propósitos reconhecidos para que Paulo escrevesse a Filemom com relação a Onésimo. Primeiro, ele procurava convencer o proprietário a receber de volta o servo sem raiva ou com os tipos de duras punições permitidas pela lei romana. Segundo, e igualmente importante, o apóstolo procurava conseguir de Filemom que Onésimo o servisse no ministério do evangelho. Se essa manifestação implicaria ou não em Onésimo ser libertado por Filemom, é um assunto discutível e sem solução.

Bibliografia. E. Lohse, *Colossians and Philemon. Herm* (Philadelphia, 1971); P. T. O'Brien, *Colossians, Philemon.* WBC 44 (Waco, 1982); N. R. Petersen, *Rediscovering Paul: Philemon and the Sociology of Paul's Narrative World* (Philadelphia, 1985); M. L. Soards, "Some Neglected Theological Dimensions of Paul's Letter to Philemon", *Perspectives in Religious Studies* 17 (1990): 209-19; S. K. Stowers, *Letter Writing inf Greco-Roman Antiquity.* Library of Early Christianity 5 (Philadelphia, 1986). [MARION L. SOARDS]

FILETO (gr. *Philētos*) Alguém que, com Himeneu, ensinava que a ressurreição já havia acontecido (2Tm 2:17, 18).

FILHA Em muitos exemplos, uma criança feminina da família (heb. *baṯ*). O termo pode designar também um descendente feminino, talvez, neta (p. ex., 2Rs 8:26=2Cr 22:2), ou os habitantes de uma cidade (p. ex., Jz 21:21) ou região (p. ex., Gn 24:3). Em tempos, o hebraico *bēn*, "filho", encobre ambos os sexos; como filhos, filhas são vistos como bênçãos (Sl 128:3) e devem honrar seus pais (Êx 20:10); ambos profetizarão em tempos messiânicos (Jl 2:28 [TM 3:1]).

As filhas eram altamente valorizadas por causa de seu labor físico e por causa da continuação da vida por meio delas (Gn 29:9; Êx 21:7). Proibições sexuais (Lv 18) protegem as filhas e proíbem os homens de ter relações sexuais com sua filha, filhas dos filhos, filhas das filhas, nora, uma mulher e sua filha, e a filha da esposa de seu pai.

Quando uma filha casava, seu pai recebia um preço de casamento; geralmente isso era devolvido a ela como um dote (Gn 31:15). Um pai poderia anular os votos de sua filha (Nm 30:3-5). Embora as genealogias primariamente listem os primogênitos, elas também citam as filhas quando não há filhos (Gn 46:17; Nm 26:46 [= 1Cr 7:30]; 27:1-11; 36:1-12; Js 17:3).

As filhas de estrangeiros — especialmente dos cananeus e filisteus — recebiam pouco louvor e eram creditadas com à ruína de Israel (Jz 3:6; Ml 2:11). A lei proibia intercasamento com elas (Dt 7:3). Depois do exílio, os israelitas concordaram em não dar suas filhas em casamento para os povos em redor deles ou tomar filhas de estrangeiros para seus filhos (Ne 10:30 [31]).

Em assuntos genealógicos, as cidades ou vilas são descritas como "filhas", indicando o seu relacionamento como colônias ou dependências de um estado (p. ex., Sl 48:11) ou cidade (1Cr 2:3, 21, 35, 49). Em outro lugar, "filha" é usado metaforicamente. As filhas de Jerusalém são as noivas dos amigos (Ct 8:4), e a "filha de Sião" ("filha Sião") é a personificação de Jerusalém (Is 1:8; 62:11; Jr 4:31; Lm 2:8).

Jesus usou "filha" como um termo de respeito e ternura (p. ex., Mc 5:34 par.). [ROBIN GALLAHER BRANCH]

FILHO Descendente do sexo masculino (heb. *ḇēn*; gr. *huiós*), incluindo aquele além da primeira geração (p. ex., Gn 31:28; Êx 12:24). O termo é também um nome genérico para crianças, às vezes usado para classificar grupos: uma nação inteira, masculino e feminino ("filhos de Israel", Gn 32:32 [TM 33]); uma designação geográfica ("filhos de Sião", Sl 149:2; "filhos do leste", 29:1); uma classe ou profissão ("descendentes de Arão" ou "Asafe", 2Cr 35:14,15; "filhos dos perfumistas", Ne 3:8; "filhos de profetas", 2Rs 2:3; cf. Am 7:14). Pode também designar uma pessoa que mostra certa qualidade: "filho da virtude" (1Rs 1:52); "filhos do Trovão" (Mc 3:17).

O papel do filho era de grande importância na antiga ordem social. No antigo Oriente Próximo a forma padrão de herança para a transferência de propriedade era de pai para filho, com particular importância dada ao filho primogênito (p. ex., Gn 27:19; Dt 21:15-17). Se um homem morresse sem prole, sua viúva se casava com o irmão dele; o filho da primeira união conservava o nome do homem morto, para que "o seu nome não seja apagado de Israel" (Dt 25:5,6). Os filhos primogênitos precisavam ser redimidos (Êx 34:20). Uma história frequente no AT está relacionada ao casal sem filhos. Abraão e Sara desejavam um filho; o nascimento milagroso de Isaque aconteceu quando seus pais estavam velhos (Gn 21). Com frequência tal filho torna-se um libertador como Sansão (Jz 13) ou cumpre uma missão especial, como Samuel (1Sm 1–2).

Com o privilégio vinha a responsabilidade para o filho. Os filhos devem honrar seus pais (Êx 20:12), devem ser instruídos e disciplinados (13:14; Dt 8:5; 11:19; Js 4:6). O filho é a felicidade de seu pai, mas deve dar atenção às ordens do pai e não abandonar os ensinos de sua mãe (Pv 3:12; 6:20). As relações sexuais são proibidas entre o filho e sua mãe, com a esposa do pai, com a irmã, com a filha do filho, com a filha da filha, com a irmã do pai, com a irmã da mãe e com a nora (Lv 18:6-30).

"Filhos de Deus" ou "filhos dos deuses" é uma referência a seres divinos ou semidivinos relacionados à assembleia celestial (Jó 1:6; Sl 89:5,6 [6-8]), a anjos (Dn 3:25), ou seres primitivos (Gn 6:2, 4). Deus chama Israel de seu filho primogênito (Êx 4:22), como é também seu rei (2Sm 7:14; Sl 2:7). Jesus é chamado no NT de Filho de Deus (Mt 14:33; 16:16; Mc 1:1; 3:11; Lc 1:35; cf. Mc 14:61).

Jesus é chamado de filho de Abraão e filho de Davi (Mt 1:1; Lc 20:41). A definição messiânica favorita de Jesus a respeito de si mesmo foi de Filho do Homem, uma clara referência à visão de Daniel de "alguém semelhante a um filho de homem" (Dn 7:13; Mc 14:62). [ROBIN GALLAHER BRANCH/LEE E. KLOSINSKI]

FILHO DE DEUS Pessoa ou povo que tem um íntimo relacionamento com Deus; no NT, uma designação de Jesus. O Senhor prometeu, por intermédio de Natã, que o descendente de Davi "será meu filho" (2Sm 7:14; 1Cr 17:13; 22:10; 28:6), e outros textos chamam o rei de filho do Senhor (Sl 2:7; cf. Is 9:6,7 [TM 5-6]) e de filho primogênito (Sl 89:27-29 [28-30]. Várias passagens chamam o Senhor de "pai" de Israel (Dt 32:6; Is 64:8 [7]; Jr 31:9), e outras se referem a Israel ou a Efraim como "filho" do Senhor (Êx 4:22,23; Jr 31:9; Os 11:1). O povo pode ser chamado de filhos e filhas do Senhor (Dt 32:19; Is 43:6; Os 1:10 [2:1]).

Fontes judaicas interbíblicas chamam os anjos de filhos de Deus (Sb. 5.5) e identificam o justo sofredor como filho de Deus (Sb. 2.16-18; Sir. 4.10) e vários textos de Qumran, especialmente o acaloradamente debatido texto 4Q246 fornece uma enigmática evidência referente ao termo "filho de Deus" (cf. também 4QFlor 1.11-13; 1QSa 2.11). O mundo greco-romano conferiu o título de Filho de Deus a César.

Embora Paulo fale do Filho quinze vezes, ele usa o título completo de Filho de Deus apenas três vezes (Rm 1:4; 2Co 1:19; Gl 2:20). Uma dessas três está na confissão cristã primitiva em que Jesus foi "declarado Filho de Deus com poder" em sua ressurreição (Rm 1:3,4). Outras referências paulinas ao Filho estão em afirmações que Deus não poupou seu próprio Filho (Rm 8:32), o enviou para condenar o pecado (v. 3) e para redimir os que estavam sob a lei (Gl 4:4), predestinou os crentes para serem conformados à imagem de Seu Filho (Rm 8:29), revelou seu Filho a Paulo (Gl 1:16) e mandou o Espírito de Seu Filho (4:6). Outras referências ao Filho estão em declarações no passivo divino (Rm 1:4; 5:10; 1Co 15:28; cf. 1:9), embora Paulo uma vez tenha dito que o Filho de Deus se entregou por ele (Gl 2:20). A maior parte dessas referências ao Filho estão em dois locais, Romanos 1–8 e Gálatas. As cartas deuteropaulinas raramente se referem ao Filho (Ef 4:13; Cl 1:13).

O material Q alega que o Diabo tentou Jesus como o Filho de Deus (Lc 4:3, 9) e que Jesus uma vez falou absolutamente tanto do "Pai" como do "Filho" (10:22). Marcos proclama repetidas vezes que Jesus é Filho de Deus. Uma voz celestial chama Jesus "meu Filho, o Amado" em seu batismo (Mc 1:11; cf. v. 1) e na transfiguração (9:7); os espíritos imundos o reconhecem (3:11; 5:7); Jesus faz referência a um filho amado numa parábola (12:6) e fala do Filho em um de seus discursos (13:32); e o sumo sacerdote pergunta se Jesus é o Cristo, o Filho do Deus bendito (14:61). Mas um centurião gentio é o único humano que confessa Jesus como Filho de Deus no evangelho de Marcos (Mc 15:39).

Mateus alega que os discípulos confessaram Jesus como o Filho de Deus (Mt 14:33) e que Pedro O confessou como o Cristo, o filho do Deus vivo (16:16); entretanto, Mateus observa também que os adversários usaram por duas vezes o título a zombar de Jesus quando estava à morte (27:40, 43). Embora a narrativa de Lucas sobre a infância de Jesus prometa que ele seria chamado de Filho do Altíssimo (Lc 1:32) e Filho de Deus (v. 35), os discípulos não proferem nem uma nem outra confissão neste evangelho. Paulo enfatiza duas vezes a identidade de Jesus como Filho de Deus em Atos (9:20; 13:33).

O evangelho de João se refere com frequência ao Filho de Deus. O Pai mandou o Filho ao mundo que havia criado (Jo 3:17; 5:23; 10:36) e deu-lhe todas as coisas (3:35; 5:22, 26); todo aquele que crê no Filho não é julgado (3:17,18), mas terá vida eterna (3:16, 36; 5:21; 6:40). O Filho faz o que vê o Pai fazendo (Jo 5:19-21); na verdade, o Pai e o Filho são um (10:30). Várias referências ao Filho de Deus estão nas confissões (Jo 1:34, 49; 11:27), incluindo as declarações do autor sobre o propósito (20:31). Muitas referências ao Filho e ao Filho de Deus ocorrem em João 1–2, especialmente 1João 4:9–5:20.

Hebreus anuncia que Deus falou recentemente a nós por intermédio de Seu Filho (Hb 1:2), que está acima dos anjos (v. 4-13). Designado por Deus como sumo sacerdote segundo a ordem de Melquisedeque (Hb 4:14; 5:6, 10), o Filho assegurou aos crentes eterna redenção por meio de Seu próprio sangue (1:3; 9:12), a quem Deus está tratando como filhos (12:5-8). Tendo aprendido a obediência por meio do sofrimento e tendo sido feito perfeito, o Filho tornou-se fonte de salvação (Hb 5:8,9; 7:28); entretanto, a punição aguarda os que, após terem crido, menosprezam o Filho (6:6; 10:29). Outras referências ao Filho ocorrem em 2Pedro 1:17; Apocalipse 2:18.

Bibliografia. J. A. Fitzmyer, "4Q246: The 'Son of God' Document from Qumran", *Bibl* 74 (1993): 153-74; R. H. Fuller, *The Foundations of New Testament Christology* (New York, 1965); F. Hahn, *The Titles of Jesus in Christology* (New York, 1969); M. Hengel, *The Son of God* (Philadelphia, 1976); J. D. *Kingsbury, Matthew*: Structure, Christology, Kingdom, ed. rev. (Minneapolis, 1989), 40-83; W. Kramer, Christ, Lord, Son of God, *SBT* 50 (Naperville, 1966). [ROBERT L. MOWERY]

FILHO DO HOMEM Título derivado do idioma hebraico (*ben 'āḏām*) e aramaico (*bar 'ĕnāš*), que designa o coletivo (humanidade) ou o indivíduo dentro do coletivo (ser humano). O uso de Jesus referindo-se a si próprio nos quatro evangelhos e a incerteza se é um título cristológico tem provocado amplos e inconclusivos debates sobre seu significado preciso.

A frase ocorre no AT frequentemente como designação para "humanidade" ou um "ser humano" em contraste com prerrogativas divinas (Sl 8:4 [TM 5]; cf. também Nm 23:19). A frase é usada 93 vezes em Ezequiel como designação para o profeta, talvez aqui para enfatizar a mera natureza mortal do profeta em contraste com a majestade de Deus que fala a ele (p. ex., Ez 2:1).

A ocorrência de "filho de homem" em Daniel 7:13,14, um texto de enorme influência nas tradições posteriores judaicas e do NT, levanta a questão de se ou não, nesse estágio pré-cristão, "filho do homem" havia assumido o significado de título. Em sua visão apocalíptica que proclama o triunfo final de Israel sobre Antíoco IV, o tirano selêucida, Daniel vê "um semelhante ao filho do homem" apresentado em triunfo perante o trono de Deus. Este "filho de homem" representa o Israel escatologicamente triunfante ou, talvez, a representação angélica de Israel perante o trono de Deus. Esse "semelhante ao filho de homem" é exaltado, em contraste com o último dos apavorantes animais (provavelmente representando Antíoco) a quem Deus destrói. Em Daniel a função real do "filho de homem" é enfatizada quando ele recebe de Deus o domínio sobre todos os povos da terra e a promessa de um domínio eterno (Dn 7:14-18). É incerto determinar se nesse estágio o termo é usado como título ou simplesmente como a designação para um ser humano.

O termo é também usado nas chamadas parábolas de Enoque (1En 37-71). Aqui, o conteúdo titular ou messiânico de "Filho de Homem" é mais evidente. Enoque misturou várias tradições — mitologia de sabedoria sobre a preexistência e descida à terra da palavra redentora de Deus, a imagem do servo da última parte de Isaías, a ideia do israelita justo que sofre e é justificado por Deus como se encontra na Sabedoria de Salomão e na visão apocalíptica de Daniel — para dar ao "filho de homem" definição de uma figura redentora escatológica. É impossível determinar em que medida as parábolas de Enoque influenciaram o uso do título no NT. Alguns autores consideram 1Enoque 37-71 posterior ao material do evangelho e, à vista de alguns, podem até ser de origem cristã. Pelo menos esses textos judaicos fornecem em paralelo o tipo de desenvolvimento que parece ter acontecido na tradição do evangelho onde o Filho do Homem assume um peso teológico maior.

O termo "Filho do Homem" expresso quase exclusivamente no NT como uma autodesignação para Jesus (gr. *huiós toú anthrṓpou*). As únicas exceções são passagens onde Daniel 7:13,14 (At 7:56; Ap 1:13;14:14) ou Salmo 8:4(5) são citados (Hb 2:6). Os intérpretes geralmente classificam os vários usos do título em três importantes categorias:

Jesus no contexto de seu ministério terreno: p. ex., Marcos 2:10 (autoridade para perdoar pecados); 2:28 (senhor do sábado); Mateus 8:20 (nenhum lugar para reclinar a cabeça); 13:37 (semeia a boa semente); 12:32 (uma palavra contra); 16:13 (quem as pessoas dizem que ele é); 18:11 (vem salvar o perdido); Lucas 7:34 (vem comendo e bebendo); 11:30 (um sinal a esta geração).

Humilhação e sofrimento do Filho do Homem: Marcos 8:31; 9:31; 10:33 par. (predições da paixão); Marcos 9:12; 10:45 (dá a sua vida em resgate de muitos); Mateus 12:40 (sinal de Jonas).

Vinda futura e julgamento: p. ex., Marcos 8:38; 14:62; Mateus 16:27,28; 19:28; 24; Lucas 17:22, 24, 26, 30; 21:36.

No evangelho de João, Filho do Homem é aplicado a Jesus como aquele mandado por Deus, que desce do céu e retorna em exaltação (Jo 1:51; 3:13; 6:62). O título é também usado em conexão com a morte de Jesus que João descreve como a hora da glorificação ou exaltação de Jesus (Jo 3:14; 12:23, 34; 13:31).

Um ponto muito debatido é se este título foi usado pelo Jesus histórico. Alguns sugerem que Jesus o usou simplesmente como uma autodesignação no costume do idioma aramaico e hebraico (isto é, este ser humano) ou como uma expressão de humildade. Outros sustentam que Jesus referiu-se ao filho do homem como figura apocalíptica conforme o costume de Daniel 7:13,14, mas não se identificou com essa figura triunfante (p. ex., Mc 8:38; Lc 12:8). Outros argumentam ainda que filho do homem já havia assumido um sentido de título conforme o costume de Daniel 7:13,14; 1Enoque porém recebeu uma série de significados distintivos pelo desenvolvimento da tradição do evangelho em sua aplicação a Jesus. À maneira de Daniel 7:13,14, o título foi aplicado ao Cristo glorificado, porém com ênfase em seu papel como juiz na Parusia em vez de rei. Por extensão, o título foi aplicado ao ministério terreno de Jesus e a seus sofrimentos, usos que são análogos ao tipo de mistura de tradições encontrada em 1Enoque.

Ainda permanece indefinível o consenso sobre a tradição histórica e o significado exato da designação de filho de homem. A interpretação de certas passagens depende de uma avaliação de seu contexto imediato e das nuances dadas à designação por um autor em particular do NT. [DONALD SENIOR]

FILIPE (gr. *Phílippos*) **1.** Filipe II, rei da Macedônia (359-336 a.C.). Pai de Alexandre, o Grande (1Mac 1.1), foi assassinado antes de iniciar uma expedição militar contra a Pérsia (Josefo, *Ant.* 11.304-5). Unificou a Macedônia, adotou a cultura grega e dominou a Grécia por meio da Liga de Corinto.

2. Filipe V, rei da Macedônia (221-179 a.C.). Pegou em armas contra Roma e foi decisivamente derrotado na batalha de Cinoscefale (198; 1Mac 8.5). Roma o deixou num trono fraco, atuando como para-choque em relação a Síria sob o poderoso Antíoco III (em relação ao ponto de vista judeu, cf. *Ant.* 12.414).

3. Filipe, o Frígio, governador de Jerusalém sob Antíoco IV Epifânio, foi nomeado regente sobre Antíoco V (1Mac 6.14-17, 55; 2Mac 9.29). De acordo com 1Macabeus 6.63, quando Filipe tentou assumir o controle, Lísias (o jovem protetor de Antíoco de acordo com *Ant.* 13.296, 360) o derrotou numa batalha em favor de Antíoco (c. 164/63 a.C.).

4. Filipe o Tetrarca (de 20 a.C. — 34 d.C., aproximadamente). *Ver* HERODES (Família) 13.

5. Herodes (Filipe?), filho de Herodes e Mariamme II. *Ver* HERODES (Família) 14. [PETER RICHARDSON]

6. Filipe, o apóstolo e evangelista. Nos Evangelhos Sinópticos, o nome Filipe de um seguidor de Jesus ocorre somente na lista de nomes dos doze discípulos/apóstolos (Mc 3:16-19; Mt 10:2-4; Lc 6:14-16; cf. At 1:13). Em cada caso, Filipe é apresentado na quinta posição. Em João, entretanto, Filipe desempenha um papel narrativo em 1:43-46; 6:5-7; 12:20-22; 14:8, 9. É dito que ele provém de Betsaida (Jo 1:44; 12:21), está ligado aos gregos que procuram Jesus (12:20, 21) e serve como contraste para o Jesus joanino (6:5-7; 14:8-11). É tentador concluir que a figura de Filipe foi "conhecida" tanto pelo autor como pelos leitores do quarto evangelho.

Outro cristão primitivo chamado Filipe é introduzido ostensivamente em Atos 6:1-7 como membro dos "Sete" nomeados pelos apóstolos para cuidarem das viúvas helenistas. Lucas, o autor de Atos, possuía mais material tradicional relativo à atividade e importância desse personagem e o usou em Atos 8, que atribui a Filipe a expansão do evangelho fora de Jerusalém: primeiro a Samaria (v. 5-13), e então aos "confins da terra" (v. 26-40), representado na pessoa do etíope convertido. Essa "evangelização" inovadora (cf. 8:4, [5], 12, 35, 40) além das fronteiras do judaísmo representa um significativo cumprimento da comissão de Jesus aos apóstolos em 1:8. Depois de Atos 8 a única aparição de Filipe é em 21:8, 9, junto com suas quatro filhas que profetizavam, como um dos anfitriões de Paulo na última viagem dele a Jerusalém. A designação de Filipe como "evangelista" em 21:8 representa a conclusão geral com base no início de sua atividade em Atos.

Fontes do século II são unânimes em assumir que o Filipe do qual Lucas trata (isto é, o Filipe pai das quatro filhas com o dom de profecia, At 21:9) foi, de fato, Filipe o apóstolo. Policrates entendia ser este Filipe "um dos doze apóstolos" (cf. Eusébio *HE* 3.31.3; 5.24.2). Mais significativa ainda é a pressuposta identificação por Papias (*HE* 3.39.9), que conheceu pessoalmente as filhas de Filipe. Desde que Filipe, junto com suas filhas, é frequentemente invocado em contextos polêmicos do século II para legitimar a posição teológica deste ou daquele grupo (em discussões polêmicas entre Roma e o movimento Montanhista/Nova Profecia na Ásia Menor [cf. Proclus em *HE* 3.31.4, por Heracleon quanto à sua posição antimártir [cf. Clemente de Alexandria *Misc.* 4.71.2-3], por Taciano em apoio à sua alegação de que os verdadeiros discípulos não devem se casar), dificilmente pode-se imaginar o apelo a alguém que não seja uma autoridade claramente reconhecida, isto é, um apóstolo. Embora os estudiosos expliquem persistentemente todos esses testemunhos como "confusos", a evidência documentária do século II não deveria ser desconsiderada com tanta naturalidade.

É, pelo menos, possível que Lucas não tenha identificado Filipe como um apóstolo em Atos porque, de acordo com seu relato, no período inicial, os Doze permanecem em Jerusalém (p. ex., Atos 8:1). Tal estratégia narrativa por parte de Lucas seria diretamente comparável à sua recusa do título de "apóstolo" a Paulo (exceto em At 14:4, 14) em deferência à sua concepção de que apenas os Doze eram apóstolos.

Bibliografia. C. R. Matthews, *Trajectories through the Philip Tradition* (diss., Harvard, 1993); F.S.Spencer, *The Portrait of Philip in Acts.* JSNTSup 67 (Sheffield, 1992). [CHRISTOPHER R. MATTHEWS]

FILIPE, ATOS DE Obra apócrifa incompleta do século IV ou V d.C., existente em grego, aramaico e latim. Ele relata 15 atos e o martírio de Filipe: o apóstolo ressuscita, cura cegos com palavras mágicas, conversa com animais, faz a terra engolir 700 homens e sorri enquanto é pendurado de cabeça para baixo pelos tornozelos e coxas. Ele prega uma severa filosofia de abstenção do casamento, vinho e comida de origem animal e sua natureza se transforma de brutal para branda.

Bibliografia. J. K. Elliot, *The Apocryphal New Testament,* ed. rev. (Oxford, 1993), 512-18, 531. [RICHARD A. SPENCER]

FILIPE, EVANGELHO DE (II,3) Um evangelho descoberto em Nag Hammadi em 1945. Essa tradução copta do original grego existe em apenas uma recensão e provavelmente data do século II. Esse não deve ser confundido com o outro Evangelho de Filipe citado por Epifânio (*Haer.* 26.13.2-3). O nome do texto é confirmado no *incipit,* mas seu posicionamento sugere que pode ter sido uma inserção posterior, possivelmente sugerido porque Filipe é o único apóstolo citado (Gos. Phil. 73.8).

De diversas formas, conhecido como uma antologia, uma antologia valentiniana e notas de sermão, o Evangelho é provavelmente mais bem conhecido como uma "agenda para especulação" organizada livremente (cf. Clemente de Alexandria *Excerpta ex Theodoto*). Essa compilação de várias fontes divergentes é mais bem dividida em duas importantes seções: (1) os primeiros três quartos do texto (51:29-77:15) e (2) a quarta parte final (77:16-86:19). A primeira das duas seções mais importantes contem uma diversidade de materiais incluindo segmentos relacionados a tradições de Tomé (p. ex., Evangelho de Tomé, Atos de Tomé, Tomé o Antagonista), tradições que refletem um gnosticismo mais clássico (p. ex., referências a uma Sofia decaída), e algum material valentiniano. A segunda seção importante, que fala com um tom mais coerente, inclui unidades retóricas mais longas e reflete um valentinianismo primitivo, mostrando semelhanças conceituais com o Evangelho da Verdade (p. ex., Gos. Phil. 83.30-84.13; Gos. Truth 18:7-11; 24:28-32).

Apesar de suas complexidades textuais, o Evangelho de Filipe permanece atraente principalmente por causa de sua discussão do sacramentalismo cristão sob o ponto de vista gnóstico. Ele lista cinco sacramentos incluindo o batismo, a crisma, a eucaristia, a redenção e o quarto conjugal (67:27-30) e discute este último em detalhes (p. ex., 70:5-9, 17-22). Entre outras coisas, ele é o único no uso do termo "cristão" (62:31-32; 74:12-16), que somente aparece uma outra vez no arquivo de Nag Hammadi (Testim. Truth 31:25)

Bibliografia. M. L. Turner, *The Gospel According to Philip*. NHMS 38 (Leiden, 1996); R. McL.Wilson, *The Gospel of Philip* (New York, 1962). [ANDREA LORENZO MOLINARI]

FILIPENSES, CARTA AOS Uma das cartas "da prisão" (com Efésios, Colossenses e Filemom), assim chamada por causa das referências internas à prisão (1:7, 12-14, 17, 19; 2:17). Filipenses é uma das epístolas de Paulo que mais bem revela suas próprias lutas e seu contínuo relacionamento com as comunidades que ele fundou. Embora algumas dúvidas tenham sido levantadas sobre a autoria no mundo acadêmico europeu do último século, hoje, a carta é universalmente aceita como autêntica. Após a saudação típica (1:1, 2) e uma longa ação de graças (1:3-11), Paulo começa a exposição de sua situação presente (1:12-26) seguida de um apaixonado apelo em favor da união da comunidade (1:27-2:18), notícias de colegas (2:19-3:1), uma advertência sobre os adversários e apelo a seguirem seu exemplo (3:2-4:9), agradecimento por uma oferta recebida (4:10-20) e saudações finais (4:21-23). Pelo fato de parecer que a carta se move de forma abrupta e dissonante de um assunto para outro e até mesmo finalizar várias vezes (3:1a; 4:9, 20), muitos estudiosos não a consideram uma unidade literária, e sim uma compilação de várias cartas. Filipenses 3:1b sugere uma carta anterior e, Policarpo, escrevendo à mesma igreja um século depois, sabe de mais de uma carta de Paulo a eles (Fp 3:2). Filipenses 4:10-20 poderia ser um reconhecimento independente de uma oferta dos filipenses, talvez escrito primeiro. Filipenses 1:1-3:14:2-9 seria outra carta escrita com o propósito expresso de exortar os filipenses à união. Filipenses 3:2-4:1 seria uma terceira carta para advertir a respeito dos adversários judaizantes, que não aparecem em outra parte na carta. Uma das dificuldades com essa teoria, entretanto, é maneira como partes da carta parecem se relacionar com outras partes, por exemplo, o autoesvaziamento de Cristo (2:6-11) é comparado ao próprio autoesvaziamento de Paulo (3:4-14), mas isso pode ser também o resultado de uma edição posterior.

Filipos foi fundada com o nome de Crênides ("fontes") por colonos de Tasos cerca de 360 a.C. Fica situada num planalto cerca de 21 km ao norte de seu porto marítimo, Neápolis (moderna Kavala) na Macedônia. Ela ficava localizada na Via Ignácia, principal estrada romana que ligava a rota de Brindisi, na Itália, a caminho do Adriático e da Macedônia até Bizâncio. Já fazendo parte da província romana da Macedônia no século II, a cidade tornou-se uma colônia militar romana depois da vitória de Otaviano e Antônio sobre Cássio e Bruto em 42 a.C., recebendo o nome de Colonia Julia Augusta Philipensis dado por Augusto alguns anos depois.

Paulo escreve aos filipenses durante um período de prisão (1:7, 12-14, 17) cujo resultado é incerto (1:19-26). O local tradicional e o tempo da composição são Roma um pouco antes de Paulo morrer, em algum momento do fim do reinado de Nero, entre 64 e 68 d.C. Outra localização possível é Cesareia durante os dois anos de prisão de Paulo ali, um pouco antes de ele ser mandado para Roma (At 23-27). O problema com esses dois locais é a grande distância até Filipos e, portanto, o longo tempo de viagem de um mês ou mais, considerando que a carta pressupõe inúmeras idas e vindas (2:19-30; 4:16-18). Um terceiro local sugerido recentemente é Éfeso, de onde se poderia chegar a Filipos numa viagem de uma semana. De acordo com Atos, Paulo passou vários anos lá (At 19), mas não há menção a prisão. Todavia comentários casuais em outra parte por Paulo (2Co 1:8-10; 6:5; 11:23; e 1Co 15:32, que deve ser tomado em sentido figurado) indicam que ele esteve na prisão mais de uma vez antes de sua prisão derradeira e que algo terrível aconteceu na província da Ásia, da qual Éfeso era a cidade mais importante. As referências de Paulo ao pretório e à casa de César (1:13; 4:22) são considerados com frequência para forçar um local romano de origem, mas eles podem se aplicar a qualquer cidade onde houvesse um contingente da guarda pretoriana e o serviço imperial civil. Roma, Cesareia e Éfeso, todas se qualificam. Se Éfeso é o local de onde ela foi escrita, a data seria até dez anos antes, em meados da década de 50.

Atos 16 narra o sonho de Paulo em Trôade, a respeito de um homem macedônio pedindo-lhe que fosse até lá para ajudá-los. Em dois dias Paulo e Silas viajaram por mar até Neápolis e tomaram a estrada romana até as colinas de Filipos. Lá, no sábado, à margem do rio, fora da porta ocidental, eles encontraram Lídia, uma comerciante de corante de púrpura de Tiatira, a primeira convertida, cuja casa tornou-se o centro da primeira comunidade cristã da cidade. Atos continua contando sobre o exorcismo de uma escrava com um espírito de profecia, sua subsequente prisão com Silas, o milagroso livramento deles por meio de um terremoto, a conversão e batismo do carcereiro e de seus familiares e a partida de Paulo e Silas para o oeste pela Via Ignácia até Tessalônica.

Infelizmente, nenhum dos personagens ou situações narradas em Atos podem ser refletidos na carta de Paulo. Lá, seus companheiros de viagem são Timóteo (At 16:1 sugere que Timóteo também acompanhou Paulo, mas os v. 19, 25, 29 o excluem) e seu outro assistente, Epafrodito (1:1; 2:19–30). Os nomes dos cristãos filipenses mencionados são Evódia, Síntique e o "verdadeiro companheiro" (4:2,3 *Syzygus* em grego) e Clemente não surpreendem dada a forte presença romana na cidade como testemunhado pela preponderância de inscrições funerárias em latim do período romano.

A igreja filipense mostra uma tendência primitiva à organização. Ela foi, aparentemente, a primeira igreja paulina a adotar os títulos seculares *epískopoi* e *diákonoi* (aqui "supervisores" e "auxiliares") para seu grupo de líderes colegiados (1:1). A referência à *diákonos* Febe em Romanos 16:1 nos previne a não assumirmos que todas as figuras em Filipos eram do sexo masculino; Evódia e Síntique, duas mulheres cujo desentendimento mútuo está afetando toda a comunidade, estão provavelmente entre eles. O "verdadeiro companheiro" é certamente um homem do mesmo grupo de liderança que tem o dom da reconciliação. Paulo pede-lhe para intervir (4:2, 3).

Paulo parece ter uma afeição especial pela primeira de suas igrejas em solo europeu. A seção de ação de graças (1:3–11) é a mais longa de qualquer carta paulina autêntica. Lá, ele lhes assegura um lugar especial em seu coração e a saudade que deles sente pelo fato de compartilharem de sua obra apostólica e de seu sofrimento (1:7, 8). Não há dúvida de que parte da afeição especial de Paulo por eles se deve à extraordinária generosidade deles no passado: eles foram a única igreja macedônia a custear sua viagem mais distante de lá, e por duas vezes mandaram outras ofertas em dinheiro, além da atual por uma das quais ele lhes agradece (4:15–18; provavelmente 2Co 11:9).

A mensagem central da carta é o apelo por união de coração e mente diante de vários problemas da comunidade, entre eles os desentendimentos sobre o significado da circuncisão e observância da lei pelos crentes (3:2, 3) e dissensões, tal como a existente entre Evódia e Síntique (4:2), que podem ser pessoais, ou mais provavelmente, entre duas igrejas nos lares das quais elas eram líderes. Está fora dessas considerações que Paulo incorpora na carta o "hino filipense" (2:6–11) e a reflexão autobiográfica que fornecem informação valiosa sobre sua origem social e religiosa bem como da explicação espiritual do seu relacionamento com Cristo (3:4–15).

O hino cristológico em 2:6-11 é uma das declarações poéticas mais antigas do significado de Cristo. Há consenso geral entre estudiosos que sua composição é anterior a Paulo, talvez para uso litúrgico, e que Paulo o incorporou aqui para efeito específico. Existem duas direções gerais de interpretação, dependendo do significado "igual a Deus" (gr. *isa theṓ*) e autoesvaziar-se para assumir a forma de um escravo (v. 6-7). A interpretação tradicional é que o status igual a Deus refere-se à preexistência de Cristo, e o autoesvaziamento até a forma de escravo refere-se à encarnação com a morte resultante. Uma interpretação mais recente que tem encontrado significativos seguidores é que o status igual a Deus refere-se à imortalidade originalmente pretendida para a humanidade, mas corrompida pelo pecado que produz a morte (Sb. 2.23, 24; Rm 5:12). Essa imortalidade pertenceu, por direito, a Cristo, que não teve pecado e que, no entanto, se esvaziou e assumiu a forma de servo e também enfrentou a morte, e morte de cruz. A primeira interpretação enfatiza a preexistência; a segunda, a imortalidade. Não existe consenso geral entre os estudiosos sobre o pretendido significado ou das origens exatas do hino.

O autoesvaziamento de Cristo em 2:6–11 tem algo de paralelo no próprio relato de Paulo sobre sua irrepreensível origem judaica que o capacita a se vangloriar de suas próprias qualificações ante as reivindicações rivais (3:4–6). A segurança de seu status religioso no farisaísmo foi alterada para sempre por seu encontro com o Cristo ressurreto, por quem ele sofreu a perda de tudo (3:7–14). Esses versículos estão escritos, não com o propósito de autorrevelação, mas de inspiração a seus leitores para que o imitem colocando Cristo em primeiro lugar na vida deles, sem confiar nas práticas rituais judaicas (3:15–17). Enquanto "eles" (os que se opõem ao jeito de ser cristão de Paulo) se gloriam em qualificações e satisfações físicas (3:19), Paulo adotou a atitude estoica de *autárkeia*, a liberdade pela qual ele desfruta o que tem, mas não sofre pelo que não tem (4:11–13). No entanto, suas reflexões em 3:7–14 são um lembrete pungente do custo pessoal do apostolado de Paulo e de sua própria centralização no mistério de Cristo. [CAROLYN OSIEK]

FILIPOS (gr. *Phílippoi*) Cidade na Macedônia, nordeste da Grécia, cerca de 17 km para o interior a partir do mar Egeu e a noroeste da cidade portuária de Kavala (antiga Neápolis). Primeiramente, foi ocupada no século VI a.C. por colonizadores de Tasos que lhe deram o nome de Crênides ("fontes") devido à abundância de fontes de água na região. A característica particular que atraiu os colonizadores para a área foram os enormes depósitos de ouro descobertos no monte Pangeo, próximo. O local recebeu o novo nome de Filipos por Filipe II da Macedônia (Filipe, o Grande, pai de Alexandre, o Grande) cerca do ano 358, quando estabeleceu uma colônia de macedônios para proteger as minas de ouro de saqueadores. Filipos passou para o domínio romano em 168.

O sítio arqueológico da antiga Filipos fica na Via Ignácia, que por lá passava. Escavações revelaram ruínas de banhos romanos no fim de uma rua com colunatas, basílicas de cada lado da rua, templos, um fórum romano, um teatro do século IV que os romanos reformaram para competições de gladiadores, restos de várias igrejas cristãs e uma acrópole que fornece evidência de ocupação da era macedônia até a bizantina. A encosta rochosa no lado norte da estrada é pontilhada por numerosas inscrições, santuários, relevos e entalhes comemorativos que representam inúmeras religiões, mitos, cultos e divindades que faziam parte dessa sociedade vibrante e pluralista. Entre esses estavam os movimentos religiosos que se espalharam por todo o Mediterrâneo (p. ex., a veneração de Ísis e Osíris) bem como divindades puramente locais (p. ex., Bendix e o trácio, deus-cavaleiro).

Filipos foi o local de um dos mais significativos envolvimentos militares da história romana. Numa série de batalhas ali em 42 a.C., Marco Antônio e Otaviano (posteriormente agraciado com o título de "Augusto") venceram as forças republicanas dos assassinos de Júlio César, Cássio e Bruto. De alguma forma, essa batalha marcou o ponto decisivo entre a República romana e o Império Romano. O poeta Horácio lutou nessa batalha ao lado de Cássio e Bruto, embora ele relate que jogou fora seu escudo e fugiu para salvar a vida quando Bruto, seu líder derrotado, se suicidou. Pouco mais de uma década depois, quando Augusto derrotou Antônio, seu único adversário restante ao governo romano, na batalha de Áctio (31 a.C.), Augusto transformou Filipos em uma colônia romana à qual deu o nome de Colônia Julia Augusta Victrix Philippensis. Ali, estabeleceu veteranos das guerras civis e os apoiadores de Marco Antônio de cujas terras se apoderou e a quem despediu da Itália. Foram concedidos privilégios especiais a esses colonos romanos, como a isenção de impostos e o direito de possuir e comercializar propriedades.

De acordo com Atos 16:9 Paulo teve uma visão de que devia deixar a Ásia Menor e ir para a Macedônia. Ele aportou em Neápolis, onde terminava a principal estrada romana, a Via Ignácia. Por volta do ano 50 d.C., ele, Lucas e Silas foram a Filipos e estabeleceram ali uma comunidade cristã, fundando a primeira igreja em solo europeu. Ele retornou à cidade em sua segunda e terceira viagens. Paulo encontrou em Filipos uma área cosmopolita, com romanos, gregos, judeus e pessoas das mais variadas nacionalidades e origens étnicas. Devido a uma considerável porção de cidadãos serem romanos que desfrutavam privilégios especiais como colonos, Paulo encontrou lá uma comunidade com elevada dedicação e orgulho de pertencer ao Império Romano. A fidelidade política e religiosa do povo parece ter sido um assunto para Paulo. Somente em Filipos é que ele usa a linguagem que trata de identidade civil ou política, quando fala a seus leitores para que vivam de forma digna do evangelho de Cristo (gr. *politeúesthe*; Fp 1:27) e quando ele lembra a eles de que são cidadãos do céu (*políteuma*; 3.20). Paulo parece ter tentado fazer com que os cristãos filipenses se vissem primeiro como cristãos e, depois, como romanos, e não o contrário.

Bibliografia. C. Bakirtzis e H. Koester, Eds., *Philippi at the Time of Paul and after His Death* (Harrisburg, 1998); S. E. Johnson, *Paul the Apostle and His Cities* (Wilmington, 1987), 70-76. [RICHARD A. SPENCER]

FILISTEUS (heb. *pělištîm*) Povo da região do Egeu que migrou para a costa sul da Palestina no fim do século XIII e início do XII a.C. e se tornou um dos mais ferrenhos adversários dos israelitas. Um dos cinco povos derrotados por Ramessés III em seu oitavo ano, os filisteus se estabeleceram na planície de Ráfia ao norte de Jope. De acordo com a Bíblia, os filisteus tinham uma liga de cinco importantes cidades (Pentápolis): Asdode, Ascalom, Ecrom (Tel Miqne; Khirbet el-Muqanna'), Gaza e Gate. Outros locais na Planície Filisteia incluem Tell Qasile, Tel Gerisa, Tel Zafit/Tell ES-Safi, Tell Jemmeh e Tell el-Far'ah. Foram encontradas evidências dos filisteus em outra parte da Palestina: em Megido, Beth-shean e Deir 'Alla. O moderno nome de Palestina veio do termo hebraico dado ao povo e seu território.

A história dos filisteus pode ser traçada do período dos juízes até a queda de Jerusalém. O Cântico de Débora (Jz 5:6) menciona Sangar, filho de Anate, que matou seiscentos filisteus (3:31). As histórias de Sansão (Jz 13–16) mais adiante relatam a tensão aumentada pela expansão filisteia em direção ao leste. Quando o Egito retirou seu poder sobre a Palestina por volta de 1070, os filisteus preencheram o vácuo de poder, e em várias décadas, se envolveram em guerra total contra os israelitas. Durante o tempo de Samuel, Israel foi derrotado na batalha de Ebenezer (1Sm 4:1–7:1), Siló foi destruída (Jr 7:12–14) e a arca da aliança capturada. Foi a ameaça filisteia que animou os israelitas a exigirem um rei. Saul combateu os filisteus durante seu reinado (1Sm 14:47, 48, 52). Israel foi vitorioso na batalha de Micmás (1Sm 13:2–7, 13–23; 14:16–30). Davi derrotou Golias em Sucote (1Sm 17:1–54); a descrição de Golias com suas armas e armadura combina com a dos guerreiros egeus. Saul foi morto quando o exército israelita foi derrotado na batalha do monte Gilboa (1Sm 31:1–13). Seu sucessor, Davi, perseguiu os filisteus "desde Geba, até chegar a

Gezer" (2Sm 5:17–25). Por meio de uma série de vitórias, ele quebrou a força dos filisteus (2Sm 8:1; 21:15–18), os fez recuar até a planície costeira e rompeu a aliança Pentápolis. Salomão recebeu Gezer como dote do faraó egípcio (1Rs 9:16). No entanto, a guerra contra os filisteus continuou durante a Monarquia Dividida (p. ex., 1Rs 15:27; 16:15; 2Cr 26:6, 7; 28:18; cf. Is 9:12 [TM 11]). No ano 712 Sargão II, o rei assírio, ordenou um ataque sobre Asdode (Is 20; *ANET*, 84–87) e capturou Gate. Os filisteus se rebelaram depois da morte de Sargão, mas Senaqueribe recapturou Asdode em 701 e marchou para tomar Ascalom, Ecrom e Gaza (*ANET*, 287–88). Sob Assaradão, as cidades filisteias foram reduzidas a vassalos da Assíria (cf. *ANET*, 291). Embora o Egito, sob o faraó Neco II, tenha reafirmado o controle sobre o território filisteu em 612, o fim para o filisteus veio em 604 com o ataque de Nabucodonosor II e a subsequente deportação (Jr 25:20).

A principal fonte literária de informação sobre os filisteus é a Bíblia, que pode ser suplementada por registros egípcios, assírios e babilônios. Mais importante têm sido as numerosas descobertas arqueológicas na bacia oriental mediterrânea, particularmente na Palestina.

A ocupação filisteia pode ser facilmente identificada pela cerâmica especial que a difere dos estilos egípcio, israelita e canaanita. A cerâmica filisteia tem sido identificada como micena e classificada como Myc (Late Helladic) IIIC 1b, que data do século XII. O repertório de formas segue o da cerâmica micena, com tigelas em forma de sino que têm dois cabos horizontais, grandes vasos com perfil de coroa e cabos, potes com alças (pequenos potes redondos com duas alças e um bico falso), grandes potes redondos com bico escorredor, cápsulas e dois tipos de frascos. A decoração da cerâmica inicialmente copiou o estilo monocromático de artigos Myc IIIC, mas depois os filisteus desenvolveram seu próprio estilo de artigos bicromáticos usando preto e vermelho numa tira branca. Os enfeites eram pintados em faixas em torno do corpo da cerâmica e divididos em painéis. Alguns dos temas artísticos incluíam um padrão em espirais, xadrez, desenho em rede e pássaros estilizados.

Um edifício monumental descoberto em Tel Miqne apresenta um grande átrio com duas colunas e uma lareira separada; três aposentos quadrados no leste abertos para o átrio. A lareira separada era uma característica arquitetônica normalmente desconhecida na Palestina, mas característica do Egeu, Anatólia e Chipre. Escavações em Tell Qasile (1309.1678) descobriram três fases de um templo filisteu, novamente lembrando a forma micena.

O primeiro livro de Samuel 13:19–21 tem sido interpretado indicando que os filisteus tinham o monopólio da fundição do ferro. Entretanto, o ferro não foi amplamente usado na Palestina até o século X. Escavações em Tel Miqne (Ecrom) indicam que sob o governo assírio, a cidade foi um importante centro de produção do azeite de oliva.

Escavações em Deir 'Alla encontraram no nível filisteu um tablete de barro gravado com um texto linear contendo cinquenta caracteres, agrupados em quinze palavras num ladrilho escrito relacionado ao Minoano A. Dois selos (de Asdode Tel Batash) também contêm cartas de um manuscrito linear. Essas curtas inscrições têm desafiado a tradução. Algumas palavras emprestadas podem ser identificadas na Bíblia. Os soberanos dos filisteus são chamados *seren*, que é provavelmente cognato do grego *týrannos*, "ditador". A desinência *-yat* do nome Golias (heb. *g"lyāṯ*) é cognato do hitita — *wattas*. Os estudiosos não concordam com a derivação do nome Aquis, rei de Gate.

A Bíblia registra três deuses relacionados aos filisteus. Dagom (1Sm 5) era mais do que um deus-mor, com poderes maiores sobre o clima e a fertilidade. Astarote (Jz 10:6; 1Sm 31:8-13) foi uma deusa mãe. Baal-Zebube (2Rs 1), "Senhor das Moscas", pode ser uma corruptela de Baal-Zebul, "Príncipe-Baal" (cf. ugar. *zbl bʿl*). Escavações apresentaram vários vasos religiosos, incluindo um manequim de barro chamado Asdoda, que retrata uma deusa sentada na tradição missênia. Outros objetos religiosos incluem os *kernoi* (anéis tubulares com bicos agregados na forma de animais), vasos (com bordas tubulares) e um vaso com a forma feminina para libação.

Bibliografia. W. F. Albright, "Syria, the Philistines and Phoenicia", *CAH3* (Cambridge, 1975) 2/2.507-136; M. Dothan e T. Dothan, *People of the Sea: The Search for the Philistines* (New York, 1992); T. Dothan, *The Philistines and Their Material Culture* (New Haven, 1982); A. Mazar, "The Emergence of Philistine Material Culture", *IEJ* 35 (1985): 95-107; B. Mazar, "The Philistines and the Rise of Israel and Tyre", *Proceedings of the Israel Academy of Sciences and Humanities* 1/7 (Jerusalem, 1964): 1-22; T. C. Mitchell, "Philistia", in *Archaeology and Old Testament Study*, ed. D. W. Thomas (Oxford, 1967), 405-27; G. E. Wright, "Fresh Evidence for the Philistine Story", *BA* 29 (1966): 70-86. [LAWRENCE A. SINCLAIR]

FILO DE ALEXANDRIA Estadista e filósofo judeu (c. 20 a.C.– cerca de 50 d.C.). Um dos mais prolíficos escritores da antiguidade. Seus escritos são os mais importantes testemunhos da cultura religiosa do judaísmo helenístico. Conhecemos apenas um evento de sua vida: por volta do ano 40 d.C. ele dirigiu uma delegação de judeus a Roma para reclamar ao imperador Calígula sobre a perturbação de gentios contra a comunidade judaica de Alexandria. A missão parece ter tido um modesto sucesso e, de qualquer forma, ela indica que Fílon foi um líder político experiente em quem os judeus de Alexandria confiaram muito.

Independentemente de seus outros envolvimentos em assuntos públicos, Fílon encontrou tempo para escrever um grande número de comentários sobre livros do Pentateuco (esp. Gênesis e Êxodo). De fato, ele compôs três séries distintas de tratados exegéticos: o Comentário Alegórico (18 tratados sobrevivem), a Exposição da Lei (sete tratados existentes) e Perguntas e Respostas sobre Gênesis e Êxodo (existente parcialmente). As três séries oferecem tanto interpretação literal quanto alegórica, embora a última seja mais plenamente desenvolvida nas primeiras séries. Fílon se reporta com muita frequência a exegetas predecessores e contemporâneos, embora nunca pelo nome; claramente ele trabalhou dentro de uma tradição de estudo bíblico judaico, talvez dentro de algum tipo de ambiente "escolar". Seus escritos mostram sofisticação retórica, profundo conhecimento das Escrituras judaicas e experiência pagã. Suas explicações alegóricas misturam com frequência judaísmo com platonismo Médio. Elas dão particular atenção à peregrinação espiritual do indivíduo humano, do materialismo ao monoteísmo espiritual, e das paixões materiais à virtude, por meio da razão humana, prestando obediência ao Logos divino. Fílon considera Moisés o supremo revelador da verdade divina, mas não parece limitar a mais alta realização espiritual e intelectual aos judeus.

Além de comentários escriturísticos, Fílon escreveu uma série de tratados temáticos sobre assuntos filosóficos e apologéticos (um dos mais famosos, *Sobre a vida contemplativa,* descreve os Terapeutas, um grupo de judeus ascéticos que viviam perto de Alexandria; outro que dá um inestimável relato dos essênios palestinos).

As obras de Fílon devem ter sido apreciadas e preservadas primeiramente pelos judeus de seu próprio tempo, mas não há praticamente registro de leitores judeus de seus tratados até o século XVI. Por contraste, pensadores cristãos como Clemente de Alexandria, Orígenes, Ambrósio e Agostinho leram Fílon e foram fortemente influenciados por sua teologia filosófica e métodos alegóricos. Não é possível provar que algum escritor do NT conhecesse as obras de Fílon, mas alguns (esp. os autores de Colossenses, Hebreus e o evangelho de João) podem ter sido influenciados por tradições judaicas helenistas que são também confirmadas por Fílon.

Bilbiografia. Philo of Alexandria, *The Contemplative Life, The Giants, and Selections,* trad. D. Winston (New York, 1981). [DAVID M. HAY]

FILÓLOGO (gr. *Philólogos*) Cristão gentio de Roma saudado por Paulo (Rm 16:15).

FILOSOFIA Palavra usada no sentido negativo, na Bíblia, para fazer referência ao entendimento humano em contraste com o conhecimento divinamente revelado. No grego clássico, filosofia (gr. *philosophía*) podia ser uma referência à investigação sistemática de um assunto ou de um conjunto distinto de conhecimento. Por volta do século I, o termo tornou-se mais generalizado para incluir filosofia moral e especulação religiosa. Muitos grupos religiosos tentaram conduzir a impressão de que estavam transmitindo filosofia, como fizeram muitas pessoas empregando mágicas e encantamentos. No judaísmo helenista, o termo foi usado nos dois sentidos clássicos para designar um corpo de conhecimento partilhado por um grupo em particular. Em 4Macabeus, p. ex., filosofia designa o uso da razão sobre as emoções (1.1) para se opor à acusação de que o judaísmo é uma "tola filosofia" (5.1). Josefo, historiador judeu, por outro lado, usa o termo de forma mais limitada e se refere aos fariseus, saduceus e essênios como escolas filosóficas judaicas.

A admoestação de Colossenses 2:8 com respeito a "filosofias vãs e enganosas" deve ser entendida à luz desses possíveis significados. É altamente improvável que o entendimento clássico do termo como a busca do conhecimento pela razão esteja sendo considerado aqui. Ao contrário, Paulo está se referindo a um grupo em particular que se arroga deter um conhecimento especial ou ter poder em relação aos "elementos do universo". Essa filosofia colossense aparentemente envolvia restrições alimentares (Cl 2:16, 21) e pode ter envolvido uma mistura sincretista de tradições judaicas envolvendo o sábado e festas de lua nova (2:16). Baseado na supremacia de Cristo demonstrada em Colossenses 1:15-20, entretanto, a polêmica da carta destaca que tais ensinos são fundamentados na tradição humana e, como resultado, são vãs filosofias.

O termo relacionado "filósofo" (gr. *philósophos*) ocorre em Atos 17:18, designando adeptos das escolas filosóficas clássicas do epicurismo e do estoicismo que confrontam Paulo.

Bibliografia. E. Loshe, *Colossians and Philemon. Herm* (Philadelphia, 1971). [MATTHEW S. COLLINS]

FINEIAS (heb. *pînĕḥās*; egip. *p'nḥsy*) **1.** Filho de Eleazar, neto de Arão (Êx 6:25), que se estabeleceu em Gibeá (Js 24:33). Salmos 106:30 comemora Fineias por sua atitude correta em matar Zimri por se unir a uma mulher midianita no acampamento israelita (Nm 25:1-18). Moisés mandou Fineias acompanhar os israelitas na batalha contra os midianitas (Nm 31:6) e mais tarde o estabeleceu como líder dos porteiros coraítas (1Cr 9:20). Josué 22:9-34 relata o papel de Fineias em resolver a disputa entre as dez tribos e os rubenitas, gaditas e a meia tribo de Manassés devido ao grande altar construído no lado oriental do rio Jordão. O último ato registrado de Fineias como sumo sacerdote (Jz 20:28) ocorreu durante a guerra civil benjamita. Fineias proferiu o oráculo de Deus aos israelitas, instruindo-os a lutar no dia seguinte (cf. 1Ed 5.5; Sir. 45.23, 24; 1Mac 2.26, 54).

2. Filho mais novo de Eli (1Sm 1:3; 2Ed 1.2), que se corrompeu pelo relacionamento sexual com mulheres que serviam no santuário em Siló e desonrou o Senhor com sacrifícios impróprios (1Sm 2:15-17, 22-25). Os filisteus mataram Fineias e seu irmão Hofni enquanto escoltavam a arca da aliança na segunda batalha de Afeque-Ebenezer (4:1b-11). Ao ficar sabendo da catástrofe, a esposa de Fineias morreu ao dar à luz prematuramente, tendo o filho Icabode, "A glória de Israel se foi". Genealogias posteriores (Ed 7:1, 2; 1Cr 6:4ss.[5:30ss.]; 1Ed 8.1, 2) omitem este segundo Fineias (embora mencionem seu filho Aitube), com isso cumprindo o julgamento de Deus contra qualquer dos futuros descendentes de Eli que desonraram o Senhor enquanto serviam como sacerdotes (1Sm 2:30).

3. Pai de um sacerdote pós-exílico (Ed 8:33), talvez o levita citado como o pai de Eleazar (1Ed 8.2, 63). [ARCHIE W. ENGLAND]

FIO DE PRUMO, PRUMO Instrumento do construtor que consiste de um fio com um peso, ou prumo, numa ponta. O peso força a corda a ficar pendurada verticalmente para que os construtores e os restauradores possam conferir o alinhamento das paredes que estão construindo e terem certeza de que estão perpendiculares ao centro de gravidade da terra. O fio de prumo é também usado para reconhecer paredes inclinadas e que precisam ser demolidas. Usado no sentido simbólico na Bíblia, o fio de prumo é um instrumento para possibilitar ao povo de Israel delinear a justiça e a verdade em relação à apostasia (Am 7:7-9). Ele é empregado também como instrumento de teste: a justiça é a linha e a retidão o prumo que testa a reconstrução de Jerusalém (Is 28:17). A linha de medir e o prumo usados para condenar a Samaria de Acabe condena também Jerusalém (2Rs 21:13), enquanto o caos e a confusão são trazidos a Edom pela linha e pelo prumo de Deus (Is 34:11). Zorobabel segurando um prumo em suas mãos no tempo da reconstrução do templo (Zc 4:10) pode ser uma referência literal ao seu uso normal, mas essa passagem pode ser também interpretada no sentido simbólico. [KATHARINE A. MACKAY]

FIRMAMENTO Superfície fina, semelhante a uma peça de metal batido, que se estendia de horizonte a horizonte para formar a abóboda do céu. Na cosmologia hebraica, o universo consistia de três partes: a água acima, a terra abaixo, e as águas embaixo da terra (cf. Êx 20:4). Jó 37:18 descreve Deus como estendendo os céus e fazendo deles "sólidos como um espelho fundido" (cf. LXX gr. *sterĕōma*, sugerindo uma tigela modelada e martelada).

O firmamento (heb. *rāqîaʿ*; lat. *firmamentum*) serve para separar as águas acima das águas abaixo (Gn 1:6-8), sua função primária sendo prevenir as águas acima de se espatifar sobre a terra abaixo e inundar o mundo. Entretanto, pequenos buracos no firmamento permitiam a liberação ocasional de água na forma de chuva (Gn 7:11; Sl 78:23-24). A lua, o sol, e as estrelas eram colocados ao longo desse arco fixo nos céus (Gn 1:14-18). Na visão da carruagem de Ezequiel o firmamento aparece como uma expansão sobre a cabeças das criaturas que se pareciam com gelos cintilantes; acima do firmamento está um trono de safira (Ez 1:22-26). [W. DENNIS TUCKER, JR.]

FLAUTA Instrumento de sopro, realmente uma flauta de pastores ou um clarinete primitivo, feito de cana ou madeira oca com buracos para os dedos a fim de produzir notas. Segurada verticalmente, a flauta tem um bocal de cana duplo; uma forma variante foi a flauta dupla (cf. ac. *halhallatu*), os dois canos dos quais poderiam ser tocados individualmente ou simultaneamente.

A flauta era tocada para o regozijo (Jó 21:12; Is 5:12), para propósitos cerimoniais, tais como coroações (1Rs 1:40) e funerais (Mt 9:23), e para a adoração (Dn 3:5, 7, 10, 15). Em vários contextos, a flauta está ligada com o louvor a Deus (Sl 150:4), com a alegria do Senhor (87:7; Is 30:29), e com o ato de profetizar (1Sm 10:5). O som da flauta é comparado com a voz de alguém chorando (Jó 30:31; cf. Jr 48:36). Nós podemos inferir que tocar flauta era comum no Império Romano, uma vez que ela é listada como um dos sons típicos que não seriam ouvidos na cidade apocalíptica da Babilônia (Ap 18:22). Paulo se refere à flauta como uma ilustração da importância de deixar o som claro e distinto (1Co 14:7). [TIMOTHY W. SEID/JOACHIM BRAUN]

FLAUTA *Ver* MÚSICA, INSTRUMENTOS MUSICAIS.

FLECHA *Ver* ARCO E FLECHA.

FLEGONTE (gr. *Phlégōn*) Cristão em Roma a quem Paulo mandou suas saudações (Rm 16:14).

FLORESTA As referências bíblicas a floresta e a áreas de mata da Palestina indicam que essas áreas foram mais extensas durante os tempos do AT do que no presente. Diversas áreas de mata são mencionadas pelo nome. O Líbano indubitavelmente continha a maior das florestas, que consistia não somente dos famosos cedros, mas também de pinho e murta. Somente vestígios de extensas terras com florestas permanecem no Líbano hoje. A região do Carmelo era densamente cheia de florestas nos tempos bíblicos (Ct 7:5). Davi se escondeu na floresta de Herete após deixar Moabe (1Sm 22:5). Josefo menciona o cultivo de tamareiras no vale do Jordão, próximo de Jericó. As referências bíblicas ao fogo de florestas indicam as extensas áreas de terras de florestas (Is 10:17-18; Jr 21:14; Am 7:4). Evidências de terras outrora cheias de abundantes florestas são fornecidas pelos nomes de localidades que portam o nome de árvores ou florestas (p. ex., Quiriate-Jearim, "Cidade de Florestas"). Essas áreas estão agora esvaziadas de tal vegetação.

A palavra hebraica *ḥōreš* indica uma mata de grande estatura (Ez 31:3; 2Cr 27:4;, NVI tomam a palavra como um nome próprio em 1Samuel 23:15-19). A palavra hebraica *pardēs* denota um parque cheio de mata ou um pomar, embora grande o suficiente para ter madeira de lei (Ct 4:13; Ec 2:5; Ne 2:8). A palavra hebraica mais frequentemente usada para uma mata fechada ou de floresta é *ya'ar*.

Os diferentes solos e climas da Palestina produziam uma ampla variedade de árvores e arbustos. A maior densidade pluviométrica das regiões escarpadas do norte e do oeste permitiam uma vegetação grossa nas vizinhanças do Carmelo e da Galileia. As árvores primárias eram os carvalhos, os terebintos, os cedros, e os pinhos de Alepo. A área da Galileia mais baixa produzia carvalhos decíduos, enquanto na região do mar Morto cresciam tamargueiras, salgueiros, álamos, e tamareiras. Os animais ferozes, incluindo ursos e leões asiáticos, habitavam as regiões de florestas (2Rs 2:24; Am 3:4; Jr 5:6; 12:8).

Embora a derrubada indiscriminada de árvores tenha sido proibida (Dt 20:19), as outrora grandes quantidades de florestas foram grandemente diminuídas nos tempos romanos, exceto nas áreas onde o acesso era difícil. A derrubada de florestas causou diminuição da fertilidade do solo e aumento na erosão. Eventualmente, extensões relativamente grandes de deserto se desenvolveram dessas áreas. Hoje, exceto pelos esforços de conservação e de reflorestamento de pinhos, os únicos remanescentes das antigas florestas estão na região do Carmelo, no Líbano, e na Transjordânia. Em outros lugares, os arbustos prevalecem.

Bibliografia. D. Baly, *The Geography of the Bible*, ed. rev. (New York, 1974); M. Zohary, *Plants of the Bible* (Cambridge, 1982). [HAROLD R. MOSLEY]

FOGO O fogo servia a muitos propósitos por todo o antigo Oriente Próximo. Domesticamente, o fogo era usado para calor, luz, e para cozinhar. O refinamento de metais necessitava de fogo. A luz e a fumaça produzidas pelo fogo eram úteis no estabelecimento de comunicações entre cidades vizinhas. O fogo também era usado em contexto militar, fornecendo efeitos tanto em cercos quanto em batalhas abertas.

O fogo é frequentemente usado para executar julgamento divino no Antigo Testamento. Deus coloca uma espada flamejante para guardar a estrada de volta para a árvore da vida (Gn 3:24), e ele destrói os habitantes de Sodoma e Gomorra com fogo (19:24). Semelhantemente, os egípcios experimentam um temporal sobrenatural, que envolve chuva de granizo acompanhada de fogo (Êx 9:23). Os filhos de Arão, Nadabe e Abiú, são consumidos pelo fogo em frente ao tabernáculo, depois que eles violam o protocolo ritualístico (Lv 10:2), e a rebelião de Corá termina abruptamente quando Yahweh consome 250 homens no fogo (Nm 16:35). O fogo, da mesma forma, consome dois comandantes israelitas e seus soldados, quando Acazias inicialmente manda buscar por Elias (2Rs 1:10-16).

O fogo desempenhava também um papel central nas religiões do antigo Oriente Próximo, à medida que tanto os sacrifícios vegetais quanto os animais eram mais frequentemente consumidos pelo fogo. Para esse propósito, no antigo Israel, um fogo perpétuo era mantido sobre o altar das ofertas queimadas (Lv 6:12 [TM 5]). O fogo servia adicionalmente como o meio primário para teofanias e outras manifestações divinas. Yahweh é representado no sonho de Abrão na forma de um pote de fumaça de fogo e de uma tocha flamejante (Gn 15:17). Yahweh fala a Moisés a partir de um arbusto que queimava (Êx 3:2) e desce ao monte Sinai em fogo (19:18). Os israelitas vagueantes são guiados noturnamente por uma coluna de fogo (Êx 13:21). Elias derrota os profetas de Baal no monte Carmelo quando Yahweh produz fogo para o sacrifício (1Rs 18:23-40), e a ausência de Deus no fogo no Horebe é explicitamente extraordinária (19:12). Em outro lugar, Yahweh é descrito como emitindo fogo de sua boca (Sl 18:8 [9] = 2Sm 22:9). A presença de Yahweh no tabernáculo e no templo é simbolizada por sete chamas na menorah. Também, o fogo acompanha frequentemente a descrição de anjos tanto no Antigo quanto no Novo Testamentos (Jz 6:21; 13:20; Dn 10:6; Ap 1:14; 2:18).

A etimologia da palavra hebraica para fogo (*'ēš*) é incerta. A palavra pode derivar de uma raiz semítica significando "ser sociável e amigável", ou pode ser onomatopeica pelo som do fogo. [MICHAEL M. HOMAN]

FOICE Ferramenta curva, manual, para a colheita de cereais (Dt 16:9; 23:25 [TM 26]). Na Idade do Bronze Antigo, a foice era construída inserindo-se lascas de rochas denteadas numa estrutura curva de madeira. Junto com outras ferramentas agrícolas de lâmina, a lâmina "cananeia" era feita de pedra importada de alta qualidade. Essa pedra dura permitia que as lâminas fossem reafiadas. Posteriormente, apareceram foices de metal com cabos de madeira.

A foice é uma alegoria da ira de Deus e realizou o julgamento tanto em Joel 3:13(4:13) como no NT (Mc 4:19; Ap 14:14-19).

Bibliografia. S. A. Rosen, "The Canaanean Blade and de Early Bronze Age", *IEJ* 33 (1983): 15-29. [J. A. VADNAIS]

FOME No mundo antigo, era o maior dos desastres (Lm 4:9 se refere à morte pela espada como uma morte lenta de fome). Mencionada frequentemente em material bíblico e não bíblico do antigo Oriente Próximo, a fome afetava a vida em muitos níveis. Constantemente vista como um grande desastre juntamente com a peste e a espada (p. ex., Jr 14:12; Ez 6:11; Bar. 2.25; Mt 24:7; Rm 8:35), ambas, as mudanças ambientais e sociológicas, contribuíam para o começo da fome. Na sociedade agrária da antiga Palestina, a vida das pessoas dependia da queda d'água. Secas e a subsequente falha na colheita levavam frequentemente à fome (p. ex., Gn 26:1; Rt 1:1; 2Sm 21:1; 1Rs 18:1-2; Ag 1:1-10; Josefo *Ant.* 15.299ss). A peste tal como os gafanhotos (Jl 1:4-20) somente acresciam à ameaça da fome. Mudanças políticas, incluindo o cerco durante a guerra, também encorajavam a fome. O livro dos Reis conta o cerco de Samaria pelo rei Bene-Hadade, da Síria (2Rs 6:24-7:20) e o cerco de Jerusalém por Nabucodonosor (2Rs 25), de ambos os quais resultou a fome. Josefo fala da fome como consequência do cerco de Antíoco IV de Jerusalém (*Ant.* 12.375ss; cf. 1Mac 6).

No árido antigo Oriente Próximo, as pessoas esperavam, e até mesmo se preparavam, para a fome. A elite era capaz de construir armazéns. Os registros bíblicos atestam dos armazéns do templo (p. ex., 1Cr 26:15; Ne 10:38-39; 13:12-13; Ml 3:10) e dos monarcas (p. ex., 2Re 20:12-15; 2Cr 32:27-28; Is 39:3-4). Tais armazéns reais podem ter oferecido aos governantes a oportunidade de aumentar a ideologia real existente no antigo Oriente Próximo do governador como um benfeitor dos pobres. Gênesis 41:56 fala de José abrindo os armazéns para o povo egípcio.

Ideologicamente, os textos bíblicos caracterizam frequentemente a fome como uma retribuição divina ou como um resultado direto da desobediência a Deus (Lv 26:14-20; Is 3:1; 51:19; Jr 29:17-18; Zc 14:17) e, algumas vezes, como uma ameaça para encorajar a desobediência (Dt 11:17; 28:33; Am 4:6). 1Reis 8:33-40 fornece um exemplo das orações bíblicas oferecidas em um esforço de prevenir a fome.

As consequências da fome eram vastas. Como a demanda pela comida crescia, assim também cresciam os preços (p. ex., 2Rs 6:24-25). Fontes atestam do extremo desespero da fome. Para Josefo (*BJ* 5.515), a fome "confundia todas as paixões naturais", quando as pessoas se voltavam umas contra as outras em atos de roubo e violência (5.424ss.). Vários textos bíblicos relatam o canibalismo (2Rs 6:29; Lm 2:20-21; 4:8-10). Em acréscimo ao conflito interno trazido pela fome, ela exacerbava a vulnerabilidade das pessoas e da terra para incursões externas. Além disso, a fome frequentemente desmoronava a subsistência agrária baseada na economia que, em resposta, forçava o povo a migrar. Exemplos bíblicos de tais migrações incluem Abraão (Gn 12:10), Isaque (26:1), Jacó (cap. 46), e Elimeleque (Rt 1).

Na estratificação social da monarquia, a sociedade agrária, a breve diminuição no suprimento de labor resultando da fome aumentavam constantemente as oportunidades para a mobilidade ascendente. Esses ganhos, entretanto, tinham pouca vida e eram contrabalanceados rapidamente, se não supervalorizados, pelo número crescente de nascimentos. Assim, vista amplamente, a fome não mudava a propensão para o camponês, que compreendia a grande parte da população, para a decrescente mobilidade. Para outro grupo marginalizado, as mulheres, a fome contribuía somente para o confinamento na esfera doméstica pela demanda crescente do nascimento. [ALICE HUNT HUDIBURG]

FONTE DO CHACAL (Poço do Chacal) Poço ou fonte (heb. *'ên hattann'n*; talvez ainda "Porta do Dragão") no vale de Hinom, situado entre a Porta do Vale e o Porta do Monturo (Ne 2:13). Alguns estudiosos identificam o local como En-Rogel.

FORA DA LEI *Ver* **ANTICRISTO.**

FORNALHA 1. Forno feito de tijolo ou outros materiais à prova de fogo em que o fogo era usado para aquecer, cozinhar, ou refinar e purificar metais. A primeira referência bíblica a uma fornalha ocorre numa cerimônia de pacto entre Yahweh e Abrão (Gn 15:9:21). Abrão é instruído a dividir em duas partes um novilho, um bode, e um carneiro e colocar as metades opostas uma à outra. Após o pôr-do-sol, uma fornalha fumegante e uma lamparina acesa passam entre as metades dos animais sacrificados como um selo do pacto. Em outra passagem, Moisés toma as cinzas de uma fornalha ("forno") e asperge-as no ar de forma que elas se tornam furúnculos sobre os egípcios (Êx 9:8, 10). Quando Yahweh desce sobre o monte Sinai, uma fumaça se eleva como de uma fornalha (Êx 19:18).

Quando Daniel e seus amigos se recusam a adorar a imagem de ouro de Nabucodonosor, eles são lançados numa fornalha ardente (Dn 3:6-26). Neemias se refere a uma torre de fornalhas no muro de Jerusalém, possivelmente grandes fornos para coser pão (Ne 3:11; 12:38).

A fornalha é uma refinadora de ouro (Pv 17:3 = 27:21) e de prata (Sl 12:6 [TM 7]), e essa figura é empregada como uma metáfora para purificar ou refinar Israel (Is 31:9; 48:10; cf. Ez 22:18, 20, 22; "fundidor"). A fornalha é também uma metáfora para a escravidão dos israelitas no Egito (Dt 4:20; 1Rs 8:51). A fumaça de Sodoma é comparada à fumaça de uma fornalha (Gn 19:28), novamente sugerindo que a purificação acontecia pela destruição do mal.

Em Mateus "fornalha" se refere à punição eterna (Mt 13:42, 50). "Um como o filho do homem" tem pés iguais ao brilho do metal aquecido numa fornalha (Ap 1:15). João também vê fumaça do "poço do abismo" subindo igual a uma fumaça de uma fornalha (Ap 9:2). [JOE E. LUNCEFORD]

2. Basicamente uma área confinada para queimar cerâmica ou carbonizar cal (heb. *kiḇšān*, em contraste com *kûr*, fornalha para fundição de metais). A cal queimada era enfraquecida e usada para preparar argamassa, reboco e caiação. Isaías 33:12 faz uma referência metafórica ao processo de queima da cal. Arbustos e espinhos eram usados para alimentar os fornos de cal.

Os fornos de cerâmica na antiga Palestina eram de dois tipos: um forno vertical ou horizontal (*ANEP*, 44, 344). O tipo usado com mais frequência, o forno vertical, data da Idade do Bronze Antigo e permanece essencialmente inalterado até o presente.

O termo hebraico é usado metaforicamente em referência aos rolos de fumaça do incêndio de Sodoma e Gomorra (Gn 19:28; "fornalha") e da presença de Deus no monte Sinai (Êx 19:18). Diz-se que a fumaça subia como se fosse de uma fornalha. Cinzas de uma fornalha espalhadas para o ar por Moisés e Arão deram início à sexta praga de tumores (Êx 9:8-10).

Bibliografia. S. Gibson, "Lime Kilns in North-East Jerusalem", *PEQ* 116 (1984): 94-102. [STEPHEN J. ANDREWS]

FORNICAÇÃO Em geral são as relações sexuais ilícitas (heb. *zānâ*), um pecado que viola o espírito do sétimo mandamento (Êx 20:14), que devia proteger a integridade da família. A fornicação (gr. *porneia*) pode ser ligada ao adultério (Mt 5:32; 19:9) ou distinto dele (15:19 =Mc 7:21). O pecado da fornicação era observado e repreendido (1Co 6:18; 10:8; Jd 7). Paulo aconselhava o casamento monógamo por causa dos casos de imoralidade sexual (1Co 7:2). Metaforicamente, a fornicação pode descrever a corrupção do povo de Deus com a idolatria pagã (p. ex., Jr 2:20-36; Ez 16:15-43; Ap 2:14, 20-22; 17:1-18; 18:2-9). A abstenção da fornicação (lascívia) era uma das quatro condições exigidas dos gentios para que fossem admitidos na Igreja pelo Concílio de Jerusalém (At 15:20, 29). [ALLISON A. TRITES]

FORNO Pequeno instrumento usado para o preparo de alimento (Êx 8:3 [TM 7:28]; Lv 11:35) empregado para assar vários tipos de pães (2:4; 7:9; 26:26). De forma cilíndrica, os fornos mais comuns (heb. *tannûr*) eram feitos de barro e podiam ser embutidos no chão ou levantados acima dele. O chão do forno era forrado de seixos, sobre os quais se fazia o fogo. A massa de pão era colocada sobre as pedras quentes ou contra a parede do forno para assar. Entre os combustíveis estava a erva seca (Mt 6:30; Lc 12:28) e estrumes secos de animais (cf. Ez 4:12, 15). Padeiros comerciais podem ter vivido numa área específica da cidade (cf. Ne 3:11; 12:38).

Para Abraão, a fumaça de um forno que passou foi um sinal da presença do Senhor (Gn 15:17; "panela de fogo"). Um forno em chamas era visto como símbolo da ira do Senhor (Sl 21:9 [10]; Is 31:9; "fornalha"; Ml 4:1 [3:19]; cf. Lm 5:10). Os ímpios são também comparados a um forno ardendo de desejo, atos corruptos e traição (Os 7:4, 6, 7). [STEPHEN J. ANDREWS]

FORNOS, TORRE DOS Torre de defesa do ângulo noroeste do muro da cidade de Jerusalém, possivelmente construído pela primeira vez pelo rei Uzias (cf. 2Cr 26:9) e depois reconstruída por Neemias (Ne 3:11; 12:38). A localização precisa da torre (heb. *migdal hattannnnûr'm*), bem como sua posição relativa à Porta da Esquina, é assunto de discussão. De acordo com Neemias, ela ficava situada em algum lugar ao sul do grande muro e ao norte da porta do vale. O nome pode apontar para um local perto da "rua dos padeiros" de Jeremias 37:21, embora essa referência date do tempo anterior a Neemias. [JOHN R. HUDDLESTUN]

FORTALEZA Porção fortificada de uma cidade ou palácio. Ela ficava em alguma parte da casa (palácio) do rei em Samaria, onde Peca matou Azarias, rei de Judá (2Rs 15:25), e em Tirza onde Zimri se suicidou (1Rs 16:18). 1Macabeus 13.50 descreve a libertação de Simão da fortaleza de Jerusalém das mãos do inimigo "limpando a fortaleza de sua corrupção." De acordo com Josefo, os reis asmonianos a renomearam Baris (*Ant.* 18.91). Reconstruída por Herodes, o Grande, e chamada Torre de Antônia, ela caiu diante dos romanos em 70 d.C. Muitos estudiosos pensam que a casa do carcereiro de Filipos estava situada na fortaleza de Filipos (At 16:34). Salmo 48:3, 13 (TM 4, 14) celebra a segurança de Jerusalém, louvando a Deus por ter "se mostrado como uma defesa segura". [HENRY L. CARRIGAN, JR.]

FORTALEZA, FORTIFICAÇÃO As fortalezas geralmente consistiam de muros, torres e portões. As fortificações eram construídas ao redor de grandes cidades e em posições estratégicas próximas das fronteiras e das rotas comerciais. Umas poucas cidades também possuíam uma fortaleza interna para proteção adicional.

Os muros construídos ao redor da cidade proporcionavam a defesa primária. Os muros eram geralmente construídos de pedra, embora uns poucos tenham sido feitos de tijolos de barro. Os muros poderiam ser sólidos (Stratum de Barseba V) ou casamatas (dois muros paralelos conectados em intervalos por muros transversais; Hazor stratum X). Alguns muros eram retos (Asdode Stratum 10), enquanto outros eram recuados e inseridos (Megido Stratum VA). Diversos muros de casamata eram cheios de entulhos para uma proteção adicional (Hazor Stratum VIII). Vilarejos menores e algumas cidades construíam casas contíguas e num padrão circular. As paredes das casas eram duplas como um muro de defesa (Berseba Stratum VII).

As torres eram construídas nos muros em intervalos e em posições estratégicas tais como nos complexos dos portões. As torres, tipicamente mais altas do que os muros, usualmente projetavam-se além do muro da cidade, dando aos defensores uma visão clara do fundamento do muro da cidade para qualquer tentativa de rompimento do muro.

As cidades do tempo do AT usualmente tinham somente um portão. Esse complexo de portão tinha torres maciças em cada lado da entrada, múltiplas câmaras com portas separando cada câmara, e múltiplos conjuntos de portas de entrada. Hazor, Megido, Gezer e umas poucas cidades tinham complexos de portões com seis câmaras com quatro conjuntos de portas. Uns poucos complexos de portões eram construídos lateralmente, criando uma espécie de "L" (p. ex., Laquis,Tell en-Nasbeth, Bete-San), a fim de diminuir o tráfico ou a entrada de exércitos invasores que entrassem pelo portão. As cidades do NT, usualmente, possuíam múltiplas entradas e complexos de portões.

Uma cidade precisava de comida e água para sobreviver a um cerco. As cidades frequentemente construíam depósitos para comida e suprimentos além de grandes cisternas para água. Conjuntos de depósitos apoiados em pilares foram descobertos em Megido, Hazor, Tell el-Hesi, Berseba, e Tell Qasile. Diversas cidades (Jerusalém, Hazor, Gezer, Berseba, Gibeom, e Megido) tinham meios de obter água dentro da cidade por meio de um suprimento de água escondido fora dos muros da cidade que vinham por um túnel ou canal subterrâneo. Joab, o general de Davi, subiu pelo canal subterrâneo (Canal de Warren) para entrar e derrotar a cidade dos jebuseus, que era Jerusalém (2Sm 5:8). Ezequias construiu um túnel desde a fonte escondida para um poço dentro de Jerusalém (2Rs 20:20).

As fortalezas, separadas das cidades, eram construídas em localidades estratégicas. Uma linha de fortalezas datando da monarquia israelita foi encontrada no Neguebe. Essas fortalezas eram usualmente pequenas, contendo muros, torres, portões, e lugares para acomodação. Elas serviam como primeira linha de defesa contra os nômades e invasores que vinham do sul.

Roboão, preparando-se para a invasão de Sisaque, construiu cidades fortificadas e as encheu de armas e suprimentos (2Cr 14:6-7 [TM 5-6]). Ezequias consertou os muros de Jerusalém e construiu torres sobre eles (2Cr 32:5).

Na literatura poética, Deus é frequentemente mencionado como uma fortaleza (2Sm 22:2; Jr 16:19; Na 1:7; Sl 31:2-3 [3-4]; 71:3; 91:2). [TERRY W. EDDINGER]

FORTUNATO (gr. *Phortounátos*; *lat. Fortunatus*) Cristão de Corinto; mensageiro que, com Estéfanas e Acaico, foi a Paulo em Éfeso levando boas-novas da congregação de Corinto (1Co 16:17).

FÓRUM DE ÁPIO Lugar na Via Ápia (gr. *Appíou Phóron*; lat. *Apii fórum*), a 69 km a sudeste de Roma na moderna Faiti. Provavelmente, fundado durante o tempo de Appius Claudius Caecus, que construiu a rodovia em 312 a.C., tinha se tornado, por volta do século II d.C. uma cidade importante (cf. *Sátiras* de Horácio 1.5.3-6 para a crítica do viajante de suas acomodações e "guardadores da taverna parcimoniosa"). A partir desse ponto, havia um canal paralelo à estrada ao longo dos pântanos de Pontine (um refúgio para os mosquitos de malária) aprox. 30 km até Feronia. Muitos cristãos romanos viajavam ao Fórum de Ápio para saudar Paulo em sua chegada a Putéoli (At 28:15).

FRAGMENTO MURATORIANO Parte de um antigo documento cristão que discute os livros do NT, (documento) que foi aceito pelas igrejas conhecidas do autor anônimo do fragmento. O fragmento, provavelmente do século VIII, é escrito em latim vulgar, mas é quase certa uma tradução de um documento grego muito mais antigo. O fragmento começa com uma provável referência mutilada a Marcos; Lucas e João são então mencionados como o terceiro e quarto evangelhos, respectivamente. É provável que Mateus tenha sido discutido numa parte perdida do original. Treze cartas são atribuídas a Paulo; Judas e duas cartas de João são mencionadas com aprovação, assim como a Sabedoria de Salomão e o Apocalipse de João e Pedro (embora o último diz-se ter sido rejeitado por alguns).

A tradição acadêmica tem colocado a criação da versão original grega no século II devido à declaração de que O Pastor, de Hermas, foi escrito "muito recentemente em nosso tempo". Entretanto, alguns estudiosos têm argumentado uma data no século IV para o original.

Bibliografia. G. M. Hahneman, *The Muratorian Fragment and the Development of the Canon* (Oxford, 1992); A. C. Sundberg, Jr., "Canon Muratori: A Fourth-Century List", *HTR* 66 (1973): 1-41. [JAMES R. ADAIR, JR.]

FRAGMENTOS OXIRRINCO Antigo local egípcio, Oxirrinco (moderna Behnesa) fica na orla do deserto cerca de 190 km ao sul do Cairo e 16 km a oeste do Nilo. Escavações no final do século XIX descobriram, entre os montes de entulhos, uma arca do tesouro de textos antigos de todo tipo, datando do século I ao século IX a.C. Por volta de 1995 mais de 60 volumes da série Papiros Oxirrinco foram publicados, apresentando o texto grego de vários milhares de documentos distintos. Entre os documentos oficiais, correspondências, cartas pessoais, notas informais e outros textos estavam fragmentos de Mateus 1 (agora na Universidade da Pensilvânia), partes de Romanos 1 e 1João 4 (no Museu Semítico da Universidade de Harvard), partes de 1Coríntios e Filipenses (agora no Cairo) e uma folha de Apocalipse (no Seminário Teológico de Princeton). Também foram encontrados em Oxirrinco fragmentos de um manuscrito em papiro preservando várias citações de Jesus do Evangelho de Tomé. [CARROLL D. OSBURN]

FRAGMENTOS SADUCEUS (CD) *Ver* Documento Damascus.

FRANJA Adorno pingente para roupa e outros artigos feitos amarrando-se um maço de cordões ou pavios de comprimentos iguais em uma ponta. Os israelitas deviam fazer franjas (heb. *gĕdil'm*) para as quatro pontas de seus mantos (Dt 22:12; cf. Nm 15:37-39, *ṣîṣit*). O hebraico *gĕḏil'm* ocorre em outra parte no AT somente em 1Reis 7:17, onde ele descreve uma construção de uma obra em treliça, produzindo o efeito parecido com uma corrente ou semelhante a uma grinalda para os capitéis no alto das duas colunas de bronze no vestíbulo do templo de Salomão. Esse uso é semelhante ao uso de *sisit*, "franja", em Ezequiel 8:3 ("fechadura [de cabelo]"), onde é indicativo da aparência de orlas, mas pouco faz para elucidar seu propósito. Se "orla" e "franja" são sinônimos, então a lei deuteronômica é uma referência resumida a um hábito de traje cujo objetivo é lembrar os indivíduos de suas obrigações pactuais. [KEVIN D. HALL]

FRÍGIA (gr. *Phrygía*) Território no centro-oeste da Ásia Menor (At 2:10; 18:23), um planalto que inclui plataformas rochosas e montanhas, bem como amplas bacias hidrográficas. As florestas de pinho e os rebanhos de ovelhas renderam madeira e lã, e os artesãos frígios produziram delicadas obras em metal, ornamentos e tapetes.

Os frígios provavelmente migraram da Trácia no fim do segundo milênio a.C. Depois do domínio hitita da Ásia Menor central, eles dirigiram uma confederação organizada de forma mais livre, florescendo durante a metade do primeiro milênio. O efêmero império frígio (cerca 725-675), fundado pelo rei Midas, dominou o oeste da Ásia Menor até a invasão cimeriana permitindo aos lídios ganhar ascendência. A capital frigia ficava em Gordion. Pessinus, o estado-templo da Mãe dos deuses (Cibele), foi também uma importante cidade frígia.

Muitos assentamentos nas terras altas da Frígia ficavam em torno de plataformas rochosas fortificadas. Nesses locais, os frígios deixaram para trás enormes monumentos entalhados em rochas, fachadas planas entalhadas com desenhos geométricos cercando nichos para imagens enormes da Mãe dos Deuses. Alguns contêm inscrições em frígio antigo. O mais importante é o monumento de Midas nas ruínas da cidade de Midas, um vilarejo próximo à moderna Eskisehir.

Na era romana, a Frígia era reconhecida como um território étnico que incluía a parte oriental da província romana da Ásia. A parte oriental do que tinha sido o reino da Frígia foi absorvida pela província da Galácia. O gentílico frígio foi frequentemente sinônimo de "escravo" durante a era greco-romana. Inscrições do final do século III d.C. são encontradas na língua neofrígia.

Bibliografia. E. Akurgal, *Ancient Civilizations and Ruins of Turkey*, 8. ed. (Istanbul, 1993); C. H. Haspels, *The Highlands of Phrygia*, 2 vols. (Princeton, 1971). [SUSAN (ELLI) ELLIOTT]

FRONTAL Ornamento ("emblema") que os israelitas deveriam usar como uma lembrança da Torá (Dt 11:18) e da libertação que Deus trouxe por meio do Êxodo (Êx 13:9, 16). *Ver* FILACTÉRIOS.

FRONTEIRA Na perspectiva deuteronomista, fazer fronteira está associado com a distribuição sacra da terra de Israel (cf. Josué, onde o hebraico *gĕḇûl*, "fronteira", "território", é usado primariamente a respeito da distribuição da terra e posse dela). A divisão da terra era predicado das categorias de linhagem, procedendo da distribuição entre as tribos, para distribuição de grupos de parentesco, e então para a distribuição entre famílias maiores. As distribuições resultantes da terra deveriam ser heranças permanentes. Consequentemente, ninguém deveria se mudar para o território de um vizinho (Dt 19:14; 27:17; Pv 22:28; 23:10). Os profetas censuraram ruidosamente a desconsideração dessas leis, à medida que os sistemas estatais emergentes de Israel se descompassavam e causavam a erosão de seus entendimentos mais antigos baseados na linhagem das fronteiras da terra (p. ex., 1Rs 21:17-19; Mq 2:1-5; cf. Os 5:10).

Nas tradições sacerdotais, fazer fronteira é posteriormente associado com a demarcação da santidade das áreas cúlticas. Essas tradições enfatizam o monte do templo como um espaço sagrado (Ez 43:12). Textos mais antigos tais como Êxodo 19:12, 23, estabelecem esse princípio, mas ele é reenfatizado na organização ideal de Ezequiel para o templo. Em Ezequiel, os novos limites tribais e gradações definidas de santidade cercam e protegem o templo.

A função das fronteiras no estabelecimento desse espaço sagrado está relacionada com o papel delas na cosmogonia bíblica. A demarcação do centro cúltico e a organização do restante da vida ao redor dele arquetipicamente simbolizam a estrutura do universo criado. Assim, o templo no Monte Sião forma o nexo do cosmo — o centro organizador que emergiu quando Deus primeiro diferenciou os elementos do mundo (p. ex., Sl 74:12-17; 104:5-9; Jr 5:22). Essa confecção primeva de fronteira é estendida para incluir a demarcação que Deus fez das nações (Dt 32:8; At 17:26). [STEPHEN L. COOK]

FRUTA A fruta (heb. *pĕr'*; gr. *karpós*) se constituía numa parte importante e grande da dieta dos israelitas antigos. Uvas, figos, romãs, e azeitonas, juntamente com o trigo e a cevada, foram atributos favorecidos na Terra Prometida (Dt 8:8). Os melões, as tâmaras, e todas as frutas carnudas comestíveis dos arbustos e árvores, maçãs, pêssegos, damascos, e alguns frutos cítricos também eram disponíveis para o consumo. Embora muitos frutos pudessem ser considerados selvagens, as árvores de frutos domésticos eram comuns. As árvores cultivadas proporcionavam um fruto superior, e os jardins em que elas cresciam nos tempos bíblicos forneciam sombra e refrescavam.

Árvores de diferentes frutos exigiam diferentes maneiras de manutenção, incluindo a remoção da erva daninha, da aeragem do solo, e a poda. A colheita dos frutos podia acontecer em junho (uvas) e a última por volta do mês de outubro (azeitonas). O fruto era comido fresco e também preparado: os frutos como os figos, tâmaras, e uvas poderiam ser secados e comidos ou assados para bolos; os sucos de uvas e romãs poderiam ser tornados em vinho; as azeitonas podiam proporcionar azeite para cozinha e para a comida e as tamareiras poderiam proporcionar mel.

A Bíblia atesta da importância das árvores frutíferas. Deus criou as árvores frutíferas no terceiro dia (Gn 1:11). Na batalha, as árvores que davam comida não podiam ser cortadas (Dt 20:19-20). O fruto era uma oferta aceitável a Deus (Lv 27:30).

O fruto era também usado como um símbolo da progênie, p. ex., "o fruto do ventre" (Dt 28:4), e a consequência, como no "fruto das suas ações" (Jr 17:10). O fruto da árvore do conhecimento (Gn 3) tradicionalmente tem sido identificado como a maçã; contudo, não há nenhuma evidência textual que dê suporte a essa alegação. [MEGAN BISHOP MOORE]

FUNDA Arma formada por duas correias feitas de junco, tendão animal, couro, tecido ou pelo amarradas a uma bolsa maior que continha o projétil. O projétil era colocado na bolsa e balançado sobre a cabeça de uma a três vezes. Quando a desejada força centrífuga era gerada, uma das correias era solta, liberando o míssil. A funda era produzida sem custos e requeria pouco conhecimento técnico para produzi-la. A destreza ótima (Jz 20,16) era conseguida somente depois de anos de prática. As pedras eram carregadas para batalha numa bolsa (1Sm 17:40). Durante um cerco elas eram empilhadas aos pés do atirador. O tamanho médio da pedra para a funda era ligeiramente menor do que uma bola de tênis.

Como está evidenciado em pinturas murais, relevos e estátuas, a funda foi usada como arma desde, pelo menos, 8000 a.C. Ela apareceu pela primeira vez como arma de pastores, que a usavam para proteger os animais dos predadores. Na Idade do Bronze Médio, foram encontradas fundas entre a infantaria leve no Egito.

O arco e flecha e a funda eram duas armas básicas de longo alcance. A intenção do fundeiro era incapacitar o inimigo para que o golpe fatal pudesse ser dado pela infantaria (2Rs 3:25). Mísseis bicônicos podiam furar armaduras e, mesmo que não resultasse em penetração, o impacto podia causar ferimento interno fatal. Os fundeiros podem ser vistos com vantagem tática decisiva quando colocados frente a frente contra soldados equipados com armas de curto alcance (1Sm 17:40-51).

Bibliografia. R. Gonen, *Weapons of the Ancient World* (Minneapolis, 1976); Y. Yadin, *The Art of Warfare in Biblical Lands in the Light of Archaeological Study*, 2 vols. (Jerusalem, 1963). [W. E. NUNNALLY]

FURTO Apropriação criminosa da propriedade de outrem. Quando acompanhado de violência ou de ameaça, o furto é normalmente designado como

A B C D E **F** G H I J K L M N O P Q R S T U V X Y Z

"roubo". No código legal bíblico, a punição estipulada para o furto é a restituição com compensação (Êx 22:1-4 [TM 1b-5]; Lv 6:1-7 [5:20-26]). O mandamento no Decálogo contra o furto (Êx 20:15; Dt 5:19) tem sido entendido como uma referência primeiro ao sequestro, à captura de pessoas. Numa sociedade onde se praticava a escravidão, o sequestro de pessoas seria, claro, tratado nas regras legais. A pena capital é prescrita para o crime de sequestro (Êx 21:16; Dt 24:7). É provável, entretanto, que o mandamento do Decálogo contra o furto também se estenda além do sequestro. As normas legais tratam do dano à propriedade (Êx 22:5,6 [4-5]), e da prática de negócios desonestos (Lv 19:35, 36; Dt 22:1-4). Os juros sobre empréstimos eram proibidos (Êx 22:25 [24]; Dt 23:19, 20; Lv 25:35-38) e a prática de penhores era regulamentada (Êx 22:26, 27 [25-26]; Dt 24:6, 10-13). Também havia leis para o cancelamento periódico de dívidas (Dt 15:1-3) e a libertação de escravos (Êx 21:2-6; Dt 15:12-18; Lv 25:39-55). Foi estipulado o pagamento de salários justos sem adiamento aos trabalhadores pobres (Dt 24:14, 15; Lv 19:13).

A preocupação com transações justas e regulamentadas foi levantada pelos profetas. As designações "furto" e "roubo" são empregadas em relação à opressão econômica (p. ex., Is 10:2; Jr 21:12; Ez 18:7). Há um recorrente protesto contra a expansão territorial ilegal (Jr 22:13, 14; Hc 2:9; cf. Jó 24:2-12; Mt 23:14). No período pós-exílico, Neemias fez esforços para restringir tal opressão econômica (cf. Ne 5). Os escritos de Sabedoria dão continuidade às críticas proféticas contra a opressão econômica (Pv 22:22, 23; Sir. 4.1-6; 7.3, 20). O NT assume posição semelhante (Lc 3:14; Ef 4:28; 1Ts 4:6; Tg 5:4-6).

Finalmente, a Bíblia fala da realidade de furtar o coração das pessoas por meio do engano e da demagogia (Gn 31:20, 26; 2Sm 15:6).

Bibliografia. R. Gnuse, *You Shall Not Steal: Community and Property in the Biblical Tradition* (Maryknoll, 1985). [GERALD M. BILKES]

G

GAAL (heb. *gaʿal*) Filho de Ebede. Liderou a rebelião dos siquemitas contra Abimeleque (2), mas foi repelido por Zebul, representante de Abimeleque (Jz 9:26-41).

GAÃO (heb. *gaḥam*) Filho de Naor e sua concubina Reumá (Gn 22:24).

GAAR (heb. *gaḥar*) Cabeça de uma família de servos do templo que retornaram do exílio com Zorobabel (Ed 2:47; Ne 7:49).

GAÁS (heb. *gāʿaš*) Montanha ao sul de Timnate-sera (Timnate-heres), c. 32 km a sudoeste de Siquém. Josué foi sepultado na vizinhança (Js 24:30; Jz 2:9), e Hidai (ou Hurai), um dos Trinta de Davi, era das "torrentes (ou uádis) de Gaás" (heb. *naḥălê gāʿaš*); 2Sm 23:30; 1Cr 11:32).

GABAEL (gr. *Gabaēl*) **1.** Homem da tribo de Naftali, ancestral de Tobias (Tob 1.1).

2. Amigo de Tobias e irmão (ou filho) de Gabrias que vivia em Rages na Média (Tob 1.14). Tobias depositou quatorze talentos de prata com ele e mais tarde enviou seu filho Tobias para reaver o dinheiro (Tob 4.1, 20; 5.6; 10.2). Gabael retornou a soma intacta na festa de casamento de Tobias e Sara (9.2-6).

GABAI (heb. *gabbay*) Benjamita que vivia em Jerusalém após o exílio (Ne 11:8). Alguns eruditos consideram o texto como corrupto e o emendam para que se leia "homens poderosos de valor" (heb. *gibbō rê ḥayil*; cf. Ne 11:14).

GABATÁ (gr. *Gabbathá*) Lugar do julgamento (gr. *bēma*), onde Pilatos sentou-se para julgar Jesus (Jo 19:13). O nome é uma palavra aramaica de origem desconhecida. Sugestões para o seu significado incluíam "elevado", "espaço aberto", "cimo", ou a transliteração do latim *gabata*, "prato". De acordo com João, o local também era conhecido pelo termo grego *lithóstrōton*, "pavimento". Ele era mais provavelmente uma área pavimentada elevada fora do palácio de Herodes que funcionava como o Pretório, a residência dos prefeitos romanos. Fílon, especificamente, faz referência à residência de Pilatos ali durante uma festa judaica (Leg. 38).

Tentativas anteriores de identificar o Gabatá com o pavimento de pedra escavado abaixo do Convento das Irmãs de Sião, não mais têm sido consideradas por causa da evidência de que este pavimento não havia ainda sido construído no tempo da destruição perpetrada por Roma, no ano 70 A.D. Uma sugestão mais recente para a sua localização tem sido proporcionada com a descoberta do fundamento de um grande pódio medindo aproximadamente 1.500 km² no quarteirão armênio de Jerusalém. [DAVID R. BECK]

GABRIAS (gr. *Gabriás*) Irmão (Tob 1.14) ou pai (4.20) de Gabael 2.

GABRIEL (heb. *gabrîʾēl*; gr. *Gabriēl*) Anjo proeminente. Gabriel revela mistérios escatológicos em Daniel 8:15-26; 9:21-27 e anuncia os nascimentos de João Batista e Jesus em Lucas 1:11-20, 26-38. A etimologia do nome é discutida, significando "Deus é meu guerreiro" ou talvez "homem de Deus". Gabriel e Miguel são os únicos dois anjos explicitamente nomeados no AT. Numa angelologia mais desenvolvida das tradições apocalípticas judaicas, eles aparecem regularmente juntos com Rafael e outros como arcanjos proeminentes que permanecem na presença de Deus (1En 9.1; 10.1-12; 1QM 9.14-16; Lc 1:19; cf. Ap 8:2, 6).

Em Daniel, Gabriel serve primariamente como intérprete de visões e mistérios; em fontes apocalípticas posteriores suas funções são mais variadas. Em 1Enoque ele é identificado como um dos santos anjos cujo papel é superintender o Jardim do Éden, as serpentes e o querubim (1En 20.7); em 10.9-10 ele é enviado em juízo contra os filhos nascidos dos "Vigilantes" (anjos caídos). No Rolo da Guerra em Qumran, os nomes de Miguel, Gabriel, Sariel, e Rafael são escritos sobre os escudos das torres carregadas para a batalha (1QM 9.14-16).

Na narrativa do nascimento feita por Lucas, Gabriel aparece novamente com um papel revelador, anunciando a Zacarias e a Maria o cumprimento das esperanças escatológicas no nascimento de João, o precursor do Senhor, semelhante a Elias (Lc 1:11-20), e Jesus, o rei messiânico da linhagem de Davi (v. 26-38). [MARK L. STRAUSS]

GADARA (gr. *Gadara*) Cidade proeminente de Decápolis no tempo de Pompeu (63 a.C.), a moderna Umm Qeis, cuja história remonta ao período helênico. Gadara era próxima do lugar onde Jesus expulsou os demônios de um homem (Mc 5:1-20; dois homens em Mt 8:28-34). Ela está localizada no platô, na fronteira nordeste da Jordânia, c., 10 km a sudeste da costa sul do mar da Galileia/Tiberíades; ao norte, limita-se com as regiões íngremes do rio Jarmuque

(Hieromax), e a oeste com as regiões íngremes que descem para o vale do rio Jordão.

Um recente plano de pesquisa estabeleceu que as ruínas de Gadara se estendem por 1600 m sobre cada lado do Decumanus Maximus (sentido leste-oeste), e também se estende cerca de 450 m num eixo norte-sul.

Entre os vários vestígios descobertos sobre a plataforma, entre a cidade alta e a baixa, está um edifício quadrado (c. 23.5 m x 23.1 m); na parte central da plataforma (um edifício retangular com colunas está na parte final norte da plataforma) está uma igreja com uma estrutura octogonal do século VI, que foi construída sobre uma base de lajes de calcário, no período romano; ela possuía um abside no lado sudeste, e um mosaico de chão feito de ladrilhos de pedra/tessela em preto, azul, amarelo, vermelho, e branco. Um grande banho público (30 m x 50 m) foi descoberto a 50 m a oeste da igreja, provavelmente do tempo do final do período romano e começo do período bizantino, que com suas salas auxiliares cobria c. 2300 m²; após sua destruição inicial, foi usado novamente numa escala ligeiramente menor até o seu final no começo do século VII, quando foi reusado como alojamento de moradia ou para indústria.

A escavação de uma série de salas arqueadas ao longo da borda oeste da plataforma revelou que os arcos, do lado oeste dão para uma rua em direção ao sul nos anglos direitos para o eixo principal leste-oeste da Decumanus Maximus, eram usados como lojas. A 34 m a seção escavada ao longo a Decumanus Maximus leste-oeste revelou que essa rua tinha 12,55 m de largura, com calçadas de 3 m de largura; a rua foi renovada no período bizantino. Mais a oeste, ao longo da Decumanus, algumas partes de um hipódromo foram expostas. Também a oeste um monumental mausoléu subterrâneo foi escavado. Na seção leste do sítio, foram descobertos dois teatros: um teatro no lado sul da Decumanus, próximo ao muro leste da cidade, e o outro teatro de frente para o oeste no lado leste e sul da rua das lojas em forma de arco; neste último teatro foi encontrada uma estátua de mármore. Um grande aquedudo subterrâneo foi também encontrado, mas a sua extensão total não foi determinada. *Ver* GERASENOS.

Bibliografia. B. DeVries, "The North Mausoleum at Um Qeis", *ADAJ* 18 (1973), 77; W. H. Mare, "Gadara", em *The New International Dictionary of Biblical Archaeology*, ed. E. M. Blaiklock e R. K. Harrison (Grand Rapids, 1983), 201; G. Schumacher, *Northern Ajlun* (Londres, 1890). [W. HAROLD MARE]

GADE (heb. *gāḏ*) **I. (DEIDADE)** Divindade síria adorada juntamente com Meni (Is 65:11), atestada em diversas línguas semíticas do Ocidente. Nas versões em português (e em inglês), Gade é traduzido como "Fortuna". Meni como "Destino". Tem sido sugerido que essa divindade é a recente personificação do termo hebraico. [NANCY L. DECLAISSÉ-WALFORD]

II. (PESSOA) 1. Filho de Jacó e Zilpa, serva de Leia. A raiz verbal *gdd* significa "cortar", mas a saudação de Leia pelo nascimento de Gade em Gn 30:11 indica que o nome pode significar "fortuna"; outras referências sugerem "tropa" ou "bando de pilhagem" (Gn 49:19), "leão de aviltamento" (Dt 33:20), ou "leão" e "gazela" (1Cr 12:8). Gade levou sete filhos para o Egito (Gn 46:16). Durante as peregrinações no deserto, os gaditas somavam entre 45.650 (Nm 1:24-25) e 40.500 (26:18), fazendo-os um décimo em tamanho entre as doze tribos. A tribo de Gade estabeleceu-se nas terras altas da Transjordânia em oito assentamentos (Nm 32:24-36). A maioria dos sítios tem sido identificada, cada uma mostrando nova ocupação no começo do período israelita. A inscrição de Mesa (metade do século IX a.C.) indica que Gade expandiu-se para o território de Rúben.

2. Profeta de Davi (heb. *nāḇ'*) ou vidente (*ḥōzeh*). Gade é mencionado nas narrativas da fuga de Davi para longe de Saul (1Sm 22:5) e fazendo um censo (2Sm 24:11-14 = 1Cr 21:9-12). Ele mandou Davi construir um altar à eira de Ornã, o jebusita (2Sm 24:18-19= 1Cr 21:18-19), supervisionava a música dos levitas (2Cr 29:25), e foi o autor de uma parte da história do reinado de Davi (1Cr 29:29). Diversas passagens de Crônicas conectam Gade muito próximo de Natã.

Bibliografia. H. Baruch, *The Emergence of Israel in Canaan*. SBLMS 29 (Chico, 1983); J. M. Miller e J. H. Hayes, *A History of Ancient Israel and Judah* (Philadelphia, 1986). [NANCY L. DECLAISSÉ-WALFORD]

GADI (heb. *gaddî*; gr. *Gaddi*) **1.** Filho de Susi da tribo de Manassés; um dos espias que Moisés enviou a Canaã (Nm 13:11).

2. Apelido de João, irmão mais velho de Judas Macabeus (1Mac 2.2).

3. (heb. *gāḏî*) Pai do rei Menaém de Israel (2Rs 15:14, 17).

GADIEL (heb. *gaddî'ēl*) Filho de Sodi, da tribo de Zebulom; um dos espias enviados por Moisés a Canaã (Nm 13:10).

GADO Juntamente com carneiros e bodes, mulas e jumentos, servos, camelos, e tendas, gado de grande porte (touros, bois, vacas) sempre foi considerado como uma medida de riqueza (Gn 12:16; 13:5). O gado (heb. *bāqār*) era primeiramente domesticado por causa de seu leite, carne, pele, osso, e estrume, e somente depois se tornava conjunto de animais de tiro. O gado não produzia fios para fiação e tecelagem. Durante os tempos bíblicos, destacava-se primariamente por causa da tração, do leite e do esterco e, secundariamente, por causa da carne, pele, e por outros produtos derivados disponíveis somente depois que os animais eram mortos. Uma vez que o gado era julgado tão velho para o trabalho ou como grupo de animais de tiro, podia fornecer carne e outros produtos derivados.

O gado não é dado a perambular, como ovelhas e cabras; por isso, sua presença no registro zoo-arqueológico usualmente indica um ambiente mais estabelecido, aquele de vila ou cidade agrária. O gado precisa de mais atenção do que outros ruminantes e faz o melhor sob condições estáveis. Na Palestina pré-industrial, três tipos nativos provavelmente estavam bem perto daqueles existentes no período bíblico. A raça mais comum e adaptada é a vaca árabe pequena e peluda. Ela é muito magra, com corpo de castanho para preto ou preto-e-branco e com musculatura e tetas pobremente desenvolvidas. Ela pesa cerca de 260 kg e dá 400-700 l de leite por ano durante um período de quatro a cinco meses, quando o bezerro está presente. Os touros e bois podem ser duas vezes maiores do que a vaca. São animais de trabalho cuja carne é de baixa qualidade. São adaptados a condições semiáridas; como uma cabra, são facilmente satisfeitos e claramente resistentes a doenças.

A segunda raça é a vaca de Beirut, que realmente é a melhor forma de raça da vaca árabe. Seu corpo amarelo-castanho para castanho é maior e pesa 230-350 kg. Ela produz 1500-2000 l de leite por ano durante um período de sete a oito meses, quando o bezerro está presente. Vacas seletas podem produzir até 4000 l de leite sob condições favoráveis. Essa raça é relativamente resistente a doenças, mas exige alimentação complementar. Sua precedente pode ter sido a vaca usada no ritual da novilha vermelha (Nm 19:2).

A melhor vaca nativa produtora de leite é a vaca de Damasco, que é natural da Síria e é idêntica em aparência à deusa-vaca egípcia, chamada Hathor. Esta vaca avermelhada para castanho-escuro tem uma pele suave e pesa 380-500 kg. É criada somente onde há água disponível para o cultivo alimentício. Sua produção é de 3000 l de leite por ano durante um período de sete a oito meses quando o bezerro está presente. Vacas boas podem produzir até 5000 l. Essa raça não é própria para qualquer trabalho, exige boa nutrição, e não é resistente a mudanças climáticas e a doenças. A referência às "vacas de Basã" em Amós 4:1 se refere, provavelmente, a essa raça porque ela é grande, gorda, e não trabalha.

Grandes rebanhos de gado precisavam de regiões grandes de terra para o pastoreio, como aludido nas histórias sobre o conflito dos rebanhos de Abraão com os de Ló (Gn 13) e na história da família de Jacó na terra de Gósen (Gn 45:10; 47:6a). Durante a monarquia israelita, o rei se tornou o proprietário de grandes rebanhos de gado. Sob Davi, administradores especiais eram apontados para o *bāqār* (1Cr 27:29). O gado era provavelmente usado como animal domesticado em terras reais, e por seu produto derivado.

Bezerros jovens eram considerados uma delicadeza culinária e eram preparados para refeições especiais (Gn 18:6-8). Bezerros, especialmente selecionados para a engorda (*ʿēgel marbēq*), eram servidos em ocasiões particulares (1Sm 28:24). Bezerros jovens também eram considerados animais seletos para o sacrifício (Lv 9:2; 16:3; Nm 7).

O touro era símbolo de poder e fertilidade. Em várias culturas do antigo Oriente Próximo, o touro era símbolo de vários deuses, um fato que deve ter influenciado a iconografia israelita e foi expresso verbalmente e iconograficamente (Êx 32), como também a estatueta de touro de bronze do Lugar do Touro no país montanhoso de Samaria. Algumas vezes, a Bíblia usa o touro como um símbolo para Yahweh (heb. *ʾāḇîr*; Gn 49:24; Is 49:26; 1:24).

A fêmea é mencionada significantemente menos vezes, e em sua maior parte metaforicamente (Gn 41). Oseias 4:16 compara Israel a uma vaca teimosa, e Amós 4:1 ridiculariza as mulheres do reino do norte, de Israel, como "vacas de Basã". Entretanto, as vacas eram aproveitadas para o trabalho (1Sm 6), e quando a novilha vermelha era escolhida, ela devia ser "sem defeito, que não tenha mancha, e sobre a qual não se tenha posto jugo" (Nm 19:2).[citação da J.F. de Almeida, Atualizada] *Ver* OVELHA; BODE.

Bibliografia. F.S. Bodenheimer, *Animal Life in Palestine* (Jerusalem, 1935). [ODED BOROWSKI]

GAFANHOTO Inseto da ordem dos Ortópteros, representado por duas famílias: *Acrididae*, de antenas curtas, e *Tettigonidae*, de antenas longas. Muitas vezes confundidos com a locusta, o gafanhoto é um inseto relativamente solitário, carecendo da tendência gregária da locusta. No entanto, algumas espécies de gafanhotos de antenas curtas também podem apresentar uma fase gregária, durante a qual são mais apropriadamente chamados locustas.

A Bíblia contém poucas referências aos verdadeiros gafanhotos, todas no Antigo Testamento. O termo geral para gafanhoto é *hāgāḇ*. O Talmude emprega esse termo para referir-se a qualquer espécie de gafanhoto de antenas curtas, mas essa palavra também pode designar a locusta gregária (2Cr 7:13; possivelmente também Ec 12:5). O *hāgāḇ* é listado como uma das quatro exceções à proibição de comer insetos com asas que se movimentam sobre a terra com quatro pés (Lv 11:20-22). O *hāgāb* é aceitável como alimento pelo fato de ter dois pés articulados usados para saltar. Pela mesma razão, também o *s"l'ām* e o *hargōl* são listados como gafanhotos comestíveis. O *s"l'ām*, comumente traduzido como "gafanhoto devorador" ou "gafanhoto careca", tem antenas curtas e pertence à subfamília *Tyrxalinae*. De acordo com o Talmude, o termo *hargōl* pode referir-se a qualquer espécie de *Tettigonidae* de antenas longas. A quarta exceção constante na proibição é o*'arbeh*, o gafanhoto presente em toda parte no deserto. *Ver* Locusta. [RONALD A. SIMKINS]

GAIO (gr. *Gáïos*; *lat. Gaiu.*) Nome latino comum, portado por quatro homens mencionados no NT, dos quais nada é conhecido além das menções abaixo.

1. Macedônio que, juntamente com Aristarco, tinha viajado com Paulo para Éfeso. Ali os dois macedônios foram pegos num levante contra o movimento missionário cristão (At 19:29).

2. Homem que estava entre os companheiros de viagem de Paulo de Corinto a Troas (At 20:4); provavelmente não idêntico ao 1 acima, visto que é dito ser ele de Derbe.

3. Homem de Corinto, um dos poucos batizados por Paulo (1Co 1:14) e provavelmente idêntico ao homem que hospedou tanto Paulo como "toda a igreja" em Corinto (Rm 16:23). Portanto, ele deve ter tido relativamente boa situação financeira.

4. Destinatário de 3João. O presbítero escreve para encorajar Gaio a continuar sua hospitalidade aos missionários viajantes e para lhe recomendar Demétrio. Gaio, evidentemente, tinha um relacionamento muito íntimo com o presbítero, mas sua posição em relação a Diótrefes, o opositor do presbítero, não é clara. Ele não pode ter sido um membro da igreja de Diótrefes, visto que o presbítero tem a lhe informar das ações deste último; todavia, porque o presbítero chama a congregação de Diótrefes de "a igreja" (3Jo 9), é difícil pensar em Gaio como um hóspede ou alguém que pertence a outra igreja-casa no mesmo lugar. Seja qual for a sua posição, o presbítero urge-o não somente a receber os viajantes, mas a "enviá-los", por exemplo, a prover para as necessidades deles na viagem, sugerindo que Gaio possuía os meios financeiros para isso [DAVID RENSBERGER]

GAIVOTA Ave impura (Lv 11:16; Dt 14:15) de identidade incerta (heb. *šaḥap̄*). As gaivotas (família *Laridae*) são aves aquáticas com pés palmeados e asas longas em relação ao corpo. Alimentam-se de peixes, insetos e outros animais pequenos. Diversas variedades de gaivotas são encontradas na costa palestina e no mar da Galileia.

GALÁCIA (gr. *Galatía*) Região na parte central-norte da Ásia Menor (moderna Turquia) nomeada pelos invasores gálicos/celtas. Mais tarde, o nome designou uma província romana.

Os gauleses migraram para a região na metade do século III a.C. e fizeram sentida a sua presença militar. O rei Nicomedes 1 da Bitínia deu suporte a eles em sua guerra civil. Durante aquele século, os gauleses lutaram com poderes tais como os do selêucida Antíoco I (281-61) e Átalo I de Pérgamo (c. 240-230). Conquanto contidos geograficamente, os gauleses mantiveram sua independência. O território deles centrava-se ao redor da cidade de Ancyra (moderna Ankara), na metade norte-central da Ásia Menor. Em 64 a.C., as tribos gálicas se tornaram um estado cliente de Roma, sendo governadas por um deles mesmos. Na morte de seu último rei, Amyntas, em 25 a.C., a região se tornou uma província romana que gradualmente se estendeu para o sul, chegando quase ao mar Mediterrâneo. Cidades como Derbe, Listra, Icônio e Antioquia eram agora parte da "Galácia".

Isso é significativo porque tem a ver sobre como alguém entende os destinatários e a data da carta de Paulo às igrejas da Galácia. Pode-se argumentar que Paulo usa "Galácia" par designar a região étnica no norte da Ásia Menor (Gl 1:2), explicando seu uso do termo étnico "gálatas" (3:1) na carta. Poderia também corresponder a Atos 16:6; 18:23, que diz que Paulo visitou a região (não a província) da Galácia após a reunião do Concílio em Atos 15(= Gl 2:1-10?), exigindo uma data para a carta posterior ao Concílio de Atos 15. Contudo, se Paulo está usando "Galácia" para denotar a província romana, a carta aos gálatas pode ter sido dirigida às igrejas na parte sul da província, igrejas essas que Paulo visitou anteriormente em sua carreira missionária (cf. At 14:1-20), permitindo uma data ainda mais anterior na carreira de Paulo, antes da reunião de Atos 15 (talvez tornando Gálatas 2 = Atos 11:27-30). A questão é controversa, porque ela afeta muitas questões nos estudos paulinos: cronologia, desenvolvimento do pensamento de Paulo, e concordâncias/discordâncias entre Atos e as cartas paulinas. [J. BRADLEY CHANCE]

GALAL (heb. *gālāl*) **1.** Levita pós-exílio da linhagem de Merari (1Cr 9:15).

2. Levita, filho de Jedutum e pai de Semaías, da linhagem de Merari (1Cr 9:16; Ne 11:17).

GÁLATAS, CARTA AOS Uma das principais cartas de Paulo. Essa carta tem exercido papel central na teologia cristã porque proporciona um dos ensinos mais explícitos do NT sobre a justificação pela fé. Esse ensino, entretanto, é a resposta de Paulo a uma séria crise nas igrejas da Galácia, mais que uma apresentação doutrinária ou sistemática da justificação.

PANO DE FUNDO. Não há unanimidade entre os eruditos sobre a identidade de Gálatas ou sobre a data dessa carta. Alguns argumentam que Paulo estava escrevendo para as congregações de Antioquia na Pisídia, Listra, Icônio e Derbe (na província romana da Galácia), que ele havia estabelecido em sua primeira viagem missionária, de acordo com Atos 13-14. Outros sustentam que ele estava escrevendo aos gálatas étnicos de Ancyra, Tavium e Pessinus (no antigo território da Galácia), que, supostamente, Paulo evangelizou em sua segunda e terceira viagens missionárias (cf. At 16:6; 18:23). A primeira teoria é chamada hipótese do Sul da Galácia e data a carta c. 49-50 A.D., tornando-a a mais antiga correspondência existente de Paulo. A segunda é chamada hipótese Galácia do Norte e data a carta na metade dos anos 50, período quando Paulo viu-se em conflito com alguns elementos da igreja de Corinto.

Um entendimento da situação que ocasionou a carta aos Gálatas é mais importante para a sua interpretação do que as questões discutidas acima, e nesse sentido há algum acordo, ainda que as teorias da erudição difiram nos detalhes. O pano de fundo é como se segue.

Paulo foi o primeiro a pregar o evangelho aos gálatas, e eles o receberam como se ele fosse "um anjo de Deus" num momento quando ele estava fisicamente doente (Gl 4:13-14). Visto que os gálatas eram gentios, Paulo não exigiu deles que se circuncidassem ou que observassem "as obras da lei", tais como as prescrições dietéticas e a observância do sábado. Mas algum tempo depois de sua partida, outros missionários vieram à Galácia e pregaram "um evangelho diferente" (1:6), que exigia que os gálatas se circuncidassem e que observassem estas "obras da lei".

A identidade exata desses missionários é debatida, mas eles eram mais provavelmente missionários judeus-cristãos que tinham forte conexão com Jerusalém, e talvez com Tiago. Embora Paulo corrigisse o falso ensino deles e os seus motivos enganosos (6:12-13), há lógica na posição deles. Se os gálatas desejavam compartilhar das bênçãos do Messias judeu, então eles deveriam se tornar filhos de Abraão por aceitar a circuncisão, o sinal do pacto eterno que Deus fez com Abraão e seus descendentes (Gn 17). A circuncisão, por sua vez, exigia que os descendentes de Abraão cumprissem as obras da lei.

O entendimento que Paulo tinha do evangelho, especialmente à luz de sua vocação, levou-o a uma apreciação mais profunda da obra de Cristo no plano salvador de Deus. Conquanto os crentes judeus não precisassem renunciar à sua herança judaica, não era necessário que os crentes gentios adotassem as práticas e costumes judaicos a fim de serem justificados perante Deus. É a obra salvadora de Deus em Cristo, em vez da lei, que realiza a justificação e a justiça (2:21; 3:21). Portanto, os gálatas já eram descendentes de Abraão visto que pertenciam a Cristo (3:29), enquanto que os que procuravam a justificação por meio da lei separavam-se de Cristo (5:4).

Conteúdo. À parte de suas observações introdutórias e concluintes (1:1; 6:11-18), a carta aos Gálatas consiste de três seções principais: uma seção autobiográfica em que Paulo defende a verdade do evangelho que ele havia pregado aos gálatas (1:11—2:21); um intrincado argumento retirado da Escritura em que Paulo explica que as pessoas de fé são descendentes de Abraão (3:1-5:12); uma exortação moral em que Paulo mostra aos gálatas que se eles amassem seus próximos como a si mesmos e andassem pelo Espírito, eles cumpririam a lei de Cristo (5:13-6:10). Cada uma dessas seções é uma parte integral do argumento de Paulo e tem a pretensão de persuadir os gálatas a não se submeterem à circuncisão.

A verdade do evangelho (1:11—2:21). Visto que o seu evangelho aos gentios da livre circuncisão foi severamente criticado, Paulo proporciona aos gálatas uma breve afirmação autobiográfica, a fim de demonstrar a verdade do evangelho (2:5, 14) que ele prega aos gentios. Assim, ele revê a sua vida anterior como um perseguidor da Igreja, sua vocação apostólica, seus tratos com a igreja em Jerusalém, e o incidente em Antioquia (1:11—2:14). Ele, então, conclui com uma afirmação importante sobre a justificação pela fé à parte das obras da lei (2:15-21).

Essa informação biográfica dá suporte à verdade do evangelho de diversos modos. Primeiro, Paulo não havia recebido o evangelho de qualquer outro ser humano, nem outros tinham lhe ensinado. O evangelho que ele pregava viera por meio da "revelação de Jesus Cristo" (1:11-12), por exemplo, Paulo recebeu o evangelho quando Deus revelou Seu Filho a ele (v. 16). Antes de sua vocação apostólica, Paulo era zeloso das tradições de seus antepassados, mesmo a ponto de perseguir a igreja de Deus. Mas quando Deus o chamou e revelou Seu Filho a ele, Paulo entendeu que aquele que ele perseguiu como maldito de Deus (3:13) não era ninguém além do próprio Filho de Deus.

Paulo, imediatamente, soube que havia sido chamado para pregar o evangelho livre da circuncisão para os gentios, e fez isso sem qualquer necessidade de consulta aos que estavam em Jerusalém (1:17). Quando ele partiu para Jerusalém, cerca de três anos após sua vocação, ele encontrou somente Cefas (Pedro) e Tiago. Seu evangelho veio diretamente de Deus no momento de sua vocação, não de Jerusalém.

Catorze anos após sua primeira visita, Paulo foi a Jerusalém com Barnabé e Tito para se assegurar de que ele não havia pregado em vão (2:1-10). A despeito da oposição dos "falsos irmãos", as colunas (Tiago, Cefas e João) claramente aprovaram o evangelho de Paulo aos gentios. Contudo, quando certos partidários de Tiago vieram à igreja de Antioquia, eles não estavam preparados para o que viram: judeus e gentios crentes compartilhando da mesma mesa da comunhão, e Pedro entre eles. Quando Pedro se retirou da mesa da comunhão, Paulo o repreendeu por trair a verdade do evangelho (2:11-14).

O que Paulo entendia pela "verdade do evangelho" está afirmado nos versos finais dessa seção (2:15-21). Uma pessoa não é justificada com base "nas obras da lei", mas por meio da fé em (ou talvez "por meio da fé de") Jesus Cristo. Essa é a razão pela qual Paulo e outros judeus cristãos então criam em Cristo, visto que eles vieram a perceber que ninguém seria justificado com base nas "obras da lei". Se a justiça podia ser obtida pela lei, então não havia nenhuma necessidade de Cristo morrer.

***Filhos da promessa** (3:1—5:12)*. Havendo explicado a origem do evangelho livre da circuncisão que ele prega, Paulo inicia um argumento técnico para mostrar que o povo da fé, batizado em Cristo, é composto de descendentes de Abraão. O argumento supõe que as promessas que Deus fez a Abraão são mais importantes na história da salvação do que a promulgação da lei. Deus já havia anunciado o evangelho a Abraão por prometer que todas as nações seriam abençoadas nele. Consequentemente, o povo da fé é abençoado com o crente Abraão (3:7-9). Em sua exegese de Gênesis 12:7, Paulo argumenta que essas promessas foram feitas a Abraão e ao seu descendente. Focalizando a palavra "semente", que está no singular, ele argumenta que o descendente de Abraão é Cristo (3:15-16). Consequentemente, todos os que são batizados em Cristo, são descendentes de Abraão e filhos da promessa, mesmo que não sejam circuncidados (3:26-29).

Visto que a lei foi dada 430 anos após a promessa, ela não altera as condições originais da promessa que depende da fé (3:17-20). A lei foi acrescida mais tarde para tornar o povo consciente de suas transgressões, e assim ela funcionava como um disciplinador até que viesse a plenitude da fé. Mas de si mesma, a lei não poderia dar vida. De outra maneira, a justiça teria vindo por meio da lei (3:21).

Visto que os gálatas não haviam entendido isso e estavam à beira da circuncisão, Paulo os repreende para que voltem ao período de sua infância religiosa (4:1-11). Ele os conclama a imitarem seu exemplo (4:12-20). Mostra-lhes que eles são os verdadeiros descendentes da mulher livre e de seu filho Isaque (4:21-31), e os adverte a evitarem a circuncisão para que eles não se separem de Cristo (5:1-12).

***Vivendo pelo Espírito** (5:13—6:10)*. Embora Paulo tenha mostrado aos gálatas que eles eram descendentes de Abraão porque haviam sido incorporados no descendente singular de Abraão, Cristo, seu argumento ainda não está completo. Paulo deve explicar como os gentios gálatas podem viver uma vida moral se eles não estão "debaixo da lei". De outra maneira, seu evangelho será esvaziado e sem nenhum proveito. A parênese ou exortação moral desta carta, então, exerce um papel integral no argumento de Paulo de que os gálatas não deveriam se submeter à circuncisão.

Na visão de Paulo, a vida moral é um assunto de viver pelo Espírito (5:16), sendo guiados pelo Espírito (v. 18), e seguindo a direção do Espírito (v. 25). As pessoas que são guiadas pelo Espírito não estão "debaixo da lei" (v. 18), nem praticam elas as obras da carne, que Paulo cataloga em grandes detalhes (v. 19-21). Ao contrário, o Espírito produz seu fruto neles (v. 22-23). Mas se os crentes não estão mais debaixo da lei, eles realmente viverão uma vida moral por seguir o Espírito?

Paulo argumenta que a totalidade da lei é cumprida na afirmação, "amarás ao teu próximo como a ti mesmo" (5:14, citando Lv 19:18 [ARA]). Consequentemente, os gálatas deveriam servir uns aos outros por meio do amor (5:13). Se eles deveriam carregar os fardos uns dos outros, eles cumpririam "a lei de Cristo" (6:2). Essa expressão, que ocorre somente em Gálatas, provavelmente se refere à lei como vivida por Cristo, por exemplo, de acordo com o princípio do amor de autossacrifício (cf. 1:3-4; 2:20). Para resumir, os gálatas cumprirão a lei se eles viverem na esfera do Espírito, de acordo com a lei de Cristo.

Discussão contemporânea. A presente discussão a respeito desta Carta se focaliza em três áreas: a dimensão social da justificação pela fé; a fé de Jesus Cristo; e a natureza da ética paulina.

O contexto histórico de Gálatas indica que o ensino de Paulo sobre a justificação foi uma resposta a um problema social: como os crentes judeus e gentios deveriam se relacionar mutuamente. As pessoas permanecem numa relação apropriada de pacto com Deus com base nas "obras da lei" que as identifica como judeus (circuncisão, prescrições dietéticas, observância do sábado), ou com base na obra de Deus em Cristo? Mais do que uma polêmica contra uma tentativa de se ganhar a justiça por meio das boas obras, o ensino de Paulo sobre a justificação em Gálatas procura integrar judeus e gentios sem compelir estes últimos a adotarem um modo de vida judaico.

Quando perguntamos sobre como as pessoas são justificadas, a resposta tradicional é por meio da fé em Jesus Cristo. Mas em anos recentes uma minoria de eruditos tem argumentado que a afirmação importante de 2:16 se refere à "fé de Jesus Cristo". Consequentemente, os crentes são justificados com base na fé de Cristo, por exemplo, a fidelidade e obediência de Cristo a Deus, demonstradas em sua morte na cruz. Assim, os gentios estão num relacionamento apropriado de pacto com Deus com base na fidelidade de Cristo, não por causa de eles terem adotado um modo de vida judaico. Essa obediência fiel de Cristo, por sua vez, é a base para a fé em Cristo.

Finalmente, novos esclarecimentos para o papel que a exortação moral exerce no argumento de Paulo têm encorajado os eruditos a darem maior atenção às dimensões éticas da Carta aos Gálatas. O papel integral da parênese nesta carta indica que o ensino de Paulo sobre a justificação não mina a vida moral dos crentes. Justificados pelo que Deus fez em Cristo, e não mais sob a lei, os crentes devem seguir a direção do Espírito e cumprir a lei de Cristo por meio do mandamento do amor.

Bibliografia. J.M.G. Barclay, *Obeying the Truth: Paul´s Ethics in Galatians* (Minnapolis, 1991); J. D. G. Dunn, *The Theology of Paul´s Letter to the Galatians* (Cambridge, 1993); R.B. Hays, *The Faith of Jesus Christ: An Investigation of the Narrative Substructure of Galatians 3.1-4.11*. SBLDS 56 (Chico, 1983), R. N. Longenecker, *Galatians*. WBC 41 (Waco, 1990); F. J. Matera, *Galatians*. Sacra Pagina 9 (Collegeville, 1992). [FRANK J. MATERA]

GÁLBANO Goma resinosa (heb. *ḥelbĕnâ*; gr. *chalbánē*) derivada da secagem da seiva leitosa da raiz de uma forma de funcho ou cenoura (provavelmente *Ferula galbaniflua Boise*). Uma planta herbácea encontrada na Síria, Pérsia, e Afeganistão, o gálbano tem um odor distinto que se torna desagradável quando a resina é queimada; não obstante, ele era um dos ingredientes usados para fazer o incenso santo, provavelmente para melhorar a combustão (Êx 30:34). Era também usado na antiguidade como um condimento e para propósitos medicinais, algumas vezes tomado, mas usualmente aplicado como um bálsamo.

Em Siraque 24.15 o gálbano é usado figurativamente como uma descrição da Sabedoria.

GALEEDE (heb. *gal'ēḏ*) O nome que Jacó deu à coluna de pedra que ele e Labão estabeleceram para comemorar o pacto deles e para delinear os limites entre os seus territórios (Gn 31:47). Labão deu o nome ao lugar de Jegar-sahadutha, uma expressão aramaica que também significa "porção de testemunho". Etimologicamente, o nome pode estar relacionado a Gileade.

GALILEIA (heb. *gālîl*; gr. *Galilaía*) Região norte da Palestina, formada por circunstância geológica, pré-histórica e histórica tendo um papel importante na emergência tanto do judaísmo como do cristianismo. Chamada Galileia desde, ao menos, o século VII a.C., a região era limitada aproximadamente pela Planície de Esdrelon no sul, pela planície de Acco e pelas terras baixas da Fenícia a oeste, pelo rio Litani ao norte, e pelas colinas de Golan a leste. Josefo (*BJ* 3.3.1 [35-40]) e o Talmud (m. Seb. 9.2) distinguiam a Galileia Alta e Baixa, marcadas grosso modo pelas grandes escarpas sobre a linha desde Acco até Safed. A Galileia Alta tem 1200 m acima do nível do mar, enquanto que a Galileia Baixa alcança somente 600 m. A área ao redor do lago de água doce da Galileia (AT "mar de Chinenereth"; NT "mar da Galileia") era considerada parte da Galileia; no século I A.D., incluía alguma parte da costa ocidental (Gamala). Alimentado pelo rio Jordão desde o Lago Huleh e a extensão do Líbano, a superfície do lago fica cerca de 210 m abaixo do nível do mar. A média pluviométrica da Galileia está entre 300 e 1000 mm por ano, proporcionando muita água para as fontes perenes e para a agricultura.

As principais características geológicas da Galileia foram estabelecidas durante os períodos do Cretácio e do Eoceno quando as invasões do Mediterrâneo lançaram as rochas sedimentárias tão dominantes no terreno hoje. As rochas calcárias (Cenomanianas-turonianas) e o barro calcário que supriam os materiais básicos para a construção, com a pedra calcária formando as montanhas e colins e o barro calcário eventualmente erodindo para tornar os vales férteis. A parte oriental da Galileia, entretanto, estava sujeita a atividades vulcânicas. A rocha de basalto ali está colocada sobre a rocha calcária.

Enormes forças tectônicas forçaram o Vale do Jordão a criar o lago da Galileia e o rio Jordão, orientando as linhas da topografia da Galileia no sentido leste-oeste. Vales férteis atravessam a paisagem da Galileia Baixa, e durante os tempos antigos ofereceram produtos agriculturais importantes — especialmente sementes, uvas, e azeitonas (cf. Dt 8:8) — assim como avenidas naturais para o comércio humano. A geologia também abriu a Galileia para as " forças tectônicas" política e cultural da história do Mediterrâneo.

A Galileia pré-histórica foi lar de atividade hominídea importante. Os homens de Neandertal habitavam as cavernas durante o período Médio Paleolítico (Nahal Amud), e os *homo sapiens* ancestrais morando em Qafzeh foram aparentemente os primeiros humanos a sepultar os seus mortos. Na verdade, a habitação humana é atestada continuamente na Galileia desde o Paleolítico até a Era do Bronze. A revolução agricultural no período Neolítico tornou possível os numerosos assentamentos que pontearam a Galileia na Idade do Bronze, incluindo, às vezes, regiões montanhosas. Grandes cidades como Hazor e Megido controlavam melhor a terra e as rotas de comércio mais importantes. Os ancestrais nômades de Israel podem ter peregrinado ao largo da Galileia, mas pouca coisa disso está na Bíblia.

Período israelita. O período bíblico da Galileia começou com a transição do final da Era do Bronze e o começo da Idade do Ferro. Josué 19 talvez contenha as tradições israelitas primitivas e indica que Aser, Zebulom, Naftali e Issacar receberam porções tribais da terra na Galileia. Dã mudou-se posteriormente para a Galileia Alta (Js 19:40-48; Jz 18). Para uma descrição exata, os registros bíblicos devem ser suplementados por informações arqueológicas e material documental extrabíblico. A placa de pedra egípcia com inscrições, Merneptah, proporciona a mais antiga menção (c. 1225) do povo "Israel", sugerindo uma localização no norte da Palestina. Um levantamento arqueológico feito por Yohanan Aharoni, Zvi Gal e Rafael Frankel traçam possíveis vestígios "israelitas" no terreno montanhoso na parte ocidental da Galileia Alta (Asér, Js 19:24-31) e na parte oriental da Galileia Baixa (Zebulon e Naftali, 19:10-16, 32-39), mas nenhum vestígio da Idade do Ferro atesta a presença de Issacar (cf. Js 19:17-23). Os israelitas foram capazes de se estabelecer e controlar as regiões montanhosas, enquanto que os fenícios e os canaanitas continuaram a dominar os vales e planícies que foram agriculturalmente ricos, até o tempo de Davi.

Aparentemente, o uso atestado mais antigo do nome hebraico *gâl'l* ("círculo", "distrito"), no estado construto, exigia um substantivo para completar: Is 9:1(TM 8:23) significa literalmente "o círculo (região) das nações (*gôyim*)". Um uso israelita posterior sempre inclui o artigo definido, tornando *gâl'l* um substantivo próprio, a Galileia (1Rs 9:11; 1Cr 6:76 [61]; cf. Js 20:7; 21:32). Que a Galileia não aparece proeminentemente na saga bíblica é correto em algum sentido, visto que os interesses judaítas no sul dão forma final ao AT. As poucas menções frequentemente dizem respeito a batalhas transitórias ou a operações militares: Josué nas águas de Merom na Galileia Alta (Js 11:1-10); as forças de Débora no ribeiro de Quisom (Jz 4-5); Gideão em Harode na Planície de Esdrelom (Jz 6-8). Salomão, além disso, fortificou Megido e Hazor (1Rs 9:15) e trocou vilas da Galileia por cultura fenícia (v. 10-13). Durante o tempo dos reinos divididos, Acabe também construiu fortalezas em Megido e Hazor e liderou campanhas contra o rei de Damasco próximo à Galileia (1Rs 20:26). A rebelião de Jeú fez correr rios de sangue pelo Vale de Jezreel (Os 1:4-5; 2Rs 9-10).

Assim, a Galileia é mencionada somente quando controlada ou contestada pelos interesses poderosos dos canaanitas, fenícios, sírios, efraimitas ou judaítas. O comentário de Isaías (9:1 [8:23]) diz respeito à remoção que os assírios fizeram do reino do norte de Israel (721 a.C.) e da transformação da região em províncias assírias. A arqueologia sugere que a área foi instável por mais de um século depois disso (cf. 2Cr 30:10-11). O estudo dos marcos feito por Sean Freine explora o grau em que os israelitas continuaram na Galileia entre os tempos assírio e helênico-romano.

Período helênico-romano. Recentes pesquisas na Galileia têm observado a preocupação dos macabeus com as populações modernas leais a Jerusalém (1Mac 5.1-15). O debate tem se centrado sobre como construir *Ioudaíos* aplicado a regiões ou povos fora da Judeia propriamente (debaixo da influência judaica? orientação judaica? Judeu?)

Um general despachou [algo] para a Galileia durante as fases iniciais da guerra judaico-romana (66-67 A.D.). Josefo é a melhor fonte histórica para os negócios da Palestina de seu tempo e fornece um testemunho literário importante para sua cultura e sociedade. O valor histórico das referências do Talmud para a Galileia do século I, contudo, é muito debatido, após a obra da crítica da forma, produzida por Jacob Neusner e seus estudantes, ter mostrado as dificuldades de separar material primitivo. É compreensível que muito interesse foi posto sobre a atividade histórica de Jesus de Nazaré na Galileia. Jesus fez menção de sua procedência de Nazaré da Galileia (Mc 6:1; Jo 1:46; cf Mc 16:7). Escavação recente em Cafarnaum, o lugar de sua principal atividade (Mc 2:1; Mt 4:13; cf. Lc 10:13-15), corrobora a descrição de Marcos 1:29. A descrição que Ernest Renan fez (em sua obra de 1893, Vida de Jesus) da inocência rural ensolarada da terra natal de Jesus tornou românticas as noções sobre a Galileia no século XIX. Albrecht Alt, William F. Albright, e outros construíram os fundamentos literários e arqueológicos para um entendimento mais sofisticado. Recentemente, um intenso estudo literário do material do evangelho, especialmente Q (aparentemente originário na Galileia nos anos 30 e 40), tem proporcionado importantes e novas linhas básicas para os argumentos para o Jesus histórico.

O interesse pela história social tem aprofundado o entendimento sobre a sociedade da Galileia. Por exemplo, Burton Mack vê a Galileia Baixa como uma região altamente helenizada e cosmopolita, e tem argumentado que Jesus, semelhantemente aos antigos Cínicos, identificou o reino de Deus com a vida naturalista e livre da convenção social. Eric Meyers e James Strange têm investigado as conexões culturais e políticas por intermédio da arqueologia regional, mostrando que as influências fenícias, sírias e judaicas continuavam na Galileia.

Igreja primitiva e os rabis. Há pouca evidência textual sólida em vez de tradições dos escribas para Q, por causa da perduração do movimento de Jesus na Galileia após a sua morte. A tradição cristã primitiva preserva surpreendentemente pouca coisa a respeito de algo relativamente grande de presença cristã na Galileia nos primeiros séculos A.D. Entretanto, a casa de Pedro em Cafarnaum foi aparentemente continuamente venerada até um *martyrium* bizantino octogonal ter sido construído. Várias igrejas bizantinas foram construídas na região, especialmente em Cafarnaum e Nazaré.

Após a devastadora revolta de Bar Kokhba (132-135), os judeus se dirigiram para o norte, e muitos centros rabínicos floresceram na Galileia durante o final dos períodos romano e bizantino. O Mishnah foi codificado por Rabbi Judah, o Príncipe, no começo do século III em Sepphoris, e várias sinagogas foram construídas.

Bibliografia. M. Aviam, Z. Gal e A. Ronen, "Galilee" *NEAEHL*, 2.449-58; S. Freyne, *Galilee from Alexander the Great to Hadrian, 323 B.C.E, to 135 C.E.* (Wilmington, 1980); R. A. Horsley, *Galilee: History, Politics, People* (Valley Forge, 1995); L. I. Levine, ed., *The Galilee in Late Antiquity* (New York, 1992). [DOUGLAS E. OAKMAN]

GALILEIA, MAR DA Lago de água doce na região norte da Palestina, parte do sistema do rio Jordão. O nome Chinnereth ou Chinneroth (heb. *yām kinneret̲* e as variantes *kinnerôt̲*, *kinĕrôt̲*) é derivado do hebraico *kinnôr*, "harpa", que descreve a forma do lago (Nm 34:11; Dt 3:17; Js 12:3; 13:27). Foi posteriormente conhecido como Genezaré (Lc 5:1; 1Mac 11.67; Josefo Ant 18.2; *BJ* 3.462, 515-16), Tiberíades (Josefo, *BJ* 3.57; 4.456), e mar de Tiberíades (João 6:1; 21:1). O nome Genezaré ou Genesareth (Plínio Nat. Hist. 5.15.71), era também o nome de uma cidade e uma planície acima da região costeira a noroeste. O nome Tiberíades vem da cidade do sudeste, sendo assim chamada por causa do imperador romano (moderna arab. Tabariyeh). Fontes quentes são localizadas bem ao lado de Tiberíades, e as pessoas chegavam naquele local por causa das propriedades medicinais das fontes. Outras cidades ao redor do mar eram Cafarnaum a noroeste e Betsaida ao norte.

O lago mede 14,5 km de comprimento e 8 km de largura e está numa bacia formada por uma falha geológica. A superfície do lago está entre 208,5 m e 213 m abaixo do nível do mar, dependendo da época. O ponto mais profundo no lago é de 254 m abaixo do nível do mar.

Cerca de 30 espécies de peixes são encontradas no lago, e o NT influi frequentes referências à pesca, ao tamanho das redes, da quantidade de peixes pegos, e sobre os barcos. Peixes defumados de Genezaré eram enviados para lugares distantes como Roma, no século I. Josefo (*BJ* 3.520-21) menciona a visão comum de uma conexão subterrânea com o rio Nilo porque ambos, o mar da Galileia e o rio Nilo eram os nascedouros da coracine, um tipo de enguia negra.

Em 1986, foi descoberto um barco do século I bem no fundo do lago na costa norte-oeste, perto de Magdala. Ele proporcionou um exemplo de espécie de barco de pesca usado no mar nos tempos bíblicos.

Bibliografia. N. Glueck, *The River Jordan* (1946, reimpr.New York, 1968); E. W. G. Masterman, "The Fisheries of Galilee", *PEQ* 40 (1908),40-51; S,Wachsmann, "The Galilee Boat", *BARev* 14/5 (1988), 18.33. [LAWRENCE A. SINCLAIR]

GALIM (heb. *gallîm*) Assentamento em Benjamim cujo nome significa "montão de pedras" ou "ruínas". Após Davi ter rejeitado Mical, filha de Saul, ela foi dada a Palti, de Galim, como esposa (1Sm 25:44). Com a capital de Saul em Bigeah, Galim é supostamente uma cidade vizinha e Palti, o filho de Laís, o seu líder proeminente. Isaías profetizou que embora o exército vitorioso da Assíria pudesse passar por Galim, antes de conquistar Jerusalém, o Senhor proporcionaria um remanescente do seu povo para o retorno (Is 10:30). Ambas, Khirbet Ka´kul a 1 km a noroeste de Anatote, e Khirbet Erba, exatamente ao sul de Rama, têm sido sugeridas como as ruínas da cidade. [DAVID C. MALTSBURGER]

GÁLIO (gr. *Galliōn*) Filho mais velho de Lucius Sêneca, pai do filósofo Lucius Annaeus Sêneca. Annaeus Novatus (Gálio) foi adotado pelo senador Lucius Iunius Gallio e recebeu seu nome. O banimento de seu irmão Sêneca no começo do reinado de Cláudio (41. A.D.) pode ter afetado a carreira de Gálio, mas logo após o retorno de Sêneca, em 49, Cláudio designou Gálio procônsul da Acaia. Uma inscrição encontrada em Delfos, provavelmente do começo do verão de 52, menciona Gálio. Assim, Gálio possivelmente começou sua função como procônsul em algum tempo entre 50 e 51, mas aparentemente não completou o o mandato de dois anos, devido ao seu desgosto pela província grega.

Muita coisa do que pode ser estabelecido a respeito da cronologia de Paulo repousa sobre a data do mandato de Gálio. Atos 18:12 registra que enquanto Gálio era procônsul da Acaia, os judeus em Corinto trouxeram perante ele uma acusação contra Paulo. Gálio recusou-se a ouvir esse caso.

Mais tarde, Gálio foi nomeado cônsul sob Nero em 58. Tácito registra que quando Sêneca foi comprometido na morte de Nero e forçado a cometer suicídio, Gálio "suplicou por sua própria segurança" perante o Senado.

Bibliografia. J. Murphy-O'Connor, *St. Paul's Corinth* (Collegeville, 1983). [SCOTT NASH]

GAMADE (heb. *gammāḏ*) Lugar que fornecia mercenários para a defesa de Tiro (Ez 2:11; NJB "gamaditas"). Talvez eles devessem ser identificados com os Kumidi no norte da Síria, mencionados nas Cartas de Amarna.

GAMALIEL (heb. *gamlî'ēl*; gr. *Gamaliḗl*) **1.** Filho de Pedazur; chefe da tribo de Manassés durante o período no deserto (Nm 1:10; 2:20; 7:54, 59; 10:23).

2. Gamaliel I, fariseu bem respeitado e concessivo, líder do Sinédrio e mestre da Lei que foi responsável pela maior parte da educação rabínica de Paulo (At 5:34-39; 22:3).

Josefo descreve a família de Gamaliel como "muito ilustre" (Vita 190-91; cf. 5:34). A literatura rabínica descreve Gamaliel como neto do grande Hillel e o nasi (líder fariseu) do Sinédrio (Sabb. 15ª). O título honorífico "o Presbítero" lhe foi concedido (Sota 9.15), como o havia sido a seu pai e a seu avô. Ele foi o primeiro dos únicos sete em toda história rabínica, contudo, a ser distinguido como Rabban ("nosso senhor/mestre"). Ele pode, assim, ser visto como a maior autoridade viva e a figura mais reverenciada de todo o judaísmo dos anos 20-50 A.D. Gamaliel era até consultado pela realeza a respeito de assuntos da lei judaica (Pesah. 8b). Embora alguns contestem o seu status, ele claramente possuía uma significativa autoridade (At 5:34), suficiente para persuadir o Sinédrio a poupar os apóstolos (v. 40).

Gamaliel era o cabeça da escola de Hillel, a mais leniente e, portanto, a forma mais popular de judaísmo. Ele regulamentou consistentemente assuntos da lei judaica de modo que traduziu o seu pragmatismo moderado para a vida de cada dia. Era especialmente interessado em aliviar o fardo que pesava sobre as mulheres e sobre os pobres. Suas decisões eram comumente baseadas nos princípios de orientação da "promoção do bem comum" e para "promoção dos caminhos da paz" (Git. 4.2-3; Ros Ras 2.5; Yebam 16.7; Or. 2.12; Nid 9.17; Ketub 10b, 28b).

Gamaliel enfatizou a importância do estudo e do relacionamento entre professor e aluno ('Abot R. Nat. A. 40; 'Abot 1.16; Pe´a 2.6; Or 2.12; Yebam 16.7). Alcançou os judeus vivendo na Diáspora (y.Maàas. 5.4 [56c.] Sanh. 11b), e foi muito tolerante em relação aos gentios, como foram seus alunos e descendentes depois dele (t. B, Qam. 9.30; y. Abod. Zar. 1.9; Sifre a Deut. 38; Ber. 27ª). Como Hillel, antes dele (Sop. 16.9), Gamaliel permaneceu quase só em seu amor pela língua grega. Foi erudito em sua "escola" e ele mesmo a declarou como a única língua em que a Torá poderia ser perfeitamente traduzida (Sota 49b; cf. *Gen. Rab.* 36.8; *Deut. Rab.* 1.1; Meg. 1.6). [W.E. NUNNALLY]

3. Gamaliel II, neto de Gamaliel I e sucessor de Johanan ben Zakkai como cabeça da academia rabínica em Jabneh (Jâmnia) c. 80-120 A.D. Gamaliel fortaleceu o judaísmo no período do templo pós-exílio ao reunir as escolas de Hillel e Shammai e ao regulamentar as orações.

GAMUL (heb. *gāmûl*) Sacerdote e líder do 22° turno do sacerdócio durante o tempo de Davi (1Cr 24:17).

GANCHO (ou COLCHETE) A palavra heb. *wāw* designa um gancho ou colchete pelos quais cortinas e outros apêndices eram suspensos no tabernáculo israelita (p. ex., Êx 26:32; 27:10-11). Em Jó 41:1 (TM 40:25), um gancho é visto como insuficiente para pegar o monstro Leviatã (cf. Mt 17:27; gr. *ánkistron*). Um dispositivo semelhante pode ser designado pelo termo hebraico *ḥaḥ* (p. ex., 2Cr 33:11; Jó 41:2 [40:26]; Ez 29:4) e *ṣinnôṯ* (Amós 4:2), palavra geralmente traduzida por "espinho" (cf. Jó 5:5; Pv 22:5).

GANGRENA No uso do grego antigo, uma úlcera que se espalhava (gr. *gángraina*). Em 2Timóteo 2:17 descreve a propagação perniciosa da heresia. Plutarco emprega o termo de modo semelhante para descrever o efeito das calúnias de um Medius, "bajulador" (p.ex., um confidente com intenções más) de Alexandre (Moralia 65D).

GAREBE (heb. *gārēḇ*) **I. (LUGAR)** Lugar obscuro mencionado somente em Jeremias 31:39. Jeremias usa a expressão "outeiro de Garebe" como um marco (ao longo de Goa) para a futura reconstrução e expansão de Jerusalém. Essa expansão aparentemente incluiria ambos, o Vale do Cedrom a leste e o Vale do Hinom ao sul e oeste. Tentativas de identificar esse lugar no chamado Monte Sião na extremidade sudoeste da cidade parecem claramente equivocadas. A descrição de Jeremias indica que a localização desse sítio é ao lado do Vale do Hinom, a partir de Jerusalém, mais próxima do "Ombro de Hinom", uma área de sepulturas bem conhecida que se encaixaria na descrição do profeta em Jeremias 31:40.

Bibliografia. J. J. Simons, *Jerusalem in the Old Testament* (Leiden, 1952), 231-33.

II. (PESSOA) Itrita, um dos homens poderosos de Davi (2Sm 23:38 = 1Cr 11:40). A LXX e Syr. mencionam seu lar como Jattir.

GARFO Utensílio provido de três dentes (heb. *maslēḡ*) usado pelos sacerdotes para remover as suas porções dos sacrifícios (1Sm 2:13-14). Um instrumento similar (*mizlāḡâ*) feito de ouro ou bronze polido (1Cr 4:16) era usado nos sacrifícios sobre o altar no tabernáculo e no templo (p. ex., Êx 27:3;

38:3; Nm 4:14). Versões mais antigas traduzem o termo como “gancho para carne”.

O garfo de lavoura provido de seis dentes (*mizreh*; gr. *ptýon*) era usado para separar a palha do grão (p. ex., Jr 15:17; Mt 3:12 = Lc 3:17).

GARMITA (heb. *garmî*) Designação gentílica para a judaíta Queila (1Cr 4:1). Traduzido literalmente ela significa “de Gerem”, mas esse lugar não é atestado; pode ser um termo descritivo (cf. heb. *gerem* “osso”).

GATÃ (heb. *ga'tām*) Chefe edumeu, filho de Elifaz e descendente de Esaú e Ada (Gn 36:11, 16; 1Cr 1:36).

GATE (heb. *gaṯ*) Cidade da pentápolis dos filisteus, algumas vezes chamada Gate dos Filisteus. Embora a palavra Gate seja usualmente traduzida por “lagar”, nos textos ugaríticos ela se refere a um centro processador para os produtos da agricultura. A cidade é usualmente identificada com uma impressionante elevação conhecida como Tell es-Safi/Tel Zafit (1359.1237). Embora outros lugares tenham sido propostos (p. ex., Tel Nagila, Tell esh-Shari`a/Tel Será, Tell Abu Hureireh/Tel Haror, nenhuma delas tem ganho suporte.

A história da cidade começa no segundo milênio a.C., bem antes dos filisteus (ou israelitas) terem chegado à Palestina. No século XIV a idade aparece em diversas Cartas de Amarna escritas por seu rei Suwardata ao seu chefe supremo, o faraó egípcio. Gate foi evidentemente conquistada pelos filisteus após a chegada deles na planície costeira sul, no começo do século XII. A cidade estava ainda nas mãos dos filisteus no final do século XI quando Davi propositalmente se encontrou com Golias, que veio de uma raça de gigantes que viviam em Gate, num conflito lendário entre ambos (cf. 1Sm 17; 2Sm 21:20-22). A arca do pacto residiu ali por um breve período, após sua captura pelos filisteus (1Sm 5:8-10), e Davi encontrou refúgio em sua fuga de Saul com o rei Aquis, rei de Gate (1Sm 27). Desde Gate, Davi começou a buscar favor dos líderes de Judá especialmente ao redor da região do Neguebe e da cidade de Hebrom, e os homens de Gate (“giteus”) se tornaram os mais leais apoiadores de Davi por todo o seu reinado (cf. 2Sm 15:18). A cidade veio a ficar sob controle israelita após os israelitas terem alcançado independência dos filisteus.

A cidade foi conquistada por Hazael, rei arameu, no final do século IX, e sua localização estratégica, na estrada que levava a Jerusalém, via Vale de Elá e Belém, foi usada no ataque contra Jerusalém (2Rs 12:17). Gate foi finalmente conquistada por Sargão, rei assírio, em 712, como parte de sua significativa conquista de Judá (cf. *ANET*, 286), e a cidade então passou para as páginas da história. Assim, o colapso dessa lendária cidade de gigantes foi tão completo que isso se tornou um provérbio (Am 6:2; cf. Mq 1:10). [WILLIAM M. SCHNIEDEWIND]

GATE-HEFER (heb. *gaṯ haḥēper*) Cidade pertencente à tribo de Zebulom na Galileia Baixa (Js 19:13). O nome da cidade Gate (“lagar”) era um nome comum, e Hefer (“poço”) provavelmente distinguia a localização das outras cidades chamadas Gate. O nome provavelmente se referia à indústria principal dos residentes da cidade, que era a viticultura. Gate-Hefer era o lugar de nascimento do profeta Jonas (1Rs 14:25); estava localizada entre Nazaré e Cafarnaum. Jesus teria passado pela cidade durante seu ministério na Galileia. As ruínas da cidade são identificadas com a moderna Tel Gat Hefer/Khirbet ez-Zurra. [DAVID C. MALTSBERGER]

GATE-RIMOM (heb. *gaṯ rimmôn*) **1.** Cidade originalmente atribuída à tribo de Dã (antes de sua nova distribuição ao norte) (Js 19:45). Gate-Rimom foi redistribuída às famílias dos coatitas da tribo de Levi, de acordo com Josué 21:24; 1Crônicas 6:69 (TM 54). Duas sugestões têm sido oferecidas para sua localização: Tell Abu Zeitun e Tell ej-Jerish/Tel Gerisa (1319.1665), 6 km e 3,5 km, respectivamente, a leste do Mediterrâneo, perto da foz do rio Yarkon.

2. Cidade redistribuída de Manassés para os levitas (Js 21:25). O nome pode ser o erro de um copista de Josué 21:24. [PAUL L. REDDITT]

GAULANITIS (gr. *Gaulanitis*) Nome popular dado a Golan (o platô a leste do rio Jordão desde o monte Hermom até o úadi Jarmuque) durante os períodos helênico e romano. A área era pastoril até o período romano, quando se tornou uma região mais significativa com um sistema desenvolvido de estradas, um sistema melhor de controle de água, e um assentamento aumentado.

Josefo e dados arqueológicos proporcionam a maior parte da informação a respeito da história de Gaulanitis. Essa região era uma hiparquia durante o período helênico, e mais tarde tornou-se parte da eparquia de Gileade sob os selêucidas. Os asmoneus reivindicaram-na durante a revolta dos macabeus (83-80 a.C.), convertendo muitos habitantes ao judaísmo. Em 64 a.C., Roma capturou Gaulanitis, mas com a morte de Filipe, filho de Herodes, a Síria a reivindicou até 37 a.C., quando foi dada a Agripa I. Sob Agripa II a Primeira Guerra Judaica foi ferozmente travada em Gaulanitis. Com sua morte ela foi revertida para a Síria. Os judeus continuaram a se estabelecer na área, especialmente após a rebelião de Bar Kokhba. [PHILLIP R. DREY]

GAULÊS (gr. *Galátai*; *lat. Galli*) Povo, originalmente celta, que invadiu tanto a Europa central como a ocidental (Gália Cisalpina), Grécia e Ásia Menor (Galácia). Se o texto de 1Macabeus 8.2 está correto e os romanos derrotaram e impuseram tributo sobre eles, então a referência seria à Gália Cisalpina. Roma teve vitórias sobre esses gauleses em 222 a.C., e na década de 180. A lista de vitórias romanas em 1Macabeus 8 também parece começar no Ocidente e se moveu para o Oriente. Se o autor está meramente usando uma prática normal de seu tempo, então isso pode se referir à vitória de Gnaeus Manlius Vulso sobre os gálatas em 189, mas nenhum tributo foi imposto nesse tempo.

A batalha em que as tropas judaicas derrotaram os guerreiros celtas na Babilônia (2Mac 8.20) deve ter envolvido os gálatas, que foram usados como mercenários por vários reinos. Essa pode ter sido a batalha entre Seleuco II e Antíoco Hierax, que usou os mercenários gálatas como uma parte importante de seu exército. As propostas para o tempo de Antíoco I e Antíoco III parecem menos certas.

Bibliografia. J. A. Goldstein, *1Maccabeus*. AB 41 (Garden City, 1976); *II Maccabeus*. AB 41A (Garden City, 1983). [RUSSELL NELSON]

GAVIÃO Termo genérico para pássaros de rapina de porte pequeno ou médio, de hábitos diurnos, particularmente daqueles da família *Accipitridae*. Algumas vezes, o termo é estendido para incluir certos membros da família *Falconidae*, o que tende a criar confusão em termos de classificação e nomeação das espécies.

O hebraico *nēṣ* é, semelhantemente, genérico. Ele ocorre numa lista de pássaros não permitidos para alimentação — imundos — (Lv 11:16; Dt 14:15), em ambas as ocasiões seguidos do esclarecimento "segundo a sua espécie". De oito a dez espécies de gavião são encontradas em Israel, hoje. A palavra obviamente se relaciona ao verbo cognato *nāṣaṣ*, "voar". O alto voo do *nēṣ* é mencionado em Jó 39:26.

O hebraico *ṯaḥmās* (originalmente com o significado de "ladrão", "bandido") tradicionalmente foi traduzido como "gavião noturno", mas esse pássaro da família *Caprimulgidae* é raramente encontrado no Oriente Médio, e não se relaciona com os verdadeiros gaviões. Uma sugestão melhor seria curiango ou noitibó (*Caprimulgus europaeus*). [JESPER SVARTVIK]

GAZA (heb. *'azzâ*; gr. *Gáza*) Importante cidade costeira no levante sul, melhor conhecida na Bíblia como uma das cidades da Filístia. O lugar é Tell Harube/Tell Azza na parte mais alta do canto noroeste da cidade moderna. Gaza está cerca de 5 km do Mediterrâneo, embora nos termos romano e medieval a cidade se estendesse até o mar. Tradicionalmente, limite sudoeste da Siro-Palestina (Gn 10:19; 1Rs 4:24 [TM 5:4]), Gaza era a conexão por terra de maior atividade comercial e militar entre o Egito e a Siro-Palestina.

A Bíblia se refere aos habitantes originais de Gaza como os aveus, que foram sucedidos pelos habitantes de Caftor (Dt 2:23), provavelmente um termo alternativo para filisteus. De acordo com Josué 15:47 Gaza foi distribuída à tribo de Judá; de acordo com Juízes 1:8, os judaítas ficaram brevemente com Gaza, mas o v. 19 observa que eles foram incapazes de manter as cidades da planície costeira, que incluía Gaza. Os filisteus, não os judaítas, vieram a controlar a planície costeira ao sul, e Gaza era uma das cinco principais cidades da Filístia, a pentápolis dos filisteus (Js 13:3; 1Sm 6:17). Duas das aventuras de Sansão aconteceram em Gaza. Ali ele visitou uma prostituta e, após fugir de uma emboscada dos filisteus, arrancou a porta da cidade e a carregou para Hebrom, 32 km longe dali (Jz 16:1-3). Após Dalila traí-lo com os filisteus, Sansão retornou a Gaza para ser torturado e preso (Jz 16:21-25). Sansão, então, fez cair o templo de Dagom em Gaza, sua façanha final (Jz 16:28-30).

A maioria das referências bíblicas a Gaza é feita em oráculos proféticos contra a Filístia (p. ex., Amós 1:6). Fontes extrabíblicas indicam que Senaqueribe, rei da Assíria, capturou Gaza em 734 a.C. Ezequias de Judá fez uma incursão e atacou a cidade no final do século VIII (2Rs 18:8). Não obstante, Gaza manteve seu status de independência a partir de 1200 até aproximadamente 600. O faraó egípcio Neco II ocupou a cidade por um tempo em 609, e Nabucodonosor a capturou em 604, um evento a que Jeremias faz referência (Jr 47:2; cf. v. 1).

A cidade foi conquistada por Cambisis em 529 e por Alexandre o Grande em 322. No período helênico, Gaza foi o posto avançado dos ptolomeus e, então, ficou sob o domínio dos selêucidas. Jônatas, o comandante macabeu, atacou a cidade, queimando e pilhando as cidades circunvizinhas antes de estabelecer a paz em seus próprios termos (1Mac 11.61-62). Alexandre Janeus capturou Gaza e virtualmente a destruiu em 96 a.C., após um longo ano de cerco (Josefo, *Ant.* 13.2-3; *BJ* 1.4.2). Mais tarde, Pompeu a arrancou com força dos judeus e a cidade foi subsequentemente reconstruída.

No NT é no caminho de Gaza que Filipe se encontra com o eunuco etíope e o batiza (At 8:26-39).

Gaza perdurou como uma cidade importante do sul da Palestina desde o final da Era do Bronze até o século VII A.D. Entre os restos estão a evidência da ocupação dos filisteus, muros datando do tempo da conquista de Neco, e o complexo industrial da produção de tintura, e uma sinagoga do século VI A.D.

Bibliografia. A. Ovadiah, "Gaza", *NEAEHL* 2.464-67. [GREGORY MOBLEY]

GAZÃO (heb. *gazzām*) Cabeça de uma família de servos do templo que retornou com Zorobabel do exílio (Ed 2:48 = Ne 7:51).

GAZELA Membro da família dos antílopes comum no mundo bíblico (heb. *ṣĕḇʼ*). O tamanho varia com a espécie; a gazela madura media de 61 a 92 cm no ombro e pesava 18 kg. Sua cor vai da cor de canela ao cinza, com partes inferiores brancas e com realces faciais. Listras escuras realçam seus ouvidos, flancos, e uma cauda curta. Os chifres de ambos os sexos são eriçados, em forma de lira, e graciosamente curvos para trás. Pernas longas e delicadas dão à gazela uma excepcional agilidade e velocidade. Essas qualidades são essenciais para a sobrevivência nas diversas regiões que ela ocupa entre a África central e a Mongólia.

Muitas espécies e subespécies da gazela são conhecidas. Comuns à Palestina são as gazelas da montanha (*Gazella gazella*), a gazela árabe (G. *arabica*), e a gazela dorcas (G. *dorcas*; o nome vem do grego; cf. At 9:36). Os aspectos distintos da gazela de papo (G. subgutturosa) são notados especificamente na arte da Mesopotâmia, mas a distinção entre essas espécies no registro arqueológico é difícil.

As gazelas eram caçadas para alimentação e por esporte, um desafio dado ao fato de que as gazelas podem alcançar velocidade que beira os 97 km/h em curtos arroubos. A extensão de quanto as gazelas eram capturadas, domesticadas, e treinadas permanece em discussão. Na Bíblia, esses animais eram considerados limpos, e consequentemente comestíveis (Dt 12:15, 22; 14:5; 15:22) A maioria das passagens, entretanto, se referem à gazela figurativamente, enfatizando sua velocidade (2Sm 2:18; 1Cr 12:8 [TM 9]) e sua beleza (Ct 2:9, 17; 3:5; 4:5; 7:3). [MARK ZIESE]

GAZEZ (heb. *gāzēz*) **1.** Filho de Calebe com sua concubina, Efá (1Cr 2:46).

2. Filho de Hará e neto de Calebe (1Cr 2:46); sobrinho de 1 acima.

GEAZI (heb. *gêḥăzî*) Servo do profeta Eliseu (2Rs 4:12-36).Eliseu mora na casa da mulher sunamita, num quarto superior construído para ele. Quando Eliseu não está certo sobre como pagar a amabilidade dela, Geazi revela que a mulher não tinha filhos e que seu marido era idoso. A sugestão do servo de Eliseu permite-lhe interceder diante de Deus. Quando essa criança morre, a mãe procura Eliseu, que envia Geazi adiante com sua equipe para garantir o seu envolvimento pessoal, ou para evitar que o corpo seja removido para a sepultura no dia da morte (como era o costume). Talvez Geazi tenha se excedido no cumprimento da instrução de Eliseu ao tentar ressuscitar a criança com a ajuda de sua equipe empregando propriedades de cura. O menino se recobra somente quando Eliseu ora.

Naamã, comandante do exército da Síria, está leproso, mas é curado quando ele se lava no Jordão sete vezes sob a ordem de Eliseu. Embora Eliseu recuse qualquer presente, Geazi, procurando lucro pessoal, segue Naamã e lhe pede prata e roupa. Geazi mais tarde esconde suas ações de Eliseu. Por sua ganância, mentira e traição, a lepra de Naamã cai sobre Geazi (2Rs 5:20-27). Nenhuma narrativa de cura se segue, assim a punição parece ser permanente, mas Geazi ainda desfruta contato social, sem restrições levíticas (cf. Lv 13-15).

Durante um período de fome, Eliseu envia a mulher sunamita para longe. No retorno, ela procura a restauração de sua propriedade por parte do rei. Pela intervenção de Geazi, esse pedido é concedido (2Rs 8:4-6).

Bibliografia. L. Bronner, *The Stories of Elijah and Elisha*. Pretoria Oriental Series 6 (Leiden, 1968). [PATRICIA A. MACNICOLL]

GEBA (heb. *geḇaʻ*) Cidade identificada como a moderna vila de Jabá, localizada a 10 km ao norte de Jerusalém, próximo à fronteira-norte da tribo de Benjamim. Sua posição deu surgimento à expressão "de Geba a Berseba" como delimitando a maior extensão do reino de Judá (2Rs 23:8).

Geba figura proeminentemente na primitiva história da monarquia. Os filisteus enviaram acampamentos avançados para a região de Geba e Micmás, onde o filho de Saul, Jônatas, os derrotou numa batalha (1Sm 10:5; 13:2-14:23). O rei de Judá, Asa fortificou Geba e Mizpeh como o seu baluarte ao norte durante a guerra civil com o rei Baasa de Israel. Ela estava também entre as cidades estabelecidas por aqueles que retornaram do Cativeiro da Babilônia (Ed 2:26; Ne 7:30).

Tentativas de combinar referências de Gibeá com Geba não têm sido convincentes porque tanto as fontes bíblicas como as extrabíblicas claramente distinguem os dois lugares (p. ex., Is 10:29). Surgiu alguma confusão entre os escribas antigos como resultado da similaridade na escrita e no significado entre Geba e dois outros lugares da vizinhança, Gibeom (el-Jib) e Gibeá (Tell el-Ful) — a raiz hebraica para todas as três palavras significa simplesmente "colina". Por exemplo, a referência a Geba em Juízes 20:20 deveria ser lida como Gibeá (como em outro lugar na história e Jz 19-20), e a expulsão dos filisteus "de Geba para Gezer" em 2Samuel 5:25 deveria ser emendada "de Gibeom para Gezer", seguindo 1Crônicas 14:16. [WILLIAM M. SCHNIEDEWIND]

GEBAL (heb. *gĕḇāl*) **1.** Importante centro de embarque de mercadorias canaanita e fenício, localizado cerca de 30 km ao norte de Beirute. Seu nome canaanita era Gubla, "montanha (ugar. *Gbl*, transcrito em caracteres egípcios como *Kbn/kpn*). O nome fenício *Gbl* é vocalizado no hebraico bíblico como Gebal. Os gregos micenos chamaram a cidade Byblos, uma corruptela de seu nome canaanita ou um nome derivado do termo grego clássico byblos, também *biblos*, "papiro, livro" — termo do qual a palavra Bíblia se originou. Os habitantes de Gebal podem ter manufaturado e/ou suprido seu material escrito aos gregos primitivos, ou os gregos simplesmente obtiveram o papiro dessa cidade portuária.

A cidade de Gebal (moderna Jebeil) foi explorada em 1860-1861 por Ernest Renan e, então, novamente por uma série de escavações arqueológicas conduzidas por Pierre Montet (1921-1924), Maurice Dunand (1925-1952), e Jacques Cauvin (1968). Os achados revelaram que o assentamento foi ocupado continuamente desde o período neolítico até o período romano. O complexo portuário de Gebal consistia de três baías naturais localizadas ao norte e ao sul da antiga elevação.

Fontes literárias e achados arqueológicos indicam que, por volta de 2500 a.C., os egípcios usaram esse porto como o seu posto avançado principal de comércio no Líbano. Dentre os resquícios escavados incluiu-se a descoberta de uma nova escrita linear silábica que foi utilizada localmente durante a metade da Era do Bronze (2000-1550). Dunand nomeia esse sistema de escrita de "pseudo-hieroglífica" de Byblos. Tentativas de decifrar essas inscrições de Byblos foram feitas por Édouard Dhorme em 1946 e George E. Mendenhall em 1985; ambos os esforços interpretaram a língua como um dialeto canaanita primitivo. Outros achados epigráficos em Gebal incluíam diversas inscrições do alfabeto real fenício, especialmente as inscrições no sarcófago do rei Ahiram (séc. X ou mais tarde).

Das Cartas de Amarna (séc. XIV) se tornou conhecido que o rei de Gebal, Rib-adda, permaneceu leal aos faraós egípcios durante os levantes em Canaã. No século XI, Byblos era ainda o principal parceiro comercial do Egito, assim como é conhecida pela narrativa de Wenamon (c. 1075), que proporciona detalhes a respeito das parcerias de embarque de mercadoria dos canaanitas. Posteriormente, Byblos foi eclipsada pelos portos fenícios de Sidom e Tiro.

Gebal é mencionada somente três vezes no AT. Em Josué 13:5 a "terra dos gebalitas" é descrita como o limite norte da Terra Prometida. Mais tarde, a lista menciona as obras de alvenaria de Gebal, juntamente com as de Israel e Tiro, como os construtores do templo de Israel (1Rs 5:18 [TM 32]). Os anciãos e artesãos de Gebal são notados em Ezequiel 27:9 como membros da esfera comercial de Tiro.

Bibliografia. W. F. Albright, "The Eighteenth--Century Princês of Byblos and the Chronology of Middle Bronze", *BASOR* 176 (1964), 38-46; H. Goedicke, *The Report of Wenamon* (*Baltimore*, 1975); G. E. Mendenhall, *The Syllabic Inscriptions from Byblos* (Beirute, 1985); R, Wallenfels, "Redating the Byblian Inscriptions", *JANES* (1983); 79-118; J. M. Weinstein, "Egyptian Relations with Palestine in the Middle Kingdom", *BASOR* 217 (1975, 1-16. [ROBERT R. STIEGLITZ]

2. Território (moderna Gibal) a sudeste do mar Morto nas montanhas de Seir perto de Petra, mencionado juntamente com Moabe, Amom, Amalek, e outros como continuando uma aliança contra Israel (Sl 83:7 [TM 8]). Como Gobolitis ele era parte da Idumeia (Josefo, *Ant.* 2.1.2 [6]).

GEBER (heb. *geḇer*) Filho de Uri; oficial designado por Salomão sobre a porção sul de Gileade (1Rs 4:19; cf. Ben-geber, v. 13).

GEBIM (heb. *gēḇîm*) Vila ao norte de Jerusalém cujos habitantes fugiram da abordagem do exército assírio (Is 10:31). O lugar tem sido sugerido como a moderna Shu'afat c. 3 km ao norte de Jerusalém, mas essa identificação é incerta.

GEDALIAS (heb. *gĕḏalyâ, gĕḏalyāhû*) **1.** Filho de Aicão e governador de Judá que a seguir foi aniquilado pelas forças babilônicas em 586 a.C. (2Rs 25:22-26; Jr 40:6-44:18). Gedalias era de linhagem real (2Rs 22:3, 14) e pode ter sido o mesmo mordomo real que é mencionado num selo real encontrado em Laquis. Como governador, teve sucesso em efetivar a ordem em Judá com a ajuda do velho profeta Jeremias e de alguns oficiais do exército. Contudo, seu mandato durou somente dois ou três meses. Ele e outros foram assassinados por um congresso de conspiradores dos nacionalistas judaicos liderados por Ismael, que era de linhagem real. Isso aconteceu porque Gedalias, que possuía uma natureza crédula, ignorou advertências anteriores da conspiração e rejeitou o esquema de Joanã para assassinar Ismael.

A morte de Gedalias marcou o final de uma comunidade judaica sobrevivente em Judá visto que seus partidários, temendo as represálias dos babilônicos, fugiram para o Egito, forçando Jeremias a ir com eles. Na verdade, uma presença judaica marcante desapareceu da Palestina até que nova liderança apareceu com o retorno do exílio. Os judeus exilados marcavam cada aniversário da morte de Gedalias como um dia de pranto e jejum (Zc 7:5).

2. Músico profissional durante o reinado de Davi. Seu pai, Jedutum, foi um dos três lideres designados pelo rei para proporcionar música (1Cr 25:3, 9).

3. Sacerdote da família do sumo sacerdote Josué que se divorciou de sua esposa pagã após o exílio (Ed 10:18).

4. Príncipe de Jerusalém (filho de Pasur) que tinha inclinações pró-Egito e agitou-se pela morte de Jeremias, porque ele urgia submissão aos babilônicos durante o cerco de Jerusalém (Jr 38:1-6).

5. Avô do profeta Sofonias (Sf 1:1). [KENNETH D. MULZAC]

GEDER (heb. *geḏer*) Uma das diversas cidades canaanitas capturadas por Josué durante a conquista de Israel (Js 12:13). Baal-Hanã, um tenente de Davi pode ter acenado de Geder (1Cr 27:28). Se a lista da conquista mencionada em Josué 12 é organizada como um itinerário de batalha ou como uma associação regional, Geder podia ser considerada como estando próxima de Tell Beit Mirsim nos contrafortes da planície. Yohanan Aharoni deseja emendar Geder a Gerar devido ao erro ortográfico comum; assim emendados, a associação da cidade com Gerar nas narrativas de Abimeleque sobre Abraão e Isaque (Gn 20, 26) concede crédito à Planície como sendo a localização para a cidade.

Bibliografia. Y. Aharoni, *The Land of the Bible*. 2.ed. (Philadelphia, 1979). [RYAN BYRNE]

GEDERA (heb. *gĕḏērâ*) **1.** Cidade na Planície, parte do segundo distrito da divisão tribal de Judá (Js 15:36). Provavelmente, identificada com Khirbet Judraya no lado norte do rio Elah. Os oleiros reais eram dessa cidade (1Cr 4:23).

2. Cidade natal de Jozabade, o gederatita, um dos homens poderosos de Davi (1Cr 12:4 [TM 5]). Está provavelmente localizada na moderna Jedireh próxima de Gibeom. [STEVEN M. ORTIZ]

GEDEROTAIM (heb. *gĕḏērōṯāyim*) Cidade nas terras baixas de Judá (Js 15:36). Porque este nome é o décimo quinto numa lista de catorze cidades (assim também no TM), os eruditos têm proposto que ela deve ser lida literalmente, "em seus apriscos" (seguindo a LXX).

GEDEROTE (heb. *gĕḏērôṯ*) Cidade na Planície, parte do terceiro distrito da distribuição tribal de Judá (Js 15:41). Embora a sua localização seja incerta, ela tem sido recentemente identificada com Tel Milha no rio Shiqma. Gederote é uma das cidades da Planície capturada pelos filisteus durante o fraco governo de Acaz (2Cr 28:18). Aparentemente, essa cidade estava sobre a fronteira frequentemente disputada entre a Filístia e Judá. [STEVEN M. ORTIZ]

GEDOR (heb. *gĕḏôr*) **I. (LUGAR)** (*ver* GADARA, GEDORA) **1.** Cidade na região montanhosa da Judeia (Js 15:58). A antiga Gedor é identificada com Khirbet Jedur, a 16 km ao norte de Hebrom. Resquícios do final da Era do Bronze foram encontrados nas proximidades, incluindo um grande número de vasos de cerâmica, um garfo de lavoura feito de bronze, e um anel de sinete feito num estilo egípcio. Dois irmãos benjamitas de Gedor se uniram às forças de Davi em Ziclague (1Cr 12:7 [TM 8]).

A lista genealógica de 1Crônicas personifica a cidade e sua história (1Cr 4:4). 1Crônicas 4:18 pode preservar uma segunda tradição de como as cidades e vilas da tribo de Judá "descenderam" dos filhos de Judá ou pode ser uma referência a Gedera. A menção de Gedor na lista tribal de Simeão (1Cr 4:39) pode ser um erro de escriba no texto hebraico como o texto grego mais antigo (LXX) dos manuscritos que se refere a "Gerar". Deveria a leitura ser "Gedor" em Simeão, todavia o lugar é desconhecido.

2. Cidade em Gileade e capital da Pereia durante os tempos pós-exílicos, também mencionada como Gedora ou Gadara. A cidade é identificada como a moderna Tell Ain-Jedur próxima a al-Ahalth na Jordânia. A cidade foi tomada pelo general romano Vespasiano, antes do cerco de Jerusalém (Josefo, *BJ* 4.413). O ministério de Jesus "além do Jordão" [ARA] provavelmente incluía Gedor (Mt 19:1; Mc 10:1). [DAVID C. MALTSBERGER]

II. (PESSOA) Filho de Jeiel e Maaca; ancestral epônimo de uma família benjamita (1Cr 8:31; 9:37).

GEENA (gr. *géenna*; *lat. Gehenn.*) Vale do Hinom (heb. *gê hinnōn*). Ravina (úadi er-Rababi) ao sul e sudoeste de Jerusalém, encontrando-se com o vale do Cedrom em En-Rogel. Tradições mais antigas que localizam Hinom no úadi Kidron não são satisfatórias. Versões inglesas do NT usualmente traduzem o termo grego como "inferno". O AT frequentemente combina "hinom" com "filhos (ou 'filho') de" (NRSV "Ben-hinnon"), sugerindo uma possível origem num nome de família.

O vale se tornou um lugar de adoração de ídolos e de sacrifício de crianças durante o período da monarquia (2Rs 23:10; Jr 32:35).O profeta Jeremias proclamou que o vale se tornaria conhecido como o "vale da matança" onde Yahweh julgaria e puniria o seu povo (Jr 7:30-32; 19:2, 6). Joel também prevê o juízo de Deus como ocorrendo num vale exatamente fora da cidade de Jerusalém (Jl 3:2, 12, 14 [4:2, 12, 14]; Is 30:29-33; 66:24). No tempo dos macabeus, o vale era o lugar apropriado em que os corpos dos inimigos de uma pessoa eram queimados (cf. 2Ed 7.36). 1Enoque viu "o vale amaldiçoado" do julgamento de Deus como sendo exterior à cidade de Jerusalém, o centro do mundo (p. ex., 1En 27.1).

Nos tempos do NT, a ideia de Geena tinha passado por uma transformação plena significando uma espécie de "outro mundo", um lugar de punição futura para os ímpios. O vale em si pode ter se tornado um lugar onde o lixo era jogado e queimado, sendo assim um lugar "imundo". Essa interpretação tem sido questionada. Em teoria, uma pessoa não poderia ir diretamente do lixo do Hinom para o templo por causa do *status* de impureza do adorador. Esse status de impureza e a associação passada pelo vale como um lugar de julgamento combinavam para criar uma metáfora para "inferno".

Uma visão alternativa é a de que os altares para a adoração pagã no vale do Hinom envolviam o direcionamento do sangue da vítima diretamente para a terra para satisfazer os deuses. Isso pode ter se desenvolvido para uma tradição de que essa era uma entrada para o mundo inferior (o oposto da descoberta que Jacó fez da escada que era a entrada para o céu).

No tempo dos escritores do NT, a ideia de um "inferno" (*gehenna*) tinha se desenvolvido para um lugar físico onde os inimigos de Deus sofreriam punição e destruição tanto do corpo como da alma (p. ex., Mt 10:28; 23:33). Carnificina, queima, e derramamento de sangue, todas essas coisas se tornaram símbolo dessa punição (Mt 5:22; Mc 9:43-47). *Ver* HINOM [STEPHEN VON WYRICK]

GE-HARASIM (heb. *gê' ḥărāšîm*) Lit. "vale dos artífices", mas identificado como os filhos de Joabe, da tribo de Judá e da linhagem de Quenaz, assim identificado "cujos habitantes eram artífices" (1Cr 4:14 [ARA]). O termo semelhante em Neemias 11:35 (heb. *gê ḥărāš'm*; omitido na LXX) é usualmente traduzido como "vale dos artífices"[ARA]; denota um lugar (perto de Lode e Ono, talvez úadi esh-Shellal ou Sarafand el Kharab) habitado por benjamitas pós o retorno do exílio babilônico. Muitos intérpretes entendem 1Crônicas 4:14 como uma referência a um lugar, seja o mencionado em Neemias 11:35 ou um outro a sudeste do mar Morto e rico em depósitos de cobre. [ERIC F. MASON]

GELILOTE (heb. *gĕlîlôṯ*) Lugar (heb. "círculos") na região fronteiriça separando Benjamim e Judá, situado no lado oposto da encosta de Adumim (Js 18:17). O lugar fica junto ao caminho de Jericó para Jerusalém, c. 10 km de Jerusalém, e por muito tempo tem sido identificado com Khan el-Abmar, a hospedaria tradicional do Bom Samaritano. Mas Gelilote pode, diferentemente, ser Araq ed-Deir, 1,5 km a oeste. Ela pode ser o mesmo que Gilgal (4) mencionada em Josué 15:7.

GEMALI (heb. *gĕmallî*) Danita e pai de Amiel, um dos 12 espias que Moisés enviou para a Terra Prometida (Nm 13:12).

GEMARIAS (heb. *gĕmaryâ*, *gĕmaryāhû*) **1.** Filho de Hilquias. Enviado pelo rei Zedequias para Nabucodonosor na Babilônia. Ele e Elasa levaram uma carta do profeta Jeremias para os que viviam ali no exílio (Jr 29:1-3).

2. Filho de Safa, secretário do rei, e irmão de Aicão. Era em sua câmara dentro do templo que Baruque lia as profecias de Jeremias para o povo (Jr 36:10, 12). Gemarias era um dos príncipes que se opôs à queima dos rolos feita pelo rei Jeoiaquim (Jr 36:25).

GEMAS Termo geral usado para significar quaisquer tipos de pedras preciosas ou semipreciosas, especialmente quando cortadas ou polidas para ornamento. Uma gema pode também ser um camafeu ou uma gravação num sentido arqueológico. Em termos de mineralogia, as gemas compõem uma ordem de mineral que é distinta por sua dureza, transparência, e por possuir lustre não-metálico. As gemas possuem beleza suficiente e durabilidade para o uso tanto de ornamento pessoal como para símbolo de autoridade. Têm sido usadas, dependendo do valor delas, no comércio por muitos séculos. As gemas mencionadas na Bíblia, num sentido liberal, incluem ágata (calcedônia), alabastro, ametista, berilo, crisólita (topázio), diamante (heb. *yāhălōm*, que poderia significar ônix), esmeralda, jaspe e *rā'môṯ* (coral). [RICHARD A. STEPHENSON]

GÊMEO, O *Ver* TOMÉ.

GENEALOGIA Registro da descendência de um indivíduo ou clã a partir de um ancestral de reputação. As genealogias (heb. *tôlēḏôṯ*, "gerações") funcionam como um meio importante de expressão e interação. Devido ao seu valor, as genealogias bíblicas têm estado sob escrutínio pelos críticos que têm reconhecido "aparentes contradições" e, assim, as têm considerado como criações artificiais e tendenciosas. Contudo, as genealogias são realmente explicações exatas do ambiente social em que eram criadas, mesmo não correspondendo às noções ocidentais de dados objetivos. Os vínculos da linhagem usualmente tinham pouco a ver com a identidade étnica, visto que conceitos tais não existiam no mundo antigo, mas frequentemente estavam preocupados com a unidade política. O reconhecimento dos laços de sangue não era a única função de uma genealogia. Uma pessoa recebia status em virtude de seus laços de parentesco. As genealogias eram alteradas quando as funções das pessoas mudavam. Alguns nomes de ancestrais desapareciam (quando eles não mais tinham uma função relevante), enquanto outros nomes eram acrescentados. Assim, a função genealógica variava de acordo com a circunstância, e estava localizada dentro das esferas doméstica (para justificar as configurações de linhagem contemporânea), política (para validar os beneficiários ou usurpadores no governo existente), e religiosa.

A Bíblia amiúde mostra essas funções sincronicamente, que respondem pelas aparentes contradições.

As genealogias eram um aspecto comum das tradições históricas da antiga Ásia Ocidental. A lista dos reis sumérios (c. 1900 a.C.), embora tratasse pouco de genealogias, estava preocupada com a sucessão da realeza da Suméria, mantendo a ficção de que o poder estava localizado na Suméria, nas mãos de uma dinastia num determinado período. Uma dinastia era considerada legítima se ela tivesse recebido um "turno de ofício" vindo dos deuses, não estritamente por causa de quaisquer laços genealógicos.

Para os assírios e babilônicos, entretanto, a legitimidade era determinada dentro da estrutura da realeza das tribos dos amorreus. Esses laços formavam uma "carta genealógica" para a legitimidade da realeza. Assim, um monarca tinha de alegar descendência de uma linhagem própria dentro de uma tribo. Isso pode ser visto na Lista dos Reis da Assíria, um documento que proporciona um rol detalhado de reis assírios e da duração geral do reinado por mais de mil anos, dando a entender que era uma linhagem contínua. A genealogia da dinastia de Hamurabi contém os nomes dos reis da Primeira Dinastia da Babilônia (até Ammiditana, 1646-1626). Ambas as listas contêm uma escala de serviço dos reis mais antigos ou seus ancestrais, a maioria dos quais têm nomes pessoais dos amorreus. É interessante observar que vários dos nomes são encontrados em ambas as listas, refletindo uma tradição comum de linhagem na Assíria e Babilônia. Além disso, Didanu, um nome de ambas as listas (assim como no Épico Kirta do Ugarítico), é provavelmente o Dedã de Gênesis 25:3.

Exatamente como a Lista dos Reis Assírios e a genealogia da dinastia de Hamurabi, muitas genealogias no AT foram compostas para estabelecer legitimidade, realeza ou outra coisa. Elas são encontradas principalmente no Pentateuco, em Rute, Crônicas, Esdras e Neemias. Dois tipos de genealogias são encontrados no AT. A genealogia segmentada que apresentava uma "árvore de família", mostrando o relacionamento dos filhos com outros membros da família (p. ex., Gn 35:22-26). As genealogias lineares eram listas de nomes conectando um indivíduo a um ancestral ou ancestrais e mostrando o relacionamento entre eles. Uma lista linear ascendente (p. ex., Ed 7:1-5) mostrava um indivíduo como o filho de outros, e traçava a linhagem de uma pessoa remontando-a a um ancestral importante. Uma lista linear descendente (p. ex., Gn 4:17-22) mostrava um pai "gerando" um filho, e normalmente proporcionava informação como a da idade de uma pessoa e seus feitos. Essas genealogias não eram necessariamente completas (p. ex., listando todos os indivíduos numa linha direta, um após outro), visto que o propósito delas era estabelecer a descendência e, por meio disso, a legitimidade de um ancestral ou ancestrais específicos. O AT contém cerca de trinta listas genealógicas, incluindo os descendentes de Adão (Gn 5), Noé (cap. 10), e Israel/Jacó (cap. 46). Há também registros de indivíduos, tais como levitas (1Cr 6:1-53 [TM 5:27-6:38]) e famílias que haviam retornado do exílio (Ed 2:6-61 = Ne 7:7-63).

As genealogias são menos frequentes no NT. Duas delas mostram a ascendência de Jesus: Mateus 1:1-17, que delineia sua descendência a partir de Abraão; e Lucas 3:23-38, que reverte a ordem e continua de volta para Adão. Mateus está interessado em mostrar simetria, e assim lista quatorze indivíduos entre Abrão, Davi, e o exílio babilônico; assim, uma série de reis judaicos é omitida da lista para preservar a simetria. Além do mais, Lucas e Mateus têm uma lista diferente após Davi (exceto por dois nomes). As listas provavelmente servem para funções diferentes e não deveriam ser interpretadas como contraditórias. Partindo da tradição de se remontar somente aos descendentes homens, a genealogia de Mateus contém quatro mulheres, a maioria das quais não é israelita. Elas não aparecem na lista de Lucas.

Hebreus 7:3 assevera que Melquisedeque "era sem genealogia" (gr. *genealogía*). 1Timóteo 1:4 e Tito 3:9 usam o termo num sentido negativo, descrevendo genealogias em conjunção com mitos e questões tolas; referências aos mitos judaicos e "mestres da lei" podem sugerir interpretações judaicas de linhagens bíblicas.

Bibliografia. K.R. Andriolo, "A Structural Analysis of Genealogy and Worldview in the Old Testament", *American Anthropologist* 75 (1973): 1657-69; M. W. Chavalas, "Genealogical History as 'Charter': A Study of Old Babylonian Period Historiography and the Old Testament", em *Faith, Tradition, e History*, ed. A. R. Millard, J. K. Hoffmeier, e D. W. Baker (Winona Lake, 1994), 103-28; J.W. Flanagan", Succession and Genealogy in the Davidic Dynasty", em *The Quest fo the Kingdom of God*, ed. H. Huffman, F. A. Spina, e A. R. W. Green (Winona Lake, 1983), 35-55; M. D. Johnson, *The Purpose of the Biblical Genealogies*, 2.ed. SNTSMS 8 (Cambridge, 1988); A. Malamat, "King Lists of the Old Babylonian Period and Biblical Genealogies", *JAOS* 88 (1968), 163-73; R. R. Wilson, *Genealogy And History in the Biblical World* (New Have, 1977). [MARK W. CHAVALAS]

GÊNERO Classificação de composição literária caracterizada por elementos específicos de forma e conteúdo.

Uma das ideias cruciais da crítica da forma nos estudos bíblicos era a percepção da importância do reconhecimento do gênero para a interpretação do texto. Ninguém pode entender um texto específico sem ao menos algum conhecimento implícito do gênero ao qual o texto pertence. Não há nenhuma criação literária *ex nihilo*. Todo escritor que deseja comunicar-se com seu auditório deve aproximar-se antecipadamente de convenções literárias conhecidas de um tipo ou outro. O escritor começa com um gênero específico ou com um conjunto de gêneros em mente. Ele pode trabalhar por meio de convenções associadas com esses gêneros, transformá-los em caminhos importantes, ou mesmo explodi-los, mas é uma necessidade dele usá-los. Essas convenções de gêneros proporcionam ao leitor ou ouvinte uma estrutura inicial de referência, alguns meios pelos quais ele começa a extrair o significado de um texto.

O legado da crítica da forma tem sido menos útil na concepção do gênero que ele legou ao campo. Em especial, a crença de que os gêneros, especialmente os gêneros orais, tendem a ser relativamente curtos e autocontidos, puros, e se originam de um ambiente particular na vida tem sido questionada pela teoria contemporânea de gêneros. Os gêneros, tanto orais como escritos, podem ser percebidos em muitas escalas diferentes e envolvem variados graus de complexidade; a mistura genérica e a não-pureza da forma são a norma, e nem todo exemplo de um gênero particular precisa necessariamente refletir um suposto ambiente de vida. Os gêneros, uma vez conhecidos, podem ser imitados e explorados em todas as espécies de modos e por todas as espécies de propósitos que podem ou não ter qualquer coisa a ver com a o ambiente ordinário de um gênero na vida. Finalmente, um conceito livre de gênero em vez daquele que tradicionalmente tem instruído a crítica da forma deve ser encorajado, um que reconheça que todos os aspectos, conquanto informais, podem se tornar gêneros-ligados e que seja predicado da noção de lembrança de família em vez de um conjunto mais formal de teorias. [F. W. DOBBS-ALLSOPP]

GÊNESIS APÓCRIFO (*1QapGen ar*) (1QapGen ar) Conjunto de histórias apócrifas a respeito dos patriarcas bíblicos, entre os primeiros rolos do mar Morto descobertos em Qumran Caverna 1. Esse documento aramaico de 22 colunas não possui o começo e o fim, e diversas colunas sobreviventes estão ilegíveis ou tão fragmentadas que a leitura delas é impossível. Conquanto o texto não exiba nenhuma ideia singular de Qumran, ele ainda pode ter se originado em Qumran no século I a.C. Como uma aparente transmissão e expansão de Gênesis, ele lembra 1Enoque, Jubileus e o Testamento dos Doze Patriarcas.

A primeira história existente (colunas 2-5) é uma versão do evento do nascimento de Noé em 1Enoque 106-7. O aparecimento extraordinário de Noé faz com que seu pai Lameque se preocupe com o fato de que Bitenosh tenha copulado com seres angélicos. O texto certamente também incluía a história do Dilúvio, mas ele está fragmentado nesse ponto.

As colunas 19-22 parafraseiam Gênesis 12:8-15:4 e incorporam diversas adições à narrativa bíblica. Por exemplo, Abraão tem um sonho que o previne antecipadamente do plano dos egípcios de matá-lo e de levar Sara para Faraó. O texto também acrescenta uma descrição da beleza de Sara. A narrativa termina no meio da história do pacto de Deus com Abraão.

Bibliografia. J. A. Fitzmyer, The Genesis Apocryphon of Qumran Cave I, 2ª. ed. *BibOr* 18A (Roma, 1971); G. W. E. Nickelsburg, "The Bible Rewritten and Expanded", in *Jewish Writings of the Second Temple Period*, ed. M. E. Stone. CRINT 2 (Philadelphia, 1984), 89-156. [RODNEY A. WERLINE]

GÊNESIS, LIVRO DE Primeiro livro da Bíblia.

NOME E INTERPRETAÇÃO ANTIGA. O nome "Gênesis" vem do título dado ao livro na tradução grega antiga (LXX) do Antigo Testamento. Esse nome, por sua vez, foi tomado da versão grega de Gênesis 2:4 — "este é o livro das gerações do céu e da terra que aponta para o caráter genealógico de Gênesis. Não somente o livro contém muitas genealogias, ele descreve a gênese dos doze filhos de Israel. Como tal, Gênesis forma um pano de fundo semigenealógico para o emergir da nação de Israel em Êxodo e nos livros seguintes.

O título hebraico do livro, *bĕrē'šî̱t* ("no princípio" ou "quando [...] primeiro") deriva da primeira palavra de Gênesis. O nome hebraico também aponta para o aspecto crucial do livro. Contudo quando se traduz *bĕrē'šî̱t*, a expressão aponta para o fato de que Gênesis permanece no começo de ambos, da narrativa da Torá e da Bíblia como um todo. Como os críticos literários nos têm ensinado, a narrativa dos começos pode ser muito significativa. Elas dão forma às expectativas de um leitor quando ele se move à história seguinte. Isso tem sido certamente verdadeiro para Gênesis quando é interpretado tanto por comunidades cristãs quanto por judaicas. Conquanto cada comunidade da fé tenha lido o livro através das lentes dessas crenças, ele é muito caro para elas, porque ambas têm dedicado atenção muito grande ao livro de Gênesis.

ESTRUTURA E CONTEÚDO. Como mencionado acima, o livro funciona em parte para dar o pano de fundo genealógico para os "descendentes de Israel" retratados em Êxodo e no restante do AT. Na verdade, o livro é dominado por uma frase que se repete (Gn 2:4; 5:1; 6:9; 10:1; 11:10, 27; 25:12, 19; 36:1, 9; 37:2) para introduzir muitas seções de Gênesis enfatizando sobre os "descendentes" de uma determinada figura. Por exemplo, Gênesis 11:10 introduz a genealogia que segue enfatizando os descendentes de "Sem". Para ser exato, há um contínuo debate a respeito da tradução do termo crucial dessas qualificações, *tôlēḏôṯ*, e muitos têm argumentado que esse termo significa "descendentes" em alguns lugares (p. ex., 5:1; 10:1; 11:10), mas significa "história" em lugares nos quais o termo classifica uma narrativa antes que uma genealogia (cf. 37:2 S). Não obstante, o termo *tôlēḏôṯ* é derivado da raiz de "ter filhos" (*yld*) e geralmente se refere a descendentes no hebraico bíblico, uma série genealógica ou uma genealogia (cf. Nm 3:1; Rt 4:18; 1Cr 1:29; 5:7; 7:2, 4, 9; 8:28; 9:9, 22; 26:31). O uso consistente desse termo para introduzir tanto as genealogias estritas quanto as narrativas estendidas em Gênesis dá ao livro todo uma qualidade semigenealógica.

Os intérpretes têm geralmente distinguido dentro do todo entre uma "história primeva", enfocando toda a humanidade, e uma "história ancestral" (anteriormente chamada muito frequentemente de "história patriarcal"), enfocando Abraão e seus descendentes. A história primeva é de modo variado definida de 1:1 até 11:9, 11:26, 11:31 ou mesmo 12:3; seus pontos principais de orientação são a Criação e o Dilúvio. Primeiro, a história da Criação leva à rebelião e multiplicação da primeira família e seus descendentes, culminando na decisão de Deus de destruir toda a vida humana, com exceção de Noé e sua família (1:1-6:8). Então, na narrativa do Dilúvio, Deus destrói e então recria as áreas vivas do cosmo, e começa tudo com a família de Noé e os animais (6:9-9:19). Não obstante, os padrões semelhantes da rebelião e contenda humanas emergem das histórias que se seguem. A história de Noé e seus filhos, em 9:20-27, lembra os eventos a respeito da primeira família (2:4-4:16), e a história de uma tentativa humana de cruzar os limites divino-humano com a torre de Babel (11:1-9) revisita muitas das mesmas questões que dominaram a breve história pré-diluviana dos seres divinos cruzando os mesmos limites para terem filhos com as filhas dos homens (6:1-4). Assim, tanto as narrativas do pré-Dilúvio (2:4-6:8) como a do pós-Dilúvio (6:9-11:9) traçam o padrão da ligação do crescimento da população humana com a divisão entre humanos e ameaças do limite divino-humano.

Esses relatos primitivos então estabelecem o cenário para o estabelecimento da promessa que se segue na história ancestral. Logo após uma genealogia que traça a única linha genealógica a começar da família de Noé até Abraão (11:10-26), a narrativa dessa família começa com a chamada que Deus fez de Abraão para ir para a terra que Deus lhe mostraria (12:1) e as promessas de Deus (v. 2-3), incluindo os compromissos de torná-lo uma grande nação, protegê-lo, abençoá-lo, de forma que ele se transforma em um paradigma de bênçãos para os outros. Quando Abrão vai para a terra de Canaã (12:4-6), Deus promete a terra à sua geração (v. 7) e a mostra a ele (13:14-17). Isso, então, estabelece um movimento em toda a narrativa centrada na promessa que se estende além do Gênesis. O restante da história de Abraão (11:27-25:11) está focado em grande parte sobre Abraão e as tentativas falhas de Sara de assegurar um herdeiro para essa promessa, e sobre a consolidação da promessa ao torná-la em pacto (15:1-21; 17:1-21) e sobre a provisão miraculosa de um filho, Isaque, para herdá-la (18:1-15; 21:1-7; 22:1-18).

Após uma breve digressão para fazer o levantamento dos descendentes de Ismael (25:12-18), o relato dos descendentes de Isaque (25:19-35:29) traça outra narrativa de recepção da promessa e proteção. Em contraste com a história de Abraão, o herdeiro de Isaque, Jacó, aparece logo no começo da próxima perícope(28:13-15; cf. os versos 3-4; 31:3; 35:10-12). Mas essa cena é complicada pelos conflitos de Jacó primeiramente com seu irmão Esaú (25:19-33:17), e, então, com os canaanitas locais e mesmo com seus próprios filhos (33:18-35:22). No final da narrativa de Jacó, os doze filhos de Jacó/Israel são nascidos e herdam a promessa, mas Esaú acaba excluído da promessa e morre fora da terra (36:1-43).

Após divergir no levantamento dos descendentes de Esaú, a narrativa de Gênesis volta-se para uma extensa seção sobre os descendentes de Jacó, particularmente José (Gn 37:2-50:26). Nessa sutil narrativa, José eventualmente cria as condições para se reconciliar com seus irmãos, embora tivessem anteriormente o pensamento de matá-lo e de o venderem para ser escravo. No final de Gênesis, esses "filhos de Israel" se tornaram um grande desafio para a própria unidade deles, permanecem juntos para herdar a promessa feita a Abraão e se tornam a nação de Israel. Esse capítulo da história demonstra que a questão em Gênesis não é apenas a produção daqueles que herdariam a promessa, mas o movimento da separação conflitante de irmãos para serem herdeiros e não herdeiros (p. ex., Isaque x Ismael, Jacó x Esaú) para a criação de uma comunidade genealogicamente definida de herdeiros onde todos os descendentes poderiam herdar a promessa e viver juntos na terra.

Formação. Descobertas de versões múltiplas e divergentes dos textos tanto dentro como fora de Israel indicam que os autores antigos divergiam de nós em seus conceitos, tanto de integridade textual como de autoria. Enquanto os leitores modernos olham para Gênesis de uma perspectiva de uma cultura na qual não é permitido que as pessoas aumentem os textos escritos por outros, os autores antigos de Gênesis trabalharam dentro de uma cultura em que os textos apreciados eram acrescentados e no qual a história era usualmente transmitida anonimamente. Na verdade, o Pentateuco é anônimo e em nenhum lugar ele alega autoria mosaica em si mesmo. A atribuição de Gênesis e do restante do Pentateuco a Moisés não emerge explicitamente até que Israel entrou num contato intenso com a cultura grega que trouxe alta consciência do autor e de sua importância.

Há muitos sinais de que Gênesis, assim como outros documentos importantes em Israel e outros lugares, crescia com o tempo. Já em 1753, o físico francês Jean Astruc reconheceu sinais de que Gênesis foi criado procedendo de ao menos duas fontes principais. Em séculos subsequentes as ideias de Astruc têm sido expandidas e refinadas para reconhecer uma distinção básica em Gênesis entre dois corpos básicos de material: o conjunto de textos Sacerdotal (P), começando com a narrativa do sétimo dia da Criação em 1:1-2:3; e um conjunto basicamente mais antigo de textos não-Sacerdotais começando com a história do jardim do Éden em 2:4-3:24. Em adição a 1:1-2:3, a camada Sacerdotal abarca a maior parte das genealogias de Gênesis, os títulos genealógicos, um traço importante da narrativa do Dilúvio, e os textos Sacerdotais orientados na promessa como 17:1-27; 26:34-35; 27:46-28:9; 35:9-15; 48:3-6. A camada não Sacerdotal abarca quase tudo mais. Em sua presente forma, a camada Sacerdotal está integralmente relacionada ao material não Sacerdotal e forma uma estrutura editorial. Os eruditos continuam a debater, entretanto, sobre se uma grande porção da presente camada Sacerdotal em Gênesis pode ter sido parte de uma fonte Sacerdotal que originalmente permaneceu separada de um material não Sacerdotal ou que até tenha sido designada para substituí-la.

Desde a obra de Karl Heinrich Graf e Julius Wellhausen no final dos anos 1800, a maioria dos eruditos tem reconhecido que as origens mais antigas de Gênesis provavelmente não devem ser encontradas em material não Sacerdotal. Não obstante, há um debate considerável a respeito da história da formação desse material. Por mais de cem anos, a maioria dos eruditos tem mantido que o volume do material não Sacerdotal de Gênesis foi formado da combinação de materiais de duas fontes hipotéticas do Pentateuco: o documento "Javista" (J) escrito no sul durante o reinado de Davi ou Salomão e um documento "Eloísta" (E) escrito um ou dois séculos mais tarde, no reino do norte de Israel. Recentemente, contudo, muitos tratariam os elementos cruciais do hipotético documento Javista 400 como posteriores ao tempo do exílio. Além disso, muitos especialistas trabalhando com Gênesis não mais pensam que havia uma fonte Eloísta. Em vez do material não Sacerdotal ser formado de documentos Javistas e Eloístas entrelaçados, alguns eruditos hipotetizam que as origens escritas mais antigas do material não Sacerdotal devem ser encontradas em hipotéticos documentos independentes pré-exílicos enfocando as diferentes partes da história: por exemplo, história primeva, Jacó e/ou José. Assim, a história primitiva da formação escrita de Gênesis e de outros livros do Pentateuco permanece um problema não resolvido na pesquisa do Pentateuco.

Quaisquer que sejam as teorias sobre a pré-história escrita de Gênesis, quase todos concordam que muitos dos elementos do livro foram moldados por uma longa história de transmissão oral de histórias e genealogias. Do começo ao fim, esse material tradicional cai em três categorias: tradições cósmicas (tais como aquelas considerando a Criação e o Dilúvio), genealogias, e material lendário considerando os heróis da cultura como Abraão, Isaque e Jacó. As tradições cósmicas de Gênesis são tornadas paralelas pelas tradições similares em outras culturas antigas do Oriente Próximo e do Mediterrâneo. Tais materiais parecem ter sido transmitidos nos contextos do templo e outros relacionados a ele. Os materiais genealógicos também têm muitos paralelos em outras culturas. Em particular, há uma interessante correspondência entre a forma genealógica das antigas histórias gregas e as encontradas em Gênesis. O material a respeito dos heróis da cultura da espécie encontrado em Gênesis também é encontrado em outras culturas, e parece ter sido livremente transmitido em vários contextos orais não oficiais e oficiais.

Embora haja bastante debate sobre a autoria do Pentateuco, tanto a tradição judaica, como boa parcela de teólogos conservadores aceitam Moisés como legítimo autor.

História. Se tradição cósmica, genealogia ou lenda — todas as coisas do material em Gênesis foram moldadas no cadinho da vida de sucessivas gerações em Israel. Como resultado, as histórias de Gênesis nos contam ao menos muita coisa das ideias e crenças daquelas sucessivas gerações quando elas trataram da história de Israel antes do Êxodo. Por exemplo, o foco sobre o sábado encontrado em 1:1-2:3 da narrativa da Criação provavelmente reflete uma consciência da preciosidade do sábado que primeiramente surge durante o exílio na Babilônia. Foi nesse tempo, quando Israel estava longe da terra e não tinha templo, que a prática antiga do sábado se tornou um meio particularmente central para Israel viver em sua fé. Assim também, embora ali quase certamente houvesse figuras nomeadas (como Abraão e Sara, Jacó e Raquel), vários elementos das narrativas com respeito a elas parecem terem sido moldados pela experiência e questões dos transmissores posteriores dessas lendas. Talvez, parcialmente, como um resultado desse processo de reformação da tradição no tempo, o livro de Gênesis tem provado sua capacidade de falar de pessoas de tempos e de culturas variadas. Não é apenas uma história a respeito de coisas acontecidas numa era passada. Ela é uma cristalização das mais ferventes crenças e esperanças de Israel expressas por meio de tradições que têm provado sua dignidade teológica ao longo do tempo.

Bibliografia. A. Brenner, ed., *A Feminist Companion to Genesis* (Sheffield, 1993); D. M. Carr, *Reading the Fractures of Genesis* (Louisville, 1996); T. E. Fretheim, "The Book of Genesis", *NIB* 1.321-674; D. Gowan, *From Eden to Babel*. ITC (Grand Rapids, 1988); P. K. McCarter, "The Patriarchal Age: Abraham, Isaac and Jacob", em *Ancient Israel*, ed. H. Shanks (Washington, 1988), 1-29; D. Steinmetz, *From Father to Son: Kinship, Conflict nd Continuity in Genesis* (Louisville, 1991). [DAVID M. CARR]

GENEZARÉ (gr. *Gennēsarét*) Planície costeira que fica na parte noroeste do mar da Galileia (tb. chamado Genezaré; Lc 5:1), entre as cidades de Magdã e Cafarnaum. Genezaré é provavelmente o mesmo que Chinnereth. A planície era cercada pelas montanhas e media c. 4,8 km ao longo da costa e c. 1.6 km para o interior do país. A área era totalmente habitada e bem conhecida por seu solo fértil, de acordo com Josefo (*BJ* 3.10.8 [516-21]) e fontes rabínicas. As principais cidades da planície eram as cidades portuárias de Magda, Cafarnaum, e a pequena cidade de Genezaré. Cafarnaum, o lar de Jesus nos últimos anos, era uma cidade grande com um destacamento dos soldados romanos, um escritório de impostos, e o lar de um oficial romano. Magdã (Magdala), o lar de Maria Madalena, foi registrado como sendo uma cidade de 40 mil pessoas (*BJ* 2.21.4). Passando por Genezaré estava a Via Maris (Caminho do Mar), uma das maiores estradas da região, que corria ao longo da costa noroeste do mar da Galileia e, então, para o interior. A maior parte do ministério público de Jesus aconteceu na região de Genezaré, embora a terra seja mencionada pelo nome somente duas vezes nos evangelhos (Mt 14:34 = Mc 6:53). [MARK R. FAIRCHILD]

GENIZA (heb. *gĕnîzâ*) Câmara de uma sinagoga que armazena cópias usadas da Torá e outros escritos sacros não mais úteis na adoração assim como obras heréticas (heb. *gānaz* "cobrir, esconder"). Essa câmara, do ano de 886 A.D., foi descoberta no Cairo em 1896. Em adição a importantes manuscritos bíblicos e apócrifos, ela continha o Documento (CD) Zadokita (ou Damasco).

GENTIO Colocado da maneira mais simples, é uma pessoa que não pertence à raça judaica (ou não-hebreu no AT). Essa dicotomia é tornada clara em lugares onde toda a humanidade é mencionada com frases como "judeus e gentios" ou "judeus e gregos" (p. ex., At 14:1, 5; 19:10,17; 1Co 1:22-24).

Nos templos bíblicos, ser um gentio não era meramente uma questão de etnicidade; era também uma questão de afiliação política e territorial, e frequentemente de fé religiosa (Dt 12:29-30; 2Sm 7:23; 2Rs 18:33-35 = Is 36:18-20; Jr 2:11). O termo "gentio" é muitas vezes usado de um modo pejorativo ao falar de pessoas que não adoram corretamente a Deus (Mt 6:7; 18:17; Gl 2:15; Ef 4:17-19; 1Ts 4:5). Todavia, em algumas passagens, os termos para "gentio" que são usados, são propriamente traduzidos como "nações" — mesmo a nação israelita (p. ex., Gn 12:1-2; 18:18; Êx 19:5-6; Lc 7:5; At 10:22). Enquanto a herança nacional/política de uma pessoa frequentemente determinava sua identidade religiosa, o comprometimento religioso dela não determinava sua identidade nacional.

O estabelecimento que Deus fez dos descendentes de Abraão por intermédio de Jacó (=Israel) produziu um senso de identidade singular para a nação israelita. Isso incluía práticas de manter um senso de separação (Lv 18:24-30). Assim, os israelitas vieram a se distinguir de outras nações, referindo-se a elas como gentios. O casamento inter-racial era proibido para os israelitas, não por causa de pureza étnica, mas por preocupações de comprometimento da fé (Êx 34:10-16; 1Rs 11:1-11; Ed 9:1-15, especialmente v. 11-12). Outros pactos com estrangeiros eram igualmente proibidos.

Contudo, na conquista da Terra Prometida, os israelitas falharam no afugentamento de todos os estrangeiros para fora da Palestina e desobedeceram aos mandamentos de Deus com respeito à interação. Essas transigências eventualmente levaram Israel à infidelidade religiosa e finalmente ao exílio (Jz 1:27-2:3; 1Rs 14:22-23; 2Rs 16:3; 17:7-20). Deus exerce soberania sobre as nações gentílicas incrédulas, usando-as como ferramentas para disciplinar a nação de Israel (Habacuque) e chamá-la ao arrependimento (Jonas) e para declarar juízo sobre ela (Naum, Obadias).

Aos estrangeiros era permitido se converter à fé israelita (p.ex., tornavam-se prosélitos; por exemplo,

Raabe, Js 6:25; Tg 2:25; Rute, Rt 1:16-17), mas dos gentios indispostos para se converter era requerido que se separassem das práticas da fé israelita se quisessem viver na Palestina (cf. Êx 12:43-49). Aqueles que desejassem adorar ao Deus de Israel, mas ainda estavam indispostos a se converter plenamente, eventualmente se tornaram conhecidos como "tementes a Deus" (cf. At 10:22; 13:16, 26; 17:4, 17). Aos gentios era permitido ficar no átrio externo do templo nos dias de Jesus, mas as inscrições em latim e grego ameaçavam de morte se eles se aventurassem posteriormente aos limites do templo (cf. At 21:28-29).

As atitudes endurecidas dos judeus para com os não judeus são confirmadas por Tácito: "Os judeus são extremamente leais uns aos outros, e sempre estão prontos a mostrar compaixão, mas para com outros povos eles sentem somente ódio e inimizade" (Hist. 5.5). Como visto em Gálatas e Atos, o desenvolvimento dessa separação extrema dos judeus com relação aos gentios se tornou problemático para a igreja do NT. A nação israelita tinha pintado Deus como uma divindade muito nacionalista e desinteressada nos gentios, e essa ideia precisava de correção.

Entretanto, Deus não é o Deus de Israel somente (p. ex., Dt 10:17; At 10:34-35; Rm 3:29; 10:11-13). O desejo imparcial de Deus de alcançar todas as nações é encontrado no pacto com Abraão. Ele prometeu estabelecer a nação israelita como o ambiente do qual traria o Messias para todo o mundo (Gn 12:1-3; cf. 22:15-18; 28:10-15; Gl 3:14). A salvação foi designada para ser disponível para todas "as nações" (Is 2:2-4; 25:6-8; Zc 8:20-23).

O sinal físico do pacto abraâmico era a circuncisão (Gn 17:9-14), e consequentemente "incircunciso" se tornou outro termo para os gentios, os que estavam fora de um relacionamento com Deus (Jr 9:25 [TM 24]; At 11:3; Rm 3:29-30; Ef 2:11). Todavia ambos, o AT (Lv 26:41; Jr 6:10; cf Ez 44:7-9) como o NT (At 7:51; Rm 2:25-29), testificam da natureza simbólica da circuncisão física. O coração mudado pela fé em Deus por intermédio de Jesus Cristo se torna reconhecido como o identificador supremo — a "circuncisão" — do povo de Deus, seja ele composto de judeus ou gentios (Cl 2:11-13; 3:11; Fp 3:3). Ser judeu não é garantia de salvação (At 13:46; 18:6), nem ser gentio desqualifica o indivíduo para a salvação (At 15:7-9; Ef 3:6-9).

O NT claramente mostra que o povo (judeu e gentio) poderia se tornar cristão. Jesus ensinou que os gentios poderiam de fato ser salvos como povo de Deus (Mt 8:1-12; 28:19-20; Lc 13:28-29; Rm 9-11; Ef 2-3), e Paulo fala da igreja como crentes não importa a origem deles (Gl 3:28; Cl 3:11).

Bibliografia. G. Bertram e K. L. Schmidt, "Ethnos", *TDNT* 2.364-72; H. Bietenhard, "Ethnos", *NIDNTT* 2.790-95; R. E. Clements, "Goy", *TDOT* 2.426-33; D. R. De Lacey, "Gentiles", no *Dictionary of Paul and His Letters*, ed. G. F. Hawthorne e R. P. Martin (Downers Grove, 1993), 335-39; S. McKnight, "Gentiles", no *Dictionary of Jesus and the Gospels*, ed. J. Green e S. McKnight (Downers Grove, 1992), 259-65; K.N. Schoville, "Nations, the", no *Evangelical Dictionary of Biblical Theology*, ed. W. A. Elwell (Grand Rapids, 1996), 551-52; N. Walter, "Ethnos", *EDNT* 1.381-83. [DOUGLAS S. HUFFMAN]

GENUBATE (heb. *gĕnuḇaṯ*) Filho de Hadade, príncipe edumeu exilado, com sua esposa egípcia, a irmã da rainha Tafnes (1Rs 11:20). Nascido no Egito, Genubate foi criado no palácio de Faraó.

GERA (heb. *gērā'*) Nome semita comum da região noroeste (forma abreviada de ger-DN, "cliente de DN") que ocorre nos registros egípcios da 20ª dinastia. O nome também aparece em fenício, na Ostraca 30 de Samaria, e na Ostraca 64 de Arad.

1. Filho de Benjamim; mais provavelmente o epônimo de um clã benjamita (Gn 46:21; Jub 44.25).

2. Pai de Eúde (Jz 3:13).

3. Benjamita; membro da família de Saul e pai de Simei (2Sm 16:5; 19:16, 18; 1Rs 2:8).

4. Nome que aparece três vezes na genealogia benjamita de 1Crônicas 8:1-40, mas que está ausente na lista dos descendentes de Benjamim em Números 26:38-41; 1Crônicas 7:6-12. Pode haver alguma repetição em 1Crônicas 8, e é incerto se cada ocorrência do nome representa um indivíduo separado ou um antigo clã dentro da tribo de Benjamim. Um Gera está listado como o segundo filho de Bela e neto de Benjamim (1Cr 8:1-4), mas ele é omitido na lista dos filhos de Bela em 1Crônicas 7:6-12. Gera também aparece como o sétimo filho de Bela e neto de Benjamim (1Cr 8:5). Alguns sugerem emendar 1Crônicas 8:3 para que se leia "e Gera, pai de Eúde", distinguindo-o assim de Gera do v. 5. Outros eruditos propõem que o Gera de 1Crônicas 8:5 seja a mesma pessoa que o Gera 5 abaixo.

5. Filho de Eúde; benjamita e pai de Uzá e Aiúde (1Cr 8:5). Ele é tanto identificado com o Gera de 1Crônicas 8:5 como um outro Gera que é também chamado Heglam (v. 7; que pode também ser traduzido como "Gera, ele levou-os para o Egito". [KENNETH ATKINSON]

GERAÇÃO Período de tempo (heb. *dôr*, "círculo"). Geralmente aquele espaço que vai desde o nascimento de uma pessoa até o nascimento de sua geração, cerca de 40 anos (cf. gr. *geneá*, Mt 1:17); também as pessoas de um período de tempo (Jz 2:10; Jr 2:31; Mt 11:16; 17:17). Num texto crucial relacionado ao pacto de

Deus com Israel, é dito que o pacto deve ser estabelecido eternamente com Abraão e seus descendentes "no decurso de suas gerações [ARA]" (Gn 17:7, 9, 12); a frase frequentemente descreve o caráter de laço perpétuo da lei de Moisés (p. ex., Êx 12:14, 17, 42).

A palavra heb. *tôlēḏôṯ* (sempre plural, do verbo "gerar "filhos") introduz uma narrativa ou registro, e frequentemente uma genealogia. Ela ocorre principalmente para introduzir ou concluir uma genealogia ou sumário histórico (p. ex., Gn 10:32; 25:13; Ex 6:16, 19; Nm 3:1; 1Cr 5:7; 72: 4:9). A expressão "Estas são as gerações de " fornece a estrutura do livro de Gênesis, dividindo-o em 11 seções (p. ex., Gn 2:4; 5:1; 6:9; 37:2). A palavra grega *génesis*, frequentemente se referindo ao nascimento (cf. Mt 1:18), funciona de um modo semelhante a *tôlēḏôṯ* (v. 1). [DAVID L. TURNER]

GERAR (heb. *gĕrār*) Cidade na fronteira sul de Canaã, perto de Gaza (Gn 10:19). Ali, Abraão e Sara se estabeleceram como residentes estrangeiros (Gn 20:1-2), e Isaque e Rebeca habitaram por ordem de Yahweh (26:2). Ambos encontraram o rei Abimeleque, e o motivo da troca da esposa-irmã é encontrado em ambos os textos de Gênesis.

De acordo com a LXX 1Cônicas 4:39-41 os "filhos de Simeão" foram para os portões de Gerar procurar pastagens (TM "Gedor"). O rei Asa de Judá derrotou o compacto exército de Zerá (um nome edumeu) da Etiópia, e o perseguiu até Gerar, antes de saquear toda a área circunvizinha (2Cr 14:13-14). Hegemonides é chamado governador da área desde Ptolomais até Gerar (2Mac 13.24).

Se Gerar se refere ao mesmo lugar em todos esses textos é incerto, assim como a sua localização exata. Muitos eruditos associam Gerar com Tel Haror/Tell Abu Hureireh entre Gaza e Berseba, na ribanceira de Nahal Gerar. Escavações arqueológicas ali mostram que o lugar era inabitado desde o período calcolítico em diante, com populações significativas em MB II-III, LB II (embora menor do que MB), Ferro I, e o final do Ferro ao longo dos períodos persas. Enquanto o lugar mostra evidência de ser um primitivo assentamento filisteu (cf. os textos de Gênesis), ele não está listado como parte das cinco cidades da Filístia (Js 13:3). Outros achados no lugar incluem um complexo de templo MB; silos para grãos; um depósito de caroços, o que proporciona evidência de tecnologia do ferro; edifícios públicos; chão pavimentado; e MB e fortificações da Era do Ferro. [ALICE HUNT HUDIBURG]

GERASA (gr. *Gerasa*) Cidade da Decápolis no final dos períodos helênico e romano, a moderna Jerash localizada no platô da Transjordânia exatamente ao norte do rio Jaboque (Nahr ez-Zarqa; Gn 32:22). Resquícios da Idade da Pedra e assentamentos murados no começo do Médio Bronze foram localizados na área. A principal cidade de Gerasa, encontrada após a conquista de Alexandre o Grande, continuou sob os ptolomeus como uma cidade da Decápolis (Plínio Nat. Hist. 5.74), e então sob o governo selêucida (Antíoco III, 223-187; Antíoco IV, 175), quando Gerasa se tornou conhecida como Antioquia ad Chrysorhoam (Antioquia sobre o Rio Chrysorhoas). Mais tarde foi conquistada por Alexandre Janeu (102-67 a.C.), a cidade foi tomada pelos romanos (63) e, então, alcançou seu zênite no século II d.C.

Gerasa tirou vantagem de estar na rota norte-sul de comércio de condimentos e perfume entre Mesopotâmia, Palmira, Damasco, Abila e Capitalias, no caminho de Petra e sul da Arábia, e também prosperou pelo fato de ser uma extensão da Via Triana Nova, ligando com Pella, e também nas rotas ligando a cidade com Judeia, Galileia e Fenícia.

Gerasa, à moda de Roma, tinha o Cardo Maximus norte-sul, e duas Decumani leste-oeste (todas cheias de colunas), com cruzamentos e quatro pilares centrais, a única Decúmano ao sul perto do fórum, o teatro na parte sul, o templo de Zeus, um templo helênico e barracas dos soldados; outro Decúmano ao norte, perto do teatro norte e banhos no lado oeste.

Outros vestígios arqueológicos importantes incluem, a oeste do Cardo Maximus e entre os dois Decúmanos, o distrito policial e o templo de Ártemis, a ninfeácea, e uma série de ruínas de igrejas bizantinas.

No sul da cidade, estão o hipódromo e o arco de Adriano, que é o marco da celebração da visita do imperador à cidade em 129 A.D.

Bibliografia. S. Applebaum e A. Segal, "Gerasa", *NEAEHL* 2.470-79; J. Finegan, *The Archaelogy of the New Testament*, ed. rev. (Princeton, 1992); C. H. Craeling, *Gerasa, City of the Decapolis* (New Haven, 1938); T. C. Mitchell, "Gerasa" em *The Illustrated Bible Dictionary*, ed. J. D. Douglas (Wheaton, 1980), 1.552-53. [W. HAROLD MARE]

GERASENOS (gr. *Gerasēnoí*) (tb. GADARENOS; GERGESENOS) Povo da Transjordânia em cujo território Jesus encontrou dois "endemoninhados"; exorcizou os demônios deles e transferiu-os para uma manada de porcos (Mc 5:1; Lc 8:26). Na versão do incidente em Mateus 8:28, eles são chamados gadarenos. Ambas s formas, assim como gergesenos, são atestadas nas versões antigas de cada narrativa. O nome gerasenos está associado com Jersh, ao norte e Amã.

GERIZIM (heb. *gĕrizîm*), **MONTE** Montanha a 3 km a noroeste de Siquém e 48 km ao norte de Jerusalém. O cume, a 880 m, pode ser alcançado por um

A B C D E F G H I J K L M N O P Q R S T U V X Y Z

caminho que parte do quarteirão samaritano de Nablus na base norte do monte.

O monte Gerizim é explicitamente mencionado quatro vezes no AT. As bênçãos de Deus para o povo de Israel devem ser colocadas no Monte Gerizim (Dt 11:29), e seis tribos são designadas para permanecer no monte por causa das bênçãos (Dt 27:12; Js 8:33). Gerizim também exerce um papel central no reinado abortivo de Abimeleque (Jz 9). Jotão, falando do topo do Monte Gerizim, conta uma história de arbustos espinhosos desqualificados que assumem o governo das árvores qualificadas, mas relutantes, para advertir Israel sobre a incompetência de Abimeleque. Mais tarde, Abimeleque impede com sucesso a revolta de Gaal por enviar tropas de Tabbur-erez, traduzida "centro" (*ómphalos*) do mundo na LXX.

Na tradição samaritana, o Monte Gerizim é considerado a montanha mais antiga, mais central e mais alta do mundo. É a localização do jardim do Éden, e o lugar onde Abraão trouxe Isaque para o sacrifício. Finalmente, é o lugar sagrado central para a comunidade religiosa samaritana (cf. Jo 4:20). Sob Antíoco IV Epifânio, o templo foi renomeado em honra a Zeus-o-amigo-dos-estrangeiros (2Mac 5.23; 6.2). O lugar foi devastado pelo etnarca asmoneu e pelo sumo sacerdote judeu João Hircano (em 11/110 a.C., de acordo com evidência arqueológica). O monte foi cercado pelos romanos no final do século I a.C., e um templo a Zeus foi construído por Adriano no século II A.D. O lugar foi limpo ou modificado por Zeno, imperador romano do leste, no começo do século V, para dar lugar a uma igreja em honra de Maria (reconstruído pelo imperador bizantino Justiniano mais tarde naquele mesmo século). Durante esses tempos, foi o principal centro de adoração para a comunidade samaritana, como é hoje.

Restos de diversas estruturas são encontrados no seu topo. Entre elas estão a igreja Theotokos do século V, uma fortificação construída por Justiniano, e uma torre de observação do século XVI, mais tarde tornada em tumba do Sheik Ghanin. Cerca de 100 m mais ao sul no mesmo pico estão os restos de três sítios cúlticos samaritanos, e sobre outra elevação próxima conhecida como Tell er-Ras, estão os restos do templo de Zeus, feito por Adriano.

Bibliografia. R.T. Anderson, "Mount Gerizim: Navel of the World", *BA* 43 (1980), 217-21.

GÉRSON (heb. *gēršōm*) **1.** Filho de Moisés e Zípora, nascido em Midiã(Êx 2:22; 18:3). Gérson foi pai de Jônatas, que serviu como sacerdote para os danitas e cujos filhos mantiveram essa posição até o cativeiro (Jz 18:30; TM "filho de Manassés", provavelmente um erro de escriba em relação ao nome "Moisés"). Gérson e seu filho Sebuel foram mais tarde projetados no tempo de Davi e incorporados na genealogia levítica, com Sebuel servindo como levita na casa do Senhor (1Cr 23:15-16).

2. Filho de Levi, cujos descendentes foram chamados gersonitas ou "filhos de Gérson" (1Cr 6:16, 62, 71 [TM 1, 47, 56); 15:7). Em outro lugar o nome é lido "Gershon".

3. Descendente de Fineias, que retornou da Babilônia com Esdras (Ed 8:2; 1Esd 8.29). [KENNETH ATKINSON]

4. (heb. *gēršôn*) O mais velho dos três filhos de Levi, mencionados juntamente com Coate e Merári (Gn 46:11; Ex 6:16-17; "Gersom" em 1Cr 6). O nome Gérson aparece em várias genealogias, registros de censo (Nm 3-4), e nas distribuições de terra (Js 21), que descrevem as famílias levíticas, seus acampamentos e deveres com respeito à tenda de reuniões no deserto, sua localização na Israel tribal, e seu serviço continuado no Israel pós-tribal.

As genealogias de Levi mencionam Gérson como uma das famílias sacerdotais que servem sob Arão. Gérson, de acordo com essas genealogias, tinha dois filhos, Líbni e Simei (Ex 6:16; Nm 3:18). O registro do censo de Números 3-4 atribui a Gérson e sua família o cuidado com a cobertura da tenda da congregação, a cortina da entrada da tenda, os acessórios das cortinas e e a cortina da entrada do pátio (Nm 3:21-26; 4:21-28). Os gersonitas deviam acampar atrás da tenda no lado oeste e, enquanto viajavam pelo deserto, deviam transportar a porção deles da tenda em duas carroças (Nm 3:23; 7:7). O livro de Josué atribuía a conquista de treze cidades a Gérson, ao norte, dentro dos limites da meia-tribo de Manassés, e as tribos de Issacar, Aser e Naftali (Js 21:27-33). Crônicas atesta a continuidade do serviço dos gersonitas no Israel monárquico e pós-exílio, especificamente em relação ao cuidado do templo (1Cr 29:8; 2Cr 29:12).

Bibliografia. A. Cody, *A History of Old Testament Priesthood.* AnBib 35 (Roma, 1969).

GERUTE-QUIMÃ (heb. *gērûṯ kimhām*) Primeiro lugar de parada de Joanã e o grupo no caminho para o Egito (Jr 41:17). O nome pode designar uma hospedaria para caravanas nas proximidades de Belém (cf. Jr 9:2 [TM 1]; Lc 2:7). A associação desse lugar com Quimã, o filho de Barzilai (2Sm 19:37-38 [38-39] não é clara.

GESÃ (heb. *gêšān*) Terceiro filho de Jadai; um calebita da tribo de Judá (1Cr 2:47).

GESEM (heb. *gešem*) "Árabe", mencionado com Sambalá, governador de Samaria, e Tobias, um oficial amonita, que se opuseram ao plano de Neemias de reparar os muros ao redor de Jerusalém (Ne 2:19). Esses três procuraram um encontro com Neemias após a obra haver começado, mas Neemias se recusou, suspeitando que eles quisessem feri-lo (Ne 6:2).

O Gesem de Neemias pode ser a mesma pessoa chamada rei de Quedar numa inscrição da Arábia do Norte. Se isso é assim, ele governou sob a hegemonia persa. O nome, em sua forma mais original, "Gashmu", talvez significasse "grande homem", e é bem atestada em achados arqueológicos na Arábia do Norte. [PAUL L. REDDITT]

GESSIUS FLORUS Último procurador romano da província da Judeia (incluindo Samaria), que assumiu o poder em 64 A.D. De acordo com Josefo, ele era de Clazomenae e recebeu a procuradoria porque sua esposa, Cleópatra, era amiga de Popeia, esposa de Nero. Josefo e Tácito atestam que a paciência judaica com o desgoverno romano da Judeia exauriu-se sob Florus. Josefo difama-o como o pior dos governadores romanos e acusa-o de saquear as cidades judaicas, a ponto de permitir que bandos de ladrões assolassem o país sem qualquer punição. Quando Florus procurou tomar os fundos do tesouro do templo de Jerusalém, em 66 d.C., os cidadãos resistiram, zombando de sua aparente pobreza. Para retaliar, ele levou soldados de Cesareia para saquear parte de Jerusalém e prender vários cidadãos importantes, a quem açoitaria e crucificaria, inclusive diversos judeus da elite romana. Sua tentativa de forçar os judeus a mostrar submissão cerimonial a seus companheiros de legião agravou a situação e despertou uma rebelião que se tornou a guerra judaica contra Roma.

Bibliografia. E. Schürer, *The History of the Jewish People in the Age of Jesus Christ (175 B.C. — A.D. 135)* (Edimburgo, 1973).

GESTAS (gr. *Gestas*) O nome atribuído ao ladrão não arrependido, crucificado com Jesus, nos escritos apócrifos (cf. Lc 23:39). Outras formas do nome são Gistas, Gesmas, Stegmas e Dumachus (Dimas, em português).

GESTOS Movimentos do corpo feitos principalmente com a cabeça, face somente, ou membros. Os gestos estão na dimensão maior da conduta humana conhecida como comunicação não verbal. Se o autor bíblico não menciona explicitamente ou descreve um gesto, o leitor pode achar difícil imaginar o gesto apropriado numa determinada situação. O leitor imaginativo deve se lembrar de que os gestos numa cultura frequentemente têm sentido diferente — algumas vezes obscenos — em outra cultura. Um gesto não se traduz pronta e facilmente de uma cultura para outra.

Os gestos são movimentos conscientes ou inconscientes, aprendidos ou somatológicos. Eles servem como uma ferramenta comunicativa importante, independente ou não da linguagem verbal, e modificados pelo condicionamento (p. ex., sorrisos, movimentos dos olhos, um gesto de aceno, ou um tique). Esses deveriam ser distintos dos modos (atitudes do corpo, por exemplo, o modo como alguém come) e posturas (posições do corpo, por exemplo, sentar-se, levantar-se). É feita distinção entre os gestos livres desempenhados por uma parte do corpo sem contato com outra parte ou objeto (p. ex., movimentos dos olhos, aceno da cabeça, gestos de mão), e gestos ligados onde as mãos entram em contato entre si, ou com outras partes do corpo (p. ex., esfregar os olhos, usar faca e garfo, joias).

Quatro categorias de gestos podem ser identificadas: (1) idiossincráticos ou singulares a uma pessoa (p. ex., bater na coxa direita com a palma da mão direita para expressar alegria, surpresa; cf. a expressão de alegria que Adão teve ao encontrar sua companheira, Gn 2:23); (2) culturalmente induzidos e aprendidos (p. ex., rituais de dança e de lamentação (Mt 11:17); (3) gestos técnicos, portanto, arbitrários, que exigem concordância verbal anterior (p. ex., sinais de mão de mercadores, tais como o peixeiro no mercado); e semióticos, substitutos para a linguagem, ligados com as tradições culturais (p. ex., fazer um juramento ao colocar a mão direita numa parte do corpo: ponta do nariz; bigode ou barba, falange; Gn 24:2,9). O estudo dos gestos árabes feito por Robert A. Barakat oferece uma importante introdução para uma investigação posterior de gestos no Oriente Médio; os especialistas concordam que o substrato beduíno pré-islâmico dos componentes culturais vive na cultura popular da maioria tradicional.

A análise filológica de gestos, posturas e expressões faciais no antigo Israel, Canaã, e Mesopotâmia, feita principalmente por Mayer I. Gruber é útil no entendimento da descrição literal dos gestos e usos idiomáticos de frases para transmitir atitudes, ideias e sentimentos comunicados por gestos, posturas, e expressão facial. O mundo do Oriente Médio na verdade não é anti-introspectivo, e um leitor moderno deve ser cuidadoso em não impor os padrões de pensamento ocidental sobre esse mundo.

Um desafio sério é a incapacidade do leitor moderno de observar os povos descritos no registro bíblico. É possível imaginar gestos plausíveis onde um texto não os menciona? A antropologia literária, uma abordagem relativamente nova ao estudo da literatura inspirada por Fernando Poyatos, argumentaria na afirmativa.

Claramente, o pesquisador está lidando com sinais que comunicam, isto é, com as variadas formas de comunicação, principalmente não verbais que definem os indivíduos e as culturas transmitidas pela narrativa literária na qual tal informação é incorporada.

Ilustrações. ***Cabeça.*** "Balançar a cabeça" é um gesto livre. O movimento é provavelmente feito horizontalmente, ou talvez em forma de arco de um ombro a outro ao invés do movimento ser para cima e para baixo. Os dicionários costumeiramente explicam a frase como um "sinal de zombaria e escárnio", retirando este significado culturalmente determinado do Salmo 109:25. Das seis ocorrências no texto bíblico três são gestos livres (Sl 64:8; 109:25; Is 37:22) e três são determinados. O Salmo 22:7, citado em Mateus 27:39, liga a cabeça com "fazer caretas", enquanto que Lamentações 2:15 liga a cabeça com assoviar e bater palmas. Esses gestos determinados apresentam uma descrição mais plena de meios de expressão não verbais para demonstrar zombaria e desprezo nesta cultura.

Rosto. Na cultura do Oriente Médio, o rosto é um elemento chave do caráter e da honra. O propósito da vida é manter ou salvar o rosto em vez de perdê-lo. Se Deus estabelece o rosto divino contra uma pessoa ou cidade, a consequente vergonha é talvez mais devastadora do que a retirada da proteção e beneficência divinas (cf. Lv 20:5-6; Jr 21:10; Ez 14:8; 15:7).

Além disso, os olhos exercem um papel significativo no repertório de gestos do povo da Bíblia, baseados no rosto. Na perspectiva bíblica sobre a pessoa humana, os olhos estão ligados com o coração (como a boca está aos ouvidos e as mãos com os pés) dos quais o bem e o mal podem fluir. Jesus expressa a convicção cultural de que do coração procedem os "olhos maus" (frequentemente traduzido como "inveja"; cf. Mc 7:22). Os nativos contemporâneos do Mediterrâneo se referem ao "olhar faiscante", o "olhar fixo" ou o "olhar encarado" como refletindo a atividade de um olho mal. Todavia, porque a conduta do olho é predominantemente involuntária e, portanto, mais difícil de manipular do que a expressão facial, ninguém pode saber quando um olhar pode escorregar para qualquer um desses tipos mencionados acima. Como Siraque observa (Sir. 31.12-13), Deus não criou nada tão mau do que o mal olhar. Provérbios 23:6-8 adverte contra comer com cobiça o pão do avarento; tal hospedeiro finge generosidade, mas é realmente mesquinho, e o convidado vomitará. Em sua discussão sobre o ano de soltura e do cancelamento dos débitos, o deuteronomista (Dt 15:7-11) adverte contra ignorar a condição de uma pessoa em necessidade (ou dar a ele qualquer noção de mau olhar) vinda do temor do débito não ser saldado. Embora não explicitamente mencionado em qualquer texto bíblico, um intérprete pode presumivelmente supor que uma pessoa numa situação na qual o mal olhar poderia ser operativo, assim como a pessoa que lê ou ouve textos bíblicos a respeito de tais situações, é muito provável que imediatamente faça gestos apropriados com as mãos ou que use apropriadamente talismãs coloridos para proteção contra o poder de tais gestos. Em suma, há uma riqueza de significado cultural envolvido no entendimento do Mediterrâneo sobre os olhos e os gestos que uma pessoa poderia fazer com eles.

Membros. Quando se fala de gestos, a maioria das pessoas pensa sobre as mãos. No Oriente Médio, a mão esquerda é usada exclusivamente para funções de toaletes. Para apreciar a importância cultural dessa prática, considere a afirmação de Jesus no Sermão do Monte: "Não resistais ao homem mau; mas, a qualquer que te bater na face direita, oferece-lhe também a outra" (Mt 5:39 ARA). Aqui está um cenário culturalmente plausível para imaginar o ato.

Os que são do Oriente Médio rotineiramente interagem com um espaço de cerca de 15-20 cm entre eles (em contraste com os 30-40 cm de espaço pessoal preferido pelos ocidentais). O ouvinte quer sentir o hálito do outro que fala contra a sua face. O que fala rotineiramente coloca o braço direito sobre o antebraço ou ombro do ouvinte. Se a discussão se tornar mais acalorada, a distância entre as duas partes diminui até que os globos oculares se encontrem. Se a situação sair do controle e houver briga, há duas possibilidades. Uma é se afastar e dar um tapa na face direita com as costas da mão direita, um movimento de insulto. A outra é permanecer bem próximo a ponto de impedir a possibilidade da mão direita entrar em ação, mas antes permite que a mão esquerda bata na face direita — na verdade, uma ofensa ainda mais profunda.

Essa instrução, com todo o Sermão do Monte, é dada para orientar a conduta grupal. Ela foi direcionada para os discípulos (Mt 5:1-2). Como exemplo para os estrangeiros, o insulto não deveria ser vingado. Mas no relacionamento com os estranhos, a parte insultada deveria dar uma resposta apropriada, e a que fez o insulto deveria esperar pela intervenção de um mediador para evitar a escalada de posterior violência e derramamento de sangue (cf. Mt 5:9).

Essa função exclusiva da mão esquerda também lança luz sobre o gesto de "cortar a mão". De acordo com Deuteronômio 25:12, uma mulher que interfere numa luta envolvendo seu marido agarrando as genitálias de seu oponente deveria ter as suas mãos cortadas. A força do hábito cultural sugere que ela tenha usado a sua mão esquerda, embora num momento de irritação igual a esse, poderia ter usado a mão direita. O Qur´an (5.38) prescreve amputar a mão direita de um ladrão sentenciado. A recomendação de Jesus em Mateus era a de cortar a mão direita daquela pessoa que faz outra tropeçar (Mt 5:29-30). Se como punição ou meio de conduzir a uma vida melhor, a perda da mão direita no Oriente Médio é o equivalente à sentença de morte. Ela torna a vida social extremamente difícil, se não impossível.

Os autores bíblicos poderiam seguramente presumir que os leitores originais, parceiros étnicos, preencheriam os detalhes apropriados tais como os elementos de gestos ou comunicação não verbal que poderiam acompanhar o texto escrito. Os modernos estudiosos da Bíblia podem se tornar semelhantemente equipados por imergirem nos recursos apropriados.

Bibliografia. R. A. Barakat, "Arabic Gestures", *Journal of Popular Culture* 6 (1973), 749-92; J. H. Elliott, "The Evil Eye in the First Testament", em *The Bible and the Politics of Exegesis*, ed. D. Jobling, Pl L. Day, e G. T. Sheppard (Cleveland, 1991), 147-59; M. I. Gruber, *Aspects of Nonverbal Communication in the Ancient Near East*. Studia Pohl 12/1-2 (Roma, 1980); R. Joseph, "Toward a Semiotics of Middle Eastern Cultures", *International Journal of Middle Eastern Studies* 12 (1980), 319-29; J. J. Pilch, "A Window into the Biblical World: Actions Speak Louder than Words", *Bible Today* 34 (1996), 172-76; F. Poyatos, ed. *Advances in Nonverbal Communication* (Amsterdã, 1988); *Literary Anthropology* (Amsterdã, 1988). [JOHN J. PILCH]

GESUR (heb. *gĕšûr*) **1.** Pequeno reinado arameu que compartilhou a margem ocidental com a meia-tribo de Manassés na parte sul do que é chamado agora de Colinas de Golã (Dt 3:14). Gesur permaneceu independente durante a conquista de Canaã e após a morte de Josué (Js 12:5). Durante o período de Davi e Salomão e dos reinos divididos (c. 1020-732 a.C.) ele foi semi-independente. Davi se casou com Maacá, que viria a se tornar mãe de Absalão, para consumar a aliança política com Talmai, o rei gesurita (2Sm 3:3). Com o reino arameu de Maacá ao norte, Gesur uniu-se a Damasco contra Davi (2Sm 10:6; 13:37; 14:23; 1Cr 19:7). Contudo, ele foi um súdito de Israel durante o tempo de Salomão. Gesur, mais tarde, se uniu a Aram/Damasco para lutar contra o reino do norte de Israel, e foi eventualmente incorporado ao estado de Damasco (séc. IX). Os nomes reais do reino refletem um elemento hurriano (p. ex., Talmai).

Gesur é provavelmente listado como Ga-su-ru em uma das Cartas de Amarna (no. 256) do Egito (séc. XIV). A área de Gesur tem sido sujeita a intensas inspeções arqueológicas que têm revelado um número de sítios desde as Eras do Médio Bronze II ao Ferro I (c. 1800-1000).

Bibliografia. B. Mazar, "Geshur and Maacah", *JBL* 80 (1961), 16-28. [MARK W. CHAVALAS]

2. Povo ou região ao sul da Pentápolis da Filístia que não foi tomada na conquista (Js 13:2) e a quem Davi invadiu enquanto aliado dos filisteus (1Sm 27:8).

GETER (heb. *geṯer*) Filho de Arão e neto de Sem (Gn 10:23; cf. 1Cr 1:17, filho de Sem); e epônimo de uma autoridade dos arameus.

GETSÊMANE (gr. *Gethsēmaní*) Lugar onde Jesus fez uma oração cheia de angústia exatamente antes da traição e de sua prisão (Mt 26:36; Mc 14:32). Sua localização exata é desconhecida, embora seja provavelmente em algum lugar próximo do Monte das Oliveiras, visto que todos os quatro evangelhos concordam que Jesus foi traído e preso no Monte das Oliveiras ou perto dele (Mt 26:30; Mc 14:26; Lc 22:39; Jo 18:1). O nome Getsêmani vem do aram. *gaṯ šĕmānê*, "lagar de óleo". Tanto a oliveira como o lagar para extrair o óleo da oliveira eram comuns na área, e é provável que Getsêmani contivesse tal lagar.

Mateus e Marcos mencionam o lugar da oração, da traição, e da prisão como Getsêmani e o colocam perto do Monte das Oliveiras. Lucas não o menciona, mas tem os eventos como acontecidos no próprio monte. João menciona o lugar da traição e da prisão de Jesus, embora ele o localize "no outro lado do ribeiro de Cedrom" num "jardim" (João 18:1), sendo, assim, no Monte das Oliveiras. Por combinar as narrativas da oração angustiante de Jesus nos Evangelhos Sinópticos com a narrativa feita por João da Sua prisão no jardim, foi construída a imagem tradicional da agonia de Jesus no jardim do Getsêmani.

Jesus no Getsêmani era interpretado como um contraste apropriado com Adão no Éden: a desobediência pecaminosa do primeiro Adão no jardim do Éden foi desfeita por causa da oração obediente do último Adão no jardim do Getsêmani (cf. Rm 5:12-21). Um desenvolvimento semelhante pode ser visto em Hebreus 5:7-9, que menciona "as orações" de Jesus como sendo cheias de reverência, de obediência, coisas essas que o levaram a ser aperfeiçoado, sendo a salvação eterna para todos os que Lhe obedecem. [KIM PAFFENROTH]

GEUEL (heb. *gĕ'û'ēl*) Gadita, filho de Maqui; um dos doze espias enviados à terra de Canaã (Nm 13:15).

GEZER (heb. *gezer*) Cidade mencionada em fontes bíblicas, egípcias e assírias. Está localizada em Tell Jezer (Tell el-Jazari; 1425.1407), uma elevação de 13,3 ha proeminentemente situada na junção da Planície do norte e das colinas da Judeia, de onde se pode contemplar o Vale de Aijalom. O lugar foi extremamente escavado em 1902-1909 por R. A. S. Macalister, brevemente em 1934 por Alan Rowe; em

1964-74 por um grande projeto multidisciplinar dirigido por William G. Dever com H. Darrell Lance e Joe D. Seger; e finalmente por Dever em 1984 e 1990.

As principais referências literárias a Gezer são encontradas primeiramente em fontes egípcias: nos anais de Thutmose III (c. 1468 a. C.; no. 104 numa inscrição no templo de Karnak), em dez das Cartas de Amarna, do século XIV, e na "Victory Stela" do faraó Merneptah (c. 1207). As referências à Mesopotâmia incluem uma inscrição e relevo de Tiglat Pileser III, que destruiu Gezer (c. 733). As referências bíblicas refletem os fatos de que Gezer permaneceu sob a dominação canaanita durante o período dos Juízes (Js 10:33; 12:12), e era uma cidade territorial (21:21, uma cidade efraimita atribuída aos levitas de Coate), e, finalmente, veio a ficar sob controle israelita por meio de um tratado egípcio nos dias de Salomão, sendo edificada e/ou fortificada depois disso juntamente com Jerusalém, Hazor, e Megido (1Rs 9:15-17).

A seguir, um esboço dos períodos estabelecidos pelas escavações mais recentes feitas em Gezer:

Camada XXVI — vila calcolítica (c. 3600-3300).

XXV – EB I pequena cidade (c. 3300-3100).

XXIV-XIII: EB II cidade sem muros (c. 3100-2600), seguida por um intervalo.

XXXII-XVIII: cidade MB (c. 2000-1500), grandemente fortificada por "muro interno" e portão; muitas tumbas ricas; "lugares altos" encontrados por Macalister; destruição egípcia no final (c. 1500).

XVII: intervalo parcial na ocupação durante LB I; múltiplas sepulturas em cavernas 1.10A (c. 1450-1400).

XVI-XIV: LB II reocupação urbana; diversos palácios e "residências" egípcias; construção do "muro externo"; possível destruição no final por Merneptah (c. 1207).

XIII-XI: continuidade em cerâmica até o começo da Era do Ferro, mas as mercadorias bicrômicas dos filisteus aparecem; grandes celeiros públicos e duas "casas de aristocratas" nas proximidades (c. 1200-1050).

X-IX: fases intermediárias, com cerâmica característica com deslocamento vermelho não queimado (c. 1050-950).

VIII: Construção de portão monumental da cidade com quatro entradas, portaria externa, e casamata dupla no sistema de muros, incorporando a reconstrução "muro externo" de LB e torres; "Palácio 10.000" adjacente ao portão da cidade; grande destruição no fim, provavelmente por Faraó Sisaque (c. 950-925).

VII-VI: período do Ferro II (c. 925-733); período da porta da cidade e "muro externo"; alojamentos domésticos edificados; destruição final atribuível a Tiglat Pileser III.

V: Ligeira recuperação sob o governo judeu, mas destruída pelos babilônicos (c. 587/586).

IV: Ligeira ocupação persa (séculos V e IV).

III-II: Reocupação nos períodos helênico e asmoneu; porta da cidade reconstruída pela última vez, durante as guerras dos macabeus.

I: Elevação basicamente deserta, mas a região adjacente agora parte de um período privado de estado herodiano de um "Alkios"; "fronteiras de pedra" de Macalister; somente umas poucas sepulturas bizantinas foram mantidas, então a fundação de vilas árabes de Abu-shusheh no século XIX.

As principais descobertas em Gezer incluem os resquícios de MB I-III, especialmente o "muro interior" maciço, "Torre 5617", "porta sul" de três entradas, e o declive defronte da fortificação. Também digno de nota é o "lugar alto" de Macalister, agora datado do período MB III (ca. 1650-1500) e que mostra ter sido, com toda probabilidade, um santuário ao ar livre utilizado por uma liga de dez cidades, talvez para cerimônias de renovação de pacto.

O final da Era do Bronze pode ser iluminado pelas fortificações (o "muro externo"), assunto de muita controvérsia, mas confiantemente datado dos séculos XIV e XIII pelos escavadores. Os vários "palácios" ou "residências", assim como os ricos depósitos na Caverna 1.10A, ilustram a era de Amarna e a presença egípcia, particularmente.

A porta da cidade, composta de quatro entradas, a portaria externa, a extensão do muro de casamata, e o "muro externo" LB reusado com a adição de torres com pedra de cantaria, todos foram tidos como refletindo a era salomônica do século X, sendo a destruição final atribuída a Sisaque. Alguns arqueólogos israelitas, contudo, datariam esses aspetos no século IX.

Finalmente, Gezer, não distante do Mod`in, tem produzido algumas de nossas melhores evidências para o período das guerras dos macabeus e dos governadores asmoneus.

Bibliografia. W. G. Dever, "Excavations at Gezer", *BA* 30 (1967), 47-62; "Further Evidence on the Date of the Outer Wall at Gezer", *BASOR* 289 (1993),33-54; Dever, H. D. Lance e G. E. Wright, *Gezer I* (Jerusalém, 1970); Dever et al., "Further Excavations at Gezer, 1967-71", *BA* 34 (1971), 94-132; Gezer II (Jerusalém, 1974); *Gezer IV* (Jerusalém, 1986); S. Gitin, *Gezer III* (Jerusalém, 1990); J. D. Seger, *Gezer V* (Jerusalém, 1988). [WILLIAM G. DEVER]

GIÁ (heb. *gîaḥ*) Lugar não identificado ao longo da rota tomada por Abner quando ele fugiu de Gibeom para Arabá (2Sm 2:24). O texto hebraico pode ser corrupto, e a recente erudição favorece uma leitura baseada na LXX gr. *Gai* (cf. heb. *gay'*, "vale").

GIBAR (heb. *gibbār*) Lar ancestral de uma família que retornou com Zorobabel do exílio (Ed 2:20). O nome pode ser uma corruptela de Gibeão, que aparece numa lista paralela (Ne 7:25).

GIBEÁ (heb. *gib̲ʿâ*) **1.** Cidade na região montanhosa de Judá, a sudoeste de Jerusalém (Js 15:57).

2. Cidade na região montanhosa de Efraim (Js 2:33), atribuída a Eleazar, filho de Arão, que foi sepultado ali, e subsequentemente a herança de Fineias.

3. Cidade benjamita que era particularmente proeminente durante o reinado de Saul. O nome significa "outeiro" e frequentemente era usado em lugares como Gibeá de Benjamim (1Sm 13:2, 15; 14:16), Gibeá-Elohim ("Outeiro de Deus", 10:5), ou Gibeá e Saul (11:4; 15:34) como sinônimos de Gibeá. O relacionamento de Gibeá com Geba é difícil de assegurar. Algumas vezes os dois termos são usados indistintamente (Jz 19-20; 1Sm 13-14; Is 10:28-32). O uso de ambos os termos na mesma passagem pode refletir fontes diferentes, ou pode indicar que os termos são sinônimos. Muitos eruditos veem Gibeá e Geba como referindo-se ao mesmo lugar.

Foi em Gibeá que a concubina de Levi foi estuprada e morta pelos benjamitas (Jz 19-21). As outras tribos de Israel revidaram matando os habitantes de Gibeá, assim como devastaram a tribo de Benjamim. De acordo com a história deuteronomista, Gibeá havia se recuperado no tempo de Saul de modo que ela se tornou o quartel general da monarquia de Saul (1Sm 10:26; 11:4). A proeminência de Gibeá durante este período é ilustrada pela presença de um lugar cúltico importante, que apresentava um *bāmâ* ("lugar alto"), uma tamargueira (1Sm 22:6) e um grupo de profetas que ali adoravam (cap. 10). Os filisteus mantiveram uma guarnição na cidade, que Jônatas derrotou (1Sm 13:2-3).

Após a morte de Saul, a cidade declinou em importância; raramente é mencionada em textos bíblicos subsequentes. Em Isaías 10:28-29, ela aparece ao longo do caminho de um exército estrangeiro que marcha sobre Jerusalém, e em Oseias 5:8 ela é uma das cidades designadas para destruição. O lugar cúltico de Gibeá provavelmente foi destruído durante as reformas de Josias no século VII (2Rs 23:8).

Conquanto diversos lugares tenham sido sugeridos para a localização de Gibeá, dois têm recebido maior suporte do que os outros. Localizada a 5,5 km ao norte de Jerusalém, Tell el-Ful (1719.1367) foi identificada como Gibeá por William F. Albright. Uma breve escavação foi conduzida ali em 1868 por Charls Warren, mas uma escavação mais extensa foi feita em 1922-23 e 1933, por Albright, e em 1964 por Paul Lapp. Os resquícios indicaram várias ocupações desde a Idade do Ferro I até o período romano. A camada mais baixa foi destruída pelo fogo no século XII. A ocupação seguinte contém uma torre e um muro de casamata datando do século XI, talvez o palácio-fortaleza de Saul. Embora os escavadores cressem que os restos dessem apoio a uma associação com Gibeá, essa conclusão tem sido questionada.

A alternativa importante para Gibeá é Jaba, a 10 km a nordeste de Jerusalém. Infelizmente, o lugar não foi ainda escavado, mas um levantamento mostra fragmentos do Ferro II e do período persa. O suporte para essa identificação, entretanto, está baseado em descrições geográficas e literárias. *Ver* GEBA.

Bibliografia. P. M. Arnold, *Gibeah: The Search for a Biblical City*. JSOTSup 79 (Sheffield, 1990); N. L. Lapp, ed. *The Third Campaign at Tell el-Ful*. AASOR 45 (Cambridge, Mass., 1981); J. M. Miller, "Geba/Gibeon of Benjamin", *VT* 25 (1975), 145.-6; L. A. Sinclair, "An Archaeological Study of Gibeah (Tell el-Ful)", *AASOR* 34-35 (New Haven, 1960), 1-52. [SCOTT M. LANGSTON]

GIBEÁ-ELOHIM (heb. *gib̲ʿat̲ hāʾĕlōhîm*) Lugar ("outeiro de Deus") onde Samuel prometeu que Saul se encontraria com um grupo de profetas (1Sm 10:5). Conquanto claramente estabelecida nas elevações de Benjamim, por causa da similaridade com outros nomes (Geba, Gibeá, Gibeão; heb. *gib̲ʿâ*, "outeiro", aspecto topográfico dominante de Benjamim), a localização exata desse lugar tem experimentado forte debate. O problema é ainda complicado pelos textos em inglês que usualmente traduzem os termos descritivamente em vez de nomes próprios. A menção de uma guarnição filisteia sugere que esse outeiro era um "lugar alto" bem conhecido, perto de Gibeá (cf. 1Sm 10:10). Gibeão tem sido sugerida como um lugar alternativo, mas escavações ali não têm fornecido evidência arqueológica dos filisteus.

Bibliografia. Y. Aharoni, *The Land of the Bible*, 2.ed. (Philadelphia, 1979); W. F. Albright, *Excavations and Results at Tell el-Ful* (Gibeah of Saul). AASOR 4 (New Haven, 1924); A. Demsky, "Geba, Gibeah, and Gibeon: An Historico-Geographic Riddle", *BASOR* 212 (1973),

26-31; J. M. Miller, "Geba/Gibeah of Benjamin", *VT* 25 (1975), 15-66. [DENNIS M. SWANSON]

GIBEÃO (heb. *giḇ'ôn*) Cidade identificada com a ruína sob a vila árabe de el-jib, a 9 km a norte/noroeste de Jerusalém. A identificação foi confirmada pela descoberta de 31 jarros inscritos com o nome de Gibeão (*gb'n*). A importância do lugar repousa em sua posição estratégica nos cruzamentos das partes altas centrais. Ela mantém as estradas importantes que se dirigem ao leste vindas da planície costeira, ao longo do Vale de Aijalom via Bete-Horom e Quirate-Jearim. A partir de Gibeão, as estradas se voltam para a direção norte, para Betel, e para o sul, em direção a Jerusalém. Gibeão também repousava na margem ocidental de um platô relativamente grande na parte central de Benjamim e controlava o comércio norte-sul na região montanhosa. Como tal, era um centro natural de conflito entre Israel e Judá.

Gibeão aparece primeiro na Bíblia como a líder das cidades (inclusive Chephirah, Beerote, e Quiriate-Jearim) que enganaram a Josué e obtiveram um tratado de paz com Israel (Js 9). Quando o ardil é descoberto, os gibeonitas são condenados a ser "rachadores de lenha e tiradores de água" em Israel para sempre (Js 9:21). A história realça a posição central de Gibeão na região montanhosa assim como a sua localização estratégica guardando as principais estradas. O rei de Jerusalém, Adonizedeque, responde imediatamente à ameaça a seu território e ataca Gibeão. Josué é, então, forçado à ação, e marcha de Gilgal supreendendo a Jerusalém liderada pelos reis, atacando no nascer do sol e perseguindo-os até Bete-Horom — miraculosamente ajudados, de acordo com a narrativa bíblica, por granizos e pelo parar do sol (Js 10:1-14). Essa mesma posição estratégica explica o declínio do acampamento de Cestius em Gibeão, em sua marcha em direção a Jerusalém, em outubro de 66 A.D. (Josefo, *BJ* 2.515-16; cf. 2.540 ss).

A natureza sagrada do lugar é primeiramente encontrada na narrativa do sonho de Salomão (1Rs 3:2-5), na ocasião de seus sacrifícios ali nos lugares altos. O livro de Crônicas coloca a tenda da congregação (2Cr 1:3, 13) assim como o tabernáculo e o altar das ofertas queimadas em Gibeão (1Cr 16:39; 21:29). O "outeiro de Deus" (Gibeá-Elohim") mencionado nas narrativas de Saul está certamente na vizinhança de Gibeão, e parece que esse "outeiro de Deus" deveria ser equalizado a Gibeão. Se é assim, a localização de uma guarnição dos filisteus ali (cf.1Sm 10:5) explicaria a hostilidade de Saul em relação à cidade. A fome em Israel foi entendida como retribuição pela pelo morte dos gibeonitas por Saul como violação do tratado de Josué; os filhos de Saul foram consequentemente executados em Gibeão, a fim de acabar a fome (2Sm 21:1-14). Gibeão era também o lar de Hananias, o falso profeta (Jr 28:1). No período pós-exílio, os homens de Gibeão ajudaram na reconstrução do templo (Ne 3:7-8).

Escavações no lugar têm revelado um sofisticado sistema de água incluindo um grande poço circular lavrado em pedra. Isso é indubitavelmente o que está referido como "o poço de Gibeão" na literatura bíblica. O poço de Gibeão se torna um ponto focal para o conflito durante a guerra civil que se seguiu após a morte de Saul. Joabe e os homens de Amasa primeiramente se encontraram ali numa peleja (2Sm 2:12-17); mais tarde Joabe assassinou Amasa na "na grande pedra que está junto a Gibeão" (2Sm 20:8). No começo do século VI "o grande poço que está em Gibeão" é mencionado como sendo o lugar onde Joanã veio para apreender Ismael e os judeus após eles terem assassinado o governador babilônico Gedalias (Jr 41:11-18).

De acordo com evidência arqueológica descoberta nas escavações feitas por James Pritchard no final dos anos 1950, a ocupação do lugar começou no começo do segundo milênio (Era do Médio Bronze). O lugar declinou no final do segundo milênio (Final da Era do Bronze), e somente escassa evidência das tumbas atesta um assentamento nesse período. A transição da Idade do Ferro no século XII testemunhou a construção de um grande muro de 3,2-3,4 m de largura circundando o lugar. O lugar alcançou o seu zênite no século VII, quando se tornou um centro industrial para a produção e distribuição de vinho. [WILLIAM SCHNIEDEWIND]

GIBEATE-HAARALOTE (heb. *giḇ'aṯ hā'ărālôṯ*) Lugar perto de Gilgal onde os israelitas, que tinham nascido durante a viagem desde o Egito, foram circuncidados após cruzarem o rio Jordão (Js 5:3; "outeiro dos prepúcios"). Essa segunda circuncisão marca a entrada dos israelitas na Terra Prometida. A KJV associa esse lugar a *giḇ'aṯ* na lista das cidades benjamitas em Js 18:28 ("Gibeá"). O lugar é, de outra forma, desconhecido. [LAURA B. MAZOW]

GIBETOM (heb. *gibbĕṯôn*) Cidade levítica pertencente à tribo de Dã (Js 19:44; 21:23). Durante a Monarquia Dividida, Gibetom foi mantida pelos filisteus. Enquanto o exército de Nadabe estava atacando Gibetom, Baasa assassinou Nadabe e se tornou rei em seu lugar (1Rs 15:27). Cerca de vinte anos mais tarde, durante o reinado de Ela, filho de Baasa, Onri cercou a cidade como comandante do exército de Israel. Durante esse ataque, Zinri assassinou o rei e seus descendentes em Tirza. Ouvindo sobre o golpe bem-sucedido de Zinri, as tropas fizeram Onri rei quando eles abandonaram o cerco e foram para Tirza para destruir Zinri (1Rs 16:15-17).

Gibetom aparece na lista das cidades conquistadas por Thutmose III durante a campanha em 1468 a.C. e na descrição da campanha de Sargão II contra os reis de Asdode (712-13).

Dois lugares têm sido propostos para a Gibetom da Bíblia: Ras Abu Hamid/Humeid e Tell el Melat/Tel Malot, ambas cerca de 5 km a oeste de Gezer. Com base no levantamento inicial e nos resultados das escavações, Tell el-Malat é o lugar mais provável. [STEVEN M. ORTIZ]

GIDÁLTI (heb. *giddaltî*) Filho de Hemã e líder da 22ª divisão de músicos no serviço do santuário (1Cr 25:4, 29).

GIDEÃO (heb. *gid̲ĕʿôn*) De acordo com Juízes 6-8, líder pré-monárquico celebrado por libertar Israel dos invasores midianitas; também conhecido como Jerubaal. Ele também foi lembrado por suas atividades como vidente(Jz 6:21, 25, 36-40; 7:9-14; 8:27).

Uma introdução editorial (Jz 6:1-10) coloca as tradições de Gideão dentro da estrutura redatorial da apostasia, opressão, clamor, e libertação. A primeira das tradições mais antigas é uma cena de autorização (Jz 6:11-24). O mensageiro não reconhecido por Yahweh ordena que um Gideão temeroso vá e liberte Israel (cf. Jz 13). Semelhantemente a Moisés (Êx 3:10-12), Gideão protesta (Jz 6:13), mas é assegurado por Deus de que "Eu serei contigo [ARA]" (v. 16; cf. Êx 3:12).

O primeiro ato do recém-comissionado Gideão é retirar do altar a Baal de seu pai e seu lugar sagrado (*asherah*), e construir um altar para Yahweh (Jz 6:25-32). Essa história identifica Gideão com Jerubaal (cf. 1Sm 12:11; 2Sm 11:21), e dá uma explicação javista de seu nome Baal.

Com Yahweh, não Baal, confirmado como Deus de Gideão, o cenário é aprontado para a batalha. As várias tradições de Juízes 6:33-8:3 servem para estabelecer que a vitória sobre os midianitas é totalmente uma obra do guerreiro divino. Por partes, 32 mil soldados israelitas são reduzidos a trezentos homens que, como em Jericó (Js 6), derrotam o inimigo sem lutar ativamente.

A batalha é seguida por duas campanhas de muito sofrimento. As tropas ao ocidente do Jordão, que anteriormente se recusaram ir à batalha, juntamente com os efraimitas, atacam os midianitas que fogem, matando seus príncipes, Orebe e Zeebe. Isso é seguido de tensão dentro de Israel, quando Gideão diplomaticamente impede a batalha com Efraim, uma tribo dominante irada pela falha de Gideão em enlistar sua ajuda e, presumivelmente, ameaçada pelo surgimento repentino ao poder do novo líder.

A campanha da Transjordânia envolve a captura e a morte dos reis midianitas Zebá e Zamuna. Este tempo de conflito intertribal envolve a vingança brutal de Gideão contra Sucote e Penuel pela falha em socorrer suas tropas.

Os israelitas convidam o vitorioso Gideão para governá-los. Gideão rejeita a oferta por razões de piedade: Yahweh deveria ser o rei deles. Gideão, contudo, alega autoridade oracular, fazendo um éfode que engana a ele e sua família.

O ciclo de Gideão, com a história muito relacionada do esforço de seu filho para tornar-se rei(Jz 9), está entre os conjuntos mais longos e mais complexos da tradição no livro de Juízes. Os dois nomes do herói sugerem duas tradições originalmente independentes. A ideia da batalha inicial como um caso local envolvendo trezentos membros do clã de Gideão (os abiezritas de Manassés) está em tensão com a descrição de uma aliança intertribal em guerra contra 130 mil midianitas. A campanha da Transjordânia, descrita como um assunto de vingança de sangue para a matança previamente não mencionada dos irmãos de Gideão, se adapta muito pobremente com a campanha militar narrada em Juízes 7. Conquanto não haja nenhum consenso na erudição sobre os detalhes da história da composição, há concordância difundida de que uma variedade de tradições locais originalmente independentes tem sido produzida numa unidade desconfortável, dado que o grupo de "todo Israel", fica estabelecido dentro da estrutura característica dos Juízes.

Essa história de composição complexa corrói a utilidade das histórias de Gideão para uma reconstrução histórica. Em particular, os esforços de identificar uma base histórica para o pedido dos israelitas a fim de que Gideão governasse sobre eles, são dúbios. A passagem serve como uma frustração para a história antimonárquica de Abimeleque (Jz 9). Além do mais, as histórias têm sido moldadas para enfatizar um ponto teológico: a soberania de Yahweh. Yahweh, não Baal, é Deus; Yahweh, não os exércitos humanos, dá vitória sobre os inimigos de Israel; Yahweh, não Gideão, governará.

Bibliografia. A.G. Auld, "Gideon: Hacking at the Heart of the Old Testament", *VT* 39 (1989), 257-67; R. G. Boling, *Judges*, AB 6A (Garden City, 1975); J. A. Emerton, "Gideon and Jerubbaal", *JTS* n.s. 27 (1976), 289-312; J. A. Soggin, *Judges*. OTL (Philadelphia, 1981). [CAROLYN PRESSLER]

GIDEL (heb. *giddēl*) **1.** Servo do templo cujos descendentes retornaram do exílio com Zorobabel (Ed 2:47 = Ne 7:49).

2. Servo de Salomão cujos descendentes retornaram do exílio com Zorobabel (Ed 2:56 = Ne 7:58).

GIDEÔNI (heb. *gid̲ʿōnî*) Pai de Abidã, que liderou a tribo de Benjamim durante a jornada no deserto (Nm 1:11; 2:22; 7:60, 65; 10:24).

A B C D E F G H I J K L M N O P Q R S T U V X Y Z

GIDOM (heb. *giḏ'ōm*) Lugar na vizinhança de Rimom 3, c. 5 km a leste de Betel, no qual os israelitas perseguiram os benjamitas após derrotá-los na guerra civil (Jz 20:45).

GIGANTES Lendária raça de estatura física imponente. Esses habitantes primeiros da Terra Prometida eram conhecidos por diversos nomes. Gênesis 6:4 os identifica como os altos nefilins (Nm 13:33) como sendo a descendência de deuses e mulheres. De acordo com Gênesis 14:5-6, os reis do oriente subjugaram os refains de Basã, zuzim/zanzumim de Amom, emim de Moabe, e os horeus de Edom. O rei amorreu Ogue, que possuía uma cama de quatro metros de comprimento por um metro e oitenta de largura, era supostamente um remanescente dos Refains (Dt 3:11). A grande estatura juntamente com dedos e artelhos extras, caracterizava os descendentes dos Refains — em outro lugar chamados de anaquins (Js 11:21-22) — na Filístia (2Sm 21:15-22; 1Cr 20:4-8).

Bibliografia. E.C. Hostetter, *Nations Mightier and Mor Numerous: The Biblical View of Palestine's Pre-Israelite Peoples*. BIBALDS 3 (N. Richland Hills, Tex., 1995), 96-111.

GILALAI (heb. *gilălay*) Músico levita que participou na procissão da dedicação da reconstrução dos muros de Jerusalém (Ne 12:36).

GILBOA, MONTE (heb. *har haggilbōa'*) Espigão do eoceno e pedra calcária cenomaniana que, juntamente com o Outeiro de Moré, ao norte, marca a separação entre os vales de Jezreel e Harod. A localização do Monte Gilboa é fixada por Eusébio (Onom. 72.10), que escreve que seu nome é preservado pelo vilarejo Gelbus (Jelbun, a seis milhas romanas de Scythopolis (Bete-Sã).

É na fonte de Harod (Ein Jalud, no pé de Gilboa, que Gideão escolhe trezentos homens para lutar contra os midianitas (Jz 7:1). Saul e seus três filhos morreram no Monte Gilboa (1Sm 28:4; 31:1-6). Acabe, rei de Israel, parece ter estabelecido uma capital de inverno em Jezreel (Zirim), uma cidade no pico mais ocidental do Monte Gilboa (1Rs 21:1).

Bibliografia. T. Koizumi, "On the Battle of Gilboa", *Annual of the Japanese Biblical Institute* 2 (1976), 61-78.

GILEADE (heb. *gil'āḏ*) **I. (PESSOA) 1.** Filho de Maquir e neto de Manassés; epônimo da tribo e território de Gileade (Nm 26:29-30; 27:1; 36:1; 1Cr 2:21, 23; 7:14, 17). Gileade permaneceu na Transjordânia em vez de se unir a Débora e Baraque contra Sísera (Jz 5:17); alguns eruditos sugerem que isso reflete instabilidade política dentro da tribo naquele tempo e que a tribo de Gileade foi suplantada por Gade.

2. Pai do guerreiro ilegítimo Jefté, que julgou Gileade no tempo da invasão amonita (Jz 11:1-2, 8, 11). O nome pode ser um patronímico.

3. Epônimo ancestral de um clã gadita (1Cr 5:14).

II. (LUGAR) Região montanhosa na Transjordânia. Seu nome é derivado do neto de Manassés (Nm 26:29). Nada mais é conhecido a respeito de Gileade ou de seu pai, Maquir.

O clã de Gileade pode ter se estabelecido na área montanhosa da Transjordânia por causa de uma tradição tribal primitiva e por causa da similaridade entre o nome deles e o nome mais antigo da região (Galeede; Gn 31:47). Julgando pelas muitas histórias estabelecidas em Gileade, e pelo fato de que o clã de Gileade emprestou seu nome à região toda, pode se assumir que os gileaditas foram a família mais forte dentro da tribo de Manassés. Algumas vezes, Gileade é descrita como uma região equivalente à Basã (Dt 4:43; Js 17:5; 1Cr 5:16), enquanto que outras vezes à Transjordânia; como um todo, é mencionada como sendo Gileade (p. ex., Nm 32:26, 29; Js 22:9, 13, 15, 32; Jz 10:8; 20:1; 2Sm 2:9; Os 6:8). Numa determinada ocasião, o nome Gileade foi até usado no lugar do nome tribal Manassés (Jz 5:17; Sl 607 [TM 9]; 108:8 [9]) ou foi, ao menos, um nome alternativo para a tribo (Jz 12:4). Durante o período dos Juízes, Gileade não era somente o grupo israelita mais forte na Transjordânia, mas era provavelmente, às vezes, o contingente israelita mais forte em toda Canaã (Jz 10:3; 12:7). Os gileaditas foram fortes o suficiente para derrotar os amonitas, e ao menos uma tribo israelita perturbadora sob a liderança de Jefté (Jz 11:32-33; 12:4).

Devido às venturas políticas em mudança na região, os limites geográficos exatos de Gileade são difíceis de serem determinados e não são especificamente delineados. Não obstante, Gileade propriamente está centrada na região montanhosa da Transjordânia, a oeste/noroeste da moderna Amã, e vagamente associada ao rio Jaboque. Sua vizinha ao norte era Basã. Certamente a área central era região montanhosa (Gn 31:21, 23; Ct 4:1; Jr 22:6). Das árvores dessas montanhas vinha o bálsamo suavizante que Jeremias compara ao poder curador de Deus (Jr 8:22; 46:11; cf. Gn 37:25).

O território montanhoso era frequentemente um lugar de salvação ou de segurança para o fiel. Foi para Gileade que Jacó fugiu de Labão (Gn 31:21), de onde os ismaelitas vieram e salvaram José das mãos de seus irmãos (37:25), onde algumas pessoas se esconderam dos filisteus nos dias de Saul (1Sm 13:7), e onde Davi obteve sua vitória sobre Absalão (2Sm 17:26).

O profeta Elias é provavelmente o mais famoso gileadita (1Rs 17:1). Embora nenhum ponto saliente da vida de Elias seja apresentado como ocorrendo em Gileade, o fato de ele ser reconhecido como um profeta de Yahweh por israelitas da Cisjordânia, sugere que Gileade permanecia como território israelita até ao menos a metade do século IX a.C. Nos séculos IX e VIII, logo após o tempo de Elias, Gileade não mais era um território israelita independente (2Rs 10:33; 15:29). De acordo com o profeta Oseias, Gileade tinha se tornado um lugar de malfeitores (Os 6:8; 12:11 [12]). Foi predito que Gileade eventualmente retornaria ao controle israelita (Ob 1:19; Mq 7:14; Zc 10:10).

Bibliografia. Y. Aharoni, *The Land of the Bible*, 2.ed. (Philadelphia, 1979), 38-39; D. Baly, *The Geography of the Bible*, ed. rev. (New York, 1974), 219-25. [DAVID MERLING]

GILGAL (heb. *gilgāl*) **1.** Lugar "oposto" aos Montes Gerizim e Ebal. Deuteronômio 11:30 descreve-o como ambos, "na terra de" os canaanitas morando em Arabá (que poderia se referir a Gilgal, próximo de Jericó) e "além" dos carvalhos de More (que indicaria uma outra Gilgal, perto de Siquém).

2. Lugar a leste de Jericó onde os israelitas acamparam após cruzarem o Jordão e onde erigiram doze pedras do rio Jordão como um memorial da travessia pelas doze tribos (Js 4:19-20). A geração dos israelitas nascida no deserto foi circuncidada ali (Js 5:2-9). Dessa ação de "afastar a desgraça do Egito", aparentemente o nome Gilgal foi derivado de um jogo com a palavra heb. *gll* ("afastar"). Em Gilgal os israelitas celebraram a primeira Páscoa na terra (Js 5:10), comeram do produto da terra, e o maná cessou. Eles atacaram Jericó a partir de Gilgal, foram ali enganados pelos gibeonitas (Js 9:6), e ali lançaram um ataque sobre a coalizão antigibeonita (10:6-7, 9, 15). Eles também retornaram para lá vindos de uma campanha vitoriosa no sul da Canaã (Js 10:43) e concederam Hebrom a Calebe, começando a distribuição da terra às tribos (14:6).

Em Juízes 2:1, o anjo do Senhor vai de Gilgal a Boquim, talvez indicando um declínio na importância de Gilgal ou talvez sua captura pelos moabitas. Dali, Eúde retornou para assassinar Eglom, o rei deles (Jz 3:19). No tempo de Samuel, Gilgal parece ter readquirido alguma proeminência. Era parte de seu circuito (1Sm 7:16). Samuel e o povo fizeram sacrifícios ali (1Sm 10:8), e ali Saul foi afirmado como rei (11:15); mas Saul foi repreendido por arrogantemente oferecer sacrifícios (13:9-14) e por falhar em destruir os rebanhos amalequitas que ele guardou para sacrificar nesse lugar (15:21). Essa menção de sacrifício em Gilgal talvez indique sua importância como um santuário naquele tempo. Em Gilgal, Davi foi bem recebido de volta como rei após a derrota de Absalão (2Sm 19:15, 40).

Os profetas do século VIII condenam o uso de Gilgal como um centro para sacrifício (Os 4:15; 9:15; 12:11 [TM 12]; Am 4:4; 5:5). Miqueias relembra seu povo positivamente da viagem dos israelitas a partir de Sitim até Gilgal (M 6.5).

Tentativas de arqueólogos de fixar a localização de Gilgal perto de Jericó não têm sido conclusivas. Talvez tenha sido apenas uma área de acampamento que mais tarde se tornou um lugar de sacrifício que meramente consistia de um altar e uns poucos pilares de pedra.

Bibliografia. B. M. Bennett, Jr., "The Search for Israelite Gilgal", *PEQ* 104 (1972), 111-22; J. Muilenburg, "The Site of Ancient Gilgal", *BASOR* 140 (1955), 11-27.

3. Lugar na Galileia entre Dor e Tirza, cujo rei Josué derrotou (Js 12:23-24 TM). A LXX diz "Goiim na Galileia" (assim também a NRSV).

4. Lugar em direção ao qual a fronteira moderna de Judá se tornou para o norte, oposto à escalada de Adumim (Js 15:7). Contudo, descrevendo essa mesma fronteira como a fronteira sul de Benjamim, Josué 18:17 menciona Gelilote em vez de Gilgal. Como tentativa, as escavações identificam o lugar como Araq ed-Deir, a 1,5 km a oeste de Khan el-Ahmar, a tradicional "Hospedaria do Bom Samaritano".

5. Lugar ao norte de Betel. Dali Elias e Eliseu viajavam para Jericó (2Rs 2:1-4). Mais tarde, após ressuscitar o filho da sunamita, Eliseu retornou a Gilgal, onde ele fez um cozido para os profetas (2Rs 4:38). Alguns eruditos identificam o lugar como a moderna Jiljulieh, na região montanhosa, c. 13 km ao norte de Betel.

6. Lugar pelo qual Demétrio passou na viagem para o seu cerco de Jerusalém (1Mac 9.2). [ROGER GOOD]

GILGAMESH, ÉPICO DE Talvez a mais famosa obra-prima da literatura do antigo Oriente Próximo, indubitavelmente devido à sua narrativa do dilúvio (embora isso seja realmente uma adição posterior). Composta em acadiano, ela apresenta as explorações de Gilgamesh, um possível rei de Uruk (o Ereque bíblico, Gn 10:10) no sul da Mesopotâmia c. 2700-2600 a.C. Várias obras literárias e tradições independentes dos sumérios a respeito de Gilgamesh tinham circulado já na Dinastia III de Ur (2100-2000). Contudo, em algum tempo no começo do segundo milênio essas obras agrupadas foram transformadas numa composição única (frequentemente mencionada como a Antiga Versão Babilônica). Sua popularidade é atestada pelas cópias, fragmentos, e adaptações dessa versão que foi encontrada em lugares como Emar no norte da Síria, Megido e Canaã, e Hattusa, a capital do Império Hitita.

Nem as primitivas obras sumérias ou a Antiga Versão da Babilônia continham uma narrativa do dilúvio. Esse elemento, contudo, pode ser remontado a partir dos começos do episódio dos sumérios (A

Fábula de Ziusudra) por meio de sucessivas traduções em acádio e adaptações para o final da versão "canônica" em doze tabletes (capítulos) nos quais é frequentemente mencionado como a Versão Padrão do Épico de Gilgamesh (conhecida principalmente desde as cópias neoassírias [750-612 a.C.]).

O tema total dessa versão integrada é (basicamente condenada) a busca da vida eterna e "o prêmio de consolação" de fama duradoura que, no caso de Gilgamesh, foi realmente realizada.

Mas é o Tablete XI dessa Versão Padrão, com sua história mesopotâmica do dilúvio, o mais familiar de todos os paralelos bíblicos no épico. O tablete parece ser retirado em particular do mito acádio de Atrahasis. Nessa versão, a narrativa do dilúvio é colocada na boca do próprio herói do dilúvio (= Noé), conhecida em versões com nomes diferentes, mas aqui como Utnapishtim ("Eu tenho encontrado/ele encontrou vida"). Num determinado estágio de sua evolução, o Tablete XI era o último tablete do épico, e concluía com o retorno de Gilgamesh a Uruk. Subsequentemente, o 12º tablete foi acrescentado por tradução direta de um protótipo sumério. Ele incluía uma visão do mundo inferior sobre o qual Gilgamesh presidiu como uma divindade.

Bibliografia. S. Dalley, *Myths from Mesopotamia* (Oxford, 1989), 39-153; B. R. Foster, *Before the Muses*, 2.ed., 2 vols. (Bethesda, 1996); B. R. Foster, "Gilgamesh (1.132)", em *The Context of Scripture*, ed. W. W. Hallo (Leiden, 1997), 1.458-60; M.G. Kovacs, *The Epic of Gilgamesh* (Stanford, 1989); J. H. Tigay, *The Evolution of the Gilgamesh Epic* (Philadelphia, 1982). [K. LAWSON YOUNGER, JR.]

GILO (heb. *gilōh*) Cidade na região montanhosa de Judá (Js 15:51); o lar de Aitofel ("o gilonita"; 2Sm 15:12; 23:34). Embora amplamente aceita, a identificação de Gilo com Khirbet Jala, cerca de 8 km ao norte/noroeste de Hebrom, encontra uma dificuldade em Josué 15:48-51, que parece localizar Gilo a sudoeste de Hebrom, talvez perto de Khirbet Rabud.

GINÁSIO Instituição grega em que rapazes nus treinavam corpo, mente e alma por meio de exercícios físicos. Fontes antigas revelam quão inseparáveis eram os ginásios do modo de vida grego e de suas cidades (Strabo Geog. 5.4.7; Pausanias Descr. Gr. 10.4.1). O ginásio estava associado a comportamento homossexual, especialmente à pedofilia. Muitos romanos consideravam o ginásio o lugar em que seus jovens eram corrompidos (Cícero Tusc. disp. 4.70; De leg. 4.4.4.; Tácito Ann. 14.20.4). No NT não existem referências a ginásios (mas, cf. *gymnázō*, "treinar", usado metaforicamente em 1Tm 4:7; heb 5:14; 12:11; 2Pd 2:14; *gymnasía*, "treinamento físico", com referência a disciplinas ascéticas em 1Tm 4:8).

Para o judaísmo, foi de importância histórica singular a introdução de ginásios na Judeia, no século II a.C. A construção de um ginásio em Jerusalém levou à negação da sagrada aliança por parte de muitos judeus da Judeia sob o reinado de Antíoco Epifânio IV (175-164; 1Macabeus 4.7-17). A introdução dessa instituição grega fomentou uma reação judaica conservadora contra a assimilação, que, por sua vez, originou seitas judaicas na metade do século II a.C.

Bibliografia. R. E. Wycherley, *How the Greeks Built Cities*, 2.ed. (New York, 1976). [RICHARD E. OSTER, JR.]

GINATE (heb. *gînaṯ*) Pai de Tibni, que sem sucesso competiu com Onri pelo trono de Israel (1Rs 16:2-22).

GINETÓI (heb. *ginnĕṯôy*) Sacerdote que retornou do exílio com Zorobabel (Ne 12:4). Ele pode ser o mesmo que Ginetom 2.

GINETOM (heb. *ginnĕṯôn*) **1.** Sacerdote que colocou seu selo para a renovação do pacto no tempo de Neemias (Ne 10:6 [TM 7]).

2. Líder de uma família sacerdotal no tempo do sumo sacerdote Joiaquim (Ne 12:10 e 16). Se o nome é um epônimo da família toda, ele pode abarcar 1 acima. Alguns também o identificam com Ginetói.

GINZO (heb. *gimzô*) Cidade judaíta nas regiões altas próxima da planície da Filístia, capturada pelos filisteus no tempo da guerra siro-efraimita (2Cr 28:18). O lugar é geralmente aceito como a moderna Jimzu, cerca de 5 km a sudeste de Lod (a bíblica Lida).

GIOM (heb. *gîḥôn, giḥôn*) **1.** Um dos quatro rios que se ramificam e banham o jardim do Éden (Gn 2:13). Visto que Giom fluía ao longo da terra de Cuxe (usualmente uma referência do AT a uma região sul do Egito, por exemplo, Núbia ou Norte do Sudão), algumas vezes ele tem sido equalizado ao Nilo. Contudo, porque os rios Tigres e Eufrates são rios do ocidente da Ásia e Cuche de Gênesis 2:13 pode também estar lá, o rio Giom pode ter estado na Ásia Ocidental em vez de estar no norte da África.

2. Fonte (En Sitti Maryam/`Ain Umm ed-Daag) no Vale do Cedrom que era o principal suprimento de água para Jerusalém nos tempos do AT. A água jorra de uma caverna natural entre uma e cinco vezes diariamente (suprimento de 28: aprox. 200.000 litros a 1 milhão de litros de água), dependendo da estação do ano. Salomão foi ungido rei nesse lugar (1Rs 1:33, 38, 45). Ezequias bloqueou as águas da fonte e desviou-as para um reservatório (o Poço do Siloé; cf. João 9:7, 11), por meio de um túnel que ele ordenou que fosse cavado (2Rs 20:20; 2Cr 32:30) para proteger o suprimento de água durante a invasão assíria de 71 a.C. Na metade do século VII, Manassés construiu um muro exterior para escorar as defesas de Jerusalém a oeste de Giom (2Cr 33:14).

Bibliografia. Z. Abells e A. Arbit, "Some New Thoughts on Jerusalem's Ancient Water Systems", *PEQ* 127 (1995), 2-7; Y. Shiloh, *Excavations at the City of David 1:1978-1982.* Qedem 19 (Jerusalém, 1984). [STEPHEN R. MILLER]

GIRGASEUS (heb. *girgāšî*) Grupo étnico nativo que foi desapossado pelos israelitas durante a aquisição da Terra Prometida (Js 3:10; 24:11). Tem sido conjecturado que os girgaseus habitavam uma área ao norte do Vale de Jezreel e ao sul das montanhas do Líbano. Os gergesenos do NT (gr. *gergesēnoí*) podem ser o mesmo nome.

Bibliografia. E.C. Hostetter, *Nations Mightier and More Numerous: The Biblical View of Palestine's Pre-Israelite Peoples.* BIBALDS 3 (N. Richland Hills, Tex., 1995), 62-66. [EDWIN C. HOSTETTER]

GIRZITAS (heb. *girzî*) Povo, juntamente com os amalequitas e os gesuritas, contra quem Davi e suas tropas se levantaram em Ziclague (1Sm 27:8). A terra natal dos girzitas teria sido em algum lugar entre a Filístia e a fronteira egípcia. Eles não são mencionados em nenhum outro lugar no AT, e muitos eruditos sugerem que "girzita" é uma ditografia corrompida de Gesurita (cf. Q gizri). [NANCY L. DECLAISSÉ-WALFORD]

GISPA (heb. *gišpā'*) Superintendente dos servos do templo no tempo de Neemias (Ne 11:21). Alguns eruditos consideram o nome como uma corruptela de Hasufa na lista de Esdras 2:43.

GITAIM (heb. *gittāyim*) Cidade (heb. "par de lagares") onde os habitantes amorreus de Beerote tinham refúgio permanente (2Sm 4:3), seja das hostilidades de Saulide contra as cidades aliadas a Gibeão (21:2; Js 9) ou de Saul na vingança pelo assassinato de seu filho Isbosete pelos descendentes do beerotita Rimom (2Sm 4:2). Sua localização é incerta. Alguns eruditos preferem uma identificação nas proximidades de Beerote no território tribal de Benjamim, mas outros preferem Gate, a noroeste de Aijalom, onde a presença próxima dos filisteus teria providenciado proteção de Saul. Gitaim foi habitada após o exílio (Ne 11:33). [DAVID PAUL LATOUNDJI]

GITITA (heb. *gittîm*) Uma designação gentílica dos habitantes da cidade filisteia de Gate (p. ex., 2Sm 6:10-11; 15:18.

GITITE (heb. *gittîṯ*) Termo obscuro encontrado nos sobrescritos dos salmos (Sl 8, 81, 84), sempre como parte da frase *'al-haggitt'ṯ*, tipicamente traduzida como "de acordo com os gititas". Igual a outros termos com al nas sobrescrições dos salmos, é provável que seja um termo técnico denotando uma melodia, talvez um termo associado com Gate. Outras possibilidades incluem um tipo de instrumento musical (p. ex., lira gitita), um procedimento cúltico ou canto festivo/cerimônia, talvez associado com o Ano Novo ou Tabernáculos (cf. LXX "nos tonéis de vinho" — heb. *gaṯ*). [TYLER F. WILLIAMS]

GIZONITA (heb. *gizônî*) Nome gentílico aplicado a Hazem, um dos guerreiros de Davi (1Cr 11:34). Nenhuma pessoa ou lugar chamado Gizo, do qual o termo poderia ser derivado, é conhecido; assim os eruditos sugerem emendar o texto para "Gunita" (cf. LXX) ou "gimzonita".

GLÓRIA Aquele aspecto de uma pessoa ou Deus digno de louvor, honra, ou respeito; frequentemente associada com o brilho ou esplendor nas teofanias. Usada a respeito do povo ou criação, a glória é aquela característica que as pessoas tipicamente honram: sabedoria (Pv 25:2), poder (2Rs 14:10) riqueza (Et 1:4; Mt 6:29 par.). Pode se referir a uma qualidade da terra (Is 35:2) ou do povo: velhice (Pv 1631), força (20-29) ou aparência exterior (Is 53:2).

Diversas palavras hebraicas são traduzidas como "glória", mais comumente *kāḇôḏ*, "pesado, penoso" (cf. Is 22:24). Termos relacionados são *hāḏār* (p. ex., o esplendor da obra de Deus, Sl 90:16), e *hôd*, soberania de Deus sobre todas as coisas (Sl 148:13), mais frequentemente traduzida como "honra". A LXX traduz com a palavra gr. *dóxa*, unificando glória com suas manifestações e abarcando a grandeza e a majestade de Deus. O NT herdou esse complexo de significados, também usado *dóxa* no sentido do grego clássico de "reputação" (cf. Lc 14:10), no sentido hebraico de "pesado" (2Cr 4:17), e para *Shekinah*, a presença habitadora de Deus (1Pe 4:14).

ANTIGO TESTAMENTO. O Pentateuco associa a glória de Deus (p.ex., sua aura, a absoluta magnificência da presença de Deus) com teofanias, atos de salvação e julgamento. A glória é um fogo devorador, coberta de nuvens sobre o monte Sinai (Êx 24:16-17). Nas nuvens e em fogo a glória de Deus acompanhava Israel pelo deserto (cf. Êx 13:21), enchia o tabernáculo (40:34-38) e o templo (cf. 1Rs 8:10-11; 2Cr 7:1-3), e santificava o começo do serviço cúltico (Lv 9:23). Deus encobriu Sua glória de Israel, mas deu a Moisés um vislumbre de Seu fulgor (Êx 33:18-23). Deus demonstra Sua glória na salvação: em vitória sobre faraó no mar Vermelho (Êx 14:4) e ao providenciar maná no deserto (16:7). Quando o povo se rebelou, a glória também acompanhou o julgamento (Nm 16:42-50).

Nos profetas, a glória de Deus é novamente encontrada em teofanias (Is 6:3; Ez 43:2-5) e é declarada em julgamento sobre o rebelde Israel (Is 2:10; Ez 10:18) e as nações (Is 10:16). Em contraste com a glória humana, Deus mantém um pacto inamovível com seu remanescente fiel (Is 42:8), prometendo salvação (40:5; 46:13) e proteção (58:5-8). Ezequiel consola os exilados com a promessa do retorno da glória de Deus para um templo restaurado (Ez 44:4-8).

Nos salmos, a glória de Deus repousa em suas obras poderosas manifestas na criação (p. ex., Sl 19, 29, 97, 104). Israel adora a Deus por suas obras poderosas de salvação na história (Sl 66; 105; 145:4-12). Deus é o rei de glória vitorioso (Sl 24:7-12), cuja presença repousa agora em Sião (26:8; 63:2 [TM 3]).

O AT também proclama a esperança escatológica de que toda a terra "se encherá da glória do Senhor" (Nm 14:21), quando todas as nações bendirão o Senhor (Sl 66:2-4; 138:4-5). O reino messiânico raiará quando as nações conhecerem a glória do Messias e Sua paz (Is 60:1-3; cf. 11:6-9; Hc 2:14).

Novo Testamento. Como no AT, a glória é um atributo essencial de Deus, "o Pai da glória" (Ef 1:17), cujo esplendor é mostrado no nascimento de Jesus (Lc 2:9) e é parte da esperança escatológica (Rm 5:2). Em resposta, as pessoas devem glorificar a Deus (At 12:23; 1Co 10:31).

O entendimento da glória é expandido aqui incluindo a de Cristo também. Exatamente como a glória referente à salvação no AT, assim no NT ela é revelada na obra de libertação do Messias. Nos Evangelhos Sinópticos Cristo compartilha sua glória na parúsia, quando Ele virá com vindicação e julgamento (Mt 16:27; Mc 8:38). Cristo possui Sua própria glória por meio de Sua morte e ressurreição (Lc 24:26). Na narrativa da Transfiguração (Lc 9:28-36 par.) a glória de Jesus é experimentada como teofania.

João apresenta Jesus como a revelação da glória de Deus (Jo 1:14), preexistente em Cristo (17:24). Suas obras são sinais da glória de Deus (2:11), convidando à fé (11:4, 40). A cruz é o sinal culminante, a hora da glorificação de Cristo (12:23; 13:31-32; cf. Ap 5:12-13). Deus continua a glorificar a Cristo por meio da obra do Espírito (Jo 16:14).

A participação na glória do Cristo ressurreto é uma participação na glória de Deus (Rm 5:2; 2Co 3:7-18). Pelo Espírito, a igreja faz a glória de Cristo brilhar por meio de sua vida (2Co 3:18; 4:6). Os crentes são a imagem e glória de Deus (1Co 11:7), dando glória por conduzir vidas dignas do evangelho (10:31; 1Ts 2:12), pela obediência (2Co 9:13), pureza (1Co 6:20), boas obras (1Pe 2:12), e voluntariedade para sofrer por Cristo (Rm 8:17-18; 1Pe 4:13-16). Eles podem ansiar em partilhar da glória de Deus, vivendo em Sua presença em novos corpos, no novo céu e na nova terra (1Co 15:43; Ap 21:22-26).

Bibliografia. I. Abrahams, *The Glory of God* (1925, reimp. New York, 1973); H. U. Von Balthasar, *The Glory of the Lord: A Theological Aesthetics*, 7 vols. (San Francisco,1983-91); G. Von Rad e G. Kittel, "dokéo, dóxa", *TDNT* 2.232-55. [DARREL D. GWALTNEY, JR./ RALPH W. VUNDERINK]

GLOSA Uma nota feita pelo escriba, originalmente escrita na margem ou acima de uma linha, que no processo da transcrição se tornou incorporada ao texto. Como é assegurado por críticos textuais, tais anotações podem ter sido pretendidas para explicar ou elaborar uma passagem (p. ex., Js 1:15, "e tomaram posse dela"), indicam uma leitura variante (cf. 1Sm 12:13, "pelo qual pedistes"; faltando na LXX), ou acrescem uma afirmação piedosa ou um corretivo teológico (p. ex., Sl 51:14 [TM 16]), "ó Deus de minha salvação").

GNOSTICISMO, GNOSE O gnosticismo é um termo originado no século XVIII e tem funcionado como o rótulo para uma categoria mal definida na história da pesquisa religiosa. Tanto o termo como a categoria moderna, hoje, está sob crítica muito pesada. Os termos gregos anteriores *gnósis* ("conhecimento") e *gnóstes* ("conhecedor, pesquisador") são empregados nas fontes antigas onde eles são naturalmente livres do construto moderno "gnosticismo".

Em sua apresentação da erudição clássica, agora crescentemente desacreditada, o termo gnosticismo foi usado como o rótulo para o que foi variavelmente descrito como o movimento de protesto mais unificado contra as estruturas dominantes da política, da religião e da filosofia do final da antiguidade. Cria-se que essa proposta "religião gnóstica", reconhecidamente em suas várias formas, era promovida pelos elitistas, e era parasita de outras religiões, radicalmente dualista em suas atitudes anticósmicas e antifísicas. Acreditava-se que o estado dos seres humanos era de cegueira, sono, e bebedeira. O espírito interior era prisioneiro do cosmo material, ambos criados por um deus inferior e menor (Gn 1-6), e algumas vezes dito como escravizando sua criação com o tempo, com as leis, e com a luxúria. A história humana remonta à tentativa de transcender as limitações materiais por fazê-la retornar ao Deus mais elevado e verdadeiro nos mais altos céus (*plērōma*). Esse retorno era alcançado por meio da experiência de conhecimento (*gnṓsis*) que um indivíduo tinha e que o informava a respeito de sua verdadeira natureza e origens espirituais no mais alto céu, sua trágica queda na matéria (*hýlē*), e sua eventual restauração ao verdadeiro Deus. Resultante desse modelo foi a ideia de que os gnósticos estavam envolvidos numa "crise social" descrita de modo variado, que se mostrava em ambos os níveis, textuais e mitológicos, numa revolta hermenêutica subversiva, uma exegese de protesto dirigida contra a ortodoxia judaica e as mitologias políticas do cristianismo, frequente com uma guinada jungiana.

Essa rebelião foi caracterizada nos textos por uma inversão de valor exegética dos primeiros capítulos de Gênesis. No lado ético, os gnósticos foram descritos como ascéticos ou libertinos. Alguns desses aspectos foram enfatizados, ou não enfatizados, ou mesmo estiveram ausentes de alguns relatórios de heresia e de textos supostamente gnósticos, enquanto outros aspectos foram acrescentados como evidências complexas demonstram.

Essa caracterização clássica do gnosticismo é uma construção moderna que tem tentado descrever um fenômeno social que nunca existiu no mundo antigo, mas em sua falha em descrever um movimento social construído numa categoria errônea. Os eruditos estão divididos sobre se o termo deveria ser mantido e a categoria revisada, ou se ambos, o termo e a categoria deveriam ser abandonados.

Estudos recentes sugerem que alguém poderia descrever os fenômenos sociais sob consideração como uma classificação de movimentos de novas religiões. Esses movimentos se originam de um grande conjunto de tradições discretas, muitas das quais têm sido remontadas a textos e movimentos muito antigos. Dependente de sua constelação particular de tradições, cada movimento pode, então, ser identificado em relação ao seu tipo. A malograda pesquisa clássica das origens do gnosticismo que frequentemente argumentava ter começado entre os intelectuais descontentes (judeus, cristãos, ou outros), tem tentado explicar demais os diversos fenômenos numa categoria muito estreita. Isso sugere que a fonte de análise poderia focalizar as origens e o desenvolvimento das tradições individuais e os agrupamentos de tradições. Com esse novo modelo emergente, tanto o termo "gnosticismo" quanto sua categoria moderna resultante tem perdido toda relevância para o assunto em pauta, e agora funciona somente para nos alertar para o problema de sua existência.

As evidências históricas que têm sido o foco do termo moderno e da categoria "gnosticismo" se dividem em dois grupos: manuscritos antigos e registros de heresia. A respeito dos manuscritos, tem havido quatro principais descobertas de códices de papiro cópticos precedendo os anos 400 d.C., incluindo, em ordem das descobertas deles, o Códice Askew contendo quatro textos (publicados em 1896), o Códice Bruce contendo três textos (1891), e o Códice Berlim contendo quatro textos (1995). Em 1945, treze códices de papiros cópticos contendo 52 textos diferentes e datando da metade do século IV, foram descobertos no Alto Egito perto da moderna vila de Nag Hammadi. Os livros parecem ter sido copiados e lidos por monges cristãos. As origens datam principalmente dos séculos II e III, com algumas de suas fontes remontando ao século I. Essa descoberta única proporciona quarenta novos textos, trinta dos quais são razoavelmente completos, mas dez estão altamente fragmentados. Muitos dos textos recuperados destas quatro descobertas foram colocados na categoria "gnosticismo" porque eles foram vistos como similares aos textos refutados pelos heresiólogos. Essas descobertas de manuscritos têm aumentado o nosso conhecimento da amplitude e diversidade dos movimentos religiosos que uma vez foram forçados para dentro da categoria "gnosticismo".

Os heresiólogos espaçam [o movimento] desde o século II até o século V, começando com Justino Mártir (m. 165), o influente Ireneu de Leão (m. 200), Clemente de Alexandria (m. 215), Tertuliano (m. 225), Hipólito de Roma (m. 235), Orígenes (m. 254), Epifânio de Salamis (m. 403), Agostinho (430; que por um tempo foi maniqueu), e Teodoreto de Cirro (m. 466). As evidências heresiológicas podem ser divididas em citações literais confiáveis (totalizando menos de sessenta páginas) e várias descrições. A natureza frequentemente tendenciosa e algumas vezes derivativa dos registros heresiológicos é bem conhecida. Geralmente, esses relatórios argumentam que os grupos que estavam descrevendo tinham se desviado da verdade sob a influência demoníaca, e que o erro tinha vindo por meio de fontes judaicas mais antigas (Justino e Ireneu), fontes filosóficas gregas (Nipólito e Clemente), ou uma variedade de fontes sectárias gregas e judaicas (Epifânio).

Os registros heresiológicos evidenciam a existência de movimentos religiosos discretos (frequentemente chamados escolas). Basilides de Alexandria (m. c. 150) e seu aluno Isidoro começaram um movimento vitorioso que existiu até o século IV, embora confinado ao Egito. Valentino de Alexandria em Roma (m. c. 175) viu esse ensino explodir no cenário internacional durante a sua vida com o desenvolvimento das tradições distintas do Ocidente e do Oriente. Alguns de seus alunos se tornaram figuras influentes na Escola Cristã Valentiniana, notadamente Ptolomeu, Heracleon e Marcus. Marcião de Sinope (m. c. 160) também construiu um movimento de sucesso internacional com alunos como Apelles (m. c. 200) que durou até o século IV no Ocidente (um alvo da perseguição estatal de Constantino), mas mesmo mais longe, no Oriente, onde autores árabes ainda se referiam aos marcionitas no século X.

Alguns pesquisadores modernos sugerem que diversos textos do NT e textos relacionados evidenciam contato com o "gnosticismo" nos vários estágios do seu desenvolvimento. Textos que especialmente se salientam são a correspondência de Paulo aos Coríntios, Colossos, Efésios, e as Epístolas Pastorais, Judas, 2Pedro, e as cartas de Inácio de Antioquia (m. c. 165) entre outras. Mas mesmo aqui as questões discutidas são diversas, demonstrando uma classificação complexa de movimentos de novas religiões em competição, mas nenhuma evidência de "gnosticismo".

Bibliografia. H. Jonas, *The Gnostic Religion* (Boston, 193); G. Quispel, *Gnostic Studies*, 2 vols. (Istanbul, 1974); J. M. Robinson, *The Nag Hammadi Library in English*, 3.ed. revista (San Francisco, 1988); K. Rudolf, *Gnosis* (San Francisco, 1984); D. M. Scholer, *Nag Hammadi Bibliography*, 1948-1969 (Leiden, 1971); *Nag Hammadi Bibliography, 1970-1994* (Leiden, 1997); M. A. William, *Rethinking "Gnosticism"* (Princeton, 1996). [PAUL MIRECKI]

GOA (heb. *gōʿâ*) Lugar mencionado em conjunção com Garebe como um ponto de referência para a Jerusalém restaurada, aumentada e santificada novamente (Jr 31:39). A localização exata permanece desconhecida, mas no contexto da profecia de Jeremias ela deve certamente estar ao sudeste de Garebe, ao norte do Vale de Hinom, e a oeste do Cedrom. A LXX, em vez de traduzir o termo como um nome próprio, usa o grego descritivo *ex eklektṓn líthōn* ("a pedra dos eleitos" ou "pedra dos escolhidos"); contudo, isso não permite nenhuma indicação adicional com relação à localização exata.

Bibliografia. J. J. Simons, *Jerusalem in the Old Testament* (Leiden, 1952). [DENNIS M. SWANSON]

GOBE (heb. *gôḇ*) Lugar de duas batalhas entre Davi e os filisteus (2Sm 21:18-19). A narrativa paralela menciona o lugar como Gezer (1Cr 20:4).

GOGUE (heb. *gôg*) **MAGOGUE** (*māgôg*) Soberano e sua terra ou povo, descrito como inimigo apocalíptico de Israel.

Magogue aparece na Tabela das Nações (Gn 10:2) como um filho de Jafé. Ele é aparentemente também o ancestral epônimo de um povo na Anatólia (cf "irmãos" de Magogue, cujos nomes são ligados às regiões anatolianas de Meseque e Tubal). Em Ezequiel 38:2, Magogue é o nome de um país, novamente associado a Meseque e Tubal na Anatólia oriental. A tríplice identificação de Magogue como um ancestral, um povo, e uma terra não é incomum (cf. Israel). Infelizmente, nenhuma conexão exata pode ser retirada de qualquer povo conhecido ou mesmo um território. Josefo (*Ant.* 1.123) identifica o povo de Magogue com os que são de Scythia, mas nenhuma evidência concreta dá suporte a essa identificação específica.

Em Ezequiel 38-39, Gogue é "da terra de Magogue" nas "partes mais remotas do norte" (38:15; 39:2). Ele é o comandante que, seguindo o retorno de Israel do exílio babilônico, invadirá a terra e assim provocará uma batalha decisiva e final contra Yahweh. A batalha entre Gogue e Yahweh é descrita numa figura cósmica associada com o Dia de Yahweh; terremoto e tempestade acompanharão a derrota do inimigo. A vitória de Yahweh finalmente vindicará seu santo nome, provando que o exílio ocorreu como disciplina dos pecados de Israel e não pela fraqueza de Yahweh.

A questão da identidade de Gogue é assunto de continuado debate. O monarca Gyges (ac. Gúgu) da Lídia (séc. VII) tem sido constantemente sugerido, mas é duvidoso que Ezequiel (ou um editor posterior) tenha lançado esse distante monarca como o grande castigo merecido de Deus. Outra interpretação vê Gogue como o caos encarnado, o inimigo primordial e supremo, cuja destruição anuncia o reinado incontestado de Deus (um evento previsto em Ezequiel 40-48). Certamente Gogue simboliza tudo que se opõe a Yahweh e como tal é a incorporação do caos. O papel simbólico de Gogue, contudo, não evita a possibilidade de que uma figura histórica permaneça por detrás do símbolo. No contexto histórico de Ezequiel, Nabucodonosor da Babilônia é o monarca cujo poder claramente se opõe ao próprio Yahweh e cuja derrota é essencial para a vindicação do nome de Yahweh. Uma série de paralelos entre as descrições de Gogue e as descrições de Nabucodonosor, em outra parte de Ezequiel, dá suporte a essa possibilidade. A localização babilônica do profeta explicaria o uso de um pseudônimo para o monarca da Babilônia.

Gogue e Magogue reaparecem em Apocalipse 20:7-10, mais identificados como nações distantes do que com um monarca e sua nação. O papel de Gogue e Magogue em Apocalipse corresponde a Ezequiel 38-39. Inspirado por Satanás, Gogue e Magogue marcharão contra Jerusalém, iniciando a vitória final de Deus sobre Satanás e o reinado triunfante do Cordeiro na Nova Jerusalém. O papel exercido por Gogue e Magogue na inauguração do *eschaton* tem causado uma série de tentativas de interpretá-los como códigos para nações modernas e indivíduos, que por sua vez são vistos como inimigos de Deus e precursores dos últimos dias.

Em 1Crônicas 5:4 uma desconhecida Gogue é listada como "o filho de Joel".

Bibliografia. B. F. Batto, *Slaying the Dragon: Mythmaking in the Biblical Tradition* (Louisville, 1992); S. L. Cook, *Prophecy and Apocalypticism* (Minneapolis, 1995); B. Otzen, "gog [gogh]", *TDOT* 2.419-25. [JULIE GALAMBUSH]

GOIM (heb. *gôyim*) **1.** Reino liderado por Tidal, aliado de Quedorlaomer, rei de Elão (Gn 14:1, 9). A maioria dos eruditos supõe que a referência é a um grupo de reinos governado por Tidal, talvez na Anatólia ou Mesopotâmia.

2. Reino cujo rei foi derrotado por Josué (Js 12:23). O TM acrescenta "de Gilgal" (NIV) ao passo que a LXX acrescenta "da Galileia".

3. Termo hebraico geral para "nações" gentílicas (*gôyîm*). Embora Israel pudesse ser chamado um *gôy* (que tinha implicações raciais, governamentais e territoriais quando oposto ao termo familiar *'am*), o plural era regularmente usado para os inimigos do povo de Deus, especialmente nos livros deuteronomistas (p. ex., Dt 7:1-26; 18:9; 2Rs 17:8-41; cf. Ez 20:32). [ERIC F. MASON]

GOLÃ (heb. *gôlān*) Cidade (Dt 4:43), possivelmente Sahm el-Jolan, distribuída a Manassés e dada ao levitas gersonitas como uma cidade de refúgio (Js 20:8; 21:27; 1Cr 6:71 [TM 56]). A parte ocidental de Basã (Hauran) era conhecida como Gaulanitis (Josefo, *Ant.* 17.8.1 [189]) no período helênico e em período posterior. Ela foi governada por Herodes, o Grande (23-4 a.C.), e seus descendentes, Herodes Filipe (4 a.C. a 34 d.C.), Agripa I (37-44) e Agripa II (53-85), antes de se tornar parte da província da Síria em 106. Recentes escavações e levantamentos indicam que a região havia sido ocupada desde o paleolítico até os tempos modernos.

Bibliografia. Z. U. Ma'oz, N. Goren-Inbar e C. Epstein, "Golan", *NEAEHL* 2.525-46. [PAUL J. RAY, JR.]

GÓLGOTA (gr. *Golgothá*) O lugar da crucificação de Jesus (Mt 27:33; Mc 15:22; Jo 19:17; cf. Lc 23:33). Gólgota traduz a palavra aramaica *gûlgaltā'*, e seu sinônimo com a lat. *calvaria*. Orígenes especulou que Gólgota recebeu esse nome porque a caveira de Adão foi sepultada debaixo da cruz, e Jerônimo sugeriu que foi porque as caveiras dos prisioneiros executados eram jogadas na área. A primeira referência a Gólgota como uma elevação em seu diário do Peregrino de Bordeaux, que trata da "pequena elevação (*monticulus*) do Gólgota", localiza-a a um tiro de pedra da sepultura de Jesus, e indica que Constantino construiu uma basílica ali.

Desde a metade dos anos 1800, muitos têm identificado o Gólgota com a área do Jardim da Tumba, o afloramento calcário exatamente ao norte da antiga cidade de Jerusalém. Entretanto, ninguém, antes do século XIX, jamais identificou esse lugar como o lugar da morte e ressurreição de Jesus. Em 160 d.C., a comunidade cristã considerava o Gólgota como sendo bem dentro da cidade (Melito Paschal Homily 71), não fora dos muros (Hb 13:12). Desde o começo do século IV, o Gólgota tem sido identificado como uma rocha uma vez anexa à igreja construída por Constantino no século IV e agora coberta pela igreja do Santo Sepulcro. Escavações ali têm revelado que o Gólgota é um afloramento de leito de rocha que já no século I estava ali à beira de uma mina de pedra a céu aberto. A rocha se eleva a uma altura de 5 m acima do presente piso da Igreja do Santo Sepulcro.

Bibliografia. J. Finegan, *The Archaeology of the New Testament*, ed. rev. (Princeton, 1992), 261-57, 282-84; C. Katsimbinus, "The Uncovering of the Eastern Side of the Hill of Calvary and Its Base", *Liber Annuus* 27 (1977), 197-208; J. Wilkinson, *Jerusalem as Jesus Knew It* (Nashville, 1983). [ROBERT HARRY SMITH]

GOLIAS (heb. *golyat̲*) Campeão filisteu que desafiou os israelitas a enviar um guerreiro para lutar contra ele (1Sm 17). Esse é um exemplo de combate representativo, no qual dois heróis lutam, cada um por seu respectivo exército e o vencedor assegura vitória para o seu lado, evitando assim pesadas baixas (1Sm 17:8-9).

A altura de Golias não era 6 cúbitos e um palmo, c. 2,9 m (TM), mas 4 cúbitos e um palmo, c. 2 m (baseada em Qumran e na LXX), todavia ele era ainda provavelmente mais alto do que os soldados de ambos os exércitos. Saul, o rei de Israel e um "herói" (1Sm 9:2), deveria ter respondido ao desafio de Golias. Em vez disso, foi Davi quem respondeu, e seu sucesso levou-o à fama e à eventual realeza.

Outra narrativa desse incidente atribui a morte de Golias a El-Hanã, um belemita (bet hallahmi, 2Sm 21:19), e sua passagem paralela registra que El-Hanã matou Lami, o irmão de Golias, em vez de Golias (1Cr 20:5). Davi, assim, provavelmente matou o guerreiro filisteu cujo nome não foi preservado (cf. 1Sm 17:8, 10-11, 16). Talvez o nome Golias tenha surgido em 1Samuel 17, a partir de 2Samuel 21:19. Alguns eruditos consideram El-Hanã como nome pré-reinado, o nome original de Davi.

Bibliografia. P. K. McCarter, *1Sammuel*. AB 8 (Garden City, 1980); R. de Vaux, "Single Combat in the Old Testament", em *The Bible and the Ancient Near East* (Garden City, 1971), 122-35 [WILLIAM B. NELSON, JR.]

GÔMER (heb. *gōmer*) **1.** Filho mais velho de Jafé, o filho de Noé, afirmado na Tabela das Nações como ancestral epônimo de um povo (Gn 10:2-3; 1Cr 1:5-6). Atestado também no cuneiforme como Gimirrai e no grego como Kimmerioi, o lugar de origem deles era ao norte do mar Negro. Os cimérios são conhecidos no antigo Oriente Próximo desde o século VIII a.C., quando foram pressionados pelos habitantes da Scythia. À medida que eles se mudaram para o sul, se tornaram uma ameaça terrível para Urartu e também para a Assíria. Parecem ter desaparecido da história por volta do século VI, quando os persas não separaram os cimérios dos da Scythia. Este Gômer é novamente mencionado em associação com a cena do julgamento escatológico em Ezequiel 38:1-9.

A B C D E F G H I J K L M N O P Q R S T U V X Y Z

2. Filha de Diblaim, prostituta e esposa de Oseias (Os 1:3). Eles tiveram três filhos: Jezreel ("Deus semeia"), Lo-Ruama ("não-misericórdia"), e Lo-Ami ("não meu povo"). Esses nomes simbólicos significam a infidelidade de Israel, graficamente expressos na prostituição de Gômer que significava a infidelidade religiosa (p.ex., participação em rituais de fertilidade). O casamento de Gômer com Oseias e o relacionamento de Israel com Yahweh assinalam que Israel adorava erroneamente a Baal em lugar de Yahweh, que lhe dava o grão, o vinho, e o óleo (Os 2:8 [TM 10]; cf. v. 16-17 [18-19]). [AARON W. PARK]

GOMORRA (heb. *ʿămōrâ*) Cidade listada na Tabela das Nações como pertencente ao território dos cananeus (Gn 10:19). Gomorra, juntamente com Sodoma, Admá, Zeboim e Belá (Zoar), compreendiam as cinco cidades do Vale do mar Morto (Gn 14:2, 8). Essa pentápolis havia previamente servido a Quedorlaomer, rei de Elão, por doze anos antes de ela se rebelar contra ele. Quedorlaomer e quatro aliados do Oriente invadiram e saquearam Gomorra e Sodoma antes de tomar como cativo a Ló, sobrinho de Abraão. Abraão juntou uma força militar de 318 homens e resgatou Ló, juntamente com outros cativos (Gn 14:1-16).

A Bíblia relata que Gomorra, juntamente com Sodoma, foi escolhida pelo Senhor para a destruição por causa de seu pecado. Abraão tentou interceder junto ao Senhor em favor dessas cidades, visto que seu sobrinho Ló havia se estabelecido naquela região. O Senhor enviou anjos para tomar Ló, juntamente com sua família, e tirá-los de Sodoma. Quando a esposa de Ló ignorou a advertência dos anjos de não olhar para trás na destruição de Gomorra e Sodoma, ela se tornou numa estátua de sal. Enxofre e fogo do céu destruíram Gomorra, os habitantes dela, e as cidades adjacentes (Gn 19:15-29). Gomorra é mencionada em conjunção com Sodoma como um exemplo do juízo do Senhor (p. ex., Gn 13:10; Dt 29:23 [TM 22]; Is 1:9-10; Am 4:11; Mt 10:15; Rm 9:29; 2Pe 2:6). A aniquilação de Gomorra, juntamente com Sodoma, é frequentemente mencionada na literatura pseudoepígrafa (Gr. Apoc. Esdras 2:19; 7:12; Jub 16.5; 20.6). Referências a Gomorra e Sodoma são também encontradas em 1QapGen 21.23-22.25 e em Josefo (*Ant.* 1.170-206). [KENNETH ATKINSON]

GORDURA "Gordura" traduz mais do que uma dúzia de palavras hebraicas e gregas e é usada literalmente, principalmente em conexão com sacrifício, e metaforicamente. Os hebreus deviam oferecer a melhor parte de um animal, a gordura e o sangue (Lv 7:33; 17:6; Ez 44:7, 15), que a nenhum ser humano era permitido comer (Lv 3:17; 7:23-25). Os animais guardados num estábulo eram, primeiramente, destinados à alimentação e eram conhecidos como gordos e engordados (1Sm 15:9; 28:24). A segunda destinação era a pastagem.

Gordura pode se referir também ao tamanho dos animais (Gn 41:2), dos homens (Jz 3:17, 22), e ao tamanho de plantas tais como espigas (Gn 41:5, 7). Metaforicamente, "gordura" se refere à prosperidade (Dt 31:20), à fertilidade (Gn 27:27-28), à riqueza (Jr 5:28), à força (Sl 78:31 TM), e à insensibilidade (119:70; Is 6:10 TM). [TIMOTHY W. SEID]

GÓRGIAS (gr. *Gorgia.*) General selêucida cujas façanhas contra os judeus rebeldes estão documentadas em 1Macabeus 3.38; 2Macabeus 8.9. Ele foi um dos generais comissionados por Antíoco IV Epifânio para subjugar a revolta judaica por toda a Judeia. Na batalha contra os judeus numericamente inferiores perto de Emaús, Górgias estava estrategicamente bem melhor estabelecido, mas foi derrotado por Judas Macabeu (1Mac 4.1-24). Como governador militar da Idumeia, repeliu com sucesso o ataque não sancionado de José e Azarias na guarnição em Jâmnia (1Mac 5.55-62). Subsequentemente, Judas derrotou Górgias em Jâmnia, desbaratando seu exército e fazendo-o fugir para Marisa (2Mac 12.32-37). [GENE J. LAWSON]

GÓSEN (heb. *gōšen*) **1.** Território dentro do Egito onde os hebreus se estabeleceram para estar perto de José (Gn 45:18) e onde ficaram temporariamente até o tempo do Êxodo (Gn 47:1-6; Ex 9:26). Foi chamado de "o melhor da terra" do Egito (Gn 45:18; 47:6, 11) e considerado bom para o pastoreio (46:32-34; 47:4). Gósen aparentemente está localizada na direção de Canaã, a partir da capital egípcia do período patriarcal final, quando José saiu para se encontrar com seu pai ali (Gn 46:29).

A terra de Gósen é geralmente identificada com a área ao redor do uádi Tumilat, a 56 km da faixa fértil de terra conectando a parte oriental do Delta do rio Nilo com o Lago Timsah. Ela proporciona uma das duas únicas passagens para o tráfego entre o Egito e o Sinai ou a Palestina ao oriente. Durante o período dos hicsos (1750-1550 a.C.) a região era habitada por um grande número de semitas da região noroeste, aparentemente imigrantes da Palestina. A narrativa de José se encaixa melhor em tal ambiente.

Após a expulsão dos hicsos a área permaneceu sem importância até os faraós da terceira dinastia começarem a construir na região do Delta do Nilo. O nome da área então provavelmente mudou. "Raamses" provavelmente se refere à cidade de Pi-ramesse construída por Ramessés II (Ramessés Êx 1:11), e a área provavelmente se tornou conhecida como a "terra de Ramessés" (Gn 47:11; 46:28 [LXX]).

A região constituiu-se no 20º Distrito administrativo egípcio, chamado "Arábia" pelos escritores clássicos. No período intertestamentário, o território do rei arábio Gesem (c. 450-420), um inimigo de Neemias (Ne 2:19; 6:1-2, 6), aparentemente incluía essa área; tigelas de prata inscritas com seu nome foram encontradas em Tell el-Maskhutah ali (cf. LXX Gesem e Gesem Arabia para Gósen).

2. Região ao sul de Canaã conquistada por Josué (Js 10:41; 11:16; LXX Gosom).

3. Cidade na região montanhosa atribuída à tribo de Judá (Js 15:51; LXX Gosom). [DANIEL C. BROWNING, JR.]

GOVERNADOR Governador de uma cidade, território ou província designada por um rei. José se tornou governador de todo Egito (Gn 42:6; 45:26; cf. At 7:10), e Salomão nomeou governadores que exerceram funções cívicas e militares (1Rs 20:14-22; 2Cr 9:14).

As referências a governadores no AT frequentemente designam os administradores oficiais da Babilônia e Pérsia. O termo usual (heb. *peḥâ*) significa um nível administrativo inferior a um sátrapa, o governador colonial da Pérsia. Por exemplo, Tatenai era governador da província "a oeste do rio [Eufrates]" (Ed 5:6), enquanto Zorobabel e Neemias eram governadores locais designados pelo rei para governar Judá (Ag 1:1; Ne 5:14). Governadores são também mencionados em Daniel (p. ex., Dn 2:48; 6:7 [TM 8]).

Nos tempos do NT, "governador" (gr. *hēgemṓn*) usualmente referia-se a um governador de uma província romana (Mc 13:9; 1Pe 2:14). Mateus observa que os cristãos podiam ser levados a uma corte "perante os governadores e reis" por causa de Cristo (Mt 10:18; cf. Mc 13:9; Lc 21:12). Em seu julgamento, Jesus foi trazido perante Pilatos, o governador romano da Judeia (Mt 27:2, 11-26).

Três espécies de oficiais romanos são descritos como "governadores" em Lucas: o legado, uma autoridade governando uma província imperial (Quirino da Assíria); o procônsul, governando uma província senatorial (Sérgio Paulo de Chipre, At 13:7; Gálio da Acaia, 18:12); e o prefeito ou procurador, governando uma subdivisão de uma província com um exército estabelecido (Pôncio Pilatos, Lc 3:1; Félix, At 23:24; Festo, 24:27). Em 2Coríntios 11:32 o "governador" (*ethnárchēs*) sob o rei Aretas era provavelmente seu assistente.

A atitude básica inculcada na Bíblia é a de respeito e obediência às "autoridades governamentais" (Rm 13:1-7; 1Pe 2:13-17; cf. Ml 1:8). Finalmente, Deus é visto como o governador supremo que "governa as nações [ARA]" (Sl 22:28 [29]). [ALLISON A. TRITES]

GOZÃ (heb. *gôzān*; ac. *Guzana*) Cidade (a moderna Tell Halaf) nas proximidades da nascente do rio Habur para a qual os israelitas foram deportados após a queda de Samaria em 722/21 a.C. (2Rs 17:6; 18:11; 1Cr 5:26). Traços dessa deportação são encontrados desde o final do século VIII ao século VII; pessoas chamadas Nadbi-yahu, Neri-yahu, Pali-yahu, Halbi de Samaria, Hoshea, e Azar-yahu são mencionadas em textos de Tell Halaf. Guzana (Bit-Bahiani) era a capital de uma província assíria que pagou tributo à Assíria com centeio, cevada, e produtos de granja. O mensageiro de Senaqueribe alegou que Goza foi conquistada pelos assírios (2Rs 19:12 = Is 37:12).

Bibliografia. B. Becking, *The Fall of Samaria*. SHANE 2 (Leiden, 1992), 64-69. [BOB BECKING]

GRAÇA Um tema central na discussão dos relacionamentos entre as pessoas e com o ser divino. heb. *ḥēn* e *ḥesed* são termos importantes indicando a disposição de Deus em mostrar favor aos seres humanos, e a lealdade continuada de Deus para com os que aceitaram o favor divino. Esse favor manifestou-se em atos de libertação em tempo de necessidade de provisão do sustento diário. O favor é mostrado na face do benfeitor, de forma que as frases "buscar a face de Deus" (Sl 27:8-9) e implorar para que ele "faça brilhar a sua face" e "levante o seu rosto" (Nm 6:25), são todas expressões da busca do favor de Deus, da disposição de Deus de ajudar e de providenciar para o bem-estar (*šālôm*) do povo de Deus. O favor uma vez mostrado pode também ser retirado: isso é comumente expresso em ira, o oposto do favor (cf. Hb 10:26-31), representado pelo esconder da face ou da remoção do ofensor da presença do benfeitor (Sl 13:1 [TM 2]; 51:11 [13]).

A disposição do relacionamento divino-humano nesses termos reflete a maneira com que os seres humanos interagiam. As pessoas numa posição inferior (com relação a poder ou recursos) procurariam o favor de uma pessoa numa posição socialmente superior. José "encontrou favor" à vista de Potifar, do carcereiro, e da casa de Potifar (Gn 39:4, 21; 30:4). Essa dimensão humana permanece importante na narrativa de Rute e 1Samuel, assim como em Provérbios. Em tal nível, o "favor" não necessariamente cria um relacionamento contínuo. Ele pode ser um simples ato de beneficência com uma resposta de simples gratidão. Frequentemente, entretanto, ele não inicia um relacionamento contínuo em que o beneficiário traz em retorno um serviço leal pelo favor mostrado pelo benfeitor, e o benfeitor continua a proporcionar assistência e acesso aos recursos (cf. a história de José).

O relacionamento de "graça" entre Deus e o povo de Israel é contínuo. Os atos do "favor" de Deus no deserto estabelecem um relacionamento que claramente articulava obrigações mútuas. Um estágio inicial de favor sem coação conduz à formação de um relacionamento em que o benfeitor continuará a proporcionar assistência, e os beneficiários permanecerão singularmente leais ao Patrono e oferecerão serviço a ele. Dentro das tradições deuteronômica e profética, este serviço leal devia ser cumprido por meio da beneficência para com os companheiros israelitas. A generosidade e a justiça nos relacionamentos humanos eram obrigações impostas sobre as pessoas como a resposta conveniente à generosidade de Deus para com eles. A *ḥeseḏ*, ("lealdade") de Deus permanece "favor", onde os beneficiários humanos continuamente falham em lealdade e serviço, Deus continua a chamá-los de volta ao seu favor, punindo por um tempo, mas sempre restaurando os que têm fé arruinada. Mesmo a declaração de um "novo pacto", que substitui o "velho" violado pelos ancestrais, é uma declaração do compromisso de Deus de colocar de lado todas aquelas ofensas e insultos à mercê de Deus, e o povo novamente entra num favor renovado (Jr 31:31-34).

No período do NT, o termo "graça" (gr. *cháris*) está impregnado na linguagem da instituição do patronado greco-romano. Sêneca reivindicava que o patronado constituía o principal "vínculo da sociedade humana" (Sêneca de Beneficiis 1.4.2) e, assim, a proclamação que o NT faz do favor de Deus teria sido ouvida e interpretada dentro desse contexto social. Os patronos dão acesso aos bens, ao entretenimento, ao avanço. O cliente, que recebia o benefício, aceitava a obrigação de espalhar a fama do doador e declarar gratidão pelos dons do patrono (cf. Sêneca 2.21.1; 2.24.2). O cliente também aceitava a obrigação de lealdade e serviço ao patrono. Uma terceira figura nessa rede de relacionamentos era chamada de "intermediário" (cf. *mesítēs*). Essa figura era um patrono para os seus clientes e um cliente ou amigo de outro patrono potencial. O principal benefício do intermediário era acessar outro patrono e os recursos à sua disposição.

Dentro desse campo semântico-social, *cháris* tem três significados distintos. Ela é primeiramente a disposição de um benfeitor em ajudar o suplicante, "não em retorno por alguma coisa nem no interesse daquele que apresenta alguma coisa, mas no interesse do recipiente" (Aristóteles Rhetoric 2.7.2). Nesse sentido ela é mais próxima do hebraico *ḥēn*. Também se refere ao retorno próprio do cliente por um benefício, a saber, o serviço leal e cheio de gratidão (cf. 2Co 4:15; Hb 12:28; 13:15-16), assim como para o dom real ou benefício conferido (cf. 2Co 8:6-7, 19). Paulo é conhecido como um proponente da "salvação pela graça". Ele está preocupado (p. ex., em Gálatas) em estabelecer a iniciativa livre de Deus em formar um povo de todas as nações por intermédio de Jesus, o agente ungido de Deus. Exigir a observância da Torá por parte dos convertidos gentios ameaça colocar de lado ou anular o favor de Deus que Jesus, o intermediário, ganhou para seus clientes fiéis (Gl 2:21; 5:2-4), porque isso lança dúvida sobre a capacidade de Jesus de assegurar o favor de Deus. Isso mostra desconfiança para com Jesus, o Patrono imediato do novo povo de Deus formado de judeus e gentios, chamados ao favor de Deus (Gl 1:6). O favor de Deus, entretanto, busca uma resposta de fidelidade (*pístis*) e de serviço por parte dos clientes de Deus. Paulo fala, entretanto, da "obediência de fé" (Rm 1:5; 16:26) que é o alvo de sua missão, trazer à tona uma resposta própria daqueles que foram beneficiados pelo dom de Deus. Isso envolve a oferta da totalidade do "eu" dos crentes ao serviço de Deus, fazer o que é justo à vida de Deus (Rm 12:1; 6:1-14). Como no AT, essa resposta centra-se não somente na honra a Deus, mas no amor, generosidade e serviço leal para com os companheiros crentes (Gl 5:13-14; 6:2; Rm 13:9-10). A doação é livre e sem coação, mas os ouvintes antigos sabiam que aceitar um dom significava aceitar também uma obrigação para com o doador.

O autor de Hebreus proporciona uma visão excepcional para as operações da "graça" dentro do relacionamento patrão-cliente entre Deus e os seres humanos. Enquanto a humanidade permanecia à parte do favor de Deus por causa dos pecados que manchavam a consciência, o sacrifício sacerdotal de Jesus trouxe perdão e limpeza, de forma que os clientes de Jesus pudessem ter "acesso ao trono do favor", por exemplo, vir à presença de Deus, procurar a face (favor) de Deus, e receber favor para socorro em tempo de necessidade (p. ex., os recursos para firmar-se em face à oposição; Hb 4:16). A fim de atingir os benefícios prometidos de um lugar na cidade de Deus (Hb 11:13-16; 13:14), os clientes têm necessidade de "fé" (*pístis*) e "paciência" (10:35-39). Eles devem permanecer leais, não vacilantes na confiança em seu Patrono em face da hostilidade da sociedade. Desistir dos dons de Deus (e mostrar pouca consideração para com o "espírito da graça" de Deus"; Hb 10:29) em nome da paz com a sociedade seria um insulto ultrajante ao Patrono, uma rejeição dos dons de Deus e da mediação cara de Jesus, resultando na "ira" de Deus (Hb 10:26-31; 3:7-4:11). O autor ali dá uma ideia da natureza recíproca de *cháris*; Deus aceitou os crentes ao favor pela mediação efetiva de Jesus; os crentes, como clientes honrados, devem agora retornar "graça" por "graça", para "mostrar gratidão" (Hb 12:28) a Deus continuando a dar testemunho do seu Benfeitor num mundo hostil (13:15), e por assistir uma outra pessoa por meio de amor e serviço, encorajando e dando suporte uns aos outros numa sociedade intolerável (13:1-3, 16; 6:10).

Bibliografia. F. W. Danker, *Benefactor: Epigraphic Study of a Graeco-Roman and New Testament Semantic Field* (St Louis, 1982); D. A. DeSilva, "Exchanging Favor for Wrath: Apostasy in Hebrews and Patron-Client Relationships", *JBL* 115 (1996): 91-116; R. M. Hals, *Grace and Faith in the Old Testament* (Minneapolis, 1980); K. D. Sakenfeld, *The Meaning of Hesed in the Hebrew Bible*, HSM 1 (Missoula, 1978); R. P. Saller, *Personal Patronage Under the Early Empire* (Cambridge, 1982). [DAVID A. DESILVA]

GRÃO A produção de grãos dependia de colheitas agrícolas, tais como cereais (heb. *dāgān*), legumes e outras culturas. Os principais cereais cultivados no Oriente Médio eram o trigo (*ḥiṭṭâ*) e a cevada (*śeʿōrâ*). Outro grupo de cereais de grãos pequenos era conhecido pelo termo coletivo de milheto e incluía sorgo (*Panicum miliaceum*), painço (*Setaria italica* [L.] Beauv.) e capim arroz (*Echinichola crus-galli*). A família dos legumes inclui diversos gêneros e espécies, dos quais muitos eram cultivados no antigo Oriente Médio, como lentilhas (Lens culinaris Medik.), ervilhas (Pisum sativum L.), fava (Vicia faba), marroiço (*Vicia ervilia*), grão de bico (*Cicer arietinum*), alforva (*Trigonela graecum L.*) e ervilhas brancas (*Lathirus sativus L.*).

Enquanto o trigo e a cevada eram semeados no outono (final de outubro e dezembro), o milheto era semeado na primavera (março-abril), sendo considerado colheita de verão. Os legumes eram semeados já no período de novembro-dezembro (ervilhas amargas), dezembro-janeiro (ervilhas, lentilhas), até fevereiro (grão de bico). O período de semeadura de legumes é mencionado no calendário Gezer como *yrwḥw lqš* (dois meses de semeadura tardia). A colheita de grãos começava em abril (cevada), continuando em maio (trigo, aveia), e terminava no fim de julho-agosto (milheto). Os legumes começavam a ser colhidos no final de abril-maio (ervilhas amargas, ervilhas, lentilhas), até junho (grão de bico.).

Para serem usados, os grãos precisavam ser separados da palha e dos talos. Isso era feito trilhando os grãos e joeirando-os. O grão limpo (*bār*) estava pronto para ser usado no preparo de alimentos. O agricultor, no entanto, tinha que guardar certa quantidade a ser usada como semente na próxima estação. O transporte dos grãos limpos do lugar em que foram trilhados (*gōren*) para a área da armazenagem era feito colocando-os em sacos ou grandes bolsas, que então eram levadas em lombo de animais e em carroças. Os grãos eram armazenados em diversos tipos de recipientes e outros meios. Para uso diário e imediato, eram guardados em grandes botijas que poderiam ser colocadas ao lado do local de preparação dos alimentos. Para períodos maiores eram exigidos meios especiais de armazenagem, cuja natureza dependia do proprietário e do propósito. Pessoas que armazenavam grãos por elas mesmas produzidos, na maior parte das vezes, os guardavam em covas ou poços revestidos de pedras. Já o governo central (a monarquia, os locais de culto) empregavam diversos meios de armazenagem, tais como celeiros tripartidos, sustentados por colunas, e grandes silos subterrâneos revestidos com pedras. Havia ainda outras formas de armazenamento, diferentes das mencionadas, mas esses eram conhecidos principalmente no Egito e na Assíria.

Para efeitos de imposto, os grãos eram taxados como imposto de renda, sendo cobrados de indivíduos e famílias. Algumas classes (a realeza, a nobreza) possuíam grandes áreas de terra para a produção de grãos. Silos centrais eram construídos em cidades, cumprindo funções administrativas em áreas consideradas públicas ou administrativas. Tais silos localizavam-se perto de palácios, locais de culto, portas das cidades ou outras áreas consideradas centros administrativos. Funcionários — tais como o clero, a nobreza ou os militares — recebiam grãos desses armazéns. Eram feitos registros escritos dos depósitos e das remessas de mercadorias, como em Samaria e Arade.

Bibliografia. O. Borowski, *Agriculture in Iron Age Israel* (Winona Lake, 1987); "Granarie and Silos", *OEANE*, 431-33; J.M. Renfrew, *Palaeoethnobotany* (New York, 1973). [ODED BOROWSKI]

GRÉCIA Regiões habitadas pelos antigos gregos, incluindo a península grega, a costa oeste da Anatólia (Jônia), as ilhas no mar Egeu, e a Magna Grécia (a colônia grega na região costeira da Itália, no século VIII a.C.). "Gregos", aqui, refere-se aos habitantes dessas áreas, conscientes de partilharem história, língua e cultura comuns. De maneira geral, para os gregos antigos, não havia uma divisão rígida e fixa entre sagrado e secular, de tal maneira que a religião permeava a sociedade e comunicava senso de identidade comum. Atos de culto realizados pelos antigos gregos, correspondendo às modernas concepções de "religião", incluíam orações e sacrifícios (virtualmente inseparáveis), ofertas por votos feitos a diversas divindades e heróis do Olimpo, visitas a santuários pan-helenistas, tais como Olímpia (para competições atléticas realizadas a cada quatro anos) e Delfos (o mais famoso dos santuários de oráculos gregos). Os gregos se autodenominavam "helenos", e seu país, "Helas". Todos que não fossem gregos eram rotulados de *bárbaroi* ("não gregos"). Na Ilíada, os gregos em geral também são chamados de "Danaans" (1.42; 2.484-762), "Aqueus" e "Argivos" (usados como termos equivalentes em 2.333-35). Os romanos foram os primeiros s chamar os helenos de Graeci (uma forma latinizada do grego Graekoi, de etimologia incerta), e sua linguagem comum de Graecum (Aristóteles, Meteorologica 1.352ª; Apolodoro, Bibliotheca 1.7.3).

Idade do Bronze e Período Arcaico (dos inícios até 450 a.C.). O grego pertence à família indo-europeia de línguas, mais particularmente ao ramo ocidental de línguas conhecidas como Centum, que incluem celta, italiano, germânico, grego e hitita. Povos que falavam o protogrego chegaram à península grega no início do segundo milênio. Com sua chegada, desalojaram os habitantes originais, agora chamados de egeus, cuja existência se evidencia em denominações geográficas não gregas, tais como Corinto, e em nomes próprios como Hyacinth (a terminação nth é um elemento pré-grego). Os recém-chegados não rejeitaram a cultura dos egeus, antes absorveram muitas de suas características, inclusive divindades nativas como Atena e Poseidon. Esses gregos, em interação e competição com outras grandes civilizações (particularmente os minoicos, um povo não indo-europeu), por fim cresceram, tornando-se um povo guerreiro e mercador, desenvolvendo-se até por volta do ano 1200. Na atualidade, estudiosos se referem a eles como micênicos, devido aos notáveis restos materiais de sua civilização, encontrados nas escavações em Micenas, na parte central leste do Peloponeso. A forma mais primitiva de grego escrito a que temos acesso é chamada de Linear B ou grego micênico. Placas com inscrições desse protogrego silabário de 87 signos, datadas dos Períodos Micênico e Minoico (1450-1200), foram encontradas em Cnossos, na ilha de Creta, e nas principais cidades do continente grego, como Pylos, Micenas e Tebas.

O colapso da civilização micênica, no final da Idade do Bronze (em torno de 1.200), foi seguido de perto pela migração de tribos dóricas para as regiões ocidentais do continente grego, sendo o último grupo de gregos a chegar. O final do segundo milênio foi um período de instabilidade no teatro do leste do Mediterrâneo. Como indicações dessa instabilidade, temos a guerra de Troia e a migração de povos marítimos para a costa da Palestina, onde se tornaram conhecidos como filisteus. Esse colapso cultural conduziu a uma Idade das Trevas (1150-750). Durante essa Era, a escrita foi esquecida e os avanços culturais da civilização micênica e minoica lembrados apenas em épicos orais. No final do século VIII, uma forma alfabética escrita norte semita, denominada letras fenícias pelos gregos (Heródoto, Hist. 5.58), foi adaptada de diversas formas, embora a jônica viesse a predominar. Por volta do século V, da perspectiva da moderna linguística histórica, há evidências de dois grupos principais de dialetos gregos: o grego ocidental, que consistia de vários dialetos dóricos; e o grego oriental, consistindo do ático-jônico, eólio e arcádico-cipriota ou aqueu. Os próprios gregos distinguiam quatro dialetos: ático, jônico, dórico e eólio (Strabo, Geog. 8.12.2; 14.5.26).

No final da Idade das Trevas, no século VIII, houve dois desenvolvimentos de particular importância. Primeiro, uma escrita alfabética consonantal norte semita (presumivelmente adquirida por meio de contatos comerciais) foi adaptada para adequar-se a particularidades da língua grega. Nessa escrita, as vogais e as consoantes receberam forma escrita. Essa nova forma literária tornou possível, durante o século VIII, reduzir à escrita a poesia oral, como exemplificado nos dois monumentais poemas homéricos, a Ilíada e a Odisseia. Esses contos a respeito da guerra troiana (Ilíada) e de um guerreiro que volta dessa guerra (Odisseia), atribuídos ao lendário poeta jônico Homero, serviram de textos sagrados aos gregos: recontando as glórias do passado micênico, exemplificando comportamento heroico, identificando e caracterizando as divindades olímpicas. Esses poemas foram, durante séculos, o fundamento da educação grega.

O período Arcaico inicia, convencionalmente, com uma das primeiras datas fixadas na história grega: a (tradicional) fundação dos Jogos Olímpicos, em 776. Por volta do século VII, os *basileís* ("reis", ou mais acuradamente, "chefes") — que muitas vezes ocupavam essa posição hereditariamente — foram depostos pelos *kaloikagathoí* ("nobres") na maioria das cidades-estado. Durante o século VII, membros individuais da nobreza, com apoio popular e, diversas vezes com tropas mercenárias, depuseram a nobreza e reinaram inconstitucionalmente como tiranos. O começo do período Arcaico também coincidiu com a emergência da maioria das formas características gregas de organização política, a (normalmente) pólis ou cidade-estado autônoma. Uma pólis típica, originada durante meados do século VIII e adquirindo sua forma clássica no final do século V, consistia de uma acrópole, paredes, uma *agorá* ("mercado"), templos dedicados aos deuses olímpicos, um teatro e um ginásio. O poder das aristocracias e das elites governantes hereditárias era grande. Apesar disso, foram feitos movimentos em favor da democracia. Por exemplo, mudanças na arte da guerra (de carros e cavalaria para soldados de infantaria) encorajaram e, de fato, exigiram a participação das pessoas comuns. Culturalmente, o período Arcaico é conhecido como a Era Lírica, quando aparece pela primeira vez a voz do poeta individual (p. ex., Arquíloco de Paros, Teógnis de Mégara, Safo de Lesbos). Também havia poesia de base mais comunitária (p. ex., odes líricas de Álcman e a poesia militar de Esparta). Igualmente, os primeiros filósofos com interesse em cosmologia e no problema do indivíduo, além dos muitos que apareceram em Mileto, na Jônia, incluindo-se entre eles Tales, Anaximandro e Anaxímedes. Finalmente, motivado por fome geral causada pela excessiva densidade populacional e impelido por mercadores em busca de lucro, em meados do século VIII teve início o grande período de colonização grega. No início do século VII, muitas metrópoles gregas haviam fundado colônias em regiões tão vastas como o Egito, a costa do mar Negro, a costa da Itália e a Espanha.

Temos diversas referências bíblicas à Grécia e aos gregos neste período Arcaico. A Tabela das Nações (Gn 10:2-5; I Cr 1:5, 7) cita Javã como um dos filhos de Jafé. O nome Javã é o equivalente linguístico do grego Íon, ancestral eponímico dos jônicos. Os gregos, como "Javã" ou "javanitas", são mencionados em outros lugares como mercadores (Ez 27:13, 19) ou como uma das nações para as quais Israel seria enviado (Is 66:19; Jl 3:6 [TM 4:6]).

Período Clássico (450-323 a.C.). O século V é geralmente considerado o período em que a Grécia (particularmente Atenas) alcançou seu apogeu no que tange ao poder político e ao desenvolvimento cultural. Isso, entretanto, não aconteceu antes de ter sido encarado seu maior desafio nacional até aquela data: as invasões persas durante o início do século V. Por esparsas que sejam as ligações históricas entre a Grécia clássica e Israel, existe uma significativa história comum envolvendo a Pérsia e alguns de seus líderes. Ciro, o grande (reinou de 559-530), ordenou o retorno dos judeus cativos a Jerusalém, para a reconstrução do templo (Ed 1; Is 44:28). Esse mesmo Ciro estendeu seu império até territórios gregos da Ásia Menor, e, mais tarde, foi objeto de uma biografia novelística, a Ciropaedia ou "A educação de Ciro", de Xenofonte. Dario I † 486) empreendeu o primeiro grande assalto contra a Grécia (490), que terminou com a decisiva derrota dos persas na batalha de Maratona. Dario I também apoiou o decreto de Ciro (Ed 6) e aparece de forma destacada no livro da Daniel. Xerxes I, que não aparece nos registros bíblicos, liderou a segunda e maior invasão em 480-79, que também fracassou. Em 478-77 formou-se uma aliança antipersa, chamada de Liga de Delos, por sediar-se na ilha de Delos. Atenas assumiu a liderança dessa liga e construiu um império, exigindo tributos de seus "aliados" gregos e afirmando o seu poderio militar para impor os interesses atenienses. Os grandes templos da acrópole ateniense foram construídos no decorrer desse período. De diversas formas, esses templos celebravam a vitória sobre as tropas invasoras persas (p. ex., "Gregos contra bárbaros", tema da obra de arte no Partenon; o templo de Athena Nike, "vitória").

Foi também no século V que um extraordinário número de talentosos autores gregos produziu o que atualmente é conhecido como literatura grega "clássica". Ésquilo, logo depois Sófocles e Eurípides, compuseram trágicos dramas; Aristófanes escreveu picantes comédias que apresentavam uma imagem distorcida da grande democracia ateniense; Heródoto e Tucídides escreveram histórias em que apresentaram uma crônica da guerra contra os persas e da guerra do Peloponeso, respectivamente. Essa última, a do Peloponeso, contra Esparta e seus aliados, prejudicou Atenas, mas não estancou a produção de sua criatividade. As competições dramáticas (em honra ao deus Dionísio) continuaram. Os sofistas e a ordem estabelecida desafiavam-se uns aos outros. Sócrates (469-399) desafiou ambos, sendo condenado à morte em 399, sob a acusação de impiedade, cinco anos antes do fim da guerra do Peloponeso, que deixou Atenas derrotada e fez de Esparta, por algum tempo, a mais poderosa cidade-estado grega.

Forças dinâmicas políticas e culturais continuaram atuantes durante o século IV. Nenhum poder político dominante surgiu até que Felipe II, da Macedônia (382-336), tentasse unir politicamente as briguentas e divididas cidades-estado gregas. A literatura que sobreviveu a esse período registra as vozes dos grandes oradores que se opuseram a Filipe (p. ex., Demóstenes, 384-322), e dos que o apoiaram (p. ex., Isócrates, 436-338). Foi também nessa época que Atenas assegurou a reputação de ser a sede da filosofia por meio dos escritos e ensino de Platão (429-347), o mais famoso aluno de Sócrates, e Aristóteles (384-322), o mais famoso aluno de Platão. Entretanto, iniciou-se uma nova era com a carreira do filho de Filipe, Alexandre III.

Período Helenístico (323-31 a.C.). As bem sucedidas campanhas militares de Alexandre, o Grande (356-323), que empurraram o Oriente até a Índia, mudaram radicalmente o caráter político e cultural do mundo mediterrâneo. Inicialmente, Alexandre pretendia vingar os sofrimentos impostos aos gregos durante as invasões persas, no início do século V. Alexandre foi aluno de Aristóteles e, como tal, conheceu e apropriou-se da cultura grega e a disseminou, juntamente com a língua grega, em seu vasto império. Essa disseminação da cultura e do modo grego ao longo do período recebeu o nome de "helenístico". Alexandre realizou isso, em parte, fundando muitas cidades-estado gregas, nas quais se estabeleciam grande número de veteranos greco-macedônios, depois de haverem servido em seu exército. A morte de Alexandre, em 323, fez que irrompesse uma complexa luta pelo poder entre os Diadochoi (os "sucessores"), que, por fim, resultou no estabelecimento de três dinastias, todas nomeadas de acordo com seus fundadores greco-macedônios: a dinastia Antígona, na Macedônia e Grécia, fundada por Antígono I (c. 382-301); a dinastia selêucida, na Ásia Menor e Síria, fundada por Selêuco I Nicator (358-281) e a dinastia Ptolemaica, no Egito e no sul do Levante, fundada por Ptolomeu I Soter (c. 367-282). A dinastia Ptolemaica foi a que teve vida mais longa, prolongando-se até a morte de Cleópatra 7 (69-30). Em 31 a.C. na batalha naval de Ácio, Cleópatra e Marco Antônio foram derrotados por Otaviano. Logo após, em 3 de agosto de 30, quando Otaviano capturou Alexandria, ela cometeu suicídio.

Graças aos milhares de papiros preservados pelas secas areias egípcias, recuperados no século XIX, o Egito ptolemaico é o melhor conhecido de todos os reinos helenísticos. Por exemplo, documentos em papiros revelam que pessoal militar e administrativo era recrutado no continente grego. Eles, então, contribuíram para a estratificação antitética da sociedade, que consistiu de uma elite grega que dominava os nativos egípcios. A Alexandria ptolemaica era tanto a capital administrativa do Egito, quanto a sede da erudição grega, que se concentrava no Museum (destruído num incêndio durante cerco de Alexandria, empreendido por Júlio César em 47), uma das maiores bibliotecas do mundo antigo. Alexandria foi o lar de uma grande comunidade judaica da diáspora (que mais tarde incluiu o Apolo mencionado em Atos 18:24; 19:1 e frequentemente em 1Coríntios). Durante o século III, o Antigo Testamento foi traduzido para o grego, primeiramente o Pentateuco, depois, finalmente, o restante dos livros. Essa tradução ficou conhecida como a Septuaginta (LXX, do latim septuaginta, "70"), pelo fato de, segundo uma lenda, 70 tradutores judeus terem participado do projeto (narrado na carta de Aristeas).

A subida ao poder do governante selêucida Antíoco IV Epífanes (c. 215-164), bem como a carreira de Alexandre, o Grande, e a tomada do poder pelo Diadochi que o precedeu, aparece na referência de Daniel 8 e 1Macabeus 1. A própria Grécia esteve largamente submetida a governantes antígonas na Macedônia ao longo desse período, até 146, quando Roma, após a vitória na Quarta Guerra Macedônica, destruiu Corinto e tornou tanto Grécia como Macedônia províncias romanas. A província romana da Acaia foi inicialmente organizada em 46 e, mais tarde, restabelecida como província senatorial por Augusto, em 27. Acaia foi o nome oficial para a província romana da Grécia, e é primariamente por esse nome que se faz referência a ela no Novo Testamento (p. ex., Atos 18:12; 1Tessalonicenses 1:7; 2Coríntios 1:1), embora o sinônimo mais popular, Hellas, também ocorra uma vez (At 20:2; cf. 1Mac 8.9).

Um dos mais importantes desenvolvimentos durante o período helenista é o das diversas escolas de pensamento grego, cada uma delas se julgando como herdeira do pensamento de Sócrates. As duas escolas fundadas por Platão e Aristóteles, chamadas respectivamente de Academia e Peripatéticos, continuaram a desenvolver-se ao longo do período helenista. As outras principais escolas ou movimentos, que se estabeleceram um pouco mais tarde, incluíam o Cinismo (fundado por Diógenes, c. 412/403-324/321), o Epicurismo (fundado por Epicuro, 341-270), o Estoicismo (fundado por Zeno, 335-263, que ensinou no pórtico "pintado", ou Stoa Poikile, em Atenas), e o Ceticismo (fundado por Pirro de Elis, c. 365-275, escola também chamada de Pirronismo). Todas essas escolas encaravam a filosofia não como um assunto misterioso, mas como a "arte de viver" por excelência, que oferecia respostas aos urgentes problemas do sofrimento humano, incluindo ira e agressão, medo da morte, amor e sexualidade, doença e infortúnios. O objetivo de todas elas era alcançar a *eudaimonia* (quer dizer, felicidade ou o florescimento da vida) por meio do uso de razão e argumentação.

A vida urbana floresceu nesse período. As sedes do poder se encontravam nas grandes cidades: Alexandria (Egito), Antioquia (Síria), Pérgamo (Ásia Menor), Pella (Macedônia). E, embora não fossem casos únicos, cidades que foram fundadas ou floresceram nessa época partilhavam os elementos comuns das polis ou cidades-estado gregas. Esses elementos incluíam a ágora, essencialmente um lugar amplo e público que poderia servir como ponto central do comércio, da administração local e das atividades sociais e religiosas (particularmente nos templos). Um teatro era obrigatório, bem como o ginásio grego, que existia não somente para exercícios atléticos (os atletas faziam os exercícios nus, gr. *gymnós*), mas também para o treinamento nas tradições da cultura grega. O ginásio era o símbolo da cultura grega, o que tornou tanto mais controversa a construção de um deles em Jerusalém (1Macabeus 1.14; 2Macabeus 4.9).

Período Romano (31 a.C.-476 d.C.). No período romano, a Grécia, como nação, teve pouco ou nenhum poder político. Os romanos conquistaram o mundo mediterrâneo o fizeram seu império. Apesar disso, a Grécia exerceu profunda influência cultural, fornecendo os modelos para a maior parte da arte e literatura romanas. Atenas tornou-se uma "cidade universidade" e distinguiu-se particularmente, como já havia sido, anteriormente, pela filosofia (cf. At 18:19-20; 1Co 1:20-23).

A prevalência da cultura grega reflete-se no uso que o NT faz de Héllen ("grego") como designação cultural e étnica, referindo-se a alguém que é helenizado ou de fala e educação grega. A dicotomia paulina de "judeu e grego" (Rm 1:16; 2:9-10; 3:9; 10:12; 1Co 1:24; 10:32; Gl 3:28; Cl 3:11) significa judeu e "gentio", "não-judeu" ou "pagão". Igualmente, a mulher "grega" em Marcos 7:26 era, na verdade, siro-fenícia "de nascimento" ou "raça". No entanto, a designação étnica também é empregada (At 16:1; Gl 2:3).

Bibliografia. J. Boardman, G. Jasper e M. Oswin (ed.), *The Oxford History of the Classical World* (Oxford, 1986); J. N. Colstream, *Geometric Greece* (New York, 1977); P. E. Easterling e B. M. W. Knox (ed.), *The Cambridge History of Classical Literature, 1: Greek Literature* (Cambridge, 1985); M. I. Finley (ed.), *The Legacy of Greece* (Oxford, 1981); A. H. M. Jones, *The Greek City from Alexander to Justinian* (Oxford, 1940); A. W. Lintott, Violence, Civil Strife and *Revolution in the Classical City, 750-330 b.C.* (Baltimore, 1982); C. G. Starr, *Individual and Community: The Rise of the Polis, 800-500 b.C.* (New York, 1986); F. W. Walbank, et al., *CAH*, 2nd. ed., 7/1: the Hellenistic World (Cambridge, 1984). [DAVID E. AUNE E HANS SVEBAKKEN]

GREGO Idioma flexionado, no qual a marcação das palavras com prefixos e sufixos codifica a estrutura sintática da sentença. Os verbos são marcados para expressar tempo, modo, voz, pessoa e número, enquanto os adjetivos, artigos, pronomes e substantivos podem ser marcados para refletir gênero, número e caso. O grego tem três gêneros: masculino, feminino e neutro. Além do singular e plural, o grego clássico tem o dual. Os oito casos indo-europeus foram reduzidos no grego a cinco: nominativo, vocativo, acusativo, genitivo e dativo. O grego apresenta distinção de voz: ativa, passiva e média.

HISTÓRIA. A língua grega consiste de diversos dialetos relacionados (ático, jônico, dórico e eólico), que emergiram do protogrego, uma língua indo-europeia reconstruída. Tribos migratórias de aqueus, que falavam protogrego, chegaram à península grega por volta do ano 2.000 a.C., onde se encontram com os nativos egeus, acabando por fundir-se com eles. A mais antiga forma escrita de grego é chamada de Linear B, preservada em placas de argila encontradas em Creta e no continente grego, datando dos períodos Minoico e Micênico (1450-1200). O colapso da civilização Micênica (por volta de 1250) foi seguido pela chegada de grupos culturalmente menos avançados de gregos dóricos, causando uma revolução cultural que introduziu a Idade das Trevas grega (c. 1.100-950), durante a qual a escrita foi esquecida. No final do século VIII, o grego escrito reapareceu na forma de um alfabeto escrito emprestado do alfabeto fenício de 22 caracteres, com a adição de quatro letras distintivamente gregas.

O dialeto grego dominante nos períodos Helenístico e Romano é chamado de grego coiné ("comum"), baseado primariamente no grego ático do século IV. O ático tornou-se o mais importante dialeto grego devido ao predomínio político e militar de Atenas durante o século V. O dialeto coiné foi a linguagem oficial de todos os reinos helenísticos fundados pelos sucessores de Alexandre. O grego ático tornou-se a língua do governo, do comércio e da educação, bem como a forma de grego falada pela elite governante e pelas classes altas da sociedade, pois se considerava que essa língua e cultura eram superiores às outras. Não há evidência de que o coiné escrito tivesse dialetos locais, embora houvesse muitas variações léxicas e fonológicas. O caráter uniforme da língua escrita contribuiu para a padronização da língua falada.

O GREGO NO ORIENTE MÉDIO. Durante os períodos Micênico e Minoico, houve extensos contatos comerciais entre a parte continental da Grécia e Creta e o Oriente Médio. Os micênicos trouxeram sua língua até Chipre, pois se tem conhecimento do dialeto arcado-cipriota a partir de inscrições no silabário cipriota. Embora o contato fosse interrompido devido à dissolução da civilização micênica-minoica, os contatos comerciais foram renovados e ampliados quando as cidades-estado gregas deram impulso à extensa colonização ocorrida no século VIII. Por todas as cidades helenísticas do Egito e da Síria-Palestina, as classes média e superior dos gregos viviam relativamente isoladas dos nativos, minimizando a influência das línguas locais. O grego continuou a ser falado nas cidades helenísticas no que antes havia sido o império persa, tais como Selêucia, no Tigre, e Susa.

Tanto o latim como o grego foram usados na administração das províncias romanas orientais. Na Grécia oriental, o uso da língua grega foi dominante e era o idioma da administração romana local nas províncias. Nas províncias de fala grega, mesmo os documentos oficiais romanos eram rotineiramente escritos em grego, embora as inscrições em obras públicas fossem em latim. O latim também era o meio empregado para a comunicação entre o governo central e os magistrados romanos e entre os magistrados romanos e as colônias romanas.

No Egito ptolemaico, imigrantes greco-macedônios se instalaram nos dois novos centros do helenismo, Alexandria no norte, e Ptolemaida no sul, bem como no antigo porto de Náucratis. No entanto, a maioria se estabeleceu nas regiões rurais primárias, às margens do rio Nilo. A preservação de papiros gregos não-literários no Egito do século III fornecem uma importante via de acesso ao coiné escrito desse período. No decorrer desse século (séc. III, a.C.), a Torá e algumas outras partes da Bíblia Hebraica foram traduzidas para o grego, formando a versão que ficou conhecida como Septuaginta (LXX). A evidência obtida de inscrições mostra poucas diferenças de dialeto entre o coiné do Egito, da Ásia Menor, da Itália e da Síria-Palestina. Nativos egípcios das classes baixas continuaram falando egípcio até o século III da nossa era. No século II a.C., a língua egípcia, nesse estágio conhecida como copta, começou a ser escrita usando caracteres gregos, ficando assim grandemente dependente do grego também em outros aspectos. Até 20% do léxico cóptico consistiu de palavras emprestadas do grego, sendo que alguns verbos gregos foram adaptados à morfologia copta. Os administradores e os aristocratas, bem como as pessoas das classes sociais mais baixas (especialmente no Alto Egito), geralmente falavam apenas uma língua.

Após a morte de Alexandre, em 323 a.C., Cele-Síria, Síria, Fenícia e Palestina ficaram sob o controle do Egito ptolemaico, até a conquista por parte dos selêucidas, em 201. O grego coiné era a língua da administração, tanto no que se refere aos ptolomeus, como aos selêucidas. A partir do século III, a maior parte das inscrições encontradas na Síria Palestina foi feita em grego. Os papiros Zeno (259-257) refletem o relacionamento entre o judeu Tobias e as autoridades egípcias. Uma das mais antigas inscrições gregas é a de Jaffa, em homenagem a Ptolomeu 4, e é datada de 217. Embora houvesse enclaves de cultura helenista nas cidades helenísticas na Galileia — como Sepphoris e cidades mais ao norte, em Decápolis, entre elas Antioquia Hippos, Abila, Gadara, Pella e Bete Shean —, não há ainda clareza quanto à exata natureza das relações entre as culturas judaica e helenista na alta e baixa Galileia durante o século I d.C.

Muito colonos gregos se estabeleceram nas cidades costeiras da Fenícia durante o século III a.C. O tradicional costume de falar duas línguas nessas cidades foi substituído pelo emprego unicamente do coiné helenístico, embora na Palestina, durante os períodos helenístico e romano, se falasse tanto o aramaico como o grego. O coiné helenístico foi falado e escrito por todas as classes sociais. O emprego do grego na Palestina durante o período romano tem sido intensamente investigado, devido ao problema da língua, ou línguas, falada por Jesus, além do problema mais geral de até que ponto o judaísmo palestino foi helenizado. Jesus certamente falou aramaico, provavelmente também o hebraico, e possivelmente ainda o grego. O hebraico foi língua falada na Palestina até o período da Mishna, embora se desconheça quão amplamente tenha sido empregada. Ambos, o hebraico e o grego, foram considerados idiomas de prestígio em diferentes contextos sociais. Durante os séculos II e I a.C., o hebraico foi usado como língua literária pelos autores de Daniel, do Eclesiástico, e muitos dos manuscritos do mar Morto. No entanto, mesmo entre a literatura de Qumran, foram encontrados numerosos manuscritos gregos datados desde meados do século II a.C. até meados do século I d.C., inclusive fragmentos de quatro rolos com a LXX, além de um rolo com os Profetas Menores, descoberto em Nahal Hever. Duas das quinze cartas de Bar Kokhba (escritas entre 132-35 d.C.) emNahal Hever são em grego. Além disso, o arquivo Babata de Nahal Hever consiste de 36 ou 37 documentos escritos entre 93-132 d.C., escritos na língua dos nabateus, em aramaico e em grego. As 221 inscrições gregas em Beth-shearim, na Galileia (séculos II e IV d.C.) ultrapassam de longe as em hebraico e aramaico. O fato de que existem na literatura talmúdica cerca de 1500 palavras emprestadas do grego destaca o amplo uso do grego pelos judeus durante o século I da nossa era.

Bibliografia. D. E. Aune, "Greek", *OEANE* 2.434-40; J. A. Fitzmyer, "The Languages of Palestine in the First Century a.d.", in *A Wandering Aramean* (1979, repr. Grand Rapids, 1997), 29-56; W. Horbury e D. Noy, *Jewish Inscriptions of Graeco-Roman Egypt* (Cambridge, 1992); G. H. R. Horsley, "The Fiction of 'Jewish Greek'", in *New Documents Illustrating Early Christianity* (Marrickville, New South Wales, 1989), 5:5-40; G. Mussies, "Greek in Palestine and the Diaspora", in *The Jewish People in the First Century*, 2.ed., S. Safrai e M. Stern. CRINT 1 (Philadelphia, 1976), 1040-64; L. R. Palmer, *The Greek Language* (1980, repr. Norman, 1996); J. N. Sevenster, *Do You Know Greek?*, NovTSup 17 (Leiden, 1968); B. Spolsky, "Triglossia and Literacy in Jewish Palestine of the First Century", *International Journal of the Sociology of Language* 42 (1983: 95-109). [DAVID E. AUNE]

GREVAS Cobertura protetora para as pernas que fazia parte da armadura usada durante as batalhas. O termo (heb. *miṣḥâ*) aparece na Bíblia apenas na descrição da armadura de Golias (1Sm 17:6). Sua presença ali é um argumento a favor da exatidão histórica do relato, já que os povos egeus, relacionados com os filisteus, claramente usavam esse tipo de armadura. Grevas de bronze datadas de 1400 a.C. foram encontradas em Dendra, em território grego, e grevas são mencionadas com destaque nos escritos de Homero. Elas ainda eram usadas pela infantaria grega na guerra contra os persas. Embora a maioria dos soldados do antigo Oriente Médio seja representada com pernas desguarnecidas, há evidência de que alguns soldados assírios também usavam proteções para as pernas.

Bibliografia. J. G. Warry, *Warfare in the Classical World* (1980, repr. Norman, Okla., 1995); Y. Yadin, *The Art of Warfare in Biblical Lands* (Jerusalém, 1963). [W. E. NUNNALLY]

GRINALDA 1. Guirlanda de folhas ou flores usada em torno da cabeça. No AT, o termo aparece com certeza somente em Isaías 28:1,3,5 (heb. *'ăṭārâ*), em que a grinalda usada pelos beberrões de Efraim será pisoteada quando Deus julgar Israel. Em outras circunstâncias, várias versões inglesas traduzem várias palavras hebraicas como "grinalda" ou "(trabalho) trançado", referindo-se às características decorativas das insígnias do sumo sacerdote (*'ăḇōṯ*; Êx 28:14-25; 39:15-18; NRSV "correntes", "cordões") ou o templo de Jerusalém (*gĕḏil'm*; 1Rs 7:17, 29-30, 37).

Uma grinalda aparece na cabeça de um bem-sucedido mestre de uma festa (Sir. 32.2) e, figurativamente, na cabeça dos mártires (4Mac 17.15). Jesus usa uma grinalda, ou coroa, de espinhos (Mt 27:29 par.). Os vencedores nos jogos gregos recebiam uma grinalda de louro, pinho ou aipo (Plutarco Quaest. conv. 5.3.1-3), uma imagem usada nas Epístolas para descrever a honra devida a quem completa com sucesso a vida cristã (1Co 9:25; 2Tm 4:8; Tg 1:12; 1Pe 5:4; Ap 2:10). [CARL BRIDGES]

2. Grinalda/guirlanda, frequentemente tecida de flores ou folhas, usada ao redor da cabeça ou pescoço. Tília, murta, louro, hera e salsa serviam como estrutura da grinalda. Flores de várias espécies, incluindo violetas e rosas, eram algumas vezes entrelaçadas. As grinaldas eram usadas para ocasiões de festas, decoração para funerais, e para a concessão de honras militares, religiosas e cívicas. Elas podiam simbolizar vitória, paz, hora, e imortalidade. Os sacrifícios de animais vinham virtualmente sempre com grinaldas. O único uso que o NT faz de grinalda (gr. *stémma*; At 14:13) era provavelmente uma bandagem de lã. O povo de Listra trouxe sacrifícios de touros e grinaldas quando eles tomaram erroneamente Paulo e Barnabé como Hermes e Zeus. [PAUL ANTHONY HARTOG]

GROU Uma das 14 espécies da família dos grous, da ordem dos gruiformes. Possui uma altura de 140 cm, uma graciosa ave pernalta, o grou (Grus grus) se reproduz na Europa e no inverno no norte da África, passando assim no Oriente Médio duas vezes ao ano. Sua capacidade de saber quando migrar é louvada em Jeremias 8:7, em contraste com aqueles que não conhecem as ordenanças do Senhor.

O termo hebraico (*'āgûr*) pode ter sido motivado de modo onomatopaico poético, como o clamor do rei Ezequias de Judá é comparado ao grito do grou (Is 38:14; "andorinha"; "tordo"). [JESPER SVARTVIK]

GUARDA PRETORIANA Formada por Otaviano em 27 a.C., uma guarda de elite (*cohors praetoria*), com salário maior, menor período de trabalho e uniformes mais esmerados. Embora o número deles tenha variado até ser desfeita em 312 d.C., durante o século I havia nove coortes de 500 homens.

Seis coortes ficavam estacionadas em outras cidades italianas (cf. Fp 1:13) e três coortes ficavam reservadas para atendimento constante ao imperador. Era característico desses guardas aparecerem em trajes civis devido à tradicional aversão dos senadores em ter tropas estacionadas dentro dos limites da cidade. No ano 23 d.C., Tibério concentrou os pretorianos num acampamento dentro da cidade.

A Guarda foi comandada pelo próprio imperador com um ou dois prefeitos da ordem equestre, como oficiais subordinados. Seus integrantes eram recrutados principalmente em cidades italianas.

Embora formada para proteger o imperador, a Guarda acabou se tornando uma verdadeira ameaça à sua segurança. No início do ano 31 d.C., Sejano (Lúcio Élio), prefeito pretoriano, foi acusado de traição pelo Senado e executado. Em 41, Calígula foi assassinado por um tribuno pretoriano; na confusão que se seguiu, Cláudio, tendo-se escondido no palácio, foi levado para o acampamento e aclamado imperador. Evento semelhante levou à ascensão de Nero e, durante a Guerra Civil de 67-69, os pretorianos levantaram seu próprio candidato, Otho, como imperador. Essa tendência chegou ao seu ponto máximo em 193, quando dois rivais se colocaram perto do acampamento pretoriano e oferecerram um preço pelo império (cf. Dio Cassius Hist. 74.2.3-6).

Bibliografia. M. Grant, *The Army of the Caesars* (1974, repr. New York, 1992). [ANDREA LORENZO MOLINARI]

GUARDA, PÁTIO DA Aposento ou área aberta no complexo do palácio (heb. *ḥăṣar hammaṭṭārâ*) onde prisioneiros (tais como Jeremias) foram detidos durante o cerco babilônico de Jerusalém (p. ex., Jeremias 32:8, 12; 38:6, 13, 28).

GUARDAR Como verbo (heb. *šāmar*), "vigiar" ou "prestar atenção cuidadosamente"; mais frequentemente, "manter (em segurança), guardar, preservar", "ser vigilante para (si mesmo)". Dessa forma,

A B C D E F G H I J K L M N O P Q R S T U V X Y Z

Adão é encarregado de guardar o jardim do Éden (Gn 2:15), no caso de uma possível invasão do mal, e Deus guarda o jardim para evitar o retorno de Adão a ele após a queda (Gn 3:24). O verbo é usado para referir-se tanto a Deus como a seres humanos protegendo alguém de algum perigo (1Sm 2:9; 25:21; Ne 4:22) e guardando a nação (Is 26:2) ou a vida (Pv 10:17) contra perigos espirituais ou morais. No que tange a isso, o apelo ao povo de Deus é que "preste atenção cuidadosamente" às palavras e aos caminhos do Senhor (Lv 22:31; Dt 4:40; Jr 35:18; Ez 18:19). O termo também é empregado frequentemente para referir-se à guarda de prisioneiros (Js 10:18) ou de propriedade sagrada (1Cr 9:23). O substantivo *mišmeret* tem o sentido técnico que descreve o serviço dos levitas no santuário (p. ex., Nm 8:26; 1Cr 9:27; Ez 40:46).

As formas do particípio e as substantivas de *šmr* referem-se aos vigias oficiais da cidade (Is 21:11-12), aos guardas das portas (Ne 4:22; cf. 7:3), e às vigílias à noite (Sl 63:6 [TM 7). O termo também é empregado com referência ao pessoal da corte e do culto, tais como guardas das portas (1Rs 14:27), guardas do templo (2Rs 12:9), guardas de campo (Jr 4:17), guardas das mulheres (Et 2:3, 8, 14), pessoal que cuidava das roupas (2Rs 22:14 = 2Cr 34:22), e guardas nas prisões (2Sm 20:3; Jr 51:12). De forma idêntica, Deus assume responsabilidade oficial de proteger aqueles que estão sob sua aliança como o "guarda" de Israel (Sl 121:4), uma noção tão estabelecida que se tornou objeto de bênção sacerdotal para a nação (Nm 6:24).

No Novo Testamento grego, *phylássō* e seus derivados são usados para designar a proteção do rebanho (Lc 2:8), a guarda de prisioneiros (At 12:4; 23:35), para proteção divina dada ao Filho (Jo 17:12) ou aos santos (2Ts 3:3; 2Tm 1:12). Pessoas, individualmente, são exortadas a guardar-se de hábitos e práticas perigosas (Lc 12:15; At 21:25), ou a guardar os mandamentos de Deus e de Cristo (Mt 19:20 e par.) ou dos apóstolos (At 16:4). Outros termos neotestamentários referem-se aos soldados guardando o túmulo de Jesus (Mt 27:65; 28:11), à escolta de Herodes Antipas (Mr 6.27), e aos oficiais do tribunal (Mt 5:25; 26:58; Mr 14.54, 65). [J. RANDALL PRICE]

GUARDA-ROUPA, RESPONSÁVEL PELO Pessoa encarregada das vestes usadas pelo rei e sacerdotes. Um desses indivíduos, Harás, é citado em 2Reis 22:14 (chamado de Hasrás em 2Crônicas 34:22). Em 2Reis 10:22, os adoradores de Baal eram supridos com vestes especiais pelo responsável pelo guarda-roupa (cf. Jr 38:11).

GUARDIÃO Alguém a quem se concede certa área de responsabilidade. O alcance do significado para a palavra hebraica *š"mēr, n"ṣēr* é de alguém que "mantém, guarda, vigia, preserva, obedece".

Num sentido amplo, pode-se obedecer aos mandamentos de Deus (Dt 5:10) e guardar o caminho do Senhor (Jz 2:22), proteger o estrangeiro (Sl 146:9) ou a cidade (2Rs 9:14), e alguém guardar a própria boca. Mais especificamente, um mordomo, isto é, aquele que está incumbido da supervisão de uma casa e de seus assuntos (Ec 12:3). Tipos semelhantes de vigilância incluem o guarda da bagagem (1Sm 17:22) e o guarda das vestiduras (2Rs 22:14). Yahweh é enaltecido como o guarda de Israel, o protetor do seu povo (Sl 121:3, 5).

No AT, várias áreas especiais de influência são de responsabilidade dos oficiais designados. O oficial do templo (*šōmrē mišmereṯ haqqōḏēšō* era um cargo levítico designado por Yahweh para o serviço, manutenção e proteção do tabernáculo ou do templo (Nm 3:28-38; Ez 44:14). Os "guardadores da entrada" (*šōmrê hasap̄*) estavam encarregados das receitas e dos gastos do templo (2Rs 12:9; 22:4).

O guarda da cidade (Sl 127:1; 130:6; Is 21:11;62:6; Jr 51:12), tal como um oficial militar, fazia rondas noturnas para garantir a segurança e a ordem da cidade (Ct 3:3; 5:7). Ele provia a supervisão dos muros e portas da cidade e seus armazéns correspondentes (Ne 11:19; 12:25).

O oficial do palácio era responsável pelo rei, seu palácio e administração geral. Sua tarefa mais comum era a de porteiro ou guarda geral do palácio (1Rs 14:27; 2Rs 11:5; Et 2:2; 2Cr 12:10). Outros oficiais do palácio incluíam o eunuco, que guardavam as esposas do rei (Et 2:3), o guarda-costas do rei (1Sm 28:2), o camareiro responsável pelos paramentos reais (2Rs 22:14 = 2Cr 34:22), e o guardador da floresta do rei (Ne 2:8).

Finalmente, o vigia agrícola era encarregado de cuidar e proteger os campos (Jr 4:17), os rebanhos (1Sm 17:20) e os pomares ou vinhedos (Pv 27:18). Metaforicamente, referia-se a Yahweh como o vigia de seu vinhedo, Israel (Sl 121:5; Is 27:2-6; cf. 5:1-30). [MILES V. VAN PELT]

GUDGODA (heb. *guḏgōḏâ*) Lugar em que os israelitas acamparam durante a jornada no deserto (Dt 10:7; LXX gr. *gádgad*); o primeiro lugar mencionado depois de Mosera (Moseroth), onde Arão faleceu. Em Números 33:32-33, é chamado de Hor-Hagidgade.

GUERRA Guerra (heb. *milḥāmâ*; gr. *pólemos*) era uma característica muito comum da vida no período tanto do AT como do NT. Geralmente considerada como algo a ser temido e, se possível, evitado (Jr 4:29; 6:1; Mc 13:14-19), ela fornece também a fonte mais abundante de metáforas em relação à vida do povo de Deus. Nem com esforço de imaginação pode-se dizer que a Bíblia apresenta um ponto de vista "pacifista" sobre a violência e a guerra; isso seria anacrônico e uma distorção do texto. Como a maioria dos povos, os antigos israelitas e judeus e os adeptos de Jesus e seu grupo no cristianismo primitivo não gostavam dos efeitos da guerra, mas para a maioria ela era tida como um fato da vida. Durante períodos da história do antigo Israel, os israelitas e judeus viveram a experiência e o resultado da guerra.

As modernas convenções de guerra, como a existência de uma causa internacionalmente reconhecida para guerrear e um estado de hostilidades legalmente declarado, quase sempre como último recurso, não se aplicam no mundo da Bíblia. Lá, a violência era frequentemente o primeiro recurso. A prática da guerra no período bíblico é limitada não tanto pela convenção internacional, e sim pela capacidade de as pessoas guerrearem. Para fazer isso era necessário grande número de homens para serem treinados na luta e grande quantidade de recursos, o que nem sempre estava disponível durante a história do antigo Israel e, certamente, não disponível aos primeiros seguidores de Jesus. As condições favoráveis para a guerra prolongada não prevaleceram no antigo Israel e Judá até o tempo da Monarquia, mas até então os recursos e a força de trabalho eram limitados.

No período do NT a guerra foi uma prática de grandes impérios que tinham os recursos econômicos e humanos para promovê-la. O seguidor comum de Jesus na Judeia, ou até em Roma provavelmente não era um participante ativo de guerra a não ser como vítima, ou a menos que ele ou ela fosse casualmente membro de alguma parte do exército, como a guarda real (At 10; cf. Fp 4:22). Mas mesmo então, a probabilidade de participação ativa em atos de guerra era extremamente pequena.

No AT, a solução violenta de conflito era comum entre grupos, e tais confrontos caíam na categoria de "hostilidades primitivas" ou escaramuças, quando comparadas a conflitos posteriores. Abraão reuniu homens suficientes para perseguir, surpreender e derrotar a aliança de reis que havia levado seu sobrinho Ló como refém (Gn 14). Durante o período dos juízes, o período do primitivo assentamento de Israel na região montanhosa da Palestina, o conflito armado foi comum e a derrota em conflito armado tornou-se um sinal do desagrado de Deus com a conduta do povo (Jz 2:11-15). No final do livro de Juízes, tal recurso comum ao conflito armado resultou numa sangrenta guerra entre grupos tribais que quase aniquilou uma das tribos, a de Benjamim (Jz 19–21).

É durante o tempo da Monarquia que podemos realmente falar de guerra, no sentido de uma força ordenada, bem equipada que realizava a vontade política de uma autoridade central, o rei. De acordo com 2Samuel 11:1, a primavera era regularmente "o tempo em que os reis saíam para a guerra". Os grandes feitos de guerra dos reis de Israel e Judá são louvados mais do que sua piedade (1Sm 18:7). Entretanto, nem Israel, nem Judá eram fortes para competir por muito tempo no palco da história do antigo Oriente Próximo em tais conflitos. Disputas locais, como as de Israel e seus vizinhos, dos séculos XI ao IX e nos quais Israel e Judá foram frequentemente, porém não sempre, bem-sucedidos, acabaram dando ensejo a grandes campanhas imperiais dos assírios e babilônios e seus aliados semitas ocidentais. Contra tal poder, poucos puderam se manter, como mostram os registros dentro e fora da Bíblia.

No período após o exílio (séc. V e posterior), liderar uma guerra por parte do novo Israel não tinha sentido. Os que retornaram eram pequenos em número e deficientes em recursos e eram os persas, e depois os gregos, que dominavam a região. Não obstante, surpreendentemente, a imagem da guerra encontra lugar na literatura desse período posterior, e Israel é comparado ao exército de Deus mais uma vez, revivendo talvez tradições mais antigas de guerra santa (Zc 9; 10:6, 7; 14:1-15).

A liderança da guerra é geralmente dividida entre elementos de enorme estratégia e táticas mais limitadas. É difícil falar de grande estratégia dos exércitos de Israel e Judá. Pode-se assumir que conseguir "descanso dos inimigos em volta" envolveu certa quantidade de conflitos nos quais Israel e Judá foram bem-sucedidos. Mas nunca ficou claro se essa foi uma estratégia planejada, uma atitude necessária e perpetuamente defensiva contra estrangeiros ou se foram expansões oportunistas. O registro afirma que o território de Davi se estendia da fronteira do Egito ao rio Eufrates (1Rs 4:24), uma realização repetida durante o reinado de Jeroboão II (Am 6:14). Isso foi indubitavelmente conseguido pela submissão de inimigos ao longo das fronteiras com Israel e Judá, e além (2Sm 10; 21:15-22).

As táticas no campo de batalha eram limitadas. A cavalaria não era usada com frequência pelos exércitos do antigo Israel e Judá, e os carros de guerra eram caros e limitados, por isso a massa do combate ficava para a infantaria armada com o mínimo de proteção ao corpo, escudo, lança, possivelmente uma espada, uma funda. Referências a "atiradores com funda" (Jz 20:15, 16; 2Rs 3:25) e "arqueiros" (1Sm 31:3) sugerem que tais tropas eram divididas em unidades especiais no campo de batalha. Entretanto, uma vez reunida a infantaria de combate, era uma questão de forçar o outro lado a fugir e dar as costas.

Então começava o momento da matança (Sl 18:37-39 [38-40]) e a estimativa da taxa de mortes em tais ocasiões era extremamente alta.

O "ensino" da arte da guerra no AT é limitado. Inúmeras metáforas da instituição são usadas como descrições favoráveis tanto de Deus como do povo de Deus (Zc 9:13). Uma das designações mais antigas do Deus israelita, Yahweh, é "Homem de Guerra" (Êx 15:3). A vitória na guerra é valorizada como uma bênção de Deus (Sl 18). Como procedimento de guerra, os antigos israelitas eram encorajados a destruir sem clemência o povo e os animais das cidades capturadas, especialmente se aquelas cidades estivessem dentro do próprio território deles (Dt 20:10-18). Essa prática de *ḥērem* nem sempre era aplicada, mas era um meio de manter os limites sagrados e sociais da comunidade. Muito do ensino específico sobre o procedimento de guerra em Deuteronômio 20–21 trata mais da eficiência do que dos altos ideais de moral. No período do NT, a guerra nunca esteve ausente da consciência da maioria dos judeus, incluindo os seguidores de Jesus, mas sua prática estava agora confinada principalmente aos soldados profissionais que tinham seus próprios códigos de conduta. Os evangelhos mencionam soldados e guerra somente de passagem (Lc 7:8; 23:11; 14:31), mas de forma a indicar que ela era tida por certo. Uma das características surpreendentes do NT é que ele não contém referências claras à guerra que desolou a Judeia e a Galileia entre os anos 66 e 70 d.C. e que resultou na destruição de Jerusalém e do templo pelo exército romano (Josefo, *Guerra judaica*).

É nas figuras das cartas que a guerra se torna mais uma vez uma fonte de metáforas para a autocompreensão do povo de Deus. O sofrimento, uma vez sinal de identidade com Cristo, em sua morte vergonhosa (Mc 8:34-38), se torna um emblema de honra para o "bom soldado de Jesus Cristo" (2Tm 2:3). Como o uso da metáfora do atleta em Filipenses, Paulo usa a metáfora do soldado e sua vida ajustando-se ao cristão fiel.

A natureza da vida cristã é, por meio disso, mudada. Imagens da família e do lar são substituídas pelo exército como meios de informar o cristão de suas (deles, e não frequentemente delas) responsabilidades. Muito da linguagem de recomendação ao "soldado" cristão emprega o tom do juramento do soldado, o *sacramentum*, que todo soldado romano tinha de fazer. Tal juramento significava uma mudança radical de vida e uma dedicação compulsória ao serviço do imperador. Tudo que ficasse aquém disso era vergonhoso, quase sempre punível com a morte e indigno de um soldado imperial. É isso que se difunde no NT como uma ilustração do estilo de vida para o servo cristão.

Bibliografia. P. C. Craigie, *The Problem of War in the Old Testament* (Grand Rapids, 1978); H. Frankenmölle, "Peace and the Sword in the New Testament", in *The Meaning of Peace: Biblical Studies*, ed. P. B. Yoder e W. M. Swartley (Louisville, 1992), 213-33; T. R. Hobbs, "Aspects of Warfare in the First Testament World", *BTB* 25 (1995): 79-90; "The Language of Warfare in the New Testament", in *Modelling Early Christianity*, ed. P. F. Esler (London, 1995), 259-73; *A Time for War: A Study of Warfare in the Old Testament* (Wilmington, 1989); S. M. Kang, *Divine War in the Old Testament and in the Ancient Near East*. BZAW 177 (Berlin, 1989); S. Niditch, *War in the Hebrew Bible* (Oxford, 1993). [T. R. HOBBS]

GUERRAS DO SENHOR, LIVRO DAS Obra confirmada apenas em Números 21:14-15, provavelmente contendo poemas ou cânticos celebrando vitórias sobre os inimigos. O título, que de acordo com a tradição targúmica provavelmente servia como frase introdutória do primeiro poema, atribui guerras e, consequentemente, vitórias ao Senhor. Números 21:14,15 cita esse livro ao descrever as fronteiras de Moabe. Logo em seguida, em Números 21:17, 18, 27, 30 estão dois cânticos que podem também ter sido parte da coleção.

Essa fonte obscura está entre outras obras não disponíveis confirmadas no AT: o Livro de Jasar (Js 10:13; 2Sm 1:18), o Livro dos Atos de Salomão (1Rs 11:41), o Livro das Crônicas dos Reis de Israel (14:19) e Judá (14:29), e vários anais (Ed 4:15; Et 2:23; 6:1). [ALICE H. HUDIBURG]

GUNI (heb. *gûnî*) **1.** Filho de Naftali que se estabeleceu com os israelitas no Egito (Gn 46:24; 1Cr 7:13; ancestral eponímico dos gunitas (Nm 26:48).

2. Gadita, pai de Abdiel (1Cr 5:15).

GUR (heb. *gûr*) Elevação próxima de Ibleão, onde Jeú feriu mortalmente o rei Acazias, de Judá (2Reis 9:27). Acazias fugia de Jezreel para o sul, no caminho para Bete-Haggan (atualmente Jenin). A elevação provavelmente recebeu o nome de uma localidade próxima. Gur pode ser identificada com Khirbet em-Najjar, que se sobreleva ao acesso oriental do uádi Belameh, e passa entre Bete-Haggan e as montanhas da Samaria. [C. SHAUN LONGSTREET]

GUR-BAAL (heb. *gûr-bāʿal*) Cidade árabe, capturada pelo rei Uzias em sua campanha para proteger as fronteiras ocidental e sul de Judá (2Cr 26:6-8). Provavelmente se localizava nas proximidades de Edom.

H

H Símbolo do Código de Santidade, conjunto de material legal (Lv 17—26), dentro da porção indicada do Pentateuco, atribuído à Fonte Sacerdotal.

HAASTÁRI (heb. *hā'ăḥaštārî*) Descendente de Asur e Naará (1Cr 4:6). Essa família, citada apenas nesta referência, é listada entre os aspectos geográficos e étnicos de Judá.

HABACUQUE, LIVRO DE O oitavo dos Profetas Menores. Apesar de pequeno (3 capítulos), tem-se constituído em objeto de considerável debate entre os eruditos. Isso se deve em parte às dificuldades inerentes à sua interpretação histórico-crítica e devido às passagens que foram produtivas no desenvolvimento de tradições judaicas e cristãs posteriores.

Texto. Além tradição textual massorética, existem diversos testemunhos antigos para o texto de Habacuque. Primeiramente, entre essas testemunhas, se encontra o comentário encontrado entre os rolos do mar Morto (1QpHab). Outra testemunha importante para o texto hebraico é um rolo do século II, com os profetas menores, descoberto em 1955 no úadi Murabba'ât. Versões gregas primitivas também ajudam no estabelecimento do texto. Um manuscrito grego do século I, com profetas menores (8 Hev XII gr), incluindo Habacuque foi descoberto em Nahal Hever, em 1952. Essas testemunhas confirmam o texto consonantal do TM como base firme para o estudo, embora consideráveis dificuldades na compreensão do texto sejam evidentes, particularmente no cap. 3.

Eruditos têm questionado há longo tempo a posição de Habacuque 3, visto ser discutível se grande parte desse capítulo não seria, de fato, mais arcaica que o restante do livro. A ausência do capítulo em 1QpHab leva alguns à conclusão de que se trata de adição posterior ao livro. Essa posição, entretanto, é menos provável tendo em vista sua inclusão nos rolos primitivos de Murabba'ât e Nahal Hever. A maioria dos eruditos, na atualidade, considera o cap. 3 como parte integrante do livro, apesar de admitir que o autor possa ter reutilizado um poema mais antigo.

Forma. Os gêneros básicos empregados no livro foram amplamente reconhecidos: 1:2-2:4/5, queixas e respostas; 2:6-19, oráculos de juízo; 3:2-19, salmo. Dentro desta estrutura ampla, no entanto, tem se gerado considerável debate a respeito do relacionamento entre as diversas partes. Enquanto alguns encaram estas seções como integralmente relacionadas em uma composição unificada, a maioria dos eruditos acredita que refletem um crescimento gradual, mediado por um autor e/ou redator. A decisão sobre tais questões influencia e é influenciada pela compreensão da mensagem do livro e seu contexto histórico.

Estudos recentes começaram a examinar a função do livro dentro do grupo dos profetas menores e no cânon como um todo. Quão produtivas serão essas abordagens a longo prazo ainda está por manifestar-se.

Contexto histórico e mensagem central. O sobrescrito identifica o autor como "o profeta Habacuque". Nada mais se conhece sobre Habacuque como figura histórica, embora também seja mencionado em literatura posterior, como Bel e o Dragão. Devido à aparente familiaridade do autor com os gêneros literários e a ideologia do templo, alguns eruditos consideram Habacuque como um profeta oficialmente associado ao culto em Jerusalém.

A única referência histórica com certeza, dentro do livro, é a menção aos "caldeus" em 1:6. Esse termo normalmente se refere ao império neobabilônico, que assumiu o poder no final do século VII a.C. e controlou Jerusalém até 538. Embora diversos outros "significados" tenham sido atribuídos a tal referência — desde os primitivos assírios, até aos mais recentes romanos — não parece haver razão para não considerar o termo como referência histórica.

Os que encaram o livro como oráculo que cresceu com adições feitas pelo profeta ou redatores, datam partes da obra em épocas bem antigas, como o período pós-exílico. O contexto mais provável para a origem da obra encontra-se na confusão política em Judá, no final do século VII, provavelmente logo após a derrota da Babilônia frente às forças egípcias em Carquemis, em 605. Jeoacaz, rei de Judá, fora deposto por Neco II, do Egito, e substituído por Jeoaquim. Estava no auge, em Judá, um conflito entre os que eram a favor do Egito e os que se inclinavam pela Babilônia.

A identificação das figuras anônimas do "justo" e do "ímpio", encontradas nas queixas, é fundamental para determinar a data e definir a mensagem do livro. Habacuque afirma que o justo é cercado e engolido pelo ímpio (1:4 e 13). As queixas contra os ímpios e, mais tarde, os oráculos de juízo, às vezes, parecem ser dirigidos contra inimigos internos, outras vezes parecem ter em vista ameaça externa. Alguns intérpretes atribuem a mudança de perspectiva a considerações cronológicas, ou seja, pensam que a mudança reflete diferentes períodos na experiência do autor. Também é possível que uma distinção clara entre inimigos externos e internos não parecesse apropriada ao autor. Ambos seriam considerados inimigos do "justo". Com isso, fica aberta a possibilidade de uma composição unificada.

A preocupação central do livro é a justiça — certamente a justiça em relação aos inimigos e, possivelmente, a de Deus. O livro faz eco às queixas nos livros dos Salmos quando pergunta "Até quando clamarei, e escutarás, Senhor?" (1:2). Essa pergunta dá início a um diálogo entre o autor e Deus, tendo por assunto a natureza da resposta de Deus à injustiça. Em primeiro lugar, o profeta se queixa de falta de resposta (1:2-4). A maioria dos eruditos considera a segunda queixa (1:13-2:1) reação à promessa de Deus de usar os caldeus como instrumento de punição. Se o objeto da segunda queixa forem os caldeus, fica a impressão de que o profeta continua se queixando que a punição é pior que o mal que pretende corrigir. Chega-se a um ponto alto em 2:4, um versículo com problemas gramaticais muito difíceis: "o justo viverá por sua fé". Discute-se o antecedente do pronome. Talvez se refira à fidelidade do próprio justo. Outros entendem como referência à fidelidade a uma visão concedida por Deus, ou até mesmo indicação diretamente para Deus. Essa passagem ganhou importância na tradição cristã posterior (cf. Rm 1:17; Gl 3:11; Hb 10:38-39). Na tradição judaica, esse versículo é considerado um sumário dos mandamentos da Torá (b. Mak. 23b-24a).

O terceiro capítulo é concluído com um salmo, no qual se descreve uma teofania, expressando a confiança do autor de que, afinal de contas, Deus e sua justiça prevalecerão. À luz dessa confiança, o livro se encerra com louvor a Deus. Entre os eruditos há discussão envolvendo o entendimento desse capítulo como vitória que ocorre fora da história, tornando-o assim um dos mais primitivos textos escatológicos. Outro ponto de vista, mesmo admitindo a natureza cósmica dos elementos descritos na teofania, compreende a ocorrência da libertação dentro do âmbito da história. A teofania de Hc 3 é lida durante a Shavuot (Festa das Semanas), na tradição judaica.

Bibliografia. R. D. Haak, *Habakkuk*. VTSup 44 (Leiden, 1992); T. Hiebert, „The book of Habakkuk", *NIB* 7 (1996): 621-55; J. J. M. Roberts, *Nahum, Habakkuk, and Zephaniah*. OTL (Louisville, 1991). [ROBERT D. HAAK]

HABAÍAS (heb. *ḥŏḇayyâ*) (tb. HOBAÍAS) **1.** Família de retornados do exílio incapaz de provar sua ascendência sacerdotal (Ne 7:63). Em algumas traduções, são chamados Hobaías.

2. Sacerdote cujos descendentes voltaram do exílio com Zorobabel. Por não poderem provar sua descendência sacerdotal, foram excluídos do sacerdócio (Ed 2:61-63). Em Neemias 7:63, o nome aparece como Hobaías.

HABAZÍNIAS (heb. *ḥăḇaṣṣinyâ*) Avô de Jaazanias, o recabita. Ele e sua família foram testados pelo profeta Jeremias, no templo de Jerusalém (Jr 35:3-10).

HABIRU *Ver* HAPIRU, APIRU.

HABOR (heb. *ḥāḇôr*; ac. *Ḫabôr*) Grande afluente que deságua no médio Eufrates, no nordeste da Síria. O rio tem suas nascentes nas montanhas do sudeste da Turquia, próximo de Mardin. Havia grande número de centros urbanos na região baixa do Habor, durante o segundo milênio antes de Cristo, inclusive Mari e Terqa, ambas habitadas por tribos amoritas, de tradição pastoril. Habor foi o "Rio de Gozã" (2Rs 17:6; 18:11), a capital da província síria de Bit Bahiani, ao longo da parte superior do Habor, para onde os israelitas foram exilados depois da derrota de Samaria, em 722. Nomes pessoais israelitas foram encontrados em textos das escavações de Tell Halaf. [MARK W. CHAVALAS]

HACALIAS (heb. *ḥăkalyâ*) O pai de Neemias (Ne 1:1; 10:1 [TM 2]).

HACATÃ (heb. *haqqāṭān*) Descendente de Azgade; o pai de Joanã, que retornou da Babilônia com Esdras (Ed 8:12; 1Ed 8.38).

HACMÔNI (heb. *ḥaḵmônî*) O pai de Jeiel, que assistia os filhos do rei Davi (1Cr 27:32). A forma hebraica é a mesma que a do gentílico hacmonita e pode, simplesmente, indicar sua membresia nesta família.

HACMONITA (heb. *ben-ḥaḵmônî*) A família de Jasobeão, chefe entre os guerreiros de Davi (1Cr 11:11). A leitura "taquemonita" em 2Samuel 23:8 constitui um erro textual.

HACOZ (heb. *haqqôṣ*) **1.** Chefe da sétima divisão de sacerdotes, durante a época de Davi (1Cr 24:10).

2. Família pós-exílica que retornou do exílio com Zorobabel. A maioria foi excluída do sacerdócio por não poder provar sua descendência sacerdotal (Ed 2:61-62; Ne 7:63-64). Entretanto, a partir de 3:4, 21, parece que a descendência sacerdotal foi provada em alguns casos.

HACUFA (heb. *ḥăqûpā'*) Servo do templo cuja família retornou do exílio com Zorobabel (Ed 2:51 = Ne 7:53).

HADADE (heb. *ḥăḏaḏ*) **I. (DEIDADE)** O deus semita ocidental da tempestade (ugar. Haddu, acád. Addu), mais conhecido pelo seu epíteto, Baal (lit., "senhor"). Numa sociedade que dependia da chuva para a agricultura, esse deus era de suma importância, sendo o cabeça do panteão ugarítico. O Monte Saphon, ao norte de Ugarite, era não apenas sua morada, mas também o lugar da assembleia dos deuses. A importância de Hadade é confirmada pelo emprego de seu nome como elemento em nomes e títulos da classe dirigente (p.ex., no Antigo Testamento, Hadadezer, Ben-Hadade; acád. Samsi-adad). [MARK ANTHONY PHELPS]

II. (PESSOA) 1. Filho de Ismael, neto de Abraão (Gn 25:15 = 1Cr 1:30). Por aparecer na lista entre Tema e Massá, ancestrais epônimos de tribos do noroeste da Arábia, supõe-se que também fosse o ancestral epônimo de alguma tribo.

2. Rei de Edom, que reinou em Avite; era filho de Bedade (Gn 36:35-36 = 1Cr 1:46-47). Ele derrotou os midianitas.

3. Rei de Edom, posterior a 2, acima, que era da cidade de Paí/Paú (Gn 36:39 = 1Cr 1:50-51).

4. Rei edomita, inimigo de Salomão, no final do século X a.C. (1Rs 11:14-22). Ele fugiu para o Egito durante o expurgo israelita de todos os homens de Edom, no tempo do antecessor de Salomão, Davi. Semelhantemente ao rebelde Jeroboão, os egípcios trataram Hadade com favor, com isso incitando o nobre edomita contra Israel.

Bibliografia. J. R. Bartlett, "Na Adversary Against Solomon, Hadad the Edomite", *ZAW* 88 (1976): 205-26. [MARK W. CHAVALAS]

HADADE-RIMOM (heb. *hăḏaḏ-rimmôn*) Divindade semita ocidental. O nome consiste do deus da tempestade Hadade, seguido pelo epíteto Rimom (acád. *rammānu*, "Trovejante"), que aparece em nomes teofóricos aramaicos e acádicos e no nome do rei de Damasco, Tabrimom (1Rs 15:18). Em 2Reus 5.18, essa divindade, chamada Rimom, aparece como deus estatal de Aram-Damasco. As letras hebraicas para *rimmôn*, no Antigo Testamento, significam "romã", e possivelmente formam uma paródia intencional.

Zacarias 12:11 prediz uma lamentação em Jerusalém que será tão grande "como o pranto de Hada-de-Rimom no vale de Megido". Uma interpretação primitiva desse versículo compreende Hadade-Rimom como o nome de um lugar, identificado por Jerônimo com Maximianópolis (a moderna El-Lejjun) ou a vila de Rummâneh/Horvat Rimona, que se presume tenha sido o lugar em que Josias foi morto e, mais tarde, pranteado (2Cr 35:23-25). O mais provável é que Zacarias se refira ao deus e a um ritual a ele associado. A prática no Oriente Médio de lamentação cúltica era também observada em Israel (Ez 8:14). Um mito ugarítico conta a respeito da lamentação de El e Anat por Baal-Hadade (assim o deus da tempestade era conhecido em Ugarit), após sua derrota diante de Mot ("Morte"), e a retomada da chuva acompanhada da fertilidade do solo em seu retorno do mundo dos mortos. À luz dessas tradições, um rito de lamentação pelo deus da tempestade, em antecipação pelo retorno da produtividade da terra, se encaixaria bem na área rica para a agricultura do "vale do Megido". [JOEL BURNETT]

HADADEZER (heb. *hăḏaḏʿezer*) **1.** Rei arameu de Zobá, derrotado por Davi; foi filho de Reobe (2Sm 8:3). A localização exata dessa cidade é desconhecida, embora alguns eruditos presumam que ela se localizava no Vale Beqa, no Líbano. Pode ter sido citada em documentos assírios posteriores como centro provincial (*ṣubatu*), derivado da recentemente incorporada cidade de Damasco.

Tudo o que se conhece desse rei é o relato de sua batalha contra Davi (2Sm 8:3-8 = 1Cr 18:3-8; 2Sm 10:1-19 = 1Cr 19:1-19). Zobá aparentemente exerceu poder em todo o sul da Síria e, inevitavelmente, entrou em conflito com o império de Israel em expansão. Eventualmente, Davi obteve a vitória, embora a cronologia e o resultado da batalha de 2Samuel 10 estejam abertos ao debate. A maioria dos eruditos afirma que essa foi a primeira batalha, tendo em vista o escopo da vitória em 2Samuel 8, na qual Hadadezer é reduzido a vassalo.

2. Rei de Damasco, no início do século IX, que os eruditos associam a Ben-Hadade II. [MARK ANTHONY PHELPS]

HADASA (heb. *ḥăḏāšâ*) Cidade na Sefelá, ou baixada, de Judá, parte da herança dessa tribo (Js 15:37). Embora sua localização não seja conhecida, faz parte do mesmo distrito que Laquis e Eglom (Js 15:37-41). É possível que seja o mesmo lugar que Adasa, onde Judas Macabeu derrotou Nicanor (1Mac 7.40-45).

Uma cidade com o nome de Hadasa ("nova cidade") aparece nos registros em uma das inscrições de Shishak, em Karnak. A localização desse lugar não é positivamente identificada. Entretanto, com base em uma lista egípcia, poderia estar localizada no Vale de Sucote, na confluência dos rios Jaboque (úadi Zerqã) e Jordão. Não está relacionado ao local bíblico.

Bibliografia. S. Ahituv, *Canaanite Toponyms in Ancient Egyptian Documents* (Jerusalém, 1984). [JENNIFER L. GROVES]

HADASSA (aram. *hăḏāssâ*) Nome hebraico original de Ester (Et 2:7; heb. *murta*). Uma antiga sugestão de que o nome foi um título babilônico dado a ela (de um epíteto da deusa Istar; acád. *Dadaššatu*, "noiva") já foi descartada.

HADES (gr. *hádēs*) Originalmente, o nome do deus grego do submundo, mais tarde, o nome do próprio submundo. Encontrado em Homero, em numerosos papiros gregos, na LXX, em Fílon e em Josefo, bem como no Novo Testamento. Em muitas versões da Bíblia (na maioria das versões inglesas, p.ex.), essa palavra é traduzida por "inferno". Na LXX, Hades é o nome usado para Sheol.

Na religião grega, era localizado no ventre da terra e para onde iam os mortos. Entrava-se lá através de portas trancadas com fechaduras que apenas um número limitado de seres pudesse abrir. Em Mateus 16, Pedro recebe as chaves das portas do Hades. Em Apocalipse 1, Jesus controla as chaves do Hades.

No pensamento helenista, Hades tornou-se um lugar de tormento. Foi essa compreensão do Hades como câmara de tortura que influenciou os autores do NT. [JIM WEST]

HADIDE (heb. *ḥāḏîḏ*) (tb. ADIDA) Pequena cidade na planície costeira, próximo de Lode (Ed 2:33; Ne 7:37). A Mishnah a localiza ao leste de Diospolis/Lydda/Lode (*m. 'arak*, 9:6). Alguns dos filhos de Benjamim que retornaram com Zorobabel do exílio na Babilônia fixaram-se em Hadide (Ne 11:34). Simão Macabeu fortificou a cidade, conhecida no período macabeu como Adida (1Macabeus 12.38; 13.13). Hoje, a cidade é identificada com Tel Hadid/el-Hadîtheh.

Bibliografia. M. Avi-Yonah, *The Holy Land*, ed. rev. (Grand Rapids, 1977). [DAVID C. MALTSBERGER]

HADLAI (heb. *ḥaḏlāy*) Pai do efraimita Amasa, que não concordou em aceitar os cativos da tribo de Judá, após a derrota de Acaz por parte de Damasco e Peca de Israel (2Cr 28:12).

HADORÃO (heb. *hăḏôrām*) (tb. ADONIRÃO, ADORÃO, JORÃO) **1.** Descendente de Joctã; ancestral de uma tribo árabe (Gen 10.27; 1Cr 1:21).

2. Filho do rei Toú, de Hamate, enviado pelo pai para se congratular com Davi pela vitória sobre Hadadezer (1Cr 18:10). Em 2Sm 8:10 ele e seu pai são chamados de Jorão (1) e Toí.

3. Um oficial do rei Roboão, encarregado dos trabalhadores servis (2Cr 10:18). Em 1Reis 4:6; 5:14 (TM 28) é chamado de Adonirão, e em 1Reis 12:18 de Adorão, forma abreviada daquele nome.

HADRAQUE (heb. *ḥaḏrāḵ*) Cidade no norte da Síria, próxima da moderna Tell Afis, 45 km a sudoeste de Alepo. A palavra Hadraque ocorre uma vez na Bíblia, num anúncio profético de destruição de vários territórios filisteus, sírios e fenícios (Zc 9:1-8). Numa inscrição em aramaico, Zakir, rei de Hamate e Lu'ash, elogia Baalshamayn por lhe conceder o reinado em Hadraque (aram. *ḥazraḵ*) e também por defender a ele e a essa cidade contra a coalizão de Bar-Hadade, filho de Hasael. A crônica epônima assíria menciona a campanha de Salmaneser IV contra Hadraque (c. 772). Um dos anais de Tiglate-Pileser III faz referência à subjugação de Hadraque, e a cidade aparece numa estela de vitória de Sargão II. A referência a Hadraque em Zacarias pode aludir-se a circunstâncias históricas anteriores, no final do século VIII.

Bibliografia. J. C. L. Gibson, *Texbook of Syrian Semitic Inscriptions, 2: Aramaic Inscriptions* (Oxford, 1975); W. T. Pitard, *Ancient Damascus* (Winona Lake, 1987). [CHRIS A. ROLLSTON]

HAFARAIM (heb. *ḥăp̄ārayim*) Cidade no território designado à tribo de Issacar (Js 19:19). Alguns eruditos a associaram com um lugar (egípcio *ḥprm*) mencionado na lista de cidades conquistadas por Sisaque (Shishak; Sheshonk) I (inscrição em Karnak), ou com duas outras cidades (*zpr wr, zpr šri*) que aparecem numa lista de Tutmosis III. Entretanto, todas essas sugestões foram postas em dúvida. Hafaraim é normalmente identificada com o moderno povoado de et-Taiybeh, a sudoeste do mar de Genesaré e a nordeste de Jezreel. Outras sugestões incluíram Khirbet el-Farriyeh e Afula. [ERIC F. MASON]

HAGABA (heb. *ḥăgāḇâ*) (tb. HAGABAH) O chefe de uma família de servos do templo que retornou do exílio com Zorobabel (Ed 2:45; Ne 7:48).

HAGABE (heb. *ḥāgāḇ*) Servo do templo, cujos descendentes voltaram do exílio com Zorobabel (Ed 2:46).

HAGADÁ (heb. *haggaḏâ*) Substantivo cuja origem geralmente se considera ser da raiz hebraica *ngd*, "contar", "corresponder a", ou "estar diante de". Hagadá (no Talmude palestino "Aggadah") é usado para referência a um certo número de fenômenos diferentes. Como um tipo de midrash, deve ser distinguido de Halaká, que é principalmente ligada aos assuntos da lei ritual, ética e civil. Em contraste, a Hagadá midráshica compreende praticamente todos os outros tipos de exegese bíblica. O termo Hagadá também é empregado como referência a quase todo tipo de texto que não seja legal no corpo rabínico de literatura e, como consequência, pode significar exegese bíblica, histórias de rabis famosos e outros tipos edificantes de literatura que não necessariamente inclua interpretação bíblica. Com isso em mente, tem que se usar de cautela no emprego do termo.

Geralmente,concluí-se que a Hagadá não tem a mesma autoridade nem exige o mesmo compromisso quando é constrastada com a Halaká.. Seja qual for o grau em que isso é verdade, seria erro subestimar a natureza religiosa da Hagadá. Em particular, como interpretação edificante, Hagadá é impulsionada pela busca de Deus em praticamente cada palavra e sílaba. Além disso, a natureza bem-humorada da Hagadá tem uma qualidade religiosa que passa despercebida por aqueles que assumem uma definição por demais estreita do que seja reflexão teológica. De muitas formas, Hagadá pode ser compreendida como celebração do significado religioso de cada detalhe da Escritura, por mínimo que seja, e da tradição judaica em geral. [LARRY L. LYKE]

HAGARENOS (heb. *hagrî'îm*) Tribo de pastores que residia na região ao oriente de Gileade. O Salmo 83:6 [TM 7] enumera os hagarenos entre outros inimigos transjordanianos de Israel na época pré-exílica. No tempo do rei Saul, as tribos hebraicas de Rúben, Gade e a meia-tribo de Manassés assumiram o controle do território hagareno (1Cr 5:18-22). O rei Davi parece ter conquistado a lealdade ao menos de alguns deles, uma vez que entregou a supervisão do rebanho real a Jaziz, o hagrita (1Cr 27:31). Uma relação etnográfica entre os hagarenos e a mulher Agar é incerta (Bar. 3.23, "os filhos/descendentes de Agar"). [EDWIN C. HOSTETTER]

HAGEDOLIM (heb. *haggĕḏôlîm*) Pai de Zabdiel, o superintendente, que viveu em Jerusalém após o exílio (Ne 11:14). O termo hebraico pode ser mais bem traduzido como "os grandes".

HAGIAS (heb. *ḥaggîyâ*) Levita, descendente de Merári (1Cr 6:30 [TM 15]).

HAGIÓGRAFO Palavra grega ("escritos sagrados") com a qual os Pais da igreja designaram os livros da terceira divisão da Bíblia Hebraica (heb. *kĕṯûḇ'm*, "Escritos"). Essa divisão inclui os livros "poéticos" ou de sabedoria (Salmos, Provérbios e Jó), os "cinco rolos" ou Megilloth (Cântico dos Cânticos, Rute, Lamentações, Eclesiastes e Ester), o livro apocalíptico de Daniel e os livros historiográficos de Esdras-Neemias e 1 e 2Crônicas. A ordem canônica do Hagiógrafo não foi fixada até o período medieval tardio. Certo número de manuscritos hebraicos medievais diferem quanto à colocação de Crônicas, a ordem de Jó e Provérbios, e o arranjo dos cinco rolos, embora sejam encontrados juntos já desde o século XI da nossa era. O Códex de Leningrado, por exemplo, coloca Crônicas no início dos Escritos, Jó antes de Provérbios e arranja os cinco rolos na seguinte ordem: Rute, Cântico dos Cânticos, Eclesiastes, Lamentações e Ester. Os Megilloth, lidos durante as festas e jejuns judaicos, são ordenados no cânon moderno segundo a ordem litúrgica em que eram usados: o Cântico dos Cânticos, no oitavo dia da Páscoa; Rute, no segundo dia das Semanas, ou Pentecostes; Lamentações, no nono dia de Ab, que pranteia a destruição do templo; Eclesiastes, no terceiro dia dos Tabernáculos; e Ester, no Purim.

Bibliografia. D. F. Morgan, Between Text and Community: The "Writings" in *Canonical Interpretation* (Minneapolis, 1990); J. A. Sanders, *Torah and Canon* (Philadelphia, 1972). [MARILYN J. LUNDBERG]

HAGITE (heb. *ḥaggîṯ*) Uma das mulheres de Davi; mãe de Adonias (2Sm 3:4 = 1Cr 3:2; 1Reis 1:5, 11; 2:13).

HAGRI (heb. *hagrî*) Pai de Mibar, um dos guerreiros de Davi (1Cr 11:38). O relato paralelo (2Sm 23:36) registra "Bani, o gadita". Uma dessas duas leituras, a heb. *bn hgdy* em 2Sam 23:36 e a heb. *bn hgry* em 1Cr 11:38, representa corrupção textual.

HAGUI (heb. *ḥaggî*) Um dos filhos de Gade, neto de Jacó e Zilpa (Gn 46:16); ancestral dos haguitas (Nm 26:15).

HALA (heb. *ḥălaḥ*; ac. *Ḫalaḫḫu*) Área para a qual os israelitas foram deportados depois de 720 a.C. por Sargão II (2Rs 17:6) e posteriormente por Salmaneser II (18:11) e Tiglate-Pileser III (1Cr 5:26). Essa deportação não se encontra refletida em inscrições assírias. Campos em Hala (a moderna Tell al-'Abbasiya), ao nordeste do território assírio, pertenciam ao rei. Os seus habitantes deveriam cumprir deveres *dullu* (da agricultura) para o rei. O mais provável é que os israelitas foram deportados para Hala a fim de cooperarem com o suprimento de alimento para os assírios.

Bibliografia. B. Becking, *The Fall of Samaria*. SHANE 2 (Leiden, 1992), 62-64. [BOB BECKING]

HALAKÁ (heb. *hălāḵâ*) Ensino a ser seguido; comumente compreende-se sua origem a partir da raiz hebraica *hlk*, "andar" ou "seguir adiante". Geralmente, Halaká é definida em contraste com Hagadá, ambas representando as duas principais divisões de Midrash. Embora haja considerável sobreposição entre ambas, Halaká tende a concentrar-se em questões legais quanto ao ritual, à ética, e a questões de natureza civil, enquanto a Hagadá ocupa-se mais com questões literárias discursivas e religiosas. Halaká é o meio pelo qual muitas vezes passagens legais ambíguas são esclarecidas para aplicação em situações novas e alteradas. Halaká é o nome dado não apenas ao método de interpretação midrashico aplicado a textos legais, mas é também o nome dado às coleções de literatura assim produzidas. Os midrashim da Halaká tratam de Êxodo a Deuteronômio. Além disso, esses midrashim são muitas vezes ligados à Tanak, já que foram produzidos em sua maioria no mesmo período, que se encerrou com a fixação da Mishnah no início do século III d.C. Entre os midrashim da Halaká, encontram-se a Mekilta de Rabbi Ishmael, a Mekilta de Rabbi Simeon ben Yohai (ambas sobre o Êxodo), Sifra (sobre Levítico), Sifre Números e Sifre Deuteronômio. Um bom exemplo de midrash da Halaká pode ser encontrado na Mekilta de Rabbi Ishmael, cap. 13 do Tratado Nezikin, que se ocupa com Êxodo 22:1-3, uma passagem cheia de ambiguidades. Esse midrash recorre a outras passagens em Deuteronômio, Números, Gênesis e Provérbios para resolver os casos problemáticos.

Infelizmente, o emprego da Halaká para textos específicos de midrash mascara uma concepção bem mais ampla da Halaká como um modo de vida. Por meio da Halaká, os rabis eram capazes de interpretar o significado da Torá para a vida cotidiana. Faz parte integral da noção de Halaká (como procedimento) o conceito rabínico da Torá oral e escrita. De acordo com *m.'ab"t*, Moisés recebeu a Torá de duas maneiras: uma representada pela Torá escrita, conforme a encontramos nos cinco primeiros livros do Antigo Testamento; e a outra representada pelas tradições orais transmitidas ao longo dos séculos e que eram correntes entre os rabis do período da Tanak. Como resultado dessa compreensão de Torá, Halaká é mais que um simples comentário sobre o Pentateuco. Como modo de interpretação, Halaká tem a ver com um completo envolvimento com a Palavra de Deus, em suas várias manifestações, na busca da santificação de cada uma das ações de uma pessoa. Com isso em mente, emerge a profunda natureza religiosa e litúrgica da Halaká e das interpretações nela originadas. [LARRY L. LYKE]

HALAQUE, MONTE (heb. *hāhār heḥālāq*) Montanha no Neguebe central, que demarca o ponto sul da conquista do território canaanita por parte de Josué (Js 11:17; 12:7). Diz-se que o Monte Halaque se ergue em direção a Seir (Edom) e que pode ser identificado com o moderno Jebel Halâq, que provavelmente preserva o nome do lugar. [RYAN BYRNE]

HALI (heb. *ḥălî*) Lugar na fronteira do território destinado a Aser (Js 19:25). Embora a localização permaneça incerta, pode tratar-se de Khirbet Râs Ali/Tel'Alil, ao sul de Tell el-Harbaj/tel Regev (Achsaph).

HALICARNASSO (gr. *Halikarnassos*) Cidade importante e capital na costa sudoeste da Cária, na Ásia Menor, hoje a moderna Budrim, na Turquia. Foi uma das seis colônias fundadas pelos dórios próximo de 900 a.C. Por volta do século V, entretanto, a cidade já havia se tornado jônica (com um forte elemento cário local). Devido a sua localização privilegiada, foi alvo de frequentes saques e cercos. É famosa por ter sido o lar do poeta grego Paniassis e dos historiadores Heródoto e Dionísio. Foi o local de uma das sete maravilhas do mundo antigo, uma maravilha de arquitetura chamada Mausoléu, com excelentes estátuas que a rainha Artemísia II mandara construir, representando a ela e ao esposo, Máusolo, em 352. Máusolo havia incorporado diversos povoados em uma única cidade, tornando-a sua capital.

Embora fosse uma cidade grega, os judeus tinham posição favorável ali, sob os romanos. Em 139, o senado enviou uma carta renovando a amizade e a aliança com eles (1Mac 15.23), garantindo-lhes liberdade religiosa e concedendo-lhes a liberdade de construir uma casa de oração perto do mar (Josefo, *Ant.* 14.10.23). [RICHARD A. SPENCER]

HALLEL Litania de salmos de louvor usada nas festas judaicas ou nos cultos matutinos. O hebraico *hallēl* deriva-se do verbo "louvar", que ocorre como imperativo ("louvai") em vários salmos. O "Hallel Egípcio" (cf. Sl 114:1) abrange os Salmos 113—118. É usado, na sua totalidade, em Sucote, em Chanucá, no primeiro dia da Páscoa e em *Shabu'oth*. Na primeira noite da Páscoa, o Hallel é recitado em duas partes: Salmos 113-114 no início da noite e Salmos 115-118 no final da cerimônia, nessa mesma noite. O louvor encontra-se associado com a Páscoa (2Cr 30:21; Sab 18.9). Pensa-se que Jesus e seus discípulos cantaram o Hallel após a última ceia (Mt 26:30 = Mc 14:26).

O "Grande Hallel" refere-se ao Salmo 136. é recitado no começo das orações da manhã nos sábados e nas festas, bem como, durante a refeição da primeira noite da Páscoa. O refrão o torna adequado à recitação de antífona responsiva. Esdras 3:11 parece aludir a uma prática como essa.

Outro Hallel é representado pelos Salmos 146-150, todos iniciando e concluindo com a forma abreviada de Aleluia. Esse Hallel tem seu lugar nos cultos de oração matutina na sinagoga. [GERALD M. BILKES]

HALOÉS (heb. *hallôḥēš*) Pai de Salum (Ne 3:12); foi um dos líderes que selou o pacto renovado sob Neemias (10:24 [TM 25]).

HALUL (heb. *ḥalḥûl*) Cidade no território da tribo de Judá, localizada no território montanhoso próximo a Bete-Zur (Js 15:58). O nome foi preservado na moderna *halḥûl*, a 6 km ao norte de Hebrom. De acordo com a tradição, uma mesquita nessa cidade abriga a sepultura de Jonas.

HAMÃ (heb. *hāmān*) Personagem no livro de Ester, identificado como o mais importante dos homens da corte do rei Assuero (Et 3:1). É identificado como descendente de Agague, assim prenunciando seu conflito com Mardoqueu, que era benjamita e ligado à linhagem de Saul (cf. 1Sm 15). Diante da recusa de Mardoqueu de ajoelhar-se ou inclinar-se diante dele, Hamã planeja um "pogrom" (ataque organizado contra minoria étnica) contra todos os judeus persas. Ele persuade o rei a concordar com seu plano explicando que havia "um povo" não assimilado no reino (Et 3:6-10). Por meio de manobras muito sutis, Ester e Mardoqueu conseguem aliar-se ao rei e contra Hamã. Não está claro se Hamã perde a graça do rei por ser revelado que este "um povo" é, de fato, o povo judeu, e que a rainha Ester também é judia, ou por que o rei suspeita que Hamã esteja assediando a rainha. De qualquer modo, Hamã é enforcado na estaca que ele próprio preparara para Mardoqueu, e seu planejado "pogrom" é frustrado (Et 7:10).

Bibliografia. T. K. Beal, *The Book of Hiding: Gender, Ethnicity, Annihilation and Esther* (London, 1997). [TOD LINAFELDT]

HAMATE (heb. *ḥămāṯ*) **I. (LUGAR) 1.** Cidade importante, localizada no rio Orontes, ao longo da rota comercial original, em direção ao sul da Ásia Menor. O lugar hoje é a moderna Hamã, na Síria, cerca de 210 km ao norte de Damasco. Sete camadas de restos neolíticos encontram-se evidenciadas, e restos paleolíticos são encontrados em toda a vizinhança imediata. Por volta do quinto milênio a.C., foram estabelecidos contatos comerciais com a Mesopotâmia, e em meados do terceiro, com a Ásia Menor. Hamate foi o maior, talvez o mais significativo poder na Síria central no início do primeiro milênio. Sobreviveu como centro neo-hitita até o século VIII, e então foi dissolvida no ambiente cultural arameu. Hamate é mencionada em textos eblaítas, egípcios, ugaríticos, luvitas e acádicos.

Hamate formava o limite norte ideal da terra de Israel (cf. Nm 13:21; Js 13:5; Ez 47:15). Na Tábua das Nações, seus habitantes são contados entre os descendentes de Canaã (Gn 10:18; 1Cr 1:16). A expressão *lĕḇō' ḥămāṯ* ("entrada de Hamate") provavelmente se refere à fronteira do domínio político associado com Hamate (embora alguns associem isso com Lebo, a noroeste de Baalbeck. Davi estendeu sua fronteiras até esse local, estabelecendo uma aliança com Toí, rei de Hamate (2Sm 8:9-12). Salomão estendeu-as mais ainda, construindo armazéns além da fronteira (2Cr 8:4). A cidade fazia parte da coalizão (com Israel) que repetidamente repeliu os exércitos assírios sob Salmaneser III (853, 849, 848 e 845 a.C.). Jeroboão estendeu a fronteira de Israel até este ponto (2Rs 14:25, 28). Por fim, a cidade foi incorporada à Assíria (conquistada em 738, incorporada como província em 720). Alguns de seus moradores foram deportados para a Samaria (2Rs 24), e alguns israelitas foram assentados em Hamate (Is 11:11). Em sua última menção, no período pré-clássico, foi incorporada à Babilônia. [MARK ANTHONY PHELPS]

2. (heb. *ḥammaṯ*) Uma cidade fortificada no território da tribo de Naftali (Js 19:35). Hamate ("fontes quentes"; variantes: Hamote-Dor, Jos 21.32; Hamom, 1Cr 6:76 [TM 61]) foi identificada com as fontes quentes de Hammam Tabarîyeh/Hame Teveriya, cerca de 3 km ao sul de Tiberias. Escavações revelaram três camadas de ocupação, desde o século I a.C. até o século VIII d.C.

Bibliografia. M. Dothan, *Hammath Tiberias* (Jerusalém, 1983). [JOHN FOTOPOULOS]

II. (PESSOA) (heb. *ḥammaṯ*) O "pai" da casa de Recabe (1Cr 2:55). O nome pode estar relacionado a uma cidade em Naftali, mencionada em Josué 19:35, ou pode indicar uma relação de família (heb. "família por afinidade") entre os queneus e o ancestral dos recabitas.

HAMATE-ZOBÁ (heb. *ḥămāṯ ṣôḇâ*) Cidade ou região ("fortaleza do Estado/plantação") no sul da Síria, capturada por Salomão (2Cr 8:3). Há incerteza quanto ao fato de os dois nomes pertencerem a uma só colonização (Hamate-Zobá) ou a uma região que foi governada alternadamente por uma ou duas cidades (Hamate e Zobá).

Saul, Davi e Salomão travaram batalhas com forças dos arameus estabelecidos ao nordeste de Damasco para obter o controle do território até o rio Eufrates. As incursões de Salomão foram limitadas (1Sm 14:47). O exército de Davi, por sua vez, enfrentou Hadadezer, rei de Zobá, numa extensa batalha (2Sm 8:3). O cronista se refere a Hadadezer como rei de Zobá Hamate (1Cr 18:3, ARA Melhores Textos, "Zobá, junto a Hamate"). Mercenários de Zobá foram recrutados por Amom para combater Davi numa batalha de duas frentes, sendo, no entanto, completamente derrotados (2Sm 10:6-19). 1Cr 18 refere-se a Zobá (v. 3) e a Hamate como duas cidades-estado separadas (v. 9). [DAVID C. MALTSBERGER]

HAMEDATA (heb. *hammĕḏāṯā'*; *Pers. mâh-dāta*) O pai de Hamã (Et 3:1, 10; 8:5; 9:10, 24).

HAMOLEQUETE (heb. *hammōleḵeṯ*) Irmã de Gileade (1Cr 7:18), progenitor de diversos clãs manassitas.

HAMOM (heb. *ḥammôn*) **1.** Cidade costeira, ao sul de Tiro e norte de Aco, incluída no território designado à tribo de Aser (Js 19:28). É geralmente identificada com Umm el-ʿAwamîd no úadi el-Hamûl, próximo da fonte de En-Hamûl, com base na similaridade dos nomes e em duas inscrições fenícias do período helenístico.

2. Cidade no território de Naftali designada (com seus pastos) como cidade dos levitas para os descendentes de Gérson (1Cr 6:76 [TM 61]). Costuma-se associá-la com Hamote-Dor (Js 21:32) e Hamate (19:35), tendo sido identificada ou com Hammâm Tabarîyeh/Hame Teveriya, sul de Tiberias na costa oeste do mar da Galileia, ou com Tell Raqqat, norte de Tiberias. [ERIC F. MASON]

HAMOM-GOGUE (heb. *hămôn gôg*) Nome dado em Ezequiel 39:11, 15 ao Vale dos Viajantes, onde os exércitos destruídos de Gogue serão enterrados nos últimos dias. O nome do vale ("Vale das Hordas de Gogue") parece ter o objetivo de lembrar o "vale dos filhos de Hinom", em Jerusalém, onde se ofereceu sacrifício a Moloque e onde Jeremias predisse que o povo derrotado de Jerusalém seria enterrado (Jr 7:31-34). [BRIAN P. IRWIN]

HAMONA (heb. *hămônâ*) Nome profético dado por Ezequiel ao lugar ("Multidão") de sepultamento das forças de Gogue que serão derrotadas pelo exército fiel de Deus (Ez 39:16). Localiza-se no "Vale das hordas de Gogue" (Hamom-Gogue), ao leste do mar Morto, na Transjordânia. O sepultamento dos inimigos de Israel no outro lado do Jordão manterá a Terra Prometida ritualmente pura, sendo restaurada como santa para Deus. As armas recolhidas dos mortos serão tão numerosas, que servirão como combustível para o fogo em Israel por sete anos. Algumas traduções (p. ex., inglesas), em vez de usar o substantivo próprio, traduzem o termo por "próximo" ou "grande horda". [DAVID C. MALTSBERGER]

HAMOR (heb. *ḥămôr*) Príncipe heveu de Siquém, cujo filho, também chamado Siquém, raptou e então procurou casar com Diná (Gn 34). Em retribuição, Simeão e Levi, filhos de Jacó, mataram tanto Siquém como Hamor. Este é identificado como progenitor dos siquemitas (Js 24:32; Jz 9:28), que venderam a Jacó a terra sobre a qual edificou um altar (Gn 33:18-19) e onde, mais tarde, José foi enterrado (Js 24:32).

HAMOTE-DOR (heb. *ḥammōṯ dōʾr*) Cidade dos levitas no território da tribo de Naftali (Js 21:23). Hamom (1Cr 6:76) e Hamate (Js 19:35) provavelmente são nomes alternativos para essa cidade.

HAMUEL (heb. *ḥammûʾēl*) Descendente de Simeão, filho de Misma e pai de Zacur (1Cr 4:26).

HAMUL (heb. *ḥāmûl*) Filho de Pérez e neto de Judá e Tamar (Gn 46:12; 1Cr 2:5); ancestral do clã dos hamulitas (Nm 26:21).

HAMURABI (*Amor. ʿammu-rapi*) (tb. HAMURÁBI, HAMMURABI) O sexto rei (1792-1759 a.C.) da primeira dinastia da Babilônia (1894-1595). Esta foi apenas uma das famílias amoritas que chegaram ao poder na Mesopotâmia, nos séculos que se seguiram à queda da terceira dinastia de Ur (2112-2004). Muitos dos reis dessa dinastia tinham nomes amoritas. Hamurabi é, provavelmente, ou amorita (*ʿammu-rapi*, mais provável "o avô paterno é curandeiro/cura"), ou uma versão "acadianizada" desse nome. Quando Hamurabi subiu ao trono, seu pequeno Estado era apenas um dos reinos menores que competiam pelo poder na Mesopotâmia. Em direção ao norte, se encontrava o poderoso reino de *šamši-addu* e no sul, encontrava-se cercado pelo Estado de Larsa. Durante os primeiros anos de seu reinado, o novo rei expandiu seu território e a Babilônia em meio às políticas de poder do Oriente Médio, um equilíbrio regional de poder que ia da costa do Mediterrâneo até o Irã. Os verdadeiros hegemônicos da época encontravam-se nas fronteiras mais distantes — Yamhad, centrado ao redor de Alepo, e Elam (Elão), ao leste. Os reinos menores de Larsa e Babilônia, no Estado da Babilônia; Eshnunna, ao norte e Mari, no Eufrates, faziam alianças, frequentemente rompidas, entre si,. Esses governantes comprometiam-se como vassalos, ao menos na teoria, a um regente elamita, permitindo-lhe que arbitrasse disputas territoriais. Depois que os elamitas avançaram para o norte da Síria e, ao menos por um curto período de tempo, tomaram posse de muitos dos principados locais, os Estados maiores fizeram uma aliança e derrotaram Elam e Eshnunna, criando assim uma situação política nova. A destruição de Eshnunna ocorreu no 29º ano de governo de Hamurabi. Sem inimigos de monta no seu flanco nordeste, o rei marchou contra o seu único rival babilônico, Rim-sin, de Larsa, que controlava todo o sul da Mesopotâmia, tomando sua cidade e capturando-o vivo. Com o sul firmemente em suas mãos, Hamurabi se volta contra seu antigo aliado, Zimri-lim, de Mari, que o havia auxiliado nas guerras contra Elam, Eshnunna e Larsa. Suas tropas ocuparam a cidade por dois anos, e então a destruíram. Os babilônios não permaneceram na cidade e se retiraram para o sul depois de dois anos. Embora no início de seu governo o reino de Hamurabi fosse apenas um entre muitos na Mesopotâmia e Síria, na época de sua morte, a maioria dos outros Estados havia desaparecido, e ele permanecia sozinho entre os poderes principais: Alepo e Elam. Esse grande reinado não durou muito: o sul se revoltou durante o reinado do filho de Hamurabi, Samsu-iluna. O levante foi abafado, mas o sul da Mesopotâmia logo foi perdido, uma vez que a maioria das cidades ao longo do Eufrates parece ter sido abandonada mais para o final de seu reinado. A atenção estatal mudou para o norte, e a Babilônia parece ter tido um controle intermitente sobre apenas uma pequena área no norte do território e Eufrates acima, até Haradum e Terqa. O reino fraquejante aparentemente caiu quando um ataque hitita tomou a Babilônia.

As camadas mais antigas da Babilônia são, na maioria, inacessíveis aos arqueólogos por causa de mudanças nos níveis dos lençóis de água. Por isso, os próprios arquivos de Hamurabi não foram encontrados. As milhares de cartas contemporâneas de Mari fornecem rica documentação desse período, incluindo muitas referências a Hamurabi. Os arquivos da cidade nos oferecem uma visão de fora das ações internas da corte na Babilônia e das intrigas locais e internacionais da época, incluindo o esboço de um juramento antielamita entre os reis da Babilônia e de Mari. No entanto, pelo fato de os oficiais de Hamurabi terem levado consigo a maioria dos arquivos diplomáticos da cidade conquistada, as informações de Mari apresentam uma imagem distorcida dos eventos.

A administração da Babilônia, por parte de Hamurabi, é documentada principalmente na correspondência entre o rei e seus representantes no sul, bem como por meio de textos econômicos de Sippar e, em grau menor, de outras cidades como Dilbat, Larsa e Kish. Esses documentos fornecem extensas informações sobre a organização do sul após a queda de Larsa, sobre a interação entre a coroa e as famílias das elites locais, bem como o julgamento de disputas legais.

Hamurabi é mais lembrado pelo seu código de leis, uma inscrição monumental com um longo prólogo, prescrições legais, e uma fórmula final de maldição. As "leis" são exemplares em sua natureza, sendo consideradas como representações de uma noção abstrata de justiça real. Ao contrário da compreensão popular, não foram destinadas para uso prático legal. Embora pelo menos três textos primitivos desse gênero tenham sobrevivido, o texto de Hamurabi é o mais longo que se conhece e o único a sobreviver intacto na forma de uma estela monumental. Embora Hamurabi tivesse publicado o texto em diversas cópias, algumas das quais permaneceram em cidades babilônicas por séculos, nem uma delas sobreviveu. A única versão intacta foi descoberta na cidade elamita de Susã, para onde fora levada como despojo de guerra de Sippar, no século XII. Como outros textos desse tipo, porções da estela de Hamurabi foram copiadas em placas como treinamento de escribas, mas apenas essa cópia sobreviveu ao antigo período babilônico. Cópias do "código" foram estudadas em escolas além do primeiro milênio. Como era o costume na época, a composição era copiada, resumida e comentada. Além desse texto, conhecido no período posterior como "prescrições legais de Hamurabi", o rei foi mencionado apenas poucas vezes em crônicas e inscrições reais. Ele não foi lembrado como um dos grandes reis da antiguidade, na mesma linha de Sargão ou Naram-sin. No começo do século XX, eruditos identificaram o rei Anrafel, de Sinar (Gn 14), com Hamurabi, mas essa opinião não é mais sustentada.

Embora Hamurabi tivesse sido figura singular na histórica babilônica, sua importância não pode ser superestimada. Seu reino realmente foi mais importante pela destruição que levou a outros Estados, do que por um desenvolvimento a longo termo que tivesse prestado à cultura mesopotâmica.

Bibliografia. J. M. Sasson, "King Hammurabi of Babylon", *CANE* 2.901-15; C. J. Gadd, "Hammurabi and the End of His Dinasty", *CAH3* 2/1.176-224; M. T. Roth, *Law Collections from Mesopotamia and Asia Minor*. 2. ed. SBLWAW 6 (Atlanta, 1997. [PIOTR MICHALOWSKI]

HAMUTAL (heb. *ḥămûṭal*) Esposa do rei Josias, de Judá, filha de Jeremias, de Libna e mãe dos reis Jeoacaz e Zedequias (2Rs 23:31; 24:18; Jr 52:1; K *ḥăm'ṭal*). Alguns pensam que a leoa de Ezequiel 19:2 é uma referência à rainha Hamutal.

HANÃ (heb. *ḥānān*) **1.** Benjamita, filho de Sasaque (1Cr 8:23).

2. Benjamita, filho de Azel e descendente de Saul (1Cr 8:38; 9:44).

3. Filho de Maacá; um dos guerreiros de Davi (1Cr 11:43).

4. O chefe de uma família de servos do templo que retornou a Jerusalém depois do exílio (Ed 2:46; Ne 7:49).

5. Levita que ajudou a interpretar a lei durante a reforma de Esdras (Ne 8:7). Também se encontrou entre os levitas que assinaram um documento afirmando o pacto de Esdras (Ne 10:10 [TM 11]).

6.-7. Dois homens relacionados entre os líderes do povo (Ne 10:22, 26 [23, 27]). É incerto se esses dois eram indivíduos distintos com o mesmo nome Hanã, ou uma ou mais referências ao levita Hanã (cf. 5, acima).

8. O filho de Zacur. Ele foi indicado por Neemias como assistente dos tesoureiros dos celeiros que distribuíam os dízimos.

9. O aparente líder de um círculo de profetas que ocupava uma câmara no templo de Jerusalém (Jr 35:4). [KENNETH ATKINSON]

HANAMEL (heb. *ḥănam'ēl*) Filho de Salum e primo de Jeremias, de quem o profeta encarcerado compra um campo em Anatote, durante o cerco caldeu de Jerusalém (Jr 32:7-15).

HANANEL (heb. *ḥănan'ēl*), **TORRE DE** Torre na esquina noroeste do muro que cercava o monte do templo, reconstruído por Neemias (Ne 3:1; 12:39). Alguns a identificam com o castelo do templo (Ne 2:8). A torre pode ter sido erguida no tempo de Manassés (2Cr 33:14), e veio a representar o ponto mais ao norte do muro de Jerusalém. Como tal, foi encarada como marco destacado no norte de Jerusalém, usado na descrição da circunferência da cidade (Zc 14:10). Como ponto fronteiriço saliente, a torre de Hananel foi associada a esperanças escatológicas para Jerusalém (Jr 31:38).

Este foi o local da cidadela dos Macabeus (1Mac 13.52), reconstruída por Antíoco IV Epífanes a Acra selêucida (Josefo, *Ant.* 21.362-64, 369, 405-6). João Hircano ergueu uma fortaleza (Baris) nesse lugar, que foi destruída por Pompeu em 63 a.C. (*Ant.* 18.91). Mais tarde, Herodes, o Grande construiu a torre Antônia nesse local (*Ant.* 18.91; *BJ* 1.75, 118). [MARK F. ROOKER]

HANÂNI (heb. *ḥănānî*) **1.** Vidente, pai do profeta Jeú (1Rs 16:1, 7; 2Cr 19:2). Hanani repreendeu o rei Asa, de Judá, e predisse a transferência de sua linhagem por ter esse rei enviado ouro e prata a Ben-Hadade, a fim de obter com ele um tratado que pouparia Judá, mas, por sua vez, deixaria as mãos de Ben-Hadade livres para saquear as cidades de Israel (2Cr 16:1-10).

2. Um dos quatorze filhos de Hemã, que serviram como profetas, cantores no templo e músicos de Davi (1Cr 25:4-5, 25).

3. Filho da família sacerdotal de Imer, culpado de casar com mulher estrangeira (Ed 10:20).

4. Irmão de Neemias, que lhe trouxe notícias até a cidadela de Susã a respeito da condição de aflição do restante dos judeus (Ne 1:2-3). O relato de Hanani sobre sua situação de desgraça fez com que Neemias se dispusesse para a obra da reconstrução da cidade e restauração do muro. Após a restauração da cidade, Hanani foi encarregado de sua administração (Ne 7:2). Embora Hanani e Hananias no mesmo verso possam ser dois indivíduos distintos, parece mais natural tomar o último nome com apositivo, "Hanani, isto é, Hananias, governador do castelo".

5. Sacerdote e tocador de trombeta que participou na cerimônia de rededicação do muro de Jerusalém (Ne 12:36).

Bibliografia. G. C. Tuland, "Hanani-Hananiah", *JBL* 77 (1958): 157-61. [DAVID PAUL LATOUNDJI]

HANANIAS (heb. *ḥănanyāhû, ḥănanyâ*) **1.** Um dos quatro filhos de Zorobabel, filho de Pedaías (1Cr 3:19, 21), descendente de Salomão.

2. Indivíduo no período pós-exílico associado à tribo de Benjamim (1Cr 8:24).

3. Um dos filhos de Hemã; diretor da décima sexta divisão dos músicos de Davi (1Cr 25:4, 23).

4. Um dos comandantes do exército do rei Uzias (2Cr 26:11).

5. Israelita da família de Bebai que despediu sua esposa estrangeira (Ed 10:28).

6. Filho de Selemias que ajudou a reparar os muros de Jerusalém durante o tempo de Neemias (Ne 3:30).

7. Pessoa encarregada por Neemias de governar a cidadela/palácio, porque "era homem fiel e temente a Deus, mais do que a maioria dos homens" (Ne 7:2).

8. Líder israelita que, em nome de sua família, selou o pacto renovado sob Neemias (Ne 10:23).

9. Sacerdote e cabeça da casa de Jeremias durante o tempo do sumo sacerdote Joiaquim, que retornou da Babilônia com Zorobabel e participou na rededicação dos muros (Ne 12:12).

10. Filho de Azur, que profetizou a libertação de Judá da opressão babilônica e a devolução dos vasos do templo, levados pelo exército babilônico em 598, no prazo de dois anos, a partir de seu oráculo (Jr 28). Esse relato descreve um conflito profético no qual duas mensagens opostas afirmam gozar de autoridade divina. No ínterim entre a primeira deportação (598) e a destruição de Jerusalém em 586, Jeremias declarou que Judá não deveria unir-se a outros Estados Siro-Palestinos numa coalizão antibabilônica (cf. Jr 27). Em vez disso, deveriam aceitar a hegemonia da Babilônia como dada por Deus. Em contraste, Hananias insistia que o governo babilônico teria vida curta, assim incitando a rebelião contra o suserano de Judá.

Embora Hananias se opusesse a Jeremias, o texto hebraico nunca se refere a ele como "falso profeta". Fala-se dele como de alguém cujo papel oficial é assumido e cujo caráter não é impugnado. Na realidade, Hananias exemplifica a maioria, se não todas, as características convencionais dos profetas hebreus: ele emprega as costumeiras formas de discurso e ações simbólicas; fala a partir de tradições religiosas legítimas da comunidade, assim não representando divindades estrangeiras ou sistemas simbólicos inaceitáveis; e goza do respeito da comunidade, talvez ainda mais que Jeremias. Daí se poderia inferir do texto, portanto, que a falsidade de Hananias não está em sua pessoa, mas em sua mensagem, que não apenas se encontra em contradição com oráculos proféticos do passado (Jr 28:8), mas contradiz as palavras de Jeremias. A ideologia de Hananias não somente é inoportuna e sem contato com as suscetibilidades históricas, como ainda vai contra toda a tradição associada a Jeremias, de acordo com a qual o exílio e o sofrimento devem ser aceitos e abraçados como perigosa, ainda que necessária obra de Deus, antes que construções de esperança pudessem ser articuladas. Portanto, Hananias não discerne que muitas estruturas sociais e simbólicas pré-exílicas bem estabelecidas (inclusive a ideologia real e do templo) não fazem mais parte do programa de Deus para a comunidade alternativa do exílio. Em consequência, ele é "falso" no conteúdo e uma voz "perigosa" do passado que traz riscos à poderosa visão renovada da realidade articulada por Jeremias.

Bibliografia. H. Mottu, "Jeremiah v. Hananiah: Ideology and Truth in Old Testament Prophecy", in *The Bible and Liberation*, ed. N. K. Gottwald (Maryknoll, 1983), 235-51; T. W. Overholt, "Jeremiah 27-29: The Question of False Prophecy", *JAAR* 35 (1967): 241-49; The Threat of Falsehood: A Study in the Theology of the Book of Jeremiah. *SBT*, ser.2, 16 (Naperville, 1970).

11. O pai de um dos altos oficiais do rei Jeoiaquim, que ficou "temeroso" (Jr 36:12-16) por causa do conteúdo do rolo lido por Baruque.

12. Pai de Selemias e avô de Jirias, capitão da guarda que prendeu Jeremias e o acusou de deserdar para os babilônios (Jr 37:13).

13. Um dos fiéis companheiros de Daniel, cujo nome foi mudado para Sadraque (Dn 1:6-7). [LOUIS STULMAN]

HANATOM (heb. *ḥannāṯôn*) Cidade na fronteira norte do território da tribo de Zebulom (Js 19:14). Localizava-se na junção de uma estrada que vinha de Aco (Acre), na costa, e um braço da estrada que se dividia em Maris, em Megido, ao sul. A moderna Tel Hannaton/Tell el-Bedeiwîyeh é identificada com a cidade antiga.

Hanatom é mencionada duas vezes como *ḫinnatuna*, nas cartas de Amarna, que datam do século XIV a.C. Os reis de Aco e Sinrom emboscaram, próximo de Hanatom, uma caravana babilônica que ia para o Egito. Lab'ayu, rei de Siquém, foi libertado perto da cidade, após ter sido capturado por forças leais ao Faraó egípcio. Os anais do rei assírio Tiglate-Piléser III descrevem a captura de Hanatom, com Caná e Jotbah, durante a invasão de 733. No período herodiano, o assentamento foi conhecido como Asochis. [DAVID C. MALTSBERGER]

HANES (heb. *ḥānēs*) Cidade no Egito, geralmente associada com Heracleópolis Magna (egíp. *Hwt-nn--nsw*, "Palácio da criança real"), moderna Ihnâsiyeh el-Medina, cerca de 80 km ao sul de Memphis, na margem oeste do Nilo. Heracleópolis foi a capital do vigésimo nomo e importante cidade ao longo de todo o período do Egito Antigo. Isaías 30:4 repreende o rei de Judá por enviar emissários a Zoã (Tannis) e Hanes a fim de fazer aliança com Faraó, que teria sido um dos reis do meio na 25ª dinastia, Chabaka (716-702 a.C.) ou Shabitko (702-690). [KEVIN A. WILSON]

HANIEL (heb. *ḥannî'ēl*) **1.** O filho de Éfode. Líder da tribo de Manassés que representou sua tribo na divisão da terra de Canaã (Nm 34:23).

2. Filho de Ula; chefe de um clã da tribo de Aser (1Cr 7:39).

HANOQUE (heb. *ḥănôḵ*) **1.** Filho de Midiã e neto de Abraão e Quetura (Gn 25:4; 1Cr 1:33).

2. O filho mais velho de Rúben, primogênito de Jacó (Gn 46:9; Êx 6:14; 1Cr 5:3). Seus descendentes tornaram-se a família dos hanoquitas (Nm 26:5; heb. *haḥănôḵ'*).

HANRÃO (heb. *ḥamrān*) (tb. HENDÃ) O filho mais velho de Disom (1Cr 1:41). Em Gênesis 36:26, é chamado de Hendã.

HANUCÁ OU CHANUCÁ (heb. *ḥănukkâ*) *Ver* DEDICAÇÃO, FESTIVAL DA.

HANUM (heb. *ḥānûn*) **1.** Filho de Naás e seu sucessor como rei dos amonitas. Davi enviou emissários a Hanum, que lhe levaram condolências pela morte de Naás. Os amonitas, no entanto, suspeitaram da atitude de Davi e incitaram Hanum contra ele. O rei amonita prendeu os mensageiros e os humilhou, raspando-lhes metade da barba e cortando um lado de sua vestimenta. Na guerra que se seguiu, Hanum foi derrotado e seu povo levado à escravidão (2Sm 10:1-11:1; 12:26-31; 1Cr 19:1-20:3).

2. Israelita que auxiliou na restauração do muro de Jerusalém no tempo de Neemias (Ne 3:13).

3. O sexto filho de Zalafe, que auxiliou na restauração do muro de Jerusalém (Ne 3:30); possivelmente o mesmo que 2, acima.

HÃO (heb. *hām*) Cidade dos zuzins, que foi derrotada por Quedorlaomer e seus aliados (Gn 14:5). É listada entre Asterote-Carnaim e Savé-Quiriataim, cerca de 16 km a leste de Bete-Seã, e mencionada como Hum na lista de cidades conquistadas por Tutmoses III na Palestina (no. 118; *ANET*, 242). Um povoado nos dias de hoje, no úadi er-Rejeileh, a 6,5 km ao sul de Irbid, ainda conserva o mesmo nome. Bem próximo há um lugar conhecido como Tell Ham, onde três muros megalíticos foraom descobertos.

Bibliografia. N. Glueck, *Exploration in Eastern Palestine IV*. AASOR 25-28 (New Haven, 1951). [ZELJKO GREGOR]

HAPAX LEGOMENON Termo que é encontrado apenas uma vez em certo corpo de literatura (p.ex., um termo hebraico encontrado apenas uma vez no Antigo Testamento; gr. *hápax legómenon*, "lido uma vez").

HAPIRU, APIRU Pessoas designadas *ha-pi-ru*, a forma no cuneiforme silábico de *'apīiru* (menos provável *'apiru*), que aparecem em textos desde o segundo milênio a.C. (ao longo de todo ele) e em todo o Crescente Fértil. O termo é semítico ocidental em sua origem. A maioria dos nomes de *'apiru* são também semitas ocidentais, mas alguns são semitas orientais, hurritas ou indo-europeus. Muitas vezes, o termo é escrito em cuneiforme, com o logograma composto SA.GAZ, que também é empregado para o acád. *ḫabbātu*, "ladrão, saqueador, salteador", e provavelmente deriva do acád. *šaggāšu*, "assassino, proscrito". Nem todos os *'apiru* eram ladrões homicidas, mas aos olhos dos escribas da corte eles tinham essas associações.

A etimologia de *'apiru* é incerta. O mais provável é que seja um adjetivo relacionado ao hebraico *'ăpār*, "solo, terra, pó", seguindo a forma sugerida pelo hebraico *pālîṭ* e *śārîḏ*, ambos "fugitivo". Uma sugestão razoável é que a palavra rotula o proscrito com "poeirento" por causa das viagens, mas isso é improvável. O paradigma para o *'apiru*, desde o bandido fugitivo até o simplesmente marginalizado, era aparentemente o fora da lei que se abrigava nas regiões montanhosas e nas margens dos desertos da sociedade. Esse, nas palavras de Isaías 2:10, 19 ironicamente dirigidas às classes governantes, "entra nas rochas, esconde-te debaixo da terra (...) se esconderão nas cavernas das rochas, e nas covas da terra" — exatamente como a raposa acossada por cães de caça procura tocas "na terra". A palavra *'apiru* provavelmente representa foras da lei como aqueles que se escondem em tocas ou covas, que "lambam o pó" (Sl 72:9).

Muitas referências a *'apiru* parecem envolver bandoleiros sociais ou grupos de foras da lei. Um *'apiru* de Alalakh tinha o cognome "ladrão". Os guerreiros

A B C D E F G H I J K L M N O P Q R S T U V X Y Z

ʿapiru para os quais o refugiado real do século XV Idrimi fugiu provavelmente representavam um grupo de bandidos. Os numerosos *ʿapiru* que figuram nas cartas de Amarna, da Síria e Palestina do século XIV, são mais bem compreendidos como bandoleiros sociais a serviço de vários reis, mesmo quando meramente objetos de jogo de palavras político. Hatusilis III assegurou ao rei de Ugarite que qualquer pessoa a serviço naquela corte — ou de qualquer outro território — que tivesse dívidas para com o rei, se fugisse para o território dos *ʿapiru* (possivelmente um refúgio de grupos de bandidos) dentro de sua jurisdição, Hatusilis o extraditaria para Ugarite (RS 17.238).

Tomados como um todo, entretanto, não é o banditismo que a maioria dos *ʿapiru* têm em comum. O termo pode não ter tido os mesmos significados em todos os tempos e lugares. Entretanto, praticamente todos os *ʿapiru* mencionados em textos são encontrados servindo nas cortes como mercenários, ajudantes, servos, dependente ou trabalhadores braçais cativos. Em substantivos prórpios, *ʿapiru* aparentemente significou "dependente" — por exemplo, *Apir-ba'al*, "dependente de Baal", *Apir-el*, "dependente de El". Além disso, os *ʿapiru* parecem ser pessoas marginalizadas, que perderam as raízes de seus lares e famílias, dependentes de novos senhores — fora os poucos exemplos em que eles mesmos são os que governam. Essas características são consistentes com o conceito de bandoleiro fugitivo, mesmo que nem todo *ʿapiru* assim designado fosse originariamente bandido ou algo assim. A marginalização podia afetar indivíduos de qualquer classe social e ter muitas causas possíveis, tais como guerras, fome, dívidas, a simples pobreza, oportunidades limitadas, conflito político, ou serviço militar prolongado. Talvez alguns marginalizados tenham migrado e se disposto individualmente a serem assalariados. Muitos se reuniram em bandos ou quadrilhas (*ṣabû*, "hoste militar", aparece regularmente com *ʿapiru*, em seus papéis com bandoleiros e como forças da corte), que pilhavam e extorquiam, ou então eram alugados por quem oferecesse a quantia maior. O serviço em uma corte, que muitas vezes envolvia habilidades de elite militar, podia conduzir à posse de terra, assim reintegrando membros desses grupos na sociedade organizada, contudo sem perder seu rótulo de *ʿapiru*. Em outros casos, os *ʿapiru* podiam ser reunidos e vendidos, ou ainda despachados de outra forma como trabalhadores.

Desde que foram reconhecidos pela primeira vez, no final do século XIX, os *ʿapiru* têm sido objeto de muito debate e desacordo. Em geral, tentativas de considerá-los como classe social, grupo étnico, grupo tribal, caravaneiros, pastores ou nômades têm falhado. Uma questão clássica da erudição bíblica é se "hebreu" (*ʿib̲r*) deriva de *ʿapiru*. Para muitos, a questão não está resolvida, mas a maior parte da evidência aponta para longe dessa conexão. Embora no silábico cuneiforme o termo sempre seja escrito com o sinal BI, a escrita ugarítica e egípcia com p parece refletir a consoante média própria, e o sinal cuneiforme é cada vez mais lido como pí sem maiores problemas. Uso intercambiado de p e b no semítico ocidental não é comum, e na mesma língua é mais incomum ainda. O caso parece particularmente improvável aqui porque a raiz *ʿbr*, "passar por, passar sobre, transgredir", supostamente por trás de ambos os termos, provavelmente também ocorre no ugarítico, no qual, de qualquer maneira, uma alteração de b para p é registrada apenas como assimilação regressiva para uma consoante muda. Além disso, tem se ressaltado que a preservação consistente de ambas as vogais internas no reflexivo *ha-pi-ru*, caso siga as regras acádias normais, implica que uma das vogais tem que ser longa. Se for assim, já que nenhuma dessas vogais longas poderia ter se tornado breve ou suprimida, *ʿapiru* não poderia encontrar-se por trás de *ʿib̲r*.

Portanto, causa alguma surpresa que "hebreu", com raras ocorrências no Antigo Testamento, é quase que exclusivamente usado por não-israelitas para referir-se aos israelitas em situações que os mesmos poderiam ser confundidos por *ʿapiru*: como refugiados, pelos egípcios em Gênesis e Êxodo, e como renegados, pelos filisteus em 1Samuel. Essa provável concordância é aparentemente uma coincidência, pois "hebreu" deriva quase com certeza do patronímico *ʿeber*, cujo nome implica um "cruzamento" de "além, mais para adiante".

As influências dos *ʿapiru* na história do Israel primitivo, não obstante indiretas, vão bem além da cada vez mais improvável conexão com o nome "hebreu". Não há razão para duvidar que o desarranjo social e o banditismo tenham tido um papel significativo no emergir de Israel, mesmo quando politicamente o Israel primitivo deva ser definido principalmente em termos de tribalismo. Desarranjo social e tribalismo estão longe de serem mutuamente excludentes, e o papel do *ʿapiru* no período de Amarna já lançou luz significativa nas condições que propiciaram o surgimento do Israel tribal. Uma importante comparação adicional se dá com israelitas individuais, incluindo Jefté (Jz 11:3-6) e especialmente Davi, cuja carreira foi similar à de Idrimi e que bem pode ser chamado, embora anacronicamente, de chefe *ʿapiru*. Como aventureiros, Davi e seus homens se empregavam como mercenários ou subsistiam com pilhagens.

Com referência a isso, o surgimento do reino de Judá sob Davi teve muito em comum com os reinos de Amurru, sob Abdiashirta; e Siquém, sob Labayu, no período de Amarna.

Bibliografia. G. Buccellati, "*'apiru* and Munanabtutu — The Stateless of the First Cosmopolitan Age", *JNES* 36 (1977): 145-47; M. L. Chaney, "Excursus: The 'Apiru and Social Unrest in the Amarna Letters from Syro-Palestine", in *Palestine in Transition*, ed. D. N. Freedman e D. F. Graf (Sheffield, 1983), 72-83; M. Greenberg, Hab/piru. AOS 39 (New Haven, 1955); R. S. Hess, "Alalakh Studies and the Bible: Obstacle or Contribution?" in *Scripture and Other Artifacts*, ed. M. D. Coogan, J. C. Exum e L. E. Stager (Philadelphia, 1994), 199-215; P. K. McCarter, "The Historical David", *Int* 40 (1986): 117-29; A. F. Rainey, "Unruly Elements in Late Bronze Canaanite Society", in *Pomegranates and Golden Bells*, ed. D. P. Wright, D. N. Freedman e A. Hurvitz (Winona Lake, 1995), 481-96. [ROBERT B. COOTE]

HAPIZES (heb. *happiṣṣēṣ*) O líder da 18ª divisão de sacerdotes durante o tempo de Davi (1Cr 24:15).

HAQUILA (heb. *ḥăḵîlâ*) Outeiro ao sul de Jesimom, onde se localizavam os lugares fortes de Hores (1Sm 23:19), também referido como "defronte de Jesimom" (26:1) e "ao leste de Jesimom" (v. 3). Davi procurou asilo ali quando se escondia de Saul, mas se escondeu no deserto quando o próprio Saul acampou em Haquila (2Sm 26:3). Nem Haquila e nem Jesimom foram identificados, embora Khirbet Khoreisa tenha sido sugerido para Hores. [RYAN BYRNE]

HARA (heb. *hārā'*) Uma das cidades para as quais os israelitas foram exilados por Tiglate-Piléser III (1Cr 5:26). Há confusão a respeito do nome da cidade. 1Crônicas 5:26 parece ser um paralelo incorreto ou corrupto de 2Reis 17:6; 18:11. Em vez de Hara ("montanha" ou "região alta"), 2Reis traz a leitura "cidades dos medos" no TM e "as montanhas da Media" na LXX. Tem se sugerido que Hara em 1Crônicas 5:26 pode ser uma corrupção de *hāʿr*, "cidade", ou *har*, "montanha". Caso Hara se refira às montanhas da Media, isso colocaria os exilados israelitas nas regiões montanhosas a leste do rio Tigre. [C. SCHAUN LONGSTREET]

HARÃ (heb. *ḥārān*; ac. *ḫarrānu*) **I. (PESSOA) 1.** O filho de Terá e irmão de Abrahão e Naor. Ele foi pai de Ló, Milca e Iscá (Gn 11:27-29). Harã morreu na cidade caldeia de Ur enquanto seu pai ainda vivia.

2. Descendente de Judá; filho de Calebe com sua concubina, Efá (1Cr 2:46).

3. Filho de Simei, levita gersonita que foi o cabeça da família de Ladã no tempo de Davi (1Cr 23:9).

II. (LUGAR) (heb. *hārān*) (tb. HARRÃ) Cidade cosmopolita ao norte da Mesopotâmia. Escavações na moderna Altinbasak, 38 km ao sudoeste de Urfa, na Turquia, revelam que o lugar foi ocupado não antes do início da Idade do Bronze III. A localização numa rota principal leste-oeste de caravanas, no alto do Crescente Fértil, explica seu nome e seu papel de pivô estratégico, político e econômico no Antigo Oriente Médio. Predominantemente, arameu no início da Idade do Ferro, o interior de Harã permaneceu assim durante todo o período Neoassírio e o Neobabilônico. Após a morte de Alexandre, o grande; a cidade tornou-se uma significativa ponte entre as tradições intelectuais da antiga Mesopotâmia e o mundo helenista. Embora Harã retivesse sua mística na erudição hermética e seus antigos cultos astrais por quase mil anos, as fortunas econômicas declinaram na medida em que as rotas das caravanas mudaram em direção a Palmira e outros entrepostos. Esse declínio foi ainda exacerbado pelo fato de que a região sofria o destino de ser território de fronteira ativamente disputado pelos governos partas e seus sucessores, os persas, romanos, bizantinos, muçulmanos e mongóis.

Embora o culto à deusa-lua Sîn, de Harã, tenha sido mencionado pela primeira vez num tratado do tempo de Zimri-lim, de Mari, suas origens provavelmente se encontram na Diáspora suméria do terceiro milênio a.C., pois o panteão de Harã faz eco ao da cidade sul babilônica de Ur. O prestígio desse culto caiu sob o vigoroso patrocínio dos imperadores neoassírios e do enigmático Nabonido, o último governante neobabilônico. O símbolo do culto à deusa-lua haraniana, um crescente lunar borlado no topo de um mastro, compõe o elemento visual central em oito estelas reais neoassírias e literalmente centenas de cilindros e selos recuperados na Ásia Ocidental e em Chipre. Os imperadores romanos Caracala e Juliano fizeram sacrifícios à deusa lunar em Harã. Autores cristãos sírios polemizaram contra as práticas pagãs dos habitantes de Harã. A deusa lunar e outros membros do antigo panteão semítico aparentemente continuaram a ser cultuados em Harã, durante a ocupação islâmica, até a cidade ser destruída pelos mongóis, em 1271.

Harã, no Antigo Testamento, foi a primeira residência de Abraão e sua família após sua partida de Ur dos Caldeus (Gn 11:31), foi o lugar em que seu pai, Terá, faleceu (v. 32), e o local de sua partida para Canaã, com Ló (12:4-5). Rebeca, a mulher de Isaque, foi obtida entre os seus parentes em Harã (Gn 24). Por causa do medo da retribuição de Esaú, Jacó foi enviado para viver com seu tio, Labão, em Harã (Gn 27:43; 28:10), onde casou-se com duas esposas e obteve considerável riqueza (caps. 29—31). Em 2Reis 19:12 = Isaías 37:12, uma passagem da assim chamada carta de Senaqueribe a Ezequias, o rei assírio se vangloria que seus ancestrais destruíram Harã e que seus deuses foram incapazes de salvá-la. A libertação de um discurso assim faz melhor sentido durante o cerco neobabilônico de Jerusalém, já que Harã e seu templo foram destruídos por uma coalizão medo-babilônica em 609, enquanto não há evidência mais palpável para uma agressão neoassíria contra essa cidade.

Bibliografia. T. M. Green, *The City of the Moon God: Religious traditions of Haran. Religions in the Graeco-Roman World* 114 (Leiden, 1992); S. W. Holloway, "Harran: Cultic Geography in the Neo-Assyrian Empire and Its Implications for Sennacherib's Letter to Hesekiah' in 2 Kings", in *The Pitcher is Broken*, ed. Holloway e L. K. Handy. JSOTSup 190 (Sheffield, 1995), 276-314; J. N. Postgate, "Harran", *Reallexikon der Assyriologie* 4 (Berlin, 1972-75): 122b-25a. [STEVEN W. HOLLOWAY]

HARADA (heb. *ḥărādâ*) Lugar em que os israelitas pararam durante sua jornada no deserto, entre o Monte Sefer e Maquelote (Nm 33:24-25). Sua localização não é conhecida.

HARAÍAS (heb. *ḥarhăyâ*) Pai do ourives Uziel, que ajudou na restauração dos muros de Jerusalém sob Neemias (Ne 3:8).

HARARITA (heb. *hahărārî, hā'rārî*) Designação não identificada de alguns dos heróis de Davi: Samá, filho de Agé (pode referir-se em primeiro lugar ao pai, 2Sm 23:11), Samá e Sarar (2Sm 23:33), Jônatas, filho de Sage (1Cr 11:34), e Aião, filho de Sacar (v. 35). O epíteto pode ser ligado a *har*, "montanha', e assim referir-se a um povoado, área geográfica ou dinastia numa região montanhosa. [JESPER SVARTVIK]

HARÁS (heb. *ḥarḥas*) (tb. HASRA) O avô de Salum, marido de profetisa Hulda (2Reis 22:14). Em 2Cr 34:22, é chamado de Hasra.

HARBONA (heb. *ḥarĕḇônā', ḥarĕḇônâ*) Eunuco do rei persa Assuero (Est 1.10). Ele sugeriu que Hamã fosse enforcado na própria forca que fizera para Mardoqueu (Et 7:9).

HAREFE (heb. *ḥārēp*) Filho de Hur e neto de Calebe, da tribo de Judá. Ele foi o "pai" (fundador) de Bete-Gader (2Cr 2:51).

HAR-HERES (heb. *har-ḥeres*) Área retida pelos amorreus contra a tribo de Dã (Jz 1:35). Mencionada com os povoados Aijalom e Saalabim, Har-Heres algumas vezes foi considerada um povoado, talvez o mesmo lugar denominado Ir-Semes, no território designado a Dã (Js 19:41-42), ou o Bete-Semes designado a Judá (Js 15:10; 21:16). Ambos, *ḥeres* e *šemeš*, podem significar "sol". No entanto, *har* significa "montanha/monte" (e *ḥeres* também pode significar "desejo, coceira"; cf. a LXX "a montanha do bosque de murtas"). Dessa forma, alguns eruditos têm identificado Har-Heres com vários lugares nas montanhas em volta do vale de Aijalom. Não deve ser identificado com a subida de Heres (Jz 8:13). [ERIC F. MASON]

HARIFE (heb. *ḥārîp*) Israelita cujos descendentes retornaram do exílio com Zorobabel (Ne 7:24). Possivelmente é o mesmo indivíduo que aparece como Jora no relato paralelo (Ed 2:18). Ele, ou um representante de sua família, colocou seu selo no pacto renovado sob Neemias (Ne 10:19 [TM 20]).

HARIM (heb. *ḥārim*) **1.** O chefe de uma família sacerdotal em Israel, terceira entre as 24 divisões de sacerdotes organizadas por Davi (1Cr 24:8). Descendentes dessa família estiveram na primeira leva dos que retornaram da Babilônia (Ed 2:39; Ne 7:42), e cinco de seus membros estavam entre os que casaram com mulheres estrangeiras e, posteriormente, comprometeram-se a divorciar-se delas (Ed 10:21). Adná foi o cabeça dessa casa na época do sumo sacerdote pós-exílico Joiaquim (Ne 12:15). Harim é relacionado como um dos sacerdotes (ou famílias sacerdotais) que assinaram o pacto durante a administração de Neemias (Ne 10:5 [TM 6]).

2. Pessoa e/ou lugar que identifica uma família leiga de judeus no exílio e pós-exílicos, que também estiveram na primeira leva a retornar da Babilônia (Ed 2:32; Ne 7:35). Descendentes deste Harim também são listados entre aqueles que casaram com mulheres estrangeiras e se comprometeram a divorciar-se delas (Ed 10:31). Um dos descendentes dessa família, Malquias, trabalhou na reconstrução do muro de Jerusalém sob Neemias (Ne 3:11). O nome também ocorre como um dos líderes que assinaram o pacto de Neemias (Ne 10:27 [TM 28]), possivelmente sugerindo que um representante dessa família leiga assinou o pacto com os signatários sacerdotais. [MICHAEL L. RUFFIN]

HARMAGEDOM *Ver* ARMAGEDOM.

HARMOM (heb. *harmônâ*) Lugar não especificado, para onde as mulheres de Samaria deveriam ser banidas (Am 4:3). Não se conhece sua localização exata. Estudiosos da atualidade corrigem o hebraico para ser lido "Hermom" (ou seja, o monte Hermom, que fica além de Basã, na direção geral para Damasco; Am 5:27). Na LXX se lê "as montanhas de Remman" (cf. "a penha de Rimom", Jz 20:45, 47). Ainda existem outras sugestões de leitura, que incluem "Armenia" (Targuns), "o palácio" (versão inglesa KJV), e "monturo" (versão inglesa NEB). [SUJEY ADARVE-VALDES]

HARNEFER (heb. *ḥarneper*) Filho de Zofa, da tribo de Aser (1Cr 7:36).

HARODE (heb. *ḥărōḏ*) **1.** Fonte em que Gideão e seus homens acamparam (Jz 7:1). Muitos eruditos modernos identificam o lugar com a fonte de *'ain ṣālûd*, 3,2 km a leste de Zer'in, abaixo das rochas do Monte Gilboa. A fonte corre de uma cavidade na rocha para o rio Jalud, dali alcançando o Jordão. Na fonte de Harode ("tremor"), Gideão testou seus homens antes da batalha contra os midianitas, que se encontravam acampados no vale logo abaixo. O primeiro grupo que Gideão despediu foi o dos que "tremeram" (heb. *ḥārēḏ*). O teste final foi nas próprias águas da fonte. Anos mais tarde, antes da fatídica batalha contra os filisteus, Saul acampou junto a uma "fonte" no Vale de Jezreel (1Sm 29:1), que alguns identificam como sendo a fonte de Harode.

2. Cidade que possivelmente é identificada com Khirbet el-Haredan, a sudeste de Jerusalém, embora sua localização exata permaneça desconhecida. Dois dos famosos Trinta de Davi, Samá e Elica, provavelmente foram de Harode (2Sm 23:25). Entretanto, alguns manuscritos trazem "harorita", e a LXX omite Elica (cf. 1Cr 11:27, que se refere apenas a Samote [Samá], "o harorita"). A diferença na soletração pode ser explicada pela semelhança ortográfica entre as letras daleth e resh. [STEPHEN VON WYRICK]

HAROÉ (heb. *hārō'eh*) (tb. REAÍAS) Descendente de Judá, filho de Sobal (1Cr 2:52). Em 1Crônicas 4:2, é chamado de Reaías.

HAROSETE DOS GENTIOS (heb. *ḥărōšeṯ haggôyim*) O lar de Sísera, canaanita, comandante do exército do rei Jabim (Jz 4:2). Sísera acampou com seu exército, com novecentos carros de ferro, em Harosete dos Gentios, para opor-se a Baraque e a Débora perto do Monte Tabor. De lá, Sísera fugiu após sua derrota (Jz 4:16). A localização precisa de Harosete dos Gentios é desconhecida. Também é incerto se esse nome se refere a uma cidade ou a uma região geográfica. [KENNETH ATKINSON]

HARPA Instrumento musical de cordas, principalmente usado no culto (heb. *nēḇel*). Embora a identificação precisa desse instrumento seja incerta, exemplos e desenhos de instrumentos semelhantes foram encontrados no Egito, na Assíria e na Babilônia. Provavelmente, as harpas consistiam de dez-vinte cordas (cf. Sl 144:9), esticadas numa moldura aberta, perpendicular a uma caixa acústica, sendo tocadas sem o uso de plectro. Esses instrumentos podiam ter uma variedade de tamanhos, a julgar pelos exemplos conhecidos do antigo Oriente Médio.

Como instrumentos da aristocracia, as harpas eram feitas de madeiras e metais preciosos (1Rs 10:12 = 2Cr 9:11). Esse instrumento faz parte nas visões em Apocalipse (Ap 5:8; 14:2; 15:2). Apenas a Bíblia descreve raramente a harpa em uso secular (Is 5:12; 14:11; Am 5:23). Com a lira e o shofar, a harpa fazia parte do grupo de instrumentos usados no culto pelos sacerdotes do templo de Jerusalém (p. ex., 2Cr 29:25; Sl 33:2; 81:2 [TM 3]). *Ver* LIRA. [JENNIE R. EBELING]

HARSA (heb. *ḥaršā'*) Servo do templo, cujos descendentes retornaram do exílio com Zorobabel (Ed 2:52 = Ne 7:54).

HARUFITA (heb. *K ḥărîpî, Q ḥărûp*) Gentílico aplicado a Sefatias, benjamita que veio em socorro de Davi em Ziclague (1Cr 12:5 [TM 6]). Parece basear-se num nome de lugar desconhecido, talvez relacionado aos clãs de Harefe ou Harife.

HARUM (heb. *hārqm*) Descendente de Judá, pai de Acarel (1Cr 4:8).

HARUMAFE (heb. *ḥărûmap*) O pai de Jedaías, que trabalhou na restauração dos muros de Jerusalém (Ne 3:10).

HARUR (heb. *ḥarḥûr*) Servo do templo cujos descendentes voltaram do exílio com Zorobabel (Ed 2:51; Ne 7:53).

HARUZ (heb. *ḥārûṣ*) O pai de Mesulemete, mulher do rei Manassés e mãe de Amom (2Rs 21:19).

HASABIAS (heb. *ḥăšaḇyâ, ḥăšaḇyāhû*) **1.** Levita merarita, pai de Maluque, e filho de Amazias (1Cr 6:45 [TM 30]). Ele foi ancestral de Etã, músico do templo durante o reinado de Davi.

2. Levita merarita, pai de Azricão (1Cr 9:14). Foi um ancestral de Semaías, restabelecido em Jerusalém.

3. Um dos seis filhos de Jedutum, que Davi separou para profetizar, tocar harpa e para dar graças e louvar o Senhor (1Cr 25:3).

4. Hebronita, líder de 1700 membros da família ao ocidente do Jordão. Como um dos oficiais de Davi, era encarregado de assuntos religiosos e seculares em sua área (1Cr 26:30).

5. O filho de Quemuel; um oficial sobre a tribo de Levi (1Cr 27:17).

6. Um dos superintendentes dos levitas, no tempo de Josias (2Cr 35:9).

7. Levita, descendente de Merari, de Casífia, norte da Babilônia, a quem Esdras persuadiu a acompanhá-lo, com outros exilados, de volta a Jerusalém (Ed 8:19).

8. Um dos doze sacerdotes principais que Esdras separou para cuidar da prata, do ouro e de outros utensílios que o rei, os oficiais e o povo haviam doado ao Senhor (Ed 8:24).

9. Israelita entre os descendentes de Parós, que se divorciou de sua mulher estrangeira (Ed 10:25).

10. Governador da metade do distrito de Queila, que conduziu os reparos em sua parte do muro, após o exílio (Ne 3:17).

11. Um dos que colocaram seu selo na renovação do pacto sob Neemias (Ne 10:11 [TM 12]).

12. Superintendente dos levitas durante o tempo de Neemias; ancestral de Uzi e pai de Bani (Ne 11:22).

13. O chefe da família sacerdotal de Hilquias durante os dias de Joiaquim (Ne 12:21).

A B C D E F G H I J K L M N O P Q R S T U V X Y Z

14. Líder dos levitas que davam louvor e ação de graças responsivos no templo, durante o templo de Neemias (Ne 12:24). [ROBIN GALLAHER BRANCH]

HASABNA (heb. *ḥăšaḇnâ*) Israelita que colocou o selo no pacto renovado sob Neemias (Ne 10:25 [TM 26]). O nome é uma forma abreviada de Hasabneias.

HASABNEIAS (heb. *ḥăšaḇnĕyâ*) **1.** O pai de Hatus (2), que trabalhou na reconstrução dos muros de Jerusalém (Ne 3:10).

2. Levita que participou da cerimônia que precedeu a ratificação do pacto (Ne 9:5). É possível que seja o mesmo que Hasabias 7-8, 11-12 ou 14.

HASADIAS (heb. *ḥăsaḏyâ*) **1.** Filho de Zorobabel (1Cr 3:20).

2. Ancestral de Baruque e filho de Hilquias (Bar 1.1).

HASBADANA (heb. *ḥašbaddānâ*) Israelita, possivelmente levita, que ficou do lado esquerdo de Esdras e interpretava a lei, conforme ia sendo lida (Ne 8:4).

HASEM (heb. *hāšēm*) Gizonita, um dos guerreiros de Davi (1Cr 11:34). A passagem paralela de 2Samuel 23:32 traz a leitura "filhos de Jásen".

HASMONA (heb. *ḥašmōnâ*) Um dos acampamentos dos israelitas no deserto, entre Mitca e Moserote (Nm 33:29-30). Possivelmente o nome se deriva do hebraico *šmn*, "ser gordo", sugerindo uma área de abundância. Asemona (na Bíblia, Asmom), 'Ain el Qeseimeh (16 km a noroeste de Cades-Barneia), e Hesmom (Js 15:27; no Neguebe) são possíveis localizações. [PETE F. WLBANKS]

HASRA (heb. *ḥasrâ*) (tb. HARÁS) **1.** O avô de Salum (2Cr 34:22). Em 2Reis 22:14, o nome aparece como Harás.

2. Chefe de uma família que retornou a Jerusalém com Zorobabel após o exílio (1Ed 5.31; gr. *Asara*). O nome é omitido nos relatos paralelos (Ed 2:49; Ne 7:51).

HASSENAÁ (heb. *hassĕnā'â*) Chefe da família cujos membros trabalharam na reconstrução dos muros de Jerusalém (Ne 3:3). Eles podem ser associados com a família ou cidade de Senaá.

HASSENUÁ (heb. *hassĕnu'â, hassĕnʾâ*) **1.** Pai de Hodavias; benjamita cujos descendentes viveram em Jerusalém após o exílio (1Cr 9:7).

2. O pai de Judá (5), que foi o segundo no comando de Jerusalém durante o tempo de Neemias (Ne 11:9).

HASSIDIANOS (gr. *Asidaíoi*) (tb. ASSIDEUS; HASSIDIM) Grupo judeu no século II a.C. (1Mac 2.42; 7.13; 2Mac 14.6). Muito pouco pode ser dito com alguma certeza sobre a natureza desse grupo e seu papel no desenvolvimento histórico do judaísmo. O termo grego é transliteração do hebraico *ḥăs'ḏ'm*, "Hassidim" ou "piedosos, fiéis". Apesar de o nome aparentemente derivar do hebraico *has'ḏ*, conforme empregado no AT, não há evidência que sugira que o Salmo 149:1, ou outra referência nos Salmos, possa ser usada como uma confirmação para esse grupo.

Os hassidim são incluídos no relato do crescimento das forças que se juntaram a Matatias, o sacerdote, e seus filhos na revolta dos macabeus em 167 a.C. (1Mac 2.39-48). Em 1Macabeus 2.42 são descritos como *ischyroí dynámei*, comumente traduzido como "guerreiros poderosos", mas que também poderia significar "homens poderosos", grupo de cidadãos líderes na Judeia. Os membros desse grupo de elite "ofereceram-se voluntariamente à lei", comprometendo-se a violar a proibição instituída por Antíoco IV contra sua observância (1Mac 1.41-50). Entre as proibições estavam os sacrifícios e ofertas no templo, bem como a observância do sábado, festas e o rito da circuncisão.

Alguns estudiosos atribuem as origens dos fariseus e dos essênios aos hassidim. Em 1Macabeus, Matatias e seus amigos são provocados a revoltar-se quando as tropas do rei selêucida atacam no dia de sábado um grupo de judeus que havia fugido para o deserto em busca de direito e justiça (1Mac 2.29-38). Ao relacionar esses judeus que fugiram para o deserto, em 1Macabeus 2.29, com os hassidim do v. 42, os últimos são considerados os predecessores dos dois movimentos mais amplamente testemunhados. Os essênios e os fariseus, então, se formaram a partir de uma cisão no movimento hassídico. Outros estudiosos têm argumentado que literatura apocalíptica, como por exemplo o livro de Daniel, tem sua origem nesse mesmo grupo. Todas essas afirmações, no entanto, só podem ficar no campo das hipóteses.

O papel de liderança dos hassidim também é descrito em 1Macabeus 7.12-18, em que é dito que "foram os primeiros israelitas" (v. 13), além de falar-se deles como de "um grupo de escribas" (v. 12). Seu significado político, entretanto, é descontado pelo autor pró-asmoneu dessa história dinástica. Os hassidim, afirma, confiaram nas "palavras amigáveis" de Alcimo e Báquides (1Mac 7.15), uma confiança mal colocada, pois resultou no assassinato de 60 membros de sua companhia somente num dia (v. 16). O uso do Salmo 79:2-3 em 1Macabeus 7.17 como texto-prova explicando o destino dos hassidim sugere que o autor os encarava como legítimos, porém talvez mártires mal orientados a favor de Israel. Alguns eruditos usaram essa passagem como evidência de que consistiam num grupo puramente religioso, desinteressado na política da Judeia do século II.

Em 2Macabeus 14.6, o ímpio sumo sacerdote Alcimo acusa Judas Macabeu de ser o líder dos hassidim e afirma que fomentam a guerra e provocam revoltas, não permitindo que o reino tenha estabilidade. Dá a impressão de que este autor usa o prestígio dos hassidim para exaltar a reputação de Judas Macabeu, o herói da história.

A literatura rabínica contém referências ao "primeiro Hassidim". Sua relação com o grupo mencionado em Macabeus não pode ser claramente estabelecida.

Bibliografia. P. R. Davies, "Hasidim in the Maccabean Period", *JJS* 28 (1977): 127-40; M. Hengel, *Judaism and Helenism*. 2 vols. (Philadelphia, 1974); L. Jacobs, "The Concept of Hasid in the Biblical and Rabbinic Literatures", *JJS* 8 (1957): 143-154; J. Kampen, *The Hasideans and the Origin of Pharisaism*. SBLSCS 24 (Atlanta, 1988). [JOHN KAMPEN]

HASSUBE (heb. *ḥaššûḇ*) **1.** Levita da linha de Merari; pai de Semaías (1Cr 9:14; Ne 11:15).

2. Filho de Paate-Moabe que auxiliou na reconstrução dos muros de Jerusalém (Ne 3:11).

3. Israelita que ajudou na reconstrução dos muros de Jerusalém (Ne 3:23). Ou ele, ou 2 acima, colocou o selo no pacto renovado sob Neemias (Ne 10:23 [TM 24]).

HASUBÁ (heb. *ḥăšuḇâ*) Filho de Zorobabel (1Cr 3:20).

HASUFA (heb. *ḥăśûpā'*) Servo do templo, cujos descendentes retornaram do exílio com Zorobabel (Ed 2:43 = Ne 7:46).

HASUM (heb. *ḥāšum*) **1.** Israelita cujos descendentes retornaram do exílio sob Zorobabel (Ed 2:19 = Ne 7:22).

2. Representante da família de Hasum 1 que ficou no lado esquerdo de Esdras durante a leitura da lei (Ne 8:4; I Ed 9:44, "Lotasubus"). Provavelmente foi ele que colocou o selo no pacto renovado (Ne 10:18 [TM 19]). Foi requerido que membros dessa família se divorciassem de suas mulheres estrangeiras (Ed 10:33; 1Ed 9.33).

HATAQUE (heb. *hăṯāḵ*) Eunuco que pertencia ao rei persa Assuero, indicado para servir à rainha Ester. Foi por meio dele que Mardoqueu fez saber à Ester acerca do plano de Hamã contra os judeus (Et 4:5-10).

HATATE (heb. *ḥăṯaṯ*) Descendente de Judá, filho de Otniel (1Cr 4:13).

HATIFA (heb. *ḥăṭîpā'*; gr. *Atipha*) Servo do templo cujos descendentes retornaram do exílio com Zorobabel (Ed 2:54 = Ne 7:56 = 1Ed 5.32).

HATIL (heb. *ḥaṭṭîl*) Família dos "servos de Salomão", cujos descendentes retornaram do exílio com Zorobabel (Ed 2:57 = Ne 7:59 = 1Ed 5.34).

HATITA (heb. *ḥăṭîṭā'*; gr. *Atēta*) Um levita porteiro, cujos descendentes retornaram com Zorobabel do exílio (Ed 2:42 = Ne 7:45 = 1Ed 5.28).

HATTIN, CORNOS DE Passagem entre as montanhas no planalto acima do mar da Galileia, cerca de 8 km a noroeste de Tiberias, na depressão entre dois picos ligando o mar da Galileia com a planície da costa. Neste local, ocorreu uma batalha decisiva das Cruzadas. Sob a liderança de Saladino (Salah ad-Din), o maior conquistador do Islã, os muçulmanos procuraram recapturar territórios que lhes haviam sido tomados por exércitos cruzados anteriores. No caminho para Jerusalém, as forças de Saladino cercaram Tiberias. Um exército cruzado, liderado por Guido de Lusinhão, rei de Jerusalém, marchou para libertar a cidade sitiada. Os exércitos se encontraram no dia 4 de julho de 1187. Tirando proveito do calor, das pesadas armaduras dos cruzados e de uma posição estratégica superior, o exército muçulmano subjugou e esmagou as forças cruzadas. Em outubro de 1187, também Jerusalém caiu em poder de Saladino. [D. LARRY GREGG]

HATUS (heb. *ḥaṭṭûš*) **1.** Filho de Semaías e neto de Secanias (1Cr 3:22); um descendente pós-exílico de Davi, que retornou do exílio com Esdras (Ed 8:2; 1Ed 8.20; aqui chamado de "filho" de Secanias; outra versão, "descendente").

2. O filho de Hasabneias, que fez reparos numa porção dos muros de Jerusalém (Ne 3:10).

3. Sacerdote que retornou do exílio com Zorobabel (Ne 12:2). Talvez ele tenha sido o mesmo Hatus sacerdote que colocou seu selo no pacto renovado sob Neemias (Ne 10:4 [TM 5]).

HAURÃ (heb. *ḥawrān*) A área da Transjordânia que se estendia do monte Hermom e do rio Farpar no norte, até o rio Jarmuque no sul, e do mar da Galileia no oeste até Jebel ed-Druze, no leste. Compreende basicamente o mesmo território que Basã. A parte norte é um planalto, com muitos vulcões e solo rochoso, bem conhecido pelos seus pastos. A parte sul contém um depósito antigo de lava decomposta muito fértil.

O nome significa ou "terra vazia" ou "terra preta", o último se referindo evidentemente ao basalto negro que cobre boa parte da região. O nome aparece pela primeira vez em textos egípcios do século XIX a.C. e em textos assírios cuneiformes já do século XV a.C. Salmanéser III menciona as "montanhas da terra de Haurã", e Assurbanípal se refere ao "distrito de Haurã". Haurã aparece na visão de Ezequiel sobre o Israel restaurado como a fronteira ideal de seu território (Ez 47:16, 18).

Após o exílio, Haurã foi ocupado por judeus, gregos e nabateus que lutaram pelo controle da cidade. Tornou-se domínio dos asmoneus no século II, apenas para ser perdido para os nabateus em 90 a.C. No período romano, foi conhecida como Auranitis (Josefo, *Ant.* 17.11.4 [319]) e foi incorporada a Decápolis por Pompeu. Augusto o deu a Herodes, o grande; por volta de 23 a.C., e, mais tarde, esteve sob o controle de Herodes Felipe, Ágripa I, Ágripa II e os nabateus, antes de finalmente tornar-se parte da província da Síria (em 106 d.C.). [PAUL J. RAY, JR.]

HAVILÁ (heb. *ḥăwîlâ*) **I. (LUGAR)** Região circundada pelo rio Pisom, conhecida pelo seu excelente ouro, o bdélio e a pedra de ônix (Gn 2:11-12). Etimologicamente, provavelmente o nome se deriva da raiz oeste semita *ḥwl* "areia", assim se referindo à "terra da areia". Devido à geografia enigmática, ou mítica, do Éden, não há certeza se Havilá se refere a uma localidade específica conhecida de Israel (provavelmente na Arábia), ou se o nome é usado genericamente como referência à região deserta fora do jardim.

Em outros lugares, Havilá se refere a uma região específica da Arábia, ou à Arábia em geral, que era conhecida por seu ouro, pedras preciosas e valiosas resinas. Na tábua das nações, Havilá é relacionado como descendente de Cuxe (Gn 10:7) e de Joctã (v. 29). Em ambos os casos, é associado com regiões conhecidas da Arábia, tais como Sabá e Dedã. Havilá também é citado como o extremo oriental ocupada pelos ismaelitas (Gn 25:18) e, mais tarde, pelos amalequitas (1Sm 15:7). Alguns estudiosos associaram Havilá com a região de Haulã, no sudoeste da Arábia, mencionada pela primeira vez numa inscrição na língua antiga dos sabeus e preservada no nome de dois grupos tribais do Iêmen. [RONALD A. SIMKINS]

II. (PESSOA) 1. Filho de Cuxe, de acordo com a tábua das nações (Gn 10:7; 1Cr 1:9).

2. Filho de Joctã e descendente de Sem (Gn 10:29; 1Cr 1:29); ancestral epônimo de um povo árabe.

HAVOTE-JAIR (heb. *ḥawwōṯ yā'îr*) Série de povoados na região de Basã, ao leste do mar da Galileia. Jair, da tribo de Manassés, capturou diversas aldeias (Nm 32:41) e as chamou Havote-Jair ("aldeias de Jair"). esses povoados estavam localizados na região de Argobe, que fazia parte de Basã (Dt 3:4, 14). Todo o território de Basã, com suas sessenta cidades (Dt 3:4), foi então designada à meia tribo de Manassés (Dt 3:14; Js 13:30). Isso parece ser confirmado por 1Crônicas 2:22-23, texto em que se relata que Gesur e Arã tomaram Havote-Jair (23 cidades) e Quenate (37 cidades), sessenta cidades todas localizadas em Basã.

Mais tarde, o juiz gileadita, Jair, deu aos 30 filhos cidades em Gileade, conhecidas como Havote-Jair (Jz 10:3-5; aparentemente, esse é um Jair diferente daquele de Nm 32:41). Na administração de Salomão, a região de Argobe numerava 60 cidades muradas (1Rs 4:13). Essas discrepâncias representam tradições e fontes diferentes, erros de escribas ou até mesmo indicam um aumento nos assentamentos devido à explosão populacional nas Idades do Ferro I e II.

Bibliografia. R. G. Boling, "Some Conflated Readings in Joshua-Judges", *VT* 16 (1966): 293-98. [ZELJKO GREGOR]

HAZAEL (heb. *ḥăzā'ēl*) Rei de Aram (c. 844/842-800 a.C.), usurpador e fundador de uma nova dinastia. Em 2Reis 8:7-15, Hazael, servo do rei Ben-Hadade, que estava doente, mata o rei após Eliseu lhe haver profetizado que ele seria o seu sucessor. Em KAH 30, Salmanéser III chama Hazael de "filho de ninguém", ou seja, um herdeiro ilegítimo do trono. Na estela de Tell Dan, Hazael declara que o deus Hadad, e não seu pai, é que o fez rei.

Exatamente a quem Hazael sucede, e quando, é matéria de debate. De acordo com KAH 30, quando Hadade-Idri morreu (por volta de 845), Hazael o sucedeu como rei, mas o texto não diz quando ele assumiu o trono. É possível que um filho de Hadade-Idri tivesse reinado por um curto período, antes de ser assassinado por Hazael.

Com a subida ao trono de Hazael, a aliança de Israel contra a Assíria se desfez. 2Reis 8:25-29 relata como Jorão de Israel e Acazias de Judá lutaram contra Hazael em Ramote-Gileade. 2Reis 9-10 conta como a ferida de Jorão nessa batalha inicia a revolta liderada por Jeú e que termina com a morte dos dois reis. Na estela de Tell Dan, Hazael assume o crédito de haver matado os dois reis. Pouco depois, Salmanéser III, em seu décimo oitavo ano (841), atacou Hazael no monte Senir, cercou-o em Damasco, mas não conseguiu capturá-lo. Em seu vigésimo primeiro e vigésimo segundo ano, Salmanéser atacou Hazael em Malahu e Danabu, respectivamente, pela última vez.

Livre da pressão assíria, Hazael começou a expandir seu império em direção ao sul. Durante o reinado de Jeú, uniu a Aram a maior parte do território transjordaniano de Israel (2Rs 10:32-33). Após atacar os filisteus e tomar Afeque e Gate, ele voltou-se para Jerusalém, mas parou quando Joás de Judá lhe ofereceu tributo (2Rs 12:17-18).

O maior período de poder de Hazael veio durante o reinado do filho de Jeú, Jeoacaz. Israel sofreu constantes derrotas nas mãos de Hazael, até que finalmente seu exército foi reduzido a nada (2Rs 13:1-9, 22-23). Hazael controlou Aram, Israel, Judá, Filístia e o Transjordão.

A data exata da morte de Hazael é incerta, embora seja próxima da morte de Jeoacaz (por volta de 800). Hazael foi sucedido por seu filho, Ben-Hadade, que perdeu a maior parte do território israelita para Jeoás (2Rs 13:10-19, 24-25).

Bibliografia. A Biran e J. Naveh, "The Tel Dan Inscription: A New Fragment", *IEJ* 45 (1995):1-18; W. T. Pitard, *Ancient Damascus* (Winona Lake, 1987). [RUSSEL NELSON]

HAZAÍAS (heb. *ḥăzāyâ*) Ancestral do líder da tribo de Judá, Maaseias, que se fixou em Jerusalém depois do exílio (Ne 11:5).

HAZAR-ENÃ (heb. *ḥăṣar 'ênān*) O ponto nordeste das fronteiras ideais da Palestina (Nm 34:9-10); chamado

Hasar-Enom em Ezequiel 47:17-18. Ezequiel 48:1 localiza-o na fronteira norte de Damasco “defronte de Hamate”). O lugar correspondente moderno provavelmente é Qaryatein, um grande povoado com uma profunda fonte, cerca de 112 km a nordeste de Damasco, em direção à Palmira.

HAZAR-GADA (heb. *ḥăṣar gaddâ*) Cidade designada por Josué à tribo de Judá, após a conquista de Canaã ((Js 15:27). Sua localização é incerta, mas provavelmente deve ser procurada próximo de Berseba. A etimologia de Hazar-Gada pode sugerir a presença de plantações de coentro (heb. *gad̲*), embora o significado exato seja incerto. [RYAN BYRNE]

HAZAR-HADAR (heb. *ḥăṣar-'addār*) Lugar na fronteira sul de Canaã, a sul-sudeste de Cades-Barneia (Nm 34:4). A descrição dos limites de Judá simplesmente relaciona duas cidades, Hezrom e Adar (Js 15:3). O antigo assentamento (“lagar”, “lugar de debulha”) hoje é associado com ‘Ain Qedeis, no úadi Qedeis do Egito. [DAVID C. MALTSBERGER]

HAZARMAVÉ (heb. *ḥăṣarmāwet̲*) Grupo tribal árabe do suleste e o território por eles habitado (moderno úadi Hadramaut), mencionado na Tábua das Nações. Remontam sua descendência genealógica a partir de Sem (Gn 10:26) por meio de Joctã (1Cr 1:20). Embora pouco da história primitiva da área e seu povo seja conhecido, evidências arqueológicas sugerem longos períodos de assentamento na região. Hazarmavé foi poderosa no século V a.C. e, nos séculos I e II d.C., foi importante por seu controle sobre a produção e exportação de olíbano (incenso) na região hoje conhecida como Dhofar.

Bibliografia. G. W. van Beek, G. H. Cole e A. Jamme, “Na Arqueological Reconnaissance in Hadhramaut, South Arabia”, *Annual Report of the Smithsonian Institute for 1963* (Washington, 1964), 521-45; W. L. Brown e A. F. Beeston, “Sculptures and Inscriptions from Shabwa” *JRAS*, 1954, 521-45. [C. SHAUN LONGSTREEET]

HAZAR-SUAL (heb. *ḥăṣar šû'āl*) Cidade (“toca da raposa”) na parte sul da herança de Judá (Js 15:28), antes designada para Simeão (19:3; 1Cr 4:28). Foi novamente colonizada pelos exilados que retornaram da Babilônia (Ne 11:27). Sua localização é incerta, mas pelo contexto se conclui que poderia ser no Neguebe, na vizinhança de Berseba. Uma possível identificação é Khirbet el-Waten, a 4 km ao leste de Berseba. [LAURA B. MAZOW]

HAZAR-SUSA (heb. *ḥăṣar sûsâ*) (tb. HAZAR-SUSIM) Cidade no Neguebe destinada como porção a Simeão, após a conquista (Js 19:5). Em 1Crônicas 4:31 esse lugar é chamado de Hazar-Susim. Um paralelo textual na designação de territórios para Judá (Js 15:31-32) pode refletir uma assimilação territorial de Simeão com Judá, bem como uma possível associação geográfica com Sansana (Khirbet esh-Shamshaniyat), o que explicaria sua ausência dessa lista. Uma identificação alternativa seria a moderna Sbalat Abu Susein (32 km a oeste de Berseba. [RYAN BYRNE]

HAZAZOM-TAMAR (heb. *ḥaṣăṣōn tāmār*) Cidade dos amorreus conquistada por Quedorlaomer e seus aliados (Gn 14:7). Hazazom-Tamar deveria estar situada entre Cades e o mar Salgado, se as conquistas de Quedorlaomer foram corretamente preservadas em ordem. A cidade é identificada com En-Gedi (2Cr 20:2), mas isso poderia significar que Hazazom-Tamar estivesse localizada no mesmo distrito ou nas proximidades dessa última. Mais provável é que a cidade seja identificada com Tamar (Ez 47:19), que delimita a fronteira sul de Israel. Se for esse o caso, ‘Ain Husb/Hazeva, na Arábia, merece consideração como sendo a localização exata.

Bibliografia. Y. Aharoni, “Tamar and the Roads to Elath”, *IEJ* 13 (1963): 30-42. [RYAN BYRNE]

HAZELELPONI (heb. *haṣṣĕlelpônî*) Mulher da tribo de Judá, da cidade de Etã, descrita como a irmã dos “filhos de Etã” (1Cr 4:3).

HAZER-HATICOM (heb. *ḥăṣēr hattîk̲ôn*) Lugar (“povoado do meio” ou “terreno cercado”) que marca o limite ideal nordeste do território de Israel, adjacente à fronteira de Haurã (Ez 47:16). Hazar-Enom (Ez 47:17) poderia ser o mesmo lugar. [PETE F. WILBANKS]

HAZEROTE (heb. *ḥăṣērôt̲*) Local em que os israelitas acamparam durante o Êxodo. Foi nesse lugar que Miriam e Arão se voltaram contra Moisés, e Miriam foi atacada de lepra (Nm 12:1-16). A localização exata de Hazerote é desconhecida, mas provavelmente se encontrava no lado leste da Península do Sinai, próximo do Golfo de Aqaba (Nm 11:35; 33:17-18; Dt 1:1). A maioria localiza Hazerote em ‘Ain Khadra/Hudra, 48 km ao nordeste do tradicional monte Sinai, Jebel Musa. A palavra significa “assentamentos” ou “cercados”, e poderia indicar características geográficas da terra (ou seja, campos ou pequenas vilas). [PETE F. WILBANKS]

HAZIEL (heb. *ḥăzî'ēl*) Levita, descendente de Gérson e filho de Simei (1Cr 23:9).

HAZO (heb. *ḥăzô*) Filho de Naor e Milca (Gn 22:22). Pode ser que o nome represente um clã ou outro subgrupo associado com Hazu, região nas proximidades de Haurã, mencionado nas inscrições do rei assírio Esarhaddon (Esar-Hadom).

HAZOR (heb. *ḥāṣôr*) **1.** Antiga cidade canaanita e israelita no canto sudoeste da Planície de Huleh, 15,5 km ao norte do mar da Galileia. Foi primeiramente identificada com a proeminente colina de Tell el-Qedah (também chamada de Tell Waqqas) já em 1875, com base em referências geográficas em 1Macabeus 11.67 e em Josefo (*Ant.* 5.199). A localização de Hazor, no entroncamento da estrada principal de Sidom para Bete-Seã com a de Damasco para Megido (via Mari), fez dela o ponto estrategicamente mais importante para o controle do norte da Palestina.

Hazor compõe-se de duas partes: cidade alta e cidade baixa. A primeira, um morro em forma de garrafa (com o gargalo se estendendo para o oeste), 40 m de elevação acima do uádi el-Waqqas. Mede 10.63 ha na base e 6.1 ha no topo, consistindo de 21 cidades sobrepostas (estratos XXI-I), compreendendo desde o período do Bronze Primitivo II (c. 2900 a.C.) até o período helenístico (c. 200 a.C.). A cidade baixa consiste de um platô grande, retangular, imediatamente ao norte e abaixo da cidade alta, de cerca de 74 ha, rodeado de uma plataforma de terra e um fosso para o oeste, uma plataforma para o norte e uma ladeira íngreme e alta ao leste. A ocupação da cidade baixa, limitada ao segundo milênio (c. 1800-1300), foi bem mais curta que a da cidade alta (cinco estratos, designados 4, 3, 2, 1B, 1A, para distingui-los dos da cidade alta).

Referências textuais. A referência mais antiga a Hazor aparece nos textos de execração egípcios do século XIX ou XVIII. Depois, a cidade é mencionada em pelo menos 14 documentos dos arquivos do século XVII, de Mari, localizando claramente a cidade dentro das esferas política e econômica de seus vizinhos ao norte e ao leste. Ela é mencionada em quatro das cartas de Amarna (séc. XIV). Em duas, o príncipe de Tiro e Astarote se queixa que Abdi-Tirshi, o rei de Hazor, se unira com os hapiru e capturara diversas de suas cidades. Nas outras cartas, o próprio Abdi-Tirshi alega inocência e jura lealdade ao trono egípcio. Hazor também aparece no papiro anastasi, do século XIII, atribuído a Ramessés II, e em listas de cidades conquistadas nos anais de diversos faraós do Império Novo.

Uma das primeiras referências bíblicas a Hazor envolve Jabim, rei de Hazor, que conclamou reis de várias localidades do norte de Canaã para enfrentar a ameaça representada pelos israelitas sob Josué (Js 11:1-5). Chamada de “a capital de todos esses reinos” (Js 11:10), Hazor era nessa época uma cidade de grande importância. Apesar disso, os israelitas derrotaram a coalizão de Jabim perto das águas de Merom (Js 11:7), passaram ao fio da espada a Jabim, bem como a todos os habitantes de Hazor, queimando a cidade completamente — a única cidade construída num morro a ter esse destino durante a campanha de Josué (Js 11:10-14). Mais tarde, Hazor foi destinada à tribo de Naftali (Js 19:36). Também aparece na versão em prosa da batalha de Débora com Sísera (Jz 4), recontada no discurso de despedida de Samuel (1Sm 12:9).

Parte dos grandes empreendimentos de construção de Salomão, Hazor foi construída como guarnição real e cidade administrativa (1Rs 9:15). Foi destruída pelo rei assírio Tiglate-Pileser III em 732 (2Rs 15:29). Jônatas lutou contra o governador selêucida Demetrius II (147) e o derrotou “na planície de Hazor” (1Mac 11.67).

Pelo menos oito placas escritas em cuneiforme foram encontradas em Hazor. Elas datam da Média e Tardia Idade do Bronze (2000-1200), e eram principalmente de assuntos administrativos e legais. Uma é um dicionário sumério-acadiano, sugerindo a presença de uma escola de escribas em Hazor.

Investigações arqueológicas. Escavações preliminares foram empreendidas por John Garstang em 1928. Yigael Yadin dirigiu escavações maiores em 1955-58 e 1968-70, seguido por Amnom Ben-Tor em 1987, 1990-2000. Vinte e um estratos foram expostos.

Idade do Bronze. Hazor foi primeiramente ocupada de EB II até EB III sem interrupção (c. 2500-2300). Materiais desses estratos e de EB IV/MB I (2300-2000) apresentam afinidade com a Síria e são confinados à cidade superior.

Durante a Idade Média do Bronze (c. 1900-1550), Hazor tornou-se uma das grandes cidades canaanitas, comparável em tamanho aos importantes centros da época, incluindo Qatna, Ebla e Mari. MB IIB (1800/1750-1650). Revela um considerável crescimento nas construções, especialmente massivas fortificações nas cidades alta e baixa. Habitada pela primeira vez, a cidade baixa multiplicou por dez a área de assentamento. Enquanto Garstang interpretou a cidade baixa como área reservada de infantaria ou para carros de guerra, as escavações de Yadin demonstraram tratar-se de uma cidade propriamente dita, com templos, construções públicas e estruturas domésticas. Quatro portões, do tipo “sírio” com eixo direto, davam acesso à cidade. Em estratos de MB II C (1660-1550), foi encontrada uma riqueza de construções, notadamente de natureza cúltica. Hazor, com outras cidades na Palestina, foi destruída numa conflagração que encerrou sua ocupação MB (c. 1550).

Um acentuado grau de continuidade, evidenciado nas plataformas de terra, nos portões da cidade, nos vários templos e nas áreas domésticas, demonstra que a cidade de LB I (séc. XV) provavelmente foi construída pela população que retornou depois da destruição da cidade de MB II.

A cidade LB IIA, do período de Amarna (séc. XIV) difere significativamente de sua antecessora. A arquitetura de defesa sofreu mudanças menores, mas as disposições das áreas domésticas são completamente diferentes. A área H do templo foi reconstruída num plano de três cômodos, que lembra o templo de Salomão (pórtico, átrio e santo dos santos), em Jerusalém, alguns séculos depois (e semelhante a diversos templos em Alalakh). Duas colunas, no exterior do cômodo da frente desse templo, podem ter tido propósito similar às colunas Jaquim e Boaz, na entrada do templo de Salomão (1Rs 7:15-22). A cidade de LB IIA foi violentamente destruída pelo fogo, atribuído a Seti I, no final do século XIV.

O final da cidade de LB IIB (séc. XIII) demonstra um marcado declínio, em relação à anterior. Entre os artefatos se encontram menos material importado. É possível que as fortificações da cidade não mais estivessem em uso.

Um palácio canaanita bem conservado foi desenterrado na área A. Paredes grossas, as sessões inferiores alinhadas com orthostats (menires) de basalto com fino acabamento, isso tudo sugere que foi uma construção de mais de um pavimento. A destruição da cidade canaanita provavelmente ocorreu algum tempo após 1300, o que pode confirmar o relato bíblico dos israelitas sob Josué (Js 11:10). Alguns atribuem a destruição aos povos marítimos ou outros eventos descritos em associação com Débora e Sísera. Essa destruição marca o fim da Hazor na Idade do Bronze. Embora a cidade alta tenha sido reocupada durante a Idade do Ferro, a cidade baixa não voltou mais a ser reconstruída.

Idade do Ferro. O primeiro estrato da Idade do Ferro, dos séculos XII e XI, consistiu principalmente de recintos para armazenagem feitos com pedras alinhadas, instalações para cozinhar, e possivelmente um lugar alto. Yadin sugeriu que esses materiais foram deixados por israelitas tentando povoar novamente a antiga cidade canaanita.

A primeira cidade de fato da Idade do Ferro, confinada à metade oeste da cidade alta, era rodeada por um muro casamatado com portão de seis câmaras, flanqueado por torres localizadas no centro do morro — o perímetro leste da cidade. Portões e muros casamatados semelhantes, encontrados em Megido e Gezer, levaram Yadin a atribuir esse estrato aos empreendimentos de Salomão na construção de sistema administrativo fortemente centralizado, da metade para o final do século X (1Rs 9:15). A cidade entrou em declínio na parte final do século X e início do século IX. Foi destruída na época em que a dinastia de Onri assumiu o poder (meados do século IX), provavelmente por Ben-Hadade, de Damasco (2Cr 16:4).

Hazor foi novamente reconstruída em escala significativa provavelmente por Acabe, em meados do século IX. Um sólido muro de pedras alternadamente salientes substituiu o muro casamatado, cercando completamente o topo do morro. Uma grande cidadela retangular de alvenaria com pedras lavradas foi estabelecida no limite oeste do morro. Uma grande construção retangular com três cômodos separados por duas fileiras de colunas, a princípio identificadas por Garstang como os estábulos de Salomão, pertence a esse estrato e foi, provavelmente, um armazém.

A estrutura mais impressionante desse estrato é o monumental sistema de água, que atravessa os estratos mais antigos e foi cortado na rocha sólida. Localizado na borda sul do morro, é semelhante aos sistemas de Megido e, possivelmente, Gezer. Duas rampas descem suavemente para um poço de aproximadamente 30 m de profundidade. A direção desse túnel para o aquífero e dali para as fontes próximas da base do morro testemunham a excelente compreensão de hidrologia do construtor. Esse sistema fornecia uma valiosa fonte de água dentro da cidade durante as épocas de cerco.

O estrato VII foi destruído por meio de fogo, provavelmente durante as incursões de arameus no norte de Israel no final do século IX. A cidade foi reconstruída no início do século VIII num plano diferente. Enquanto a cidadela era reconstruída, outros prédios públicos deram lugar a construções domésticas, oficinas e meios de armazenagem. Um terremoto no tempo de Jeroboão (Am 1:1) foi, muito provavelmente, o responsável pela destruição do estrato VI.

A cidade foi reconstruída (estrato V) com fortificações mais pesadas, indubitavelmente como preparação para confrontações com a expansão assíria. Tais preparações se mostraram fúteis, como foi evidenciado pela completa destruição da cidade numa conflagração possivelmente sob Tiglate-Pileser III, em 732 (2Rs 15:29). A destruição é bastante evidenciada por uma camada de entulho com cinzas de até um metro de profundidade em alguns lugares. Com o fim do estrato V, veio o fim de Hazor como cidade principal de Israel.

Materiais posteriores incluem um pequeno e temporário assentamento, provavelmente de habitantes que retornaram após as campanhas assírias. Mais para o final do século VIII ou início do século VII, os assírios reconstruíram a cidadela sobre a borda oeste do lugar e construíram um palácio no estilo assírio próximo do morro. Nenhum material foi descoberto relativo ao final do século VII e do século VI. Uma ocupação persa (séc. IV) incluiu a reconstrução da cidadela; o lugar foi mais uma vez ocupado durante o período helenístico (séc. II). Esta última ocupação provavelmente se encontra associada com a luta de Jônatas contra Demétrio II.

Bibliografia. Y. Aharoni, "New Aspects of the Israelite Occupation in the North", in *Near Eastern Archaeology in the Twentieth Century*, ed. J. A. Sanders (Garden City, 1970), 254-67; A. Ben-Tor, "Tell Hazor, 1992", *IEJ* 42 (1992): 254-60; "Tel Hazor, 1994", *IEJ* 45 (1995): 65-68; J. Gray, "Hazor", *VT* 16 (1966): 26-52; A. Malamat, "Hazor the Head of all Those Kingdoms", *JBL* 79 (1960): 12-19; "Northern Canaan and the Mari texts", in *Near Eastern Archaeology in the Twentieth Century*, ed. Sanders, 164-77; Y. Yadin, *Hazor I-IV* (Jerusalem, 1959-64); *Hazor: The Rediscovery of a Great Citadel of the Bible* (New York, 1975). [JAMES W. HARDIN]

2. Cidade no Neguebe, destinada à tribo de Judá (Js 15:23). Seguindo a LXX B, alguns estudiosos fazem a leitura desse como combinação com o nome "Hazor-Ithnan", que identificam com el-Jebariyeh, lugar sobre o úadi Umm Ethnan, cerca de 60 km a sudoeste de Berseba.

3. Cidade no limite sul de Judá, em direção à fronteira com Edom. Foi previamente conhecida como Queriote-Hezrom (Js 15:25). Há tentativas de identificá-la com a moderna Khirbet el-Qaryatein/Tel Qeriyot, 7 km ao sul de Maon.

4. Cidade repovoada por benjamitas, depois da restauração (Ne 11:33). Tem sido identificada com a moderna Khirbet Hazzur, 5 km ao noroeste de Jerusalém.

5. Coletivo para reinos sedentários árabes na Península da Arábia, ao leste da Palestina, derrotados por Nabucodonosor em 598 (Jr 49:28-33). Isso pode representar agrupamento de povoados sem muros de proteção (heb. *ḥāṣôr*). [HYUN CHUL PAUL KIM]

HAZOR-HADADA (heb. *ḥāṣôr ḥăḏattâ*) Cidade distribuída por Josué à tribo de Judá, depois da conquista de Canaã (Js 15:25). Sua exata localização é assunto muito discutido. Eusébio localizou a cidade próximo da costa do Mediterrâneo (Onom. 20.4), enquanto outros favorecem um ponto mais próximo de Arad, possivelmente El-Hudeiria. [RYAN BYRNE]

HEBER (heb. *ḥeḇer*) **1.** Filho de Beria e descendente de Aser (Gn 46:17; 1Cr 7:31-32). É o ancestral epônimo dos heberitas (heb. *ḥeḇrî*; Nm 26:45).

2. Queneu, descendente de Hobabe. Ele havia se separado do grupo principal dos queneus, estabelecendo-se próximo de Quedes, onde coexistia pacificamente com o rei Jabim, de Hazor (Jz 4:11, 17); foi lá que Jael, a mulher de Heber, matou Sísera cravando uma estaca de tenda em sua fonte enquanto dormia (v. 12-22).

3. Descendente do judeu Ezra e sua esposa judia (1Cr 4:18); ancestral e fundador de Socó.

4. Benjamita, filho de Elpaal (1Cr 8:17).

HEBRAICO, BÍBLICO O hebraico pertence à família semita de línguas, um sub-grupo de uma família maior, a afro-asiática, que inclui os grupos egípcio, bérbere, e os mais recentes cuxítico, o omótico e o tchádico (p.ex., hausa). A família semita, com evidências que remontam ao terceiro milênio a.C. (p.ex., o acádio) sobrevive até o presente (p.ex., árabe, hebraico), dividida nos ramos oriental e ocidental. O ramo oriental é representado pelo acadiano, falado pelos babilônicos e assírios, e muito provavelmente o eblaíta, que se conhece a partir do arquivo encontrado em Tell Mardikh, na Síria. No ramo ocidental, encontramos as línguas semitas do sul (o etíope [Geʿez] e árabe do sul) e semita central. Este último denota as línguas árabes (p.ex., árabe clássico e diversos dialetos modernos), bem como as línguas siro-palestinas (semitas do noroeste), que tradicionalmente se dividem nos subgrupos aramaico e canaanita. O hebraico é língua semita do noroeste, pertencente ao subgrupo canaanita, com suas línguas irmãs fenícia, amonita, edomita e moabita. O hebraico também compartilha afinidade com o ugarítico, embora sua posição exata dentro da família noroeste ainda seja controvertida.

HISTÓRIA. O hebraico é bem conhecido como a linguagem da Bíblia Hebraica (AT), embora tenha passado por diferentes nomes durante os tempos bíblicos (p.ex., *śĕp̄aṯ kĕnaʿan*, "a língua de Canaã", Is 19:18; *yĕhûḏ'ṯ*, "língua judaica", 2Rs 18:26, 28; 2Cr 32:18; Ne 13:24; Is 36:11, 13). Durante o período helenista, a designação *hebraios*, "Hebreu", é encontrada no prólogo a Ben Siraque e Josefo (*Ant.*. 1.1.2). Na literatura rabínica, tornou-se conhecida como, "a língua sagrada" (m. *ṣ"ṭa* 7.2).

O estudo do hebraico bíblico é um empreendimento muito complexo, que envolve diversas disciplinas, tais como linguística, comparação de línguas semitas, epigrafia, ortografia, crítica textual (p. ex., Rolos do mar Morto, LXX, estudos nos Targuns e Texto Massorético), para não mencionar certo conhecimento em metodologias histórico-críticas, nem como crítica da redação, por exemplo. Esse tipo de crítica evidencia como a totalidade dos textos bíblicos foi submetida a um processo editorial posterior, tornando difícil seu uso na reconstrução da história primitiva da língua. Alguns estudiosos, especialmente os associados à escola de Albright, têm argumentado que características arcaicas em poemas, tais como o de Êxodo 15; Juízes 5; Salmo 68, dão evidência do caráter do hebraico na primitiva Idade do Ferro I. Eruditos que pretendem reconstruir um estágio ainda mais antigo da língua (semita protonoroeste) não dispõem de textos bíblicos datando do final da

Idade do Bronze, sendo forçados a confiar em material cognato, tais como textos ugaríticos, substantivos próprios amoritas e as placas de Amarna. Embora as placas de Amarna tenham sido escritas em vocabulário acádio, refletem morfologia e sintaxe noroeste semita distinta, que são atribuídas a seu contexto nativo canaanita.

Ao chegarmos à Idade do Ferro, o caráter do hebraico pode ser estudado não apenas a partir dos textos bíblicos, mas também a partir de inscrições extrabíblicas, como o Calendário Gezer (séc. X), os vasos (gr. *pithoi*) de Kuntillet ‘Ajrud (séc. VIII), a inscrição na tumba de Khirbet el-Qom (séc. VIII), os óstraca de Samaria (séc. VIII), a inscrição de Siloé (séculos VIII-VII), as cartas de Arade (séc. VI), as cartas de Laquis (séc. VI), e numerosos selos dos séculos VIII até VI. O hebraico encontrado na Bíblia pode ser dividido em arcaico (compilado principalmente de poemas bíblicos que preservaram características mais antigas da língua, são confirmadas por fontes epigráficas extrabíblicas primitivas), pré-exílico (muitas vezes denominado de hebraico bíblico clássico) e pós-exílico (na maior parte das vezes chamado de hebraico bíblico posterior). Alguns eruditos têm percebido sinais de um hebraico bíblico de transição entre os dois últimos estágios.

Gramática. O alfabeto hebraico, escrito da direita para a esquerda, consiste de 22 sinais, usados para representar 23 consoantes (o mesmo sinal foi usado tanto para /*ś*/ como para /*š*/. Mais tarde, esses sinais foram distinguidos pela Massorá de Tiberias com um ponto diacrítico na ponta de cima à direita e à esquerda, respectivamente). Dois dos sinais também representam os sons semivocálicos /*w*/ e /*y*/.

A tabela acima fornece uma esquematização muito aproximada das consoantes hebraicas. O eixo vertical representa o lugar da pronúncia, enquanto o horizontal representa a maneira em que a consoante é pronunciada. Não se sabe como /*ś*/ era originalmente pronunciado; ele se tornou homófono de /*s*/. Também deve ser ressaltado que a Massorá de Tiberias fez distinção entre oclusivas e fricativas nas seis letras seguintes: *b*/*ḇ*, *g*/*ḡ*, *d*/*ḏ*, *k*/*ḵ*, *p*/*p̄* e *t*/*ṯ* (um ponto era colocado no meio das oclusivas).

Existe considerável debate sobre o caráter do sistema vocálico hebraico. A forma mais antiga da língua não empregava sinais vocálicos. Num estágio posterior, diversas consoantes (*w*, *y* e *h*, conhecidas como matres lectionis) foram usadas para marcar vogais finais e, tempos mais tarde, vogais médias. O sistema de vocalização de Tiberias (sistema que consiste fundamentalmente de pontuação infralinear e que é usado na maioria das Bíblias hebraicas na atualidade) contém sinais para marcar as vogais (classe a: *paṯaḥ, qameṣ*; classe i: *seg”l, ṣere, ḥireq*; classe u: *ḥ”lem, šûreq, qibbuṣ, qameṣ-ḥaṭup̄*) e as semivogais (conhecidos como *shewa* ou *ḥaṭep̄ shewa*; quando não acentuados, os ditongos *aw* e *ay* são contraídos em *ô* e *ê*, respectivamente). Deve ser enfatizado que esse sistema representa uma tradição tardia, que marca qualidade, porém não quantidade.

Os substantivos hebraicos têm duas categorias de gênero gramatical (morfológico). Em geral, o masculino não é marcado, enquanto o feminino tanto pode ser marcado (â com h mater lectionis, -at, -t, -et) como não marcado. O hebraico tem três categorias de número: singular (sem marcação), plural (a maioria dos substantivos masculinos com *-’m*; a maioria dos femininos com *-ôt* / *ōt*, embora haja exceções bem conhecidas para cada caso, por exemplo, o coletivo) e o dual (*-ayim*). Algumas formas do dual também servem para o plural (p.ex., partes do corpo). A definição do substantivo e do adjetivo pode ser marcada pelo prefixo h- (atributivo e demonstrativo). Em sua forma mais antiga, os substantivos hebraicos tinham marcações para três casos (com terminações em -u, -i e -a para o singular; -u e -i para o plural; cf. árabe clássico, acádio, ugarítico), mas esse sistema desapareceu completamente, com exceção de alguns vestígios. Em seu lugar, o hebraico bíblico usa o que é chamado de “cadeia construta” para representar o genitivo, caso em que o primeiro de dois substantivos justapostos se encontra num *status constructus* (ou ligado) em relação ao segundo; em tais “formas ligadas”, o primeiro substantivo perde o seu artigo definido e pode sofrer redução ou contração vocálica. O acusativo pode ser marcado (embora não obrigatoriamente) pelo emprego de *-’et* antes do objeto direto (comumente quando o objeto é um substantivo definido ou substantivo próprio). O nominativo não é marcado.

O sistema verbal hebraico é, sem dúvida, a parte mais debatida da sua gramática. Os radicais hebraicos fundamentalmente são de três letras, e em casos muito raros, de quatro letras. Radicais com duas letras, na maioria, são formas alteradas de radicais de três letras. Existem sete troncos primários (ou “temas”; conhecidos em hebraico como binyanim), que incluem o qal (forma básica ou simples, sem aumento), o niphal (prefixada com -n; originalmente médio-passivo, mais tarde passivo, reflexivo, conclusivo), piel (radical do meio duplicado; transitivo-predicativo), pual (passivo de piel), hiphil (algumas formas contém o prefixo h-; originalmente causativo), hophal (passivo do hiphil), e hithpael (forma do piel com afixo -t-; reflexivo, iterativo, recíproco). A maioria dos troncos também pode ser empregada na formação de verbos denominativos, sendo o piel e o hiphil usados mais seguidamente. Além desses sete troncos conhecidos da pontuação massorética, os estudiosos também reconstruíram o qal passivo original (pontuado pelos massoretas como pual e hophal). Existem também troncos derivados, raramente confirmados, conhecidos como polel (ativo), polal (passivo) e hithpolel (reflexivo) que reduplicam a letra final do radical em verbos fracos (cf. também radicais geminados), além dos troncos palal (que reduplica a terceira consoante radical) e o pilpel (radical biconsonantal reduplicado).

A maioria dos estudiosos tradicionais da gramática hebraica descreve o sistema verbal incluindo as conjugações do perfeito com sufixo ("perfeito" ou qatal), o prefixado, não perfeito ("imperfeito" ou yiqtol), bem como os particípios (ativo e passivo), imperativos, jussivos e infinitivos (o assim chamado infinitivo construto pode funcionar como um substantivo verbal [nesse caso pode receber sufixos pronominais], um infinitivo ou um gerúndio; o que se chama de infinitivo absoluto é definido equivocadamente, pois funciona principalmente como advérbio, enfatizando ou complementando o verbo principal, embora também possa ser substituído por um verbo finito). No entanto, em adição a essa apresentação simplificada, existe ainda vasta literatura erudita que debate detalhes da gramática hebraica do ponto de vista da linguística.

Sistema verbal. ***Abordagem diacrônica versus Abordagem sincrônica.*** Estudiosos da gramática hebraica — do passado e do presente — diferem em sua visão de algumas características do hebraico bíblico. Alguns afirmam que a língua possui um sistema verbal temporal, outros argumentam que o hebraico possui um sistema verbal de aspectual (aspecto); alguns pensam que tal sistema deva ser analisado sincronicamente; outros, diacronicamente. Tradicionalmente, com abordagem diacrônica eruditos encararam o sistema verbal formado por duas conjugações principais: o perfeito com sufixo ("perfeito" ou qatal) e não perfeito com prefixo ("imperfeito"; *yaqtul* > *ʹyiqtol*). Recentemente, estudiosos usando uma abordagem comparativa semita (especialmente amarna canaanita e ugarítico; cf. também acádio) acentuaram a existência de uma forma "curta" de yaqtul pretérito/jussivo (em contraste com a forma "longa" yaqtulu imperfeita) para resolver a debatida questão das assim chamadas formas com o waw-conversivo (*wayyiqṯ"l*). Alguns eruditos, com abordagem sincrônica, identificaram cinco formas básicas: perfeito, imperfeito, narrativo (=waw consecutivo), perfeito converso e volitivo (que inclui as formas do jussivo, coortativo e imperativo). Dessas formas, o imperfeito e o perfeito, com waw conversivo, poderiam formar um par, de acordo com a função, da mesma forma que o perfeito e as formas narrativas. Ao mesmo tempo, estudiosos da gramática que se ocupam com o discurso juntaram em pares o narrativo e o perfeito com waw conversivo como sequenciais, em contraste com o perfeito e o imperfeito não sequenciais.

Tempo e aspecto. O debate sobre se o sistema verbal hebraico é temporal ou aspectual continua vigente. A análise do hebraico como sistema de tempo absoluto data do tempo de Ibn Janah. Os estudiosos modernos que defendem ser hebraico algum tipo de sistema de tempo (cf. Paul Joüon — Takamitsu Muraoka, Gotthelf Bergsträsser) frequentemente teorizam que é um sistema relativo, em que tempo não indica tanto um ponto a partir do momento do ato de fala (embora o possa fazer) quanto situa o verbo em relação ao falante (anterior ou posterior). Conforme os resultados dos trabalhos de H. G. A. Ewald e S. R. Driver, como também dos mais recentes estudos sobre as línguas eslavas e o grego, a maioria das gramáticas modernas do hebraico bíblico, desde meados do século XIX, vem enfatizando que o hebraico possui um sistema verbo-aspectual (p. ex., Bruce K. Waltke — Michael P. O'Connor). Essas obras ressaltam que o hebraico é um sistema "sem tempo", sendo os verbos analisados mais adequadamente de acordo com duração ou "o contorno de uma situação no tempo". Assim um verbo no perfeito descreve uma ação completa ou terminada (até mesmo pontual), enquanto um verbo no imperfeito descreve um ação incompleta ou contínua (até mesmo habitual).

Bibliografia. D. J. A. Clines, ed., *The Dictionary of Classical Hebrew* (Sheffield, 1993-); P. Joüon, *A Grammar of Biblical Hebrew* (Rome, 1991); L. Koehler, W. Baumgartner e J. J. Stamm, *The Hebrew and Aramaic Lexicon of the Old Testament* (Leiden, 1994-); T. N. D. Mettinger, "The Hebrew Verb System: A Survey of Recent Research", *ASTI* 9 (1973): 65-84; A. Sáenz-Badillos, *A History of the Hebrew Language* (Cambridge, 1993); C. L. Seow, *A Grammar for Biblical Hebrew*, ed. rev. (Nashville, 1995); B. K. Waltke e M. P. O'Connor, *An Introduction to Biblical Hebrew Syntax* (Winona Lake, 1990). [Theodore J. Lewis]

HEBREU, HEBRAICO Um termo não étnico (heb. *ʿiḇrî*) que os não israelitas usavam ao se referir aos israelitas, e que os israelitas usavam para se referir a si mesmos, quando em conversas com não israelitas.

Como patronímico, acredita-se que o termo seja derivado do nome do antepassado de Abraão, Eber (Gn 10:24-25; 11:14-26; 1Cr 1:18-19), conforme sugerido pelas referências genealógicas a Abraão e seus descendentes (Gn 14:13; 39:14; 40:15; 43:32; Êx 2:6; Dt 15:12; 1Sm 4:9; 29:3; Jo 1:9; At 6:1; 2Co 11:22; Fp 3:5). Foi usado para Abraão e sua posteridade, antes do evento escatológico em que Jacó recebeu o nome de Israel.

No uso linguístico, hebreu (ou hebraico) designa a língua judaica, membro do ramo cananeu de línguas semitas noroestes. O termo «hebraico» como denotação da língua per se é encontrado primeiro no prólogo do Eclesiástico. No NT, «hebraico» (gr. *hebraíos*) ou "língua dos hebreus" (*hebraís*) designa uma língua ou línguas usadas pelos judeus (Jo 5:2; 19:13, 17,20; 20:16; At 21:40; 22:2; 26:14; Ap 9:11; 16:16). Há alguma incerteza se as referências ao hebraico, nos apócrifos (IV Mac 12.7; 16.15) e no NT, se reportem ao hebraico ou aramaico.

Vários textos antigos do segundo milênio do Oriente Médio se referem a pessoas classificadas como *habiru/'apiru*, termo que alguns acreditam indicar os "hebreus". Os habiru poderiam ser grupos de párias, fugitivos, refugiados ou mercenários, mas é improvável que formassem uma etnicidade. Antigas referências médio-orientais sugerem que os habiru em Canaã, mencionados nas Cartas de Amarna, não eram os israelitas. Uma relação entre o termo habiru nos contratos servis de Nuzi e o escravo hebreu de Êxodo 2 1:2 e Deuteronômio 15:12 é improvável, em parte porque os registros de Nuzi são de um tempo diferente do da narrativa bíblica. Nos textos de Nuzi, habiru denota um "servo estrangeiro" que se vendeu à escravidão; em Deuteronômio 15:12, o servo hebreu é chamado de "irmão" daquele a quem o texto se dirige.

A LXX traduz "Abrão, o hebreu" (Gn 14:13) por "Abrão, aquele que cruzou" (cf. heb. *'br*). O que tem sido relacionado ao fato de Abraão vir do outro lado do Eufrates (Js 24:2-3) e, embora não aceito geralmente, ao cruzamento pelos israelitas do Jordão. Interpretações rabínicas primitivas tratam "hebreu" como uma referência àqueles que atravessaram o Mar Vermelho ou de Juncos. Considerando-se que essa observação possa ser escatológica, insinuaria que um hebreu é alguém que experimentou a morte e a ressurreição.

Um exemplo pode ser dado, em razão do contraste entre os egípcios e os hebreus em Gênesis 43:32; Êxodo 1:19; 2:11, como conotando distinções étnicas; o paralelismo entre Yahweh, o Deus de Israel (Êx 5:1), e o Deus dos hebreus (v. 3) poderia conduzir a tal compreensão. No entanto, conforme o uso no AT ou nos apócrifos, o termo hebreu não denota etnicidade. É usado por não israelitas (AT) ou não judeus (apócrifos) ao se referirem aos israelitas (Gn 41:12) ou judeus (Jud 12.11; 14.18), respectivamente. Quando usado por alguém que não é israelita, o termo pode ter alguma conotação depreciativa ou insinuar que este não é livre (p. ex., a esposa de Potifar [Gn 39:14,17] e o copeiro-mor [41:12] se referindo a José). Quando usado por um israelita que se dirige a um não israelita, frequentemente insinua que o israelita não é livre (p. ex., José se reporta ao lugar de onde veio como a "terra dos hebreus"; Gn 40:15) ou só figurativamente livre (p. ex., ao falar com os marinheiros não israelitas, Jonas se define como um hebreu; Jn 1:9). Tais significados são frequentes em Gênesis 30–Êxodo 10, em particular quando Israel não é livre (p. ex., em Êx 5:1-3, Moisés se refere ao "Deus dos hebreus" enquanto Israel permanece escravizado ao Egito).

Não há qualquer conotação étnica no uso de "hebreu" na legislação relativa à alforria dos escravos/servos hebreus, encontrada em Êxodo 21 (regras sociais e econômicas do Código da Aliança, que tem uma origem diferente do Código da Aliança que se segue a 22:17 [TM 16]) e Deuteronômio 15 (que faz parte da lei mosaica), além de possivelmente Jeremias 34:9, que também se refere a escravos hebreus. O que é permitido em relação a um hebreu em Êxodo 21 é proibido para um israelita em Levítico 25; e há uma distinção entre o trabalho temporário e voluntário e o tipo de serviço forçado que é proibido em Levítico 25:43-44.

Não há nenhuma conotação étnica no relato da relação entre os israelitas e os hebreus em 1Samuel 4; 13–14; 29. A distinção pode estar entre Israel como um todo e grupos seletos de israelitas, ou daqueles que se juntaram aos israelitas, tornando-se assim parte de todo o Israel. Os hebreus de 1Samuel 13–14 parecem ser mercenários não israelitas, ao mesmo tempo em que parecem idênticos a "todo o Israel". Os filisteus se referem aos israelitas apesar de os chamar de hebreus (1Sm 14:11), uma identificação que está relacionada ao que se encontra em 13:19-20. Mas não há nenhuma referência étnica em 1Samuel 13:6-7, texto no qual a distinção parece estar entre dois grupos diferentes dentro de "todo o Israel": o v. 6 mostra aqueles que escaparam do serviço militar; enquanto o v. 7, os desertores israelitas do exército de Saul. Em 1Samuel 14:21, os hebreus que lutaram pelos filisteus foram tratados como israelitas traidores. Mas os hebreus que haviam voltado para Saul (1Sm 13:7a), com os israelitas que haviam se refugiado na região montanhosa de Efraim (14:22), se uniram ao exército de Saul.

No NT, "hebreu" designa certos grupos sectários de judeus. Pode designar alguém que era superficialmente helenizado (At 6:1), ou somente distinguir entre judeus e gentios (2Co 11:22; Fp 3:5).

Bibliografia. G. F. Mendenhall, "The Hebrew Conquest of Palestine", *BA* 25 (1962): 66-87; repr. *BA* Reader 3, ed. E. F. Campbell e D. N. Freedman (Garden City, 1970), 100-20. [SARA MANDELL]

HEBREUS, CARTA AOS Embora Hebreus tenha circulado desde o século II entre as cartas de Paulo e recebido o nome do apóstolo em seu título na KJV, a ausência de características comuns às epístolas paulinas indica que esse texto não pode ser facilmente incluído no conjunto de obras paulinas. Na verdade, o autor e a destinação de Hebreus permanecem misteriosas. Além disso, devido ao livro ser destituído das características inerentes às epístolas, sua forma literária também permanece um assunto em debate. Porém, é indiscutível o fato de que Hebreus é o trabalho de um habilidoso retórico, que oferece os mais consistentes argumentos do AT dentro do NT. Em uma série de exposições, o autor discute a superioridade de Jesus Cristo e da experiência cristã sobre todas as instituições do AT. Sua posição, logo após das cartas de Paulo e antes das Epístolas Gerais, reflete a distinção do livro.

GÊNERO LITERÁRIO. Embora Hebreus tenha uma conclusão epistolar (13:18-25), o resto do livro tem caráter totalmente diferente da tradição epistolar cristã inaugurada por Paulo. Falta a abertura epistolar, os tópicos epistolares comuns e a estrutura argumentativa das epístolas paulinas. Na realidade, o autor se refere à sua mensagem como uma "palavra de exortação" (13:22), termo que em outro lugar fora usado (At 13:15) para um sermão numa sinagoga. Trata-se de uma forma retórica desenvolvida na sinagoga judaica helenística, que consistia em (1) uma seção indicativa ou exemplar na forma de citações bíblicas ou pontos teológicos, (2) uma conclusão baseada na seção exemplar e (3) uma exortação para a comunidade. Ao contrário das epístolas paulinas, Hebreus segue o padrão comum da palavra de exortação. A conclusão epistolar é acrescentada ao sermão pois seu autor precisou remetê-lo.

CONTEÚDO. O caráter retórico característico de Hebreus fica evidente na introdução (1:1-4), que define o tom tanto do conteúdo quanto do poder retórico para todo o sermão. Nessas linhas poéticas, repletas de aliterações e assonâncias, o autor declara que Deus falou nos últimos dias "pelo filho", que, como resultado de sua "purificação dos pecados" e de se assentar à direita da majestade nas alturas, é então superior aos anjos. Com tal "abertura", o autor estabelece os temas principais do livro. Ele demonstra o caráter definitivo da revelação cristã, em comparação com as revelações anteriores de Deus no AT (1:1-2), e desenvolve uma alta declaração cristológica com o dispositivo retórico da comparação ("melhor do que"; cf. 6:9; 7:7,19,22; 8:6; 11:16,40; 12:24). Por causa de sua exaltação à direita de Deus (Sl 110:1), Cristo é melhor que todas os equivalentes do AT.

O resto do livro é uma ampliação do tema introduzido em 1:1-4. Embora o sermão pareça ser uma série de exposições sobre várias passagens da Bíblia, o fio condutor é a declaração logo estabelecida na introdução: os cristãos possuem uma salvação por Jesus Cristo que ultrapassa todos os objetos de comparação. Em razão do enlace entre exposição e exortação, o autor mostra que as proposições teológicas servem como uma base para a exortação. A declaração de que Cristo é maior do que os anjos (1:5–2:18) é a base para a exortação à comunidade de prestar atenção àquilo que ela ouvira (2:1-4). A comparação de Cristo com Moisés (3:1-6) e a garantia de que esse conduz seu povo ao "descanso" transcendente, nunca atingido por Israel (3:7–4:11), oferecem a base para a exortação para que a comunidade entre nesse descanso (4:11). Depois de uma breve reflexão sobre o poder da Palavra de Deus (4:12-13), a seção central do sermão (4:14–10:31) é uma comparação entre o sumo sacerdócio de Cristo com o de Arão a partir de várias passagens do AT (Sl 110:1,4; Lv 16; Jr 31:31-34). Que essa ampla comparação sobre sumo sacerdote, sacrifício e santuário serve às necessidades exortativas está principalmente indicado pelas exortações que introduzem (4:14-16) e concluem (10:19-31) essa seção principal e pelas exortações estendidas que precedem a discussão do sumo sacerdócio de Melquisedeque (5:11–6:12). Uma alternância semelhante entre referências do AT, comparações e exortações distingue a seção final de Hebreus, que começa em 10:32. A extensa descrição de exemplos de fidelidade de heróis do AT (11) é introduzida (10:32-39) e seguida (12:1-11) pela exortação à congregação para suportar fielmente em meio ao sofrimento. De forma semelhante, o autor introduz a apoteótica comparação entre a teofania do Sinai e a experiência cristã do monte Sião (12:18-29) com a exortação à fidelidade (12:12-17). O desafio final para que a comunidade saia "fora do arraial" (13:13) e ofereça um "sacrifício de louvor" (v. 15) se fundamenta na comparação entre a morte de Cristo "fora da porta" da cidade (v. 12) e os sacrifícios levíticos (v. 10-12).

Em cada comparação, o autor interpreta o AT de forma a mostrar a superioridade da experiência cristã. As instituições do AT — anjos (1:5-13), o sumo sacerdócio de Arão (5:1-10; 7:11-28), o tabernáculo (8:1-6), os sacrifícios (9:1-28) e a teofania do Sinai (12:18-25) — são reprovadas na comparação com Cristo, pois elas pertencem ao mundo transitório. Porque Cristo se sentou à direita de Deus (1:3; 8:1;

10:12), ele é eterno. Portanto, os cristãos não se prendem ao que é "palpável" (12:18) ou pode ser visto (11:1), e o sacrifício de Cristo foi realizado em um santuário "não feito por mãos" (9:11).

Estrutura. O entrelaçar de exposição e exortação em Hebreus é o elemento fundamental para se determinar a estrutura do sermão:

I. A revelação da Palavra no Filho (1:1–4:13).
   A. O Filho maior do que os anjos (1:1–2:18).
   B. Exortação para se ouvir a voz do Filho (3:1–4:13).
II. Cristo o grande sumo sacerdote (4:14–10:31).
   A. Exortação para assegurar firmemente a fé (4:14-16).
   B. Introdução ao sumo sacerdócio de Cristo (5:1-10).
   C. Exortação para ser fiel e obter as promessas (5:11–6:20).
   D. Cristo, o grande sumo sacerdote (7:1–10:18).
   F. Exortação para assegurar firmemente a fé (10:19-31).
III. Chamado à obediência fiel (10:32–13:25).
   A. Exortação a ser fiel (10:32–12:11).
   B. Sinai e Sião (12:12-29).
   C. Exortações finais à fidelidade (13:1-25).

Autoria. Embora Hebreus tenha sido constantemente atribuído a Paulo, desde a Antiguidade, a evidência interna do livro impossibilita a autoria do apóstolo. Ao contrário das epístolas paulinas, Hebreus é anônimo. O fato de que a língua e o estilo de Hebreus serem bem superiores aos da correspondência paulina é uma evidência adicional de que o autor de Hebreus não era Paulo. Apesar de numerosos candidatos à autoria tenham sido sugeridos — por exemplo, Barnabé, Apolo, Silvano, Priscila — o livro não fornece suficiente informação sobre a identidade do autor que possa ser útil a tal especulação. Sabemos pelas evidências internas apenas que Hebreus foi escrito por um competente retórico da segunda geração cristã (2:3).

Embora o escritor seja anônimo, era conhecido dos leitores originais. O autor pede que a comunidade ore para que ele possa se reunir aos irmãos (13:18-19) e expressa desejo de voltar com Timóteo após a libertação deste (13:23), o que oferece uma informação adicional sobre a relação do autor com os seus leitores. A referência a Timóteo provavelmente indica que o autor pertencia a um círculo paulino. Assim a atribuição primitiva de Hebreus a Paulo talvez sugira que os leitores antigos estavam atentos a uma associação entre o livro e Paulo.

Audiência pretendida. A identidade dos leitores originais é tão obscura quanto a do autor. O título, "aos hebreus", é uma conjectura posterior fundada no consistente apelo do livro ao AT como base dos argumentos do autor. Embora a conjectura seja plausível, ela não é de modo algum definitiva, pois o livro não tem nenhuma declaração direta de que seus leitores sejam judeus. Além disso, argumentos detalhados a partir do AT aparecem em livros dirigidos a audiências principalmente gentias, como nas cartas paulinas aos Gálatas e 1Coríntios.

A única indicação direta sobre o local dos leitores é a declaração ambígua registrada em 13:24: "Os da Itália vos cumprimentam", que pode ser interpretado ou como uma referência ao lugar do autor ou dos leitores. A expressão "da Itália" é usada em outro lugar (At 18:2) para Áquila e Priscila, que haviam chegado recentemente "da Itália" e moravam agora em Corinto. Logo, esse paralelo sugere que o autor de Hebreus escrevesse de uma localidade onde encontrara expatriados "da Itália", os quais enviavam saudações para sua cidade natal. Conforme Atos 18:2, a Itália era o equivalente a Roma. Uma destinação romana para Hebreus também pode ser sugerida pelo fato de o livro ser citado pela primeira vez em 1Clemente, documento escrito em Roma ao final do século I. Uma destinação romana para Hebreus é portanto plausível, mas está longe de ser exata.

O autor fornece abundantes evidências sobre as circunstâncias de seus leitores. Como o autor, eles pertencem à segunda geração (2:3). Na verdade, a distinção entre os "dias passados" (10:32) da infância da igreja e o tempo presente (5:12) é o fator básico que se encontra por trás da descrição da situação de seus leitores feita pelo autor. Ele constantemente insiste em que a comunidade fora exemplar em sua prática cristã nos dias iniciais, mas agora enfrentava uma situação de crise. Nos dias passados, os leitores haviam demonstrado obras e amor no serviço aos santos (6:10), e suportado "grande desafio de sofrimento", inclusive ofensas públicas, compaixão pelos presos e o confisco de suas propriedades (10:32-34). O autor descreve a crise presente como desvio (2:1), afastamento (3:12) e apostasia. A natureza dessa apostasia pode ser vista na descrição que o autor faz da condição dos leitores. Eles são fracos de entendimento (5:12) e alguns têm abandonando a congregação (10:25). Eles têm "as mãos cansadas e os joelhos vacilantes" (12:12). Logo, a preocupação central do autor ao longo dessa obra é assegurar que eles preservem sua resistência até o fim (cf. 3:14). A imagem frequente que o autor faz da condição de seus leitores indica que a crise motivadora de Hebreus não é, apesar das numerosas opiniões em contrário, o problema da tentação dos leitores em voltar para o judaísmo. Nem o livro foi escrito para combater uma heresia em particular. O autor de Hebreus escreve para encorajar sua comunidade a permanecer fiel no contexto da letargia e desânimo que ameaçam sua existência.

Bibliografia. H. W. Attridge, *The Epistle to the Hebrews*. Herm (Philadelphia, 1989); W. L. Lane, *Hebrews*, 2 vols. WBC 47-48 (Waco, 1991); J. W. Thompson, *The Beginnings of Christian Philosophy*. CBQMS 13 (Washington, 1982). [JAMES W. THOMPSON]

HEBREUS, O EVANGELHO SEGUNDO OS Evangelho apócrifo cristão-judaico, escrito no Egito em aprox. 150 d.C. Texto conhecido e usado por Clemente de Alexandria (aprox. 150-215), Orígenes (aprox. 185-254) e Dídimo, o Cego (aprox. 313-398), todos eles escritores egípcios. Eusébio (aprox. 260-340) também teve contato com esse evangelho e o menciona ao lado do evangelho de Mateus em hebraico e de um Evangelho Aramaico. Como ele não indicou nenhuma língua para esse evangelho, mas o fez para os outros, presume-se por isso que o Evangelho segundo os Hebreus tenha sido escrito em grego. Jerônimo (aprox. 342-420) afirma que o traduziu do hebraico para o grego e o latim, mas ele, às vezes, se equivoca sobre esse evangelho, pois em algumas ocasiões acreditava que o Evangelho Aramaico e o evangelho de Mateus em hebraico eram o mesmo texto.

Não se conhecem por completo os conteúdos do Evangelho segundo os Hebreus. De acordo com a Esticometria de Nicéforo (aprox. 758-829), o documento continha 2200 linhas, só 300 a menos do que o evangelho de Mateus. Citações existentes desse texto ou alusões a ele são encontradas em Clemente de Alexandria, Orígenes, Cirilo de Jerusalém (aprox. 315-386), Dídimo, o Cego e Jerônimo. De tais documentos podemos deduzir que o Evangelho segundo os Hebreus cobria a preexistência de Cristo, seu batismo, as tentações, a Última Ceia, a Paixão e um aparecimento depois da ressurreição a Tiago, o Justo (cf. 1Co 15:7), e três declarações isoladas. Nenhuma dessas referências sugere dependência aos evangelhos canônicos.

Bibliografia. R. Cameron, ed., *The Other Gospels* (Philadelphia, 1982); J. K. Elliott, *The Apocryphal New Testament*, ed. rev. (Oxford, 1993), 9-10; A. F. J. Klijn, *Jewish-Christian Gospel Tradition*. Vigiliae christianae Sup 17 (Leiden, 1992). [GEORGE HOWARD]

HEBROM (heb. *ḥeḇrôn*) **I. (LUGAR)** Cidade a 30,6 km a sul-sudeste de Jerusalém e 37 km a nordeste de Berseba, a 1.021 m acima do nível do mar, sobre a cadeia montanhosa da Judeia; também conhecida como Quiriate-Arba ("cidade de quatro", Gn 23:2). Provavelmente, com a possível exceção de Jerusalém, nenhum outro local da Palestina antiga desfrute de maior atenção bíblica, intertestamental e folclórica do que Hebrom. Conforme a tradição, foi construída "sete anos antes de Zoã no Egito" (Nm 13:22), Hebrom foi onde Abraão armou suas tendas depois da separação de Ló e "ali edificou um altar ao Senhor" (Gn 13:18), recepcionou "anjos" (18:1-15), suplicou pelos inocentes de Sodoma (18:22-33) e comprou a cova de Macpela para sepultura de Sara (23:1-20), estabelecendo as condições para os subsequentes enterros de toda a família patriarcal (25:9-10; 35:27-29). Durante o êxodo, os vinhedos de Hebrom foram apreciados pelos espiões de Moisés.

Após a Conquista, Hebrom foi "dada" em herança para Calebe (Js 14:13) e se tornou um lugar de refúgio (20:7) e cidade levítica (21:11-13). Nos dias de Davi, porém, a cidade atingiu seu maior renome bíblico como a capital de Judá (2Sm 2:11; 5:5) e, sete anos e meio depois, tornou-se a capital da Monarquia Unida até a captura de Jerusalém. Absalão tentou usurpar o trono de seu pai em Hebrom, e Salomão, conforme Josefo nos relata, teve sua visão ali. Com o colapso da Monarquia Unida, Hebrom aparece na lista das cidades refortificadas de Roboão (2Cr 11:10) e, então, some das menções bíblicas.

O folclore local acrescentou muito às narrativas bíblicas, estabelecendo Hebrom como o lugar onde Adão e Eva fizeram o luto por Abel e como o local das sepulturas de Jessé e Rute, da tumba de Abner e até mesmo como a fonte da terra vermelha da qual Adão foi formado!

As evidências extrabíblicas sugerem que Hebrom tenha sido uma cidade da realeza cananeia, e o carvalho perto de Manre, um centro oracular. Uma possível leitura das Cartas de Amarna nos informaria da existência do lugar antes do século XIII a.C., e o Medinet Habu, registro de Ramessés III, também menciona um local que poderia ser Hebrom. Esta talvez seja a cidade indicada no registro de conquista de Sisaque do Egito ("um campo de Abrão"), contra quem Roboão havia refortificado posições ao sul. Durante o século VIII, a cidade parece ter funcionado como centro de cerâmica real, conforme atestam as inconfundíveis inscrições em jarros encontrados por toda a Palestina.

A primeira escavação importante no local, que descobriu muros da Idade Média do Bronze (aprox. 1728) e sua cercadura "hicsa" característica, foi conduzida pela expedição americana a Hebrom em 1965-66. Outras escavações foram realizadas por arqueólogos israelenses. As evidências arqueológicas datam a ocupação da área em um período anterior ao Calcolítico, atravessando a Idade Inicial do Bronze até o tempo em que a cidade foi “oficialmente” construída, na segunda metade da Idade Média do Bronze.

Nenhuma referência a Hebrom aparece nos registros de conquista assírios ou neobabilônicos, mas sua proeminência obviamente a impediu de ser negligenciada por qualquer conquistador oriental. Depois da queda de Jerusalém, os edomitas ocuparam a cidade e só foram desalojados quando Judas Macabeus tomou a cidade de seus sucessores, os idumeus, em 164. Herodes mais tarde restaurou a cidade e construiu um cercamento em volta do tradicional lugar de sepultura dos patriarcas, conforme ainda o atesta sua característica alvenaria ali.

O lugar continuou chamando a atenção durante o período romano, a conquista islâmica e o tempo das Cruzadas. “Destruída” pelo general Cerial de Vespasiano, sobrou o suficiente da cidade para que Adriano construísse depois uma estrada até o seu mercado. No legado do profeta Maomé, a cidade entrou formalmente no período islâmico. Durante as Cruzadas, Hebrom se tornou a principal ligação na linha das cidades fortificadas francas que sustentaram o Reino Latino, sob o nome de “Castelo de Santo Abraão”. Com o colapso das forças ocidentais, Hebrom se converteu novamente ao controle muçulmano e se tornou, finalmente, um dos principais lugares santos da Palestina, transformando-se até mesmo numa estação da hégira para Meca. O nome árabe dado à cidade, el-Khalil (“o Amigo”), reflete seus vínculos abraâmicos. [PHILIP C. HAMMOND]

II. (PESSOA) 1. Levita, terceiro filho de Coate (Êx 6:18; Nm 3:19; 1Cr 6:2,18 [TM 5:28; 6:3]; 23:12) e pai de quatro filhos (v. 19; 24:23). Seus descendentes foram chamados hebronitas (heb. *ḥeḇrônî*; Nm 3:27; 26:58; 1Cr 26:30-31; cf. 15:9).

2. Calebita, filho de Maressa e pai de quatro filhos (1Cr 2:42-43). Esse nome e os outros da genealogia (como também aqueles no item 1, acima) poderiam ser de fato nomes de lugares.

HÉFER (heb. *ḥēper*) **I. (LUGAR)** Cidade no território tribal de Manassés, cujo rei cananeu foi derrotado por Josué (Js 12:17). A cidade se tornou depois parte do terceiro distrito administrativo de Salomão (1Rs 4:10). Tell el-Muhaffar ao norte do Vale de Dotã foi sugerido como o local. [KENNETH ATKINSON]

II. (PESSOA) 1. Filho de Gileade e pai de Zelofeade (Nm 26:32; 27:1; Js 17:2-3); epônimo antigo de um clã de Manassés ou outro grupo social conhecido como os heferitas (heb. *ḥeprî*; Nm 26:32).

2. Descendente de Judá; filho de Asur e Naara (1Cr 4:6).

3. Mequeratita; um dos homens poderosos de Davi (1Cr 11:36). [KENNETH ATKINSON]

HEFZIBÁ (heb. *ḥepṣî-ḇāh*) **1.** Esposa do rei Ezequias e mãe de Manassés (2Rs 21:1).

2. Nome que simboliza o estado restabelecido de Jerusalém (Is 62:4, “Minha-Delícia”).

HEGAI (heb. *hēgay*, *hēgē'*) Eunuco do rei persa Assuero, responsável pelo harém real. Ele conquistou a confiança de Ester quando ela se preparava para conhecer Assuero (Et 2:3,8,15).

HEGEMÔNIDA (gr. *Hēgemonidēs*) Funcionário sírio a quem Antíoco nomeou governador da região compreendida desde Ptolemaida até Gerra, no tempo do ataque de Filipe a Antioquia (2Macabeus 13.24).

HEGLAM (heb. *heglām*) Um dos filhos de Eúde, pai de Uzá e Aiúde; nome alternado para Gêra (1Cr 8:7; “este os transportou [para o exílio]”).

HELÁ (heb. *ḥel'â*) Uma das duas esposas de Asur, pai de Tecoa (1Cr 4:5,7).

HELÃ (heb. *ḥêlām*) Cidade a leste do mar da Galileia, onde Davi derrotou e submeteu os sírios/arameus (2Sm 10:1-10). 1Crônicas 19 conta a mesma narrativa sem Helã. Na LXX, Ezequiel 47:16 e 48:1 localizam Helã entre Damasco e Hamate. Sugestões sobre sua localização incluem Haleb (Alepo) e Alamatha, no Eufrates. Ela talvez seja a Alimas (atual Alma) de 1Macabeus 5.26,35, possivelmente distrito em vez de cidade. [PHILIP R. DREY]

HELBA (heb. *ḥelbâ*) Uma das cidades da partilha territorial de Aser, cujos habitantes cananeus os israelitas não foram capazes de expulsar (Jz 1:31). Acredita-se que seu nome seja uma duplicação de Alabe no mesmo versículo, podendo ser identificada com Mahalab, atual Khirbet el-Mahâlib (cf. Js 19:29).

HELBOM (heb. *ḥelbôn*) Cidade famosa por seu vinho e mel (Ez 27:18), os quais são mencionados nas inscrições de Nabucodonosor e também pelo geógrafo grego Estrabão. É identificada com a atual Helbûn, uma aldeia a 17 km ao norte de Damasco, numa região do Vale do Antilíbano, que continua sendo um centro de cultivo de uvas.

HELCAI (heb. *ḥelqāy*) Sacerdote durante o tempo do sumo sacerdote Joiaquim (Ne 12:15; talvez uma forma encurtada de Hilquias).

HELCATE (heb. *ḥelqaṯ*) Cidade destinada à tribo de Aser (Js 19:25), uma de quatro cidades levíticas em Aser (21:31; cf. 1Cr 6:75 [TM 60], Hukok). Sua localização exata no Vale de Quisom é questionada. Possíveis locais incluem Tell el-Harbaj e Tell el-Qasis. [BRADFORD SCOTT HUMMEL]

HELCATE-HAZURIM (heb. *ḥelqaṯ haṣṣrîm*) Lugar próximo ao poço de Gibeão onde doze combatentes das forças de Joabe e doze de Abner mataram-se uns aos outros em um torneio de campeões (2Sm 2:16; nota da ARC: “Campo das facas aguçadas”).

HELDAI (heb. *ḥelday*) **1.** Netofatita que serviu no exército de Davi como um dos doze comandantes responsáveis pela direção da divisão mensal de 24 mil homens (1Cr 27:15). Sua designação como sendo "de Otniel" provavelmente indica que ele descendia do libertador de Juízes 3:7-11. Heldai talvez corresponda tanto a Helede (1Cr 11:30) quanto a Helebe (2Sm 23:29).

2. Antigo exilado babilônio a quem Zacarias ordenou a participação no coroamento de Josué (Zc 6:10; "Helém" no v. 14 é com certeza um erro de copista). [KENNETH ATKINSON]

HELEBE (heb. *ḥēleḇ*) Um dos Trinta de Davi, filho de Baaná, netofatita (2Sm 23:29). É provavelmente o mesmo Helede (1Cr 11:30) e Heldai (1Cr 27:15).

HELECH (heb. *ḥêlēḵ*) Fonte de forças mercenárias de Tiro (Ez 27:11; na ARC: "teu exército"). O nome pode designar a Cilícia, a sudeste da Ásia Menor (cf. acadiano Hilakku).

HELEDE (heb. *ḥēleḏ*) Um dos Trinta de Davi, filho de Baaná, netofatita (1Cr 11:30). É provavelmenteo mesmo Helebe (2Sm 23:29) e Heldai (1Cr 27:15).

HELEFE (heb. *ḥēlep̄*) Cidade nos limites do território destinado a Naftali (Js 19:33). Uma possível localização seria na atual Khirbet Irbâdeh/Horvat Arpad, ligeiramente a nordeste do Monte Tabor.

HELÉM (heb. *hēlem*) (tb. HELDAI, HOTÃO) **1.** Descendente de Aser (1Cr 7:35); chamado Hotão (1) no v. 32.

2. Um dos responsáveis pelo coroamento do sumo sacerdote após o exílio (Zc 6:14 TM). Em outro lugar, o nome aparece como Heldai (2).

HELENISMO Termo atual para a interação dominante da cultura grega com as culturas de outras regiões do mundo antigo, particularmente durante três séculos: desde Alexandre, o Grande, até o triunfo de Roma sobre o último dos reinos gregos na Batalha de Áccio (de 336 a 31 a.C.). Esse período foi designado de "helenístico" pela primeira vez no século XIX, pelo historiador alemão J. G. Droysen. Este autor acreditava que todo o período se caracterizara principalmente pela mistura entre a cultura grega e a oriental, o que teria pavimentado o caminho para o cristianismo. Um dos usos mais notáveis do grego *hellēnismós* ocorre em 2Macabeus 4.13, em que esse termo e *allophylismós* aparecem em paralelo. *hellēnismós*, "o modo de vida grego", é uma palavra síntese da identidade religiosa e cultural grega, enquanto *allophylismós* é um termo mais geral que significa "a adoção de costumes estrangeiros". Ambos os termos são pejorativos e antitéticos a *Ioudaïsmós*, "o modo de vida judeu", i.e., a identidade religiosa e cultural judaica (2Macabeus 2.21; 8.1; 14.38) que se achava ameaçado pelo *hellēnismós* e *allophylismós*. O termo relacionado *hellēnistḗs* ocorre em Atos 6:1 (cf. 9:29; 11:20), referência na qual "helenistas" e "hebreus" são usados de forma antagônica, aparentemente se referindo aos judeus de fala grega da Diáspora em contraste com os judeus palestinos de fala aramaica, sem sugerir quaisquer das implicações de assimilação cultural encontradas em 2Macabeus 4.13.

Embora os gregos tivessem mantido contato com outras culturas nativas da região mediterrânea oriental, durante séculos antes da formação do reino greco-macedônio em 356, esses contatos foram esporádicos e mutuamente influentes. Porém, como parte do programa da conquista iniciada por Filipe II (382-356) e realizado por seu filho e sucessor Alexandre III (356-323), o helenismo se tornou ferramenta para a unificação de um império vasto e diferenciado, introduzindo a língua e as instituições culturais gregas por meio da fundação de centenas de cidades-estado e de guarnições do exército ao longo da Ásia Menor, Síria-Palestina, Egito e Mesopotâmia. Essas regiões foram povoadas por soldados e civis do mundo grego, uma elite cultural que considerava sua língua e seu modo de vida superiores aos dos "bárbaros", isto é, a população nativa. As instituições gregas estabelecidas em cada pólis incluíam pelo menos uma acrópole, muros, mercado, templos, teatro e ginásio (Pausânias Descr. Gr. 10.4.1). De maneira previsível, os nativos reagiram de dois modos diferentes. Os das classes ascendentes se adaptaram às novas condições, aceitando a superioridade da língua e cultura gregas e a inferioridade das suas. Para outros, o helenismo constituiu um choque cultural e foi considerado como ameaça ao seu modo tradicional de vida e valores, em defesa dos quais eles resistiram de vários modos. Essas reações antitéticas estão dramatizadas em dois relatos do conflito entre os gregos selêucidas e judeus palestinos: 2 e 4Macabeus, que refletem um partido helenizado na Judeia ao lado de um grupo que prefere a morte a violar as tradições religiosas judaicas.

O helenismo foi absorvido por não gregos em uma grande variedade de formas sutis, que incluíram a língua, os nomes pessoais e arquitetura.

Bibliografia. M. E. Boring, K. Berger e C. Colpe, eds., *Hellenistic Commentary to the New Testament* (Nashville, 1995); S. K. Eddy, *The King Is Dead: Studies in the Near Eastern Resistance to Hellenism, 334-31 B.C.* (Lincoln, 1961); E. S. Gruen, *The Hellenistic World and the Coming of Rome*, 2 v. (Berkeley, 1984); M. Hadas, *Hellenistic Culture* (1959, repr. New York, 1972); M. Hengel, *Judaism and Hellenism*, 2 v. (Philadelphia, 1974); F. Millar, *The Roman Near East: 31 B.C–AD. 337* (Cam¬bridge, Mass., 1993); F. W. Walbank, *The*

Hellenistic World, ed. rev. (Cambridge, Mass., 1993). [DAVID E. AUNE]

HELENISTAS Um dos dois grupos, "helenistas" (gr. *hellēnistḗs*) e "hebreus" (*hebraíoi*), em conflito na igreja primitiva (At 6:1). A identidade dos helenistas em geral se baseava no significado do verbo *hellenízein*, ou "falar grego (corretamente)" ou "viver como um grego". A visão consensual, seguindo João Crisóstomo, é que os helenistas eram cristãos judeus que falavam grego, e os hebreus eram os que falavam aramaico. Outros afirmam que os helenistas eram ou não judeus, ou os judeus não-ortodoxos que possuíam uma visão mais flexível sobre as leis e rituais de adorações, ou os judeus da Diáspora. Outros estudiosos afirmam que os helenistas representavam um grupo de inclinação mais progressista em comparação com os hebreus particularistas, que dominavam a congregação de Jerusalém sob o governo de Tiago, o Justo. Considerando-se que o termo *Hellēnistḗs* ocorre somente três vezes no NT (At 6:1; 9:29; 11:20), é impossível definir de forma conclusiva como o termo é usado em Atos.

Bibliografia. H. A. Brehm. "The Meaning of Ἑλληνιστής in Acts in Light of a Diachronic Analysis of ἑλληνίζειν", in *Discourse Analysis and Other Topics in Biblical Greek*, ed. S. E. Porter e D. A. Carson, JSNTSup 113 (Sheffield, 1995), p. 180-99; M. Hengel. "Between Jesus and Paul: The 'Hellenists', the 'Seven' and Stephen (Acts 6.1-15; 7.54-8.3)", in *Between Jesus and Paul: Studies in the Earliest History of Christianity* (Philadelphia, 1983), p. 1-29; C. C. Hill. *Hellenists and Hebrews* (Minneapolis, 1992). [H. ALAN BREHM]

HELENÍSTICAS, RELIGIÕES As conquistas de Alexandre, o Grande (336-323 a.C.) alteraram para sempre a história, cultura, língua e costumes dos povos do Mediterrâneo e Ásia orientais. Para realizar seu sonho de unificar sob seu domínio quanto pudesse do mundo conhecido, Alexandre estabeleceu, ao longo do seu império, uma rede de cidades gregas que o ajudou a transformar as várias culturas num mundo internacional, cosmopolita. O grego foi a língua internacional imposta, mas a própria língua sofreu mutação para uma língua comum (gr. *koinḗ*), mais acessível ao público em geral. Alexandre permitiu aos povos locais conquistados manterem seus costumes particulares, mesmo quando impôs a cultura a grega sobre eles. O resultado foi uma completa mistura de culturas, numa forma híbrida chamada cultura helenística. A era helenística perdurou desde a morte de Alexandre (323) até a conquista do Egito por Roma (30 a.C.), quando a civilização grega acabou incorporada ao domínio romano. No entanto, a influência do helenismo continuou até a era do imperador Constantino (337 d.C.).

Importantes desenvolvimentos ocorreram nas religiões, durante a era helenística. Os padrões regionais e nacionais de prática religiosa, que em sua maioria haviam permanecido intocados pelas influências estrangeiras e, ainda, desfrutado de incontestável adesão do público, foram relativizados ou, pelo menos, incorporados a uma comunidade internacional de opções religiosas. A viagem, o comércio e a presença de militares por todo o mundo transformaram as religiões regionais em internacionais. Por vezes, as religiões espalhadas mundo afora mantinham uma forma muito parecida com a original, enquanto outras eram alteradas pela fusão com outras tradições religiosas locais. Os deuses olímpicos, que haviam sido poderosos como divindades das cidades-estado, e os asiáticos e egípcios, anteriormente instituídos em suas respectivas nações, eram agora internacionalizados e venerados (ou, então, tratadas com ceticismo) longe de suas terras nativas.

Uma nova mentalidade ou visão de mundo nasceu, uma que subestimava a racionalidade e enfatizava a espiritualidade pessoal e o sentimentalismo (diferentemente das religiões públicas, formais e impessoais do estado). A filosofias helenísticas começaram a substituir, ou, pelo menos, a competir com a religião como meio de oferecer ao povo um sentido de significado e valor para a vida. Muitas visões foram modeladas por variações de tipos mais antigos de filosofia (p. ex., o neopitagorismo, neoplatonismo, e o neoaristotelismo), enquanto a introdução de novas filosofias serviu de forma ainda mais direta às necessidades da mente helenística (p. ex., o epicurismo, que desconfiava da dialética e das palavras abstratas, mas buscava a verdadeira felicidade confiando nos sentimentos e no bom senso; ou o estoicismo, que ensinava que a razão divina permeava a ordem material do universo e que seus seguidores deveriam viver uma vida moral e tranquila).

A nova visão de mundo foi servida não somente pelas filosofias, mas também pelas florescentes religiões de mistério que se desenvolveram a partir dos cultos na Grécia, Pérsia, Egito e Ásia Menor. Seus focos de adoração ou eram a salvação pessoal e a imortalidade, ou as forças e os padrões da natureza, ou cultos agrários. As deidades eram frequentemente "divindades da terra" femininas ou ctônicas, como Ísis, Deméter, Agnes ou Magna Mater, a "Grande Mãe". A participação nos cultos era voluntária, individual e exigia juramento de manter segredo sobre as práticas do grupo.

Nem todos esses mistérios eram novos. A adoração de Deméter em Elêusis começara no século XV a.C. Mas, mesmo as antigas formas de religiosidade misteriosa foram recriadas e rejuvenescidas para a nova era. Sacerdotes ou figuras mediadoras realizavam a união do deus e do crente; havia refeições ou banquetes sagrados; falava-se em línguas desconhecidas (glossolalia); executavam-se encantamentos e recitações sagradas.

Devido à natureza perigosa e orgiástica dos cultos a Baco, e em razão de haver se difundido rapidamente entre as classes mais baixas e os escravos, o senado romano reprimiu o culto em 186 a.C. As representações da adoração dionisíaca ou báquica na Trácia descrevem um festim frenético e alcoólico, durante o qual os devotos destroçavam um animal vivo e o comiam cru.

O mitraísmo, um zoroastrismo (persa) que se difundiu e no fim se tornou o culto oficial do Império Romano, acreditava que Mitra, o jovem deus da luz que, como divindade do solstício, nascera no dia 25 de dezembro, havia matado um touro de cujo sêmen e sangue gerou uma nova vida. A iniciação nesse culto era pelo ritual do taurobólio, em que o iniciado era encharcado com o sangue de um touro, o que garantiria sua salvação pessoal. Os devotos de Cibele ou Magna Mater faziam um corte profundo em seus braços como forma de adoração, bem como o taurobólio.

O culto egípcio de Ísis e Osíris oferecia tanto ajuda para problemas durante a vida quanto a promessa da imortalidade após a morte. O orfismo (a adoração de Orfeu) oferecia a imortalidade para seus iniciados a exemplo da morte e ressurreição de Dionísio, e ensinava que a pessoa má suportaria as torturas do inferno.

Além da participação em cultos ou escolas filosóficas, muitas pessoas defendiam, como uma atitude religiosa geral, a crença na sorte ou no destino (gr. *tychē*), entidade personificada e adotada como a deusa protetora de algumas cidades helenísticas. A astrologia e os encantamentos mágicos eram característicos de muitos grupos que tentavam influenciar, ou ao menos, prever o que havia sido predestinado.

Na base de todos esses cultos e do medo do destino, se encontra um dualismo cósmico, a ideia da existência de dois mundos, um aqui e outro além (céu / inferno), um dualismo ético (a luta entre o bem e o mal, ou entre a verdade e o erro, a luz e as trevas), e às vezes, um dualismo temporal (o presente e o futuro, o que já é e o que virá). Por conseguinte, uma visão de mundo dualista conhecida como gnosticismo floresceu durante o período de influência helenística. Ele pregava que a salvação era baseada no conhecimento — não um tipo de conhecimento disponível por uma aquisição eventual, mas um conhecimento espiritual só alcançado pelos eleitos.

Todas essas filosofias, religiões de mistério e visões de mundo influenciaram o cristianismo, que surgiu em sua esteira.

Bibliografia. F. C. Grant. *Hellenistic Religions* (New York, 1953); M. C. Howatson. *The Oxford Companion to Classical Literature*, 2.ed. (Oxford, 1990); L. H. Martin. *Hellenistic Religions* (Oxford, 1987); M. W. Meyer. *The Ancient Mysteries* (San Francisco, 1987). [RICHARD A. SPENCER]

HELEQUE (heb. *ḥēleq*) Um dos filhos de Gileade e descendente de Manassés (Nm 26:30; Js 17:2); o antepassado epônimo dos helequitas.

HELES (heb. *ḥeleṣ*) **1.** Originário de Judá e descendente de Jerameel, filho de Azarias e pai de Eleasa (1Cr 2:39).

2. Pelonita da tribo de Efraim; chefe da sétima divisão do exército de Davi (1Cr 11:27; 27:10). Em 2Samuel 23:26, é chamado "paltita".

HELIODORO (gr. *Hēliodōros*) Oficial da corte selêucida que foi enviada por Seleuco IV para confiscar o dinheiro do templo de Jerusalém, depois que um judeu chamado Simão informara Apolônio, governador da Celessíria, que o templo detinha grande riqueza (2Macabeus 3). O ato de Simão fora resultado de uma longa rivalidade entre dois clãs judeus. Simão, um tobíada, acreditou que, ao proporcionar informações aos selêucidas poderia receber ajuda para prevalecer sobre o sumo sacerdote Onias III. Simão conseguiu ainda dar um golpe no membro "renegado" da família, Hircano, a quem os oníadas haviam apoiado e que depositara riquezas consideráveis no templo. A missão de Heliodoro deixou a cidade inteira consternada e em oração. Conforme se aproximou da tesouraria, um cavaleiro e um cavalo divinos o golpearam e dois homens o açoitaram. Preocupado que Seleuco pudesse pensar injustamente que os judeus haviam atacado Heliodoro, Onias III ofereceu um sacrifício para salvar a vida do homem. Heliodoro fez então um sacrifício a Deus e voltou para casa sem o dinheiro. [RODNEY A. WERLINE]

HELIÓPOLIS (gr. *hēlíou pólis*) **1.** A cidade egípcia de Om, capital do 13º nomo de Baixo Egito e centro de adoração dos deuses-sol Aton e Ré (cf. Jr 43:13).

2. Nome grego para Baalbek.

HELOM (heb. *ḥēlōn*) Pai de Eliabe, líder da tribo de Zebulom (Nm 1:9; 2:7; 7:24, 29; 10:16).

HEM (heb. *ḥēn*) Filho de Sofonias, de acordo com o TM (Zc 6:14). A NTLH traz "Josias" (2), seguindo o siríaco e Zacarias 6:10.

HEMÃ (heb. *hêmān*) (tb. HOMÃ) **1.** Horeu descendente de Esaú e filho de Lotã (Gn 36:22, ARA, seguindo a LXX). O TM e a maioria das versões traz mais corretamente Hemã. Na genealogia paralela, em 1Crônicas 1:39, o nome é vocalizado como Homã.

2. Famoso homem sábio, filho de Maol, cuja sabedoria foi ultrapassada por Salomão (1Rs 4:31 [TM 5:11]). William F. Albright sugeriu que o epíteto "o ezraíta" (Sl 88 sobrescrito [1]) designa um membro de uma família pré-israelita, e "filhos de Maol" se refere a um grupo orquestral. Em 1Crônicas 2:6, é chamado de descendente de Zerá, filho de Judá com sua nora Tamar (cf. Gn 38:30).

3. Um dos filhos de Joel e neto de Samuel (1Cr 6:33 [18]). Ele é identificado como um cantor (heb. *hamšôrēr*), e era um do três levitas que Davi designou para o "serviço do canto" (1Cr 6:31 [16]). Ele também é chamado o "vidente do rei"; e, com os seus quatorze filhos, profetizava com liras, harpas e címbalos durante o reinado de Davi (1Cr 25:1, 4-6). [TYLER F. WILLIAMS]

HEMORRAGIA *Ver* SANGUE, FLUXO DE.

HENA (heb. *hēnaʿ*) **I. (LUGAR)** Cidade citada nos relatos da tentativa de Senaqueribe de persuadir o rei de Judá a se render (2Rs 18:34; 19:13 = Is 37:13). É citada como cidade, cujos deuses não puderam evitar a conquista pelos assírios. Embora o local seja desconhecido, é listada com Hamate e Arpade, que são conhecidas como cidades que existiram na alta Mesopotâmia. [C. MACK ROARK]

II. (PLANTA) Arbusto (lat. *Lawsonia inermis*) que produz flores brancas extremamente perfumadas. As pétalas de hena podem ser moídas e transformadas numa pasta para tingir as unhas, as palmas das mãos e as solas dos pés num marrom avermelhado. Algo que era considerado marca de beleza em algumas culturas. Foram encontradas múmias egípcias com unhas tingidas com hena. A hena também é usada para colorir a crina e a cauda de cavalos, e também o cabelo e a barba humanos. O arbusto da hena pode chegar a altura de 3 metros. Essa planta cresce tanto em cultivos quanto nos campos de Israel. Já se pensou que o termo hebraico *kōp̄er* fosse a cânfora (Camphora officinarum Nees), mas hoje não se faz mais a relação com esse arbusto. Hena aparece somente duas vezes na Bíblia, ambas como símbolo de amor (Ct 1:14; 4:13). [MEGAN BISHOP MOORE]

HENADADE (heb. *ḥēnāḏāḏ*) Antepassado epônimo de uma família ou grupo levita que ajudou na restauração do templo no pós-exílio (Ed 3:9). Membros desse grupo ajudaram a reconstruir os muros de Jerusalém (Ne 3:18,24) e selaram a aliança renovada (10:9 [TM 10]).

HENDÃ (heb. *ḥemdān*) (tb. HANRÃO) Horeu, filho de Disã e descendente de Seir (Gn 36:26). Em 1Crônicas 1:41, é chamado de Hanrão.

HERANÇA Propriedade que se transfere a um herdeiro por ocasião da morte de seu dono.

A herança de riqueza e propriedade pessoal raramente é mencionada no AT. A não ser uma única lei que protege os direitos do filho mais velho de um homem (Dt 21:15-17), preocupações sobre esse aspecto de herança são encontradas somente em algumas das narrativas ancestrais (Gn 21:10; 25:5-6; cf. 31:14-16) e textos de sabedoria (Or. 13.22; 19.14; cf. Jó 42:15).

A maioria das referências à herança do AT dizem respeito à terra. De acordo com uma linha de pensamento bíblico, que pode ter raízes na sociedade e economia das primeiras tribos de Israel, a terra não é possuída individualmente, e não pode ser vendida ou concedida definitivamente (Lv 25:23). Os indivíduos ou famílias específicas obtêm usufruto da terra em virtude de seu pertencimento a uma comunidade de parentesco maior (ou pseudoparentesco), como linhagem, clã ou tribo.

Esse conceito é expresso teologicamente pela afirmação de que a terra é, no final das contas, herança de Yahweh (Jr 16:18; cf. Js 22:19), e que os israelitas são simplesmente arrendatários, cuja posse na terra é contingente em lealdade e obediência à divindade (cf. Lv 20:22-26; Dt 30:19-20). A herança que é passada de geração a geração é uma permissão para permanecer na terra e explorar seus recursos dentro dos parâmetros fixados pelas leis no Pentateuco. Muitas destas leis pretendem prevenir o afastamento das tribos e famílias de suas heranças ancestrais (cf. Lv 25:24-28; Nm 36:6-9; Dt 19:14; 27:17). De acordo com Levítico 25:8-17, a terra agrícola e de pastoreio pode não ser vendida definitivamente; a cada cinquenta anos durante o Jubileu, a terra que foi vendida será devolvida à família a quem pertence por herança ancestral. Números 27:8-11 determina que as filhas de um homem devem herdar a sua propriedade ancestral no caso de ele morrer sem deixar filhos. Essa lei não concede às mulheres direito geral de herdar ou possuir terra, mas procura preservar o nome de um homem, protegendo a sua linhagem da extinção, mantendo-o ligado à sua herança ancestral.

O surgimento de uma monarquia centralizada traz as noções de propriedade privada, conflitando com os ideais da sociedade tribal. As rebeliões de Seba contra Davi (2Sm 20:1-22) e das tribos do norte contra Roboão (1Rs 12:1-20) são motivadas, em parte, por uma percepção de que a instituição da realeza ameaça as práticas de posse da terra baseadas na herança. A narrativa da vinha de Nabote (21:1-29) retrata os extremos da violência aos quais alguns defensores da propriedade privada poderiam chegar em seus esforços para burlar as restrições tradicionais sobre a venda de heranças ancestrais. De modo semelhante, o profeta Miqueias condena as classes ricas de Jerusalém por desejarem e se apossarem das heranças ancestrais do povo simples (Mq 2:1-5).

O AT emprega "herança" de modo metafórico. As descrições de Israel como herança de Deus apontam para a intimidade que, de forma correta, existe entre Deus e o povo escolhido (Êx 34:9; Dt 4:20; 2Sm 21:3; Jr 10:16). Os profetas traçam paralelos entre a rejeição por parte de Deus do Israel pecador, e o abandono, por parte do proprietário de terras, de uma herança que foi maculada (2Rs 21:14; Jr 12:7-9; cf. Is 47:6). No final do exílio, Deus promete uma herança de segurança militar para um Sião obediente e logo a ser restabelecido (Is 54:17). Os decretos de Deus são descritos como a herança do justo (Sl 119:111), enquanto a destruição é a herança dos opressores (Jó 27:13-23). Eclesiastes 7:11 compara a sabedoria a uma boa herança.

O Novo Testamento raramente se refere à herança literal, de propriedade real, pessoal ou financeira (cf. Mc 12:1-8 par.; Lc 12:13-15; 15:11-12). De um modo mais geral, emprega ideias de herança num sentido espiritual. Diz-se aos crentes que herdarão uma variedade de benefícios espirituais, inclusive a glorificação (Rm 8:17), a redenção (Ef 1:14), a salvação (Hb 1:14) e a vida (1Pe 3:7; cf. Lc 18:18). Essa herança é ao mesmo tempo eterna e imutável (Hb: 9:15; 1Pe 1:4). Ela é oferecida a todos os que são chamados pela graça de Deus em Jesus Cristo (At 20:32) e selados pelo Espírito Santo (Ef 1:11-14). Embora Colossenses 3:24 descreva essa herança como recompensa à obediência fiel, e Efésios 5:5 declare que os pecadores não podem herdar o reino de Deus, outras passagens insistem que a herança não pode ser recebida pela obediência à lei, mas somente pela fé nas promessas de Deus (Gl 3:17-18; 4:21-31; cf. Hb 11:8-16). Entre os que recebem essa herança incluem-se tanto os gentios (Ef 3:6) quanto as mulheres (1Pe 3:7). [FRANK D. WULF]

HERES (heb. *ḥereš*) Levita que viveu em Jerusalém depois do exílio (1Cr 9:15). O nome está ausente do relato paralelo em Neemias 11:15-16.

HERES, SUBIDA DE (heb. *maʿălēh heḥāres*) A rota direta pela qual Gideão retornou quando cessou a perseguição dos midianitas contra ele (Jz 8:13). Deve ser distinguida de Har-Heres. Alguns eruditos traduzem lit. por "antes do nascer do sol".

HERESIA De um modo geral, a doutrina ou opinião anormal que surge dentro da Igreja em oposição à revelação bíblica ou tradição apostólica (1Co 11:19; 2Pe 2:1; cf. Tt: 3:10). Do grego *haíresis*, originalmente significava "escolha" e é assim usada na LXX. Passou a se referir a um modo de crença escolhido, seja por indivíduos ou grupos. Os fariseus (At 15:5; 26:5), saduceus (5:17) e cristãos (24:5,14; 28:22) são todos referidos como heréticos (ARA: "seitas"). O sentido pejorativo do termo domina nas epístolas do NT, em que aparece para ensinar que os crentes que se desviam do verdadeiro evangelho rumo à doutrina que corrói os fundamentos da fé, levam uma vida infiel e destroem a unidade da Igreja. As epístolas falam das heresias, mostrando as tendências judaicas, helenísticas e pagãs, enquanto as heresias gnósticas e cristológicas ameaçaram muito a igreja pós-apostólica.

Bibliografia. H. O. J. Brown, *Heresies* (Garden City, 1984). [JEFFREY S. LAMP]

HERETE (heb. *ḥereṯ*) Bosque no território tribal de Judá, onde Davi se refugiou da perseguição de Saul (1Sm 22:5). O nome talvez tenha sido preservado na atual Kharās, 11 km a noroeste de Hebrom e a leste de Khirbet Qila (a bíblica Queila). O território pode ter estado, na ocasião, sob o domínio filisteu (cf. 1Sm 23:3).

HERMAS (gr. *Hermás*) Cristão em Roma a quem Paulo enviou suas saudações (Rm 16:14).

HERMAS (gr. *Hermás*), **PASTOR DE** Obra longa e bastante complicada pertencente à coleção chamada, desde o século XVII, os Pais Apostólicos. Ao menos a primeira parte da obra, as Visões, foi escrita por um homem até aqui desconhecido e de nome Hermas, que morou em Roma ou seus arredores na primeira metade do século II d.C. apesar da tentativa de Orígenes de identificá-lo com o Hermas dos dias de Paulo, em Romanos 16:14 (Comentário sobre Romanos 10:31). Apesar de haver muita controvérsia sobre os detalhes autobiográficos das Visões, estes fornecem um esquema de informação acerca do autor. Ao mesmo tempo, deve-se perguntar se algumas dessas informações não estariam presentes pelo valor simbólico ou literário que carregam em conformidade com a mensagem de Hermas para a igreja.

Daquilo que é possível conjecturar, Hermas era um liberto cristão em Roma ou suas proximidades quando escrevia (Roma e o Tibre em seus arredores, Vis 1.1.1-2; a Via Campana, Vis. 4.1.2; infelizmente, a suposta referência a Cumas em Vis 2.1.1 está agora rejeitada com base numa melhor evidência manuscrita). A forte influência de temas teológicos e literários judeus levou à conjectura de que Hermas teria sido um cristão judeu entre os muitos que certamente havia em Roma naquela época. Uma suposição adicional poderia ser a de que sua família veio para Roma como escravos judeus depois da derrota da revolta na Palestina, 66-74 d.C. Hermas tinha esposa e filhos, provavelmente jovens adultos que não estariam cumprindo com as expectativas do pai, mas que ainda faziam parte de sua família estendida (Vis. 2.2.2-3).

Hermas tem sido datado entre os seguintes pólos: a referência a Clemente, vivo e bem, cuja função é enviar cartas para outras cidades (Vis 2.4.3), e a menção ao Pastor no Cânon Muratoriano, que informa ter sido ele escrito “recentemente em nosso tempo” por um irmão do bispo Pio. O referido Clemente só pode ser o autor de 1Clemente, epístola escrita nos anos noventa do século I, em nome da igreja de Roma e dirigida à igreja de Corinto. Pio foi, de acordo com Eusébio (HE 4.11), bispo de Roma em meados do século II, assumindo o pontificado no início dos anos 140. Se ambas as alusões estiverem corretas, isso poderia significar um intervalo de até cinquenta anos. Porém muitos consideram incerta a evidência do Cânon Muratoriano. Mesmo que esteja correta, o intervalo de tempo não precisa ser tão longo: Clemente poderia ser consideravelmente mais velho que Hermas e ainda em atividade nas primeiras décadas do século II, e Hermas talvez fosse um irmão mais velho de Pio.

O texto que conhecemos possui três seções distintas: cinco Visões, 12 Mandatos ou Mandamentos e 10 Similitudes ou Parábolas. A quinta e última Visão realmente é uma introdução aos Mandatos, em que a figura reveladora do Pastor aparece pela primeira vez. A evidência manuscrita sugere que, em uma fase muito remota, as três seções completas não se encontravam reunidas como agora. Várias teorias foram propostas de uma autoria composta. A opinião especializada hoje favorece a hipótese de um único autor com diversas redações. O Pastor foi considerado como escritura sagrada por Ireneu, Clemente de Alexandria e Orígenes, e continuou em alta estima até mais tarde, mas acabou não sendo aceito no cânon. Sua popularidade se estendeu por muito tempo no Egito e, com a Carta de Barnabé, foi incluído no Códex Sinaiticus, o mais antigo manuscrito completo do NT que sobreviveu, do início do século IV. Foi o documento não canônico mais popular na igreja primitiva.

Além do Pastor, o termo grego *dipsychía* (“dupla inclinação”) com seus termos correlatos é raro na literatura cristã dessa era. Mas Hermas é obcecado por ele, usando o grupo dessa palavra ao menos cinquenta vezes em 24 contextos diferentes, associado mais com problemas de riqueza e preocupação excessiva sobre negócios do que com qualquer outro assunto. O grupo da palavra metánoia (“conversão”) ocorre até mesmo com mais frequência. A dupla inclinação para Hermas é a incapacidade de decidir completamente numa ou noutra direção, o oposto da única inclinação, que capacita a pessoa a se orientar numa só direção e tomar todas as suas decisões de acordo com ela. Trata-se de hesitação, vacilação, inconsistência moral, dúvida subjugadora e, portanto, da falta de fé, bem como de dedicação. A origem dessa estratégia de Hermas está na tradição bidirecional, um tema proeminente que está na base da instrução moral. O ensino da dupla inclinação é uma antiga e profunda instrução sobre o discernimento dos espíritos.

Metánoia (lit., “desvio”, “conversão”, “arrependimento”) é um tema da mesma forma difundido no Pastor, sendo talvez o tema de todo o livro. No entanto, o tema da proclamação de um novo arrependimento tem sido mal compreendido e trivializado por comentaristas modernos que, de maneira simplista, posicionam o Pastor como passo fundamental no desenvolvimento da disciplina de penitência na igreja — e nada mais. Tal interpretação não percebe o essencial. O livro não é uma chamada para se fazer penitência em alguma estrutura eclesiástica, mas para uma mudança de mente e coração que conduziria a uma mudança na qualidade da vida cristã. Para levar essa mensagem aos leitores, Hermas lança mão de uma extraordinária amostra de imagens judaicas, cristãs e greco-romanas, além de tradições pedagógicas. Para alguns, a eclesiologia é a preocupação central de Hermas. Outros diriam que a necessidade de conversão ou a proclamação de um segundo arrependimento é o assunto principal. Num exame mais atento, percebe-se que essas propostas não são mutuamente contraditórias. A conversão ou o arrependimento conforme desenvolvido nos Mandatos não está num contexto individualista, mas sim inserido na esfera da comunidade: a maior parte das exortações morais é intensamente comunitária, tratando tanto dos relacionamentos humanos quanto da relação com Deus.

Há claramente duas imagens diferentes da igreja apresentadas em todo o livro. A primeira é a imagem divina e idealizada da mulher ainda jovem que está se desenvolvendo, apresentada nas Visões. Esta é a igreja preexistente, transcendente, insinuada em Colossenses e Efésios, a perfeita esposa do Cristo preexistente (Ef 5:23-24, 26-27). O que acarreta alguma tensão com a segunda imagem, a imperfeita comunidade humana que luta com todos os problemas apresentados nos Mandatos e Similitudes. A união de opostos repousa na imagem da torre que é a igreja (Vis. 3.3.3; Sim. 9.13.1). Trata-se ao mesmo tempo de uma imagem escatológica transcendente (Vis. 3.8.9; Sim. 9.32.1; 10.4.4) e de uma estrutura para a qual as pedras de edifício devem ser cuidadosamente selecionadas e aprovadas. A igreja para

Hermas não é — e isso deve ser enfatizado para se evitar caracterizações descuidadas — uma instituição que possa outorgar o perdão em troca de uma penitência executada. É antes uma comunidade viva de pessoas que lutam pelo perdão e pela coragem para levar uma vida cristã autêntica.

O nome de Jesus não aparece de modo algum, e o título *christós* talvez se encontre em Vis. 2.2.8, com grande incerteza em relação ao manuscrito. O glorioso ou grande anjo é identificado como Miguel (Sim. 8.3.3), mas executa as funções de Deus ou Cristo (p. ex., Vis. 5.2; Man. 5.1.7; Sim. 5.4.4; 7.2). Mas o homem glorioso, o senhor da torre (Sim. 9.7.1) e filho de Deus (Sim. 9.12.8) podem ser o mesmo anjo glorioso, entretanto isso nunca fica claro. No entanto, o Espírito Santo é o Filho de Deus (Sim. 9.1.1; cf. 2Co 3:17; 2Clem. 14.4). A única conclusão viável é que não se deve exigir muita consistência do texto sobre essa questão. O livro representa um mundo teológico em que tais definições ainda não haviam sido esclarecidas.

A obra, como nós a recebemos, pretende ser um apocalipse, mas as longas seções didáticas e parenéticas levantaram dúvidas através da história dos estudos modernos se o documento pode ser definido assim. Há maior certeza em relação a Visões 1–4, em que a estrutura apocalíptica é mais visível. Mas a estrutura de agente revelador e de revelação simbólica se mantém desde as Visões até o fim do livro. Além disso, o gênero parenético, que predomina nos Mandatos, surge também nas Visões e Similitudes. Em resumo, as diferenças de gênero entre as Visões, Mandatos e Similitudes são diferenças de grau em vez de tipo. Os dois gêneros apocalíptico e parenético foram criativamente entrelaçados para dar conta de uma situação nova. Assim é possível compreender a razão de o Pastor de Hermas ter sido tão extensamente popular e haver provocado tal controvérsia na igreja primitiva.

Bibliografia. C. Osiek, *Rich and Poor in the Shepherd of Hermas*. CBQMS 15 (Washington, 1983); G. Snyder, *The Shepherd of Hermas*, in Apostolic Fathers, v. 6, ed. R. M. Grant (New York, 1968). [CAROLYN OSIEK]

HERMENÊUTICA *Ver* INTERPRETAÇÃO BÍBLICA.

HERMES (gr. *Hermḗs*) **I. (DEIDADE)** Divindade helênica, filho de Zeus e Maia. A origem do nome Hermes parece vir de *hérma*, ou "pilha de pedras", que identificava fronteiras, sepulturas e entradas. Hermes (falos barbudos sobre pilares de pedra) foram mais tarde colocados como marcadores de tais lugares, e os atenienses e outros continuaram representando Hermes nessa forma. Os romanos o denominaram depois de Mercúrio. Creditado com inventor da lira, também era o protetor dos viajantes, comerciantes e mensageiros. Acreditava-se que ele conduzia as almas dos mortos para o Hades.

De acordo com Atos 14:12, durante a visita de Paulo e Barnabé a Listra, os habitantes acreditaram que eles fossem respectivamente Hermes e Zeus, sugerindo-se assim que o papel de Paulo como principal orador fosse a causa de sua associação com Hermes, o deus da retórica. O poeta latino Ovídio registrou uma lenda relativa a Zeus e Hermes que se passava nas redondezas de Listra (Metam. 8.611-725), e o nome deles foi descoberto em inscrições do século III d.C., naquela região. Hermes era um substantivo próprio, originado de deuses, bastante comum no Império Romano, e Paulo se dirige a um Hermas e a um Hermes em Romanos 16:14. [PAUL ANTHONY HARTOG]

II. (PESSOA) Cristão em Roma para quem Paulo enviou suas saudações (Rm 16:14).

HERMÓGENES (gr. *Hermogénēs*) Cristão que, com Fígelo e outros da província romana da Ásia, abandonou Paulo (2Tm 1:15). Não fica claro se o abandono teve por motivo diferenças teológicas ou escapar da perseguição romana.

HERMOM (heb. *ḥermôn*), **MONTE** A porção sul da cadeia de montanhas do Antilíbano, estendendo-se por 29 km na fronteira ao norte da Palestina. De suas alturas se pode ver boa parte do norte de Israel e do sul da Síria, incluindo o vale do Líbano, as montanhas de Gileade, o vale do Jordão e o mar da Galileia. Entre os três picos da cordilheira do Hermom, destaca-se o ponto mais alto do Levante, o próprio monte Hermom com 2.814 m. Tais altitudes reúnem suficiente precipitação, principalmente na forma de neve, para prover as fontes do rio Jordão e do Litani. Um dos nomes árabes da montanha é Jebel et-Thalj, "a montanha de neve". Nos tempos bíblicos, a montanha era densamente arborizada (Ez 27:5) e abrigo de leopardos e leões (Ct 4:8).

De acordo com Deuteronômio 3:9 (cf. 4:48), a montanha também foi chamada Senir ou Siriom. Os três nomes talvez se refiram aos três cumes principais da cordilheira. Os assírios o conheciam por Saniru. Em um tratado hitita, os deuses de Siriom são chamados a testemunhar a ação. É provável que os Textos de Execração do século XVIII a.C. também se reportem à montanha.

A montanha tem fortes conexões sagradas. A palavra Hermom deriva da heb. *ḥrm*, "sagrado" ou "proibido". As localidades de Baal-Hermom e Baal-Gad, ambas provavelmente lugares de culto, situavam-se ao pé da montanha. Recentes pesquisas identificaram numerosos santuários e possíveis locais sagrados nas redondezas do monte Hermom. Um templo clássico perto do ápice cunhava moedas de

Antíoco III para Filipe, o árabe. O tratado hitita o definia como morada dos deuses. O Salmo 29 celebra o poder de Yahweh numa simbologia que reflete os atributos do Baal cananeu, um deus da tempestade: Yahweh é tão poderoso que faz os assentos de Baal, inclusive o monte Hermom, saltarem à sua ordem (v. 6). 1Enoque 13.9 testemunha o poder sagrado do lugar, registrando o sonho de uma reunião de anjos no monte Hermom.

O monte Hermom também tem sido sugerido como local da Transfiguração de Jesus. O "alto monte" onde o evento aconteceu não está identificado, mas seria nos arredores de Cesareia de Filipe. A reconhecida santidade do monte Hermom forneceria aos leitores mais veracidade do relato daquele encontro. [THOMAS W. DAVIS]

HERODES (gr. *Hērṓdēs*) (FAMÍLIA) Família idumeia de distinta nobreza que foi convertida ao judaísmo durante o período asmoneu e ganhou proeminência durante o reinado de Salomé Alexandra. Seus membros se casavam com descendentes dos nabateus, dos judeus e de outras famílias governantes próximas, dominando as fortunas políticas do judaísmo e influenciando os eventos no mediterrâneo oriental desde a metade do século I a.C. até o fim do século I d.C. A família tinha relações particularmente boas com os governantes romanos, especialmente com os julio-claudianos.

1. Antípater. Idumeu nobre (c. 100-43 a.C.), filho de Antipas e pai de Herodes. Foi um forte partidário de Hircano II, na luta dinástica entre os dois filhos de Alexandre Janeu e Salomé Alexandra. Sua família era idumeia e havia se convertido ao judaísmo, durante a agressiva expansão da Judeia sobre a Idumeia, no reinado de Alexandre Janeu. Antípater se casou com Cipros, de nobre linhagem nabateia — talvez real —, e teve quatro filhos e uma filha: Fasael, Herodes, José, Ferora e Salomé. Influente na história posterior da Judeia, ele tornou Herodes proeminente e parece não restar dúvida de seu comprometimento com a Judeia, e quem sabe com o judaísmo.

Antípater tornou-se uma figura pública durante o reinado de Alexandra, apoiando Hircano II e se opondo a Aristóbulo II. Foi influente por sua forte base no sul do país (*BJ* 1.123-26; *Ant.* 14.8-18), e certamente também por causa das ligações de sua esposa em Petra (Nabateia).

A disputa dinástica na metade dos anos 60 a.C. levou à intervenção direta de Roma na região sob o governo de Pompeu e Marcus Aemilius Scaurus; quando Roma apoiou primeiro Aristóbulo, Antípater e Herodes fugiram para Petra (então governada por Aretas III). Em pouco tempo, a opinião de Pompeu mudou, talvez como resultado das representações de Antípater. No cerco de Jerusalém (63), Hircano e Antípater atuaram ao lado dos romanos (cf. Pss. Sol. 2,8,17); mais tarde, Antípater atuou com Gabínio em uma expedição arriscada contra o Egito. Por suas ligações com Roma, Antípater influenciou a resolução de Gabínio imposta sobre a Judeia em 55 ((*BJ* 1.178; *Ant.* 14.103). Durante esse período, Antípater dominou a vida política na Judeia, administrando as relações do país — e de Hircano — com Roma.

É provável que Antípater combinasse responsabilidades militares e financeiras no governo de Hircano II, etnarca na reorganização romana da Judeia (um monograma nas moedas de Hircano pode se referir a Antípater). Antípater deu aos seus dois filhos mais velhos importantes nomeações, Fasael como governador de Jerusalém e arredores, e Herodes como governador da Galileia (47). Com as condições caóticas presentes durante as guerras civis de Roma nos anos 40, Antípater teve de alterar as suas fidelidades: ele primeiro apoiou Pompeu, depois César (que o recompensou com a cidadania romana e a isenção de tributação) e, então, Cássio. Em razão das condições igualmente voláteis na Judeia, Antípater foi envenenado por Malco, membro judeu do partido contrário a Hircano II (43).

2. Herodes, o Grande. Rei da Judeia (73-4 a.C.), fundador de uma dinastia que influenciou as políticas judaicas e áreas adjacentes até o início do século II d.C. Herodes era filho e neto de nobres idumeus convertidos ao judaísmo, durante a época de Alexandre Janeu. Sua mãe, Cipros, era nabateia. A família apoiou Hircano II na luta com Aristóbulo pela coroa. Tanto Antípater quanto Herodes tiveram a confiança dos romanos durante o período em que aumentou a influência de Roma.

Fontes a respeito de Herodes incluem Josefo, outros historiadores antigos, algumas referências rabínicas, inscrições, moedas e resquícios arqueológicos de seus edifícios. A habitual avaliação fortemente negativa de Herodes, que deriva de uma referência no NT (Mt 2:16-18) e de uma parte do complexo quadro de Josefo, não faz justiça a sua pessoa. Embora Herodes fosse cruel e vingativo, talvez até mesmo paranoico, nos procedimentos com sua família, ele desempenhou papel crucial na melhoria de muitos judeus durante o seu longo reinado (40-4 a.C.).

Pouco se sabe do início da sua vida e nada de sua educação. Ele se destacou publicamente como jovem no comando da Galileia, onde lidou severamente com os "bandidos", como Josefo os chama — provavelmente desapropriou os camponeses. Na agitação das guerras civis romanas, ele foi notado por vários líderes romanos (Júlio César, Marco Antônio, Cássio, Otávio). Herodes fugiu para Roma em busca de ajuda quando Hircano II foi capturado por Matatias Antígono, que tinha sido nomeado rei da Judeia por Pártia, o inimigo mais perigoso de Roma. Depois que o Senado nomeou em seu lugar Herodes rei da Judeia (final dos anos 40), Herodes e Antígono se tornaram, com efeito, reis rivais, aumentando o perigo de consequências indesejáveis.

Rei Herodes. Herodes voltou para a Galileia na primavera de 39; houve uma luta de dois anos e meio pelo domínio na Judeia, vencida finalmente por Herodes no verão de 37, depois de um cerco bem-sucedido a Jerusalém, com ajuda romana. Durante os anos 30, Herodes consolidou e estendeu o seu território, com a ajuda de Marco Antônio, seu protetor e aliado mais íntimo em Roma. Quando Antônio e Otávio caíram, Herodes permaneceu leal a Antônio; ele teria lutado no Ácio (31), se Antônio não lhe tivesse exigido que mantivesse os nabateus sob controle. Na sequência da derrota decisiva de Antônio e Cleópatra, Herodes foi para o Rodes oferecer sua lealdade a Otávio, se tornando um dos reis subordinados de maior confiança de Otávio («Augusto», a partir de 27). Augusto, o genro Marco Agripa e Herodes foram considerados amigos íntimos.

Até mesmo neste período inicial, a vida pessoal de Herodes já mostrava sinais de tensão. Herodes se divorciou de sua primeira esposa, Doris, e — almejando a legitimidade — ficou noivo de Mariane, neta de seu benfeitor, Hircano II (a quem ele executou depois), um dos últimos dos asmoneus (42). Ele se casou com Mariane em 37, quando ela atingiu a idade de se casar (talvez 16), enquanto Jerusalém estava sob cerco. Durante o tempestuoso casamento deles, Mariane não correspondeu à paixão de Herodes; as suspeitas dele resultaram em acusações de adultério e por fim, a execução dela (28/27). A mãe de Mariane, Alexandra (filha de Hircano II), que foi envolvida na morte de Mariane, embora continuasse a viver no palácio, contribuiu com a decadência de Herodes até ser também executada. As dez esposas e, pelo menos, os quinze filhos de Herodes criaram arranjos familiares muito difíceis.

Anos intermediários. Durante os anos 20, Herodes triunfantemente se empenhou numa desenfreada atividade de construção que reformulou os seus domínios. A confiança de Augusto em Herodes foi demonstrada numa série de ampliações de seu reino e no direito de designar o seu próprio sucessor entre seus filhos, a maioria dos quais fora educada em Roma. As tropas de Herodes acompanharam Aélio Galio em uma expedição militar para a Arábia Feliz, atual Iêmen (25/24). Em casa, sua vida familiar era cada vez mais complicada pelo crescente número de herdeiros potenciais e, especialmente, pelas maquinações dos dois filhos de Mariane I quando se tornaram jovens influentes.

Embora Herodes fosse generoso no auxílio aos famintos, é provável que a sociedade como um todo tenha se tornado mais severa e exclusiva. Suas relações com vários grupos sociais e religiosos não são claras; de acordo com o NT, fracamente apoiado por Josefo, desenvolveu-se um grupo conhecido como herodianos. De todos os acontecimentos religiosos do seu reino, o mais significativo foi a reconstrução do templo em Jerusalém, que pela primeira vez incluiu um pátios para os gentios e outro para as mulheres. Havendo sido uma das grandes estruturas religiosas do período, o templo continua instigando a imaginação religiosa até os dias de hoje.

Ao que parece, Herodes viajou extensamente para, em parte, ajudar a melhorar a segurança e — num nível mais restrito — a independência dos judeus na Diáspora; sua amizade com Marcos Agripa, o tenente de Augusto no Oriente, logo tornaria isso possível. Seus contatos se estendiam especialmente ao longo da Síria e Ásia Menor, das ilhas gregas e do continente grego (p. ex., ele concedeu benfeitorias a Rodes, Chiós, Cós, Pérgamo, Atenas, Olímpia, entre outras); ele não construía exatamente para a comunidade judaica, mas fazia sua contribuição à cada cidade como um todo. Os judeus da Diáspora permaneceram ligados à pátria por meio do imposto de meio-shekel; eles não podiam ser processados no sábado e eram isentos do serviço militar.

As construções de Herodes. O extenso programa de construção de Herodes incluiu cidades inteiras (Cesareia Marítima, Sebaste), templos (Jerusalém, três para Roma e Augusto, Baal Shamim a Si'a), palácios (Massada, Herodium, Chipre, Jericó), memoriais (dos patriarcas e matriarcas em Hebrom, Abraão em Mamre), vários edifícios de lazer, projetos de infraestrutura, doações e benfeitorias não especificadas. É improvável que, como alguns afirmaram depois da sua morte, ele tenha gasto mais em construções fora da Terra Santa do que dentro dela. Os edifícios projetados dentro de sua região de governo tinham em parte por finalidade estimular o comércio. Os edifícios eram construídos com talento e competência técnica, formosamente projetados, não raro de forma muito imaginativa: o palácio do norte em Massada, palácio de inverno em Jericó, palácio do promontório na Cesareia, Herodium e seus templos — em especial, o imponente templo em Jerusalém. Nenhum dos seus palácios demonstra evidência de motivos decorativos pagãos ou embelezamentos que desconsiderassem a Torá. Até certo ponto,

Herodes era um judeu tradicional; alguns dos seus palácios incluem tanques que foram interpretados como *mikvaot*, ou, em alguns casos, como um tanque frio que poderia ter a dupla finalidade de um *mikveh* (p. ex., Massada e Chipre).

Anos finais. Os últimos anos de Herodes foram marcados pelo reconhecimento público (p. ex., o seu papel ao lado de Marcos Agripa na expedição do Mar Negro e a sua nomeação como presidente dos jogos olímpicos), por dificuldades com a vizinha Nabateia e pelo aumento da discórdia familiar. Este último foi responsável pelo famoso chiste de Augusto: o imperador dizia que preferiria ser um porco de Herodes que um de seus filhos. Durante esses últimos anos, Herodes executou seus dois filhos que possuíam sangue asmoneu (7) e seu filho mais velho, Antípater (filho de Doris, 4), todos eles competindo entre si e criando intrigas pela sucessão, talvez tentando expulsá-lo. O "massacre dos inocentes" (Mt 2:16-18) foi ordenado nesse momento, levando alguns a especular que houve confusão entre a matança de seus filhos e o assassinato das criancinhas em Belém. Herodes morreu de uma doença crônica, na primavera de 4 a.C., em Jericó. Ele foi enterrado em Herodium, projetado como palácio fortificado e mausoléu.

Avaliação. Herodes foi peça fundamental no projeto romano para o Mediterrâneo oriental, oferecendo um ponto seguro na ampliação estratégica que Roma fazia de seu reino. Ele melhorou a economia da Judeia e seu lugar nos negócios e comércio da região. As estreitas ligações romanas levaram muitos dos cidadãos de Herodes a questionar seus motivos e seus vínculos com o judaísmo, no entanto Herodes parece ter sido um judeu praticante. Ele teve grande satisfação na reconstrução do templo de Jerusalém, seu principal monumento.

*3. **Mariane I.*** A segunda esposa de Herodes, o Grande, bisneta de Alexandre Janeu e Salomé Alexandra, por parte de pai e mãe (c. 54-29 a.C.). Seu pai, Alexandre, continuou se opondo a Hircano II e ao seu principal ministro, Antípater (pai de Herodes), bem como a Roma depois de seu envolvimento no Oriente (64/63), do mesmo modo que seu pai Aristóbulo II havia feito.

Mariane foi prometida por Hircano a Herodes no início dos anos 40, quando ainda era menina. Herodes se divorciou de sua primeira esposa, Doris, apesar de Mariane e ele não se casarem antes que ela alcançasse a idade para o matrimônio, em 37; eles se casaram em Samaria durante uma trégua nas preparações para o cerco de Jerusalém, cujo desfecho significava o fim de dois anos e meio de luta de Herodes para assumir completamente o reino que lhe fora atribuído em 40. Herodes, desse modo, se tornou parente de Hircano II, a quem ele substituíra como rei, outorgando-se uma legitimidade adicional por essa estreita relação asmoneia. Entre os dez casamentos de Herodes, este foi aquele com o qual mais se envolveu, que o elevou a uma estatura mais alta, mas também o que mais o perturbou.

Mariane era ligada aos asmoneus remanescentes da casa de Herodes: o avô Hircano II (que tinha voltado de sua prisão na Pártia), a mãe Alexandra e o irmão Aristóbulo III (que brevemente seria sumo sacerdote, antes de ser afogado no poço de Jericó; Josefo, *Ant.* 15.31-56). Mariane era profundamente influenciada por sua mãe (de modo nada surpreendente, dado a sua época), uma influência perigosa devido à amizade íntima de sua mãe com Cleópatra VII, do Egito.

Herodes tinha um ciúme desmedido de Mariane e suspeitava de sua fidelidade. Depois de Ácio, ele conheceu Otávio em Rodes (início de 30), deixando Mariane aos cuidados de José e Soëmus que aparentemente tinham ordens para executá-la, caso Herodes não retornasse. Após muito engano e tensão, Mariane foi acusada de adultério e levada à morte (c. 29; *Ant.* 15.185-239; *BJ* 1.441-43; *Ant.* 15.65-87); ela tinha 25 anos. Alexandra continuou tramando contra Herodes e foi executada em seguida.

De acordo com Josefo, Mariane era linda, "incomparável em castidade", mas briguenta e gostava de falar o que pensava. A aflição e o remorso de Herodes por sua execução levaram-no a uma grave negligência de seu reino (*Ant.* 15.240-46). Mariane deixou vários filhos, dos quais os asmoneus Alexandre e Aristóbulo são os mais importantes; inicialmente eles foram a principal esperança de Herodes para a sucessão, mas a hostilidade com que trataram o pai, devido ao ressentimento pelo assassinato da mãe, levou à execução de ambos, em 7 a.C.

*4. **Mariane II.*** Esposa (talvez a sétima) de Herodes, casada em 24/23 a.C.; filha de Simão, filho de Boetos, sacerdote de Alexandria, a quem Herodes elevou ao sumo sacerdócio a fim de elevar o status de Mariane. Ele se divorciou depois; ela gerou um filho, Herodes (Filipe?), não o tetrarca de mesmo nome, cuja esposa, Herodias, se casou depois com Herodes Antipas (Mc 6:17-29 e par.).

*5. **Salomé.*** Irmã de Herodes, filha de Antípater e Cipros (c. 65 a.C.-10 d.C.). Ela primeiramente se casou com José (amigo de Herodes), e depois da execução deste, ela se casou com Costobar, governador da Idumeia (que depois se divorciou de Salomé, sendo então executado por Herodes). Ela ficou noiva de Silaeo, o segundo em comando nabateu, mas Herodes não lhes deu permissão para casar (15 a.C.) por Silaeo haver se recusado à (re-?) circuncisão. Herodes então a casou com Alexas, contra a sua vontade, embora encorajada pela imperatriz Lívia (Josefo, *Ant.* 17.9-10).

Salomé permaneceu para sempre leal a Herodes ao longo de sua turbulenta carreira, mas muitas vezes ela aumentou os problemas dele, especialmente dentro de casa. Conforme a determinação de Augusto em relação ao testamento de Herodes, Salomé recebeu o controle de Phaselis, Yavneh (Jâmnia), e Ashdod (Azotus). Ao morrer, ela legou essas toparquias à Lívia, esposa de Augusto (*Ant.* 18.31; *BJ* 2.167). Ela teve cinco filhos, todos com Costobar: Alexandre, Herodes, Berenice, Antípater e uma segunda filha.

6. Antípater. Filho primogênito de Herodes e sua primeira esposa, Doris (c. 45-4 a.C.). Quando Herodes se divorciou de Doris para se casar com Mariane, Antípater foi banido da corte real com sua mãe e só foi reintegrado por volta de 14 a.C., ocasião em que planejava um novo casamento de sua mãe com Herodes. Pouco tempo depois disso, Antípater foi para Roma para ser apresentado a Augusto como um dos herdeiros reconhecidos de Herodes. A casa se tornou um campo de batalha na década seguinte, quando Antípater habilmente enfraqueceu, na corte, a posição de Alexandre e Aristóbulo, seus dois meio-irmãos (*Ant.* 16.82-84; *BJ* 1.450). Durante certo tempo, Antípater pode ter compartilhado o governo com Herodes. Quando Alexandre e Aristóbulo foram executados (7 a.C.), Antípater ficou numa posição forte, com apoio do exército e da elite. As contínuas maquinações contra seu pai resultaram em sua execução, que Augusto se recusou a impedir, cinco dias antes da morte do próprio Herodes (4 a.C.).

7. Alexandre e Aristóbulo. Filhos de Herodes e Mariane I (c. 36 e 35, respectivamente — 7 a.C.), a quem, em função das credenciais asmoneias da mãe, representavam a possibilidade de unir as políticas pragmáticas de Herodes e os ideais nacionalistas asmoneus. Josefo trata os irmãos como par, entretanto Alexandre parece ser o mais agressivo em relação ao pai, depois que este executou a mãe deles. Como herdeiros reais de um rei vassalo, eles foram a Roma para estudar (22-17), vivendo durante um tempo com o próprio Augusto. Herodes viajou para Roma para trazê-los para casa, negociando com Augusto ao mesmo tempo os seus noivados, Alexandre com Glafira, filha do rei Arquelau da Capadócia, e Aristóbulo com sua prima Berenice, a filha de Salomé. Na Judeia, a popularidade pessoal e a ambição dos irmãos os tornaram pólo de tensões familiares, sendo a irmã de Herodes, Salomé, e seu irmão Ferora o outro lado da disputa. Quando começou a se opor a Alexandre e Aristóbulo, Herodes voltou a cortejar seu primogênito, Antípater (14), que se tornou o principal antagonista deles. Herodes levou Alexandre, Aristóbulo e Antípater a Roma, procurando a ajuda de Augusto na solução das tensões (12). A aparente reconciliação não durou, e as relações familiares continuaram a se degenerar. Alexandre e Aristóbulo foram formalmente acusados, julgados e condenados em Beirute, sendo executados em Sebaste e enterrados em Alexandreiom. Augusto se recusou a intervir.

8. Mariane. Neta de Herodes e Mariamne I; casou-se com seu tio Antípater (3), que foi executado por Herodes em 4 a.C. Seu pai, Aristóbulo, fora morto três anos antes.

9. Arquelau. Filho de Herodes, o Grande, e Maltace (c. 23 a.C.-?). Com a morte de Herodes, em 4 a.C, Arquelau herdou a Judeia, a Samaria e a Idumeia como etnarca; ele foi deposto por Augusto, em 6 d.C. De acordo com Josefo, Arquelau foi uma nomeação questionável desde o princípio, por causa de sua inépcia em lidar com os conflitos após a morte de Herodes. Nas audiências em Roma,referente ao testamento de Herodes, Arquelau sofreu oposição de vários membros de sua família. Judeia e Samaria (sua mãe Maltace era samaritana) enviaram delegações a Roma pedindo sua deposição. Ele foi exilado em Vienne na França, enquanto a província passava a ser governada por prefeitos subordinados ao governador da Síria; durante a administração de Cumano, o primeiro procurador, ocorreu o censo sob Quirino (Lc 2:1-3; cf. At 5:37), um ato impossível no governo de Herodes ou Arquelau. Pouco se sabe a respeito do reinado de Arquelau; a parábola em Lucas 19:11-27 pode aludir a ele.

10. Mariane. Esposa de Arquelau, o etnarca, que depois se divorciou dela; pode ter sido uma asmoneia.

11. Antipas. Filho de Herodes, o Grande, e Maltace (c. 21 a.C.-?). Herodes tinha consideração por Antipas, pois ele o nomeara seu único herdeiro em seu penúltimo testamento. Com a morte de Herodes em 4 a.C., Antipas desfrutou de um forte apoio familiar. Augusto o designou tetrarca da Galileia e Pereia, uma posição que ele manteve até ser deposto por Calígula, em 38, por haver solicitado sua nomeação como rei. Foi enviado para o exílio na França. As ligações de Antipas com Roma eram fortes, servindo como mediador na disputa entre Roma e a Pártia, em 36. Manteve-se especialmente próximo de Tibério, em cuja honra fundou sua nova capital, Tiberíades, no mar da Galileia (c. 18-20). Betaranfta na Pereia foi renomeada Júlia, mais tarde viúva de Augusto; Antipas também restabeleceu Séforis como "a glória de toda a Galileia". Apesar dessas relações, Josefo reporta sobre a suposição de que Antipas fez uma aliança com Artabano de Pártia, havia armazenado armas para 70 mil soldados. Seu casamento com a filha do rei da Nabateia, Aretas IV, terminou quando ele se apaixonou por sua sobrinha, Herodias, esposa de seu irmão Herodes Filipe (provavelmente não o Filipe, governador de Gaulanites, mas do mesmo modo chamado de irmão). Quando a primeira esposa de Antipas fugiu para Petra, Aretas infligiu uma importante derrota sobre ele.

O território de Antipas incluía duas partes, a Galileia (lar de Jesus) e a Pereia (lar de João Batista). João provavelmente foi executado em Maqueronte, na fronteira entre Pereia e Nabateia, um fato mencionado tanto por Josefo quanto — de forma menos explícita — pelo NT; Josefo atribui a derrota do exército de Antipas ao castigo de Deus pela execução de João Batista. De acordo com Lucas 23:6-16, Antipas esteve envolvido no julgamento de Jesus, apesar de não ser possível demonstrar tal fato, não é improvável. Antipas parece ter se interessado por Jesus; a esposa de um de seus comandantes de confiança era seguidora e apoiadora do Mestre (Lc 8:1-3). Algumas das parábolas de Jesus sugerem certa mobilidade e efervescência social durante o reinado de Antipas. A julgar pelo fato de que Jesus alternou entre a Galileia e Gaulanites, a região de Filipe, ele pode ter se sentido ameaçado pela situação política na Galileia.

12. Salomé. Filha de Herodes (Filipe [?], não o tetrarca) e Herodias, neta de Herodes e Mariane II. A mãe de Salomé, Herodias, tinha se casado com Herodes Antipas após se divorciar de seu meio-irmão. Salomé é referida — não pelo nome — em Marcos 6:17-29 e par. como havendo dançado na festa de aniversário de Antipas. Quando Antipas lhe ofereceu um presente, segundo os evangelhos, ela pediu a cabeça de João Batista por sugestão de sua mãe.

Josefo apresenta uma interpretação diferente. A primeira esposa Antipas foi a filha de Aretas IV da Nabateia; ela abandonou o casamento quando soube da intenção de Antipas de se casar com Herodias. A subsequente derrota militar de Antipas pelas mãos de Aretas foi um castigo por ele haver executado João Batista em Maqueronte (*Ant.* 18.116-19). Salomé, a filha de um dos Herodes (Filipe [?]) primeiro se casou com seu tio Herodes Filipe, tetrarca de Gaulanites e regiões adjacentes. Depois se casou com Aristóbulo, filho de Herodes de Calcis (neto de Herodes e Mariamne I) e Mariamne (a neta de Herodes e Maltace).

13. Filipe, o Tetrarca. Filho de Herodes e Cleópatra de Jerusalém (c. 20 a.C. — 34 Cr.); governador de Gaulanites, Bataneia, Traconites, Autanites, com porções da Itureia (cf. Lucas 3:1) e Hulites, a maior parte dessas regiões com uma população largamente não judia. Filipe fora educado em Roma durante um período de intensos problemas familiares em Jerusalém (Josefo, *BJ* 1.601-3; *Ant.* 17.20, 79-81); apesar de menos ambicioso, mostrou-se mais capaz que seus irmãos rivais. Josefo retratou-o como cooperativo, razoável e justo.

Ele embelezou Panias (onde Herodes tinha construído um templo de Roma e Augusto) e a renomeou para Cesareia de Filipe em honra do imperador e de si mesmo. Sua obra em Betsaida pode ter sido significativa, incluindo talvez outro templo para propósitos de culto imperiais. Suas moedas, que sempre se referiam a ele como "Filipe Tetrarca", eram icônicas (mostrando as figuras de Augusto, Lívia e Tibério; uma que apresenta Lívia e Augusto pode estar associada à renomeação feita por Filipe de Betsaida para Lívia/Julias, depois de viúva de Augusto), com fachadas de um templo, provavelmente o de Cesareia de Filipe.

De acordo com João 1:43-44 (cf. v. 46; 12:20-22), vários dos Doze vieram dessas regiões, e se tem a impressão, pelas referências ao "outro lado", que Jesus se demorava por lá, talvez como um refúgio quando aumentava a tensão sobre o seu ministério na Galileia.

Filipe se casou com sua sobrinha Salomé, filha de Herodias. Considerando-se que ela não deve ter nascido muito antes de 14 d.C., o matrimônio teria ocorrido por volta de 30, algum tempo depois da execução de João Batista, em cuja morte estiveram envolvidos. Eles não tiveram filhos e não há registro de uma esposa anterior (cf. *BJ* 2.1-117).

14. Herodes (Filipe [?]). Filho de Herodes e Mariane II. Talvez seja um segundo Filipe entre os filhos de Herodes. Esse filho figurou no quarto testamento de Herodes (c. 7 a.C.) como o sucessor de Antipater (*Ant.* 17.53; *BJ* 1.573); pode ser que Marcos 6:17 esteja se referindo a ele (cf. *Ant.* 18.109). Esse Herodes Filipe foi casado com Herodias (ela depois se casou com Antipas), e sua filha Salomé casou-se com o tio, Herodes Filipe, o Tetrarca.

15. Mariane. Neta de Herodes e Maltace. Ela se casou com Herodes IV de Calcis, seu primo.

16. Agripa I. Marcos Júlio Herodes Agripa I (c. 10 a.C.-44 d.C.); filho de Aristóbulo I e Berenice, portanto de linhagem asmoniana por parte de sua avó, Mariane I. Como outros herodianos, Agripa foi educado na corte imperial de Roma, em companhia de Druso, Cláudio e Gaio (Calígula). Em sua juventude foi considerado um perdulário. Ele herdou primeiro os territórios de Filipe e Liânia (37); depois da ascensão de Cláudio (41), Agripa governou quase todos os territórios de seu avô Herodes, mas as expectativas que isso gerou desmoronaram com a dramática morte de Agripa em Cesareia, a qual Josefo e Lucas (At 12:20-23) registraram. Agripa é lembrado com carinho pela literatura rabínica, apesar de não estar claro o motivo, uma vez que ele se ocupou com práticas semelhantes às de seu avô, além de haver cunhado moedas icônicas.

Agripa possuía um caráter complexo: romanófilo (inscrições atestam que era um "amigo do imperador e amigo dos romanos" — embora tenha sido dispensado da assembleia de reis vassalos e impedido de reconstruir os muros de Jerusalém), megalomaníaco (ele se referia a si mesmo como "o grande"), insatisfeito (demonstrara ingratidão pela gentileza de seu tio Antipas em nomeá-lo inspetor comercial de Tiberíades), apesar de parecer ter sido amado por seu povo (foi apoiado quando expressou dúvidas sobre sua legitimidade judia). Ele deixou sua maior marca na literatura histórica com a grande confusão que causou em Alexandria, quando atravessou a cidade em seu caminho para assumir o governo de Gaulanites e da Galileia (38); Fílon escreveu a respeito da confusão (De Legatione ad Gaium; Contra Flaccum) e fez parte da delegação enviada a Gaio.

*17. **Mariane.*** Filha de Agripa I e bisneta de Herodes, casada com Júlio Arquelau, filho de Helcias.

*18. **Agripa II.*** Marcos Júlio Agripa II (27 d.C.-93 d.C.); filho de Agripa I e Cipros, bisneto de Herodes. Ele primeiro herdou o reino de Calcis (49/50), que foi trocado depois pelo território de Filipe (53); quando Nero lhe outorgou partes da Galileia e Pereia, ele renomeou Cesareia de Filipe para Neronias. Agripa se aproximou dos flavianos (havia sido um jovem amigo de Tito), principalmente pelo seu apoio a Roma durante a Revolta Judaica, quando tentou suprimir os sonhos de independência dos judeus. Apesar do apoio, ele não foi recompensado com o título e as terras de seu pai e do bisavô. Josefo foi amigo de Agripa e afirmou que o rei ratificara a exatidão de seus relatos históricos. Agripa aparece em Atos 25:13–26:32, na audiência de Paulo em Cesareia Marítima. *Ver* FASAEL.

Bibliografia. D. Braund, *Rome and the Friendly King* (Londres, 1984); M. Grant, *Herod the Great* (New York, 1971); H. Hoehner, *Herod Antipas* (1972, repr. Grand Rapids, 1980); A. H. M. Jones, *The Herods of Judea* (1938, repr. Oxford, 1967); P. Richardson, *Herod, King of the Jews and Friend of the Romans* (Columbia, S.C., 1996); D. R. Schwartz, *Agrippa I: The Last King of Judea* (Tubingen, 1990). [PETER RICHARDSON]

HERODIANOS (gr. *Hērōdianoí*) Partidários da casa de Herodes Antipas. Embora formassem principalmente um partido político, possuíam orientação religiosa e se uniram aos fariseus contra os ensinos de Jesus (Mc 3:6; 12:13 = Mt 22:16). [EMILY CHENEY]

HERODIÃO (gr. *Hērōdíōn*) Cristão em Roma que Paulo cumprimentou como seu "parente" (Rm 16:11).

HERODIAS (gr. *Hērōdiás*) Filha de Aristóbulo e Berenice. Herodias se casou com o tio, possivelmente Filipe II, dando-lhe uma filha de nome Salomé (Josefo, *Ant.* 18.5.4 [136]). Quando Herodes Antipas, meio-irmão de seu marido, os visitou em 29 d.C., persuadiu Herodias a se divorciar e casar com ele (*Ant.* 18.5.1 [110]). João Batista criticou esse matrimônio (Mt 14:3-5; Mc 6:17-18), pois a lei judaica proibia que um homem se casasse com a esposa de seu irmão (Lv 18:16,20; 20:21), exceto em caso de levirato (Dt 25:5). Enfurecida com a intromissão de João, Herodias aconselhou sua filha a pedir a sua execução como recompensa por ela haver agradado a Antipas com sua dança (Mt 14:6-12; Mc 6:21-28). Herodias pode ter sido apenas inescrupulosa e cruel (*Ant.* 18.7.1 [240-44]), ou ter assim procedido para isentar Antipas pela morte de João.

Bibliografia. J. C. Anderson, "Feminist Criticism: The Dancing Daughter", in *Mark and Method*, ed. J. C. Anderson e S. D. Moore (Minneapolis, 1992), p.103-34.

HERODIUM (gr. *Hērōdeíon*) Complexo fortificado situado em Jebel el-Fureidis (1731.1192), 12 km ao sul de Jerusalém, perto de Belém. Uma fortaleza no topo de uma colina construída por Herodes, o Grande (c. 23 a.C.), o Herodium Superior é um local em forma de cone — ou cilindro —, onde se erguia o palácio de cinco andares de Herodes. No Herodium Inferior, na base da construção, encontram-se as ruínas de um complexo balneário, uma casa de banhos central, um amplo átrio, um edifício monumental e um palácio. Essa imensa edificação não apenas funcionou como residência de verão de Herodes, mas também serviu para preservar e celebrar o nome do monarca. Josefo descreve a fortaleza (*Ant.* 15.9.4) e a identifica como o lugar de sepultamento de Herodes (17.8.3; *BJ* 1.33.9).

Foi nesse local, em 40 a.C., que Herodes foi emboscado por Antígono, mas o rei conseguiu resistir e, por fim, derrotar seus agressores asmonianos. Após a morte de Herodes, os romanos escolheram o Herodium como capital de uma toparquia palestina. Com Maqueronte e Massada, a cidadela foi uma das últimas fortalezas judias durante a Primeira Revolta Judaica, sucumbindo aos romanos em 72 d.C. Ela foi brevemente reocupada durante a Segundo Revolta Judaica (c. 132).

Depois de sua identificação em 1838, por Edward Robinson, não houve nenhuma tentativa completa e precisa de pesquisa e escavação do local até meados dos anos 1960. Recentes escavações por Ehud

Netzer da Universidade Hebraica se concentraram tanto na fortaleza do Herodium Superior quanto no Herodium Inferior, descobrindo ruínas desde o período herodiano até o bizantino. Apesar das consideráveis discussões sobre o possível local da tumba de Herodes no Herodium, até o momento ela não foi descoberta.

Bibliografia. G. Foerster e E. Netzer, "Herodium' *NEAEHL* 2.618-26; "Searching for Herod's Tomb", *BARev* 9/3 (1983): 31-51; J. Patrich, "Corbo's Excavations at Herodium' *IEJ* 42 (1992): 241-45. [ROBERT A. DERRENBACKER, JR.]

HERÓDOTO (gr. *Hērodotos*) Historiador grego do século V (c. 484-420 a.C.). O "pai da história" é conhecido por sua grande obra: A história. À primeira vista, uma história da Guerra Persa (as guerras entre os persas e os gregos no começo do século V), o livro é de fato um vasto compêndio de eventos, narrativas, análises de caráter, mitos, lendas, moralidades, etnografia e geografia. Grande viajante e curioso insaciável, Heródoto escreveu com notável franqueza e sem preconceitos sobre outras culturas e religiões. Embora lhe faltasse a efetiva objetividade característica de Tucídides, seu contemporâneo mais jovem, Heródoto escrevia com tal soberba habilidade narrativa e num grego clássico de estilo brilhante, que se tornou, de muitas maneiras, o modelo para os subsequentes historiadores da Antiguidade, tanto gregos, como romanos e até mesmo cristãos.

Bibliografia. *Herodotus*, trad. de A. D. Godly, ed. rev. Loeb Classical Library. 4 vols. (Cambridge, Mass., 1990); *The History: Herodotus*, trad. D. Grene (Chicago, 1987). [J. CHRISTIAN WILSON]

HESBOM (heb. *ḥešbôn*) Cidade de Moabe conquistada por Israel sob a liderança de Moisés, quando seu rei amorita, Seom, recusou o pedido dos israelitas para a passagem por seu território (Nm 21:21-31; Dt 2:24; Js 12:2; Jz 11:19-26).

De acordo com Números 32; Josué 13:15-28, Hesbom ("fortaleza") "e todas as suas cidades, que estão no planalto" foram dadas como herança à tribo de Rúben. Números 32:37-38 afirma que "os homens de Rúben reconstruiram Hesbom" e Jz 11:26 acrescenta que Israel ocupou Hesbom, Aroer, suas vizinhanças e todas as cidades ao longo do Arnom durante trezentos anos. Outros relatos bíblicos indicam que a cidade e seu território circunvizinho ficaram por muito tempo sob o controle da tribo de Gade (Js 21:38-39) e pela Idade do Ferro reinos tribais de Amom e Moabe (Jz 3:14-30; 11:13-28). A região de Hesbom era aparentemente famosa por seus campos, vinhedos, fontes e "poços" (Nm 21:22; Ct 7:4; Is 16:8-9).

A identificação da Hesbom bíblica com Tell Hesban, uma ruína localizada no altiplano da Transjordânia c. 10 km ao norte de Madaba, tem sido em geral apoiada por uma série de escavações sob o patrocínio da Andrews University, iniciadas em 1968 por Siegfried Horn. Talvez a mais significativa dessas descobertas seja a extensa gama de assentamentos naquele local durante os últimos quatro milênios. Por exemplo, os restos de um fosso dos séculos XVIII e XII a.C. sugerem que algum tipo de fortificação, talvez uma aldeia agrícola fortificada, provavelmente tenha existido ali. A descoberta de uma variedade de tigelas e jarros, que apareceram durante esse mesmo período em ambos os lados do Jordão, acrescenta peso à afirmação bíblica de que havia membros do mesmo povo (os israelitas?) vivendo nessa parte da Transjordânia naquele momento.

A descoberta de um reservatório de água com 7 m de profundidade, datado do século X sugerem um processo de desenvolvimento em que uma transformação gradual da antiga aldeia fortificada em uma cidade maior, completada com seus próprios amplos "poços" de água — possivelmente "as piscinas de Hesbom" de Ct 7:4. Ao final do século X, essa grande cidade parou de crescer por alguma razão e, em consequência, seus edifícios foram abandonados e arruinados. Ao longo dos séculos IX e VIII, essas ruínas, com as numerosas cavernas de habitação que se situavam ao longo da colina de Hesbân, foram usadas por pessoas de vida muito simples, com certeza agricultores seminômades que acampavam nas cavernas e ruínas para cultivar trigo e cevada nos férteis vales de ambos os lados da colina.

Nos séculos VII-V, uma grande cidade emerge sobre a colina, dessa vez reconstruída pelos amonitas. A presença deles é comprovada por uma série de achados, incluindo vários óstracos com inscrições amonitas, cerâmica típica das tradições desse povo, e uma florescente economia baseada na produção e exportação de produtos vinícolas. Essa cidade também teve fim e suas ruínas e cavernas se tornaram novamente habitações temporárias de agricultores seminômades. Tais ciclos de formação e colapso de aldeias e cidades na colina de Hesbân se repetiram diversas vezes ao longo dos séculos até o presente.

No entanto, com respeito à evidência da existência de uma "cidade importante do amoritas" ou a provas de uma batalha nessa cidade entre as forças de Seom e as de Moisés, os dados arqueológicos são bastante nulos. Eles nem apoiam nem refutam o relato bíblico, simplesmente são no momento insuficientes para iluminar esta parte do registro bíblico. [ØYSTEIN S. LABIANCA]

HESMOM (heb. *ḥešmôn*) Cidade na parte sul da herança de Judá (Js 15:27). Não aparece na lista da LXX, nem foi incluída em listas semelhantes que registram as cidades redistribuídas para Simeão (Js 19:2-6; 1Cr 4:28-30). O contexto sugere um local no Neguebe, próximo a Berseba. [LAURA B. MAZOW]

HETE (heb. *ḥēṯ*) Segundo filho de Canaã (Gn 10:15 = 1Cr 1:13). Foi o antepassado epônimo dos hititas (Gn 23:10), no uso bíblico, um elemento da população pré-israelita de Canaã mais que uma referência ao império anatoliano. Abraão comprou a caverna de Macpela para sua sepultura entre os hititas (Gn 23; 25:10; 49:32). Rebeca e Isaque desencorajaram Jacó a se casar com as mulheres hititas (Gn 27:46), a quem também chamavam de "filhas de Canaã" (28:1,8). [ROBERT E. STONE, II]

HETLOM (heb. *ḥeṯlōn*) Lugar na fronteira norte imaginária de Israel, mencionado em Ezequiel 47:15; 48:1 em conexão com Damasco, Hamate e Berota. Sua localização precisa não é conhecida, mas uma possível identificação seria com a atual Heitela, a nordeste de Trípoli.

HEVEUS (heb. *ḥiwwî*) De acordo com o Quadro das Nações (Gn 10:17) e sua correspondente genealogia (1Cr 1:15), Os heveus são um povo descendente, por meio dos cananeus, de Cam, o segundo filho de Noé. Eram os habitantes nativos da Terra Prometida antes do povoamento israelita. Seu nome aparece normalmente nas listas estereotipadas das nações definidas para a desapropriação pelos israelitas (p. ex., Dt 7:1).

Os heveus moravam nas montanhas do Líbano e do Antilíbano, e no vale de Beqa que faz divisa entre as duas regiões (Jz 3:3), inclusive a parte sul final dessa área, a terra ou o vale de Mispá, ao pé do monte Hermom (Js 11:3,8). Embora a Fenícia oriental constitui-se a região principal dos heveus, eles também se localizavam em lugares mais distantes, bem ao sul. Os gibeonitas eram heveus (Js 9:7; 11:19; LXX "horeus"), como também Hamor, o príncipe local de Siquém, e seus filhos (Gn 34:2).

Heveu provavelmente significava "habitante de tenda", do termo hebraico para "acampamento de tendas". Foi sugerido a partir de uma evidência extrabíblica, um Amurru localizado no norte da Palestina, que o termo "heveu" poderia designar o beduíno. Se os heveus foram nômades em tempos iniciais, eles devem ter se tornado sedentários no reino de Davi (2Sm 24:7) — a não ser, é claro, que "cidades" possam significar "acampamentos" tanto nessa passagem como em Números 13:19.

Bibliografia. E. C. Hostetter, *Nations Mightier and More Numerous: The Biblical View of Palestine's Pre-Israelite Peoples*. BIBALDS 3 (North Richland Hills, Tex., 1995), 72-76. [EDWIN C. HOSTETTER]

HEXAPLA Uma obra importante de crítica bíblica escrita por Orígenes. O nome Hexapla deriva de suas seis colunas de textos paralelos (o texto hebraico, o texto hebraico transliterado em caracteres gregos, e as versões gregas de Áquila, Símaco, LXX e Teodocião). Na coluna da LXX, Orígenes marcou com um óbelo as passagens que se apresentavam no grego, mas não se achavam na coluna hebraica. Quando na LXX faltava material encontrado em hebraico, Orígenes inseriria a passagem de uma das outras colunas gregas (as que estavam textualmente mais próximas do hebraico) e marcava a inserção com um asterisco. Embora a Hexapla em sua totalidade aparentemente nunca tenha sido copiada, há várias cópias da coluna da LXX. Por infelicidade, muitas manuscritos omitiram as marcas textuais de Orígenes, introduzindo assim uma quantidade significativa de contaminações na tradição textual da LXX. Só alguns fragmentos de cópias da Hexapla ou de sua quinta coluna sobreviveram. Uma das testemunhas mais importantes da obra de Orígenes é a tradução siríaca da quinta coluna, feita no século VII — completa com as marcas textuais —, atribuída a Paulo de Tela, conhecida como a Hexapla Síria. [JAMES R. ADAIR, JR.]

HEXATEUCO Os primeiros seis (gr. *héx*) livros do AT (Gênesis–Josué), considerados por muitos como o principal componente da história primária de Israel. Os livros estão relacionados de forma crítica e teológica por vários "credos históricos", que recordam os poderosos atos de Deus em favor de Israel, desde os patriarcas até a Conquista. *Ver* CRÍTICA BÍBLICA.

HEZIOM (heb. *ḥezyôn*) O avô do rei sírio Ben-Hadade I (1Rs 15:18). É frequentemente identificado com Rezom, rei de Damasco nos tempos de Salomão (1Rs 11:23-25).

HEZIR (heb. *ḥēzîr*) **1.** O líder da décima sétima divisão de sacerdotes durante o tempo de Davi (1Cr 24:15).

2. Levita que colocou o selo na aliança renovada sob a liderança de Neemias (Ne 10:20 [TM 21]).

HEZRO OU HEZRAI (heb. *K ḥerṣô*, *Q eḥṣray*) Homem de Carmelo da Judeia (2); um dos Trinta de Davi (2Sm 23:35; 1Cr 11:37).

HEZROM (heb. *ḥeṣrôn*) **I. (LUGAR)** Lugar no limite extremo sul do território destinado a Judá (Js 15:3), aparentemente entre Cades-Berneia e Hazar-Adar em Números 34:4. Poderia ser uma junção errônea de Hezrom e Adar da lista de Josué 15:3. O local poderia ser 'Ain Qedeis, um dos três pequenos poços na redondeza de 'Ain el-Qudeirât (Kadesh-Barnea), ou próximo de lá. [WADE R. KOTTER]

II. (PESSOA) (heb. *ḥeṣrôn*, *ḥeṣrōn*) ou ESROM **1.** Terceiro filho de Rúben (Gn 46:9; Êx 6:14; 1Cr 5:3); antepassado do clã dos hezronitas de Rúben (Nm 26:6).

2. Um dos filhos de Perez e neto de Judá (Gn 46:12; 1Cr 2:5; 4:1). Os descendentes dele constituíram a família dos hezronitas da tribo de Judá (Nm 26:21; cf. 1Cr 2:9-33). Está relacionado entre os antepassados diretos de Davi e da casa real de Judá (Rute 4:18-19) e aparece em ambas as versões da genealogia de Jesus (gr. *Hesrṓm*; Mt 1:3; Lc 3:33).

HICSOS (gr. *Hyksṓs*) Termo grego, proveniente do egípcio, "governantes de países estrangeiros", usado pelo historiador egípcio Maneto (séc. III a.C.) para descrever o(s) povo(s) que dominou(ram) o Egito durante as 15ª e 16ª dinastias do Segundo Período Intermediário (alta cronologia, 1674-1550; baixa cronologia, 1637-1529). Maneto interpretou erradamente a expressão egípcia como "reis pastores". Em certas escrituras egípcias, eles também foram indicados pela designação genérica "asiáticos" (lit., "falantes de uma língua semita ocidental").

Identificação étnica. Embora a identificação étnica e o lugar de origem dos hicsos sejam discutíveis, um corpo crescente de evidências (textuais e arqueológicas) indica que os hicsos não eram indo-europeus (ou mais especificamente hurritas), mas eram num sentido mais amplo semitas ocidentais e, talvez, num sentido estrito, levantinos meridionais.

As evidências arqueológicas de Tell el-Dab'a, Tell el-Maskhuta e de outros lugares do Delta oriental fornecem todas as indicações de uma cultura semita ocidental. O principal sítio hicso de Aváris (Tell el-Dab'a) foi uma grande cidade que cobria uma área de c. 2,5 km^2. Seu material cerâmico e artefatos são virtualmente iguais aos das culturas contemporâneas do Médio Bronze IIB do Levante. Suas práticas de sepultamento também evidenciam origens levantinas. As tumbas são do tipo câmara abobadada de tijolos de barro, com sacrifícios de jumentos aparecendo em algumas dessas tumbas, normalmente em pares. Tumbas semelhantes com sacrifícios desses animais foram atestadas em Tell el-Maskhuta, Inshas e Tell el-Farasha, no Egito, e em Jericó, Laquis e Tell el-'Ajjul, no Levante. Além disso, um grande complexo de templo cananeu foi descoberto em Tell el-Dab'a. Finalmente, artigos como cabeças de machado e punhais de bronze, jarros e pinos de madeira confirmam a origem cananeia.

Evidências textuais incluem uma relação de escravos (Papiro Brooklyn 35.1446) e os Textos de Execração (grupo Berlim-Mirgissa). A relação de escravos (datando da 13ª dinastia) consiste em 77 nomes legíveis de escravos dos quais 48 são claramente asiáticos. Os Textos de Execração (c. 1850-1750) representam a aniquilação mágica de pessoas e coisas hostis ao faraó e ao Egito. Embora esses textos reflitam uma ampla gama de inimigos egípcios, nas seções asiáticas eles combinam os *ḥqzw* das cidades do litoral sírio-palestino com os *'zmw* da região. Tais documentos são portanto um testemunho indireto das origens hicsas.

Ascensão ao poder. Os estudiosos vêm há muito tempo debatendo a chegada dos hicsos no Egito. Durante anos, muitos estudiosos defenderam um modelo de infiltração, em que a tomada do poder pelos hicsos ocorreu por meio de controle pacífico, a partir de um elemento racial majoritário na época (ao menos no Delta oriental).

Mais recentemente, egiptólogos parecem entender a ascensão hicsa em termos mais complexos. Apesar de que imigrantes semitas ocidentais tenham durante muitos séculos se infiltrado no Delta e se estabelecido por lá e, na realidade, servido nas unidades paramilitares egípcias, pode ser enganoso colocar muita ênfase nesse processo de imigração como antecedente dos governantes hicsos, pois as peculiaridades dos hicsos eram evidentemente algo que impressionava de modo contundente os egípcios. Embora as fontes egípcias contemporâneas (p. ex., as estelas de Kamoses) sejam altamente ideológicas, elas, apesar disso, se constituem em testemunhas importantes do processo mais complexo à ascensão hicsa ao poder. No começo do período hicso, uma combinação de vários grupos / tribos levantinos imigraram para o Delta oriental, como também grupos guerreiros mais móveis. Estes talvez se concentrassem numa federação flexível, com um grupo militar principal, que se espalhou por várias cidades do Delta e assumiu o seu controle (embora deixando também outros em seus cargos de governantes egípcios). Estratos de destruição foram encontrados em alguns locais do Delta oriental, incluindo Tell el-Dab'a, e podem indicar alguns conflitos mais sérios e algo mais do que uma infiltração pacífica.

Por vezes se argumenta que os hicsos conquistaram o Egito por possuírem armas superiores (especialmente cavalos e carros de guerra). Porém, não há nenhum apoio arqueológico ou textual de que os hicsos tenham introduzido o cavalo e o carro no Egito, ou que estes artefatos tenham proporcionado aos hicsos a superioridade militar necessária para subjugar a Síria e o Egito. O mesmo também parece se aplicar às fortificações "inclinadas" hicsas.

Fim do domínio. O único rival potencial para a 15ª dinastia hicsa se encontrava no Alto Egito, onde um estado centralizado em Tebas havia sobrevivido à queda da 13ª dinastia. Limitado ao sul pelo reino de Cuxe (um aliado hicso) e, ao norte, pelos próprios hicsos, os primeiros dirigentes da 17ª dinastia que assumiram esse pequeno e belicoso estado foram compelidos a reconhecer suserania hicsa. O expediente político de acomodação com os hicsos promoveu uma paralisia política que os últimos governantes da 17ª dinastia por fim repudiaram. Inicialmente, Seqenenre T'aa II conduziu uma revolta contra os hicsos. Quando ele morreu em batalha, seu irmão Kamose comandou várias invasões vitoriosas ao território de Cuxe e, depois, à própria capital, Aváris. Finalmente, Ahmose derrotou os asiáticos numa série de campanhas contra suas bases no Delta e em Canaã (inclusive contra a fortaleza de Sharuhen).

A extensão do envolvimento egípcio na destruição dos sítios do período IIC do Médio Bronze em Canaã, depois da expulsão dos hicsos, tem sido posta em questão. A evidência parece indicar um enredo complexo que envolve uma combinação de fatores: disputas internas, conflitos entre estados vizinhos, campanhas egípcias, crise econômica.

IMPACTO. A ocupação hicsa foi um divisor de águas na história egípcia. Até aquele ponto, os egípcios, apesar dos períodos de caos políticos internos, haviam se mantido livres de invasões. Gerações de egípcios foram então assombradas pelo espectro da dominação estrangeira. O imperialismo agressivo do Reino Novo foi, sem nenhuma dúvida, um subproduto da dominação hicsa. Tal postura ideológica poderia possivelmente haver servido como cenário da situação política descrita em Êxodo 1.

Bibliografia. M. Bietak, *Avaris, the Capital of the Hyksos* (London, 1996): 225-90; W G. Dever, " 'Hyksos', Egyptian Destructions, and the End of the Palestinian Middle Bronze Age", *Levant* 22 (1990): 75-81; B. J. Kemp, "Old Kingdom, Middle Kingdom and Second Intermediate Period c. 2686–1552 B.C.", in B. G. Trigger, et al., *Ancient Egypt: A Social History* (Cambridge, 1983), 149-82; E. D. Oren, ed., *The Hyksos: New Archaeological and Historical Perspectives* (Philadelphia, 1997); D. B. Redford, *Egypt, Canaan, and Israel in Ancient Times* (Princeton, 1992); H. S. Smith and A. Smith, "A Reconsideration of the Kamose Texts", *ZÄS* 103 (1976): 48-76; J. Van Seters, *The Hyksos* (New Haven, 1966). [K. LAWSON YOUNGER, JR.]

HIDAI (heb. *hidday*) (tb. HURAI) Israelita do "ribeiro/ vale de Gaás" de que era um dos Trinta de Davi (2Sm 23:30). Em 1Crônicas 11:32, é chamado de Hurai.

HIDÉQUEL (heb. *ḥiddeqel*) O nome hebraico do rio Tigre (cf. ARC; Gn 2:14; Dn 10:4; ac. Idiglat; Sum. Idigna).

HIDROPISIA O sintoma de uma doença nos órgãos vitais, pelo qual um excesso de fluídos se junta em várias partes do corpo, indicando um estágio avançado da doença. O termo grego *hydrōpikós* tem sido empregado desde o tempo de Hipócrates (séc. IV a.C.). A condição de hidropisia do homem curado no sábado era avançada (Lc 14:2).

HIEL (heb. *ḥî'ēl*) Homem de Betel que reconstruiu Jericó durante o tempo de Acabe (871-852 a.C.). Ao lançar os fundamentos dos muros da cidade, ele perdeu Abirão, seu primogênito, e quando foram montados os portões, ele perdeu o filho mais novo, Segube (1Rs 16:29-34). As mortes foram compreendidas como consequências da maldição que Josué rogara sobre qualquer um que reconstruísse a cidade ou seus muros (Js 6:26). Antigas interpretações que consideravam tais mortes como sacrifícios pela construção não se sustentam mais. A nota sobre Hiel poderia remontar aos anais da corte do reino do norte, mas sua narrativa se tornou parte dos registros negativos sobre Acabe.

Bibliografia. C. Conroy, "Hiel between Ahab and Elijah-Elisha", *Bibl* 77 (1996): 210-18. [SIEGFRIED KREUZER]

HIERÁPOLIS (gr. *Hierápolis*) Cidade comercial e colônia militar helenística localizada no Vale de Lico, região sudoeste da Ásia Menor perto de Colossos e Laodiceia. Hierápolis era conhecida por sua produção de tecidos e centro de cultos de mistério (Estrabão Geog. 13.4.14). A comunidade judia em Hierápolis foi iniciada quando Antíoco III transferiu soldados judeus da Mesopotâmia e Babilônia para a Frígia e Lídia c. 210-205 a.C. (Josefo, *Ant.* 12 [147-53]; cf. *CIJ* 2.775). Paulo menciona Hierápolis como o lugar onde Epafras ministrou (Cl 4:12-13). Ireneu considerava Papias, bispo de Hierápolis em c. 125 d.C., como "ouvinte" (discípulo) de João (Adv. haer. 5.33.3-4). Embora Eusébio discordasse disso (HE 3.39.2-4), Papias é considerado um Pai Apostólico.

Bibliografia. J. M. G. Barclay, *Jews in the Mediterranean Diaspora* (Edinburgh, 1996); M. Hengel, *Between Jesus and Paul* (Philadelphia, 1983); E. M. Yamauchi, *The Archaeology of New Testament Cities in Western Asia Minor* (Grand Rapids, 1980). [LYNNE ALCOTT KOGEL]

HIGAIOM (heb. *higgāyôn*) Termo misterioso que aparece na poesia hebraica antiga. É provavelmente derivado de *hgh* ("gemido, murmúrio", "musa"), e poderia se referir à reflexão/ meditação (Sl 19:14 [TM 15]; Lm 3:62; cf. Sl 9:16 [17] com *selâ*, talvez sinalizando uma pausa meditativa ou um interlúdio instrumental) ou a uma maneira de cantar ou a um acompanhamento musical, possivelmente um "floreio" (Sl 92:3 [4], em que o termo aparece com *kinnôr*, "harpa"; ARA: "solenidade da harpa"). [TYLER F. WILLIAMS]

HILEL (heb. *hillēl*) **1.** Pai de Abdom, juiz que precedeu imediatamente Sansão (Jz 12:13-15).

2. Hilel, o Ancião (60 a.C.-20 d.C.), sem dúvida o indivíduo mais influente na história judaica pós-Escrituras. Nascido na Babilônia, foi para Israel a fim de prosseguir o estudo da Torá com os maiores mestres da época, Semaías e Abtalião. Por fim, Hilel foi promovido à presidência do Sinédrio e então se tornou o líder dos fariseus de facto (30 a.C — 10 d.C.). Contemporâneo de Herodes e de Jesus, ele seguramente estava entre, se não fosse o líder, dos "principais sacerdotes e escribas do povo" (Mt 2:4) a quem Herodes consultou sobre o local de nascimento do Messias.

Na tradição rabínica, é comparado a Moisés e Esdras, e diz-se que foi o único desde Malaquias a merecer que o Espírito Santo repousasse sobre ele como fez em Moisés (t. Sota 13.3; y. Sanh. 11a).

Hilel fundou uma dinastia de presidentes (*nĕś’”m*) que governou Israel por meio do Sinédrio por mais de quatrocentos anos, incluindo seu neto Gamaliel I e Yohanan ben Zakkai, o aluno mais ilustre de Hilel, que quase sozinho preservou o judaísmo depois da destruição de 70. Considera-se que Hilel deixou um grupo central de oitenta discípulos, sem dúvida a base da "Escola de Hilel": o grupo farisaico responsável pela formação do "judaísmo rabínico". O rabino Judá, o Príncipe, um descendente direto de Hilel, produziu a Michná, a base dos dois Talmudes, assegurando a influência permanente de Hilel no judaísmo.

Hilel transformou radicalmente o movimento farisaico. Ele unificou os métodos de interpretação e aplicação das Escrituras; enfatizou a indulgência no julgamento e as responsabilidades na halachá; buscou os pobres, pecadores e gentios, e abriu para eles o caminho de Deus; e santificou toda a vida, ensinando que até mesmo as atividades mais mundanas são sagradas quando feitas em favor de Deus. A influência dessas ênfases gerais é bastante evidente no NT.

Durante seu tempo de vida, Hilel chegou a ser visto como o rabino ideal. Hilel não pregava apenas, mas praticava aquilo que pregava, e os mestres recomendavam que sua devoção (Sanh. 11a), humildade, paciência, acessibilidade (Sabb. 31a) e estilo pedagógico fossem imitados.

Embora o impacto de Hilel no judaísmo rabínico fosse mais direto, a sua influência no cristianismo primitivo é, num outro sentido, igualmente notável. Devido à proximidade cronológica, étnica, ideológica e geográfica, não deveria causar surpresa que a influência de Hilel tenha chegado aos mestres do NT como Jesus e Paulo. Por exemplo, Hilel ensinou o princípio da "Regra de Ouro" (Sabb. 31a; cf. Mt 7:12), que se deve "amar e procurar a paz" ('Abot 1.12; 2.8; cf. Mt 5:9), bem como uma visão do julgamento divino que dentro da Academia chegou a ser chamada de "medida por medida" ('Abot 2.7; Sukk. 53a; cf. Mt 7:2). Além disso, a maioria das sete regras hermenêuticas (middot) que Hilel canonizou para a interpretação e a aplicação sistemática das Escrituras foi usada no NT por Jesus e Paulo (t. Sanh. 7.11; 'Abot R. Nat. 37, 110).

Bibliografia. Y. Buxbaum. *The Life and Teachings of Hillel* (Northvale, N.J., 1994); "Hillel (the Elder)", *EncJud* 8.482-85. [W. E. NUNNALLY]

HILÉM (heb. *ḥîlēn*) (tb. HOLOM) Aldeia na região montanhosa de Judá, concedida à família levita coatita (1Cr 6:58 [TM 43]). Em Josué 15:51; 21:15 é chamada de Holom (1).

HILQUIAS (heb. *ḥilqîyâ*) **1.** Pai de Eliaquim, administrador do palácio de Ezequias (2Rs 18:18, 26, 37; Is 22:20; 36:3).

2. Sumo sacerdote durante o reino de Josias. Foi responsável pela coleta e o desembolso de fundos que pagaram pela reforma do templo, realizada durante o reinado de Josias. Durante as obras, Hilquias encontrou o manuscrito da lei que serviu de base para a continuação das políticas reformistas. Ele e outros consultaram a profetisa Hulda ao lado de Josias para averiguar a palavra do Senhor em relação ao manuscrito e suas implicações para Judá. Hilquias e outros oficiais participaram da remoção dos utensílios de adoração pagã do templo (2Rs 22–23; 2Cr 34–35; Is 36–37) e fizeram sacrifícios para a celebração da Páscoa de Josias (2Cr 35:8; 1 Ed 1:8).

3. Levita do período pré-exílico (1Cr 6:13 [TM 5:39]) e provavelmente o bisavô de Esdras (Ed 7:1; 1 Ed 8:1). Alguns estudiosos identificam esse Hilquias com o sumo sacerdote do reino de Josias (item 2, acima).

4. Antepassado de Merari, um dos músicos levíticos designados por Davi para o serviço da arca da aliança (1Cr 6:45 [30]).

5. Pai de Azarias (1Cr 9:11) ou Seraías (Ne 11:11), sacerdote do período pós-exílico.

6. Um dos guardiões do templo designados por Davi. Foi o segundo filho de Hosa, descendente de Merari (1Cr 26:11).

7. Um dos que estavam ao lado de Esdras quando este leu a lei diante da Porta das Águas (Ne 8:4).

8. Um dos líderes dos sacerdotes no tempo de Jesua e Zorobabel (Ne 12:7); seu filho Hasabias foi o líder da casa de seus ancestrais durante o sumo sacerdócio de Joiaquim (v. 21).

9. Sacerdote de Anatote; pai de Jeremias (Jr 1).

10. Pai de Gemarias que Zedequias enviou a Nabucodonosor (Jr 29:3).

11. Antepassado de Judite (Jdt. 8.1).

12. Antepassado de Baruque (Bar. 1.1,7).

13. Pai de Susana (Sus. 2,29,63). [MICHAEL L. RUFFIN]

HIM (heb. *hîn*; egip. *hn*) Unidade de medida de líquidos igual a um sexto de um bato, aprox. 3,6 litros.

HIMENEU (gr. *Hyménaios*) Oponente de Paulo que possuía o nome do deus grego do matrimônio. Himeneu é mencionado com os falsos mestres Alexandre (1Tm 1:19-20) e Fileto (2Tm 2:17-18). É dito que ele havia abandonado a fé e ensinava que a ressurreição final já tinha acontecido. Paulo o entregou "a Satanás" (o excluiu da igreja) para que Himeneu aprendesse a não mais blasfemar (1Tm 1:20).

HINO FÚNEBRE Cântico ou poema que expressa lamentação sobre os mortos ou destruição nacional (heb. *qînâ, nĕhî*). Os exemplos incluem o cântico fúnebre de Davi sobre Saul e Jônatas (2Sm 1:17-27) e parte do livro de Lamentações (cf. o deus El lamentando a morte de Baal; *ANET*, 140). Os hinos fúnebres eram frequentemente escritos na métrica qina, com cada linha tendo cinco sílabas acentuadas; a segunda parte é mais curta que a primeira. Os elementos básicos do hino fúnebre incluem um grito, "ai de mim" (*hôy*, Jr 22:18) ou "Como...! (*'êḵâ*, Lm 1:1); um anúncio de morte ou catástrofe (Lm 1:1-4); uma descrição de sofrimento (Lm 1:5-60; contraste entre a situação anterior e a presente (Ez 27:33-34); uma chamada para o pranto ou lamentação (Is 14:31); e uma descrição do efeito sobre os espectadores curiosos (Lm 1:12).

Jeremias se refere às mulheres profissionais "habilitadas" na lamentação (*mĕqônĕnôṯ*, Jr 9:17 [TM 16]; cf. 2Cr 35:25), e os profetas frequentemente empregavam cânticos fúnebres (Is 5:18-22; Am 5:16) como advertências anteriores ao tempo da calamidade que cairia sobre uma nação pecaminosa. Deus entoa um hino fúnebre (Jr 8:18-9:3 [2]), como também faz Jesus (Lc 19:41-44).

O canto fúnebre é distinto de um lamento por este último se dirigir a Deus com o objetivo de aliviar o sofrimento. O livro de Lamentações (c. 586 a.C.) contém ambos os gêneros, com a antiga Lamentação Suméria sobre a Destruição de Ur (ca. 2006).

Bibliografia. C. Westermann, *Lamentations: Issues and Interpretation* (Minneapolis, 1994). [NANCY LEE]

HINOM (heb. *hinnōm*), **VALE DO** Um dos três vales que cortam a região ao redor de Jerusalém. A maioria dos estudiosos acredita que o vale ocidental é o que os antigos chamavam vale do Hinom que se une ao vale de Cedrom, na parte sudeste de Jerusalém. Também é chamado "o vale Ben-Hinom" (Jr 7:32) ou "o vale dos filhos de Hinom" (2Rs 23:10), e era tão familiar que, às vezes, era chamado simplesmente "o vale" (2Cr 26:9). Servia como linha divisória entre as tribos de Benjamim e Judá (Js 15:8; 18:16).

Em um lugar chamado Tofete, no Vale do Hinom, as pessoas adoravam Baal e queimavam seus filhos como sacrifícios ao deus Moloque durante os reinados de Salomão, Acaz e Manassés (2Rs 23:10; 2Cr 28:3; 33:6; Jr 32:35). Isso fez Jeremias nomeá-lo vale da Matança (Jr 7:31-32; 19:5-6). O lugar foi transformado num depósito de lixo para dessacralizá-lo, tornando-o impróprio até mesmo para a adoração pagã. Durante séculos, uma queimada constante destruía os dejetos depositados ali. O fogo e o mau cheiro, aliados à lembrança dos horrores ali praticados e a condenação desses males pelos profetas de Deus, geraram o conceito de *géenna* (lit., "vale do Hinom"), termo que designa a tortura ardente de pessoas condenadas, o "fogo do inferno" (Mt 5:22). Embora o nome se referisse a um local geográfico específico, ele também se tornou para os judeus e cristãos um termo padrão para designar o inferno com seus tormentos e castigos (Mt 10:28; 25:30, 46). [RICHARD A. SPENCER]

HINOS CRISTÃOS PRIMITIVOS Como os raios de uma roda, os hinos canônicos exibem características que ainda seriam desenvolvidas nos círculos cristãos subsequentes ao século VI. Por exemplo, os hinos do Apocalipse refletiriam o cerimonial da corte romana, da mesma maneira que o simpósio por Metódio de Olimpo reflete a dinâmica da cerimônia de posse do cônsul romano Ausônio. Os hinos do Apocalipse são frequentemente estruturados de forma antifônica (c. 4-5), uma dinâmica depois levada para a igreja ocidental por Ambrósio. O fenômeno do martírio nos hinos do Apocalipse foi mais tarde celebrado pelo papa Damásio, cujo tratamento do martírio de Inês, porém, não possui o mesmo erotismo explícito que há na composição poética dedicada a Inês pelo pai latino Prudêncio. O Aleluia cantado em Apocalipse 19 pontua os hinos posteriores das Odes de Salomão e é calorosamente acolhido por Hilário, Jerônimo e Agostinho como exercício litúrgico. Também a interação no Apocalipse entre o canto de hinos e silêncio no céu (Ap 7:10–8:1) tem seu análogo nos hinos dos Atos de João e do Sermão Pascal de Melito de Sardes que encontra equilíbrio entre a adoração apofática e catafática. A música de fato envolvida na canção dos hinos está escassamente atestada. A amostra mais remota se encontra na anotação musical do século III do Papiro Oxirrinco 1786, um hino que louva o Deus cristão. A descrição no Apocalipse do acompanhamento instrumental para seus hinos não pode em si mesma ser suficiente para demonstrar o uso de certos instrumentos por aquela comunidade, mas está na raiz de um debate posterior entre os pais da igreja sobre o decoro em se usar certos instrumentos ou nenhum instrumento como acompanhamento dos hinos.

Paulo assume que os cristãos se reúnem espontaneamente para cantar hinos (gr. *psalmós*, 1Co 14:26), prática que é seguida pelo grupo de fiéis relatada ao imperador Trajano pelo governador romano Plínio. No entanto, em estudos recentes têm se questionado se alguns dos materiais identificados normalmente como hinos no corpo paulino e nos evangelhos já seriam na realidade cantados ou se talvez fossem criações literárias *ad hoc*, apresentando maior afinidade com o louvor literário. O que pode ser especialmente verdade nos hinos de Lucas 1–2 e de João 1, sendo que estes antecipariam produções como o hino de Clemente ao Cristo Pedagogo. Porém um aspecto decide essa questão, os hinos de Lucas mostram um forte interesse em vincular o evento Jesus na história de Israel, uma tendência que o Concílio de Laodiceia (c. 360) procurou encorajar ao proibir a produção de hinos não bíblicos. O hino de João marca o começo de uma tendência em celebrar Jesus com o uso de categorias filosóficas. Muitos dos hinos da biblioteca de Nag Hammadi celebram Jesus em termos de "forma" e "matéria" (Tratado Tripartite) e acima de tudo "gnosis" / conhecimento (hino de Naasene), enquanto a apresentação hínica do conhecimento em Atos de André tem significado determinado pela cruz de Jesus. Os hinos de Ário, que honram Jesus como criatura — embora criatura excepcional — provocaram um forte contra-ataque nos hinos de Atanásio que encarnaram a fé de Niceia.

O número quase igual de sílabas na maioria das linhas de 1Timóteo 3:16 mostra atenção sobre a regularidade rítmica, que acabou plenamente realizada no hino de Clemente ao Cristo Pedagogo. A diferença métrica da linha "contemplado por anjos / mensageiros" no versículo paulino é para alguns comentaristas sinal de intervenção editorial e antecipa a redação difundida de trechos de hinos posteriores, como os das Constituições Apostólicas, presumivelmente para fazer os hinos refletirem uma prática corrente. A atenção ao nome divino e ao nome de Jesus presente em Filipenses 2:6-11 é seguida em porções hínicas do Evangelho dos Egípcios e das Odes de Salomão, como também nos hinos dos Atos de Tomé. A representação de Cristo como imagem de Deus, em quem o pecado é derrotado (Cl 1:15-20), está presente na celebração hínica de Ambrósio a uma humanidade moralmente renovada pelo evento Cristo (*Aeterno Rerum Conditor*). Que o Cristo de Colossenses cumpre seu papel como imagem de Deus ao cantar a glória do Pai é um *litmotif* também presente no hino nisibeno 50 de Efrém.

Embora não se possa estar certo sobre a pura novidade de alguns desdobramentos pós-NT da hinódia cristã, algumas características hínicas parecem haver sido desenvolvidas em resposta a assuntos diferentes daqueles enfrentados durante o período de produção da literatura canônica. Efésios de Inácio, cap. 19, inclui um ataque explícito à duradoura atração pela magia no império. O assunto da morte de Cristo como "sacrifício" torna explícito um motivo que talvez estivesse apenas implícito nos hinos canônicos (Sermão sobre a Páscoa de Melito de Sardes). A dança é mencionada nas porções hínicas dos Atos de João e no hino da Páscoa de Hipólito. Orações que celebram o papel da Virgem ao possibilitar a vinda de Cristo são especialmente proeminentes na igreja oriental, onde numerosos hinos designados para o uso em momentos específicos do dia também estavam sendo produzidos (Evangelho de Bartolomeu, Cirilo de Alexandria, Gregório de Nazianzo). Também parece haver alguma evidência de que partes das Escrituras estivessem sendo cantadas nesse período, algo ainda testemunhado por intercessões hínicas a detentores de ofícios específicos na igreja.

Nas fronteiras da pesquisa sobre esta área, pode-se perguntar de que modo a teologia cristã primitiva era afetada pelos entrelaçados fenômenos da teoria musical helenística e da antropologia cristã primitiva.

Bibliografia. **Edições de textos:** F. F. Church & T. J. Mulry, *The Macmillan Book of Earliest Christian Hymns* (New York, 1988); M. Kiley, ed., *Prayer from Alexander to Constantine: A Critical Anthology* (London, 1997); E. Lodi, *Enchiridion Euchologicum fontium liturgicum*. Bibliotheca Ephemerides Liturgicae Subsidia 15 (Rome, 1979). **Estudos:** E. Foley, *Foundations of Christian Music: The Music of Pre-Constantinian Christianity* (Collegeville, 1996); "Liturgical Music: A Bibliographic Essay", in *Liturgy and Music*, ed. R. A. Leaver & J. A. Zimmerman (Collegeville, 1998), 411-53; R. J. Karris, *A Symphony of New Testament* Hymns (Collegeville, 1996); H. M. Schueller, *The Idea of Music: An Introduction to Musical Aesthetics in Antiquity and the Middle Ages* (Kalamazoo, 1988).

[MARK KILEY]

HIPO (gr. *Híppos*) Cidade grega (Antioquia Hipo) fundada pelos reis selêucidas no século III a.C., situada no atual Qal'at el-Husn ("fortaleza do cavalo"), a 2 km leste do mar da Galileia. Conquistada por Alexandre Janeu (80 a.C.), Hipo foi depois tomada por Pompeu, época em que Plínio a conheceu como uma das cidades de Decápolis (Nat. hist. 5,74). Augusto entregou-a a Herodes, o Grande, e depois ela se tornou parte da província da Síria. No período bizantino, Hipo fez parte da Palestina Secunda e foi sede de um bispado. Era conhecida em aramaico como Sussita ("égua, cavalo").

Hipo, cidade murada com um portão maior no leste e um menor no oeste, possuía no lado sul de sua rua principal, Cardo, que corria de leste a oeste, um ninfeu e uma casa de banho; do lado norte, um teatro. Três igrejas bizantinas foram encontradas ao norte de Cardo e duas no lado sul, uma das quais era uma basílica triabsidal com partes do altar encobertas, revestimento de mármore e tésseras encontradas ali; possuía ainda um batistério triabsidal adjacente, com uma fonte batismal e mosaicos com inscrições gregas. Foram encontrados resquícios do porto dessa cidade no mar da Galileia. Grande parte de Hipo foi destruída pelo terremoto de 747 d.C.

Bibliografia. C. Epstein. "Hippos (Sussita)", *NEAEHL* 2.634-36. [W. HAROLD MARE]

HIPOPÓTAMO (heb. *behēmôṯ*) Lit. "grande animal". O termo apresenta o plural de majestade (plural do substantivo hebraico "besta animal, gado", acompanhado por verbos no singular), sugerindo um único animal (Jó 40:15). A identificação tradicional de behemoth tem sido o hipopótamo. Na religião egípcia o rei, no papel do deus Hórus, caçava o hipopótamo, que simbolizava Seth, o deus do caos, o matador de Osíris, o pai de Hórus. Após vencer a batalha, Hórus assumiu o trono egípcio e estabeleceu a ordem.

Desde a descoberta de textos ugaríticos que identificam Leviatã (Jó 41:1) como criatura de caráter mítico, a identificação de behemoth com hipopótamo tem sido questionada. Diversos textos pós-bíblicos confirmam o caráter mitológico de ambos os animais (1En 60.7-9; 2Ed 6.49-52). Esses textos sugerem que behemoth, bem como o Leviatã nos mitos ugaríticos, tinha um protótipo na mitologia pré-israelita, talvez entendido como monstro primevo, símbolo mítico do caos. [PATRICIA A. MACNICOLL]

HIPÓTESE DOCUMENTÁRIA *Ver* CRÍTICA BÍBLICA.

HIRA (heb. *ḥîrâ*) Amigo adulamita (TM heb. *rēʿēhû*; LXX, Vulg. "pastor", de *rōʿēhû*) de Judá, filho de Jacó (Gn 38:1,12, 20-23). Foi quando Judá estava visitando Hira que ele conheceu a filha do cananeu Sua, com quem se casou (Gn 38:2).

HIRÃO (heb. *ḥîrām*) **1.** Hirão I, rei de Tiro (969-935 a.C.), que conviveu em termos amigáveis com Davi e Salomão. A forma bíblica hebraica do nome é uma versão abreviada do fenício Ahiram, que foi descoberto na inscrição de um sarcófago em Biblos como o nome de um rei. Sob o reinado de Hirão I, Tiro desfrutou de considerável expansão e prosperidade — conforme comprovado pelo estabelecimento das colônias em Chipre, Sardenha e Sicília, e em Cádis e Tartessos na Espanha. Josefo informa que Hirão sucedeu seu pai Abibaal e reinou durante 34 anos antes de morrer com a idade de 53 anos. Credita-se a Hirão a construção de diques para nivelar a parte oriental de Tiro, a ampliação da cidade, o corte de madeira do Líbano para a construção de templos, a edificação dos templos para Héracles/Melqart e Astarte, a instituição de uma nova festa para a primeira dessas divindades, a demolição de vários santuários, a criação de uma calçada para o templo de Zeus/Baal e a condução de uma campanha bem-sucedida contra Útica, por sua recusa em pagar tributo (Ag. Ap. 1; *Ant.* 8).

A amizade de Hirão com Davi e Salomão provavelmente se baseava na necessidade mútua: faltava a Israel habilidades técnicas para desenvolver sua cultura material; à Fenícia faltava a produção agrícola adequada. O AT sugere que foi logo após a tomada de Jerusalém por Davi que Hirão enviou trabalhadores de Tiro, que se distinguiam em arquitetura, o rei também forneceu matérias-primas para a construção do palácio de Davi (2Sm 5:11). Depois, Salomão fez aliança com Hirão (1Rs 5:12 [TM 26]). 1Reis 5:1 (15) indica que Hirão de fato fez o primeiro contato depois da ascensão de Salomão ao trono. A Palestina se tornou o celeiro da Fenícia, pois Hirão recebia anualmente grandes quantidades de cevada, óleo, trigo e vinho para a sua casa e seus trabalhadores. Em contrapartida, Salomão recebia mão de obra especializada, além de cedro e madeira de cipreste — transportada por balsas marítimas até Jope — para os seus grandiosos projetos de construção. Os edifícios públicos em Israel que datam desse período mostram muitos sinais da influência fenícia no desenho e na execução. Compartilhando experientes marinheiros, Hirão, além disso, ajuda Salomão na manutenção de uma frota mercante que operava no porto de Eziom-Geber, no golfo de Ácaba (1Rs 9:26-28; 10:11,22). Essa frota evidentemente navegou ao longo das costas africanas e árabes do Mar Vermelho, negociando artigos de luxo, como pedras preciosas e animais exóticos, de grande valor e pequeno volume. Quando o ambicioso programa de construção de Salomão excedeu por demais o seu tesouro, ou quando suas operações comerciais passaram por sérias dificuldades financeiras, ele foi forçado a ceder vinte cidades a Hirão na Galileia (1Rs 9:10-14).

2. Talentoso artesão e serralheiro que o rei de Tiro emprestou a Salomão para decorar o templo de Yahweh em Jerusalém, inclusive a construção das colunas Jaquim e Boaz (1Rs 7:13-47). O pai de Hirão havia sido um artesão do bronze em Tiro. Sua mãe ou era uma naftali (1Rs 7:14) ou uma danita (2Cr 2:14 [13]). Esses dois títulos poderiam derivar do mesmo registro porque a cidade de Dã se localiza dentro do território de Naftali. Porém, o cronista poderia ter alterado a origem de Hirão para traçar um paralelo com o danita Aoliabe e sua construção do tabernáculo (cf. Êx 31:6). O apoio à hipótese dessa alteração vem do fato de que o cronista cita o tírio Hirão-Abi em 2Crônicas 2:13 (12), nome que pode ter sido criado pela junção de "Hirão" ao elemento final "ab(i)" de Aoliabe. Além disso, a relação das habilidades de Hirão em 1Reis 7:14; 2Crônicas 2:7, 14 (6,13) é tirada de Êxodo 31:1-6; 35:35.

Bibliografia. J. K. Kuan. "Third Kingdoms 5.1 and Israelite-Tyrian Relations during the Reign of Solomon", *JSOT* 46 (1990): 31-46. [EDWIN C. HOSTETTER]

3. Hirão II, rei de Tiro (739-ca. 730), chamado "rei dos sidônios". Ele ampliou enormemente o território controlado por Tiro, apesar da agressão do Império Assírio. Textos que datam de 738 e 734-32 o relacionam entre os territórios que pagam tributo a Tiglate-Pileser III (*ANET*, 283). Em 733-732, Hirão fechou uma coalizão com Rezim de Damasco e o rei de Asquelom contra a Assíria; quando a rebelião foi sufocada, somente Hirão foi perdoado.

4. Hirão III, rei de Tiro (551-532). Aparentemente um vassalo leal de Nabonido, foi chamado da Babilônia para suceder seu irmão Maharbal (Merbal; Josefo Ag. Ap. 1.158-59). Com a ascensão de Ciro em 539, Tiro se tornou parte do Império Persa.

5. Hirão IV, rei de Tiro e contemporâneo do rei persa Dario I Histaspes (521-486). Heródoto (Hist. 7.98) se refere a ele como Siromos.

Bibliografia. H. J. Katzenstein. *The History of Tyre* (Jerusalém, 1973).

HIRÃO-ABI (heb. *ḥûrām'āḇî*) O artesão de Tiro empregado por Salomão para o trabalho em metal do templo (2Cr 2:13). *Ver* HIRÃO 2; HURÃ 1.

HIRCANO (gr. *Hyrkanos*) **1.** O filho de Tobias (2Mac 3.11), mas, de acordo com Josefo, o filho mais jovem de José e neto de Tobias (*Ant.* 12.160,186). De uma família de financistas proeminentes, Hircano foi generoso doador à tesouraria do templo, e também foi admirado por Ptolomeu por sua magnanimidade (*Ant.* 12.219). Uma resistência a favor dos egípcios levou Hircano a invadir a região leste do Jordão, onde construiu uma fortaleza em 'Arâq el-Emîr. Hircano se suicidou quando o rei selêucida Antíoco IV Epifânio subiu ao poder (*Ant.* 12.236).

2. João Hircano, sumo sacerdote asmoneu e etnarca de Judeia de 135/4 a 104 a.C.; filho de Simão Macabeu, neto de Matatias. Sob a liderança de João Hircano, que consumiu a maior parte de sua vida em batalhas, o estado judeu independente passou por uma grande expansão.

Em 134, quando seu cunhado Ptolomeu assassinou seu pai, João Hircano fugiu para Jerusalém (1Mac 16.11-22; Josefo *Ant.* 13.228-29; *BJ* 1.54-55). De acordo com Josefo, Hircano então sitiou Ptolomeu em Jericó, mas este conteve Hircano mantendo sua mãe e irmãos cativos, ameaçando jogá-los dos muros da cidade se Hircano não se retirasse. A demora levou o assédio até o ano sabático e a campanha foi abandonada. Antes porém de Ptolomeu fugir, ele matou os reféns (*Ant.* 13.235; *BJ* 1.60).

Durante o primeiro ano do governo de Hircano, Antíoco VII Euergetes (Sidetes) sitiou Jerusalém. Quando Hircano pediu trégua para observar a Festa dos Tabernáculos, Antíoco enviou oblações sacrificiais para serem oferecidas no templo. Encorajado por essa resposta, Hircano o indagou sobre um acordo. O exército sírio partiu depois de um tratado em que os judeus baixariam suas armas, pagariam tributo por Jope e outras cidades fora da Judeia e libertariam reféns. Além disso, Hircano foi obrigado a pagar quinhentos talentos de prata (*Ant.* 13.247). Mais tarde, Hircano se uniu a Antíoco na batalha contra os partos. Capitalizado pelos 3 mil talentos retirados da tumba do rei Davi, Hircano se tornou o primeiro asmoneu a recrutar mercenários (*Ant.* 13.249).

Em 129, quando Antíoco morreu na campanha parta, seu sucessor Demetrius II se envolveu imediatamente em lutas internas. Hircano tirou proveito do império sírio debilitado para não pagar os tributos e marchar sobre a Transjordânia, conquistando Medeba. Hircano voltou-se então para o norte, capturando Siquém e o monte Gerizim, destruindo o templo rival samaritano que lá havia. Novamente se dirigiu para o sul, atacando os idumeus e conquistando Dora e Marissa, além de submeter seus habitantes à circuncisão e à lei judaica (*Ant.* 13.255-57). Durante os anos seguintes, Hircano atacou Samaria e, depois de um assédio prolongado, arrasou completamente a cidade (*Ant.* 13.281).

Josefo atribui o dom de profecia a Hircano, relatando que o governante, depois de sua vitória sobre Samaria, descobrira o dom de uma voz divina, enquanto ele apresentava oferendas queimadas no templo em Jerusalém (*Ant.* 13.282, 300; *BJ* 1.68).

Divisões internas envolveram Hircano e emergente luta por poder entre fariseus e saduceus. Gradualmente, ele abandonou os fariseus para aliar-se aos saduceus. Finalmente, aboliu as leis farisaicas.

3. Hircano II, filho mais velho de Alexandre Janeu e Alexandra Salomé, neto de João Hircano; sumo sacerdote asmoneu (76-67, 63-40 A.C.) e etnarca da Judeia (47-40).

Considerado o herdeiro ao trono, Hircano II foi designado sumo sacerdote durante o reinado de sua mãe (Josefo, *Ant.* 13.408; *BJ* 1.109). Em 67, quando Alexandra morreu, Aristóbulo II, o irmão mais jovem e mais capaz de Hircano, o desafiou pelo poder, derrotando-o em batalha e forçando-o a se render. Enquanto Aristóbulo governou como etnarca e sumo sacerdote, Hircano aceitou o conselho dado pelo governador idumeu Antípater de buscar refúgio e ficar em Petra, com o rei nabateu Aretas. Antípater encorajou Aretas a pôr seu exército a serviço de Hircano em troca de territórios perdidos em guerras anteriores. Em 65, Aretas uniu forças com Hircano, sitiando Aristóbulo em Jerusalém, exatamente quando Pompeu surgia a leste com as forças militares de Roma. Aristóbulo e Hircano apelaram para um dos oficiais de Pompeu, Escauro. A princípio, Escauro decidiu contra Hircano, preferindo o mais rico e politicamente astuto Aristóbulo (*Ant.* 14.30). Porém, Pompeu, suspeitando de Aristóbulo, preferiu o mais maleável Hircano, a quem designou sumo sacerdote sobre uma Judeia menor e de quem exigiu tributo (*Ant.* 14.73).

Em troca do apoio de seu exército no Egito, Júlio César designou Hircano etnarca e sumo sacerdote (*Ant.* 14.137, 143-48). Por intermédio de César e do senado romano, Hircano conseguiu melhorar muito a vida dos judeus na Diáspora. No entanto, em termos internos, Hircano não pôde manter seu poder contra o crescimento de Antípater e de seus filhos, Fasael e Herodes. A fraqueza de Hircano ficou claramente exposta durante as investidas de Herodes (*Ant.* 14.169-70). Em 40, Hircano foi feito prisioneiro por Antígono, filho de Aristóbulo, e pelos partos. Para desqualificar o retorno de Hircano ao sumo sacerdócio, os inimigos cortaram-lhe as orelhas (*Ant.* 14.366). Por alguns anos, Hircano viveu pacificamente na Babilônia. Então Herodes, que se casara com a neta dele, Mariane, convidou Hircano para morar uma vez mais em Jerusalém. Em 30, Herodes executou Hircano (*Ant.* 15.173, 181).

Bibliografia. L. L. Grabbe, *Judaism from Cyrus to Hadrian*, 2 vols. (Minneapolis; 1992); E. Bicker-man, *The God of the Maccabees*. SJLA 32 (Leiden, 1979); M. Hengel, *Judaism and Hellenism*, 2 vols. (Philadelphia, 1974); E. Schürer, *The History of the Jewish People in the Age of Jesus Christ* (125 B.C.– AD. 135), ed. rev., 4 vols. (Edinburgh, 1973-1987); V. Tcherikover, *Hellenistic Civilization and the Jews* (1959, repr. New York, 1970). [LYNNE ALCOTT KOGEL]

HISSOPO No uso bíblico, planta de identificação incerta. A alcaparreira (Capparis spinosa L.) é uma das várias candidatas. Cresce frequentemente nas fendas de paredes, podendo aspergir líquido, e seus ramos chegam a ser bem longos. O hissopo sírio (Origanum syriacum L.), que cresce nas rochas do Egito e de Israel, também é uma possibilidade, como algumas das variedades da manjerona (Origanum maru). O hissopo europeu(Hissopous officinalis L.) não pode ser identificado com o hissopo bíblico já que não cresce no Egito nem em Israel. Muitos estudiosos sugerem que a palavra heb. *'ēzôḇ* se refere a várias plantas e que a tradução da LXX, *hýssōpos*, pode ter sido um erro causado pela semelhança de sons entre as duas palavras. A planta chamada hissopo em João 19:29 poderia ser na verdade o milho de Jerusalém (Sorghum vulgare, var. durra [Forsk.] Dinsm.).

Os israelitas usavam o hissopo para aspergir sangue em sua porta durante a Páscoa (Êx 12:22). Em outras passagens, o hissopo é associado com a purificação (p. ex., Lv 14:4,6,49-52; Nm 19:6; Sl 51:7 [TM 9]). Salomão conhecia o "hissopo que brota da parede" (1Rs 4:33). João relata que Jesus, estando na cruz, sorveu vinagre embebido numa esponja fincada num caniço de hissopo (Jo 19:29), mas Mateus e Marcos o descrevem como uma cana (gr. *kálamos*; Mt 27:48; Mc 15:36).

Bibliografia. H. N. Moldenke e A. L. Moldenke, *Plants of the Bible* (1952, repr. New York, 1986); M. Zohary, *Plants of the Bible* (London, 1982). [MEGAN BISHOP MOORE]

HISTÓRIA DO CRONISTA A história começa com os livros de Crônicas e termina com Esdras-Neemias. Já que Crônicas termina com o decreto de Ciro, permitindo que os exilados retornassem para casa e reconstruíssem o templo e Esdras começa com o mesmo assunto, tem sido presumido que esses livros são parte de um todo, uma unidade melhor explicada como trabalho de um único autor ou editor. Ao pressupor um autor comum para Crônicas, Esdras e Neemias, os comentaristas também têm citado interesses similares em genealogias, a primazia de Jerusalém, o templo, sacrifício e as relações entre sacerdotes e levitas. Vista nessa perspectiva, a história do cronista cobre um enorme espaço de tempo, começando com a primeira pessoa (Adão) e terminando com o segundo termo do exercício governamental de Neemias.

Entretanto, em décadas recentes, o consenso sobre a autoria tem se esclarecido. Alguns estudiosos, conduzidos por Sara Japhet e H.G.M. Williamson, fazem distinção entre a história do cronista, entendida simplesmente como Crônica, e Esdras-Neemias. Vista nessa perspectiva, a história do cronista começa com a primeira pessoa (Adão) e termina com o exílio na Babilônia e com a intimação de Ciro ao retorno para casa (2Cr 36:21-23). Apesar da popularidade crescente da teoria da autoria separada, alguns (p. ex., Joseph Blenkinsopp) decididamente defendem a autoria comum. Outros (p. ex., Thomas Willi) creem que o cronista escreveu Crônicas e Esdras/ Neemias em dois momentos diferentes de sua vida.

O debate sobre autoria tem envolvido, no mínimo, cinco importantes questões. (1) Estudiosos debatem se o livro da LXX de 1Esdras, que começa com o reinado de Josias, continua com o retorno e termina com a Festa das Tabernáculos (cf. Ne 8), exibe um testemunho para a unidade original de Crônicas, Esdras, e Neemias ou representa uma adaptação secundária dos mesmos. (2) Comentaristas discordam se o estilo e a característica da linguagem de Crônicas e Esdras/Neemias são semelhantes ou diferentes. (3) Muitos estudiosos veem o par em 2Crônicas 36:22-23; Esdras 1:1-3a evidência para a autoria comum, enquanto outros veem isso como costura secundária, ligando artificialmente os dois livros. (4) Alguns comentaristas pensam que Crônicas denuncia uma ideologia fundamentalmente diferente, mais conciliatória e mais aberta em relação à ideologia mais limitada e restritiva de Esdras e Neemias. Mas outros (p. ex., Gary N. Knoppers) pensa que muito das diferenças entre a teologia de Crônicas e Esdras-Neemias foram nitidamente esboçadas em demasia ou que muitas dessas diferenças podem ser atribuídas a matérias essencialmente diferentes (a monarquia pré-exílica versus o Judá pós-exílico). (5) Alguns estudiosos discernem diferentes técnicas de composição em Esdras-Neemias daquelas manifestas em Crônicas. Os autores de Esdras e Neemias chamam atenção para as fontes, enquanto é dito que o autor de Crônicas integra suas fontes na narrativa. Semelhantemente, Esdras-Neemias evidenciam uma tipologia consistente: projeto, oposição, e sucesso final. No entanto, tal visão dialética da história em que um problema (reconstrução do templo de Jerusalém) após o outro (reconstrução dos muros de Jerusalém) são enfrentados e superados não é característica de Crônicas.

O debate sobre essas cinco questões tem levado a resultados inconclusos. Para complicar a questão ainda mais deve-se, de nenhuma maneira, assumir que Esdras e Neemias derivam-se do mesmo autor. Uma leitura mais cuidadosa de Esdras-Neemias sugere que a história de composição dessa obra foi complexa. Dada a diversidade de perspectiva em Crônicas, Esdras, e Neemias, não é surpreendente que muitos estudiosos (p. ex., Karl-Friedrich Pohlmann, David Noel Freedman, Frank M. Cross) têm teorias modernas de duas ou mais redações na história de Crônicas. Esses autores afirmam conexões entre Crônicas, Esdras, e Neemias, mas sugerem que mais de um indivíduo é responsável pelas três obras.

Quais conclusões podem ser extraídas desse debate em andamento? Novas teorias de autoria nascem a partir da interpretação. Estudiosos que sustentam ou que se deve separar a autoria ou que se devem multiplicar as edições não mais interpretam Crônicas com confiança primária em Esdras-Neemias. Porque Crônicas não está mais sendo visto como inseparável de Esdras-Neemias, suas preocupações características não são mais forçadas no molde de Esdras e Neemias. Tais distinções têm levado a uma variedade de interpretações novas de ambos, Crônicas e Esdras-Neemias.

Bibliografia. J. Blenkinsopp, *Ezra-Nehemiah*. OTL (Philadelphia, 1988); F.M. Cross, "A Reconstruction of the Judean Restoration", *JBL* 94 (1975): 4-18; D.N. Freedman, "The Chronicler's Purpose", *CBQ* 23 (1961): 432-42; S. Japhet, "The Supposed Common Authorship of Chronicles and Ezra-Nehemiah Investigated Anew", *VT* 18 (1968): 330-71; G.N. Knoppers, "'Yhwh Is Not with Israel': Alliances as a Topos in Chronicles", *CBQ* 58 (1996): 601-26; H.G.M. Williamson, Ezra, Nehemiah. WBC 16 (Waco, 1985).
[GARY N. KNOPPERS]

HISTORIOGRAFIA BÍBLICA O estudo de história bíblica tem se concentrado nos Profetas Anteriores, particularmente nos livros de Josué, Juízes, Samuel e Reis. Embora os livros de Crônicas possuam grandes porções paralelas a Samuel e Reis, o livro tem sido bastante ignorado devido ao pressuposto de que seus preconceitos teológicos os tornam menos confiáveis do que seus "primos". Dentro da ampla discussão da historiografia bíblica, também podem ser incluídas as narrativas tradicionalistas dos patriarcas e do Israel primitivo no Pentateuco. O caráter da discussão dependerá em grande parte da definição adotada para o escrito histórico.

Definição de história. A definição tradicional de escrito histórico foi formulada sob o positivismo histórico do século XIX e enfatiza a descrição crítica e científica dos eventos passados, assim como sua avaliação (nas palavras do historiador alemão oitocentista Leopold von Ranke: "contar os fatos como na realidade ocorreram"). Porém, o reconhecimento de que todo escrito histórico é parcial tem conduzido a uma reavaliação da "ciência" da história. Uma definição da história que recaia sobre os "interesses da antiguidade" eliminaria o problema, embora introduza o conceito bastante atual da atividade ligada à Antiguidade na definição. Ainda que haja aspectos das narrativas históricas bíblicas que satisfaçam tais interesses, pode-se, de forma legítima, levantar a pergunta se o texto, seu autor e seus leitores teriam mantido interesses puramente antiquários. Uma definição muito apreciada de gênero histórico é oferecida pelo historiador holandês Johan Huizinga: "A história é a forma intelectual na qual uma civilização presta contas a si mesma sobre o seu passado" e, como tal, "inclui toda forma de registro histórico: o do cronista, do escritor de memórias, do filósofo histórico e do pesquisador acadêmico". Os atuais historiadores têm de modo crescente adotado essa última definição, enfatizando o uso do passado para a autocompreensão em vez de uma reconstrução científica supostamente crítica e objetiva dos fatos ocorridos. É interessante notar como a questão da veracidade histórica ou da avaliação científica se mantém fora dos parâmetros dessa definição.

Análise de pesquisa. O estudo da historiografia bíblica foi dominado pela questão de confiabilidade histórica. Com o surgimento da crítica histórica, a origem e a historicidade das narrativas bíblicas e, em particular, do Pentateuco se tornaram o tema central. A hipótese documentária concebeu uma evolução gradual do Pentateuco, que começaria com as narrativas históricas javistas e eloístas escritas nos séculos X e IX a.C., as quais foram consequentemente combinadas. A essas narrativas foi acrescentada a obra do deuteronomista no século VII e, finalmente, um escritor sacerdotal reuniu tudo no século V. Uma vez estabelecido tal esquema, a hipótese foi estendida também para os livros históricos. A obra sacerdotal foi considerada recente e, portanto, de valor marginal: a associação das narrativas históricas nos livros de Crônicas com o escritor sacerdotal naturalmente trouxe à baila perguntas sobre a confiabilidade histórica desses relatos.

O empenho para se compreender a formação das tradições de Israel foi associado estreitamente aos esforços para se identificar as linhas teológicas das várias tradições. Um proeminente modo de se descrever a visão bíblica do passado de Israel foi chamado a "História da Salvação" (Heilsgeschichte). Os teólogos bíblicos perceberam uma ideia especial de história no Israel antigo, a qual concebia Yahweh guiando e ativamente dirigindo os eventos em direção a uma meta. Específicas declarações a respeito do exclusivo conceito israelita de história, visto como linear e dinâmico em oposição aos conceitos cíclicos e estáticos de outras culturas do Oriente Médio, estão associadas ao movimento da Teologia Bíblica. Essa perspectiva exagera o contraste entre Israel e seus vizinhos. Seus partidários enquadraram as culturas do Oriente Próximo numa estrutura indevidamente estreita, enquanto ao mesmo tempo negligenciavam aspectos recorrentes, tipológicos e analógicos da historiografia bíblica. Como resultado, o movimento da Teologia Bíblica com a História da Salvação foram submetidos a uma rigorosa crítica no início dos anos 60. Como era de se esperar, embora largamente correta, tal crítica acabou exagerando e passou a negligenciar toda a distinção entre o Israel antigo e as outras culturas médio-orientais. Permanece verdadeiro que o Israel antigo se preocupava com seu passado em um grau muito maior do que as civilizações mesopotâmias e, em particular, o Egito antigo. Como resultado, a historiografia bíblica é moldada dentro de um elevado nível de introspecção pouco perceptível na historiografia mesopotâmia ou egípcia. O que sem dúvida reflete o fato de que, em primeiro lugar, a historiografia bíblica não ter sido patrocinada pelo estado, mas também é algo que se deve a forças geográficas, sociais e culturais sem paralelos, que formataram a história do Israel antigo.

A crítica ao movimento da Teologia Bíblica se espraiou para os estudos das narrativas patriarcais. As tentativas de se reconstruir algum núcleo histórico a partir das folclóricas tradições patriarcais foram largamente desacreditadas nos anos 70, em especial por John Van Seters (Abraham in History and Tradition, 1975) e Thomas L. Thompson (The Historicity of the Patriarchal Narratives, 1974). De lá, a crítica da narrativa histórica bíblica se estendeu aos períodos da Conquista e do Assentamento, chegando por fim ao período da Monarquia. Os novos consensos são que uma história real de Israel apenas pode começar no século X, com a Monarquia Unida (p. ex., J. A. Soggin, J. Maxwell Miller, John H. Hayes). Porém, alguns gostariam de empurrar o ponto de partida para o período persa ou, até mesmo, helenístico (Thompson, Philip R. Davies). Semelhante tipo de niilismo histórico não atraiu muitos adeptos, essencialmente porque há muitos detalhes nas narrativas bíblicas confirmadas por fontes arqueológicas e médio-orientais, e que impedem de descartar tudo como ficção persa ou helenística.

Escritos históricos bíblicos. Os textos históricos bíblicos invariavelmente vão desde o passado até o presente. Isto é, os autores, redatores e editores das narrativas históricas bíblicas terminam seus relatos já em seu próprio tempo. Assim, por exemplo, a composição final do livro de Reis em geral é atribuída ao exílio, lugar onde terminam suas narrativas históricas. Um amplo consenso atribui sua redação inicial ao tempo de Josias, descrevendo a história de Israel até o final do século VII. Da mesma maneira, os livros de Crônicas foram a princípio compostos no início do período persa e continuaram a história de Israel até os dias do autor. Um editor posterior então os vinculou aos livros de Esdras–Neemias, repetindo os últimos versículos de Crônicas no início de Esdras (comparar 2Cr 36:22-23 com Esdras 1:1-2). Esse aspecto da historiografia bíblica realça o sentimento de continuidade que os escritores tinham em relação ao passado; eles faziam parte de uma narrativa que continuamente se desdobrava. Além disso, fica evidente a importância de se colocar o presente em contato com o passado nos salmos históricos (p. ex., Sl 78, 105, 106, 136) e nos discursos de Moisés dirigidos a Israel, antes da entrada na Terra Prometida (Dt 1:1-4:40).

Bibliografia. M. Brettler, *The Creation of History in Ancient Israel* (London, 1995); P. R. Davies, *In Search of Ancient Israel.* JSOTSup 148 (Sheffield, 1992); B. Halpern, *The First Historians* (1988, repr. University Park, Pa., 1996); J. Huizinga, "A Definition of the Concept of History", in *Philosophy and History*, ed. R. Klibansky & H. J. Paton (Oxford, 1936), 1-10; I. W. Provan, "Ideologies, Literary and Critical: Reflections on Recent Writing on the History of Israel", *JBL* 114 (1995): 585-606; T. L. Thompson, *Early History of the Israelite People.* SHANE 4 (Leiden, 1992); J. Van Seters, *In Search of History* (New Haven, 1983).
[WILLIAM SCHNIEDEWIND]

HITITAS (heb. *ḥittî*) Uma das grandes potências políticas da Antiguidade que, durante o segundo milênio a.C., controlou grande parte da região que hoje inclui a Turquia. Durante seu apogeu, os hititas construíram um poderoso império, tendo como capital a cidade de *Ḫattuša* (aprox. 200 km a oeste de Ancara, na atual Boghazköy) e se estendendo do mar Egeu até, em seu limite oriental, o rio Eufrates, e abrangendo o norte do Levante.

História. Embora se presuma que os hititas tenham feito parte de uma migração indo-europeia que chegou na Anatólia em 2300 a.C. aproximadamente, ainda se discute sobre as origens exatas desse povo e de sua rota na Anatólia. Enquanto alguns acreditam que vieram do leste ou cruzaram o Mar Negro, o mais provável é que tenham seguido a rota de migração tradicional através da Trácia, Bósforo e o noroeste da Turquia. Esses imigrantes indo para leste, talvez empurrados por sucessivas tribos luvitas, alcançaram o Eufrates, onde seu primeiro reino influente se formou em torno da cidade de *kuššar*. Entretanto a pressão exercida pelos já estabelecidos hurritas parece ter enviado de volta à região da Anatólia os recém-chegados indo-europeus que parecem ter fundado *Ḫattuša* sob um povoado previamente destruído.

A cultura nativa da Anatólia central na chegada dos indo-europeus era hatti, do país denominado de "Terra de Hatti". Os recém-chegados foram rapidamente integrados à cultura do lugar e adotaram a designação de "homens de Hatti", mais tarde ficando conhecidos como "hititas", um nome familiar às narrativas bíblicas e, no final das contas, encontrado em seus próprios registros. Milhares de tabletes cuneiformes foram descobertos em arquivos de *Ḫattuša*, como também em centros regionais menores: Tapikka, *šapinuwa* e *šarissa*. Tais textos foram complementados por milhares de tabletes assírios antigos encontrados principalmente em *k̲aneš* (atual Kültepe); embora esses textos assírios antecedam o estado hitita em vários séculos, ajudam a esclarecer o contexto sociopolítico em que os hititas surgiram mais tarde.

Nomes hititas encontrados nos registros assírios antigos indicam que os anatolianos nativos eram fortemente envolvidos na rede de comércio assíria que florescera em 2000-1750 aproximadamente. A competição econômica e política entre as cidades anatolianas levou à destruição dessa rede comercial por volta de 1750, e, depois de um período de intensa competição regional e lenta consolidação, o reino hitita antigo (c. 1650-1400) surgiu com seu centro em *Ḫattuša*. Embora os registros desse processo de integração permaneçam largamente obscuros, as evidências sugerem que o estado hitita apareceu como resultado de uma interação progressivamente sofisticada, primeiro entre os recém-chegados indo-europeus e os hattis nativos, e depois entre essa população anatoliana misturada e os comerciantes assírios. A falta de qualquer evidência de outra linguagem além da hitita indica a completa extensão em que os recém-chegados foram integrados ao modo de vida anatoliano nativo.

Os primeiros reis hititas conhecidos, Labarna e Hatusilis I, foram incansáveis conquistadores que integraram boa parte da península da Anatólia em um extenso reino político. Esse período inicial de esplendor foi coroado pela tomada da Babilônia por Mursilis I (c. 1595), mas, quando as facções internas levaram ao assassinato de Mursilis, o reino antigo entrou em declínio. Outras potências como Arzawa e os hurritas buscaram capitalizar a discórdia interna e começaram a se expandir sobre o território hitita. No entanto, após um período de fragilidade que quase levou o reino à extinção, a combalida fortuna dos hititas reviveu a partir dos governantes do reino médio, como Tudhalia II, pouco antes de 1400 a.C.

O Império Hitita (1400-1175) se desenvolveu a partir das façanhas de Supiluliumas I e continuou seu crescimento sob os governos carismáticos de Mursilis II, Hatusilis III e Tudhalia IV. O império atingiu sua maior influência durante esse período e dividiu o palco internacional com outras importantes potências: Egito, Babilônia e Assíria. O súbito colapso do estado hitita, logo após 1200, parece ter sido o resultado de uma combinação de forças internas e externas durante o reino de Supiluliumas II. Os estados neo-hititas que sobreviveram ao longo da região fronteiriça entre a Síria e a Anatólia aparentemente mantiveram um grau de continuidade com seu antecessor anatoliano, ao menos até a incorporação final no novo estado assírio.

Mitos de origem. Vários mitos foram associados aos hititas, e o próprio nome suscita alguns equívocos há muito cultivados. Um dos mitos mais comuns é o de uma sociedade de guerreiros cuja ascensão ao poder foi possibilitada por um monopólio das técnicas metalúrgicas, uma ideia que foi rejeitada em numerosas ocasiões. Também foi sugerido que a emergência dos hititas estaria vinculada ao domínio do carro de guerra, elemento crucial da tecnologia militar que se acredita haver sido emprestada dos hurritas. Outros ainda entenderam que houve uma invasão da Anatólia por uma horda de invasores nômades indo-europeus, que "hititizaram" a população hatti nativa logo após sua chegada à península.

Tais mitologias, embora tenham elementos de verdade, geralmente refletem convicções baseadas em conhecimento impreciso da história e da cultura hitita, que remonta aos tempos iniciais da disciplina. Apesar de uma rica provisão de evidências da Anatólia, tanto as fontes arqueológicas quanto as literárias permanecem ainda caladas sobre muitos aspectos da civilização hitita, incluindo o que significa de fato ser hitita. A tendência geral é ver o "hitita" em seu sentido mais amplo, como termo cultural que define os restos materiais deixados por aqueles que habitaram a Anatólia central do final do terceiro milênio até o término da Idade Final do Bronze.

Identidade. Embora tal abordagem possa ser o modo mais fácil de tratar a questão das origens hititas, ela não é destituída de problemas específicos. Muitas das características culturais tão estreitamente identificadas com os hititas na realidade existiram muito tempo antes de eles tomarem o poder e continuaram a existir mesmo depois de seu declínio. Chamados de hititas por causa de sua presença na cultura hitita clássica de Boghazköy / Hattusa, esses elementos resultam, tanto quanto qualquer coisa, de sincretismos baseados em proximidades espaciais e demandas do ambiente físico. O que é particularmente verdade em relação à arquitetura, embora outros elementos como estilos cerâmicos e iconografia religiosa também possam ter se difundido como o resultado de incorporações, imitações e trocas. Com toda a probabilidade, muitos empréstimos culturais devem ter acontecido entre os diferentes, mas muito próximos espacialmente, grupos étnicos do planalto da Anatólia. Além disso, a percepção da unidade cultural derivada dessa comunidade levou alguns estudiosos a especular sobre a presença de uma entidade étnica forte no segundo milênio da Anatólia, quando na realidade era habitada por uma população etnicamente heterogênea. Talvez esse amplo ambiente cultural devesse ser mais corretamente designado como "anatoliano" ou "anatoliano central", reservando "hitita" para usos mais específicos.

Entretanto, a diversidade étnica que caracterizou o segundo milênio na Anatólia pode oferecer uma pista sobre a real composição do estado hitita e ajudar a esclarecer várias questões. Por exemplo:

1. Um hitita era chamado um "homem de Hatti" e vivia na "Terra de Hatti", mas não falava a língua de Hatti (hattili).
2. Um hitita é geralmente considerado falante de uma língua indo-europeia atualmente chamada hitita, mas a qual os hititas chamavam *Ne šite* ou uma língua de *Kaneš* (*Ne šumnili*).
3. Além de sua língua, pouca coisa do que nós hoje chamamos de hitita pode ser adequadamente considerada como indo-europeia.

Há grande ironia em tudo isso: fossem quem fossem os hititas, eles parecem ter transmitido sua língua para os vizinhos anatolianos, enquanto foram assimilados pelo ambiente cultural do planalto central, sem deixar nenhuma outra evidência de seu passado indo-europeu.

Em contraste com a definição cultural amplamente aceita, o termo hitita pode ser compreendido também como adjetivo político, modificando as alianças entre cidades e nações cujo comando político havia se submetido ao governo de Hattusa. Expandindo-se a partir desse centro, os hititas incorporaram numerosas nações e grupos étnicos a seu regime político. Alianças que foram solidificadas por meio de persuasão política na forma de coerção militar, propaganda iconográfica, acordos matrimoniais, reconfiguração de sistemas religiosos e expansão arquitetônica e burocrática para regiões distantes. A meta parece ter sido a construção de uma coesiva consciência nacional que transcendesse a multiplicidade de identidades étnicas que pontilhavam o planalto.

Uma pista de que o Império Hitita era fundamentalmente político deriva do fato de que, em aproximadamente 1400 a.C., a cultura hitita se deslocou de suas raízes hattis primitivas e se tornou progressivamente hurrita. Embora as pressões em suas fronteiras deixassem o estado hitita vulnerável, ao término do período hitita antigo, seus governantes conseguiram evitar a desintegração. Ao contrário, experimentaram uma metamorfose cultural marcada pelo aumento da aculturação hurrita em sua nação. A facilidade relativa com que aparentemente essa mudança ocorreu, talvez por meio de uma mudança dinástica ou simplesmente pela incorporação de novos valores, sugere que a base cultural foi modificada sem afetar grandemente a superestrutura política. O que sugere continuidade política construída não apenas sobre as bases de linhagens étnicas. Concessões e sincretismos desempenharam papel fundamental durante esse período, à medida que novas características culturais foram incorporadas à cultura hitita, vindas de povos conquistados como também de países influentes como o Egito.

Apesar de muitas questões permanecerem não resolvidas, parece que a sociedade hitita foi principalmente uma síntese política derivada da união de migrantes indo-europeus e hattis nativos. O sistema foi assegurado por várias formas de persuasão incorporativa que emanava do centro político em Hattusa, mas não era imune a mudanças vindas de fora de seus limites. No nível mais básico, a liderança hitita foi sempre de natureza familiar, mas seus textos deixam claro que as realidades do poder conduziram a muitas concessões no plano local, o que acabou afetando a estrutura formal de poder hitita. Algo especialmente verdadeiro com relação à incorporação de estados anexados como os de Carquemis, Alepo, Tarhuntassa, Hakpis, Tammanna, e Isuwa, no período do império. Portanto, os hititas podem ser compreendidos como o produto de arranjo político artificial de união, e não como o resultado de uma expansão planejada de forma ordenada, mas por necessidade militar ou oportunismo político, e pelos meios de integração mais eficientes possíveis.

Bibliografia. R. H. Beal, *The Organization of the Hittite Military* (Heidelberg, 1992); K. Bittel, *Hattusha: The Capital of the Hittites* (New York 1970); R. L. Gorny, "Environment, Archaeology, and History in l-Iittite Anatolia", *BA* 52 (1989): 78-96; O. R. Gurney, "Anatolia, c. 4000-2300 B.C.", CAH2 1/2. 363-416; J. D. Hawkins, "The Neo-Hittite States in Syria and Anatolia", *CAH3* 3/1. 372-441; J. G. MacQueen, *The Hittites and Their Contemporaries in Asia Minor*, ed. rev. (London, 1986); G. Steiner, "The Immigration of the First Indo-Europeans into Anatolia Reconsidered", *JIES* 18 (1990): 185-214. [RONALD L. GORNY]

HIZQUI (heb. *ḥizqî*) (HOÃO) **1.** Rei amorita de Hebrom que, com quatro outros reis, tentou se vingar dos gibeonitas que pactuaram a paz com Israel. Ele e seus aliados foram derrotados por Josué em Bete-Horom e enforcados (Js 10:3-4, 23-27).

2. Benjamita, filho de Elpaal (1Cr 8:17).

HOBÁ (heb. *ḥôḇâ*) O local da derrota dos sequestradores de Ló pelas forças de Abraão, ao norte de Damasco (Gn 14:15). Hobá é mais bem identificado com a região de Apu (Upu / Ube) já conhecido de textos egípcios e situado em torno e ao norte de Damasco. Coba, mencionado na LXX, no livro de Judite (Jdt 4:4; 15:4-5), talvez possa ser relacionado a Hobá, mas que também poderia ser Cabul de Js 19:27 (Coba na LXX; cf. 1Rs 9:13), situado na parte ocidental da baixa Galileia (atual Cabul). [GARY P. ARBINO]

HOBABE (heb. *ḥōḇāḇ*) Sogro de Moisés (Jz 4:11), foi solicitado a guiar os israelitas pelo deserto (Nm 10:29-32). Em outro lugar, o sogro de Moisés é chamado Jetro (Êx 3:1; 4:18; 18:1) e Reuel (2:18). Enquanto Jetro e Reuel são invariavelmente identificados como midianitas, Hobabe é chamado midianita em Números, mas considerado queneu em Juízes. E, ainda, Jetro se recusa a guiar os israelitas, mas em Juízes 1:16 (LXX) é sugerido que Hobabe havia aceitado a tarefa. Por conseguinte, alguns estudiosos procuram ver dois indivíduos distintos; outros acreditam que haja vínculos queneus / israelitas enraizados na vida de Moisés. [CHERYL LYNN HUBBARO]

HODAVIAS (heb. *hôḏawyâ*, *hôḏawyāhû*) **1.** Filho de Elioenai e descendente de Zorobabel (1Cr 3:24).

2. O cabeça de uma família da semitribo de Manassés (1Cr 5:24).

3. Benjamita, filho de Hassenuá (1Cr 9:7). Alguns estudiosos consideram que esse nome,seria corruptela do hebraico *wîhûḏâ*, que no caso se referiria ao mesmo Joede da lista paralela de Neemias 11:7.

4. Levita cujos descendentes retornaram do exílio com Zorobabel (Ed 2:40). Em Neemias 7:43, é chamado Hodeva. Em heb. os "filhos de Judá" de Esdras 3:9 poderiam ser "descendentes de Hodavias" (cf. NTLH), já que se referem aos levitas.

HODE (heb. *hôḏ*) Aserita, filho de Zofa (1Cr 7:36).

HODES (heb. *ḥōḏeš*) Uma das esposas do benjamita Saaraim (1Cr 8:9).

HODEVA (heb. *K hôḏĕwâ, Q hôḏĕyâ*) Levita cuja família retornou do exílio com Zorobabel (Ne 7:43). *Ver* HODAVIAS 4.

HODIAS (heb. *hôḏîyâ*) **1.** Homem da tribo de Judá, cunhado de Naã (1Cr 4:19). O texto relaciona os descendentes por parte da esposa de Hodias.

2. Um dos levitas que interpretaram a lei ao povo de Jerusalém quando Esdras a leu publicamente na Porta das Águas (Ne 8:7-8; 1Ed 9.48). Ele também ajudou a ministrar a adoração no dia da penitência (Ne 9:5). Pode ser o mesmo dos itens 3 ou 4, abaixo.

3-4. Dois levitas que assinaram a aliança de Esdras (Ne 10:10,13 [TM 11, 14]).

5. Líder do povo, aparentemente não levita, que assinou a aliança de Esdras (Ne 10:18 [19]).

HOFNI (heb. *hômām*) Um dos filhos de Eli (cf. egip. *hfn* [r]), sacerdote de Siló (1Sm 1:3). Como seu irmão Fineias, agiu impropriamente como sacerdote (1Sm 2:12-17), provocando o julgamento de Yahweh sobre ele (cf. v. 27-36; 3:11-18). Foi morto na batalha

A B C D E F G H I J K L M N O P Q R S T U V X Y Z

de Afeca, em que os filisteus capturaram a arca da aliança (1Sm 4:1-18).

HOFRA (heb. *ḥopra'*; egip. *wꜣḥ-ib-r'*; gr. *Apriēs*) O quarto rei da 26ª. (Saite) Dinastia do Egito (589-570 a.C.). Hofra (Apties) continuou a política do pai, Psammeticus II, intervindo nos negócios da Palestina. Em 588 a.C., Zedequias se rebelou contra a Babilônia, talvez com a ajuda de Hofra (Ez 17:15; Carta de Laquis III). Logo em seguida, o rei babilônio Nabucodonosor começou o assédio final a Jerusalém, e Zedequias pediu ajuda para Hofra. O faraó entrou em Judá com seu exército, mas foi forçado a bater em retirada (Jr 37:5). Depois da queda de Judá e Jerusalém, Hofra acolheu os judeus que fugiram (Jr 43:1-7), permitindo sua instalação na cidade de Tafnes no Baixo Egito. Em razão de sua fuga de Judá, Jeremias profetizara que esses foragidos seriam destruídos e que Yahweh castigaria Hofra (Jr 44:30). Um pouco antes, Jeremias havia profetizado que o palácio de Hofra, em Tafnes, seria conquistado por Nabucodonosor (Jr 43:10; cf. 46:13-26). Em 570, começou uma rebelião no Egito contra Hofra e teve de fugir. Três anos depois, Hofra se aliou a Nabucodonosor em um ataque contra o Egito. O ataque foi rechaçado, e Hofra capturado e executado.

Bibliography. C. W. Ahlström, The History of Ancient Palestine (Minneapolis, 1993); D. B. Redford, Egypt, Canaan, and Israel in Ancient Times (Princeton, 1992). [PAUL S. ASH]

HOGLA, (heb. *ḥoglâ*) Uma das cinco filhas de Zelofeade, o gileadita (Nm 26:33; 27:1). Ela e as irmãs receberam uma herança em Manassés, pois não tinham um irmão (Js 17:3) e, então, se casaram com primos, de forma que sua herança permanecesse na tribo de Manassés (Nm 36:11). O nome, que também aparece em Samaria Ostracon 47, poderia talvez designar um lugar (cf. Beth-hoglah).

HOLOFERNES (gr. *Olophérnēs*) O principal general do exército de Nabucodonosor, segundo no comando, abaixo apenas do rei (Jdt 2:4). Holofernes é mencionado apenas no livro de Judite, o qual, se tivesse sido escrito durante o período macabeu, como muitos acreditam, teria baseado o caráter de Holofernes em Nicanor (1Macabeus 7.26-49), no príncipe capadócio Orofernes (159-8 a.C.) da Síria, ou numa combinação dos dois.

Depois de convocar seus oficiais, Holofernes estabelece um plano para atacar Damasco (Jdt. 2.14-27) e depois a Palestina (3.9–4.15). Ele derrota os exércitos e as cidades dessas regiões e destrói os santuários e os templos religiosos (Jdt 3:8). Quando atinge a Israel, chama os líderes de Moabe e Amom para planejar o seu ataque. Aquior, o líder amonita, conta para Holofernes a história de Israel e seu Deus, mas o general se recusa a atender a advertência. Ele conduz seu exército a Betúlia, cidade natal de Judite, e corta seu abastecimento de água. Com o povo abatido dentro da cidade, Judite sai de sua casa, confraterniza com Holofernes e lhe revela como derrotar o povo de Betúlia. Depois de alguns dias, Holofernes se embriaga na companhia de Judite, e ela lhe corta a cabeça. Sem a liderança de Holofernes, seu exército é derrotado. [MARC A. JOLLEY]

HOLOM (heb. *ḥōlōn, ḥōlôn*) (tb. HILÉM) **1.** Cidade na região montanhosa de Judá (Js 15:51), depois destinada aos levitas (21:15). Em 1Crônicas 6:58 (TM 43), a cidade é chamada de Hilém. A maioria dos estudiosos identifica o local com a atual Khirbet 'Alîn, 16 km a noroeste de Hebrom, na região de Beth-zur.

2. Cidade no planalto de Moabe, citada em um oráculo de Jeremias (Jr 48:21) — o local permanece desconhecido.

HOMÃ (heb. *hômām*) (tb. EMAM) Filho de Lotã e neto de Seir, o horita (1Cr 1:39). Em Gênesis 36:22, o nome aparece como Emam (*BJ*).

HOMEM DE DEUS Termo usado principalmente para profetas. A expressão foi aplicada a Moisés (o profeta protótipo dos historiadores deuteronomistas), Samuel, Semaías, Elias, Eliseu, Igdalias, vários profetas anônimos e até mesmo Davi (o último somente no relato dos cronistas). Embora o termo seja aplicado com mais frequência a Eliseu do que a qualquer outra figura, talvez o mais reconhecido "homem de Deus" seja o profeta anônimo de Judá de 1Reis 13, que viaja até Belém para anunciar o juízo de Yahweh sobre Jeroboão I e seu altar idólatra. Depois é enganado por um colega profeta e perde a vida como punição.

No Novo Testamento, a frase aparece nas Epístolas Pastorais e em algumas tradições manuscritas de 2Pedro 1:21. Aqui a conotação profética está ausente e a frase é usada para seguidores de Deus, especialmente líderes da Igreja. [JAMES R. ADAIR, JR.]

HOMEM INTERIOR (Ser...) Expressão (gr. *ho ésō ánthrōpos*) usada por Paulo (Ef 3:16) aparentemente para descrever o homem espiritual, que experimenta renovação constante sob a orientação do amor e misericórdia de Deus, como oposta ao "homem exterior" que é sujeito ao pecado. Essa conclusão só pode ser alcançada, no entanto, lendo a passagem do princípio ao fim à luz de 2Coríntios 4:16 ("ainda que o nosso exterior esteja se desgastando, o nosso interior está sendo renovado todos os dias"). [HENRY L. CARRIGAN, JR.]

HOMENS PODEROSOS *Ver* CAMPEÕES.

HOMOSSEXUALIDADE Os termos "homossexualidade" e "homossexual" foram cunhados no século XIX d.C., e não possuem nenhum equivalente no hebraico ou grego antigos. É discutível se a atual ideia de homossexualidade (atração erótica apenas ou principalmente concentrada em pessoas do mesmo gênero) existiu do mesmo modo na Antiguidade. A Bíblia não parece dizer qualquer coisa diretamente sobre homossexualidade no sentido contemporâneo do termo, mas algumas passagens se referem a atos sexuais entre o mesmo gênero. O termo "homossexual" surge em algumas presentes traduções em português (normalmente em 1Co 6:9; 1Tm 1:10, NTLH, NVI), mas o termo grego que basicamente está em questão (*arsenokoítēs*) é raro e de significado incerto.

As passagens que se reportam a atos sexuais ou a compromissos de vida entre o mesmo gênero podem ser resumidas da seguinte forma:

Violação entre homens. Na narrativa de Sodoma e Gomorra (Gn 18:16-33), os homens de Sodoma ameaçam os convidados de Ló dizendo que desejavam "conhecê-los". Considerando que o verbo "conhecer" era usado em hebraico como um eufemismo para o ato sexual, eles poderiam pretender cometer relação anal com eles, infringindo assim o seu direito sagrado de estrangeiros. A ideia posterior de que a narrativa de Sodoma condenava todos os atos sexuais entre homens não se depreende da própria narrativa ou das referências a Sodoma em outros lugares da Bíblia, mas surgiu pela primeira vez no judaísmo antigo de expressão grega. No NT, Judas interpreta o pecado de Sodoma como o desejo de manter relações sexuais com os anjos ("outra carne"; Jd 7).

Relacionamento entre o mesmo sexo como violação de pureza. Em Levítico, as relações sexuais entre homens foram condenadas como uma "abominação", isto é, uma séria violação da pureza (Lv 18:22; 20:13). (Não há nenhuma referência a relações sexuais entre mulheres no AT.) Em Romanos 1:18-32, Paulo trata do relacionamento entre o mesmo sexo como exemplo principal da característica de impureza dos gentios. Ele o considera impuro e desonroso, castigo que se abateu sobre os gentios por seu fracasso em adorar o verdadeiro Deus. Ele não diz especificamente que é pecaminoso.

Compromissos entre o mesmo sexo. Tais relacionamentos por vezes assumiam a prioridade sobre as ligações familiares heterossexuais. Rute deixou seu povo para ir com Noemi (RT 1:15-18). Davi e Jônatas se comprometeram numa aliança e no amor (1Sm 18:1-5; 20:1-42; 2Sm 1:17-27). O "rapaz" (gr. *país*) do centurião, a quem Jesus curou à distância (Lc 7:1-10), pode ser um *erṓmenos* ("amado") de seu senhor. Em nenhum desses casos se pode dizer com certeza se havia ou não uma relação de caráter sexual.

As modernas discussões sobre a homossexualidade têm levado em consideração algumas ou todas essas passagens, mas seus significados e autoridade têm sido interpretados de maneira diversa por diferentes intérpretes. Nenhuma delas parece abordar diretamente as questões atuais.

Bibliografia. R. J. Btawley, ed., *Biblical Ethics and Homosexuality* (Louisville, 1996); L. W. Countryman, *Dirt, Greed, and Sex* (Philadelphia, 1988); R. Sctoggs, *The New Testament and Homosexuality* (Philadelphia, 1983); M. L. Soatds, *Scripture and Homosexuality* (Louisville, 1995). [L. WM. COUNTRYMAN]

HONRA, VERGONHA Entre os ocidentais, honra e vergonha normalmente se referem a um estado psicológico: o caráter moral interno de uma pessoa ou das ações que refletem esse caráter. No mundo da Bíblia e em sociedades mediterrâneas tradicionais, no entanto, honra e vergonha são valores sociais determinantes da identidade de uma pessoa e seu *status* social. A honra é a afirmação de uma pessoa sobre o seu próprio valor e o reconhecimento social dessa afirmação, isto é, a honra é a reputação pública de uma pessoa que constitui a sua identidade. A vergonha é a preocupação de uma pessoa por sua reputação. É um valor positivo pelo qual busca manter ou proteger a sua honra. Se a pessoa não puder manter sua honra ou se seus semelhantes não reconhecerem sua afirmação do próprio valor, então a pessoa será envergonhada, isto é, será desonrada e desgraçada. Uma pessoa sem preocupação com sua honra ou reputação é alguém sem vergonha.

A honra é tanto individual quanto coletiva. Individualmente, um homem faz uma afirmação de honrar que pode ser aceita ou negada por seus semelhantes sociais de acordo com o próprio passado e o comportamento presente. A honra individual de um homem em grande parte depende do próprio homem. Mas o indivíduo também partilha e compromete sua honra individual com a honra coletiva da família, da aldeia, de sua classe, do estado ou de outro grupo ao qual pertença. A honra pode ser atribuída ou adquirida. Ela é atribuída quando se origina do nascimento: a pessoa herda a honra coletiva de grupos naturais como família ou a comunidade, ou pode ser conferida por pessoas de poder. A honra atribuída é recebida passivamente. A adquirida é aquela que uma pessoa busca ativamente e alcança. Além disso, em razão da honra ser um bem limitado, é adquirida às custas da honra de outra pessoa, em geral pela comum interação social do desafio e resposta.

Honra e vergonha pertencem a homens e mulheres e caracterizam os seus comportamentos como membros coletivos da humanidade comum e grupos naturais. Como indivíduos, porém, os homens são associados à honra e as mulheres, à vergonha. Seu comportamento é determinado pelos papéis de gênero que estão arraigados na compreensão cultural a respeito da contribuição na procriação.

A procriação é compreendida em termos agrícolas. O homem distribui sua semente na mulher que a acolhe e cria como em campo. A honra masculina está baseada na capacidade de um homem em gerar. É simbolizada pelo pênis e pelos testículos, uma indicação de sua masculinidade e coragem. Embora o homem tenha o poder de criar a vida a partir de sua semente (sua honra), ele o faz apenas externamente, no campo de uma mulher. A honra de um homem é assim também dependente de sua capacidade em assegurar que a criança nascida seja da própria semente. Uma mulher, como a terra, representa a fecundidade indiscriminada, em que qualquer homem poderia depositar sua semente. Portanto, da mesma maneira que um agricultor cerca o campo e o guarda contra a invasão, um homem honrado protegerá sua esposa e cuidará dela (por extensão suas filhas e irmãs), para assim garantir a fecundidade de sua mulher e salvaguardar a legitimidade dele como pai..

A vergonha feminina positiva reflete o papel subordinado da mulher na procriação. É simbolizado pelo hímen e representa o recato, a timidez, a restrição ou comportamento sexualmente exclusivo da mulher. A mulher exibirá honra reconhecendo sua posição de vergonha e agindo adequadamente. Ela cederá aos desejos de seu marido na área da sexualidade, proceder de forma contrária seria vergonha. A pureza ou a exclusividade sexual da mulher está inclusa na honra do homem.

A divisão genérica de honra e vergonha é reproduzida na divisão do trabalho e no arranjo do espaço. Da mesma maneira que a honra de um homem é revelada por sua capacidade em gerar e a vergonha de uma mulher é o seu reconhecimento da dependência a um homem na procriação, assim a orientação social de um homem é para o exterior e a de uma mulher é para o interior. Em razão de uma mulher ser indiscriminadamente fecunda, seu trabalho e seu espaço são preservados de forma a assegurar a sua exclusividade a um homem. Como resultado, as mulheres modelam a vergonha por meio de papéis domésticos como criar e educar os filhos, e administrar a economia doméstica. Elas realizam suas tarefas em casa ou em espaços públicos dominados por atividades femininas como o mercado, o poço e os fornos públicos. Em contraste, os homens exibem sua honra por meio de obra e atividades públicas no espaço comum: as áreas agrícolas e industriais, praças e portões da cidade; ou exclusivamente masculino: o templo e os locais de culto.

O mundo social descrito na Bíblia se assemelha ao que os antropólogos rotulam de uma sociedade agonística, caracterizada por intensa competição entre pares sociais, a qual é frequentemente percebida como batalha pela honra pessoal e a reputação familiar. A honra é a base da precedência entre os iguais. A competição pela honra leva a forma de uma confrontação por desafio e resposta. Toda interação social fora da própria família ou do grupo íntimo de amigos é considerada um desafio à honra da pessoa. Trata-se de uma exigência para se entrar no espaço social de outra pessoa. Ao mesmo tempo em que o desafio oferece honra, ele ainda proclama que o desfiado é pessoa de honra e merecedor da contenda. Desafiando a honra de seu semelhante, a pessoa espera ganhar precedência sobre o outro e assim aumentar a própria honra.

O desafio de honra é reconhecido apenas na reunião social entre os iguais, pois implica habilidade ou necessidade de resposta. Uma pessoa que faça um desafio a alguém que não possa defender a própria honra (p. ex., um homem de *status* inferior, uma mulher, uma pessoa velha ou fraca) desonra a si mesmo. Em um caso desses, um defensor pode aceitar a causa da pessoa desafiada. Numa situação oposta, em que um homem desafie alguém em posição social superior à dele, o desafiado pode, se quiser, ignorar a afronta de seu inferior sem qualquer dano para a sua honra. O desafio do inferior é sem valor e, por conseguinte, traz desonra para si próprio. O desafio entre iguais pode ser positivo (p. ex., uma palavra de louvor, um presente, um pedido de ajuda ou uma oferta de ajuda) ou negativo (p. ex., um insulto, uma ameaça ou uma afronta física). A pessoa desafiada, por sua vez, responde do mesmo modo a fim de defender sua honra. Se a pessoa desafiada não responder ou o fizer pobremente, então ela se desonra, sendo envergonhada. No entanto, se o homem perde o desafio lutando nobremente, ele não é envergonhado: apenas abre mão da precedência em relação ao seu desafiador. A conquista de fato da honra depende da habilidade de se responder efetivamente a qualquer desafio contra sua reivindicação à honra.

Bibliografia. D. D. Gilmore, ed., *Honor and Shame and the Unity of the Mediterranean* (Washington, 1987); B. J. Malina, *The New Testament World*, ed. rev. (Louisville, 1993); J. C. Petistiany e J. Pitt-Rivers, *Honor and Grace in Anthropology* (Cambridge, 1992); Pitt-Rivets, *The Fate of Shechem, or the Politics of Sex* (Cambridge, 1977). [RONALD A. SIMKINS]

HOR (heb. *hōr*) Em hebraico sempre *hōr hāhār*, "a montanha Hor" ou "a montanha das montanhas".

1. A montanha em que Arão morreu (Nm 20:22-29; 33:37-39), um lugar próximo a Cades, na fronteira do Edom, provavelmente Jebel Madutah. Josefo a localiza perto de Petra (*Ant.* 4.4.7), Jebel Nebi Harun (" montanha do profeta Arão"). O relato bíblico é mais provável. Deuteronômio 10:6 afirma que Arão morreu em Mosera ("castigo"), junto a Cades, pois ele não iria entrar na terra por causa de sua rebelião no passado (Nm 20:24; portanto "[lugar de] castigo").

2. Montanha que demarca o "limite norte" de Israel (Nm 34:7-8). Designação comum da extensão de Israel era "desde Dã até Berseba" (Jz 20:1), portanto Hor poderia ser o monte Hermom, perto de Dã. Além disso, Hermom é uma das montanhas mais proeminentes daquela região e poderia muito bem ter sido chamado a "montanha das montanhas", "monte Hor". [EDMON L. ROWELL, JR.]

HORA Designação de um período particular (heb. *'ēt*, *mô'ēḏ*; aram. *šā'â*) e não uma medida de tempo, com a possível exceção de Daniel 4:19. O mesmo significado foi transposto para o NT (p. ex., Mt 18:1), mas lá uma hora (gr. *hṓra*) também pode se referir à décima segunda parte do período entre o amanhecer e pôr do sol (Jo 11:9; Mt 20:1-12).

As pessoas no AT designavam os diferentes momentos do dia nos termos da natureza, por exemplo, "ao pôr do sol" (2Cr 18:34; cf. Sl 55:17 [TM 18]), enquanto no NT era possível descrever o tempo em termos de horas numeradas do dia (Mt 20:3,5,6) e vigílias da noite (três no sistema judeu, quatro no romano; por exemplo, Mc 6:48; cf. Êx 14:24; Jz 7:19; Lm 2:19). A "meia hora" surge apenas em Apocalipse 8:1. "Uma hora" também indica um tempo não especificado mas relativamente curto (Mt 26:40), enquanto períodos mais longos podem ser descritos como durando duas (At 19:34) ou três horas (5:7). Paulo se refere a uma separação temporária ou uma aflição ou uma acomodação como acontecendo "por uma hora" (2Co 7:8; Gl 2:5; 1Ts 2:17; Pm 15; ARA: "por breve tempo"). Uma hora também pode se reportar a um momento significativo na história da salvação, especialmente o sofrimento de Jesus (Mc 14:35; Jo 12:27; cf. 4:23). [CARL BRIDGES]

HORÃO (heb. *hōrām*) Rei de Gezer que tentou ajudar a cidade de Laquis em sua defesa contra Israel, mas foi derrotado por Josué (Js 10:33).

HOREBE (heb. *ḥōrēḇ*, *ḥôrēḇ*) O nome da montanha de Deus em várias tradições bíblicas, em outros lugares chamada monte Sinai. Embora no livro de Êxodo, o nome Sinai seja utilizado com mais frequência, Horebe aparece no encontro de Moisés com a sarça ardente (Êx 3:1), nas águas de Massá e Meribá (17:6) e depois no incidente do bezerro de ouro (33:6). O livro do Deuteronômio usa o nome Horebe exclusivamente para a montanha de Deus (p. ex., Dt 1:2; 4:10,15; 9:8; 18:16; 29:1 [TM 28:69]), menos na bênção de Moisés (33:2). É para Horebe que Elias foge depois de derrotar os profetas de Baal e ser ameaçado de morte por Jezabel (1Rs 19:8).

Embora o local de Horebe (ou Sinai) seja incerto, tem sido tradicionalmente identificado com Jebel Musa, a "montanha de Moisés", ao sul da península do Sinai, próximo ao monastério de Santa Catarina. Também foram sugeridos locais alternativos, como Jebel Catherine ou Jebel Serbal na mesma região, embora alguns sugiram um local próximo de Cades-Barneia, na parte oriental da península do Sinai.

Bibliografia. G. I. Davies, *The Way of the Wilderness*. SOTSMS 5 (Cambridge, 1979). [MARILYN J. LUNDBERG]

HORÉM (heb. *ḥŏrēm*) Cidade fortificada no território tribal de Naftali (Js 19:38), presumivelmente no norte da Galileia. O local preciso é desconhecido.

HORESA (heb. *ḥōreš*) Lugar no deserto de Zife, onde Davi se escondeu de Saul e fez aliança de amizade com Jônatas (1Sm 23:15-19). A maioria dos atuais intérpretes identifica o local como Khirbet Khoreisa, c. 9,6 km a sudeste de Hebrom. O nome Horesa ("madeira" ou "elevação arborizada") poderia ser uma descrição de uma característica geográfica, mas a falta de chuva no Neguebe levanta questões sobre a plausibilidade de uma elevação arborizada. [PETE F. WILBANKS]

HOREUS (heb. *ḥōrî*) **1.** Povo seminômade que vivia em Seir-Edom (Gn 14:6; 36:20; Dt 2:12, 20). Em Gênesis 36:2, esse povo é chamado *ḥiwwî* (na LXX, gr. *euaíon*), "heveus", e, portanto, ambos os nomes provavelmente se referem ao mesmo povo.

2. Os heveus são mencionados em Gênesis 34:2; Josué 9:7, em que a LXX traduz por *chorraíos*, horeus. Possivelmente se trata de um povo relacionado aos hurritas e que residiam na região montanhosa próximo ao monte Hermom e ao Líbano.

Uma sugestão para o uso das duas formas, horeu e heveu, é que a letras *resh* e *waw* eram facilmente confundíveis nos antigos manuscritos hebraicos. Além disso, horeu é o nome bíblico para hurrita, um povo conhecido no antigo Oriente Médio já em meados do terceiro milênio. Os hurritas se encontravam na Palestina nos tempos das Cartas de Amarna (séc. XIV a.C.); o príncipe de Jerusalém teve nome hurrita; e os egípcios chamavam a Palestina de Hur ou Hurru. O duplo *resh* preservado no grego e em hurrita, não era tolerado em hebraico, e a troca de u para o era provavelmente normal: assim, *Hurr-* se tornou *Hor-*. É incorreta a etimologia que deriva a palavra "horeu" da raiz hebraica que significa "caverna".

Bibliografia. W. F. Albright, "The Horites in Palestine", in *From the Pyramids to Paul*, ed. L. C. Leary (New York, 1935), 9-26; F. A. Speiser, "Ethnic Movements in the Near East in the Second Millennium B.C.", *AASOR* 13 (1931-32): 13-54. [LAWRENCE A. SINCLAIR]

HOR-HAGIDGADE (heb. *ḥōr-haggidgāḏ*) Lugar onde os israelitas acamparam depois de deixar o deserto de Sinai, seu 17º acampamento (Nm 33:32-33). Deuteronômio 10:7 relaciona esse local como Gudgoda (forma de Gidgad). A LXX registra Gadgad em ambos os relatos, porém, o nome grego significa "montanha de Gadgad", diferente do hebraico "abertura de Gidgad". Embora a sua localização seja incerta, alguns identificam o local no vale de Ghadhaghedh, no Sinai oriental. [PETE F. WILBANKS]

HORI (heb. *ḥōrî, ḥôrî*) **1.** Um dos filhos de Lotã relacionado na genealogia de Esaú (Gn 36:22; 1Cr 1:39). Nome também dos "horeus", antigos habitantes de Edom (Gn 14:6).

2. O pai de Safate, líder da tribo de Simeão enviado por Moisés para espiar Canaã (Nm 13:5). [PAUL L. REDDITT]

HORMA (heb. *ḥormâ*) Cidade descrita no AT, localizada no limite entre o deserto e a região ao sul da antiga Canaã. O nome significa "dedicado" — para a destruição.

Horma foi o lugar onde os hebreus invasores sofreram uma derrota crucial (Nm 14:45; Dt 1:44), o ponto até o qual os hebreus, em sua fracassada tentativa de invasão pelo sul, foram empurrados pelos habitantes cananeus e amalequitas da região. O sentido é que Horma se encontrava na borda do deserto. O fato de Horma surgir na lista das 31 cidades cujos reis foram derrotados por Josué e os israelitas, em sua campanha a oeste do Jordão (Js 12:14), também corrobora com a localização da cidade no Neguebe. Porém, seu local exato e identificação são desconhecidas. As tentativas de identificar Horma com Tell Masos e Tell Shetiah não encontraram apoio inequívoco em evidências, nem obtiveram assentimento acadêmico.

Horma foi primeiro cedida ao território de Judá (Js 15:30), mas depois destinada a Simeão (Js 19:4; 1Cr 4:30). A cidade, cujo nome original era Zefate, foi capturada por homens de Judá e Simeão (Jz 1:17) e renomeada Horma depois de sua destruição. Outro relato indica que Horma adquiriu seu nome quando os israelitas cumpriram voto ao derrotar o rei de Arade (Nm 21:3). Foi uma das cidades do sul para as quais Davi enviou parte do espólio obtido depois da guerra com os amalequitas (1Sm 30:30), durante o tempo em que fugia do rei Saul. [BRUCE C. CRESSON]

HORONAIM (heb. *ḥōrōnayim*) Lugar ao sul de Moabe mencionado nos oráculos contra Moabe (Is 15:5; Jr 48:3, 5,34) e na Pedra Moabita. No oráculo de Isaías, a expressão "caminho de Horonaim" surge em paralelo à "subida de Luíte". Isso parece indicar que Horonaim se situava ao longo de uma estrada que conduzia do planalto moabita até o mar Morto. Pode ser identificado com a atual el-'Iraq, c. 15 km a leste do mar Morto, a sudoeste de Kerak, ou com o lado do norte do vale de el-Kerak, no alto de Ed-Der, a sudoeste de Rabá.

Bibliografia. J. A. Dearman, "Historical Reconstruction and the Mesha' Inscription", Studies in the Mesha Inscription and Moab. *SBLABS* 2 (Atlanta, 1989), 155-210; N. Na'aman, "The Campaign of Mesha Against Hotonaim", *BN* 73 (1994): 27-30. [FRIEDBERT NINOW]

HORONITA (heb. *ḥōrōnî*) O apelativo de Sambalate, um dos rivais de Neemias (Ne 2:10, 19; 13:28), aparentemente indicando o lugar de seu nascimento. O nome pode se referir à cidade moabita de Horonaim, no entanto, é mais provável que indique Bete-Horom, situada na estrada de Samaria para Jerusalém. [PAUL L. REDDITT]

HORTELÃ Qualquer dentre as várias ervas do gênero Mentha (família da Labiatae), várias das quais crescem na Palestina (gr. *hēdýosmon*). Dizimar ervas da horta como a hortelã não é explicitamente exigido pelo Pentateuco, mas era considerada uma exigência pela interpretação dos escribas (cf. Dt 14:22,23). Jesus condenou não esta atenção ao detalhe, mas a negligência da "justiça, misericórdia e a fé" que podia coexistir com ela (Mt 23:23; Lc 11:42).

HOSA (heb. *ḥōsâ*) **I. (LUGAR)** Cidade no limite norte de Aser, nas redondezas de Tiro (Js 19:29). Mais provavelmente a Usu das inscrições egípcias e assírias, Hosa talvez possa ser identificada com a atual Tell Rashidiyeh, 4 km ao sul de Tiro.

II. (PESSOA) Levita da linhagem de Merari. Ele era o porteiro da tenda em que Davi depositou a arca quando a trouxe para Jerusalém (1Cr 16:38). Depois Hosa, seus filhos e descendentes foram responsáveis por vigiar o portão ocidental de Salequete (1Cr 26:10-11,16).

HOSAÍAS (heb. *hôšaʿyâ*) **1.** Líder de Judá que conduziu o segundo contingente de judeus na procissão de dedicação dos muros consertados de Jerusalém (Ne 12:32).

2. O pai de Jezanias (Jr 42:1) ou Azarias (43:2), o antagonista de Jeremias.

HOSAMA (heb. *hôšāmāʿ*) Um dos filhos do rei Jeconias (Joaquim), nascido enquanto seu pai estava no cativeiro (1Cr 3:18).

HOSANA Exclamação (gr. *hōsanná*) dirigida a Jesus pelas multidões que o cumprimentaram em sua entrada triunfal em Jerusalém (Mt 21:9 = Marcos 11:9-10; João 12:13) e pelas crianças no templo (Mt 21:15). Derivada de Salmo 118:25 (heb. *hôšʿâ-nnāʾ*, "salva-nos, Senhor, nós te pedimos"), que aparentemente se tornou um clamor litúrgico pela clemência divina por meio da leitura do Salmos de Halel, a expressão foi associada depois com esperanças escatológicas judaicas (cf. v. 25 citado em Marcos 11:9).

HOSPEDARIA Lugar onde os viajantes descansavam durante a noite (heb. *mālôn*, "estalagem"). O termo implica pouco mais que uma superfície plana de chão sobre a qual se dorme (Gn 42:27; Êx 4:24; Jr 9:2 [TM 1]; pode ser traduzida como"acampamento").

No NT, gr. *katályma* (de *katá*, "amanhecer", e *lúō*, "soltar") significa lugar onde os viajantes poderiam soltar os seus próprios fardos ou seus jumentos e descansar. Por volta do século II a.C., o termo passou a significar, em geral, alojamento ou lugar de hospedagem (Lc 2:7). Porém, em Marcos 14:14; Lucas 22:11, ele se refere mais particularmente a um salão de hóspede ou de jantar, designando o lugar para a Última Ceia. Outro termo, gr. *pandocheíon*, significa, literalmente, um lugar onde todos são recebidos (no NT somente em Lucas 10:34, na parábola do bom samaritano), inclusive o gado e jumentos de carga; desse modo, a hospedaria da parábola era mais provavelmente um lugar onde o gado, bem como os humanos se juntavam. [DALE ELLENBURG]

HOSPITALIDADE A prática de receber a amizade de estranhos e retribuí-la. O hebraico não possui nenhuma palavra específica para essa prática, mas a atividade é especialmente evidente nas tradições patriarcais do Gênesis e nas narrativas de Juízes. As atitudes e os papéis de anfitrião e convidado refletem provavelmente tradições nômades, em que os viajantes precisavam de proteção e alimentos. No NT, a palavra gr. *philoxenía* (lit., "amor aos estranhos") normalmente é traduzida por "hospitalidade".

Os viajantes normalmente iam a um lugar aberto e esperavam por um convite (Gn 19:1-3; Jz 19:15-21). Os estranhos deviam ser primeiro testados em razão de seu potencial de representar uma ameaça ao anfitrião ou à comunidade (Gn 19:5; Js 2:2). Como os pés da pessoa deveriam estar sujos por causa da viagem em sandálias, o anfitrião oferecia água para lavar os pés (Gn 18:4; 19:2; 24:32; Jz 19:21). Esse costume oferecia o momento em que o viajante se transformava de estranho em convidado. Por isso, Simão, o fariseu, falhara em sua obrigação de anfitrião ao não se oferecer para lavar os pés de Jesus (Lc 7:44).

Anfitrião e convidado tinham papéis determinados a desempenhar. O convidado participaria do que lhe fosse oferecido e não insultaria o anfitrião. Igualmente era esperado que o anfitrião honrasse o convidado. Não só seriam oferecidos cuidado e alimentação ao convidado, mas também a seus animais. Abraão era visto como anfitrião exemplar por causa da muita generosidade quando ofereceu hospitalidade a três visitantes divinos (Gn 18:1-15). Não só preparou a refeição com grande diligência, mas o fez de modo abundante, incluindo carne. Como anfitrião, Abraão não participou da refeição, mas ficou de pé, servindo a seus convidados (Gn 18:6-8). Também era esperado que o anfitrião oferecesse proteção aos convidados. Tal obrigação explica por que Ló ofereceu suas filhas virgens aos homens de Sodoma em lugar dos dois anjos (Gn 19:4-8). Uma oferta semelhante foi feita na história do assassinato da concubina do levita (Jz 19:22-26). Em ambas as narrativas, o abuso da hospitalidade pelos sodomitas e pelos benjamitas resultou em julgamento e destruição.

A própria experiência e a identidade de Israel como povo peregrino forneceram base prática e teológica para o senso de obrigação ao oferecer hospitalidade. Eles também haviam sido estrangeiros em terra estranha sem proteção e correndo o risco de exploração (Êx 22:21 [TM 20]; Dt 10:17-19). Mesmo depois de receber a terra prometida, a perspectiva de Israel era a de permanecer estrangeiro e ocupante daquela terra, sendo Deus o seu anfitrião (Lv 25:23). Os profetas usaram a imagem da refeição e festa com Deus, o anfitrião do banquete, para pressagiar o dia escatológico da salvação (cf. Is 25:6-10).

Jesus empregou o tema do banquete messiânico em seu ensino sobre o reino (Mt 8:11; 22:1-14; Lc 14:16-24). Ele serviu tanto como anfitrião, nos milagres de alimentação (Mc 6:30-44) ou lavando os pés dos discípulos (Jo 13:1-11), quanto convidado, dependendo da hospitalidade de outros (Mt 8:20). Quando era bem-vindo e comia com os cobradores de impostos e pecadores, ele proclamava o reino de Deus (Mc 2:15; Lc 7:34-50; 15:1-2; 19:1-10). Limitando as posses de seus seguidores quando os mandou sair em missão, Jesus os forçou a aceitar a hospitalidade de outros (Lc 10:4-12). Seu comportamento deveria seguir o papel de um bom convidado: eles deveriam ficar em uma casa (Lc 10:7) e comer da comida que fosse oferecida (v. 8). Os apoiadores, dos quais os discípulos itinerantes eram dependentes, tinham o papel recíproco de oferecer alimentação (Mt 10:40-42), em especial para os que não tinham capacidade para pagar (Lc 14:12-14).

A exortação para a igreja praticar a hospitalidade se encontra em vários escritos do NT (p. ex., Hb 13:2; 1Pe 4:9). A razão para se conceder hospitalidade é multifacetada: o reconhecimento de que os cristãos compartilham de mesmo *status* de residente estrangeiro e exilado (1Pe 1:1; 2:4-10) ou de que, ao ser anfitrião de estranhos, a pessoa inconscientemente poderá estar recebendo visitas divinas (Hb 13:2; evidentemente Gn 18:1-15 está em vista aqui). E talvez o mais importante seja a compreensão de que, ao oferecer hospitalidade a outro, a pessoa está oferecendo-a a Jesus (Jo 13:20; cf. a parábola do juízo final [Mt 25:31-46], em que atos de bondade realizados para outros são vistos como atos para Jesus).

Um interessante olhar sobre as práticas de hospitalidade na igreja primitiva se encontra na Didaquê (11–12). A igreja é aconselhada a não oferecer hospitalidade a pastores itinerantes em visita por mais de dois dias. Depois desse prazo, eles deveriam ser postos em seu caminho com o necessário pão. E se pedissem dinheiro, seriam completamente falsos profetas.

Bibliografia. J. Koenig, *New Testament Hospitality*. OFT 17 (Philadelphia, 1985); J. J. Pilch & B. J. Maims, eds., *Handbook of Biblical Social Values* (Peabody, 1998). [DAVID B. HOWELL]

HOSTES CELESTES Corpos celestes, especificamente o sol, a lua e as estrelas (Dt 4:19), ou os seres divinos, em especial os anjos (Ne 9:6; Sl 103:20-21). Israel fora proibido de adorar corpos celestes (Dt 17:3, 5; 2Rs 23:4-5), mas acabou desobedecendo (Jr 19:13; Sf 1:5), até mesmo durante o Êxodo (At 7:43). Tal abominação (2Rs 17:16; 21:3,5) conduziu ao deserdamento da nação (Jr 8:2). As "hostes celestes" também se referem aos anjos, aqueles que assistem e adoram a Deus (1Rs 22:19 = 2Cr 18:18; cf. Lc 2:13).

As inumeráveis "hostes celestes" são metaforicamente usadas para denotar as ricas bênçãos de Deus àqueles que preservam sua fidelidade à aliança com Ele (Jr 33:22; cf. Gn 15:5). No simbolismo profético, a expressão é interpretada de diversas maneiras, como estrelas, anjos, deidades e o povo perseguido de Deus (Dn 8:10-11). [KENNETH D. MULZAC]

HOTÃO (heb. *ḥôṯām*) (tb. HELÉM) **1.** Aserita, filho de Héber e neto de Berias (1Cr 7:31-32). É chamado Helém em 1Crônicas 7:35.

2. Homem de Aroer (1Cr 11:44). Seus filhos Sama e Jeiel estavam entre os campeões de Davi.

HOTIR (heb. *hôṯîr*) Um dos filhos do cantor Hemã. Foi nomeado por Davi para encabeçar a vigésima primeira divisão de músicos levíticos (1Cr 25:4,28).

HOZAI (heb. *ḥôzāy*) O autor das crônicas a respeito do rei Manassés de Judá, uma fonte usada pelo autor de 2Crônicas (2Cr 33:19 TM; ARA: "História dos Videntes", seguindo a LXX, cf. v. 18).

HUCOQUE (heb. *ḥûqōq*) **1.** Cidade no território tribal de Naftali (Js 19:34), geralmente identificada com a atual *yāqûq*, c. 5 km a oeste de Quinérete, contemplando o mar da Galileia e próxima a Jebel Habaqbuq.

2. Cidade no território tribal de Aser, designada aos levitas gersonitas (1Cr 6:75 [TM 60]). Em outros lugares talvez seja chamada de Helcate.

HUFÃ (heb. *ḥûpām*) Descendente de Benjamim; o antepassado epônimo do hufamitas (Nm 26:39). Ele provavelmente é o mesmo Hupim (Gn 46:21), e em 1Crônicas 7:12 se diz que era filho de Ir.

HUL (heb. *ḥûl*) De acordo com a Tabela das Nações, um dos filhos de Harã e neto de Sem (Gn 10:23; cf. 1Cr 1:17, filho de Sem e irmão de Harã). O território habitado por seus descendentes não pode ser identificado com certeza. Sugestões incluem a Península Árabe, a região do lago Huleh e o limite armênio (cf. Hulia, local mencionado nos anais de Assurbanípal).

HULDA (heb. *ḥuldâ*) Profetisa dos tempos de Josias que predisse a destruição de Jerusalém (2Rs 22:14-20 = 2Cr 34:22-28). É identificada como a esposa de Salum, o encarregado do guarda-roupa (2Rs 22:14), que pode se referir ao guarda-roupa do rei ou aos vestuários do sacerdote.

Quando o livro de lei foi encontrado no templo, Josias enviou Hilquias, o sacerdote, e quatro outros até Hulda para obterem uma profecia do Senhor. Ela respondeu num típico estilo deuteronomístico: uma palavra de julgamento contra Judá e a garantia de que Josias seria enterrado em paz, sendo poupado de ver a destruição da cidade (2Rs 22:15-20). Josias morreu na batalha de Megido em 609 a.C. (2Rs 23:29-30), mas de forma honrada, antes da destruição da cidade e do exílio do povo.

Os estudiosos propõem várias razões para Hulda, e não Jeremias ou Sofonias, haver sido consultada. Alguns especulam que os profetas masculinos estavam longe. No entanto, o comentário rabínico insiste em que Josias achou que uma mulher seria mais compassiva e que certamente intercederia por ele junto a Deus (Meg. 14b).

De acordo com a tradição judia, Hulda possuía uma academia ou escola em Jerusalém. Ela e Jeremias eram parentes e dividiram as funções proféticas: Jeremias pregava aos homens e Hulda, às mulheres. Os rabinos afirmam que Salum era um homem religioso e compassivo, a quem Deus recompensou permitindo que sua esposa se tornasse profetisa. Porém os rabinos chamam Hulda de "arrogante" e, portanto, seu nome ("doninha") a descreveria. [ROBIN GALLAHER BRANCH]

HULEH, LAGO O menor dos três lagos ao longo do rio Jordão e o que fica mais ao norte. Não é mencionado na Bíblia. Em árabe é chamado Baheiret el Huleh; Josefo o chama de lago Semechonitis (Semechonitidos limnas; *Ant.* 5.5.1; *BJ* 3.10.7; 4.1.1). Huleh era um corpo de água doce, formado na bacia derivada do sistema da falha geológica que se estende ao norte, através da Síria e Turquia, e ao sul através do vale do rio Jordão, do mar Vermelho, chegando à África. A represa natural que constituía o lago era feita de lava produzida pela fissura de rochas. O lago media 11 km de comprimento e 4,8 km de largura, com um grande pântano de papiros ao norte. Sua superfície estava 70 m acima do nível do mar. A partir da fundação do atual estado de Israel, o lago foi drenado e seu leito utilizado para propósitos agrícolas.

Bibliografia. D. Baly, *The Geography of the Bible*, ed. rev. (New York, 1974); P. Robinson, *Biblical Researches in Palestine* (1856, repr. Jerusalem, 1970). [LAWRENCE A. SINCLAIR]

HUMANIDADE O estudo da humanidade ou dos seres humanos na Bíblia tem sido tradicionalmente incorporado a assuntos teológicos como pecado / graça, queda / redenção, criação / fim dos tempos, sexualidade, ecologia, sofrimento e mal. Com o recente aparecimento da antropologia teológica como tópico distinto, a humanidade se tornou tema de discussão em seus próprios termos, como estudo da origem, natureza e destino dos seres humanos em relação a Deus. Porém, a antropologia teológica é propensa aos mesmos problemas metodológicos das descrições clássicas da humanidade bíblica, isto é, posições sociais desconhecidas e preocupações apologéticas ou dogmáticas que seletivamente moldam o resultado das pesquisas sobre o humano. A Bíblia resiste a qualquer quadro sistemático ou evolucionista dos seres humanos, e se opõe à imposição de pressupostos abrangentes sobre os homens nos textos, sejam esses pressupostos fundamentados na psicologia, antropologia, filosofia, metafísica, teologia, cristologia ou no método crítico-histórico. Feministas e liberacionistas contemporâneas desafiam o racismo e o sexismo das antropologias modernas e clássicas: enfatizam a necessidade de se compreender a totalidade do ser humano fora da experiência vivida e da consciência das posições sociais e contextos diferentes, conforme eles formatam essa experiência. Tanto a persistente compreensão iluminista da autonomia do ser humano quanto a espiritualidade privatizada de hoje, com sua ênfase psicológica no egoísmo, na autodefesa e no cuidado de si mesmo, formam o contexto cultural contemporâneo e ocidental dentro do qual a humanidade na Bíblia é investigada hoje e ao qual a antropologia bíblica pode oferecer crítica.

As antropologias tradicionais do AT se concentraram nos vários termos hebraicos para os seres humanos e suas partes como *nep̄eš* ("alma / pessoa"), *b̄āśār* ("carne / corpo"), *rûaḥ* ("espírito / respiração"), *lēb̄* ("coração / sentimentos") e *k̄ĕlāyôṯ* ("rins / emoções"). De todos esses termos, apenas *nep̄eš*, que ocorre 755 vezes, é tão característico no sentido vocativo como a totalidade da pessoa — "minha *nep̄eš*", como em Salmo 42:5,11 [TM 6,12]; 43:5; 103:1,2,22; 104:1,35. A tradução "alma" convida ao dualismo corpo / alma do pensamento grego, mas os seres humanos no AT não têm "alma": eles são "alma vivente / *nep̄eš*" (Gn 2:7). As antropologias do NT se concentraram nos vários termos gregos que tratam da constituição do ser humano, em especial da *sṓma* ("corpo / pessoa"), *sárx* ("carne"), *pneúma* ("espírito / mente"), *psychḗ* ("alma / vida"). Desses termos, *sṓma* tem chamado mais a atenção, especialmente na antropologia paulina. Ele é interpretado como uma designação para a pessoa como um todo (comparável a *nep̄eš*, embora a LXX com mais frequência traduza a palavra *nep̄eš* por *psychḗ*), ou como o corpo físico e mau no dualismo corpo / alma. Tanto os termos do AT quanto os do NT foram forçados a caber em quadros sistemáticos do ser humano, baseados nos hoje antiquados pressupostos antropológicos, evolucionistas e psicológicos. Tais pressupostos foram contestados na antropologia do AT, mas os do NT resistiram a tal crítica por também haverem sido profundamente embutidos em várias teologias sistemáticas. O que resultou em exame crítico da teologia, ou ocasionalmente da cristologia, em vez da antropologia, ou, no máximo, da compreensão cristã do ser humano em vez da do NT.

Muitas antropologias tradicionais se concentram no que Henry Wheeler Robinson descreveu como "personalidade coletiva" em Israel, isto é, a fluidez entre o indivíduo e o grupo. De acordo com Robinson, a consciência e a moralidade individuais emergiram mais tarde em Israel com os profetas clássicos, como Jeremias e Ezequiel. Os profetas eram exceções pioneiras: apenas com Jesus se atingiu uma relação individual direta com Deus. O evolucionismo de Robinson fora reforçado pela teoria antropológica de meados do século XIX e início do XX, que postulava o individualismo como a marca de transição do pensamento primitivo (grupo) para o moderno (individualista). Ela também se apoiara no método crítico-histórico formulado por Julius Wellhausen. Esse pensador alemão declarava que os profetas foram o "verdadeiro clímax" da religião israelita, enquanto o judaísmo pós-exílico foi "uma obra morta". Esse pensamento reforçou as tendências antijudaicas da teologia cristã, ainda visíveis hoje em dia. Estereótipos românticos dos nômades israelitas primitivos como valentes individualistas domesticados pela coletividade, a agricultura e as cidades, estereótipos que foram rejeitados pela antropologia contemporânea, também ajudaram a moldar a visão evolutiva de Robinson. Infelizmente, muitos desses argumentos antropológicos tradicionais continuam sendo usados hoje de forma não crítica. Wolfhart Pannenberg, por exemplo, argumenta que o indivíduo se desenvolveu durante o Exílio, quando se passou a esperar que ato / consequência se mostrassem na vida de cada pessoa. Ele ignora quanto é antiga a tradição de sabedoria que assume essa visão.

Gênesis 1–3 se mantém no centro das discussões clássicas sobre a humanidade na Bíblia. O NT assume a fé na criação do AT. A maioria dos estudiosos concorda que esses textos da criação proclamam que os humanos são criaturas de Deus, dependentes de seu Criador para viver (conforme Sl 104, 147, 148 também atestam), e que Deus criou os seres humanos como parte do mundo natural, mas mantendo relação especial com o mundo, com os outros homens e com Deus, o Único que dá significado à vida humana. A natureza dessas relações tem sido debatida, sendo que muito da discussão se concentra no termo hebreu *'āḏām*, que pode significar o nome próprio Adão, "homem" do gênero masculino ou a "humanidade em geral". O jogo de palavras entre *'āḏām* e *'ăḏāmâ* ("chão, terra"), em Gênesis 2:7, sugere a conexão entre a humanidade e o mundo criado. E, de fato, o pecado humano tem consequências para a ordem criada como um todo (p. ex., Gn 6:11; 7:11; Is 24:5-6; Jr 4; Mc 13 e par.). Enquanto algumas feministas tendem a ver uma inter-relação harmoniosa entre os humanos e a natureza, outras reconhecem uma relação mais conflituosa, na qual tanto o caos quanto a criatividade podem emergir. Concepções clássicas da humanidade compreenderam Adão como historicamente o primeiro ser humano, como também o tipo ou o paradigma da natureza humana, i.e., normativo para humanidade. Adão como tipo é o pecador; Jesus é o novo Adão que resgata a humanidade corrompida das consequências da "queda"; Jesus é o antítipo sem pecado de Adão, no qual o pecado se originou (Rm 5:12). Embora a condição de Adão como primeiro homem da história não seja encontrada em qualquer lugar do AT, mas apenas na tradição judia recente do século II d.C. (2 Esdras 7), a concepção patrística da desobediência no jardim e dos consequentes castigos divinos para uma "humanidade decaída" persiste até hoje. Claus Westermann contesta a ideia de um "estado original" de inocência: os eventos hermeticamente conectados no jardim pretendem ser um acontecimento primevo. Phyllis Trible argumenta em seu estudo crítico-retórico que as falas divinas em Gn 3 são descrições das consequências da desobediência em vez de prescrições de castigo e comportamento.

Eva é tradicionalmente compreendida como sedutora, o "portal do diabo" (Tertuliano). As feministas argumentam que as mulheres são emboscadas por expectativas irreais criadas, de um lado, pela identificação da mulher com Eva: autoafirmação, sexualidade e pecado (1Tm 2:9-14), e, por outro, pela identificação com uma idealizada Maria: obediente, assexuada e sem pecado. Ambos os modelos legitimam a submissão das mulheres em estruturas patriarcais. Outras feministas criticam o uso da linguagem servil cristã para descrever a humanidade, observando que, para as mulheres negras, a servidão tem sido a escravidão não reconhecida e desumanizadora. O pecado para elas não é o orgulho ou a autoafirmação, mas sim a demasiada humildade e o ódio por si próprio. Devido à ênfase na masculinidade de Jesus e à confusão entre biologia e papéis de gênero socialmente construídos, a feminilidade em muitas antropologias é vista como uma forma desviante de ser humano, sendo a masculinidade normativa, legitimando assim definições sociais e eclesiásticas sobre o lugar das mulheres. Antropologias teológicas contemporâneas debatem como o gênero está relacionado à humanidade, caso esteja, e como as mulheres podem representar Cristo. Alguns argumentos modernos sobre a abordagem igualitária de Jesus a respeito das mulheres contribuem para uma dicotomia antijudaica entre os testamentos.

As antropologias clássicas assumiam a centralidade da imagem divina na humanidade, *imago Dei*, embora a "imagem de Deus" seja apenas raramente referida tanto no AT (p. ex., Gn 1:26; 9:6; observar: 1:26; 5:1 se refere "à semelhança de Deus") quanto no NT (p. ex., 1Co 11:7; Tg 3:9); Cristo se torna a encarnação da imagem divina em 2Coríntios 4:4; Filipenses 2:6; Colossenses 1:15. De que modo a humanidade sustenta a imagem divina e se o masculino e o feminino participam igualmente da imagem de Deus têm sido o centro da controvérsia durante séculos. Estudiosos contemporâneos argumentam que, ao exercer o domínio sobre a criação de imagens de Deus, desde o antigo Oriente Médio, os reis governavam como os representantes dos deuses. Eles também rejeitavam qualquer noção dualista da imagem, na qual esta se referiria a apenas uma parte do ser humano, como por exemplo a razão ou a vontade, e não à pessoa como um todo — o que contradiz o platonismo cristão (Ambrósio, Gregório de Nisa) que considerava a *imago Dei* como a "mente" ou as "faculdades racionais da alma", e a capacidade humana para o conhecimento de Deus, contrariando assim os ascetas (Pelágio) que acreditavam que a imagem divina era a autodeterminação autônoma, baseada na capacidade de escolher entre o bem e o mal, e obter recompensas. Em sua controvérsia do século V com os pelagianos, Agostinho fundiu as tradições platônicas e ascéticas, postulando uma polêmica distinção entre natureza e graça. O desejo natural para Deus foi perdido por causa da "queda" de Adão. Esse desejo é um dom do espírito de Cristo, não um dom inalienável do Criador. Os humanos sofrem de uma doença moral hereditária (o pecado original) e de uma restrição legal (a morte), das quais apenas a graça de Deus (para alguns) pode salvar o pecador. Além disso, o ser humano é composto de dois elementos distintos, a alma e o corpo. A alma racional é incorpórea e, portanto, participa da imagem de Deus. O sexo está exclusivamente vinculado à corporalidade do ser humano. O corpo sexual é ou *vir* (homem) ou *femina* (mulher). A mulher é a imagem de Deus em sua alma racional, mas não em sua femina; o homem é a imagem de Deus em ambos, de acordo com a interpretação de Agostinho sobre 1Co 11:7. A inferioridade da femina da mulher obstrui a superioridade da alma racional.

Elaine Pagels argumenta que, com Agostinho, a mensagem de liberdade humana em Gênesis 1–3 se transforma na da escravidão humana: a queda validou o poder secular e a autoridade da igreja como essenciais para a salvação humana, à medida que a igreja foi realizando a transição de seita para religião oficial do Império Romano. As concepções de Agostinho foram transmitidas em formas modificadas por Tomás de Aquino, durante a Idade Média, por João Calvino e os reformadores, e pelos teólogos contemporâneos como Karl Barth. A hierarquia Deus-criatura de Barth, por exemplo, analogamente se configura na relação macho / fêmea; a humanidade em sua queda não pode responder a Deus a menos que Cristo responda por nós. O legado de Agostinho é um dualismo hierárquico — mente / corpo, espírito / carne, homem / mulher — que prejudica as mulheres. As discussões contemporâneas sobre a *imago Dei* tendem a se concentrar na "semelhança a Deus" em termos de generalidade humana. Phyllis Bird argumenta que as relações de gênero não são tratadas em relação à imagem de Deus em Gênesis 1:26-28: "homem e mulher [Deus] os criou" no v. 27b está vinculado à bênção da fertilidade que se segue no v. 28, bênção que os humanos compartilham com os animais, e não ligada à precedente imagem de Deus nos v. 26-27a.

As declarações de Paulo sobre a natureza do ser humano têm sido frequentemente tomadas como determinantes para a antropologia do NT como um todo. Os estudiosos advertem contra a homogeneização ou a espiritualização de Paulo, que ocorre quando se abstrai suas considerações sobre o ser humano de seus contextos históricos particulares. Krister Stendahl critica aqueles que interpretam a justificação pela fé e o segundo uso da lei, ensinados por Paulo em Romanos, como guia para a consciência introspectiva frustrada a partir de um quadro de referências posterior e ocidental (via Agostinho e Lutero). Ao contrário, a preocupação básica de Paulo, na condição de apóstolo aos gentios, era com a relação entre os judeus e gentios, levando-se em conta Jesus como o Messias — algo que não seria mais um problema real depois do século I, quando a constituição do cristianismo não era mais judaica.

Numa análise final, a antropologia bíblica deve considerar seriamente aquilo que Walter Brueggemann chama de processo bíblico dialético, pleno de tensão, entre "testemunhos centrais" e "contrários". Os testemunhos centrais fazem declarações básicas sobre Deus que, com o passar do tempo, se tornam características. As teologias contrárias "atacam" o testemunho central com evidências recentes e questões novas. Portanto, Deus é um governante onipotente, transcendente que garante a ordem por meio de recompensa / castigo, embora também seja um Deus sofredor (Jürgen Moltmann) que compartilha com os humanos sua falta de poder, oferecendo conforto e companhia. Deus está presente conforme os hinos do saltério atestam; Deus está ausente de acordo com a provocação dos lamentos dos salmos. O Deus da história da salvação resgata, enquanto o onipresente Deus Criador abençoa. O ser humano na Bíblia é descrito entre esses testemunhos teológicos centrais e contrários, e por conseguinte se relaciona com Deus de modos diversos, com obediência estoica ou com protestos e questionamentos. Os humanos são criaturas fracas e decaídas, propensas a pecar e a quem Deus, o Redentor, precisa salvar, ou participam da imagem de Deus, sendo um pouco menor que Deus (Sl 8). Uma antropologia bíblica fiel deveria observar essa tensão dialética.

Bibliografia. A. Grail, ed., *In the Embrace of God: Feminist Approaches to Theological Anthropology* (Matyknoll, 1995); M. D. Cuinan, *To Be Human Before God* (Collegeville, 1994); D. Hopkins, "Biblical Anthropology, Discipline of", in *Dictionary of Pastoral Care* *and Counseling*, ed. R. J. Hunter (Nashville, 1990), 85-88; W. Pannenberg, *Anthropology in Theological Perspective* (Philadelphia, 1985); U. Schnelle, *The Human Condition: Anthropology in the Teachings of Jesus, Paul, and John* (Minneapolis, 1996); P. Trible, *God and the Rhetoric of Sexuality*. OFT 2 (Philadelphia, 1978); H. W. Wolff, *Anthropology of the Old Testament* (Philadelphia, 1974). [DENISE DOMBKOWSKI HOPKINS]

HUMILDADE Relativo ao indivíduo ou grupo, a qualidade de ser "pobre", "necessitado" ou até mesmo "oprimido"; ou mais subjetivamente, indivíduo dependente de Deus e que demonstra respeito por outras pessoas (p. ex., "mansidão" ou "bondade"). Não há nenhuma clara distinção entre humildade e mansidão, motivo das variantes nas traduções.

A humildade está geralmente conectada com a baixa estatura socioeconômica, com indivíduos ou grupos que estão em aflição, pobreza e sofrimento (Dt 26:6; Jó 22:29). Deus liberta o humilde e derruba o arrogante (1Sm 2:7; 2Sm 22:28). Yahweh humilha os indivíduos (o faraó, Êx 10:3) e grupos (os israelitas, Dt 8:2,16), mostrando que sua relação com Deus era mais importante que a proeminência ou influência terrena. Reis que se humilham diante de Deus são exaltados (1Rs 21:29; 2Rs 22:19; 2Cr 32:26; 33:12,19), enquanto os que não o fazem são atormentados (2Cr 33:23; 36:12). Em razão de os pobres serem comumente defraudados pelos poderosos, os códigos de lei refletem a preocupação por eles (Êx 23:6; Dt 15:7; 24:14). A humildade do pobre é progressivamente vinculada com a retidão (Nm 12:3; Sf 2:3; cf. Sl 22:26 [TM 27]; 25:9). Deus prefere, mais que sacrifícios externos, um espírito humilde (Sl 51:17; Mq 6:8). A humildade, em si mesma, mostra obediência a Deus (Dt 8:2), reconhecimento da pecaminosidade pessoal (Is 6:5) e submissão a Deus (2Cr 34:27). Deus outorga bênçãos ao humilde, inclusive sabedoria (Pv 11:2), boas-novas (Is 61:1), honra (Pv 15:33) e mesmo a vida e, por vezes, riqueza (22:4).

Embora a humildade seja associada à justiça no Sermão da Montanha (Mt 5:3-12, esp. o v. 5), no NT é com mais frequência conectada a Jesus como o Messias. Mateus 21:5 aplica a profecia messiânica de Zacarias 9:9 a Jesus como rei que é humilde (gr. *praús*, "gentil" ou "dócil", como animal selvagem que foi domesticado). Os atos de Jesus eram também de humildade, especialmente ao lavar os pés dos discípulos (Jo 13:5; cf. Mt 11:29), um exemplo que eles deveriam seguir (Jo 13:15; cf. Mt 23:12).

A humildade é tema consistente ao longo das epístolas. No mundo greco-romano, muitos consideravam a humildade como sinal de fraqueza ou até mesmo falha de caráter: seus termos para "humilde" ou "servil" eram em geral utilizados depreciativamente. Que os cristãos vissem a humildade como uma virtude deveria ser bastante surpreendente. Paulo escreve que a humildade está no âmago do caráter de Cristo (Fp 2:3-8; gr. *tapeinós*, "humildemente", "abatido"). Trata-se de uma atitude do próprio Paulo (2Co 10:1), uma atitude da comunidade cristã (Ef 4:2; Cl 3:12), fruto do espírito (Gl 5:23) que encontra sua fonte no *agápē* (1Co 4:21; cf. 13:4-5). A humildade é a atitude apropriada diante de Deus (Tg 4:10) e para com o outro (1Pe 3:8; 5:5). [T. J. JENNEY]

HUNTA (heb. *ḥumṭâ*) Cidade no território tribal de Judá, mencionada entre Afeca e Quiriate-Arba / Hebrom (Js 15:54). Seu local preciso é desconhecido.

HUPÁ (heb. *ḥuppâ*) (O líder da décima terceira divisão de sacerdotes nos tempos do rei Davi (1Cr 24:13). O nome hebraico sugere o baldaquino de casamento na atual sinagoga (cf. Jl 2:16).

HUPIM (heb. *ḥuppîm*) Um dos descendentes de Benjamim (Gn 46:21; 1Cr 7:12). Em 1Crônicas 7:15, ele parece ser descendente de Manassés. O nome, aparentemente o epônimo de um subgrupo israelita, com certeza é uma forma variante de Hufã.

HUR (heb. *ḥûr*) Nome pessoal provavelmente de contexto egípcio (cf. o deus Hor e o nome pessoal Pasch-hur). O vocábulo pode haver sido compreendido no sentido da palavra semita para "filho" (ac. *ḫuru*) de um humano ou animal.

1. Companheiro de Moisés (e Arão) que o ajudou manter as mãos erguidas durante a batalha contra os amalequitas (Êx 17:10,12). Hur e Arão ficaram incumbidos da responsabilidade judicial enquanto Moisés subia a montanha para receber as tábuas da lei (Êx 24:14).

2. Avô de Bezalel, da tribo de Judá, que projetou e fez a arca, o tabernáculo e seus objetos (Êx 31:2; 35:30; 38:22; 2Cr 1:5). As genealogias em 1Crônicas 2 o relacionam ao clã de Calebe e à cidade de Belém (cf. 1Cr 4:1,4). Esses textos pós-exílicos parecem indicar relação com o item 1, e ressaltar a pretensão dessa família calebita e de Judá mais tarde estabelecida em Belém (ver o item 5 a seguir).

3. Um dos cinco reis mortos pelos israelitas em vingança ao incidente em Peor (Nm 31:8; Js 13:21). Os nomes dos reis nessa lista bastante recente também poderiam se referir a nomes e lugares de Midiã.

4. O pai do governador de Salomão em Efraim (1Rs 4:8).

5. O pai de Refaías, oficial de Jerusalém nos tempos de Neemias (Ne 3:9). Ben-Hur, "o filho de Hur", poderia ser compreendido literalmente como "filho do clã de Hur". A posição desse "filho de Hur" mostra a importância do clã de Hur no século V a.C. (ver itens 2 e 4 acima). [SIEGFRIED KREUZER]

HURÃ (heb. *ḥûrām*) (tb. HIRÃO, HIRÃO-ABI) **1.** Artesão de metais de Tiro empregado por Salomão para dar assistência técnica na ornamentação do templo (1Rs 7:13-14,40,45 = 2Cr 2:13-14; 4:11-16). Seu pai era de Tiro e sua mãe, israelita de Naftali (1Rs 7:14; 2Cr 2:14 a identifica como proveniente do território adjacente de Dã). Em 1Reis, ele é chamado Hirão (2) e, em 2Crônicas 2:13; 4:16, seu nome aparece como Hirão-Abi.

2. Forma alternativa do nome Hirão, usada em 2Crônicas para Hirão I, rei de Tiro.

3. Benjamita, filho de Bela (1Cr 8:5).

HURAI (heb. *ḥûray*) (tb. HIDAI) Um dos Trinta de Davi, do "ribeiro de Gaás" (1Cr 11:32). Em 2Samuel 23:30, ele é chamado Hidai.

HURL (heb. *ḥûrî*) Gadita, filho de Jaroa e pai de Abiail (1Cr 5:14).

HURRITAS (ac. *Durrī*) Antigo povo do Oriente Próximo amplamente atestado no 3º e segundo milênios a.C., fundadores do poderoso reino de Mitani.

HISTÓRIA. Os hurritas surgem primeiro nos registros arqueológicos dos estratos do período Sargão, em Tell Mozan (antigo Urkesh) no norte da Síria. Inscrições com topônimos hurritas sugerem um período de estabelecimento e ocupação que precedeu tal documentação. A ausência de substantivos próprios hurritas nos textos de Ebla indica que sua expansão para o norte-nordeste ainda não havia chegado à Síria ocidental (i.e., oeste do Eufrates). Semelhantemente, a ausência de nomes hurritas em textos de Tel Beydar, na região de Habur, mostra que eles também não haviam se infiltrado no noroeste da Síria. Portanto, seu aparecimento, ou pelo menos sua proeminência, deve coincidir com o surgimento da dinastia acádia ou logo depois disso. A conquista de uma coalizão de hurritas por Naram-sin, conduzida pelos reis de Simurrum e Nawar, sujeitou as cidades-estado hurritas ao controle acádio no final do século XXIII a.C. Ao término do período Sargão (ou no começo de Ur III), as inscrições de *Atal-šen* e *Tiš-atal* demonstram presença hurrita em contínua expansão no nordeste da Síria e norte da Mesopotâmia, além da adoção da escrita. Sulgi, o segundo e longevo rei da dinastia de Ur III, travou uma série de batalhas contra as cidades-estado hurritas ao longo dos limites nordeste de seu império. Com frequência são encontrados substantivos próprios hurritas nos textos dos arquivos da burocracia de Ur III. Ao final do terceiro milênio, os hurritas são encontrados na Anatólia oriental, no norte e oeste da Síria e na Mesopotâmia, com particular concentração na região montanhosa do nordeste da Assíria e, provavelmente, no leste da Anatólia.

Os hurritas sobreviveram aos constantes distúrbios que caracterizaram o fim do terceiro milênio. Na Idade Média do Bronze da Anatólia e Síria-Canaã, eles se encontram entre os vários grupos populacionais, com os assírios, os anatolianos, os cananeus, os amoritas e os babilônios, concentrados na Anatólia oriental e grande parte da Síria. No século XIX a.C., eles aparecem nos registros comerciais assírios de Kanesh (Kültepe), no qual são associados a cidades do sul, nas Montanhas do Anti-Tauros, mas ainda não na Anatólia central. Durante era Mari, as cidades-estado hurritas estão sob o controle de Samsi-adad, que governou de sua capital em Subat-enlil (Tell Leylan), mas, depois de sua morte, as cidades-estado hurritas aparecem como entidades independentes principalmente na alta Mesopotâmia e a leste do Tigre, e também bem a oeste, em Urshu e Halab (Alepo). Em meados do século XVII a.C., o poder hurrita colide com o emergente Reino Hitita Antigo, e Hattusilis I faz uma campanha para impedir a sua expansão.

Coincidindo com o colapso hurrita ao término da Idade Média do Bronze / período babilônio antigo, os hititas começaram a se expandir no norte da Síria. No final do século XVI a.C., eles se depararam com significativo poder hurrita a leste do Eufrates chamado Mitani, que havia invadido a Anatólia central nos primeiros anos de Hattusilis I e cujos reis usavam nomes indo-arianos, enquanto sua população falava hurrita. Começando com o reino de Tutmoses III, siro-cananeu que foi chamado Huru em documentos egípcios. O domínio hurrita alcançou seu cume em princípios do século XV a.C., quando Kizzuwatna (Cilícia) foi anexada durante o reino de Zidanta II. Escavações em Nuzi, ao norte da Mesopotâmia, revelaram os detalhes de cinco gerações da provinciana sociedade hurrita, com seus complexos costumes sociais, econômicos e legais durante os séculos XV e XIV. Aproximadamente 5000 textos foram encontrados em Nuzi, escritos em acadiano por escribas que falavam hurrita, esses textos eram, até recentemente, a principal fonte do vocabulário hurrita. A capital dos hurritas, Wašukkani, ainda não foi identificada (Tell Fakhariya?). No final do século XV, os hurritas haviam se tornado o principal segmento da população da Síria (p. ex., em Alalakh, Halab, Qatna, Ugarit), haviam se casado com a família real hitita e mantinham comunicação com os reis do Egito. A religião hurrita foi amplamente praticada e os deuses e deusas hurritas adorados ao longo de uma ampla região. Ao término do século XIII, o domínio hurrita começou a declinar com a conquista da Síria por Suppiluliumas I. O reino hurrita de Hanigalbat desapareceu dos registros contemporâneos. Com as devastadoras campanhas do rei assírio Tukulti-ninurta I na Síria, a deportação de um grande número de hurritas e o subsequente colapso das civilizações da Idade Final do Bronze, associado às invasões dos Povos do Mar, o domínio hurrita foi extinto e os hurritas, assirionizados. Imediatamente, foram subjugados pelas incursões de tribos de fala aramaica. A linguagem hurrita desaparece das fontes escritas da Síria-Mesopotâmia, embora a língua aparentada, o urartiano, continuasse sendo escrita e falada na Anatólia oriental ainda por alguns séculos.

Na Bíblia, os hurritas são associados com os horeus (heb. *ḥōr'*), embora não haja nenhuma validação extrabíblica para essa equação, seja linguística ou outra. Além disso, a identificação de certos nomes reais entre os hicsos com nomes pessoais hurritas não é mais amplamente aceita. Que havia hurritas no sul de Canaã e talvez no Egito, durante as Idades Média e Final do Bronze é bem provável, mas uma possibilidade ainda não comprovada. Os hurritas são conhecidos para terem ido bem longe: até Sapinuwa, no norte da Anatólia (Ortaköy), 50 km a nordeste de Hattusa / Boghazköy, e, no oeste, até Chipre e possivelmente Creta.

LINGUAGEM E LITERATURA. Os hurritas já se encontravam sob a influência acádia no século XXIII a.C. Os substantivos próprios e títulos hurritas aparecem primeiro nas inscrições do selo de Urkesh. Eles deixaram suas primeiras inscrições em acadiano, mas a língua falada subjacente era hurrita. O idioma hurrita é uma língua isolada possivelmente relacionada ao nordeste caucasiano. Os primeiros textos religiosos completos dos hurritas surgem apenas no século XVIII a.C., nos arquivos de Mari, o que sugere uma tradição literária escrita que precedia sua primeira ocorrência ali. No terceiro milênio, essa tradição é conhecida principalmente a partir de substantivos próprios. Na primeira metade do segundo milênio, os textos religiosos e ritualísticos se impõem, embora recentemente um pequeno número de cartas em hurrita tenha sido descoberto. Nos séculos XV e XIV a.C., os textos em acádio-hurrita de Nuzi oferecem significativo vocabulário hurrita e ocasionais formas gramaticais. O hurrita era uma das muitas línguas faladas e escritas em Ugarite, e foi incluída entre os idiomas dos dicionários quadrilíngues encontrados ali. A recente descoberta em Boghazköy da "Épica da Manumissão" bilíngue, hurrita-hitita (início do século XIV a.C., mas provavelmente um texto originado no Médio Bronze), revelou uma tradição épica literária desenvolvida por completo e cujo início se deu provavelmente por intermédio de traduções hititas. Hitherto, o mais longo texto hurrita conhecido (494 linhas), fora uma correspondência diplomática do rei Tusratta, de Mitani, para o faraó Amenófis III, relativa às negociações sobre o dote pela princesa Tatuhepa, que estava indo para o Egito a fim de se casar com o monarca. Há fortes indicações de uma rica e variada tradição literária sendo produzida pelos hurritas já no século XVIII a.C. Escavações no sítio de Ortaköy, no norte anatoliano, descobriram uma grande biblioteca hurrita de mais de seiscentos textos e fragmentos, cujo conteúdo, principalmente ritualístico, incluía muitos textos bilíngues hurrita-hitita.

Bibliografia. G. Gragg, "Hurrian", *OEANE* 3.125-26; M. Kelly-Buccellati, "Nuzi Viewed from Irkesh, Urkesh Viewed from Nuzi: Stock Elements and Framing Devices in Northern Syro-Mesopotamia", in *Richard E S. Starr Memorial Volume*, ed. D. I. Owen & G. Wilhelm. Studies on the Civilization and Culture of Nuzi and the Hurrians 8 (Bethesda, 1996), 247-68; N. Na'aman, "The Hurrians and the End of the Middle Bronze Age in Palestine", Levant 26 (1994): 175-87; D. L. Stein, "Hurrians", *OEANE* 3.126-30; G. Wilhelm, The Hurrians (Warminster, 1989); "The Hurrians in the Western Parts of the Ancient Near East", in *Mutual Influences of Peoples and Cultures in the Ancient Near East*, ed. M. Malul (Haifa, 1996), 17-30; "The Kingdom of Mitanni in Second-Millennium Upper Mesopotamia", *CANE* 2.1243-54. [DAVID I. OWEN]

HUSA (heb. *ḥûšâ*) Um dos filhos de Ezer, fundador de um lugar na região montanhosa de Judá (1Cr 4:4). Foi o lar de Sibecai, o husatita, um dos homens fortes de Davi (2Sm 21:18; 1Cr 11:29; 20:4; 27:11; chamado de Mebunai em 2Sm 23:27). O local geralmente é identificado com a atual Husân, a sudoeste de Belém.

HUSAI (heb. *ḥûšay*) Amigo e confidente do rei Davi (2Sm 15:37; 1Cr 27:33). Arquita, ele foi o pai de Baaná, oficial de Salomão (1Rs 4:16). Ele desempenhou importante papel durante a rebelião de Absalão, fazendo-se passar por um conselheiro e dissuadindo Absalão de seguir o conselho de Aitofel (2Sm 15:32-33; 16:16-17:14); além disso, manteve Davi informado por meio dos filhos dos sacerdotes Zadoque e Abiatar (15:34-36).

HUSÃO (heb. *ḥušām*, *ḥûšām*) Temanita que se tornou o rei de Edom, depois da morte de Jobabe (Gn 36:34-35; 1Cr 1:45-46).

HUSATITA (heb. *ḥûšāṯî*) Gentílico que designa o habitante de Husa (2Sm 21:18; 23:27; 1Cr 11:29; 20:4; 27:11).

HUSIM (heb. *ḥûšîm*, *ḥušîm*, *ḥušim*) (tb. SUÃO) **1.** Um dos filhos de Dã (ou de um grupo social descendente dele) (Gn 46:23). A forma Suão ocorre em Números 26:42.

2. Os filhos do benjamita Aer (1Cr 7:12). O texto hebraico desse versículo é de difícil interpretação.

3. A mãe de Abitube e Elpaal; uma das esposas do benjamita Saaraim, do qual mais tarde se divorciou (1Cr 8:8,11).

I

IBAR (heb. *yiḇḥār*) Um dos filhos de Davi, nascido em Jerusalém (2Sm 5:15 = 1Cr 14:5; 3:6).

IBLEÃO (heb. *yiḇlĕʿām*) Cidade localizada nos limites tribais de Issacar e Aser, mas designada para a tribo de Manassés (Js 17:11-12; Jz 1:27). A cidade não foi conquistada até o tempo da Monarquia Unida. Pode ter sido transferida aos levitas (Js 21:25 LXX; cf. Bileã em 1Cr 6:70). O faraó Tutmés III (séc. XV a.C.) relaciona Ibleão entre as cidades por ele conquistadas.

Acazias, rei de Judá, foi fatalmente ferido perto de Ibleão (2Rs 9:27). Os soldados de Jeú perseguiram o rei até um local próximo da subida de Gur, antes de o atingir. Acazias morreu em Megido. Zacarias, rei de Israel, também teria sido assassinado em um lugar chamado Ibleão (2Rs 15:10 LXXL [cf. NTLH]; no TM "em frente ao povo").

O local é identificado com Khirbet Bel'ameh, c. 1,6 km ao Sul de Jenin e 16 km a sudeste de Megido. Os romanos chamaram o local de Belemot. Ibleão, indubitavelmente uma cidade fortaleza, guardava uma das rotas que ofereciam acesso ao longo do vale de Jezreel. [STEPHEN VON WYRICK]

IBNEIAS (heb. *yiḇnĕyâ*) Benjamita que viveu em Jerusalém após o exílio; filho de Jeroão (1Cr 9:8).

IBNIJAS (heb. *yiḇnîyâ*) Benjamita, pai de Reuel que morou em Jerusalém após o exílio (1Cr 9:8).

IBRI (heb. *ʿiḇrî*) Filho de Jaazias, levita de Merari cuja posição era determinada pela sorte (1Cr 24:27).

IBSÃ (heb. *ʾiḇṣān*) Juiz menor que governou Israel durante sete anos, depois do tempo de Jefté (Jz 12:8-10). Sua casa era Belém, Zebulom, a nordeste de Nazaré na fronteira com Aser (cf. Js 19:15). Nada mais se sabe de Ibsã, além de que teve trinta filhos e trinta filhas, e que foi casado fora do clã.

IBSÃO (heb. *yiḇśām*) Descendente de Tola, da tribo de Issacar (1Cr 7:2).

ICABÔ (heb. *ʾîkāḇôḏ*) Filho de Fineias e neto de Eli. Sua mãe morreu durante o parto e o havia nomeado com uma referência à captura da arca da aliança pela Filisteia (1Sm 4:22: "Foi-se a glória de Israel" ou "Onde está a Glória?", reportando-se à "glória" ou "presença" de Yahweh).

ICHTHYS Transliteração da palavra grega que significa "peixe". Em grego, as cinco letras originais formam um acróstico: "Jesus Cristo, Filho de Deus, Salvador". Consequentemente, muito cedo na história cristã, os peixes se tornaram símbolo dos cristãos. Entre as referências mais remotas que comprovam esse fato, Tertuliano se refere aos cristãos como "pequenos peixes que seguem o exemplo de nosso ichthys Jesus Cristo (De bapt. 1). A declaração de Jesus de que seus discípulos se tornariam pescadores de homens (Mt 4:19) provavelmente ajudou no desenvolvimento desse simbolismo. [JOE E. LUNCEFORD]

ICÔNIO (gr. *Ikónion*) Cidade localizada em um elevado planalto no sul da região central da Ásia Menor, atual Konya, na Turquia. A primeira menção literária sobre Icônio se relaciona à visita de Ciro a essa cidade (Xenofonte Anab. 1.2.13-14). Icônio era economicamente próspera porque possuía agricultura desenvolvida e estava estrategicamente situada no centro de várias rotas importantes de comércio. Sua posição, fazendo divisa com o planalto da Licaônia a sudeste e com a escarpada Frígia a oeste, fez com que seus vínculos oscilassem entre as duas regiões. Os frígios colonizaram a cidade, mas os selêucidas e depois os romanos a transformaram numa das principais cidades da Licaônia.

Paulo e Barnabé visitaram Icônio e conquistaram muitos convertidos entre os judeus e gentios (At 13:51–14:21). Porém a agitação social obrigou os dois missionários a fugirem para Listra e Derbe (cf. 2Tm 3:11). Durante a "segunda viagem missionária", Paulo e Silas visitaram essas mesmas cidades com a finalidade de fortalecer os crentes (At 15:36–16:6), e Paulo pode ter visitado Icônio novamente durante o retorno de sua "terceira viagem missionária" (18:23). De acordo com Atos, certo Gaio era de Icônio, e Timóteo, que era da região, possuía boa reputação na cidade. Em Atos de Paulo, um apócrifo de século II, há um material legendário sobre Paulo e Tecla em Icônio. A igreja de Icônio foi um importante centro cristão primitivo, e um concílio da igreja se reuniu naquela cidade em 235 d.C.

Bibliografia. C. A. Hemer, The Book of Acts in the Setting of Hellenistic History. *WUNT* 49 (Tübingen, 1989); S. F. Johnson, *Paul the Apostle and His Cities* (Wilmington, 1987). [PAUL ANTHONY HARTOG]

IDALA (heb. *yiḏʾălâ*) Cidade no território tribal de Zebulom (Js 19:15). No Talmude é chamada Iluryth (y. Meg. 1). O local é a atual Khirbet el-Hawârah, 1 km ao sul de Belém (1), em Zebulom.

IDBAS (heb. *yiḏbāš*) Um dos filhos de Etã, da tribo de Judá (1Cr 4:3).

IDO (tb. ADAÍAS, JADAI) Tradução de três nomes hebraicos distintos.

1. (Heb. *ʿiddô, ʿiddōʾ*) Pai de Ainadabe, um dos doze administradores distritais de Salomão (1Rs 4:14). Versões textuais antigas dão a essa figura nomes variados.

2. Levita descendente de Gérson (1Cr 6:21 [TM 6]). Também é chamado Adaías (2; 1Cr 6:41 [26]) e identificado como um antepassado de Asafe.

3. Profeta a quem se credita a autoria de um *midraš*, uma "pesquisa escrita" da história (2Cr 9:29 [K *yeʿd*, Q *yeʿdô*]; 12:15; 13:22). Obra distinta dos anais judeus oficiais, essa história deve ter sido associada às atividades escribas de um círculo profético com algum poder independente dentro da corte de Jerusalém. O cronista cita tal obra como uma fonte das atividades de Salomão, Roboão e Abias.

4. Avô do profeta Zacarias (Zc 1:1,7; cf. Ed 5:1; 6:14; 1 Esdras 6:1). Ido foi um dos sacerdotes responsáveis pelas famílias sacerdotais que voltaram para Jeúde vindas do exílio babilônio (Ne 12:4). Zacarias consequentemente oficiou como líder de sua família sacerdotal (Ne 12:16). Dado o parentesco entre as tradições do tempo de Zacarias e de Ezequiel, o ramo sacerdotal de Ido e Zacarias é melhor compreendido como sendo o de Zadoque.

5. (*yiddô, yaddô, yadday*) Líder tribal sob Davi (1Cr 27:21). Ele foi responsável pela meia tribo de Manassés, em Gileade.

6. Homem de Jeúde que havia se casado com uma mulher estrangeira (Ed 10:43; 1 Esdras 9:35). A maioria das traduções grafa o nome dessa figura como "Jadai".

7. (*ʾiddô*) Líder judeu de um assentamento da Diáspora em Casifia, na Babilônia (Ed 8:17; cf. 1 Esdras 8:45-46). Esdras solicitou a ele levitas e netineus para servirem no Segundo Templo. [STEPHEN L. COOK]

ÍDOLO, IDOLATRIA Algum tipo de representação física de uma divindade. O termo "ídolo" é usado para traduzir várias palavras do AT, geralmente heb.: *ʾĕlʾlʾm, gillûlʾm, ʿăṣabbim* (e a variante desta última *ʿō ṣeḇ*), *pesel* e a relacionado *pĕsʾlʾm*. Também pode ser usado para traduzir heb. *semel* (em outras ocasiões traduzida por "imagem" ou "figura"), *massēḵâ* e, menos comum, *neseḵ* (outras vezes vertida como "imagem fundida" ou "moldada"), *tĕrāp̄îm* (em alguns casos transliterada como "terafim" ou traduzida como "deuses domésticos"), *šiqquṣ* (por vezes traduzida como "coisa detestável" ou "abominação"), *ʾāwen* (ou como um substantivo mais abstrato que significa "idolatria" ou mais geralmente "maldade"), e *heḇel* (tb. como um substantivo mais abstrato que significa algo evanescente ou insubstancial). No NT, "ídolo" traduz a palavra gr. *eídōlon*. Tais termos diferem um pouco em suas particularidades: por exemplo, *semel* geralmente se refere a algum tipo de estátua ou imagem não-fixada (2Cr 33:7,15; Dt 4:16); *pesel*/ *pĕsʾlʾm* também se referem a uma estátua não-fixada, esculpida em madeira ou pedra (Dt 7:5; Is 44:15,17; 45:20) ou moldada em metal (Jz 17:3,4; Hc 2:18; 2Cr 34:7); *gillûlʾm* igualmente pode se reportar a uma estátua de madeira, pedra ou metal (p. ex., Dt 29:17), mas, quando o material para fazer o *ʿăṣabbîm* é identificado, sempre é metal (Os 8:4; 13:2; Sl 115:4). Alguns termos para "ídolo" têm implícito neles um juízo de valor: falar de *ʾĕlʾlʾm*, um termo que vem de uma raiz que significa "fraco" ou "insignificante", é oferecer uma opinião negativa sobre a utilidade dos ídolos; os significados mais gerais de "maldade" para *ʾāwen* e "insubstancial" para *heḇel* também indicam um julgamento pejorativo sendo feito quando tais termos significam "ídolo". A palavra gr. *eídōlon*, que significa "imagem" e "fantasma", também carrega um sentido pejorativo.

A razão pela qual os ídolos são julgados tão negativamente na Bíblia é que eles representam religiões nacionais, das quais tanto Israel no AT quanto o cristianismo nascente do NT são ordenados a se separar. No AT, o livro de Deuteronômio relaciona a fabricação de ídolos como uma das abominações das nações que os hebreus deviam substituir na terra de Israel (Dt 7:5,25; 12:3; 29:17 [MR 16]), e esse sentimento é também expresso nos livros históricos que se originam da escola deuteronomística. Em 1Samuel 31:9; 1Reis 21:26; 2Reis 17:15, por exemplo, os ídolos são descritos como um componente desprezível das religiões dos, respectivamente, filisteus, amoritas e das nações em geral. Os livros proféticos descrevem a adoração de ídolo ainda como uma execração estrangeira: em Isaías, os ídolos são associados à religião dos egípcios (Is 19:1,3) e babilônios (46:1), e em Jeremias eles são igualmente relacionados à Babilônia (Jr 50:2, 38; 51:52) e, de modo mais genérico, aos estrangeiros (8:19; 14:22). O mesmo sentimento se encontra nos Salmos (Sl 96:5; 106:38; 135:15) e no NT, em particular em Atos (17:16) e nas cartas de Paulo (1Co 8).

Embora em outras passagens os escritores bíblicos possam ser culpados de polêmica e hipérbole nas condenações a seus vizinhos, no caso de adoração aos ídolos, o retrato da Bíblia parece bastante preciso. As evidências arqueológicas e textuais ao longo do oeste semita e do leste mediterrâneo indicam que o uso de imagens para representar divindades era a norma das tradições religiosas asiáticas ocidentais. As imagens eram tipicamente na forma de estátuas, apesar de altos-relevos e pinturas em paredes serem atestadas. As estátuas, frequentemente em tamanho natural, se erguiam em templos e outros espaços sagrados, sendo os recipientes de sacrifícios e libações, e recebiam oferendas votivas e orações. Elas também eram vestidas e podiam ser lavadas. De certo modo, portanto, as estátuas eram imaginadas como "vivas", numa condição em que o deus era percebido de alguma maneira como presente ou se manifestando dentro da imagem, e compartilhando suas fortunas ou, em certas ocasiões, seus infortúnios (p. ex., quando a estátua de culto do deus filisteu Dagom caiu e perdeu a cabeça e as mãos diante da arca da aliança de Israel, é como se ele houvesse sido derrotado pelo poder do Deus israelita; 1Sm 5:1-5).

A respeito da insistência bíblica na inexistência de ídolos em Israel, a verificação da precisão do registro bíblico, especialmente do AT, é uma tarefa mais complicada. A tradição legal do AT é enfática na exigência de que os israelitas não empreguem nenhum ídolo na adoração a seu Deus. O texto mais famoso sobre a rejeição da idolatria israelita é o Segundo Mandamento: "Não farás para ti imagem de escultura, nem semelhança alguma do que há em cima nos céus, nem embaixo na terra, nem nas águas debaixo da terra" (Êx 20:4; cf. 34:17; Lv 19:4; 26:1; Dt 5:8-10). No entanto, as tradições narrativas, especialmente as que descrevem a história primitiva de Israel, apresentam diversos relatos envolvendo a presença de ídolos, tanto de outros deuses quanto, ao que parece, do Deus de Israel — sendo que nessas narrativas não é feito nenhum julgamento negativo. Na verdade, um juízo positivo é com frequência incluído. O roubo dos deuses familiares ou terafins de Labão por sua filha Raquel é apresentado como uma coisa boa, como uma forma de ajuda a seu marido Jacó, a fim de que ele pudesse se separar do sogro com a propriedade que era legalmente sua (Gn 31:19-55 [TM 32:1]). A filha do rei Saul, Mical, também é vista como fazendo uma coisa boa quando coloca um terafim em sua cama como substituto de seu marido Davi, ajudando assim Davi a escapar da raiva assassina de seu sogro (o terafim usado aqui é presumivelmente uma figura em tamanho natural e não algo como as miniaturas roubadas por Raquel). Em Juízes, Mica tem um santuário no qual há um éfode e um terafim, onde um levita, um membro da tribo sacerdotal de Israel, preside. O texto não faz referência a nenhuma nota de censura (Jz 17:5, 7-13). O tal Mica havia antes devolvido 1100 peças de prata que roubara de sua mãe, razão pela qual a mulher usou duzentas dessas peças para fazer "uma imagem de escultura e uma de fundição" (Jz 17:1-4), o que também parece ser uma ação louvável do ponto de vista do texto. Além disso, considerando-se que a mãe havia consagrado sua prata "ao Senhor", infere-se que a imagem que mandou fundir fosse a do Deus israelita.

Até mesmo o texto que frequentemente é considerado como a descrição do episódio mais odioso de adoração de um ídolo no AT: Arão confeccionando o bezerro de ouro (Êx 32), é, no final das contas, ambivalente em seu sentido do que constitui o uso adequado e o inadequado de imagens em Israel. Note-se que, depois de modelar o bezerro, Arão declara que o dia seguinte seria um feriado religioso em louvor ao Senhor (Êx 32:5), sugerindo que o sacerdote entendia o bezerro como um ícone apropriado à adoração de seu Deus por Israel. Arão nunca foi castigado por haver feito o bezerro, e, na realidade, foi louvado em outros lugares como o antepassado do sacerdócio do templo de Jerusalém. A impressão que fica é que muitos outros na tradição bíblica compartilharam o julgamento de Arão de que o bezerro era um ícone aceitável no culto. Certamente, Jeroboão, o primeiro rei do reino do norte de Israel, entendeu esse ícone como apropriado, pois instalou duas imagens de bezerros nos centros de culto em Betel e Dã, a fim de representar a presença de Deus ali (1Rs 12:25-33).

Arqueólogos têm defendido que uma pequena estátua de bronze de um touro, encontrada em um sítio do século XII a.C. nas colinas do norte de Samaria, representa um ícone israelita primitivo de Deus na forma de um touro ou, possivelmente, um trono na forma de touro em que o Deus israelita era imaginado como invisivelmente sentado. Essa última interpretação compreende o touro como um objeto paralelo à arca da aliança, que é descrita muitas vezes como um trono no qual Deus se senta de forma invisível (cf. 1Cr 28:2). No entanto, apesar da compreensão do touro samaritano como o trono de Deus, em vez de uma imagem divina mitigar um pouco sua "natureza idólatra", há ainda a necessidade de se explicar um pequeno bronze de uma figura sentada proveniente do século XI a.C. de Hazor. Embora a estátua preserve uma notável semelhança com as representações cananeias do deus El, no século XI a.C., Hazor era uma das principais cidades do norte israelita, e, portanto, a estatueta seria mais plausivelmente compreendida como uma representação do Deus de Israel. Fica claro a partir de outras evidências que, na religião israelita, Deus tomou emprestado muitos dos atributos de El. Se, além disso, o Deus israelita ainda assumiu o cônjuge de El, a deusa Aserá, como tantos estudiosos hoje sugerem, então as muitas imagens que a Bíblia descreve como havendo sido erguidas em honra dessa deusa também poderiam ser vistas como uma parte legítima de religião israelita, apesar de mais uma vez as tradições legais condenarem o uso de ídolos por Israel.

Quaisquer que sejam as ambivalências que encontremos em relação aos ídolos nesses materiais israelitas primitivos, ao final do exílio babilônio, c. 539 a.C., os idólatras sofrem uma implacável condenação. Os textos do século VI a.C. de Isaías, por exemplo, contêm vários escritos notáveis que apresentam a adoração de ídolos como fútil e até mesmo absurda (Is 41:21-29; 44:9-20; 45:20-25; 46:1-13). Esse sentimento foi preservado no período de NT, durante o qual a idolatria desapareceu de tal maneira que não é de forma alguma mencionada nos evangelhos. O assunto da adoração de ídolos apenas reaparece à medida que os cristãos primitivos passam para o mundo gentio e se confrontam com o uso de imagens nas tradições grega e romana. O texto mais significativo sobre tal consideração está em 1Coríntios 8, no qual Paulo discute se os cristãos podem comer carne sacrificada aos ídolos de deuses gregos e romanos. Em certo sentido, a resposta de Paulo é "sim", pois herdara de seu passado judeu a compreensão de que os ídolos eram imagens sem sentido e, portanto, a carne sacrificada a eles não se diferenciava de qualquer outra. No entanto, em razão de Paulo desejar transmitir a seus seguidores uma clara impressão da diferenciação de sua fé, ele desaconselha a ingestão dessa carne, pois alguns que testemunhassem os cristãos fazendo tal coisa poderiam concluir que o cristianismo era, na realidade, parecido com as religiões gentias que desejava substituir.

Bibliografia. S. Ackerman, *Under Every Green Tree: Popular Religion in Sixth-Century Judah*. HSM 46 (Atlanta, 1992); W. G. Dever, "Archaeology Reconstructs the Lost Background of the Israelite Cult", in *Recent Archaeological Discoveries and Biblical Research* (Seattle, 1990), 119-66; "The Contribution of Archaeology to the Study of Canaanite and Early Israelite Religion", in *Ancient Israelite Religion*, ed. P. D. Miller, P. D. Hanson & S. D. McBride (Philadelphia, 1987), 209-47; J. Faur, "The Biblical Idea of Idolatry", *JQR* 69 (1978): 1-15; J. Gutmann, "The 'Second Commandment' and the Image in Judaism", *HUCA* 32 (1961): 161-74; J. S. Holladay, "Religion in Israel and Judah Under the Monarchy", in *Ancient Israelite Religion*, 249-99; S. M. Olyan, *Asherah and the Cult of Yahweh in Israel*. SBLMS 34 (Atlanta, 1988); W. L. Willis, *Idol Meat in Corinth*. SBLDS 68 (Chico, 1985). [SUSAN ACKERMAN]

IDOX (gr. *Óx*) Avô paterno de Judite; pai de Merari e descendente de Israel (Jdt 8:1).

IDUMEIA (gr. *Idoumaía, Idouméa*) Designação usada na era helenística para o território que se estende de norte a sul desde a porção sul da região montanhosa judia até a parte do norte do Neguebe, e de leste a oeste desde o deserto judeu até as cidades filisteias de Gaza e Asdode. Suas cidades principais incluíam Hebrom, Marisa, Adora, e Betabris. A população da região era formada por muitos edomitas desalojados de suas terras ancestrais pela incursão dos nabateus árabes. Poderia muito bem ser desse povo que a região recebeu seu nome (gr. "dos edomitas", ou talvez uma forma helenística da palavra semita 'dm",terra"). Outros habitantes da região: árabes, judeus, sidonianos e nabateus.

A Idumeia foi conquistada por João Hircano em 129 a.C., e sua população nativa foi forçada a sofrer a circuncisão e a se judaizar (1Macabeus 4.36-59; 2Macabeus 10.1-8). Em seguida, os idumeus foram incorporados ao império asmoneu. Alexandre Janeu designou um idumeu chamado Antípater como governador da região, que foi sucedido por seu filho também chamado Antípater. Esse último solicitou ao asmoneu Hircano II que confirmasse seu irmão Aristóbulo II como sumo sacerdote (Josefo, *Ant.* 14.8). Ele foi ainda pai de Herodes, o Grande, que seria nomeado rei da Judeia pelo senado romano em 39 a.C.

A Idumeia serviu como uma importante base de poder para Herodes ao longo de seu reinado. Depois de sua morte em 4 a.C., o reino foi dividido e a Idumeia passou ao etnarca Arquelau (*Ant.* 17.3 19; *BJ* 2.93-98), que governou até 6 d.C. Entre 41 e 44 d.C., a região fez parte do reino de Agripa I (*Ant.* 19.25; *BJ* 2.215). Entre 6 e 41 d.C., e depois de 44 d.C., foi governada por procuradores romanos como parte da província da Síria.

Durante a erupção da Primeira Revolta Judia contra Roma (67 d.C.), a Idumeia definiu seus próprios chefes (*BJ* 2.566). João de Gischala usou soldados idumeus na tentativa de tomar o controle de Jerusalém da mão de outras facções rebeldes (*BJ* 4.224, 228-354). A Idumeia sofreu imensamente durante a guerra e sua população foi dizimada. Após a derrota dos rebeldes, a Idumeia foi incorporada à província romana da Judeia. A partir daí não foi mais citada nos registros da época.

Bibliografia. I. Eph'al, *The Ancient Arabs* (Leiden, 1982); A. Kasher, *Jews, Idumeans, and Ancient Arabs* (Tubingen, 1988). [ANTHONY J. TOMASINO]

IFDEIAS (heb. *yipdĕyâ*) Chefe de uma família benjamita; um dos filhos de Sasaque. (1Cr 8:25).

IFTÁ (heb. *yiptaḥ*) Uma cidade na partilha tribal de Judá, uma das nove cidades que pertencem ao distrito de Queila ao sul de Sefelá (Js 15:43). Embora o antigo sítio seja incerto, ele pode ser identificado como Atar Nehusha, exatamente a nordeste de Beit Jibrin / Bet Guvrin. [STEVEN M. ORTIZ]

IFTÁ-EL (heb. *yiptaḥ-'ēl*) Vale ao longo da fronteira entre os territórios tribais de Zebulom e Aser (Js 19:14, 27). É mais provável Wadi el-Malik/Nahal Sippoti, a noroeste de Nazaré.

IGAL (heb. *yig'āl*) (ou JIGEAL) **1.** Espião da tribo de Issacar enviado por Moisés para espionar a terra de Canaã (Nm 13:7).

2. Filho de Natã de Zobá; um dos Trinta de Davi (2Sm 23:36). 1Crônicas 11:38 relaciona em seu lugar Joel, irmão de Natã.

3. Um dos filhos de Semaías e descendente de Zorobabel (1Cr 3:22).

IGREJA A tradução inglesa comum do grego *ekklēsía*. No tempo da composição do Novo Testamento o termo grego era amplamente usado para se referir às reuniões de pessoas em algum tipo de assembleia. Na versão grega do Antigo Testamento, *ekklēsía* foi usado para o povo de Deus (Israel) reunido conjuntamente para um propósito importante (Jz 20:2; 1Cr 29:1; cf. At 7:38). No Novo Testamento ele se refere principalmente ao povo de Deus reunido no nome de Jesus ou no nome do Deus de Jesus Cristo (Ef 3:21; 5:23; 1Ts 1:1; 1Co 10:32).

O Novo Testamento entende que "igreja" se refere à expressão visível dos seguidores de Jesus Cristo reunidos, que foram enxertados em uma comunidade criada por Deus, sob o pendão de Jesus Cristo, encarnando um modo de vida e de valores antecipatórios da nova criação. Como tal, a Igreja permanece em continuidade direta com o povo histórico de Deus (Israel); mas como uma comunidade escatológica dos últimos dias, marcada pelo seu reconhecimento de Jesus como Senhor e Messias. Há descontinuidades também.

Os inícios da igreja. Essa tensão entre continuidade e descontinuidade com o povo de Deus na história, precipitada pela vinda de Jesus, é um fator fundamental na avaliação de quando a Igreja começou. É uma pressuposição fundamental da Bíblia de que o povo de Israel é o povo de Deus (Lv 26:12). Além disso, a partir de uma perspectiva cristã é indiscutível que alguma coisa essencialmente nova surgiu com a vinda de Jesus.

No centro da missão de Jesus estava o anúncio de que Israel era a fronteira de uma nova era, quando Deus estava para cumprir suas promessas e inaugurar seu reinado. Jesus via a si mesmo como um embaixador desse anúncio. Ele chamou para si um grupo íntimo de seguidores (os Doze) que ajudavam nessa proclamação e que constituíam o núcleo da comunidade (Mt 10:1-42; Mc 3:13-19; 6:7-13; Lc 9:1-6, 10). Essa nova comunidade antecipava a comunidade especial da nova era ao comer junto em refeições de celebração (cf. Lc 14:1-24; 22:14-23). Nessas refeições, e por todo o seu ensino, Jesus empregou imagens tais como ceifa, banquete e vinho novo para descrever a salvação da nova era. Como parte da mesa da comunidade de Jesus, distinções sociais tradicionais criadas pela observação de ritos de pureza eram abandonadas; e o retorno do perdido era alegremente celebrado como um paradigma do arrependimento e restauração antecipados de Israel (Lc 15:1-32; 19:1-10; Mc 2:18-20).

Mateus 16:16-19 incorpora a realidade histórica de Jesus ter dado o nome *kêpā'/Pétros*, "a Rocha", a Simão e de tê-lo investido com um significado especial (cf. Jo 1:42). Na confissão de Jesus como o "Messias, o Filho do Deus vivo", Pedro se torna uma rocha fundamental da nova comunidade do fim dos tempos. Essa nova comunidade messiânica teria de sobreviver a uma provação terrível (os ais messiânicos), que provavelmente envolveria a destruição do templo de Jerusalém (Mt 24:2 par.). O velho santuário seria trocado por um novo: a comunidade messiânica (Mt 26:61 par.). Ao guardar essa palavra previamente falada por Jesus, esse novo santuário ou Igreja seria inaugurado por Pedro (Mt 16:19).

Depois da morte de Jesus, assim que os discípulos retornaram à fé o Espírito Santo veio sobre os novos crentes, mas eles ainda continuaram como uma comunidade messiânica assustada em Jerusalém. Pedro se tornou o instrumento por meio do qual veio a palavra de como homens poderiam tornar-se parte da nova comunidade messiânica e participar da salvação trazida por Jesus Cristo (At 2:14-420). Quando aquele dia terminou com o arrependimento e o batismo de milhares, pôde ser verificado que a comunidade do fim do tempo, a Igreja, tinha sido inaugurada. Jesus introduziu a Igreja e o Espírito Santo a inaugurou.

Expansão na era do NT. ***Jerusalém e Judeia.*** Lucas e outros crentes de fala grega usaram *ekklēsía* para descrever a comunidade cristã mais primitiva em Jerusalém, depois da Ressurreição (At 5:11; 8:1). Esse termo era muito mais que um alternativo a *synagōgḗ*, o termo usual para a reunião dos judeus obedientes à Torá. A Igreja como uma comunidade viva via a si mesma como o tabernáculo restaurado de Davi (At 15:15-16; cf. Am 9:11-12). Os Doze eram a força que dirigia essa verdadeira comunidade apostólica (Mt 19:28; Lc 22:29-30; At 2:42; 6:2, 6). Os apóstolos viram Jerusalém como o lugar central onde Deus traria à realização seus planos escatológicos instituídos com a Ressurreição (At 1:8). Vivendo em vital antecipação da culminação desses eventos escatológicos, a comunidade se ocupava das tarefas cotidianas da vida com grande fervor (2:43-47). Por volta do fim da primeira geração, a Igreja era uma força substancial na vida de Jerusalém (2:41; 4:4; 6:7).

Além da Judeia. De acordo com Atos, a comunidade messiânica começou a surgir rapidamente por toda a província romana da grande Síria. Muitos concordam que o chamado de Paulo, próximo a Damasco, aconteceu dentro de cinco anos após a morte de Jesus. Paulo imediatamente se associou com outros crentes lá e trabalhou aparentemente com igrejas próximas a Damasco e ao leste do Jordão (Gl 1:17). A conexão entre a igreja "mãe" de Jerusalém e igrejas semelhantes entre os judeus na grande Síria e por toda a Diáspora Judaica ainda é um assunto não resolvido. Entretanto cada assembleia local parecia entender a si própria como a expressão visível da comunidade reunida em qualquer dado lugar que devia a lealdade última a Jesus como o Senhor e Salvador (cf. 1Ts 1:1; 1Co 1:2; Gl 1:2, 22; 2Co 8:1). Mesmo a referência em Atos 9:31 à igreja na Judeia, Galileia, e Samaria provavelmente se refere ao ajuntamento de reuniões de cristãos em diferentes assembleias, de alguma forma semelhante à estrutura das sinagogas judaicas.

Um grande impulso missionário foi realizado pelos helenistas, uma minoria de cristãos judeus de fala grega na igreja de Jerusalém. Ao desenvolver seu próprio entendimento da fé em Jesus, eles rapidamente atraíram a oposição das autoridades (At 6:8-15; 7:54-8:3). Desse grupo surgiu Estevão, Saulo (Paulo), Barnabé, Filipe e Silas. O estabelecimento e o rápido crescimento da igreja em Antioquia são atribuíveis aos helenistas. Sua adoração e modo de vida se tornaram tão rapidamente diferentes de outros grupos dentro da Diáspora Judaica que eles eram identificados separadamente como "cristãos" (At 11:26). Parte da distinção envolvia o aberto recebimento dos gentios para ser parte do povo de Deus, por intermédio da fé em Jesus como o Messias, sem primeiro abraçar os sinais do judaísmo (circuncisão, observância dietética e o sábado). Isso não somente antecipou o patrocínio de Antioquia da grande missão aos gentios, mas também causou problemas no relacionamento com a igreja em Jerusalém, que estava firme em um encontro ecumênico em Jerusalém em 48-49 (At 15:1-35; cf. Gl 2:1-21).

Missão aos gentios. A última metade do século I viu um sólido crescimento das igrejas em volta do vale do Mediterrâneo, especialmente entre os gentios. O Novo Testamento realça a missão de Paulo. Mas outros, muitos dos quais permanecerão para sempre desconhecidos e que se engajaram em buscas ordinárias, também espalharam a Palavra.

Com o surgimento das igrejas por todo o amplo mundo greco-romano, a questão do relacionamento dessas preponderantes igrejas gentílicas com os irmãos judeus cristãos na Judeia permanece um assunto caloroso. Paulo era sensível a essa questão e buscou promover unidade na Igreja ao coletar contribuições voluntárias das igrejas gentílicas, que ele tinha fundado, para os pobres em Jerusalém (1Co 16:1, 2; 2Co 8:1-5). Ao lado da função política de anunciar tanto aos segmentos gentílicos quanto judaicos da igreja, existe evidência de que Paulo entendia isso como indicativo da chegada da era messiânica (Is 60:4-7; Rm 15:25-31).

Além da consolidação das igrejas fundadas por Paulo, muitas outras igrejas em volta do Mediterrâneo entendiam a si próprias como intimamente conectadas com personagens importantes do cristianismo primitivo, tais como Pedro (1Pe 1:1) e João (Ap 2-3; 3Jo 9, 10). Por volta do fim do período apostólico, a Igreja, embora ainda fosse composta de um número de assembleias pequenas e lutadoras, tinha se tornado uma entidade distinguível na maior parte do Império Romano (Cl 1:6).

Características da igreja. ***Organização em ministério.*** Paulo argumentou que cada congregação local pode ser descrita como o funcionamento das partes de um corpo (1Co 12:12-31). Deus planejou distribuir dons (charismata) para o funcionamento regular do corpo (1Co 12:27-31; Rm 12:5-8; cf. Ef 4:4-16). Não há dicotomia absoluta entre o Espírito e a estrutura no Novo Testamento; antes, o Espírito fornecia estruturas diferentes para a comunidade cristã primitiva em relação às necessidades de situações particulares. Assim, a igreja de Jerusalém começou sob a direção direta dos Doze, que forneceram direção e ensino (At 6:1-6; cf. Ef 2:20). Posteriormente, uma combinação de apóstolos e anciãos se tornou responsável pela liderança (At 15:2-23).

A situação nas igrejas paulinas era ainda mais diversa. Paulo encorajava a submissão aos líderes das igrejas domiciliares que "supervisionavam" os membros (1Ts 5:12; Rm 12:8; cf. Hb 13:7). Geralmente, a liderança nas igrejas paulinas se tornava investida em homens anciãos da congregação, que manifestavam vida estável e santa. Vários termos que parecem ser praticamente sinônimos, tais como anciãos (At 20:17; Tg 5:14) e bispos (At 20:28), descrevem seus deveres. Também diáconos (tanto homens como mulheres) usualmente ajudavam a liderança (Rm 16:1; 1Tm 3:8-12). Evangelistas eram ordenados para proclamar a palavra (At 21:8; Ef 4:11; 2Tm 4:5). Finalmente, 1Timóteo 5:9-15 identifica as viúvas como um grupo específico que realizava serviços práticos. Semelhante diversidade de liderança era visível em outras igrejas não fundadas por Paulo.

Apesar da considerável influência de alguns centros (p. ex., Jerusalém), a básica organização e ministério da Igreja do Novo Testamento parecem ter sido fundamentados na congregação local. Contudo, embora espalhada por uma vasta área geográfica e tendo uma posição social insignificante, existiu um notável senso de solidariedade e unidade (cf. 1Pe 2:17; 1Co 1:2). Cristãos primitivos viam a Igreja não somente como uma comunidade reunida num sentido local, mas como uma unidade espiritual em todo lugar e em todo tempo (Cl 1:18, 24; Ef 1:22). Ela era verdadeiramente a vanguarda da nova era.

O papel da assembleia. O entendimento do culto era radicalmente orientado pela vinda de Jesus. Essenciais ao culto no mundo greco-romano eram: (1) um templo ou casa do deus; (2) um sacrifício feito para apaziguar o deus; (3) um altar onde o sacrifício era colocado; (4) um sacerdote designado para oferecer o sacrifício e mediar entre o homem e o deus. Tudo isso foi apagado pela morte de Jesus que, para seus seguidores, terminou todo sistema sacrificial com seu sacrifício único e de uma vez por todas (Hb 9:24-28). Cristo é o sumo sacerdote dos cristãos no santuário celestial (7:25-28). Seu sacrifício é o altar cristão (13:10). Em lugar de sacrifício de animais, êxtase religioso, ou até mesmo comunhão espiritual, o seguidor de Jesus oferecia como culto uma vida comprometida (Rm 12:1-2).

Todavia isso não atrapalhava a necessidade que os seguidores de Jesus tinham de participar da vida em comunhão (Hb 10:24-25). Nessas assembleias, que usualmente aconteciam nos lares dos crentes, a distinção entre o celestial e o terreno foi apagada, e um mundo ordenado foi criado e representado na palavra e ação por meio das quais os seguidores de Jesus "se aproximavam" de Deus. Num sentido antecipatório, os crentes se juntavam à assembleia celestial ao dar louvor a Deus por meio de Jesus Cristo (12:22-23; cf. 10:1-22).

Uma reunião usualmente aconteceria no primeiro dia da semana (o dia do Senhor), quando Jesus primeiramente apareceu aos seus discípulos (cf. 1Co 16:2; Ap 1:10). Central para a reunião era o ajuntamento em volta da mesa para a principal refeição (1Co 11:17-33). Por meio da participação do pão e do copo alianças leais eram renovadas. De acordo com 1Coríntios 14:1-40, acontecia uma ampla série de oração, louvor, e atividade carismática tais como falar em línguas e discursos proféticos. A ênfase de Paulo na necessidade de decência e ordem (v. 40), e que todas as coisas deviam contribuir para o crescimento espiritual da Igreja, sugere que a função central da reunião não era somente levar o crente ao mundo divino, mas também edificá-lo ou edificá-la (a igreja local) na fé (1Co 14:26).

A esperança da Igreja. Central para a fé da Igreja apostólica era a convicção de que Jesus voltaria e traria ao cumprimento os eventos escatológicos inaugurados com sua primeira vinda (At 1:6-8; 1Jo 2:28). A palavra aramaica *maranatha*, "Ó Senhor, vem", não era somente um grito de aclamação nas reuniões cristãs primitivas associada a pronunciamentos proféticos, mas também uma antecipação da volta do Senhor no fim das eras (1Co 16:22; cf. Ap 6:10-11; 22:20). A Igreja existia para contar a história da fidelidade de Deus à sua criação; mas o clímax daquela fidelidade era a volta de Jesus como o Senhor glorificado, vindicando o justo por meio da ressurreição (1Ts 4:13-17; 1Co 15:50-58) e julgando o ímpio (Jo 5:29). Essa foi a realidade que sustentou a vida diária da Igreja, ao longo do período apostólico.

A consciência dessa realidade dominante explica duas grandes preocupações da Igreja no fim do período apostólico: o perigo de apostasia e a necessidade de vida santa. Os escritores canônicos anteriores fizeram, de Mateus a Apocalipse, fortes apelos para que os crentes permanecessem fiéis ao seu comprometimento (Mt 13:36-43, 47-50; 24:36-25:30; 2Pe 2:21; Hb 6:4-8). Houve um chamado igual para que eles permanecessem fiéis ao conteúdo da fé apostólica (Jd 3; 2Ts 2:15) e seguissem o estilo de vida cristão em uma vida positiva de santidade (1Pe 1:15-16; 4:2). Assim, embora a Igreja apostólica como uma "comunidade recordadora" naturalmente tenha se concentrado no passado com respeito a viver sob o impacto da vinda de Cristo, houve também uma forte ênfase na necessidade para persistir na esperança de que os propósitos escatológicos de Deus seriam trazidos ao cumprimento em um futuro próximo. Nesse tempo, o reino seria entregue a Deus (1Co 15:24-25). Estruturada pela consciência dessas duas vindas, a Igreja apostólica vivia em esperança.

Bibliografia. R. Banks, *Paul's Idea of Community*, org. rev. (Peabody, 1994); E. Ferguson, *The Church of Christ* (Grand Rapids, 1996); K. Giles, *What on Earth Is the Church?* (Downer's Grove, 1995); H. Küng, *The Church* (New York, 1968); G. Lohfink, *Jesus and Community* (Philadelphia, 1984); P.S. Minear, *Images of the Church in the New Testament* (Philadelphia, 1960).

IIM (heb. *ʿîyîm*) Cidade na região sul da herança de Judá (Js 15:29). O nome não comparece em relações semelhantes de cidades, sendo remanejada para Simeão (Js 19:3; 1Cr 4:29). O contexto sugere sua localização no Neguebe, talvez em Deir el-Gawi, 19km a nordeste de Berseba. [LAURA B. MAZOW]

IJE-ABARIM (heb. *ʿîyê hāʿăḇārîm*) (tb. IJIM) Lugar no deserto ("ruínas de Abarim"), a leste de Moabe

(Nm 21:11; 33:44), onde os israelitas acamparam durante as peregrinações do deserto. Em Números 33:45 é chamado Ijim. Localiza-se provavelmente nas redondezas de Muhai, a sudeste do mar Morto, próximo ao ribeiro de Zerede.

IJIM (heb. *'îyîm*) Forma contraída de Ije-Abarim (Nm 33:45).

IJOM (heb. *'iyôn*) Pequeno sítio ao sul do vale de Beq'a, na fronteira do atual Líbano, perto de Merj 'Ayyûn (preservando o nome) e exatamente ao norte de Metulla, no lado de Israel. A maioria das fontes literárias relaciona Ijom junto com Abel-Bete-Maaca, Dã (Laís) e Hazor, ao norte em Israel — todos postos avançados na fronteira entre Israel e Aram-Naharaim, os estados aramaicos do norte.

Ijom é mencionado pela primeira vez nos Textos de Execração egípcios do século XIX e início do XVIII a.C.; depois no itinerário da batalha de Tutmés III, em sua primeira campanha asiática (c. 1468; lugar n.º 95 da lista de Karnak); nas Cartas de Amarna do século XIV; e nos textos bíblicos (1Rs 15:20; 2Cr 16:4) como uma das cidades de Naftali capturadas por Ben-Hadade de Damasco. Ijon também foi tomada por Tiglate-Pileser III em 733/732, durante o reinado de Peca, junto com Abel-Bete-Maaca (2Rs 15:29), marcando naquele momento o limite sul de Aram sob o domínio assírio.

Bibliografia. W. G. Dever, " 'Abel-Beth-Ma'acah: 'Northern Gateway of Ancient Israel' ", in *The Archaeology of Jordan and Other Studies*, ed. L. T. Geraty e L. G. Herr (Berrien Springs, 1986), 207-22; H. Tadmor, "The Southern Border of Aram", *IEJ* 12 (1962): 114-22. [WILLIAM G. DEVER]

ILAI (heb. *'îlay*) (tb. ZALMOM) Aoíta e um dos guerreiros de Davi (1Cr 11:29). Em 2Samuel 23:28, é chamado Zalmom.

ILHA As ilhas citadas na Bíblia se encontram no mar Mediterrâneo. Entre as especificamente mencionadas estão Caftor (provavelmente Creta), Cauda, Chipre, Malta e Patmos. Com frequência, as versões bíblicas traduzem a palavra heb. *'îy* por "ilha" em passagens em que o contexto sugere que seu significado seja "costa" ou "litoral", p.ex., o litoral mediterrâneo oriental, inclusive as regiões do Egito até a Fenícia (p. ex., Gn 10:5; Sl 97:1); portanto o significado essencial do hebraico provavelmente fosse "terra adjacente ao mar", seja ilha ou continente.

ILÍRIA (gr. *Illyrikón*) Grande e montanhosa província romana a noroeste da península balcânica. A Ilíria abrangia o território ao longo da costa oriental do mar Adriático, desde a Macedônia até a Itália e o oeste do rio Danúbio. Os limites exatos do território se moveram com o passar do tempo. As antigas tribos ilírias tinham a reputação de selvagens e com frequência praticaram a pirataria. Os gregos tentaram sem sucesso colonizar a costa a partir de século VI a.C., sendo impedidos pela geografia e seu povo nativo. O nome da região deriva de um das primeiras tribos encontradas pelos gregos.

Os ilírios foram derrotados, mas não subjugados por Filipe II de Macedônia. Os romanos incorporaram toda a região ao seu império no século I d.C., sob Tibério (14-37), mas levaram 250 anos para dominar os ilírios, incluindo duas guerras (229-28 e 219 a.C.). Em 148-47, os distritos sulistas foram anexados à Macedônia romana durante certo tempo e, portanto, passaram à jurisdição macedônia. Augusto tornou a Ilíria numa província senatorial em 27 a.C. e numa província imperial em 11 a.C. No século I d.C., ela foi dividida nas províncias de Panônia, ao norte, e Dalmácia, ao sul.

Paulo declara haver "anunciado" o evangelho de Cristo no círculo geográfico entre Jerusalém e a Ilíria (Rm 15:19), mas não fica claro se pregou nessa província ou se foi o limite oriental de sua atividade missionária. A Ilíria é provavelmente referida mais uma vez quando Paulo informa a Timóteo que Tito está trabalhando na Dalmácia (2Tm 4:10).

Bibliografia. S. Casson, *Macedonia, Thrace and Illyria* (1926, repr. Westport, Coon., 1971), 287-327; J. Knox, "Romans 15 and Paul's Conception of His Apostolic Mission", *JBL* 83 (1964): 1-11. [RICHARD S. ASCOUGH]

IMAGEM *Ver* ÍDOLO, IDOLATRIA.

IMAGEM DE DEUS Expressão empregada duas vezes pelo escritor sacerdotal para descrever a relação exclusiva entre os humanos e Deus. Na abertura do relato da criação, o escritor sacerdotal declara que a humanidade, homem e mulher, é criada à imagem de Deus (Gn 1:27). Mais tarde, como consequência do Dilúvio, o escritor sacerdotal observa que a execução da justiça divina é destinada aos humanos, pois eles foram criados à imagem de Deus (Gn 9:6). Porém o texto bíblico não explica com clareza de que modo os humanos foram criados àquela imagem, o que tem levado a numerosas interpretações dos estudiosos.

A ideia central da expressão é que os humanos são como Deus. É possível que o escritor sacerdotal pretenda sugerir que os humanos são como Deus em aparência ou forma. Em Gênesis 5:3, o escritor sacerdotal afirma que Adão gerou Sete conforme a sua imagem. O que parece ser o significado da expressão de Paulo quando aplicada a Jesus (2Co 4:4; cf. Fp 2:6). Também é possível que o escritor sacerdotal estivesse sendo deliberadamente ambíguo ao descrever os humanos como a imagem de Deus. Em outras palavras, ele poderia estar dizendo simplesmente que os humanos são como Deus, sem especificar de que modo. O contexto de Gênesis 1:26-28 sugere que a imagem de Deus esteja aproximada ao domínio humano e seu governo sobre a terra. Mas, mesmo assim, não está especificada a exata conexão entre os seres humanos à imagem de Deus e o domínio deles sobre a terra. Humanos poderiam ser funcionalmente como Deus, governando a terra como Deus o faria, ou os humanos poderiam ter domínio porque são como Deus de algum modo não mencionado. É possível que os intérpretes não consigam ser mais específicos do que isso. O resultado parece ser o mesmo em qualquer caso: os humanos são distintos de todas as outras criaturas, pois são como Deus e exercem o domínio sobre a terra.

O uso pelo escritor sacerdotal da "imagem de Deus" no contexto da criação humana é comparável ao uso javista de "o conhecimento do bem e do mal". De acordo com o javista, o casal humano se torna como Deus quando come da fruta do conhecimento (Gn 3:5,22). Com o conhecimento, o casal humano pode da mesma forma como Deus criar vida e produzir plantas (comparar Gn 3:16-19 com 2:7-9). De modo semelhante, relacionando a imagem de Deus com o domínio, o escritor sacerdotal enfatiza a capacidade humana de exercer sua própria vontade sobre a criação. Os humanos não são apenas objetos da criação, sujeitos às ordens fixas da criação. Conforme Deus, os humanos possuem em alguma medida o controle do mundo criado.

Como imagem de Deus, os humanos são distintos de todas as outras criaturas, apesar de o escritor sacerdotal descrever os humanos apenas como macho e fêmea. O mito sacerdotal da criação não se interessa somente com a ordem da criação, mas também com a distribuição e a perpetuação das ordens criadas (Gn 1:11,22). A sexualidade dos pássaros, dos peixes e dos animais é assumida pelo escritor sacerdotal, mas tal pressuposto não pode ser aplicado aos humanos porque são a imagem de Deus. Para o escritor sacerdotal, Deus não possui nenhuma forma de sexualidade, nenhuma diferenciação sexual. O autor, portanto, declara explicitamente que foram criados o humano masculino e o feminino (Gn 1:27). A diferenciação entre macho e fêmea os distingue de Deus: "macho e fêmea" indica como os humanos não são conformes à imagem de Deus.

O domínio humano tem limites. O abuso pelos primeiros humanos de seu domínio resultou na purificação da terra, pela vontade de Deus, pelo dilúvio. Assim, como resultado do castigo, o escritor sacerdotal define os limites de domínio humano. O sangue, que é vida, pertence a Deus. E, embora os humanos possam matar os animais para se alimentar, eles não podem ser mortos. Quem matar um homem será morto por um homem, "porque Deus fez o homem segundo a sua imagem" (Gn 9:6). A interpretação da cláusula explicativa dessa proibição é ambígua. A cláusula poderia estar definindo a santidade especial da vida humana: vida humana é mais preciosa que qualquer outra vida, pois os humanos são a imagem de Deus. Porém tal interpretação não responde adequadamente ao contexto do Dilúvio e ao foco central no domínio humano. Por serem feitos à imagem de Deus, os homens detêm o domínio sobre a terra. Mas abusaram de seu domínio e corromperam a terra, provocando uma inundação catastrófica (Gn 6:11-13). Para que a criação não seja novamente destruída pela corrupção humana, Deus regula o domínio humano: os homens não podem matar outros homens. Mas por serem feitos à imagem de Deus, os humanos podem aplicar a pena de morte no lugar de Deus. A execução humana da justiça divina restabelece a ordem da criação.

Bibliografia. J. Barr, "The Image of God in the Book of Genesis — A Study of Terminology", *BJRL* 51 (1968 / 69): 11-26; P. Bird, "Genesis I-Ill as a Source for a Contemporary Theology of Sexuality", *Ex Auditu* 3 (1987): 31-44; J. M. Miller, "In the 'Image' and 'Likeness' of God", *JBL* 91(1972): 289-304; J. H. Tigay, "The Image of God and the Flood", in *Studies in Jewish Education and Judaica in Honor of Louis Newman*, ed. A. M. Shapiro & B. I. Cohen (New York, 1984), 169-82; P. Trible, God and the Rhetoric of Sexuality. *OBT* 2 (Philadelphia, 1978), 12-23. [RONALD A. SIMKINS]

IMAGEM FUNDIDA *Ver* ÍDOLO, IDOLATRIA.

IMAGÍSTICA "Imagem" (de lat. *imago*, "representação", "semelhança" ou "imitação", como em uma "pintura", "aparição", "visão", "eco" e "figura de linguagem") designa o objeto ou o quadro mental produzido na representação artificial. "Imagística" geralmente indica tanto o objeto produzido no ato de fazer imagem (a própria imagem ou quadro mental representado) quanto o ato particular da representação relacionado à produção da imagem (p. ex., a arte de pintar, esculpir ou de expressão poética). As imagens em geral são identificadas de acordo com o sentido ao qual apelam — embora tipicamente visuais e auditivas, e também organizadas de acordo com as formações sociais, culturais e discursivas em que são empregadas: artísticas, literárias, religiosas, psicológicas, políticas e domésticas, entre outras.

Antes do século XVIII d.C., a imagem e a imagística não eram aplicadas normalmente à literatura, mas sim àquilo que por definição é pictórico — pinturas ou esculturas. Apenas no século seguinte, sob a influência de Samuel Coleridge e sua discussão sobre a imaginação — embora é claro que também o discurso psicanalítico e as várias filosofias da linguagem subsequentes devam ser lembrados —, se desenvolverá uma associação direta entre imagem e imagística de palavras, e metáforas e símiles. A essência da imaginação reside em sua capacidade para criar algo aparentemente distinto por meio de associações e modificações, entregando-se assim aos poderes associativos da metáfora e do símile. Em meados do século XIX, portanto, a imagem e a imagística de palavras foram regularmente usadas como sinônimos abrangentes dessas figuras de linguagem. Em especial na literatura e na crítica literária, a imagística passa a abarcar toda a linguagem que mostre representações gráficas de um quadro mental, com uma atenção geral em expressões pictóricas e nos elementos figurativos da metáfora e do símile, usados para articular abstrações.

O estudo crítico de imagística geralmente busca demonstrar como padrões de imagens expressam um conceito particular ou uma abstração. No exame psicanalítico, por exemplo, o analista procurará um motivo singular ou contínuo entre várias imagens de um sonho para descobrir as perturbações profundamente submersas no inconsciente (Freud) ou no inconsciente coletivo (Jung). De modo semelhante, o crítico literário articulará uma série de imagens para desvelar o tema de uma determinada obra literária, como também para descrever o mundo imaginativo por intermédio do qual o texto foi produzido. Por exemplo, as imagens desesperadas e conflitantes de um rio Tâmisa passado e presente no livro *Terra Devastada*, de T. S. Eliot, contribui para a continuidade temática do texto, por meio da qual Eliot pinta um quadro da moralidade humana devastada e decadente entre as duas guerras mundiais.

As imagens abundam na literatura bíblica e, certamente, o estudo das imagens, inclusive a leitura cerrada das metáforas e dos símiles, podem contribuir para uma melhor compreensão dos vários temas e percepções do mundo contidos nos textos específicos das Escrituras hebraicas e cristãs. Entendida de acordo com a definição de semelhança ou cópia, a imagística se manifesta na representação dos deuses das nações — do ídolo ou da imagem esculpida —, como também na descrição da humanidade criada à imagem dos deuses. Mas, mais importante, os textos bíblicos testemunham uma abundância de imagens metaforicamente empregadas para elucidar compreensão ou percepção particular do divino e de sua relação com a humanidade. O mensageiro do Senhor aparece a Moisés "numa chama de fogo, no meio de uma sarça; [...] e a sarça não se consumia" (Êx 3:2). Essa imagem ou quadro mental da manifestação divina retrata com clareza o poder e a inviolabilidade do Deus hebreu. A visão de Ezequiel do Senhor igualmente emprega imagens que comunicam o esplendor e a majestade divinos: "Como o aspecto do arco que aparece na nuvem em dia de chuva, assim era o resplendor em redor" (Ez 1:28). Nas Escrituras cristãs, imagens como a descida da pomba em Marcos ou o "pão do céu" joanino servem de metáforas para iluminar a aparência e o ministério de Jesus divinamente sancionados. Estudos de imagística, especialmente como acontece nas abordagens crítico-literárias da Bíblia, se tornaram uma parte importante dos estudos bíblicos.

Bibliografia. S. Freud, *The Interpretation of Dreams*, 8.ed. rev. (New York, 1965); N. Frye, *Anatomy of Criticism* (Princeton, 1957); P. N. Furbank, *Reflections on the Word "Image"* (London, 1970); C. G. Jung, Dreams (Princeton, 1974); F. Kermode, *The Romantic Image* (New York, 1964); Kermode e R. Alter, eds., *The Literary Guide to the Bible* (Cambridge, 1987); M. S. Silk, *Interaction in Poetic Imagery* (London, 1974).
[MICHAEL L. HUMPHRIES]

IMALCUÊ (gr. *Imalkoue*) Governante árabe encarregado por Alexandre Balas de guardar seu filho Antíoco VI. Trifão persuadiu Imalcuê a liberar Antíoco e abrigar as tropas contra Demétrio (1Macabeus 11.39).

IMER (heb. *'immēr*) I. (LUGAR) Cidade na Babilônia da qual judeus exilados voltaram (Ed 2:59; Ne 7:61). O local é desconhecido.

II. (PESSOA) Líder de uma divisão sacerdotal nos tempos de Davi (1Cr 24:14). Pasur, o oponente de Jeremias, era um membro dessa família sacerdotal (Jr 20:1). Os descendentes dessa linhagem voltaram do cativeiro com Zorobabel (1Cr 9:12; Ed 2:37 = Ne 7:40; 11:13) e participaram na reconstrução do muro da cidade (3:29). Dois homens dessa linhagem haviam tomado "mulheres estrangeiras" como esposas (Ed 10:20).

IMITAÇÃO A adoção consciente ou inconsciente de atitudes, convicções ou comportamentos de outros. O motivo bíblico da imitação encontra expressão em locuções como "imitar", "tornar-se como", "seguir", e está frequentemente implícito na terminologia que inclui "discípulos", "tipo" e "exemplo".

O AT desenvolve esse tema negativamente. Embora advertido a não imitar "as abominações daqueles povos" (Dt 18:9; cf. 6:14; Êx 23:24; Lv 18:3), Israel aspira ser "como as nações, como as outras gerações da terra" (Ez 20:32; cf. Dt 12:30; 1Sm 8:20) e, assim, incorre no julgamento de Deus (2Rs 17:15; Ez 25:8). Esse aspecto negativo também está presente no NT (Rm 12:2).

No NT, a imitação está informada pelo contexto greco-romano, no qual se esperava que os estudantes imitassem seus professores na filosofia, na moralidade e na conduta (cf. Sêneca Ep. 6.5-6; Quintiliano Inst. orat. 2.1-15; Filóstrato Vit. Ap. 1.19), e também pelos modelos heroicos da literatura macabeia, que encorajava o devoto de Israel a imitar o seu exemplo de fidelidade até o martírio (1Macabeus 13.1-9; 2Macabeus 6.27-28; 7.24-29; 4Macabeus 9.23). São a pessoa e a missão de Jesus, porém, que oferecem o caráter definitivo de imitação para os escritores do NT.

O discipulado e a imitação são inseparáveis. O chamado de Jesus: "Vinde após mim" (Mt 4:19; Mc 10:21; Lc 5:27; Jo 1:43), exigia uma decisão vitalícia por parte dos discípulos de modelar seus valores, convicções e comportamento pelos de seu Mestre. Para os Doze, isso envolvia compromisso para com o serviço (Mc 10:41-45; Lc 10:29-37), a dificuldade (Mc 8:34-38) e a renúncia (Mt 19:27-29; Jo 12:26). Para Paulo a imitação tinha um caráter cruciforme (1Co 11:1; cf. Fp 2:5-8).

Como um tema bíblico, "a imitação de Cristo" tem um papel importante na vida da igreja, particularmente por intermédio das obras populares de Tomás de Kempis (*A imitação de Cristo*) e Charles Sheldon (*Em seus passos o que faria Jesus?*). [MOYER HUBBARD]

IMNA (heb. *yimnāʿ*) **1.** Filho de Helém da tribo de Aser (1Cr 7:35).

2. (heb. *yimnâ*) Filho de Aser (Gn 46:17; 1Cr 7:30) cujos descendentes são chamados imnaítas (Nm 26:44).

3. Levita e pai de Coré (2Cr 31:14).

IMORTALIDADE *Ver* APÓS A VIDA, APÓS A MORTE.

IMPERADOR Originalmente um título honorífico (latim *imperator*) concedido aos comandantes romanos por seus soldados, após uma vitória. Otaviano (César Augusto) começou a tradição de tomar o título como uma parte de seu nome, aparentemente para configurar uma alegação singular de autoridade militar. A maior parte dos imperadores subsequentes adotou o título após a ascensão. No império posterior, um imperador podia ser proclamado *imperator* diversas vezes por seu exército, após vitórias notáveis. O termo que realmente comunicava o *status* de imperador era "Augustus".

A criação da posição de imperador por Otaviano teve precedentes. Desde a deposição do último rei Tarquin em 510 a.C., Roma havia se tornado uma república governada basicamente por um senado composto de aristocratas, com uma assembleia de pessoas comuns representadas pelos tribunos, que teoricamente tinham poder de veto sobre a legislação senatorial. Entretanto os sucessos dos exércitos romanos resultaram no controle dos vastos territórios no mundo Mediterrâneo e no surgimento à proeminência e poder de diversos generais, que ameaçavam a estrutura da república tradicional. O senado reconheceu a necessidade de ter líderes poderosos, mas resistiu e perdeu o seu controle. O Primeiro Triunvirato — Júlio César, Pompeu e Crasso — representou um cuidadoso equilíbrio dessas preocupações, mas César se tornou proeminente e foi relutantemente reconhecido como "ditador" pelo senado. Seu assassinato por um grupo de senadores foi o golpe mortal para o velho governo republicano.

O Segundo Triunvirato, estabelecido na crise da morte de César, dedicou-se às vitórias de Otaviano sobre seus rivais e conduziu ao seu governo absoluto. Como pessoa foi reconhecido como líder supremo do império, em virtude primeiramente de força militar. O poder do imperador foi melhorado por seu papel como comandante dos exércitos, sua guarda pessoal pretoriana, sua posição de destaque nos jogos e nas cerimônias públicas, seus poderes legislativo e designativo, suas alianças com a classe de (cavaleiros) equestres, seu patronato da população geral, e sua burocracia principalmente em relação aos libertos. O status dos imperadores foi posteriormente melhorado pela adoração a Otaviano e pelo estabelecimento do culto do Divus Augustus, após sua morte. Embora promovido por meio da construção de templos por imperadores posteriores, somente uns poucos (p. ex., Calígula, Domiciano) advogaram a adoração de si mesmos.

Bibliografia. M. Cary e Hl H. Scullard, *A History of Rome: Down to the Reign of Constantine*, 3.ed. (New York, 1975); F. Millar, *The Emperor in the Roman World, 31 B.C. — A.D. 337*, 2a.ed (Ithaca, 1992); C. Scarre, *Chronicle of the Roman Emperors* (Londres, 1995). [SCOTT NASCH]

IMPÉRIO SELÊUCIDA Um dos maiores impérios formado com a divisão do território conquistado por Alexandre, o Grande. A história do império selêucida é caracterizada por duas considerações principais: (1) era enormemente diversificado e descentralizado, o que o tornava mais difícil de governar do que o império ptolomaico; (2) começou a declinar desde o começo, sendo seu maior período sob Selêuco I, seu fundador. Hierax, o meio irmão de Antíoco rebelou-se por volta de 240 a.C. e estabeleceu um reino independente na Ásia Menor. As províncias orientais começaram a rarear com muita rapidez. Na metade do século II, surgiu uma dinastia rival, e a casa reinante dividiu-se essencialmente em duas facções em guerra. Isso permitiu aos macabeus estabelecer um estado judeu independente, enfraquecendo ainda mais o império selêucida. Quando os romanos terminaram com a dinastia, o império selêucida tinha sido reduzido a um pequeno território no norte da Síria.

Depois das conquistas de Alexandre, o Grande, da Grécia ao norte da Índia, e depois de sua morte, seu império foi disputado durante quase quarenta anos por seus generais (os Diadochi, "sucessores"). A parte asiática do império de Alexandre foi basicamente dividida entre o império selêucida, desde a Síria ao Afeganistão, e o império ptolomaico, que era formado principalmente pelo Egito.

Originalmente, Alexandre fez da Babilônia a capital do seu império, mas com a fundação do império selêucida, a capital mudou-se para Antioquia. Isso, de certa forma, não foi bom porque ficava distante para o oeste do centro de gravidade, visto que a Babilônia era parte importante do império. A parte oriental era mais difícil de governar e, por volta de 250 os partos fundaram seu próprio império, que durou outros quinhentos anos. Isso deu inicio à perda das províncias orientais, o que acabou deixando os selêucidas no controle principalmente da Ásia Menor e da Síria, embora periodicamente um governante selêucida marchasse para o leste para tentar retomar um pouco do antigo território.

Durante a disputa entre os Diadochi, 301 a.C. houve uma questão crucial quando foi feito um tratado sobre a divisão do território. Na época, a região da Palestina e do sul da Síria foi designada a Seleuco, entretanto Ptolomeu a tomou e se recusou devolvê-la. Isso se tornou o motivo para uma série de quatro "Guerras Sírias" travadas no século seguinte em que os selêucidas tentaram recuperar o que consideravam direito deles. Finalmente, no ano 200, na Quinta Guerra Síria, Antíoco III retomou seu território para o império selêucida. A expansão do império por Antíoco III foi interrompida pelos romanos que, da mesma forma restringiram a ambição de Antíoco IV com relação ao Egito. Depois disso, o império selêucida declinou gradualmente enquanto o poder romano cresceu. Por volta de 150 encontramos o início de dinastias rivais, cada uma reivindicando ser a linha correta de sucessão de governantes. Por volta de 96 a.C. uma diversidade de indivíduos reivindicava sentar-se no trono selêucida. O último governante (Antíoco XIII) foi um fantoche colocado no trono pelos romanos, mas eles o depuseram em 65 a.C., dando fim formalmente ao império selêucida.

Bibliografia. *CAH2*, esp. 7/1: The Hellenistic World, ed. F. Walbank et al. (Cambridge, 1984); 8: Rome and the Mediterranean to 133 B.C., ed. A. E. Astin et al. (Cambridge, 1989); 9: The Last Age of the Roman Republic, 146-43 B.C., ed. J. A. Crook, A. Lintott, e E. Rawson (Cambridge, 1994); P. Grimal, ed., *Hellenism and the Rise of Rome* (New York, 1968); Walbank, *The Hellenistic World*, ed. rev. (Cambridge, Mass., 1993). [LESTER L. GRABBE]

IMPOSIÇÃO DE MÃOS Ato cerimonial de consagração ou de identificação (heb. *sāmak̲ yad̲ ʻal*; gr. *epitithēmi tás cheíras, epíthesis tṓn cheirṓn*). No AT, nesse ritual, usava-se uma ou as duas mãos. O ritual com as duas mãos ocorria quando o sacerdote colocava suas mãos sobre a cabeça do bode expiatório (Lv 16:21), quando as testemunhas seguravam a cabeça do blasfemador prestes a ser apedrejado (24:14; cf. Dt 13:9 [TM 10]), e quando Moisés ordenou Josué (Nm 27:18, 23; Dt 34:9). Em cada um desses casos, o gesto identificou o foco do ritual. O ritual com uma só mão, ao mesmo tempo, aplicava-se ao sacrifício onde o ofertante colocava a mão sobre o animal um pouco antes de sacrificá-lo (Lv 1:4; 3:2, 8, 13). O propósito, como confirmam textos hititas paralelos e os detalhes dos casos demonstram, não era transferir a culpa para o animal, mas identificá-lo como pertencente ao ofertante e, dessa forma como reconsagração.

No NT, a imposição de mãos ocorreu em quatro cenários: bênção, que refletia a crença rabínica nos poderes das mãos dos santos (Mt 19:13-15); cura, quando o ritual era opcional, mas com frequência serviu para identificar tanto o doente como o terapeuta e para dramatizar a transferência de poder (9:18; Mc 5:23; At 9:12; 28:8); a concessão de dons espirituais, que serviam para distinguir os cristãos carismáticos de outras seitas (At 8:19; 19:6); e ordenação (6:6, 8; 13:3; 1Tm 4:14; 5:22; 2Tm 1:6). Finalmente, todos os seus usos (com exceção talvez em abençoar), a imposição das mãos teve conotação carismática e milagrosa, adequando seu lugar numa comunidade, enfatizando a presença do Espírito Santo.

Bibliografia. D. Daube, *The New Testament and Rabbinic Judaism* (1956, repr. New York, 1973); D. P. Wright, "The Gesture of Hand Placement in the Hebrew Bible and in Hittite Literature", *JAOS* 106 (1986): 433-46. [MARK W. HAMILTON]

IMPURO *Ver* PURO E IMPURO.

INÁCIO DE ANTIOQUIA Bispo de Antioquia durante o reinado do imperador Trajano (98-117 d.C.). Foi levado por soldados romanos de Antioquia para Roma, onde acabou martirizado em c. 115. Durante a viagem, ele escreveu seis cartas para igrejas (aos Efésios, Magnésios, Tralianos, Romanos, Filadélfios e Esmirneus) e uma para Policarpo, bispo de Esmirna. Uma recensão mais longa das cartas de Inácio inclui ainda seis cartas espúrias. A recensão denominada mediana, que contém apenas as sete cartas relacionadas acima, concorda com a lista fornecida por Eusébio (HE 2.36). Os estudiosos normalmente agrupam as cartas de Inácio com outros escritos cristãos contemporâneos, em uma coleção chamada Os Pais Apostólicos.

Embora às cartas de Inácio falte a profundidade teológica de Paulo ou de João, elas representam em vários aspectos certo desenvolvimento da teologia cristã do período apostólico para o século II. A cristologia de Inácio pode ser chamada de "uma alta cristologia de inspiração joanina". De fato, Inácio dá um passo a mais no refinamento da cristologia do que em qualquer outra coisa do NT. Embora o NT esteja repleto de declarações sobre a soberania e a divindade de Jesus Cristo, em nenhuma parte Jesus é precisamente identificado como Deus. Inácio faz tal identificação onze vezes, a começar pela própria saudação de sua primeira carta (Efésios), em que se refere a "Jesus Cristo nosso Deus". Embora a sua cristologia não seja de maneira nenhuma docética, em Esmirneus 2.2, ele se reporta a Jesus como "na verdade pregado por nós na carne". O nascimento virginal e a Ressurreição são importantes para Inácio, mas a Crucificação é suprema. Não obstante, ele pouco se refere aos ensinos de Jesus e aos eventos de seu ministério.

A eclesiologia de Inácio também representa um desenvolvimento que transcende o NT. Os apóstolos eram os líderes da igreja primitiva, com os profetas, mestres e outras pessoas espiritualmente dotadas que formavam os graus inferiores da liderança (1Co 12:28). A morte dos apóstolos conduz a uma nova ordem eclesiástica repartida entre os ofícios de bispos e diáconos. Percebemos essa organização da igreja em 1Timóteo, em 1Clemente e no Pastor de Hermas, incluído nos Pais Apostólicos. Inácio testemunhou um movimento para uma ordem eclesiástica tripartida, que se tornaria a norma, entre bispos, presbíteros e diáconos. Inácio exalta particularmente o ofício de bispo e, em todas as cartas, com exceção de Romanos, exorta seus leitores a obedecerem ao bispo. Em Efésios 6:1, ele diz que "a pessoa deve olhar para o bispo como o seu Senhor" e, em Magnésios 6.1, afirma que o bispo preside no lugar de Deus. Inácio incentiva a participação na eucaristia, entretanto não fala do batismo cristão. Ele ainda observa que os cristãos já não guardavam mais o sábado, mas que então celebravam o Dia do Senhor (domingo).

Inácio também ultrapassa o NT em seu desenvolvimento de uma teologia do martírio. Sua imagem do martírio, especialmente em Romanos 4–5, vai bem além de qualquer coisa dentro do NT e aponta para a teologia do martírio que motivará os cristãos ao longo dos próximos dois séculos de perseguição romana. Ele anseia genuinamente pelo martírio, que entende como o verdadeiro discipulado e um dos meios de "atingir a Deus" (Rm 4:1). Inácio satisfez seu desejo em Roma, ao final do reinado de Trajano.

Bibliografia. V. Corwin, *St. Ignatius and Christianity in Antioch* (New Haven, 1960); R. M. *Grant, The Apostolic Fathers, 4. Ignatius of Antioch* (Camden, 1966); W. R. Schoedel, *Ignatius of Antioch*. Herm (Philadelphia, 1985); M. P. Brown, *The Authentic Writings of Ignatius* (Durham, 1963). [J. CHRISTIAN WILSON]

INCENSÁRIO Recipiente pequeno para carregar carvões quentes, usado no serviço do tabernáculo (Êx 25:38; 27:3; Lv 16:12). O incensário segurava brasas vivas sobre o qual o incenso era colocado, criando uma fumaça densa e provavelmente um cheiro agradável. O hebraico *maḥtâ* é também traduzido como "tabuleiro", "panela", e "panela de fogo", termos que descrevem funções relacionadas com a candeia, com o altar, e com o incenso do sacrifício. [WALTER E. BROWN]

INCENSO Plantas odorantes, de várias origens e espécies oriundas de diferentes partes do antigo Oriente Médio, desempenharam papel importante na vida econômica, política e religiosa da região. Não resta dúvida de que essas plantas foram usadas primeiramente no período neolítico, mas passaram a ter uma importância cada vez maior com o advento dos estados formais nos quatro-terceiro milênios a.C. Porém não temos virtualmente nenhum mito etiológico que explique como as plantas eram usadas nessas funções e papéis especiais. Em termos do mundo bíblico, por volta do início do primeiro milênio, essas substâncias já desempenhavam um papel cada vez mais proeminente. Condição elevada e prestígio para o mundo mediterrâneo estavam associados com a aquisição e consumo de aromas exóticos, estrangeiros. O uso deles alcançou elevada estatura no final da Idade do Ferro.

Diversas substâncias odorantes eram usadas pelos povos do antigo Oriente Médio, associadas com funerais, adoração divina, rituais mágicos, para fins de cosmético e em aplicações medicinais. Fontes cuneiformes na Mesopotâmia se referem ao incenso já no quarto milênio, e no Egito o "incenso" foi identificado em Nagada II, nas ocasiões de sepultamentos (c. 2500), embora o termo "incenso" tenha sido identificado pela primeira vez na 5ª Dinastia.

No AT, as queimas de incenso e os "altares" sugerem um uso frequente de incenso (heb. *qĕṭōrēṯ*) na vida diária. Rituais oficiais específicos que incluíam incenso são descritos em vários textos do AT (p. ex., Êx 30; Lv 2, 10, 16; Sl 141). Usos cosméticos e medicinais são mencionados especialmente no Cântico dos Cânticos. No NT a menção do uso do incenso (gr. *thymíama*) é mais rara, e está de acordo com a tradição judaica do AT (p. ex., Mt 2:11; Lc 1:9-11; Ap 5:8; 18:13; Mc 14:3-9).

A questão mais inquietante em qualquer discussão sobre incenso é saber que plantas eram usadas e o como eram chamadas. Por exemplo, o gálbano prescrito na narrativa do Êxodo pode ser uma das cem espécies do gênero Ferula. Dados recentemente compilados sugerem o que existia e era usado no primeiro milênio. Alguns dos produtos do incenso estavam disponíveis e derivaram apenas do sudoeste da Arábia ou nordeste da África. Estavam incluídos o olíbano (gên. Boswellia), mirra (gên. Commiphora), aloé (gên. Aloe), comíforas (gên. Commiphora) e bálsamo (gên. Balsainodendron ou Commiphora). Outros incensos existiam numa área maior do Oriente Médio, até mesmo nas regiões ao norte da Síria, Líbano e Ásia Menor. Incluíam o cálamo aromático (gên. Acorus calamus); ervas aromáticas (gên. Cymnbopogon); astrágalo (gên. Astragalus); ládano (gên. Cistus); estoraque (gên. Styrax ou Liquidambar); mástique (Pistacia lentiscus); pinho (Pious brutia); terebinto (Pistacia terebinthus), identificados desde a Era Final do Bronze em um navio cananeu no mediterrâneo (talvez do egípcio sntr), e outras várias resinas de árvores específicas (p. ex., gên. Artemisia e Acácia). Outros materiais de incenso vieram do sudeste da Ásia e foram transportados, de porto a porto, até a parte oriental do Mediterrâneo, via Arábia Saudita. Os mais famosos dentre eles eram a canela e a cássia (gên. Cinnamonium). O comércio de incenso era realizado tanto por mar (cf. Hanno Peniplus; Plínio Nat. hist.) e por bem conhecidas rotas terrestres até a costa da Arábia. As origens do comércio da Idade do Ferro repousam na Era do Bronze, de onde foram recuperados destroços de navios, além de registros históricos que atestam a construção naval.

Bibliografia. N. Groom, *Frankincense and Myrrh* (London, 1981); H. H. Hairfield, Jr. e E. M. Hairfield, "Identification of a Late Bronze Age Resin", *Analytical Chemistry* 62 (1990): 41A-45A; A. Lucas, "Cosmetics, Perfumes, and Incense in Ancient Egypt", *JEA* 16 (1930): 41-53; W. MUller, "Notes on the Use of Frankincense in South Arabia", *Proceedings of the Seminar for Arabian Studies* 6 (1976): 124-36; K. Nielsen, *Incense in Ancient Israel*. VTSup 38 (Leiden, 1986); J. Zatins, "Mesopotamia and Frankincense: The Early Evidence", in *Profumi d'Arabia*, ed. A. Avanzini (Rome, 1997), 251-72. [JURIS ZARINS]

INCESTO Atividade sexual proibida entre parentes consanguíneos ou ligados por parentesco afim. A Bíblia não traz um termo correspondente ao substantivo "incesto" e, em vez disso se refere à atividade incestuosa usando expressões verbais associadas ou a atividade sexual em geral ou corrupção. A Bíblia também não estima os graus de relação proibidos, mas fala dos pares proibidos (Dt 22:30 [TM 23:1]; 27:20, 22-23; Lv 18:6-18; 20:11-12, 17, 19; cf. Ez 22:10-11). Como resultado, seu tratamento de incesto é menos abrangente do que os encontrados na maioria dos códigos de lei ocidentais. Algumas relações não são especificadas como proibidas, notavelmente o incesto de pai-filha. Estas aberturas não significam que Israel aprovava esse tipo de comportamento, visto que os tabus contra elas podem muito bem ter operado de outra forma.

A variedade na abrangência e foco das listas bíblicas sugere uma tendência no pensamento em Israel sobre a conduta sexual aceitável. Além disso, alguns comportamentos incestuosos proibidos nas leis parecem ser permitidos em certos contextos narrativos (cf. Gn 20:12; 38:1-30; 2Sm 13:13). A única possível referência do NT ao incesto está em 1Coríntios 5:1-5, onde Paulo condena a igreja coríntia por tolerar um homem que vive com a esposa de seu pai; Paulo ordena a igreja que expulse tal homem de seu meio. [FRANK D. WULF]

ÍNDIA Na convenção bíblica, a região noroeste do subcontinente da Ásia Meridional, leste da Arábia, marcando a fronteira oriental do território do rei Assuero (Et 1:1; 8:9; cf. Et 13:1; 16:1). A primeira civilização importante na Índia se estabeleceu ao longo do rio Indus e tinha assentamentos urbanos altamente desenvolvidos; estes povos, parentes dos sumérios, chegaram à Índia entre 4000 e 2500 a.C. A escrita floresceu nessa cultura, mas apenas algumas palavras desse vocabulário dravidiano foram traduzidas pelos estudiosos modernos. A comunicação com a Mesopotâmia existia, mas a cultura do rio Indus era menos avançada.

As invasões dos arianos indo-europeus, começando em meados do segundo milênio, introduziram a religião védica, que foi assimilada nos elementos pré-arianos para formar o hinduísmo. O povo pré-ariano migrou principalmente para o sul da Índia, onde o tâmil, um idioma dravidiano, é agora dominante.

As duas principais divindades hindus são Shiva, também encontrada na cultura do rio Indus, e o Vishnu. O Shiva tem muitas funções, mas especialmente representa as forças criativas. Seu principal símbolo é um falo estilizado, considerado possuidor de uma natureza divina. Das muitas encarnações de Vishnu, a bela juventude de Krishna é objeto de muita devoção. O hinduísmo tem um vigoroso foco no amor, tanto físico quanto romântico/sentimental.

As antigas rotas de comércio ligavam a Índia e áreas ocidentais já no período Dinástico Primitivo III na Mesopotâmia (c. 2500). Evidência arqueológica e linguística sugere comparações entre a Palestina e a terra dos tâmiles no século XII, incluindo semelhanças linguísticas entre um tipo de tâmil/dravidiano e nomes hebraicos. Os selêucidas empregavam elefantes e seus “condutores indianos” na guerra (1Mac 6.37).

É possível perceber paralelos significativos entre o Cântico de Salomão e a mais remota literatura escrita que sobreviveu dos tâmiles, escrita na Era Cankam, talvez antes do século VII. A poesia Cankam consiste do Akam, que lida com o interior, e Puram se concentra no mundo exterior. A poesia Akam de amor envolve paisagens, como florestas, montanhas, terras cultivadas, desertos ou praias; a fauna e flora e os deuses adorados ali. Em sua maioria, poemas de amor seculares exibem um conhecimento profundo sobre a psicologia do amor. São descritas cinco fases de amor mútuo, todas envolvendo um tipo de separação. Cada paisagem evoca, com suas próprias imagens, emoção e situação romântica específica. Há uma profusão de imagens da natureza. A estrutura dos poemas é de drama, monólogo, muitas vezes tendo um confidente como ouvinte.

Bibliografia. S. Hikosaka e G. John Samuel, eds., *Encyclopaedia of Tamil Literature* 1 (Madras, 1990); A. Mariaselvam, *The Song of Songs and Ancient Tamil Love Poems*. AnBib 118 (Rome, 1988). [F. LYNNE HARRIS]

INDIVIDUALISMO *Ver* PERSONALIDADE COLETIVA.

INFERNO Palavra em português que traduz quatro termos bíblicos. Heb. *šĕʾôl* e gr. *hádēs* geralmente se referem ao mundo dos mortos. Tártaro (cf. gr. *tartaróō*, 2Pe 2:4) é o lugar de castigo para os anjos caídos que esperam o julgamento final. Gr. *géenna* é o lugar e a condição do justo castigo reservado aos impenitentes após o juízo.

Originalmente, todo morto tinha a mesma existência banal no Sheol. O Sheol depois incluiu uma dimensão escatológica, um futuro com ressurreição, um julgamento final e doutrinas; era a sepultura e o reino sombrio dos mortos, onde o espírito humano já não existe. A tripla hierarquia cosmológica de céu, terra e Sheol ou Hades foi substituída com a compreensão do sistema planetário. O pensamento hebreu pré-exílio assumia que os mortos formavam um coletivo sem identidade depois da morte. gr. *phylakḗ*, também o submundo ou o lugar de castigo no inferno, é o local em que Satanás será mantido inofensivo durante o milênio (Ap 20:7); embora a morte ocorra, o *pneúma* existe e a “prisão” se torna o lugar de tortura.

A Geena aparece pela primeira vez em Enoque, claramente como um lugar após o julgamento final do mau. No Hades, um lugar preparatório, as almas esperam pelo seu fim. Na literatura rabínica, a Geena se refere ao lugar final, não intermediário, de punição. Os escritos apocalípticos anunciam a morte, a ressurreição, o juízo, o castigo final e um lugar de castigo que sugere a Geena. O termo deriva do “vale de Hinom” (ou “lamentação”), perto de Jerusalém. A decomposição lá significava horror, corrupção e fim pelo fogo. Por conseguinte, Geena se tornou uma metáfora para o tormento agudo. Durante o tempo de Jesus, Geena quis dizer uma destruição irrevogável, eterna, para o completamente mau.

A Geena helenística de Lucas diz respeito à recompensa e ao castigo imediatos depois da morte, a ressurreição do justo. Depois do julgamento, Deus envia o mau para o Hades ou Geena, e o íntegro vai ao Paraíso, para a ressurreição com Jesus na Parúsia. Um Mateus influenciado pelo pensamento judaico omite a recompensa e o castigo na morte, e designa um dia de juízo, ressurreição, Geena física e uma agonia eterna para o mau. Depois da ressurreição e do julgamento, a Geena recebe o mau para o devido castigo.

O Hades, o lugar de todos os mortos, é o nome do deus grego do submundo. Sheol e o conceito antigo de Hades são as sombrias e deprimentes moradas dos mortos. A acrescentada crença judaica na ressurreição significava que Deus devolveria os mortos do Hades para a vida — um retorno à vida corpórea; uma vida no céu para os espíritos ressuscitados. Deus traria a alma do Hades e o corpo da sepultura para se juntarem na ressurreição. Na ressurreição, a morte cessaria e o Hades seria fechado. A morte e o Hades seriam reduzidos ao lago de fogo (Ap 20:14).

Na escatologia judaica, a morte significava a separação entre o corpo e a alma. Nenhum dano ocorre depois de morte, pois a alma permanece segura. Mateus 25 retrata o inferno como o domínio de Satanás, seus anjos e os condenados. O AT não faz nenhuma referência à tortura das pessoas que são banidas para o Sheol. A literatura intertestamental fixou sua atenção na ajuda divina contra os inimigos de Deus, num messias humano e na justiça divina.

A maioria dos estudiosos concorda que o único texto (1Pe 3:18-20) que poderia insinuar a descida de Jesus ao inferno não oferece base para interpretações antigas que sugerem a pregação de Jesus aos mortos ou a experiência de uma paixão ou danação. Estudiosos recentes veem o evento como a obra da ascensão de Cristo. Alguns estudiosos defendem que Cristo desceu triunfalmente ao inferno depois de sua morte, a fim de se apresentar como o vencedor e conquistador da morte, de Satanás e do inferno. O NT não reflete nenhuma paixão ou atividade de Jesus entre sua morte e ressurreição.

A maioria dos intérpretes concorda que Efésios 4:8 primeiro se refere à descida de Cristo (v. 9) e, então, à sua ascensão triunfante depois de sua morte e ressurreição: do céu para terra (encarnação) ou da terra para a sepultura (Sheol). Outros afirmam que a descida aconteceu depois da ascensão de Jesus e descreve o retorno à terra do Cristo exaltado, como o Espírito e Pentecostes.

Jesus não pregou uma doutrina do inferno nem descreveu a danação, apenas falou do inferno de modo marginal. Sua proclamação do reino de Deus convidava a pessoa a escolher a salvação ou a perdição, embora Jesus não pregasse o dualismo. Muitas metáforas contrastantes sobre o inferno indicam a ira e o castigo de Deus. A noção de eternidade implica em um castigo final, mas não necessariamente algo que se estenda para todo o sempre. Ideias de destruição completa e castigo infinito contrastam com o amor universal, a clemência e a reconciliação existentes ao longo das Escrituras e da história da igreja. No final das contas, a danação não é um absoluto e permanece dependente da vontade e graça de Deus.

Bibliografia. G. Doehler, "Descent into Hell", *Springfielder* 39 (1975): 2-19; W. H. Harris, III, "The Ascent and Descent of Christ in Ephesians 4.9-10", *BSac* 151 (1994): 198-214; H. Küng, *Eternal Life?* (Garden City, 1984); C. Milikowsky, "Which Ge- henna? Retribution and Eschatology in the Synoptic Gospels and in Early Jewish Texts", *NTS* 34 (1988): 238-49; H. Scharen, "Gehenna in the Synoptics", *BSac* 149 (1992): 324-37, 454-70. [CHERYL A. KIRK-DUGGAN]

INFORTÚNIOS MESSIÂNICOS Período turbulento de sofrimento escatológico e tribulação que, de acordo com o judaísmo primitivo, precederia a vinda do Messias. Os traços característicos incluem apostasia, guerra, terremotos, estiagem, fome, pestilência, conflito e traição familiar, sinais cósmicos, aumento da impiedade e falta de verdade e sabedoria. Conhecido de outra forma como "as dores de parto do Messias", estes infortúnios conduzem inexoravelmente ao nascimento do estado final de bem-aventurança.

O conceito de infortúnios messiânicos tem raízes no AT (Is 13:6-8; 26:16-19; Jr 13:21; Mq 5:2-4 [TM 1-3]; 7:1-6), mais geralmente nas descrições do AT do trauma associado com o dia do Senhor (p. ex., Jl 1:15-2:11; 2:30, 31 [3:3, 4]; Sf 1:14-18; esp. Dn 12:1-3).

O padrão dos infortúnios messiânicos encontra pleno desenvolvimento nos apócrifos e pseudoepígrafos do AT (4Ed 5:1-13; 2Ap Bar 25-32; Jub 23.13-25; Ap Abr 30.4-8; T. Mos.8-9), os rolos do mar Morto (1QH 3.3-18), no NT e na literatura patrística (Did. 16.3-6; *Herm*. Vis. 4.1-2; Barn. 4.3-5) e rabínica (m. Sota 9.15; b. Sanh. 97a-98b; Sabb. 118a; Pesah. 118a; Ketub. 111a).

O discurso escatológico Sinóptico (Mt 24; Mc 13; Lc 21) oferece um paralelo impressionante à noção judaica de infortúnio messiânico (cf. o "começo das dores", Mt 24:8; Mc 13:8), assim como as visões dos sete selos, trombetas e taças (Ap 6-16). Vários outros textos podem também compartilhar este mesmo ambiente (p. ex., Mt 10:17-23, 34-36; Rm 8:17, 18; 2Co 4:16, 17; 1Ts 3:3-5).

No primitivo judaísmo, os infortúnios messiânicos foram "messiânicos" não porque o Messias os sofreu, mas porque infortúnios foram o prelúdio necessário à chegada do Messias. À luz da cruz, entretanto, os cristãos primitivos entenderam que os infortúnios messiânicos caíram de fato sobre o próprio Messias. Assim como a comunidade messiânica, esses cristãos esperavam que do mesmo modo que o Messias tinha sofrido tribulação escatológica antes de sua ressurreição, eles também sofreriam os infortúnios messiânicos até a própria ressurreição deles na segunda vinda do Messias (At 14:22; Fp 3:10, 11; 1Pe 4:12, 13).

Bibliografia. D.C. Allison, Jr., *The End of the Ages Has Come: Na Early Interpretation of the Passion and Resurrection of Jesus* (Philadelphia, 1985); E. Best, *One Body in Christ: A Study in the Relationship of the Church to Christ in the Epistles of the Apostle Paul* (London, 1955), 130-36; C. Gempf, "The Imagery of Birth Pangs in the New Testament", *TynBul* 45 (1994): 119-35; D. S. Russell, *The Method and Message of Jewish Apocalyptic, 200 B.C.-A.D. 100*. OTL (Philadelphia, 1964), 271-76. [MARK DUBIS]

INLÁ (heb. *yimlâ*, *yimlā'*) Pai do profeta Micaías (1Rs 22:8-9 = 2Cr 18:7-8).

INOCENTES, MASSACRE DOS Breve episódio de infanticídio de meninos em Belém registrada na narrativa de infância em Mateus (Mt 2:16-18). O rei Herodes, enganado pelos astrólogos do Oriente que estavam procurando o rei recém-nascido dos judeus, fica furioso e manda matar todas as crianças do sexo masculino com menos de dois anos de idade de Belém e arredores. O historiador judeu do século I, Flávio Josefo, não menciona esse incidente específico, mas reconta exemplos semelhantes da violência e paranoia de Herodes (*Ant*. 16.11.7; 17.2.4; 6.5-6). Embora haja fortes antecedentes no AT (p. ex., a matança dos meninos hebreus ordenada pelo faraó, Êx, 1:15-22; o tradicional túmulo de Raquel em Belém, Gn, 35:19; o seu forte papel matriarcal na história israelita, conforme refletido na citação que Mateus faz de Jr 31:15; e o ponto de junção forçada de Israel e a deportação de Ramá para o exílio na Babilônia, Jr 31:15), nenhum outro escritor de Evangelho inclui essa narrativa.

Várias tradições cristãs afirmam que de 14 mil a 144 mil crianças foram mortas. Porém os historiadores sugerem que pela provável população de Belém na época, a resultante taxa de natalidade anual e uma elevada taxa de mortalidade infantil, o número total não poderia ter sido mais do que vinte meninos menores de dois anos. Esse número não torna o ato menos odioso. A Festa dos Santos Inocentes, celebrada no dia 28 dezembro, celebra como mártires cristãos e santos, os bebês massacrados. A narrativa foi útil para que os estudiosos estabelecessem o nascimento de Jesus em 6 a.C., dois anos antes da morte de Herodes. Para o propósito de Mateus, o massacre iminente motivou a decisão de José de fugir para o Egito com Maria e Jesus, cumprindo um tema da profecia do AT, p.ex., "Do Egito chamei o meu Filho" (Mt 2:15; Os 11:1; Êx 4:22).

Bibliografia. R. F. Brown, *The Birth of the Messiah*, ed. rev. (New York, 1993); U. Luz, *Matthew 1-7* (Minneapolis, 1989). [GLENNA S. JACKSON]

INRA (heb. *yimrâ*) Filho de Zofa, da tribo de Aser (1Cr 7:36).

I.N.R.I. Abreviação do Lat. "*Iesus Nazarenus rex Iudaeorum*", "Jesus de Nazaré, o Rei dos judeus", a inscrição que Pilatos pendurou na cruz de Jesus (Jo 19:19-20).

INRI (heb. *'imrî*) Antepassado de Utai, judaíta que voltou do exílio (1Cr 9:4). Talvez o mesmo que Amarias (do qual o nome Inri é uma forma abreviada) no relato paralelo em Neemias 11:4.

INSCRIÇÕES GREGAS Materiais escritos preservados em meios duráveis como pedras e metais. Embora as culturas da antiga bacia mediterrânea tenham produzido inscrições em diversos idiomas, as inscrições gregas são, indubitavelmente, as mais importantes para o estudo do NT.

Os esforços sistemáticos para combinar as descobertas epigráficas do mundo clássico com o conteúdo do NT tiveram início de fato nas últimas décadas do século XIX e continuam — com um hiato importante nas décadas depois de Primeira Guerra Mundial — até os dias de hoje. Estudiosos como G. Adolph Deissman, William M. Ramsay, James H. Moulton, George Milligan, Frederick W. Danker, G. H. R. Horsley e Ceslas Spicq foram os norteadores desse empreendimento acadêmico e fizeram importantes contribuições com suas publicações.

Um dos primeiros e duradouros resultados da pesquisa das inscrições gregas para os estudos do NT foi acabar com velhas concepções errôneas sobre a singularidade do vocabulário do NT grego. Muitos termos, considerados como palavras "cristãs" até então, são vistos agora como parte do vocabulário grego geral.

As centenas de inscrições greco-judaicas existentes também lançaram uma luz significativa sobre as facetas do judaísmo do Segundo Templo. Levando em conta essas inscrições gregas, os estudiosos do NT conhecem com mais clareza a data e origem da construção da sinagoga, os homens e mulheres oficiais da sinagoga, a interação da comunidade judaica com o seu ambiente urbano pagão, e a vida dentro da comunidade judaica mais ampla da antiguidade.

O significado do culto ao imperador e devoção política geral no começo do Império Romano é extremamente importante para uma compreensão adequada de partes dos evangelhos, Atos, as Epístolas Gerais e o Apocalipse de João. Do mesmo modo, essas inscrições gregas, que dão testemunho da devoção local ao imperador romano, dos epítetos divinos atribuídos à família romana imperial, ou que destaca os benefícios divinos resultantes do reinado do imperador, proporcionam uma compreensão notável sobre a ideologia, bem como a devoção patriótica da civilização romana na qual o cristianismo se desenvolveu.

Há vários políticos e oficiais de Estado que são mencionados no NT. Uma vez que em alguns casos essas posições e instituições oficiais são apenas esboçadas na literatura antiga, as inscrições gregas são muito úteis para estabelecer uma maior clareza sobre o seu significado e características. Isso incluiria *asiárchēs* (At 19:31), *politárchēs* (17:6, 8), os *grammateús* da cidade ("o escrivão da cidade", 19:35), os membros do Areópago (17:34), e o *oikonómos* ("o tesoureiro da cidade") de Corinto (Rm 16:23).

Como a maioria dos cristãos contemporâneos a escrita dos livros do NT era de tradição gentia, é muito importante entender os contornos da devoção pagã naquele momento. As inscrições gregas não apenas nos informam sobre as religiões pagãs específicas mencionadas no NT, como a Ártemis efésia, mas também sobre muitas facetas difundidas da religiosidade pagã. A crença pagã nos milagres de cura é amplamente atestada na epigrafia testemunhal do templo e nas inscrições comemorativas. A epigrafia confirma a certeza pagã de que várias divindades se comunicavam com os seus devotos por meio de sonhos, visões, vozes, profecias divinos, e revelações escritas. Há uma coleção de inscrições "confessionais" encontradas principalmente na Ásia romana testemunhando diversos indivíduos que se deram conta da necessidade de se arrepender e confessar a violação do estatuto ou lei da divindade. Uma inscrição impressionante da cidade de Filadélfia na Ásia romana enfoca os altos padrões morais de um culto a Zeus, cuja violação desses padrões causariam a ira dos deuses. Em particular, os membros deste culto, "homens e mulheres, escravos e libertos", consideravam o aborto, a pedofilia, o assassinato e a infidelidade sexual como violação de uma expressa revelação divina.

A organização social e as características da Igreja primitiva não deixavam de ter paralelo com os grupos e *collegia* [associações] sociais e religiosas do mundo greco-romano. Muitos desses grupos foram documentados tendo somente as inscrições como evidência. As atividades, os cargos específicos, os procedimentos para celebrar os cultos de adoração regulares e refeições coletivas, e o lugar de disciplina coletiva, tudo está mencionado numa extensa inscrição grega do Iobacchi, um grupo de adoradores de Baco em Atenas.

A escravidão era um fenômeno onipresente no mundo romano. Uma vez que esse fenômeno antigo foi, com muita frequência, observado de modo anacrônico por meio da experiência da escravidão negra na história moderna, as inscrições gregas trouxeram informações úteis sobre a alforria de escravos na antiguidade; a interação entre religiões antigas e os escravos; as obrigações legais dos escravos para com os seus ex proprietários; e a participação dos escravos e homens livres na sociedade greco-romana como um todo.

As últimas décadas viram um crescente interesse no estudo das "mulheres na antiguidade". Como resultado direto da informação preservada nas inscrições gregas, somos agora mais capazes de reconstruir a vida e contribuições das mulheres no mundo romano, particularmente em papéis religiosos e cívicos. O lugar das mulheres na família e na sociedade, bem como aquilo que seus sobreviventes, tipicamente maridos e filhos, expressaram a respeito delas em epigrafia sepulcral, têm sido iluminado por inúmeras descobertas epigráficas. Em muitos pontos, a nova evidência da epigrafia grega jogou por terra velhas interpretações estereotipadas sobre as mulheres no mundo da época com o cristianismo nascente.

Não existe um corpus único de inscrições gregas. Ao contrário, é preciso analisar vários corpora, bem como publicações técnicas, para identificar as inscrições gregas relevantes para o estudo do NT. Além do fato de que não existe uma obra que contenha sozinha toda a evidência pertinente, a maioria dos principais corpora não possui traduções para a nossa língua. Por conseguinte, o erudito típico — sem mencionar o pesquisador — não pode prosseguir em seus estudos. O melhor ponto para entrar nessa importante, mas em grande parte inacessível, área de estudo, são as obras de estudiosos como Deissmann e Spicq, além do conjunto de materiais recentemente descobertos, traduzidos e interpretados por vários estudiosos na série *New Documents Illustrating Early Christianity* (Novos documentos ilustrando o cristianismo primitivo) 1-5, ed. G. H. R. Hotsley (Marrickville, New South Wales e Grand Rapids, 1981-1989); 6–, ed. S. R. Llewelyn (1992–).

Bibliografia. G. A. Deissmann, *Light from the Ancient East* (1927, repr. Grand Rapids, 1978); F. Millar, "Epigraphy", in *Sources for History*, ed. M. Crawford (Cambridge, 1983), 80-136; C. Spicq, *Theological Lexicon of the New Testament*, 3 vols. (Peabody, 1994); *Supplementum Epigraphicum Graecum*, ed. H. W. Pleket, P. S. Stroud, J. H. M. Strubbe, 1 (Leiden, 1923), 42 (1995); A. G. Wood-head, *The Study of Greek Inscriptions*, 2. ed. (1981, repr. Norman, 1992). [RICHARD E. OSTER, JR.]

INSCRIÇÕES SEMITAS Uma variedade de documentos semitas antigos sobrevive, e isso facilita o estudo das Escrituras hebraicas. É na reconstituição do fato e novas elucidações das várias línguas, que as inscrições possuem importância e valor mais evidentes. As áreas destacadas são a fonologia, a morfologia, a sintaxe, a poética e a lexicografia. As inscrições também revelam as convenções ortográficas dos vários períodos para as respectivas línguas, dados que ajudam na datação dos textos bíblicos, por exemplo.

Além de sua importância para um entendimento filológico, as inscrições esclareceram ainda a história e as culturas dos respectivos grupos. Embora muito pouca luz seja projetada sobre os eventos bíblicos, as inscrições ajudam no preenchimento de lacunas no registro histórico bíblico. Por meio das inscrições, a sucessão de reis de certos estados é reconstruída, ou o nível das relações entre diferentes estados é revelado. O pesquisador descobre o nível de alfabetização numa certa região e período, e as práticas legais são explicadas.

As inscrições são escritas em todos os tipos de materiais e por todos os tipos de instrumentos. Os materiais incluem pedra, cerâmica (seja um vaso inteiro ou fragmentos chamados cacos), peles animais, papiro, metal e até madeira. As inscrições eram cinzeladas, entalhadas, escritas com "caneta" e tinta, e gravadas — usando um carimbo esculpido para tal finalidade — em argila molhada (seja num vaso de cerâmica antes que endurecesse, ou num bloco de argila) para selar um documento. Os mais comuns são os textos escritos com caneta e em cacos (então chamados de óstracos) e as impressões marcadas naqueles blocos de argila (bulas).

HEBRAICO. ***Cabeça de cetro em forma de romã.*** O Museu de Israel possui uma pequena cabeça de cetro em forma de romã que testemunha uma inscrição paleo-hebraica do final do século VIII Infelizmente, a cabeça de cetro está quebrada, assim a inscrição não está completa. André Lemaire restaurou o texto da seguinte maneira: *lbyt [yhw hiqdš] khnm*, que pode ser traduzido como: Pertencendo ao templo de Yahweh, objeto sagrado dos sacerdotes. A datação e interpretação do texto têm sido tema de certo debate.

Kuntillet ' Ajrud e Khirbet el-Qôm. O Kuntillet ' Ajrud (Horvat Teman), antigo centro religioso para viajantes, rendeu várias inscrições que atribui a Yahweh a deusa Asherah como sua consorte. Por exemplo, o Kuntillet ' Ajrud nº 1 é assim traduzido por Judith M. Hadley: "X diz: diga para Yehal [lel'el] e para Yo'asah e [para Z]: Eu o abençoo em nome de Yahweh de Samaria e de sua Asherah". De forma interessante, uma inscrição de Khirbet el-Qôm também dá Asherah a Yahweh como sua consorte. Pode-se lembrar de quando o rei Manassés pôs um poste-ídolo de Asherah no templo de Jerusalém (2Rs 21:7).

Impressões em jarros, pesos, selos e bulas. Os tipos mais comuns de inscrição em Israel são selos, bulas, pesos, e inscrições em jarros. Alguns pesos eram gravados com o quanto pesavam. O interessante é que pesos com o mesmo título não pesavam a mesma coisa (c. 100 pesos gravados já foram descobertos). Isso faz recordar passagens como Amós 8:4-6; Provérbios 20:10 que se referem a pesos e medidas discrepantes. Algo em torno de 750 selos e bulas foram descobertos. O selo mais famoso (na verdade uma bula) diz: *lbrkyhw* | *bnnryhw* | *hspr* "Para Berequias, filho de Nerias, o escriba". Dado o patronímico (o nome do pai), a profissão, e a datação paleográfica, é praticamente certo que este é o selo de Baruque, o escriba de Jeremias.

Moabita. *Estela de Mesa.* Um dos achados mais excitantes dos últimos tempos é de fato uma nova leitura sobre a estela de Mesa. A restauração de 1994 de André Lemaire, em 1.31 do primeiro *d* em *dt dwd* forneceu amplo (embora não universal) suporte e oferece a referência mais antiga a Davi fora da Bíblia. A menção a Yahweh em 1.18 é igualmente a mais antiga menção a esta divindade fora do texto bíblico.

Aramaico antigo. *Tell Fakhariyeh.* A inscrição Tell Fakhariyeh, uma das mais longas inscrições do aramaico antigo, é um texto bilíngue, em assírio e em aramaico, esculpido numa estátua de Hadyithi, governador da antiga cidade de Gozan. É datado atualmente em meados do século IX, com base no estilo da estátua e circunstâncias históricas, conforme relacionadas na inscrição, entretanto paleograficamente, sua datação chega ao século XI. No entanto a inscrição também usa apoios de leitura (*matres lectionis*), normalmente considerados uma ocorrência tardia, o que corrobora a segunda datação.

Tel Dan. Em 1993 e 1994 uma antiga inscrição aramaica foi descoberta em Tel Dan, que paleográfica e arqueologicamente data em algum momento do século IX ou VIII. O texto comemora a vitória de um rei arameu (ele atribui a sua realeza à divindade aramaica Hadad, e a língua é o aramaico antigo) sobre "o rei de Israel" (1. 8) e "[o re]i da casa de Davi". Esta segunda frase [*ml*]*k. bytdwd*, foi fonte de muita controvérsia, pois foi a primeira referência extrabíblica reconhecida a esse famoso rei de Israel. William M. Schniedewind publicou uma interpretação provocadora do texto em que ele atribui a estela a Hazael, de Damasco, relacionando-a à narrativa da revolta de Jeú em 2Reis 9—10. Ele traduz 11.6-9: "e eu matei seten [ta re]is, que arrearam milh [ares de carrua]gens e milhares de cavaleiros. [E eu matei Jo]rão, filho de A [cabe] rei de Israel, e [eu] matei [Acazi]yahu, filho de [Jorão, re]i da Casa de Davi...". Se esta interpretação estiver correta, ele estabeleceria a data da Estela por volta de 841.

Fenício. *Biblos* (*aḥiram*). Um avanço recente em fenício tem sido a nova interpretação de Javier Teixidor da última frase da inscrição de Ahiram, que rende a interpretação: "pode sua inscrição ser apagada diante de Byblos". O sarcófago, com sua inscrição, foi originalmente datado, por seu contexto arqueológico, em torno do século VIII, mas isso foi diminuído para 1000 a.C. por causa de uma certa cerâmica da Idade do Ferro descoberta no poço do sepulcro (entretanto, alguns preferem a datação anterior, considerando os fragmentos de Idade do Ferro como contaminação tardia). A própria inscrição data, com bases paleográficas, da primeira metade do século X, mas há uma inscrição pseudo-hieroglífica que antedata a fenícia, a última começando depois de e, na maior parte, evitando a anterior. (Pseudo-hieroglífico se refere a um sistema mais antigo de escrita fenícia que permanece indecifrado). A partir de argumentos arqueológicos, da história da arte, e paleográficos, pode-se imaginar que o sarcófago foi construído no século XIII e gravado com uma inscrição pseudo-hieroglífica, e que mais tarde (c. 1000) Ittobaal reutilizou o sarcófago para enterrar o seu pai, Ahiram, e lhe acrescentou uma nova inscrição.

Conclusão. Várias coleções de inscrições semitas noroestes devem ser consultadas. Além das obras em múltiplos volumes de Herbert Donner e Wolfgang Rollig (*Kanaanäische und aramäische Inschriften* [Inscrições cananeias e aramaicas], 3. ed. [Wiesbaden, 1971-76]) e J. C. L. Gibson (*Textbook of Syrian Semitic Inscriptions* [Compêndio de inscrições sírio-semíticas] [Oxford, 1971-1982]), pode-se adicionar ainda G. I. Davies, et al., *Ancient Hebrew Inscriptions* [Inscrições hebraicas antigas] (Cambridge, 1991), e K. A. D. Smelik, *Writings from Ancient Israel* [Escritos do Israel Antigo] (Louisville, 1991). Muitas destas inscrições também estão traduzidas no *ANET*. Finalmente, a série "*Literary Sources for the History of Palestine and Syria*" ("Fontes literárias para a história da Palestina e Síria"), editada por Dennis Pardee, contém pesquisas úteis e apropriadas com bibliografias desses textos, mais alguns dos arquivos de outras importantes culturas antigas do Oriente Próximo (*AUSS* 17 [1979]: 47-69; *BA* 47 [1984]: 6-16, 88-99; 48 [1985]: 240-53; 49 [1986]: 140-54, 228-43; 51 [1988]: 143-61, 172-89; 57 [1994]: 2-19, 110-20).

Bibliografia. J. M. Hadley, "The Khirbet elQom Inscription", *VT* 37 (1987): 50-62; "Some Drawings and Inscriptions on Two Pithoi from Kuntillet 'Ajrud", *VT* 37 (1987): 180-213; A. Lemaire, "Probable Head of Priestly Scepter from Solomon's Temple Surfaces in Jerusalem", *BARev* 10 (1984): 24-29; C. F. Mendenhall, The Syllabic Inscriptions from Byblos (Beirut, 1985); W. M. Schniedewind, "Tel Dan Stele", *BASOR* 302 (1996): 75-90. [DONALD R. VANCE]

INSENSATO Na Bíblia, a insensatez é mais frequentemente um conceito ético e vai além de uma falta de inteligência nativa. Contrastada com o conhecimento (Pv 1:7; 15:5), o insensato é primeiramente uma pessoa que age sem conselho (12:15) e é indiscreta (v. 23; 13:16), e de ânimo precipitado (14:29; 17:12), ignorante (Ec 2:14), indolente (4:5), estulto (2:12). Ele é facilmente levado ao erro (Pv 1:22), reiterando sua estultícia como um cão que volta ao seu vômito (26:11). A ruína é o seu fim (Pv 10:8). Se ele é capaz de aprender (Pv 18:2; 23:9), ela vem somente por meio da disciplina brutal (10:13; 19:29).

O insensato é o pecador deliberado que persiste no mal (Ec 5:1 [TM 4:17]), na mentira, no assassinato, e tem prazer no prejuízo como um esporte (Pv 10:18, 23). Recusando-se obedecer a Deus (1Sm 13:13; cf. TM Dt 22:21; 2Sm 13:11-14), um insensato se confia aos outros (2Cr 16:9). O insensato, assim, pratica a impiedade e faz injustiça (Is 32:6). Tal é o exemplo de Nabal, cujo nome significa "insensato" (1Sm 25:25). Em outro lugar, o insensato é o ateu, que declara abertamente "Não há Deus" (Sl 14:1; 53:1 [2]).

No Novo Testamento, o insensato é descrito como louco (Lc 11:40; 1Co 15:36) e estúpido (Mt 23:17), alguém que se opõe à verdade (2Tm 3:8-9), e falha em fazer provisões adequadas (Mt 25:1-13). Jesus contrasta o sábio, que obedece a seus ensinos, com o insensato que os recusa (Mt 7:24-27). Quando condena a intenção como a ação, Jesus também denuncia o uso da palavra "insensato" como uma injúria (Mt 5:22). [KENNETH D. MULZAC]

INSETOS De um ponto de vista técnico, criaturas cujos corpos são divididos em três segmentos e que possuem três pares de pernas. Os entomologistas estimam que existam em Israel milhares de espécies diferentes. Dois termos hebraicos parecem corresponder a insetos num sentido geral. O hebraico *remeś* é traduzido por "coisas rastejantes" na RSV. O hebraico *šereṣ*, de uma raiz que significa "enxamear" "proliferar", provavelmente se refere a insetos alados que são incluídos entre criaturas impuras (Dt 14:19; Lv 11:20-23); o termo também pode se referir a criaturas que enxameiam os mares (p. ex., Gn 1:20; Lv 11:10). Pelo menos mais 31 termos hebraicos e cinco gregos também se referem a insetos ou outros invertebrados. [RANDALL W. YOUNKER]

INSPIRAÇÃO Um termo derivado do Lat. *inspirare* (lit.: "soprar em"), em referência à afirmação de que o discurso oral ou escrito é despertado pelo Espírito. Tanto no mundo bíblico quando no não-bíblico a manifestação profética ou extática era vista como o resultado da atividade do espírito. Por exemplo, Balaão, o adivinho babilônio, proclamou os seus oráculos depois que "veio sobre ele o Espírito de Deus" (Nm 24:2-3). Fílon, muitas vezes, reflete a afirmação judaica de que todos os profetas, e Moisés o maior de todos, era inspirado pelo Espírito de Deus (*Life of Moses* [A vida de Moisés] 1.281; 2.187-91). O judaísmo pós-exílio acreditava que a inspiração profética tinha cessado (Zc 13:2-6), após ser substituída pelo ensino autorizado dos rabinos.

A tradição cristã primitiva entendia o derramamento do Espírito em toda a comunidade como o cumprimento da promessa no tempo do fim (Jl 2:28-29 [TM 3:1-2]; Atos 2:16-18). Além disso, essa atividade e palavras inspiradas pelo espírito se estendiam a todo um exército de ministérios espirituais e pastorais (1Co 12:8-30). "Espíritos" rivais deviam ser "testados" para discernir a sua verdade ou falsidade (1Jo 4:1-3).

Começando com Fílon e Josefo, encontramos a crença de que as próprias Escrituras judaicas foram inspiradas por Deus (Fílon, *Life of Moses* 2.292; Josefo, *Ant.* 10.10.4). Os cristãos aceitaram a crença de que o Espírito falou por meio das Escrituras, seja na tradição profética quanto em outro lugar (2Pe 1:19-21; 2Tm 3:16-17).

A partir do período patrístico, os cristãos procuraram definir precisamente como ocorre a inspiração das Escrituras. Por volta da metade do século II, as Escrituras cristãs foram consideradas por Ireneu, Clemente de Alexandria e Orígenes como igualmente inspiradas, junto com os textos judaicos bíblicos. Diversas analogias e metáforas patrísticas foram empregadas para explicar o processo de inspiração, por exemplo, como tocar um instrumento musical ou dar uma ordem. O autor humano era visto como meramente instrumento da voz de Deus, o qual devia ser modulado e entoado de acordo com os limites do instrumento.

As afirmações escolásticas referentes à inspiração literal e verbal das Escrituras gradualmente foram abrindo caminho para a crença na "inspiração limitada" que era interpretada como a ajuda divina para evitar erros. No entanto, teorias da infalibilidade bíblica permanecem firmes em muitas tradições fundamentalistas e evangélicas. A hermenêutica contemporânea, porém, se defronta com questões sociais e históricas de caráter e formulação comunal das tradições bíblicas, e como acomodar uma teoria da inspiração dentro dessa estrutura. Além disso, a teoria crítica literária reconhece que não somente a escritura do texto, mas também a sua leitura e interpretação são feitas dentro do contexto da comunidade de fé inspirada pelo espírito. Essa visão carece de uma teoria da inspiração mais ampla e mais variada do que a que foi formulada na Igreja até hoje. [BARBARA E. BOWE]

INTENDENTE Título de Seraías, um dos oficiais de Zedequias (Jr 51:59; heb. *śar mĕnûḥâ*, lit., "oficial de descanso" ou "oficial do lugar de descanso"). NRSV "intendente" baseia-se provavelmente na edição de *śar maḥăneh*, "oficial de campo", sugerido pelo texto siríaco. A LXX e o Targum refletem *śar mĕnāḥôṯ*, "oficial de tributo".

INTERESSE *Ver* DÍVIDA, INTERESSE, EMPRÉSTIMOS.

INTERPRETAÇÃO BÍBLICA ANTIGO TESTAMENTO E JUDAÍSMO. A interpretação da Bíblia começou dentro da própria Bíblia. Mais tarde os textos interpretaram e se apropriaram dos anteriores, como ilustra o livro de Jeremias. Jeremias 23:1-6 inclui um oráculo relativo ao "renovo", um legítimo governante na linhagem de Davi, cujo governo justo contrastará com aquele dos líderes que vigoram em Judá, a quem Jeremias acusa e ameaça com castigo severo. Jeremias 33:14-18 toma esse oráculo e o amplia em relação à permanência da casa de Davi e ao sacerdócio levítico, até mesmo além do exílio. Assim, a primeira leitura e interpretação de Jeremias contribuíram para o amadurecimento do livro. Zacarias, no período pós-exílio, vai então interpretar, messianicamente, os oráculos do "renovo" de Jeremias, para anunciar a vinda de uma figura real (Zc 3:8) que irá compartilhar a liderança com o sumo sacerdote (6:12-13). A urgência acrescentada às expectativas de Zacarias é uma alusão (Zc 1:12; cf. 7:5) à profecia de Jeremias de que o castigo de Judá duraria setenta anos (Jr 25:11-12; 29:10), um número formulista que Zacarias interpreta de forma bastante literal. Ao interpretar, portanto, a profecia de Jeremias, Zacarias compreendeu as suas próprias visões e oráculos (c. 1–6) como marcando o fim do castigo de Judá e o início de seu futuro.

A interpretação bíblica dentro da Bíblia implicitamente reconhecia e também estabelecia a autoridade do material anterior, que ela usava de modo bastante variado. Zacarias faz alusão a Jeremias e a outros textos — especialmente de Isaías — elaborando, e autorizando, a sua visão do futuro. E Jeremias (Jr 26:12-19) cita expressamente um profeta anterior, Miqueias (Mq 3:12), como precedente numa discussão legal. Esse processo de interpretação não só contribuiu para o crescimento do AT, mas também para o seu estado eventual como uma coletânea definitiva que tendia a resistir a mais expansão.

Por volta do século I a.C., estivesse ou não o cânon hebraico em algum sentido fechado, a interpretação da Bíblia estava tomando formas novas. A obra Antiguidades Bíblicas, de Fílon, reconta a narrativa bíblica, acrescentando detalhes interpretativos. A tradução ofereceu outros meios de interpretação. A comunidade judaica na Alexandria já havia produzido uma versão grega, a LXX, a qual difere em muitos lugares do TM. A partir de uma data posterior, os vários Targums representam outra tradução, mais parafrástica, em aramaico; de acordo com prática rabínica, eles complementavam e interpretavam, mas não substituíam o texto hebraico nas leituras semanais na sinagoga.

Especialmente depois da destruição do segundo templo (70 d.C.), a prática interpretativa rabínica — a prática do comentário — tornou-se dominante no judaísmo. O termo "midrash" pode servir para o estilo de comentário rabínico que parte de um texto bíblico e proporciona uma interpretação legal (halaquista) ou ilustrativo (hagadista). Qualquer parte do texto — uma frase, uma palavra, uma letra — pode ser objeto de interpretação, no diálogo com uma tradição viva de comentário: uma Torá oral ao lado da Torá escrita. A interpretação rabínica no judaísmo primitivo não era arbitrária. No tempo apropriado, ela articulava regras exegéticas (*middôṯ*) que haviam sido estabelecidas pelo uso; mais bem conhecidas são as listas de treze e sete atribuídas a R. Ismael e P. Hillel, respectivamente. Trata-se de regras de inferência e analogia, descrevendo meios legítimos de tratar a consistência interna e totalidade da Torá, que contém toda a sabedoria e tem a sua origem em Deus.

Outras formas de interpretação se desenvolveram dentro do judaísmo primitivo, no ou pouco antes do século I. Afastando-se, física e teologicamente, dos fariseus e o que viria a se tornar o judaísmo rabínico em Jerusalém, foi o grupo em Qumran. O Manuscrito do Templo (1 1QT), uma reescrita da Torá, e o mais extenso dos Manuscritos do mar Morto reflete a preocupação que permeava o grupo com as questões de pureza cultural e ritual. Outro grupo de manuscritos, os pesharim, possui semelhanças com o midrash rabínico. Porém, os pesharim citam uma passagem inteira (às vezes apenas parte de um versículo, de um profeta ou dos Salmos), seguida pelas "preocupações de interpretação...". Os pesharim supõem que a comunidade do Qumran vive nos últimos dias e pode ter o conforto das palavras do profeta, cuja mensagem para o presente os pesharim decodificam.

Igreja primitiva e interpretação medieval. A comunidade de Qumran não estava sozinha entre os grupos judaicos apocalípticos que desenvolveram as suas próprias práticas interpretativas características. Para os seguidores de Jesus, as interpretações se concentraram no próprio Jesus, na vida cujos eventos eles viam as Escrituras sendo cumprida (Jo 19:36). As "Escrituras", no caso do NT, significa principalmente a Bíblia grega (LXX) que, em tempo, poderia ser chamada de "antiga aliança" ou AT (cf. 2Co 3:14).

O NT interpreta as Escrituras de modos bastante variados. Em alguns lugares ele se assemelha ao peshatim do Qumran, como quando Jesus, em Lucas 4:16-19, cita Isaías 61:1-2 e parte de 58:6, e anuncia que "hoje, se cumpriu a Escritura que acabais de ouvir" (Lc 4:21). O relato de Mateus dos magos (Mt 2:1-11) pode ser lido como uma realização narrativa de Isaías 60:1-6. A Epístola aos hebreus interpreta de uma maneira mais platônica, com Cristo sustentando a "impressão" ou caráter de Deus (Hb 1:3), e a antiga aliança como uma cópia mundana de um arquétipo divino (8:5; cf. Êx 25:40). Hebreus, que é repleto de citações das Escrituras, emprega técnicas exegéticas rabínicas, mas para mostrar a suplantação de Cristo e da Igreja do judaísmo e da "primeira" aliança (Hb 8:7). As cartas de Paulo procedem de maneira diferente empregando, bem como encorajando uma interpretação espiritual e "eclesiocêntrica" das Escrituras, moldada pela experiência do Espírito na comunidade cristã (2Co 3:2-18). A interpretação de Paulo, e aquela do NT de modo geral foi, muitas vezes, chamada de tipológica: estabelecendo uma (cor)relação figurativa entre dois eventos ou entidades, como o Adão e Cristo (Rm 5:14) ou Israel e a Igreja. Isso levanta a questão se ou até que ponto o uso que Paulo faz da tipologia talvez se distinga de uma alegoria.

Paulo usa o termo "alegoria" em Gl 4:21-31 (v. 24), mas procede diferentemente da interpretação alegórica que os cristãos praticaram nos séculos subsequentes. Enquanto Fílon de Alexandria (30 a.C. — 40 d.C.) experimentou uma interpretação alegórica no culto do judaísmo, um alexandrino posterior, Orígenes (185-253/4), foi o alegorista cristão mais capaz. A hermenêutica de Orígenes é coerente com a sua antropologia tripartida — corpo, alma, espírito. "Corpo" corresponde a uma interpretação em favor do sentido literal ou carnal do texto, e "espírito" a uma interpretação espiritual; desse modo, a hermenêutica corresponde à ascensão (*anagōgē*) soteriológica da alma ou da mente ao divino. Uma interpretação desse tipo não apenas traz, mas exige esclarecimento espiritual; por conseguinte, o sentido espiritual está oculto dentro do literal, e permanece oculto para aquele incapaz de discerni-lo. Alguns textos não possuem, ou não fazem nenhum sentido literal, o que leva o intérprete a procurar o seu significado espiritual inesgotável.

A hermenêutica reflexiva e mística de Orígenes, e a tradição alegórica na Alexandria tiveram a sua contraparte e oposição na Antioquia. Ali, pessoas como Deodoro de Tarso e Teodoro de Mopsuéstia, nos séculos IV e V, enfatizaram a exegese histórica e literal. Jerônimo (347?-420), anteriormente sob a influência de Orígenes, foi obrigado, enquanto tradutor (da Vulgata latina) a estudar o sentido literal, reconhecendo também outros significados. Agostinho (354-430), especialmente em *Sobre a doutrina cristã*, ocupou-se da retórica da Bíblia, do modo como Deus comunica por intermédio das Escrituras, e a distinção entre palavras e coisas como sinais e realidades espirituais (*res*) a qual elas se referem. Na maioria dos lugares, o sentido literal do texto é claro em seu ensino de fé, amor e esperança; onde nos pontos obscuros, é preciso uma leitura figurativa (3:9-10). O objetivo edificante da Bíblia forma uma regra para a sua interpretação. Depois de Agostinho, a interpretação da Bíblia como tendo um sentido quádruplo (literal, alegórico, tropológico, anagógico) reuniu as principais correntes da hermenêutica patrística.

A hermenêutica medieval pode ser pensada como um extenso debate sobre o lugar e definição do sentido literal das Escrituras. Revigorante a esse debate foi o confronto com a aprendizagem clássica e suas novas disciplinas, e com ela uma certa tensão entre os monastérios e as escolas catedráticas. Textos clássicos como os de Aristóteles eram mediados por eruditos árabes, que influenciaram do mesmo modo uma interpretação judaica. Mais tarde na Idade Média, intérpretes judeus expressaram uma preferência pelo sentido literal (*peshat*) sobre o sentido empregado (*derash*), ou procuraram meios de coordenar os dois. Nos séculos XI e XII, Rashi, Moisés Maimônides e ibn Ezra exerceram profunda influência sobre a interpretação judaica e, direta ou indiretamente, também sobre os intérpretes cristãos. Hugo de São Vitor, Tomás de Aquino, e Nicholas de Lyra enfatizaram o sentido literal como a base de toda interpretação, mas definiram um "sentido literal" de modos diferentes. Para Aquino, o sentido literal era aquilo que o autor pretendia, o autor final das Escrituras que é Deus. De Lyra apresentou um sentido literal duplo, de forma que o filho prometido a Davi em 2Samuel 7 é literalmente tanto Salomão quanto, de forma mais correta, Jesus Cristo.

A Reforma e Interpretação moderna. Está implícito, e frequentemente explícito, seja na interpretação patrística quanto na medieval, que o sentido normativo das Escrituras deve ser determinado de acordo com a regra da fé ou a analogia da fé — com aquilo que os cristãos acreditam e a Igreja ensina. Um teólogo medieval tardio, Jean Gerson (1363-1429), aplicou isso à definição do significado literal das Escrituras, cujas palavras poderiam significar qualquer variedade de coisas. Seu significado literal, ele argumentou — portanto o seu significado normativo, sua res — é estabelecido "pelos doutores santos e expositores das Sagradas Escrituras". Ele usou tal argumento em oposição a Jan Hus, dissidente da Igreja Católica que exigia que se provasse seu erro pelo significado pleno das Escrituras.

Martinho Lutero, um século depois, também divergiu da Igreja católica, concordando completamente com a ênfase de Gerson no sentido literal das Escrituras. Da mesma forma que outros reformadores, como João Calvino e Ulrico Zwínglio, Lutero refletiu o lema do humanismo, *ad fontes* ("de volta às fontes"). O acesso que tiveram às fontes bíblicas foi facilitado enormemente pela disponibilidade de textos gregos e hebraicos aliada à habilidade deles para lê-los. Voltando para as Escrituras, Lutero não rejeitou a tradição da Igreja; ele recorreu a ela para argumentar contra os anabatistas, mas apoiou corretamente as Escrituras interpretadas para ser a norma crítica da tradição da Igreja e de seu ensino. A justificação pela fé, a distinção hermenêutica entre lei e evangelho, e o princípio de que a Escritura é sua própria intérprete encontram-se no lema luterano: *sola scriptura* ("Somente a Escritura"). Calvino, tal qual Lutero, dedicou muito de sua energia à interpretação bíblica, mas Calvino também escreveu um manual para guiar os leitores das Escrituras, as *Institutas da religião cristã*. Pode-se interpretar isso como um esforço para articular a res — a realidade ou o significado que as Escrituras testemunham.

Os teólogos protestantes "ortodoxos" ou escolásticos do período pós-reforma procuraram defender e aprimorar as ideias dos reformadores, depois que o Concílio de Trento (1545-1563) apurou e confirmou o ensino católico. Um ponto de controvérsia dizia respeito à noção protestante de clareza nas Escrituras: enquanto apenas o Espírito Santo pode trazer clareza interior, a Escritura é clara no que ela ensina sobre a salvação; consequentemente, até mesmo um leigo — até mesmo um incrédulo — poderia corrigir o bispo a partir das Escrituras. Para os católicos, isso equivaleria à interpretação privada e resultaria em anarquia. Os protestantes sustentaram que a visão católica dos sentidos múltiplos implicava que um texto poderia significar ou se referir a coisas diferentes, impugnando a autoridade das Escrituras, submetendo-a à Igreja. Os protestantes reformados afirmaram que a interpretação deve ser guiada pela analogia de fé — de acordo com os credos, o catecismo e os artigos confessionais. Formalmente, isso pouco diferia das visões medievais.

O caráter enigmático do escolasticismo protestante e seu confessionalismo provocaram respostas divergentes no século XVII. Na Holanda, Benedito Espinosa e Hugo Grócio apresentaram uma histórica e rigorosa interpretação crítica da Bíblia. Epinosa argumentou que era irrelevante se as narrativas bíblicas, ou suas lições morais, nas doutrinas derivadas delas são verdadeiras, visto que apenas o seu significado importa — o modo como elas contribuem para a devoção e o comportamento. Cabe à filosofia determinar a verdade. Na Alemanha, Philip Spenet e A. H. Francke defenderam um compromisso direto com as Escrituras, sem o artifício de mediação da teologia dogmática. Enquanto que Espinosa e Grócio exigiam postura objetiva em relação ao texto, Spener e, especialmente, Francke afirmavam que a disposição espiritual do intérprete deve ser consistente com o Espírito que inspirou o texto. Enquanto Espinosa e Grócio tenderam a identificar o sentido literal ou primário do texto com o seu sentido histórico, Francke reuniu o sentido literal com o sentido afetivo (*sensus pius*), e declarou que o texto assim interpretado deve ser aplicado ao sujeito que o interpreta. Pietistas como Francke e J. A. Bengel eram tudo menos pouco sofisticados; na verdade, a obra de Bengel significou a mais meticulosa crítica textual entre os cristãos desde Orígenes.

Os racionalistas e pietistas conspiraram inconscientemente para inaugurar a era moderna da interpretação bíblica, que buscou estudo textual e histórico com crescente desapego da doutrina da Igreja. Na França, o estudo crítico do AT, de Richard Simon (1670) alegou que o Pentateuco consistia de tradições compiladas por editores pós-exílio. Já a "tradição" poderia se referir, não à tradição da Igreja, mas ao material que está por trás dos textos bíblicos. Um século depois, na Alemanha, a *Análise livre do cânone*, de Johann S. Semlet propôs que o cânone deveria ser estudado como um fenômeno histórico, em vez de norma, e seus livros considerados testemunhos às suas próprias épocas. O estudo de poesia hebraica, de Robert Lowth, na Inglaterra, e o trabalho de Johann C. Herder sobre o mesmo assunto, na Alemanha, ajudaram a combinar os interesses históricos da

A B C D E F G H **I** J K L M N O P Q R S T U V X Y Z

crítica bíblica com o romantismo. Os escritos foram reunidos no início do século XIX pela filosofia de C. W. F. Hegel (entre outros) que influenciou as teorias desenvolvimentistas de Ferdinand C. Baur (NT) e Wilhelm Vatke (AT), além da interpretação mítica do NT, por David F. Strauss.

O colega de Hegel em Berlim, Friedrich D. E. Schleiermacher, conferenciava sobre hermenêutica, dando a esse tópico uma renovada importância teológica. Ele defendia que um intérprete deve entrar na subjetividade do autor, não somente por intermédio de um estudo gramatical do texto, mas pelo ato de intuição ou adivinhação — para compreender os autores bíblicos melhor do que eles próprios se compreenderam. Aqui o pietismo tem o seu eco.

Abordagens contemporâneas. A influência de Schleiermacher na interpretação bíblica foi mediada por Wilhelm Dilthey, que via os textos como expressões da vida fixadas pela Escritura. Essa visão se juntou à fenomenologia hermenêutica de Martin Heidegger no programa de desmistificação do NT de Rudolf Bultmann. Bultmann queria entender as expressões mitológicas da teologia do NT para novamente ouvir o kerygma ou proclamação sobre Jesus (e decisivamente a cruz) como o advento do reino de Deus, o que exige fé — para uma decisão, sim ou não. A fé é o análogo de Bultmann à "existência autêntica" de Heidegger. O mais notável em Bultmann, é que ele considerava que a sua crítica histórica radical e a desmistificação eram consistentes com a doutrina de justificação somente pela fé, de Lutero (e, ele acreditava, com Paulo).

A obra de Bultmann que se desenvolveu entre as duas guerras mundiais começou numa conversa com Karl Barth, cujo comentário de Romanos (1918) marcou um afastamento radical da prevalecente interpretação histórico-crítica da Bíblia. A crítica bíblica nos séculos XIX e início do 20 havia sido, no geral, revigorada pela disponibilidade de materiais da Palestina e do mundo antigo, e pelos refinamentos na análise histórica e literária (crítica da forma, história da tradição). Isso ajudou a alimentar o interesse pela história da religião, e especialmente pelo desenvolvimento das religiões "israelitas" e cristãs primitivas, cada qual em seus respectivos e bastante diferentes contextos. No parecer de Barth, esse historicismo e a teologia liberal que ele comportava não harmonizava o sujeito, Deus, e o conteúdo (Sache) do texto bíblico. Bultmann acusou Barth de falhar em avaliar criticamente o texto e suas expressões em termos de seu conteúdo.

Na América do Norte, depois de 1945, o movimento de Teologia Bíblica também respondeu ao que seus proponentes viram como estagnação nos estudos e teologia bíblicos. Influenciados por C. H. Dodd e H. H. Rowley na Inglaterra, eles enfatizaram a unidade do AT e NT e o caráter essencialmente histórico e dinâmico da teologia bíblica. Essa tentativa de unir estudos histórico-críticos com a teologia se deparou com uma severa crítica, mas tão influente quanto seu fracasso foi a questão da disponibilidade de alternativas mais convincentes, como a abordagem tradição-histórica de Gerhard von Rad ao AT. No campo do NT, os alunos de Bultmann, especialmente Ernst Fuchs e Gerhard Ebeling, desenvolveram ainda mais as suas visões na "nova hermenêutica".

Outro aluno de Bultmann, Hans-Georg Gadamer, retomou o projeto de uma hermenêutica ou teoria de interpretação universal que Schleiermacher havia iniciado. Porém, Gadamer, por meio de Heidegger, foi além do subjetivismo de Schleiermacher e considerou a interpretação como um evento no qual o horizonte do texto e aquele do intérprete são "unificados". Esse evento, portanto, ocorre dentro de uma tradição, como parte da história efetiva do texto. Apelando em parte à hermenêutica teológica, Gadamer reabilitou conceitos como tradição, autoridade, e 'pré-conceito' (ou pré-julgamento). Embora Gadamer não tenha empregado estes conceitos ingenuamente, Jürgen Habermas o criticou por ter dado pouca atenção aos efeitos distorcidos da tradição, o que dá conta de uma variedade de injustiças; Habermas propôs uma ilusória situação discursiva ideal como um princípio crítico. Paul Ricoeur se valeu da tradição alemã da hermenêutica filosófica e teológica, mas também do trabalho francês sobre estruturalismo e semiótica. A sua teoria da interpretação inclui um necessário passo de distanciamento ou explicação na passagem de uma primeira a uma segunda singeleza — a apropriação do mundo projetado no texto.

Estes avanços na hermenêutica têm ajudado os estudiosos bíblicos a considerar papel, caráter e objetivos de suas abordagens histórico-críticas, e procurar alternativas. Nos últimos anos, surgiram vários tipos de abordagens narrativas, influenciadas, tanto pelo estudo da literatura e teoria em campos fora dos estudos bíblicos, quanto por interesses teológicos. Simultaneamente, a pesquisa arqueológica e a disponibilidade de novos materiais — especialmente os textos ugaríticos, os Manuscritos do mar Morto, os textos de Nag Hammadi — têm dado um novo fôlego aos estudos históricos. Eles, agora de forma rotineira, incluem teorias e métodos oriundos das ciências humanas, especialmente antropologia e sociologia.

O último acontecimento mais significativo na interpretação bíblica é a inclusão de uma gama mais ampla de vozes e interesses. Seguindo o Vaticano II, os católicos romanos e protestantes têm trabalhado juntos. Tampouco a interpretação bíblica tem-se mantido como um empreendimento exclusivamente cristão. Na medida em que os estudiosos judeus, especialmente em Israel e América do Norte, impulsionaram o estudo histórico da Bíblia, também ajudaram a expor os preconceitos antissemitas de boa parte da crítica bíblica. Além disso, os filósofos/teólogos judeus Franz Rosenzweig e Emmanuel Levinas oferecem outra "voz" à hermenêutica centrada no sujeito que predominou durante dois séculos. Os teóricos da libertação e as feministas têm chamado atenção para, ou desmascarado, os interesses pessoais, e também o caráter político das instituições, por trás das práticas de interpretação bíblica. Esses intérpretes utilizam experiências e perspectivas que não tinham lugar na prática anterior. O significado do lugar social — incluindo gênero, raça, classe e contexto sócio-histórico — é exibido na interpretação bíblica ao redor do globo. Intérpretes africanos, asiáticos e latino-americanos têm ampliado as questões teóricas e político-morais que a hermenêutica deve empregar.

Uma hermenêutica crítica suspeita também se estende aos próprios textos bíblicos, ou à sua produção. O "novo historicismo" emprega muitos dos métodos da crítica histórica, mas investiga as margens dos textos, vistas como "locais de contestação" que refletem e participam nas "relações de poder" na sociedade. Existe, ao mesmo tempo, um chamado para interpretação teológica renovada das Escrituras que valoriza a interpretação e tradição pré-moderna, e tem como seu contexto a Igreja e suas práticas.

A interpretação bíblica hoje abrange ampla diversidade, e nenhum método pode afirmar ocupar o seu centro.

Bibliografia. A. K. M. Adam, *Making Sense of New Testament Theology* (Macon, 1995); J. Bowker, *The Targums and Rabbinic Literature: An Introduction to Jewish Interpretations of Scripture* (Cambridge, 1989); M. Fishbane, *Biblical Interpretation in Ancient Israel* (Oxford, 1985); S.F. Fowl, ed., *The Theological Interpretation of Scripture* (Cambridge, Mass., 1997); P. A. Mueller, *Post-Reformation Reformed Dogmatics* 2 (Grand Rapids, 1993); J. S. Preus, *From Shadow to Promise: Old Testament Interpretation from Augustine to the Young Luther* (Cambridge, Mass., 1969); F. Segovia e M. A. Tolbert, *Reading from This Place*, 2 vols. (Minneapolis, 1995). [BEN C. OLLENBURGER]

INUNDAÇÃO *Ver* DILÚVIO.

IOTA (gr. *iṓta*) Nona letra do alfabeto grego, correspondendo ao port. J e ao hebraico *yodh*. Em Mateus 5:18 ela é notada como a menor letra no hebraico contemporâneo e na escrita aramaica (ECA: "jota").

IQUES (heb. *ʿiqqēš*) Homem de Tecoa ("tecoíta"); pai de Ira, um dos Campeões de Davi (2Sm 23:26; 1Cr 11:28; 27:9).

IRÃ (heb. *ʿîrām*) Epônimo ancestral de um clã de edomitas (Gn 36:43 = 1Cr 1:54).

IRA I. (SENTIMENTO) Das quatro palavras para designar raiva no AT, a mais comum é *ʾap̄*. Embora possa etimologicamente estar relacionada à palavra empregada para "urrar", um antropomorfismo de Deus urrando de raiva não é indicado pelo costume. Na LXX e no NT os principais grupos de palavras estão relacionados ao grego *thymós* e *orgḗ*. O primeiro pode ter tido o sentido de uma explosão de raiva (2Co 12:20), mas esta distinção não é consistente no uso bíblico, e normalmente as palavras são usadas de forma intercambiável.

Havia, no mundo antigo, teorias que se opunham quanto à maneira como a divindade deveria agir. Os mitos greco-romanos frequentemente retratavam os deuses irados e vingativos. Embora a realização dos sacrifícios adequados pudesse desviar a ira divina, os deuses eram imprevisíveis e difíceis de aplacar. A ira divina é um tema forte em Eneida de Virgílio, Prometeu Acorrentado, de Ésquilo e Metamorfoses, de Ovídio. Enquanto isso, a divindade dos filósofos gregos era a própria perfeição, e muitos pensavam que a perfeição excluía o defeito da ira. Fílon, pensador judeu helenizado, acreditava que a ira era inadequada para Deus e que as declarações a respeito da ira de Deus eram meramente um ajuste para os leitores. Da mesma forma, alguns leitores modernos têm tomado a ira de Deus como remanescente de uma visão cosmológica, ou uma metáfora da consequência automática do pecado.

O Deus da Bíblia, entretanto, é diferente tanto dos deuses pagãos quanto do Deus impassível dos filósofos. Ele sente verdadeira raiva contra o perverso. De fato, a maioria das referências à ira no AT (exceto em Provérbios e Eclesiastes) trata da ira de Deus contra Israel por seu pecado, especialmente pela idolatria. Existem advertências em abundância para que não se "provoque a ira de Yahweh". Durante o Êxodo, Israel habitualmente provocou a ira de Deus, por exemplo, em Meribá (Sl 106:32) e em Cades (29:8). Outras nações também podem ter sentido o calor da ira de Deus (Sl 2:5; Jr 50:13).

Todavia Deus é diferente dos deuses pagãos. Uma vez provocado por ofensas contra Sua vontade revelada, a ira de Deus não é nem caprichosa nem imprevisível (oposto da ira humana em Pv 14:17a). Diferentemente dos ídolos impotentes, Deus é capaz de, com sua ira, aplicar atos de punição (Os 13:9-11). No entanto ele também se revela como "compassivo e misericordioso, lento para se irar, e abundante em amor imutável. Não repreenderá perpetuamente, nem para sempre conservará a sua ira" (Sl 103:8,9; cf. Is 57:15-17; Jr 3:12). Deus é rápido para perdoar e mostrar misericórdia (Jn 4:2; Mq 7:18). Da mesma forma, ele transcende a mera emoção humana, nunca negligenciando a justiça ou esquecendo as ofensas (p. ex., Ml 1:4). Quando Jesus mostrou Sua ira na purificação do templo, foi uma mostra encarnada da ira de Yahweh em Isaías 56:7: "Minha casa será chamada casa de oração".

Por definição, a ira de Deus é sempre uma ira correta. Os seres humanos podem experimentar também a ira correta se virem o pecado do ponto de vista de Deus (cf. Êx 16:20b), enquanto deixam a justiça final nas mãos de Deus (Rm 12:19). Deus instituiu o governo humano para executar, embora temporariamente, a ira divina contra os malfeitores (Rm 13:4,5).

A ira de Deus pode ser representada por metáforas: o derramar da ira de uma taça (cf. Ez 7:8; Ap 16:1) ou o pisoteamento dos ímpios como se eles fossem uvas num lagar (Is 63:1-6; Ap 19:15). Mas o símbolo mais comum é o calor (Sf 3:8) ou chama de fogo consumidor (2Ts 1:8), o fogo que culmina no lago de fogo.

A ira de Deus é postergada até os últimos tempos. João Batista advertiu seus ouvintes a escaparem da ira escatológica de Deus (Mt 3:7 = Lc 3:7). No fim da história humana virá o "dia de sua ira" (Lm 1:12; Sf 1:18). Isso pode ser sinônimo do dia do Senhor, que traz trevas e juízo sobre os rebeldes (Jl 1:15).

A "ira de Deus" vem de antemão no evangelho como o equivalente ao juízo de Deus e a antítese de salvação e vida (Jo 3:36). Romanos 1:18 afirma até que a ira de Deus é revelada no presente (cf. Ef 2:3), mas o derramar de sua ira acontecerá no futuro (Rm 2:5). A morte de Cristo provê uma "propiciação", um sacrifício que desvia a ira de Deus tanto no presente (Rm 3:25; 5:9; cf. 1Jo 2:2; 4:10) como no fim de tudo (cf. 1Ts 1:10). Apocalipse em particular dá enfoque na ira de Deus contra a humanidade rebelde (p. ex., Ap 14:10).

Bibliografia. G. C. Berkouwer, *Sin* (Grand Rapids, 1971), 354-423; F. Büchsel, "thymós", *TDNT* 3.167-68; H.-C. Hahn, "Anger, wrath", *NIDNTT* 1.105-13; H. Kleinknecht et al., "orgé", *TDNT* 5.382-447. [GARY S. SHOGREN]

II. (PESSOA) 1. (heb. *'îrā'*) Manassita da linhagem de Jair (ou de Jatir), chamado de sacerdote (heb. *kōhēn*) de Davi (2Sm 20:26). O termo hebraico pode designar aqui um papel especial de confiança na corte de Davi, aparentemente como sacerdote privado para o rei (c /. 2Sm 8:18; cf. 1Cr 18.17, "o oficial principal").

2. Filho de Iques de Tecoa; um dos Guerreiros de Davi (2Sm 23:26; 1Cr 11:28) e capitão da divisão que vigiava o templo no sexto mês (27:9).

3. Jetrita que foi um dos Guerreiros de Davi (2Sm 23:38; 1 Cr 11:40). Com base em algumas versões antigas que o chamam um jatirita ele é identificado às vezes com 1.

IRADE (heb. *'îrāḏ*) Filho de Enoque e neto de Caim (Gn 4:18). É considerado o mesmo Jarede na genealogia, em Gênesis 5:15-20.

IR (heb. *'îr*) Benjamita, filho de Belá (1Cr 7:12).

IRI (heb. *'îrî*) Benjamita (1Cr 7:7); talvez o mesmo que Iri.

IRMÃ O hebraico *'aḥâ* geralmente relaciona uma mulher a um homem ou outra mulher como irmãos de sangue com um ou ambos os pais em comum. Abrão pede a Sara que dê a falsa impressão da natureza do relacionamento deles a Faraó; como seu marido ele seria morto para que Faraó pudesse tomá-la para o harém real, mas como irmão dela ele estaria salvo e podia até se beneficiar pelo fato de Faraó se agradar dela (Gn 12:10-20; cf. 20:1-17). Jacó tomou como esposas as duas irmãs Leia e Raquel (Gn 29:15-30), uma situação familiar que Levítico 18:11 procurou evitar. Às vezes, o termo identifica mulheres da mesma nacionalidade (Nm 25:8; Os 2:1 [TM 3]) e às vezes é um título que mostra afeição familial (Gn 24:59, 60).

O amante de Cântico dos Cânticos frequentemente se dirige à sua amada como "irmã" (igualado quatro vezes com o hebraico *kallâ*, "noiva"). Esse vocabulário expressa a intimidade compartilhada pelos dois amantes; eles são tão íntimos como filhos que compartilham o mesmo útero. Se Jó chama o verme de "minha mãe" ou "minha irmã", ele tem relações por demais amigáveis com a morte (Jó 17:14). Para evitar a atração de uma mulher de palavras sedutoras, o mestre encoraja seu jovem discípulo a cortejar a Sabedoria, dizendo a ela: "Você é minha irmã" (Pv 7:4,5).

Jeremias une Israel e Judá como irmãs que compartilham a propensão à infidelidade (Jr 3:7-10). Em duas alegorias misóginas, Ezequiel descreve Jerusalém, Samaria e Sodoma (Ez 16) e Jerusalém e Samaria (cap. 23) como um trio de irmãs cuja ascendência materna se mostra em suas perversões sexuais, uma figura para a traição religiosa.

O relacionamento entre irmãs representa um papel em algumas narrativas do AT. Raquel e Leia são as únicas duas irmãs mencionadas; seguindo a tendência de apresentar mulheres em conflito com outras mulheres (cf. Gn 16:4-6; 21:8-14) para que a solidariedade feminina não ameace o sistema patriarcal, elas competem pela preferência sexual de

Jacó. Diná é a única irmã dos doze filhos de Jacó. Quando Siquém, filho de Hamor a toma à força e depois propõe casamento, seus irmãos recusam o casamento ao incircunciso Siquém porque isso os desonrava. Para vingar a irmã, cuja vontade não é mencionada, nem solicitada, eles destroem a cidade e reivindicam toda sua riqueza. Miriam é irmã de Moisés e Arão, uma trama genealógica que fingidamente subverte o papel de Miriam como uma líder da comunidade israelita (Êx 15:20,21; cf. Nm 12). A solidariedade de irmã das cinco filhas de Zelofeade e a insistência delas para que Moisés lhes permita preservar o nome de seu pai o motiva a ampliar a lei israelita sobre a herança (Nm 27:1-11). Em 2Samuel 13, Tamar é a irmã de Amnom e Absalão, filhos de Davi. A pedido de seu filho predileto, Amnom, Davi manda Tamar levar comida para Amnom, que a deseja. Apesar dos protestos dela (ela conhece as leis israelitas melhor do que ele; cf. Lv 18:9), ele a estupra e depois a expulsa. Absalão conspira para vingar sua irmã e assassina Amnom, ao mesmo tempo limpando convenientemente o caminho para o trono. O episódio é o início do desenlace da família imediata de Davi enquanto sua dinastia continua em Salomão; isso também torna conhecido o que muitas mulheres já sabem: irmãs e filhas não estão seguras nos lares patriarcais. [KATHLEEN S. NASH]

IRMÃO Designação de relações sociais, algumas vezes familiar, outras vezes política. Caim e Abel são irmãos numa família, mas o termo (heb. *'āḥ* / *'aḥîm*) também diz respeito a seus papéis econômicos como fazendeiros e pastores dentro de uma sociedade agropastoril (Gn 4). A história de Esaú e Jacó é uma história de família, mas ela também estabelece a dominação política de Israel sobre Edom.

Os contadores de histórias da Bíblia usaram a linguagem e a estrutura da família para combinar os elementos díspares que constituíam Israel. O Deus israelita era tanto rei como pai dessa nação heterogênea. As tribos dentro da nação se relacionavam com esse Deus como filhos em relação a um pai, súditos diante de um rei; e o estabelecimento do pacto juntou as tribos umas às outras por meio de obrigações e responsabilidades claramente definidas de irmão para irmão.

Nas narrativas, os relacionamentos fraternais são frequentemente contenciosos quando os irmãos machos competem pela aprovação divina (Gn 4), pela bênção paterna (Gn 27), e pela sucessão (1Rs 1-2). Os irmãos de José, enciumados porque ele era o favorito de Jacó, conspiraram matar seu arrogante irmão (Gn 37), e Amom violentou sexualmente sua meia-irmã Tamar, enquanto o irmão dela, Absalão, explorou sua angústia para que o irmão não fosse mais seu rival (2Sm 13). Todavia os irmãos algumas vezes se juntavam contra inimigos comuns, como fizeram os irmãos de Diná (Gn 34), ou voluntariamente apoiaram os irmãos, como fez Jônatas com Davi (1Sm 18, 20).

No NT, fazer a vontade do Pai no céu é que significa ser irmão ou irmã de Jesus de Nazaré (Mc 3:35) e de outros membros da comunidade cristã. [KATHLEEN S. NASH]

IRMÃOS DO SENHOR Os quatro evangelhos se referem aos "irmãos" (gr. *adelphoi*) de Jesus. Enquanto João (2:12; 7:3-10) nunca dá nome a eles, Marcos 6:3 (= Mt 13:54-56) os identifica como "Tiago e José, Judas e Simão" e indicam que Jesus tinha mais de uma irmã. Os evangelhos também concordam que nenhum de seus irmãos creu nele durante os dias de sua vida terrena (Mc 3:31-35 = Mt 12:46-50 = Lc 8:19-20; Jo 7:3-10). Lucas-Atos, contudo, acrescenta que os irmãos de Jesus estavam presentes no cenáculo após sua ascensão (At 1:14, 16), e Paulo transmite a tradição de que Jesus apareceu pessoalmente a seu irmão Tiago (1Co 15:7), que rapidamente se tornou líder na igreja primitiva (At 12:17; 15:13; 21:18; Gl 1:19-20; 2:9). Os livros de Tiago e Judas podem ser atribuídos aos irmãos de Jesus. Uma tradição posterior relata que após Tiago ter sido martirizado (ca. 61 a.D.), Simão assumiu como líder da igreja de Jerusalém.

Jerônimo sugeriu que o termo grego fosse interpretado nos contextos acima como "parentes", e que esses homens eram primos de Jesus, filhos de Maria, esposa de Cleopas (tia de Jesus; João 19:25), que é identificada com "Maria mãe de Tiago (e José)" (Mc 16:1 = Mt 27:56 = Lc 24:10). Essa interpretação preservaria a virgindade perpétua de Maria, a mãe de Jesus. Antes de essa opinião surgir, contudo, e desde a Reforma, os eruditos argumentaram que o significado mais natural do termo grego é "irmãos", que estabelece o sentido melhor de Marcos 6:3; Atos 1:14. De acordo com esse entendimento, após o nascimento de Jesus, Maria não teve outros filhos de José.

Bibliografia. R. Bauckham, *Jude and the Relatives of Jesus in the Early Church* (Edimburgo, 1990). [PETER H. DAVIDS]

IRMÃOS GÊMEOS Na mitologia grega, os filhos gêmeos (gr. *dióskouroi*) de Zeus e Leda, a deusa-lua, receberam o nome de Castor e Pólux (Polideuces). Eles eram considerados heróis dignos de honras dadas aos deuses. Várias de suas façanhas foram relatadas e, às vezes, eles foram ligados à constelação de Gêmeos. Foram reverenciados como salvadores de todo tipo de infortúnio e particularmente como protetores dos marinheiros. Muitos navios romanos ostentavam imagens de Castor e Pólux, como o navio de transporte de grãos que levou Paulo de Malta a Puteoli (At 28:11).

IR-NAÁS (heb. *ʿîr nāḥāš*) Filho de Teína, listado entre os descendentes de Judá (1Cr 4:12). Porém heb. *ʿîr* significa "cidade" e um cognato de *nāḥāš* é a palavra para cobre; assim possivelmente: "Cidade do Cobre". 1Crônicas 4:12 pode então indicar que Teína fundou Ir-Naás, do mesmo modo que o v. 4 menciona Efrata como o pai de Belém. Se Ir-Naás foi uma cidade, seu local é desconhecido. [PAUL L. REDDITT]

IROM (heb. *yirʾôn*) Cidade fortificada do território tribal de Naftali (Js 19:38), provavelmente a moderna Yarûn, a Irruna da Alta Galileia conquistada por Tiglate-Pileser III.

IRPEEL (heb. *yirpĕʾēl*) Cidade no território tribal de Benjamim (Js 18:27), provavelmente localizada na região montanhosa ao norte de Jerusalém. Alguns estudiosos a situam no Khirbet Rafat, norte de Gibeão, cerca de 10 km a noroeste de Jerusalém.

IRRIGAÇÃO Ao contrário das "civilizações hidráulicas" do Egito e Mesopotâmia que eram afortunadas com os principais rios para agricultura, Israel era obrigado a depender de fontes e água de chuva para irrigar suas colheitas. Os assentamentos mais antigos em Israel, como Jericó, praticavam a agricultura em terreno fixado em solo capaz de reter água, perto de fontes. Onde disponíveis, as fontes continuaram sendo exploradas na Idade do Ferro. Em Jerusalém, por exemplo, o Canal de Siloé levava as águas da Fonte de Giom, sul, ao longo do vale de Cedrom para reservatórios na extremidade da Cidade de Davi.

Aberturas intermitentes na parede oriental do canal, que estava de fronte para o vale, permitia que a água fosse desviada para irrigar os terrenos agrícolas no vale.

O aumento da população exigiu um movimento para as áreas sem fontes, onde a chuva era a principal fonte de água para a agricultura. Uma vez que a queda de chuva em Israel variava drasticamente, os colonos tiveram que desenvolver sistemas de terraços, represas e canais para assegurar que um escoamento superficial (*runoff*) chegasse aos terrenos agrícolas. Os terraços eram formados construindo-se paredes de contenção a seco ao longo dos contornos de ladeiras íngremes. O resultado era uma série de terrenos aplainados, nivelados que impediam o fluxo da água em declive, fazendo com que ela se infiltrasse na terra. Os terraços em Ai e Radana datam do primeiro período do Ferro.

As técnicas de irrigação mais impressionantes foram empregadas no Neguebe e nas margens desérticas do Transjordão. Os sistemas de terraços de paredes construídas no período calcolítico retinham bastante água para produzir trigo e cevada em Shiqmim, no Naal Berseba. Mais ao sul, os sistemas de irrigação floresceram em Oboda ('Avdat), Sobata (Isbeita/Shivta), Nessana ('Auja el-Hafir) e outros locais durante os períodos israelita, nabateu-romano e bizantino.

Esses sistemas incluíam uma série de paredes cruzando uádis individuais, campos terraplenados com fazendas conhecidas como "fazendas de escoamento superficial", e sistemas de longos desvios que canalizavam as águas da chuva dos principais uádis para os amplos campos terraplenados onde represas permitiam o transbordamento de um terraço ao próximo. Na Idade do Ferro as fazendas de escoamento superficial eram encontradas na região de Buqei'a na parte nordeste do deserto judeu. Sistemas de irrigação foram descobertos na Idade do Bronze, em Java, nordeste do Jordão, e na Humayma nabateia, sul do Jordão.

Referências aos direitos sobre a água e uma plantação de palmeiras nos papiros de Nessana indicam que a irrigação era empregada nas regiões áridas ao sul de Israel no ano 70 d.C. A agricultura de deserto alcançou seu cume nos períodos bizantino e omíada e cessou por volta da época em que os abássidas levaram o califado para Bagdá. A agricultura de escoamento superficial nessa área exigia programas de incentivo de governos centrais fortes e prosperavam na medida dos interesses que eles tinham na fronteira.

Bibliografia. O. Borowski, *Agriculture in Iron Age Israel* (Winana Lake, 1987); P. J. Forbes, "Irrigation and Drainage", in *Studies in Ancient Technology*, 3. ed. (Leiden, 1993), 2.1-79; O. S. LaBianca, *Sedentarization and Nomadization: Food System Cycles at Hesban and Vicinity in Transjordan* (Berrien Springs, 1990); T. E. Levy, "How Ancient Man First Utilized the Rivers in the Desert", *BARev* 16/6 (1990): 20-31; J. P. Oleson, "The Origins and Design of Nabataean Water-Supply Systems", in *Studies in the History and Archaeology of Jordan V*, ed. K. 'Amr, F. Zayadine, and M. Zaghloul (Amman, 1995), 707-19; L. F. Stager, "The Archaeology of the Family in Ancient Israel", *BASOR* 260 (1985): 1-35; "Farming in the Judean Desert during the Iron Age", *BASOR* 221 (1976): 145-58. [JAMES H. PACE]

IR-SEMES (heb. *ʿîr-šemeš*) Cidade cananeia ("cidade do sol") alocada para a tribo de Dã (Js 19:41); provavelmente o mesmo que Har-Heres, que os danitas não conseguiram conquistar (1:35). Chamado em outro lugar de Bete-Semes (1), o local foi identificado como Tell er-Rumeileh (1477.1286).

IRU (heb. *ʿîrû*) Filho do judaíta Calebe, da linhagem de Jefoné (1Cr 4:15).

ISABEL (gr. *Elisábet*) Mãe de João Batista, esposa de Zacarias, o sacerdote, e parente de Maria, mãe de Jesus. Isabel foi descrita como uma descendente justa de Arão e obediente às leis de Deus (Lc 1:5-6). Ela era estéril e de idade avançada quando Zacarias recebeu as notícias no templo de que ela geraria um filho que se chamaria João, juntamente com a mensagem profética a respeito da missão de João. Sua esterilidade, igual à de Sara e Ana, prefigurava uma criança de grande importância. Isabel atribuiu sua concepção ao favor do Senhor sobre si (Lc 1:25).

Maria soube da gravidez de Isabel por meio do anjo Gabriel, como sinal de que nada é impossível para Deus, e visitou Isabel no sexto mês. Isabel ficou cheia do Espírito Santo na saudação que Maria lhe fez e bendisse Maria tanto por sua fé como pela criança que ela também portava (Lc 1:41-45). Na circuncisão, Isabel deu a seu filho o nome de João, que foi confirmado por seu Pai (Lc 1:60-63). [JO ANN H. SEELY]

ISAÍAS, ASCENSÃO DE Obra apócrifa cujo título é derivado da segunda parte do livro, caps. 6—11. Os caps. 1—5 são conhecidos como o Martírio de Isaías. O livro traz uma história de composição complexa, que data do século II d.C ao século IV d.C. A parte mais antiga do texto (1:1—3:12 e 5:1-16) data do período macabeu e narra a história da morte do profeta Isaías, no século VIII, nas mãos de Manassés. A interpolação cristã do martírio (3:13—4:22) conta a visão de Isaías da última vitória do Messias e seu exército sobre o reinado do mal e a segunda vinda do Senhor. Essa interpolação serviu para tornar o texto ainda mais pertinente para aqueles que morreram como mártires na Igreja primitiva.

A segunda metade do texto, caps. 6—11, é a narrativa da ascensão de Isaías e é claramente uma obra cristã. Durante o 20º ano do reinado de Ezequias, Isaías recebe uma visão na qual ele viaja pelos sete céus, vendo a glória do Senhor louvada em cada céu sucessivo. Ao alcançar o sétimo céu, ele vê o Messias, comissionado por Deus, descendo dos céus para terra. Isaías então testemunha o nascimento milagroso e observa a infância, vida, crucificação e ressurreição do Messias que, então, ascende ao sétimo céu. A Ascensão de Isaías termina com Manassés se tornando servo de Satanás e "destruído"; assim, a vitória final vem por intermédio do Messias.

O livro expressa temas como fé durante a perseguição, demonologia, profecia, corrupção da Igreja, trindade e Encarnação. Embora alguns tenham tentado associar esse documento à seita de Qumran, nenhuma cópia foi encontrada ali. Fica claro, tanto pela presença, na mesma combinação, de textos judeus quanto cristãos que havia uma luta entre grupos divergentes. Com uma ênfase em demonologia e Satanás como a causa dos caminhos malignos de Manassés, os editores da versão final deixam claro que eles acreditavam que Satanás estava por trás do outro grupo.

Bibliografia. M. A. Knibb, "Martyrdom and Ascension of Isaiah", *OTP* 2.143-76. [MARC A. JOLLEY]

ISAÍAS, LIVRO DE Primeiro e mais longo livro dos profetas hebraicos. Essencialmente um livro esperançoso, Isaías (heb. *yĕšaʿyāhû*, *yĕšaʿyâ*) se dirige a questões de justiça, retidão e poder — seu uso, abuso e limites, como também coragem, paciência e esperança.

O MANUSCRITO PROFÉTICO. ***Questões históricas.*** Questões sobre a unidade do manuscrito de Isaías dominaram os estudos durante o século XIX. Com apenas algumas modificações, as propostas desenvolvidas por Bernard Duhm em 1892 prevaleceram no século XX. Com base em proposições anteriormente formuladas por J. G. Eichhorn (1783) e J. C. Doderlein (1789), como também no estudioso judeu Ibn Ezra do século XI, Duhm argumentou, tanto em bases literárias quanto históricas, que os caps. 40—55 deveriam ser entendidos como a obra de um autor posterior, o Deutero-Isaías (Segundo Isaías), que teria escrito depois da queda de Jerusalém, em 586 a.C. Ele defendia que apenas os caps. 1—39 poderiam ser vistos como material fonte para se discernir a obra de Isaías, o profeta que viveu e trabalhou em Jerusalém na segunda metade do século VIII (750-700). Duhm não sugeriu um contexto babilônico para os caps. 40—55, afirmando apenas que o Segundo Isaías teria sido escrito de uma terra estrangeira, como o Líbano ou a Fenícia. Ele também compreendia que Isaías 56—66 seria obra de um terceiro autor, Trito-Isaías (Terceiro Isaías), que teria escrito no século V, quando os exilados haviam retornado do cativeiro na Babilônia.

Essa divisão em três partes de Isaías recebeu amplo apoio até anos recentes. A única modificação importante foi que, em geral, os estudiosos passaram a considerar um contexto babilônico para os caps. 40—55, no final da era do exílio, quando a queda de Babilônia parecia iminente e as promessas de Ciro deram origem a novas esperanças por um retorno a Jerusalém e Judá.

Em 1927, Theodore H. Robinson resumiu o desenvolvimento da literatura profética em três fases. Primeiro, foram colecionados pequenos oráculos independentes e preservados por discípulos de um determinado profeta. Depois, os discípulos juntaram os oráculos individuais em coleções, acrescentando material novo e organizando os oráculos em novos arranjos temáticos. Em seguida, essas coleções foram reorganizadas e se expandiram, chegando ao texto final que temos hoje. Tal compreensão foi desenvolvida a partir da importante obra de crítica da forma escrita por Hugo Gressmann (1914) e das indicações de Hermann Gunkel (1928) em favor de uma cuidadosa atenção na análise de gênero. Fundamentada na pesquisa de Gressmann e Gunkel, uma geração de estudiosos do século XX se concentrou na primeira fase de Robinson, procurando redescobrir as palavras autênticas do autor profético original, Isaías ben Amoz. Inevitavelmente, essa pesquisa envolvia a distinção entre o que é "autêntico" no texto e o que é "redação posterior".

Mais recentemente, o foco da pesquisa sobre Isaías mudou dramaticamente. A ênfase se moveu da busca pelo autor original para questões sobre o desenvolvimento literário e a forma final do manuscrito (a segunda e terceira fases de Robinson). A nova pesquisa se concentrou na obra dos redatores, que foram compreendidos não apenas como colecionadores ou organizadores, mas como teólogos criativos que ampliaram escritos anteriores para um povo de fé de eras posteriores. A obra de redação foi entendida como igualmente "autêntica" e importante quanto às camadas anteriores do texto. Há ainda teólogos conservadores que afirmam Isaías de Jerusalém como autor único de todo o livro.

Crítica canônica. Em grande medida, os recentes estudos sobre Isaías têm sido influenciados pela obra de Brevard S. Childs (*Introduction to the Old Testament as Scripture* [Introdução ao Antigo Testamento como Escritura], 1979) e seu interesse sobre a crítica canônica. Childs levantou questões importantes sobre a forma literária final do texto bíblico, conforme recebida e preservada dentro das comunidades de fé judias e cristãs. Childs sustenta que Isaías é o exemplo clássico de um processo redacional extenso, envolvendo repetidas revisões e adições durante um longo período de tempo. Mas ele nota que Isaías 1—39 contém claramente um material igualmente tão tardio quanto o conteúdo dos caps. 56—66. Tais textos posteriores ao exílio, conscientemente representados como a escritura do profeta de século VIII, foram de propósito desconectados ou "divorciados" de seu contexto histórico original precisamente para que, assim, pudessem ser mantidos e preservados como a palavra viva do Senhor transmitida ao profeta Isaías, por meio de suas visões, a fim de serem aceitas por um novo público. Mais do que um simples testemunho sobre eventos passados, tais "Sagradas Escrituras" são uma palavra sobre o julgamento e a salvação dirigida a pessoas de qualquer era. Da mesma maneira comprometido com a abordagem canônica, James A. Sanders se concentra nas realidades dinâmicas dessas comunidades históricas específicas em que o texto foi preservado, examinando as relações entre o texto e seu contexto, entre as tradições e suas situações históricas particulares.

Alguns estudiosos deram até mesmo mais atenção às dimensões sincrônicas de Isaías, construindo sua compreensão sobre "o leitor implícito" no texto.

Rolf Rendtorff sustenta que o texto literário de Isaías 40—55 é o ponto de partida ou a base para se compreender o desenvolvimento do manuscrito de Isaías. Os caps. 1—39 e 56—66 são da mesma forma orientados pelos caps. 40—55. Vários conceitos temáticos e teológicos como os motivos de "Sião-Jerusalém", "o Santo de Israel" e os conceitos de retidão (*ṣdq/ṣdqh*) unem as três partes e nos levam a considerar as dimensões sincrônicas do manuscrito. Ronald E. Clements, Christopher R. Seitz e H. G. M. Williamson sugeriram que uma redação primitiva de Isaías pode ser considerada dentro dos caps. 1—39, que foram então aumentados e editados durante as eras do exílio e pós-exílio. Marvin A. Sweeney defende uma história redacional quádrupla, partindo do final, com o manuscrito completado no tempo de Esdras e Neemias, e voltando para uma redação no século VI, ao término do exílio, para uma coleção que data do tempo de Josias e outra que dataria do final da vida de Isaías. Ele propõe que a forma final deveria ser compreendida em duas partes, caps. 1—33 e caps. 34—66, cada uma concentrada em torno de uma visão peculiar dos planos de Yahweh para uma soberania mundial em Sião, num tempo futuro de restauração logo após o julgamento que está para acontecer. Os caps. 1—33 antecipam tais eventos num tempo futuro, enquanto os caps. 34—66 sugerem que o processo pelo qual a soberania de Yahweh se manifestará no mundo já começou.

Contexto histórico primário. Parece haver pouca dúvida de que a redação final de Isaías (caps. 1—66) dever ser compreendida contra o pano de fundo da era pós-exílio, possivelmente na época de Esdras e Neemias (450-400), conforme pressuposto pelos caps. 56—66. Ao mesmo tempo, há evidências de que o presente texto dos caps. 1—55 date dos últimos anos do exílio (550-539) e que os caps. 56—66 devem ser reconhecidos como uma adição posterior ao exílio. Parece provável que haja redações mais remotas de um manuscrito de Isaías datando dos tempos de Josias (640-609) ou até mesmo da vida do profeta (cf. 8:16; 30:8-11). Certos textos dentro dos caps. 1—39 remontam ao contexto da era do profeta, Isaías ben Amoz. Mas, em razão de Isaías 1—39 haver sido assim pesadamente reeditado, a investigação de uma edição primitiva é tão problemática quanto difícil. O que parece certo é que os homens responsáveis pela coleção e reedição desses capítulos acreditavam profundamente que suas adições eram consistentes com a visão profética de Isaías. Sendo, portanto, central a visão e não, o autor original.

Três fatores do final da era do exílio parecem ter influenciado de modo decisivo na formação dos caps. 1—55. Primeiro, os capítulos oferecem resposta e interpretação para as dolorosas recordações da destruição de Jerusalém em 598 e 587. Poderia haver de fato alguns dentre o público do final do exílio que se lembravam da devastação de Judá, dos dezoito meses de cerco a Jerusalém, dos degradantes sentimentos de humilhação durante a capitulação da cidade e da emigração forçada para a Babilônia (2Rs 24-25). E sem dúvida havia outros naquele público original que argumentavam ser a fé em Yahweh algo remoto, absurdo ou irrelevante. De um modo muito profundo, Isaías relaciona a crise de fé religiosa com a consequência da destruição (cf. Lm 1-5). Em meio à perda de famílias e entes queridos, de aldeias, cidade, templo, sacerdócio e rei, a visão de Isaías ainda fala de fé em um Deus amoroso e da eleição de Israel, feita por um chamado particular.

Um segundo fator foi o declínio do poder babilônio. Depois da morte de Nabucodonosor em 562, não surgiu nenhum sucessor que pudesse unir o império. Sem estabilidade interna, o trono passou por três diferentes membros da família real em apenas sete anos. Uma antiga ordem mundial estava se estilhaçando. Em meio ao tumulto, o redator inclui as palavras de Isaías sobre os impérios e suas advertências de que o arrogante abuso de poder conduziria consequentemente ao julgamento (10:5-19; 13:1—14:32).

O terceiro fator foi a ascensão de Ciro da Pérsia, cujas políticas tolerantes para os povos cativos deram esperanças a alguns dentro da comunidade (44:24—45:13). O autor dos caps. 1—55 percebeu claramente em Ciro o sinal de uma nova era e a base para a esperança de um retorno para Jerusalém.

As realidades políticas ao término da época do exílio informam e reforçam a esperançosa poesia dos caps. 40—55, particularmente a fórmula de abertura: "Consolai, consolai o meu povo, diz o vosso Deus" (40:1). Num mundo dominado pela futilidade e frustração, num mundo onde nações e impérios sobem e caem, a palavra profética é proclamada: "Seca-se a erva, e cai a sua flor, mas a palavra de nosso Deus permanece eternamente" (40:8).

É dessa perspectiva histórica que a teologia dos caps. 1—55 entra em foco. Judá passou por um tempo de julgamento. Ela experimentou e sobreviveu ao "dia de Yahweh", um decisivo momento de julgamento que é agora mencionado como uma evidência da soberania de Deus. O que está fundamentado na memória da advertência sobre tal evento, feita por Isaías anteriormente (2:6-22). Da perspectiva do exílio, a visão de Isaías sobre o julgamento de Judá e Jerusalém foi cumprida. Mas Isaías também é lembrado como alguém que proclamou palavras de esperança.

MENSAGEM. ***Recordações da visão de Isaías (caps. 1—39).*** **Um povo em revolta (cap. 1).** Três sobrescritos nos caps. 1—35 configuram as recordações registradas nos capítulos de abertura. Em Isaías 1:1 é apresentado o manuscrito, enquanto os sobrescritos paralelos em 2:1 e 13:1 marcam a abertura das duas seções principais dessa porção do manuscrito. O cap. 1 apresenta um retrato do povo de Israel perdido nas próprias atividades, um povo que se esqueceu da própria identidade (1:3). O tema dominante do capítulo é que Yahweh, o Santo de Israel, foi abandonado por seu povo (1:4-9). Rituais religiosos e sacrifícios são oferecidos sem sinceridade, enquanto o pobre, o oprimido, o órfão e a viúva são negligenciados (1:10-17). Em lugar de Yahweh, o povo criou pequenos deuses forjados na terra ou se tornaram deuses em sua arrogância e conduta egocêntrica, provocando assim um julgamento certo sobre ele (1:18-31).

Mas há esperança. Os homens possuem a capacidade de mudar. A mensagem fundamental de justiça social que está no coração do manuscrito de Isaías é anunciada em 1:16-17: "Parai de praticar o mal, aprendei a praticar o bem; buscai a justiça, acabai com a opressão, fazei justiça ao órfão, defendei a causa da viúva...".

Julgamento contra Judá e Jerusalém (caps. 2—12). Confrontado com a contínua rebelião humana, o que Yahweh fará? A questão é proposta de maneira dramática na "parábola da vinha" (5:1-7): as pessoas devem ser "frutíferas", cuidando da terra e umas das outras. Mas quanto tempo se deve esperar para se obter boas "uvas" e o que finalmente deve fazer o vinicultor com "uvas bravas"?

De acordo com o oráculo do "dia de Yahweh" (2:6-22), o julgamento está vindo para Judá e Jerusalém. Não obstante, palavras de promessa para o crente (2:1-5; 4:2-6) emolduram os oráculos de julgamento da abertura (2:6-22; 3:1-12,13-15; 3:16–4:1). Uma coletânea de recordações de Isaías (6:1–9:7) é emoldurada por novas palavras de julgamento, com 5:8-24 e 25-30 estruturados na forma de um prefácio, enquanto 9:8–10:4 e 10:5-19, como um suplemento. Em 10:5-19, o Império Assírio é lembrado como um "instrumento" pelo qual Yahweh trará o julgamento; embora, por causa de sua arrogância, a própria Assíria será castigada. As declarações de julgamento nos caps. 6—11 incluem recordações de Israel, o reino do norte: o cap. 7 rememora eventos relacionados à revolta que uniu a Síria e Israel contra a Assíria em 735-734. Esses capítulos não podem ser lidos desvinculados do fato de que tais reinos foram destruídos e seus habitantes deportados pelos assírios em 721.

A seção oferece informações sobre o profeta. Isaías ben Amoz foi casado com uma pessoa conhecida como a "profetisa" (8:3), com quem teve pelo menos dois, e possivelmente três, filhos com nomes proféticos: Sear-Jasube ("Um remanescente voltará", 7:3), Maer-Salal-Hás-Baz (" O espólio rápido, a presa se apressa", 8:1-4) e, talvez, Emanuel ("Deus conosco", 7:14). Todos os três "filhos símbolos" envergam palavras de esperança para Judá entre o tumulto e as ameaças de guerra. Isaías morou em Jerusalém e manteve entendimentos pessoais com Acaz (7:1-9,10-17) e Ezequias (cf. 37:1–39:8). Sua vida, na condição de crítico social e de homem de consciência, não apenas se confirma pelas palavras atribuídas a ele, mas também por suas ações, que incluem encontros com Acaz ou andar nu em Jerusalém como uma advertência da destruição iminente (20:1-6).

Também nos caps. 6—11, Isaías fala de um "rei davídico ideal", tanto em termos de sua desilusão com Acaz quanto das altas expectativas que tinha sobre o futuro "Ungido" (Messias) (9:2-7 [TM 1-6]; 11:1-9; cf. 32:1-8), que iria fornecer sabedoria e liderança justa. Em uma era próxima, os exilados que sobrevivessem ao julgamento seriam uma comunidade "remanescente" e testemunha da fé de Israel (10:20-23).

A "visão do chamado" de Isaías (6:1-13) entra em cena ao ser relembrado, a partir da perspectiva do final da era do exílio. Por causa de um "povo carregado da iniquidade" (1:4), Yahweh convocou aquele cuja vida Deus havia tocado com uma visão do céu e com brasas vivas (6:7). Isaías foi comissionado como arauto para falar pelo Deus vivo. Gerações posteriores se lembraram dele como um servo fiel que proclamava incessantemente a palavra de Yahweh, mesmo quando a resposta do povo era apenas maior surdez e cegueira. Isaías é recordado como o homem cuja visão se mantém verdadeira, ainda que em meio às realidades do cativeiro babilônio (6:9-13).

O caráter catequético de Is 2–12 é reforçado pela doxologia do cap. 12. O público, que se compreende como uma "comunidade remanescente de fé" deve considerar os eventos do passado com uma reflexão sóbria, mas também com palavras de ação de graças e louvor. Em conjunção com a visão de abertura de paz em 2:1-5, o cap. 12 oferece a conclusão e a moldura (ou o *inclusio*) esperançosa para a poesia preservada em 2:6–11:16.

Julgamento contra a Babilônia e as nações (caps. 13—35). Isaías 13:1 abre uma segunda seção principal, proclamando o juízo sobre a Babilônia e as nações. Utilizando temas expostos em 10:5-19, o manuscrito agora proclama corajosamente que Yahweh não é apenas o "Santo de Israel", mas também o soberano de todas as nações. Judá teve o seu "dia" do juízo, mas "dias" semelhantes são ocorrer para todas as nações arrogantes e orgulhosas, inclusive para a Babilônia. O poema "Dia de Yahweh" emoldura essa seção (caps. 13—14, 34—35). Muitos sustentam que seu centro (caps. 24—27), o "pequeno apocalipse", vem de uma era muito posterior, mas os temas poéticos aqui têm semelhanças notáveis com outros poemas "dia de Yahweh" e deveriam ser vistos como uma resposta profética aos horrores de guerra, e não como literatura apocalíptica. Esses capítulos afirmam que os orgulhosos governantes da terra serão derrubados (26:5), enquanto o crente que "espera no Senhor" (26:8) achará segurança e esperança. Nos caps. 34—35, o julgamento iminente é anunciado para Edom e uma nova palavra de encorajamento é oferecida à comunidade de fé (35:10).

Isaías e Ezequias (caps. 36—39). A narrativa histórica em prosa dos caps. 36—39 descreve uma era de crise militar a parti da vida de Isaías ben Amoz. Datado "no ano décimo quarto do rei Ezequias" (701), trata-se de um período em que o assírio Senaqueribe havia capturado as cidades fortificadas de Judá e sitiado Jerusalém (36:1). Os capítulos apresentam um retrato positivo do rei Ezequias, mostrando-o como um homem de fé (em contraste com Acaz), e descrevem a súbita partida de Senaquerибe como uma libertação milagrosa da cidade (37:36-38). A libertação resulta da sinceridade do arrependimento e da oração de Ezequias (37:1-13, 14-20), sua visita a Isaías e sua resposta de fé (38:9-20).

Os estudiosos se dividem sobre o que de fato aconteceu durante essa crise. Na narrativa paralela, em 2Reis 18:13-27, três versículos adicionais (18:14-16) sugerem que Ezequias se rendeu de forma incondicional aos assírios. O que é respaldado pelo "Prisma de Senaqueribe" assírio e também por Isaías 22:1-14; 1:4-9. Sem levar em consideração o que de fato aconteceu, Jerusalém é lembrada como havendo escapado por milagre à destruição no período de invasão de Senaqueribe em 701.

Recentemente tem-se prestado maior atenção aos caps. 36—39, em particular com relação às referências ao enviado da Babilônia em 39:1-8. Lida da perspectiva do exílio, essa é outra memória que confirma as palavras que Isaías proferiu no passado. Ezequias é recordado como um rei bom; a crise que surgiu durante sua época foi contornada, mas Isaías proclama que "virão dias" em que as riquezas do palácio serão levadas para a Babilônia (39:5-8). Esse capítulo oferece uma ponte entre as recordações de Isaías e a nova era pressuposta ao longo dos caps. 40—55.

A base para esperança (caps. 40—55). Corajosamente, o autor de Isaías convoca agora o povo para uma vida de fé. Nesses capítulos centrais sentimos a confiança do autor fundada tanto nas recordações dos tempos passados quanto nos eventos políticos do próprio tempo. Em 46:1-4 são feitas referências específicas aos deuses babilônios, Bel e Nebo; apenas Yahweh, o criador soberano e redentor, pode trazer salvação (v. 4). Os longos discursos sobre a loucura dos ídolos (40:18-20; 41:6-7; 44:9-20), a visão de um novo êxodo e uma estrada levando de volta a Jerusalém (40:3-7), e o lamento e a canção de escárnio sobre a orgulhosa "filha de Babilônia" (47:1-15) complementam as referências específicas a Ciro (44:21-28; 45:1-8), e localiza o poema no período entre 550-539.

O êxodo da Babilônia não será para já. Mas Yahweh está a ponto de fazer algo dramaticamente novo. Uma nova potência mundial derrubará o poder e a arrogância da Babilônia. As palavras de julgamento proferidas por Isaías se aplicam agora ao reino de Nabucodonosor, como também a outros impérios e seus líderes. O novo imperador, Ciro da Pérsia, havia declarado que em breve os povos cativos poderiam retornar à pátria. A partir desses eventos mundiais, o escritor profético pode falar novamente de um "dia de Yahweh": no mesmo episódio será derrubado um poder orgulhoso e a realidade será restabelecida, justificando o poder de Yahweh como soberano sobre todas as nações. Os anúncios anteriores do profeta sobre o julgamento irão se cumprir agora (42:9; cf. 41:22; 43:9, 18; 46:9; 48:3), uma evidência de que a palavra profética é confiável. Até mesmo o mundo da natureza confirma Yahweh (42:10). A renovação das potencialidades do mundo sinaliza que Yahweh também renovará as esperanças de uma comunidade da aliança (41:19; 55:13).

A liderança da comunidade é uma preocupação crítica ao longo de Isaías. A ideia básica de liderança é articulada na visão de um "rei messiânico ideal" (11:1-9). O retrato é configurado agora por meio das palavras sobre "servidão" e um "servo ideal" (41:8-10; 42:1-4; 49:1-6; 50:4-11; 52:13–53:12). Até mesmo Ciro, um rei estrangeiro, participa dessa visão. Em 45:1, ele é referido especificamente como o "ungido de Yahweh", aquele que cumpre a vontade de Yahweh ao libertar o povo cativo.

Os temas do cap. 55 sugerem que esse hino de triunfo era também a conclusão da redação do manuscrito de Isaías no exílio. Ecoando o argumento de 2:5, o autor de 55:6 declara: "Buscai ao SENHOR enquanto se pode achar, invocai-o enquanto está perto".

Mantendo a visão (caps. 56—66). Um tom diferente marca bem os onze capítulos finais. Os caps. 56–66 foram evidentemente escritos e acrescentados ao manuscrito de Isaías em algum momento depois de 539, quando o povo há havia voltado para restabelecer sua vida em Judá e Jerusalém. A reconstrução dos muros da cidade havia começado e a restauração do templo estava a caminho (60:10-14; 62:6-7; 66:1). Esses capítulos sugerem que a comunidade estava passando por avassaladores sofrimentos físicos e desafios econômicos em seu retorno a Jerusalém, em lugar da gloriosa viagem que o poema anterior havia previsto.

Com considerável habilidade, o escritor retoma tradições antigas e temas em Isaías para renovar ou manter a visão da soberania de Deus, buscando inspirar uma nova geração do povo com a ideia de como Yahweh deseja que a comunidade seja: não mais sujeita à "voz de choro nem voz de clamor" (65:19), uma cidade sem violência e terror. Como parte da visão, o autor expressa preocupações proféticas por certas questões muito práticas e terrenas: a observância do sábado (56:2-6; 58:13-14), a apostasia (56:1-2,4; 57:3-4, 5, 7-8; 58:114; 59:1-8), o sincretismo (57:3; 65:2), a liderança justa (56:9-10, 11-12). O autor fala agora de "servos do Senhor", sugerindo que a comunidade pós-exílio foi chamada para ser o "servo" capaz de realizar a obra concebida nos capítulos anteriores.

Conforme seções anteriores, esses capítulos se concentram em torno do motivo poético do "dia de Yahweh". São anunciados novos dias de julgamento: em 61:1-11, o profeta anuncia um dia de favor para Sião; em 63:1-6, Yahweh é vislumbrado como um guerreiro santo voltando da batalha; o perverso foi derrotado e a causa do íntegro foi vingada apesar de tudo o que se vê (63:1).

O tema fundamental do manuscrito de Isaías é proclamado uma vez mais: Deus é soberano sobre a comunidade da aliança e sobre todas as nações do mundo, chamando todos os povos para uma vida responsável. Novos "dias" continuarão a vir, trazendo o julgamento para o cruel e o arrogante; novos "dias" de alegria virão para os que confiam e vivem pela fé nessa visão. Em 65:17-25, o chamado para a fé é reformulado com a visão de um "novo céu e uma nova terra", que o povo pode antecipar por meio de suas ações no mundo. Ao longo dessa seção final, as palavras de 61:1-4 capturam um aspecto fundamental do significado do manuscrito de Isaías: "Acerca dos tristes de Sião" que o povo "lhes dê uma grinalda em vez de cinza, óleo de gozo em vez de pranto, vestidos de louvor em vez de espírito angustiado, a fim de que se chamem árvores de justiça, plantação do SENHOR, para que ele seja glorificado" (v. 3). É claramente isso o que significa "entrar na luz do Senhor".

Bibliografia. R. F. Melugin, The Formation of Isaiah 40–55. *BZAW* 141 (Berlin, 1976); Melugin e M. A. Sweeney, eds., *New Visions of Isaiah*. JSOTSup 214 (Sheffield, 1996); R. Rendtorff, "The Composition of the Book of Isaiah", in *Canon and Theology OBT* (Minneapolis, 1993), 146-69; C. R. Seitz, *Zion's Final Destiny* (Minneapolis, 1991); M. A. Sweeney, *Isaiah 1-39*. FOTL 16 (Grand Rapids, 1996); H. G. M. Williamson, *The Book Called Isaiah* (Oxford, 1994). [A. JOSEPH EVERSON]

ISAQUE (heb. *yiṣḥāq*) Filho de Abraão e Sara. O nome significa "ele sorri", refletindo a resposta de Sara quando soube que teria um filho (Gn 18:12); depois ela celebra o nascimento de Isaque com sorrisos (21:6). Isaque é a descendência prometida por meio de quem Deus mantém a aliança feita com Abraão em Gn 12:1-3, embora Abraão tente cumprir a aliança com outros "herdeiros" (Ló, Eleazar de Damasco, Ismael).

Isaque, como a descendência prometida, é o primeiro a ser circuncidado na idade prescrita de oito dias (Gn 17:12; 21:4), e Abraão marca a sua sobrevivência ao fim do desmame com uma grande festa (21:8). Isaque permanece o único filho de Abraão e Sara, e, depois da morte de Sara, se casa com Rebeca, neta do irmão de Abraão. Ele se torna pai de Esaú e Jacó, continuando, assim, a linhagem de descendentes prometida a Abraão. Isaque se estabelece na região de Berseba, onde Deus lhe faz uma promessa (Gn 26:3-5) semelhante àquela feita a Abraão. Isaque morre com 180 anos de idade e é colocado por Jacó e Esaú no sepulcro da família em Hebrom (Gn 35:27-29).

A frase "Abraão, Isaque e Jacó (ou Israel)" aparece 23 vezes no AT e sete vezes no NT, mas Isaque é claramente menos proeminente do que os outros dois na tradição lembrada do antigo Israel. Isaque é mencionado pelo nome mais de setenta vezes em Gênesis, mas apenas 33 vezes fora desse livro.

Os relatos sobre Isaque não formam uma unidade distinta dentro da narrativa do Gênesis. Antes de seu casamento, a história de Isaque é entrelaçada com a de seus pais, e após seu casamento, sua história passa a fazer parte da história de seus filhos. A genealogia de Isaque (Gn 25:19) segue imediatamente o relato da morte de Abraão (v. 7-11), antes do nascimento de Jacó e Esaú (v. 2 1-26). Os dois principais acontecimentos na vida de Isaque são estreitamente associados a Abraão e Jacó. Em Gênesis 22, Isaque é mais o objeto do que participante no teste de Abraão de fidelidade a Deus; também no cap. 27 ele é novamente mais o objeto do que participante na decepção de Jacó. Apenas em Gênesis 24:62-67, quando encontra Rebeca pela primeira vez, e no cap. 26, quando encontra Abimeleque, é que Isaque desempenha um papel central na narrativa.

Mas Isaque é unido, de maneira indissolúvel, às promessas de Deus aos antepassados. Ele é o único modo de cumprimento da promessa de descendentes feita por Deus a Abraão em Gênesis 12. Ele é o modo pelo qual Deus testa a fidelidade de Abraão (e de Isaque) às promessas de Deus. Deus transfere a promessa para Isaque em Gênesis 25:11, após a morte de Abraão, e novamente em 26:2-4. Em Gênesis 28, Isaque aparece pela última vez antes de sua própria morte e abençoa Jacó antes de mandá-lo a Padã-Arã, casa do irmão de Rebeca, para procurar uma esposa. As palavras de Isaque ao seu filho são claramente reminiscentes das palavras da promessa de Deus a Abraão em Gênesis 12 e a Isaque em Gênesis 26.

As narrativas que envolvem Isaque foram vistas pela crítica tradicional como uma combinação das fontes javistas, eloístas e sacerdotais. A crítica mais recente sugere que as narrativas ancestrais eram unidades originalmente discretas que surgiram nos vários grupos ancestrais dos quais os israelitas antigos eram compostos. As narrativas de Abraão e Isaque vêm, é mais provável, das regiões ao sul de Canaã, uma vez que as narrativas afirmam que ambos se estabeleceram na região de Berseba; as narrativas de Jacó vêm das regiões ao norte, visto que ele se instalou em Betel. Essas unidades se uniram para formar uma única narrativa das sucessivas gerações da família de Terá de Ur, o pai de Abraão. As narrativas mais curtas sobre Isaque foram tecidas dentro de narrativas mais extensas e mais detalhadas sobre Abraão e Jacó. Isaque, portanto, aparece como um elo entre duas figuras mais proeminentes nas narrativas ancestrais do Israel antigo.

Bibliografia. B. Goodnick, "Rebekah's Deceit or Isaac's Great Test", *Jewish Bible Quarterly* 23 (1995): 221-28; N. K. Gottwald, *The Hebrew Bible: A Socio-Literary Introduction* (Philadelphia, 1985), 149-78; H. Gunkel, *The Legends of Genesis* (New York, 1964); A. P. Millard e D. J. Wiseman, eds., *Essays on the Patriarchal Narratives* (1980, repr. Winona Lake, 1983). [NANCY L. DECLAISSÉ-WALFORD]

ISAQUE, TESTAMENTO DE Texto pseudônimo no qual Isaque é informado pelo anjo Miguel de sua morte iminente. Isaque aceita o decreto de Deus, mas Jacó, seu filho, resiste. Os elementos da narrativa incluem a breve conversa de Isaque com Jacó, no leito de morte, sobre a inevitabilidade da morte; o longo discurso de Isaque às multidões sobre os assuntos do sacerdócio, asceticismo e vida moral; e sua ida ao inferno e jornada para o céu pouco tempo antes de Deus levar a sua alma. O tempo todo, a compaixão de Deus pelos pecadores arrependidos é enfatizada.

O texto é relacionado ao Testamento de Abraão, e embora não existente em grego, é muito provável que tenha sido composto em grego, no Egito, em algum momento após 100 d.C. O texto judaico original contém muitas adições cristãs.

Bibliografia. W. F. Stinespring, "Testament of Isaac", *OTP* 1.903-11. [RANDAL A. ARGALL]

ISBÁ (heb. *yišbāḥ*) Homem da tribo de Judá, filho de Merede e a princesa egípcia Bitia (1Cr 4:17). Ele é chamado o pai de Estemoa, o que pode significar que foi o fundador daquela cidade.

ISBAQUE (heb. *yišbāq*) Um dos filhos de Abraão com sua concubina Quetura (Gn 25:2; 1Cr 1:32); antepassado epônimo de um povo árabe.

ISBI-BENOBE (heb. *yišbî bĕnōb*) Filisteu, descendente (ou devoto) dos lendários gigantes (refains). Isbi-Benobe tentou matar Davi, mas Abisai interveio para salvar Davi e matou o filisteu (2Sm 21:16-17). O texto é difícil (cf. Gobe em 2Sm 21:18) e várias alternativas foram propostas.

ISBOSETE (heb. *ʾîš-bōšet*) Filho mais jovem de Saul e rei de Israel depois da morte do pai. De acordo com 2Samuel 2:8-10, depois que os "homens de Judá" ungiram Davi como rei sobre a casa de Judá, em Hebrom, Abner, o chefe do exército de Saul, levou Isbosete a Maanaim e o corou rei sobre Israel. O reinado de Isbosete como rei concorrente durou dois anos, período em que Abner, depois de uma querela com Isbosete por causa de uma concubina de Saul, transferiu sua lealdade para Davi (2Sm 3:6-11). Isbosete foi assassinado por seus próprios homens, Recabe e Baaná, enquanto descansava em seu quarto (2Sm 4:5-11).

O nome Isbosete tem sido objeto de disputa entre os estudiosos de hoje. Sua forma aparece ao longo do TM de Samuel. No entanto 1Crônicas usa o nome Esbaal ("o homem de Baal"; 1Cr 8:33; 9:39). O mesmo fenômeno se repete na LXX, na qual a palavra gr. *Iebosthe* ocorre em Reis, mas Asabal em 1Cr 8:33 e Isbaal em 9:39. Geralmente é aceito entre os atuais estudiosos que o elemento teofórico "bosete" ou "vergonha" é uma substituição eufêmica do elemento original "baal" ou "senhor", uma referência à deidade cananeia Baal. Talvez o elemento teofórico "baal" tivesse sido um epíteto aceitável para Yahweh, sendo mais tarde visto como ofensivo e, então, erradicado. Essa troca do elemento teofórico em nomes pessoais não é um fenômeno isolado no AT.

Porém também tem sido sugerido, com base em paralelos onomásticos acádios, que o elemento teofórico "baal" seja genuíno. Dessa maneira, o elemento refletiria um epíteto de honorífica característica divina, significando "dignidade, orgulho, vigor", e que passou a representar um tipo de "espírito protetor". No dia de sua coroação, o rei teria recebido o título Isbosete em lugar de seu nome original.

Bibliografia. P. K. McCarter, Jr., *II Samuel*. AB 9 (Garden City, 1986). [ARNOLD BETZ]

ISCÁ (heb. *yiskâ*) Uma das filhas de Harã e irmã de Milca (1; Gn 11:29).

ISH-BAAL (heb. *ʾîš-baʿal*) (tb. ESBAAL) Forma original provável do nome do filho do rei Saul, Isbosete (1Cr 8:33; 9:39). A maioria das versões em português traz o nome Esbaal.

ISH-HAI (heb. *ʾîš-ḥay*) O pai de Benaia (1; 2Sm 23:20 K). A maioria das versões em português traduz a palavra hebraica por "um homem valoroso" ou expressão semelhante (heb. "filho de um homem valoroso"; Q *ʾʾš ḥaḥ*; cf. par. 1Cr 11:22).

ISI (heb. *yišʿî*) **1.** Filho de Apaim, um jerameelita da tribo de Judá (1Cr 2:31).

2. Homem da tribo de Judá, pai de Zoete e Ben-Zoete (1Cr 4:20).

3. Simeonita cujos filhos (ou seguidores) derrotaram os amalequitas nas montanhas de Seir e então ocuparam a região (1Cr 4:42-43).

4. Cabeça de uma casa paterna da meia tribo de Manassés na Transjordânia (1Cr 5:24).

ÍSIS (egip. *3st*; gr. *Ísis*) Um das divindades mais populares no mundo greco-romano. Ela era proveniente originalmente do Egito, onde era irmã e esposa do assassinado deus-rei Osíris. Possuidora de grandes poderes, Ísis vagou à procura do morto Osíris e, por fim, encontrou-o e embalsamou-o, possibilitando assim sua eventual ressurreição. O filho de Ísis e Osíris, Horus, sucedeu o pai como rei. No Egito, havia os mistérios de Ísis e Osíris que mitologicamente ordenavam a morte de um faraó e a sucessão de outro.

Quando a adoração de Ísis e Osíris foi importada para a Grécia e Roma, ela assumiu diversas características helenísticas. Embora a lenda egípcia haja permanecido a mesma, Ísis adotou aspectos de outras deusas em particular. Ela encarnou o ideal de feminilidade, sendo um modelo de irmã e esposa, e uma grande mãe. Não é de surpreender, portanto, que quando o cristianismo se tornou popular, os santuários de Maria fossem frequentemente construídos nos antigos locais de adoração a Ísis.

As religiões de mistério em favor de Ísis também floresceram entre gregos e romanos. O XI livro das

Metamorfoses de Apuleio oferece muitas informações sobre os ritos de iniciação nesse culto.

Quando o cristianismo triunfou, a adoração de Ísis, assim como a de outras deidades "pagãs", desapareceu. Com o atual interesse na adoração de deusas, porém, Ísis desfruta agora de um pouco de popularidade renovada. [ALICIA BATTEN]

ISMA (heb. *yišmā'*) Um dos filhos de Etã, da tribo de Judá (1Cr 4:3; TM "o pai de Etã").

ISMAEL (heb. *yišmā'ē'l*) **1.** Descendente de Abraão e Agar, a criada egípcia de Sara. Em termos legais, Sara teve dois filhos primogênitos, entretanto ela mesma só deu à luz Isaque, o meio-irmão biológico de Ismael. Agar foi a mãe substituta que Sara era obrigada por lei a oferecer a Abraão, a fim de que ele tivesse um herdeiro.

Embora a relação entre as mães dos dois irmãos tenha se rompido logo após a concepção de Agar (Gn 16:2-4), a relação entre os meninos, de forma surpreendente, se manteve amigável. A exegese subsequente se esforçou em inflamar os irmãos numa feroz rivalidade, em conformidade com as histórias de Caim e Abel ou de Jacó e Esaú, mas aquele não era o caso. A narrativa de Ismael rindo (ou brincando?) com Isaque na cerimônia de seu desmame (Gn 21:9) não precisa ser vista de modo negativo, no entanto alguns tradutores influenciados pela reação de Sara traduziram a expressão por Ismael zombando (ARC; cf. Gl 4:29-30). Os meninos eram amigos.

O tratamento bíblico de Ismael é notavelmente congenial e paralelo à avaliação positiva de Isaque. Embora Abraão claramente tivesse outros filhos por intermédio de substituição, apenas Ismael e Isaque receberam a designação única de "filhos de Abraão". Em uma incomum proclamação angelical, é prometido a Agar que os descendentes de Ismael seriam incontáveis (Gn 16:10). Depois é prometido a Abraão que Ismael se tornaria o pai de doze príncipes (tribos) e o fundador de uma grande nação (Gn 17:20; 25:12-16), o que é reiterado a Agar em seu segundo banimento (21:13). Ismael é descrito como um "jumento selvagem" [p.ex., indomesticado], o que, no contexto das habilidades de sobrevivência necessárias à vida no deserto, era realmente um alto elogio (Gn 16:12). Abraão teve ligação especial com Ismael por terem sido circuncidados juntos, pai e filho, um sinal seguro do contínuo vínculo entre Ismael e o clã e o Deus de Abraão (Gn 17:23-27). Mesmo antes da salvação do próprio Isaque por Deus da faca sacrificial (Gn 22), Ismael foi salvo pelo Senhor da situação de morrer de fome e desidratação no deserto (21:19). O narrador conclui o registro desse salvamento enfatizando que "Deus estava com o menino" conforme ele crescia no deserto, onde se tornou um exímio arqueiro (21:20). E, por fim, os descendentes de Ismael compartilhariam uma porção da terra que ia do rio do Egito até o Eufrates (Gn 25:18).

Quando ocorreu a morte de Abraão, os dois irmãos, especificamente indicados como "filhos de Abraão", ao contrário de seus meio-irmãos, se uniram para enterrar o pai (Gn 25:9). A lista dos doze filhos de Ismael é posta no registro da família estendida de Isaque, vinculando estreitamente as duas descendências à árvore genealógica de Abraão por meio da fórmula *tôlĕḏōṯ*, o que reitera assim a filiação das duas a Abraão (Gn: 25:12-15, 19-20). A tradicional ligação entre os ismaelitas e os árabes beduínos se baseia nessa lista tribal.

A filha de Ismael, Maalate (Basemate), casou-se com Esaú (Gn 28:9; 36:3). De acordo com Gênesis 25:17, Ismael morreu com a idade de 137 anos.

Paulo usa Ismael alegoricamente como uma cifra para aqueles judeus que mantêm a fidelidade à lei mosaica, sendo, portanto, descendentes de Abraão "segundo a carne" (Gl 4:21-28). Por infelicidade, as alegorias de Paulo têm sido muito frequentemente historicizadas numa agressiva rivalidade entre os filhos de Isaque pela carne e pelo espírito (os judeus e os cristãos) e os filhos de Ismael (os muçulmanos).

Bibliografia. I. Eph'al, "'Ishmael' and 'Arabs': A Transformation of Ethnological Terms", *JNES* 35 (1976): 225-35; L. R. Scudder, Jr., "Ishmael and Isaac and Muslim-Christian Dialogue", *Dialog* 29 (1990): 29-32; E. C. Want e P. Tarlo, "Bad Guys, Textual Errors and Word Plays in Genesis 21.9-10", *Journal of Reform Judaism* 37/4 (1990): 21-29; C. Westermann, *Genesis 12–36* (Minneapolis, 1985).

2. Terceiro filho de Azel de Benjamim, descendente de Saul (1Cr 8:38; 9:44).

3. Pai de Zebadias, governador de Judá durante o reinado de Jeosafá no século IX a.C. (2Cr 19:11).

4. Filho de Jeoanã; um dos cinco "capitães de cem" que se envolveu na revolta contra a rainha Atalia de Judá (2Cr 23:1).

5. Um dos filhos de Pasur mencionados entre os filhos de sacerdotes que se divorciaram de suas esposas estrangeiras (Esdras 10:22).

6. Filho de Netanias, neto de Elisama e membro "da família real" que se tornou traidor de Judá (Jr 40:8–41:18; cf. 2Rs 25:23-25). Sendo um dos capitães das forças judias, conspirou e levou a cabo o assassinato de Gedalias, o governador de Judá, e de muitos outros partidários fiéis. Depois de capturar os habitantes de Mizpá, inclusive o profeta Jeremias e as filhas do rei judeu, ele foi forçado a abandonar seus planos de deportar os cativos e precisou fugir debaixo de uma intensa perseguição por parte dos capitães leais a Gedalias. Conseguiu escapar e se refugiar entre os amonitas. [JAMES F. BRENNEMAN]

ISMAELITAS (heb. *yišmĕʿēʾlîm*) Um povo identificado diretamente com seu antepassado epônimo Ismael, filho de Abraão e Agar (Gn 16; 21). Seus membros são chamados os doze "filhos de Ismael" (Gn 25:13-16 = 1Cr 1:28-31) e se instalaram principalmente no norte da Arábia, na região que se estende do "rio do Egito" ao Eufrates. A tradição os liga aos povos árabes.

Embora eles sejam relacionados no Salmo 83:6 (TM 7) entre os vizinhos hostis de Israel (edomitas, moabitas, hagarenos e amalequitas), competindo pela terra e pelos direitos de pastagem, tal competição não era nem mesmo desconhecida entre as tribos dentro de Israel. Os ismaelitas possuíam altos cargos no exército de Davi, havendo entre eles Amasa, que ocupou a patente de comandante supremo (2Sm 17:25). Outro ismaelita, Obil, serviu como superintendente dos camelos de Davi (1Cr 27:30).

Na narrativa de José, uma caravana de ismaelitas (tb. chamados midianitas) salvou José do poço seco, vendendo-o como escravo no Egito (Gn 37:25-28; 39:1). Depois, os derrotados ismaelitas, mais uma vez associados aos reis de Midiã, ofereceram a Gideão um despojo de brincos de ouro para fazer um éfode destinado à cidade de Ofra (Jz 8:24-26). Alusões ao crescente, pendentes, a artigos de vestuário roxos e correntes nos pescoços dos camelos do rei derrotado sugerem uma descrição estereotipada dos comerciantes nômades da Arábia.

O Alcorão descreve Maomé como profeta árabe, descendente dos ismaelitas por meio de uma figura conhecida como ʿAdan. Era intenção de Maomé devolver os árabes à imaculada religião de seu antepassado Abraão, compreendendo Ismael como a conjunção histórica entre os muçulmanos e antigo monoteísmo semita. Os muçulmanos, desde então, têm reconhecido sua herança espiritual por serem ismaelitas.

Bibliografia. I. Eph'al, " 'Ishmael' and 'Arabs': A Transformation of Ethnological Terms", *JNRS* 35 (1976): 225-35; L. R. Scudder, Jr., "Ishmael and Isaac and Muslim-Christian Dialogue", *Dialog* 29 (1990): 29-32. [JAMES F. BRENNEMAN]

ISMAÍAS (heb. *yišmaʿyâ*) **1.** Gibeonita, líder dos Trinta, e um dos guerreiros que foram ajudar Davi em Ziclague (1Cr 12:4).

2. Filho de Obadias, principal oficial de Zebulom nos tempos de Davi (1Cr 27:19).

ISMAQUIAS (heb. *yismaḵyāhû*) Superintendente de impostos do templo durante o reinado de Ezequias (2Cr 31:13).

ISMERAI (heb. *yišmĕray*) Um dos filhos de Elpaal; cabeça da casa paterna benjamita (1Cr 8:18).

ISODE (heb. *ʾîšhôḏ*) Manassita, filho de Hamolequete (1Cr 7:18).

ISPÁ (heb. *yišpâ*) Benjamita, filho de Berias (1Cr 8:16).

ISPÃ (heb. *yišpān*) Benjamita, filho de Sasaque (1Cr 8:22).

ISRAEL (heb. *yiśrāʾēl*)

NOME. O nome "Israel" aparece pela primeira vez em Gênesis 32:28 [TM 29]. O patriarca Jacó se envolve numa noturna luta corpo a corpo com um misterioso adversário, ao qual Jacó a princípio julga ser um homem, mas no final das contas declara ser Deus (Gn 32:24,30 [25,31]). O adversário enfim pede a Jacó que o largue, mas Jacó só concorda em fazê-lo se o seu oponente primeiro o abençoar. O adversário dá um novo nome a Jacó e então o abençoa, explicando que ele agora seria Israel (*yiśrāʾēl*), porque ele havia lutado (*śārʾṯā*) com Deus e com os homens, e tinha prevalecido. Em razão de o verbo *śārâ* aparecer apenas aqui e na recordação desse evento feita em Oseias 12:3-4 (4-5), seu significado deve ser obtido a partir do contexto. Enquanto a maioria dos estudiosos traduz o verbo por "bater-se", "lutar" ou "brigar", alguns acreditam que a raiz seja *śrr*, "ter domínio", e traduzem por "provar-se um governante". Certa tradição divide as consoantes e vocaliza *śār ʾaṯā*, traduzindo por "você é um príncipe (*śar*) [com Deus]" (Gn. Rab. 78.3). Embora o uso hebraico indique que "Israel" quer dizer "Deus luta", a narrativa de Gênesis 32 coloca Jacó como sujeito e impões o significado: "Aquele que luta com Deus". A luta de Jacó com os homens começou com o confronto intrauterino com Esaú, seu irmão gêmeo (Gn 25:22), e a apropriação do direito de primogenitura e bênção de Esaú, ações que demonstraram a adequação do nome de Jacó ("agarrador de calcanhar", "suplantador", "enganador"; 27:35-36; cf. 25:26). Quando Oseias relembra a luta, muito tempo depois de Israel haver se tornado uma nação, é para condenar a história de desobediência e luta de Jacó/Israel com Deus (cf. Jr 9:4-6 [3-5]). A ideia de um Deus concedendo tal nome beligerante a uma nação não possui precedentes.

Apesar de Israel ser inicialmente um nome pessoal, seu futuro como o nome de um povo, de uma nação e de uma monarquia é anunciado logo depois de Deus reiterar a mudança de nome. Em Gênesis 35:11, Deus revela a Jacó que uma nação, uma multidão de nações (tribos?) e reis procederão dele, retomando assim as promessas feitas antes a Abraão e Sara, quando seus nomes foram mudados (17:5-6,16; cf. 12:2). Nos livros seguintes, Israel pode denotar o povo (às vezes como "os filhos de Israel" ou a "casa de Israel"), a nação sob a Monarquia Unida, o reino do norte durante a Monarquia Dividida e, no período pós-monárquico, os exilados na Babilônia e a comunidade purificada dos seguidores de Yahweh. Israel também pode se referir ao reino de Judá, ao sul, antes da queda do reino do norte (p. ex., Is 1:3; Mq 1:14, 15), ou até mesmo a ambos os reinos ("as duas casas de Israel"; Is 8:14). Finalmente, Israel é um nome territorial, como em "a terra de Israel" (1Sm 13:19 e Ez 7:2).

Conceito bíblico. Por ironia, Israel é pela primeira vez chamado de povo pelo faraó que o está oprimindo. O rei egípcio procede dessa forma porque os setenta descendentes de Jacó/Israel milagrosamente tornaram-se povo que "é mais numeroso e mais forte do que nós" (Êx 1:9; cf. v. 5-6). Deus fala para Moisés que a tarefa dele é levar o "meu povo, os filhos de Israel" para fora do Egito (Êx 3:10). A partir do momento em que Yahweh liberta seu povo, enfatiza que a identidade e o papel de Israel serão únicos e especiais. Por causa do juramento dado aos patriarcas e de Seu amor pelo povo, Deus escolheu Israel para ser sua possessão peculiar (Êx 19:5; Dt 7:6-8) e sua herança (Êx 34:9; Dt 4:20; 1Rs 8:53). Israel deve se tornar um "reino sacerdotal e nação santa" (Êx 19:6) e "um povo santo ao Senhor" (Dt 7:6). A intimidade da relação de Deus com Israel é assinalada pelo fato de Israel ser às vezes chamado o filho primogênito de Deus (Êx 4:22), uma criança a quem Deus criou e elevou (Dt 32:8-14; Ez 16:3-7) e a noiva de Deus (Jr 2:2; 31:32; cf. Os 2:14-15 [16-17]).

Conforme assume um status especial, torna-se obrigação de Israel obedecer às estipulações da aliança que Yahweh estabeleceu com Israel no Sinai (Êx 19–23; Dt 5–26). Embora nenhuma outra grande nação tenha um deus assim tão próximo a si, ou um conjunto de leis tão justas quanto as que Deus deu a Israel, essas leis devem ser obedecidas para que Israel não desapareça sobre a terra e se espalhe entre os povos (Dt 4:7-9, 23-40). Quando os israelitas do reino do norte desobedecem, o Senhor declara que eles não são mais diferenciados ou especiais. São como os etíopes para Deus e, além disso, ele traz os filisteus e arameus de outras terras, da mesma maneira como trouxe Israel do Egito (Am 9:7). Quando Deus se enraivece com sua promíscua "esposa" Israel (Os 1:2; cf. Ez 16), ordena que Oseias se case com uma mulher promíscua, e então o instrui a nomear seu terceiro Filho de "não meu povo" (Os 1:2, 8-9). Não obstante, Oseias imediatamente prediz um tempo em que o povo já não será mais chamado "Vós não sois meu povo" e, sim, "Vós sois os filhos do Deus vivo" (Os 1:10-11 [2:1,2]).

Quando Israel e Judá deixam de existir como estados monárquicos, "Israel" passa a representar vários significados diferentes. Quando Ezequiel se dirige aos "filhos de Israel" (Ez 2:3) ou, mais frequentemente, à "casa de Israel" (3:1), tem em mente os exilados judeus na Babilônia e o povo em Jerusalém — todas as pessoas cujos pais foram escolhidos por Yahweh e retirados do Egito (20:4-10) –, embora o público imediato do profeta fossem os exilados na Babilônia. Apesar do Deutero-Isaías também se referir assim ao passado do povo (p. ex., Is 43:1, 21,27), seu público é principalmente a comunidade no exílio (p. ex., 42:24; 43:28). O Deutero-Isaías também aponta para um conceito purificado de Israel, como quando o profeta cita Yahweh instruindo o servo para que ele seja designado "Israel, por quem hei de ser glorificado" (Is 49:3), Israel que será considerado a "luz das nações" (v. 6).

Os livros históricos tardios também mostram que "Israel" pode ser usado em um sentido mais inclusivo. Quando Crônicas reconta a história do povo, o patriarca Jacó é chamado constantemente de Israel (p. ex., 1Cr 1:34). Apesar dos membros do reino do norte serem retratados como havendo abandonado o Senhor (p. ex., 2Cr 13:11), eles permanecem "os filhos de Israel" e Yahweh ainda é o Deus de seus pais (v. 12). Eles precisam se arrepender e aceitar apenas o culto de Jerusalém e a dinastia davídica, se quiserem fazer parte da comunidade de fé de Israel (p. ex., 2Cr 7:14). Em Esdras-Neemias, porém, o foco se põe sobre a comunidade que é considerada o único representante legítimo do Israel de Yahweh (Esdras 1:5; 9:1-2; 10:1-8). A distinção que havia sido o traço definidor de Israel continua mesmo no ambiente persa do livro de Ester, quando o ódio nutrido por Hamã a seu rival benjamita Mordecai o leva a denunciar os judeus como aquele povo "cujas leis são diferentes das leis de todos os povos" (Et 3:8).

Depois de Esdras, foram feitas muitas tentativas para se definir o verdadeiro Israel. Paulo fala de cristãos como o verdadeiro "Israel de Deus" (Gl 6:16). De acordo com 1Pedro 2:9-10, os cristãos são agora o povo de Deus, a raça escolhida, o sacerdócio real e a nação santa (cf. Êx 19:5-6). O processo de identificação de Israel continua nos tempos pós-bíblicos, como quando os Puritanos se viram como modernos israelitas que fugiam do faraó George III da Inglaterra para "o Israel americano de Deus".

Relato bíblico da história. ***Do deserto para a monarquia unida.*** Depois de o povo de Israel haver sido libertado da escravidão no Egito e se comprometido com a aliança de Yahweh e o projeto de se tornar uma nação santa, se recusa ao confronto com os gigantescos cananeus, preferindo voltar ao Egito (Nm 14:2-4). Como punição por colocar o Senhor em teste por "dez vezes" (14:22), eles são condenados a vagar pelo deserto durante quarenta anos, até que a primeira geração de ex-escravos fosse extinta. Quando a maioria da velha geração havia perecido, os israelitas se bateram com as forças cananeias e amoritas. Em ambos os casos, é Israel, não Moisés, que é designado como respondendo à crise e derrotando o inimigo (Nm 21:1-3,21-31); na realidade, quando Israel obtém a vitória sobre o amorita Siom, não se relata que a ação foi levada a efeito nem por Moisés nem por Deus (21:21, 24, 25).

Os israelitas conquistam finalmente Canaã sob a liderança de Josué, depois da morte de Moisés. A alguns dos povos nativos atacados é permitido permanecer para castigar os israelitas pela quebra da aliança com Deus (Jz 2:2-3; cf. v. 20-2 1) ou para pôr "à prova Israel" (2:22-23; 3:1-4). Repetidas vezes uma nação oprime Israel, e Deus responde à angústia do povo enviando um "juiz" para libertá-lo. Porém, sempre que um juiz morria, o povo voltava a adorar outros deuses e o ciclo começava novamente (Jz 2:15-19). Apenas para vingar a afronta cometida contra a concubina de um levita é que todas as tribos de Israel atuam juntas "como se fora um só homem" (Jz 20:1, 8, 11). Por ironia, a ação conjunta delas não se realiza contra uma nação estrangeira, mas contra a tribo irmã de Benjamim, que é quase exterminada numa subsequente (e grotesca) guerra civil.

O período dos juízes se encerra depois que Saul é designado pelo profeta e juiz Samuel como o primeiro rei de Israel e governante da "herança" de Yahweh (1Sm 10:1; 13:13-15; cf. 9:16-17). Apesar das vitórias militares sobre a outras nações (1Sm 14:47-48), Saul é logo rejeitado por Samuel e, portanto, por Yahweh. Não obstante, ele permanece no trono mesmo depois de Davi ser ungido como o próximo rei. Depois da morte de Saul, Davi se torna rei, embora reinando inicialmente sobre Judá, com sua capital em Hebrom. Então todas as tribos de Israel vêm a Davi e o ungem rei de Israel. Em sua nova capital, Jerusalém, Davi governa Israel e Judá durante 33 anos (2Sm 5:1-5). Não obstante, as tribos do norte e do sul nunca foram totalmente unidas, fato que fica evidente durante e depois da guerra civil entre Davi e seu filho Absalão (2Sm 15:6-12; 19:8-15, 41-43; 20:1-22). Após muitas intrigas da corte nos últimos anos de Davi, seu filho Salomão surge como o sucessor do trono (1Rs 1–2). Os registros afirmam que Salomão não apenas governou "todo o Israel" (1Rs 4:1), mas "em cima de" todos os reinos, desde o rio [Eufrates] até a terra dos filisteus e até o termo do Egito" (4:21 [5:1]; cf. 4:24 [5:4]; 8:65), o mesmo território que Deus havia prometido a Abraão (Gn 15:18). Os outros reinos enriquecem o império de Salomão com grandes doações e tributos. Embora Salomão seja descrito como um típico monarca médio-oriental antigo, abençoado por seu Deus com uma incrível riqueza, prestígio e vasto território, também há indicações de que seu regime sobrecarregou o povo, dilapidou o tesouro real e obrigou parte de "todo o Israel" ao trabalho forçado (1Rs 5:13-17 [27-31]; cf. 9:10-14). Porém, Judá parece haver desfrutado de um status especial, pois quando "todo o Israel" (1Rs 4:7) foi dividido em doze zonas fiscais e administrativas, Judá não foi explicitamente incluído (cf. v. 19 TM).

O reino de Israel. Depois da morte de Salomão e da ascensão de seu filho Roboão ao trono, as tribos do norte se rebelam contra a excessiva tributação e opressão, com o grito de guerra: "Às tuas tendas, ó Israel!" (1Rs 12:16; cf. 2Sm 20:1). É neste momento que Yahweh transforma o unido Israel em uma monarquia dividida, composta do reino do norte de Israel e o reino sulista de Judá. Ele não faz isso por causa das tirânicas políticas de Salomão, mas porque o rei introduziu a adoração de outros deuses no reino por intermédio de seus muitos matrimônios com mulheres estrangeiras (presumivelmente como parte da consolidação de tratados internacionais; 1Rs 11:1-13). Deus escolhe Jeroboão para governar as dez tribos do norte, deixando Judá e partes de Benjamim nas mãos dos reis davídicos com quem Yahweh havia feito uma aliança (1Rs 11:13,23-36; 12:21-23; cf. 2Sm 7:12-16). Jeroboão também é a escolha das tribos do norte. Porém, por temer perder a fidelidade de seu povo para Roboão quando os israelitas do norte fossem oferecer sacrifícios no templo de Jerusalém, então retornassem para assassiná-lo (1Rs 12:26-27), Jeroboão desafia a reivindicação de Jerusalém de ser o único lugar onde Yahweh poderia ser adorado legitimamente (Dt 12:13-27). Ele fabrica duas imagens de bezerro de ouro, com as quais inaugura seu novo culto concentrado em Betel e Dã, ecoando as palavras dos israelitas idólatras no Sinai (1Rs 12:28; Êx 32:4). Por essa razão e por outras alterações no culto, Jeroboão é condenado por Yahweh e pelo profeta Aías.

Após a morte de Jeroboão e seus filhos, o governo do reino de Israel fica altamente instável. Sete reis são assassinados. Não obstante, o reino do norte é superior a Judá em vários aspectos: tamanho, localização estratégica ao longo das rotas de comércio e comunicação internacionais, e força militar (cf. 1Rs 22:4; 2Rs 14:12). Os dois reinos frequentemente entraram em hostilidades um com o outro (1Rs 14:30; 15:16-22; 2Rs 14:8-14; 16:5-9), às vezes formando alianças com potências estrangeiras a fim de obter vantagens sobre o rival.

De todos os reis de Israel, apenas dois constituíram dinastias de alguma duração ou importância. A primeira delas é a casa de Onri. A Bíblia fala relativamente pouco a respeito desse poderoso rei, que construiu Samaria para sua nova capital ("Samaria" também é outro nome aplicado ao reino do norte; 1Rs 13:32; 2Rs 17:24). Temos muitos mais registros do filho de Onri, Acabe, e de sua mulher sidônia, Jezabel, cujo casamento provavelmente ocorreu em razão de algum tratado. As hostilidades entre Israel e Judá cessaram temporariamente quando os dois reinos foram unidos pelo matrimônio da filha de Acabe (ou irmã) Atalia e o rei judeu Jeorão (2Rs 8:18,26). O domínio onride termina após c. quarenta anos (c. 885-843) quando Deus unge Jeú como rei e ordena que ele destrua por inteiro a "casa de Acabe" (2Rs 9:6-10). Os cinco reis da dinastia Jeú governam durante aproximadamente um século (c. 843-745). Apesar de Deus haver permitido que os arameus "diminuíssem" o território israelita durante o reinado de Jeú (2Rs 10:32), Jeroboão II, o descendente mais poderoso de Jeú, restabeleceu o território de Israel aos limites estabelecidos por Salomão (14:25).

Após Zacarias, filho de Jeroboão, ser assassinado depois de apenas seis meses no trono, a dinastia Jeú chega ao fim. A realeza fica novamente instável e Israel entra em rápido declínio. Além disso, Israel precisou combater o poderoso rei arameu Rezim, e a grande ameaça trazida pelo rei assírio Tiglate-Pileser III. A fim de permanecer no trono, o rei Menaém pagou voluntariamente tributo a Tiglate-Pileser ("Pul", 2Rs 15:19-20). Depois, durante o reinado de Peca, Tiglate-Pileser captura várias cidades israelitas e deporta o povo para a Assíria (2Rs 15:29). Peca então se une a Rezim de Aram contra a Assíria, usando seu poder militar para forçar Judá a se juntar à coalizão deles. O rei judeu Acaz resiste com sucesso ao ataque, auxiliado por Tiglate-Pileser (2Rs 16:5-9). Tiglate-Pileser mata Rezim, enquanto Peca é assassinado por Oseias, último rei do que sobrou do estado de Israel (16:9; 15:30). O novo rei assírio Salmaneser V marcha contra Oseias, que a princípio se submete e se torna um vassalo assírio, mas que depois se rebela e se recusa a pagar, apelando em vão para a ajuda do Egito (2Rs 17:3-4). Samaria é então sitiada durante três anos e cai em 722, pouco antes (ou depois) da morte de Salmaneser e da ascensão de Sargão II (17:5; 18:9-10). "Israel" é deportado para a Assíria (17:6) e substituído por um povo trazido da Babilônia, e de outros locais, para a nova província assíria da Samaria (v. 24).

Ironicamente, Israel, que sempre se definiu em termos de sua diferenciação como povo e nação, vê o seu reino derrotado por uma potência cuja política de dominação se definia pelo apagamento das especificidades das identidades étnicas e políticas das nações conquistadas. Apesar de quase todos os reis do norte terem sido condenados por se manterem nos pecados de Jeroboão, o narrador de 2Reis, 17:7-23 acredita que a causa primária da queda de Israel esteja na pecaminosidade e idolatria dos "filhos de Israel" (v. 20), embora os reis davídicos tenham permanecido no trono de Judá por mais um século e meio, quando então seu reino é conquistado pela Babilônia (587/586).

Evidências e teorias extrabíblicas. A mais remota referência existente sobre Israel fora da Bíblia está na estela do quinto ano do faraó Merneptah, c. 1210-1207. Na linha 27 podemos ler que "Israel foi devastado, sua semente não". Um indício que identifica "Israel" como um povo, não um território, e o contexto sugere que esse povo se situava na Palestina. Pouco mais se pode acrescentar a essa terrível inscrição, a qual, no momento, é a única referência extrabíblica sobre Israel anterior a meados do século IX. A morte de Israel também é anunciada em um dos textos do final do século IX: a inscrição do rei moabita Mesa (c. 840), na qual se declara que "Israel foi extinto para sempre". Mesa admite que Moabe fora humilhada por "Onri, rei de Israel", mas insiste que ela venceu durante o reinado do filho de Onri. Acabe, "o israelita" ([mat]*sir-'i-la-ai*), também é mencionado na inscrição monolítica do rei assírio Salmaneser III como participante da batalha de Qarqar (853). Em outro lugar, Salmaneser III se refere a Jeú como "filho de Onri", embora tenha sido Jeú quem pôs fim à dinastia onride, de acordo com 2Reis 9–10. Depois, Adad-nirari III usa a "casa de Onri" (*mat-h-um-ri*) para se referir a Israel. Desse ponto em diante, as referências extrabíblicas aos reis de Israel e Judá ficam mais frequentes e extensas.

Os arqueólogos não conseguiram localizar nenhuma referência extrabíblica direta aos patriarcas, a Moisés, ao Êxodo e à Conquista, aos juízes ou a qualquer rei de Israel antes de Onri, com a possível exceção de Davi. Alguns (mas não todos) estudiosos acreditam que é o nome Davi que se encontra na inscrição de Mesa (l. 12 e/ou um reconstituída l. 31), e "a casa de Davi" numa fragmentária inscrição aramaica de Tel Dan (séc. IX ou VIII).

Apesar de a Bíblia enfatizar a diferenciação dos israelitas, muitos arqueólogos concluíram que nada distintamente "israelita" foi encontrado até agora na cultura material dos grupos que se instalaram nos altiplanos da Palestina durante a Idade do Ferro I (1200-1000). Muitos argumentam que as evidências arqueológicas não apoiam a proposição de que os israelitas tenham entrado e ocupado Canaã por meio de conquista militar. Ao contrário, alguns historiadores sugerem que a ocupação israelita se deu por meio de um processo de infiltração pacífica ou por uma revolta camponesa interna. Outros sustentam que as evidências existentes também não oferecem base para tais teorias. Uma tendência recente compreende o colapso da cultura urbana na Palestina da Idade Final do Bronze e o crescimento da instalação de aldeias na região montanhosa, durante a Idade do Ferro I, como parte de um longo processo de sublevações por todo o Mediterrâneo oriental, na Idade Final do Bronze (1550-1200/1150). Esse processo, que pode ter sido ativado em razão de fatores ambientais, econômicos e políticos (inclusive secas e escassez), conduziu a reordenações sociais e políticas e a um grande aumento das migrações ao longo da região. De acordo com tal modelo, a população de Canaã, durante o período do Ferro I, incluía grupos pastoris e agrupamentos locais desarraigados, como também bandos recém-chegados à região. Os proponentes dessa concepção concluem que não é possível distinguir filiações étnicas e identidades nacionais em Canaã antes do final do século XI, quando Israel se torna uma entidade política.

Bibliografia. G. W. Ahlström, *Who Were the Israelites?* (Winona Lake, 1986); P. R. Davies, *In Search of "Ancient Israel"*. JSOTSup 148 (Sheffield, 1992); W. G. Dever, *Recent Archaeological Discoveries and Biblical Research* (Seattle, 1990); I. Finkelstein & N. Na'aman, eds., *From Nomadism to Monarchy: Archaeological and Historical Aspects of Early Israel* (Washington, 1994); J. M. Miller & J. H. Hayes, *A History of Ancient Israel and Judah* (Philadelphia, 1986); K. W. Whitelam, "The Identity of Early Israel", *JSOT* 63 (1994): 57-87. [STUART LASINE]

ISSACAR (heb. *yiśśākār*) **1.** Quinto filho de Leia e Jacó, e antepassado epônimo da tribo israelita de Issacar. O significado do nome é de difícil compreensão, mas a narrativa da concepção de Issacar parece derramar alguma luz sobre o assunto. Gênesis 30 relata uma história em que Rúben, filho de Leia, encontra algumas mandrágoras (talvez um afrodisíaco no mundo antigo). Leia negocia as mandrágoras com sua irmã Raquel em troca de uma noite extra com Jacó. Como resultado dessa noite, Leia concebe e dá à luz Issacar. O texto bíblico sugere duas possíveis etimologias para o nome, ambas em torno de um jogo de palavras com a raiz hebraica *śkr*, "contratar, pagar salários, recompensar". O texto registra que Leia diz a Jacó que ele deve dormir com ela naquela noite, pois foi "alugado". Quando Issacar nasce, Leia declara que a criança é a sua "compensação" por haver entregue sua serva Zilpa a Jacó, quando sofreu temporariamente de esterilidade.

Gênesis 46:13 informa que Issacar e seus quatro filhos imigraram com a família de Jacó para o Egito. A bênção de Jacó para Issacar (Gn 49:14-15) prevê que a tribo haveria de suportar o fardo de outros e se tornar "escrava". O território destinado à tribo de Issacar é identificado em Josué 19:17-23 como a terra entre o leste do vale de Jezreel e o vale do Jordão. Na Canção de Débora (Jz 5:15), Issacar é louvado pela participação e esforços na derrota do inimigo.

2. Sétimo filho de Obede-Edom, descendente de Levi por intermédio de Corá e porteiro durante o reinado de Davi (1Cr 26:5). [LISA W. DAVISON]

ISSIAS (heb. *yiššîyâ, yiššîyāhû*) **1.** Filho de Izraías, descendente de Uzi da tribo de Issacar (1Cr 7:3).

2. Um dos guerreiros que se juntaram às forças de Davi em Ziclague (1Cr 12:6 [TM 7]).

3. Levita, segundo filho de Uziel (1Cr 23:20; 24:25).

4. Levita da família de Reabias (1Cr 24:21). [ROBERT E. STONE, II]

ISSIJÁ (heb. *yiššîyâ*) Levita do clã de Harim que foi forçado pelas reformas de Esdras a renunciar à sua esposa estrangeira (Esdras 10:31).

ISTAR (ac. *Ištaru*) (acádio Istaru) A deusa principal do panteão mesopotâmio. Em sumério, ela é identificada como a deusa Inanna. Inanna/Istar possui uma multiplicidade de características, em geral compreendidas como irreconciliáveis — ela é a deusa tanto do amor quanto da guerra, e está relacionada com aspectos da fertilidade, sexualidade, paixão e raiva. A dualidade inerente à deusa ilustra as características mitológicas e cíclicas de uma sociedade agrária, na qual a sobrevivência dependia da fertilidade e fecundidade da terra. Como antiga deidade suméria, ela é a esposa de Dumuzi (Tammaz) e uma participante obrigatória do hieros gamos, um ritual sagrado de matrimônio realizado pelo rei e uma sacerdotisa de Inanna/Istar, a fim de assegurar colheitas prósperas no começo do novo ano agrícola. Mais tarde, já entre os belicosos assírios, Istar se tornou a patrona do exército. Inscrições reais cuneiformes a apresentam conduzindo os reis assírios em batalhas e conquistas vitoriosas. Associada ao planeta Vênus, a estrela da manhã e da noite, Istar é considerada uma das deidades astrais: a filha da deusa lua Nanna/Sîn, a irmã do deus sol Utu/*šamaš* e, às vezes, a esposa de An, o deus dos céus.

Etimologicamente, o nome da deusa era originalmente masculino e relacionado ao deus semita *'aṯtar*. No primeiro milênio a.C., ela assimilou características de outras deidades assírias, como ainda a completa apropriação da deusa suméria Inanna. Istar também foi associada com as divindades cananeias Astarte e Anat. A palavra acádia *Ištar (at)u* consequentemente se transformou na palavra genérica para deusas.

Istar foi universalmente adorada em muitos templos ao longo da Mesopotâmia, incluindo os principais centros de seu culto em Arbela, Uruk, Acádia, Nínive e Babilônia. Apesar da popularidade de Istar, ela não possuía nenhuma posição política entre os deuses nacionais Assur e Marduk, refletindo o preconceito patriarcal da sociedade mesopotâmia antiga.

A literatura cuneiforme contém numerosos mitos e hinos relativos a Istar. Em um mito popular, registrado em versão suméria e acádia, Istar desce ao inferno, onde atravessa sete portões, seus adornos lhe são retirados e é mantida prisioneira da rainha do inferno, sua irmã mais velha Ereskigal. Durante o cativeiro de Istar, a procriação e fertilidade da terra cessam. Ela é em seguida resgatada em troca de seu amante, Dumuzi, que passa então a residir metade do ano no inferno. No épico Gilgamesh, Istar é apresentada como uma sedutora e uma furiosa amante rejeitada. Gilgamesh, consciente do mau tratamento que ela dedica a seus amantes, rejeita suas investidas. A rejeição do rei desencadeia a ira da deusa, e ela pede a An que envie o Touro do Céu para matar Gilgamesh.

Istar não é mencionada na Bíblia, mas alguns estudiosos a relacionam com a "rainha do céu", para quem as mulheres faziam bolos e vertiam libações (Jr 7:18; 44:17-19,25). Embora Istar seja chamada em acádio malkat samami, "a rainha de céu", esse epíteto era comum entre as deusas fenícias, cananeias e egípcias no antigo Oriente Médio. A menção bíblica pode se referir com mais precisão a uma das deusas cananeias. [JULYE M. BIDMEAD]

ISVÁ (heb. *yišwâ*) Segundo filho de Aser (Gn 46:17; 1Cr 7:30). O nome não é mencionado na relação dos clãs aseritas em Números 26:44.

ISVI (heb. *yišwî*) **1.** Terceiro filho de Aser (Gn 46:17; Nm 26:44; 1Cr 7:30), cujos descendentes são chamados isvitas (Nm 26:44).

2. Um dos filhos de Saul e Ainoã (1Sm 14:49). As tentativas de identificar Isvi com Isbosete foram desacreditadas.

ITAI (heb. *'îṯay*) **1.** Benjamita, filho de Ribai de Gibeá; campeão do exército de Davi (1Cr 11:31; 2Sm 23:29).

2. (heb. *'ittay*, *'iṯay*) Homem de Gate ("o geteu"), chefe de 600 filisteus que permaneceu leal a Davi durante a rebelião de Absalão (2Sm 15:19-22). Davi o nomeou, junto com Joabe e Abisai, para conduzir suas forças na batalha no bosque de Efraim (2Sm 18:2,5).

ITALA Tradução em latim antigo (la) do NT grego que primeiro apareceu no Norte da África, em torno de Cartago, onde o grego não era bem conhecido no século II d.C. Como não havia nenhuma versão oficial dessa versão, o bispo Nemesiano de Tubanas, companheiro de Cipriano no Concílio de Cartago em 256, usou uma tradução latina diferente da utilizada por Cipriano. Embora uma tradução pudesse ter sido a base da Itala, a grande quantidade de variações nos manuscritos existentes indica que essa versão poderia ter envolvido várias traduções independentes.

As citações dos escritores da igreja africana tendem a ser coloquiais e pouco sofisticadas, indicando que o la era primariamente do povo comum. A Itala em geral segue de modo bastante literal o grego, sendo que os manuscritos la europeus não divergem do grego na mesma medida que os manuscritos africanos. O caráter textual do Itala é "ocidental".

Os manuscritos em latim antigo transitaram pela Itália para a Gália, Grã-Bretanha e Irlanda, em que cada região alterou o texto conforme seus especiais interesses, produzindo assim os textos la provincianos. Apesar da Itala haver sido substituída oficialmente pela Vulgata de Jerônimo, parece que continuou a ser copiada e usada em alguma extensão até meados do século IX. [CARROLL D. OSBURN]

ITÁLIA Um país do sul da Europa, cuja península em que se localiza possui a forma de uma bota. A Itália se limita a oeste com o mar Tirreno, a leste com o mar Adriático, ao sul com o mar Jônio, estendendo-se ao norte através dos Alpes. A cordilheira dos Apeninos corre ao longo da península, criando a geografia sem igual dos italianos, com o difícil terreno interiorano e as férteis planícies e vales, especialmente no litoral ocidental.

O nome pode derivar de Ítalo, o chefe dos enótrios ou sículos durante o século XIII a.C., os quais ocuparam a parte sudoeste da península (Tucídides Hist 6.2; Dionísio de Halicarnasso Rom. *Ant.* 1.12.35). Outra possível derivação é a da palavra lat. *vituli*, "bezerros machos", o que, no caso, queria dizer que a Itália era "a terra dos bezerros machos". O nome a princípio foi aplicado apenas à região sudoeste, sendo empregado para toda a península muito tempo depois, provavelmente já no período dos romanos.

Sucessivas migrações de povos do norte e o terreno natural, que oferecia numerosas e convenientes barreiras entre as comunidades, resultaram na coexistência de muitas tribos e raças diferentes na península, com idiomas e culturas próprias: latinos, umbro-sabélios, oscos, ilírios e etruscos da Ásia Menor. Por causa da boa localização da Itália no Mediterrâneo e de seus portos marítimos, intenso comércio nutriu uma rica diversidade cultural. Durante os séculos VIII a VI, os gregos colonizaram o sul da Itália e a Sicília de modo tão completo que a região chegou a ser conhecida como Magna Grécia. Enquanto Roma ainda estava em seus inícios, os gregos criavam grandes e importantes cidades na Itália meridional. Por meio de constantes guerras com os povos itálicos, as tribos gaulesas e os invasores celtas, Roma conquistou e absorveu as populações da península, sendo ao mesmo tempo influenciada por suas línguas, religiões e costumes. Augusto subdividiu as três partes da Itália (Superior, Central e Baixa Itália ou Magna Grécia) em onze regiões.

A Itália é várias vezes mencionada no NT (com frequência "Roma" é usada para designar toda a Itália). Priscila e Áquila, judeus da Itália, fugiram para Corinto após o Édito de Cláudio de 49 d.C., que expulsara os judeus de Roma (At 18:2). Paulo velejou para a Itália quando, na condição de cidadão romano, apelou para César em razão de seu processo (At 27:1, 6; cf. 28:11-16 sobre sua recepção ali). Ele permaneceu como prisioneiro em Roma por dois anos (talvez os últimos de sua vida; Atos 28:30). O autor de Hebreus encerra o seu tratado com as palavras: "Os de Itália vos saúdam" (Hb 13:24), indicando duas possibilidades: ou ele estava escrevendo da Itália para leitores fora da península e, portanto, se tratava de saudações dos crentes locais; ou se encontrava em outro lugar e se dirigia a destinatários da Itália, enviando assim saudações de seus companheiros aos conterrâneos italianos.

Bibliografia. M. C. Howatson, ed., *The Oxford Companion to Classical Literature*, 2.ed. (Oxford, 1990); R. J. A. Talbert, ed., *Atlas of Classical History* (New York, 1985), 82-123. [RICHARD A. SPENCER]

ITAMAR (heb. *'îṯāmār*) Quarto filho de Arão (Êx 6:23; 1Cr 6:3 [TM 5:29]). Itamar foi comissionado para o serviço sacerdotal junto com seus irmãos (Êx 28:1). Quando os dois irmãos mais velhos, Nadabe e Abiú pecaram, oferecendo incenso com um sacrifício (Lv 10:1-3), Deus os matou, mantendo Eleazar e Itamar no serviço sacerdotal (v. 12). Itamar supervisionava os gersonitas e o meraritas que cuidavam do transporte do tabernáculo (Nm 4:21-33) com a ajuda de bois (7:7-8). Menos numerosos do que os descendentes de Eleazar, que trabalharam no templo desde o reinado de Salomão até a destruição do edifício, a descendência de Itamar também serviu naquele lugar (1Cr 24:1-6). O cronista inclui Zadoque entre os descendentes de Eleazar, e Abiatar de Siló entre os descendentes de Itamar (1Cr 24:3, 6, 31), mas isso parece ser um erro. No período pós-exílio, Daniel, filho de Itamar, participou do retorno sob a liderança de Esdras (Ed 8:2). [PAUL F. REDDITT]

ITIEL (heb. *'îṯî'ēl*) **1.** Benjamita em Jerusalém depois do exílio; antepassado de Salu (Ne 11:7).

2. Pessoa a quem, juntamente com Ucal, Agur, filho de Jaque, destina um discurso de sabedoria (Pv 30:1). Esses nomes não são traduzidos como nomes próprios na LXX e na Vulgata, havendo sido propostas várias traduções ("sinais de Deus", "Deus está comigo") e emendas (p. ex., heb. *lā"t̠'ēl*, "eu estou cansado, ó Deus"; *wā'ēk̠ēl*, "eu desfaleço" ou "esvaio-me").

ITLA (heb. *yiṯlâ*) Cidade no primitivo território tribal de Dã (Js 19:42). O local é desconhecido, embora alguns sugiram a atual Siltah, 7 km a noroeste de Beth-Horon.

ITMA (heb. *yiṯmâ*) Moabita, um dos campeões de Davi (1Cr 11:46).

ITNÃ (heb. *yiṯnān*) Cidade designada para tribo de Judá por Josué, depois da conquista de Canaã (Js 15:23), localizada no extremo sul do Neguebe. Na lista das cidades distribuídas, Itnã vem após Hazor. A LXX registra Asorionain, o que provoca um problema considerável. A tradução grega pode ser considerada corrompida ou talvez os dois locais (Hazor e Itnã) foram entendidos como um. Em ambos os casos, a localização de Itnã permanece desconhecida. [RYAN BYRNE]

ITRA (heb. *yiṯrā'*) (tb. JÉTER) Pai de Amasa e marido da irmã de Davi, Abigail. Em 2Samuel 17:25, o TM designa-o como um israelita (cf. ARC), mas o registro da LXX, "o ismaelita", é considerado correto (conforme 1Cr 2:17, "Jéter, o ismaelita").

ITRÃ (heb. *yiṯrān*) **1.** Um dos filhos de Disom e neto de Seir, o horeu (Gn 36:26; 1Cr 1:41); antepassado epônimo de um clã dos edomitas.

2. Um dos filhos de Zofa da tribo de Aser (1Cr 7:37); provavelmente o mesmo Jéter 5.

ITREÃO (heb. *yiṯrĕ'ām*) Sexto filho de Davi, nascido em Hebrom de sua esposa Eglá (2Sm 3:5 = 1Cr 3:3).

ITRITAS (heb. *yiṯrî*) Clã de Judá, ou uma comunidade semelhante, localizado em Quiriate-Jearim (1Cr 2:53). Ira e Garebe, dois guerreiros de Davi, vieram desse grupo (2Sm 23:38 = 1Cr 11:40). Talvez estivessem relacionados a uma pessoa chamada Jéter ou a uma cidade chamada Jatir ou Jéter.

ITUREIA (gr. *Itouraía*) Região no vale de Beqa, ao sul do Líbano, que passou à jurisdição do Tetrarca Filipe, filho de Herodes, o Grande, depois da morte do pai em IV a.C. (Lc 3:1). O nome deriva de uma tribo árabe do norte da Transjordânia que se instalou no Vale de Beqa durante a segunda metade do século II a.C. Várias inscrições safaíticas corroboram com essa migração, que tem sido relacionada com o período asmoneu do governante Aristóbulo (104 a.C.), quem forçou os itureus, então localizados na Transjordânia e na Galileia, a se converterem ao judaísmo (Josefo, *Ant.* 13.3.318). Para escapar de Aristóbulo e suas políticas, o itureus acabaram migrando para o norte, dominando assim a região do lago Huleh e Paneas (Cesareia de Filipe).

Depois de um período relativamente breve de independência como um principado sob a liderança tribal de Ptolemaios (85-40 a.C.), a área da Itureia passou ao controle romano quando, em 64/63, Pompeu conquistou a região e impôs um tributo a Ptolemaios. Lisânias (40-36), filho de Ptolemaios, se aliou aos partos em 40 a.C., quando ocuparam a Palestina, mas o território logo voltou ao domínio de Roma e, consequentemente, se tornou uma possessão de Herodes, o Grande, em 20 a.C.

Os itureus são relacionados à descendência de Ismael em Gênesis 25:15; 1Crônicas 1:31, onde Jetur é identificado como seu antepassado epônimo. 1Crônicas 5:18-22 relembra os eventos de uma batalha em que Rúben, Gade e a meia tribo de Manassés atacaram e derrotaram os hagaritas, Jetur, Nafis e Nodabe. [JOHN KALTNER]

IVA (heb. *ʿiwwâ*) Uma das cidades-estado sírias capturadas pelos assírios no século XIII a.C. (2Rs 18:34; 19:13; Is 37:13). Talvez seja a mesma Ava (2Rs 17:24), cujos habitantes os assírios desterraram e instalaram em Samaria, depois da derrota do reino do norte.

IYAR (heb. *ʾîyār*) Segundo mês do calendário hebraico (abril/maio). Esse nome, derivado de um termo acádio, substituiu o nome cananeu Ziv.

IZAR (heb. *yiṣhār*) (tb. AMINADABE) **1.** Levita, descendente de Coate e pai de Corá (Êx 6:18, 21; Nm 16:1; 1Cr 6:18, 38 [TM 3,23]). É antepassado epônimo dos izaritas (Nm 3:19,27; 1Cr 26:23). Em 1Crônicas 6:22 (7) chamado Aminadabe (2).

2. Homem de Judá, cuja mãe era Hela (1Cr 4:7 K). Alguns estudiosos entendem esse nome como uma variante de Zoar (cf. Q *wĕṣōḥar*, "e Zoar").

IZIAS (heb. *yizlîʾâ*) Israelita que foi obrigado a se separar de sua esposa estrangeira; um dos filhos de Parós (Esdras 10:25).

IZLIAS (heb. *yizzîyâ*) Benjamita, filho de Elpaal (1Cr 8:18).

IZRAÍAS (heb. *yizraḥyâ*) Filho de Uzi e descendente de Tola, da tribo de Issacar (1Cr 7:3). O nome hebraico é igual a Jezraías, líder dos cantores levíticos no tempo de Neemias (Ne 12:42).

IZRAÍTA (heb. *yizrāḥ*) Gentílico aplicado a Samute, chefe da quinta divisão do exército de Davi (1Cr 27:8). Embora alguns estudiosos interpretem o nome como um derivado de Izraías, provavelmente é relacionado aos zeraítas de 1Crônicas 27:11.

IZRI (heb. *yiṣrî*) Líder da quarta divisão de músicos do templo nos tempos do rei Davi (1Cr 25:11), talvez um filho (ou membro da corporação) de Jedutum. Ele poderia ser identificado com Zeri em 1Crônicas 25:3.

J

J Símbolo do Javista (alemão: *Jahvist*, do heb., *YHWH*, "Javé" ou "o Senhor"), a mais remota das fontes primárias que os críticos atribuem ao Pentateuco. *Ver* CRÍTICA BÍBLICA; JAVISTA.

JAACÃ (heb. *ya'ăqān*) (tb. ACÃ) Horeu, filho de Ezer e descendente de Seir (1Cr 1:42); chamado de Acã em Gênesis 36:27. O nome também aparece em Benê-Jaacã (Nm 33:31-32) e Beerote-Bene-Jaacã (Dt 10:6), onde os israelitas acamparam durante as peregrinações do deserto.

JAACOBÁ (heb. *ya'ăqōḇâ*) Líder de um clã simeonita (1Cr 4:36).

JAALA (heb. *ya'ălā'*) **JAALA** (*ya'ălâ*) Um dos servos de Salomão, cujos descendentes (ou corporação) voltaram com Zorobabel do cativeiro (Ne 7:58). Em Esdras 2:56, é chamado de Jaala.

JAAR (heb. *ya'ar*) O lugar onde a arca da aliança teria sido descoberta (Sl 132:6). O nome pode ser uma forma de Quiriate-Jearim, onde a arca ficou guardada durante 27 anos (1Sm 7:1-2; 2Cr 1:4).

JAARÉ-OREGIM (heb. *ya'ărê 'ōrĕgîm*) Belemita, pai de Elanã (2Sm 21:19). Registra-se que este último teria matado Golias em Gobe. Em 1Crônicas 20:5, uma passagem alternativa, Elanã matara o irmão de Golias, Lami; e ainda que seu pai seria Jair. Jaaré-Oregim provavelmente é um erro. De acordo com 2Samuel 21:19, somos informados que a lança de Golias era tão grande quanto o eixo de um tecelão. A palavra "oregim" ("tecelões"; por exemplo, Is 19:9) parece haver sido erroneamente repetida e unida ao nome Jair. [VICTORIA ANDREWS]

JAARESIAS (heb. *ya'ărešyâ*) O cabeça da casa de um pai benjamita em Jerusalém (1Cr 8:27).

JAASIEL (heb. *ya'ăśî'ēl*) **1.** Mezobaíta e um dos homens poderosos de Davi (1Cr 11:47).

2. O filho de Abner e chefe da tribo de Benjamim nos tempos de Davi (1Cr 27:21). Ele pode ser o mesmo que 1.

JAASU (heb. *ya'ăśû*) Israelita que foi obrigado a abandonar sua esposa estrangeira (Ed 10:37).

JAATE (heb. *yaḥaṯ*) **1.** Homem de Judá, filho de Reaías e ancestral das famílias zoratitas de Aumai e Laade (1Cr 4:2).

2. Levita, filho de Libni e descendente de Gérson (1Cr 6:20, 43 [TM 5,28]).

3. Levita, neto de Gérson e chefe dos filhos de Simei (1Cr 23:10-11).

4. Levita, filho de Selomite e descendente de Isar (1Cr 24:22).

5. Levita de Merari, superintendente dos trabalhadores que reformaram o templo no tempo do rei Josias (2Cr 34:12).

JAAZ (heb. *yahaṣ*, *yahṣâ*) Nome alternativo de Jaza, cidade no planalto de Moabe (Jr 48:21).

JAAZANIAS (heb. *ya'ăzanyâ*, *ya'ăzanyāhû*) Nome popular durante o século VI a.C. A palavra aparece em um selo de Tell en-Nasbeh (Mispá bíblico) e em Ostracon 1 de Laquis.

1. Chefe das tropas de Judá sob o governador Gedalias (2Rs 25:23), chamado Jezanias em Jeremias 40:8. Esse homem é descrito como "filho de um maacatita", o que sugere que era do clã de Maaca, de Judá, ou da cidade galileia de Abel-Bete-Maaca, ou do reino arameu de Maaca.

2. O filho de Jeremias (não o profeta) e o cabeça da casa dos recabitas (Jr 35:3). Durante o tempo do rei Jeoaquim, o profeta Jeremias testou Jaazanias e a sua casa, e apresentou os recabitas ao povo de Judá como modelo de fidelidade e obediência.

3. O filho de Safã e um dos setenta anciões idólatras de Israel visto por Ezequiel em uma visão (Ez 8:11). Alguns estudiosos sugerem que a referência a "Jaazanias, filho de Safã, estava em pé no meio das pinturas" seja uma glosa.

4. O filho de Azur e um dos 25 homens no portal do templo registrado por Ezequiel em uma visão (Ez 11:10). É descrito como príncipe do povo. [RONALD A. SIMKINS]

JAAZIAS (heb. *ya'ăzîyāhû*) Filho (ou seguidor) do levita Merari; pai de Beno, Soão, Zacur e Ibri (1Cr 24:26-27). Ele e seus descendentes não foram incluídos entre os filhos de Merari em Êxodo 6:19; 1Crônicas 23:21.

JAAZIEL (heb. *ya'ăzî'ēl*) **1.** Levita da segunda ordem, porteiro e cantor nos tempos de Davi (1Cr 15:18). Provavelmente é o mesmo Aziel de 1Crônicas 15:20 e Jeiel de 16:5.

2. (heb. *yaḥăzî'ēl*) Benjamita que se incorporou ao exército de Davi em Ziclague (1Cr 12:4 [TM 5]).

3. Sacerdote no tempo de Davi designado para soar a trombeta diante da arca (1Cr 16:6).

4. Levita coatita, terceiro dos "filhos de Hebrom" (1; 1Cr 23:19; 24:23).

5. O filho de Zacarias, um levita, "descendente de Asafe" (2Cr 20:14), que profetizou ao rei Josafá que

Judá seria vitorioso sobre os moabitas e amonitas (v. 14-17, 20-30).

6. O pai de Secanias que voltou com Esdras do cativeiro na Babilônia (Ed 8:5).

JABAL (heb. *yāḇāl*) O primeiro filho de Lameque e Ada; o antepassado dos pastores nômades e transumantes (Gn 4:20). [GERALD L. MATTINGLY]

JABES (heb. *yāḇēš*) Pai do rei Salum de Israel (2Rs 15:10, 13-14). Alguns estudiosos sugerem que o termo talvez seja o nome do lugar de origem de Salum.

JABES-GILEADE (heb. *yāḇêš gil'āḏ*) (tb. JABES) Cidade a noroeste de Gileade. Ficava provavelmente situada ao longo do Uádi Yâbis, embora nenhum local tenha sido conclusivamente identificado como Jabes-Gileade ("o [lugar] seco de Gileade").

Os habitantes de Jabes-Gileade foram importantes e heroicos, por vezes trágicos, participantes de três narrativas bíblicas ocorridas durante o assentamento do primitivo Israel. Em Juízes 21, os moradores de Jabes-Gileade foram assassinados para que suas moças virgens fossem oferecidas aos benjamitas, pois as outras tribos israelitas haviam jurado não dar suas filhas em casamento aos homens de Benjamim, devido ao seu apoio a um crime hediondo feito em suas terras (Jz 20:12, 13; 21:1). Tal carnificina também foi a execução de uma sentença contra os jabes-gileaditas por sua ausência na guerra dos israelitas contra Benjamim (Jz 20–21). Por essa forma passiva (isto é, por sua morte), os cidadãos de Jabes-Gileade ficaram registrados como salvadores da tribo de Benjamim da extinção (Jz 21:17).

De maneira semelhante, Jabes-Gileade foi responsável pela aceitação de Saul como rei. Naás, monarca amonita, sitiou Jabes-Gileade (1Sm 11:1-3). Quando Saul soube do dilema da cidade, reuniu o exército israelita e salvou seus habitantes (1Sm 11:11). A vitória foi tão inspiradora que os israelitas imediatamente confirmaram Saul como rei (v. 12-15). Para se atinar com a plenitude dessa narrativa, é necessário se relembrar a tragédia dos benjamitas, registrada em Juízes 20. Naquele texto, Jabes-Gileade salvou os benjamitas, enquanto que na vitória sobre Naás, Saul, benjamita, salvou Jabes-Gileade. Conforme a narrativa anterior, os jabes-gileaditas têm agora participação passiva na aceitação de Saul como rei, que antes havia sido rejeitado (1Sm 10:27; 11:7).

Finalmente, Jabes-Gileade desempenhou papel importante no resgate do corpo de Saul. Quando os filisteus derrotaram Saul e seus filhos, eles levaram os cadáveres e os penduraram nos muros da cidade de Bete-Seã (1Sm 31:10). Os jabes-gileaditas então recuperaram o corpo de Saul e de seus filhos, os queimaram e, depois, enterraram seus ossos (1Sm 31:13; 1Cr 10:11-12). O jogo aqui se inverte. Os jabes-gileaditas ativamente salvam Saul, enquanto a morte dele e as ações desses homens fazem com que o novo rei os abençoe (2Sm 2:5).

Bibliografia. N. Glueck, "Jabes-Gileade", *BASOR* 89 (1943): 2-6; L. G. Herr, "The Amman Airport Structure and the Geopolitics of Ancient Transjordan", *BA* 46 (1983): 223-29. [DAVID MERLING]

JABEZ (heb. *ya'bēṣ*) **I. (LUGAR)** Cidade em Judá, provavelmente perto de Belém. Era a casa de várias famílias de escribas queneus (1Cr 2:55).

II. (PESSOA) O antepassado epônimo de uma família de Judá (1Cr 4:9). A etimologia popular, a qual indica que seu nome deriva de um parto difícil (heb. *'ōṣeḇ*, "dor"), está implícita na oração de Jabez que pede a proteção contra a aflição (*'oṣbî*, 1Cr 4:10).

JABIM (heb. *yāḇîn*) **1.** O rei cananeu de Hazor (Js 11:1), líder de uma coalizão de reis que se opôs a Josué na assim chama "campanha do norte" na batalha de Merom. Josué capturou e destruiu a cidade de Hazor e levou seu rei (não denominado) à morte.

2. O rei de Hazor a quem Deus entregou seu povo no tempo de Débora e Baraque (Jz 4:2-24). O general do exército desse rei era Sísera. Embora a narrativa registre apenas o conflito com Sísera, Juízes 4:24 menciona que Israel derrotou também Jabim.

Aparentemente se trata de dois diferentes reis de Hazor com o mesmo nome. O primeiro teria regido Hazor durante o tempo de Josué; o segundo, um século ou mais depois. Porém, Jabim está pouco integrado a Juízes 4 e não aparece na versão poética da batalha contra Sísera no cap. 5. A natureza tradicional de ambos os relatos torna impossível uma datação precisa. Além disso, a batalha registrada em Juízes 4–5 poderia referir-se a Josué 11, levando alguns estudiosos a sugerir que realmente só haveria um Jabim, rei de Hazor. [PAUL L. REDDITT]

JABNÉ (heb. *yaḇneh*) Nome alternativo para Jabneel (1; 2Cr 26:6).

JABNEEL (heb. *yaḇnĕ'ēl*) (tb. JABNÉ) **1.** Cidade no limite sul da tribo de Judá (Js 15:11). Jabneel é identificada ou com Yibna, ao sul de Nahal Soqreque, ou com Yavnehyam na costa mediterrânea. O controle de Jabneel oscilou entre Judá e Filístia. Durante a campanha de Uzias contra os filisteus, ele recapturou Jabneel (Jabné; 2Cr 26:6). Já no período helenístico, Jabneel foi chamada Jâmnia. As batalhas em Jâmnia tiveram importante papel na consolidação da liderança exclusiva dos asmoneu (1Mac 5.55-62; 10.69-87). Foi em Jâmnia que o Sinédrio foi reconstituído após a destruição de Jerusalém em 70 d.C., sendo essa instituição a responsável em grande parte pela canonização do AT.

2. Cidade no limite sudeste de Naftali, ao sul do mar da Galileia (Js 19:33). Jabneel foi identificada com Khirbet Yemma/Kfar Yamma (j. Meg. 1.1, 70a), mas as evidências arqueológicas tornam preferível Tel Yin'am. [BRADFORD SCOTT HUMMEI]

JABOQUE (heb. *yabbōq*) Ao lado de Jarmuque (Seri'at el-Menadireh), Arnom (Uádi el-Môjib), e Zerede (Uádi el-Hesa), um dos quatro principais sistemas fluviais dos planaltos da Transjordânia. Atualmente denominado Uádi Zerqa/Nahr es-Zerqa ("rio azul"), esse rio perene se origina de fontes e rios da bacia fluvial de Aman (antigo Rabbath-ammon/Philadelphia), "a cidade de águas" (2Sm 11:16-17; 12:27). O Jaboque corre por aprox. 60 km antes de desaguar no rio Jordão, 24 km ao norte do mar Morto; é um dos dois principais afluentes do Jordão, sendo o outro o rio Jarmuque.

O Jaboque é identificado como limite entre Amom e Israel (p. ex., Nm 21:24; Dt 2:37), entre os territórios tribais de Rúben, Gade e Manassés transjordaniano (Dt 3:16), e entre os reinos de Seom e Ogue (Js 12:2). Esse rio também divide Gileade ao meio (cf. Dt 3:12, 16; Js 12:2-6), mas é muito famoso como o lugar onde Jacó lutou com um anjo em um dos vaus do rio (Gn 32:22-32 [TM 23-33]).

JACÃ (heb. *yaʿkān*) Homem de Gade que viveu em Basã durante os reinados de rei Jotão de Judá e o rei Jeroboão II de Israel (1Cr 5:13).

JACINTO Pedra vermelha, laranja ou amarela. Algumas versões traduzem por "jacinto" a palavra heb. *lešem*, uma das pedras engastadas no peitoral do sumo sacerdote (Êx 28:19; 39:12). A LXX traduz o termo hebraico por *ligýrion*, o qual, exceto na descrição do peitoral feita por Josefo (Ant 3.7.5; *BJ* 5.5.7), não ocorre em nenhuma outra parte. Em Apocalipse 21:20, as versões em português traduzem por "jacinto" a palavra gr. *hyákinthos*, uma das partes dos fundamentos do muro da cidade de Nova Jerusalém. Também o adjetivo *hyakínthinos* é traduzido por "jacinto" para descrever a cor das couraças dos cavaleiros em Apocalipse 9:17. Algumas traduções preferem "âmbar", "cornalina", "safira" ou "turquesa" para esses termos hebraicos e gregos. [JOSEPH E. JENSEN]

JACÓ (heb. *yaʿăqōḇ*) O filho mais jovem de Isaque e Rebeca, assim chamado porque nasceu segurando o calcanhar (heb. *ʿāqēḇ*) de seu irmão gêmeo e mais velho (Gn 25:26). Essa etimologia popular (pois sua etimologia histórica provavelmente seja "possa [Deus] proteger") indica o caráter de Jacó como alguém que se esforça para superar outros, em particular seu irmão Esaú na perseguição pela bênção da primogenitura. Mais tarde ele recebe um novo nome, Israel, que significa: "lutaste com Deus e com os homens e prevaleceste" (Gn 32:28). Muito da complexidade temática da narrativa de Jacó pode ser entendido como o movimento de Jacó em direção a Israel, do agarrador de calcanhares de sua mocidade ao patriarca próspero e prolífico, o homônimo e a personificação de Israel.

Durante a juventude, começando até mesmo no útero, o adversário de Jacó foi seu irmão Esaú. A resolução final para esse conflito foi predita no oráculo de Yahweh a Rebeca, embora especificando que os dois irmãos formaram dois povos e que "o mais velho servirá ao mais moço" (Gn 25:23). A rivalidade entre os irmãos, em que Jacó prevalecerá, também se define como conflito étnico no qual Israel prevalecerá sobre Edom (= Esaú). A dupla dimensão do conflito, entre irmãos e entre povos, explicita muitas das características dos dois irmãos e o conteúdo simbólico de sua interação. Jacó-Israel é retratado como homem de cultura, que mora em tendas (Gn 25:27), cozinha (v. 29), se ocupa do comércio (v. 31), geralmente perspicaz e ardiloso. É um homem "liso" (Gn 27:11) tanto de pele quanto de mente. Em contraste com semelhantes características, Esaú é incivilizado, um "homem do campo" e "perito caçador" (Gn 25:27), que não compreende as nuances do comércio e da negociação, governado pelos apetites (v. 32). Esaú é homem peludo (Gn 25:25), como seria apropriado a um homem selvagem, da natureza. O contraste entre o homem civilizado e o homem selvagem não só assegura que o homem civilizado ganhará (mesmo que por meio de fraude), mas também define Israel como nação civilizada, em contraste com seus culturalmente atrasados vizinhos. à semelhança dos gregos, os israelitas se definiam como civilizados, enquanto os outros povos seriam quase bárbaros.

O triunfo de Jacó sobre Esaú, predito no oráculo de Yahweh, não seria obtido sem algum custo. Não só ele deveria fugir de sua a casa para salvar a vida (Gn 27:42-43), como ainda os meios enganosos, pelos quais adquiriu o direito e a bênção da primogenitura respectivamente de Esaú e Isaque (25:29-34; 27:1-29), serão usados contra ele por seu próximo adversário, Labão. O estratagema de Labão contra Jacó em Gênesis 29:22-27 nitidamente faz o espelhamento de Jacó contra Isaque em 27:1-29. Considerando-se que o filho Jacó enganou seu cego pai, substituindo o filho mais jovem pelo mais velho, agora o pai Labão engana o seu genro substituindo a filha mais velha pela mais jovem. Conforme Isaque, Jacó é enganado por não conseguir enxergar o impostor (Gn 29:23). Por esse ardil, Labão preserva o direito de seu primogênito e o trabalho e os ganhos de Jacó durante outros sete anos. Mas, no fim, Jacó prevalece sobre Labão adquirindo sua riqueza por intermédio de outro truque, aquele que envolve sua habilidade em manipular a capacidade reprodutiva de seu rebanho (Gn 30:25-43).

O sucesso de Jacó em prevalecer sobre os seus adversários humanos e na obtenção de bênçãos, família e riqueza é intercalado por duas narrativas de encontros com Deus. Durante sua fuga da casa paterna e da ira de Esaú, ele se encontra com Deus em um lugar que designa de Betel, "Casa de Deus" (Gn 28:11-22). Depois, quando voltava para sua casa, fugindo da ira de Labão, ele se encontra com Deus num local que nomeia de Peniel, "Face ou Presença de Deus" (Gn 32:22-32 [TM 23-33]). No primeiro desses encontros, Deus concede a Jacó a bênção patriarcal e a proteção divina, e, no segundo, um novo nome e uma nova identidade como Israel, algo que também se define como bênção. O retorno de Jacó a sua casa como Israel é acompanhado por narrativas da reconciliação com Labão (Gn 31:25-54) e com Esaú (33:1-16). O sucesso final de Jacó é selado pela paz conquistada com seus adversários anteriores.

Muitos dos temas da narrativa de Jacó se repetem na história de José e seus irmãos. Nesta última história, Jacó-Israel é enganado pelo filho mais velho (Gn 37:31-35), no entanto, o filho mais jovem, José, novamente prevalece. Os irmãos mais velhos mostram por fim seu valor tratando o filho mais jovem, Benjamim, com compaixão, e conseguindo obter a reconciliação entre eles. Retornando aos estratagemas do passado, Jacó-Israel engana seu filho José ao conceder a bênção da primogenitura a Efraim, o filho mais jovem de José, no lugar de Manassés, o filho mais velho (Gn 48:8-21). Nessa narrativa, Jacó-Israel está velho e cego, como o velho Isaque antes dele, mas o pai cego é agora o enganador e confere sua bênção ao mais jovem. Em tal momento, próximo da morte, Jacó-Israel exibe poderes oraculares e repete a previsão concedida em seu próprio nascimento, predizendo a ascensão de Efraim e o destino de cada de seus filhos (Gn 49:1-27). A transformação de agarrador de calcanhares para patriarca e, depois, para vidente está completa.

Além do Pentateuco, Oseias se refere à narrativa de Jacó, apresentando uma versão ligeiramente diferente do encontro de Jacó com Deus em Peniel, que no texto do profeta é representado por um anjo (Os 12:2-4 [3-5]). Jeremias também faz alusão pejorativa ao caráter de Jacó como agarrador de calcanhares (Jr 9:4 [3]). Na literatura posterior, Jacó é uniformemente descrito como homem sábio e piedoso (p. ex., Jubileus 25.4-10; Hb 11:21). [RONALD S. HENDEL]

JADA (heb. *yāḏā'*) Homem de Judá, filho de Onã e irmão de Samai. Foi o pai de Jéter e Jônatas (1Cr 2:28, 32).

JADAI (heb. *yadday*) (tb. IDO) **1.** Israelita que foi obrigado a abandonar sua esposa estrangeira (Ed 10:43; K *yaddô*). Em 1Esdras 9.35, ele é chamado Ido (6).

2. (heb. *yāhdāy*) Calebita, talvez concubina de Calebe, que gerou seis descendentes (1Cr 2:47).

JADDUS (gr. *Ioddoús*) Sacerdote cujos descendentes, em razão de ele haver adotado o nome do sogro Barzilai, o gileadita, não puderam provar sua descendência levítica no retorno do exílio (1 Esdras 5:38). *Ver* BARZILAI 3.

JADIEL (heb. *yaḥdî'ēl*) Cabeça de uma casa paterna da meia-tribo de Manassés na Transjordânia (1Cr 5:24).

JADO (heb. *yaḥdô*) Gadita, filho de Buz (1Cr 5:14).

JADOM (heb. *yāḏôn*) Meronotita que ajudou a consertar os muros de Jerusalém (Ne 3:7).

JADUA (heb. *yaddûa'*) **1.** Um dos "chefes do povo" que colocou seu selo na nova aliança sob a direção de Neemias (Ne 10:21 [TM 22]).

2. O filho de Jônatas (ou Johanan) e o último dos sumos sacerdotes relacionados em Neemias. De acordo com Neemias 12:22, foi sacerdote durante o tempo do rei persa Dario III Codomannus (336-33 1 a.C.), que foi derrotado por Alexandre, o Grande (cf. Josefo *Ant.* 11.8.4-5 [326-39]).

JAEL (heb. *yā'ēl*) Mulher queneia, esposa de Héber, que, com astúcia, deu abrigo a Sísera, o exausto chefe cananeu que havia sido derrotado pelos israelitas e se encontrava em fuga destes. Jael o ajudou com suas necessidades e, depois que o guerreiro ganhara sua confiança, ela o matou de forma traiçoeira (Jz 4:17-22; 5:24-27). Os detalhes desse evento diferem nos dois relatos: em Juízes 4, ela o assassina durante o sono, cravando com uma estaca a cabeça de Sísera que estava deitado no chão. Já no poema de Juízes 5, Jael lhe bate no crânio enquanto ele bebia coalhada em uma tigela. Em ambos os relatos, porém, fica bastante claro que Jael é o agente utilizado pelo escritor para descrever a total humilhação de Sísera. Pois, se para um guerreiro morrer pelas mãos de uma mulher já era uma enorme desonra, ser enredado num estratagema de uma mulher ampliava ainda mais a humilhação e, assim, a alegria de seus inimigos (cf. a narrativa de Judite e Holofernes).

Jael e Débora são claramente as protagonistas dessa narrativa da vitória israelita, e elas se erguem num agudo contraste com o aniquilado Sísera e o relutante guerreiro israelita Baraque. Juízes 4:9, de forma evidente, tem a intenção de ser um presságio sobre a derrota que Jael imporá a Sísera, ação que seria negada a Baraque. É sem dúvida notável o momento catártico que Juízes 5:24-26 nos oferece por meio da Canção de Débora, na qual cada golpe desferido na cabeça de Sísera por Jael permite aos israelitas novamente saborear o esmagamento disse odiado inimigo de Israel. Em resumo, com a queda de Sísera, assim caem os cananeus, e seu tramado falecimento encarna a derrota deles.

Bibliografia. A. J. Hauser, "Judges 5. Parataxis in Hebrew Poetry", *JBL* 99 (1980): 23-41. [ALAN J. HAUSER]

JAFÉ (heb. *yepet, yāpet*; gr. *Iápheth*) **1.** Um dos três filhos de Noé, talvez o mais jovem, já que ele sempre é relacionado por último (embora, na Tábua das Nações, sua linhagem seja a primeira a ser apresentada; Gn 10; 1Cr 1:1-17). A etimologia do nome é incerta, mas o hebraico *pth*, "ser ampliado", tem sido proposto (cf. Gn 9:27). Depois do Dilúvio, Jafé e o irmão Sem foram até a tenda em que o pai dormia e, andando de costas, cobriram a nudez de Noé, a qual Cam, o irmão mais velho, havia visto. Por tal discrição, ambos foram abençoados por Noé (Gn 9:20-27).

Na Tabela das Nações, são nomeados sete filhos e sete netos de Jafé, apesar de seus nomes designarem na verdade povos em vez de indivíduos. Eles habitaram a região que se estende da região norte da Crescente Fértil, em direção oeste, até o mar Mediterrâneo. Alguns deles são imediatamente identificáveis: Madai indica os medas do antigo Irã; Asquenaz provavelmente se refira aos citas da região montanhosa do Cáucaso; Gômer, os cimérios que habitaram o norte da Anatólia; Tiras tem sido de diversas formas identificado com a Trácia ou com os etruscos; Társis pode se referir a Tartessos na Espanha (cf. João 1:3); Quitim indica o Chipre ou possivelmente Creta; e Rodanim (uma correção para o "Dodanim" do TM, com base na LXX, no Pentateuco Samaritano e em manuscritos hebraicos) parece ser Rodes.

Recentes estudos têm associado os nomes dos descendentes de Jafé com nomes étnicos conhecidos da Anatólia e, mais amplamente, de regiões mediterrâneas do século VII e início do VI a.C. [JEFFREY S. ROGERS]

2. Região ao norte da Arábia, talvez na Ásia Menor, onde Holofernes cercou e derrotou os midianitas (Judite 2.25).

JAFIA (heb. *yāpîaʿ*) **I. (LUGAR)** Cidade de fronteira, localizada no extremo sul do território de Zebulom (Js 19:12). Ela é identificada com *Yâpā*, situada a menos de 3 km a sudoeste de Nazaré. [KENNETH ATKINSON]

II. (PESSOA) 1. Rei de Laquis e um dos cinco reis cananeus que, instigados por Adoni-Zedeque, rei de Jerusalém, se uniram para lutar contra os gibeonitas (Js 10:3). Jafia e a coalizão foram executados por Josué (Js 10:6-27).

2. Um dos filhos de Davi, nascido em Jerusalém de mãe anônima (2Sm 5:15; 1Cr 3:7; 14:6). [KENNETH ATKINSON]

JAFLETE (heb. *yaplēṭ*) Um dos filhos de Héber da tribo de Aser (1Cr 7:32-33). Ele pode ter sido o ancestral dos jafletitas (heb. *yap̄lēṭ'*), grupo cujo território marcava o limite sul das tribos de José (Js 16:3).

JAGUR (heb. *yāgûr*) Cidade na região sul de Judá, perto de Edom (Js 15:21), sua localização mais provável Khirbet el-Gharrah, c. 18 km a leste de Berseba.

JAIR (heb. *yāʾîr, yāʿîr*) **1.** Um dos filhos de Manassés que capturou algumas aldeias amoritas de Basã, na Transjordânia, e as renomeou para Havote-Jair, "cidades de Jair" (Nm 32:41; Dt 3:14).

2. Jair, o gileadita, juiz. Relata-se que ele tinha trinta filhos, que montavam em trinta jumentos e possuíam trinta cidades em Gileade (Jz 10:3-5). Um juiz "menor" e desconhecido.

3. Pai de Elanã, sobre quem se diz ter morto Lami, o irmão de Golias (1Cr 20:5; heb. *yāʿʾr*). No entanto, em 2Samuel 21:19, Jaaré-Oregim é registrado como o pai de Elanã, que por sua vez recebe o crédito pela morte de Golias. A palavra mais longa em 2Samuel provavelmente é um erro do copista, ao grafar por engano a palavra final do versículo no TM. Se de fato Jaaré-Oregim deva ser identificado com Jair, então sua casa seria em Belém.

4. Benjamita, pai de Mordecai, sendo este último o primo e tutor de Ester (Et 2:5). [MICHAEL L. RUFFIN]

JAIRITA (heb. *yāʾirî*) Gentílico atribuído a Ira, o sacerdote de Davi (2Sm 20:26). Ira era descendente do Jair manassita (1). Seguindo a LXX e outras versões alguns estudiosos preferem ler "jetirita" (heb. *yattir'*), isto é, nativo de Jatir (cf. 2Sm 23:38 = 1Cr 11:40, "Ira, o itrita").

JAIRO (gr. *Iáïros*) O oficial ("dirigente") de sinagoga que implorou a Jesus que curasse sua filha de 12 anos de uma doença fatal (Mc 5:22; Lc 8:41). Na versão de Mateus (Mt 9:18), o dirigente é anônimo, a idade da filha não é especificada e a menina já estava morta. Os três Evangelhos Sinópticos intercalam a narrativa da cura por Jesus de uma mulher com uma hemorragia entre o momento do pedido do pai e a efetiva ressurreição da menina por Jesus (Mt 9:18-26; Mc 5:21-43; Lc 8:40-56). Considerando-se que alguns dos manuscritos mais confiáveis de Marcos também omitem o nome Jairo, alguns estudiosos especulam que Lucas teria acrescentado o nome por ver nele o equivalente ao hebraico *yāʿʾr* ("ele despertará"). Vários estudiosos veem semelhanças entre o relato da cura da filha de Jairo por Jesus e a ressurreição de Tabita (Dorcas) por Pedro, em Atos 9:36-43. [JEFFREY T. TUCKER]

JALÃO (heb. *yaʿlām*) Chefe dos edomitas, filho de Esaú e Oolibama (Gn 36:5, 14, 18; 1Cr 1:35).

JALEEL (heb. *yaḥlĕ'ēl*) Um dos filhos de Zebulom (Gn 46:14) e antepassado epônimo dos jaleelitas (heb. *hayyaḥlĕ'ēlî*; Nm 26:26).

JALOM (heb. *yālôn*) Um dos filhos de Ezra da tribo de Judá (1Cr 4:17).

JAMAI (heb. *yaḥmay*) Guerreiro da tribo de Issacar, cabeça de uma casa paterna entre os descendentes de Tola (1Cr 7:2).

JAMBRES (gr. *Iambrḗs*) Um dos dois feiticeiros egípcios que se opuseram a Moisés (2Tm 3:8; cf. Êx 7:11, 22). O nome talvez seja uma forma grega do hebraico *mambres* (cf. *mrh*, "oponente" ou "apóstata"). *Ver JANES.*

JAMBRI (gr. *Iámbri*) Bando de ladrões (gr. "os filhos de Jambri") de Medeba, na Transjordânia, que levara cativo e assassinara João, um dos irmãos de Jônatas asmoneu (1Macabeus 9.36). Jônatas vingou a morte do irmão durante uma festa de casamento (1Macabeus 9.37-42). Os jambris provavelmente eram amoritas (Josefo, *Ant.* 13.1.2 [11], "filhos de Amaraios"; cf. Nm 21:30-31).

JAMIM (heb. *yāmîn*) **1.** Um dos filhos de Simeão (Gn 46:10; Êx 6:15; 1Cr 4:24), antepassado epônimo do clã jaminita (heb. *hayyām'n'*, Nm 26:12).

2. Homem de Judá, filho de Rão e descendente de Jerameel (1Cr 2:27).

3. Um dos levitas que traduziam partes da Lei, lidas por Esdras, para o aramaico, a fim de que o povo pudesse compreendê-las (Ne 8:7-8).

JÂMNIA (gr. *Iamneía*) A Jabné hebraica, cidade na planície litorânea da antiga Palestina, ao sul de Jafa. É mencionada em 2Crônicas 26:6 (Jabné) e, no final da era helenística, nos apócrifos (p. ex., 2Macabeus 12.8-9,40), e ainda em fontes clássicas. Jâmnia teve seu próprio porto durante as ocupações fenícia, helenística e romana: o Jâmnia Paralios ou Yavneh-Yam, que ficava a 8 km de distância da cidade. No começo do século I a.C., Alexandre Janeu anexou a cidade ao reino asmoneu (Josefo, *Ant.* 13.395), e sua população passou a ser majoritariamente judia. Quando Jerusalém foi destruída em 70 d.C., Jâmnia se tornou um centro de sábios judeus. No século IV e depois, tornou-se a sede de um bispado cristão.

Yavneh-yam, 16 km ao sul de Tel Aviv, passou a ser escavada em 1967-69 por Jacob Kaplan e, depois, por outros em projetos de recuperação. A principal descoberta foi um grande cercamento quadrado de uma muralha da Idade Média do Bronze, que sofria a ameaça de ser invadida pelo mar. Kaplan ainda escavou três portais sobrepostos de tijolos de barro.

Bibliografia. B. Isaac, "A Seleucid Inscription from Jamnia-on-the-Sea: Antiochus V Eupator and the Sidonians", *IEJ* 41 (1991): 132-44; J. Kaplan, "Further Aspects of Middle Bronze Age II Fortifications in Palestine", *ZDPV* 91 (1975): 1-17; F. Schürer, *The History of the Jewish People in the Age of Jesus Christ* (175 B.C.-AD. 135), ed. rev., 2 (Edinburgh, 1979), 109-10.

[KENNETH G. HOLUM]

JANAI (gr. *Iannaí*) **1.** Pai de Melqui, antepassado de Jesus do período pós-exílio (Lc 3:24). O nome não aparece no AT.

2. (heb. *ya'nay*) Descendente de Gade que vivia em Basã (1Cr 5:12).

JANELA Abertura retangular na parede de uma casa. Podia ser aberta quando necessário (2Rs 13:17) e ficava normalmente coberta com treliça através da qual podia-se olhar para fora (Jz 5:28; 2Sm 6:16 = 1Cr 15:29; Pv 7:6) ou para dentro (Ct 2:9). As janelas eram normalmente pequenas e poucas em número para manter a temperatura dentro das casas quente no inverno e fresca no verão. Algumas eram grandes o suficiente para permitir que um intruso (Jl 2:9; cf. Jr 9:21 [TM 20]) ou um fugitivo (Js 2:15; 1Sm 19:21; 2Co 11:33; cf. 2Rs 1:2; 9:2) passasse por ela facilmente e assim eram normalmente colocadas nos andares superiores se o edifício tivesse mais de um andar (Dn 6:10 [11]; o andar térreo seria adequadamente iluminado pela porta de entrada). As referências a "janelas de treliças fixas" do templo de Salomão (1Rs 6:4) e ao templo escatológico de Ezequiel (Ez 40:16, 22, 25, 29; 41:16), bem como às janelas bem planejadas da casa de Jeoaquim (Jr 22:14) sugerem a contrastante simplicidade do desenho da janela comum. Tem-se sugerido também que estas últimas janelas, e a janela de Jezabel em 2Reis 9:32 tinham sacadas para aparições públicas, imitando a arquitetura real egípcia.

O hebraico *'ărubbâ* indica uma abertura em vez de uma característica arquitetônica em si. A imagem "janelas do céu", portanto, parece descrever amplas aberturas pelas quais bênção ou julgamento podem ser derramados à terra (Gn 7:11; 8:2; 2Rs 7:2, 19; Is 24:18; Ml 3:10).

JANES (gr. *Iánnēs*) Com Jambres, Janes foi um dos oponentes de Moisés e permanece com exemplo daqueles que "resistem à verdade. São homens de entendimento corrompido e reprovados na fé" (2Tm 3:8; cf. Êx 7:11-12,22). Apesar de não serem denominados em Êxodo, ambos foram identificados como os oponentes de Moisés em escritos do Segundo Templo e em textos judaicos rabínicos do século I a.C. (4QDamascus Documentb [4Q266] fr. 3, 2:13-15 = CD 5.17-19), sendo conhecidos por escritores cristãos e pagãos. A obra pseudepígrafe Janes e Jambres, talvez cristã e datada entre os séculos I e III, mas baseada em tradições pré-cristãs, sobreviveu apenas em fragmentos.

Bibliografia. A. Pietersma & R. T. Lutz, "Jannes and Jambres", *OTP* 2.427-42. [ERIC F. MASON]

JANEU (gr. *Iannaíos*), **ALEXANDRE** *Ver* ALEXANDRE 3.

JANIM (heb. *yānîm*) Lugar nas montanhas de Judá, nas redondezas de Esã e Bete-Tapua (Js 15:53). O local não foi identificado, mas uma possibilidade é a atual Beni Na'im, 6 km a leste de Hebrom.

JANLEQUE (heb. *yamlēk*) Líder da tribo de Simeão (1Cr 4:34).

JANOA (heb. *yānôḥâ, yānôaḥ*) **1.** Cidade na fronteira oriental de Efraim (Js 16:6-7). Eusébio a localiza a 19 km a leste de Neas Polis (Onom. 108.20-21). Foi identificada com Khirbet Yanun, 11 km a sudeste de Siquém.

2. Cidade na região norte de Naftali (2Rs 15:29). Foi conquistada pelos assírios sob Tiglate-Pileser III em 733/2 a.C. Vários locais foram sugeridos, incluindo Tell en-Nâ'imeh, 8 km a nordeste de Kedesh, e Giv'at ha-Shoqet, perto de Kibbutz Gil'adi.

Bibliografia. J. Kaplan, "The Identification of Abel-beth-maachah and Janoah", *IEJ* 28 (1978): 157-69. [JOHN A. MCLEAN]

JAQUE (heb. *yāqeh*) O pai de Agur, o sábio (Pv 30:1). Alguns estudiosos entendem Jaque como um acrônimo de heb. *YHWH, qādôš hû'*, "Yahweh, santificado seja ele." *Ver* MASSÁ 2.

JAQUIM (heb. *yākîn*) (tb. JARIBE) **1.** Filho de Simeão e neto de Jacó e Leia (Gn 46:10; Êx 6:15), cujos descendentes constituíram a família dos jaquinitas (Nm 26:12). Em 1Cr 4:24 ele é chamado Jaribe (1).

2. O líder da vigésima primeira divisão sacerdotal na época de Davi (1Cr 24:17). Sua família está entre as relacionadas no repovoamento pós-exílio de Jerusalém (1Cr 9:10; Ne 11:10).

3. (heb. *yāqîm*) Um dos filhos de Simei da tribo de Benjamim (1Cr 8:19).

4. O líder da décima segunda divisão de sacerdotes nos tempos de Davi (1Cr 24:12).

JAQUIM (heb. *yākîn*) **E BOAZ** (*bō'az*) Os dois pilares que flanqueavam a entrada do templo de Salomão (1Rs 7:15-22,41-42; 2Cr 3:15-17). Moldados em bronze por Hirão de Tiro (1Rs 7:13-14), os pilares independentes tinham aprox. 8 m de altura (18 côvados) e uma circunferência de 5,3 m (12 côvados). Eram ocos, com paredes de 7,6 cm de espessura (quatro dedos). As colunas eram encimadas por capitéis em forma de taça (heb. *gullâ*) com 2,3 m de altura (5 côvados), os pilares tinham portanto uma altura total de 10,3 m (23 côvados).

O escritor bíblico dá atenção especial ao elaborado desenho e à ornamentação dos capitéis. Os pilares foram projetados com "duas redes, para cobrir os dois globos dos capitéis", "grinaldas entrelaçadas", "romãs" e "figuras de lírios", este último motivo especialmente associado à arte egípcia.

Embora a Bíblia ofereça uma descrição elaborada do desenho de Jaquim e de Boaz, o relato oferece pouca ou nenhuma informação relativa à função dos dois pilares. Considerando-se que eles pareçam ser descritos como independentes, foram aparentemente projetados com função simbólica em vez de estrutural. Colunas independentes foram encontradas em vários sítios médio-orientais antigos, entre eles Biblos, Siquém, Khorsabad, Taanach e Tell Tainat. Tais pilares possuem interesse especial, levando-se em conta que pequenos pilares servindo como suporte de oferendas ou altar de incenso foram descobertos nas escavações de Megido. Um desses suportes era encimado com um capitel em forma de taça e decorado com folhas e flores de loto, motivos semelhantes à ornamentação em forma de lírios de Jaquim e Boaz. Em razão dessas semelhanças de projeto e motivos, e como 1Reis descreve o capitel com o termo hebraico *gullâ* (1Rs 7:41), é possível que os dois pilares que flanqueavam a entrada do templo de Salomão fossem grandes altares de incenso, talvez uma recordação simbólica da presença divina no deserto por meio de uma coluna de nuvem de dia e uma de fogo de noite (Êx 14:24; 33:9-10; Dt 31:15).

Mas os dois pilares também poderiam possuir ainda outra função simbólica. Como a forma hebraica do nome Jaquim ("ele estabelecerá") também aparece em 2Samuel 7:12-16 ("teu trono será estabelecido para sempre"), e Boaz ("na força de") aparece em Salmo 21:1 ("Ó Senhor, o rei se alegra em tua força"), também é possível que os pilares sejam símbolos da relação entre o rei e Yahweh. Os pilares, situados em frente à capela real, podem haver funcionado como símbolos de autoridade da dinastia davídica. [LAMOINE F. DEVRIES]

JARÁ (heb. *ya'râ*) (tb. JEOADA) Benjamita, filho de Acaz e pai de Alemete, Azmavete e Zinri, e ainda descendente de Saul (1Cr 9:42). Em 1Crônicas 8:36 é chamado Jeoada.

JARA (heb. *yarḥā'*) Escravo egípcio que pertencia a Sesã, o jerameelita (1Cr 2:34). Em virtude de Sesã não ter nenhum filho homem, casou uma de suas filhas com Jara a fim de conseguir um herdeiro (1Cr 2:35; cf. Êx 21:4).

JARDIM Pedaço de terra (heb. *gan*) onde são cultivados plantas, frutas, vegetais e condimentos. Essas coisas suplementavam a dieta de grãos, laticínios e, num grau menor, a carne. O jardim era tipicamente localizado bem próximo da casa antes do que nos campos de grãos. Menor que um campo de grãos, oferecia sombra com suas árvores e era um contraste magnífico com o terreno árido da circunvizinhança

(Gn 3:8; Is 36:16). As áreas de jardim eram cercadas com muros de pedra ou de cerca viva para manter os invasores afastados. Elas eram irrigadas, às vezes, em contraste com as características das fazendas secas da antiga Israel (Gn 2:10; Dt 11:10; Is 1:30; Jr 31:12; Ct 4:15). Conquanto fazendas maiores poderiam ter tido vinhas separadas e pomares de azeitonas, muitas famílias provavelmente cultivavam vinhas e árvores frutíferas em seus jardins (Ct 5:1; Is 36:16). O jardim do Éden tinha figos e outras árvores frutíferas (Gn 3:7). Em outros lugares, jardins de verduras podem ser observados (Dt 11:10; 1Rs 21:2).

Jardins ao lado dos palácios são prazeres atestados pelos reis: Acabe (1Rs 21:2), Manassés (2Rs 21:18), Zedequias (2:4) e Assuero (Et 7:7). Os jardins do palácio forneciam comida para a mesa real e davam prestígio ao trono se estocados com plantas de lugares muito distantes, como as plantas exóticas assinaladas no comércio internacional. O apreço pelos jardins é também evidente de se ter um vindo da divindade (Gn 3:24; Ez 28:13; Is 51:3). Os jardins também podem ter sido um lugar para encontros sociais (Jo 18:1).

Bibliografia. O. Borowski, *Agriculture in Iron Age Israel* (Winona Lake, 1987); H. N. Wallace, *The Eden Narrative*. HSM 32 (Atlanta, 1985). [CAREY WALSH]

JARDIM DO REI Parte da propriedade real da Judeia que incluiria também terras, vinhedos, olivais e áreas com plantio de hortaliças em vilarejos ao redor de Jerusalém. O local deste jardim (heb. *gan hammeleḵ*) é razoavelmente claro: perto do muro do tanque de Siloé no vale do Cedrom (Ne 3:15), próximo "pela porta entre os dois muros" (Jr 39:4; 52:7). Escavações têm revelado que esse muro fazia parte do muro da cidade que protegia o acesso público ao tanque. Então o jardim estaria fora deste muro, provavelmente cobrindo a cisterna subterrânea que alimentava o tanque e se estendia para o sul e para o leste da Cidade de Davi através da boca do vale do Tiropeon (Is 8:6). Foram descobertas estruturas em forma de terraço na área mais baixa da cidade, e ainda hoje, esse lugar tem profundidade suficiente de solo para ser usado para agricultura, sendo alimentado pela água que escorre pela superfície, descendo pelo lado ocidental do Cedrom. A água do poço na fonte de En-Rogel, na junção dos vales do Cedrom com o Hinom e que datam em suas partes mais inferiores dos séculos X e VIII a.C., também deve ter sido usada para irrigar o Jardim do Rei. O jardim teve importância nos últimos dias do reino de Judá, servindo como parte de uma rota de escape para o rei Zedequias e seu exército em fuga do cerco babilônico (2Rs 25:4 = Jr 39:4).

Bibliografia. W. H. Mare, *The Archaeology of the Jerusalem Area* (Grand Rapids, 1987); K. M. Kenyon, *The Bible and Recent Archaeology* (Atlanta, 1978). [J. RANDALL PRICE]

JAREBE (heb. *yārēḇ*) Rei da Assíria a quem Israel (Efraim) pagou tributo em diversos momentos durante a carreira profética de Oseias (Os 5:13; 10:6), aprox. 750-722 a.C. Em razão de não haver nenhuma outra evidência da existência de um rei chamado Jarebe, alguns intérpretes traduzem a palavra por "um rei que combaterá", possível epíteto hebraico para Tiglate-Pileser III. A ARA apresenta alternativa comum, ela emenda o texto hebraico com base no título honorífico assírio malku rabu, "o rei principal". [R. DAVID MOSEMAN]

JAREDE (heb. *yereḏ*, *yāreḏ*; gr. *Iáret*) Um dos filhos de Maalalel e pai de Enoque, da linhagem de Sete (Gn 5:15-20; 1Cr 1:2; Lc 3:37). De acordo com Gênesis 5:20, Jarede viveu 962 anos.

JARIBE (heb. *yārîḇ*) **1.** Um dos filhos de Simeão (1Cr 4:24). Em razão de ele ser chamado Jaquim (1) em Gênesis 46:10; Êxodo 6:15; Números 26:12, muitos estudiosos consideram essa forma um erro de copista.

2. Um dos líderes que Esdras enviou a Casifia a fim de conseguir ministros para o templo (Ed 8:16; 1Ed 8.44).

3. Um dos sacerdotes a quem Esdras ordenou que abandonasse a esposa estrangeira (Ed 10:18; 1Ed 9.19).

JARMUQUE *Šerī'at el-Menādireh*, entre os rios perenes da Transjordânia, o que está localizado mais ao norte. Separa Basã de Gileade, ao norte; o rio e seus afluentes drenam tanto Basã quanto Haurã. Da confluência de três de seus principais afluentes (Uádi el-Meddan, Uádi el-Ehreir e Uádi es-Sallala) até o rio Jordão, o Jarmuque tem cerca de 35 km de comprimento. O Jarmuque junta-se ao Jordão cerca de 6,5 km ao sul do mar da Galileia onde ambos têm neste ponto cerca de 9 m de largura. Nessa junção o Jarmuque é mais fundo e tem o mesmo volume de água que o Jordão.

Enquanto o lado norte do rio e seus afluentes têm extensos planaltos originados das encostas superiores, o lado sul é em sua maior parte muito escarpado com substancial crescimento exagerado. Portanto, existe mais terra utilizável no lado norte do vale do Jarmuque.

Jarmuque não é mencionado na Bíblia, embora seja possívelmente o "riacho" de 1Macabeus 5.40. Esse rio é mencionado pela primeira vez por Plínio (Nat. hist.) no século I d.C.

Bibliografia. K. Yassine, T. M. Kerestes, B. G. Wood e J. M. Lundquist, "An Archaeological Survey of Three Reservoir Areas in Northern Jordan, 1978", *ADAJ* 22 (1978): 108-35. [PAUL J. RAY, JR.]

JARMUTE (heb. *yarmûṯ*) **1.** Cidade em Judá (Khirbet el-Yarmûk/Tel Jarmuth), situada c. 5 km a sul de Beth-shemesh e 26 km a sudoeste de Jerusalém, na extremidade oriental de Sefelá. Seu rei, Pirã, se uniu aos reis amoritas em um ataque contra Gibeão (Js 10:1-27). Depois de serem perseguidos através da região sul de Sefelá, os cinco reis se esconderam nas cavernas de Maquedá, ao sul de Bete-Semes, mas foram capturados pelo exército de Josué e executados.

Escavações em Tel Jarmuth descobriram sólidas fortificações da Idade Inicial do Bronze II-III, ao lado de prédios públicos, industriais e domésticos da era protocananeia e de um santuário do tipo salão aberto sobre pilares, medindo 11,5 x 4,75 m. Depois de um período de abandono durante a Idade Média do Bronze, uma cidade menor foi fundada no Bronze Final, ocupando principalmente a acrópole ao sul. Esse sítio passou por contínuos assentamentos até o período bizantino, com três estratos se sobrepondo na Idade do Ferro I. Eusébio (Onom. 106.24) mencionou a cidade Iermous nessa vizinhança.

2. Cidade em Issacar (cf. Remete, Js 19:21; Ramote, 1Cr, 6:73 [TM 58]). A cidade foi designada aos levitas (Js 21:29) e tem sido provisoriamente identificada com Kôkab el-Hawã/Kokhav ha-Yarden, c. 10 km ao norte de Beth-shan. [K. DENNIS COLE]

JAROA (heb. *yārôaḥ*) Homem da tribo de Gade que vivia em Basã, filho de Gileade e avô de Abiail (1Cr 5:14).

JARRO Recipiente ou frasco usado para guardar azeite e normalmente associado à prática da unção (heb. *pak̲*; 1Sm 10:1; 2Rs 9:1, 3, 6). O grego *phiálē*, "jarro" é encontrado no NT somente em Apocalipse, que se refere a uma taça larga e rasa na qual incenso ou oferenda líquida podia ser derramada. Algumas taças estavam cheias de incenso, que eram as orações dos santos (Ap 5:8). As sete taças de ouro continham a ira e o juízo de Deus sobre a terra (Ap 15:7; 16:1-17; 21:9). [J. GREGORY LAWSON]

JASÃO (gr. *Iásōn*) (ou JÁSON, ou JASOM) **1.** Filho de um certo Eleazar, a quem Judas Macabeus enviou, em 161 a.C., na companhia de Eupolemus a fim de obter um tratado com Roma (1Macabeus 8.17).

2. O pai de Antipater que foi enviado por Jônatas como embaixador em Roma, em 144 a.C. (1Macabeus 12.16).

3. Historiador cireneu que compôs uma obra em cinco volumes sobre a revolta macabeia, a qual serviu de base para 2Macabeus. Completada pouco tempo depois de 160 a.C., a obra de Jasão registra as batalhas contra Antíoco IV Epifânio e seu filho Antíoco V Eupátor, como também as intervenções divinas que permitiram aos judeus fiéis superar todas as suas desvantagens (2Macabeus 2.19-23). [BENJAMIN C. CHAPMAN]

4. Sumo sacerdote de 174 a 171 a.C., foi o responsável por determinar certas "reformas" helenísticas em Jerusalém. Por meio de suborno, obteve de Antíoco IV Epifânio a designação de sumo sacerdote pouco depois de 175. Jasão ainda recebeu a permissão para estabelecer um ginásio e uma instituição de ensino em Jerusalém, e inscrever "os habitantes de Jerusalém como cidadãos de Antioquia" (2Macabeus 4.9). O que levou o autor de 2Macabeus a acusar Jasão de excessiva helenização de Jerusalém (2Macabeus 4.11-17). Jasão também enviou representantes aos jogos olímpicos de Tiro com dinheiro dos sacrifícios a Hércules. Em 171, ele perdeu o sumo sacerdócio para Menelau. Mais tarde, acreditando no rumor de que Antíoco IV havia morrido, Jasão invadiu Jerusalém e tentou derrubar Menelau do poder (2Macabeus 5.5-6). Menelau foi salvo pelo retorno de Antíoco de uma campanha egípcia malsucedida. Jasão foi exilado e morreu no Egito. [JOHN KAMPEN]

5. Cristão judeu que recepcionou e auxiliou Paulo e Silas em Tessalônica (At 17:5-9). Ele esteve entre aqueles que foram presos por causa de sua associação com os missionários, sendo depois libertado.

6. Companheiro e "parente" de Paulo que mandou suas saudações à igreja de Roma (Rm 16:21). Ele pode ser o mesmo do item 5 acima. [BENJAMIN C. CHAPMAN]

JASAR (heb. *yāšār*), **LIVRO DE** Documento hebraico, provavelmente uma coleção de canções ou poesias (Js 10:13; 2Sm 1:18). Jasar significa "uma pessoa justa ou honesta", e, portanto, tal coletânea deve ter servido para honrar o ideal social de uma pessoa justa. O(s) autor(es) do livro de Josué se referem a essa fonte no relato de como Josué ordenou ao sol que permanece imóvel. A referência de Samuel apresenta uma canção de lamento intitulada "Hino ao Arco" e a atribui a Davi em virtude de sua tristeza pela morte de Saul e Jônatas. Alguns manuscritos da LXX se referem a um "Livro de Cânticos" na consagração poética que Salomão dedica ao templo (1Rs 8:12-13). O que poderia se reportar à mesma coleção atestada em Josué e Samuel, já que as letras da palavra hebraica para "cântico" (*š'r*) contêm duas letras de "Jasar".

Alguns estudiosos conjecturam se outras composições bíblicas, como os cânticos de Moisés (Dt 32), de Miriam (Êx 15:21), do Mar (15:1-18), de Débora (Jz 5) e de Ana (1Sm 2:1-10), não poderiam também se encontrar nessa coleção que, do mesmo modo que várias outras fontes do AT (p. ex., o Livro das Guerras do Senhor e o Livro das Crônicas dos Reis de Israel/Judá), não sobreviveu até os nossos dias. Outros estudiosos questionam se, de fato, semelhantes fontes chegaram a existir na forma escrita. [ALICE H. HUDIBURG]

JÁSEN (heb. *yāšēn*) (tb. HASEM) Um dos Trinta de Davi (2Sm 23:32). O TM registra "os filhos de Jásen" (heb. *bĕnê yāšēn*), em razão de uma ditografia com o termo precedente "saalbonita". Em 1Crônicas 11:34, é chamado Hasem, o gizonita.

JASOBEÃO (heb. *yāšoḇʿām*) **1.** Hacmonita da classe de elite dos guerreiros de Davi e chefe dos Três (1Cr 11:11). Jasobeão aparentemente matou trezentos homens com a própria espada em uma batalha. Josebe-Bassebete, o taquemonita (2Sm 23:8) que matou oitocentos homens com sua lança, talvez seja a mesma pessoa. A LXX traduz ambos os nomes por Isbosete, sugerindo que Ishbaal ("o homem de Baal") pode ter sido a forma original do nome.

2. Um dos chefes de Davi, responsável por 24 mil homens no primeiro mês de comando rotativo (1Cr 27:2-3). Era filho de Zabdiel e descendente de Perez. Ele poderia ser a mesma pessoa do item 1.

3. Coreíta que desertou do exército de Saul para se unir a Davi em Ziclague (1Cr 12:7). Ele era um grande arqueiro e lançador de funda (1Cr 12:2). [HENRY L. CARRIGAN, JR.]

JASPE Variedade esverdeada e translúcida de quartzo, do tipo chamado calcedônia (heb. *yāšpēh*; gr. *íaspis*). A pedra é a terceira (e última) da quarta linha do peitoral do sumo sacerdote (a LXX a coloca como terceira e última da segunda linha) (Êx 28:20; 39:13). O jaspe também é uma das pedras preciosas que cobrem o querubim ungido em Ezequiel 28:13.

No NT, Deus surge em seu trono com o brilho do jaspe e do sárdio (Ap 4:3); o resplendor da Jerusalém divina é como o jaspe (21:11); e os muros da cidade e o primeiro estrato de seu fundamento são feitos de jaspe (v. 18-19). [TIMOTHY P. JENNEY]

JASUBE (heb. *yāšûḇ*) (tb. JÓ) **1.** O terceiro filho de Issacar (Nm 26:24; 1Cr 7:1 K *yāšʾḇ*); o antepassado epônimo dos jasubitas. O nome aparece como Jó (*yōḇ*) em Gênesis 46:13.

2. Um dos que retornou do exílio e se divorciou de sua esposa estrangeira (Ed 10:29).

JASUBI-LEÉM (heb. *yāšuḇî leḥem*) Tradicionalmente interpretado como o nome de lugar mencionado em relação aos filhos de Selá (1Cr 4:22). O texto provavelmente deve ser emendado e lido como "mas voltou a Leém" (cf. Vulg., LXX, Tg.). [CHRISTIAN M. M. BRADY]

JATIR (heb. *yattîr*) Cidade levítica de Judá, localizada na região montanhosa de Debir (Js 15:48; 21:14; 1Cr 6:57 [TM 42]). Depois da vitória de Davi sobre os amalequitas (1Sm 30:19), ele compartilhou um pouco do espólio com o povo de Jatir (v. 27). A cidade tem sido tradicionalmente identificada com o Khirbet "Attîr, aprox. 20 km a sudoeste de Hebrom.

Bibliografia. W. F. Albright, "The List of Levitic Cities", in *Louis Ginzberg Jubilee Volume* (New York, 1945), 49-73. [C. SHAUN LONGSTREET]

JATNIEL (heb. *yaṯnîʾēl*) Porteiro coraíta do santuário e quarto filho de Meselemias (1Cr 26:2).

JAVÃ (heb. *yāwān*; gr. *Iōván*) O quarto filho de Jafé, filho de Noé, e pai de Elisá, Társis, Quitim e Dodanim, de acordo com a Tábua das Nações (Gn 10:2-4) e sua genealogia paralela (1Cr 1:5-7). A terra de Javã foi originalmente identificada com a Jônia, região de povoamento grego, no sudoeste da Ásia Menor. Depois seu nome foi estendido a fim de descrever toda a população grega em ambos os lados do mar Egeu.

O texto de Isaías 66:19 destaca Javã como uma das nações distantes que testemunhariam uma manifestação futura da glória de Yahweh. Em oráculo contra Tiro (Ez 27:13), Javã é mencionado com referência a seu envolvimento no tráfico de escravos e outras atividades comerciais. Os javanitas são aludidos em Joel 3:6 [TM 4:6] como traficantes de escravos que compravam judeus cativos de filisteus e fenícios. E, por fim, o império de Javã foi predito como o substituto da dominação persa (Dn 8:21; 10:20; 11:2). [EDWIN C. HOSTETTER]

JAVÉ *Ver* YAHWEH.

JAVÉ-JIRÉ (heb. *YHWH yirʾeh*) Nome dado por Abraão ao lugar onde Deus proveu-lhe um carneiro para ser oferecido em lugar de Isaque (Gn 22:14; "o Senhor proverá"). O local permanece incerto, embora a tradição favoreça o local do templo de Salomão; outra sugestão é o santuário do carvalho de Moré, em Siquém.

JAVÉ-NISSI (heb. *YHWH nissî*) Nome dado por Moisés ao altar comemorativo da vitória de Israel sobre os amalequitas em Refidim (Êx 17:15: "O Senhor é minha bandeira").

JAVÉ-SHALOM (heb. *YHWH šālôm*) Nome que Gideão deu ao altar que construiu em Ofra (Jz 6:23: "O Senhor é paz").

JAVISTA Uma das fontes literárias que muitos estudiosos veem compondo o Pentateuco ou a Torá. Embora a hipótese de um texto composto tenha dominado os últimos duzentos anos do estudo acadêmico, restam fortes discordâncias sobre praticamente todas as facetas de qualquer hipótese javista. Todavia, um esboço investigativo pode ser oferecido.

O javista, abreviado pela sigla "J" (do Ger. Jahweh), é tipicamente reconhecido como o mais brilhante dos narradores do Pentateuco, responsável por grande parte do material de Gênesis e porções substanciais de narrativa de Êxodo e Números. Consequentemente, J transmite o enredo da história desde a origem da existência humana até a véspera da entrada na Terra Prometida, um período de 22 gerações: episódios primordiais, aventuras dos ancestrais fundadores de Israel, jornadas de Moisés e do grupo do Êxodo no deserto. O javista pode ter sido ativo na corte davídica, escrevendo por volta do século X d.C. Visto que o interesse dos materiais é relativo ao sul, a suposta localização do escritor é Judá, especificamente Jerusalém. A localização em Jerusalém e a data primitiva sugerem a alguns que o javista é apologista da monarquia e dos empreendimentos davídicos, o relato épico das raízes tribais do estado emergente.

Embora não seja claro se o javista é mais bem visto como compositor, coletor ou compilador, algumas persistentes características tanto do estilo como do conteúdo marcam textos comumente atribuídos a J. Cedo se observou uma tendência para dar o nome de Yahweh à divindade, uma afeição por jogo de palavras e etiologias, conjunto de personagens vívidos que agem com coragem, dialogam de modo pungente e falam consigo mesmos de maneira reveladora; J usa uma técnica de escolher um indivíduo num grupo maior, fornecendo uma matriz de atores de menor importância enquanto dá a alguém o foco principal. As histórias javistas têm um rico imaginário. A divindade na narrativa J não é tão onipotente e competente como em outras fontes, e os humanos que emergem de J são quase sempre muito falhos, mas altamente inesquecíveis. O principal adversário na história javista é o Egito, com seus métodos opressivos. Alguns temas de maior amplitude vistos em J incluem o encorajamento de bênção, a realização de propósitos divinos e o estabelecimento de instituições culturais essenciais. Existe substancial repercussão entre o material épico extrabíblico (p. ex., sumério, acádico e ugarítico que retrata o emaranhamento de divindades e seres humanos) e muitos elementos estruturais e motivos menores em J.

A principal discordância à posição aqui delineada inclui a provável identidade de J (foi sugerido uma mulher, ou um trovador popular), o gênero (história ou teologia e não apologia), a data (que vai do período salomônico ao exílico), e os propósitos (frequentemente descritos mais teológica e geralmente do que socialmente). Visto que qualquer discussão do javista está embutida nas conversações sobre os estudos da composição do Pentateuco, os que duvidam da utilidade dos estratos padrão ou da hipótese da fonte verão os textos "javistas" de forma muito diferente daqueles a quem resta um modelo viável de autoria.

Bibliografia. R. B. Coote e D. R. Ord, *The Bible's First History* (Philadelphia, 1989); R. Rendtorf, "The Yahwist as Theologian? The Dilemma of Pentateuchal Criticism", *JSOT* 3 (1977): 2-10 and responses, 11-32; J. Van Seters, *Prologue to History: The Yahwist as Historian in Genesis* (Louisville, 1992); H. W. Wolff, "The Kerygma of the Yahwist", in *The Vitality of Old Testament Traditions*, ed. W. Brueggemenn and Wolff, 2. ed. (Atlanta, 1982), 41-66. [BARBARA GREEN, O.P.]

JAZA OU JAAZ (heb. *yahṣâ*) Cidade na Transjordânia onde o rei amorita Seom de Hesbom foi morto pelos israelitas (Nm 21:23; Dt 2:32-33; Jz 11:20-21). Embora a cidade estivesse dentro do território destinado à tribo de Rúben, a partilha adequada seria designá-la aos levitas de Merari (Js 21:36; 1Cr 6:78 [TM 63]). Posteriormente, a cidade caiu nas mãos dos moabitas, durante a expansão para o norte do rei Mesa (inscrição de Mesa 18-20). Aparentemente, depois disso, permaneceu sob o domínio moabita durante algum tempo (Is 15:4; Jr 48:21,34).

Vários locais já foram propostos como candidatos à antiga Jaza. Entre eles se incluem Khirbet Libb (11 km ao norte de Dibon, na Estrada do Rei), Khirbet Iskander (6 km ao norte de Dibon), Khirbet Remeil (5 km a nordeste de Khirbet Iskander), Khirbet Qureiyet 'Aleiyan (8 km a nordeste de Dibon) e Tall Jalul (5km a leste de Madaba). A mais recente e melhor proposta neste momento parece ser Khirbet Medeiniyeh no Uádi Themed (2:5 km a nordeste de Khirbet Remeil). [RANDALL W. YOUNKER]

JAZEEL (heb. *yaḥṣĕ'ēl*) **OU JAZIEL** (*yaḥṣî'ēl*) Filho de Naftali (Gn 46:24) e antepassado dos jazeelitas (heb. *hayyaḥṣĕ'ēl'*; Nm 26:48). Em 1Crônicas 7:13, o nome dele é grafado como Jaziel.

JAZEÍAS (heb. *yaḥzēyâ*) O filho de Ticvá e um dos israelitas que foram contrários à ordem de Esdras para que se divorciassem de suas esposas estrangeiras (Ed 10:15).

JAZER (heb. *ya'ăzêr, ya'ăzēr*) Cidade amorita da Transjordânia Central, conquistada pelos israelitas sob o comando de Moisés (Nm 21:32), e, mais tarde, designada para a tribo de Gade (Js 13:25; Nm 32:34-35; 2Sm 24:5). A cidade foi então passada aos levitas de Merari (Js 21:39; 1Cr 6:81). O território em torno de Jazer era notável por sua pastagem (Nm 32:1,3-4) e pela produção de vinho (Is 16:8-9; Jr 48:32). Durante os séculos VIII e VII a.C., a cidade aparentemente caiu sob o domínio moabita (Is 16:8-9, 11).

No momento, a localização de Jazer é incerta. Eusébio (Onom. 12.1-4) situa a cidade na fonte de um rio grande, 10 milhas romanas (15 km) a oeste de Rabbath Ammon, e a 15 milhas romanas (24 km) de Esbus (Hesban). Foram propostos como Jazer cinco locais na vizinhança dessas coordenadas. Khirbet *es-ṣar*, 9 km a oeste de Amman e 1,5 km a sudeste de *'Ain eṣ-Ṣir*, possui extensos fragmentos da Idade do Ferro, mas não apresenta nenhuma outra razão para identificar o sítio com Jazer. Yahuz, 10 km ao norte de Amman; Kom Yahuz, próximo a Yahuz; e Khirbet *eṣ-Ṣireh*, aprox. 12,5 km a oeste de Amman, não possuem nenhuma evidência de ocupação durante a Idade do Ferro. Khirbet Jazzir, cujo nome reflete esse antigo local, está próximo da localização oferecida por Eusébio para Jazer (Azor; Onom. 12.1-4) e, certamente, é o melhor candidato para a identificação com a cidade antiga. [RANDALL W. YOUNKER]

JAZERA (heb. *yaḥzērâ*) Sacerdote e filho de Mesulão (1Cr 9:12). Ele pode ser o mesmo Azai de Neemias 11:13.

JAZIZ (heb. *yāzîz*) Hagareno, administrador do gado que pertencia a Davi (1Cr 27:31).

JEALELEL (heb. *yĕhallel'ēl*) **1.** Descendente de Judá, provavelmente o antepassado epônimo de um clã (1Cr 4:16).

2. Levita de Merari; o pai de Azarias (18; 2Cr 29:12).

JEARIM (heb. *yĕ'ārîm*), **MONTE** Montanha no limite norte de Judá (Js 15:10; "montanha de florestas"). Em seu cume se encontra Quesalom (heb. *kĕsālôn*, "quadris, costas"), atual *Keslā*, 17 km a oeste de Jerusalém. Alguns estudiosos identificam o monte Jearim com o monte Seir, ao norte, através do Uádi Quesalom.

JEATERAI (heb. *yĕ'aṯray*) (tb. ETNI) Levita da linhagem de Gérson (1Cr 6:21; chamado de Etni no v. 41; uma dessas formas deve ser o resultado de um erro de copista).

JEBEREQUIAS (heb. *yĕḇereḵyāhû*) O pai de Zacarias, que testemunhou a profecia simbólica de Isaías ao rei Acaz (Is 8:2). Jeberequias pode ter sido o sogro de Acaz e o avô de Ezequias (cf. 2Rs 18:2 = 2Cr 29:1).

JEBUS (heb. *yĕḇûs*) Jerusalém pré-israelita, a cidade que Davi capturou dos jebuseus (2Sm 5:6-9). Seu nome, encontrado apenas em Juízes, 19:10-11; 1Cr 11:4-5, talvez tenha sido derivado do clã que habitou o local antes da ocupação israelita. O termo hebraico significa "pisar" ou "atropelar", normalmente derivado de um verbo usado em referência ao julgamento ou à destruição de uma cidade. Na Bíblia, os jebuseus são identificados com os descendentes de Canaã (Gn 10:16), um dos filhos de Cam.

O nome Jebus não aparece fora do texto bíblico. Para complicar ainda mais o assunto, o nome Jerusalém, diferentemente de Jebus, surge em referências extrabíblicas, nos Textos Egípcios de Execração (séculos XIX-XVIII a.C.) e nas Cartas de Amarna (séc. XIV). Por conseguinte, alguns estudiosos propõem que Jebus era uma aldeia cananeia diferente de Jerusalém, e a identificam com o atual local de Sha'fât. É possível que os autores bíblicos escrevendo em períodos mais recentes tenham usado o termo Jebus como forma de distinguir a cidade pré-israelita da Jerusalém israelita, ou que tivessem acesso a uma tradição primitiva.

A identidade dos jebuseus também está sujeita a debates. Alguns defendem que tinham antecedentes hurritas ou horeus, enquanto outros sugerem ascendência hitita. Independentemente da origem ou antepassado étnico, os jebuseus eram um dos muitos grupos cananeus nos tempos da Conquista.

Embora o debate sobre Jebus e a origem dos jebuseus continue, de acordo com o AT, os jebuseus eram um povo poderoso ou um clã que habitava em Jebus, isto é, Jerusalém, antes da conquista da cidade por Davi. Sua poderosa dominação sobre esse território se reflete no fato de os israelitas não o haver tomado durante a Conquista (Jz 1:21). Aparentemente os jebuseus continuaram ocupando a região até os dias de Davi.

A conquista de Jebus por Davi reflete a genialidade do novo rei. Embora Saul normalmente seja considerado o primeiro monarca do Reino Unido de Israel, foi Davi que organizou e estabeleceu a monarquia. Ungido por Judá e Israel (as tribos do norte), Davi então conquistou o território de Jebus (2Sm 5:6-10; 1Cr 11:4-8), situado numa região neutra entre o povo do norte e o do sul, e fez da cidade a capital de todas as tribos. Além de ser um lugar sem igual entre as tribos do norte e do sul, a região de Jebus estava livre de qualquer tradição ou ciúme tribal. Mas a cidade possuía ainda outras características exclusivas. Localizada em um cume, com o vale de Cedrom a leste e o vale do Tiropeon ou dos Queijeiros a oeste, Jebus era um local quase inexpugnável, motivo da declaração dos jebuseus: "Não entrarás aqui; os cegos e os aleijados te impedirão" (2Sm 5:6; 1Cr 11:5). Devido à fonte de Giom, localizada no vale de Cedrom, a leste, a cidade contava com um abundante abastecimento de água.

O local talvez tenha sido colonizado pela primeira vez durante a Idade Média do Bronze. As evidências arqueológicas indicam que a cidade era fortificada com uma muralha de pedra. A descoberta de uma coluna, geralmente chamada a coluna de Warren, ofereceu a evidência de um sistema de água desenvolvido e utilizado pelos jebuseus. De acordo com as histórias deuteronômicas e cronistas, a cidade adquiriu o título de "Cidade de Davi" (2Sm 5:9; 1Cr 11:7) depois de sua conquista por Davi. [LAMOINE F. DE VRIES]

JECABZEEL (heb. *yĕqaḇṣĕ'ēl*) Cidade de Judá próxima à fronteira edomita (Ne 11:25). Antes do exílio ela se chamava Cabzeel.

JECAMEÃO (heb. *yĕqam'ām*) Quarto filho de Hebrom (1Cr 23:19); chefe de uma casa paterna levítica (24:23).

JECAMIAS (heb. *yĕqamyâ*) **1.** Homem de Judá, filho de Salum e descendente de Jerameel (1Cr 2:41).

2. Filho ou descendente do rei Jeconias (Jeoaquim) de Judá (1Cr 3:18).

JECOLIAS (heb. *yĕḵolyāhû, yĕḵolyâ*) A esposa do rei Amazias de Judá e mãe de Azarias (3; Uzias; 2Rs 15:2 = 2Cr 26:3).

JECONIAS (heb. *yĕḵonyâ, yĕḵonyāhû*; gr. *Iechonias*) (tb. CONIAS) **1.** Nome alternativo para o rei Joaquim de Judá. Na genealogia de Jesus, em Mt 1:11-12, ele é chamado Jeconias (gr. *Iechonías*).

2. Chefe levítico durante o governo do rei Josias (1Ed 1.9). Em 2Crônicas 35:9, ele é chamado Conanias (2).

3. Nome alternativo para o rei Jeoacaz de Judá (1Ed 1.34).

JECUTIEL (heb. *yĕqûṯî'ēl*) Homem de Judá, descendente de Merede e pai de Zanoa (1Cr 4:18).

JEDAÍAS (heb. *yĕda'yâ, yĕḏāyâ*) **1.** O filho de Sinri e líder de um dos clãs da tribo de Simeão (1Cr 4:37).

2. Antepassado epônimo de uma casa sacerdotal (1Cr 9:10; 24:7). Os descendentes dele são mencionados entre os judeus que voltaram do cativeiro babilônio para Jerusalém com Zorobabel (Ed 2:36 = Ne 7:39).

3. Uma das pessoas que construíram depois do exílio, na construção de uma parte dos muros de Jerusalém (Ne 3:10).

4. Sacerdote que viveu em Jerusalém nos tempos de Neemias (Ne 11:10).

5-6. Dois chefes levíticos que voltaram para Judá na companhia de Zorobabel e Jesua no reinado de Dario I (Ne 12:6-7). A conexão entre os dois não fica clara.

7-8. Dois sacerdotes, cada um cabeça de uma família, que retornaram após o exílio (Ne 12:19, 21).

9. Contemporâneo do profeta Zacarias que voltou do exílio para Judá. Junto a três outras pessoas, ele forneceu prata e ouro com os quais Zacarias confeccionou uma coroa para Josué, o sumo sacerdote, e que serviu de memorial, talvez por uma apostasia passada (Zc 6:10, 14). [ISAAC KALIMI]

JEDIAEL (heb. *yĕḏî'ă'ēl*) **1.** Benjamita, antepassado de poderosos guerreiros (1Cr 7:6, 10-11). A genealogia na qual ele é nomeado pode ser de fato a de Zebulom, que não é relacionado aqui entre as tribos do norte.

2. Um dos filhos de Sinri e um dos Campeões de Davi (1Cr 11:45).

3. Chefe militar da tribo de Manassés que passou para o lado de Davi em Ziclague (1Cr 12:20 [TM 21]).

4. O segundo filho de Meselemias, porteiro coraíta da arca nos tempos de Davi (1Cr 26:2).

JEDIAS (heb. *yeḥdĕyāhû*) **1.** Descendente de Subael e um levita nos tempos de Davi (1Cr 24:20).

2. Meronotita e administrador das jumentas de Davi (1Cr 27:30).

JEDIDA (heb. *yĕḏîḏâ*) A mãe do rei Josias de Judá e a filha de Adaías de Bozcate (2Rs 22:1).

JEDIDIAS (heb. *yĕḏîḏĕyâ*) Nome que Yahweh deu à criança Salomão por intermédio do profeta Natã (2Sm 12:25). Alguns estudiosos sugerem que esse era o nome original do rei, sendo "Salomão" seu nome de coroação.

JEDUTUM (heb. *yĕḏûṯûn, yĕḏîṯûn*) **1.** O pai de Obede-Edom, ele e seus descendentes foram porteiros levíticos coraítas do templo (1Cr 16:38, 42b; cf. 1Cr 26:1,4,8).

2. Músico levítico que serviu no tabernáculo de Davi (1Cr 16:41-42; 25:6) e no templo de Salomão (2Cr 5:12). Jedutum também é descrito como "vidente de rei" (2Cr 35:15), da mesma maneira que seus descendentes foram designados para profetizar com instrumentos musicais (1Cr 25:1,3; cf. 2Cr 29:14). As frequentes descrições de Jedutum associado a Asafe e Hemã sugerem que o nome Etã possa ser identificado com Jedutum (1Cr 15:17,19). As ocorrências do nome Jedutum nos sobrescritos dos Salmo 39, 62, 77 talvez denotem sua musicalidade na era davídica, ou uma forma musical ou direção litúrgica associada a seu nome ou corporação (cf. Sl 89, Etã). [HYUN CHUL PAUL KIM]

JEEZQUEL (heb. *yĕḥezqē'l*) O líder da vigésima divisão de sacerdotes nos tempos de Davi (1Cr 24:16).

JEFONÉ (heb. *yĕpunneh*) **1.** Homem de Judá, pai do espião Calebe (p. ex., Nm 13:6; Js 14:13). Ele é chamado de quenezeu em Números 32:12 (Js 14:6, 14; cf. 1Cr 4:15).

2. Filho de Jeter, da tribo de Aser (1Cr 7:38).

JEFTÉ (heb. *yiptaḥ*) Líder militar que dirigiu com sucesso a resistência de Gileade contra a ocupação amonita e subsequentemente serviu como juiz (Jz 10:6-12:7). A vitória de Jefté é temperada pelas consequências trágicas e moralmente ambíguas: seu juramento, resultando na morte de sua filha e sua batalha contra os efraimitas, parentes de sangue.

O corpo principal do ciclo Jefté, uma coleção de tradições mais velhas e interpolações posteriores, começam desfavoravelmente com Jefté, filho de uma prostituta e "Gileade" (provavelmente a personificação do território) expulso de casa por seus meio-irmãos. Tal como Abimeleque (Jz 9:4) e Davi (1Sm 22:1-2), Jefté torna-se um chefe de bandoleiros. Depois, os anciãos gileaditas apelam para que Jefté use suas habilidades de luta contra seus opressores amonitas. Depois de negociar para se tornar não apenas o comandante militar temporário de Gileade, mas também o chefe permanente, Jefté consente.

Jefté tenta pressionar diplomaticamente as reivindicações de Israel sobre o disputado território da Transjordânia. A diplomacia de Jefté (Jz 11:12-28) apresenta problemas histórico-críticos, no fato de se dirigir a um rei amonita com argumentos relativos a Moabe. A passagem pode ter sido misturada com uma narrativa de conflito com Moabe. Alternativamente, na época em que a passagem foi escrita, Amom, tendo dominado o território moabita, pode ter assumido as reivindicações moabitas sobre a terra. De qualquer forma, a tentativa diplomática fracassa; a batalha é travada.

O relato da vitória de Jefté (Jz 11:32-33) está subordinado à história do seu juramento e ao cumprimento deste. Se impelido pelo Espírito de Yahweh ou não obstante ele (Jz 11:29), Jefté jura que se Deus lhe der vitória, ele oferecerá como sacrifício queimado quem (ou o que) primeiro vier saudá-lo na volta para casa. Jefté triunfa de fato; a primeira a recebê-lo é sua filha, filha única. Jefté lamenta, mas persiste. A filha sujeita-se e, depois de um adiamento de dois meses para lamentar sua virgindade, é sacrificada. A história está editorialmente ligada a um rito anual de lamentação, possivelmente um rito de passagem.

A história final do ciclo é também ambígua. Numa cena que lembra seu conflito com Gideão (Jz 8:1-3), os efraimitas confrontam Jefté por este não ter pedido a ajuda deles. Enquanto Gideão diplomaticamente evita a guerra intertribal, aqui o conflito conduz a uma batalha. Jefté derrota os efraimitas. A etnicidade dos sobreviventes efraimitas é revelada por sua inabilidade em pronunciar o som de "ch" em "Chibolete" ("córrego") e eles são chacinados. O ciclo termina com a observação que Jefté julgou a Israel seis anos, morreu e foi enterrado em Gileade.

A avaliação da tradição sobre Jefté é mista. Tanto o AT como o NT aprovam a fidelidade de Jefté (1Sm 12:11; Hb 11:32). Tal avaliação positiva está refletida nos estudiosos modernos, que consideram Jefté "juiz exemplar". Outras tradições condenam a crueldade de Jefé; o Hagadá relata que o orgulho de Jefté e a ignorante imolação de sua filha foram punidos com o desmembramento (*Gen. Rab.* 60.3). Os estudiosos modernos têm criticado os valores patriarcais de não questionar a submissão e o autossacrifício codificado no texto. Outros interpretam as histórias de Jefté e Sansão como retrato da desintegração social no Israel pré-monárquico.

Bibliografia. R. C. Boling, *Judges*. AB 6ª (Garden City, 1975); P. L. Day, "From the Child is Born the Woman: The Story of Jephthah's Daughter", in *Gender and Difference in Ancient Israel* (Minneapolis, 1989), 58-74; J. C. Exum, *Fragmented Women: Feminist (Sub) Versions of Biblical Narratives* (Valley Forge, 1993); D. Marcus, "The Bargaining between Jephthah and the Elders (Judg. 11:4-11)", *JANES* 19 (1989): 95-100; A. D. H. Mayes, *Judges*. OTG 8 (Sheffield, 1985). [CAROLYN PRESSLER]

JEFTÉ, FILHA DE Jovem sacrificada como oferta queimada em cumprimento da promessa do seu pai (Jz 11:34-40). Ao liderar a resistência gileadita contra a opressão amonita, Jefté procurou garantir a vitória prometendo oferecer a Yahweh o que primeiro saísse ao seu encontro no retorno para casa. (Não está claro se Jefté tinha intenção de oferecer sacrifício humano.) Jefté, de fato, derrota os amonitas, mas sua vitória vira tragédia quando ele é recepcionado por sua única filha. Jefté lamenta, mas persiste. A filha aceita seu destino sem protestar, pedindo apenas um período de dois meses para "chorar sua virgindade" com suas companheiras. Ao final daquele período, ela é morta.

Juízes 11:39-40 liga a história a um ritual anual no qual as moças vão para os montes durante quatro dias de lamentação. A falta de correspondência entre dois meses e quatro dias do ritual sugere que a ligação é secundária. O ritual pode ter sido um rito de passagem no qual as adolescentes lamentam a passagem de um estágio da vida.

A história da filha de Jefté é uma dentre várias passagens bíblicas que têm a ver com sacrifício humano. Textos proféticos e legais fazem referência à prática da imolação de crianças numa desesperada tentativa de obter o favor de Yahweh (2Rs 16:3; 17:17; Ez 20:25-26; Sl 106:37-38). Gênesis 22 relata o quase sacrifício de Isaque por Abraão por ordem de Deus. O primeiro livro de Samuel 14:24-45 narra o voto de Saul de quem tivesse desobedecido à sua ordem de jejuar seria morto e de sua descoberta de que o culpado era o seu herdeiro, Jônatas. Mas os textos proféticos e legais consistentemente condenam o sacrifício humano; Deus impede que Abraão mate seu filho, e o povo intervém para salvar Jônatas. Somente a filha de Jefté é sacrificada sem intervenção ou condenação.

A avaliação tradicional da ação de Jefté tem sido ambivalente. O AT e o NT elogiam a fidelidade de Jefté (1Sm 12:11; Hb 11:32). O Hagadá condena a imolação de sua filha como ignorante e pecaminosa. Alguns intérpretes modernos descrevem Jefté como "exemplar"; outros condenam o sacrifício da garota como desumano. Outros avaliam criticamente os valores patriarcais da obediência cega e do sacrifício feminino codificada na história, ou tiram o foco de Jefté para lamentar o destino de sua filha.

Bibliografia. P. L. Day, "From the Child is Born the Woman: The Story of Jephthah's Daughter", in *Gender and Difference in Ancient Israel* (Minneapolis, 1989), 58-74; D. N. Fewell, "Judges", in *The Women's Bible Commentary*, Ed. C. A. Newsom and S. H. Ringe

(Louisville, 1992), 67-77; E. Fuchs, "Marginalization, Ambiguity, Silencing: The Story of Jephthah's Daughter", *JFRS* 5 (1989): 35-45; P. Trible, *Texts of Terror*. OBT 13 (Philadelphia, 1984). [CAROLYN PRESSLER]

JEGAR-SAADUTA (aram. *yĕgar śāhădûṯā'*) O nome ("montão do testemunho") dado pelo arameu Labão ao monte de pedras erguido para comemorar sua aliança com Jacó (Gn 31:47). Jacó o nomeou Galeede, em hebraico.

JEÍAS (heb. *yĕḥîyâ*) Porteiro da arca designado por Davi (1Cr 15:24).

JEIEL (heb. *yĕ'ē'ēl*) **1.** Nome levítico comum do tempo de Davi ao de Esdras e Neemias. A variação na ortografia deste nome (Jeiel, Jeuel) se deve simplesmente à ortografia hebraica.

2. Chefe de um clã rubenita (1Cr 5:7).

3. O pai de Gibeão e um levita na genealogia de Saul (1Cr 9:35). No texto hebraico está escrito Jeuel, mas deve ser lido Jeiel (cf. NIV).

4. Um dos dois filhos de Hotão, o aroerita; um dos guerreiros de Davi (1Cr 11:44; K Jeuel).

5. Harpista levita indicado para a segunda ordem de músicos que tocava enquanto a arca era mudada da casa de Obede-Edom para Jerusalém (1Cr 15:18; 21). Essa indicação tornou-se permanente após a arca ter sido colocada na tenda que Davi havia armado para ela (1Cr 16:5).

6. Levita descendente de Asafe, ancestral do profeta Jaaziel (2Cr 20:14).

7. Secretário que ajudou a preparar uma lista militar para o rei Uzias (2Cr 26:11).

8. Chefe dos levitas que apresentou ofertas aos levitas, para o sacrifício da Páscoa no tempo de Josias (2Cr 35:9).

9. Sacerdote e descendente de Nebo, listados entre os sacerdotes, culpado de casamento misto com mulheres estrangeiras (Ed 10:43). [DAVID PAUL LATOUNDJI/TIMOTHY P. JENNEY]

10. (heb. *yĕḥî'ēl*) (tb. JEIELI) Levita e músico na Jerusalém dos tempos de Davi (1Cr 15:18). Foi um dos harpistas designados para a segunda ordem de músicos que tocaram durante a transferência da arca para Jerusalém (1Cr 15:20) e que, depois, serviram diante da arca (16:5).

11. Levita gersonita, líder da casa de Ladã (1Cr 23:8). Foi o fundador da família levítica de Jehieli (variante ortográfica de seu nome; 1Cr 26:21).

12. Um dos filhos de Hacmoni (ou um hacmonita), empregado de Davi provavelmente na função de professor ou conselheiro (1Cr 27:32).

13. Gersonita responsável pela tesouraria do templo (1Cr 29:8); provavelmente a mesma pessoa do item 2 acima.

14. Um dos sete filhos do rei Josafá (2Cr 21:2).

15. Levita e um dos superintendentes do templo designados por Ezequias sob a supervisão de Conanias (2Cr 31:13).

16. Oficial proeminente no tempo do rei Josias que, com Hilquias e Zacarias, era um dos "chefes do templo de Deus" (2Cr 35:8). Ele e outros líderes ofereceram voluntariamente oferendas de Páscoa para os sacerdotes e levitas.

17. O pai de Obadias, da linhagem de Joabe, cabeça de uma das famílias que, com mais 218 homens, deixaram a Babilônia (Ed 8:9).

18. O pai de Secanias, da família de Elão (Ed 10:2).

19. Sacerdote da família de Harim, casado com mulher estrangeira (Ed 10:21).

20. Israelita da família de Elão que era casado com mulher estrangeira (Ed 10:26), talvez idêntico à pessoa do item 9. [JESPER SVARTVIK]

JEIELI (heb. *yĕḥî'ēlî*) Família levítica descendente de Jeiel 2, responsável pelas tesourarias do templo (1Cr 26:21).

JEIRA (heb. *gērâ*) Unidade de peso igual a 1/20 de um siclo (Êx 30:13; Lv 27:25; Nm 3:47; 18:16; Ez 45:12; assim 57 gramas.

JEIZQUIAS (heb. *yĕḥizqîyāhû*) Um dos filhos de Salum e um dos chefes da tribo de Efraim durante o governo do rei Peca (2Cr 28:12).

JEJUM Abstinência deliberada e frequentemente prolongada da comida e, algumas vezes, da bebida. A literatura antropológica comparativa sugere que o jejum é um fenômeno variado que deve ser definido pelo contexto. Por exemplo, o jejum no antigo Israel (heb. *ṣôm*) está relacionado com a lamentação (2Sm 1:12; 3:35 = 1Cr 10:12; Jdt. 16.24) ou com atos religiosos piedosos (Lv 16). O jejum parece levar a um ar de dedicação extra para atos religiosos tais como a oração (1Rs 12:27-29; Jn 3:5). O hebraico *'nh*, usualmente traduzido "afligir a alma" é usado para incluir o jejum (p. ex., Lv 16:31, que elabora os detalhes do Dia da Expiação), e, assim, um ato de arrependimento.

No caso de lamentação, o ato poderia ter o objetivo de suavizar a ira de Deus a fim de que o lamentador não seja o próximo a morrer, ou talvez, para evitar a contaminação com a própria morte (ou espíritos), como comparações antropológicas sugerem. O jejum (com pano de saco, choro, etc.) era parte de rituais que clamavam pela libertação de Deus, porque simbolizavam o estado enfraquecido de alguém (cf. o "estado reduzido" de Ben-Hadade diante do rei Acabe, que, então, o poupou; 1Rs 20).

O jejum está associado à preparação para revelações e visões, semelhante à prática grega antiga da "incubação" (Êx 34:28; cf. 1Rs 19:8). A associação de jejum com revelações e visões cresce em popularidade durante o período helenístico (2Bar 12.5; 21.1-3; Apoc Elijah 1.21).

O jejum está associado também com a conduta de ou com a preparação para a "guerra de Yahweh". Os israelitas praticaram o jejum em Mizpá, em face da ameaça dos filisteus (1Sm 7:6), e Saul impôs jejum sobre seu exército, até que fosse bem-sucedido na busca por vingança contra os filisteus (1Sm 14:24; cf. 2Sm 11:11-12; 1Mac 3.46; 2Mac 13.12).

No período pós-exílico, o jejum era usado como meio de apelar à assistência direta de Deus, quando a comunidade se encontrava em grande perigo (Ed 8:21-22, 31b; Et 4:15-16; Dn 9:3; 6:17-25). Essa noção pode ajudar a explicar a referência, de alguma forma, enigmática de Jesus aos demônios que podem ser expulsos "somente com oração e jejum" (Mc 9:29 = Mt 17:21). Tertuliano (*Sobre o jejum*) nota, enquanto comenta sobre 1Samuel 7:6, que quando alguém jejua, "Os céus lutam por vocês" e "e a defesa divina será garantida". O jejum de Jesus no deserto pode ter elementos de preparação tanto para revelações quanto para a "guerra" com Satanás (Mt 4:1-11; gr. *nēsteúo*).

Os profetas contrastam o jejum exterior com a corrupção interior, enfatizando que a justiça social é o "jejum" que Deus prefere (Is 58; Zc 7:3ss.).

Bibliografia. R. Arbesmann, "Fasting and Prophecy in Pagan and Christian Antiquity", *Traditio* 7 (1949): 1-71; D. L. Smith-Christopher, "Hebrew Satyagraha: The Politics of Biblical Fasting in the Post-Exilic Period (Sixth to Second Century B.C.E.)", *Food and Foodways* 5 (1993): 269-92; E. Westermark, "The Principles of Fasting", *Folklore* 18 (1907): 391-422. [DANIEL L. SMITH-CHRISTOPHER]

JEMIMA (heb. *yĕmîmâ*) A primeira das três filhas de Jó, nascida depois que a sorte de Jó foi restabelecida (Jó 42:14).

JEMUEL (heb. *yĕmû'ēl*) (tb. NEMUEL) Filho de Simeão (Gn 46:10; Êx 6:15). Em Números 26:12 e 1Crônicas 4:24, é chamado Nemuel.

JEOACAZ (heb. *yĕhô'āḥāz*) (tb. SALUM) **1.** Rei de Judá, filho mais jovem de Jeorão e Atalia (2Rs 8:25-29; 2Cr 22:1). O nome dele é variante de Acazias (2Cr 21:17). Jeoacaz foi mortalmente ferido pelo exército de Jeú e morreu em Megido (2Rs 9:27-29).

2. Rei de Israel, filho e sucessor de Jeú (2Rs 13:1-9). De acordo com 2Reis 13:1, ele reinou 17 anos, mas segundo o versículo 10, seu reinado durou apenas 15 anos. Ao longo de seu reinado, esteve sob o domínio de Hazael e Ben-Hadade, reis de Damasco. Apesar da manutenção da adoração pagã por Jeoacaz, Yahweh prometeu-lhe um não nomeado "salvador" (2Rs 13:5).

3. O 17º rei de Judá e um dos filhos de Josias (2Cr 3:15; cf. 2Rs 23:31, 36). Ele também é chamado Salum (Jr 22:11; 2Cr 3:15). Este pode ter sido seu nome pessoal e Jeoacaz o nome depois de assumir o trono.

Jeoacaz tinha 23 anos quando foi proclamado rei (2Rs 23:30-31), subindo ao trono depois da morte de Josias numa batalha contra os egípcios. Após três meses no poder, Jeoacaz foi feito prisioneiro, afastado do governo por Neco II, rei do Egito, e substituído por Jeoaquim, seu irmão mais velho, que apoiava o Egito. Jeoacaz foi primeiro levado para Ribla, na Síria, sendo depois conduzido ao Egito, onde morreu. Na ocasião da deportação de Jeoacaz, Jeremias compôs um lamento (Jr 22:10-12) declarando que esse rei nunca mais seria novamente visto em sua terra (cf. Ez 19:3-4). [CLAUDE F. MARIOTTINI]

JEOADÃ (heb. *yĕhô'addān*) (tb. JEOADIM) A mãe do rei Amazias de Judá (2Cr 25:1); chamada Jeoadim em 2Rs 14:2 (K).

JEOADA (heb. *yĕhô'addâ*) (tb. JARÁ) Benjamita, filho de Acaz e pai de Alemete, Azmavete e Zinri (1Cr 8:36). Em 1Crônicas 9:42, é chamado Jará.

JEOANÃ (heb. *yĕhôḥānān*) **1.** Levita coraíta, porteiro do templo (1Cr 26:3).

2. Um dos três "comandantes de mil", de Judá, do exército do rei Jeosafá (2Cr 17:15).

3. O pai de Ismael, "comandante de cem", que aderiu ao golpe de estado de Jeoiada contra a rainha Atalia (2Cr 23:1).

4. O filho (ou descendente?) de Eliasibe para cuja câmara Esdras retirou-se para jejuar (Ed 10:6; 1Ed 9.1). Este indivíduo pode ser identificado com o Joanã de Neemias 12:22-23 (aparentemente neto de Eliasibe, sumo sacerdote do tempo de Neemias; cf. v. 10-11; 3:1), seu relacionamento com Esdras é importante na cronologia Esdras-Neemias.

5. O filho de Bebai; um dos israelitas que se divorciou de suas esposas estrangeiras (Ed 10:28; 1Ed 9.29).

6. O filho de Tobias, o amonita, que se opôs ao projeto de reconstrução de Neemias (Ne 6:18). Ele também se casou com a filha de Mesulão, que ajudou a reparar os muros de Jerusalém sob Neemias (Ne 3:4,30).

7. Chefe da casa sacerdotal de Amarias durante o tempo do sumo sacerdote Joiaquim (Ne 12:13).

8. Um dos sacerdotes que oficiou na cerimônia de dedicação dos muros reconstruídos sob a administração de Neemias (Ne 12:42).

JEOÁS (heb. *yĕhô'āš*) (tb. JOÁS) Nome alternativo para Joás (3), rei de Judá (2Rs 11–12; 2Cr 22:10–24:24), e Joás (4), rei de Israel (2Rs 13:10-25; 14:8-17).

JEOAQUIM (heb. *yĕhôyāḵîn*) **1.** Rei de Judá (609-598 a.C.), cujo nome dado foi Eliaquim (2Rs 23:34; 2Cr 36:4). Sua mãe foi Zebida, filha de Pedaías, de Ruma (2Rs 23:36b). Jeoaquim foi o segundo filho de Josias (1Cr 3:15) e foi entronizado pelo faraó Neco, do Egito, em 609 para substituir Jeoacaz (Salum), a quem o "povo da terra" tinha escolhido para suceder seu pai Josias (2Rs 23:30; 2Cr 36:1). Jeoaquim tinha 25 anos de idade quando subiu ao trono, e reinou 11 anos em Jerusalém (2Rs 23:36). Foi sucedido em 598 por seu filho Joaquim.

A morte de Jeoaquim está envolta em mistério. O segundo livro de Reis parece indicar que ele morreu pacificamente em Jerusalém e que "dormiu com seus pais" (2Rs 24:6). O segundo livro de Crônicas, entretanto, sugere que foi levado prisioneiro por Nabucodonosor para Babilônia, onde veio a morrer (2Cr 36:5-8; 1Ed 1.39-42). Numa linguagem um tanto convencional, Jeremias prediz a morte humilhante de Jeoaquim (Jr 22:18-19; 36:30; cf. Josefo *Ant.* 10.6.3), sem referência a um local específico. O deuteronomista apresenta Jeoaquim como vassalo (submisso) que impôs uma taxa opressiva ao povo pois "exigiu prata e ouro do povo da terra, conforme suas posses, para entregar ao faraó Neco" (2Rs 23:35). Após um período não especificado (o livro de Reis não faz referência aqui à derrota do Egito pelos babilônios em Carquemis em 605 [Jr 46:2]), Jeoaquim tornou-se servo do rei Nabucodonosor, da Babilônia (2Rs 24:1). Entretanto, Jeoaquim não foi um vassalo disposto; depois de três anos de submissão, ele se revoltou e foi derrotado por bandos de arameus (2Rs 24:2; cf. Jr 35:11). O escritor conclui que a derrota de Judá foi a consequência direta de uma história repleta de idolatria e derramamento de sangue. Jeoaquim é, assim, visto pelo deuteronomista simplesmente como outro rei de Judá que "fez o que era mau diante do Senhor" (2Rs 23:37).

Embora o relato do seu reinado esteja truncado em 2Crônicas (cf. 36:4-8), o escritor acrescenta que Nabucodonosor "prendou com correntes" Jeoaquim e ameaçou de deportação. Se o rei babilônio de fato deportou Jeoaquim ou simplesmente o assustou submetê-lo, pelo texto é impossível concluir. De acordo com o cronista, Jeoaquim foi meramente um "rei mau" que cometeu "abominações" contra Yahweh (2Cr 36:5b, 8; cf. 1Ed 1.37-39, 42).

O escritor de Daniel estabelece a data no "terceiro ano do reinado do rei Jeoaquim" (Dn 1:1-2) um cerco de Jerusalém por Nabucodonosor (606), referência para a qual não existe apoio histórico. Em Jeremias, o "quarto ano do rei Jeoaquim" (Jr 25:1; 36:1; 45:1; 46:2) funciona literalmente como "palavra código" para perigo, julgamento e destruição. Essa data é carregada de perigo por ser o ano da ascensão de Nabucodonosor ao poder (605), na qual ele derrotou os exércitos egípcios em Carquemis antes de avançar em direção ao sul. Assim, o "quarto ano de Jeoaquim" sinaliza um "inimigo do norte" que se aproxima e o fim iminente de Judá.

Jeremias sempre contrasta o tão admirado Josias e o desprezado Jeoaquim. O reinado abusivo e o estilo de vida opulento de Jeoaquim são comparados ao reinado justo de seu pai (Jr 22:10-30). O texto enaltece Josias por defender "a causa do necessitado e do pobre" (Jr 22:16), mas condena Jeoaquim pela ganância e exploração, bem como por "derramar sangue inocente, para opressão e extorsão" (v. 17). Em Jeremias 36, Jeoaquim é apresentado como aquele que detesta a palavra profética de Deus. Quando o rei destrói o rolo de Jeremias, pode-se discernir um contraste deliberado entre a resposta penitencial de Josias ao livro da Lei (2Rs 22:11) e a reação desprezível à leitura do rolo de Jeremias. Ambos "ouvem" (heb. *šāmaʿ*) as palavras do livro/rolo (2Rs 22:11; Jr 36:24), e assim têm a oportunidade de proteger a comunidade do desastre iminente. Entretanto, enquanto Josias "rasga" (heb. *qrʿ*) suas vestes como sinal de tristeza e arrependimento, Jeoaquim, ao contrário, "rasga" o rolo. Consequentemente, Josias salva a nação da destruição, pelo menos temporariamente, enquanto Jeoaquim sela o horrível destino do povo de Judá. Não é de se admirar que Jeoaquim seja retratado no Hagadá como a personificação da arrogância e do mal.

Bibliografia. J. A. Dearman, "My Servants the Scribes: Composition and Context in Jeremiah 36", *JBL* 109 (1990): 403-21; J. M. Myers, *2 Chronicles*. AB 13 (Garden City, 1965); E. W. Nicholson, *Preaching to the Exiles: A study of the Prose Tradition in the Book of Jeremiah* (New York, 1971); M. A. Taylor, "Jeremiah 45: The Problem of Placement", *JSOT* 37 (1987): 79-98. [LOUIS STULMAN]

2. Sumo sacerdote, filho de Hilquias e descendente de Salum, a quem os exilados mandaram oferta (Bar 1.7).

JEOIADA (heb. *yĕhôyāḏāʿ*) (tb. JOIADA) **1.** Sacerdote de Cabzeel, sul de Judá. Pai de Benaia, chefe da guarda pessoal de Davi (2Sm 8:18; 23:20, 22 = 1Cr 11:22, 24; 27:5).

2. Sacerdote do final do século IX em Jerusalém (2Rs 11-22; 2Cr 23:1-24:16). Jeoiada liderou um golpe de estado que depôs Atalia (c. 843-837 a.C.) e instalou Joás (c. 837-800?) no trono davídico. A narrativa de 2Reis descreve sua liderança, controle militar e manipulação dos símbolos dinásticos e pactuais. O segundo livro de Crônicas enfatiza sua liderança na renovação da santidade do templo.

O segundo livro de Reis credita o correto comportamento de Joás à instrução de Jeoiada. O segundo livro de Crônicas, entretanto, limita o comportamento aceitável do rei ao tempo de vida de Jeoiada num esforço para explicar teologicamente certos eventos negativos posteriores no reinado de Joás. No relato da restauração do templo, o livro de 2Reis informa primeiro a inatividade de Jeoiada, depois sua cooperação com a iniciativa do rei para custear a reforma do templo. O segundo livro de Crônicas reduz o papel direto de Jeoiada embora credite sua gestão à restauração adequada do templo e do seu ritual. A rivalidade entre as hierarquias reais e religiosas, típicas de estados agrários, subjaz em ambas as narrativas.

Crônicas acrescenta detalhes: A esposa de Jeoiada foi Jeoseba, ele escolheu esposas para Joás e foi enterrado com os reis na cidade de Davi. Estes detalhes podem ter veracidade relativas aos anais históricos, mas revelam também um interesse retórico no papel do sacerdote.

3. Filho de Benaías, sucessor de Aitofel como conselheiro do rei (1Cr 27:34).

4. Sacerdote no período do Segundo Templo, filho do sumo sacerdote Eliasibe (7; Ne 13:28). O casamento do seu filho na família estrangeira de Sambalate foi condenado por Neemias. Em outro lugar o nome aparece como Joiada.

5. Sacerdote que foi substituído por Sofonias, provavelmente como parte da rivalidade entre facções no fim do Primeiro Templo de Judá (Jr 29:26).

Bibliografia. P. Dutcher-Walls, *Narrative Art, Political Rhetoric: The Case of Athaliah and Joash*. JSOTSup 209 (Sheffield, 1996). [PATRICIA DUTCHER-WALLS]

JEOIARIBE (heb. *yĕhôyārîḇ*) (tb. JOIARIBE) Sacerdote durante o reinado de Davi (1Cr 24:7); ancestral epônimo de uma casa sacerdotal entre os exilados que retornaram (9:10). Em Neemias, é chamado de Joiaribe.

JEONADABE (heb. *yĕhônāḏāḇ*) (tb. JONADABE) Forma alternativa de Jonadabe (2).

JEONATÃ (heb. *yĕhônāṯān*) Com frequência, apresenta-se o nome hebraico pela forma abreviada, *Jônatas*.

1. Levita que viajou pelas cidades de Judá ensinando a Torá durante o reinado de Jeosafá (2Cr 17:8).

2. Sacerdote pós-exílico, chefe da casa paterna de Semaías (Ne 12:18). *Ver* JÔNATAS.

JEORÃO (heb. *yĕhôrām*) (tb. JORÃO) **1.** Filho de Acabe que sucedeu seu irmão Acazias como rei do reino do norte, Israel, e reinou de 849 a 842 a.C. (2Rs 1:17; 3:1). Jeorão é criticado por suas práticas religiosas, mas tem o reconhecimento por ter removido a coluna de Baal (2Rs 3:2). Partes do período de Eliseu podem ter envolvido Jeorão (2Rs 6:8-7:20).

Durante o reinado de Jeorão, o rei Messa, de Moabe reteve tributo, por isso Jeorão criou uma força de coalizão com Jeosafá, de Judá, e marchou contra Moabe. Os reis conseguiram derrotar os moabitas e os compeliram para dentro da cidade fortificada de Quir-Haresete, mas as forças de coalizão se retiraram, quando o rei moabita sacrificou seu filho mais velho sobre o muro da cidade (2Rs 3:4-27). A Pedra de Messa, autorizada por Messa, é um registro do bem-sucedido restabelecimento da independência de Messa.

Não há menção da participação de Jeorão na coalizão contra a Assíria que resistiu a Salmaneser III, mas está claro que em 842, Jeorão, de Israel e Acazias, de Judá, formaram uma coalizão contra o usurpador sírio, Hazael. Suas tropas entraram em combate com as de Hazael em Ramote-Gileade e Jeorão foi ferido (2Rs 8:28-29; 2Cr 22:5-6a). Enquanto estava se restabelecendo em Jezreel, Acazias o visitou. Jeú veio então a Jezreel e matou Jeorão e Acazias (2Rs 9:1-28; cf. 2Cr 22:6b-9).

Escavações em Tel Dan em 1993 e 1994 descobriram fragmentos de uma coluna aramaica, aparentemente autorizada por Hazael, na qual ele reivindica ter matado Jeorão, rei de Israel e Acazias, rei de Judá. Os dados bíblicos e os epigráficos parecem estar em conflito, mas existe evidência bíblica de algum tipo de aliança entre Hazael e Jeú (1Rs 19:17). Jeú exterminou os descendentes remanescentes de Onri e sucedeu a Jeorão como rei de Israel (2Rs 9:30-10:11).

2. Filho de Jeosafá e sucessor como rei de Judá. Tornou-se rei com a idade de 32 anos, talvez inicialmente como corregente com seu pai e reinou de 849 a 842 (1Rs 22:42, 50; cf. 2Rs 8:16,17; 3:1). Sua esposa foi Atalia, filha (Sir. "irmã") de Acabe (2Rs 8:18, 26). Esse casamento foi provavelmente arranjado como parte da aliança entre Acabe e Jeosafá (1Rs 22:2, 44). O editor deuteronomista de Reis considerou Jeorão apóstata e atribuiu sua apostasia ao seu casamento (2Rs 8:18; cf. Cr 21:6). De acordo com o cronista, Jeorão matou seu irmão e construiu "lugares altos" (2Cr 21:11-13).

Durante o reinado de Jeorão, os edomitas se rebelaram. Jeorão tentou restabelecer a hegemonia sobre Edom, mas não teve sucesso; Libna também se rebelou durante seu reinado (2Rs 8:20-22; 2Cr 21:8-10). O cronista também indica que por causa dos pecados de Jeorão Judá sofreu uma praga e foi atacado pelos filisteus e pelos árabes, estes últimos causaram a perda das mulheres e filhos de Jeorão, com exceção de Acazias (2Cr 21:16-17 LXX). O cronista acrescenta que Yahweh puniu Jeorão com enfermidade intestinal, causa de sua morte prematura (2Cr 21:15, 18-19). Foi enterrado em Jerusalém e sucedido por seu filho Acazias, mas de acordo com o cronista, não foi sepultado nos sepulcros dos reis (2Cr 21:20; cf. 2Rs 8:24).

3. Sacerdote de Judá durante o século IX, na época de Jeosafá, encarregado de ensinar a Lei (2Cr 17:8-9).

Bibliografia. A. Biran e J. Naveh, "The Tel Dan Inscription: A New Fragment", *IEJ* 45 (1995): 1-18; K. G. Hoglund, "Edomites", in *Peoples of the Old Testament World*, Ed A. J. Hoerth, G. L. Mattingly eE. M. Yamaguchi (Grand Rapids, 1994), 335-47; G. L. Mattingly, "Moabites"", in *Peoples of the Old Testament World*, 317-33; W. Pitard, *Ancient Damascus* (Winona Lake, 1987). [CHRIS A. ROLLSTON]

JEOSABEATE (heb. *yĕhôšab'at*) Filha do rei Jeorão de Judá. Ela poupou Joás, filho de Acazias, escondendo-o da rainha-mãe, Atalia (2Cr 22:11). Em 2Reis é chamada de Jeoseba.

JEOSAFÁ (heb. *yĕhôšāpāṭ*) **1.** O filho de Ailude, que serviu a Davi e como *mazkîr* (2Sm 8:16; 20:24; 1Cr 18:15) e Salomão (1Rs 4:3). A função do *mazkîr* permanece desconhecida, com sugestões que vão de gravador ou arquivista (cf. LXX, esp. 2Sm 8:16) a arauto e secretário de estado. Comparações com o cargo do "locutor" (*whmw*) egípcio tem levado alguns a entender o papel de Jeosafá ser o de informar o rei e tornar os decretos do rei conhecidos aos outros.

2. O filho de Paruá, que serviu como um dos doze intendentes sobre Israel para fornecer provisões à casa de Salomão, incluindo alimento para seus cavalos (1Rs 4:27-28 [TM 5:7-8]). Cada intendente era responsável por um mês do ano e Jeosafá exercia essa função sobre a terra de Issacar (1Rs 4:17).

3. Rei de Judá, filho de Asa e Azuba, filha de Sili. Ele subiu ao trono com a idade de 35 anos, reinou durante 25 anos (c. 874-850 a.C.), e foi sucedido por seu filho Jeorão. O primeiro livro de Reis indica que (1) Jeosafá/Josafá continuou as políticas religiosas de Asa e, portanto, foi fiel a Yahweh, mas não removeu os "lugares altos"; (2) ele estabeleceu a paz com os reis de Israel (v. 44 [TM 45]); e (3) construiu "navios de Társis" para o comércio de ouro com Ofir, mas os navios se quebraram em Eziom-Geber (v. 48-49 [49-50]). O segundo livro de Crônicas 20:37 constrói este último assunto de forma diferente, condenando Jeosafá por colaborar com Acazias na iniciativa, observando que os navios foram construídos em Eziom-Geber e destruídos depois que profeta Eliézer repreendeu Jeosafá por fazer aliança com o rei israelita.

Os relatos a respeito das alianças militares de Jeosafá com Acabe contra os sírios (1Rs 22:1-36) e com Jeorão contra Moabe (2Rs 3:4-27) retratam o rei de Judá como homem piedoso, que insistia em ouvir a palavra do profeta de Yahweh antes de ir à batalha. Ambos os relatos são problemáticos, entretanto, já que em cada caso parece ter estado envolvido outro rei de Judá. No episódio envolvendo Moabe, Jeosafá morreu antes de Jeorão assumir o trono de Israel e, consequentemente, os dois não podiam ter-se engajado numa expedição militar. No caso da batalha contra os sírios em Ramote-Gileade, J. Maxwell Miller fez uma justificativa convincente para colocar o evento na última parte da dinastia de Jeú, sugerindo que originalmente o relato não se referiu a Josafá e Acabe, mas de maneira mais indistinta ao rei de Judá e ao rei de Israel.

Crônicas amplia dramaticamente o relato de Reis sobre Josafá e retrata o rei de forma mais favorável, relatando que ele fortificou, provisionou e guarneceu militarmente seus territórios contra Israel e outros domínios estrangeiros e que Deus o abençoou com paz (2Cr 17:2, 10-19). Depois de reproduzir com poucas mudanças o relato de Reis sobre a batalha contra a Síria em Ramote-Gileade (2Cr 18:1-34), Crônicas observa que o vidente Jeú, filho de Hanani, repreendeu Jeosafá por sua aliança com Israel (19:1). Além disso, 2Crônicas 20:1-30 descreve a bem-sucedida defesa de Josafá do seu território contra uma aliança de moabitas, amonitas e meunitas (ou "habitantes do monte Seir"; compare v. 1,23), uma história com semelhanças superficiais com 2Reis 3:4-27. Josafá proclamou jejum, clamou a Deus por ajuda e, sob a orientação do levita Jaaziel, saiu com seu povo para a batalha, na qual descobriram que seus inimigos haviam se destruído mutuamente. Finalmente, Josafá é retratado como governante diligente, preocupado com a observância religiosa do seu povo e com a administração de justiça no país. Ele mandou príncipes, levitas e sacerdotes para as cidades de Judá para ensinarem o livro da lei de Deus (2Cr 17:7-9) e nomeou juízes por todo o seu reino, estabelecendo em Jerusalém levitas, sacerdotes e chefes das casas paternas para julgarem litígios levados a eles (19:4-11). Em que medida o retrato de Crônicas do reinado de Jeosafá tem ligação com eventos históricos reais não está claro.

4. O filho de Ninsi e pai de Jeú, rei de Israel (2Rs 9:2, 14).

Bibliografia. W. F. Albright, "The Judicial Reform of Jehoshaphat", in *Alexander Marx Jubilee Volume*, Ed. S. Lieberman (New York, 1950), 61-82; G. N. Knoppers, "Reform and Regression: The Chronicler's Presentation of Jehoshaphat", *Bibl* 72 (1991): 500-24; J. M. Miller, "The Elisha Cycle and the Accounts of the Omrides wars", *JBL* 85 (1996): 441-54; Miller e J. H. Hayes, *A History of Ancient Israel and Judah* (Philadelphia, 1986). [M. PATRIC GRAHAM]

JEOSAFÁ (heb. *Yĕhôšāpāṭ*), **VALE DE** Lit., "o vale (onde) Yahweh julga" (Jl 3:2, 12 [TM 4:2, 12]). Identificado como o vale de Hinom, vale de Cedrom e o vale do Rei (2Sm 18:18), acredita-se popularmente ficar no lado leste de Jerusalém, entre a cidade e o monte das Oliveiras. O vale está associado ao juízo final de Deus sobre as nações ímpias e sua restauração de Jerusalém na era messiânica (Jl 3:14 [4:14] faz referência a ele como o "vale da decisão"), e pode ser um termo simbólico em vez de um termo geográfico. [RICHARD A. SPENCER]

JEOSEBA (heb. *yĕhôšeḇa'*) (tb. JEOSABEATE) Filha do rei Jorão e meia-irmã do rei Acazias, de Judá (2Rs 11:2-3); também chamada Jeosabeate, esposa de Jeoiada, o sacerdote (2Cr 22:11-12). A história do seu salvamento de Joás, filho pequeno do rei, do massacre de Atalia, escondendo-o no templo é um dos poucos lugares nas Escrituras hebraicas nos quais apenas mulheres conduzem a ação narrativa. O papel de Jeoseba reflete também a íntima associação do palácio e o templo e as rivalidades políticas entre eles nas antigas monarquias.

Bibliografia. P. Dutcher-Walls, *Narrative Art, Political Rhetoric: The Case of Athaliah and Joash*. JSOTSup 209 (Sheffield, 1996); S. Japhet, *I and II Chronicles*. OTL (Louisville, 1993). [PATRICIA DUTCHER-WALLS]

JEOVÁ (heb. *yĕhōwāh*) Nome de Deus forjado por volta do século XIV d.C. pela combinação artificial das consoantes do nome YHWH (conservado pelos judeus por ser inexprimível) e as vogais do nome substituto *Adonai* ("o Senhor"). *Ver* YAHWEH.

JEOVÁ-JIRÉ *Ver* JAVÉ-JIRÉ.

JEOVÁ-NISSI *Ver* JAVÉ-NISSI.

JEOVÁ-SHALOM *Ver* JAVÉ-SHALOM.

JEOZABADE (heb. *yĕhôzāḇāḏ*) **1.** Servo de Joás de Judá, que participou do assassinato do rei. De acordo com 2Reis 12:21 (TM 22), era filho de Somer, mas 2Crônicas 24:26 o chama de filho de Sinrite (variante de Somer), mulher moabita. Ele, também, foi assassinado por Amazias, filho e sucessor de Joás (4; cf. 2Rs 14:5).

2. O segundo filho de Obede-Edom; levita coraíta e porteiro do templo (1Cr 26:4).

3. Benjamita, comandante de milhares durante o reinado de Jeosafá/Josafá (2Cr 17:18).

JEOZADAQUE (heb. *yĕhôṣāḏāq*) (tb. JOZADAQUE) Filho do sumo sacerdote Seraías, exilado para Babilônia por Nabucodonosor (1Cr 6:14-15 [TM 5:40-41]); pai do sumo sacerdote do pós-exílico, Josué, que ajudou a reconstruir o templo (Ag 1:1, 12, 14; 2:2, 4; Zc 6:11). Em Esdras e Neemias, o nome aparece como Jozadaque. [TIMOTHY P. JENNEY]

JERÁ (heb. *yeraḥ*) Filho de Joctã e descendente de Sem (Gn 10:26; 1Cr 1:20); ancestral epônimo de um lugar ou unidade social no sul da Arábia.

JERAMEEL (heb. *yĕraḥmĕ'ēl*) **1.** Irmão de Rão e Calebe; filho de Hezrom e descendente de Judá por meio de Tamar (1Cr 2:4, 9). Ele foi o ancestral epônimo dos jerameelitas) (1Cr 25-27, 33, 42), clã de Judá que vivia na fronteira sul de Judá ("o Negebe dos jerameelitas", 1Sm 27:10), provavelmente numa área sul de Berseba, numa época anterior a Davi tornar-se rei de Israel. A primeira vez que Davi entrou em contato com eles foi quando fugiu de Saul e estabeleceu residência em Ziclague (1Sm 27:6;30:29). É possível que os jerameelitas tenham sido assimilados pela tribo de Judá depois que Davi se tornou rei.

2. Levita, filho de Quis, do clã de Merari (1Cr 24:29).

3. Oficial de Judá, que serviu sob Jeoaquim, rei de Judá. Ele é chamado de "filho do rei" (Jr 36:26), também título honorário de um oficial ou designação de alguém relacionado à família real — não um filho de Jeoaquim, de 30 anos. Jerameel foi enviado por Jeoaquim para prender Jeremias e Baruque depois que o rolo com as profecias de Jeremias foi queimado.

Bibliografia. N. Avigad, "Baruch the Scribe and Jerahmeel the King's Son", *IEJ* 28 (1978): 52-56; repr. *BA* 42 (1979): 114-18). [CLAUDE F. MARIOTTINI]

JEREDE (heb. *yereḏ*) Filho de Merede com sua esposa judia; o pai de Gedor (1Cr 4:18).

JEREMAI (heb. *yĕrēmay*) Filho de Hasum; israelita que teve de se divorciar de sua esposa estrangeira (Ed 10:33).

JEREMIAS (heb. *yirmĕyâ, yirmĕyāhû*) **1.** Homem de Libna; o avô de Jeocaz e Zedequias, reis de Judá (2Rs 23:31;24:18). Hamutal, filha de Jeremias, foi esposa do rei Josias.

2. O chefe de um clã da meia tribo de Manassés (1Cr 5:24). É descrito como guerreiro e homem famoso.

3. Um dos valentes guerreiros benjamitas que uniu-se a Davi em Ziclague (1Cr 12:4 [TM 5]). Ele podia disparar flechas e arremessar pedras com fundas com as duas mãos.

4-5. Dois guerreiros gaditas valentes e experientes que se juntaram a Davi em Ziclague (1Cr 12:10, 13 [11,14]). Ambos eram peritos com escudo e espada e são descritos em linguagem convencional como heróis militares.

6. Sacerdote que assinou o pacto com Neemias, o governador (Ne 10:2 [3]).

7. Sacerdote que retornou da Babilônia com Zorobabel (Ne 12:1), evidentemente identificado com a casa sacerdotal nomeada no v. 12.

8. Um dos oficiais administrativos de Judá que integrou os dois grandes coros na dedicação do muro de Jerusalém sob Neemias (Ne 12:34).

9. Profeta de Anatote, cujo ministério está registrado no livro de Jeremias; filho de Hilquias (Jr 1:1).

10. O pai de Jaazanias, recabita que vivia em Jerusalém no tempo do profeta Jeremias (Jr 35:3). [GARY W. LIGHT]

JEREMIAS, CARTA DE De acordo com seu sobrescrito, cópia de uma carta mandada pelo profeta Jeremias a prisioneiros judeus que estavam prestes a ser transportados para Babilônia. A carta sobrevive em grego e outras versões antigas, como em aramaico antigo e latim. Lapsos de tradução e convenções linguísticas indicam que foi traduzida para o grego de um original hebraico perdido. Em alguns manuscritos gregos, a carta está separada de Baruque por Lamentações, mas em outros, vem depois de Baruque. Nas Bíblias Vulgata e católica, está incluída como o cap. 6 de Baruque. A carta de Jeremias é reconhecida como canônica pelas comunidades católicas romanas e ortodoxas, mas classificada entre os apócrifos pelas comunidades judaicas e protestantes por não fazer parte da Bíblia Hebraica.

A introdução do livro é semelhante em conteúdo e propósito à carta aos exilados já na Babilônia, encontrada em Jeremias 29. O conteúdo consiste de paródias satíricas e polêmicas contra ídolos, admoestações e advertências proféticas, todas as quais têm ligação com a Bíblia Hebraica, especialmente Jeremias. Se tal obra é considerada uma carta antiga ou um tratado contra a idolatria depende de como é compreendida a flexibilidade do gênero da carta.

Após a introdução (v. 1-7) as polêmicas, instruções e exortações podem ser divididas em dez seções (v. 8-16; 17-23; 24-29; 30-40a; 40b-44; 45-52; 53-56; 57-65; 66-69; 70-73), cada uma da qual é concluída por refrão que argumenta que as imagens dos deuses não são realmente deuses e/ou não devem ser temidas (v. 16, 23, 29, 65, 69; cf. v. 40, 44, 51, 56, 72). Esses refrões mantêm perante o leitor os temas principais da carta: admoestações para evitar as práticas religiosas estranhas e adorar somente o Senhor. A carta dirige-se ao perigo da idolatria no exílio (Dt 4:27-28), explorando as polêmicas proféticas e cúlticas contra os ídolos encontradas em Jeremias 10:1-16 e em outros textos (Is 44:9-20; Hc 2:18-19; Sl 115:3-8). Os ataques extensivos sobre os deuses estrangeiros são longos, detalhados, repetitivos e a virulência do ataque do autor testemunha a atração da cultura politeísta dominante do antigo Oriente Próximo.

A carta tem sido colocada com muita frequência no período helenista (332-63 a.C.), data apoiada por um fragmento manuscrito grego de Qumran dos v. 43-44, que data de cerca de 100 a.C. Uma possível referência à carta em 2Macabeus 2.2 vem do século II. Embora as controvérsias sugiram os tipos de estátuas, procissões, vestuário, alimentação e cuidado dos deuses característicos da religião babilônica, o local destas atividades podem também ser a comunidade babilônica ou judaica, e o conteúdo e o propósito da carta são tão gerais que podem pertencer a qualquer tempo nos períodos persa e grego. [ANTHONY J. SALDARINI]

JEREMIAS, LAMENTAÇÕES DE Título atribuído ao livro de Lamentações em várias versões antigas. Embora algumas tradições antigas tenham associado o profeta Jeremias ao livro e algumas listas canônicas considerem Jeremias e Lamentações juntos (cf. prólogo da LXX; Josefo Ag. Ap. 1.8 [38]), a autoria de Jeremias não é agora levada em consideração. *Ver* LAMENTAÇÕES, LIVRO DE.

JEREMIAS, LIVRO DE O segundo livro dos Profetas posteriores depois de Isaías e antes de Ezequiel no cânon judaico da Bíblia Hebraica, embora algumas autoridades o coloquem como o primeiro livro (b. B. Bat. 14b). No AT cristão, o livro aparece depois de Isaías como segundo livro dos Profetas junto a Lamentações. Em alguns manuscritos, seguem o livro apócrifo de Baruque e a Epístola de Jeremias. O livro apresenta a carreira e as palavras do profeta Jeremias, filho de Hilquias. De acordo com o sobrescrito em 1:1-3, Jeremias foi sacerdote do vilarejo de Anatote, que atuou do décimo terceiro ano do reinado do rei Josias de Judá (c. 626 a.C.) até o cativeiro de Jerusalém em 586, e os primeiros anos do exílio babilônico até as consequências do assassinato em 582 de Gedalias, governador de Judá, nomeado pela Babilônia. De acordo com a tradição rabínica, Jeremias foi o autor do seu próprio livro bem como de 1-2Reis e Lamentações (b. B. Bat. 15a).

O livro de Jeremias aparece em duas formas distintas, porém relacionadas: a versão grega (LXX) e a versão hebraica, que ainda existe no TM. A versão grega é aproximadamente um oitavo mais curta do que a hebraica, e depois do versículo 25:13a, as duas versões diferem substancialmente quanto à ordem. A colocação dos oráculos contra as nações constitui uma diferença importante entre as duas versões: no TM, aparecem como caps. 46—51, enquanto na LXX foram colocados aproximadamente no centro do livro, no qual aparecem como os caps. 25:14—31:44. O material restante (caps. 25—45) no TM aparece para a maior parte como caps. 32—51 na LXX. As duas versões concluem a narrativa histórica relativa ao exílio babilônico no cap. 52. Muitos estudiosos sustentam que a versão LXX é uma tradução completada em algum tempo entre 250 e 150 de uma versão hebraica anterior, originalmente composta no Egito. Acredita-se, de um modo geral, que a versão hebraica, na qual o TM se baseia, tenha se originado na Babilônia. No geral, o TM parece ser uma versão ampliada e reorganizada da hebraica que deu suporte à LXX, mas existem exceções suficientes que apontam para a transmissão independente de histórias para ambas as versões.

Um aspecto particularmente digno de nota da história textual do livro é a descoberta de pelo menos quatro manuscritos de Jeremias entre os rolos das Cavernas de Qumran 2 e 4. O manuscrito da Caverna 2 (2QJer) contém fragmentos de Jeremias 42—44 e 46—49 que data de cerca do século I d.C. Geralmente, esses fragmentos correspondem rigorosamente, embora não completamente, ao TM e colocam os oráculos contra as nações, no fim do livro. Entre os manuscritos da Caverna 4, 4QJera é o mais antigo, datando de cerca de 200 a.C. O rolo contém fragmentos de Jeremias 7:15; 17—20; 22; 26, com muitas correções que aparentemente correspondem ao TM. O 4QJerb data da metade do século II a.C. e contém fragmentos de Jeremias 9—10; 43; 50. Alguns veem esses fragmentos como três manuscritos separados. Eles são especialmente importantes em que os dois primeiros refletem o texto da LXX e na ordem do versículo e, portanto, testificam o texto hebraico que fundamentam a LXX. O 4QJerc data do período herodiano, cerca de 30-1 a.C., e contém fragmentos de uma versão proto massorética de Jeremias 4; 8—10; 19—22; 25—27; 30—31; 33.

A estrutura das duas formas de Jeremias não é bem compreendida. Muitos afirmam que o arranjo da versão LXX segue um padrão tripartite, empregado geralmente na organização dos livros proféticos (p. ex., Isaías, Ezequiel, Sofonias): oráculos de juízos contra Israel (caps. 1—25); oráculos de juízos contra as nações (LXX 26—31); cf. TM 46—51); e oráculos de restauração (LXX 32-52; cf. TM 25—52). Infelizmente, essa organização não conta para a descrição do juízo contra Jerusalém e Judá, evidente na terceira seção principal da versão de Jeremias da LXX, nem é o padrão tão claramente aparente nos outros livros proféticos. Ao contrário, ele pode apontar para um princípio de arranjo no qual os oráculos do profeta referentes a Jerusalém/Judá e às nações são primeiro apresentados e então seguidos por um relato das atividades do profeta no exílio babilônico, que descreve o processo pelo qual os oráculos devem se cumprir. A ordem de Jeremias no TM inclui apresentação de várias visões, oráculos e lamentos de Jeremias relativos a Jerusalém e a Judá nos caps. 1—24; narrativa de vários discursos e eventos na vida de Jeremias do reinado de Jeoaquim pelo resultado da destruição babilônica de Jerusalém e a deportação dos cativos no cap. 52, tirada de 2Reis 24:18—25:30. A identificação desse arranjo é amplamente baseada em bases temáticas e genéricas que podem bem refletir a história literária do livro. Um princípio cronológico parece estar por trás dessa organização, embora repetições, como o duplo relato relacionado ao sermão de Jeremias no templo nos caps. 7 e 26, e outras inconsistências cronológicas interrompam o padrão. Geralmente o livro começa com o chamado ou vocação do profeta no cap. 1, que o identifica como um profeta às nações e continua pelo cap. 45 com apresentação de sua vida que conclui com os últimos anos de Jeremias no Egito. Os oráculos seguintes contra as nações nos caps. 46—51 devem se realizar em algum ponto no futuro, e a narrativa histórica final no cap. 52 resume a situação de Judá e Jerusalém no final da vida de Jeremias.

Está claro que as formas atuais do livro, tanto a LXX como o TM, são composições fortemente editadas que refletem os pontos de vista e preocupações dos escritores e editores que as produziram. Há esforço harmonizado, por exemplo, de apresentar Jeremias como profeta parecido com Moisés, já que ele atuou durante um período de quarenta anos (1:1-3), chamado para aderir às instruções ou Torá de Yahweh como base para o relacionamento entre o povo e Yahweh, sofreu abuso e rejeição tanto de Yahweh como do povo de uma maneira análoga à experiência de Moisés no deserto, e morreu fora da terra de Israel. Como um todo, a apresentação de Jeremias no livro emerge como teodiceia, tentando justificar a decisão de Yahweh de destruir Jerusalém como resultado das más ações do povo de Israel e Judá. Os estudiosos há muito apontam para vários aspectos do livro que sugerem uma complexa história editorial: a narrativa no cap. 36 que identifica Baruque filho de Nerias como o escrivão responsável por anotar os oráculos de Jeremias; a presença tanto de composições oraculares poéticas, que podem bem constituir as palavras do profeta, como relatos em prosa das palavras e atividades do profeta que claramente podem derivar de um escritor ou escritores em vez do profeta; e o estilo de narrativa em prosa que corresponde exatamente à história deuteronomística, especialmente os livros de 1-2Reis.

Um extenso debate sobre essa questão aconteceu por quase todo o século XX e ressalta as dificuldades em reconstruir um quadro do profeta histórico a partir da apresentação literária no livro de Jeremias. Um antigo e influente estudo feito na Alemanha por Sigmund Mowinckel identifica no livro quatro fontes importantes. A fonte A é o material poético nos caps. 1—25 que representa as palavras do profeta. A fonte B é o material biográfico em prosa em 19:1—20:6; 26; 28—29; 36—44, escrito por um admirador do profeta. Mowinckel e outros depois identificam esse escritor como Baruque filho de Nerias. A fonte C é o material sermônico em prosa em 7:1-8:3; 11:1-17; 18:1-12; 21:1-10; 25:1—11a; 32:1-2, 6-16, 24-44; 34:1—35:19; 44:1-14, análogo ao material sermônico em Deuteronômio e à história deuteronomística. Também estão incluídos sobrescritos por todo o livro e material de 3:6-13; 29:1a, 3-9, 21-23; 45. A fonte D constitui oráculos pós-exílicos de consolação nos caps. 30—31. Com os caps. 46—51 e 52, o conjunto foi editado e justaposto no período pós-exílio.

Entretanto, discussão subsequente teve a tendência de nublar essas distinções, à medida que os estudiosos notaram grande afinidade entre as três primeiras fontes de Mowinckle. John Bright sustenta que não existe distinção entre as fontes B e C, e argumenta que representam um único fluxo pelo qual as palavras de Jeremias são transmitidas. E. W. Nicholson argumenta que as fontes B e C são ambas deuteronômicas, produzidas por círculos babilônicos que empregaram a figura de Jeremias em discurso sermônico como meio de transmitir ensinos deuteronômicos na comunidade judaica pós-exílica. Um estudo alemão por Manfred Weippert argumenta que o material em prosa deuteronômico está enraizado nos oráculos poéticos da Fonte A de Mowinckle e, portanto, procede de Jeremias e seus discípulos. William L. Holladay, igualmente, nota afinidades entre os oráculos poéticos e materiais em prosa e argumenta que os sermões em prosa constituem as contraproclamações de Jeremias às leituras públicas do livro de Deuteronômio. Robert P. Carroll sustenta que a influência deuteronômica é tão penetrante no livro que é impossível reconstruir um retrato preciso do profeta, de suas palavras ou de suas ideias. De acordo com Carroll, Baruque é criação literária dos escritores deuteronomistas de Jeremias, e sua figura, como apresentada no livro, deveria, por conseguinte, ser tratada como obra de ficção. William McKane argumenta que os caps. 1—20 contêm oráculos de Jeremias, mas que o livro deve ser identificado como "cadáver que rola", produto de acréscimo aceito pouco a pouco à medida que escritores posteriores acrescentaram seus comentários exegéticos e editoriais aos "núcleos" originais de Jeremias.

Evidentemente, a discussão acadêmica de Jeremias aponta para uma grande dificuldade em reconstruir a figura histórica e a mensagem do profeta a partir das formas literárias atuais do livro. No entanto, certas características do profeta e de seu pensamento, como sua identidade sacerdotal e sua posição política pró-babilônica, de fato emergem. Jeremias é um sacerdote da descendência de Eli que servira em outro tempo no santuário em Siló, durante o período pré-monárquico (1Sm 1—3), banido, porém, depois para Anatote quando Salomão substituiu Abiatar por Zadoque como sumo sacerdote em Jerusalém (2Rs 2:26-27). As referências de Jeremias no sermão do templo (7:1—8:3) à destruição de Siló testemunham a esse ambiente assim como fazem referências a Samuel e Moisés como figuras intercessoras (15:1). Da mesma forma, suas visões de uma vara de amendoeira (1:11-12), uma panela fervente (1:13) e os cestos de figos bons e ruins (24:1-10), tudo demonstra seu papel sacerdotal; a vara de amendoeira em flor é o símbolo do sacerdócio (Nm 17:1-11), as obrigações sacerdotais incluíam sacrifício de carne cozida em panelas (cf. 1Sm 2:11-17; Ez 24:1-14) e a recepção de ofertas de frutos fazia parte do dízimo devido aos levitas (Nm 18:1-32; Dt 14:22-29; 18:1-5). Embora alguns tenham argumentado que as "lamentações" ou "confissões" de Jeremias (11:18-12:6; 15:10-21; 17:14-18-23; 20:7-18) não podem ser autênticas do profeta devido ao emprego da linguagem estereotipada dos lamentos litúrgicos do templo, pode se esperar o uso de tal linguagem por um sacerdote para referir-se aos seus próprios problemas. No todo, Jeremias expressa sua frustração tanto com Yahweh como com seus inimigos, incluindo homens de Anatote, pelas dificuldades que enfrentou em cumprir seu chamado profético e articular uma mensagem que provavelmente não teria o apoio popular. A aparição de Jeremias em Jerusalém certamente não lhe traria aliados entre seus irmãos que não vieram a Jerusalém depois que Josias destruiu santuários distantes (cf. 2Rs 23:8-9). Seu contínuo apelo por submissão a Babilônia (caps. 27—28), mesmo depois de os babilônios terem deportado Joaquim em 597 (cap. 29), reflete a postura política de Josias, que morreu em Megido em 609, numa tentativa de impedir que os egípcios apoiassem a Assíria contra a Babilônia (2Rs 23:28-30; 2Cr 35:20-27). Tal apelo o tornava inimigo natural de Jeoaquim, que foi colocado no trono pelo faraó Neco como vassalo egípcio, e Zedequias, cuja revolta contra a Babilônia levou à destruição de Jerusalém. A íntima associação de Jeremias com a família de Aicão, filho de Safã (cf. 26:14; 29:3; 36:10-12; 39:14; 40:5), oficial da corte do rei e filho do escrivão de Josias, que relatou a descoberta do livro da Torá que serviu de base para as reformas desse rei piedoso, testifica sua associação ao partido josiânico "pró-babilônico" em Judá. Finalmente, seu apelo à observância da Torá de Yahweh como base para o relacionamento pactual entre Yahweh e o povo, expresso no sermão do templo como versão condensada dos Dez Mandamentos (7—9; cf. 11:1-17) indica sua adesão às normas religiosas de Deuteronômio.

Jeremias vê claramente o mundo humano de eventos políticos e sociais como campo da atividade de Yahweh. Embora Jeremias assuma posição partidária no mundo político de Judá de seu tempo, ele o faz por obrigação, tanto a Yahweh como a seu povo,

A B C D E F G H I J K L M N O P Q R S T U V X Y Z

para ver que a justiça e a retidão prevaleçam. Os caps. 2—6 e 30—31 indicam que Jeremias inicialmente apoiou a oferta de Josias de retornar o povo de Israel, no norte, ao governo davídico, mas concluiu que a morte inoportuna de Josias era sinal da intenção de Yahweh de punir Judá por tê-lo abandonado de uma maneira análoga à de Israel, no norte. Ele apela para tratamento justo aos desprivilegiados na sociedade judaica e critica severamente Jeoaquim por negligenciar o bem-estar do seu povo enquanto constrói um palácio suntuoso para si mesmo (cap. 22). Ele é igualmente capaz de criticar duramente Yahweh por abandoná-lo aos inimigos depois de proclamar a Palavra do Senhor, e amaldiçoa o dia do seu nascimento por sua inabilidade em resistir ao seu chamado profético (20:7-18). Ele condena Ananias como falso profeta, mesmo quando a mensagem de Ananias é de salvação para Jerusalém e corresponde à de Isaías, um século antes (cap. 28). Ele condena Zedequias por renegar uma promessa sobre a libertação de escravos quando os babilônios levantaram temporariamente o cerco sobre Jerusalém (cap. 34). Quando os babilônios ofereceram levar Jeremias de volta à Babilônia para sua proteção devido à consequência da queda de Jerusalém em 587/6, Jeremias escolheu permanecer entre seu povo. Seu resgate da propriedade da família em Anatote, durante uma trégua no cerco babilônico, indica sua identificação com seu povo e a confiança que tinha na restauração da nação depois da punição. A forma atual dos oráculos de restauração nos caps. 30—31 aguarda ansiosamente a restauração e uma nova aliança entre Yahweh e o povo.

Em suma, o livro apresenta Jeremias como sacerdote e profeta fortemente envolvido nos assuntos públicos de sua sociedade num tempo de profunda crise nacional. Como tal, ele representa um modelo de lealdade inabalável a Yahweh, ao seu próprio povo e aos princípios de retidão e justiça que sustentou o fundamento do relacionamento de Yahweh com o povo de Israel e Judá.

Bibliografia. J. Bright, *Jeremiah*. AB 21 (garden City, 1965); R. P. Carroll, *Jeremiah*. OTL (Philadelphia, 1986); *Jeremiah*. Old Testament Guides (Sheffield, 1989); W. L. Holladay, Jr., *Jeremiah*. 2 vols. *Herm* (Philadelphia e Minneapolis, 1986-1989); W. McKane, *Jeremiah* 1. ICC (Edinburgh, 1986); E. W. Nicholson, *Preaching to the Exiles* (New York, 1971). [MARVIN A. SWEENEY]

JEREMIEL (*lat. Hieremihel*) O arcanjo que respondeu às perguntas relativas à ressurreição feitas pelos justos mortos (2Ed 4.36). Presume-se que ele seja o mesmo que Ramiel ou Ramael (cf. Syr; cf. 2Bar 55.3) ou Remiel (1En 20.8).

JERIAS (heb. *yĕrîyāhû*), **JERIJÁ** (*yĕrîyâ*) Levita coraíta; chefe da casa paterna de Hebrom no tempo do rei Davi (1 Cr 23:19; 24:23). Em 1Cr 26:31 (ARA), é chamado de Jerijá.

JERIAS (heb. *yir'îyâ*) Sentinela à Porta de Benjamim que prendeu o profeta Jeremias, quando este procurou deixar Jerusalém para reivindicar a sua herança em Anatote, acusando-o de desertar para o lado dos caldeus (Jr 37:13-14).

JERIBAI (heb. *yĕrîḇay*) Filho de Elnaão; um dos homens valentes de Davi (1Cr 11:46).

JERICÓ (heb. *yĕrîḥô*) Cidade distante cerca de 16 km ao norte do mar Morto, perto da travessia do rio Jordão. A Jericó israelita tem sido associada a Tell es-Sultân e a Jericó romana, com Tulûl Abu el-'Alayiq. Evidência arqueológica registrou ocupação perto da fonte ('Ain es-Sultân) e em Tell es-Sultân e Abu el-'Alayiq já no período mesolítico (c. 9000 a.C.), com intervalos ocasionais, até a era moderna.

Antigo Testamento e livros apócrifos. O nome Jericó aparece na Escritura hebraica frequentemente em referências geográficas (p. ex., Nm 22:1; 26:3; Dt 34:1, 3; também 1Cr 6:78 [TM 63]) do outro lado do Jordão. Jericó figura de forma destacada no livro de Josué, que relata sua milagrosa conquista (Js 5:13-6:23); em Juízes, ela aparece como posto avançado de Eglom de Moabe (Jz 3:13). Os emissários de Davi, ultrajados, recuperam-se em Jericó (2Sm 10:51=1Cr 19:5). De acordo com 1Reis 16:34, Hiel, o betelita, "edificou Jericó", ao custo de dois filhos, conforme a maldição em Josué 6. Em 2Reis 2:4-18, a cidade é conhecida como local de uma escola de profetas. Cativos judeus de guerra foram repatriados para lá (2Cr 28:15). O livro de 2Reis 25:5 = Jeremias 39:5 = 52:8 registra a captura do fugitivo rei Zedequias perto de Jericó. Esdras 2:34 = Ne 7:36 faz referência a um assentamento pós-exílio (população 345) em Jericó.

Jericó recuperou importância na época helenística. A cidade foi fortificada por Báquides (1Mac 9.50) e foi depois palco da morte de Simão (16.14-16). Siraque 24.14 menciona Jericó numa metáfora por sabedoria.

Novo Testamento. Jericó aparece no relato do ministério de Jesus somente nos evangelhos sinópticos. O local é o cenário para a história de Zaqueu, aparentemente principal coletor de impostos da cidade (Lc 19:1-10), e figura na parábola do Bom Samaritano (10:30). Em Mateus 20:29; Mc 10:46; Lc 18:35 a cidade é o cenário para a cura de mendigo(s) cego(s).

Tell es-Sultân. Tell es-Sultân, escavada pela primeira vez por Ernst Sellin e Carl Watzinger (1907-09), depois por John Garstang (1930-36) e por Kathleen M. Kenyon (1952-58), tem rendido algumas das mais importantes informações relativas ao início da urbanização. Restos mesolíticos (c. 9000), semelhantes aos artefatos do período mesolítico, foram encontrados numa grande profundidade. Essa estreita exposição detectou uma "plataforma" retangular de barro intencionalmente preservada em uma base sólida, interpretada por Kenyon como se fosse um santuário; entretanto, objetos temporariamente compreendidos como pedestal para totens têm sido desde então identificados como argamassa de pedra.

Nos quatro níveis neolíticos que se sucederam (c. 8500-4000) Tell es-Sultân tornou-se uma grande (4 ha) cidade. O povoado A neolítico pré-cerâmica, sucessor dos vilarejos "protoneolíticos", expandiu-se e se organizou a ponto de os ocupantes construírem um grande muro de pedra em torno da cidade. O muro de defesa incluía em todas as três fases pelo menos uma torre, redonda (8,5 m em plano amplo, sobressaindo 7,7 m de altura) com uma escadaria interior. Na segunda fase do muro de defesa, uma vala de 9,5 m de largura por 2,25 m de profundidade foi cortada na base rochosa ao longo da face externa, uma característica que dava mais proteção. A Tell es-Sultân neolítica B, pré-cerâmica, também uma cidade murada, é mais representada de forma especial pela descoberta de crânios humanos que haviam sido recuperados do primeiro funeral e sobre cujos traços faciais tinham sido moldados. Os crânios, exemplos dos quais têm sido descobertos em outros sítios neolíticos, foram mantidos dentro de casas; um grupo de nove foi encontrado em ruínas de uma casa. Kenyon sugeriu que esses crânios apontavam um culto aos ancestrais. Nos níveis mais elevados PPN B foram descobertas estatuetas de barro semelhantes a seres humanos, similares às encontradas em 'Ain Ghazal; estes Kenyon caracterizou como uma continuação do culto aos ancestrais, uma imitação dos crânios humanos decorados. Outros, entretanto, entendem que as estatuetas representam deidades.

A destruição de Tell es-Sultân pré-neolítica B foi seguida de um intervalo de ocupação e, eventualmente, por outro povoado de cultura cerâmica neolítica. A pré-neolítica A consistiu principalmente de habitações em covas. As habitações da pré-neolítica B foram inicialmente construídas nas ruínas das habitações em covas da pré-neolítica A, mas depois se inclinaram a ser construídas sobre fundamentos e separadas. A Tell es-Sultân do período pré-neolítico foi aparentemente cercada por um muro. Restos de material apoiam o ponto de vista que os ocupantes eram pastores e caçadores.

Após outro intervalo de vários séculos, na Era do Bronze I ("Protourban" de Kenyon), os humanos centraram novamente as atividades em Tell e-Sultân, conclusão baseada na descoberta de um grupo de tumbas em fossas, todas com múltiplas sepulturas. A arquitetura reapareceu no monte em EB IA e IB na forma de casas em arco, com sugestões de um muro de fortificação e uma torre semicircular. Um edifício com amplo salão, chamado de santuário por Garstang e para o qual ele atribuiu vários artefatos cúlticos de pedra, está incluído em EB I. Kenyon atribuiu ambas as tumbas e povoado a grupos nômades ou seminômades recentemente chegados ao local.

Na idade do Bronze Antigo II-III, era de maior urbanização da Palestina, Tel es-Sultân foi novamente fortificada, nesse caso com grandes Muros B de tijolos (EB II) e C (EB III) que passaram por 17 fases de construção. Várias centenas de tumbas e casas do EB II-III foram escavadas por Garstang e Kenyon; evidência de artefato retrata prosperidade e contratos de comércio com o Egito, Anatólia e Síria. A destruição pelo fogo da cidade do período do EB III, precedida por um gradual declínio na economia e na cultura do EB III, mais uma vez deixou Tell es-Sultân muito abandonada durante vários séculos. Umas 350 tumbas em fossas para sepultamentos individuais em torno de Tell es-Sultân, mais restos de algumas casas no monte de terra, refletem a única atividade humana no EB IV. A maior parte dos sepultamentos continha restos de esqueletos desarticulados, uma indicação de práticas de enterros secundários. Kenyon interpretou os enterros como reflexo de uma organização tribal que consistia de sete grupos afiliados, todos os quais viam a região como local tradicional para sepultamento.

A ocupação (canaanita) na idade do Bronze Médio em Tell es-Sultân foi novamente uma cidade bem fortificada, completa com três sucessivos muros contínuos de defesa. Casas e lojas eram arrumadas numa organização próxima ao portão da cidade. Entretanto, a evidência mais completa da vida (e ideias de pós-morte) na MB II foi extraída de tumbas no cemitério próximo, cujos restos preservados incluíram mobiliário de madeira, tecidos, cestos, tapetes, escaravelhos, entalhes decorativos em marfim e até alimento. A Tell es-Sultân da MB II terminou em destruição, provavelmente pelas mãos de tropas egípcias.

O povoado da idade do Bronze Recente (LB) em Tell es-Sultân tem recebido muita atenção por estudiosos da Bíblia, principalmente devido ao relato da conquista de Jericó no livro de Josué. Entretanto, a ocupação na LB parece ter sido restringida a um vilarejo não-fortificado nos séculos XV-XIV. As descobertas de Kenyon de arquitetura doméstica fragmentária, mais resíduos limitados da LB recuperados por Garstang (que erroneamente identificou um muro fortificado da EB III como o de Josué 6), não corresponde à história do cerco e destruição da Jericó murada. Tentativas para identificar restos arqueológicos em Tell es-Sultân com Jericó descrita em Josué 6 encontram dificuldade pela ausência de dados arqueológicos.

Somente com a primeira camada da Idade do Ferro o nome de Jericó pode ser aplicado com sucesso a Tell es-Sultân. Do fim do século XV até os séculos X-IX Tell es-Sultân permaneceu desocupada, nesse período foi reconstruída, possivelmente por Hiel de Betel (1Rs 16:34), embora artefatos de uma das cinco tumbas da LB datem do início do século XIV. Por volta do século VII havia se tornado um grande povoado, que foi destruído no século VI pela conquista de Judá pelos babilônios. Este último povoado do Ferro II foi o último na colina de Tel es-Sultân, e a ocupação durante os persas por períodos históricos helenísticos é pouco atestada na região.

Tulûl Abu el-'Alayiq. Durante o período asmoneu-romano, a ocupação no oásis mudou-se para Tulûl Abu el-'Alayiq, grupo de colinas ao norte e ao sul de Uádi Qelt. A escavação desses sítios foi feita por Charles Warren (1869), Sellin e Watzinger (1913), James L. Kelso e Dimitri C. Baramki (1950), James B. Pritchard (1951) e Ehud Netzer (1973-1987). Essas extensas escavações expuseram um palácio de dois andares construído por Hircano I na borda norte de Uádi Qelt, e um grande complexo de edifícios, com piscinas construído por Herodes, o Grande como palácio de inverno com alas ligadas por ponte em ambos os lados de Uádi Qelt. As escavações de Netzer encontraram também restos de um teatro, de uma pista de corrida e de um possível ginásio de esportes construído por Herodes em Tell es-Samarat (1917.1413) ao sul de Tell es-Sultân. Pouco se tem descoberto da cidade com a Jericó do NT.

Bibliografia. J. R. Bartlet, *Jericho* (Grand Rapids, 1983); P. Bienkowski, *Jericho in the Late Bronze Age* (Warminster, 1986); J. Garstang e J. B. E. Garstang, *The Story of Jericho* (London, 1940); J. L. Kelso e D. C. Baramki, "The Excavation of New Testament Jericho (Tulul Abu el-Alayiq)", in *Excvations at New Testament Jericho and Khirbet en-Nitla*. AASOR 29-30 (New Haven, 1955): 1-19; K. M. Kenyon, *Digging Up Jericho* (New York, 1957); E. Netzer, "The Hasmonean and Herodian Winter Palaces in Jericho", *IEJ* 25 (1975): 90-100; J. B. Pritchard, *Excavations at Herodian Jericho*. AASOR 32-33 (New Haven, 1958). [PAUL F. JACOBS]

JERIEL (heb. *yĕrî'ēl*) Filho (ou descendente) de Tola, chefe da casa paterna na tribo de Issacar (1Cr 7:2).

JERIMOTE (heb. *yĕrēmôṯ*) (tb. JEREMOTE) **1.** A pequena variação na ortografia deste nome (tb. Jeremote) desenvolveu-se originalmente por razões eufônicas que facilitavam a pronúncia em hebraico.

2. Homem benjamita, um dos nove filhos de Bequer que serviu como chefe da casa paterna durante o reinado de Davi (1Cr 7:8).

3. Filho de Berias, chefe de uma família benjamita que viveu em Jerusalém (1Cr 8:14, 28).

4. Levita merarita, um dos três filhos de Musi, nomeado para o serviço do templo por Davi (1Cr 23:23; chamado Jeremote em 7:7 ARA).

5. O filho de Hemã a quem Davi e os capitães do exército nomearam para o ministério de profetizar no templo com acompanhamento instrumental (1Cr 25:22; Jeremote na ARA).

6. Descendente de Elão entre os que retornaram do exílio com Zorobabel e foram considerados culpados de terem se casado com mulheres estrangeiras (Ed 10:26).

7. Descendente de Zatu, que divorciou-se de sua esposa estrangeira (Ed 10:27).

8. Descendente de Bani, que despediu sua esposa estrangeira e filhos (Ed 10:29).

9. (heb. *yĕrîmôṯ*) Nome próprio, que se escreve também Jeremote.

10. Um dos cinco filhos de Bela, que serviu como chefe de uma família ancestral durante o reinado de Davi (1Cr 7:7).

11. Guerreiro benjamita, aparentado do rei Saul, que juntou-se a Davi em Ziclague após ter fugido de Saul (1Cr 12:5 [TM 6]). Tal como outros que se uniram ao futuro rei, Jerimote foi hábil guerreiro que podia tanto disparar flechas como atirar pedras, usando funda com ambas as mãos.

12. Chefe da casa paterna da tribo de Levi entre os descendentes de Musi designado para as tarefas ou encargos administrativos do templo durante o reinado davídico (1Cr 24:30; também chamado Jeremote em 23:23 ARA).

13. Músico do templo e vidente durante o reinado de Davi (1Cr 25:4; chamado Jeremote no v. 22 ARA).

14. O comandante militar das forças tribais de Naftali durante o reinado de Davi (1Cr 27:19).

15. Filho do rei Davi cuja filha Maalate se casou com o rei Roboão de Judá (2Cr 11:18).

16. Superintendente dos armazéns reais do templo durante o reinado de Ezequias (2Cr: 31:13). [DAVID C. MALTSBERGER]

JERIOTE (heb. *yĕrî'ôṯ*) Aparentemente a esposa de Calebe, filho de Hezrom (1Cr 2:18). O TM não é claro. Outras possibilidades são de que Jeriote é um nome alternativo para Azuba, ou que esta foi anteriormente casada com um homem chamado Jeriote.

JEROÃO (heb. *yĕrōḥām*) **1.** Efraimita, pai de Elcana e avô de Samuel (1Sm 1:1; cf. 1Cr 6:27, 34 [TM 12,19], ele é chamado de levita da descendência de Toá.

2. Benjamita (1Cr 8:27), possivelmente o mesmo que Jerimote no v. 14.

3. Pai ou ancestral de Ibneias, benjamita que retornou do exílio (1Cr 9:8). Ele pode ser o mesmo que o benjamita descrito em 2.

4. Pai ou ancestral de Adaías, sacerdote em Jerusalém no período pós-exílico (1Cr 9:12; Ne 11:12).

5. Homem de Gedor e o pai ou ancestral de Joela e Zebadias, dois homens que se juntaram a Davi em Ziclague (1Cr 12:7 [8]).

6. Pai ou ancestral de Azarel, comandante do exército de Davi sobre a tribo de Dã (1Cr 27:22).

7. Pai ou ancestral de Azarias, um "capitão de cem" que apoiou o golpe de estado de Joiada contra a rainha Atalia (2Cr 23:1). [HAROLD R. MOSLEY]

JEROBOÃO (heb. *yāroḇʿām*) **1.** O primeiro rei do estado de Israel, no norte (924-903 a. C.); efraimita de Zeredá, filho de Nebate e da viúva Zeruá. Salomão o colocou sobre "todo trabalho forçado dos descendentes de José" (1Rs 11:28), mas depois de se envolver em rebelião (v. 27) e ser designado pelo profetas Aías, o silonita, como aquele que receberia, depois da morte de Salomão, o governo sobre dez tribos de Israel (v. 29-30), Jeroboão foi forçado a fugir para o Egito, onde permaneceu sob a proteção do faraó Sisaque até a morte de Salomão (v. 40). Quando Israel se reuniu em Siquém para fazer Roboão seu rei, Jeroboão juntou-se a eles e, depois que Roboão recusou o pedido deles de um governo mais ameno, as tribos do Norte o rejeitaram como rei e escolheram Jeroboão (1Rs 12:1-20). (A LXX dá um relato substancialmente diferente da ascensão de Jeroboão ao poder e governo posterior, mas o seu valor para reconstrução histórica não é claro).

Jeroboão fortaleceu seu poder sobre Israel ao construir programas e reformas cúlticas. Ele edificou Siquém e depois Penuel, possivelmente como capitais e, depois, aparentemente mudou a capital para Tirza (1Rs 12:25; 14:17; 15:33). Fora isso, ele erigiu bezerros dourados em santuários em Dã e Betel, estabeleceu outros centros para adoração em lugares altos na terra, investiu sacerdotes não levíticos como oficiantes cúlticos e instituiu mudanças no calendário de culto (1Rs 12:26-32; cf. 2Cr 11:13-16; 13:8-9). Essas inovações religiosas foram provavelmente entendidas no norte como tentativa de retorno às mais tradicionais práticas cúlticas israelitas, que permitiam a adoração em vários santuários, não observavam os mesmos limites no sacerdócio como eram observados em Jerusalém e consideravam o bezerro (touro?) de ouro como instituído por Arão (cf. Êx 32:1-6) como base divina, a mesma função da arca da aliança no templo de Jerusalém. O historiador deuteronomista, entretanto, considerou as providências cúlticas de Jeroboão como tentativas com motivação política para dissuadir os israelitas de adorar em Jerusalém, de essencialmente idólatras, e, no final das contas, responsável pela destruição do reino do norte (1Rs 12:26-32; 2Rs 17:21-23). Com essa finalidade, o historiador deuteronomista relata que o culto em Betel foi denunciado por um profeta anônimo que viajou de Judá para Betel para confrontar Jeroboão (1Rs 13:1-10) e que Aías, que inicialmente havia nomeado Jeroboão como rei, depois condenou seu comportamento e predisse a morte do filho do rei, Abias, para a esposa de Jeroboão que fora visitar o profeta para pedir a cura (do filho) (1Rs 14:1-6). Referências subsequentes a Jeroboão em 1 e 2 Reis refletem tipicamente essa concepção dele como idólatra que levou Israel à ruína (p. ex., 1Rs 16:2,31; 2Rs 3:3; cf. Sir. 47.23).

O reinado de Jeroboão foi perturbado por seu contínuo conflito com Judá (1Rs 14:30; cf. 2Cr 13:2b-20, que descreve a milagrosa vitória de Abias/Abião sobre Jeroboão) e pela incursão das tropas do faraó Sisaque a Israel (1Rs 14:25-26 menciona o último apenas para notar seus efeitos sobre Judá, mas o objetivo principal do ataque foi aparentemente Israel). Finalmente, o leitor é informado que a morte de Jeroboão (infligida por Deus, de acordo com 2Cr 13:20) foi seguida pela sucessão de seu filho Nadabe (1Rs 14:20).

Bibliografia. C. D. Evans, "Naram-Sin and Jeroboam: The Archetypal Unheilsherrscher in Mesopotamian na Biblical Historiagraphy", in *Scripture in Context II*, Ed. W. W. Hallo, J. C. Moyer e L. G. Perdue (Winnona Lake, 1983), 97-125; B. Mazar, "The Campaign of Pharaoh Shishak to Palestine", *VT*Sup 4 (Leiden, 1957), 56-66; W. I. Toews, *Monarchy and Religious Institution in Israel under Jeroboam I*. SBLM 47 (Atlanta, 1993).

2. Rei de Israel (c. 785-745), filho de Joás e neto de Jeú (2Rs 14:23). O reinado de Jeroboão II sobre Israel foi aparentemente caracterizado por sucesso militar e prosperidade econômica. O segundo livro de Reis 14:25-27 relata que as fronteiras da nação foram estendidas para o norte até a entrada de Hamate (isto é, provavelmente até o extremo sul do vale de Beqa'a) e em direção ao sul até o mar Morto, recuperando, assim, a extensão idealizada da terra de Israel (cf. Am 6:13-14). Essa expansão aconteceu para cumprir a profecia (de outra forma não registrada) de Jonas "filho de Amitai, o profeta, que era de Gate-Hefer" (isto é, o profeta por quem o livro de Jonas é chamado) e assim satisfazer ao desejo de Deus de resgatar Israel de sua aflição (2Rs 14:25-26). Além disso, 2Reis 14:28 afirma que Jeroboão II "reconquistou para Israel Damasco e Hamate, que tinham sido de Judá", uma afirmação problemática sob dois aspectos: (1) a maioria dos historiadores são relutantes em aceitar essa afirmação de que Jeroboão II tenha conquistado as duas cidades e (2) não está claro que papel Judá supõe-se tenha desempenhado na conquista. Várias emendas ao texto têm sido propostas para resolver essas dificuldades, mas não se tem chegado a nenhum consenso. A prosperidade econômica da terra nesse tempo é suposta com base nas profecias de Amós e Oseias, ambos os quais profetizaram durante o reinado de Jeroboão II (Am 1:1; Os 1:1) e condenaram a extravagância da elite urbana da nação (Am 4:1; 5:11-12; 6:4-6; Os 10:1; 12:8). A estranha referência em 1Crônicas 5:17 a um censo de gaditas durante os reinados de Jeroboão II e Jotão, de Judá, pode apontar para alguma colaboração entre Israel e Judá no governo da Transjordânia, mas é em si obscura.

Pouco se sabe da posição religiosa de Jeroboão II, já que 2Reis 14:24 emite apenas uma condenação geral do rei por continuar a prática de Jeroboão I, e Amós 7:10-17 descreve um conflito entre o profeta Amós e o sacerdote Amazias no santuário real em Betel. Os livros de Amós e Oseias indicam, entretanto, que havia certa crítica geral do reinado de Jeroboão II, dirigida aos assuntos políticos, injustiça social e infidelidade religiosa. De fato, o sacerdote Amazias cita Amós predizendo que Jeroboão II "morreria pela espada" e que Israel iria para o exílio (Am 7:11). No entanto, 2Reis 14:29 indica que o rei morreu em paz e foi sucedido por seu filho Zacarias.

Bibliografia. M. Haran, "The Rise and Decline of the Empire of Jeroboam bem Joash", *VT* 17 (1967): 266-97. [M. PATRIC GRAHAM]

JERÔNIMO 1. Tradutor da Vulgata, tradução latina da Bíblia baseada em textos hebraicos do AT e nos textos gregos mais antigos do NT disponíveis na época. Foi a Bíblia padrão para a cristandade ocidental. Comissionado pelo papa Dâmaso I, Jerônimo trabalhou na Vulgata, seu mais importante projeto de tradução, de 391-406 d.C.

Seu nome completo é Eusebius Hieronymus (c. 347/48), Jerônimo nasceu numa família cristã rica e recebeu educação clássica em Roma. Foi batizado com a idade de 19 ou 20 anos. Aceitou a vida monástica até a morte em 30 de setembro de 419/420, mas foi atuante nos debates teológicos de sua época. Defendeu a virgindade perpétua de Maria e o celibato monástico, atacou o Pelagianismo e o Origenismo e traduziu as homílias de Orígenes e obras de Eusébio. Publicou também comentários sobre os profetas do AT, Eclesiastes e uma biografia de Paulo, o eremita. [D. LARRY GREGG]

1. Governador de distrito nos tempos de Antíoco V Eupator que se indispôs com os judeus (2Mac 12.2).

JERUBAAL (heb. *yĕrubba'al*) (tb. JERUBESETE) O nome ("Baal [ou 'o possuidor'] contenda" ou "multiplique") foi dado a Gideão para comemorar sua destruição do altar de seu pai a Baal em Ofra (Jz 6:32). Às vezes, esse nome é identificado como apelido alternativo (Jz 7:1; 8:35), mas em outras é claramente substituto para Gideão (p. ex., cap. 9; 1Sm 2:11); alguns estudiosos veem esse fato como evidência de fontes diferentes. A forma eufemística Jerubesete ocorre em 2Sm 11:21).

JERUBESETE (heb. *yĕrubbešet*) Forma substituta do nome Jerubaal (2Sm 11:21); "que a vergonha contenda" ou "multiplique"), inventada para evitar a pronúncia de Baal.

JERUEL (heb. *yĕrû'ēl*) Área do deserto da Judeia entre En-Gedi e Tecoa, situada na ladeira de Ziz (2Cr 20:16). Aqui o rei Jeosafá derrotou uma coalizão de amonitas e moabitas.

JERUSA (heb. *yĕrûšā', yĕrûšâ*) Filha de Zadoque e mãe do rei Jotão, de Judá (2Rs 15:33). Em 2Crônicas 27:1 (ARA), ocorre a forma Jerusa.

JERUSALÉM (heb. *yĕrûšālayim*) A principal cidade do antigo Israel, capital de Judá e da monarquia unida.

NOME. O nome está baseado na raiz hebraica *yrh* e no nome de um deus canaanita, *Šalem*. O verbo *yrh* normalmente significa "lançar" ou "atirar", mas tem claramente o sentido de "colocar um fundamento" (Jó 38:6). Salém é mais conhecido nos textos ugaríticos em que é normalmente associado com Sahar, ambos descendentes de El. Assim, o nome Jerusalém pode ter significado algo como "fundado por Salém".

A indicação massorética do nome como forma dupla parece refletir desenvolvimento posterior. Também, a noção de que Jerusalém foi originalmente chamada Jebus depende fortemente da interpolação do cronista de 2Samuel 5:6. no qual 2 Samuel relata a respeito de Davi e seus homens "partiu com suas tropas para Jerusalém, para atacar os jebuseus, que habitavam naquela terra...", o cronista registra "... partiu para Jerusalém, que é Jebus, e ali estavam os jebuseus, habitantes da terra" (1Cr 11:4). Outras passagens bíblicas se referem a um lugar chamado de "jebusita" e acrescenta "isto é, Jerusalém" (Js 15:8; 18:28; Jz 19:10). Um exame atento dos detalhes geográficos dessas passagens sugere que "os jebusitas" era um marco em algum lugar na vizinhança imediata de Jerusalém, provavelmente exatamente ao norte da moderna "Cidade Velha", em vez de outro nome para Jerusalém em si.

Localização. Jerusalém está situada numa elevação de cerca de 750 m na zona rural da Palestina central. Foi uma das três principais cidades na zona rural durante os tempos antigos, ligada a Siquém e Hebrom por uma rota natural de terra ao longo do espinhaço da zona rural. A primeira parte de Jerusalém a ser assentada e fortificada foi a colina imediatamente ao sul da Harm esh-Sharif atual, ou monte do templo. O nome bíblico para esse monte, ou parte dele, foi Ofel (2Cr 27:3; 33:14; Ne 3:26-27; 11:21). Ofel, do monte do templo, se derrama para o sul e é flanqueado no leste pelo vale de Cedrom (2Sm 15:23; Jo 18:1) e no oeste pelo vale Tiropoeon (nome dado por Josefo). O monte do templo teria sido um monte mais naturalmente modelado em tempos antigos do que parece agora (subsequente ao programa de edificação de Herodes, o Grande). Também o Tiropoeon, que se une ao Cedrom na parte sul de Ofel, foi em sua maior parte enchido com escombros com o passar do tempo. Situado próximo à base da encosta do lado oriental de Ofel havia uma fonte, a Giom bíblica (2Cr 33:14), que serviu como principal fonte de suprimento de água durante o início da história da cidade. Essa fonte de água foi suplementada por cisternas e, durante o período romano, por aquedutos de outras fontes ao sul de Belém.

Do lado oposto de Ofel, no leste, no outro lado do Cedrom, está o monte das Oliveiras. Frente a Ofel, no oeste, no outro lado do Tiropoeon, está o chamado monte ocidental, que é mais amplo e tem mais espaço gradualmente em sua encosta para edifícios do que Ofel. Durante a Idade do Ferro II, (aprox. época de Ezequias) e novamente durante a época helenístico-romana (período macabeu e posterior) a cidade expandiu-se até esta colina ocidental. Josefo se refere a ela como a Cidade Superior. Parece razoável presumir que "a fortaleza de Sião" da qual os jebuseus se defenderam contra Davi ficava em Ofel, e que o povoado ali estabelecido veio a ser chamado depois da conquista de Davi como "a cidade de Davi" (cf. 2Sm 5:6-10). Depois, entretanto, da construção do templo, Sião passou a ser conhecida como a montanha do templo, ou a cidade agora expandida como um todo. Finalmente, ao que tudo indica, durante o período bizantino, quando o monte do templo estava em ruínas e uma igreja maior, a basílica de Santo Sião permaneceu na colina ocidental, o nome tornou-se ligado à colina.

Girando para os lados oeste e sul da colina ocidental, e depois continuando em direção ao leste para juntar-se ao Cedrom, no extremo da ponta sul de Ofel, na juntura do Tiropoeon-Cedrom, está outro importante vale, o Uádi er-Rababa. Se "os jebuseus" devem ser comparados não somente com Jerusalém, mas mais especificamente com Ofel, que parece ser a parte mais antiga de Jerusalém, então Uádi er-Rababa emerge como o melhor candidato assim como o vale de Hinom e Bir Ayyub, no vale de Cedrom, exatamente ao sul de onde ele se junta ao Tiropoeon e Rababa, como En-Rogel (Js 15:7-11; 18:15-19, 21-28). Uádi er-Rababa tem o seu nome mudado para Hinom em alguns mapas modernos.

Fontes antigas. Embora Jerusalém, Siquém e Hebrom fossem os principais centros urbanos da região palestina central, eram de tamanho relativamente modesto em relação ao padrão das cidades antigas, mesmo comparadas a algumas cidades das terras baixas palestinas. Jerusalém, especialmente, embora desfrutasse de localização agradável, não era nem excessivamente favorecida com recursos agrícolas, nem estava situada particularmente próxima de uma rota comercial importante. Não é de surpreender, portanto, que Jerusalém apareça raramente nas antigas fontes escritas além do AT. As referências epigráficas não-bíblicas a Jerusalém antes do período helenístico-romano são as seguintes. (1) Um lugar chamado *rwš mm* (normalmente transliterado como Roshlamen, mas possivelmente Rosh-ramem) aparece tanto nos grupos de Textos de Execração de Berlim como de Bruxelas. Se essa é Jerusalém, como muitos estudiosos são inclinados a acreditar, então os faraós egípcios sabiam da existência de Jerusalém c. 1800 e a listaram entre seus inimigos asiáticos. (2) Duas das Cartas de Amarna de meados do século XIV foram mandadas para a corte egípcia por Suwardata, rei vassalo de Gate, que acusou de deslealdade 'Abdu-heba, o rei vassalo de Jerusalém. Cinco das cartas são do próprio 'Abdu-heba, cujo nome parece ser de origem hurriana. 'Abdu-heba insiste que outros é que são desleais no Egito e não ele, e pressiona o faraó para que mande apoio militar. (3) Fragmento de inscrição aramaica descoberto em Tell Dan e datado pelo escavador ao século IX parece referir-se à "casa de Davi". Possivelmente essa é uma referência à dinastia governante em Jerusalém que, de acordo com o AT, teria sido fundada por Davi aproximadamente um século e meio antes. (4) Foi também durante o século IX que os governantes neoassírios começaram a fazer incursões militares na Síria-Palestina e, correspondentemente, os governantes locais dessa região fazem menção desse fato em suas inscrições reais. Tiglate-Pileser III (744-727) fornece a menção mais antiga de um rei de Jerusalém; ou seja, ele inclui Jeoacaz numa lista de reis palestinos que lhe pagavam tributo. Assaradão (680-669) e Assurbanípal (668-627) relatam tributo de Judá, que, é claro, sugere Jerusalém. Certamente, a mais intrigante das inscrições assírias, entretanto, são dois prismas com registros que fornecem relatos quase duplicados da invasão de Senaqueribe à Palestina e do cerco de Jerusalém em 701. (5) Uma das crônicas babilônicas relata a conquista de Jerusalém por Nabucodonosor em março de 597.

Evidência arqueológica. Os resíduos arqueológicos pré-romanos de Jerusalém são um tanto escassos, porém isso não é surpreendente pelo fato de ela não ser uma grande cidade dos tempos antigos. Também, a ocupação atual da cidade, para não mencionar a sensibilidade religiosa e os fatores políticos, limita onde os arqueólogos podem escavar. No entanto, o perfil arqueológico de Jerusalém da Idade do Bronze e do Ferro é claramente típico dos sítios palestinos. Esse perfil pode ser resumido como segue:

1. A evidência cerâmica indica alguma ocupação de Ofel no início do período calcolítico.

2. Ruínas de um edifício testemunham uma povoação em Ofel durante os primeiros séculos (c. 3000-2800 a.C.), do início da Idade do Bronze.

3. Partes de um muro de mais de 3 m de largura no lugar, ainda se pode ver as ruínas que indicam que Ofel foi fortificada durante a Média Idade do Bronze.

4. Resíduos arquitetônicos menos impressionantes mais difíceis de interpretar e datar (p. ex., a "estrutura escalonada" discutida a seguir") sugerem a ocupação contínua na Idade do Bronze Recente e Idade do Ferro I.

5. A construção de um túnel para transportar água da fonte Giom no lado leste de Ofel até um reservatório no pé da encosta sudoeste de Ofel, mais fortificações na Colina Ocidental, confirmam que Jerusalém experimentou um período de expansão durante a Idade do Ferro II. Uma inscrição descoberta dentro do túnel para água comemorava o término do projeto, geralmente atribuído a Ezequias (cf. 2Cr 32:30). O reservatório, que recebe a água do túnel ainda hoje, é o tanque de Siloé (Jo 9:1-12).

6. Existem evidências de que essa cidade expandida, da Idade do Ferro II foi destruída.

7. O povoado parece ter sido limitado a Ofel durante os séculos finais da Idade do Ferro.

História. Diante da limitada evidência epigráfica e arqueológica, os historiadores dependem muito de informação no AT a respeito de Jerusalém. No entanto, tem havido bastante cautela nos exames dos textos e nas interpretações nos dias atuais. Além do fato de os escritores bíblicos terem vivido muito depois de alguns eventos que descreveram, alguns dos quais eles relatam a respeito de Jerusalém são difíceis de interpretar.

Josué cap.10 relata a derrota imposta por Josué a uma coalizão de cinco reis amoritas, liderada por Adoni-Zedeque, rei de Jerusalém. A referência de Josué 12:10 narra a história de Jerusalém num resumo de conquistas de Israel sob o comando de Josué. Todavia Josué 15:63 afirma que "não puderam, porém, expulsar os jebuseus que viviam em Jerusalém; assim os jebuseus ficaram habitando com os filhos de Judá [cf. Jz 1:21, 'benjamitas'] em Jerusalém, até o dia de hoje". 2Samuel 5:6-10 = 1Crônicas 11:4-9 relatam que Davi conquistou Jerusalém dos jebuseus, sem mencionar a presença da tribo de Judá nem Benjamim. Finalmente, acusando os habitantes de Jerusalém de abominação, Ezequiel 16:45 afirma: "Vossa mãe foi heteia, e vosso pai amorreu". Parece certo, se (não importa em que grau) houve qualquer conquista israelita de Jerusalém antes de Davi, que a cidade tinha uma população diversificada.

O segundo livro de Samuel 5:8 afirma ter Davi dito: "Todo o que quiser ferir os jebuseus, terá que subir pelo canal [*ṣinnôr*]". Em 2Samuel 5:9, diz-se que Davi "habitou na fortaleza [...] e foi levantando edifícios em redor, desde Milo para dentro". É tentador supor que Davi estava apelando para que um voluntário escalasse o canal que os arqueólogos descobriram na encosta leste de Ofel acima da fonte Giom (isto é, o Canal de Warren). Também tem sido proposto que uma estrutura escalonada de pedra descoberta no topo da encosta e a uma curta distância ao norte do Canal de Warren seja remanescente que sobreviveu da reconstrução de Davi. No entanto, o significado de *ṣinnôr* não é completamente claro, e os arqueólogos debatem a datação tanto do Canal de Warren como da estrutura escalonada. Um ponto de vista alternativo relativo à estrutura escalonada é que ela pertença a uma fase pré-davídica da cidade.

O Antigo Testamento (bem como a tradição posterior refletida tanto no NT como no Alcorão) retrata o reino de Salomão com esplendor sem paralelo. Na verdade a evidência epigráfica e arqueológica (ou relativa falta da mesma) sugere que o século X, quando Salomão teria vivido, foi tanto um "período das trevas" de todo o Oriente Médio, incluindo a Palestina. Essa é a clara impressão a partir dos escassos remanescentes arqueológicos em Jerusalém. Na verdade, o monte do templo e o palácio de Salomão não devem ter ficado acessíveis aos arqueólogos e, provavelmente, de alguma forma foi destruído pelos construtores de Herodes, o Grande. Todavia, à vista das afirmações bíblicas relativas à riqueza extremamente grande de Salomão e extensas atividades de construção, seria de se esperar mais vestígios arqueológicos tangíveis e impressionantes de um curto momento da história de Jerusalém quando, de acordo com o AT, foi o centro de um império de nível internacional.

Para os últimos séculos da Idade do Ferro, torna-se mais fácil coordenar os materiais bíblicos referentes a Jerusalém com fontes arqueológicas e epigráficas. Parece razoável atribuir o túnel de água da Idade do Ferro II a Ezequias e, provavelmente, também a fortificação do monte Ocidental. As práticas de sepultamento dos moradores de Jerusalém desse período são conhecidas a partir de vários cemitérios (um imediatamente ao norte da "Cidade Velha" atual, outro do lado oposto de Cedrom de Ofel nas encostas ocidentais de Silwan, e o assim chamado cemitério Ketef Hinom a sudoeste do monte Ocidental. Entre as descobertas no último cemitério, havia duas pequenas placas de prata laminadas com a bênção de Números 6:24-26. Ruínas de um edifício queimado, escavado nas encostas orientais de Ofel (construído contra a "estrutura escalonada") provavelmente testemunha da destruição babilônica da cidade. Um dos aposentos continha um arquivo de documentos que foi destruído na época. Somente o selo de barro que fechava os documentos sobrevive — mais de cinquenta deles foram destruídos na conflagração.

1Macabeus, 2Macabeus e Josefo são importantes fontes escritas de informação sobre Jerusalém durante o período helenístico, e também Josefo para o início do período romano. A rebelião macabeia foi um momento importante e decisivo, com Jerusalém desfrutando um período de reavivamento e influência política de longo alcance sob os governantes asmoneus, especialmente João Hircano (135/134-104) e Alexandre Janeu (103-76). Mais uma vez a cidade expandiu o monte Ocidental. Jerusalém continuou a florescer depois que Pompeu conseguiu o controle de toda região e de Jerusalém em particular. De fato, Herodes, o Grande, mudou quase completamente a face de Jerusalém, começando com o monte do templo no qual ele basicamente reconstruiu o modesto "Segundo Templo", que havia sido construído pela comunidade judaica pós-exílica durante o período persa. Embora o santuário central da reconstrução de Herodes sem dúvida preservou o desenho básico do Segundo Templo, a disposição geral foi do projeto tipicamente helenístico-romano — isto é, o santuário central (*cella*) foi rodeado por um amplo pátio (*temenos*), que ficava dentro de um pórtico com uma sequência de colunas. No canto noroeste do complexo do templo, tanto para protegê-lo como para controlá-lo e, possivelmente no local da Acra helenística (1Mac 1.29-36; *Ant.* 12.5.4 [252]), ele construiu um forte chamado Antônia (de Marco Antônio). Outras características de Herodes incluíram um palácio no monte Ocidental e três torres que comandavam as defesas ocidentais da cidade. Contemporâneos de Herodes e ativos na cidade havia dois mestres rabinos, versados e influentes, Shammai e Hillel (c. 30 a.C. — 10 d.C.). A Jerusalém de Herodes é também a cidade que Jesus e Paulo devem ter conhecido, embora suas atividades devam estar associadas à geração seguinte do próprio Herodes. O contemporâneo deles mais jovem, Josefo, esteve envolvido na Primeira Revolta judaica e testemunhou a resultante conquista e destruição da cidade por Tito em 70 d.C.

Tradição. Alguns pontos de referência dentro e ao redor de Jerusalém e que figuram no NT podem ser identificados com segurança — ex. o monte das Oliveiras, o tanque de Siloé e o monte do templo. Outros são menos certos, embora com frequência localizados pelas tradições eclesiásticas, que datam do período bizantino. Seguem exemplos representativos.

João 5:2-9 relata a cura, feita por Jesus, de um homem no tanque de Beth-zatha (Betesda, Betsaida) com cinco pórticos, que se dizia estar próximo à Porta das Ovelhas. Os cristãos primitivos, peregrinos a Jerusalém falavam dos "tanques gêmeos" de Betsaida e, em 1888, trabalhadores ao escavar algumas ruínas na base da Igreja de Santa Ana, descobriram uma antiga pintura que parece representar a cura de um homem no tanque. Escavações descobriram os alicerces de uma igreja bizantina construída sobre o que pode ser interpretado como esboço de dois tanques com pórticos. Também, um fragmento de um alto-relevo do período romano descoberto próximo pode ligar o lugar a Esculápio, o deus romano da cura.

Mateus 26:36 = Marcos 14:32 relatam que a traição de Jesus por Judas à véspera da crucificação ocorreu num lugar chamado Getsêmani (com significado provável de "tonel de azeite"). Os outros dois evangelhos na verdade não chamam o lugar pelo nome: Lucas 22:39-40 informa-nos somente que o incidente aconteceu no monte das Oliveiras; João 18:1-11 nota que o fato ocorreu do "outro lado do ribeiro de Cedrom, onde havia um jardim". Ao que tudo indica o Getsêmani (seja jardim, tonel de azeite ou seja o que for) estava localizado no lado do Cedrom do monte das Oliveiras. O lindo jardim salientado hoje é provavelmente um ponto qualquer. Entretanto, a alegação de que as raízes das oliveiras desse jardim são muito antigas não responde à questão se ele é de fato o Getsêmani autêntico.

A antiga tradição cristã localizava o cenáculo (Mc 14:15; Lc 22:12), no monte Ocidental. Acreditava-se que os apóstolos celebraram o primeiro Pentecoste no mesmo salão (At 1:13) e que a casa de Caifás ficava próxima (Mt 26:57; Mc 14:53; Lc 22:54). Assim, uma grande igreja, a Basílica de Monte Sião, foi construída no monte Ocidental durante o período bizantino e é retratada no mapa do mosaico de Madeba. O complexo de edifícios antigos localizado no local atual data da época medieval e posterior.

Constantino encarregou a construção de uma igreja sobre o que se acreditava na época (326 a.C.) ser o lugar do sepultamento de Jesus. De acordo com Eusébio, bispo de Cesareia, que serviu como consultor de Constantino, lembrava-se do local do sepulcro apesar de autoridades romanas anteriores o terem coberto com terra e erigido um templo a Vênus no local (*Vita Const.* 3.25-28). Um pouco depois surgiu uma tradição de que Helena, mãe de Constantino, encontrou a "verdadeira cruz" numa cisterna próxima. Originalmente duas igrejas adjacentes marcaram os locais tradicionais da crucificação de Jesus (Gólgota) e seu sepultamento (tumba de José de Arimateia), mas desde o período das Cruzadas tem se justaposto num só, a Igreja do Santo Sepulcro. Alguns estudiosos têm objetado que o ponto marcado pela Igreja do Santo Sepulcro teria sido dentro da cidade nos dias de Jesus, e assim, um local improvável para crucificações. Um candidato alternativo (o assim chamado túmulo do Jardim) é muito popular entre os turistas protestantes.

Jerusalém (ár. *el-Quds*, "a santa") é uma cidade santa também para os muçulmanos pelo fato de o islamismo ter incorporado muitas tradições bíblicas. Salomão tem um lugar importante no Alcorão e o próprio Maomé orou voltado para Jerusalém durante o início de sua carreira. No entanto, a reverência muçulmana por Jerusalém foca principalmente no verso de abertura da Sura 17 do Alcorão, que faz alusão a uma ocasião em que Deus transportou Maomé de um santuário santo para outro distante e lhe mostrou sinais miraculosos. Depois os intérpretes muçulmanos, ligando esse verso com outras passagens do Alcorão, tomaram-no para significar que Deus transportou Maomé de Meca a Jerusalém num sonho e que de Jerusalém Maomé foi elevado ao céu, onde viu coisas maravilhosas e anunciou a profetas antigos. Jerusalém, em outras palavras, veio a ser identificada como o "santuário distante" (*al-masjid al-aqsa*), e a ascensão de Maomé ao céu é comemorada pelo monumento Domo da Rocha e pela mesquita de al-Aqsa, próxima.

Bibliografia. D. Bahat, *The Illustrated Atlas of Jerusalem* (New York, 1990); H. Geva, ed., *Ancient Jeusalem Revealed* (Jerusalem, 1994); W. H. Mare, *The Archeology of the Jerusalem Area* (Grand Rapids, 1987); B. Mazar, et al., "Jerusalem", *NEAEHL* 2.698-804; F. E. Peters, *Jerusalem: The Goly City in the Eyes of Chroniclers, Visitors, Pilgrims, and Prophets* (Princeton, 1985); J. D. Purvis, *Jerusalem, the Holy City: Bibliography* (Metuchen, N.J., 1991). [J. MAXWELL MILLER]

JERUSALÉM, PORTAS DE A construção, destruição, reconstrução e expansão de muros ao redor de Jerusalém durante os tempos bíblicos possibilitaram a existência de várias portas. O trabalho arqueológico tem ajudado a determinar a localização de muitos desses antigos muros e portões; no entanto, ainda persistem muitas perguntas. Sem dúvida, algumas das portas eram conhecidas por mais de um nome, o que aumenta a confusão.

A construção dos muros da cidade com portas foi empreendida por Davi (1Cr 11:7-8), Salomão (1Rs 3:1), talvez Uzias (2Cr 26:9), Ezequias (32:5), Manassés (33:14), Neemias (Ne 3:1-4:1), os asmoneus e por Herodes.

PERÍODO PRÉ-EXÍLICO. ***Portas do templo.*** Obviamente uma porta ligava o palácio ao templo (2Rs 11:19; 16:18). Essa entrada teria se localizado no sul do templo. Referências ao "caminho da porta da guarda" e à "porta do Fundamento" (2Cr 23:4-5; cf. a porta Salequete, 1Cr 26:16) podem indicar mais portas ligando o palácio e a área do templo, como se deduz de Jeremias 38:14, ao referir-se "à terceira entrada do templo". Misteriosamente, 1Crônicas 9:18 menciona a "porta do rei, que ficava ao oriente. Ezequiel menciona uma porta do templo voltada para o norte (Ez 8:14; 9:2), que pode ser a mesma do templo de Jeremias especificada como porta superior de Benjamim (Jr 20:2; 2Rs 15:35) ou porta nova de Jeremias 26:10; 36:10. A porta dos cavalos voltada para o oriente (Jr 31:40), parece estar localizada no setor sudeste da área do templo perto do palácio (2Rs 11:16). A porta de Benjamim e a porta dos cavalos teriam sido portas da cidade bem como do templo.

Portas da cidade. A inspeção de Neemias da cidade destruída indica que havia uma porta da fonte na parte inferior do muro oriental (Ne 2:14). No canto sudeste da cidade, saindo para o vale de Hinom, estava a porta Harsite (Jr 19:2), depois chamada de Porta do Monturo (Ne 2:13; 3:13-14; 12:31). O nome da porta pode ter derivado de um local de lixo no vale de Hinom. Dando saída, também, para o Hinom havia a Porta do Vale, que geralmente é localizada na extremidade sudoeste dos muros da cidade. O segundo livro de Crônicas 26:9 observa que Uzias construiu uma torre fortificada na porta da esquina. De acordo com 2Crônicas 25:23, Joás derrubou o muro de Jerusalém desde a porta da esquina até a porta de Efraim, uma distância de 400 côvados (200 metros). Assim, a porta de Efraim ficava, provavelmente, no muro norte, não longe da porta da esquina. É possível que essa porta levasse a Efraim e deve provavelmente ser identificada com a "porta do meio" de Jeremias 39:3. A porta dos peixes é difícil de localizar (2Cr 33:14); a maioria dos estudiosos é favorável à localização no muro norte entre o monte do templo e a porta de Efraim. Esse era provavelmente um local onde peixes eram vendidos ou entregues.

Período de restauração. Nem todos os muros de Jerusalém foram destruídos durante o exílio. Escavações indicam que a destruição foi pior na área do templo e ao longo do muro oriental. Consequentemente, a reconstrução de Neemias manteve muitas das portas da cidade antiga. Entretanto, na direção leste, escavações revelam que Neemias construiu mais alto a parte paralela ao vale de Cedrom. Ao fazer isso, parece que outras portas foram acrescentadas ao leste.

Na direção do muro oriental, no norte, na área do templo, está a porta da guarda (Ne 3:31). Mais para o sul, mas ainda na área do templo, estava a porta dos cavalos (Ne 3:28) e a porta da guarda (12:39), talvez uma porta interior que dava para a área do templo. Descendo mais a ravina, Neemias menciona a porta das águas para o leste (Ne 3:26; 12:37), que pode ser considerada igual à porta oriental (Ne 3:29). A última porta do muro oriental, a porta da fonte, evidentemente foi reconstruída mais alta (Ne 3:15).

Neemias não faz menção alguma à porta de Benjamim, anteriormente localizada na área do templo. No entanto, ele nota que sacerdotes construíram uma porta das ovelhas (Ne 3:1), que provavelmente dava para o norte na área do templo e possivelmente era um lugar para venda de ovelhas usadas para o sacrifício. Não pode ser determinado se a porta das ovelhas é ou não a antiga porta de Benjamim.

Em outra parte ao redor da cidade, portas anteriores ao exílio parece terem sido restauradas aos seus locais originais durante esse período. Assim, Neemias registra a reconstrução da Porta do Monturo e a Porta do Vale, que ficavam cerca de 500 m uma da outra (Ne 3:13-14). Também foi restaurada a Porta dos Peixes (Ne 3:3). Neemias, no entanto, não registra o reparo da Porta de Efraim ou da Porta da Esquina, embora pareça que ambas foram reconhecidas nessa época (Ne 8:16; 12:39; Zc 14:10). Outra porta reparada nos dias de Neemias, a porta antiga, curiosamente não é mencionada em outra parte na Escritura. Essa porta pode ter sido traduzida como porta da (área) antiga, ou talvez a porta de Jesaná. A opinião dominante é que a porta era interna, localizada na área norte da cidade, próxima à porta de Efraim.

Período do Novo Testamento. De acordo com Josefo, havia três muros ao redor da Jerusalém herodiana, embora nos lados que davam para os vales, somente um muro circundava a cidade (*BJ* 5.4.1). Josefo menciona poucas portas, apesar de não haver dúvida quanto à existência de muito mais. As seções oriental, setentrional e ocidental do primeiro muro estavam provavelmente na mesma área dos muros dos dias de Neemias. A seção norte do primeiro muro estendia-se da torre Hipicus (perto da antiga Porta da Esquina) até a Xistus (Arco de Wilson dos dias atuais). A única porta mencionada por Josefo no primeiro muro, a Porta dos Essênios (*BJ* 5.4.2), ficava provavelmente perto da Porta do Vale de Neemias.

Existe pouca concordância a respeito da localização do segundo e do terceiro muro. Embora geralmente conhecido, o curso exato do segundo muro é apenas aproximado. Josefo afirma que começava na Porta Genate (leste da torre Hipicus e talvez identificada com a antiga Porta de Efraim) e rodeava na direção nordeste, ligando finalmente com a fortaleza Antônia.

O terceiro muro foi construído por Herodes Agripa (*BJ* 5.4.2). No relato de Josefo, o terceiro muro começava na Torre de Hippicus e ia em direção ao norte para a torre de Psephinus. Aí o muro rodeava para o leste passando pelo monumento de Helena, a caverna dos reis, a torre da esquina e o Monumento de Fuller, e ligava-se ao muro mais antigo no vale de Cedrom. Alguns estudiosos acreditam que o muro norte estava em geral alinhado com o muro norte da atual Cidade Velha. Outros, entretanto, acreditam que o terceiro muro está mais ao norte e deve ser identificado com um muro descoberto por E. L. Sukenik e L. A. Mayer em 1925-27.

Na área do monte do templo, Josefo menciona várias portas: uma no norte, quatro no oeste e um número não especificado de "portas" para o sul. Ele se cala a respeito de portas no leste. No norte, havia a Porta Todi. No oeste, a porta localizada no extremo sul, identificada no lugar do Arco de Robinson, dava para a cidade inferior. O Arco de Robinson era um dos vários arcos imensos que suportavam uma longa escadaria que descia ao vale. Ao norte dessa porta, mais três portas ocidentais foram identificadas como Porta Coponius (popularmente conhecida como Porta de Barclay), Arco de Wilson e Porta de Warren. Essas três portas davam acesso às seções ocidentais da cidade. O Arco de Wilson sustentava uma pesada via elevada que dava acesso ao vale central, ligando a área do templo à cidade superior.

No lado sul do complexo do templo, duas grandes portas estavam localizadas no meio do muro. A primeira delas, a Porta Ocidental de Hulda (a porta dupla), tinha dois arcos e uma ampla escadaria (64 m) que descia para a cidade inferior. A segunda porta, a Porta Oriental de Hulda (a porta tripla), tinha três arcos. Essas duas portas meridionais estão agora confinadas entre paredes.

Josefo relata dez portas que serviam ao templo. Quatro estavam localizadas ao norte, outras quatro ao sul e duas em direção ao leste (*BJ* 5.5.2). As duas portas orientais, uma dentro (ou oeste) da outra, rodeava o Pátio das Mulheres no leste e oeste. A porta interna, que dava para o Pátio de Israel, era provavelmente conhecida como a Porta de Nicanor, enquanto a porta do extremo leste, que separava o Pátio dos Gentios do Pátio das Mulheres, pode ter sido a Porta Formosa mencionada em Atos 3:2. Essas identificações não são certas, e é possível que a Porta Formosa fosse a Porta de Nicanor, interna. Outra opção é que a Porta Formosa, se a tradição cristã deve ser seguida, pode ter sido uma porta no muro oriental da cidade que dá para a área do templo. Atualmente existe no muro oriental a Porta Dourada, que data do início do período bizantino. Uma descoberta recente mostrou outra porta enterrada c. 2-2,5 m diretamente embaixo da Porta Dourada. Essa porta recentemente descoberta parece datar de dias pré-herodianos e pode ser a Porta Formosa.

Bibliografia. W. H. Mare, *The Archeology of the Jerusalem Area* (Grand Rapids, 1987); G. J. Wightman, *The Walls of Jerusalem: From the Canaanites to the Mamluks* (Sydney, 1993). [MARK R. FAIRCHILD]

JESAÍAS (heb. *yĕšaʿyâ*, *yĕšaʿyāhû*) **1.** Neto de Zorobabel e filho de Ananias, listado entre os descendentes de Salomão (1Cr 3:21).

2. Filho do levita Jedutum, escolhido por Davi para ser músico no templo (1Cr 25:3, 15).

3. Levita cuja família foi encarregada das ofertas dedicadas ao tesouro do templo; filho de Reabias (1Cr 26:25).

4. O filho de Atalia e chefe de uma família de setenta homens que retornaram a Jerusalém com Esdras (Ed 8:7).

5. Levita merarita que, com vinte parentes, estava entre os recrutados para acompanhar Esdras no retorno a Jerusalém (Ed 8:19).

6. Ancestral de sétima geração do benjaminita Salu, que estava entre os recrutados para habitar em Jerusalém no tempo de Neemias (Ne 11:7).

JESANA (heb. *yĕšānâ*) Cidade na fronteira de Israel com Judá tomada por Abias durante sua guerra com Jeroboão I (2Cr 13:19). Provavelmente ,é mencionada em 1Samuel 7:12 (heb. *šēn*). Mais tarde o quartel do general Papus, do rei Antígona, a cidade foi capturada por Herodes, o Grande (Isanas romana; Josefo *Ant.* 14.15.12 [458]). O local tem sido identificado como a moderna Burj el-Isâneh, 5 km ao norte de Jefneh e 10,5 km ao norte de Jerusalém.

JESARELA (heb. *yĕśarʾēlâ*) (tb. ASARELA) Filho de Asafe; líder da sétima divisão de cantores levíticos no tempo de Davi (1Cr 25:14). Ele é também chamado de Asarela em 1Crônicas 25:2 (ARA).

JESEBEABE (heb. *yešeḇʾāḇ*) Líder da 14ª divisão de sacerdotes no tempo de Davi (1Cr 24:13).

JESER (heb. *yēšer*, *yešer*) Homem da tribo de Judá, filho de Calebe e Azuba e neto de Hezrom (1Cr 2:18).

JESIMIEL (heb. *yĕśîmiʾēl*) Chefe simeonita, contemporâneo do rei Ezequias (1Cr 4:36).

JESIMOM (heb. *yĕšîmôn*) **1.** Deserto caracterizado pela falta de chuva e vegetação; uma terra devastada. O termo Jesimom é usado para referir-se a regiões desertas em geral (Dt 32:10; Is 43:19; Sl 68:7 [TM 8]; 78:40; 106:14; 107:4) e a dois locais desertos específicos.

2. Região desértica a leste das montanhas da Judeia e a Oeste do mar Morto. Fica próxima à região de Zife, ao norte do monte Haquila (1Sm 23:19; 26:1,3) e do deserto de Maom no Araba (1Sm 23:24). É a região para a qual Davi fugiu para escapar da perseguição de Saul. Jesimom refere-se à região comumente conhecida como o deserto da Judeia.

3. Região desértica na ponta nordeste do mar Morto, limitando-se com a terra de Moabe. É visto de cima do monte Pisga (Nm 21:20) e do monte Peor (23:28). Bete-Jesimote (Js 12:3) provavelmente está localizado nessa região. [RONALD A. SIMKINS]

JESISAI (heb. *yĕšîšay*) Homem da tribo de Gade; filho de Jado e pai de Micael (1Cr 5:14)).

JESOAÍAS (heb. *yĕšôḥāyâ*) Líder de uma casa paterna da tribo de Simeão (1Cr 4:36).

JESSÉ (heb. *yišay*, *ʾîšay*) Pai do rei Davi, filho de Obede e neto de Boaz e Rute, a moabita. Além de Davi, acredita-se, tradicionalmente, que Jessé teve outros filhos (1Sm 16:10; 17:12) e duas filhas (1Cr 2:16). Entretanto, 1Crônicas 2:13-15 lista apenas sete filhos e 2Samuel 17:25 chama Abigail (e presumivelmente Zeruia) filha de Naás. Se este Naás é o rei de Amom (1Sm 11:1), então a família de Jessé teria tido ligações de parentesco tanto moabitas como amonitas (ligações certamente não enfatizadas na história deuteronomista). Jessé não desempenha papel na narrativa bíblica separado de Davi: Davi é ungido no lar de Jessé; Jessé manda Davi tocar harpa para Saul; Jessé manda Davi ao acampamento israelita com alimento para seus irmãos; e Jessé reside temporariamente em Moabe durante o tempo de confusão de Davi com Saul. O nome de Jessé aparece em Isaías 11:1, 10 (o "toco de Jessé", a "raiz de Jessé") como símbolo do rei messiânico (Rm 15:12). [JAMES R. ADAIR, JR]

JESUÁ (heb. *yēšûaʿ*) **I. (LUGAR)** Cidade no sul de Judá, reocupada após o retorno do cativeiro (Ne

11:26), moderna Tell es-Sa'weh/Tel Jeshu'a, a 19 km a nordeste de Berseba. Pode ser o mesmo que Sema (Js 15:26).

II. (PESSOA) (tb. JOSUÉ) **1.** Forma aramaica do nome Josué (cf. Ne 8:17), "Yahweh é meu salvador", nome comum do período do Segundo Templo.

2. O chefe da nona divisão de sacerdotes levíticos, no templo de Salomão (1Cr 24:11).

3. Sacerdote do tempo de Ezequias, que ajudou na distribuição da porção das ofertas dos levitas (2Cr 31:15).

4. O filho de Jeozadaque, sacerdote que retornou para Jerusalém com Zorobabel (Ed 2:2, 8, 9; 4:3; 5:2). É chamado de Josué (40), o sumo sacerdote, em Ageu 1:1, 12; 2:2, 4; Zacarias 3:1, 8; 6:11. Durante a restauração do templo, Josué ficou obscurecido por Zorobabel, embora seja mencionado adiante de Zorobabel com relação à restauração do altar. Com o restabelecimento do templo e do sacerdócio e na ausência de um rei, Josué assumiu a proeminência. Zacarias 3 descreve a visão do profeta da purificação e da ordenação de Josué (cf. 6:10-15) e muitos intérpretes (talvez incorretamente) pensam que 4:14 seja uma alusão a Josué e a Zorobabel.

5. O nome de um clã não-sacerdotal de Paate-Moabe, contado entre os que retornaram do exílio (Ed 2:6 = Ne 7:11).

6. Casa levítica ou clã entre os que retornaram (Ed 2:40 = Ne 7:43; 12:8, 24).

7. Forma alternativa para Josué, filho de Num (Ne 8:17).

8. Pai do levita Jozabade, que ajudou a pesar os tesouros retornados ao templo de Jerusalém (Ed 8:33).

9. Homem de Mispá cujo filho, Ezer, reconstruiu uma seção do muro (Ne 3:19).

10. Cantor levita (Ne 12:8, 10) que assinou o pacto para separar-se de todos os estrangeiros (9:4-5; 10:9 [TM 10]) e que traduziu a lei para o aramaico quando Esdras leu a lei para o povo (Ne 8:7).

11.O filho de Cadmiel, líder dos levitas no tempo do sacerdote Joiaquim (Ne 12:24). [PAUL L. REDDITT]

JESURUM (heb. *yĕšurûn*) Outro nome para Israel, que ocorre somente em textos poéticos. Jesurum é considerado hipocorístico (diminutivo ou termo carinhoso) que pode enfatizar o radical de "correto". O termo ocorre em dois poemas antigos: O Cântico de Moisés (Dt 32:15; séc. X a.C.) e a Bênção de Moisés (33:5,26; séc. XI). É encontrado também em Isaías 44:2, relativo à redenção e restauração de Israel. [ROBERT E. STONE, II]

JESUS (gr. *Iēsoús*) **1.** Forma grega do nome Josué (heb. *yĕhôšûa'*, "Yahweh salvará"); cf. Lc 3:29; At 7:45; Hb 4:8.

2. Pai de Siraque e avô do autor do livro de Siraque (Eclesiástico; Sir. Prólogo).

3. Jesus ben Sirá ("Jesus, filho de Siraque"), autor de Siraque/Eclesiástico.

4. Sobrenome de Justo, colaborador de Paulo (Cl 4:11). *Ver* JESUS CRISTO, BARRABÁS. [BENJAMIN C. CHAPMAN]

JESUS CRISTO O fundador do que se tornou o movimento cristão. Para melhor identificação, em seu período de vida, foi chamado de "Jesus, filho de José" (Lc 4:22; Jo 1:45; 6:42), "Jesus de Nazaré" (At 10:38), ou "Jesus, o nazareno" (Mc 1:24; Lc 24:19 [algumas traduções não distinguem "o nazareno" de "de Nazaré"]). "Cristo" é título, a forma portuguesa do grego *christós*, "ungido" (tradução do hebraico *māš'aḥ*, "messias"). Atos 2:36 e outras passagens mostram conhecimento de que "o Cristo" era certamente um título, mas em muitos livros do NT, incluindo as cartas de Paulo, nome e título são usados com o nome de Jesus: "Jesus Cristo" ou "Cristo Jesus" (Rm 1:1; 3:24). Paulo, às vezes, simplesmente usou "Cristo" como nome de Jesus (Rm 5:6).

VIDA. Jesus foi galileu, seu lar era Nazaré, um vilarejo perto de Séforis, uma das duas maiores cidades da Galileia. Ele nasceu pouco antes da morte de Herodes, o Grande (Mt 2; Lc 1:5), que ocorreu em 4 a. C. É incerto o ano da morte de Jesus, provavelmente entre 29 e 33.

Os pais de Jesus foram José e Maria, mas de acordo com Mateus e Lucas, José foi apenas seu pai legal. Ambos relatam que Maria era virgem quando Jesus foi concebido (Mt 1:18; cf. Lc 1:35). Acredita-se que José tenha sido "carpinteiro", artesão que trabalhava com as mãos (Mt 13:55); de acordo com Marcos 6:3, Jesus também foi carpinteiro.

Lucas relata que Jesus teve um aprendizado muito rápido na infância (Lc 2:41-52), mas não existe outra evidência sobre esse período da vida dele ou qualquer afirmação sobre desenvolvimento precoce. Quando jovem, foi batizado por João Batista e, logo depois, começou sua carreira como pregador itinerante, fazendo curas (Mc 1:2-15). Durante essa curta carreira de menos de um ano, ele atraiu considerável atenção. Quando foi a Jerusalém para celebrar a Páscoa, cerca de 30 d.C. (entre 29 e 33), foi preso, julgado e executado. Convencidos de que ainda vivia e havia-lhes aparecido, seus discípulos começaram a converter outros para que cressem nele; esses esforços, consequentemente, levaram a uma nova religião, o cristianismo.

FONTES. As únicas fontes substanciais para a vida e a mensagem de Jesus são os evangelhos do NT: Mateus, Marcos, Lucas e João. Evidência confiável, porém escassa é encontrada nas cartas de Paulo. Existem muitas frases atribuídas a Jesus e histórias contadas a respeito dele na literatura não-canônica, especialmente os evangelhos apócrifos. A investigação desse material acaba levando à proposta de que alguma parte dele é "autêntico". Embora possível em princípio, e ainda que algumas tradições autênticas tenham sido preservadas fora do cânon cristão, é improvável que fontes não-canônicas possam contribuir substancialmente para compreender o Jesus histórico. As tradições são quase sempre completamente diferentes da evidência dos evangelhos canônicos e estão, na maior parte, embutidos em documentos não-confiáveis em seu todo. Algumas referências a Jesus ocorrem em fontes romanas, mas estas são dependentes do cristianismo primitivo e não fornecem evidência independente. Uma referência a Jesus em Josefo (*Ant.* 18.3.3 [63-4]) tem sido fortemente revisada por escribas cristãos, e o relato original não pode ser recuperado.

Os evangelhos atribuídos a Mateus, Marcos e Lucas concordam de maneira tão íntima que é possível estudá-los juntos numa sinopse (organizados em colunas paralelas). João é consideravelmente diferente e pode ser reconciliado com os sinópticos somente de forma muito geral. Pode-se, no entanto, distinguir o material discursivo de João do esboço narrativo e avaliá-lo separadamente. Nos evangelhos sinópticos (Mateus, Marcos e Lucas), Jesus ensina em curtos aforismos e parábolas, usando semelhanças e figuras de linguagem, muitas tiradas da vida agrícola e aldeã. O assunto principal é o reino de Deus; raramente Jesus se refere a Si mesmo. Quando solicitado a fazer um "sinal" para provar sua autoridade, Ele se recusa (Mc 8:11-12). Em João, entretanto, Jesus ensina em longos discursos metafóricos, nos quais Ele mesmo é o assunto principal. Seus milagres são descritos como "sinais" que apoiam as autodescrições nos discursos e provam quem Ele é. Diante da escolha entre João e os sinópticos, os estudiosos têm sido quase que unânimes em escolher os evangelhos sinópticos no fornecimento de conteúdo e hábito dos ensinos de Jesus.

O esboço da narrativa de João difere também dos sinópticos, mas aqui a escolha é menos clara. Nos sinópticos, parece que o ministério de Jesus durou menos de um ano, já que eles mencionam a Páscoa apenas uma vez durante o ministério de Jesus, ocasião de sua última e fatal viagem a Jerusalém. João, no entanto, cita três Páscoas e, portanto, um ministério de mais de dois anos. João narra várias viagens a Jerusalém durante o ministério de Jesus. Tanto um esboço narrativo como outro é possível. Um ministério de mais de dois anos, entretanto, permite mais perguntas não respondidas do que um ministério de poucos meses. Jesus e seus discípulos foram itinerantes; viajaram pela Galileia e seus arredores; Jesus ensinou e curou em diversas cidades e vilarejos, bem como na zona rural e nas praias do mar da Galileia. Nenhum dos evangelhos explica como viviam (embora Lucas 8:1-3 mencione algumas mulheres apoiadoras), mas a omissão é mais evidente em João.

Carreira pública. Podemos, no entanto, encontrar o contexto completo e a história geral do ministério de Jesus, e isso fornece a certeza do tema do seu ensino como um todo. O ministério público de Jesus começou quando foi batizado por João Batista, um profeta escatológico que proclamou que o dia do julgamento estava próximo. Jesus parece ter aceitado isso e em seguida reuniu doze discípulos, representando as doze tribos de Israel, proclamou a chegada do reino de Deus, predisse a destruição do templo e sua reconstrução "sem mãos", compartilhou de uma refeição final com seus discípulos na qual disse que beberia vinho novamente com eles no reino de Deus. Depois da morte de Jesus, seus discípulos formaram uma pequena comunidade que esperava o seu retorno e a implantação do reino. Esse grupo se espalhou e seus membros continuaram esperando a volta de Jesus num futuro próximo, inaugurando um reino no qual o mundo seria transformado.

Esse resumo da carreira de Jesus mostra que Ele foi um profeta escatológico, muito semelhante a João Batista e alguns outros profetas judeus do século I, como Teudas. Tal como João, Jesus cria no juízo vindouro, mas o ponto principal de Sua missão estava mais direcionado à inclusão do que à condenação.

Ensinos. ***A natureza do reino.*** Jesus proclamou o reino escatológico de Deus. "Escatologia", nesse sentido, significa "discussão ou ensino das últimas coisas", em vez de "o fim do mundo". Os escatologistas judeus antigos de fato pensavam na intervenção definitiva de Deus no mundo, que transformaria o mundo e seus habitantes, não os destruiria. Os judeus acreditavam que Deus havia anteriormente interferido na história (no êxodo do Egito, na conquista de Canaã), e esperavam que Ele o fizesse novamente, mas de uma maneira mais decisiva. Haveria paz e tranquilidade na sociedade e na natureza (cf. Is 2:2-4) e o mundo seria governado de acordo com a vontade de Deus.

Jesus compartilhava dessa visão geral. Em particular, ele pensava que as doze tribos originais de Israel seriam novamente reunidas (Mt 19:28; cf. a chamada dos doze discípulos), que a ordem da sociedade fosse mudada para que o pobre e humilde pudesse ter abundância (Mt 5:5), que os pecadores e réprobos fossem, de alguma forma, incluídos (Mc 2:17; Mt 11:19), e que Ele e seus discípulos ocupassem as posições importantes (Mc 10:29-31, 35-40; Mt 19:28-29).

Tempo e lugar. Na visão de Jesus, o reino de Deus existia no céu e os indivíduos entrariam nele pela morte (Mc 9:47). O poder de Deus era, em certo sentido, onipresente, e Jesus pode ter visto "o reino" no sentido da presença de Deus especialmente evidente em suas palavras e ações. Mas Jesus foi um escatologista: no futuro, o reino viria a terra em seu pleno poder e glória, em cujo tempo a vontade de Deus seria feita "na terra como no céu" (Mt 6:10). Jesus morreu antes que sua expectativa se cumprisse e isso, com as aparições da ressurreição, levou seus seguidores a esperar sua volta num futuro próximo, trazendo o reino e governando na posição de Deus (1Ts 4:13-18; v. 15-17 modificam o que é dito do Jesus histórico a respeito da vinda do Filho do homem em Mateus 24:27-28; 16:27-28; cf. 1Co 15:23-28). O fato de o movimento dos cristãos primitivos esperar a chegada do reino num futuro muito próximo é uma das indicações mais fortes de que essa havia sido a expectativa do próprio Jesus durante sua vida. No início de sua carreira, Paulo pensava que ele e muitos outros cristãos estariam vivos quando o reino chegasse (1Ts 4), mas depois ele considerou a possibilidade da própria morte antes disso (Fp 1:20-26). Pode-se ver a expectativa decrescente nos evangelhos (compare Mc 9:1 e Jo 21:21-23), uma expectativa que os seguidores de Jesus tiveram de modificar com o passar das décadas.

Preparação e discipulado. Jesus chamou algumas pessoas para segui-lo e, para isso, deveriam abrir mão de tudo (Mc 1:16-20). Ele esperava que outros doassem seus bens para os pobres, embora sem se juntarem ao seu ministério itinerante (Mc 10:17-31). Ele aconselhou a todos a fixarem a atenção no reino, não em posses materiais (Mt 6:19-21; 25-34; Lc 12:13-21). A recompensa deles seria grande no reino.

Os pobres e pecadores. Os temas de mudança e inclusão requerem apresentação mais completa. Os pobres, os humildes, simples e pecadores aparecem muito nos evangelhos sinópticos. Jesus veio especialmente para chamá-los, mas parece também que Ele os favoreceu. No reino vindouro, o último será o primeiro (Mc 10:31). Aqueles que detiverem posições de destaque no mundo presente serão rebaixados de posto (Lc 14:7-11). Os que abriram mão de tudo e o seguiram, receberão "cem vezes mais" (Mc 10:30). Os pecadores, tipificados pelos coletores de impostos, serão incluídos no reino (Mt 21:31). Isso provavelmente está, em parte, no fato da simpatia de Jesus por aqueles que eram de sua classe social e econômica e abaixo dela. Jesus e seus discípulos não eram, eles mesmos, da classe muito baixa; seu pai trabalhava com as próprias mãos, mas não era pobre. Alguns discípulos de Jesus eram de famílias proprietárias de seus próprios barcos de pesca e tinham casas (Mc 1:19, 29). Eles não eram ricos, mas não eram assalariados, pedintes ou sem-teto. A simpatia de Jesus, no entanto, era dirigida a estes últimos. Sua mensagem tinha uma dimensão social em dois aspectos: Ele pensava que no reino ainda haveria relacionamentos sociais e pensava que os desfavorecidos no mundo presente seriam, de alguma forma, beneficiados na nova era (Mt 5:3-11; Lc 6:20-23). A promessa de casas e terras em Mateus 19:29-30; Marcos 10:29-30 pode ser metafórica, mas Jesus pode também ter contemplado uma futura sociedade na qual a propriedade ainda seria considerada, embora redistribuída.

O chamado de Jesus aos pecadores, de acordo com Lucas, significou que Ele os chamou ao arrependimento (Lc 5:32; mas cf. Mt 9:13; Mc 2:17). É provável que a mensagem de Jesus tenha sido mais radical do que meramente os transgressores devessem se arrepender. Ele os chamou, mais exatamente, para aceitá-lo e à Sua mensagem e prometeu incluí-los se eles o fizessem. Isso incluía, sem dúvida, reforma moral — os seguidores de Jesus não deviam continuar enganando e defraudando — mas provavelmente ele quis dizer que não tinham de se conformar exatamente com os padrões de justiça da sociedade judaica, que exigia reembolso de dinheiro ou bens, multa adicional e apresentação de uma oferta pela culpa (Lv 6:1-7). Aceitá-lo e ser como Ele e seus discípulos era o que Deus requeria.

Conceito próprio. Jesus deu um peso enorme à própria missão e pessoa. A preocupação cristã com títulos (ele pensava ser o Messias, Filho de Deus, Filho do homem, filho de Davi, rei, etc.?) obscurece a questão. Às vezes, Ele se denominou "Filho do homem" e, indiretamente aceitou "Messias" (ou "Cristo") e "Filho de Deus" (Mt 16:16; Mc 14:61-62; cf. par. Mc 8:29 = Lc 9:20; Mt 26:63-64 = Lc 22:67-70), mas não fez questão de títulos. Ele chamou pessoas para O seguirem, não para dar-lhe algum título. Jesus pensava ser o último emissário de Deus, que Ele e seus discípulos governariam no reino vindouro, e que as pessoas que O aceitassem seriam incluídas nesse reino.

Lei judaica. Muitas passagens nos evangelhos tratam da lei judaica. De acordo com um conjunto, que sobressai especialmente no Sermão do Monte (Mt 5-7), Jesus admoestou seus seguidores à estrita observância da lei (5:17-48). De acordo com o segundo conjunto, Ele foi falho na estrita observância e transgrediu opiniões correntes sobre certos aspectos da lei, especialmente do sábado (Mc 3:1-3). É pelo menos concebível que ambas as posições tenham

A B C D E F G H I J K L M N O P Q R S T U V X Y Z

sido verdadeiras, que Ele foi rigoroso a respeito do casamento e divórcio (Mt 5:31-32; Mc 10:2-12) mas leniente com relação ao sábado. O estudo de "Jesus e a lei" é muito técnico. Em geral, as disputas legais nos evangelhos caem bem nos parâmetros das disputas legais no judaísmo do século I. Algumas pessoas se opunham a curas sem importância no sábado, enquanto outros as permitiam. Os saduceus consideravam os fariseus lenientes demais quanto à observância do sábado. Alguns judeus lavavam as mãos antes de comer (Mc 7:5), mas outros, não. Havia muitas discordâncias a respeito da pureza, e os dois principais partidos dentro do farisaísmo (os shammaitas e os hillelitas) discordavam a respeito da impureza menstrual, um assunto muito mais sério do que lavar as mãos.

Uma declaração em particular se opõe de fato à lei judaica na sua compreensão geral. Todos os judeus concordavam com uma extensa lista de alimentos proibidos, incluindo porco e moluscos (cf. Lv 11; Dt 14), que os separava de outros povos. De acordo com Marcos 7:19, Jesus "declarou puros todos os alimentos", o que se opunha diretamente à lei de Deus dada a Moisés. No entanto, isso não está na passagem paralela em Mateus 15, e Pedro parece tê-la aprendido primeiro depois da morte de Jesus, através de uma revelação celestial (At 10:9-16). Jesus não se opôs, então, diretamente a qualquer aspecto da lei sagrada.

Entretanto, ele provavelmente teve de fato disputas legais nas quais se defendeu citando precedentes escriturísticos, o que significava que ele não se colocava contra a lei (Mc 2:23-28). Contudo, Jesus foi independente; fez as próprias regras com relação a como observar a lei, e decidia como se defender quando criticado. De forma geral, os debates legais aconteceram entre campos ou escolas que competiam. Jesus não era, de forma alguma, a única pessoa no antigo judaísmo que lutava por conta própria, agindo de acordo com a própria percepção da vontade de Deus, e assim Ele não era singularmente preocupante, mas tal comportamento podia, no entanto, ser suspeito.

Ética. Jesus exigia devoção completa a Deus, colocando-a muito adiante da devoção à própria pessoa e até mesmo à família (Mc 3:31-35; Mt 10:35-37). A pessoa devia estar disposta a abrir mão de tudo para obter o que era mais precioso (Mt 13:44-46). A observância da lei não devia ser apenas externa, mas interna: ódio e luxúria, assim como o assassinato e o adultério, são errados (Mt 5:21-26, 27-30).

Milagres. Além de profeta e mestre, Jesus também curou e operou milagres. No século I, os que curavam e operavam milagres eram pouco conhecidos e não eram considerados seres super-humanos. Jesus admitiu que outros pudessem também realizar milagres, como exorcismo, mesmo não seguindo (Mt 12:27; Mc 9:38-41; 6:7). Por isso, o significado desse aspecto tão importante de sua vida é frequentemente mal compreendido. No próprio contexto de Jesus, admitia-se que várias pessoas podiam curar e realizar milagres da natureza, como fazer chover. A questão era: por qual poder, ou espírito, elas o faziam? Alguns adversários de Jesus O acusaram de expulsar demônios pelo poder do príncipe dos demônios (Mc 3:19b-22; Mt 12:24; Lc 11:18); Ele respondeu que o fazia pelo Espírito de Deus (Mt 12:28; Lc 11:20).

Controvérsia e perigo. ***Multidões e autonomia.*** A reputação de Jesus como operador de cura teve uma consequência histórica muito importante: Ele atraiu multidões. Esse é o tema principal dos capítulos iniciais de Marcos (1:28, 45; 2:2). Multidões significavam que mais pessoas ouviam Sua mensagem, o que era uma vantagem, mas havia desvantagens. As pessoas que vinham esperando curas tinham, com frequência, interesse egoísta. Além disso, multidões eram politicamente perigosas. Uma razão que levou Herodes Antipas a executar João Batista foi que ele atraiu grandes multidões que levou Antipas a temer um levante (Josefo, *Ant.* 18.5.2 [116-19]).

A mensagem de Jesus não era necessariamente perigo sob o ponto de vista social. A promessa de mudança futura pode ter deixado muitas pessoas inseguras, já que podia ser um preâmbulo de revolução social, e a promessa de Jesus aos pecadores pode ter irritado os escrupulosos, mas sem multidões esses aspectos de Sua mensagem não teriam muita importância. Ele não atacou o coração da religião judaica como tal: não negou a eleição de Abraão e a exigência da circuncisão; não denunciou Moisés e a lei. No entanto, pelo fato de Jesus ser independente e, portanto, imprevisível, algumas pessoas O trataram com hostilidade e suspeita.

Escribas e fariseus. Esses foram dois grupos bem distintos, embora tudo indique que alguns escribas fossem fariseus. O escriba era alguém que tinha cultura legal e que redigia documentos legais; cada vilarejo tinha pelo menos um escriba. Os fariseus eram membros de um partido que acreditava na ressurreição e na obediência às tradições legais não relacionadas à Bíblia, mas aos pais ou líderes do próprio partido. Eles eram também famosos conhecedores da lei, daí a sobreposição parcial de escribas e fariseus. Parece, com base em tradições rabínicas subsequentes, entretanto, que a maior parte dos fariseus eram pequenos proprietários de terra e comerciantes, não escribas profissionais.

Na visão de Marcos, os principais opositores de Jesus na Galileia eram os escribas; de acordo com Mateus eram os fariseus. Pode-se aceitar essa evidência aparentemente conflitante como pelo menos geralmente exata: as pessoas versadas na lei e na tradição judaica podem ter examinado Jesus cuidadosamente e, sem dúvida, às vezes, contestaram seu comportamento e ensino (Mc 2:6, 16; 3:22; Mt 9:11; 12:2). De acordo com Mateus 12:14; Marcos 3:6 os fariseus (Marcos acrescenta "com os herodianos") planejaram matar Jesus. Se essa trama foi de fato posta em prática, entretanto, parece que nada resultou, já que os fariseus não desempenharam papel significativo nos eventos que levaram Jesus à morte. Somente uma passagem em Mateus, nenhuma em Marcos e Lucas, lhes confere algum papel, afinal (Mt 27:62).

Dito de outra forma, algumas pessoas na Galileia podem não ter crido em Jesus, mas Ele nunca foi formalmente acusado de desrespeito à lei e a oposição na Galileia não O levou à morte.

A última semana de Jesus. Por volta do ano 30, Jesus e seus discípulos foram da Galileia a Jerusalém para celebrar a Páscoa. Provavelmente, Ele foi uma semana antes, como talvez o tenham feito uns 200 ou 300 mil judeus, para serem purificados da impureza de cadáver (Nm 9:10-12; 19:1-22). Os evangelhos não mencionam purificação, mas situam Jesus nos arredores do templo, nos dias que precederam a Páscoa. Jesus entrou em Jerusalém num jumento, talvez com a intenção de lembrar Zacarias 9:9 (Mt 21:4-5). Isso desencadeou uma manifestação de seus seguidores, que O aclamaram como "Filho de Davi" (Mt 21:9) e "o que vem em nome do Senhor" (Mc 11:9). Jerusalém, na Páscoa, era perigosa; era bem conhecido tanto ao sumo sacerdote (Caifás), que governava a cidade, como ao governador romano (Pilatos), a quem o sumo sacerdote prestava contas e que intervinha em caso de confusão, que as festas eram momentos de prováveis revoltas. O governador, que normalmente vivia em Cesareia, veio a Jerusalém durante as festas com suas tropas, que patrulhavam a cobertura dos pórticos do templo. Uma demonstração grande provavelmente teria levado Jesus imediatamente à prisão. Pelo fato de ele ter vivido durante mais vários dias, podemos inferir que a multidão era relativamente pequena.

Jesus passou algum tempo ensinando e debatendo (Mc 12) e disse aos seus discípulos que o templo seria destruído (13:1-2). Num desses dias de purificação anterior ao sacrifício e refeição da Páscoa, Ele realizou sua ação simbólica mais dramática. Ele entrou na área que circundava o templo, onde os adoradores trocavam suas moedas para pagar a taxa anual do templo, de duas dracmas, e também compravam pombos para o sacrifício. Jesus virou algumas mesas (Mc 11:15-19), uma ação que levou "os principais sacerdotes e os escribas" (Lucas acrescenta "e os principais do povo") a planejarem matá-lo (Mc 11:18; Lc 19:47; cf. Mc 14:1-2 par.).

Os discípulos acharam um salão para a refeição da Páscoa e um deles comprou um animal e o sacrificou no templo (Mc 14:12-16). Durante a refeição, Jesus abençoou o pão e o vinho, designou o pão "meu corpo" e o vinho "o sangue do pacto" ou "o novo pacto em meu sangue" (Mc 14:22-25; a variante está em Lc 22:20;1Co 11:25).

Depois da ceia, Jesus levou seus discípulos para o monte das Oliveiras a fim de orar. Enquanto estava lá, Judas conduziu homens armados, mandados pelos principais sacerdotes, que O prenderam (Mc 14:43-52). Jesus foi levado ao sumo sacerdote, que havia reunido alguns de seus conselheiros (chamados coletivamente de "Sinédrio"). Primeiro, foi acusado de ameaçar destruir o templo, mas essa acusação não se sustentou. O sumo sacerdote perguntou-lhe se ele era "o Cristo, o Filho de Deus". De acordo com Marcos, ele disse "sim" e então predisse a chegada do Filho do homem. De acordo com Mateus, ele disse: "É como disseste. Contudo digo-vos que de agora em diante vereis em breve o Filho do homem", aparentemente sugerindo indiretamente resposta negativa à pergunta. De acordo com Lucas, ele foi mais ambíguo: "Se eu vo-lo disser, não o crereis" e "Vós dizeis que eu sou" (Mc 14:61-62; Mt 26:63-64; Lc 22:67-70).

Qualquer que fosse a acusação, o sumo sacerdote evidentemente já havia decidido que Jesus tinha de morrer e clamou: "blasfêmia" e rasgou as suas vestes, sinal dramático de lamentação que a Bíblia proíbe o sumo sacerdote fazer (Lv 21:10). Os conselheiros concordaram que Jesus devia ser mandado a Pilatos com a recomendação para matá-lo.

É duvidoso que títulos tenham sido de fato o caso. Conforme Marcos (seguido por Mateus e geralmente por Lucas) apresenta a cena, a primeira tentativa foi executar Jesus por ameaçar o templo. Aquilo não funcionou e então Caifás empregou uma artimanha e simplesmente declarou qualquer coisa que Jesus disse (a respeito do que devemos manter a incerteza) como blasfêmia.

Pilatos não se importou com os detalhes da lei judaica. Para ele, Jesus era um agitador em potencial e ordenou sua execução. Mateus, Lucas e João dão a Pilatos um caráter de certa forma bom e o mostram preocupado com a decisão, mas rendendo-se à insistência judaica (Mt 27:11-26; Lc 23:1-25; Jo 18:28-40). Isso reflete o fato de a igreja primitiva ter de fazer o próprio caminho no Império Romano e não desejar que se considerasse o seu líder culpado aos olhos de Roma. Pilatos é conhecido por outra evidência de ter sido insensível, cruel e dado a execuções maldosas (Fílon *Leg.* 38.302). Ele foi finalmente demitido do cargo por executar um grupo de samaritanos (Josefo, *Ant.* 18.4.1-2 [85-89]). Provavelmente, mandou Jesus para a morte sem se angustiar muito pela decisão tomada.

Jesus foi crucificado como pretenso "rei dos judeus" (Mc 15:26 par.). Na cruz, foi ridicularizado como aquele que destruiria o templo (Mc 15:29). Essas duas acusações explicam a decisão de executá-lo. Seu próprio pensamento era quase certo que Deus destruiria o templo como parte do novo reino, talvez ele mesmo reconstruindo-o (Mc 14:58; cf. 11QT 29.8-10). Caifás e seus conselheiros provavelmente compreenderam bem Jesus: eles sabiam que Ele era profeta e que seu pequeno bando não podia danificar o templo seriamente. Mas Jesus havia feito um pequeno ataque ao templo e predisse sua destruição. Esses eram atos exaltados numa cidade que, em época de festa, tendiam a revoltas. O sumo sacerdote, sob o governo romano, tinha a responsabilidade de manter a paz e ele e seus conselheiros agiram de acordo (cf. Jo 11:50).

A pregação de Jesus do "reino de Deus" era também potencialmente incitante. A frase podia ter vários significados, mas certamente não significava que Roma continuaria a governar a Judeia. Muitas pessoas se ressentiam do governo romano, e Roma era rápida em matar pessoas que reivindicassem demais. Pilatos não achava que Jesus e seus seguidores constituíssem uma ameaça militar. Se tivesse pensado assim, teria executado os discípulos, no momento ou depois, quando voltassem para Jerusalém para assumir sua nova missão.

Portanto, ninguém achava que Jesus pudesse de fato destruir o templo, nem que Ele podia criar uma revolta séria em favor de um novo reino. Todavia, discurso inflamado era perigoso, Jesus tinha seguidores, a cidade estava cheia de peregrinos que celebravam o êxodo do Egito e a libertação de Israel da servidão estrangeira, e Jesus tinha cometido um pequeno ato de violência na área sagrada. Ele foi executado por ser o que foi: um profeta escatológico.

Jesus pensava que o reino estava perto e que ele e seus discípulos logo festejariam nele. É possível que até o fim esperasse a intervenção divina (cf. Mc 15:34).

A RESSURREIÇÃO. O que aconteceu em seguida mudou a história de uma forma bem diferente do que Jesus parece ter previsto. Ele apareceu a alguns de seus seguidores após Sua morte. Os detalhes são incertos, desde que nossas fontes discordam a respeito das pessoas que O viram e os lugares de suas aparições (cf. as partes finais de Mateus, Lucas e João; o início de Atos; e a lista de aparições de Paulo em 1Co 15:3-9). De acordo com Mateus, um anjo mostrou o túmulo vazio a Maria Madalena e "a outra Maria", e lhes disse para falar aos discípulos que fossem para a Galileia. Enquanto estavam em Jerusalém, viram Jesus, que lhes disse a mesma coisa. Jesus apareceu apenas uma vez mais, aos discípulos na Galileia. O relato de Mateus está basicamente implícito em Marcos (Mc 14:28; 16:7), embora Marcos omita a história da ressurreição, terminando com o túmulo vazio. De acordo com Lucas, entretanto, os discípulos nunca deixaram Jerusalém e seus arredores. As mulheres (Maria Madalena, Joana, Maria mãe de Tiago e "as outras mulheres") encontraram a tumba vazia. "Dois varões em vestes resplandecentes" lhes disseram que Jesus havia ressuscitado. Mais tarde, Jesus apareceu a dois discípulos na estrada de Emaús, depois a Pedro e depois aos discípulos. João (incluindo cap. 21, acreditava-se normalmente ser um "apêndice") une as aparições na Galileia e Jerusalém. Atos, embora escrito pelo mesmo autor, tem uma série mais ampla de aparições do que Lucas, mas a exemplo de Lucas, coloca todas as aparições em ou perto de Jerusalém. A longa lista de Paulo de pessoas a quem Jesus apareceu não concorda tão exatamente com os outros relatos.

Diante de tal evidência, mal podemos dizer "o que realmente aconteceu". Dois pontos são importantes: (1) As fontes desejam descrever o Jesus ressurreto nem como cadáver ressuscitado, homem gravemente ferido cambaleando a esmo, nem como fantasma. De acordo com Lucas, os dois primeiros discípulos a ver Jesus andaram com Ele durante várias horas sem reconhecê-lo (Lc 24:13-32). Ele podia também desaparecer e reaparecer à vontade (Lc 24:31, 36). De acordo com Paulo, o corpo dos cristãos crentes serão transformados para serem como o do Senhor, e o corpo da ressurreição não será "carne e sangue" (1Co 15:42-53). Embora substancialmente, Jesus não foi fantasma. Lucas diz isso explicitamente (Lc 24:37-39) e Paulo insiste em "corpo", escolhendo o termo "corpo espiritual" em vez de "espírito" ou "fantasma" (ambos gr. *pneúma*). Os autores, em outras palavras, estavam tentando explicar algo para o qual não tinham um vocabulário preciso.

(2) É difícil acusar nossas fontes, ou os cristãos primitivos, de fraude deliberada. Uma trama para nutrir a crença na ressurreição teria, provavelmente, resultado numa história mais consistente. (Parece que temos, em vez disso, uma competição: "Eu O vi", "eu também", "as mulheres O viram primeiro", "não, eu vi; elas não O viram, de forma alguma"). Algumas

das testemunhas da ressurreição dariam a vida por sua crença, o que torna improvável uma fraude.

As incertezas são substanciais, mas, dados os relatos em nossas fontes, certamente é impossível de se obter. Podemos dizer das experiências dos discípulos da ressurreição aproximadamente o que as fontes nos permitem dizer da vida e da mensagem de Jesus: temos um conhecimento geral razoavelmente bom, embora muitos detalhes sejam incertos ou estejam abertos a questionamento. *Ver* CRISTO.

Bibliografia. M. Borg, *Jesus: A New Vision* (San Francisco, 1987); G. Bornkamm, *Jesus of Nazareth* (1960, repr. Minneapolis, 1995); J. D. Crossan, *The Historical Jesus: The Life of a Mediterranean Jewish Peasant* (San Francisco, 1991); J. P. Meier, *A Marginal Jew*, 3 vols. (New York, 1991-); E. P. Sanders, *The Historical Figure of Jesus* (London, 1993); *Jesus and Judaism* (Philadelphia, 1985); *Jewish Law from Jesus to the Mishnah* (Philadelphia, 1990); A. Schweitzer, *The Quest of the Historical Jesus* (1910, repr. New York, 1968); G. Vermes, *Jesus the Jew* (1973, repr. Philadelphia, 1981); *The Religion of Jesus the Jew* (Minneapolis, 1993); N. T. Wright, *Cristian Origins and the Question of God, 2: Jesus and the Victory of God* (Minneapolis, 1996). [E. P. SANDERS]

JESUS CRISTO, SABEDORIA DE (III, 4; BG, 3) Tratado de Nag Hammadi comumente conhecido como Sophia de Jesus Cristo. Contém um diálogo revelado entre Jesus e seus discípulos (os Doze e sete mulheres) ocorrido numa montanha da Galileia, depois da ressurreição. Com Eugnostos, o abençoado, diálogo não-cristão apresentado na forma de carta (e a principal fonte desse tratado), oferece um exemplo dramático de como os textos antigos foram revisados em busca de novos propósitos. Sabedoria de Jesus Cristo foi provavelmente escrito para gnósticos não-cristãos para encorajá-los a aceitar Cristo como revelador decisivo da Gnose. Embora a procedência egípcia tenha aceitação geral, o texto tem sido amplamente datado do fim do século I ao início do século IV d.C.

Bibliografia. D. M. Parrot, Ed., *Nag Hammadi Codices III*,3-4 and V,1. NHS 27 (Leiden, 1991). [ANDREA LORENZO MOLINARI]

JÉTER (heb. *yeṯer*) (tb. ITRA) **1.** O filho primogênito de Gideão (Jz 8:20). Seu pai ordenou-lhe que matasse os midianitas Zeba e Zalmuna como vingança, mas o jovem Jeter teve medo de obedecer.

2. O pai de Amasa, comandante de Absalão (1Rs 2:5, 32), um ismaelita (1Cr 2:17). Em 2Samuel 17:25 [ARA] é chamado de Itra "o ismaelita".

3. Filho de Jada e descendente de Jerameel (1Cr 2:32). Ele morreu sem filhos.

4. Filho de Ezra, da tribo de Judá (1Cr 4:17).

5. Homem da tribo de Aser (1Cr 7:38), aparentemente idêntico a Itrã, filho de Zofa no v. 37.

JETETE (heb. *yĕṯēṯ*) Descendente de Esaú; epônimo e chefe ancestral de um clã edomita (Gn 36:40; 1Cr 1:51). Jeter ou Itrã pode ser a forma idêntica.

JETRO (heb. *yiṯrô*) Sacerdote em Midiã e sogro de Moisés (Êx 3:1; 4:18). Durante sua fuga do Egito, Moisés refugiou-se com Jetro em Midiã. Ao ouvir que Moisés tinha defendido sua filha Zípora junto ao poço, Jetro convidou Moisés a entrar em sua família e lhe deu Zípora por esposa (Êx 2:15-21).

Jetro é também conhecido no AT pela forma Jeter (Êx 4:18 TM). A conexão com os nomes Reuel e Hobabe não é clara (cf. Nm 10:29). Os estudiosos estão divididos quanto a se Hobabe foi o filho do sogro de Moisés, ou se Reuel foi o pai do sogro de Moisés. A teoria da fonte atribui Jetro a E e Reuel/Hobabe a J. Outros estudiosos tentam distinguir três pessoas diferentes, tentam estabelecer nomes tribais diferentes ou títulos para cada indivíduo, ou interpretam Reuel como um nome de clã tanto para Reuel como para Hobabe.

Não está claro qual deus Jetro servia em Midiã. Alguns estudiosos sustentam que Yahweh era desconhecido para Israel antes do encontro de Moisés com a sarça ardente na montanha de Deus em Midiã (cf. Êx 6:3) e que, dessa forma, foi Jetro que apresentou o culto a Yahweh a Israel; Êxodo 18 é interpretado como a iniciação de Arão e dos anciãos no culto. Supõe-se que, devido ao antagonismo que houve depois entre Midiã e Israel, o texto foi revisado para dissociar Yahweh de Midiã. Entretanto, a maior parte da tradição judaica, cristã e o mundo acadêmico veem Jetro como convertido a Yahweh (cf. Êx 18:11), embora a natureza de sua conversão seja discutida.

Bibliografia. W. F. Albright, "Jethro, Hobab and Reuel in Early Hebrew Tradition", *CBQ* 25 (1963):1-11; B. Mazar, "The Sanctuary of Arad and the Family of Hobab the Kenite", *JNES* 24 (1965): 297-303. [CHERYL LYNN HUBBARD]

JETUR (heb. *yĕṭûr*) Filho de Ismael (Gn 25:15 = 1Cr 1:31). Ele foi o ancestral epônimo dos itureus, um dos povos contra quem as tribos transjordanianas de Israel fizeram guerra. (1Cr 5:19; cf. LXX).

JEÚ (heb. *yēhû'*) **1.** Figura profética na época do rei Baasa, de Israel, identificado como filho de Hanani (1Rs 16:1-4). Recebeu um oráculo divino para entregar um julgamento pronunciando a morte de Baasa e o fim da casa real. Depois confrontou o rei Jeosafá, de Judá, e o repreendeu por sua aliança com o rei Acabe, de Israel (2Cr 19:2-3).

2. Rei de Israel durante 28 anos (c. 843-816 a.C.). Jeú usurpou o trono de Jorão/Jeorão e estabeleceu uma dinastia que durou quase um século.

A informação patronímica de Jeú é dada tanto como "filho de Ninsi" (1Rs 19:16; 2Rs 9:20; 2Cr 22:7) como "filho de Josafá, filho de Ninsi" (2Rs 9:2, 14). Muitos estudiosos consideram Josafá o nome do seu pai e Ninsi o do seu avô. A designação "filho de Ninsi" é, então, melhor compreendida como descendente de Ninsi. Tem sido também sugerido que Ninsi é o nome do clã ao qual Jeú pertencia. Finalmente, a designação "filho de Josafá" pode ser um acréscimo posterior ao texto, sendo, então, Ninsi o pai de Jeú.

Nas inscrições assírias de Salmaneser III (*ANET*, 280-81) Jeú é identificado como *iaúa mār humr'* (lit., "Jeú, filho de Onri"). Tal designação contradiz a informação fornecida pelo AT e tem confundido os estudiosos durante quase um século. Várias propostas têm sido oferecidas: (1) Ac. *iaúa* pode meramente representar o nome divino Yaw e, portanto, ser tomado como hipocorístico para Jorão ou Jeú; desde que Jorão é descendente de Onri, é mais provável que *iaúa* seja Jorão. Essa proposta não tem encontrado muito apoio. (2) Ac. *mār* — é usado para denotar um cidadão ou natural de uma cidade ou país e, dessa forma, é sinônimo para um gentílico. Os assírios continuaram se referindo a Israel tanto como *māt humrî* ("a terra de Onri") como *māt bīt-humrî* ("a terra de Bete-Onri) até a queda do reino do norte. Assim, *iaúa mar humri* deve ser compreendido como "Jeú o (Bit)-Onrita". (3) Jeú foi descendente de um ramo diferente do clã Onri do que Acabe. Essa é uma razão pela qual os textos bíblicos sempre se referem ao evento do golpe de estado de Jeú como a destruição da casa de Acabe (2Rs 9:7-9; 10:10-11) e não a destruição da casa de Onri.

De acordo com 2Reis 9-10, Jeú foi um dos comandantes do exército (*śārê haḥayil*), talvez mesmo o comandante supremo (o mensageiro se dirige a ele como *hassar*, "o comandante"; 9:5). O narrador coloca a ascendência de Jeú ao trono israelita no contexto de um conflito de fronteira entre Israel e Arã-Damasco (agora governada por Hazael) em Ramote-Gileade. Esse conflito surgiu em seguida à usurpação do trono damasceno por Hazael, o que levou ao colapso da aliança dos estados siro-palestinos liderados por Hadadezer de Damasco e Iruleni de Hamate. Israel, sob Acabe, foi o principal participante (*ANET*, 278-79) nessa coalizão, que tinha sido bem-sucedida em deter o avanço de Salmaneser III na Síria-Palestina. O rei Jorão foi ferido pelos arameus na batalha e teve de voltar para Jezreel para se curar (2Rs 8:28-29). Com o rei afastado do campo de batalha, a cena está pronta para o golpe de estado de Jeú. O narrador de 2Reis 9-10 atribui a motivação para o golpe à iniciativa divina (cf. 1Rs 19:15-17, texto em que Eliseu recebeu ordem de Yahweh para ungir Jeú como rei). O profeta Eliseu convoca um discípulo para ir ungir Jeú como rei sobre Israel. Quando o discípulo unge Jeú, este entrega-lhe também um oráculo divino, "ferirás a casa de Acabe, teu senhor", como vingança sobre Jezabel (2Rs 9:6-8). Quando os outros oficiais souberam o que havia transpirado, rapidamente proclamaram Jeú rei. Embora a iniciativa divina pretenda dar legitimidade para a revolta, apesar de tudo ela seja mais apropriadamente vista como golpe militar. Aproveitando a incapacitação de Jorão, Jeú lidera uma conspiração e persegue o monarca incapacitado. O rei Acazias de Judá também fora visitar Jorão em Jezreel. Sem suspeitar, tanto Jorão quanto Acazias saem para recepcionar Jeú e Jorão é assassinado (2Rs 9:14-26). Com Jorão morto, Jeú também mata Acazias de Judá (2Rs 9:27-28) e Jezabel (v. 30-37) e planeja o massacre da casa de Acabe (10:1-17). A ação final de Jeú, de acordo com o narrador, é a destruição do culto a Baal — seus adoradores, sua coluna e seu templo (2Rs 10:18-27). A razão teológica para a avaliação positiva do golpe em 2Reis é perfeitamente evidente, a saber, que Jeú tem o crédito pelo desmantelamento do culto a Baal em Israel no século IX. Embora a participação profética no golpe possa não ser historicamente precisa, ela serve como sanção divina para a revolta.

O profeta Oseias apresenta uma avaliação inteiramente diferente do golpe de Jeú. De acordo com Oseias, devido ao massacre ocorrido em Jezreel, Yahweh puniria a dinastia de Jeú e poria um fim ao reino do norte (Os 1:4-5).

Salmaneser III (858-824) menciona em seus anais ter montado uma campanha contra Hazael de Arã-Damasco, em seu décimo oitavo ano (841-840). Depois de devastadora derrota de Hazael, o rei assírio alega que recebeu tributo dos tírios, sidônios e de Jeú, o (Bit)-humrita (ou "filho de Onri"). Também, num painel do Obelisco Negro, alto-relevo de Salmaneser III, Jeú é mostrado curvando-se perante o rei assírio e apresentando tributo (*ANEP*, 351; *ANET*, 281). Esses textos assírios são possivelmente evocativos de uma política de realinhamento da política externa de Israel. Em campanhas anteriores de Salmaneser na Síria-Palestina (em 853 [a famosa Batalha de Carcar], 849, 848 e 845), o rei assírio confrontou uma forte coalizão, liderada por Hadadezer de Arã-Damasco e Iruleni de Hamate e foi forçado a voltar cada vez para o rio Orontes. Israel, sob Acabe, foi o principal participante da coalizão. A campanha no décimo oitavo ano foi acentuadamente diferente das campanhas anteriores. A usurpação de

Hazael do trono damasceno provavelmente levou à desintegração da coalizão contra a Assíria. Sem uma forte coalizão para frustrar o avanço dos assírios, Jeú pode ter achado benéfico alterar a política externa de Israel e submeter-se a Salmaneser. Uma vez que os israelitas já estavam competindo com uma ofensiva aramaica (2Rs 8:28-29), a submissão de Jeú à Assíria era um movimento tático para evitar ataque posterior.

Bibliografia. M. Elat, "The Campaigns of Shalmaneser III against Aram and Israel", *IEJ* 25 (1975): 25-35; P. K. McCarter, " 'Yaw, son of 'Omri': A Philological Note on Israelite Chronology", *BASOR* 216 (1974): 5-7; T. J. Schneider, "Rethinking Jehu", *Bibl* 77 (1996): 100-7.

2. O filho de Obede e pai de Azarias na genealogia de Judá (1Cr 2:38).

3. O filho de Josibias, simeonita (1Cr 4:35).

4. Benjamita de Anatote que serviu a Davi em Ziclague como guerreiro (1Cr 12:3). [JEFFREY K. KUAN]

JEUBÁ (heb. *yĕḥubbâ*) Homem da tribo de Aser, filho de Semer e descendente de Berias (K 1Cr 7:34; Q "e Ubá").

JEUCAL (heb. *yĕhûḵal*) (tb. JUCAL) O filho de Selemias, mandado pelo rei Zedequias para pedir orações ao profeta Jeremias (Jr 37:3). Em Jeremias 38:1, é chamado de Jucal.

JEÚDE (heb. *yĕhûḏ*) Cidade no território tribal de Dã (Js 19:45), provavelmente localizada na moderna el-Yehudiyeh/Yehud, 13 km. a sudeste de Jaffa.

JEÚDI (heb. *yĕhûḏî*) Meirinho mandado pelas autoridades a intimar Baruque a fim de trazer as profecias de Jeremias perante o rei Jeoaquim (Jr 36:14). Tempos depois, o próprio Jeúdi trouxe o rolo e o leu para o rei, que o rasgou e queimou os pedaços (Jr 36:21, 23). A forma gentílica do nome sugere que Jeúdi ("de Judá") era de origem estrangeira.

JEUEL (heb. *yĕḥû'ēl*) Levita dos filhos de Hemã, que ajudou nas reformas de Ezequias (K 2Cr 29:14); provavelmente o mesmo que Jeiel 6 (Q yehi'el). [DAVID PAUL LATOUNDJI]

1. (heb. *yĕ'û'ēl*) Chefe da casa paterna de Zerá, da tribo de Judá; clã listado entre os que retornaram do exílio que se estabeleceram em Jerusalém (1Cr 9:6).

2. Levita dos filhos de Elizafã; um dos quatorze que purificou o templo durante a reforma de Ezequias (2Cr 29:13; provavelmente deve ser lido Jeiel, de acordo com a fonte Q).

3. Filho de Adonicão, nomeado entre os que acompanharam Esdras para Jerusalém (Ed 8:13; 1 Esdras 8:39). O nome deve provavelmente ser lido Jeiel, de acordo com LXX e muitos manuscritos.

JEÚS (heb. *yĕ'ûš*) **1.** Um filho de Esaú e Oolibama; chefe edomita (Gn 36:5, 14 [K *yĕ'îš*], 18; 1Cr 1:35).

2. Filho de Bilã, um "homem valente" da tribo de Benjamim (1Cr 7:10; K *yĕ'îš*).

3. Benjamita, segundo filho de Eseque e descendente de Saul (1Cr 8:39).

4. Levita gersonita, filho de Simei (1Cr 23:10). Pelo fato de ele ter apenas alguns filhos, sua família foi contada com a de Berias (1Cr 23:11).

5. Filho de Roboão e Maalate (2Cr 11:19).

JEUZ (heb. *yĕ'ûṣ*) Filho de Saaraim; chefe de uma casa paterna benjamita (1Cr 8:10).

JEZABEL (heb. *'îzeḇel*) Rainha de Israel, esposa de Acabe e filha do rei sidônio (fenício) Etbaal. No TM, o nome pode significar ou "ilhas de estrume" ou "sem estrume", geralmente reconhecido como paródias da forma consonantal que significa "sem nobreza" ou "Onde está o príncipe?" A última, muito provavelmente o significado original da palavra, é conhecida da liturgia do culto a Baal.

O conflito sobre o significado do nome se repete num conflito sobre a avaliação do caráter. Jezabel é arquétipo da mulher malvada? (Seu nome é usado simbolicamente em Apocalipse 2:20-23 para se referir à profetisa que está "seduzindo" a igreja de Tiatira a "se prostituírem e a comerem das coisas sacrificadas a ídolos".) Ou tal caracterização é uma forma de desviar a atenção do considerável poder que ela exercia. Mesmo sua primeira apresentação no texto, como esposa de Acabe e filha de Etbaal, sinaliza conflito (1Rs 16:31). De fato, essas duas identificações relacionais, na medida em que também sinalizam expectativa de lealdade a duas culturas diferentes, ajudam a contextualizar as várias narrativas de episódios dos quais ela participou.

Desde cedo, em seu realçado relacionamento com profetas — sejam profetas de Yahweh, Baal ou Aserá, 1Reis 18:3-4 (cf. v. 13-14) comenta que Jezabel aniquila os profetas de Yahweh; para se refugiarem dessa violência tiveram de recorrer ao esconderijo em cavernas onde sobreviveram a pão e água. Até o elogiado Elias, depois de sua recente vitória sobre os profetas de Baal no monte Carmelo, foge do país ao ouvir — de um mensageiro mandado por Jezabel — de que ela tem a intenção de matá-lo. Esse veneno da parte de Jezabel para com os profetas de Yahweh é contraste ao seu apoio aos profetas de Baal e Aserá. O texto de 1Reis 18:19 relata que ela concede a hospitalidade de sua mesa real, farta, sem dúvida, a não menos que 450 profetas de Baal e quatrocentos profetas de Aserá (sem falar aqui de Acabe).

Outro episódio que provoca conflito é o incidente de Nabote (1Rs 21:1-19). Em apoio ao desejo de seu marido de possuir o vinhedo de Nabote, Jezabel providencia estrategicamente a morte de Nabote e a subsequente aquisição de sua propriedade por Acabe. Ao proceder assim, ela podia muito bem estar agindo de acordo com as prerrogativas reais às quais a educação do seu pai a havia acostumado; entretanto, tal ação é frontalmente contra a tradição israelita, que determina ser a propriedade da terra considerada herança perpétua da família. Interessante, no entanto, é que os meios de Jezabel para produzir a sentença de morte são realmente bem calibrados de acordo com o sistema legal israelita: duas testemunhas (cf. Dt 17:6) acusam Nabote de amaldiçoar Deus e o rei (cf. Êx 24:15), pelo que ele é punido com a morte por apedrejamento (cf. Lv 24:16).

A violência evidente na vida de Jezabel encontra eco final na maneira de sua morte: lançada de uma janela por seus servos, seu corpo foi pisoteado até a morte pelos cavalos (2Rs 9:30-37). Dessa forma, Israel livra-se das influências perigosas dessa mulher estrangeira. Seria? Não menos que três de seus filhos também sobem ao trono de territórios israelitas: Acazias e Jorão são, sucessivamente, reis no norte; Atalia reina como rainha no sul.

Bibliografia. C. Camp, "1 and 2 Kings", in *The Women's Bible Commentary*, Ed. C. A. Newsom e S. H. Ringe (Louisville, 1992), 96-109; P. Trible, "Exegesis for Storytellers and Other Strangers", *JBL* 114 (1995): 3-19. [KARLA G. BOMBACH]

JEZANIAS (heb. *yĕzanyāhû*) **1.** Capitão do exército de Judá que se uniu a Gedalias, governador babilônio em Mispá, após a queda de Jerusalém (Jr 40:8). Em 2Reis 25:23, seu nome aparece como Jaazanias (1).

2. Comandante militar; filho de Hosaías (Jr 42:2 TM; "Azarias"). Ele é provavelmente o mesmo Azarias (25) em Jeremias 43:2, um dos "homens soberbos" que discordou do conselho de Jeremias contra a fuga para o Egito.

JEZER (heb. *ʾîʿezer*) **1.** Descendente de Manassés; o antepassado epônimo dos jezeritas (Nm 26:30). O nome é uma forma abreviada de Abiezer.

2. (heb. *yēṣer*) O terceiro filho de Naftali (Gn 46:24; 1Cr 7:13); ancestral epônimo dos jezeritas (heb. *hayyiṣr'*; Nm 26:49).

JEZIEL (heb. *K yĕzŝʾēl*; *Q yĕzîʾēl*) Homem benjamita, filho de Azmavete; guerreiro ambidestro que foi ter com Davi em Ziclague (1Cr 12:3).

JEZRAÍAS (heb. *yizraḥyâ*) O líder dos cantores levitas no tempo de Neemias (Ne 12:42). O nome é o mesmo que Izraías de Issacar em 1Crônicas 7:3.

JEZREEL (heb. *yizrĕʿeʾl*) **I. (LUGAR) 1.** Cidade nas montanhas de Judá, nos arredores de Zife e Jutá (Js 15:56). Sua identificação é desconhecida, mas alguns sugerem Khirbet Tarrâma, 9 km a sudoeste de Hebrom. Jezreel foi a cidade natal de uma das esposas de Davi, Ainoã (1Sm 25:43; 2Sm 2:2).

O vale de Jezreel, seção oriental do amplo vale que separa a Galileia de Samaria. Da passagem entre o monte de More e Gilboa, onde Jezreel está localizado, o vale desce em direção ao leste para o Jordão, com Bete-Seã controlando sua entrada oriental. A planície mais ampla para oeste é conhecida como Esdrelom — embora às vezes Jezreel e Esdrelom sejam usados de forma intercambiável.

O vale de Jezreel compreendia uma área rica e fértil para cultivo, bem como uma das poucas rotas para o vale do Jordão e para o leste. A famosa passagem do Carmelo foi usada da mesma forma por comerciantes e exércitos do Egito, do leste e da costa palestina.

Os cananeus controlavam o vale com carros de ferro quando os israelitas entraram na terra (Js 17:16), e ali Gideão enfrentou os midianitas e os amalequitas em batalha (Jz 6:33-7:23). De acordo com Oseias (Os 1:5) esse vale foi onde aconteceria a batalha que poria fim ao reino de Israel.

2. Cidade na fronteira sul de Issacar (Js 19:18), frequentemente identificada com a moderna Zer'în/ Tel Yisre'el, cerca de 80 km ao norte de Jerusalém, perto do sopé do monte Gilboa. Jezreel foi associada a uma fonte (Js 29:1); ' Ain Jalud, uma fonte, fica perto de Zer 'în.

Jezreel teve papel de destaque na história de Israel. Os israelitas acamparam lá antes de sua batalha contra os filisteus (1Sm 29). Isbosete, filho de Saul, reinou curto período sobre Jezreel (2Sm 2:9), possivelmente designando aqui mais do que simplesmente a cidade. Jezreel foi uma cidade do quinto distrito administrativo de Salomão (1Rs 4:12). Acabe teve uma residência real lá (1Rs 18:45-46). A cidade foi o local do vinhedo de Nabote (1Rs 21; 2Rs 9:24-26), e lá morreram Jezabel e o restante da casa de Acabe como havia sido profetizado (2Rs 9:30-10:11). [WATSON E. MILLS]

II. (PESSOA) 1. Grupo descendente de Judá (1Cr 4:3), provavelmente uma unidade dos huritas associada à localidade de Jezreel em Josué 15:56.

2. O nome simbólico, de dupla interpretação, do primeiro filho de Oseias. Oseias 1:4 usa o nome como ameaça, já que a localidade Jezreel sugere a sangrenta destruição da casa de Acabe por Jeú (2Rs 10:11). Oseias 1:5 vai além, localizando a ameaça no "vale de Jezreel". Oseias 2:22 (TM 24), ao contrário, tem no nome "Deus semeia" a promessa de generosidade futura (tb. Os 1:11 [2:2]; cf. Sl 81:10,16 [11,17]). O versículo subsequente repete o radical do nome, "semear", numa metáfora que promete o restabelecimento pós-punição de Israel (cf. Sl 80:8-9 [9-10]). [STEPHEN L. COOK]

JIDLAFE (heb. *yiḏlap*) Filho de Naor e Milca (Gn 22:22).

JIGDALIAS (heb. *yigdalyāhû*) Recabita, pai de Hanã, cujos descendentes ou seguidores tiveram uma câmara no templo (Jr 35:4).

JÓ (heb. *yôḇ*) Filho de Issacar (Gn 46:13). O nome deveria ler "Jasube" provavelmente (1), como nos relatos paralelos (Nm 26:24; 1Cr 7:1); LXX gr. *Iasoub* sugere que a letra *shin* foi omitida do hebraico por erro do escriba.

JÓ, LIVRO DE Extenso trabalho em prosa e verso encontrado nos Escritos do AT. O livro narra a comovente história de um indivíduo correto que incorre em horrendo sofrimento, é castigado por seus amigos, desafia Deus e, finalmente é justificado e restaurado. Embora o livro seja usualmente associado aos livros de sabedoria, Jó detém lugar único na literatura bíblica, porque abre ao debate a questão da condição humana e da teologia que em nenhum outro lugar são transmitidos com tanta emoção.

Composição e estrutura. As datas para a composição de Jó vão dos séculos X ao II a.C., embora muitos estudiosos sustentem que o livro foi escrito durante o período do exílio ou pós-exílio (séculos VI ou V). Em Ezequiel 14:14 e 20 o protagonista é considerado figura exemplar de retidão, ao lado de Noé e Daniel. A maior parte do livro é composta de poesia (3:2-42:6, com exceção de 32:1-5), intercalado por prosa (1:1-2:13; 42:7-17). O relacionamento entre a prosa e a poesia ainda é debatido, embora a teoria tradicional sustente que as seções em prosa representaram, por certo tempo, uma lenda popular independente a respeito do caráter de Jó. O centro poético, portanto, é o resultado de acréscimos posteriores. Pode ser também o caso de a poesia, uma vez separada da prosa, se pareça com a Teodiceia babilônica, muito anterior (c. 1100; *ANET*, 601-4), que contém somente um diálogo entre um sofredor e seu amigo. Outros paralelos mesopotâmicos incluem um homem e seu Deus (*ANET*, 589-91) e Eu louvarei o Senhor de Sabedoria (*ANET*, 434-37). Independentemente do desenvolvimento da composição do livro, a poesia sobressai na leitura do livro.

A estrutura do livro pode ser exemplificada como segue:

- I. Prólogo em prosa: desolação de Jó (1:1—2:13)
- II. Discurso poético (3:1—42:6)
  - A. Maldição do nascimento de Jó (3:1-26)
  - B. Diálogos com amigos (4:1—27:23)
    - 1. Primeiro ciclo de diálogos (4:1—14:22)
    - 2. Segundo ciclo de diálogos (15:1—21:34)
    - 3. Terceiro ciclo de diálogos (22:1—27:23)
  - C. Meditação sobre a ilusão da sabedoria (28:1-28)
  - D. Defesa final de Jó (29:1—31:40)
    - 1. A bondade passada de Deus (29:1-25)
    - 2. A miséria presente de Jó (30:1-31)
    - 3. Declarações formais de Jó (31:1-40)
  - E. Discurso de Eliú (32:1—37:24)
  - F. Diálogos com Deus (38:1—42:6)
- III. Epílogo em prosa: restauração de Jó (42:7-17).

Conteúdo e movimento. O prólogo em prosa estabelece a cena para o discurso poético que se segue. Jó, um homem não-israelita, é descrito como alguém que teme a Deus, desvia-se do mal, é íntegro e reto (1:1). A cena está montada para esse herói demonstrar sua integridade diante de tremendas vicissitudes. À medida que a narrativa progride por cenários alternados de terra e céu, Yahweh permite que Satanás, membro do conselho divino que se especializou na arte da acusação (1:6-8), prove Jó. A questão em jogo é se a piedade de Jó pode ser vista como verdadeiramente desinteressada (1:9), isto é, desprovida de motivação ulterior ou se é egoísta. Satanás tem dúvidas, enquanto Yahweh tem plena confiança. Consequentemente, a proposta de Satanás, que Deus aceita prontamente, é mais um desafio à credibilidade de Deus do que à de Jó. Em duas ondas sucessivas de calamidades, Jó se vê sem descendentes e sem bens. Sua esposa insiste em que ele amaldiçoe Deus e morra. Embora menosprezada com frequência tanto nas interpretações antigas como modernas, a questão colocada pela esposa de Jó é de vital importância: persistir na integridade estimula uma pessoa a manter silêncio ou a amaldiçoar Deus ante o sofrimento aparentemente injusto (2:9)? É essa questão em torno da qual gira o restante do livro. Se correta ou erradamente, Jó rejeita rapidamente a exortação da esposa e permanece homem de poucas palavras, sempre respeitador e estoico em aceitar seu destino nas mãos de Deus. Nas palavras do narrador, "Jó não pecou, nem culpou a Deus por coisa alguma" (1:22).

No material poético que se segue, fala um Jó diferente, que é rápido em julgar tanto seus amigos como Deus. Tiago 5:11 trata da paciência de Jó, mas o Jó bíblico é tudo menos paciente nos discursos! Os caps. 3—27 contêm três ciclos de conversas nos quais os três amigos de Jó: Elifaz, Bildade e Zofar (que não aparece no último ciclo), oferecem uma gama de reações, de consolação a condenação, a respeito da condição de Jó. De fato, acabam colocando sobre ele toda medida de procedimento ignóbil para explicar seu sofrimento (15:7-13; 22:5-9).

Confiando quase que exclusivamente na veracidade de sua experiência, Jó responde na mesma moeda a cada um de seus três amigos, empregando um impressionante arsenal de armas retóricas (instrução, argumento, ironia, sarcasmo, censura), que reduz a "cinzas" os provérbios egoístas de seus amigos e expõe os argumentos deles como "torres de barro" (13:12). O discurso de Jó é carregado de emoção e protesto. Nisso tudo, Jó é firme em manter sua integridade (27:5-6). Além disso, para buscar a reparação de Deus e dos humanos, Jó apela para um "mediador" ou "testemunha" no céu, um "redentor" que possa julgar entre Deus, que o difamou e o castigou, e ele mesmo (9:33; 16:19; 19:25-27). Jó, em resumo, espera a justificação de um advogado celestial. (Os intérpretes cristãos viram com frequência o "redentor" de Jó [19:25] como Cristo; entretanto, para Jó, esse redentor é um ser celestial que tem o poder de fazer Deus prestar contas pelo que ele considera disfarce de justiça).

Jó encerra sua defesa com um lancinante resumo de sua presente miséria (30:1-31), depois de uma efusiva descrição dos dias de glória nos quais ele desfrutou o preeminente favor de Deus e a estima de sua comunidade (29:1-25). Jó conclui com uma série de fortes declarações solenes pelas quais desafia Deus ou a julgá-lo ou a consolar sua queixa (31:1-40). No final, seus amigos ficam sem palavras (32:1), então aparece uma nova personagem sem prévio aviso. Seu nome é Eliú ("Ele é meu Deus"), e representa uma nova geração de pedagogia sapiencial, alguém que não se apoia em sabedoria acumulada de filósofos do passado, à qual os amigos de Jó se referem com frequência (8:8; 15:17-19), mas na direta inspiração de Deus (33:14-15,33; 36:2). Todavia, tal como os amigos de Jó, Eliú considera Jó culpado. Tal como faria um jovem, Eliú se delicia em "pisar no calo" dos mais velhos (32:6-9) e seu discurso é, em certo grau, teologicamente suspeito, devido sua fala ser bombástica (32:15—33:5) e ter o tom acusatório. Apesar disso, o discurso de Eliú organiza a cena para a aparição do Todo-poderoso para Jó (37:14-24).

A resposta de Yahweh a Jó (caps. 38—41) representa o ponto alto do desenvolvimento do livro. Todavia muitos leitores modernos acham os discursos, no final das contas, desapontadores, já que nem tratam da insuportável condição de Jó, nem resolvem o problema da teodiceia. Alguns, de fato, acusam o autor desses discursos de má teologia. De qualquer forma, os discursos divinos servem de fato para resolver o caso de Jó contra Deus (cf. 42:6). Os discursos do alto são cheios de referências à criação, incluindo pela ordem os domínios da cosmologia, meteorologia e zoologia, sendo a última a mais pronunciada (38:39-39:30; 40:15-41-34 [TM 41:26]). De fato, é por meio da descrição do reino animal de Yahweh que o mundo de Jó é mais profunda e radicalmente reorientado.

Os animais descritos nesta seção não são domésticos, são selvagens — leão, cabra montês, cervo, jumento, boi selvagem, avestruz, falcão e a águia. Até o cavalo de guerra (39:19-25) é descrito como indomável e apavorante. Yahweh se deleita no fato de eles serem selvagens e independentes do controle humano. Sobejam figuras de vitalidade e vigor, incluindo alguma medida de violência (38:39; 39:26-30). O mundo majestoso ao qual Jó é apresentado é infinitamente maior do que o seu mundo costumeiro, no qual ele se via como um patriarca de proporção real (29:25). Em certo ponto, Jó lamenta que se tenha tornado "irmão de chacais, e companheiro de avestruzes" (30:29). A ironia é profunda quando Yahweh salienta que Jó está em boa companhia com aqueles habitantes de uma "terra de ninguém". O mundo provinciano e egocêntrico de Jó é radicalmente reorientado na descrição feita por Yahweh das imponentes criaturas, o hipopótamo e o leviatã que, juntos, marcam o ápice da descrição da criação de Yahweh (caps. 40—41; cf. Gn 1:26-27). Omite-se qualquer menção da humanidade nessa lista de criaturas, exceto pela rápida referência à criação de Jó em 40:15. Jó não é mais o ponto alto da comunidade; o leviatã, ao contrário, é uma criatura sem igual em força e estatura real (41:34 [26]), mais ou menos como Jó via a si mesmo (29:25). Esses animais lendários do caos tomam o cenário central como criaturas magníficas e orgulhosas. Em vez de serem vistas como seres hostis perante Deus, são elogiadas por Yahweh como partes integrantes de sua demonstração cósmica.

Para Jó, o mundo é reconstruído por um Deus intensamente amoroso, o mesmo mundo que Jó havia amaldiçoado no cap. 3. É um mundo no qual a retribuição moral perdeu sua força. No entanto, um senso moral da natureza impregna tais discursos divinos. A criação é descrita como arena de liberdade e independência, estabelecida por Yahweh, que graciosamente equilibra e sustém as necessidades de todas as criaturas e se compraz na dignidade e na beleza de cada coisa independentemente da utilidade e sem intervenção direta e dramática. É dada origem ao mar caótico, o qual é nutrido, embora com limites impostos (38:8-11). Yahweh faz chover até sobre o deserto "para fartar a terra deserta" (38:26-27). A resposta de Jó a uma reorientação tão radical é enigmática, mas certamente marca tanto uma resolução de sua causa contra Yahweh, quanto uma aceitação de uma nova visão moral (42:1-6). Jó emergiu um tipo diferente de patriarca operando uma série de princípios diferentes. Não mais obcecado pelo ideal de honra e autoridade, ele ora a Yahweh em favor de seus amigos que o haviam condenado injustamente. Restaurado com o mesmo número de filhos, Jó divide sua herança igualmente com suas filhas (cf. Nm 27:1-11). Lido dessa forma, o livro de Jó trata da transformação da integridade humana, testada e remodelada, e da visão moral, transformada e ampliada.

Bibliografia. D. J. A. Clines, *Job 1-20*. WBC 17 (Waco, 1989); N. C. Habel, *The Book of Job*. OTL (Philadelphia, 1985); C. A. Newsom, "The Moral Sense of Nature: Ethics in the Light of God's Speech to Job", *Princeton Seminary Bulletin N.S.* 15 (1994): 9-27; L. G. Perdue, Wisdom in Revolt: Metaphorical Theology in the Book of Job. *BLS* 29. JSOTSup 112 (Sheffield, 1991); M. Tsevat, "The Meaning of the Book of Job", *HUCA* 37 (1966): 73-106; repr. *In The Meaning of the Book of Job and Other Biblical Studies* (New York, 1980), 1-38. [WILLIAM P. BROWN]

JÓ, TESTAMENTO DE Livro pseudoepígrafo que usa o gênero literário de testamento para fornecer uma nova narração do livro bíblico de Jó. Com o objetivo de exortar seus filhos na virtude da paciência e da tolerância (gr. *hypomonē*), Jó os reúne em torno do leito de morte e revê eventos de sua vida.

A reformulação da história bíblica é completamente expansiva e imaginária. Por exemplo, a primeira metade (caps. 1—27) narra novamente os dois primeiros capítulos do livro canônico. Papéis mais importantes são dados a um anjo revelador, a um Satanás de muitos disfarces e à empobrecida esposa de Jó, Sitis. Diferente do Jó bíblico, este Jó sabe desde o início o que lhe acontecerá e por quê; ele tem certeza de sua vitória final.

Na segunda metade do testamento (caps. 28—53) Jó ofende seus quatro amigos reais com sua conversa de um reino eterno no céu que é muito superior aos reinos terrenos. Depois que Deus restaura suas fortunas, Jó dá às três filhas uma herança nesse reino terreno. Ele dá a cada uma delas um cinto mágico que garante saúde e proteção do inimigo, inspira adoração mística e conduz ao mundo melhor no céu. Quando Jó morre, suas filhas testemunham a ascensão de sua alma para o céu.

O texto ainda existe em grego, que muito provavelmente foi a língua da composição original. Foi escrito no Egito (Jó é chamado de "o rei de todo o Egito" em 28:7) por um autor judeu, numa data indeterminada durante o século I d.C.

Bibliografia. R. T. Spittler, "Testament of Job", *OTP* 1 (Garden City, 1983): 829-68. [PAUL S. ASH]

JOÁ (heb. *yôḥāʾ*) **1.** O filho de Asafe; cronista da corte do rei Ezequias. Ele foi um dos três oficiais mandados pelo rei aos representantes assírios no cerco a Jerusalém por volta do ano 701 a.C. (2Rs 18:18, 26:37 = Is 36:3, 11, 22).

2. Levita e filho de Zima, da família de Gersom (1Cr 6:21 [TM 6]).

3. O filho de Obede-Edom; levita nomeado para ser porteiro do templo (1Cr 26:4).

4. Levita gersonita que, com seu filho Eden, participou das reformas do templo iniciadas sob o rei Ezequias (2Cr 29:12). Ele não deve ser confundido com 2 acima.

5. O filho de Joacaz; um oficial do rei Josias comissionado para reparar o templo (2Cr 34:8).

6. (heb. *yôʾāḥ*) Benjamita, filho de Berias (1Cr 8:16); residente de Jerusalém pós-exílio.

7. Filho de Sínri; um dos homens valentes de Davi (1Cr 11:45). Ele recebe o gentílico de "tizita".

JOABE (heb. *yôʾāḇ*) O filho de Zeruia, irmã de Davi; comandante do exército de Davi, quando este tomou Jerusalém (1Cr 11:4-9), e figura dominante no governo, a quem mais do que a qualquer outro, Davi deveu o sucesso do seu reinado. Embora uma linha anterior de pensamento atribua a Joabe somente o comando da cobrança de impostos, ele sempre aparece no comando das tropas profissionais de Davi (cf 2Sm 10:9-14). Joabe e os outros filhos de Zeruia, Abisai e Asael, chamados de "filhos de Zeruia", forneciam um contraste de crueldade arrogante e violenta em relação à humildade e autocensura de Davi (2Sm 16:9-14). Isso é retratado em duas cenas rápidas, quando Joabe assassina Abner (em vingança) pela morte de Asael e quando mata Amasa, por quem Davi substituiu Joabe.

Quando Davi foi pressionado por seus homens a ceder seu comando de campo durante as guerras filisteias (2Sm 21:15-17), aconteceu uma dramática mudança de poder na monarquia. Visto que muito do efetivo poder de um rei no antigo Oriente Próximo repousava sobre sua estatura militar, a ausência de Davi do comando ocasionou um aumento correspondente no poder e prestígio de Joabe. A advertência de Joabe a Davi, de que seria melhor que ele subisse ao ataque final a Rabá para que o nome de Davi e não o de Joabe fosse "aclamado sobre ela" (2Sm 12:26-28), é uma confissão tácita de que uma mudança estava acontecendo. Urias, o heteu, um dos servidores pessoais de Davi, de fato chama Joabe de "meu senhor" na presença do seu rei, Davi (2Sm 11:11). A crescente figura de Joabe é mostrada pelo fato de que ele progrediu de um único carregador de armas, Naharai de Beerote, um dos *šĕlōšîm* de Davi, para dez (2Sm 18:15).

As tentativas de Davi para substituir Joabe por comandantes de campo de menor prestígio, começando por Abner, deram indícios de que Davi, desde longa data, estava preocupado em reduzir o poder de Joabe. Ele não teve sucesso, todavia, visto que esse soldado parece ter sido o comandante de campo por excelência e estava disposto ao que fosse necessário para preservar a própria posição.

De fato, Joabe, embora leal ao trono de Davi, parece ter sido politicamente astuto e mais rigoroso que Davi e transformou sua posição de comandante numa base de poder independente dentro do reino, do qual podia desafiar inclusive a política real. Nenhum relato mostra isso mais claramente que a revolta de Absalão, na qual Joabe não apenas assume a responsabilidade por matar pessoalmente o filho rebelde de Davi — contra as ordens reais diretas (2Sm 18:9-15). Nessa história, ele também ameaça um Davi enlutado com a deserção de todo o exército se ele não saísse e reconhecesse a vitória deles (19:1-8).

O assassinato de Absalão por Joabe parece ter criado uma ruptura permanente entre Davi e seu sobrinho. Assim Davi, apenas em parte para reconciliar os israelitas derrotados depois da revolta de Absalão, substituiu Joabe por Amasa, comandante de campo de Absalão, que também era parente de Davi (2Sm 19:13). Amasa, entretanto, fracassou em sua primeira missão — cobrar os impostos para enfrentar a revolta de Seba, por isso Joabe o matou e recuperou a posição de comandante. Isso aparentemente encerrou os esforços de Davi para substituir Joabe, mas o rei fez mais tentativas para limitar a base de poder de Joabe. Ao designar o comando da guarda a Benaías (2Sm 23:23) Davi colocou finalmente uma unidade militar além do controle de Joabe, cuja posição pode também ter sido enfraquecida pela morte não registrada de Abisai, de quem não ouvimos nada depois da revolta de Seba.

A amargura pessoal de Davi para com Joabe culmina ao instruir Salomão a usar de sabedoria (perspicácia, traição) para condenar Joabe à morte (1Rs 2:5-9). Salomão encontra oportunidade para seguir o conselho do pai, quando Joabe apoia a proposta de seu irmão mais velho, Adonias, pelo trono. Ao procurar refúgio no altar, Joabe força seus inimigos a entrarem e matá-lo onde está, recusando-se a deixá-los matar sem profanar o santuário. Seu executor é Benaías, que recebe o posto de Joabe como recompensa por matá-lo.

A despeito de seu fim inglório, Joabe representa a força e a virtude dos antigos leais a Davi: embora leais ao seu rei, não foram obedientes servis como com frequência se esperava de outras cortes antigas do Oriente Próximo e como se apreciava na tradição da Sabedoria (Pv 16:10, 12-15). Joabe fixa também modelo de integridade segundo poucos no AT. Ele mesmo assume a responsabilidade pela morte de Absalão (2Sm 18:14) e censura Davi por não agradecer seus homens por sua vitória (18:33-19:8 [TM 19:1-9].

Bibliografia. D. G. Schley, "Joab and David: Ties of Blood and Power", in *History and Interpretation*, ed. M. P. Graham, W. P. Brown e J. K. Kuan (Sheffield, 1993), 90-105. [DONALD G. SCHLEY]

JOACAZ (heb. *yôʼāḥāz*) Pai de Joá 5 (2Cr 34:8).

JOALHERIA Na Bíblia, os adornos são descritos com mais frequência como peças individuais que referidas de modo coletivo. Isaías 3:18-23 é um catálogo de joalheria que inclui tornozeleira, diademas, arcos, pendentes, braceletes, joias pingentes de nariz bem como outros itens classificados de modo geral como ornamentação. Peças adicionais incluem colares (Ct 4:9), anéis (Hs 2.13 [TM 15]), brincos (Jz 8:25), braceletes (Ez 16:11) e colares de contas (Nm 31:50). A maior parte desses itens foi encontrada nos registros arqueológicos, embora as contas e pingentes que compunham os colares e braceletes fossem mais comuns. Em citações bíblicas, a joalheria era normalmente feita de ouro, prata e bronze. No registro arqueológico, entretanto, os materiais são muito mais variados. O cobre e o bronze são mais comuns que o ouro, prata e o vidro, cerâmica, pedras preciosas e semipreciosas, conchas, sementes, ossos e marfim eram também adaptados à joalheria. Materiais mais finamente trabalhados e mais raros estão associados às elites, enquanto os menos ricos aparentemente usavam os meios-termos como substitutos aos originais mais caros — por exemplo, vidro azul para imitar lápis-lazúli.

A evidência da produção de joalheria vem de resíduos figurativos, ferramentas e das próprias peças de joalheria. Êxodo 35:30-33 afirma que Deus concedeu habilidades a membros da tribo de Judá para trabalharem em ouro, prata, bronze e pedras de engaste e estudiosos têm atribuído, às vezes, a chegada da metalurgia aos israelitas. Entretanto, tais tecnologias são também comuns em outras regiões e períodos. A recuperação e o trabalho com matérias-primas e os produtos acabados são mostrados no túmulo egípcio de Mereruka, do Antigo Império, em Saqaâra, Egito e, no século XVIII a.C., um vaso hermeticamente fechado em Larsa, na Mesopotâmia continha as ferramentas, fragmentos e metais de um joalheiro. Além disso, vestígios de fibras de linho usadas para pendurar contas e pingentes foram encontrados dentro de seus buracos de amarrar. Antigos metalúrgicos sabiam como manipular minérios puros e com a liga de elementos diferentes, produzirem o resultado esperado. Os efeitos são heterogêneos na forma; centenas de adornos de contas já haviam sido classificadas na década de 20. Moldes para muitas dessas formas foram encontrados na Palestina.

Nas referências bíblicas, a joalheria é considerada valiosa. Pedras preciosas e peças de joalheria são dadas às noivas pelos noivos e seus representantes (Gn 24:22), levadas como ofertas a santuários (Nm 31:50) e presentes a reis (1Rs 10:10); são partes de herança (2Cr 21:3). Joias são guardadas no tesouro real (2Cr 32:27), "coisas preciosas" são tomadas como espólio de guerra (20:25) e objetos de joalheria podem até ter sido dados como tributo (cf. relevos no palácio de Assurbanípal). A evidência arqueológica corrobora o valor da joalheria, já que ela é normalmente encontrada em tesouros enterrados debaixo de assoalhos. Esse valor está ligado tanto à mão de obra especializada envolvida na produção de joalheria complexa, como ao custo dos materiais usados. Muitos são obtidos de longas distâncias e, consequentemente, a joalheria pode mostrar redes de comunicação e comércio (cf. Ez 27:22): Conchas do Mediterrâneo são encontradas em longas distâncias dentro do país, enquanto os lápis-lazúlis no Afeganistão e o ouro da África subsaariana eram apreciados na Mesopotâmia, no oriente e no Egito. Desenhos originados em uma área foram também espalhados especialmente no fim da Idade do Bronze, quando o internacionalismo causou estilos semelhantes no leste do Mediterrâneo.

Embora diferentes tipos de joalheria fossem utilizados por classes sociais diferentes, as referências bíblicas à joalheria de metais e pedras preciosas estão associadas à nobreza e à realeza, enquanto itens específicos eram indicativos de *status*: ex., para a realeza, o bracelete (2Sm 1:10); para o sacerdócio, o éfode e o peitoral (Êx 28:6-30); para o poder oficial, o anel-sinete (Gn 41:41-42). A conexão entre joalheria e *status* social está refletida nos locais de diferentes tipos no registro arqueológico. Uma análise dos pingentes LB, por exemplo, mostrou que classes diferentes são encontradas de acordo com o templo, funeral e contextos relativos a moradia em sítios como Megido e Tel Kitan (2043.2270). De particular observação em termos de influência religiosa são os amuletos e pingentes de Astarte usados em torno do pescoço e do peito e que se acreditava ter poderes de fertilidade, e a associação de arcos com forma de meia lua, estrelas e outras figuras do sol com práticas cúlticas das idades do Ferro e do Bronze.

A joalheria é também usada metaforicamente para descrever coisas de valor e importância. O povo de Israel é descrito como "pedras do santuário [...]comparáveis a ouro puro" (Lm 4:1-2) no tempo do cerco final a Jerusalém. De forma semelhante, as doze pedras do éfode do sacerdote — dizia-se que todas elas tinham sido do Éden (Ez 28:13) — representavam as tribos de Israel (Êx 28:17-21). Artigos de joalheria são dados por Deus a Israel, comparado a uma esposa adúltera (Ez 16:11-12). Joias são também metáforas para beleza (Ct 5:14; 7:1). O valor das joias, entretanto, não é ilimitado: embora o conhecimento seja como uma joia (Pv 20:15), a verdadeira sabedoria é considerada ainda mais preciosa (3:13-15; 8:11).

Bibliografia. H. C. Beck, "Classification and Nomenclature of Beads and Pendants", *Archaelogia* (1927); P. E. McGovern, Late Bronze Palestinian Pendants. *JSOT*/ASORMS 1 (Sheffield, 1986); K. R. Maxwell-Hyslop, *Western Asiatic Jewellery c. 3000-612 B.C.* (London, 1971); J. Ogden, Ancient Jewellery (Berkeley, 1992); E. E. Platt, "Jewelry of Bible Times and the Catalog of Isa 3:18-23", *AUSS* 17 (1979): 71-84, 189-201. [KATHARINE A. MACKAY]

JOANA (gr. *Iōánna*) Uma das mulheres da Galileia que seguiu a Jesus e deu suporte ao ministério dele. Ela é mencionada com Maria Madalena, Susana e outras como tendo-se "curado de espíritos malignos e de enfermidades" (Lc 8:2-3). Joana era esposa de Cuza, procurador de Herodes Antipas.

Joana estava entre as mulheres que levaram especiarias para ungir o corpo de Jesus e encontrou o túmulo vazio. Com Maria Madalena e Maria, mãe de Tiago, ela levou a notícia da ressurreição aos onze apóstolos (Lc 24:10). Lucas observa também que as mulheres da Galileia viram a crucificação (Lc 23:49) e a colocação do corpo de Jesus no sepulcro (v. 55). [JO ANN H. SEELY]

JOANÃ (gr. *Iōanán*) Neto de Zorobabel e ancestral de Jesus (Lc 3:27), talvez deva ser identificado com Ananias (1Cr 3:19).

1. (heb. *yôḥānān*) Filho de Careá; um dos comandantes judeus que enganou o exército de Nabucodonosor antes de finalmente submeter-se a Gedalias, governador pró-Babilônia em Mispá (2Rs 25:23-24; Jr 40:8). Joanã contou a Gedalias que Ismael planejava assassiná-lo, mas Gedalias não acreditou (Jr 40:13-16). Depois de Ismael ter conseguido matar Gedalias (2Rs 25:25), Joanã e suas tropas lutaram contra Ismael e recuperaram os reféns levados por Ismael de Mispá (Jr 41:11-15). Joanã e o "remanescente de Judá" fugiram então para o Egito para escapar da represália babilônica, levando Jeremias e Baruque com eles (Jr 41:16-43:7; cf. 2Rs 25:26).

2. O filho primogênito do rei Josias (1Cr 3:15). Por não ter sido feita menção dele em outra parte, provavelmente tenha morrido em idade precoce.

3. Um dos sete filhos de Elioenai e a última geração dos descendentes de Davi registrada pelo cronista (1Cr 3:24).

4. Filho de Azarias; sacerdote do tempo de Arão e Zadoque que serviu durante o reinado de Salomão (1Cr 6:9-10 [TM 5:35-36]). O cronista confundiu o pai de Joanã com seu filho, também chamado Azarias, a quem atribui serviço no templo de Salomão.

5. Guerreiro benjamita que juntou-se às tropas de Davi em Ziclague (1Cr 12:4 [5]).

6. Oficial gadita que também juntou-se às tropas de Davi em Ziclague (1Cr 12:12 [13]).

7. Chefe efraimita, filho de Azarias, que se recusou a permitir Peca e seu exército de levar cativos judeus para Samaria (2Cr 28:12; NVI "Jeoanã", de acordo com TM).

8. Descendente de Azgade, que retornou da Babilônia com Esdras (Ed 8:12; 1 Esdras 8:38).

9. Sumo sacerdote em Judá pós-exílio, o "filho" (possivelmente neto) de Eliasibe (Ne 12:22-23). Este Joanã tem sido identificado com o Jeoanã do papiro de Elefantina (Cowley 30.18) e, provavelmente incorretamente, com o Joanã que matou seu irmão Jesua (Josefo, *Ant.* 10.297-301).

É também tentador identificar este Joanã com Jeoanã, filho de Eliasibe, em cujos aposentos Esdras passou a noite (Ed 10:6), mas esta identificação é improvável (cf. Ne 13:4). [RONALD A. SIMKINS]

JOÃO (gr. *Iōánnēs*) **1.** Pai de Matias e avô de Judas Macabeu; filho do sacerdote Simeão (1Mac 2.1).

2. O filho mais velho de Matias, apelidado Gadis (1Mac 2.2). Mandado para os nabateus por seu irmão Jônatas para guardar os pertences dos macabeus, foi emboscado e morto pela "família de Jambri" de Medaba (9.35-36; cf. v. 37-42).

3. O pai de Eupolemo e filho de Acos (1Mac 8.17), obteve privilégios reais de Antíoco III (2Mac 4.11).

4. João Hircano I; filho de Simão e sobrinho de Judas Macabeu; comandante das tropas de Simão (1Mac 13.53; 16.1) e subsequentemente sumo sacerdote. *Ver* HIRCANO 2.

5. João Hircano II; sumo sacerdote asmoneu e etnarca da Judeia. *Ver* HIRCANO 3.

6. Mensageiro enviado pelos judeus a Lísias, general de Antíoco IV (2Mac 11.17). [TIMOTHY P. JENNEY]

7. João Batista, parente de Jesus (Lc 1:36) e precursor do seu ministério (Mc 1:1-8). Filho de um sacerdote chamado Zacarias (Lc 1:5), João tinha discípulos (Jo 3:25) e pregou o arrependimento e a vinda daquele que batizaria com o Espírito Santo em vez de água (Mc 1:8). Foi preso e decapitado por Herodes, o tetrarca (Mc 6:14-29). Jesus identificou João com o esperado Elias (Ml 4:5 [TM 3:23]), o profeta que viria antes do dia do Senhor (Mt 17:10-13). *Ver* JOÃO BATISTA.

8. Um dos pertencentes ao círculo íntimo dos doze apóstolos, filho de Zebedeu e irmão de Tiago, o apóstolo, e parceiro de pesca de Pedro (Lc 5:10). Paulo nota que João foi considerado coluna da Igreja (Gl 2:9). Um ponto de vista tradicional identifica este João como "o discípulo amado" (cf. Jo 13:23) e o autor do evangelho de João (cf. 21:20-24). Outro ponto de vista o identifica como o autor de Apocalipse (cf. Ap 1:1; 22:8). A evidência para ambos os pontos de vista é inconclusiva. *Ver* JOÃO, APÓSTOLO.

9. O pai do apóstolo Pedro. Ele é mencionado apenas rapidamente (Jo 1:42; 21:15-17).

10. Amigo de Anás, o sumo sacerdote (At 4:6; no texto ocidental, ao contrário consta como "Jônatas", talvez referindo-se ao filho de Anás). João pode ter sido descendente de sacerdotes, mas não temos mais conhecimento dele.

11. João Marcos, filho de Maria (At 12:12). Ele acompanhou ocasionalmente Barnabé e Saulo no trabalho missionário deles (12:25), mas os deixou e retornou a Jerusalém (13:13). Como resultado, Barnabé e Paulo depois ficaram divididos se deviam ou não levar João Marcos com eles. Barnabé levou João Marcos e separou-se de Paulo (15:37-39). Este pode ser o Marcos identificado como primo de Barnabé (Cl 4:10) e que é mencionado em 2Timóteo 4:11. Uma tradição o considera o autor do evangelho de Marcos. *Ver* MARCOS, JOÃO.

12. Profeta e autor do livro de Apocalipse (Ap 1:1, 4, 9; 22:8). Não temos evidência de sua origem.

Bibliografia. R. E. Brown, *The Community of the Beloved Disciple* (New York, 1979); C. H. Dodd, *Historical Tradition in the Fourth Gospel* (Cambridge, 1963). [PAUL K. MOSER]

JOÃO BATISTA Figura religiosa judaica do tempo de Jesus, executado por Herodes Antipas (4 a.C.–39 d.C.).

FONTES. As fontes básicas sobre João Batista são Q, Marcos e Josefo *Ant.* 18.116-19. A informação pertinente aos seguidores de João encontra-se no evangelho de João e na fonte Recognitions 1.27-71 de Pseu-Clementino. É contestado o valor da informação em Atos, do material especial de Lucas, do Evangelho de Tomé e dos escritos mandeístas. A presença de um relato não cristão (Josefo) para complementar as explicações cristãs significa que a disponibilidade de fontes é comparativamente boa.

NOME. João (presumivelmente aram./heb. *yôḥānān*, "Deus mostrou favor"), nome encontrado no AT, é acompanhado em Josefo e Marcos pela alcunha de "batista" (aram. Talvez *tôḇeēl*, *ṣôḇē*, ou *maṣḇaʿ*), que aparentemente aponta para o aspecto característico da atividade de João.

ATIVIDADE E LOCAL. O aspecto mais certo da atividade de João é, portanto, que dava instruções a respeito da ablução adequada. A esse respeito, João se encaixa ao seu ambiente judaico à medida que ele se torna cada vez mais conhecido pelos rolos do mar Morto (1QS 3.8-9) e pela arqueologia (*miqwā'ôṯ*, banhos rituais). É incerto se João prescrevia repetidas abluções ou distinguiu-se promovendo o batismo uma única vez (é interessante que Josefo usa o singular).

A localização da atividade de João no deserto e no rio Jordão (Marcos) está, em linhas gerais, de acordo com o local de sua execução conforme Josefo (a fortaleza Maquero) e com a informação no evangelho de João (Betânia, do outro lado do Jordão e Aenon, perto de Salim). Essa localidade é geralmente aceita e permitia a movimentação pelas fronteiras políticas (Judeia-Samaria, Pereia, Decápolis) e o acesso à água natural ("água viva").

Josefo e Marcos 1:5; 11:32 concordam que João foi imensamente popular. Não existe razão convincente para questionar a tradição do evangelho de que João atuou geralmente antes do ministério de Jesus, embora o relacionamento cronológico exato dos dois não possa ser especificado. Josefo relata que alguns judeus pensavam que a execução de João por Antipas tenha sido vingada por Deus com a derrota do seu exército por Aretas IV, provavelmente no ano 36 d.C. assim, sendo, a morte de João precedeu essa data e provavelmente pertence à última metade do reinado de Antipas.

Especialmente à vista da popularidade de João, a tradição cristã de que Jesus foi por ele batizado (e que João foi preso logo depois disso) está aberta ao questionamento histórico. Não está claro que (a fonte) Q descreve o batismo de Jesus por João. O próprio Jesus, todavia, pelo menos ouviu a respeito de João e sem dúvida o aprovou, talvez até imitando-o em alguns aspectos.

Mensagem religiosa. O conteúdo exato e o escopo da mensagem de João são difíceis de determinar. Josefo apresenta João como alguém que exorta à virtude, à retidão entre os semelhantes judeus e temor a Deus. Dado o clima geral político e religioso, provavelmente houve insinuações políticas pertinentes ao futuro do povo judeu. É incerto que João tenha usado figuras apocalípticas (cf. Q). Em todo caso, a tradição cristã moveu João para um papel muito mais definido como precursor do Messias e como Elias.

Os ensinos de João relativos ao batismo, sem dúvida, envolveram alguma discussão de arrependimento, pureza e perdão. Josefo se esforça para negar que o batismo fosse para perdão dos pecados, enquanto que Marcos afirma isso. Ambas as posições parecem ter-se desenvolvido de uma conexão original de arrependimento, batismo, pureza e perdão vistos também nos manuscritos de Qumran. A ideia predominante de que o perdão vem de Deus não terá sido posta de lado.

O local da atividade de João fora de Jerusalém, junto com o batismo envolvendo perdão, levanta a questão de em que grau João desafiou conscientemente o sacerdócio de Jerusalém. Evidência cada vez maior para a prevalência de abluções rituais judaicas serve menos provavelmente à tese que o movimento batista deve ter necessariamente se colocado em oposição ao culto do templo.

Seguidores. Marcos, Q e João concordam tratar-se de um grupo especial de "discípulos de João". É interessante que esses escritos atestam a continuada existência desse grupo independente durante o ministério de Jesus. O núcleo de tal grupo retrocede, sem dúvida, ao período de vida de João. Um grupo de partidários de João parece ter continuado a competir com os seguidores de Jesus mesmo depois da morte de João. Pelo diálogo, elementos joaninos como o jejum e o batismo podem ter sido introduzidos na nascente fé cristã.

Os discípulos de João evidentemente acreditavam que ele era o Messias (*Recognitions* 1.54.8; 1.60.1-2; Jo 1). Após sua execução, parecem ter pensado que João havia sido levado por Deus para voltar logo (Mc 6:14, 16; 8:28; *Recognitions* 1.54.8). Em todos estes aspectos, o movimento de João parece ter estabelecido um padrão para os primeiros seguidores de Jesus.

Bibliografia. C. H. Kraeling, *John the Baptist* (New York, 1951); E. F. Lupieri, "John the Baptist in New Testament Traditions and History", in *ANRW* II.26,1 (Berlin, 1993), 430-61; C. H. H. Sobie, *John the Baptist* (Philadelphia, 1964), R. L. Webb, *John the Baptizer and Prophet*. JSNTSup 62 (Seffield, 1991); W. Wink, *John the Baptist in the Gospel Tradition*. SNTSMS 7 (London, 1968). [STANLEY JONES]

JOÃO MARCOS *Ver* MARCOS, JOÃO.

JOÃO, APÓCRIFO DE (III, 1; IV, 1; BG, 2) Texto gnóstico primitivo, provavelmente do tipo setiano, relativo a uma visão do apóstolo João. O tratado fornece uma visão elaborada de um sistema gnóstico mítico. A primeira parte enfatiza a origem dos seres divinos e espirituais, ambos em referência ao mundo cósmico superior e inferior. Aqui a atenção é atraída para a queda da Sabedoria (a crise soteriológica), a criação do deus-criador Yaldabaoth (vividamente apresentado em desenhos terríveis e comparados a Deus do AT). A segunda parte volta-se para a criação da raça humana ("Adão"), com ênfase importante na salvação. Incluídas na obra estão uma discussão sobre os diferentes tipos de almas, a tentativa do deus-criador de destruir os da "raça firme" (isto é, os destinados à salvação por conta de sua relação com o mundo espiritual superior), e a descida-ascensão de Pronoia ("presciência") pela qual a salvação é obtida.

O livro sobreviveu em quatro textos cópticos: dois de uma versão mais curta e dois de uma versão mais longa. Estas parecem ser traduções independentes de um original grego, que não existe mais. Ireneu (*Adv. haer.*, c. de 180 d.C.) parece ter conhecido o Apócrifo ou, pelo menos, uma fonte mais antiga. A parte final da versão mais longa — o Monólogo da Providência — provavelmente foi uma fonte independente incorporada depois. A data precisa é difícil, embora uma tradição manuscrita possa ser rastreada dos séculos II ao IV.

Esse texto é importante para estudantes da antiguidade recente. O debate continua quanto a se o Apócrifo de João surgiu principalmente de círculos judaicos ou cristãos. O consenso acadêmico favorece forte conexão judaica (p. ex., Gênesis, 1Enoque e a Sabedoria de Salomão), além de elementos cristãos acrescentados posteriormente. Determinar o ambiente é mais complicado por causa das várias versões do texto. O Apócrifo tem sido estudado também em relação ao Platonismo Médio. Assim, esse texto lança luz nas inter-relações culturais entre vários grupos religiosos e filosóficos da antiguidade. A relação intertextual entre o Apócrifo e os textos bíblicos é também um assunto significativo (Gênesis e, em conexão com o Monólogo da Providência, Jo 1:1-18). A descida da Sabedoria, além disso, é um livro que pode ser visto como exemplo gnóstico da tradição "descida ao inferno" (identificado em 1Pedro e plenamente desenvolvido em Atos de Pilatos e no Credo dos Apóstolos). Mais importante para os estudantes, entretanto, é o elaborado sistema gnóstico apresentado (todavia seria exagero dizer que o Apócrifo de João seja um modelo do sistema gnóstico).

Bibliografia. S. Giversen, *Apocryphon Johannis*. Acta Theologica Danica 5 (Copenhagen, 1963); K. Rudolph, *Gnosis* (San Francisco, 1984); J. D. Turner, "Sethian Gnosticism: A Literary History", in *Nag Hammadi, Gnosticism and Early Christianity*, Ed. C. W. Hedrick e R. Hodgson, Jr. (Peabody, 1986), 55-86; M. Waldstein e F. Wisse, Eds., *The Apocryphon of John*. NHMS 33 (Leiden, 1995); M. A. Williams, *The Immovable Race: A Gnostic Designation and the Theme of Stability in Late Antiquity*. NHS 29 (Leiden, 1985); F. Wisse, "The Apocryphon of John (II,1,IV,1 e BG 2502,2)", in *Nag Hammadi Library in English*, Ed.J.M.Robinson, 3.ed. (San Francisco, 1988), 104-23. [PHILIP L. TITE]

JOÃO, ATOS DE Uma das várias obras apócrifas que se acredita ter sido escrita por Leucius Charinus, provavelmente em grego no fim do século II ou início do século III d.C. Sua origem é desconhecida.

Atos de João relata a missão, feitos milagrosos e morte pacífica do apóstolo na Ásia Menor. João cura o doente, ressuscita o morto, destrói o templo de Ártemis em Éfeso e converte muitos adoradores pagãos. Num episódio muito divertido, João até ordena que percevejos se reúnam num só lugar na cama para não perturbar seu sono. Diferentemente de muitos outros atos apócrifos, João não tem a morte de mártir, mas faz uma oração final recomendando o ideal ascético da pureza e a abstinência sexual, deita-se num túmulo previamente preparado e morre.

Embora muito do que existe em Atos de João não seja heterodoxo, a obra foi condenada como herética pelo Segundo Concílio de Niceia (787 d.C.) devido às suas tendências docéticas e modalistas. Não existe um manuscrito completo da obra, e cerca de 70% do texto que de fato sobrevive deve ser reconstruído de manuscritos e fontes secundárias. Uma dessas fontes, o Atos de João, de Prócoro, coleção grega do século IV, preserva vários episódios do primitivo Atos de João, mas também reescreve e embeleza seu predecessor. Os Atos foram também usados por Pseudo-Abdias e o Livro de Salmo Maniqueu, e conhecido de Agostinho, Eusébio e Epifânio.

Bibliografia. J. K. Elliot, Ed., *The Apocryphal New Testament*, ed. rev. (Oxford, 1993), 303-49; E. Junod e J. D. Kaestli, *Acta Iohannis*, 2 vols. (Turnhout, 1983). [JAMES R. MUELLER]

JOÃO, CARTAS DE Três cartas do NT que tradicionalmente levam o nome de João. Embora estejam incluídas entre as Epístolas "católicas" ou "gerais", as três parecem ser endereçadas a situações específicas. Enquanto a primeira é anônima, as duas cartas menores fornecem o autor como "o Ancião". É duvidoso que esse termo seja um título para o apóstolo João e, embora 1João esteja intimamente relacionado ao quarto evangelho, não é certo que ambos tenham o mesmo autor (há dúvida se o evangelho foi ou não escrito pelo apóstolo). A situação e a autoria de cada uma destas cartas precisam, então, ser discutidas.

1João. A semelhança do estilo literário e da teologia que diferencia o evangelho e as cartas de todos os escritos do NT é forte argumento de que foram escritos pela mesma pessoa, e isto é especialmente verdadeiro para 1João e o evangelho. Todavia existem também diferenças entre os dois, em pequenos detalhes de hábito linguístico; em qualidade literária (o evangelho usa ironia e vários significados, enquanto 1João coloca mais ênfase na morte expiatória de Jesus e menos em sua mediação entre Deus e o crente). Os estudiosos estão divididos se tais diferenças são naturais em obras escritas pelo mesmo autor em tempos diferentes, ou são sérias o suficiente para sugerir dois autores diferentes. A ideia comum cada vez mais forte de uma "escola" joanina sugere um grupo de apoiadores da tradição e de mestres em vez de uma autoridade única por trás de todos os escritos joaninos. O autor de 1João é provavelmente o "Ancião" responsável por 2 e 3 João; de qualquer maneira, as duas cartas são curtas demais para fornecer evidência suficiente para estabelecer diferença na autoria.

A primeira carta de João não tem as características típicas que marcavam uma carta no mundo antigo, e ela é atualmente classificada como um ensaio, sermão ou algo semelhante, pela maioria dos estudiosos. A obra tem muitas características da retórica de persuasão ou exortação, como por exemplo, repetição e o uso de formulações e exemplos a serem imitados. Não foi estabelecida uma estrutura literária definida para 1João, nem existe qualquer desdobramento óbvio de pensamento em sua repetição ou temas importantes. Alguns têm sugerido que 1João resulta da edição de uma fonte, mas isso é improvável.

A primeira carta de João é evidentemente uma reação à crise na comunidade cristã joanina. O autor fala de certas pessoas que "saíram" da comunidade, a quem chama de anticristos, enganadores e falsos profetas, que falharam em confessar que Jesus é o Cristo e Filho de Deus, ou em confessar "Jesus Cristo veio em corpo" (2:18-27; 4:1-6). O autor pode ter em vista estes oponentes quando fala sobre pessoas que alegam não ter pecado, ou serem filhos de Deus embora pequem de fato (1:5-2;2:28-3:10; cf. 5:16-18); que não têm amor mútuo (2:3-11;3:10-18; cf. 4:7-20); e que se arrogam direitos sobre o Espírito (4:1-6; cf. 5:6-8). Os oponentes são usualmente considerados para representar uma forma primitiva de docetismo e/ou serem relacionados a Cerinto, o primitivo mestre gnóstico.

Tais identificações podem ser exatas demais para serem sustentadas pelas pistas de 1João, mas os oponentes parecem de fato ter desvalorizado a realidade física e humana de Jesus Cristo de alguma forma. Eles podem ter diferenciado a natureza humana de Jesus do Cristo divino, enfatizando a revelação do Cristo como mais significativa para a salvação do que a crucificação do homem Jesus. Eles podem ter acreditado que a fé no Cristo celestial e a posse do Espírito lhes deram não somente a vida eterna e um relacionamento íntimo com Deus, como também natureza divina incapaz de pecar. Sem sentir necessidade do Jesus humano, tampouco como sacrifício expiatório ou modelo de amor sacrificial, eles de forma análoga não viram valor espiritual em atos concretos de cuidado humano da parte deles. Eles podem ter convencido a muitos na comunidade cristã joanina a seguirem-nos a uma sociedade separada.

Essa reinterpretação da tradição joanina surgiu provavelmente algum tempo depois do quarto evangelho ter sido substancialmente concluído, quando novas circunstâncias haviam transplantado as exaltadas afirmações do evangelho a respeito de Jesus no contexto de um dualismo mais radical. Nessa situação, o autor de 1João, sob certo ponto de vista, volta para a tradição. Ele enfatiza a fidelidade ao que tem sido essencial "desde o princípio": a confissão de Jesus como Cristo "em carne (corpo)", isto é, em toda a sua humanidade; e o mandamento para amar um ao outro na comunidade que faz tal confissão (1:1-3; 2:7-11, 22-24; 3:11-24; 4:1-16; 4:19-5:5). Por outro lado, o autor se estendeu para outras formas de desenvolvimento do cristianismo. O escritor enfatiza mais fortemente que os temas do evangelho de João comuns em outras partes do NT: a morte expiatória de Jesus, o problema do pecado para os crentes e a volta futura de Jesus (1:5-2:2; 2:28-3:10; 4:10, 17-18; 5:16-18).

A essência da mensagem de 1João é que o relacionamento com Deus exige tanto a crença na cristologia encarnada como no amor mútuo; e que estes estão inseparavelmente unidos. Nenhuma nova revelação pode substituir a encarnação na qual Deus, que é amor, se fez conhecido na humanidade de Jesus Cristo. O amor cristão pode surgir somente da fé nessa revelação; mas a fé em Jesus Cristo somente é fé quando os crentes mostram seu amor uns para os outros.

2 João. A segunda carta de João parece derivar da mesma situação geral de 1João (esp. v. 5-9). Entretanto, 2João 10-11 propõe uma solução mais drástica ao problema dos oponentes: recusa da hospitalidade a mestres viajantes que não aderem à cristologia joanina tradicional. É possível que 2João tenha sido endereçada a uma comunidade na qual não houvesse ainda chegado o ensino do oponente e tinha a intenção de evitar seu enraizamento lá.

Diferentemente de 1João, 2João tem a forma de uma carta comum. Entretanto, essa forma foi adaptada para dar-lhe uma espécie de autoridade oficial, como nas cartas paulinas. Note, por exemplo, a saudação teologicamente ampliada nos v. 1-3. A "senhora eleita" mencionada ali é provavelmente uma congregação cristã, congregação "irmã" do próprio autor (v. 1,13). A designação não usual do remetente da carta como "o Ancião" também sugere alguém uma posição de respeito e autoridade na comunidade joanina, impressão confirmada pelo tom de todas as três cartas. Todavia essa designação, sem nome próprio e sem fazer parte do corpo de anciãos, não há paralelo na literatura cristã primitiva. Desconhece-se mais fatos a respeito desse "Ancião".

3 João. O mesmo "Ancião" aparece como remetente de 3João que, embora intimamente semelhante a 2João no começo e no fim, segue as convenções do formato de cartas antigas mais rigorosamente que 2João ou qualquer outra carta do NT. Em parte, 3João é carta de recomendação para um cristão chamado Demétrio e, em parte, é exortação ao seu destinatário, Gaio, a seguir bons exemplos e evitar os maus. Entretanto, trata também de um conflito específico.

A terceira carta de João mostra que, quem quer que tenha sido "o Ancião", sua autoridade não foi aceita sem questionamento. Alguém chamado Diótrefes recusou receber uma carta do Ancião e recusou hospitalidade ao portador dela; além disso, ele está expulsando aqueles que de fato mostram hospitalidade na congregação. Embora pareça natural presumir que essa controvérsia está relacionada àquela em 1 e 2João, 3João não faz referência aos temas daquelas cartas. Ao contrário, o conflito a respeito da hospitalidade pode ser relacionado às estruturas em desenvolvimento de cargos e autoridade na Igreja, ou a assuntos de poder e honra pessoais. A solução do Ancião para o problema é ameaçar um confronto pessoal com Diótrefes, e procurar em Gaio a hospitalidade e apoio para missionários viajantes que Diótrefes havia recusado.

Datas e local. A primeira e a segunda cartas de João devem ter sido escritas na mesma época; 3João pode ter sido composta alguns anos antes ou depois. Além disso, as datas podem ser propostas somente em relação ao quarto evangelho, o qual 1João evidentemente pressupõe. A data do evangelho em si é incerta, entretanto, o lapso de tempo entre os dois é desconhecido. Talvez precise se conceder não mais que dez ou vinte anos. A tradição da Igreja tem sempre colocado os escritos joaninos em Éfeso. Nada nas próprias cartas confirma positivamente ou contradiz isso; pode se notar que os escritores cristãos da Ásia Menor são os primeiros a mostrar conhecimento delas.

Bibliografia. R. E. Brown, *The Epistles of John*. AB 30 (Garden City, 1982); J. M. Lieu, *The Second and Third Epistles of John* (Edinburgh, 1986); *The Theology of the Johannine Epistles* (Cambridge, 1991); D. Rensberger, *1 John, 2 John, 3 John*. Abingdon New Testament Commentaries (Nashville, 1997); R. Schnackenburg, *The Johannine Epistles* (New York, 1992); S. S. Smalley, *1, 2, 3 John*. WBC 51 (Waco, 1984). [David Rensberger]

JOÃO, EVANGELHO DE O quarto livro do NT. Ele relata como a Palavra de Deus tornou-se carne em Jesus de Nazaré, que revelou a glória e o amor de Deus por meio de suas palavras e ações. Ele foi crucificado pelos pecados do mundo e ressuscitou para que as pessoas pudessem receber a vida eterna pela fé nele.

Conteúdo. O evangelho apresenta a história de Jesus em duas partes: o ministério público de Jesus (caps. 1—12), sua paixão e ressurreição (caps. 13—21). A parte 1 começa com um prólogo poético que relata como a Palavra entrou no mundo e foi rejeitada por muitos, mas bem recebida por outros que se tornaram filhos de Deus (1:1-18). Na narrativa, João Batista direciona as pessoas a Jesus, o Cordeiro de Deus, que reúne um círculo de discípulos. Os ensinos e as curas de Jesus despertam reações favoráveis de vilarejos samaritanos, de um oficial real, de um cego de nascença e de Marta e Maria. Outros compreendem mal ou se tornam hostis quando Jesus cura no sábado (cap.5), alimenta 5 mil pessoas na Páscoa (cap. 6), anuncia na Festa das Cabanas que Ele é a fonte de água viva e a luz do mundo (7:1-10:20), e declara que "eu e o Pai somos um" durante a Festa da Dedicação (10:22-39). Multidões acenam com ramos de palmeira quando Jesus entra em Jerusalém pela última vez, mas eles não compreendem as alusões à Sua morte iminente e Jesus conclui Seu ministério público escondendo-se deles (12:36).

A parte 2 começa com a Última Ceia, quando Jesus assume a postura de escravo e lava os pés de seus discípulos. Esse ato mostrou Seu amor por eles e dá o exemplo do tipo de serviço visualizado pelo novo mandamento de "amar uns aos outros; assim como eu vos amei" (13:34). Num longo discurso de despedida, Jesus promete mandar o Espírito ou "Advogado" (gr. *paráklētos*). O Espírito será a presença contínua de Jesus com a pessoa depois do seu retorno ao Pai, revelando o significado do ministério de Jesus às gerações futuras (14:16,26). Por meio de dramática ironia, o relato da prisão e do interrogatório de Jesus manifesta a inocência dele e a culpa de seus acusadores. No dia da preparação da Páscoa, Jesus é crucificado como o Cordeiro de Deus, e suas palavras finais "está consumado", afirmam que sua morte consuma a obra salvadora de Deus. Na Páscoa, o Jesus ressurreto aparece aos discípulos e lhes dá o Espírito, como prometido. Uma semana depois, a confissão de Tomé de que Jesus é o Senhor e Deus leva a história ao clímax. A grande pesca no cap. 21 prevê a difusão da missão cristã.

Autoria e composição. O quarto evangelho não revela o nome do seu autor. De acordo com 21:24, o livro preserva o testemunho do "discípulo a quem Jesus amava". Por volta do fim do século II, tal discípulo foi identificado com João, filho de Zebedeu, visto que ele às vezes acompanha Pedro como o faz João nos outros evangelhos. Estudiosos modernos, entretanto, acham improvável que a identidade de uma figura bem conhecida como João tenha se mantido oculta. Além disso, de acordo com os outros evangelhos, João seguiu Jesus durante seu ministério, mas no quarto evangelho, o discípulo amado é explicitamente mencionado pela primeira vez somente na Última Ceia (13:23). Alguns têm sugerido que o Discípulo Amado é a figura cujo nome não é mencionado e que encontrou Jesus perto do Jordão (1:35-40) e foi conhecido na casa do sumo sacerdote (18:15-16), mas essas conexões podem sugerir que o discípulo amado era de fato judeu, em vez de Galileu, como João. Outros propõem que era Lázaro, a quem Jesus amava (11:3,5). Muitos reconhecem, acertadamente, que a identidade do discípulo amado permanece desconhecida.

O evangelho foi provavelmente composto durante um período de tempo em duas ou mais edições. Uma primeira versão provavelmente terminou com 20:30-31, que diz que "Jesus realizou ainda muitas outras coisas; se elas fossem escritas uma por uma, creio que nem no mundo inteiro caberiam os livros que seriam escritos". O último capítulo, que tem uma finalização semelhante (21:25), foi aparentemente adicionado numa edição posterior, ampliada. Numa edição primitiva, a ordem de Jesus: Levantai-vos, vamos sair daqui" (14:31) provavelmente indicou o fim da Última Ceia e o movimento de Jesus para o jardim onde Ele foi detido (18:1). O material nos caps. 15—17 foi provavelmente incluído depois. O evangelho inteiro é escrito com o mesmo estilo e ponto de vista, e a mesma pessoa pode ter produzido tanto a versão anterior como a posterior. O comentário que "sabemos" que o testemunho do discípulo amado é verdadeiro (21:24), entretanto, sugere que outros podem ter colocado o texto na forma final.

Data. O Evangelho foi provavelmente terminado por volta do ano 90 d.C. Datação anterior ao fim do século I é provável, desde que a descoberta de um fragmento do texto (p^{52}) mostra que o evangelho estava sendo copiado no Egito entre 125-150. A datação posterior à destruição do templo no ano 70 é também provável. Antes havia vários grupos judeus na Palestina- fariseus, saduceus, essênios, zelotes, herodianos — mas depois do ano 70, os fariseus se tornaram predominantes e outros grupos desapareceram. A maneira como o evangelista se refere alternadamente aos "fariseus" e "os judeus" sugere que o autor escreveu quando outros grupos não tinham muita importância. Referências a procedimentos formais para expulsar cristãos da sinagoga (9:22) e o contraste entre os seguidores de Jesus e os judeus (v. 28) são feitas de maneira a sugerir que os cristãos não eram mais considerados seita judaica, mas um grupo distinto, o que foi verdade tempos mais tarde no mesmo século. O conhecimento do autor da morte de Pedro e do discípulo amado (21:19,23) aponta também para a composição na década final do século.

Leitores. O evangelho de João foi composto numa e para uma comunidade cristã primitiva. As muitas alusões sutis, jogo de palavras e passagens difíceis têm levado alguns a concluírem que os primeiros leitores pertenciam a um grupo sectário introvertido que usava linguagem virtualmente ininteligível para os de fora. Outros acham que mostrando Jesus como a luz do mundo, a fonte de água viva, o bom pastor e explicar o significado de palavras como "messias" e "rabi" (1:38-41) torna a história acessível a uma ampla gama de leitores. Juntas, essas percepções indicam que o evangelho foi redigido com um espectro de leitores em vista, talvez devido ao desenvolvimento dentro do próprio cristianismo joanino. É quase certo que os primeiros membros da comunidade eram cristãos judeus, mas o evangelho sugere que o círculo posterior incluía os samaritanos (4:39-42), os gregos (12:20) e os cristãos mencionados nas epístolas joaninas tinham nomes gregos e viviam em várias comunidades. O evangelho é acessível num nível básico a leitores menos informados embora sofisticado o suficiente para envolver leitores mais bem informados.

Relacionamento com outros livros do NT. ***Evangelhos Sinópticos.*** Em todos os quatro evangelhos, o ministério público de Jesus começa com João Batista e inclui a convocação dos discípulos, a realização de milagres, a expulsão de mercadores do templo e o ensino publicamente. Todos relatam que depois de uma refeição com seus discípulos, Jesus foi preso e julgado perante as autoridades judaicas e Pilatos, também afirmam que Ele morreu por crucificação e ressuscitou no terceiro dia. João é diferente por relatar muitas ações (transformar a água em vinho, curar no tanque de Betesda e Siloé, ressuscitar Lázaro, lavar os pés) e encontros (Nicodemos, a mulher samaritana, Tomé) que não são mencionados nos outros evangelhos. Em vez das parábolas a respeito do reino, João inclui longos discursos pontuados por frases como "Eu sou o pão da vida" e "Eu sou a luz do mundo". No evangelho de João, Jesus faz várias viagens a Jerusalém durante seu ministério em vez de apenas uma, e o momento de eventos importantes é diferente: a purificação do templo ocorre no começo do ministério de Jesus em vez de no final, e a crucificação acontece na tarde antes em vez de no dia depois da refeição da Páscoa. Intérpretes durante muito tempo pensaram que o quarto evangelista tinha conhecimento dos sinópticos e escreveu seu evangelho para suplementar os outros. Muitos estudiosos agora argumentam que João não sabia nada dos outros evangelhos. Parece claro que o quarto evangelista escreveu com total independência dos outros, mas se conhecia um ou mais dos sinópticos, isso permanece em discussão.

Epístolas joaninas. O evangelho e as cartas de João estão relacionados como elos de uma corrente. O evangelho e 1João começam com referências a "no princípio", usando a figura da luz e das trevas, e referem-se ao "novo mandamento" para amar uns aos outros. João 1 e 2 insistem que os verdadeiros crentes confessam que Jesus veio em carne. As cartas de João 2 e 3 foram escritas por um "ancião" que tratou de como lidar com questões de quem receber nas comunidades. Muitos estudiosos pensam que as cartas foram escritas depois do evangelho, já que o conflito básico no evangelho é entre cristãos e não-cristãos, enquanto as cartas lidam com conflitos surgidos dentro da própria comunidade cristã, aparentemente num período posterior. Alguns propõem que o evangelho de João foi colocado em sua forma final pelo autor de 1João, mas outros sugerem que esses escritos vieram de um círculo de cristãos que compartilhavam uma visão comum.

Revelação. Uma tradição da igreja primitiva dizia que o quarto evangelho e o Apocalipse foram escritos pelo apóstolo João. Isso presumia que o discípulo amado (Jo 21:24) e João de Patmos (Ap 1:9) eram a mesma pessoa. Tanto o evangelho como Apocalipse referem-se a Jesus como a Palavra e o Cordeiro, e utilizam a mesma linguagem simbólica, mas Apocalipse é escrito em grego característico que difere acentuadamente do estilo do evangelho. Apocalipse dá o nome do autor, mas não sugere que era apóstolo ou que tivesse visto o Jesus terreno, enquanto o evangelho oculta o nome do autor, mas insiste que foi testemunha ocular. Apocalipse enfatiza a consumação futura obra salvadora de Deus, enquanto o Evangelho dá importância à presente dimensão da salvação. Estas e outras diferenças indicam que os dois livros têm autores diferentes.

Ênfase teológica. Compreender a ênfase teológica do evangelho requer atenção ao que é aceito sem discussão e ao que é discutido. A humanidade de Jesus é aceita no evangelho; tanto amigos quanto adversários reconhecem que Ele é um ser humano. As discussões estão centradas em se Jesus é o Messias e o Filho de Deus (5:18; 7:40-42; 10:33), fazendo com que o evangelista precise demonstrar os aspectos messiânicos e divinos da identidade de Jesus. Encontros com Jesus mostram três dimensões principais do seu caráter. Primeira, os que conheceram Jesus, com razão, O identificam em termos humanos como homem, mestre e judeu (1:38; 4:9; 9:11). Segunda, eles falam a respeito dele como profeta e Messias (1:41; 4:19, 29, 9:17, 22). Terceira, há indicações de seu significado divino ou cósmico (1:51; 4:42; 9:38). A linguagem simbólica ajuda a transmitir que Jesus é ao mesmo tempo humano, messiânico e divino, já que imagens como luz (8:12) e um bom pastor (10:11) eram adequados para líderes humanos, o Messias e Deus. Mais tarde, alguns afirmaram a divindade de Jesus enquanto negavam sua humanidade (1Jo 4:2-3; 2Jo 7), e esse ponto de vista acabou tornando-se comum entre os gnósticos. O quarto evangelho, entretanto, insiste que a identidade de Jesus engloba todas as três dimensões (20:30-31).

Os seres humanos, de acordo com o evangelho de João, pertencem a um mundo que foi criado por Deus, mas se tornaram hostis ao seu Criador. O pecado é relacionamento interrompido com Deus — falta de fé — e as ações que dele procedem. Ao entregar Seu Filho para ser crucificado, Deus mostrou Seu amor pelo mundo que tinha se rebelado contra Ele (3:16). A morte de Cristo é o sacrifício que tira o pecado do mundo (1:29) porque por meio dele Deus sobrepuja o pecado pela evocação da fé. A fé leva as pessoas a adentrar uma vida de relacionamento com Deus que começa no presente e continua além da morte física (e se estende) para a eternidade. O evangelho afirma que haverá ressurreição futura (5:28-29; 6:40; 11:25) embora insista que a vida eterna é realidade presente, porque pela fé em Cristo a pessoa entre num relacionamento com o Deus eterno (5:24; 11:26;12:44-45). Os que recebem o amor que Deus manifesta em Cristo devem amar uns aos outros da mesma maneira (13:34). A morte de Cristo estabelece a fonte e o padrão para a vida cristã.

Bibliografia. J. Ashton, *Understanding the Fourth Gospel* (Oxford, 1991); R. E. Brown, *The Gospel According to John*, 2 vols. AB 29-29A (Garden City, 1966-1970); R. A. Culpepper, *Anatomy of the Fourth Gospel* (Philadelphia, 1983); C. R. Koester, *Symbolism in the Fourth Gospel* (Minneapolis, 1995); R. Schnackenburg, *The gospel According to St. John*, 3 vols. (New York, 1968-1982); D. M. Smith, *The Theology of the Gospel of John* (Cambridge, 1995). [CRAIG R. KOESTER]

JOÃO (gr. *Iōannēs*), **O APÓSTOLO** O filho de Zebedeu e irmão de Tiago. Foi pescador que cresceu na costa norte do mar da Galileia (Mc 1:19-20). Devido seu temperamento forte, João e seu irmão foram apelidados de Boanerges, "filhos do trovão" (Mc 3:17).

A mais antiga evidência textual para João está na carta de Paulo aos Gálatas (c. 52 d.C.), na qual o apóstolo menciona João (com Tiago, o irmão de Jesus e Cefas/Pedro) como "colunas" consideradas na igreja de Jerusalém (Gl 2:9). O evangelho de Marcos, usado por Mateus e Lucas, é a principal fonte do NT de informação biográfica a respeito de João. Ele e os outros onze discípulos de Jesus desempenham papel significativo no evangelho de Marcos, embora no começo como modelos de função negativa. Estudiosos sugerem que, assim como Paulo antes dele, Marcos retrata os discípulos negativamente para contestar a posição de autoridade deles na igreja de Jerusalém. Nesse caso, então a posição especial de João como um dos três discípulos do círculo próximo a Jesus (Mc 5:37; 9:2; 14:33; cf. At 3:1; 4:1) pode ser em grande medida uma retroprojeção da preocupação peculiar de Marcos em 70 d.C. com o ministério de Jesus. Entretanto, outros detalhes biográficos a respeito de João parecem menos prováveis de terem sido inventados pela igreja primitiva.

Cinco documentos neotestamentários levam o nome de João: o evangelho de João, as três epístolas de João e o livro de Apocalipse. Entretanto, esses títulos não faziam parte originalmente dos documentos, e o nome João ocorre somente no livro de Apocalipse. Justino Mártir (c. 160 d.C.) foi o primeiro a ligar João, o visionário do livro de Apocalipse, com "João, apóstolo de Cristo". O Cânon Muratoriano (com datação que varia entre 190 e 350 d.C.) é provavelmente a evidência mais antiga existente que atribui todos os cinco documentos ao apóstolo João. Mas com o aumento da crítica histórica em fins do século XVIII, os estudiosos começaram a questionar se qualquer um dos cinco documentos canônicos podia ser legitimamente atribuído a João, o apóstolo. Diferenças no estilo literário e o crescente apreço pela política de autoria na igreja primitiva levaram os estudiosos a proporem duas outras figuras obscuras como possíveis autores destes textos. João "o Ancião" (2Jo 1:3, 3Jo 1, Papias) — presumido por muitos ser totalmente diferente do apóstolo — pode ser o verdadeiro autor de pelo menos duas epístolas e do quarto evangelho. Outra possibilidade é o "discípulo amado" que aparece como testemunha da paixão de Jesus e valida o quarto evangelho (Jo 13:23; 19:26; 20:2; 21:7, 20). Alguns estudiosos sugerem que a igreja primitiva pode ter misturado esses dois indivíduos com o visionário de Apocalipse, tornando-os uma única figura chamada João, o discípulo de Jesus.

Entre os séculos II e III continuaram a aparecer textos alegando ter sido escritos pelo apóstolo João, bem como histórias a seu respeito. Essas tradições ajudaram a solidificar e a legitimar as peculiaridades da teologia joanina no cânon e no desenvolvimento dos debates cristológicos da Igreja. É durante esse período que Salomé foi identificada como mãe de João (Mc 15:40-41; Jo 19:25), fazendo, assim, João primo de Jesus e seu discípulo mais jovem. É também durante esse tempo que a tradição da igreja identificou João como o discípulo amado do quarto evangelho e o autor de Apocalipse. De acordo com algumas tradições, João levou Maria, mãe de Jesus para Éfeso (Justino Mártir Dial. 81.4), de onde foi exilado para a ilha de Patmos. Ele acabou sendo solto e voltou para Éfeso para ensinar, onde o jovem cristão, Papias, o encontrou e veio a conhecê-lo como "João, o ancião". João, o ancião, o apóstolo e o amado primo de Jesus, então morreu com a avançada idade de cerca de 100 anos, o último dos apóstolos vivos.

Bibliografia. R. E. Brown, *The Community of the Beloved Disciple* (New York, 1979); J. Charlesworth, *The Beloved Disciple* (Valley forge, 1995); R. A. Culpepper, *John, the Son of Zebedee* (Columbia, S. C., 1994); W. H. Wuellner, *The Meaning of "Fishers of Men"* (Philadelphia, 1967). [JEFFREY L. STALEY]

JOÃO, O DIVINO, DISCURSO DE Narrativa apócrifa em grego, contada por João, relativa à morte e à ascensão corporal da "santa gloriosa mãe de Deus e eternamente virgem Maria". Esta é a versão grega padrão da apócrifa Assunção da Virgem. Os muitos relatos da assunção de Maria tiveram origem por volta do século IV d.C. e causaram grande impacto tanto na forma oriental como ocidental do cristianismo. A "Assunção da Virgem" foi confirmada como doutrina oficial pela Igreja Católica Romana em 1950.

Nessa narrativa, Gabriel anuncia a Maria que seu pedido para partir do mundo será respondido. Os apóstolos, tanto os vivos como os mortos, são convocados para visitar Maria, oferecer essa assistência e receber sua bênção. Jesus vem para levar o espírito dela para o paraíso, seu corpo é colocado numa nova tumba no Getsêmani e três dias depois é levado para o céu. Maria é apresentada como importante ligação entre a Trindade e a humanidade. [KENNETH J. ARCHER]

JOAQUIM (heb. *yĕhôyāqîm*) (tb. JECONIAS) Nome real ("Yahweh firmou") de Conias, que sucedeu seu pai Jeoaquim como rei de Judá. Ele tornou-se rei com a idade de 18 anos e reinou três meses durante 598/597 a.C. Sua mãe foi Neústa, filha de Elnatã, alto oficial da corte (2Rs 24:8; 2Cr 36:9). Depois da derrota decisiva do Egito para a Babilônia em Carquemis (605; 2Rs 24:7; Jr 46:2), Jeoaquim (609-598) deixou de submeter-se ao Egito e passou a se curvar para Babilônia. Em seguida à batalha indecisiva entre o

Egito e Babilônia em 601, Jeoaquim renunciou sua vassalagem a Nabucodonosor, rei babilônico (2Rs 24:1). Em dezembro de 598, o exército babilônio respondeu marchando para Judá (2Rs 24:2; cf. Jr 35:11). Jeoaquim morreu nessa época, talvez resultado de assassinato, e foi nesse contexto que Joaquim se tornou rei (Rs 24:8; cf. Jr 22:18,19; 36:30). O exército de Nabucodonosor chegou a Jerusalém e em março de 597 a cidade se rendeu; Joaquim, vários parentes, a elite e a população qualificada foram levados para o cativeiro na Babilônia com os objetos de valor e estimação (2Rs 24:12-17; Jr 27:19-20; cf. 2Rs 25:13-15); o tio do rei, Matanias (Zedequias), o sucedeu (2Rs 24:17). Fontes cuneiformes registram alguns dos mesmos detalhes. Mesmo depois do exílio, alguns consideraram Joaquim o governante legítimo, e certos membros da comunidade exílica continuaram ainda a calcular seu calendário de acordo com o seu reinado, mas Jeremias parece haver desencorajado isso (Ez 1:2; Jr 22:24-30). No trigésimo sétimo ano do exílio de Joaquim, o rei babilônio, Evil-Merodaque (562-560) o libertou da prisão e deu-lhe uma pensão alimentícia regular (2Rs 25:27-30; Jr 52:31-34); documentos cuneiformes da época de Nabucodonosor fazem também referência a suprimento distribuído ao rei Joaquim e seus filhos (*ANET*, 308; cf. 1Cr 3:17). Joaquim morreu no exílio.

Num vaso de armazenagem com a inscrição: "Eliakim, mordomo de Yaukin" chegou a sugerir que Joaquim continuou a "administrar" os bens da coroa como Eliakim, mas os dados paleográficos e arqueológicos desses epígrafos sugerem que o vaso se refere a um Joaquim anterior, não real.

Bibliografia. J.J. Granowski, "Jehoiachin at the King's Table: A Reading of the Ending of the Second Book of Kings", in *Reading Between Texts: Intertextuality and the Hebrew Bible*, Ed. D. N. Fewell (Louisville, 1992), 173-88; A.K. Grayson, *Assyrian and Babylonian Chronicles*. Texts from Cuneiform Sources 5 (Locust Valley, N.Y., 1975); H.G. May, "Three Hebrew Seals and the Status of Exiled Jehoiachin", *AJSL* 61 (1939): 146-48. [CRIS A. ROLLSTON]

JOÁS (heb. *yô'āš*, *yĕhô'āš*) (tb. JEOÁS) **1.** O pai de Gideão (Jz 6:11, 29-31). Membro do clã abiezrita da tribo de Manassés. Ele foi proprietário do "carvalho de Ofra", provavelmente santuário local associado a Baal e Aserá. O relato enfatiza a supremacia de Yahweh na recusa de Joás de lutar por Baal depois que Gideão destrói o local de culto.

2. O filho do rei Acabe, de Israel; um dos oficiais ordenado a assumir a custódia do profeta Micaías (1Rs 22:26 = 2Cr 18:25).

3. Rei de Judá (c. 837-800 a.C.; 2Rs 11-12; 2Cr 22:10-24:27). Joás (coroado como Jeoás) foi feito rei de Judá quando criança por golpe de estado dirigido pelo sacerdote Joiada contra Atalia, que havia tomado o trono e assassinado todos os rivais sete anos antes. O interesse da narrativa na explicação do golpe pelo livro de Reis está centrado na legitimidade de Joás como filho de Acazias e único sobrevivente ao expurgo feito por Atalia, e na necessária e impositiva restauração da dinastia davídica. A explicação de Crônicas enfatiza os papéis do sacerdote e dos levitas em liderar um levante no meio do povo. Embora a identidade de Joás como filho do rei seja suspeita, esses eventos são compreensíveis como típicas lutas políticas nos estados monárquicos e como resultado da revolta de Jeú que deu fim à dinastia de Acabe, no norte.

A cronologia do período é incerta, mas os quarenta anos de reinado atribuídos a Joás (2Rs 12:1 [TM 2]) parecem mais evocativos dos reinados de Davi e Salomão do que realístico. Joás é caracterizado no resumo referente ao reino de modelo deuteronomístico como bom rei, exceto por não retirar os lugares altos; Crônicas limita seu governo correto à influência de Joiada. Esse rei é lembrado por haver regularizado um programa financeiro para o cuidado do templo. Uma luta de poder com os sacerdotes pelo controle das finanças pode estar subjacente à narrativa. A explicação de Reis demonstra a liderança de Joás em estabelecer uma organização duradoura (2Rs 22:3-7,9). Em contraste, Crônicas destaca o abandono de Joás dos ideais sacerdotais da lealdade a Yahweh após a morte de Jeoiada.

A derrota da cidade de Gate por Hazael e o tributo de Joás refletem a predominância de Arã-Damasco na Síria-Palestina no fim do século IX. O assassinato de Joás por dois de seus oficiais, característica da política do poder real, não é explicado em Reis. Em Crônicas, tanto a vitória de Hazael como o assassinato são retribuição à transgressão de Joás, que foi sucedido por seu filho Amazias.

4. Rei de Israel (c. 800-785 a.C.). Joás sucedeu seu pai Jeoacaz e reinou durante dezesseis anos no início do século VIII (2Rs 13:10-25; 14:8-16; 2Cr 25:17-24). O resumo relativo ao reino, tal como outros julgamentos deuteronomísticos de reis do norte, o descreve como rei mau que continuou nos pecados de Jeroboão. Entretanto, a estratégia da narrativa de 2Reis 13:14-25 o retrata de acordo com o critério deuteronomista normalmente positivo de um rei que busca a palavra profética. A narrativa foca na reação de Joás às ordens de Eliseu de representar o sucesso limitado de Israel em sua contínua luta contra Arã. A confirmação da narrativa da palavra profética vem em 2Reis 13:25, em que Joás derrota Ben-Hadade três vezes.

Historicamente, este relato reflete a mudança de equilíbrio de poder entre Arã e Assíria por volta do ano 800. A Assíria, sob Adade Nirari III em sua campanha ocidental entre 805 e 796 controlou e depois terminou quatro décadas de dominação da Síria-Palestina. Uma inscrição assíria, a estela de Rima, marca o sucesso de Adade Nirari e o seu recebimento de tributo de Tiro, Sidom e Joás de Samaria. A fraqueza de Arã deixou Joás livre para recuperar as cidades que seu pai havia perdido.

Joás figura no relato a respeito de Amazias que descreve uma batalha entre Israel e Judá (2Rs 14:8-16 = 2Cr 25:17-24). A ênfase da narrativa está na recusa de Joás a Amazias, na derrota de Judá por Israel no próprio território e no saque de Jerusalém. Exceto por aludir à arrogância de Amazias depois de derrotar Edom, o relato não oferece razão para a batalha. Embora não se conheça detalhes, compreende-se a batalha como manobra por poder ou território entre estados menores depois que um estado predominante (neste caso, Arã) foi removido. Joás foi sucedido por seu filho Jeroboão II.

5. Membro da genealogia judaica descendente de Selá (1Cr 4:22).

6. Benjaminita do clã de Bequer (1Cr 7:8).

7. Arqueiro listado entre os guerreiros benjamitas que se uniu a Davi em Ziclague (1Cr 12:3).

8. O supervisor dos estoques de azeite de Davi (1Cr 27:28).

Bibliografia. G. W. Ahlström, *The History of Ancient Palestine* (Minneapolis, 1993); P. Dutcher-Walls, *Narrative Art, Political Rhetoric: The Case of Athaliah and Joash*. JSOTSup 209 (Sheffield, 1996); S. Japhet, *I and II Chronicles*. OTL (Lousville, 1993); J. M. Miller e J. H. Hayes, *A History of Ancient Israel and Judah* (Philadelphia, 1986). [PATRICIA DUTCHER-WALLS]

JOBABE (heb. *yôḇāḇ*) **1.** Filho de Joctã; ancestral de um povo árabe (Gn 10:29; 1Cr 1:23).

2. Rei edumeu; o filho de Zerá, de Bozra (Gn 36:33-34 = 1Cr 1:44-45).

3. O rei de Madom, aliado de Jabim, rei de Hazor (Js 11:1); um dos reis derrotados por Josué (12:19).

4. Homem benjamita, filho de Saaraim (1Cr 8:9).

5. Homem benjamita, filho de Elpaal (1Cr 8:18).

JOCDEÃO (heb. *yoqdĕʿām*) Cidade do território tribal de Judá (Js 15:56). Na LXX, consta Jorkeam (cf. 1Cr 2:44). O local pode ser a moderna Khirbet er-Raqa' entre Jutá e Zife, 7 km ao sul de Hebrom.

JOCMEÃO (heb. *yoqmĕʿām*) Cidade levítica dada ao clã de Coate (1Cr 6:68 [TM 53]). Em 1Crônicas 23:19; 24:23, uma família levítica de Hebrom tem o nome semelhante de Jecameão. Listada como uma das cidades do quinto distrito de Salomão (1Rs 4:12), Jocmeão pode ser identificada ou com os locais da Idade do Ferro I-II de Tell el-Mazâr ou Uádi es-Samadi no Uádi Far'ah. Muitos mapas e autores modernos têm confundido o assunto, entretanto, ao chamarem os dois locais de Tell es-Simadi. [ROBERT D. MILLER, II]

JOCNEÃO (heb. *yoqnĕʿām*) **1.** Cidade dada aos levitas do clã de Merari na fronteira ocidental de Zebulom (Js 19:11; 12:22). O rei de Jocneão foi morto por Josué e pelos israelitas (Js 12:22).

2. Como cidade real canaanita, Jocneão aparece numa lista topográfica de Tutmósis III. Eusébio desconhecia o local do sítio, embora soubesse de uma Kammona correspondente à localidade (Onom. 116.21) provavelmente o mesmo que Cyamon em Judite 7.3.

3. Jocneão é identificada com Tel Yoqne'am/Tell Qeimûn (1604.2289), situada num ponto junto ao limite da cadeia de montanhas do Carmelo e do vale de Jezreel, 20 km a sudeste da moderna Haifa e 11 km a noroeste de Megido. Na Idade do Ferro I, sucessivas fases canaanita, fenícia e filisteia ocuparam o sítio de quatro hectares, mas a ocupação israelita não é evidente até a Idade do Ferro II, época na qual uma grande cidade fortificada está preservada. O sítio foi ocupado nos períodos persa, grego, romano, bem como em períodos posteriores. [ROBERT D. MILLER, II]

JOCSÃ (heb. *yoqšān*) Filho de Abraão e Quetura; ancestral epônimo de vários povos árabes (Gn 25:2-3; 1Cr 1:32).

JOCTÃ (heb. *yoqṭān*) Filho de Eber e descendente de Sem; ancestral epônimo de vários povos árabes (Gn 10:25-29 = 1Cr 1:19-23).

JOCTEEL (heb. *yoqṯĕʾēl*) Cidade na Sefelá, ou região baixa de Judá (Js 15:38). Jocteel pode estar ligada a Jecutiel, descrito como descendente de Calebe, "pai de Zanoá" e tio de Socó (1Cr 4:18). Tanto Zanoá como Socó são sítios em Sefelá, e Jocteel pode estar localizada nas proximidades.

Capital do território edomita. O rei Amazias de Judá mudou o nome do local edomita de Selá (moderna Petra) para Jocteel depois de conquistá-la (2Rs 14:7). [JENNIFER L. GROVES]

JODÁ (gr. *Iōdá*) O filho de Joanã e ancestral de Jesus, de acordo com a genealogia de Lucas (Lc 3:26).

JOEDE (heb. *yôʿēḏ*) Benjamita, avô de Salu (Ne 11:7).

JOEL (heb. *yôʾēl*) Nome comum no AT (heb. "Yahweh é Deus").

1. O filho mais velho do profeta Samuel. Ele e seu irmão Abias foram constituídos por seu pai juízes em Berseba, mas perverteram a justiça e aceitaram suborno (1Sm 8:1-3). De acordo com 1Cr: 6:33 (TM 18); 15:17, foi levita coatita e o pai do cantor Hemã (cf. 6:28 [13] TM).

2. Príncipe da tribo de Simeão no tempo de Ezequias (1Cr 4:35).

3. Rubenita, pai de Semaías (1Cr 5:4; "Sema" cf. v. 8).

4. Chefe da tribo de Gade que habitou em Basã (1Cr 5:12).

5. Levita coatita; filho de Azarias, pai de Elcana e ancestral de Samuel (1Cr 6:36 [21]; cf. 1Sm 1:1). O nome de Saul aparece na genealogia paralela em 1Crônicas 6:24(9).

6. Filho de Izraías, da tribo de Issacar; oficial contemporâneo de Davi (1Cr 7:3). Ele pode ser o mesmo em 5 acima.

7. Um dos valentes de Davi e irmão de Natã (1Cr 11:38). Em 2Samuel 23:36, consta no texto Igal como o filho de Natã.

8. Chefe dos levitas gersonitas que ajudou Davi a levar a arca para Jerusalém (1Cr 15:7,11).

9. O filho de Ladã (1Cr 23:8) que, com seu irmão Zetão, tinha o encargo dos tesouros do templo (26:21-22; aqui o filho de Jeiéli). Ele pode ser o mesmo que 8 acima.

10. O filho de Pedaías; principal oficial da meia tribo de Manassés no tempo de Davi (1Cr 27:20).

11. Levita coatita, filho de Azarias. Ele ajudou na purificação do templo no tempo de Ezequias (2Cr 29:12).

12. Um dos sete filhos de Nebo; israelita pós-exílio a que foi exigido que se divorciasse de sua esposa estrangeira (Ed 10:43; 1 Esdras 9:35).

13. O filho de Zicri; superintendente dos benjamitas na Jerusalém pós-exílica (Ne 11:9).

14. O profeta Joel, filho de Petuel (Joel 1:1; LXX "Betuel"). Seus pronunciamentos formam o livro de Joel.

15. O arcanjo Joel; também chamado Jaoel, Jahoel ou Jehoel (p. ex., Ap. Moisés 29.4; 43.5; Ap. Abr. 10.3; 17.13). [MILES V. VAN PELT]

JOEL (heb. *Yô'ēl*), **LIVRO DE** O segundo livro dos Profetas Menores. O livro começa com um apelo aos anciãos e ao povo da terra para que lamentem a devastação sem precedentes causada por uma praga de gafanhotos. Joel liga essa praga ao dia da vinda de Yahweh, o profeta a compara ao ataque de um inimigo sobre Jerusalém, e convoca o povo a retornar a Yahweh. Em resposta aos atos rituais do povo de se lamentar, Joel oferece a esperança de que Yahweh, cujo comando o exército de gafanhotos avançava, trará redenção. De fato, Yahweh restaurará a terra e a agricultura devastada pelos gafanhotos. O Eterno livrará também o povo de seus opressores vizinhos. o Senhor vai reunir todos os povos estrangeiros no vale de Josafá (lugar simbólico que significa "Yahweh julga") para derrotá-los em batalha e, por meio disso, restaurar Jerusalém como cidade santa.

Interpretações anteriores de Joel têm focado em vários problemas literários e históricos. Estes incluem a composição e a estrutura do livro, a data, ambientação histórica e sua apropriação e interpretação das tradições mais antigas.

Até para o leitor mais despreocupado, o livro parece consistir de duas partes distintas: 1:1-2:27 e 2:28-3:21 (TM 3:1—4:21). A primeira parte foca uma catástrofe natural que está no momento devastando Judá, enquanto a segunda trata do julgamento futuro de Yahweh sobre os povos estrangeiros que têm oprimido o povo de Judá. A primeira parte é descritiva e profética, mas a segunda é com frequência caracterizada como apocalíptica ou escatológica. Entretanto, as duas partes do livro mostram várias similaridades. O dia do Senhor Yahweh tem papel proeminente em cada parte, e frases e o estilo literário semelhantes podem ser detectados em ambas as partes.

Estudiosos mais antigos e alguns contemporâneos têm argumentado que as duas partes foram escritas por dois autores distintos: o profeta Joel, que teve a experiência dos efeitos de uma praga real de gafanhotos, e um autor escatológico posterior, que editou (inserindo referências ao dia do Senhor) e suplementou a mensagem original do profeta, dando-lhe significado mais transcendental. A maioria dos estudiosos contemporâneos, entretanto, argumenta que Joel é o autor das duas partes do livro, embora eles com frequência divirjam quanto ao relacionamento das duas partes. Alguns estudiosos afirmam que a segunda parte é simplesmente uma expansão escatológica posterior da primeira, enquanto outros argumentam que ambas as partes formam uma unidade orgânica. Estes últimos estudiosos têm sido especialmente eficientes em demonstrar que a divisão do livro em duas partes distintas — 1:1-2:27 e 2:28-3:21 (4:21) — ambas ignoram o conteúdo e a estrutura do livro. O dia de Yahweh é tema integrante das duas partes do livro, e dá unidade ao todo. Além disso, o centro estrutural do livro está no ponto de junção entre 2:17 e 2:18, não na divisão entre 2:27 e 2:28(3:1).

A estrutura do livro é ilustrada por um esboço do conteúdo:

I. Catástrofe natural que anuncia o dia do Senhor (1:1 — 2:17)
  A. Lamentação devido a uma causa natural (1:1-20)
    1. Praga sem precedentes de gafanhotos (1:1-4)
    2. Apelo para lamentar a devastação agrícola (1:5-14)

3. Lamentação por causa da praga (1:15-20)

B. Nova praga de gafanhotos como o exército invasor de Yahweh (2:1-11)

C. Convocação profética para que o povo retorne ao Senhor (2:12-17)

II. Julgamento e redenção no dia do Senhor (2:18-3:21 [4:21])

A. Julgamento sobre a praga de gafanhotos (2:18-32 [3:5])

1. Destruição dos gafanhotos e restauração da terra (2:18-27)
2. Redenção do povo no dia do Senhor (2:28-32 [3:1-5])

B. Juízo sobre povos estrangeiros (3:1-21 [4:1-21])

1. Crimes contra o povo de Judá (3:1-8 [4:1-8])
2. O Senhor convoca os povos estrangeiros e redime o povo de Judá (3:15-21 [4:15-21])

O livro de Joel oferece poucas pistas para sua ambientação histórica. Consequentemente, os estudiosos têm datado o livro do início do século IX a.C., durante o reinado do rei Joás de Judá até o fim do século III. O crescente consenso entre os estudiosos é que o livro provavelmente date do período persa depois da reconstrução do templo (515), e possivelmente depois da reconstrução dos muros de Jerusalém por Neemias (445; cf. 2:9), todavia antes da destruição de Sidom durante a rebelião de Tenes (345; cf. 3:4-8 [4:4-8]).

O texto é mais explícito na ocasião para a qual o livro foi escrito. Uma praga de gafanhotos havia consumido toda a plantação de Judá (1:4), levando até ao fim da participação do povo no culto do templo (v. 13). Os efeitos da aridez do verão anual intensificaram ainda mais a devastação (1:19-20). Além disso, uma nova infestação de gafanhotos — descrita metaforicamente como exército invasor — estava atacando a terra (2:3-9), sugerindo que a praga se estendeu por duas safras agrícolas. O livro se queixa também que os povos de Tiro, Sidom e Filístia haviam saqueado a terra de Judá e venderam seu povo para os gregos (3:4-8 [4:4-8]). Entretanto, essa queixa parece ser mais indicativa da fraca condição de Judá sob o império persa, intensificando a humilhação do povo (2:17, 27), e não a específica ocasião do livro.

O livro de Joel é caracterizado por inúmeros paralelos verbais com livros proféticos anteriores. Embora muitos desses paralelos sejam textuais, não se pode presumir a dependência literária de Joel desses livros. A natureza altamente formalista desses paralelos sugere que Joel estava simplesmente explorando adágios e temas na tradição profética. Duas ideias principais desempenham papel importante no livro desse profeta: são o dia do Senhor e o inimigo do norte.

Empregando linguagem estereotipada, Joel identifica a praga de gafanhotos com o futuro dia do Senhor. Enquanto a tradição profética identificava esse dia com o juízo de Yahweh sobre seus inimigos — o próprio povo ou estrangeiros — Joel transforma o dia do Senhor num evento complexo que inclui um ataque contra a terra de Judá, do qual Yahweh livrará seu povo e o juízo do Senhor sobre povos estrangeiros. Joel faz essa transformação ligando o dia do Senhor com a tradição do inimigo do norte. Joel identifica especificamente o exército de gafanhotos com o "exército do Norte" (2:20; as pragas de gafanhotos normalmente entravam em Israel pelo sul). Na tradição de Ezequiel 38—39, Joel compara os gafanhotos com o exército inimigo que Yahweh trará contra a terra de Judá com o único propósito de destruí-la e mostrar a grandiosidade do Senhor.

O livro de Joel é uma resposta a uma grave praga de gafanhotos que estava devastando a agricultura de Judá. Em contraste com o povo que achava a devastação ser fonte de vergonha, Joel reconhecia na praga a realização do dia do Senhor e o cumprimento de expectativas proféticas anteriores. Joel, assim, redige tradições proféticas para proclamar os propósitos do Senhor às pessoas. O Senhor restaurará a terra e redimirá o povo. Assim como Yahweh trouxe o exército de gafanhotos contra a terra de Judá somente para destruí-la, da mesma forma reunirá todos os povos estrangeiros em Jerusalém para destruí-los e, por meio desse ato, redimir seu povo em Sião.

Bibliografia. G. W. Ahlström, *Joel and the Temple Cult of Jerusalem*. VTSup 21 (Leiden, 1971); J. L. Crenshaw, *Joel*. AB 24C (New York, 1995); A. S. Kapelrud, *Joel Studies*. UUA 48/4 (Uppsala, 1948); R. A. Simkins, *Yahweh's Activity in History and Nature in the Book of Joel* (Lewiston, 1991); H. W. Wolff, *Joel and Amos*. Herm (Philadelphia, 1977). [RONALD A. SIMKINS]

JOELA (heb. *yôʻēʼlâ*) Guerreiro que foi ajudar Davi em Ziclague; filho de Jeroão de Gedor (1Cr 12:7 [TM 8]).

JOEZER (heb. *yôʻezer*) Guerreiro benjamita que foi até Davi em Ziclague (1Cr 12:6 [TM 7]). Posteriormente, identificado como coraíta.

JOGBEÁ (heb. *yogbĕhâ*) Cidade transjordaniana no reino de Siom, que Moisés deu a Gade (Nm 32:35). Ficava localizada próxima a uma rota de caravana ao longo da qual Gideão perseguiu os midianitas (Jz 8:11). Alguns estudiosos localizam Jogbeá em ʻal-Gubehah, onde uma torre militar amonita foi construída.

Outros a equiparam a Tell Safut, já que Gubehah está fora do território amonita. [PHILIP R. DREY]

JÓGLI (heb. *yoglî*) O pai do príncipe danita Buqui (Nm 34:22).

JOGOS Jogos antigos ocorriam como eventos públicos ou passatempo para prazer privado. Desde o tempo de Alexandre, o Grande, os jogos atléticos ajudaram a definir a sociedade por serem ligados aos cultos religiosos e por acrescentarem honra à divindade. Alexandre trouxe os jogos para Tiro, e Antíoco Epifânio os introduziu na Palestina, atraindo oposição amarga por parte dos judeus ortodoxos (1Mac 1.14-15; 2Mac 4.9-20; 6.7). Os importantes jogos gregos — os Jogos Olímpicos — realizados em Olímpia, os jogos de Pythium em Delfos, os jogos dos Nemeos em Argos e jogos dos Istmos, no istmo de Corinto — apresentaram eventos como corridas, lutas, arremesso de disco e de dardo.

Os jogos puramente desportivos eram apenas um dos interesses de Roma. Os romanos exploravam livremente o valor dos jogos como entretenimento, introduzindo cavalos de corrida e carruagens, luta de boxe, luta de touros, e exibição de gladiadores. No tempo de Augusto, os jogos em honra do imperador, usualmente conectados com a adoração do imperador, aconteciam em toda cidade provincial importante por todo o império. Uma inscrição em Éfeso lista as realizações de um Daphnus, incluindo sua presidência sobre um festival de jogos, que durava treze dias, aparentemente exibia disputas entre gladiadores. Mesmo na Palestina, os jogos foram estabelecidos por Herodes ,o Grande. nas cidades como Cesareia e Jerusalém, e incluíam arena, anfiteatro, estádio e hipódromo. Jericó e Tiberíades também possuíam tais estruturas.

O interesse romano nos esportes era expresso na arena do *gymnasium*. Mais que apenas área para treinamento físico, o *gymnasium* (ginásio de esportes) também proporcionava banho público e centro para a vida social da cidade. O treinamento tanto cultural como atlético ocorriam no *gymnasium* por todo o império para preparar jovens a fim de que cumprissem suas responsabilidades na sociedade. As atividades associadas ao *gymnasium* e aos jogos são frequentemente mencionadas no NT. Paulo compara a vida cristã a uma corrida (1Co 9:24-27; Gl 2:2; 5:7; Fp 3:14) como faz nas Epístolas Pastorais nas quais a compara a uma luta (1Tm 1:18; 2Tm 4:7).

Os jogos particulares eram praticados também no mundo antigo. Tabuleiros e as devidas peças foram descobertos na Mesopotâmia e no Egito. Uma tumba em Ur revelou um tabuleiro que usava quatorze peças e dados piramidais, que ditavam os movimentos das peças. Um jogo chamado "caças e chacais", com cravelhas de marfim cobertas com cabeças de cães e chacais entalhadas, foi encontrado na tumba de Renseneb em Tebas, datando da 12ª. Dinastia (ca. 1990-1708 a.C.). A tumba do rei Tutancâmon revelou um tabuleiro de jogo, que também servia como caixa para guardar as peças e os dados piramidais. Alguns tabuleiros eram incrustados com marfim, ébano, concha, ouro, ou vidros azuis. Em Umm el-Bayyareh, um tabuleiro foi esculpido numa pedra plana sobre posto da guarda que supervisionava Petra. Na Palestina, esses jogos foram descobertos em Quiriate-Sefer, Tel al-Ajul, Bete-Semes e Gezer datando aproximadamente do século XVI. Referências literárias descrevem pioneiros e soldados jogando xadrez ou dados em seu tempo vago.

Bibliografia. V.C. Pfitzner, *Paul and the Agon Motif.* NovTSup 16 (Leiden, 1967); E. Schürer, *The History of the Jewish People in the Age of Jesus Christ (176 B.C--A.D 135)*, ed. rev. (Edinburgh, 1979); W. H. Stephens, *The New Testament World in Pictures* (Nashville, 1987). [DENNIS GAERTNER]

JOIADA (heb. *yôyāḏāʿ*) **1.** O filho de Paseia, que restaurou a Porta Antiga de Jerusalém sob Neemias (Ne 3:6).

2. Sacerdote durante o reinado de Dario e filho do sumo sacerdote Eliasibe (7; Ne 12:10-11,22). Em Neemias 13:28, o nome aparece como Jeoiada.

JOIAQUIM (heb. *yôyāqîm*) Sumo sacerdote do pós-exílio; filho de Jesuá (9) e pai de Eliasibe (8; Ne 12:10, 12, 26).

JOIARIBE (gr. *Iōarib*) (tb. JEOIARIBE) **1.** O chefe da família sacerdotal da qual descendeu Matatias que, com seus filhos iniciou a revolta macabeia (1Mac 2.1; 14.29). Em 1Crônicas 24:7, é chamado de Jeoiaribe.

2. (heb. *yôyārîḇ*) Mestre mandado por Esdras a Ido em Casífia, pedindo sacerdotes levitas para o templo (Ed 8:16).

3. Homem de Judá; filho de Zacarias (25), pai de Adaías e ancestral de Maaseias (Ne 11:5).

4. Sacerdote que retornou com Zorobabel do cativeiro na Babilônia (Ne 11:10; 12:6), chefe da casa sacerdotal (v. 19). Em 1Crônicas, é chamado de Jeoiaribe.

JOIAS *Ver* GEMAS.

JONÃ (gr. *Iōnám*) Ancestral de Jesus; filho de Eliaquim e pai de José na genealogia de Lucas (Lc 3:30).

JONADABE (heb. *yônāḏāḇ*) (tb. JEONADABE) **1.** Filho de Simeia, irmão de Davi (2Sm 13:3; *yĕhônāḏāḇ* no v. 5). Amnom, o filho de Davi estava apaixonado por Tamar, sua meia-irmã, e Jonadabe, descrito como "homem mui sagaz", o aconselhou a fingir-se de doente e pedir ao pai que Tamar preparasse uma refeição na frente dele. Amnom seguiu o conselho de Jonadabe e, quando Tamar se aproximou de Amnom, este a agarrou e a estuprou. A trama tinha por finalidade estabelecer a reivindicação de Amnom ao trono. Depois de Absalão ter matado seu irmão Amnom por ter estuprado sua irmã, Davi ouviu um boato de que todos os seus filhos haviam sido mortos e que Absalão havia planejado aquilo desde o estupro de Tamar (2Sm 13:32,35).

2. Filho de Recabe (2Rs 10:15), o ancestral epônimo do clã recabita. De acordo com 2Reis 10:15-24, ele é chamado de Jeonadabe (*yĕhônāḏāḇ*). Ele acompanhou Jeú na matança dos sobreviventes da casa de Acabe (v. 15-17) e os sacerdotes de Baal (v. 18-24). O zelo de Jonadabe pelo Senhor está também evidenciado em Jeremias 35, texto em que os recabitas são apresentados abstendo-se de vinho, de construir casas, de plantar sementes e de plantar vinhedos, como lhes havia ordenado seu ancestral Jonadabe, para que tivessem vida longa sobre a terra (v. 6-7). Jeremias 35 conclui que se Judá tivesse obedecido aos mandamentos do Senhor, teria prosperado assim como tinham prosperado os recabitas pela fidelidade à ordem de Jonadabe (v. 12-19). [JOHN E. HARVEY]

JONAS (heb. *Yônâ*) O quinto livro do grupo de Profetas Menores, título recebido de seu principal personagem. Esse posicionamento pode funcionar para fornecer uma palavra positiva a respeito das nações depois de Obadias. A referência a Jonas, filho de Amitai (Jn 1:1) relaciona o livro a um profeta do século VIII que falou em apoio a Jeroboão II, rei de Israel (786-746 a.C.; 2Rs 14:25).

A razão para essa conexão histórica não é clara, especialmente à vista da natureza não histórica do livro. Pode ser que Nínive (capital da Assíria), responsável por destruir o reino do norte em 721, sirva como tipo para as nações ímpias opostas aos propósitos de Deus (cf. Na 3:1). A questão que se coloca é: a salvação de Deus está disponível até para tal povo? Deus estar tão preocupado com o futuro positivo de nações como a Assíria era intolerável para alguns: como podia Deus pensar em salvar uma nação que tanto havia destruído o próprio povo de Deus? O próprio Jonas é um tipo que representa certos israelitas devotos que propunham tal questão relativa à extensão da misericórdia de Deus para com o ímpio. Essa perspectiva constituída de um desafio à confissão de fé de que Yahweh é "misericordioso e compassivo, tardio em irar-se, e grande em amor" (Êx 34:6-7), foi contestada por Jonas em 4:2). O livro argumenta que essa antiga confissão — com o acréscimo sobre o arrependimento divino (cf. Jl 2:13) — ainda é decisiva em pensar a respeito de Deus e de seu relacionamento com o vasto mundo de nações. O estilo de Deus com o mundo, não simplesmente com Israel, é o estilo de misericórdia ante o merecido juízo. Tal discussão teológica pode ter vindo à tona no período pós-exílico, quando a contínua submissão de Israel a uma nação estrangeira próspera (Pérsia), as dificuldades decorrentes e o aparente não cumprimento das promessas do exílio levantaram questões a respeito da justiça no tratamento de Israel por Deus (cf. Ml 2:17; 3:14-15).

O livro difere de outros profetas em sua ausência de oráculos (exceto 3:4) e sua forma como história a respeito de um profeta. Diferentemente de outros oráculos proféticos contra as nações, Jonas é chamado para entregar pessoalmente uma palavra de juízo contra Nínive. Todavia, o livro é profético ao pronunciar julgamento e graça a uma audiência israelita específica, buscando obter correção no pensamento e na vida deles.

O livro é uma unidade literária; os quatro capítulos constituem criação cuidadosamente estruturada em que Jonas e os gentios (marinheiros e ninivitas) são comparados. Com esse fim, o livro faz uso de temas e tradições antigas (Gn 18:1; 1Rs 10; Jr 18, 36; Jl 2). O salmo funcionou originalmente como uma canção independente de ação de graças, aqui adaptado para acomodar a gratidão de Jonas por ter sido salvo de se afogar. O livro deve ser identificado como sátira, com ironia amplamente usada ao mostrar Jonas e sua perspectiva das nações. A pergunta final tem o objetivo de levar os leitores a uma nova postura teológica.

O enredo de Jonas pode ser esquematizado da seguinte maneira:

O CHAMADO DE JONAS (1:1-3). O chamado de Deus para que Jonas pregue em Nínive é por este rejeitado. A razão torna-se clara somente em 4:2. Esse chamado cria a possibilidade de os destruidores de Israel poderem se arrepender e Deus estender-lhes misericórdia em vez de juízo. O senso de justiça de Jonas é violado. Por isso, para escapar para um lugar onde o chamado de Deus é menos urgente, ele compra a passagem mais cara num navio destinado à direção oposta — para Társis, na Espanha.

JONAS PERSEGUIDO (1:4-16). Devido a fuga de Jonas subverter a intenção de Deus com relação a Nínive, este persegue o profeta por meio de uma tempestade no mar, não para visitá-lo com ira, mas para fazê-lo mudar de direção. Jonas reage à tempestade com desleixo, e o capitão — vendo que a oração não influencia Deus (cf. 3:9) — ironicamente o lembra de suas responsabilidades religiosas. Quando o sorteio aponta Jonas como culpado, ele confessa sua crença. Tal confissão a tempo move os marinheiros (como os ninivitas no cap. 3) a adorarem o Deus de Jonas. Mas a confissão não detém a tempestade; na verdade o tempo piora. O que está em jogo para o Senhor não é a confissão de Jonas (Jonas é homem

A B C D E F G H I **J** K L M N O P Q R S T U V X Y Z

de fé), mas sua postura teologicamente informada relativa às nações. Jonas confessa sua culpa e, dado seu senso de justiça, se oferece para ser lançado ao mar para receber seu merecido julgamento. Os marinheiros finalmente atendem ao pedido de Jonas depois de se certificar de não serem acusados se Jonas for inocente. A tempestade para; os marinheiros respondem a Deus como bons israelitas.

A RESPOSTA DE JONAS AO LIVRAMENTO DE DEUS (1:17-2:10 [TM 2:1-11]). Deus manda um peixe para salvar Jonas de se afogar e trazê-lo de volta. Ironicamente, o Jonas culpado é o receptor da misericórdia divina. O uso que Deus faz do peixe delineia a oração de ação de graças de Jonas. Metáforas tipicamente usadas para expressar ou recordar sofrimento (cf. os salmos 30,42) são usadas literalmente para descrever sua descida às portas da morte. Jonas proclama o tema-chave de livramento — ironicamente, porque não precisa de mais salvação que Nínive e limitava o exercício da misericórdia de Deus que o havia salvado. A oração não mostra um Jonas arrependido, mas Deus e o peixe o trazem misericordiosamente de volta.

O ARREPENDIMENTO DE DEUS E DE NÍNIVE (3:1-10). Ainda precisando de Jonas, Deus repete o chamado. Nínive é descrita em termos impressionantes; toda a ímpia cidade se arrepende (até os animais!) ao mínimo esforço de Jonas, executado sob coação. Tais detalhes deliberadamente imerecidos realçam a ironia de seu sucesso sem paralelo. A palavra de Jonas, destituída de graça, logo após a própria experiência de graça — contagem regressiva sem precedentes para a maldição — trata da própria experiência de Jonas com relação a um futuro justo para a cidade. Liderados por seu rei, os ninivitas se envolvem em palavras e atos de arrependimento. O Deus de Israel, comovido por tais ações, responde revertendo o anunciado juízo. Esse padrão de ameaça seguida por arrependimento humano e divino, comum na experiência de Israel, é disponível a todos (Jr 18:7-11).

UMA DISCUSSÃO TEOLÓGICA (4:1-11). Jonas reage com muita irritação ao livramento e apresenta seu caso recusando-se originalmente a ir — com medo de que Deus fosse misericordioso ao prescrever o juízo. Deus não se conformou com padrões básicos de justiça, e Jonas pede a própria morte a participar desse ato de injustiça — Jonas será justo (cf. 1:12). Deus recusa a contestação e questiona a reação de Jonas à salvação de Nínive. Mas Jonas permanece firme e decide sentar-se e esperar Deus castigar a cidade (4:5). Deus se recusa recuar e manda uma planta para reforçar a sombra de Jonas, livrando ironicamente aquele que está zangado com Deus por livrar outros. Jonas se alegra com a própria salvação e assim Deus continua o assunto com um verme e vento, dando-lhe o gosto da destruição que ele desejava sobre outros. Diante de tais caprichos de no toma e tira, Jonas prefere a morte. Deus persiste e questiona a irritação de Jonas ante a destruição da planta. Qualquer resposta a essa pergunta inteligente o deixa desarmado. Se for negativa (como deveria ter sido), então Jonas reconhece o direito de Deus de fazer juízos em relação às próprias criaturas. Se afirmativa (como foi), então ele reconhece tacitamente o direito de Deus de responder a Nínive conforme seu agrado. Jonas recebeu uma dádiva do Senhor além das questões de justiça, e assim, Jonas não devia dar com má vontade a generosidade de Deus quando este estende sua generosidade a outros.

Bibliografia. T. E. Fretheim, *The Message of Jonah* (Minneapolis, 1977); J. Limburg, *Jonah*. OTL (Louisville, 1993); J. D. Magonet, *Form and Meaning: Studies in Literary Techniques in the Book of Jonah* (Sheffield, 1983); J. M. Sasson, *Jonah*. AB 24B (New York, 1990); P. Trible, *Rethorical Criticism: Context, Method and the Book of Jonah*. Guides to Biblical Scholarship (Minneapolis, 1994); H. W. Wolf, *Obadiah and Jonah* (Minneapolis, 1986). [TERENCE E. FRETHEIM]

JÔNATAS (heb. *yĕhônāṯān*, *yônāṯān*; gr. *Iōnathás*) (tb. JEÔNATAS) **1.** O filho de Gérsom; descendente de Moisés (Jz 18:30; TM "Manassés"). Jônatas foi levita de Belém, contratado por Mica para servir em seu santuário particular (Jz 17-18). Um tempo depois, fundou o sacerdócio em Laís (Dã) que continuou até as invasões assírias no século VIII a.C. (Jz 18:30)

2. O filho primogênito do rei Saul e Ainoã (1Sm 14:49; 1Cr 8:33; 9:39); pai de Meribe-Baal/Mefibosete (2Sm 9; 1Cr 8:34) e amigo de Davi.

Comandante do exército de Saul, Jônatas derrotou os filisteus em Geba (1Sm 13:3). Demonstrou particular valentia na batalha de Micmás. Ajudado apenas por seu escudeiro, entrou no acampamento filisteu, colocando-os em pânico (1Sm 14:6-15) e organizou a cena para a derrota pelas tropas de Saul.

É lendária a dedicação de Jônatas a Davi. Eles fizeram um pacto de amizade (1Sm 18:1-4). Quando Saul tramou matar Davi, Jônatas interveio (1Sm 19:1-7; 20:1-34, 41-42). Mais tarde, em Zife, os dois renovaram seu pacto; Jônatas renunciou sua reivindicação à herança de Saul a que tinha direito, declarando que Davi seria o próximo rei e Jônatas seu primeiro ministro (1Sm 23:16-18). No entanto, Jônatas permaneceu dedicado ao seu pai e morreu com Saul na batalha do monte Gilboa (1Sm 31:1-2).

3. O filho de Abiatar, sacerdote (2Sm 15:27; 17:17, 20). Frequentemente mencionado como filho de Zadoque, Aimaaz, Jônatas serviu como mensageiro para Davi durante a rebelião de Absalão. Depois, levou a notícia da nomeação de Salomão como rei para Adonias (1Rs 1:42-43).

4. Filho de Samá, o hararita (2Sm 23:32; chamado "Sage" em 1Cr 11:34). Seu nome aparece na lista dos guerreiros de Davi (2Sm 23:8-39 = 1Cr 11:10-47).

5. O filho de Jada; pai de Pelete e Zaza; um jerameelita (1Cr 2:32-33). Mencionado na genealogia de "Jerameel, primogênito de Jezrom" (2:25-41), é parte da descendência desse homem por meio de Atara, a "outra mulher" de Jerameel. Pelo fato de o irmão de Jônatas, Jeter, ter morrido sem filhos, a linhagem sobreviveu por meio dos filhos de Jônatas.

6. O filho de Simei (chamado "Simeia" em 1Cr 20:7), irmão de Davi (2Sm 21:21; 1Cr 20:7) Ele matou um gigante filisteu que tinha 24 dedos, seis em cada mão e seis em cada pé e que zombou de Israel. A morte foi a quarta (2Sm 21:20-21) ou a terceira (1Cr 20:6-7) de uma série de matança de gigantes pelas "mãos de Davi e de seus servos" (2Sm 21:15-22; 1Cr 20:4-8). Em alguns manuscritos da LXX, é chamado de Jonadabe (2Sm 13:3). Às vezes, é identificado com Jônatas, oficial de Davi (1Cr 27:32; 8 a seguir).

7. O filho de Uzias (1Cr 27:25). Um dos oficiais responsáveis pela propriedade de Davi, supervisionou os tesouros dos campos, das cidades, das aldeias e das torres (mas não sobre os "tesouros do rei", incumbência atribuída a Azmavete).

8. O tio do rei Davi (1Cr 27:32; "sobrinho"; cf. 20:7). Seu nome aparece numa lista de oficiais de Davi (1Cr 27:25-34) na qual é descrito como "conselheiro, homem sábio e escriba". Às vezes, é identificado com Jeiel como tutor dos filhos de Davi (1Cr 27:32b) ou com o "filho de Simei" (2Sm 21:20-21 = 1Cr 20:6-7; 6)

9. O pai de Ebede; descendente de Adim (Ed 8:6; 1Ed 8.32). Seu filho consta entre os chefes de família que retornaram do exílio com Esdras, trazendo com ele cinquenta (Ed 8:6) ou 250 (1Esdras 8.32) homens.

10. O filho de Asael (Ed 10:15; 1 Esdras 9:14). Ele, com Jazeias se opuseram às reformas conjugais de Esdras, ou da comissão organizada para a tarefa. Ele foi apoiado nessa ação por dois levitas, Mesulão e Sabetai. Enquanto o TM registra a oposição de Jônatas, a LXX informa que este concordou com Esdras.

11.O filho de Joiada e pai de Jadua; sumo sacerdote durante o período pós-exílico (Ne 12:11), e um dos levitas que acompanharam Zorobabel a Jerusalém. Às vezes, é identificado com descendente de Eliasibe (filho, Ne 12:23; ou neto, v. 10) em cuja casa Esdras ficou (Ed 10:6; 1 Esdras 9:1; "Jeoanã").

12. Sacerdote e chefe da casa paterna de Malúqui, durante o sacerdócio do sumo sacerdote Joiaquim (Ne 12:14).

13. Filho de Semaías, pai de Zacarias (levita), e descendente de Asafe (Ne 12:35). Seu filho, músico sacerdotal, tomou parte na dedicação dos muros de Jerusalém.

14. O escrivão cuja casa serviu de prisão temporária para Jeremias (Jr 37:15, 20; 38:26). Algumas traduções trazem "Jeônatas".

15. O filho de Careá (Jr 40:8ff; TM consta "Joanã e Jônatas, filhos de Careá", mas isso deve ser compreendido como ditografia de "Joanã", já que ele é omitido na LXX e na passagem paralela em 2Reis 25:23). Contra o conselho de Jeremias (Jr 42:1-22), ele e outros comandantes lideraram o povo para o Egito, levando Jeremias com eles (43:1-7). [LINDA S. SCHEARING]

16. O filho de Matatias que assumiu a liderança das forças de resistência judaica depois do revés sofrido por eles passado algum tempo da morte de Judas Macabeu em 160 a.C. (1Mac 9.23-31). Em 1Macabeus 2.5, é o último dos cinco filhos listados. Com a ajuda de seu irmão Simão, Jônatas desferiu uma série de ataques de guerrilha sobre as fortalezas das tropas selêucidas. Pretendentes rivais ao trono selêucida tentaram então recrutar seu apoio na luta deles pela ascendência. Foi designado "amigo" do rei e o primeiro asmoneu a ser nomeado sumo sacerdote, bem como general e governador da província, tanto por Alexandre Balas, como por Demétrio II Nicator (1Mac 10.65-66, 11.26-28). Ele foi também o primeiro asmoneu autorizado a recrutar e equipar um exército.

Jônatas de fato sitiou a cidadela, a fortificação que proveu hospedagem para uma guarnição selêucida em Jerusalém e abrigou também, às vezes, oponentes judeus dos asmoneus. Por meio de manobras estratégicas de lealdade, o poder e o prestígio de Jônatas foram aumentados e o território controlado por ele e Simão, seu irmão, estendidos, grandemente pela força. Empregando o engano, Trifon capturou Jôntas em Ptolemaida e depois o matou, aparentemente no inverno de 143/142 (1Mac 12.24-13.24). Seus ossos foram queimados em Modein, local de origem dos asmoneus. Foi Jônatas que lançou o fundamento para estabelecer essa família dinástica como força significativa nas décadas finais do império selêucida.

Josefo inclui sua primeira referência aos fariseus, os saduceus e aos essênios no meio do relato referente a Jônatas (*Ant.* 13.171-73). Essa menção tem sido frequentemente citada como evidência das origens deles na época do reinado de Jônatas. Alguns estudiosos têm considerado Jônatas como o sacerdote Ímpio mencionado em Pesher Habacuque e Pesher Sl. 37. Embora essa evidência sugira a importância do período asmoneu para o crescimento do sectarismo judaico, é mais difícil relacionar o material especificamente a Jônatas. [JOHN KAMPEN]

17. O filho de Absalão (1Mac 13.11), mandado para Jope por Simão Macabeu para defender e guardar a cidade.

18. Sacerdote durante o tempo de Neemias, que dirigiu a oração durante o sacrifício (2Mac 1.23). [LINDA S. SCHEARING]

JOPE (heb. *yāpô*) Cidade (tb. JAFA, heb. *Yafo*) vizinha a Tel Aviv, construída num promontório que se projeta no Mediterrâneo, com um porto natural abaixo protegido por vários afloramentos rochosos. Jope é mencionada pela primeira vez numa inscrição do século XV a.C. de Tutmósis III (cf. também o papiro Harris, cerca de 1300). Depois da conquista, foi dada à tribo de Dã (Js 19:46) e tornou-se importante porto marítimo (2Cr 2:16 [TM 15]; Ed 3:7). No século V, o rei persa doou Jope ao rei fenício de Sidon. Depois de Alexandre, o Grande, a cidade foi povoada por gregos e sírios de língua grega. Sob os asmoneus, que a capturaram e a judaizaram cerca do ano 140 (1Mac 13.11) e no período romano, a localidade permaneceu como porto da Judeia. No início do período cristão, Jope foi a sede de um episcopado.

O sítio foi escavado em 1945-1950 pelo Departamento de Antiguidades e Museus de Israel e em 1954-1974 por Jacob Kaplan em nome do Museu de Antiguidades de Tel Aviv-Jaffa. O sítio foi aumentado até o início do período hicso (séc. XVIII). Achados significativos incluem uma porta de uma fortaleza da idade do Bronze Recente que tinha batentes com inscrições dos títulos de Ramessés II, um templo da Idade do Ferro com um saguão sustentado por pilares onde foi encontrado o crânio de um leão e muros do período persa de construção típica fenícia (colunas de pedras polidas com enchimento de pedras não esculpidas entre elas). Uma grande construção de pedras polidas que deve ter sido parte da ágora helenística e casas particulares dos séculos I e II d.C. também foram encontradas.

Bibliografia. J. P. Dressel, "Jaffa", *OEANE* 3.206-7; J. Kaplan, "The Archaeology and History of Tel Aviv-Jaffa", *BA* 35 (1972): 66-95; Kaplan and H. Ritter-Kaplan, "Jaffa", *NEAEHL* 2.655-59. [KENNETH G. HOLUM]

JOQUEBEDE (heb. *yôḵeḇeḏ*) Esposa de Anrão e mãe de Arão, Moisés e Míriam (Nm 26:59). Foi também tia de Anrão, seu marido (Êx 6:20).

JOQUIM (heb. *yôqîm*) Filho de Selá, da tribo de Judá (1Cr 4:22).

JORA (heb. *yôrâ*) Israelita cujos descendentes retornaram com Zorobabel do cativeiro (Ed 2:18). Em Neemias 7:24, é chamado pelo nome de Harife.

JORAI (heb. *yôray*) O chefe de uma casa paterna gadita em Basã; filho de Abigail (1Cr 5:13).

JORÃO (heb. *yôrām*) (tb. HADORÃO) **1.** O filho do rei Toí de Hamate, mandado por seu pai para saudar Davi por sua vitória sobre Hadadezer (2Sm 8:10). No relato paralelo, é chamado de Hadorão, filho de Toú.

2. Forma contraída do nome Jeorão (1, 2; heb. *yĕhôrām*).

3. Levita descendente de Eliézer, filho de Moisés (1Cr 26:25).

JORDÃO (heb. *Yardēn*; gr. *IordánēS*), **RIO** O maior e mais importante rio da Palestina, mencionado mais que qualquer outro rio na Bíblia. Suas águas têm origem em quatro rios que nascem das bacias hidrográficas do monte Hermom, cerca de 60 km a nordeste do mar da Galileia. Uma vez unidos esses rios, o curso do Jordão entra e sai da depressão seca nos dias de hoje, chamada em outros tempos de lago Huleh. Cerca de 15 km além, esse rio alimenta o mar da Galileia. Saindo pela extremidade sul do mar da Galileia, o Jordão começa uma jornada sinuosa de 320 km, triplicando uma trilha direta de 105 km para o seu destino final, o mar Morto.

Depois de fluir do mar da Galileia, o volume do Jordão aumenta por inúmeros afluentes. Mais notável é o transjordaniano Jarmuque, rio não mencionado na Bíblia, mas que quase dobra o volume de água do Jordão. Entre os afluentes mencionados na Bíblia estão: o Jaboque (Nahr ez-Zerqâ; Gn 32:22), e as "águas de Ninrim" (possivelmente Uádi em-Numeirah; Is 15:6). Pelo fato de haver menor precipitação pluviométrica anual nas montanhas ocidentais que nas orientais, os afluentes são maiores e mais numerosos na Transjordânia.

Devido às chuvas de inverno, os afluentes ficam cheios durante a primavera. Isso provoca inúmeras partes rasas (os "vaus"; Jz 3:28; 12:5) muito importantes para travessia, especialmente por desconhecermos a existência de pontes permanentes antes do tempo dos romanos. Desde que a décima nona Dinastia Egípcia indagou: "O rio Jordão, como atravessá-lo?" (*ANET*, 477), a travessia do Jordão deve ter sido uma preocupação comum, inclusive no âmbito internacional.

A aparência do Jordão não é o que alguns hinos podem sugerir ("Nas margens tormentosas do Jordão"). No sul do mar da Galileia, o rio Jordão vai de 0,6 a 3 metros de profundidade e tem largura média de 30 m. O clima tende a ser quente e seco, com média de precipitação pluviométrica anual em Jericó de menos 10 cm e temperatura de mais de 38°C são incomuns. Embora sua aparência seja tranquila, as águas do Jordão são rápidas devido sua queda num desnível médio de 1,7 m por km do mar da Galileia até o mar Morto.

O vale do Jordão é o resultado de uma falha tectônica que produziu o vale da Grande Fenda, que se estende da Turquia até o Leste da África. O vale do Jordão ao sul do mar da Galileia é formado por vários níveis. O rio repousa em *zōr* ("bosques cerrados do Jordão", Jr 12:5; 49:19), enquanto acima dele, cerca de 50 m, esteja o *ghōr*. Literalmente, o Zor era o "orgulho" ou "majestade" (heb. *gā'ōn*) do Jordão, descrição exuberante da verdura naturalmente confusa ao longo de suas margens.

É discutida a etimologia do nome Jordão. Muitos sustentam que ele é de origem semita com a raiz significando "descer" (heb. *yārad̲*). Já que todos os rios, por natureza, "descem", a distinção do rio Jordão como "aquele que desce" não está clara. Se o nome é de origem semita, talvez o vale extremo e estreito em que está, e do qual colonizadores de ambos os lados tiveram de fazer árdua jornada para "descer" às suas águas, pode ter contribuído para a escolha do seu nome. Entretanto, o número de referências ao Jordão com o artigo definido é esmagador (*hayyard̲ēn*), sugerindo que a palavra originalmente pode ter sido substantivo comum, e não próprio. Assim, "Jordão" pode ter sido palavra genérica primitiva amplamente usada para rio, assim "O Rio". Em apoio a essa etimologia, os escritores bíblicos nunca se referem ao "rio Jordão", mas sempre "o Jordão" ou "Jordão". Somente em poucas passagens é a água associada ao Jordão (Js 3:8; 4:18, 23; 5:1), e raramente é descrita a natureza do Jordão (cf. Dt 4:49; Sl 114:3-5).

Em muitos casos, o rio Jordão desempenha o papel de marcador de fronteira. Antes de os israelitas possuírem a terra, "além do Jordão" era onde habitavam os cananeus (Dt 11:30). Uma vez que Canaã tornou-se a terra dos israelitas, o Jordão passou a servir de fronteira para Israel (2Sm 17:22; 2Rs 10:33). "Além" ou "leste" ou "oeste" ou "do outro lado" do Jordão (Gn 50:10, 11; Nm 32:19; Dt 1:5; Js 12:1; 13:8; Jz 5:17; 1Cr 6:78 [TM 63]) é o uso mais comum do rio Jordão no AT (p.ex., como ponto de referência para as posições justapostas da Cisjordânia e Transjordânia). O Jordão serve a esse mesmo propósito no NT (Mc 10:1; Jo 1:28; 3:26; 10:40).

Nas histórias bíblicas, ocorrem vários milagres em ou perto do Jordão. Tal como o mar Vermelho, quando os israelitas foram reivindicar sua terra, as águas do Jordão se secaram (Js 3:15-16). Foi também perto do Jordão e do lugar santo de Gilgal que Elias foi levado ao céu (2Rs 2:6). Ao mergulhar sete vezes no rio seguindo as instruções de Eliseu, Naamã, o desconfiado general assírio ficou curado da lepra (2Rs 5:14). Eliseu também jogou um galho de pau no Jordão, o que fez um machado perdido flutuar em suas águas (2Rs 6:4-6).

No NT, o rio Jordão foi onde João, primo de Jesus, batizava (Mt 3:5-6; Mc 1:5) e onde João batizou Jesus (Mt 3:13; Mc 1:9). Não se sabe em que ponto do Jordão ocorreram esses eventos, embora seja provável que João tenha escolhido um lugar raso perto de região povoada. Um dos locais rasos perto de Jericó, a maior cidade no baixo Jordão, teria fornecido uma grande população, o local mais próximo do povo de Jerusalém, e teria feito sua pregação muito mais evidente a Herodes, que tinha um palácio em Jericó (Mc 6:14-29). Embora João Batista tenha sido executado em Maquero (Josefo, *Ant.* 18.5.2), Herodes bem pode ter sido o primeiro a ouvir a pregação de João Batista a respeito do "pecado" em seu palácio de Jericó.

Bibliografia. N. Glueck, *The River Jordan*, ed. rev. (New York, 1968); J. W. Rogerson, *Atlas of the Bible* (New York, 1985). [DAVID MERLING]

JORIM (gr. *Iōrím*) Ancestral de Jesus; pai de Eliézer e filho de Matate.

JORNALEIRO (Trabalhador assalariado) Pessoa livre que trabalhava por salário (heb. *śāk̲îr*; gr. *misthōtós*). Os jornaleiros eram trabalhadores de fazenda (Lv 25:6), pastores (Jo 10:12-13) e mercenários (Jr 46:21). Os dias do jornaleiro eram cansativos e longos (Jó 7:1; 14:6). Animais também eram alugados para o trabalho (Êx 22:15 [TM 14]).

Os jornaleiros eram contratados por ano (Lv 25:53) ou por dia (Dt 24:15), trabalhando o tempo combinado para receber seu salário (Jó 7:2). Isaías utiliza a imagem: "Dentro de três anos, tais como os de jornaleiros", indicando que um assalariado não trabalharia nenhum dia além do acordo com o seu empregador (Is 16:14; 21:16, ARC). Alguns empregadores pagavam salários opressivos, entretanto a Lei proibia a opressão de um jornaleiro (Dt 24:14-15).

Uma vez que o jornaleiro não possuía qualquer direito ou bem em sua condição social, era fácil para esse trabalhador faltar à responsabilidade. Jesus se referiu à falta de compromisso de uma pessoa assalariada (Jo 10:12-13). [ALAN RAY BUESCHER]

JORQUEÃO (heb. *yorqĕ'ām*) Assentamento em Judá mencionado na lista de vilarejos estabelecidos pela casa de Calebe (1Cr 2:44). Embora o contexto desse capítulo seja genealogia, muitos comentaristas associam os nomes com uma lista de cidades em Josué 15. Na LXX consta como Jocdeão e assim liga mais adiante a passagem dos cronistas a Josué 15:56. É possível que Jorqueão estivesse localizado ao sul de Jerusalém, provavelmente na área rural de Hebrom. [JOHN S. VASSAR]

JOSA (heb. *yôšâ*) Filho de Amazias (1); líder da tribo de Simeão no tempo de Ezequias (1Cr 4:34).

JOSAFÁ (heb. *yôšāpāṭ*) **1.** Mitnita, listado entre os Trinta de Davi (1Cr 11:43).

2. Sacerdote responsável por tocar a trombeta diante da arca da aliança, quando ela foi levada para Jerusalém (1Cr 15:24).

JOSAVIAS (heb. *yôšawyâ*) Um dos filhos de Elnaã; um dos valentes de Davi (1Cr 11:46).

JOSBECASA (heb. *yošbĕqāšâ*) O líder da 17ª divisão de cantores no tempo de Davi; um dos filhos de Henã (1Cr 25:4,24).

JOSÉ (heb. *yôsēp*, *yĕhôsēp*; gr. *Iōsēph*, *Iosēs*)) **1.** Um dos irmãos de Jesus (Mc 6:3). Em Mateus 13:55, é chamado José (10).

2. Irmão de Tiago, o menor (Mc 15:40, 47). Em Mateus 27:56, é chamado José (11).

3. O 11º filho de Jacó e o filho mais velho de Raquel. Raquel, a esposa a quem Jacó amava, foi estéril durante longo tempo antes de dar à luz José (Gn 29:31-30:21). Suas palavras ao dar à luz esse filho refletem as duas possíveis derivações do nome do menino: "Tirou-me (heb. *'sp*) Deus o opróbrio" (Gn 30:23) e "Acrescente-me (*ysp*) o Senhor ainda outro filho" (v. 24).

Como primogênito de Raquel e "filho de sua velhice", José era o favorito de seu pai, fato claro em Gênesis 37:3: "Israel amava mais a José do que a todos os seus filhos...e fez-lhe uma túnica longa". Essa túnica (*kĕṯōneṯ pass'm*) é a tradicional "túnica de várias cores", embora o hebraico atual se refira simplesmente a uma túnica com mangas ou manta que chega até os pulsos e tornozelos (em 2Samuel 13:18, é a vestimenta de uma princesa). O significado da túnica especial é que ela separava José de seus irmãos e despertou neles ódio e inveja (Gn 37:4). Para piorar as coisas, José trazia a seu pai más notícias a respeito de seus irmãos (Gn 37:2), depois relatou dois sonhos nos quais seus irmãos, bem como seus pais, se curvavam para ele (v. 5-7, 9).

Os irmãos de José primeiro conspiraram para matá-lo, e depois planejaram vendê-lo como escravo. A última sugestão foi feita por Rúben, que esperava resgatar José e levá-lo de volta a seu pai (Gn 37:22). A túnica de José foi-lhe tirada e usada como evidência de sua morte (Gn 37:23,31-33). José foi vendido a negociantes de escravos (Gn 37:25-28) ou ismaelitas ou midianitas (aqui existem provavelmente duas tradições preservadas) que o levaram para o Egito e o venderam a Potifar, oficial do faraó.

Embora transformado em escravo, numa terra estranha, a narrativa deixa bem claro que "o Senhor era com José", e assim ele era bem-sucedido em tudo o que fazia, a despeito de muitos empecilhos que resultaram das ações dos que estavam no poder. José prosperou no serviço de Potifar e logo se tornou supervisor de tudo o que pertencia ao seu senhor (Gn 39:4). Mas a sorte de José logo mudou. A esposa de Potifar desejou José, que recusou suas insinuações, mas deixou para trás um traje, que depois foi usado como evidência contra ele (Gn 39:12-16). Mais uma vez José foi expulso, dessa vez para a prisão, numa condição mais inferior ainda do que a escravidão. Mais uma vez, entretanto, Deus foi com José (Gn 39:22-23).

A oportunidade de libertação surgiu quando José conseguiu interpretar os sonhos de dois oficiais de Faraó, o padeiro-mor e o copeiro-mor (Gn 40), mas ficou esquecido durante mais dois anos (41:1).

A libertação de José veio finalmente quando sua habilidade de interpretar sonhos chamou a atenção do faraó, cujos próprios mágicos e sábios haviam fracassado na tarefa de interpretar os sonhos do rei. José não somente predisse sete anos de fartura que seriam seguidos de sete anos de fome, como também aconselhou Faraó a se preparar para iminente período de escassez acumulando o excedente dos anos de fartura (Gn 41:14-36). Como recompensa, Faraó colocou José "sobre toda a terra do Egito", responsável por organizar a cobrança e estocagem de grãos contra a fome que viria (Gn 41:37-44). Faraó chamou a José de Zafenate-Paneia ("Deus fala e vive") e lhe deu por mulher Asenate, filha de Potífera, sacerdote de Om (Gn 41:45). Antes do período de fome, nasceram-lhes dois filhos: Manassés e Efraim (Gn 41:50-52).

O período de escassez determinou a ocasião para a reunião de José com os irmãos que o haviam vendido como escravo. Jacó, tendo ouvido que havia cereal no Egito, mandou seus dez filhos mais velhos para buscar mantimento. José era a pessoa que tiveram de contatar para comprar o grão, curvando-se perante ele em cumprimento ao sonho de José (Gn 42:6-9). Embora tendo reconhecido os irmãos, José não se revelou a eles naquele momento, ao contrário, acusou-os de serem espiões (Gn 42:9). Exigiu que levassem o irmão mais novo como prova da inocência deles e determinou que deixassem Simeão como refém (Gn 42:20, 24). No começo Jacó se recusou deixar Benjamim ir, mas finalmente concordou, quando a necessidade por mais grãos se tornou aguda. Quando os irmãos retornaram com Benjamim, José os indagou a respeito do bem-estar deles e de seu pai (Gn 42:16-34). Ao partirem, José ordenou que seus sacos fossem cheios de alimento e, neles fosse colocado o dinheiro que haviam pago pelo grão (Gn 44:1). Além disso, ordenou que sua taça de prata fosse colocada no saco do mais jovem, Benjamim (Gn 44.2) e usada como pretexto para trazer os irmãos de volta para o Egito, declarando que quem tivesse a taça seria seu escravo (v. 10). Judá, por compaixão de seu pai, Jacó, ofereceu-se em lugar de Benjamim (Gn 44:33-34), momento em que José se revela a seus irmãos. Jacó e toda a sua família receberam um lar na terra de Gósen (Gn 46:28). Jacó e José foram, finalmente, reunidos (46:29-30).

Depois da morte de Jacó (Israel), José fez mais uma viagem a Canaã para enterrar seu pai. Mais uma vez José perdoou seus irmãos e prometeu sustentar-lhes. Ele viveu o resto da vida no Egito. Antes de morrer aos 110 anos, pediu que seus ossos fossem levados de volta a Canaã quando chegasse o tempo em que Deus levasse os israelitas de volta da terra do Egito.

Os descendentes de José, as tribos de Efraim e Manassés, estavam entre as que subiram do Egito no Êxodo como parte do povo de Israel. Depois da conquista da terra, Efraim recebeu uma área a oeste do Jordão, entre Manassés no norte, e Benjamim, no sul. Metade da tribo de Manassés se estabeleceu no lado leste do Jordão, na área de Gileade, enquanto a outra metade recebeu terras a ocidente do Jordão, ao norte de Efraim e ao sul do mar da Galileia.

Bibliografia. G. Von Rad, *Genesis*, ed. rev. OTL (Philadelphia, 1972); N. M. Sarna, *Genesis*. JPS Torah Commentary (Philadelphia, 1989); R. de Vaux, *Ancient Israel* (1961, repr. Grand Rapids, 1997); G. Wenham, *Genesis 16-50*. WBC 2 (Dallas, 1994); C. Westermann, *Genesis 12-36* (Minneapolis, 1985). [MARILYN J. LUNDBERG]

4. O pai de Igal, da tribo de Issacar, um dos doze a quem Moisés selecionou para espiar a terra de Canaã (Nm 13:7).

5. Membro da corporação levítica de Asafe ("os filhos de Asafe") que profetizavam acompanhados por músicos sob a direção de Asafe e do rei (1Cr 25:2,9).

6. Um dos filhos de Binuí que foi forçado a se divorciar de sua esposa não israelita como resultado das reformas religiosas de Esdras (Ed 10:42; cf. 1Ed 9.34)

7. Chefe de uma família sacerdotal, descendente de Sebanías, contemporâneo de Joiaquim, o sumo sacerdote (Ne 12:14).

8. O filho de Oziel, ancestral de Judite (Jd 8:1).

9. Filho de Zacarias que, com Azarias, manteve o comando militar sob Judas Macabeu. Num ato de insubordinação e num esforço para conseguir fama e glória pessoal, os dois comandantes atacaram Jâmnia (c. 163 a.C.), mas suas tropas foram derrotadas (1Mac 5.18,55-62).

10. De acordo com 2Macabeus 8.22, um dos irmãos de Judas Macabeu (cf 10.19). José não é citado entre os filhos de Matatias em 1Macabeus 2.1-5. Pode ser que José seja simplesmente variante para o esperado João nestes textos (cf. 1Mac 9.36). [JOHN D. FORTNER]

11. O marido de Maria, mãe de Jesus. As narrativas do período da infância de Jesus em Mateus 1-2; Lucas 1-2 fornece a maior parte da informação a respeito de José. Na versão de Mateus, José é personagem importante que conduz o desenvolvimento da história. Sendo "justo", planeja liberar sua noiva Maria discretamente do compromisso que tinham firmado, quando esta se vê grávida (Mt 1:18-19). Entretanto, obedecendo orientação dos anjos, José aceita Maria, cuja gravidez ele ficou sabendo ser obra do Espírito Santo e protege o bebê do plano maligno de Herodes fugindo com Maria e Jesus de Belém para o Egito, estabelecendo-se mais tarde em Nazaré, depois da morte de Herodes. Mateus dá a genealogia de Jesus na linha de José, na qual o nome de seu pai é mencionado como um certo Jacó, descendente do rei Davi (Mt 1:1-17).

Na versão de Lucas da narrativa da infância de Jesus, na qual Maria conduz o desenvolvimento da história, a descrição de José é um pouco diferente. Exceto por uma breve designação como noivo de Maria (Lc 1:27), José não aparece em cena até o momento do nascimento de Jesus. Não é José, então, mas Maria que recebe o anúncio do anjo relativo à concepção do bebê por ação do Espírito Santo (Lc 1:26-38). Em Lucas, o lar de José não é Belém, mas Nazaré. José e Maria visitam Belém, indo de Nazaré para se registrarem, e Maria dá à luz Jesus durante a visita (Lc 2:4-7). Lucas retrata José principalmente como fiel cumpridor da Torá. Ele circuncida o bebê depois de oito dias (Lc 2:21), dedica a criança e oferece um sacrifício pela purificação de Maria (v. 21-24). José faz a peregrinação anual a Jerusalém para a celebração da Páscoa (v. 41). Com relação à genealogia de Jesus (Lc 3:23-38), embora em Mateus José seja descendente do rei Davi, Lucas o apresenta como filho de Eli (v. 23), não de Jacó (Mt 1:16).

Exceto por algumas referências secundárias, José desaparece completamente do restante do relato do NT. Jesus é chamado por seus compatriotas por três vezes explicitamente como "o filho de José" (Lc 4:22; Jo 1:45; 6:42) e uma vez implicitamente ("o filho do carpinteiro", em Mt 13:55). Marcos nunca menciona o pai de Jesus; ao contrário, Jesus é chamado de "o carpinteiro, filho de Maria" (Mc 6:3). Essas considerações contribuíram, pelo menos parcialmente, para a posterior tradição cristã de que José morreu em algum momento depois que Jesus completou 12 anos de idade (Lc 2:41-50), porém antes de começar seu ministério público. De fato, o protoevangelho de Tiago, um evangelho apócrifo escrito provavelmente no século II, apresenta José como homem já idoso, com filhos de um primeiro casamento, quando se casou com Maria.

Bibliografia. R. E. Brown, *The Birth of the Messiah*, ed. rev. (New York, 1993). [SEUNG AI YANG]

12. Irmão de Jesus, com Tiago, Simão e Judas (Mt 13:55; Mc 6:3).

13. Irmão de Tiago ("o menor") e filho de Maria, mulher que presenciou a crucificação e o sepultamento de Jesus (Mt 27:56; Mc 15:40, 47).

14. Um homem de Arimateia, pequeno vilarejo da zona rural da Judeia, que pediu a Pilatos o corpo de Jesus para ser sepultado. Ele é apresentado como membro do conselho (Mc 15:43), provavelmente o Sinédrio. Claramente, uma pessoa de alta posição e provavelmente rico (Mt 27:57), esse homem envolveu o corpo de Jesus num pano de linho e o enterrou em seu túmulo novo, talhado na pedra, em Jerusalém.

É possível que José tenha sido motivado a sepultar Jesus para cumprir a lei judaica que exigia o enterro de criminosos executados no dia de sua morte (Dt 21:23). Como homem bom e justo e que não simpatizava com as ações de seus colegas judeus contra Jesus (Lc 23:50-51), pode ter interferido simplesmente para garantir que a lei fosse obedecida (Mc 15:42).

É também possível que José fosse discípulo de Jesus (Mt 27:57; cf. Jo 19:38) e que quisesse sepultar Jesus por amor e respeito por ele e seus seguidores. Dessa forma, é como Nicodemos (Jo 3) a quem João liga a José no sepultamento de Jesus (19:39-42).

15. O pai de Janai e filho de Matatias na genealogia de Jesus em Lucas (Lc 3:24).

16. O pai de Judá e filho de Jonã na genealogia de Jesus (Lc 3:30).

17. Discípulo de Jesus chamado Barsabás, que tinha por sobrenome o Justo que, com Matias foi candidato a substituir Judas Iscariotes entre os Doze, mas que não foi escolhido, quando a sorte foi lançada (At 1:23-26).

18. Cristão levita de Chipre a quem os apóstolos chamaram Barnabé (At 4:36) e que se tornou colega de Paulo (12:25). [WARREN C. TRENCHARD]

JOSÉ E ASENATE Romance apócrifo frequentemente incluído no AT pseudoepígrafo. A obra narra a conversão da gentia Asenate ao Deus de Israel, seu casamento com o patriarca José e os conflitos religiosos e sociais que envolveram a conversão e o casamento. Gênesis fornece o ponto de partida para esse conto de ficção, com breve referência ao casamento de José com Asenate (LXX Asenete), filha de um sacerdote pagão (Gn 41:45, 50-52; 46:20). José e Asenate foi escrito em grego e ainda existe em dezesseis manuscritos gregos e em vários testemunhos da versão. Existe forte consenso, embora não unânime, de que seja datado entre 100 a.C. e 115 d.C., de origem judaica em vez de cristã e que tenha sido escrito no Egito. As opiniões variam quanto ao propósito da obra. Alguns a veem como propaganda missionária destinada a ganhar gentios para o judaísmo, enquanto outros sustentam que foi escrita por leitores judeus e destinada a tratar de questões internas tais como a situação de convertidos gentios dentro da comunidade judaica e de como tratar o casamento entre um judeu de nascimento e um gentio convertido ao judaísmo. Embora menosprezada durante muito tempo pelos estudiosos bíblicos, devido certa influência de antigos intérpretes que a declararam ser uma recente composição cristã, José e Asenate tornou-se objeto de considerável pesquisa acadêmica. Concepções de pecado, salvação, conversão, imagem positiva das mulheres, possíveis práticas rituais por trás da linguagem a respeito do "pão da vida", "taça da imortalidade" e "unção de incorrupção" e o potencial das orações na narrativa para iluminar a história da liturgia estão entre os elementos dessa obra que ilustra sua importância para o estudo tanto do judaísmo como do cristianismo primitivos. [RANDALL D. CHESNUTT]

JOSÉ, O CARPINTEIRO, HISTÓRIA DE Obra cóptica apócrifa, na qual Jesus conta a seus discípulos, reunidos no monte das Oliveiras, a história da vida e morte de José, seu pai terreno. A história foi escrita para promover o dia da festa de São José, como está evidente nas várias bênçãos que Jesus promete aos que guardarem o dia. A história depende do anterior protoevangelho de Tiago e do Evangelho de Pseudo-Mateus, com os quais ele compartilha, por exemplo, a história da educação de Maria no templo e a subsequente colocação sob os cuidados do viúvo idoso José. Com base nessa e em outras considerações, estudiosos datam a obra não antes do século IV. O texto completo ainda existe em boaírico (Baixo Egito), árabe e fragmentos ainda existem em saídico (Alto Egito).

Bibliografia. J. K. Elliott, *The Apocryphal New Testament*, ed. rev. (Oxford, 1993), 111-17. [RONALD V. HUGGINS]

JOSÉ, ORAÇÃO DE Obra judaica, aparentemente datada do início da era cristã. Com cerca da mesma extensão da Sabedoria de Salomão, sobrevive apenas em fragmentos preservados nos escritos de Orígenes, pai da igreja no século III. As poucas frases que sobrevivem citam Jacó, que procura mostrar ter preexistido como figura angélica chamada Israel, uma das mais poderosas criaturas de Deus. Jacó revela, aparentemente a José, que sua famosa luta em Peniel (Gn 32) foi de fato contra outra figura angélica chamada Uriel, a quem venceu ao chamar por um nome muito especial de Deus, porém não especificado. A oração de José aparentemente teve pequeno impacto na literatura judaica posterior. [IRA BIRDWHISTELL]

JOSEBE-BASSEBETE (heb. *yōšeḇ baššeḇeṯ*) (tb. JASOBEÃO) Taquemonita, chefe dos Trinta de Davi (2Sm 23:8). No relato paralelo em 1Crônicas 11:11, o nome aparece como Jasobeão (1).

JOSEFO Flávio Josefo, nome de nascimento Yoseph bar Mattatyahu, em 37 a.C., quando Gaio Calígula tornou-se imperador de Roma. O ano de sua morte é incerto. Ele é importante para o leitor da Bíblia porque suas quatro obras sobreviventes, em 30 volumes, fornecem nosso melhor acesso à informação sobre o ambiente no qual nasceu o cristianismo. Ele é o único autor contemporâneo fora do NT a escrever com todo detalhe a respeito do templo de Jerusalém e do sacerdócio, dos governadores romanos (incluindo Pôncio Pilatos), da região rural da Judeia e da Galileia, dos vários grupos e facções na sociedade judaica e até figuras tais como João Batista e Tiago, o irmão de Jesus. Josefo escreveu também uma passagem sobre Jesus, mas a versão que sobrevive não é autêntica. Suas extensas paráfrases bíblicas (*Ant.* 1-11) são exemplo extremamente valioso da interpretação bíblica judaica na época do NT.

Embora Josefo forneça consideráveis detalhes a respeito de sua vida, seus relatos são altamente retóricos e não podem ser aceitos ao pé da letra. Em particular, as histórias que os leitores usam com frequência para impugnar seu caráter são contadas para fazê-lo parecer bom, de acordo com o modelo popular "trapaceiro astuto" na literatura grega desde a Odisseia de Homero. Todavia, parece claro que ele foi um sacerdote que lutou por curto espaço de tempo contra os romanos na revolta dos judeus (66-74 d.C.), defendendo parte da Galileia. Ele se entregou em Jotapata, na primavera de 67. Depois de um período preso, dando informações aos romanos, ele foi solto e recebeu importante papel no círculo de clientes da família flaviana. Ele acompanhou o vitorioso Tito a Alexandria e depois de volta a Roma para o triunfo. Uma vez estabelecido em Roma com uma pensão imperial e muitos privilégios, começou a escrever seus quatro volumes sobre a história e a cultura judaica.

Perguntas não respondidas que cercam a vida de Josefo incluem sua exata ascendência e relação com os antigos asmoneus, a forma como ele chegou à notoriedade na revolta galileia, o grau de apoio oficial que Jerusalém lhe deu, suas primeiras convicções sobre a conveniência da revolta, as circunstâncias de sua capitulação aos romanos, a natureza dos serviços que ele prestou aos conquistadores e sua relação com a comunidade judaica em Roma depois de sua chegada lá.

Sua primeira obra conhecida, em grande parte concluída antes da morte do imperador Vespasiano em 79 d.C., é um relato da Guerra Judaica em sete volumes. Seu objetivo principal é mostrar que a maioria dos judeus não apoiava a revolta. Apesar de o governo romano local ser cruel, a tradição judaica reconhecia que Deus escolhe vários poderes para governar de vez em quando. A revolta foi impingida à população por alguns homens jovens e imoderados que viram oportunidades para vários tipos de ganho. Josefo enfatiza também a derrota dos judeus não a derrota do Deus deles, que simplesmente usou os romanos para punir os rebeldes ímpios.

Em 93/94 Josefo concluiu sua obra *Antiguidades judaicas*, de 20 volumes e o apêndice de sua vida. A obra mais extensa é essencialmente um manual da história e da cultura judaica. Grosso modo, a primeira metade é paráfrase da Bíblia da criação ao retorno do exílio (*Ant.* 1-11). O restante cobre os períodos persa e grego, a revolta e a dinastia asmoniana, a chegada dos romanos à Judeia, Herodes, o Grande e sua família e a administração romana até a véspera da grande revolta. O propósito exato e a audiência disso, obra máxima de Josefo, não estão claros no mundo acadêmico. Ele escreveu para os gentios, mas quem estaria interessado em ir até o fim de tal obra? Talvez Josefo escreveu para os gentios interessados na cultura judaica, a respeito de quem ouvimos em autores romanos (Tácito *Hist.* 5.1-13). O curto apêndice foi calculado para refutar as acusações feitas por Justo de Tiberíades, num relato da guerra que aparentemente mostrava Josefo como incauto comandante supremo.

O apoio de Josefo e a defesa da cultura judaica alcançam seu apogeu na obra *Contra Apion*, de dois volumes. Esse trabalho defende o judaísmo contra seus inúmeros detratores literários dos três séculos precedentes, argumentando em favor de sua grande antiguidade e suprema nobreza. A quarta parte da obra é uma estimulante celebração das contribuições do judaísmo ao mundo. Esse livro serviu como modelo aos apologistas cristãos.

Bibliografia. P. Bilde, *Flavius Josephus Between Jerusalem and Rome*. JSPSup 2 (Sheffield, 1988); S. Mason, *Josephus and the New Testament* (Peabody, 1992). [STEVE MASON]

JOSEQUE (gr. *Iōsēch*) Ancestral de Jesus, listado na genealogia de Lucas (Lc 3:26).

JOSIAS (heb. *yōʾšîyāhû*) **1.** O filho do rei Amom, de Judá e de Jedida, filha de Adaías, de Bozcate. Josias (648-609 a.C.) subiu ao trono de Judá com a idade de oito anos, depois do assassinato de seu pai (c. 640). Josias casou-se com Hamutal, filha de Jeremias, de Libna e Zebuda, filha de Pediá, de Rumá. Um filho de cada esposa reinou depois dele: Jeoacaz sucedeu ao trono depois que Neco II, do Egito matou Josias, mas foi deposto por Neco em favor de seu meio-irmão mais velho, Jeoaquim apenas três meses depois.

Josias chegou ao trono em um período de confusão tanto interna como externa para Judá. O assassinato de Amom sugere agitação maior do que mera impopularidade desse governante em particular, e as medidas de reforma sangrenta com que Josias se ocupou parecem confirmar tal descontentamento. O colapso do império assírio, do qual Judá fora vassalo, deixou a pequena nação com um lugar incerto nas relações internacionais, uma posição tênue talvez refletida em ruínas arqueológicas por impressões reais judaicas gravadas tanto de escaravelhos (ícones egípcios) e rosetas (ícones babilônicos).

O principal evento registrado do reinado de Josias é a reforma do culto de Judá no qual o templo de Yahweh, em Jerusalém, tornou-se o único local de culto judaico aceito, enquanto a veneração de todas as outras deidades foi tratada como crime passível de morte; de fato, o texto de 1Reis 13:2 tem um profeta que prediz o reinado de Josias exatamente para esse propósito. O mundo religioso politeísta do rei Manassés, como apresentado em Reis, havia sido mantido durante o reinado de dois anos do pai de Josias e nos primeiros vários anos do reinado de Josias, como está bem documentado em depósitos arqueológicos. Além disso, as profecias de Sofonias e Jeremias refletem um mundo religioso judaico de politeísmo impregnante.

Durante a reforma do templo de Yahweh, no 18º ano de seu reinado, os trabalhadores de Josias encontraram um rolo que foi entregue ao rei (2Rs 23). Desde os tempos patrísticos, cristãos têm insistido que o rolo encontrado foi o livro de Deuteronômio ou alguma variante dele. A tradição judaica tem insistido, com o texto hebraico, que foi a Torá (Pentateuco). Foi improvável ter sido qualquer um deles como são conhecidos nos dias de hoje. Embora nenhuma das pessoas que viram o documento tenha ficado perturbada por ele, Josias o reconheceu instantaneamente como incriminador das práticas religiosas dos judeus e prognosticador de maldição contra a nação.

Josias seguiu antigas tradições do Oriente Próximo ao ter a veracidade do rolo confirmada pela consulta ao mundo divino. A profetisa Hulda confirmou que a nação terminaria em destruição, mas o rei morreria em paz (2Rs 22:20). O que exatamente significava "paz" continua a ser discutido, já que Josias seria assassinado por Neco II. As ações de Josias para desviar a promessa de maldição para Judá incluíram a completa destruição de todos os lugares de adoração com exceção do templo de Yahweh em Jerusalém, a deposição de funções levíticas longe de Jerusalém e a execução do pessoal envolvido em cultos a deidades além de Yahweh, mais notadamente em Betel, o templo nacional de Israel. O cap. 35 de 2Crônicas concentra-se em uma Páscoa convocada por Josias para todo Judá e Israel, tendo apenas dado um aviso apressado (34:33) para a reforma tão central para 2Reis, talvez porque o cronista já tivesse atribuído aquela reforma a Ezequias (2Cr 31) e Manassés (2Cr 33:15-16).

Tanto em 2Crônicas (2Cr 34:2) como em Siraque (Sir. 49.4) é enfatizado que Josias foi devoto de Yahweh desde sua mocidade e que ele tentou reformar o mundo religioso de Judá mesmo antes da "descoberta" do rolo no templo. A tradição judaica tem atribuído a Josias o ato de esconder a arca da aliança dos babilônios e atribuído sua morte à indiferença às admoestações de Jeremias. Mateus notou a ancestralidade de Josias a Jesus (Mt 1:10-11), um item que falta em Lucas.

Geralmente concorda-se que Josias levou um contingente de soldados a Megido para conter o avanço de Faraó Neco II e seu exército que estava tentando livrar o remanescente dos assírios de serem aniquilados pelas mãos dos babilônios em 609. Josias foi morto imediatamente pelo faraó de acordo com 2Crônicas 35:22-23. Seu corpo foi devolvido para ser sepultado. Jeremias (Jr 22:15-16) lembrou Josias como governante que cuidou do pobre.

2. Filho de um certo Sofonias, cuja casa devia ser o lugar para receber ofertas de exilados judeus, conforme ordenado pelo profeta Zacarias (Zc 6:10, 14).

Bibliografia. W. G. Dever, "The Silence of the Text: An Archaeological Commentary on 2 Kings 23", in *Scripture and Other Artifacts*, ed. M. D. Coogan, J. C. Exum e L. E. Stager (Louisville, 1994), 143-68; L. K. Handy, "Historical Probability and the Narrative of Josiah's Reform in 2 Kings", in *The Pitcher is Broken*, ed. S. W. Holloway e L. K. Handy, JSOTSup 190 (Sheffield, 1995), 252-75; A. Laato, *Josiah and David Redivivus: The Historical Josiah and the Messianic Expectations of Exile and Postexilic Times*. ConBOT 33 (Stockholm, 1992); N. Na'man, "The Kingdom of Judah under Josiah", *Tel Aviv* 18 (1991): 3-71; Z. Talshir, "The Three Deaths of Josiah and the Strata of Biblical Historiography", *VT* 46 (1996): 213-36. [LOWELL K. HANDY]

JOSIBIAS (heb. *yôšibyâ*) Pai de Jeú e filho de Seraías; líder de uma família simeonita no tempo de Ezequias (1Cr 4:35).

JOSIFIAS (heb. *yôsipyâ*) Israelita cujo filho Selomite retornou com Esdras do cativeiro na Babilônia (Ed 8:10).

JOSUÉ (heb. *yĕhôšuaʿ*) (tb. JESHUA) **1.** Filho de Num; "jovem aprendiz" e sucessor de Moisés. No livro de Josué, atua como comandante militar na "conquista" de Canaã e como administrador da distribuição da terra às tribos. De acordo com Números 13:16, Moisés mudou o nome de Oseias (heb. *hôšēaʿ*, "salvação") para Josué ("Yahweh salva"). Ele é descrito como *mĕšārēṯ*, "assistente" (Êx: 24:13; Js 1:1), e como *naʿar*, "mancebo" (Êx 33:11); em certo sentido, os dois termos se sobrepõem em sua ênfase na condição legalmente independente, ainda que subordinado ao serviço de Moisés — e, no final das contas, de Deus.

Ao que tudo indica, Josué tinha papel importante de liderança tribal além de seu relacionamento especial com Moisés. Sua escolha como representante de Efraim entre os doze espiões mandados à terra de Canaã (Nm 13:8) parece apoiar essa afirmação. Entre os espiões, somente Calebe acreditou que Israel podia conquistar a terra, e somente estes dois entrariam depois em Canaã.

Josué é apresentado pela primeira vez como guerreiro que liderou os israelitas à vitória sobre os amalequitas em seu primeiro confronto militar depois do Êxodo (Êx 17:8-13). A narrativa parece enfatizar sua semelhança com Moisés, já que ambos são inicialmente apresentados em Êxodo sem referência a seus pais. Essa correspondência tipológica continua pelo Pentateuco e é especialmente dominante no livro de Josué. Assim como Moisés tirou os israelitas do Egito, Josué vai fazê-los entrar em Canaã. Canonicamente, Josué é retratado deliberadamente equivalente a Moisés, ainda que desigual.

Deus assegura a Josué que estará com ele assim como estivera com Moisés (Js 1:5; 3:7; cf. 4:14). Josué manda espiões assim como Moisés havia feito (Js 2). A travessia do Jordão é claramente descrita em termos semelhantes à travessia do mar Vermelho (Js 4:23). Josué conduz o povo em rituais (circuncisão e Páscoa) como Moisés fizera (Js 5:1-12). A teofania do comandante do exército do Senhor (Js 5:13-6:5) coincide com a teofania da sarça ardente. Josué derrota os inimigos cananeus de Israel por meio de milagres do Senhor (Js 10-11), exatamente como Moisés derrotou os inimigos egípcios de Israel por meio de milagres do Senhor no mar Vermelho. O cap. 12 de Josué justapõe um resumo das vitórias transjordanianas de Moisés com as vitórias cisjordanianas de Josué. A cessão feita por Josué das heranças às nove tribos e meia a oeste do Jordão é comparada ao trabalho similar feito por Moisés para as duas tribos e meia transjordanianas (Js 14:1-19:51; 13:8-33). Assim como Moisés providenciou cidades de refúgio (Nm 35:6-34) e levíticas (v. 1-5), Josué fez o mesmo (Js 20-21). Josué atua como mediador da aliança em Siquém (Js 8:30-35; 24:1-28) exatamente como Moisés fez no Sinai (Êx 20-24).

Josué, entretanto, não é igual a Moisés. A caracterização de Josué em Nm: 11:26-29 é um tanto negativa, como também pode ser o caso na tentativa de Josué de interceder por Israel no incidente de Acã (Js 7:6-15). Moisés realizou muito mais "sinais e maravilhas" do que Josué, embora o milagre de Josué relativo ao sol e à lua tenha sido incomparável (Js 10:12-14). Moisés intercedeu por Israel com muito mais frequência que Josué e foi o legislador, ainda que a Lei fosse normativa tanto para Josué como para Israel. Embora haja uma transferência de autoridade a Josué (Nm 27:18-23), a plena autoridade de Moisés, recebida diretamente de Deus, foi única e não podia ser completamente transferida (cf. Dt 34:10). Josué é mencionado apenas três vezes no NT, comparado a quase oitenta referências a Moisés.

A apresentação canônica de Josué inclui certos elementos monárquicos que servem como modelo a todos os futuros reis de Israel (esp. Salomão e Josias). Os relatos de seu comissionamento e instalação (Nm 27:15-23; Js 1:2-9) contêm linguagem associada à subida ao trono de monarcas. Na qualidade de líder que tinha o Espírito de Yahweh e tendo sanção profética, Josué é um eficiente líder militar e espiritual padrão a ser imitado por reis posteriores.

A tradição recente descreve Josué como sucessor de Moisés "no ofício profético" e "grande salvador" de Israel, um "dedicado seguidor" de Deus, exemplo para todos (Sir. 46.1-12). Ele é também chamado de juiz (1Mac 2.55) e está incluído numa lista de importantes intercessores (2Ed 7.107) e numa lista dos que passaram na Torá (m. 'Abot 1.1).

2. Homem de Bete-Semes, em cujo campo a arca parou quando os filisteus a devolveram aos israelitas (1Sm 6:14).

3. Governador de Jerusalém durante o reinado de Josias (2Rs 23:8)

4. Sumo sacerdote em Jerusalém pós-exílica (Ag 1:1, 12-14; Zc 3:1-8; também chamado Jesua [3].

5. Indivíduo (gr. *Iēsoús*) na genealogia de Jesus em Lucas (Lc 3:29).

Bibliografia. L. D. Hawk, *Every Promise Fulfilled: Contesting Plots in Joshua*. Literary Currents in Biblical Interpretation (Louisville, 1991); R. S. Hess, *Joshua*. TOTC 6 (Downers Grove, 1996); R. D. Nelson, "The Day the Sun Stood Frozen in Amazement", *Lutheran Theological Seminary Bulletin* 75/3 [76/4] (1995): 3-10; "Josiah in the Book of Joshua", *JBL* 100 (1981): 531-40; R. M. Polzin, *Moses and the Deuteronomist* (New York,

A B C D E F G H I J K L M N O P Q R S T U V X Y Z

1980); G. J. Wenham, "The Deuteronomic Theology of the Book of Joshua", *JBL* 90 (1971): 140-48. [K. LAWSON YOUNGER, JR.]

JOSUÉ, LIVRO DE O sexto livro da Bíblia, o primeiro dos Profetas Anteriores, o segundo da história deuteronomística por ligações repetitivas, começando (1:1-9) com citação do fim de Deuteronômio (Dt 31:6-8; 34-5) e terminando com texto (24:29-31) citado no início de Juízes (Jz 2:7-9; LXX 24:33 acrescenta alusões a Juízes 2:6, 12; 3:12, 14). O livro é organizado em quatro partes, separadas umas das outras por repetição e definidas por assunto e arranjo interno. A primeira parte (caps. 1—8) retrata Josué como sucessor de Moisés na Terra Prometida; começa e termina com ele como guardião da lei de Moisés (1:7-9; 8:30-35 [TM]). Os capítulos estão correlacionados: dois na preparação para travessia do Jordão, dois para a travessia, dois para o ritual que levou à captura de Jericó e dois para a batalha de Ai. Na segunda parte (caps. 9—11), cada capítulo começa com notícias do evento precedente e com a reação de todos os reis (9:1) ou dos reis de cidades específicas (10:1; 11:1). Essa parte termina com um resumo das explorações de Josué (11:23) que faz alusão ao início do livro (1:1-6) e conclui com a conquista da terra. A terceira parte (caps. 12—21) redefine a ocupação da terra por Israel como distribuição às tribos individuais. Essa parte começa com uma visão geral das vitórias recontadas nas duas primeiras partes e, como na primeira, todos os capítulos estão correlacionados. O cap. 12 limita a ocupação a 31 reinos; o cap. 13 lista os reinos a serem conquistados, e ambos tratam da distribuição da terra às tribos transjordanianas. Os caps. 14—15 tratam de Judá e estão relacionados um com o outro ao narrarem novamente sucessivos episódios na vida de Calebe (14:6-15; 15:13-19). Existem dois capítulos para as distribuições da casa de José (caps.16—17), dois para a distribuição da terra a outras tribos em Siló (caps. 18—19), e dois para as cidades de refúgio e para a distribuição destas e outras cidades aos levitas (caps. 20—21). Essa parte, assim como a segunda, termina com resumo que faz alusão ao término da tarefa e ao cumprimento das promessas mencionadas no início do livro (21:43-45). Na quarta parte (caps. 22—24), os capítulos iniciam com ligações cronológicas imprecisas à terceira parte (22:1; 23:1; 24:1) e tratam dos principais assuntos deixados sem solução no livro. O cap. 22 trata das tribos transjordanianas que não receberam herança na Terra Prometida. O cap. 23 enfrenta o problema apresentado por uma ocupação limitada da terra e começa como o texto anterior que apresentou o assunto (cf. 13:1). No cap. 24, o assunto é o livro da lei, confiado a Josué e lido ao povo na primeira parte, que inclui, de acordo com o resumo histórico no discurso de Josué (24:2-13), os livros de Gênesis a Deuteronômio, chamados de lei de Moisés (1:7; 8:32) ou a lei de Deus (24:26).

O livro não usa fontes do Pentateuco, mas se baseia regularmente em textos e desenvolve temas do Pentateuco. A travessia do Jordão repete o Êxodo, encerra a era do deserto que ele começou, e conclui, como começou o Êxodo, com o rito da circuncisão, a celebração da Páscoa e com uma aparição (caps. 3—5; Êx 3-5; 4:24-26; 12:6; 16:35). Os espias, diferentemente dos da geração de Êxodo, retornam com relatório encorajador (cap. 2; Nm 13—14; Dt 1), os transjordanianos estão na vanguarda como prometeram a Moisés (1:12-18; Nm 32:20-27), Josué proclama a lei como a lei exigia (8:30-35; Dt 27:1-8), e as guerras seguiram as normas estabelecidas por Moisés (caps. 10—11; Dt 20:10-18; 21:22-23. A descrição dos limites e a concessão dos territórios tribais, das cidades levíticas e das cidades de refúgio completam a obra que foi iniciada por Moisés e corresponde a instruções que deu em Números e Deuteronômio (12:1-6; 13:8-33; 14:1-15; 20:2; 21:2). No fim, as tribos transjordanianas são elogiadas por cumprirem a palavra dada a Moisés (22:1-4; Nm 32:20-22), e Josué, depois de rever as condições estipuladas no Sinai e em Horebe para a expulsão gradual das nações (cap. 23; Êx 23:23; 34:15-16; Dt 11:17), relembra a gradual expulsão das nações, feita por Israel em sua jornada para a Terra Prometida (24:2-13).

O livro contém narrativas e listas, às vezes, mistura essas histórias, e de maneira característica interrompe uma ou outra quando há interesse relacionado ou subordinado. A travessia do Jordão é anunciada (1:1-6) e, por fim acontece (caps. 3—4), mas é postergada por outros enredos que interrompem um ao outro e são resolvidos gradualmente: a travessia acontece sob a proteção da lei (1:7-9), que é carregada na arca e depois se torna o foco de cerimônias em Ebal e Gerizim (8:30-35) e em Siquém (cap. 24); são introduzidos oficiais (1:10-11) que reaparecem com demora de três dias (3:2); no intervalo há negociações com os transjordanianos (1:12-18) e com Raabe (cap. 2) e, enquanto os transjordanianos são mencionados na travessia (4:12-13), a história de Raabe é deixada inconclusa até mais tarde (cap. 6). A travessia é recontada, mas é constantemente interrompida por referências a sacerdotes e representantes tribais. A reação geral à travessia é notada (5:1), mas a reação em Jericó (6:1) aguarda as cerimônias em Gilgal. Os reis ouvem as notícias a respeito de Jericó e Ai (9:1-2) mas não fazem nada até que as coisas sejam resolvidas em Gibeão. A história da batalha de Gibeão é separada da história da vitória sobre Hazor por uma lista de cidades e reis conquistados ao mesmo tempo (10:16-43). A distribuição da terra às tribos em Canaã é anunciada (13:7), mas adiada pela distribuição na Transjordânia (13:8-33), reintroduzida (14:1-2), mas interrompida pela distribuição levítica, que é mencionada (14:3) antes de sua ocorrência de fato (cap.21), postergada novamente pela referência a Efraim e Manassés (14:4) antes de ser a vez deles (caps. 16—17) e, novamente pela história de Calebe (14:6-15). Listas de pontos de fronteira são separadas de listas de cidades por narrativa de episódios (15:13-19; 17:3-6, 14-18), e a ocasião da despedida de Josué é apresentada (13:1), mas ele não fala até que a terra tenha sido distribuída (23:1). Esse estilo entrecortado reflete o conteúdo do livro, que narra versões entrelaçadas da mesma história e reflete em seu significado.

Características históricas. O livro manifesta características da obra histórica deuteronomística. Existem pré-apresentações (1:1-6, 10-11, 12-18; 7:1-2; 9:1-2; 14:1-5) e resumos (5:1; 11:23; 12:1-24; 13:32-33; 19:51; 21:43-45) do curso dos eventos narrados, e discursos explicando seus significados (2:8-11; 3:9-10; 4:7; 21-24; 13:1-6; 22:1-6; caps. 23—24). Existe uma cronologia incipiente calculada a partir do Êxodo (5:6,12; cf. Êx 16:35) e, mais precisamente, desde a primeira tentativa sem sucesso de tomar a terra (14:7,10; cf. Dt 2:14). A história é baseada na lei, os eventos correspondem aos preceitos (p. ex., o momento da travessia [4:19; 5:10] segue as normas da Páscoa [Êx 12:3, 6]), o pecado frustra as relações de Israel com Yahweh e o mandamento básico é amar e adorar a Deus (22:5; 24:16-24). O livro de Josué é a obra do historiador deuteronomista, que tomou material de tipos e origens diversos e o organizou em uma história de Israel cuidadosamente planejada e habilmente escrita.

As principais fontes disponíveis ao deuteronomista foram uma narrativa da conquista e uma geografia das doze tribos. A geografia não foi uma fonte literária, mas mapa do país, listando cidades, delineando rotas e descrevendo a topografia, com mais detalhes em algumas áreas (de forma especial Judá e Benjamim) que outras. O mapa foi coberto com uma grade tribal (cf. 18:1-10), os reinos foram identificados por nomes tribais Judá e José, e o centro do governo foi localizado nos santuários tribais em Siló e Gilgal. A geografia adquiriu uma espécie de historicidade por meio da inclusão de histórias e diálogo, e por meio de uma cronologia implícita foi marcada por retrospectivas ao tempo de Moisés e alusões ao presente (16:10) e ao futuro (13:6), e pela divisão da distribuição das terras tribais em duas fases distintas (18:1-3). A narrativa da conquista, ao contrário, foi fonte literária completa que o deuteronomista copiou e adaptou aos propósitos da história. Ele narra como Israel, sob a liderança de Josué, invadiu e conquistou a terra. A conquista foi exemplar, marcada pela ostensiva destruição de Jericó e Ai e ilustrou o cumprimento milagroso da aliança do Sinai (3:5,10; cf. Êx 34:10-11), a qual o tratado com os gibeonitas inconscientemente violou (Êx 34:12). A batalha por Jerusalém e pelas cidades do sul e a guerra contra Hazor e os reis de Canaã deram a Israel a posse instantânea e completa da terra, como Yahweh jurara a Moisés e seus pais no Sinai (1:6; 11:23). Essa narrativa simples foi adaptada pela história para satisfazer sua interpretação, na qual a terra não foi conquistada por Josué, mas concedida por ele às tribos, pela mudança de todos os povos em tipos, e todos os eventos narrados em ilustrações de obediência à lei de Moisés.

Na narrativa, Josué é o sucessor de Moisés (1:2), mas na adaptação, o novo líder é remodelado na imagem de Moisés e revive episódios da vida de seu antecessor. Na narrativa, Josué lidera o povo de Israel; mas na história, lidera os "filhos de Israel" (1:2 — *bĕnê yiśrā'ēl*, as doze tribos). Na fonte, o povo atravessa o Jordão em Jericó (3:16); mas na história, a travessia torna-se ritual que lembra o Êxodo e a jornada pelo deserto. Na narrativa, Deus fala de modo tranquilizador a Josué, que age corajosamente e coisas espetaculares são descritas em detalhes realísticos. Na história, recebem um toque surreal: a espantosa queda de Jericó torna-se evento litúrgico; a intervenção de Deus na batalha de Gibeão é semelhante a maravilhas meteorológicas e cosmológicas; tudo acontece de maneira previsível no padrão de comando e execução. A conquista completa leva alguns dias e esgota a história de Josué, mas na história ela demora muitos dias (11:18), foi parcial e ocupou uma pequena parte da carreira de Josué. A narrativa foi original, mas na história, tudo é modelado em eventos passados (2:10; 9:9-10), conforma-se à lei ou acontece em cumprimento de prescrições em Números e Deuteronômio.

Essas adaptações foram feitas no interesse da exatidão histórica. Mesmo no original, a batalha de Jericó teve a intenção de ilustrar a crença, expressada por Raabe, de que foi Yahweh quem deu a terra a Israel, e o deuteronomista enfatizou esse propósito retórico e sua inexatidão histórica transformando-o em liturgia e lição na lei. A batalha de Ai foi narrada com detalhe realístico (8:11b-13) e ao anexar outra lição sobre obediência à lei (v. 24-29). O tratado com Gibeão é reconhecido, mas houve negociações adicionais (9:16-27) que relacionam a história ao que foi prescrito em Deuteronômio (Dt 29:11 [TM

10]) e, pela insistência de que os gibeonitas foram poupados (9:18-21, 26).

Bibliografia. S. L. McKenzie e M. P. Graham, eds., *The History of Israel's Traditions*. JSOTSup 182 (Sheffield, 1994); M. Noth, *The Deuteronomistic History*. JSOTSup 15 (Sheffield, 1981); E. Toy, "The Growth of the Book of Joshua in the Light of Evidence of LXX Translation", in *Studies in Bible*, 1986, ed. S. Japhet. ScrHier 31 (Jerusalem, 1986): 321-39; N. Winther--Nielsen, *A Functional Discourse Grammar of Joshua*. ConBOT 40 (Stoclholm, 1995). [BRIAN PECKHAM]

JOT *Ver* IOTA.

JOTÃO (heb. *yôṯām*) **1.** O filho mais jovem dos setenta filhos de Gideão (Jerubaal). Após a morte de Gideão, Abimeleque, irmão de Jotão (nascido de uma concubina de Gideão; Jz: 8:31) convenceu os habitantes da cidade de Siquém (cidade da família de Gideão) a apoiar sua liderança sobre eles (9:1-4). Então matou todos os seus setenta irmãos, menos Jotão, que escapou por ter-se escondido.

Como o povo de Siquém continuou a declarar Abimeleque como rei, Jotão chegou ao cume do monte Gerizim e procurou dissuadi-los por meio de sua parábola das árvores e do espinheiro (Jz 9:7-15). A maldição de Jotão (Jz 9:19-20) cumpriu-se quando Abimeleque foi morto em seu ataque a Siquém (v. 56-57).

2. Rei de Judá no início da segunda metade do século VIII a.C., filho de Azarias (Uzias) e pai de Acaz. A cronologia exata dos reis de Jotão até Ezequias, filho de Acaz, incluindo a correlação com os reis de Israel nesse tempo, é uma das mais difíceis em todo o período monárquico. Em provável corregência com seu pai, as datas aproximadas do governo de Jotão são 750 ao início de 730.

Jotão herdou um reino seguro e ampliado graças ao reinado longo e pacífico de Uzias até a primeira metade do século VIII, igualado por prosperidade semelhante no norte sob Jeroboão II. Jotão aumentou as defesas de Jerusalém para o norte (2Rs 15:35) e para o sul (2Cr 27:4), e aparentemente manteve o controle do porto marítimo de Elate, que Uzias havia recuperado de Edom (2Rs 14:22). Um anel com sinete com a inscrição "pertencente a Jotão" (*lytm*), encontrado naquela região, pode atestar o controle judeu nessa época.

Entretanto, o reinado de Jotão viu também a ascensão do poder neoassírio sob Tiglate-Pileser III e o rápido declínio de estabilidade e segurança. A coalizão siro-efraimita (entre Peca de Israel e Rezim, de Arã) foi formada como aliança contra a Assíria durante seu reinado e, na época de Acaz, de Jerusalém, seria invadido sob pressão para unir-se. Assim os anos do reinado de Jotão marcaram a transição da prosperidade à crise. De acordo com 2Crônicas 27, Jotão foi um rei totalmente virtuoso, em contraste com seu pai. O relato em 2Reis, entretanto, o avalia positivamente somente no resumo formalista: ele "fez o que era reto aos olhos do Senhor" (2Rs 15:34). O relato observa também ele "deixou de remover os lugares altos" famosos por culto apóstata, como outros antes dele também não haviam feito (2Rs 14:4; 15:4).

3. Um dos seis filhos de Jadai, listado em 1Crônicas 2:47 como uma das famílias descendentes de Calebe.

Bibliografia. J. H. Hayes e P. K. Hooker, *A New Chronology for the Kings of Israel and Judah* (Atlanta, 1988); P. J. King, "The Eighth, the Greatest of Centuries?" *JBL* 108 (1989): 3-15; E. R. Thiele, *The Mysterious Numbers of the Hebrew Kings*, 3. ed. (Grand Rapids, 1983). [ANDREW H. BARTELT]

JOTBA (heb. *yoṯbâ*) Local de nascimento de Haniz, cuja filha Mesulemete casou-se com Manassés, rei de Judá, e local de nascimento de seu filho Amom, que reinou dois anos em Jerusalém (2Rs 21:19). Alguns estudiosos associam Jotba com Jotapata, fortaleza de Josefo, sitiada por Vespasiano (*BJ* 3.141-334). O local é identificado como Khirbet Shifat, no vale de Zebulom, ao norte do vale de Beth Netofa, a oeste do lago de Genesaré. Descobertas arqueológicas e sua situação correspondem à vívida descrição que Josefo fez da região. Entretanto, de acordo com descobertas recentes, nenhuma descoberta da Idade do Ferro foi feita no local.

Bibliografia. E. M. Meyers, J. F. Strange e D. E. Groh, "The Merion Excavation Project", *BASOR* 230 (1978): 1-24. [SUJEY ADARVE-VALDES]

JOTBATÁ (heb. *yoṯḇāṯâ*) Local de acampamento durante o êxodo israelita do Egito (Nm 33:33-34), localizado entre Hor-Hagidgade e Abrona. Há grande dificuldade em identificar os três locais, embora seja possível um local nas proximidades de Uádi Ghadhaghedh. [RYAN BYRNE]

JOZABADE (heb. *yôzāḇāḏ*) **1.** Benjamita de Gedera que juntou-se a Davi em Ziclague (1Cr 12:4 [TM 5]).

2.-3. Dois homens de Manassés, chefes de milhares, que juntaram-se a Davi em Ziclague (1Cr 12:20 [21]).

4. Um dos supervisores das ofertas do templo nomeado por Ezequias durante sua reforma do templo (2Cr 31:13). O nome aqui pode representar a tentativa anacrônica do cronista em ligar a reforma de Ezequias com a de Esdras e Neemias (cf. Ed 8:33).

5. Levita que doou animais para a grande Páscoa de Josias (2Cr 35:9; cf. 2Rs 23:21-23).

6. Um filho da família sacerdotal de Pasur que viveu na Judeia e que se divorciou de sua esposa estrangeira, de acordo com a reforma de Esdras (Ed 10:22; chamado Gedalias em 1 Esdras 9:22).

Os dados seguintes podem se referir à mesma pessoa ou a quatro pessoas diferentes.

7. O filho de Jesuá, o levita; supervisor do tesouro do templo (Ed 8:33 = 1 Esdras 8:69).

8. Levita que se divorciou de sua esposa estrangeira, de acordo com a reforma de Esdras (Ed 10:23 = 1 Esdras 9:23).

9. Um dos 13 levitas que "explicavam ao povo" a leitura da lei feita por Esdras (Ne 8:7-8). Se essa pessoa serviu como supervisor do "trabalho fora da casa de Deus" (Ne 11:16), então ele serviu tanto sob Esdras como sob Neemias (cf 1 Esdras 9:48). [C. MACK ROARK]

JOZACAR (heb. *yôzāḵār*) (tb. ZABADE) Servo do rei Joás, de Judá que, com Jeozabade, assassinou o rei (2Rs 12:21 [TM 22]; em alguns MSS consta "Jozabade". No relato paralelo, é chamado Zabade (4; 2Cr 24:26).

JOZADAQUE (heb. *yôṣāḏāq*) (tb. JEOZADAQUE) Forma alternativa de Jeozadaque, pai do sumo sacerdote Jesuá/Josué (Ed 3:2, 8; 5:2; 10:18; Ne 12:26).

JUBAL (heb. *yûḇāl*) Filho de Lameque e Ada, e irmão mais novo de Jabal. Ele foi o "pai" (ou "inventor") de instrumentos musicais (Gn 4:21).

JUBILEU, ANO DO O quinquagésimo ano de uma série de sete anos sabáticos. O ano do jubileu (heb. *yôḇēl*, "chifre de carneiro") é o último ano numa extensão do princípio do sábado que começa com o dia de descanso de cada sétimo dia, estendido ao Ano Sabático, o repouso a cada sétimo ano, ao Jubileu. Ele começa no meio do sétimo ano sabático (cada 49º ano) no décimo dia do sétimo mês (o Dia da Expiação) e se estende, presumivelmente, ao sétimo mês do 50º ano, sendo sobreposto, assim, por apenas meio ano do Ano Sabático regular. Uma buzina de chifre de carneiro devia ser tocada pela terra e o jubileu proclamado, durante o qual a terra tinha de ser restituída à linha de propriedade de herança original, e os israelitas tornados escravos em função de débitos eram libertados para voltar às próprias terras. O Ano Jubileu, tal como o Ano Sabático, tinha também de ser ano de "repouso" para a terra, no qual eram proibidas a semeadura e a sega. O preço da redenção da terra tinha de ser estabelecido proporcionalmente de acordo com o número de anos faltantes para o próximo Jubileu. Essas leis do Jubileu estão detalhadas exclusivamente em Levítico 25, não sendo mencionada na legislação paralela de Deuteronômio 15:1-15 ou no Código da Aliança em Êxodo 21:2-4; 23:10-12. Inversamente, nenhuma menção é feita em Levítico 25 sobre o cancelamento de débitos ordenado em Deuteronômio (talvez porque esse cancelamento foi baseado na cobrança de juros, enquanto a cobrança de juros é absolutamente proibida em Lv 25:35-38), embora a tradição posterior ligue consistentemente essas cláusulas. Nem Levítico 25 menciona a liberação de escravos por débito no sétimo ano (embora o método prescrito nos versículos 47-53 para o cálculo do preço da redenção necessariamente o presuma — o cálculo somente funciona quando o jubileu devesse acontecer para intervir no período normal de seis anos de servidão), talvez editado de forma secundária para enfatizar a intenção política sobre a libertação do exílio babilônico depois de cinquenta anos de cativeiro.

A legislação do Jubileu em Levítico 25 trata principalmente de assuntos do bem-estar social — exortações relativas à ajuda ao pobre: prover alimento nos anos sabáticos, emprestar dinheiro sem juros, tomá-los como trabalhadores assalariados e redimi-los à sua terra. O Jubileu em si é preparado somente como último recurso quando todas as outras ajudas falharam. Os assuntos em questão eram a dívida e a servidão por dívida, a herança e a posse permanente da terra, as responsabilidades decorrentes do parentesco e a redenção e a distribuição equitativa de terra agricultável (os principais meios de produção nas sociedades agrárias; casas dentro de cidades muradas estavam isentas; Lv 25:29-30). O apoio teológico de tal legislação encontra-se no conceito de que Deus é dono de toda a terra, bem como das pessoas, tendo-os redimido da escravidão no Egito. Por isso, as pessoas não podiam escravizar outros de forma permanente, nem a terra vendida de forma definitiva. Ela podia apenas ser arrendada temporariamente — seu uso vendido por um período de tempo limitado até o próximo Jubileu, quando seria restaurada à linha de herança. Isso evitava que poucos proprietários de terra, ricos, acumulassem toda a terra e escravizassem a população em geral.

Além de poucas outras referências casuais (Lv 27:16-25); Nm 36:4; Ez 46:16-18) e mais Josefo *Ant.* 3.12.3, nenhuma menção específica do Jubileu é feita fora de Lv 25, embora as descrições em Isaías 37:30 (=2Rs 19:29); 49:8-9; 61:1-2; Jeremias 34:8-22; Neemias 5:1-13 bem possam refletir uma tradição do Jubileu. Não há evidência de que o Jubileu como está aqui legislado tenha sido sempre praticado, além das disposições de repouso (que eram também parte das leis do Ano Sabático) durante o período do Segundo Templo (1Mac 6.48-54). Alguns estudiosos viam toda a tradição do Jubileu como mera utopia montada ou como invenção do período de restauração, usado para justificar a usurpação da terra por aqueles que retornaram do exílio. Todavia, alguns se perguntam quanto à eficácia de tal apelo à "lei" a menos que ela gozasse de alguma familiaridade e respeito entre o povo. A tradição posterior, entretanto, ligou a libertação de escravos por dívida, prescrito no Jubileu, e a restauração de propriedade com a libertação do cativeiro babilônico e a subsequente restauração de Israel do exílio (cf. Is 61:1-2), até posterior exame sob o ponto de vista escatológico nos Rolos do mar Morto (11QMelch 2.1-9) e no NT (Lc 4:16-21). O livro de Jubileus usa o ciclo do Jubileu de cinquenta anos como princípio normativo organizador da história. *Ver* ANO SABÁTICO. [ROBIN J. DEWITT KNAUTH]

JUBILEUS, LIVRO DOS Importante manuscrito judaico que conta a história das origens de Israel. Sua narrativa corresponde ao fluxo narrativo de Gênesis e Êxodo. Ao receber revelação no Sinai, Moisés é instruído a "escrevê-la num livro", a mesma tarefa designada depois ao anjo da presença; em cada caso seu valor revelatório é garantido. A relação dos Jubileus com os dois primeiros livros da Torá é tão estreita que o livro tem sido designado como texto da "Bíblia reescrita", obra literária que apresenta e adapta uma tradição narrativa bíblica para apresentar assuntos e problemas importantes à comunidade de leitores. Geralmente, o autor oferece uma nova versão, acrescentando ao texto, omitindo aspectos, ou transformando seu significado pela reordenação de eventos da tradição ou remodelando a história. O autor escreve uma versão adaptada das histórias da criação, dos patriarcas (e matriarcas, especialmente Rebeca, que é mais importante aqui do que em Gênesis) e da atividade de Moisés no Egito, incluindo sua liderança em um pacto com Deus e a revelação da Torá. Jubileus amplia a narrativa bíblica de várias formas, com frequência inclui razões lógicas para as festas de Israel e para as leis nos primeiros dias antes da origem oficial deles e da revelação no Sinai. Isso tende a desmoronar a história religiosa de Israel, transformando-a num retrato único e simultâneo, evitando assim uma noção de desenvolvimento gradual de religião entre os precursores do judaísmo. O impacto retórico desse texto revelatório impele os ouvintes judeus a se preocuparem cuidadosamente com os exemplos vigorosos de seus ancestrais (notando como as ações deles levaram tanto à bênção quanto à calamidade). O autor também coloca as leis do judaísmo em posição mais respeitada por serem tão antigas, até pré-mosaicas, e apresenta uma posição desafiadora, já que a estrita fidelidade às leis é absolutamente crucial à vida em conjunto como comunidade. Essa obra oferece excelente testemunho ao método da primitiva interpretação bíblica, especialmente por meio de sua exegese "modernizante", semelhante a um pregador que exorta sua congregação.

Exceto citações numa tradução grega, "Jubileus" tornou-se conhecido pela primeira vez em 1861, por meio de uma tradução incompleta do grego para o latim. Mais tarde, foi descoberta uma tradução etíope. Muitos estudiosos criaram a teoria de um original hebraico, posição fortemente sustentada pela descoberta de 14 ou 15 manuscritos hebraicos em Qumran, representando vários textos do Jubileus.

Datas do terceiro a meados do século I a.C. têm sido debatidas, mas muito provavelmente o livro foi escrito entre os anos 170 e 140 na Palestina. Essa datação é um convite à pesquisa por evidência de uma origem macabeia ou asmoniana, e os resultados são impressionantes, sugerindo claramente um autor e uma comunidade que rejeitaram a assimilação dos costumes e valores culturais helenísticos (particularmente no que se refere ao casamento misto com gentios entre grupos sacerdotais, o que o livro enfaticamente condena). A exegese do autor do estupro de Diná (Gn 34; Jub. 30) sugere indiretamente que o massacre dos homens de Siquém foi justificado devido ao estupro de uma jovem judia. Essa obra oferece esperança à pessoa atenta, já que se trata de uma história dividida em períodos (jubileus de sete semanas de anos [= 49 anos]) que se move inexoravelmente na direção de um ponto final revelado. Os anos são calculados de acordo com o calendário solar de 364 dias, favorito de certo grupo sacerdotal e também fortemente evidente em vários documentos de Qumran. Assim, podemos considerar o Jubileus parte da pré-história literária imediata do grupo de Qumran.

O autor, ao que tudo indica, tentou reajustar a concepção das tradições de Enoque a respeito do mal entre os humanos — devido às más ações de seres divinos desobedientes que desceram do céu em busca de relações sexuais com mulheres terrestres (Gn 6; Jub. 5) — ao incluir também a história de Adão e Eva, a vergonha deles no jardim e a expulsão do Éden. A obediência humana à lei de Deus é também parte do sistema de pactos em Jubileus, todos os quais são basicamente o mesmo e preparam determinações para a vida judaica desde os mais remotos períodos humanos. Este livro foca a atenção em Abraão, menos em Isaque, mas especialmente em Rebeca e seu papel central na era de Jacó e sua família. Ela não apenas trama a trapaça de Jacó, como também lhe dá sua bênção formal enquanto se prepara para agir (cap. 25). Mais tarde, com a aproximação de sua morte, ela insiste muito com os filhos quanto ao amor fraterno num discurso que lembra um testamento. Levi recebe muitos elogios; por seu zelo em Siquém ele recebe a indicação como sacerdote (cap. 30) e, quando Jacó o leva para visitar Isaque e Rebeca, recebe uma bênção especial de seu avô (cap. 31). Ao morrer, Jacó entrega todos os seus documentos escritos para que Levi possa preservá-los e renová-los para todos os seus descendentes (45:15).

Bibliografia. J. C. Endres, *Biblical Interpretation in the Book of Jubilees.* CBQMS 18 (Washington, 1987); J. C. Vanderkam, *Textual and Historical Studies in the Book of Jubilees.* HSM 14 (Missoula, 1977); O. S. Wintermute, "Jubilees", *OTP* 2 (Garden City, 1985): 35-142. [JOHN C. ENDRES, S. J.]

JUCAL (heb. *yûḵāl*) (tb. JEUCAL) O filho de Selemias; adversário de Jeremias que procurou matar o profeta jogando-o dentro de uma cisterna (Jr 38:1-6). Em Jeremias 37:3, é chamado de Jeucal.

JUDÁ (heb. *yĕhûḏâ*) **1.** O quarto filho de Jacó e Leia (Gn 29:35), que foi o ancestral epônimo da tribo e da nação (foi considerado tanto sua origem como seu representante). Por conseguinte, a bênção de Jacó a Judá (Gn 49:8-12) o menciona segurando o cetro e o bastão do governante porque Davi descendeu de Judá. O proeminente papel de Judá entre os irmãos na história de José (Gn 37:26-27; 43:1-10; 44:14-34) também reflete a elevação de Judá por Davi a uma posição dominante sobre as tribos de Israel. A história de Judá e Tamar em Gênesis 38 é evidente por sua descrição negativa do patriarca. Ela alinha os clãs de Perez e Zerá genealogicamente com Judá e faz alusão às suas raízes canaanitas.

A tribo de Judá que, tal como o patriarca na Bíblia, é realmente reflexo da importância da nação. O território da tribo fica na zona rural central entre, mas não incluindo, Jerusalém e Hebrom. Sua única descrição (Js 14-15) de fato delineia as fronteiras mais recentes da nação de Judá. A independência de Judá das tribos israelitas é sugerida por sua ausência da lista primitiva no Cântico de Débora (Jz 5) e pelo fato de Benjamim, imediatamente ao norte de Judá, ser considerado a tribo de Israel mais ao sul (significado básico do nome "Benjamim"). O controle de Saul sobre Judá foi esporádico e tênue na melhor das hipóteses, a julgar pelos locais das histórias sobre seu reinado em 1Samuel. [STEVEN L. MCKENZE]

2. Levita, ancestral de uma família que supervisionou o trabalho no templo pós-exílio (Ed 3:9 TM). Ele pode ser o mesmo que Hodavia (4).

3. Levita que se casara com uma mulher estrangeira (Ed 10:23).

4. O filho de Senua; segundo no comando de Jerusalém pós-exílio (Ne 11:9).

5. Levita que retornou do exílio com Zorobabel (Ne 12:8).

6. Líder de Judá que participou da dedicação dos muros reconstruídos de Jerusalém (Ne 12:34).

7. Sacerdote e músico presente na dedicação do muro (Ne 12:36)

8. Ancestral de Jesus, pai de Simeão e filho de José (Lc 3:30).

JUDÁ, REINO DE O reino do sul, que começou com Davi cerca do ano 1000 a.C. e durou até o exílio babilônico em 586.

HISTÓRIA. *Fontes.* A principal fonte da história de Judá (heb. *Yĕhûḏâ*) é a Bíblia, em particular 1—2Samuel, 1—2Reis, 1—2Crônicas, bem como porções dos livros proféticos. Todos esses livros são, antes de tudo, de orientação religiosa e devem ser usados com cautela para reconstrução histórica. Isso é especialmente verdade quanto a 1—2Crônicas, que é a reforma teológica mais recente da história de Judá conforme está registrada em 1—2Samuel e 1—2Reis, embora o cronista pareça ter usado poucas outras fontes originais. Muito de 1—2Reis consiste de histórias sobre profetas do norte, de modo que a informação a respeito de alguns reis de Judá é muito esparsa. A arqueologia fornece correção a certos detalhes do relato bíblico e também preenche algumas falhas em nosso conhecimento, como a vida diária do povo comum e mudanças sociais com o tempo. Inscrições e registros ocasionais de outros países mencionam pessoas e eventos da Bíblia, às vezes, colocando-as à luz visivelmente diferente.

Davi e Salomão. Davi era de Belém, no coração da tribo de Judá. Sua ascensão meteórica no exército de Saul o transformou numa ameaça ao monarca, que o forçou a fugir para o sul, onde se tornou o líder de um bando de "foras da lei" (1Sm 22:1-2) que operava na região deserta de Judá. Davi, ao tomar o poder a Nabal, importante líder dos calebitas (1Sm 25), deu um passo importante em sua ascensão ao trono de Judá. Foi coroado em Hebrom, capital calebita, com Abigail, viúva de Nabal, ao seu lado (2Sm 2:1-4). Essa coroação pode ter precedido a morte de Saul. Em 1Samuel 21:11 (TM 12), os filisteus já o chamavam de "rei da terra", e o reinado de Isbosete dá conta de apenas dois dos sete anos e meio de Davi como rei de Judá (2Sm 2:11). Davi formou o reino de Judá unindo os clãs locais — os jerameelitas e queneus (1Sm 27:10, talvez se deva ler "quenezitas"), os calebitas e quenezitas (Js 14:6-15; 15:13-14; Jz 1:20; 1Cr 2:42-50) — e ganhando o controle das terras altas e do deserto de Judá, ao sul de Jerusalém. Ele se aliou aos filisteus, que efetuaram a queda de Saul (1Sm 27-31). A subsequente derrota de Abner e Isbosete por Davi (2Sm 2-4) não deixou opção de fato aos anciãos de Israel a não ser também fazê-lo rei.

Com sua ascensão ao trono de Israel, Davi anexou o reino de Saul em Benjamim e Efraim e acabou acrescentando as outras tribos israelitas do norte.

Ele subjugou os filisteus (2Sm 5:17-25; 8:1) e conquistou os enclaves de povos nativos, como Jerusalém, que ele transformou em sua capital (2Sm 5:6-9). Ele então continuou a construir um pequeno império na Síria-Palestina ao conquistar Moabe, Edom e as cidades-estado arameias governadas por Hadadezer (2Sm 8). Salomão, cuja sucessão de Davi foi algo parecido com um golpe palaciano (1-2), estabeleceu uma rede de províncias administrativas com Jerusalém, como centro político e religioso (1Rs 4:7-19). Os dois reis subordinaram Israel a Judá dispensando seus membros da tribo do serviço militar e da taxação de impostos aos israelitas (cf. 2Sm 20:24; 24:1-9; 1Rs 4-5). O ressentimento por esse tratamento desigual pode ter sido um dos fatores da revolta de Absalão (2Sm 13-19). A rivalidade seccional estava claramente em debate na revolta de Seba (2Sm 20:1-22) e na rebelião israelita contra a casa de Davi depois da morte de Salomão (1Rs 12). Com a ascensão de Roboão por volta do ano 922, Judá retornou ao mesmo status básico e dimensões que tinha quando Davi governou sozinho sobre ele, como está indicado pela lista das cidades de defesa de Roboão em 2Crônicas 11:5-12.

Reino dividido. Os reinos dos primeiros reis de Judá foram marcados por constantes conflitos com Israel (Roboão, 1Rs 14:30; Abião, 15:7; Asa,15:16). Isso deve ter exaurido muito os recursos do pequeno país. Para piorar as coisas, houve forças estrangeiras que lutaram contra ele. O texto de 1Reis 14:25-26 relata que Roboão usou os tesouros reais e do templo para salvar Judá do rei egípcio, Sisaque (Sosenq). Em 1Reis 15:18-22, o autor descreve como Asa usou o que restou daqueles tesouros para fazer aliança com Ben-Hadade, de Damasco, contra Baasa, de Israel. Grande quantidade dos recursos reais foram gastos fortificando a fronteira entre Israel e Judá. Quando Baasa parou de edificar em Ramá para lidar com Ben-Hadade, Asa e o povo de Judá mudaram os próprios materiais de Baasa para alguns quilômetros ao norte e os usaram para construir as fortalezas de fronteira de Mizpá e Geba. O antigo território tribal de Benjamim, que havia sido o centro do reino de Saul, estava dividido, parte dele indo para Judá.

A dinastia de Onri. Enquanto a monarquia de Judá consistia de uma única dinastia da descendência de Davi, Israel vivia uma série de casas reais. A mais importante destas foi a dinastia de Onri, que começou por volta do ano 885. Acabe, filho de Onri, iniciou um novo e pacífico relacionamento com Judá ao fazer um tratado com Josafá, de Judá, que foi selado com o casamento de Atalia, filha de Acabe com Jeorão, filho de Josafá (2Rs 8:18). Israel era claramente o poder superior, e Judá bem pode ter sido um vassalo, mas prosperou no rastro da força da dinastia de Onri. O reinado de Jeorão, de Judá, coincidiu em parte com o reinado de Jorão, de Israel, e é possível que os dois reis fossem o mesmo homem para que Israel e Judá estivessem por curto espaço de tempo unidos. De qualquer forma, a dinastia de Onri em Israel declinou sob Jorão e então terminou abruptamente com o golpe de Jeú, cerca de 842, no qual o novo rei de Judá, Acazias, foi também assassinado.

A única remanescente da dinastia de Onri, Atalia, foi rainha mãe em Judá. Com a morte de seu filho, ela assumiu o poder, matando todos os outros potenciais pretendentes com exceção do infante Joás, que foi escondido no templo (2Rs 11:1-3 = 2Cr 22:10-12). Parece estranho que Atalia não tenha percebido um de seus netos, e Joás pode de fato não ter sido um membro da família real. Foram os sacerdotes, liderados por Joiada, que orquestraram a deposição de Atalia seis anos depois (2Rs 11 = 2Cr 23). Por não pertencer à descendência de Davi e pelo fato de ser mulher, eles podem tê-la considerado uma governante ilegítima. Essa parece ser a perspectiva do escritor em 2Reis, que não inclui as mesmas fórmulas reais para Atalia como quanto aos outros monarcas de Judá.

Domínio sírio. Durante a segunda metade do século IX, toda a Palestina foi dominada pelo rei sírio, Hazael. Embora Judá pareça ter sofrido menos do que Israel (cf. 2Rs 10:32-33; 13:3), Joás esvaziou os tesouros para salvar Jerusalém do ataque de Hazael (2Rs 12:17-18). O assassinato, não apenas de Atalia, como também de Joás e de seu sucessor, Amazias, indicam a instabilidade política do período. Amazias atraiu sobre si algumas de suas dificuldades ao desafiar Jeoás, de Israel, à guerra (2Rs 14:8-14 = 2Cr 25:17-24). Isso aconteceu após a morte de Hazael e a ameaça síria estava acabando (2Rs 13:24-25) e os outros reis da região haviam começado a competir entre si pela supremacia. A reação de Jeoás — demolir parte do muro da cidade de Jerusalém, saquear seus tesouros e levar reféns — demonstrou a continuada superioridade militar de Israel. Judá pode mais uma vez ter-se tornado vassalo de Israel.

Esse relacionamento continuou sob os dois reis seguintes, Uzias (tb. chamado Azarias) e Jotão. Seus reinados foram obscurecidos pelo de Jeroboão II, de Israel, mas desde que este foi um tempo próspero para Israel, Judá também prosperou. Embora o relato de 2Crônicas 26:6-8 seja exagerado, Uzias bem pode ter estendido o domínio de Judá às custas de alguns dos povos vizinhos. Ele evidentemente reabriu a rota comercial de Judá para o mar Vermelho ao recuperar Elate (2Rs 14:22 = 2Cr 26:2). A doença de pele ("lepra") que contraiu durante seu reinado forçou uma corregência com seu filho e sucessor, Jotão. É o único caso de corregência entre os reis de Israel e Judá e uma das fontes dos problemas cronológicos para esse período. O cronista credita também a Jotão vitórias semelhantes sobre inimigos locais e grandes projetos de construção para consolidar suas novas aquisições (2Cr 27).

Domínio assírio. No reinado de Acaz, sucessor de Jotão, Judá passou ao domínio do império assírio, em ascensão. Sua sorte foi selada na crise "siro-efraimita" de 734, bem conhecida devido ao oráculo de Emanuel em Isaías 7. Rezim, rei da Síria e Peca, rei de Israel, que já pagavam tributo à Assíria, chefiaram uma coalizão de governantes siro-palestinos com a intenção de resistir ao imperador Tiglate-Pileser III (c. 745-727). Somente Acaz se recusou a fazer parte da aliança. Peca e Rezim reagiram sitiando Jerusalém, planejando substituir Acaz por um governante fantoche deles. O texto de 2Reis 16:7-9 relata que Acaz agiu contra o conselho de Isaías para que permanecesse independente (Is 7:3-16) e mandou pedir ajuda a Tiglate-Pileser III. Por seu pagamento de tributo, Acaz estabeleceu a condição de Judá pelo resto de sua existência como sujeito ao poder mesopotâmico.

Os últimos 25 anos do século VIII foi um período muito importante para Judá. Em 722, os assírios destruíram Samaria e colocaram fim ao reino de Israel. Muitos de seus ex-cidadãos fugiram para o sul, e a população de Judá, especialmente de sua capital, Jerusalém, inchou. O rei Ezequias, que é um dos heróis tanto dos dois livros de Reis como de Crônicas, fez cuidadosos preparativos para se rebelar contra o soberano assírio. Ele fortificou cidades e instituiu um sofisticado sistema de suprimentos. Jerusalém estava no centro das duas iniciativas (cf. 2Cr 32:1-8). A centralização do culto por Ezequias em Jerusalém foi parte de sua reforma nacionalista. Em uma simbólica restauração do reino davídico, ele alistou o apoio do remanescente de Israel, que havia sido dividido entre as províncias assírias (2Cr 30:1-12). Ele fez também alianças, algumas forçadas, com outros reis da Palestina e Fenícia. Então, um pouco antes da virada do século, ele deixou de pagar seu tributo anual à Assíria e preparou-se para a repercussão. Ela não demorou em vir. Em 701, o imperador Senaqueribe marchou para o oeste. Ele dizimou a zona rural de Judá destruindo a cidade bem fortificada de Laquis com uma grande matança. Mas nunca chegou a Jerusalém. A causa disso pode ter sido a aparição dos egípcios (2Rs 19:8-9) ou uma epidemia em seu exército (v. 35). Ezequias pagou uma grande indenização (2Rs 18:14-16) e foi deixado no trono, embora sobre um reino reduzido. Todavia, sua reputação como rei íntegro foi reforçada pelo que foi interpretado como livramento milagroso.

Manassés, o filho de Ezequias herdou um estado em seu final, consistindo de pouco mais de Jerusalém e seus arredores, à beira do colapso econômico. Judá foi ocupado e vigiado de perto pelos assírios. A submissão de Manassés aos assírios, tanto política como religiosamente o levou a ser duramente julgado pelos escritores bíblicos. Em 2Reis 21:1-18, é creditado a ele o mais longo (55 anos) e mais ímpio de todos os reinados de Judá; de fato, o autor culpa-o do exílio (21:10-15; 23:26; 24:3-4). O relato bem diferente em 2Crônicas 33:10-19, de acordo com o qual Manassés se regenerou após ser deportado para Babilônia, é um prenúncio do cativeiro babilônico. Amom, filho e sucessor de Manassés continuou a submissão do pai à Assíria, a julgar pelo breve relato de seu reinado em 2Rs 21:19-26 = 2Cr 33:21-25. Ele foi assassinado depois de apenas dois anos, talvez por membros de um partido antiassíria. A rapidez com que "o povo da terra" executou os assassinos sugere sua ansiedade em apaziguar seus soberanos ante a possibilidade de retribuição.

Domínio egípcio e babilônio. Durante o reinado de Josias (640-609), que sucedeu Amom, o império assírio desapareceu. O Egito parece ter substituído a Assíria como soberano estrangeiro de Judá, mas seu controle foi mais frouxo, permitindo que Josias montasse uma reforma nacionalista de acordo com o padrão de Ezequias. Mais ainda do que Ezequias, Josias reclamou as antigas terras de Israel. Os escritores bíblicos, é claro, consideram Josias, assim como Ezequias, um herói religioso e creditam sua renovação do templo à descoberta do "livro da lei" supostamente perdido sob o governo de Manassés (2Rs 22:8; 2Cr 34:14). A morte súbita de Josias pelas mãos do faraó Neco II, então, deve ter vindo como choque particular àqueles que haviam colocado nele suas esperanças para a restauração do reino davídico. Neco estava a caminho para unir-se aos assírios contra os babilônios, que tinham se tornado o novo poder imperial. Entretanto, as circunstâncias exatas da morte de Josias permanecem desconhecidas.

O "povo da terra" substituiu Josias por seu filho Jeoacaz, mas a escolha não foi aceita por Neco, que o removeu três meses depois e constituiu seu irmão mais velho, Eliaquim, rei em lugar de Jeoacaz e mudou seu nome para Jeoaquim. Jeoaquim permaneceu leal ao Egito até 605, quando os babilônios, sob Nabucodonosor, derrotaram os egípcios em Carquemis. Mesmo como vassalo da Babilônia, a simpatia de Jeoaquim é para com o Egito. Por volta do ano 600 ele se rebela contra a Babilônia, esperando ajuda egípcia. Sua confiança foi frustrada (2Rs 24:7). Felizmente para Judá e Jerusalém, Jeoaquim morreu antes da chegada de Nabucodonosor.

Ele foi sucedido por seu filho, Joaquim, também conhecido como Jeconias ou Conias; ele também reinou só três meses. Em 597, Nabucodonosor sitiou Jerusalém. Joaquim rendeu-se e foi levado cativo para Babilônia com outros cidadãos importantes e os tesouros do templo e da coroa. O rei babilônio colocou Matanias, tio de Joaquim, no trono de Judá, mudando seu nome para Zedequias. O novo nome, que significa "justiça de Yahweh", pode ter sido a intenção de uma advertência do juízo divino que aguardava Zedequias se ele se rebelasse contra Babilônia a quem ele havia jurado lealdade em nome de Yahweh. A advertência funcionou durante certo tempo. Mas depois de nove anos, talvez instigado por sentimento antibabilônico em sua corte, Zedequias se rebelou. Nabucodonosor sitiou novamente Jerusalém. Desta vez, a cidade resistiu durante um ano e meio até cair finalmente em 586. Os babilônios demoliram o muro da cidade e queimaram os grandes edifícios. Zedequias, capturado após uma tentativa de fuga, foi forçado a assistir à execução dos filhos, teve os olhos vazados e foi levado cativo. A área norte de Jerusalém escapou da destruição pesada, mas a maior parte do país foi dizimada. As maiores cidades foram destruídas e uma parte significativa da população foi deportada para Babilônia com Zedequias (2Rs 25).

Embora a destruição de 586 tenha marcado efetivamente o fim do império de Judá, eventos que se seguiram imediatamente estão intimamente ligados e merecem menção. Nabucodonosor nomeou Gedalias como governador de Judá e transferiu a capital para Mispá (2Rs 25:22-24; cf. Jr 40-41). Embora o título e a posição exatos de Gedalias sejam desconhecidos, o fato de ele ter sido assassinado por um membro da família real (2Rs 25:25) sugere que foi considerado ilegítimo como governador por não ser da linhagem davídica. O assassinato pode ter sido a ocasião para uma terceira incursão dos babilônios em 582 e que resultou no cativeiro de mais 745 pessoas (Jr 52:30).

Bibliografia. G. W. Ahlström, *The History of Ancient Palestine* (Minneapolis, 1993); W. G. Dever, *Recent Archaeological Discoveries and Biblical Research* (Seatle, 1990); A. Mazar, *Archaeology of the Land of the Bible, 10,000-586 B.C.E.* (New York, 1990); J. M. Miller e J. Hayes, *A History of Ancient Israel and Judah* (Philadelphia, 1986); J. A. Soggin, *An Introduction to the History of Israel and Judah*, 2. ed. (Valley Forge, 1993). [STEVEN L. MCKENZIE]

JUDAÍSMO *Ver* JUDEUS, JUDAÍSMO.

JUDAIZAR Ações voluntárias de gentios que adotam os costumes e práticas judaicas, normalmente carecendo de completa conversão (gr. *ioudaïzō*, "viver como um judeu"; heb. *yāhad hithpael*; usado tanto em antigas fontes judaicas como cristãs). De forma secundária, o termo se refere às ações dos que encorajam o judaísmo sobre os gentios.

O uso judaico e greco-romano desse verbo ilustra os dois significados. Quando o edito real contra os judeus, inspirado por Hamã, fracassou e um novo edito permitiu que os judeus destruíssem seus inimigos, muitos gentios "professaram ser judeus" devido ao medo (Et 8:17); a LXX acrescenta que eles foram circuncidados. Josefo (*BJ* 2.17.10 [454]) diz que Metilius, o general romano, capturado, escapou da morte ao prometer judaizar-se. Josefo também relata como os sírios pensaram ter eliminado o judaísmo em seu território, "mas cada cidade tinha seus judaizantes, que despertaram suspeitas" (*BJ* 2.18.2 [463]). Plutarco, um tanto desdenhosamente, relata que Cecílio, um escravo livre, adotou os costumes judaicos (Cic. 7.6).

Em Gálatas 2:14, na única vez em que o termo é usado no NT, Paulo defende seu evangelho independente da lei, relatando sua censura a Pedro por este se retirar, por pressão de rígidos cristãos judeus, da mesa da comunhão com cristãos gentios em Antioquia. Paulo dá a entender que exigir dos cristãos gentios que "vivam como judeus" contradiz o evangelho. A julgar por Gálatas, esse judaizar significava a circuncisão e guardar pelo menos um mínimo de leis judaicas, isto é, observar a preparação da comida de acordo com a estrita observância judaica para tornar possível aos rígidos cristãos judeus comer com os gálatas. O argumento de Paulo contra o judaizar é elemento do argumento geral em Gálatas de que forçar ou persuadir os cristãos gentios a adotar os costumes judaicos é traição do significado da obra salvífica de Jesus na cruz. Ele se opõe fortemente aos que insistem na adoção das leis e costumes judaicos, e argumenta com sua total habilidade retórica para manter os gálatas fiéis ao seu evangelho livre da lei.

A tradição cristã e os estudos do NT têm geralmente usado o termo "judaizantes", mas Paulo não usa essa palavra e, dessa forma, ela não deve ser atribuída ao apóstolo. Além disso, em Gálatas, Paulo não ataca o judaísmo como tal, mas os cristãos judeus que empreendem missões aos gentios para forçá-los a viver como judeus. O argumento deles não é que os gentios devem tornar-se judeus antes de se tornarem cristãos; ao contrário, eles querem que todos os cristãos sejam cristãos judeus, "vivam como judeus" enquanto seguem a Cristo. Eles procedem assim sem dúvida por se preocuparem com a essência do cristianismo e da unidade da Igreja, mas Paulo rejeita essa base de fé e unidade.

O uso da palavra pelo cristão do século II reflete amplamente a antipatia de Paulo a judaizar. Inácio de Antioquia se opõe vigorosamente aos cristãos e todavia (voluntariamente) vivem de acordo com o judaísmo (*Magn.* 8.1); "é monstruoso" ser cristão e viver de acordo com as leis do judaísmo (10.3). Inácio cita somente a guarda do sábado em vez do domingo, mas outros costumes estão, sem dúvida, envolvidos. Uma provável exceção a esse ponto de vista negativo é o apócrifo Atos de Pilatos que, favoravelmente, diz que a esposa de Pilatos reverenciava o verdadeiro Deus e "preferia os costumes dos judeus" (Ac Pil 2.1). A principal atitude negativa da Igreja em relação a judaizar é sugerida pelo Concelho de Laodiceia, no século IV, que condenou os que viviam de acordo com as leis do judaísmo. Até hoje, os cristãos que adotam os costumes judaicos não praticados historicamente pela Igreja tradicional (p.ex., guarda do sábado, circuncisão como obrigação religiosa, evitar comer carne de porco) são normalmente considerados fora da linha tradicional cristã por razão de seu "judaísmo".

Os costumes "judaizantes" mostram que as práticas religiosas judaicas tinham forte e contínuo apelo a muitos cristãos antigos. A julgar por essas passagens, a iniciativa por essa atração vinha principalmente da parte dos cristãos, e não como resultado de pressão judaica ou perseguição. No relacionamento dinâmico, às vezes difícil, entre o cristianismo judaico e o cristianismo gentio, vários autores cristãos gentios tiveram de defender o que eles consideraram a verdade essencial e singularidade do cristianismo ao advertir os cristãos contra o "judaizar".

Bibliografia. L. Gaston, "Judaism of the Uncircuncised in Ignatius and Related Writers", in *Anti-Judaism in Early Christianity*, ed. P. Richardson (Waterloo, 1986), 2:33-44. [ROBERT E. VAN VOORST]

JUDAS (gr. *Ioúdas*) **1.** O filho de Calfi; comandante do exército de Jônatas que, com Matatias permaneceu com Jônatas enquanto todos os outros fugiram na emboscada em Hazor (1Mac 11.70).

2. Filho de Simão Macabeus e irmão de João Hircano. Juntos, Judas e João derrotaram o selêucida Cendebeu (1Mac 16.2-10).

3. Pessoa que escreveu a Aristóbulo e aos judeus no Egito; aparentemente alguém de alta posição em Jerusalém (2Mac 1.10). Alguns o tem identificado com Judas Macabeu.

4. Irmão de Jesus (Mt 13:55; Mc 6:3). A tradição o identifica como autor do livro de Judas.

5. Um dos doze discípulos; filho (ou irmão) de Tiago (Lc 6:16; At 1:13). Este é provavelmente "Judas, não Iscariotes" de João 14:22. Ele é frequentemente identificado com Tadeu (Mt 10:3; Mc 3:18).

6. Judas da Galileia (At 5:37), zelote e líder de uma revolta no tempo do censo de Quirino em 6-7 d.C. (talvez reivindicando ser o Messias).

7. Alguém em cuja casa Saulo de Tarso ficou depois de sua experiência na estrada de Damasco (At 9:11).

8. Judas Barsabás ("filho do sábado"), líder da igreja em Jerusalém escolhido para acompanhar Paulo e Barnabé a Antioquia para levar a decisão da igreja em Jerusalém referente à imposição de exigências da lei judaica sobre os convertidos gentios (At 15:22-33). *Ver* JUDAS ISCARIOTES; JUDAS MACABEU. [JOE E. LUNCEFORD]

JUDAS, CARTA DE Uma das epístolas "católicas" ou "gerais", Judas (gr. *Ioúdas*) foi escrita para encorajar a fidelidade em meio à anormalidade; o 26º livro do cânon neotestamentário.

ESTRUTURA LITERÁRIA. Existem três tipos discerníveis de material em Judas: a admoestação (v. 1-4, 20-25), a descrição dos oponentes e exortações de advertência (os dois últimos tipos estão mesclados nos v. 5-19). Muito da confusão na história da interpretação da epístola se deve ao insucesso em distinguir entre as descrições sem rodeios os "ímpios intrusos" (v. 4) e as exortações de advertência nos v. 5-19. Somente pela atenção cuidadosa da estrutura literária de Judas podem-se distinguir com precisão estas advertências literárias da crise real da preocupação de Judas.

Judas é claramente uma carta na qual o material midráshico apoia um apelo à fidelidade. No prólogo dos v. 1-4, o cumprimento aparece na forma epistolar convencional como saudação. A saudação normal da correspondência helenística é aqui suplantada por todo o v. 2. A mudança de saudação para exortação (v. 3-4) é consumada por "amados", que aqui, como nos v. 17 e 20, funciona como marcador de discurso para sublinhar a transição para material diferente. O impulso literário da carta está expresso nos v. 3-4 como súplica literária. Essa vigorosa súplica encontra expressão exata nos v. 20-23, trecho em que ocorre de fato a exortação em vários termos imperativos. Os v. 3-4 e 20-23 constituem o impulso literário do documento. Dois convites secundários nos v. 5-16 e 17-19 para refletir sobre as advertências pertinentes foram construídos cuidadosamente para focar a atenção sobre a exortação nos v. 20-23.

No primeiro lembrete, Judas extrai do AT e da literatura judaica contemporânea alguns itens que afirmam em termos inquestionáveis as consequências horríveis de seguir o curso dos oponentes. Os v. 5-16 são comentários do tipo midráshico a respeito do deplorável incidente no qual os judeus que vagaram pelo deserto foram destruídos devido à sua incredulidade. Entrelaçadas nesse material midráshico estão várias tentativas de ligar a rebeldia e o destino dos inimigos tradicionais de Deus com a rebeldia e o destino desses incômodos intrusos e dos que podem optar por desertar de seus números. Essas elaborações midráshicas estabelecem claramente o destino terrível reservado a todos os que pervertem a ordem pretendida por Deus, especificamente àqueles que rejeitam a Cristo, e advertem os leitores a aceitar seriamente as admoestações dos v. 20-23.

No segundo lembrete (v. 17-19), Judas apela às primitivas advertências apostólicas de que tal situação era iminente. Ele tenta identificar estes "ímpios intrusos" com aqueles a quem os apóstolos haviam predito, [bem como] tenta dissuadir qualquer um que esteja inclinado a segui-los.

Fontes. Judas evidentemente não apenas valorizou os textos judaicos, considerados canônicos, bem como os textos apócrifos. Embora isso possa refletir a compreensão de Judas, há razão para crer que a escolha de textos reflete também a tentativa de usar textos que os leitores achassem convincentes. Em seus preparativos para um tratado sobre "salvação" (v. 3), Judas havia certamente encontrado tais textos. Particularmente abundantes são as semelhantes com 1Enoque, bem como as passagens em T. Napthali, Jubileus e 3Macabeus. A tríade de referências nos v. 5-7 à rebeldia e ao destino devem ter sido sugeridos por Sir. 16.6-14. A referência de Judas ao arcanjo Miguel (v. 9) pode ser a uma lenda judaica da Assunção de Moisés.

Que trechos de Judas e 2Pedro são semelhantes é óbvio. Embora tenha-se pensado certa vez que Judas foi dependente de 2Pedro, atualmente é mais comum o ponto de vista de 2Pedro como dependente de Judas. O material que Judas tem em comum com 2Pedro ocorre num contexto diferente e carece da precisão verbal que se encontra nos evangelhos sinópticos. O material comum a Judas e 2Pedro pode bem derivar de uma fonte comum como Sir. 16.6-14.

Os oponentes. Ao deduzir as características dos oponentes de Judas, é importante se abster de introduzir no quadro elementos de 2Pedro ou de outras fontes e distinguir em Judas entre advertências literárias apocalípticas e afirmações históricas de seu caráter. Os "intrusos ímpios" podem então ser vistos como ímpios; licenciosos; que rejeitam a Cristo; em engano, inadequados sexualmente, que rejeitam a autoridade e zombam do domínio espiritual; frequentam insidiosamente reuniões eucarísticas nas quais influenciam os fiéis; preocupam-se exclusivamente consigo mesmos; são desiludidos; teimosos; hostis no falar; bajulam outros para proveito próprio; causam desarmonia; não são espirituais. Assim, estes intrusos têm toda aparência de historicidade e não há razão para a epístola ser tomada como tentativa genuína para reagir à sinistra influência deles.

Data. A data da epístola tem variado de várias maneiras, dos anos 50 ao século II. Muitos consideram uma data provável o fim do século I, classificando Judas como obra "católica primitiva", pressupondo certo gnosticismo e deduzindo que no v. 17 o escritor está lembrando um período anterior, naquele momento considerado passado. Entretanto, essa referência é para advertências apostólicas anteriores, sugerindo uma data anterior em vez de posterior. Além disso, o caráter dos oponentes de Judas não é de um gnosticismo desenvolvido, assim é desnecessária uma data recente.

A Epístola de Judas evidencia certas características primitivas e não contém nada que garanta uma data recente. Ela evidentemente pertence a um cristianismo judaico primitivo palestino do tipo apocalíptico. A carta podia bem ser datada dos anos 50, e muito possivelmente, podia bem ser um dos documentos mais antigos do NT.

Autoria. Como a epístola é atribuída a "Judas, servo de Jesus Cristo, e irmão de Tiago", o autor tem sido identificado tradicionalmente como Judas, o meio-irmão de Jesus (Mt 13:55; Mc 6:3; Eusébio *HE* 3.19.1-20.6). Desde que a referência à identificação de alguém é normalmente ao seu pai, essa referência a um irmão implica que este Tiago deve ter sido muito conhecido. Na igreja primitiva, somente Tiago, o irmão do Senhor podia ter sido chamado simplesmente de Tiago sem suscitar dúvidas.

Alguns sugerem que a carta é pseudoepígrafa e atribuída a Judas por um escritor posterior. Outros objetam que Judas era desconhecido demais para ter servido como pseudônimo consagrado. A recorrência a um relacionamento consanguíneo com Jesus teria sido considerado pelos leitores como apelo à autoridade, mas usar relacionamento de sangue com Tiago como recurso de autoridade, embora transmitisse importância, estaria em segundo plano ao apelo de ser "servo de Jesus Cristo".

Pouco se sabe sobre Judas, o irmão de Jesus. Possivelmente não foi um seguidor do Senhor durante seu ministério (Mc 3:21, 31), mas tornou-se crente depois da ressurreição (At 1:14). Se Judas foi um irmão mais jovem de Jesus, nascido cerca de 10 d.C., pode ter tido netos de cerca de 30 anos no ano 90 d.C. quando tinha cerca de 80 anos. É inteiramente possível que Judas tenha escrito sua carta durante a metade do século I.

Entretanto, linguisticamente, acredita-se que o grego da carta seria melhor atribuído a um judeu galileu de origem camponesa. O autor é certamente uma pessoa de fala semítica que usava o hebraico do AT e leu o livro de Enoque em aramaico, mas o seu conhecimento do grego é muito bom, especialmente seu vocabulário. Certamente esse nível de uso do grego não era incomum na Palestina durante o século I. Se a obra missionária de Judas o introduziu entre os judeus de língua grega, mesmo na Palestina, não existe razão convincente por que ele não tivesse adquirido tal competência em grego.

Certamente, o procedimento exegético empregado, o uso significativo da literatura pseudoepígrafa e a perspectiva judaica apocalíptica são inteiramente consistentes com a autoria de um cristão judeu palestino da primeira geração de cristãos, como foi Judas, o irmão de Jesus.

Destinação. Nada se pode deduzir por certo quanto à destinação da epístola. A introdução formal (v. 1-2) indica que seu objetivo é o de uma carta genuína, e tanto sua razão de ser (v. 4) como as características particulares dos oponentes indicam que ela não é uma carta a todos os cristãos, mas um documento ocasional escrito a uma igreja específica ou grupo de igrejas a respeito de um problema real.

Tanto a identidade do autor como o uso significativo de apocalíptico judaico para ilustrar seus propósitos, indicam que os destinatários são provavelmente cristãos judeus. Desde que a carta é escrita em bom grego sem elementos de tradução, não é de todo improvável que a audiência seja uma comunidade predominantemente cristã-judaica do mundo greco-romano.

Mensagem. Como declarado na introdução (v. 3-4), o propósito da epístola é exortar os leitores a permanecerem fiéis. Especificamente, ante a aberração cristológica e à licenciosidade, eles devem "lutar pela fé" (v. 20-23). Tendo sido advertidos de que não devem se tornar como os antigos inimigos de Deus na literatura e na tradição judaica, os leitores são informados do que podem fazer para solidificar sua própria posição (v. 20-21) e o que podem fazer para ajudar aqueles dentre eles inclinados a desertar para a aberração de pensamento e de estilo de vida característica dos "intrusos ímpios" (v. 22-23). Embora os oponentes sejam decisivamente denunciados, o amor e a paciência cristã devem ser exercitados com os cristãos que balançam entre os fiéis e os intrusos, sempre mantendo vigilância para que não sejam contaminados por influências profanas. A magistral doxologia (v. 24-25), por muito tempo exaltada deste contexto por razões litúrgicas, de fato é oração que Deus vai preservar os leitores do desastre nesta vida e capacitá-los a compreender sua esperança escatológica.

Bibliografia. R. J. Baucham, *Jude, 2 Peter*. WBC 50 (Waco, 1983); "The Letter of Jude: An Account of Research", in *ANRW* II.25.5 (Berlin, 1986), 3791-826; C. D. Osburn, "Discourse Analysis and Jewish Apocalyptic in The Epistole of Jude", in *Linguistics and New Testament Interpretation*, ed. D. A. Black (Nashville, 1992), 287-319; D. Watson, *Invention, Arrangement, and Style: Rethorical Criticism of Jude and 2 Peter*. SBLDS 104 (Atlanta, 1988). [CARROL D. OSBURN]

JUDAS ISCARIOTES (gr. *Ioúdas ho Iskariṓtēs*) Judas Iscariotes, um dos Doze e o traidor de Jesus. Seu sobrenome foi provavelmente dado para diferenciá-lo de outros com o nome de Judas na história judaica e cristã. Várias interpretações do nome têm sido sugeridas: "o assassino" (do bando de zelotes judeus que carregavam punhais e aterrorizavam os romanos e seus simpatizantes na antiga Palestina; lat. *Sicarius*), "homem de Sicar", "homem de Issacar", "homem de Jericó", "portador da sacola de couro", ou "o falso, mentiroso, hipócrita". A sugestão mais popular tem sido "homem de Quiriote"; entretanto, a localidade de Quiriote é incerta.

Os evangelhos caracterizam claramente Judas como o traidor de Jesus. Cada evangelista apresenta Judas na lista dos Doze com alguma variação na declaração de que ele trairia a Jesus (Mt 10:4; Mc 3:19; Lc 6:16; Jo 6:71). O pouco que segue convence o leitor de que Judas vai superar essa caracterização inicial. À medida que se desenrola a história de Jesus e de seu conflito com as autoridades judaicas, Judas aguarda para desempenhar o seu papel. Informação mais detalhada nos Evangelhos a respeito de Judas é consistentemente negativa. Ele reclama da extravagância da unção por estar furtando o dinheiro dos discípulos que estava sob seus cuidados (Jo 12:6). Judas trama com os principais sacerdotes para trair Jesus por "trinta moedas de prata" (Mt 26:14-16). Satanás entra em Judas, fazendo-o unir-se à trama dos sacerdotes para matar Jesus (Lc 22:3-6). Nenhuma dessas informações sugere que Judas fará qualquer coisa senão trair Jesus.

Esse claro retrato levanta outra questão. Assim como não se pode fugir da ideia de Judas como traidor, não se pode escapar do fato que Judas era parte integrante dos Doze. Como tesoureiro, Judas foi provavelmente membro do círculo íntimo de Jesus. A combinação é preocupante; seria mais fácil aceitar Judas como pessoa de fora. Sua participação no grupo dos Doze, a presença na última ceia e a saudação íntima no jardim o marcam como amigo em vez de inimigo. Sendo assim, o que o motivou a trair Jesus? João e Lucas parecem satisfeitos em ver a traição como resultado da avareza de Judas. Mateus também menciona dinheiro, mas retrata Judas em grande agonia depois da crucificação de Jesus, cometendo suicídio após devolver o "dinheiro de sangue" às autoridades. Alguns têm sugerido que Judas queria que Jesus enfrentasse as autoridades romanas como messias político, e que sua traição foi zelo equivocado. Outros têm sugerido que Judas ficou desencantado com a má vontade de Jesus em realizar o correto movimento "messiânico" e estava tentando impedir Jesus de destruir todo o movimento messiânico com seu trabalho ineficaz. Sugestões mais recentes têm interpretado as ações de Judas menos como traição e mais como uma tentativa para forçar Jesus e as autoridades judaicas a um diálogo, para "entregar" Jesus para que Ele pudesse se defender e proclamar sua identidade como o Messias.

Também preocupante é a maneira como Judas morreu. Aqui existe certo consenso geral; Judas teve uma morte horrível. Mateus nota que Judas, cheio de remorso, devolveu as 30 moedas de prata e se enforcou (Mt 27:5). Este "dinheiro de sangue" foi usado na compra de um campo para enterrar os pobres. Lucas interrompe o discurso de Pedro em Atos 1:18-19 para relatar que um Judas não arrependido comprou um campo "com o salário da sua iniquidade" e, caindo, arrebentou pelo meio e sangrou até à morte. O campo tornou-se conhecido em Jerusalém como o "Campo de Sangue".

Bibliografia. W. Klassen, *Judas: Betrayer or Friend of Jesus?* (Minneapolis, 1996). [STEVEN M. SHEELEY]

JUDAS MACABEU (gr. *Ioúdas Makkabaíos*) Líder militar e político a quem se credita o sucesso da revolta judaica contra o domínio selêucida durante o reinado de Antíoco IV Epifânio. Ele consta em 1Macabeus 2.4 como o terceiro de cinco filhos de Matatias, sacerdote da ordem de Jeoiaribe; Josefo torna menos provável alegação de que seja o filho primogênito (*BJ* 1.37). Embora Makkabaios pareça ser apelido em 1Macabeus 2.4 e em outra parte, é citado como Ioudas Makkabaios ("Judas Macabeu") em 2.66; 5.24. Em 1Macabeus 5.34 e por grande parte de 2Macabeus, é simplesmente chamado de Macabeu. Muitos estudiosos encontram a origem do nome no aram. *maqqaḇa'* ou no hebraico *maqqeḇeṯ*, "martelo". Existe considerável especulação se o significado desses nomes se refere a uma característica física, tal como o formato de sua cabeça. Por extensão, o termo "Macabeu" é, às vezes, usado para referir-se a Judas e a seus irmãos, embora a resultante dinastia familiar seja referida como asmoniana na literatura rabínica, em Josefo e em outra parte.

Modin, a noroeste de Jerusalém, foi muito provavelmente seu lar ancestral (1Mac 2.70; 9.19). Embora 1Macabeus, a história "oficial" da dinastia asmoniana e Josefo creditem a Matatias a origem da revolta, 2Macabeus glorifica o papel de Judas Macabeu como herói desses eventos e não faz menção ao seu pai. Isso tem levado alguns historiadores a questionar a importância do papel de Matatias naqueles acontecimentos. Os dois relatos compartilham um plano similar do curso das batalhas que levaram à expulsão das tropas gregas do templo de Jerusalém em 164 a.C.

No relato de 1Macabeus, Judas assume o controle do grupo novato de revolucionários que havia sido reunido por seu pai, incluindo seus quatro irmãos, que aceitaram sua liderança (1Mac 2.65-68; 3.1-2). De acordo com 2Macabeus 8.1, Judas recrutou secretamente uma tropa de 6 mil homens dos vilarejos da zona rural a noroeste de Jerusalém para resistir à opressão e à perseguição vivida pelos judeus sob Antíoco IV. Em 1Macabeus 3, essa resistência começa com a derrota de Apolônio e Seron, comandantes das forças gregas. Uma vigorosa reação selêucida é comandada por Górgias e Nicanor. Usando um ataque surpresa em Emaús, Judas derrota aquelas tropas e os sobreviventes fogem, provavelmente na primavera de 165. As fontes concordam que Judas liderou um exército cada vez maior (1Mac 4.29) que, naquele outono havia defendido a área do templo e outras partes de Jerusalém. Foram oferecidos sacrifícios sobre o novo altar do templo purificado em 25 de Quisleu, 148 da era selêucida (cerda de 14 de dezembro de 164). Esse evento é comemorado anualmente no festival judaico do Hanucá.

Os textos sugerem uma resistência dos gentios a tal reavivamento de poder judaico. Judas e seus irmãos defenderam judeus sitiados na Idumeia, ao sul, do outro lado do Jordão em Gileade, e na Galileia. Na primavera de 163, Judas não teve sucesso no ataque a Acra, a fortaleza da guarnição selêucida e refúgio das forças antiasmonianas em Jerusalém. Após uma série de batalhas, Judas Macabeu foi morto em Elasa em 160. Em meio à descrição das campanhas militares de Judas, 1Macabeus 8 registra uma delegação bem-sucedida que ele mandou a Roma com o objetivo de formar uma aliança contra os selêucidas.

Os sucessos políticos e militares de Judas são amplamente responsáveis por iniciar o período de governo asmoneu que começou com Jônatas, seu irmão, alguns anos depois e continuou até a conquista romana em 63 a.C. Mas essa família de Judá só pôde chegar ao poder após ter-se recuperado das derrotas resultantes da morte de Judas. O templo, entretanto, permaneceu nas mãos do sacerdócio judaico desde o tempo de sua rededicação.

Bibliografia. B. Bar-Kochva, *Judas Maccabaeus* (Cambridge, 1989); E. J. Bickerman, *The God of the Maccabees: Studies on the Meaning and Origino of the Maccabean Revolt*. SJLA 32 (Leiden, 1979); L. L.

Grabbe, *Judaism from Cyrus to Hadrian, 1: The Persiana md Greek Periods* (Minneapolis, 1992); J. Sievers, *The Hasmoneans and Their Supporters* (Atlanta, 1990); V. Tcherikover, *Hellenistic Civilization and the Jews* (1959, repr. New York, 1970). [JOHN KAMPEN]

JUDAS, EVANGELHO DE Apócrifo perdido (cainita?) de meados do século II mencionado por Ireneu e Epifânio. Ireneu (Adv. haer. 1.31.1) descreve a obra como transmitida por certos grupos gnósticos que consideravam seu ensino secreto, vindo do testemunho singular do "traidor Judas", que "sozinho reconheceu a verdade e terminou o mistério da traição".

Bibliografia. B. Layton, *The Gnostic Scriptures* (Garden City, 1987), 181; R. McL. Wilson, "The Gospel of Judas", in *New Testament Apocrypha*, ed. W. Schneemelcher e Wilson, ed. rev. (Louisville, 1991), 386-87. [IRVING A. SPARKS]

JUDEIA (gr. *Ioudaía*) Termo grego pós-exílio para Judá. Usado na LXX, por Fílon, Josefo, NT e inscrições, o termo designou originalmente a área do sul da Palestina ao redor de Jerusalém estabelecida anteriormente como província pelo babilônio Nabucodonosor e retida pelos governantes posteriores persas e gregos. A Judeia estendia-se de Betel, ao norte, a Beth-zur, no sul (40 km), e de Emaús, a oeste ao rio Jordão, no leste (50 km; 2.000 km quadrados). Nos tempos persas, a região foi dividida em seis distritos e povoada por judeus. A Judeia foi uma hiparquia semi-independente sob os ptolomeus; e os selêucidas, que fundaram a cidade grega de Antioquia, na Síria, incluíram a Judeia na Eparquia de Samaria com as hiparquias de Samaria, Pereia e Galileia. Os asmoneus levaram a Galileia, Samaria, Pereia, Idumeia e a maior parte da costa mediterrânea à influência do reino da Judeia, e Herodes, o Grande, governou esses territórios mais várias áreas a leste da Galileia. Arquelau foi nomeado etnarca e herdou a Judeia (no sentido mais restrito), a Idumeia e Samaria, mas foi deposto no ano 6 d.C. e seu território foi transferido para governadores romanos de posição equestre. A Idumeia tornou-se oficialmente parte da Judeia e, no ano 41, Cláudio transferiu a Judeia e Samaria diretamente do governo romano para o reino de Agripa (que, com exceção de três cidades igualou-se ao de Herodes, o Grande) até a morte deste último no ano 44. O governo de toda a Palestina foi transferido para procuradores romanos, e uma série de governadores geralmente ineptos governou até 66, a explosão da Guerra Judaica.

No NT "Judeia" ocorre normalmente em referência à própria Judeia (em oposição a Samaria, Galileia, Pereia e Idumeia) e também a toda nação judaica, incluindo especificamente a Galileia (At 10:37) e os territórios transjordanianos (Mt 19:1).

Bibliografia. M. Avi-Yonah, "Historical Geography", in *The Jewish People in the First Century* 1, ed. S. Safrai e M. Stern, CRINT 1/1 (Philadelphia, 1974), 78-116. [ERIC F. MASON]

JUDEUS, JUDAÍSMO O período de aproximadamente seiscentos anos do segundo templo é composto pela destruição do primeiro templo (reconstruído cerca de 520-515 a.C.) e pelo exílio babilônico em 586, por um lado e, por outro, pela destruição do segundo templo no transcorrer da revolta judaica contra Roma em 66-73 d.C. Esse período testemunha a aparição de diversos judaísmos — a visão do mundo e o estilo de vida que se acreditava representar a vontade de Deus para o povo e que competia um com o outro para a lealdade individual do judeu. Consequentemente, a designação "Judaísmo do Segundo Templo" é equivocada, não havendo uma única forma de judaísmo praticada por todos os judeus nesse período. Mas, a história judaica nesse tempo é consolidada por um advento de amplas características sociais, religiosas e políticas distintas das dos períodos anteriores e também bastante diferentes dos estilos de identidade e práticas judaicas que surgiram depois da destruição do segundo templo. Apesar de não definir um judaísmo único e unitário, o período do segundo templo, assim sendo, justifica uma era distinta, um estágio subsequente na evolução da civilização judaica.

A característica central do judaísmo nessa época foi a criação, como resultado do exílio babilônico, de uma polaridade entre o centro do judaísmo que, nos tempos bíblicos, permaneceu em Jerusalém, e a sempre crescente pluralidade de áreas da vida judaica na Diáspora. Embora os judeus continuassem voltando-se para Jerusalém como centro espiritual representativa da unidade judaica, a maioria escolheu viver e adorar longe da bíblica Terra Prometida. Assim, mesmo o templo e seu culto continuando a constituir o foco preeminente da religiosidade judaica, para a maioria dos judeus o templo não era mais do que um ideal distante, uma metáfora para a nacionalidade judaica à medida que desenvolviam culturas distintas em diversas áreas longe da Terra Santa.

Com a Diáspora, a segunda característica essencial do período do segundo templo foi que, com exceção de um curto período do governo asmoneu, mesmo os judeus que viviam na terra de Israel eram então governados por estrangeiros. Temos de admitir, um governador gentio podia nomear um administrador judeu para governar os judeus de acordo com a lei judaica. Contudo, nem mesmo tal norma interna pôde esconder a realidade do domínio estrangeiro ou o fato de que a vida judaica devia agora ser moldada não por uma cultura israelita diferenciada, mas pela cultura dominante do helenismo, na qual os judeus na terra, tal como os da Diáspora, viveriam. Mesmo com a continuação do culto no templo e o controle limitado sob a lei judaica, a vida para os judeus, mesmo na Terra Santa, não era o que tinha sido antes do exílio. Os próprios judeus começaram a reconhecer que o judaísmo bíblico e a história sagrada do povo escolhido tinham chegado ao fim. Isso está claro, por exemplo no livro de Siraque, composto em Jerusalém cerca de 190 a.C., que lista o governador persa judeu Neemias (538-532) como o último dos heróis históricos do judaísmo.

O ponto final do período do segundo templo, a destruição do templo de Jerusalém no ano 70 d.C. e a revolta de Bar Kokhba de 133-135, deixou claro que as características centrais do período — diáspora, perda de soberania, a crescente irrelevância do culto no templo — seriam aspectos permanentes da condição judaica. O início deste período ensinou os judeus a viver como tais longe de sua terra natal. O fim do período tornou firme a mensagem à qual muitos haviam começado a responder mesmo enquanto havia o templo: os judeus precisavam adorar a Deus e praticar o judaísmo sem os serviços sacerdotais e sem expectativa de um retorno imediato da soberania israelita sobre a terra. Tais fatos, o que não é de surpreender, repousam sobre o fundamento do judaísmo rabínico que surge no final do período do segundo templo e que, nos 500 anos subsequentes, torna-se o estilo dominante de judaísmo praticado por todos os judeus.

Pouco se sabe das práticas e das crenças religiosas dos judeus no início dos tempos do segundo templo, do século IV ao III. Mas que esse período produziu desdobramentos consequentes do judaísmo do fim do período do primeiro templo é evidente a partir das numerosas fontes judaicas do século II. Elas descrevem instituições e líderes políticos anteriormente desconhecidos: o conselho de anciãos (*gerousia*), o Sinédrio e o sábio, depois chamado rabi. Elas revelam a existência de uma nova instituição religiosa, social e cultural, a sinagoga, e mostram práticas religiosas inovadoras, incluindo o uso do banho ritual (*mikveh*), novos costumes funerários e a instituição da conversão. Aparece também uma variedade de novos grupos sectários religiosos e políticos: os hassidins, zelotes, sicários, fariseus, saduceus, essênios, entre outros. Com esses grupos surgiram novas ideias religiosas incluindo, entre os fariseus e os essênios, o conceito de ressurreição. Aqui encontramos também pela primeira vez o conceito de cânon supremo no último judaísmo, que define uma Torá escrita em três partes (Pentateuco, Profetas e os Escritos) e sustenta que no Sinai Deus também transmitiu a Moisés uma lei oral que ampliou e explicou a lei escrita encontrada no Pentateuco.

Especialmente como resultado da revolta de Bar Kokhba, as realidades políticas e religiosas criadas pelo período do segundo templo levaram os judeus a avaliar novamente quem eles eram, no que criam e como enfrentariam um mundo cada vez mais hostil. No centro da resposta principal a essas questões, estava o reconhecimento estimulado pela devastadora revolta de Bar Kokhba, o ponto final de cinco séculos de lutas para recuperar o controle da Terra Santa, de que o povo judeu não estava bem servido seguindo líderes políticos ambiciosos que insistiam em meios militares para realizar a promessa bíblica de uma nação judaica soberana adorando no templo de Jerusalém. Os séculos precedentes de revoltas nacionalistas tinham terminado na destruição quase completa da vida judaica na Terra Prometida. Os judeus estavam numa situação melhor nesse tempo aceitando a dominação política romana e desenvolvendo estilos de piedade independentes de aspirações sacerdotais e nacionalistas.

O judaísmo rabínico, que surgiu nesses séculos, cresceu, portanto, de interesses conflitantes. Por um lado, a ideia da Terra Prometida e o modelo do culto no templo, centrado na Escritura, permanecia primordial. Como resultado, sob a liderança rabínica, os judeus oravam pelo fim do exílio, pela reconstrução do templo e pelo restabelecimento do sacrifício de animais. Ao mesmo tempo, não demoraria para que esses objetivos se tornassem aspirações concretas políticas e militares. Em vez disso, eles se envolveram em manifestar o advento da era messiânica, a ser viabilizada diretamente por Deus num momento futuro não revelado. Os rabis refocaram então a preocupação judaica dos eventos de história política, muito além do controle do povo, para eventos dentro do poder de cada pessoa e família. O que começou a importar foram os detalhes da vida diária, as ações recorrentes que, dia após dia, definia a vida de acordo com a lei de Deus. Como cada indivíduo se relacionava com a família e com a comunidade? De acordo com qual ética as pessoas tratavam seus negócios? Como eles reconheciam o débito para com Deus pelo alimento e pelas maravilhas do universo evidenciadas no nascer e no pôr-do-sol diários?

Ao fazer de tais aspectos da vida o foco central do judaísmo e, ao desenvolver aplicações explícitas de leis sacerdotais para cada lar e mesa judaicos, os rabis garantiam que o templo e a vida como nação soberana na terra de Israel representavam a economia do sagrado — seriam tornados reais na vida de cada família e vilarejo judaicos. Onde quer que estivessem, as pessoas viveriam como nação de sacerdotes, comendo seu alimento comum como se fosse sacrifício no altar do templo, vendo em suas orações diárias e em seus compartilhamentos de bondade substituição aos sacrifícios não mais oferecidos. Em lugar de ação militar armada, essa observância do sistema detalhado de ritual e lei comunitária era então vista como caminho adequado para comover Deus, para levá-lo a agir em favor do povo, para produzir a perfeição da história que faria com que Deus, finalmente, mandasse o Messias e redimisse a nação.

Dessa forma, o judaísmo rabínico provou o poderoso ponto de vista de que, apesar da perda do templo e da terra, Deus ainda existe, ainda governa sobre o povo de Israel. Somente por essa razão é que a Torá ainda tem importância, ainda precisa ser explicada e seguida. Mas o Deus diretamente ativo na esfera da história do mundo, era entendido como alguém que reagia serenamente aos atos dos judeus comuns que estudavam a revelação divina, levavam a vida de acordo com os preceitos divinos, comiam seus alimentos como se a mesa em seus lares fosse o altar do templo e viviam como reino de sacerdotes. Dessa forma, o judaísmo rabínico punha cada indivíduo no centro da criação — ponto em que sempre se concebera estar o templo e Jerusalém — e se lhe atribuía o poder de transmitir ordem e significado ao mundo.

Essa ideologia foi pungente. Com o templo destruído e a terra profanada, a conduta do judeu comum era tudo o que restava para negar os eventos da história e afirmar a soberania de Deus. Enfrentando os devastadores eventos da história levaram a um fim tanto os períodos do primeiro como do segundo templo, o judaísmo rabínico insistia que o judeu comum tinha o poder e a obrigação de criar um mundo novo e melhor, um mundo de santidade e de santificação, um mundo como eles sabiam que deveria ser, desejado e, se eles apenas trabalhassem muito, podiam assegurar que um dia existiria.

Bibliografia. E. J. Bickerman, *From Ezra to the Last of the Maccabees* (New York, 1962); L. I. Levine, "The Nature and Origin of the Palestinian Synagogue Reconsidered", *JBL* 115 (1996): 425-48; J. Neusner, *From Politics to Piety*, 2.ed. (New York, 1979); L. Schiffman, *From Text to Tradition: A History of Second Temple and Rabbinic Judaism* (Hoboken, 1991). [ALAN J. AVERY-PECK]

JUDITE (heb. *yĕhûḏîṯ*; gr. *Ioudíth*) **1.** Uma das esposas de Esaú e filha de Beeri, o heteu (Gn 26:34).

2. Principal personagem do livro de Judite; descendente de Merari e viúva de Manassés. Descrita como bonita, rica e piedosa, ela demonstra grande coragem ao livrar Jerusalém do exército de Nabucodonosor e matar o general Holofernes.

JUDITE, LIVRO DE Livro que relata os feitos heroicos de Judite de Betúlia. Considerado canônico pelos católicos romanos (declarado texto formalmente sagrado entre os deuterocanônicos em 1546 no Concílio de Trento), e apócrifo pelos protestantes, o livro foi listado em 397 d.C. entre as obras consideradas oficiais para uso pelos bispos reunidos no Concílio Norte Africano de Cartago. A tradição judaica sempre tem apreciado Judite, mas fora da comunidade no Egito alexandrino clássico, o judaísmo sempre considerou a história como entretenimento e não como Escritura.

O livro foi escrito como resultado das perseguições aos judeus por Antíoco IV Epifânio e a subsequente revolta dos asmoneus que resultou num estado judeu independente, com centro em Jerusalém, durante a última metade do século II a.C. A tendência, depois de Alexandre, o Grande, de reivindicar atributos divinos, data claramente essa obra que, com seu "rei dos assírios" ordenou ser a única divindade, como composição da era helenística na Palestina. O autor de Judite parece ter sido um fariseu que compôs sua obra por volta do ano 100 a.C. no reino asmoneu. Embora as versões existentes mais antigas de Judite estejam em grego e latim, geralmente se concorda que a obra foi composta em hebraico.

As inúmeras referências históricas no texto levaram a Igreja a tratar a narrativa como histórica até os tempos modernos. Entretanto, o fato de as referências históricas terem a tendência de ser uma nova narrativa de material bíblico com remodelagem imaginativa da geografia e da nacionalidade, por um autor que conhecia a Torá e os Profetas, sugere que a intenção foi compor uma curta história fictícia que teceu elementos de tradições de Israel com eventos históricos de tempos mais recentes numa narrativa instrutiva.

A estrutura do livro é bastante simples. Uma dupla estrutura quiástica conduz e tira duas vezes o leitor à presença de Holofernes. A primeira metade do livro (Jd 1-7) descreve a ascensão e a abordagem do invencível exército multinacional, liderado pelo general Holofernes, que venera seu rei (Nabucodonosor, o assírio) como se fosse deus. Essa metade do livro enfatiza a absoluta força e poder do governante humano e de seu exército incrivelmente grande. A segunda metade do livro (caps. 8—16) trata da recepção do exército pela simbólica cidade de Betúlia. A figura principal aqui é Judite, viúva rica, piedosa, corajosa e devota que sabe, mais que os anciãos da cidade, que se alguém tem fé em Deus, deve agir por meio dela. Diante do que parece ser uma destruição inevitável, Judite conduz sua escrava para o acampamento de Holofernes e as duas mulheres decapitam o general usando com esperteza a falsa dedução e o machismo por parte do general. O exército dele então foge. As duas metades do livro estão ligadas por Aquior, um amonita, que fala a Holofernes a respeito do Deus de Israel e é mandado pelo general a Betúlia para ser parte do esperado massacre; entretanto, em Betúlia Aquior torna-se judeu, aparentemente sabendo mais a respeito do poder de Deus do que os anciãos da cidade. Na primeira metade do livro, Aquior fala claramente sobre Deus a Holofernes, que não acredita no que Aquior diz, embora o compreenda; paralelo a isso na segunda metade do livro, Judite fala sobre Deus de maneira enganosa a Holofernes que, por sua vez, acredita nela embora confunda o que ela diz ao pensar que ela fala a respeito dele.

A teologia do livro contrasta o poder real, bem evidente e humano do rei assírio com o poder de Deus, mais real, porém muito invisível e divino. Cada figura divina tem seus devotos: Holofernes é devoto de Nabucodonosor, o assírio, e Judite, de Deus. Em muitos aspectos, os dois devotos são muito parecidos, ambos crendo no único poder de sua divindade e agem de acordo com diretrizes nunca completamente expressas na narrativa. Cada devoto tem um ajudador correspondente: Holofernes tem em seu comando um exército invencível e poderoso de homens que literalmente cobre a terra, enquanto Judite tem uma escrava indefesa que carrega um saco. Este é o contraste: Deus (que não aparece) é o verdadeiro poder do mundo e precisa somente de uma única devota para derrotar todo o poder que o rei humano (que não aparece) pode reunir; esse é um confronto que se relaciona muito com as visões de Gogue e Magogue de Ezequiel 38-39. Os discursos de Aquior e Judite deixam claro que o Deus de Israel protege seu povo enquanto ele é justo e obedece à Torá.

Que a história teve a intenção de edificação pode ser visto até nos nomes das personagens. Por exemplo, Judite pode significar "mulher judia" ou genericamente, o povo judeu. Nabucodonosor, rei dos assírios, une claramente um nome real babilônico com o país da Assíria; qualquer um que tenha conhecimento das histórias bíblicas (ou da história antiga do Oriente Próximo) sabe que este não foi um rei histórico; mas como Dario, o medo em Daniel, essa figura "Grande governante do mundo", ao ter um nome obviamente inventado, pode e deve representar todos os governantes terrenos que confiam em seu próprio poder. Aquior significa "meu irmão é luz", e este amonita (parente dos israelitas por parte de Ló, sobrinho de Abraão) é a pessoa que explica a verdade de Deus tanto a Holofernes como aos anciãos de Betúlia (cidade cujo nome tanto soletrado em grego como em hebraico significa, grosso modo, "Casa de Deus, Yahweh", em si simbólico). O nome do general parece derivar de um oficial militar persa histórico.

A interpretação medieval do livro de Judite fez dele um texto central na formação da mariologia. Toda a história era lida como alegoria e tipologia da vida e posição de Maria, mãe de Jesus. Nesse relato, muitas linhas do texto passaram para as leituras litúrgicas usadas pela Igreja Católica em honra a Maria.

Bibliografia. M. P. Carroll, "Myth, Methodology and Transformation in the Old Testament: The Stories of Esther, Judith, and Susanna", *SR* 12 (1983): 301-12; T. Craven, *Artistry and Faith in the Book of Judith*. SBLDS 70 (Chico, 1983); C. A. Moore, *Judith*. AB 40 (Garden City, 1985); I. Nowell, "Judith: A Question of Power", *TBT* 24 (1986): 12-17; J. C. VanderKam, ed., "No One Spoke Ill of Her": Essays on Judith (Atlanta, 1992). [LOWELL K. HANDY]

JUGO Mecanismo para aproveitar a força de animais domésticos (heb. *'ōl, ṣemed, môṭâ*; gr. *zygós*). Com muita frequência o boi e o jumento (1Sm 11:7; 1Rs 19:19,21; Jó 1:3; Lc 14:19), como também gado (Nm 19:2; Dt 21:3; 1Sm 6:7), recebiam o jugo para arar (Deuteronômio 22:10 proíbe colocar o boi e o jumento sob o mesmo jugo).

Pelo fato de o jugo ser implemento agrícola bastante comum, tornou-se símbolo vívido com muitas nuances. Foi usado às vezes, para descrever opressão e servidão, política (Gn 27:40; Lv 26:13; 1Rs 12:4-14 = 2Cr 10:4-14; Is 58:6,9; Jr 28:1-14) e religiosamente (At 15:10; Gl 5:1; 1Tm 6:1). Lamentações 1:14 emprega a figura para descrever os resultados negativos do pecado. A figura dos humanos sob o jugo usualmente representa relacionamento não saudável (2Cr 6:14; cf. Sl 106:28).

Em outra parte, a metáfora do jugo é usada de maneira muito positiva. Lamentações 3:27 faz referência ao jugo como correção administrada por Deus. Mais impressionante ainda é o uso de Jeremias do termo como metáfora para a autoridade de Deus, provavelmente como expressada na aliança e na Palavra de Deus (Jr 2:20; 5:5). O rápido uso do termo feito por Jesus em Mateus 11:28-30 refere-se aos conceitos rabínicos de "o jugo do reino do céu/ Torá/mandamentos" (cf. m. Ber. 2.2, 5; b. Sanh. 94b; Sir. 6.24-30; Pss.Sol. 7.9). [W. E. NUNNALLY]

JUIZ O termo comum hebraico para "juiz" (*šōpēṭ*) é o particípio do verbo "decidir", "dominar", "governar", "justificar", "entregar" e "julgar". A tradução convencional de "juiz" em todos os contextos esconde significados não judiciais que refletem outras funções de *šōpēṭ*.

A responsabilidade do juiz era salvar os israelitas de inimigos e preservar a harmonia doméstica. Eles tinham de dispensar absoluta e imparcial justiça (*mišpāṭ*) e não aceitar suborno (Dt 16:19); tinham de proteger a viúva, o órfão e o estrangeiro (Dt 24:17) e não se deixarem influenciar indevidamente pela opinião popular ou pelo aperto do pobre (Êx 23:2-3).

No período patriarcal, os líderes familiares e tribais atuavam como juízes (cf. Gn 38:24). No período do deserto, só Moisés foi o juiz até Jetro sugerir que ele nomeasse juízes para "toda causa pequena", e reservasse para si somente a "causa grave" (Êx 18:22).

O sistema de Jetro não funcionou depois do estabelecimento em Canaã, quando não houve mais união tribal. No Israel pré-monárquico o Senhor "Juiz de toda terra" (Gn 18:25), nomeou juízes ao fazer com que o Espírito de Deus descesse sobre eles (Jz 3:9) para liderar exércitos e livrar os israelitas de seus opressores (2:16; 3:10). Nesse contexto, o termo *špṭ* denota "livrar" ou "salvar" (*yšʿ*). Os juízes não faziam parte do governo tribal regular, mas se levantavam para resolver uma crise e julgar somente durante e um pouco depois dela. Julgavam uma ou várias tribos, mas nunca todas. Seu heroísmo militar ou presença pessoal os capacitava também a assumir o papel judicial.

Com a monarquia, os reis se tornaram juízes supremos (2Sm 2-3), mas havia também juízes locais nomeados (Dt 16:18). Sacerdotes, também, serviam como juízes (Dt 17:12; 2Cr 19:4-11). Os anciãos atuavam como juízes junto à porta da cidade (Jz 8:16; Rt 4:2; Jó 29:7-8), e juízes também exerciam sua autoridade, indo de cidade em cidade em percursos anuais como fazia Samuel (1Sm 7:15-16). Os juízes tinham autoridade paralela à dos reis (Sl 2:10). Na Babilônia, o rei da Pérsia instruiu Esdras para nomear juízes e magistrados (aram. *šāpṭ'n, dayyān'm*), "todos os que conhecem as leis do teu Deus", "que julguem todo o povo que está na província d'além do rio" (Ed 7:25). Nos tempos helenísticos, o sumo sacerdote substituía o rei como juiz principal (2Cr 19:8). No NT, o Sinédrio era a suprema corte para os judeus. Jesus declarou que somente Deus deveria ser juiz (Lc 6:37; Tg 4:12). [DANIEL GROSSBERG]

JUÍZES, LIVRO DE Este livro histórico é importante pela extensão histórica e pelo período de transição que registra. Cronologicamente, está colocado no período entre a Conquista (Josué) e o estabelecimento da monarquia (1Samuel).

Formação. De modo geral, concorda-se que o livro de Juízes é composto de histórias que circularam originalmente independentes do seu contexto atual. Essas histórias estão centradas nas façanhas de heróis locais (Eúde, Débora e Baraque, Gideão e Abimeleque) que, por sua habilidade ou grande talento militar conseguiram levar o povo à vitória sobre seus inimigos. As histórias foram então reunidas como histórias de livramento de Israel por Yahweh em guerra santa. Num estágio posterior de desenvolvimento, as histórias foram colocadas numa moldura de pecado-punição-clamor por ajuda/livramento. Num estágio final de desenvolvimento, o prólogo (1:1-2:5) e o epílogo (17:1-21:25) foram acrescentados. Que essas seções foram acrescentadas num estágio posterior está claro a partir do fato de que o prólogo e o epílogo introduzem uma linha histórica que é contínua de Josué a Juízes e de Juízes a Samuel. Além disso, no restante de Juízes, as tribos são apresentadas unidas sob um juiz, mas no prólogo e no epílogo as tribos agem independentemente. Finalmente, ambas as seções focam em assuntos internos entre as tribos, não as tribos unidas contra um inimigo comum.

Os juízes. O termo "juiz" tem um sentido mais amplo em hebraico e em português. Pode se referir a alguém que tem função judicial, mas pode também ser aplicado mais amplamente a alguém que exerce comando. Para os escritores deuteronomistas, o termo se aplica a líderes militares levantados por Deus para livrar os israelitas de seus inimigos. Seis juízes (Otniel, Eúde, Débora, Gideão, Jefté, Sansão) funcionam como líderes militares e têm sido tradicionalmente chamados de "juízes maiores". Às vezes, são chamados de "líderes carismáticos", por ser o Espírito de Yahweh que os designa como líderes; eles não são nomeados, nem herdam o cargo. Sangar, Tola, Jair, Ibsã, Elom, Abdom, tradicionalmente chamados de "juízes menores", diz-se terem livrado ou julgado a Israel, mas tão pouco está registrado a respeito deles que não é possível determinar o seu governo. Tem-se especulado que foram juízes no sentido de terem função judicial, ou possivelmente foram oficiais ou anciãos locais de suas tribos, ou simplesmente foram indivíduos importantes.

Conteúdo. Há três divisões principais no livro de Juízes: 1:1—2:5, uma apresentação alternada da Conquista; 2:6—16:31, os feitos dos juízes; 17:1—21:25, apêndices.

***A conquista* (*1:1—2:5*).** Esta seção é composta de fragmentos antigos que tratam da conquista israelita da terra de Canaã. Ela mostra as tribos agindo de forma independente uma da outra, em contraste com o livro de Josué, em que a Conquista é apresentada como feito de todas as tribos sob a liderança de Josué. Em Juízes, a Conquista do sul é atribuída às tribos de Judá e Simeão (1:2-21) e a conquista de Betel, à tribo de José (1:22-26). As outras tribos deixam de expulsar os habitantes de seus respectivos territórios (1:27-36). A razão para esse fracasso é que o povo desobedeceu à ordem de Yahweh (2:1-5),

A B C D E F G H I J K L M N O P Q R S T U V X Y Z

e consequentemente os habitantes da terra se tornaram uma armadilha para Israel.

Feitos dos juízes (2:6—16:31). Os feitos dos juízes são apresentados por duas passagens que dão a interpretação teológica do período dos juízes. Em Juízes 2:11-23, em uma passagem dominada pela linguagem deuteronomística e teológica, é delineado o padrão cíclico pecado-punição-clamor por ajuda/livramento. A falha de Israel em adorar a Yahweh e somente a Ele coloca em movimento uma sequência de eventos que se repete várias vezes. O pecado da apostasia leva à punição na forma de conquista militar e, somente pelo retorno a Yahweh Israel terá a segurança de livramento de seus inimigos; Israel não permanece fiel após seu livramento e o ciclo começa novamente. A segunda passagem (3:1-5) explica o fracasso de Israel em conquistar a terra totalmente como forma de testar a fidelidade de Israel a Yahweh. Ela reitera 2:1-5.

As histórias dos seis "juízes maiores" variam consideravelmente. Otniel é pouco mais que um nome colocado na moldura deuteronomística de pecado--punição-clamor por ajuda/livramento. A história de Eúde, de forma rudemente irônica, conta como Eúde usa "sua desvantagem" (era canhoto) como vantagem para matar o rei Eglom. No relato de Débora e Baraque, Israel consegue a vitória sobre uma força militar superior porque Yahweh luta em favor de Israel. É digno de nota o papel de mulheres (Débora e Jael) nessa história. O poema no cap. 5 é um hino de vitória no qual Yahweh é louvado como o Guerreiro de Deus que luta em favor de Israel. A vitória para Israel é garantida porque Yahweh é com Gideão conforme confirmado no relato do pedaço de lã. Assuntos de Israel agindo como unidade (8:1-21), realeza (8:22-23; 9:1-57) e os perigos da idolatria (8:24-27) estão entremeados na narrativa de Gideão. O relato de Jefté é difícil, por envolver sacrifício humano a Yahweh e, como tal, deixa muitas perguntas sem resposta. Pode bem ter sido originalmente uma história etiológica que explica o costume do lamento anual ritualizado, mas em Juízes, ela se torna outro exemplo de vitória conseguida por um juiz. A história de Sansão, embora colocada na moldura deuteronomística, foca não no relacionamento entre Yahweh e Israel, mas nas proezas de Sansão. Os vários episódios estão unidos por um tema comum: a vingança pessoal de Sansão contra os filisteus depois que ele foi várias vezes traído pelas mulheres. Nos feitos dos Juízes, estão colocadas as advertências dos juízes menores.

Apêndices (17:1—21.25). Os cinco últimos capítulos do livro de Juízes tratam de incidentes nos quais figuram os levitas de forma destacada. O primeiro apêndice (caps. 17—18) relata a sequência de acontecimentos que levaram ao estabelecimento de um centro cúltico em Dã; o segundo apêndice (caps. 19—21) está centrado no estupro da concubina de um levita e na guerra civil que resulta dessa afronta. Essa seção está unificada, não simplesmente porque os dois apêndices tratam de levitas, como também pela recorrente frase pró-monárquica: "Naqueles dias não havia rei em Israel; cada um fazia o que parecia bem aos seus olhos" (17:6; 21:25; incompleta em 18:1a). A posição pró-monárquica dos apêndices se mantém em perceptível contraste aos sentimentos antimonárquicos expressos na porção central do livro, na recusa de Gideão em aceitar o reinado (8:22-23) e na tentativa de Abimeleque de se estabelecer como rei de Siquém (9:1-57).

Temas. A perspectiva teológica deuteronomística domina de forma temática no livro de Juízes. Seu princípio teológico subjacente é que a obediência ao Senhor do pacto, particularmente expresso na adoração a Yahweh e somente a Yahweh, conduz à paz e à prosperidade; a desobediência, isto é, a adoração de outros deuses, leva à guerra e à dominação por outros inimigos. Isso é claramente apresentado em 2:11-23 e se repete pelo livro na estrutura na qual as histórias dos juízes são inseridas. Outro tema que permeia o livro cerca a questão da liderança. Quando sob um juiz Israel consegue aderir à ordem de adorar exclusivamente a Yahweh; com a morte de um juiz Israel cai novamente na apostasia, sugerindo ser necessária uma forma mais permanente de liderança. Isto se torna explícito no epílogo com sua repetida insistência de que sem um rei o povo busca seus próprios interesses. O assunto da liderança não é resolvido até que seja estabelecida a monarquia no livro de Samuel, mas a tensão entre o sentimento pró e antimonárquico permanece ao longo da história deuteronomística.

Novas direções. A obra mais recente sobre o livro de Juízes trata da leitura do livro sob a perspectiva da crítica literária focando as características retóricas e a unidade do livro. A presença de várias personagens femininas (Débora, Jael, a filha de Jefté, a concubina do levita) tem atraído a atenção de estudiosos feministas, e vários estudos têm aparecido dessa posição interpretativa.

Bibliografia. M. Bal, *Death and Dissymmetry: The Politics of Coherence in the Book of Judges* (Chicago, 1988); J. Gray, *Josua, Judges, Ruth*. NCBC (Grand Rapids, 1986); L. R. Klein, *The Triumph of Irony in the Book of Judges*. Old Testament Guides 8 (Sheffield, 1985); R. H. O'Connell, *The Rhetoric of the Book of Judges*. VTSup 63 (Leiden, 1996); B. G. Webb, *The Book of Judges*. JSOTup 46 (Sheffield, 1987); G. A. Yee, ed., *Judges and Method* (Minneapolis, 1995). [PAULINE A. VIVIANO]

JUÍZO No AT, "juízo" (heb. *mišpāṭ*) tem o significado tanto legal quanto teológico, que reflete o enraizamento do conceito nas tradições do pacto de Israel (Dt 1:9-18, esp. V. 17). Deus, que é "juiz de toda terra" (Gn 18:25), não é meramente um magistrado distante, mas é aquele cujos juízos expressam o desdobramento contínuo do relacionamento do pacto (Êx 21:1; 24:3a; "ordenanças"). Juízos, assim como mandamentos (*miṣwôṯ*) como expressões do relacionamento pactual, devem também ser obedecidos pelo povo (Êx 24:3b; Lv 18:4; Dt 11:1; 26:17). Tanto nas manifestações humanas quanto divinas, juizo está intimamente associado a outro termo com significados legal e teológico, *ṣeḏeq* ou *ṣĕḏāqâ*, normalmente traduzido por "justiça" ou "retidão". Como o juízo de Deus anda de mãos dadas com a justiça de Deus (Gn 18:25; Jr 9:24; cf. Dt 10:18), assim o juízo humano fiel à aliança conduz à justiça na terra (Lv 19:15; 2Sm 8:15; Jr 23:5; Am 5:11-15).

Para o deuteronomista, os primeiros profetas e os primitivos escritores de sabedoria, as operações do juízo divino são previsíveis: os ímpios são punidos e os justos recompensados (Dt 8:11; Pv 29:25-27). Alguns escritores, entretanto, motivados por tempos de extrema crise nacional, começam a perder a confiança na habitual ordem do juízo e da justiça divinos. Os profetas posteriores, Jó, Eclesiastes e o salmista pós-exílico testemunham a profunda mudança operada na consciência bíblica pela persistência do sofrimento entre os justos. Uma reação, característica dos profetas, é apressar o julgamento no tempo. Não somente as nações, como o próprio Israel aguarda o vindouro "Dia do Senhor" (Is 10:20; Os 1:5), a ser seguido de uma nova era de bênçãos e restauração da ordem divina (Is 65:17-25; Zc 14:9-11).

Outra resposta encontra-se em Jó, texto em que o esperado juízo e a justiça de Deus são empurrados para além da vida terrena para a ressurreição (Jó 19:25-27; cf. Is 26:19; Sab 2-5). O tema do julgamento na ressurreição torna-se padrão no fim do período do Segundo Templo, o tempo da opressão de Israel sob os sírios e romanos (Dn 12:1-2; 2Mac 12.41-45). No pensamento apocalíptico desse período, a esperança de restauração da justiça sobre a terra terminou e existe a expectativa de um último julgamento cósmico. No fim cataclísmico da velha ordem, Deus ou um agente de Deus ("alguém como Filho do Homem", "Messias", "o Justo") virá julgar os vivos e os mortos (ressuscitados). Em alguns textos, os que morrem antes do juízo final são ressuscitados e julgados imediatamente na morte; noutros, os mortos ficam no Sheol (em agonia ou tranquilidade, dependendo de sua condição como ímpio ou justo) até o juízo no último dia (Bar. 36.11; 4Esd 7.95).

O NT compartilha e adapta as noções escatológicas e apocalípticas de juízo. O significado em português de "juízo" ou "julgamento" é transmitido em grego pelo verbo *krínō* e pelos substantivos *krísis* e *kríma*, mas os textos que indicam o juízo final quase nunca empregam esses termos gregos. Outro vocabulário relevante inclui "o dia", "aqueles dias" e termos que descrevem a vinda do Messias ou Filho do homem no fim dos tempos. Embora exista considerável desacordo sobre as próprias expectativas de Jesus e de seus primeiros seguidores com relação ao fim dos tempos, os autores do NT geralmente esperam um juízo futuro escatológico.

Nos evangelhos sinópticos, Jesus é o agente divino, geralmente chamado de o "Filho do homem", que anuncia e/ou realiza o advento do governo de Deus. Sua segunda vinda trará a consumação do reino de Deus, incluindo o juízo final dos ímpios e dos justos. Esse juízo é descrito de diversas maneiras como iminente (Marcos, Mateus) ou postergado (Lucas), mas nos sinópticos ele tem uma clara referência futura. A descrição clássica do juízo futuro está em Mateus 25:31-46, em que o Jesus entronizado separa as ovelhas dos cabritos (cf. 19:28, texto no qual os discípulos recebem autoridade para julgar as doze tribos de Israel). Como nos textos apocalípticos judaicos, o juízo vindouro é pressentido por aflição, perseguição e catástrofe cósmica (Mc 13:3-37 par.). O evangelho de João exibe elevado uso do vocabulário do juízo, mas nesses textos é uma realidade decididamente presente e não meramente futura. O momento do juízo pode coincidir com o ato de fé ou descrença (Jo 3:19; 5:22-24, 27) e, todavia a referência escatológica não desapareceu: "no último dia, a palavra (logos). . . servirá como juiz (12:48; cf. 5:28-29).

Paulo também espera um juízo iminente, o "dia do Senhor" (1Ts 5:2; 1Co 5:5; 2Co 1:14; Fp 1:6, 10). Naquele dia, os crentes serão salvos da ira de Deus e receberão a vida eterna (Rm 2:7) enquanto os que são "obedientes à iniquidade" sofrerão a ira e a fúria (v. 8). Deus é o juiz decisivo que conhece e julga os segredos dos seres humanos (Rm 2:16). Deus designou Cristo para ocupar o trono do julgamento (2Co 5:10; cf. Rm 14:10) e os santos para julgarem o mundo (1Co 6:2; cf. Mt 19:28). Embora Deus tenha tornado conhecidos certos critérios do julgamento, seus juízos são, no final, "insondáveis" (Rm 11:33). Para Paulo, o juízo divino pode funcionar como corretivo (1Co 11:32): até a excomunhão de uma pessoa imoral da Igreja pode trazer a salvação do seu espírito no dia do Senhor (1Co 5:5; cf. 3:15). Existe também a percepção na qual para Paulo o julgamento de Deus, assim como o fim dos tempos e a nova criação, já chegaram sobre o mundo. Os crentes e descrentes já estão sendo salvos ou destruídos na medida em que eles percebem ou não percebem a ação salvadora de Deus em Cristo (1Co 1:18; 10:11).

Julgamento no Apocalipse de João lembra muito o julgamento apocalíptico judaico. Na era perversa da dominação romana, a justiça divina é inescrutável; o povo clama pelo vingativo juízo de Deus sobre seus inimigos (Ap 6:10) e são mostradas visões, reveladas do céu, da vindoura "hora do julgamento" (14:7; 18:10; cf. 11:18). No cataclísmico fim dos tempos, os "verdadeiros e justos juízos de Deus" (16:7; 19:2, 11) restaurarão a justiça. A Palavra (Logos) de Deus personificada, montada num cavalo branco, julgará e fará guerra (Ap 19:11). Os mortos ressuscitarão para o julgamento (Ap 20:4-5), e os santos serão recompensados no esplendor do novo céu e da nova terra (21:1-4).

Bibliografia. S. G. G. Brandon, *The Judgement of the Dead* (New York, 1969); P. D. Hanson, *The Dawn of Apocalyptic*, ed.rev. (Philadelphia, 1979); V. Herntrich, "kríno: The OT Term mishpat", *TDNT* 3.923-33; G. Von Rad, *Old Testament Theology* 2 (New York, 1965): 119-25; D. S. Russell, *The Method and Message of Jewish Apocalyptic*. OTL (Philadelphia, 1964). [ALEXANDRA R. BROWN]

JÚLIA (gr. *Ioulía*) Cristã de Roma (Rm 16:15), talvez esposa ou irmã de Filólogo.

JÚLIO (gr. *Ioúlios*) Centurião romano sob cuja custódia Paulo foi colocado para sua viagem de Cesareia a Roma como prisioneiro de César (At 27:1). Lucas faz menção especial à bondade de Júlio com relação a Paulo (At 27:3, 43). Júlio é identificado como parte da divisão Augusta (imperial), título honorário dado a várias tropas auxiliares.

A historicidade do papel de Júlio é, às vezes, questionada por ser improvável que o centurião de uma coorte auxiliar teria recebido a incumbência sobre um prisioneiro tão importante ou teria tanta autoridade sobre o navio. Entretanto, Júlio podia ter tido o *status* de polícia especial ou de enviado do império. [MARK L. STRAUSS]

JUNCO *Ver* PAPIRO, CANA, CANIÇO.

JUNCO, BAMBUZAL Planta aquática a que a Bíblia se refere por vários nomes. O hebraico *qāneh* é usualmente traduzido por junco, mas tem também o significado específico de cana de medir igual a 6 côvados (Ez 40:3, 5); vindo daí a palavra "cânon" para denotar os textos sagrados padrão da Bíblia. O grego *kálamos* segue o hebraico em dualidade de significado: é o nome da planta entregue a Jesus para imitar um cetro quando foi escarnecido (Mt 27:29). É também uma unidade de medida (Ap 11, 21).

Os juncos crescem em áreas alagadas, pântanos e próximos a grandes porções de água. Eles são ocos e podem alcançar 3 m de altura. Os juncos podem ser facilmente esmagados, curvados e quebrados (Lc 7:24). Rabsaqué da Assíria comparou o Egito a um junco quebrado que "se alguém nele se apoiar, entrar-lhe-á pela mão e a traspassará" (2Rs 18:21 = Is 36:6). Entre os juncos que crescem no Oriente Próximo estão o Arundo donax e várias espécies de Phragmites. O hebraico *'āḥû, 'agmôn, 'ăgam, 'ēbeh* e *sûp̄* também se referem a plantas do pântano e têm sido impropriamente traduzidas tanto por junco como por bambus. Os bambus são semelhantes aos juncos. A tifa (*Typha australis* sp.) é uma planta parecida com o junco e cresce em Israel e no Egito.

Os bambus e os juncos foram utilizados em várias aplicações. Esteiras, cestos, sapatos, canetas, pincéis e até casas eram construídos com essas plantas aquáticas. O junco, o papiro (*Cyperus papyrus* L.) era transformado em papel. O papiro é também flutuante e, por isso, foi usado na construção de barco (Is 18:2). O bebê Moisés foi colocado num cesto de papiro (*gōme'*), que flutuou no Nilo (Êx 2:3-5). O nome bíblico para o mar Vermelho é *yam sûp̄*, ou mar dos Juncos. [MEGAN BISHOP MOORE]

JUNCOS, MAR DOS *Ver* MAR VERMELHO.

JÚNIAS (gr. *Iouvía*) Provavelmente a esposa de Andrônico; participante de um grupo de casais que, a exemplo de Paulo, eram judeus, cristãos antes dele, prisioneiros com ele e "bem conceituados entre os apóstolos" (Rm 16:7). Todas as fontes primitivas afirmam ser Júnias uma mulher (esp. Jerônimo e João Crisóstomo). Embora o nome sempre apareça na forma masculina em várias traduções, eles não são validados nos tempos antigos. Única mulher chamada de "apóstolo" no NT, Júnias pode ter acompanhado o ministério de Jesus, ter tido a visão do Senhor ressurreto e ter estado entre a restrita liderança da Igreja. Paulo aprovou o papel dela, chamando-a de "conceituada" entre os apóstolos.

Bibliografia. B. Brooten, " 'Junia...Outstanding among the Apostles' (Romans 16.7)", in *Women Priests*, ed. L. Swidler e A. Swidler (New York, 1977) 141-44. [BONNIE THURSTON]

JURAMENTO Promessa sagrada em que alguém promete manter a palavra (Nm 30:2) e cumprir pactos e acordos (Gn 26:28; 2Rs 11:4). Como tais, os juramentos são solenes declarações, que invocam Deus (Gn 24:3; 31:53; Dt 10:20), ou algum objeto sagrado (Gn 24:2; 47:29; cf. Mt 5:33-37; 23:16-22) para garantir a verdade do que é declarado. O poder de uma promessa em si está ligado em juramentos bíblicos e é condição básica à compreensão de que o juramento confirma a obrigação da palavra dada (Jz 11:35; 1Sm 14:24-27; Jt

8.30; cf. Mt 14:9). A natureza sagrada dos juramentos é enfatizada pela invocação de Deus como fiador ou testemunha da palavra empenhada (Gn 21:33; Js 9:19; 1Rs 2:8, 23, 42), e não é incomum Deus jurar no AT. Com frequência, esses juramentos estão relacionados a promessas feitas a Israel, por exemplo, os feitos a Abraão e outras figuras ancestrais (Gn 22:16-18; 24:7; Dt 19:8; Js 21:43-44; Jr 11:5; Sir. 44.21), mas, às vezes, envolvem ameaças e sanções contra os que violassem o pacto (Js 5:6; 1Sm 3:14; Ez 17:16-19).

A necessidade em relação à verdade fundamental e inequívoca veracidade nos juramentos é tão séria a ponto de exigir punições aos que deixassem de cumpri-las, e qualquer violação de um juramento pode trazer consequências horríveis (Ez 16:59; Dn 9:11). Por isso, a Bíblia adverte contra fazer juramentos falsos e provê castigos aos que não são sinceros ao fazê-los (Êx 20:7 = Dt 5:11; Lv 5:4; 19:12; Zc 8:17; Sab. 14.29,30). Fazer isso é desvalorizar a palavra proferida que, quando dita sob juramento, é a mais solene promessa que uma pessoa faz. Por outro lado, quem jura com fidelidade e com pureza de coração recebe bênçãos (Sl 24:4, 5; Jr 4:2). Embora a maior parte dos juramentos pareçam estar absolutamente obrigados ao seu cumprimento (Nm 30:2, 4, 6, 7, 9-11, 14), às vezes, as condições colocadas sobre eles ou as circunstâncias sob as quais são feitos podem suavizar as obrigações que encerram (v. 5,8,12,13; Gn 24:41; Js 2:17, 20).

A compreensão do NT da natureza e função dos juramentos e seu valor é variada. Alguns autores do NT parecem compartilhar a atitude de Fílon de Alexandria de que os juramentos raramente ou nunca deveriam ser feitos. Quando uma pessoa se apressa demais em fazer um juramento, isso pode indicar falta de boa fé e pode de fato desvalorizar o juramento em si (Fílon *De spec. leg.* 2.8). Portanto, os juramentos deveriam ser feitos somente quando absolutamente necessários (*De spec. leg.* 2.9). A advertência de Jesus em Mateus contra os juramentos de qualquer natureza (Mt 5:33-37) e desaprova a argumentação que pode às vezes acompanhar o ato de jurar (23:16-20). Tiago 5:12 segue a tradição de Mateus 5:33-37 ao proibir o juramento. É interessante, entretanto, que, na narrativa da Paixão, Mateus acrescenta que Pedro jurou em sua segunda negação a Jesus (Mt 26:72). Na terceira negação de Pedro, Mateus segue Marcos 14:71, em que Pedro invoca maldição sobre si mesmo para reforçar sua afirmação de que ele não conhece Jesus (Mt 26:74).

Outros autores do NT têm visão mais positiva do juramento. Paulo emprega fórmulas de juramento em Romanos 1:9; 2Coríntios 1:23; Gálatas 1:20; Filipenses 1:8. Em Hebreus, o juramento de Deus a Abraão é apresentado como lembrete da garantia das promessas de Deus e da certeza da Palavra de Deus (Hb 6:13-19). Em outra parte do NT, um juramento feito por Deus é lembrado em Lucas 1:73 (cf. v. 55); Atos 2:30; Romanos 14:11; Hebreus 3:11, 18; 4:3. [ALAN C. MITCHELL]

JUSABE-HESEDE (heb. *yûšaḇ ḥeseḏ*) Filho de Zorobabel (1Cr 3:20).

JUSTIÇA Em algumas traduções, é possível separar o hebraico *ṣdq* e o grego *dikaioún* em "justificação" e "justiça", refletindo diferenças históricas a respeito do sentido: "declarar (uma pessoa) justa", como num tribunal, ou de fato "tornar justo", implicando transformação moral. Num sentido básico, o termo implica "relação a uma norma" ou "pacto" ou "poder" ou "ordem".

Há certo paralelismo geral de desenvolvimento entre a linguagem *ṣdq* e *dikaioún*. Os usos legais são desenvolvidos para ambos (Sl 9:4 [TM 5]; Is 5:7), no sentido de "ordem adequada, comportamento adequado" (*ṣeḏeq-ṣĕḏāqâ* e *mišpāṭ*, "retidão e justiça"; fazer a coisa "certa"); e portanto, um sentido ético (Sl 15). O NT herda os aspectos forenses dos tribunais e as conotações morais (cf. o plural de *ṣĕḏāqâ* para os "triunfos [de Yahweh]", p. ex., Jz 5:11; cf. também 1Sm 12:7; Mq 6:5, "atos salvadores"; Sl 103:6, "justificação"). Paulo enfatiza tal justiça/justificação salvadora em Romanos 3:21-26.

Mas a justiça de quem está envolvida, de Deus ou de Israel, e como elas se relacionam? Alguns estudiosos tentam organizar a evidência em termos de *ṣdq* como atividade de Deus e como atividade ou comportamento humano. Um "relacionamento de duas vias" entre Deus e Israel (como no pacto) pode ser o ponto de partida, pré-exílico em termos de retidão nacional (Jr 31:28, cf. 30; 22:3) mas depois do exílio mais preocupado com a retidão do devoto individual perante Deus (Ez 18:2, 5-9, 25-29). O relacionamento do pacto presumia especialmente que o rei era responsável por manter a retidão em Israel (Sl 72:1-7). A *ṣĕḏāqâ* de Deus como ação salvadora é projetada no futuro (Is 62:1; 63:1).

Embora exista considerável ênfase na justiça, envolvendo certas características de comportamento piedoso, os aspectos judiciais e salvíficos em que Deus faz ou fará continua, especialmente nos Rolos do mar Morto. O ponto de vista radical e apocalíptico da comunidade de Qumran enfatizou a eleição, o pecado, a graça e a justiça de Deus como atividade salvadora e também como juízo. O Mestre de Justiça sacerdotal de Qumran ensinou a retidão (CD 6.10-11; 1QpHab 8.1-3) em termos de um meticuloso entendimento da Lei, mas ficou longe de se comparar a Jesus de Nazaré.

A B C D E F G H I J K L M N O P Q R S T U V X Y Z

Embora indubitavelmente consciente desse rico fundamento nas Escrituras hebraicas, Jesus não usou com frequência a terminologia justiça /justificação. Provavelmente, viu sua missão como direcionada aos "pecadores" e não aos "justos" piedosos em termos de seu dia (Mc 2:17 par.), e viu a si mesmo e João Batista como mensageiros que "justificaram" a sabedoria de Deus (Lc 7:35 = Mt 11:19). Na parábola do fariseu e do coletor de impostos, é o último que vai para casa justificado ou considerado justo (Lc 18:14). Lucas 10:29; 16:15 sugere um Jesus que era duro em relação aos que procuravam a autojustificação.

O desenvolvimento da tradição de Jesus por Mateus num mundo judaico-cristão mostra interesse particular na justiça. Mateus 5:6 e 6:33 sugerem a justiça de Deus como dom escatológico, tal como o reino. Mateus 5:10, 20; 6:1 apelam para a vida justa; 3:15; 21:32 podem refletir uma visão de história de salvação incorporando tanto o dom divino como a resposta humana.

Entre os consideráveis usos de termos de *dikaioún* em Atos, o mais significativo é o sermão de Paulo (At 13:39) sobre "todo aquele que crê" ser "libertado" de todos os pecados "dos quais não podiam ser justificados pela Lei de Moisés". Paulo mesmo não falou de ser justificado "dos pecados", mas libertado do pecado (Rm 6:18).

É em Paulo que a justiça /justificação assume grande importância no NT. Vários fatores no período pré-paulino ajudam a explicar a importância desse tema veterotestamentário no pensamento ponderado de Paulo e o de outros cristãos primitivos, incluindo o uso da frase do AT "o justo" (cf. Is 53; Sab. 2.12-20) para descrever Jesus (Mt 27:12; Lc 23:47; At 3:14; 7:52; 22:14; 1Pe 3.18; 1Jo 2:1). A frase "justiça de Deus" tem sido invocada como termo técnico, possivelmente retroagindo a Deuteronômio 33:21 e se desenvolvendo na literatura apocalíptica, incluindo Qumran (cf. 2Co 5:21; cf. Rm 1:17; 3:21, 22, 25, 26; 10:3; Fp 3:9; Mt 6:33; Tg 1:20; 2Pe 1:1).

A contribuição de Paulo foi unir toda a mensagem do evangelho sob "justiça/justificação" a um grau conseguido com nenhuma outra metáfora de salvação. Seu chamado e conversão recebem frequentemente lugar de destaque, mas distinguir plenamente a "justiça que procede da Lei" e a "justiça que procede da fé em Cristo" (Fp 3:9; Rm 9:30, 31; 10:5-11) representa um processo mais longo de reflexão, moldado por formulações judaico-cristãs sobre a morte de Jesus e pela Escritura.

A justiça (*dikaiosynē*) de Deus que pode revelar ira (Rm 3:5; 1:18 ss.) e a justiça salvífica de Deus (3:21-26) ambas entram em jogo, a última pela morte de Cristo e sua ressurreição por Deus. Estar unido com Cristo pelo ouvir e crer nessa mensagem (Rm 10:10-17) e pela conversão-batismo (6:4-7) traz consigo o imperativo de apresentar todo o eu daí em diante como "armas" na guerra contra o pecado e a injustiça (6:13, 14). Paulo desenvolveu justiça/justificação como resultado da situação apocalíptica e missionária, especialmente para incluir os gentios com judeus pela fé, como centro de sua visão geral do plano de Deus (Rm 3:28-30; 4:11, 12, 23, 24; 10:5-13). O entendimento de Paulo da forma de justiça de Deus disponível em Cristo remove toda vanglória e ilusões de autorrealização, porque repousa em Deus (1Co 1:29-31) e dá razão ao Senhor em chamar os gentios (Rm 9:23-26; 15:8a, 9-12) e quanto à esperança que Paulo tem para Israel (Rm 11:11,12, 25-32; 15:8).

A experiência de Paulo e a apresentação da justiça/justificação, como participação na justiça de Cristo e nos benefícios da justificação (Rm 5:1-5; 8:3, 4, 10, 11; 12:3-8) na sobreposição das eras antigas e novas, inevitavelmente mudaram com o passar do tempo sem a vinda do fim, à medida que a Igreja se tornou mais greco-romana e as raízes AT/judaicas ficaram obscurecidas. Em Efésios 2:4-10, a ênfase de Paulo sobre a graça e a fé continua, mas o verbo não é "ser justificado", mas "ser salvo"; a nota e o julgamento forense é atenuada e a ausência de escatologia futura abre o caminho para nova aplicação ética (4:24; 5:9; cf. Tt 3:3-7).

Tiago não somente usa a frase "justiça de Deus" (Tg 1:20), como também em 2:14-26 enfatiza a justificação, não envolvendo "fé" impotente, meramente intelectual, mas fé e atos na vida de uma pessoa.

Na literatura joanina, o evangelho de João trata de justiça em conexão com a justificação de Jesus, numa configuração forense (Jo 16:8, 10; cf. 5:30; 7:24). 1João 2:1 apresenta Jesus como o Justo, sacrifício pelos pecados. Da vida que resulta disso segue-se a admoestação ética para "praticar justiça" (1Jo 2:29; 3:7, 10). *Ver* JUSTIFICAÇÃO.

Bibliografia. D. A. Carson, ed., *Right with God: Justification in the Bible and the World* (Grand Rapids, 1992); J. D. Dunn, *The Theology of Paul the Apostle* (Grand Rapids, 1998); B. Przybylski, *Righteousness in Matthew and His World of Thought*. SNTSMS 41 (Cambridge, 1980); J. Reumann, *Righteousness in the New Testament* (Philadelphia, 1982); H. H. Schmid, "Creation, Righteousness, and Salvation", in *Creation in the Old Testament*, ed. B. W. Anderson, *IRT* 6 (Philadelphia, 1984), 102-17; M. A. Seifrid, *Justification by Faith*, NovTSup 68 (Leiden, 1992); J. A. Ziesler, *The Meaning of Righteousness in Paul*. SNTSMS 20 (Cambridge, 1972). [JOHN REUMANN]

JUSTIFICAÇÃO As Bíblias em português traduzem o termo hebraico *ṣdq* e o grego *dikaioún* como "justo, justiça, justificar" e também como "direito, retidão, tornar justo". A palavra retidão/justificação ocorre mais de oitocentas vezes no AT e no NT.

Tanto o hebraico quanto o grego podem denotar autojustificação, procurando colocar-se "como justo e inocente". Jó "justificava-se a si mesmo, e não a Deus" (Jó 32:2; cf. 33:32; 9:2). A colocação de tais tentativas pode ser um processo, envolvendo Deus e as nações (Is 43:9) ou Israel (43:26); então será mostrado que Deus é justo (45:21, 24). O doutor da lei em Lucas 10:29 quis "justificar-se" ao perguntar a Jesus: "Quem é o meu próximo?" Diz-se que os gananciosos fariseus tentavam justificar-se à vista de outras pessoas (Lc 16:15).

Uma aplicação adicional é a justificação de Deus. No discurso do Senhor a Jó de dentro do redemoinho, o assunto é a teodiceia ou defesa dos caminhos de Deus aos mortais (Jó 40:8; cf. Gn 18:25; Sl 37:5-6, 28-34; Jr 12:1; Ez 18, esp. V. 25-29). No NT, a sabedoria é justificada por seus feitos (Mt 11:19) ou filhos (Lc 7:35; Ap 15:3-4; 16:5-7; 19:2). Paulo defende com frequência o juízo de Deus (2Ts 1:5; cf. Rm 2:5-11; 9:19-24) e meios de salvação (Rm 3:4-6). De fato, Romanos tem a justificativa de como, dado o plano de Deus com Israel, a salvação chegou aos gentios (3:28-30; 9:24, 30; 15:8-12) e censura contra a arrogância cristã gentia que exclui Israel (11:11-24).

A justificação que Paulo faz de Deus está inseparavelmente relacionada ao tema principal do texto, especialmente em Romanos, da justificação do ímpio, a quem a fé é contada como justiça (Rm 4:5).

Referências específicas à justificação refletem uma expressão repetitiva confessional pré-paulina a respeito da morte e ressurreição de Jesus que resultou na "nossa justificação" (Rm 4:25), esclarecida aos crentes como santificação-justificação via batismo, em Cristo, com o Espírito (1Co 6:11). Foi de Paulo o apostólico "ministério da justificação" (2Co 3:9) tanto para o judeu como para o gentio, isto é, todo o mundo romano (Rm 1:16; 2:9-10; 9:24; 10:12; 1Co 12:13). A partir da própria experiência e estudo da Escritura (esp. Gn 15:6; Sl 143:2; Hc 2:4) o princípio revelado de que "ninguém é justificado perante Deus pela lei", mas pela fé (Gl 3:6-14; cf. Rm 3:20, 28) e que a bênção de Deus, dada a Abraão, chega aos gentios sem que sejam circuncidados ou realizem outras "obras da lei" (Rm 4) que eram parte dos marcadores de identidade de Israel para permanecer na aliança do Sinai. A oposição de Paulo a tal "conduta religiosa baseada em princípios morais", ou foco na Lei, o levou a entrar em conflito com Cefas e o "pessoal de Tiago" em Antioquia e então numa luta com tais pontos de vista na Galácia (Gl 2:15-21; cf. 5:4-5).

Em Romanos, Paulo revelou o evangelho para uma comunidade que ele tinha fundado, precisamente nos termos desse tema bíblico principal, a retidão (*dikaiosynē*) de Deus (Rm 1:16-17). Somente depois de apresentar tanto gentios como judeus ao juízo de Deus (Rm 1:18-3:20) e uma referência à "justiça de Deus" (3:5, Deus como juiz), Paulo apresenta em 3:22, 24-26 o nosso ser justificado por sua graça por meio da fé em Jesus. A morte sacrificial de Cristo explica como Deus permanece justo enquanto expia pecados. A justificação não é meramente um passo inicial em direção à salvação, no passado do crente, como também envolve a defesa futura e o viver a experiência no presente (Rm 5:1; cf. 2:13; 3:20, 24). A justificação é a base para fazer a vontade de Deus na vida diária pelo serviço a outras pessoas, na igreja e no mundo (Rm 12:1-2), incluindo "tudo o que é justo" (Fp 4:8).

Para Paulo, a justificação é o principal efeito de Cristo, uma metáfora de salvação com a "participação" 'em Cristo' " e o dom do Espírito. Esse tema deve ser considerado com as palavras relacionadas "graça" e "fé", bem como, "retidão". Tiago 2:14-26 sugere quanto foi importante a justificação no período do AT e quanto a visão de Paulo podia ser mal interpretada, mesmo por seus seguidores. Tiago segue a exegese contemporânea judaica de Gênesis 15:6 ao associá-la com Gênesis 22 (o sacrifício de Isaque), esforço de um cristão (judeu) posterior em corrigir uma visão de justificação que não obedece à fé (Rm 1:5) manifestada na ajuda aos outros (como Paulo insistiu em Gl 5:6; Rm 13:8-10).

A compreensão do AT e NT da justificação está várias vezes em íntima ligação com "juízo". De fato, a "retidão" (*ṣĕdāqâ*) e a "justiça" (*mišpāṭ*) podem ser usadas em paralelismos sinônimos (Am 5:24; Is 11:4). A conexão entre justificação e justiça tem sido feita na teologia da libertação.

Bibliografia. M. Barth, *Justification: Pauline Texts Interpreted in the Light of the Old and New Testaments* (Grand Rapids, 1971); D. A. Carson, ed. *Right with God: Justification in the Bible and the World* (Grand Rapids, 1992); N. A. Dahl, "The Doctrine of Justification", in Studies in Paul (Minneapolis, 1977), 95-120; J. D. G. Dunn e A. M. Suggate, *The Justice of God* (Grand Rapids, 1993); A. E. McGrath, *Iustitia Dei: A History of the Christian Doctrine of Justification*, 2.ed. (Cambridge, 1998); H. G. Reventlow and Y. Hoffman, eds., *Justice and Righteousness*. JSOTSup 137 (Sheffield, 1992); M. A. Seifrid, *Justification by Faith*. NovTSup 68 (Leiden, 1992). [JOHN REUMANN]

JUSTO (gr. *Ioústos*) Sobrenome de José Barsabás, candidato não eleito para o apostolado (At 1:23).

1. Tito Justo, um homem "temente a Deus", de Corinto cuja casa, próxima à sinagoga, era aberta aos cristãos. Nesta casa, Paulo se abrigou (At 18:7).

2. Jesus Justo, um dos "da circuncisão" (companheiro judeu ou membro do partido da circuncisão) e "companheiro de trabalho" de Paulo que mandou saudações aos colossenses (Cl 4:11). Ele é o único nome no parágrafo do texto de Colossenses que não aparece em Filemom. Com Marcos, foi consolação (gr. *parēgoria*) para Paulo, termo forte encontrado no contexto médico no sentido de "suavizar" ou "aliviar". A palavra também era encontrada em lápides e em cartas de condolências. [BONNIE THURSTON]

JUSTO, JUSTIÇA No sentido filosófico, entende-se justiça como fidedignidade, tratamento correto, ou justa distribuição de recursos, mas a justiça bíblica é mais que uma distribuição matemática de bens. A Bíblia trata justiça como principal atributo de Deus, inextricavelmente ligada à misericórdia de Deus e fundamentada no relacionamento entre ele e o ser humano. Desde o tempo da jornada no deserto, quando o povo hebreu recebeu instruções éticas sobre o tratamento das viúvas, dos órfãos e dos estrangeiros, a prática da justiça tem sido compreendida como missão dos que seguem Yahweh.

A tradição bíblica está cheia de exemplos de homens e mulheres que levaram justiça a situações de opressão e de injustiça. De Débora, a profetisa e juíza que administrou justiça, aos profetas do século VIII, que apelaram para que Israel e Judá agissem de maneira justa em relação ao pobre e oprimido, a Jesus, que demonstrou a centralidade da justiça por meio de suas palavras e ações, as imagens bíblicas de equanimidade oferecem uma janela à resposta de Deus à injustiça.

Tanto *ṣĕḏāqâ* quanto *mišpāṭ*, palavras hebraicas para "retidão" e "justiça", podem ser compreendidas em termos legalistas. *ṣĕḏāqâ* pode referir-se a padrões éticos e morais ou igualdade de todas as pessoas perante a lei. Igualmente, *mišpāṭ* pode se referir à lei, o processo de decidir um caso no governo civil ou religioso, realização de um julgamento, ou direitos de um indivíduo sob a lei civil ou religiosa.

Os termos hebraicos *ṣĕḏāqâ* e *mišpāṭ*, assim como o grego *dikē* e *dikaiosynē*, são frequentemente traduzidos como "julgamento" e "retidão", palavras não associadas com justiça, nos dias atuais. Entretanto, com referência à situação de opressão ou injustiça, é clara a importância delas para o conceito de justiça no AT e NT.

A justiça está fundamentada no caráter de Deus (Is 5:16; Dt 32:4), e ele a exige de seus seguidores (16:20). Um conceito central é que a justiça de uma comunidade é medida pelo tratamento que dá ao pobre e ao oprimido (Is 1:16-17; 3:15). Embora a mensagem de justiça esteja entremeada na Bíblia, os profetas pronunciaram forte apelo à comunidade da aliança para que reconhecesse o Senhor como o Deus de justiça e se arrependessem de seus atos ímpios. Sua mensagem principal pode ser resumida nas palavras de Miqueias 6:8: "Por acaso o Senhor exige de ti alguma coisa além disto: que pratiques a justiça, ames a misericórdia e andes em humildade com o teu Deus?"

A tradição do Jubileu em Levítico 25 reflete a compreensão de Israel do que Deus exigia por justiça em meio a uma sociedade injusta. Com o objetivo de ser observado a cada cinquenta anos, o Jubileu incorporou as práticas do Ano Sabático do código da Aliança e do código deuteronômico, determinando o descanso da terra e a libertação dos servos a cada sete anos. Durante o Ano do Jubileu, as dívidas deviam ser perdoadas e as terras, entregues em pagamento de débitos deviam retornar aos seus proprietários originais. Para sociedades agrárias, como Israel, a devolução da terra e o perdão de dívidas significavam a restruturação econômica da sociedade. Dando apoio ao Ano do Jubileu está o princípio bíblico de reparação que corrige injustiças passadas para aproximar-se da igualdade e restaurar a comunidade humana à sua integridade.

Bibliografia. B. C. Birch, *Let Justice Roll Down* (Louisville, 1991); S. C. Mott, *Biblical Ethics and Social Change* (Oxford, 1982). [MICHELLE TOOLEY]

JUTÁ (heb. *yuṭṭâ*) Vilarejo da tribo de Judá (Js 15:55), designada como cidade levítica (21:16). Localizada na zona rural ao sul de Hebrom, Jutá pode ter sido a "cidade de Judá" para a qual Maria viajou (Lc 1:39). O local é identificado com a moderna Yatta, a 9 km ao sul de Hebrom. [DAVID C. MALTSBERGER]

K

KENOSIS A importância de *kenōsis* ("esvaziamento") surge de seu uso num texto antigo na forma de hino encontrado em Filipenses 2:5-11. De acordo com Filipenses 2:7, Cristo Jesus "esvaziou-se", uma ação que contrastou com a igualdade com Deus. Durante o século XIX, W. F. Gess e Gottfried Thomasius ensinaram que esse esvaziamento significou Jesus ter renunciado alguns ou todos os atributos divinos durante a encarnação. Os teólogos britânicos Charles Gore e P. T. Forsyth modificaram essa ideia ao afirmarem que alguns atributos divinos de Cristo tornaram-se apenas potenciais em vez de reais durante a encarnação.

Três particípios, que dependem do verbo *ekénōsen*, definem o significado do verbo nesse contexto. Cristo esvaziou-se ao "assumir" a forma de um servo, "fazendo-se" semelhante aos homens e, "achado na forma de homem". A frase paralela "ele humilhou-se" em Filipenses 2:8 ajuda a esclarecer mais o significado de *kenosis* como o autoesvaziamento de Jesus, tornando-se humano, para morrer na cruz em obediência ao Pai. A especulação sobre a perda ou neutralização de atributos não tem apoio textual. [LINDA OAKS GARRET]

KERAK (arab. *Karak*) (tb. KARAK) Cidade mais importante na parte ocidental do Jordão central; capital de um moderno distrito administrativo jordaniano (hoje normalmente Karak). O local fica a meio caminho entre o úadi Môjib (a bíblica Arnom) e o úadi el-Hesa (Zered), ao longo da rota tradicionalmente conhecida como "Caminho do Rei". A parte principal da cidade moderna ocupa uma cadeia de montanha cercada por profundas gargantas; o vale principal que drena o planalto nesse ponto é conhecido como o úadi el-Kerak. Essa cidade se localiza a 18 km, a leste do mar Morto, cuja superfície brilhante pode ser vista da posição mais elevada da cidade. O nome dela deriva de uma palavra aramaica que significa "cidade murada", e o nome do lugar Karakmoba é bem confirmado nos períodos helenístico, romano e bizantino. Com exceção dos artefatos descobertos em escavações de pequena escala ou durante construção, pouco se sabe a respeito da vida e da cultura antiga de Karak. A evidência literária e arquitetônica dos períodos islâmicos médio e recente é melhor representada, especialmente devido ao papel de Kerak nas Cruzadas. Seu castelo é uma das fortalezas das Cruzadas no Levante. Muito da fortaleza que se mantém hoje foi construída pelos cruzados franceses no início do século XII, mas os principais acréscimos foram feitos mais tarde na história islâmica, depois que o castelo foi tomado pelas tropas de Saladino em 1188.

Embora a identificação esteja distante da certeza, Kerak é normalmente identificada com os lugares bíblicos Kir (Is 15:1), Kir-Heres (Jr 48:31, 36; Is 16:11) e Kir-Haresete (16:7; 2Rs 3:25). Em Isaías 15:1, Kir é associada a Ar, outro nome moabita, cuja identificação também é incerta (cf. "cidade de Moabe"). Em outra passagem no AT, Kir-Heres/Kir-Haresete se refere a uma importante cidade moabita que foi envolvida na guerra de Messa com Israel (cf 2Reis 3), mas é possível que esse local ficasse ao norte do úadi Môjib. A descoberta de uma inscrição moabita incompleta em Kerak, provavelmente do tempo de Messa, indica que a cidade foi, de fato, importante no século XII a.C. Seu nome aramaico, que pode ter origem no período persa, confirma que Kerak foi uma das principais cidades de Moabe.

O famoso estilo de cerâmica da Idade do Bronze Antigo III ("Khirbet Kerak ware") está associado a outro local, Khirbet Kerak (Beth-yerah), na costa sudoeste do mar da Galileia.

Bibliografia. B. C. Jones, *Howling over Moab: Irony and Rhetoric in Isaiah 15-16*. SBLDS 157 (Atlanta, 1996); "In Search of Kir-Hareseth: A Case Study in Site Identification", *JSOT* 52 (1991): 3-24; J. M. Miller, ed., *Archaeological Survey of the Kerak Plateau*. ASOR Archaeological Reports 1 (Atlanta, 1991); W. L. Reed e F. V. Winnett, "A Fragmento of Early Moabite Inscription from Kerak", *BASOR* 172 (1963): 1-9. [GERALD L. MATTINGLY]

KETIB (heb. *kĕṯîḇ*) **E QERE** (*qĕrê*) Notações massoréticas que significam "o que está escrito" (Ketib) e "o que se lê" (Qere). As 1.300 ocorrências de Ketib-Qere no TM refletem um estágio no desenvolvimento do texto hebraico quando o texto consonantal foi considerado fixo e inalterado ("o que está escrito"; K), mas foi possível sugerir melhorias à margem ("o que se lê"; Q). As consoantes do Qere eram normalmente escritas na margem, e as vogais do Qere, com as consoantes do Ketib, no texto. A nota levava uma pessoa que lia o texto a pronunciar o Qere em vez do Ketib. A leitura do Qere tinha o propósito de ou corrigir o Ketib ou preservar tradições manuscritas diferentes.

O Ketib-Qere classifica-se em três categorias. O Qerê perpetuum, não marcado por uma nota marginal, é a escrita das consoantes para *YHWH* com as vogais de *'ădōnāy*. Esse Qerê foi proteção contra pronunciar o nome divino. As *ṯiqqûnê sōpĕrîm* ou "correções dos escribas" são algumas das dezoito ocorrências nas quais os massoretas preservavam numa nota a "forma original de um texto anteriormente mudado por escribas para remover referências desagradáveis a Deus. As *'iṭṭûrê sōpĕrîm* ou "omissões dos escribas" são textos em que uma letra foi omitida, ou no qual algo é lido, porém não foi escrito, ou foi escrito, porém não se lê.

Bibliografia. E. Tov, *The Textual Criticism of the Hebrew Bible* (Minneapolis, 1992); E. Würthwein, *The Texto of the Old Testament*, 2. ed. (Grand Rapids, 1995). [MICHAEL L. RUFFIN]

L

L Designação do material encontrado somente no evangelho de Lucas que não pode ser explicado pela provável dependência de Lucas da fonte Q, do evangelho de Marcos, da fonte não proveniente de Marcos, comum a Mateus e Lucas.

O símbolo que designa o Códex Leningradensis B 19a, que fornece o texto básico para edições modernas do AT hebraico. O manuscrito L foi terminado no Cairo em 1008 d.C. e supostamente copiado de exemplares de Aaron ben Moses ben Asher.

LAADE (heb. *lahad̲*) Homem de Judá, filho de Jaate (1Cr 4:2). Seu clã foi computado entre as famílias dos zoratitas.

LAAMÁS (heb. *laḥmām*) Cidade no Sefelá, ou na baixada, de Judá e parte da herança da tribo (Js 15:40). O TM registra o hebraico *laḥmās*, mas a maior parte de outros manuscritos registra *laḥmām*, sugerindo lapso de cópia resultante das letras hebraicas muito semelhantes *mem* e *samek̲*. Embora a posição do local seja incerta, ele fica no mesmo distrito de Laquis. Khirbet el-Lahm, 4,5 km ao sul de Beit Jibrin/Beth Guvrin, é uma possível candidata.

LABÃ (heb. *lāb̲ān*) Lugar associado às jornadas do Êxodo (Dt 1:1). Embora listado com outros locais, mais provavelmente situados no Sinai, a localização é incerta. Alguns estudiosos o identificam com Libna, que aparece em Números 33:20-21 com alguns dos locais citados em Deuteronômio 1:1, bem como outros provavelmente no Sinai.

Bibliografia. I. Beit-Arieh, "The Route Through Sinai — Why the Israelites Fleeing Egypt Went South", *BARev* 14/3 (1988): 28-37; J. H. Tigay, "Excursus 1: The Historical Geography of Deuteronomy", in *Deuteronomy*. JPS Torah Commentary (Philadelphia, 1996), 417-22. [DAVID M. VALETA]

LABÃO (heb. *lāb̲ān*) Um habitante da cidade de Naor, na região de Harã. Harã e a região circunvizinha pertenciam ao distrito chamado Padã-Arã; assim, Labão é chamado de "arameu" (Gn 25:20; 28:5; 31:20, 24). Primeiro, apresentado como irmão de Rebeca (Gn 24:29), Labão era também neto de Naor (filho de Betuel e sobrinho de Abraão) e pai de Leia e Raquel.

Labão desempenha importante papel no relato de Gênesis 24. É ele quem oferece hospitalidade ao servo de Abraão; entretanto, o texto dá a entender que as ações de Labão foram motivadas por interesse próprio e pela ganância. É também Labão quem decide permitir que Rebeca parta para Canaã a fim de ser esposa de Isaque. Vários textos antigos do Oriente Próximo ilustram que numa sociedade patriarcal, o irmão tinha responsabilidades e poderes importantes com relação a suas irmãs.

Labão aparece novamente em associação a Jacó. Fugindo de Esaú, Jacó vai até a casa do seu tio em Harã. Depois de receber Jacó na família, Labão concorda em dar a este sua filha Raquel em troca de sete anos de serviço. Quando chega o tempo de Jacó receber sua esposa, Labão, de forma desonesta, dá Leia em lugar de Raquel. Somente depois de Jacó concordar com mais sete anos de serviço é que Raquel é-lhe dada como esposa (Gn 29:28-30).

Depois de Jacó e sua família saírem furtivamente de Harã, Labão os persegue, capturando-os na montanha de Gileade (Gn 31). Após protestos e mútuas acusações, Labão e Jacó entram em acordo e erigem uma coluna de pedra, um tipo de linha divisória. Labão dá ao montão um nome aramaico (*yĕḡar — śāhădûṯāʾ*), enquanto Jacó o chama por seu equivalente hebraico, *galʿēd̲* (Gn 31:47), ambos com o significado de "monte do testemunho". Esse pacto provavelmente representa em seu nível mais primitivo um acordo entre os israelitas e os arameus no que se refere à fronteira que os separa.

Bibliografia. C. Mabee, "Jacob and Laban: The Structure of Judicial Proceedings (Gn 31:25-42)", *VT* 30 (1980): 192-207. [JOHN L. HARRIS]

LABOR, TRABALHO, LABUTA A atividade humana na forma de trabalho, labuta e labor é expressa em variedade de maneiras na Escritura, refletindo os significados econômico, moral e espiritual.

O termo "trabalho" cobre ampla gama de significados que inclui tanto a atividade construtiva como o que é feito. Isso está refletido (Sl 145) na natureza de Deus, cujo trabalho se vê tanto em seu poder criador (v. 4, 17) como em seu resultado (v. 10). As histórias da criação em Gênesis 1-2:3; 2:4b-25 refletem dois aspectos diferentes do trabalho divino. Em Gênesis 1-2:3, a magnificente soberania de Deus é celebrada, cuja voz ordena e tudo se organiza pela sabedoria de seu calculado domínio. Em Gênesis 2:4b-25, o trabalho da criação é mais que uma experiência, às vezes proativa (v. 7), às vezes reativa (v. 18). Nessa história, o verbo "formar" (Gn 2:7-8, 19) reflete a habilidade artesanal do oleiro (cf. Jr 18:1-11; Is 64:8).

De fato, uma ampla gama de ocupações e habilidades continua formando as imagens da obra de Deus na Escritura — o refino, trilhadura, construção, silvicultura, irrigação e o branqueamento.

É significativo na história da Queda (Gn 3:1-24) que a punição da humanidade seja descrita não como trabalho, mas como labuta (v. 17). O trabalho pode também levar à tentação do orgulho (Gn 11:1-9; comp. Sl 127:1); consequentemente, uma oração habitual por bênção acompanhava o trabalho (Sl 129:8; Rt 2:4; cf. Jz 6:12). O propósito criativo do trabalho é elogiado na Literatura de Sabedoria (Pv 10:4; 18:9) tanto para os homens como para as mulheres (31:10-31) e concede liberdade (12:24; 22:29). Entretanto, uma nota mais pessimista pode soar a respeito da natureza do esforço humano (Ec 2:18-20; 5:13-20; cf. 2:24). Isso acabou levando a valorizar o estudo da Torá como atividade preferível ao trabalho braçal (Sir. 38.24-34; cf. At 6:2-4; esta última passagem apresenta um bom retrato da atividade comercial no mundo antigo; cf. Ap 18:11-19).

Embora Jesus e seus discípulos tenham deixado seus empregos em favor da missão do reino, Jesus explora a imagem do trabalho em seu ensino (Lc 9:62). Nas parábolas, o estilo de Deus pode refletir o apoio à vida de trabalho (Mc 12:1-9; Lc 17:7-10) ou pode transcender convenções (Mt 20:1-15). Paulo, no entanto, escolheu trabalhar "com as próprias mãos" (1Co 4:12; cf. At 18:3; 20:34), embora tenha pedido apoio (1Co 9:4, 14) e recebido por isso (2Co 11:8). Esse costume permitiu que evitasse sobrecarregar outros (1Co 9:18; 2Co 11:9; 12:13). serviu também como exortação à autossuficiência (1Ts 2:9-12; 2Ts 3:7-13), não apenas para o bem da congregação, como também para testemunho à sociedade de um modo geral (1Ts 4:12).

Uma visão positiva do trabalho está refletida especialmente na carta de Tiago, que valoriza tanto a fé como a ação prática (Tg 2:18-26) e como salvaguarda contra o consumismo (4:13-5:6; cf. Mt 6:25-33). De modo geral, a humanidade não pode confiar nas obras para ser justificada perante Deus (Rm 3:20), estas, porém, são a expressão da fé e meios de serviço (1Jo 3:17,18; Mt 25:31-46; Ap 14:13; cf. 20:12). No quarto evangelho, especialmente, o trabalho expressa a única atividade de Deus por meio de Jesus (Jo 5:17). Os milagres de Jesus são suas obras (Jo 10:25; 14:11). A obra de Deus, em Jesus, representa supremamente a expressão da glória divina refletida em nossa natureza humana (Gn 1:26). Com isso, para João, como de fato para a Escritura como um todo, as compreensões da obra criadora e redentora são inseparáveis, como são os aspectos econômico e espiritual de toda a atividade humana.

Bibliografia. G. Agrell, *Work, Toil, and Sustenance* (Stockholm, 1976); R. J. Banks, *God the Worker* (Valley Forge, 1994). [JAMES FRANCIS]

LACEDEMONIANOS (gr. *Lakedaimonioi*) Habitantes da Lacedemônia (depois chamada de Esparta), capital da Lacônia, entre os quais o sumo sacerdote Jason procurou refúgio (2Mac 5.9).

LACUM (heb. *laqqûm*) Cidade na fronteira do território tribal de Naftali (Js 19:33). O local é geralmente identificado como a moderna Khirbet el-Mansûrah, a sudoeste do ponto onde o rio Jordão sai do mar da Galileia.

LADA (heb. *la'dâ*) Homem de Judá, da linhagem de Selá, ancestral dos habitantes de Maressa (1Cr 4:21; cf. Js 15:44).

LADÃ (heb. *la'dān*) **1.** Efraimita, antepassado de Josué (1Cr 7:26).

2. Levita da linhagem de Gérson (1Cr 23:7-8; 26:21). Aparentemente, ele é o mesmo que Líbni (1) em Êxodo 6:17; Números 3:18.

LAEL (heb. *lā'ēl*) Levita gersonita, pai de Eliasafe (Nm 3:24).

LAGARTO Réptil, normalmente pequeno, as sub-ordem Lacertilia, uma ampla variedade dos quais se encontra no Oriente Médio. Seis diferentes palavras hebraicas aparecem para designar o lagarto somente em Levítico 11:29-30. Devido ao fato de os termos hebraicos relativos à zoologia não terem a precisão da moderna terminologia científica, pouco está definido sobre o significado destes termos além da probabilidade de que todos eles representam tipos de lagartos: o hebraico *ṣāḇ* ("lagarto grande"; "tartaruga"); *'anāqâ* ("lagartixa"; lit., "que geme, que chora", que pode representar o som característico da lagartixa); *kōaḥ* ("crocodilo da terra"; lit., "força", usado provavelmente para o lagarto de aparência mais poderosa); *lĕṭā'â* ("lagarto"); *ḥōmeṭ* ("lagarto da areia"); e *tinšemet* ("camaleão"; usado também para algum tipo de lagarto; no aramaico talmúdico a palavra (escrita *sĕmāmîṯ* ou *sĕmāmîṯā'*) é usada para aranhas venenosas, bem como para lagartos. [JESPER SVARTVIK]

LAGOS AMARGOS Dois lagos conectados, os Lagos Grande e Amargo, entre a extremidade mais setentrional do Golfo de Suez e o mar Mediterrâneo. Durante o tempo de escravidão no Egito, os israelitas viveram a oeste dos Lagos Amargos na terra de Gosem. Durante o Êxodo, os israelitas entraram na Península do Sinai ao sul dos lagos ou ao norte dos lagos, viajando ao longo da costa oriental em direção ao monte Sinai. [PETE F. WILBANKS]

LAÍS (heb. *layiš*) **I. (LUGAR)** (tb. LESEM) **1.** Cidade canaanita do norte da Palestina, capturada pelos danitas e renomeada de Dã (Jz 18:7, 27, 29). Em

Josué 19:47, é chamada de Lesem. O local tem sido identificado como Tel Dan/Tell el-Qâdi (2112.2949), 17 km ao norte do antigo lago Huleh, na nascente de Nahr el-Leddan.

2. (heb. *layšâ*) Vilarejo provavelmente do território da tribo de Benjamim (Is 10:30). O lugar está listado com outras cidades benjamitas, ao norte de Jerusalém numa visão do profeta Isaías (Is 10:28-32). Essa visão se refere à destruição de cidades por uma invasão do norte (provavelmente os assírios sob Sargão II ou Senaqueribe, no fim do século VIII a.C.). Laís pode ser identificada possivelmente com a moderna 'Isawiyeh ou com Ras et-Tawil, localizada a nordeste de Jerusalém. [JOHN R. SPENCER]

II. (PESSOA) O pai de Palti (1Sm 25:44)/Paltiel (2Sm 3:15). [JOHN R. SPENCER]

LAMENTAÇÕES, LIVRO DE Sequência de cinco poemas compostos algum tempo depois da destruição de Jerusalém em 586 a.C., talvez para cerimônias comemorativas desse evento. Tudo indica que os poemas foram compostos na Palestina e, apesar do autor ou autores serem desconhecidos.

GÊNERO. A sequência como um todo mostra forte dependência do lamento urbano, genero literário mais bem conhecido na antiga Mesopotâmia. Os lamentos urbanos foram originalmente compostos para cerimônias cúlticas durante a destruição de antigos templos antes de sua restauração. Esses lamentos descrevem a destruição da cidade em questão e seus principais santuários, descrevendo o abandono do deus e o eventual retorno à cidade, o violento ataque do inimigo e os lamentos proferidos pela principal deusa da cidade. O livro de Lamentações compartilha com os vários lamentos urbanos mesopotâmicos um assunto comum, certas afinidades estruturais, papéis da personagem principal, temas, motivos e até comparações ocasionais relativas à frase. Que Lamentações está sendo esboçado no mesmo gênero literário que as composições mesopotâmicas parece inegável. Todavia, é igualmente claro que Lamentações não é mero plágio de um lamento urbano mesopotâmico qualquer. A linguagem, as imagens, a forma poética e a técnica, a teologia e a visão geral são totalmente israelitas por natureza. Além disso, a ideia do lamento urbano pode ser encontrada em toda a literatura profética, retrocedendo até pelo menos ao século VIII, sugerindo que o lamento urbano foi um fato conhecido em Israel por pelo menos 200 anos. O poeta tomou seu gênero e o manipulou para servir aos próprios propósitos. A diferença mais óbvia entre Lamentações e os lamentos mesopotâmicos está na trágica trajetória de Lamentações. Diferentemente dos lamentos urbanos mesopotâmicos, que no final das contas acabam tendo orientação cômica (isto é, os deuses retornam, o templo é reconstruído e a rotina diária é retomada), Lamentações é basicamente de orientação trágica. Nunca se tem notícia de Yahweh e no fim da sequência o leitor não é levado a crer que Yahweh retorne ou que aconteça a reconstrução do templo em algum momento no futuro. Mais exatamente, a sequência se fecha com declarações mais duras, ressaltando o contínuo abandono de Yahweh.

A COMPOSIÇÃO LÍRICA E SUA ESTRUTURA. Tal como Salmos e Cântico dos Cânticos, Lamentações é constituído de discurso poético e, como tal, não mostra interesse em informar ou narrar os eventos de 586 que constituem seu tema. Em vez disso, busca explorar o complexo grupo de emoções — sofrimento, raiva, culpa, esperança, desespero, medo, autodepreciação, vingança, compaixão, perdão, incerteza, desorientação — que tais eventos despertaram no poeta para submetê-los à análise, deliberação e argumentação. Lamentações como discurso poético não coloca em primeiro plano a história, a trama, o desenvolvimento da personagem ou a atenção ao cenário. Em vez disso, esses elementos dependem quase que exclusivamente da linguagem e da manipulação desta como meio de discurso. A imagem, perspectiva e imitação formal são supremas. A parataxe é a norma. Imagens são amontoadas e sobrepostas sobre outras imagens de forma não diferente da montagem de um filme. A poesia se move do ponto alto emocional para o seguinte. Emoções conflitantes podem ser ouvidas simultaneamente e são permitidas a fim de dar colorido umas às outras. Por exemplo, em 1:18 a confissão de Sião ("Justo é o Senhor, pois me rebelei contra os seus mandamentos") está imediatamente justaposta a uma chamada para que as pessoas inspecionem as feridas de Sião, a saber, que seus jovens foram levados cativos à força. Essas imagens evocam reações conflitantes que então permeiam e modulam umas às outras. A confissão de Sião é abrandada à luz do sofrimento e do exílio resultante, e tal exílio é justificado (pelo menos a certo ponto) pela rebelião de Sião. Esta é a essência do poema. O texto não procura tanto resolver um problema ou chegar de forma inocente a uma conclusão quanto a alcançar a mais apurada, mais genuína realização de seu tema. Lamentações, como um todo, pesquisa, articula e sonda a diversificada trama de emoções provocadas pela destruição de Jerusalém.

Cada um dos poemas em Lamentações manifesta sua integridade lírica que é única. Ao mesmo tempo, tais poemas interagem como um todo, modulando um ao outro de forma análoga à representação de temas ou de imagens individuais num único poema. Temas comuns, motivos, vocabulário, vozes e ideias são tipicamente repartidos entre vários subgrupos de dois ou três poemas. Mas a coesão é construída dentro da sequência principalmente por meio de padrões formais de repetição, o mais notável dos quais envolve o acróstico alfabético, a métrica qinah e versos não paralelísticos. Cada um destes domina de várias formas os primeiros quatro poemas de Lamentações. No poema final, os padrões dominantes são radicalmente reduzidos. O acróstico alfabético não é mais usado para estruturar o poema (exceto talvez no número de linhas, 22) e a maioria dos versos individuais são predominantemente equilibrados e envolvem paralelismo. Essa dramática mudança provê efetivamente a sequência com um sentido forte de fechamento. Este fechamento formal contrasta dramaticamente com a abertura temática que é de outra forma experimentada no fim da sequência.

Conteúdo. Os dois primeiros poemas são dominados pela personificação do complexo cidade-templo, representado como Sião. O cap. 1 de Lamentações começa com uma série de vinhetas na terceira pessoa, descrevendo Sião depois da destruição da cidade (1:1-11). Predominam os antropomorfismos. Sião é descrita como viúva, princesa e escrava (1:1, 3), amiga ou amante rejeitada (v. 2), possível vítima de estupro (v. 10) e mãe (v. 5). Ela chora (v. 2), lembra-se (v. 7), peca e geme (v. 8). Na segunda metade do poema (1:12-22), a perspectiva muda para a própria Sião. Muitos motivos revistos na primeira parte do poema são novamente reconstruídos mentalmente, mas dessa vez a partir da perspectiva de Sião. O primeiro poema vê a destruição de Jerusalém através da pessoa de Sião. O leitor vê a perda pessoal dela e do maltrato nas mãos do inimigo e até de Yahweh. A gama completa de emoções é explorada nesse poema, mas atenção especial é dada a três poemas em particular: a responsabilidade de Sião pela destruição e sua culpa resultante, a ausência de consolador e seu desejo por vingança.

O cap. 2 de Lamentações também se inicia com uma série de vinhetas na terceira pessoa (2:1-8). Entretanto, a perspectiva mudou. Sião ainda está presente, mas os antropomorfismos associados a ela no primeiro poema aqui recuaram para o segundo plano. Sião, como cidade de fato está muito em primeiro plano. Além disso, Sião não é mais o atual sujeito gramatical da ação. Em vez disso, Yahweh como guerreiro divino, assume o centro da cena. Aqui o poeta usa dois motivos literários e mitopoéticos tradicionais: o dia de Yahweh e a descrição dele como guerreiro divino. Tradicionalmente, Yahweh como guerreiro divino entrava em batalha no seu dia em favor de Israel. A vitória, é claro, estava garantida. Nesse ponto, seguindo uma longa tradição profética que começou pelo menos com Amós, o poeta volta essas duas tradições sobre a cabeça deles. Yahweh é de fato retratado como o guerreiro divino e vai à batalha no dia de sua ira, mas, ao contrário, dessa vez suas ações são focadas contra Judá e não a seu favor. Yahweh não somente permite que os inimigos ataquem Jerusalém, como lidera o ataque e desemprenha o papel principal na destruição. De fato, Yahweh é descrito até como inimigo. Esse retrato de Yahweh é explorado em pelo menos duas formas: permite que o poeta salve o prestígio do Senhor — Yahweh não foi derrotado pelas deidades mesopotâmicas superiores; ele mesmo foi o autor da derrota. Ao mesmo tempo, não se pode questionar que Yahweh é pessoalmente responsável pelo sofrimento resultante.

Tal como em Lamentações 1, há mudança na perspectiva na segunda metade do poema. Um diálogo entre o narrador e Sião ocupa maior parte do trecho — de forma significativa, não ouvimos falar de Yahweh aqui ou em qualquer outro lugar de Lamentações. O poeta não consegue encontrar palavras para descrever a catástrofe e insiste que Sião suplique a Yahweh em favor de sua comunidade. Mas em vez disso, Sião contesta a correção das ações de Yahweh. O autor começa seu discurso em 2:20 com uma intrigante pergunta retórica: "Acaso as mulheres comeram o fruto de si mesmas, as crianças que trazem nos braços?" A resposta é, obviamente, um retumbante não. A ilação é que, independentemente da culpa de Judá, nada pode justificar o tipo de estilo de vida a que foram forçados os sobreviventes como resultado das ações de Yahweh.

O cap. 3 muda novamente as perspectivas. Dessa vez a voz é de um representante masculino da comunidade que analisa o quadro de sofrimento no vocabulário das lamentações individuais e comunais conhecidas como os salmos. No v. 18 o locutor atinge o ponto mais baixo. Mas nesse ponto, ele começa a refletir sobre a tradição de sabedoria que ensinava, entre outras coisas, que se alguém suportasse o sofrimento, Yahweh acabaria reparando os erros encontrados (v. 25-39). É nessa seção de Lm 3 que muitos estudiosos encontraram o único vislumbre de esperança na sequência. Embora a possibilidade de esperança seja certamente apresentada pelo poeta, ele, no final das contas, deixa de falar à experiência do locutor. Sua reflexão sobre esperança chega ao clímax nos v. 40-41 nos quais convida seus concidadãos a confessar os pecados e se arrepender deles. Mas no v. 42, a tendência se volta intensamente ao desespero, como se o peso do sofrimento persistente viesse abruptamente esmagando novamente o locutor. Ele confessa: “Nós transgredimos, e fomos rebeldes, e não perdoaste”. A censura da segunda linha conduz de volta à realidade. O restante do poema está mergulhado em desespero. Qualquer esperança que o poeta tenha temporariamente acalentado é claramente engolida pelo sofrimento.

O cap. 4, assim como os dois primeiros poemas na sequência, abre com vinhetas narrativas na terceira pessoa. Dessa vez as vinhetas retratam o problema de grupos específicos que representam a comunidade como um todo: crianças (v. 1-4), o rico e privilegiado (v. 5, 7-8), mães (v. 10), profetas e sacerdotes (v. 13,16), anciãos (v. 16) e até o rei (v. 20). O poema se encerra com imprecações dirigidas a Edom (v. 21, 22).

O cap. 4 é o único poema que não está restringido pelo acróstico alfabético ou pela métrica qiná. Nessa mudança completa nos padrões formais de repetição que, de outra forma, dominariam a sequência, o poeta efetivamente anuncia sua conclusão. O poema extrai fortemente da lamentação comunal a tradição conhecida dos Salmos. É significativo que o pecado e a culpa sejam novamente reconhecidos na voz comunal, mas no entanto, a comunidade continua a questionar a retidão das ações de Yahweh: “Por que nos abandonaste durante tanto tempo?” “Certamente tu nos rejeitaste/tua ira tem ardido contra nós excessivamente!” [F. W. DOBBS-ALLSOPP]

LAMENTO Um dos gêneros literários mais antigos e mais bem confirmados do antigo Oriente Próximo. O AT contém pelo menos quatro tipos diferentes de lamento: o lamento fúnebre, o lamento urbano, o lamento individual e o lamento comunal.

O lamento fúnebre, comum em muitas sociedades tradicionais como os do antigo Oriente Próximo, era entoado pelos membros sobreviventes da família ou por amigos íntimos como parte da cerimônia em favor do morto. Esses lamentos são tipicamente caracterizados por frases jaculatórias curtas do tipo: “Ah, meu filho!”, passagens narrativas que contrastam o passado glorioso descrito do morto com o triste presente e, quando relevante, imprecações dirigidas aos responsáveis pela morte da pessoa. O AT contém apenas dois cantos fúnebres genuínos: 2Samuel 3:33,34; Jeremias 38:22. Entretanto, existem várias transformações literárias do canto fúnebre (2Sm 1:19-27), e vários motivos mais comuns dos cantos fúnebres foram recolhidos do lamento urbano.

O lamento urbano deve sua inspiração original ao lamento fúnebre, na medida em que lamenta a destruição de uma cidade como se esta estivesse morta. O conhecimento dos lamentos urbanos retrocede ao fim do terceiro milênio a.C. na antiga Mesopotâmia. Esses lamentos descrevem a destruição de cidades em particular e de seus importantes santuários. A causa da destruição é atribuída à caprichosa decisão da assembleia divina dirigida por seu deus principal: Enlil. Os lamentos narram de maneira característica o abandono das cidades e dos santuários por seus deuses e deusas principais e o ataque furioso da tempestade de Enlil — metáfora para o ataque militar do inimigo. A deusa que chora, retratada lamentando a destruição da cidade, figura também de maneira proeminente nesses poemas. O livro de Lamentações compartilha grande número de características de gênero com esses lamentos mesopotâmicos, sugerindo que o poeta conhecia tal gênero e dele extraiu profundamente para a composição do lamento urbano israelita. O lamento urbano como forma de modulação ocorre também em outras partes no AT (Sl 137; Is 15:1-16:14; 47:1-15; Jr 48:1-47; Am 5:1-3, 16-20; Mq 1:2-16).

O lamento individual, tão bem conhecido do Saltério hebraico, tem precursores em composições semelhantes da Mesopotâmia, tal como as cartas de oração sumérias e as orações su-illa. Os elementos a seguir são normalmente encontrados nos lamentos individuais nos salmos (p. ex., Sl 3,6,13,2228,31,51,88,102): dirigidos a Yahweh: descrevem a situação (com frequência empregando metaforicamente linguagem de enfermidade), pedem ajuda, suplicam por confirmação de segurança, clamam a afirmação de inocência ou confessam pecados. O lamento também inclui elementos relativos a hinos.

De forma local, o lamento comunal pode ser dividido em dois grupos: os que lamentam a destruição da cidade e do templo (Sl 44,60,74,79,80,137) e os que focam em outros tipos de crises da comunidade (42-43,58,83,106,125). Esses lamentos parecem ter sido usados em dias de jejum ou em momentos de sérios perigos. As características principais do lamento comunal lembram muito as do lamento individual: tem foco em Yahweh, no louvor, na descrição da devastação, na queixa e na súplica por ajuda. [F. W. DOBBS-ALLSOPP]

LAMEQUE (heb. *lemeḵ*; gr. *Lámech*) Nome que ocorre em duas genealogias em Gênesis. Na Javista, ou genealogia J da linha de Caim (Gn 4:17-24), Lameque é o filho de Metusael e reivindica o orgulho de posição associado à sétima geração a partir de Adão. O significado dessa posição é enfatizado pelo fato de que uma genealogia linear (única linha de descendentes, Gn 4:17,18) torna-se “segmentada” ao dar os nomes dos três filhos de Lameque e sua filha (v. 20-22; cf. 5:32; 11:26). Como pai dos primeiros criadores de rebanhos (Jabal), dos primeiros músicos (Jubal) e dos primeiros ferreiros (Tubal-Caim), Lameque é apresentado como ancestral do desenvolvimento e da diversificação cultural. Assim, essa lista tem sido comparada à tradição mesopotâmica dos sete "sábios" antediluvianos que deram origem às artes e às habilidades da cultura. De particular interesse é a "canção de Lameque" (Gn 4:23,24), dirigida às suas duas esposas, Ada e Zila. Ela glorifica a excessiva vingança: por ferimento, Lameque matava; e ele ameaça vingar-se 77 vezes (compare com a lei de talião [Lv 24:19,20] e o mandamento de Jesus [Mt 18:22]).

Na genealogia P, da linha de Sete (Gn 5:3-31), Lameque é o filho de Matusalém e o pai de Noé. Como na linhagem de Caim, Lameque novamente é o único indivíduo a falar; mas dessa vez, em vez de palavras de ira, ele fala da expectativa de "livramento" por meio de Noé. Aqui Lameque é o nono numa lista de dez que se encerra com Noé. Um padrão semelhante de dez gerações que termina com o herói do Dilúvio é confirmado em algumas edições da Lista do Reis Sumérios.

Bibliografia. J. M. Sasson, "A Genealogical 'Convention' in Biblical Chronology?" *ZAW* 90 (1978): 171-85; R. R. Wilson, *Genealogy and History in the Biblical World* (New Haven, 1977). [JEFFREY S. ROGERS]

LAMI (heb. *laḥmî*) O irmão do gigante Golias, o giteu, morto por El-Hanã (1; 1Cr 20:5). De acordo com 2Samuel 21:19, a vítima de El-Hanã foi o próprio Golias. Alguns estudiosos consideram o relato em 1Crônicas uma tentativa editorial para reconciliar 2Samuel 21:19 e 1Samuel 17:4. Uma sugestão alternativa é que "Lami, o irmão de Golias", pode refletir um erro de cópia ("Lami" com o sinal do objeto direto, como em 1Crônicas 20:5, é *'eṯ-hallaḥmî* ; cf. *bêṯ hallaḥmî* , "o belemita" em 2Samuel 21:19).

LAMPARINA Recipiente razoavelmente pequeno, muito parecido com uma pequena tigela, com óleo em seu interior, no qual era colocado um pavio.

As lâmparinas a óleo são conhecidas bem antes do século IV a.C., quando tigelas de pedra com óleo eram queimadas. Por volta do teceiro milênio, um pires redondo, ou tigela rasa evoluiu para uma lamparina, de maneira característica com quatro delicadas depressões em sua borda (foram encontradas lamparinas com até sete "lábios"); estas, por sua vez, se desenvolveram em quatro bicos abertos e, no segundo milênio, as lamparinas tinham apenas um bico. Essa tigela simples circular com bico foi o que Israel tomou emprestado de seus vizinhos canaanitas e usou no período do AT.

As lamparinas (heb. *nēr*) eram normalmente feitas de barro queimado ou, raramente, de metal, enquanto o pavio era feito de cordão absorvente, na maioria das vezes, de linho. O pavio normalmente se projetava ligeiramente além do bico. O combustível mais antigo foi a gordura animal, mas no tempo do AT, o azeite de oliva era largamente usado e raramente o de castor ou de gergelim. A primeira extração de azeite obtido pelo esmagamento de azeitonas numa prensa produziu um óleo leve, sem gordura, comestível e mais apetecível. O azeite melhor era também usado para fins religiosos (Êx 27:20). A segunda e até a terceira extração produziram azeite de conteúdo cada vez mais gorduroso. Esse azeite de grau inferior foi muito usado em lamparinas e quase não produzia fumaça ou odor. Grandes lamparinas podiam conter azeite para queimar durante a noite, mas o pavio podia acabar queimando muito e exigia ajuste. Por não existir fósforos, algum fogo ou lâmpada piloto tinha de ser mantido aceso na casa. Lamparinas menores corriam o risco de se apagar durante a noite (Pv 31:18), e alguém precisa levantar-se para cuidar da lâmpada. Além de algum recipiente para estocagem de azeite, um instrumento afiado e pontiagudo como faca ou rachador de lenha era usado para arrumar o pavio à medida que este queimava. Algo semelhante a uma pinça era provavelmente usado para apagar a chama.

As lamparinas eram colocadas com mais frequência em nichos côncavos nas paredes das casas, sobre a mesa ou, em tempos mais recentes, penduradas no teto. Se colocadas sobre mesa, provavelmente havia uma tigela por debaixo para dar estabilidade e para aparar qualquer azeite que pingava lentamente da lâmpada de barro. Para evitar a perda de azeite, através do barro, a lâmpada podia ficar embebida em água e então uma pequena camada de água colocada no fundo da lâmpada na qual o azeite boiava. As lamparinas tinham também uso religioso. Até metade de todos os vasos enterrados com os mortos eram lamparinas de azeite. O simbolismo aqui é que a lâmpada/luz é igual à vida e as trevas, à morte (2Sm 21:17). As lamparinas eram também usadas nas dedicações dos edifícios. Essas lamparinas eram novas, com somente leves vestígios de uso. Talvez fossem acesas somente na dedicação durante curto período de tempo.

A lâmpada como fonte de luz é usada em várias formas metafóricas. Ela alumia o caminho (Sl 119:105), representa sabedoria ou preceitos divinos (Pv 6:20, 23) e é um espírito de vida que queima interiormente (20:27). Yahweh é a lâmpada do salmista (Sl 18:29 [TM 30] e Davi é a lâmpada de Israel (2Sm 21:17). De forma negativa, a lâmpada do ímpio se apagará (Pv 13:9; Jó 18:5,6) e os olhos altivos e o coração orgulhoso — a lâmpada do ímpio — são pecado (Pv 21:4). A lâmpada do santuário no tabernáculo é chamada de *mā'ôr* (Êx 25:6; 27:20; 35:28), o mesmo termo usado para o sol e a noite em Gênesis 1:14-16.

Nos tempos do NT, as lamparinas eram geralmente menores, quase sempre vasos fechados e exibiam decorações geométricas. Provavelmente, queimavam seu azeite durante apenas quatro a cinco horas se acesas ao anoitecer e podiam assim chegar até meia-noite (Mt 25:1-12). Tanto João Batista (Jo 5:35) quanto Jesus (Ap 21:23) foram comparados a lamparinas. O ensino correto era comparado a uma lâmpada acesa (2Pe 1:19). Manter as lamparinas acesas significa estar pronto para o serviço (Lc 12:35).

Bibliografia. R. H. Smith, "The Household Lamps of Palestine in Old Testament Times", *BA* 27 (1964): 2-31; "The Household Lamps of Palestine in Intertestamental Times", *BA* 27 (1964): 101-24; "The Household Lamps of Palestine in New Testament Times", *BA* 29 (1966): 2-27. [JAMES C. MOYER/MICHAEL D. GUINAN, O.F.M.]

LANÇA Originalmente, lâmina com uma fina cauda inserida num bastão de madeira e presa por uma atadura. No segundo milênio, foi introduzida uma cabeça com cavidade. Nessa época, apareceram também pontas de metal, o que possibilitou a ponta da lança ser usada como bastão fincado no chão quando não em uso (1Sm 26:7; 2Sm 2:23). O comprimento médio da lança era de 2-3 m. Era uma arma básica da infantaria e, posteriormente, das unidades que lutavam em carruagens. As lanças eram usadas para a defesa contra o ataque da cavalaria, no combate corpo a corpo e na defesa de uma cidade sob cerco. Usada em movimento de choque, a lança podia produzir ferimento letal. Essa arma permanecia nas mãos do guerreiro durante a batalha e é, por essa razão, classificada como arma de curto alcance. Em comparação, o dardo, mais curto e mais leve, destinava-se basicamente ao arremesso (1Sm 17:6,7,45). O maior aprimoramento nessas armas envolveram o material do qual a lâmina era feita (primeiro de pedra, depois cobre, bronze e ferro).

Com origem em tempos pré-históricos, como dispositivo de caça, a lança foi adaptada para o uso em guerra, pelo menos já no começo do quarto milênio. Ela apareceu em Israel, no fim do terceiro milênio, por meio de nômades itinerantes do norte. A lança de metal laminado e outras armas tecnologicamente avançadas eram escassas na primitiva história de Israel (1Sm 13:19-20). Da Monarquia Unida em diante, entretanto, a lança apareceu com maior frequência. Inicialmente, era encontrada somente nas mãos da elite (1Sm 13:22). No período monárquico posterior, tornou-se armamento fundamental das forças militares (1Cr 12:8, 24, 34; 2Cr 11:12; 14:8; 26:14).

Bibliografia. T. R. Hobbs, *A Time for War*. OTS 3 (Wilmington, 1989); Y. Yadin, *The Art of Warfare in Biblical Lands*, 2 vols. (Jerusalem, 1963). [W. E. NUNNALLY]

LAODICEIA (gr. *Laodíkeia*) Cidade da Ásia Menor, uma das sete igrejas às quais foram escritas cartas em Ap 1-3. Laodicea ad Licum foi fundada cerca de 250 a.C., pelo rei sírio Antíoco II, que lhe deu o nome em homenagem à sua esposa Laódice. Ficava num altiplano, no vale do rio Licus e estava a 10 km ao sul de Hierápolis, 18 km a oeste de Colossos e a 161 a leste de Éfeso. Estradas importantes tornavam Laodiceia ponto de passagem.

No século I a.C., Laodiceia tornou-se centro bancário/financeiro e têxtil, bem como local para jogos famosos de gladiadores. No ano 60 d.C., foi devastada por um terremoto, mas os habitantes ricos recusaram a ajuda financeira imperial para sua reconstrução (Tácito Ann. 14.27). Escavações descobriram estádio, ginásio, dois teatros, várias igrejas e sistema de água. Atualmente, o local está desabitado.

A igreja de Laodiceia, liderada por uma mulher chamada Ninfa (Cl 4:15), provavelmente começou durante o prolongado ministério de Paulo em Éfeso (At 19:10) quando seu colega, Epafras, evangelizou a cidade (Cl 4:13). Paulo recomenda as igrejas em Laodiceia e Colossos a trocarem as cartas que ele lhes havia escrito (Cl 4:16); a "carta aos laodicenses" não mais existe.

A carta de João aos laodicenses (Ap 3:14-22) faz referência à indústria têxtil da cidade ("vestes brancas", v. 18), seu suprimento de água morna (v. 15,16) e colírio (v. 18), que era conhecido como "pó frígio". Aparentemente, os laodicenses levaram a sério a advertência de João: a igreja continuou a prosperar e tornou-se o lar de famosos bispos (Sagaris), debates (a data correta da Páscoa) e de concílios da igreja (lista do cânon do NT, 367).

Bibliografia. E. M. Blaiklock, *Cities of the New Testament* (London, 1965); C. J. Hemer, *The Letters to the Seven Churches of Asia in Their Local Setting* (1986, repr. Grand Rapids, 2000); J. McRay, *Archaeology and the New Testament* (Grand Rapids, 1991). [GARY M. BURGE]

LAODICENSES, CARTA AOS Carta, atualmente perdida, na qual Paulo exorta à igreja de Colossos obter de Laodiceia (Cl 4:16). "A carta aos laodicenses" faz também referência a uma pequena carta escrita sob pseudônimo e apócrifa, atribuída a Paulo, que se acredita ser a carta de Colossenses 4:16. Essa carta é uma coleção de frases e sentenças das cartas paulinas canônicas, particularmente Filipenses

(Laod. 8, cf. Fp 1:21; Laod. 9, cf Fp 2:2). Não existe aparente motivação para produzir essa carta a não ser suprir a carta perdida do arquivo paulino. A carta sob pseudônimo foi escrita por volta do século IV e era conhecida de Teodoro de Mopsuéstia e Jerônimo. Ela não é encontrada em manuscritos gregos do NT, mas por volta do século VI, foi encontrada em grande quantidade de manuscritos latinos; nada em seu conteúdo sugere ter sido ela a Carta aos laodicenses mencionada no cânon Muratoriano (séc. II) que se supõe ter sido escrito para apoiar a heresia de Marcião. A carta foi considerada fraudulenta pela Igreja Oriental no início do século IV, mas a Igreja Ocidental a considerou autêntica até o Segundo Concílio de Niceia (787).

Bibliografia. W. Schneemelcher, "The Epistle to the Laodiceans", in *New Testament Apocrypha*, ed. W. Schneemelcher e R. McL. Wilson, 2.ed. rev. (Louisville, 1992), 42-46. [DUANE F. WATSON]

LAPIDOTE (heb. *lappîḏôṯ*) Marido da profetisa e juíza Débora (Jz 4:4). Alguns estudiosos sugerem que o nome é hipocorístico do general Baraque, já que os dois nomes significam "relâmpago".

LÁPIS LAZÚLI Pedra de azul profundo (heb. *sappîr*) marcada com traços de pirita de ferro ("ouro de tolo"), famosa e muito usada em joalheria e pequenas decorações no antigo Oriente Próximo (cf. Jó 28:6, 16; Ct 5:14; Is 54:11; Ez 28:13; às vezes, traduzida como "safira"). Devido a natureza dos métodos antigos de classificação, o tipo exato de pedra pretendida não pode ser determinada com certeza.

LAQUIS (heb. *lāḵîš*) Antiga cidade bíblica canaanita localizada na Nahal Lachish/Uádi Ghafr, 24 km a oeste de Hebrom. Tel Lachish/Tell Ed-Duweir (1357.1083), identificada como a antiga Laquis, é grande monte de cerca de 12,5 ha, de onde se tem vista panorâmica de uma estrada do planalto costeiro até as montanhas de Hebrom.

ANTIGO TESTAMENTO. Laquis aparece 22 vezes na Bíblia como cidade canaanita pertencente a Judá. Na antiguidade, Laquis ficava nas proximidades de Libna, Gezer e Eglom (Js 10:31, 34). O rei cananeu, Jafia, fez aliança militar com os reis de outras quatro cidades — Adoni-Zedeque, rei de Jerusalém, Hoão, rei de Hebrom, Pirã, rei de Jarmute e Debir, rei de Eglom (Js 10:3, 5) — contra as tropas de Israel lideradas por Josué. Numa tentativa de forçar os habitantes a entrarem numa aliança militar, as forças conjuntas cercaram a cidade de Gibeão. Josué, em resposta ao pacto com Gibeão, derrotou o exército que fazia o cerco. Os cinco reis (inclusive Jafia) escaparam, mas foram depois capturados numa caverna de Maqueda e, em seguida, executados (Js 10:22-27). O cerco de dois dias à cidade de Laquis, uma das cidades "fortificadas" da coalizão (Js 10:20), pelas forças israelitas é especificamente mencionado (v. 32). Gezer mandou soldados para socorrer Laquis, mas sem resultado, quando Josué seguiu conquistando vários locais do sul de Canaã (Js 10:33-39; 12:11). Laquis aparece novamente na lista da herança da tribo de Judá (Js 15:39).

Em 2Crônicas 11:9, consta a inclusão de Laquis na lista de cidades fortificadas por Roboão, rei de Judá, local para onde depois fugiu o rei Amazias, provavelmente devido a suas fortes defesas e lá foi assassinado (2Rs 14:19 = 2Cr 25:27). O exército assírio cercou Laquis no reinado de Ezequias (2Rs 18:14, 17 = 2Cr 32:9; cf. 2Rs 19:8), que acabou tomando-a e destruindo a cidade (Is 36:2; 37:8; cf. Mq 1:13). A iminente destruição de Laquis no reinado de Zedequias foi relatada pelo profeta Jeremias (Jr 34:7). Finalmente, Laquis foi listada como vilarejo reocupado nos tempos pós-exílicos (Ne 11:30).

OUTRAS FONTES. Laquis é citada em fontes extrabíblicas logo no início do século XV a.C. O Papiro Hermitage 1116[a], que a cita entre as cidades canaanitas nas quais residiam os emissários egípcios; Laquis também aparece nas Cartas de Amarna, bem como numa carta do mesmo período encontrada em Tell el-Hesi. Nabucodonosor comemorou a conquista de Laquis, chamando e retratando a cidade em um alto relevo numa pedra. Eusébio se refere a Laquis como localizada a 11 km de Eleuterópolis (Beth Guvrin).

TEL LACHISH/TELL ED-DUWEIR. A escavação de Tel Lachish/Tell Ed-Duweir começou em 1932-38 por John L. Starkey e continuou com Yohanan Aharoni (1966, 1968) e David Ussishkin (1972-1992). A ocupação humana no local começou provavelmente no início do período Neolítico e continuou no Calcolítico e na Idade do Bronze Antigo; entretanto, a evidência a respeito dessas ocupações é esparsa, embora pareça provável que o local todo tenha sido ocupado durante a Idade do Bronze Antigo II. Do período do Bronze Antigo IV foi escavado um cemitério de 120 tumbas cortadas na rocha e um pequeno vilarejo foi escavado em pequeno monte a oeste do monte principal.

Laquis tornou-se importante cidade-estado na Idade do Bronze Médio II e foi fortificada nos mínimos detalhes; embora nenhum traço do muro circunjacente tenha sido descoberto, sua existência é confirmada pela presença de uma rampa rebocada ou revestida e um profundo canal ou fosso na base do monte. Um "palácio" bem construído no centro do sítio arqueológico, bem como tumbas fora da cidade, ricamente equipadas, confirmam a importância de Laquis na região. O nível final da ocupação do Bronze Médio foi destruído num incêndio.

Só no Bronze Recente II, designado Nível VII, foi que Laquis recuperou a importância como cidade-estado que havia desfrutado no Bronze Médio II. Fortes laços com o Egito confirmam sua importância. Entretanto, tal como cidades canaanitas do Bronze Recente Laquis, ao que tudo indica, não era fortificada; de fato, o fosso pertencente à defesa do Bronze Médio era agora o local de um templo que teve pelo menos três fases importantes de uso.

No Nível VI, a última cidade do Bronze Recente, foi construída com linhas arquitetônicas diferentes, embora mostrasse claras afinidades culturais com o Nível VII. Um grande edifício público tomou o lugar das unidades domésticas do Nível VII, e um templo foi construído no cume do monte no lugar do fosso do templo do Nível VII. Com um grupo de artefatos de origem egípcia (uma moldura decorativa com o nome de Ramessés III num objeto de bronze e fragmentos de vasos com texto hierático com registros de taxas pagas a uma instituição religiosa egípcia), o desenho deste novo templo, que imita os templos egípcios de Amarna e Deir el-Medeineh, sugere fortes laços com o governo de Ramessés III.

O Nível VI de Laquis do Bronze Recente foi completamente destruído e subsequentemente abandonado até o século X. Embora a destruição dessa última cidade canaanita se ajustasse à descrição da conquista de Laquis em Josué 10:20, a identidade do conquistador não pode ser facilmente resolvida, devido a problemas na correspondência da data da queda de Laquis com a época de Josué. É igualmente provável que Laquis do Nível IV tenha encontrado seu fim nas mãos dos povos marítimos. Em qualquer dos casos, a queda de Laquis expõe a perda do controle de Canaã pelo Egito.

O mais primitivo estabelecimento israelita em Tel Lachish/Tell Ed-Duweir é o Nível V, cidade não fortificada, normalmente atribuída ao período da monarquia unida. Além de pequenos edifícios domésticos em vários pontos no sítio arqueológico, Aharoni descobriu um edifício dedicado a atividade cúltica na vizinhança do chamado santuário solar do Nível I. Foram recuperados desse salão de culto, estrados cerâmicos de incenso, cálices e um altar de pedra. A destruição do Nível V pode ter sido feita por Sisaque, rei do Egito por volta do ano 925.

Laquis do Nível IV, grande cidade real, foi fortemente protegida, provavelmente em resposta às condições militares e às políticas mudadas. O segundo livro de Crônicas 11:9 atribui a fortificação de Laquis a Roboão, embora a evidência arqueológica sugira data ligeiramente posterior para fundação do Nível IV (Ussishkin sugere ou Asa ou Jeosafá). A sólida fortificação foi formada com um portão de entrada com seis câmaras, um portão externo que se projetava além do muro da cidade no cume do monte, uma segunda linha de defesa na metade da encosta do monte, e uma ladeira artificial que se estendia entre os dois muros da cidade; a nova cidade incluía então uma residência para o governador judeu, um grande palácio-forte construído no cume de uma plataforma elevada ou pódio, outros edifícios do governo e um poço fundo. Poucas estruturas domésticas foram descobertas dentro dos muros da fortaleza do Nível IV.

Partes da cidade do Nível IV foram destruídas, possivelmente por um terremoto, exigindo reconstrução mais acurada do muro da cidade, parte do palácio-forte (designado Palácio B pelos escavadores, aqui aumentado também no Nível III), uma "residência" e a "área cercada", embora não o muro que cerca a cidade propriamente. Este forte reconstruído também aumentou em população, como mostrado pelo número adicional de estruturas domésticas. Apesar do seu forte sistema defensivo, um exército assírio atacou e destruiu Laquis em 701. O cerco da cidade envolveu a construção de uma grande rampa de pedras e barro que ia do chão do vale ao topo do canto sudoeste do muro da cidade, para permitir que as armas do cerco rompessem as defesas. Os defensores da cidade responderam com uma "rampa contrária" dentro do muro para elevar o nível de defesa mais do que o cerco. Uma segunda rampa de cerco em cima da primeira selou a sorte dos defensores, que foram mortos ou deportados. Tanto a rampa de cerco como a "rampa contrária" foram identificadas pelas escavações de Ussishkin. A batalha assíria por Laquis foi depois comemorada em alto relevo em painéis de pedra no palácio assírio de Nínive.

Laquis foi reconstruída (Nível II) como cidade fortificada no século VII, provavelmente durante o reinado de Josias. Essa cidade foi menor e menos bem defendida do que a cidade do Nível III. Ela também sofreu total destruição em 586 pelas forças de Nabucodonosor, da Babilônia. Correspondência do pessoal militar foi encontrada nas ruínas do Nível II; tais "Cartas de Laquis" foram provavelmente mandadas ao comandante de Laquis por um subordinado cuja localização próxima exigia informações regulares.

Depois de um período de abandono, Laquis viu novamente a ocupação no início do período persa como centro administrativo. A construção no monte incluiu a restauração das fortificações, pequena residência ou palácio e um templo (chamado de santuário solar devido à sua entrada estar voltada para o sol nascente). O Nível I durou até o período helenístico, tempo no qual a residência foi dedicada aos "invasores". O templo, entretanto, continuou em uso. A descoberta de um local com cerca de 200 pequenos altares de pedra calcária para incenso, embora encontrado fora do monte, provavelmente tem relação com rituais praticados no santuário solar. No período helenístico, Laquis foi finalmente abandonada como sítio de uma cidade ou um vilarejo.

Bibliografia. Y. Aharoni, *Investigations at Lachish: The Sanctuary and the Residency (Lachish V)* (Tel Aviv, 1975); H. Torczyner et al., *Lachish I: The Lachish Letters* (London, 1938); O. Tufnell et al., *Lachish II: The Fosse Temple* (London, 1940); *Lachish III: The Iron Age* (London, 1953); *Lachish IV: The Bronze Age* (London, 1958); D. Ussishkin, *The Conquest of Lachish by Sennacherib* (Tel Aviv, 1982); "Excavation at Tel Lachish — 1973-1977: Preliminary Report", *Tel Aviv* 5 (1978): 1-97; "Levels VII and VI at Tel Lachish and the End of the Bronze Age in Canaan", in *Palestine in the Bronze and Iron Ages*, J.N. Tubb, ed. (London, 1985), 213-30). [PAUL F. JACOBS]

LAREIRA Em seu sentido básico, depressão no chão na qual era aceso fogo para cozinhar ou para aquecer. Para uso no culto, a lareira era a parte superior do altar do holocausto, em cima do qual o sacrifício era queimado (Lv 6:9; Ez 43:15-16). No templo ideal de Ezequiel, a lareira é usada para sacrifícios cozidos (Ez 46:23-24).

LARGURA DA MÃO Medida linear correspondendo à largura da mão (heb. *ṭepaḥ, ṭōpaḥ*), cerca de um sexto de um cúbito ou 7,4 cm (Êx 25:25; 1Rs 7:26; 2Cr 4:5).

LASA (heb. *leša'*) Lugar junto à antiga fronteira de Canaã (Gn 10:19). O nome pode significar "fenda" ou "abismo", e é provável que derive da natureza geográfica da região. Embora seja incerta a localização exata de Lasa, tradicionalmente ela é identificada com Callirhoe (moderna Uádi Zerqa Ma'in), a leste do mar Morto. As fronteiras exatas descritas no texto são incertas, levando alguns a identificar o local com Lasa ou Nuhashe, na Síria. [DAVID C. MALTSBERGER]

LASEIA (gr. *Lasaía*) Cidade da costa sul de Creta (At 27:8), perto de Bons Portos/Kaloi Limenes. Não é mencionada em outra parte na antiga literatura.

LASSAROM (heb. *laššārôn*) Lugar conquistado por Josué (Js 12:18). De acordo com a LXX, o texto pode ser lido como "(pertencente) a Sarom", a planície costeira entre o Carmelo e Afeque.

LÁSTENES (gr. *Lasthenēs*) Cretense que forneceu mercenários a Demétrio II em sua luta contra Alexandre Balas pelo trono selêucida (Josefo, *Ant.* 13.4.3 [86]). Em troca, Demétrio deu a Lástenes uma importante posição no reino, talvez o governo de Cele-Síria ou de primeiro ministro. Referências a uma carta de Demétrio a Lástenes (1Mac 11.30-37; *Ant.* 13.4.3 [126-29]) confirmam sua importância no governo selêucida. Na carta, Demétrio o informa das mudanças políticas entre os selêucidas e Jônatas, o sumo sacerdote asmoneu. [RODNEY A. WERLINE]

LATIM A língua dos romanos nos tempos bíblicos (Jo 19:20). O latim é importante para os estudos bíblicos de várias formas: As primeiras traduções do latim fornecem provas textuais para trechos de algumas obras apócrifas; a crítica textual usa traduções do latim em seu estudo do AT e NT em grego e do AT em hebraico; o latim é também a língua de comentário bíblico no latim ocidental até e incluindo os tempos da Reforma.

Algumas das traduções mais antigas da Bíblia foram feitas para o latim. Essas versões em latim antigo (Vetus Latina) são tidas como evidência para a existência de textos manuscritos gregos, perdidos atualmente. Da mesma forma, o subsequente trabalho de revisão de Jerônimo para produzir a Vulgata Latina pode ser usado para fornecer informação sobre versões do texto hebraico, não mais existente. O renovado interesse na história de exegese dá nova proeminência à tradição comentária em latim. Alguns comentários gregos sobreviveram somente na tradução latina (partes da obra de Orígenes).

Atualmente, continua o trabalho de edição de textos - na maioria fragmentários — da Antiga Bíblia latina. A prática *Biblia Sacra de Stuttgart*, em dois volumes (ed. Robert Weber, 3a ed., 1985) representa um resumo (com pequenas revisões) das edições completas da Vulgata, AT e NT. A Nova Vulgata (Roma, 1979), que é usada na Nestle-Aland Novum Testamentum Graece ET Latine (Stuttgart, 1984), deve ser distinguido da Vulgata de Jerônimo; seu objetivo é prover uma tradução padrão do latim moderno para uso eclesiástico. [MICHAEL CAHILL]

LATRINA Toalete ou banheiro, provavelmente para uso público. O uso do templo demolido de Baal como latrina (ou possivelmente uma vala para detritos) foi um óbvio sinal de triunfo e desdém, e uma ilustração da severidade da rebelião de Jeú, apoiada pela profecia, contra a casa de Onri e sua adoração de deuses estrangeiros (2Rs 10:27).

LAVA PÉS No antigo Oriente Próximo, onde as estradas eram sujas e as sandálias eram os calçados comuns, fazendo provisão para os convidados ou viajantes para lavar seus pés era um ato de hospitalidade comum (Gn 18:4; 19:2; 24:32; Lc 7:36-50; cf. Jo 12:1-8). O lavar dos pés também se tornava parte dos rituais de purificação exigidos pelos sacerdotes antes de entrar no santuário ou de se aproximar do altar (Êx 30:19-21; 40:31).

Jesus realizou a tarefa doméstica de lavar os pés de seus discípulos enquanto estavam à mesa, durante a

Última Ceia. Ele encomendou tais ações como exemplo do tipo de serviço que os discípulos deveriam fornecer um ao outro (Jo 13:1-20). Alguns comentaristas veem o ato de Jesus como representação simbólica do efeito de limpeza que sua morte teria para os homens corrompidos pelo pecado. O ritual de lavar "os pés dos santos" é listado como um dos requisitos das "boas obras" das mulheres que se qualificam para a ordem de "viúvas" (1Tm 5:9-10). O rito do lava pés ainda é praticado na quinta-feira santa, em muitas igrejas.

Bibliografia. J. D. G. Dunn, "The Washing of the Disciples' Feet in John 13", *ZNW* 61 (1970): 247-52; H. Weiss, "Foot Washing in the Johannine Community", *NovT* 21 (1979): 298-325. [JEFFREY T. TUCKER]

LAVANDEIRO Ocupação envolvendo o trabalho de tecido. A palavra heb. *kābas* sugere o pisar com os pés sobre o tecido com o propósito de limpá-lo, enquanto que o termo grego do NT, *gnapheús*, sugere o ato de cardar o tecido. O trabalho incluía o engrossamento ou o encolhimento do novo tecido, assim como a limpeza e tintura do tecido ou das vestes. Frequentemente, a lavagem do tecido envolvia o pisar dele com os pés ou o bater dele (Êx 19:10; 2Sm 19:24). As soluções usadas para a limpeza do tecido consistiam de detergente (Ml 3:2), barro branco, cinzas de plantas especiais, ou outras misturas alcalinas. Os arqueólogos têm descoberto grandes potes de barro e creem que eram colocados em frente das lojas do lavandeiro como mictórios públicos a fim de produzir soluções que pudessem ajudar a separar a sujeira do tecido.

A localização do lavandeiro requeria tanto os campos como a água ala. Após lavar o tecido ele era espalhado no chão para ser alvejado pelo sol. Referências ao campo do lavandeiro aparecem no AT (2Rs 18:17; Is 7:3; 36:2). A obra de limpeza que o lavandeiro fazia do tecido se tornou metáfora de pureza (Sl 5:1-7 [TM 9]; Jr 2:22; 4:14; Zc 3:3-5; Ap 4:4). [DENNIS GAERTNER]

LAVAR O ato de limpar, com objetivo de higiene pessoal, bem como de purificação ritual. As referências à menção da lavagem regular mencionam especificamente somente os pés (Gn 18:4; 19:2; 24:32; 43:24; Jo 13:3-11), as mãos (Êx 30:19, 21; Mt 15:2) e o rosto (Gn 43:31; Mt 6:17). Em termos de purificação ritual, exigia-se que os sacerdotes e levitas se lavassem (Êx 40:12; Lv 8:6), bem como suas vestes (Nm 8:21; 19:7) antes de realizarem suas tarefas designadas (cf. Êx 30:20, "para que não morram"). Para se purificarem de enfermidade ou contato com cadáver, exigia-se que outros membros da comunidade observassem o lavar cerimonial (Lv 15:5; 17:15).

O lavar também implica a purificação do pecado (Sl 51:2 [TM 4]; Is 1:16) e a regeneração espiritual (Tt 3:5 NRSV mg; cf. Jo 3:5). *Ver* BANHO; LAVAR OS PÉS.

LÁZARO (gr. *Lázaros*) Nome hebraico comum (heb. *'el 'āzār*, "Deus ajuda"). Lucas 16:19-31 relata uma parábola de Jesus com relação aos contrastantes destinos eternos de um pobre Lázaro (a única personagem que recebeu nome nas parábolas de Jesus) é um homem rico. Uma importante seção do evangelho de João (Jo 11:1-12:11) apresenta a ressurreição de Lázaro como ato que fixou a determinação dos oponentes de Jesus de matá-lo. Os intérpretes têm ponderado com frequência se essas duas histórias estão relacionadas. Alguns têm sugerido que o relato de João surgiu da parábola de Lucas como demonstração que o retorno real de Lázaro dentre os mortos (e finalmente o próprio Jesus) não mudaria as ações das pessoas (cf. Lc 16:30-31). Outros têm sugerido que foi a história do milagre de João que acabou impondo nome sobre a personagem da parábola de Lucas. O consenso, até onde pode haver um, é de que as duas personagens não têm relação uma com a outra.

Muito do estudo da parábola do Rico e Lázaro no século XX tem seu foco em possíveis antecedentes literários. Hugo Gresmann argumentou que a história é tirada de uma lenda popular sobre a viagem ao submundo por Si-Osíris e Setme, que terminava com a moral de que os que tinham sido bons em vida seriam recompensados na morte, enquanto os que haviam praticado o mal seriam punidos. Outros têm argumentado recentemente por comparações mais próximas de histórias cínicas sobre viagens ao hades (Lucian Cataplus ou Menippus Nekyia). No mínimo, a parábola de Lázaro ressalta o tema teológico de Lucas de que "Deus ajuda" o pobre.

O Lázaro do evangelho de João viveu em Betânia com suas irmãs Maria e Marta. Um ponto que é enfatizado na história é o amor e o relacionamento especial de Jesus para com Lázaro (Jo 11:3, 5, 11, 35-36). Essa ênfase tem levado alguns a propor que Lázaro possa ter sido o "Discípulo Amado" (Jo 13:23; 21:7, 20) cuja morte parece ter sido tão inquietante para a comunidade joanina (21:23). Não há, entretanto, consenso acadêmico sobre a identidade do Discípulo Amado. [TIMOTHY B. CARGAL]

LEABIM (heb. *lĕhāḇîm*) Povo entre os filhos de Cam, mencionado como descendentes do Egito (Gn 10:13; 1Cr 1:11). São geralmente identificados com os líbios (talvez uma ortografia alternativa do hebraico lûbîm).

LEÃO Grande carnívoro, membro da família do gato. O leão asiático, Panthera leo pérsica, existiu por todo o antigo Oriente Próximo e Mediterrâneo, mas está extinto na Palestina há séculos; na Mesopotâmia, sobreviveu nos pântanos do Tigre e do Eufrates até o século XIX d.C. (cf. Jr 50:44).

Embora Sansão tenha matado um leão com as próprias mãos (Jz 14:6), em histórias no AT de encontros com leões, estes são normalmente vitoriosos (1Rs 13:24; 20:36; 2Rs 17:25). A topografia de Israel isolou os leões da população humana, embora reis criassem leões em cativeiro para mostrar seu poder real e para punir criminosos (cf. Dn 6); o rei que mais criou leões foi Assurbanípal II da Assíria. Pelo fato de ser essencial a existência de presa selvagem para sua sobrevivência, os leões eram geralmente encontrados em regiões de florestas, como as montanhas do Líbano, a área contígua ao rio Jordão, Basã e nas partes adequadas do Neguebe e Arabá. Finalmente, a falta de proteção e de caça e o aumento da população humana resultou na total erradicação do leão em Israel.

Devido seu incomparável poder e majestade, o leão se firmou como expressão artística e literária. Assim, a grande maioria das referências bíblicas ao leão é simbólica. Israel (Nm 23:24), um corajosos coração de guerreiro (2Sm 17:10), o diabo (1Pe 5:8), e o Messias (Ap 5:5, "o Leão da tribo de Judá") são todos comparados ao leão.

O leão foi largamente usado na arte. O trono de Salomão (1Rs 10:18-20) e seu templo (7:29, 36; cf. Ez 41:15-19) empregou esculturas de leão. Era frequente um par de leões flanquear a porta de uma cidade (como as portas de Micenas e Hatusas e a famosa porta de Istar, na Babilônia), oferecendo proteção mágica (chamada *šēḏû*; cf. Dt 32:17) aos habitantes. Essa proteção, por meio do trabalho de arte, se estendia a adagas, machados e enfeites em cavalos de batalha e itens relacionados à vida após a morte (leões decorativos flanqueando o apoio mortuário para a cabeça de Tucancâmon, bem como de sua cama). Um dos selos mais famosos já encontrados em Israel (em Megido, em 1909, pertencente a "Shema, servo de Jeroboão") foi dominado por seu emblema do leão real, diferente. [DONALD FOWLER]

LEBANA, LEBANÁ (heb. *lĕḇānâ*) O chefe de uma família de servos do templo cujos descendentes retornaram com Zorobabel do cativeiro na Babilônia (Ed 2:45; 1Ed 5.29, "Lebaná"; Ne 7:48, "Lebana").

LEBAOTE (heb. *lĕḇā'ôṯ*) (tb. BETE-LEBAOTE) Cidade no extremo sul de Judá (Js 15:32). Em Josué 19:6, é chamada de Bete-Lebaote e é designada a Simeão. É provavelmente a mesma que Bete-Biri (1Cr 4:31).

LEBEU (gr. *Lebbaíos*) Leitura alternativa para Tadeu em alguns manuscritos de Mateus 10:3. As opções incluem "Tadeu", "Lebeu" e "Lebeu que era chamado Tadeu". Destes, somente os dois primeiros são viáveis. O nome ocorre também em Marcos 3:18, que muito menos manuscritos apoiam. Possíveis significados incluem "filho amado" ou "corajoso". É frequentemente identificado como designação descritiva para "Judas de Tiago" em Lucas 6:16; Atos 1:13, textos em que não ocorre nem o nome Tadeu nem Lebeu. [DAVID R. BECK]

LEBONA (heb. *lĕḇônâ*) Cidade no interior de Efraim, cerca de 5 km a noroeste de Silo, na estrada de Siquém (Jz 21:19). O sitio tem sido identificado com o moderno vilarejo de el-Lubban.

LEB-QAMAI (heb. *lēḇ qāmāy*) Codinome de Caldeia (Jr 51:1; "Kasdim"). *Ver* ATHBASH.

LEBRE Roedor herbívoro da família Leporidae, mamífero intimamente relacionado ao coelho. Várias espécies têm sido registradas na Palestina, inclusive o Lepus syriacus, animal levemente menor que seu contraparte europeu (Lepus europaeus). É comum em áreas com florestas e cultivadas em todo o norte da Palestina, particularmente no Vale de Esdrelon. Uma variedade menor, com dorso cor de areia clara, é a Lepus aegypticus, encontrada no Neguebe e no vale do Jordão.

Por ruminar mas não ter os pés divididos, a lebre é classificada como animal impuro (Lv 11:6; Dt 14:7). Na realidade, a lebre não é animal ruminante, mas pode ter parecido assim aos observadores da antiguidade por causa de seus constantes movimentos de mastigação.

LECA (heb. *lēḵâ*) Homem de Judá, filho de Er e descendente de Sela (1Cr 4:21). O contexto, entretanto, sugere que Leca foi o lugar da tribo territorial de Judá, fundado por Er. Porque Maressa, mencionado no mesmo texto, está localizado a noroeste de Hebrom. Leca pode ter estado na mesma região, embora não possa ser identificado mais precisamente.

LEÉM (heb. *leḥem*) Obscura forma hebraica encontrada em 1Crônicas 4:22, possivelmente um lugar desconhecido, governando por Joás e Sarafe. Algumas versões consideram Leém uma forma abreviada de Belém ou leitura do TM "Jashubi-lahem" como nome próprio. Outra possibilidade é traduzir "e voltou", em vez de um nome (cf. formas idiomáticas semelhantes em Dt 5:30; 1Sm 26:12). [ROBIN GALLAHER BRANCH]

LEGIÃO A divisão fundamental do exército romano (gr. *legiṓn*, do lat. legere, "reunir"). Depois da derrota de Marco Antônio na Batalha de Áccio (31 a.C.), Otaviano fez muitas reformas militares, reduzindo o número de legiões de 60 ou 70 para 28 (150 mil homens, mais um número igual de auxiliares) e mudou o exército de uma milícia em profissionais (cf. Tácito Ann. 1.17). A maioria dos governantes desse período mantiveram uma pequena força permanente de tropas de elite apoiadas por recrutamentos civis, que não se comparavam aos legionários profissionais (cf. Josefo *BJ* 3.70-109).

A legião (c. 6.000 homens), sob a autoridade de um governador provincial ou prefeito (p. ex., Egito), era quase sempre comandada diretamente por um emissário imperial assistido por tribunos ou centuriões. A legião era composta por 10 coortes: uma primeira coorte de dupla resistência composta de 960 homens e outras nove coortes de 480 soldados de infantaria e 120 de cavalaria (patrulheiros e cavaleiros enviados). As coortes eram também subdivididas em seis centúrias de 80 homens, cada uma comandada por um centurião.

Cada legionário era equipado com um grande escudo retangular, capacete com proteção para o pescoço e a face, armadura para o corpo (couro, cota de malha ou aço segmentado), espada curta, adaga, uma lança pesada e uma leve.

Em Mateus 26:53; Marcos 5:9, 15 e Lucas 8:30, o termo tem o sentido figurado, representando um grande número.

Bibliografia. B. Campbell, *The Roman Army, 31 B.C.-A.D. 337* (London, 1994); G. Webster, *The Roman Imperial Army of the First and Second Centuries A.D.*, 3. ed. (Norman, Okla, 1998). [ANDREA LORENZO MOLINARI]

LEGUMES Os legumes (heb. *yārāq*, *'ōrōṯ*) eram o principal suporte alimentar do mundo antigo, junto ao azeite e ao vinho (Plínio Nat. hist. 19.52-189). As variedades do antigo Oriente Próximo incluíam pepino, endívia, alho, alho-poró e cebola, pelos quais o Egito era especialmente bem conhecido (cf. Dt 11:10). O hebraico *zērō'îm* ("coisas semeadas") incluíam os legumes (2Sm 17:28; Dn 1:12, 16).

Os gregos apreciavam os legumes como alimento rico e simples (Platão República 2.372; cf. Pv 15:17). Geralmente "hortaliças" (gr. *láchana*) eram plantas folhadas, diferentes dos legumes. Incluidos nos termos estavam alcachofra, aspargo, endívia, agrião, alface, pepino, repolho e alguns vegetais como rabanete, cenoura, cebola e algumas ervas. A láchana (Josefo, *BJ* 5.437) pode ser também uma hortaliça selvagem.

No NT, *láchana* inclui hortaliças e ervas (cf. a semente de mostarda que se torna a maior de todas as plantas do pomar, Mc 4:30-34 par.; e o dízimo das ervas feito pelos fariseus, Lc 11:42). De acordo com Romanos 14:2, o fraco na fé come apenas alimentos vegetais. Visto que o vegetarianismo sistemático (ao contrário do jejum ocasional) era estranho ao judaísmo oficial, os estudiosos discutem o significado dessa passagem. Alguns estudiosos afirmam que "comer legumes" quer dizer alguma abstinência de certos alimentos, e outros argumentam que a frase é evidência de que certos judeus cristãos em Roma comiam "somente legumes" devido a impossibilidade de obter ritualmente comida e vinho puros como resultado da revogação do edito de Cláudio (cf. Dn 1:12, 16; 2Mac 5.27).

Bibliografia. G. Bornkamm, "láchanos", *TDNT* 4.65-67; f. Watson, "The Two Congregations: Romans 14.1–15.13", in *The Romans Debate*, ed. K. Donfried, ed. rev. (Peabody, 1991), 203-15. [THOMAS SCOTT CAULLEY]

LEI Lei é um reflexo da maneira pela qual a sociedade vê e administra a si mesma por meio de acordos e formas de contenção. O veredicto legal pode ser reconhecido em relação aos atos que "mobilizam" a sociedade a reagir diante da necessidade de proteger indivíduos ou o próprio estado. Quanto mais grave a ofensa, mais probabilidade haverá de a sociedade criar uma corporação para forçar o comportamento "correto" e codificar um conjunto específico de restrições legais para tratar de futuras ocorrências.

Os legisladores nas culturas ocidentais, como a Grécia e Roma, começaram por identificar princípios legais que as pessoas admitiam como certos. Então traçaram leis específicas para aplicar esses princípios a situações da vida real. Mas ainda existe pouca evidência de que os legisladores nas culturas orientais, com o antigo Israel, usaram um sistema de princípios legais gerais que tivessem aplicado de forma consistente a situações específicas nos grandes códigos dos livros de Êxodo, Levítico, Números e Deuteronômio. As leis no mundo bíblico raramente descrevem comportamento típico ou normal ou até mesmo ideal em Israel. De fato, o comportamento normal pode com frequência ter sido uma contrariedade a esses códigos.

No mundo da Bíblia, a base da lei não era a filosofia, mas a crise. Os legisladores desenvolveram leis específicas para tratar com famílias que enfraqueciam ou ameaçavam o bem-estar do estado. As famílias enfrentavam esse tipo de situação quando fracassavam em trabalhar a própria terra, alimentar os filhos e contribuir para os esforços cooperativos do estado para coletar taxas e levantar o exército. Um exemplo de tal crise encontra-se na história das filhas de Zelofeade, que reclamam a herança de seu pai quando nenhum herdeiro do sexo masculino está presente (Nm 27:1-11). O apelo delas exigiu consideração e deliberação legal que expandiu a tradição anterior relativa ao casamento levirato (Dt 25:5-10) em favor de uma solução de acordo com o senso comum que beneficiaria uma família e a comunidade como um todo.

Os legisladores na Bíblia não nos ensinam muito a respeito de como Israel pensava, da mesma forma que o fazem no que se refere como Israel trabalhava como comunidade. Por exemplo, as leis na Bíblia mostram como Israel reagia a uma situação ou crise em particular (o caso do homicida desconhecido em Deuteronômio 21:1-9 é exemplo). Eles revelam também as concepções básicas sobre a natureza humana, como Israel cuidava da coleta de evidência e do seu uso para a tomada de decisões legais (cf. o uso de lençóis nupciais em Deuteronômio 22:13-19). Finalmente, as leis delineiam a maneira que Israel como estado distribuía o poder (a admoestação a juízes em Êx 23:6-8; cf. Dt 16:18-20; 2Sm 15:1-4).

Códigos legais. O cenário em que Moisés recebe a lei no monte Sinai está centrado numa renovação do pacto originalmente feito por Yahweh com Abraão e depois uma extensão desse acordo para incluir um "tratado" mais formal com os israelitas, conhecido como o Decálogo ou Dez Mandamentos. Como parte desses eventos, o governo de Moisés como líder supremo do povo é realçado e aumentado. Só ele fala diretamente com Deus, e até mesmo seu irmão Arão, que depois serve como sumo sacerdote em favor do povo, é retratado como uma criatura fraca na ausência de Moisés (Êx 32).

Em Êxodo 20:1-17 (e Deuteronômio 5:6-21), o Decálogo é apresentado em estilo apodítico. São leis "impositivas", as quais não requerem muita explicação e não contêm a sequência "se — então" mais comum em leis baseadas na jurisprudência. Podem ser divididas em dois segmentos:

Estatutos comunitários, que se aplicam à conduta de toda a nação e Estatutos pessoais, que estabelecem o código de conduta para cada pessoa.

Essas leis eram comuns em outras culturas e foram planejadas para manter a ordem e proteger os direitos de propriedade.

O restante das leis em Êxodo, e as encontradas em Números, Levítico e Deuteronômio são essencialmente leis jurisprudenciais. Em quase todos os casos, elas são extensões das fórmulas legais apresentadas nos Dez Mandamentos e são o resultado da resposta de juízes ou de indivíduos à pergunta: "E se?" sobre uma frase legal em particular.

Desde que foram planejadas para regular a vida do povo, foi necessário que as leis evoluíssem à medida que mudava a situação social do povo. Assim, o código do Pacto de Êxodo 20:23-23:19 e o código deuteronômico de Deuteronômio 12-26 demonstram que o povo não podia ser governado por leis dirigidas somente a pastores nômades quando haviam se tornado agricultores e moradores urbanos. Por exemplo, o grupo de leis que tratam do cuidado do "pobre" (incluindo viúvas, órfãos e estrangeiros residentes) pode retroceder aos mandamentos da honra aos pais, à proibição de roubar e à proibição da cobiça. Entretanto, cada uma dessas leis jurisprudenciais tratava de uma situação legal em particular que requeria uma expansão da lei para que lidasse mais diretamente com as preocupações correntes (cf. Lv 19:9-10; 25:35-37; Dt 15:1, 2; 16:19). No centro dessa expansão está a exortação para lembrar "de onde eles vieram". O período de escravidão no Egito é continuamente referido como a base para a restrição ou garantias legais (Dt 5:15; 15:15; 16:12; 24:18).

Cessada a monarquia e tendo a comunidade sacerdotal se tornado a guardiã do compromisso do povo com Yahweh, foi formulado o código de Santidade de Levítico 17-26. Ele é caracterizado pela declaração: "Sereis santos, porque eu, o Senhor vosso Deus, sou santo" (Lv 19:2). Esse grupo de leis, com outra legislação sacerdotal (Êx 25-31; 35-40; Lv 1-16, 27; Nm 1-10), coloca mais ênfase em manter a santidade ou pureza ritual por meio da obediência à lei. Entre suas maiores preocupações estão as determinações para a prescrição do espaço sagrado (limites do templo), bem como das principais ocasiões de festa e procedimentos cúlticos.

Existem muitas similaridades entre os códigos bíblicos de leis e os encontrados em outras partes no antigo Oriente Próximo. O Código de Hamurabi (séc. XVIII a.C.) e o código assírio de leis (séculos VIII e VII) contêm muitas leis semelhantes às da Bíblia. Parece provável que fórmulas legais tenham sido transmitidas entre culturas junto a outras ideias, costumes, tecnologias e estilos. Por exemplo, tanto o código de Hamurábi como a lei bíblica contêm o princípio da *lex talionis*, "olho por olho". Esse sistema se baseia na ideia da completa reciprocidade pela perda ou dano. Entretanto, os códigos legais dos israelitas exigiam completa igualdade para todas as pessoas, sem exceção até mesmo para o rei. Na antiga Babilônia, havia um sistema social multiordenado no qual os cidadãos não recebiam a mesma punição como escravos por danos semelhantes. Outra diferença encontra-se na aparente dureza da lei israelita. Existem muitos crimes nos vários códigos legais para os quais é prescrita a pena de morte (Êx 21:12, 17; Lv 20:9; Dt 13:5 [TM 6]). Entretanto, a lei israelita não provê nenhuma "escapatória" que pudesse permitir as partes acusadas de serem liberadas ou de pagar multa, como é o caso nas leis da Mesopotâmia. Isso se deve ao conceito de "pureza", inerente à lei bíblica (cf. esp. o código de Santidade de Levítico). Se a sociedade desejasse permanecer pura, não podia tomar meias medidas ao tratar do comportamento criminoso, que acabaria contaminando toda a nação. Assim, um filho pródigo deve ser apedrejado até à morte (Dt 21:18-21) para eliminar "o mal do meio de ti", e a lepra deve ser excluída da sociedade até ser declarada "limpa" por um sacerdote (Lv 13).

Sistema judicial. Para manter a ordem e administrar as leis, havia mais do que um sistema judicial no antigo Israel. O judiciário incluía tribunais do santuário, tribunais marciais, tribunais das portas e a assembleia divina. Cada tribunal é um sistema judicial independente e, embora funcionassem contemporaneamente, um não revia ou recorria ao outro exceto em casos extremos(Dt 17:8-13).

Os sacerdotes administravam os tribunais do santuário de acordo com um sistema judicial que envolvia adivinhação, oráculos e o julgamento pelo ordálio (cf. Nm 5:11-31). O queixoso apresentava-se ao sacerdote com uma pergunta para a qual podia ser dada a resposta "Sim" ou "Não". O sacerdote revelava a resposta ou a lei usando técnicas tais como Urim e Tumim (Êx 28:30; Nm 27:21; 1Sm 14:41; 28:6; Ed 2:63).

A reforma do santuário desempenha importante papel no livro de Deuteronômio, que é regularmente associado aos profetas. Mas Deuteronômio é mais uma reforma real do que profética. Ele é um esforço por parte dos reis de Judá de centralizar os impostos e o sistema de alistamento na expectativa de guerra iminente. Deuteronômio foca na centralização das instituições econômicas, e centraliza também o sistema de tribunal marcial (Dt 12-13). O Deuteronômio não tenta remediar a injustiça pela imposição de um sistema padronizado de justiça em toda Judá e impedir distinções locais. A instituição do tribunal da porta, de Judá, permanece descentralizada e, de fato, Deuteronômio argumenta que a legalidade das cidades de Judá é, antes de tudo, a tradição legal do tribunal da porta, enquanto que a legalidade de Jerusalém é litúrgica.

A porta da cidade é anterior à monarquia e, em certo sentido, serviu como centro rival de poder. As portas tinham também fortes ligações com a alimento e proteção. Os profetas associavam-se à porta para enfatizar sua função de equilibrar o poder dos monarcas e usavam a porta para direcionar a atenção para os dois assuntos padrão pelos quais era avaliado o desempenho de um monarca: alimento e proteção. Isso ajuda a explicar o ritual de execração de Jeremias na Porta do Oleiro (Jr 19:1-13) e a rápida represália do sacerdote Pasur, colocando-o no tronco "na porta superior de Benjamim" (202). Cada um deles estava usando um símbolo de autoridade para elevar a própria postura pública.

Na Bíblia, profetas como qualquer outro cidadão, com frequência se colocam em pé à porta para iniciar seu curso de ação (Jr 7:1-2). Mas o local do julgamento é regularmente transferido para a assembleia divina, como em 1Reis 22:1-40, na qual monarcas e profetas se reuniam no recinto de trilhar, na porta da cidade, para discernir se a assembleia divina autorizou Israel e Judá irem à guerra contra Arã.

A assembleia divina aparece nas literaturas do Egito, Mesopotâmia e Síria-Palestina. Na Bíblia, é semelhante ao tribunal da porta. Ambos são organismos judiciais constituídos de cidadãos que se reúnem num limiar para resolver uma crise. O tribunal da porta se reúne à de uma cidade, que marca o limite entre o santuário dentro de seus muros e o mundo exterior (cf. Rt 4:1-6). A assembleia divina se reúne na montanha, que marca o limite entre os planos divino e humano. Tanto o tribunal da porta como a assembleia divina ajudam a resolver disputas que envolvem terra e filhos. Residentes de uma cidade comparecem diante do tribunal da porta, nações, perante a assembleia divina quando concluem tratados.

Poder de polícia. A aplicação da lei no estado diferia da aplicação desta nos vilarejos, embora ambas funcionassem uma ao lado da outra. A administração da lei no vilarejo era descentralizada. Neste, os pais de família serviam como líderes ou legisladores (Rt 4:2; Pv 31:23). A autoridade deles vinha das próprias famílias, e serviam como assembleia para resguardar os direitos dos aldeões quanto a alimento e proteção. As assembleias reforçavam seus vereditos por meio do consenso ou do acordo coletivo. A cooperação entre as famílias num vilarejo não resultava do medo de retribuição, mas da compreensão mútua do que cada família precisava fazer para a sobrevivência de todo o vilarejo. Um consenso obrigatório era possível apenas quando cada família do vilarejo compreendia quem iniciara a queixa, o que envolvia a acusação e como o acusado respondia. Consequentemente, os anciãos conversavam com os queixosos e acusados até que todos eles chegassem a um acordo de como a questão poderia ser resolvida (Dt 16:18-20; 19:16-20; 22:13-21).

No estado, a administração da lei era centralizada. O monarca era o legislador que nomeava juízes para ouvir os casos em todo o estado (cf. a administração de Josafá em 2Cr 19:4-11). O foco da lei no vilarejo estava na responsabilidade das famílias de alimentar seus membros, enquanto que a lei no estado tratava essencialmente de sua responsabilidade em proteger o povo. As leis que tratavam do incesto, regulavam o casamento e controlavam a herança, por um lado, desenvolveram-se nos vilarejos. As leis que tratavam das taxas e do serviço público militar, por outro lado, desenvolveram-se no estado. No início, os tribunais do estado somente ouviam as queixas das famílias no que se referia à avaliação delas e de sua obrigação em alistar soldados para o exército

(2Sm 15:2-4). Gradualmente, entretanto, passaram a ouvir casos envolvendo todas as áreas da vida pública (2Sm 21:2-9; 1Rs 3:16-28).

Os tribunais do estado usavam o poder de polícia, em vez do consenso, para garantir a cooperação. Um legislador ouvia os queixosos e depois tomava decisão sobre o caso. Desde que a decisão era baseada no julgamento de um único legislador, havia maior grau de ponderação judicial que não estava necessariamente harmonizada com um consenso amplo de opinião dentro do estado como um todo (cf. julgamento de Davi em 2Samuel 12:1-6; 14:2-11). Embora a decisão pudesse estar baseada em precedentes, a excessiva liberdade de interpretação do precedente está mais aberta à variação.

A peça central na antropologia da lei do estado é a a caracterização do monarca como legislador. A arte e a literatura que retratam os monarcas como legisladores promulgando código de leis durante sua coroação têm sido descobertas por arqueólogos para mais de uma cultura no Oriente Próximo. Por exemplo, uma das mais excelentes caracterizações tanto de Lipit-Istar como de Hamurábi, da Babilônia, os retratam como legisladores.

Embora certamente cada novo monarca fez algumas mudanças nas leis do estado, é improvável que cada um deles tenha autorizado uma grande reestruturação dos códigos de leis permanentes. Os monarcas promulgavam um código mais para ratificar sua autoridade do que para dar início a uma abrangente reforma judicial (cf. ações de Josias em 2Reis 22:3-23:27). Ao fazer isso, os monarcas imitavam as ações da assembleia divina ao dar ao povo um pacto ou um código de leis pelo qual a vida na monarquia seria mantida. O ritual confirmava a responsabilidade do monarca em manter a ordem no estado. Assim como os deuses de Annunaki confirmam Marduque como legislador divino no épico de Enuma Elish, a assembleia divina reconhecia os monarcas como legisladores durante sua coroação (Sl 72, 101).

A lei no antigo Israel funcionou como meio de identificação do povo com o pacto, de manter a ordem social e garantir que a autoridade do palácio e do templo fosse reconhecida e obedecida. Embora sua formulação original e administração tivesse mais a ver com sobrevivência num ambiente difícil e perigoso a lei, tal como a sociedade israelita, acabou se tornando bastante complexa. Como resultado, a fórmula legal tornou-se mais ritualista (como no código de Santidade) e pronunciamentos legais impuseram um caráter rígido que pode ter tido mais a ver com a manutenção das estruturas sociais do que com a administração de justiça.

Bibliografia. D. C. Benjamin, *Deuteronomy and City Life* (Lanham, 1983); H. J. Boecker, *Law and the Administration of Justice in the Old Testament and Ancient East* (Minneapolis, 1980); V. H. Mattews, "Entrance Ways and Thresing Floors: Legally Significant *Sites in the Ancient Near East*", *Fides* et Historia 19/3 (1987:, 25-40; D. Patrick, *Old Testament Law* (Atlanta, 1985). [VICTOR H. MATTHEWS]

LEÍ (heb. *leḥî*) Acampamento filisteu onde Sansão, aprisionado, livrou-se e matou 1.000 filisteus com uma "queixada de jumento, ainda fresca (heb. *leḥî* (Jz 15:9,14,19). O lugar foi em seguida chamado de Ramate-Leí (Jz 15:17), "a colina da queixada" (Jz 15:17). Os filisteus mais tarde posicionaram tropas nesse lugar contra Davi (2Sm 23:11). Geralmente, o termo hebraico se refere a uma queixada humana ou animal, mas pode também indicar uma característica geográfica. O local ficava provavelmente nas terras baixas de Judá. [AARON M. GALE]

LEI CERIMONIAL Lei que diz respeito às observâncias religiosas principais e às práticas de culto. *Ver* LEI.

LEI DE TALIÃO (Lex talionis) Tida com frequência como resumo da lei bíblica, essa lei da retaliação exige que o culpado receba a retribuição equivalente ao dano causado ("olho por olho, dente por dente"). As leis bíblicas da retaliação são encontradas no contexto do assassinato (Gn 9:6; Êx 21:12; Lv 24:17, 21), morte de um animal (Êx 21:36; Lv 24:18), dano corporal de uma mulher grávida (Êx 21:22-25) ou de um vizinho (Lv 24:19, 20) e no falso testemunho (Dt 19:16-21). Elas aparecem também nas coleções legais da Mesopotâmia, mais notadamente no Código de Hamurábi, e são fundamentais para muitos sistemas legais antigos. Em contraste à lei do antigo Oriente Próximo, não existe retaliação vicária na Bíblia, e a retaliação bíblica é aplicada a todos, independentemente da classe social (exceto escravos). Acusações de retaliação de natureza cruel têm sido refutadas recorrendo-se ou à sua intenção de frear ciclos ilimitados de retribuição ou de sua substituição de leis anteriores que permitiam compensação monetária por atos de violência, incluindo o assassinato.

Se durante o período bíblico, a lei de talião era entendida literalmente (no sentido teórico, proverbial ou geral) ou simplesmente como pronunciamento formal de que a punição deveria ser compatível com o crime permanece um debate em aberto. A evidência contra uma interpretação literal encontra-se no AT, ex., imediatamente depois da aplicação da lei de talião ao dano causado a uma mulher grávida (Êx 21:22). A controvérsia sobre a interpretação adequada dessas leis continuou no período romano (cf. Josefo *Ant.* 4.278-80; Fílon Spec. leg. 3.181-204; b. B. Qam. 83b-84ª). A rejeição do talião no Sermão do Monte tem sido visto como problemático, já que Jesus alega cumprir a Torá e, todavia, condena a retaliação em favor da benevolência (Mt 5:38; cf. Rm 12:17; 1Ts 5:15; 1Pe 3:9). Essas críticas dos cristãos primitivos ao talião devem ser analisadas no contexto tanto da discussão judaica contemporânea dessa lei quanto da oposição filosófica greco-romana à retaliação.

Estudos recentes das leis bíblicas do talião têm enfatizado a importância de investigar a história do seu preparo e relacionamentos intertextuais. A análise dessas leis por Calum M. Carmichael em relação à narrativa (esp. Gn 38; 1Rs 21; Jz 1) pode também demonstrar ser uma abordagem útil.

Bibliografia. C. M. Carmichael, "Biblical Laws of Talion", *Har* 9 (1985): 107-26; S. M. Paul, *Studies in the Book of the Covenant in the Light of Cuneiform and Biblical Law*. VTSup 18 (Leiden, 1970). [JENNIFER K. BERENSON MACLEAN]

LEIA (heb. *lē'â*) A filha mais velha de Labão, irmã de Raquel e primeira esposa de Jacó. Ela é a mãe de seis filhos e uma filha. Acredita-se que o seu nome signifique "vaca", em hebraico.

Apesar das trapaças do pai, Leia se casa com um desconhecido chamado Jacó, que tinha a intenção de se casar com Raquel (Gn 29:16-26). O texto não indica que papel Leia desempenhou na falcatrua de Labão. Como resultado, entretanto, ela acaba se casando com um homem que não a ama e divide o marido com a irmã. Devido à falta de atenção demonstrada por Jacó a ela, Deus a abençoa com grande fertilidade, enquanto Raquel é estéril. Leia dá à luz Rúben, Simeão, Levi, Judá, Issacar e Zebulom (Gn 29:31-35; 30:14-20). Ela providencia também para que sua serva Zilpa tenha dois filhos de Jacó, Gade e Aser, também atribuídos a Leia. Além deles, ela teve também uma filha, Diná (Gn 30:21).

Leia é sempre apresentada como pessoa sem atrativos, em contraste à sua bela irmã. Essa descrição gira em torno da interpretação do termo hebraico *rakkôṯ* usado para descrever os olhos de Leia (Gn 29:17). Muitas traduções apresentam a palavra em inglês como "fraco", mas outra tradução possível pode ser "meigo" ou "agradável".

Um acontecimento importante nas histórias que envolvem Leia e sua irmã assim como seu compartilhamento do marido ocorre quando um dos filhos de Leia, Rúben, encontra mandrágoras, que pode ter sido um antigo afrodisíaco. Leia troca as mandrágoras com Raquel (que espera usá-las para conceber) por mais uma noite com Jacó em sua cama. Leia engravida daquela união (Gn 30:14-20). Por meio de suas ações e desejos, Leia se torna uma das "mães de Israel".

Bibliografia. S. P. Jeansonne, *The Women of Gênesis* (Minneapolis, 1990). [LISA W. DAVISON]

LEITE Nutrição líquida, especialmente importante no alimento de recém-nascidos (cf. 2Mac 7.27). O leite é uma necessidade básica humana (Sir. 39.26), e os agricultores criaram regularmente ovelhas e cabras para a produção de laticínios. No AT, a cabra era a principal produtora de leite (Pv 27:27). A Terra Prometida é chamada de "terra que mana leite e mel" (Êx 3:8), referindo-se tanto à generosidade agrícola da terra de Canaã como ao fato de que Deus alimentaria lá os israelitas.

Uma proibição cúltica impede o cozimento do cabrito no leite da própria mãe (Êx 34:26). Essa regra incompreensível deu origem à base exegética para a prática judaica de não cozinhar ou comer carne e produtos de leite juntos.

O leite é usado como símile de brancura (Gn 49:12) e como metáfora para o amor romântico (Ct 4:11). O leite pode referir-se à riqueza material (Is 60:16) ou nutrição didática (551). O leite espiritual é altamente desejável (1Pe 2:2). A referência por metáfora à comunicação dos ensinos e percepções básicas, o "leite" é adequado aos neófitos, enquanto os crentes maduros deviam comer alimento sólido (1Co 3:2). *Ver* PRODUTOS LATICÍNIOS. [STEPHEN ALAN REED]

LEMUEL (heb. *lĕmû'ēl*) Rei ("pertencente/dedicado a Deus") mencionado em Provérbios 31:1, 4, de outra forma, desconhecido. Alguns conjecturam que ele foi o rei do território ou tribo de Massa, todavia outros afirmam que Lemuel seja referência a Salomão. A pontuação e a acentuação no Código de Leningrado (B19) indicam que o hebraico *maśśā'* refere-se ao que foi ensinado ao rei por sua mãe (oráculo, sentença), não um lugar. [DAVID CLEAVER-BARTHOLOMEW]

LENÇO Pano usado para secar as mãos ou o rosto (gr. *soudárion*, do Latim *sudarium*; cf. sudor, "suor"). Em Atos 19:12, o termo refere-se aos lenços de Paulo que tinham poderes miraculosos, com efeito curador. Esses lenços podem ter sido panos atados na cabeça do apóstolo, enquanto fazia tendas. O uso variado de lenços é visto em outras passagens do Novo Testamento, por exemplo, em Lucas 19:20 ou João 11:44; 20:7. [KENT L. YINGER]

LENDA Gênero de narrativa cujo conteúdo e estrutura enfatizam de maneira típica a virtude do protagonista. O objetivo da lenda é edificar seus ouvintes. "Lenda" vem de *legenda*, termo latino para "coisas a serem lidas", usado para histórias cristãs medievais sobre a vida dos santos. Embora no uso popular de hoje, o termo tenha passado a significar "história inexata e exagerada" sobre eventos históricos ou pessoas, o uso estabelecido do termo

A B C D E F G H I J K L M N O P Q R S T U V X Y Z

no mundo acadêmico não presume a exatidão ou a inexatidão histórica.

A lenda acontece num período de tempo humano real, o passado recente e os que a transmitem acreditam ser histórica. A lenda usa a narração estática, isto é, o enredo não exibe uma tensão crescente que culmine num ponto de resolução. Em vez disso, o enredo explora a virtude do herói justo sob todos os ângulos para poder apresentar vários exemplos para emulação. O herói permanece unidimensional e rudimentar, sendo enfocado apenas em termos da virtude possuída. Além disso, nunca há dúvida quanto ao resultado do enredo; Deus invariavelmente garantirá um final feliz para o virtuoso herói. Por exemplo, em Daniel 1 a 6, Daniel e seus amigos piedosos emergem previsivelmente vitoriosos em cada conflito ou competição nas cortes de reis estrangeiros. Sua fé é o foco central das narrativas e deve ser emulada.

As lendas no AT podem também ser a respeito de um lugar santo; elas tendem a estar preocupadas com uma explicação da origem e da história da santidade de um lugar e dos costumes ali observados. Tais lendas são chamadas "lenda ritual" ou "etiologia cúltica" (a história de Jacó em Betel, Gn 28:10-22).

A lenda deve ser diferenciada de outros gêneros com as quais ela com frequência se sobrepõe. É diferente do mito quanto ao fato de acontecer em tempo real e não no passado distante no início do tempo. Difere do conto e do Märchen "conto de fadas", germânico, pelo fato de não se presumir que tenha acontecido num mundo irreal além da experiência humana. Finalmente, a lenda pode ser vista como um subgênero da Sage, termo germânico para "folclórico" ou "história popular", porém ela enfatiza a virtude de um grande herói acima de qualquer outro elemento.

Bibliografia. R. M. Hals, "Legend", *CBQ* 34 (1972): 166-76; repr. in *Saga, Legend, Tale, Novella, Fable*, ed. G. W. Coats, JSOTSup 35 (Seffield, 1985), 45-55; J. J. Scullion, "Märchen, Sage, Legende: Towards a Clarification of Some Literary Terms Used by Old Testament Scholars", *VT* 34 (1984): 321-36. [TAWNY L. HOLM]

LENTILHA 1. Fruto de uma planta da família dos legumes (Lens esculenta Moench) cultivada desde tempos muito antigos no Oriente Próximo. A lentilha crescia nos campos (2Sm 23:11), quase sempre chegando aos 45 cm. A planta produzia uma flor seguida por uma vagem achatada com algumas sementes. A julgar pelo "material vermelho", "caldo" ou "sopa de lentilha" que Esaú desejou de Jacó, as lentilhas tinha a cor vermelha (Gn 25:30-34); Esaú foi, de fato, desde então chamado de Edom, a palavra hebraica para vermelho (Gn 25:30).

A lentilha era usada para fazer pão (Ez 4:9) e até remédio, já que as sementes ajudavam a aliviar a constipação. A lentilha estava entre os alimentos dados a Davi e suas tropas (2Sm 17:28). Usada principalmente como alimento do pobre nos tempos bíblicos, o pão de lentilha permanece como parte da dieta do pobre no Oriente Médio hoje. [J. RANDALL O'BRIEN]

2. Na verdade se tratava de um feijão grande, Vicia faba L, semeado no inverso e colhido no verão. As plantas crescem até 1 m de altura e têm flores brancas cheirosas. Resquícios de Vicia faba foram encontrados em diversos sítios em Israel nas Eras de Bronze e Ferro.

Davi e suas tropas comeram lentilhas (heb. *pôl*) em Manaim durante a revolta de Absalão (2Sm 17:28). Deus instrui Ezequiel a fazer pão de "trigo, cevada, favas, lentilhas e milho miúdo" na preparação para o cerco de Jerusalém (Ez 4:9). Lentilhas moídas são geralmente usadas para os pobres como um enchimento no pão. [MEGAN BISHOP MOORE]

LEOPARDO Grande carnívoro pintado da família do leão. O leopardo adulto tem cerca de 1,5 m de comprimento, cauda de cerca de 0,6 — 0,9 m de comprimento e capa amarelada com pintas pretas (Jr 13:23). Esse animal vagava amplamente pela África, Palestina e outras partes da Ásia e se alimentava de antílope, cabra selvagem, cervo, bode, ovelha e pequenos animais. Têm-se avistado bem poucos leopardos na Palestina desde 1960.

O leopardo era um animal temido nos tempos antigos (Ct 4:8; Jr 5:6; Os 13:7). Ele era também admirado por sua rapidez (Hc 1:8). O leopardo é usado nas imagens apocalípticas para representar nações que conquistam rapidamente regiões mais importantes (Dn 7:6; Ap 13:2). Na visão profética de Isaías, a respeito da era messiânica, a paz é exemplificada pela imagem de um leopardo descansando com uma cabra (Is 11:6). [JOHN A. MCLEAN]

LEPRA Doença crônica, embora não altamente contagiosa, que afeta principalmente a pele, membranas mucosas e os nervos, conhecida também como doença de Hansen. A causa é um organismo, o Mycobacterium laprae, identificado pelo médico norueguês G. A. H. Hansen (1841-1912).

Muitos estudiosos concordam que o termo hebraico *ṣara'aṯ*, traduzido por "lepra" pela maioria das versões portuguesas (Lv 13-14), não deveria ser equiparado ao mal de Hansen. Esse termo incluía uma variedade de condições caracterizadas por descoloração crônica de superfícies, incluindo a pele humana e as paredes das casas (Lv 14:34-57).

As pessoas contaminadas pela *ṣara'aṯ* eram consideradas impuras, e Levítico 13:44-46 prescrevia para elas o exílio da comunidade. Alguns textos da caverna de Qunram aplicam restrições até mais abrangentes para os "leprosos".

As implicações sociológicas das diretrizes levíticas, se implementadas, eram provavelmente significativas. Grupos de pessoas afetadas pela *ṣara'aṯ* perambulavam fora das cidades (2Rs 7:3). Os casos de Naamã (2Rs 5) e Uzias (2Cr 26:16-21) mostram que até oficiais e reis com a doença não estavam isentos das consequências sociais negativas. Os cristãos primitivos aparentemente não concordavam com as determinações levíticas. Jesus toca num "leproso" (Mc 1:41) e ordena que seus discípulos os ajudassem (Mt 10:8). [HECTOR AVALOS]

LESEM (heb. *lešem*) Forma alternativa de Laís, antigo nome de Dã (Js 19:47).

LESTE (ORIENTE) A direção primária de orientação para os hebreus (heb. *qeḏem*). O sul assim estava à "direita" ou "mão direita" *(têmān)* e o norte estava à "esquerda" ou "mão esquerda" *(śĕmō'l)*. Essa orientação em direção ao leste era compartilhada por diversos outros povos semitas incluindo os acadianos e os sumérios; os egípcios, entretanto, usavam o sul como o ponto primário para orientação, provavelmente devido à procedência sul do rio Nilo. A raiz hebraica *qdm* tem diversos matizes de significado, incluindo a antiguidade (visto que Abraão veio do leste); frente ou face (faceando a direção para receber orientação); e a expressão "vento oriental" ou "vento de Yahweh" (Os 12:1 [TM 2]; cf. Gn 41:6; Is 27:8). Em suas viagens, Yahweh era visto como vindo do leste (Ez 10:19; 11:23; 43:1-5).

As referências à "terra do leste" (*ereṣ qeḏem*; Gn 25:6; Jz 6:3, 33; 7:12; cf. Nm 23:7) podem ser traduzidas como substantivo próprio, "a terra de Qedem." Referências egípcias conflitantes com respeito a Qedem localizam a região mais próxima de Biblos na costa do mar Mediterrâneo na Fenícia ou a leste da Síria. A maioria dos eruditos toma a frase descritivamente como se referindo à região geral que vai desde o norte da Mesopotâmia até a Arábia. "Pessoas (filhos) do leste" *(bĕnê qeḏem)* provavelmente seja referência a povos dessa região geral: os edomitas, arábios, midianitas, e povos do vale da Mesopotâmia (Gn 29:1; Is 11:14; Jr 49:28). Jó é descrito como "o maior dos filhos do leste" (Jó 1:3), e é dito que ele residiu na "terra de Uz" na região geral de Edom.

Bibliografia. M. Dahood, "The Four Cardinal Points in Psalm 75, 7 and Joel 2:20", *Bibl* 52 (1971): 397; B. L. Gordon, "Sacred Directions, Orientation, and the Top of the Map", *History of Religions* 10 (1971), 211-27.

LETEK (heb. *leṯeḵ*) Medida para secos equivalente a meio ômer (Os 3:2).

LETUSIM (heb. *lĕṭûšîm*) Grupo tribal árabe descendente de Deda, neto de Abraão e Quetura (Gn 25:3).

LEUCIUS (gr. *Leukios*) Pseudônimo do autor de Atos de João, do século II, supostamente discípulo do apóstolo João (Epifânio Adv. Haer. 51.6). Leucius foi também o nome atribuído ao coletor do século IV de Atos dos Apóstolos, que consiste de Atos de João e quatro outros Atos apócrifos, os Atos de Paulo, Pedro, André e Tomé (cf. Photius *Bibl.* 114). Os maniqueus substituíram estes Atos apócrifos pelos Atos canônicos, que levou o papa Leão I a condenar tais obras apócrifas.

Bibliografia. K. Schäferdiek, "The Acts of John", *New Testament Apocrypha*, ed. Schneemelcher e R. McL. Wilson, ed. rev., 2 (Philadelphia, 1965): 152-212. [SHEILA MARIE DUGGER GRIFFITH]

LEUMIM (heb. *lĕ'ummîm*) Povo árabe descendentes de Deda, neto de Abraão e Quetura (Gn 25:3).

LEVANTE Designação dada às terras do leste do Mediterrâneo (do fr. *lever*, "subir" [i.e., o sol]), principalmente Ásia Menor e Síria-Palestina, mas com frequência toda a região costeira da Grécia ao Egito. No uso geológico, a fissura do Jordão é, às vezes, chamada de Fissura do Vale do Levante.

LEVEDURA Agente de fermentação, na Bíblia sempre restos de farinha (fermento) misturado com novas sobras de farinha para facilitar o crescimento da massa. Atualmente, o fermento substituiu a sobra de massa, por isso algumas traduções substituem "levedura" por "fermento", todavia conservam a forma "(pão) sem levedura".

O pão sem levedura está associado especialmente à festa da Páscoa/pão sem levedura. Com a pressa dos hebreus em sair do Egito, não houve tempo para que o pão crescesse (Êx 12:34, 39) e, assim, a Páscoa é lembrada (12:1-27; Mc 14:1, 12), ainda hoje, com pão sem levedura. O pão levedado podia ser oferta de ação de graças (Lv 7:11-14), mas nunca uma oferta queimada (cf. Êx 23:18; Lv 2:11).

O fermento foi usado como figura de linguagem comum. Na parábola de Jesus sobre o fermento, assim como este transforma a massa, o reino de Deus transforma a vida (Mt 13:33; Lc 13:20, 21). Jesus também advertiu contra o "fermento" dos fariseus e saduceus, cujos ensinos corrompiam (Mc 8:14-21 par.; Lc 12:1). Paulo admoestou os coríntios a removerem o "fermento velho" (cf. Êx 12:15, 19), ou seja, o pecado que podia corromper a igreja toda, e começarem novamente "com os ázimos da sinceridade e da verdade" (1Co 5:6-8). Ele adverte também contra o legalismo que, tal como o fermento, transformará "a massa toda" (Gl 5:9). [EDMON L. ROWELL, JR.]

LEVI (heb. *lēwî*; gr. *Leuí*) **1.** Antepassado epônimo da tribo de Levi e dos levitas; o terceiro filho de Jacó com sua primeira esposa Leia (Gn 29:34). No nascimento dele, Leia diz: "Agora, desta vez, meu marido se unirá a mim", sugerindo a etimologia para Levi de "estar apegado, unido". Isso é consistente com outros usos do hebraico *lāwâ* (Sl 83:8 [TM 9]; Is 14:1). É também consistente com a noção dos levitas estarem "ligados a, unidos a" Arão para servi-lo no culto (Nm 18:2, 4).

Levi e os levitas se caracterizaram pelo zelo por Yahweh, o que é exemplificado em Levi pela história do estupro de sua irmã Diná (Gn 34). Nesse relato Levi, com seu irmão Simeão, vinga o estupro da irmã ao exigir que o estuprador, que agora quer se casar com Diná, se circuncide, bem como todos os homens de sua cidade. Eles concordam com isso para possibilitar o casamento misto, mas enquanto estavam incapacitados devido à circuncisão, Levi e Simeão mataram a todos a espada e saquearam a cidade. Essa ação firmou a reputação deles pela violência e o ódio cruel em nome do imperativo moral. Esse fato explica sua dispersão de Israel e Judá (cf. Js 18:7), por isso foi declarado que devido ao temperamento deles, ninguém queria entrar em seu conselho ou assembleia (Gn 49:5-7).

O zelo excessivo em favor do certo contra o errado exemplificado por Levi no episódio de Diná é visto também como característica de seus descendentes. Na história do pecado do Bezerro de Ouro (Êx 32), por exemplo, são os levitas (em contraste a Arão) que se dispuseram a matar seus parentes de sangue, vizinhos e amigos em nome do Senhor. Assim, naquele dia eles foram consagrados ao Senhor (Êx 32:26-29). [LISBETH S. FRIED]

2. Antepassado de Jesus, listado na genealogia de Lucas como pai de Matate e filho de Melqui (Lc 3:24).

3. Coletor de impostos (Lc 5:27, 29), filho de Alfeu (Mc 2:14), a quem Jesus chamou para ser discípulo. Levi é geralmente tomado como o nome hebraico de Mateus em Mateus 9:9.

4. Outro antepassado de Jesus, de acordo com Lucas o pai de Matate e filho de Simeão (Lc 3:29).

LEVIATÃ (heb. *liwyāṯān*) Serpente marinha primitiva que representava o caos.

O leviatã aparece nos textos ugaríticos como Litanu. *KTU* 1.5 I,1 descreve como Baal feriu Litanu, "a serpente retorcida [cf. o ár. *lawiyā*], déspota de sete cabeças" (da mesma forma Anat [*KTU* 1.3 III,40-42], mas falta o nome Litanu). A antiga iconografia do Oriente Próximo retrata consistentemente o deus da tempestade vencendo a serpente.

A conquista do leviatã por Yahweh em Salmo 74:14 (note as "cabeças") é parte de sua atividade criativa (v. 12-17). Essa conexão dá suporte também a Jó 3:8: embora amaldiçoasse o dia do seu nascimento (em termos de reverter a criação de Gênesis 1) Jó invoca "os que são peritos em suscitar o leviatã". A referência de Jó a Yahweh haver traspassado "a serpente veloz" (Jó 26:13) ocorre também num contexto da criação (cf. *KTU* 1.5 I,1). Em Salmo 104:26, entretanto, o tema da conquista é abandonado: o leviatã é simplesmente uma das criaturas de Deus e além disso um ser brincalhão. O leviatã é discutido detalhadamente em Jó 41:1-34. Muitos veem aqui o crocodilo, mas sua capacidade em expelir fogo e fumaça, a incapacidade humana de subjugá-lo e o terror impressionante que ele infunde a todos oferecem razões para uma criatura mitológica que Yahweh pode subjugar, Jó não. Em Isaías 27:1 a mitologia completa o círculo, com Yahweh derrotando o leviatã (novamente) como nova criação na era escatológica; os contatos léxicos com *KTU* 1.5 I,1 são particularmente evidentes.

O "dragão de sete cabeças" é comparado a Satanás em Apocalipse 12:3, 9 e é arremedado pela besta de sete cabeças de 13:1; 17:3. A literatura judaica pós-bíblica antevê o leviatã, com o beemote, como parte do banquete messiânico (1En 60.7-9, 24; 2Ed 6.49-52; 2Bar 294).

Bibliografia. J. Day, *God's Conflict with the Dragon and the Sea* (Cambridge, 1985); C. Uehlinger, "Leviathan", *DDD*, 511-15. [JOHN L. MCLAUGHLIN]

LEVIRATO Fenômeno transcultural pelo qual o parente mais próximo de um homem que morre sem filhos se casa com a viúva deste. No antigo Israel, o filho primogênito da união decorrente do levirato (do lat. *levir*, "cunhado") era considerado herdeiro do falecido.

Deuteronômio 25:5-10 impõe a obrigação do levirato ao irmão sobrevivente se ele e o morto haviam "vivido juntos", isto é., não tinham dividido seu patrimônio. A última seção da lei (Dt 25:7-10) trata da situação em que o irmão recusa. A viúva leva a queixa aos anciãos, que determinam ao cunhado relutante que se case com ela. Ela então apresenta três atos visando a humilhar o cunhado por sua recusa; aparentemente estes atos liberam tanto a viúva quanto o cunhado de posterior obrigação quanto ao levirato.

O objetivo principal da lei é dar ao falecido um filho para herdar sua propriedade e, dessa forma, estabelecer seu "nome", isto é, sua linhagem, memória e, em certo sentido, sua continuada existência. O segundo propósito do levirato pode ter sido prover à esposa do morto a segurança econômica e *status* social do casamento e a oportunidade de ter filhos. É muito menos provável que a lei tivesse intenção de manter a propriedade do morto dentro da família evitando que sua viúva a levasse para um segundo casamento. Não há evidência bíblica de que uma viúva sem filhos tivesse herdado a propriedade de seu marido (cf. Nm 27).

Duas passagens sugerem que parentes de sangue, e não o irmão do morto teve a obrigação moral, se não legal, de se casar com a viúva. Em Gênesis 38, Tamar é considerada íntegra ao dar um herdeiro ao marido morto enganando o sogro para que mantenha relações sexuais com ela. O livro de Rute aceita ser um ato de lealdade do parente mais próximo do morto casar-se com sua viúva e dar-lhe um herdeiro.

O casamento no levirato é discutido no tratado rabínico Yebamot e fundamenta o debate entre Jesus e os saduceus narrado em Mt 22:23-33 (=Mc 12:18-27 = Lc 2:27-40).

Bibliografia. S. Niditch, "The Wrong Woman Righted: An Analysis of Genesis 38", *HTR* 72 (1979): 143-49; C. Pressler, The View of Women Found in Deuteronomic Family Laws. *BZAW* 216 (Berlin, 1993); R. Westbrook, "The Law of the Biblical Levirate", Revue internationale dês droits de l'antiquité, 3rd ser., 24 (1977): 65-87; repr. in *Property and the Family in Biblical Law*. JSOTSup 113 (Sheffield, 1981), 69-89.

[CAROLYN PRESSLER]

LEVITAS (heb. *lēwî*) Devido os levitas serem retratados de forma diferente nas várias fontes bíblicas, cada uma delas deve ser examinada separadamente. Mais seguras são as referências nos livros de Crônicas, datadas da última metade do século IV a.C. Aqui os levitas abrangem três classes de pessoal de culto, todas reivindicando descender de Levi, o único ancestral epônimo, mas cuidadosamente distintos uns dos outros e dos filhos de Arão pela genealogia deles. Estes são os próprios levitas, que alegam descender dos filhos primogênitos dos filhos de Levi; os cantores, que afirmam descender dos segundos filhos dos filhos de Levi (1Cr 6); e os porteiros, que afirmam descender de Corá, filho de Izar, o segundo filho de Coate, filho de Levi (1Cr 9:19), e também dos filhos de Merari (9:14; 26:19).

Como descrito em Crônicas, as tarefas dos levitas durante este período indicam burocracia bem estabelecida no templo com funções tanto religiosas como seculares. Os porteiros são encarregados das entradas, das câmaras e dos tesouros do templo. Eles coletam as taxas e tributações anuais e fazem os pagamentos de acordo com as necessidades determinadas (2Cr 24:6; 34:9, 10). Assistem os filhos de Arão no serviço do templo, encarregados da mobília e dos utensílios, da farinha, do vinho, do azeite, do incenso e dos condimentos — tudo o que é necessário para o culto (1Cr 9:26-32; 23:24-39).

Os cantores acompanham o serviço sacrificial com cânticos e instrumentos musicais (1Cr 23:30, 31; 2Cr 29:27, 28). Um papel adicional dos levitas era instruir o povo comum na lei (2Cr 17:8, 9; 19:8-10; 35:3), e pode ter cabido aos cantores do templo interpretar, ensinar e copiar a lei já que o serviço de cântico pode ter incluído a recitação da lei.

Os oficiais e juízes eram também nomeados dentre os levitas (1Cr 23:4; 26:29; 2Cr 19:8). Esses foram provavelmente encarregados de decisões legais, alistamento, corveia, trabalho e cobrança de taxas para as atividades seculares e cúlticas do templo (1Cr 26:22-30).

Anterior ao tempo do cronista, temos um quadro diferente. Durante o tempo de Neemias (446) ainda são os levitas chefiados por um sacerdote arônico que coletava os dízimos pelas cidades (Ne 10:37 [TM 38]), e uma distinção ainda é feita entre os sacerdotes que fazem o trabalho do templo (11:12) e os levitas, que fazem o trabalho externo ao templo. Neste tempo, também, os cantores do templo tinham sido assimilados à classe levítica (Ne 11:17; 12:27), mas não de forma inequívoca (12:28, 45-47; 13:5, 10), os porteiros, entretanto, não eram considerados levitas. Antes disso, numa lista que data do tempo do retorno (entre 538 e 520), nem os cantores, nem os porteiros eram levitas (Ed 2 = Ne 7), e até mesmo no tempo de Esdras, no sétimo ano de Artaxerxes (458; Ed 7:28; cf. Ne 10:29, 39 [30, 40]) nenhum destes grupos tinha ainda sido assimilado em seus postos. Naquele tempo o papel dos levitas era somente "ler a lei, interpretar e capacitar o povo a compreender o significado" (Ne 8:7).

Mais anteriormente, em 572 na Babilônia, Ezequiel descreve os papéis e privilégios dos sacerdotes levíticos (Ez 40-48), mas não os conhece como cantores ou porteiros. Ele conhece duas classes de sacerdotes: uma encarregada do serviço do altar, os filhos de Zadoque, e a outra encarregada do serviço do templo (Ez 40:45, 46). Como em Neemias as duas classes são contadas entre os sacerdotes levíticos (Ez 43:19). De acordo com Ezequiel, os sacerdotes levíticos não da linha de Zadoque administram as portas do complexo do templo e cuidam deste. Eles abatem toda a oferta queimada e o sacrifício do povo e permanecem diante deste para servi-lo. Eles têm o encargo do templo, do serviço e de tudo o que nele se faz (Ez 44:10-14), mas não podem se aproximar do altar ou das coisas sagradas (v. 13). Visto que Ezequiel acusa tais sacerdotes levíticos de segunda classe por terem deixado Israel se desviar antes do exílio (Ez 44:12), estes devem ter existido antes de Ezequiel.

Pela descrição que faz do papel dos levitas, Ezequiel depende de referências a eles no livro de Números. Aqui os levitas ajudam os filhos de Arão (Nm 3:6; 18:2), mantêm o serviço da tenda e fazem o serviço da tenda (Nm 3:8; 18:4, 6), mas não se aproximam dos vasos sagrados ou do altar (18:3). Eles têm a incumbência de carregar o tabernáculo e a arca, montá-lo e desmontá-lo (Nm 1:50, 51; caps. 3—4). Eles imolavam o sacrifício do povo (Nm 8:19) e coletavam os dízimos (18:26, 28). A preocupação tanto de Ezequiel quanto destes estratos de Números é que os levitas "barrassem a iniquidade" do culto, isto é, tivessem a responsabilidade pelo culto e o protegesse contra a invasão de pessoas não autorizadas (Ez 44:11; cf. v. 7) o que poderia incorrer na "ira" de Deus (Nm 1:51, 53; 3:10; 18:7, 22).

Os levitas podem ter sido sacerdotes de Yahweh no reino do norte e fugiram para o sul quando o norte caiu em 722, e foram então incorporados ao sacerdócio de Jerusalém como segunda ordem de sacerdotes. De acordo com Josué 21, as cidades dadas aos levitas descendentes de Arão ficavam todas na área de Judá, Simeão e Benjamim, enquanto os levitas não descendentes de Arão receberam cidades no norte, o que sugere uma província nortista. A queda do norte pode ter precipitado a linguagem sobre o temor da "ira" de Deus em Números e este, ou o termo cúltico "suportar a iniquidade", pode ter sido mais tarde mal interpretado por Ezequiel ou um comentarista de Ezequiel, dando ensejo à discussão ali.

Bibliografia. S. L. Cook, "Innerbiblical Interpretation in Ezekiel 44 and the History of Israel's Priesthood", *JBL* 114 (1995): 193-208; R. K. Duke, "Punishment or Restoration? Another Look at the Levites of Ezekiel 44, 6-16", *JSOT* 40 (1988): 61-81; M. Haran, *Temples and Temple-Service in Ancient Israel* (1978, repr. Winona Lake, 1985); S. Japhet, *I and II Chronicles*. OTL (Louisville, 1993); B. A. Levine, *Numbers 1-20*. AB 4 (New York, 1993); H. G. M. Williamson, *Ezra, Nehemiah*. WBC 16 (Waco, 1985).

[LISBETH S. FRIED]

LEVÍTICO, LIVRO DE O terceiro dos cinco livros de Moisés que compõem o Pentateuco ou Torá. O título Levítico conferido pela Igreja primitiva é um nome inadequado, já que P na realidade trata dos levitas principalmente em Números. Levítico cobre ampla gama de assuntos; mas seu foco no sacrifício nos dez primeiros capítulos passa uma falsa impressão de que o livro vai tratar somente do culto no templo, que imola animais para oferecer porções escolhidas como a "gordura que cobre a fressura", "os dois rins" e "o redenho que está sobre o fígado" — tudo para que o Deus chamado Yahweh pudesse sentir o "cheiro suave" da oferta queimada (3:1-5).

Na realidade, Levítico vai além das preocupações sacrificiais (graças pela generosidade de Deus, expiação pelo pecado) apresentadas nos caps. 1—10. Seus tópicos incluem leis sobre dieta ao definir animais adequados para alimentação e sacrifício (cap. 11); tratamento de doenças de pele virulentas, porém curáveis (caps. 13—14); ritos de expiação pelo pecado comunitário e individual (cap. 16); rituais cúlticos diários, sabatinos e festas observados durante o ano (caps. 23—24). O livro regula também a purificação simbólica das mulheres depois do parto (cap. 12); a purificação ritual da polução cúltica causada por emissões genitais (cap. 15) ou contato com cadáveres (caps. 21—22); e, mais importante, a prática de relação sexual e assuntos afins (caps. 18, 20). Muitos estudiosos veem o Código de Santidade (caps. 17—26) como uma fonte separada (H) adotada por P. O livro se encerra com leis para os anos sabático e jubileu (cap. 25), descrições punições horríveis aos desobedientes à lei de Deus (cap. 26) e um apêndice (cap. 27) em que é listado o valor monetário de várias classes de israelitas, a ser doada por aquele que promete seu valor ou o do seu filho ao santuário.

Datação e origem. Os exegetas judeus apelidaram Levítico de "a instrução para Sacerdotes" (*tôraṯ kōhănîm*), considerando que ele é principalmente um manual para conduzir o culto israelita a Yahweh. Levítico retrata o templo na aparência de um santuário portátil que acompanhou os israelitas durante sua viagem de 40 anos do Egito à Terra Prometida. Se o santuário simbolizou o Primeiro (pré-exílico) ou Segundo (Pós-exílico) Templo, depende da data de composição do livro — assunto cuja controvérsia continua. A maioria dos estudiosos datava Levítico no século V a.C., depois do Exílio babilônico no século VI, quando os sacerdotes israelitas deportados para Babilônia por Nabucodonosor II (2Rs 25:18; Ed 1:5) se depararam pela primeira vez com a religião babilônica e depois com o zoroastrismo persa — ambas as quais podem ter influenciado a escrita de P. Acadêmicos conservadores datam esse texto antes de tempos pré-exílicos, vendo-o assim como um desenvolvimento nativo dentro da cultura israelita.

A natureza de Levítico como manual sacerdotal o distingue de outras fontes da Tora (J, E, e D) e de todos os outros livros do AT. Não é nem mito de origens (como Gênesis) nem historiografia (Josué até Reis), nem poesia (o Cântico dos Cânticos), nem filosofia (Eclesiastes), nem profecia (Isaías ou Jeremias). Ele contém pouca narrativa e relativamente poucas personagens nomeadas, além dos líderes israelitas Moisés e Arão. Levítico cuida de duas castas israelitas: a casta elevada do sacerdócio hereditário chamada de "filhos de Arão" e o povo comum chamado de "filhos de Israel". (Os levitas ou "filhos de Levi", casta intermediária que ajudava os sacerdotes descendentes de Arão, figuram nos segmentos P de Números). Levítico trata também de pessoas que se acreditava apresentar ameaça à santidade ou pureza cúltica, como os que sofriam de certas doenças de pele (incluindo uma erroneamente identificada como lepra) e fluxo seminal; a mulher em seu período menstrual e pessoas que praticavam delitos tanto contra a ética quanto ao culto ao se envolverem em conduta sexual proibida, especificamente o adultério, incesto, homossexualidade e bestialidade.

Perspectivas antropológicas. Seus tópicos com frequência apresentados pela declaração "Disse mais o Senhor a Moisés...", Levítico parece apresentar regras concretas da lei divina. Mas uma análise mais acurada revela uma preocupação com ideias abstratas igualmente importantes para a teologia quanto para a antropologia. A antropóloga Mary Douglas demonstrou que as leis que governam o alimento e o sexo expressam o desejo de preservar a harmonia na natureza e na sociedade; e a historiadora das religiões, Mircea Eliade, mostrou que a preocupação com lugares sagrados (como o templo de Jerusalém) e tempos sagrados (como os sábados e outros dias santos) reflete uma crença etnocêntrica — amplamente prevalecente nas antigas culturas — na importância cósmica das atividades do próprio grupo da pessoa, visto como povo escolhido num relacionamento pactual com o seu Deus. Em Levítico, essa doutrina explica a ênfase Sacerdotal sobre "santidade" e "pureza" e a conexão delas com fenômenos básicos como parto, menstruação, relações sexuais e morte.

Sacrifício animal. O sacrífio animal, comum no mundo antigo (e ainda praticado em algumas culturas hoje), pode chocar os leitores modernos, parecendo simplesmente um ato primitivo. Todavia, ele expressa conceitos característicos sofisticados da maior parte de todos os sistemas religiosos. Os antropólogos e estudiosos da religião concordam que as ideias religiosas se desenvolveram de esforços humanos em entender o cosmos. Um desejo inato por ordem e harmonia estimulou a visão de que o universo era em princípio organizado em vez de caótico (gr. *kósmos* significa "ordem"). Quando as coisas se tornavam distorcidas, se na forma de desastres naturais ou distúrbios sociais, a perturbação da ordem cósmica apelava para ação simbólica para restaurar o equilíbrio rompido, apaziguando os poderes que governam o cosmos; e a ação simbólica, com frequência, tomava a forma de sacrifício ao deus ou deuses tribais.

Ao contrário, se um deus favorecia um indivíduo ou grupo com abundância de colheita ou rebanhos, inclinando, assim, a balança em favor deles, o equilíbrio podia ser restaurado levando-se uma oferta de gratidão de colheitas ou rebanhos (Lv 1-3). Às vezes, as pessoas pendiam a balança em direção ao céu ao levarem uma oferta antecipadamente, esperando motivar seu(s) deus(es) a restaurar o equilíbrio garantindo safra abundante da próxima vez. Alguém que tivesse pecado ao infringir algum regulamento cúltico podia aplacar a ira divina com sacrifício (caps. 4—5). Levítico prescreve ofertas para se adequar a todas essas categorias, com o objetivo geral reter ou recuperar o favor divino ao endireitar simbolicamente um erro ou neutralizar algum evento que, intencionalmente ou não, havia perturbado ou ameaçado perturbar a harmonia cósmica.

Sobressai entre os atos que se acreditava desordenar o equilíbrio cósmico estava o cometimento do "pecado" — uma tradução comum, porém equivocada do hebraico *ḥēṭ'*, que em hebraico não tem a mesma conotação moral da palavra "pecado" em português. De uma raiz que significa "errar o alvo", *ḥēṭ'* realmente significa "lapso" ou "erro" (o contrário de *tôrâ*, originária de uma raiz que significa "atingir o alvo"). Na cosmovisão dos sacerdotes israelitas, as infrações relacionadas ao culto — até mesmo as não intencionais — ofendiam a Deus e requeriam um sacrifício para expiação simbólica (caps. 4, 5, 16), enquanto as ofensas éticas contra os semelhantes exigiam reparações pela restituição ou compensação (como é frequentemente explicado em Êxodo e Deuteronômio) para restaurar o equilíbrio pessoal e social.

Santidade e pureza. Os principais motivadores da prática religiosa nos sistemas sacerdotais são os temas paralelos de santidade (*qĕḏûšâ*) e pureza (*ṭāhŏrâ*) — distintas, mas intimamente associadas a conceitos que requerem elucidação. A exigência por santidade israelita é articulada num apelo triplamente repetido por *imitatio Dei*: "Sereis santos, porque eu, o vosso Deus, sou santo" (19:2; 20:7; 11:44). O significado de santidade nesse versículo pode não ser de imediato aparente ao leitor moderno, para quem o termo normalmente evoca um indivíduo devoto e ascético — santo, místico, padre ou freira. A associação de santidade com abstinência sexual, entretanto, é diferente para o cristianismo e tem raízes em condições particulares da remota antiguidade. Para compreender santidade em Levítico, precisamos recorrer a discernimentos da antropologia e da religião comparada.

A santidade para os sacerdotes israelitas se assemelhava a conceitos parecidos em outras religiões antigas, como o zoroastrismo e o hinduísmo. Significava ser "especial" ou "separado". Desde que a santidade devia impregnar cada ação consciente, a vida diária era circunscrita por um catálogo de "farás" e "não farás" abarcando tanto os atos cúlticos quanto a adoração, expressando o amor a Deus (caps. 1—10, 23—24) e atos éticos, expressão do amor ao próximo (19:18, 34 e cap. 19 em geral), bem como os atos físicos vitais à sobrevivência do indivíduo e do grupo — a saber os que envolviam alimento (cap. 11) e sexo (caps. 18 e 20). Não somente o sacerdócio, como os israelitas em geral ("um reino sacerdotal e uma nação santa", Êx 19:6) devem separar-se dos outros em imitação do seu Deus Yahweh. A doutrina da eleição ("síndrome do povo escolhido") não é única dos israelitas, mas é encontrada também na maioria dos grupos étnicos ou nacionais (p. ex., Fardo do Homem Branco britânico, Missão Civilizadora francesa, Herrenvolk alemã, Destino Manifesto americano); e, no contexto da religião, aparece na teologia da substituição, na igreja primitiva, que declarou explicitamente serem "o Israel de Deus" (Gl 6:16) e a nova "raça escolhida" (1Pe 2:9).

Levítico reforça a santidade pela imposição de padrões rígidos de pureza cúltica na vida pessoal e comunitária. A pureza cúltica (às vezes chamada pureza ritual) é conceito ainda menos acessível do que a santidade à mente moderna. Muitos antigos acreditavam que alguns processos corpóreos despertavam uma aura de contaminação, que impediam o acesso humano ao divino. A contaminação cúltica podia ser gerada pela descarga de fluídos corpóreos associada a fenômenos cruciais, como o parto, a menstruação, a ejaculação, o fluxo seminal, as doenças misteriosas e, acima de tudo, o contato com mortos. As sociedades primitivas desprovidas de ciência e de medicamentos viam tais eventos — mal compreendidos e muito além do controle humano — como ordenados por Deus. Não é de surpreender que se cercaram de normas de poluição, tabus e rituais de purificação para remover a mancha que se apegava à pessoa ou coisas que tinham contato físico com esses fenômenos. Tais regras caracterizam o hinduísmo, o zoroastrismo, o judaísmo, o islamismo e ainda, de certa forma, são observadas na Igreja Ortodoxa Oriental. O batismo cristão como meio de remover as manchas invisíveis do pecado (cf. João Batista, em Mateus 3) desenvolveu-se diretamente dos procedimentos de purificação prescritos em Levítico.

Posição social das mulheres. Na cosmovisão de Levítico, os sacerdotes que contraíssem impureza não podiam "vir perante Yahweh" para realizar suas tarefas a menos que primeiro se purificasse pelo ritual da imersão. O mesmo se aplicava a um israelita curado de fluxo seminal que quisesse "vir perante o Senhor" com sua oferta (15:13, 14). Quanto a mulheres, entretanto, a omissão da frase crucial "perante o Senhor" no caso de fluxo de sangue (15:29) reflete a percepção sacerdotal das mulheres como inelegíveis em princípio para entrar na presença divina. Os tabus cúlticos que cercavam o parto, a menstruação e as relações sexuais refletem sociologicamente e definem teologicamente o lugar das mulheres na cultura patriarcal do Israel antigo. Até mesmo as mulheres da casta sacerdotal não podiam participar ativamente no culto do templo; regras definidas para preservar a santidade e a pureza dos israelitas, individualmente e da comunidade como um todo, baniam a presença potencialmente poluidora das mulheres do domínio público cultural. Mais tarde, as regras talmúdicas baseadas na cosmovisão sacerdotal confinariam efetivamente as mulheres judias ao domínio reservado. Essas leis impactam a vida das mulheres no judaísmo tradicional até os dias de hoje, desde a visita mensal obrigatória a um mikveh (ritual de imersão) até sua inelegibilidade a cargos públicos como rabi, cantor ou juíz de corte religiosa.

Observação histórica. A antiga tradição israelita via a Bíblia Hebraica mais do que simplesmente "a Palavra de Deus". Durante 2.500 anos, Levítico tem feito parte da história política, literária e cultural do povo judeu na qualidade de herdeiro biológico e cultural daqueles que escreveram a Bíblia Hebraica/AT. Entretanto, é importante distinguir o antigo culto sacerdotal israelita do judaísmo rabínico praticado naquela época, que se desenvolveu concomitantemente com o cristianismo do século I, na época da destruição do Segundo Templo. O que o AT realmente retrata é a religião do antigo Israel, destinado no tempo de Jesus a produzir dois irmãos: o judaísmo rabínico e o cristianismo.

Bibliografia. M. Douglas, *Purity and Danger* (New York, 1970); B. A. Levine, *Leviticus*. JPS Torah Commentary (Philadelphia, 1989); J. Milgrom, *Leviticus 1-16*. AB 3 (New York, 1991); J. R. Wegner, *Chattel or Person? The Status of Women in the Mishnah* (Oxford, 1988); "Leviticus", in *The Women's Bible Commentary*, ed. C. A. Newsome e S. H. Ringe (Louisville, 1992), 40-48. [JUDITH ROMNEY WEGNER]

LIBAÇÃO Oferta de líquido, normalmente vinho, derramada sobre um altar ou outro objeto cúltico como parte de uma cerimônia sacrificial. As ofertas de líquidos eram prática devocional comum entre os povos do antigo Oriente Próximo, e o uso de libações em cerimônias cúlticas é também confirmado na literatura bíblica. Quando Jacó erigiu uma coluna em Betel, derramou uma oferta líquida sobre ela (Gn 35:14). Os códigos legais de Israel contêm várias referências a libações (Êx 29:38-41; Lv 23:13; Nm 15:5). As críticas proféticas das práticas cúlticas contrastam com a intrínseca natureza celebratória de libações com dura condenação de suas associações idólatras (Is 57:6; Jr 7:18). É possível que libações de sangue fossem oferecidas por alguns (Sl 16:4). As libações eram também conhecidas no mundo grego, e Paulo fez da oferta líquida metáfora para a vida de serviço a Cristo (Fp 2:17; cf. 2Tm 4:6). [KEVIN D. HALL]

LÍBANO (heb. *lĕḇānôn*) Região montanhosa ao norte de Israel, famosa por sua floresta de cedro. O nome Líbano deriva da raiz semítica *lbn*, que significa "branco", aparentemente uma referência ao cume das montanhas coberto de neve, característica da região (cf. Jr 18:14). Embora os limites da área sejam imprecisos, o Líbano estava relacionado a duas cadeias paralelas de montanhas que ficam imediatamente a leste da costa fenícia, definida no norte pelo rio Eleutherus (Nahr el-Kebir) e o rio Leontes (Litani) ao sul, área de 160 km de extensão.

O Líbano é formado por três zonas distintas. As montanhas do Líbano emergem abruptamente muito próximas ao mar e alcançam altitudes de mais de mais de 3.048 m; a maior elevação é de 3.360 m. As encostas ocidentais dessas montanhas recebem quase 152 cm de precipitação pluviométrica anual, a maior parte na forma de neve nas maiores elevações. A leste dessas montanhas encontra-se oBeqaʿ,vale fértil aninhado entre as duas cadeias de montanhas (cf. Js 11:17). Embora parte da mesma fenda geológica que forma o vale do Jordão, ao sul, a elevação média do Beqaʿ é superior a 915 m em relação o nível do mar. O rio Litani nasce da fonte perto de Baalbek, flui para o sul e depois para oeste antes de desaguar no mar Mediterrâneo, ao norte de Tiro. O rio Orontes emerge de lagos e pântanos deixando para trás intrusões de basalto no extremo norte do vale. Embora o Beqaʿ possa parecer um corredor natural para o tráfico norte-sul, na verdade as intrusões de basalto no norte e os sulcos descendentes abruptos para o sul tornam a viagem difícil, especialmente para grandes exércitos.

As Montanhas Antilíbano se comprimem para cima a leste do Beqaʿ. Um pouco mais baixas e mais secas do que suas vizinhas ocidentais, as Antilíbano recebem chuva suficiente para produzir abundantes fontes ao longo do sopé da cordilheira. Essas nascentes alimentavam os rios Farfar e Abana, que alimentavam a cidade-oásis de Damasco. O monte Hermom (2.813 m, também conhecido como Senir ou Siriom [Dt 3:9; Ct 4:8]) fixa o extremo sul dessa cadeia. Inúmeras nascentes surgem ao sopé do mone Hermom, formando as cabeceiras do rio Jordão (cf Ct 4:15).

O Líbano foi famoso por suas florestas de coníferas (cedro, cipreste, abeto e pinho) que crescia em abundância nas encostas das montanhas. O cedro do Líbano, mencionado com frequência no AT, era especialmente valorizado como material de construção devido sua resistência e tamanho. Os egípcios importaram cedro para uso nas pirâmides e barcos sagrados, desde o início do terceiro milênio. Salomão conseguiu madeira de cedro do rei Hirão de Tiro para construir o templo e seu palácio, a "Casa da floresta do Líbano" (1Rs 5:6-14; 7:2-8; 10:17-21). Cedro do Líbano também foi usado na construção do Segundo Templo (Ed 3:7). Os escritores bíblicos usaram normalmente os cedros do Líbano como símbolo de beleza (Sl 104:16; 29:5-6; 72:16; 92:12; Ct 7:4; Os 14:5-7; cf 2Rs 14:9). O Líbano foi conhecido também pela produção de vinho (Os 14:7). [THOMAS V. BRISCO]

LIBERTAÇÃO Libertação é expressa em hebraico pela raiz verbal *nṣl*, "libertar", e *plṭ*, "resgatar", junto com *yšʿ*, "salvar" e *pdh*, "pagar resgate". A misericordiosa libertação feita por Deus ocorreu especialmente no Êxodo (Êx 3:8; 12:27; 18:4, 8-10; 1Sm 10:18), mas também em outras partes. O senhor livrou os israelitas no deserto (Sl 107:6), Davi (2Sm 22:18), Jerusalém (Is 31:5), Jeremias (Jr 1:19), Esdras (Ed 8:31) e o salmista (Sl 34:4 [TM 5]; 91:3; Ez 34:12). A consciência de que Deus liberta devido a divina misericórdia é com frequência explicada: "segundo a tua misericórdia" (Ne 9:28; cf. Jr 42:11, 12), por causa do "amor constante" (Sl 33:18, 19; 86:13), do nome de Deus (79:8, 9), do pacto (106:43-45) ou da promessa (119:170).

Embora o fundamento da ação libertadora de Deus seja o poder e a misericórdia divina, existe uma exigência correspondente por fé e retidão por parte dos que buscam livramento. Quando os israelitas pecavam, eram muitas vezes entregues a seus inimigos, mas depois de se voltarem ao Senhor, eram resgatados (Jz 3:9, 15; 1Sm 7:3; 12:10; Sl 106:43-45). Ezequiel, enfatizando a importância da responsabilidade pessoal, ensinou, às vezes, que Deus livra somente o justo (Ez 14:14, 16, 18, 20). Provérbios 11:6 afirma que "a justiça do justo o salva" (cf. 10:2). O Senhor resgata o justo (Sl 34:19 [20]), os que confiam nele (22:4 [5], o temem (33:18, 19), o amam (91:14), bem como o pobre e oprimido (82:3, 4; 119:134), que são tratados injustamente. Todavia Deus livra também do pecado (Sl 39:8 [9]; 79:9).

O foco da libertação no NT é religioso e escatológico, o resgate definitivo do poder de Satanás e do pecado por Deus por intermédio de seu Filho, Jesus. Os verbos gregos que expressam libertação, *rhýomai*, "resgatar", e *exairéō*, "libertar", são usados moderadamente no NT, embora *sṓzō*, "salvar", seja bastante comum. Fomos "libertados das mãos de nossos inimigos" (Lc 1:74) por Jesus, que foi mandado "para proclamar libertação aos cativos" (4:18; cf. Is 61:1) por meio da dádiva da salvação do pecado. Na Oração do Senhor, pedimos "livra-nos do mal" (Mt 6:13; Lc 11:4), isto é, do pavor associado aos últimos dias do mundo sob o poder do "maligno" (outra tradução possível). Paulo afirma que o Jesus ressurreto "nos livra da ira vindoura" (1Ts 1:10) no dia do juízo, ideia repetida em 2Pedro 2:9. Foi Deus quem já "nos tirou do poder das trevas e nos transportou para o reino do seu Filho amado" (Cl 1:13). Paulo acreditava que no final o povo judeu seria salvo, em cumprimento da profecia que "Virá de Sião o Libertador..." (Rm 11:26; cf. Is 59:20, 21).

Embora a maior parte dos textos do NT esteja focada na vitória de Jesus com consequências para a eternidade, várias passagens tratam de resgates divinos nesta vida (At 7:10; 12:11; Rm 15:31; 2Tm 3:11; 4:17). Ambos os aspectos, o material e o espiritual, a segurança neste mundo e no próximo, constituem a obra de libertação de Deus. [JOSEPH F. WIMMER]

LIBERTOS, SINAGOGA DOS Sinagoga composta de libertos, cirineus e alexandrinos que eram oponentes de Estevão (At 6:9). Esses libertos eram provavelmente judeus cativos que haviam sido deportados de Israel, mas haviam sido soltos e posteriormente, obtiveram a cidadania (cf. At 22:3, 27-28; Fílon Leg. 155; Tácito Ann 2.85; Josefo *Ant.* 12.120; 14.185-267). Parece razoável presumir que eles haviam retornado a Jerusalém por causa de devoção a Deus a fim de observar a lei e os sacrifícios do templo.

Evidências têm sido encontradas de uma sinagoga de alexandrinos (t. Meg. 3.6 [224]) e uma que foi construída por um certo "Teódoto", que incluía uma casa de hóspedes para os judeus da Diáspora que vinham do exterior para visita (*CIJ* 2.1404). Os eruditos permanecem divididos sobre o número de sinagogas indicado em Atos, firmando uma sinagoga composta de diversos grupos étnicos, dois grupos diferentes de oponentes, ou diversos outros grupos. Parece que a motivação para o estabelecimento de sinagogas para a diáspora dos judeus seria para proporcionar adoração para os que falavam o grego. [H. ALAN BREHM/FREER LOGION] *Ver* CÓDEX WASHINGTONENSIS.

LÍBIA (gr. *Libýē*; egip. *Libu*) Terra e povo que ocupa a área oeste do Egito e Etiópia. Os gregos usaram o nome para designar todo o continente da África. Sob os romanos, a Líbia foi dividida em duas partes: Marmarica (leste) e Cirenaica (oeste). No ano 67 a.C., a Cirenaica (Líbia superior) juntou-se com Creta para formar uma província. A capital era Cirene.

O progenitor dos líbios foi Pute (Gn 10:6; 1Cr 1:8) ou Leabim (heb. *lĕhābîm*; Gn 10:13; 1Cr 1:11). A história mais antiga da Líbia é fornecida por fontes egípcias do Antigo Império, nas quais encontramos referências aos Tjehenu e Tjemehu. A tribo dominante do Novo Império foi a *Rbw* (Libu). Os Tjemehu e Libu tiveram vários conflitos com o Egito durante os reinados de Tutmósis II, Seti I e Ramessés III. Depois deste período, muitos líbios serviram como mercenários no exército egípcio (cf. Dn 11:43; Na 3:9). Um deles, Sisaque, subiu ao posto de general e acabou tomando o trono egípcio, iniciando assim a 22ª Dinastia (Líbia). Durante o quinto ano de Roboão, Sisaque invadiu a Palestina e conseguiu assumir o controle temporário sobre Judá e partes de Israel (1Rs 14:25, 26; 2Cr 12:3). Os líbios que lutaram ao lado de Zerá e os etíopes não tiveram sucesso e foram derrotados pelo rei Asa (2Cr 16:8).

Os líbios no NT incluem Simão de Cirene (Mt 27:32 par.), os adoradores no dia de Pentecoste (At 2:10), os perseguidores de Estevão (6:9) e membros da igreja de Antioquia (11:20; 13:1). [KEITH A. BURTON]

LIBNA (heb. *libnâ*) Lugar cuja localização é desconhecida na península do Sinai, ponto de parada temporária aos israelitas em sua jornada do Egito para Canaã (Nm 33:20-21).

Cidade conquistada por Josué em sua campanha por Sefelá (Js 10:29-39) e o lugar de um dos reis cananeus derrotados (12:15). Localizada na porção tribal designada a Judá (Js 15:42), Libna foi separada como cidade levítica (21:13; 1Cr 6:57 [TM 42]). Os habitantes dela se rebelaram na época de Jorão (2Rs 8:22; 2Cr 21:10). Libna foi a cidade natal de Hamutal, esposa de Josias e mãe dos reis Zedequias e Jeoacaz (2Rs 23:31; 10:35;24:18; Jr 52:1). Durante a invasão de Judá por Senaqueribe, a cidade foi sitiada durante ou depois do cerco de Laquis (2Rs 19:8; Is 37:8).

A localização de Libna permanece um problema sem solução. No século XIX, F. J. Bliss e R. A. S. Macalister estabeleceram a cidade em Tell es-Sâfi/Tel Zafit (1359.1237; ár. "monte branco"; cf. heb. libnâ, "branco"; Eusébio Onom. 120-25), mas o sítio é atualmente e de maneira geral aceito como a Gate da Filistia. Outra possibilidade, Tell e-Judeideh, um sítio naturalmente protegido 10 km a nordeste de Laquis em uma importante rota comercial no sentido leste-oeste, é mais provavelmente Moresheth-Gath. Muitos estudiosos concordaram com William F. Albright em colocar Libna em Tell

Bornât, 8 km ao norte de Laquis, próximo à fronteira ocidental de Judá, mas o monte arqueológico é inexpressivo e sua localização vulnerável na área de pouca elevação a oeste da cordilheira de Azekah não se coaduna com uma cidade que foi o baluarte contra o ataque assírio. A identifidação mais provável para Libna é Khirbet Tell el-Beida, a leste da cordilheira de Azekah e vários quilômetros a nordeste de Beit Jibrîn/Beth Guvrin (Eleuterópolis). Seu nome árabe significa "ruína do monte branco", que pode bem preservar o nome de Libna.

Bibliografia. Z. Kallai, *Historical Geography of the Bible* (Leiden, 1986). [BRIAN P. IRWIN]

LIBNI (heb. *lib̲nî*) **1.** Filho de Gerson e descendente de Levi; um subgrupo dentro do clã de levitas gersonitas (Êx 6:17; Nm 3:18; 1Cr 6:17, 20 [TM 2, 5]). Ele foi o ancestral epônimo do clã gersonita conhecido como libnitas (Nm 3:21; 26:58); alguns estudiosos associam este clã a Libna (2; cf. Js 21:13).

2. Levita, descendente de Merari (1Cr 6:29 [14]).

LICAÔNIA (gr. *Lykaonía*) Nos tempos do NT, região ao sul da província da Galácia, ao norte das montanhas Taurus, a leste da Frígia, ao sul da Galácia étnica e a oeste da Capadócia. A região recebeu seu nome de Lukka (licaônios), povo da Anatólia que originalmente viveu na área. As principais cidades licaônias incluíam Laranda, Listra e Derbe, e em várias épocas, Icônio foi também considerada parte da Licaônia.

A primeira menção literária da Licaônia aparece em Xenofonte Anab. 1.2.19 (início do século IV a.C.). A região foi conquistada pelos persas e depois por Alexandre, o Grande (333). Os selêucidas governaram o território até serem derrotados pelos romanos em Magnésia (188), e a Licaônia passou para as mãos do império atálida, de Pérgamo. Pérgamo e seus territórios foram legados em testamento a Roma em 129 e a Licaônia foi subsequentemente governada por monarcas. Antônio deu a Licaônia a Amintas, rei da Galácia (36 a.C.). Quando Amintas morreu em combate em 25 a.C., Augusto incorporou seu reino à província romana da Galácia. A Licaônia tornou-se então um nome para a região sul dessa província.

Paulo visitou a Licaônia várias vezes (At 13:51; 14:8-20; 16:1-5; 18:23). Durante a chamada primeira viagem missionária, ele e Barnabé foram recebidos em Listra como os deuses Hermes e Zeus (14:8-18). Timóteo era da Licaônia (16:1-5), assim como o menos conhecido Gaio (20:4). De acordo com a teoria "Sul gálatas", a Epístola de Paulo aos Gálatas foi escrita às comunidades cristãs da Licaônia (cf. 1Co 16:1). [PAUL ANTHONY HARTOG]

LÍCIA (gr. *Lykía*; ac. *Lukki*) Terra montanhosa, coberta de árvores no sudoeste da Ásia Menor. A Lícia faz fronteira no oeste com a Cária, no leste com a Panfília e no norte com a Frígia e Psídia. A região costeira é enriquecida pelo fértil vale Xantus. A região foi colonizada no início pelos gregos, cuja influência cultural é evidente na presença de teatros gregos na maioria das cidades. Os lícios são mencionados na Ilíada (2.876-7; cf. 6.184) como povo corajoso e guerreiro que produziu heróis como Glauco e Sarpedon, e que estiveram ao lado dos troianos na Guerra de Troia. A Lícia foi sucessivamente dominada pelos persas, por Alexandre, o Grande, pelos ptolomeus e pelos selêucidas. Quando os romanos tomaram o controle em 188 a.C., deram a Lícia a Rodes, a quem os lícios se opuseram fortemente. Consequentemente, os romanos deram a independência à Lícia em 169. Diz-se que o cônsul Lúcio Calpúrnio Piso escreveu carta confirmando aliança com os judeus da Lícia (1Mac 15.23). A Lícia tornou-se província romana em 43 d.C. e foi unida à Panfília como província dupla em 74. As cidades mais importantes do país foram os portos de Pátara e Mirra, onde Paulo trocou de navio em suas viagens missionárias (At 21:1; 27:5). De lá, um próspero comércio era mantido com Alexandria. A Lícia ficou conhecida pela adoração de Apolo, que passava seus invernos ali, de acordo com a mitologia grega.

Bibliografia. C. B. Avery, "Lycia", in *The New Century Handbook of Classical Geography* (New York, 1972), 187; L. Schmitz, "Lycia", in *A Dictionary of Greek and Roman Geography*, ed. W. Smith (1870, repr. New York, 1966), 2.223-26. [RICHARD A. SPENCER]

LIDA (gr. *Lýdda*) Cidade (moderna Lod-Ludd) 18 km a sudeste de Jope, conhecida no AT como Lode. Durante o período helenístico, Lode tornou-se conhecida como Lida e foi a capital de um dos onze distritos da Judeia depois de ter sido transferida do controle samaritano (1Mac 11.34). Anos depois, a cidade foi atacada por Pompeu. Cássio vendeu os habitantes como escravos, mas Marco Antônio logo concedeu a liberdade deles por decreto. Céstio Galo incendiou a cidade em 66 d.C., enquanto os habitantes celebravam a Festa dos tabernáculos, em Jerusalém. Depois da destruição de Jerusalém em 70 d.C., Lida (agora Diospolis) ficou conhecida tanto como centro do pensamento rabínico como por sua forte comunidade cristã. Os cruzados mudaram seu nome para São Jorge, comemorando o seu martírio ali.

Lida foi onde Pedro curou o paralítico Eneias (At 9:32), evento que causou muitas conversões à missão cristã naquela região. [ROBERT A. DERRENBACKER, JR/ [STEPHEN VON WYRICK]

LIDEBIR (heb. *lid̲ĕb̲ir*) Lugar na parte leste de Gileade (Js 13:26). O nome é provavelmente a forma original que se encontra em outra parte como Lo-Debar (2Sm 9:4).

LÍDIA (gr. *Lydía*) **I. (LUGAR)** Próspero centro comercial no oeste da Ásia Menor, no mar Egeu, produtor de têxteis e tintura de púrpura (Strabo Geog. 13.4.14). De acordo com Heródoto, Creso, o rei lídio, cuja riqueza e poder foram lendários (Hist. 1.28), aliou-se aos egípcios e babilônios contra os persas, mas foi derrotado por Ciro, o Grande em 546 a.C. (1.86). Sob Ciro, a capital lídia, Sardes, tornou-se a sede do sátrapa (governador) persa. Alexandre, o Grande, conquistou a Lídia em 334 (Diodoro Sicolo Hist. 17.21.7). Durante o reinado do rei selêucida, Antíoco III, soldados judeus (os *katoikoi*) se estabeleceram na Frígia e na Lídia e assentaram a base da Diáspora na Ásia Menor (Josefo, *Ant.* 12.147-53; *CIJ* 2.775). Os selêucidas governaram até 189, quando os romanos derrotaram Antíoco III em Magnésia (Livy Urb. cond. 37.44-45; 1Mac 8.8). A Lídia foi então dada pelos romanos a Êumenes II, rei de Pérgamo. Em 133, Atalo III, o rei de Pérgamo, legou em testamento seu reino de volta aos romanos. Subsequentemente, a Lídia tornou-se parte da província proconsular da Ásia. De acordo com Josefo, comunidades judaicas helenísticas, incluindo as da Lídia, obtiveram jurisdição em assuntos civis, até mesmo antes de Júlio César (*Ant.* 14.225-64). A transferência de dinheiro para refeições comuns e festas sagradas, e a remessa de dinheiro para Jerusalém foram permitidas (*Ant.* 14.213-16; 16.171). Uma grande sinagoga datando do período romano foi descoberta e escavada em Sardes em 1962.

Paulo e Silas estiveram na Lídia (At: 16:40). Uma rica comerciante conhecida como Lídia, vinda de Tiatira naquela região, era vendedora de púrpura (At 16:14). As sete igrejas da Ásia mencionadas no livro de Apocalipse ficavam na região da Lídia.

Bibliografia. J. M. G. Barclay, *Jews ind the Mediterranean Diaspora: From Alexander to Trajan (323 B.C.E.- 117 C.E.)* (Edinburgh, 1996); M. Hengel, *Judaism and Hellenism*, 2 vols. (Philadelphia, 1974); E. Schürer, *The History of the Jewish People in the Age of Jesus Christ (175 B.C.- A.D. 135)*, ed. rev. , 1 (Edinburgh, 1973); V. Tcherikover, *Hellenistic Civilization and the Jews* (1959, repr. New York, 1970). [LINNE ALCOTT KOGEL]

II. (PESSOA) Mulher gentia de Tiatira, da província da Ásia, temente a Deus e vivia em Filipos (At 16:14-15). Não está claro se o nome de Lídia é substantivo próprio ou a designa como mulher da Lídia ("como pessoa do país chamado Lídia"). Lídia adorava o Deus do judaísmo, talvez originalmente como parte da colônia judaica em Tiatira. Ela participava de uma reunião de mulheres que se encontravam para adorar e orar no sábado, fora de Filipos. A reunião nesse local sugere que não havia os dez judeus necessários para estabelecer uma sinagoga adequada.

Lídia se converteu com a pregação de Paulo, e ele batizou a ela e a toda família. Ela era vendedora de tecido tingido de púrpura, comércio pelo qual Tiatira era famosa. Ao que tudo indica, ela era bem-sucedida, porque tinha uma casa suficientemente grande para hospedar Paulo e seus companheiros, além de servir como local de reunião para a igreja de Filipos, no início de sua atividade (At 16:40). Ela resume o papel das mulheres ricas convertidas na missão de Paulo em equipar sua casa como locais de reunião e, talvez, elas mesmas atuarem com líderes dessas igrejas. [JOANN FORD WATSON]

LIGAR E DESLIGAR Jesus confiou as chaves do reino dos céus e o poder de "ligar e desligar" a Simão Pedro, após a declaração do apóstolo de que Jesus era o Messias (Mt 16:16-19). Mais tarde, Jesus deu aos discípulos (os Doze em Mateus) semelhante autoridade para regular matérias de disciplina na Igreja (Mt 18:18), e quando ele retornar, ele terá o poder de "abrir e fechar" (Ap 3:7).

Relacionar as chaves com o poder de ligar e desligar estabelece Pedro, o proclamador de Cristo, como autoridade ímpar. Enquanto mestres anteriores tinham fechado às pessoas as portas do reino (Mt 23:13), a pregação apostólica faria o povo ouvir o evangelho e a entrar no reino ou recusá-lo e ser excluído dele.

No AT, as chaves simbolizavam a responsabilidade e a autoridade divinamente ordenadas (Is 22:15-25; Jó 38:31). Termos como "perdoar" e "remitir" pecados no mandato do Jesus ressurreto aos seus discípulos levou alguns a interpretarem o "ligar e o desligar" como se fosse a autoridade de perdoar pecados (cf. João 20:22-23).

Bibliografia. G. Bornkamm, "The Authority to 'Bind' and "Loose' in the Church in Matthew's Gospel", em *The Interpretation of Matthew*, ed. G. Stanton (Philadelphia, 1983), 101-14. [TERRENCE PRENDERGAST, S.J.]

LILITE (heb. *lîlîṯ*) Demônio mencionado apenas em Isaías 34:14, mas cujas raízes mesopotâmicas remontam ao terceiro milênio a.C. A Lilitu babilônica era um espírito feminino que não podia ter filhos, ao contrário, produzia veneno de seus seios pelo qual procurava matar bebês. Ela estava também associada a ventos tempestuosos. Foi representada como fugitiva de uma casa pela janela. Na demonologia judaica medieval, Lilite é identificada como a "primeira Eva", criada da terra com Adão, mas recusou-se em aceitar uma posição subserviente a ele. Ela então fugiu dele e perambulou pela terra procurando recém-nascidos para devorar. Isaías 34:14 descreve Lilite morando com gatos selvagens e hienas entre as ruínas de Edom; o quadro é, dessa forma, de completa desolação na qual reina somente a morte e a destruição.

Bibliografia. M. Hutter, "Lilith", *DDD*, 520-21; G. Schakel, "Lilith", *EncJud* 11.245-49. [CHRISTIAN M. M. BRADY]

LÍNGUA A alegação mais legítima ao título cananeu vai para o que os modernos eruditos chamam de fenício. O fenício propagou-se para além das fronteiras de Canaã; ele foi adotado por reinos na Cilicia e norte da Síria, por colônias fenícias em Chipre e no litoral norte da África (Cartago nos tempos greco-romanos) e Malta. Entretanto, as íntimas afinidades do hebraico antigo mostram que ele também era dialeto da mesma família. As cartas de Amarna, dos escribas cananeus, foram compostas numa estranha mistura de dialetos ccadianos/oeste semíticos. Desde que essa língua híbrida está confinada à área conhecida a partir dos textos geográficos de Canaã, as características da linguística oeste semita por ser legitimamente chamadas "cananeias".

O ugarítico é usualmente chamado dialeto cananeu, mas apesar de muitas características linguísticas compartilhadas [isoglosses] (e também expressões literárias e sintáticas, bem como frases) há fortes semelhanças com muitos dialetos do aramaico. O pequeno, assim chamado alfabeto fenício de 22 caracteres era conhecido esporadicamente em Ugarite (em contraste com o alfabeto nativo com muito mais consoantes), mas somente como intruso ou importação.

Bibliografia. M.C. Astour, "The Origin of the Terms 'Canaan', 'Phoenician', and 'Purple'", *JNES* 24 (1965): 346-50; N.P. Lemche, *The Canaanites and Their Land*. JSOTSup 110 (Sheffield, 1991); B. Mazar (Maisler), "Canaan and the Canaanites", *BASOR* 102 (1946): 7-12; *The Early Biblical Period* (Jerusalem, 1980); A.F. Rainey, *Canaanite in the Amarna Tablets*, 4 vols. HO 25 (Leiden, 1996); "Unruly Elements in Late Bronze Canaanite Society", in *Pomegranates and Golden Bells*, org. D.P. Wright, D.N. Freedman e A. Hurvitz (Winona Lake, 1995), 481-96; "Who Is a Canaanite?" A Review of the Textual Evidence", *BASOR* 304 (1996): 1-15; K.N. Schoville, "Canaanites and Amorites", in *Peoples of the Old Testament World*, org. A.J. Hoerth, G.L. Mattingly e E.M. Yamauchi (Grand Rapids, 1994), 157-82; M.S. Smith, "Myth and Mythmaking in Canaan and Ancient Israel", *CANE* 3.2031-41. [ANSON F. RAINEY]

LÍNGUAS Línguas não aprendidas faladas sob a influência do Espírito Santo. Além da referência a "novas línguas" no final mais extenso de Marcos (Mc 16:17), línguas aparecem no NT em Atos e 1Coríntios. Em Atos, o escritor descreve vários grupos de crentes que falam em línguas e, em 1Coríntios, Paulo discute o significado e a importância de línguas ao escrever a uma congregação que faz uso delas. A palavra "glossolalia", que não aparece no NT, vem da descrição do NT do fenômeno, *laleín(en) glṓssē* ou *laleín(en)glṓssais*, "falar em/com uma língua" ou "falar em/com línguas".

No dia de Pentecostes, após a morte e a ressurreição de Jesus, os Doze (ou possivelmente os 120) "começaram a falar em outras línguas, conforme o Espírito lhes concedia que falassem" (At 2:4). Os homens que estavam ali os ouviram em suas línguas (*diálektos*)" proclamando as "maravilhas de Deus" (At 2:11). Posteriormente, em Atos, dois outros grupos falam em línguas: a família de Cornélio ao ouvir a mensagem de Pedro a respeito de Jesus (At 10:46) e os 12 homens de Éfeso depois que Paulo os batiza e impõe as mãos sobre eles (19:6).

Em 1Coríntios 12–14, Paulo trata de *tá pneumatiká*, "dons espirituais" e *hoí pneumatikoí*, as "pessoas espirituais" que podem usar aqueles dons (1Co 12:1; 14:1, 37; cf. 2:12-15; 3:1; Gl 6:1). Ele apresenta várias ideias que se aplicam aos dons espirituais em geral e a línguas especificamente. O conteúdo de um discurso transmite mais peso que sua maneira de comunicar, até mesmo o discurso em êxtase (1Co 12:1-3). O Espírito Santo decide qual o dom que determinado crente deve receber (12:4-11). Os dons devem beneficiar o conjunto de crentes, não uma pessoa (14:1-5). Os dons menos impressionantes podem significar tanto quanto os mais emocionantes (12:14-26). Nem todos os crentes recebem todos os dons (12:29-31). Comunicar a verdade de Deus em linguagem clara (profecia) significa mais que a comunicação obscura em línguas (14:13-25). A igreja deve limitar o falar em línguas às ocasiões em que alguém possa interpretar (14:26-33). Os dons mais impressionantes nada significam sem amor (13:1-13).

Os estudiosos discordam quanto à natureza do falar em línguas no NT e à historicidade dos relatos. As principais escolas de pensamento são: (1) o falar em línguas em Atos 2 não é histórico e a experiência em Corinto envolveu "expressão empolgada" (1Co 12:10) que não deve ser identificada com qualquer linguagem humana. Esse ponto de vista exclui qualquer ideia de discurso milagroso. (2) O falar em línguas em Atos 2 é histórico, e as línguas de 1Coríntios são línguas humanas. Isso representa uma tentativa de ver todo o falar em línguas do NT como o mesmo fenômeno. (3) O falar em línguas de Atos 2 trata de línguas humanas reais. Isso explicaria o fato de Paulo não parecer visualizar uma situação como a de Atos 2, em que oradores comuns ouviram as próprias línguas faladas milagrosamente.

A ideia de que o "batismo do Espírito", uma experiência pós-conversão, sempre envolve o falar em línguas encontra pouco apoio no NT. O texto de Atos 11:15-17 sugere que seu autor considerou o "dom" (*dōreá*) e o "batismo" do Espírito como duas palavras descrevendo o mesmo fenômeno. Entretanto, a ideia de que os dons milagrosos cessariam com a conclusão do cânon do NT, ou dos livros do cânon, é conceito teológico imposto desconfortavelmente às palavras de Paulo em 1Coríntios 13:9-10.

Bibliografia. W. E. Mills, *A Theological/Exegetical Approach to Glossolalia* (Lanham, 1985); Mills, ed., *Speaking in Tongues* (Grand Rapids, 1986); V. S. Poythress, "The Nature of Corinthian Glossalalia: Possible Options", *WTJ* 40 (1977): 130-35. [CARL BRIDGES]

LINHEIRO *Ver* LINHO.

LINHO Planta anual de inverno com caules longos finos (Linum usitatissimum L.). O caule da planta de linho produz fibras para a confecção em fábricas de linho, enquanto suas sementes produzem óleo que pode ser usado para comer e para óleo de lâmpada. Entretanto, as melhores fibras para dilatar em linho são aquelas colhidas antes de a planta produzir cabeças de semente. As plantas são colhidas ao puxar as plantas para cima, a partir de sua raiz. Depois da secagem, um processo conhecido como separar as fibras de substâncias pectinas que as rodeia, ao lançar fora o material podre das fibras de linho. Isso pode ser feito lentamente com sereno, quando Raabe suspendeu trouxas de linho sobre seu telhado (Js 2:6), ou mais rapidamente ao colocar o linho em lagos ou rios. Quando o material da planta se desintegra, o linho é batido (lixado) e penteado (dilacerado ou desfibrado) para remover peças de caules não desejados e para produzir alças longas e onduladas de fibra de linho. Então, as fibras são dilatadas em cordas. Nos tempos bíblicos, isso era feito com fusos.

Os tecidos de linho são fortes e macias. Elas branqueiam facilmente, mas são difíceis de tingir; daí, o linho ser usualmente branco ou creme. O linho é esfriado para vestir em climas quentes, e era a fibra primária usada no antigo Egito. Com a lã, o linho foi o tecido primário mencionado na Bíblia; entretanto, Deuteronômio 22:11 proíbe vestir a roupa feita de duas fibras trançadas juntas (cf. Lv 19:19). O linho foi o tecido especificado para as cortinas, estofos e laçadas do tabernáculo (Êx 26:1, 36; 27:9) e também foi usado para a madeira do peitoral, para o manto, para a túnica, para o turbante e para o cinto vestido pelo sumo sacerdote (28:4-5). A esposa capaz faz, veste e vende vestuários de linho (Pv 31:13, 22, 24). Todos os quatro evangelhos descrevem o corpo de Jesus envolto em roupas de linho para o enterro (Mt 27:59; Mc 15:46; Lc 23:53; Jo 19:40).

Bibliografia. L. Barber, *Prehistoric Textiles: The Development of Cloth in the Neolithic and Bronze Ages* (Princeton, 1991), 9-15. [MARY PETRINA BOYD]

LINO (gr. *Línos*) Cristão de quem são mandadas saudações em 2Timoteo 4:21. De acordo com a tradição, Lino foi o filho da Claudia, mencionada no mesmo versículo. Também foi bispo de Roma por doze anos, ordenado ao cargo por Pedro e Paulo e precedeu Clemente (Ireneu Adv. Haer. 3.3.3.; Eusébio HE 3.2, 13).

LINTEL Barra horizontal de madeira ou pedra sobre uma porta, apoiada por dois batentes. Os lintéis (heb. *mašqôp̄*) e os batentes foram borrifados com sangue de cordeiro, em preparação para a décima praga e em comemoração da Páscoa (Êx 12:22, 23). Na descrição da construção do *dĕbîr* ("santuário interior") do templo, os lintéis (*'ayil*) podem na verdade terem sido duas barras colocadas em ângulo (1Rs 6:31). Escavações arqueológicas no Oriente Médio revelaram os restos de portas de prédios públicos e particulares; cavidades ou depressões às vezes preservadas em lintéis e limiares foram locais de dobradiças. [JENNIE R. EBELING]

LIQUI (heb. *liqḥî*) Homem de Manasses, terceiro filho de Semida (1Cr 7:19). O nome pode ser erro de grafia de Heleque, "filho" de Gileade (cf. Nm 26:30; Js 17:2) e, tal como os nomes que o acompanham, pode representar um lugar.

LIRA Instrumento musical triangular formado por uma caixa de ressonância com três a doze cordas, tocado com dedos ou com palheta. As liras (heb. *kinnôr*) eram usadas em celebrações festivas (Gn 31:27; Jó 21:12), na adoração pública (Sl 43:4; 98:5) e como meio de indução à profecia extática (1Sm 10:5; 1Cr 25:1). O *kinnôr* foi o instrumento tocado por Davi, e era o instrumento da aristocracia em outras partes do Oriente Próximo; um modelo bem conhecido foi encontrado em Ur e era feito de ouro e outros materiais preciosos.

O aramaico *qayṯĕrôs* era um instrumento usado somente em celebrações públicas (Dn 3:5, 7, 10, 15). Pode ser relacionado ao grego *kithára*, traduzida por "harpa" no NT (1Co 14:7; Ap 14:2). [JENNIE R. EBELING]

LÍRIO Flor que aparece em diversos contextos na Bíblia. Algumas ocorrências do hebraico *šôšān* podem ser referência ao lírio branco ou lírio Madonna (Lilium candidum L.), que cresce selvagem em Israel. Essa flor é conhecida por sua associação com Maria na arte cristã. O lírio de Cânticos 5.13, que é comparado aos lábios do namorado, podia ser o lírio Martagon (Lilium chalcedonicum), lírio vermelho com flores penduradas. O lírio aparece como flor do campo, comum em que os animais pastam (Ct 2:16; 4:5; 6:2, 3), própria dos vales (2:1). No Cântico de Salomão, os lírios representam o desabrochar do amor. O homem descreve o ventre de sua amada como "montão de trigo, cercado de lírios" (Ct 7:2 [TM 3]).

No templo de Salomão, a borda do "mar de fundição" era moldado como lírio (1Rs 7:26; 2Cr 4:5), e os capitéis das duas colunas de bronze que estavam diante do vestíbulo eram adornados com lírios (1Rs 7:19, 22). Comparações com esses capitéis podem estar presentes em dois altares de incenso descobertos em Megido, ambos têm taças que sugerem flores e enfeites que sugerem folhas; um desses altares foi pintado com decorações florais. Estas decorações são às vezes identificadas com o lótus (Nymphea lótus L.), que aparece com frequência na arte egípcia. Os salmos 45, 60, 69, 80 contêm a frase "segundo a melodia 'os lírios'" em seus títulos, provavelmente designando a melodia. Oseias usou o lírio para simbolizar a prosperidade de Israel depois de sua reconciliação com Deus (Os 14:5 [6]).

A homilia de Jesus sobre os lírios do campo demonstrou o cuidado de Deus (Mt 6:28-30 = Lc 12:27, 28). Esse lírio (gr. *krínon*) é muito provavelmente uma flor do campo comum como a anemone coronora L., que floresce na primavera com muitas cores. É abundante em Israel. [MEGAN BISHOP MOORE]

LISÂNIAS (gr. *Lysanías*) O tetrarca (lit., "governador de um quarto" de uma província romana) de Abilene (região do Líbano, a noroeste de Damasco) quando João Batista começou seu ministério (Lc 3:1; "o décimo quinto ano do imperador Tibério", 28-29 d.C.). Lisânias é o último e o menos importante governador listado nesse versículo, a única menção dele no NT. Josefo (*Ant.* 14.13.3; 15.4.1; *BJ* 1.13.1) menciona um Lisânias, filho de Ptolomeu, que governou Chalcis no Líbano, mas esse Lisânias morreu 60 anos antes do ministério de João Batista. Por isso alguns argumentam que Lucas se enganou, mas é mais provável que Lucas se refere a um Lisânias posterior, mencionado em inscrições, que pode também ter sido a intenção de outras referências em Josefo (*Ant.* 19.5.1; 20.7.1) que fala de Lisânias mas não o especifica como o filho de Ptolomeu. A afirmação de Lucas de que investigou cuidadosamente o assunto (Lc 1:3) não é seriamente contestada nesse caso. [DAVID L. TURNER]

LÍSIAS (gr. *Lysías*) General do exército selêucida de Antíoco IV. Quando Antíoco foi para a Pérsia para levantar fundos, deixou ordens para Lísias marchar contra Jerusalém (1Mac 3.32-41). Em 165 a.C., os comandantes de Lísias foram derrotados em Emaús numa batalha contra Judas Macabeu (1Mac 4.1-24). Lísias marchou sobre Israel novamente no ano seguinte e entrou em combate com Judas, em Betsur (1Mac 4.26-35). O resultado exato dessa batalha é desconhecido. O primeiro livro de Macabeus relata que Judas derrotou o exército de Lísias, enquanto que 2Macabeus afirma que as duas partes assinaram um tratado de paz (2Mac 11.1-15). Seja o que for que tenha acontecido, a partida de Lísias de Israel permitiu que Judas rededicasse o templo (1Mac 4.36-59).

Quando Antíoco IV soube da derrota de Lísias, nomeou Filipe como rei. Num contragolpe, Lísias estabeleceu Antíoco V, filho de Antíoco IV, como rei (1Mac 6.14-17). O retorno de Filipe do leste interrompeu a segunda campanha de Lísias contra Israel, e este voltou para Antioquia para retomar o controle. Demétrio I matou Lísias e Antíoco V depois de ter voltado de Roma em 162 (1Mac 6.55-7.4). [RODNEY A. WERLINE]

LISÍMACO (gr. *Lysímachos*) **1.** Um dos generais de Alexandre, o Grande (os diádocos: Ptolomeu Lago, Cassandro, Lisímaco e Antígono Monoftalmo). Ele ganhou o controle da Frígia e do Helesponto depois da morte de Alexandre (cf. Josefo *Ant.* 12.1.1). Os generais são simbolizados por asas, cabeças, chifres e ventos em Daniel 7:6; 8:8, 22; 11:4).

2. Irmão tanto de Simão, o administrador do templo, como de Menelau, o primeiro sumo sacerdote não-descendente de Zadoque, nomeado pelos tobíadas. Menelau nomou Lisímaco como sumo sacerdote substituto durante sua ausência de Jerusalém cerca de 171 a.C. (2Mac 4.29). Conivente com Menelau, ele furtou aos poucos o tesouro do templo. Quando o povo de Jerusalém ficou sabendo, se revoltou, e Lisímaco mandou trezentas tropas contra a cidade. O povo derrotou as tropas e matou Lisímaco (2Mac 4.39-42).

3. Filho de Ptolomeu de Jerusalém, conhecido apenas pelo colofão (único de todas as tradições bíblicas manuscritas) encontrado em alguns manuscritos gregos de Ester (Add. Esth. F 11.1). Ele traduziu Ester para o grego em algum momento antes de 114-77 a.C. (dependendo a quem o colofão se refira, se a Cleópatra ou a Alexandre), quando foi levado para Alexandria pelo sacerdote Dositeu e seu filho Ptolomeu como "carta festiva para o Purim". Sua tradução contém acréscimos a Ester, tal como sonho interpretado e orações (que fazem também referência direta a Deus), uma distinção maior entre os judeus e os gentios, referência a Hamã como "macedônio", e a minimização do casamento de Ester com um rei não judeu.

4. O autor de uma história antissemítica, que Josefo afirmou ter escrito que os judeus eram descendentes de leprosos e outros povos que, expulsos do Egito, foram liderados por Moisés para a Judeia onde chamaram sua cidade de Hierosyla ("roubo do templo") porque roubaram templos, mas depois a mudaram para Hierosolyma para evitar a vergonha (Ag. Ap. 1.34-35).

Bibliografia. M. Goodman, "Jewish Literature Composed in Greek", in E. Schürer, *The History of the Jewish People in the Age of Jesus Christ* (175 B.C.-A.D. 135), ed. rev., 3/1 (Edinburgh, 1986), 505-6,600-1; F. F. Bruce, "Tacitus on Jewish History", *JSS* 29 (1984): 33-44. [R. GLENN WOODEN]

LISTRA (gr. *Lýstra*) Cidade da região da Licaônia no sul da Anatólia, 40 km a sul-sudoeste de Icônio (moderna Kônia). Augusto fundou uma colônia romana em Listra (na Via Sebaste) em 26 a.C. e a colonizou com veteranos do exército. A colina onde Listra ficava parece ter tido importância estratégica como base defensiva contra as tribos das montanhas ao redor, do sul e do oeste. Listra permaneceu obscura e, apesar de suas origens italianas, transformou-se numa cidade comercial licaônia.

De acordo com Atos 14:1-23, Paulo e Barnabé visitaram Listra durante a "primeira viagem missionária". Após Paulo haver curado um homem aleijado, os habitantes impressionados identificaram Barnabé com Zeus e Paulo com Hermes. Esses dois deuses estão associados em inscrições em ruínas da vizinhança (séc. III d.C.), e o poeta Ovídio relata uma história dos dois vagando pela região como visitantes indesejados (Metam. 8.616-724). Em seguida, os habitantes de Listra trouxeram touros para sacrifício e grinaldas, mas os dois missionários recusaram quaisquer homenagens. A veneração do povo transformou-se em violência quando adversários de Paulo e Barnabé chegaram e incitaram tumulto público. A multidão apedrejou Paulo, perseguição à qual é feita referência na tradição independente de 2Timóteo 3:11. Depois, durante a "segunda viagem missionária", Paulo retornou a Listra e às cidades vizinhas (Icônio e Derbe) enquanto acompanhado por Silas (At 15:36-16:6). Muitos afirmam que Paulo visitou essas cidades novamente na fase do retorno de sua "terceira viagem missionária" (At 18:23). Timóteo era dos arredores de Listra, e muito respeitado entre os cristãos da região (16:1, 2). Listra não desempenhou papel importante na subsequente história cristã, embora tenha sido descoberta uma igreja bizantina no local. [PAUL ANTHONY HARTOG]

LITERATURA, ANTIGO TESTAMENTO COMO Sob vários aspectos, referir-se ao AT como obra literária parece afirmar o óbvio. As sagas épicas, dramas cativantes e poemas sentimentais há muito prenderam a imaginação de leitores e inspiraram inúmeros escritores, artistas e músicos. Basta pensar em Paraíso perdido, de John Milton, Os dez mandamentos, de Cecil B. DeMille, Sansão e Dalila, de Camille Saint-Saëns ou J.B., de Archibald MacLeish para ver como o talento artístico da Bíblia continua a envolver comunidades criativas e a cativar audiências.

Todavia o estudo acadêmico do AT há muito tempo tem sido dominado ou pela exploração de suas percepções religiosas e teológicas ou pela análise de seus ambientes e detalhes históricos. De fato, para muitos estudiosos, a identificação e o exame da Bíblia como obra literária foi comparado com falhar em levar seriamente em conta o papel do cenário religioso, histórico, social e cultural de um texto na produção de significado. Por volta de 1980, entretanto, a análise do texto bíblico como literatura — com frequência usando técnicas de estudo desenvolvidas pelos críticos literários — recebeu amplo reconhecimento e aceitação como abordagem interpretativa ao texto bíblico. Examinar o AT como literatura não exclui o estudo religioso ou histórico; ao contrário, a análise literária produz ainda outra dimensão à interpretação do texto bíblico e abre a possibilidade de lições novas e reveladoras.

O estudo acadêmico do AT, definido durante muitos anos por métodos histórico-críticos, há muito tempo incluiu algum tipo de análise "literária". A crítica da forma, por exemplo, focada na importância de classificar textos pelo gênero literário. A capacidade de um estudioso determinar corretamente a forma de determinado texto, ao identificar um salmo como hino, lamentação ou ação de graças, tornou-se componente central à compreensão do *Sitz im Leben* que deu surgimento àquele texto. A averiguação do "contexto vital" de um texto idealmente ajuda o estudioso a compreender como aquele texto funcionou nas comunidades que o produziram e o utilizaram pela primeira vez, fornecendo assim pistas quanto a estruturas operativas sociais, culturais e religiosas no antigo Israel.

Por exemplo, o Salmo 117 recebe com frequência a classificação de salmo de ação de graças por expressar gratidão a Deus, descreve o livramento como fonte de tal agradecimento e encoraja todos os ouvintes da palavra a oferecer louvor semelhante a Deus. Esse salmo podia ser também subclassificado como ação de graças comunitária devido referências a uma variedade de pessoas sendo salvas do sofrimento em oposição ao livramento de um indivíduo. Dado a essa ênfase coletiva, os críticos da forma concluem que tais cânticos de ação de graças comunitários forneceram palavras para ocasiões ou celebrações públicas. Nesse caso em particular, o salmo descreve o povo cruzando os perigos do deserto e oceano ou emergindo da prisão ou do pecado para virem até Deus. Muitos estudiosos teorizam que o Salmo 117 era cantado por grupos de peregrinos que iam a

Jerusalém em ocasiões festivas. Essa tentativa de tentar compreender a ambientação e o propósito de um texto tenta mover o intérprete para mais perto do mundo do texto, e assim, do significado pretendido pelo autor e/ou recebido por sua audiência original. Tal movimento mostra ao leitor não somente a maneira adequada de abordar um texto, como também de como o texto funcionou em seu ambiente histórico.

Mesmo independentemente dos métodos histórico-críticos, a definição do gênero ainda resiste como tarefa fundamental na análise literária dos textos bíblicos. No AT, o leitor encontra ampla variedade de tipos literários — de mitos a conto popular, textos legais, oráculos proféticos, visões apocalípticas, provérbios, histórias curtas e parábolas. A necessidade de tal sistema de classificação é simples — tipos diferentes de literatura são lidos de maneira diferente e geram efeitos diferentes; identificar o gênero significa associar um texto a um conjunto de convenções definidas que ajudam o leitor a compreender o texto. Por exemplo, não se espera histórias curtas ao se ler códigos legais; cada um tem a própria maneira de expressão e cada um produz reação diferente no leitor. Por isso, no texto bíblico, as histórias das proezas de Davi como guerreiro pode ser um convite ao leitor a um épico mundo de perigo, desafios e intriga em relacionar como o jovem derrotou o gigante Golias ou reuniu duzentos prepúcios de filisteus para reivindicar sua noiva ou tenha escapado por pouco do intento assassino de Saul em várias ocasiões. As histórias têm enredos claros, definem personagens e usam ação e diálogo para estimular, divertir e construir empatia para o futuro rei. Por contraste, uma lista de diretrizes divinas como os Dez Mandamentos aparece como completa e séria em sua perfeição e inflexibilidade. Tal texto simplesmente declara suas exigências no formato de uma lista básica para gerar obrigação e obediência de seus leitores. Reconhecer as qualidades distintivas de gêneros diferentes fornece ao leitor pistas importantes de como ler um texto e, assim, pelo menos um grupo de orientações para interpretação.

Quando necessário, a forma tomada por um texto bíblico é mais formalmente definida. Um exemplo de tal estruturação formal, o acróstico, vem da poesia bíblica. Os acrósticos formam palavras, frases ou padrões a partir da letra inicial de cada palavra numa linha. No texto bíblico, uma forma particular de acróstico — o alfabético — forma padrões usando sucessivamente cada letra do alfabeto hebraico como letra inicial numa linha. Tal estruturação foi talvez empregada inicialmente como estímulo à memória. Em termos de interpretação, ele ajuda o leitor a ver o poema cobrindo um assunto "de A a Z". Textos neste formato incluem os Salmos 9-10, 25, 34, 37, 111, 112, 145; Pv 31:10-31 e Lm 1, 2, 3, 4. Ao examinar textos como Provérbios 31:10-31, o leitor do texto hebraico vê assim as qualidades de uma boa esposa, delineada numa verdadeira lista com o alfabeto como guia.

A exploração das características estilizadas de um dado texto desempenha papel vital na análise literária. As técnicas da construção textual ilustram tanto as convenções que operam em certos tipos de redação no antigo Israel, como a criatividade artística dos escritores bíblicos. Por exemplo, os escritores de poesia no AT usam com frequência tipos diferentes de paralelismo como forma de expressão. O paralelismo significa simplesmente a repetição de uma ideia em termos ligeiramente diferentes, como em Isaías 60:2. Esse versículo relata, em parte, que as trevas (heb. *ḥōšeḵ*) cobrirão a terra e uma espessa escuridão (*ʿărāp̄el*) os povos. "Trevas" e "escuridão", embora palavras hebraicas diferentes, expressam a mesma ideia com relação a terra e povos; as ideias assim articuladas recebem ênfase por meio do reforço da imagem. Em outras ocasiões, os paralelismos podem denotar opostos (p. ex., Pv 12:1) ou constroem um ao outro até um ponto apoteótico (Jz 5:26b).

A repetição de uma palavra-chave ou tema ocorre também comumente em textos bíblicos, tanto poéticos quanto narrativos. A simples reiteração de uma coda ou de uma linha ("porque a sua benignidade dura para sempre" em Salmo 136) serve para prender a atenção do leitor ao tema central. Às vezes, essa repetição aparece tanto no início como no final da obra; tal característica é chamada de inclusão e funciona como moldura para ilustrar a ênfase principal nela contida. As inclusões ocorrem tanto nas obras mais curtas, como o Salmo 8, que começa e termina com "Ó Senhor, Senhor nosso, quão admirável é o teu nome em toda a terra!" e em textos mais longos, como o livro de Eclesiastes, que se inicia (Ec 1:2) e termina (12:8) com "Vaidade de vaidades, diz o pregador; vaidade de vaidades, tudo é vaidade". A repetição serve também como elemento estrutural nas narrativas. A recorrência de frases comuns como "e foi a tarde e a manhã" ou "e viu Deus que era bom" na primeira história da Criação (Gn 1:1-2:4a) serve como exemplo óbvio. As repetições colocam o foco na passagem de tempo e destacam a reação da personagem central. Da mesma forma, o contínuo endurecimento do coração de Faraó no relato de Êxodo prolonga a narrativa enquanto realça também a tensão na batalha por poder entre Deus e o faraó.

A metáfora ocorre com frequência na Bíblia como meio de expressar conceitos que, de outra forma, poderiam prejudicar a expressão. São frequentes as descrições de Deus e o seu relacionamento com o povo do pacto apoiadas na metáfora. Em Oseias, por exemplo, entre as muitas descrições simbólicas de Deus estão imagens como a de marido e amante (2:2-13 [TM 3-14]), progenitor (11:1-4), leão (13:7), urso (13:8), ou até mesmo traça e podridão (5:12). O uso de metáfora invoca o conhecido para trazer o objeto de preocupação, nesse caso Deus, para um foco mais claro para determinar como a figura simbólica opera na ilustração. Como e por que o pecado é como a cor escarlate? Como o perdão é como a neve? (Is 1:18). O uso de metáfora pode estar dentro da dimensão de uma linha, ou pode estar muito mais ampliado, como na descrição do povo como adúlteras esposas de Deus (Ez 16, 23) ou nas histórias dos dois amantes nos Cânticos de Salomão.

Muitas outras características da análise literária, como a exploração da narrativa bíblica em termos de traços estilizados como a caracterização, o diálogo e o desenvolvimento do enredo, poderiam, e talvez deveriam, corretamente ser incluídos na discussão. Tal lista, entretanto, poderia não cobrir completamente todas as abordagens que os estudiosos literários aceitam ao analisar os textos bíblicos. O que tais estudiosos mantêm em comum é a preocupação em encontrar ligação entre a forma e a construção de um texto com seu significado. A hipótese compartilhada aqui é que somente as palavras não transmitem significado; como as palavras são organizadas e apresentadas num texto dizem tanto a respeito do que transmitem ao leitor quanto as palavras em si. Além disso, ver os textos como literatura levanta também questões sobre como esses textos se comunicam como arte. Essa troca interpretativa move, com frequência, a questão do significado para longe da estrita preocupação com o que o intérprete determina ser a intenção dos textos e de seu autor e coloca a ênfase na recepção e compreensão de um texto por seus leitores ou ouvintes. Tal reorientação na compreensão de como determinar o significado de textos abre uma variedade de novas possibilidades interpretativas e desafia a erudição bíblica a abrir espaço a muitas vozes interpretativas e a uma variedade de estudos de qualquer texto dado.

Bibliografia. R. Alter, *The Art of Biblical Literature* (New York, 1981); *The Art of Biblical Poetry* (New York, 1985); S. Bar-Efrat, *Narrative Art in the Bible*. JSOTSup 70 (Sheffield, 1989); A. Berlin, *Poetics and Interpretation of Biblical Narrative*. Bible and Literature 9 (Sheffield, 1983); D. M. Gunn e D. N. Fewell, *Narrative in the Hebrew Bible* (New York, 1993). [SANDRA L. GRAVETT]

LITERATURA, NOVO TESTAMENTO COMO Ler o NT como literatura é ler a Bíblia da forma como é lida a literatura em geral. O estudo literário não diminui a compreensão da Escritura, ao contrário, aumenta o significado que há no texto. O NT é lido nos próprios termos, o que significa que as figuras de linguagem, organização formal e outros aspectos literários são analisados.

A literatura do NT pode ser dividida em máximas, narrativas, discursos e cartas. As máximas de Jesus são encontradas nos evangelhos sinópticos e no evangelho de João. As narrativas são histórias com personagens e enredo e se encontram nos evangelhos, em Atos dos Apóstolos e Apocalipse. Os discursos encontram-se em Atos. As cartas são formas convencionais de comunicação na Igreja primitiva e incluem as cartas de Paulo e de outros escritores do NT.

Máximas de Jesus. As máximas de Jesus podem ser curtas, máximas aforísticas no Sermão do Monte ou em longos discursos, como no evangelho de João; mas são sempre formulações artísticas que requerem leitura atenta por parte do intérprete. Uma máxima antitética é aquela que está em paralelismo (ordem e estrutura semelhante) e tem contraste ou oposição no significado de frases ou cláusulas contíguas. A declaração de Jesus à multidão e aos discípulos em Marcos 8:35 (cf. Mt 16:25; Lc 9:24) é um exemplo. Aqui a antítese é o reverso da maneira comum de pensar a respeito de alguém salvar ou perder a vida; a maneira de alguém salvar a vida é perdê-la. Esse exemplo também resulta ser um padrão quiástico. Quiasmo, um padrão cruzado como na letra grega chi (X), reverte os elementos que estão paralelos na sintaxe como segue: A : B :: B' : A'. Em Marcos 8:35, a palavra "salvar" e "perder" formam o quiasmo salva : perde :: perde : salva. Outro exemplo é a máxima de Jesus do primeiro e do último (Mt 19:30; cf. Mc 10:31). Quiasmos antitéticos invertem as formas normais de pensar e as percepções comuns do nosso mundo. Não somente o conteúdo da máxima reverte a forma natural de pensar, como também a forma da máxima inverte a forma usual de pensar.

Jesus usou metáforas e analogias de forma tão consistente que qualquer estudo dos evangelhos como literatura deve prestar muita atenção a essas figuras de linguagem. Uma analogia compara duas coisas claramente diferentes pelo uso de "semelhantemente" ou "como". Em Lucas 17:6, Jesus compara a fé a um grão de mostarda. Numa metáfora, sugere-se uma analogia entre um objeto e outro que atribui uma ou mais qualidades do segundo objeto ao primeiro.

A metáfora tem veículo (o próprio termo metafórico) e um significado geral (o assunto ao qual o termo metafórico é aplicado). Mateus 7:6 ilustra não somente a importância de identificar o veículo e o significado geral, como também a dificuldade às vezes em fazer a identificação correta. Existem vários veículos neste exemplo: coisas santas, cães, pérolas, porcos. Mas qual o significado geral, o assunto ao qual esses termos simbólicos são aplicados? É o evangelho? Certos ensinos e práticas esotéricas? Bom senso? E quem representam os cães e os porcos? Os descrentes? Os líderes judeus? Os duros de coração e cegos? Qualquer interpretação desse difícil versículo requer que o intérprete identifique corretamente o significado ou significados.

A afeição de Jesus pela hipérbole também requer muita atenção. A hipérbole é uma declaração excessivamente arrojada ou extravagante. A linguagem hiperbólica de Mateus 7:3-5 é um exemplo. A hipérbole de uma trave projetando-se do olho de alguém é uma imagem espantosa que tem o claro valor de impacto: ela força o leitor/ouvinte a ver algo que não poderia ser visto sem o uso da linguagem hiperbólica — isto é, a atitude de censura de alguém.

As máximas de Jesus no evangelho de João contêm muitos duplos entendimentos ou declarações deliberadamente ambíguas e que criam mal-entendidos. Quando Jesus diz a Nicodemos que "sem nascer de cima (gr. *ánōthen*)" ele não pode ver o reino de Deus (Jo 3:3), Nicodemos se equivoca porque o termo grego pode também significar "novamente" ou "de cima". Da mesma forma, a mulher samaritana entende mal "água viva" (*hýdōr zṓn*) em João 4:10 e pensa que Jesus proverá uma "fonte de água".

A compreensão da ironia enriquece a leitura dos evangelhos. A ironia verbal ocorre quando o significado implícito do orador difere nitidamente do significado ostensivamente expressado. As palavras são usadas com duplo sentido. Quando Jesus diz aos líderes judeus "Derribai este santuário, e em três dias o levantarei" (Jo 2:19), ele está se referindo ao seu corpo, mas as autoridades, compreensivelmente, pensam que ele se refere ao templo de Jerusalém. João deixa claro para que o leitor não confunda a ironia ao explicar em 2:21 o que Jesus quis dizer. A ironia dramática ocorre quando o leitor se coloca numa posição superior à personagem em uma narrativa e, portanto, conhece a informação que falta à personagem. A declaração de Caifás com relação a Jesus em João 11:50 é o máximo da ironia dramática. O sumo sacerdote não compreende quanto é verdadeira a sua declaração, embora o leitor o saiba.

As parábolas de Jesus podem ser curtas semelhanças que fazem uma comparação entre duas coisas bem diferentes ou que possam ser mais longas, parábolas narrativas com personagens e enredo. Semelhanças são comparações aumentadas ou metáforas que têm uma imagem (veículo), uma realidade (significado geral), e um ponto de comparação entre os dois. A parábola do tesouro escondido em Mateus 13:44 é um exemplo de semelhança. A imagem é o tesouro escondido no campo; a realidade é o reino de Deus; e o ponto de comparação é: assim como o homem vendeu tudo para comprar o campo, deve-se sacrificar tudo para receber o reino. Outras semelhanças são as parábolas do fermento (Mt 13:33; Lc 13:20, 21), do grão de mostarda (Mt 13:31, 32; Mc 4:30-32; Lc 13:18, 19), da pérola (Mt 13:45, 46), da rede (13:47-50), da semente que cresceu em segredo (Mc 4:26-29), da figueira (Mt 24:32-35; Mc 13:28-31; Lc 21:29-33), da ovelha perdida (15:4-7; Mt 18:12-14), da moeda perdida (Lc 15:8-10) e dos servos inúteis (17:7-10).

As parábolas narrativas são histórias bem desenvolvidas e devem ser analisadas como narrativa com atenção dada às personagens, à retórica, ao ambiente, ponto de vista, enredo e tema (ver a seguir). Exemplos de parábolas narrativas são as parábolas das dez virgens (Mt 25:1-13), dos talentos (25:14-30; Lc 19:11-27), dos carneiros e dos bodes (Mt 25:31-46) do rico e Lázaro (Lc 16:19-31) dos trabalhadores na vinha (Mt 20:1-16), do filho pródigo (Lc 15:11-32), do bom samaritano (10:29-37) e do mordomo injusto (16:1-9).

Narrativas. Narrativas são histórias que podem ser verdadeiras (narrativas de sofrimento) ou imaginárias (parábolas) e são relatadas por um narrador. As narrativas têm personagens e enredo, bem como ponto de vista, artifícios retóricos e cenário. Exemplos nos evangelhos são a alimentação dos cinco mil (Mt 14:13-21; Mc 6:32-44; Lc 9:10-17; Jo 6:1-15), os endemoninhados gadarenos (Mt 8:28-34; Mc 5:1-20; Lc 8:26-39), acalmar a tempestade (Mt 8:23-27; Mc 4:35-41; Lc 8:22-25), as narrativas da infância de Jesus (Lc 1-2; Mt 1-2), a cura do homem cego (Jo 9), e da mulher samaritana (Jo 4). Os evangelhos como um todo podem ser considerados também como narrativas. Exemplos de narrativas em Atos são a conversão de Cornélio (At 10:1-11:18) e o milagre do Pentecoste (2:1-13). Apocalipse, embora geralmente considerado literatura apocalíptica, pode ser interpretado como literatura narrativa, mas com especial atenção dada ao simbolismo.

O cenário de uma narrativa — o tempo histórico, as circunstâncias sociais e a localidade onde a ação ocorre — é importante para a interpretação desse tipo de texto. O cenário geral do endemoninhado gadareno em Marcos 5, por exemplo, com seus túmulos, que não se prendia por algemas e correntes e espíritos imundos, estabelece a atmosfera da narrativa. O ambiente indica que esta narrativa trata de uma batalha entre Deus e Satanás.

O ponto de vista é a maneira como a história foi contada. As ações, o cenário e os eventos passam pela perspectiva do narrador, expressa em termos de espaço, tempo, frases e palavras, discernimento dos pensamentos e dos sentimentos da personagem e as crenças, valores e normas do narrador. Um exemplo de ponto de vista espacial pode ser visto na maneira como João organizou o cenário e as personagens em Apocalipse 4 e 5. No centro da narrativa, estão aquele que está sentado no trono e o Cordeiro, e fora do trono estão círculos concêntricos da criação: os quatro seres viventes, seguidos pelos 24 anciãos. Depois, o círculo se expande para incluir miríades de anjos e, finalmente, a criação toda que cerca o trono. O arranjo espacial reflete o ponto de vista distinto do escritor, a saber, que Deus dá ordem e estabilidade (e na verdade significado) ao universo.

Retórica é a arte da persuasão. A análise da retórica olha para os artifícios que o autor usa para persuadir o leitor a fazer a interpretação "adequada" de uma narrativa. A retórica inclui figuras de linguagem, como símile, metáfora, repetição, hipérbole, símbolos e ironia, mas não está limitada por esses recursos. A compreensão adequada da retórica é necessária para a correta interpretação da narrativa. Por exemplo, o Apocalipse de João usa o simbolismo com tanta intensidade que não reconhecer esse método retórico resulta inevitavelmente em interpretar erroneamente o livro.

Personagens de uma narrativa são pessoas com qualidades morais, volitivas e emocionais que se manifestam no que elas dizem ou fazem. O narrador pode ou mostrar (com a personagem falando ou agindo) ou contar (intervir com autoridade para descrever ou avaliar a personagem). Deus fala somente duas vezes em Apocalipse: uma vez no início e depois no fim do livro e, nas duas vezes, diz: "Eu sou o Alfa e o Ômega" (Ap 1:8; 21:6). João mostra que Deus é o fundamento e o objetivo da nossa existência tanto pelo discurso de Deus como pela colocação da autodeclaração Alfa/Ômega. Por contraste, Marcos intervém nessa narrativa para tratar a respeito de certas personagens: não entenderam a multiplicação dos pães porque "o seu coração estava endurecido" (Mc 6:52); e os saduceus "dizem não haver ressurreição" (12:18). Descreva o escritor uma personagem ou mostre-a por meio do diálogo ou ação, o propósito de estudar a caracterização é identificar os traços principais, as características que definem uma personagem.

O enredo é a estrutura das ações de uma narrativa que são dirigidas para um efeito desejado. O enredo tem princípio, meio e fim. O princípio mostra a ação principal que faz o leitor ansiar por algo mais. O meio admite como certo que algo vem antes e que mais se seguirá. O fim sucede o que vem antes e requer que nada venha depois. O enredo é uma história que começa com condição estável, passa por algum tipo de desequilíbrio e é concluído com resolução, uma nova condição estável. O desequilíbrio ou instabilidade é frequentemente, embora não sempre, causada por conflitos. Existem conflitos com o sobrenatural (demônios, Satanás, espíritos imundos), natureza (o mar), personagens (Jesus vs autoridades religiosas, multidões ou discípulos), ou consigo mesmo (Jesus no jardim do Getsêmani). Por exemplo, o enredo de Apocalipse é o seguinte: A seção principal do livro começa com uma situação estável no céu com Deus no trono, no controle do universo (caps. 4—5). Em seguida, há uma série de instabilidades que testa a determinação dos cristãos e os compromissos dos habitantes da terra (pragas e perseguições pela besta nos caps. 6—19). Na conclusão do livro, uma nova situação é introduzida solenemente com a chegada do reino milenar e da nova Jerusalém (caps. 20—22). A importância da análise do enredo é que ela força-nos a fazer a pergunta fundamental "Por que?" Qual é a relação causal entre os eventos da narrativa? O que causa o desiquilíbrio na narrativa e como são resolvidas as instabilidades? Quais são as consequências da resolução?

Cartas. Paulo e outros escritores de cartas do NT seguem formas convencionais de redação de carta: cumprimento com saudação, seguida de agradecimento. O corpo da carta traz uma seção frequentemente encorajadora com intuito de instrução e exortação ética. Finalmente, vem a conclusão da carta com bênção.

Paulo usa inúmeras formas literárias em suas cartas: material semelhante a hino, credos confessionais, diatribes, quiasmos, poesia, tipologias, anáforas, ironia, sarcasmo. A carta de 1Timóteo 3:16 é representativa das qualidades artísticas encontradas nas cartas do NT. Nela uma estrutura quiástica que se cruza une-se a elementos de dois mundos: o mundo de cima e este mundo. O primeiro quiasmo — carne (este mundo): espírito (mundo de cima) :: anjos (mundo de cima) : gentios (este mundo). Assim, por uma intricada estrutura que se cruza o credo semelhante a hino proclama que dois mundos que estavam antes separados — o mundo de cima e este mundo — estão agora unidos por Jesus Cristo.

Bibliografia. M. H. Abrams, *A Glossary of Literary Terms*, 5th dd. (Chicago, 1988); M. A. Powell, *What Is Narrative Criticism?* (Minneapolis, 1990); D. M. Rhoads e D. Michie, *Mark as Story* (Philadelphia, 1982). [JAMES L. RESSEGUIE]

LITÓSTROTO (gr. *lithóstrōton*) O lugar do julgamento no pátio da Fortaleza Antônia onde Jesus foi condenado à morte (Jo 19:13; "Pavimento de pedra"). *Ver* GABATÁ.

LIVRO A forma mais antiga do livro nos tempos bíblicos era a de um rolo (heb. *mĕḡillâ*), documento feito de papiro ou de couro. O uso dos rolos de papiro remonta aprox. 3200 a.C. no Egito, e os israelitas basicamente importaram tais rolos para os seus próprios escritos. Após o Exílio e pelo tempo dos Rolos do mar Morto, o couro era o material favorito para os rolos.

Evidência recente oferece vislumbres sobre a produção de rolos de couro na comunidade de Qumran. Os escribas na comunidade usavam rolos de pele e especialmente faziam tintas para produzir seus textos. Para esses escribas, os materiais em si mesmos, as tintas e o couro dos rolos, continham tanto poder que a santidade dos próprios textos era assegurada pelo uso desses materiais. A comunidade exigia dos escribas que usassem couro para os rolos bíblicos, mas os escritos não-bíblicos foram encontrados em rolos de papiro. Além disso, os rolos de papiro dos escritos bíblicos foram proibidos pelos rabinos: "Se ele era escrito com cáustica, tintura vermelha, ou sulfato ferroso, ou papel (papiro), de diftera [couro tratado com sal e farinha], ele não tinha cumprido sua obrigação, mas somente se ele era escrito em escrita assíria, em pergaminho, e com tinta."

Um dos grandes avanços do cristianismo é a produção do livro de códices. Por volta do século II d.C., as folhas de pergaminho eram dobradas e costuradas juntas, e frequentemente presas dentro de uma capa, para dar a aparência de um livro de hoje. Enquanto os códices mais antigos podiam ter sido produzidos pelo uso de folhas simples de papiro, mais tarde os códices foram realmente feitos com muitas folhas de pergaminho costuradas uma na outra. Os códices mais antigos conhecidos feitos de papiro de uma única folha foram produzidos no Egito, mas não foram descobertos até o século XX em Nag Hammadi. Os códices mais antigos conhecidos atualmente compostos de muitas folhas de pergaminho são: Códex Sinaiticus, Códex Alexandrinus e Códex Vaticanus — e proporcionam o principal fundamento textual para os escritos do NT. No tempo de Constantino, o livro era a forma-padrão de escrita.

No AT e no NT o termo "livro" (heb. *sēper*; gr. *biblíon*) algumas vezes se refere à genealogia (Gn 5:1; Mt 1:1), a crônicas da realeza (Et 6:1), ou ao livro da Lei (Dt 28:61; Js 1:8). Através de todo o AT, vários "livros" são escritos para proporcionar a base de certas narrativas bíblicas. Eles incluem o Livro da Guerra de Yahweh (Nm 21:14), o Livro de Jasar (Js 10:13); 2Sm 1:18), o Livro dos Atos de Salomão (1.Rs 11:41), o Livro das Crônicas dos Reis de Israel (14:19; 15:31; 2Rs 10:34), o Livro das Crônicas dos Reis de Judá (1Rs 14:29; 15:7; 2Rs 8:23), o Livro dos Reis de Israel (1Cr 9:1; 2Cr 20:34), o Livro dos Reis de Israel e Judá (27:7; 35:27), o Livro dos Reis de Judá e Israel (16:11; 25:26), e o Livro das Crônicas (Ne 12:23). A Bíblia também menciona vários livros divinamente criados: o livro das memórias (Ml 3:16), o livro da verdade (Dn 10:21), e o livro da vida (Fp 4:3; Ap 3:5; 13:8; 20:12, 15). No Novo Testamento, a frase "os livros" (gr. *tá biblía*) se refere não à totalidade da Bíblia, mas aos livros do AT.

Bibliografia. H. Y. Gamble, ***Books and Readers in the Early Church*** (New Haven, 1995); J. L. Sharpe II e K Van Kampen, eds. *The Bible as Book: The Manuscript Tradition* (Londres, 1998). [HENRY L. CARRIGAN, JR.]

LIVRO DA VIDA A tarefa mundana de escrituração no antigo Oriente Próximo frequentemente encontrou paralelo na esfera divina. A ideia da atividade divina do escriba aparece diversas vezes por todo o AT e NT e é mencionada várias vezes nos escritos pseudoepígrafos (cf. Êx 32:32-33; Sl 139:16; Is 65:6; Ml 3:16; Jub. 30. 30.19-23; 1En. 47.3; Ap: 13:8). O Livro da Vida parece ser um livro celestial em que os nomes dos justos estão inscritos. O salmista ora para que seus adversários sejam apagados do livro da vida e que eles não sejam tenham os seus nomes inscritos com os justos (Sl 69:28 [TM 29]; cf. Ap 3:5; 21:27).

Além do Livro da Vida, outros livros aparecem na literatura. Um livro de destruição corresponde ao livro da vida (cf. 1En. 81.1-4; Jub. 30.22. T. Levi 5.4), e outros livros registram os atos ou eventos da vida. Estes parecem ser a base para o julgamento final, em que"a corte assentou-se para juízo, e os livros foram abertos" (Dn 7:10), e "os mortos foram julgados de acordo com suas obras registradas nos livros" (Ap 20:12). Usos semelhantes são encontrados também nos escritos pseudoepígrafos e apócrifos (cf. cf. 2Esdr. 6.20; 2Apoc. Bar. 24.1; Asc. Isa. 9.22; 1Clem 45.8). [W. DENNIS TUCKER, JR.]

LIVRO DOS DOZE Designação antiga para os Profetas Menores do AT que se refere à prática dos escribas de preservar esses doze escritos proféticos num único rolo. Na antiguidade, esses escritos individuais foram preservados, referenciados, avaliados e recebidos no cânon como um único livro.

Evidência antiga. A evidência para a unidade bibliográfica dos Profetas Menores inclui manuscritos antigos, referências literárias e listas de livros canônicos. A referência mais antiga ao Livro dos Doze vem do começo do século II a.C., na Sabedoria de Jesus Ben Siraque. Referindo-se aos profetas Isaías, Jeremias e Ezequiel. Siraque 49.10 descreve os "Doze Profetas" como grupo. A evidência literária de Siraque é apoiada por evidências dos manuscritos de Qumran. Fragmentos de sete rolos diferentes dos Doze foram descobertos. O manuscrito mais antigo, 4QXIIa., tem sido datado da metade do século II e contém partes dos livros de Zacarias, Malaquias e Jonas. Restos parciais de um rolo dos Doze em grego também foram descobertos perto de Qumran e dão datados da metade do século I a.C. Manuscritos antigos da tradução grega dos Doze contêm sobrescritos de que o número dos livros proféticos é de 1 a 12. No NT, o Livro dos Doze é citado no livro de Atos como "o livro dos profetas" (At 7:42). Todas as antigas listas do cânon judaico/AT e de todos os manuscritos hebraicos medievais dos Profetas Menores tratam estes escritos como um livro.

História da coleção. Um intervalo longo de tempo separa, no livro dos doze, os escritos mais antigos dos mais recentes (livros do século VIII), compostos cerca de 450 a.C, ou talvez mesmo mais tarde. Outro espaço longo separa a referência explícita mais antiga ao Livro dos Doze, dos últimos livros da coleção, datados de c. De 200 a.C. Entretanto, descrições da formação do livro podem somente alegar graus maiores ou menores de semelhança. Não obstante, algumas conclusões a respeito do seu desenvolvimento têm relativamente alto grau de probabilidade.

Por exemplo, há alguma evidência de coleções mais antigas anteriores à coleção final do Livro dos Doze. Os sobrescritos dos livros de Oseias, Amós e Miqueias (Os 1:1; Am 1:1; Mq 1:1) sugerem uma compilação antiga desses três livros, o propósito que devia aplicar as lições da destruição de Samaria pela Assíria, ameaçada em Oseias e Amós, para a situação política de Judá e Jerusalém, descrita por Miqueias. A sequência dessa suposta coleção anterior está preservada nos manuscritos do Livro dos Doze da LXX. O gérmen da coleção final do Livro dos Doze é provavelmente encontrado nessa compilação primitiva. O último livro a ser acrescentado ao Livro dos Doze foi provavelmente Jonas, que tem formalmente grande variação com o restante da coleção. O mais antigo manuscrito dos Doze, 4QXIIa, coloca Jonas após Malaquias no final da coleção. Jonas também tem posições diferentes na organização grega e hebraica do Livro dos Doze.

Unidade literária. A prática antiga e consistente de preservar os Profetas Menores como um livro tem levantado a questão sobre o fato de os livros individuais possuírem ou não qualquer grau de unidade literária. A possibilidade de unidade parece totalmente improvável à primeira vista, dada a grande diversidade cronológica e temática dos livros individuais. Não obstante, os vários aspectos unificadores têm sido identificados dentro da coleção.

A referência aos Doze, Siraque 49.10 afirma que como grupo os doze profetas "confortavam o povo [...] com esperança cheia de confiança", que talvez seja referência ao fato de que muitos dos livros individuais dentro dos Doze concluam com esperançosa predição de restauração e salvação. Outro elemento unificador, além do tema da restauração futura, é a narrativa histórica implícita que subjaz a coleção. As experiências de Israel e Judá nas mãos da Assíria proporcionam o pano de fundo histórico para os livros de Oseias, Amós, e Miqueias. A queda da Assíria e o surgimento da Babilônia proporcionam o pano de fundo para Naum, Habacuque e Sofonias. A restauração de Judá sob o império persa informa os livros de Ageu, Zacarias e Malaquias e parcialmente narram as numerosas semelhanças entre esses três livros.

Alguns dos livros entre os Doze parecem estar unidos por referências verbais cruzadas nas seções do começo e do fim de cada livro. Por exemplo, as referências a Edom em Amós 9:12; Obadias 1 ajudam a explicar a sequência de outra forma inexplicável nos manuscritos hebraicos dos Doze. Igualmente, os livros de Joel e Amós compartilham linguagem altamente repetitiva nas seções de abertura e de fechamento de cada livro (cf. Jl 3:16 [TM 4:16] e Am 1:2; também Jl 3:18 [4:18] e Am 9:14). Similaridades como essas, que estendem os limites dos livros individuais, têm despertado tentativas de identificar certas passagens por todo o livro como obra de mais editoriais que unificaram a coleção por inserir material semelhante em vários lugares. Embora as adições editoriais unificadoras sejam possíveis, não há evidência concreta de formas prévias do livro pelas quais se pode julgar as propostas das adições editoriais.

Um aspecto unificador importante do Livro dos Doze era a crença teológica das comunidades religiosas antigas de que as palavras dos vários profetas eram, enfim, a palavra unificada do Deus de Israel. Essa crença está por detrás da preservação e da transmissão comum dos Profetas Menores. É a mesma pressuposição teológica que permitia às comunidades antigas de israelitas, judaicas e cristãs tratar as diversas palavras das Escrituras de Israel, formal e cronologicamente, como tradição unificada e canônica.

Bibliografia. B. A. Jones, *The Formation of the Book of the Twelve*, SBLDS 149 (Atlanta, 1995); J. D. Nogalsky, Literary Precursors to the Book of the Twelve, *BZAW* 217 (Berlim, 1993); Redactional Processes in the Book of the Twelve. *BZAW* 218 (Berlim, 1993). [BARRY A. JONES]

LIXÍVIA, SABÃO Elemento para limpeza. A lixívia de carbonato de potássio era obtida das cinzas de certas plantas ou encontrada naturalmente. Um distrito do Egito era conhecido por sua disponibilidade natural. Aristóteles descreve a lixívia como elemento que se dissolve facilmente na água.

O sabão foi inventado pelos fenícios e usado como corante e curativo para o cabelo durante o período dos escritos bíblicos. Só no século II d.C., o sabão é mencionado como agente de limpeza. Era feito misturando-se cinzas de plantas com uma substância oleosa. O uso do sabão na limpeza no império romano resultou provavelmente do contato com tribos germânicas. A pobreza de referência a agentes de limpeza e a importância de fragrâncias indicam que os padrões antigos de limpeza eram diferentes dos padrões modernos.

O uso bíblico de lixívia e sabão é, em sentido simbólico, para purificação moral (Jó 9:30; Is 1:25; Jr 2:22; Ml 3:2) ou a ferroada da derrota (Pv 25:20). [STANLEY HARSTINE]

LÓ (heb. *lôṭ*) O filho de Harã, falecido irmão de Abraão, que viajou com Tera e a família ancestral de Ur para Harã (Gn 11:27-31) e depois acompanhou Abraão de Harã até Canaã (12:5). Uma vez em Canaã, os dois se separaram; Ló ficou com o vale do Jordão ao oriente e Abraão ficou com a terra de Canaã (Gn 13). Ló, entretanto, permanece intimamente ligado a Abraão nas histórias da guerra com os reis (Gn 14) e no relato de Sodoma e Gomorra (19:1-29). Depois da morte da esposa de Ló, as duas filhas entram numa relação incestuosa com ele, e Ló torna-se o ancestral epônimo dos amonitas e dos moabitas (Gn 19:30-38).

Outras referências a Ló estão em Deuteronômio. 2:9, 19, em que os israelitas são proibidos de batalhar contra os amonitas e moabitas porque Deus lhes prometera território como descendentes de Ló. O salmo 83:8 [TM 9] lembra o leitor que Moabe e Amom são os filhos de Ló. Em 2Pedro 2:6-8, Ló é citado como o justo habitante de Sodoma e Gomorra.

Ló está presente no começo de cada estágio da jornada inicial de Abraão e em sua viagem pela terra de Canaã (Gn 11:27, 31; 12:4,5; 13:1). Seu papel nas histórias de Abraão-Sara é de introduzir o tema central da ausência de filhos. Abraão não tinha filhos, enquanto seu irmão, Harã, tinha Ló. Abraão levou consigo a Ló para Canaã, não a pedido de Deus, que disse a Abraão para deixar sua terra, parentes, a casa do pai, mas talvez como o herdeiro que ele pensou jamais ter, tema repetido nas histórias de Eliézer de Damasco (Gn 15:2) e Ismael (cap. 16). Quando Abraão e Ló decidiram se separar em Gênesis 13, Abraão oferece a Ló terra ao norte ou ao sul, indicando que pretende dividir a terra de Canaã com ele como herdeiro evidente (v. 9). Ló, entretanto, escolhe a terra ao oriente (Gn 13:10-11), fora dos limites de Canaã. Deus aparece a Abraão e promete que a terra será dada à sua descendência (VS 14-17). Ló não é o herdeiro prometido. Gênesis dá as genealogias de Ismael (Gn 25:12-18) e Isaque (v. 19-20), mas nenhuma para Eliézer e Ló.

Bibliografia. J. Blenkinsopp, *The Pentateuch* (New York, 1992), 98-133; L. R. Helyer, "The Separation of Abram e Ló", *JSOT* 26 (1983): 77-88; S. P. Jeansonne, "The Characterization of Lot in Genesis", *BTB* 18 (1988): 123-29. [NANCY L. DECLAISSÉ-WALFORD]

LO-AMI (heb. *lō' 'ammî*) Nome simbólico ("Não-meu-povo") que o profeta Oseias deu ao seu terceiro filho com Gômer, por ordem de Deus (Os 1:9; cf. v. 10; 2:1, 23 [TM 2:1, 3, 25]).

LOBO Grande membro da família canina, Canis lupus. A Bíblia se refere a várias espécies caninas, incluindo cães, raposas, chacais, hienas e os lobos. A maior parte das referências bíblicas aos lobos (heb. *zĕ'ēḇ*; gr. *lúkos*) são simbólicas e aludem à sua natureza selvagem. Assim, a tribo de Benjamim é descrita como lobo voraz (Gn 49:27), e os príncipes de Israel são comparados a lobos que despedaçam a presa (Ez 22:27; cf. Sf 3:3).

No NT, os lobos simbolizam exclusivamente as pessoas que são ameaça à comunidade cristã. Os seguidores de Cristo são retratados como ovelhas no meio de lobos (Mt 10:16; Lc 10:3). No discurso de Jesus sobre o bom pastor, o lobo é aquele que arrebata as ovelhas do curral (Jo 10:12). Os falsos profetas estão disfarçados em pele de ovelha, mas na verdade são lobos vorazes (Mt 7:15). O temor de Paulo em sua partida e a advertência aos efésios foi que, após deixá-los, lobos selvagens viessem entre eles e não poupassem o rebanho (At 20:29). [MARK R. FAIRCHILD]

LOCUSTA (Gafanhoto) Inseto pertencente à ordem Orthoptera e à família Acrididae, distinto do gafanhoto por seu comportamento gregário e enxameante. Pode-se encontrar três espécies de locusta na Palestina. Tanto a locusta europeia (Locusta migratória L.) e a locusta do Marrocos (Dociostaurus morocanus Thnbg.) são normalmente inofensivas; raramente têm comportamento gregário ou se tem observado enxames em épocas históricas. A locusta do deserto (Schistocerca gregária Forsk.) é mais comum, regularmente invadindo a Palestina oriunda de sua área de procriação ao longo do mar Vermelho e na região saaro-saeliana. O termo hebraico comum *'arbeh* (e provavelmente gr. *akrís* no NT) refere-se à locusta do deserto. O hebraico *sāl'ām* designa a locusta calva, que é considerada própria para alimentação (Lv 11:22).

Outros termos hebraicos que se referem à locusta não são facilmente identificados. O hebraico *gōḇay* (variante de *gēḇâ?*) parece ser sinônimo de *'arbeh*. O termos heb. *yeleq, ḥās'l* e *gāzām* são geralmente interpretados como estágios desenvolvidos da locusta do deserto. Neste caso, o *yeleq* é a ninfa, o *ḥās'l* e *gāzām* são dois estágios sucessivos do gafanhoro imaturo, e o *'arbeh* é a locusta adulta totalmente desenvolvida, capaz de voar. Embora essa interpretação tenha algum apoio a partir da descrição da praga da locusta em Joel 1:2-2:11, ela se defronta com vários problemas. Primeiro, quatro estágios da locusta do deserto não são prontamente discerníveis (a locusta do deserto de desenvolve por seis estágios larvais). Segundo, esses termos parecem ser usados de modo intercambiáveis com *'arbeh* e cada um dos outros (Na 3:15-17; Sl 78:46; 105:34) e para representar uma catástrofe distinta (1Rs 8:37). Os termos não parecem ser usados com precisão.

A Bíblia fornece uma quantidade de descrições realísticas da atividade da locusta. A narrativa da praga do Êxodo (Êx 10:12-20) e as descrições da praga em Joel (Jl 1:6, 7; 2:3-9) são precisas nos detalhes ecológicos. Em outra parte, a Bíblia nota que enxames de locustas chegaram à Palestina na primavera (Am 7:1) e que dependiam do calor do sol para se locomoverem (Na 3:17). A atividade da locusta serve também como fonte de metáforas. Em particular, as duas características principais das locustas — elas enxameiam em grande número e têm um apetite voraz — descrevem o tamanho e a capacidade destrutiva dos exércitos inimigos (Jz 6:5; 7:12; Jr 5:17; 46:23; 51:14).

Bibliografia. B. P. Uvarov, *Grasshoppers and Locust*, 2 vols. (Cambridge, 1966-1977). [RONALD A. SIMKINS]

LODE (heb. *lōḏ*) (tb. LIDA) Cidade (moderna Lod/El-Ludd) 18 km a sudeste de Jope no Uádi El-Kabir, perto da fronteira da planície de Sarom; também conhecida no NT como Lida. Uma inscrição de Tutmósis III, em Carnaque (séc. XV a.C.) refere-se à cidade como propriedade egípcia. Os benjamitas, "filhos de Elpaal", reconstruíram a cidade (1Cr 8:12), mas uma associação precoce com Dã e Efraim é possível. Lode, Hadide e Ono cuidaram para que houvesse uma terra natal para 725 (Ed 2:2) ou 721 (Ne 7:37) exilados em regresso.

Jônatas Macabeu capturou Lode de Demétrio Nicanor em 145 a.C. e a denominou Lida (1Mac 11.34). Depois o local foi chamado de Diospolis e tornou-se centro de estudos judaicos. [STEPHEN VON WYRICK]

LO-DEBAR (heb. *lô ḏĕḇār*; *lō' dĕḇār*) Cidade-estado do norte da Transjordânia, rio Jarmuque acima. Na época de Saul, Lo-Debar foi governada por Amiel ou por seu filho Maquir, que ajudou Mefibosete, filho de Saul (2Sm 9:3-5) e depois a Davi (17:27-29). Lo-Debar esteve sob o domínio de Arã-Damasco na Idade do Ferro II e depois foi capturada por Jeroboão II (Am 6:13).

Os sítios identificados com Lo-Debar incluem Tel Mghanne, Tell el-Hamme, Umm ed-Dabar, Khirbet Hamid e Ibdar, mas todos ficam ao sul do Jarmuque. Outra possibilidade pode ser Tell Dober, onde foi encontrada evidência de ocupação na Idade do Ferro I e II.

A etimologia do nome não é clara porque a raiz das letras não são comuns às línguas semíticas. A raiz de quatro letras *ldbr* era mais comumente o nome de um lugar, assim a tradução mais provável é Debir (cf. Js 13:26). [PHILIP R. DREY]

LOGIA Máxima, com frequência curta, geralmente associada à divindade. No grego clássico, *lógia* era quase o equivalente a *chrēsmós*, um "dito profético". Na LXX, o termo é normalmente usado para traduzir o hebraico *'ōmere 'imrâ*, mas é também usado para *dāḇār* em vez da usual *lógos* ("palavra"). Os usos de *lógione lógia* na LXX se encaixam em quatro categorias: (1) máximas individuais de Deus associadas à Lei (Is 28:13); (2) pronunciamentos proféticos de Deus declarados por um intermediário (Nm 24:4, 16); (3) ordens, ocasionalmente colocadas em paralelo com pacto (*diathḗkē*), e a Lei do Senhor (*tón nómon kuríou*) (Is 5:24); (4) referência geral às máximas coletivas de uma pessoa (Sl 19:14 [18:15]o, ou de Deus (Sl 119 [118], 17 vezes), com frequência transmitindo promessas ou declarações relativas à situação ou aos assntos futuros.

No NT, *lógia* ocorre quatro vezes. Em Atos 7:38, Estevão usa a frase *lógia* "viva" (Zonta) para citar a Torá que Moisés recebeu no monte Sinai. Ele está se referindo à plena revelação de Deus a Moisés e enfatizando sua natureza viva ou permanente, e assim, sua eficácia contemporânea. Em Romanos 3:2, Paulo, depois de falar extensivamente sobre a lei do AT, proclama o privilégio dos judeus em ter recebido a *lógia* de Deus. A referência é novamente à plena revelação de Deus no AT. Aqui, entretanto, os judeus perderam a bênção devido à infidelidade e outros se beneficiaram. Em Hebreus 5:12, o escritor, no contexto da relação de Jesus com o sistema sacrificial do AT, censura sua audiência para que tenham instrução nos princípios básicos da *lógia* de Deus. A referência é à totalidade da revelação do AT, com a Palavra que foi "falada a nós pelo Filho" (Hb 1:2). É essencial que essa *lógia* seja compreendida e obedecida. Finalmente em 1Pedro 4:11, em referência ao uso adequado de um dom carismático, a audiência é advertida a falar como quem expressa a *lógia* de Deus. Como em Números 24:4, 16, a *lógia* se refere aos pronunciamentos oraculares de Deus dados a um intermediário para falar em seu nome.

Há duas categorias de uso para *lógia* no NT: (1) continuação do uso pré-cristão, pronunciamentos de uma divindade transmitidos por porta-voz, embora a referência seja à mensagem toda e não às máximas individuais (At 7:38; 1Pe 4:11); e (2) a total revelação de Deus em relação à salvação na história do AT e no ambiente contemporâneo no qual Jesus realizou a salvação do seu povo (Rm 3:2; Hb 5:12).

Na literatura da Igreja Primitiva, as duas categorias continuam com ênfase sobre as máximas individuais do AT e NT, especialmente as máximas de Jesus. Na erudição contemporânea, *lógia* é um termo técnico para uma declaração, particularmente relacionada a uma máxima de Jesus, normalmente associada à fonte oral Q. [CASEY W. DAVIS]

LOGOS (gr. *lógos*) Importante conceito no NT, particularmente o quarto evangelho, no qual é especificamente identificado com Jesus de Nazaré, como o Cristo preexistente e o salvador encarnado (Jo 1:1-14). A palavra, entretanto, tem tido variedade de usos desde tempos antigos, transmitidos por termos como "palavra", "discurso", "narração" e "expressão". Para Heráclito, *lógos* significava "explicação" e, por inferência, "significado transcendente"; princípio cósmico fundamental de ordem e proporção do universo material. Platão e Aristóteles empregaram o termo com o significado de "discurso" ou "explicação racional", comunicando, assim, a ordem estrutural do universo mental e moral. Platão deu extrema importância à noção de uma ordem cósmica emanando de um mundo transcendental ou da mente de Deus. O termo tinha papel central na cosmovisão dos filósofos estoicos. Para eles, Deus e o mundo material eram um e logos era a força vital e o elemento racional que impregna todo o universo e controla sua ordem, funcionamento e vida. Alguns o identificaram com o fogo e o ar, associando-o à respiração e ao espírito.

Fílo, o Judeu, deu muita importância ao conceito. Para ele, *lógos* era a racionalidade na mente de Deus que deu à mente do Senhor ordem e potencial para expressão. Foi a estrutura conceitual que apareceu na mente de Deus para a formação do(s) universo(s) e a expressão dessa estrutura como modelo para a criação. *lógos* foi a estrutura interna da lei natural e moral que dá forma e função aos universos material e moral, respectivamente. Além disso, foi a estrutura racional e epistemológica da mente humana, como parte do(s) universo(s) criado(s), que correspondeu coerentemente à estrutura da criação e assim tornou possível o conhecimento e a investigação científica. Ela foi o abrangente sistema de compreensão do(s) universo(s) que a mente humana pôde obter pela filosofia, teologia, ciência e religiosidade, pensando, dessa forma, os pensamentos de Deus depois dele. Na LXX, *lógos* normalmente é a tradução da palavra hebraica *dāḇār*, "palavra", que Fílo identificou intimamente com a palavra hebraica para sabedoria (Pv 1-9).

O NT usa *lógos* frequentemente, mas não no sentido filosófico de racionalidade ou de princípio racional ou de ordem do universo. Nele *lógos* significa simplesmente "palavra", "discurso", "relato", "afirmação" ou "assunto" sob discussão. Assim, ele quase sempre se refere ao evangelho cristão pregado ou escrito. Somente no prólogo do evangelho de João é que *lógos* é empregado em dimensões cósmicas quando usado para nomear Jesus Cristo como a Palavra transcendente, pre-existente e encarnado ou como autoexpressão de Deus. Esse uso tem alguma semelhanças com o de Fílo e com o dos estoicos. A única exceção é João que personaliza o *lógos*.

O termo é comum nos patrísticos gregos e na tradição gnóstica. Justino Mártir, Teófilo de Antioquia e Ireneu de Lion, no fim do século II, empregaram *lógos* para descrever o papel transcendente, pre-existente e encarnado de Jesus Cristo como facilitador na administração redentora de Deus na criação, providência e salvação. Entretanto, eles parecem mais dependentes dos usos do Médio Platonismo, como o de Fílo, do estoicismo e da literatura judaico-helenística, que do prólogo do quarto evangelho. [J. HAROLD ELLENS]

LOGUE Unidade de medida para líquidos (heb. *lōḡ*), provavelmente cerca de 0,31 litros, mencionado somente com referência ao azeite de oliva, na oferta de purificação da lepra (Lv 14:10, 12, 15, 21, 14).

LOIDE (gr. *Lōís*) A mãe de Eunice e avó de Timóteo; mulher de fé em Listra (2Tm 1:5).

LOMBOS Área do corpo localizada nos quadris ou parte inferior das costas (heb. *māṯnayim*; gr. *osphýs*). Os lombos eram o lugar onde se usava o cinto (2Rs 1:8; Is 11:5; Jr 13:1), pendurava-se a espada (2Sm 20:8) e usava-se roupa de saco (Gn 37:34; 1Rs 20:32; Am 8:10). Quando se exigia movimento rápido, os lombos eram o lugar onde a roupa era amarrada (Êx 12:11;

1Rs 18:46; 2Rs 9:1); nesse sentido "cingir os lombos" tornou-se expressão idiomática para vestir-se para ação ou disponibilidade (Jó 38:3; 40:7; cf. Lc 12:35; Ef 6:14; 1Pe 1:13). Grande medo é com frequência descrito acompanhado por desconforto dos lombos (Sl 69:23; Is 21:3).

O termo hebraico *ḥălāṣayim* é normalmente usado associado à área genital e, assim, por extensão, à progenitura (Gn 35:11; 46:26). Como área da procriação, os lombos representam força e vigor (1Rs 12:10; Na 2:1; 2Cr 10:10).

O termo hebraico *kĕsālîm* é usado exclusivamente para designar os lombos de animais para o sacrifício (cf. Lv 3:4, 10, 15). É, portanto, termo essencialmente sacerdotal. [MARK F. ROOKER]

LO-RUAMA (heb. *lōʾrqḥāmâ*) Nome simbólico (heb. "não amada") que o profeta Oseias recebeu ordem para dar à sua filha e de Gômer (Os 1:6; cf. 2:1, 23 [TM 3, 25]).

LOTÃ (heb. *lôṭān*) Filho de Seir (Gn 36:20, 22; 1Cr 1:38, 39); chefe dos povos horeus que viveu em Seir/ Edom (Gn 36:29).

LOTO Planta, seja arbusto espinhoso (Zizyphyus lotus L.) que floresce nas regiões quentes e úmidas do norte da África e Síria, ou tipo de lírio da água (Nymphaea lotus L.) que cresce no Egito. O arbusto parece estar indicado em Jó 40:21-22, a única referência bíblica ao loto. Diz-se que o hipopótamo deita-se debaixo dos lotos, que o cobrem com sua sombra. Nesse texto, a planta dificilmente pode ser identificada como o lírio da água. A tradução "arbusto de espinho" (TEV) ou "loto espinhoso" (REB) faz a distinção adequada entre os dois tipos de lotos. Na lenda grega, o fruto do loto induzia a um estado de calma tendência ao esquecimento, mas essa ideia não se encontra em nenhum texto na Bíblia. [JOE E. LUNCEFORD]

LOUCURA Os antigos descreviam a origem sobrenatural, a natureza moral e os comportamentos que caracterizavam a loucura em vez de sua constituição psicológica. No AT, a loucura é vista como punição mandada por Deus sobre os israelitas desobedientes ou como transtorno que ele imporá às pessoas no Dia do Senhor (heb. *šiggāʿôn*; Dt 28:28; Zc 12:4). O escritor de Eclesiastes contempla as diferenças entre o sábio, o tolo e o louco (*hôlēlâ*, que significa agitação impetuosa, delírio e ações tolas; Ec 1:17; 2:12; 7:25; 9:3; 10:13). Em Daniel 4, Nabucodonosor relata seus sonhos bizarros, perturbadores e grandiosos a Daniel, que os interpreta e depois os vê se realizarem. Durante certo tempo, Nabucodonosor pasta como animal, separado da companhia humana. A descrição mais extensa de loucura no AT é o declínio de Saul. Atormentado por ciúme paranoico de Davi, Saul torna-se tão violento que manda assassinar os sacerdotes e cidadãos de Nobe (1Sm 22:6-19), visita uma médium à noite em Endor e, finalmente, comete suicídio (1Sm 28, 31). Embora Deus não seja culpado por tais loucuras como atos de perversidade, os hebreus viam Deus como causa final e eficiente de todas as coisas, por isso criam que um espírito maligno da parte de Deus atormentava Saul (1Sm 16:14) e um espírito da mentira provocou a morte de Acabe (1Rs 22:19-23; cf. Lc 11:24-26 sobre a causa da insanidade dos demônios). A loucura podia ser imitada: Davi certa vez fingiu estar louco, para salvar sua vida babando, riscando as portas e comportando-se de forma estranha (1Sm 21:13-15).

No mundo grego, a loucura (gr. *átē*) era personificada pela tolice cega que descia sobre as pessoas e as tornavam incapazes de saber o certo e o errado.

No NT, acreditava-se que a loucura vinha de possessão demoníaca (Lc 8:2, 3, 30; 11:14). As pessoas com tal perturbação podiam se despir, viver nos sepulcros e se comportar violentamente (Mc 5:2-13; Mt 8:28-33). Outros tipos de "loucura" eram a tola ignorância de mestres ímpios e líderes religiosos (gr. *ánoia*; 2Tm 3:9; Lc 6:11), a imprudência (*paraphronía*; 2Pe 2:16) ilogicamente má e egoísta, e furor ou excentricidade delirante (*manía*; Festo diz a Paulo que o excesso de estudo haviam deixado o apóstolo louco, At 26:24). [RICHARD A. SPENCER]

LOUVOR Expressão de adoração que confessa e reconhece Deus como fonte suprema e doador de todos os dons. Na Bíblia, abrange vários elementos. (1) O apelo ao louvor pode ser expresso numa variedade de formas, entre elas "louvar" (heb. *hll*; p. ex., Sl 113:1, 3; 117:1); "agradecer" (*ydh*; 136:1-3); "bendizer" (*brk*; 34:1 [TM 2]; 113:2; 134:1); "engrandecer" (*gdl*; 34:3 [4]; 69:30 [31]); "glorificar" (*šbḥ*; 117:1); "cantar" (*šîr* ; Sl 33:3; Êx 15:21). Os estudiosos discutem as nuanças de diferenças entre os vários termos, mas estes pertencem claramente à mesma área semântica. (2) Esse apelo é dirigido a um audiência variada: ao ego interior (Sl 103:1,2), à comunidade de Israel (113:1; 135:1,2), a todos os povos e nações (117:1), até mesmo à própria criação (148:3-10). Os humanos, de fato, devem ser a voz de louvor de todas as criaturas. (3) O fundamento ou a causa do louvor (com frequência introduzido por *k*', "com o intuito de", "por causa de") é alguma ação de Deus em meu/nosso favor. Pode ser ato de rendenção ou libertação quando estivemos necessitados (Sl 22:23-31 [24-32]; 30:1-12 [2-13]) ou, de modo mais geral, os atos da criação de Deus (103), lealdade e constância (117:1,2). Em termos de forma crítica, os primeiros têm sido designados de "ação de graças" e os últimos, "hinos". Clauss Westermann propõe ver o primeiro como salmos de "louvor narrativo", e os últimos como "louvor descritivo". Como o lamento é uma oração feita na aflição, da experiência de maldição e destruição, então o louvor é oração feita a partir da experiência de bênção, vida e perfeição; como tal ele foca no Doador e na bênção.

No NT, a obra de Deus em Jesus é semelhantemente marcada pelo louvor. O louvor está em seu nascimento (Lc 1:46-55, 68-79; 2:13,14) bem como sem sua entrada triunfal em Jerusalém (19:37,38 par.). A comunidade cristã é convocada a louvar a Deus constantemente (Cl 3:16,17); o grego *eucharístein* significa basicamente "dar graças e louvor". O livro de Apocalipse é abundante em hinos cósmicos de louvor (p. ex., Ap 19:1,2,5,6-8).

Bibliografia. P. D. Miller, *They Cried to the Lord: The Form and Theology of Biblical Prayer* (Minneapolis, 1994); C. Westermann, *Praise and Lament in the Psalms* (Atlanta, 1981). [MICHAEL D. GUINAN, O.F.M.]

LUA Todas as civilizações do antigo Oriente Próximo adoravam a lua cheia e a minguante; com poucas exceções, as mais importantes divindades eram retratadas como masculinas. Os deuses lua, nativos e internacionais eram adorados na antiga Palestina (Dt 4:19; 17:3; 2Rs 23:5; Jó 31:26; Jr 8:2). Os elos de Abraão com Harã e Ur, os mais pretigiosos locais de adoração lunar da antiga Mesopotâmia, provavelmente refletem o ambiente cúltico arameu familiar aos autores de Gênesis. Substantivos próprios no AT refletem o reconhecimento de deuses lua da Ásia ocidental e da Mesopotâmia. Formas do nome do deus-lua mesopotâmio Sîn ocorrem em Sambalate (Ne 4:1 [TM 3:33]), Senaqueribe (2Rs 18:13 = Is 36:1) e Senazar (1Cr 3:18). O semítico ocidental Yarih (heb. *yārēaḥ*) é confirmado em Jerá (Gn 10:26 = 1Cr 1:20) e Jaroa (1Cr 5:14); outros nomes baseados em palavras relativas à lua incluem Hodes (1Cr 8:9) e Labão (Gn 24:29). Nomes de lugares como Bete-Iera e Jericó também confirmam a antiga adoração lunar. A iconografia da Síria-Palestina da Idade do Ferro representa a lua também como objeto natural — lua crescente — ou a simboliza com uma das convenções litúrgicas das nações vizinhas, isto é, lua crescente no topo de um poste ou estrado (o mesopotâmio Sîn de Harã, marca e selos em cilindros), barco lunar (mitologia egípcia, amuletos) ou capacete com lua crescente usado por babuíno ou pelo íbis (Tot egípcio, amuletos e escaravelho).

A base do calendário civil e religioso no antigo Israel e Judá era o mês lunar (cf. Sir. 43.7). Um feriado sagrado era observado mensalmente quando a lua nova era avistada pela primeira vez (Nm 10:10; 28:11).

A figura da lua na Bíblia é normalmente equiparada à do sol e das estrelas. Como rival de Yahweh, a lua é objeto de adoração proibida (Dt 4:19; 17:3; 2Rs 23:5; Jó 31:26; Jr 8:2). A apreciação da beleza natural e do esplendor da lua inspirou a poesia lírica (Jó 26:9; Sl 8:3 [4]; Ct 6:10). Como ilustração espetacular do juízo divino, a aparente eternidade da lua (Sl 72:5,7; 89:37 [38]) podia terminar: símbolo de gravidez do dia de Yahweh e a conclusão escatológica da história é a extinção da lua (Is 13:10; 24:23; Jl 2:31 [3:4]; 3:15 [4:15]; Mc 13:24 par. [gr. *selḗnē*]; At 2:20; Ap 6:12; 8:12; 2Esd. 7.39).

Bibliografia. S. B. Freehof, "Sound of Shofar — 'ba-kesse' Psalm 81.4", *JQR* 64 (1974): 225-28; B. B. Schmidt, "Moon", in *DDD*, 585-93; M. Stol, "The Moon as Seen by the Babylonians", in *Natural Phenomena: Their Meaning, Depiction and Description in the Ancient Near East*, ed., D. J. W. Meijer. *Koninklijke Nederlandse Akademie van Wetenschappen Verhandelingen*, Afd. Letterkunde, N.S. 152 (Amsterdam, 1992): 245-77. [STEVEN W. HOLLOWAY]

LUA NOVA Festa mensal que marcava a primeira aparição da lua nova (heb. *ḥōḏeš*), celebrada onze vezes por ano (a lua nova que marcava o início do mês de Tisri começava a celebração do Ano Novo de outono). Para os ocidentais, é difícil compreender a importância cultural desse festival; o reduzido número de referências a ele no AT provavelmente camufla seu significado às pessoas da antiga Palestina. A maioria, se não todas as civilizações do antigo Oriente Próximo, passou pela experiência do escurecimento mensal da lua como evento sinistro; o restabelecimento do disco lunar era saudado com alegria que se tornou ritualizado. Festivais da lua nova são confirmados em textos do terceiro milênio, do Egito e da Mesopotâmia, desempenhando papel importante na vida religiosa de ambas as civilizações. O principal calendário religioso e civil descrito no AT tem suas origens no antigo calendário de Nipur, no qual os meses lunares, estabelecidos empiricamente pela observação, foram ajustados para corresponderem às estações (solares) pela proclamação periódica de um mês intercalar.

O AT sugere que a festa mensal de lua nova era mais popular e religiosamente agitada do que a observância do sábado semanal na Palestina durante o período pré-asmoneu. Vários textos enfatizam a natureza festiva do feriado (Nm 10:10; 1Sm 20:5, 18-19,24-29; Sl 81:3 [TM 4]; Os 2:11 [13]). A celebração da lua nova em Jerusalém é evocativo da observância do sábado: interrompem-se os trabalhos normais (Am 8:5), iniciam-se sacrifícios especiais (Nm 28:11-15; 2Cr 31:3), e refeições festivas podem ter sido comuns (1Sm 20:18). Se um costume normativo pode ser extrapolado de Judite 8.6, o jejum era proibido no dia da lua nova.

M. Ros Has. 1.3-3.1 relata que o Sinédrio era responsável por proclamar a chegada da lua nova, baseado na visão de testemunhas confiáveis; o calendário judaico lunar não era calculado matematicamente até o século IV d.C. O festival lunar judaico manteve sua popularidade durante os primeiros séculos d.C., quando alguns autores cristãos primitivos o usaram para descrever os contrastes odiosos entre a observância do ritual judaico e cristão (Cl 2:16; Justino Mártir).

Bibliografia. M. E. Cohen, *The Cultic Calendars of the Ancient Near East* (Bethesda, 1993); W.W. Hallo, "New Moons and Sabbaths", *HUCA* 48 (1977): 1-18; H. A. McKay, "New Moon or Sabbath?" in *The Sabbath in Jewish and Christian Traditions*, ed. T. C. Ezkenazi, D. J. Harrington e W. H. Shea (New York, 1991), 12-27; T.C.G. Thornton, "Jewish New Moon Festivals, Galatians 4.3-11 and Colossians 2.16, *JTS* n.s. 40 (1989): 97-100. [STEVEN W. HOLLOWAY]

LUCAS (gr. *Loukás*) O nome aparece três vezes no NT (Cl 4:14; 2Tm 4:11; Fm 24), evidentemente com referência à mesma pessoa, companheiro de Paulo, tradicionalmente identificado como autor do evangelho de Lucas e de Atos dos Apóstolos.

Com o objetivo de qualificar Lucas, a carta de 2Timóteo 4:11 destaca a fidelidade de Lucas em comparação com alguns dos quais se diz terem se apartado de Paulo. Em Filemom. 24, Lucas é identificado como "cooperador", e não simplesmente como um dos "companheiros de viagem" ou "auxiliar" de Paulo, mas pessoa de estatura comparável, "colega missionário". Paulo, em Colossenses 4:14, refere-se a Lucas como "médico amado". Ao que tudo indica, seu conhecimento e habilidades como terapeuta renderam-lhe respeito, colocando-o na companhia daqueles médicos, conhecidos nos períodos helenístico e romano, que desfrutavam de alta posição como estudantes de medicina e filosofia. Pelo fato de Colossenses. 4:10-11 referir-se a Aristarco, Marcos e Justo como os únicos judeus presentes como colaboradores de Paulo, segue-se que Lucas era gentio ou, pelo menos, semita não-judeu. A intimidade escriturística e os interesses judaicos manifestados em Lucas-Atos não requerem hipótese de autoria judaica, mas são igualmente compatíveis com importante exposição ao judaísmo por um não-judeu.

É geralmente aceito que estes dois documentos narrativos foram escritos pela mesma pessoa (cf. Lc 1:1-4; At 1:1, 2), e as antigas tradições identificam Lucas como esse autor. O mais antigo manuscrito grego do terceiro evangelho, o Papiro Bodmer XIV (p^{75}, ca. 200 d.C.), usa o título "Evangelho segundo Lucas". O Cânon Muratoriano (fim do século II) também identifica Lucas, médico e companheiro de Paulo, como autor do evangelho, identificação mais adiante corroborada pelos escritos de Ireneu no século II (Adv. haer. 3.1.1; 14.1) e escritores posteriores (p. ex., Eusébio HE). Até recentemente, o ponto de vista de que Lucas-Atos foram escritos por um companheiro de Paulo atraiu apoio adicional das "passagens nós" em Atos (16:10-17; 20:5-21:18; 27-28). Atualmente, alguns consideram essas passagens como criações literárias.

Assim como outros evangelhos do NT, Lucas e Atos são documentos anônimos. Mesmo quando envolvido em narração na primeira pessoa, o escritor de Atos se identifica não como indivíduo com nome, mas como alguém de um grupo. Ele pode, às vezes, ser apresentado como observador-participante, mas o foco não é sua identidade individual. A narração em primeira pessoa que acontece apenas em alguns trechos selecionados da narrativa revela que o narrador não reivindica ser companheiro constante de Paulo e seu círculo. Isso vai contra a tradição de que Lucas e Paulo eram "inseparáveis" (Ireneu Adv. haer. 3.1.1, 4), mas também contra os que negam que Lucas poderia ter escrito Atos porque o autor desse livro não era companheiro regular de Paulo. Esse aspecto sugere também que a narrativa na primeira pessoa é mais que um artifício literário calculado para animar a narrativa.

Resta pouca razão para não aceitar a identificação tradicional de Lucas com o autor de Lucas-Atos; isso faria de Lucas o responsável para a maior parte do NT (28%). Se é aceita a autoria de Lucas destes livros, mais informação se torna disponível de sua linguagem e estilo,por exemplo, que Lucas é instruído, provavelmente urbano, com exposição original ao treinamento retórico e às Escrituras de Israel; pessoa de alguns recursos econômicos, que escreve do local social de pessoas que têm trânsito em redação técnica ou profissional; e uma "pessoa do Caminho", "cristão", de segunda ou terceira geração (Lc 1:1-4).

Bibliografia. J. A. Fitzmyer, "The Authorship of Luke-Acts Reconsidered", in *Luke the Theologian* (New York, 1989), 1-26. [JOEL B. GREEN]

LUCAS, EVANGELHO DE O terceiro e mais longo livro do NT, às vezes, chamado de terceiro evangelho.

Questões características sobre a introdução incluem autoria, composição, data e origem — questões bastante debatidas no caso do Evangelho de Lucas. Com referência à autoria, o candidato mais provável é Lucas, o médico, e às vezes, companheiro de Paulo (Fm 24; Cl 4:14; cf. 2Tm 4:11; At 16:10-17; 20:5-21:18; 27-28). Ele é assim identificado em vários testemunhos do século II (Papiro Bodmer XIV, o Cânon Muratoriano, Ireneu Adv. haer.; e testemunhos posteriores cf. Eusébio *HE*). Entretanto, o próprio autor não incluiu seu nome no corpo ou como título do evangelho, o que sugere que sua identidade pode não ter sido importante à nossa leitura. "Lucas", como a voz pela qual a história da missão de Jesus e das mensagens aqui relatadas, funciona mais intimamente como "narrador" do que como "autor".

O narrador faz referência ao seu uso de fontes e pesquisa (1:1-4), que muitos estudiosos hoje presumem incluídas pelo menos no evangelho de Marcos. De acordo com a teoria das duas fontes, uma segunda fonte foi Q, embora permaneça obscuro se o material Q chegou até Lucas oralmente ou na forma escrita. (De acordo com a hipótese de Griesbach, Lucas usou somente o evangelho de Mateus). Alguns estudiosos fazem também referência ao uso de Lucas da tradição "L", incluindo material sem paralelo em Mateus ou Marcos, mas novamente não está claro em que forma esse material pode ter chegado a Lucas. Muitos caracteres distintivos de Lucas seriam catalogados em "L": as parábolas do bom samaritano, do filho pródigo e do fariseu e o coletor de impostos (10:29-37; 15:11-32; 18:9-14); e material concernente ao papel positivo das mulheres no ministério de Jesus e o papel problemático da riqueza e dos bens daqueles que querem seguir a Jesus.

A maneira de estabelecer a data da redação do terceiro evangelho repousa em grande parte em como se compreende tais questões relativas à fonte. Se Lucas fez uso de Marcos, então obviamente ele não podia ter escrito antes do término desse evangelho. Já que Marcos é caracteristicamente datado no fim do ano 60, esse dado exigiria que Lucas fosse escrito não antes do ano 70. Alguns estudiosos encontram evidência em 21:20-24 de que a narrativa foi escrita à luz da queda real de Jerusalém, mas é provável que os detalhes do texto tenham sido extraídos de registros do cerco e da queda de cidades na LXX. As referências mais antigas a Lucas e Atos em outras fontes escritas vêm da metade do século II, assim o evangelho teria presumivelmente sido escrito no período de 70-140 d.C. Na medida em que Atos parece não evidenciar em primeira mão conhecimento da coleção de escritos paulinos, e desde que é provável que as cartas de Paulo teriam sido reunidas no fim do século I, a obra de Lucas é empurrada para a parte inicial desse período de tempo. Portanto, muitos pensam em termos de um período que vai da metade do ano 70 à metade do ano 80.

Dados ainda mais escassos são disponíveis para determinar o local preciso onde Lucas foi escrito, embora um centro urbano fora da Palestina seja provável. Nem a menção de Teófilo em 1:3 ajuda na definição de seus leitores. Como patrono literário, Teófilo teria ajudado a circular Lucas e Atos para ser copiado, mas isso não significa ser ele o destinatário principal de Lucas ou até mesmo representante daqueles a quem Lucas está escrevendo. O que é evidente é que Lucas está preocupado com a missão cristã, com a identidade e com as formas do discipulado cristão adequado à vida no império romano.

A identificação do gênero do evangelho está intimamente ligada à questão da unidade de Lucas e Atos. Em sua presente posição canônica, Lucas tem sido facilmente identificado como "evangelho", forma particular de biografia greco-romana. Tal identificação é complicada pela manifesta relação do livro com Atos dos Apóstolos, que afirma continuar a história iniciada em Lucas (cf. 1:1-4; At 1:1, 2). Além disso, há quase certeza de que nos dias de Lucas não havia "evangelho" como forma literária, assim, seria impróprio alguém pensar que Lucas se dispôs a escrever um ou que seus leitores tivessem compreendido sua obra em tal categoria. Lucas se refere aos seus antecessores como "narrativas", e não como "evangelhos".

A maioria agora concorda que Lucas e Atos foram escritos pela mesma pessoa e que Atos forma algum tipo de sequência ao evangelho. A unidade teológica e narrativa de Lucas-Atos, amplamente aceita como verídica desde o início do século XX é atualmente contestada. Por um lado, é fácil encontrar em Lucas-Atos a sequência temporal (início, meio e fim) e objetivo principal característico da unidade narrativa. Assim, Lucas-Atos relata o propósito de Deus em trazer a salvação em toda a sua plenitude a todas as pessoas. Esse objetivo é previsto pelos mensageiros de Deus e viável pelo nascimento e crescimento de João e Jesus em famílias orientadas em torno do propósito de Deus (Lc 1:5-2:52); tornou-se provável por meio da missão preparatória de João e especialmente a vida, morte e exaltação de Jesus, com seu concomitante comissionamento e prometida capacitação dos seguidores de Jesus para estender a mensagem a todas as pessoas (Lc 3 — At 1); compreendido à medida que a missão cristã é dirigida por Deus para dar os passos necessários ao alcance de uma comunidade igualitária e multiétnica (At 2-15) e encontra seu esclarecimento final quando Lucas destaca o crescente antagonismo judaico ao movimento cristão e, dessa maneira, a crescente composição gentia da igreja (At 16-28). Consequentemente, os incidentes no evangelho preveem aspectos da história narrados somente (finalmente) em Atos. Especialmente, em Atos 2:25-35, Simeão se dá conta de que em Jesus a salvação havia chegado e seria "luz para revelação aos gentios" (v. 32), mas no evangelho Jesus interage só raramente com os não judeus. Deve-se esperar por Atos para se ver como a missão aos gentios começa, é legitimada e assume forma definida por ordem de Deus. O último capítulo de Lucas encerra aspectos significativos do enredo da história, mas existe uma intenção mais importante agindo, o propósito redentor de Deus em favor de todos os povos. Visto contra esse propósito, o evangelho é incompleto em si, porque abre possibilidades que seguem não realizadas no evangelho e que se materializam somente em Atos. Por outro lado, alguns estudiosos têm ficado mais impressionados com o grau de autossuficiência do terceiro evangelho e Atos, cada um deles com objetivo e perspectivas próprias.

Desde o importante trabalho de H. J. Cadbury, um amplo consenso emergiu de que Lucas 1:1-4 pertence diretamente à tradição literária da historiografia antiga. Além do prefácio, a obra de Lucas compartilha outras características da historiografia greco-romana: um registro genealógico (3:23-38); o uso de cenas de refeição como ocasiões para instrução; narrativas de viagem; discursos; cartas, e episódios dramáticos, tal como a rejeição de Jesus em Nazaré (4:16-30) e a tempestuosa viagem de Paulo e o naufrágio (At 27:1-28:14). Essas características têm levado à identificação de Lucas-Atos como historiografia e mais tentativas para designar o tipo de escrita histórica a que mais se aproxima. Para alguns, Lucas sempre pareceu motivado demais por seu propósito teológico para ser considerado historiador, mas nenhum historiador antigo era isento de motivo, fosse ele teológico, apologético, pedagógico ou qualquer outra coisa. A moderna dicotomia que coloca a história contra a interpretação desenvolveu-se de compromissos filosóficos (e especialmente epistemológicos) problemáticos e está corretamente sendo abandonado. Outros acham os paralelos genéricos mais próximos na biografia greco-romana. Considerado isoladamente, o terceiro evangelho pode ser classificado como biografia; compreendido em relação a Atos, essa designação é menos fácil de se sustentar. Mais importante, o terceiro evangelho está principalmente focado em Deus e no cumprimento de sua antiga promessa, assim ele pode ser classificado apenas em sentido secundário um relato da vida de Jesus. O que, todavia, está claro é que Lucas, talvez mais do que os outros evangelistas, foi influenciado pelas formas literárias greco-romanas, especialmente aquelas relacionadas ao gênero biográfico, ainda que outras características formais e o foco teocêntrico de sua narrativa impeçam a identificação de Lucas-Atos como "biografia".

A identificação de Lucas-Atos como historiografia antiga acrescenta as expectativas que podemos trazer à narrativa. Com as intenções declaradas de Lucas, que foram expostas (1:1-4), podemos prever uma narrativa na qual é dado destaque à história recente. Questões tanto de causação como de teologia são privilegiadas, e determinada pesquisa é colocada a serviço da instrução persuasiva e atraente.

A mensagem de Lucas é fundamentalmente orientada para o tema da salvação — sua derivação, escopo e personificação. No mundo mediterrâneo em conflito do século I, pontos de vista do propósito divino como o patrocinado em Lucas-Atos — pontos de vista que pisavam duramente sobre importantes convenções da honra social e do *status* religioso em seu anúncio da natureza e magnitude da salvação — teriam naturalmente sido a fonte de controvérsia e incerteza. Contra esse cenário, o propósito de Lucas-Atos teria sido fortalecer o movimento cristão ante a oposição firmando os crentes em sua interpretação e experiência do propósito redentor e fiel de Deus, apelando para que continuassem fiéis e testemunhassem o projeto salvífico de Deus. O propósito de Lucas-Atos, então, seria principalmente eclesiológico — preocupado com as práticas que definem e os critérios para a legitimação do povo de Deus, e centrou-se no convite a participar do projeto redentivo de Deus.

Não é surpresa, então, o evangelho de Lucas estar centrado em Deus. Mesmo que Deus não apareça com frequência na narrativa, o projeto que orienta o desenvolvimento da narrativa é o de Deus. Ele é "Deus meu salvador" (1:47), e revela seu propósito de múltiplas formas — pelas Escrituras, por mensageiros celestiais e pela divina coreografia de eventos. O tema do propósito divino também está presente numa constelação de termos que expressam o projeto de Deus (p. ex., "propósito", "é necessário", "determinar"). A vontade de Deus é realizada no evangelho por meio do ministério de Jesus, ungido pelo Espírito (cf. 4:18, 19), e será continuada em Atos por meio do testemunho capacitado pelo Espírito (cf. 24:44-49). Especialmente na seção central do evangelho que trata da viagem da Galileia a Jerusalém (9:51-19:46), Jesus tenta transformar o ponto de vista a respeito de Deus mantido por seus discípulos para que possam reconhecer Deus como Pai deles, cujo desejo é aceitá-los com sua graciosa beneficência (11:1-13; 12:32).

A ênfase de Lucas no propósito divino serve a seus interesses eclesiológicos e hermenêuticos. À medida que a comunidade cristã luta com a própria identidade, não menos em oposição aos que também leem as Escrituras, mas recusam a fé em Cristo, a coerência entre a antiga agenda de Deus e o ministério de Jesus torna-se crucial. De fato, a luta de

Jesus com a liderança e com as instituições judaicas é essencialmente esta: quem entende o propósito de Deus? Quem interpreta as Escrituras fielmente? Para Lucas, o advento de Jesus está profundamente arraigado à antiga aliança, e sua missão é plenamente congruente com o intento de Deus. Isso é mostrado acima de tudo pelo padrão escriturístico de sua vida e pela vindicação divina pronunciada sobre ele em sua ressurreição e ascensão.

De acordo com Lucas, Deus pode controlar a agenda da história, mas o personagem principal no primeiro volume de Lucas é Jesus. Comparado às personagens dentro da narrativa, a própria audiência de Lucas tem a felicidade de perceber desde o início a identidade de Jesus e o plano redentor de Deus. Jesus é retratado como profeta, no entanto mais que profeta; ele é o tão esperado Messias davídico, filho de Deus, que cumpre em sua carreira o destino de um profeta real para quem a morte, embora necessária, não é a última palavra. Para os discípulos de Jesus, a luta não é tanto para discernir quem é Jesus, mas com ele pode cumprir o seu papel. A visão própria que eles têm de Deus e do mundo permanece convencional pela maior parte do evangelho; assim, até o final eles não conseguem correlacionar o *status* de Jesus exaltado com o Messias de Deus com a perspectiva e a experiência de seu horrendo sofrimento.

Logo no início, Jesus é identificado como salvador (2:11), papel que ele cumpre de várias formas. Entre as mais visíveis, seus milagres de cura e sua expansiva natureza de sua camaradagem à mesa personificam a verdade do reino de Deus. Por meio desses métodos, Jesus comunica a presença da salvação divina àqueles cuja posição na sociedade de um modo geral é marginalizada. Estas são "boas novas aos pobres" (4:18-19). Tais comportamentos são compatíveis com o ensino de Jesus, que ocupa o maior espaço dentro do evangelho, especialmente nos relatos de sua viagem a Jerusalém. O que se destaca em sua instrução é a orientação no sentido de uma visão reconstruída de Deus e o tipo de ordem mundial que pode refletir tal visão. Jesus, como Filho de Deus, é o representante, cuja vida é caracterizada pela obediência ao Pai e que interpreta em favor de outros (se apenas eles ouvirem) a natureza e o plano de Deus e os contornos da resposta adequada a Deus.

O chamado ao discipulado em Lucas é fundamentalmente um convite para que pessoas se alinhem com Jesus e, assim, com Deus. Isso significa que, para a membresia entre o povo de Deus, o foco é retirado das questões do *status* herdado e uma recompensa é colocada sobre as pessoas cujos comportamentos manifestam a absoluta aceitação do Deus gracioso. Os verdadeiros "filhos de Abraão" são aqueles que personificam em sua vida a beneficência de Deus e que expressam generosa misericórdia ao próximo, especialmente ao necessitado. Jesus, assim, apela para que as pessoas vivam como ele vive, em contraste à forma agnóstica de vida marcada por noções convencionais de honra e *status* típicos do mundo romano. Comportamentos resultantes do serviço no reino de Deus tomam rumo diferente: Faça o bem a quem o odeia. Estenda a hospitalidade aos que não podem retribuir. Dê sem esperar receber. Tais práticas são possíveis apenas àqueles cujas convicções e compromissos foram reformados pelo encontro transformador com a bondade de Deus. Dentro do terceiro evangelho, o principal competidor desse foco se origina na Riqueza — não tanto o dinheiro em si, mas o domínio do Dinheiro, manifesto no impulso para o prazer social e, assim, em formas de vida definidas para manter os que têm poder e privilégio segregados daqueles de baixo *status*, o menor, o perdido e o excluído.

Toda a narrativa de Lucas está focada no tema penetrante e harmonizador: salvação. A salvação, para Lucas não é nem celeste, nem meramente futuro, mas a vida no presente, restaurando a integridade da vida do homem, revitalizando comunidades humanas, organizando o cosmo e comissionando a comunidade do povo de Deus a colocar sua graça em prática entre si e na direção de círculos, cada vez maiores, de outras pessoas.

Bibliografia. F. Bovon, *Luke the Theologian*. PTMS 12 (Allison Park, Pa, 1987); P. F. Esler, *Community and Gospel in Luke-Acts*. SNTSMS 57 (Cambridge, 1987); J. B. Green, *The Theology of the Gospel of Luke* (Cambridge, 1995); H. Moxnes, *The Economy of the Kingdom: Social Conflict and Economic Relations in Luke's Gospel*. OBT 23 (Philadelphia, 1988). [JOEL B. GREEN]

LÚCIFER *Ver* ESTRELA DA MANHÃ.

LÚCIO (gr. *Loúkios*) Nome comum no mundo romano, equivalente latino para o nome grego *Loukás/ ós*, abreviado para *Loukános*.

1. Lúcio de Cirene, um dos quatro profetas e mestres de Antioquia, dirigidos pelo Espírito para comissionarem Barnabé e Saulo (Paulo) para a obra missionária (At 13:1). Cirene, capital da província romana do mesmo nome no norte da África, tinha uma grande população judaica e é provável que Lúcio fosse um judeu grego, talvez até um dos homens de Chipre e Cirene que viajaram de Jerusalém a Antioquia e ali evangelizaram (At 11:20).

2. Parente de Paulo. Lúcio, Jasom e Sosípatro são identificados como parentes de Paulo que mandaram saudações aos romanos (Rm 16:21). Pelo fato de ser provável que Paulo tenha escrito a Roma de Corinto, é provável que os homens viviam em Corinto. Este Lúcio é também judeu-cristão, mas é muito improvável que seja o mesmo Lúcio de Cirene.

A identificação de qualquer deles com Lucas, o evangelista, é muito tênue. Quando Paulo se refere a Lucas, o evangelista, ele o chama de *Loukás*, não *Loúkios*. [DAVID L. TURNER]

3. Cônsul romano, Lúcio Cecílio Metelo, que em 142 a.C. mandou cartas a vários países reafirmando uma aliança protetora romana com os judeus da Judeia (1Mac 15.15-24). As cartas são resposta à embaixada judaica sob Numênio que fora a Roma naquele ano (1Mac 14.16-24).

LUDE (heb. *lûḏ*), **LUDIM** (*lûḏîm*) De acordo com a Tabela das Nações (Gn 10:22) e a genealogia em 1Crônicas 1:17, Lude, descendente de Sem. Entretanto, em Gênesis 10:13; 1Crônicas 1:11, Ludim é chamado de filho de Mizraim (Egito), que é o segundo filho de Cam, que pode se referir a um país africano como a Etiópia (Cuxe) e Pute (Ez 30:5).

A área a que Lude se refere é incerta. Uma sugestão é que o nome se refira a Líbia (heb. *lûḇîm*), ou a algum outro povo desconhecido do nordeste africano. Em Jeremias 46:9, os Ludim são apresentados como arqueiros auxiliares do Egito (cf. Is 66:19) e em Ezequiel. 27:10 são retratados como mercenários de Tiro. Entretanto, em Ezequiel 30:5 tanto a Líbia como Lude são mencionados juntos.

A interpretação mais amplamente sustentada tem sido a identificação com Ac. Ludu, região da Lídia no ocidente da Ásia Menor. A associação em Isaías 66:19 com Tubal, Javan e as terras costeiras distantes concorda com a localização geral da Lídia próximo da costa jônica. Entretanto, os lídios históricos da Ásia Menor não eram nem semitas nem Camitas. [LARRY L. WALKER]

LUGAR ALTO Geralmente um local sagrado, embora a descrição exata permaneça difícil de encontrar. Heb. *bāmâ* (pl. *bāmôṯ*) é com mais frequência encontrado nas relações de práticas condenáveis de adoração ilegítima realizadas por reis israelitas e judeus e seus súditos, no entanto, nesses muitos casos, o odioso *bāmâ* não é descrito. A descrição mais completa de um *bāmâ* israelita se encontra em 1Samuel 9–10, mas essa descrição é frustrante por sua incompletude. Em razão de *bāmâ* haver sido traduzido em latim como excelsus, muitas vezes em português o termo se traduz por "lugar alto", expressão que traz alguma confusão sobre o que o *bāmâ* bíblico era de fato.

A raiz hebraica *ḇmh* possui cognatos em várias línguas semitas. No ugarítico, significa a parte de trás de um corpo. Em acadiano, o singular da mesma forma significa "atrás", enquanto o plural se refere a terreno, possivelmente montanhoso. Apesar do fato de que *bmh* não manter nenhuma associação sagrada em qualquer dialeto cananeu, a maioria dos estudiosos entende o *bāmâ* como originalmente um lugar cananeu de adoração.

Quatro interpretações da *bāmâ* são comuns na literatura acadêmica: instalação em cima de um monte, ao ar livre, que incluiria uma combinação de *'ăšērâ* ("pilar sagrado"), *maṣṣēḇâ* ("menir") e *mizḇē'ḥ* ("altar"); plataforma artificialmente elevada na qual eram executados ritos religiosos; altar sacrificatório; ou instalação mortuária. A primeira tem sido mais amplamente aceita, embora nem ela nem suas alternativas correspondam bem às evidências bíblicas bastante escassas sobre o *bāmâ* e as atividades religiosas que aconteciam lá.

Trabalhos mais recentes sugerem que o *bāmâ* fosse uma estrutura de vários compartimentos localizada em ambiente urbano. Construído em um local elevado, possuiria uma área para o sacrifício animal e a queima de incenso. Os utensílios ritualísticos incluiriam altares sacrificiais e de incenso e seriam guardados dentro do *bāmâ*. Entre os seus vários cômodos poderia estar um *liškâ*, em que oficiantes e adoradores do ritual poderiam se sentar para as refeições.

A descrição bíblica mais completa do *bāmâ* vem do período tribal, a era dos juízes. O texto de 1Samuel 9:11-25 descreve ritos religiosos em um *bāmâ* dentro de uma cidade não nomeada, no distrito de Zufe, e 10:5 descreve uma procissão de profetas deixando o *bāmâ* de Betel. O uso legítimo do *bāmâ* por israelitas continua até a construção do templo de Jerusalém, pois Salomão e os israelitas adoravam em diversos *bāmôṯ*, inclusive o grande *bāmâ* de Gibeão, onde Yahweh apareceu para Salomão (1Rs 3:2-5), e não foram condenados por isso.

Durante seu reinado, Salomão também construiu *bāmôṯ* para suas esposas não israelitas e para os deuses de Sidom, Amom e Moabe (1Rs 11:4-8). Nesse contexto, a estela de Mesa é intrigante, pois essa inscrição do final do século IX faz referência à restauração pelo rei moabita Mesa de um bet bamot moabita. A adoração moabita em *bāmôṯ* também é mencionada em Isaías 16:12; Jeremias 48:35, indicando que o *bāmâ* era um lugar de adoração da Idade do Ferro, mas não exclusivamente israelita.

Quando a nação de Israel se dividiu em dois reinos no final do século X, Jeroboão, o primeiro rei do norte, construiu santuários reais a Betel e Dã (1Rs 12:25-30). Para assegurar maior lealdade de seu povo, ele também construiu *bāmôṯ* por todo o reino e criou um novo grupo sacerdotal não levita, constituído por homens de todas as classes sociais, para oficiar os rituais (1Rs 12:31). A lealdade desses sacerdotes dos novos *bāmôṯ* era reforçada pelo fato de também serem solicitados a servirem no santuário real de Betel (1Rs 12:32).

Também em Judá, as necessidades religiosas da população em geral não eram satisfeitas pela adoração no santuário real de Jerusalém. Em razão disso, ao lado do templo de Jerusalém, os monarcas judeus estabeleceram um sistema de *bāmôṯ* semelhante aos desenvolvidos por Jeroboão em Israel (2Rs 23:5). Sua legitimidade é enfatizada pela sugestão feita pelos oficiais de Senaqueribe, rei assírio do final do século VIII, de que o rei judeu Ezequias havia arruinado sua lealdade a Yahweh destruindo seus *bāmôṯ*. Os ministros de Ezequias, reconhecendo a natureza devastadora de tais acusações, pediram aos assírios que falassem em aramaico, de forma que os outros judeus em volta não pudessem acompanhar a conversa entre eles (2Rs 18:17-37; 2Cr 32:9-19).

A evidência bíblica indica assim que a religião em Israel e Judá era realizada de duas formas. Cultos reais em Jerusalém, Betel e Dã presenciados pelos reis, seus ministros e o sacerdócio levítico. Diversos *bāmôṯ* judaicos e israelitas foram sancionados pelas monarquias como santuários regionais, sendo usados concomitantemente para fins de adoração por sacerdotes não levíticos e pela população em geral.

Inicialmente, lugar legítimo para a adoração israelita e judia, os *bāmôṯ* se tornaram depois objeto de violentos ataques deuteronomistas, que acusavam os reis e seus súditos de falta de lealdade a Yahweh. Na realidade, a maioria das referências bíblicas ao *bāmâ* se encontra nessas peças condenatórias (p. ex., 2Rs 12:3; 14:4; 15:4,35) e em suas contrapartidas proféticas (p. ex., Am 7:9).

De acordo com os historiadores deuteronomistas, no final do século VIII, Ezequias destruiu *bāmôṯ* junto com *maṣṣēḇôṯ* e o *'ăšērâ* (2Rs 18:4). Apesar das reformas de Ezequias, o sacerdócio dos *bāmôṯ* cresceu progressivamente de forma independente, por isso, quase um século mais tarde, Josias empreendeu nova campanha contra eles (2Rs 23:5), procurando erradicar sua base de poder.

Por tudo isso, fica patente que o *bāmâ* era aceito pela maioria como um lugar para a adoração israelita, e que satisfazia as necessidades tanto dos monarcas israelitas e judeus quantos das coletividades locais. Ao mesmo tempo, certos elementos dentro da população, particularmente o grupo sacerdotal e profético, cujas ideias e tradições culminaram na obra da escola deuteronomista, eram contrários a essa instituição descentralizadora e empreenderam campanha, no final das contas bem-sucedida, em defesa da primazia do templo de Jerusalém.

Bibliografia. W. B. Barrick, "What Do We Really Know About 'High-places'?", *SEÅ* 45 (1980): 50-57; A. Biran, ed., *Temples and High Places in Biblical Times* (Jerusalem, 1981); B. A. Nakhai, "What's a Bamah? How Sacred Space Functioned in Ancient Israel", *BARev* 20/3 (1994): 18-29, 77-78; P. H. Vaughan, *The Meaning of "Bama" in the Old Testament*. SOTSMS 3 (Cambridge, 1974). [BETH ALPERT NAKHAI]

LUGAR SANTÍSSIMO O mais secreto compartimento do tabernáculo e do templo subsequente, talvez refletindo a concepção de santidade como assunto fundamentalmente de separação do que é comum ou profano. A designação (heb. *qōḏeš haqqŏḏāšîm*) utiliza linguagem hebraica comum para formar o grau superlativo e era também usada para descrever a carne oferecida nos sacrifícios e que eram comidas pelos sacerdotes (Nm 18:9-10), a santidade suprema do templo como um todo (Ez 45:3), a partilha idealizada de terra aos sacerdotes (48:12) e, possivelmente, uma pessoa (Dn 9:24).

Os limites do "lugar santíssimo" eram demarcados no tabernáculo por um véu (heb. *pārōḵeṯ*). Embora entendido pelos rabis como divisão vertical entre o "lugar santíssimo" e o "santo" (o último com o altar de incenso, o candelabro e a mesa dos pães da presença), o véu pode ter se estendido horizontalmente sobre a arca da aliança como cobertura (heb. *sukkâ*; cf. Nm 4:5). Talvez as portas de oliveira, que separavam os lugares "santo" e "santíssimo" do templo de Salomão (1Rs 6:31,32), foram aparentemente substituídas por cortinas no segundo templo (cf. 2Cr 3:14; Hb 9:2,3)e tenham levado à confusão nesse ponto. As dimensões entre as asas dos querubins no "lugar santíssimo" do templo de Salomão teriam permitido o próprio tabernáculo ter sido erigido ali (cf. 1Cr 6:48 [TM 33]; 23:32; 2Cr 24:6; Lm 2:6,7).

O significado religioso de "lugar santíssimo" surge de normas relativas ao acesso a esse espaço extremamente sagrado. Somente quando o sumo sacerdote colocava o sangue sobre a cobertura da arca da aliança durante o ritual do Dia da Expiação (Lv 16) é que alguém tinha permissão para entrar. O rito foi simbolizado sob a influência da filosofia neoplatônica pelo autor de Hebreus para explicar o valor da expiação da morte de Jesus (Hb 9:6-28).

Bibliografia. R. E. Friedman, "The Tabernacle in the Temple", *BA* 43 (1980): 241-48. [TIMOTHY B. CARGAL]

LUGAR SANTO No tabernáculo e no templo, o maior dos dois compartimentos do santuário central. Uma cortina fazia a separação entre o lugar santo e o santo dos santos (Êx 26:33). Dentro do lugar santo, havia o candelabro ou menorá (no lado sul; Êx 26:35; 40:4,24,25), a mesa do pão da proposição (no lado norte; 26:35; 40:4,22-23), e o altar de puro para o incenso (antes da cortina que separa o santo dos santos do lugar santo; 40:5, 26-27). Embora as dimensões precisas do tabernáculo sejam incertas, no templo de Salomão o lugar santo media 40 cúbitos de cumprimento por 20 de largura e 30 de altura (1Rs 6:2,20). Essas dimensões são consistentes com as do templo escatológico de Ezequiel (Ez 41:2) e as de m. Mid. 4.7. M. Yoma 5.1 indica que o lugar santo e o santo dos santos eram separados por duas cortinas com espaço de um cúbito entre elas.

M. Tamid oferece um relato do serviço religioso no lugar santo. Doze tarefas eram sorteadas diariamente para determinar seus executores, sendo que dois deles zelavam pela manutenção do altar do incenso e do candelabro (m. Tamid 3.1; cf. Yoma 2.3). Os procedimentos para essas tarefas estão descritos em m. Tamid 3.9; 6.1-3 (cf. Yoma 5.1). M. Yoma 2.4 sugere que a queima do incenso era executada por um terceiro sacerdote.

A descrição do tabernáculo em Hb 9:2-5 é confusa. Nesse resumo, o altar do incenso é descrito como localizado no santo dos santos. Em razão de o local do altar não ser mencionado nas prescrições de Êxodo 26, o autor de Hebreus pode ter inserido a referência ao altar sem preocupação particular por seu posicionamento, ou talvez tenha associado o altar com o santo dos santos (cf. 1Rs 6:22). [RICHARD WARREN JOHNSON]

LUGAR, ASSENTO As cadeiras datam de tempos antigos em todo o mundo do Oriente Próximo, consistindo de assento, pernas e, às vezes, encosto e braços. Durante séculos, foram usadas somente pelos ricos e poderosos. A terminologia bíblica (heb. *môšāḇ, šeḇeṯ, kissē'*; gr. *kathédra, prōtokathedría, prōtoklisía*) quase sempre torna difícil distinguir assento, cadeira, banco e, às vezes, trono.

A maioria das referências bíblicas a assento dizem respeito a honra e autoridade, sendo assento sinônimo de cargo da pessoa (mas cf. Sl 1:1; Pv 9:14). Estar sentado num trono, como no trono de Salomão, ornamentado com marfim e ouro (1Rs 10:18-20; heb. *kissē'*), era sinônimo de posse de autoridade real (16:11; 2Rs 11:19; At 12:21-22). O grego *thrónos*, "trono", é usado metonimicamente para poder real (Lc 1:52). A imagem de um rei sentado em autoridade real olhando de cima para seus súditos descreve a majestade e soberania de Deus sobre a natureza e toda a criação (Sl 113:5,6; cf. Ez 1:26). A lista de Senaqueribe de tributos recebidos de Ezequias de Judá (c. 701 a.C.) menciona poltronas e cadeiras (*ANET*, 288). O assento da carruagem de Salomão, como a carruagem em si, era esplendorosamente enfeitado (Ct 3:9,10).

As pessoas que ocupavam assento das cortes reais eram cuidadosamente colocadas em atenção ao poder e à honra relativos, bem como à desonra (1Sm 2:8; 1Rs 10:5; Sl 113:8; cf. 1Rs 2:19; Et 3:1; também Jr 13:18).

Reis e juízes ouviam casos e pronunciavam sentenças sentados num lugar público (2Cr 19:8; Sl 122:5; Mt 27:19; Jo 19:13; At 25:6), com frequência perto de uma porta (2Sm 19:8; cf. Jr 26:10). A imgem de um juiz sentado descreve o julgamento escatológico (Dn 7:9; Rm 14:10; Ap 20:4, 11).

Os assentos eram também importantes nas sinagogas. Os "melhores lugares" (Mc 12:39 par.) eram reservados para os anciãos, que se sentavam na frente com as costas para a arca, de frente para a congregação. Jesus menciona a "Cadeira de Moisés" (Mt 23:2), tanto uma função simbólica de interpretar a lei, como uma cadeira literal de pedra na frente de muitas sinagogas, designada para um ancião, provavelmente um estudioso de destaque. A sinagoga do século III d.C. escavada em Cafarnaum tem dois bancos de pedra ao longo dos dois lados.

A cátedra (gr. *kathédra*), originalmente uma cadeira portátil usada pelas mulheres gregas e romanas, deu seu nome a um tipo de cadeira da qual os filósofos palestravam. Na igreja primitiva, o termo foi aplicado a uma cadeira na qual os bispos se sentavam, daí o termo "catedral".

Assentos comuns desempenham papéis importantes na Escritura, incluindo a cadeira de Eli à porta do santuário de Siló (1Sm 1:9) e ao lado da estrada ou da porta (4:13, 18), a cadeira de Eliseu no quarto do terraço (2Rs 4:10), a cadeira de Jó no mercado ou na praça da cidade e os lugares que os vendedores tomaram no templo (Mc 11:15 par.). [T. J. JENNEY]

LUITE (heb. *lûḥîṯ*) **SUBIDA DE** Lugar ou estrada que sobe para os cumes de Moabe (Is 15:5; Jr 48:5). Fora isso, a localização é desconhecida. Eusébio (Onom. 122.29) identifica Luite com Loueita entre Ar (Areopolis) e Zoar.

LUTO Expressão de pesar por morte ou calamidade nacional. As práticas mais frequentes de luto eram rasgar as vestes (Gn 37:34) e usar roupa de saco (2Sm 3:31; cf. Ez 27:31). Entre outros costumes estavam o jejum (2Sm 1:12) e o recebimento de "pão de pranteadores" (Os 9:4) e o "cálice da consolação" (Jr 16:7). Os pranteadores cantavam ou entoavam lamentações (*qînâ, nĕhî*; a lamentação de Davi, 2Sm 1:17-27). O pranteador podia ficar triste (*'āṣaḇ*), chorar (*bāḵâ*) e gritar (*zā'aq*; 2Sm 18:33 [TM 19:1). São também confirmados o gemido (*sāpaḏ*, "bater no peito"; Am 5:16,17), chorar "Ah, meu irmão!" ou "irmã!" (*hôy*, Jr 22:18), cobrir a cabeça de poeira (2Sm 1:2) e sentar-se em cinzas/poeira (Jn 3:16).

A lei mosaica proibia aparar a barba e raspar a cabeça (Lv 21:5; cf. moabitas,Is 15:2), embora outros textos sugiram a aceitação dessas atividades (Ed 9:3). Era também proibido fazer cortes no corpo (Dt 14:1; Jr 47:5; exceto cf. 16:6), oferecer alimentos/bebidas aos mortos (Dt 26:14) e buscar oráculos dos mortos (2Rs 21:6). A contaminação por causa de um cadáver só era permitida aos sacerdotes no caso de parente consanguíneo (Lv 21:2,3). Os sumos sacerdotes e os nazireus eram proibidos de observar o luto (Lv 21:10,11; Nm 6:6,7).

Inicialmente, o período de luto durava sete dias (Gn 50:10; cf. 30 dias para Moisés [Dt 34:8] e Arão [Nm 20:29]; cf. a desonrosa falta de luto por Jeoaquim comparado ao seu pai, Josias [Jr 22:18,19]). Jeremias faz referência a mulheres profissionais "experientes" em prantear (*mĕqônĕnôt*, Jr 9:17 [16]; 2Cr 35:25) que entoavam cantos fúnebres. A lamentação era dirigida em casa (Mt 9:23), em outros lugares da atividade diária e no local do enterro, mas não no santuário. Os pranteadores tinham de evitar danças e músicas alegres (Is 24:8; Jó 30:31; cf. Sl 30:11 [12]).

Os profetas adaptaram temas e cantos fúnebres (Am 5:16) no intuito de discursos de julgamento como advertências horríveis (Is 5:18-22) antes de calamidades mortais que sobreviriam a uma nação pecadora. O autor de Lamentações emprega o gênero do canto fúnebre e a oração "de lamento" para traduzir o sofrimento de Judá.

Bibliografia. A. Rothkoff, "Mourning", in *EncJud* 12.485-93. [NANCY C. LEE]

LUZ 1. A luz (heb. *'ôr*) é criação de Deus (Gn 1:3-5), mais adiante distinguida como luzes do firmamento, o sol, a lua e as estrelas (v. 14-18). "Luz" pode referir-se literalmente à luz da manhã ou aurora (Gn 44:3; Jz 16:2; 19:26; 1Sm 14:36) e à luz de uma lamparina ou fogo (Êx 25:37; Nm 4:16; Ne 9:12, 19).

A luz é usada figurativamente como símbolo de vida. "Ver a luz" é viver (Jó 3:16; Sl 49:19), andar na "luz da vida" (Sl 56:13 [TM 14]; Jó 33:30), ter a luz refletida nos olhos de alguém (Pv 29:13). A luz pode ser símbolo de prosperidade ou de felicidade (Et 8:16), que é a porção do justo (Sl 97:11; Pv 13:9), expressando o favor ou a bênção especial de Deus (Nm 6:25; Sl 89:15 [16]). Ela é símbolo de iluminação, ora revelando as coisas ocultas (Jó 28:11; Sl 90:8) ora espalhando a luz da instrução (Sl 119:105, 130; Pv 6:23). A luz é também símbolo da majestade de Deus, da glória divina (Sl 104:2; Is 60:1-3, 19-20) que brilha no livramento; Is 9:2; 60:20) ou do fogo do julgamento (Is 10:17; mas cf. julgamento como forma de retenção da luz; 13:10; Jr 4:23; Ez 32:7; Am 5:18-20).

A "luz" (gr. *phṓs*) é usada no NT literalmente para denotar brilho do sol (Ap 22:5), de uma lâmpada ou de uma tocha (Lc 8:16; At 16:29), bem como luz visível que acompanha a presença divina na terra (Mt 17:2; At 9:3; 12:7) ou no céu (Ap 21:24; 22:5). Por extensão do sentido literal, fazer algo "na luz" significa fazê-lo abertamente (Mt 10:27).

Os usos simbólicos do termo incluem um componente ético definido (2Co 6:14), de forma que se afirma ser o justo "cheio de luz" (Mt 6:22; Lc 11:36) e deve irradiar essa luz na forma de boas obras (Mt 5:16), justiça, verdade (Ef 5:8-10) e demonstrações de amor (1Jo 2:8, 9). Nesse sentido, são "a luz do mundo" (Mt 5:14), "filhos da luz" (Ef 5:8; Lc 16:8), andando na luz (Jo 12:35; 1Jo 1:7). "Luz" descreve também vários aspectos da salvação em Cristo. Essa luz brilha no testemunho de João Batista (Lc 1:79; Jô 5:35), Paulo (At 13:47), e o evangelho (2Co 4:4). Para Jesus, é a "luz para revelação aos gentios" (Lc 2:32), a verdadeira luz (Jo 1:9), a "luz do mundo" (8:12; 9:5; 12:46) que traz a "luz da vida" a seus seguidores (8:12). Um povo escolhido está na maravilhosa luz (1Pe 2:9) daquele que é luz (1Jo 1:5) e "habita em luz inacessível" (1Tm 6:16). A luz está também associada aos vários aspectos do juízo divino, expondo as intenções humanas (1Co 4:5) e as "obras infrutuosas das trevas" (Ef 5:11-13). No quarto evangelho, a luz facilita a função discriminadora do julgamento ao provocar a rejeição e o ódio dos que amam as trevas e nela permanecem (Jo 3:19, 20), uma reação que garantirá o destino e o fim deles (12:46-50). [ROBERT DELSNYDER]

2. (heb. *lûz*) O local do sonho da escada de Jacó. Jacó usou uma pedra como travesseiro e, quando acordou, ungiu a pedra com óleo e a chamou de Betel "casa de Deus" (Gn 28:10-22; cf. 35:6; 48:3; Js 18:13; Jz 1:23). Josué 16:2 sugere dois lugares diferentes, mas provavelmente os dois nomes designam um único lugar. Muitos estudiosos identificam Luz/Betel com a moderna Beitîn. Outros têm sugerido El-Bireh, cerca de 3 km ao sul de Beitîn.

3. Lugar estabelecido na terra dos heteus por um cananeu fugitivo de Luz/Betel, que dera informações aos israelitas de como capturar a cidade (Jz 1:26). A moderna identificação desse sítio é desconhecida. Uma vez considerado na Síria, a nordeste do Orontes, pode simplesmente ter sido uma curta distância a oeste de Luz/Betel.

Bibliografia. J. J. Bimson e Livingstone, "Redating the Exodus", *BARev* 13/5 (1987): 40-53, 66-68; N. K. Gottwald, *The Tribes of Yahweh* (Maryknoll, 1979). [DALE W. MANOR]

LXX *Ver* SEPTUAGINTA.

A B C D E F G H I J K L M N O P Q R S T U V X Y Z

M

M Símbolo para o material encontrado somente no evangelho de Mateus; também a designação da fonte desse material.

MAACA (heb. *ma'ăḵâ*) **I. (LUGAR)** Tribo cujo território fazia fronteira com a meia tribo de Manassés, ao norte de Israel, durante o tempo da entrada de Israel na Palestina, depois do Êxodo (Dt 3:14; Js 13:8-13). Mais tarde, tornou-se um pequeno reino arameu semi-independente ao sul do monte Hermom, na Transjordânia, cobrindo as áreas leste do rio Jordão e possivelmente o norte da Galileia, durante o período do reino dividido (c. 1050-730 a.C.). Esteve sempre associado ao reino de Gesur, que com Maaca, formavam a fronteira norte de Israel.

Uma cidade chamada Abel-Bete-Maaca (2Sm 20:14), listada nos anais de Tiglate-Pileser III da Assíria (745-727), tem sido identificada como Tell Abil El-Qamh, localizada a oeste de Tell Dan. Seba fugiu para essa cidade após sua malsucedida revolta contra Davi.

Maaca apoiou os amonitas contra a expansão de Davi na Transjordânia. Os amonitas empregaram 1.000 soldados de Maaca como mercenários contra Israel (2Sm 10:6-8; 1C 19:6, 7). O reino parece ter se tornado tributário de Davi (2Sm 10:19), mas depois associou-se ao reino de Damasco, durante o reinado de Salomão. Maaca foi absorvida pelo estado damasceno desde então (1Rs 11:23-25).

Bibliografia. B. Mazar, "Gesur e Maaca", *JBL* 80 (1961): 16-28. [MARK W. CHAVALAS]

II. (PESSOA) (tb. MAOQUE) Nome comum tanto para homens como para mulheres no AT.

1. Filho de Naor (irmão de Abraão) e sua concubina Reumá (Gn 22:24). Não se sabe se a criança era do sexo masculino ou feminino.

2. Mãe de Absalão, filho de Davi que temporariamente usurpou o trono do pai (2Sm 3:3 = 1Cr 3:2). Ela era filha de Talmai, rei de Gesur, representando, assim, aliança matrimonial entre Israel e Gesur.

3. O pai de Aquis, rei de Gate, contemporâneo de Salomão (1Rs 2:39). Ele é chamado de Maoque em 1Samuel 27:2.

4. A esposa favorita do rei Roboão de Judá. Ela consta como filha de Absalão (possivelmente o filho de Davi) e mãe de Abias (1Rs 15:2; 2Cr 11:20-22). Em 2Crônicas 13:2, a mãe de Abias é identificada como Micaía, filha de Uriel de Gibeá. 1 Reis 15:10 afirma que Maaca é mãe de Asa. Alguns estudiosos sugerem que ela foi de fato a neta de Absalão (portanto filha de Uriel e Tamar; 2Sm 14:27) e avó de Asa. Uma das únicas três mães de reis que recebeu o título de rainha-mãe, foi destituída de sua posição por Asa por ter construído um ídolo a Aserá (1Rs 15:13).

5. Concubina de Calebe, mãe de Seber, Tiraná, Saafe e Seva (1Cr 2:48, 49).

6. Irmã (1Cr 7:15) ou esposa (v. 16) de Maquir, mãe de Peres (Perez) e Seres (Zerá).

7. Esposa de Jeiel, pai de Gibeão, ancestral do rei Saul (1Cr 8:29; 9:35).

8. Pai de Hanã, um dos guerreiros de Davi (1Cr 11:43).

9. Pai de Sefatias, líder tribal em Simeão no tempo de Davi (1Cr 27:16). [MARK W. CHAVALAS]

MAADAI (heb. *ma'ăḏay*) (tb. MOMDIUS) Israelita da descendência de Bani, exigido que se divorciasse de sua esposa estrangeira (Ed 10:34); chamado Momdius em 1Ed 9.34).

MAADIAS (heb. *ma'aḏyâ*) Sacerdote ou família de sacerdotes que retornaram com Zorobabel do cativeiro na Babilônia (Ne 12:5). Pode ser o mesmo que Moadias em Neemias 12:17 ou Maazias em 10:8(TM 9).

MAAFA (gr. *Máapha*) Cidade ou distrito de Gileade, destruída por Judas Macabeu depois de libertar seus judeus cativos (1Mac 5.35). A grafia preferida é "Alema".

MAAI (heb. *mā'ay*) Músico na procissão durante a dedicação dos muros de Jerusalém (Ne 12:36).

MAALÁ (heb. *maḥlâ*) **1.** Uma das filhas de Zelofeade por meio de quem se concedeu meios para a herança (Nm 26:33; 27:1; 36:11; Js 17:3). Pode ser a ancestral epônima de um clã ou cidade em Manassés.

2. Filho ou filha de Hamolequete da tribo de Manassés (1Cr 7:18).

MAALABE (heb. *mēḥeḇel*; ac. *Maḫallibu*) **1.** Cidade da alocação tribal de Aser. A forma exata do nome deste lugar é incerta. Em Josué 19:29, o TM consta o termo hebraico *mēḥeḇel*, enquanto na LXX B consta "de Leb e Aczob" e a LXX A tem "da alocação de Aczife", os dois manuscritos gregos entendem a primeira letra da forma TM ser a preposição hebraica "de". Na LXX B, as letras b e l foram invertidas, mas não na LXX A (hebel II, "corda, cordão, pedaço de terra alocado", cf. Dt: 32:9). O registro da terceira campanha de

Senaqueribe contém referência a Mahallibu (*ANET*, 287); esse topônimo é normalmente identificado com Khirbet el-Mahalîb, 6 km a nordeste de Tiro. Juízes 1:31 revela outra forma variante do nome do lugar: "Alabe" (cf. a posição do l e b) é parte da alocação tribal de Aser. Devido à referência topográfica de Senaqueribe, a maioria dos estudiosos conclui que a forma precisa do nome no TM e na LXX de Js 19:29; em Jz 1:31 está corrompida e deveria ser entendida como Maalabe.

Bibliografia. N. Na'aman, *Borders and Districts in Biblical Historiography* (Jerusalem, 1986). [CHRIS A. ROLLSTON]

2. Homem judeu da família de Perez (Ne 11:4).

MAALALEL (heb. *mahălal'ēl*) **1.** Filho de Cainã e pai de Jarede na linhagem de Sete (Gn 5:12-17). É citado na genealogia de Jesus em Lucas 3:37.

2. Homem da tribo de Judá, da família de Perez (Ne 11:4).

MAALATE (heb. *maḥălaṯ*) (tb. BASEMATE) **1.** Filha de Ismael e uma das esposas de Esaú (Gn 28:9). Em Gênesis 36:3, é chamada de Basemate.

2. A esposa do rei Roboão de Judá; irmã de Jerimote, filho de Davi e Abigail (2Cr 11:18).

3. Termo oculto encontrado no sobrescrito do Salmo 53:88 (o último com *lĕ'annôṯ*, "afligir"), provavelmente termo técnico que denota uma melodia (ou instrumento musical). Outras sugestões incluem dança cúltica ou toque de flauta associada a ritos de lamentação. Michael Goulder sugere que em Salmo 88 a referência original é a Maalate-dan, lugar onde os ritos festivos danitas aconteciam; esse significado perdeu-se e, com o acréscimo de *lĕ'annôṯ* o termo foi compreendido como referência ao consumado ritual de aflição. As versões mais modernas transliteram, por exemplo, "de acordo com Maalate".

Bibliografia. M. D. Goulder, *The Psalms of the Sons of Korah*. JSOTSup 20 (Sheffield, 1982). [TYLER F. WILLIAMS]

MAANAIM (heb. *maḥănayim*) O lugar onde Jacó descansou em seu retorno a Canaã (Gn 32:2 [TM 3]). Maanaim ("dois campos") tornou-se depois uma cidade levítica (Js 21:38; 1Cr 6:80) no território de Gade (Js 13:26), na fronteira de Manassés (13:30). Foi por pouco tempo a capital da dinastia de Saul sob Isbosete (2Sm 2:8, 12, 29) e foi depois usada por Davi como base de operações, durante a tentativa de golpe por Absalão (17:24, 27; 19:32; 1Rs 2:7-8). Foi a sede do sétimo distrito de Salomão (1Rs 4:14) e foi destruída pelo faraó Sisaque (*ANET*, 243) em 925 a.C.

Desconhece-se a localização exata de Maanaim. Tell edh-Dhahab el-Gharbi na margem norte do rio Jaboque (uádi Zerqa) é, hoje, a melhor candidata.

Bibliografia. R. A. Coughenour, "A Search for Mahanaim", *BASOR* 273 (1989): 57-66. [PAUL J. RAY, JR.]

MAANÉ-DÃ (heb. *maḥănēh-dān*) Lugar ("campo de Dã") a oeste de Quiriate-Jearim e entre Zorá e Estaol. Aqui o Senhor "começou a incitar" Sansão (Jz 13:25). Um grupo armado de seiscentos danitas acampou nesse lugar quando sua tribo migrou para o norte (Jz 18:12).

MAARAI (heb. *mahăray*) Um dos valentes de Davi. Natural de Netofate de Judá (2Sm 23:28; 1Cr 11:30) e contado entre o clã dos zeraítas. Foi comandante do décimo turno mensal do exército de Davi (1Cr 27:13).

MAARATE (heb. *ma'ărāṯ*) Cidade (heb. "lugar árido") no território tribal de Judá unida a outras cidades ao norte de Hebrom. Deve ser provavelmente identificada com Khirbet Qufin, sitio adjacente à moderna Beit Ummar (Js 15:59), 10,5 km ao norte de Hebrom. Marote pode ser a mesma cidade.

MAASAI (heb. *ma'ăkay*) Sacerdote na Jerusalém pós-exílio, descendente de Imer (1Cr 9:12). Pode ser o mesmo que Amassai (Ne 11:13).

MAASEIAS (heb. *ma'ăkēyâ*, *ma'ăkēyāhû*) (tb. ASAÍAS) **1.**Levita da segunda ordem, instalado como músico quando a arca foi trazida para Jerusalém (1Cr 15:18).

2. Tocador de saltério, provavelmente o mesmo que 1 acima (1Cr 15:20).

3. O filho de Adaías; capitão de cem que apoiou o sacerdote Joiada na deposição da rainha Atalia (2Cr 23:1).

4. Oficial que, sob a direção de Hananias, recrutou o exército de Uzias (2Cr 26:11).

5. O substituto ou talvez filho de Acaz (lit., "filho de"), morto pelo efraimita Zicri, durante a invasão de Peca (2Cr 28:7).

6. Governador de Jerusalém, comissionado pelo rei Josias para reparar o templo (2Cr 34:8).

7. Sacerdote da família de Jesua que havia se casado com mulher estrangeira (Ed 10:18; 1Ed 9.19).

8. Membro da família sacerdotal de Harim que havia se casado com mulher estrangeira (Ed 10:21; 1Ed 9.21).

9. Sacerdote da família de Pasur que havia se casado com mulher estrangeira (Ed 10:22; 1Ed 9.22).

10. Membro da família de Paate-Moabe que havia se casado com mulher estrangeira (Ed 10:30; cf. 1Ed 9.31, Moosias).

11. O pai de Azarias que participou da construção do muro de Neemias em Jerusalém (Ne 3:23). Alguns indivíduos chamados Maaseias 11-16 podem ser idênticos.

12. Pessoa que ficou à direita de Esdras enquanto este lia a Tora (Ne 8:4; cf. 1Ed 9.43, Baalsamus).

13. Israelita que leu a Torá em hebraico e a expôs, provavelmente traduzindo para o aramaico (Ne 8:7; cf. 1Ed 9.48, Maiannas).

14. Um dos chefes do povo que testemunhou a assinatura do pacto sob Neemias (Ne 10:25 [TM 26]).

15. O filho de Baruque, líder de Judá que viveu na Jerusalém pós-exílica (Ne 11:5). Em 1Crônicas 9:5, ele é chamado de Asaías.

16. Ancestral do benjamita Salu (Ne 11:7).

17. Sacerdote que tocou a trombeta na dedicação do muro de Jerusalém (Ne 12:41).

18. Sacerdote que participou da dedicação do muro de Jerusalém (Ne 12:42).

19. O pai do sacerdote Sofonias (Jr 21:1; 29:25; 37:3).

20. O pai de Zedequias que foi acusado por Jeremias de profetizar falsamente (Jr 29:21). Ele pode ser idêntico a 18 acima.

21. O filho de Salum, guarda do vestíbulo (Jr 35:4). [JESPER SVARTVIK]

MAATE (gr. *Máath*) **1.** Ancestral pós-exílico de Jesus, registrado apenas na genealogia de Lucas (Lc 3:26).

2. (heb. *maḥaṯ*) Levita coatita, filho de Amasai e ancestral de Samuel e do cantor do templo, Hemã (1Cr 6:35 [TM 20]).

3. O filho de Amasai; levita coatita que participou da purificação do templo feita por Ezequias (2Cr 29:12). Ele foi supervisor das contribuições para o templo (2Cr 31:13).

MAAVITA (heb. *hammaḥăwîm*) Gentílico associado a Eliel, um dos valentes de Davi (1Cr 11:46). O termo faz pouco sentido tal como aparece e foi corrigido para *maḥăn'*("Maanita") ou *maḥănaym'* ("Maanaimita").

MAAZ (heb. *ma'aṣ*) Homem de Judá, filho primogênito de Rão e neto de Jerameel (1Cr 2:27).

MAAZIAS (heb. *ma'azyâ, ma'azyāhû*) **1.** O fundador epônimo da vigésima quarta divisão de sacerdotes durante o reinado de Davi (1Cr 24:18; heb. *ma'azyāhû*).

2. Sacerdote que participou da assinatura do pacto sob Neemias (Ne 10:8 [TM 9]; *ma'azyâ*).

MAAZIOTE (heb. *maḥăzî'ôṯ*) Filho de Hemã, o vidente; líder da vigésima terceira divisão de músicos levitas do templo (1Cr 24:4, 30).

MACABEUS Termo que designa (1) a dinastia fundada por Matatias, o asmoneu. Esse grupo governou os judeus do ano 160 a 63 a.C., quando os romanos entraram em Jerusalém; e (2) o filho de Matatias, Judas o Macabeu; primeiro líder da revolta judaica contra os selêucidas. Embora o nome "Macabeu" tenha sido primeiramente aplicado somente a Judas, o uso do título "Histórias macabeias" (gr. *Makkabaiōn*) na igreja cristã, durante o século II para 1—2Macabeus resultou no hábito de referir-se a todos os heróis dos livros como "macabeus". Dessa forma, "macabeu" e "asmoneu" tornaram-se sinônimos na literatura, a partir dos gregos. O nome Macabeu não se encontra na literatura rabínica.

O primeiro livro de Macabeus 2.4 apresenta Judas como "Judas, chamado Macabeu"; e cada um de seus quatro irmãos são também listados com apelidos. Embora não se saiba quando ou como Judas ganhou o apelido, várias explicações existem para sua derivação e significado. A explicação mais conhecida alega a semelhança entre o nome e o termo hebraico para "martelo" (*mqbt*) para explicar que Judas era chamado de "o Martelo" devido à valentia e à força militar (cf. Carlos Martel [lat. o "Martelo"], que venceu os sarracenos no século VIII). Alternativamente, a derivação pode ser das formas do particípio, das raízes hebraicas *kb'/kbh* ("extinguir") ou *qb'* ("predominar"), ambos podem ter servido a uma associação com a carreira militar de Judas. Pelo fato de não se saber se o nome foi dado ao nascer, na idade adulta ou como resultado de alguma proeza ou característica, entretanto, não é possível determinar com certeza o propósito do apelido. Muitos estudiosos associam o nome à carreira militar de Judas e não a qualquer outra característica ou evento a ele associado. *Ver* ASMONIANOS.

Bibliografia. J. A. Goldstein, *I Maccabees*. AB 41 (Garden City, 1976); S. S. Tedesche e S. Zeitlin, The *First Book of Maccabees* (New York, 1950). [MELISSA M. AUBIN]

MACABEUS, PRIMEIRO E SEGUNDO LIVRO DE Livros apócrifos ou deuterocanônicos, incluídos em algumas traduções modernas. Sua importância é justificada pela informação histórica e pelas interpretações teológicas que fornecem a respeito de pessoas e eventos da história judaica, durante o século II a.C.

AMBIENTE HISTÓRICO. Durante o século III, a Judeia era administrada pela dinastia Ptolemaica e sua capital, Jerusalém, estava sob o controle político da dinastia selêucida, com base em Antioquia da Síria. Durante o século II, o reinado selêucida passou entre os descendentes de Antíoco III (223-187). Estas lutas dinásticas forneceram o ambiente para os eventos descritos e interpretados em 1—2Macabeus.

Quando Antíoco IV Epifânio ganhou o controle do império selêucida em 175, permitiu que Jasão oferecesse um preço mais alto que Onias III pelo sumo sacerdócio judaico (2Mac 4.7-8). Jasão estabeleceu instituições gregas em Jerusalém e aparentemente tentou torná-la uma cidade helenística. Em 172, Jasão foi sobrepujado e substituído por Menelau, que não tinha direitos legais ao cargo de sumo sacerdote. Por volta do ano 167, Antíoco IV, com a ajuda de Jasão e outros da elite judaica, saquearam o templo e seus tesouros, estabeleceram guarnição militar próxima ao templo (a Acra), aboliram lei tradicional judaica e estabeleceram uma nova ordem de adoração (o culto do "senhor do céu).

Por que Antíoco IV interveio nos assuntos judaicos é assunto para discussão. Ele pode simplesmente ter precisado de dinheiro para pagar seus soldados e manter-se no poder. Ou pode ter planejado desenvolver o equivalente oriental do nascente império romano. Ainda pode ter sido levado pela corrente ou sido convidado a entrar numa guerra socioeconômica e/ou civil religiosa entre facções na Judeia.

1Macabeus. Contra este ambiente histórico, 1Macabeus identifica as proezas da família "Macabeu" (mencionado depois de Judas, o "Martelo") com a salvação do povo de Deus, e mostra três gerações dessa família como verdadeiros líderes de Israel. Após descrever a crise sob Antíoco IV e o começo da resistência sob Matatias, o sacerdote de Modein (1.1-2.70), ele relata as proezas de Judas (3.1-9.22) e seus irmãos Jônatas (9.23-12.53) e Simão (13.1-15.41), bem como do filho de Simão, João Hircano (16.1-24).

Muitos estudiosos acreditam que 1Macabeus foi escrito em hebraico (agora perdido) e traduzido para o grego, embora possa ter sido deliberadamente composto no estilo de uma Bíblia grega (LXX). Pode ter sido produzido no reinado de João Hircano (134-104) ou logo depois no século I d.C. Sua linguagem e estilo lembram os livros históricos do AT.

O propósito de 1Macabeus torna-se claro com seu comentário sobre a derrota de José e Azarias, que tentaram se envolver em batalha independentemente da família dos Macabeus: "e foi grande a derrota do povo, isso porque não haviam escutado Judas, supondo que mostrariam seu valor, mas não pertenciam à raça desses homens, a quem era dado salvar Israel" (5.60b-62). Assim, o livro é descrito com frequência como história ou até mesmo propaganda dinástica da família dos macabeus.

Embora 1Macabeus reconheça algumas iniciativas judaicas na adoção do estilo gentio de vida (1.11-15), o principal vilão inicialmente é Antíoco IV. Ele saqueia o templo de Jerusalém (1.20-28), toma Jerusalém dois anos depois (1.29-40), e decreta que todos em seu reino devem se tornar "um povo" (1.41-64). No fim de 167, ele edificou no templo de Jerusalém "a abominação da desolação por sobre o altar" (1.54) — que Daniel (11.31; 12.11) e o NT (Mc 13:14; Mt 24:15) descreve como "abominação da desolação" ou "sacrilégio desolador".

De acordo com 1Mac 2.1-70, a resistência judaica a Antíoco IV ganhou direção e ímpeto somente por meio de Matatias e seus cinco filhos. Os relatos sobre os mártires judeus (1.62-64) e os piedosos moradores em cavernas (2.29-38) mostram que a resistência passiva não foi suficiente. Ao realizar seu ato inicial de rebelião se recusa a participar do culto pagão (2.15-28), Matatias arde de zelo pela Torá como fez Fineias (Nm 25:6-15). Ele se junta aos assideus para organizar um exército para lutar pelo judaísmo, e concorda em travar batalhas defensivas no sábado (2.41). Seu discurso de despedida (2.49-68) a seus filhos o equipara aos grandes heróis da tradição bíblica de Abraão a Daniel.

As façanhas militares de Judas Macabeu são descritas em 1Mac 3.1-4.35), Judas purifica e rededica o templo de Jerusalém em 164 (4.36-61) — evento comemorado na festa do Hanucá. Após uma análise das campanhas de Judas e seus irmãos (5.1-68), o livro descreve a morte de Antíoco IV e o acesso de Antíoco V (6.1-17). Apesar do triunfo de Judas, a "guarnição da cidadela" de Acra (6.18) continua causando aborrecimento. Além disso, seus esforços em combater os sírios em Betsur (6.18-63) não têm sucesso. A última grande vitória de Judas é contra Nicanor em 161, quando Demétrio I torna-se o rei selêucida e Alcimo é nomeado o sumo sacerdote judeu (7.1-50). Ao fazer aliança com Roma (8.1-32), Judas ganha um protetor poderoso com o reconhecimento de seu movimento como representante do povo judeu. Mas com a derrota de Judas por Báquides e sua morte em 160, o movimento macabeu deu sinais de estar no fim.

O que reviveu o movimento macabeu foi a luta interna posterior pelo trono selêucida. A parte sobre Jônatas (9.23-12.53) mostra como ele reuniu a astúcia política e a atividade militar para conseguir mais poder e território. Jônatas teve sucesso ao permitir que um pretendente selêucida sobrepujasse o outro, prometendo-lhe recompensas em apoiá-los. A morte do sumo sacerdote Alcimo em 159 e a clara vacância do cargo entre 159 e 152, fizeram de Jônatas a única figura política séria com quem alguém podia tratar. E de fato Jônatas fez um trato — com o selêucida Demétrio I (162-150), Alexander I Balas (150-145) e Antíoco VI (145-142), bem como com os ptolomeus egípcios, com os romanos e com os espartanos. Pelo apoio a Alexander Balas contra Demétrio I, Jônatas ganhou o sumo sacerdócio no templo de Jerusalém — apesar de não pertencer à adequada família dos saduceus.

Depois da captura e morte de Jônatas em 142, seu irmão Simão ganhou o controle do movimento. A seção sobre Simão (13.1-15.41) narra seus sucessos políticos e militares e conta como esse líder garantiu a independência do povo judeu e renovou a aliança com Roma. De acordo com o decreto citado em 14.41-43, Simão e seus descendentes deviam ocupar os cargos de sumo sacerdote, comandante militar e líder do povo (etnarca). Quando Antíoco

VII (138-129) desfez sua aliança com Simão, ele e seus generais foram derrotados por Simão e seu filho, João Hircano. A história dos dias iniciais da dinastia dos macabeus se encerra com a morte de Simão em 134 e a ascensão de João Hircano (16.1-24).

O Primeiro livro de Macabeus é a fonte mais importante da história de Israel da metade do século II. Ela procede da perspectiva de um escritor que via a família dos Macabeus como a própria dinastia de Deus e verdadeiros líderes do povo de Israel.

2Macabeus. Se 1Macabeus pode ser descrito como propaganda dinástica, 2Macabeus pode ser chamado de propaganda do templo. Seu foco é a sucessão de ameaças contra o templo de Jerusalém e como ele foi preservado pelos representantes de Deus. Depois de duas cartas (1.1-9; 1.10—2.18) e um prólogo (2.19-32), há relatos de três ataques sucessivos contra o templo por Heliodoro no tempo de Seleuco IV (3.1-40), por Antíoco IV (4.1—10.9) e por Nicanor, no tempo de Demétrio I (10.10—15.37). O livro conta a história do movimento macabeu até a derrota de Nicanor por Judas em 161.

A parte principal de 2Macabeus (caps. 3—15) é, como consta em 2.23, a sinopse de uma obra de cinco volumes de autoria de Jasão de Cirene. Jasão pode ter escrito sua obra logo depois dos eventos por ele descritos (160-152). A data da primeira carta (cf. 1.9) sugere que a condensação pode ter sido feita cerca do ano 124, embora uma data no início do século I seja também possível. O resumo foi feito em grego, como, com toda probabilidade, foram todos os cinco volumes de Jasão. As declarações de quem fez o resumo no prólogo (2.19-32) e o epílogo (15.38-39) indicam que seu objetivo principal foi tornar a obra mais atrativa e divertida.

As duas cartas antes do prólogo (1.1-9; 1.10—2.18) são de judeus em Jerusalém para judeus no Egito. Ambas as cartas buscam encorajar judeus no Egito a celebrarem a festa do Hanucá. Isto sugere que os judeus egípcios precisavam de convencimento — seja pelo fato de o evento comemorado ser muito recente, ou porque estava muito ligado à família dos macabeus, ou porque não tinha base bíblica.

O primeiro ataque contra o templo de Jerusalém (3.1-40) ocorre durante o reinado de Seleuco IV (187-175), irmão e predecessor de Antíoco IV. Em resposta a um pedido para intervir numa disputa a respeito da administração do mercado da cidade entre o devoto sumo sacerdote Onias e Simão , o governador sírio Apolônio envia Heliodoro para inspecionar o tesouro do templo. Mas em seu esforço para confiscar o tesouro e "desonrar" o lugar santo (v. 18), Heliodoro é milagrosamente atirado por terra por um misterioso cavaleiro acompanhado por dois jovens esplêndidos. Ao reviver pela oração de Onias (v. 31-34), Heliodoro oferece sacrifício ao Deus de Israel e comenta que alguém devia mandar o seu pior inimigo para profanar o templo de Jerusalém (v. 35-39).

O segundo ataque contra o templo de Jerusalém (4.1-10.9) é ocasionado por lutas promovidas pelo sumo sacerdócio judaico. O sacerdócio de Jasão (175-172) é retratado como o que trouxe "o estilo grego de vida" (4.10) para Jerusalém ao estabelecer um ginásio, alistando as pessoas como "cidadãos de Antioquia" e desconsiderando a Torá como lei de Israel. A posição do próprio autor é clara: "Por causa da perversidade inaudita do ímpio Jasão, que não era de modo algum pontífice, obteve o helenismo tal êxito e os costumes pagãos uma atualidade tão crescente" (4.13).

Todavia Jasão é superado em perversidade por seu sucessor, Menelau (em 172). Quando a revolta de Jasão fracassa, Antíoco IV captura Jerusalém (5.11), entra no templo tendo Menelau como guia e leva 1.800 talentos em dinheiro. Somente em 5.27, Judas Macabeu e seus companheiros são mencionados pela primeira vez. De acordo com 6.1-11, os judeus foram forçados a abandonar a Torá, a negar a religião de seus ancestrais e a transformar o templo de Jerusalém em templo de Zeus do Olimpo.

Após reflexões sobre a disciplina de Deus para com Israel ("Assim, não nos retire ele jamais a sua misericórdia e não abandone seu povo, no momento em que o corrige pela adversidade! ", 6.16), o livro descreve o heroísmo mostrado por mártires judeus que se recusaram abandonar sua fé tradicional (6.10, 11, 18-31; 7.1-42). Os diálogos entre o rei ímpio, os sete filhos e a mãe deles em 7.1-42 enfatizam esperanças de ressurreição e o juízo de Deus como razões para resistir ao perverso programa do rei.

O surgimento de Judas Macabeu e suas vitórias sobre Nicanor e Timóteo (8.8-36) levam à compreensão de que os judeus têm um poderoso Defensor (Deus) e, portanto, são invencíveis porque seguem as leis de Deus (8.36). Derrotado por Deus enquanto roubava templos na Pérsia, até mesmo o arrogante Antíoco IV reconhece seus erros (9.1-29). O clímax do episódio do segundo templo é a nova dedicação do templo de Jerusalém, a restauração do culto judaico e o estabelecimento do Hanucá como festa judaica (10.1-9). No segundo ataque, Judas Macabeu e seu exército servem como instrumentos de Deus.

O terceiro ataque (10.10-15.37) retrata a ameaça de Nicanor, general sírio, de destruir o templo e seu altar e, em seu lugar, construir um templo dedicado a Dionísio, deus grego (14.33). Depois de descrever a ascensão de Antíoco V Eupator, 2Macabeus discute as vitórias militares de Judas (10.14-11.15), sua correspondência (11.16-38) e batalhas posteriores (12.1-45). Por volta de 161, entretanto, há um novo rei selêucida (Demétrio I), um novo sumo sacerdote judeu (Alcimo) e uma nova ameaça ao templo por Nicanor (14.1-15.37). Com a ajuda de Deus, Judas e seu exército derrotam Nicanor e novamente servem como instrumentos de Deus: "Bendito seja aquele que preservou sua morada de toda a impureza" (15.34).

O segundo livro de Macabeus é talvez o mais conhecido por seu relato dos mártires judeus e referências à ressurreição (12.43-45). Mas a preocupação central do autor foi a santidade do templo de Deus em Jerusalém. Ele investigou os problemas de Israel com as disputas internas que trouxeram os selêucidas nos assuntos judaicos, considerou o estilo grego de vida como abominação e considerou Judas Macabeu como instrumento de Deus na defesa do templo.

Bibliografia. E. Bickerman, *The God of the Maccabees*. SJLA 32 (leiden, 1979); R. Doran, *Temple Propaganda: The Purpose and Character of 2 Maccabees*. CBQMS 12 (Washington, 1981); J. Goldstein, *I Maccabees*. AB 41 (Garden City, 1976); *II Maccabees*. AB 41ª (Garden city, 1983); D. J. Harrington, *The Maccabean Revolt* (Wilmington, 1988); V. Tcherikover, *Hellenistic Civilization and the Jews* (Philadelphia, 1959). [DANIEL J. HARRINGTON, S. J.]

MACABEUS, TERCEIRO E QUARTO LIVRO DE

3MACABEUS. Um romance histórico que teve sua origem na Diáspora judaica, mais provavelmente em Alexandria, cenário da história. Devido à sua relação literária com 2Macabeus e a Carta de Aristeias, a data da composição é normalmente fixada entre 90 a.C. e 40 d.C. A historicidade do conto tem sido questionada, devido tanto à falta de corroboração externa da ação de Ptolomeu IV Filopater contra os judeus de Alexandria e da atribuição de Josefo desse evento ao reino posterior de Ptolomeu VIII Fiscon. As semelhanças com a história de Ester e 2Macabeus, ademais, sugerem uma consciente criação literária e o acompanhamento de um padrão, ao invés de interesse historiográfico. Pode bem ser que os massacres contra os judeus que surgiram durante o reinado de Gaio César tenham dado ao autor ocasião de tratar da crise contemporânea por meio da saga de um heroísmo e livramento passados.

A história começa com a derrota de Antíoco III por Ptolomeu em Rafia, após a visita de Ptolomeu a seus súditos de outros povos para confirmar a lealdade deles em consequência da guerra. O governante visita locais sagrados, dando muitos presentes para os tesouros e oferecendo sacrifícios nos templos. Ele é bem recebido em toda parte, até tentar entrar no lugar santo em Jerusalém. Embora sua atitude pareça ter sido benevolente, o povo judeu considera isso uma profanação do templo e se reúne para protestar (1.1-29). O sumo sacerdote Simão faz uma oração por intervenção divina, Ptolomeu é rechaçado pela mão invisível de Deus (2.1-24).

Indignado por tal afronta de seus vassalos com base em sua fidelidade às tradições dos povos, Ptolomeu retorna ao Egito na esperança de evitar quaisquer problemas internos assimilando a população judaica de Alexandria à população grega, ou excluindo-a por completo do corpo político. Várias centenas de judeus aceitaram o convite do rei para se unirem aos ritos pagãos que acompanham o dote de cidadania, enquanto a maioria recusa e é registrada para o imposto individual, para ser tratada como a população egípcia nativa (2.25-33). O rei então decide que a redução de *status* não é suficiente e ordena que todos os judeus do Egito sejam reunidos no hipódromo, aguardando a execução (4.1-21). Elefantes são preparados para a ocasião, sendo embriagados com vinho e incenso, mas em resposta às orações dos judeus, Deus impede durante vários dias que o rei execute seu plano (5.1-51). Finalmente, o rei consegue dar a ordem para soltar os elefantes, mas, em resposta à oração do velho Eleazar, Deus volta os elefantes sobre os soldados de Filopator. O rei louva a Deus por ter livrado seu povo e ordena que os judeus sejam mandados para casa depois de sete dias de festa (6.1-7.9). O conto se encerra com a punição dos judeus apóstatas pelos judeus que permaneceram fiéis (7.10-23).

A obra tem paralelos evidentes com 2Macabeus, dando aos judeus da diáspora uma saga sobre a fidelidade à Torá dos antepassados face à ameaça da helenização forçada, ligando-os à experiência do judaísmo palestino (cf. 1-2Macabeus), e mostrando que eles também participaram de perseguições e triunfos ligados ao templo e ao Senhor. O terceiro livro de Macabeus é também muito informativo para a compreensão da hostilidade judeu-gentio de ambos os lados. O autor judeu vê os gentios como "alienados da verdade" do Deus Único e da verdadeira religião da Torá (4.16; cf. Rm 1:21, 25, 28); a falha dos gentios em honrar a Deus e seus atos de agressões contra o templo de Jerusalém e o povo santo através da história, confere-lhes com frequência o epíteto de "arrogantes" (1.25-26; 2.2-9; 5.13; 6.9). Ao compreender o preconceito do autor, percebemos também o ponto de vista do gentio. A tendência judaica de formar comunidades coesas (exigida pela pureza e pelas normas alimentares da Torá) torna-se a causa, porque os gentios os veem com suspeita, como se os judeus não se preocupassem com o bem comum da cidade e, portanto, representassem uma fonte potencial de deslealdade. O compromisso judeu com um Deus e o repúdio a todas as formas idólatras de culto impedem a plena participação na vida da cidade grega: as tentativas para conceder direitos civis aos judeus como cidadãos acabavam sendo prejudicadas devido à participação no culto cívico que é então esperado. O que os gregos valorizam extremamente, é considerado com desdém pela população judia e, assim, aumenta o mútuo antagonismo e desentendimento.

O discernimento de 3Macabeus que esclarece tais tensões étnicas também ajuda a nossa compreensão da experiência da igreja primitiva, especialmente a missão de Paulo, que procurou derrubar barreiras e superar preconceitos que existiam havia séculos. A hostilidade dentro da comunidade judaica para com os apóstatas aqui expostas oferece compreensão adicional à reação judaica (tanto aos cristãos como aos não cristãos) ao abandono de Paulo à Torá em sua proclamação de um povo novo e unido (cf. Gl 3:26-28), que podia ser visto como apenas outra tentativa de helenização e o comprometimento de limites essenciais.

4Macabeus. Demonstração filosófica (*epídeixis*) da tese de que "a razão religiosa predomina sobre as emoções" (1.1; 7.16; 13.1,7; 16.1). O autor toma como ponto de partida a filosofia ética estoica com sua preocupação no alcance da virtude, particularmente das virtudes fundamentais gregas da justiça, coragem, temperança e sabedoria. A *páthē*, que inclui não apenas emoções, mas também desejos e sensações físicas (1.20-27), pode facilmente transformar-se em forma de faculdade racional despreparada distante da perseguição do curso que leva à virtude. O receio do ferimento ou da experiência da dor pode atrapalhar a busca de coragem no campo de batalha; o desejo de alguma gratificação física pode atrapalhar a busca da temperança. A argumentação estoica era que a razão, orientada pela filosofia, podia controlar a *páthē* e escolher o curso virtuoso mesmo que isso significasse dificuldade, perigo ou renúncia. O quarto livro de Macabeus é uma concordância essencial com essa análise, mas procura demonstrar que somente a faculdade racional que foi treinada e exercitada pela Lei judaica alcançará de fato vitória consistente sobre as emoções, os desejos e a preocupação com o prazer ou a dor (1.15-17; 2.21-23; 5.22-24; 7.18, 19). Somente o devoto da Torá, portanto, tem o treinamento exato na virtude e, portanto, um fundamento seguro para a honra e o autorrespeito.

Essa tese é demonstrada por meio de exemplos da história sagrada de Israel. José, por exemplo, superou o desejo sexual por meio de sua faculdade racional, fortalecida pelo mandamento: "Não cobiçarás" (2.1-6, em evidente contraste com Rm 7:7-24). Moisés, da mesma forma, superou a ira quando provocado por Datã e Abirão (2.16-20). As próprias leis são mostradas para forçar os que, por natureza, são mesquinhos em agir generosamente (-por exemplo, nas leis relativas ao cancelamento de dívidas no sétimo ano e o respigar um campo depois da colheita, 2.8-9). Os supremos exemplos de piedoso domínio da razão sobre as paixões, entretanto, são tirados da história mais recente, a saber, dos que foram executados pela observância da Torá durante a crise helenística de 167-164 a.C. A história de 2Macabeus 6-7 está aqui ampliada num elogio a Eleazar, os sete irmãos e a mãe. Após a supressão da religião judaica pela liderança judaica apóstata, apoiada por Antíoco IV (4.1-26), os que permaneceram fiéis à Torá foram levados à presença de Antíoco. Eleazar e os sete irmãos têm, um após o outro, a oportunidade de comer alimentos não preparados de acordo com os preceitos religiosos judaicos (simbolizando a disposição deles de se acomodarem ao estilo grego de vida) sob a ameaça de tortura. A resistência mostrada por essas personagens e o fracasso da mais severa das torturas em afastar suas opiniões da decidida obediência fez deles a prova cabal da capacidade da Torá de equipar a mente para escolher o curso virtuoso independentemente do preço imposto ao corpo — até mesmo acima do amor natural à vida e do afeto natural dos irmãos e pais (13.27-14.1; 15.24-28).

O quarto livro de Macabeus é produto da diáspora judaica. A localização exata e data precisa da composição são desconhecidas, mas fortes justificativas têm sido apresentadas para uma origem antioquina durante a primeira metade do século I d.C. Alguns estudiosos o têm interpretado como discurso comemorativo da morte dos mártires, já que tem muito em comum com orações fúnebres gregas. Embora sua exata ocasião permaneça um mistério, 4Macabeus mostra interesse em reafirmar o compromisso do seu público com os valores culturais judaicos centrais, num cenário onde são fortes as seduções para abandonar as particularidades religiosas e étnicas em favor do estilo grego de vida. A acomodação ao helenismo a custo da lealdade a Deus oferece vantagem apenas temporária, mas trará desvantagem eterna (13.15; 15.2, 3, 8, 27). Os judeus apóstatas podem, durante certo tempo, conseguir honra aos olhos da sociedade grega, mas acabarão perdendo sua única reivindicação à honra (17.18; 18.3). A audiência, identificando-se com os mártires, é movida a permanecer leal ao seu Benfeitor Divino (16.18-22) em vez de desonrar a Deus em favor de qualquer benfeitor humano do mundo grego, independentemente das vantagens oferecidas ou das desvantagens ameaçadas (8.5-9; 12.4, 5).

Esta obra, embora não considerada canônica por qualquer comunhão cristã, todavia, exerceu uma profunda influência no cristianismo. O autor de Hebreus compartilha o ponto de vista de 4Macabeus da fé e obrigação a Deus como Protetor, e inclui os mártires em seu próprio elogio da fé. De um modo mais geral, 4Macabeus compartilha com os autores do NT a distinção entre o transitório versus segurança eterna, a descrição da hostilidade da sociedade como uma honrosa luta a ser suportada pela causa de uma vitória religiosa (16.16; 17.11-16), e a noção de expiação (cf. 6.28-29; 17.21, 22). Este livro e seus heróis foram assunto frequente de sermões nos primeiros quatro séculos da Igreja, e o aniversário da morte deles era celebrado como festa cristã.

Bibliografia. H. Anderson, "3 Maccabees", *OTP* 2(Garden City, 1985), 509-29, "4 Maccabees", *OTP* 2.531-64; D. deSilva, "The Noble Contest: Honor, Shame, and the Rhetorical Strategy of 4 Maccabees", *JSP* 13 (1995): 29-55; M. Hadas, The Third and Fourth Books of Maccabees (1953, repr. New York, 1976). [DAVID A. DESILVA]

MACAZ (heb. *māqaṣ*) Uma das quatro cidades do segundo distrito administrativo de Salomão (1Rs 4:9), administrado por Bene-Dequer. Sua localização é desconhecida. Embora alguns estudiosos tenham localizado essa cidade ao sul de Ecrom, ela deve, de fato, ser localizada no vale de Ajalom, com base na identificação e localização de Bete-Semes e Saalabim. [STEVEN M. ORTIZ]

MACBANAI (heb. *makḇannay*) Um dos gaditas "homens valentes adestrados para a guerra" que se juntaram ao bando rebelde de Davi em Ziclague e se tornaram oficiais do seu exército (1Cr 12:13 [TM 14]).

MACBENA (heb. *makḇēnâ*) Nome numa lista genealógica de descendentes de Calebe (1Cr 2:49). Mais provavelmente um lugar, acredita-se geralmente que se localize nas colinas de Judá, ao sul de Hebrom. [AARON M. GALE]

MACEDÔNIA (gr. *Makedonía*) Região entre os Bálcãs e a Península Grega. As fronteiras da Macedônia têm mudado ao longo da história, mas essencialmente cobrem a área ao longo da costa norte do mar Egeu, estendendo-se a oeste até a Ilíria, a leste até a Trácia e ao sul da Península Grega até a Tessália. O planalto central é confinado por montanhas ao oeste e ao norte.

Durante os séculos que antecederam o surgimento dos macedônios como potência dominante, o norte da Grécia permaneceu colonizado pelos gregos de toda parte. A Macedônia chegou ao apogeu como potência mundial no período entre 359 e 336 a.C., em grande parte devido à influência de Filipe II da Macedônia. Seu filho Alexandre, o Grande expandiu a base de poder macedônio e incluiu a maior parte do leste do chamado mundo conhecido, levando consigo uma política de helenização (cf. 1Mac 1.1-7).

Após a morte de Alexandre em 332, a estabilidade política jamais foi plenamente restabelecida na Macedônia até a chegada dos romanos em meados do século II. Depois da derrota de Perseu na batalha de Pidna em 168 (cf. 1Mac 8.5), os romanos dividiram a Macedônia em quatro distritos autônomos com uma capital em cada uma delas (Anfípolis, Tessalônica, Pela e Pelagônia). Depois da revolta liderada por Andrisco em 149, os romanos formaram os quatro distritos no macedônio *koinón* (c. 146) com sua capital em Bereia, que também tornou-se a sede do culto imperial. Ao mesmo tempo, um governador romano foi permanentemente instalado em Tessalônica.

Sob Augusto, a Macedônia foi feita província senatorial. No ano 15 d.C., Tibério juntou a Macedônia com as províncias senatoriais da Acaia, ao sul e a Mésia, ao norte, formando uma grande província imperial. Em 44, Cláudio dividiu novamente a província com as fronteiras anteriores e a Macedônia tornou-se mais uma vez província senatorial, governada por um procônsul. Entretanto, as "cidades livres" macedônias (Tessalônica, Anfípolis e Skotoussa) e as cidades tributárias retiveram suas antigas formas de governo (assembleia, conselho e magistrados). Durante a *Pax Romana* novas cidades foram fundadas na Macedônia e antigas cidades receberam novos projetos. Grandes empreendimentos de construção foram executados, incluindo fóruns, templos, altares e edifícios funerários, todos acompanhados de inscrições.

De acordo com Atos 16:9-12, Paulo recebeu um pedido de ajuda de um "homem da Macedônia", imediatamente após o que navegou de Trôade para Filipos para começar seu ministério macedônio. Embora Paulo tenha enfrentado oposição nesse ministério (1Ts 2:2; cf. At 16:11-17:15; 2Co 7:5), ele teve sucesso em estabelecer igrejas em Filipos e Tessalônica e, provavelmente, Bereia (At 17:10-12). Embora pobres, as igrejas macedônias proveram apoio financeiro aos esforços missionários de Paulo (2Co 11:9; Fp 4:15-17) e contribuíram generosamente para a oferta à igreja de Jerusalém (2Co 8:1-5; Rm 15:26, 27). Paulo passou pela Macedônia inúmeras outras vezes (1Co 16:5; 2Co 1:16; 2:13; cf. At 20:1-6).

Bibliografia. N. G. Hammond, *The Macedonian State: Origins, Institutions, and History* (Oxford, 1989); *The Miracle That Was Macedonia* (New York, 1991); B. Laourdas e C. Makaronas, eds., *Ancient Macedonia*, 5 vols. (Thessalonica, 1970-1993). [RICHARD S. ASCOUGH]

MACNADBAI (heb. *maḵnaḏĕḇay*) Descendente de Binuí, israelita a quem foi exigido que se divorciasse de sua esposa estrangeira (Ed 10:40).

MACPELA (heb. *makpēlâ*) Campo onde havia uma caverna, localizada na cidade de Hebrom (Gn 23:19). Abraão comprou o pedaço de terra de Efrom, o heteu, para sepultar sua esposa Sara (Gn 23). Ele queria apenas a caverna, mas Efrom insistiu para que comprasse também o campo. A atitude de Efrom provavelmente refletiu a lei hitita, que exigia que o proprietário se responsabilizasse pelas obrigações legais de toda a área se apenas uma porção dela fosse vendida. Abraão, Isaque e Jacó foram também enterrados em Macpela (Gn 25:9; 49:29-31; 50:13).

Herodes, o Grande (37-4 a.C. construiu uma cidadela de pedra, o único edifício herodiano completo que ainda existe em torno do local. Hoje uma mesquita muçulmana (usada como igreja quando os Cruzados conquistaram a cidade em 1188 d.C.) está colocada dentro da área de Herodes e acima da caverna. A investigação mais recente da caverna aconteceu em 1967, logo depois da Guerra dos Seis Dias, sob a direção de Moshe Dayan.

Bibliografia. M. R. Lehmann, "Abraham's Purchase of Machpelah and Hittite Law", *BASOR* 129 (1953): 15-18; N. Miller, "Patriarchal Burial Site Explored for First Time in 700 Years", *BARev* 11/3 (1985): 26-43. [STEPHEN R. MILLER]

MADAI (heb. *māḏay*) Filho de Jafé (Gn 10:2; 1Cr 1:5); ancestral epônimo dos medos (cf. 2Rs 17:6; Is 21:2).

MADALENA (gr. *Magdalēnē*) Gentia de Magdala (aram. Magdala', "torre"), que designa Maria, importante seguidora de Jesus (Mt 27:56, 61 par.; Mc 16:9; Lc 8:2; 24:10 par.). Magdala (Tariqueia) era uma importante cidade de pesca a noroeste de Tiberias, na ponta ocidental do mar da Galileia.

MADEIRA A madeira (heb. *'ēṣ*; gr. *xýlon*) foi mercadoria importante nos tempos bíblicos. A madeira de lei foi usada na construção de edifícios como o templo de Salomão, que continha uma variedade de madeiras incluindo o cedro, junípero, cipreste e oliveira (1Rs 6:14-36). Para adquirir cedro, cipreste e madeira de junípero, Salomão fez contrato com o rei Hirão, de Tiro (2Cr 2:8 [TM 7]). Ezequiel fornece mais evidência de ativo comércio de produtos de madeira, incluindo o esplêndido ébano (Ez 27:15). A madeira foi também item importante de construção para casas do povo simples. Os galhos podiam ser usados para cabanas e a madeira fornecia apoio para as paredes, telhado, portas e janelas. Carros e liteiras também eram feitos de madeira (1Sm 6:14; Ct 3:9), assim como as embarcações navais. Noé construiu a arca com madeira de gofer (provavelmente cipreste; Gn 6:14).

A madeira é mencionada em muitos contextos de culto. A madeira de *šiṭṭ'm* (provavelmente acácia) figura fortemente em Êxodo, em que ela é o material para a arca da aliança (Êx 25:10), os suportes para o tabernáculo (Êx 26:18) e para o altar (Êx 27:1). A madeira é prescrita para sacrifícios (Lv 1:8) e o cedro para a purificação (Lv 14:4). Isaías condena os adoradores de ídolos de madeira (Is 44:14-20).

Nos tempos antigos, Israel tinha mais terras com florestas que hoje. Fogo para cozinhar eram um dos muitos usos de todos os dias, embora o corte de árvores possa ter exigido das pessoas a busca de alternativas mais baratas para acender fogo, como esterco e espinhos. A madeira foi também material para implementos agrícolas (2Sm 24:22), jarros domésticos (Lv 15:12) e instrumentos musicais (1Rs 10:12). [MEGAN BISHOP MOORE]

MADEIRA DE GÔFER O material com o qual Noé foi instruído a construir a arca. Heb. *'ăṣê-gōper* aparece somente em Gênesis 6:14 e nenhum cognato foi encontrado em outras línguas do Antigo Oriente Próximo. Alguns eruditos associam-na com a construção do bote kufa da Mesopotâmia, que foi feito de ramos ou bambus e folhas de palmeiras e selado com betume (cf. Gilgamesh XI.20-69). Mais provavelmente essa madeira resinosa vem de alguma variedade conífera, provavelmente um cipreste. [ROBERT E. STONE, II]

MADMANA (heb. *maḏmannâ*) Cidade do Neguebe, sul de Judá, perto de Berseba. Pode ser identificada com a moderna Khirbet Umm ed-Deimneh ou Khirbet Tatrît. Madmana é uma das 29 cidades pertencentes à tribo de Judá, enumeradas em Josué 15:21-32, de acordo com alguns princípios geográficos. Uma lista paralela simeonita em Josué 19:1-6 menciona 13 cidades, mas Madmana é substituída por Bete-Marcabote, sugerindo que Madmana foi um nome antigo, mudado depois para Bete-Marcabote. Saafe, filho de Maacá, concubina de Calebe, é chamado de fundador (lit., "pai") de Madmana (1Cr 2:49). [JESPER SVARTVIK]

MADMÉM (heb. *maḏmēn*) Lugar mencionado somente no oráculo de Jeremias contra Moabe (Jr 48:2). É geralmente identificado com Dimom e possivelmente localizado em Khirbet Dimneh, no centro de Moabe, 4 km a noroeste de Rabá. Em Isaías 15:9, o hebraico *mê ḏîmôn* ("água de Dimom") pode referir-se a um lugar, mas essa teoria não tem apoio suficiente. [ZELJKO GREGOR]

MADMENA (heb. *maḏmēnâ*) Local mencionado apenas em Isaías 10:31 em relação à predição do profeta da campanha assíria contra Jerusalém. Está listada entre Anatote (4 km a nordeste de Jerusalém) e Gebim (2,5 km a norte-nordeste de Jerusalém). Alguns identificaram esse local com a moderna Shu'fat, mas essa hipótese não pode ser confirmada. O nome significa "monte de esterco" e, devido à ortografia semelhante, é de vez em quando confundida com Madmana, uma cidade nas planícies do Neguebe, ao sul de Judá. [DENNIS M. SWANSON]

MADOM (heb. *māḏôn*) Cidade canaanita que fez uma malfadada aliança contra a conquista israelita (Js 11:1; 12:19). Qarn Hattîn/Tel Qarnei Hittin (1933.2447), cerca de 8,5 km a noroeste de Tiberíades, tem sido sugerido como o local.

MADREPÉROLA A camada interna iridescente das conchas de moluscos (heb. *dar*; cf. arab. *durr*, "pérola"), um dos materiais usados no piso de mosaico do extravagante banquete de Assuero (Et 1:6).

MÃE De acordo com vários textos bíblicos, a maioria das mulheres deseja a maternidade. Os narradores masculinos definem a maternidade como o papel social que confere honra e felicidade à mulher, um ponto de vista que desconsidera a frequência de aborto e mortalidade infantil na antiguidade e a possibilidade de a mulher poder se opor a colocar em risco sua vida repetidas vezes na gravidez e no parto. A ideia de que muitos filhos são bênção e de que o parto confere importância, são ideias culturais para encorajar famílias grandes que promovem a prosperidade agrícola, com o objetivo de garantir prestígio social aos pais e desviar a energia feminina para a manutenção da estrutura patriarcal cujos limites abrigam mulheres e seus filhos. O vínculo de múltiplas gestações à maldição e punição de Gênesis 3:16 provavelmente discerne com mais precisão a ambivalência da mulher para com a maternidade. Quando as mulheres sofrem e morrem no parto, suas experiências são reinterpretadas por personagens masculinos; por exemplo, ao reconhecer seu sofrimento, Raquel, ao morrer dá ao seu novo filho o nome de *ḇen-'ôn'* ("filho da minha aflição"), mas Jacó muda o nome para *ben-yām'm* ("filho da mão direita"), expressão de contentamento com a própria virilidade.

Com frequência a incapacidade da mulher em conceber permite que o narrador exiba o poder e a força divinos. Os heróis de Israel nascem de mulheres estéreis, que não podem conceber sem a ajuda divina. Suas histórias glorificam o poder do Deus de Israel à custa de mulheres como Sara, Rebeca, Raquel, Ana e a incógnita mãe de Sansão. Os úteros delas estão fechados e se abrem para enfatizar que, desde o começo, a existência de Israel dependeu da benevolência divina atuando em seus escolhidos circuncidados. Poucas personagens femininas repetiram o brado de alegria de Eva (Gn 4:1) honrando o papel ativo da mulher no parto. Uma vez que as mulheres dão à luz seus filhos, geralmente desaparecem da história.

O uso da imagem maternal dos profetas para descrever a atitude de Deus para com Israel é também problemático. Se o Yahweh masculino pode prover amor de mãe em relação a Israel, não há necessidade de mãe divina. Da mesma forma, as próprias mulheres são raramente descritas agindo como mães, além de dar à luz. Ausentes do mundo divino, as mães são rapidamente remetidas às margens das narrativas. Rebeca e Bate-Seba são exceções notáveis; elas orientam e dirigem seus filhos favoritos muito tempo depois de Jacó e Salomão terem atingido a idade adulta. Sara, da mesma forma, intervém para garantir a Isaque o direito de primogenitura banindo Hagar e Ismael da família de Abraão. Embora as ações dessas mulheres tenham beneficiado seus filhos, elas reforçam também a misoginia no texto bíblico, retratando as mulheres como desagregadoras e manipuladoras, frequentemente divergindo dos maridos, ameaça potencial à ordem no lar à medida que defendem seus favoritos. A literatura da Sabedoria oferece um ponto de vista mais positivo. O narrador masculino de Provérbios insiste que o jovem leitor preste atenção aos ensinos de sua mãe. Tais ensinos são os da Mulher Sábia, que é amante, construtora, mestre, profeta, esposa, mãe, companheira divina, padrão para criação, *tôrâ*. Tal como a instrução da Sabedoria, a instrução materna preserva o *status quo* androcêntrico e patriarcal.

No NT, a gravidez de Isabel e Maria celebram o poder e o favor divinos, não a fertilidade e a sexualidade feminina. Maria louva Deus por ter se agradado de sua humildade a ponto de ter-lhe dado grandes coisas (Lc 1:48,49). Mais tarde, ela aparece como mãe ansiosa à procura do filho adolescente, cujas palavras a intriga e a deixa perplexa (Lc 2:41-51). A reação de Jesus para elogiar sua mãe em Mateus subverte a maternidade biológica como definição adequada em relação à mulher na comunidade cristã; mais abençoado ainda do que a própria mãe são os que fazem a vontade do seu Pai que está nos céus. No evangelho de João, Maria é uma mãe duplamente triste; ela presencia a execução do filho e é transferida, sem ser consultada, às mãos do discípulo amado (Jo 19:25-27). [KATHLEEN S. NASH]

MAER-SALAL-HAS-BAZ (heb. *mahēr šālāl ḥāš baz*) O sinistro nome ("rapidamente até os despojos; agilmente até a pilhagem" rápido-despojo-presa-segura na RA) dado ao terceiro filho de Isaías para simbolizar a próxima derrota dos reinos da Síria e Israel (Is 8:1-4; cf. v. 18).

MAGADÃ (gr. *Magadán*) Local nos arredores do mar da Galileia. Em Mateus 15:39, Jesus chega a essa região depois de alimentar 4.000 homens (tb. conhecida como "Magdala"), mas Marcos 8:10 registra Dalmanuta. Versões textuais tão diferentes dificultam tanto o relato de Mateus como de Marcos, desconhecendo-se o local exato. Os intérpretes têm oferecido certas ligações fonéticas com Magadã tal como Megido, a moderna Mejdel, e a Migdal-Gade da LXX (Js 15:37). [PETE F. WILBANKS]

MAGBIS (heb. *magbîš*) O "ancestral" de pessoas que voltaram do exílio na Babilônia (Ed: 2:30). O termo se refere, mais provavelmente, a um lugar. A localização exata permanece um mistério; entre as sugestões estão Khirbet Qanân Mugheimis, 2 km de Elão, e Khirbet El-Makhbiyeh, 5 km a sudoeste de Adulão. [AARON M. GALE]

MAGDIEL (heb. *magdî'ēl*) Chefe tribal edomita (Gn 46:43; 1Cr 1:54); possivelmente o nome de um clã ou lugar.

MAGIA Na literatura do mundo mediterrâneo antigo e no antigo Oriente Próximo, incluindo a Bíblia, muitos termos diferentes são usados para designar magia e poder ritual, bem como em relação aos seus praticantes. O grego *mageía* e palavras correlatas (cf. lat. magia) derivam da palavra iraniana *magus*, que designava uma pessoa de uma antiga tribo medo-persa com funções sacerdotais (cf. Magos, em Mt. 2). No período greco-romano e no contexto judaico-cristão, o termo magia era normalmente usado de modo controverso para distinguir entre as atividades de um grupo contra os oponentes: "nós" praticamos religião e realizamos milagres; "eles" praticam magia e se envolvem em feitiçaria. Os romanos acusaram os cristãos primitivos de praticarem magia; depois, os cristãos acusaram os pagãos e os reformadores protestantes acusaram os católicos romanos. A palavra pode, portanto, ser usada como porrete para atacar os de fora, mas não é definido com facilidade ou exatidão. Uma expressão mais neutra para descrever os fenômenos considerados "mágicos" pode ser "poder ritual".

MEDITERRÂNEO ANTIGO E ORIENTE PRÓXIMO. No mundo da antiguidade mediterrânea e do Oriente Próximo, o poder ritual era empregado como meio pelo qual o poder, particularmente o poder sobrenatural, podia ser canalizado através da atividade ritual. Em muitas tradições primitivas, não havia separação entre a magia e a religião, e o poder ritual tinha validade consentida igualmente com a religião organizada e o costume particular. O poder ritual era considerado dom divino, como no antigo Egito, onde Heka era a personificação do poder divino que surgiu no princípio e outorgou poderes para a realização de rituais públicos e particulares. Com frequência, mas não no Egito, poderes rituais malignos (tradicionalmente chamados de "magia negra") eram condenados e considerados ilegais, em contraste com poderes rituais benignos ("magia branca"). Na Grécia clássica, as raízes persas da palavra não foram esquecidas, e as discussões gregas de filosofia, teologia e ciência médica levaram a uma difamação da magia. Não obstante, o poder ritual foi largamente praticado no mundo antigo e os inúmeros textos mágicos, amuletos, tigelas e artefatos que sobreviveram mostram os praticantes usando o poder ritual para lidar com todo tipo de problemas médicos, demoníacos, sexuais e sociais. Por exemplo, um pergaminho sobre magia do Egito Copta (Michigan 136) prescreve remédios populares e encantamentos rituais para tratar de problemas de saúde, como gota, enfermidade dos olhos, dor do desenvolvimento, febre, gravidez e parto, dores abdominais, perversidade, doença da pele, dor de cabeça, dor de dente, dor de ouvido, hemorroida ou outras inflamações, constipação, enfermidade nos pés e problemas mentais. Outro livro sobre magia (Heildelberg Kopt. 686) louva a divindade e invoca seu poder para dar ajuda a problemas como possessão demoníaca, prisão, brigas e violências domésticas, impotência masculina, infidelidade da esposa, morte infantil, insônia e assuntos relacionados a vilarejos, locais de trabalho e rebanhos de gado.

ANTIGO TESTAMENTO. Deuteronômio 18:10-11 fornece uma lista de alguns dos termos mais significativos para magia e poder ritual e seus praticantes na escritura hebraica, e todos denotam o que se considera ser abominável ao Deus de Israel. Alguns desses termos, permanecem difíceis de traduzir e compreender, mas sobre todas as proibições nesta e em passagens similares parece estar a dirigida contra as práticas consideradas violações da autêntica religião.

Muitos dos mesmos tipos de práticas condenadas em Deuteronômio 18, entretanto, são perdoadas e até elogiadas em outras partes do AT. Por exemplo, os profetas de Deus adivinham o futuro, especialistas rituais interpretam sonhos; sacerdotes e outros empregam Urim e Tumim e outros instrumentos oraculares, o povo de Deus profere bênçãos e maldições e Eliseu divide as águas e amaldiçoa os meninos malcriados "em nome do Senhor" (2Rs 2:24), mais provavelmente com o nome santo que é chamado o tetragrama (YHWH = Javé), muito usado depois em magia de poder ritual. Esse uso mágico do nome do Senhor pode ser uma consideração ao Terceiro Mandamento: "Não tomarás o nome do Senhor teu Deus em vão" (Êx 20:7; Dt 5:11). Em Êxodo, Moisés e Arão são mostrados como praticantes de poder ritual bem-sucedidos, e os egípcios admitem: "Isto é o dedo de Deus" (Êx 8:19). A ideia do dedo de Deus é também aplicada a Jesus como exorcista em Lucas 11:20 e o dedo divino é personificado como Orfamiel, o grande dedo de Deus, o Pai, em vários textos cristãos de poder ritual.

Apesar das proibições no AT contra a prática da magia, então, parece que a prática do poder ritual esteve em evidência entre os hebreus como esteve entre outros povos no antigo Oriente Próximo. O uso judeu do poder ritual está depois refletido na influência dos temas e nomes judaicos para a divindade nos papiros gregos sobre magia, no manual de poder ritual judaico, o Sefer há-Razim ("Livro dos Mistérios") e nas tigelas de encantamento aramaicas com textos em espiral com o objetivo de erradicar o mal.

Textos do NT e cristãos primitivos. Na literatura do início do cristianismo a polêmica apresentação da magia e dos mágicos continua. Simão de Samaria é acusado de praticar magia (At. 8), como também o são Elimas ou Bar-Jesus (cap. 13) e os sete filhos de Seva e outros praticantes de Éfeso (cap. 19). Os feiticeiros são listados entre os ímpios a serem punidos em Apocalipse e a feitiçaria é incluída numa lista de vícios em Gálatas.

Todavia, como no AT, materiais são incorporados que retratam o poder ritual numa perspectiva mais positiva. Jesus e seus discípulos são às vezes descritos como exorcistas e curandeiros, e o próprio Paulo supera Elimas (At 13) com seu poder ritual. Algumas histórias do NT dos feitos de magia ou poder ritual realizados por Jesus são adaptados do AT (Jesus, tal como Moisés, alimenta uma multidão no deserto e, como Eliseu, cura o filho de uma viúva) ou de tradições mitológicas gregas (Jesus, como Poseidon, anda sobre a água como se fosse na terra e, como Dionísio, transforma água em vinho). Por contraste, a história do exorcismo do endemoninhado geraseno por Jesus (Mt 8:28-34; Mc 5:1-20; Lc 8:26-39) ilustra características típicas de outras histórias de exorcismo e magias de poder ritual. Aqui um homem possesso, violento e incontrolável, trava uma batalha de insistência com Jesus. Jesus ordena ao demônio: "Sai desse homem, espírito imundo", e a vítima responde suplicando que a deixe só. Jesus exerce supremacia na luta ao exigir o nome do demônio. Assim o exorcismo é realizado e o paciente tem a saúde e a sanidade restauradas. As forças demoníacas são mandadas para uma manada de porcos de uma maneira que lembra, de certa forma, o demônio mandado por Apolônio de Tyana bater numa estátua como prova de sua saída de um paciente. Em outra história, Jesus usa saliva, um poderoso toque, suspiro e uma palavra impositiva (preservada em aramaico) para curar um homem surdo que tinha dificuldade para falar (Mc 7:31-37). Tais histórias indicam que o Jesus histórico bem pode ter sido visto por seus contemporâneos como exorcista e curandeiro, e atos de poder ritual podem ter acompanhado sua proclamação do reino de Deus (Lc 11:20).

Jesus e os primeiros cristãos foram acusados com frequência de se interessarem por magia, e o debate sobre se isto é assim é terminado no NT nos textos cristãos primitivos. Os evangelhos de Marcos e João celebram os milagres de Jesus, mas também desviam a atenção do leitor para outras formas de compreender Jesus. Outra abordagem a esse debate envolve um apelo à distinção entre milagre e magia. Jesus e os primeiros cristãos, diz-se, não praticam magia, mas, ao contrário, realizam milagres e o poder do milagre cristão suplanta o da magia pagã. Enquanto isso, fases de poder ritual acabaram sendo usadas como meio do fiel comunicar-se com o poder disponível para resolver os problemas da vida. Os interesses em magia, milagre e poder ritual continuam como forma de religiosidade popular dentro do cristianismo e de outras religiões até o presente. *Ver* ADIVINHAÇÃO; MILAGRES.

Bibliografia. H. D. Betz, ed., *The Greek Magical Papyri in Translation*, 2. ed. (Chicago, 1992); M. Meyer e P. Mirecki, eds., *Ancient Magic and Ritual Power*. Religious in the Graeco-Roman World 129 (Leiden, 1995); Meyer e R. Smith, eds., *Ancient Christian Magic: Coptic Texts of Ritual Power* (San Francisco, 1994).
[MARVIN MEYER]

MAGISTRADO Oficial judicial que implementava a Torá como lei oficial para os judeus (aram. *šāpṭ'n*; Ed 7:25). No NT, o termo se refere aos governantes romanos (gr. *archē, árchōn*; Lc 12:11, 58; Tt 3:1), eleitos anualmente e eram os mais altos funcionários públicos das colônias e cidades romanas (*stratēgós*; At 16:20, 22, 35, 36, 38). Os títulos oficiais latinos foram *duoviri* ("dois homens") nas colônias e *quattuorviri* ("quatro homens") nas cidades. Embora constituíssem o mais alto conselho da administração civil, o cargo deles estava abaixo das ordens senatoriais e equestres. Os magistrados construíram anfiteatros e mantiveram obras públicas (drenagem, estradas, edifícios religiosos, banhos públicos, mercados e o suprimento de alimento), frequentemente às próprias expensas. Eles também mantinham a ordem civil e distribuíam justiça. A cada cinco anos, reviam o censo com a finalidade de cobrança de impostos. Para comemorar o aniversário no cargo, frequentemente patrocinavam jogos, construíam novos edifícios públicos ou pavimentavam ruas. Os conselhos da cidade erigiam com frequência estátuas ou monumentos para magistrados importantes, aos quais eram dados os melhores lugares nos anfiteatros.

Bibliografia. L. Keppie, *Understanding Roman Inscriptions* (Baltimore, 1991), 52-59; J. E. Sandys, *Latin Epygraphy*, 2. ed. (1927, repr. Chicago, 1974), 228-30. [RICHARD A. SPENCER]

MAGNIFICAT O hino ou salmo de louvor que aparece em Lucas 1:46-55, assim chamado pelas primeiras palavras da tradução latina: *Magnificat anima meã Dominum*, "Minha alma engrandece ao Senhor". É um dos vários hinos na narrativa da Infância em Lucas (cf. Lc 1:68-79; 2:14, 29-32). Este hino é atribuído a Maria como expressão de sua fé ao ouvir a bênção de Isabel. Ele segue o padrão dos salmos ou hinos tradicionais, com expressões de louvor (Lc 1:46, 47) resultantes do motivo de louvor (v. 48-55).

O *Magnificat* pode ser dividido em duas estrofes ou versos, na primeira Maria expressa louvor pelas ações que Deus havia realizado na vida dela. Cada uma das quadras ou dos versos unidos exibem o paralelismo clássico da poesia hebraica. A primeira quadra expressa a alegria de Maria (v. 46-47). A segunda relata a ação redentora de Deus em levantá-la de "baixa situação social" e seu *status* resultante (v. 48-49). O verso final (v. 50) marca uma transição à visão mais compartilhada da segunda estrofe.

Na segunda estrofe (v. 51-55), a ação de Deus é também descrita como exaltação do humilde. Entretanto, numa repetição dos profetas, este tema é ampliado numa expressão da justiça redentora de Deus ao exaltar o humilde, o pobre e o faminto, embora ao mesmo tempo humilhe o poderoso, o rico e os governantes. Essa estrofe pode ser dividida em duas quadras (v. 51-52, 53-54) e um verso de encerramento (v. 55) que se compara com a conclusão da primeira estrofe. Cada quadra começa com um verbo forte que descreve a ação de Deus e um verbo paralelo secundário que dá ênfase adicional. A estrutura e o efeito do hino como um todo faz da ação de Deus com relação à Maria símbolo ou paradigma para a obra universal salvadora de Deus que está começando em Jesus. O tema da divina reversão inerente às ações redentoras de Deus antecipa tanto as palavras como as ações do ministério de Jesus.

O *Magnificat* parece ter seguido o modelo, de certa forma, a Canção de Ana em 1Samuel 2:1-10. Devido a tais semelhanças e à similaridade de situações entre Isabel e Ana, ao invés de Maria, alguns estudiosos têm sugerido que o hino é erroneamente atribuído a Maria. Embora poucas variantes textuais menores apoiem a interpretação de Isabel, a narrativa circundante e o peso da evidência do manuscrito argumentam em contrário.

Bibliografia. R. C. Tannehill, *The Narrative Unity of Luke-Acts* 1 (Philadelphia, 1986). [MATTHEW S. COLLINS]

MAGOGUE (heb. *māgôg*) De acordo com a Tábua das Nações, filho de Jafé e ancestral epônimo de um povo Anatólio (Gn 10:2). Em Ezequiel 38-39, seu líder, Magogue, invadirá o Israel restaurado e provocará uma batalha final de decisiva contra Yahweh. *Ver* GOGUE, MAGOGUE. [JULIE GALAMBUSH]

MAGOR-MISSABIBE (heb. *māgôr missābîb*) *Ver* TERROR POR TODOS OS LADOS.

MAGOS (gr. *mágoi*) **1.** Personalidades da narrativa de Mateus sobre a infância de Jesus que o visitaram em Belém (Mt 2:1-12). Estes magos (gr. *mágoi*) do "Oriente" são conduzidos à Judeia um pouco depois do nascimento de Jesus para "prestar-lhe homenagem". Guiados por uma estrela "no oriente", perguntam a Herodes, o Grande, a localização exata do "rei dos judeus". Herodes, temendo um rei rival, consulta os chefes dos sacerdotes e escribas a respeito da localização do nascimento do Messias. Herodes reage chamando os magos "secretamente", perguntando-lhes o tempo do aparecimento da estrela e lhes pede, usando de astúcia, que encontrem o menino Jesus e o informem para que , possa adorá-lo. Os magos em seguida saem para encontrar Jesus em Belém, guiados pela estrela. Adoram o menino e oferecem presentes de ouro, incenso e mirra a Jesus. A história termina com a partida deles retornando "à sua terra por outro caminho", visto terem sido advertidos em sonho a não voltarem a Herodes. Isto enfurece Herodes, que reage matando todas as crianças do sexo masculino de Belém e arredores na tentativa de matar o menino Jesus (Mt 2:16-18).

Em toda a narrativa de Mateus, a perícope (Mt 2:1-12) funciona como o primeiro de dois atos que retratam o reconhecimento de Jesus como "rei dos judeus" e a sinistra reação de Herodes ao mesmo (v. 13-23). A história dos magos é um componente necessário da narrativa de Mateus visto que a visita deles resulta na fuga de Jesus e sua família para o Egito para evitar a ira de Herodes. É provável também que Mateus 2:1-12 preveja a paixão de Jesus na qual ele é novamente identificado como "Rei dos judeus" (27:11, 29, 37) e não é reconhecido como tal por seu povo. A visita dos magos também demonstra o contínuo interesse de Mateus no AT, ao fazer alusão a Salmos 72:10, 11, 15; Is 60:5-6).

Não é por acaso que os magos são retratados como gentios. Como tais, eles são os primeiros a adorar Jesus, que é tanto filho de Davi e o filho de Abraão, de acordo com a genealogia de Mateus (Mt 1:1). Embora os gentios sejam os primeiros a adorar Jesus, seu povo é o primeiro a procurar destruí-lo, o que se vê em várias ocasiões subsequentes no evangelho de Mateus. Tanto sob o aspecto narrativo quanto teológico, a história é significativa em que, como representantes reais de uma terra estrangeira, os magos são os que adoram o menino Jesus, enquanto Herodes, o representante real da terra e do povo de Jesus, tenta destruir este rei rival.

Vários esforços têm sido feitos para identificar os "magos" como astrólogos, intérpretes de sonhos ou mágicos. A maioria dos estudiosos os identifica como astrólogos por causa da visita deles em resposta à aparição de uma estrela, cujo lar "oriental" seja possivelmente a Partia ou Pérsia, Babilônia, Arábia ou os desertos da Síria.

Bibliografia. R. E. Brown, *The Birth of the Messiah*, ed. rev. (New York, 1993), 165-201, 608-10; W. D. Davies e D. C. Allison, *The Gospel according to Saint Matthew* 1. ICC (Edinburgh, 1988), 224-56. [ROBERT A. DERRENBACKER, JR.]

2. Termo técnico que designa os "homens sábios" que visitaram o menino Jesus (Mt 2:1-12) e o "mágico" Elimas bar-Jesus, que se opõe a Paulo (At 13:4-12). Na LXX, o termo se refere aos indivíduos que interpretam os sonhos do rei Nabucodonosor, com outros especialistas que incluíam encantadores, feiticeiros e "os caldeus" (Dn 2:2, 10, 27; 4:4 [TM 1]; 5:7, 11, 15).

Heródoto menciona os magos que atuavam como sacerdotes medos ou de Zoroastro envolvidos em interpretação de sonho (Hist. 1.101). Fílon, Tácito, Suetônio e Josefo também descrevem uma gama de obrigações dos magos, incluindo interpretação de sonhos, encantamento, astrologia e leitura da sorte.

Tem havido muita discussão quanto ao significado exato do termo em Mateus 2:1, 7, 16 constantes na maioria das traduções inglesas como "homens sábios", "magos" ou "astrólogos". É provável que eles tenham sido astrólogos, já que foram intérpretes e seguiram a "estrela no oriente" (Mt 2:2).

Bibliografia. R. Brown, *The Birth of the Messiah*, ed. rev. (New York, 1993), 167-70; G. Delling, "mágos", *TDNT* 4.356-59. [ROBERT A. DERRENBACKER, JR.]

MAGPIAS (heb. *magpî'āš*) Israelita que participou da assinatura do novo pacto sob Neemias (Ne 10:20 [TM 21]).

MAL Série de atividades e condições, ambas em indivíduos e comunidades, desde a desgraça e desespero do ímpio, até a malícia e corrupção.

Embora os escritores do Antigo Testamento se referissem frequentemente ao mal como violação do pacto de Israel com Deus, em vários outros exemplos, o mal se refere a uma condição ontológica. Às vezes, mal é usado para descrever pessoas (Pv 11:21), suas reputações ou seu nome (Dt 22:14, 19), e sua conduta (Sl 34:13 [TM 14]). A palavra também se relaciona às emoções: é dito daqueles que estão tristes ou ansiosos como estando "afligidos com o mal" (Pv 15:15; Gn 44:34), e o "mal é determinado" porque aqueles que estão irados (1Sm 20:7). Algumas vezes, até mesmo a terra é descrita como mal, como quando Moisés direciona seus espias se ou não a "terra em que eles [cananeus] habitam é boa ou má" (Nm 13:19). Na conclusão do código de santidade Deus promete "remover os animais nocivos, pela vossa terra" (Lv 26:6) se os israelitas andarem nos caminhos de Deus.

O mal também designa a imortalidade humana e a corrupção. De acordo com a maior parte da Literatura de Sabedoria, o mal e a impiedade se originam no coração humano (Pv 6:14; Ec 8:11), que praticam mal desde a juventude (Gn 8:21). Os atos de falso testemunho, roubo, assassinato, e adultério são mal, pois as leis de Deuteronômio exortam a comunidade a punir tais atos ao "exterminar o mal do meio de ti" (Dt 19:18-19; 22:21-24; 24:7). A literatura profética urge indivíduos e a comunidade a se voltar dos seus maus caminhos e a andar nos caminhos do Senhor (p. ex., Am 5:14-15).

A idolatria também é má porque o indivíduo ou a comunidade é infiel ao pacto com Deus (Dt 4:25; 1Re 11:6). Por causa de sua idolatria e apostasia, Deus destrói as dinastias tanto de Jeroboão quanto de Acabe (1Rs 14:10; 21:29). Como punição pelos pecados de Judá, Deus "traz do norte um mal, sim, uma grande destruição" (Jr 4:6) na forma do exército babilônico. Quando Abimeleque tenta se autonomear rei em Siquém, Deus envia um espírito mal como punição (Jz 9:23). Se os infiéis se arrependerem, entretanto, Deus vai libertá-los do mal (Jr 18:8; 26:3, 13, 19; Jn 3:10; 4:2).

Dentro da matrix do bem e do mal, os escritores do Antigo Testamento frequentemente perguntam por que os ímpios não são punidos e os justos sofrem. Embora alguns textos nos assegurem de que os ímpios não ficarão impunes (Pv 11:21), outros proclamam que os retos poderão perecer em sua retidão enquanto que os ímpios prolongarão sua vida fazendo o mal (Ec 7:15). Usando uma antiga lenda popular, o escritor do livro de Jó apresenta um dilema do sofrimento inexplicável dos justos.

No Novo Testamento, o mal se refere a condições como doença ("chaga ruim", Ap 16:2), angústia e ansiedade (Lc 16:25). Paulo se refere aos tempos em que ele vive como "presente século mal" (Gl 1:4). Em Mateus, até mesmo o fruto é descrito como mal: "a árvore má produz frutos maus" (Mt 7:17).

Entretanto, os escritores no Novo Testamento, como no Antigo, descrevem o mal primariamente como corrupção moral e violação das leis de Deus.

Em seus ensinos, Jesus faz clara distinção entre o mal e o bem (Mt 5:45; 13:49), e ele descreve seus oponentes, notavelmente os fariseus, como uma "geração má e adúltera" (12:34, 39). O mal se origina no coração (Mc 7:21-23) e descreve as ações (Jo 3:19), os pensamentos (Mt 15:19), e a fala (Tg 3:8) de uma pessoa.

Contrário aos escritores do Antigo Testamento, os escritores do Novo Testamento se referem à existência e ao poder de um Mal que pode seduzir os indivíduos a fazer o mal. Influenciado pelo dualismo da religião persa e pela filosofia helenística, o cristianismo começa a enfatizar a existência de dois domínios e eras, uma boa e a outra má. Os homens estão sujeitos aos poderes de forças demoníacas e podem até mesmo ser possuídos por esses espíritos maus. Contudo, os escritores do Novo Testamento enfatizam que os poderes malignos estão limitados pelo poder último de Deus (Jo 12:31; Ap 12:9; 20:1-3). Em contraste com Jó, o qual sofre sem um mediador entre ele e Deus, os escritos do Novo Testamento oferecem um mediador em Jesus Cristo, que, por meio de sua morte, derrota o Mal (Hb 2:14-15). [HENRY L. CARRIGAN, JR.]

MALAQUIAS (heb. *Mal'āḵî*), Livro de O último livro dos Profetas Menores do AT. Ele termina em Malaquias 4:4-6(TM 3:22-24) com uma retrospectiva em Moisés e uma expectativa do retorno do profeta Elias, o que sugere que aqueles versículos foram escritos para encerrar as duas primeiras seções da Bíblia Hebraica, a Lei e os Profetas. Percebe-se também que o livro passou por um processo de edição que cobriu um período de tempo.

Data. Tem sido oferecida uma variedade de datas para o livro de Malaquias: 605-550 a.C., 515-456, ou o último período persa. Os estudiosos oferecem várias razões para a adoção da segunda opção, que é o tempo entre o término do templo de Zorobabel e a chegada de Esdras e Neemias.

O título do soberano é "governador" (1:8) em vez de rei, sugerindo um tempo depois da queda da dinastia davídica.

A amargura contra Edom (1:2-5) sugere também um tempo depois de sua cumplicidade na queda de Jerusalém em 586.

As referências ao altar (1:7) e ao santuário em funcionamento em Jerusalém (2:11) e um sacerdócio complacente e até insolente (1:13), entretanto, apontam para uma data depois do Exílio, quando as circunstâncias haviam novamente se acalmado, pelo menos para os sacerdotes.

O problema do divórcio (2:14) parece ser o mesmo que o enfrentado por Esdras e/ou Neemias.

A linguagem lembra o hebraico dos períodos do exílio e posterior.

Ambiente histórico. Com toda probabilidade, então, o livro de Malaquias teve origem na primeira metade do século VI. O governo local teria sido mínimo, com Judá administrada por um império persa por meio de seu governador em Samaria. Com exceção do templo, poucas casas novas, e talvez alguns edifícios do governo, Jerusalém se degenerava. A dissensão assolava o sacerdócio; o casamento com "estrangeiros" (que podem ter sido descendentes dos povos mandados para a Palestina pelos assírios) não era incomum. O muro da cidade não foi reparado até o tempo de Neemias. Até mesmo nessa data, a população não deve ter passado de 5.000 pessoas, com a população da zona rural judia com cerca de 50 mil. (Os mais otimistas estimam o dobro desses números, enquanto os mais pessimistas consideram a metade). A situação não era desesperadora, mas nenhuma se ajustava às promessas do Deutero-Isaías ou de Ezequiel.

Autoria. A introdução (1:1) atribui o livro a alguém chamado "Malaquias", termo que significa "meu mensageiro". Como tal, podia ser substantivo próprio, mas um nome improvável para criança. Consequentemente, alguns estudiosos têm sugerido que é uma forma abreviada de um nome como *mal'āḵ'yāhû*, que provavelmente devia ser traduzido por "Mensageiro de Deus" em vez da forma blasfema "Yahweh é meu mensageiro". Em 3:1, a mesma palavra aparece novamente, e ali parece referir-se a alguém diferente do profeta que está por trás do livro. Parece melhor concluir, então, que "Malaquias" é título, não nome, e que o livro é anônimo.

O livro revela um apaixonante interesse nos assuntos sacerdotais, como profanação, o altar, ritual e a atitude dos sacerdotes. Consequentemente, muitos estudiosos consideram o autor, um sacerdote, e isso poderia estar correto. A dificuldade é que no período pós-exílico os levitas foram divididos em dois grupos: (1) Saduceus, chamados sacerdotes e (2) não Saduceus, chamados de Levitas. Quando o autor se dirigiu aos sacerdotes do templo simplesmente como levitas, ele bem pode estar negando a distinção que os líderes do sacerdócio consideravam tão importante. Isso pode ter sido provavelmente em relação a um levita do que a um saduceu. Além disso, os levitas eram os oficiais responsáveis pela coleta dos dízimos, assim a insistência para que os agricultores pagassem todos os dízimos (3:8-12) pode também sugerir uma origem levítica. Portanto, o profeta pode ter sido um levita não saduceu interessado num culto purificado e num sacerdócio unificado. Se for assim, é provável que seus seguidores tenham sido, em sua maioria levitas, mas talvez incluíssem alguns simpatizantes saduceus.

As mensagens do profeta teriam constituído a maior parte, mas não a totalidade do livro. Passagens que denunciam uma segunda mão incluem a introdução em 1:1; 3:1b-4 mais o título "Malaquias" em 3:1a; e 3:16-4:3(3:21). O povo que o profeta repreendeu nos dois primeiros capítulos por desprezarem a aliança de Deus com Levi dificilmente pode ser o povo mencionado em 3:1b-4, do qual se diz que se deleita na aliança de Deus. Nem seria povo que levava animais aleijados para o sacrifício ou os sacerdotes que os aceitavam com descaso por Deus serem descritos como povo que reverenciava ao Senhor (3:16). Portanto, pode-se afirmar a existência de uma segunda audiência e de um segundo autor. Um redator posterior teria acrescentado 4:4-6(3:22-24).

Gênero. O ponto de vista dominante é que o livro se compõe de uma série de discursos na forma de perguntas e respostas, normalmente chamados de discursos de controvérsia. Os seis discursos são 1:2-5; 1:6-2:9; 2:10-16; 2:17-3:5; 3:6-12; 3:3-4:3(3:21), com 4:4-6(3:22-24) considerado um acréscimo. Outra sugestão é interpretar o livro como processo formado de uma série de "controvérsias" ou procedimentos legais. Na verdade, ambas as interpretações são de certa forma forçadas, desde que se encontra no livro uma profecia de calamidade (2:1-9), uma narrativa (3:16), e uma ou mais profecias de salvação (3:17-4:6 [3:24]). Assim, pode-se notar o estilo catequético do livro sem tentar forçar o livro todo ou todos os seus componentes num único gênero.

Esboço e mensagem. O livro de Malaquias enfoca o pacto de Deus com os levitas e com o povo. Esse relacionamento foi também expresso em termos da paternidade de Deus em relação ao povo. Um assunto principal é o abuso desse relacionamento pelo povo. O argumento do livro pode ser esboçado sob sete títulos.

1:2-5 O amor de Deus por Israel. Embora o povo de Judá e Jerusalém pudessem negá-lo, Deus amava Israel. Esse amor podia ser visto comparando-se o futuro de Israel, a quem Deus restauraria; com o de Edom, a quem Deus condenaria.

1:6—2:9 Corrupção pelos sacerdotes. Os sacerdotes não estavam dispensando a devida atenção ao culto a Deus. Em vez de preparar uma mesa adequada para um pai divino, aceitavam vítimas de qualidade inferior para o sacrifício e consideravam um aborrecimento o ritual pelos quais eram responsáveis.

2:10-16 Infidelidade dentro da comunidade. Consequentemente, o povo não se comportava melhor do que seus líderes religiosos. Cometiam idolatria, divorciavam-se das esposas para se casarem com mulheres "estrangeiras" e pareciam não compreender por que Deus rejeitava suas ofertas.

2:17—3:5 Purificação da comunidade. Era necessária uma genuína purificação de seus pecados. Por conseguinte, Deus iria puni-los como fogo purificador.

3:6-12 Doação ao serviço religioso. O povo precisava também pagar os dízimos para o sustento dos sacerdotes e prover as ofertas essenciais ao culto no templo. Se o fizessem, Deus os abençoaria.

3:13—4:3(3:21) Esperança para a comunidade

Se a comunidade como um todo parecia relutante em dar atenção à mensagem de Deus, remanescente leal tornar-se-ia possessão especial de Deus. Deus pouparia o fiel da ira vindoura.

4:4-6(3:22-24) Vivendo na comunidade. A comunidade, tanto pais como filhos, daria atenção à mensagem do profeta Elias, a quem Deus lhe mandaria antes do dia de Yahweh.

Bibliografia. B. Glazier-McDonald, *Malachi: The Divine Messenger*. SBLDS 98 (Atlanta, 1987); J. M. O'Obrien, *Priest and Levite in Malachi*. SBLDS 121 (Atlanta, 1990); D. L. Petersen, *Zechariah 9-14 and Malachi*. OTL (Louisville, 1995); P. L. Redditt, *Haggai, Zechariah, Malachi*. NCBC (Grand Rapids, 1995).

[PAUL L. REDDITT]

MALCÃ (heb. *malkām*) Benjamita, filho de Saaraim e Hodes (1Cr 8:9).

MALCO (gr. *Málchos*) Servo (talvez nabateu) do sumo sacerdote Caifás, cuja orelha direita Pedro inexplicavelmente cortou no Getsêmani (Jo 18:10). De acordo com Lucas 22:51, Jesus restaurou a orelha do servo.

MALDIÇÃO O conceito de maldição está associado a uma série de diferentes raízes da língua hebraica, algumas das quais têm uma esfera semântica ampla. Estas incluem formas verbais e/ ou nominais relacionadas às raízes *'rr* ("amaldiçoar, encantar, banir dos benefícios, lançar um anátema"), *qll* (amaldiçoar, blasfemar, desrespeitar, tratar injuriosamente"), *'lh* ("amaldiçoar condicionalmente, fazer um juramento, orar por punição"), *qbb/nqb* ("ultrajar, expressar desprezo"), *z'm* ("ameaçar"), e *ḥrm* ("banir, separar para destruição"). Além disso, a raiz *brk*, significando "abençoar", é usada eufemisticamente para expressar maldição (p. ex:, Jó 2:9); porque Deus é o objeto de tal maldição, brk é considerado como substituição feita por escriba num período anterior porque tanto *'rr* (improvavelmente) como qll (mais provável), antes que de origem do autor. As palavras gregas equivalentes refletem também essa grande faixa léxica nos verbos tais como *(epi) katardomai* ("amaldiçoar, encantar, banir de benefícios"), *(kat) anathematízō* ("lançar anátema"), e *kakologéō* ("ultrajar, difamar, insultar") e seus substantivos associados.

Igual a abençoar, amaldiçoar é primeiramente uma elocução ou ato de discurso realizável, todavia não traz nenhuma bondade ou favor para o objeto como traz o caso da bênção. Ao contrário, traz danos, retirada de benefícios, ou qualquer outra condição negativa. Além do mais, como bênção é mais frequentemente um marcador relacional, significando a existência de algum relacionamento sacro, legal ou social, maldição usualmente marca ruptura real ou possível de tais coisas. Assim, maldição também tem importância sagrada, legal e social. Tanto Deus como os seres humanos podem amaldiçoar. Deus, os seres humanos, os animais, e objetos inanimados podem ser amaldiçoados.

Conquanto haja muita discussão se as palavras de uma maldição pelos seres humanos têm poder mágico autônomo, a maior parte da erudição argumenta que as maldições, tanto humanas como divinas, se originam na santidade de Deus (Is 45:7). Esse santo poder pode ser benéfico para quem é bom ou que está alinhado com a vontade de Deus, por isso produz bênção. Além disso, tal poder pode ser destrutivo para todo que é mal ou oposto a Deus, daí trazendo maldições. Tanto a bênção divina como a maldição divina surgem do relacionamento divino-humano. A maldição é um meio pelo qual se disciplina aqueles que se colocam fora desse relacionamento por meio da desobediência e pode funcionar tanto como impedimento (como numa maldição condicional) quanto como punição.

A maldição divina no AT é paralela com a maldição no contexto do antigo Oriente Próximo. Assim como o pacto mosaico reflete um relacionamento pactual semelhante ao dos tratados de suserania do antigo Oriente Próximo, as maldições bíblicas espelham aquelas provisões da coação desses tratados, que frequentemente empregam maldições horríveis, trazidas pelos deuses, para assegurar condescendência com seus termos. Dentro do código de Santidade da história deuteronomista, Deus impõe as estipulações pactuais da lei pelas sanções de bênçãos e maldições (Lv 26; Dt 27-28; Js 8:34). Os profetas reforçam essas sanções por meio de seus oráculos de julgamento (Is 3:17-26). Tais maldições podem resultar numa variedade de danos, tais como alguma manifestação de desgraça, profanação, derrota, dominação, desolação, pobreza, deportação, doença, e/ou morte. Uma maldição (*ḥērēm*) divina está associada com uma guerra santa. Uma cidade conquistada e seus itens devem ser dedicados a Yahweh pela queima deles (Dt 7:25-26). Seu povo pode também ser completamente exterminado (Dt 7:20). Aquele que viola a santidade de tal maldição por tomar qualquer propriedade banida pode igualmente se tornar amaldiçoado, necessitando a morte do ofensor pelo fogo (Js 7:15). Enquanto as maldições não condicionais possam parecer irrevogáveis, a linguagem de Jeremias parece indicar o contrário (Jr 18:7-10).

Os seres humanos também podem amaldiçoar. Esse poder provém do relacionamento divino-humano pela delegação do poder divino ao ser humano ou de uma invocação humana do poder divino. Assim, o ato de amaldiçoar é fundamentalmente um ato sagrado sobre o qual Deus retém a autoridade final para a sua implementação (Nm 23:8). Com respeito às implicações legais da maldição humana, uma automaldição, consistente com a prática no antigo Oriente Próximo, poderia ligar e obrigar a um pacto ou juramento feito por indivíduos ou nações ou entre eles (1Rs 8:31-32). Além do mais, uma maldição poderia penalizar atos impróprios além daqueles em contrato ou diplomacia, tais como difamação de um servo em relação ao seu mestre por um terceiro (Pv 30:10). Uma maldição era também parte de uma provação que poderia ser compelida sobre uma mulher suspeita de infidelidade conjugal (Nm 5:11-31). As maldições humanas também não eram irrevogáveis, mas poderiam ser revertidas (Dt 23:5; Jz 17:2). Além do mais, o uso indevido das maldições poderia dar surgimento à imposição de sentença legal. Amaldiçoar Deus (Lv 24:10-23), o rei (Êx 22:28 [TM 27]), ou os pais de uma pessoa (Lv 20:9) tornava alguém sujeito à pena capital. Igualmente, amaldiçoar os incapacitados, especialmente os surdos, poderia resultar numa penalidade (Lv 19:14). Finalmente, a presença repetida da maldição dentro dos Salmos indica que a maldição serve para uma função litúrgica como para uma função legal (Sl 37:22).

No NT, a maldição permanece um sinal do poder de Deus, por exemplo, quando Jesus amaldiçoa uma figueira, fazendo-a secar (Mc 11:12-14, 20-22). Pedro utiliza a automaldição para selar seu juramento de que ele não conhece Jesus (Mc 14:66-72). Em Gálatas 3:10-13, Paulo parece reconhecer o entendimento que o AT tem da maldição como sanção legal de Deus, todavia argumenta que Cristo, ao se tornar "maldição por nós", destruiu esse aspecto da lei, que assim permite que as bênçãos de Deus sejam concedidas tanto a judeus como a gentios igualmente. Paulo está plenamente preparado, contudo, para amaldiçoar aqueles que não amam ao Senhor (1Co 16:22) ou que ensinam um evangelho corrupto (Gl 1:8-9). Além do mais, o autor de Apocalipse emite maldições condicionais para proteger a integridade futura do texto (Ap 22:18-19). Os textos do NT também sugerem, contudo, que as maldições não devem ser usadas frugalmente (cf. Tg 3:8-11). Jesus desaconselha fazer um juramento (Mt 5:33-37) e instrui a multidão "a bendizer aqueles que amaldiçoam, e orar por aqueles que caluniam" (Lc 6:28; igualmente Paulo em Rm 12:14).

Bibliografia. S. H. Blank, "The Curse, Blasphemy, the Spell, and the Oath", *HUCA* 23 (1950-51), 73-95; H. C. Brichto, The Problem of "Curse" in the Hebrew Bible; KBLMS 13 (Philadelphia, 1963); D. R. Hiller, Treaty-Curses and the Old Testament Prophets, *BibOr* 15 (Roma, 1964).

MAALALEEL (gr. *Maleleēl*) Filho de Quenã e pai de Jarede na linhagem de Sete (Gn 5:12-17). É chamado de Maalaleel na genealogia de Jesus em Lucas (Lc 3:37).

MALHA Qualquer padrão com uma reticulação "em rede", principalmente associada ao embelezamento do tabernáculo e do templo. O hebraico *rešeṯ* designa a treliça que cobria a arca da aliança, estendendo-se da base até meia altura do lado. Quatro argolas estavam presas a essa grade nos cantos, e barras eram inseridas por essas argolas quando a arca tinha de ser carregada (Êx 27:4-5; 38:4). Uma "malha" (*śĕḇāḵâ*) de correntes entrelaçadas (1Rs 7:17; "redes de obra em forma de xadrez") ornamentavam os capitéis das duas colunas que ficavam na frente do templo; os capitéis eram também decorados com romãs e lírios (v. 17-42; 2Rs 25:17; 2Cr 4:12,13; Jr 52:22,23).

MALI (heb. *maḥlî*) **1.** Levita, filho de Merari e irmão de Musi (Êx 6:19; Nm 3:20; 1Cr 6:29 [TM 14]; 23:21). Ele é o ancestral dos malitas (Nm 3:33; 26:58).

2. Levita, filho de Musi e neto de Merari (1Cr 6:47 [32]; 23:23; 24:30).

MALOM (heb. *maḥlôn*) O marido de Rute, filho de Elimeleque e Noemi. Ele morreu sem deixar herdeiros (Rt 1:2, 5; 4:9-10).

MALOS (gr. *Mallōs*) Cidade da Cilícia cujo povo se revoltou quando Antíoco IV Epifânio a entregou, com Tarso, para sua concubina, Antioquides (2Mac 4.30). Com uma vista panorâmica do delta do rio Príamo (onde fica a moderna Ceyhan), a cidade está situada na rota tomada por Alexandre, o Grande.

MALÓTI (heb. *mallôṯî*) Filho de Hemã; chefe na 19ª divisão de cantores do templo (1Cr 25:4, 26).

MALQUIAS (heb. *malkîyâ*, *malkîyāhû*) **1.** Pai de Pasur, superintendente do templo na época de Jeremias (Jr 21:1; 38:1). De um modo geral, é diferenciado de Malquias em 2.

2. Membro da família real de Judá e proprietário da cisterna na qual Jeremias foi lançado (Jr 38:6). Alguns estudiosos o identificam com 1 acima.

3. Levita gersonita, músico do templo. Foi ancestral de Asafe, pai de Baaseias e filho de Etni (1Cr 6:40 [TM 25]).

4. Descendente de Arão, chefe de uma família sacerdotal e líder da quinta divisão sacerdotal (1Cr 24:9). Foi ancestral de Adaías, que se restabeleceu em Jerusalém depois do Exílio (1Cr 9:12; Ne 11:12).

5. Descendente de Parós que se divorciou de sua esposa estrangeira (Ed 10:25).

6. Descendente de Harim que se divorciou de sua esposa estrangeira (Ed 10:31).

7. O filho de Harim que, com Hassube, fez reparos numa parte do muro e na Torre dos Fornos (Ne 3:11). Ele pode ser o mesmo que 6 acima.

8. O governador do distrito de Bete-Haquerem, filho de Recabe. Ele reconstruiu a porta do monturo (Ne 3:14).

9. Ourives que ajudou a reparar um trecho do muro (Ne 3:31).

10. Um dos treze homens que se manteve em pé com Esdras quando este leu a lei de Moisés para o povo junto à porta das águas (Ne 8:4).

11. Sacerdote que, com Neemias, o governador, assinou o pacto de Esdras depois do Exílio (Ne 10:3 [4]).

12. Sacerdote que cantou com o coro durante a dedicação do muro (Ne 12:42). Ele pode ser o mesmo que 11 acima. [ROBIN GALLAHER BRANCH]

MALQUIEL (heb. *malkî'ēl*) Filho de Berias e neto de Aser (Gn 46:17; 1Cr 7:31), ancestral dos malquielitas (Nm 26:45).

MALQUIRÃO (heb. *malkîrām*) O segundo filho do rei Jeconias/Jeoaquim (1Cr 3:18).

MALQUISUA (heb. *malkîšûaʿ*) Um dos filhos de Saul (1Sm 14:49; 1Cr 8:33; 9:39), morto em batalha contra os filisteus no monte Gilboa (1Sm 31:2; 1Cr 10:2).

MALTA (gr. *Melítē*) Antiga Melita, a maior das ilhas maltesas, cerca de 100 km ao sul da Cicília. Os fenícios devem ter estabelecido uma colônia comercial na ilha; depois Cartago, outra colônia fenícia, controlou Malta, dando à ilha sua característica púnica. Na Segunda Guerra Púnica (218 a.C.), Malta tornou-se parte do império romano.

O navio que levou Paulo como prisioneiro a Roma foi destruído e todos a bordo desembarcaram em Malta (At 28:1). Durante os três meses de estada na ilha, Paulo sobreviveu a uma picada de cobra e operou curas (At 28:3-9). Os habitantes foram descritos como *bárbaroi* (At 28:2), provavelmente levando em conta o fato de eles não falarem grego ("nativos"; "povo bárbaro"). Inscrições confirmam que o líder local da ilha era chamado de *prṓtos* ("primeiro homem" ou "homem principal"), que é o título de Públio em Atos 28:7. Outras ilhas também foram propostas como o local do naufrágio, mas Malta permanece a mais provável com a tradicional baía de São Paulo, 13 km a noroeste da moderna Valleta, como ponto provável do desembarque.

Bibliografia. C. J. Hemer, "Euraquilo and Melita", *JTS* N.S. 26 (1975): 100-11. [DOUGLAS LOW]

MALUQUE (heb. *mallûḵ*) **1.** Levita merarita e ancestral de Etã (1Cr 6:44 [TM 29]).

2. Um dos filhos de Bani a quem se exigiu que se divorciasse de suas esposas estrangeiras (Ed 10:29; 1Ed 9.30).

3. Israelita entre os filhos de Harim que foi obrigado a "despedir" sua esposa estrangeira (Ed 10:32).

4. Sacerdote que participou da assinatura do novo pacto sob Neemias (Ne 10:4 [5].

5. Um dos chefes do povo que, com Neemias, assinou o pacto (Ne 10:27 [28]). Pode ser o mesmo que 2 ou 3.

6. Sacerdote que retornou com Zorobabel da Babilônia (Ne 12:2). Talvez seja o mesmo que 4.

MALUQUI Família sacerdotal chefiada por Jônatas no tempo do sumo sacerdote Joiaquim (Ne 12:14). Talvez esteja associado a Maluque 6.

MALVA Heb. *mallûah*, "malva" (parecido com *melah*, "sal"), pode referir-se a uma espécie do gênero Attriplex, comumente chamada de quenopodiácea. Essas grandes plantas frondosas existem em abundância em solo arenoso e salgado. A Atriplex halimus L., chamada de planta marinha Attriplex arbustiva é excelente candidata para a malva bíblica. Jó 30:1-8 sugere que as malvas eram o alimento do pobre e necessitado.

O hebraico *hallamût* (Jó 6:6), também traduzido por "clara do ovo", pode referir-se a um membro da família Malvaceae, da qual espécies do gênero Malva são chamadas assim hoje. Essas são ervas mucilaginosas comuns. [MEGAN BISHOP MOORE]

MAMOM (gr. *mamōnás*, *mammōnás*) Transliteração do aram. ou heb. mmnv, ausente no AT, mas comum na literatura rabínica, com o significado de dinheiro ou bens. Contrariamente à crença popular, não foi encontrada evidência para o culto de um deus pagão chamado Mamom.

Jesus ensinou que "ninguém pode servir a dois senhores...não podeis servir a Deus e a Mamon" (Mt 6:24; Lc 16:13; citado em 2Clem. 6.1). Nesses textos, Mamom é personificado como objeto ou falsa devoção. No material único de Lucas, aparece com o significado convencional: Faça amigos por intermédio da mamom injusta (Lc 16:9; "riqueza"), e seja confiável em seu uso (v. 11). [GARY S. SHOGREN]

MANÁ Substância que caía à noite para sustentar os israelitas em sua viagem pelo deserto. Deus mandou-lhes o maná (heb. *man*) durante 40 anos, até que eles celebrassem a Páscoa em Gilgal, na Terra Prometida (Êx 16:35; Js 5:12). O maná era uma substância parecida com coentro ou geada (Êx 16:13, 31), cor do bdélio (Nm 11:7). Os israelitas o coletavam pela manhã, pegando somente o suficiente para o dia para que não se estragasse (Êx 16:16-21); o dobro da provisão podia ser coletada no dia anterior ao sábado (v. 5). O maná era esmagado e então cozido ou assado (Nm 11:8; Êx 16:23). O gosto do maná era como o de bolo com azeite ou mel (Êx 16:31; Nm 11:8).

O aparecimento do maná foi uma ocorrência milagrosa que não pode ser completamente explicada pelos fenômenos naturais. Entretanto, algumas plantas no Sinai produzem substâncias doces que os estudiosos têm identificado com o maná. Depois de sugar a tamargueira (gênero Tamarix), alguns insetos secretam uma substância adocicada. Outras plantas também exibem secreções semelhantes. Os *liquens* (Lecanora) também têm sido propostos como maná porque, uma vez secos, viajam pelo ar e caem na terra.

O maná é usado simbolicamente ("pão do céu") para representar o cuidado de Deus (Ne 9:20; Jo 6:31; gr. *mánna*; cf. Ap 2:17). Os israelitas foram humilhados e testados pelo maná para aprenderem que "o homem não vive só de pão, mas de tudo o que sai da boca do Senhor" (Dt 8:3). Moisés ordenou que um vaso cheio de maná fosse guardado pelas gerações como lembrança da proteção de Deus (Êx 16:33). [MEGAN BISHOP MOORE]

MANAATE (heb. *mānaḥaṯ*) **I. (LUGAR)** Uma cidade para a qual os habitantes de Geba, do clã de Eúde, benjamitas, foram exilados (1Cr 8:6). Aparentemente, os benjamitas foram mandados para lá por um de seus chefes das casas paternas, Gêra (1Cr 8:7; que se lê hglm como verbo em vez do nome próprio Heglã. Manaate tem sido identificada com el-Malhah/Manahat (1289.1679), um vilarejo 5km a sudoeste de Jerusalém. A proximidade de Manaate com Geba e a ação de Gêra tem levado muitos estudiosos a sugerir que o verbo glh seja traduzido, ao contrário, por "mudar, emigrar". De qualquer forma, as circunstâncias dessa mudança ou desse exílio são desconhecidas. A identificação de Manaate com Manhatu nas Cartas de Amarna, localizada nos arredores de Gezer, é improvável. [RONALD A. SIMKINS]

II. (PESSOA) Filho de Sobal e descendente de Seir, o horeu (Gn 36:23; 1Cr 1:40). Provavelmente é o ancestral de um clã edomeu.

MANAATITAS (heb. *mānaḥtî*) Clã calebita cuja linhagem é traçada em duas metades, cada uma com o próprio ancestral (1Cr 2:50-54). O primeiro grupo, citado como os menuotes, faz parte da família de Sobal (1Cr 2:52; cf. Gn 36:23). A segunda metade do clã é contada entre os descendentes de Salma (1Cr 2:54). [JOHN KALTNER]

MANAÉM (gr. *Manaḗn*) Profeta-mestre, cristão de Antioquia (At 13:1), presente no comissionamento de Paulo e Barnabé como missionários. Manaém era colaço (gr. *sýntrophos* = "membro da corte") de Herodes Antipas, tetrarca da Galileia e Pereia; o título era dado a dois meninos criados como companheiros dos príncipes reais e mantido na idade adulta.

MANASSÉS (heb. *měnaššeh*) **1.** Filho primogênito de José e de sua esposa egípcia Asenate, filha de Potífera, sacerdote de On (Gn 46:20). Em honra a José, Manassés e seu irmão mais novo, Efraim são “abençoados” por seu avô Jacó (Gn 48:8-22) e assim elevados à categoria de progenitores tribais.

A tribo de Manassés ocupou grande parte da área central do reino de Israel. Suas fronteiras são tratadas em Josué 17; entretanto, os delineamentos exatos não são prescritos. Em geral, Manassés ocupa o território imediatamente ao sul do vale de Gizreel, bem como a região da Transjordânia conhecida como Gileade. Manassés foi claramente uma das tribos israelitas mais importantes, como confirmado pelo fato de que todas as três capitais do reino do norte ficaram em sua área tribal: Siquém (Tell Balâtah), Tirza (Tell el-Far ‘ah), e Samaria (Sebastiyeh). Em Manassés, também estavam outras cidades importantes: Megido, Taanaque, Gizreel, Dor e Bete-Sã.

A natureza exata das tribos israelitas é um assunto complexo. O AT contém inúmeras listas de tribos. Embora estas normalmente enfatizem o número de doze tribos, elas variam em detalhes, bem como em linhas gerais. De um modo geral, as listas tribais se classificam em duas categorias: (1) as que listam uma tribo de José e uma tribo de Levi; ou (2) as que omitem Levi e separam José em duas tribos de Manassés e Efraim. A maioria dos estudiosos presumiu que as listas de José são mais antigas, e que a mais recente de Efraim/Manassés surgiu da antiga tribo de José. Pesquisa mais recente, entretanto, sugeriu que a tribo de José é uma ideia mais recente, com a intenção de contrastar com Judá.

Várias características se destacam a respeito da tribo de Manassés. A mais importante é a preeminência. Com a tribo de Efraim, Manassés dominou a área central de Israel. De fato Manassés e Efraim parecem ter se envolvido numa longa rivalidade quanto a qual tribo no final das contas assumiria a precedência. Embora esteja claro que Manassés é indicado como primogênito de José (Gn 48:13-14), é igualmente claro que Efraim acaba vencendo a competição entre irmãos (v. 19). Note que é um efraimita, Jeroboão I, que assume o trono após a divisão da monarquia. De fato, o termo “Efraim” acaba se tornando sinônimo para o reino de Israel (veja Isaías 7:2).

Manassés é também notável pela persistência de sua população canaanita. Manassés ficou estabelecido numa área com considerável povoação canaanita. Siquém, Bete-Sã, Taanaque, Ibleã e Megido — entre outras — são todas antigas cidades canaanitas. Mesmo depois da “conquista” israelita, Juízes 1:27 enfatiza que os cananeus continuaram a habitar em suas cidades. A antiguidade do assentamento em Manassés deixa nitidamente complicada sua história. Além disso, o relacionamento de Manassés com a tribo de Issacar e as misteriosas tribos de Maquir e Jezreel (2Sm 2:9) obscurece mais o quadro. A antiga Canção de Débora (Jz 5) lista dez tribos de Israel ao norte. Enquanto a tribo de Maquir é mencionada, Manassés não o é. Muitos estudiosos têm sugerido que o termo Maquir é simplesmente uma antiga referência a Manassés; outros, entretanto, têm argumentado que Maquir foi originalmente uma tribo separada que acabou sendo banida ou absorvida por Manassés.

2. Rei de Judá (c. 697-642 a.C.). Condenado como o mais perverso rei de Judá, Manassés era filho do rei Ezequias e Efzibá, pai de Amom, que reinou por pouco tempo e avô e antítese do bom rei Josias. O reinado de 55 anos de Manassés foi o mais longo do que qualquer rei da dinastia davídica. Os excessos do seu perverso reinado são relatados na história deuteronomista (2Rs 21:1-17; 23:26-27; 24:3-4), no livro de Crônicas (2Cr 33:1-20) e em Jeremias (Jr 15:4).

Um aspecto fascinante do reinado de Manassés é o tratamento divergente dado em Reis e Crônicas. Ambos os relatos começam com uma caracterização do período de Manassés como de apostasia e maldade sem precedentes. Eles condenam seus excessos no culto, sacrifício infantil, altares pagãos, idolatria e feitiçaria. Ambos os relatos também concordam que Yahweh mandou profetas para pedir arrependimento — mas Manassés recusou-se a ouvir. Mas os dois relatos começam a divergir. O livro de Reis condena Manassés pelo fato de ser tão mau e trata seu reinado como a causa definitiva do colapso de Judá. Até mesmo o correto reinado do sucessor de Manassés, Josias, não é suficiente para desviar a ira de Deus: “por causa de todos os pecados cometidos por Manassés [...] o Senhor não quis perdoar” (2Rs 24:3-4).

Em contraste, Crônicas inclui um fascinante relato de exílio e arrependimento. O cap. 33 de 2Crônicas afirma que Yahweh ficou tão irado com Manassés que foi entregue aos assírios e levado cativo para Babilônia. E num relato totalmente ausente em Reis, diz-se que Manassés reconheceu sua maldade e, de forma contrita, arrependeu-se. Deus ficou tão satisfeito com o arrependimento de Manassés que o reinstalou no trono de Judá. Após seu retorno da Babilônia, Manassés empreendeu significativas reformas políticas, religiosas e militares. Assim, enquanto Manassés é retratado em Reis como símbolo do pecado — a causa definitiva da falência de Judá — em Crônicas ele se torna o símbolo do pecador arrependido. De fato, a apócrifa Oração de Manassés tem o propósito de ser sua oração de contrição. Tradicionalmente, muitos estudiosos têm rejeitado o relato de Crônicas como tentativa moralizadora de explicar o longo reinado de Manassés, sem precedentes. Recentemente, entretanto, vários estudiosos têm argumentado que mais crédito deve ser dado ao relato de Crônicas. Esses eruditos argumentam que os escritos deuteronomistas exageraram a apostasia de Manassés com o objetivo de explicar o fracasso final das reformas de Josias.

3.-5. Homens hebreus que obedeceram à ordem de Esdras para despedir suas esposas estrangeiras. As listas em Esdras 10:1; 1Esdras 9 são semelhantes, mas variam nos detalhes. Esdras 10 faz referência a Manassés, filho de Paate-Moabe (v. 30) e a Manassés, filho de Hasum (v. 33); 1Esdras 9 faz referência a "Manasséas", filho de Adi (v. 31) e um Manassés, filho de Hasum (v. 33).

6. Marido da heroína do livro de Judite (Jd 8:2). Manassés parece ter sido um cidadão rico e importante (Jd 8:7) que morreu de insolação enquanto supervisionava trabalhadores em sua propriedade.

Bibliografia. I. Finkelstein, "The Archaeology of the Days of Manasseh", in *Scripture and Other Artifacts*, ed. M. D. Coogan, J. C. Exum e L. E. Stager (Louisville, 1994), 169-87; *The Archaeology of the Israelite Settlement* (Jerusalem, 1988); C. H. J. de Geus, *The Tribes of Israel*. SSN 18 (Amsterdam, 1976); J. W. McKay, Religion in Judah Under the Assyrians, 732-602 B.C. *SBT* 2nd ser. 26 (Naperville, 1973); L. Tatum, "King Manasseh and the Royal Fortress at Horvat 'USA", *BA* 54 (1991): 136-45. [LYNN TATUM]

MANASSÉS, ORAÇÃO DE Texto pseudoepígrafo com o propósito de ser a oração que o rei Manassés fez quando esteve preso na Babilônia (2Cr 33:12-13). Embora incluído nos Apócrifos e algumas edições modernas da LXX, a Oração nunca de fato fez parte da LXX. Suas principais testemunhas textuais são vários manuscritos gregos e cristãos em aramaico. Entretanto, esse texto pode ter tido origem judaica datando do século I ou II a.C. Permanece a dúvida se o grego foi a língua original da oração ou se é uma tradução semítica.

Usando as formas de lamentação e oração penitencial, a oração toma emprestadas ideias, imagens e linguagem da Bíblia Hebraica, incluindo significativos paralelos com o Salmo 51. Ela também mostra conhecimento e incorpora detalhes da história de Manassés de 2Reis e 2Crônicas. Atribuir ocasionalmente uma oração de alguém do passado de Israel, como acréscimo a um texto como o autor fez com sua oração, é característica de textos judaicos do Segundo Templo (Ed 9; Dn 9; Acréscimo a Ester; Oração de Azarias).

Na invocação (v. 1-7), o autor retrata Manassés louvando a Deus como único Soberano e Criador todo-poderoso, o Deus dos patriarcas e da aliança. A descrição da atividade criadora de Deus pode incluir alusões a antigos mitos pagãos com o objetivo de não deixar dúvida de que todos os deuses estão submissos ao Deus bíblico. Ironicamente, Manassés em seu politeísmo idólatra havia virado as costas ao Senhor da aliança. Embora o rei tenha sido infiel, ele pede que Deus seja fiel à promessa de que perdoa e livra os pecadores (v. 7).

Manassés confessa seu pecado nos v. 8-12. Várias confissões ocorrem tipicamente nas orações penitenciais do Segundo Templo e enfatizam a contrição do suplicante. A incapacidade de Manassés de levantar os olhos indica sua culpa e vergonha (cf. Ed 9:6; 1En 63.1, 5, 6, 8). As descrições físicas de sua prisão tornaram-se metáforas para o seu estado espiritual. Seu reconhecimento de que Deus o havia punido justamente é também um elemento tradicional de oração penitencial. Ele confessa explicitamente sua idolatria no v. 10, mas afirma a Deus que, ele que se curvou perante ídolos, agora "dobra o joelho" do seu "coração" perante Deus (v. 11).

Nos v. 13-14, Manassés suplica perdão a Deus. Continuando um tema da introdução, refere-se a Deus como o "Deus dos que se arrependem" (v. 13). A súplica desesperada para que Deus retire sua ira, poupe a vida do suplicante e retire a ameaça da destruição eterna são elementos de lamentação. A conclusiva promessa de Manassés de fidelidade e louvor a Deus (v. 15) continua o tom de lamentação.

Esta oração mostra a prodigalidade da misericórdia e da graça de Deus que ele estende a todos, até mesmo ao pior dos pecadores (v. 8). Isto se ajusta à tradição bíblica com relação a Manassés, bem como à resposta de Deus ao arrependimento humano(cf. 2Cr 6; 7:14).

Bibliografia. J. H. Charlesworth, "Prayer of Manasseh", *OTP* 2.625-37; G. W. E. Nickelsburg, "Prayer of Manasseh", in Oxford Bible Commentary (disponível). [RODNEY A. WERLINE]

MANCAR, COXEAR No antigo Israel, que prezava noções de um mundo completo e ordenado, e que valorizava a perfeição, os defeitos físicos eram considerados vergonhosos (Lv 21:18; Dt 15:21; Ml 1:8; cf. 2Sm 5:6-8). O coxo (heb. *pisseah*) ou a pessoa que tinha dificuldade no andar, era considerada fraca e inútil (Pv 26:7). Ela era proibida de entrar em lugares santos (Lv 21:18) e tanto no AT como no NT era objeto de piedade e caridade (2Sm 4:4; 19:26 [TM 27]; Jó 29:15; At 3:2; 8:7; 14:8).

À luz disto, o comentário de Jesus aos seus discípulos de que deviam estar preparados para entrar no reino coxos, em vez de perfeitos, foi radical (Lc 14:13,21). Ao declarar que o coxo se adequava para o reino do céu, ele reverte as atitudes correntes sobre perfeição e salvação.

Numa história incomum, os profetas de Baal "e manquejando, (pasah) se movimentavam ao redor do altar que tinham feito" (1Rs 18:26 ARA). Esta pode ser uma referência a uma dança ritualista, mas pode também ser um artifício retórico para indicar a ineficácia das atividades dos profetas.

Bibliografia. J. H. Neyrey, "Wholeness", in *Biblical Social Values and Their Meaning*, ed. J. J. Pilch e B. J. Malina (Peabody, 1993), 180-84; Pilch, "Biblical Leprosy and Body Symbolism", *BTB* 11 (1981): 108-13. [T. R. HOBBS]

MANCO *Ver* MANCAR, COXEAR.

MANDAMENTO Prescrição ou exigência, usualmente vinda de Deus; muito frequentemente, referência à vontade de Deus revelada nas leis do Pentateuco.

A palavra hebraica para mandamento (*miswa*; pl. *miswot*) é um de diversos sinônimos para Torá ou "instrução". No Pentateuco, o termo é normalment usado em conjunção com um ou mais de outros sinônimos para Torá (haqim, "estatutos"; mispatim, "ordenanças") para se referir a um conjunto de leis (Gn 26:5; Êx 15:26; 24:12; Lv 26:3; Nm 15:22; Dt 5:29; 6:1; 7:11) ou aos Dez Mandamentos em particular (Êx 34:28; Dt 4:13). Alguns mandamentos, tais como o mandamento de usar franjas nas borlas (Nm 15:37-41), são pretendidos para atrair a atenção para os mandamentos como um todo. Outros lembram importantes eventos históricos (Dt 16:3). No livro de Salmos, os mandamentos divinos são mantidos para a perfeição, clareza e veracidade deles (Sl 19:7-10 [TM 8-11]; 119). Por todo o Salmo 119, o salmista tem prazer nas instruções de Yahweh ao usar oito diferentes sinônimos para Torá em modo alternativo.

Dentro do contexto do judaísmo emergente, Jesus procurou atingir uma concepção unificada do mandamento divino (Mt 5:19) ao pronunciar o Grande Mandamento (22:34-40; Mc 12:28-34; Lc 10:25-28; cf. Rm 13:8-10) como o sumário de todos os mandamentos. Para Paulo, entretanto, os mandamentos são uma ocasião para o pecado, e por meio deles o pecado é conhecido (Rm 7:7-13). Nos escritos de João, os mandamentos se referem à comissão do Pai ao Filho (Jo 10:18; 12:49-50) ou do Filho aos discípulos (15:12-17), e obedecê-los é prova de que uma pessoa permanece em Deus e anda na verdade (1Jo 2:3-7; 3:22-24; 4:21; 5:2-4; 2Jo 4-6).

Bibliografia. F. Crüsemann, *The Torah: Theology and Social History of Old Testament Law* (Minneapolis, 1996). [ARNOLD BETZ]

MANDÍBULA, QUEIXADA, MAXILAR INFERIOR A estrutura óssea inferior da boca humana ou de animais (heb. *lehi*). Sansão derrotou adversários filisteus com o osso maxilar de um jumento e comemorou o evento designando o lugar da matança de Rama-te-Leí, "colina do osso maxilar" (Jz 15:15-19). Metaforicamente, a colocação de um gancho ou brida na mandíbula indica subjugação (Jó 41:2 [TM 40:26]; Is 30:28; Ez 29:4; 38:4), enquanto quebrar a mandíbula (ou os dentes) simboliza a libertação de um inimigo (Jó 29:17). Em Salmo 22:15 [16], o termo hebraico *malqoahim* (ARA "céu da boca") especificamente se refere às gengivas. [J. A. VADNAIS]

MANDRÁGORA Fruto redondo, de cor amarelo-esverdeada, parecido com ameixa (embora alguns sugiram que a massa tuberosa da raiz seja indicada) da Mandrágora Vernalis, planta perene mais comumente conhecida no sul da Palestina e no Egito, mas aparecendo também na Síria e, certamente, na região de Padã-Arã.

Acreditava-se que a mandrágora era afrodisíaca (cf. Ct 7:13 e sua ocorrência nas canções de amor egípcias; cf. a tradução tradicional do hebraico *dûday* como "maças do amor"). Acreditava-se que ela aparentemente ajudava a fertilidade e a concepção (Gn 30:14-16). Entretanto, o texto bíblico deixa claro que não endossa a ideia e, de fato, pode fornecer uma discussão contra ela. A fonte da fertilidade tanto de Leia como de Raquel não foram as mandrágoras, mas o fato de Deus "tê-las ouvido", numa clara resposta à oração delas por filhos. [WLATER E. BROWN]

MANEIA (gr. *Nanaía*) Deusa da Mesopotâmia cujo templo Antíoco IV Epifânio tentou saquear, resultando em sua morte (2Mac 1.13-17). O templo de Maneia, localizado em Elymais (Elã), provavelmente na cidade de Susa, foi famoso por sua riqueza, incluindo os seus escudos de ouro, ouraças e armas depositadas por Alexandre (1Mac 6.1,2). Com o objetivo de saquear o templo, Antíoco, de forma enganosa, envolveu-se em um casamento sagrado com Maneia, na esperança de reivindicar os tesouros do templo como dote dela. Entretanto, os sacerdotes de Maneia aprisionaram a ele e a seus homens na área do templo, depois os apedrejaram por uma abertura no teto.

Maneia, conhecida como Nanâ e Nanay(a) em fontes mesopotâmicas, foi antes de tudo uma deusa do amor erótico. Originalmente, cultuada em Uruk, no primeiro milênio a.C., foi associada a Borsipa e Babilônia, onde rituais sagrados de matrimônio foram realizados entre ela e Nabû. Os persas a identificaram com Anahita, e o seu culto foi amplamente promovido por Artaxerxes II. Ela foi uma importante integrante do panteão aramaico até o século V d.C.

A B C D E F G H I J K L M N O P Q R S T U V X Y Z

Além de Susã, ela teve templos importantes em Assur, Palmira e Dura Europos. Os gregos a identificaram posteriormente com Ártemis, Afrodite e Ísis.

A tradição da morte de Antíoco IV Epifânio registrada em 2Macabeus certamente reflete sua reputação de saqueador de templos (cf. 2Mac 9.1,2). Entretanto, a descrição de sua morte é, provavelmente, confundida com a de seu predecessor Antíoco III que, de acordo com outras fontes foi, da mesma forma, morto numa tentativa de saquear um templo de Belus, em Elymais. [RONALD A. SIMKINS]

MANIQUEÍSMO Religião com suas raízes na tradição gnóstica do Oriente Próximo. Seu fundador, Mani, nasceu na Mesopotâmia em 216 d.C. O maniqueísmo emergiu de um contexto religioso rico e diversificado. O zoroastrismo, budismo, judaísmo, cristianismo, a filosofia helenística e várias antigas tradições religiosas nativas estavam presentes no oeste do Irã no século III d.C. Mani considerou-se "o selo dos profetas" que trouxe a revelação divina, definitiva e suprema. O maniqueísmo vê todas as revelações anteriores (de Zoroastro, Moisés, Buda, e/ou de Jesus) como revelações apenas parciais. Uma deficiência dessas outras revelações, de acordo com Mani, foi o seu provincialismo. O maniqueísmo, ao contrário, professa proclamar uma revelação completa e universal que unirá todos os povos e será praticada em todas as terras. Seus adeptos deveriam percorrer o mundo propagando os ensinos de Mani, que deveriam ser copiados e traduzidos com exatidão para uma língua compreensível localmente.

Os princípios mais básicos do maniqueísmo são: (1) os dois princípios eternos; e (2) a divisão do tempo em três eras. No princípio (tempo passado), os princípios eternos do bem/luz e do mal/trevas existiam separadamente. O tempo presente começou quando representantes do reino das trevas invadiram o reino da luz. Esta era pode ser vista como um processo de reunião dos elementos da luz que foram dispersos, ou capturados, durante a invasão das trevas e a nova separação desses elementos dos das trevas. A era final será precedida de eventos apocalípticos e testemunhará uma última e grande batalha entre as forças da luz e das trevas. Depois dessa batalha, haverá um julgamento final. Os bons/justos serão reunidos no reino da luz, enquanto que os maus/ímpios ficaram confinados no buraco sem fundo que será permanentemente fechado. O universo então queimará durante 1.468 anos.

Bibliografia. H.-J. Klimkeit, *Gnosis on the Silk Road* (San Francisco, 1993); S. N. C. Lieu, *Manichaeism in Mesopotamia and Roman East* (Leiden, 1994); "Manichaeism in the Later Roman Empire and Medieval China", 2. ed. *WUNT* 63 (Tübingen, 1992); J. C. Reeves, *Jewish Lore in Manichaeism Cosmogony*. HUCM 14 (Cincinnati, 1992); G. Widengren, *Mani and Manichaeism* (London, 1965). [DAVID CLEAVER-BARTHOLOMEW]

MANJEDOURA Cocho onde os animais se alimentam (heb. *'ēḇûs*, Jó 39:9; Is 1:3; cf. Pv 14:4) ou curral (LXX gr. *phátne*; cf 2Cr 32:28; Hc 3:17; 2Cr 9:25) numa cocheira. As cocheiras ficavam situadas a 46 cm do nível do chão debaixo da residência da família ou em cavernas debaixo de uma casa ou perto dela. Os cochos eram caixas de pedra soltas colocadas junto às paredes da cocheira ou caixas feitas pela escavação de rochas que se projetavam para dentro da área da cocheira. Em Megido, os arqueólogos encontraram cochos de pedra calcária medindo 91 cm de comprimento, 46 cm de largura e 61 cm de profundidade, suficientemente amplo para um bebê. A tradição localiza o nascimento de Jesus numa caverna que serviu de estrebaria (Justino Mártir Dial. 78:5; Prot. Tiago 17-18). A colocação de Jesus numa manjedoura após seu nascimento prenuncia seu papel como Messias humilde para todos os povos (Lc 2:7, 12, 16; Is 1:3). [EMILY CHENEY]

MANOÁ (heb. *mānôaḥ*) O pai de Sansão; danita que vivia na cidade de Zorá. Manoá e sua mulher não tinham filhos quando o Senhor lhes aparece, anunciando que a esposa de Manoá conceberia e teria um filho (Jz 13:3), e os instrui quanto à maneira como ele deve ser criado (v. 4-6). Também os informa que ele seria um grande juiz e que livraria a Israel das mãos dos filisteus (v. 5). Manoá finalmente percebe a verdadeira natureza do anjo quando este sobe ao céu "na chama do altar" (Jz 13:20).

A história de Manoá contém muitas características comuns dos contos de sabedoria palestinos e helenísticos, incluindo a predição por um mensageiro dos deuses do nascimento de um filho de grande esperança e o nascimento milagroso de um herói popular de pais estéreis e sem filhos (cf. 1Sm 1:5, 9-17; Lc 1:5-17). [HENRY L. CARRIGAN, JR.]

MANRE (heb. *mamrē'*) **I. (LUGAR)** Lugar que se tornou o foco das peregrinações de Abraão durante sua breve estadia no sul de Canaã. Ali Abraão erigiu um altar (Gn 13:18), e ele se tornou o lugar de inúmeras visitas divinas. Enquanto Abraão esteve acampado em Manre, o Senhor lhe disse que Sara daria à luz um filho em sua idade avançada (Gn 18:1-15), e ali, Abraão barganhou com o Senhor a respeito da sorte de Sodoma e Gomorra (v. 16-33). Posteriormente, Abraão comprou a caverna de Macpela, ali próxima, para ser o cemitério da família (Gn 23:17-20; 25:9-10; 49:29-32; 50:13). O lugar compartilha seu nome com Manre, amorreu do qual se diz ter sido um dos aliados de Abraão contra a coalizão de reis orientais liderados por Quedorlaomer (Gn 14:24). Se essa figura é meramente a personificação do lugar e não uma pessoa real é assunto de contínua controvérsia. Manre tem sido tradicionalmente identificado com a moderna Haram Râmet el-Khalîl (1088.1602) cerca de 3 km ao norte de Hebrom, embora falte o apoio arqueológico definitivo desta identificação. [WADE R. KOTTER]

II. (PESSOA) Amorreu das proximidades de Hebrom. Ele e seus irmãos, Escol e Aner, foram aliados de Abraão em sua batalha contra os quatro reis orientais (Gn 14:13, 24).

MÂNTICO Termo (gr. *mantikós*, "profético, oracular"; mántis, "adivinhador, vidente, profeta") que designa pessoas sábias cuja especialidade era adivinhação e, em particular, a vidência ou conhecimento do futuro por meio da interpretação de presságios, visões e sonhos. Os sábios mânticos treinados para as cortes da Mesopotâmia (cf. Dn 1-6) têm sido sugeridos como iniciadores do gênero apocalíptico.

"Mantológico" e "mântico" são também usados para especificar a técnica hermenêutica que reinterpretou oráculos ou que transformou material não oracular em predição do futuro.

Bibliografia. J. J. Collins, "The Court-Tales in Daniel and the Development of Apocalyptic", *JBL* 94 (1975): 218-34; M. Fishbane, *Biblical Interpretation in Ancient Israel* (Oxford, 1985); A. L. Oppenheim, *The Interpretation of Dreams in the Ancient Near East.* Transactions of the American Philosophical Society N.S. 46/3 (Philadelphia, 1956). [R. GLENN WOODEN]

MANUSCRITOS *Ver* TEXTO DO ANTIGO TESTAMENTO; TEXTO DO NOVO TESTAMENTO.

MÃO Além da referência literal à parte do corpo (Gn 8:9; Mt 8:3), por metonímia também é referência à pessoa toda (Sl 24:4). A mão direita era dada para selar contratos ou receber pessoas em comunhão (Gl 2:9), e estar à mão direita era considerado posição de honra (Mt 25:33; Hb 12:2).

Simbolicamente, a mão se refere à responsabilidade (Gn 4:11; Sl 7:3 [TM 4]) e autoridade. A expressão "na (da) mão de" pode referir-se ao exercício do poder da parte de Deus ou de uma pessoa (Jz 13:1, 5; 1Sm 9:16; At 12:11). A mão de Deus é normalmente usada para demonstrar seu poder na criação (Sl 95:5; Is 64:8), na redenção (Êx 13:9: 14, 16; Sl 37:24; Jo 10:29) e no julgamento (Dt 2:15; At 13:11). Com suas mãos, Deus concede bênçãos (Ed 7:9; Ne 2:18), inclusive a ajuda divina (Sl 119:173), proteção (Sl 138:7) e êxtase profético (Ez 1:3; 40:1).

Usava-se mãos levantadas em oração (1Rs 8:22, 54; 1Tm 2:8), e mãos erguidas sinalizavam a vitória (Êx 17:8-13); lavar as mãos era declarar a inocência, especialmente da culpa por derramamento de sangue (Dt 21:6; Mt 27:24). Batia-se palmas em louvor (Sl 47:1 [2]), usava-se as mãos para abençoar (Gn 48:17; Luc 24:50), curar (Mt 14:31), e ordenar (Nm 27:18-23; At 6:6). As pessoas recebiam o Espírito Santo com a imposição de mãos (At 8:17; 1Tm 4:14). A mão também era usada em expressões idiomáticas para sugerir iminência, propriedade (Ap 13:16; 14:9), julgamento (Is 10:32), justiça Êx 21:24), e assassinato (Gn 22:12). [KENNETH D. MULZAC]

MÃO DIREITA A expressão "mão direita" (heb. *yamîn*) com frequência se refere à mão direita de alguém (Ez 39:3; Jn 4:11). Entretanto, ela é também símbolo de autoridade e poder: o anel com o selo era usado na mão direita real (Jr 22:24), o filho mais velho recebia a bênção maior via mão direita (Gn 48:14, 17) e a posição de honra era à mão direita de alguém (Sl 110:1, 5; cf. Mc 14:62; Cl 3:1). Se alguém era desonesto, dizia-se que sua mão direita era falsa (Sl 144:8, 11).

A mão direita de Deus realiza atos de livramento (Êx 15:6), vitória (Sl 20:6 [TM 7] e poder (Is 62:8). A derrota é vista como inatividade ou retirada da mão direita de Deus (Sl 74:11; Lm 2:3). A mão direita de Deus dá apoio (Sl 18:35 [36] e bênçãos (16:11).

Como adjetivo yamîn pode referir-se ao olho direito (Zc 11:17) ou coxa (Jz 3:16) ou simplesmente ao lado direito (Dt 17:11; Js 1:7; Ez 1:10). Além disso, ela se refere à direção "sul", visto que a mão direita de alguém voltado para o leste seria o sul (2Rs 23:13). [GREGORY A. WOLFE]

MAOL (heb. *māḥôl*) Pai de Hemã, Calcol e Darda (e talvez de Etã, o esraíta; cf. o sobrescrito dos Salmos 88-89), homens sábios com quem Salomão é comparado e achado superior (1Rs 4:31 [TM 5:11]). Os "filhos" de Maol aqui provavelmente representam membros de uma corporação de músicos; Hemã foi um cantor do templo (1Cr 6:33 [16]). Etã, Hemã, Calcol e Darda estão listados entre os filhos de Zera em 1Crônicas 2:6.

MAOM (heb. *mā'ôn*) **I. (LUGAR)** Cidade no interior de Judá, identificada com Horvat Maon/Khirbet Ma'în (1627.0909), 14 km ao norte de Arade. Talvez tenha recebido o nome devido a um dos descendentes de Calebe (1Cr 2:45), a cidade fez parte da herança tribal de Judá (Js 15:55); a área leste dela, próxima ao mar Morto, ficou conhecida como deserto de Maom. Davi e seus seguidores fugiram de Saul escondendo-se lá (1Sm 23:24-25). Este é o cenário para a história de Nabal e Davi (1Sm 25:2). A referência do TM ao deserto de Parã (1Sm 25:1) deveria ser corrigida para Maom, como na LXX. Os habitantes de Maom foram considerados inimigos de Israel durante o período dos juízes (Jz 10:12) e no governo de Uzias (2Cr 26:7). Os meunitas (2Cr 26:7; Ed 2:50 = Ne 7:52), contados entre os que retornaram do exílio babilônico, podem representar uma ortografia alternativa para Maom.

O óstraco Arad 25 (séc. VII — VI a.C.) credita a Maom a remessa de 10 hekats de cevada (um hekat tem mais ou menos 5 l).

O sítio foi inspecionado em 1968 (Moshe Kochavi), em 1979 (Yizhar Hirschfield) e em 1987-1988 (Zvi Ilan e David Amit). A Pesquisa de Kochavi determinou que a cidade bíblica cobria 1 hectare, incluindo o cume e as encostas leste e norte do monte. A encosta ocidental estava coberta por construções mais recentes. Foi encontrada a evidência cerâmica da ocupação da Idade do Bronze Antigo, do Ferro, do período helenístico, romano, bizantino e medieval.

O sítio é muito conhecido por sua sinagoga dos séculos IV — VII. Embora seu chão de mosaico não tenha sido bem preservado, mostra fragmentos de uma menorá composta de "maçãs" de mármore. Outra descoberta inclui um mikveh, átrio, passagem subterrânea e moedas dos séculos IV e V d.C.

Uma cidade 18 km ao sul de Gaza, moderna Khirbeth el-Ma'in (093.082), localizada próxima à margem do deserto do Neguebe, perto do Kibbutz Nirim, 20 km a sudoeste de Gaza. Sítio de uma antiga sinagoga, Maom-Nirim é famosa por seus intricados mosaicos do século VI d.C. O tema principal é composto de um caramanchão de videira de 55 medalhões, cada um com um animal, vaso ou cesta. O mosaico inclui símbolos judaicos, como menorá, shofar e lulav. Outros achados incluem uma inscrição dedicatória em aramaico (parte do mosaico), moedas dos séculos IV–VI d.C., e uma placa de osso decorada com uma ânfora entalhada.

Bibliografia. Y. Aharoni, *The Land of the Bible*, 2. ed. (Philadelphia, 1979); *Arad Inscriptions* (Jerusalem, 1981); M. Avi-Yonah, *The Holy Land*, ed. rev. (Grand Rapids, 1977); D. Barag, "Ma'on (Nirim)", *NEAEHL* 3.944-46; Department of Antiquities, "Nirim (Hurvath Ma'on)", *IEJ* 7 (1957): 265; Z. Ilan e D. amit, "Horvat Ma'on, Synagogue", *Excavations and Surveys in Israel* 7/8 (1988-89): 123-225; "Maon (in Judea)", NEAEH 3.942-44. [JENNIFER L. GROVES]

II. (PESSOA) Calebita, filho de Samai e pai de Bete-Zur (1Cr 2:45). O nome pode designar aqui um clã ou vilarejo.

MAONITAS (heb. *mā'ôn*) Povo dentre os que oprimiram Israel e a quem Deus subjugou (Jz 10:12). Embora a cidade de Maom (moderna Tell Ma'în, ao sul de Hebrom) e sua área circundante desempenhem importante papel na fuga de Davi de Saul, nenhuma menção é feita deles terem anteriormente invadido Israel. Muitos estudiosos corrigem o texto para "midianitas", seguindo o grego *Madian* da LXX. [CHRISTIAN M. M. BRADY]

MAOQUE (heb. *mā'ôḵ*) O pai do rei Áquis de Gate (1Sm 27:2). Pode ser o mesmo que Maacá (3; 1Rs 2:39).

MAQUEDA (heb. *maqqēḏâ*) Cidade à qual Josué perseguiu cinco reis que chefiavam uma aliança amorita contra Gibeão e que ele, na sequência capturou, aniquilando sua população (Js 10:16-28). A cidade estava entre as designadas a Judá (Js 15:41). A Maqueda bíblica tem sido procurada em inúmeros locais, mas parece agora estar localizada em Khirbet el-Qôm (1465.1045). Maqueda é mencionada várias vezes em Josué com Azeca e Laquis, numa região de cavernas naturais. Isso a colocaria em algum lugar no interior do Sefelá a leste de Laquis.

Essas indicações talvez se ajustem à localização de Khirbet Beit Maqdum, mas a falta de dados arqueológicos adequados ali favorece o grande monte de Khirbet el-Qôm, cerca de 5 km a sudoeste — c. 10 km a leste de Laquis, a oeste de Hebrom. Uma breve pesquisa feita por Moshe Kochavi em 1967 foi seguida por mais pesquisas e escavações por William G. Dever (1968-1971) e John S. Holladay (1971). Essas investigações revelaram considerável ocupação da Idade do Ferro II, uma muralha ciclópica e porta dupla de entrada e um cemitério com uma dúzia ou mais tumbas talhadas na rocha. Materiais recuperados de recente furto de tumba incluíram grande quantidade de cerâmica do período dos séculos X-VII/VI a.C., um grupo de moedas (shekel) de forma abobadada e algumas importantes inscrições em tumbas do século VIII. O sentido geral da Inscrição 3 (T.III) parece ser:

> Uriyahu o governador (ou "cantor") o escreveu.
> Que Uriyahu seja abençoado por Yahweh,
> E salvo de seus inimigos por seu Aserá.

A referência a "Yahweh e seu Aserá" num contexto de bênção pode parecer surpreendente, mas ocorre muito da mesma frase numa inscrição do século VIII de Kuntillet 'Ajrûd.

A ocupação posterior de Khirbet el-Qôm é confirmada por várias casas do estilo helenístico que renderam quatro óstracos aramaicos, um grego e um bilíngue, um deles datado do "ano 6", provavelmente de Ptolomeu II Filadelfo (277).

Bibliografia. W. G. Dever, "Iron Age Epigraph Material from the Area of Kh. El-Kôm", *HUCA* 40-41 (1969-1970): 139-204; D. A. Dorsey, "The Location of Biblical Makkedah", Tel Aviv 7 (1980): 185-93; J. S. Holladay, "Khirbet el-Qôm", *IEJ* 21 (1971): 175-77. [WILLIAM G. DEVER]

MAQUELOTE (heb. *maqhēlōṯ*) O décimo acampamento depois que os israelitas deixaram o monte Sinai, listado entre Harada e Taate (Nm 33:25-26).

A palavra significa "reunir uma convocação" e tem levado muitos a afirmar que Maquelote é o mesmo local que Queelata (Nm 33:22-23). [PETE F. WILBANKS]

MAQUEROS (gr. *Machairous*) Fortaleza israelita estrategicamente localizada a leste do mar Morto, 24 km a sudeste da foz do rio Jordão. Uma fortaleza ali construída (c. 90 a.C.) por Alexandre Janeu (103-76) foi destruída em 57 a.C. Herodes, o Grande (37-4) reconstruiu o local (c. 30), que depois passou para Herodes Antipas (4 a.C.-39 d.C.). Josefo afirma que Herodes Antipas prendeu e decapitou João Batista em Maqueros (*Ant.* 18.116-19). Relatos do evangelho não identificam Maqueros como o local desses eventos (Mt 14:3-12 = Mc 6:17-29). Com a morte de Herodes Agripa em 44 d. C., a fortaleza caiu no controle romano, permanecendo assim até a revolta judaica (66-70). Em 72, o controle retornou aos romanos.

Maqueros foi escavada em 1978-1981, fornecendo planos detalhados das fortificações, confirmando a identificação de Maqueros com Mishnaqa e dando evidência para apoiar alegações literárias de ocupação de 90 a.C. a 72 d.C. O nome é preservado no moderno vilarejo de Mekawer, 1,6 km a leste. [MONICA L. W. BRADY]

MAQUI (heb. *māḵî*) Gadita, pai do espião Geuel (Nm 13:15).

MAQUIR (heb. *māḵîr*) **1.** O filho de Manassés (Gn 50:23), pai de Gileade e chefe epônimo da família dos maquiritas (Nm 26:29; 27:1). Os filhos de Maquir "nasceram sobre os joelhos de José" (Gn 50:23), expressão idiomática para indicar adoção legal. Portanto, o grupo maquirita teve origem no Egito e pertencia à casa de José.

Uma concessão de terra na Transjordânia foi prometida à meia tribo de Manassés, desde que ajudassem outras tribos na batalha por Canaã (Nm 32:39, 40). Os descendentes de Maquir conquistaram Gileade, por isso Moisés designou essa região para Maquir (Dt 3:15). A Canção de Débora (Jz 5:14) descreve as tribos saindo para a batalha contra Sísera: Maquir é listado (Oeste do Jordão) depois de Efraim-Benjamim, porém antes de Zebulom-Issacar-Naftali. Se estiver em ordem geográfica, esse é o território ocupado por Manassés, cujo nome não aparece nesta lista.

O relacionamento entre as tribos de Maquir/Manassés é, assim, obscuro. Martin Noth argumenta que toda a região estava originalmente sob o nome de Maquir, cognome de Manassés, que significa "resto de Manassés". Maquir pode ser o apelido mais antigo, e Manassés, posterior e secundário. Manassés pode ter sido originalmente uma família de Maquir que se tornou poderosa e o substituiu ou a uma tribo rival e expulsou Maquir. Maquir pode ser uma família da casa de José que foi depois integrada em Manassés, como Simeão foi depois integrada em Judá (Nm 26:29). Textos mais recentes do AT não fazem referência a uma tribo maquirita a oeste do Jordão.

2. O filho de Amiel, de Lo-Debar, em cuja casa Mefibosete, filho de Jônatas viveu durante certo tempo (2Sm 9:4, 5). O mesmo Maquir levou alimento para Davi em Maanaim (2Sm 17:27). O sítio sugerido de Lo-Debar fica ao norte do Jaboque, na terra da meia tribo de Manassés, na terra designada para Maquir (ver 1 acima).

Bibliografia. Z. Kallai, *Historical Geography of the Bible* (Leiden, 1986), R. de Vaux, *The Early History of Israel* (Philadelphia, 1978). [PATRICIA A. MACNICOLL]

MAR DE SAL Nome para o mar Morto (heb. *yam hammelah*) no Pentateuco e em Josué.

MAR FUNDIDO Enorme tanque de bronze construído por Hirão, de Tiro, que foi colocado no pátio do templo de Salomão em Jerusalém (1Rs 7:23-26; 2Cr 4:2-5; cf. 2Rs 25:13; 1Cr 18:8, "mar de bronze"). "Fundido" é uma referência à técnica de fundição do bronze empregada na construção do tanque. O tanque tinha cerca de 2,3 m de profundidade e cerca de 4,6 m de uma borda à outra. Tinha uma enorme capacidade, contendo pelo menos 41.640 l (cf. 1Rs 7:26; 2Cr 4:5).

A única referência específica ao propósito do tanque era para os sacerdotes se lavarem nele (2Cr 4:6). Dois fatores, entretanto, sugerem que este era um propósito específico e limitado do tanque que o cronista escolheu para ressaltar; o pátio também continha 10 pias destinadas às lavagens rituais que teriam sido, devido à altura do tanque, mais exequíveis para o uso regular; e a natureza elaborada da construção do tanque sugere seu valor simbólico. Assentado sobre doze touros em quatro grupos de três voltados para os quatro pontos cardeais, seu bojo cuidadosamente elaborado teria causado uma poderosa impressão no público ao mostrar de uma forma esplêndida a soberania e o poder do Deus de Israel, que governava até o mar (cf. Sl 93:1-4). [KEVIN D. HALL]

MAR GRANDE Esta é a designação geográfica para o mar Mediterrâneo, assinalado como o limite ocidental da Terra Prometida (Nm 34:6-7; Ez 47:20). A localização do Grande Mar (a oeste de Israel) originou o hebraico *yam*, "oeste", sendo empregado para designar "mar" (p. ex., Dt 11:24); isto também é verdade no que se refere ao ugarítico e a outras línguas semitas. Por ser a principal orientação direcional para os judeus e os povos semitas, o oriente era considerado "para cima", a direção da morada divina. O ocidente, pelo contrário, era considerado "para baixo", a direção do Sheol, o lugar em que ficavam os mortos. Portanto, os judeus encaravam o Mar Grande com boa dose de medo e suspeita, havendo, no pensamento dos hebreus, uma conexão íntima entre o mar (o abismo) e Sheol (Gn 1:2; Is 51:10; Jn 2:5).

O Mediterrâneo, ou Mar Grande, mede mais que 3400 km (2100 milhas) do oeste ao leste, de Gibraltar até a costa do Líbano e Israel. Ele separa os continentes europeu e africano (norte ao sul), variando sua largura de 160 a 965 km. Até tempos recentes, navegar no Mar Grande era seguro apenas no final da primavera e no verão, quando ventos eram seguramente previsíveis. Na época bíblica, não ocorriam viagens marítimas de novembro a fevereiro por causa dos temíveis ventos que sopravam do nordeste. Muitas das grandes nações que se localizavam na bacia do Mediterrâneo realizavam viagens marítimas; Israel, no entanto, não fazia parte desse grupo. Israel não possuía portos de qualidade. Jope (a moderna Tel Aviv), o único porto natural na costa israelita, era usado apenas marginalmente. Embora Salomão tivesse construído uma frota mercante no porto de Ezion-Geber, no Mar Vermelho, teve que empregar construtores de barcos e marinheiros fenícios (1Rs 9:26-27).

No Antigo Testamento, diversos termos são empregados para referir-se ao Mar Grande, incluindo a expressão simples "o mar" (Nm 13:29; Js 16:8), o "mar ocidental" (Dt 11:24; Zc 14:8), "mar de Jope" (Ed 3:7) e "mar dos filisteus" (Êx 23:31). A única menção substancial de uma viagem marítima, no Antigo Testamento, é a de Jonas, que desejava ir de Jope para Társis.

Na época do Novo Testamento, Roma aprendera a navegar no Mar Grande e, exceto por causa da imprevisibilidade do tempo no inverno, as viagens eram razoavelmente seguras. Navios mercantes partiam com proteção armada para enfrentar a ameaça da pirataria, que assim foi mantida sob controle. Com a construção de um porto em Cesareia, feita por Herodes, o Grande, houve incremento no comércio marítimo através de Israel, embora ainda limitado. A mais longa abordagem de eventos no Mar Grande trata das viagens de Paulo, registradas no livro de Atos (cf. 2Co 11:25).

Bibliografia. C. H. Gordon, "The Mediterranean Factor in the Old Testament", *VTSup* 9 (1963): 19-31.
[DENNIS M. SWANSON]

MAR MEDITERRÂNEO *Ver* MAR GRANDE.

MAR MORTO O grande lago salgado localizado no final sul do rio Jordão. O Mar é cercado por despenhadeiros de Moabe no lado oriental e por costões íngremes de Judá no lado ocidental. Tem a distinção de ser a porção de água mais baixa na face da terra. A superfície é de c. 394 m. abaixo no nível do mar, e em alguns lugares ele alcança uma profundidade de 396 m. O comprimento é de 80 km e sua parte mais larga 18 km. O mar Morto recebe 6 milhões de toneladas de água diariamente do rio Jordão. Não há nenhuma vazão de água nesse mar, mas até recentemente o nível permanecia razoavelmente constante por causa da evaporação da superfície do Mar devido ao calor excessivo do sol. A evaporação é a causa para a alta concentração de sal no Mar, 25% (cf. c. 3% para o oceano e c. 5% para o Grande Lago Salgado).

O nome mar Morto não aparece na Bíblia Hebraica ou no NT grego. Ele foi primeiro usado por Pausanias (talassa nekra; Descr. Gr. 5 [1:7:4-5] e seguido por outros autores gregos e latinos. Diversos nomes diferentes são usados na Bíblia (yam hammelah, Mar Salgado: Gn 14:3; yam ha`araba, Mar de Árabe: Dt 3:17; Js 3:16; hayyam haqqadmoni, Mar oriental: Ez 47:18; Jl 2:20). Joséfo (Ag. Ap. 1.22; *Ant.* 1.9) o chamou de Lago Asfáltico (asphaltitis limnas) por causa dos pedaços grossos de betume ou asfalto flutuando no final sul do Mar. Em árabe. é chamado Bahr Lut, "Mar de Ló".

O nome mar Morto é pertinente, porque parece não haver vida de plantas ou de animais no Mar. Entre os sais de magnésio, sódio, cálcio, e potássio aparecem em solução; os outros sais se cristalizam e vão para o fundo. Uma grande quantidade dos sais vem do rio Jordão.

Ao longo da margem ocidental estão lugares importantes: ao norte, Qumran, no meio do caminho, Em-Gedi; e ao sul, Massada. Entre as diversas correntes que deságuam no Mar pelo lado oriental estão a de Arnom, no meio do caminho, e no sul, Zerede. Três-quartos ao longo do lado oriental, está Lisan ("Língua"), uma península que se estende para o Mar.

Desde 1960, o Mar Morto tem se tornado cada vez menor e mais raso devido ao uso crescente da água do sistema do rio Jordão para irrigação e para o consumo caseiro nas cidades e vilas. Também, Israel tem feito funcionar instalações químicas no extremo sul para extrair os sais da água do mar por meio de grandes tanques de evaporação. Hoje o Lisan está conectado por terra seca com a costa oriental.

Bibliografia. D. Baly, *The Geography of the Bible*, ed. rev. (New York, 1974); A. E. Day, "Geology of the Dead Sea", *BSac* 81 (1924), 254-70; W. Irwin, "The Salts of the Dead Sea and the Jordan", *Geographical Journal* 61 (1923), 428-40; E. Robinson, *Biblical Researches in Palestine* 1 (1856, reimpr. Jerusalém, 1970).
[LAWRENCE A. SINCLAIR]

MAR MORTO, ROLOS DO Os resquícios de uma coleção de mais de 800 manuscritos bíblicos e outros de maioria religiosa encontrados em Khirbet

Qumran (“ruínas de Qumran”) e seis outros sítios ao longo da margem ocidental do mar Morto desde 1947 a 1956. A maioria dos textos está escrita em couro (peles de animais), mas alguns manuscritos estão escritos em papiro, e um deles (3Q15) está em cobre. A maioria está na língua hebraica, cerca de um quinto em aramaico, e uns poucos em grego. A escrita para a maioria dos rolos hebraicos é a escrita judaica (“quadrática”); c. 16 estão numa escrita fenícia antiga, ou Paleo-hebraica, todas sendo dos livros de Moisés, Josué ou Jó — cridos como originados no período pré-monárquico; há também alguns exemplos raros de uma escrita críptica.

Perto das cavernas de Qumran, onde os rolos foram encontrados, um edifício complexo foi escavado, e tem sido amplamente reconhecido que os Rolos pertenciam a um grupo estabelecido ao redor do edifício. Três cemitérios estavam adjacentes, o mais próximo continha cerca de 1.100 sepulturas alinhadas na direção sul-norte com a cabeça do lado sul. Das poucas escavadas, somente homens foram encontrados no mais próximo, mas havia restos de mulheres e crianças nas outras partes. A data da construção e a dos manuscritos são determinadas por uma combinação de fatores, incluindo moedas, cerâmica, paleografia e espectrometria de massa acelerada. (1) As moedas desenterradas nas escavações do edifício datam do tempo de Antíoco III (223-197 a.C.) ao terceiro ano da revolta judaica (68 d.C.). (2) O tipo de cerâmica caracterizando os jarros em que uns poucos dos manuscritos foram intencionalmente colocados na Caverna I é similar ao dos jarros e de uma grande coleção de panelas escondidas numa despensa no edifício principal. Ela data dos últimos século a.C., e dos primeiros séculos d.C. (3) A data paleográfica dos manuscritos das cavernas de Qumran, estabelecida pelo estudo das escritas usadas na cópia de manuscritos, se estende desde a segunda metade de século III até cerca da metade do século I. d.C. embora em Murabba`at ela se estenda à primeira terça parte do século II d.C. As datas primitivas indicam que muitos rolos foram trazidos de outra parte. Alguns textos encontrados em Khirbet Mird escritos em árabe datam até século VII d.C. (4) A espectrometria de massa acelerada é um sistema, mais avançado do que a datação do Carbono 14, por determinar a idade dos artefatos antigos. Dois testes foram apresentados numa série de rolos, incluindo alguns que portaram datas absolutas na mão do escriba original, e o raio de datas dos manuscritos relevantes era de 388 a.C. até 136 d.C. Quando os resultados dessas datas são colocados dentro do contexto da história judaica, muitos eruditos datam o período da ocupação de Qumran em c. 150 a.C. até 68 d.C. (a primeira revolta judaica), com os achados em Murabba`at se estendendo a c. 135 d.C. (segunda revolta).

Embora o sítio abandonado de Khirbet Qumran tenha sido conhecido desde longa data, a primeira descoberta de manuscrito foi na Caverna 1 por um árabe beduíno em 1947. A Caverna 1 está c. 1.7 km ao norte do edifício, nos despenhadeiros de pedra calcária acima do plano do litoral. Sete rolos foram encontrados ali: um rolo completo do livro de Isaías (1QIsa[a]), envolto em linha e dentro de um comprido jarro de cerâmica selado, assim como extensos fragmentos de outros rolos, inclindo uma segunda cópia de Isaías (1QIsab), um Regra da Comunidade (1QS), um pesher (comentário) sobre o livro de Habacuque (1QpHab), uma obra de narrativa imaginativamente desenvolvida baseada em Gênesis (o Gênesis Apócrifo; 1QapGen ar), Quera Apocalíptica dos Filhos da Luz contra os Filhos das Trevas (1QM) e uma coleção de hodayot (hinos de louvor) compostos dentro da comunidade (1QH). Em escavações eruditamente subsequentes na Caverna 1 (dirigidas por Roland de Vaux), pequenos fragmentos de um adicional de 72 manuscritos que foram desenterrados. Esses manuscritos incluíram os livros bíblicos e comentários sobre livros bíblicos, assim como textos apócrifos, legais e litúrgicos.

Mais dez cavernas foram encontradas em Qumran ou perto dela. A Caverna 4, descoberta na vizinhança imediata, era a mais rica, revelando fragmentos de c. 580 rolos. A Caverna 7, igualmente próxima, continha somente fragmentos de papiros gregos, incluindo Êxodo e a Carta de Jeremias. A Caverna 11 foi a última descoberta na área de Qumran, em 1956. Cavernas adicionais foram encontradas umas poucas milhas ao sul, em Murabba´at, com cartas de Simão bar Kokhba e outros documentos da segunda revolta, assim como em Nahal Hever/úadi Seiyal, e Khirbet Mird. Finalmente, no topo da fortaleza de Massada uma coleção mista de mais de 50 textos foram recuperados, incluindo parte do livro de Siraque em hebraico.

Os Rolos e o AT. Indicando a importância das Escrituras em Qumran, mais de 200 rolos, c. 25% dos mais dos 800 encontrados eram manuscritos dos livros bíblicos. Cada livro do AT tradicional, exceto Ester (e Neemias se considerado um livro separado de Esdras), está representado ao menos minimamente. Os livros atestados mais frequentemente foram os Salmos (39 manuscritos), Deuteronômio (32), e Isaías (22) — não surpreendentemente, os três livros do AT mais citados no NT também.

Previamente, o manuscrito extensivo disponível mais antigo era do final do século IX d.C. Os Rolos são um milênio mais antigos. Desde os dias mais antigos, vieram dois dos aprendizados mais importantes a respeito do texto bíblico. Primeiro, 1QIsab mostrou que o texto tradicional conhecido desde o TM tinha sido muito fielmente copiado por séculos desde uma forma mais antiga do texto. Segundo, o 1QIsaa mostra que havia formas variantes do texto da Escritura circulando na antiguidade anterior à era de um texto uniforme. Enquanto 1QIsab normalmente exibia somente variantes menores face a face com o TM tradicional, 1QIsaa mostrou milhares de diferenças em ortografia, formas de palavra, variantes textuais e casos de texto muito mais longos ou mais curtos.

À medida que os manuscritos bíblicos (agora a maioria publicada nos 38 volumes da série Discoveries in the Judaean Desert [Descobertas no Deserto da Judeia]) foram analisados, este padrão continuou a se revelar em modos ainda mais elaborados e instrutivos. Antes do século II d.C., quando a forma do proto-TM da coleção de textos das Escrituras se tornou a única forma textual transmitida em hebraico, o texto era pluriforme, muitos livros até mostravam duas ou mais edições literárias. Numerosas variantes textuais salpicavam todos os textos, algumas vezes mostrando erros ou expansões, mas em outras vezes proporcionando variantes superiores nas quais o TM errava ou expandia; assim, muitas variantes de Qumran têm sido incorporadas às recentes traduções revisadas da Bíblia. Os Rolos também validam a LXX e o Pentateuco Samaritano em geral como testemunhas fiéis a um texto hebraico antigo que era simplesmente uma alternativa à forma textual transmitida no TM. Eles documentam um período em que o texto bíblico era ainda organicamente crescente e proporcionam evidência de como o texto se desenvolveu durante o seu período formativo.

Os Rolos e o judaísmo. Os Rolos têm iluminado grandemente e mudado o entendimento dos eruditos sobre o judaísmo na virada dessa era. Enquanto se cria que havia uma "tendência única" de judaísmo ou um judaísmo "normativo", fica claro agora que o judaísmo era ricamente pluriforme. Havia uma variedade de partidos e uma ampla variedade de ideias sobre os assuntos, e nenhum grupo particular mantinha autoridade plena no ensino ou prática sobre os outros, embora os sacerdotes de Jerusalém provavelmente mantivessem a alegação mais forte quanto à proporção da lealdade do povo.

Os essênios, como movimento dentro do judaísmo, haviam sido previamente conhecidos somente por meio de descrições breves escritas por estrangeiros como Josefo, Fílon, e Plínio. Enquanto Josefo pode ter adquirido conhecimento de primeira mão dos essênios, Fílon e Plínio estavam provavelmente trabalhando a partir de fontes. Assim, embora essas descrições ajudem a identificar o grupo de Qumran como essênio, eles não proporcionam um padrão para o entendimento das crenças do grupo. Os próprios Rolos proporcionam abundante correção e amplificação ao nosso conhecimento a respeito desse grupo, que embora seja ainda imperfeito, excedeu o nosso conhecimento de grupos contemporâneos como os saduceus, fariseus e zelotes.

O movimento dos Essênios predata a comunidade de Qumran, embora suas origens não sejam plenamente conhecidas. Durante o período dos Macabeus, foram liderados por alguém chamado Justo Mestre, ou Mestre de Justiça. O Mestre, em si mesmo um sacerdote, teve sério conflito com os líderes em Jerusalém, possivelmente sobre a legitimidade do sumo sacerdócio, visto que os macabeus se instalaram a si mesmos nesse ofício em lugar dos tradicionais sacerdotes Zadoquitas, e o Mestre foi forçado ao exílio saindo de Jerusalém. A tempo, o grupo estabeleceu-se no deserto, em Qumran, para estudar a Torá e para "preparar o caminho do Senhor" (1QS 8.12-16; Is 40:3).

Os Rolos revelam uma cosmovisão dualista. Havia dois caminhos — um de luz que era bom, o outro de trevas que era mau. A comunidade cria que a história era predeterminada por Deus, e que eles eram parte do remanescente do verdadeiro Israel, vivendo sob o pacto renovado com Deus, em continuidade com o pacto do Sinai, mas com entendimento mais profundo dele e incentivo à obediência.

Na opinião deles, como igualmente operante no NT, a Escritura foi registrada numa linguagem simbólica e obscura pelos profetas que podem ter entendido um nível de significado em que escreveram, mas não entenderam o significado supremo, que era revelação a respeito do "tempo final". O verdadeiro significado do texto foi revelado, entretanto, ao Mestre de Justiça. As Escrituras se referiram ao período dos essênios, como "os últimos dias", e descreveram os eventos que eles próprios estavam experimentando, tais como o exílio do Mestre e da lei romana.

Os Rolos se referem a outros grupos judaicos. Eles discutem conflitos com "os Buscadores das Coisas Polidas" (provavelmente os fariseus) e "Manasseh" (provavelmente os saduceus), assim como os conflitos sobre o sumo sacerdócio e o calendário. Alguns rolos mais primitivos, incluindo a Carta Halakhic (4QMMT), contêm conceitos "halakhicos" em comum com os saduceus, refletindo provavelmente as raízes dos grupos no sacerdócio Zadoquita. As ideias sobre outros assuntos, contudo, tais como a predestinação e a ressurreição, recebem forte oposição dos saduceus. Os essênios de Qumran viviam uma vida de observância estrita e de maior ascetismo do que outros grupos, mas não se crê que eles excluíam outros grupos do verdadeiro Israel nessa base.

Os Rolos e o NT. A comunidade em Qumran foi destruída antes da maioria do NT ser escrita, e nenhum rolo contém textos do NT, embora algumas alegações não convincentes de que isso tenha acontecido (se alega que 7Q5 contenha o evangelho de Marcos). Nem há qualquer referência a Jesus Cristo, João Batista, ou qualquer elemento especificamente cristão. Não obstante, por causa de similaridades em linguagem, temas teológicos, personagens, textos e práticas que são pervasivas, os rolos proporcionam uma iluminação exaustiva para o entendimento do texto e do mundo do NT e do cristianismo primitivo.

Os Rolos revelam uma raiz judaica comum na autodefinição de práticas da comunidade, tais como propriedades da comunidade que eram compartilhadas em comum, refeição sagrada cerimonial e ritual de banho para purificação.

O complexo de ideias messiânicas características desse período é posteriormente evidenciada nos Rolos. Mais de um messias é previsto — um messias sacerdotal e real, que são acompanhados por um profeta: "até que venha o profeta e os messias de Arão e Israel" (1QS 9.11). O messias real deveria ser um herói de guerra vitorioso, igual a Davi, e para governar com sabedoria e justiça, como está profetizado em Isaías 11:1-5. O messias sacerdotal era ainda maior em autoridade. Cristo (a tradução grega para "messias") como rei é um tema de todos os evangelhos sinópticos. Hebreus fala de Cristo como sacerdote, embora da ordem de Melquisedeque, não de Arão, e ministro do santuário celestial (Hb 8:1-2; 10:12-14). Um grande negócio foi feito do chamado texto do "Messias traspassado", 4Q285, que foi inicialmente mal interpretado e pensou-se que ele descrevia um messias que é morto. Uma leitura mais cuidadosa, entretanto, revela que o texto cita Isaías 11 e aqui descreve um messias davídico que mata alguém, como em Is 11:4, em que o governador davídico mata os ímpios.

Em adição ao "messias", diversos outros títulos são usados de modo semelhante nos Rolos e no NT: "linhagem de Davi" (p. ex., 4Q285 frag. 5:3; 4QFlor col. III:11) é semelhante a "raiz de Davi" (Ap 5:5). Um paralelo notável em terminologia a Lucas 1:32, 35 ocorre no fragmentário 4Q246, que diz, "Ele será chamado 'o Filho de Deus'; eles o chamarão 'Filho do Altíssimo'". Contudo, embora essa figura foi a princípio apressadamente alegada ser figura messiânica positiva, o contexto ao contrário sugere um líder ímpio que arroga para si o *status* divino.

Igual ao NT, os Rolos colocam a esperança messiânica numa estrutura dualista (luz/trevas) e escatológica (cf. 1QS 3.13-4.26; João 1, 2Co 6:14-7:1). Ambos interpretam os textos do AT duma maneira escatológica e contemporanizadora. Os Rolos e o NT também mostram uma reverência pelas mesmas Escrituras: a Lei e os Profetas mais uma coleção ainda não definida de outros livros sagrados. Eles até enfatizam os mesmos textos: os Salmos interpretados profeticamente, Deuteronômio e Isaías. Mas Enoque os Jubileus eram ambos considerados entre os livros normativos, enquanto que a Literatura da Sabedoria é esparsamente atestada.

E contraste com a ideia mais plana de um cristianismo distinto versus um judaísmo "normativo" claramente definido, as coisas comuns entre os Rolos e o cristianismo primitivo demonstram quão completamente judaicas são as raízes e o desenvolvimento do cristianismo. Os Rolos mostram um espectro amplo e diverso das crenças e práticas no judaísmo, a partir da qual a matriz do cristianismo eventualmente se desenvolveu organicamente. O cristianismo nascente era na maioria dos aspectos uma parte integrarda do espectro do judaísmo geral. Esse conhecimento tinha sido simplesmente suprimido como judaísmo rabínico e cristianismo, ambos desenvolvidos numa distinção polêmica consciente um do outro.

Para o AT, o antigo judaísmo, e o NT, os Rolos iluminam o mundo antigo, exibem cada estágio anterior ao quadro simplificado que a história havia lembrado: um estágio de pluriformidade no texto bíblico, de amplo aspecto de diversidade dentro do judaísmo do final do Segundo Templo, e o mundo teológico judaico do NT.

Bibliografia. F. M. Cross, *The Ancient Library of Qumran*, 3.ed. (Minneapolis, 1995); J. A. Fitzmyer, *Responses to 101 Questions on the Dead Sea Scrolls* (New York, 1992); F. García Martínez, *The Dead Sea Scrolls Translated*, 2a. ed. (Grand Rapids, 1996); L. H. Schiffman, *Reclaiming the Dead Sea Scrolls* (Philadelphia, 1994); E. Ulrich e J. C. VanderKam, *The Community of the Renewed Covenant* (Notre Dame, 1994); VanderKam, *The Dead Sea Scrolls Today* (Grand Rapids, 1994); G. Vermes, *The Dead Sea Scrolls in English*, 4a. ed. (Baltimore, 1995); M. Wise, M. Abegg e E. Cook, *The Dead Sea Scrolls: A New Translation* (San Francisco, 1996). [EUGENE ULRICH]

MAR OCIDENTAL Outro nome dado ao mar Mediterrâneo (heb. hayyam há'aharôn; Dt 11:24; 34:2; Jl 2:20; Zc 14:8).

MAR ORIENTAL Outro nome para o mar Morto (Ez 47:18; Jl 2:20; Zc 14:8; heb. *hayyam haqqadmoni*).

MAR VERMELHO A quantidade de água que se estende para o sul a partir da península do Sinai até o estreito de Bab el-Mandeb, separando o norte da África da península Arábica. O termo não aparece no AT ou no NT (cf. Is 11:15, "mar do Egito"). Na LXX o grego *thálassa erythrá* ("Mar Vermelho") é traduzido para o hebraico *yam sûp̄*, "Mar Vermelho", que é referência a uma quantidade de água a leste do Delta do Nilo. Tanto Heródoto (Hist. 2.158) quanto Strabo (Geog. 17.125-26) usam o termo "Mar Vermelho" para incluir o golfo de Suez.

O leito do mar foi formado pelo sistema de falha geológica que se estende do norte pelo vale do rio Jordão, Síria e até o interior da Turquia. Desde a cabeça do Golfo de Suez até o estreito são cerca de 2.175 km, e o ponto mais largo tem 370 km. Há lugares em que o mar tem 1.830 m de profundidade. Nenhum rio deságua no mar, mas a profundidade está estabilizada, apesar da grande evaporação, pela água do golfo de Adam através do estreito. Recifes de coral margeiam ambas as praias, mas com interrupções que permitem acesso aos portos. O nome mar Vermelho vem de algas vermelhas que florescem no verão, dando ao mar a coloração marrom-avermelhada.

Salomão praticou comércio no mar Vermelho tanto com o sul da Arábia como com a África. A rainha de Sabá visitou Salomão e levou presentes de especiarias, ouro e pedras preciosas (1Rs 10:1-10, 13). Com base em descobertas posteriores parece que o sul da Arábia também exportou incenso e olíbano. Os navios de Salomão também negociaram com Ofir na África em busca de ouro, prata, marfim, macacos e babuínos (1Rs 10:11, 22).

A identificação do "mar dos Juncos" atravessado pelos israelitas quando saíram do Egito (p. ex., Êx 15:4, 22; Dt 11:4; Js 4:23; 24:6; Sl 136:13, 15) permanece incerta. Estudiosos têm proposto de maneira diversa a região dos Lagos Amargos, Lago Menzaleh, Lago Sorbonis e o Golfo de Suez como locais possíveis.

Bibliografia. M. S. Abu al-'Izz, *Landforms of Egypt* (Cairo, 1971); C. L. Drake e R. W. Girdler, "A Geophysical Study of the Red Sea", *Geophysical Journal* 8 (1964): 473-95; Girdler, "The Relationship of the Red Sea to the East Africa Rift System", *Quarterly Journal of the Geological Society* 114 (1958): 79-105; A. F. Mohamed, "The Egypcian Exploration of the Red Sea", *Proceedings of the Royal Society of London* B/128 (1940): 306-16; W. Phillips, *Qataban and Sheba* (New York, 1955). [LAWRENCE A. SINCLAIR]

MARA (heb. *mārâ*) **1.** Acampamento israelita no deserto de Sur três dias depois de terem atravessado o mar Vermelho (Êx 15:23; Nm 33:8, deserto de Etã). Ali a água era "amarga" (heb. *mārâ*) ou salobra, mas o Senhor instruiu Moisés a lançar uma árvore na água, tornando-a doce. Sanh. 56b cita Mara como o local onde foram dadas as primeiras instruções para a guarda do sábado. A localização mais aceita para Mara é 'Ain Hawârah, 72 km a sudeste do golfo de Suez, cerca de 11 km terra a dentro. [PETE F. WILBANKS]

2. (heb. *mārā'*) Nome ("amarga") adotado por Noemi (em lugar do próprio nome, que significa "agradável") depois que Deus a "encheu de amargura", isto é, depois que seu marido e os dois filhos morreram (Rt 1:20, cf. v. 13).

MARALÁ (heb. *mar'ălâ*) Cidade do vale de Jezreel que marca a fronteira sul de Zebulom (Js 19:11; "Maralá"). Pelo contexto, a localização deve ter sido ligeiramente ao norte de Megido. Tell Thorah é um sítio provável.

MARANATA (gr. *maranathá*) Expressão transliterada do aramaico (1Co 16:22; Did. 10.6), que significa provavelmente "Nosso Senhor, vem!" (aram. *marana' ta'*) mas possivelmente "nosso Senhor veio" (*maran 'ata*), dependendo de como se constrói a ortografia e o dialeto do original aramaico. Os contextos de ambas as passagens e sua tradução grega em Apocalipse 22:20 sugerem a anterior. Paulo termina sua correspondência com uma maldição, seguida por uma bênção (1Co 16:22-24). Did. 10.6, que discute o Eucarístico ("Se alguém é santo, que ele venha. Se não for, que se arrependa. Maranatha. Amém".), aponta para um uso litúrgico do termo. O autor de Apocalipse registra a promessa da volta de Jesus e ora: "Amém. Vem, Senhor Jesus!" (Ap 22:20). [JAMES A. KELHOFFER]

MARCA Meta ou alvo. Paulo fixou seu alvo numa sublime "marca" (gr. *skopós*), meta futura a ser alcançada (Fp 3:14; cf. o verbo cognato no v. 17; Rm 16:17). Jônatas (1Sm 20:20) desenvolveu um plano com Davi que envolvia lançar flechas até um alvo pré-determinado (heb. *mattarâ*). Jó sentiu-se como se fosse o alvo dos arqueiros de Deus (Jó 16:12; cf. Lm 3:12).

O termo designa com mais frequência algum tipo de marca corporal propositada, como cicatriz, tatuagem ou marca, que torna o portador prontamente identificável. A "marca (heb. *'ôṯ*) de Caim" (Gn 4:15), provavelmente marca ou tatuagem, que serviu como sinal especial para protegê-lo da morte por vingança. A circuncisão é a marca física distintiva do judeu do sexo masculino; de fato, é um "sinal (*'ôṯ*) da aliança" (Gn 17:11). Marcas corporais na forma de tatuagens (*qa'aqa'*) são explicitamente proibidas aos israelitas (Lv 19:28), bem como outras formas de mutilação corporal (21:5; Dt 14:1). No relato da visão de Ezequiel, aqueles que sofreram por causa da idolatria no templo foram marcados na fronte com a letra hebraica *taw* para que fossem ignorados e poupados pelos executores (Ez 9:1-6; cf. Êx 12:13). A "marca (gr. *cháragma*) da besta" — o número 666, embora numerologicamente equivalente ao nome de Nero — autoriza seus portadores a realizar negócios (Ap 13:14-18); entretanto, marca também os que se submetem à besta durante certa destruição (14:9-11). "As marcas (*stígmata*) de Jesus" que Paulo carregava em seu corpo (Gl 6:17) não eram provavelmente as cicatrizes resultantes da crucificação de Jesus, mas com muito mais probabilidade as cicatrizes que ficaram dos muitos espancamentos sofridos durante seu trabalho missionário (2Co 11:23-27; cf. At 14:19). [JEFFREY T. TUCKER]

MARCIÃO (gr. *Markiōn*), **EVANGELHO DE** A primeira parte do cânon herético dividido em dois, do século II, de autoria de Marcião. A segunda parte consistia de um resumo de dez epístolas paulinas. Marcião deu a essas duas partes os nomes de Evangelho e Apóstolo. Por trás desses nomes estava a convicção de Marcião de que existe apenas um evangelho (não quatro) e somente um apóstolo que o compreendia (Paulo). O Evangelho de Marcião, conhecido somente por meio de citação por outros (esp. Tertuliano Adv. Marc. 4; Epifânio Adv. haer. 42), é essencialmente uma versão de Lucas, expurgado do que Marcião considerava corrupções judaizantes. Seu princípio orientador, que tirou de seu educador Cerdo, era a rejeição gnóstica do Deus do AT, da lei, como diferente e menos que o grande Deus Salvador do NT, da graça, a quem Jesus representava. Independentemente da carência do Evangelho de Marcião, seus oponentes criticavam sua tendência teológica. Eles viram isso claramente, isto é, em sua declaração inicial, que unia Lucas 3:1; 4:31-32 para apresentar Jesus "descendo para Cafarnaum" no décimo quinto ano de Tibério (não para Nazaré, como em 4:16-30, mas diretamente do Deus desconhecido) e surpreendendo os judeus ao pregar contra a Lei e os Profetas (a ausência da maior parte de Lucas 1-4 foi vista como permissão a Jesus ser separado de suas raízes judaicas). Algumas diferenças no Evangelho de Marcião, entretanto, são mais bem atribuídas a diferentes (esp. "Ocidentais") bases textuais e/ou à influência de comparações sinópticas. As tentativas, finalmente, de dizer que o Lucas canônico foi precedido pelo Evangelho de Marcião e dependente dele não são convincentes.

Bibliografia. A. Von Harnack, *Marcion: The Gospel of an Alien God* (Durnham, N.C., 1990); R. J. Hoffman, *Marcion: On the Restitution of Christianity*. AARAcad. 46 (Chico, 1984); J. Knox, *Marcion and the New Testament* (1942, repr. New York, 1980). [RONALD V. HUGGINS]

MARCO ANTÔNIO Marcus Antonius (c. 83-30 a.C.), estadista romano que serviu como triúnviro com Otaviano e Lépido. Ele nomeou Herodes, o Grande, como rei vassalo da Palestina, em resposta ao que Herodes deu o nome à torre fortificada em Jerusalém de Antônia em sua homenagem. Antônio e Cleópatra VII foram derrotados por Otaviano em Áccio em 31 e fugiram para Alexandria, onde cometeu suicídio um ano depois quando Otaviano avançou sobre a cidade.

MARCOS, EVANGELHO DE O mais curto dos evangelhos canônicos. Marcos ganhou importância no mundo acadêmico do final do século XIX e XX em parte devido ao consenso de que foi o primeiro Evangelho escrito. Antes do século XIX, sofria um benigno menosprezo porque quase todas suas histórias estão contidas em Mateus e/ou Lucas, que têm também grande quantidade de outros materiais úteis; o ponto de vista dominante, primeiramente formulado por Agostinho, era de que Marcos foi uma abreviação de um ou de ambos os evangelhos sinópticos. Na segunda metade do século XIX, entretanto, a prioridade de Marcos tornou-se uma ortodoxia crítica, posição que tem conservado até o presente, a despeito de eventuais contestações.

Convencido de que Marcos foi o primeiro evangelho, o mundo acadêmico do fim do século XIX apegou-se nisso como ponto de partida para reconstrução do Jesus histórico, mas essa abordagem sofreu dois severos golpes no começo do século XX. Em 1901, William Wrede argumentou fortemente que o chamado "tema messiânico secreto", de acordo com o qual o Jesus de Marcos esconde sua identidade ao silenciar demônios, os discípulos e as pessoas a quem ele curou (Mc 1:25, 34, 44; 3:12; 5:43; 8:30; 9:9), não foi antes de tudo uma reflexão sobre a prática do Jesus histórico, mas uma criação da igreja primitiva, que estava tentando explicar por que a posição de Jesus como Messias era desconhecida em sua época. Embora tal solução particular ao problema do "segredo messiânico" tenha sido contestada no mundo acadêmico recente, muitos críticos concordam que o tema em grande proporção expressa a teologia da Igreja e não um hábito de Jesus. Em 1919, Karl Ludwig Schmidt minou ainda mais a historicidade de Marcos por sua alegação de que os elos entre as passagens individuais de Marcos são grandemente a invenção do próprio evangelista, que juntou tradições orais; Marcos não é, portanto, um guia confiável para a cronologia do ministério de Jesus. Essa alegação, também, tem sido amplamente aceita.

Estas contestações à historicidade de Marcos, entretanto, não diminuíram o interesse pelo evangelho, especialmente depois da Segunda Guerra Mundial e do advento da Crítica da Redação, que enfatizou a preocupação teológica dos evangelistas. Essas preocupações foram analisadas vendo como cada evangelista editou suas fontes, uma análise que é mais difícil no caso de Marcos do que nas de Mateus e Lucas, já que as fontes têm de ser reconstruídas inteiramente a partir do próprio evangelho. Viu-se nos anos recentes crescente frustração com a especulação desta reconstrução da fonte e a ampla variação nos resultados, incluindo até mesmo discórdia sobre a questão básica se a edição de Marcos foi abrangente e criativa ou mínima e mecânica. A maioria, entretanto, concordou que Marcos deu um passo crucial ao tentar as tradições a respeito de Jesus juntas numa história acoplada, embora ela possa ter tido um precedente tendencioso numa narrativa sobre o sofrimento e a morte de Jesus que ele incorporou ao seu evangelho.

Mas quem foi Marcos, que deu o passo decisivo de escrever um evangelho? Pápias, bispo de Hierápolis, na Ásia Menor, na primeira parte do século II, citado por Eusébio (HE 3.39.15), identifica Marcos como "intérprete de Pedro"; de acordo com Pápias, Marcos não foi testemunha ocular de Jesus, mas um cristão posterior que organizou os oráculos do Senhor com base na pregação de Pedro, presumivelmente em Roma, depois da morte do apóstolo. É lógico presumir que Pápias pense ser este "Marcos" a única pessoa com esse nome conhecido no NT, o "João Marcos" a que se refere Atos (12:12, 25; 15:36-41) e as cartas paulinas (Fm 24; Cl 4:10; 2Tm 4:11), primo de Barnabé e companheiro deste e de Paulo em suas viagens missionárias.

Muitos estudiosos, entretanto, são céticos quanto ao testemunho de Pápias. Seu ponto principal, a ligação de Marcos com Pedro vem sofrendo ataque da crítica, já que não parece haver algo particularmente petrino a respeito de Marcos; se algum evangelho se concentra especialmente em Pedro é Mateus e não Marcos (cf. Mt 16:17-19; 17:24-27), e a ligação petrina podia ser uma tentativa para reconciliar duas alas da Igreja pela ligação com Pedro um conhecido aliado de Paulo. Também se discute se o autor foi o João Marcos de Atos. De um lado, alguns líderes da Igreja do século II estavam interessados em ligar os evangelhos canônicos com figuras conhecidas do NT, como João Marcos, para refutar as reivindicações dos gnósticos para os próprios evangelhos, e o testemunho de Pápias revela esse tipo de inclinação apologética, que pode lançar dúvida sobre sua confiabilidade. Existem em Marcos, além disso, erros visíveis quanto à geografia palestina (7:31) e costumes judaicos (v. 3) que alguns pensam desqualificar o autor como João Marcos, judeu natural de Jerusalém. Por outro lado, João Marcos não se ajusta a uma figura particularmente digna de crédito em Atos (cf. esp. At 13:13; 15:36-41); se uma ligação totalmente imaginária estava sendo criada com uma figura da igreja primitiva, deve-se pensar que um candidato mais adequado podia ter sido encontrado. A ignorância geográfica, além disso, até mesmo sobre o próprio país, era mais comum do que é hoje, de forma que os evidentes erros de Marcos não necessariamente significam que ele é estrangeiro; e é também possível que 7:31 esteja intencionalmente descrevendo uma viagem geograficamente irrealista, mas teologicamente importante de regiões gentias. A afirmação exagerada em 7:3 de que não apenas os fariseus, mas "todos os judeus" lavam as mãos antes de comer é cotejada na Ep. Arist. 305, que é inquestionavelmente de um autor judeu. O veredicto mais razoável sobre a teoria de que o autor do evangelho é João Marcos é "não provado" — tampouco é desaprovado.

A ilação de Pápias de que o evangelho foi escrito em Roma ganhou uma audiência mais simpática. O Jesus de Marcos enfatiza muito a necessidade de sofrer por causa das boas novas e profetiza que seus seguidores sofreriam perseguição inigualável (p. ex., 8:34; 10:30; 13:9-13, 19, 20). Muitos estudiosos acreditam que, em certo sentido, estas advertências e a concentração do evangelho no sofrimento e morte de Jesus refletem a situação de Marcos e da comunidade para a qual ele escreve. Para alguns, esta situação repousa na bem conhecida perseguição aos cristãos do século I, instigada pelo imperador Nero contra os seguidores romanos de Jesus no ano 64 d.C. Outros, entretanto, relacionam a perseguição enfrentada ao que, alega-se, tragou os cristãos como resultado da guerra dos judeus palestinos contra os romanos em 66-73. Não existe evidência direta para essa perseguição, mas Marcos parece conhecer ou prever a destruição do templo pelos romanos em 70 d.C. (13:1-2), e a referência a "guerras e rumores de guerra", "falsos messias e falsos profetas" e o "sacrilégio terrível" (13:7,14,22) tudo pode estar relacionado a ocorrências durante a revolta. Alguns dos que enfatizam o pano de fundo da guerra judaica colocam Marcos próximo à Palestina, também na Galileia ou, com mais frequência, na Síria; tal localização, entretanto, não é absolutamente necessária, já que a guerra foi bem conhecida em todo o império. Não existe consenso sobre o assunto da procedência, mas muitos localizariam a composição do evangelho num tempo próximo à guerra judaica.

O que é mais claro é que o evangelho é dirigido a um grupo não predominantemente judaico (7:3), que passa por intenso sofrimento e que precisa ser fortalecido na fé. A frequente obtusidade dos discípulos em Marcos, que é uma característica do evangelho que se destaca (4:13; 6:52; 7:18; 8:14-21), pode apontar para equívocos da fé que estava sendo difundida dentro da comunidade de Marcos. Nos anos de 1960 e 1970 alguns estudiosos desenvolveram a teoria que esses equívocos estavam relacionados ao ponto de vista de que Jesus era um "homem divino", um tipo de operador de milagres helenístico a quem se supunha que os crentes estavam unidos em glória. Marcos, de acordo com essa teoria, se opôs à teologia da glória, que ele associou a Pedro, os Doze e à igreja de Jerusalém, por meio de sua teologia da cruz. Ele fez isso ao desacreditar os discípulos e a fé deles com base nos milagres, enfatizando a crucificação sobre a ressurreição e relativizando o título de exaltação messiânica, "Filho de Deus", em favor de um título associado ao sofrimento, "Filho do homem" (14:61-62). Essa interpretação, no entanto, tem sido atacada por vários lados. Parece não ter havido um conceito fixo de "homem divino" na antiguidade. Seria, além disso, estranho que Marcos apresentasse os milagres de Jesus em tais quantidades e detalhes na primeira metade do evangelho, e que ele colocasse a aclamação de Jesus como "Filho de Deus" em pontos-chave da narrativa (1:11; 9:7; 15:39), se pensasse que os milagres e o título de "Filho de Deus" estavam basicamente equivocados.

Em vez de perseguir um "homem divino" ilusório, talvez seja mais esclarecedor comparar Marcos com as obras apocalípticas judaicas, como Daniel ou alguns dos rolos de Qumran. Tais obras apocalípticas com frequência suscitam situações de perseguição e sofrimento semelhantes às que Marcos e sua comunidade parecem estar experimentando. Os defensores das profecias apocalípticas acreditavam que estavam vivendo no fim dos tempos e que a grande intensidade do sofrimento ao redor deles era um sinal de que Deus estava prestes a intervir decisivamente a favor dos justos (cf. Dn 12:1). Essas crenças estão fortemente comparadas em Marcos 13 e em outra parte do evangelho (9:1), embora alguns exegetas tenham tentado se esquivar dessa conclusão tomando a declaração de Jesus fora do contexto que, quando as aflições apocalípticas começarem, ainda não será o fim (13:7). Tal como Marcos, os pensadores apocalípticos acreditavam que Deus tinha revelado à comunidade eleita "o mistério do reino de Deus" que havia ocultado aos de fora (p. ex., CD 2.12-13; cf. Mc 4:10-12). No curto tempo restante antes do fim, no entanto, Satanás poderia cegar até mesmo os eleitos (cf. 1QS 3.22-23), como parece acontecer em vários pontos aos discípulos em Marcos; mas os defensores das profecias apocalípticas compartilhavam também das crenças de Marcos de que os que perseverassem até o fim seriam salvos (cf. Dn 12:12). A virada de Marcos é para mostrar um Messias que, ele mesmo, parece incluir-se nas trevas apocalípticas e na morte, todavia é para insistir que Deus venceu a batalha escatológica decisiva contra as forças do mal e inaugurou uma nova era de luz por meio deste eclipse absoluto do poder messiânico (Mc 15:33-39).

Apesar da desaprovação geral da abordagem do "homem divino", quase todos os exegetas concordavam com os simpatizantes de que a cruz é central à teologia dos evangelistas e que a descrição de Martin Kähler dos evangelhos como "narrativas da paixão com apresentações ampliadas" se aplica especialmente a Marcos. Isto é particularmente óbvio se Marcos termina deliberadamente seu evangelho depois da narrativa da tumba vazia em 16:8, sem descrever as aparições da ressurreição — um ponto de vista que é defensível, já que as conclusões que sucedem 16:8 em muitas Bíblias de hoje são claramente secundárias, e as narrativas bíblicas têm com frequência finais em aberto. Não pode ser provado, entretanto, já que o final original pode ter-se perdido. Certamente, mesmo que o evangelho não termine em 16:8, Marcos parece estar consciente das aparições da ressurreição, que estão implícitas em 14:28 e 16:7; mas ele se abstém de descrevê-las, talvez para dar mais ênfase à crucificação como momento apocalíptico decisivo entre a antiga era do mal e a nova era do domínio de Deus (cf. 9:9).

Um final em 16:8 seria também compatível com outras características enigmáticas do evangelho, como a aparente exclusão arbitrária dos estranhos à sua reflexão (4:10-12), sua evidente irritação excessiva com seus discípulos (8:14-21), e a estranha narração do jovem que fugiu nu (14:51-52) — características que Mateus e Lucas regularmente corrigem ou eliminam e que levou o crítico literário Frank Kermode a comparar a enigmática narrativa de Marcos com as de Kafka. Esses enigmas ajudam também a explicar o fascínio que Marcos conserva em relação a alguns teólogos modernos, que encontram nas lacunas, incongruências e paradoxos do evangelho um espelho da dificuldade de falar sobre um Deus transcendente num mundo falido. *Ver* EVANGELHOS SINÓPTICOS; NARRATIVA DA PAIXÃO.

Bibliografia. S. P. Kealy, *Mark's Gospel* (New York, 1982); F. Kermode, *The Genesis of Secrecy* (Cambridge, Mass., 1979); J. D. Kingsbury, *The Christology of Mark's gospel* (Philadelphia, 1983); J. Marcus, "The Jewish war and the Sitz im Leben of Mark", *JBL* 111 (1992): 441-62; W. R. Telford, ed., *The Interpretation of Mark*, 2. ed. (Edinburgh, 1995); C. M. Tuckett, ed., *The Messianic Secret* (Philadelphia, 1983). [JOEL MARCUS]

MARCOS, JOÃO (gr. *Iōánnēs Márkos*) Judeu-cristão pioneiro que, na literatura canônica, é identificado explicitamente como companheiro de Barnabé e

A B C D E F G H I J K L **M** N O P Q R S T U V X Y Z

Paulo e, implicitamente, como companheiro de Pedro e quem, na tradição posterior, veio a ser considerado autor do evangelho de Marcos. O NT fornece poucos fatos a respeito de João Marcos, chamado tanto por seu nome judaico (gr. *Ioánnes*; heb. *yôhanam*) como romano (gr. *Márkos*, do lat. *Marcus*) somente em Atos (12:12,25; 15:37).

João Marcos era filho de Maria, em cuja casa em Jerusalém os cristãos se reuniram para orar e para onde Pedro foi após ser resgatado da prisão (At 12:12). Depois que Barnabé e Paulo decidiram que João Marcos os acompanhasse em sua viagem, por algum motivo não explicado ele separou-se da companhia deles em Chipre e voltou para Jerusalém (At 13:13). Paulo recusou-se a levar João Marcos na viagem seguinte, embora Barnabé tivesse vontade de levá-lo (At 15:37), tendo isso resultado na separação de roteiros: Barnabé e João Marcos foram para Chipre enquanto Paulo e Silas viajaram para pontos da Ásia Menor (v. 39-41).

O próprio Paulo não trata desses eventos, mas em duas de suas cartas, escritas de Roma, Paulo se refere a "Marcos, o primo de Barnabé" (Cl 4:10) e a um "Marcos" como um de seus companheiros de trabalho (Fm 24). Que essas referências são à mesma pessoa, João Marcos, não é improvável — evidência suficiente para alguns estudiosos concluírem que João Marcos e Paulo acertaram suas diferenças antes da prisão de Paulo em Roma.

Um Marcos é mencionado em duas outras epístolas do NT, mas porque as duas epístolas são consideradas pseudepígrafas por muitos estudiosos, é pouco certo que estas são referências confiáveis a João Marcos. A passagem de 2Timóteo 4:11 baseia-se na mais confiável tradição de que João Marcos foi um companheiro de Paulo, enquanto 1Pedro 5:13 reflete a tradição posterior de que um Marcos foi companheiro de Pedro, seu "filho" no sentido espiritual, em Roma ("Babilônia"). Embora não possa ser confirmado que a última seja uma referência específica a João Marcos — quem, pode ser inferido de Atos 12, conhecia Pedro — a tradição da igreja primitiva admite como certo que todas as passagens do NT indicam a mesma pessoa.

De acordo com Eusébio (HE 3.39.15), Papias repetiu a tradição de que Marcos serviu como "intérprete" de Pedro em Roma e que registrou as memórias do apóstolo das palavras e dos atos do Senhor. Entretanto, isso não é prova adequada de que João Marcos escreveu o evangelho de Marcos. Outras tradições da igreja alegam que Marcos foi o primeiro a evangelizar o Egito e foi o fundador do cristianismo alexandrino. Histórias posteriores retratam o martírio de Marcos e o segundo enterro em Veneza. Se João Marcos é o "jovem" de Marcos 14:51 e que tanto os eventos da Última Ceia e do Pentecostes ocorreram na casa de sua mãe são pura conjectura.

Bibliografia. B. T. Holmes, "Luke's Description of John Mark", *JBL* 54 (1935): 63-72; V. Taylor, *The Gospel According to St. Mark*, 2. ed. (Grand Rapids, 1981), 26-31. [JEFFREY T. TUCKER]

MARDOQUEU (heb. *mordoḵay*, *mordĕḵay*) **1.** Personagem do livro de Ester, identificado como primo de Ester e que se torna seu pai adotivo (Et 2:5,7). A recusa de Mardoqueu de se curvar perante Hamã, o mais alto oficial de Assuero, rei persa, faz com que Hamã planeje um massacre de todos os judeus persas. Ao identificar Mardoqueu como descendente de Benjamim e Hamã como agagita, o narrador liga sutilmente o conflito deles com o de Saul e Agague (cf. 1Sm 15). Quando Hamã decide não esperar pelo massacre para se livrar de Mardoqueu, erige uma estaca para empalar Mardoqueu. Mardoqueu, entretanto, é salvo pela rainha Ester que, na cena principal do cap. 7 de Ester retira de Hamã a fidelidade do rei. O narrador não deixa claro se a mudança se deve ao fato de ela ser judia e, portanto, sob ameaça do planejado massacre, ou o rei pensar que Hamã esteja assediando Ester. A rainha torna então Mardoqueu encarregado da propriedade de Hamã, o rei concede-lhe o anel-selo e, Ester e Mardoqueu juntos trabalham para frustrar o massacre.

Bibliografia. T. K. Beal, *The Book of Hiding: Gender, Ethnicity, Annihilation and Esther* (London, 1997). [TOD LINAFELT]

2. Israelita que retornou do exílio com Zorobabel (Ed 2:2 = Ne 7:7).

MARDUQUE (ac. *dAMAR.UTU*, *dMa-ru-du-uk-ku*) A principal divindade do panteão babilônio durante o primeiro milênio a.C. Pouco conhecido no princípio, foi identificado no início do segundo milênio com o deus Asalluhi, que era filho de Enki/Ea e que era importante no culto da cidade sulista de Eridu. A associação de Marduque com a cidade de Babilônia, cada vez mais importante, provavelmente remonta à dinastia de Hamurábi, no período da antiga Babilônia. Marduque sucedendo Enlil, deus de Nippur, como supremo administrador do panteão, e a cidade de Marduque, Babilônia, substituiu Nippur como o centro religioso mais importante da Babilônia. A chamada epopeia da criação, Enuma Elish, celebra a elevação de Marduque ao preeminente *status* no panteão; na epopeia, os outros deuses concordam em conferir-lhe suprema autoridade real após sua derrota de Tiamat, a deusa da água salgada e do caos. Codificada no reinado de Nabucodonosor I, Enuma Elish aparentemente fazia parte do libreto para o Festival do Ano Novo ou do Akitu.

Os estudiosos discutem a etimologia do nome Marduque. Os escribas antigos escreveram com muita frequência o nome com logogramas sumérios, dAMAR.UTU, mas a etimologia suméria mais comumente sugerida, "bezerro de Samas", é provavelmente errônea. Nos contextos sumérios, ele nunca é analisado como genitivo, embora a relação de Marduque com Samas não seja contestada em outro lugar. De fato, Marduque, devido a primitiva identificação com Asalluhi, era considerado o filho de Enki/Ea.

Depois da época de Nabucodonosor I, Marduque permaneceu a divindade principal do estado babilônio e patrono de seus reis, incluindo os da dinastia neobabilônica (626-539). É nessa situação que o povo do Mediterrâneo oriental, incluindo Israel, se deparou com Marduque. Em Jeremias 50:2, um oráculo de meados do século VI, Deus anuncia a captura e a desonra da Babilônia e de Marduque (aqui pronunciado Merodaque). Marduque é o componente divino em um nome bíblico Merodaque-Baladã II (Is 39:1; no texto paralelo de 2Rs 20:12 consta bero'dak), xeque caldeu que governou Babilônia, durante cerca de uma década no fim do século VIII. A afirmação comum de que o nome do parente de Ester, Mardoqueu, deriva de Marduque permanece plausível. Marduque aparece em outro lugar no AT sob o título comum de Bel, "Senhor" (Is 46:1; Jr 50:2; 51:44), seu título onipresente. É seu templo na Babilônia, Esagil(a), ou seu zigurate associado, Etemenanki, que está por trás da narrativa da torre de Babel em Gênesis 11:1-9.

Bibliografia. W. G. Lambert, "The Reign of Nebuchadnezzar I: A Turning Point in the History of Ancient Mesopotamian Religion", in *The Seed of Wisdom*, ed. W. S. McCullough (Toronto, 1964), 3-13. [DAVID VANDERHOOFT]

MARESSA (heb. *mārēšâ*) **I. (LUGAR)** (tb. MARISA) Importante cidade a leste do Sefelá de Judá (Js 15:44). Ficava localizada a 2 km ao sul de Beth Gubrin/Beit Jibrin (Eleuterópolis) e 30 km a sudeste de Ascalom, identificada com Tell Sandahannah. Uma das cidades fortificadas por Roboão (2Cr 11:8), foi o local da batalha entre Asa e Zera, o etíope (14:9). Sua destruição é profetizada em Miqueias 1:15. Durante o período exílico, a cidade foi anexada pelos edumeus. Tendo seu controle alternado entre os selêucidas e ptolomeus, a cidade (então chamada Marisa) foi importante durante o período helenístico, retratando uma cidade "superior" e "inferior". Judas Macabeu capturou e incendiou a cidade (Josefo, *Ant.* 12.8.6), mas Pompeu a restituiu aos edumeus em 63 d.C. Em 47 d.C., Júlio César anexou a cidade à Judeia. Ela foi destruída pelos partos no ano 40 d.C.

Escavações feitas no início do século XX, com novos esforços em 1989 e 1991 por Amos Kloner, descobriram pelo menos três camadas: duas helenísticas e uma israelita ("judaica"). Em particular, as escavações de 1991 revelaram mais descobertas helenísticas, como uma área residencial localizada fora do muro noroeste. De importância na camada israelita, foi a descoberta de um rico repertório cerâmico que se acredita ser do início do terceiro até o fim do século II a.C. Foram também descobertos inúmeros artefatos, bem como tumbas e cavernas-sepulcros. Com base em tais abrangentes achados, os estudiosos voltaram a confiar que Maressa desempenhou, economicamente, importante papel nos tempos bíblicos.

Bibliografia. M. Avi-Yonah e A. Kloner, "Mareshah (Marisa)", *NEAEHL* 3.948-57. [AARON M. GALE]

II. (PESSOA) 1. O filho primogênito de Calebe, pai de Zife e Hebrom (1Cr 2:42 LXX; gr. Marisa). Os manuscritos hebraicos não oferecem variantes, constando, em vez disso, "Mesa" como pai de Zife. A correção da LXX não supera a intrusão de "os filhos de Maressa, pai de Hebrom".

2. O filho de Lada e neto de Judá (1Cr 4:21).

MARFIM Artigo de luxo usado de variadas maneiras a partir do período Calcolítico e ao longo do período bíblico. O uso do marfim no Levante é especialmente bem atestado na Idade Final do Bronze II (1350-1200 a.C.) e na Ferro II (séculos IX e VIII a.C.). O termo hebraico (sen) significa "dente", referência à fonte principal do marfim — as presas do elefante africano e asiático. O animal africano produz uma presa maior e mais dura, sendo a preferência dos artesãos antigos. Manadas de elefantes asiáticos (às vezes denominados "sírios") eram encontradas no noroeste da Mesopotâmia e na Síria, até serem extintas em 700 a.C., em razão de sua caça. Os dentes inferiores dos hipopótamos eram uma rara fonte de marfim, notáveis por sua alta qualidade e brilho.

O marfim era usado em estatuetas, mobílias, painéis, molduras, caixas de cosméticos, colheres, peças de jogos de tabuleiro, tábuas de escrever, pentes e alfinetes. Os artesãos de marfim utilizavam uma variedade de ferramentas para esculpir, cortar, serrar, perfurar e polir a matéria-prima. Poucas oficinas foram encontradas em escavações, pois provavelmente os artesãos de marfim eram itinerantes, movimentando-se entre os vários centros conhecidos pelo comércio de marfim. Grandes esconderijos de marfim foram descobertos na Palestina (Megido, Samaria), na Síria, no noroeste da Mesopotâmia (Ugarit, Arslan Tash, Tell Tainat e Zincirli) e na Assíria (Nimrud, Khorsabad e Nínive).

A B C D E F G H I J K L M N O P Q R S T U V X Y Z

No Levante, entalhes em marfim podem ser rastreados até o final do quarto milênio através de um notável grupo de estátuas de marfim recuperado perto de Berseba, em Tell Abu Matar/Be'er Abu Matar e Bir es-Safadi/Be'er Safad. No entanto, as evidências sobre o uso do marfim escasseiam do terceiro milênio até o último terço do segundo milênio. Um tesouro com c. 300 objetos encontrado em Megido, que incluía painéis esculpidos em baixo relevo descrevendo cenas de banquetes e vitórias militares, sugere uma mistura de elementos egípcios, micenos e hititas combinados com tradições cananeias.

Por volta dos séculos IX e XIII a.C., apareceram duas, ou possivelmente três, tradições ou escolas de esculturas em marfim, que se definiram pela prevalência de características egípcias, com traços estilísticos e técnicas regionais. A escola fenícia adaptou uma variedade de motivos egípcios (p. ex., várias deidades egípcias e figuras de esfinge) para temas cananeu-fenícios. O estilo é elegante, fluido e determinado por conceitos egípcios de simetria e proporção. Vários motivos não egípcios, como "a mulher que aparece na janela" também foram amplamente utilizados. A escola síria do norte, ao contrário, não empregou nenhum motivo egípcio e se caracterizou por figuras de colonos com características faciais incomuns: olhos grandes, testas recuadas, queixos pequenos e cenas carregadas de ação. Ainda precisa ser demonstrado que a escola síria do sul, com centro em Damasco, possuía características diferentes.

Os 500 fragmentos de marfim descobertos em Samaria, que datam do século IX ou VIII, refletem a escola fenícia, o que não deveria ser surpresa em razão do contato entre Israel e a Fenícia, iniciado no mínimo já no reinado de Salomão. Este rei importou marfim cru por meio de uma frota operada em conjunto com Hirão, rei de Tiro (1Rs 10:22). Artesãos fenícios provavelmente confeccionaram o trono de marfim e ouro de Salomão (1Rs 10:18). Ezequiel 27:6,15 alude à associação de Tiro com o comércio de marfim.

O marfim com frequência aparece nas listas de saques e tributos assírios ao longo dos séculos IX ou VIII. Menaém incluiu o marfim como tributo para Tiglate-Pileser III, enquanto Senaqueribe recebia marfim de Ezequias em 701. Os reis assírios utilizavam marfim em seus palácios, certamente na decoração de painéis, mas mais amiúde em molduras decorativas de mobílias, fato ricamente confirmado pela riqueza de esculturas de marfim recuperadas em Nínive, Nimrud e Khorsabad. Os reis assírios armazenavam marfim como medida muito apreciada de *status* e de riqueza. A "casa de marfim" de Acabe (1Rs 22:39), em Samaria, simbolizava o luxo corrupto de uma corte pagã condenado por Amós (Am 3:15). O profeta condena aqueles que dormem "em camas de marfim", o que pode ser uma referência ao marzeah, ritual pagão que envolvia refeições e bebidas sagradas (Am 6:4-7; cf. Jr 16:5-9). Amós avaliava isso como sintoma do rude descaso com o abuso social perpetrado contra os pobres por parte da classe privilegiada de Israel.

Bibliografia. R. D. Barnett, *Ancient Ivories in the Middle East*. Qedem 14 (Jerusalem, 1982); P. R. S. Moorey, *Ancient Mesopotamian Materials and Industries* (Oxford, 1994). [THOMAS V. BRISCO]

MARI (ac. *Marī*) Antiga cidade do vale do médio Eufrates, situada na margem do Eufrates e na rota de caravanas entre o Leste e o Oeste, encruzilhada onde essas culturas se cruzavam e se misturavam. Descoberta em 1933, Tell Hariri provou ser uma das mais importantes descobertas da assiriologia do século XX. Investigações orientadas por André Parrot logo identificaram a cidade por uma inscrição na estátua de Lamgi-mari descoberta no palácio. Escavações que continuaram até o presente mostraram mais estruturas monumentais, incluindo o templo de Istar e um zigurate, bem como murais retratando cenas rituais e um grande arquivo de textos.

História. Mari é mencionada pela primeira vez numa lista de cidades num documento de Lagash, de meados do terceiro milênio a.C. Mari também aparece numa inscrição de Sargão de Acade (2334-2279) como uma das cidades capturadas durante seu reinado. Durante a terceira Dinastia de Ur (2112-2004), Mari foi posto avançado de caravana da cidade-estado, governada por governadores chamados Sakkanakku, subordinados aos governantes de Ur. Com o fim da dinastia de Ur, o controle político da região do Médio Eufrates, incluindo Mari, se desintegrou.

Apesar da documentação não ser inteiramente clara, por volta do final do século XIX, podemos reconstruir a história primitiva da Mari independente. Yahdun-lim, filho de Yaggid-lim, veio do norte de Mari de um grupo conhecido como os Hana e uniu diversos pequenos principados, fazendo de Mari o centro do seu domínio político. Num curto período de tempo, entretanto, o rei assírio Samsi-addu I (1812-1781) anexou Mari como parte de seu reino em expansão. Samsi-addu dividiu seu vasto império entre o Tigre e o Eufrates entre seus dois filhos, colocando Isme-dagan I no trono em Ekallatum, a leste, e Yasmah-addu em Mari, a oeste. Cartas encontradas no palácio real em Mari demonstram que Samsi-addu permaneceu o rei principal da região e dava orientação política e conselhos a seus filhos, quando não ajuda diretamente. Com a morte de

Samsi-addu, Isme-dagan herdou seu reino e continuou a apoiar seu irmão como vice-rei em Mari.

A dominação assíria de Mari terminou em 1775 quando Zimri-lim, filho de Yahdun-lim, recuperou o controle do trono com a aparente ajuda de Yarim-lim, rei da região de Yamhad, a oeste de Mari, cuja capital era Alepo. Zimri-lim reinou em Mari até 1762, quando o exército de Hamurábi, da Babilônia, conquistou e destruiu a cidade. No processo de destruição, o palácio de Zimri-lim foi incendiado, queimando os arquivos de tábuas de barro e preservando-os para a posteridade.

Textos. O arquivo descoberto no palácio em Mari contém textos que cobrem quase 500 anos, retrocedendo ao período Sakkanakku e a terceira dinastia de Ur e continua até o fim da cidade no século XVIII. A maior parte dos documentos vem dos últimos 50 anos da cidade sob os dois últimos reis, Yasmah-addu e Zimri-lim. Excluindo os poucos textos escritos em hurriano e em inscrições bilíngue sumério-acadiana, a linguagem dos documentos é em acádico. O acádico usado é diferente no sentido de que preserva nomes próprios e vocabulário, bem como disposições sintáticas de origem claramente ocidentais.

Os textos administrativos internos lançam luz sobre as tarefas diárias do palácio por meio de registros de recibo e pagamentos de matérias primas, bem como o pagamento de alimento para banquetes reais. O pessoal do palácio é listado em registros de vários tipos de artesãos a serviço de lojas reais dentro do palácio e mulheres do harém real. Oficiais nomeados para várias tarefas no reino, que se reportavam diretamente ao rei, são indicados em registros de pagamentos de materiais para o sustento deles. Listas de pagamentos de azeite, roupas e alimentos para sacerdotes e personagens proféticas indicam os segmentos da antiga sociedade que dependiam do palácio.

Outros textos administrativos fornecem informação sobre os negócios externos do palácio. Estes registram presentes reais mandados para reis e dignitários estrangeiros. Outros relatos indicam presentes reais especiais oferecidos a várias divindades bem como oferendas cúlticas regulares. Há também registros de recibos de presentes e taxas que deram entrada no palácio de Mari ou foram recebidos por representantes em palácios distantes.

Os mais interessantes e informativos documentos de Mari são as cartas. Esses textos existem na forma de comunicações entre indivíduos, mas contêm informações referentes à administração do reino. Cartas de representantes reais em capitais distantes relatam suas observações sobre as cortes de governos estrangeiros, bem como comunicações de reis estrangeiros.

Cartas para o rei de Mari, de oficiais do palácio, de mulheres reais do palácio, de sacerdotes e de várias figuras proféticas indicam atividade oracular em Mari. A informação recebida por meio do extispício — leitura de mensagens divinas nas vísceras de animais sacrificados — comportamento extático e sonhos é passada para o rei em cartas por uma ampla cadeia de indivíduos. Embora esses documentos revelem atividade profética somente no que se refere ao rei, é evidente que era elemento-chave da antiga estrutura social. O número de mulheres incluídas nesta correspondência é indicativo do seu importante papel no palácio de Mari.

Outras cartas, mais pessoais, revelam comunicações particulares e íntimas entre membros e familiares. Além do conselho político recebido por Yasmah-addu de seu pai e irmão, há cartas que contêm conselhos pessoais concernentes ao seu comportamento. Zimri-lim recebeu cartas de Siptum, sua principal esposa, bem como de suas filhas e mulheres mais velhas do palácio. Em geral, algumas destas cartas comunicam importantes informações políticas e religiosas ao rei, muitas são mensagens familiares que expressam preocupação com sua saúde e bem-estar.

Além de documentos adminsitrativos e epistolares, há documentos de alianças entre o rei de Mari e vários governantes aliados que forneceram considerável informação sobre relações políticas desse período.

A importância de todos os diversos tipos de documentos encontrados em Mari não pode ser exagerada. É pela decifração e estudo cuidadoso de todos estes documentos que a história do sítio foi reconstruída. Além disso, as comunicações interpessoais contêm informação sobre práticas culturais e protocolos desconhecidos anteriormente, como o uso da bainha do vestuário de uma pessoa e/ou o cacho do cabelo como verificação da mensagem, particularmente quando esta emana de um profeta.

Relação com a Bíblia. Os estudiosos há muito reconheceram visíveis semelhanças entre a cultura encontrada em Mari e a dos patriarcas e o reino de Israel na Bíblia. Seus argumentos repousam em vários pontos. Primeiro, existem fenômenos culturais em Mari que se parecem muito com os encontrados no material bíblico. Registros de oráculos proféticos mandados para o rei indicam semelhança na forma como o povo de Mari e de Israel compreendiam o relacionamento entre Deus e o rei.

Um segundo ponto de semelhança está nos substantivos próprios e no vocabulário. Os nomes em Mari, como Sumu'il e Yaqub-il, têm forma e significado semelhante a nomes na Bíblia. O nome de um grupo seminômade conhecido como os DUMU.MES ia-mina tem fornecido possibilidades interessantes. Se lido como semítico oriental, mari yamina, o nome parece menos significativo do que se lido como semítico ocidental, benê yamina. A homofonia com o nome hebraico Benjamim é óbvia.

Mais um ponto de conexão é a apresentação bíblica dos patriarcas tendo ligação familiar com o povo de sua região. Em Gênesis 24, quando Abraão manda seu servo conseguir uma esposa para Isaque, ele o manda para a terra onde sua família habitava, para Aram-Naharaim e para a cidade de Naor. Essa lembrança, acrescida às semelhanças de nomes e vocabulário, é considerada por alguns como evidência de uma ligação genética entre o povo do antigo Israel e Mari.

Outros estudiosos, entretanto, apresentam explicações diferentes para tais fatos extraordinários. Desde que os governantes e grande parte da população da antiga Mari eram amoritas, povo de origem semítica ocidental, as semelhanças linguísticas entre Mari e a Bíblia podem ser atribuídas ao seu uso das linguagens da mesma linguagem familiar. Além disso, desde que a linguagem e a cultura podem ser consideradas inextricavelmente unidas, é muito natural que encontremos semelhanças entre culturas que usam linguagens próximas. A opinião comum é que a cultura de Mari e a da Bíblia são parte de um grupo maior de semitas ocidentais da antiga Ásia Ocidental e, assim, têm em comum certos termos e usos e, em certos casos, semelhanças de costumes e práticas culturais. Sem evidência física que ligue diretamente as duas culturas, o argumento linguístico pode mostrar claramente que os dois são produto de um ambiente cultural comum.

Bibliografia. *Archives royales de Mari, 1-27* (Paris, 1946-93); A. Malamat, "Prophecy at Mari", in *The Place Is Too Small for Us*, ed. R.P. Gordon (Winona Lake, 1995), 50-73; G.D. Young, ed., *Mari in retrospect* (Winona Lake, 1992). [CLIFFORD MARK MCCORMICK]

MARIA (gr. *María*, *Mariám*) Maria, mãe de Jesus. A informação biográfica relativa a Maria é escassa. De acordo com Lucas, seu lar é o insignificante vilarejo de Nazaré (Lc 1:26), na Galileia, mas Mateus a coloca em Nazaré somente depois do nascimento de Jesus (Mt 2:1,23). Tanto Mateus como Lucas identificam José como marido de Maria (Mt 1:24; Lc 1:27; 2:4,5). As referências aos irmãos e irmãs de Jesus (Mc 3:31-35; 6:3; Mt 12:46-50; 13:55,56; Lc 8:19-21; Jo 2:12; At 1:14) indicam que ela e José tiveram mais filhos, embora a tradição cristã posterior da virgindade perpétua de Maria leve alguns a especular que se trata de filhos de José de um primeiro casamento, ou de primos de Jesus. Desde que Lucas descreve a oferta de Maria e José depois do nascimento de Jesus um par de rolas ou dois pombinhos em vez de um carneiro mais caro (Lc 2:24; cf. Lv 12:8), ela provavelmente era de uma família pobre cuja renda ia pouco além da subsistência.

Até mesmo esses escassos detalhes a respeito da vida de Maria são incertos. A insistência da tradição cristã em identificar Jesus com Davi pode bem ter influenciado Mateus quando ele coloca Maria e José em Belém antes do nascimento de Jesus, já que Belém está intimamente identificada com Davi. A predileção de Lucas pelos pobres pode estar agindo quando ele coloca a própria família de Jesus entre os pobres.

Embora permaneça obscura a informação biográfica relativa a Maria, todos os evangelhos canônicos fazem referência a ela, e o retrato apresentado em cada um é distinto. Em Marcos, amplamente considerado o mais antigo dos evangelhos, Maria aparece numa rápida cena e é mencionada em outra. Identificada apenas como "sua mãe", Maria e os irmãos de Jesus procuram por ele, incitando sua resposta de que sua família é formada por aqueles que fazem a vontade de Deus (Mc 3:31-35). Em Marcos 6:3, os moradores de Nazaré que acham incrível o vizinho Jesus, exclamam: "Não é este o carpinteiro, filho de Maria...?"

Mateus contém paralelos a estas duas cenas (Mt 12:46-50; 13:54-58), mas aqui Maria aparece na genealogia de Jesus que abre o cap. 1. Seu nome ocorre no final da genealogia, depois de outras quatro mulheres: Tamar, Raabe, Rute e Bate-Seba, "mulher de Urias" (Mt 1:3, 5, 6). A composição incomum deste grupo de mulheres tem despertado a especulação durante séculos, à medida que alguns intérpretes têm identificado as mulheres como pecadoras, gentias ou participantes de uniões sexuais irregulares. Pelo menos, o fato de Maria estar agrupada com estas quatro mulheres sugere que algum tipo de escândalo venha a importunar sua história também.

Ocorrem duas crises na narrativa de Mateus sobre o nascimento, e ambas envolvem Maria. Em resposta à informação sobre a gravidez de Maria antes do casamento, José planeja dissolver seu relacionamento com ela (Mt 1:18-25). A ação que José tenciona tinha consequências sociais e econômicas devastadoras para Maria e para o filho que ia nascer. Na segunda metade da narrativa do nascimento (Mt 2:1-23), o rei Herodes tenta matar o menino Jesus; nesta seção, Mateus se refere ao "menino com Maria sua mãe" (2:11) ou "o menino e sua mãe" (v. 13,14,20,21), sugerindo, assim, que a ameaça de Herodes inclui também sua mãe, Maria. Em ambas as crises, uma iniciada por José e outra por Herodes, a intervenção angélica salva Maria e Jesus. Em toda a narrativa, Maria não fala uma palavra e não toma ação isolada. Ela existe na história para mostrar os perigos que cercam Jesus antes mesmo do seu nascimento.

A narrativa do nascimento no evangelho de Lucas consiste de uma série de cenas paralelas que comparam e contrastam o nascimento de Jesus com o de João Batista. Aqui Maria aparece com mais frequência e em papéis mais ativos do que em Mateus. Quando ao anjo Gabriel anuncia a esta jovem solteira que ela dará à luz um filho, ela responde com o consentimento de um discípulo: "Eis aqui a serva do Senhor" (Lc 1:38). Na presença de sua parente, Isabel, Maria interpreta o nascimento previsto em linguagem profética emprestada da personagem Ana, do AT (Lc 1:46-55; cf. 1Sm 2:1-10). Depois do nascimento em si (Lc 2:1-7) e da visita dos pastores ao menino Jesus, Lucas relata que Maria refletiu sobre os acontecimentos (v. 19; cf. v. 51).

Lucas chama a atenção para a fidelidade de Maria e José. Eles cumprem a Lei ao circuncidar Jesus e o levam, ainda recém-nascido, ao templo de Jerusalém (Lc 2:21-35). Eles vão também a Jerusalém todos os anos para a Páscoa (Lc 2:41-52). Lucas não faz mais referência a José, mas Maria aparece em 8:19-21 (par. Mc 3:31-35). No segundo livro de Lucas, ela está entre os seguidores de Jesus reunidos em Jerusalém na expectativa do Pentecoste (At 1:14).

João se refere à "mãe de Jesus", mas nunca usa o nome Maria. Ela aparece em duas cenas, primeira nas bodas de Caná (Jo 2:1-12), onde organiza os eventos que estão ocorrendo ao dizer a Jesus que não há vinho e ao instruir os empregados a fazerem tudo o que Jesus disser. A resposta de Jesus a Maria ("Mulher, que tenho eu contigo?" Jo 2:4) é altamente ambígua. Pode ser entendido como uma rejeição de qualquer atuação de Maria em seu ministério, mas pode ser não mais do que outro elemento do enigma criado por esta cena altamente complexa e simbólica.

Maria aparece de novo somente na crucificação. Com outras três mulheres e uma figura que João chama de "discípulo amado", ela presencia a morte de Jesus. Jesus apresenta o discípulo amado e Maria um ao outro com as palavras: "Mulher, eis aí o teu filho", e "Eis aí tua mãe" (Jo 19:25-27). Alguns estudiosos argumentam ser este apenas um ato de dedicação filial, enquanto outros insistem que Maria desempenha aqui um papel altamente simbólico representando a Igreja e sua tarefa de nutrir os discípulos de Jesus.

Nenhum dos demais textos do NT demonstra interesse em Maria. Paulo identifica Jesus como "nascido de mulher" (Gl 4:4) e "que nasceu da descendência de Davi segundo a carne" (Rm 1:3), expressões que servem para enfatizar os meios normais do nascimento de Jesus e seu lugar em Israel. Apocalipse 12:1-6 descreve uma mulher "vestida com o sol", que dá à luz uma figura messiânica, mas aqui o foco é no confronto apocalíptico e não na mãe de Jesus.

Se os textos neotestamentários mostram pouco interesse na vida de Maria, outros cristãos primitivos logo reagiram com histórias que supriram a informação faltante e responderam às acusações de que o nascimento de Jesus foi ilegítimo. O protoevangelho de Tiago, escrito por volta do fim do século II, inspira-se na linguagem do AT e nas narrativas canônicas do nascimento para construir uma história a respeito da concepção, nascimento e educação de Maria. Ela é a filha do idoso e rico [casal] Ana e Joaquim, criada no templo de Jerusalém para que sua pureza seja protegida. No início da puberdade, torna-se noiva do idoso José. Quando ela engravida, tanto Maria quanto José passam pela prova das águas amargas (prescrito em Nm 5:11-31 somente para mulheres acusadas de adultério) para provar a inocência deles. A pureza de Maria é tão excepcional que ela permanece virgem mesmo depois do nascimento de Jesus. Embora o protoevangelho de Tiago consista amplamente de tradição posterior que pouco tenha de confiabilidade, exerceu grande influência sobre a imaginação cristã.

Maria Madalena. Os textos neotestamentários identificam esta Maria de forma consistente por sua cidade de origem (Magdala, na costa ocidental do mar da Galileia), não por referência a um marido ou filho (como em "Maria, mulher de Clopas"). Provavelmente essa identificação signifique que ela não tem nenhum dos dois e que tem o controle dos próprios bens (cf. Lc 8:2-3 com relação ao comentário que Maria Madalena e outras mulheres proviam a subsistência de Jesus com seus próprios recursos). Às vezes, os intérpretes veem na associação de Maria com Magdala já um insinuar de má reputação, mas isso exagera um comentário de fontes judaicas posteriores a respeito de Magdala.

Todos os quatro evangelhos canônicos colocam Maria Madalena na narrativa da morte e da ressurreição de Jesus. Os evangelhos sinópticos mencionam Maria Madalena, primeiro entre as mulheres presentes naquele evento, e João chama a atenção para sua importância por seu encontro com o Jesus ressurreto. Essa ênfase em Maria Madalena sugere que ela foi altamente reverenciada na memória dos primeiros cristãos.

Em Marcos Maria Madalena está em primeiro lugar em cada uma das listas das mulheres que presenciam a crucificação e o enterro de Jesus (Mc 15:40,47), levam aromas para "ungi-lo" e descobriram o túmulo vazio (16:1). Marcos explica que essas mulheres "O seguiam e O serviam" e que O tinham seguido até Jerusalém (Mc 15:41), o que sinaliza a fidelidade delas.

Da mesma forma, Mateus identifica Maria Madalena entre as mulheres que presenciaram a crucificação, o enterro e a tumba vazia (Mt 27:56, 61; 28:1). Em Mateus, ao contrário de Marcos, as mulheres não fogem em silêncio, mas se apressam em contar aos discípulos e, elas mesmas, encontram o Senhor ressurreto.

Somente Lucas apresenta Maria antes da crucificação. Em Lucas 8:2, ele descreve o ministério de Jesus na Galileia e nota que ele estava acompanhado pelos Doze e por algumas mulheres "que haviam sido curadas de espíritos malignos e de enfermidades" presumivelmente por Jesus. Maria Madalena, que está em primeiro lugar na lista que inclui Joana e Susana, foi exorcizada de sete demônios. O fato de ter sido possuída pelo demônio, entretanto, não a coloca como especialmente pecadora e, assim, a tradição que identifica Maria Madalena com a mulher anônima de Lucas 7:36-50 não tem fundamento. Lucas também coloca mulheres entre as presentes na crucificação e no sepultamento de Jesus (Lc 23:27,49,55), mas não as identifica pelo nome até a descoberta do túmulo vazio (24:10), e novamente Maria Madalena é mencionada em primeiro lugar.

Diferentemente de outros escritores dos evangelhos, João coloca Maria Madalena entre as mulheres que presenciam a morte de Jesus (Jo 19:25). Nesta cena, entretanto, João concentra a atenção na mãe de Jesus e seu relacionamento com o discípulo amado, de forma que a ordem não diz nada sobre a importância de Maria Madalena. De fato, ela ocupa um papel significativo na cena joanina da ressurreição, porque é só Maria Madalena que descobre o túmulo vazio (Jo 20:1). Ela torna-se também em João a primeira a encontrar o Jesus ressurreto e a proclamar a ressurreição aos outros discípulos (Jo 20:11-18).

Maria de Betânia. O evangelho de João identifica Maria de Betânia como irmã de Marta e Lázaro (Jo 11:1-44). Maria e Marta mandaram mensagem a Jesus referente à doença de Lázaro, mas ele chega só depois da morte de seu amigo. Após conversar com Marta e Maria, Jesus ressuscita Lázaro. João cita Maria de Betânia como a mulher que unge Jesus com perfume caro e que é criticada por Judas em fazê-lo (Jo 12:1-8).

Uma história sobre Marta e Maria aparece também em Lucas (Lc 10:38-42), embora Lucas não as associe nem com Lázaro, nem com o vilarejo de Betânia, deixando incerta a identificação entre os dois grupos de mulheres. Quando Jesus está presente à casa delas, Maria presta atenção ao seu ensino (ela "sentando-se aos pés do Senhor, ouvia [a sua palavra]"), enquanto Marta estava preocupada "com muitos serviços". Marta pede que Jesus advirta Maria para que ela a ajude, mas Jesus responde que Maria escolheu a "boa parte", que não lhe será tirada.

Maria, mãe de Tiago e José. Os sinópticos citam Maria "a mãe de Tiago e José" ou "mãe de Tiago, o Menor e de José" entre as mulheres que presenciaram a morte de Jesus e que descobriram seu túmulo vazio (Mt 27:56, 61; 28:1; Mc 15:40, 47; 16:1; Lc 24:10).

Maria, esposa de Clopas. Somente João 19:25 faz referência a esta Maria, que presenciou a crucificação de Jesus com a mãe dele, sua irmã cujo nome não é citado, e Maria Madalena.

Maria, mãe de João Marcos. Atos 12:12 cita Maria como a mãe de João Marcos. Pelo fato de Lucas fazer referência à sua casa como local de reunião para os crentes de Jerusalém, ela parece ser uma mulher de posses substanciais.

Maria de Roma. Entre as pessoas saudadas por Paulo no cap. 16 de Romanos está Maria, a quem ele descreve como tendo "trabalhado muito entre vocês" (v. 6). Em outra parte, essa frase se aplica aos esforços feitos em favor do evangelho, de forma que Maria pode estar entre os mestres ou pregadores cristãos de Roma (1Co 15:10; Gl 4:11).

Bibliografia. R. E. Brown, K. P. Donfried, J. A. Fitzmyer e J. Reumann, Eds., *Mary in the New Testament* (Philadelphia, 1978); B. R. Gaventa, *Mary: Glimpses of the Mother of Jesus* (Columbia, S.C., 1995); C. Ricci, *Mary Magdalene and Many Others: Women Who Followed Jesus* (Minneapolis, 1994); *B. Witherington, III, Women* in the Ministry of Jesus. SNTSMS 51 (Cambridge, 1984). [BEVERLY ROBERTS GAVENTA]

MARIA, EVANGELHO DE Evangelho gnóstico do século II ou III, que sobrevive numa tradução cóptica do original grego (P. Berolinensis 8502,1), seriamente danificada, bem como um fragmento grego (P. Rylands III 463). Ele apresenta Maria Madalena como reveladora da sabedoria secreta da era pós-ressurreição. Essa sabedoria é cosmológica e soteriológica em essência.

O texto começa com uma dissertação entre o Salvador e os discípulos sobre a natureza, o pecado e ética (1:1–9:5). O fundamental é a união com o reino espiritual; a metáfora da doença é usada para explicar esse conceito e pode refletir o mito de Sofia, tão comum no pensamento gnóstico. A seção termina com um voto de paz, uma advertência e uma admoestação para pregar.

Depois de uma curta transição (9:6–24), a terceira seção contém as visões de Maria (10:1–17:7). Seguido da ordem para ir pregar, os discípulos "choraram muito" pelo sofrimento que esperavam. Maria é então chamada a falar. Sua primeira visão discute a natureza das visões e então, depois de um intervalo, uma segunda visão apresenta um discurso sobre a ascensão da alma acima dos poderes cósmicos.

Quando Maria termina seu discurso, ela é imediatamente contestada por André e Pedro (17:7-22). Sua autoridade, como mulher, é questionada nesta quarta seção. Na quinta seção, Pedro é censurado por Levi (18:1-19:5). Pedro é igualado "aos adversários" (isto é, os poderes). Levi afirma que "o Salvador a tornou digna", confirmando, assim, a autoridade de Maria (tornando dessa forma este Evangelho importante ao diálogo feminista). Depois de sua réplica, Levi instrui o grupo a "proclamar e pregar".

Bibliografia. K. L. King, G. W. MacRae, R. McL. Wilson, "The Gospel of Mary (BG 8502,1)", in *The Nag Hammadi Library in English*, ed.J.M.Robinson, 3. ed. (San Francisco, 1988), 523-27; K. Rudolph, *Gnosis* (San Francisco, 1987); R. M. Wilson, "The New Testament in the Gnostic Gospel of Mary", *NTS* 3 (1957): 236-43. [PHILIP L. TITE]

MARIA, EVANGELHO DO NASCIMENTO DE Agressivo livro apócrifo antisemita do século II d.C., atribuído aos gnósticos (lat. *Genna* Marias, "Genealogia", ou "Descendência de Maria"). É conhecido somente pela referência em Epifânio Adv. haer. 16.12.1-4.

MARIA, REVELAÇÃO DE Um apocalipse apócrifo do NT, existente na versão grega, armênia, etíope e eslovena e que se acredita ser do século XIX d.C. Esse livro contém várias semelhanças com o Apocalipse de Paulo. A Revelação de Maria mostra Maria, mãe de Jesus, numa viagem visionária ao hades com o arcanjo Miguel. Maria pede que Miguel lhe mostre todas as punições dadas aos pecadores na morte. Ao ver a cena horrível, ela indaga os motivos da punição. Os pecados incluem conversas maldosas, aborto, recusa em reconhecer a trindade e não acordar para o culto dominical. Embora o coração de Maria sinta pesar pela condição de todos aqueles que ela vê (com exceção dos judeus que mataram Jesus), é só quando ela observa a punição dos cristãos que ela roga a Deus Santo em favor deles. No começo, Maria pede para ser castigada por eles num ato substitutivo. Quando isto é negado, Miguel, Moisés, João e Paulo, com os santos, unem-se em súplica por misericórdia pelos cristãos. Finalmente, Deus demonstra piedade e Jesus é mandado à terra para conceder descanso aos pecadores (até mesmo aos que o rejeitaram) por conta de Maria. [MELISSA L. ARCHER]

MARIAMME (gr. *Mariámmē*) (tb. MARIAMNE) *Ver* HERODES (FAMÍLIA).

MARISA (gr. *Marisa*) *Ver* MARESSA (LUGAR).

MÁRMORE Rocha metamórfica originada de calcita e/ou dolomita granulada recristalizada, produzida quando o calor e a pressão da atividade vulcânica atuam na pedra calcária. A pedra calcária é uma rocha sedimentária de origem orgânica ou inorgânica composta principalmente de carbonato de cálcio, e também dolomita, calcedônia e outros minerais. O mármore, que pode ser muito polido, é usado principalmente como pedra arquitetônica e ornamental. Não é originária da Palestina, sendo primeiramente importada das ilhas gregas durante o período persa. Entretanto, existem algumas ótimas pedras calcárias em Israel relativamente comuns, excelentes para construção e recebem alto polimento. O hebraico *Ses*, às vezes traduzido por "mármore", é mais comumente traduzido por "alabastro". Em Ester 1:6, o termo é empregado duas vezes para descrever materiais de construção usados no palácio do rei em Susã, nesse texto é traduzido por "mármore",- segundo o contexto histórico essa tradução parece correta. Mármore, do grego *mármaros*, "rocha cristalina brilhante", é também listado entre os bens que os mercadores da terra não mais conseguirão vender depois do juízo e da queda da Babilônia, a grande meretriz (Ap 18:12). [MARTHA JEAN MUGG BAILEY]

MAROTE (heb. *mārôṯ*) Cidade no Sefelá, ou terra baixa, de Judá (Mq 1:12), possivelmente a mesma que Maarate (Khirbet Qufin; Js 15:59).

MARSENA (heb. *marsĕnā'*) Um dos sete nobres do rei Assuero que tinham acesso direto ao rei (Et 1:14).

MARTA (gr. *Mártha*) Com sua irmã Maria e seu irmão Lázaro, amiga íntima e discípula de Jesus (Jo 11:5). Marta (do aram. *marta'*, "senhorita") aparece cedo nos evangelhos como anfitriã inquieta, preocupada em preparar uma refeição para Jesus. Sua irmã havia escolhido ouvir os ensinos de Cristo (Lc 10:38-42). Jesus gentilmente censura Marta por estar excessivamente preocupada com "muitas coisas", enquanto somente uma era necessária. Uma interpretação plausível é que Marta estava tentando preparar uma refeição composta de muitos pratos para o seu convidado de honra e Jesus estava sugerindo que somente um prato era necessário. Ao contrário de muitos intérpretes, não existe comparação nesta passagem entre Maria ouvindo os ensinos de Jesus e Marta servindo. Ele disse que Maria havia escolhido a "boa parte", não a melhor.

A aparição seguinte de Marta envolve tristeza e morte de seu irmão Lázaro. Depois de mandar chamar Jesus, ela o encontra com a gentil censura de que se ele estivesse lá seu irmão não teria morrido. Jesus a contesta ao perguntar se ela acredita que quem nele crê nunca morrerá. Ela responde com a mais sublime confissão de todo o NT: "...Sim, Senhor, eu creio que tu és o Cristo, o Filho de Deus que devia vir ao mundo." (Jo 11:27).

Na aparição final de Marta, ela está servindo uma refeição a Jesus, Lázaro e outros convidados anônimos (Jo 12:2). Alguns intérpretes localizam essa refeição na casa de Simão, o leproso, presumindo ser esta uma variante de Marcos 14:3-9. Tal interpretação é frágil por pelo menos três razões: o período de tempo de Marcos é dois dias antes da Páscoa (Mc 14:1), enquanto que o de João é de seis dias (Jo 12:1); a mulher que ungiu Jesus não é citada em Marcos; e em Marcos é ungida a cabeça de Jesus, enquanto que em João são ungidos seus pés. [JOE E. LUNCEFORD]

MARTELO O uso de martelos no Antigo Oriente Médio começa com martelos de pedra, uma cabeça de pedra perfurada para a introdução de um cabo de madeira. Na construção do templo de Salomão foram empregados martelos de ferro. Três palavras hebraicas representam o português "martelo": halmût (Jz 5:26), um "martelo dos trabalhadores"; maqqebet (Jz 4:21; 1Rs 6:7; Is 44:12; Jr 10:4), um "martelo" usado em pregos ou pinos; e *pattîs* (Is 41:7; Jr 23:29; 50:23), um "martelo de forja". Todos são representados na LXX pelo termo grego genérico sphýra. Os termos hebraicos halmût e maqqebet parecem ser intercambiáveis em Jz 4:21 e 5:26, em que Jael usa um martelo para atravessar a cabeça de Sísera com uma estaca de tenda.

"Macabeu", o título de Judas (1Macabeus 2.4; Josefo *Ant.* 12.6.1 [265-67]), é amplamente tido como estando baseado em *maqqebet*. "Martelo" também é empregado metaforicamente para a palavra de Deus (Jr 23:29) e para a Babilônia, o martelo de toda a terra (Jr 50:23). [THOMAS SCOTT CAULLEY]

MÁRTIR Transliteração da palavra grega *mártys, martýrion, martyría,* "testemunhar, testemunho". Originalmente a palavra referia-se a alguém que testemunhasse legalmente, mas passou a se referir a alguém cujo testemunho por Jesus termina em morte (martírio). No livro de Atos, a palavra é usada várias vezes em referência aos apóstolos como testemunhas (At 1:8; 2:32; 3:15; 10:39). Em Atos 5:32, a referência é a alguém que esteja disposto a sofrer como parte do seu testemunho por Jesus. Em Apocalipse, a palavra sugere mais a ideia de quem morre em consequência do seu testemunho (Ap 2:13; 17:6; 22:20; "mártir"). O uso posterior da palavra implica somente alguém morrer pela fé em Cristo (cf. Inácio Rom. 2; Mart. Pol. 14.12; 17.3). [EDWARD P. MYERS]

MARZEA (heb. *marzēaḥ*) Festim religioso de bebida conhecido no antigo mundo semítico. Textos mencionando o marzeah cobrem o período de três milênios, estendendo-se de Ebla (séc. XXIV a.C.) a Madeba (séc. VI d.C.), com confirmações intervenientes na literatura de Emar, Ugarite, Transjordânia, Elefantina, Fenícia, Habatea, Palmira e rabínica.

A informação substancial mais antiga vem de Ugarite, onde o termo denota tanto o banquete como os que o celebraram. Este último era composto por membros (*mt mrzh*) com um líder (*rb*), que cobrava impostos, possuía propriedade e tinha uma divindade padroeira. As propriedades substanciais incluíam campos e vinhedos, mas o mais importante era a "casa do *marzeah*" (*bt mrzh*). A importância do grupo social é indicada pelo tamanho de suas propriedades, pelo número de testemunhas de suas transações e a concessão de aprovação real. Ugarite também fornece uma descrição de um marzeah religioso: em *KTU* 1.114 El convida os deuses para o seu marzeah, onde são encorajados a beber até ficarem embriagados; o festim termina com El sucumbindo em estado de embriaguez total.

Embora se deva fazer concessão à divergência de lugar para lugar, duas características comuns podem ser discernidas nos casos subsequentes do marzeah; a importância social da instituição e a ênfase em beber. Na maioria dos lugares, existe alguma menção a vinho, normalmente em grande quantidade, ou pelo menos a taças, em mais de uma vez, os eventos são datados em relação ao tempo do banquete e/ou da presidência do líder.

A posição social do marzeah é evidente em Amós 6. O profeta pune a elite de Samaria (Am 6:1) por seus suntuosos banquetes caracterizados por suas camas confortáveis, comidas selecionadas, música, unção com óleo e vinho bebido em grandes taças (v. 4-6). Amós anuncia que o marzeah deles ("orgia") terminará quando forem levados para o exílio (Am 6:7). Em Jeremias 16:5, o profeta é proibido de entrar na casa do marzeah ("casa da lamentação") para lamentar os assassinados pelos babilônios; no v. 8, ela é chamada de "casa da bebida" (bêt-misteh).

À luz da significativa importância do marzeah em outra parte, é surpreendente vê-lo mencionado somente duas vezes na Bíblia. Vários textos têm sido propostos como alusões, mas não usam a palavra (Is 28:1-13; Ez 39:17-20; Am 4:1; cf. Is 56:9–57:13; Ez 8:7–13; Am 2:7, 8; 1Co 11:20–22).

Bibliografia. D. B. Bryan, *Texts Relating to the Marzeah* (diss., Johns Hopkins, 1973); J. L. McLaughlin, "The marzeah at Ugarit", *UF* 23 (1991): 265-81. [JOHN L. MCLAUGHLIN]

MÁS (heb. *maš*) Filho de Arão e descendente de Sem (Gn 10:23; LXX gr. *Mosoch*). Foi o ancestral epônimo de uma tribo aramaica que talvez deva ser associada ao monte Masius (Keraga Dag/Tur Abdin), cadeia de montanhas perto da nascente do rio Eufrates, ou com ac. Masu, cadeias libanesas e antilibanesas. Na passagem paralela (1Cr 1:17), é citado como Meseque (2).

MASAL (heb. *māšāl*) **I. (GÊNERO LITERÁRIO)** Da raiz hebraica *mšl*, "representar", "ser semelhante" ou "comparar". Na forma plural, o nome hebraico do livro de Provérbios ocorre em Provérbios 1:1; 10:1; 25:1. Nessas passagens, o termo implica provérbio enérgico e indefinido que requer interpretação consistente para compreender os múltiplos níveis nos quais repousa a comparação. Além disso, o termo pode sinalizar o princípio pelo qual vários provérbios no livro de Provérbios parecem se unir: o que parece orientar sua localização em alguma coleção é o grau ao qual um provérbio confere alguma característica (usualmente verbal) com um provérbio adjacente.

Em Ezequiel 17:2, o termo encontra-se em combinação com a raiz *hwd*, a forma nominal da qual é traduzido "enigma". Nesse, caso a raiz *mšl* é com frequência traduzida por "alegoria". Nessa passagem, a palavra é provavelmente mais próxima da ideia de parábola. À luz disso, várias narrativas do AT parecem representar a ideia embora não sejam chamadas de *māšāl*. Juízes 9; 2Samuel 12, 14, bem como 1Reis 20, todos se qualificam como narrativas em forma de parábolas. Junto com este significado mais amplo de masal está o uso de uma história curta para forçar uma personagem na história (bem como o leitor) a interpretar eventos à vista do próprio contexto de alguém. A característica destes *mesalîm* são as múltiplas interpretações sugeridas por associações narrativas com seus ambientes atuais, bem como com outros materiais do AT. No judaísmo rabínico o *masal* emerge como uma forma complexa de interpretação bíblica na qual uma passagem é elaborada com uma história que começa "Isto é como..." A parábola no NT é frequentemente compreendida como uma forma de *masal* mas, na verdade, representa somente uma parte das formas à qual se aplica a masal no AT. [LARRY L. LYKE]

II. (LUGAR) (tb. MISAL) Cidade levítica de Aser (1Cr 6:74 [TM 59]). Em outra parte é chamada Misal.

MASEIAS (heb. *maḥsēyâ*) Avô de Baruque, secretário de Jeremias (Jr 32:12), e de Seraías, oficial responsável pelas provisões do rei Zedequias (51:59).

MASQUIL (heb. *makkîl*) Termo técnico usado nos títulos dos Salmos 32,42,44,45,52-55,74,78,88,89,142, aparentemente para designar algo sobre o conteúdo ou sobre a apresentação de cada salmo. Entre as traduções sugeridas estão "meditação", "poema didático", "salmo de entendimento", "cântico escolhido ou delicado, habilmente composto". A palavra pode ter derivado do hebraico *sakal*, traduzida na Literatura da Sabedoria de diversas maneiras por "hábil", "sábio" para ensinar", mas esse significado parece adequado somente nos Salmos 32 e 78. É mais provável que a palavra se refira a alguma parte da execução musical do Salmo (cf. 2Cr 30:21,22). [MICHAEL D. HILDENBRAND]

MASRECA (heb. *makrēqâ*) Cidade natal do rei Samlá, em Edom (Gn 36:36; 1Cr 1:47). Várias tentativas foram feitas para identificar o local, que vai da Síria até o sul da Transjordânia e noroeste da Arábia.

MASSÁ (heb. *massâ*), **MERIBÁ** (*mĕrîḇâ*) Dos verbos "testar" e "esforçar-se, competir", respectivamente, termos que fazem referência a um local onde Israel rebelou-se contra Yahweh no deserto. Três traduções distintas desses eventos são preservados na Bíblia. Em Êxodo 17:1-7, local do acampamento dos israelitas em Refidim a caminho de Horebe. Em Refidim, se queixam de sede a Moisés. Yahweh diz a Moisés para ir à frente do povo com alguns anciãos a Horebe e ferir a montanha para que dela saia água e o povo possa beber. O lugar é chamado de Massá e Meribá porque ali os israelitas "disputaram" e "testaram" Deus (cf. Sl 95:8; também Dt 6:16; 9:22, nesse texto somente Massá é mencionado).

Uma segunda tradição localiza a rebelião perto de Cades, no deserto de Zin, e faz referência somente a Meribá. O foco desta tradição é o juízo de Yahweh sobre Moisés e Arão. Diferentemente da tradição de Êxodo, Yahweh instrui Moisés a falar à rocha para que ela produza água, mas em vez disso Moisés fere a rocha duas vezes. Pelo fato de Moisés e Arão não terem confiado em Yahweh ou mostrado sua santidade, Yahweh declara que eles não conduzirão os israelitas para dentro da Terra Prometida — eles morrerão no deserto (Nm 20:1-13, 24; 27:14; Dt 32:51; Sl 106:32).

Uma terceira tradição, somente sugerida na Bíblia, afirma que Yahweh testou os levitas que guardaram sua aliança e, assim, foram recompensados com Urim e Tumim e pelo serviço perante Yahweh (Dt 33:8-11; cf. Sl 81:7 [TM 8]). [RONALD A. SIMKINS]

MASSÁ (heb. *makkāʾ*) **1.** Filho de Ismael e ancestral epônimo de uma tribo do norte da Arábia (Gn 25:14; 1Cr 1:30). Fontes acadianas (*ANET*, 283) localizam os habitantes de Massá na região norte da Arábia. Ptolomeu (Geog. 5.18.2) menciona os "Masanoi" como situados na área designada aos ismaelitas (i.e., centro norte da Arábia).

2. Termo no título de Provérbios 30:1; 31:1, indicando talvez um lugar (1 acima) ou um "oráculo" (cf. presença do artigo definido em 30:1). Embora o uso profético do hebraico *maśśāʾ* ("aflição") anuncie um oráculo de maldição (Is 13:1; 15:1; Na 1:1; Hc 1:1), o título da coleção de Provérbios não dê a entender tal significado. [HAROLD R. MOSLEY]

MASSADA (gr. *Masada*) Fortaleza rochosa num alto monte isolado, cercado por penhascos íngremes e, em consequência, inexpugnável, localizado a 16,5 km ao sul de En-Gedi, na costa ocidental do mar Morto, defronte à península de Lisan. Estudiosos concordam que foi o sumo sacerdote asmoneu Alexandre Janeu (103-76 a.C.) que originalmente construiu a fortaleza, formada por quatro pequenos palácios. Em 40 a.C., sob o cerco de Antígono e dos partos, a família de Herodes permaneceu em Massada quando Herodes fugiu para Roma. Sua família quase morreu por falta de água, mas uma súbita tempestade de verão salvou a vida deles (Josefo, *Ant.* 14.390-91). Herodes reconstruiu a fortaleza, acrescentando oito cisternas, armazéns, um palacete com pinturas a fresco, três terraços e um muro duplo com habitações em seu interior, com cerca de 1.280 m de comprimento com 110 aposentos internos e torres. Em 66 d.C., durante a Primeira Revolta Judaica contra os romanos, os zelotes tomaram Massada de uma guarnição romana (Josefo, *BJ* 2.408). Depois, sob Eleazar, sustaram um prolongado cerco de Flávio Silva e da Décima legião até 73/4 d.C., vários anos após a destruição do templo de Jerusalém. De acordo com Josefo, 960 sicários e zelotes, todos os habitantes com exceção de duas mulheres e cinco crianças, cometeram suicídio e não caíram nas mãos dos romanos (*BJ* 7.389-400). Isto se assemelha à própria experiência em 68 a.C. quando, como general das forças judaicas da Galileia, ele foi derrotado por Vespasiano; mas enquanto outros judeus que estavam escondidos com ele escolheram cometer suicídio para não serem capturados pelos romanos, Josefo rendeu-se.

Escavações feitas por Ygael Yadin em 1963-64 renderam muitos achados do período herodiano: inscrições, pedaços de cerâmica com inscrições, moedas "comemorativas" da Primeira Revolta Judaica e um *mikveh* (banho ritual). Foram também descobertos fragmentos de manuscritos bíblicos e não bíblicos semelhantes aos encontrados nas cavernas de Qumran: Levítico, Deuteronômio, Ezequiel, um rolo de Salmos 81–85; 150, os Cânticos do Sacrifício do Sábado e manuscritos originais hebraicos de Siraque e Jubileu.

Bibliografia. Y. Yadin, "The Excavation of Masada — 1963-64: Preliminary Report", *IEJ* 15 (1965): 1-120; *Masada: Herod's Fortress and the Zealots' Last Stand* (New York, 1966). [LINNE ALCOTT KOGEL]

MASSORÁ (heb. *māsôrâ*) Em seu sentido mais amplo, as tradições e regras, orais ou escritas, regulando todos os aspectos de cópia e uso dos manuscritos bíblicos. Entretanto, o termo é normalmente entendido em seu sentido restrito, referindo-se apenas às notas massoréticas que são transmitidas com o texto. Essas notas estão em hebraico ou aramaico e normalmente são números ou abreviações.

Há diferentes tipos de notas massoréticas. A Massorá Parva (Mp) é formada pelas notas na margem dos manuscritos ou edições (ver BHS). Combinadas com palavras essas notas ou frases no texto são sinalizadas por um pequeno círculo feito sobre o item textual. As notas Mp, principalmente, mas não exclusivamente, dão a quantidade de ocorrências para o item textual. Por exemplo, em BHS, *wĕlôṭ* ("e Ló") em Gênesis 13:1 está combinado com a nota Mp d (daleth), a letra que representa o número quatro. A nota indica que welôt ocorre quatro vezes.

A Massorá Magna (Mm) consiste de notas nas margens superiores e inferiores dos manuscritos (mas em BHS elas estão no volume suplementar, Massorah Gedolah). As notas Mm dão uma lista de versos que contêm as ocorrências enumeradas pelas notas Mp. Cada verso é citado por um curto extrato que o identifica.

A Massorá Finalis (Mf) refere-se ao material recolhido no final de um determinado livro, seção (p. ex., Composição), ou manuscrito. Nos manuscritos, a Mf consiste de listas resumidas (como o número de versos) ou outros dados para os quais não havia espaço nas margens de um manuscrito. O termo Mf é também uma referência às listas editadas reunidas por Jacob Bem Chayyim que se encontram no fim da Segunda Bíblia Rabínica (1524-25).

A Massorá não é um conjunto unificado de material transmitido uniformemente com todos os manuscritos. O conteúdo varia de manuscrito para manuscrito, embora muitos deles sejam sobreposições de manuscritos da tradição padrão tiberiana. O propósito da Massorá foi proteger o texto com exatidão, para que nada fosse acrescentado ou retirado do texto. Para tal fim, as notas dão instruções específicas com relação às palavras e às frases nos textos em que um equívoco na escrita poderia ocorrer. A Massorá foi um meio eficiente de controle de qualidade pelo qual o texto foi preservado sem mudança significativa.

Bibliografia. A. Dotan, "Masorah", *EncJud* 16 (Jerusalem, 1971): 1401-82; C. D. Ginsburg, *Introduction to the Massoretico-Critical Edition of the Hebrew Bible* (1899, repr. New York, 1966); P. H. Kelley, D. S. Mynatt e T. G. Crawford, *The Masorah of Biblia Hebraica Stuttgartensia* (Grand Rapids, 1998); G. E. Weil, *Massorah Gedolah 1* (Rome, 1971); I. Yeivin, *Introduction to the Tiberian Masorah*. SBLMasS 5 (Missoula, 1980). [DANIEL S. MYNATT]

MATÃ (gr. *Matthán*) **1.** Ancestral pós-exílico de Jesus; avô de José (Mt 1:15; cf. Matate em Lc 3:24).

2. (heb. *mattān*) Sacerdote de Baal, morto no golpe contra a rainha Atalia, de Judá (2Rs 11:18; 2Cr 23:17).

3. O pai de Sefatias, oficial do rei Zedequias (Jr 38:1).

MATANA (heb. *mattānâ*) O primeiro local do acampamento no itinerário do Êxodo (Nm 21:18-20) que sucedeu a canção de Israel (v. 17-18) da provisão de Yahweh de um poço de água em Beer (cf. o significado do nome, "presente, doação"). O contexto coloca Matana, entendido por muitos estudiosos como o nome de um local moabita, a leste do Jordão e além do riacho de Zerede (Nm 21:12) até o vale do rio Arnom (v. 13-15). Sua localização precisa é desconhecida, mas uma possibilidade é Khirbet el-Medeiyineh, cerca de 19 km a sudeste de Medeba.

Bibliografia. N. Glueck, *Explorations in Eastern Palestine* I. AASOR 14 (Baltimore, 1933-34); J.R. Kautz, "Tracking the Ancient Moabites", *BA* 44 (1981): 27-35; A.H. Van Zyl, *The Moabites*, Pretoria Oriental Series 3 (Leiden, 1960). [ROBERT DELSNYDER]

MATANIAS (heb. *mattanyâ, mattanyāhû*) **1.** Nome hebraico comum ("Presente de Já [vé]"), confirmado nas Cartas de Laquis (1.5) e em lacre de correspondência do tempo de Jeremias (cf. também a forma abreviada Matã sem o elemento teofórico).

2. O último rei de Judá (c. 597-596 d.C.), coroado por Nabucodonosor da Babilônia para substituir seu sobrinho Jeoaquim, que teve seu nome mudado para Zedequias (2Rs 24:17); filho de Josias.

3. Um dos 14 filhos de Hemã, a quem Davi aparentemente separou para o serviço musical no templo projetado (1Cr 25:4, 16).

4. Levita dos filhos de Asafe e tataravô de Jaaziel, profeta da corte em favor de Jeosafá (2Cr 20:14).

5. Levita do tempo de Ezequias incumbido de ajudar a reconsagrar o templo (2Cr 29:13).

6.-9 Quatro israelitas pós-exílio, cada um deles casado com mulheres estrangeiras e que delas se divorciaram por orientação de Esdras: eles eram da família de Elão (Ed 10:26), Zatu (v. 27), Paate-Moabe (v. 30) e Bani (v. 29).

10. O filho de Mica, líder musical levítico dos filhos de Asafe, que inchou a população de Jerusalém mudando-se para lá (Ne 11:17). O líder do coro no templo em 1Crônicas 9:15; Neemias 12:8, 25 é aparentemente a mesma pessoa, embora lá ele seja do tempo de Zorobabel. Seu bisneto Uzi foi supervisor dos levitas (Ne 11:22); outro bisneto de Zacarias foi um dirigente do coro na dedicação do muro (12:35).

11. Avô de Hanã, filho de Zacur, a quem Neemias encarregou de ajudar os novos tesoureiros dos celeiros, Selemias e Zadoque (Ne 13:13).

Bibliografia. W. E. Aufrecht, "Genealogy and History in Ancient Israel", in *Ascribe to the Lord*, ed. L. E. Eslinger e G. Taylor. JSOTSup 67 (Sheffield, 1988), 205-35; N. Avigad, *Hebrew Bullae from the Time of Jeremiah* (Jerusalem, 1986). [PAUL J. KISSLING]

MATATÁ (gr. *Mattathá*) **1.** Ancestral de Jesus; neto do rei Davi (Lc 3:31).

2. (heb. *mattattâ*) Israelita a quem se exigiu que se divorciasse de sua esposa estrangeira (Ed 10:33).

MATATE (gr. *Maththát*) **1.** Ancestral de Jesus; de acordo com Lucas 3:24 o avô de José (cf. Mt 1:15, Matã).

2. Ancestral pós-exílico de Jesus (Lc 3:29).

MATATIAS (gr. *Mattathías*) **1.** Nome comum (heb. *mattityâ*, "presente de Yahweh") nos períodos macabeu e romano.

2. Sacerdote da ordem de Jeoiaribe (1Cr 24:7) ou Joaribe (1Mac 2.1); filho de João e neto de Simeão. Matatias era descendente de Asmoneu, do qual deriva o nome asmoneu, que veio a ser o nome da dinastia judaica reinante, descendente de Matatias. Originário do vilarejo de Modein, Matatias e seus filhos iniciaram em 166 a.C. uma revolta contra Antíoco IV, que estava tentando exterminar a religião judaica (1Mac 2).

3. O filho de Absalão, oficial general sob as ordens de Jônatas (1Mac 11.70).

4. O terceiro filho de Simão e neto de Matatias 1. Após a revolta dos macabeus (134 a.C.), Ptolomeu, parente da família asmoniana reinante, assassinou este Matatias, seu irmão Judas e o pai, Simão na tentativa de golpe deles (1Mac 16.14-16).

5. Embaixador mandado a Judas Macabeu por Nicanor, o sírio nomeado governador da Judeia (2Mac 14.19).

6. Ancestral de Jesus, de acordo com a genealogia de Lucas (Lc 3:25; NRSV Matate).

7. Outro ancestral de Jesus, de acordo com Lucas 3:26. [J. BRADLEY CHANCE]

MATENAI (heb. *mattěnay*) **1.** Israelita dentre os filhos de Hasun a quem se exigiu que se divorciasse de sua esposa estrangeira (Ed 10:33).

2. Um dos filhos de Bani que se divorciou de sua esposa estrangeira (Ed 10:37).

3. Chefe da casa sacerdotal de Joiaribe no tempo do sumo sacerdote Joiaquim (Ne 12:19).

MATEUS (gr. *Maththaíos*) Um dos primeiros discípulos de Jesus, mencionado em todas as listas dos Doze (Mt 10:3; Mc 3:18; Lc 6:15; At 1:13). Nos relatos do seu chamado para tornar-se discípulo, Marcos e Lucas o chamam de Levi (Mc 2:14; Lc 5:27). O fato de ser coletor de impostos e a semelhança de detalhes do chamado tornam praticamente certa a identificação de Mateus com Levi. O relato de Marcos o registra como filho de Alfeu, o que parece identificá-lo como irmão de Tiago (não confundir com Tiago, filho de Zebedeu).

Todos os três relatos sinópticos do chamado de Mateus/Levi são seguidos imediatamente por relatos de Jesus indo a uma recepção com muitos "cobradores de impostos e pecadores" presentes. Somente Lucas identifica claramente o local como a casa de Levi. É evidente que Lucas queria mostrar que essa recepção era uma resposta espontânea e alegre ao chamado de Mateus/Levi para seguir Jesus.

Antes de se tornar discípulo, Mateus era coletor de impostos da área de Cafarnaum. Sua posição teria sido muito lucrativa, já que ele podia ter a oportunidade de cobrar não somente dos agricultores e artesãos locais ao trazerem seus produtos ao mercado, mas também de caravanas que frequentemente passavam pela área carregando mercadorias entre o Egito e o Oriente. O detalhe encontrado somente em Lucas de que ele "deixou tudo" (Lc 5:28) para seguir Jesus é provavelmente uma alusão à sua posição lucrativa.

Muito pouco se sabe de Mateus/Levi além dos relatos nos sinópticos a respeito do seu chamado. Pápias alega que ele escreveu o evangelho de Mateus em hebraico. Tal como todos os primeiros discípulos, histórias fabulosas são abundantes. De acordo com uma tradição, ele foi martirizado, mas outra diz que ele morreu de morte natural. [JOE E. LUNCEFORD]

MATEUS, EVANGELHO DE O primeiro dos evangelhos na ordem canônica. O livro foi escrito durante as últimas décadas do século I, quando judeus e cristãos igualmente viram-se diante da tarefa de rearticular sua autocompreensão à luz da destruição do templo e da cidade santa, Jerusalém. Independentemente de onde o evangelho foi escrito (Antioquia da Síria ou uma colonização maior na região da Galileia são os dois ambientes propostos com mais frequência), a história de Jesus que Mateus conta parece bem adequada para esclarecer a identidade, vocação e costumes de uma comunidade em transição e sofrimento. Mateus usa expectativa e surpresa, em ambas as formas e no conteúdo, para enfatizar essa situação, enquanto afirma que Jesus Cristo, "Deus conosco", é a figura que define em torno da qual o autoconhecimento, imaginação e relações sociais da comunidade devem ser formados.

A atribuição deste evangelho a Mateus é tradicional; os manuscritos mais antigos são anônimos. Alguns estudiosos hoje argumentam que Mateus foi o primeiro evangelho a ser escrito. A maioria dos estudiosos, entretanto, sustenta a prioridade de Marcos e acredita que Mateus provavelmente usou duas outras fontes além de Marcos, uma que foi compartilhada com Lucas (comumente designada como "Q"), e uma fonte que foi usada independentemente por Mateus. Enquanto gerações mais antigas de estudiosos sustentaram que muitas repetições encontradas em Mateus se devem ao uso descuidado dessas fontes, estudos mais recentes afirmam que Mateus emprega a repetição intencionalmente como meio de aperfeiçoar personagens e melhorar o enredo. Mateus também conta com citações do e faz alusões ao AT para guiar o leitor pela história e provê estruturas esclarecedoras para os eventos narrados. As mais importantes entre estas estão as "citações de cumprimento" (Mt 1:22, 23; 2:15, 17, 18, 23; 4:14-16; 8:17; 12:17-21; 13:35; 21:4, 5; 27:9, 10), as quais apelavam para audiências familiarizadas com o AT, especialmente as profecias concernentes ao Messias. Quando se encontra apelos às expectativas judaicas, entretanto, pode-se encontrar elementos nessa história que teria surpreendido os leitores familiarizados com o AT e expandido a percepção deles tanto acerca do Messias quanto de Deus. A descrição de Jesus de um "escriba instruído quanto ao reino dos céus" ser como quem "...tira do seu tesouro coisas novas e velhas..." (13:52) descreve bem o próprio trabalho deste evangelista.

A manipulação de Mateus das convenções de gênero também gera expectativa e surpresa. O evangelho incorpora elementos que teriam levado antigas audiências a associá-lo tanto a biografias de filósofos e reis importantes quanto à historiografia judaica. Assim, por um lado, a história de Mateus é a respeito de Jesus, o mestre e a pessoa que cura, cujas ações e ensinos, incluindo morte e ressurreição, formam um todo coerente, congruente e convincente, digno de ser imitado por discípulos fiéis até mesmo em circunstâncias adversas. Dessa forma, funciona como biografia antiga. Por outro lado, a história de Mateus é sobre Jesus o Messias de Israel, cuja vocação e ministério, incluindo morte e ressurreição, recapitula e faz com que dê frutos toda a história de Deus e do povo de Israel. Assim, o evangelho parece construir sobre e completar os livros históricos encontrados no AT. Ao juntar biografia com história, o evangelho transcende as expectativas de ambas. O leitor percebe que Jesus é uma figura cuja vida e ensinos são importantes por mérito próprio, mas também aquele cuja história termina e altera a história.

Mateus também mantém em suspense padrões estruturais múltiplos e que se sobrepõem. O mais importante desses padrões organizacionais é a alternância de narrativa e discurso. Cinco vezes Mateus usa a fórmula "quando Jesus terminou de falar", sempre na transição de um dos cinco maiores discursos de Jesus para uma seção de narrativa que registra seus feitos (7:28, 29; 11:1; 13:53; 19:1; 26:1). Alguns estudiosos detectam na áspera correspondência de temas e motivos em meio a esses segmentos de narrativa e discurso um arranjo quiástico dominante (um paralelismo invertido, concêntrico, vinculado às parábolas do cap. 13).

Duas vezes Mateus usa a fórmula "Jesus começou", cada vez sugerindo uma importante mudança na narrativa: em 4:17 Jesus começa seu ministério e a pregar na Galileia, e em 16:21 ele se volta para Jerusalém, onde deverá ocorrer seu sofrimento, sua morte e ressurreição. De acordo com esse método, Mateus é organizado em três quadros, cada um representando um aspecto geográfico e, especialmente, cristológico da história.

Mais recentemente os estudiosos têm voltado a atenção para o desenvolvimento do enredo em Mateus e oferecido uma variedade de propostas relativas à estrutura do evangelho baseada em "núcleos", os pontos cruciais que determinam os elos de causalidade em torno dos quais a narrativa flui. Essa abordagem produz tipicamente uma sexta parte da estrutura, aproximadamente como segue: 1) a vinda do Messias, 1:1 — 4:16 (núcleo: 1:18-25); 2) o ministério do Messias a Israel, 4:17 — 11:1 (núcleo: 4:17-25); 3) conflito e crise no ministério do Messias, 11:2 — 16:20 (núcleo: 11:2-6); 4) a viagem do Messias a Jerusalém, 16:21 — 20:34 (núcleo: 16:21-28); 5) a rejeição final e crucificação do Messias, 21:1 — 27:66 (núcleo: 21:1-27); e 6) ressurreição do Messias e comissionamento dos discípulos, 28:1-20 (núcleo: 28:1-10).

Os leitores devem resistir à tentação de ser exigentes na escolha entre essas opções, já que elas são desenvolvidas com base em critérios divergentes, mas não necessariamente exclusivos. Estudos que ignoram as complexas interseções e os padrões estruturais que se sobrepõem, em ação neste evangelho, devem ser provavelmente reducionistas. Além disso, o evangelista às vezes estabelece padrões e expectativas, somente para fragmentá-los. Por exemplo, na genealogia que abre o evangelho (e que com isso molda as expectativas genéricas do leitor), Mateus prepara a ascendência de Jesus de acordo com uma estrutura em três partes da história de Israel, que vai de Abraão ao estabelecimento do reino davídico, de Salomão ao exílio babilônico, e do retorno do exílio até Cristo. Mateus então conta ao leitor explicitamente que cada uma dessas três porções da história de Israel tem 14 gerações. Uma contagem cuidadosa, entretanto, fornece somente 13 gerações no último segmento. Teria Mateus cometido um erro? Devemos contar Jesus duas vezes? O Espírito Santo é contado como uma geração? Mateus não responde a tais perguntas, mas deixa os leitores fazerem uma autoanálise do mistério e do suspense de uma estrutura cuidadosamente construída e (aparentemente) intencionalmente quebrada.

A sensação de suspense e surpresa gerada pelo uso de Mateus é igualada pelas tensões temáticas que percorrem o evangelho. A mais evidente delas, e a mais inquietante para os estudiosos, tem sido o problema colocado pela relação de Mateus com o judaísmo. Mateus é um dos documentos mais explicitamente judaicos do NT, mas também um dos mais críticos da liderança judaica. Mateus parece afirmar a validade da Lei em vigor (5:17-20), embora também limite um pouco de sua autoridade (12:1-14). Isso reflete uma comunidade amplamente gentia do momento que deixou (talvez há muito tempo) suas raízes judaicas para trás, mas não se incomodou em cobrir os vestígios de suas origens? Ou reflete uma comunidade predominantemente judaica que só recentemente emergiu de um rompimento doloroso e definitivo com facções judaicas conflitantes? Pode ser que Mateus seja representante de uma comunidade cristã (ou "judaico-cristã") que, mesmo em seu envolvimento na missão às nações, entende-se como legítima herdeira e personificação fiel da vocação e das tradições de Israel e, portanto, competindo com expressões alternativas da identidade e da liderança judaica? Durante as décadas recentes a maior parte da discussão tem se concentrado nas últimas alternativas, com um número crescente de vozes que afirmam a última das propostas.

Essa linha de questionamento, em qualquer caso, tem suas raízes na evidente determinação de Mateus em localizar a história de Jesus dentro da história de Israel ou, mais precisamente, em estabelecer Jesus como o cumprimento da história de Israel, enquanto afirma também que o Messias é o início de algo novo. Em outras palavras, Mateus afirma tanto a continuidade como a descontinuidade entre Jesus e a vocação e as tradições de Israel. Assim, Jesus tanto cumpre como invalida (e radicaliza) a Lei. Ele representa para Israel, bem como para as nações, tanto julgamento quanto misericórdia. Ele é o rei-messias davídico (12:23) e o servo humilde e abatido em quem as nações esperarão (12:18-21). Mateus dá a tal descrição que passa a sensação de suspense, paradoxal, de Jesus uma expressão quase cômica na história da entrada triunfal em Jerusalém (21:1-11), em que ele aparentemente cavalga não um, mas dois animais — um asno, que os reis do AT tradicionalmente cavalgavam para sua coroação, e um jumentinho, animal de carga que simboliza a identidade de Jesus como servo.

Desde o início do evangelho, Mateus usa uma variedade de títulos e imagens para descrever Jesus. O Cristo não é somente o Messias e Filho de

Davi, é também Filho de Deus, Filho do homem, e aquele salvará seu povo dos seus pecados (1:21). Em cada caso, Mateus torce as expectativas associadas a cada título para dizer algo novo sobre Jesus. Mateus chama explicitamente Jesus de Emanuel, "Deus conosco", tanto no início quanto no fim do evangelho (1:23; 28:20). Ao finalizar o livro com essa identificação, Mateus sugere que toda a história seja lida como uma explicação do que significa esta designação. O "Deus conosco" está presente na forma humana, em submissão (12:18-21), bem como com poder (7:29; 9:8; 21:23ss; 28:18). Os atos e os ensinos de Jesus como "Deus conosco" nublam as fronteiras entre o humano e o divino (p.ex., 9:1-8; 14:22-33), e entre o céu e a terra (6:10; 16:19; 18:18; 38:20). O efeito dessa constante redefinição de expectativas e confusão de limites é um esforço constante da imaginação e exercício dos discípulos, bem como dos leitores.

À medida que a história de Mateus sobre Jesus se desenrola, os leitores são surpreendidos pela intriga e violência presentes em sua pessoa e seu ministério, desde a tentativa de Herodes em matar o bebê (2:1-23) até os ataques de violência que culminam com sua crucificação. De acordo com Mateus, a presença de Deus no mundo [na pessoa de] Jesus é recebida com confusão, descrença e rejeição. Mateus descreve essa reação com a maior clareza no que se refere aos líderes políticos e religiosos, que percebem o poder transformador de Jesus, mas consideram seu ministério ameaçador ao próprio poder e piedade deles cuidadosamente cultivados. Numa importante série de diálogos, Jesus apanha os líderes em Jerusalém em autocondenação e juízo (21:31-32, 40-41). O reino será tirado deles e dado a outros. A surpresa é que os piedosos e poderosos não são necessariamente os escolhidos de Deus.

No curso das interações de Jesus com os líderes judeus, Mateus deixa claro que um assunto principal em questão é a natureza da autoridade. Os líderes judaicos detêm a autoridade política, econômica e social, as quais eles exercem as expensas daqueles a quem eles consideram menos justos. O poder deles é usado no interesse próprio e para preservar os limites sociais e econômicos. Este tipo de poder, de acordo com Mateus, é humano em vez de vir de Deus. O poder de Jesus, ao contrário, quebra as barreiras impostas por classe, riqueza e religiosidade. Jesus usa essa autoridade para demonstrar a misericórdia de Deus. A decisão dos líderes, no final, de matar Jesus deixa claro que o poder deles tira vida, enquanto que o poder de Deus a restaura. Mateus usa, assim, os acontecimentos que levam Jesus à crucificação para realçar a questão de quem realmente representa e manifesta a autoridade de Deus. Aqui novamente o leitor pode ser surpreendido: o poder de Deus não é manifestado na ameaça da morte, mas na restauração da vida.

Em Mateus, somente aqueles que têm fé, os discípulos pequenos e menos importantes, as crianças e mulheres — em outras palavras, aqueles cuja participação na presente ordem é mínima — podem discernir a verdadeira identidade de Jesus, mesmo que apenas parcialmente. Com a crucificação, o pleno significado e o poder da vocação de Jesus são finalmente manifestados. Sua morte marca o ápice apocalíptico da história. A terra treme, rochas se partem, túmulos se abrem e os mortos ressuscitam. A surpresa não é somente que Deus confirma a vitória de Jesus vencendo a determinação mortal dos líderes, mas que a morte e a ressurreição de Jesus é o ponto crucial da história.

Ainda outra tensão em Mateus gira em torno das implicações da morte de Jesus para o povo judeu. Está claro em Mateus que a missão aos gentios depende da conclusão da missão de Jesus às ovelhas perdidas da casa de Israel. Mas a missão aos gentios acontece por causa do fracasso da missão a Israel? Deus agora se afastou de Israel e voltou-se para as nações (isto é, para uma Igreja gentia)? Ou é a morte de Jesus o meio de salvação até mesmo para os que rejeitaram e executaram Jesus? Mateus não responde a essas perguntas diretamente, mas deixa o leitor discernir as respostas nas trilhas do discipulado (28:16-20).

O talento literário de Mateus produz uma história que retribui a leitura cuidadosa e atenta e que amplia a nossa imaginação e aprofunda a nossa percepção a cada nova leitura. Mateus aponta candidatos a discípulos na direção de um Messias que cumpre esperanças, ultrapassa as expectativas e promete estar presente na jornada em momentos difíceis e confusos, não diferente do nosso.

Bibliografia. D. C. Allison, Jr. *The New Moses: A Matthean Typology* (Minneapolis, 1993); D. L. Balch, ed., *Social History of the Matthean Community* (Minneapolis, 1991); D. R. Bauer e M. A. Powell, Eds., *Treasures New and Old: Recent Contributions to Matthean Studies*. SBL Symposium Series 1 (Atlanta, 1996); M. H. Crosby, *House of Disciples: Church, Economics, and Justice in Matthew* (Maryknoll, 1988); A. J. Saldarini, *Matthew's Christian-Jewish Community* (Chicago, 1994); G. N. Satanton, *A Gospel for New People: Studies in Matthew* (Louisville, 1993). [STANLEY P. SAUNDERS]

MATEUS, EVANGELHO HEBRAICO DE A Igreja Primitiva registrou que Mateus escrevera originalmente seu evangelho na língua hebraica. O mais antigo a relatar essa tradição é Pápias (c. 60-130 d.C.;

Eusébio HE 3.39.16). Grande número de escritores posteriores confirma a tradição, incluindo Ireneu, Panteno, Orígenes, Eusébio, Epifânio e Jerônimo. Tais escritores, entretanto, às vezes confundem o Mateus em hebraico com o evangelho dos ebionitas, o evangelho dos nazoreus e/ou o evangelho de segundo aos hebreus, evangelhos cristãos judaicos escritos no século II. O testemunho cristão primitivo do texto de Mateus em hebraico, consequentemente, não é claro.

Durante a Idade Média autores judeus, escrevendo em hebraico, citam com frequência o evangelho de Mateus num texto diferente do grego canônico. Em 1380, o judeu espanhol Shemtob ben Isaac ibn Shaprut incorporou todo o texto de Mateus em hebraico em sua obra, 'Eben Bohan. Seu texto muitas vezes corresponde às primeiras citações judaicas de Mateus em hebraico, o leva à especulação de que o texto de Shemtob preserva uma cópia primitiva de Mateus em hebraico.

No século XVI, Sebastian Münster e Jean Du Tillet publicaram edições separadas de Mateus em hebraico, ambos informando que haviam recebido seus textos dos judeus. As versões de Münster e du Tillet, uma semelhante à outra, são diferentes do texto de Shemtob. Uma análise mais acurada de suas diferenças revela que as edições do século XVI, embora baseadas num texto parecido com o de Shemtob, foram totalmente revisados para que o hebraico então fosse lido ao lado das Bíblias cristãs da Idade Média em grego e latim.

Bibliografia. J. K. Elliot, *The Apocryphal New Testament*, ed. rev. (Oxford, 1993); E. Hennecke e W. Schneemelcher, *New Testament Apocrypha*, ed. rev. (Louisville, 1991); G. Howard, *Hebrew Gospel of Matthew*, 2. ed. (Macon, 1995); A. F. J. Klijn, *Jewish-Christian Gospel Tradition*. Vigiliae Christianae Sup 17 (Leiden, 1992); Klijn e G. J. Reinink, *Patristic Evidence for Jewish-Christian Sects*. NovTSup 36 (Leiden, 1973). [GEORGE HOWARD]

MATIAS (gr. *Maththías*) Uma das pessoas descritas como testemunha ocular do ministério de Jesus e candidato à substituição de Judas Iscariotes (At 1:21-26). Matias foi escolhido pela oração e lançamento de sorte para tornar-se um dos doze discípulos. Embora o texto ressalte a necessidade de escolher este 12º discípulo, ele nunca mais é mencionado no NT. A "necessidade" foi possivelmente o simbolismo do número 12 representando o povo de Deus como é refletido na organização tribal de Israel. O nome é uma forma abreviada de Matitias, que significa "presente de Yahweh". [JOE E. LUNCEFORD]

MATITIAS (heb. *mattiṯyâ, mattiṯyāhû*) **1.** Levita coraíta que, depois do Exílio, ministrou no templo assando os bolos para o serviço litúrgico (1Cr 9:31); o primeiro filho de Salum.

2. Porteiro levita durante o reinado de Davi (1Cr 15:18); filho de Jedutum (25:3). Músico do templo que tocava lira como parte da atividade profética (1Cr 25:1, 3, 21), acompanhou a arca até Jerusalém (16:5).

3. O filho de Nebo, persuadido por Esdras a se divorciar de sua esposa pagã (Ed 10:43; 1Ed 9.35). Desde que seu nome não aparece entre os sacerdotes e levitas, ele foi, provavelmente, um membro do laicato israelita.

4. Israelita influente que acompanhou Esdras quando este leu publicamente o livro da Lei (Ne 8:4). [CAROL J. DEMPSEY]

MATREDE (heb. *maṭrēḏ*) A filha de Mezaabe e mãe de Meetabel, esposa do rei Hadade (Hadar) de Edom (Gn 36:39; 1Cr 1:50; assim TM; de acordo com a LXX e Syr., o pai de Meetabel).

MATRI (heb. *maṭrî*) Clã de Benjamim do qual Saul foi escolhido rei (1Sm 10:21).

MATRIARCAS Consideradas simbolicamente as mães de Israel, Sara, Rebeca, Leia e Raquel são as esposas dos patriarcas Abraão, Isaque e Jacó, ascendentes das doze tribos de Israel. Suas histórias são lindamente narradas em alto estilo literário e formam um todo coeso na saga do início da era patriarcal.

SARA. Sara/Sarai e Abrão/Abraão estão ligados não somente por laços matrimoniais, como por amor e dedicação um ao outro. Sara está ligada de maneira intricada às repetidas promessas de Deus de descendência a Abrão, porque ela deverá ser mãe de nações (Gn 17:16). No ponto de junção do cumprimento dessa promessa, ritualizada pelo pacto da circuncisão, Deus muda o nome deles para Abraão, "pai de uma multidão" em hebraico, e Sara, "princesa".

Tendo saído de Ur, e depois de Harã, os dois continuam até Canaã. Duas circunstâncias horríveis os obrigam a residir temporariamente no sul e por duas vezes a linda Sara se faz passar por irmã de Abraão, por duas vezes ela evita por pouco violar o vínculo conjugal e por duas vezes eles são mandados embora com presentes caros e gado.

Sarai, estéril durante muito tempo, oferece a Abrão sua serva egípcia para que ela tivesse filhos por meio dela. Isso parece uma variação especial do temo recorrente da amarga rivalidade entre a esposa preferida estéril e a concubina, fértil, ou da história de uma mulher por muito tempo estéril que recebe a promessa divina de ter descendência e que então dá à luz um herói. Isso reflete também a frequente malévola rivalidade entre irmãos no contexto maior de Gênesis. A promessa de Deus a Abraão finalmente culmina no nascimento de Isaque quando Abraão está com 100 anos e Sara com 90.

Não muito se fala a respeito de Sara depois desse evento, exceto que ela morre aos 127 anos de idade em Hebrom, que Abraão lamenta e chora sua morte, e que Isaque toma Rebeca por esposa. A caverna de Macpela, comprada intencionalmente para sepultura de Sara (Gn 23), é de óbvio significado simbólico e representa primeira posse permanente deles de terra.

REBECA. A história de Rebeca consolida a conclusão da saga de Abraão, porque a última decisão dele gira em torno do seu desejo de que Isaque, portador da promessa de Yahweh, não deveria casar-se com mulher canaanita. O servo de Abraão é mandado a encontrar uma esposa da família de Naor, seu irmão, para garantir um casamento endogâmico (Gn 24). Em anos posteriores, Rebeca será novamente o ponto central da atividade intencional para garantir a bênção paterna para o seu filho favorito, Jacó, quando ela arquiteta um plano para enganar Isaque e, por meio disso, invoca a possível maldição de Isaque sobre ela mesma em vez de permitir que ela caia sobre seu filho (Gn 27).

Rebeca é a mais esperta e autoritária das matriarcas, todavia resume a beleza e a virtude feminina em sua conduta, discurso firme, cortesia premeditada e autocontrole. A história dá a entender que Rebeca foi indicada pelo Senhor para ser esposa de Isaque, já que os acontecimentos aparentemente se desenrolam de acordo com a divina providência. Sua despedida da casa do pai é acompanhada de uma chuva de bênçãos, duplicando o tema da fertilidade intencional da entrega de água no poço.

O tema da infertilidade retorna na história de Rebeca, porque ela só concebe depois de 20 anos de casada. Yahweh demonstra a intenção especial, embora deliberadamente ambígua, de explicar o destino dos dois meninos (nações, povos) que lutam em seu útero (Gn 25:23). Há uma repetição esquemática na declaração de Rebeca para que Jacó procure uma esposa entre seu próprio clã; ele encontra depois consolo com Raquel, exatamente como Isaque encontrou consolo com Rebeca.

LEIA E RAQUEL. As histórias de Leia, Raquel e sua descendência estão mescladas de competição e disputa, ecoando as nuances da luta entre Jacó e Esaú. Elas são filhas do ardiloso Labão, embora venham a provar que combinam mais com o mais ardiloso Jacó em repetidos temas de engano.

A jornada de Jacó para Harã tem características de objetivo e promessa divinos, manifestados já na visão do sonho em Betel (Gn 28:14). Raquel aparece então a ele junto ao poço, e aqui começa a história pessoal de Jacó de profunda ligação emocional e de amor por ela. A ação simbólica de Jacó de remover a pedra da boca do poço é tematicamente indicativo de inúmeros obstáculos que ele deve superar depois para conseguir Raquel: sete anos de serviço a Labão, culminando com a substituição de Leia como primeira esposa, e mais sete anos de trabalho em troca de Raquel.

Leia dá à luz quatro filhos em seguida, Rúben, Simeão, Levi e Judá, cujo nome simboliza o intenso desejo de amor e consolo, enquanto Raquel permanece estéril. Raquel oferece a Jacó sua serva Bila que, servindo de mãe de aluguel, dá à luz Dã, depois Naftali, cujo nome expressa a luta de Raquel com sua irmã. Só depois que a serva de Leia, Zilpa, deu à luz Gade e Aser, e Leia deu à luz Issacar, Zebulom e Diná, é que Deus lembra-se e abençoa Raquel. Ela dá à luz José, pedindo outro filho ao dar-lhe o nome.

Raquel morre na viagem de volta para Canaã depois de dar à luz seu segundo filho, Benoni ("filho da minha aflição"), a quem Jacó muda o nome para Benjamim. A condição de Raquel, de favorita, e a inveja do amor especial de Jacó por ela são passados para os filhos e torna-se evidente no relacionamento de uns com os outros. Assim como Jacó distingue Raquel por um amor especial em vida, ele a distingue na morte erigindo uma coluna comemorativa sobre sua sepultura para marcar a tumba.

Existe um ritmo temático na narrativa bíblica das quatro matriarcas, enfatizando o lugar delas como divinamente ordenadas. Isso, por sua vez, está refletido na posição principal que elas detêm entre a ancestralidade israelita. Elas estão ligadas numa cadeia acidental, uma série de eventos firmemente conectados um ao outro, e com os patriarcas formam o padrão ancestral primordial. Todas as quatro detêm o honrado lugar de mães da nação.

Bibliografia. R. Alter, *The Art of Biblical Narrative* (New York, 1981); A. B. Beck, "Rachel", in *ABD* 5.605-8; "Rebekah", in *ABD* 5.29-30; E. Deen, *All of the Women of the Bible* (New York, 1983); E. A. Speiser, *Genesis*. AB 1 (Garden City, 1964). [ASTRID B. BECK]

MATUSALÉM (heb. *mĕṯûšellaḥ*; gr. *Mathousalá*) O filho de Enoque e pai de Lameque na linhagem de Sete (Gn 5:21-27; 1Cr 1:3). Dentre as pessoas que mais viveram antes do Dilúvio, Matusalém tem o crédito da vida mais longa, 969 anos. Ele é citado entre os ancestrais de Jesus (Lc 3:37).

MAZAROTE (heb. *mazzārôṯ*) Estrela ou constelação (Jó 38:32; cf. 2Rs 23:5, heb. *mazzālôṯ*). Sugestões quanto à sua identidade incluem Coroa Boreal (de *nēzer*, "coroa") e o Zodíaco (de *'āzar*, "envolver, circundar"), mas nenhuma delas é certa. [O termo mazarote aparece na tradução do novo mundo das Escrituras Sagradas. N.T.].

MEARA (heb. *mĕʿārâ*) Lugar associado aos sidônios (Js 13:4). O texto hebraico é difícil, possivelmente deva ser interpretado como "de Arah" (LXX "antes de Gaza", interpretando o hebraico *me ʿazâ*). "Arah dos sidônios" sugere um local costeiro perto de Sidon, marcando o limite litorâneo norte da ocupação teórica israelita. [THOMAS W. DAVIS]

MEBUNAI (heb. *mĕḇunnay*) Um dos trinta de Davi, chamado de husatita (2Sm 23:27). É provavelmente o mesmo que Sibecai (2Sm 21:18 = 1Cr 20:4; 11:29; 27:11).

MECONA (heb. *mĕḵōnâ*) Cidade na parte sul de Judá (Ne 11:28), recolonizada pelos exilados que retornaram.

MEDÃ (heb. *mĕḏān*) Filho de Abraão e Quetura (Gn 25:2; 1Cr 1:32), possivelmente o ancestral epônimo de um grupo árabe.

MEDADE (heb. *mêḏāḏ*) Ancião que, com Eldade, profetizou no acampamento no deserto fora da tenda do encontro (Nm 11:26-29).

MEDEBA (heb. *mêḏĕḇāʾ*) Cidade da área montanhosa da Transjordânia, 30 km ao sul de Rabbath-amon (moderna Amã). Quando os israelitas dividiram Canaã, a planície de Medeba (arab. Madaba) passou a pertencer ao território designado aos rubenitas (Js 13:16). Ela passou ao controle israelita quando estes venceram Seom, rei dos amorreus (Nm 21:23-30) e tornou-se uma importante fronteira entre os rubenitas e a tribo de Manassés (Js 13:9, 16).

O controle israelita de Medeba durou pouco, já que Medeba, como cidade moabita, tornou-se área importante para atividades militares contra Davi (1Cr 19:7). Davi derrotou com sucesso seus adversários, mas Medeba mais uma vez mudou de mãos depois do tempo de Salomão. O rei Mesa, de Moabe, alega ter retomado Medeba dos israelitas (Estela de Mesa 7-9; *ANET*, 320). Pode-se supor por tais relatos que Medeba ficava provavelmente próxima à fronteira sul de influência israelita e mudou de submissão com mais frequência do que sabemos. Tais mudanças de fidelidade provavelmente geraram muita animosidade. Medeba é listada por Isaías entre as cidades moabitas que um dia seriam dizimadas (Is 15:2).

O consenso dos arqueólogos é de que a moderna cidade de Madaba está em cima das ruínas da antiga Medeba. Isso tem tornado difícil descobrir evidência de primitivos períodos bíblicos, embora Tell Jalul ao alcance da vista de Medeba e a 5 km a leste pode ter sido uma das fases culturais materiais de Medeba. Uma considerável descoberta de Madaba é um mosaico do século VI a.C., o Mapa de Madaba, mosaico bizantino descoberto no chão de uma igreja e o mais antigo mapa da Palestina conhecido.

Bibliografia. M. Piccirillo, "Medeba (Madaba)" *NEAEHL* 3.992-1001; H. Donner, *The Mosaic Map of Madaba*. Palestina Antiqua N.S. 7 (Kampen, 1992). [DAVID MERLING]

MEDIADOR Pessoa que se coloca entre duas partes com o objetivo de reconciliar diferenças ou estabelecer relacionamento entre elas. O mediador pode ser intermediário neutro que representa os interesses de uma parte em relação à outra, como no caso de um árbitro numa disputa legal, ou um agente em favor de uma parte, que intercede em seu favor, negocia um ajuste, ou garante um acordo pessoalmente.

Essa ampla disposição de papéis referentes à mediação pode funcionar no campo secular dos relacionamentos humanos, mas o uso religioso eleva a mediação a relacionamentos entre a divindade e a humanidade. O conceito de mediação permeia a Escritura, mas, surpreendentemente, a palavra em si é raramente usada. De fato, o AT não tem equivalente exato. Ocasionalmente ele emprega o particípio melîs, que corretamente se refere a um intérprete (Gn 42:23) quanto ao papel do serviço de mediação como o de um porta-voz (Is 43:27), mensageiro (2Cr 32:31), ou anjo (Jó 33:23); ou pode ser empregado o verbo palal, "intervir", para orar ou interceder (1Sm 2:25). O equivalente mais próximo encontra-se em Jó 9:33, onde a LXX traduz o hebraico *môḵîaḥ* ("árbitro" ou "juiz") como mesítes, que é usado no NT para mediador (Gl 3:19-20; 1Tm 2:5; Hb 8:6; 9:15; 12:24).

O conceito bíblico de mediação pressupõe que fomos separados de Deus pelo pecado, mas que Ele deseja reduzir as diferenças que nos separam e restaurar as relações harmoniosas (Is 59:1-2). A mediação pode em princípio ser dirigida ou a Deus, como oração intercessora, ou aos humanos; mas a Escritura a representa principalmente como iniciativa de Deus em vir até nós por meio da revelação e da redenção. Encontrar um mediador adequado passou a ser um problema, entretanto, já que Deus não pode mediar adequadamente a si mesmo, já que Ele é um (1Sm 2:25; Gl 3:20), e nenhum pecador pode entrar em sua santa presença. Deus usou anjos para transmitir mensagens divinas e assistir na entrega da Lei (Dt 33:2 LXX), mas o trovão e fumaça foram tão apavorantes que os israelitas não puderam suportar ouvir a voz de Deus e pediram que Moisés lhes transmitisse a mensagem (Êx 20:19). Deus também usou profetas, sacerdotes e reis especialmente escolhidos e ungidos para servirem de intermediários de sua revelação, perdão temporário e governo teocrático até que o verdadeiro Messias viesse. Isaías prometeu que o Servo do Senhor sofreria vicariamente a punição de Deus pelo pecado e estenderia a luz da revelação aos gentios (Is 49:6; 53).

Em Jesus Cristo, o Filho encarnado de Deus, o NT revelou o único adequadamente qualificado para servir de mediador entre Deus e a humanidade porque Ele é tanto plenamente humano quanto divino (1Tm 2:5). Ele é o mediador e o fiador de uma nova aliança, "melhor" do que a aliança mosaica por estar fundamentada em seu sangue (Lc 22:20; Hb 7:22; 8:6). Como Messias ungido, Ele cumpre todos os três ofícios de mediador: profeta, sacerdote e rei. Nele, Deus falou Sua palavra final, viva e encarnacional. Por Sua morte expiatória, na qual Ele se tornou sumo sacerdote e sacrifício, Jesus abriu de uma vez por todas o caminho para a presença de Deus. Ele que agora reina no coração dos crentes e está sentado à direita do Pai, onde intercede por nós, um dia subjugará todos os seus inimigos e mediará o reino universal de Deus de justiça e paz. Durante sua ausência física atual, o Espírito Santo medeia a presença de Cristo e acrescenta a própria intercessão.

Bibliografia. A. Oepke, "mesítes", *TDNT* 4.598-624. [DALE F. LESCHERT]

MEDICINA *Ver* DOENÇA E ASSISTÊNCIA MÉDICA.

MÉDIUM, FEITICEIRO Pessoa que se envolve com necromancia, a técnica de adivinhação e consulta aos espíritos para obter predições do futuro. No AT estes dois termos ocorrem com muita frequência juntos (exceto para 1Sm 28; 1Cr 10:13, textos nos quais a palavra "médium" aparece sozinha). O hebraico *yiddĕʿōnî*, "feiticeiro", deriva da raiz semítica *ydʿ*, "conhecer". Normalmente traduzida por "feiticeiro", ela se refere a praticantes que possuem conhecimento especial dos mortos e, possivelmente outras artes relativas à adivinhação. O hebraico *'ôḇ* pode designar tanto o médium que consulta o espírito ou o próprio fantasma. A etimologia da palavra é discutida entre os estudiosos, descrevendo fantasmas, espíritos dos mortos ou ancestrais. Além disso, *'ôḇ* pode também significar "sepultura" (cf. ac. *aptu*; ugar. *'eb*). Fontes extrabíblicas descrevem a escavação de uma sepultura com o propósito de oferendas sacrificiais e de implorar aos espíritos dos mortos, prática ridicularizada por Isaías (Is 29:14). Um termo correspondente em Deuteronômio 18:11, dores *'el-hammetîm* ("consulta aos mortos"), refere-se especificamente à prática da necromancia. A crença de que os espíritos dos mortos possuíam conhecimentos ocultos sobre o futuro era um traço característico da mitologia e da religião no antigo Oriente Próximo; os espíritos dos mortos funcionavam como deuses, dispensando oráculos, e eram frequentemente venerados.

No AT, a necromancia e outras artes mânticas eram fortemente polemizadas e listadas entre as abomináveis práticas de outras nações. Saul, após exaurir os meios mais "legítimos" de comunicação divina, procura uma necromante, uma mulher de En-Dor, para consultar o espírito de Samuel (1Sm 28). Levítico 20:27 prescreve pena capital para qualquer pessoa que pratique a necromancia, mas em 1Samuel 28:3-9; 2Reis 23:24 os necromantes foram apenas expulsos da terra. [JULYE BIDMEAD]

MEDOS, MEDIA (heb., aram. *māḏay*; gr. *Mēdoi*; pers. *ant. māda*) Povo indo-iraniano que habitou o planalto do norte do Irã, em torno da área da moderna Hamadã (antiga Ecbatana), e desfrutou um grau de proeminência militar durante os séculos VII e VI a.C.

Nosso conhecimento dos medos vem principalmente da arqueologia, de inscrições reais assírias e de Heródoto. A arqueologia do planalto norte mostra um nítido rompimento cultura entre as Idades do Bronze e do Ferro, cerca de 1.500 anos, talvez ligado à chegada dos iranianos. Durante a Idade do Ferro I, essa região parece estar um tanto isolada e independente, caracterizada pelo chamado Artigos Cinza do Ocidente Primitivo (?). Para os padrões da Idade do Ferro II os padrões são mais difersificados e a influência assíria é detectável.

Do século IX em diante, há referências aos medos nas inscrições reais assírias. Sob Assurbanípal II e Salmaneser III, os reis assírios estenderam seu domínio até Zagros. No processo, entraram em contato com tribos pequenas, etnicamente diferentes, incluindo os Medos. Do fim do século IX a meados do século VIII, o domínio assírio foi interrompido pela expansão Urartu, do norte até Zagros. Com Tiglate-Pileser III, recomeçaram as campanhas a Zagros, também contra grupos designados de "os poderosos medos" e os "distantes medos". Sargão II solidificou o controle assírio no centro ocidental de Zagros a partir do centro em Harhar. É sempre feita referência aos medos vivendo em províncias ou distritos e com muitos líderes. Os anais assírios não sugerem muitas mudanças no controle assírio sobre a região no século VII. Entretanto, vários textos sobre presságios fazem referência a movimentação no leste. No fim do século VII , sob a liderança de um certo Cyaxares, os medos parecem poderosos o suficiente para participar do saque de cidades assírias, como Nínive, Harã e Assur. Os anais assírios não explicam a emergência de tal domínio medo nesta época.

Heródoto parece preencher essa lacuna ao dar um relato interno da ascensão de um estado medo. Ele narra que um certo Deioces, que era conhecido por sua justiça, foi declarado rei. Unindo várias tribos, ele fez de Ecbatana sua capital. Depois de seu reinado de 53 anos, o filho de Deioces, Fraortes, o sucedeu, subjugando a Pérsia e outros países asiáticos, marchando finalmente contra os assírios. Ele foi derrotado e perdeu a vida, depois de reinar 22 anos. Seu filho, Cyaxares, por sua vez, conquistou a Lídia e uniu toda a terra além do rio Hális e combateu, com sucesso, os assírios. Enquanto isso, os citas, que perseguiam os cimérios, invadiram a Média e exerceram tirania sobre toda a Ásia durante 28 anos. Depois, entretanto, Cyaxares retornou ao controle dos medos seus antigos territórios, incluindo a Assíria, mas não Babilônia. O reinado de Cyaxares totalizou quarenta anos incluindo o interregno dos citas. Ele foi sucedido por seu filho Astiages, cuja filha, Mandane, casou-se com Cambises e depois deu à luz Ciro II. Ciro liderou uma revolta das tribos persas contra Astiages, depondo-o, e mudando o governo meda pelo persa.

Questões têm sido levantadas a respeito da exatidão do relato de Heródoto. Os sítios do século VII indicam prosperidade econômica e cultural. Todavia, os sítios escavados, que excluem Ecbatana, não têm evidência de centralização e parecem pobres no século VI. Alguns estudiosos têm argumentado que o desenvolvimento para a formação do estado no século VII foi estimulado pelo contato com os assírios. Inversamente, tem sido argumentado que, com a ausência da pressão política assíria, os medos, que nunca foram mais do que grupos tribais, se enfraqueceram. Outros estudiosos têm afirmado que a subsequente proeminência dos medos entre os persas sugere que os medos devem ter sido uma sólida força em determinado momento. O debate referente à existência de um estado medo ainda continua.

Na Bíblia, os medos aparecem ao lado dos assírios, babilônios e persas. Os assírios estabeleceram alguns cativos do norte de Israel em cidades dos medos (2Rs 17:6; 18:11). Entre muitas nações, cidades e seus oficiais, Jeremias menciona os governadores dos medos como alvo da ira de Deus (Jr 25:25). Em outra parte, os governantes medos, incluindo governadores e representantes, são retratados como ameaça para Babilônia (Jr 51:11, 28; cf. Is 13:17; 21:2). O fato de o texto usar o plural "governadores" pode sugerir a ausência de uma centralização meda. A absorção do império medo pelo persa é refletido na união de "os medos e os persas", citado com frequência em Ester (Et 1:3, 14, 18-19; 10:2), Daniel (Dn 5:28; 6:8, 12, 15; 8:20), e em outra parte (1Mc 1.1; 6.56; Jd 16.10; 1Ed 3.1, 14). Judite tem uma referência não histórica a um certo Arfaxade, rei dos medos (Jd 1.1). A história de Tobias tem seu ambiente parcialmente na Média entre os exilados judeus (p. ex., Tb 1.14-15; 3.7). Os judeus da Diáspora da Média estão entre os presentes na festa de Pentecoste (At 2:9).

Para Dario, o Medo, *ver* DARIO 4.

Bibliografia. S. C. Brown, "Media and Secondary State Formation in the Neo-Assyrian Zagros", *JCS* 38 (1986): 107-19; H. Sancisi-Weerdenburg, "Was There Ever a Median Empire?" *Achaemenid History* 3 (1988): 197-212; T.C. Young, Jr., "The Early History of the Medes and the Persians and the Achaemenid Empire to the Death of Cambyses", *CAH* 4.1-52.
[GERALD M. BILKES]

MEETABEL (heb. *měhêṭab̠'ēl*) **1.** A esposa do rei Hadar/Hadade de Edom; filha de Matrede e descendente de Me-Zaabe (Gn 36:39; 1Cr 1:50).

2. Ancestral do falso profeta Semaías (Ne 6:10).

MEFAATE (heb. *mêpa'at̠*) Cidade da Transjordânia central localizada na região fronteiriça entre Amom e Moabe. Originalmente, uma cidade amorita, mais tarde caiu no território designado aos rubenitas (Js 13:18) e acabou sendo designada aos levitas meraritas (21.37; 1Cr 6:79 [TM 64]). Na época de Jeremias, Mefaate estava sob a jurisdição moabita (Jr 48:21). Eusébio menciona que posteriormente um acampamento militar romano fixou-se lá (Onom. 128.21).

Embora muitos estudiosos tenham identificado Mefaate com Tell Jâwah (10 km ao sul de Amã) devido sua proximidade com uma cidade que parece reter uma corruptela do nome (Khirbet Nefa'ah), considerações geográficas e descobertas arqueológicas recentes sugerem uma localização mais ao sul em Umm er-Rasas. Josué 13:18; Jeremias 48:21 indicam fortemente que Mefaate estava localizada na Mishor ("planície"). A linha de demarcação entre a parte elevada ao sul de Amã e a planície (a parte norte que é chamada de Planície de Madaba) é bem distinta e abrupta. Nem Tell Jâwah, nem Khirbet Nefa'ah estão localizados na planície. Escavações em Tell Jâwah também indicam que a cultura material deste sítio durante a Idade do Ferro II é de forma distinta amonita, embora Jeremias 48:21 sugeria que era de se esperar uma cultura material moabita. Umm er-Rasas não está apenas localizada no planalto moabita (30 km ao sul de Amã), mas produziu cerâmica da Idade do Ferro II, que corresponderia à ocupação moabita. Um mosaico no chão da Igreja de Santo Estêvão, do século VIII d.C. preserva o nome: Kastron Mefaa. Aparentemente foi a este sítio que Eusébio se referiu (Mephaat; Onom. 128.21). Umn er-Rasas parece ser a melhor candidata para Mefaate quando todas as evidências forem reunidas. [RANDALL W. YOUNKER]

MEFIBOSETE (heb. *měp̄îb̠ōšet̠*) (tb. MERIBE-BAAL) **1.** Filho de Saul com sua concubina Rizpa (2Sm 21:8). Com seu irmão Armoni e cinco netos de Saul, Mefibosete foi entregue aos gibeonitas para serem empalados como vingança pela culpa de homicídio da casa de Saul e, dessa forma, pôr fim a três anos de fome (2Sm 21:1-6).

2. Neto de Saul e filho de Jônatas. Mefibosete era aleijado de ambos os pés por ter caído (ou deixado cair), quando ele e sua ama tentaram fugir de Gibeá ao ouvir a notícia da morte de Saul e Jônatas (2Sm 4:4). Ele morou durante muito tempo na casa de Maquir em Lo-Debar (2Sm 9:4).

Com o objetivo de cumprir o pacto feito com Jônatas (1Sm 20:14-17), Davi mostrou bondade para com Mefibosete, tomando-o aos seus cuidados e fornecendo-lhe um lugar especial em sua família real (2Sm 9:9-13). Davi mostrou mais uma vez bondade a Mefibosete ao poupar sua vida ao recusar-se entregá-lo aos gibeonitas com os filhos e netos de Saul (2Sm 21:7).

O nome Mefibosete ("da boca da vergonha" ou "da boca do deus Bashtu") é contestado. O nome Mefibosete aparece no TM de Samuel. Em 1Crônicas 8:34 e 9:40, entretanto, aparece como Meribe-Baal. Os estudiosos, em sua maioria, concordam que o nome Mefibosete substituiu Meribe-Baal com o objetivo de ocultar o elemento teofórico "baal", uma referência à divindade cananeia "baal". A LXX, em geral, parece confirmar esta interpretação. A recensão luciânica, que usa o grego *Memphibaal*, pode preservar o nome original do filho de Jônatas enquanto Crônicas preserva o nome original do filho de Saul, tendo sido as duas pessoas confundidas na tradição vindo os dois a ser identificados com o mesmo nome.

Bibliografia. P. K. McCarter, Jr., 2 *Samuel*. AB 9 (Garden city, 1984); M. Tsevat, "Ishbosheth and Congeners: The Names and Their Study", *HUCA* 46 (1975): 71-87. [ARNOLD GOTTFRIED BETZ]

MEGIDO (heb. *mĕgiddô*) Monte de tamanho médio (Tell el-Muteselim, "Monte do Governador"/Tel Megido; 1675.2212) localizado no sudoeste do vale de Jezreel. Sua importância está em sua localização numa garganta que vai da planície costeira até o vale de Jezreel, parte da Via Maris que ligava o Egito ao mundo siro-mesopotâmio.

Megido foi submetida a três importantes escavações e muitas sem importância. Gottlieb Schumacher escavou de 1903 a 1905 em nome da Sociedade Alemã de Pesquisa Oriental, com alguns resultados publicados depois por Carl Watzinger. O sítio foi depois comprado por John D. Rockefeller para o Instituto Oriental da Universidade de Chicago, que escavou de 1924 a 1939, publicando uma série de extensas reportagens. Ygael Yadin dirigiu escavações modestas durante os anos de 1960 e 1970 com o trabalho em Hazor. Em 1994, a Universidade de Tel Aviv começou um projeto de longo prazo dirigido por David Ussishkin e Israel Finkelstein. Esse projeto recente tem o objetivo de abordar questões não resolvidas deixadas por escavações anteriores e de desvendar completamente novos aspectos usando metodologias modernas. Desde que as escavações recentes estão em andamento, e desde que a terminologia de Chicago ainda precisa ser substituída, esta revisão segue o faseamento tradicional, com atualizações quando necessário.

Estrato XX. Esta fase é composta de elementos arquitetônicos e de cerâmica dispersos e pode ser datado dos períodos Neolítio Recente (tradição do úadi Rabah) e do Cobre.

Estrato XIX. Uma estrutura que anteriormente se acreditava ser um "templo gêmeo" da idade do Bronze Antigo I (EB I) foi demonstrado compor pelo menos duas fases de um único templo que data do fim do período EB I (tradição Grain Wash). O "calçamento em painel" no pátio desta estrutura é datada do mesmo período.

Estrato XVIII. Uma fase abrangente que data também do fim do período EB I (tradição Grain Wash). Diretamente abaixo do templo "Megaron" da EB III, escavações recentes mostraram três, possivelmente quatro, grandes (3,5 m a 4,5 m) muros de tijolo de barro com fundações de pedra talhada que correm em paralelo por mais de 40 m. As áreas entre esses muros estavam cheias de cerâmica e ossos de animais. A área toda parece ter sido um enorme local sagrado.

Estrato XVII-XVI. Megido ficou muito desocupado durante o período da EB II. No começo da EB III, a área sagrada foi reocupada, primeiro por um nível intruso efêmero e depois por uma construção do grande altar circular do templo "Megaron". Um grande "palácio" e um grande muro de pedra para fortificação foram também construídos nesta fase.

Estrato XV. Datando também do fim da EB III, o templo "Megaron" continuou em uso e foi suplementado pelos "templos gêmeos", mas o "palácio" foi substituído por uma estrutura menor.

Estrato XIV. Este nível, mal preservado, data da idade do Bronze Médio I (IIA). O muro da cidade e os templos da EB saíram de uso, mas o recinto sagrado manteve suas funções, como é mostrado pela retenção dos restos do templo Megaron. A cerâmica da EB IV encontrada neste estrato indica povoação efêmera durante esse período, como tumbas na encosta do monte.

Estrato XIII-B e A. Durante a Idade do Bronze Médio I (IIA), Megido foi fortificado por um grande muro de tijolos de barro com alicerces de pedra e portão. A área sagrada foi substituída por espaços abertos e estruturas internas, muitas das quais tinham sepulcros sob o chão.

Estrato XII. No Médio Bronze II (IIB) o muro da cidade teve a largura duplicada e a área sagrada retomou suas funções, como mostrado pela aparência de pedras em pé. A arquitetura doméstica circunda a área. No centro do monte, uma estrutura retangular e pomposa (o nordburg) foi construída, com uma série de aposentos em torno de um pátio central. Exatamente ao sul estava o mittelburg, uma residência menor da elite, que também tinha uma série de grandes câmaras funerárias com tetos providos de mísulas, possivelmente pertencente aos líderes de Megido.

Estrato XI. Também datando do MB II (IIB), houve pouca mudança neste período exceto pelo acréscimo de um revestimento de pedra e uma ladeira artificial para as fortificações.

Estrato X. Esta fase é caracterizada por estruturas internas bem construídas e é datada do MB III (IIC). Um grande palácio foi também construído no norte do sítio próximo à fortificação e ao portão. A estrutura compõe-se de um pátio central circundado por aposentos menores e ligados ao portão.

Estrato IX. Durante o Bronze Recente I, o palácio do norte foi aumentado, e a arquitetura interna ficou impressionante. O estrato foi destruído, provavelmente por Tutmósis III.

Estrato VIII. Megido foi reconstruída no Bronze Recente IB ou IIA. O palácio do norte foi aumentado e descobriu-se conter muitos itens de *status*, especialmente joalheria e marfim entalhado num tesouro no porão. Na área do anterior do recinto sagrado, foi construído um templo retangular de grossas paredes. As paredes de fortificação caíram em desuso, mas o portão parece permanecer separado. Uma grande estrutura administrativa ou para a elite foi descoberta recentemente no terraço inferior do sítio e pode datar deste estrato.

Estrato VII-B. No Bronze Recente IIB as estruturas principais continuaram em uso, incluindo o palácio e o templo grande. O estrato está gravemente destruído.

Estrato VII-A. Esta fase pode ser datada bem do final do Bronze Recente ou do início da Idade do Ferro. O palácio e o templo mal foram reconstruídos e destruídos novamente.

Estrato VI-B. Uma povoação efêmera e não fortificada sem edifícios públicos.

Estrato VI-A. Reconstruído num projeto diferente do estrato anterior, esse nível tem uma arquitetura residencial densamente organizada e uma grande estrutura, possivelmente uma residência da elite. Às vezes, atribuída aos filisteus, o nível foi destruído violentamente, produzindo uma destruição que deixou o horizonte visível em todo o monte.

Estrato V-B. Outro nível modesto, tipicamente atribuído a Davi no século X, consistindo de arquitetura interna fragmentária, algumas usando colunas.

Estrato V-A-IV-B. Tipicamente atribuído a Salomão no século X (cf. 1Rs 9:15), esse nível foi fortificado com muralhas de duas paredes e habitações entre elas e portão e tinha várias residências da elite no modelo *bît ḫilâni*, sírio-nortista. Pouco se conhece da arquitetura interna, indicando que o sítio foi principalmente um centro administrativo e cerimonial. Essa fase pode ter sido destruída por Sisaque, cuja estela foi encontrada no local.

Estrato IV-A. Esta longa fase data aproximadamente do século IX ao VIII. Uma série de edifícios públicos esmerados foi construída, incluindo estruturas que podem ter sido estábulos, edifícios administrativos e, pelo menos, dois palácios no modelo *bît ḫilâni*, sírio-nortista. Também notáveis são a fortificação e o portão com saliências e inserções e o sistema de água com fossa vertical e túnel. Restos de arquitetura doméstica modesta foram encontrados, sugerindo novamente o caráter administrativo do sítio.

Estrato III. Esta fase data da tomada assíria do sítio em 732 e sua transformação num centro administrativo. Três grandes palácios foram construídos no canto noroeste, possivelmente usando estruturas israelitas existentes, e depois unidas. O muro da cidade existente foi usado como terraço para apoiar a nova construção e o portão foi reconstruído. Numa subfase posterior, foi construído um estabelecimento ortogonalmente planejado. Os edifícios administrativos podem também ter sido reusados pelos babilônios.

Estrato II. Datando principalmente do período babilônio, essa fase não fortificada tem escassa arquitetura interna e uma grande fortaleza retangular, possivelmente construída por Josias.

Estrato I. Durante o período persa, o sítio ficou fraco e não fortificado.

Alguns resquícios romanos recentes foram escavados recentemente no terraço inferior do sítio, indicando pequena utilização durante esse período, quando o sítio de Leggio (el-Lejjun) assumiu grande importância. [ALEXANDER H. JOFFE]

MEGILOTE (heb. *mĕgillôṯ*) Os cinco livros (heb. "rolos") da Bíblia Hebraica lida nas sinagogas em cinco feriados anuais: Eclesiastes, durante a Festa das Cabanas; Ester, Purim (cf. Et 9:23-28); Cantares de Salomão, Páscoa; Rute, Pentecoste; e Lamentações, o nono de Ab (o dia de lamentação pela destruição do templo). Esses livros aparecem juntos na terceira divisão (os Escritos) do cânon hebraico nesta ordem: Rute, Cantares de Salomão, Eclesiastes, Lamentação, Ester.

MEIA TRIBO Uma referência aos dois segmentos (heb. *ḥ^{a}ṣî šēḇeṭ*) da tribo de Manassés. Os maquiritas se estabeleceram na Transjordânia, na parte norte de Gileade e em Basã, ao norte do território de Gade (Nm 32:33-42; Dt 3:13-15; Js 13:8-12). O restante de Manassés recebeu seu território a oeste do rio Jordão, ao norte de Efraim, ao sul de Aser, Zebulom e Issacar, estendendo-se a oeste até o mar Mediterrâneo (Js 17:5-11).

MEÍDA (heb. *mĕḥîḏāʾ*) Servidor do templo cujos descendentes retornaram do cativeiro com Zorobabel (Ed 2:52; Ne 7:54).

MEIR (heb. *mĕḥîr*) Descendente de Judá, filho de Quelube e pai de Estom (1Cr 4:11).

ME-JARCON (heb. *mê hayyarqôn*) Local ("água verde pálida", ou "águas do Yarkon") dentro da área original designada à tribo de Dã (Js 19:46). Embora a localização exata ainda seja incerta, ela ficava provavelmente às margens do rio Jarcom (Nahr el-'Auja), provavelmente ao norte de Jope entre a costa mediterrânea e Afeque, o grande assentamento na nascente do Jarcom a apenas 14 km do mar. Pelo fato de Dã não ter conseguido conquistar sua herança, Me-Jarcom permaneceu fora do controle do primitivo Israel. [DAVID C. MALTSBERGER]

MEL Fluido doce e viscoso produzido por abelhas ou derivado de flores. O mel (heb. *d^{e}ḇaš*) é uma das sete características da " boa terra", Israel (Dt 8:7-10). De acordo com os sábios talmúdicos, trata-se na verdade de uma tâmara em vez de mel de abelha, já que as outras sete qualidades derivam de plantas, não de animais. O período entre a Páscoa e o Pentecostes é crucial para o sucesso das colheitas de azeitona, uva, romã, tâmara, figo, trigo e cevada, o que não ocorre com a boa produção de mel de abelha.

As frequentes referências a uma "terra que mana leite e mel" implicam, dependendo de contexto, bênção ou destruição. Na maioria dos exemplos, a expressão indica as riquezas da terra; Isaías, porém, a emprega para se reportar à futura destruição da terra pelos assírios (Is 7:22).

As referências à terra de leite e mel no Pentateuco e em Josué indicam a terra inculta. Seus pastos, bons para apascentar ovelhas e cabras, e portanto, para a produção de leite, era rico em flores nas quais proliferavam as abelhas de mel silvestre. No AT, o mel era recolhido de abelhas selvagens, mais do que cultivado em colmeias domésticas (Pv 25:16; Jz 14:8-9). O texto de 1Samuel 14:25-26 revela que o mel estava mais associado à terra inculta do que aos campos cultivados. Considerando-se que a terra passou a ser mais cultivada durante a Monarquia, os anúncios proféticos de um retorno a uma terra de leite e mel indicariam a deportação do povo, algo que resultaria numa terra uma vez cultivada que voltava a seu estado natural: uma terra que mana leite e mel.

Bibliografia. N. Hateuveni, *Nature in Our Biblical Heritage* (Kityat Ono, 1980). [ALAN RAY BUESCHER]

MELÃO Os melões do Egito dos quais os israelitas tiveram saudade no deserto (Nm 11:5) podem ter sido de mais de uma variedade (heb. *^{a}ḇaṭṭiḥîm*; cf. arab. *baṭîḫ*). O melão amarelo (Cucumis melo L.) bem como a melancia (citrullus vulgaris) foram cultivados no Egito desde os tempos mais remotos.

MELATIAS (heb. *mĕlaṭyâ*) Gibeonita do tempo de Neemias que trabalhou na reconstrução dos muros de Jerusalém (Ne 3:7).

MELCARTE (fen. *mlqrt*, *mlk qrt*) Deus associado à cidade de Tiro. O nome significa "rei da cidade", seja Tiro ou (eufemisticamente) o submundo (cf. associação de Melcart com divindades infernais como Nergal e Resefe), mas o seu culto se espalhou pelo Mediterrâneo. A primeira menção a Melcarte data dos séculos IX/VIII a.C. Melcarte é mencionado na teogonia de Fílon de Biblos, que o liga a Héracles (cf. Heródoto Hist. 2.44; 2Mc 4.18-20). A evidência sugeria que Melcarte era um rei adorado como um deus ou um herói que evoluiu para um deus cósmico de prosperidade.

Embora o nome Melcarte não seja encontrado na Bíblia, a profecia de Ezequiel contra o rei de Tiro (Ez 28:1-19; cf. 26:11) pode ser uma referência a este deus. Vários estudiosos acreditam que o culto a Melcarte foi levado para Israel por Jezabel (cf. 1Rs 16:31, 32). Os sacerdotes de Baal com quem Elias compete (1Rs 18:20-40) seriam, assim, os sacerdotes de Melcarte.

Bibliografia. S. Ribichini, "Melqart", in *DDD*, 563-65. [BRENT A. STRAWN]

MELCHIOR (*lat. Melchior*) O nome dado pela tradição ocidental a um dos três magos que levaram presentes ao menino Jesus (Mt 2:11). O testemunho mais antigo do nome é a Excerpta Latina Barbari, tradução latina dos séculos VII-VIII, de uma crônica grega do Egito do século VI. Melchior aparece também acima da representação dos magos no mosaico do século V de São Apolinário (Nuovo) em Ravena, mas trata-se de um acréscimo posterior. Melchior é normalmente associado ao presente do ouro. Suas relíquias e as de seus tradicionais companheiros estão em Colonha.

Bibliografia. B. M. Metzger, "Names for the Nameless in the New Testament", in *Kyriakon*, ed. P. Granfield e J. A. Jungmann (Münster, 1970), 1:79-99. [RONALD V. HUGGINS]

MELEÁ (gr. *Meleá*) Ancestral de Jesus, aparentemente do tempo da monarquia dividida (Lc 3:31).

MELEQUE (heb. *melek̲*) Um dos filhos de Mica (3), neto de Meribaal e bisneto de Jônatas, filho de Saul (1Cr 8:35; 9:41).

MELQUISEDEQUE (heb. *malkî-ṣed̲eq*; gr. *Melchisédek*) Figura de historicidade discutida, descrito como rei de Salém e sacerdote de El Elyon que abençoa Abrão (Gn 14:18-20); é mencionado com sacerdócio e respeito ao rei israelita (Sl 110:4). Diversos estudiosos têm tentado demonstrar a influência literária de uma passagem sobre a outra. É sugerido com frequência que Gênesis 14 é um midrash que elucida o salmo 110, mas a brevidade da referência e a dificuldade em datar Gênesis e Salmos impossibilitam o consenso.

GÊNESIS 14. Na presente forma da narrativa, Gênesis 14 descreve uma aliança de quatro reis orientais que subjugaram cinco cidades do vale do Jordão e a subsequente libertação das cidades por Abrão. Em seguida à vitória deste, Melquisedeque se aproxima dele com pão e vinho e pronuncia uma bênção sobre ele e sobre a divindade El Elyon. Várias inconsistências na narrativa têm levado muitos estudiosos a concluir que este é um texto composto. Como tal, é geralmente aceito que a aparição de Melquisedeque em Gênesis 14:18-20 reflete um acréscimo editorial posterior.

A passagem tem sido atribuída a vários períodos da história israelita. Alguns estudiosos a atribuem à monarquia davídica, sendo o seu propósito estabelecer a legitimidade de Jerusalém (o nome Salém foi associado a Jerusalém desde a antiguidade) e para apoiar um programa de sincretismo religioso (que uniu Yahweh com a divindade canaanita El). Outros sugerem que Gênesis 14:18-20 originou-se no período da monarquia dividida como uma polêmica contra as reivindicações de Betel, ao norte, santuário rival de Jerusalém. Outros ainda acreditam que os versos foram inseridos durante o período pós-exílico para fortalecer a autoridade do sacerdócio pós-exílico em Jerusalém e legitimar seu recebimento de dízimos.

SALMO 110. O Salmo 110 é geralmente classificado como um salmo real que enaltece a posição e os atributos do rei. Problemas textuais, particularmente em Salmo 110:3, 6, 7, tornam excessivamente difícil chegar a conclusões positivas. Em Salmo 110:4 o rei é chamado de "sacerdote segundo a ordem de Melquisedeque", mas a comparação não é clara. Está distante de ser certo que o hebraico *'al-dibrati* (comumente traduzido por "segundo a ordem de") refere-se a uma ordem religiosa oficial em si, porque em outra parte a frase simplesmente significa "por causa de". Temos de admitir: o oráculo considera o rei "como" Melquisedeque, mas novamente, a ausência de dados sobre Melquisedeque como figura histórica impede a certeza sobre o significado preciso da frase.

A incerteza sobre o relacionamento entre as duas passagens e a historicidade de Melquisedeque não deve obscurecer o fato de que o nome é invocado em contextos literários semelhantes. Tanto em Gênesis 14 como em Salmo 110, vê-se que o ator principal (Abrão e o rei) é um líder vitorioso na guerra. Consequentemente, um dos temas principais associado a Melquisedeque no tempo da criação desses textos foi o da libertação. Isso é certamente consistente com a ideia de Melquisedeque no NT (cf. Hb 5:6, 10; 6:10–7:19) e outros escritos da mesma época (p. ex., 11QMelch).

Bibliografia. M. C. Astour, "Political and Cosmic Symbolism in Genesis 14 and Its Babylonian Sources", in *Biblical Motifs*, ed. A. Altmann (Cambridge, Mass., 1966), 65-112; J. A. Emerton, "The Riddle of Genesis XIV", *VT* 21 (1971): 403-39; "Some False Clues in the Study of Genesis XIV", *VT* 21 (1971): 24-47; F. L. Horton, The Melchizedek Tradition. SNTSMS 30 (Cambridge, 1976); J. Van Seters, *Abraham in History and Tradition* (New Haven, 1975). [DEXTER E. CALLENDER, JR.]

MEMUCÃ (heb. *mĕmûk̲ān*) Um dos sete oficiais ("sábios") que atuavam como conselheiros legais de Assuero, aparentemente o porta-voz do grupo (Et 1:14, 16, 21).

MENÁ (gr. *Menná*) Ancestral de Jesus, conhecido somente na genealogia de Lucas (Lc 3:31).

MENAÉM (heb. *mĕnaḥēm*) Rei de Israel (c. 746 a 737 a.C.). Menaém destronou Salum, seu rival ao trono depois do assassinato de Zacarias e após Salum ter reinado apenas um mês. A usurpação do poder por Menaém foi indicativo do caos que se seguiu à morte de Jeroboão II e que levou ao declínio e à queda do reino do norte. Tendo em conta que Menaém era procedente de Tirza, capital original de Israel sob Jeroboão I até que Onri fundasse Samaria, seu golpe pode ter sido apoiado por uma antiga facção antissamaritana que aproveitou a oportunidade para ganhar o controle.

O sangrento golpe de Menaém foi seguido por seu saque de Tifsa (2Rs 15:16) e sua pesada taxação de Israel para pagar o tributo que devia a Tiglate-Pileser III, da Assíria (v. 19-20). Não está claro se se tratava de tributo como vassalo ou de pagamento por ajuda militar para garantir a continuidade em seu reino, mas o reinado de Menaém foi um tempo de compromisso pró-Assíria na luta contra essa nova ameaça à paz. Sua dinastia estendeu-se até o reinado de dois anos de seu filho Pecaías, que provavelmente foi destronado como reação à política de Menaém.

Bibliografia. L. D. Levine, "Menahem and Tiglath-Pileser: A New Synchronism", *BASOR* 206 (1972): 40-42. [ANDREW H. BARTELT]

MENDIGO Diversos termos hebraicos são traduzidos como "mendigo", sendo mais frequentemente usada a palavra anaw. A língua grega distingue "mendigo" (*ptochós*), aquele que vive em nível de subsistência (a vasta maioria da população), da "pessoa pobre" (*penes*), uma pessoa dependente e necessitada; no Novo Testamento *ptochós* é usualmente traduzida como "pobre" [pessoa]. Na cultura greco-romana, não havia nenhum ideal ético ou religioso de assistência aos pobres. A tradição bíblica, contudo, normalmente descreve o necessitado como sob uma proteção especial de Deus, devido à sua situação de dependência e desamparo. De modo inverso, os ricos e poderosos são frequentemente descritos como ímpios opressores dos pobres. Os evangelhos dão duas descrições vívidas de mendigos: o agressivo e exigente Bartimeu, um cego sentado à beira do caminho que leva a Jericó (Mc 10:46-51), e Lázaro, o mendigo que passava fome "coberto de chagas", que jazia à porta do homem rico (Lc 16:19-31). O ensino de Jesus chama os mendigos de "bem-aventurados" (Mt 5:3; Lc 6:20). [MARY ANN BEAVIS]

MENE, MENE, TEQUEL, UFARSLM (aram. *mĕnēʾ, mĕnēʾ, tĕqel ŝparsîn*) Palavras de julgamento escritas pela mão misteriosa na parede do salão de banquete de Belsazar (Dn 5:5, 25), refletindo a ira de Deus contra o rei babilônio por profanar os vasos do templo e adorar ídolos em seu banquete.

Os sábios de Belsazar não conseguiram entender a inscrição (o TM de Dn 5:8 diz que eles não puderam ler nem interpretar a escrita), mas Daniel a interpretou. O segundo "mene" (Dn 5:26) pode ser uma ditografia. Belsazar e seus conselheiros provavelmente tinham compreendido as palavras como uma referência a três pesos: "uma mina [50 ou 60 shekels], um shekel, meio shekel [ou um meio-mina ou 'porção']." Daniel faz um jogo de palavras com as letras da raiz dos três termos, construindo-as como formas verbais em vez de substantivos. Os termos, assim, significam "calculado", "pesado" e "dividido". A mensagem divina para Belsazar é: Deus calculou o reino de Belsazar e o terminou; Belsazar foi pesado e achado em falta; e o seu reino foi dividido e dado à Média e à Pérsia.

Vários estudiosos têm argumentado que os termos designam três reis, novamente listados em "valor" descendente. Várias identificações foram feitas, mas Nabucodonosor, Belsazar (que reinou somente como regente na ausência de seu pai Nabonido) e Dario (cf. Dn 5:31; *prsyn* é também um trocadilho sobre Pérsia).

Bibliografia. J. J. Collins, *Daniel.* Herm (Minneapolis, 1993); D. N. Freedman, "The Prayer of Nabonidus", *BASOR* 145 (1957): 31-32; J. E. Goldingay, *Daniel.* WBC 30 (Dallas, 1989); E. Kraeling, "The Handwriting on the Wall", *JBL* 63 (1944): 11-18. [WILLIAM B. NELSON, JR.]

MENELAU (gr. *Menélaos*) Sumo sacerdote (c. 172 a 162 a.C.) durante o reinado de Antíoco IV Epifânio. Um extremista helenista determinado contra a interpretação do judaísmo pelos saduceus, Menelau era de uma nova linha sacerdotal em vez da linha ancestral legítima do sacerdócio saduceu. Embora 2Macabeus afirme que Menelau era da tribo de Benjamim, alguns manuscritos em latim antigo e em armênio indicam que ele era da casa de Bilgai, uma família sacerdotal (cf. Ne 10:8 [TM 9]). Josefo registra que Menelau era irmão de Jasão e filho de Onias III (*Ant.* 12.237-39), mas aqui Josefo não é confiável.

Quando Jasão, o sumo sacerdote, mandou Menelau para Antíoco IV com uma grande soma de dinheiro com propósitos comerciais, Menelau, que não tinha qualificação para o sumo sacerdócio, no entanto, bajulou e subornou Antíoco, conseguindo, dessa forma o sumo sacerdócio para si mesmo, oferecendo 300 talentos de prata a mais que Jasão (2Mac 4.23-24), quando Onias III, um ex-sumo sacerdote saduceu, denunciou Menelau pelo roubo dos vasos do templo, este subornou Andrônico, substituto de Antíoco, encorajando Andrônico a matar Onias. No ano de 167, possivelmente sob o mal conselho de Menelau, que defendia a abolição da Torá como constituição civil, Antíoco perseguiu os judeus que resistiam ao helenismo imposto. Além disso, num esforço para unificar seu império, Antíoco impôs um culto sincretista, percebido pelos judeus tradicionais como uma profanação do templo. Enquanto alguns judeus se tornavam mártires e outros se submetiam, Matatias e seus filhos, com o apoio dos Hassidins, levantaram-se para contestar o processo de helenização, começando, assim, a Revolta dos macabeus e a ascensão da dinastia asmoniana. Em 164 Judas Macabeu tomou o controle de Jerusalém. O templo foi rededicado, as perseguições terminaram e ficou claro que a Torá permaneceria como constituição civil. Menelau tentou, sem sucesso, restabelecer sua autoridade em Jerusalém. Lísias, tutor do jovem Antíoco, censurou Menelau por seu conselho insensato a Antíoco e a guerra civil resultante. Em 163/2 Manelau foi levado para Bereia, onde foi morto pela imersão em cinzas (2Mac 13.3-8). Após a morte de Menelau, Alcimo tornou-se sumo sacerdote (*Ant.* 12.385-87).

Bibliografia. E. Bickerman, *The God of the Maccabees.* SJLA 32 (Leiden, 1979); L. L. Grabbe, *Judaism from Cyrus to Hadrian*, 2 vols. (Minneapolis, 1992); M. Hengel, *Judaism and Hellenism*, 2 vols. (Philadelphia, 1974); E. Schürer, *The History of the Jewish People in the Age of Jesus Christ* (125 B.C.-A.D. 135), ed. rev., 4 vols. (Edinburgh, 1973-1987); V. Tcherikover, *Hellenistic Civilization and the Jews* (1959, repr. New York, 1970). [LINNE ALCOTT KOGEL]

MÊNFIS Capital do antigo Egito durante maior parte do período do Antigo Império, localizada cerca de 20 km ao sul do Cairo, na parte ocidental do Nilo, perto de Mitrahineh e Saqqâra; Egip. *mn-nfr* (nome provavelmente derivado da pirâmide do faraó Pepi I). A fundação da cidade como "Muro Branco" (Egip. *jnb hd*) cerca de 3.000 a.C. é tradicionalmente atribuída a Menes (cf. Heródoto Hist. 3.91). A moderna designação do Egito (gr. *Aígyptos*) deriva do nome da área sagrada do templo de Ptah em Mênfis, "Casa do Ka de Ptah". O culto de Ptah-tatenen, antigo deus-criador, patrono dos artistas (identificado com o cananeu El e Kothar, gr. *Hefesto*), foi o principal ritual de Mênfis, em particular na forma local de "Ptah ao sul do seu muro". Comunidades e cultos estrangeiros são confirmados no centro comercial em torno do porto (Perunefer) desde o Novo Império, incluindo o culto a Baal Zafon e Astarte.

A importância de Mênfis como centro administrativo e residência real do Egito está refletida nos profetas bíblicos. Isaías 19:13 (heb. *mōp̱*); Oseias 9:6 (*mōp̱*) pode referir-se à situação política em Israel e no Egito um pouco antes da queda de Samaria (a embaixada ao rei de So = Sais [?] cerca de 727, 2Rs 17:4; a conquista de Mênfis por Pianchi [de Piye]). Jeremias 44:30; 46:14, 19; Ezequiel 30:13, 16 podem ser referência às campanhas de Nabucodonosor contra os reis saíticos Neco II, Hofra (Apriés) e Ahmose II (Amásis). Alguns judeus que fugiram do assalto babilônio sobre Judá, estabeleceram residência em Mênfis (Jr 44:1).

Pouco resta do glorioso passado de Mênfis, porque na Idade Média essa cidade serviu de presa para a construção [das cidades] de Fostat e Cairo. Até agora, o sítio mostra algumas impressionantes estátuas gigantescas de Ramessés II, uma estela de Hofra e tábuas conservadas de Necau para o touro Ápis na entrada sul do templo Ptah. [MEINDERT DIJKSTRA]

MENORÁ *Ver* CANDELABRO.

MENSTRUAÇÃO *Ver* SANGUE, FLUXO DE; PURO E IMPURO.

MENTE Na Bíblia em inglês, a palavra "mente" traduz certa quantidade de diferentes palavras com abrangentes conotações. No AT "mente" traduz a palavra heb. *lēḇ*, "coração", a sede da habilidade intelectual de uma pessoa (1Rs 3:9; Is 65:17; cf. Nm 16:28 [?]); *nep̱eš*, "alma", as intenções íntimas de uma pessoa (1Sm 2:35; cf. Gn 23:8); e *rûaḥ*, "espírito", a designação da vida de um ser que sente e pensa (Ez 11:5).

As duas principais palavras gregas traduzidas por "mente" no NT são *nóus* e *phrónēma* e seus cognatos. O grego *nóus* significa a capacidade da percepção mental, a mente como fonte do pensamento e da compreensão. Refere-se também aos resultados de tal ação, isto é, a atitude, o pensamento ou a opinião de alguém. Desde que muitas dessas referências vêm das cartas de Paulo, e sua tradição hebraica acreditava que todas aquelas faculdades totalmente humanas estão associadas em uma unidade indissolúvel, a palavra denota a mais alta, dotada de propósito e, por conseguinte, o aspecto moral dos humanos (1Co 2:16; embora tal capacidade possa ser degradante, Rm 1:28). O grego *phrónēma* significa a compreensão ou atitude de alguém, a direção de sua mente (Rm 8:5-7, 27).

No NT, "mente" traduz também várias outras palavras gregas: *diánoia*, "entendimento" ou "inteligência", a sede da razão ou percepção (Mt 22:37 = Mc 12:30; Hb 8:10; 1Jo 5:20); *boulḗ*, "forma de pensar", "plano", ou "propósito", isto é, a intenção ponderada de alguém (Lc 23:51; At 5:38; cf. 27:12); e *psychḗ*, "alma", o compromisso assumido por alguém (Fp 1:27; cf. Hb 12:3).

Bibliografia. R. Bultmann, *Theology of the New Testament* 1 (New York, 1951), 211-20. [RICHARD A. SPENCER]

MENTIRA Usualmente, uma tentativa oral de ludibriar, mas às vezes usada numa referência a uma ação fraudulenta. O grego *Pseúdos* corresponde a inúmeros termos hebraicos conservando certas nuanças: *sqr*, "enganar ou tratar alguém falsamente"; *khs*, "tratar alguém traiçoeiramente"; *kzb*, "falar o que não é verdade ou falsear a realidade"; *pht*, "enganar pela sedução"; *sw*, "falar em vão ou sem intenção de dar conta".

A condenação bíblica da mentira tem sua origem no testemunho nas Escrituras de que Deus é verdadeiro, fiel a si mesmo e confiável em sua autorrevelação e, portanto, não pode mentir (Nm 23:19; Tt 1:2; cf. Sl 12:6 [TM 7]; 2Co 1:18). O mal da mentira deriva não somente da falsificação dos fatos, mas também da fidelidade pessoal a Deus e aos outros que isso sempre implica.

O ser humano, entretanto, é essencial e inevitavelmente não digno de confiança, como se vê na prontidão de Adão e Eva em acreditar na mentira (Gn 3:4) e na invenção da mentira por Caim (4:9). A mentira é uma característica essencial da natureza humana na separação de Deus e do comportamento humano como desobediência a Deus (cf. Is 28:15; Am 2:4; Rm 1:25; 3:13). O mentir e o enganar aparecem com frequência nas narrativas bíblicas, às vezes até mesmo promovendo o plano de Deus (Gn 27:35; Êx 1:19, 20). Todavia, embora a natureza humana seja inevitavelmente enganadora, a mentira em si pode e deve sempre ser evitada, por causa tanto do indivíduo como da comunidade (Êx 20:16; Lv 19:11).

O NT reafirma que a mentira é uma abominação (Rm 3:4-9, 13; cf. At 5:3-5). Satanás é "mentiroso e o pai da mentira" (Jo 8:44). Em contraste, o dom da salvação é fiel e "verdadeiro" (Jo 1:9; Tt 1:13; 1Jo 5:20; Ap 22:6), e, em particular, Jesus Cristo é a ratificação da fidelidade de Deus (o "sim" de Deus, 2Co 1:20; a "Verdade", Jo 14:6). Os cristãos são, pois, encorajados a rejeitarem a mentira e a explorar a liberdade cristã falando a verdade e se relacionando com franqueza (Ef 4:20-25; Cl 3:9, 10). [DAVID A. DORMAN]

MENUOTE (heb. *mĕnuḥôṯ*) Metade do clã manaatita, descendente de Sobal (1Cr 2:52).

MEOLATITA (heb. *mĕḥōlāṯî*) Gentílico atribuído a Adriel, marido de Merabe, filha de Saul (1Sm 18:19; 2Sm 21:8). Isso pode indicar que ele era de Abel-Meolá.

MEONOTAI (heb. *mĕʿônōṯay*) Descendente de Judá, filho de Otoniel e pai de Ofra (1Cr 4:13, 14).

MEQUERATITA (heb. *mĕḵērāṯî*) Gentílico de Hefer, um dos valentes de Davi (1Cr 11:36). Pode ser provavelmente traduzido por "Maacatita" (heb. *maʿᵃḵāṯî*; cf. 2Sm 23:34), referindo-se a Maaca.

MERABE (heb. *mēraḇ*) A filha mais velha de Saul (1Sm 14:49), a quem ele prometeu a Davi, mas a deu a Adriel, o meolatita (18:17-19). Os cinco filhos de Adriel e Merabe foram entregues por Davi aos gibeonitas para serem enforcados (2Sm 21:8-9; em alguns MSS consta "Mical").

MERAÍAS (heb. *mĕrāyâ*) O chefe da família sacerdotal de Saraías no tempo do sumo sacerdote Joiaquim, do pós-exílio (Ne 12:12).

MERAIOTE (heb. *mĕrāyôṯ*) (tb. MEREMOTE) **1.** Levita; descendente de Arão e ancestral do sumo sacerdote Zadoque (1Cr 6:6, 7, 52 [TM 5:32, 33; 6:37]) e do líder Esdras, do pós-exílio (Ed 7:3).

2. Sacerdote, filho de Aitube e pai de Zadoque e ancestral de Azarias (1Cr 9:11) ou Seraías (Ne 11:11).

3. Família sacerdotal chefiada por Helcai no tempo do sumo sacerdote Joiaquim, do pós-exílio (Ne 12:15). Na lista correspondente em Neemias 12:15 ele é chamado de Meremote (4).

MERARI (heb. *mĕrārî*) **1.** O terceiro filho de Levi e pai de Mali e Musi (Gn 46:11; Êx 6:16, 19); ancestral epônimo dos levitas meraritas. Durante a jornada pelo deserto, os meraritas acamparam no lado norte ou à direita do tabernáculo e o vigiavam desde o norte. Eles eram encarregados de transportar as armações do tabernáculo, os travessões, as colunas, as bases e seus pertences. Eles eram também responsáveis pelas colunas do átrio, suas bases, estacas e cordas; estes eles carregavam em quatro carroças, cada uma puxada por um par de bois (Nm 3:33-37; 4:29-33; 7:8).

Aos meraritas foram designadas cidades em Canaã de territórios distribuídos às [tribos de] Zebulom (Jocneão, Cartá, Dimna e Naalal), Rúben (Bezer, Jaza, Quedemote e Mefaate) e Gade (Ramote, de Gileade, Maanaim, Hesbom e Jazar; Js 21:34-40; 1Cr 6:77-81 [TM 62-66]).

Durante o período do segundo templo a genealogia de um grupo de cantores, os etanitas, esteve ligada aos meraritas por meio de Etã (1Cr 6:44-47 [29:32]). Durante este período, os filhos de Merari foram também contados entre os porteiros. Eles tinham a responsabilidade pelo lado ocidental do templo e pela guarda dos depósitos (1Cr 26:10, 16-19). Acredita-se que junto aos coatitas, os meraritas participaram das reformas de Ezequias (2Cr 29:12) e Josias (2Cr 34:12), e de terem acompanhado Esdras de volta da Babilônia (Ed 8:18, 19).

Bibliografia. R. G. Boling e G. E. Wright, *Joshua*. AB 6 (Garden City, 1982); S. Japhet, *I and II Chronicles*. OTL (Louisville, 1993); B. A. Levine, *Numbers 1-20*. AB 4 (New York, 1993). [LISBETH S. FRIED]

2. O pai de Judite, filho de Idox (Jdt 8:1; 16:7).

MERATAIM (heb. *mĕrāṯayim*) A região sul da Babilônia onde os rios Tigre e Eufrates se juntam e deságuam no Golfo Pérsico (Jr 50:21). A representação hebraica do nome acádico da região, *māt marratîm* (tirado do nome do Golfo Pérsico, nar marrâtu, "rio amargo"; cf. heb. *mrr*), é um jogo de palavras que significa "(terra de) dupla rebelião" (*mrh*).

MERCADO Mercados locais no antigo Oriente Próximo nem sempre eram áreas abertas no meio da cidade. Às vezes, uma área na orla da cidade ou perto da porta desta era usada (2Rs 7:1). Os mercados em cidades maiores eram adornados com colunas e estátuas. Obviamente, o mercado era um lugar de comércio, com várias lojas que ofereciam mercadorias necessárias. O NT indica que o mercado podia servir também como fórum para outras atividades, como a contratação de trabalhadores (Mt 20:3), lugar onde as crianças brincavam (Lc 7:32), queixas legais (At 16:19) e discussões religiosas (17:17; cf. v. 5). Pausânio Descr. Gr. 1.12-17 fornece uma descrição antiga do Ágora em Atenas. [DAVID L. TURNER]

MEREDE (heb. *mereḏ*) Filho de Ezra, da tribo de Judá, que, ao que tudo indica, casou-se com Bitia ("filha de Faraó") e com uma mulher judia (1Cr 4:17-18).

MEREMOTE (heb. *mĕrēmôṯ*) **1.** Filho de Urias; o sacerdote que pesou a prata, o ouro e os vasos do templo trazidos de volta do exílio (Ed 8:33).

2. Um dos doze filhos de Bani que se divorciou de sua esposa estrangeira (Ed 10:36).

3. Filho de Urias e neto de Hacoz. Ele ajudou Neemias a reconstruir o muro da cidade de Jerusalém (Ne 3:4, 21) e, com Neemias, assinou um documento comprometendo-se a manter a lei (10:5 [TM 6]).

4. Sacerdote que retornou do cativeiro babilônico com Zorobabel e Jesua (Ne 12:3). [RODNEY ASHLOCK]

MERENPTAH (egip. *Mr-n-pth*) Faraó do Egito 1212-1202 a.C.; o 13º filho de Ramessés II e da rainha Ísis-nofret I. Desde criança, foi treinado como soldado e depois, no reinado de seu pai, serviu como general militar no Egito. Ele se casou com uma filha de seu famoso irmão Khaemwaset I, chamado de Ísis-nofret (II). Ele teve vários filhos, incluindo Seti Merenptah, seu sucessor, outro Khaemwaset (II) e, possivelmente, Amenmesse, que usurpou o trono, muito provavelmente na morte de Merenptah.

Já próximo dos 60 anos de sua subida ao trono, Merenptah, todavia, defendeu o Egito militarmente contra diversas grandes ameaças. Na primeira, ele conduziu uma campanha a Canaã, provavelmente nos anos 2-3 do seu reinado, contra Ascalom, Gezer, Yanoam e, registrado pela primeira vez na história, o povo de Israel. A campanha está registrada em sua famosa estela "Israel" (Cairo) e numa série de relevos sobre batalhas no templo de Carnaq. Os relevos descrevem as três cidades e uma batalha em campo aberto, o que mais provavelmente descreve Israel. Depois dessa campanha, Merenptah posicionou suas tropas nas terras altas de Canaã, evidentemente para dissuadir os esforços israelitas de invadir as terras baixas. Um papiro documenta o forte controle egípcio sobre a fronteira entre o Egito e os Caminhos de Hórus, nome dado à estrada com seus poços fortificados através do Sinai. Isso explica por que a fuga dos israelitas tomou a rota sul pelo Sinai. A estela de Merenptah e os relevos da batalha mostram inequivocamente que no seu reinado os israelitas já haviam saído do Egito, fazendo do seu pai, Ramessés II, o provável faraó do Êxodo.

Merenptah teve, em seguida, de enfrentar um ataque do oeste, ao longo do úadi Natrum, vindo dos Líbios e seus aliados, os povos do mar. Simultaneamente, os núbios se revoltaram no sul. Merenptah derrotou a aliança inimiga perto de Mênfis e os fez fugir de volta para a Líbia. De acordo com o relato de sua longa inscrição em Carnaq, os povos do mar haviam interferido em suas remessas de grãos aos hititas, de quem o Egito era aliado desde o épico tratado de paz assinado por Ramessés II e Hatusilis III em 1258. Os povos do mar tinham evidentemente passado para a sua segunda fase de atividade, saqueando cidades, como registra a epopeia de Homero, e atacando os estados imperiais. A perda de vidas permanecem em sóbrio contraste com os registros acentuados de outros faraós, ou com os números exagerados do relato de Êxodo.

Merenptah realizou um grande inventário que durou dois anos das propriedades de todos os templos do Egito. Ele não construiu muito, usou espaço de parede vazio para registrar suas vitórias. Seu templo funerário no oeste de Tebas foi, em grande parte, construído desmontando o templo de Amenotep III. Da mesma forma, a estela "Israel" foi usurpada de Amenotep III, que ainda está representado na parte da frente.

Por toda parte o reino de Merenptah reflete uma bem-sucedida defesa do Egito contra ameaças estrangeiras e revoltas, aliada à contínua prosperidade em casa. Suas providências em Canaã ajudaram a manter intacto o império egípcio até Ramessés III assumir o poder.

Bibliografia. K. A. Kitchen, *Pharaoh Triumphant* (Warminster, 1983); F. J. Yurco, "Merenptah's Canaanite Campaign", *Journal of the American Research Center in Egypt* 23 (1986): 189-215; "3,200-Year-Old Pictures of Israelites Found in Egypt", *BARev* 16/5 (1990): 20-38. [FRANK J. YURCO]

MERES (heb. *meres*) Um dos sete príncipes que atuou como conselheiro de Assuero (Et 1:14).

MERIBÁ *Ver* MASSÁ, MERIBÁ.

MERIBÁ DE CADES (heb. *mĕrîḇaṯ qāḏēš*) Nome dado a Cades-Barneia devido à prova de Deus aos israelitas durante suas jornadas (Dt 32:51; cf. Nm 20:1-3; 27:14). O novo nome ocorre nas descrições de Ezequiel das fronteiras sul da terra do novo Israel (Ez 47:19; 48:28). *Ver* CADES, CADES-BARNEIA (1); MASSÁ, MERIBÁ.

MERIBE-BAAL (heb. *mĕrîḇ-ba'al*) Neto de Saul e filho de Jônatas (1Cr 8:34; 9:40). Em 1-2Samuel o nome ("da boca de Baal") é mudado para Mefibosete ("da boca da vergonha"). *Ver* MEFIBOSETE 2.

MERNEPTAH *Ver* MERENPTAH.

MERODAQUE (heb. *mĕrōḏāḵ*) Forma hebraica de Marduque (Jr 50:2).

MERODAQUE-BALADÃ (heb. *mĕrōḏăḵ bal'ăḏān*; ac. *marduk-apla-iddina*) Xeque caldeu da tribo Bit-yakin e, por duas vezes, rei da Babilônia. Por volta do início do ano 731 a.C., ele foi aliado de Tiglate-Pileser III da Assíria contra outro governante babilônio. Aproveitando uma visível fraqueza na Assíria quando Sargão II (721-705) usurpou o trono, Merodaque-Baladã tornou-se rei da Babilônia, muito provavelmente com a ajuda do vizinho Elão. Os assírios não conseguiram removê-lo da Babilônia até terem derrotado seus aliados elamitas em 710. Sem aliados desde então, Merodaque-Baladã foi deposto por Sargão e, de novo, tornou-se o xeque caldeu local, vassalo do rei assírio.

Com a morte de Sargão, em batalha no ano de 705, Merodaque-Baladã ajudou a instigar uma rebelião contra o domínio assírio. É aqui que provavelmente ocorreu a narrativa de 2Reis 20:12-19 (cf. Is 39:1-8). O xeque babilônio foi a Jerusalém pedir o apoio do rei Ezequias à sua causa, um plano ao qual o profeta Isaías se opôs. Mas à vista das ações de Ezequias contra o domínio assírio ele, ao que tudo indica, agiu de acordo com a estratégia de Merodaque-Baladã, que depôs a pessoa nomeada para o trono babilônico em 703 e governou próximo a Borsipa até ele mesmo ser deposto naquele mesmo ano por Senaqueribe, o novo rei da Assíria. Merodaque-Baladã fugiu para Elão, onde morreu logo depois.

Bibliografia. J. A. Brinkman, "Merodach-Baladan II", in *Studies Presented to A. Leo Oppenheim*, ed. R. Biggs e J. A. Brinkman (Chicago, 1964), 6-53; Prelude to Empire: Babylonian Society and Politics, 747-626 B.C. (Philadelphia, 1984). [MARK W. CHAVALAS]

MEROM (heb. *mērôm*) As "águas" ou fontes perto das quais se reuniu uma coalizão de reis cananeus sob a liderança de Jabim, rei de Hazor para combater Josué e os israelitas (Js 11:5,7). Uma importante cidade da Alta Galileia, Merom é mencionada pela primeira vez nos anais de Tutmósis III, Ramessés II e Tiglate-Pileser III. A identificação de Merom é incerta. Tradicionalmente, essa cidade tem sido identificada com Meiron na base de Jebel Jarmaq. Escavações recentes, entretanto, têm indicado que Meiron foi fundada no período helenístico, afastando qualquer possibilidade de identificação com a Merom Cananeia. Alguns sugerem uma identificação com Tell el-Khirbeh, um grande monte arqueológico cananeu a leste de Hazor e ao norte da região arborizada, anteriormente desabitada, fortemente colonizada pelos primitivos israelitas. [RONALD A. SIMKINS]

MERONOTITA (heb. *mērōnōṯî*) Designação gentílica de Jedeías, responsável pelas jumentas de Davi (1Cr 27:30), e Jadom, um dos reconstrutores do pós-exílio dos muros de Jerusalém (Ne 3:7). Ao que tudo indica, está relacionado a Mispá.

MEROZ (heb. *mērôz*) Cidade mencionada no cântico de Débora (Jz 5:23), cujos habitantes foram condenados por um anjo do Senhor por não ter participado da batalha de Débora e Baraque contra Sísera. Embora vários locais tenham sido propostos, incluindo Khirbet Marûs/Horvat Marish e Shimron-meron, nenhum é convincente. A cidade ficava provavelmente situada no ou perto do vale de Jezreel. [KENNETH ATKINSON]

MÊS *Ver* ANO.

MESAQUE (heb., aram. *mêšaḵ*) O nome babilônio (ac. Misa-aku, "Quem é o que Aku [uma divindade lunar suméria] é") dado a um dos companheiros de Daniel (Dn 1:7; 2:49; 3:12-30). O nome hebraico de Mesaque, Misael (mîsa'el) significa "Quem é o que Deus é?"

MESELEMIAS (heb. *měšelemyâ, měšelemyāhû*) Levita coreíta, guarda das portas do templo na época de Davi; pai de Zacarias, também um guarda das portas (1Cr 9:21; 26:1-2, 9). Meselemias pode ser o mesmo que Selemias (1Cr 26:14) e possivelmente Salum (9:17, 19, 31; Ed 2:42 = Ne 7:45).

MESEQUE (heb. *mešeḵ*) (tb. MÁS) **1.** Um dos sete filhos de Jafé (Gn 10:2; 1Cr 1:5). De acordo com a Tabela das Nações, os descendentes de Jafé habitaram na Europa e na Ásia. Meseque é mencionado em fontes acádias no início de 1100 a.C., como Muski, povo famoso por sua habilidade em metalurgia. Meseque, de acordo com Josefo, ficava no leste da Ásia, na Capadócia (*Ant.* 1.6.1 [125]), mas de acordo com outros escritores antigos, ficava a oeste. O mais bem conhecido de seus reis foi Midas, de quem se dizia que seu toque transformava as coisas em ouro.

O Salmo 120:5 menciona Meseque em paralelismo com Quedar, povo distante e militarista. Gênesis 10:2 associa Meseque a Tubal e Javã. Em Ezequiel, eles estão ligados como parceiros comerciais de Tiro (Ez 27:13), e Meseque e Tubal estão incorporados no reino de Magogue, governado por Gogue (38:2; 39:1). O reino e seu rei servem como símbolos de quaisquer inimigos futuros que viessem a atacar os judeus em sua terra natal.

2. Filho de Sem, ancestral epônimo de um povo arameu (1Cr 1:17). Em Gênesis 10:23, o nome correspondente é Más [PAUL L. REDDITT]

MESEZABEL (heb. *měšêzaḇ'ēl*) **1.** Ancestral de Mesulão (13), que trabalhou na reconstrução do muro de Jerusalém (Ne 3:4).

2. Israelita que participou da assinatura do novo acordo firmado sob Neemias (Ne 10:21 [TM 22]).

3. O pai de Petaías, da família de Zerá, filho de Judá (Ne 11:24).

MESILEMITE (heb. *měšillēmîṯ*) ou **MESILEMOTE** (heb. *měšillēmôṯ*) **1.** Efraimita, pai de Berequias (2Cr 28:12).

2. Sacerdote e descendente de Imer (Ne 11:13). Em 1Cr 9:12 ele é chamado de Mesilemite.

MESOBABE (heb. *měšôḇāḇ*) Um dos 12 líderes simeonitas que se apropriaram das pastagens em Gedor nos dias do rei Ezequias (1Cr 4:34-41).

MESOPOTÂMIA (gr. *Mesopotamía*) Termo grego que significa "(terra) entre rios". Originalmente ela se referia a uma satrápia formada por Alexandre, o Grande, entre os rios Tigre e Eufrates, especificamente a área leste da grande curva do Eufrates na moderna Síria e norte do Iraque. Um primitivo termo hebraico, *‹aram nah^{a}rāyim*, designava somente “terra dentro do rio”, i.e., somente a área dentro da curva do Eufrates. Um termo acádio ainda mais antigo, *birinarim*, referia-se à mesma área já no período babilônio antigo. O aram. *beyn nahrin*, cujo alcance semântico diferiu ligeiramente das expressões hebraicas e acádicas, foi a primeira a indicar a área entre os dois rios. As versões da Bíblia em inglês apresentam os termos em hebraico e em grego como “Mesopotâmia”.

Na arqueologia moderna, a Mesopotâmia é uma área definida grosso modo pelos dois rios e seus afluentes. Isto difere do uso mais antigo em denotar a área entre as montanhas Taurus, na Anatólia e o golfo árabe-pérsico, no sul. Em termos gerais, essa área formou uma unidade cultural distinta do Levante, Anatólia e Irã desde, talvez, 5000 a.C. até a conquista de Alexandre.

Bibliografia. J. J. Finkelstein, “ ‘Mesopotamia,’ ” *JNES* 21 (1962): 73-92. [GEOFF EMBERLING]

MESSA (heb. *mêšāʿ*, *mêšāʾ*) **I. (PESSOA) 1.** Rei de Moabe, na Transjordânia, durante o início do século IX a.C.; filho de Chemosh-yati. De acordo com 2Reis 3:4, Messa era criador de ovelhas (heb. *nōqēd*) e vassalo do “rei de Israel”. Depois da morte do rei Acabe, de Israel, em 850, Messa interrompeu o pagamento de tributo. Jorão, filho de Acabe, sucedeu seu irmão Acazias e então pediu ajuda ao rei Josafá, de Judá e a um vassalo edomita, anônimo; seus exércitos unidos derrotaram os moabitas. Alguns moabitas sobreviventes entraram em Quir-Haresete, uma cidade fortificada. Na tentativa de apaziguar Camos, o deus nacional de Moabe, o rei moabita sacrificou seu filho mais velho sobre o muro da cidade. Os israelitas, aterrorizados, suspenderam o cerco da cidade.

Em 1868, foi encontrada a Pedra Moabita em Dhiban (bíblica Dibom), capital da antiga Moabe; a inscrição foi comissionada por Messa, que indica ter sido o rei Onri, de Israel, quem subjugou Moabe e iniciou os “40 anos” (1:8) de vassalagem. Mas durante o reinado do “seu filho” (1:6), Messa recuperou sua independência expulsando os israelitas de várias cidades ao norte do rio Arnom, incluindo Nebo. Em Nebo, ele alega ter matado milhares de israelitas e de ter tomado alguns vasos de Yahweh. Messa atribui seu sucesso a Camos. A independência de Moabe foi provavelmente tornada possível em parte devido à preocupação de Israel com a resistência a Salmaneser III.

Alguns consideram que os materiais bíblicos e das inscrições refletem dois episódios diferentes das relações israelita-moabita (Cogan e Tadmor) enquanto outros os consideram versões suplementares (Cross e Freedman).

Bibliografia. M. Cogan e H. Tadmor, *II Kings*. AB 11 (Garden City, 1988); F. M. Cross, Jr. e D. N. Freedman, *Early Hebrew Orthography*. AOS 36 (1952, repr. New Haven, 1981); J. A. Dearman, ed., *Studies in the Mesha Inscription and Moab*. SBLABS 2 (Atlanta, 1989); G. L. Mattingly, “Moabites”, in *Peoples of the Old Testament World*, ed. A. J. Hoerth, Mattingly eE. M. Yamauchi (Grand Rapids, 1994); 317-33; K. A. D. Smelik, *Converting the Past: Studies in Ancient Israelite and Moabite Historiography*. OuTS 28 (Leiden, 1992). [CHRIS A. ROLLSTON]

2. Filho de Calebe, pai de Zife (1Cr 2:42; LXX “Maresa”).

3. Benjamita, filho de Saaraim e Hodes, ele nasceu em Moabe (1Cr 8:9).

II. (LUGAR) (heb. *mēšāʾ*) Fronteira da região habitada pelos descendentes de Joctã (Gn 10:30). Messa foi, muito provavelmente, um local no deserto da Síria ou Arábia; de fato, vários nomes joctanitas sugerem uma origem sul-arábica. Alguns estudiosos identificam Messa com Massá (Gn 25:14).

MESSIAS A palavra “Messias” é uma forma adjetiva com sentido passivo derivado de um verbo hebraico que significa “ungir”. Ela pode ser usada como adjetivo (“o sacerdote ungido”; Lv 4:3), embora sua forma mais comum seja de substantivo (heb. *mā·šî^{a}ḥ*). Nas 30 ocorrências do termo no AT, não existe uma única forma de “o Messias”, com o artigo definido e nenhum modificador. As formas bíblicas são “o Ungido do Senhor” (usado com o nome divino), ou “meu Ungido”, “o ungido dele”, e “teu ungido” (com sufixos pronominais referindo-se a Deus). Embora usado ocasionalmente por sacerdotes e profetas, o termo é usado para referir-se principalmente a reis cuja investidura no cargo incluía uma unção ritual (cf. 1Sm 10:1; 16:13).

O uso de “o Messias” (ou “o Cristo”) no NT e na literatura cristã subsequente (gr. *Messías*) e “o [Rei] Messias” nos escritos judaicos posteriores — referindo-se a uma única figura que não precisa de mais qualificação — presume uma história de interpretação que pode ser reconstruída, pelo menos em parte, a partir da literatura pós-bíblica existente. “O Messias” é, portanto, um termo com raízes no AT, mas cujo significado surge do uso pós-bíblico. Nenhuma simples trajetória pelo AT pode se responsabilizar por seu lugar em visões posteriores e sonhos do futuro, nem pode o que qualifica como “messiânico” ser medido simplesmente em termos de um desenvolvimento histórico em um Israel bíblico. Referências a “o Messias” fazem pouco sentido, entretanto, sem o conhecimento da tradição bíblica.

No cristianismo primitivo e na tradição rabínica, “o Messias [Rei]” é uma referência à figura real que desempenhará um papel crucial nos últimos dias. Por uma série de razões, as tradições sobre o rei da descendência davídica veio a ser projetada no futuro. Embora o rei que há de vir não seja identificado como "o Messias" até o NT e os escritos rabínicos, existem precursores de tal uso especialmente em Pss. Sol. 17 (onde o rei que há de vir é identificado como "O Ungido de Israel", "o príncipe", ou "o ramo de Davi").

Em referências a este rei que há de vir, conexões linguísticas com "unção" não são sempre preservadas. O uso de "o Messias" presume algum conhecimento do ritual de investidura, mas também reflete a centralidade de certas passagens do AT, como o Salmo 2, no qual o rei é identificado como "ungido". O NT, os Salmos de Salomão e os rolos de Qumran fornecem evidência de que esse salmo foi o centro da expectativa de um rei que haveria de vir no fim dos tempos para governar em Israel. Essa figura real, identificada pelo salmista como "o seu [do Senhor] ungido" (Sl 2:2) e "o meu Rei sobre [...] Sião" (v. 6), a quem Deus se dirige como "filho" (v. 7) está ligada com a "semente" que Deus promete a Davi em 2Sm 7:10-14 — uma figura real cujo trono Deus promete estabelecer para sempre e a quem Deus, da mesma forma, trata de "filho".

Igualmente central na constelação de textos bíblicos "messiânicos" são Gn 49:10; Nm 24:17; Is 11:1; Jr 23:5, 6; 33:14-17. Cada uma dessas passagens trata de uma forma diferente a respeito de uma figura real. Intérpretes posteriores estudaram tais passagens como oráculos, deduzindo o significado delas não do contexto histórico ou literário dos versos, mas transferindo-os a uma nova estrutura interpretativa. Não importa qual tenha sido o pensamento de Jeremias, Isaías ou os autores de Gênesis e Números, os leitores posteriores da Bíblia ouviram suas palavras como predições de "o" rei que haveria de vir — predições que eles entrelaçaram com uma variação de outras passagens bíblicas para formar visões distintas do que Deus tinha para eles.

Diversidade escatológica. É útil fazer a distinção entre "messiânico" e "escatológico". Embora "messiânico" se refira a um futuro prometido, nem todos os futuros previstos são "messiânicos". Houve judeus cujas futuras esperanças foram investidas em um rei da descendência de Davi, "o ungido do Senhor" (Pss. Sol. 17). Em suas visões, o rei libertaria Israel da servidão estrangeira (romana) e estabeleceria um reino ideal no qual a justiça dominaria. Essa "escatologia messiânica" é provavelmente a forma ensinada a muitos estudantes da Bíblia sobre "messias" e "messiânico".

Os leitores do AT desenvolveram uma ampla diversidade de expectativas alternativas, entretanto, nas quais uma figura real ou era completamente ausente ou subordinado a outro libertador. Os samaritanos, por exemplo, que consideravam como "escritura" somente os cinco primeiros livros da Bíblia, não investiram esperanças num rei da linha davídica. O futuro deles estava investido num Taheb ("restaurador") na forma de um novo Moisés, cuja vinda era entendida em termos de passagens como Dt 18:15-20. Outros, cuja visão do futuro era lançada na forma de visões bizarras (apocalípticas), tinham, com frequência, pouco espaço para uma figura messiânica. Embora o autor de 4Esdras esperasse um "Messias" da linhagem de Davi, a verdadeira função da figura real é limitada. No fim dos 400 anos da era "messiânica", o Messias morre com o descanso da ordem criada, e na era por vir, depois da ressurreição geral, só Deus reina e julga. Alguns grupos esperavam a volta de Elias — e não simplesmente como precursor do Messias. Em Qumran, eram esperados dois "ungidos" — um seria sacerdote, o outro, uma figura real, com o sacerdote claramente superior à sua contraparte leiga. Em todos os casos, as passagens bíblicas foram escolhidas e combinadas para formar quadros diversos e distintos do que haveria de vir.

Temas comuns. Embora exista uma variação notável entre as visões escatológicas, e embora a evidência não permita considerar "o Messias" como o libertador mais popular, algumas generalizações sobre "o Messias" são possíveis.

Quando o termo (ou seu equivalente grego) é usando na forma com um artigo definido, seja na literatura cristã primitiva ou rabínica, ele se refere a uma figura real — o rei que haveria de vir. Existe ampla evidência que indica que no século I. a.C. (e talvez no século I d.C.) quem ouvia a expressão "o Messias" pensava em um rei — com poucas exceções, o rei da descendência de Davi que surgiria no fim dos tempos para salvar Israel.

Embora não exista uniformidade mesmo entre as tradições messiânicas, existe um conjunto de passagens bíblicas que aparece com suficiente regularidade de forma a ser vista como constante (incluindo os Salmos 2, 89, 132; 2Sm 7 par.; Nm 24:17; Gn 49:10; Is 11:1; Jr 23:5, 6; 33:17-22). A variação dentro das visões de um futuro messiânico é limitada pelas imagens apropriadas a um rei.

Como figura real, "o Messias" deve ser distinguido dos libertadores proféticos e sacerdotais que aparecem nas tradições escatológicas. Embora alguns traços pudessem ser trocados, não houve o desaparecimento de uma figura dentro da outra. Só mais tarde puderam os intérpretes cristãos combinar todos as características em uma figura, culminando com o tríplice ofício de Calvino, de profeta, sacerdote e rei. O emprego de passagens messiânicas em Qumran oferece um impressionante exemplo de uma visão escatológica na qual pelo menos dois libertadores são esperados, ambos "ungidos".

O verdadeiro desdobramento da Escritura na "exegese messiânica" resulta com frequência na omissão de textos que outros podiam ter considerado como centrais, embora passagens nunca reconhecidas como "messiânicas" pudessem ser "adotadas" nas tradições interpretativas. Um exemplo seria o estudo de Isaías 52-53 na literatura cristã e no Targum de Isaías como uma referência ao Messias-Rei. Tal variação torna impossível identificar com exatidão uma única "tradição messiânica" no judaísmo pós-bíblico, embora possamos notar as passagens bíblicas que aparentam parecer constantes entre os intérpretes.

Embora exista muita discussão de quanto é central "o Messias" para a tradição escatológica judaica, pouca dúvida pode existir de que a importância e a centralidade da ideologia real tem sido exageradas e a diversidade dentro da tradição judaica subestimada.

No caso da tradição messiânica, bem como de todas as outras tradições, as Escrituras tiveram um papel central — mas a interpretação do material bíblico foi influenciada por uma variedade de fatores, incluindo a situação social e eventos históricos. "O Messias" existe somente em contextos particulares. O significado exato do termo depende então dos vários contextos e pode ser determinado somente pelo atendimento a certas particularides.

Bibliografia. J. H. Charlesworth, ed., *The Messiah: Developments in Earliest Judaism and Christianity* (Minneapolis, 1992); N. A. Dahl, *Jesus the Christ: The Historical Origins of Christological Doctrine* (Minneapolis, 1991); D. Juel, *Messianic Exegesis: Christological Interpretation of the Old Testament in Earliest Christianity* (Minneapolis, 1988); G. Vermes, *Jesus the Jew* (Philadelphia, 1981). [DONALD JUEL]

MESULÃO (heb. *měšullām*) **1.** O avô do secretário Safã e pai de Azalias (2Rs 22:3).

2. Filho de Zorobabel (1Cr 3:19).

3. O chefe de um clã gadita de Basã (1Cr 5:13).

4. Filho de Elpaal, benjamita (1Cr 8:17).

5. O pai de Salu, descendente de Benjamim; entre os primeiros benjamitas a voltar do Exílio (1Cr 9:7; Ne 11:7).

6. O filho de Sefatias; benjamita que retornou do Exílio (1Cr 9:8).

7. O pai de Hilquias e filho de Zadoque; de descendência sacerdotal (1Cr 9:11; Ne 11:11).

8. O pai de Jazera e filho de Mesilemite; de descendência sacerdotal (1Cr 9:12).

9. Coatita nomeado por Josias como um dos supervisores dos reparos do templo (2Cr 34:12).

10. Um dos "líderes" mandados por Esdras à procura de levitas para servirem como sacerdotes no templo (Ed 8:44). Ele pode ser o mesmo que 11 e 12 a seguir.

11. Pessoa que se opôs à política de Esdras do divórcio das esposas estrangeiras (Ed 10:15; 1Ed 9.14), possivelmente levita.

12. O filho de Bani que se casara com uma mulher estrangeira e foi forçado a se divorciar dela (Ed 10:29).

13. O filho de Berequias que ajudou a reparar os muros de Jerusalém (Ne 3:4, 30). Sua filha casou-se com Jeoanã, filho de Tobias (Ne 6:18).

14. O filho de Besodias que ajudou a reparar a Porta Velha (Ne 3:6).

15. Alguém que se colocou à esquerda de Esdras durante a leitura da Lei (Ne 8:4). O privilégio de participar da cerimônia indicou a posição de honra.

16. Sacerdote que, com Neemias, "assinou" o acordo entre Deus e o povo (Ne 10:7 [TM 8]).

17. Chefe do povo que assinou o acordo sob Neemias (Ne 10:20 [21]).

18. O chefe da casa sacerdotal de Esdras no tempo do sumo sacerdote Joiaquim (Ne 12:13).

19. O chefe da casa sacerdotal de Ginetom no tempo do sumo sacerdote Joiaquim (Ne 12:16).

20. Porteiro que vigiava os depósitos [junto às] portas no tempo do sumo sacerdote Joiaquim (Ne 12:25).

21. Pessoa que participou da procissão de dedicação dos muros de Jerusalém (Ne 12:33). [HAROLD R. MOSLEY]

MESULEMETE (heb. *měšullemeṯ*) A filha de Haruz, de Jotbá, mulher do rei Manassés, de Judá, e mãe do rei Amom (2Rs 21:19).

METAIS, TRABALHOS EM METAL Elementos de brilhante resplendor que podem ser moldados para formar ferramentas e armas. Os metais estáveis, como ouro e cobre ocorrem em estado puro ou natural. Esses metais foram os mais primitivos a serem amplamente explorados. Muitos são quimicamente reativos e encontrados combinados com não metais, como o oxigênio e o enxofre em rochas minerais estáveis. A obtenção e a moldagem de metais foram processos complicados que exigiram determinação e perícia técnica e, portanto, os metais eram valiosos na antiguidade. Relações de metais no AT identificam os conhecidos por ordem decrescente de valor como ouro, prata, cobre, ferro, estanho e chumbo.

O ouro é o primeiro e o mais precioso metal mencionado na Bíblia (Gn 2:11, 12). Seu brilho especial que não se perde, unido à sua grande maleabilidade, contribuiu para o seu uso na decoração de itens cerimoniais (Êx 25) e na joalheria (Gn 24:22; Êx 28:22). O ouro é facilmente derretido, mas raramente era fundido em moldes devido sua escassez e consequente valor (Êx 32:4). A prática era ser martelado até transformar-se numa fina lâmina metálica entre camadas de couro e impresso sobre superfícies ou base de metal ou madeira que subsequentemente cintilava, como no caso das paredes interiores e dos entalhes do templo de Salomão (1Rs 6:20-36).

A prata é há muito tempo valorizada pelo brilho que reflete e por ser usada como meio de troca. Abraão comprou terra em Macpela pelo peso de quatrocentas moedas de prata (Gn 23:14-16) muito antes de a prata ter sido cunhada (Mt 26:15). A prata era trabalhada para se transformar em taças e outros objetos utilitários usados pelos ricos (Gn 44:2) e era fundida ou moldada sobre pedestais na manufatura e decoração de ídolos (Jz 17:1-4; At 19:24).

O cobre é um metal maleável que foi primeiramente utilizado pelos peritos em metalurgia. Disponível no Levante (Dt 8:9), foi usado principalmente para o trabalho decorativo e vasos até que a liga de cobre mais dura, como o cobre arsênico e o bronze fossem desenvolvidos. As ligas de cobre foram usadas pelos israelitas na construção sagrada (Êx 27:2-19; 1Rs 7:15), em armamento (2Cr 12:10) e numa variedade de ferramentas. Os israelitas usaram objetos de cobre como moeda (Ez 27:13) e o cobre acabou se tornando o metal de pequena cunhagem (Mc 12:42).

O ferro é um metal utilitário geralmente encontrado em Canaã (Dt 8:9). Esse metal era conhecido antes de sua extensiva utilização no período da monarquia israelita. O ferro suplantou o bronze quando o processo de refino foi melhorado com o produto. Os israelitas empregaram ferramentas de ferro na alvenaria (Dt 27:5; 1Rs 7:9), na carpintaria (2Sm 12:31; 1Cr 22:3), na agronomia (1Sm 13:20) e no armamento.

O estanho é raramente mencionado na Bíblia. Ele era geralmente importado para o Levante, onde sua principal importância era uma liga na manufatura do bronze. Embora usado com o cobre e não prontamente disponível nas fontes locais, foi listado depois do ferro como parte do despojo israelita na Transjordânia (Nm 31:22) e uma mercadoria que os israelitas compravam (Ez 27:12).

O chumbo é um metal denso, porém macio. Seu peso foi um atributo positivo que o levava a ser usado nas redes de pescar (Êx 15:10) e como como pesos (Zc 5:7). A maciez do metal também o tornou uma superfície para se escrever documentos permanentes (Jó 19:24). Seu baixo ponto de fusão o tornou um fluxo útil no refino da prata e um componente barato incorporado nas ligas usadas para moedas e cutelaria.

O trabalho em metal e os ferreiros não eram uniformemente tidos em alta conta entre os israelitas, e certamente não tinham o prestígio que gozavam entre outros povos. Os que trabalhavam metais não ferrosos e faziam produtos de fino acabamento tinham boa reputação (1Rs 7:13; Êx 31:2-6). As condições de trabalho dos que processavam o minério e moldavam o metal quente não eram as mais glamourosas (Is 44:12). Os israelitas achavam que todos os ferreiros eram meros mortais (Is 54:16). Os escritores do AT e os antigos generais reconheciam na metalurgia uma habilidade estratégica para produzir as ferramentas e as armas necessárias (1Sm 13:19; 2Rs 24:14; Jr 24:1). Os profetas israelitas criticaram os artífices que modelaram e requintaram os malfadados ídolos (Jr 10:9, 14; Is 40:19; 4:17; 46:6, 7) mas descreveram também Deus como artífice que modelou e purificou seu povo por meio de sua experiência nacional (2Rs 24:14). O começo do trabalho em metais é atribuído na Bíblia a Tubalcaim (Gn 4:22).

Os arqueólogos encontram o trabalho em metais para fornecer um cronômetro rudimentar como os importantes e práticos metais tirados do cobre, do bronze, do ferro com o desenvolvimento da tecnologia metalúrgica. A utilização de metais em seu estado natural para ornamentação é materialmente evidenciada no início do oitavo milênio e através do período neolítico, quando a maioria das ferramentas era feita de pedras duras. As ferramentas de metal suplantaram as ferramentas de pedra por possuírem qualidades superiores à pedra. A obtenção de metais exigia a localização e a extração de minérios ricos em metais. O minério era então moído, transformado em pó e aquecido para se extrair o metal. A pirotecnologia foi importante no processo de extração, que era a tarefa inicial do trabalhador em metal. Fogos simples não eram suficientes para derreter o ouro e para a sinterização do cobre. Fornalhas na forma de tigelas, revestidas de barro, com ar sendo forçado por foles facilitavam a fundição do cobre no período do Bronze Primitivo. O cobre derretido podia ser separado da escória não metálica mais leve, que flutuava sobre ele. No período do Bronze Recente fornalhas em buracos com foles que forçavam uma corrente de ar foram desenvolvidas, eram mais quentes e produziam maiores quantidades de cobre. Nessas fornalhas, a escória derretida podia ser separada. Na Idade do Ferro, o uso de carvão foi importante pelo fato de criar calor e monóxido de carbono, tornando o ar rarefeito, o que ajudava a purificar o ferro. Estas fornalhas não eram suficientes para derreter o ferro, mas eram suficientemente quentes para dissolver as impurezas e produzir o ferro trabalhado. Depois dos processos básicos de extração, as fornalhas ainda foram importantes na purificação dos metais. Às vezes, materiais como o óxido de ferro, na produção de cobre, e o óxido de chumbo, na produção de prata, eram acrescentados para atuar como dissolvente, retirando as impurezas dos metais fundidos. Os metais purificados eram, às vezes, misturados para produzir itens que requeriam metais com certas características na manufatura ou nos produtos finais. O bronze, uma mistura de cobre e estanho, por exemplo, é superior na moldagem e resulta num produto mais duro. O ouro misturado com prata resulta em produto mais duro, porém mais barato.

A modelagem física do metal é a segunda parte da metalurgia. Inicialmente, as técnicas incluíam a modelagem, trituração e polimento a frio. De lingotes de materiais maleáveis podiam-se obter recipientes a marteladas e objetos de mesa decorados em repoussé. Além de desenhos gravados em relevo sobre as superfícies, eles podiam também ser polidos com pedras duras e lisas. Em complexos vasos decorativos eram instalados bicos e cabos por rebites ou soldados com uma liga metálica mais macia. Metais fundidos ou derretidos eram uma opção conhecida no quarto milênio. Moldes simples abertos na rocha ou moldados em barro permitiram a produção em massa de objetos como o machado de bronze. O método perdido da moldagem em cera e da moldagem do núcleo de grandes objetos tornou possível a manufatura de objetos de metal de formas complexas com economia de trabalho e metal valioso. No trabalho de metais refinados, o calor continuou a ser importante no recozimento, soldagem, modelação e têmpera dos metais. No desenvolvimento tanto da extração de metais e sua manipulação física percebe-se, desde o passado, a capacidade de invenção das pessoas. [ROBERT W. SMITH]

METEGUE-AMÁ (heb. *meteg hā'ammâ*) Frase hebraica de significado incerto (lit., "o freio de um cúbito"; 2Sm 8:1). Como nome próprio (cf. NRSV, NJPSV, REB), a palavra se refere a uma cidade que Davi tomou do controle filisteu, mas nenhuma cidade desse nome é conhecida em outra parte. A tradução da frase por comentaristas mais antigos como "controle da cidade mãe" é comumente rejeitada. A passagem paralela em 1Cr 18:1 refere-se a "Gate e suas vilas filhas" (LXX "terra de pastagem", interpretando o hebraico *migras*); este é o significado esperado de 2Samuel. Alguns estudiosos argumentam que a frase deveria ser interpretada como uma metáfora para governante; isto é, Davi quebrou a hegemonia filisteia sobre a terra.

METUSAEL (heb. *mĕṯûšā'ēl*) O filho de Meujael e pai de Lameque; bisneto de Enoque na linhagem de Caim (Gn 4:18). Tem sido observada semelhança a Matusalém, pai de Lameque e filho de Enoque na linhagem de Sete (Gn 5:21, 25).

MEUJAEL (heb. *mĕḥûyā'ēl, mĕḥîyā'ēl*) Ancestral de Lameque; o filho de Irade e pai de Metusael (Gn 4:18). Alguns estudiosos o identificam com Maalalel.

MEUMÃ (heb. *mĕhûmān*) Um dos sete eunucos que servia como camareiro de Assuero (Et 1:10).

MEUNIM, MEUNITAS (heb. *mĕʿûnîm*) Povo transjordaniano, exterminado permanentemente por clãs israelitas em busca de terras para pastagens para os seus rebanhos (1Cr 4:41). Em 2Cr 26:7, eles são um dos grupos na Filístia vencidos pelo rei Uzias de Judá. Esdras 2:50 = Neemias 7:52 inclui os meunim na lista dos servidores do templo que retornaram a Jerusalém depois do Exílio. Aqui o termo, assim como a maior parte da lista, provavelmente se refere a um grupo entre os servidores do templo, talvez da cidade de Maom. [JOHN KALTNER]

MEZAABE (heb. *mê zāhāḇ*) Avó ou avô de Meetabel, esposa do rei Hadar (Hadade) de Edom (Gn 36:39; 1Cr 1:50). O nome ("águas de ouro") pode representar um lugar.

MEZOBAÍTA (heb. *hammĕṣōḇāyâ*) Gentílico atribuído a Jaasiel, um dos valentes de Davi (1Cr 11:47). Poderia ser talvez corrigido para *miṣṣōḇâ*, "de Zobá" (cf. 1Cr 18:3).

MEZUZÁ As colunas laterais da porta de uma cidade, porta de um edifício ou de uma janela (heb. *mᵉzûzâ*). Os israelitas foram instruídos a escrever os mandamentos de Deus nos batentes de suas portas (Dt 6:6-9). O termo acabou se tornando referência aos mandamentos que eram afixados nos batentes das portas ou, na tradição judaica posterior, o recipiente de vidro ou de metal afixado à direita do batente da porta de entrada externa de uma casa e com um pergaminho sobre o qual eram escritas certas palavras de Dt 6:4-9; 11:13-21. Foi descoberto um pergaminho mezuzá em Qumran.

Bibliografia. L. I. Rabinowitz, "Mezuzah", *EncJud* (New York, 1972), 11:1474-77. [MICHAEL A. GRISANTI]

MIAMIM (heb. *mîyāmîn*) **1.** O líder da sexta divisão de sacerdotes durante o tempo do rei Davi (1Cr 24:9).

2. Israelita de quem se exigiu que se divorciasse de sua esposa estrangeira (Ed 10:25).

3. Sacerdote que participou da assinatura do novo pacto sob Neemias (Ne 10:7 [TM 8]). Pode ser o mesmo que Miniamim 3 (cf. 2).

4. Chefe dos sacerdotes entre os que retornaram do exílio com Zorobabel (Ne 12:5).

MIBAR (heb. *miḇḥār*) Um dos guerreiros de Davi; filho de Hagri (1Cr 11:38).

MIBSÃO (heb. *mibkām*) **1.** Filho de Ismael; ancestral epônimo de um povo árabe (Gn 25:13; 1Cr 1:29).

2. Simeonita, filho de Salum e pai de Misma (1Cr 4:25). A menção de Mibsão e Misma também em 1Crônicas 1:29-30 pode sugerir algum relacionamento entre os clãs simeonita e ismaelita.

MIBZAR (heb. *mibṣār*) Chefe edomita (Gn 36:42; 1Cr 1:53). O nome ("cidade fortificada") provavelmente representa um lugar (cf. Sl 108:10 [TM 11], talvez Mabsara no norte de Edom (cf. Eusébio Onom. 124.20-21, na região de Gebalena e submetida a Petra) ou Bozra, em Moabe.

MICA (heb. *mîkā'*) (tb. MICAÍAS) **1.** O filho de Mefibosete (Meribaal) e neto de Jônatas (2Sm 9:12). Ele é também chamado de Mica (3) em 1Crônicas 8:34, 35; 9:40, 41.

2. O pai de Matanias, levita pós-exílico da linhagem de Asafe (1Cr 9:15; Ne 11:17).

3. Levita que participou da assinatura do novo pacto sob Neemias (Ne 10:11 [TM 12]).

4. O pai de Matanias e ancestral de Uzi, levita pós-exílico da linhagem de Asafe (Ne 11:22). Ele pode ser o mesmo que 2 ou Micaías (5; Ne 12:35).

5. Homem dos montes de Efraim, que viveu durante o período dos juízes, cuja história explica a fundação do santuário e da cidade de Dã (Jz 17—18). De acordo com a história, Mica roubou 1.100 siclos de prata de sua mãe. Com a devolução da prata, ela consagrou 200 siclos ao Senhor e os entregou a Mica para fazer uma imagem esculpida e um ídolo. Mica fez também um santuário onde colocou as imagens com os ídolos e um manto sacerdotal (Jz 17:1-5). Ele consagrou um de seus filhos como sacerdote. Tempos depois, um jovem levita de Belém, que estava residindo temporariamente na casa de Mica, tornou-se seu sacerdote. Mica pagou-lhe salário e o adotou como filho (Jz 17:7-12). Após certo tempo, cinco danitas que estavam procurando um lugar para o estabelecimento do clã, pernoitaram na casa de Mica, procuraram orientação com o seu sacerdote, receberam uma resposta positiva e partiram para espionar a terra de Laís (Jz 18:2-6). Quando um exército de 600 danitas voltou para tomar Laís, roubaram os ídolos de Mica, manto sacerdotal, a imagem e persuadiram o jovem levita a ser sacerdote deles (Jz 18:14-20). Mica e seus vizinhos perseguiram os danitas, mas viram que eram fortes demais e voltaram sem lutar (Jz 18:22-26). Os danitas conquistaram Laís, mudaram o nome da cidade para Dã e montaram um santuário com os objetos cúlticos de Mica (Jz 18:27-31).

6. O filho de Simei e pai de Reaías; rubenita (1Cr 5:5).

7. O filho de Meribaal (Mefibosete) e neto de Jônatas; benjamita (1Cr 8:33-35; 9:40, 41). Em 2Sm 9:12, ele é chamado de Mica.

8. O primeiro de Uziel, levita coratita (1Cr 23:20; 24:24, 25).

9. O pai de Abdom que viveu antes ou durante o reinado de Josias, rei de Judá (2Cr 34:20). Ele é o mesmo Micaías de 2Reis 22:12.

10. Miqueias de Moresete, profeta de Judá durante os reinados de Jotão, Acaz e Ezequias. Ele é o profeta do século VIII-VII cujas palavras estão registradas no livro de Miqueias (Jr: 26:18; Mq 1:1). [TERRY W. EDDINGER (DE 5 A 10)]

MICAEL (heb. *mîkā'ēl*) **1.** Homem da tribo de Aser cujo filho foi um dos doze espias mandados a Canaã (Nm 13:13).

2. Homem da tribo de Gade que se estabeleceu em Basã (1Cr 5:13).

3. Ancestral de Abiail, da tribo de Gade (1Cr 5:14).

4. Levita, bisavô de Asafe (1Cr 6:40 [TM 25]).

5. Descendente de Uzi, da tribo de Issacar (1Cr 7:3).

6. Um dos filhos de Beraías; chefe de uma casa paterna que viveu em Jerusalém (1Cr 8:16).

7. Valoroso guerreiro da tribo de Manassés que desertou de Saul e juntou-se às fileiras de Davi em Ziclague, tornando-se um comandante (1Cr 12:20).

8. O pai de Onri, principal oficial de Issacar no tempo de Davi (1Cr 27:18).

9. Um dos filhos do rei Josafá, assassinado quando seu irmão mais velho, Jeorão, subiu ao trono (2Cr 21:2, 4).

10. Homem cujo filho, Zebadias, supervisionou oitenta dos que retornaram do exílio babilônico com Esdras, durante o reinado de Artaxerxes (Ed 8:8).

11. Príncipe celestial ou arcanjo, mencionado pelo nome somente no livro de Daniel. Ele é "um dos príncipes supremos" (Dn 10:13; cf. v. 21), Ele é "o grande príncipe que protege" (Dn 12:1), e possivelmente "o príncipe do exército" (8:11). No NT, ele é o "arcanjo" que disputou com o diabo o corpo de Moisés (Jd 9) e o comandante dos exércitos celestiais que expulsou Satanás e seus anjos do céu após estes terem se rebelado contra Deus (Ap 12:7). Em cada uma dessas passagens apocalípticas, Micael é o líder das forças de Deus, em oposição direta a Satanás e sempre vitorioso sobre ele.

A angelologia judaica nos escritos apocalípticos descreve Micael como "general" e "principal comandante" (2 En. 22.6; 33.10), o primeiro das "quatro presenças que está perante Deus" (1 En. 9.1; 40.9; 1QM 9.14, 15). Ele é caracterizado como "misericordioso, generoso e paciente (1 En. 40.9; 68.2, 3), "mediador e intercessor" (Asc. Is 9.23) e intermediário entre Deus e Moisés no tempo em que a lei foi dada no Sinai (cf. Jub. 1.27; 2.1; At 7:38). Tg. Jonathan sobre Deuteronômio 34:6 alega que Micael e seus anjos enterraram Moisés. Como verdadeiro representante de Deus, identificado como o "anjo de Yahweh", Micael opôs-se às acusações de Satanás e inocentou Israel no tribunal celestial. [KENNETH D. MULAC]

MICAÍAS (heb. *mîḵāyâ, mîḵāyāhû*) (tb. MAACA, MICA) **1.** O filho de Inlá; um profeta do século IX a.C. (1Rs 22:1-28; 2Cr 18:1-27). Ele e outros quatrocentos profetas foram consultados pelos reis Acabe, de Israel e Josafá, de Judá antes de sua malsucedida batalha contra os arameus em Ramote-Gileade. Os outros profetas foram unânimes em garantir aos dois reis que Deus lhes daria vitória. Micaías, acusado de ser hostil a Acabe, no começo, concordou com os outros profetas. Quando Acabe contestou a profecia, Micaías então proclamou a derrota das forças de Israel e Judá. Isso levou ao primeiro conflito conhecido entre os profetas de Israel. O profeta Zedequias chegou a esbofetear Micaías e contestou suas credenciais proféticas.

Micaías é apresentado como profeta fiel à palavra de Deus apesar da oposição dos profetas e do rei. Ele insistiu com o mensageiro do rei de que proclamaria somente o que Deus lhe revelasse; defendeu sua profecia de perdição apelando a uma visão do tribunal celestial, no qual Deus permitiu que um espírito de mentira enganasse os profetas para iludir Acabe e levá-lo à destruição.

Pela primeira vez Israel teve de escolher opor-se às mensagens proféticas. Dali em diante o povo de Deus teria de discernir entre a profecia falsa e a verdadeira. A profecia verdadeira seria com frequência revelada por uma única voz discordante da opinião da maioria. Ela poderia também ser revelada pelo sofrimento, porque Micaías foi lançado na prisão para aguardar a volta do rei. Jamais se soube do destino do profeta.

2. O pai de Acbor, oficial do rei Josias, de Judá, que foi mandado a Hulda, a profetisa (2Rs 22:12). Em 2Cr 34:20, ele é chamado de Mica, pai de Abdom.

3. A esposa do rei Roboão de Judá e mãe de Abias (2Cr 13:2). Em outra parte, o nome é escrito Maaca (1Rs 15:2; 2Cr 11:20).

4. Um dos cinco oficiais mandados para ensinar Judá durante o reinado de Josafá (2Cr 17:7).

5. Ancestral de Zacarias, sacerdote que tocou a trombeta na dedicação do muro reconstruído de Jerusalém nos dias de Neemias (Ne 12:35).

6. Um dos sete sacerdotes com trombetas na dedicação do muro reconstruído de Jerusalém nos dias de Neemias (Ne 12:41).

7. Filho do escriba Gemarías. Ele relatou aos príncipes da corte a leitura do rolo de Jeremias (Jr 36:11, 13).

Bibliografia. S. J. DeVries, *Prophet Against Prophet: The Role of the Micaiah Narrative (I Kings 22) in the Development of Early Prophetic Tradition* (Grand Rapids, 1978); W. Roth, "The Story of the Prophet Micaiah (1Kings 22) in Historical-Critical Interpretation 1876-1976", in *The Biblical Mosaic*, ed. R. Polzin e E. Rothman. SBLSS 10 (Chico, 1982), 105-37. [TIMOTHY A. LENCHAK]

MICAL (heb. *mîḵal*) Filha de Saul (1Sm 14:49; mãe desconhecida) e esposa de Davi (18:27), de Palti/Paltiel (25:44; 2Sm 3:15) e, novamente, de Davi (2Sm 3:14-16). O nome de Mical aparece em uma lista dos descendentes de Saul com sua irmã mais velha (Merabe) e três outros irmãos mais velhos (Jônatas, Isvi e Malquisua; 1Sm 14:49-51). Referências a ela aparecem em quatro relatos: os testes pré-nupciais impostos para Davi (1Sm 18:17-29); a fuga de Davi da corte de Saul (19:8-17); a devolução de Mical feita por Isbosete a Davi (2Sm 3:12-16); e a crítica de Mical a Davi (6:15-23). Embora muitos traduzam errado "Mical" em 2Samuel 21:8, este texto é melhor traduzido como referência a Merabe, irmã mais velha de Mical.

A história de Mical não é muito feliz. Comprada pelo dote de cem prepúcios de filisteus, ela amou Davi, enquanto Davi tinha as vantagens de ser reconhecido como genro do rei. Ao ajudar Davi fugir de Saul, ela foi separada de Davi e dada em casamento a outro de cuja companhia ela foi separada e "dada" de volta a Davi. Após ter criticado a ação de Davi na entrada da arca em Jerusalém, o narrador comenta que "Mical, filha de Saul não teve filhos, até o dia de sua morte" (2Sm 6:23). Se isso é historicamente confiável, pode indicar que daquele dia em diante, Davi e Mical não tiveram mais relações conjugais.

Bibliografia. A. Berlin, "Characterization in Biblical Narrative: David's Wives", *JSOT* 23 (1982): 69-85; D. J. A. Clines e T. C. Eskenazi, *Telling Queen Michal's Story*. JSOTSup 119 (Sheffield, 1991); J. C Exum, "Arrows of the Almighty: Tragic Dimensions of Biblical Narrative" (forthcoming); "Michal: The Whole Story", in Fragmented Women: Feminist (Sub) versions of Biblical Narrative (Valley Forge, 1993), 42-60; K. G. Shargent, "Living on the Edge: The Liminality of Daughters in Genesis to 2 Samuel", in *A Feminist Companion to Samuel and Kings*, ed. A. Brenner (Sheffield, 1994), 26-42. [LINDA S. SCHEARING]

MICLOTE (heb. *miqlôṯ*) **1.** Homem benjamita que viveu em Gibeão; descendente de Jeiel e pai de Simeia/Simeão (1Cr 8:32; 9:37, 38).

2. O comandante sob Dodai, o aoíta, da segunda divisão mensal do exército de Davi (1Cr 27:4).

MICMÁS (heb. *miḵmāś, miḵmās*) Antiga cidade do AT perto da fronteira entre as tribos de Benjamim e Efraim. A diferença das duas ortografias do nome, *mikmāš* (1Sm 13–14; Ne 11:31; Is 10:28) e *mikmās* (Ed 2:27), reflete o desenvolvimento diacrônico da língua hebraica.

Micmás é normalmente associado ao moderno vilarejo de Mukhmâs, cerca de 11 km ao norte de Jerusalém. O moderno vilarejo no penhasco norte de uma profunda garganta, o úadi es-Suweinît. O exame recente tem indicado também que o antigo sítio pode possivelmente ser identificado com Khirbet el-Hara el-Fawqa, 1km ao norte de Mukmâs. O sítio guarda uma passagem para o outro lado de um profundo desfiladeiro, que segue em seguida para o sul da cidade bíblica de Geba (Jabaʻ), exatamente no outro lado do desfiladeiro. Esta pode ter sido a passagem mencionada em 1Samuel 13:23; Isaías 10:28-29 (cf. Jz 20:33).

Micmás figura com mais destaque nas primeiras lutas entre a incipiente monarquia de Saul e os filisteus, como descrito em 1Samuel 13–14. Um posto avançado filisteu ficou estacionado perto de Micmás, enquanto a guarnição principal filisteia estava provavelmente localizada exatamente a oeste, perto de Gibeão.

No período pós-exílico, Micmás foi um vilarejo sob o domínio persa (Ne 11:31). Mais tarde, o governante macabeu, Jônatas, residiu em Micmás antes de mudar-se para Jerusalém (1Mac 9.73). [WILLIAM M. SCHNIEDWIND]

MICMETÁ (heb. *mikmĕtāt*) O ponto extremo norte da fronteira entre Efraim e Manassés (Js 16:6; 17:7), que se dizia estar a leste de Siquém. Os estudiosos estão divididos se Micmetá se refere a um povoado ou simplesmente a uma característica geográfica. Entre as possibilidades estão uma cadeia de montanhas, como a Gebel el-Kabir; um vale, como o úadi Bedan; ou um sítio arqueológico, como Khirbet 'Ibn Naser. [WADE R. KOTTER]

MICNEIAS (heb. *miqnēyāhû*) Músico levita nomeado para acompanhar a arca até Jerusalém (1Cr 15:18, 21).

MICRI (heb. *mikrî*) Benjamita do pós-exílio, ancestral de Elá (1Cr 9:8).

MICTÃO (heb. *miktām*) Termo técnico obscuro encontrado no sobrescrito dos Salmos 16, 56-60 (talvez também Is 38:9; cf. BHS). Ele sempre ocorre com *lᵉdāwid*, "de Davi", e é encontrado nos salmos de extensão e forma semelhante (lamentos). Como tal ele pode indicar uma classificação de gênero e assinala uma pequena coleção de salmos (Sl 56-60). Entre as sugestões de seu significado estão "publicação escrita em pedra" (cf. LXX Gr. *stalographia* "inscrição em estela"; Tg.), "salmo de ouro" (do ac. *katamu*, "cobrir"); e "oração secreta". As traduções mais modernas simplesmente transliteram como "mictão". [TYLER F. WILLIAMS]

MIDIÃ (heb. *midyān*) O quarto filho de Abraão e sua concubina Quetura; ancestral epônimo dos midianitas (Gn 21:1; 1Cr 1:32). Além de Isaque, único filho de Sara, o destino de todos os filhos de Abraão foi serem mandados para o deserto arábico, onde se tornaram ancestrais epônimos das tribos árabes (Gn 25:6).

A área associada a Midiã era a extremidade noroeste da península arábica, a leste do golfo de Aqaba. Essa região era conhecida dos geógrafos árabes clássicos e medievais como Madian e Madiana; seu nome moderno é Hejaz. A região foi o centro de uma cultura material comum que camufla uma existência sedentária (em contraste com o estilo de vida nômade a eles atribuído por antepassadas gerações de estudiosos). O estilo nativo de cerâmica do período do Bronze Recente lembrou produtos messênios. Fornos para cerâmica foram encontrados em Qurayya, um dos mais importantes centros da região, e em Timna, localizada no Arabá (não deve ser confundido com Timna no sul da península arábica). Timna também se ocupava com a mineração e fundição de cobre. A cerâmica local tem sido associada a artefatos egípcios datados da 19ª dinastia (cerca dos séculos XIII-XII a.C.). Os egípcios mantinham guarnições aqui, como parte do seu império palestino, e um templo egípcio foi descoberto em Timna. Um terceiro centro, Tayma, da mesma forma empregava esta cerâmica. Canais de pedra para irrigação foram descobertos em Qurayya e Timna, completos com muros cercando os campos. Estes três sítios mais importantes estão localizados próximos às rotas comerciais de especiarias. Assim, houve um elemento urbano, ligado pelo comércio (e pela ocupação militar do Egito) ao restante do antigo Oriente Próximo urbano.

Seria de se esperar que os midianitas estivessem envolvidos em caravanas comerciais, com base na descrição do ciclo de José (Gn 37:25-36). A inconsistência da narrativa referindo-se a eles alternativamente como ismaelitas (Gn 37:25, 27) e midianitas (v. 28, 36) não é imediatamente evidente. Alguns têm sugerido que ismaelita é um termo genérico para líderes ou condutores de caravanas, ou para descendentes não hebreus de Abraão, embora o nome midianita seja distinto do ponto de vista étnico.

Os midianitas figuram de forma destacada nas narrativas de Êxodo. Moisés foge para Midiã, onde entra no status de *gēr* ("estrangeiro"), incluindo-se na proteção de Jetro (tb. chamado Reuel e Hobabe). A situação de Moisés como *gēr* é provavelmente confirmada na confusão relativa ao abandono de seus filhos Gérson e Eliézer em seu retorno ao Egito (Êx 18:2; todavia, isto é atribuído nos versos seguintes ao seu divórcio de sua esposa; de acordo com 4:18-20 eles estavam com ele no Egito). Está claro que o *status* de Moisés era inferior ao de sua esposa Zípora, filha de Jetro, de outra forma seus filhos teriam permanecido em seu poder. Jetro ajuda a orientar os israelitas (Nm 10:29-32) e sugere a Moisés um sistema para organizar a sociedade (Êx 18:13-27). Foi oferecida associação aos midianitas na comunidade israelita, o que eles declinaram (Nm 10:29).

O relacionamento entre a religião de Midiã e Israel é assunto de intensa especulação. A tradição da montanha sagrada no deserto dá origem à especulação sobre o relacionamento entre as religiões. Vários textos que os estudiosos consideram ser antigos anunciam que Yahweh veio da terra de Seir, melhor conhecido como Edom (Hc 3:3; Dt 33:2; Jz 5:4-5). O sul de Edom é considerando ter estado no território dos midianitas (compare Nm 22:4, 7; 31:8 com Js 13:21; 1Rs 11:1). O sogro de Moisés foi chamado de sacerdote de Midiã (p. ex., Êx 2:16).

Moisés é descrito como passivo durante os eventos em Baal-Peor (Nm 25:6), em contraste com Fineias, filho de Arão, que mata o israelita e a midianita em meio a um aparente ritual orgiático, o que resultou no pacto arônico. Alguns estudiosos veem a passividade de Moisés como uma costura literária que demarca um debate posterior sobre o sacerdócio (cf. a passividade de Arão no incidente do bezerro de ouro em Êx 32, talvez o produto de outra escola sacerdotal). O íntimo relacionamento com Midiã cessa a partir deste ponto, quando os midianitas se tornam apenas outro povo a ser exterminado com a entrada na Terra Prometida (Nm 31; Js 31:21). Os feitos heroicos de Gideão foram contra a invasão midianita (Jz 6–8; Is 9:4 [TM 3]). [MARK ANTHONY PHELPS]

MIDIM (heb. *middîn*) Cidade do deserto da Judeia (Js 15:61) designada à tribo de Judá. Embora a controvérsia cerque a geografia exata desse distrito, que inclui En-gedi, a descoberta arqueológica recente de três estabelecimentos da Idade do Ferro no vale Buqei'ah apresenta a possibilidade de uma identificação mais exata para Midim. É mais provável que esteja localizada em Khirbet Abu Tabaq.

Bibliografia. L. E. Stager, "Farming in the Judean Desert during the Iron Age", *BASOR* 221 (1976): 145-58. [RIAN BYRNE]

MIDRASH Método básico de interpretação bíblica rabínica. As origens do midrash (heb. *d'rsh*, "examinar" ou "investigar") podem estar no próprio AT. Por exemplo, de acordo com 1Cr 5:1, por ter profanado o leito de seu pai, o direito de primogenitura de Rúben foi dado aos filhos de José; isso parece fornecer uma elaboração sobre o destino de Rúben, que permanece vago em Gênesis, ao se ocupar de vários assuntos ali (Gn 35:16-22; 48:5-7; 49:3, 4) e uni-los num todo coerente. Estratégias interpretativas semelhantes ao midrash ou, talvez antecedentes disso, podem ser vistos nos apócrifos e nos pseudepígrafos, bem como em algumas versões do AT. Entre as comparações mais próximas do midrash está a interpretação *pesher* encontrada nos rolos do mar Morto.

Sejam quais forem as origens do midrash, conhecemos do que é extraordinário o melhor de sua prática no judaísmo rabínico. O midrash, além de ser um método de interpretação, é também usado para designar a literatura que surgiu de tal interpretação. Dois tipos especiais dessa literatura correspondem às duas principais formas nas quais o método midrash foi aplicado. O Halakhah concentra-se em assuntos legais rituais e cívicos e o Haggadah em assuntos literários discursivos e religiosos. Na prática, essa divisão é simplista devido a sobreposição entre os dois. Mais uma forma de designar e distinguir o midrash é pelas fontes de interpretações. O midrash produzido pelos rabis antes da coalescência do Mishnah (c. 200 d.C.) é chamado de Tannaitic. O midrash produzido depois dessa data até cerca do século VI é chamado Amoraic. O midrash pode também ser dividido nas categorias de expositivo e homilético. O midrash expositivo, em sua maior parte, representa uma interpretação versículo por versículo da Escritura e, o micrash homilético, preocupa-se principalmente com um tema ou assunto em particular e se inspira na Escritura como um todo. Finalmente, os intérpretes judeus medievais distinguem o midrash (ou *derash*) do *peshat* ou interpretação do "senso comum". Isto sugere algo da natureza inteterminada da interpretação pelo midrash. [LARRY L. LYKE]

MIGDAL-EL (heb. *migdal-'ēl*) Uma cidade nas terras designadas a Naftali, muito provavelmente na Alta Galileia. Josué 19:36 indica que as cidades mencionadas provavelmente tinham vilarejos ao redor e que estavam sob seu controle. Com base na nomenclatura semelhante, a cidade tem sido identificada com Mejdel Islim, 26 km ao sul de Tiro, mas o sítio tem sido sistematicamente examinado. O elemento migdal no nome sugere um templo-fortaleza da Idade do Bronze como os de Siquém ou Ebla. [THOMAS W. DAVIS]

MIGDAL-GADE (heb. *migdal-gāḏ*) Cidade ("torre de Gade") na Sefelá, ou planície, de Judá e parte da herança da tribo (Js 15:37). Ela é identificada com Khirbet el-Mejdeleh, ao que tudo indica uma preservação do nome bíblico. Localizada 6 km a sudeste de Laquis, o sítio não foi escavado.

Bibliografia. A. F. Rainey, "The Administrative Division of the Shephelah", Tel Aviv 7 (1980): 194-202;

A B C D E F G H I J K L M N O P Q R S T U V X Y Z

"The Biblical Shephelah of Judah", *BASOR* 251 (1983): 1-22. [JENNIFER L. GROVES]

MIGDOL (heb. *migdōl*) **1.** Palavra semítica que significa "fortaleza" ou "torre de vigia", tomada pelos egípcios e usada para descrever uma série de postos avançados militares que guardavam o lado oriental do Delta.

2. Cidade no Delta oriental que estava na rota do Êxodo (Êx 14:2; Nm 33:7).

3. Residência de judeus no Egito (Jr 44:1; 46:14).

4. Lugar no norte do Egito usado, com Assuã, para indicar as fronteiras norte-sul do Egito. Para identificação desses lugares, os estudiosos têm proposto um Migdol de Seti I localizado no distrito de Sucote do Egito, a antiga fortaleza de Serapeum perto do extremo norte dos Lagos Amargos e da moderna Tell el-Her, que fica 19 km ao norte de Sile. Nenhum desses sítios parece se ajustar à narrativa do Êxodo. Tell el-Her fica bem ao norte, mas pode ser identificado com 2 e 3 acima. Serapeum bem a oeste, e Sucote é de onde os israelitas voltaram para continuar sua jornada. [LAWRENCE A. SINCLAIR]

MIGROM (heb. *migrôn*) Lugar em Benjamim. Em 1Samuel 14:2, Saul e seus 600 soldados acampam fora de Gibeá (9 km) a nordeste de Jerusalém e ao sul do úadi es-Suweinit), debaixo de uma "romãzeira" (possivelmente a "rocha de Rimom"; Jz 20:45-47) "no Migrom". Em Isaías 10:28, os assírios são vistos passando "por Migrom" pelo desfiladeiro de Geba. Isso parece ser ao norte do úadi es-Suweinit, perto de Micmás. Em vez de uma cidade, Migrom (heb. *ngr*, "emanar") pode, ao contrário, ser uma referência à região do próprio úadi es-Suweinit. O desfiladeiro dessa ravina é substancial e formava parte da fronteira entre Judá e Israel; ele percorre a sudeste da região montanhosa central, unindo-se ao riacho el-Qelt e saindo no vale do Jordão ao norte de Jericó. Se Migrom indica o nome de uma região em vez de um lugar, então o problema entre as duas passagens está resolvido. [DENNIS M. SWANSON]

MIL Em seu significado mais antigo, subdivisão entre as tribos, com amplitude varidada (heb. *elep*). O termo é equivalente a *mišpāḥâ*, "família", em 1Samuel 10:19, mas em Números 1:16; 10:4, 36; Js 22:21 ele parece ser equivalente a *šēḇeṭ*, "tribo". Num sentido geral, entretanto, essa subdivisão é usualmente diferente de, e menor que, a tribo. Uma subdivisão semelhante existia entre as primitivas tribos árabes.

Mais tarde, quando primeiro Saul, depois Davi, passaram a organizar a infantaria ao longo de linhas mais regulares, a subdivisão "mil", que grosso modo corresponde a um moderno batalhão, tornou-se a maior das diversas unidades militares. Como tal, ela provavelmente continuou em uso até o fim da monarquia. [DONALD G. SCHLEY]

MILAGRES Eventos extraordinários que manifestam o poder divino, maravilhas à compreensão humana e, portanto, o que os seres humanos entendem como sinais de Deus. As várias palavras hebraicas, aramaicas ou gregas usadas na Bíblia para descrever "milagres" de fato denotam "maravilhas", "poderes" e "sinais". A manifestação do poder divino pode acontecer com ou sem agentes humanos de Deus.

No AT, o maior milagre é a criação por Deus do mundo e de tudo que nele existe (Gn 1:1–2:3; 2:4–3:24). Os escritores bíblicos louvam repetidas vezes a atividade de Deus na criação (p. ex., Sl 8:3 [TM 4]; 65:6-13 [7-14]; Is 40:26; Am 4:13). Todas as outras histórias de milagres são baseadas na compreensão de Israel da contínua soberania de Deus sobre o mundo criado e sua história. Embora as histórias sobre a manifestação das maravilhas e sinais de Deus estejam espalhadas pelo AT, elas estão concentradas em duas correntes de tradições: uma no Êxodo e nas tradições da Conquista; outra nas tradições de Elias e Eliseu. Nas tradições do Êxodo e da Conquista, Deus é compreendido como uma divindade nacional e um guerreiro militar por excelência. Assim, a maioria dos milagres descreve a atividade de Deus destruindo inimigos e livrando Israel, o seu povo (Êx 19:12-25; Js 10:11-14). Às vezes, entretanto, os sinais do juízo e livramento de Deus estão confinados a Israel. Deus pune os israelitas por sua desobediência (Êx 32:35; Nm 11:1-3) e os salva de dificuldades ou perigos (Êx 16:13-31; 17:1-16). Os dois temas, juízo e livramento, estão às vezes juntos em uma história, como no relato das serpentes mandadas por Deus que mataram inúmeros israelitas e a da serpente de bronze, que salvou os que foram picados (Nm 21:4-9). Os agentes humanos que se destacaram naquelas maravilhas e sinais de Deus foram os profetas Moisés e outros líderes da Conquista.

Nas tradições de Elias (1Rs 17-19, 21; 2Rs 1) e Eliseu (2Rs 2-8), embora a descrição de Deus como divindade nacional continue fortemente nas batalhas contra Baal, o deus cananeu e seus adoradores, o poder de Deus como curador e sustentador é mais enfatizado. Como agente humano do poder de Deus, Elias provê alimento (1Rs 17:8-16, faz o morto reviver (v. 17-24) e controla a estiagem e a chuva (cap. 18). Depois de Elias ter sido levado ao céu, seu discípulo Eliseu o substitui como agente de Deus por meio do espírito de seu mestre. Eliseu provê água (2Rs 2:19-22), comida (4:38-41, 42-44) e outras coisas necessárias (4:1-7; 6:1-7), capacita a estéril ter filhos (4:11-17), restaura vida ao morto (4:18-37) e cura doentes (5:1-27). São dignas de atenção as semelhanças entre as histórias de milagres de Elias e os de Eliseu, por um lado (ressurreição e provisão), e, por outro, entre as histórias de milagres destes dois profetas e as de Jesus e seus discípulos no NT (ressurreição, cura e provisão).

Em todos os quatro evangelhos canônicos, os milagres desempenham importante papel no ministério de Jesus. A ele são atribuídos, nos Evangelhos, 35 milagres, e são feitas várias declarações resumidas (Mc 1:32-34; 3:7-12). A crítica da forma tem classificado de forma convencional os relatos dos milagres de Jesus nos evangelhos em quatro grupos: curas, exorcismos, ressurreições e milagres naturais. A fronteira entre curas e exorcismos, entretanto, é às vezes ambígua devido à crença popular do tempo que o demônio ou espírito é responsável pela causa da doença ou mal-estar. Por exemplo, na história da cura da sogra de Pedro, em que um demônio ou espírito não é explicitamente mencionado como causa de sua doença, a febre — como se fosse uma pessoa — a deixa (Mc 1:31 par.) e é até mesmo repreendida por Jesus (Lc 4:39). Na história da cura de uma mulher aleijada, ela é descrita sendo liberta (Lc 13:12, 16) depois de presa por Satanás durante 18 anos. Exorcismos e ressurreições podem ser considerados pertencentes a histórias de curas em sua forma e seu conteúdo. Tanto os exorcismos quanto as ressurreições seguem o mesmo padrão da narração de história de uma típica história de cura: o encontro do curador com o doente; o detalhe da natureza e gravidade da doença; a cura em si; a demonstração do sucesso; a reação dos presentes. Quanto ao conteúdo, os exorcismos são curas de pessoas possessas, e as ressurreições são curas de pessoas que morreram de enfermidades.

Apesar da ambiguidade coincidente, as quatro categorias são frequentemente bem reconhecíveis. Embora mais da metade dos milagres de Jesus seja classificada como cura, todos os quatro grupos estão presentes em cada evangelho com exceção de João, que não inclui nenhuma história de exorcismo. A ausência de exorcismo em João não é difícil de explicar quando se nota o diferente significado dos milagres nos evangelhos sinópticos, do significado no evangelho de João. Nos sinópticos, os milagres de Jesus são a garantia da proximidade e da presença do reino de Deus, que é o tema central do ensino e proclamação de Jesus (Lc 11:20). Em João, entretanto, os milagres são sinais que revelam a glória de Jesus como o Filho de Deus e Messias que dá nova vida e, dessa forma levam o povo à fé em Jesus (Jo 2:11; cf. 20:30,31).

Nos evangelhos, Jesus não apenas realiza milagres, mas ele mesmo, especialmente em seu nascimento e ressurreição, é o milagre por excelência. Nas narrativas da infância (Mt 1-2; Lc 1-2), tanto Mateus quanto Lucas descrevem o nascimento milagroso: Jesus nasce de uma mãe virgem pela ação do Espírito Santo. João, em seu prólogo, vai ainda mais longe: Jesus, como o Logos que preexistia com Deus mesmo antes da criação, foi Deus que se tornou carne (Jo 1:1-3, 14). No final de cada evangelho, Jesus ressuscita dentre os mortos como ele predissera. Sua tumba está vazia (Mc 16:1-8; Mt 28:1-8; Lc 24:1-11; Jo 20:1-10), e o Jesus ressurrecto aparece a seus discípulos (Mt 28:9-10, 16-20; Lc 24:13-53; Jo 20:11-29; 21:1-23).

Embora Jesus realize a maior parte dos milagres, ele não é a única pessoa mencionada como realizador de milagres no NT. Nos evangelhos sinópticos, Jesus envia seus discípulos depois de dar-lhes autoridade para curar enfermidades e expulsar demônios e espíritos (Mc 3:15; 6:7; Mt 10:1; Lc 9:1). Entretanto, são raros os relatos nos evangelhos de milagres realizados pelos discípulos de Jesus; estes estão concentrados em Atos dos Apóstolos, onde Pedro e Paulo são as principais figuras que continuam o ministério de Jesus. É interessante que os milagres atribuídos a essas duas figuas são semelhantes tanto em número quanto em espécie, isto é, um homem que não pode andar desde o nascimento (At 3:1-6; 14:8-10); a sombra de Pedro (5:15) e lenços e aventais que tocam a pele de Paulo (19:11,12); milagres punitivos (5:1-11); ressurreição (9:36-42; 20:9-12); libertação da prisão (12:6-11; 16:25-34).

A crença em milagres, bem como a discussão sobre sua autenticidade (Mc 3:22-30; 2Ts 2:9,10) é algo extraordinário na maioria das religiões, antigas ou modernas. A singularidade no entendimento bíblico de milagres em relação a outras religiões contemporâneas do período bíblico é que ela identifica o poder originando-se somente do Deus único.

Bibliografia. J. P. Meier, *A Marginal Jew: Rethinking the Historical Jesus* 2 (New York, 1994): 509-1038.
[SEUNG AI YANG]

MILALAI (heb. *milălay*) Músico levita que participou da dedicação pós-exílica dos muros de Jerusalém (Ne 12:36).

MILCA (heb. *milkâ*) **1.** A filha de Harã, irmã de Ló e Iscá, esposa de Naor, mãe de oito filhos, e avó de Rebeca (Gn 11:29; 22:20-23; 24:15, 24, 47).

2. Uma das cinco filhas de Zelofeade a quem foi concedido que pudessem ser feitas suas herdeiras (Nm 26:33; 27:1; 36:11; Js 17:3). O nome pode de fato representar uma cidade ou unidade tribal.

MILCOM (heb. *milkōm*) O deus nacional dos amonitas. Milcom estava entre as divindades estrangeiras cujo culto em Israel foi permitido por Salomão e cujos santuários apenas fora de Jerusalém foram depois destruídos por Josias (1Rs 11:5, 33; 2Rs 23:13).

Seis vezes no AT as consoantes hebraicas *mlkm* devem muito provavelmente ser traduzidas por milkom, Milcom, em vez da tradução do TM *malkām* , "rei deles". Amós 1:15 ("Milcom irá para o exílio...") é uma alusão ao antigo costume no Oriente Próximo de saquear as estátuas de culto dos inimigos derrotados. Tempos depois, Jeremias 49:3 usa a mesma ameaça (como faz 48:7 com referência a Camos, claramente o nome da divindade moabita), acrescentando que "seus sacerdotes" o acompanharão. A pergunta de Jeremias 49:1 ("Por que Milcom se apossou de Gade?") é formulada de acordo com a ideia da Idade do Ferro da divindade nacional executando as conquistas militares e territoriais do estado. Sofonias 1:5 considera entre os transgressores religiosos de Judá "aqueles que se prostram jurando por Milcom". Em 2Samuel 12:30=1Crônicas 20:2, a coroa tomada por Davi na captura de Rabá, capital amonita, muito provavelmente pertencia e estava sobre a cabeça de Milcom (sua estátua de culto); a coroa teria sido pesada demais "um talento de ouro", cerca de 34 kg para a cabeça do "rei deles", e teria sido a "pedra preciosa", e não a coroa em si, que depois foi colocada na cabeça de Davi. Em 1Reis 11:7, o nome sagrado *mōlek*, Moloque é um erro em relação a Milcom).

Milcom é confirmado em inscrições amonitas do período do AT, incluindo a inscrição da cidadela de Amã (séc. IX), um selo do século VII e nomes pessoais teofóricos em restos de cerâmica, selos e bulas do século VI.

Bibliografia. W. E. Alfrecht, *A Corpus of Ammonite Inscriptions* (Lewiston, 1989); P. K. McCarter, *II Samuel*. AB 9 (Garden City, 1984). [JOEL BURNETT]

MILÊNIO Período de 1000 anos no qual os mártires ressurretos reinam com Cristo na terra. É frequentemente compreendido entre a destruição desta época maligna e profana governada por Satanás, e a criação de um novo céu e uma nova terra, numa época justa e eterna indiscutivelmente governada por Deus. Embora o termo "milênio" derive do latim para "mil anos", o sinônimo "quiliasmo" vem de um termo grego, também para "mil anos" (Ap 20:4), que tem sempre conotação pejorativa de felicidade sensual que muitos associam ao milênio.

O conceito de milênio não ocorre no AT, mas decorre em parte de profecia posterior da vinda do Messias para governar as nações a partir de Jerusalém por um período indeterminado de tempo (Is 11; 40:9-11; 52:7-12; 65:17-25; Dn 7:13, 14, 27; Zc 9:9, 10). O milênio é a combinação desse ideal profético de um reino messiânico com disposição de esperanças apocalípticas. Os apócrifos e pseudepígrafos judaicos apresentam vários cenários de um reino limitado quanto ao tempo de fiéis na terra, com ou sem o Messias. É retratado normalmente como uma era de paz e grande fertilidade na natureza. Dando suporte a algumas projeções, existe a suposição de que a terra existe durante sete dias de 1000 anos (cf. Sl 90:4; 2Pe 3:8), depois do que virá um oitavo dia de 1000 anos de felicidade seguido por sua vez por julgamento (1 En. 91.12-17; 93; 2 Em. 33.1; 4 Esd. 7.26-31; 2 Apoc. Bar. 29-30; 2 Esd. 7.26-44). Fontes rabínicas descrevem um "dia do Messias", um reino messiânico temporário na terra de várias extensões (incluindo 1000 anos) que se coloca em contraste com este mundo e o mundo que virá (Ber. 34b; Sanh. 97a, 99a; Sabb. 63a, 113b). O Apocalipse de Elias, uma obra judaica cristianizada, menciona um reinado de Cristo de 1000 anos (5.36-39).

No NT, o milênio pode estar implícito em 1Coríntios 15:23-28, que indica que Cristo reinará até que os poderes cósmicos, incluindo a morte, tenham sido conquistados e, então, ele entregará o reino ao Pai (cf. Mt 19:28; Cl 1:12, 13). A única referência explícita ao milênio no NT está em Apocalipse 20:4-6, que ensina que os mártires passam pela primeira ressurreição e governam com Cristo durante 1000 anos (talvez também com outros santos). Então ocorre a ressurreição geral, o juízo e a criação de um novo céu e uma nova terra. O milênio justifica e recompensa os que permaneceram fiéis apesar da exigência de fidelidade do anticristo.

A questão mais importante na história da interpretação tem sido se Apocalipse 20:4-6 deve ser tomado literalmente (milenarismo) ou figurativamente (amilenarismo). A evidência patrística está dividida. Muitos acreditavam em um reino milenial de Cristo e dos santos na terra a partir de uma Jerusalém reconstruída. O reino é descrito marcado pela paz, harmonia no reino animal e entre ele e a humanidade e grande fertilidade na natureza e que será seguido pela ressurreição e pelo julgamento. O milênio é frequentemente visto como cumprimento da promessa a Abraão de que ele herdaria a terra (Gn 15). Entre os milenialistas estão Pápias, que investigou os ensinos até o próprio Jesus (Ireneu Adv. haer. 5.33.3-4; Eusébio HE 3.39.12), Justino Mártir (Diad. 80-81), Ireneu (Adv. haer. 5.32-36), os montanistas, Tertuliano (Adv. Marc. 3.25; Apol. 48), Lactâncio (Div. Inst. 7.14) e Vitorino de Petau, que escreveu o mais antigo comentário existente sobre Apocalipse em latim (cf. também Barn. 15, Mart. Is 4.14-18).

Houve também um movimento para espiritualizar ou alegorizar o milênio (amilenarismo), em parte como resposta ao quiliasmo. Orígenes (De prin. 2.11.2-3; 3.6) alegorizou o milênio para ser o governo espiritual de Cristo no crente até Cristo entregar o crente a Deus. Ticônio, teólogo donatista, ensinava que o governo milenar ia da paixão à segunda vinda de Cristo, uma posição que influenciou Agostinho a abandonar o milenarismo e aceitar o amilenarismo. Ao comentar Apocalipse 20:1-6, Agostinho interpretava a primeira ressurreição como morte para o pecado e ressurreição para nova vida na fé e no batismo. A segunda ressurreição é corporal no fim do mundo. O milênio é o reino de Cristo por meio da Igreja entre sua primeira e segunda vinda (Civ. Dei 20.6-7). Depois de Agostinho, esta foi a opinião da maioria na Igreja Ocidental por intermédio da Reforma e da Renascença. A Igreja Oriental rejeitou o Apocalipse com a ideia do milênio.

Na América, as duas posições tradicionais sobre o milênio são facilmente encontradas. O amilenarismo aceita um ponto de vista simbólico ou alegórico de Apocalipse, interpretando o milênio como um símbolo dos santos reinando com Cristo, vitoriosos, para sempre. O milenarismo pressupõe um governo literal de Cristo na terra, com sua segunda vinda precedendo (pré-milenarismo) ou sucedendo (pós-milenarismo) o milênio. O pós-milenarismo pressupõe que o poder de Deus se torna mais manifestado à medida que se aproxima a segunda vinda de Cristo. Entretanto, as duas guerras mundiais destruíram este ponto de vista otimista de possibilidades humanas. Também, o restante de Apocalipse ensina que existe um contínuo aumento e concentração de poder anticristão antes da segunda vinda de Cristo. O pré-milenarismo tem sido uma posição dominante no cristianismo americano, quase sempre integrado ao ponto de vista dispensacional. O milenarismo ignora o fato de na literatura apocalíptica os números, como 1000, são com frequência simbólicos em vez de literais.

Bibliografia. R. G. Clouse, ed., *The Meaning of the Millennium* (Downers Grove, 1977); N. Cohn, *The Pursuit of the Millennium*, ed. rev. (New York, 1970); B. W. Snyder, "How Millennial is the Millennium? A Study in the Background of the 1000 Years in Revelation 20", *Evangelical Journal* 9 (1991): 51-74. [DUANE F. WATSON]

MILETO (gr. *Mílētos*) Importante porto com quatro atracadouros no sudoeste da Ásia Menor, situado em um promontório onde o rio Meandro encontra o golfo Latviano. Tornou-se um grande centro comercial e ostentou uma população de tamanho considerável na época em que o NT foi escrito. Primeiramente colonizada pelos cretenses no período minoico, Mileto tornou-se um posto avançado fortificado para os gregos messênios no século XIV a.C. Foi destruída pelos persas em 494, mas logo reconstruída e, sob os romanos, desfrutou de abundante riqueza, comércio e atividade arquitetônica.

Paulo visitou Mileto em sua viagem de volta a Jerusalém no final de sua terceira viagem missionária (At 20:15). Enquanto esteve ali, ele chamou os presbíteros da igreja de Éfeso para irem até ele, admoestando-os a permanecerem firmes e lhes disse que não mais o veriam (At 20:17-38). A menção de Paulo ter "deixado Trófimo doente em Mileto" (2Tm 4:20) sugere outra visita à cidade.

Mileto fica agora mais de 8 km terra a dentro devido à obstrução do porto pela sedimentação de lama e pela mudança do rio Meandro. O sítio arqueológico foi escavado pela primeira vez em 1899. Muitos restos romanos foram descobertos em escavações subsequentes em 1938 e 1955. [DALE ELLENBURG]

MILHA Medida romana de distância (gr. *mílion*; Mt 5:41) equivalente a cerca de 1.480 m (a milha moderna tem 1.609,344 m). Algumas versões inglesas traduzem outras medidas antigas em milhas (particularmente o *stádion*, equivalente a um oitavo da milha romana).

MILHAFRE Ave predatória da família do falcão (Accipitridae), do gênero Milvus. O milhafre comum (*Milvus milvus*) é vermelho, quase castanho, cerca de 60 cm de comprimento. É mais preponderante no inverno, quando bandos são encontrados ao longo da costa do Mediterrâneo, ao sul de Judá, oeste do mar Morto e no deserto de Berseba. O milhafre preto (*Milvus migrans*) é marron escuro com cauda fendida. Ele chega em março e se contenta com o verão perto de vilarejos, onde se alimenta de lixo (cf. Is 34:15; NRSV "falcão"). Conforme o uso bíblico em outro lugar, os termos que designam estas espécies (heb. *dāʾâ, dayyâ*) são aplicados de maneira imprecisa por padrões modernos. A KJV traduz "abutres" em cada uma das passagens citadas. Levítico 11:14; Dt 14:13 afirmam explicitamente que essas aves "de toda espécie" não devem ser comidas, o que implica grande quantidade de espécies. [JESPER SVARTVIK]

MILO (heb. *millôʾ*) **1.** Fortificação, ou construção, em local não especificado dentro de Jerusalém. Após Davi ter tomado Jerusalém dos jebuseus, ocupou sua fortaleza e construiu o Milo (de *mlʾ*, "encher") que, de certa forma, foi incorporada ao muro de Jerusalém, feito por Davi (2Sm 5:9=1Cr 11:8), e é visto como uma brecha no muro da cidade, uma torre cheia de pedra, ou um preenchimento do vale Tiropoeon ligando a cordilheira oriental da cidade com seu cume ocidental. Kathleen Kenyon identificou o Milo com o terraço de Milo jebuseu do século XIV-XIII a.C. que ela escavou na encosta oriental da cidade de Davi, ao sul do atual monte do templo. Essa estrutura foi depois escavada por Ygal Shiloh (área G) e descobriu-se que era formada por terraços preenchidos com pedra, que criou uma área adicional de aproximadamente 200 m² no cume do monte. Shiloh sugeriu que isso formava o palanque da cidadela jebusita. O Milo foi depois reparado por Ezequias (2Cr 32:5). Alguns estudiosos propõem que durante a monarquia dividida o termo Milo foi substituído por "Ofel" (cf. 2Cr 27:3; 33:14).

2. Construção de Salomão, depois de ter terminado um palácio para sua esposa, filha de Faraó (1Rs 9:15, 24; 11:27). Não se sabe se Salomão simplesmente reparou o Milo de Davi, ou criou o seu próprio.

3. A "Casa do Milo" (oletrada de forma defeituosa *bêṯ millô*), onde Joás foi assassinado (2Rs 12:20 [TM 21]), no caminho para Sila.

4. "Bete-Milo", cidade ou fortaleza localizada perto de Siquém (Jz 9:6, 20).

Bibliografia. Y. Shiloh, *Excavations at the City of David 1. Qedem 19* (Jerusalem, 1984). [KENNETH ATKINSON]

MINA Unidade de peso (heb. *māneh*; cf. Ugar. mn; 1Rs 10:17; Ed 2:69; Ne 7:71,72) equivalente a aproximadamente 571 g.

MINERAÇÃO E LAVRA Processo de obtenção de minerais da litosfera e da hidrosfera da terra, incluindo a ciência, métodos e o negócio de descoberta e exploração. Os minerais podem ser considerados uma combinação de dois ou mais materiais químicos com propriedades físicas ou estrutura molecular distintas. A mineração usualmente significa a remoção subterrânea de minerais, mas pode também incluir a lavra, que lida com a extração na superfície, pelo trabalho a céu aberto, escavação de aluvião, dragagem e operações conjuntas. A pedra em bloco, tal como o arenito, mármore e o granito para construção, e uma variedade de sedimentos como areia e barro para construção são normalmente lavrados. Os processos de mineração também estão relacionados à obtenção de minerais úteis retirados de baixo da superfície da terra, como o carvão de pedra. Os termos mineração e lavra são, com frequência, usados de forma intercambiável fora da literatura científica.

A mineração é realizada pelo uso de um ou mais métodos de extração, dependendo das características dos minerais envolvidos. Os métodos comuns de extração são por um túnel, mina e abertura de galeria, cada um deles dependendo da natureza do depósito mineral. Túneis são passagens subterrâneas feitas horizontalmente ou quase, para acompanhar a galeria ou o nível de uma jazida mineral ou outras operações na mina. Os túneis começam a partir de um poço, que é uma passagem vertical usado para içar trabalhadores, minérios e suprimentos, além de drenar ou renovar o ar para as operações. A mineração pelo poço é realizada pela escavação de um poço diretamente no sentido vertical ou em posição levemente inclinada cortando os depósitos minerais. A mineração de aluvião tende a seguir um veio de minério do seu afloramento na superfície e ao longo da inclinação da jazida ou galeria.

A mineração supre a sociedade com energia, minérios e matérias-primas. Existem muitos minerais que valem a pena extrair. Raros, entretanto, são os minerais encontrados em estado puro. Consequentemente, os minérios que têm quantidade bastante grande de impurezas, requerem sua remoção antes de poderem ser usados. Os minerais podem ser removidos para melhorar sua qualidade. Por isso, é necessário o processo de separação das impurezas dos minerais extraídos, normalmente no local da mina.

Quando se acredita que os minerais têm valor econômico, são considerados recursos minerais. Os recursos minerais são ou economicamente adequados para mineração, ou mantidos em reserva para extração posteriormente quando tiverem valor maior. Algumas atividades mineradoras existem há centenas de anos, mas outras operações de mineração cessam quando os minerais se exaurem ou se tornam dispendiosos demais para a extração.

As minas, propriamente, da Terra Santa não estavam localizadas em território palestino, mas eram numerosas na península do Sinai, na Palestina ocidental e ao longo da área sudeste de Ghor. As primeiras minas e lavras começaram aparentemente onde foram descobertos depósitos minerais superficiais. Com o prosseguimento da mineração, foram escavados túneis e poços. A mineração e a lavra são atividades de trabalho intensivo que exigem considerável quantidade de mão de obra. Longas horas serrando e lascando rochas eram empregadas por muitos trabalhadores sob condições de trabalho extremamente debilitantes. Os acidentes e óbitos eram comuns.

A pedra em bloco para construção, como a rocha calcária era abundante nas lavras nos locais da povoação ou da fortaleza, ou muito perto delas. Algumas fortalezas e edifícios foram construídos com basalto, muito duro e difícil de ser trabalhado em blocos e vigas. Lascas de pedra para mosaicos, normalmente mais coloridos e mais duros do que os das minas ou lavras locais, eram carregados de muitos quilômetros. Minérios metálicos, como o ouro e o cobre eram extraídos e derretidos mais longe ainda, e pedras preciosas eram trazidas por caravanas de distâncias extremamente longas. Assim, tanto a escassez quanto a distância acrescentavam valor aos minerais e pedras de construção usados nos tempos bíblicos. [RICHARD A. STEPHENSON]

MINI (heb. *minnî*) Uma das três nações convocadas para guerrear contra Babilônia como parte do juízo de Deus sobre aquela nação (Jr 51:27). Sua menção com Ararate (antiga Urartu, moderna Armênia) e Asquenaz (Citas) torna provável que ela seja identificada com os minitas, que aparecem primeiro na inscrição de Salmaneser II (858-824 a.C.). O nome continua a ocorrer nos registros assírios durante mais dois séculos, às vezes como inimiga, às vezes como aliada dos assírios. [MACK ROARK]

MINIAMIM (heb. *mîyāmin, minyāmîn*) **1.** Levita que ajudou na distribuição das ofertas entre as cidades levíticas no tempo do rei Ezequias (2Cr 31:15; LXX Benjamim).

2. Casa paterna sacerdotal representada no tempo do sumo sacerdote Joiaquim (Ne 12:17).

3. Sacerdote e músico que participou da dedicação dos muros de Jerusalém depois do exílio (Ne 12:41). Ele pode ser o mesmo que Miamim 3 (10:7 [TM 8]).

MINISTRO, MINISTÉRIO O conceito de servir, tanto secular quanto sagrado. No AT, o hebraico *šāraṯ* refere-se especialmente ao ministério cúltico, aplicando-se a sacerdotes do Senhor que ministram diante do altar (Jl 1:9, 13), seja a Arão (Êx 28:35) ou Zadoque (Ez 40:46), ou aos levitas (Nm 3:6). O termo também tem aplicação mais ampla para atender ou servir a alguém (Êx 24:13; 1Rs 1:4, 15; 10:5; Sl 103:21). Na era vindoura, todos os israelitas serão sacerdotes e ministros (Is 61:6) e até mesmo os estrangeiros ministrarão ao Senhor (56:6). A raiz *āḇaḏ*, "trabalhar (para alguém), servir", com frequência carrega um sentido mais servil (Gn 29:15). Ele é usado para servir ou adorar a Deus (Êx 3:12; Sl 22:30 [TM 31]) ou ídolos (Dt 4:19); cf. *eḇeḏ* , "servo", para o povo redimido de Deus (p. ex., Ne 1:10) e "o servo do Senhor" (p. ex., Is 42:1-7; 49:1-9) e *āḇōḏâ* , "serviço" no tabernáculo e no templo (= "adorar").

Esta gama de significados está no NT principalmente em termos relacionados ao grego *diakonía*, "serviço" ou "ministério". Entre outras palavras estão *doulē, doúlos*, "(ser um) escravo" (Rm 1:1; NRSV "servo"); *latreúō, latreía*, "(oficiar em) cultuar" (Hb 13:10); e *leitourgía*, "serviço sacerdotal" (Hb 8:6; Rm 15:16). Outras palavras especificam tipos de líderes no ministério público: ex., *hypērétēs* para o assistente da sinagoga (Lc 4:20), "ministros" cristãos, ou "servos da palavra" (1:2); ou *país* (At 3:13; 4:25) para Jesus como servo ou filho de Deus.

O ministério de Jesus estabeleceu o padrão para o desenvolvimento de ministérios pós-ressurreição nas igrejas. O trabalho de Jesus como mestre, profeta e o que cura foi assumido, sob o Espírito, por mestres, profetas e exorcistas itinerantes. Ele havia mandado doze discípulos escolhidos pregar e curar os enfermos (Mc 6:7 par.). Estes "enviados" (*apóstoloi*) tornaram-se "apóstolos" (At 1:21-22), um grupo maior do que "os Doze" (1Co 15:5,7). Pedro teve uma comissão particular (Mc 16:7 par.; cf Mt 16:18, 19). Paulo teve a experiência do chamado e da comissão como apóstolo aos gentios (Gl 1:15, 16). Houve também "*apóstoloi* de uma congregação" como Epafrodito (Fp 2:25) e, provavelmente, mulheres apóstolas (Rm 16:6). "Os sete" (At 6) parece ser para os cristãos judeus de língua grega uma duplicata dos "Doze", para pregar e evangelizar.

O quadro mais completo do desenvolvimento da missão e do ministério está nas igrejas e cartas de Paulo. Todos os cristãos lá são considerados possuidores de dons "espirituais" ou "dons da graça" (1Co 12:4-11). Ocasionalmente ele lista funções e líderes (1Co 12:28-30; Rm 12:4-8), de certa forma proposital e sempre em conexão com a igreja como corpo de Cristo e o fortalecimento de toda a comunidade em amor. Surgem os líderes, mas o padrão varia (cf. 1Ts 5:12, 13; Fp 1:1). Isso sugere que Paulo não criou e impôs uma ordem fixa, e permitiu a criação de liderança local.

Em algumas igrejas — mas não nas de Paulo — "os presbíteros" (*presbyteroi*) cuidaram da liderança (cf. At 14:23; 15:2, 4, 6, 22, 23; Tg 5:14; 1Pe 5:1, 5). O modelo veio em muitos casos da sinagoga judaica ou surgiu do respeito àqueles que eram mais velhos ou estavam havia mais tempo na fé cristã. Nas Epístolas Pastorais, os anciãos ou presbíteros incluíam alguns que "governam" (1Tm 5:17), em um conselho de anciãos (*presbyterion*; 1Tm 4:14). Alguns desses (ou os "anciãos que governam") serviam como "bispo" ou "supervisor" (*episkopos*; 1Tm 3:2-7; Tt 1:7-9). O grego *diakonos* começa a assumir um sentido técnico em 1Timóteo 3:8-13, mas ainda não é o "litúrgico" ou qualquer outro tipo de "diácono" encontrado depois. "Ordenação", do costume rabínico, pode ser refletido na "imposição de mãos" (1Tm 4:14; 5:22; 2Tm 1:6). Mas o "triplo ministério", no sentido particular de um bispo, (um colegiado de) presbíteros, e um grupo de diáconos sob ele, é confirmado somente depois do NT, inicialmente em Inácio de Antioquia, e se espalha então no fim dos séculos II e III.

Efésios 4:11,12 coloca a questão se os quatro grupos de líderes lá mencionados preparam "os santos para a obra do ministério" (NRSV) ou preparam os santos e eles mesmos fazem a obra do ministério (KJV). O "sacerdócio" (Êx 19:6) de todos os crentes batizados — "sacerdote" nunca aparece no NT a respeito de um líder cristão individualmente — ocorre em

1Pe 2:4-10 (cf. Ap 1:5,6; 20:6). Todas essas pessoas, dotadas pela graça de Deus, "servem" (NRSV; 1Pe 4:10,11) e/ou "ministram" (KJV).

Bibliografia. D. L. Bartlett, *Ministry in the New Testament*. OBT (Minneapolis, 1993); J. N. Collins, *Diakonia: Re-interpreting the Ancient Sources* (Oxford, 1990); J. T. Forestell, *As Ministers of Christ* (New York, 1991); N. Mitchell, *Mission and Ministry: History and Theology in the Sacrament of Order* (1982, repr. Wilmington, 1990); J. H. P. Reumann, *The Ministering People of God and Their Leaders* (Minneapolis, 1998); E. Schweizer, Church Order in the New Testament. *SBT* 32 (Naperville, 1961). [JOHN REUMANN]

MINITE (heb. *minnîṯ*) Uma das 20 cidades amonitas capturadas por Jefté (Jz 11:33). Vários tradutores interpretam Minite em Ezequiel 27:17 como a fonte do trigo (*ḥiṭê minnîṯ*) que Judá negociava com Tiro, embora outros corrijam o texto para "trigo e azeitonas" (*ḥiṭṭîm zayiṯ*) em vez do nome do lugar (KJV, RV, RSV).

Eusébio (Onom. 140.3) identifica Minite com um vilarejo localizado cerca de 4 milhas romanas a nordeste de Esbus (moderna Hesbân) na estrada para Filadélfia (Amã). A descrição de Eusébio, combinada com a referência em Juízes 11:33, que descreve Minite como fronteira oposta à cidade de Aroer, ao sul, tem levado muitos estudiosos a localizar Minite em algum lugar entre Hesbân e Amã.

Atualmente, a candidata mais promissora é Umm el-Basatin (Umm el-Hanafish), um moderno vilarejo situado no cume de antigas ruínas ainda visíveis. Embora não tenham sido feitas extensas escavações ali, pesquisas do sítio arqueológico recuperaram fragmentos dos períodos Ayyubid/Mamluk, Otomano, Bizantino, romano recente, romano primitivo, Idade do Ferro II/persa e Idade do Ferro I. [RANDALL W. YOUNKER]

MINÚSCULA Uma forma modificada da escrita grega cursiva ("preferencialmente pequeno"), introduzida no século XIX d.C. Mais formal e mais legível do que a escrita cursiva comum, a escrita minúscula possibilitava aos escribas escreverem mais rapidamente e, por volta do final do século X ultrapassaram o número dos manuscritos unciais com propósitos literários. A escrita minúscula representa perto de 90% dos manuscritos do NT existentes. *Ver* UNCIAL.

MIQUEIAS, LIVRO DE O sexto livro dos Profetas Menores. O sobrescrito atribui o livro a Miqueias ("Quem é como Yahweh?"), profeta da cidade de Judá de Moresete. O livro não fornece mais informação direta sobre o profeta. De acordo com Miqueias 1:1, ele atuou durante os reinados de Jotão, Acaz e Ezequias (última parte do século VIII a.C.) e, portanto, contemporâneo de Isaías, Amós e Oseias. Embora o livro não faça referência clara a eventos mais importantes, como a guerra siro-efraimita, a queda de Samaria e o cerco de Jerusalém pelos assírios que ocorreram durante o período, o material atribuído a Miqueias reflete um tempo de sublevação política e social, quando era esperada a queda tanto de Samaria como de Jerusalém.

CONTEÚDO. A mensagem do livro é uma complexa mistura de julgamento e esperança. Por um lado, as profecias anunciam o julgamento sobre Israel por perversidades sociais, liderança corrupta e idolatria. Esse julgamento era esperado que culminasse com a destruição de Samaria e Jerusalém. Por outro lado, o livro proclama não meramente a restauração da nação, mas a transformação e exaltação de Israel e Jerusalém. As mensagens de esperança e perdição não são necessariamente contraditórias, entretanto, já que a restauração e a transformação acontecem depois do julgamento.

O livro começa com uma declaração de que Yahweh virá julgar os pecados do seu povo (1:2-7). O julgamento é anunciado contra as capitais Samaria e Jerusalém (1:8, 9), e uma série de trocadilhos descrevem o destino das cidades do Sefelá (v. 10-16). O discurso profético no cap. 2 condena aqueles que estão desapropriando o povo de Israel (2:1-5). As alegações de que o julgamento não pode alcançar o povo de Yahweh são refutadas com a acusação de que o povo de Yahweh se transformou em inimigo de Yahweh (2:6-11). O capítulo se encerra com uma enigmática declaração que parece apontar para um livramento da opressão (2:12, 13).

Em todo o cap. 3, o profeta condena os governantes, sacerdotes e profetas de Israel que exploram e iludem o povo. É por causa de seus atos que a própria Jerusalém será destruída (3:9-12). A forte declaração de julgamento do profeta sobre Jerusalém foi lembrada até mesmo no tempo de Jeremias (Jr 26:17-19).

Incorporando virtualmente ao mesmo oráculo encontrado em Isaías 2:2-4, Miqueias 4:1-8 vê a exaltação de Jerusalém além de sua esperada destruição. O orador proclama a libertação do povo que irá de Jerusalém para Babilônia (v. 9-10). O capítulo termina com uma exortação para que Jerusalém destrua as nações que se uniram contra ela (v. 11-13).

O cap. 5 inicia com um anúncio de um rei ideal que viria de Belém para defender a nação contra a Assíria (v. 1-6 [TM 4:14-5:5]). O profeta proclama o triunfo do remanescente de Jacó (v. 7-9 [6-8]) e prevê um dia quando Yahweh purificará a nação da idolatria e da confiança no poder militar (v. 10-15 [9-14]).

No cap. 6, Israel é intimado a ouvir a demanda de Yahweh. Em resposta a uma série de perguntas relativas ao que Yahweh exige, o profeta apresenta um resumo forte e conciso da exigência de Yahweh por justiça e lealdade (v. 6-8). O restante do cap. 6 consiste de uma série pungente de acusações contra “a cidade” e de anúncios de juízos sobre os que seguiram os caminhos de Onri e Acabe.

No cap. 7:1-7, o orador lamenta o colapso da ordem social. O livro se encerra com uma liturgia profética composta de elementos de um lamento (7:8-20). Israel confessa seus pecados e recebe a garantia de livramento por meio dos atos poderosos de Yahweh (v. 8-17). A liturgia conclui com uma afirmação da fidelidade e disposição de Yahweh em perdoar (v. 18-20).

Considerações críticas. O assunto principal na pesquisa de Miqueias é a questão de qual material pode ser atribuído ao profeta do século VIII. Muitos estudiosos acreditam que somente os caps. 1—3 são de Miqueias. Já que o profeta foi lembrado como profeta da maldição durante o tempo de Jeremias (cf. Jr 26:17ss.), alguns raciocinam que somente oráculos de julgamento são autênticos de Miqueias e que sua atividade ficou confinada ao tempo de Ezequias. Assim, as profecias de esperança nos caps. 4, 5 e 7 não podem ser atribuídas a Miqueias. Esta avaliação é reforçada pelo fato de as profecias nos caps. 4—7 parecerem refletir ambientes históricos posteriores ao tempo de Miqueias. Por exemplo, a referência à Babilônia em 4:10 indicaria um tempo durante ou depois do Exílio babilônico. Outras passagens, como 7:12, parecem pressupor uma situação de diáspora. Finalmente, semelhanças de estilo, linguagem e pensamento com obras proféticas posteriores e com a escola deuteronômica têm levado os intérpretes a concluir que os materiais nos caps. 6 e 7 ou foram extensivamente reinterpretados ou tiveram origem depois do tempo de Miqueias.

Uma segunda interpretação do livro tem sustentado que embora os caps. 4—7 provavelmente contenham algum material de tempos posteriores, as profecias de Miqueias estão também presentes nestes capítulos. Os estudiosos que aceitaram essa abordagem estão conscientes das dramáticas diferenças em estilos e temas nos materiais, mas sugerem que estas diferenças são um reflexo das circunstâncias em processo de mudança durante o tempo de Miqueias. Especialmente questionável é a suposição de que Miqueias não poderia ter proclamado maldição e esperança. Finalmente, os intérpretes deste segundo grupo não estão convencidos de que o estilo, o vocabulário e os temas dos caps. 4—7 estejam confinados exclusivamente aos tempos exílicos e pós-exílicos.

Outro assunto importante no estudo de Miqueias é a questão do processo pelo qual o livro assumiu sua forma final. A maioria dos intérpretes acredita que ele passou por um longo processo editorial pelo qual as palavras de Miqueias foram editadas, reinterpretadas e expandidas. Infelizmente, existe pouca concordância no mundo acadêmico moderno sobre os detalhes deste extenso processo de redação.

Parte do problema em reconstruir o processo de edição é a dificuldade em discernir uma estrutura básica que os editores podem ter usado para unir e organizar o material no livro. Alguns têm proposto que o livro foi organizado de acordo com um plano maldição-esperança: depois de duas seções de maldição (1:2–3:12; 6:1–7:7) vêm oráculos de esperança (4:1–5:15 [14]; 7:8–20). O material, infelizmente, não se encaixa de modo organizado nesse padrão já que os oráculos de ambos os tipos são encontrados em cada seção. Uma segunda sugestão é que o livro seja organizado conforme três unidades, cada uma começando com a exortação “ouçam!” (1:2; 3:1; 6:1). Embora tal divisão do livro seja útil, ela é um tanto artificial, já que cada unidade contém material que reflete uma variedade de temas e gêneros.

Em última análise, a unidade e estrutura do livro pode ser mais teológica do que literária ou histórica. O material extremamente díspar em Miqueias é unido por uma convicção teológica onde tanto o julgamento quanto a restauração são a obra de Yahweh. De fato, a constante e intricada justaposição de julgamento e esperança reflete uma profunda compreensão teológica de que o julgamento não é mera punição, mas um passo integral e necessário na restauração do governo de Yahweh sobre o povo. A união de maldição e esperança em um livro reflete, assim, uma teologia complexa que entrelaça julgamento e restauração na contínua obra de Yahweh.

Bibliografia. L. C. Allen, *The Books of Joel, Obadiah, Jonah and Micah*. NICOT (Grand Rapids, 1976); D. R. Hillers, *Micah*. Herm (Philadelphia, 1984); J. L. Mays, *Micah*. OTL (Philadelphia, 1976); J. M. P. Smith, ET al., *Micah, Zephaniah, Naum, Habakkuk, Obadiah and Joel*. ICC (Edinburgh, 1911); H. W. Wolff, *Micah* (Minneapolis, 1990). [CHARLES S. SHAW]

MÍRIAM (heb. *miryām*) Profetisa lembrada por liderar os israelitas no cântico depois do livramento dos egípcios no mar Vermelho (Êx 15:20,21). Muitos estudiosos consideram essa atribuição de liderança no cântico mais antiga do que a atribuída a Moisés e os israelitas nos primeiros versos de Êxodo 15. Míriam é identificada como a irmã de Moisés e Arão nas genealogias de Números 26:59; 1Crônicas 6:3 (TM 5:29). Os três são mencionados juntos como líderes do período do deserto em Mq 6:4. É possível que o parentesco de irmãos não tenha sido biológico, mas a criação de uma tradição posterior que

A B C D E F G H I J K L M N O P Q R S T U V X Y Z

procurou enfatizar os papéis deles na liderança de Israel. Essa possibilidade sugere a muitos estudiosos que uma tradição mais extensa sobre Míriam possa uma vez ter existido.

Embora Míriam não seja mencionada pelo nome em Êxodo 2, a tradição presume que ela seja a irmã mais velha do menino Moisés, que se aproxima da filha do faraó depois que o bebê foi descoberto na cesta flutuante. A proposta de Míriam de encontrar uma ama hebreia serve para reunir a criança e sua mãe.

Após sua liderança do cântico junto ao mar Vermelho, ouvimos em seguida a respeito de Míriam quando ela e Arão, juntos, desafiam a autoridade de Moisés de falar ao povo em nome de Deus, bem como do casamento de Moisés com uma mulher etíope (Nm 12). A narrativa deixa evidente o descontentamento de Deus com Arão e Míriam e a rejeição de Deus às reclamações deles contra Moisés. Informa-se ainda que Míriam é punida com o desgosto de uma doença de pele que a torna branca (provavelmente para ser vista em contraste com a pele bem escura da esposa de Moisés, de descendência etíope), enquanto Arão não sofre nenhuma punição. Percebendo esta situação, Arão pede rapidamente: "não nos castigue", reafirmando, assim, sua cumplicidade com Míriam ao suplicar pela cura dela antes que ele também seja tão afligido. Deus avisa que o castigo de Míriam será apenas temporário; depois de sete dias de purificação fora do acampamento ela se reúne à comunidade e a jornada no deserto prossegue. Várias teorias têm sido apresentadas para explicar por que somente Míriam é punida. Entre as importantes explicações estão as atitudes de Israel com relação ao sacerdócio (ninguém podia servir como sacerdote enquanto estivesse com doença de pele; Arão era sumo sacerdote) e estágios na transmissão da tradição (talvez a história fosse originalmente somente sobre Míriam, com Arão sendo acrescentado depois). Apesar de tais teorias, permanece a realidade de que nesta história uma mulher e um homem cometem juntos o mesmo pecado, mas a mulher é punida e o homem não.

A morte de Míriam é registrada numa curta nota em Números 20:1. É simbolicamente significativo a plena condição de Míriam como líder junto a seus dois irmãos, de que sua morte seja mencionada neste ponto, porque na história que vem em seguida, Moisés e Arão perdem a oportunidade de entrar na Terra Prometida (Nm 20:12). Embora a morte de Arão seja narrada apenas em Números 27 e a morte de Moisés em Deuteronômio 34 (as duas paradas restantes na jornada do deserto), os três são mantidos juntos aqui em Números 20 como líderes que, todos, morrerão fora da terra.

Bibliografia. R. J. Burns, *Has the Lord Indeed Spoken Only through Moses?* SBLDS 84 (Atlanta, 1987); P. Trible, "Bringing Miriam Out of the Shadows", *BibRev* 5/1 (1989): 14-25,34). [KATHARINE DOOB SAKENFELD]

3. Nome da tribo de Judá entre os descendentes de Ezra (1Cr 4:17). A NRSV reconstrói este texto difícil, tomando Míriam como descendência de Merede e Bitia, filha do faraó.

MIRMA (heb. *mirmâ*) Homem benjamita, filho de Saaraim e Hodes (1Cr 8:10).

MIRRA 1. Tal como o incenso, produto derivado de uma planta da família Burseraceae. Como o incenso, ela é sempre mencionada em fontes bíblicas e outras fontes antigas com o incenso. Tal como o incenso, sua resina avermelhada tinha inúmeros usos em rituais, remédios e fumigação. Mencionada em conjunto com incenso no relato dos magos em Mateus (Mt 2:11), a mirra (heb. *mōr*; gr. *murra, smýrna*, talvez originalmente significando "amargo") seja mais difícil identificar na classificação de termos botânicos de Lineu. Isso se deve ao fato de centenas de espécies de Commiphora serem conhecidas na Arábia e África, somente várias das quais aparentemente produzem a substância aromática chamada "mirra". De acordo com os botânicos, a verdadeira mirra (antigamente chamada de balsamodendron mirrha) vem da Commiphora myrrha, que é encontrada somente no sudoeste da Arábia e norte da Somália. A verdadeira mirra, atualmente, não pode sobrepor ao incenso em sua distribuição territorial. As três espécies encontradas em Dhofar não incluem a verdadeira mirra; somente C. Habessinica e C. Fileadensis (chamado de bálsamo de Gileade) são infirmados terem as propriedades semelhantes à mirra. No Iêmem, seis outras espécies de Commiphora são conhecidas, incluindo bdélio e o bálsamo de Meca.

Tal como o incenso, a mirra foi originalmente comercializada localmente já no período Neolítico (sexto milênio a.C.), e talvez esteja documentada no comércio egípcio do mar Vermelho já no Antigo Império (se egip. *'ntyw* puder ser igualado ao produto). A conhecida expedição de Hatchepsut, do Império Novo, a Punt pode bem retratar a retirada de árvores de mirra. Sua menção na Mesopotâmia ocorre somente com o início do antigo período assírio. O florescimento do comércio na Idade do Ferro e o envolvimento bíblico são bem documentados. Grãos de pólen de mirra verdadeiros foram encontrados em Qana de um nível do período clássico do famoso porto marítimo. Assim como o incenso, o comércio internacional de mirra entrou em colapso no século V d.C., embora a resina ainda seja colhida e usada nos mercados mais restritos do Oriente Próximo.

Bibliografia. P. Dolara ET al., "Analgesic Effects of Myrrh", *Nature* 379 (1966): 29; N. St.J Groom, *Frankincense and Myrrh* (London, 1981); A. Lucas, "Cosmetics, Perfumes, and Incense in Ancient Egypt", *JEA* 16 (1930): 41-53; A. G. Miller e M. Morris, *Plants of Dhofar* (Muscat, 1988); K. Nielsen, *Incense in Ancient Israel*. VTSup 38 (Leiden, 1986); G. Van Beek, "Frankincense and Myrrh", *BA* 23 (1960): 70-95; "Frankincense and Myrrh in Ancient South Arabia", *JAOS* 78 (1958): 141-52. [JURIS ZARINS]

2. (gr. *Mýra*) Importante cidade da Lícia (perto da moderna Dembra), cerca de 4-5 km do Mediterrâneo. Foi capital da província da Lícia sob os romanos. Com seu porto, Andriaca, Mirra foi um importante centro comercial. Aqui a escolta que levava Paulo para Roma mudou de navios (At 27:5, 6). Alguns manuscritos acrescentam "e Mirra" depois "Patara" no relato da viagem de Paulo a Jerusalém em Atos 21:1. O apócrifo Atos de Paulo traz histórias da pregação e das curas de Paulo em Mirra. São Nicolau foi bispo de Mirra no século IV, depois venerado como Papai Noel. [DOUGLAS LOW]

MISÃ (heb. *mišʿām*) Filho de Elpaal, da tribo de Benjamim (1Cr 8:12).

MISAEL (heb. *mîšāʾēl*) **1.** Figura sacerdotal do período do deserto; um filho de Uziel da linhagem de Coate (Êx 6:22; Lv 10:4).

2. Influente membro da comunidade, talvez um levita que ficou à esquerda de Esdras durante sua leitura pública da lei (Ne 8:4; 1Esd 9.44).

3. O nome hebraico ("Quem é o que Deus é?") de um companheiro de Daniel, também chamado pelo nome babilônio de Mesaque (Dn 1-3). O cap. 4 de Macabeus 16.3 destaca a associação especial de Misael com a fornalha ardente de Daniel 3. Misael representa um tipo de sábio israelita associado aos círculos burocráticos. Alguns de tais círculos sobreviveram, e até floresceram (Dn 2:49), no ambiente do exílio judeu por meio de sua sabedoria perspicaz e do apocaliptismo. Na literatura judaica subsequente a Daniel, Misael veio a servir de exemplo clássico de fé heroica (Pr. Azar. 66; 1Mac 2.59; 4Mac 16.21; 18.12).

Bibliografia. R. R. Wilson, "From Prophecy to Apocalyptic: Reflections on the Shape of Israelite Religion", *Semeia* 21 (1981): 79-95. [STEPHEN L. COOK]

MISAL (heb. *mišʾāl*) (tb. MASAL) Cidade levítica do território tribal de Aser (Js 19:26; 21:30); também chamada de Masal em 1Crônicas 6:74(TM 59). Ela ficava localizada em alguma parte perto da cordilheira do Carmelo, provavelmente na planície de Acco. Tell Kisân/Tel Kison, 9,6 km a sudeste de Acco é a principal possibilidade.

MISERICÓRDIA A disposição compassiva em perdoar alguém ou oferecer socorro, assistência ou ajuda a quem necessita. Intimamente ligados estão os conceitos de graça, bondade, amor, ternura, compaixão e tolerância.

A misericórdia (heb. *raḥam, ḥ^{a}nam*) é uma qualidade essencial de Deus (Êx 34:6; Dt 4:31; Sl 103:8). Essa é uma qualidade (*ḥeseḏ*, "amor comprometido"), demonstrada por meio da história deles (cf. Dt 30:1-6; Is 14:1; Ez 39:25-29), pela qual Deus mantém fielmente suas promessas e mantém seu relacionamento pactual com seu povo escolhido apesar da infidelidade deles (gr. *éleos*; Rm 9:15, 16, 23; Ef 2:4). Israel foi sempre lembrado do relacionamento entre o *ḥeseḏ* de Deus e do pacto deles com Deus (Dt 7:9; 1Rs 8:23; Ne 1:5; Is 55:3; Dn 9:4).

A misericórdia de Deus é mais do que deixar de punir. Ela ajuda de forma ativa os que estão em condição miserável devido a circunstâncias além do seu controle. Isso é demonstrado na cura do cego feita por Jesus (Mt 9:27-31; 20:29-34) e dos leprosos (Lc 17:11-19). A parábola do Filho Pródigo (Lc 15:11-32) mostra como Deus é "o pai de todas as misericórdias e o Deus de toda consolação" (2Co 1:3); a parábola do servo cruel (Mt 18:23-35) coloca essa qualidade divina em um ambiente negativo. A fidelidade misericordiosa de Deus é mais evidente no fato de ele mandar Jesus e salvar seu povo (Rm 11:30-32; Ef 2:4). A misericórdia de Deus se manifestará no julgamento final (2Tm 1:18; Tg 2:13). Deus é misericordioso e espera que seus filhos o sejam (Mt 5:7; Tg 1:27). [EDWARD P. MYERS]

MÍSIA (gr. *Mysía*) Região montanhosa no noroeste da Ásia Menor, tendo a Bitínia a nordeste e Lídia ao sul. Originalmente colonizada pelos trácios, a região foi sucessivamente governada pelos lídios, selêucidas e atálidas antes de ser incorporada à província romana da Ásia (c. 129-126 a.C.). Os mísios eram conhecidos como mercenários e atuaram em uma expedição contra Jerusalém no período dos Macabeus (2Mac 5.23-26; cf. 1Mac 1.29-35). Por volta do século I a.C. foram localizadas comunidades judaicas em pelo menos duas de suas importantes cidades, Adramítio e Pérgamo (Cícero Pro Flacco 28.68; Josefo *Ant.* 14.247-55; cf. Ap 1:11; 2:12-17). Paulo e seus companheiros fizeram uma curta parada na cidade de Trôade (At 16:7, 8; cf. 20:5-12; 2Co 2:12, 13); posteriormente Paulo fez escala na cidade litorânea de Assôs (At 20:13, 14).

Bibliografia. D. Magie, *Roman Rule in Asia Minor* (1950, repr. New York, 1975). [PHILIP A. HARLAND]

MISMA (heb. *mišmāʿ*) **1.** Filho de Ismael; ancestral epônimo de um povo árabe (Gn 25:14; 1Cr 1:30).

2. Simeonita, filho de Mibsão (1Cr 4:25, 26). A presença de Mibsão e Misma tanto em 1Cr 1:29,30 e 4:25 pode sugerir alguma relação anterior entre um clã simeonita e o que pode originalmente ter sido uma tribo ismaelita (i.é., árabe).

MISMANA (heb. *mišmannâ*) Um dos gaditas "guerreiros corajosos" que se uniu a Davi em Ziclague e se tornou chefe de exército (1Cr 12:10 [TM 11]).

MISPAR (heb. *mispār*), **OU MISPERETE** (*misperet*) Um dos líderes que retornaram com Zorobabel da Babilônia após o fim do cativeiro (Ed 2:2). Misperete em Neemias 7:7.

MISRAEUS (heb. *mišrāʿî*) Família descendente de Judá, de Quiriate-Jearim, entre os ancestrais ou predecessores dos zoratitas e os estaoleus (1Cr 2:53).

MISREFOTE-MAIM (heb. *mikrĕpôṯ mayim*) (talvez a "eminência sobre as águas"), um dos marcos de fronteira para o território dos sidônios (Js 13:6). Depois da vitória de Josué às águas de Merom, os israelitas vitoriosos perseguiram o exército dos reinos do norte até Misrefote-Maim e o vale de Mizpá. Desde que Maim pode ser pronunciada *miyyam*, "no oeste", o texto pode ter um significado secundário "para Misrefote, a oeste e para o vale de Mizpá, a leste". Isso poderia apresentar um equilíbrio literário e ressaltar a extensão da vitória de Josué. O nome tem sido usado em referência à moderna Khirbet Musheirefeh/Tel Rosh há-Niqra na moderna fronteira entre Israel e o Líbano. Alguns estudiosos identificam Misrefote com o rio Litani, que estaria bem de acordo com sua localização em "Sidom, a grande". O rio Litani teria apresentado uma passagem difícil para um exército com carruagens, e este obstáculo pode ter encerrado a fuga dos fugitivos, permitindo a Josué completar sua vitória (Js 11:8). [THOMAS W. DAVIS]

MISTÉRIO Algo revelado por Deus, pelo menos para poucos. O significado é diferente do sentido usual, de problema não resolvido. Um equivalente exato para o grego *mistérion* não ocorre no AT, embora a ideia de conhecimento secreto relevado por Deus seja encontrada em Isaías 48:3, 6; Amós 3:7. Em Daniel, esse conhecimento é a chegada de uma nova era na qual Deus vai reinar.

O termo grego ocorre somente uma vez nos evangelhos (Mc 4:11 = Mt 13:11 = Lc 8:10), em que Jesus o relaciona ao reino de Deus. Suas principais ocorrências estão na literatura paulina, a palavra é encontrada 21 vezes.

No mundo helenístico, floresceram religiões de mistério nas quais os participantes recebiam o ensino de segredos os quais eram obrigados a ocultar. Uma questão importante é a relação entre tais religiões de mistério e o uso paulino do termo "mistério". Embora os escritores do NT possam ter usado o termo em parte como estratégia evangelística para obter convertidos gentios, o ambiente para a compreensão deles era provavelmente mais semítico do que helenístico.

O uso dos termos feito por Paulo contrasta com o das religiões de mistério, ligando-o à crucificação de Jesus em vez das formas esotéricas de conhecimento (1Co 1:23; 2:1-7). Para Paulo, o mistério que foi revelado é o plano de Deus de salvação. Em Efésios 6:19, ele trata do mistério do evangelho. Da mesma forma, em Colossenses 2:2, chama o próprio Cristo de mistério de Deus. O mistério é antigo. De acordo com Romanos 16:25, foi mantido escondido durante muito tempo, mas no versículo seguinte em Efésios 3:9, 10 Paulo mostra que ele foi revelado na plenitude do tempo. O mistério tem a ver com a inclusão dos gentios, bem como dos judeus no plano de Deus de salvação (Rm 16:25, 26; Cl 1:26, 27; Ef 3:3-6).

O termo é usado em outra parte por Paulo e no NT com significados secundários. Em 1Co 13:2, a compreensão de mistérios é atribuída a profetas. Em 1Coríntios 14:2, diz-se que o conteúdo do falar em línguas é, em espírito, falar mistérios. A palavra "mistério" é também usada no sentido derivado em várias passagens onde os termos ao qual se aplica são importantes no plano divino de salvação o qual foi revelado. O destino de Israel é chamado de mistério (Rm 11:25). Em 1Coríntios 15:51, a ressurreição dos mortos no fim dos tempos é chamada de mistério. Em Efésios 5:31, 32, a aplicação de Gênesis 2:24 (casamento) ao relacionamento entre Cristo e a Igreja é descrito como mistério. Em 1Timóteo 3:9, 16, o mistério se refere à fé e à religião respectivamente, significando as boas novas a respeito de Jesus. Em 2Tessalonicenses 2:7, ele se aplica ao homem da iniquidade; em Apocalipse 17:5-7, à Babilônia, a mulher de vermelho. Em Apocalipse 1:20, as sete estrelas vistas à mão direita de Cristo e os sete castiçais são chamados de mistério e então explicados como anjos das sete igrejas e as próprias igrejas. [ALICE OGDEN BELLIS]

MISTICISMO, CRISTÃOS PRIMITIVOS A evidência de misticismo na literatura cristã primitiva é determinada pelo modo pelo qual o termo é definido. O verdadeiro substantivo "misticismo" (gr. *misteriodía*) não ocorre em parte alguma desses materiais, mas entrou em uso somente para o fim do século V através da obra de Pseudo-Dionísio (ou Denis), o areopagita. Antes dessa época, era feito amplo uso do lat. *contemplatio* ("contemplação"), termo que continuou sendo popular na Igreja Ocidental adentrando o período medieval.

Neste sentido mais geral, o antigo misticismo pode ser caracterizado tanto como união espiritual do humano com o divino quanto uma introdução a algum segredo ou mistério específico. É em ambos os sentidos que as religiões de mistério helenísticas empregavam tais conceitos como "mistério", "místico" e "os mistérios". Terminologia semelhante rapidamente entrou no vocabulário cristão, mas diferentemente das religiões panteístas, a ideia de um Deus pessoal na religião bíblica restringiu qualquer verdadeiro sentido de unificação entre o humano e o divino. A evidência sugere que movimentos antigos como o gnosticismo, o misticismo judaico, a especulação grega e a doutrina neoplatônica, em última análise, tiveram grande influência sobre os pontos de vista cristãos. Todavia, o singular ponto de vista do cristianismo do misticismo manteve uma qualidade especial devido seu foco sobre a união do crente com a pessoa de Jesus Cristo.

O pensamento místico tem sido, às vezes, identificado no NT. A mensagem central de Jesus que toda a humanidade deve "voltar-se/arrepender-se" (*metanoéō*) e entrar no reino de Deus (cf. Mc 1:14,15) certamente levou muitos cristãos primitivos a buscar alguma associação mística especial com Deus. Os milagres de Jesus e seus discípulos têm sido, às vezes, citados como provas de tal união espiritual. O autor de Atos observa que o Espírito de Deus desceu como "línguas de fogo" sobre a igreja em Jerusalém (At 2:1-4) e foi concedido sobre os que Paulo batizou em Éfeso (19:1-7). Marcos até identifica carismas específicos que deviam acompanhar os discípulos ao difundirem a mensagem do evangelho (Mc 16:17,18).

Um testemunho posterior do espírito do misticismo pode ser considerado na literatura paulina. Em 2Coríntios 12:2-4, o apóstolo trata de forma rancorosa sobre visões e revelações como contraste retórico às reclamações de sua audiência coríntia. A referência de Paulo a si mesmo na terceira pessoa sinaliza indubitavelmente sua relutância em focar sobre experiências místicas em geral. Em nenhum lugar ele menciona sua própria conversão, evento retratado de forma dramática em Atos 9:1-9. Em outra parte, Paulo se refere ao Cristo vivo em sua vida (Gl 2:20) e explica a Igreja como corpo de Cristo (Rm 12:4,5; 1Co 12:27). Mas essas não são descrições de experiências místicas separadas, apenas claras declarações da contínua comunhão que ele sente com o espírito de Cristo. Embora seja verdade que o centro espiritual paulino gira em torno do que é chamado de "mistério" (Cl 1:27), essa ideia tem pouco em comum com as religiões de mistério contemporâneas. Ao contrário, o mistério de Paulo é a revelação do plano de Deus para a salvação da humanidade como foi proclamado por Jesus Cristo e testemunhado no poder da cruz e da ressurreição.

A literatura joanina também dá uma pista de alguma especulação mística. No evangelho de João, as metáforas do Bom Pastor (Jo 10:1-18) e da videira e dos ramos (15:1-8) servem como possíveis exemplos de pensamento místico. A estes pode ser acrescentado o pequeno discurso de Jesus concernente ao seu papel como pão da vida (Jo 6:35-40), um texto que tem sido frequentemente visto como comentário direto sobre o aspecto místico da celebração eucarística. Tais textos limitados, entretanto, mesmo quando unidos ao tema joanino sempre presente do íntimo relacionamento entre o Pai, o Filho e o crente, em nenhum lugar mostra misticismo como uma atividade estendida da comunidade cristã mais ampla. Até mesmo o corajoso testemunho do profeta em Apocalipse 1:10 confirma somente a participação individual em atividades místicas.

É muito discutível se algum desses exemplos bíblicos podem, de fato, servir como possível evidência de misticismo na Igreja primitiva. Todavia está claro que a fé cristã primitiva foi dirigida por duas experiências específicas que sustentaram diretamente a associação espiritual com Cristo — o batismo e a eucaristia. Esses foram eventos comunitários que orientaram os crentes individualmente em sua vida espiritual e tornaram-se o fundamento de experiências místicas posteriores na história cristã.

Assim, embora a evidência seja limitada e incerta, o fantasma do misticismo está claramente evidente na consciência cristã primitiva. Um amplo testemunho de visões, milagres e orações aponta para um amplo senso de consciência mística na vida pessoal dos antigos cristãos. No nível litúrgico, certos autores fazem referência específica a doutrinas e sacramentos como "mistérios" da experiência comum cristã (p. ex., Inácio Eph. 19.1; Trall. 2.3, "diáconos dos mistérios de Jesus Cristo"; Didaquê 11.11, "mistério mundial da Igreja"). Durante o século II, a "experiência culminante" do misticismo tornou-se identificado com martírio, retratado como a doce reunião com Cristo (cf. Mart. Pol. 15.1-2).

Durante os anos iniciais, certos segmentos da Igreja foram fortemente influenciados pelo aumento do misticismo no judaísmo. A especulação judaica tornou-se uma força dinâmica à medida que buscava encontrar o Deus celestial nos elementos comuns da vida diária. Destacado nesta procura durante o século I foi Fílon de Alexandria, cuja filosofia chegou a argumentar que o "espírito" (gr. *pneúma*) de Deus reside no centro da vontade humana na forma da "mente" (gr. *noús*). Sua ideia teve influência na especulação cristã em Alexandria e no ascetismo egípcio em geral. Fílon se coloca de forma destacada atrás dos princípios de Clemente de Alexandria, que insistiu na gnosis (i.e., o conhecimento divino) como objetivo máximo da experiência cristã, e de Orígenes, que buscava unir a alma humana com o Logos divino como união suprema entre o crente e Deus.

O aumento do misticismo na literatura patrística é mais plenamente evidente durante o século IV até o século VI sob a influência do pensamento capadócio. Importante entre os autores foi Pseudo-Macario, eremita egípcio que descreveu a experiência mística como o ponto em que a alma abraça Deus e se torna "olho espiritual e inteiramente luz". Seu contemporâneo, Evágrio do Ponto, buscou a união mística com Deus por meio de um progresso de estágios cuja culminação no pleno conhecimento da trindade produzia liberdade de toda paixão.

Verdadeiros tratados sistemáticos sobre o misticismo cristão apareceram somente no final do século V. Digno de nota aqui é a Teologia Mística, de Pseudo-Dionísio o areopagita da Síria, bem como A escada da ascensão divina, de João Clímaco, escrito como guia prático para a vida monástica. A espiritualidade ocidental teve, no final das contas, grande influência sobre pontos de vista ocidentais posteriores a respeito do misticismo, como está evidente a partir de especulações místicas de Ambrósio de Milão e seu discípulo Agostinho de Hipona (cf. Confissões). A essa tradição deve se acrescentar os nomes de Jerônimo, Gregório, o Grande e Máximo o Confessor, para mencionar apenas umas poucas vozes posteriores.

Bibliografia. L. Bouyer, *History of Christian Spirituality, 1: The Spirituality of the New Testament and the Fathers* (London, 1963); E. C. Butler, *Western Mysticism*, 3. ed. (New York, 1968); A. Louth, *The Origins of the Christian Mystical Tradition from Plato to Denys* (Oxford, 1981); "Mysticism", in *Early Christianity*, ed. I. Hazlett (Nashville, 1991), 208-17; M. Smith, *Studies in Early Mysticism in the Near and Middle East* (London, 1931), repr. *The Way of the Mystics* (London, 1976). [CLAYTON N. JEFFORD]

MISTURA DE PESSOAS O grupo de pessoas que saiu do Egito no Êxodo e depois formou a nação de Israel (Êx 12:38). Depois de contar os israelitas especificamente, sem incluir as crianças, o texto afirma que além destes, uma "mistura de gente" (heb. *‹ēreḇ rab*) juntou-se a eles. O uso dessa frase no contexto significa que o grupo do êxodo não era puramente homogêneo, e certamente não se compunha exclusivamente de descendentes de Jacó, mas incluía também vários elementos estrangeiros. Pode se apontar especificamente os midianitas a quem Moisés levou consigo. Certamente deve ter havido muitos outros cananeus, egípcios, bem como outras misturas de povos. De fato, os registros egípcios mostram que muitos povos diferentes procuraram refúgio no Egito em tempos de fome, como os israelitas, já que as enchentes regulares do Nilo sustentavam a agricultura ali até mesmo quando as chuvas eram esparsas. Os queneus e os recabitas são claramente incorporados a Israel vindos de fora. Pode-se assinalar também os calebitas, embora eles reivindiquem a descendência judaica. Alguns modelos eruditos do Êxodo tomavam essa passagem para indicar uma coalizão variada de escravos e insatisfeitos que se uniram na fuga ou, pelo menos, no subsequente estabelecimento da nova nação. Números 11:4 fornece significado semelhante ao se referir ao "vulgo" (*hᵃsapsup*) que murmurou contra Moisés nas andanças do deserto. (A LXX traduz ambos os termos por gr. *epímiktos*.)

Embora a frase completa ocorra somente em Êxodo 12:38, seu significado relacionado a "mistura" e "estrangeiros" é bem confirmado. O hebraico *‘‹ēreḇ* só é usado em Neemias 13:3; Jeremias 25:20, 24; 50:37 para descrever estrangeiros de vários tipos (cf. Dn 2:41, 43). Salmos 106:35-37; Esdras 9:2 usam uma forma verbal (*hithpael*) desta raiz para mistura com estrangeiros (*gôyim*), que leva à idolatria e ao sacrifício humano. [ROBIN J. DEWITT KNAUTH]

MITANNI Confederação hurrita e seus estados vassalos, talvez dominada por uma elite militar indo-ariana, que serviu como importante estado separador no norte da Mesopotâmia durante parte do período patriarcal (c. 1500-1350 a.C.). Embora não mencionada nos registros bíblicos, os hurritas devam ser provavelmente identificados com os horeus (Gn 14:6; 36:20-30; Dt 2:12, 20), que se estabeleceram ao redor do monte Seir; entretanto, a localização dos horeus no sentido sul os coloca sob a hegemonia egípcia e impossibilita sua inclusão na liga mitanni.

Os mitanni aparecem nos registros dos egípcios, hititas e assírios durante 250 anos até perderem sua independência para a Assíria sob Salmaneser I (1273-1244). Entre esses registros estão as Cartas de Amarna, que apontam Mitanni como a mais importante potência regional aliada do Egito por meio de casamentos dos faraós.

O significado bíblico de Mitanni está na informação que os registros de Nuzi, uma dependência mitanni forneceu costumes patriarcais. Por exemplo: a adoção de Eliezer de Damasco por Abraão (Gn 15:2-3), a maternidade substituta de Hagar (16:2), Bila e Zilpa (30:3, 9) e a porção dupla para o primogênito (Dt 21:17), todos têm paralelos nos tabletes de Nuzi. É evidente que alguns hábitos culturais comuns do norte da Mesopotâmia estiveram presentes durante a era patriarcal. *Ver* HOREUS. [JESSE CURTIS POPE]

MITCA (heb. *miṯqâ*) Lugar onde os israelitas pararam entre Terá e Hasmona durante as andanças no deserto (Nm 33:28-29). Sua localização é desconhecida.

MITILENE (gr. *Mitylḗnē*) Importante cidade e porto da ilha de Lesbos, no mar Egeu, localizada ao largo da costa noroeste da Ásia Menor. No lado oriental da ilha, Mitilene (moderna Mitilíni) fica cerca de 10 km a noroeste no ponto extremo oriental da ilha. O poeta grego Safo morou lá. Embora libertada dos persas pelos atenienses, Mitilene foi grandemente reduzida e quase chegou a ser destruída pelos gregos por ter-se recusado por duas vezes a cumprir os acordos feitos com a Liga de Delos. No período romano, ela foi uma cidade balneária popular. Na fase de retorno de sua terceira viagem missionária, Paulo navegou até Mitilene (At 20:14). [DOUGLAS LOW]

MITNITA (heb. *mitnî*) Termo que designa Jeosafá, um dos guerreiros de Davi (1Cr 11:43). O gentílico pode indicar seu lugar de origem, possivelmente na Transjordânia.

MITO Conto ou narrativa que transmite a estrutura fundamental de conhecimento sobre o qual repousam ideologias e costumes de uma cultura em particular. Embora o mito seja frequentemente caracterizado com elementos fantásticos e, geralmente associado a práticas e rituais religiosos, o mundo acadêmico tem claramente estendido sua compreensão de mito (gr. *mýthos*) além das primeiras associações com nobres selvagens e mentalidades primitivas. Não obstante seu costumeiro caráter imaginário, o consenso propõe que o poder do mito repousa em sua capacidade de construir cosmovisões em que origens, identidades e comportamentos são estabelecidos e legitimados. Assim, análogo a suas muitas e diversas expressões religiosas, o mito abraça simultaneamente as múltiplas formações pós-iluminismo das ciências, das ciências sociais e humanidades claramente relacionadas ao nosso desafio de definir uma pessoa, família ou cultura.

"Mitologia" designa um acervo de mitos associados a culturas em particular. O termo refere-se concorrentemente a um campo acadêmico escolhido preocupado com o estudo do mito e de mitologias: história de religiões e religiões comparadas, estudos bíblicos, linguística, antropologia cultural, sociologia, psicanálise, literatura e terroria literária.

Além da identificação cultural, as sensibilidades etnológicas e literárias sugerem análises comparativas e a classificação do mito de acordo com temas principais. Entre as categorias convencionais estão a cosmologia (mitos sobre as origens do universo, os deuses e humanidade; ex., contos sobre a criação, contos sobre o dilúvio e sobre a queda do ser humano); mitos sobre a vida após a morte e apocalipse (p. ex., descrição de Homero da terra e da morte na Odisseia, ou o fim da Era de Kali na escritura sagrada hindu); mitos sobre mortes e ressurreição de deuses (p. ex., Osíris, Dionísio e Cristo); mitos sobre a Deusa ou Grande Mãe (p. ex., Inana-Istar, mesopotâmica e Deméter, grega); mitos a respeito de heróis e buscas heroicas (p. ex., Gilgamés, Moisés, Odisseu, Eneias, Buda, Percival e Hiavata); e mitos sobre importantes lugares e objetos (p. ex., monte Sinai, Delfos, Gólgota e caverna de Maomé).

A reflexão sobre o significado do mito ocorre desde o início do século VI a.C. na obra filosófica de Tales de Mileto, sucedida 200 anos depois pela obra de Euemerus, mitógrafo grego do século IV, e subsequentemente tratada no início do século II d.C. pelos alegoristas neoplatônicos e cristãos. Entretanto, a coleção e a análise sistemática do mito não surge até o período do Iluminismo, na segunda metade do século XVIII, quando centenas de narrativas de viagem começaram a fluir na Europa, detalhando rituais bizarros e mitologias do mundo todo. Esses materiais forneceram dados para análises comparativas entre mitologias recém-descobertas e contos bem conhecidos e com fundamento textual dos hebreus, gregos e romanos, facilitando com isso o estudo sistemático da mitologia. Os primeiros estudos focaram sobre a linguagem do mito em associação com mentalidades supostamente primitivas, propondo que seus atributos linguísticos refletem exemplos ilustrativos de irracionalidade primária. No contexto de estudos literários, o movimento Romântico buscou deslocar essa inquietante associação, sugerindo que o mito sinaliza uma linguagem primária e poética fundamental à humanidade e seu desenvolvimento orgânico. A antropologia cultural, da mesma forma, enfocou tais dificuldades. Antropólogos, como Sir James Frazer, E. B. Tylor, Franz Boas, Emile Durkheim e Bronislaw Molinowski, de modo geral, propuseram que a mitologia primitiva reflete os elementos fundamentais da civilização moderna, e que seu adequado estudo comparativo deveria ajudar o desenvolvimento de nossa própria compreensão contemporânea das formações cultural e social da humanidade. Tais observações também foram bem recebidas e estudadas por classicistas como Gilbert Murray, Jane Harrison, A. B. Cook e F. M. Cornford e, da mesma forma, recebeu o empenho de historiadores da religião como Franz Cumont e Rudolf Otto. Ademais, a trajetória se difunde nos estudos da moderna psicologia, em que a análise se volta mais diretamente para a constituição da mente humana. Tanto Sigmund Freud como Carl Jung reconheceram temas e padrões essenciais aos mundos mítico e subconsciente: O "Complexo de Édipo", de Freud, e o "Complexo de Electra, "arquétipo" e "inconsciente coletivo", de Jung. No campo da antropologia cultural, Claude Lévi-Strauss continua o estudo antropológico da mitologia, introduzindo o importante componente estruturalista à análise do mito, enquanto as teorias de Joseph Campbell, muito conhecidas, sobre a relação entre a mitologia e arquétipos universais passam adiante as perspectivas psicanalíticas de Jung. No campo da história das religiões, a análise da mitologia é promovida pela obra de Mircea Eliade sobre o tempo mítico e existencial, enquanto estudos em literatura e teoria literária mantenham o foco sobre a natureza poética da linguagem mítica exemplificada em tais perspectivas críticas diferentes, como o formalismo de Northrop Frye e o estruturalismo/pós-estruturalismo, de Roland Barthes.

Em harmonia com o influxo de mitologias estrangeiras na Europa de fins do século XVIII, a exploração recuperou também antigos artefatos egípcios e babilônicos que em pouco tempo possibilitaram a decifração de hieróglifos e textos cuneiformes. Surgiu uma nova biblioteca de antiguidades do Oriente Próximo e estudiosos descobriram semelhanças desconfortantes entre os contos dessas religiões pagãs com os textos sagrados judaico-cristãos. Até esse momento, o mundo acadêmico se opunha a qualquer comparação que pudesse comprometer a posição privilegiada desses textos sancionados, mas o mundo acadêmico alemão em particular, deu um passo à frente na aplicação de sua alta crítica. Na esteira da contestada distinção feita por Johan Salomo Semler (1725-1791), entre dogma (teologia ou os ensinos da Igreja) e religião (experiência histórica), J. G. Eichhorn (1752-1827) chamou a atenção para semelhanças entre as histórias da criação e do dilúvio e a narrativa bíblica, usando pela primeira vez a palavra "mito" para descrevê-las. Essas histórias não foram registros de acontecimentos reais, mas as expressões de uma consciência religiosa e pré-científica. Embora "mito" tenha se tornado um dos termos mais controvertidos da alta crítica, o mundo acadêmico bíblico continuou usando o estudo comparativo da mitologia como meio de elucidar sua compreensão da história bíblica. Em parte alguma isso esteve mais em evidência do que na obra de David Friedrich Strauss (1808-1874), cuja demonstração do mito cristão primitivo em Das Leben Jesu gerou uma nova era de conhecimento focado sobre o assunto da mitologia e da história cristã. Apesar de muitas tentativas para definir com precisão ou até mesmo apagar a proximidade do mitológico do evangelho cristão, não havia tranquilidade em transmitir isso a outras pessoas; tornou-se evidente que a percepção do cristianismo compartilhada com o resto do mundo mediterrâneo do século I era uma percepção presa ao mitológico. Esforços então focados sobre o ato de interpretação como meio de abordar a verdade da qualidade mítica do cristianismo, culminando no início do século XX com a introdução da demitologia do alemão Rudolf Bultmann, erudito do NT. Essas análises procuram não eliminar o mitológico, mas reformular sua mensagem na linguagem do existencialismo de Martin Heidegger (1889-1976), procedimento hermenêutico segundo o qual o conteúdo essencial (Sache) da proclamação cristã primitiva (*kḗrygma*) era abstraído de seu elemento mitológico e revestido com a linguagem de sensibilidades pós-iluminismo, preservando através disso a essência do evangelho cristão.

Embora estudos subsequentes não tenham avançado de maneira acentuada a nossa compreensão do relacionamento entre a literatura judaico-cristã e a linguagem do mito, há renovados esforços para reavaliar a estreita compreensão da demitologia do mito, e de abordar o assunto das origens cristãs à vista das observações culturais antropológicas contemporâneas e das teorias da linguagem e da literatura pós-modernista.

Bibliografia. R. Bultmann, *Jesus Christ and Mythology* (New York, 1958); M. Detienne, *The Creation of Mythology* (Chicago, 1986); M. Eliade, *Myth and Reality* (New York, 1963); T. Gaster, *Myth, Legend and Custom in the Old Testament* (1969, repr. Gloucester, 1981); G. S. Kirk, *Myth: Its Meaning and Function in Ancient and Other Cultures* (Berkeley, 1970); I. Strenski, *Four Theories of Myth in Twentieth-Century History: Cassirer, Eliade, Lévi-Strauss and Malinowski* (Iowa City, 1987); J. P. Vernant, *Myth and Society in Ancient Greece* (New York, 1990). [MICHAEL L. HUMPHRIES]

MITRA O deus Mitra tem um passado complexo que remonta à antiga Índia, onde era o deus da verdade e da luz. Ele também se tornou muito popular na Pérsia, onde novamente foi associado à verdade e aos contratos entre as pessoas. Durante o período helenístico, existe evidência de um culto a Mitra em Comagene, no sul da Turquia. Aqui, Mitra é identificado com o sol, e a astrologia é usada na construção do que o culto entendia ser suas dimensões cósmicas.

Não está claro como a religião de mistério de Mitra surgiu em Roma no fim do século I d.C. Alguns argumentam que o culto se desenvolveu gradualmente da adoração persa a Mitra, enquanto outros atribuem a invenção do culto a um indivíduo ou a um grupo de pessoas familiarizadas com a religião persa. De fato, existem semelhanças entre o culto persa de Mitra e a religião de mistério, mas existem também diferenças muito grandes. A iconografia da religião de mistério, por exemplo, está impregnada de imagens greco-romanas astrológicas e astronômicas.

Como o culto era fechado e particular, existe pouca evidência literária descrevendo como funcionava. Existem, entretanto, inúmeros monumentos a Mitra, incluindo cavernas nas quais os participantes do culto adoravam o deus deles. Essas cavernas (*Mithraea*) podem ser encontradas em Roma e por todo o império pelo fato de o culto ser muito popular entre os soldados, escravos e homens livres. Somente os homens podiam participar do culto, e a iconografia mostra que, uma vez iniciado nos mistérios, o homem podia ascender gradualmente os degraus de uma escada simbólica. As cerimônias de iniciação e ascensão estavam também ligadas a preocupações sobre a vida após a morte.

Com o triunfo do cristianismo, o culto de Mitra desapareceu. Foram descobertas algumas *mithraea*, entretanto, frequentemente debaixo de igrejas construídas sobre elas. [ALICIA BATTEN]

MITREDATE (heb. *miṯrĕḏāṯ*) (tb. MITRIDATES) **1.** O tesoureiro do rei Ciro da Pérsia que entregou a Sesbazar os tesouros do templo (Ed 1:8; 1Esd 2.11, "Mitridates").

2. Um dos três oficiais persas que escreveu ao rei Artaxerxes I opondo-se à reconstrução de Jerusalém (Ed 4:7; 1Esd 2.16, "Mitridates").

MIXNÁ (heb. *mišnâ*) (tb. MISHNA) Uma das mais primitivas coleções de tradições rabínicas orais compiladas e, provavelmente, a mais influente. Redigida por R. Yehuda Há-nasi por volta do ano 200 d.C., ela se diferencia de outras coleções primitivas, conhecidas como midraxim, por sua organização. Enquanto Mekilta, Torat Kohanim e outros tais midraxim organizam seu material para seguir a ordem dos textos do Pentateuco, os ensinos do mishná são simplificados num esboço tópico de seis grandes divisões (*sedarim*, "ordens") que se dividem em tópicos (*masektot*, "tratados"). Os tratados são subdivididos em capítulos, que por sua vez são compostos de vários mishnayot, "ensinos", individuais, a menor unidade. Assim, a primeira ordem *Zera‹im*, "sementes", as leis agrícolas, contém tratados como Pe'a, que trata da exigência para deixar os cantos não cortados para os pobres, e Sebi'it, que trata das leis do Ano Sabático, quando então a agricultura era proibida. Semelhantemente, a segunda ordem, *Mo‹ed*, "tempos festivos", contém os tratados Sabbat e Ros Hassana, bem como outros tratados relativos a leis especiais dos feriados individuais; a terceira ordem, *Našim*, "mulheres", que trata das leis do casamento e do divórcio, contém o tratado Qiddusin, "noivados"; e assim com as últimas três ordens que tratam, pela ordem, do código civil criminal (*Neziqin*), as leis de sacrifícios (*Qodašin*), e as leis da pureza (*Ṭoharoth*). Dentro deste esquema, o mixná abrange toda a gama da lei judaica.

O mixná é conciso, normalmente citando somente decisões aceitas e divergências importantes, ambas de forma resumida. Sua linguagem é semelhante, embora distinta do hebraico bíblico e é usado com mais exatidão técnica. Como seu objetivo foi preservar e aprimorar a tradição oral, e não a suplantar, ele assume uma familiaridade com os ensinos que condensa; daí os dois sentidos do nome Mixná, "ensino" e "resumo".

Bibliografia. A. Steinsaltz, *The Essential Talmud* (1976, repr. Northvale, N.J., 1992); P. Blackman, *Mishnayot*, 7 vols. (London, 1951-56). [SHMUEL KLATZKIN]

MIZÁ (heb. *mizzâ*) O quarto filho de Reuel (2) e Basemate, neto de Esaú; chefe ou ancestral de um clã edumeu (Gn 36:13, 17; 1Cr 1:37).

MIZAR (heb. *miṣ'ār*) A "pequena montanha" de Salmo 42:6(TM 7). Mizar pode ser uma referência a um dos contrafortes do monte Hermom, ou possivelmente o mais baixo dos três picos do próprio monte Hermom. O termo pode ser uma velada referência ao monte Sião, em contraste com o monte Hermom, a alta montanha. Outra possibilidade é traduzir "as montanhas à margem", referência ao submundo cananeu, atribuindo o abatimento da alma do salmista à proximidade da morte. [THOMAS W. DAVIS]

MIZPÁ (heb. *miṣpâ*), **MIZPE** (*miṣpeh*) **1.** Mizpá de Gileade. Nome dado por Jacó como sinal de seu pacto com Labão (Gn 31:49). A chamada bênção de Mizpá pede que Yahweh supervisione a obediência das partes às estipulações do contrato. Tempos depois, as tropas de Israel reuniram-se aqui em preparação para a guerra contra Amom (Jz 10:17), recrutando Jefté para chefiar o esforço de guerra (11:11, 29, 34).

2. A "terra" (Js 11:3) ou "vale de Mizpá" (v. 8), uma área ao norte do mar da Galileia (Quinerete) perto do monte Hermom. A área foi habitada pelos heveus, e aqui o rei Jabim de Hazor fugiu de Josué.

3. Mizpe de Judá (Js 15:38), uma cidade do Sefelá.

4. Mizpe de Moabe. Neste local, Davi encontrou-se com o rei de Moabe durante sua fuga de Saul e pediu refúgio a seus pais (1Sm 22:3). A localização da cidade é incerta, embora alguns a identifiquem com Rujm el-Mesrefeh, importante elevação a sudoeste de Medeba. [JOHN T. STRONG]

5. Mizpá de Benjamim (Js 18:26). Ali os israelitas passaram o exército em revista para vingar o estupro e assassinato da concubina do levita (Jz 20:1,3; 21:1,5,8). Posteriormente, eles se reuniram ali sob Samuel e derrotaram os filisteus em batalha (1Sm 7:5-11). Samuel dirigiu atos de culto em

Mizpá, incluindo a queima de ofertas (1Sm 7:6, 9). Lá selecionou e ungiu Saul como rei (1Sm 10:17-25) e, com Betel e Gilgal, ela ficava no circuito anual de suas viagens para julgar Israel (7:16). O rei Asa de Judá fortificou Mizpá e Geba de Benjamim no início do século IX depois que a tentativa de intrusão do rei israelita Baasa na fronteira norte de Judá foi abortada (1Rs 15:22 = 2Cr 16:6). Após a destruição de Jerusalém por Nabucodonosor em 586, Mizpá serviu como capital da província babilônica de Judá sob Gedalías (2Rs 25:23-25; Jr 40:6-41:16). Ela foi ainda um importante centro administrativo após o retorno dos exilados da Babilônia (Ne 3:7, 15, 19). Mizpá é mencionada pela última vez como ponto de reunião para os asmoneus quando se prepararam para combater um exército selêucida (1Mac 3.46).

6. Mizpá pode quase com certeza ser identificada com a moderna Tell en-Nasbeh (1706.1436), 12 km a noroeste de Jerusalém. A única outra possível candidata, Nebi Samwil, não produziu restos arqueológicos que se adaptem a uma identificação com Mizpá.

Tell en-Nasbeh foi escavada por W. F. Badè entre 1926 e 1935. Ele limpou aproximadamente dois terços do sítio arqueológico de 260 x 230 m (3,25 há), tornando-o o monte arqueológico mais amplamente escavado de Israel. Uma caverna contém restos do período Calcolítico (4500-3300). Restos funerais mais abrangentes em cavernas e pequenas quantidades de cacos no monte arqueológico do período da Idade do Bronze Primitivo I (estrato V, 3300-3000 a.C.) indicam um assentamento modesto naquela época.

Exemplos de panelas de cozinhar, vasos com colares e artigos bicolores filisteus, típicos da Idade do Ferro I (estrato IV, 1200-1000), indicam a presença de um assentamento naquela época. Entretanto, os únicos elementos arquitetônicos que sobreviveram àquele período são grande quantidade de silos, cisternas e prensas de lagar entalhados na rocha.

É grande a quantidade de restos da Idade do Ferro II (estrato III, 1000-586). A cidade foi preparada para seguir as inclinações naturais da colina onde foi construída; as estradas estreitas que seguem o desenho oval da colina. As casas são estruturas tipicamente pequenas de três ou quatro aposentos com paredes compartilhadas. As defesas iniciais da cidade foram formadas unindo-se os amplos aposentos dos fundos das casas no perímetro externo do sítio formando um sistema idêntico ao de uma casamata. O sólido muro com saliências e reentrâncias [construído por] Asa (não menos que 4,5 m de espessura) e o complexo portão de entrada e saída confinava por completo a cidade primitiva. Um selo pertencente a "Já'azaniah, servo do rei" foi encontrado em uma das tumbas e provavelmente pertence ao homem do mesmo nome mencionado como um oficial real em 2Reis 25:23; Jeremias 40:8. Esse assentamento foi nivelado por volta de 586, para dar espaço da construção de edifícios do estrato seguinte.

Restos dos períodos babilônio ao persa (estrato II, 586-400) consistem de casas grandes, de quatro aposentos e bem construídas e até estruturas administrativas maiores. O muro de Asa continuou em uso, mas somente o portão externo ainda funcionava. Caixões de cerâmica em forma de bacia de banho ao estilo mesopotâmico e um fragmento de uma argola de bronze com dedicatória em escrita cuneiforme são exemplos da influência babilônica no sítio arqueológico. É desconhecida a razão para a destruição da cidade por volta do ano 400.

Restos dos períodos helenístico adentrando ao romano (estrato) são fragmentários, mas os restos de três fornalhas e duas prensas de lagar sugerem que o aterro não foi nada mais que uma propriedade agrícola. O monte arqueológico não foi ocupado no período bizantino ou posteriores, embora uma igreja e tumbas tenham sido encontradas nos arredores.

O material arqueológico de Tell en-Nasbeh é perfeitamente compatível com a documentação histórica relativa a Mizpá e fornece dados importantes sobre o planejamento da antiga cidade. Tell en-Nasbeh fornece o único material exato que resta do antigo Israel pertencente ao período babilônico.

Bibliografia. T. L. McClellan, "Town Planning at Tell en-Nasbeh", *ZDPV* 100 (1984): 53-69; C. C. McCown e J. C. Wampler, *Tell en-Nasbeh*, 2 vols. (New Haven, 1947); J. R. Zorn, *Tell en Nasbeh: A Reevaluation of the Architecture and Stratigraphy of the Early Bronze Age, Iron Age and Later Periods*, 4 vols. (diss., Berkeley, 1993). [JEFFREY R. ZORN]

MIZRAIM (heb. *miṣrayim*) Palavra hebraica para Egito (cf. Egyp. Msrym), representado na Tabela das Nações como descendente de Cam (Gn 10:6, 13; 1Cr 1:8, 11; NRSV "Egito").

MNÁSON (gr. *Mnásōn*) Cristão originário de Chipre em cuja casa em Jerusalém Paulo se hospedou durante sua estada final na cidade (At 21:16). A descrição de Mnáson de um "discípulo antigo" pode significar que ele foi um membro fundador da igreja em Jerusalém.

MOABE (heb. *mô'āḇ*) Pequeno reino da Idade do Ferro, localizado na Transjordânia, fazendo fronteira com os amonitas, ao norte, e os edumeus, ao sul. De acordo com o AT, cada um desses povos antigos teve frequente contato com os hebreus durante um longo período da história bíblica, e quase todos foram em guerra uns contra os outros. Não há informação específica sobre as origens desses estados transjordanianos, mas os antecedentes mais importantes de Amom, Moabe e Edom foram os ocupantes da Idade do Bronze que viveram num pequeno número de cidades do planalto da Transjordânia. Os estados da Idade do Ferro evoluíram de grupos primitivos regionais, menos organizados, à medida que cada um dos povos transjordanianos entraram em contato regular e absorveram os traços culturais de seus vizinhos. Os amonitas, moabitas e edumeus falavam línguas semíticas próximas e compartilhavam certos aspectos de cultura material, mas havia muitas diferenças que fazia cada grupo cuidar de suas identidades política, econômica e religiosa. Tais identidades separadas estão refletidas na evidência arqueológica e literária, e os estudiosos ainda estão tentando catalogar o inventário da cultura material de cada região.

No auge do seu poder, Moabe incluía uma área que media cerca de 88 km de norte a sul, e cerca de 32km de leste a oeste. O território moabita ficava localizado no planalto imediatamente a leste do mar Morto, e a borda da escarpa ergue-se até 1395m acima do nível do vale do Jordão. O controle moabita, às vezes, se estendeu até o norte do uádi Mujib (a bíblica Arnom), além de Dibom (moderna Dhiban) até a região de Hesbom (*Hisban*). Evidência cerâmica, a Bíblia e inscrições (incluindo a inscrição de Mesa ou Pedra Moabita) confirmam a extensão do que pode ser chamado de "Grande Moabe". Em períodos mais fracos, entretanto, os moabitas controlaram somente sua área central, não disputada, entre o úadi Mujib e o úadi el-Hesa (*Zerede*), território que se estendia cerca de 48 km de norte a sul. Para todos os efeitos práticos, Moabe foi aquela estreita faixa de terra cultivável que se estendia menos de 32km da beira do planalto, no oeste, até a "orla do deserto", no leste, além do que viviam tribos nômades.

A paisagem moabita era suavemente ondulada, o planalto esparsamente coberto de árvores (heb. *mîšôr*), às vezes chamado de "planalto de Medeba", era dividido em pequenos segmentos por extensos sistemas de riachos — ou ravinas — que drenavam as chuvas de inverno da região. O Grande Vale da Fenda (incluindo o rio Jordão e o mar Morto), que separava Moabe de Judá, a oeste, era uma fronteira efetiva, e o deserto da Síria estabelecia o limite da ocupação sedentária na fronteira leste de Moabe. Ao longo do planalto bem irrigado ficava a rota da "Estrada do rei" (cf. Nm 20:17; 21:22). O clima de Moabe é mediterrâneo, mas sua fronteira oriental e o vale do mar Morto são áridos. A maior precipitação anual geralmente vai de 30,5 e 35,5cm no planalto central, mas esta marca cai rapidamente tanto no leste como no oeste. Apesar do isolamento topográfico de Moabe e do meio ambiente relativamente seco, os moabitas conseguiam sustentar-se com agricultura sem irrigação, atividades pastoris (cf. 2Rs 3:4-5) e comércio de mercadorias com seus vizinhos.

De acordo com a Bíblia, Moabe, o ancestral epônimo dos moabitas, foi o filho de Ló (Gn 19:37), mas a evidência de ocupação humana na região remonta ao período paleolítico. Deuteronômio 2:10-11 cita os emins como gigantes, ocupantes pré-moabitas dessa terra. Centenas de sítios arqueológicos refletem a história de um estabelecimento relativamente contínuo até o presente, embora a intensidade da ocupação sedentária tenha flutuado dramaticamente de período a período. O terceiro milênio é bem representado no registro arqueológico (e no vale do mar Morto em locais como Bab edh-Dhra' e Numeira), mas houve um declínio na vida estabelecida durante grande parte da Idade do Bronze Médio e Bronze Recente, de cerca de 1900 a 1300. Não há explicação clara para esse padrão, mas o número de locais permanentes aumentou de forma constante desde o começo do Bronze Recente até o fim da Idade do Ferro. A natureza esparsa da ocupação de Moabe na Idade do Bronze entrou em discussão no que se refere à data do Êxodo dos hebreus e da Conquista.

A Bíblia registra uma interação regular — com frequência hostil — entre Moabe e os israelitas, desde o tempo de Moisés (Nm 21-24; Jz 3:12-30; 11:26) e Rute entrando no período persa (Ed 9:1; Ne 13:1, 23). A maior parte desses contatos foram hostis, desde a migração hebraica até o reinado de Saul, Davi (1Sm 14:47; 2Sm 8:2) e a dinastia omrida (cf. 2Rs 3). Salomão teve mulheres moabitas em seu harém e construiu um santuário para Quemós, sua principal divindade (1Rs 11:1,7,33). Além da Bíblia, a mais importante evidência literária relativa aos moabitas é a inscrição de Messa, monumento de basalto descoberto em Dhiban em 1868. Esse texto moabita de 34 linhas data de cerca do ano 930 e relata a vitória do rei Messa sobre os israelitas, opressores de Moabe (cf. 2Rs 3). Outra estela memorial incompleta, encontrada em Kerak em 1958, menciona Chemoshyat(ti), que também reinou em Dibom e foi provavelmente o pai de Messa.

Durante os séculos VIII e VII, do tempo de Tiglate-Pileser III até o reinado de Assurbanípal, os moabitas serviram como estado vassalo dos assírios. Com base em textos neoassírios, ficamos sabendo os nomes de mais quatro reis moabitas (Shalamanu, Kamoshnadab, Masuri e Kamosh'asa), mas não é possível formar uma cronologia exata. Os profetas hebreus denunciaram com frequência os moabitas (Is 15-16; Jr 9:25, 26; 48:1-47; Am 2:1-3; Sf 2:8-11) que

— de acordo com Josefo — foram conquistados pelos babilônios em 582. O estado moabita desapareceu para sempre e seu povo foi absorvido no longo período da história durante os períodos persa, clássico e islâmico. Durante os períodos romano e bizantino, as cidades e vilarejos de Moabe floresceram, e os árabes nabateus (normalmente associados a Petra e a região sulina da Edumeia) estiveram bem representados no antigo território moabita.

Como se observou, a evidência arqueológica de Moabe reflete um povo cuja cultura material compartilhou muitas características com regiões circundantes. De fato, há evidência de comércio e influência mútua na região. A arquitetura moabita recentemente escavada — em locais como Khirbet al-Mudayna no úadi eth-Themed, Khirbet al-Mudayna 'Aliya e Mudaybi' — inclui elementos conhecidos em outra parte no Levante (p. ex., edifícios sustentados por pilares, portões com câmaras múltiplas, capitéis protoiônicos). Entretanto, algumas formas de cerâmica e técnicas de decoração (pintura em faixa) são características da região.

Duas importantes esculturas em basalto foram encontradas neste território — a estela Balu' e a estela Guerreiro Shihan; elas datam da transição da Idade do Bronze Recente II à Idade do Ferro I e do século VIII, respectivamente. Esses monumentos artísticos refletem os contatos internacionais de Moabe na pintura de figuras humanas no estilo egípcio e a figura de um guerreiro entalhada ao estilo norte sírio.

A religião moabita era politeísta, mas o deus Quemós era quase certamente visto como deus nacional. De acordo com Números 21:29; Jeremias 48:46, os moabitas eram vistos como o "povo de Quemós"; a aparição do nome dessa divindade em nomes de pessoas é outra indicação de sua significância. Números 22-24 mostra o costume dos moabitas de adivinhadores, e um sacerdócio moabita foi mencionado por Jeremias (Jr 48:7). A existência de santuários moabitas é aceito como verdadeiro na inscrição de Messa, que faz referência a um altar para Quemós em Qarhoh (provavelmente parte da antiga Dibom), e no AT (1Rs 11:7,8; 2Rs 23:13). As linhas 12-13 da inscrição de Messa trata da exigência de Quemós de que seus inimigos fossem mortos em sua honra; essa linguagem é virtualmente idêntica à noção hebraica de guerra sagrada, com frequência ordenada por Yahweh (Dt 7:2; 20:16,17; Js 6:17-19,21; 1Sm 15:3,13).

A pesquisa arqueológica na região aumentou intensamente nas últimas décadas, e muita luz foi lançada sobre a história e a cultura moabita. Passos mais importantes na exploração e na pesquisa acadêmica foram dados por Ulrich Seetzen (1806), Ludwidg Burckhardt (1812), Henry Baker Tristam (1872), Rudolf Brünnow e Alfred von Domaszewski (1890s) e Alois Musil (1896-1902). O moderno trabalho arqueológico foi iniciado por William F. Albright (1924 e 1933), Reginald Head (1930), John W. Crowfoot (1933) e Nelson Glueck (começando em 1933). Glueck, em particular, serve como fundamento para pesquisas mais recentes (p. ex., o trabalho de J. Maxwell Miller, Jack M. Pinkerton e S. Thomas Parker) e escavações arqueológicas.Escavações importantes foram feitas recentemente em Dhiban, 'Ara'ir, Khirbet Mudaynah al-Mu'rrajeh, Khirbet Faris e Lejjûn. A escavação continua em Tell Hesban, Madaba/Medeba, Tell Jalûl, Khirbet Iskander, Khirbet al-Mudayna no úadi eth-Themed, Lehun, Khirbet a-Balu', Khirbet al-Mudayna 'Aliya e Mudaybi'. O antigo sítio arqueológico de Mefaate (Js 21:37; 1Cr 6:79 [TM 64]; Jr 48:21), que ficava localizado em território moabita, foi identificado com a moderna Umm er-Resas por meio de uma inscrição num mosaico de uma igreja do século VII. Muitas perguntas importantes permanecem sem resposta, mas a antiga Moabe não é mais terra incógnita.

Bibliografia. "The Archaeology of Moab", *BA* 60 (1997): 194-248 [seis artigos]; P. Bienkowski, ed., *Early Edom and Moab* (Sheffield, 1992); J. A. Dearman, ed., *Studies in the Mesha Inscription and Moab*. SBLABS 2 (Atlanta, 1989); G. L. Mattingly, "Moabites", in *Peoples of the Old Testament World*, ed. A. J. Hoerth, Mattingly e E. M. Yamauchi (Grand Rapids, 1994), 317-33; J. M. Miller, ed., *Archaeological Survey of the Kerak Plateau*. ASOR Archaeological Reports 1 (Atlanta, 1991). [GERALD MATTINGLY]

MOADIAS (heb. *mô'aḏyâ*) Ancestral de uma família de sacerdotes do tempo do sumo sacerdote Joiaquim (Ne 12:17). O nome pode estar relacionado a Maadias.

MODEIN (gr. *Modein*) Pequeno vilarejo, moderna Ras Medieh cerca de 29km a noroeste de Jerusalém, lar ancestral dos asmoneus e local da revolução macabeia em 167 a.C. O idoso sacerdote Matatias recusou-se sacrificar uma porca a Zeus de acordo com a ordem de Antíoco IV Epifânio e matou outro sacerdote que ia fazê-lo, com o mensageiro do rei (1Mac 2.15-27). As tumbas da família asmoniana estavam em Modein (1Mac 2.70; 9.19; 13.25-30). [JOE E. LUNCEFORD]

MOFO Geada que empalidece a cor das plantas e as torna infrutíferas, talvez devido a fungo ou ao vento quente oriental. O hebraico *yērāqôn* pode também indicar tanto a palidez da face humana ou uma doentia palidez das plantas. O mofo ocorre em listas de pragas (com vento muito quente, granizo, escassez, febre, espada e geada) que eram entendidas como punições que Deus mandava sobre seu povo pela desobediência deles (Dt 28:22; Am 4:9; Ag 2:17). Salomão suplica que, quando o mofo ou quaisquer outras pragas ocorrerem, Deus ouça as orações do seu povo, perdoe seus pecados e os livre (1Rs 8:37 = 2Cr 6:28). [JOE E. LUNCEFORD]

MOINHO Dispositivo usado para moer grão (Is 47:2) ou outros alimentos (Nm 11:7-8). O moinho compunha-se de duas pedras entalhadas sendo uma inferior, fixa e outra, superior, móvel (cf. Jz 9:53). A pedra superior podia variar de 0,9–1,4 kg a 4,5 kg. O moleiro colocava grão sobre a pedra inferior e friccionava a pedra superior contra a inferior. Depois, uma manivela era usada para mover a pedra superior num movimento circular. Em relação aos moinhos maiores, as manivelas se tornaram num travessão ao qual um asno era arreado; o animal andava em círculo em torno da pedra inferior.

O moinho era uma peça tão essencial da vida que os israelitas eram probidos de tomá-lo como garantia de um empréstimo (Dt 24:6), e a ausência do ruído de moinhos triturando significava que uma catástrofe tinha acontecido sobre a comunidade (Jr 25:10; Ap 18:22; Mt 24:41); os prisioneiros podiam também ser atrelados ao trabalho em moinhos (Jz 16:21).

Referindo-se a uma pedra de moinho como uma âncora, Jesus sugere que alguém que fizesse outra pessoa pecar, seria melhor amarrar uma grande pedra de moinho ao pescoço e ser lançado ao mar (Mt 18:6 par.; cf. Ap 18:21).

Bibliografia. J. G. Landels, *Engineering in the Ancient World* (Berkeley, 1978); M. Schwartz, *Machines, Buildings, Weaponry of Biblical Times* (Old Tappan, N.J., 1990). [PERRY HANCOCK/JENNIE R. EBELING]

MOISÉS (heb. *mōšeh*) Libertador e legislador israelita.

RELATO BÍBLICO. Moisés nasceu de pais levitas após o faraó decretar a morte de todos os meninos hebreus recém-nascidos. Ao invés de afogar Moisés, sua mãe o coloca num lugar raso do Nilo, onde ele é descoberto pela filha do faraó e de onde é retirado por sua serva. A princesa educa Moisés como seu próprio filho, empregando sua mãe natural como ama de leite (Êx 1:22-2:10). A filha do faraó dá-lhe o nome de *moseh*, "Porque eu o tirei das águas". De modo geral, o incidente prevê futuros eventos: como o faraó determina afogar os meninos indefesos de Israel no Nilo, recoberto por vegetação típica de suas margens, de onde Moisés é regatado, para que Yahweh e Moisés venham a salvar Israel do Egito no mar Vermelho, onde perecem os valentes do Egito. A filha do faraó, embora personagem de menor importância, dessa forma, simboliza Deus; sua serva corresponde a Moisés. Até mesmo o nome de Moisés, se entendido como hebraico, significaria, não "resgatado da água", mas "resgatador da água", prenunciando o papel de Moisés na libertação de Israel (cf., Is 63:11).

No início de sua idade adulta, Moisés, até então traidor inconsciente de sua classe e família, começa a explorar a vida fora do palácio. Deparando-se com uma briga entre um egípcio e um hebreu, ele mata o egípcio e esconde o corpo. Quando depois interrompe uma briga entre dois hebreus, seu homicídio anterior lhe é exposto, e ele sabe que precisa fugir (Êx 2:11-15). Esses importantes incidentes prenunciam, também, o destino de Moisés, de resgatar Israel do Egito, estabelecer justiça e, mesmo assim, ser rejeitado por seu próprio povo. Tais choques demonstram o instinto de Moisés em favor da igualdade e a capacidade de agir com rapidez. Eles ilustram também a futilidade da tentativa de ajudar Israel sem a ajuda divina.

Ao chegar em Midiã, Moisés salva pastoras preparadas para o combate junto a um poço. Elas são filhas do sacerdote local, chamado Reuel ou Jetro, que recebe Moisés e lhe dá sua filha Zípora em casamento. Moisés e Zípora têm dois filhos, Gerson e Eliézer (Êx 2:15-22; 18:1-6. Nesse ponto, alguém poderia pensar que as andanças de Moisés e a história chegaram ao fim. Mas, como se está prestes a descobrir, Moisés ainda é "um peregrino em terra estranha". As palavras resumem toda a sua carreira, já que ele nunca chegará à Terra Prometida.

Algum dia depois, ao pastorear as ovelhas, Moisés tem o encontro com a divindade ancestral de Israel num arbusto em chamas que conversa com ele. Deus lhe revela Seu verdadeiro nome, Yahweh, e reafirma sua antiga promessa de levar Israel para Canaã (Êx 3:14-17). Ao rejeitar suas repetidas objeções, Deus manda Moisés de volta para o Egito para libertar Israel, ajudado por seu irmão Arão e armado com "a vara de Deus". No caminho, Moisés submete-se a um encontro bizarro e hostil com a divindade. Ele quase morre, mas é salvo pelo sangue da circuncisão (Êx 4:24-26). Parece que Moisés passou por um rito de passagem. Ele se desliga de sua juventude e da companhia de mulheres em troca do seu papel de libertador de Israel. Moisés abre mão das ovelhas de Jetro pelo "rebanho" de Deus.

Após comunicar a Palavra de Deus ao povo jubiloso, Moisés enfrenta o faraó. Mas o rei somente torna pior o sofrimento de Israel, semeando dissenção entre o povo, os anciãos e Moisés (Êx 4:29-6:1). Moisés se apavora, mas Deus reitera sua promessa de livrar Israel (Êx 6:2-8). Neste ponto, Moisés está com 80 anos (Êx 7:7).

Deus manda dez pragas contra o Egito (Êx 7:8-11:10). Embora às vezes, hesite, o faraó ainda recusa

A B C D E F G H I J K L **M** N O P Q R S T U V X Y Z

libertar Israel; Yahweh "endureceu seu coração". Finalmente, Deus mata todos os primogênitos do Egito, humanos e animais, poupando apenas Israel, que unta as vergas das portas com o sangue protetor de um cordeiro ou cabrito, a Páscoa (Êx 12:1-28). Então os egípcios insistem que Israel saia e até os cobrem de presentes (Êx 12:29—13:16).

Yahweh conduz Israel, não pela esperada rota litorânea, mas direto para o deserto no sentido do mar Vermelho. Mais uma vez os egípcios decidem perseguir, e prendem Israel contra o mar, mas Yahweh divide as águas para que Israel passe. Quando o Egito vai atrás e Israel está do outro lado em segurança, Yahweh retorna as águas, e o Egito se afoga. Moisés e Míriam conduzem o povo em júbilo (Êx 13:17-15:21).

Moisés conduz Israel pelo deserto, milagrosamente provendo água, codornizes e maná, derrotando os amalequitas e, com a orientação de Jetro, estabelece o judiciário israelita. Durante todo o tempo, o povo se queixa contra Moisés, mas ele é continuamente confirmado por Deus (Êx 15:22—18:27). Finalmente, chegam ao Sinai, onde Israel acampará por onze meses (cf. Nm 10:11). Israel faz um pacto formal com Deus (Êx 19:24). A obrigação pactual de Yahweh é dar a Israel prosperidade em sua própria terra. A obrigação de Israel é adorar somente Yahweh e obedecer a todas as leis morais e rituais de Deus recebidas por Moisés no cume do monte Sinai, que estão detalhadas em Êxodo 20—Números 10.

Na ausência de Moisés, Arão constrói um bezerro de ouro para o povo adorar. Deus propõe eliminar Israel e criar uma nova nação a partir de Moisés, mas este declina da honra e aplaca a divindade. Ao retornar da montanha, Moisés quebra as tábuas da lei e ordena que todos os idólatras sejam mortos. Um novo pacto é feito e Moisés produz novas tábuas ao descer da montanha. Durante a segunda revelação, ele tem uma experiência quase direta de Deus e é de alguma forma, transformado: seu rosto brilha ou queima (Êx 32—34).

Finalmente, depois que é feito um censo, Israel parte do Sinai, levando o tabernáculo ritual que construíram para abrigar a presença de Yahweh (Nm 1—10). Mas as rebeliões deles continua. Frustrado, Moisés reclama mais assistência de Deus, que investe setenta profetas para ajudá-lo. Isso leva seu próprio irmão e sua irmã, Arão e Míriam, a questionar a liderança exclusiva de Moisés (eles ficaram também aborrecidos com seu segundo casamento com uma etíope). Moisés recusa defender-se, mas Yahweh aflige Míriam com lepra temporária (Nm 11—12).

Moisés envia doze espias para reconhecerem Canaã. Quando todos, exceto Calebe e Josué informam que a terra é inexpugnável, o povo novamente deseja voltar para o Egito. Mais uma vez, Moisés dissuade Yahweh de destruir Israel. Mas agora Deus determina que todos, exceto Calebe e Josué, devem morrer no deserto; Israel deverá perambular durante quarenta anos. Punido, o povo tenta entrar na terra sem a aprovação divina, mas é tarde demais (Nm 13—14). Durante este período, Deus revela mais leis religiosas (Nm 15; 18—19; 28—30; 35).

Em algum momento dos quarenta anos, o levita Coré e os rubenitas Datã e Abirão se rebelam contra Moisés e Arão, contestando a reivindicação exclusiva deles ao ofício religioso e culpam sua aparente inabilidade em levar Israel para Canaã. Yahweh mata Coré, Datã e Abirão. Seguindo a ordem de Deus, Arão e os outros líderes tribais colocam suas varas no tabernáculo. A de Arão floresce e produz amêndoas, mostrando que ele é o eleito de Yahweh. Sua vara deve ser mantida como sinal contra futuros desafios à autoridade (Nm 16—17).

Quando Israel novamente se rebela ao exigir água, Yahweh ordena que Moisés tome a vara de Arão e se dirija à rocha, que produziria água. Em vez disso, Moisés fere a rocha. A água jorra, mas o milagre é menos impressionante. Devido sua imperfeita obediência, tanto Moisés como Arão são condenados a morrer no deserto (Nm 20:2-13).

Ao final de quarenta anos, Israel está de volta a (ou permanece em) Cades, preparando-se para entrar na terra. Vários povos lutam contra a passagem de Israel pelo sul e leste de Canaã. Alguns são evitados e outros derrotados. Durante esse tempo, Moisés evita uma praga de serpentes ardentes fixando uma serpente de bronze em um poste (Nm 21:6-9; cf. 2Rs 18:4).

Entre os preparativos finais para a conquista de Canaã estão um novo recenseamento e o delineamento da Terra Prometida (Nm 26:1-27:11; 32:34-36). Moisés nomeia Josué como seu sucessor (27:12-23; Dt 31:14-23). Moisés então sobe ao monte Nebo para comunicar suas despedidas, basicamente o livro de Deuteronômio. Ele recapitula a história recente de Israel e as leis do pacto (Dt 1:5-31:23), predizendo que Deus enviaria outros profetas como ele (18:15-18). Moisés entoa um cântico profético, abençoa as tribos, contempla Canaã à distância e morre com a idade de 120 anos (Dt 32-34) e é enterrado pelo próprio Yahweh (Dt 32:6).

Moisés está entre os mais vívidos e complexos personagens da Bíblia. Isso se deve em parte aos variados relatos de sua vida e os ensinos têm-se misturado. De certa forma, Moisés é idealizado: ele é o ápice da humildade religiosa (Nm 12:3) e atua como profeta, sacerdote e rei. Personagens posteriores podem ser retratadas como Moisés — Josué, Elias, Eliseu, Josias, Jesus — todavia Moisés permanece um fenômeno único, nem tanto por sua grandeza interior, mas pela sua intimidade sem paralelo com Deus (Êx 33-34; Nm 12:6-8; Dt 34:10). Ele é pai do seu povo — e, pode se dizer, também mãe (Cf Nm 11:12), acalmando a ira do Pai de Israel que está no céu. Por duas vezes Moisés abre mão da suprema honra de gerar uma nova nação (Êx 32:10; Nm 14:12) e, em vez disso, é condenado a morrer no deserto pelos pecados do seu povo (Dt 1:37; 3:27; 4:21), enterrado numa sepultura desconhecida e sem visitas (34:6). Moisés é até mesmo descrito como deus por Arão e Faraó (Êx 4:16; 7:1) e, de acordo com uma interpretação, sua face brilha com divino esplendor (34:29-35). Todavia, em todas as fontes Moisés tem um caráter falho. Ao longo de sua carreira sua fé oscila; ele é dado a mudança de humor, tem uma obediência inconsistente a Yahweh e é um líder um tanto relutante.

Moisés raramente aparece na poesia bíblica, que em geral é mais mítica e menos histórica do que as fontes em prosa e, consequentemente, enfatiza mais o papel de Yahweh do que de Moisés em salvar Israel. Mas no judaísmo recente, cresce a importância de Moisés. Toda a Torá foi atribuída à sua autoria, com inumeráveis outros princípios supostamente passados oralmente (m. 'Abot. 1.1). Contos de suas façanhas se revelam em linhas folclóricas (Êxodo Rabbah). Para os judeus helenísticos e pagãos simpáticos, Moisés foi um tipo de rei filósofo (p. ex., Fílon de Alexandria). Para os adversários dos judeus, foi uma pessoa excêntrica e perniciosa (cf. Josefo Contra Apion).

O NT descreve Jesus essencialmente confirmando a lei de Moisés (Mt 5:17-20; Lc 16:16-17), citando uma aparição de Moisés e Elias como validação de Jesus (Mt 17:1-8; Mc 9:2-8; Lc 9:28-36). Moisés, de muitas maneiras, serve como protótipo literário para Jesus (cf. At 7:37). Cada um deles sofre perigos ao nascer, mas é protegido por seus pais (Mt 2). Cada um deles retorna com sua família do exílio depois da morte do opressor (Mt 2:19,20). Cada um deles sai do Egito (Mt 2:13-21). Cada um deles prega numa montanha (Mt 5) ou depois de descer de uma montanha (Lc 6:12-49). Cada um jejua quarenta dias e noites (Mt 4:2; Lc 4:2). Cada um deles alimenta a humanidade com bebida divina (Jo 7:37,38) e comida (Mt 14:13-21; 15:32-39; Mc 6:31-44; 8:1-10; Lc 9:10-17; Jo 6). Até mesmo o padrão de salvação de Moisés, uma serpente num poste, supostamente prevê a ressurreição de Jesus (Jo 3:14). Cada um deles é rejeitado exatamente pelo povo a quem ele trouxe salvação (At 7:27-53). Lucas 9:31 denomina a morte de Jesus de seu *êxodos* (lit., "partida"). Mesmo assim Moisés não é o exato protótipo de Jesus, mas também o seu antítipo. A Lei de Moisés foi suplantada pelo cristianismo, cuja Nova Aliança oferece um relacionamento mais imediato e universal com Deus (Jo 9:28,29; 2Co 3; Gl; Hb 3:2-6). Na ambivalente atitude do NT em relação a Moisés, reconhecemos a ambivalência da Igreja para com as raízes judaicas.

História. Pouco se pode dizer com certeza a respeito do Moisés histórico — nem sequer quando ele viveu. A cronologia bíblica coloca seu nascimento cerca de 1520 a.C. (Êx 7:7; 1Rs 6:1), mas poucos estudiosos críticos endossariam uma data tão antiga. Além disso, a história da vida de Moisés consiste em grande medida de narrativas estereotipadas com muitos similares no mundo da literatura: o bebê abandonado e resgatado; o príncipe que descobre o sofrimento; o exilado que retorna do deserto com a família e uma missão; o profeta relutante. A história de sua interação com Arão e os levitas são projeções no passado de lutas sacerdotais posteriores. Quanto à atividade literária de Moisés, os estudiosos acreditam que virtualmente toda a legislação "mosaica" é séculos mais nova, codificada por volta do ano 400. Toda a Torá, de fato, é composta de vários padrões, escritos talvez entre os séculos X e o V. Por sua ortografia, linguagem e conteúdo, o Pentateuco em sua presente forma não pode ser obra de Moisés.

O que resta? Primeiro: *mōšeh*, é um autêntico nome egípcio que significa "é nascido", forma abreviada para nomes como Tutmés ("*Thot* é nascido"). De fato, vários levitas têm nomes egípcios: Merari, Ofni, Fineias, Pasur e, talvez, outros. Isto corrobora a tradição de que alguns israelitas saíram do Egito.

Que alguns ancestrais israelitas foram escravos que fugiram ou foram expulsos do Egito é bastante plausível. Os egípcios tinham muitos escravos semitas, especialmente no fim do segundo milênio. Desde que o clã de Moisés, Levi, tornar-se-ia uma casta sacerdotal de Israel, e a única tribo sem território, muitos estudiosos presumem que o Êxodo histórico foi uma experiência principalmente dos levitas, que se infiltraram e, pela influência, converteram as tribos já estabelecidas na terra. Outros ancestrais israelitas, talvez a maioria, podem ter sido os verdadeiros cananeus, dominados durante séculos por um império egípcio. Alguns desses foram, provavelmente, descendentes dos hicsos, outrora governadores semitas do Egito desde cerca de 1800, expulsos por volta do ano 1500. Se a data tradicional do nascimento de Moisés é talvez correta, ele deve de fato ter sido um hicso expulso.

A maioria dos estudiosos, entretanto, colocaria Moisés e Êxodo "real" no século XIII, no reinado de Ramesés II. O autorretrato de Ramesés como grande instigador de guerra se ajusta bem à descrição bíblica. Além disso, seu nome aparece duas vezes na tradição, embora não como nome de pessoa (Gn 47:11; Êx 1:11). De fato, Israel aparece pela primeira vez, como povo tribal estabelecido em Canaã, numa inscrição do sucessor de Ramessés, Merneptá, por volta do ano 1220. Exatamente nessa época, informa-nos a arqueologia, as terras altas de Canaã viram rápido crescimento da população. Em resumo, embora a tradição da expulsão/libertação possa combinar diferentes processos históricos exalando mais de três séculos, os eventos aos quais a tradição associa Moisés pertencem principalmente ao século XIII.

Muitos estudiosos têm observado que, mesmo que não houvesse nenhuma tradição de um Moisés, teríamos de assumir de qualquer jeito a sua existência. A religião israelita em relação ao antigo Oriente Próximo parece uma inovação, não um resultado natural. Assim como houve Maomé, Paulo, Jesus, Zoroastro e Buda, da mesma forma deve ter havido um Moisés. Mas devido nossas tradições escritas serem muito mais recentes, é impossível distinguir seus ensinos dos de seus seguidores.

Então nada é mosaico? O Cântico do Mar retrata arcaísmos linguísticos e de estilo e é concebível ser de [autoria de] Moisés (Êx 15:1b-18). Muitos suspeitam que os Dez Mandamentos derivem de um protótipo mosaico (Êx 20:2-17; Dt 5:6-21). Talvez, também, devêssemos creditar a Moisés os dois ensinos mais característicos da religião israelita: a aliança com Deus e o monoteísmo anicônico. A aliança israelita, agora sabemos, tem seu modelo nos tratados do antigo Oriente Próximo entre vassalos e suseranos. Uma das cláusulas importantes de tais tratados é a lealdade exclusiva a um único governante — Yahweh, no caso de Israel.

Se Moisés inventou o monoteísmo israelita, certamente ele contou com a doutrina do faraó Aquenáton (reinou de 1377-1361?), que rompeu com a tradição egípcia ao adorar somente o sol, sem imagens. Assim como o sol ama exclusivamente seu filho Aquenáton, Yahweh também ama seu "filho" comprometido, Israel. A ideia de uma conexão entre Aquenáton e Moisés é com frequência rejeitada como inconcebível, mas os dois monoteísmos anicônicos terem surgido independentemente do Egito é ainda mais plausível. A reconhecida dependência do Salmo 104 do "Hino ao Sol", de Aquenáton, é prova suficiente para provar a resistência da peculiar teologia do faraó.

Quanto ao fato de como Moisés teria se deparado com o ensino de Aquenáton, o relato bíblico de que ele foi criado como egípcio não é tão romântico quanto parece. Embora seguindo de perto protótipos folclóricos, a história do nascimento de Moisés inverte um tema fundamental: ele é um plebeu criado na corte, não um príncipe criado na obscuridade. Isso pode indicar um núcleo histórico. Sabemos que filhos de líderes semitas foram criados nos palácios dos faraós do Novo Império, da melhor forma para garantir a lealdade de seus pais, bem como a lealdade de seus filhos (cf. 1Rs 11:18-20).

Além da influência de Aquenáton, há também a evidência de Yahweh ter sido adorado como um deus — não necessariamente como o único Deus — na vizinha Midiã, no século XIV. Também, os conceitos israelitas de divindade devem muito a Canaã. Em resumo, Moisés foi, sem dúvida, um revolucionário religioso, mas sua realização foi, no máximo, uma síntese de ideias preexistentes.

Bibliografia. F. M. Cross, *Canaanite Myth and Hebrew Epic* (Cambridge, Mass., 1973); R. E. Friedman, *Who Wrote the Bible?* (New York, 1987); B. Halpern, "The Exodus and the Israelite Historians", *ErIsr* 24 (1993): 89*-96*; W. A. Meeks, "Moses in the NT", *IDBSup* 605-7 (Nashville, 1976); W. H. C. Propp, *Exodus 1-18*. AB 2 (New York, 1999); D. B. Redford, *Egypt, Canaan, and Israel in Ancient Times* (Princeton, 1992). [WILLIAM H. C. PROPP]

MOISÉS, TESTAMENTO DE Profecia de Moisés preservada num único e incompleto manuscrito do século VI d.C., traduzido de um texto grego, este provavelmente traduzido de um original hebraico. Antigas listas de livros apócrifos registram tanto o Testamento de Moisés como a Assunção de Moisés. Não está claro se são duas obras distintas ou uma composição única. Devido o Testamento de Moisés não ter o final original, é impossível [afirmar] que tenha contido a Assunção de Moisés ou algum outro relato da morte dele.

Os 12 capítulos existentes do Testamento de Moisés contêm a exortação final de Moisés ao seu sucessor, Josué. O livro reescreve vagamente Deuteronômio 31-34 e segue o padrão básico deuteronomístico de pecado e punição. No cap. 1, Moisés trata de sua morte iminente e nomeia Josué como seu sucessor. No cap. 2, Moisés prevê a Conquista, o período dos juízes e a monarquia dividida. O cap. 3 prevê a queda de Jerusalém a Babilônia e vê o Exílio como punição pelo pecado. No cap. 4, Moisés profetiza o retorno do cativeiro e a reconstrução de Jerusalém. Dos caps. 5—7, Moisés prevê a idolatria judaica durante o período helenístico, a degeneração dos asmoneus e a ascensão de Herodes, o Grande, além da campanha de Varo no ano 4 a.C. O cap. 8 relata a perseguição anterior sob Antíoco

IV Epifânio. No cap. 9, o levita Taxo e seus sete filhos decidem morrer para não descumprirem as leis. O cap. 10 é um hino apocalíptico que profetiza a vinda do reino de Deus. A obra se encerra com um diálogo entre Josué e Moisés, no qual este promete a Josué que Deus manterá a aliança. O texto então se interrompe no meio de uma frase.

A data e o autor do Testamento de Moisés são assuntos de debate. Alguns estudiosos argumentam tratar-se de uma composição do século I d.C., enquanto outros propõem uma data nas primeiras fases da Revolta dos Macabeus (168-165 a.C.), com posteriores interpolações pós-herodianas (4 a.C. — 30 d.C.). O autor desconhecido do Testamento de Moisés tem sido identificado de modo variado como um hassidim do período macabeu, um fariseu, um essênio ou membro piedoso de uma seita jucaica desconhecida.

Bibliografia. J. Licht, "Taxo, or the Apocalyptic Doctrine of Vengeance", *JJS* 12 (1961): 95-103; G. W. E. Nickelsburg, ed., *Studies on the Testament of Moses* (Cambridge, Mass., 1973); J. Tromp, *The Assumption of Moses*. SVTP 10 (Leiden, 1993). [KENNETH ATKINSON]

MOLADA (heb. *môlāḏâ*) Lugar ou cidade no Neguebe, perto de Berseba, primeiramente designado a Judá (Js 15:26), descrito como situado na direção da fronteira de Edom, depois atribuído a Simeão (Js 19:2; cf. 1Cr 4:28). Ele foi reocupado pelos exilados que retornaram (Ne 11:26). A única menção ao local fora do AT está num caco de cerâmica encontrado em 1984 em Horvat 'Uza, mas não fornece esclarecimento sobre sua localização. A identificação mais provável é com Tel Malhata/Tel e-Milh, localizado no vale de Berseba entre Arade e Berseba.

Bibliografia. I. Beit-Arieh e B. C. Cresson, "Horvat 'Uza", *BA* 54 (1991): 126-35. [BRUCE C. CRESSON]

MOLIDE (heb. *môlîḏ*) Judeu descendente de Jerameel; filho de Abisur e Abiail (1Cr 2:29).

MOLOQUE (heb. *mōleḵ*) Deus cananeu-israelita (LXX *moloch*). A antiga reação de fascinação e horror tem sua origem na presumida associação de Moloque com o assassinato ritual de seres humanos. O nome está tipicamente relacionado com a base consonantal de três radicais m-l-k que muitas vezes aparece na Bíblia Hebraica. Embora suas várias vocalizações indiquem um valor semântico em particular associado a governo (p. ex., *melek*, "governante"; *melûkâ*, "realeza"), a forma m-l-k tem sido interpretada em cerca de oito casos como uma referência a uma divindade infernal ou do mundo dos mortos e patrono de sacrifício humano: Moloque "governante (do mundo dos mortos"; Lv 18:21; 20:2-5; 1Rs 11:7; 2Rs 23:10; Jr 32:35; Am 5:26? [cf. LXX]). Vários estudiosos, embora sustentando a conexão do hebraico *m-l-k* com sacrifício humano nesses textos, interpretavam tais referências como um nome técnico para o sacrifício de criança conhecido das fontes púnicas: um "sacrifício molk". Isto, entretanto, é improvável, conforme é confirmado na frase associada "prostituindo-se após Moloque" (cf. Lv 20:5; também Is 57:3). Em suas 40 e tantas outras ocorrências no AT, a frase "prostituindo-se após..." refere-se a práticas religiosas associadas a divindades ilícitas, suas imagens ou seres espirituais como fantasmas (p. ex., *o'obot* e o *yidde'onîm*). Nunca se faz uma referência explícita à oferta de sacrifícios. Em Levítico 20:5 e em outras partes, parece que o que se tem em vista é a divindade Moloque, e não algum termo técnico para sacrifício.

Recentemente os estudiosos tentaram explorar dados comparativos aparentemente relevantes do Oriente Próximo relativos a uma divindade M-l-k (forma em várias ocorrências vocalizada como Malik, mas apesar de tudo visto como cognato do Moloque bíblico). Com esses argumentos e de não menos consequência, está a evidência bíblica e do antigo Oriente Próximo confirmando a prática de sacrifício humano fundamentando frases bíblicas como "o que faz o seu filho ou filha passar pelo fogo" e o "sacrifício do primogênito a Yahweh" tem sido comparadas, contrastadas e igualadas às que mencionam Moloque. Resta mais a pergunta se o ritual de morte de humanos foi uma crise ritual ou parte do calendário de sacrifícios. A evidência disponível sugere que o sacrifício humano podia funcionar numa ou noutra, se não em ambas as funções.

A história deuteronomistica, embora crítica da prática de sacrifício humano, preserva a lembrança de israelitas ancestrais e seus vizinhos que de fato mataram ritualmente seus filhos — Jefté (Jz 11:34-40); Hiel (Js 6:26; 1Rs 16:34); Acaz (2Rs 16:3); e Manassés (2Rs 21:16). Reconhece-se ainda a eficácia do poder ritual como no sacrifício do príncipe moabita oferecido por seu pai. A realização desse ritual resultou na ira da divindade (Quemós?), forçando os israelitas a recuarem de Moabe (2Rs 3:27). Só bem mais tarde, durante a reforma de Josias, que o Tofete no vale do Hinom — onde é retratado o acontecimento de sacrifício humano — foi destruído. Mesmo assim, a prática durou até bem além do fim do período pré-exílico em Judá (cf. Jr 2:23; 7:31; 19:5,6, 11-14; 31:40; 32:35).

O sacrifício humano na forma expressa mais geralmente pela frase: "aquele que faz seu filho ou filha passar pelo fogo", é frequente e exclusivamente atribuída a origens canaanitas por alguns escritores bíblicos (Dt 12:31). Entretanto, alguma forma de sacrifício humano certamente fez parte do culto javista nos tempos pré-exílicos (e talvez exílicos). Isaías 30:33 faz a clara ligação entre Yahweh e o sacrifício humano no Tofete (leia *melek* em vez de Moloque no v. 33b?); se não houvesse a intenção de tal conexão nesta alusão à previsão de destruição da Assíria, seria de se esperar algum repúdio ou algo semelhante. O "sacrifício dos primogênitos a Yahweh" e o sacrifício a Moloque estavam provavelmente intimamente relacionados, se não fossem o mesmo culto. Embora o anterior exigisse que fossem sacrificados os filhos primogênitos a Yahweh enquanto o último listava como sacrifícios de crianças geralmente (de ambos os sexos), o fato de as filhas poderem legalmente substituir os filhos como herdeiras primogênitas favorece a equiparação destes dois cultos (cf. Nm 27:1-8 e os textos de Emar e Nuzi relativos à substituição dos filhos pelas filhas no contexto da herança). As duas tradições podiam refletir o mesmo culto, mas a partir de perspectivas complementares, uma do mais particular e a outra do mais geral (ou uma é subsistema da outra?). Então, os textos que se referem ao sacrifício do primogênito a Yahweh (Gn 22:1-14; Êx 13:2, 12-13; Mq 6:6,7) podem estar relacionados ao culto a Moloque. A associação de Moloque com Baal (em vez de Yahweh) nas tradições bíblicas (cf. Jr 2:23; 19:5; 32:35) são mais provavelmente parte da polêmica retórica inventiva deuteronomistica para "cananizar" o que foi anteriormente uma prática israelita não deuteronomística, porém javista, de sacrifício humano.

Como confirmação adicional da tolerância e da difusão da prática, Ezequiel insinua que Yahweh havia ordenado aos israelitas a participarem do sacrifício dos filhos primogênitos (Ez 20:25, 26), mas caracteriza tal lei como forma de punição. De forma semelhante, Êxodo 22:29,30 (TM 28-29) engloba uma exigência inadequada de fazer o sacrifício de primogênito a Yahweh; a opção de resgatar o filho primogênito não é oferecida aqui como em textos posteriores e sacerdotais. À luz da condenação da prática por Jeremias e do reconhecimento de Ezequiel de que Yahweh tinha uma vez perdoado a morte ritual de humanos, é óbvio que, para muitos, era uma forma aceitável de culto a Yahweh. Miqueias 6:7 poderia insinuar que o mais eficiente sacrifício a ser oferecido a Yahweh era o sacrifício infantil; ele tampouco endossa tal prática ou coloca uma pergunta no sentido retórico que produza um enfático NÃO!

Se Yahweh e Moloque devem ou não ser considerados a mesma divindade com respeito ao papel deles no culto de sacrifício humano é uma questão que incorre em petição de princípio. Várias passagens relevantes (Jr 32:35; Ez 23:38,39; Lv 20:3; Sf 1:5) sugerem que o culto de Moloque era considerado por alguns setores da sociedade israelita parte do culto a Yahweh. A localização do culto a Moloque no vale do Hinom, próximo, em vez de na área do templo de Jerusalém, pode ser ponderado como debate dentro de Israel a respeito do seu *status* relativo no culto a Yahweh. Podia também ser observado na área do templo nos dias de Acaz (Ezequias?) e Manassés, mas depois mudou-se para o vale do Hinom nos estágios iniciais do reinado de Josias e novamente e desde então (cf. Jr 7:31,32; 19:5); observe também que Ezequias nunca se preocupou em banir o culto a Moloque, existente (cf. 2Rs 18:1-4). Além disso, 2Reis 16:3; 21:6 (cf. também uma forma de sacrifício humano como praticado pelos reis do norte, 17:17) não localiza o culto em Tofete. A falta de menção explícita ao culto de Moloque e o fracasso em atribuir seu estabelecimento a Acaz ou Manassés na profanação de Tofete por Josias em 2Reis 23:10 pode ser de não pouca consequência. O culto de Moloque como descrito nas tradições deuteronomistas e outras relacionadas, provavelmente não foi relegada a áreas fora do templo. Tradições como 2Reis 21:3-6; 23:11,12 presumem a adoração de várias divindades cananeias-israelitas acontecendo dentro do templo de Jerusalém (Baal, Aserá, o exército do céu e a divindade solar), e o mesmo podia ser aplicado no caso de Moloque.

A falta de confirmação extrabíblica para a existência do aspecto de uma divindade *M-l-k* especificamente infernal ou do mundo dos mortos e de sua posição como patrona de um culto de sacrifício humano deveria produzir cuidado com relação a um estudo histórico objetivo da descrição bíblica do culto a Moloque. Além disso, as tensões evidentes nas tradições bíblicas relativas à natureza e extensão do sacrifício humano sugerem outra ocorrência em que a história deuteronomística empregou uma estratégia de polêmica retórica. Ao atribuir artificialmente a Moloque o patrocínio do culto de sacrifício humano, os deuteronomistas procuraram distanciar completamente a prática de suas origens no culto a Yahweh. O caráter retórico da descrição deuteronomística encontra sua mais clara confirmação no fato de as tradições bíblicas não deuteronimísticas (e não Sacerdotal) não distanciarem o sacrifício humano do culto a Yahweh (cf. textos que preservam o sacrifício dos primogênitos). Ao admitir que Moloque foi o aspecto infernal de Yahweh ou uma divindade do mundo dos mortos do culto javista no fim de Judá pré-exílico, é difícil se esperar que as tradições deuteronomísticas e sacerdotais reconheçam abertamente essa realidade. Mais propriamente, de acordo com a tendência deuteronomística de reduzir a população divina do céu (com relação ao panteão javista), uma divindade como Moloque — real ou artificial — seria retratada como divindade cananeia e a adesão de Israel ao seu culto explicado como resultado de tendências "sincretistas" (cf. a polêmica deuteronomística contra a deusa Aserá, conhecida por ser a companheira de Yahweh nas formas de javismo não deuteronomístico, mas nos círculos deuteronomísticos, identificada como uma divindade cananeia e esposa de Baal).

Bibliografia. J. Day, *Molech: A God of Human Sacrifice in the Old Testament* (Cambridge, 1989); G. C. Heider, *The Cult of Molek*. JSOTSup 43 (Sheffield, 1985); J. d. Levenson, *The Death and Ressurrection of the Beloved Son* (New Haven, 1993); M. S. Smith, *The Early History of God* (San Francisco, 1990). [BRIAN B. SCHMIDT]

MONOTEÍSMO Convicção de que existe apenas um deus e nenhum outro (gr. *monos*, "só, único, sozinho" e *theós*, "deus"). Esse conceito difere do politeísmo, a crença em várias divindades, e do henoteísmo ou monolatria, a convicção de que existe um deus supremo entre divindades menores. O princípio do monoteísmo tornou-se a coluna dorsal do judaísmo, do cristianismo e do islamismo. A investigação clássica das origens do monoteísmo tem, para a maior parte das pessoas, seguido duas trajetórias diferentes. Enquanto alguns advogam a ideia de um monoteísmo primordial do qual surgiram posteriormente as crenças politeístas, outros têm visto o monoteísmo desenvolvendo-se, com frequência em estágios claramente definidos, a partir de um ambiente politeísta. Muitos estudiosos hoje tendem a seguir a última trilha.

ANTIGO ORIENTE PRÓXIMO. Qualquer documentação de religião no antigo Oriente Próximo apresenta várias dificuldades. Os restos literários sobre os quais a pesquisa acadêmica está baseada tende a favorecer a religião "oficial" do estado sobre as crenças e práticas do povo comum.

No antigo Egito, havia uma contínua tensão entre a concepção tradicional politeísta do mundo divino e a tendência no sentido da unificação das divindades e seus atributos. Isto levava normalmente à formação de combinações sincretistas ou de deuses compostos. A tensão existente entre a autonomia local e o governo centralizado no Egito pode muito bem ter sido uma duplicata disso. Muito frequentemente associado com o monoteísmo primitivo está o faraó Aquenáton (c. 1350-1334 a.C.). Tendo subido ao trono como Amenófis IV, Aquenáton mudou seu nome para refletir sua estrita devoção a um aspecto do deus-sol (Ra), o Aton, isto é, o "disco do sol". Ele começou também a construir uma nova capital no Médio Egito, agora el-Amarna. Todos os outros sacerdócios e práticas religiosas localizadas foram condenados; até mesmo o nome dos deuses tradicionais foram removidos dos monumentos para apagá-los da memória. O povo comum não podia adorar o Aton em si, mas somente o casal real como parte da tríade divina. O Hino a Aton (*ANET*, 369-71), comparado muitas vezes ao Salmo 104, é a mais conhecida expressão literária da crença monoteísta de Aquenáton. Após sua morte, entretanto, houve um rápido retorno ao politeísmo tradicional.

Com o início da urbanização (por volta do quinto milênio), a religião mesopotâmica começou a mostrar uma tendência de unificação do divino. Antes dos impérios acádios, a Mesopotâmia era composta de uma série de cidades-estado independentes, cada uma centrada em torno de um complexo de templos com pelo menos um deus ou deusa patrono. Tais divindades eram organizadas em famílias por linhas de parentesco. A glória de cada divindade era manifestada na glória da cidade e seu templo; à medida que uma cidade ganhava poder político e estendia sua esfera de influência, sua divindade padroeira era elevada a uma posição de preeminência sobre as divindades das cidades e vilarejos subalternas. A divindade mais alta tinha a tendência de tomar os atributos das divindades subalternas, inferiores.

Um bom exemplo desse movimento em direção ao monoteísmo ou monolatria é a elevação do deus babilônio Marduque. A criação épica Enuma Elish (*ANET*, 60-72), frequentemente comparada com Gênesis 1:1-2:4a, é exemplo da formação do mito com o propósito de elevar Marduque à posição de "rei dos deuses" por meio do conflito divino. Esse mito, no qual Marduque torna-se o criador e organizador do cosmo, foi depois copiado pelos assírios, que substituíram o nome do seu deus, Assur, pelo babilônio Marduque. Tabletes descobertos no litoral sírio em Ras-Shamra (*Ugarite*) têm uma variedade de mitos e lendas incluindo o Ciclo de Baal (*ANET*, 129-42) No qual o deus cananeu da tempestade, Baal, é também elevado a deus supremo e administrador do cosmo.

ISRAEL ANTIGO. O texto do AT é o produto de um processo longo e complexo de crescimento literário, e apresenta um retrato idealizado da crença e prática religiosa israelita. Qualquer reconstrução da religião israelita deve, portanto, inspirar-se nos restos materiais da antiga Palestina como equilíbrio para o relato bíblico. Inscrições descobertas em Kuntillet 'Ajrud/Horvat Teman e Khirbet el-Qôm permitem uma associação entre Yahweh e a deusa Aserá, sugerindo que Yahweh pode ter sido, em certo tempo, adorado junto com uma companhia feminina. O monoteísmo em Israel, de qualquer modo, parece ter-se desenvolvido durante um longo período, começando por volta do século X até o fim do Exílio babilônico.

O primitivo monoteísmo israelita muito provavelmente começou nas terras altas como religião tribal localizada na qual cada tribo adorava a divindade patrona. As narrativas ancestrais em Gênesis pressupõem esse tipo de religião tribal (Gn 24:27; 31:5, 53). Com a centralização do estado sob Davi e Salomão, emergiram certos defensores que elevaram Yahweh como Deus supremo sobre todas as outras divindades (incluindo El, Aserá e Baal), tornando, assim, Yahweh o "Deus de Israel". A combinação de religião nacional com poder político pode ter dado ao estado monárquico os meios para exercer mais autoridade sobre o povo, enquanto continuava tolerando a adoração de outros deuses. Gradualmente, o conceito de pacto tornou-se uma expressão de relacionamento mútuo de bem-aventurança entre Yahweh e o estado monárquico (1Rs 8; 2Rs 12 [cf. 11:17]; Sl 2,72,89,110). O contínuo estímulo da atividade literária na corte real e no templo serviu de instrumento na promoção de Yahweh como Deus de todo o universo, que possui todos os atributos positivos anteriormente associados aos deuses e deusas tradicionais. Com a obra de Segundo Isaías até o fim do Exílio babilônico, o monoteísmo israelita impôs uma forma mais potente de expressão. Yahweh é proclamado como o criador do universo (Is 40:21-23,28). Não existem divindades estrangeiras; existe somente um único e verdadeiro Deus, Yahweh (40:12-31; 43:8-13; 46:5-13). Os ídolos não são nada mais do que objetos inúteis (40:18-20; 41:21-24; 44:9-20; 46:5-7).

Novo Testamento. O NT pressupõe as convicções monoteístas do AT e do judaísmo primitivo. Quando um dos escribas indaga a Jesus qual é o "primeiro de todos os mandamentos", Jesus responde com o *Shema* (Dt 6:4-5), a confissão central da unidade de Deus (cf. Mt 22:34-40; Lc 10:25-28). Embora as epístolas do NT não neguem a existência de outras divindades, para os cristãos primitivos existe um Deus e um Senhor, Jesus Cristo (1Co 8:4-6). O monoteísmo tornou-se o instrumento para as missões cristãs primitivas. Desde que Deus é um, deve haver apenas um Deus tanto de judeus como de gentios (Rm 3:29-30). Quando a igreja primitiva se deparou com ameaças de heresia e divisão, a confissão de um Deus e uma Igreja, o corpo de Cristo, foi decisiva para preservar o senso de unidade (Rm 12:3-8; 1Co 12:12-31; Ef 4:14-16; Cl 1:18, 2:19).

Bibliografia. D.V. Edelman, ed., *The Triumph of Elohim: From Yahwism to Judaisms* (Grand Rapids, 1996); T. Frymer-Kensky, *In the Wake of the Goddesses: Women, Culture, and the Biblical Transformation of Pagan Mith* (New York, 1992); E. Hornung, *Conceptions of God in Ancient Egypt* (Ithaca, 1982); P. D. Miller, Jr., P. D. Hanson e S. D. McBride, eds., *Ancient Israelite Religion* (Philadelphia, 1987); J. C. de Moor, *The Rise of Yahwism: The Roots of Israelite Monotheism*. BETL 91 (Leuven, 1990); M. S. Smith, *The Early History of God: Yahweh and the Other Deities in Ancient Israel* (San Francisco, 1990). [ARNOLD GOTTFRIED BETZ]

MONSTRO MARINHO Grande criatura marinha, real ou mitológica (tb. "dragão"/"serpente"). São significativas as passagens onde o hebraico *tănnîn* é paralela ou comparada com termos como "Leviatã" (*lwytn*; cf. o deus canaanita Lotan; Sl 74:13; Is 27:1) e/ou em que o contexto é "o mar/profundidade". Tais textos são antídotos comparativos às crenças canaanitas sobre o divino poder e perigo apavorante do Mar (cf. Gn 1:21; Sl 148:7) e conceitos da criação a respeito de criaturas do caos nas polêmicas do AT em relação à exclusividade de Yahweh, que as criou, controla, conquistou e conquistará (Jó 7:12; Is 51:9; Ez 29:3; 32:2).

Bibliografia. W. F. Albright, *Yahweh and the Gods of Canaan* (1968, repr. Winona Lake, 1978); J. Day, *God's Conflict with the Dragon and the Sea*. University of Cambridge Oriental Publications 35 (Cambridge, 1985). [W. CREIGHTON MARLOWE]

MONTE DE DEUS Devido ao fato de duas grandes cadeias de montanhas dominarem a geografia de Israel, não surpreende que montanhas figurem de forma destacada na Bíblia e no simbolismo de Israel. Refletindo a mitologia religiosa dos vizinhos de Israel, a montanha sagrada foi o local de encontro do conselho divino (cf. Is 14:13), e as decisões/decretos divinos eram ali estabelecidos (cf. Êx 19-20). A montanha sagrada simbolizava a fertilidade e era fonte de água (cf. Hc 3:10; Zc 14:8). Além disso, foi o local do conflito/combate primordial ou da criação. Esses elementos estão espalhados e encontrados, por exemplo, em descrições ugaríticas do monte Zaphon, a residência mitológica de Baal (cf. Sl 48:2 [TM 3]; 89:12 [13]), e na arte mesopotâmica do antigo Oriente Próximo da gravura ou entalhe em pedras em "padrão de escama".

Nos relatos bíblicos, as montanhas são santas (Ob 16), antigas (Jó 15:7), eternas (Gn 49:26; Hc 3:6) e um lugar onde ocorrem as teofanias (p. ex., Êx 3-4; 32-34; 1Rs 19; cf. Ap 21:10). Variadas montanhas estão associadas ao Senhor, "um deus das montanhas" (1Rs 20:28) — ex. Ebal, Gerizim e Seir — mas as montanhas de Deus no AT normalmente são o Sinai/Horebe (Êx 18:5; 24:13; Nm 10:33) e Sião (Sl 68:16 [17]; Is 2:2; 1Mc 11.37). Apesar de em João 4:21, as montanhas também figurem de maneira destacada e (provavelmente) simbolicamente nos evangelhos. Jesus é com frequência encontrado orando, ensinando e curando em montanhas (Mt 5:1-7:27; 14:23; 15:29; Mc 3:13; 6:46). Parte da tentação de Jesus acontece numa montanha (Mt 4:8), bem como a transfiguração (Mc 9:2) e a ascensão (Lc 24:50).

Bibliografia. R. J. Clifford, *The Cosmic Mountain in Canaan and the Old Testament*. HSM 4 (Cambridge, Mass., 1972); D. Pardee e P. Xella, "Mountains-and--Valleys", in *DDD*, 604-5. [BRENT A. STRAWN]

MORCEGO Mamífero comum na Palestina (heb. *ᵃṭallēp̄*), que vive nas cavernas do Vale do Jordão e na região montanhosa (Is 2:20), vivem juntos às centenas. Usualmente eles são comedores de insetos exceto o morcego do Egito (*Rousettus egyptiacus*), que se alimenta de sicômoros. Os morcegos têm grande envergadura de asas, variando de 90-95 cm. O morcego era considerado um animal imundo (Lv 11:19; Dt 14:18).

MORDOMO Pessoa designada pelo senhor para administrar os assuntos da família, do lar ou das propriedades. As responsabilidades podiam incluir o palácio (1Rs 16:9; 2Rs 10:5); os negócios (Mt 20:8) ou tesoureiro da cidade (Rm 16:23). O mordomo podia também ser responsável por todos os negócios domésticos, como o mordomo de José. É para o mordomo que os irmãos de José manifestam seu temor e em troca recebem garantia (Gn 43:19-25; cf. 44:1; Is 22:15). Na festa de casamento, em Caná, é o mordomo que prova a água transformada em vinho por Jesus (Jo 2:8,9).

O apóstolo Paulo se refere a bispos e presbíteros como mordomos de Deus. Eles são responsáveis por terem vida que reflitam esse relacionamento com Deus. O presbítero ou bispo não deve ser presunçoso, irascível, violento, ganancioso ou alcoólatra, e sim, deve ser hospitaleiro, amigo do bem, sensato, justo, consagrado, tenha domínio próprio (Tt 1:5-9). Em geral, todo cristão é mordomo, incumbido dos dons de Deus (1Pe 4:10). A parábola dos talentos esclarece em detalhes a importância de investir bem os dons recebidos de Deus; quem não investe bem seus dons, os perderá (Mt 25:14-30).

Simbolicamente, o mordomo é responsável pelos mistérios de Deus (1Co 4:1). Espera-se que todo mordomo seja confiável (1Co 4:2). O mordomo fiel é abençoado, enquanto a infidelidade resulta em julgamento (Lc 12:42-44). [HEMCHAND GOSSAI]

MORÉ (heb. *môreh*) **1.** Árvore de terebinto ou carvalho perto de Siquém. Abraão erigiu um altar ali após sua visão de Deus (Gn 12:6-7). O termo hebraico significa "mestre" ou "que profere oráculo", sugerindo que o nome é baseado numa etimologia em honra à visão de Abraão. Em Deuteronômio 11:30, a árvore é um marco na vizinhança dos montes Ebal e Gerizim, dos quais se tem uma vista panorâmica de Siquém. Jacó enterrou seus ídolos ao pé de um carvalho perto de Siquém (Gn 35:4), que pode ser a mesma árvore. Da mesma forma, pode também ser o mesmo "carvalho dos adivinhadores" (Jz 9:37). Outras duas árvores são mencionadas no AT (Js 24:26; Jz 9:6, embora tais árvores estivessem dentro da cidade.

2. Monte no vale de Jezreel onde os midianitas estavam acampados na noite do ataque de Gideão (Jz 7:1). Muitos estudiosos localizam este monte perto de Nebi Dahi, ao norte de ʿAfula. [WADE R. KOTTER.]

MORESETE (heb. *môrešeṯ*), **MORESETE-GATE** (*môrešeṯ gaṯ*) Vilarejo satélite de Gate na Sefelá; cidade natal do profeta Miqueias (Jr 26:18; Mq 1:1). O antigo lugar de Moresete é geralmente identificado com o moderno Tell ej-Judeideh cerca de 2,5 km ao norte de Beit Jibrin/Beth Guvrin (antiga Eleuterópolis) e cerca de 10 km a nordeste de Laquis. A forma Moresete-Gate ("Propriedade de Gate") aparece somente em Mq 1:14. [AARON W. PARK]

MORIÁ (heb. *mōrîyâ*) A "terra de Moriá", lugar onde Deus mandou Abrão levar seu filho Isaque para sacrificá-lo (Gn 22:2). A narrativa descreve esse percurso como uma viagem de três dias de Berseba (Gn 22:4). Entretanto, "o terceiro dia" pode simplesmente ser uma forma convencional de indicação de uma curta distância e, por conseguinte, ser de pouca ajuda no estabelecimento da localização de Moriá. Na tradição judaica, a história do sacrifício de Isaque em Moriá é referida como a Aqedah, o ato de Isaque ser "amarrado".

Monte Moriá, local em Jerusalém onde Salomão construiu o templo (2Cr 3:1). O mesmo versículo identifica o local também como o lugar "onde o Senhor apareceu ao seu pai Davi", a quem foi pedido que erigisse um altar ali, na eira de Araúna/Ornã, o jebuseu (cf. 2Cr 3:1; 2Sm 24:18). Hoje o monte Moriá, o patamar do templo, é o local de dois santuários muçulmanos, a mesquita de al-Aqsa e o Domo da Rocha. Uma parte do lado ocidental do muro de retenção do templo é o Muro das Lamentações, local judeu de oração.

Estes dois lugares não estão claramente identificados. Uma explicação possível é que Moriá originalmente foi relacionado ao monte do templo, e que o termo substituiu o nome original para o local citado em Gênesis 22, ligando, assim, Abraão com o templo de Jerusalém. [JOHN L. GILLMAN]

MORTE A morte no seu nível mais básico significa a cessação da vida num sentido biológico (Gn 25:11; Ec 12:6). Ela é também usada figurativamente para as forças que depreciam a qualidade de vida (Pv 8:35-36; 1Jo 3:14). A morte é algumas vezes personificada (Jó 28:22; Sl 18:4-5 [TM 5-6]; 49:14 [TM 15];

Jr 9:21 [20]; Hc 2:5; Ap 6:8; 20:13-14). No NT, ela é entendida como poder que permanece em oposição à ordem criada (gr. *thanatos*).

No AT a morte física (heb. *māwĕṯ*, *mûṯ*) resultou no retorno do corpo à terra (Gn 3:19), e o espírito a Deus (Ec 12:7), e a retirada da alma ou essência da vida (Gn 35:18; 1Rs 17:21; Jn 4:3). A morte foi o fim normal da vida humana (Js 23:14; 1Rs 2:2; Jó 5:26); somente Deus é imortal (Sl 90:1-6). Embora a morte física fosse inevitável, os hebreus antigos esperavam que a morte deles chegasse ao fim numa vida distinta e longa (Nm 23:10; Jz 8:32), onde os filhos fossem deixados para perpetuar o nome e sepultassem os que morriam (Gn 35:29; 50:7-8; Jó 42:16). A morte prematura (Gn 21:16; Is 38:1-15), a morte como resultado da violência (1Sm 15:32-33), a morte de uma pessoa sem filhos (2Sm 18:18), e morte sem um sepultamento próprio (2Rs 9:30-37), tudo isso era um destino terrível. A obediência a Deus poderia resultar numa vida mais longa (Dt 30:15-20; Pv 10:2; 11:4) e o pecado em morte prematura (1Sm 2:31-36; Jó 36:13-14; Sl 55:23 [24]), mas havia exceções (Ec 7:15-18).

A lei hebraica antiga prescrevia a morte como punição por violações que eram vistas como perigo sério para a vida da comunidade. Entre os crimes pelos quais essa penalidade definitiva era estipulada estavam o assassinato (Gn 9:6; Êx 21:12), a blasfêmia (Lv 24:16), a fornicação (Dt 22:20-21), as violações do sábado (Êx 35:2), o rapto (Êx 21:16), bater nos parentes de alguém (Êx 21:15), homossexualidade (Lv 20:13), bestialidade (Lv 20:15-16; Êx 22:19), e uma série de outros. A penalidade de morte era efetuada por meio de apedrejamento (Nm 15:32-36; Lv 20:27; Dt 17:2-7; 21:18-21) e algumas vezes as pessoas eram queimadas (Gn 38:24; Lv 20:14; Js 7:15, 25).

Ainda que a morte no final de uma vida plena fosse entendida como o final natural da vida, raramente era saudada com alegria (Jó 3:21; Jn 4:3); usualmente as pessoas ficavam resignadas com ela. Ela era uma contradição da vida (Jr 21:8-9), e ela significava a separação da vida (Rt 1:17; Sl 39:13 [14]). Cria-se que os mortos viviam no Sheol ou no abismo, lugar sombrio de trevas e silêncio (Jó 10:21-22; Sl 94:17; Pv 2:18; Jn 2:6 [7]). O poder de Deus se estendia até o sheol (Sl 139:7-8; Am 9:2), mas ele não estava presente ali (Sl 88:5 [6]; Is 38:18). Aqueles que moravam no Sheol não podiam louvar a Deus (Sl 30:9 [10]; 115:17) ou se lembrar dele (Sl 6:5 [6]; 88:12 [13]). Somente Enoque (Gn 5:24) e Elias (2Rs 1:11) escaparam do destino usual. Deus tomou Enoque, e Elias foi levado ao céu num redemoinho. Eliseu levantou da morte o filho da sunamita (2Rs 4:35), mas presumivelmente o jovem eventualmente veio a morrer.

No AT, a morte poderia ser usada no sentido figurativo assim como no sentido literal. A doença (Sl 30:2-3 [3-4]), os inimigos (Sl 9:13 [14]; 55:1-4 [2-5]), e a injustiça (Sl 116:3) eram todos parte da morte neste sentido. Assim, alguém poderia estar biologicamente vivo e espiritualmente morto (1Sm 25:37-38; Jn 2:2-6 [3-6]). No final das contas, uma pessoa tinha de escolher entre a vida (espiritual) e a morte (Dt 30:19).

A morte era descrita como voraz (Hc 2:5), como força que tentava armar ciladas para os seres humanos (Sl 18:4-5 [5-6]; Pv 13:14), e como uma cidade dentro da qual os mortos estavam restritos (Jó 38:17; Sl 9:13 [14]). Algumas vezes, ela era personificada de um modo que pode ter sido influenciado pela mitologia pagã (Jó 28:22; Jr 9:21 [20]).

A finalidade da morte foi suavizada de alguma forma pela metáfora do dormir (Jó 14:10-12; Sl 13:3 [4]), embora fosse um sono do qual ninguém esperava despertar (Jr 51:39, 57). Não obstante, a metáfora sugeria a possibilidade do despertamento. Isaías afirmou que no futuro a morte seria abolida (Is 25:8). O cântico de Ana afirma que Deus tem o poder de ressuscitar os mortos do sheol (1Sm 2:6), e a profecia de Ezequiel considerando os ossos secos, embora se referisse à comunidade do exílio, também sugere o poder de Deus para ressuscitar os mortos (Ez 37:1-14).

Duas passagens no AT explicitamente sugerem a possibilidade da ressurreição. Isaías 26:19 afirma que os justos mortos partilharão da libertação vindoura. Daniel 12:2 indica a ressurreição dos justos e a vida eterna e a ressurreição dos outros para o horror eterno. Nos tempos do NT, muitos grupos de judeus aceitavam o conceito da ressurreição.

No NT, assim como no AT, os seres humanos são mortais cujas vidas terminam com a morte biológica (1Co 15:21-22). A morte dos seres humanos é uma experiência universal (Hb 9:27), e a única exceção mencionada no NT é a de Enoque (Gn 5:24; Hb 11:5). Três vezes no NT seres humanos são ressuscitados dos mortos (Lc 7:11-17; Jo 11:1-44; At 9:36-43), mas eles não se tornam imortais. Presumivelmente, eles vieram a morrer.

De acordo com Paulo, a morte é o resultado do pecado humano (Rm 5:12; 6:23; 1Co 15:21). Contudo, pela morte de Cristo as consequências do pecado de Adão, isto é, a morte humana, são canceladas (Rm 5:10) e a vida é realizada em todos (v. 18). A morte de Cristo destruiu aquele que tinha o poder da morte (Hb 2:14) assim como a própria morte (2Tm 2:10). Assim, Cristo se tornou o Senhor dos vivos e dos mortos (Rm 14:9) e tem as chaves da morte e do inferno (Ap 1:18). Isto não significa que as pessoas não mais morrem. Entretanto, a morte é vista numa nova luz. A ressurreição de Cristo dos mortos é entendida como o modelo que todos os crentes esperam experimentar (Cl 1:18; Ap 1:5). Nada pode separar o fiel do amor de Deus em Cristo (Rm 8:38-39). A morte física é mencionada em termos positivos, como lucro (Fp 1:21) e como a partida para estar com Cristo (v. 23).

Exatamente como no AT, no NT a morte figurativa pode ser experimentada pelos seres humanos enquanto biologicamente vivos. Romanos 7:24 fala de um "corpo da morte". Aquele que ainda não encontrou Cristo é descrito como morto em pecado (Ef 2:1). Justamente por isso, daquele que se encontrou com Cristo é dito já possuir vida eterna, mesmo na presente vida mortal (João 3:3-8). Há uma tensão entre o "já" e o "ainda não". O último inimigo a ser destruído será a morte (1Co 15:26). A morte está também personificada no NT, e tem uma personagem associada ao Hades (Ap 6:8; 20:13-14). Na primeira passagem, a morte está associada a um cavaleiro num cavalo amarelo.

Evidentemente a geração que estiver vivendo durante o tempo da Vinda não experimentará a morte, mas será trasladada diretamente ao céu (Mt 16:28). A essa altura, os transformados e os ressurretos começarão a vida eterna em sua plenitude (1Ts 4:16-18). [ALICE OGDEN BELLIS]

MOSCAS Qualquer um dos vários insetos que têm asas da ordem Diptera. O hebraico *zᵉḇûḇ* (Is 7:18; NJB "mosquito"), genericamente interpretado como a mosca de casa comum (Musca domestica), pode realmente se referir ao maior e mais importuno mosquito de cavalo (Tabunus arenivagus).

Simbolicamente, os hábitos sujos da mosca são sugeridos em Eclesiastes 10:1, que observa que mesmo uma única mosca pode estragar o unguento do perfumista. Em muitas partes do mundo, coisas infectadas transportadas nas patas da mosca ainda causam decadência e espalham doença.

O hebraico *‹arôḇ*, substantivo coletivo significando "enxame", denota os insetos visitados sobre os egípcios na quarta praga como descrita em Êxodo 8:20-32 (16-26; JB "moscardos", NJB "mosquito de cavalo"; NJPSV "insetos"; cf. Sl 78:45; 105:31). Essa pode ter sido a mosca Tabanid (Stomoxys calcitrans), cujas larvas se desenvolvem em estrume de vaca e que, quando maduras, se alimentam do sangue ao morder os braços e as pernas das pessoas e dos animais. Na literatura rabínica, a palavra é entendida como significando uma mistura de bestas selvagens. *Ver* BAAL-ZEBUBE.

MOSERA (heb. *môsērâ*), **MOSEROTE** (*mōsērôṯ*) O 15º acampamento israelita após terem saído do deserto do Sinai (Nm 33:30-31). Deuteronômio 10:6 relata que Arão morreu e foi enterrado em Mosera (de acordo com Nm 33:38-39, monte Hor). O itinerário de Números 33 mostra os israelitas viajando de Moserote a Bene-Jaacã, enquanto Deuteronômio 10:6 inverte essa ordem. Se Mosera/Moserote ficava perto do monte Hor, então o local fica provavelmente a nordeste de Cades-Barneia, perto de Edom. [PETE F. WILBANKS]

MOSQUITO Termo geral referindo-se a insetos pequenos, alados, que mordem ou ferroam, talvez o mosquito-pólvora (Chirono-midae), associado à terceira praga que atacou o Egito (Êx 8:16-19 [TM 12-15]; Sl 105:31). Traduções do hebraico *kinnîm* (pl.) variam (KJV, NJPSV "piolhos"; NJB "mosquitos". A imagem da equipe de Arão batendo no pó da terra para produzir a praga dos mosquitos claramente comunica o tamanho pequenino deles, que os permite entrar nos olhos, ouvidos, e nariz de suas vítimas humanas. No hebraico *kinnîm* significa "piolhos", enquanto que os detalhes na narrativa de Êxodo parecem indicar alguma espécie de insetos que voam rápido.

Isaías 51:6 é problemático, visto que a forma singular do termo hebraico não ocorre em outro lugar (cf. KJV, "de igual modo", MJPSV "também", seguindo a LXX).

Em Mateus 23:24, Jesus critica aqueles que coam um mosquito (gr. *kōnōps*; o assunto mais leve da lei — preocupações cerimoniais), todavia engolem um camelo (os assuntos mais pesados da lei — justiça, misericórdia e fé), se esquecendo de que alguém deveria praticar um mandamento sem negligenciar o outro. [JESPER SVARTVIK]

MOSTARDA Planta cultivada tanto em jardins como nos campos por suas sementes, usada como tempero e pelo óleo nas sementes (gr. *sinapi*; Mt 13:31, 32 par.; 17:20 par.). A variedade cultivada na Palestina era mostarda preta (Brassica nigra Koch ou Sinapis nigra L.), que pode chegar a 3 m de altura, mas tinha a menor semente dentre as plantas então cultivadas.

MOZA (heb. *mōṣâ*) **I. (LUGAR)** Cidade designada à tribo de Benjamim (Js 18:26). Mais tarde, como Colônia Emaús, ela foi colonizada em 75 d.C. por veteranos romanos da guerra de Vespasiano contra Jerusalém. O local é a moderna Qâlunya/Moza, cerca de 6,5 km noroeste de Jerusalém.

II. (PESSOA) (heb. *môṣāʾ*) **1.** Filho de Calebe e sua concubina Efá (1Cr 2:46).

2. Benjamita, filho de Zinri e pai de Bineá; descendente do rei Saul por meio de seu filho Jônatas (1Cr 8:36,37; 9:42,43).

MUGHARA, UÁDI EL- 1. Uádi el-Mughara (próximo à moderna Haifa), localizado na parte ocidental do monte Carmelo, cerca de 3 km do mar Mediterrâneo.

A B C D E F G H I J K L **M** N O P Q R S T U V X Y Z

Quatro cavernas neste uádi produziram importantes resíduos arqueológicos, predominantemente do período paleolítico, mas incluindo também alguns resíduos significativos neolíticos: (1) Mugharet el-Ward ("Caverna do Vale"); (2) Mugharet ej-Jamal ("Caverna do Carmelo"; (3) Mugharet es-Sukhul ("Caverna do Garoto"); (4) Mugharet ET-Tabun ("Caverna do Forno"). O local foi escavado de 1929-1934 por Dorothy Garrod, da Escola Britânica de Arqueologia de Jerusalém. Além de render uma importante sequência de sílex pré-histórica, as cavernas continham também restos de esqueletos (vários deles articulados); mais significativamente, alguns dos ossos humanos de Mugharet es-Sukhul tinham traços característicos tanto de humanos de Neandertal como de Homo Sapiens (isto é, humanoides modernos). Foram também encontrados nas cavernas ossos de animais (importante evidência quanto ao registro da fauna e dos padrões de consumo do alimento humano), bem como alguns objetos de "arte".

2. Uádi el-Mughara (no sudoeste do Sinai), antiga região de mineração, fonte particularmente importante de turquesa para os antigos egípcios como ficou claramente demonstrado por inúmeras inscrições egípcias descobertas nestas cercanias gerais. Essa evidência epigráfica sugere que os habitantes nativos da região, bem como vários cananeus do sul foram contratados ou recrutados para participarem da mineração. De forma significativa, inscrições alfabéticas datando de cerca de 1500 a.C. foram encontradas na região, particularmente no local próximo de Serabit el-Hadem. Citada como inscrições Protossinaíticas, elas estão entre as inscrições alfabéticas mais antigas conhecidas; foram aparentemente produzidas pelos cananeus que trabalharam na região.

Bibliografia. D. A. E. Garrod e D. M. A. Bate, *The Stone Age of Mount Carmel: Excavations at the Wadi el-Mughara* 1 (Oxford, 1937); P. K. McCarter, Jr., *Ancient Inscriptions* (Washington, 1996); J.S. Jorgensen, "Inscription Sites", in *OEANE* 3.171-72; J. Naveh, *Early History of the Alphabet*, 2. ed. (Leiden, 1987); D. B. Redford, *Egypt, Canaan, and Israel in Ancient Times* (Princeton, 1992). [CHRIS A. ROLLSTON]

MUITAS ÁGUAS Expressão (heb. *mayim rabbîm*) usada comumente em contextos poéticos, com frequência em paralelo com "rios" (*nehārôṯ*), "profundo" (*tᵉhôm*), ou "mar" (*yām*). Ela denota com mais frequência a abundante provisão de Deus de água, nutrindo o rico crescimento (Nm 24:7). Essa abundância, entretanto, normalmente leva ao julgamento contra o recipiente mal-agradecido e arrogante — seja Tiro, Egito ou Israel (Is 23:2, 3; Jr 51:13; Ez 17:5, 8). Sua voz vibrante aparece também como expressão da glória de Deus — seja a voz poderosa de julgamento (Jr 51:55) ou alguma outra manifestação de glória — nas visões celestiais de Ezequiel (Ez 43:2; cf. Ap 1:15) ou talvez como parte de uma manifestação de Deus na tempestade (Sl 29:3). Alternativamente, ela pode denotar o rugir de confusão ou da força destrutiva de um inimigo, do qual Deus certamente resgatará o fiel (Ct 8:7; 2Sm 22:16-18 par.; Sl 32:6; 77:17-20 [TM 18-21]); Is 17:12,13).

Em linha com o simbolismo divino comum do antigo Oriente Próximo (Yamm/Mar cananeu, Tiamat mesopotâmio), as águas podem representar uma força primária do caos sobre o qual afirma-se que o Deus de Israel tem poder — seja por conseguir a vitória sobre ela numa batalha cósmica (Hb 3:13-15) ou usando-a como sua própria arma de destruição (Ez 26:19; cf. Gn 7:10, 11; Êx 15:8-10; Am 7:4; Is 51:9, 10, que usam frases diferentes, porém paralelas para expressar este mesmo conceito). [ROBIN J. DEWITT KNAUTH]

MULA Membro da família equídea, resultante do cruzamento de um jumento com uma égua, ou de um jumento e um onagro (burro selvagem). O macho (heb. *pered*) distingue-se da fêmea (*pirdâ*) no texto bíblico. Sendo híbrido, a mula é quase sempre estéril, todavia exibe qualidades de forma, força e resistência. Por essas razões, as mulas eram altamente valorizadas no mundo antigo como montarias reais (2Sm 13:29; 1Rs 1:44), objetos de tributo (10:25) e animais de tração (2Rs 5:17; 1Cr 12:40 [TM 41]). Como o cruzamento de espécies era proibido no Israel bíblico (Lv 19:19), é possível que tais animais de passo firme fossem obtidos por meio de importação ou troca (Ez 27:14). [MARK ZIESE]

MULHER NO CULTO ISRAELITA O termo principal para sacerdote na Bíblia Hebraica é *kōhēn*, que ocorre somente na forma masculina. O feminino *khnt* ocorre em línguas cognatas e até no hebraico rabínico, mas não com o significado bíblico e cada referência deve ser julgada em seus próprios méritos.

Um papel caracteristicamente cúltico, embora sem um título, foi desempenhado por Míriam, irmã de Moisés e Arão. Numa polêmica com Moisés (Nm 12), ela age com Arão, o sacerdote epônimo, de forma que se pode presumir que estava atuando também num papel sacerdotal. O fato de ela ter sido punida com lepra mostra o significado de suas ações. Êxodo 15:20 mostra Míriam, aqui com o título de "profetisa", liderando as mulheres na música e dançando, uma função cúltica. Aqui é enfatizado que ela era irmã de Arão e, de fato, proferiu um cântico como de um salmo que foi o primeiro verso do salmo em Êxodo 15:1b-18, um salmo de louvor por livramento como frequentemente encontrado no Saltério.

Nenhuma mulher tinha uma função de louvor no templo, mas imediatamente fora havia mulheres cuja descrição talvez de "mulheres que ministram" ou "mulheres que servem" pode não ser um título. (A raiz *sb'* é um termo geral que significa simplesmente "trabalhar, servir".) Em Êxodo 38:8, elas tinham espelhos de bronze e, em 1Samuel 2:22 (se forem as mesmas pessoas) elas pecaminosamente se deitam com os filhos do sacerdote Eli. Não são fornecidos detalhes de suas práticas; em Êxodo 38:8 seus espelhos podem indicar beleza, mas não se pode dizer se para sedução ou não.

A *g*^{e}*ḇîrâ*, "rainha mãe", tinha um lugar de destaque na corte, às vezes igualando a autoridade do rei, pelo menos cerimonialmente (1Rs 2:19; Jr 13:18), até coroando a figura chamada de rei Salomão em Cânticos 3:11. 1Reis 15:13 indica um ambiente cúltico, porque entre outras supressões de práticas religiosas estrangeiras, o rei Asa removeu sua mãe do posto de rainha mãe pelo fato de ela ter uma imagem abominável feita a Aserá.

As mulheres aparecem com frequência nos papéis de cantoras, músicas e dançarinas, e a maior parte desses papéis são cúlticos. As participantes femininas estavam provavelmente entre as funções mais baixas. O AT menciona pelo menos 25 tipos diferentes de instrumentos musicais: a buzina, a lira e tipos de percussão, alguns dos quais eram tocados por mulheres. Em Êxodo 15:20, Miriam toca um *tōp̄*, "tamboril", e a filha de Jefté também toca esse instrumento (Jz 11:34) numa história que pode ser a etiologia de um culto perdido; ambas as mulheres dançam. Os cantores, masculinos e femininos são mencionados juntos em fontes pós-exílicas (Ed 2:65; Ne 7:67).

Débora canta sua magnífica poesia (Jz 5:2-31) e Ana ora (1Sm 1:10). A tradição chama o bonito salmo de louvor atribuído a Ana (2:1-10) de oração, mas a forma do verso mostra que é poesia e, portanto, cantada. As mulheres aparecem em procissões do templo (Sl 68:25 [TM 26], que continuam no "santuário". São também as mulheres que dão as alegres mensagens de que o inimigo foi vencido (Sl 68:11, 12 [12, 13]).

O choro e o lamento cúltico também aconteciam. As mulheres deviam ensinar suas filhas e vizinhas a lamentar-se sobre a queda de Jerusalém (Jr 9:20 [19]), e um verso anterior (v. 17 [16]) sugere um grupo de mulheres pranteadoras. Essa mesma forma de *qînâ* ("lamentação") é encontrada no livro de Lamentações. Ali o choro é feito por alguém que canta as preocupações das mulheres, por Jerusalém as "filhas de Sião", e isso pode indicar que o livro, ou grande parte dele, era cantado pelas mulheres. Embora o templo como local de adoração não apareça no livro, os elementos espirituais são encontrados em todo ele.

As mulheres desempenharam também papeis em práticas cúlticas estranhas e proibidas. Embora as mulheres sentadas e chorando por Tamuz (Ez 8:14, 15) seja descrito como "abominação", isso foi feito numa das portas do templo. Essa foi uma variação recente de um ritual do segundo ou até do terceiro milênio emprestado dos babilônios, refletindo o retorno anual de Tamuz/Dumuzi ao mundo dos mortos. As mulheres também faziam uma receita de bolos para a rainha dos céus (Jr 7:18). A identidade dela tem sido muito discutida, mas provavelmente ela era uma das deusas canaanitas da família de Aserá, Astorete ou Anate, refletindo no final das contas um culto à Istar babilônica. As mulheres também teciam *bātîm* (RSV "cortinas", mas lit. "casas" ou "vestimentas") para Aserá (2Rs 23:7). Essa tecelagem era feita na casa do *qedesîm*, uma controvertida figura cúltica; esse título aparentemente estrangeiro ocorre tanto na forma masculina quanto feminina.

O quadro das mulheres palestinas e israelitas não estaria completo sem a menção das fecundas estatuetas de argila, normalmente feminino e usualmente nus. Estes foram encontrados a partir do oitavo milênio, mas de modo crescente nos níveis do Bronze Médio-Idade do Ferro primitiva. As figuras normalmente incluíam a área dos seios e a região pudica é enfatizada pela incisão de um triângulo. Posteriormente, elas vêm a ser estilizadas na forma de coluna. Os estudiosos discordam sobre se estas figuras representam deusas ou suas devotas, sendo ambas possíveis. As primeiras tantativas para identificar estas com as deusas conhecidas foram basicamente abandonadas. Pelo fato de as estatuetas serem geralmente encontradas nas casas, isso pode refletir uma "religião dos povos", não registrada na Bíblia. Elas podem também representar as "imagens" tão frequentemente denunciadas (Êx 20:4).

A área proibida de adivinhação foi rejeitada por completo pela ortodoxia hebraica, todavia todas as evidências apontam para sua preponderância em toda história. Tanto homens como mulheres aparecem nestes papéis, normalmente vagamente traduzido por "bruxa" ou feiticeiro/feiticeira" (Dt 18:10, 11; 2Rs 21:6; Jr 27:9; Lv 19:26, 31). Poucos títulos dão uma ideia geral de seus costumes: necromancia, interpretação de sonhos, adivinhação por flecha, sussurro, manejo de serpente.

Bibliografia. P. A. Bird, "The Place of Women in the Israelite Cultus", ed. P. D. Miller, P. D. Hanson e S. D. McBride, *Ancient Israelite Religion* (Philadelphia, 1987), 397-419; R. A. Henshaw, *Female and Male: The*

Cultic Personel: The Bible and the Rest of the Ancient Near East. PTSMS 31 (Allison Park, 1994): K. van der Toorn, *From Her Cradle to Her Grave: The Role of Religion in the Life of the Israelite and the Babylonian Woman*. Biblical Seminar 23 (Sheffield, 1994); C.J. Vos, *Woman in Old Testament Worship* (Delft, 1968). [RICHARD A. HENSHAW]

MUPIM (heb. *muppîm*) (tb. SEFUFÃ) Filho de Benjamim (Gn 46:21). Em Números 26:39, ele é chamado de Sefufã (cf. 1Cr 8:5, "Sefufã") e seus descendentes de sufamitas. A forma plural de Mupim e Hupim sugere que eles podem de fato ter sido populações que se juntaram à tribo de Benjamim (cf 1Cr 7:12, 15).

MURMURAR Expressão aberta ou velada de profunda mágoa, pesar, agonia, descontentamento, desgosto ou raiva. Os murmúrios, às vezes, funcionaram como orações a Deus num pedido de ação. Entre os exemplos estão a queixa (heb. *lûn*) dos israelitas no deserto (Êx 15:24; 16:2, 7-8; 17:3; Nm 14:2, 27, 29, 36). Esses murmúrios tiveram base concreta, ou seja, fome ou sede. Deus respondeu a esses clamores "ouvindo favoravelmente" e providenciando comida e água, aliviando dessa forma a aflição do povo.

Entretanto, os murmúrios são também apresentados como boatos clandestinos e mal intencionados blasfemando contra Deus ou seus líderes nomeados. Corá queixou-se contra Moisés e Arão (Nm 16) e diz-se que o povo de Israel esteve murmurando contra a liderança de Moisés (cap. 17). Os israelitas são também retratados resmungando (*rāgăn*) em suas tendas (Dt 1:27; Sl 106:25) em reação ao relatório dos espias. Este é um quadro ilustrativo do povo aborrecido em suas tendas em vez de se preparar para marchar para Canaã. Tal murmúrio é um menosprezo a Deus e a seus líderes nomeados e exige severa punição. Aqueles que se recusaram a entrar na Terra Prometida morreriam no deserto. Além disso, o povo de Israel, com justiça, murmurou na Terra Prometida ao acreditar que os líderes da nação foram desobedientes às regras estabelecidas por Deus (Js 9:18).

No NT, "murmurar" (gr. *gongyzō*) geralmente se refere à queixa dos fariseus e dos escribas (Lc 5:30; 15:2; cf. 19:7; Mt 20:11). A igreja do NT passou pela experiência do murmúrio dos helenistas contra os hebreus pelo fato de suas viúvas estarem sendo negligenciadas na distribuição diária (At 6:1). Paulo exortou os coríntios a não murmurarem como os hebreus haviam feito no deserto, porque o murmúrio deles havia provocado destruição (1Co 10:10; cf. Fp 2:14).

Bibliografia. G. W. Coats, *Rebellion in the Wilderness: The Murmuring Motif in the Wilderness Traditions of the Old Testament* (Nashville, 1968). [JOHN L. HARRIS]

MUROS Os muros proporcionavam a principal defesa de uma cidade ou fortaleza, com os conjuntos das torres e portas. A altura e a espessura do muro de uma cidade dependiam da visível necessidade de defesa de um território em particular e suas capacidades econômicas (de mão de obra e materiais). Cidades importantes para uma administração monárquica geralmente tinham muros maiores, enquanto as menos importantes ou não estratégicas tinham geralmente fortificações mais leves ou não tinham fortificações. Exércitos sitiados também construíam muros.

TIPOS DE MURO. Vários tipos de muro de cidade são confirmados pela arqueologia: um cinturão periférico de casas, um muro compacto (sólido) e o muro com casamata. Alguns vilarejos e cidades pequenas construíam um cinturão periférico de casas, isto é, casas posicionadas uma junto a outra, de maneira circular e com a frente para dentro, para que a sólida parte de trás das casas se duplicassem como um muro de defesa. Os telhados das casas serviam como postos de observação e forneciam posições estratégicas aos defensores em caso de ataque. Isso dava defesa a uma cidade ou vilarejo com mínimos recursos econômicos.

Os três tipos de muros sólidos são regulares, um muro com torres, e o muro com saliência e reentrância. Os muros maciços regulares são muros simples e sólidos, separados de qualquer outra estrutura, composto de terra ou pedra talhada, tijolos de barro ou ambos. Os muros com torres são muros maciços regulares com torres construídas embutidas em intervalos regulares e posições estratégicas como as que estão nos cantos e nas portas. As torres normalmente se estendiam além e eram mais altas do que os muros das cidades, criando um fogo de flanco. Os muros com saliências e reentrâncias eram construídos em seções que se projetavam e se retraíam alternadamente à medida que o muro se estendia em torno da cidade. Os arqueólogos sugerem que este tipo de construção fornecia maior estabilidade ao muro do que um muro maciço reto.

Os muros de casamata, requerendo menos materiais e horas de trabalho do que os muros sólidos, são dois muros sólidos paralelos conectados em intervalos por sólidas paredes transversais, criando, dessa forma, dependências dentro dos muros. Existem também três tipos de muros de casamata: independente, integrado e cheio. Os muros independentes com casamatas são separados de quaisquer outras estruturas. Os muros integrados são aqueles cujos aposentos foram usados para um propósito secundário, como um aposento para moradia. Os muros com casamata cheios são muros independentes com casamatas cujos aposentos foram cheios com terra ou entulho, criando, assim, um sólido muro grosso. A ideia era fortalecer o muro contra ataques sem as restrições econômicas de construir um sólido muro de pedra ou de tijolo de barro. Os muros de casamata cheios podiam ser construídos mais altos do que os muros de casamata vazios. Entretanto, o muro de casamata cheio não era mais resistente a um aríete do que um muro vazio. Uma vez feita uma abertura na estrutura do muro sólido, o enchimento saía ou podia ser facilmente removido pelos invasores para que o muro interno pudesse ser aberto.

Os muros de cerco, muros defensivos construídos por um exército invasor, eram erigidos em torno de uma cidade ou fortaleza. Esses muros davam proteção ao exército invasor e evitava que os habitantes escapassem da cidade sitiada. Ezequiel conta que os babilônios construíram muros de cerco em Jerusalém (Ez 17:17). Restos de um muro romano de cerco, de 68 d.C., da Revolta Judaica, ainda são visíveis em torno da montanha fortaleza de Massada.

Evolução dos muros de cidades. O muro e a torre em Jericó, que datam de cerca de 7800 a.C., é a mais antiga estrutura deste tipo conhecida. Entretanto, o muro de Jericó pode ter sido usado para impedir enchente em vez de defesa. Os mais antigos muros de cidade (para defesa) na Palestina são do tipo maciço e datam da Idade do Bronze Antigo I (c. 3000). Foram encontrados muros em Tel 'Erani, compostos de tijolos de barro com torres retangulares, com 4,5 m de espessura. Muros de cidade em outros locais dessa época, como Jericó, eram geralmente mais finos (1 m mais ou menos) e tinham torres semicirculares. A largura dos muros aumentou no Bronze Antigo chegando a 5-7 m de espessura no Bronze Antigo III (2650-2200). Os muros do Bronze Antigo II cercaram a cidade de Arade com torres contíguas aos muros em intervalos de 25-40 m.

Os muros das cidades desaparecem no fim da Idade do Bronze Antigo III e não reaparecem novamente até o Bronze Médio II. Os primeiros muros do Bronze Médio eram relativamente finos (c. 2 m de espessura) e eram do tipo com saliência/reentrância (com torres), como em Tell Beit Mirsim. Os dois tipos de muros eram construídos de tijolos de barro sobre fundações de pedra. No fim do Bronze Médio II, os muros se tornaram mais complexos, com a adição de uma argamassa (uma face externa inclinada, feita de terra batida, pedras e tijolos de barro, colocada contra a parte inferior do muro de uma cidade para acrescentar resistência e proteção contra a tentativa de atacantes de cavar por baixo do alicerce do muro). Os muros de casamata foram introduzidos no Bronze Médio e continuaram no Bronze Recente, como em Hazor. As portas de cidades começaram a ser construídas com pedras de cantaria (pedras cortadas e aparelhadas) e com câmaras. Uma variante de um muro no Bronze Médio é a plataforma. Aparecendo pela primeira vez no Bronze Médio II, a plataforma é um cinturão compacto de terra firmado por um núcleo interno de pedra ou tijolo de barro. As plataformas medem 25-40 m de largura, 10-15 m de altura e têm um ou ambos os lados inclinados, quase sempre com um fosso ou trincheira ao longo da extremidade inferior. Entre os locais com plataformas estão Tel Dan, Akko, Hazor, Yavneh-Yam e Tel Kabri.

Vários locais que tinham muros com saliências-reentrâncias nos períodos anteriores, têm muros com casamata no Bronze Recente (como em Siquém). Embora as fortificações tenham continuado com pouca mudança entre o Bronze Médio e o Bronze Recente, os muros do Bronze Recente tiveram a qualidade e a espessura reduzidas desde os muros do Bronze Médio.

Os muros geralmente desaparecem na Idade do Ferro I, com exceção do cinturão periférico de casas; entretanto, a maior parte dos tipos de muros é encontrada na Idade do Ferro II. Megido, Gezer, Laquis e Tell en-Nasbeh começaram a Idade do Ferro II com um cinturão periférico de casas, mas rapidamente mudaram para muros independentes. Os muros com casamata predominam no século X, mas os muros compactos rapidamente os substituíram no século IX e daí em diante. O estrato de Hazor X (séc. X) tinha muros com casamatas independentes atribuídos a Salomão e que foram enchidos no estrato VIII (séc. IX). O estrato Berseba III (séc. IX) tinha muros com casamatas integrados. O estrato Megido IVB (séc. X) tinha muros com casamatas atribuídos a Salomão. Entretanto, no estrato IVA (séc. IX) muros compactos com saliência/reentrância substituíram os muros com casamata, atribuídos a Acabe. Associado aos muros de Megido está um complexo de portas com câmaras construído com pedras de cantaria ciclópicas; entretanto, uma porta com quatro câmaras no estrato IVA substituiu este complexo de portas. Laquis (séc. VIII) tinha dois muros maciços (paralelos) com torres, de acordo com relevos assírios e escavações no local (os escavadores descobriram muros de 6 m de grossura, construídos de tijolos de barro sobre um alicerce de pedra). Um muro maciço regular feito de tijolos de barro foi encontrado em Asdode (séculos X-IX). Os arqueólogos descobriram um muro sólido e compacto em Jerusalém que mede 7 m de grossura e data do início do século VII. Os muros das cidades não eram apenas grandes na Idade do Ferro II; tinham normalmente rampas. A diversidade de fortificações do Ferro II indica que a localização, o funcionamento e a importância administrativa de uma cidade determinava o tipo de muro construído em vez de um plano-mestre uniforme.

Os muros do período persa são basicamente uma continuação dos muros do Ferro II; entretanto, muitos locais desse período não eram fortificados. Muros maciços em Tell Abu Hawan foram construídos com uma combinação de pedras com colunas de pedra de cantaria (uma colocada de comprido e duas travadas) a cada 2-3 m, possivelmente para acrescentar resistência. Tell Megadim tinha um muro com casamata.

Os muros de cidades nos tempos gregos e romanos era geralmente compactos, maciços e com torres. Os governantes asmoneus construíram muros maciços com torres em torno de Jerusalém. Herodes restaurou e aumentou seções deste muro com suas torres.

Referências bíblicas. A casa de Raabe fazia parte do muro da cidade de Jericó (Js 2:15), e Josué e seu exército marchou em torno de Jericó, que caiu ao soar das trombetas (cap. 6). De acordo com 1Rs 9:15, Salomão construiu muros em torno de Jerusalém, Hazor, Megido e Gezer. Roboão construiu defesas em várias cidades de Judá (2Cr 11:5-10), e Asa também fortificou as cidades de Judá (14:7 [TM 6]. Josafá construiu fortificações em Judá (2Cr 17:12). Neemias, ao retornar à cidade que os babilônios haviam dizimado em 586, reparou os muros de Jerusalém (Ne 2:11–4:23). Os discípulos baixaram Saulo num cesto por uma abertura no muro da cidade de Damasco para evitar os judeus que procuravam matá-lo (At 9:25). Apocalipse 21 descreve os muros da Nova Jerusalém.

Bibliografia. A. Ben-Tor, ed., *The Archaeology of Ancient Israel* (New Haven, 1992); A. Kempinski e R. Reich, eds., *The Architeture of Ancient Israel* (Jerusalem, 1992); A. Mazar, *Archaeology of the Land of the Bible, 10,000-586 B.C.E.* (New York, 1990). [TERRY W. EDDINGER]

MURTA *Myrtus communis L.*, arbusto perene aromático de folhas escuras ovais, flores brancas ou cor-de-rosa e frutos escuros, comum na Síria, Palestina e em outras partes da região mediterrânea (Zc 1:8, 10-11). A murta (heb. *hăḏas*) é associada à transformação escatológica do deserto em lugar bem irrigado (Is 41:19; 55:13). Após a restauração pós-exílica da festa das Cabanas, ramos de murta foram usados na construção de tendas (Ne 8:15).

MUSI (heb. *mûšî*) Levita, segundo filho de Merari (Êx 6:19; Nm 3:20; 1Cr 6:19, 47 [TM 4, 32]; 23:21, 23; 24:26, 30). Ele foi o ancestral epônimo de uma família levítica, os musitas (Nm 3:33; 26:58).

MÚSICA, INSTRUMENTOS MUSICAIS A música e seus instrumentos de produção, instrumentos musicais, como mencionados na Bíblia estão entre os fenômenos mais complicados do passado. Isso decorre tanto da natureza efêmera da música em si como das fontes indiretas de estudo — escrita, arqueológico-iconográfica, comparativa — e o fato de somente poucos instrumentos musicais descobertos em escavações (címbalos, chocalhos) ainda poderem produzir som.

A documentação mais antiga da tradição oral de declamação bíblica está preservada no Códex do Cairo (séc. IX), em que o texto bíblico é provido de *ṭa'amê hammiḇrā'* (acentuação bíblica), tipo de escrita com símbolos acrescentados a certos textos sagrados, que podem servir como fonte comparativa, embora não confiável para a recriação do canto do antigo Israel (da mesma forma a notação cuneiforme de Ugarite ou a transcrição da música tradicional judaica contemporânea como é frequentemente usada para esse propósito). A Bíblia, considerada a principal fonte para o estudo da música no antigo Israel, pode ser útil apenas para o estudo do contexto social: por exemplo, o serviço sagrado (1Cr 23; 2Cr 29:25) e louvor de Deus (Is 12:5, 6; Sl 150); apotropaico-profilático (Êx 28:33; 1Sm 16:16), extático-profético (10:5) ou meio sobrenatural (Êx 19:19); comunicação (Nm 10:1-9); guerra (2Cr 20:28); eventos alegres (Êx 15:20) e tristes (2Sm 1:17-27); ou símbolo de pecado e prostituição (Is 5:12; 14:11). Os relatos são às vezes ambíguos: por exemplo, o percurso de Davi com a arca como um tipo de orgia, com predominância de instrumentos de percussão com características dionisíacas (2Sm 6:5), ou de certa forma uma ocasião cerimonial com cântico e som de trombetas (1Cr 13:8).

Vários relatos sugerem que diferentes estilos de cânticos eram empregados: solo (2Sm 23:1), coral (2Cr 20:21; Êx 32:18, 19), *a capela* (15:1) ou com acompanhamento instrumental (15:20, 21; Sl 149:1-3), responso (1Sm 29:5; Ed 3:10, 11), ou antífona (1Sm 18:6, 7).

O maior potencial de informação concernente à música como é descrita na Bíblia é o estudo dos instrumentos registrados, mas essa informação é, da mesma forma, limitada. O caráter preciso da música nunca é descrito, com exceção de alguns termos relativos aos sinais do shofar e da trombeta (Nm 10:2-10). Somente três versículos mencionam o material usado para fabricar um instrumento musical (Nm 10:2; 1Rs 10:12; 1Cr 15:19) e, raramente é mencionada a técnica de execução (1Sm 16:23).

Os nomes dos instrumentos musicais não são inteiramente claros. A LXX, Peshitta e a Vulgata os traduzem sem compreensão exata de seu significado.

Uma versão pode traduzir a mesma palavra de várias formas diferentes: ex., a LXX traduz o hebraico *kinnôr* como *kithára, kinúra, psaltḗrion, órganon* e *nábla*. Informação incerta está disponível em fontes pós-bíblicas: os textos de Flávio Josefo e Fílon de Alexandria, no Talmude e nos rolos de Qumran.

Por essas razões, e particularmente pela incerteza hitórica e cronológica do registro bíblico, a arqueologia deve ser considerada a fonte mais importante para o estudo das culturas musicais do mundo bíblico. No momento, cerca de setecentos objetos — resíduos verdadeiros de instrumentos musicais e descrições artísticas — foram escavados. A análise estatística desses objetos fornece importante indicação de instrumentos musicais presentes no antigo Israel e na Palestina. Por exemplo, não são confirmadas harpas, portanto não há razão para interpretar o hebraico *nēḇel* como "harpa", o instrumento que o rei Davi é comumente descrito tocando-a. Do período babilônico/persa, que os livros de Esdras, Neemias e Crônicas informam ter desenvolvido liturgia e vida musical excepcionalmente rica, não sobreviveu nenhuma evidência.

Os instrumentos mais comuns de Israel da Idade do Ferro vieram da cultura cananeia. Eles parecem ter sido de construção modesta, todavia de grande variedade e capazes de técnica de execução relativamente sofisticada. Entre os instrumentos disponíveis à população estavam instrumentos de percussão feitos de barro (Provavelmente *mena‘an‘’m*), tambores de estrutura redonda (*tōp̄*) e duplo instrumento de sopro semelhante ao oboé e ao clarinete (provavelmente *ḥāl’l*). As elaboradas liras egípcias de oito ou mais cordas abriram caminho para o *kinnôr*, menor e *nēḇel*, com menos cordas, principalmente usado na música religiosa e na corte. Durante o período babilônico-persa, houve visível declínio na vida musical, talvez reflexo das restrições religiosas locais (cf. Is 5:12; 24:8, 9; Os 9:1). O período helenístico-romano produziu um florescimento de todos os tipos de atividades musicais e a introdução de muitos novos tipos de instrumentos (novas variedades de harpas e alaúdes, flautas de osso revestidas de bronze). Isso foi conseguido com resistência nos círculos ortodoxos, que citavam censuras bíblicas relativas a atividades licenciosas associadas à música (m. Sota 9.11; b. Sota 48a-b; Git. 7a-b).

Antigo Testamento

• *bĕḵōl ‘ăṣê ḇĕrôš’m*. Instrumentos feitos de vários tipos de madeira (2Sm 6:5; em 1Cr 13:8 *bĕḵōl ‘ōz ûḇš’m*, "com todas as suas forças, cantando e tocando..."). Essas podem ser as matracas duplas de madeira de cipreste usadas pelas massas (em contraste com as matracas Hathor do tipo egípcia de marfim ou osso dos ricos).

• *ḥāl’l*. Instrumento de sopro único ou duplo feito de cana ou junco semelhante ao clarinete ou oboé (de *ḥll*, "oco, vazio", também "profano"). Acompanhava a profecia extática (1Sm 10:5) e era usado tanto nos festivais (1Rs 1:40) como na lamentação (Jr 48:36) e também nos festejos seculares (Is 5:12). Instrumentos simples de osso bem como os elaborados revestidos de bronze foram encontrados do período helênico-romano. Inúmeras representações artísticas de todos os estratos já no século XVIII a.C. retratam deusas e dançarinos eróticos, sacerdotes e sátiros, pranteadores e os festivos tocando instrumentos de sopro duplos.

• *ḥăṣōṣĕrâ*. A trombeta, feita de prata batida (Nm 10:2) ou de bronze. Originalmente, deveria ser tocada somente pelos sacerdotes para aviso (reunir a congregação e líderes) ou alarme, em tempos de guerra, celebração, ou em dias solenes, no começo do mês e para a oferta queimada (Nm 10:2-10). No período persa-babilônico, a trombeta foi tocada no serviço do templo (2Rs 12:13 [TM 14]), nas coroações (11:14; 2Cr 23:13), na construção do templo (Ed 3:10) e em conexão com votos a Deus (2Cr 15:14). Algumas passagens que descrevem o toque da trombeta poderiam ser consideradas acréscimos posteriores refletindo práticas litúrgicas (cf. 2Sm 6:5; 1Cr 13:8). Ilustrações que se acreditava representar as trombetas nas moedas de Bar Kokhba e no arco de Tito são agora questionadas. Números 10:4-5 e especialmente os rolos de Qumran (1QM 2.15; 3.1; 7.9; 9.9) contêm descrições em geral de técnicas do toque da trombeta (som prolongado, toque curto, toque retinido, som agudo e alarme de batalha).

• *kinnôr*. A lira é um instrumento popular confirmado em vários textos do antigo Oriente Próximo, bem como nos nomes de deuses e de lugares e na iconografia siro-palestina. Foi símbolo de primitivas atividades profissionais musicais (Gn 4:21) e associada com quase todo tipo de ocasião musical, desde o louvor a Deus (Sl 150:3) e profecia (1Sm 10:5) até sofrimento (Jó 30:31), celebrações seculares (Gn 31:27) e libertinagem (Is 23:16). Eram feitas de madeira de almugue (1Rs 10:11, 12), com dez (Josefo, *Ant.* 8.3.8) ou sete (m. quinnim 3.6) cordas finas de tripa e normalmente tocada com uma pequena vara de marfim (1Sm 16:16 especifica pizzicato). O *kinnôr* mudou de forma com o tempo, embora diferenças regionais tenham sido menos aparentes na sociedade bíblica multicultural.

• *mena‘an‘’m*. Idiofone, provavelmente instrumento de percussão de barro (de nua‘, "agitar") de várias formas (geométicas, zoo e antropomórficas;

5-12 cm de comprimento), como sugerido por mais de setenta achados arqueológicos dos períodos da Idade do Bronze ao babilônico. Era um instrumento popular usado em atividades religiosas orgiásticas (2Sm 6:5) e, como tal, não favorecido pela ordem teocrática (cf. 1Cr 13:8).

• *mĕṣiltayim, ṣelṣĕlim.* Címbalos (ocorre somente na forma dupla), mencionados no início do século XIV. Foram recuperados exemplares que vão das ocupações cananeias aos locais helenístico-romanos quase mil anos depois. Dois tipos foram encontrados: pratos semelhantes a pires (7-12 cm) presos por laçadas, vibrado principalmente na posição vertical, e címbalos menores (3-7 cm, presos a dois dedos de uma mão. Os címbalos "de bronze" são mencionados somente em textos pós-exílicos (1Cr 15:19; cf. Ed 3:10; Ne 12:27); devem ser tocados pelos levitas (1Cr 15:16) e em eventos religiosos (2Cr 5:13). Os *ṣelṣĕlim* mencionados em 2Samuel 6:5 podem ter sido simplesmente instrumentos que faziam pouco barulho, um tipo de chocalho de metal, enquanto o *mĕṣiltayim* de 1Crônicas 13:8 são maiores e, portanto, mais adequados à adoração no templo. O salmo 150:5 menciona *ṣilṣĕlêšāma'* ("retinindo *ṣelṣĕlim*") e *ṣelṣĕlim-tĕrû'â* ("ruidoso, bater ruidosamente *ṣelṣĕlim*", talvez os dois tipos confirmados pela arqueologia.

• *nēḇel, nēḇel 'aśôr.* Tipo de lira. Tal como o *kinnôr*, com o qual é geralmente mencionado, o *nēḇel* era feito de madeira de almugue (1Rs 10:12), mas tinha doze cordas grossas (m. Qinnim 3.6) e era sempre tocado em *pizzicato* (Josefo, *Ant.* 7.12.3). A evidência arqueológica afasta sua identificação como harpa, sugerindo, ao contrário, que o *nēḇel* era uma lira grande [afinada em tom] baixo mais profundo. O *nēḇel* 'asôr era uma lira de dez cordas (Sl 33:2; 144:9). Esse instrumento era tocado pelos levitas (1Cr 15:16; 25:1) em eventos religiosos (1Cr 13:8; Sl 150:3), em celebrações de vitória (2Cr 20:28) e acompanhando profecias extáticas (1Sm 10:5), bem como em festas orgiásticas (Is 5:12).

• *pa'ămôn.* Sino (heb. *p'm*, "bater"). "Sinos de ouro", colocados entre romãs, eram presos à orla inferior da veste do sumo sacerdote (Êx 28:33, 34; 39:25, 26) e tinha significado profilático apotropaico (28:35). Confirmados no Oriente Próximo, já no século XV, os sinos aparecem no antigo Israel dos séculos IX-VIII em diante. Achados do período helenístico-romano incluem sinos acompanhados por remanescentes de tecidos que indicam a colocação deles no vestuário. O mosaico da sinagoga de Séforis (início do século V), recentemente descoberto, retrata Arão com os sinos presos à sua túnica.

• *šôp̄ār.* Chifre de carneiro (cf. ac., "cabra selvagem"). Instrumento musical mencionado com maior frequência na Bíblia, usado desde pelo menos a Idade do Ferro até hoje. É capaz de produzir dois ou três sons de tons diferentes de alarme, caracterizado como *tēqa'* ("clangor"), *tĕrû'â* ("grito de júbilo") e *yabbāḇâ* ("soluçar, suspirar; tremer"). A mais antiga notação musical conhecida para o *šôp̄ār* está registrada em Siddur de Gaon Sa'adia (séc. X d.C.). O *šôp̄ār* era instrumento solo em eventos significativos religiosos e nacionais: nas teofanias (Êx 19:13, 16), no Dia da Expiação (Lv 25:9), na festa da Lua Nova (Sl 81:3 [TM 4], no dia do juízo (Jl 2:1), no transporte da arca (2Sm 6:5), durante a batalha (Jz 3:27) e nas celebrações de vitória (1Sm 13:3). Desde o século III d.C. o *šôp̄ār* aparece como símbolo em mosaicos de sinagogas (Hamate-Tiberias, Bete-Seã), em fragmentos de colunas, lâmpadas a óleo, etc.

• *qeren hayyôḇēl.* Chifre de carneiro, mencionado somente uma vez em conexão com a destruição dos muros de Jericó (Js 6:5). Pode ter sido variação do *šôp̄ār*.

• *tōp̄.* Tambor, tamboril, tímpano. Instrumento amplamente encontrado nas escavações no antigo Oriente Próximo. A forma mais comum de sua estrutura na Síria-Palestina era de 25-40 cm, sobre a qual era esticada uma membrana de pele. Tinha uso religioso e secular, acompanhando canto e dança (Sl 149:3) e êxtase profético (1Sm 10:5). Os tambores eram tocados em banquetes (Sl 81:2 [3], procissões (2Sm 6:5; Sl 68:25 [26] e outras celebrações (Gn 31:27), mas aparentemente não para a adoração no templo. O *tōp̄* parece ter sido tocado com mais frequência por mulheres, normalmente usado como instrumento solo ligado a danças, também uma atividade feminina. Vários figurinos femininos em terracota de tocadoras de tambores têm sido encontrados da Idade do Ferro em diante; dois tipos são comuns, aparentemente refletindo a síntese do sagrado e do secular na cultura musical do antigo Israel: mulheres em trajes na forma de sinos, sem joias ou parcialmente despidas e usando ricas joias.

• *'ûgāḇ.* Frequentemente identificado como uma flauta vertical (cf. egip. *ma't*), embora a LXX e Josefo a considerem instrumento de corda (cf. Gn 4:21; "flauta"). Ocorre como instrumento de louvor (Sl 150:4), alegria (Jó 21:12) e lamentação (30:31).

Daniel. O nome dos seis instrumentos musicais listados em Daniel 3:5, 7, 10, 15 é de origem aramaica ou grega: *qarnā'* (cf. heb. *qeren*, "chifre de animal"), aqui uma trombeta de bronze conhecida de fontes neobabilônicas; *mašrôq'rā'* (de *šrq*, "assobiar"), provavelmente um tipo de instrumento de junco; *qayṯros* (gr. *kithára*), lira greco-romana; *saḇbĕḵā*, harpa angular grega ou fenícia, confirmada no período selêucida (cf. gr. *psaltērion*), harpa grande, angular segura horizontalmente, batida com dois bastões; *sûmpōnyâ*, entendida ou como a gaita de fole ou tímpano ou talvez uma designação para "todo o ajuntamento" (*kōl zĕnê zĕmārā'*).

Termos coletivos. Vários outros termos ocorrem para designar classes ou variedades de instrumentos, principalmente instrumentos de cordas: *kel'm*, lit., "vasos, implementos", termo genérico para instrumentos (1Cr 23:5); *kelê-ḏāw'ḏ*, "instrumentos de Davi" (2Cr 29:26); *kĕl'-nēḇel* (Sl 71:22; 1Cr 16:5; "harpa"); *kelê-'ōz*, "instrumentos ruidosos" (2Cr 30:21); *kelê-š'r*, "instrumentos de cântico" (p. ex., Am 6:5); *minn'm*, "cordas" (Sl 150:4).

Sobrescritos dos salmos. Termos musicais nos títulos dos salmos estão entre os problemas mais difíceis de tradução na Bíblia. Os musicólogos modernos consideram muitos serem notações relativas a técnicas de execução ou, talvez, palavras-chave para melodias populares. O hebraico *lamĕnaṣṣēaḥ*, "Para o mestre do coro" (ou "Mestre de Vitória"), que ocorre 55 vezes nos salmos e também em Habacuque 3, pode indicar instruções para o líder. O hebraico *mizmôr*, que ocorre em 57 salmos, pode especificar o canto com acompanhamento instrumental. Muitas das notações permanecem altamente incertas. Por exemplo, *'al-'ălāmôṯ* (Sl 46:1) pode significar "com um instrumento de corda" (cf. 1Cr 15:20) ou "tambor" (cf. Sl 68:25 [26] ou, talvez, "no oitavo" (tom ou modo)" (cf. 1Cr 15:20, 21). O hebraico *'al haggitt'ṯ* (Sl 8,81, 84) pode especificar "no estilo de Gate" ou "sobre o instrumento de Gate".

NOVO TESTAMENTO. São mencionados quatro ou talvez cinco instrumentos musicais no NT.

A flauta única ou dupla (gr. *aulós*; lat. *tíbia*). Esse popular instrumento greco-romano, feito de junco, era tocado tanto em casamentos como em funerais (1Co 14:7; cf. Mt 9:23; 11:17).

Lira (gr. *kithára*). A comparação do som das liras com a expressão de muitas águas e grande trovão (Ap 14:2) pode sugerir o instrumento romano, maior ("harpa").

Trombeta (gr. *sálpinx*; lat. *tuba*). O instrumento mais mencionado no NT (11 vezes), seu som simbolizou o poder sobrenatural ("trombeta de Deus", 1Ts 4:16) e a apocalíptica "última trombeta" anunciando a Parúsia (1Co 15:52).

Címbalos (gr. *kumbaló*). O "gongo barulhento" (*chalkós ēchṓn*, 1Co 13:1) era provavelmente dispositivo de ressonância, vaso de bronze nos fundos do teatro grego (VKJ "bronze que retine").

O grego *sumphonía* (Lc 15:25) pode designar outro instrumento, contudo é mais provável que se trate de um termo coletivo para um conjunto de instrumentos musicais ou, talvez, um termo geral para "música".

A primeira carta aos Coríntios 14:7-8 é particularmente significativa para a história da música. Aqui, pela primeira vez na Bíblia, há referência a "notas distintas". Esta e a preocupação paralela que trata de "som indistinto" sugere a estética emergente relativa à precisão musical.

Bibliografia. Bathja Bayer, "The Finds That Could Not Be", *BAR* 8/1 (1982): 20-33; Joachim Braun, *Music in Ancient Palestine* (Grand Rapids, 2000); Curt Sachs, *The History of Musical Instruments* (New York, 1940); Alfred Sendrey, *Music in Ancient Israel* (New York, 1969); William Sheppard Smith, *Musical Aspects of the New Testament* (Amsterdam, 1962). [JOACHIM BRAUN]

MUTE-LÁBEN (heb. *mûṯ labbēn*) Expressão que se acha no sobrescrito do Salmo 9 (v. 1 no TM) e que significa "morte de um filho". Pode ser o nome de uma melodia conhecida com a qual o salmo devia ser cantado.

N

NAÃ (heb. *na'am*) **1.** Descendente de Judá, filho de Calebe e neto de Jefoné (1Cr 4:15).

2. (heb. *naḥam*) Nome de um homem pertencente à tribo de Judá, irmão da mulher de Odias (1Cr 4:19).

NAALAL (heb. *nahălāl*) (tb. NAALOL) Cidade levítica designada aos meraritas (Js 21:35) do território da tribo de Zebulom (19:15). Não é mencionada na lista de cidades levíticas em 1Crônicas 6:77 [TM 62]. De acordo com Juízes 1:30 (Naalol), os homens de Zebulom não conseguiram expulsar os habitantes cananeus, mas os submeteram a trabalhos forçados. Dois sítios arqueológicos têm sido propostos. Tell e-Beida fica na planície de Esdrelon a noroeste de Jocneão (cf. Js 19:11), mas carece de tradicional apoio. Tell em-Nahl, cujo nome é semelhante a Naalal, fica na planície costeira mediterrânea ao sul de Aco e a nordeste do rio Quisom, área associada à tribo de Aser, não de Zebulom. [ERIC F. MASON]

NAALIEL (heb. *naḥălî'ēl*) Nome de um acampamento israelita próximo ao fim da jornada no deserto, a leste do mar Vermelho entre Matana e Bamote, perto da terra de Moabe. Naaliel não está listado no itinerário de Números 33. Possíveis locais para o sítio arqueológico sejam o uádi Wâla, tributário do rio Arnom ao norte e o uádi Zerqa Ma'în, que deságua no mar Morto cerca de 17-18 km ao norte do Arnom. [PETE F. WILBANKS]

NAAMA (heb. *na'ămâ*) **I. (LUGAR)** Cidade da Sefelá de Judá, parte da herança dessa tribo (Js 15:41). Está incluída no distrito de Laquis, mas a localização exata permanece incerta. Alguns estudiosos têm sugerido locais no vale de Soreque, perto de Timná, com base na evidência toponímica, enquanto outros acreditam que deva estar localizada mais perto de Laquis.

Bibliografia. W. F. Albright, "Topographical Researches in Judaea", *BASOR* 18 (1925): 6-11. [JENNIFER L. GROVES]

II. (PESSOA) 1. Filha de Lameque e Zila, irmã de TubalCaim (Gn 4:22).

2. Mulher amonita que se casou com Salomão; mãe de Roboão (1Rs 14:21,31; 2Cr 12:13).

NAAMÃ (heb. *na'ămān*) **1.** Filho de Benjamim (Gn 46:21).

2. Filho de Bela, filho de Benjamim, ancestral epônimo dos naamatitas (Nm 26:40; 1Cr 8:4).

3. Filho de Eúde, bisneto de Benjamim (1Cr (1Cr 8:7).

4. Comandante do exército da Síria, curado de sua lepra ao banhar-se no Jordão (2Rs 5). Uma empregada israelita disse à esposa de Naamã que um profeta de Samaria, Eliseu, podia curar Naamã de sua doença. Informado disso, numa carta do rei da Síria, o rei de Israel a interpretou como pretexto de conflito entre a Síria e Israel. Por intermédio da intervenção de Eliseu, Naamã, no entanto, foi a Israel, mas foi curado somente depois que seus servos o compeliram a seguir as instruções de Eliseu, de banhar-se no Jordão. Naamã confessou então sua fidelidade ao Senhor e se despediu. Dizendo a Naamã que o profeta havia mudado de ideia, Geazi, servo de Eliseu, obteve, de maneira enganosa, presentes de prata e vestes de Naamã. Confrontado por Eliseu, Geazi foi, por causa disso, acometido pela lepra da qual Naamã fora curado.

A narrativa demonstra que embora Israel fosse o local de atividade do Senhor, os gentios também participavam da beneficência de Yahweh: apesar de suas objeções, Naamã pôde ser curado apenas no Jordão (2Rs 5:11-14); confessou não haver Deus em todo mundo a não ser em Israel (v. 15) e quis retornar à Síria com terra israelita para que pudesse sacrificar somente ao Senhor no futuro (v. 17). Jesus recorda a história em Lucas 4:27 para enfatizar que a beneficência de Deus se estende além de Israel para os gentios. [JOHN E. HARVEY]

NAAMÂNI Um dos líderes dos israelitas que retornou com Neemias do exílio na Babilônia (Ne 7:7).

NAAMATITA (heb. *na'ămāṯî*) Gentílico atribuído a Zofar, amigo de Jó (Jó 2:11; 11:1; 20:1; 42:9; cf. LXX "Minean"). Aparentemente deriva de Naama ou Naame, cidade (ou distrito) do nordeste da Arábia (possivelmente Jebel e-Na'ameh) ou Edom.

NAAMITAS (heb. *na'ămî*) Família de benjamitas, descendentes de Naamã (Nm 26:40).

NAARÁ (heb. *na'ărâ*) **I. (LUGAR)** Cidade na fronteira leste de Efraim (Js 16:7). Em 1Crônicas 7:28, o autor lista Naará, provavelmente o mesmo lugar. Josefo refere-se a uma cidade chamada Naará (*Ant.* 17.13.1 [340]), e Eusébio descreve um povoado judaico, Noarate, localizado a 8 km de Jericó (Onom. 136.24). A localização exata é incerta, mas Naará tem sido identificada com locais da Idade do Ferro perto de Jericó, incluindo Khirbet el-'Ayâsh, el-Aujeh e, mais comumente, com Tell el-Jisr, cerca de 6 km a noroeste de Jericó. [LAURA B. MAZOW]

II. (PESSOA) Uma das duas esposas de Asur, pai de Tecoa. Foi a mãe de Auzão, Hefer, Temêni e Haastári (1Cr 4:5,6).

NAARÃ (heb. *na'ărān*) Forma alternativa de Naará (1Cr 7:28).

NAARAI (heb. *na'ăray*) **1.** (tb. PAARAI) Filho de Ezbai; um dos homens fortes de Davi (1Cr 11:37). Em 2Samuel 23:55, é chamado de Paarai, o arbita.

2. (heb. *naḥăray*) Um dos homens poderosos de Davi e escudeiro de Joabe cuja cidade natal foi Beerote (2Sm 23:37 = 1Cr 11:39).

NAÁS (heb. *nāḥāš*) Rei amonita durante o fim do século XI a.C. Em narrativa com a intenção de demonstrar a validade da realeza de Saul (1Sm 12:12), o TM indica que Naás cercou a cidade israelita transjordaniana de Jabes-Gileade e exigiu sua rendição. Saul ouviu a respeito da ameaça amonita, convocou um exército e derrotou os amonitas (1Sm 11:1-11). Um rolo de Qumran (4QSama) preserva não somente o mesmo material relativo a Naás conforme o TM, como também um prólogo à perícope de Naás que está também contido em Josefo (*Ant.* 6.5.1 [68-71]). De acordo com este texto suplementar, Naás vinha oprimindo as tribos transjordanianas de Rúben e Gade, e 7.000 homens haviam escapado de Naás e fugido para Jabes-Gileade. A forma mais longa de narrativa é considerada original por alguns estudiosos, mas secundária por outros.

Naás e seu filho Sobi aparentemente tinham bom relacionamento com Davi (2Sm 10:2; 17:27-29). Após a morte de Naás, Davi enviou mensageiros ao seu filho Hanum, aparentemente para consolá-lo, mas Hanum os considerou espiões e os humilhou. Essa atitude dele levou a um confronto militar (2Sm 10:1-19).

Irmã de Zeruia (mãe de Joabe) e do pai de Abigail. Abigail, filha de Naás (mãe de Amasa) foi casada com Itra, identificado tanto como israelita (2Sm 17:25) como ismaelita (1Cr 2:17). Os materiais referentes a este Naás são textualmente problemáticos.

Bibliografia. A. Rofé, "The Acts of Nahash according to 4QSama" *IEJ* 32 (1982): 129-33; E. C. Ulrich, Jr., *The Qumran Text of Samuel and Josephus*. HSM 19 (Missoula, 1978); R. W. Younker, "Ammonites", in *Peoples of the Old Testament World*, ed. A. J. Hoerth, G. L. Mattingly e E. M. Yamauchi (Grand Rapids, 1994), 293-316. [CHRIS A. ROLLSTON]

NAATE (heb. *naḥaṯ*) **1.** Filho primogênito de Reuel e neto de Esaú (Gn 36:13; 1Cr 1:37); chefe tribal edumeu (Gn 36:17).

2. Descendente de Levi (1Cr 6:26 [TM 11]). Há sugestões de que esse nome seja lido como Toá (de acordo com 1Crônicas 6:34(19) ou Toú, conforme 1Samuel 1:1.

3. Um dos ajudantes nomeados por Ezequias para trabalhar sob a supervisão de Conanias, o levita e seu irmão Simei; e assumir o encargo da câmara de armazenamento onde as contribuições sagradas eram guardadas (2Cr 31:13). [ARNOLD GOTTFRIED BETZ]

NABAL (heb. *nāḇāl*) Rico descendente de Calebe, pastor de Maom (1Sm 25). Embora improvável que o seu nome fosse Nabal ("tolo"), suas ações na história o retratam como tal, enquanto sua esposa Abigail, ao contrário, perspicaz e engenhosa age de maneira esperta, preparando seu futuro para o harém do rei. Essa história retrata também o primeiro relacionamento de Davi com a estrutura do poder perto de Hebrom, onde em seguida seria coroado rei, primeiro de Judá e depois, de todo o Israel. Davi, um fora da lei da corte de Saul que estava residindo com seus homens perto dos rebanhos de Nabal, procura presentes desse homem durante a temporada dos festejos da tosquia, lembrando Nabal que os homens de Davi haviam estado com os rebanhos e com os pastores dele, mas não lhes haviam causado nenhum dano. Há certamente uma pequena ameaça mesclada no pedido de Davi, como se torna óbvio quando Nabal, em sua estupidez, se recusa a atender ao pedido de Davi e o insulta (1Sm 25:10,11), chamando-o de meramente um dos muitos servos em fuga de seus senhores. Ao ouvir essa resposta, Davi preparou seus guerreiros para atacar Nabal. Abigail, astutamente, vai ao encontro de Davi na estrada com presentes, desviando o desastre que se teria abatido sobre Nabal (como está enfatizado pelas palavras de Davi em 1Samuel 25:34, texto no qual afirma que sem a intervenção de Abigail não teria restado nem uma só pessoa do sexo masculino a Nabal pela manhã). Pela manhã, ao ficar sóbrio da bebedeira e ficar sabendo o quanto estivera perto do desastre, "seu coração desfaleceu dentro dele" e ele ficou "como pedra" (1Sm 25:37). Com a morte de Nabal, dez dias depois, Davi toma Abigail como esposa. Ela acaba dando à luz Quileabe, filho que não figura na sucessão.

Abigail é a heroína da história, fazendo com sucesso a mediação entre seu marido tolo e Davi, o futuro rei que fora ofendido pela recusa de Nabal. Além disso, é em seus lábios que encontramos as palavras sobre Davi tornar-se o príncipe de Israel e não ter culpa de sangue em suas mãos (1Sm 25:28-31). Nabal é o tolo que não consegue ver o que está no futuro de Davi (ou em seu próprio), enquanto Abigail vê e, de forma astuta, planeja eventos para beneficiar o futuro rei de Israel. Assim, o tolo Nabal é um contraste de Abigail, e o escritor usa a história

A B C D E F G H I J K L M **N** O P Q R S T U V X Y Z

de Nabal para mostrar a tolice dos que veem Davi apenas como um fora da lei expulso da corte de Saul e, portanto, não digno de apoio (1Sm 25:10,11).

Bibliografia. J. D. Levinson, "1 Samuel 25 as Literature ad as History", *CBQ* 40 (1978): 11-28. [ALAN J. HAUSER]

NABATEUS (gr. *Nabataíoi*) Povo que surgiu primeiro como grupo independente no relato de Diodoro Siculo de uma incursão pelo general selêucida, Antígono, em 312 a.C. Entretanto, outros autores clássicos se referem a um povo situado na banda ocidental da península arábica de Nabatu que, após enfraquecerem como piratas no mar Vermelho, tomaram o rumo norte ao longo da costa. Os nabateus certamente representaram uma confederação de seminômades em busca de um estilo de vida mais permanente. Foi em Petra, a fortaleza no extremo sul dos edomitas bíblicos, que finalmente encontraram refúgio, amalgamados com os sedentários edomitas e se tornaram os nabateus da história. Os edomitas, resistindo à simbiose com o grupo beduíno mudaram-se em direção ao oeste e se tornaram conhecidos como edumeus, mas os laços entre os dois grupos permaneceram, como se demonstra pela origem de Herodes, o Grande, cujo pai era edumeu e a mãe nabateia.

A união de um vigoroso povo itinerante com uma população sedentária levou à formação de um dos mais importantes organismos comerciais do Oriente Médio durante os últimos séculos a.C. até o século IV. d.C. Utilizando o antigo conhecimento de rotas comerciais da península Arábia, os nabateus foram capazes de garantir as fontes e os mercados do lucrativo comércio de incenso e mirra, acrescido a isso as especiarias, pedras preciosas, bálsamos, betume e até o comércio da seda da China durante esse tempo.

Em seguida ao governo dos xeques, veio a monarquia e, com ela, o desejo de imitar as culturas vizinhas, mais sofisticadas. Pelas mãos do rei Aretas IV (séc. IX a.C. — 40 d.C.), Petra tornou-se uma capital urbana, perfeita com teatro, monumento consagrado às Ninfas, banho público, templos excessivamente grandes e mais de oitocentos monumentos funerários talhados na rocha, alguns dos quais atingiram proporções monumentais.

O comércio exigia expansão e, por volta do século I d.C. os nabateus controlavam mais de 1.000 locais por toda Coele Syria (vale do Beqa, N. do T.) e Arábia Saudita, com os contatos chegando de Damasco, no norte a Medain Selah, no sul, pela península do Sinai, no Egito e no Ocidente romano.

Um reino provincial tão rico e em expansão atraiu a atenção de Roma logo no início da conquista siro-palestina por Pompeu em 64 a.C. As primeiras tentativas para subjugar os nabateus fracassaram por uma ou outra razão, e foi-lhes permitido existir como estado aparentemente autônomo. O imperador Augusto tinha feito objeção ao acesso do rei Aretas IV, mas não fizera nada formalmente para reclamar o reino. Trajano, entretanto, achou necessário consolidar o domínio romano no Oriente Médio e, quando suas legiões marcharam sobre Petra em 106 d.C. o reino nabateu, como entidade política, deixou de existir. Entretanto, contrário aos pontos de vista mantidos anteriormente nos estudos sobre os nabateus, a evidência atual sugere que a tomada do poder na realidade não interrompeu a economia e nem o estilo de vida do povo.

Junto à genialidade comercial, as amplas conexões dos comerciantes abriram o caminho para um igualmente impressionante empréstimo de todas as vantagens dos estilos de vida do mundo maior ao redor deles. Esse costume de empréstimo sistemático obscurece em que grau quaisquer atributos dados da cultura nabateia são realmente nabateus na origem, ou se aspectos individuais representam de fato adoção, adaptação ou inovação. Independente da confusão, entretanto, as habilidades nativas do povo resultaram na criação de um mosaico essencialmente único de tecnologia, arte, arquitetura, religião e todas as outras facetas da vida diária.

Talvez o traço mais notável da tecnologia nabateia apareça em suas realizações hidrológicas, tanto para coleta como para distribuição de água na capital e para uso agrícola nas partes áridas e semiáridas do reino. Tubulações cerâmicas, reservatórios, abastecimento por gravidade, córregos e amplas cisternas, tudo servia aos ambientes urbanos.

Fora, açudes em uádis fechados para coletar água durante a estação chuvosa, círculos de pedra retardavam o escoamento das encostas e linhas de irrigação alimentavam as safras. É possível, com relação à conservação de suprimentos de água, que o ambiente seminômade dos nabateus deva ser visto com mais evidência.

O mesmo grau de sofisticação tecnológica pode ser visto em outros aspectos da vida desse povo: arquitetura, cerâmica, metalurgia, química, matemática, construção e até mesmo toxicologia. As formas arquitetônicas greco-romanas foram copiadas, adaptadas e postas em uso, especialmente nas fachadas de monumentos funerários; artigos comuns de cerâmica do período foram simplesmente copiados, enquanto artigos finos e delicados ("casca de ovo"), lisos e pintados, surgiram talvez como as melhores cerâmicas produzidas no Oriente Médio até aquela época; a mineração, processamento e manufatura de objetos de ferro, cobre, bronze, chumbo, ouro e prata estava no mesmo nível do restante do mundo romano; assim era com praticamente todas as facetas da vida.

A sofisticação e o ecletismo cultural seguiram o tecnológico e foram vistos na arte e nas formas arquitetônicas, na religião, no vestuário, nas relações diplomáticas e até na comunicação. Os nabateus, de língua aramaica, criaram até outro sistema de escrita para ser acrescentado ao que estava em uso no Oriente Médio . Foi desenvolvida uma forma de escrita cursiva, usada tanto para lapidário como para desenhos em superfícies mais comuns. Foi esse sistema de escrita que mais tarde se transformaria na escrita "arábica", ainda em uso hoje.

Antes de começarem as escavações de George Horsfield em Petra, em 1929, o único indicador da presença nos nabateus no local foi epigráfica. Horsfield ligou a fina cerâmica de Petra aos nabateus, permitindo a identificação de locais por todo o antigo reino e ao longo de suas rotas comerciais, independente da presença ou não de inscrições em grafite ou outros materiais. A atividade de pesquisa começou a detalhar exatamente locais nabateus a revelar a extensão de sua influência. As escavações continuaram lentamente, começando em Petra e, mais recentemente, em outros locais mais importantes de ambos os lados do rio Jordão.

Em consequência de um terrível terremoto ocorrido em 19 de maio de 363 d.C., Petra foi praticamente destruída e seu povo buscou outros locais para habitar. Com a perda do domínio da capital, os nabateus, como nação, foram também praticamente dispersos, com exceção de esparsas referência clássicas, as das fontes bíblicas intertestamentárias, e as inúmeras inscrições em grafite espalhadas pelas regiões de seu antigo domínio. Escavações mais extensas, especialmente em Petra e pesquisa nos registros clássicos e bíblicos continuam, juntando gradualmente as partes cada vez mais da vida dos nabateus. A falta de registros oficiais, anais e materiais similares ainda é um grande problema e, muitos elementos dos costumes, da história e outros detalhes dos nabateus ainda estão perdidos. Da mesma forma, estão perdidos detalhes da presença do povo, como se demoraram em locais anteriores e procuraram novas áreas para colocarem em prática sua especialidade no comércio e suas inúmeras habilidades copiadas e desenvolvidas durante a vida do reino. [PHILIP C. HAMMOND]

NABI (heb. *naḥbî*) Homem da tribo de Naftali, filho de Vofsi. Foi um dos doze espias que Moisés mandou para Canaã (Nm 13:14).

NABLUS (arab. *Nablus*) Cidade a oeste de Tell Balâtah (bíblica Siquém), fundada por Vespasiano em 72 d.C. como Flávia Neápolis (gr. "cidade nova"), assentamento para os veteranos do exército romano. Justino Mártir nasceu nas proximidades por volta do ano 100. A cidade é o lar da moderna comunidade samaritana.

NABONIDO (ac. *Nabû-na'id*) Último rei da Babilônia (556-539 a.C.). Filho de um sacerdote de Sîn, o deus-lua de Harã, na Alta Mesopotâmia, aparentemente não era da linhagem real e, portanto, usurpou o trono. Num pseudorrelato autobiográfico da vida dela, sua mãe Adad-guppi (que viveu mais de 100 anos) alegou ter sido instrumento na subida de Nabonido ao poder. Ele protegeu o culto a Sîn em detrimento ao de Marduque, o principal deus da Babilônia e, assim, causou atrito entre si e a instituição religiosa na Babilônia.

Por alguma razão não declarada, Nabonido deixou a Babilônia e foi para o oásis de Tema no deserto da Arábia e lá ficou durante cerca de dez anos (c. 553-543). Seu filho Belsazar governou a Babilônia em seu lugar, cuidando das responsabilidades administrativas e militares. Assim, Nabonido não esteve presente para cumprir seu papel como rei nas festas de Ano Novo de Marduque, incorrendo, assim, na ira dos sacerdotes desse deus. Nabonido retornou apenas por um curto período de tempo antes de seu reino ser atacado por Ciro, da Pérsia, que capturou a cidade em 539. De acordo com o escritor babilônico Beroso (c. 250), mais tarde Ciro fez Nabonido governador da Carmânia.

Nabonido foi considerado um "mau rei" pelas tradições históricas posteriores. O Relato em Verso de Nabû-na'id foi um texto propagandístico composto pelos sacerdotes de Marduque para justificar a tomada da Babilônia pelos persas. O crime de Nabonido foi ter ignorado o culto a Marduque. Os sacerdotes até alegam ter ajudado a causa persa. O Cilindro Persa de Ciro enalteceu a grandiosidade de Ciro e listou os pecados de Nabonido.

Embora Nabonido não seja mencionado na Bíblia, ele se encontra na folclórica Oração de Nabonido, texto do século I a.C. escrito em aramaico. A descrição do rei babilônico é semelhante ao do Relato em Verso. Além disso, diz-se que Nabonido foi acometido de uma inflamação maligna que o fez ficar "separado dos homens" durante sete anos, não diferente da descrição de Nabucodonosor II, no livro de Daniel. As marcantes semelhanças entre os dois reis babilônicos têm sido objeto de muitas discussões acadêmicas, mas não tem havido consenso para explicar isto.

Bibliografia. C. J. Gadd, "The Harran Inscriptions of Nabonidus", *Anatolian Studies* 8 (1958); 35-92; R. H. Sack, "Nebuchadnezzar and Nabonidus in Folklore

A B C D E F G H I J K L M N O P Q R S T U V X Y Z

and History", *Mesopotamia* 17 (1982); 67-131; "Nabonidus of Babylon", in *Crossing Boundaries and Linking Horizons*, ed. R. E. Averbeck, M. W. Chavalas e G. D. Young (Bethesda, 1997), 455-73. [MARK W. CHAVALAS]

NABOTE (heb. *nāḇôṯ*) Homem de Jezreel, assassinado judicialmente por Jezabel e Acabe para confiscar sua vinha, aparentemente localizada próxima ao palácio de Acabe, em Jezreel. A história da vinha de Nabote (1Rs 21:1-16) levanta a questão do poder e da prerrogativa real, especialmente no que se refere à propriedade da terra no antigo Israel. Nabote detém a antiga característica tribal de que a terra permanece na tribo (Lv 25:23; Nm 26:5-9), a herança (heb. *naḥălâ*) de seus pais e algo inalienável, deixado em confiança por Yahweh.

Em 1Reis 21, a culpa pela morte de Nabote é colocada sobre Jezabel. Ela declara jejum em nome de Acabe, depois contrata dois homens vadios para acusarem falsamente Nabote de cometer traição contra Deus e o rei, garantindo a morte daquele homem por apedrejamento (Dt 13:10; 17:5; Êx 22:28 [TM 27]). Ela inventa o plano somente após a recusa de Nabote em vender sua vinha a Acabe em troca de uma horta. Após a morte de Nabote, Acabe toma posse da terra. Como resultado, tanto Jezabel quanto Acabe são punidos por Deus como é profetizado por Elias (1Rs 21:17-24).

Em 2Reis 9:21-37, esses eventos são citados como motivo para o fim da dinastia de Acabe. Aqui somente Acabe é responsável pela morte de Nabote (2Rs 9:26); a vinha fica à distância de uma cavalgada do palácio do rei (v. 21) em vez de próximo a ele e tanto Nabote quanto seus filhos são mortos por Acabe. De acordo com os rabis, Acabe é primo de Nabote e o herdeiro legal de sua propriedade (Sanh. 48b). Eles sugerem também que é o espírito de vingança de Nabote que instiga Acabe a se envolver na batalha que acaba levando-o à morte (Yalqut Sim'oni Reis 221). [DEBORAH A. APPLER]

NABUCODONOSOR (heb. *nĕḇûḵaḏne'ṣṣar*), **NEBUCHADREZZAR** (*nĕḇûḵaḏre'ṣṣar*) Rei da Babilônia durante 43 anos (605-562 a.C.), mais que qualquer outro monarca da dinastia caldeia. Sucedeu seu pai Nabopolassar (ac. Nabû-apla-asur), que fundou a dinastia. Nabucodonosor II (ac. Nabû-kadurri-usur) teve considerável experiência militar anterior, tendo feito campanha contra os exércitos egípcios precisamente no sul de Carquemis e obteve importante vitória. Logo depois, recebeu a notícia da morte de seu pai e se apressou em voltar para Babilônia a fim de reivindicar o trono. Durante cerca de três anos, ele travou guerra conta a Síria, exigindo tributo de várias cidades, inclusive de Damasco. Depois fez campanha contra as forças de Neco II (610-595) do Egito e na Arábia, onde parece ter tido sucesso. Em marco de 597, estava na Palestina, onde sitiou Jerusalém onde colocou um certo Zedequias, tio do ex-governador de Judá, Joaquim, no trono. De acordo com Josefo (Antiguidades dos judeus), Nabucodonosor retornou para sitiar Jerusalém pela segunda vez em 586. O livro de Jeremias afirma que essa campanha resultou na tomada da cidade, na destruição do templo de Salomão e na deportação dos hebreus para o cativeiro (que duraria até 538). Infelizmente, não se sabe da existência de nenhum relato cuneiforme contemporâneo desse acontecimento, já que a Crônica babilônica é incompleta depois de 594. Esse é também o caso dos relatos das campanhas contra Tiro e Egito a que se refere Josefo; entretanto, é provável que eles de fato ocorreram. O rei morreu em 562 e foi sucedido por seu filho, Amel-Marduque (Evil-Merodaque, no AT), que se acredita ter libertado Joaquim, ex-rei de Judá (Jr 52:31) e de ter-lhe dado pensão.

Nabucodonosor enfrentou vários desafios ao conseguir o trono da Babilônia. Embora Babilônia tivesse sido reconstruída pelo rei assírio Assaradão (681-669), não era apropriada para ser a sede da burocracia administrativa imperial. Para restaurar a supremacia de Marduque como "rei dos deuses", seu templo, o Esagila e o zigurate Etemenanki (a bíblica torre de Babel) tiveram de ser restaurados e fortificados. Além disso, como registrado nas inscrições, Nabucodonosor teve de reconstruir um palácio para si. Escavações feitas por Robert Kldewey e seus sucessores revelaram restos de nada menos que cinco muros, com três englobando um anel externo e dois uma baluarte interno, construídos com tijolos secos ao sol, em fornos e com diversos graus de espessura. Torres que se projetavam estavam colocadas em intervalos espaçados, e a cidade toda era cercada por um fosso. Embora Nabucodonosor tenha vivido primeiro no palácio de seu pai, ele depois construiu uma residência própria a oeste da residência do pai. Quando a situação política ficou mais estável, o rei construiu também o chamado palácio de verão na parte da cidade que ainda tinha o nome de Babil. O palácio do sul foi o mais importante, não apenas devido seu tamanho, mas pelo fato de estar localizado perto da porta de Istar e do "Caminho Processional". Foi utilizado material luxuoso na construção do palácio, incluindo cedro, marfim, ouro, prata e lápis-lazuli.

Atendendo à responsabilidade tradicional dos reis babilônios, Nabucodonosor reparou os templos e restaurou as imagens das divindades; supervisionou a obra de construção e nada menos que doze cidades pelo reino. Ele restaurou também o

Esagila (templo de Nabû) e, supostamente, criou os Jardins Suspensos, que depois os escritores gregos consideraram uma das sete maravilhas do mundo antigo. Infelizmente, Koldewey descobriu pouca ou nenhuma evidência de trabalho nesses templos, nem existe qualquer vestígio do Etemenanki ou do zigurate norte do Esagila. Entretanto, escavações feitas por arqueólogos iraquianos forneceram sinais de uma elevação no lado norte da cidade que pode apoiar a fama de Nabucodonosor.

Embora as fontes cuneiformes contemporâneas sejam incompletas ou, em alguns casos, silentes sobre a extensão de suas realizações e atividades, o nome de Nabucodonosor ocorre em fontes mais secundárias do período caldeu do que qualquer outro membro de sua dinastia. Além de Jeremias, 2Reis, 2Crônicas e Daniel no AT, ele aparece em não menos que dez comentários rabínicos, seis dos livros apócrifos, vários comentários árabes e em escritos existentes de autores gregos e latinos clássicos e medievais. Alguns deles, de forma mais especial Babyloniaca, de Berossus, enfatiza atividades de construção pela Babilônia. Desde que a mente grega idolatrava claramente o monumental, não seria surpresa ver o nome de Nabucodonosor associado a alguma estrutura de qualidade duradoura, como os muros de fortificação em torno de Babilônia ou o próprio zigurate de Marduque. Escritores como Megastenes caracterizam seus feitos como o resultado da doação de Marduque ao rei da habilidade de criar algo de grandeza eterna, enquanto autores como Estrabo e Diodoro Sicolo narram os delitos dele como se fossem a criação de alguma figura super-humana que era deus, ou parecida com deus.

Ao contrário, os escritores hebreus tiveram de preservar uma imagem de um rei conquistador que capturou a cidade de Jerusalém, destruiu o templo de Salomão e deportou os cativos para a Babilônia. Todos esses atos não podiam ser interpretados positivamente. A destruição e a maldade tinham de ser enfatizadas, como se vê nas mensagens didáticas do livro de Daniel. Para melhor reforçar esse ponto, o autor do AT extraiu generosamente de fontes do reinado de Nabonido (556-539), que não apenas introduziu o culto do deus Sin de Harã na Babilônia, como também abandonou seu reino em troca de uma campanha ao oásis árabe de Tema. O que resultou dessa distorção da exatidão histórica foi retrato de um monarca babilônio cujos feitos poderiam ser aplicados a qualquer outro rei que tenha realizado as mesmas coisas. O concreto tornou-se subordinado ao abstrato, e o "caráter" de Nabucodonosor poderia ser aplicado virtualmente a qualquer período da história.

Bilbiografia. R. H. Sack, Images of Nebuchadnezzar (Cranbury, N.J.,1991); D.J. Wiseman, Chronicles of Chaldean Kings (1961), repr. London, 1974); Nebuchadrezzar and Babylon (Oxford, 1985). [RONALD H. SACK]

NAÇÕES NO AT, o conceito de "nação" (usualmente heb. *gôy*; LXX gr. *éthnos*) incluía pelo menos quatro componentes: (1) grupo de pessoas aparentadas (2) que viviam em seu território (3) com governo próprio e (4) adoravam seu deus ou deuses. Consequentemente, Israel e outros grupos podiam ser nações. "Povos" (heb *'am*; LXX *laós*) era um termo mais geral sem nenhum significado político particular, embora os dois termos pudessem ser usados como sinônimos (Êx 33:13; Dt 4:6). O NT parece manter a distinção dos termos *éthnos* e *laós*. As palavras *gôy* e *éthnos* significavam também "gentios" e, somente o contexto estabelece o significado correto.

O significado político de "nações" é claro em passagens bem conhecidas. A Tábua das Nações (Gn 10:1-32) descreve a humanidade já dividida em nações, não como unidade. O povo de Israel apelou a Samuel para que este lhes desse um rei "como outras nações" (1Sm 8:5). No dia de Pentecostes, "judeus...vindos de todas as nações do mundo" estavam presentes em Jerusalém (At 2:5).

Os profetas hebreus, em particular, falaram de nações específicas merecedoras de futuras punições: por exemplo, Edom, Amom e Moabe (Am 1:11-2:3); Babilônia, Assíria e Egito (Is 13-14,19). Entretanto, adequadamente considerada, a especulação escatológica sobre a elevação de Israel observou também as "nações" quase como contraste para a atenção especial que Israel receberia (Zc 14).

NACOM (heb. *nākôn*) A eira na estrada para Jerusalém, onde os bois tropeçaram durante uma procissão cúltica e Uzá, sacerdote oficiante, estendeu a mão para a arca de Deus, tocou-a e morreu (2Sm 6:6). Uma nota editorial (2Sm 6:8) acrescenta que Davi chamou o lugar de Perez-Uzá ("o castigo de Uzá"). No texto paralelo em 1Crônicas 13:9, a eira é chamada de Quidom (cf. gr. *cheidṓn*, Josefo ant. 7.81). Em uma tradição da LXX, consta Nodabe, outra Nacor e no manuscrito de Qumran, é chamado de Nodam. O hebraico tem sido traduzido de diversas maneiras como um substantivo próprio ou particípio passado do verbo *kûn* ("certo", "seguro", "permanente" ou "preparado" [eira]). [JESPER SVARTVIK]

NADABATE (gr. *Nadabath*) Vilarejo da Transjordânia. Uma comitiva nupcial que viajava de Nadabate para Madaba foi emboscada por Jônatas e Simão Macabeu para vingar a morte de João, irmão deles, que fora capturado e morto pelos jambritas de Nadabá (1Mac 9.37). Esse vilarejo pode ser o

A B C D E F G H I J K L M **N** O P Q R S T U V X Y Z

mesmo mencionado por Josefo (*Ant.* 3.1.4). Entre as sugestões para esse lugar estão Main, 7 km a sudoeste de Medeba; em-Nebâ (antiga Nebo) a noroeste de Medeba e Khirbet ET-Teim, 2 km ao sul de Medeba.

Bibliografia. N. Glueck, *Explorations in Eastern Palestine I*. AASOR 14 (Baltimore, 1933-34). [ZELJKO GREGOR]

NADABE (heb. *nāḏāḇ*) **1.** Filho primogênito de Arão e Eliseba (Êx 6:23; Nm 3:2; 26:20; 1Cr 6:3 [TM 5:29]; 24:1). Nadabe acompanhou Moisés, Arão, os setenta anciãos e seu irmão Abiú na subida ao monte Sinai, onde viram o Deus de Israel (Êx 24:1-2, 9-11). Ele, seu pai e seus irmãos foram nomeados sacerdotes (Êx 28:1). Nadabe transgrediu a lei (Êx 30:9) com Abiú ao oferecerem "fogo estranho ('ilícito')" ao queimarem incenso perante o Senhor (Nm 26:61). Embriaguez deve ter sido um elemento no pecado (Lv 10:8-9).

2. Rei de Israel, sucessor de seu pai Jeroboão I. Diz-se que ele reinou durante dois anos (1Rs 14:20; 15:25-31). O assassinato de Nadabe após tão curto reinado indicou a instabilidade da situação política do reino do norte. Seu mau reinado terminou quando foi assassinado por Baasa de Issacar, terminando a dinastia de Jeroboão e cumprindo a profecia de Aías (1Rs 14:1-20). O único evento digno de nota durante seu reinado foi o cerco de Gibetom pelos israelitas (1Rs 15:27).

3. Filho de Samai, da casa de Jerameel e descendente de Tamar, nora de Judá (1Cr 2:28-30).

4. Benjamita, filho de Jeiel e Maaca, irmão de Quis, que foi pai do rei Saul (1Cr 8:30; 9:36).

5. Parente de Aicar (Tob. 11.18) e um dos convidados para as bodas de Tobias. Quando Tobias retornou com Sara, esposa, Nadabe e seu tio foram à cerimônia de casamento, celebrada durante sete dias com grande festa. [LARRY L. WALKER]

NAFATE-DOR (heb. *nāpaṯ dôr*), **NAFOTE-DOR** (heb. *nāpôṯ dôr*) Cidade do território de Manassés que participou da coalizão dos reinos do norte liderados por Jabim, rei de Hazor (Js 11:2; Nafote-Dor). É considerada a mesma que Dor. Embora o rei dessa cidade tenha sido derrotado por Josué (Js 12:23), Manassés acabou não tomando posse do local (17:11-12; Jz 1:27) e nenhuma cidade israelita foi estabelecida. Davi conquistou Dor durante seu reinado, e Salomão nomeou depois Ben-Abinadabe como seu governador distrital (1Rs 4:11). Dor é identificada com a moderna Khirbet el-Burj, 14,5 km ao norte de Cesareia e 19 km ao sul do monte Carmelo. [STEPHEN VON WYRICK]

NAFIS (heb. *nāpîš*) Filho de Ismael (Gn 25:15; 1Cr 1:31); ancestral de uma tribo árabe atacada por uma coalizão de rubenitas, gaditas e a meia-tribo de Manassés, transjordaniana (5:19).

NAFATE (heb. *nāpeṯ*) Vilarejo designado a Manassés, que foram incapazes de capturar (Js 17:11). Ao que tudo indica deve ser distinguido de Dor e En-Dor. O texto hebraico é obscuro.

NAFTA (gr. *náphtha*) Substância inflamável usada para alimentar a fornalha na qual Azarias/Abdenego, Sadraque e Mesaque foram lançados (Cântico dos Três 23); antigo nome para o petróleo. É descrito como "líquido espesso" que pegou fogo após o sol haver incidido sobre ele, incendiando o sacrifício de Neemias (2Mac 1.20-22); consequentemente, o termo está ligado a "purificação" (v. 36, "Neftar"; cf., Nm 31:23).

NAFTALI (heb. *naptālî*) Sexto filho de Jacó, o segundo nascido de Bila, serva de Raquel. A narrativa de seu nascimento está registrada em Gênesis 30:1-8. Os primeiros quatro filhos de Jacó nasceram de Leia e Raquel, estéril, ficou com ciúme. Raquel ofereceu sua serva Bila como esposa a Jacó; quaisquer filhos concebidos seriam "nascidos sobre os joelhos de Raquel", expressão idiomática para adoção legal. O nome Naftali, em hebraico, significa "minha luta", um jogo de palavras a respeito da declaração de Raquel "com grandes lutas lutei com minha irmã" (Gn 30:8). O *status* de nascimento da mãe parece contribuir para desigualdades no sistema tribal. Enquanto algumas tribos de origem plena (Simeão, Rúben) perderam cedo a importância, algumas tribos "concubinas", como Naftali contribuíram com líderes para Israel. Quando Jacó fugiu da fome para o Egito, Naftali e seus quatro filhos o acompanharam (Gn 46:24-26; Êx 1:4).

No recenseamento feito no segundo ano após a saída do Egito, os descendentes de Naftali totalizaram 53.400 homens com 20 anos ou mais, aptos para a guerra (Nm 1:42,43; 2:29,30). De acordo com o segundo censo para a partilha da terra entre as tribos, Naftali totalizou 45.400(Nm 26:50).

O livro de Juízes registra várias narrativas enfatizando as habilidades militares e de liderança da tribo de Naftali. Durante o processo de estabelecimento, essa tribo não expulsou todos os habitantes cananeus, mas pressionou alguns ao trabalho forçado (Jz 1:33). Quando Débora liderou os israelitas contra Jabim, rei de Canaã, as tribos de Naftali e Zebulom foram convocadas para o serviço militar com Baraque, homem da tribo de Naftali de Quedes, como comandante militar (Jz 4:6-10). Gideão convocou as forças de Naftali contra os midianitas e amalequitas (Jz 6:35; 7:23).

O território de Naftali se estendia ao longo da costa ocidental do mar da Galileia e se prolongava até o norte; chegava até o território de Zebulom, ao sul, Aser, no oeste, com o rio Jordão como fronteira oriental. Não é dada fronteira norte (Js 19:34). A região de Naftali era montanhosa e densamente florestada; por isso era estética e politicamente atraente. Importantes rotas comerciais ligando o porto de Aco e as planícies costeiras com pontos ao norte passavam por essa área, onde havia muitas cidades fortificadas (Js 19:35-38).

Nafatali foi conquistada por Ben-Hadade, da Síria, cerca de 900 a.C. (1Rs 15:20 = 2Cr 16:4) e depois anexada pela Assíria (2Rs 15:29).

Bibliografia. Y. Aharoni, *The Land of the Bible*, 2. ed. (Philadelphia, 1979); R. G. Boling, *Joshua*. AB 6 (Garden City, 1982); N. K. Gottwald, *The Tribes of Yahweh* (Maryknoll, 1979). [PATRICIA A. MACNICOLL]

NAFTUIM (heb. *naptuḥîm*) Descendente do Egito (*miṣrāyim*) listado na Tábua das Nações (Gn 10:13 = 1Cr 1:11), talvez indicando habitantes do delta do Nilo (cf. egipt. Na-patoh, "habitantes do Delta").

NAG HAMMADI Moderna cidade no Alto Egito, 556 km ao sul do Cairo e 118 km ao norte de Luxor, na margem ocidental do rio Nilo. O nome da cidade tem sido aplicado a um conjunto de manuscritos em papiro que lançam luz sobre assuntos religiosos e filosóficos do período cristão primitivo.

DESCOBERTA DOS CÓDICES. De acordo com James M. Robinson, os códices de Nag Hammadi (NHC) foram descobertos por camponeses egípcios, incluindo Muhammad Ali, da família al-Samman, por volta de dezembro de 1945, num grande vaso de estocagem enterrado no sopé do Jebel el-Tarif, o penhasco que flanqueia o rio Nilo perto do vilarejo de Hamra Dum e defronte à cidade de Nag Hammadi. Embora partes possam ter sido queimadas, atualmente, o restante da coleção está conservada e guardada na biblioteca do Museu Copta no Cairo Antigo.

CONTEÚDO. Os códices de Nag Hammadi constituem uma coleção de doze livros de papiros (chamados de códices, do latim) e oito folhas de um décimo terceiro. Representam alguns dos exemplos mais antigos de livros encadernados, ao contrário dos rolos. Os códices e as folhas extras contêm mais de 50 textos e 48 títulos distintos (menos os textos duplicados, com um recurso de enumeração). Os textos estão preservados em cóptico, embora muitos estudiosos concluam que foram originalmente escritos em grego. O material datado a partir da encadernação, ou pedaço de papiro que liga as capas de couro dos códices, indica que pelo menos alguns deles podem ter sido montados cerca de meados do século IV. A evidência da encadernação e outra evidência circunstancial, incluindo dado arqueológico, podem ligar a manufatura das capas e dos códices a um sítio arqueológico próximo como Pabau (moderna Faw Qibli) e ao movimento monástico pacomiano, mas a evidência não é conclusiva. Alguns estudiosos conjecturam que a ocasião para o enterro dos códices pode ter sido a promulgação da carta da Páscoa de Atanásio de Alexandria em 367, com a condenação de hereges e de seus livros, mas isso permanece incerto.

Os textos exibem ampla gama de perspectivas religiosas e filosóficas. Predominam tendências cristãs, esotéricas e ascéticas, mas os códices contêm também textos não cristãos e textos marginalizados ou cristianizados de forma secundária, textos judeus gnósticos e até um fragmento da República de Platão. Entre os inúmeros textos gnósticos estão textos Setianos e Valentinianos, bem como textos Herméticos. Todavia, a diversidade de perspectivas supostamente gnósticas e não gnósticas entre os textos de Nag Hammadi tem levantado questões fundamentais sobre a natureza do gnosticismo e as formas como os estudiosos o definem e classificam bem como suas escolas de pensamento.

Os textos também exibem uma gama de gêneros de literatura. Tal como o cânon do NT, os códices contêm textos que podem ser chamados de evangelhos, atos, cartas e apocalipses. Entre os evangelhos estão o Evangelho de Verdade (NHC I,3; XII,2), o Evangelho de Tomé (II,2), o Evangelho de Filipe (II,3) e o Evangelho dos Egípcios (III,2; IV,2). (O fragmentário Evangelho de Maria está num códice correspondente, Berolinense Gnóstico [BG]8502,1.) Esses evangelhos, entretanto, são bem diferentes dos evangelhos narrativos do NT, que se concentram na morte salvífica e na ressurreição de Jesus como ocasião para interpretar a vida de Jesus. Os evangelhos dos códices de Nag Hammadi estão mais preocupados em interpretar provérbios e oferecer discursos proféticos de Jesus e meditar sobre o significado mais profundo de Jesus. Os Atos de Pedro e dos Doze Apóstolos (VI,I) e a Carta de Pedro a Filipe (VIII,2) incluem materiais semelhantes ao que é encontrado no NT e nos atos apócrifos. (O Ato de Pedro, do apócrifo Atos de Pedro, está preservado dentro do mesmo códice de Berlim, BG 8502,4.) A Carta de Pedro a Filipe (tb. identificada, de acordo com registros, em outro códice de papiro não publicado) começa com uma carta, e outros textos Nag Hammadi são também moldados na forma de cartas. Vários textos Nag Hammadi são descritos como revelações de apocalipses (um de Paulo, dois de Tiago, um de Adão). Estes estão localizados no Códice V.

Outros gêneros são também confirmados. Vários contêm discursos proféticos de Jesus ou diálogos entre o Cristo ressurreto e seus discípulos, tais como os que estão no Apócrifo (Livro Secreto) de Tiago (I,2) e no Apócrifo de João (II,1; III,1; IV,1; BG 8502,2). O Apócrifo de João, texto gnóstico judaico que foi secundariamente cristianizado, inclui interpretação revolucionária dos capítulos iniciais de Gênesis que dá uma visão mitológica da devolução e restauração do divino e de tudo o que manifesta o espírito do divino. Existem quatro cópias desse texto (em duas edições), e os heresiólogos da mesma forma escreveram sobre materiais semelhantes a este texto. O Apócrifo de João parece, portanto, oferecer uma apresentação gnóstica clássica da origem, queda e salvação da humanidade.

Significado para a religião e filosofia antigas. A publicação dos códices de Nag Hammadi revelou novas possibilidades extraordinárias para a investigação, a religião e a filosofia durante os primeiros séculos d.C., particularmente quando esses assuntos ganharam expressão no cristianismo primitivo. A descoberta dos códices ressaltou a importância da região de Nag Hammadi como centro da vida e do pensamento cristão primitivos, particularmente quando a descoberta é considerada em conjunto com o novo estudo dos papéis Dishna (às vezes, chamados de Papiros Bodmer), que provêm da mesma área do Alto Egito e do trabalho arqueológico em locais monásticos e outras localidades cristãs da região.

Os textos Nag Hammadi esclarecem diversidades de judaísmo, cristianismo e gnosticismo anteriormente compreendidos de forma muito mais limitada. Por exemplo, as tradições judaicas esotéricas, que lembra o que deve ser lido em outros documentos apócrifos e pseudoepígrafos, estão refletidos em tais textos como o Apócrifo de João, o Apocalipse de Adão (V,5), as Três Estelas de Sete (VII,5), Zostrianos (VIII,1), o Pensamento de Noreia (IX,2), Marsanes (X,1) e Alógenes (XI,3). Os Ensinos de Silvano (VII,4) é essencialmente uma obra de sabedoria judaica que foi, até certo ponto, cristianizada. Vários desses tipos de textos de Nag Hammadi também mostram clara familiaridade como pensamento neoplatônico e demonstram o desenvolvimento do gnosticismo no mundo do pensamento neoplatônico.

O estudo do gnosticismo em si tem sido fundamentalmente transformado pela descoberta e publicação dos códices de Nag Hammadi. Tais textos transmitem o estudo do gnosticismo muito além dos heresiólogos e os pais da igreja, cuja descrição polêmica da vida e do pensamento gnóstico quase sempre fornece uma caricatura do gnosticismo. Os textos gnósticos contidos nos códices mostram uma rica diversidade de expressões místicas, mitológicas e sincretista do gnosticismo. Eles sugerem que algumas tradições gnósticas estavam profundamente arraigadas no judaísmo: na sabedoria judaica, nos grupos judaicos apocalípticos, em tipos alienados de religiosidade judaica que levantou inquietantes perguntas sobre o divino, em preocupações por Sete como esclarecido filho de Adão e, consequentemente, redentor gnóstico. O aparecimento de Sete, Derdekeas e outros redentores gnósticos nos textos de Nag Hammadi fornecem evidência de um desenvolvido mito redentor além do cristianismo primitivo. Essa evidência contribui para a discussão existente se o gnosticismo deveria ser visto meramente como heresia cristã ou mais exatamente como religião propriamente, com manifestações não cristãs e talvez pré-cristãs. Após a publicação dos textos de Nag Hammadi, a última posição parece defensável a muitos estudiosos, e a religião gnóstica está emergindo como forma de espiritualidade altamente ponderada e conscientemente provocativa.

Importância para o NT e literatura cristã primitiva. O Evangelho de Tomé (II,2) tem atraído mais atenção que qualquer outro texto de Nag Hammadi devido sua importância para o NT e estudos cristãos primitivos. Tomé é um evangelho de sabedoria que apresenta "o Jesus vivo" expressando uma série de ensinos (de modo convencional considerado ser em número de 114); e, embora os ensinos não possam ser classificados como gnósticos sem qualificação, diz-se que todos eles podem ser interpretados de forma a levar os leitores a um estado no qual eles não "provarão a morte". Como coleção de ensinos de Jesus, o Evangelho de Tomé lembra outras coleções de ensinos judaicos, greco-romanos e cristãos, especialmente os ensinos sinópticos da fonte Q. Continua o debate sobre se o Evangelho de Tomé é essencialmente dependente ou independente dos evangelhos originais do NT, mas um bom argumento pode ser apresentado em seu favor como fonte independente para a tradição de Jesus. Alguns ensinos no Evangelho de Tomé são apresentados numa forma que é anterior aos dos NT, isto é, parábolas de Jesus que são apresentadas sem embelezamento em Tomé. Outros ensinos que não têm paralelo no NT e na literatura cristã primitiva podem ser úteis na busca do Jesus histórico, por exemplo, a parábola do vaso de alimento (dito 97) e a parábola do assassino (dito 98). Uma forma do ensino 17 ("Dar-lhes-ei o que nenhum olho viu...") pode lembrar 1Coríntios 2:9. O Evangelho de Tomé pode ter sido originalmente escrito no século I, e tomaria seu lugar ao lado de Q como principal fonte dos ensinos de Jesus e um primeiro exemplo do cristianismo com uma orientação voltada para sabedoria.

Ademais, os códices de Nag Hammadi contribuem substancialmente para o estudo do evangelho de João e da literatura joanina. Tem sido alegado por alguns estudiosos que o autor de João usa termos, temas e estilos familiares da literatura gnóstica e escreve no contexto de um mundo de ideias gnósticas. Os textos de Nag Hammadi apoiam essa alegação ao dar exemplos de discursos proféticos, declarações aretológicas (do tipo) "Eu sou" e reflexões sobre o divino Logos (Palavra). A Protenoia Trimórfica (XIII,1) retrata a Palavra divina revelando-se de uma maneira aretológica e descrevendo sua descida ao mundo, sua aparição em semelhança humana e sua obra de restauração à luz dos que pertencem à Palavra, tudo de uma forma muito parecida com o evangelho de João. Ademais, a tradição joanina sobre o "Tomé duvidoso" pode agora ser interpretada, à luz do Evangelho de Tomé e do Livro de Tomé (o Antagonista) (II,7), como parte da controvérsia sobre o lugar e o papel de Tomé no cristianismo primitivo.

Os códices de Nag Hammadi contribuem também para o estudo de tradições sobre a Ressurreição e suas aparições no cristianismo primitivo. A Carta de Pedro a Filipe (VIII,2), tal como outros textos gnósticos cristãos dos códices de Nag Hammadi, retrata a aparição do Cristo ressurreto como "grande luz" no monte das Oliveiras e revelando-se por meio de uma voz gritando de dentro da luz, na forma de uma declaração "Eu sou", "Eu sou Jesus Cristo que está com vocês para sempre". Embora tal referência a uma aparição do Cristo ressurreto possa ser contrastada com passagens do NT que enfatizam a realidade física do corpo de Cristo ressuscitado, essa descrição gnóstica lembra a aparição de Cristo a Paulo como uma luz e uma voz na estrada de Damasco, de acordo com Atos 9, 22, 26; a discussão de Paulo sobre a natureza gloriosa e espiritual da Ressurreição em 1Coríntios 15 e a brilhante visão apocalíptica do Cristo ressurreto em Apocalipse 1. Existe um texto de Nag Hammadi, o Tratado sobre a Ressurreição (I,4), dedicado inteiramente a uma avaliação da Ressurreição, e este texto conclui que a ressurreição espiritual é algo que já aconteceu. Embora isso seja exatamente o que é condenado em 2Timóteo 2:17-18 como o ensino profano de Himeneu e Fileto, o autor do Tratado comprova o argumento sobre a Ressurreição dado nesse texto com uma citação do próprio apóstolo Paulo.

Bibliografia. M. Meyer, *The Gospel of Thomas* (San Francisco, 1992); J. M. Robinson, ed., *The Nag Hammadi Library in English*, 3. ed. (San Francisco, 1988); D. M. Scholer, *Nag Hammadi Bibliography, 1948-1969*. Nag Hammadi Studies 1 (Leiden, 1971); *Nag Hammadi Bibliography, 1970-1994*. Nag Hammadi and Manichaean Studies 32 (Leiden, 1997). [MARVIN MEYER]

NAGAI (gr. *Naggaí*) Ancestral de Jesus, desconhecido em outros contextos (Lc 3:25).

NAIM (gr. *Naín*) Cidade da Galileia onde Jesus ressuscitou o filho único de uma viúva (Lc 7:11-17). O local é a moderna Nein, pequeno vilarejo na encosta do monte Moreh (Nebi Dahi), 9 km a sudeste de Nazaré. Dali tem-se uma vista panorâmica de Esdraelom, talvez por isso chamada de "agradável" (*Gen. Rab.* 98.12).

NAIOTE (heb. *nāyôṯ*) Lugar em Ramá para onde Davi fugiu depois de escapar de Saul com a ajuda de Mical (1Sm 19:18-24). Davi morou em Naiote com Samuel e um grupo de profetas. Ao perseguir Davi até Naiote, Saul foi acometido por um estado de êxtase profético. Davi fugiu de Naiote para encontrar-se com Jônatas (1Sm 20:1). As repetidas referências a Naiote "em Ramá" indicam que Naiote não é um nome de lugar separado. Embora essa forma linguística seja incerta, Naiote deveria estar relacionado ao hebraico *nāweh*, que é um acampamento de pastores estabelecido fora de uma cidade. Esse acampamento foi aparentemente a moradia de Samuel e seus discípulos. [RONALD A. SIMKINS]

NÃO DESTRUAIS Mais provavelmente as palavras de abertura de uma melodia (heb. *'al-tašḥēṯ*) com a qual os Salmos 57-59, 75 deviam ser cantados. Essas palavras aparecem no sobrescrito desses salmos. Uma alternativa é que as palavras representam instrução cúltica (cf. Is 65:8).

NÃO-AMADA Lo-Ruama (heb. *lō' ruḥāmâ*), nome simbólico dado ao segundo filho de Oseias, uma menina, indicando que Yahweh não mais perdoaria a casa de Israel (Os 1:6). Quando a aliança foi depois restaurada, Deus novamente "teve misericórdia" de Israel (Os 2:23 [TM 25]).

NÃO-MEU-POVO Lo-Ammi (heb. *lō' 'ammî*), nome do terceiro filho de Oseias, um menino. Deus diz ao profeta que dê o nome ao seu filho conforme a orientação, simbolizando, assim, a aliança desfeita (Os 1:9). Quando Yahweh promete depois restaurar Israel dirá, usando um jogo de palavras: "Você é meu povo" (Os 2:23 [TM 25]).

NAOR (heb. *nāḥôr*) **I. (LUGAR)** Cidade no noroeste da Mesopotâmia para onde Abraão mandou seu servo com o fim de conseguir uma esposa para Isaque (Gn 24:10). As Cartas de Mari mencionam uma Nahur situada a leste do alto rio Bali, perto de Harã (cf. Gn 29:4,5).

II. (PESSOA) 1. Filho de Serugue, a sexta geração registrada desde Sem. Com a idade de 29 anos

Naor gerou Terá, que depois se tornou pai de Abraão. Tendo morrido aos 148 anos de idade, Naor foi contemporâneo de Abrão (Gn 11:22-26).

2. Filho de Terá e irmão de Abrão (Gn 11:27-29). Naor casou-se com Milca, filha de seu irmão Harã, que deu à luz oito filhos (Gn 22:20-23). Um deles, Betuel, foi o pai de Rebeca, que se casou com Isaque. Reumá, concubina de Naor deu-lhe mais quatro filhos (Gn 22:24). Se os nomes aqui têm a função de epônimos, este relato apresenta Naor — da mesma forma que Ismael (Gn 25:16) e Jacó (49:28) — como progenitor de doze tribos afins. [EDWIN C. HOSTETTER]

NARCISO (gr. *Nárkissos*) Chefe de uma família de Roma, da qual alguns membros eram cristãos. Eles foram saudados por Paulo em sua epístola aos Romanos (Rm 16:11).

NARDO Unguento (heb. *nērd*; gr. *nárdos*) extraído de uma planta Nardostachys jatamansi encontrada nos Himalaias da Índia. A distância para importação do unguento à Palestina aumentava seu valor. As raízes e o caule da planta são usados para produzir um óleo aromático que serve como cosmético, perfume (Ct 1:12; 4:13,14), e estimulante. Este caro unguento era estocado normalmente em vasos de alabastro e aberto somente em ocasiões especiais, por exemplo., ungir pessoas de alta estima, como se vê na unção de Jesus (Mc 14:3; Jo 12:3). A referência mais frequente ao nardo é "espiga de nardo" devido à forma da planta. No NT, o adj. grego *pistikós* significa "genuíno" ou "puro", embora comumente traduzido por "espiga", baseado em um derivado do sânscrito. [L. THOMAS STRONG, III]

NASCENTE, FONTE Em Israel, onde os rios perenes são poucos e pequenos se houver chuva durante metade do ano, muitos povoados tinham de contar com nascentes ou fontes (heb. *'ayin*, "aumenta, flui") para seu suprimento de água fresca. A consideração mais importante no estabelecimento de um povoado era o suprimento confiável e seguro de água. Na ausência de um rio perene, as cidades eram normalmente construídas em torno de uma nascente. Durante a Revolta Judaica de 70 d.C., uma das razões pelas quais os judeus conseguiram resistir às legiões romanas por um longo período foi a uma nascente localizada na fortaleza. Com frequência os nomes de cidades indicam a presença de uma fonte; En-Gedi (1Sm 24:1), En-Rogel (1Rs 1:9) e En-Rimom (Ne 11:29).

As nascentes são formadas quando a água subterrânea escorre por rochas duras e impenetráveis e então flui para a superfície onde aparece um afloramento de rocha. As nascentes e fontes ocorrem com alguma frequência na Síria-Palestina, principalmente nos vales. A maior parte da região tem substanciais formações de pedra calcária sob a superfície que permite a absorção da chuva até que ela atinja o leito rochoso de granito sob a superfície. A água subterrânea flui então para os vales contíguos, às vezes, vindo à superfície.

Nem todas as fontes produzem água potável; depósitos minerais, particularmente chumbo, podem contaminar a água. Os líderes de Jericó disseram a Eliseu que a nascente era ruim e a terra improdutiva, tanto em termos da agricultura como quanto a abortos de animais e humanos residentes na área; Eliseu lançou um punhado de sal na nascente e Deus a purificou (2Rs 2:19-22).

A nascente era considerada a "melhor" fonte de água e sinal da bênção de Deus (Sl 104:10-13; Is 41:18; 58:11; Ap 21:6). "Nascente" é também usada simbolicamente como fonte de sabedoria (Pv 18:4) e de Deus como a fonte de salvação (Jr 17:13-14).

Bibliografia. R. Miller, "Water Use in Syria and Palestine from the Neolithic to Bronze Age", *World Archaeology* 11 (1980): 331-41; J. Wilkinson, "Ancient Jerusalem: Its Water Supply and Population", *PEQ* 106 (1974): 33-51. [DENNIS M. SWANSON]

NASCIMENTO VIRGINAL Doutrina extraída da tradição de que, pelo poder do Espírito Santo, Maria concebe e dá à luz Jesus sem relação sexual com José, seu marido.

Somente dois textos no NT fazem referência à concepção e ao nascimento virginal. Em Mateus 1:18-25, "Maria [...] estava prometida em casamento a José, mas, antes que se unissem, achou-se grávida pelo Espírito Santo" (v. 18). Apesar de José decidir se divorciar de Maria secretamente, um anjo lhe diz que o filho de Maria foi concebido pelo Espírito Santo e que a criança, a quem eles devem dar o nome de Jesus "porque ele salvará o seu povo dos seus pecados" (Mt 1:21). Imediatamente a esta história, o escritor do evangelho insere uma passagem de Isaías 7:14 — "A virgem conceberá, e dará à luz um filho" — para demonstrar que a concepção milagrosa de Jesus cumpre uma antiga profecia. Entretanto, visto que o escritor cita a LXX, ele usa o grego *parthénos* ("virgem") para traduzir o hebraico *'almâ* ("mulher jovem"); comentaristas posteriores demonstram com frequência que a doutrina do nascimento virginal é baseada numa tradução inexata.

Em Lucas 1:26-38, Gabriel aparece a uma virgem (*parthénos*) chamada Maria e lhe diz que ela conceberá e dará à luz um filho chamado Jesus. Visto que Maria não tem marido, ela pergunta a Gabriel como aquilo ocorreria, e o anjo diz: "Descerá sobre ti o Espírito Santo [...] Por isso o filho que de ti há de nascer, será chamado Filho de Deus" (Lc 1:35). Embora a passagem de Mateus tente mostrar como

Jesus cumpre a profecia de Isaías, a passagem de Lucas liga Jesus à realeza davídica.

Nenhuma outra passagem do NT menciona esse nascimento milagroso, embora uma série de versículos defendam a paternidade e a maternidade humana de Jesus (Mt 13:55; Mc 6:3; Lc 4:22; Gl 4:4). Hebreus 7:3 descreve Melquisedeque "sem pai, sem mãe, sem genealogia" e semelhante ao Filho de Deus.

A tradição popularmente aceita de Maria como a Mãe de Deus, ou *Theotokos*, foi contestada por Nestório no início do século V como contraditória à plena humanidade de Jesus. Teólogos posteriores contestaram a doutrina do nascimento virginal baseados no fato de que ela se fundamenta na tradução inexata do hebraico na LXX; não existem outras alusões no NT ao nascimento; e a ênfase na humanidade de Cristo teria sido melhor sustentada por seu nascimento como os demais humanos. Muitos teólogos feministas rejeitam o nascimento virginal com base em que Maria foi violentada pelo Espírito Santo, demonstrando assim o poder dos homens sobre as mulheres numa sociedade patriarcal da Palestina do século I. Embora somente a Igreja Católica sustente a doutrina do nascimento virginal como regra de fé e prática, muitas denominações protestantes reconhecem o sentido da doutrina como explicação da mescla das naturezas divina e humana de Jesus. De qualquer forma, a doutrina é, em teoria, mais cristológica que mariológica. [HENRY L. CARRIGAN, JR.]

NASOM (heb. *naḥšôn*; gr. *Naassṓn*) Filho de Aminadabe e irmão de Eliseba, esposa de Arão (Êx 6:23). Representou Judá na ajuda a Moisés no primeiro recenseamento (Nm 1:7) e liderou a tribo durante a jornada no deserto (2:3; 10:14; cf. 7:12,17). Nasom é contado entre os ancestrais de Davi (Rt 4:20; 1Cr 2:10,11) e Jesus (Mt 1:4; Lc 3:32).

NATÃ (heb. *nāṯān*) **1.** Filho de Davi com Bate-Suá (Bate-Seba) filha de Amiel; irmão de Salomão por parte de pai e mãe (2Sm 5:14; 1Cr 3:5; 14:4). É mencionado numa profecia escatológica (Zc 12:12), o que pode explicar a genealogia de Jesus, em Lucas, por meio de Natã (Lc 3:31 em vez de de Salomão (Mt 1:6).

2. Profeta na época de Davi. Sem nenhuma história de local de nascimento ou genealogia e atua como mediador do privilégio dinástico de Yahweh a Davi (2Sm 7:1-17 = 1Cr 17:1-15), confronta Davi em seu pecado contra Urias (2Sm 12:1-25; cf. sobrescrito do Sl 51 [TM 2]), e conspira com Bate-Seba para convencer Davi para que jurasse que Salomão o sucederia (1Rs 1:1-40).

O privilégio dinástico (2Sm 7:1-17) é composto por duas fontes literárias: a História da Ascensão de Davi (7:1-7) e um acréscimo deuteronomístico (v. 8-17). Na ideologia do antigo Oriente Próximo, a realeza estava ligada à construção de templos; deuses eram representados como fiadores de dinastias em troca da (re)construção de templos. O objetivo da História da Ascensão de Davi (1Sm 15-2Sm 8) foi estabelecer a realeza de Davi em lugar da dinastia de Saul provando que Yahweh o havia escolhido. Entretanto, o escolhido de Yahweh nunca construiu o esperado templo. A explicação é que embora Davi quisesse construí-lo, Yahweh o proibiu, baseado no precedente dos juízes (2Sm 7:1-7).

Mais de três séculos depois, o deuteronomista incorporou a História da Ascensão de Davi numa história abrangente escrita em apoio a uma reforma que incluiu uma tentativa de restauração do reino davídico e da centralização de todo o culto no templo. Uma dinastia davídica eterna estabelecida por Yahweh e intimamente ligada ao templo foi a chave da reforma; daí o acréscimo (2Sm 7:8-17). O texto está integrado ao texto preexistente por um jogo de palavras entre *bayiṯ*, "casa", como "templo" (2Sm 7:1-7) e *bayiṯ*, "casa", como "dinastia" (v. 11b-16); a profecia que o filho de Davi construirá o templo e seu trono será estabelecido para sempre (v. 13) provê a simetria faltante entre a dinastia e o templo.

Natã serve também para mediar um oráculo a Davi depois de seu adultério com Bate-Seba e assassinar seu marido Urias (2Sm 12:1-25). Em vez de confrontar o rei diretamente, ele conduz Davi a se condenar ao contar uma parábola jurídica, caso fictício que leva o rei a pronunciar uma sentença em sua posição de juiz (2Sm 12:1-4; cf. 14:1-20; 1Rs 20:35-43). A história de um homem rico que possuía muitas manadas e rebanhos e que tira o cordeiro amado do homem pobre para preparar uma refeição a um viajante provoca a raiva de Davi e o incita a declarar a pena de morte ao ofensor (2Sm 12:5-6). Quando Natã profere a frase final: "Tu és esse homem!" (2Sm 12:7a), Davi se arrepende e é poupado da pena de morte, que é transferida para a criança, produto do adultério (v. 13-23). Sem o julgamento interveniente (2Sm 12:7b-12), existe clara ligação entre a sentença de morte que Davi inadvertidamente profere sobre si mesmo e sua transferência para o seu filho.

Em 1Reis 1:1-40, Natã não é mediador da palavra de Yahweh, mas profeta da corte envolvido numa conspiração. A falta de intimidade de um Davi envelhecido com a extremamente bela Abisague indica que a sucessão é iminente (1Rs 1:1-4). Na qualidade de mais velho, Adonias presume que será o sucessor, organiza um banquete sacrificial que Natã bem ou mal interpreta como festa de coroação (1Rs 1:5-10). Uma vez que que a corte estava dividida entre facções pró Adonias e Salomão, Natã alicia a ajuda de Bate-Seba numa trama. Ele a persuade a "lembrar" Davi de seu juramento que garantia Salomão como sucessor, e Natã então corrobora as palavras dela (1Rs 1:11-27). O esquema funciona devido à falha de memória de Davi, que instrui Natã e Zadoque a ungirem Salomão (1Rs 1:28-40). Este relato pelo historiador de Salomão reconhece um golpe palaciano embora afirme a legalidade da sucessão de Salomão (cf Gn 27).

3. Pai de Igal, um dos 30 guerreiros de elite de Davi (2Sm 23:36; 1Cr 11:38).

4. Pai de Azarias e Zabude, dois assessores de Salomão (1Rs 4:5).

5. Homem da tribo de Judá, descendente de Jerameel; filho de Atai e pai de Zabade (1Cr 2:36).

6. Um dos enviados por Esdras a Ido para trazerem de volta os levitas (Ed 8:16). Ele pode ser o mesmo que Natã, descendente de Binui, que se divorciou de sua mulher estrangeira (Ed 10:39).

Bibliografia. P. K. McCarter, *II Samuel*. AB 9 (Garden City, 1984); J. W. Flanagan, "Court History or Succession Document? A Study of 2 Samuel 9-20 and 1 Kings 1-2", *JBL* 91 (1972): 172-81. [MARSHA WHITE]

NATÃ-MELEQUE (heb. *nĕṯan-meleḵ*) Camareiro ou eunuco (heb. *sār's*, do ac. *ša rēši*, "à cabeceira [do rei]") no tempo das reformas do rei Josias. Esse monarca removeu os cavalos que reis anteriores haviam dedicado ao deus sol *šamaš*, que ficavam aquartelados perto do aposento de Natã-Meleque, à entrada do templo (2Rs 23:11). [ROBIN GALLAHER BRANCH]

NATAL A partir do idioma inglês antigo Cristes Maesse. Não se sabendo a data do nascimento de Cristo, a Igreja primitiva buscou uma ao combinar especulações de calendário com a exegese de números bíblicos. Várias datas foram sugeridas, incluindo 25 de março, 2 de abril, 20 de maio, 8 de novembro, 25 de dezembro e 6 de janeiro. A evidência mais antiga, o Depositio martyrum, tem a Festa da Natividade celebrada em 25 de dezembro, por volta do ano 336, em Roma. Dentro de um século, essa data foi quase universalmente aceita.

A data de 25 de dezembro marcou, no calendário de Júlio César, o solstício de inverno (o início da vitória da luz sobre as trevas depois da noite mais longa do ano) e, depois de 274, a festa do nascimento do Sol Invictus ("o sol invencível"), deidade padroeira do imperador. A associação entre Jesus e o sol ocorreu cedo e naturalmente; Jesus ressuscitou em um domingo [o "Dia do Senhor" em inglês é chamado de *Sunday*, "dia do sol"]. Tão cedo quanto Clemente de Alexandria (d. 216) Jesus foi identificado com o "Sol da Justiça" (Vulg. *Sol Iustitiae*) de Malquias 4:2 (TM 3:20) (Exhort. 11). Uma tradição primitiva relacionada identificou 25 de março, o "Sunday" [N. do T. Dia do Sol] da semana da criação, como a data da concepção de Cristo (nove meses antes de 25 de dezembro). Era natural que, depois de Constantino abandar o padroado do Sol Invictus em 324, Sol Iustitiae, a luz do mundo devesse substituí-lo.

Bibliografia. O. Cullmann, "The Origin of Christmas", *The Early Church* (Philadelphia, 1956), 17-36; A.T. Kraabel, "The Roots of Christmas", *Dialog* 21 (1982): 274-80; K. Lake, "Christmas", *ERE* 3 (New York, 1958): 601-8. [RONALD V. HUGGINS]

NATANAEL (gr. *Nathanaḗl*) **1.** Antecessor de Judite (Jd 8:1).

2. Sacerdote que recebeu ordens para se divorciar de sua mulher não israelita (Ed 9:22).

3. Israelita mencionado somente no primeiro e no último capítulo do evangelho de João. Apresentado a Jesus por Filipe, ele reconhece Jesus como o Filho de Deus e Rei de Israel (Jo 1:45-49); Jesus o chama de "verdadeiro israelita, em quem não há falsidade" (v. 47). Sua presença com outros discípulos no mar da Galileia após a ressurreição de Jesus sugere que foi um dos Doze (Jo 21:2). Alguns o identificam com Bartolomeu, em parte porque esse nome significa "filho de Ptolomeu", o que implicaria que tinha outro nome. Outro argumento, Natanael não aparece nos relatos sinópticos, nem Bartolomeu é mencionado em João. [JOE E. LUNCEFORD]

NATUREZA A maior parte dos estudiosos da Bíblia do século XX deu pouca atenção ao papel do mundo natural na Bíblia. Eles enfatizaram, ao contrário, que a Bíblia apresentava um Deus que agia em e pela história humana. Yahweh era diferente dos deuses da Mesopotâmia, Egito e Canaã, que estavam ligados pelos ciclos infindáveis e imutáveis da natureza. A natureza era considerada o palco para o drama histórico de salvação de Yahweh ou do instrumento de Yahweh naquele drama, mas o mundo natural não era considerado importante por direito adquirido.

O interesse no ponto de vista da Bíblia sobre a natureza intensificou-se nas últimas décadas em grande parte devido à crescente consciência ambiental da população. A alegação de muitos de que a objetivação da natureza pela Bíblia foi o fundamento para a nossa exploração do ambiente natural, levou diversos estudiosos a reavaliar o ponto de vista bíblico a respeito da natureza, dando atenção ao entendimento bíblico da criação, os estudiosos começaram a reconhecer que a Bíblia contém múltiplas visões da natureza e que o mundo natural desempenhou importante papel na formação e expressão da religião de Israel. Os vários pontos de vista bíblicos da natureza podem ser agrupados em três orientações de valores distintas, compartilhadas pelo povo da Bíblia, mas expressada sob circunstâncias diferentes: harmonia com a natureza, domínio sobre a natureza e conquista da natureza.

A harmonia com a natureza é o valor mais frequentemente manifestado nos textos bíblicos. Essa orientação de valor assume que os humanos e a natureza estão unidos num equilíbrio precário de forma que as ações humanas produzem consequências na natureza que, inevitavelmente, afeta os próprios humanos. Nos textos que refletem a tradição do pacto, a condição do mundo natural está ligada à fidelidade do povo às cláusulas do pacto. Se os israelitas seguissem os mandamentos de Deus, então Yahweh mandaria as chuvas para que a terra produza abundantemente. Caso contrário, Deus reterá as chuvas e a terra se tornará desolada, resultando na morte do povo (Dt 11:13-17). Os profetas, de forma semelhante, ligam as ações humanas ao meio ambiente. Tanto Oseias quanto Jeremias atribuem a aridez aos crimes do povo uns contra os outros e contra Deus (Os 4:1-3; Jr 3:1-3). Ageu atribui a seca à negligência do povo de reconstruir o templo de Yahweh (Ag 1:9,10). Segundo Isaías, oferece a esperança escatológica de que Yahweh redimirá o mundo natural ao mesmo tempo que as pessoas (Is 51:3).

No relato da criação no cap. 2, (Gn 2:4b-3:24), o primeiro humano é nascido da terra é descrito como feito do pó do chão e voltando à terra ao morrer. Embora o relato expresse o valor *harmonia com a natureza*, qualifica-o com o valor *domínio sobre a natureza*. A aquisição de conhecimento libertou o casal humano do determinismo da mesma. Eles são diferentes dos animais, também feitos do pó, e podem transformar o mundo natural para criar civilização (Gn 4). Todavia, no fim, os humanos estão ligados ao mundo natural do qual fazem parte.

O relato da criação no cap. 1 (Gn 1:1—2:3) é o principal exemplo bíblico da orientação do valor *domínio sobre a natureza* — que a natureza pode e deve ser manipulada para fins humanos. De acordo com o relato, os humanos receberam ordem para submeter a terra e receberam o governo sobre todas as outras criaturas (Gn 1:28). Entretanto, no contexto mais amplo da narrativa sacerdotal este valor domínio sobre a natureza é qualificado pelo valor harmonia com a natureza, que enfatiza a ordem da criação. O governo humano deve ser exercido nos limites da ordem criada para que as ações humanas não corrompam a criação (Gn 6:11-13). Como resultado, somente certos animais são aceitos como alimento (Lv 11), os homens recebem limites de com quem e quando podem ter relações sexuais (18:6-23) e a terra não pode ser lavrada nos Anos Sabáticos (25:1-12).

O valor *domínio sobre a natureza* é também expresso pelas metáforas cósmicas da ideologia real de Jerusalém. De acordo com essa ideologia, a realeza humana reproduz a realeza divina. O reino do rei em Jerusalém foi baseado em uma manifestação do reino de Yahweh sobre a criação. Portanto, assim como Yahweh derrotou todas as ameaças à ordem criada — tipicamente personificada como o mar (Sl 89:9-11 [TM 10-12];93) — o rei garante a ordem da criação derrotando seus inimigos (89:22-25 [23-26]). As ações do rei têm a capacidade de pôr ordem no mundo, produzindo justiça, fertilidade e abundância — na terra (Sl 72). Todavia, o domínio do rei sobre a natureza não é absoluto. Decorre do pacto com Deus, concedido a ele como presente, e deve ser caracterizado pela justiça de Deus.

Submissão à natureza — os humanos não têm controle sobre a natureza e estão sujeitos a seus efeitos inevitáveis — foi provavelmente a orientação de valor dominante dos antigos camponeses israelitas. Entretanto, os textos bíblicos, vindos de grupos da elite, somente esporadicamente refletem tal valor. O livro de Jó é exceção notável. Contrariamente à teologia do pacto, Jó enfatiza que não existe necessária correlação entre as ações humanas e a condição da criação. Além disso, os discursos de Yahweh (Jó 38-41) ressaltam a incapacidade dos humanos em controlar ou de reproduzir a criação.

Joel também expressa o valor *submissão à natureza*. O profeta apela a que as pessoas lamentem a devastação causada por uma praga de gafanhotos, mas diferentemente de outros profetas, não atribui a catástrofe natural aos pecados do povo. As ações do povo não são responsáveis pela praga, nem podem impedi-la. A única esperança deles de salvação é Deus e, assim, Joel os convoca a que retornem a Yahweh com jejum, choro e lamento (Jl 2:12-14).

Como resultado da recente atenção acadêmica à visão bíblica da natureza, a presença e a atividade de Deus no mundo não podem mais ser entendidas em suas categorias históricas e metáforas exclusivamente. A Bíblia afirma que a atividade de Deus é visível também nos ciclos da natureza, em bênçãos. Como criador, Deus produz o advento de chuvas sazonais, faz a terra produzir e aumenta a reprodução de rebanhos e manadas. A Bíblia normalmente liga a presença de Deus a locais naturais — predominantemente picos de montanha, fontes, rios e árvores. Além disso, a aparição de Deus na teofania é sempre apresentada na forma natural: Deus está associado a temporais com trovões e fenômenos relacionados de aguaceiros, nuvens e relâmpagos: a voz de Deus faz a terra tremer como num terremoto (ou o ruído de um trovão); e Deus aparece em um arbusto em chamas e numa coluna de nuvem e fogo.

Bibliografia. B. W. Anderson, *From Creation to New Creation*. OBT (Minneapolis, 1994); T. Hiebert, *The*

Yahwist's Landscape (Oxford, 1996); R. A. Simkins, *Creator and Creation: Nature in the Worldview of Ancient Israel* (Peabody, 1994); O. H. Steck, *World and Environment* (Nashville, 1980). [RONALD A. SIMKINS]

NAUM (heb. *naḥûm*), **LIVRO DE** O sétimo livro dos Profetas Menores. O cabeçalho indica que Naum é de Elcós, local mencionado só aqui na Bíblia. O tempo e local da atividade de Naum não estão identificados, mas a data pode ser inferida entre a destruição de Tebas em 663 a.C. (3:8) e de Nínive, em 612. Os intérpretes que entendem o texto como predição sugerem várias datas antes da real destruição de Nínive, que vai da referida reforma de Manassés, cerca de 650 (2Cr 33:14-16), até o período após a morte de Assurbanípal, cerca de 630 a.C., até os meses do cerco de Nínive em 612. Os intérpretes que veem o texto como explicação ao significado do fim de Nínive propõem datas próximas ou logo depois da real destruição. Se Nínive é vista como paradigma do mal, a data exata é de menos importância, permitindo assim datas exílicas e até pós-exílicas.

O livro de Naum tem sido considerado exemplo de profecia nacionalista. Os intérpretes têm ficado desconfortáveis com a falta de desafio moral dirigida a Judá. Embora o cabeçalho do livro rotule Nínive como tema (1:1), as palavras dirigidas a Judá são de segurança (v. 15 [TM 2.1]). O jugo e os laços de Judá serão quebrados (1:13); o poder da Assíria chegará ao fim (cap.2-3). A esperança pode até derivar do nome do profeta; Naum significa "conforto" ou "consolação". As palavras duras dirigidas contra a Assíria são, de fato, para os ouvidos de Judá. Naum oferece refúgio a Judá (1:7) e anuncia destruição para a Assíria (2:10 [11]). Naum tem sido comparado a falsos profetas como Hananias (Jr 28). Avaliações mais positivas do livro têm tido a tendência de enfatizar o caráter cruel e violento das táticas assírias de controle; o fim da Assíria, descrito tão vividamente, tem sido definido como aceitável quando visto a partir da perspectiva da vítima, ou seja, Judá. A destruição da Assíria é necessária para a coerência moral da história.

Várias interpretações recentes têm desafiado a ideia que Naum goza o conforto da ausência de críticas. Marvin A. Sweeney argumentou que Naum se opõe aos que duvidaram da capacidade de Deus em livrar. A queda de Nínive exige que judeus e assírios repensem seus pontos de vista sobre a soberania de Deus. A forma central do livro segue a do "padrão de refutação do discurso da controvérsia". Judá e Assíria são o alvo na unidade de abertura (1:2-10), Judá na segunda (1:11-15 [2:1]), e Assíria na terceira (2:1 [2]3:19). Michael H. Floyd sugeriu que Naum estava interrogando sua audiência de Judá, acusando-os de tramar contra Deus. A pergunta em 1:6 ("Quem pode resistir à sua indignação?"), na verdade, argumenta que ninguém pode se opor a Deus porque as consequências são desastrosas. Floyd argumenta que 1:2-10 não deve ser entendido como acróstico quanto à técnica (muitas letras estão faltando) ou hínico quanto ao caráter (e não contêm perguntas confrontadoras); mais exatamente esses versículos iniciais são mais bem caracterizados como "interrogação profética".

Os estudos indicam também mudança na direção de uma leitura mais unificada do livro. A mudança de gênero dos pronomes na 2ª pessoa em 1:9-14 tem obstruído com frequência uma leitura unificada. Muitos têm concluído que a variação é o resultado de uma complexa história editorial, com unidades independentes combinadas em vários estágios estendendo-se até o período pós-exílico. Sweeney defende abertamente uma coerência literária, e Bob Becking tem argumentado por uma coerência conceitual centrada na metáfora da ira de Deus, um refúgio protetor para o fiel e um não definitivo às forças opressoras.

Naum não é uma palavra agradável de conforto. As palavras estão cheias de lembrança bíblica que reúne o próprio passado (e provavelmente futuro?) rebelde de Israel/Judá. Os habitantes da Judeia e leitores subsequentes não são convidados a serem meros torcedores na cena da destruição de Nínive. Esse ponto é feito diretamente pela última parte de 1:12: "Embora eu a tenha afligido, não a afligirei mais". Naum descreve o destinatário como afligido especificamente por Deus. As duras palavras dirigidas contra Nínive/Assíria começam com palavras que posicionam profundamente os habitantes da Judeia como povo em relacionamento turbulento com Deus. Os destinatários já tiveram a experiência da indignação de Deus; conhecem melhor que ninguém o calor da ira de Deus. O refúgio dado por Deus é refúgio do dia da tribulação, dia que Deus está começando.

Além disso, quando lido no contexto do cânon maior, as duras palavras dirigidas a Nínive/Assíria foram ou serão dirigidas a Israel/Judá. Isso inclui as mais ásperas palavras em Naum. Em 2:13 [14], o profeta afirma: "Estou contra você [=Nínive], declara o Senhor dos Exércitos, queimarei no fogo os seus carros de guerra, e a espada matará os seus leões" (cf. Ez 5:8; Am 1-2; Jr 21:5). As ameaças de duplo sentido se estendem até às imagens mais horríveis. A Assíria/Nínive sofrerá o que acontece a Tebas: "Ela foi deportada, levada para o exílio. Em todas as esquinas as suas crianças foram massacradas" (3:10; cf. Os 10:14,15). Compare a imagem da violência sexual dirigida contra Nínive (3:5) com a dirigida contra Jerusalém (Jr 13:26). A linguagem de violência deve ser usada com cautela, hoje, mas deve-se observar que o que foi dirigido contra Nínive/Assíria é lembrado de forma adequada como também dirigida contra Israel e Judá.

Bibliografia. B. Becking, "Divine Wrath and the Conceptual Coherence of the Book of Nahum", *SJOT* 9 (1995): 277-96; M. H. Floyd, "The Chimerical Acrostic of Nahum 1.2-10", *JBL* 113 (1994): 421-37; J. J. M. Roberts, *Nahum, Habakkuk, and Zephaniah*. OTL (Louisville, 1991); M. A. Sweeney, "Concerning the Structure and Generic Character of the Book of Nahum", *ZAW* 104 (1992): 364-77. [RICHARD NYSSE]

NAUM (heb. *naḥûm*; gr. *Naoúm*) **1.** Um dos 12 Profetas Menores, cujas palavras estão registradas no livro de Naum. Ele era natural de Elcós (Na 1:1), vilarejo ao sul de Judá.

2. O pai de Amós e filho de Esli, listado entre os ancestrais de Jesus (Lc 3:25).

NAVE Espaço principal do templo (heb. *hêḵal*), entre o átrio e o santo dos santos (1Rs 6; 7:50; 2Cr 3:4,5,13; 4:22; Ez 41). O termo hebraico pode se referir tanto ao átrio como ao templo inteiro (cf. Sum. e-gal, "casa grande").

NAVIOS E NAVEGAÇÃO Quando a era histórica amanheceu nas terras bíblicas, cerca de 3000 a.C., a navegação em mar aberto no Mediterrâneo (e talvez no mar Vermelho) já tinha tradição respeitável. Embora o advento da viagem marítima e a identidade dos primeiros marinheiros que corajosamente navegaram além da vista da praia permaneçam desconhecidos, a evidência arqueológica da Grécia, Chipre e Creta indica que tais viagens começaram pelo menos 10 mil anos antes. Muito provavelmente o começo da aventura da humanidade no mar é bem mais antigo do que nossa evidência atualmente sugere. Por enquanto, os escassos dados arqueológicos para essa era pré-histórica permitem pouco mais do que amplas generalizações.

O transporte por água nos grandes sistemas de rios do Egito e da Mesopotâmia muito provavelmente antecederam a navegação marítima, mas as origens geográficas da viagem ribeirinha no Oriente Médio permanecem incertas. O comando para esse grande avanço nos transportes pertence aos primitivos habitantes do corredor do Nilo ou a seus semelhantes que habitavam as margens do Eufrates ou do Tigre? Não importa a quem pertença a primazia da invenção, os mais antigos barcos fluviais eram provavelmente feitos de juncos amarrados ou eram peles esticadas sobre vergônteas. Barcos de madeira, originalmente semelhantes a canoas, apareceram depois. Técnicas de construção de barcos feitos de pranchas se desenvolveram depois para acomodar mais cargas e passageiros. As embarcações sumérias podem ter sido construídas com pranchas justapostas, com fixação conseguida pela marcenaria de encaixe de saliências. No Egito pré-dinástico, barcos de pranchas podem ter sido fixados com cordas.

Os primeiros barcos marítimos eram primos estruturais ou clones de embarcações ribeirinhas primitivas, mas os maiores rigores da viagem marítima e as distâncias a serem navegadas encorajaram o desenvolvimento de barcos de madeira mais duráveis. O uso primitivo de jangadas de junco, embarcações de pele e canoas abriu caminho para a construção de vigorosos cascos feitos de pranchas em algum momento da era Neolítica, embora não há como determinar quando e onde esse avanço tecnológico ocorreu ou se precedeu ou veio depois do aparecimento de embarcações ribeirinhas construídas de forma semelhante.

No Mediterrâneo, os navios da antiguidade acabaram se desenvolvendo em máquinas extraordinariamente sofisticadas, cada uma apresentando encaixes e saliências para manter as pranchas justapostas. No presente, todos os restos de embarcações afundadas, recuperadas do Mediterrâneo e que foram datadas do período romano ou anterior, foram construídas desse jeito. Atualmente, esse tipo de encaixe não é comum em barcos de madeira, e sim nos móveis de madeira mais caros.

O Egito dos faraós, entretanto, parece ter seguido e depois modificado essa tradição náutica de fixação com cordas para reforçar seus navios de madeira para os desafios da navegação em alto mar. Embora os barcos egípcios tivessem excelente desempenho no Nilo, seus recursos em águas profundas eram outro assunto, particularmente para o comércio com Punt no mar Vermelho. O insucesso da construção naval em desenvolver ou copiar o uso de juntas com encaixe garantiram uma contínua fraqueza estrutural em seus navios.

A propulsão dos antigos navios se limitava à força do vento, dos remos, ou à combinação dos dois. Os remos podem ter sido usados para embarcações ribeirinhas, mas não eram práticos para barcos maiores em mar aberto. Pelos padrões modernos, os antigos barcos não tinham muitas velas e não eram muito eficientes. Era comum uma grande vela quadrada de linho, o que significava velejar a favor do vento. Velejar contra o vento era mais difícil, mas não impossível, particularmente depois de uma inovação que data da era do Bronze. Em algum momento, no fim do segundo milênio, a haste de apoio inferior da vela mestra, comumente usada em antigos navios, deixou de ter a predileção e foi removida. Vieram os cabos

A B C D E F G H I J K L M N O P Q R S T U V X Y Z

para recolher as velas. Ao se ajustar essas cordas que passavam por aneis-guia por cima da vela e da verga, a forma ou tamanho da vela podia ser alterada para melhor favorecer os ventos preponderantes.

Com esses navios, os antigos transformaram o Mediterrâneo e o mar Vermelho de obstáculos em autoestradas. A evolução da navegação em alto mar foi um grande passo adiante. A navegação marítima desempenhou grande papel no avanço do desenvolvimento da civilização. Os antigos mares se tornaram canais de comunicação e transporte para a transferência de cultura, mercadorias e ideias. Certamente, as viagens terrestres entre terras bíblicas ocorreram rotineiramente, mas o mar ofereceu melhor alternativa de transporte. Viajar de navio era mais rápido, mas fácil e provavelmente, mais seguro.

Embora a menção de navios despachados ao Levante para obter árvores de cedro apareça em certos registros egípcios mais antigos, a origem nacional dos navios que carregaram seu comércio é desconhecida. Esses primitivos mercadores podem ter sido egípcios ou siro-cananeus de origem. Os posteriores cipriotas, fenícios (as atividades de Salomão no mar Vermelho com marinheiros de Hirão de Tiro; 1Rs 10:22; 2Cr 9:21), gregos e, finalmente, romanos dominaram o comércio por via marítima para e do Oriente Médio. Nem toda civilização que surgiu em torno ou controlou uma parte do litoral do Mediterrâneo oriental, entretanto, tornou-se uma potência marítima. Os hititas, por exemplo, nunca desenvolveram uma talassocracia.

Embora seja certo que o comércio marítimo começou há muito no passado coletivo da humanidade, sua organização, motivação (lucro como entendemos esse termo hoje ou troca de "presentes" entre governantes e/ou elites sociais), evolução e extensão em diferentes períodos da história antiga restam algumas das muitas questões para as quais não existe consenso acadêmico.

Batalhas marítimas também aparecem nos registros mais antigos. Os navios foram usados primeiro como transporte de tropas e plataformas de combate. As descrições mais antigas existentes de uma batalha naval aparecem como relevo na parede do templo mortuário de Ramessés III, em Medinet Habu. Ali os artistas do faraó retratam seu triunfo sobre os invasores "Povos dos Mares", atacantes e/ou piratas que haviam saqueado terras pelo leste do Mediterrâneo antes de serem derrotados no Delta do Nilo (c. 1190). Mas foi essa proclamação de vitória verdade ou exagero? Os estudiosos continuam discutindo o significado desse importante monumento.

Na Idade do Ferro, apareceram navios de guerra especializados equipados com arma única. O aríete de bronze de batalha, instalado à linha d'água da proa, diferenciava uma nova classe de navios destinados especificamente a utilizar plenamente seu potencial. Esses novos instrumentos de guerra, o aríete de ataque e o navio de guerra equipado com ele, tornou-se o sistema dominante de arma naval de então. Batalhas navais tornaram-se muito mais comum e frequentemente decisivas para o destino de estados e reis em particular. Aspirações e sonhos internacionais frequentemente desapareciam no fundo do mar com os navios de guerra que fracassavam em combate naval, como Marco Antônio aprendeu em Actium em 31 a.C.

Embora representações artísticas de navios e temas marítimos como Medinet Habu e fontes literárias sejam limitadas em número, uma nova e promissora janela para o antigo passado marítimo se abriu nas últimas décadas. A arqueologia marítima começou a perceber o potencial do Mediterrâneo e, até certo ponto, do mar Vermelho como arquivos de informação única sobre antigos navios e atividades marítimas.

Este meio de pesquisa já confirmou o que prometeu com algumas descobertas notáveis. George Bass e sua equipe de mergulhadores arqueólogos descobriram dois primitivos restos de naufrágios na costa turca. O mais antigo, encontrado no promontório conhecido hoje como Uluburum, foi datado do fim do século XIV a.C. O outro, descoberto em Cabo Gelidonya, foi a pique por volta de 1200. Juntas estas duas escavações forneceram dados inestimáveis e únicos sobre a natureza da construção e do tamanho do navio, cargas carregadas e o alcance do comércio marítimo na Idade do Bronze.

Muito trabalho submarino está sendo feito em Israel. Shelley Wachsmann chefiou uma equipe que descobriu o casco de um navio de pesca do mar da Galileia que data do início do império romano. Ele explorou também um autêntico cemitério de navios na Lagoa Tantura perto de Dor. Kurt Raveh e Sean Kingsley também escavaram no mesmo local com resultados extraordinários. Ehud Galili, Avner Raban e Elisha Linder também acrescentaram à nossa compreensão de navios e navegação marítima ao longo desta parte da costa do Levante.

Bibliografia. L. Casson, *The Ancient Mariners*, 2. ed. (Princeton, 1991); *Ships and Seamanship in the Ancient World* (1971, repr. Baltimore, 1995). [ROBERT L. HOLFELDER]

NAZARÉ (gr. *Nazarét*, *Nazaréth*) Cidade da Galileia central, localizada numa cordilheira de onde se tem vista panorâmica do vale de Jezreel ao sul e do vale de Bet Netofa (Sahlel-Battof), ao norte. Não existem referências literárias a Nazaré antes do NT, e

Josefo nunca menciona o local. Várias grafias no NT grego (Mt 4:13; Lc 4:16 dão Nazará; todas as outras dão Nazaréth ou Nazarét) e as tradições manuscritas gregas acentuam seu relativo anonimato, antes do mundo cristão. No tempo de Jesus, Nazaré foi um obscuro vilarejo ao sul de Séforis. Escavações debaixo de várias igrejas e conventos encontraram residências cavadas em leitos rochosos e em volta de cavernas. Silos, prensas de azeitonas e uvas, bem como vasos para estocagem são indicadores da base agrícola do vilarejo. A evidência em relação a uma necrópole ajuda a determinar a extensão de ruínas do século I, que se correlaciona a uma população abaixo de quinhentas pessoas. A exclamação de Natanael em João 1:46: "Pode vir alguma coisa boa de Nazaré?" simboliza de forma apropriada a obscuridade da cidade no século I. No NT, Nazaré é, às vezes, citada como cidade (gr. *pólis*; Mt 2:23), mas isso mal pode ser tomado no sentido técnico adequado. De acordo com Lucas 2:4-5, Nazaré foi a cidade natal tanto de Maria como de José (Mt 2 parece indicar que foi Belém). Ela foi considerada cidade natal de Jesus (Mt 13:54; Mc 6:1; Lc 4:16), de onde ele partiu para Cafarnaum no começo do seu ministério (Mt 4:13). Os evangelhos concordam que o ministério de Jesus não foi bem-sucedido em Nazaré, precisamente por ser sua cidade natal (Mt 13:54-58; Mc 6:1-6; Lc 4:16-30). Com frequência, é feita referência a Jesus como "o Nazareno" (Mc 1:24; 10:46; Jo 18:5,7; At 2:22; 3:6), e em Atos 24:5, seus seguidores são até chamados de "nazarenos", sem nenhuma evidente conexão com os nazireus.

Uma inscrição em mosaico de uma sinagora do século III d.C., em Cesareia localiza um dos cursos sacerdotais judaicos depois da destruição do templo. É duvidoso que uma conexão sacerdotal possa ser projetada no passado do século I, mas indica de fato que Nazaré foi de aceitável aos sacerdotes judeus para ser colonizada. Nazaré não atingiu a proeminência entre os peregrinos cristãos até o fim do período bizantino, quando começaram projetos de construção cristãos, muitos dos quais ainda deixam suas marcas na cidade moderna, como a Igreja de São José e a Igreja da Anunciação.

Bibliografia. B. Bagatti, *Excavations at Nazareth I* (Jerusalem, 1969); E. M. Meyers e J. F. *Strange, Archaeology, the Rabbis, and Early Christianity* (Nashville, 1981); J. E. Taylor, *Christians and the Holy Places* (Oxford, 1993). [JONATHAN L. REED]

NAZARENO Gentílico (gr. *Nazarēnós,Nazōraíos*), usado normalmente para distinguir alguém da cidade de Nazaré. No NT, "Nazareno" é usado mais frequentemente para esclarecer a identidade de Jesus ao associá-lo com sua cidade de Nazaré, local onde vivia (Mc 10:47; Jo 18:7). Na história primitiva da Igreja, o termo assumiu mais uma conotação e passou a se referir, por extensão, aos seguidores de Jesus, que foram chamados de "a seita dos nazarenos" (At 24:5).

Um uso difícil de *Nazōraíos* aparece em Mateus 2:23, em que se afirma que a família de Jesus se estabeleceu em Nazaré, em cumprimento do ensino profético de que seria chamado de nazareno. O problema é que nenhuma passagem do AT estabelece explícita ligação do Messias com Nazaré. Aparentemente, Mateus estava se referindo à expectativa geral dos profetas de que o Messias seria desprezado e rejeitado (Sl 22:6-8 [TM 7-9]; 118:22; Is 49:7; 53:2,3). A associação de Jesus com Nazaré, cidade desprezada (Jo 1:46), fez com que fosse tratado com desdém por alguns (cf. Jo 7:41,42, 52). Em outra parte de seu evangelho, Mateus cita o AT para enfatizar o assunto de Jesus como Messias humilde, rejeitado por seu povo (Mt 12:16-21; 13:13-15; 21:42; 27:39-44).

Bibliografia. W. F. Albright, "The Names 'Nazareth' and 'Nazoraean'", *JBL* 65 (1946): 397-401; R. T. France, "The Formula-Quotations of Matthew 2 and Problem of Communication", *NTS* 27 (1981): 233-51. [JOEL F. WILLIAMS]

NAZARENOS, EVANGELHO DOS Evangelho apócrifo judaico-cristão, escrito em hebraico e aramaico na Palestina, cerca de 100-150 d.C. Foi aparentemente conhecido e usado por Hegésipo (c. 110-180), Eusébio (c. 260-340), Jerônimo (c. 342-420) e pelos nazarenos, uma primitiva seita judaico-cristã que viveu em Bereia. Citações desse evangelho são também encontradas na tradução latina do comentário de Orígenes sobre Mateus e nas anotações marginais de cinco manuscritos medievais do NT que fazem referência a *To Ioudaïkon*, "O (Evangelho) judaico".

De acordo com Jerônimo, o Evangelho dos Nazarenos esteve presente na biblioteca de Cesareia que Panfílio havia reunido. O próprio Jerônimo recebeu permissão dos nazarenos de Bereia para fazer uma cópia da versão pertencente a eles. Eusébio, que cita o Evangelho em "Cartas aos hebreus", aparentemente teve acesso ao Evangelho da biblioteca de Cesareia.

O conteúdo do Evangelho não é inteiramente conhecido, mas pode ser inferido de fragmentos existentes incluindo o batismo de João, a tentação de Jesus, o Sermão do Monte, o ministério de Jesus (milagres, parábolas, várias narrativas e ditos), o envio dos Doze, a confissão de Pedro em Cesareia de Filipos, predições da Paixão, a negação de Pedro no julgamento, a Crucificação e o sepultamento.

Embora o Evangelho dos Nazarenos esteja intimamente associado a Mateus, seus relatos do jovem rico (Mt 19:16-24) e a parábola dos talentos (25:14-30) são suficientemente diferentes de Mateus para sugerirem origem diferente do evangelho canônico. Ambos os Evangelhos parecem provir de um ambiente comum no qual as tradições usadas por um foram também usadas pelo outro.

Bibliografia. R. Cameron, ed., *The Other Gospels* (Philadelphia, 1982), 97-106; J. K. Elliott, "The Gospel of the Nazaraeans", in *The Apocryphal New Testament*, ed. rev. (Oxford, 1993), 10-14; A. F. J. Klijn, *Jewish-Christian Gospel Tradition*, VCSup 17 (Leiden, 1992); Klijn e G. J. Reinink, *Patristic Evidence for Jewish-Christian Sects*. NovTSup 36 (Leiden, 1973); P. Vielhauer, "The Gospel of the Nazaraeans", in *New Testament Apocrypha*, ed. E. Hennecke-W. Schneemelcher, 1 (Philadelphia, 1963), 139-53). [GEORGE HOWARD]

NAZIREU (heb. *nāzîr*) Homem ou mulher que se consagrava a Deus, durante um tempo específico, por um voto especial (Nm 6:1-21). Durante o período de consagração, os nazireus tinham de se abster de bebida alcoólica e ficar sem cortar o cabelo. A condição especial deles de "santo ao Senhor" exigia também que fossem especialmente cuidadosos em evitar contato com cadáver, mesmo em se tratando de membro da família, morto durante o tempo de vigência do voto (Nm 6:6-7). O contato, deliberado ou acidental, com cadáver tornava nulo o tempo servido de conformidade com o voto. Sacrifícios especiais tinham de ser oferecidos e o período de consagração começava novamente (Nm 6:9-12). Terminado o período do voto, sacrifícios especiais tinham de ser feitos, incluindo o corte do cabelo, queimado como oferta de felicidade (Nm 6:13-20). As exigentes normas que circunscreviam o período do serviço do nazireu ressaltam a seriedade desse estado.

A lei em Números indica que viver como nazireu era questão de escolha pessoal. Sansão foi consagrado como nazireu embora ainda no útero da mãe (Jz 13:4-14), e a mãe de Samuel fez a consagração por ele (1Sm 1:11). Amós 2:11 dá a entender que viver como nazireu era graça divina e não escolha pessoal. Ao que tudo indica, em certa época os nazireus formaram um grupo carismático como primitivos grupos proféticos. Mais tarde, as pessoas puderam escolher viver como esses nazireus durante certo tempo, e Números 6 serviu para regular essa prática, que continuou até o século I d.C. As passagens de Atos 18:18; 21:20-26 sugerem que Paulo participou dos rituais ligados à conclusão da observância do nazireu. Mateus 2:23 pode ser uma alusão à condição do nazireu e pode implicar que Jesus, tal como Sansão e Samuel, foi uma pessoa consagrada.

A Bíblia não declara explicitamente as razões para se tornar nazireu. A abstenção de bebida alcoólica lembra os recabitas de Jeremias 35:1-11. A abstinência deles está explicitamente relacionada à rejeição de existência sedentária, o que tornou a viticultura possível. Embora o hebraico *nāzîr* normalmente signifique "pessoa consagrada", Levítico 25:5 o usa para significar "videira não podada". Talvez o estilo de vida do nazireu seja protesto contra o cultivo de parreira para o uso na produção de vinho. A razão para deixar o cabelo crescer, sem ser cortado, não é clara. Outras tradições religiosas exigem renúncias específicas e a obediência a certas disciplinas aos que buscam relacionamento especialmente próximo a Deus. O voto nazireu pode ser um antigo exemplo israelita desse padrão. [LESLIE J. HOPPE]

NEÁ (heb. *nēʿâ*) Cidade na fronteira nordeste de Zebulom, localizada em algum lugar entre Rimom e Hanatom (Js 19:13). A cidade pode ser a Noa mencionada em fragmentos de cerâmica samaritana, datando da época do rei Acabe.

NEÁPOLIS (gr. *Neápolis*) Porto marítimo localizado 16 km a sudeste de Filipos, numa faixa inclinada de terra que se estende do mar Egeu com ancoradouro de ambos os lados. Neápolis ("cidade nova") foi controlada por diversos impérios ao longo de sua história. Durante o período bizantino ela foi chamada Christoupolis (moderna Kavala). Entre as descobertas arqueológicas estão um aqueduto, restos de um vilarejo helenístico e um santuário da deusa Pártenos, principal divindade de Neápolis. Algumas inscrições latinas confirmaram a dependência militar e econômica de Neápolis a Filipos durante a era romana e que essa cidade era a residência de algumas pessoas importantes de Filipos.

Depois do sonho macedônio, Paulo saiu de Trôade em direção à Europa. Neápolis foi a primeira cidade que ele visitou lá (At 16:11). Paulo passou novamente por Neápolis, em sua terceira viagem missionária (cf. At 20:6). [STEVE L. COX]

NEARIAS (heb. *nĕʿaryâ*) **1.** Descendente de Salomão; filho de Semaías e pai de Elioenai, Ezequias e Azricão (1Cr 3:22,23).

2. Um dos quatro filhos de Isi que liderou 500 simeonitas na expulsão do remanescente amalequita do monte Seir (1Cr 4:42,43).

NEBAIOTE (heb. *nĕḇāyôṯ*, *nĕḇāyōṯ*) O primeiro filho de Ismael (Gn 25:13; 28:9; 36:3; 1Cr 1:29). Isaías (Is 60:7) o cita como ancestral epônimo de um povo correlacionado com os descendentes de Quedar, do norte da Arábia. Documentos assírios os citam, com Quedar, entre os árabes do norte, derrotados por Tiglate-Pileser III. O mundo acadêmico recente rejeita qualquer conexão com os nabateus posteriores (ár. Nabat) por razões linguísticas e históricas. [W. CREIGHTON MARLOWE]

NEBALATE (heb. *nĕḇallaṭ*) Cidade na qual os descendentes de Benjamim se estabeleceram depois do Exílio (Ne 11:34). Tem sido identificada com a moderna Beit Nabala, 32 km a oeste de Hazor e 7 km a nordeste de Lode.

NEBATE (heb. *nĕḇāṭ*) Pai de Jeroboão I; efraimita de Zeredá (1Rs 11:26). O apelido "filho de Nebate" ocorre com frequência no AT para fazer distinção entre Jeroboão I e Jeroboão II, o filho de Joás.

NEBLINA Águas subterrâneas (heb. *'ēḏ*; cf. ac. *edû*; Sum. *a-dé-a*) usadas por Deus na criação das plantas e subsequentemente, a vida humana (Gn 2:6). De acordo com Jó 36:27, Deus destila a neblina para produzir chuva. Em outra parte o hebraico *nĕśî'îm* designa a neblina vaporosa, uma das muitas formas de água e de precipitação dos elementos sob o controle de Deus (p. ex., Jr 10:13; 51:16).

Referências frequentes a neblina são figurativas, descrevendo a transitoriedade da vida (gr. *atmís*; Tg 4:14), ídolos (Os 13:3) e falsos ensinos (*hómichlē*; 2Pe 2:17), e o perdão dos pecados por Deus (heb. *'ānān*; Is 44:22). Em Atos 13:11, o grego *achlýs* descreve a cegueira temporária de Paulo.

NEBO (heb. *nĕḇô*) **I. (LUGAR) 1.** Cidade tomada de Siom, rei dos amorreus e dada à tribo de Rúben (Nm 32:3; 37-38). Os rubenitas a reconstruíram em algum momento (1Cr 5:8), mas depois a perderam para os moabitas sob o governo de Mesa (estela de Mesa 14-19). Sua destruição está registrada em Isaías 15:2; Jr 48:1,22. Essa cidade é normalmente associada ao sítio arqueológico da Idade do Ferro de Khirbet el-Mekhayyat no pico meridional de Muchayyat, 8 km a sudoeste de Esbom.

2. Cidade na Palestina ocidental, colonizada no período pós-exílico (Ed 2:29 = Ne 7:33). É normalmente identificada com Nuba, 5 km a noroeste de Bete-Zur. [PAUL J. RAY, JR.]

II. (DEIDADE) (heb. *nĕḇô*; ac. *nabû*) Um dos principais deuses do panteão babilônico. O nome é encontrado já em princípios do segundo milênio a.C., mas o culto a Nebo começou a ter predomínio cerca de 925 e atingiu seu ápice na Babilônia no século VII, por volta da época de Isaías. Na qualidade de filho de Marduque, Nebo era considerado o guardador dos tabletes dos deuses e, portanto, um escriba. Como tal, tinha acesso a segredos que outros não tinham por não saber ler, por isso ganhava mais sabedoria, e assim, podia controlar os ritos religiosos. Ele anotava as decisões dos deuses e administrava as operações comerciais humanas, especialmente em seu "tablete da vida" e "tablete do destino" (cf. Êx 32:32,33; Sl 69:28 [TM 29]; Ap 20:12,15). Isaías 46:1 descreve Nebo, com Bel, sendo carregado na procissão do Ano Novo, incapaz de ajudar seu povo (em contraste com o Deus de Israel). [MICHAEL D. HILDENBRAND]

NEBO (heb. *nĕḇô*), **MONTE** A montanha na qual Moisés morreu e foi enterrado, depois de ter avistado a Terra Prometida (Dt 32:49-52; 34:1-8). A área é também reivindicada pelas duas tribos e meia que ficaram aquém do rio Jordão (Nm 32:3). O nome Nebo parece referir-se à divindade mesopotâmica Nabû, ou mais exatamente ser o cognato de uma raiz semítica que sugere altura.

O monte Nebo ETA localizado a oeste do Jordão, antiga Moabe, perto do mar Morto, cerca de 19 km a sudeste do cume onde está a antiga cidade de Nebo (1), moderna Khirbet el-Mekhayyat, cidade que prosperou nos períodos da Idade do Ferro I-II, exemplificada por sua inclusão na Pedra Moabita. O monte Nebo (Jebel em-Neba) faz parte da cadeia de montanhas de Abarim mencionada em Números 33:47, com seu pico atingindo 835 m acima do nível do mar e 1.247 m acima do nível do mar Morto. Consequentemente, o pico da montanha oferece uma vista espetacular de Israel. [MICHAEL M. HOMAN]

NEBUSAZBÃ (heb. *nĕḇûšazbān*) O chefe dos eunucos de Nabudonozor, enviados pelo rei da Babilônia para proteger Jeremias depois da queda de Jerusalém (Jr 39:13; ac. *Nabū-šēzibanni*, "Nabû me salve").

NEBUZARADÃ (heb. *nĕḇûzar'ăḏān*; ac. *Nabû-zer-iddinam*) O "cozinheiro-mor" mencionado numa lista de altos oficiais de Nabucodonosor II da Babilônia (605-562 a.C.; *ANET*, 307-8). Ele consta também no relato bíblico da queda de Jerusalém como comandante das forças do rei babilônio. O título de cozinheiro-mor, tal como o de copeiro-mor, era termo arcaico para os que estavam em altas posições nas cortes assírias e babilônicas. Eles eram mandados com frequência em missões militares e diplomáticas (cf. o Rabsaqué, 2Rs 18:17). Nebuzaradã ("Nabû me deu descendência") foi responsável pela destruição da cidade de Jerusalém, por mandar oficiais de Judá para serem executados (2Rs 25:8-12, 18-21), e pela deportação de uma quantidade de judeus alguns anos depois (c. 582; Jr 52:24-30). Ele também recebeu ordens para libertar o profeta Jeremias (Jr 39:11-14; 40:1-6; 43:6). Pelo fato de ter invocado o nome do Senhor ao falar a Jeremias, Nebuzaradã foi considerado convertido na tradição judaica posterior (cf Jr 40:2-6). [MARK W. CHAVALAS]

NECO (heb. *nĕḵōh*, *nĕḵô*; egip. *nk'w*) (tb. NECHO) Neco II (610-594 a.C.), rei da 26ª dinastia do Egito. Em 609, Neco (tb. Necho) liderou seu exército para o norte, até a Palestina e a Síria para ajudar o exército assírio em sua desesperada posição em Harã contra os babilônios comandados por Nabopolassar. Josias, rei de Judá, uniu-se às forças egípcias na passagem de Megido (*Uádi 'Ara*) para deter, ou pelo menos retardar, a marcha das tropas egípcias. Na batalha, Josias foi mortalmente ferido e seu exército derrotado (2Rs 23:28-30; LXX 4Rs 23:29,30; 2Cr 35:20-25; compare TM 2Cr 35:20-27; 1Ed 1.25-31, que confunde essa batalha a posterior de Carquemis). Neco não conseguiu impedir a queda dos assírios, mas reivindicou a suserania sobre a Palestina e Síria. Ele depôs Jeoacaz e o levou para o Egito, colocando Eliaquim no trono de Jerusalém, filho de Josias, mudando seu nome para Jeoaquim (2Rs 23:31-35).

Em 605, Neco e seu exército entraram em combate contra Nabucodonosor, príncipe herdeiro da coroa babilônica, em Carquemis (Jr 46:2; Josefo *Ant.* 10.6). Os egípcios foram completamente derrotados e rechaçados para suas fronteiras. Em 601, Neco teve de defender seus pais contra as incursões de Nabucodonosor. Ambos os exércitos sofreram pesadas baixas, e Nabucodonosor foi forçado a se retirar. Não há outra menção a Neco nos registros históricos.

Bibliografia. A. Gardiner, *Egypt of the Pharaohs* (Oxford, 1961); D. J. Wiseman, *Chronicles of Chaldaean Kings (626-552 B.C.)* (1956, repr. London, 1974); *Nebuchadrezzar and Babylon* (Oxford, 1985). [LAWRENCE A. SINCLAIR]

NECODA (heb. *neqôḏā'*) **1.** O chefe ou fundador de uma família de servidores do templo que retornou com Zorobabel do cativeiro na Babilônia (Ed 2:48 = Ne 7:50).

2. O chefe de uma família que retornou do exílio, mas não conseguiu provar sua descendência israelita (Ed 2:60 = Ne 7:62).

NECROMANCIA *Ver* MÉDIUM, BRUXO.

NEDABIAS (heb. *nĕḏaḇyâ*) O sétimo filho do rei Jeconias/Jeoaquim (1Cr 3:18).

NEELAM (heb. *hanneḥĕlāmî*) "O neelamita", apelido dado ao falso profeta Semaías, que se opôs a Jeremias (Jr 29:24,31-32). O termo, salvo confirmação em contrário, pode indicar ou um nome de família ou de lugar ("de Neelam"). Outra sugestão é que essa palavra representa um jogo de palavras do hebraico *ḥălôm*, "sonho" e, assim, significa "Semaías, o sonhador".

NEEMIAS (heb. *nĕḥemyâ*) **1.** Líder dos israelitas, que retornou com Zorobabel do cativeiro em 538 a.C. (Ed 2:2; Ne 7:7).

2. Filho de Hacalias (Ne 1:1); governador de Jerusalém no período pós-exílico, cujo ministério público está registrado no livro de Neemias.

3. Filho de Azbuque, governandor do meio distrito de Bete-Zur, que ajudou a reparar os muros de Jerusalém (Ne 3:16).

NEEMIAS (heb. *nĕḥemyâ*), **LIVRO DE** Segunda parte dos registros de Esdras-Neemias do governo de Neemias. Na versão inglesa (e em português) é um livro separado.

NOME E AMBIENTE CANÔNICO. Que Esdras-Neemias foi originalmente obra única, chamada Esdras está indicado pelos primitivos manuscritos da LXX (Vaticanus, Sinaiticus, Alexandrinus) que tratam os dois livros como um, chamando-os de Esdras B e as anotações massoréticas, que lidam com os dois livros, mas ocorrem apenas no fim de Neemias. A divisão em dois livros aparece pela primeira vez com Orígenes (séc. III d.C.) e a Vulgata de Jerônimo (séc. IV), que se refere a Neemias como líber secundus Esdrae. Na Bíblia Hebraica, não existe separação antes de 1448 d.C. Embora o cânon hebraico especifique Neemias à sua terceira divisão, os Escritos, e o coloca depois de Esdras mas antes de Crônicas, o cânon grego alexandrino, que forma a base para a nossa sequência moderna, coloca Neemias entre os livros históricos depois de Crônicas. Frequentemente, o livro apócrifo de 1Esdras aparece entre Crônicas e Esdras-Neemias.

AUTORIA. Intensos debates concernentes à autoria de Crônicas, Esdras e Neemias continuam acirrados. O antigo consenso de que todos os três foram obra de "o cronista" baseava-se em quatro argumentos: 1) a repetição dos primeiros versículos de Esdras no final de 2Crônicas; 2) a evidência de 1Esdras, que começa com 2Crônicas 35-36 e continua em Esdras incluindo Neemias 7:73(TM 72)-8:13a; 3) semelhança linguística; e 4) semelhança de concepção teológica. Recentemente, um número crescente de estudiosos tem-se convencido de que enquanto os três primeiros argumentos são inconclusivos sobre o assunto da autoria, pesquisa sobre a quarta tem fornecido pelo menos quatro áreas de concepção teológica diferente: 1) a ênfase sobre Davi e sobre o pacto davídico; tão saliente em Crônicas, está faltando em Esdras-Neemias; 2) as tradições do Êxodo, tão salientes em Esdras-Neemias, são virtualmente ignoradas em Crônicas; 3) a posição negativa de Esdras-Neemias contra o casamento com estrangeiros é difícil de explicar à luz da atitude tolerante expressada quanto ao casamento misto de Salomão em 2Crônicas; e 4) o uso generalizado de Crônicas de retribuição imediata como imã teológico está ausente em Esdras-Neemias.

DATA E LUGAR DA COMPOSIÇÃO. As mais diversas datas têm sido propostas para a forma final de Esdras-Neemias, em grande parte devido à variedade de posições sustentadas quanto à extensão, autoria e teoria do arranjo deste material, bem como de cronologias conflitantes reconstruídas a partir de Josefo. A opinião acadêmica recente parece favorecer uma data de cerca de 400 a.C. Os primeiros 250 anos do século IV têm sido também sugeridos para explicar a ocorrência de "Joanã", o sumo sacerdote mencionado por último, que exerceu o ofício até 410, e "Dario, o persa" (Dario II, 425-405) em Neemias 12:22. Embora a datação desses livros permaneça em aberto, existe forte consenso de que Jerusalém, ou pelo menos a Palestina, seja o lugar da composição.

Fontes. A troca frequente entre a primeira e terceira pessoa no discurso é, porém, indicação de que uma variedade de fontes foi utilizada na composição de Neemias. Destacando-se entre elas é a chamada Memórias de Neemias, narrativa autobiográfica na primeira pessoa que apresenta a própria interpretação de Neemias dos primeiros eventos de sua carreira. Existe ampla concordância acadêmica de que Memórias consiste de Neemias 1-7; partes de 12:27-43; e 13:4-31, com o entendimento de que as listas contidas no cap. 3 (lista dos envolvidos na construção do muro) e 7:5b-73a(72a) (lista dos que retornaram do exílio praticamente idêntica à de Esdras 2), embora originalmente compilada por outros, foram incluídas por Neemias em suas Memórias. Mais controverso é o material contido em Neemias 5 (esp. v. 14-19) que interrompe o fluxo da narrativa da construção do muro, que é a preocupação principal de "Memórias" e parece vir de um período posterior; 11:1-2, que relata o término do plano de Neemias de repovoar Jerusalém iniciado no cap. 7; e 12:31-43, que descreve a jubilosa dedicação do muro.

Extenso debate relativo ao gênero das Memórias de Neemias continua na literatura acadêmica. Inscrições reais, inscrições comemorativas (cf. os repetidos pedidos para que Neemias seja "lembrado": 5:19; 6:14; 13:14,22,29,31), inscrições fúnebres egípcias, poemas de Salomão, orações dos acusados injustamente e a justificação das atividades de alguém perante o rei, tudo tem sido sugerido como paralelos possíveis, embora nenhuma dessas sugestões tenha ganho amplo apoio. Até mesmo o título "Memórias" tem sido contestado com base em que ela presume ser Neemias o autor da obra e que é essencialmente uma peça autobiográfica. A falta de acordo com relação à forma da passagem, entretanto, não deveria nos levar ao engano de pensar que não tenha estrutura. Pelo contrário, a primeira parte de Memórias (1:1-7:3) está cuidadosamente organizada, incorrendo num acordo centralizado pontuado por sete episódios de oposições introduzidos de forma semelhante:

A história de Neemias (1:1—7:3)

- A Relato de Hanani, Neemias reconstruir Jerusalém (1:1-2:8)
- B Cartas aos governadores darem garantia pessoal a Neemias (2:9)
- C Oposição (2:10)
- D Inspeção à noite, acusação a Jerusalém (2:11-18)
- E Oposição, Gesém organiza sedição (2:19,20)
- F Construção do muro (3:1-32)
- G Oposição (4:1 [3:33])
- H Zombaria (4:2,3 [3:34,35])
- I Oração (4:4,5 [3:36,37])
- J O muro chega à metade de sua altura (4:6 [3:38])
- J' A oposição "se une" (4:7,8 [1-2])
- I' Oração (4:9 [3])
- H' Efeito da zombaria (4:10-14 [4-8])
- G' Oposição (4:15 [9])
- F' Construção do muro com defesa (4:16-23 [10-17]) [Problemas do segundo período de Neemias (5:1-19)]
- E' Oposição, Gesém ordena sedição (6:1-9)
- D' Neemias: ameaças à noite, acusação (6:10-14)
- C' Oposição (6:15,16)
- B' Cartas a Tobias difamam Neemias (6:17-19)
- A' Hanani é posto encarregado de reconstruir Jerusalém (7:1-3)

Outras fontes, provavelmente documentos dos arquivos do templo e relacionados a Neemias 3:1-32; 7:6-73(72); 11:1,2; 12:31-43, foram também detectadas em várias passagens: 1) Ne 9:38; 10:28-39(10:1, 29-40), a resolução do povo de obedecer as estipulações da lei de Deus; 2) 10:1-27(2-28), a lista dos que assinaram a resolução anterior; 3) 11:4b-20, os residentes de Jerusalém; e 4) 13:1-3, uma descrição da expulsão do povo de todos os descendentes mistos de Israel. Duas listas, 11:21-36 (em que constam os residentes de Benjamim e Judá) e 12:1-26 (em que constam os sacerdotes e levitas de vários períodos diferentes) são mais bem vistos como adições posteriores ao livro. Não está claro se os trechos na terceira pessoa da chamada Memórias de Esdras (cf. Ed 7:1—9:15) que aparece em Neemias 8; 9:1-5 se deriva do redator final ou de alguma outra fonte.

A ordem dos reformadores. A concepção tradicional sustenta que Esdras chegou a Jerusalém em 458, no "sétimo ano do reinado de Artaxerxes" (Ed 7:7) e que Neemias chegou depois dele em 445, no "vigésimo ano" de Artaxerxes (Ne 1:1; 2:1; 5:14). Várias anormalidades surgem dessa interpretação do material, entretanto. As principais dentre elas são a perturbadora lacuna de treze anos entre a chegada de Esdras e sua leitura da Lei em Neemias 8:1-8 e a aparente ignorância de Neemias do trabalho de Esdras. A confusão aumenta com a compreensão de

A B C D E F G H I J K L M N O P Q R S T U V X Y Z

que houve três reis persas chamados Artaxerxes: I, Longânimo (465-424); II, Mnemon (404-359); e III, Ochus (359-338).

No início de 1890, Albin van Hoonacker sugeriu que o Artaxerxes de Esdras foi Artaxerxes II. Ao designar o "sétimo ano de Artaxerxes" como Artaxerxes II ele chegou à data de 398 para a chegada de Esdras a Jerusalém. Isso resultou na reversão da ordem dos reformadores, uma negação de que foram contemporâneos, e a supressão dos versículos que falam dos dois reformadores juntos (Ne 8:9; 12:26,36).

Uma posição intermediária associada a John Bright e Wilhelm Rudolph busca preservar a contemporaneidade dos reformadores colocando Esdras depois de Neemias no reinado de Artaxerxes I. Isto é conseguido emendando o texto de Esdras 7:7 do "sétimo ano de Artaxerxes" ao "Vigésimo sétimo/trigésimo sétimo ano de Artaxerxes (I)". Com tal interpretação, Esdras teria chegado a Jerusalém depois de Neemias ou em 438 ou 428. A sugestão experimental (Richard J. Saley) de colocarmos Neemias no reinado de Artaxerxes II não encontrou muito apoio.

Quase todos concordam que Neemias veio a Jerusalém sob os auspícios de Artaxerxes I. Entre os papiros aramaicos de fins do século V descobertos em Elefantina está uma carta ao governador de Judá com a queixa de que Joanã, o sumo sacerdote de Jerusalém, ignorou o pedido de ajuda para a reconstrução do templo. Este deve ser o Joanã mencionado em Neemias 12:22. Sambalá, o governador de Samaria e principal inimigo de Neemias (cf. 2:9,10), é também mencionado com seus filhos, que parecem estar governando em seu lugar. Se Sambalá é governador apenas no título somente em 407, isso serve como confirmação da descrição de Neemias de seu velho inimigo no seu auge (445), durante o reinado de Artaxerxes I. É improvável que se chegue a um acordo a respeito das datas de Esdras sem novas descobertas.

Neemias, a pessoa. Neemias (heb. "Yahweh conforta") foi governador de Judá durante o período persa (meados do século V), melhor conhecido por ter supervisionado a reconstrução dos muros de Jerusalém. O que sabemos das atividades de Neemias vem das Memórias de Neemias, escrita na primeira pessoa, que forma a fonte básica do livro. Antes desse governo, Neemias era alto oficial na corte de Artaxerxes I (465-424). Quando Neemias ouviu falar do estado de destruição da proteção de Jerusalém e as condições deploráveis em que estavam seus compatriotas judeus na Palestina nas mãos de seus vizinhos, ele ficou comovido e pediu ajuda ao seu Deus e depois ao rei (Ne 1-2). O resultado foram: autorizações, ajuda financeira e nomeação como governador pelo período de doze anos (445-433).

A maior realização de Neemias é a refortificação de Jerusalém apesar das ameaças, intrigas e conspirações dos governadores vizinhos: Sambalá, de Samaria; Tobias, o amonita e Gesém, o árabe, que injustamente o acusaram de sedição (caps. 2,4,6). Josefo relata que a reconstrução levou quase dois anos e quatro meses (*Ant.* 11.5.8), embora o texto de Neemias alegue que o projeto foi concluído em incríveis 52 dias (6:15).

Neemias foi também responsável por uma série de reformas sociais e religiosas. Colheitas fracas e a prática de usura das classes mais altas às custas dos menos afortunados provocou uma série de dificuldades econômicas entre a comunidade durante seu período como governador, incluindo a escravização de crianças (5:1-5). A liderança capaz e o exemplo altruísta de Neemias levaram à restauração da decência (5:6-16). O reassentamento de uma décima parte representativa da população distante resolveu o problema de defesa de uma Jerusalém insuficientemente povoada e ilustra a ingenuidade administrativa do reformador (7:4,5; 11:1,2), embora a jubilosa dedicação dos muros indica que o governador estava muito consciente da importância do estado de espírito (12:27-43). Depois de uma breve ausência, Neemias realizou uma série de reformas relacionadas ao mau uso do templo (13:4-9), apoio financeiro dos levitas (v. 10-14), observância das normas do sábado (v. 15-22) e a dissolução de casamentos mistos (v. 23-27).

Bibliografia. J. Blenkinsopp, *Ezra-Nehemiah*, OTL (Philadelphia, 1988); T. C. Eskenazi, *In an Age of Prose: A Literary Approach to Ezra-Nehemiah*. SBLMS 36 (Atlanta, 1988); K. G. Hoglund, *Achaemenid Imperial Administration in Syria-Palestine and the Missions of Ezra and Nehemiah*. SBLDS 125 (Atlanta, 1992); M. A. Throntveit, *Ezra-Nehemiah. Interpretation* (Louisville, 1992); H. G. M. Williamson, Ezra, *Nehemiah*. WBC (Waco, 1985). [MARK A. THRONTVEIT]

NEFEGUE (heb. *nepeg*) **1.** Levita, filho de Isar e irmão de Corá e Zicri (Êx 6:21).

2. Um dos 13 filhos de Davi, nascido em Jerusalém (2Sm 5:15; 1Cr 3:7; 14:6).

NEFILIM (heb. *nĕpîlîm*) A descendência de seres celestiais ("filhos de Deus"; cf. Jó 1:6; 2:1; Sl 29:1; 82:6) que tiveram relações sexuais com mulheres humanas ("filhas dos homens"; Gn 6:1-4). Visto que o limite entre o reino divino e o terreno não deveria ser transposto dessa forma, a abominação final foi a razão que levou a decisão de Deus de destruir os nefilins e todas as pessoas no Dilúvio (Gn 6:3, 5-7).

Antes da conquista de Canaã, os espias israelitas relataram a existência de uma raça de gigantes, os nefilins, vivendo na terra de Canaã (Nm 13:33).

Essas pessoas parecem ser sobreviventes do Dilúvio (cf. Gn 6:4), mas não há explicação de como sobreviveram ao desastre. Talvez houve duas tradições conflitantes, uma na qual os nefilins pereceram no Dilúvio e outra na qual eles sobreviveram e se estabeleceram em Canaã. Por outro lado, pode ser que os gigantes da Terra Prometida vieram a ser chamados de nefilins por analogia à primitiva raça de homens valentes.

Bibliografia. R. S. Hendel, "Of Demigods and the Deluge: Toward an Interpretation of Genesis 6.1-4", *JBL* 106 (1987): 13-26; "When the Sons of God Cavorted with the Daughters of Men", *BibRev* 3/2 (1987): 8-13,37. [WILLIAM B. NELSON, JR.]

NEFUSIM (heb. *K nĕp̄îsîm*) (tb. NEFUSESIM) Chefe de uma família de servidores do templo que retornou com Zorobabel do cativeiro (Ed 2:50; Q *nĕp̄ûsîm*). Na lista paralela em Neemias 7:52, é chamado de Nefusesim.

NEFTAR (gr. *néphthar*) *Ver* NAFTA.

NEFTOA (heb. *Nep̱tôaḥ*), **ÁGUAS DE** Fonte mencionada na fronteira entre Judá e Benjamim (Js 15:9; 18:15). O sítio arqueológico é identificado com a moderna Lifta/Me Neftoah, cerca de 5 km a noroeste de Jerusalém. Alguns têm ligado o nome dessa fonte com o faraó Menerptah (cujo nome é praticamente idêntico à frase hebraica). Se esse for o caso, o local é mencionado no Papiro Anastasi egípcio (séc. VIII a.C.; *ANET*, 258). [DENNIS M. SWANSON]

NEFUSESIM (heb. *K nĕp̄ûšĕsîm*) O ancestral de um grupo de servidores do templo; forma alternativa de Nefusim (Ne 7:52; Q *nĕp̄ûsîm*).

NEGUEBE (heb. *negeḇ*) Área sul da antiga Palestina. Diferentemente do termo bíblico (aparentemente da raiz semítica "seco") a moderna designação "Negev" se refere à metade setentrional do moderno estado de Israel — de Berseba em direção ao sul até o golfo de Aqaba. Somente a porção norte dessa região foi extensivamente colonizada nos tempos bíblicos; portanto o termo bíblico refere-se essencialmente à bacia hidrográfica de Berseba.

O meio ambiente da região de Berseba consiste de um ambiente semidesértico com média de precipitação pluviométrica anual de 200 mm, que permite somente a agricultura de subsistência. Essa região inclui centros urbanos, fortalezas e povoados em toda maior parte da época bíblica. Os arqueólogos descobriram vários sítios arqueológicos da Idade do Cobre e do Bronze Antigo, o que levou muitos a argumentar que o Neguebe provavelmente teve clima significativamente mais úmido antes de cerca de 2.500 a.C. Ao sul da bacia de Berseba, estão as "terras altas" do Neguebe. Ali, a precipitação anual varia entre 150-50 mm. Esse índice fica abaixo do mínimo necessário para a agricultura. As colonizações nessa área estavam associadas principalmente a fortes ou hospedarias para proteger as rotas comerciais. Duas mercadorias em particular desempenharam papel importante no comércio das terras altas: cobre e incenso/especiarias.

Sobre os patriarcas, a quem muitos colocariam na Idade do Bronze Médio, informa-se terem residido temporariamente na região de Berseba. Embora os restos do BM tenham sido descobertos em outros sítios arqueológicos do Neguebe, Berseba deve ainda revelar alguns restos significativos do BM. As peregrinações no deserto ficam ao redor do oásis de Cades-Barneia, que fica no lado ocidental das terras altas do Neguebe. Informa-se também que os hebreus lutaram com os cananeus em Arade e Hormá (Nm 21:1-3; 33:40; Js 12:14). Entretanto, pouca evidência tem sido encontrada de qualquer povoamento do Bronze Recente na bacia de Berseba ou nas terras altas; no sul, minas de cobre do século XIII foram escavadas em Timna.

Com a monarquia, aumentou a atividade no Neguebe. Saul e Davi combateram os amalequitas (1Sm 14-15; 30), e Salomão estabeleceu um posto naval avançado em Eziom-Geber (1Rs 9:26). No século VIII, Uzias revigorou o Neguebe, restabelecendo o comercio em Eziom-Geber. O transbordo de cobre e outras mercadorias de Eziom-Geber exigiu o estabelecimento de fortes reais para salvaguardar as rotas (2Cr 26:10). Um rápido crescimento na construção posterior no século VII pode ser atribuído ou a Manassés ou a Josias. Em seus anos finais, Judá perdeu cada vez mais o controle sobre o Neguebe aos edumeus. Nomes edumeus, restos cerâmicos com inscrições e locais de culto foram encontrados por todo Neguebe (p. ex., *Qimit*).

Evidência arqueológica do período persa e helenístico é quase que totalmente ausente. Fontes escritas discutem a presença dos nabateus, mas poucos restos desse povo habitante de tendas foram encontrados. Com o passar do tempo, os nabateus tornaram-se especialistas no comércio de especiarias e como mercadores. Foi construída a estrada Petra-'Avdat e, com ela, caravanas para proteger a rota de incenso e mirra. As cidades e fortalezas nabateias foram construídas, o comércio floresceu e projetos agrícolas foram até mesmo introduzidos. Por último, os romanos anexaram o Neguebe e suas terras altas à Palestina Tercia. Na era bizantina, a área experimentou seu maior florescimento. Cidades se expandiram, igrejas foram construídas, monastérios foram fundados e o povoamento aumentou.

Bibliografia. Y. Aharoni, "The Negeb and the Southern Borders", in *The World History of the Jewish*

People, 4/1: The Age of the Monarchies: Political History, ed. A. Malamat (Jerusalem, 1979), 290-307; J. R. Bartlet, *Edom and the Edomites*. JSOTSup 77 (Sheffield, 1989); I. Beit-Arieh, ed., *Horvat Qimit: An Edomite Shrine in the Biblical Negev* (Tel Aviv, 1995); R. Cohen, "Negev: Hellenistic, Roman, and Byzantine Sites in the Negev Hills", in *NEAEHL* 3.1135-45; "Negev: Middle Bronze Age I and Iron Age II Sites in the Negev Hills", in *NEAEHL* 3.1123-33; "Negev: The Persian to Byzantine Periods", in *NEAEHL* 3.1133-35; N. Glueck, Rivers in the Desert, ed. rev. (Philadelphia, 1968). [LYNN TATUM]

NEIEL (heb. *nĕʿîʾēl*) Cidade na fronteira do território tribal de Aser (Js 19:27), chamada de Inhi no texto egípcio de Seth. A cidade tem sido identificada como Khirbet Ya'nin, 3 km ao norte de Cabul à margem da planície de Aco. O sítio arqueológico tem produzido restos da Idade do Bronze e do Ferro.

NEMUEL (heb. *nĕmûʾēl*) (tb. JEMUEL) **1.** Rubenita; irmão mais velho de Datã e Abirão, que se colocou ao lado de Corá contra Moisés e Arão (Nm 26:9).

2. Simeonita, ancestral epônimo dos nemuelitas (Nm 26:12; 1Cr 4:24). Em Gênesis 46:10 e Êxodo 6:15. é chamado de Jemuel.

NER (heb. *nēr*) Benjamita, filho de Abiel e pai de Abner (1Sm 14:50,51). Nada se sabe de sua vida, e sua relação com Saul não é clara. Não é certo se "o tio de Saul" em 1Samuel 14:50 se refere a Ner ou Abner. Ner é chamado de irmão de Quis e filho de Jeiel em 1Crônicas 9:36. Em outra parte, aparece como pai de Quis (2Crônicas 8:33; 9:39). Josefo (*Ant.* 6.130) considera Ner tio de Saul e irmão de Quis. [KENNETH ATKINSON]

NEREU (gr. *Nēreús*) Cristão de Roma a quem Paulo mandou saudações (Rm 16:15). Os estudiosos o identificam, de maneira diversa, como filho de Filólogo ou o irmão de Filólogo e Júlia.

NERGAL (heb. *nērgal*) O deus babilônico do mundo subterrâneo, adorado pelos povos estabelecidos em Samaria depois de sua queda em 722 a.C. (2Rs 17:30). O nome é uma transliteração do sum. [E]N.ER [I]. GAL, lit., "senhor da cidade grande" (p.ex., do mundo subterrâneo). Seu culto estava centralizado em Kutha (bíblica Cute), 32 km a nordeste da Babilônia. Os acádios identificavam Nergal com Erra, sua divindade do mundo subterrâneo e, por volta do primeiro milênio, os dois foram sinônimos. Os povos semíticos ocidentais o identificaram depois com Resefe. Nergal foi associado à pestilência, à seca, à fome, ao fogo e à morte súbita. Assim, ele era invocado pelos reis assírios e babilônios para ajudar em suas campanhas militares. [MARK ANTHONY PHELPS]

NERGAL-SAREZER (heb. *nērgal šar-ʾeṣer*) Sucessor de Amel-Marduque (AT Evil-Merodaque) como rei da Babilônia em 560 a.C., governando até abril de 556. A mais antiga menção conhecida a Nergal-Sarezer (ac. *Nergal-šarra-uṣur*, clássico Neriglissar) ocorre em contrato datado do nono ano de Nabucodonosor. A nossa evidência atual sugere que foi membro de importante família conhecida por suas atividades comerciais no norte da Babilônia e era bem adiantado em idade quando se tornou rei. De acordo com Berossus, em *Babyloniaca*, ele conseguiu o trono por meio de um golpe de estado que resultou no assassinato do seu predecessor. Berossus alega também que Nergal-Sarezer era cunhado de Amel-Marduque, embora nenhum texto cuneiforme confirme definitivamente que essa relação tenha, todavia, acontecido. Nergal-Sarezer aparentemente formou aliança com o satammu do templo Ezida de Borsipa, *nabû-šuma-ukin*, e pediu a mão da filha do rei, Gigitum, em casamento antes do fim do ano de seu acesso. Ele esteve também envolvido por longo tempo com o templo Ebabbar em Sippar e seu pessoal importante e, aparentemente, interferiu nos assuntos do templo Eanna em Uruk ao substituir oficiais por pessoas de sua própria escolha.

Inscrições reais formais indicam que Nergal-Sarezer restaurou os templos Esagila e Ezida, de Babilônia e Borsipa, reparou um palácio na margem do Eufrates para uso próprio e trabalhou em alguns canais de Babilônia. Realizou também uma campanha ao sudeste da Anatólia, durante o terceiro ano de seu reinado, o que resultou na derrota do estado de Pirindu e seu rei, um certo Apuasu. Nergal-Sarezer morreu em 556, provavelmente só dois meses depois de haver retornado de sua campanha à Cilicia. Ele foi sucedido por seu filho Labasi-marduque, que reinou cerca de dois meses antes de ser deposto por Nabonido.

Em Jeremias 39:3 Nergal-Sarezer está ligado à queda de Jerusalém (tb. Josefo em Antiguidades) e à libertação de Jeremias. Parece haver pouca, se tanto, dúvida sobre a ligação entre o Nergal-sarra-usur das fontes cuneiformes e o Nergal-Sarezer de Jeremias 39. A menção de Nergal-Sarezer como o príncipe de Sin-magir em Jeremias 39:3,13 representa, muito provavelmente, uma compreensão equivocada ou mal-entendida de um título designativo de um oficial administrativo babilônico conhecido de registros cuneiformes em templos da Babilônia.

Bibliografia. R. H.Sack, "Nergal-sarra-usur, King of Babylon, as Seen in the Cuneiform, Greek, Latin and Hebrew Sources", *ZA* 68 (1978): 129-49; Neriglissar, King of Babylon. AOAT 236 (Neukirchen-Vluyn, 1994). [RONALD H. SACK]

NERI (gr. *Nērí*) Pai de Salatiel na genealogia de Jesus em Lucas (Lc 3:27).

NERIAS (heb. *nērîyâ*; gr. *Nērias*) Filho de Maaseias (Jr 32:12); pai de Baruque, escrevente de Jeremias (v. 16; 36:4,8; 43:3; 45:1; Bar 1.1) e de Seraías, responsável pelo acampamento do profeta (Jr 51:59).

NERO (*lat. Ner.*) Quinto imperador romano e o último da família dos Césares. Seu nome de nascimento era Lúcio Domício Enobarbo durante o reinado de seu tio, o imperador Gaio (Calígula), como filho de Agripina, bisneta de César Augusto, ele foi adotado pelo tio de sua mãe e seu marido, o imperador Cláudio, e recebeu o nome de Nero Cláudio César Germânico. Nero foi casado com a filha de Cláudio, Otávia, e foi preferido na sucessão a filho natural de Cláudio, o jovem Britânico. Nero governou de 54 d.C. até seu suicídio no ano 68. Ele morreu tentando fugir de Roma depois de ter sido declarado inimigo público pelo Senado. Com sua morte, terminou a descendência de imperadores Júlio-claudiana, devido em grande parte ao próprio Nero ter executado outros membros da família a quem ele imaginava serem potenciais rivais.

O reinado de Nero começou muito bem. Seus cinco primeiros anos são considerados tempo de governo excelente. Fontes, antigas e modernas, discordam se o sucesso foi atribuído ao próprio Nero, à sua mãe Agripina ou a seus conselheiros, o filósofo Sêneca e a Burro (Sexto Afrânio Burro), comandante da guarda pretoriana. Provavelmente sob a orientação de Sêneca, Nero foi cuidadoso em reconhecer as prerrogativas senatoriais em certas áreas da administração civil e particularmente com relação à administração jurídica. As boas relações com o Senado prevaleceram durante muito tempo do reinado de Nero.

Nero seguiu a política externa Júlio-claudiana estabelecida por Augusto. O assédio constante do império parto na fronteira oriental foi contido com a nomeação do experiente general Domicio Córbulo a uma posição extraordinária sobre os governadores das províncias orientais. Os generais de Córbulo tiveram êxito em afirmar as armas romanas e Córbulo pôde negociar solução à rivalidade entre Roma e o império parto sobre a Armênia. Sob o reinado de Nero as tropas romanas foram destacadas para a Judeia para refrear os zelotes, cujas atividades de guerrilha resultaram em morte e perda material tanto para os judeus quanto para os gentios na Judeia, e cuja tomada de Jerusalém provocou o apelo dos líderes judeus pelo restabelecimento da ordem. Após a derrota das tropas sob o comando de Céstio Galo, governador da Síria, o comandante militar de Córbulo, o futuro imperador Vespasiano, foi enviado chefiando as legiões romanas para enfrentar a rebelião dos judeus.

A popularidade de Nero em Roma declinou depois da morte de Sêneca e Burro, pelas quais ele mesmo pode ter sido, no final das contas, responsável. Tigelino, prefeito do pretório, encorajou Nero em seus excessos de comportamento e crueldade. O extremo filo-helenismo do imperador e imagem de si mesmo como grande artista no sentido grego contribuíram também para o persistente comportamento extremado e falta de estima das classes mais altas de Roma. A paranoia com relação a conspirações para derrubar seu governo resultou na execução de vários generais e senadores, destruindo também a credibilidade de Nero como governante. Somente o povo comum, cuja simpatia era comprada com "pão e circo" parecia continuar a reconhecer Nero como imperador.

A popularidade de Nero foi prejudicada ainda mais pelo grande incêndio de 64, que reduziu a ruínas três grandes regiões da cidade e danificou pesadamente outras oito. Correu o rumor de que Nero estava de alguma forma envolvido numa tentativa de abrir espaço para o grande complexo do palácio que ele queria construir na extremidade sul do Fórum. Apesar de os esforços de Nero em jogar a culpa pelo incêndio sobre os cristãos, aumentaram os rumores e a impopularidade do imperador. Punições cruéis foram impostas aos cristãos pelo suposto crime, incluindo o uso dos cristãos por Nero como tochas vivas para iluminar corridas no Circo Vaticano, atitude que, de acordo com Tácito, causou o descontentamento da classe senatorial.

Se as ações de Nero em relação aos cristãos de Roma podem ser corretamente definidas como "perseguição" têm produzido debate entre estudiosos religiosos, historiadores romanos e estudantes da lei romana. Os cristãos foram processados como culpados de crime ou pelo incêndio criminoso? As punições deles foram resultado do poder de um magistrado romano, neste caso o mais alto magistrado romano — o imperador — de exercer *coercitio* ("força") contra um criminoso? Esta acusação de *maiestas* ("traição") foi aplicada neste como em outros processos do início do império? Este foi o primeiro caso de perseguição suo nomine ("por causa do nome em si") — em outras palavras, simplesmente por serem cristãos? Não há evidência disponível para qualquer conclusão definitiva, mas se esta ação ficou restrita aos cristãos de Roma e não se estendeu aos cristãos de outras partes do império, torna improvável a última opção. O tempo das perseguições aos cristãos per se simplesmente ainda não havia chegado, e até mesmo a excessiva crueldade de Nero não a praticou.

Bibliografia. M. T. Griffin, *Nero: The end of a Dynasty* (London, 1984); H. Mattingly, *Christianity in* *the Roman Empire* (1954, repr. New York, 1967); B. H. Warmington, *Nero: Reality and Legend* (London, 1969). [JOHN F. HALL]

NESIAS (heb. *nĕṣîaḥ*) Servidor do templo cujos descendentes retornaram com Zorobabel do cativeiro na Babilônia (Ed 2:54 = Ne 7:56).

NETAIM (heb. *nĕṭā'îm*) Lugar em Judá onde residiram os ceramistas reais (1Cr 4:23). Embora seja desconhecida a exata localização, acredita-se que Netaim esteja localizado na Sefelá, perto da cidade de Gederá. Algumas pessoas têm sugerido Khirbet em-Nuweiti', ao sul do uádi Elah. [AARON M. GALE]

NETANEL (heb. *nĕṯan'ēl*) **1.** Filho de Zuar, chefe da tribo de Issacar (Nm 1:8).

2. Quarto filho de Jessé e um dos seis irmãos mais velhos de Davi (1Cr 2:14).

3. Um dos sete sacerdotes que tocou a trombeta à frente da arca de Deus quando ela foi levada para Jerusalém (1Cr 15:24).

4. O pai de Semaías; secretário e levita (1Cr 24:6).

5. Filho do porteiro Obede-Edom (1Cr 24:6).

6. Um dos oficiais que Josafá mandou no terceiro ano do seu reinado para ensinar a Torá em Judá (2Cr 17:7).

7. Chefe dos levitas, irmão de Semaías; um dos que doou um sacrifício adicional de Páscoa (2Cr 35:9; cf. 1Esd. 1.9).

8. Membro da família de Pasur, que se casara com uma mulher estrangeira (Ed 10:22; cf. 1Esd. 9.22).

9. Sacerdote, chefe da família de Jedaías nos dias de Joiaquim (Ne 12:21).

10. Um dos levitas que contribuiu com ação de graças e cântico na dedicação dos muros de Jerusalém (Ne 12:36). [JESPER SVARTVIK]

NETANIAS (heb. *nĕṯanyâ, nĕṯanyāhû*) **1.** O pai de Ismael, um dos homens que assassinou Gedalias (2Rs 25:23,25; Jr 40:8,14,15; 41:1-9).

2. Levita da descendência de Asafe que profetizou com liras, harpas e címbalos (1Cr 25:2); líder da quinta divisão de cantores levitas (v. 12).

3. Levita mandado para ensinar nas cidades de Judá durante o reinado de Jesafá (2Cr 17:8).

4. Pai de Jeúdi, que levou o rolo de Jeremias para Jeoaquim (Jr 36:14).

NETININS (heb. *nĕṯînîm*) Classe de servidores do templo (lit., "doados"; cf. Ed 8:20). Além de 1Crônicas 9:2 (= Ne 11:3), são mencionados somente em Esdras e Neemias. As traduções modernas dão como "servidores do templo" ou "escravos do templo".

Os netinins são listados com outros quatro grupos no que é possível uma ordem descendente ou status: sacerdotes, levitas, cantores, porteiros e servidores do templo (Ed 2:70; 7:7; Ne 10:28) — todos dispensados de pagar impostos (Ed 7:24).

Os nomes estrangeiros nas listas (cf. Ed 2:43-58) mais a possibilidade de alguns deles poderem ser descendentes de prisioneiros de guerra têm levado à conclusão que os netinins eram provavelmente de origem estrangeira. Alguns estudiosos os têm comparado aos gibeonitas de Josué 9:27. Em 1Esdras 5.29 e Josefo *Ant.* 11.128, são chamados de "escravos do templo" (gr. *hieródouloi*).

Os netinins constam entre os 392 exilados que acompanharam Zorobabel para Jerusalém depois do Exílio. Em Esdras 2:43-58, estão agrupados com os "filhos dos servos de Salomão", talvez um termo técnico para classe de servidores do templo. Eles tiveram acomodações especiais no distrito de Ofel de Jerusalém, perto do templo (Ne 3:26, 31; 11:21). Este pode ter sido onde viveram quando estiveram a serviço, desde que Esdras 2:70; Neemias 7:73 referem-se a cidades nas quais viveram; é possível, entretanto, que a referência aqui seja ao período antes da reconstrução do templo. [LARRY L. WALKER]

NETOFA (heb. *nĕṭōpâ*) Cidade da região rural montanhosa de Judá perto de Belém (1Cr 2:54). A antiga Netofa é identificada com mais frequência com a moderna Khirbet Bedd Falûh, situada no topo de uma cadeia de montanhas cerca de 5,5 km a sudeste de Belém. Infelizmente não existe evidência arqueológica direta para apoiar essa identificação. O antigo nome está possivelmente preservado em 'Ain en-Natûf, uma fonte próxima.

Maarai e Helebe, dois dos valentes de Davi, vindos de Netofa (2Sm 23:28,29; 1Cr 11:30; 27:13,15). Seraías, outro netofatita, apoiou Gedalias depois de sua nomeação como governador por Nabucodonosor (2Rs 25:23), como o fizeram Efai e seus filhos (Jr 40:8). Vários habitantes de Netofa se uniram a Zorobabel em seu retorno do exílio na Babilônia (Ed 2:22; Ne 7:26). Alguns levitas que retornaram também se estabeleceram em Netofa; alguns aparentemente cantaram na dedicação do muro reconstruído de Jerusalém (Ne 12:28). [WADE R. KOTTER]

NEUM (heb. *nĕḥûm*) Um dos líderes que retornou com Zorobabel do cativeiro na Babilônia (Ne 7:7). O nome pode ser provavelmente Reum (1), de acordo com Esdras 2:2.

NEUSTA (heb. *nĕḥuštā'*) A filha de Elnatã de Jerusalém; esposa de Jeoaquim e mãe de Joaquim, reis de Judá (2Rs 24:8). Ela foi levada cativa para Babilônia por Nabucodonosor em 598/597 a.C. (2Rs 24:12,15; Jr 13:18; 29:2).

NEUSTÃ (heb. *nĕḥuštān*) Nome próprio para um jogo de palavras sobre o hebraico *nĕḥōšeṯ*, "bronze/cobre", e *nāḥās*, "serpente" (p.ex., "somente uma picada de latão"; cf. heb. "serpente de bronze", Nm

21:9). Essas criaturas manufaturadas eram comuns no antigo Oriente Próximo. Durante as reformas de Ezequias, com o objetivo de remover a idolatria de Judá (2Rs 18:4), esse apelido foi dado à serpente de bronze feita por Moisés durante a peregrinação de Israel no deserto, o que produziu cura divina quando contemplada por qualquer pessoa que fosse picada por uma cobra (Nm 21:4-9; cf. 1Co 10:9-11). O íntegro rei Ezequias destruiu essa estátua de serpente porque ela estava sendo adorada como deus, com oferendas do povo de Israel (2Rs 18:1-4; cf. 17:35-40). Uma questão é se a frase final de 2Reis 18:4 (*wayyiqrā'-lô nĕḥuštān*) significa que este título era o nome popular, preexistente para o ídolo ("Era chamada Neustã") ou foi-lhe dado desdenhosamente naquele momento por Ezequias ("E ele [Ezequias] a chamou Neustã"). Alguns sugerem que o termo se parece com o hebraico para "coisa impura".

Bibliografia. K. R. Joines, "The Bronze Serpent in the Israelite Cult", *JBL* 87 (1968): 245-56; *Serpent Symbolism in the Old Testament* (Haddonfield, N.J., 1974); J. A. Montgomery, "Hebraica", *JAOS* 58 (1938): 131. [W. CREIGHTON MARLOWE]

NEVE As montanhas da Alta Galileia, o território alto de Edom e a região central podem receber neve, enquanto a Baixa Galileia, a Planície Costeira e a Fenda do Jordão são geralmente subtropical. A cada dois ou três anos, Jerusalém terá 30 cm de neve sobre o chão enquanto as fazendas de Jericó, 24 km a leste, porém 914 m mais abaixo, estão cultivando cítricos. As encostas ocidentais do terreno mais alto são, portanto, muito mais prováveis de receber neve.

A queda de neve não foi fator significativo para a agricultura de Israel, mas a neve derretida do monte Hermom era fonte importante de água para o rio Jordão e para o mar da Galileia. Uma queda de neve real é mencionada somente em 2Samuel 23:20; 1Crônicas 11:22; 1Macabeus 13.22. Neve é mencionada com mais frequência em referência a Deus como criador dos elementos (Is 55:10-13).

Simbolicamente a neve representa a brancura da pele causada pela lepra (Êx 4:6; 2Rs 5:27) e a pureza resultante da purificação de pecadores feita por Deus (Sl 51:7 [TM 9]; Is 1:18). [DONALD FOWLER]

NEZIBE (heb. *nĕṣîḇ*) Cidade na Sefelá de Judá e parte daquela herança da tribo (Js 15:43). Eusébio a coloca 14 km a leste de Beit Guvrin/Beth Jibrin (Eleuterópolis) na direção de Hebrom (de acordo com Jerônimo, 11 km). O local é identificado como Khirbet Beit Nesîb esh-Sharqiyeh, no vale norte-sul que separa a Sefelá das montanhas da Judeia. O nome bíblico tem sido aparentemente preservado.

Bibliografia. A. F. Rainey, "The Administrative Division of the Shephelah", *Tel Aviv* 7 (1980): 194-202; "The Biblical Shephelah of Judah", *BASOR* 251 (1983): 1-22. [JENNIFER L. GROVES]

NIBAZ (heb. *niḇḥaz*) Um dos dois deuses adorados pelos aveus, povo sírio a quem os assírios colocaram para recolonizar Samaria (2Rs 17:31). Ele tem sido identificado de diversas maneiras como "Nebo, o Vidente" ou "Nebo da face", uma divindade babilônica reverenciada na Síria, ou Ibnahaza, uma divindade elamita.

NIBSÃ (heb. *hanniḇšān*) Cidade do deserto de Judá (Js 15:62). O sítio arqueológico tem sido identificado como Khirbet el-Maqâri no vale de Acor, 17 km a sudeste de Jerusalém.

NICANOR (gr. *Nikánōr*) **1.** Um dos quatro comandantes a quem Lísias mandou contra Judas Macabeu (1Mac 3.38; 2Mac 8). Embora 1Macabeus sugira que Górgias tenha comandado a campanha (1Mac 4.1), 2Macabeus apresenta Nicanor como a figura importante. De acordo com 2Macabeus 8, ele vendeu judeus capturados como escravos na campanha para pagar tributo a Roma (190 a.C.). Judas atacou as tropas de Nicanor em Emaús e as derrotou. Durante o governo de Demétrio I (162-150), Nicanor liderou outro ataque aos judeus. Nesta ocasião, ele planejou atrair Judas para um encontro em que pudesse matar Judas. Sabendo da trama, Judas frustrou o plano de Nicanor. Os dois entraram em combate em Cafarsalama, a qual Judas venceu. Ele e Judas tiveram uma última batalha em Adasa, dessa vez, a Síria perdeu e Nicanor morreu (1Mac 7.26-50; 2Mac 14.12-15.36).

2. Um dos sete homens escolhidos para supervisionar o alimento distribuído às viúvas helenistas na igreja de Jerusalém depois da reclamação de que estavam sendo negligenciadas (At 6:5). [RODNEY A. WELINE]

NICODEMOS (gr. *Nikódēmos*) Fariseu, membro do Sinédrio ("líder dos judeus"), e escriba ("mestre de Israel"; Jo 3:1-14). Nicodemos foi até Jesus, à noite, (possivelmente para não comprometer sua posição) como pessoa perplexa com os discursos de Jesus sobre o novo nascimento. Posteriormente, ele defendeu Jesus perante o Sinédrio (Jo 7:50-52). Após a morte de Jesus, Nicodemos fornece grande quantidade de especiarias para o enterro de Jesus, ficando assim implícito que ele era rico (Jo 19:39,40).

O Talmude babilônico menciona um certo Nakdimon (o equivalente hebraico do grego *Nikódēmos*) que prosperou por volta do ano 66-70 d.C., mas nessa época provavelmente o Nicodemos bíblico estivesse morto. Nakdimon, entretanto, pode ter sido membro de sua família. Em várias obras apócrifas do NT, Nicodemos defende Jesus em seu julgamento, é convertido ao cristianismo, expulso do Sinédrio e tem morte de mártir. Entretanto, tais lendas provavelmente têm pouca verdade. [JAMES A. BROOKS]

NICODEMOS, EVANGELHO DE Nome atribuído por tradições latinas dos séculos VIII a IX d.C. aos Atos de Pilatos.

NICOLAÍTAS (gr. *Nikolaítēs*) Seita da Igreja primitiva associada às cidades de Éfeso e Pérgamo (Ap 2:6,15). O grupo foi aparentemente acusado de comer carne oferecida aos ídolos e imoralidades sexuais (provavelmente rituais) (Ap 2:14). A associação dessas mesmas práticas antinomianas (condenadas pelo Conselho Apostólico de Jerusalém; At 15:20, 28,29; cf. 21:25) com as profetisas Jezabel de Tiatira (Ap 2:20) pode indicar atividade pela seita também naquela cidade.

Duas explicações têm sido apresentadas para o nome desse grupo. Ireneu (Adv. haer. 7.24) relatou que essa seita tem sua origem em Nicolau de Antioquia, um dos sete helenistas escolhidos para ajudar os apóstolos (At 6:1-5). Clemente de Alexandria (Misc. 2.20) concordou com Ireneu, mas argumentou que os adeptos do grupo do século II haviam corrompido os ensinos de Nicolau. A maior parte dos estudiosos modernos duvida que haja qualquer conexão entre o Nicolau de Antioquia, e muitos duvidam até que a seita dos libertinos gnósticos conhecidos pelos apologistas por esse nome sejam os mesmos mencionados em Apocalipse.

Atualmente, a maioria dos estudiosos tende a interpretar o nome simbolicamente como jogo de palavras com o nome de Balaão (Ap 2:14,15). O nome pode ser interpretado como forma contraída do hebraico *bilʿām*, "ele destruiu o povo", e dessa forma equivale ao nome Nicolau, do grego *Níkē laoú*, "conquistador do povo". Balaão foi tradicionalmente associado a práticas antinomianas durante esse período (2Pe 2:15; cf. Jd 11). [TIMOTHY B. CARGAL]

NICOLAU (gr. *Nikólaos*) Um dos sete homens nomeados e ordenados pelos doze apóstolos para administrar a distribuição diária do alimento entre as viúvas cristãs helenistas na Igreja primitiva de Jerusalém (At 6:5). Ele era "prosélito de Antioquia", isto é, gentio.

Os pais da Igreja primitiva se dividem quanto a se Nicolau posteriormente apostatou e fundou a seita herética conhecida como Nicolaítas (Ap 2:6). [WARREN C. TRENCHARD]

NICÓPOLIS (gr. *Nikópolis*) Nome comum ("cidade de vitória") na antiguidade. Paulo pede que Tito vá visitá-lo em Nicópolis porque havia decidido passar o inverno lá (Tt 3:12). Provavelmente, essa cidade estava localizada no istmo da baía de Actium no noroeste da Grécia, fundada por Augusto após sua vitória sobre Antônio e Cleópatra em 31 a.C. Ela foi colônia romana e capital da província de Épiro. Herodes, o Grande, construiu a maior parte dos edifícios públicos e Epíteto residiu lá depois de sua expulsão de Roma. A nota no Códex Alexandrinus atribuindo a redação de Tito a Nicópolis é incorreta. [RICHARD S. ASCOUGH]

NIGER (gr. *Níger*) Sobrenome de Simeão, profeta e mestre que vivia em Antioquia (At 13:1). O nome deriva do lat. Níger, "preto", sugerindo sua origem africana. Alguns estudiosos o identificam com Simão de Cirene (Mc 15:21).

NILO (gr. *Neílos*; *lat. Nilos*) Uma das principais forças formadoras da história egípcia (heb. *yĕʾōr*; Egip. i [t]rw). A divisão política da terra em duas áreas, Alto e Baixo Egito, tem sua origem na Idade Pré-dinástica. Os termos Alto e Baixo são determinados pela direção do curso do Nilo. Desde que o rio flui para o norte, o Baixo Egito, ou rio abaixo, ficava localizado no norte e o Alto Egito, ou rio acima, no sul. O Baixo Egito está localizado entre o Mediterrâneo e o Cairo. Esa área, plana e fértil tem a forma de um triângulo com o vértice no Cairo e é formado quando o Nilo se bifurca em leque, dos quais somente dois dos sete originais permanecem abertos. Heródoto chamou pela primeira vez a área de Delta devido sua forma triangular, semelhante à letra delta maiúscula do alfabeto grego"D". O Alto Egito fica entre o Cairo e Assuã.

O Egito quase não recebe chuva, e o deserto invade os dois lados da área fértil regada e irrigada pelo Nilo. O Nilo é formado por dois rios com suas nascentes na África. Eles são o Nilo Branco (Bahral-Abyad) e o Nilo Azul (Bahr al-Azrâq), com o afluente Atbara. O Nilo Branco começa no lago Vitória e se une ao Nilo Azul em Cartum. Os outros afluentes estão no planalto ocidental da Etiópia, onde está a cabeceira do Sobat, que flui para o Nilo Branco. As cabeceiras do Nilo Azul se encontram nas terras altas de Goiam, no lago Tana, e o rio corre para Cartum, ao norte. O rio Atbara nasce na região de Begemir e Simen da Etiópia e junta-se ao rio Tekeze no Sudão e deságua no Nilo Azul cerca de 320 km ao norte de Cartum. O Nilo Azul e o Nilo Branco recebem suas águas de dois sistemas de tempestades de monções separados, mas relacionados. O Nilo Azul e seus afluentes recebem água de monções que chegam à Etiópia vindas do oceano Índico. O Nilo Branco recebe suas águas da ramificação da monção atlântica que atravessa a África à região do lago Plateau. O Nilo Azul e seus afluentes respondem por 75% da vazão total anual, mas durante a cheia anual do verão e outono contribuem com 90-95% da vazão total. Durante a primavera e início do verão quando o Nilo Azul está baixo, o Nilo Branco contribui com 75% da vazão total.

A extensão total do Nilo desde o lago Vitória até o Mediterrâneo é de 6.450 km. Antes de chegar a Assuã, o rio passa por seis cataratas ou cachoeiras e corredeiras, o que torna a navegação em toda a extensão do rio quase impossível. Antes da construção da represa da moderna hidroelétrica, o Egito dependia da lama e da umidade decorrente da cheia anual do Nilo para desenvolver agricultura. A enchente era regular e não destrutiva, como é o caso de muitos outros rios, mas não era regular todos os anos. Nos anos em que o Nilo enchia, mais terra estava disponível para a agricultura e havia alimento excedente. Se houvesse enchente grande demais, poderia destruir cidades e vilarejos. É possível que as águas da enchente chegassem a Fayum e aumentassem a quantidade de terra arável daquela área, mas o volume de água podia também ser destrutivo. Quando o Nilo estava baixo, havia pouca terra e pouco alimento. Se houvesse uma sucessão de anos com baixo volume de água, poderia ocorrer escassez.

Bibliografia. M. S. Abu al-Izz, *Landforms of Egypt* (Cairo, 1971); J. Baines e J.Malik, *Atlas of Ancient Egypt* (New York, 1980); K. W. Butzer, *Early Hydraulic Civilization in Egypt* (Chicago, 1976); W. B. Fisher, *The Middle East*, 7. ed. (London, 1978); F. A. Hassan e B. R. Stucki, "Nile Floods and Climatic Change", in *Climate, History, Periodicity and Predictability*, ed. M. R. Rampiro et al. (New York, 1987), 37-46. [LAWRENCE A. SINCLAIR]

NINFA (gr. *Nýmpha*) Cristã de Laodiceia a quem Paulo saudou (Cl 4:15). O nome grego (possivelmente uma rara contração de Nymphodoras) ocorre sem acentuação no acusativo. É incerto se o nome é "Nimphas" (masculino) ou "Nympha" (feminino). Em textos diferentes constam na casa "dele" (*autoú*), "dela" (*autḗs*) e "deles" (*autón*). Ninfa aparece como nome de mulher em inscrições latinas e na literatura grega; textualmente incerto, esse parece o caso aqui. Apresentado sem companhia masculina, Ninfa teria sido viúva ou mulher solteira, chefe do lar onde a igreja se reunia (cf. At 16:15, 40; Rm 16:5). Ela fornece evidência das companhias e das amizades femininas de Paulo nas áreas que ele não tinha visitado. [BONNIE THURSTON]

NÍNIVE (heb. *nînĕwēh*; ac. *Ninu[w]a*) Local nos arredores da moderna Mosul, na confluência dos rios Tigre e Khosr. Nínive é mais conhecida como uma das capitais do império assírio, mas foi também o povoado que mais durou na região, tendo sido fundado por volta do sétimo milênio a.C. Sua importância deveu-se à abundância de terra própria para a agricultura ao seu redor, bem como sua localização na intersecção de duas rotas: uma acompanhando o Tigre para o norte e para o sul, e outra atravessando as planícies do Tigre e da Assíria para o leste e oeste.

Nínive foi um dos primeiros sítios arqueológicos mesopotâmicos a ser visitado e escavado, tendo sido escavado até hoje por treze projetos diferentes (francês, britânico, iraquiano,americano). O sítio arqueológico é formado por dois grandes montes — Kuyunjik e Nebi Yunus — separados um do outro pelo curso do rio Khosr e cercados por um assentamento inferior de uns 750 ha. O assentamento anterior estava concentrado no aterramento Kuyunjik, que, no devido tempo, chegou à altura de 30 m e uma de 40 ha. Um santuário ao profeta Yunus (Jonas) impediu mais escavação no Nebi Yunus.

Acredita-se que Nínive tenha sido fundada pelo rei Ninrode, neto de Noé (Gn 10:11). Na verdade, temos bem pouca evidência sobre a primitiva ocupação em Nínive. A ocupação até o terceiro milênio foi escavada com bastante estardalhaço; além de um edifício de tijolos de barro com aposentos arqueados datando do fim do período Uruk, poucos restos arquitetônicos foram recuperados. O mais antigo templo, o de Istar, a deusa da cidade pode ter sido construída no início do terceiro milênio, epônimo do 5º período ninivita. Durante o período acádico, foi construído um muro fortificado em torno de Kuyunjik e o templo de Istar foi reformado pelos governantes da dinastia acádica; a famosa cabeça de cobre de um governante acádico foi encontrada nas camadas neoassírias do templo de Istar. No terceiro período de Ur, um rei de Nínive chamado Tish-atal teve contato com, mas foi independente dos, reis de Ur. Nenhum material e praticamente nenhuma referência textual a Nínive sobrevivem à primeira metade do segundo milênio. Durante a segunda metade do segundo milênio, Nínive foi governada pelo estado Mitani e depois pelo estado de Assur, em ascensão. Nínive expandiu-se grandemente durante a primeira parte do primeiro milênio. Os governantes construíram residências reais em Kuyunjik e o povoado se estendeu para o norte de Kuyunjik, no aterramento recentemente identificado como "Aterramento da cidade velha". Nínive tornou-se capital do império assírio no reinado de Senaqueribe (&04-681). Senaqueribe construiu seu palácio em Kuyunjik e o chamou de "Palácio sem rival". Ele continha mais de 3 km de relevos entalhados na pedra, incluindo as famosas cenas do cerco de Senaqueribe a Laquis. Senaqueribe construiu também jardins e pomares, além de sistemas de distribuição de água com 80 km de extensão, canalizando água das montanhas. Tem sido sugerido recentemente que esses sistemas de distribuição de água e os jardins, juntos, formaram os famosos Jardins Suspensos da antiguidade. Entre outras construções de Senaqueribe estavam a estrada real do palácio até a Porta Nergal na extremidade norte da cidade; um arsenal no aterramento Nebi Yunus; e um muro duplo de fortificação em torno da cidade, que crescera ao seu tamanho máximo de 750 ha. O assassinato de Senaqueribe por seus filhos no templo em Nínive está relatado em 2Reis 19:36,37 = Isaías 37:37-38.

O neto de Senaqueribe, Assurbanípal (668-627) também construiu um palácio em Kuyunjik que é conhecido, entre outras coisas, como uma série de relevos mostrando a caça real ao leão. Os palácios continham também uma grande biblioteca de textos cuneiformes que incluíam relatos literários do Dilúvio.

O fim do império assírio foi marcado pela pilhagem de Nínive em 612 pelos babilônios e medos; restos do massacre foram escavados na Porta Hatzi no sudeste do muro da cidade. O local não foi completamente abandonado depois desse evento como anteriormente se presumia, mas continuou sendo ocupado durante os períodos helenístico e parto. Recentemente, os habitantes de Mosul começaram a viver dentro do perímetro do muro de Senaqueribe, particularmente na área entre Kuyunjik e Nebi Yunus.

A maior parte das referências bíblicas a Nínive se refere ao papel daquela cidade como capital do império assírio e às predições de sua queda (Jonas; Naum; Sf 2:13). A falta de detalhes nesses relatos sugere, entretanto, que os autores não tiveram, em primeira mão, conhecimento da cidade.

Bibliografia. S. Dalley, "Nineveh, Babylon and the Hanging Gardens: Cuneiform and Classical Sources Reconciled", *Iraq* 56 (1994): 45-58; D. Stronach, "Village to Metropolis: Nineveth and the Beginnings of Urbanism in Northern Mesopotamia", in *Nuove fondazioni nel vicino oriente antioco*, ed. S. Mazzoni (Pisa, 1994), 85-114. [GEOFF EMBERLING]

NINRA (heb. *nimrâ*) Forma alternativa de Bete-Ninra (Nm 32:3).

NINRIM (heb. *nimrîm*), **ÁGUAS DE**

Lugar em Moabe conhecido por suas abundantes fontes de água e vegetação luxuriante. Nas profecias de julgamento contra Moabe (Is 15:6; Jr 48:34), os profetas anunciam que as águas iriam se secar e o chão, uma vez fértil, tornar-se-ia em deserto.

Eusébio localizou Ninrim em Bennamarein, ao norte de Zoar, no canto sudeste do mar Morto. Alguns estudiosos equiparam Ninrim com Tell Nimrin (Beth-Nimrah, Nm 32:36; Js 13:27), mas a maioria identifica as águas de Ninrim com Seil en-Numeirah, riacho perene cerca de 16 km ao norte de Uádi el-Hesa, e Ninrim com Numeirah, local da Idade do Bronze localizado num penhasco sobranceiro à entrada do uádi e à planície do mar Morto. O local era cercado por um amplo muro da cidade. Entre várias instalações industriais estão caixas raras para estocagem ou poços para escoamento. São abundantes as evidências da destruição pelo fogo no período da Idade do Bronze Antigo.

Bibliografia. W. E. Rast, "Settlement at Numeira", in *The Southeastern Dead Sea Plain Expedition*, ed. Rast e R. T. Schaub. AASOR 46 (Cambridge, Mass., 1981), 35-44; Rast e Schaub, "Preliminary Report of the 1979 Expedition to the Dead Sea Plain, Jordan", *BASOR* 240 (1980): 21-61. [FRIEDBERT NINOW]

NINRODE (heb. *nimrôḏ*) Famoso guerreiro e caçador (Gn 10:8-12; 1Cr 1:10; Mq 5:6 [TM 5]), assunto também de literatura e lendas pré e pós-bíblicas. Sem maior análise, os textos bíblicos fazem ligação com Cuxe, descendente de Cam de Gênesis 10:6-7, mas o Cuxe do v. 8 pode ser cassita (ac. *kaššû/kuššû*). As teorias de identificação incluem (1) deus mesopotâmico; (2) lendário herói ou epônimo mesopotâmico; ou (3) rei mesopotâmico histórico ou egípcio. Gênesis 10:10-11 regionaliza seu reino ou área de influência citando cinco ou oito cidades no sul (Babel, Ereque, Acade; possivelmente "Calné", alternativamente apontada e interpretada como "todas elas") e a Mesopotâmia setentrional (Nínive e Calá; possivelmente Reobote-Ir e Resém, embora em outros contextos signifique "praça pública" e "canal", respectivamente). Os dados indicam mais Ninrode como figura humana e histórica, mas sua identidade permanece obscura.

Bibliografia. K. van der Toorn e P. W. van der Horst, "Nimrod before and after the Bible", *HTR* 83 (1990): 1-29; E. A. Speiser, "In Search of Nimrod", in *Oriental and Biblical Studies*, ed. J. J. Finkelstein e M. Greenberg (Philadelphia, 1967), 41-52. [W. CREIGHTON MARLOWE]

NINSI (heb. *nimšî*) Pai de Jeosafá e avô (ou "ancestral") do rei Jeú de Israel (2Rs 9:2,14).

NIPUR (sum. *Nibru*) Cidade com papel singular na história e na sociedade mesopotâmica como centro religioso milenar, embora nunca uma base política. Nipur (Tell Nuffar) foi estabelecida na margem do rio Eufrates durante o sexto milênio a.C. e, com exceção de períodos relativamente curtos, foi continuamente ocupada até seu abandono no século IX d.C. Em certo estágio, tornou-se a morada do deus principal do panteão sumério, Enlil, e o controle da cidade deu legitimidade ao controle do rei sobre a Mesopotâmia. Em seu apogeu, a cidade cobria cerca de 150 ha cercada por um muro mais ou menos retangular com nove portões principais. Houve tempos em que um afluente do Eufrates atravessou a própria cidade enquanto outros fluíam para o oeste da cidade.

Os triplos montes arqueológicos de Nipur — o Monte Chato, o Monte do Templo e o monte Ocidental — foram focos das primeiras escavações americanas no Iraque otomano de 1889-1890, realizadas pelo Museu da Universidade da Pensilvânia. Escavações subsequentes, de 1948-1952, feitas pela expedição conjunta do Museu da Universidade-Instituto Oriental, aumentadas em 1953-1962 pela American Schools of Oriental Research (Escolas Americanas de Pesquisas Orientais) e culminaram em dez temporadas de trabalho entre 1964 e 1989 pelo Instituto Oriental.

A cidade foi dominada pelo grande complexo do zigurate, construído por Ur-Nammu (c. 2100 a.C.), situado em Ekur, pátio sagrado do templo dedicado a Enlil, de pelo menos o início do quarto até o primeiro milênio. Outros pátios sagrados de templos existiram também na cidade, incluindo o templo de Inanna no Monte do Templo e no Templo norte. O Monte Chato parece ter abrigado tanto construções administrativas quanto moradias particulares; aqui encontramos os achados mais importantes de talvez 50 mil tabletes e fragmentos que constituem a maioria dos textos literários e léxicos sumérios e inúmeros arquivos administrativos particulares de muitos períodos. O monte Ocidental revelou mais moradias particulares, um templo construído no terceiro milênio, um palácio cassita (c. 1300 a.C.), uma vila no estilo Parta e a mais importante colonização do período islâmico.

Os níveis mais antigos de Nipur não são bem explorados devido a sua profundidade debaixo de acúmulos de escombros de ocupação posterior. Fontes sumérias atribuem a construção do Tammal, conjunto de templos dedicados a Enlil, ao reinado de Enmebaragesi, rei de Quis, que viveu no 2º período da Antiga Dinastia. Mas só na ascensão da dinastia acádia sob Sargão, o Grande, no século XXIII, foi que aconteceu a construção mais importante no complexo do templo de Enlil. O Templo Norte foi construído durante o mesmo período; um arquivo contemporâneo de um governador de Nipur foi escavado no monte Ocidental.

No subsequente 3º período de Ur (séc. XXI) Ur-Nammu iniciou a construção do zigurate de três níveis para Enlil um complexo sagrado anexo que dominaria a cidade nos 1500 anos seguintes. Após a queda da 2ª dinastia de Ur e o subsequente estabelecimento amorita, Nipur recuperou rapidamente sua importância sob a dinastia de Hamurabi, com sua capital em Babilônia. Foi durante esse período que o culto a Enlil juntou-se parcialmente ao de Marduque, deus padroeiro de Hamurabi. Já para a parte final do período da Antiga Babilônia (fim dos séculos XXIII-XXII), Nipur parece ter sido abandonada ou reduzida muito em tamanho, talvez devido à mudança no curso do Eufrates.

Por volta do fim do século XV, a dinastia cassita reinante havia estabelecido um palácio no monte Ocidental e instituído um edifício maior e a reconstrução de templos em Nipur, bem como a restauração dos muros da cidade, retratados no extraordinário mapa, preservado num tablete de barro do período. Durante a metade do século XIII, a cidade foi atacada, possivelmente pelos elamitas, e abandonada em sua maior parte, exceto talvez com relação à área sagrada do Ekur. Entretanto, a cidade se recuperou depois de um hiato e por volta de meados do século VIII foi novamente uma cidade próspera, fato bem documentado pelo Arquivo do Governador.

Durante o século VII, Nipur caiu sob o controle assírio e mais uma vez passou por uma restauração do Ekur. Com as tropas assírias baseadas lá, a cidade permaneceu sob o domínio assírio até ser capturada pelos babilônios após prolongado cerco em 612. Ela permaneceu sob o controle deles até serem também derrotados por Ciro em 539. Sob o reinado Aquemênida a cidade floresceu e isso está bem documentado nos arquivos da grande família de mercadores de Murashu. A cidade continuou como importante centro pela era selêucida e até o período parto, quando foi submetida a grandes alterações devido à construção de um imenso forte que incorporou o zigurate e o Ekur. A subsequente ocupação sassânida dos séculos III ao VII d.C. é mais bem conhecida através de fontes talmúdicas, que confirmam uma próspera comunidade judaica no local. Centenas de taças de encantamento escritas em hebraico-aramaico, em linguagem litúrgica e aramaico antigo são lembranças vívidas da presença deles. Após a conquista árabe no século VII, a cidade permaneceu sob o domínio islâmico até a mudança do curso do rio Eufrates, desprovida de sua mais importante fonte de água. A cidade foi abandonada no século IX e a região, aos poucos, transformou-se em deserto.

Bibliografia. S. W. Cole, *Nippur, 4: The Early Neo-Babylonian Governor's Archive from Nippur*. OIP 114 (Chicago, 1996); M. Gibson, "Patterns of Occupation at Nippur", in M. deJ. Ellis, ed., *Nippur at the Centennial* (Philadelphia, 1992), 33-54; D. E. McCown, R. C. Haines e D. P. Hansen, *Nippur, 1: Temple of Enlil, Scribal Quarter, and Soundings*. OIP 78 (Chicago, 1978); M. W. Stolper, *Entrepreneurs na Empire: The Murasu Archive, the Murasu Firm, and Persian Rule in Neighborhoods*. SAOC 44 (Chicago, 1987); Stone e D. I. Owen, *Adaptation in Old Babylonian Nippur and the Archive of Mannum-mesu-lissur*. Mesopotamian

Civilizations 3 (Winona Lake, 1991); R. L. Zettler, “Nippur”, *OEANE* 4.148-52. [DAVID L. OWEN]

NISÃ (heb. *nîsān*; gr. *Nisan*; ac. *nisānu*) Primeiro mês do calendário hebreu (mar./abr.; Ne 2:1; Et 3:7), chamado de Abibe nos tempos pré-exílicos.

NISROQUE (heb. *nisrōḵ*) Divindade assíria em cujo templo, em Nínive, Senaqueribe estava adorando quando foi assassinado por seus filhos (2Rs 19:37 = Is 27:38). Como não existe referência a Nisroque no panteão mesopotâmico ou em qualquer texto cuneiforme, os estudiosos não estão certos quanto à identidade desse deus. Nisroque pode ser um epíteto para a divindade nacional, Assur, embora tal interpretação seja especulativa e não tenham sidos encontrados paralelos semelhantes. Muito provavelmente o nome seja o resultado de um erro de grafia de Ninurta, deus assírio da guerra. [JULYE BIDMEAD]

NOÁ (heb. *nôḥâ*) **I. (LUGAR)** Lugar habitado pelos descendentes de Noá, de onde as outras tribos perseguiram os benjamitas (Jz 20:43 LXX; “de seu lugar de descanso”, de acordo com o TM).

II. (PESSOA) Quarto filho de Benjamim (1Cr 8:2). O nome é omitido em outras listas dos filhos de Benjamim (Gn 46:21).

NOADIAS (heb. *nô'aḏyâ*) **1.** Filho de Binui; levita a quem foram devolvidos os vasos do templo depois do Exílio (Ed 8:33).

2. Profetisa entre os que tentaram desencorajar Neemias de reconstruir os muros de Jerusalém (Ne 6:14).

NÔ-AMOM (heb. *nō' 'āmôn*) Forma alternativa do nome hebraico para Tebas (heb. *nō'*; Na 3:8;), alternadamente capital do Egito cerca de 2000-661 a.C.

NOBA (heb. *nōḇaḥ*) **I. (LUGAR) 1.** Região de Gileade conquistada por Noba, descendente de Manassés (Nm 32:40-42). Após os reis amorreus, Seom e Ogue, terem sido derrotados pelos israelitas, a terra foi dividida entre as tribos de Rúben, Gade e Manassés. Essa área em particular pertencia a Quenate e teve o nome mudado para Noba. Sua localização não é certa, mas a moderna Qanawât é possivelmente a região onde estava localizada a cidade antiga.

2. Cidade a leste de Gileade perto de Jogbeá (Jz 8:10,11). Gideão usou a rota de caravana a leste de Noba e Jogbeá para surpreender os midianitas em Carcor. Sua localização não é conhecida, embora possa ser a mesma que Noba 1 acima. [ZELJKO GREGOR]

II. (PESSOA) Descendente de Manassés que conquistou Quenate e seus vilarejos na Transjordânia e deu à cidade o seu próprio nome (Nm 32:42).

NOBE (heb. *nōḇ*) Local no território de Benjamim, ao norte de Jerusalém. Ao fugir de Saul, Davi vai até Nobe (1Sm 21:1-11 [TM 2-12]). Lá se encontra com o sacerdote Aimeleque, que lhe dá pães consagrados (“pão da presença”; cf. Mt 12:3,4; Mc 2:25,26; Lc 6:3,4) e a espada de Golias. Quando o edomita Doegue informa que Davi foi visto com Aimeleque (1Sm 22:9), Saul intima Aimeleque e outros sacerdotes de Nobe (v. 11) e os acusa de conspirarem contra ele. Saul então ordena a Doegue que mate os 85 sacerdotes de Nobe, mas Doegue, ao contrário, “passa ao fio da espada” todos os habitantes de Nobe, incluindo os sacerdotes (1Sm 22:11-19).

Isaías 10:32 menciona a cidade como última parada do exército assírio antes de chegar a Jerusalém (Is 10:27d-32). O líder dessa invasão assíria é Tiglate-Pileser III ou Senaqueribe. Finalmente, Nobe é citada, no período pós-exílico (Ne 11:32), como uma das cidades de Benjamim, localizada entre Jerusalém e Betel.

A localização de Nobe não é inteiramente clara, mas o local deva talvez ser identificado com el-'Isawîyeh ou Râs el-Mesârif, no monte Scopus, ao norte de Jerusalém. Alguns estudiosos têm sugerido que a cidade de Nebo (Ed 2:29; Ne 7:33), localizada na região de Benjamim, ao norte de Jerusalém, deveria ser lida como Nobe.

Bilbiografia. Y. Aharoni, The Land of the Bible, 2. ed. (Philadelphia, 1979); W. F. Albright, “The Assyrian Marcho n Jerusalem”, in Excavations and Results at Tell el-Fûl (Gibeah of Saul). AASOR 4 (1924): 134-40; J. Blenkinsopp, Ezra-Nehemiah. OTL (Philadelphia, 1988); P. K. McCarter,Jr., I Samuel. AB 8 (Garden City, 1980). [JOHN R. SPENCER]

NOBREZA O antigo Israel, como sociedade, mantinha fortes ideais igualitários, consolidados primeiramente em sua história. A origem das tribos israelitas nas estepes árabes deu-lhes um sistema de autoridade baseado em líderes tribais, de clã, chefes de família e anciãos tribais. Sob esse complexo sistema de tradição, autoridade e família, em que a posição social estava baseada na idade, na experiência (sabedoria) e no mérito, uma igualdade rudimentar era administrada entre os membros pelos que tinham autoridade, e esperava-se justiça de fato dos que estavam no poder. Após o estabelecimento daquelas tribos em Canaã, tal sistema permaneceu em vigor, com vestígios sobrevivendo até o período da monarquia. De fato, seus aspectos igualitários foram fortalecidos à medida que Israel se desenvolveu de uma sociedade tribal seminômade para uma sociedade baseada numa classe camponesa, com desprezo pela posição baseada no *status* que tais sociedades produzem.

Por volta do período da monarquia dividida, embora o sistema tribal pudesse ainda desempenhar papel político decisivo — como a revolta das tribos do norte contra Roboão — uma genuína sociedade de classes havia emergido, com uma nobreza de fato. A dura decisão de Roboão de não atender aos pedidos dos israelitas reflete o surgimento de uma nobreza influente na corte. No início do reinado de Roboão, essa nobreza era jovem, arrivista e não tinha simpatia pela classe camponesa (1Rs 12:6-11). Durante os anos subsequentes das monarquias israelitas, ampliou-se a divisão entre a classe camponesa fundiária (ou não estabelecida) e os nobres em suas "ótimas casas" (cf. Am 3:15). Vários termos confirmam esta classe nobre, por exemplo, heb. *gāḏôl*, "o grande"; *nāḡîḏ*, "o designado"; e *partĕmîm*, "nobres, grandes" (palavra persa emprestada). O Sem. *śār* é muito usado em contextos nos quais pode ser aplicado a oficiais militares, comandantes, reis ou nobres (cf. Os 7:16).

Em qualquer sociedade baseada na agricultura, em que existe a possibilidade de comprar e vender terras, um gradual e natural empobrecimento de pequenos proprietários de terra, pegos nas vicissitudes do clima ou outros reveses ou calamidades naturais, ou entre as qualidades variáveis da terra, leva a crescentes divisões entre os grandes e ricos proprietários de terra e o pequeno camponês. Os grandes proprietários, ao adquirirem quantidades cada vez maiores de terra podem, por meios honestos, aplicar economias de escala à produção agrícola aumentando, assim, não somente seu lucro, como também a segurança contra calamidades econômicas. Enquanto os pequenos proprietários são forçados a recorrer a seus vizinhos mais prósperos por empréstimos e outros tipos de ajuda, sua posição econômica relativa fica mais corroída. Os que tomam emprestado podem bem ter de vender sua terra aos vizinhos mais prósperos, colocando-se como arrendatários, sendo reduzidos a trabalhadores rurais, ou vendendo a si mesmos ou a um familiar como "escravo de dívida". A pior — e praticamente universal — invectiva profética contra o rico e nobre reflete essa progressiva degradação do camponês israelita nativo. Assim, podemos considerar que a formação de uma nobreza em Israel aconteceu pelo menos parcialmente por meio de e com o declínio dos pequenos proprietários de terras. O processo foi exacerbado pela aplicação do poder pelos grandes proprietários de terra ou pelas administrações reais ou por ambos em suspender as antigas leis que tinham por fim impedir exatamente tal estado de coisas (cf. Êx 21:2-11; Dt 15:7-18; Lv 25).

A militarização forneceu outros meios pelos quais a aristocracia ou os nobres puderam ser formados. Com o fim de enfrentar as ameaças representadas pelos filisteus, ao oeste, e os crescentes estados semitas a leste, os líderes israelitas, como Jefté e Saul começaram a formar exércitos particulares de soldados profissionais, usando o saque como principal meio de remuneração. Quando Saul, e posteriormente Davi, se propuseram a regularizar o exército, com meios mais satisfatórios de pagamento — liberando o rei da necessidade de pagar suas tropas com os próprios recursos — podem ter incluído a distribuição de terras dos povos conquistados entre os soldados. Devido a inflexibilidade do sistema de posse da terra nativa de Israel (cf. 1Rs 21), tal costume pode ter sido praticável somente nas terras conquistadas ou anexadas das cidades-estado cananeias de Jezreel e Sarom. Terra e posição eram os meios mais prováveis de garantir a lealdade duradoura dos soldados profissionais ao rei, ao invés de ao povo de Israel.

Outro fator foi a criação de verdadeiras sinecuras feudais aos membros da classe guerreira. Salomão instituiu uma divisão de carros de guerra, talvez pela necessidade da criação de uma classe de guerreiros semelhante ao cananeu maryannu para apoiar seu modelo de combate. Ao anexar as cidades-estado cananeias Davi, ou mais provavelmente Salomão, pode ter integrado a maryannu ao exército. A nobreza israelita posterior pode bem ter se desenvolvido a partir dessa nobreza cananeia, trazida em grande quantidade para dentro da sociedade israelita como parte da expansão e da reforma militar de Salomão. O apoio a tal classe teria sido mais aceitável à população israelita amplamente camponesa porque isso exigia relativamente pouca taxação (diferentemente de seus projetos de construção, que exigiam o trabalho obrigatório). A maryannu tornar-se-ia rapidamente integrada à vida e à cultura de Israel; de fato, os profetas posteriores não fizeram tal distinção entre a nobreza israelita e a antiga nobreza cananeia (mas cf. Is 2:6,7). Entretanto, a introdução de um elemento forte da nobreza estrangeira na sociedade israelita teria colocado a classe camponesa nativa numa desvantagem ainda maior ao enfrentar a contestação de seus direitos ancestrais.

Os profetas puniram a nobreza israelita e judia por deixarem de propiciar a liderança justa, política e social requerida de pessoas em posição de poder e autoridade: justiça, integridade e conhecimento da lei (cf. Jr 5:4-5). O abuso do cargo e de poder, ou o negligenciamento das responsabilidades inerentes ao mesmo, produz terrível juízo divino (Am 5:10-13; 6:1-7; 8:4-8). [DONALD G. SCHLEY]

NODABE (heb. *nôḏāḇ*) Clã atacado pelas tribos transjordanianas de Israel (1Cr 5:19). Com Jetur e Nafis, grupos ismaelitas descendentes de Hagar, podem ser o grupo conhecido por Quedemá, citado em Gn 25:15; 1Cr 1:31.

NODE (heb. *nôḏ*) Terra a leste do Éden onde Caim se estabeleceu depois de ter matado Abel (Gn 4:16). O nome (do heb. *nwd*, "perambular") é provavelmente simbólico devido à punição de Caim.

NOÉ (heb. *nōaḥ*; gr. *Ne*) Filho de Lameque e pai de Sem, Cam e Jafé; principal personagem humano da história do Dilúvio (Gn 6-9).

NOME. A etimologia popular de Lameque liga o nome de Noé ao hebraico *nḥm*, "dar conforto" (Gn 5:29), fazendo alusão à maldição de 3:17-19: por "trabalho" e "labor" para a produção de alimento na terra. A profecia de Lameque se cumpre quando Deus permite os animais como alimento, dando trégua à maldição (Gn 9:3). Então Noé, "que era agricultor", planta uma vinha (9:20). O nome de Noé reflete também *nwḥ*, "dar descanso". "Descanso" e "conforto" são dois conceitos muito recorrentes na história do Dilúvio: por exemplo, "repousou a arca sobre (*wattānaḥ*)", 8:4; "a pomba não achou onde pousar (*mānôaḥ*)", 8:9; "sentiu o Senhor o suave (*hanniḥōḥa*) cheiro", 8:21. Menos óbvio foi o jogo de palavras: por exemplo, "Então arrependeu-se o Senhor de haver feito o homem", 6:6; "Noé, porém, achou graça (*ḥēn*) aos olhos do Senhor", 6:8; "a terra, porém estava cheia de violência (*ḥāmās*)", 6:11,13.

GENEALOGIA. Noé é o nono descendente da linha genealógica de Adão por meio de Sete (Gn 5:1-6:8). O relato de cada descendente é bastante consistente, dando a idade quando o indivíduo gerou o descendente seguinte, os anos adicionais que o indivíduo viveu e o total de anos do indivíduo. Com Noé, a genealogia é interrompida com a idade de Noé quando ele gera seus três filhos (Gn 5:32). O estilo se encerra com a conclusão da história de Noé (Gn 9:28-29), dando os anos adicionais que Noé viveu e sua idade ao morrer. A história de Noé é composta pelo estilo genealógico de abertura e encerramento.

A HISTÓRIA DE NOÉ. A história de Noé tem três componentes. Um relato da condição corrompida da humanidade antes do Dilúvio (Gn 6:1-8) encerra a lista dos descendentes de Adão, enfatizando a crescente difusão do pecado. Essa depravação contrasta com Noé, que "achou graça aos olhos do Senhor" (6:8). Esse componente tem paralelo com o relato de Noé e seus filhos depois do Dilúvio (Gn 9:18-27). O comportamento depravado de Cam, filho de Noé e, por dedução, de Canaã, filho de Cam (talvez de incesto com a esposa de Noé, cf. Levítico 18:7-8), contrasta com o comportamento de Sem e Jafé. Esses relatos enquadram o componente central, o relato do Dilúvio (Gn 6:9-9:17) em que Noé, "irrepreensível em sua geração", único "justo" entre o povo de sua época e "andava com Deus"(6:9; 7:1).

Deus revela a Noé sua intenção de destruir a humanidade e a terra, e dá instruções para construir uma arca, na qual Noé e sua família sobreviverão, com um macho e uma fêmea de cada criatura. Deus orienta Noé a juntar comida suficiente. Noé faz o que Deus mandou (Gn 6:13-22).

O Senhor diz então a Noé para levar sua família e os animais, incluindo sete casais de animais limpos para dentro da arca. Após sete dias, 40 dias de chuva destruirão toda a vida na terra. Novamente, Noé faz o que Deus mandou. Noé tem 600 anos quando o Senhor o fecha na arca. Quando o Dilúvio chega, tudo na terra morre, restando somente os que estão com Noé na arca (Gn 7:1-24).

Então Deus se lembra de Noé. Ele manda um vento e as águas diminuem. Depois que a arca repousa entre as montanhas de Ararate, Noé solta um corvo e uma pomba. Incapaz de encontrar um lugar para pousar, a pomba retorna. Sete dias depois, Noé solta a pomba novamente, e ela retorna com um ramo de oliveira. Quando Noé solta a pomba depois de mais sete dias, ela não mais retorna. A terra está seca (Gn 8:1-14).

Obedecendo a ordem de Deus Noé sai da arca, com sua família e os animais. Noé constrói um altar e sacrifica alguns animais limpos. Sentindo o cheiro, o Senhor decide nunca mais amaldiçoar a terra ou destruir toda a vida, apesar da contínua inclinação da humanidade para o pecado (Gn 8:15-22).

Deus abençoa Noé como fizera com os primeiros seres humanos em Gênesis 1:28. Deus também anuncia uma nova ordem mundial. Noé e seus descendentes têm domínio sobre os animais e plantas, e os animais podem ser usados como alimento. Entretanto, Noé e seus descendentes devem controlar a anarquia e a vingança, usando os animais com responsabilidade e punindo o assassino. Deus encerra esse anúncio de uma nova ordem, continuando a bênção com a qual começou (Gn 9:1-7).

Numa aliança com Noé, seus descendentes, os animais e com a própria terra, Deus ilustra sua decisão de nunca mais destruir sua criação. O arco-íris lembrará Deus de sua eterna aliança com a criação (Gn 9:8-17).

IMPORTÂNCIA. Gênesis 5:1-6:8 começa: "Este é o livro das gerações de Adão", e termina: "Noé, porém, achou graça aos olhos do Senhor". Noé é o último patriarca da era anterior, era caracterizada por maldições (Gn 3:17-19; 4:11,12), de inclinação para o mal (6:5) e desordem (6:11, 13). A era termina com a decisão de Deus de destruir a criação (Gn 6:7). Gênesis 6:9 começa uma nova história: "Estas são as gerações de Noé". Noé, o primeiro patriarca de uma nova era, é "justo", "andava com Deus" (Gn 6:9;

cf. 7:1) e "E Noé fez segundo tudo o que o Senhor lhe ordenara" (6:22; 7:5). O ser humano na nova era continua igual, ainda inclinado para o mal (Gn 8:21). Mas é típico da nova era a suavização de Deus das maldições anteriores e o seu pacto de nunca mais destruir a criação. Deus usara Noé para preservar a humanidade e os animais para uma nova criação. Naquela nova criação, Deus usa Noé e seus descendentes para manter a desordem sob controle, protegendo e preservando toda a vida, animal e humana.

Referências posteriores. A promessa de Deus em Isaías 54:9 de não mais se zangar com Israel compara-se à promessa "não será mais destruída toda a carne pelas águas do dilúvio". Em Ezequiel 14:14-20, Noé, com Daniel e Jó, é considerado justo. Ben Sira observa que foi a justiça e a perfeição de Noé que permitiu ser deixado um remanescente sobre a terra (Sir. 44.17-18). No NT, Noé está entre os ancestrais de Jesus (Lc 3:36). Jesus compara o estilo de vida de seus contemporâneos aos dos "dias de Noé" antes do Dilúvio (Mt 24:37,38). Noé é o "pregador da justiça" (2Pe 2:5) e "herdeiro da justiça que é segundo a fé" porque ele atendeu Deus (Hb 11:7). O autor de 1Pedro observa a paciência de Deus em "nos dias de Noé" enquanto a arca estava sendo construída (1Pe 3:20).

Bibliografia. W. Brueggemann, *Genesis. Interpretation* (Atlanta, 1982); G. J. Wenham, *Genesis 1-15*. WBC 1 (Waco, 1987); C. Westermann, *Genesis 1-11* (Minneapolis, 1984). [JOSEPH E. JENSEN]

NOÉ, LIVRO DE Uma composição pseudoepígrafa escrita por volta do início do século II a.C. É feita alusão a ela em Jub. 10.13; 21.10; T. Levi 2.3; 17.2 (um manuscrito), o livro sobrevive somente em resumos e restos em Jubileu, 1Enoque, 1QapGen ar, 4QMess ar, 1QNoé e 4QAramaic N, C. Ele parece ter incluído relatos da queda dos Vigilantes, as características não naturais de Noé ao nascer, as promessas sobre seu verdadeiro pai feitas por Enoque no Paraíso, o Dilúvio, seu sacrifício pós-Dilúvio e o pacto com Deus e a divisão da terra entre seus filhos. A designação mais antiga para o livro é o "Apocalipse de Noé".

Bibliografia. F. Garcia Martinez, *Qumran and Apocalyptic*. STDJ 9 (Leiden, 1992), 1-44. [R. GLENN WOODEN]

NOEMI (heb. *noʿŏmî*) Personagem principal do livro de Rute, cheio de símbolos; sogra de Rute e Orfa, mãe de Malom e Quiliom e esposa de Elimeleque.

Residindo temporariamente na terra de Moabe, Noemi ("a agradável") fica enlutada pela morte do marido e de seus dois filhos. Acompanhada por Rute, retorna à sua terra natal, Belém, em Judá, onde muda seu nome para Mara ("amarga"). Noemi retrata com frequência a mudança das normas culturais: vivia numa terra estrangeira; insiste para que suas noras retornem à casa da mãe; volta a sua terra natal com a nora estrangeira; possui um pedaço de terra; manda Rute à eira para solidificar seu relacionamento com Boaz. Em uma narrativa cheia de contrastes e ironia, Noemi é essencial para o desenvolvimento da trama. Noemi sai de Judá "cheia", com sua família completa, e retorna "vazia", pobre e sem *status* social (Rt 1:2). Noemi é uma israelita idosa; Rute, uma moabita jovem. Noemi é pobre; Boaz é rico. Noemi, após ter perdido seus filhos, é também velha para gerar filhos; Rute gera Obede ("restaurador de vida"), o avô de Davi que, de acordo com as mulheres de Belém, é o filho de Noemi (4:17).

Bibliografia. E. F. Campbell, Jr., *Ruth*. AB 7 (Garden City, 1975); D. N. Fewell e D. M. Gunn, *Compromising Redemption: Relating Characters in the Book of Ruth* (Louisville, 1990); J. M. Sasson, *Ruth*, 2. ed. (Sheffield, 1979). [ALICE H. HUDIBURG]

NOFÁ (heb. *nōp̱aḥ*) Cidade de Moabe ao norte de Dibom (Nm 21:30 TM; "espalhar fogo", de acordo com LXX, Pentateuco Samaritano).

NOGÁ (heb. *nōḡah*) Um dos filhos de Davi, nascido em Jerusalém (1Cr 3:7; 14:6). O nome é omitido na lista paralela em 2Samuel 5:15, sugerindo que o nome pode ser erro de redação de Nefegue.

NOITE A palavra "noite" ocorre na Bíblia tanto no sentido literal (período entre o ocaso e o nascer do sol) como no sentido figurado. Em ambos os casos está relacionada à ideia, e com frequência a palavra, "trevas", mesmo na criação quando a palavra de Deus separa a luz das trevas ("noite"). Entretanto, a noite não é demonizada no AT, já que a festa religiosa principal, a Páscoa, é uma refeição noturna, lembrando a "noite de livramento" (Êx 11-12).

As referências no AT a "noite" ocorrem com frequência em combinação ou contraste com "dia" e, assim, se torna uma forma de descrever o tempo. A noite é o tempo de sono tranquilo e, assim, uma noite de insônia é sofrimento (Jó 7:3,4). Quando empregada literalmente, a noite é quase sempre dividida em três ou quatro vigílias (1Sm 11:11; Sl 63:6 [TM 7]; 119:148; Mt 14:25; Lc 12:38). Embora esteja quase sempre associada a perigo ou calamidade (Jó 24:13-15; Sl 91:5; Mq 3:6), a noite é também o tempo para "sonhos", frequentemente descrito como meio de comunicação divina (Gn 40:5; 41:11; Dn 7:2).

Nos escritos apocalípticos do AT, a noite se torna símbolo do mal num sentido pleno, quase cósmico que se encerra pela vinda de Deus (Zc 14:7). Esse uso simbólico é expandido do período intertestamentário, especialmente na comunidade de Qumran. A noite é o poder das trevas (1QS 6.6; 1QH 8.29; 10.15). Assim, no Rolo da Guerra (1QM) o conflito final é uma batalha entre os "filhos da luz" e os "filhos das trevas".

O evangelho de João usa "noite" como símbolo de morte (Jo 9:4; 11:10), parte do que se opõe a Deus. Assim, quando Judas sai para trair Jesus, a "noite" (Jo 13:30) pode ser compreendida tanto literal como figurativamente. Jesus pode então dizer que é a "hora das trevas".

Para Paulo, a quem Jesus representa a mudança de uma era, a noite é metáfora para o decadente governo do mal enquanto a salvação ("luz") produz cada vez mais o governo de Deus (Rm 13:2). Devido a esse contraste, Paulo usa luz para descrever a vida além da fé (1Ts 5:3-7). Os crentes são retirados da noite, e esta não mais molda a vida deles. Nesse sentido, a noite é usada simbolicamente para descrever vida moral além de Deus (cf. pedido de Paulo para viver como "filhos da luz"; Ef 5:8-11).

A noite está ausente na nova Jerusalém. Porque Deus derrotou o que se opõe a ele, "ali não haverá noite" (Ap 21:25; 22:5). [WENDEL WILLIS]

NOIVA DE CRISTO Metáfora eclesial pela qual Jesus é apresentado como noivo para seus seguidores (Mc 2:19-20), e a festa de casamento aparece como figura recorrente para a comunidade reunida no tempo do fim. A frase exata "noiva de Cristo" para designar a Igreja nunca ocorre. Paulo é o primeiro a descrever a Igreja como noiva ("pois vos prometi em casamento a um único marido, que é Cristo, para vos apresentar a ele como virgem pura.", 2Co 11:2), e o autor de Efésios usa a mesma imagem para explicar o relacionamento entre Cristo e a Igreja (Ef 5:21-33). O autor de Apocalipse refere-se a ambos, a Igreja (Ap 19:7) e à cidade celestial de Jerusalém (21:2, 9) como noivas.

A imagem de noiva no AT e no NT conota a ideia de intimidade e fidelidade mútua entre Deus/Cristo e o povo de Deus. Ela também assinala o cuidado e a proteção exigidos por parte do noivo para com a noiva. A metáfora do casamento enfatiza a dependência da noiva e a obrigação de mostrar reverência para com seu esposo, de acordo com as exigências da relação de gêneros nas culturas de "honra e desonra". A infidelidade de Israel, ou "prostituição" (Os 2), se constitui na forma mais desenvolvida desta metáfora marital no Antigo Testamento. [BARBARA E. BOWE]

NOMADISMO, PASTORALISMO Pasto, água e cuidado adequado do rebanho são fundamentos básicos em qualquer economia pastoril. A dificuldade que surge no Oriente Próximo é a frequente indisponibilidade de campo de pasto o ano todo em qualquer região, e água, nesta zona principalmente árida, é um bem precioso, zelosamente protegido e pelo qual quase sempre se luta. A administração das pastagens, portanto, torna-se a habilidade de fazer malabarismo com as duas realidades. Além disso, vários outros fatores causam preocupação: a contratação de ajuda suficiente; a adequada coleta da lã, leite e carne; o uso inteligente dos mercados e a proteção dos rebanhos contra os animais predatórios, agressores e os planos dos governantes locais.

A forma mais comum de pastoralismo migratório é chamada de pastoralismo seminômade. Ele é diferenciado pela atividade pastoral quase constante e a mudança periódica de pastagens durante a maior parte do ano. Desde que o pastoralismo não é modo autossuficiente de subsistência, os grupos nômades devem também suplementar sua dieta envolvendo-se em agricultura sazonal e comércio com comunidades estabelecidas. Isso leva as tribos a um contato mais íntimo com essas comunidades e também direciona suas rotas migratórias.

Estruturas sociais, claro, não contam toda a história de um povo, especialmente um tão grande quanto o povo "seminômade". Variantes podem refletir o ambiente físico e/ou político no qual habitam ou podem ser reflexo da transição de uma economia tribal única para uma economia variada.

Outra categoria de pastoralismo é a atividade pecuária, na qual a maioria da população leva uma vida sedentária e é ocupada principalmente com a agricultura. Seu gado, ou um pouco dele, é mantido o ano todo em pastos, às vezes bem distantes do assentamento, e administrados pelos vaqueiros especialmente designados para essa tarefa. Esses vaqueiros funcionam como grupo complementar aos agricultores do vilarejo. Podem ser parte permanente da população da área, ou podem atuar como trabalhadores migratórios, mudando-se de uma situação de pastoreio para outra. Em qualquer caso, a função deles é suplementar a economia do vilarejo, não competir com ela.

Uma forma um tanto parecida de pastoralismo é o pastoralismo *yaylag* (pastagem de verão). Isto corresponde bem proximamente ao que é frequentemente chamado de transumância. Embora a base agrícola seja mantida pela maioria das pessoas, o rebanho é periodicamente mudado de pastagens nas montanhas para zonas mais baixas. Isso é confundido, às vezes, com pastoralismo sazonal ou vertical. Entretanto, esse tipo de atividade econômica destina-se a lidar com condições ambientais particulares. Não pode ser aplicada indiscriminadamente a toda situação aparentemente semelhante.

A maioria das outras categorias envolve o pastoralismo de vilarejo. A atividade pecuária sedentária é geralmente atividade suplementar da ocupação agrícola do assentamento e geralmente não envolve a administração de rebanhos tão grandes quanto o pastoralismo não baseado no vilarejo. A criação de rebanhos, o estabelecimento de áreas de terreno para alimentação e pastagens livres dentro de área bem próxima e o uso de áreas cercadas são outras variantes dessa categoria.

A atividade pastoral nômade, como descrita nas narrativas ancestrais, parece incluir aspectos tanto do pastoralismo seminômade como da pecuária administrada. (cf. esp. Gn 13:5-12; 21:25-34; 26:17-33; 29:1-10; 37:12-17). Um esboço básico das diferenças entre essas duas categorias inclue: o tamanho e a composição dos rebanhos, o momento da atividade migratória, áreas de pastagem e percentagem do grupo envolvido na atividade pastoril. O fato de os rebanhos de tribos seminômades poderem ser maiores e formados por composição diferente de rebanhos (geralmente ovelhas e cabras nos tempos antigos) está baseado na rota de viagem, nos mercados e nas pastagens disponíveis. Uma vez que os seminômades nem sempre estão presos a restrições de pastagem e água de sua área próxima, uma maior flexibilidade deve, então, ser encontrada em suas decisões na administração do rebanho.

Ao mesmo tempo, os grupos pastoris seminômades devem também operar dentro das esferas políticas e econômicas de várias regiões e estados. Isto os torna cautelosos em seus tratos com os povos sedentários. Eles desenvolvem também atitudes predatórias ou, pelo menos, trapaceiras para com todos os grupos, com exceção dos seus = grupos. Como resultado, as relações entre as pequenas cidades e os governos e os pastores nômades eram com frequência extremamente tensas.

Outra diferença entre os pastores sedentários e os nômades envolve a dinâmica básica de grupo. Os membros de grupos de parentesco seminômade contam com o próprio julgamento em determinar a rota de marcha, a divisão dos rebanhos para tirar máxima vantagem das zonas de pastagens e dividir os direitos da água. Os pastores ligados à cultura do vilarejo recebem quase sempre instruções de autoridades superiores quanto ao que fazer. Essas mesmas autoridades podem tentar gerenciar as atividades e os movimentos dos grupos seminômades, mas isso pode levar a um conflito e, certamente, não é sempre uma política bem-sucedida (como pode ser visto em inúmeros textos do século XVIII a.C. da antiga Mari; ARM 3.38; 6.30; 14.121).

Por esse motivo, governos que dominam áreas nas quais operam povos pastoris nômades tentam restringir a liberdade de movimento desses povos objetivando a própria segurança nacional. Se um grupo ou grupos têm permissão para passar com impunidade de uma para outra área, informação militar importante pode ser transmitida a um inimigo, ou recursos naturais escassos provavelmente serão exauridos — privando, assim, os pastores do vilarejo de seu meio de vida — com nenhum retorno significativo em taxas ou prestação de serviço por essas perdas. Além disso, esses pastores temporários podem se envolver em ataques ou outras atividades proibidas que venham a exaurir a economia local e forçar o governo a gastar tempo e esforço para mantê-los sob controle ou expulsá-los da área.

É uma luta contínua para o governo estabelecer os pastores nômades em vilarejos (um processo ainda em andamento no moderno Israel) ou controlar os recursos das áreas deles e canalizar a atividade dos jovens de grupos seminômades, que podem ficar subempregados em algumas épocas do ano, para a colheita ou alguma atividade construtiva. Isso pode ser visto na luta dos reis de Israel para controlar sua fronteira sul construindo uma série de fortalezas e forçando as tribos do deserto (amalequitas, etc.) à submissão e à existência sedentária. Entretanto, acabaram sendo enfraquecidos demais pelos invasores estrangeiros (assírios, egípcios, babilônios) para manter essa política, e as tribos simplesmente voltaram à atividade nômade pastoril.

Bibliografia. F. Barth, "A General Perspective on Nomad-Sedentary Relations in the Middle East", in *The Desert na theSown*, ed. D. Nelson (Berkeley, 1973), 11-21; D. G. Bates, "The Role of the State in Peasant-Nomad Mutualism", *Anthropological Quaterly* 44 (1971): 109-31; A. M. Khazanov, *Nomads and the Outside World*, 2. ed. (Madison, 1994); Ø. S. LaBianca, *Sedentarization and Nomadization: Food System Cycles at Hesban and Vicinity in Transjordanian* (Berrien Springs, 1990); V. H. Matthews, "Pastoralists and Patriarchs", *BA* 44 (1981): 215-18; M. A. Morrison, "The Jacob and Laban Narrative in the Light of Near Eastern Sources", *BA* 46 (1983): 155-64. [VICTOR H. MATTHEWS]

NOMES E NOMENCLATURA Quando Shakespeare afirmou que "uma rosa, com qualquer outro nome teria o mesmo perfume" (Romeu e Julieta II.ii.43) não estava expressando enfaticamente uma ideia que tivesse qualquer garantia no mundo bíblico — ou em outra parte qualquer do antigo Oriente Próximo. Geralmente no mundo antigo não era simplesmente uma colocação de sons convenientes pelos quais uma pessoa, lugar ou coisa pudesse ser identificada; mais exatamente, o nome expressava algo da exata essência daquilo que estava sendo mencionado. Por conseguinte, conhecer o nome era conhecer algo das características fundamentais, natureza ou destino daquilo ao qual o nome pertencia.

Na Bíblia, a conexão entre o nome e o que é mencionado é particularizada em várias formas diferentes. Por exemplo, um nome pode denotar algum traço considerado fundamental ao que está sendo assim designado — se esse traço é físico ou algo mais abstrato. Dar o nome de Gibeá a uma cidade indicou que o seu posicionamento físico numa colina deveu-se provavelmente à sua característica mais significativa, pois "colina" é precisamente o significado hebraico de Gibeá (da mesma forma o nome Gibeom). Assim também, o nome Esaú, que significa "peludo", é bastante adequado para o filho primogênito de Rebeca e Isaque, desde que o que era mais notório a respeito dele, fisicamente, era o seu corpo peludo (Gn 25:25; cf. 27:11). Em termos de traços mais abstratos, um bom exemplo é encontrado na pessoa de Nabal; o nome significa "tolo" e, como era de se esperar, como destaca sua esposa, "meu senhor, eu te imploro, que não faças caso deste homem genioso, Nabal; porque ele é como o seu nome" (1Sm 25:25). Considere, também, o nome Belém, "casa de pão"; a cidade assim chamada provavelmente tem a reputação pela abundante produção de grão.

O costume de realçar um traço significante por meio do nome a ele dado é também encontrado nos exemplos nos quais o nome de uma pessoa é o de uma planta ou de um animal. Provavelmente tal nome é dado quando qualidades notórias de uma planta ou de um animal em particular são também identificáveis — ou pelo menos esperados — na pessoa assim nomeada. Débora significa "abelha", e a ideia de que as abelhas são insetos ocupados e laboriosos certamente se cruza com as muitas e variadas posições que essa mulher assumiu em sua vida (juíza, profetisa, esposa, mãe, guerreira, cantora; cf. Jz 4-5). Jonas significa "pombo" e, com relação ao profeta que tem esse nome, a intenção parece ser um comentário irônico sobre o caráter da pessoa; a vida de Jonas ficou de fato distante de uma vida pacífica, característica normalmente associada ao pombo (esp. Jn 1,4).

A segunda particularidade da conexão entre o nome e o nomeado, embora relevante apenas para nomes de pessoas, está centrada nas circunstâncias do nascimento de uma criança. Jacó sai do útero agarrado ao calcanhar do irmão: Jacó significa "ele agarra o" (Gn 25:26). Aqui as circunstâncias no nascimento (e o nome) prenunciam o caráter adulto da pessoa, como se evidencia mais tarde quando Jacó rouba o direito de primogenitura que, por direito, pertencia ao seu irmão mais velho, Esaú (Gn 27:1-45), e quando ele engana seu sogro, Labão, e assim se torna extremamente rico (30:25-43).

Às vezes, a conexão entre o nome e as circunstâncias do nascimento da criança tem realmente pouco a ver com a própria criança; ao contrário, o nome tem geralmente mais relação com a ampla relação da comunidade na qual a criança nasceu. Icabode, que significa "Onde está a glória?" é o nome dado a uma criança nascida no tempo de uma grande catástrofe israelita: a derrota de Israel pelos filisteus, que resultou depois na perda da arca da aliança (a "glória" de Israel; 1Sm 4:5-11, 19-22). Quando o profeta Oseias dá o nome à sua filha de Lo-Ruama ("não amada"), ele é dado para significar a falta de piedade que Yahweh tem no momento em relação a todo povo do reino de Israel, no norte (Os 1:6).

A terceira forma na qual a conexão entre o nome e o nomeado é particularizado está focado no destino de uma pessoa; aqui o nome pressagia, de alguma forma, o futuro da pessoa. Jesus é a forma grega do nome hebraico para Josué; seu significado é "salvador", que Mateus 1:21 entende como esboço da futura tarefa da criança de salvar seu povo dos seus pecados (cf. Lc 1:31). O principal discípulo de Jesus chamou-se Pedro, que significa "Rocha", numa alusão ao seu papel fundamental no futuro estabelecimento da igreja cristã (Mt 16:18,19). Moisés, que em hebraico significa "tirado", é uma referência à tarefa que ele abraçaria tendo de tirar o seu povo do Egito e levá-lo à Terra Prometida. Claro, o nome pode também estar relacionado a circunstâncias do nascimento da criança, já que ao ser tirado do rio Nilo Moisés foi salvo do extermínio que Faraó estava impondo na época aos meninos hebreus (Êx 2:1-10). Assim, um nome pode mostrar dupla função (cf. Jacó), referindo-se tanto às circunstâncias no nascimento da pessoa, como ao papel adulto da pessoa.

Pelo fato de o nome estar tão inextricavelmente ligado ao que é nomeado, se ocorre mudança nas condições ou lugar de uma pessoa, o nome deve também ser alterado para refletir a situação nova e diferente. Quando Saulo se torna missionário aos gentios, o seu nome torna-se Paulo, uma versão romana do Saulo hebraico; a mudança do nome torna compatível sua nova vocação como evangelista dos povos do mundo romano, mais amplo (At 13:9). Quando Noemi retorna para Belém, tendo perdido o marido e os dois filhos na terra estrangeira de Moabe, ela pede para não mais ser chamada de Noemi, que significa "agradável"; ao contrário, ela quer ser conhecida por Mara, "amarga" (Rt 1:20). Embora uma pessoa raramente tenha a experiência de mais de uma mudança de nome, nomes de lugares na Bíblia podem ser alterados repetidas vezes, consequência de suas histórias frequentemente longas e mais complexas. A cidade conhecida como Jerusalém, por exemplo, é chamada por nomes tais como Moriá, Jebus, Sião, Ariel e Cidade de Davi. Alguns desses nomes mudam por acontecimentos políticos, como quando Davi, depois de ter conquistado e reivindicá-la como sua, mudou seu nome para Cidade de Davi (1Sm 5:6-9). Outras vezes a razão para a mudança de nome não está registrada e, assim, permanece desconhecida (um traço mais característico de nomes de lugares do que de pessoas).

Tipos de nomes. A maioria dos nomes até agora considerados são do gênero simples, isto é, consistem de um elemento (p. ex., Nabal, "tolo"; Débora, "abelha"). Outro gênero principal é o composto; nele dois ou mais elementos estão combinados, às vezes como frase descritiva (Obadias, "servo de Yahweh"), mas com mais frequência setença completa (Icabode, "Onde está a glória?"). Nomes compostos, muitas vezes, têm algum significado religioso. De fato, a maioria dos nomes compostos é do tipo em que um elemento é alguma forma do nome divino (normalmente ou El ou Yah/Yahu [abreviação de Yahweh]); a outra parte oferece então algum comentário sobre aquele nome divino. Nomes desse tipo são chamados de teofóricos (gr. "possuído por Deus"); eles são relativamente frequentes no AT, com cerca de 135 compostos com o nome El (exemplo, Elimeleque, "Deus [ou 'Meu deus'] é rei"; Eliseu, "Deus é salvação; Elanã, "Deus é gracioso"; Natanael, "Deus tem dado") e mais de 150 compostos com o nome Yah (exemplo, Josafá, "Yahweh é Juiz"; Jeonatas/Jônatas, "Yahweh deu"; Josué, "Yahweh é salvação"; Zacarias, "Yahweh lembrou"). Observe também o nome Elias, que une tanto nomes divinos na frase "Deus (ou 'Meu Deus') é Yahweh". Nomes teofóricos podem também aparecer na forma abreviada, em que o nome divino é omitido (embora implicitamente compreendido); essa forma abreviada é conhecida como hipocorística (Natã "[Deus/Yahweh tem] dado"; Baruque [Baruquias] "[Yahweh tem] abençoado").

Quem nomeia. Após ser criado, a primeira tarefa explícita realizada por Adão é dar nome aos animais (Gn 2:19); Adão, com isso, torna-se participante na criação deles, desde que os nomes trazem à tona a verdadeira natureza ou essência do que está sendo nomeado. Desde o início da Bíblia, então, os humanos estão envolvidos em dar nome, esforço que não somente requer discernimento, como também a função potencial, se não real, de marcar a autoridade de quem nomeia sobre o que está sendo nomeado.

No AT, quem dá nome às crianças são quase sempre os pais. Entretanto, o casal bíblico raramente, se é que alguma vez acontece, age junto nesta tarefa; dar nome é, ao contrário, feito por um ou outro dos pais de forma que, na realidade, é uma tarefa individualista. Dos cerca de 46 relatos nos quais o que nomeia é especificado, pelo menos 25 envolvem mães (p. ex., Gn 4:1,25; 19:37,38;30:6-24; 1Sm 1:20; 2Sm 12:24; 1Cr 4:9). Dezoito envolvem o pai (Gn 5:3,29; 16:15; 35:18; 41:51,52; Êx: 18:3,4; 1Cr 7:23; Os 1:4-9). Bem poucos envolvem um relacionamento diferente dos pais, como quando o Homem dá nome à Mulher (Gn 2:23), Adão dá nome a Eva (3:20), e as mulheres, amigas de Noemi dão nome a Obede, o filho de Rute (Rt 4:17). O fato de grande parte dos que nomeiam ser mulheres é pelo menos em parte atribuível à intimidade da relação entre as mães e crianças nos primeiros anos posteriores. Este foco no sexo feminino não se estende, entretanto, aos que recebem os nomes: nos 46 relatos citados em que se dão nomes, somente sete são do sexo feminino; dois destes relatos envolvem a "Primeira Mulher" (Gn 2:23; 3:20). A nomeação de crianças do sexo feminino por seus pais está registrada somente em cinco casos no AT, e somente uma vez uma mãe dá nome à filha (Gn 30:21).

No AT, as crianças recebiam nome logo após o nascimento. O NT registra o costume de esperar oito dias (pelo menos para os filhos), para que o nome ocorresse ao mesmo tempo da circuncisão (Lc 1:59; 2:21). Também é evidente no NT o costume de dar nome ao menino depois de algum parente do sexo masculino (tb. confirmado em outros textos do período do Segundo Templo, ex., Josefo, mas geralmente não encontrado no AT). Finalmente, o NT com os Apócrifos e textos do século V a.C., demonstram com frequência a designação de nome hebraico e não hebraico, reflexo da situação da diáspora na qual a maioria dos judeus estava então se encontrando (Adassa/Ester, Et 2:7; Simão Pedro, Mt 4:18; At 10:5).

Se os nomes são tão essenciais à personalidade, o que dizer então das pessoas que não têm nome? O anonimato pode ter notável função literária, seja mudando a atenção para outros caracteres da narrativa, ou colocando em destaque mais distinto o(s) papel(eis) assumido(s) por um indivíduo anônimo. Mas, dado o alto valor concedido aos nomes na tradição bíblica, não surpreende que muitas pessoas anônimas tanto do AT como do NT tenham nomes a elas concedidos na literatura pseudopígrafa. Jubileu, em seu comentário de Gênesis e da primeira parte de Êxodo, dá nomes a tais anônimos como a esposa de Noé (Emzara), a filha de Faraó (Tharmuth) e a esposa de Caim (Awan) — sendo a última explicada como filha de Eva, embora no AT sua origem não esteja identificada. Entre os exemplos no NT, estão os três magos que trouxeram presentes ao menino Jesus: anônimos no evangelho de Mateus, texto conhecido como a Excerpta Latina Barbari (tradução latina de uma crônica grega do século VI) os identifica como Baltasar, Melchior e Gaspar.

Bibliografia. G.B. Gray, *Studies in Hebrew Proper Names* (London, 1896); I. Ljung, "Women and Personal Names", in *Silence or Suppression: Attitudes Towards Women in the Old Testament.* Women in Religion 2 (Uppsala, 1989), 15-33; A. Reinhartz, "Anonymity and Character in the Books of Samuel", *Semeia* 63 (1993): 117-41; R. de Vaux, *Ancient Israel* (1961, repr. Grand Rapids, 1997), 43-46. [KARLA G. BOHMBACH]

NORDESTE Euro-aquilão (gr. *eurakýlōn*, palavra composta que significa "vento norte e leste"), a violenta tempestade que desviou da rota o navio que levava Paulo e outros prisioneiros perto de Creta (At 27:14). Mencionado por causa dos principais sistemas de tempestade que pode se formar no inverno, os ventos do nordeste são a principal preocupação para os marinheiros no mar Mediterrâneo. É normal essas tempestades soprarem do norte-nordeste (60º norte do leste) e foram o motivo de a navegação praticamente cessar no mundo romano de novembro a fevereiro. O grande perigo era que o vento podia emborcar grandes embarcações a vela ou levar os navios fora de controle para águas rasas e bancos de areia, na costa da Líbia. Esses ventos são conhecidos hoje como grigale. [DANNIS M. SWANSON]

NORTE Desde a invenção da bússola, a orientação geográfica tem sido em direção ao norte magnético. No mundo antigo, entretanto, o sol nascente servia como orientação ("oriente" significa "leste"). A palavra mais comum usada para leste (heb. *qeḏem*) significa literalmente "na frente" ou "perante". Assim "norte" é com frequência designado como "a esquerda" (*śĕmō'l*; Gn 14:15).

O norte direcional veio a tomar várias conotações para os hebreus. Com o mar Mediterrâneo a oeste e o deserto a leste, Israel vigiava a invasão de exércitos somente pelo sul (os egípcios) ou pelo norte (os heteus, Damasco, Pérsia). Desde o tempo da última monarquia, o perigo ameaçava especialmente vindo de nações que poderiam atacar pelo norte. Assim, a literatura profética é estampada com expectativa de desastre vindo do norte (Jr 1:14; Ez 1:4). A Babilônia (Jr 25:9-11; Ez 26:7) e Gogue (38:14-16) são mencionados especificamente, mas mais geralmente espera-se o juízo de Deus do norte (Jr 4:6). Da mesma forma, as profecias do retorno dos exilados descrevem o povo chegando "do norte" (Jr 23:8).

A ideia do juízo de Deus vindo do norte se harmoniza com uma concepção em comum de outras civilizações do antigo Oriente Próximo de que os deuses habitam uma montanha em direção ao norte. Assim, a teofania de Ezequiel 1:4-5 surge no norte, e o mal em Isaías 14:13 é tentado a suplantar Deus no norte. Essa ideia se choca um tanto com a ideia do senhorio de Deus sobre toda a terra (Jó 26:7) e com a habitação de Deus no templo, mas assume expressão interessante em Salmo 48:1-3(TM 2-4), que identifica o monte Sião como montanha setentrional. [DAVID A. DORMAN]

NOVILHA Vaca de pouca idade (heb. *'eglaṯ bāqār*), especialmente aquela que não tenha produzido cria. As novilhas eram usadas na produção de leite (Is 7:21) e, aparentemente, no arado (Dt 21:3). As novilhas eram, às vezes, utilizadas em sacrifícios especiais (Gn 15:9; 1Sm 16:2), indicadas no ritual para purgar culpa de sangue, no caso de assassinato no campo, em que o culpado permanecesse desconhecido (Dt 21:1-8).

Sansão comparou a intriga com sua esposa ao lavrar "com minha novilha" (Jz 14:18). Jeremias usa novilha como símbolo da despreocupação do Egito e da Babilônia (Jr 46:20; 50:11), e Oseias descreve Efraim como uma "novilha domada" (Os 10:11).

De significado particular é o ritual para se purificar pessoa contaminada pelo contato com um cadáver (Nm 19:1-22). Uma "novilha vermelha" (heb. *pārâ*, palavra habitual para "vaca") devia ser morta fora do acampamento e queimada. As cinzas seriam então misturadas à água corrente para se fazer a água da purificação (Nm 19:17-19). Esse sacrifício era o único a ser executado longe do altar do santuário e, embora fosse destinado ao processo de remover a impureza, os indivíduos que tivessem contato com a vaca, suas cinzas ou a água de purificação eram considerados impuros (Nm 19:7-10,21; cf. Midr. Rabbah, Num. Rab. 19.5-6). De acordo com a Mixná, as cinzas eram divididas em três partes: uma era posta sobre a muralha; outra, no Monte das Oliveiras e a última dividida entre os 24 trajetos dos sacerdotes (m. Para 3.11). A água de purificação era colocada em um jarro à entrada do pátio do templo. De acordo com m. Para 3.5, apenas sete (segundo o rabino Meir) ou nove (segundo os Sábios) novilhas vermelhas foram realmente queimadas, já que depois da destruição do templo não foi mais possível se sacrificar, no entanto o uso das cinzas pode ter continuado no período talmúdico. Algumas tradições posteriores afirmavam que o Messias prepararia a última das novilhas vermelhas ou, então, enfatizavam o papel escatológico do sacrifício. [DANIEL C. BROWNING, JR.]

NOVO NASCIMENTO *Ver* REGENERAÇÃO.

NOZES As sementes comestíveis de várias espécies de árvores frutíferas. A palavra "noz" é usada tanto como termo genérico, como para se referir especificamente à noz da nogueira (*Juglans regia*). Embora a noz seja nativa da Pérsia, foi introduzida na Palestina, onde floresceu nas montanhas da Palestina e ao redor do lago Genesaré e no curso superior do rio Jaboque. As árvores eram aparentemente silvestres, embora fossem às vezes cultivadas (Ct 6:11; heb. *'ĕgôz*).

Nozes de pistache estavam entre os "melhores frutos da terra" mandados por Jacó para o Egito (Gn 43:11; *b"ṭn'm*). Elas eram consideradas uma iguaria no Oriente Próximo e um presente particularmente oportuno. A cidade de Betonim (Js 13:26), a leste do rio Jordão, pode ter recebido seu nome da abundância de pomares desse fruto.

A amêndoa (Amygdalus communis) também é nativa da Palestina; a avelã, entretanto, não é (cf. Gn 30:37, luz). O hebraico *šāqēḏ* provavelmente refere-se a amêndoas em Gênesis 43:11.

Bibliografia. H. N. Moldenke e A. L. Moldenke, *Plants of the Bible* (1952,repr. New York, 1986), 118-20, 179-80. [T. J. JENNEY]

NUDEZ Diferentemente do uso do português contemporâneo, nudez na Bíblia pode ser referência ao total desnudamento até estar inadequadamente vestido (Jó 22:6; Ez 18:7; Mt 25:36; 2Co 11:27). Assim como no uso do português contemporâneo, entretanto, até mesmo os usos mais literais dos termos hebraicos e gregos estão carregados de significados e alusões simbólicos.

Embora a nudez total pudesse ser associada à inocência de um recém-nascido (Jó 1:21; cf. Gn 2:25; Ez 16:7), era mais frequente um eufemismo para os órgãos sexuais ou a atividade sexual (Lv 18:1-23; 20:10-21; Ez 16:8). É preciso complicadas tentativas para compreender a natureza do significado exato da ofensa cometida por Cam contra Noé quando ele "viu a nudez de seu pai" (Gn 9:22). Os comentaristas têm sugerido que Cam pode ter aproveitado a ocasião da embriaguez de Noé para se envolver numa forma de conduta sexual com seu pai ou num relacionamento incestuoso com a esposa de Noé. Mais provavelmente, a frase deve ser entendida no sentido literalmente completo nesse caso (cf. Gn 9:21,23), e a severidade da reação de Noé tem relação com a afronta à sua dignidade e ao desrespeito de Cam.

A vergonha de Adão e Eva ao reconhecerem sua nudez após a desobediência (Gn 3:7) é apenas um exemplo do fato de que a nudez era associada a uma diversidade de condições humanas frequentemente consideradas vergonhosas ou humilhantes (cf. Is 47:3). A nudez simbolizava adúlteros (1Sm 20:30) e era frequentemente a característica definidora em metáforas que descreviam os que rejeitavam Deus ou como adúlteros ou prostitutas (Lm 1:8; Ez 16:36,37; Ap 17:16). A nudez no sentido de estar inadequadamente vestido é uma das várias privações usadas para representar tanto a pobreza (Jó 24:10; Is 58:7; Tg 2:15), como a opressão pelos inimigos de alguém (Dt 28:48; Rm 8:35). Consequentemente ela era usada com frequência como figura ou juízo tanto contra Israel (Ez 23:29), contra as nações (Is 20:2-4), ou até contra indivíduos (Os 2:3 [TM 5]).

A nudez estava também associada a estados espirituais extáticos, tanto no sentido positivo (1Sm 19:24; 2Sm 6:20,21), como no negativo (Lc 8:27). As leis relativas aos trajes de sacerdotes e da construção de altares mostravam preocupação particular em evitar a exposição acidental de si, durante a realização de suas obrigações (Êx 20:26; 28:42). Se essas leis eram reação direta contra aspectos da prática religiosa cananeia, como alguns têm sugerido, ou refletiam um tabu mais geral relacionado à nudez, é assunto de discussão. [TIMOTHY B. CARGAL]

NUM (heb. *nûn*) Efraimita, pai de Josué (Êx 33:11; Js 1:1; 1Cr 7:27; cf. Nm 13:8, 16).

NUMÊNIO (gr. *Nouménios*) O filho de Antíoco, escolhido pelo sumo sacerdote, o macabeu Jônatas, para ser embaixador judeu a Roma e Esparta (1Mac 12.16). O sumo sacerdote, Simão, o enviou depois a Roma com um grande escudo para confirmar a aliança (1Mc 14.24). Ele retornou com cartas do cônsul Lúcio detalhando o apoio de Roma (1Mc 15.15; cf. Josefo *Ant.* 14.8.5 [143-48]). [BENJAMIN C. CHAPMAN]

NÚMEROS Embora descobertas arqueológicas de um sistema monetário evidenciem um conceito de numeração no Oriente Médio "pré-escrita", não se encontram exemplos escritos do estudo de números até a era protossumeriana com as inscrições em tabuinhas de barro de Uruk, no sul da Mesopotâmia (3000 a.C.). Estas mostram unidades de numeração decimal (10), duodecimal (12) e sexagesimal (60). O texto matemático mais antigo indicando um uso avançado dos números foi localizado na cidade suméria de Shuruppak (c. 2650). Os egípcios tinham um amplo sistema decimal que incluía símbolos para todos os números até 1 milhão e também algumas frações. Os textos de Ebla também fornecem evidência para um sistema decimal de numeração desde o terceiro milênio na região siro-palestina. Provavelmente influenciado pelos egípcios, Israel mostrou preferência pelo sistema decimal de numeração.

É evidente que a maioria das culturas antigas alfabetizadas usou símbolos como método preferido para representar os números. Entretanto, outras formas foram também usadas. Algumas culturas empregaram o sistema acrofônico, usando a primeira letra de uma palavra citando ou sugerindo o número para representar o número. Outras usaram o sistema alfabético, representando unidades numéricas pelos caracteres sucessivos do alfabeto. Outras ainda escreviam o número em grafia alfabética por extenso.

A B C D E F G H I J K L M N O P Q R S T U V X Y Z

A literatura sagrada de Israel foi influenciada a escrever os números por extenso. Entretanto, achados arqueológicos indicam que os símbolos eram comumente usados nas práticas literárias públicas do antigo Israel. Durante o período macabeu (168-40), a influência grega levou os judeus a adaptar um sistema alfabético de numeração. Embora os gregos utilizassem métodos acrofônico, alfabético e simbólico, os números no NT grego são sempre escritos por extenso.

Cinco termos hebraicos são usados no AT: *sāpar*, "contar" (Lv 25:8; 2Sm 24:10); *mispār*, "soma numérica" (Jz 7:6; Sl 147:4); *mānâ*, "enumerar" (Gn 13:16; Nm 23:10; 2Rs 12:11); *minyān*, "um número específico" (Ed 6:17); *pāqad*, "fazer um inventário/censo" (1Sm 11:8; 13:5). Três termos gregos são usados no NT: *arithméō*, "contar" (Mt 10:30 par.; Ap 7:9); *arithmós*, "um número" (Lc 22:3; Jo 6:10; At 6:7; Ap 13:18); *psēphízō*, "calcular" (Lc 14:28; Ap 13:18).

Embora a crítica acadêmica questione a validade de números aparentemente aumentados que ocorrem com frequência nos registros bíblicos, para alguns comentaristas de perspectiva mais liberal, os autores originais tiveram a intenção de apresentá-los pelo valor declarado. As idades avançadas dos patriarcas pré-diluvianos devem obviamente ter significado literal, já que as idades dos patriarcas pós-diluvianos vêm da mesma fonte (Gn 5; 9:28,29; 11; 25:7; 47:28). Além disso, os números dos censos da população israelita e de vários exércitos têm a intenção de mostrar a força de Israel (Nm 1-3; Jz 20).

Números simbólicos. Os números na Bíblia têm sempre aplicação simbólica ou idiomática. Três (heb. *šālôš*; gr. treís) indica integridade. Existem três importantes festas de peregrinação para os homens israelitas (Êx 23:14-19); três tempos normais para oração dos judeus (Dn 6:10; Sl 55:17 [TM 18]); três seções do universo (Fp 2:10); três seções no santuário (1Rs 6:2-22); e eficácia especial de sacrifícios de (animais de) três anos de idade (Gn 15:9; 1Sm 1:24). Jonas esteve no ventre da criatura marinha três dias e três noites (Jn 1:17) e Jesus esteve no túmulo três dias (Mt 12:40)

Quatro (heb. *'arba'*; gr. *téssares*) indica marcos, limites. Existem quatro cantos da terra (Is 11:12); quatro ventos (Jr 49:36; Dn 7:2); quatro carruagens que patrulham a terra (Zc 6:1-5); quatro rios que procedem do Éden (Gn 2:10-14); quatro criaturas viventes que cercam o trono divino (Ez 1:10; Ap 4:6,7); e quatro cavaleiros (6:2-8).

Sete (heb. *šeba'*; gr. *heptá*) indica descanso, realização e restauração: Deus descansou no sétimo dia (Gn 2:2,3; Êx 20:11); sete animais selam uma transação comercial (Gn 21:28); Faraó sonha com sete anos pobres e sete anos de fartura (41:1-36); a terra deve repousar a cada sete anos (Lv 25:2-7); sete homens são nomeados como administradores na Igreja primitiva (At 6:1-6); a mais potente besta anticristo tem sete cabeças (Ap 17:7); a restauração da terra acontece durante o sétimo selo e a sétima trombeta (8:1-9:21; 11:15) e depois da sétima praga (16:17-21).

Múltiplos de sete têm também significado: por exemplo, 70 anciãos (Êx 24:1,9); o cativeiro de Judá na Babilônia é de 70 anos (Jr 25:12; 29:10; Dn 9:2); 70 semanas proféticas (490 anos) são decretadas em relação aos judeus (Dn 9:24). Jesus comissiona 70 discípulos (Lc 10:1-17); o Jubileu ocorre depois de 49 anos quando as dívidas são canceladas e os escravos liberados (Lv 25:8-55); o número de vezes para perdoar é 70 vezes sete (Mt 18:21,22); a extensão da vingança é 77 vezes (Gn 4:24).

Dez (heb. *'ăśereṯ*; gr. *déka*) indica conclusão, finalização, inteireza. Deus deu a Moisés 10 mandamentos (Êx 34:28); houve 10 pragas contra o Egito (Êx 7:8-11:10); o dízimo era 10% do ganho de uma pessoa (Dt 26:12); 10 virgens esperaram a vinda do noivo (Mt 25:1-13); o poder final apocalíptico do anticristo é representado por 10 chifres, 10 reis e 10 dedos dos pés (Dn 2:42; 7:7,24; Ap 17:7,12).

Doze (heb. *šĕnêm 'āśār; dṓdeka*) indica ordem. Existem 12 tribos de Israel (Gn 49:28; Êx 28:21; Js 3:12); 12 filhos de Ismael; 12 apóstolos (Mt 10:1; Lc 9:1); 12 cestos com sobras depois de alimentar as 5 mil pessoas (Mt 14:20); 12 portas, 12 fundações e 12 frutos na Nova Jerusalém (Ap 21:12, 14, 21). Múltiplos de 12 incluem o número total dos salvos escatológicos, 144 mil (Ap 7:4-17; 14:3-5); a Nova Jerusalém tem 12 mil estádios (185 m) (21:16).

Quarenta (heb. *'arbā'îm*; gr. *tessarákonta*) indica um ciclo completo. A chuva do dilúvio caiu sobre a terra durante 40 dias e 40 noites (Gn 7:12); levou 40 dias e noites para Moisés receber instruções sobre o santuário (Êx 24:18); a geração do deserto perambulou durante 40 anos (Êx 16:35; Nm 14:20-23); os períodos dos juízes são, às vezes, enumerados por intervalos de 40 anos (Jz 3:11; 5:31; 8:28); Nínive recebe um aviso de 40 dias de destruição iminente (Jn 3:4); Jesus é tentado durante 40 dias (Mc 1:12 par.).

Mil (heb. *'elep̄*; gr. *chiliás, chílioi*) indica um número muito grande. O amor de Deus se estende a milhares de gerações dos que guardam os mandamentos (Dt 5:10); mil dias é usado para definir um período indefinido de tempo (Sl 84:10 [11]; 2Pe 3:8); os 144 mil compreendem um grupo que ninguém pode computar (Ap 7:9); Satanás é amarrado por mil anos (20:3,7), a dimensão do intervalo entre a primeira ressurreição e a segunda morte (20:6, 11–15).

Bibliografia. J. J. Davis, *Biblical Numerology* (Grand Rapids, 1968). [KEITH A. BURTON]

NÚMEROS, LIVRO DE O quarto livro do Pentateuco. Ele narra a história dos preparativos dos israelitas para a partida do monte Sinai e sua jornada pelo deserto até as planícies de Moabe, ao longo do rio Jordão defronte à cidade de Jericó.

NOME. O nome em português do livro, com base em seu nome tradicional em manuscritos gregos (*Arithmoi*) e latim (*Numeri*), é alusão às várias ocasiões em que Moisés deu ordens para "numerar o povo" (i. e, fazer o censo; caps. 1, 3—4, 26). O nome hebraico *bĕmiḏbar* significa "no Deserto" e melhor descreve o conteúdo geral do livro.

ESTRUTURA. O livro é um misto de narrativas dramáticas, instruções relativas a organização do acampamento, calendários litúrgicos, listas de itinerário e leis sobre assuntos tão variados quanto juramentos, contato com cadáveres e punição por juntar gravetos no sábado. É difícil discernir plano que relate todos os detalhes do livro, e as propostas são várias quanto ao assunto do livro. Em termos gerais, existem duas seções principais apresentadas pelos recenseamentos dos caps. 1 e 26. Números 1—25 cobre o período da geração dos que partiram originalmente do Egito até a morte deles; são destacados seus muitos atos de desobediência contra o Deus que os libertara da escravidão. O cap. 26 enumera a segunda geração, os que não haviam estado no Egito, e os capítulos seguintes os descrevem por contraste como um povo completamente obediente. Assim, o nome "Números" aponta para um tema teologicamente importante no livro.

COMPOSIÇÃO. A tradição afirma que o Pentateuco, incluindo Números, foi escrito por Moisés. A conexão do material no Pentateuco com Moisés como a figura fundadora da comunidade israelita é teologicamente importante porque ele dá o *status* de "constituição" ao registro do período da história do povo "antes da terra" e "pré-estado". Este *status* relativo à fundação das primeiras tradições tornou-se crucial para a identidade e sobrevivência em épocas posteriores, especialmente durante o período do Segundo Templo (depois de 520 a.C.). Apesar da atribuição tradicional a Moisés, é muito difundida a crença por estudiosos modernos que o material no livro de Números vem de muitos períodos diferentes. Alguns podem ser tão antigos quanto a própria época de Moisés, e alguns vêm da época da monarquia, mas muitos vêm do exílio e da restauração da vida do povo como comunidade. A partir dessa perspectiva, o livro oferece percepções não principalmente da história da época no deserto em si, mas sim dos estilos nos quais as memórias do período de formação foram compostas para dar orientação às gerações posteriores.

Os materiais do período da monarquia são comumente atribuídos a uma fonte "Épica Antiga", enquanto os dos tempos exílicos e da restauração são rotulados de "Sacerdotais". Os estudos recentes sobre Números tendem a retirar a ênfase dessa análise "crítica da fonte" em favor de mais atenção ao plano literário e às perspectivas teológicas discerníveis em passagens isoladas independentemente de sua data exata de composição.

Deve-se observar que, como geralmente é o AT, Números é uma composição androcêntrica. Ela é claramente escrita por homens que, consciente ou inconscientemente, presumem os interesses e preocupações de um público masculino. Até mesmo a história que trata das filhas de Zelofeade (caps. 27, 36) e a legislação concernente aos votos feitos pelos homens (cap. 30) funciona para organizar os direitos e responsabilidades dos homens na cultura israelita. Passagens como 14:1-4 na qual "I" são descritos preocupando-se com suas mulheres e filhos revelam também a orientação androcêntrica do texto antigo.

VALOR HISTÓRICO. Como se observou, acredita-se que a maior parte do material de Números tenha sido escrito séculos depois dos eventos descritos no livro. Muitos (embora não todos) estudiosos presumem que um grupo de escravos partiu do Egito e acabou tomando do rumo para o território que se tornou a antiga terra do Israel bíblico. Foram identificadas formações rochosas que dão sentido às tradições de água brotando de uma rocha fendida (cap. 20; Êx 17). As histórias do maná se ajustam bem à existência de uma substância pegajosa (excreção de um pulgão na tamargueira) conhecida no Sinai ainda hoje. Todavia muitas características atribuídas aos israelitas no deserto podem bem ser de fatos acontecidos posteriormente. A organização do sacerdócio como descrito em Números deve provavelmente ser produto ou do período monárquico ou do Segundo Templo. Muitos estudiosos associam o surgimento do padrão organizacional das 12 tribos ao período dos juízes ou até mesmo posterior. O itinerário descrito não pode ser reconstituído, porque a maioria do nome de lugares mencionados não é identificada hoje. Da mesma maneira que as questões relativas à composição, também as respostas a questões sobre detalhes históricos não são essenciais a uma avaliação dos temas teológicos do livro.

TEMAS TEOLÓGICOS. Entre muitos temas presentes no livro, três são retratados de forma destacada: a santidade de Deus, o perdão de Deus e a providência de Deus.

Santidade. O Deus de Israel é, por definição, o Santo (embora essa frase não apareça em Números), e o que é profano ou impuro não deve entrar em contato com o santo. Normas concernentes ao que pode entrar em contato com o tabernáculo e suas mobílias (cap. 4), as instruções para consagração dos levitas (cap. 8), o ritual de purificação após contato com um cadáver (cap. 19) e os procedimentos para expiação nos casos de infrações rituais não intencionais (cap. 15) estão entre as muitas lembranças de que Israel deve ser constituído como povo santo na presença do Deus santo.

Perdão. A história dos 12 espias e a recusa do povo em subir para a terra que lhes fora prometida (caps. 13—14) serve de paradigma para a compreensão do perdão divino. O povo infiel e desobediente manifesta sua intenção de escolher nova liderança e retorno ao Egito, "desprezando", assim, Deus (14:11). Por meio da oração intercessora de Moisés, Deus é persuadido a não destruir o povo, mas a manter o relacionamento da aliança com a comunidade. Há julgamento, tem-se que admitir, na medida em que a geração original que saiu do Egito, não entra na Terra Prometida. Não obstante, a fidelidade de Deus para com o povo infiel, conforme se manifesta no perdão que se recusa a romper, da parte de Deus, o relacionamento pactual, é fundamental para a compreensão da natureza deste Deus santo a quem Israel adora.

Providência. A divina providência refere-se ao cuidado fortalecedor pelo qual Deus sustenta a vida da comunidade. O tema é primeiramente destacado na impetração da chamada bênção araônica (6:24-26). A importância da vontade de Deus em abençoar Israel é vista concretamente na dramática história de Balaão, estrangeiro contratado pelo rei de Moabe para amaldiçoar os israelitas. Embora Balaão seja muito famoso por seu asno falante, ele deveria ser mais bem lembrado como aquele que repetidas vezes abençoou Israel embora tenha sido contratado para proferir maldições. O narrador é deliberadamente ambíguo sobre se Balaão fala as palavras de bênção por vontade própria, ou se Deus entra em sua boca e o "obriga" a fazê-lo. Num mundo que toma o poder das bênçãos ou das maldições faladas no sentido literal, o cuidado providencial de Deus em relação a Israel tornou-se manifesto por meio das palavras de Balaão e proclamadas sempre que a bênção aaraônica fosse falada.

Bibliografia. P. D. Miller, "The Blessing of God: Na Interpretation of Numbers 6.22-27", *Int* 29 (1975): 240-51; D. T. Olson, The Death of the Old and the Birth of the New. *BJS* 71 (Chico, 1985); *Numbers. Interpretation* (Louisville, 1996); K. D. Sakenfeld, *Journeying with God: A Commentary on the Book of Numbers*. ITC (Grand Rapids, 1995). [KATHARINE DOOB SAKENFELD]

NUNC DIMITTIS Expressão latina derivada das palavras iniciais ("Despedes agora") do cântico de Simeão (Lc 2:29-32), cantado — desde o século V — toda noite nas Completas, o último dos ofícios monásticos diários.

O "profeta" Simeão ("o Espírito Santo estava sobre ele"; Lc 2:25) declarou que sua vida havia terminado com a realização da promessa do Espírito Santo de que ele não morreria antes de ter visto o Messias do Senhor (v. 26). A declaração de Simeão de que o advento do Messias era "para glória do seu povo de Israel" e seu contexto (o templo de Jerusalém, os pais de Jesus obedecendo o ritual judaico de oferecer o filho primogênito, com Simeão e Ana, ambos personificando o Israel esperançoso) é coerente com a menção dos gentios para sugerir a universalidade da salvação, tema comum a Lucas (cf. Lc 3:4-6; 4:16-30; At 13:47; 26:23). O hino é repleto de alusões ao AT, particularmente de Isaías (cf. Is 40:5; 42:6; 46:13; 49:6; 52:9, 10). Ao tema de cumprimento de promessa, o hino acrescenta louvor direto a Deus.

Os estudiosos discordam quanto às origens do *Nunc Dimittis*. Alguns o veem como composição livre de Lucas; outros asseguram que Lucas está citando um hino primitivo, de fontes judaicas ou judaico-cristãs. Com o *Nunc Dimittis*, o *Magnificat* (Lc 1:46-55) e o *Benedictus* (1:68-79), a comunidade primitiva judaico-cristã e subsequentes gerações cristãs expressaram gratidão pelo fato de Jesus, o ansiosamente esperado, tenha chegado no meio deles.

Bibliografia. R. E. Brown, *The Birth of the Messiah*, ed. rev. (New York, 1993); S. Farris, *The Hymns of Luke's Infancy Narratives*. JSNTSup 9 (Sheffield, 1985). [TERRENCE PRENDERGAST, S. J.]

NUZI (ac. *Nuzi*) Desde o início do século XX, os textos de Nuzi desempenharam um papel importante no estudo comparativo do AT. Mais de 4.000 textos cuneiformes foram descobertos no sítio hurriano de Nuzi (moderna *Yorgan Tepe*) no norte do Iraque. A maior parte dos documentos data de cerca de 1500-1350 a.C. e trata de assuntos legais, costumes sociais, familiares e mitos. Nuzi aparentemente fez parte do pequeno principado de Arrapha, que estava submetida ao grande reino de Mitanni. Uma porcentagem significativa dos nomes das pessoas em Nuzi são hurrianos, embora os textos estejam escritos em acádico. Esses textos revelam um próspero palácio, produção têxtil e indústria metalúrgica.

Como a terra não podia ser legalmente vendida, mas somente herdada, Nuzi tinha uma instituição de pseudoadoção em que a pessoa era adotada presenteando seu "pai" com um presente que, na verdade, era o preço da compra. A prática do contrato de servidão, ou de vassalagem, também é confirmada. Um indivíduo se comprometia a servir uma família por um certo período de tempo, após o que ficava livre; em troca, a família da pessoa contratada ganhava acesso a vários recursos. Existia uma série de instituições em Nuzi que são geralmente análogas às da primitiva sociedade israelita, incluindo o casamento levirato, um sistema de pagamento aos pais da noiva e o dote e a adoção formal de filhas na ausência de descendência masculina. Essas mulheres tinham permissão para agir legalmente como chefes de família masculinos e, assim, conseguir o próprio casamento, cuidar dos deuses domésticos da família e ter seu marido morando em sua casa.

Os contratos de casamento, adoção e os acordos para criação de rebanhos em Nuzi fornecem importante material comparativo para a interpretação de muitas narrativas dos patriarcas, especialmente as relacionadas a Jacó e Labão. Além disso, os textos de Nuzi permitiam que um pai desse segurança às filhas vendendo-as em adoção com o propósito de casamento. A lei em Êxodo 21:7-11 lembra, de certa forma, os textos de Nuzi em que se permite um pai vender sua filha a um comprador que então tinha de ver se ela era casada. A adoção da filha, entretanto, nunca é mencionada no texto bíblico.

Os textos de Nuzi em geral parecem refletir o costume legal comum mesopotâmico (como é agora conhecido de Emar sobre o Eufrates sírio), e, portanto, não podem ser usados para determinar a data de certas tradições bíblicas do segundo milênio.

Bibliografia. B. L. Eichler, "Nuzi and the Bible: A Retrospective", in *Dumu-E2-dub-ba-a*, ed. H. Behrens, D. Loding e M. T. Roth (Philadelphia, 1989), 107-19; M. J. Selman, "Comparative Customs and the Patriarchal Age", in *Essays on the Patriarchal Narratives*, ed. A. Millard e D. Wiseman (Winona Lake, 1983), 91-139; *Studies on the Civilization and Culture of Nuzi and the Hurrians* 1-5 (Winona Lake, 1981-1995), 7 — (Baltimore, 1995–). [MARK W. CHAVALAS]

O

OADE (heb. *'ōhad*) O terceiro filho de Simeão (Gn 46:10; Êx 6:15). Ele não é mencionado nas genealogias em Números 26:12-14 e 1Crônicas 4:24,25.

OBADIAS (heb. *'ōbadyâ*), **LIVRO DE** Um dos 12 Profetas Menores; o livro mais curto da Bíblia Hebraica, com somente 21 versículos. No TM, vem depois de Amós, talvez porque os compiladores canônicos quisessem ligá-lo a Amós 9:12; a LXX agrupa os três livros não datados (Joel, Obadias, Jonas) depois dos três livros do século VIII (Oseias, Amós e Miqueias).

Texto. O texto hebraico de Obadias foi bem preservado. O texto mais antigo existente está no rolo dos Profetas Menores de Uádi Murabba'at (c. 135 d.C.), um texto protomassorético que difere do Códex Leningrado (1008 d.C.) apenas em alguns lugares. As versões antigas também confirmam textos que geralmente concordam com o Códex Leningrado.

Estilo. O livro consiste de uma composição poética (v. 1-18) com conclusão em prosa (v. 19-21). A poesia exibe o uso sistemático e dominante de paralelismo que opera "horizontalmente" entre duas linhas contíguas ou cola e "verticalmente" entre agrupamentos maiores de linhas ou cola. As linhas poéticas são concisas, normalmente de 4-10 sílabas e 2-4 ênfases em sua extensão. A poesia também usa certas imagens comuns, embora nenhuma delas seja desenvolvida além de um único verso: por exemplo, o v. 4 compara a imponente moradia de Edom com o ninho de uma águia; o v. 10 equipara a desonra com um traje que cobrirá Edom; o v. 16 emprega a metáfora da taça da ira; e o v. 18 assemelha Israel ao fogo e Edom ao restolho.

Composição. Muita discussão erudita tem se concentrado na história e na unidade da composição do livro. As avaliações variam de uma unidade composta originalmente por uma pessoa chamada Obadias a uma reunião de oito fragmentos originalmente independentes. Alguns estudiosos pressupõem uma desunião original, mas consideram que o livro, em sua forma final, reflete coesão editorial. O que provoca o debate é a quantidade de diversidade evidente no livro em termos de estilo, ênfase e perspectiva. Se o leitor assume que o discurso profético pode empregar perspectivas, ênfases e estilos divergentes e até mesmo dissonantes dentro da mesma composição, então não existe razão para duvidar da unidade original desse pequeno livro.

Paralelos bíblicos. Obadias oferece um estudo em intertextualidade, já que muitas de suas expressões, imagens e temas aparecem em outras partes do AT. Quase todos os versículos refletem paralelos com outros textos bíblicos. Particularmente significativa é a sobreposição entre a profecia de Obadias e Jeremias sobre Edom (v. 1-4 = Jr 49:14-16; v. 5-6 = Jr 49:9-10; v. 7-8 = Jr 49:7) e entre Obadias e parte de Joel (v. 10 = Jl 3:19 [TM 4:19]; v. 11 = Jl 3:3 [4:3]; v. 15a = Jl 1:15; 2:1; 3:14 [4:14]; v. 15b = Jl 3:4, 7 [4:4,7]; v. 17 = Jl 2:32 [3:5]; 3:17 [4:17]). O grau de sobreposição aumenta a questão de dependência. Muitos estudiosos afirmam que Obadias dependeu de Jeremias ou ambos usaram uma terceira fonte e que Joel dependeu de Obadias.

Data e ambiente histórico. Diferentemente de outros livros proféticos, o título não fornece informação cronológica. Sabemos apenas o nome do profeta ("aquele que serve Yahweh"), nome muito comum no antigo Israel. Qualquer outra informação deve ser deduzida do conteúdo da profecia. A antiga tradição judaica, seguida por Jerônimo, identificou o profeta com o Obadias de 1Reis 18, o oficial encarregado do palácio de Acabe, que escondeu cem profetas. Alguns estudiosos o localizam no tempo da revolta de Edom contra Jeorão, cerca de 845 a.C. (2Rs 8:20-22; 2Cr 21:8-17). As duas datas sugeridas poriam o nosso profeta como o mais antigo dos profetas escritores, quase um século antes de Amós. Outros estudiosos datam Obadias no meio para o fim do século V, durante o período persa. Lutero e Calvino o dataram depois da queda de Jerusalém em 586, e mais recentemente, estudiosos concordaram em colocar pelo menos o núcleo do livro, no exílio babilônico.

O livro parece se ajustar melhor na primeira metade do período exílico, depois da queda de Judá e Jerusalém para Babilônia em 586 e antes do fim de Edom, em 553. De acordo com os versículos 10-14, os edomitas tomam o lado dos "estrangeiros" e "desconhecidos" que atacaram Judá e Jerusalém. O profeta condena os edomitas por sentirem satisfação com a queda de Judá, saqueando as cidades de Judá e capturando seus refugiados (cf. Ez 25:12-14; 35-36; Sl 137; Lm 4:21, 22). Trabalho arqueológico recente revelou significativa presença edomita no Neguebe durante o século VII-início do VI, e então alguns edomitas tiveram a oportunidade de se aproveitar das dificuldades de Judá. Talvez essa presença forneça o ambiente para a declaração do v. 20: "os cativos de Jerusalém, que estão em Sefarade, possuirão as cidades do Neguebe" (os exilados que voltarem recuperarão as cidades do Neguebe do controle edomita). O processo de ocupação edomita no sul de Judá continuou de forma que mais tarde tal área foi chamada Edumeia. De acordo com a Crônica de Nabonido, Nabonido da Babilônia guerreou contra Edom em 553 (cf. v.s 7, 11); a arqueologia parece confirmar essa campanha, desde que vários sítios edomitas revelam evidência de destruição no século VI. Durante o período persa, os nabateus começaram a migrar para a terra de Edom.

Estrutura e gênero. O livro pode ser dividido em cinco partes: v. 1-4; 5-7; 8-15; 16-18; 19-21, ligadas pelo uso de elos gramaticais e palavras-chave.

A voz do autor é a do profeta Obadias, que funciona como porta-voz do Senhor e dirige o discurso de Yahweh a Edom nos v. 1-15 e a Judá, nos v. 16-18. O uso do pronome "vocês" no plural no v. 16a sinaliza a mudança de destinatário para os judeus. Os três últimos versículos são apresentados como expansão do próprio profeta. Os dois terços de abertura do livro (v. 1-15) é formado por anúncios de maldição, acusação e advertência a Edom, enquanto que o terço final (v. 16-21) contém promessas de restauração e vitória para Israel. Grande parte do livro trata dos edomitas que, de acordo com a tradição bíblica, são descendentes de Esaú. Discursos de juízos proféticos contra Edom ocorrem também em Isaías, Jeremias, Ezequiel, Joel, Amós e Malaquias. As profecias contra nações estrangeiras é parte de uma categoria mais ampla.

Conteúdo. Obadias anuncia o fim iminente de Edom. Deus recrutou as nações para atacarem Edom e, por meio disso, humilhar Edom, apesar de sua sensação de segurança, baseada em sua alta localização nas montanhas edomitas (v. 1-4). Os esconderijos e os tesouros ocultos de Edom não ficarão despercebidos (v. 5-7); as nações agressoras serão seus próprios parceiros contratuais (ou seja, os babilônios?). Deus destruirá os sábios de Edom e aterrorizará seus guerreiros de forma que todos serão eliminados daquela terra (v. 8-9). O profeta tenta persuadir Edom de que ninguém de suas forças e defesas pode defender-se da destruição iminente: sua posição entre as nações, local inacessível, esconderijos e riquezas, aliados, sábios e poder militar.

Obadias explica então que o fundamento para o futuro julgamento de Edom está em sua violência passada contra o próprio irmão, Jacó (v. 10). Em vez de sair em defesa de seu irmão, os edomitas colocaram-se ao lado dos invasores "estrangeiros" e "estranhos" e até agiram como um deles (v. 11). Os versos 12-14 servem a uma dupla função. Primeira, eles especificam as acusações: Edom tripudiou sobre a destruição de Judá e se aproveitou da situação saqueando e capturando os sobreviventes de Judá. Segunda, servem como advertência para que Edom pare com suas hostilidades contra os judeus antes que seja tarde demais (v. 15a). Naquele dia, Yahweh julgará Edom (e possivelmente as outras nações; v. 15b).

Começando no v. 16 o profeta trata da questão da situação futura de Israel. Embora o julgamento de Edom seja baseado em suas ações passadas, a restauração futura de Israel é baseada somente no compromisso incondicional de Deus para com Jacó e Sião. Isso é descrito como mudança do julgamento recentemente experimentado por Israel. Assim como o povo de Judá e de Jerusalém beberam da taça da ira de Yahweh, também outras nações, entre elas Edom, terão de beber (v. 16; Jr 25:15-29). Mas o monte Sião será o lugar de refúgio do iminente juízo divino (v. 17a). Apesar de ter sido profanada por "estrangeiros" e "estranhos" no passado (v. 11), no futuro Sião recuperará seu *status* (v. 17a; cf. Jl 3:17 [4:17]). Os israelitas retomarão a posse de sua terra (v. 17b), derrotarão e erradicarão Edom por completo (v. 18).

A conclusão se expande sobre as promessas divinas feitas nos v. 17-18. Todo o Israel, incluindo os exilados, recuperará a extensão completa de suas terras (v. 19-20), e o monte Sião governará a montanha de Esaú (v. 21a). Yahweh manifestará definitivamente seu domínio sobre todas as nações (v. 21b). Tanto os temas escatológicos do reino como do dia de Yahweh (v. 15) tornaram-se importantes no NT e, dessa forma, contribuem para permanente importância de Obadias.

Bibliografia. J. R. Bartlet, *Edom and the Edomites.* JSOTSup 77 (Sheffield, 1989); E. Bem Zvi, A historical-Critical Study of the Book of Obadiah. *BZAW* 242(Berlin, 1996); P. R. Raabe, *Obadiah.* AB 24 (New York, 1996); "Why Prophetic Oracles against the Nations?" in *Fortunate the Eyes That See*, ed. A.B.Beck et al. (Grand Rapids, 1995), 236-57; H. W. Wolff, *Obadiah and Jonah* (Minneapolis, 1986). [PAUL R. RAABE]

OBADIAS (heb. *ʿōḇaḏyâ, ʿōḇaḏyāhû*) **1.** O responsável ou organizador encarregado da casa do rei Acabe (1Rs 18:3-16), que supervisionava as propriedades de Acabe e era, provavelmente, o responsável pelo comércio e mineração real. Como adorador devoto de Yahweh, escondeu cem profetas do Senhor durante o ataque de Jezabel e, a pedido de Elias, providenciou uma audiência de Elias com Acabe, reunião essa que levou ao confronto entre Elias e os profetas de Baal.

Bibliografia. T. N. D. *Mettinger, Solomonic State Officials.* ConBOT 5 (Lund, 1971).

2. Descendente pós-exílico de Davi, um dos filhos de Hananias (1Cr 3:21.

3. Chefe da tribo de Issacar; filho de Israías (1Cr 7:3).

4. Benjamita, filho de Azel e descendente de Saul (1Cr 8:38; 9:44).

5. Levita que estava entre os primeiros a retornar para Jerusalém (1Cr 9:16). Pode também ser chamado de Abda (Ne 11:17).

6. Líder gadita que se uniu ao exército de Davi em Ziclague e serviu como guerreiro e oficial (1Cr 12:9).

7. O pai de Ismaías, que governou a tribo de Zebulom durante os últimos dias de Davi (1Cr 27:19).

8. Príncipe comissionado pelo rei Josafá para ensinar a "lei do Senhor" ao povo em Judá (2Cr 17:7-9).

9. Levita merarita que ajudou a supervisionar o reparo do templo durante o reinado de Josias (2Cr 34:12).

10. Chefe de família que retornou a Jerusalém com Esdras; descendente de Joabe (Ed 8:9).

11. Líder que acrescentou seu selo à renovação da aliança sob a liderança de Esdras e Neemias (Ne 10:5 [6]). Pode ser o mesmo que 10 acima.

12. Porteiro durante o sumo sacerdócio de Joiaquim, cuja tarefa foi guardar os depósitos junto às portas (Ne 12:25).

13. Obadias, o profeta, que muito provavelmente viveu e ministrou cerca de meados do século V a.C. [MICHAEL A. GRISANTI]

OBAL (heb. *'ôḇāl*) (tb. EBAL) Filhos de Joctã e o ancestral epônimo de uma tribo do sul da Arábia (Gn 10:28). É chamado de Ebal em 1Crônicas 1:22.

OBEDE (heb. *'ôḇēḏ*; gr. *Iōbēd*) (tb. EBEDE) **1.** O filho de Rute - a viúva moabita (Rt 4:21) — e Boaz, o "parente próximo" (2:21) de seu falecido marido, Malom. Obede tornou-se o avô do rei Davi (Rt 4:16; 1Cr 2:12) e ancestral de Jesus Cristo (Mt 1:5; Lc 3:32). Curiosamente, recebeu o nome de Obede ("adorador") das mulheres de Belém e não de seus pais (Rt 4:17). O nascimento dele foi possível devido à lei do levirato (Dt 25:5-10). Essa lei exigia que o irmão mais velho ou parente mais próximo do marido morto se casasse com a viúva.

2. Filho de Eflal (1Cr 2:37) e descendente de Jerameel (1Cr 2:37, 38).

3. Um dos guerreiros de Davi (1Cr 11:47). Seu nome é omitido no relato paralelo (2Sm 23).

4. Filho de Semaías, porteiro coreíta sobre cujos quatro filhos se diz terem sido "homens valentes" (1Cr 26:6-7).

5. O pai de Azarias, comandante militar que acompanhou o sacerdote Jeoiada na exexução da rainha Atalia e instalar o menino Joás como rei (2Cr 23:1).

6. Filho de Jônatas; um dos homens que retornou da Babilônia para a Palestina com Esdras (1Ed 8.32); chamado Ebede, em Esdras 8:6. [DONALD FOWLER]

OBEDE-EDOM (heb. *'ōḇēḏ-'ĕḏôm*) **1.** Homem de Gate em cuja casa Davi guardou a arca do Senhor durante três meses, depois da morte de Uzá por haver tocado a arca (2Sm 6:10, 11; 1Cr 13:13, 14). Ao ouvir que Obede-Edom tinha sido abençoado por causa da presença da arca, Davi ordenou sua remoção para a tenda em Jerusalém (2Sm 6:12; 1Cr 15:25). Seu nome e origem, na cidade de Gate, pode sugerir que ele estava também entre os filisteus leais a Davi (cf. 2Sm 15:18-22; 18:2).

2. O filho de Jedutum; músico levita e porteiro da tenda do encontro (1Cr 15:18, 21, 24). Foi nomeado por Davi, com seus 68 irmãos, para ministrar com harpa e lira perante a arca (1Cr 16:5,38).

3. Filho de Corá; um porteiro que, com seus 62 descendentes, serviu na porta da área sul e nos depósitos do templo (1Cr 26:4-8, 15).

4. O supervisour dos tesouros do templo quando o rei Joás, de Israel, capturou Amazias, de Judá (2Cr 25:24). É incerto com base no TM se Obede-Edom foi levado cativo (com base na LXX) ou é simplesmente citado como oficial encarregado na época. Seu nome não consta no relato paralelo em 2Reis 14:14. [KENNETH ATKINSON]

OBEDIÊNCIA Tradução da palavra heb. *šāma'*, referindo-se ao ato físico de ouvir e, em certos contextos, a combinação de ouvir com intenção de obedecer (Êx 19:5, 8; Dt 28:1; 30:11-14). Se alguém verdadeiramente ouve a Palavra de Deus, então a obediência é inevitável. Assim, se o povo deixa de obedecer, os profetas frequentemente acusam os israelitas de serem surdos (Is 6:9,10). A obediência é o que se espera do relacionamento de alguém com Deus (Jr 3:13, 25) e o relacionamento de um filho com seu pai (Pv 4:1, 2). Evidentemente, existe expectativa implícita de obediência no "ouvir" uma mensagem (Gn 3:17; 23:15; Êx 24:7).

Também no NT, há a expectativa de obediência quando se ouve uma mensagem. No Sermão do Monte, Jesus resume toda a sua mensagem com a parábola dos dois construtores (Mt 7:21-27). Aquele que ouve as palavras do sermão e então traduz o que ouviu em ação é como alguém que construiu sua casa sobre rocha — está sobre fundamento sólido. Não somente a obediência é a reação esperada às admoestações de Cristo, deve ser também a resposta da pessoa ao evangelho (Gl 3:2). Paulo lembra os leitores da carta aos Filipenses que a morte de Jesus Cristo na cruz é o exemplo máximo de obediência (Fp 2:8; gr. *hypēkoos*). [RICK W. BYARGEON]

OBELISCO Monumento sagrado originário do antigo Egito, na forma de uma coluna alta, de quatro lados com ponto piramidal. Feito de pedra, seus quatro lados eram usualmente cobertos com inscrições reais ou religiosas. Inúmeros exemplos de obeliscos sobrevivem até hoje no Egito.

Na única referência bíblica a um obelisco egípcio (Jr 43:13), Jeremias profetiza que Nabucodonosor destruiria os obeliscos de Heliópolis. Obelisco provavelmente teve origem nesse centro religioso egípcio e, ao que tudo indica, estava associado ao deus-sol Amon-Rá. Nos primeiros períodos da história, acreditava-se que a divindade vivia e descansava no obelisco; nos tempos do Novo Império, entretanto, os obeliscos foram levantados para comemorar a celebração do festival do Terceiro Ano do faraó. [JENNIE R. EBELING]

OBIL (heb. *'ôḇîl*) Ismaelita que foi supervisor dos camelos do rei Davi (1Cr 27:30).

OBLAÇÃO O sacrifício da tarde no templo (1Rs 18:29, 36; heb. *minḥâ*).

OBOTE (heb. *'ōḇōṯ*) Acampamento israelita próximo ao fim da jornada no deserto, localizado entre Punom e Ijé-Abarim (Nm 21:10,11; 33:43,44). Obote provavelmente ficava a leste do mar Morto e da Estrada Real (Nm 20:17; 21:22) entre as terras de Edom e Moabe. Entre as possíveis localizações estão 'Ain el-Weiba, 'Ain Hosob e vários locais ao norte de Feinân e ao norte de Bozra. [PETE F. WILBANKS]

OBRAS Atos de Deus e feitos da humanidade em guardar os mandamentos de Deus.

OBRAS DE DEUS. No AT, a(s) "obra(s)" (heb. *ma'ăśeh, mĕlā'ḵâ*) de Deus são seus feitos na criação, salvação e juízo. A narrativa de Gênesis descreve a obra de Deus na criação (Gn 2:2-3). Os escritores empregam, de vez em quando, linguagem antropomórfica para descrever "a(s) obra(s) de sua(s) mão(s) (Jó 14:15; 24:19; Sl 8:6 [TM 7]) e "a obra de seus dedos" (Sl 8:3 [4]) com referência à criação. Em outros exemplos (cf. Sl 145:4, 9-10, 17; Is 5:12), os escritores descrevem as obras de Deus na criação e no redenção. As pessoas devotas devem "meditar" nas boas obras de Deus (Sl 77:12 [13]; 143:5) e "lembrar-se" delas (77:11 [12]).

No NT, as obras de Deus tornam-se um assunto mais importante no evangelho de João. Em harmonia com a consistente descrição do Filho feita por João como aquele que encontrou um mundo hostil que não o "recebeu" (Jo 1:10, 11), o escritor retrata um mundo que está dividido entre aqueles cujas "obras são más" (7:7; cf. 3:19) e Aquele que faz as obras do Pai (8:41). Jesus declara: "Meu Pai trabalha até agora, e eu trabalho também" (Jo 5:17; cf. v. 36), e também: "As obras que eu faço em nome de meu Pai dão testemunho de mim" (10:25; cf. 4:34; 10:32). O Pai deu a Jesus esse trabalho (Jo 5:36; 17:4), e o Pai habita nele enquanto ele realiza tais obras (14:10). Como resultado do trabalho de Jesus, aqueles que nele creem farão obras ainda maiores (Jo 14:12). Esta visão, por consequência, está plenamente integrada com a compreensão de João da comunidade que crê como o povo que "vimos sua glória" (Jo 1:14) nas obras que o Filho realizou.

Embora Paulo empregue o grego *érgon/érga* basicamente para a atividade humana, o apóstolo também se refere ao drama da salvação como a obra inacabada de Deus. O irmão cristão é a obra de Deus: "Não destruas a obra de Deus por causa da comida" (Rm 14:20). A transformação espiritual e ética da comunidade é a obra de Deus (Fp 1:6). Sua exigência para "realizai a vossa salvação" é acompanhada pela promessa de que "é Deus quem produz em vós" (Fp 2:13).

OBRAS HUMANAS. Os atos de obediência a Deus são comumente descritos como obras. Paulo compartilha a avaliação positiva da tradição judaica das boas obras (cf. Ne 13:14; Mt 5:16; 11:19) em seus comentários sobre a conduta moral. Deus julgará cada um de acordo com suas obras (Rm 2:6, 7; cf. 1Co 3:13, 15; 2Co 11:15). Consequentemente, Paulo desafia seus leitores a transbordar "em toda boa obra" (2Co 9:8; Cl 1:10; 2Ts 2:17). De fato, ele descreve o serviço cristão como "a obra do Senhor" (1Co 15:58; 16:10) ou "a obra da fé" (1Ts 1:3; cf. 5:13).

Embora Paulo desafie suas comunidades a se envolver em boas obras, ele trata negativamente das "obras da lei" (às vezes, abreviadas para "obras"; p. ex., Rm 3:27; 4:2, 6; 9:12, 32; 11:6), especialmente na polêmica situação de Gálatas e Romanos, nas quais ele argumenta pela admissão de gentios na comunidade sem o requisito de entrada em lugar da circuncisão. Tornar a circuncisão requisito de entrada para a salvação é insistir nas obras da lei. A frase "obras da lei", que é apenas raramente usada no judaísmo contemporâneo de Paulo, é aparentemente o equivalente das "obras da Torá" que são mencionadas nos rolos do mar Morto. Estas "obras da Torá" consistem do cumprimento das obrigações pactuais exigidas pela lei. Por causa da ameaça de assimilação entre os judeus que viviam entre os gentios nos dois séculos imediatamente anteriores a Paulo, os delimitadores que distinguiam com mais clareza os judeus de seus vizinhos — a circuncisão, o sábado e as leis de purificação — adquiriram significado especial nas controvérsias judaicas. Em Gálatas e Romanos, Paulo argumenta a partir da experiência de seus convertidos (Gl 3:1-5) e da Escritura (cf. 3:6-29; Rm 4:1-25) que a pessoa é justificada, não pelas obras da lei, mas pela fé (Rm 3:28; 4:3, 4; Gl 2:16; 3:2, 5-9). Assim, neste contexto polêmico, a fé é o

A B C D E F G H I J K L M N O P Q R S T U V X Y Z

resultado normal para obras. Em muitos exemplos, o objeto da fé é Jesus Cristo (Gl 2:16b, 20; 3:26; cf. Rm 10:9, 10). Entretanto, a frase em grego *pístis Iēsoú Christoú*, que a maioria das traduções trazem por "fé em Jesus Cristo", pode, ao contrário, referir-se a fidelidade de Jesus Cristo como consequência das obras humanas. Em qualquer caso, Paulo insiste que ninguém é salvo por aqueles delimitadores que ele descreve como obras da lei.

Na Epístola de Tiago, a fé e as obras são novamente colocadas em contraste. Tiago insiste que a "a fé por si mesma é morta, se não tiver obras" (Tg 2:17) e que a fé é demonstrada por alguém por suas obras (v. 18). Em contraste com Paulo (Rm 4:3-5; Gl 3:6-10), Tiago insiste que Abraão foi justificado por suas obras (Tg 2:21-23). Tiago se refere às obras de misericórdia, não às "obras da lei", descritas por Paulo. Ele desafia sua comunidade a se envolver com a "religião pura" (Tg 1:27) que consiste em aderir ao mandamento do amor (2:8).

Bibliografia. J. D. G. Dunn, "The Theology of Galatians", in *Pauline Theology*, ed. J. M. Bassler (Minneapolis, 1991) 1.125-46; E. P. Sanders, *Paul and Palestinian Judaism* (Minneapolis, 1977). [JAMES W. THOMPSON]

OCRÃ (heb. *ʿoḵrān*) O pai de Pagiel, chefe da tribo de Aser (Nm 1:13; 2:27; 7:72, 77; 10:26).

ODEDE (heb. *ʿôḏeḏ*) **1.** O pai do profeta Azarias (11; 2Cr 15:1, 8).

2. Profeta de Samaria que ordenou ao exército israelita de Peca, vitorioso, que libertasse seus prisioneiros judeus. Odede censurou os soldados pela matança e os lembrou de seus pecados contra Yahweh, imediatamente após o que eles alimentaram, vestiram e libertaram seus cativos (2Cr 28:8-15).

ÓDIO Ódio é uma emoção humana tão básica, que não é surpresa encontrá-la regularmente destacada na Bíblia, inclusive em antropopatias aplicadas a Deus no AT (ausente no NT, exceto Rm 9:13). Embora os hebreus naturalmente tivessem ampla gama de tais emoções — desde o ódio mortal até a mera preferência, descaso e rejeição —, eles não tinham palavras adequadas para expressar diferentes nuances de significado. Dessa maneira, palavras como "amor" e o seu oposto "ódio" (heb. *śānēʾ*; gr. *miséō*) eram empregadas para expressar a ideia de preferência.

No AT, Deus, que é santo e zeloso, é descrito como alguém que sente ódio do culto aos falsos deuses (Dt 12:31); da liturgia de Israel, de seus sacrifícios, luas novas e sábados, porque lhes falta a profunda sinceridade e a obediência (Is 1:14; Am 5:21); da injustiça (Is 61:8); e de pecadores (Os 9:15). Duas listas aparecem em Provérbios 6:16-19; 8:13. Yahweh odeia Esaú ("prefere" Jacó; Ml 1:3). Os irmãos de José o odeiam por causa do favoritismo de seu pai (Gn 37:4). Isaque é odiado (Gn 26:27; cf. Jefté, Jz 11:7). No AT, uma proibição explícita, clara, é quanto ao ódio contra os próprios parentes (Lv 19:17-18), ao passo que há ordens para que também se ame ao estrangeiro (Dt 10:19). Até mesmo Deus é odiado (1Sm 8:7; Jr 14:19); isso significa ignorar os mandamentos de Deus e perseguir o seu povo. Assim, os inimigos do salmista — tantos grupos como indivíduos, tanto políticos como religiosos — são também os que odeiam a Deus (Sl 68:1 [TM 2]; 81:15 [16]). Eles odeiam a paz (Sl 120:6) e a disciplina (50:17) e fazem planos contra o povo de Deus (83:2 [3]). Naturalmente, se odeia tal povo (Sl 139:21). Em Qumran, a comunidade era chamada a separar-se dos maus e a odiá-los (1QS 3.26-4.1), e a perseguir os filhos das trevas com "ódio eterno e espírito sigiloso" (1:10). Mesmo que Deus puna a maldade daqueles que O odeiam até a terceira e quarta geração (Dt 5:9), de acordo com Ezequiel Ele não deseja a morte do pecador (Ez 18:23), e o livro da Sabedoria insiste que Deus não pode odiar nenhum dos seres que Ele mesmo criou (Sab 11.24).

Jesus rejeita terminantemente o ódio, insistindo que o amor é a única lei, até mesmo em relação aos inimigos. Isso é exemplificado na oração pelo inimigo (Mt 5:44-45) e no fazer "o bem aos que vos odeiam" (Lc 6:27). Paradoxalmente, o discipulado envolve certo tipo de ódio, ou antes compromisso de hierarquia, colocando Jesus em sua vida acima de pai, mãe, irmãos, irmãs, esposa e filhos (Lc 14:26). Da mesma forma, o discípulo deve inclusive odiar a si mesmo (Jo 12:25). A vida no éon antigo era caracterizada pelo ódio (Tt 3:3), mas no novo é caracterizada pelo amor (Rm 13:8-10; 1Jo 2:10). Os escritos joaninos são os que mais se destacam pelo agudo contraste entre o amor divino e o pecado do mundo da escuridão, que é ódio contra Deus, Cristo e o povo de Deus (Jo 15:23-24; 7:7; 15:18). Uma das limitações mais evidentes de 1João é sua entusiástica dedicação ao amor (1Jo 4:19) e, ainda assim, sua amarga condenação de ex-membros como anticristos demoníacos, falsos profetas e exemplos de ilegalidade e maldade (2:18-19; 4:1-6; 3:4-5). Deus não enviou Seu Filho para condenar o mundo, mas porque o amou tanto (Jo 3:16). [SEÁN KEALY, C.S.SP.]

OEL (heb. *ʾōhel*) Descendente (talvez um filho) de Zorobabel (1Cr 3:20).

OESTE Embora os hebreus reconhecessem os quatro pontos cardeais (Gn 13:14; 28:14; Dt 3:27; Lc 13:29; cf. Is 11:12; Ez 37:9), o leste tinha a posição preeminente e as outras direções eram com frequência calculados e descritos de acordo com sua relação com aquele ponto. Assim, o oeste era considerado a parte de trás (heb. *hayyām hāʾaḥărôn*, o mar Mediterrâneo, fronteira ocidental da Palestina; Jl 2:20;

cf. Dt 11:24; Js 15:12) e era o oposto do nascer do sol (*maʿărāḇ*; Is 45:6; 59:19).

No evangelho de Mateus, o oeste e o leste são colocados opostos um ao outro para representar os confins da terra de onde os justos se reunirão (Mt 8:11; cf. Sl 107:3; Is 43:5, 6) e a visibilidade universal da vinda do Messias (Mt 24:27).

OFEL (heb. *ʾōpel*) A colina sudeste entre os vales Cedrom e Tiropoeon, fortificado por Davi para ser sua capital (cf. 2Sm 5:9). Ofel foi o local de várias construções por Jotão (2Cr 27:3) e Manassés (33:14) e, depois do exílio, os servos do templo que viveram no Ofel repararam seus muros (Ne 3:26,27; 11:21). Em meados do século VIII, a.C. (2Cr 27:3) a palavra "Ofel" pode ter substituído o antigo termo "millo" para designar especificamente a cidadela de Jerusalém. A área foi chamada de Oflas por Josefo (*BJ* 5.145; 5.254), transliteração grega do aramaico *ʾăpla*, e foi considerado por Josefo estar situado abaixo da extremidade sudeste do monte do templo atual. Josefo diferenciou o Ofel da fortaleza de Acra, mais para baixo da mesma colina (*BJ* 5.253; 6.354). A área foi escavada por Kathleen Kenyon e Yigal Shiloh.

O termo hebraico significa "colina", "monte" ou "saliência" (Is 32:14; Mq 4:8) e, com o artigo definido pode designar uma colina específica, p. ex., Samaria, onde ficava a casa de Eliseu (2Rs 5:24; RA "outeiro"). O termo é também usado na estela de Mesa de Dibom, que menciona um "muro de Ofel" em Kerak.

Bibliografia. Y. Shiloh, *Excavations at the City of David 1*. Qedem 19 (Jerusalem, 1984). [KENNETH ATKINSON]

OFERTA *Ver* SACRIFÍCIOS E OFERTAS.

OFERTA ALÇADA (ELEVADA) Oferta sacrifical. O sentido preciso do hebraico *tĕnûpâ* tem sido discutido, uma vez que os tradutores da LXX o traduziram de modo inconsistente. A tradução tradicional "oferta de ondulação" é improvável. O termo é mais bem traduzido "oferta elevada", porque o verbo hifil *hēnʾp̄* pode ser usado para um braço estendido pronto para golpear (Is 19:16) e porque mover grandes ofertas horizontalmente seria difícil (Lv 8:27). Além disso, alegados paralelos hititas de movimentos ondulares ocorrem em rituais mágicos, não em sacrifício; exemplos egípcios de ofertas alçadas também existem.

Os sacerdotes israelitas realizavam esse ritual dentro dos recintos do templo ("perante o Senhor", Êx 29:24-25; Lv 7:30; Nm 8:11, 21; mas "ao Senhor" em Êx 35:22; Nm 8:13) como parte da "oferta pelo pecado" (hatta´t; Lv 9:21) e na purificação de pessoas como foi elevado como marca de consagração (Êx 35:22; 38:24-29). A elevação molho de cevada marcava o término da Festa do Pão Ázimo e da desconsagração da colheita de grão (Lv 23:15). No Pentecoste, uma oferta alçada de pães abriu uma série de sacrifícios (Lv 23:17, 20). Procedimento semelhante é realizado na prova de alegação de adultério (Nm 5:25) e no ritual concluindo a vocação dos nazireus (6:20).

A elevação da oferta tinha, aparentemente, vários propósitos. Na maioria dos casos, e sempre que uma carne de animal gorda constituía o sacrifício, o ritual marcava mudança na posse do sacrifício do ofertante para Deus, e a consagração do dirigente da refeição sacerdotal (Lv 7:24-36). Sacrifícios importantes tais como a purificação, o holocausto, a oferta queimada, e a oferta pelo "pecado" não eram elevados, porque já pertenciam a Yahweh. Além disso, o sacerdote levantava somente aquelas partes da carcaça que iria comer (o peito e a parte inferior da perna direita), não as partes que voltavam ao adorador. Exceções a essas condições existem na oferta de grãos em Levíticos 23; Números 25, todas as quais se apartam da norma por serem de cevada e não de trigo e por não terem óleo nem incenso. Também, diferente é a oferta para a pessoa com doença de escama de pele, que não pode ser paga em prata, diferente de ofertas de reparação em outros contextos.

A oferta alçada poderia ocorrer em vários pontos do ciclo do ritual: com ofertas de grão no início (Lv 23:15) e com carne e ofertas misturadas no meio (Êx 29:23-26; Nm 5:25; Lv 14:12) ou no final (Êx 29:27-28; Lv 9:21) da cerimônia. Notavelmente, a oferta alçada marca a transição da saída do ritual (através da bênção) no serviço inaugural do sacerdote (Lv 9:21), talvez, por significar seu novo direito a todos os sacrifícios. A elevação das ofertas marcava, dessa forma, transições importantes no ritual, especialmente antes de seu clímax.

Bibliografia. B. A. Levine, *Leviticus*. JPS Torah Commentary (Philadelphia, 1989); J. Milgrom, *Leviticus 1-16*. AB 3 (New York, 1991). [MARK W. HAMILTON]

OFERTA DE BEBIDA *Ver* LIBAÇÃO.

OFERTA DE PAZ Refeição pactual que servia para confirmar o relacionamento entre o adorador, Deus e a comunidade de crentes. O nome deriva do hebraico*šālôm*, embora "sacrifício de bem estar" seja também adequado.

Como todos os outros sacrifícios de animais, o animal a ser sacrificado, macho ou fêmea, devia ser imaculado, podia ser vaca, touro, ovelha ou cabra (Lv 3). O sangue e a gordura do animal sacrificado eram reservados a Deus (Lv 3:16, 17). A coxa direita do animal era reservada ao sacerdote oficiante do sacrifício, enquanto o peito era dado a outros sacerdotes (Lv 7:30-36). O adorador ofertante recebia o restante do animal.

São confirmadas três categorias de oferta de paz: ação de graças, votiva, ou voluntária. A oferta de ação de graças difere da voluntária e da votiva em que deve-se incluir pedaços de pão sem fermento, além do animal sacrificial (Lv 7:12-14). A oferta votiva é apresentada em cumprimento a uma promessa (Lv 27), enquanto a oferta voluntária não está restrita a qualquer ocasião especial. A carne e os pães de uma oferta de ação de graças devem ser comidos no dia da oferta, enquanto a carne da oferta votiva ou espontânea podia ser comida no dia seguinte (Lv 7:15, 16). [HEMCHAND GOSSAI]

OFERTA MOVIDA *Ver* OFERTA ALÇADA.

OFERTA PELO PECADO Tipo especial de oferta (heb. *ḥaṭṭā't*, "erro ou transgressão"), desde tempos antigos em toda parte chamada de oferta pelo pecado (Lv 4:1–5:13; Nm 15:22-31). Entretanto, era de fato oferta de purificação com o propósito, não de expiar uma pessoa de seu pecado, mas de purificar o santuário da contaminação produzida por qualquer tipo de contaminação. Em todo antigo Oriente Próximo, incluindo Israel, ela era considerada de máxima importância para manter o santuário livre de contaminação causada por erro ou impureza que, como tal, pudesse fazer com que o santuário se tornasse repugnante ao seu deus.

A oferta era exigida em vários casos nos quais o pecado ou transgressão estivessem envolvidos: por exemplo, restabelecimento em decorrência de parto (Lv 12), término do voto de um nazireu (Nm 6), dedicação de um novo altar (Lv 8) e a iniciação de sacerdotes levitas (Nm 8). No caso de impureza produzida por transgressão involuntária (Lv 6), o sacrifício de um animal compatível com a condição do ofensor (que podia ser a comunidade inteira) era tocado por aquele que causou a contaminação (ou pelo sumo sacerdote em favor da comunidade); o sacerdote espargia então um pouco do sangue sobre o chifre do altar do santuário.

Bibliografia. J. Milgrom, *Leviticus 1-16*. AB 3 (New York, 1991), 226-92. [WILLIAM R. SCOTT]

OFERTAS DE CEREAIS Também chamada de "oferta de grãos". O hebraico *minḥâ* significa "presente" ou "tributo" e frequentemente se refere a pagamentos aos suseranos que são obrigados por tratados de vassalagem; como o Senhor de Israel, Deus também recebia um *minḥâ*. O conceito religioso *minḥâ* pode ter incluído uma vez sacrifícios de animais tanto quanto ofertas de grãos. Em Gênesis 4:4, a oferta de Abel do primogênito de suas ovelhas é chamada *minḥâ*, e em 1Samuel 2:17 a exigência dos filhos de Eli de uma porção de carne sacrificial maior é dita mostrar desprezo pelo *minḥâ* de Deus. Entretanto, todas as outras evidências bíblicas do uso cultual dessa palavra claramente se referem a ofertas de cereais, e não há base confiável para supor que *minḥâ* como oferta de cereal é um desenvolvimento linguístico posterior ou pós-exílico — o equivalente fenício pré-exílico também se refere a oferta de cereal. Não obstante sua etimologia verdadeira, essa palavra indubitavelmente trouxe à mente pensamento da aliança com Deus. Não é insignificante que Levítico 2:3 avisa que o sal da aliança do Senhor nunca deveria ser excluído da oferta de cereal.

Três tipos de *minḥâ* cultuais são aprovados: (1) ofertas de cereais acompanhando ofertas queimadas, (2) ofertas de cereais em lugar de ofertas queimadas, e (3) ofertas das primícias de grãos e seus derivados. Estas do terceiro tipo não são nem *minḥaṯ ḇikkûr'm*, primícias da colheita (grãos moídos e queimados de novas espigas), uma parte da qual era queimada, ou *rē'šîṯ*, os primeiros de produtos processados, que nunca eram queimados. Presumivelmente, as ofertas de primícias se aplicariam a qualquer grão, embora alguém pense frequentemente da colheita de cevada e da oferta de grãos associada com a Festa das Semanas. As ofertas de cereais independentes e acompanhadas deviam ser de pó de trigo, que são duas vezes mais caras que pó de cevada (2Rs 7:16), mas dentro do alcance do orçamento da pessoa comum. Ofertas não cozidas deviam ser acompanhadas por olíbano, condimento bem caro. Como alternativa, ela podia ser oferecida sem olíbano se tivesse sido cozida em qualquer das quatro maneiras diferentes (Lv 2:4-7). A oferta de cereais estava sempre não fermentada, misturada com óleo e oferecida com sal. As prescrições para o oferta pelo pecado (Lv 5:7, 11) deixam claro que a oferta de cereal era um substituto aceitável para uma oferta queimada se a pessoa que fazia a oferta não pudesse nem mesmo dar um par de pássaros. A oferta de cereal é, dessa forma, normalmente chamada de oferta do pobre e como tal era comum por todo o antigo Oriente Próximo.

Porque ela podia substituir as ofertas queimadas, a oferta de cereal servia à variação de propósitos e ocasiões que serviam as ofertas queimadas. Diferente das ofertas queimadas, entretanto, somente uma porção simbólica das ofertas de cereais sacerdotais era queimada. O resto era contribuição aos sacerdotes. Fontes não sacerdotais (p. ex., 2Rs 16:15) sugerem que a oferta de cereais era completamente queimada. Entretanto, é provável que práticas divergentes fossem comuns. Uma pessoa pode inferir isso a partir do relato dos filhos de Eli (1Sm 2 e de 2Rs 23:9), que enfatizam que os sacerdotes dos lugares altos "comiam pães ázimos (isto é, sua porção de ofertas de cereais) entre seus irmãos." Ofertas de cereais, mesmo no período pós-exílico, podiam ser oferecidas em locais onde ofertas queimadas teriam sido inconcebíveis (p. ex., Elefantina). Depois da destruição do templo de Salomão, adoradores devotados continuaram a levar ofertas de cereais ao lugar do templo, embora não existisse nenhum altar (Jr 41:5). Ofertas de cereais eram comum em outras religiões do antigo Oriente Próximo e podiam, até mesmo, ser encontradas em Judá em conexão com a adoração da rainha dos céus (Jr 44:19).

Bibliografia. J. Milgrom, *Leviticus 1-16*. AB 3 (New York, 1991), 177-202. [WILLIAM R. SCOTT]

OFERTAS QUEIMADAS Uma das formas mais comuns de sacrifício israelita (heb. *ʿôlâ*, lit. "ascender"). Como essa espécie de oferta era consumida pelo fogo, o termo indubitavelmente se refere à fumaça que sobe do altar. Ofertas semelhantes em Ugarítico eram chamadas *šrp* ("consumidas por fogo"). Algumas traduções se referem a *ʿôlâ* como uma "oferta total", porque o sacrifício era completamente consumido; contudo, isto pode gerar confusão com o termo *kāl'l*, que é também aplicado às ofertas. Além disso, como a pele do *ʿôlâ* poderia ser guardada pelo sacerdote, "a oferta queimada" parece ser a melhor alternativa.

Não havia nenhuma ocasião específica para as ofertas queimadas. Algumas eram incluídas nos calendários cúlticos e um cordeiro deveria ser o sacrifício diário como oferta queimada. Também encontramos ofertas queimadas oferecidas durante as ações de graças (Êx 18:12), como expiação pela culpa (Lv 5:7; Jó 1:5), para cumprir um voto (Lv 22:18; Jz 11:31), em conexão com advinhação (1Sm 7:9), na busca do favor do Senhor (2Sm 24:25), como parte da consagração de sacerdotes (Êx 29), e aparentemente para consagrar um altar (Jz 6:26; 2Sm 24:25). Algumas das situações que exigem oferta queimada eram assim prescritas, enquanto outras eram ofertas voluntárias.

A distinção entre oferta queimada e outras ofertas é que ela era totalmente dedicada ao Senhor, não sendo consumida por seres humanos. Diversas pessoas têm sugerido que a frase *ʿōlôṯ ûšĕlām'm* ("ofertas queimadas e ofertas pacíficas", por exemplo, Jz 20:26) abrange a totalidade do sistema sacrificial.

Os animais sacrificados como ofertas queimadas deveriam ser do rebanho de ovelhas, bodes, cordeiros, bezerros, touros, bois ou pássaros. Eles deviam ser sempre machos e sem defeito. É importante que somente animais domesticados fossem sacrificados. Animais selvagens ou mancos, ainda que fossem considerados limpos, nunca eram oferecidos. Além dos animais, o termo é aplicado ao despojo das cidades que deveriam ser destruídas por causa da adoração dos falsos deuses, e o termo também é usado para Isaque na história do texto de Abraão (Gn 22). Produtos da agricultura foram algumas vezes queimados com as ofertas queimadas (Êx 29:25).

O lugar para se fazer uma oferta queimada era o altar, não um templo. Visto que todo templo tinha um altar associado, essa distinção nem sempre é óbvia, mas os altares sem templos eram comuns nos períodos primitivos. As ofertas queimadas eram raramente (ou nunca) feitas em ambientes fechados. O ritual de imposição de mãos sobre a cabeça do animal era parte do costume das ofertas queimadas em Israel (exceto para pássaros). As prescrições bíblicas exigiam que o animal fosse esfolado e esquartejado, e que o sacerdote guardasse a pele (Lv 7:8), mas alguma evidência sugere que a prática israelita primitiva poderia ter sido queimar a totalidade do animal, incluindo a pele.

As ofertas queimadas são extremamente antigas, indubitavelmente antecedendo a história escrita. Se há qualquer controvérsia significativa a ser encontrada com respeito a elas, seria apenas especulação a respeito da origem delas. O fato de que elas não aparecem em documentos sumérios, acadianos ou egípcios sugere que as ofertas queimadas não eram comuns, talvez até desconhecidas, no sul da Mesopotâmia e no Egito, mas elas são bem comprovadas em registros canaanitas, heteus e gregos. Uma das explicações sustentadas mais comumente é que a prática se desenvolveu em conjunto com a domesticação de animais como modo de tratar a culpa associada à necessidade de sacrificar animais sob os cuidados do culpado.

Bibliografia. G.A. Anderson, *Sacrifices and Offerings in Ancient Israel*. HSM 41 (Atlanta, 1987); J. Milgrom, *Leviticus 1-16*. AB 3 (New York, 1991), esp. 133-77. [WILLIAM R. SCOTT]

OFICIAIS DE SALOMÃO Os oficiais de Salomão incluíam um sacerdote, dois secretários, um arauto, um general, o amigo do rei, o oficial sobre o estado real e o administrador de trabalho forçado (1Rs 4:2-6). A lista tem alguma continuidade com duas outras listas da administração real sob o reinado de Davi (2Sm 8:16-18; 20:23-26). Esses oficiais governaram doze ou treze distritos administrativos (1Rs 4:7-20) dependendo da inclusão de Judá para completar o número. Judá possivelmente podia ser distrito administrativo independente já que a estrutura administrativa foi instalada no sul, quando Davi reinou a partir de Hebrom. [BRUCE W. GENTRY]

OFIR (heb. *'ôpîr*) **I. (LUGAR)** Nação com a qual Israel manteve relações marítimas desde o tempo de Salomão (1Rs 9:28; 10:11; 22:48; 2Cr 8:18; 9:10). Ofir supriu de ouro, pedras preciosas e madeira tanto a Salomão quanto Hirão de Tiro, através de Eziom-Geber, no mar Vermelho. O ouro de Ofir era tão

A B C D E F G H I J K L M N O P Q R S T U V X Y Z

bem conhecido que veio a significar riqueza e decadência em contraste com sabedoria e fé (Jó 22:24; 28:16; Is 13:12).

A identificação de Ofir tem oferecido várias possibilidades. Se for considerada associação entre Ofir e os descendentes de Joctão (Gn 10:29, 30), então as colinas do leste do v. 30 justificam a tese de uma identificação árabe. A menção de Ofir (1Rs 10:11) na narrativa da rainha de Sabá pode reforçar a identificação dessa cidade com Sebá no sudoeste da Arábia. A Índia permanece como possibilidade devido ao marfim e aos primatas exóticos (1Rs 10:22), embora o cap. 10 possa sugerir um parceiro comercial diferente. A África possui também as mercadorias importadas de Ofir. Uma inscrição de Tell Qasile fornece as únicas referências extrabíblicas existentes a Ofir, mas carece de informação geográfica útil.

Bibliografia. B. Maisler, "Two Hebrew Ostraca from Tell Qasile", *JNES* 10 (1951): 265-67. [RYAN BYRNE]

II. (PESSOA) De acordo com a Tabela das Nações, descendente de Sem, filho de Joctão e irmão de Havilá (Gn 10:29; 1Cr 1:23). Presumivelmente, é o ancestral epônimo de uma região do sul da Arábia.

OFNI (heb. *'opnî*) Cidade do território de Benjamim, listada entre Quefar-Há-Hamonai e Gaba (Js 18:24). A localização exata é desconhecida, mas as outras cidades listadas neste agrupamento sugerem um local a nordeste de Jerusalém. Ofni é frequentemente identificada com a moderna Jifna, cerca de 5 km a noroeste de Betel. Josefo chama a cidade de Gofna, indicada por ele como a capital de sua toparquia (*BJ* 3.3.5.55). [WILLARD W. WINTER]

OFRA (heb. *'oprâ*) **I. (LUGAR) 1.** Cidade no território da tribo de Benjamim (Js 18:23), provavelmente indêntica à cidade de Efraim (2Sm 13:23), perto de Baal-Azor, bem como da cidade de Efrom mencionada em 2Crônicas 13:19. Ofra está situada na moderna et-Taiyibeh, 6,5 km a nordeste de Betel. O local foi o destino de uma tropa de ataque dos filisteus durante o reinado de Saul. Partindo de Micmás, uma tropa filisteia foi em direção a Bete-Horom, a oeste, outra em direção ao vale de Zeboim, a leste e a terceira em direção a Ofra, na direção norte (1Sm 13:17). Efrom é listada entre as cidades recapturadas pelo rei Abias de Jeroboão I (2Cr 13:19). Ofra foi a capital de um dos três distritos samaritanos dados a Jônatas Macabeu por Demétrio II (1Mac 11.34, Aferema). Com base em Jerônimo, pai da Igreja primitiva, a cidade é a mesma que Efraim de João 11:54, lugar no qual Jesus foi se esconder no início de sua perseguição. Ofra foi ainda o lugar de outro confronto quando Vespasiano conquistou a cidade, com Betel, a caminho de Jerusalém (Josefo, *BJ* 4.9.9).

3. Ofra de Abiezer, relacionada ao juiz Gideão (Jz 6–8). O nome de família Abiezer sugere que a cidade foi parte do território da tribo de Manassés. Localizada no vale de Jezreel, perto do monte Tabor, foi o lar de Gideão e o lugar onde recebeu a missão divina de libertar Israel da opressão midianita. É também o local onde Gideão erigiu um altar com a inscrição "o Senhor é Paz" (Jz 6:24) para comemorar a aparição do anjo do Senhor. Mais tarde Gideão fez um colete sacerdotal ali, que se tornou uma fonte de apostasia para si mesmo, sua família e os compatriotas israelitas (Jz 8:22-28). Gideão morreu em idade avançada em Ofra (Jz 8:29-32) e seu filho, Abimeleque, ambicionando o poder e a realeza, assassinou todos os seus setenta irmãos com exceção de um, Jotão, que escapou (9:1-6). O local pode ser a moderna el-'Affuleh/'Afula. [WILLARD W. WINTER]

II. (PESSOA) O filho de Meonotai de Judá (1Cr 4:14).

OGUE (heb. *'ôg*) O rei de Basã, no território transjordaniano, a quem os israelitas, sob o comando de Moisés alegam ter conquistado em Edrei. Eles então capturaram as sessenta cidades do seu reino, cercadas por altos muros, portas e trancas (Nm 21:33-35; Dt 3:1-10). Ele e Seom, outro rei amorreu, foram massacrados e expulsos da terra que Rúben, Gade e metade da tribo de Manassés herdariam (Dt 3:13). Tal acontecimento tornou-se lendário entre os israelitas e foi celebrado em muitos escritos subsequentes (p. ex., Js 12:4; 13:12, 30,31; 1Rs 4:19; Ne 9:22; Sl 135:11; 136:20). Ogue é também lembrado como último remanescente dos refains, ou gigantes, e sua famosa "cama de ferro" (4 x 1,80 m) pode ser uma referência ao seu sarcófago (Dt 3:11).

Bibliografia. A. R. Millard, "King Og's Bed and Other Ancient Ironmongery", in *Ascribe to the Lord*. JSOTSup 67 (Sheffield, 1988), 481-92; W. S. Sumner, "Israel's Encounters with Edom, Moab, Ammon, Sihon, and Og according to the Deuteronomist", *VT* 18 (1968): 216-28. [TONY S. L. MICHAEL]

OLHO Parte essencial do corpo (1Co 12:16-21), capacitando as pessoas e os animais a verem, tanto física quanto figurativamente (Dt 3:21; 1Jo 1:1). Escritos bíblicos, entretanto, entendem o processo visual muito diferentemente do que a ciência moderna. Ao passo que consideramos o olho como órgão receptivo que permite que a luz de fora entre no cérebro, em sua maior parte, o pensamento bíblico acha que ele é instrumento ativo que transmite luz do interior da pessoa. Assim, o olho (heb. *'ayin*; gr. *ophthalmós*) é a "lâmpada do corpo" (Mt 6:22-23; cf. Zc 4:2-10), criada e "alumiada" por Deus (Pv 29:13; Sl 19:8 [TM 9]; 94:9), e relacionada com o coração "inteligível" (Pv 21:4; Ef 1:18). Olhos "aclarados" indicam saúde

(1Sm 14:27-29), ao passo que olhos "enfraquecidos" conotam uma visão pobre (Gn 27:1; 1Sm 3:2; cf. Dt 34:7). Seres celestiais (que veem melhor do que os homens) podem ter olhos "como tochas de fogo" (Dn 10:6; Ap 1:14) ou, até mesmo, olhos múltiplos (Ez 1:18; Ap 4:6-8; 5:6). Olhos que estão "escurecidos" (Sl 69:23 [24]; Rm 11:8-10), "fechados" (Is 6:9-10; Mt 13:15) ou "cegados" (Jo 12:40) se referem, de modo frequente, figurativamente à falta de entendimento, enquanto que os olhos "abertos" significam reconhecimento e conhecimento (Gn 3:5-7; Lc 24:31). Os olhos também estão "fechados" no sono (Is 29:10) e na morte (Gn 46:4), e "abertos" quando uma pessoa acorda (Jó 27:19) ou é restaurado à vida (2Re 4:35; At 9:40; cf. Sl 13:1 [4]). Pessoas que estão fisicamente cegas também podem ter seus olhos "abertos" (Is 35:5; Jo 9:1-41).

Uma vez que Deus pode "ver" todas as coisas, os "olhos" do próprio Deus são mencionados várias vezes no Antigo Testamento (p. ex., Dt 11:12; 1Rs 9:3; Am 9:8), mas raramente no Novo Testamento (somente Hb 4:13; 1Pe 3:12). Os ídolos também têm olhos, mas não podem ver (Sl 115:5; 135:16), da mesma forma que as pessoas que não reconhecem a Deus (Jr 5:21; Mc 8:18; cf. Is 43:8). Os olhos humanos raramente veem Deus diretamente (Nm 24:4; Jó 42:5; Is 6:5; cf. Êx 33:20), mas olham frequentemente em direção a Deus (Sl 25:15; Is 17:7).

Fisicamente, os olhos podem ser belos (1Sm 16:12; Ct 1:15) ou embelezados com cosméticos (2Rs 9:30; Jr 4:30), contudo, a cor do olho quase nunca é mencionada (Gn 49:12; cf. Pv 23:29). Sacerdotes com olhos "manchados" são restringidos de certas tarefas (Lv 21:20), mas poucos textos mencionam o tratamento das doenças dos olhos e dos alimentos (Ap 3:18; Mt 7:3-4). O olho pode ser arrancado fora em uma ação militar (1Sm 10:27b), numa punição judicial (Êx 21:23-26; Mt 5:38), ou automutilação (5:29), resultando em um povo de "um olho" (18:9 = Mc 9:47) ou completamente "cego" (2Re 25:7).

Porque os olhos produzem lágrimas (Jó 16:20; Sl 119:136), são comumente mencionados em expressões de tristeza (Jr 9:1 [8:23]; Lm 1:16). Outras expressões bíblicas comuns incluem "colocar" ou "fixar" os olhos em alguma coisa (isto é, pagamento de atenção; Gn 44:21; Lc 4:20) e "levantar os olhos", ou arrogantemente (2Rs 19:22), ou na busca por ajuda (Sl 121:1), ou simplesmente na observação (Gn 13:14; Mt 17:8). "Aos olhos do Senhor" se refere ao julgamento favorável ou não favorável de Deus (Êx 33:12-13; 1Rs 11:6), enquanto que a expressão "aos seus próprios olhos" implica normalmente em presunção (Is 5:21). Os olhos podem ser instrumentos de luxúria (Nm 15:39; 2Pe 2:14), enquanto que "piscar os olhos" indica intenções ímpias (Sl 35:19; Pv 16:30).

Porque os eventos ocorrem na presença ou "diante dos olhos" do povo, o papel da "testemunha ocular" é crucial, tanto em contextos religiosos (Dt 4:9; Lc 1:2) quanto em contextos legais (Dt 9:17; 1Rs 10:7). A expressão "olho mal" se refere metaforicamente ao povo que é mesquinho (Pv 23:6) ou invejoso (Mc 7:22). A frase traduzida "olho de uma agulha" não tem a ver com olhos, mas é literalmente "fundo de uma agulha" em grego (Mt 19:24 par.).

Bibliografia. H. D. Betz, "Matt. 6.22-23 and Ancient Greek Theories of Vision", in *Essays on the Sermon on the Mount* (Philadelphia, 1985), 71-87. [FELIX JUST, S. J.]

OLÍBANO Produto botânico derivado de um membro da família dos Burseraceae. Mencionado tanto no AT (heb. *lĕḇōnâ*) como no NT (gr. *líbanos*) como produto altamente desejado e estimado, sua fama duradoura é a narrativa dos Magos em Mateus 2:11.

Embora as diversas espécies de Boswellia produzam uma resina de óleo, a Boswellia sacra é a única espécie no sudoeste da Arábia e no norte da Somália que produz a distinta resina mencionada nas narrativas bíblicas e em outras narrativas históricas. Investigações recentes sugerem claramente que a planta cresce num hábitat razoavelmente restrito. Aparentemente nunca tornada planta doméstica, prefere os terrenos inclinados áridos onde fica escondida fora do alcance da monção sudoeste do verão, mas como planta suculenta acumula água derivada da umidade do ar. A resina é obtida por cortar e por fazer uma incisão no tronco, usualmente uma vez ao ano no inverno. A seiva aparecia, branca na sua cor (daí o Sem. *lbn*, "leite"), e era deixada pingando na base da árvore onde endurecia e se cristalizava.

Uma análise química do olíbano sugere que a planta tem certas características singulares de composição que podem se estender para discernir propriedades medicinais. As impressões digitais químicas de espécies vivas e arqueológicas podem algum dia permitir a detecção de bosques geograficamente específicos. O incenso de olíbano pode já ter sido comercializado localmente mesmo já no período neolítico (sexto ao quarto milênio a.C.) e pode ter sido conhecido dos sumérios por volta do terceiro milênio e dos egípcios algum tempo mais tarde. Sua fama, entretanto, deriva-se da crescente exigência do produto na parte final da Era do Ferro, estimulada em parte pelos israelitas, gregos, romanos e persas que o usavam para vários propósitos. Conquanto colhido em Omã, Yêmen, assim como na Somália, as antigas cidades-estado do sul da Arábia (Shabwa e Marib) eram as primeiras beneficiárias desse comércio como intermediárias. Tanto o comércio marítimo como por terra, emanando da península do sul da Arábia, tem sido documentado por registros arqueológicos e literários começando com Heródoto. De acordo com os textos levantinos, regos, indianos e romanos, um preço muito substancial era pago pela resina. Parece que o olíbano trazido pelos Magos (provavelmente duas misturas diferentes e não ouro e olíbano) veio de Dofar, que pode ter sido controlado diretamente pelos partos, ou via norte de Oman como província do Império dos Partos. O declínio apressado e o colapso do mercado de incenso no século V d.C. coincidiu com a proibição pela igreja cristã dos abundantes ritos funerários envolvendo o incenso.

Bibliografia. N. Groom, *Frankincense e Mirrh* (Londres, 1981); F. N. Hepper, "Trees nd Shrubs Yielding Gums and Resins in the Anciente Near East", *Bulletin on Sumerian Agriculture* 3 (1987), 107-14; A. G. Miller e M. Morris, *Plants of Dhofar* (Muscat, 1988); M. Morris, "The Harvesting of Frankincense in Dophar, Oman", em *Profumi d'Arabia*, ed. A. Avanzini (Roma, 1997), 231-47; W. Müller, "Notes on the Use of Frankincense in South Arabia", *Seminar for Arabian Studies* 6 (1976), 124-36; K. Nielsen, *Incense in Ancient Israel*. VTSup 38 (Leiden, 1986); G. Van Beek, "Frankincense and Mirrh", *BA* 23 (1960), 70-95; "Frankincense and Myrrh in Ancient South Arabia" *JAOS* 78 (1958), 141-52; J. Zarins, "Mesopotamia and Frankincense: The Early Evidence", em *Profumi d'Arabia*, ed. A. Avanzini, 251-72; "Persia and Dhofar: Aspects of Iron Age International Politics and Trade", em *Crossing Boundaries and Linking Horizons*, ed. G. D. Young, M. W. Chavalas e R. E. Averbeck (Bethesda, 1977), 615-89. [JURIS ZARINS]

OLIMPAS (gr. *Olympás*) Cristão de Roma a quem Paulo mandou saudações (Rm 16:15).

OLIVAL Nome alternativo para o monte das Oliveiras (At 1:12; gr. *elaiõn*, "de oliveiras"; do lat. olivetum, "bosque de oliveiras").

OLIVEIRA Árvore perene de pequeno porte (Olea europeae) que alcança 4,5-6 m na maturidade se podada, ou 12 m se não podada. Natural da Ásia ocidental, sua existência é comprovada desde o início do quarto milênio a.C. Os invernos frios e úmidos e os verões secos e quentes da região mediterrânea são ideais para a oliveira (heb. *zayiṯ*; gr. *elaía*). Um extenso sistema de raízes a possibilita sobreviver aos verões quentes e secos. As árvores jovens têm casca lisa cinzento-prateada, mas as mais velhas têm troncos ocos retorcidos e buracos onde os ramos secundários apodreceram. A floração e a frutificação começam quando as árvores têm cinco a seis anos de idade e o auge da produção é atingido entre 40 e 50 anos. A produção pode continuar por centenas ou até mesmo 1.000 anos. A oliveira se desenvolve bem nas encostas pedregosas da Samaria, Judeia e na Sefelá, embora a elevação em torno de Hebrom seja demasiada para o cultivo bem-sucedido. A árvore é robusta, mas uma forte geada pode matá-la. A "oliveira brava" (gr. *agriélaios*; Rm 11:17, 24) tem sido identificada ou com a oliveira selvagem ou russa (Elaeagnus angustifolia, que não tem parentesco com a verdadeira oliveira) ou oleastro (Olea europaea var. sylvestris).

As oliveiras podem ser cultivadas a partir de sementes se forem subsequentemente enxertadas em árvores mais velhas. Entretanto, cortar broto de uma árvore mais velha e fixá-lo ou enxertá-lo é mais comum. Podar as árvores muito velhas pela base do tronco também produz novos ramos. Lembrando a folha do salgueiro, a folha é estreita (1,3 cm) e comprida (5-7,6 cm), verde no lado superior e branca no inferior, com pequenas escamas para impedir a perda de água da árvore. Apesar do pequeno tamanho da folha, inúmeros ramos formam excelente sombra para os animais.

A oliveira produz cachos de pequenas flores brancas em maio, e o fruto se forma depois que as flores caem. Azeitonas verdes de mesa podem ser colhidas em setembro-outubro, mas a maior parte das azeitonas é colhida em dezembro quando ficam pretas e o conteúdo de óleo é maior (até 50%). O fruto maduro tem cerca de 2 cm de comprimento por 1,3 cm de largura, e tem casca, polpa e caroço. O fruto pode ser cuidadosamente colhido à mão ou a árvore sacudida ou batida (Is 17:6). A respigadura deve ser deixada na árvore para o estrangeiro, o órfão e a viúva (Dt 24:20). Cada árvore produz cerca de 9-20 kg. de frutos em anos alternados; com irrigação e fertilização as melhores árvores podem produzir boa safra todos os anos. A oliveira é muito bonita e foi usada no templo (1Rs 6:23, 33).

A oliveira fazia parte da dieta. O fruto ou seu óleo era servido em quase todas as refeições. Além disso, o óleo era usado para iluminação, em cosméticos, remédios e uma variedade de rituais, incluindo os rituais de purificação (Lv 12:32) e a unção de reis (1Sm 16:1-13), sacerdotes (Êx 29:7), pedras memoriais (Gn 28:18) e o tabernáculo e seus pertences (Êx 30:23-29). Foi um dos três produtos agrícolas mais importantes da Terra Prometida (Dt 7:13).

A oliveira foi símbolo de fertilidade (Sl 128:3), beleza (Jr 11:16), utilidade perpétua (Sl 52:8 [TM 10]) e dignidade (Jz 9:9). Em Romanos 11, Paulo compara a inclusão dos gentios na aliança de Deus com o enxerto da oliveira.

Bibliografia. F. N. Hepper, *Baker Encyclopedia of Bible Plants* (Grand Rapids, 1992). [JAMES C. MOYER]

OLIVEIRAS, MONTE DAS Cadeia de montanhas no sentido norte-sul a leste de Jerusalém. A cadeia tem três cumes principais: o extremo norte, mais alto, com cerca de 820 m acima do nível do mar. Essa seção norte tem sido identificada como o monte Scopus, que significa a montanha do "mirante" (Josefo, *BJ* 5.67-70). O cume central diretamente em frente ao vale do Cedrom do templo é o próprio monte das Oliveiras. O cume do extremo sul e o mais baixo é usualmente identificado como o monte da Ofensa (ou da Corrupção) onde Salomão construiu santuários para deuses estranhos nos "altares das colinas que estavam a leste de Jerusalém" (2Rs 23:13). O monte das Oliveiras tem sido também identificado com Nobe (1Sm 21:1 [TM 20:42]; Is 10:32), mas essa referência é menos precisa.

O monte das Oliveiras é assim chamado por ser composto de um solo de pedra calcárea, relativamente fértil para a área e, portanto, bosques de oliveiras têm sido cultivados nele. O Getsêmani (heb. "prensa do óleo") ficava no ou perto do monte das Oliveiras (Mt 26:36; Mc 14:32). Os vilarejos de Betânia e Betfagé estavam localizados nas encostas orientais do monte (Mc 11:1).

No AT, o monte das Oliveiras é mencionado explicitamente apenas duas vezes. A primeira é uma imagem de humilhação e derrota, quando Davi está fugindo depois da bem-sucedida revolta dirigida por seu filho Absalão (2Sm 15:30). Zacarias 14 também associa o monte a derrota e destruição, descrevendo uma devastação escatológica de Jerusalém por seus inimigos. Mas essa derrota será revertida quando Yahweh aparecer no monte das Oliveiras, ficará em pé sobre o monte, que "será cortado pelo meio, do oriente para o ocidente" (Zc 14:4). Uma descrição muito semelhante de Yahweh abandonando Jerusalém e depois retornando a ela é também encontrada em Ezequiel 11:23, passagem que, provavelmente, se refere ao monte das Oliveiras; depois a glória de Yahweh retorna ao templo procedente do oriente (43:2-5). As referências a esse monte continham, assim, implicações tanto de derrota como da redenção final.

Tais implicações de derrotas humilhantes e vitória triunfante podem também ser vistas nas referências ao monte no NT. A entrada triunfal de Jesus em Jerusalém ocorre no monte das Oliveiras (Mt 21:1-9; Mc 11:1-10; Lc 19:29-38). Lucas, entretanto, vem depois disso com Jesus chorando sobre a cidade e profetizando terrível derrota sobre ela (Lc 19:41-44). Da mesma forma, o discurso de Jesus de desgraças escatológicas é feito no monte das Oliveiras (Mt 24:3; Mc 13:3). O tema de derrota e sofrimento pode ser também visto nos eventos da paixão de Jesus, que se localizam no monte. Todos os quatro evangelhos localizam a traição e prisão de Jesus no do monte das Oliveiras ou perto dele (Mt 26:30; Mc 14:26; Lc 22:39; Jo 18:1). Os sinópticos também localizam ali a oração angustiada de Jesus (Mt 26:36-41; Mc 14:32-38; Lc 22:39-46). Mas o triunfo final de Jesus está também associado ao monte das Oliveiras, porque é lá que ele sobe aos céus (Lc 24:50; At 1:12).

Bibliografia. J. Finegan, *The Archeology of the New Testament*, ed. rev. (Princeton, 1992), 154-83. [KIM PAFFENROTH]

OMAR (heb. *'ômār*) Chefe edomita, segundo filho de Elifaz e neto (ou descendente) de Esaú (Gn 36:11, 15; 1Cr 1:36.

ÔMEGA A vigésima quarta e última letra do alfabeto grego. Foneticamente, a letra representa um som de "o" longo; seu valor numérico é 800. É usada simbolicamente com Alfa, a primeira letra do alfabeto grego, para se referir a Deus (AP 1:8; 21:6) e a Cristo (22:13) como "o princípio e o fim" (cf. 1:17; 2:8). *Ver* ALFA E ÔMEGA.

ÔMER (heb. *'ōmer*) **1.** Medida seca igual a 10 efas ou batos (Ez 45:11), como também o coro (v. 14). Era o equivalente a aproximadamente 200 l.

2. Medida para secos igual à décima parte do efa (Êx 16:16-36). A medida provavelmente não era exata, indicando basicamente a capacidade de um jarro comum.

3. (heb. *ḥōmer*) Feixe de grãos (Lv 23:11, 12, 15; Dt 24:19). A medida provável era 2,2 l, embora as sugestões cheguem a 4 l (c. 4,5 l).

ON (heb. *'ôn*) **I. (PESSOA)** Homem da tribo de Rúben, filho de Pelete que se uniu a Corá na rebelião contra Moisés (Nm 16:1).

II. (LUGAR) (heb. *'ôn*; *Egyp. iwnw*, *inw*) A cidade egípcia de Heliópolis ("cidade do sol"). Localizada na extremidade sul do Delta do Nilo, On (moderna Tell Hisn, em Matariyeh, subúrbio a nordeste do Cairo) foi a capital de um distrito egípcio e, dos tempos da Primeira Dinastia até a dinastia Saítica, foi o principal centro religioso do deus-sol Ré (egip. "coluna [cidade]", dos fetiches de pedra, posteriormente obeliscos, do deus; cf. Jr 43:13). Uma coluna de Sesótris I ainda está de pé, mas o local tem rendido poucos restos. Ela pode ser a "Cidade do Sol" mencionada em Isaías 19:18.

O sogro de José, Potifera, é chamado de sacerdote de On (Gn 41:50; 46:20). Em Ezequiel 30:17, o TM traduz esse substantivo 'āwen, como "mal".

Bibliografia. M. Abd el-Gelil, M. Shaker e D. Raue, "Recent Excavations at Heliopolis", *Or* 65 (1966): 136-46. [MEINDERT DIJKSTRA]

ONÃ (heb. *'ônām*) **1.** O quinto filho de Sobal; ancestral epônimo de um clã horita (Gn 36:23; 1Cr 1:40).

2. O filho de Jerameel e Atara (1Cr 2:26, 28); ancestral epônimo de um clã da tribo de Judá.

3. (heb. *'ônān*) O segundo filho de Judá e da canaanita Suá. Após a morte do seu irmão mais velho, Er, devido sua impiedade, Tamar a esposa de Er foi deixada sem filhos. De acordo com o costume, Judá, pai de Onã pediu-lhe que cumprisse o levirato com a cunhada para constituir descendência, preservando o nome de seu irmão (Gn 38:8; cf. Dt 25:6). Onã, entretanto, frustrou repetidas vezes sua união com Tamar derramando seu sêmem na terra, evitando dessa forma sua responsabilidade para com o irmão morto. Por esse motivo o Senhor causou a morte de Onã.

O nome Onã ("vigor, saúde") sugere poder de geração ou de reprodução. Alguns têm presumido que o nome, talvez, abranja a conotação de "ímpio", "pecador"; mas essa afirmação permanece sem sólida evidência. [FRANK HASEL]

ONESÍFORO (gr. *Onēsiphóros*) Cristão de Éfeso que encontrou Paulo em Roma e o ajudou durante sua prisão (2Tm 1:16-18). O nome significa "que produz lucro" e pode indicar escravo ou liberto. A fraseologia de 1Timóteo 1:18 e as saudações à sua casa no v. 16; 4:19 sugerem que poderia estar morto nessa ocasião. Onesíforo desempenha importante papel nos apócrifos Atos de Paulo. [MATTHEW S. COLLINS]

ONÉSIMO (gr. *Onēsimos*) Escravo que é o assunto da carta de Paulo a Filemom. Paulo faz trocadilho com o nome de Onésimo ("útil" ou "produtivo", nome comum de escravo) em seu apelo em favor de Onésimo, devido sua utilidade durante a prisão de Paulo (Fm 11). Onésimo, ao que tudo indica, tinha fugido de Filemom e encontrado Paulo durante sua prisão em Roma. Por que ele viajou de Colossos para Roma (uma distância considerável) e como ele evitou ser capturado como escravo fugitivo permanece um mistério. Paulo pregou a Onésimo, que se converteu, depois o devolveu a Filemom, produzindo a carta intercessora em seu favor, e talvez a carta aos Colossenses (cf. Cl 4:9) também. Não está claro se Onésimo havia causado prejuízo ao seu senhor (Fm 18-19) ou simplesmente havia fugido. Em qualquer caso, como escravo ele estava sujeito aos caprichos do senhor no que se referia à severidade de sua punição. O apelo de Paulo sugere o retorno de Onésimo a Filemom em Roma e a condescendência deste devido à conversão de Onésimo. Ele implora que Filemom receba o escravo como "irmão amado" e não exige especificamente a emancipação, embora isso possa estar implícito.

A carta de Inácio aos Efésios (c. 115 d.C.) menciona um bispo chamado Onésimo. Embora não seja impossível que seja a mesma pessoa, é altamente improvável, dada a datação da carta de Inácio e o fato de que Onésimo tornou-se mais comum nos círculos cristãos em imitação de Filemom. [MATTHEW S. COLLINS]

ONIAS (gr. *Onias*) Nome recorrente numa importante família sacerdotal da Palestina durante o período helenístico do governo dos ptolomeus até o período dos macabeus. É feita referência a essa família de sumos sacerdotes hereditários, da linhagem de Zadoque, como os Oníadas.

Onias I, filho de Jadua que serviu no sacerdócio com seu irmão Manassés durante o início do reinado de Alexandre, o Grande (Josefo, *Ant.* 11.8.7). Onias I assumiu o sumo sacerdócio pouco depois da morte tanto de seu pai como de Alexandre, o Grande. Alguns sugerem que Onias I foi o sacerdote mencionado como correspondente de Ário, rei espartano (1Mac 12.7, 19, 20), enquanto outros vêeem Onias II ou Onias III (*Ant.* 12.4.10) como o candidato mais provável. Onias I foi o pai de Simão I.

Onias II. Filho de Simão I e neto de Onias I, não se tornou sumo sacerdote imediatamente após a morte precoce de seu pai. De acordo como Josefo (*Ant.* 12.4), tanto seu tio Eleazar quanto seu tio-avô Manassés precederam seu período de sacerdócio. Onias II serviu como sumo sacerdote durante o governo ptolemaico sobre a antiga Palestina e viu-se, pelo menos periodicamente, em oposição aos governantes seculares. Josefo nota seu conflito com Ptolomeu III Evergetes sobre impostos e caracteriza Onias II como ambicioso. Outros veem Onias como defensor político dos selêucidas contra os ptolomeus. Se a motivação de Onias foi pessoal ou política, esse conflito foi elemento crítico na demorada luta entre os Oníadas e os Tobíadas, uma rica família ligada aos Oníadas pelo casamento da irmã de Onias com o chefe dos Tobíadas. José Tobias acabou ganhando o controle do sistema da cobrança de impostos, bem como considerável poder político.

Onias foi sucedido por seu filho, Simão II (o Justo), por volta do tempo em que os Selêucidas finalmente tomaram a Palestina dos ptolomeus.

Onias III. Filho de Simão II e neto de Onias II, ele serviu como sumo sacerdote durante o reinado de Seleuco IV Filopáter. Onias III é notado em 2Macabeus por sua religiosidade e seu "ódio à maldade" (2Mac 3.1). Ele continuou o que seu predecessor havia começado em sua oposição política à família tobíada. Simão, o supervisor tobíada do templo, foi seu adversário em particular. Simão acabou denunciando Onias aos soberanos selêucidas como simpatizante dos ptolomeus e como mau administrador das finanças. Numa tentativa de serenar a tensão, Seleuco mandou um de seus principais ministros, Heliodoro, ao templo. Heliodoro foi acometido misteriosamente por uma enfermidade mortal e restaurado à vida pelas orações e sacrifícios de Onias a Deus. Heliodoro retornou a Seleuco e Onias sobreviveu à prova; entretanto, continuou a enfrentar as acusações de Simão até que acabou indo pessoalmente até Antíoco para se defender diretamente perante o rei selêucida. Ao voltar (175 a.C.), Onias descobriu que Heliodoro havia matado Seleuco e o irmão deste, Antíoco Epifânio IV, era rei. Enquanto isso, na ausência de Onias, seu irmão Jasão comprou a posição de sumo sacerdote de Antíoco, que precisava de dinheiro. Onias não retornou à Palestina. Alguns acham que ele permaneceu exilado, voluntária ou involuntariamente, em Antioquia. Outros pensam que ele fugiu para o Egito e estabeleceu um templo judeu em Leontópolis. Alguns associam Onias III ao Mestre da Justiça mencionado nos rolos do mar Morto.

Onias Menelau, citado usualmente como Menelau. Irmão de Simão, supervisor do templo, Onias Menelau foi aliado de Jasão, o irmão de Onias III, antes de usurpar-lhe o cargo de sumo sacerdote em 172. No período de Menelau, ocorreu uma série de eventos que precipitaram a Revolta dos Macabeus.

Onias IV, filho de Onias III. Alguns se referem a Onias IV como o sacerdote que fugiu para o Egito e recebeu recursos dos governantes egípcios para construir um templo judaico em Leontopolis, para administrar uma colônia militar e para servir como general ptolemaico. Josefo apresenta relatos conflitantes em *Antiguidades* e *Guerra dos judeus*. [ALICE HUNT HUDIBURG]

ÔNICA Especiaria que, quando queimada, emite odor almiscarado. Pode ser extraída do ládano, cujo caule e folhas produzem goma-resina marrom escura. Mais provavelmente, a ônica era obtida do opérculo de um molusco chamado strombe ou concha alada, encontrada nas águas do mar Vermelho.

A ônica, com partes iguais de mirra, gálbano e olíbano era componente picante do incenso santo usado no templo (Êx 30:34-36). Tais fórmulas tanto para o incenso quanto para o óleo santo não podiam ser usadas para fins não sagrados (Êx 30:33, 37, 38). [JAMES V. SMITH]

ÔNIX Rocha quartzita listrada super valorizada como material para entalhe ou estampa. A ônix (heb. *šō ham*) era uma pedra com valor igual ao do ouro (Gn 2:12; Jó 28:16). O colete sacerdotal tinha em cada ombreira uma pedra de ônix gravada com os nomes dos filhos de Israel (Êx 28:9; 39:6), e um ônix gravado estava presente no peitoral do sumo sacerdote (28:20; 39:13). Uma *šōham* adornou o rei de Tiro (Ez 28:13). A LXX usa várias palavras para traduzir *šō ham*, refletindo a confusão quanto ao tipo e cor da pedra representada: verde ou azul (Gn 2:12; Êx 28:9) e vermelha ou marrom (25:7). Em algumas versões da Bíblia, o grego "ônix" é traduzido por sardónix, uma camada na fundação do muro da cidade da nova Jerusalém (Ap 21:20). Outras traduções possíveis são "berilo", "cornalina", "esmeralda", "lápis lazúli" e "sardônio" para os termos hebraicos e gregos. [JOSEPH E. JENSEN]

ONO (heb. *'ônô*) Cidade da Sefelá, identificada com Kafr 'Ana, 10 km a noroeste de Lode. Ono e Lode estão intimamente associadas; Neemias 11:35 faz referência às cidades como "o vale dos artesãos". Tutmés III (séc. XV) inclui Ono em sua lista de Karnac de locais conquistados.

De acordo com 1Crônicas 8:12, Semede, filho de Elpaal, o benjamita, fundou a cidade de Ono, mas uma primitiva associação com Dã e Efraim é possível. Lode, Hadide e Ono proveram território para 725 (Ed 2:33) ou 721 (Ne 7:37) exilados que retornaram (ou mais, se os números indicarem apenas homens). Durante a reconstrução dos muros de Jerusalém, Sambalate e Gesém solicitaram um encontro com Neemias "num dos povoados da planície de Ono" (Ne 6:2), identificado com Uádi Musrarah. [STEPHEN VON WYRICK]

ONOMÁSTICA Lista de substantivos próprios, usualmente atribuídos a pessoas, mas, às vezes, a locais geográficos. Em primeira instância, a lista de nomes pode ser derivada de um dado documento (os Valentes de Davi, 2Sm 23:8-39; cf. 1Cr 11:26-47) ou compilada a partir de várias fontes com um ponto comum de referência (p. ex., a onomástica de nomes em inscrições em ossário de Jerusalém). O estudo onomástico de substantivos próprios não somente contribui para a compreensão do significado, como também provê a percepção do antecedente étnico e linguístico dos nomes citados. Esse dado pode ser importante para a avaliação da movimentação da população, intercâmbio social e aculturação (p. ex., a presença de nomes gregos em inscrições em sinagogas no século I fornece significativa percepção da helenização da sociedade judaica).

Quando o termo é usado no sentido geográfico, normalmente indica um dicionário de termos geográficos com nomes de lugares. O Onomasticon de Eusébio inclui quase 1.000 nomes de lugares bíblicos com textos que variam em extensão de algumas palavras a uma página. Os lançamentos são classificados pela primeira letra do alfabeto, depois por sua ordem de ocorrência no texto bíblico. Incluem informação como localização, distância de outros locais, eventos ocorridos no local, nomes contemporâneos (séc. IV), e estado do local (habitado ou em ruínas e, se habitado, a orientação religiosa dos habitantes).

Bibliografia. T. D. Barnes, "Composition of Eusebius' Onomasticon, *JTS* N.S. 26 (1975): 412-15; N. G. Cohen, "The Names of the Translators in the Letter of Aristeas", *JSJ* 15 (1984): 32-64; D. E. Groh, "The Onomasticon of Eusebius and the Rise of Christian Palestine", in *Studia Patristica* 18/1, ed. E. A. Livingstone (Kalamazoo, 1985), 23-31; J. P. Kane, "The Ossuary Inscriptions of Jerusalem", *JSS* 23 (1978): 268-82; M. P. O'Connor, "The Ammonite Onomasticon: Semantic Problems", *AUSS* 25 (1987): 51-64; A. B. Tataki, *Macedonian Edessa: Prosopography and Onomasticon* (Athens, 1994); C. U. Wolf, "Eusebius of Cesarea and the Onomasticon", *BA* 27 (1964): 66-96. [CHARLES GUTH]

ONRI (heb. *'omrî*) **1.** Rei do reino de Israel. Onri foi o fundador de uma dinastia de reis israelitas ("onrida") que governou o reino do norte durante a primeira metade do século IX a.C. O relato de sua ascensão e reinado encontra-se em 1Reis 16:15-28.

É difícil estabelecer a cronologia exata para o reinado de Onri. Várias propostas para as datas de sua ascensão e morte têm sido feitas, variando de 886-875 a 879-869. Qualquer proposta para datar seu reinado deve levar em conta o fato de que o filho de Onri, Acabe, esteve no trono israelita pelo menos até o fim de 853, já que Acabe é mencionado como rei de Israel por Salmaneser III, na inscrição que descreve a campanha ocidental assíria daquele ano. Se for considerado que 853 é também o último ano de Acabe e que se deva admitir que ele tenha reinado todos os 22 anos a ele concedidos por 1Reis 16:29, então a morte de Onri e a ascensão de Acabe poderia ser datada no início de 875. Dar a Onri o crédito pelos doze anos a ele atribuídos em 1Reis 16:23 colocaria sua ascensão em 887/886. Entretanto, estas datas se complicam com o sincronismo com o reinado de Asa de Judá dado em 1Reis 16:23, 29. Em 1Reis 16:23, a ascensão de Onri acontece no ano 31 de Asa, e a ascensão de Acabe ocorre no ano 38, restanto apenas o espaço de apenas sete anos para o reinado de Onri, desconsiderando os sincronismos ou de 1Reis 16:23 ou 29, ou explicando a discrepância por algum outro meio (p. ex., que o espaço de sete anos entre o ano 31 e 38 de Asa reflete o período de tempo do reinado de Onri após a fundação de Samaria). Em todo caso, uma data de ascensão para Onri no período entre meados de 880 e 879 parece apropriada com base na informação disponível.

Onri tomou posse do trono israelita em meio a um tumulto político. Seu predecessor, Elá, era, ao que tudo indica, incompetente ou impopular ou ambos; o texto sugere que enquanto o exército israelita estava ocupado com os filisteus em Gibetom, Elá estava em casa em Tirza "embebedando-se" (1Rs 16:9). Zinri, um comandante de carros de combate, aproveitou-se da ocasião para assassinar Elá, massacra a família real e reivindica o trono para si. Entretanto, quando a notícia chegou às tropas em Gibetom, estas proclamaram Onri seu comandante e marcharam contra Tirza. Zinri fechou-se em seu próprio palácio, mas a situação logo ficou desesperadora. Num gesto final de resistência, Zinri incendiou o palácio e morreu nas chamas.

A morte de Zinri não deixou Onri no trono israelita sem contestação. A certa altura no início do seu reinado, Onri enfrentou oposição de um certo Tibni, filho de Ginate. O texto de 1Reis 16:21 deixa claro que o reino estava muito dividido entre os dois. Após uma guerra civil, Onri conseguiu submeter e matar Tibni; somente depois Onri conseguiu governar sem rival sério.

Apesar da avaliação negativa apresentada por 1Reis 16:25-26, várias realizações importantes são claras durante seu reinado. A primeira entre as realizações está a construção de uma nova capital israelita em Samaria (moderna Sebastiyeh). O fogo no qual Zinri morreu provavelmente causou dano tão extenso ao palácio real em Tirza que não valeu a pena reconstrui-lo. Mas a necessidade de reconstruir uma nova capital ensejou a oportunidade de mudar todo o complexo governamental para um local situado mais perto das estradas importantes que iam do vale de Jezreel à costa filisteia. A escolha de Onri de Samaria significou que a capital israelita seria uma parada nas grandes rotas comerciais que levavam o comércio ao longo do Fértil Crescente, e seria, assim, uma cidade cosmopolitana e um centro político. Escavações em Sebastiyeh I e II revelaram várias peças de marfim de fabricação fenícia, atestando a ocorrência da polinização cultural cruzada na Samaria de Onri.

A construção da dinastia onrida não se limitou a Samaria, entretanto. Edifícios para armazenamento, anteriormente identificados como estábulos, em Megido são certamente de origem onrida. Além disso, um extenso sistema de túneis e poços para a distribuição de água dentro dos muros da cidade em Megido é também uma realização da engenharia onrida. Muros de fortificação e outros grandes edifícios públicos em Megido e Hazor (estrato VIII) datam também deste período. Tudo isto confirma a relativa riqueza e sofisticação tecnológica de Onri e seus sucessores.

Onri foi o primeiro dos reis israelitas a atuar na política internacional. A inscrição de Mesa de meados do século IX (Pedra Moabita) afirma que Onri "ocupou toda a terra de Medeba e [...] habitou nela durante seus dias". Alcançando o ocidente, Onri também se envolveu com a cidade-estado fenícia de Sidom. Ele firmou uma aliança com Etbaal, de Sidom, selada pelo casamento de seu filho, Acabe, com a filha de Etbaal, Jezabel (1Rs 16:31). Nos anos seguintes à morte de Onri, Acabe envolveu-se numa grande coalizão de doze nações para se opor ao avanço das forças assírias à Síria-Palestina sob a liderança de Salmaneser III. A contribuição de Acabe à força foi substancial o suficiente para merecer o comentário de Salmaneser em seu relato do confronto (inscrição na coluna de pedra; *ANET*, 278-79). Nesta e nas inscrições assírias subsequentes, até mesmo as registradas bem depois da morte de Onri e no fim da dinastia por ele fundada, os monarcas assírios referiram-se a Israel como Bit Humrî, "a terra de Onri", confirmando o duradouro legado histórico de Onri. O reinado de Onri foi, com toda probabilidade, um período de significativo crescimento econômico, como pode ser deduzido tanto da atividade de construção em grande escala em Samaria e outras cidades, e das prováveis oportunidades no comércio internacional abertas a Israel em virtude de sua aliança com os fenícios. Mas a prosperidade econômica indubitavelmente trouxe consigo um aumento significativo do sincretismo religioso, principalmente com o Baal da Fenícia e Canaã, tanto na corte quanto no reino. Jezabel, esposa de Acabe e adepta de Baal, serve como símbolo dessa influência, mas certamente o crescimento do culto a Baal e o costume estava mais difundido do que ela poderia se responsabilizar. Indubitavelmente, este aumento da força e extensão do culto a Baal durante seu reinado contribui para a avaliação extremamente negativa de Onri pelos editores deuteronomistas de 1Reis.

Com sua morte (algo entre 874 e 869, dependendo da cronologia escolhida) e a sucessão de seu filho, Onri fundou a primeira de duas grandes dinastias para governar Israel. Ao todo, um filho e dois netos (Acazias e Jeorão) subiram ao trono israelita, e uma filha (Atalia) governou Judá.

Bibliografia. J. M. Miller, "The Elisha Cycle and the Accounts of the Omride Wars", *JBL* 85 (1966): 441-55; "So Tibni Died (1 Kings XVI 22)", *VT* 18 (1968): 392-94; Miller e J. H. Hayes, *A History of Ancient Israel and Judah* (Philadelphia, 1986), 251-87.

2. Membro da tribo de Benjamim, filho de Bequer e neto de Benjamim (1Cr 7:8).

3. Habitante da Jerusalém pós-exílica, provavelmente de origem de Judá, Benjamim ou Manassés (1Cr 9:4).

4. Líder da tribo de Issacar, do tempo de Davi (1Cr 27:18). [PAUL K. HOOKER]

OOLÁ (heb. *ʼoh[lâ]*), **OOLIBÁ** (*ʼoh[lîḇâ]*) Os nomes dados em Ezequiel 23 a duas irmãs, as cidades personificadas de Samaria e Jerusalém, respectivamente. Numa metáfora que se assemelha muito a Jeremias 3:6-11; Ezequiel 16, as cidades capitais são representadas como esposas de Yahweh, e suas várias conexões internacionais como série de encontros sexuais — todos eles atos de adultério contra Yahweh. A destruição da cidade é assim justificada como a execução legalmente sancionada de uma esposa por um marido enraivecido. O desespero furioso desse oráculo contra Jerusalém é transmitido por tais rudes imagens sexuais e descrições de violência brutal contra as duas mulheres.

Os nomes das irmãs simbolizam suas identidades religiosas: "Oolá" (Samaria) pode ser traduzido por "uma tenda pertence a ela" e "Oolibá" (Jerusalém) "minha tenda está nela". As cidades "tendas" são centros de adoração: Samaria tem a própria tenda enquanto Jerusalém hospeda o santuário de Yahweh. Numa clara recapitulação das relações internacionais do reino do norte, Oolibá é censurada por suas ligações com a Assíria e por seu flerte contínuo com o Egito, infidelidades que culminam com a morte, isto é, a destruição de Samaria em 722 a.C. Oolibá segue o exemplo de sua irmã, divertindo tanto os amantes assírios quanto os babilônios, mas continuando a cortejar os egípcios. A metáfora reflete a situação de Judá em 580 aproximadamente, quando Jerusalém havia transferido sua lealdade da Assíria para Babilônia, mas continuou a manter relações com o Egito. Em resposta, Yahweh anuncia que está prestes a punir Oolibá e, de modo surpreendente, também Oolá, anteriormente executada: isto é, todo o Israel será destruído. [JULIE GALAMBUSH]

OQUINA (gr. *Okina*) Cidade litorânea ao sul de Tiro (Jd 2:28). Alguns estudiosos a identificam com Acre, em grande parte devido à semelhança do nome e localização geral.

ORAÇÃO Meio primordial de comunicação que une Deus e o ser humano num relacionamento íntimo e recíproco. O fundamento dessa ideia é a crença de que o Criador do mundo está disponível tanto para lidar com o ser humano quanto empenhado numa parceria divino-humana que sustenta — e quando necessário restaura — o mundo de acordo com os planos de Deus relativos à criação.

Em seu sentido amplo a oração é a comunicação com Deus que inclui tanto a palavra quanto o ato, uma declaração formal que envolve tanto o discurso verbal quanto o não verbal. Como palavra, a oração consiste do discurso especial dirigido da pessoa para Deus, preservado nas orações registradas na Bíblia. Como ato, a oração estabelece conexão com Deus por meio de uma variedade de meios não-verbais, como sacrifício, a dança e gestos e posturas corporais. Assim, pode-se verbalizar o louvor e a ação de graças e representá-la, por meio de atos rituais de comer, ungir com óleo, paramentar-se com vestes festivas (Sl 66:13-17; 116:12-14; cf. 30:11,12 [TM 12–13]). Pode-se falar lamentação e pranto e também dramatizá-los, por meio de atos simbólicos de jejum, colocar pó sobre a cabeça e rasgar as vestes (Js 7:6; Ed 9:3,5; Ne 1:4; Dn 9:3,4; Jl 2:12,13). Resumindo, a oração é explicação tanto linguística como em gestos das realidades fundamentais que definem o relacionamento com Deus.

É difícil de trilhar exatamente o desenvolvimento da oração, embora dados históricos e sociológicos apoiem uma compreensão geral. No período antes da formação do estado, a família e a comunidade aldeã fornecem o contexto social para a devoção pessoal na qual a oração é expressa basicamente por meio de um discurso a Deus que surge direta e naturalmente de situações da vida diária. Tais orações normalmente não requeriam um cenário cúltico formal e nenhum especialista. Com o surgimento da monarquia e o estabelecimento do culto em Jerusalém, um contexto oficial para a religião é instituído e ritualizado. A oração assume mais formalidade e formas prescritas como rituais padronizados orientam os indivíduos na direção de preocupações compartilhadas que reforçam a solidariedade nacional. Com a dissolução da monarquia nos períodos do exílio e pós-exílio, o culto perde a base institucional e a oração assume uma diversidade de formas e expressões diferentes que personificam os legados tanto da devoção pessoal quanto da religião oficial. Essa tendência continua no judaísmo primitivo e ao longo dos primeiros séculos da Igreja primitiva (c. 250 a.C. — 200 d.C.) tanto das orações instituídas quanto as espontâneas são feitas no templo, na sinagoga e em casa. Embora essa troca de contextos histórico e social sugira de certa forma um desenvolvimento linear nos estágios da oração, da espontânea para a prescrita e formal, existe uma ligação genética entre o modo convencional e improvisado de orar que sugere que ambos existiram como filhos da mesma geração no período bíblico.

O vocabulário de oração na Bíblia Hebraica é diversificado, mantendo-se com diferentes formas, ambientes e graus de formalidade ou informalidade. Várias expressões técnicas importantes podem servir de prefácio ou ser incluídas numa alocução verbal que claramente a distingue como oração: heb. *pll*, "orar"; *'tr*, "rogar"; *ḥnn* hithpael, "apelar", "fazer uma súplica"; *qr' bšm* YHWH, "invocar o nome do Senhor". Em outros casos, entretanto, a oração é feita não com terminologia especial, mas com a linguagem do discurso do dia a dia. Grande número de orações registradas, particularmente em narrativas em prosa, começa com a declaração simples "e X disse (*'mr*) a Deus", introdução que descreve a oração de formas teologicamente significativas para o diálogo coloquial rotineiramente feito entre pessoas de igual prestígio. O que diferencia tais conversas entre o divino e o humano do diálogo comum intra-humano é a importante natureza do que é discutido. Essas "orações coloquiais" normalmente emergem de alguma crise que, se não for expressa, ameaça desestabilizar ou subverter a confiança em Deus.

Uma distinção pode ser feita entre orações em prosa e as em estilo poético. As orações em prosa funcionam como partes integrais de contextos narrativos e o seu significado deriva diretamente do que precede e vem depois de uma situação especificamente definida. Ocorrem aproximadamente cem registros de orações em prosa no AT, especialmente em Gênesis-Reis, livros nos quais a narrativa é o estilo literário predominante. Algumas são bem curtas, com pouco mais que um simples pedido de algo concreto e prático (p. ex., informação, uma criança, cura), a concessão do que pode ser confirmado (cf. Gn 15:2,3,8. Jz 13:8; 2Sm 15:31; 2Rs 6:17,18,20). Outras orações em prosa contêm petições de natureza mais abstrata, por exemplo, bênção, lembrança, atenção. Tais orações são quase sempre acompanhadas por longas elaborações que oferecem incentivos adicionais para que Deus ouça e responda favoravelmente (cf. 2Sm 7:18-29; 1Rs 8:22-61; 2Rs 19:15-19).

As orações em prosa apresentam diversidade de funções literárias e teológicas dentro de contextos narrativos. Elas funcionam como meios literários para retratar o caráter dos atores, tanto humanos quanto divino, num drama narrativo. As orações de Elias (1Rs 17:17-24), Salomão (3:4-15) e Ezequias (2Rs 20:2,3 [=Is 38:2,3) servem para confirmar tais pessoas como modelos exemplares de piedade. As orações de Jacó (Gn 32:9-12 [10-13]) e Jonas (Jn 4:2,3; cf. 2:2-9 [3-10] [poético]), por contraste, funcionam para, com sutileza, caricaturar ou parodiar a piedade professada por essas pessoas. Inúmeras orações pós-exílicas de penitência (Ed 9:6-15; Ne 1:5-11; 9:6-37; Dn 9:4-19) são dirigidas retoricamente pela afirmação repetitiva de que o caráter de Deus, especialmente como manifesto em perdão divino, é definido essencialmente pelas qualidades de soberania, misericórdia e justiça. Ademais, várias orações em prosa contêm petição por justiça divina que está no ponto crítico da narrativa entre algumas crises no relacionamento com Deus e sua subsequente resolução (Gn 18:22-33; Êx 32:11-14; Nm 11:11-15; 14:13-19; Js 7:7-9; 1Rs 17:17-19). A sequência narrativa agregada — crise, oração, resolução — retrata teologicamente a oração como recurso importante para tratar assuntos relativos à teodiceia.

Os salmos representam a maior coleção de orações poéticas do AT, embora discursos poéticos também ocorram em contextos narrativos (1Sm 2:1-10; 2Sm 22:2-51; Jn 2:1-9 [2-10]). A característica que distingue essas orações é a linguagem formal que as fazem apropriadas para repetição por uma diversidade de pessoas em contextos diferentes. A mistura do Saltério de orações individuais e em grupo, com as cerimônias rituais regulares e espontâneas que as acompanham, refletem a convergência da devoção pessoal e a religião oficial que parece caracterizar o culto de Israel no período pós-exílico.

As orações ocorrem numa diversidade de formas no Saltério — hinos, lamentos, bênçãos, imprecações — mas dois tipos básicos dominam: o lamento e o louvor. As orações de lamento (individuais e coletivas) são mais numerosas do que qualquer outro tipo, compondo aproximadamente um terço da coleção (Sl 3,12, 22, 42, 43, 44, 69, 79, 88, 130). Com as "confissões" de Jeremias (Jr 11:18-23; 12:1-6; 15:10-21; 17:14-18; 18:18-23; 20:7-13, 14-18), os lamentos de Habacuque (Hc 1:2-17) e de Jó (Jó 3:3-26; 6:1-30; 10:18-22; 13:20-14:22; 19:7-22; 30:16-31) e liturgias proféticas de lamentação (Jr 14:7-9; 10-22; Is 63:7-64:12 [11]; Jl 1-2), essas orações oferecem profundo testemunho de uma tradição de lamento que legitimou e promoveu a prática de levar perante Deus uma ampla gama de circunstâncias difíceis e ameaçadoras. O padrão típico dessas orações é invocação, lamento, petição, afirmação/esperança de resposta divina — propicia um veículo retórico e real para articular e lidar com a dor e o sofrimento.

Orações de louvor e ação de graças (individuais e coletivas) também estão bem confirmadas no Saltério (Sl 8, 30, 33, 66, 100, 113, 138, 146-150). Esses textos seguem também um padrão geral: invocação e convocação ao louvor; razões e motivações para o louvor (atos salvadores de Deus e sua natureza e seu caráter permanentes); exortação de encerramento ao louvor. Tanto na forma quanto no conteúdo, as orações de louvor estão ligadas ao lamento e, portanto, a afirmação central da fé bíblica: quando as pessoas em aflição clamam a Deus, Ele ouve e responde, com isso evocando em troca sincera gratidão e adoração.

O NT usa uma diversidade de termos com referência à oração (*proseúchomai*, "orar"; *déomai*, "pedir/buscar"; *eucharistéō*, "dar graças"; *krázō*, "chorar"). Mas, diferente do AT, que preserva mais de 250 orações em prosa e em salmos, o NT contém relativamente poucas orações registradas: as orações de Jesus (Mt 11:25-27 = Lc 10:21-22; Mt 26:39 = Mc 14:36 = Lc 22:42; Mt 27:46 = Mc 15:34; Lc 23:34, 46; Jo 11:41,42; 12:27, 28; 17:1-26); as orações de Pedro e da assembleia (At 1:24, 25) e de Pedro e João (4:24-30); a oração de Estêvão (7:59-60). A oração se sobressai em Paulo, particularmente nas ações de graças introdutórias (Rm 1:8; 1Co 1:4) e as bênçãos (Rm 16:25-27; 2Co 13:13) que finalizam as cartas, mas de resto as verdadeiras palavras das orações de Paulo não são registradas. Também, diferentemente do AT, que oferece bem pouco ensino a respeito da oração (cf. Jó 8:5, 6; 11:13-15; 22:23-27), é a significativa atenção que os autores do NT deram ao assunto.

O NT apresenta tanto continuação das formas e tradições da oração israelita e judaica quanto a perspectiva cristã diferente a respeito delas. Jesus continua a prática do lamento (Mt 27:46 = Mc 15:34 [Sl 22:1 (2)]; Lc 23:46 [Sl 31:5(6)] e louvor/ação de graças (Mt 11:25-27 = Lc 10:21, 22; Jo 11:41, 42) e isso foi o que fez com que ele fosse respeitado por seus seguidores como aquele que foi modelo da essência da oração hebraica (cf. heb. 5.7). O evangelho de Lucas retrata Jesus orando em momentos importantes de sua vida — no batismo (Lc 3:21), na escolha dos discípulos (6:12), na transfiguração (9:28,29), no Getsêmani (22:32, 41, 42) e na sua crucificação (23:46) — servindo, dessa forma, de modelo do legado preservado especialmente nas narrativas hebraicas da importância da oração nas situações decisivas da vida.

A perspectiva diferente do NT é especialmente evidente em suas instruções quanto a como orar. No Sermão do Monte, Jesus adverte contra as orações irreverentes e pretensiosas (Mt 6:5-8) e apresenta a Oração do Senhor como padrão para os seus discípulos (Mt 6:9-13 = Lc 11:2-4). Essa oração modelo, que reúne louvor e petição numa forma simples, pessoal e espontânea está, ela mesma arraigada em antecedentes judaicos (cf. a Amidá ou Oração das Dezoito Bênçãos). Uma ênfase mais detalhada nos ensinos de Jesus no Sermão do Monte é a exortação a ser persistente na oração (Mt 7:7-11 = Lc 11:9:13), tema também importante em Paulo, que conclama os crentes a "orai sem cessar" (1Ts 5:17; cf. Rm 12:12; Ef 6:18; Cl 4:2). O evangelho de Lucas trabalha mais esse tema em duas parábolas (Lc 11:5-8; 18:1-8), a última das quais liga a oração persistente com a promessa de justiça ao destituído e oprimido.

Mais uma característica da oração no NT é a importância da intercessão. Na oração sacerdotal de João 17, Jesus personifica o papel de intercessor ao confiar a Deus a comunidade da fé e a eficácia do seu testemunho no mundo. Paulo exorta com frequência as congregações a se tornarem comunidades de intercessão por ele e pelo sucesso de sua missão

(Rm 15:30-32; Cl 4:3; 2Ts 3:1). Pedro e Paulo oram pela cura de um enfermo (At 9:40; 28:8), prática que a Carta de Tiago recomenda aos presbíteros da igreja (Tg 5:13-16). Em outra parte, as intercessões são apresentadas pelo o crescimento espiritual (Ef 1:16, 17; Fp 1:9), apoio em momentos de perigo (At 12:5; Fp 1:19; Hb 13:18) e pelas autoridades civis (1Tm 2:1, 2). Especialmente digno de nota é a admoestação que Jesus faz a seus seguidores a fim de que orassem pelo perdão de seus perseguidores (Mt 5:44 = Lc 6:28). O próprio Jesus é modelo dessa intercessão em suas últimas palavras na cruz (Lc 23:34). Estêvão reflete o exemplo de Jesus com suas últimas palavras (At 7:60). A teologia da Cruz, por sua vez, molda definitivamente a oração cristã e o princípio de abençoar, não amaldiçoar o inimigo torna-se imperativo fundamental à piedade e à prática cristã (Mt 5:39-48; Lc 6:27-36; Rm 12:14).

Em suma, tanto o AT quanto o NT retratam a oração como principal meio pelo qual o Criador e a criatura estão ligados numa parceria contínua, vital e mutuamente importante. O objetivo supremo dessa parceria, como articulado na oração modelo de Jesus, é que a vontade de Deus seja feita "na terra como no céu".

Bibliografia. S. E. Balentine, *Prayer in the Hebrew Bible* (Minneapolis, 1993); O. Cullmann, *Prayer in the New Testament* (Minneapolis, 1995); M. Greenberg, *Biblical Prose Prayer as a Window to the Popular Religion of Ancient Israel* (Berkeley, 1983); J. Koening, *Rediscovering New Testament Prayer* (San Francisco, 1992); P. D. Miller, *They Cried to the Lord: The Form and Theology of Biblical Prayer* (Minneapolis, 1994); G. P. Wiles, *Paul's Intercessory Prayers* (Cambridge, 1974). [SAMUEL E. BALENTINE]

ORAÇÃO DO SENHOR A oração atribuída a Jesus em Mateus 6:9-13; Lucas 11:2-4. A oração aparece em duas formas diferentes. A invocação de abertura em Mateus ("Pai nosso que estás nos céus") é mais longa do que a única palavra de Lucas "Pai". Embora ambas as versões compartilhem as duas petições seguintes ("santificado seja o teu nome", "venha o teu reino"), Mateus tem uma terceira não presente em Lucas ("seja feita a tua vontade, assim na terra como no céu"). As três petições seguintes, as petições "a nós" concernentes a pão, perdão e tentação, são essencialmente as mesmas. Mas Mateus acrescenta uma petição adicional ausente em Lucas ("livra-nos do mal").

A explicação mais comum para as diferenças entre as duas versões postula que a Oração do Senhor teve origem de alguma forma com Jesus em aramaico, sendo depois acrescentada à coleção de pronunciamentos Q, fonte comum para Mateus e Lucas, desconhecida de Marcos. Mateus e Lucas incorporaram-na em seus evangelhos, fazendo mudanças para refletir seus pontos de vista teológicos e situações pastorais diferentes. Mateus, por exemplo, acrescenta suas linhas extras. Lucas muda a palavra "dívidas" para "pecados", "hoje" para "cada dia" e deixa no tempo presente "dar" e "perdoar" (em vez do aoristo") para enfatizar o discipulado diário. Joaquim Jeremias resume esta opinião: "quanto à extensão o texto mais curto de Lucas deve ser considerado original e, quanto à redação em geral, o texto de Mateus deve ser preferido" (New Testament Theology 1:196).

Outras formas de explicar as diferenças têm sido também propostas. Outra opinião atribui a origem da Oração não a Jesus, mas à tradição primitiva. O "Jesus Seminar" pensa que Jesus ensinou os discípulos para apresentar Deus como Pai. Ele pode também, em vários momentos, tê-los ensinado a orar com relação ao nome, reino, provisão de pão e perdão de Deus. Mas foi a tradição Q que reuniu uma oração em torno dessas quatro petições. Mateus e Lucas elaboraram depois a Oração do Senhor.

Michael Goulder sugeriu que Mateus, e não Q (que Goulder pensa não ter existido), criou a Oração do Senhor a partir de partes do evangelho de Marcos. Por exemplo, o ensino de Jesus sobre o perdão em Marcos 11:25,26 provê a base para a abertura e a súplica por perdão. A cena do jardim do Getsêmani (Mc 14:32-42) fornece as petições a respeito de fazer a vontade de Deus e ser liberto do mal. Sobre tal ponto de vista, Lucas altera a versão de Mateus para harmonizá-la à sua situação diferente.

Ulrich Luz propõe mais uma opinião. Ele tem argumentado que embora algumas mudanças na versão de Mateus sejam típicas de sua maneira de redigir, outras não são (p. ex., o substantivo "terra" sem artigo, a forma singular "céu", a forma passiva "seja feita", o "assim...como" é a construção em Mateus 6:10). Ele argumenta que a presença da linguagem típica de Mateus e não-típica sugere que embora a linguagem do autor seja essencialmente a de sua tradição e comunidade, as duas não são sempre idênticas. O autor do evangelho não é responsável pela Oração do Senhor na forma com que foi usada na liturgia de sua comunidade. Isso significa, então, que ao ouvir a Oração do Senhor como parte do evangelho, a audiência reconhece a unidade conhecida e recorda sua experiência litúrgica dessa oração. A questão da origem continua, então, a ser debatida.

Também discutido é o significado da Oração do Senhor. Duas questões são centrais aqui: como e quando a Oração é respondida? A Oração é completamente orientada para o futuro quando Deus fará essas coisas? Ou ela está focada tanto no futuro como no presente, com as três primeiras petições mais preocupadas com o futuro e o restante com o presente, ou com cada petição envolvendo dimensões tanto do presente como do futuro, da resposta divina e ação pelos discípulos? O último ponto de vista é o mais convincente.

A abertura dirigindo-se a Deus como "Pai" articula relação particular entre os que oram e Deus. Os dois evangelhos reconhecem que os discípulos de Jesus entram no mesmo relacionamento com Deus que Jesus desfruta (Mt 2:15; 3:17; 5:16, 45, 48; Lc 2:49; 6:36). O "nosso" distingue a comunidade de discípulos. O termo "no céu" reconhece a moradia tradicional de Deus e a origem da iniciativa salvadora de Deus (Mt 1:18-25; 4:17).

Orar para que o nome de Deus seja glorificado ou santificado é orar pela manifestação do poder e da presença de Deus. Taís ações são executadas por Deus (Ez 36:22-38, retorno do exílio) e pelos humanos fazendo a vontade dele em seu tempo e no término final de seus propósitos.

Da mesma forma, orar pelo reino de Deus é reconhecer que seu reino é a sua presença dinâmica e poderosa. O reino deve ser manifestado em glória futura, mas ambos os evangelhos afirmam sua presença já no ministério de Jesus (Mt 4:17; 12:28; Lc 11:20) e na vida dos que o encontram (Mt 5:3, 10; 6:33; Lc 6:20; 8:10). Orar para que a vontade de Deus seja feita, de forma semelhante, envolve resposta tanto de Deus como dos discípulos, no futuro e no presente (Mt 7:21; 12:46-50; 26:42).

O debate sobre a petição por pão tem se concentrado no significado do grego *epioúsios*. A palavra não é usada com frequência, e os estudiosos têm procurado seu significado em possíveis originais aramaicos, a forma (ou etimologia) da palavra, o contexto da oração e a compreensão do seu significado pela tradição da Igreja. Uma tradução possível inclui "o pão necessário para a existência", "pão para hoje", "pão futuro" (para o banquete escatológico), ou "pão para amanhã". A última tradução é apoiada pela forma da palavra e por uma tradução do século II. A petição seria entendida, então, como pedido para o contínuo suprimento de pão necessário para sobrevivência embora uma referência escatológica adicional não possa ser descartada.

A quinta petição continua o foco no "nós" - é um pedido de perdão. Ambos os evangelhos reconhecem que o perdão de Deus está disponível por meio do ministério de Jesus (Mt 1:21; 9:1-8; 26:28; Lc 5:17-26; 7:47-50). A petição reconhece que o perdão de Deus ordena o perdão de outros, tema que Mateus enfatiza (Mt 6:14, 15; 18:21-35).

A petição seguinte é problemática em vários aspectos. A ideia de que Deus testa seu povo aparece, por exemplo, em Salmos 11:5; 26:2. Todavia, Tiago 1:13 afirma o contrário, enquanto 1Coríntios 10:13 promete ajuda na tentação. Alguns têm compreendido "tentação" para referir-se ao tempo final, julgamento ou prova que marca o final da era. Mas é preferível entender o termo como indicativo principalmente as tentações diárias e a petição como súplica de discípulos vulneráveis pela ajuda de Deus para resistir tais tentações e apostasia. O acréscimo de Mateus ("livra-nos do mal") parece apoiar esse entendimento. O autor deixa explícita a origem da tentação no poder do maligno, o diabo, de resistir aos propósitos de Deus (Mt 4:1-11; 13:19, 38). Há, de qualquer forma, uma dimensão futura na qual, no fim dos tempos, Deus produzirá um livramento final na vitória sobre todo mal.

Algumas versões litúrgicas da Oração do Senhor incluem uma doxologia ("porque teu é o reino, o poder e a glória, para sempre, Amém"). Essa doxologia foi acrescentada a alguns manuscritos primitivos, mas não estava provavelmente nos evangelhos originais.

Bibliografia. R. E. Brown, "The Pater Noster as na Eschatological Prayer", *TS* 22 (1961): 175-208; W. Carter, What Are They Saying About Matthew's Sermon on the Mount? (New York, 1994), 42-45, 93-95; "Recalling the Lord's Prayer", *CBQ* 57 (1995); 514-30; M. D. Goulder, "The Composition of the Lord's Prayer", *JTS* N.S. 14 (1963); 32-45; R. Guelich, *The Sermon on the Mount* (Dallas, 1982), 272-320; J. Jeremias, *New Testament Theology* 1 (New York, 1971); *The Prayers of Jesus* (Philadelphia, 1978); U. Luz, Matthew 1-7 (Minneapolis, 1989). [WARREN CARTER]

ORÁCULO Mensagem de Deus a um indivíduo ou grupo de pessoas, normalmente entregue por um profeta. O hebraico *maśśā'*, em seu significado básico "carga", refere-se frequentemente à comunicação profética de Deus à humanidade (cf. o uso duplo em Jeremias 23:33-40). Quanto associado ao discurso profético, *maśśā'* normalmente, mas não sempre, tem conotação negativa. Ele está normalmente associado a oráculos de julgamento contra as nações (Is 13:1; Na 1:1), mas também a oráculos contra Judá (Is 22:1) e Israel (Ez 12:10). Textos posteriores associam *maśśā'* com a "palavra de Yahweh", removendo efetivamente qualquer conotação negativa (Zc 9:1; 12:1; Ml 1:1).

Richard D. Weis sugeriu que *maśśā'* deveria ser compreendido como gênero profético distinto no qual predominam as palavras de Yahweh. Assim o termo seria traduzido com mais precisão como "exposição profética da revelação divina" e a iniciativa em busca de uma *maśśā'* estaria relacionada não com Deus nem o profeta, mas com a comunidade que estivesse pedindo esclarecimento relacionado à vontade divina.

Embora os textos que classificaram *maśśā'* estejam adequadamente diferenciados de outros tipos de discurso profético, como discursos do mensageiro ou discursos de julgamento proféticos, não está claro se eles são suficientemente distintos de outros não designados dessa forma, mas que contêm material semelhante (cf. esp. as várias unidades em Isaías 13-23).

Bibliografia. R. D. Weis, *A Definition of the Genre Massa' in the Hebrew Bible* (diss., Claremont, 1986). [JAMES R. ADAIR, JR.]

ORÁCULOS SIBILINOS Coleção de oráculos incluídos entre os Pseudepígrafos. A antiga tradição grega, depois aceita pelos romanos e judeus via a sibila como mulher velha a quem eram atribuídas predições extáticas. Acreditava-se que havia sido uma pessoa errante e, por volta do século I a.C. foram mencionadas dez sibilas por Varro em associação com dez localidades geográficas. Poucas pessoas alegaram ter realmente visto uma sibila, e os oráculos foram conhecidos basicamente através de várias coleções que circularam em várias épocas. Desde os tempos mais antigos, os Oráculos Sibilinos foram escritos em forma hexamétrica embora o uso do acróstico fosse visto como marca de autenticidade. A coleção mais famosa seria encontrada em Roma. Esses livros somente eram consultados em tempos de crise e por ordem do senado. Quando o templo de Júpiter pegou fogo em 83 a.C., a coleção foi perdida no incêndio. Foi formada uma comissão para reunir "novos" oráculos. A segunda coleção romana permaneceu importante antes de ser destruída no reinado do imperador cristão Teodósio, em 408 d.C. Restaram apenas fragmentos.

Judeus e cristãos escreveram os próprios oráculos atribuídos às sibilas. Os judeus explicavam que a Sibila era uma das noras de Noé (Sib. Or. 3.827), enquanto os cristãos afirmavam explicitamente que a Sibila era pagã embora profetizasse a vinda de Jesus Cristo. Alguns dos fragmentos pagãos que restaram podem ser encontrados na atual coleção de quatorze livros dos judeus e cristãos, os livros abrangendo um período de cerca de 250 a.C. até cerca de 550 d.C. Os cristãos aceitavam que os oráculos judeus e ocasionalmente acrescentaram suas próprias interpolações. Esses Oráculos desfrutaram de grande popularidade entre os escritores e artistas patrísticos, medievais e renascentistas.

Bibliografia. J. J. Collins, "Sibylline Oracles", *OTP* 1.317-47 [JAMES V. SMITH]

ORDEM Sociedade ou classe de pessoas unidas por certas características comuns. De acordo com 1Crônicas 6-7; 24, Davi organizou os sacerdotes e levitas em divisões de trabalho, baseadas em unidades familiares (cf. 2Rs 23:4; 1Cr 15:18). A "ordem de Melquisedeque" (heb. *dibrâ*; Sl 110:4; gr. *táxis*; Hb 5:6, 10; 6:20; 7:11, 17) é um apelo a uma tradição de sacerdotes legitimados fora da hierarquia levítica; refere-se não somente à posição de Melquisedeque, como também à natureza diferenciadora do seu (e também de Cristo) sacerdócio.

ORDENAR, ORDENAÇÃO A nomeação ou investidura de oficiais religiosos. O traje de vestes sacerdotais e a unção com azeite de oliva eram os elementos básicos da investidura de sacerdotes em Israel (Êx 29; Lv 8). Nos tempos herodiano-romanos, a investidura parece ter sido o elemento fundamental para se tornar sumo sacerdote (Josefo, *Ant.* 20.6; m. Hor. 3.4; b. Yoma 12a-b). A ruptura do cristianismo com as tradições sacerdotais do AT é bem simbolizada pela ausência da unção e da vestimenta diferenciada na ordenação até meados da Idade Média. O hebraico *ml'*, "ordenar" (lit. "encher"; p. ex., Êx 29:9), era usado no sentido de "nomear". A frase completa "encher a mão" (Jz 17:5, 12) pode ser referência a uma antiga prática de colocar porções do animal sacrificado (cf. Lv 8:27) ou das partilhas sagradas (Dt 33:8) nas mãos do sacerdote. A unção indicava a escolha divina na nomeação de reis (1Sm 10:1; 16:13). Nenhuma cerimônia de investidura de juízes ou líderes é registrada no AT. A prática posterior no Sinédrio maior e menor era a de nomear pessoas por um assento solene no conselho (m. Sanh. 4.3-4; Sipre Num. 27; cf. As. Mos.12.2). Inexiste informação de qualquer método de investidura de funcionários da sinagoga e líderes em Qumran.

Dois episódios do AT se tornaram importantes para a ordenação rabínica e cristã. Em Números 8:10, os israelitas impõem as mãos sobre os levitas ao separá-los para o serviço no tabernáculo, um evento assemelhado à forma de um sacrifício, a principal ocasião para esse gesto no AT. Em Números 27:15-23, Moisés impõe as mãos sobre Josué ao comissioná-lo para liderar o povo. Deuteronômio 34:9 parece atribuir a este ato a posse do Espírito por Josué, mas Números 27:18 diz que a posse o Espírito por Josué foi a razão de Moisés ter imposto as mãos sobre ele. Talvez o "espírito de sabedoria" em Deuteronômio tenha sido um dom adicional, ou talvez Deuteronômio sugira que a imposição de mãos seja evidência da posse do Espírito em vez de significar sua transmissão. Estes relatos empregam o hebraico *sāmak*, "aprender sobre", do qual a literatura rabínica desenvolveu sua terminologia técnica para ordenação (*semikuth*). A ordenação rabínica pela imposição de mãos não é certamente confirmada antes de 70 d.C.

Os evangelhos não descrevem nenhum método pelo qual Jesus nomeou os apóstolos além de chamá-los (Mc 3:14), omissão suprida pelos apócrifos Atos de Pedro 10, que reflete o costume posterior da Igreja, acrescentando a imposição de mãos.

O livro de Atos e as epístolas pastorais fornecem as principais passagens relacionadas à ordenação. Nesses livros, os detalhes são dados, existe a menção de oração acompanhada pela imposição de mãos e, às vezes, de jejum, ambos os quais serviam para dar apoio e reforçar a oração. O relato mais completo de uma nomeação para o ofício eclesiástico é o dos Sete em Atos 6:1-6, que registra os seguintes elementos: reconhecimento de uma necessidade, declaração das qualificações, exame e escolha pela congregação, apresentação das pessoas escolhidas aos apóstolos, oração e a imposição de mãos. Jejum, oração e a imposição de mãos são mencionados no envio de Paulo e Barnabé em Atos 13:1-3, e oração e jejum na nomeação dos presbíteros em 14:23. Essa última passagem usa o verbo *cheirotonéō*, do qual derivou a terminologia técnica posterior para ordenação. Aqui não está claro se a palavra se refere a escolher (mais próximo ao seu sentido original de "eleger pela mostra de mãos") ou nomear (costume helenístico que preparou para o significado cristão de "ordenar"). Acredita-se comumente que a "imposição de mãos" cristã tem sua origem no hebraico *šāmaḵ*, mas o costume cristão favorece outra prática hebraica, o toque suave com a mão no abençoar (Gn 48:14, 17, 18). Isso responderia pela constante associação do gesto com a oração, que sempre recebe prioridade nos relatos cristãos. O significado do incidente em Atos 13:3 é explicado por 14:26: "confiados à graça de Deus para a obra".

Timóteo foi designado para o ministério por profecia (cf. At 20:28), e Paulo e os presbíteros impuseram as mãos sobre ele (1Tm 1:18; 4:14; 2Tm 1:6). Um dom especial foi partilhado por Paulo; a imposição de mãos pelos presbíteros foi decorrência. Estas passagens do NT fornecem a base na qual as práticas posteriores de ordenação foram desenvolvidas na Igreja. *Ver tb.* IMPOSIÇÃO DE MÃOS.

Bibliografia. E. Ferguson, *The Church of Christ* (Grand Rapids, 1996), 310-16; "Laying on of Hands: Its Significance in Ordination", *JTS* N.S. 26 (1975): 1-12; J. Newman, *Semikhah* (Manchester, 1950); M. Warkentin, *Ordination: A Biblical-Historical View* (Grand Rapids, 1982). [EVERET FERGUSON]

OREBE (heb. *'ōrēḇ*, *'ôrēḇ*) Um dos dois príncipes midianitas decapitados pelos efraimitas no tempo de Gideão (Jz 7:25; 8:3; cf. Sl 83:11 [TM 12]). Depois o seu nome foi dado à rocha onde foi morto (Jz 7:25; Is 10:26).

ORÉM (heb. *'ōren*) Homem da tribo de Judá, filho de Jerameel (1Cr 2:25).

ORFA (heb. *'orpâ*) Mulher moabita, nora de Noemi. Depois que seu marido, Quiliom, morreu, Orfa quis acompanhar Noemi para Belém, mas ante a insistência da sogra, ela voltou para seus parentes em Moabe (Rt 1:4-14).

ÓRFÃO Criança sem pais (heb. *yāṯôn*, da raiz "ficar só, desprovido", cf. Lm 5:3). Nas culturas do antigo Oriente Próximo, os órfãos (com as viúvas e estrangeiros) estavam entre as *personae miserabilis*, com reivindicação especial de justiça e cuidado da comunidade porque estavam frequentemente debaixo da proteção divina. Num sistema social, em que o chefe de família masculino salvaguardava o bem estar de seus membros, os órfãos eram particularmente vulneráveis. Sem voz para advogar em favor deles dentro do clã, essas crianças sem pais ficavam de fora e sua propriedade era alvo fácil para o ganancioso.

Dentro da comunidade constituída pelo pacto do Sinai, o tratamento dos órfãos determina o destino de Israel perante o Senhor. O Senhor é pai deles (Sl 68:6) que os protege (Sl 146:9) e executa justiça por eles (Dt 10:18; Sl 10:14, 18). Essa proteção se estende até os órfãos edomitas a quem o Senhor promete manter vivos (Jr 49:11). Consequentemente, se os israelitas privarem os órfãos de justiça (Dt 24:17) ou oprimi-los (Zc 7:10), o Senhor os matará e deixará órfãos seus filhos (Êx 22:23, 24). Se o povo de Judá cuidar dos órfãos como o Senhor cuidou dos escravos hebreus no Egito, o Senhor permanecerá com eles (Jr 7:6) e a realeza de Davi continuará (22:3). Jó invoca seu respeito pelos órfãos como evidência de que sofre injustamente (Jó 29:12; 31:17, 21). Isaías, entretanto, observa que a maldade de Israel é tão grande que sufoca a preocupação do Senhor pelos órfãos (Is 9:17 [16]. De forma semelhante, irado pela recusa de Deus em responder-lhe diretamente, Jó declara que Deus sorteia os órfãos (Jó 6:27).

O ímpio arrebata órfãos dos seios de suas mães e os faz escravos (Jó 24:9); levam seus jumentos (v. 3); hostilizam (Is 10:2) e os matam (Sl 94:6). Israel é corrupto porque não permite que os órfãos prosperem (Jr 5:28). Assim, Elifaz pensa que o sofrimento de Jó é decorrente de ele ter quebrado "os braços dos órfãos" (Jó 22:9).

Jesus de Nazaré promete à comunidade joanina que ele não os deixaria órfãos (Jo 14:15-24), isto é, desprotegida em meio aos males deste mundo; ele lhes mandaria um advogado para ajudá-los em suas lutas. A carta de Tiago argumenta que a atenção carinhosa às necessidades das viúvas e dos órfãos, quase sempre o silencioso e invisível na comunidade, é necessário para o relacionamento cheio de fé com o Senhor (Tg 1:26, 27). [KASTHLEEN S. NASH]

ORION Constelação que recebeu o nome do mitológico caçador grego representado como homem de grande força, ferreiro que, ao morrer, foi transferido para o céu, fixado ao firmamento e se tornou sua constelação. Localizada a leste de Touro, a constelação retrata Betelgeuse e Rigel, duas estrelas de primeira grandeza. Geralmente mencionada com Plêiades, Orion aparece como testemunho do poder criativo de Deus (Am 5:8; Jó 9:9; 38:81; Targ., Peshitta “gigante”). O plural do hebraico *kĕsîl* é usado para constelações em geral (Is 13:10); em outra parte o termo hebraico significa “tolo” (Pv 9:13).

Bibliografia. G. R. Driver, “Two Astronomical Passages in the Old Testament”, *JTS* N.S. 4 (1953): 208-12. [AARON W. PARK]

ORLA A bainha ou borda de roupa (heb. *ṣ'ṣiṯ*). Os israelitas deveriam fazer para si mesmos uma orla para cada extremidade de suas vestes (Nm 15:37-39). Ligada a cada extremidade devia estar um cordão azul. Essa ornamentação não deveria significar ostentação (cf. Mt 23:5; gr. *kráspedon*); antes, ela devia lembrar a quem usava o traje das ordens do Senhor e os requisitos exigidos pela santidade. Não é sabido exatamente como era a orla, embora a outra ocorrência bíblica do termo hebraico (para um prendedor de cabelo, Ezequiel 8:3) é sugestiva. A prática do uso das orlas em vestes externas é bem documentado na arte do antigo Oriente Próximo. Outras passagens bíblicas dão importância à orla das vestes (1Sm 2:4-20; Mt 9:20 = Lc 8:44). [KEVIN D. HALL]

ORNÃ (heb. *'ornān*) Forma alternativa de Arauna.

ORNAMENTOS Adornos (heb. *'ăḏ'*) usados tanto por homens como por mulheres para decoração. Joias de todos os tipos estão incluídas nessa designação, como xales, toucas, cintos, túnicas, mantos, capas, turbantes, véus (Is 3:18-23) e tiaras (Jd 10:3; gr. *mítra*). Os ornamentos descritos nas referências bíblicas são quase sempre de ouro (2Sm 1:24), mas a arqueologia revela outros metais, sendo o mais significativo o bronze. Talvez os itens de adornos mais comumente encontrados nas Idades do Bronze e do Ferro são o cobre ou alfinetes de bronze que teriam sido usados tanto para fins decorativos como funcionais em prender peças de vestuário. A maioria dos adornos era feita de materiais caros ou demandavam muito trabalho para serem feitos, sendo, portanto, símbolo de riqueza, poder e favor de Deus. Eram usados em ocasiões especiais, particularmente por uma noiva em seu dia de núpcias (Ez 16:10-13; Is 49:18; Jr 2:32), mas não em ocasiões de tristeza e luto (Êx 33:4-6). Os ornamentos aparecem também em contextos religiosos na forma de sinos de ouro pendurados de forma intercalada entre as romãs multicoloridas em toda a volta da borda do manto do sumo sacerdote (Êx 28:33,34). Os ídolos eram guarnecidos com vestes bordadas (Ez 16:16-18), consideradas em outra parte entre a ornamentação. Nessa categoria, estão incluídos os cosméticos e perfumes: as caixas perfumadas na lista de ornamentos de Isaías (Is 3:20) têm sua contrapartida no registro arqueológico na cerâmica, vidro, pedra e palhetas de concha, garrafas e pequenos jarros que datam do período bíblico. [KATHARINE A. MACKAY]

ORONTES O principal rio do oeste da Síria (moderna Nahr el-'Asi), conhecido pelas importantes rotas comerciais que o seguiam, campanhas militares estratégicas em sua área e por importantes cidades construídas ao longo de seu curso, especialmente Antioquia-sobre-o-Orontes (moderna Antioquia, Turquia). Nascendo no lado oriental das Montanhas do Líbano, o Orontes flui para o norte cerca de 400 km pela Síria e entra no sul da Turquia antes de se voltar para o sudoeste; deságua no Mediterrâneo 26 km abaixo de Antioquia.

Fundada por volta de 300 a.C. por Seleuco I, Antioquia fica no lado sudeste do Orontes. Era transportada carga pelo rio de e para Antioquia ao seu porto mediterrâneo, Selêucia (tb. conhecida como Selêucia Piéria; At 13:4; cf. 14:26; 15:39.41). O antigo porto de Selêucia (perto da moderna Samandag, Turquia) tornou-se área pantanosa devido ao lodo depositado pelo rio ao longo de séculos. Entre outras importantes cidades do vale do Orontes estão Ribla, Cades-sobre-o-Orontes, Emessa, Hamate e Alalakh. Em 853, uma aliança de Ben-Hadade de Damasco, Irhuleni de Hamate e Acabe de Israel combateram para deter o rei assírio Salmaneser III em Qarqar, no baixo Orontes, e lá, em 720, Sargão II derrotou os rebeldes de Hamate e Damasco. [JOHN L. GILLMAN]

ORVALHO Umidade condensada sobre uma superfície fria. Essa umidade levada pelos ventos do mar ocidental torna-se pela madrugada numa neblina causada pelo esfriamento da noite (cf. Nm 11:9; Jó 29:19; Ct 5:2). Durante os meses secos de verão na agricultura palestina, o orvalho (heb. *ṭal*) é suplemento vital da chuva (Dt 32:2; 2Sm 1:21; 1Rs 17:1; Jó 38:28). Assim, ele é frequentemente usado como metáfora de bênção dos céus dada por Deus (Gn 27:28, 39); Dt 33:28; Sl 133:3; Zc 8:12; cf. Os 14:5; Ag 1:10). Pela natureza do seu desenvolvimento delicado, o orvalho também conota a figura da quietude e de alguma coisa secreta (2Sm 17:12; Is 18:4). Além disso, o seu desaparecimento repentino pelo nascer do sol é usado para descrever a transitoriedade do amor de Israel por Deus (Os 6:4; 13:3). [HYUN CHUL PAUL KIM]

OSEIAS (heb. *hôšēaʿ*) **1.** O nome original de Josué (Nm 13:8, 16; Dt 32:44).

2. O último rei de Israel, reino do norte (732-724 a.C.). Oseias, aliado à Assíria, assassinou Peca (736-732), que com reis de outras nações insignificantes havia se rebelado contra a suserania assíria (2Rs 15:30). Tiglate-Pileser III nomeou oficialmente Oseias como rei e passou a receber tributos de Israel. Quando Salmaneser V (726-722) sucedeu o pai Tiglate-Pileser, Oseias se alinhou com vizinhos antiassírios e se recusou a pagar o tributo. Salmaneser então atacou Israel e fez de Oseias seu vassalo. Quando Oseias recusou-se novamente a remeter o tributo, Salmaneser subjugou Israel, prendeu o rei e manteve o cerco a Samaria até a cidade cair três anos depois, em 722 (2Rs 17:3-7). Embora o relato bíblico pareça insinuar que Salmaneser conquistara Samaria, documentos do reino de Sargão II (722-705) insistem em que esta foi a verdadeira vencedora.

3. Oficial importante a quem Davi colocou no comando de Efraim (1Cr 27:20).

4. Um dos sacerdotes levitas que ratificaram a versão de Esdras sobre a aliança de Israel com Deus (Ne 10:23).

5. O profeta do século VIII a.C. do reino do norte, cujo nome normalmente é transliterado Oseias. Ele floresceu no tempo de Uzias e Jeroboão II até o reino de Ezequias (Os 1:1). As datas de suas atividades são dependentes da cronologia do reino de Ezequias, o que é discutível. Porém, não há nenhuma evidência definitiva de que ele tenha profetizado até a queda de Samaria, em 722. Ele provavelmente foi ativo entre 750 e 725. [PAUL L. REDDITT]

OSEIAS, LIVRO DE O primeiro dos doze Profetas Menores. Atribuído a Oseias (heb. *hôšēaʿ*) ben Beeri, o livro condena os habitantes do Reino do Norte de Israel por sua infidelidade a Yahweh durante os anos de declínio e queda daquela nação (c. 745-721 a.C.).

TEXTO. Com a possível exceção do livro de Jó, o texto de Oseias está entre os mais difíceis de todo o AT. Traduções do livro variam, dependendo amplamente de juízos críticos textuais e filológicos. Argumenta-se que muito da dificuldade do texto se deve ao uso por Oseias de obscuro dialeto israelita do norte. Há muitas evidências que justificam essa hipótese, em particular por ser Oseias o único profeta das Escrituras, originário de Israel (Reino do Norte). Não há, no entanto, nenhuma outra tradição textual israelita do norte com a qual Oseias possa ser comparado. Sendo assim, embora muitas traduções propostas para esse livro sejam altamente sugestivas, permanecem tentativas provisórias de se compreender um texto obscuro.

ESTRUTURA LITERÁRIA. O livro é dividido em duas seções principais, caps. 1—3 e 4—14. Os primeiros três capítulos giram em torno das relações entre Oseias e sua esposa, e entre Yahweh e seu povo. Os capítulos restantes contêm oráculos que descrevem a deterioração da cultura e sociedade israelitas.

O livro inteiro apresenta uma notável liberdade com respeito a formas proféticas e gêneros. Os caps. 1—3 exemplificam essa liberdade, com uma narrativa em 3ª pessoa (c. 1), um oráculo (c. 2) e um relato autobiográfico (c. 3). Semelhante variedade formal atinge unidades metafóricas à medida que os relatos do matrimônio de Oseias se tornam a estrutura para se explorar o estado da relação entre Yahweh e Israel. A variedade formal também caracteriza os capítulos restantes. Típicas declarações de juízo profético são raras, em seu lugar há uma profusão de outras formas proféticas, entre elas convocações para a batalha, chamados para a adoração e manifestos contra injustiças.

HISTÓRIA COMPOSICIONAL. A visão prevalecente é que o livro passou por um extenso processo de recolha, edição e remodelagem pelo trabalho de redatores judeus. Porém, há pouco acordo sobre como tal processo pode ser detectado na forma final de Oseias. Permanece ainda inexplicado por que as peculiaridades linguísticas do livro teriam permanecido intactas depois de tanta edição judaica. Não obstante, assume-se que certas características do livro atestam o interesse de sucessivas gerações de judeus na mensagem do profeta do Reino do Norte de Israel.

Uma dessas características é o sobrescrito que menciona primeiro os reinados de quatro monarcas judeus e, só depois, o de um rei israelita, Jeroboão II. Sabendo-se que o ministério de Oseias era no Reino de Israel, tal atenção sobre os períodos de reinados de Judá tende a apoiar a concepção de que o livro fora reeditado para um público judeu. Outras referências a Judá parecem confirmar a hipótese de que um redator posterior, possivelmente da era de Josias, tenha sido o responsável pelo sobrescrito.

Entretanto, embora o sobrescrito pressuponha uma data após a queda do Reino do Norte, a falta de referência aos reis israelitas depois de Jeroboão II necessariamente não sugere que os editores tenham se dirigido a um público estritamente judeu. Ao contrário, os editores podem ter usado o sobrescrito para continuar o ataque de Oseias às políticas israelitas que, segundo o profeta, haviam posto no poder reis completamente distanciados da vontade de Deus (8:4; 13:11). Considerando-se que nenhum rei do Reino do Norte teve a legitimação de Yahweh, não haveria nenhum rei israelita após Jeroboão II.

Outra característica frequentemente concebida como evidência da história redacional é a presença de elementos escatológicos. Cada um dos três primeiros capítulos termina com visão da restauração depois do julgamento (1:10-11 [TM 2.1-2]; 2:14-23 [16-25]; 3:5). Semelhantemente, 11:1-9 e 14:1-9 oferecem possibilidade de restauração e reconciliação. Alguns estudiosos veem adições posteriores nessas promessas escatológicas, enquanto outros as interpretam como consequência da compreensão que Oseias tinha do compromisso de Yahweh com Israel.

A falta de consenso acadêmico sobre tais características do livro demonstra, portanto, a incerteza das tentativas de se discernir as camadas de tradição no livro de Oseias. Pode-se dizer com alguma segurança que o livro soa como chamada ao arrependimento no meio do caos de uma nação que se desintegrava, cujos governo e culto já não podiam mais encobrir as próprias mentiras. Que o livro serve como lição para Judá também é evidente (11:12 [12:1]).

Oseias, sua esposa e posição social. Dois aspectos da vida de Oseias, seu casamento e posição social, são realçados frequentemente nas discussões da crítica. As informações sobre o primeiro aspecto em geral são encontradas nos caps. 1 e 3, enquanto as referências sobre o segundo aspecto se espalham ao longo do livro (4:5; 6:5; 9:7-9; 12:10-11,13 [11-12, 14]).

Trata-se de um recente desenvolvimento a interpretação biográfica dos caps. 1 e 3. As interpretações judaicas e cristãs tradicionais concebiam esses capítulos como visões: Oseias sonhara com seu matrimônio do mesmo modo que Ezequiel tinha sonhado com seu transporte corporal da Babilônia para Jerusalém (Ez 8:1). No século passado, porém, o interesse em definir o contexto médio-oriental da adoração a Baal forçou a uma leitura mais literal desses capítulos. Duas questões emergiram então: que tipo de prostituta era Gômer, e como a experiência matrimonial de Oseias poderia tê-lo conduzido a uma compreensão mais profunda da decepção de Yahweh com Israel?

A prostituição de Gômer tem sido compreendida como forma de prostituição cultual. Sendo Baal, um deus da fertilidade, argumenta-se que os israelitas teriam participado de rituais que assegurariam tal fertilidade. Supõe-se ainda que tais rituais envolviam alguma forma de magia ocultista, sendo sugerido que os homens e mulheres israelitas deviam então assumir os papéis dos deuses e deusas, e ritualmente encenar alguma forma de união sexual. Nesse sentido, uma variedade de interpretações sobre a participação de Gômer no culto foi oferecida: para alguns, ela era prostituta ritualista; para outros, uma menina israelita comum cuja participação nos ritos sexuais fora um evento passado. Em ambos os casos, a prostituição de Gômer adquiria tanto significação religiosa como simbólica: ela não apenas enganava seu marido, mas ainda exemplificava de forma bastante literal a apostasia de Israel em relação a Yahweh.

Embora essa interpretação oferecesse motivação religiosa à prostituição de Gômer, era problemática em termos literários e históricos. No nível literário, fica difícil compreender como o matrimônio de Oseias com conhecida prostituta poderia simbolizar o compromisso de Yahweh com Israel, que a princípio teria sido fiel. No nível histórico, não há nenhuma evidência de que a prostituição cultual fosse praticada em Israel ou em outro lugar. Em Oseias, a procura da mulher por amantes é uma maneira metafórica, se não pejorativa, de descrever sua adoração a deuses diferentes de Yahweh. Além disso, não existem evidências da prática de tais ritos sexuais nas religiões cananeias vizinhas.

Considerando-se o confuso resultado dos esforços em se interpretar os caps. 1 e 3 em termos históricos e biográficos concretos, parece mais sábio voltar a uma leitura simbólica desses capítulos. Seu propósito é teológico, não biográfico.

Discussões sobre a posição social de Oseias são até mesmo mais incertas, sendo baseadas em textos ambíguos que se referem à atividade dos profetas. Nos anos 1950, Hans Walter Wolff argumentou que esses textos estabeleciam a posição social de Oseias como membro da classe dos *nĕḇ'"m*, os quais ele ainda identificou como um grupo de sacerdotes levíticos contrários ao culto oficial. Essa hipótese unia Oseias à tradição da profecia israelita do norte e também situava sua linhagem no desenvolvimento da teologia deuteronomística.

Apesar da popularidade da tese de Wolff, é mais provável que Oseias condenasse os profetas. Ele os punha sinceramente ligados ao culto (4:5); além disso, afirmava que eles eram os meios pelos quais Yahweh operava um julgamento ambíguo, pouco diferente daquele efetuado por meio dos profetas mentirosos de 1Reis 20 (6:4-5; 9:7-9; 12:10 [11]). Longe se ver como um deles, Oseias os condenava com todos os outros líderes da sociedade israelita.

A posição social de Oseias é hoje incerta. Vale notar que não é identificado como profeta no sobrescrito, nem, conforme observamos antes, faz uso das formas proféticas, seguindo as convenções em geral esperadas no discurso profético.

Mensagem. O sobrescrito coloca o ministério de Oseias dentro da segunda metade do século VIII.

Embora as alusões a eventos históricos sejam vagas, os estudiosos modernos geralmente concordam que certos oráculos no livro refletem a prosperidade do reino de Jeroboão II (c. 745), as tensões da Guerra de Siro-Efraimita (734-32; cf. 5:8–6:10) e o tumulto diplomático dos anos 720 (7:11; 11:5-7).

Os oráculos refletem uma compreensão da religião javista, em que o Senhor é visto como o garantidor dos dons da terra. Oseias localiza essa compreensão na promessa a Jacó em Betel (12:4-5 [5-6]), como também na eleição e nas tradições da conquista (11:1; 13:4-5). Israel apela para Yahweh como divindade protetora ("meu Deus") em particular nos tempos de angústia nacional (8:2; 9:17).

Oseias ainda acusa o povo de uma promíscua confiança em outros "salvadores". Manobras políticas frenéticas bem como a adoração a outros deuses demonstram que a expressão de fé em Yahweh é uma tentativa superficial de Israel de se assegurar por quaisquer meios possíveis.

A questão primária em Oseias, portanto, é a natureza da relação entre Yahweh e seu povo. Metáforas familiares — o pai e o filho (11:1-4), o marido e a esposa (caps. 1—3) — insinuam que se trata de uma relação mais de envolvimento que contratual, de aliança. O que está se perdendo é o conhecimento de Deus: conhecimento que vem de relação genuína com Deus e que resulta em obediência à sua vontade. Tal conhecimento está faltando porque não há mais lealdade (*ḥeseḏ*). Israel busca Yahweh pelas coisas que deseja dele, mas ela não o procura pela causa divina. Dada a proeminência das metáforas familiares, pode-se argumentar então que a razão da queixa de Yahweh contra Israel não é por ele haver quebrado a aliança, mas por haver se rebelado contra algo mais fundamental, na verdade contra compromissos primordiais.

Por conseguinte, toda a cultura israelita se desagrega. Já que Israel estabelece seus reis, e não Yahweh, não há nenhum rei (1:1). Os altares não removem mais a culpa, antes a aumentam mais ainda (8:11). Os profetas conduzem o povo ao perigo, e os sacerdotes não lhes mostram o caminho correto (9:7-9; 4:1-4). A cultura israelita assim se torna um espelho do que se passa na devoção israelita, e ambas resultam ser ocas, falsas e condenadas ao fracasso.

Não obstante, Oseias sugere que a semente da renovação está na própria relação. Quando a devoção dedicada por Israel a Yahweh corresponder ao exclusivo compromisso dedicado por Yahweh a Israel, então os dons da terra florescerão uma vez mais. Oseias exige de Israel adoração exclusiva a Yahweh e, em troca, promete aliança perpétua de prosperidade, fertilidade e paz.

Bibliografia. F. I. Andersen e D. N. Freedman, *Hosea*. AB 24 (Garden City, 1980); A. Brenner, ed., *A Feminist Companion to the Latter Prophets* (Sheffield, 1995); C. I. Davies, *Hosea*. NCBC (Grand Rapids, 1992); M. S. Udell, "Who Were the Prophets in Hosea?" *HBT* 18 (1996): 78-95; H. W. Wolff, *Hosea*. Herm (Philadelphia, 1974). [MARGARET S. ODELL]

OSIRIS *Ver* SERAPIS.

OSNAPAR (aram. *'osnappar*) Rei assírio que deportou os povos conquistados e os fez habitar em Samaria (Ed 4:10). Embora Salmaneser V e Sargão mais bem se encaixem às circunstâncias do cerco e do povoamento, o nome pode ser uma forma corrompida de Assurbanípal.

ÓSTRACO (gr. *óstraka*) Fragmento de cerâmica que preserva inscrições. A palavra grega refere-se, às vezes, a um antigo vaso, com mais frequência somente a fragmentos quebrados (cf. Sl 22:15 [LXX 21:16]).

Nos contextos arqueológicos, os óstracos são usualmente fragmentos de vasos que preservam inscrições de vários gêneros. O termo pode incluir, entretanto, inscrições preservadas em outros materiais, tais como conchas ou pequenas pedras. Os óstracos eram normalmente escritos com tinta, às vezes, eram gravados. O óstraco ocorre com mais frequência na Síria, Palestina, Egito e são um tanto raros na Mesopotâmia, onde a escrita cuneiforme foi mais prevalecente nos períodos mais antigos.

Os óstracos foram mais usados no contexto das atividades de escrita diária e não para preservação literária mais permanente. Eles quase sempre preservam somente nomes, números ou listas, mas eram também usados para cartas administrativas (Arade e Samaria), apelos legais casuais (Mezad Hashavyahu) e até mensagens militares (Arade, Horvat 'Uza). Tais inscrições sempre fornecem vislumbres valiosos dos assuntos e preocupações diárias dos povos. Além disso, são fonte importante de evidência para estudar o desenvolvimento de línguas e da escrita.

Bibliografia. G. I. Davies et al., *Ancient Hebrew Inscriptions* (Cambridge, 1991); J. Naveh, "Writing and Scripts in Seventh-Century B.C.E. Philistia", *IEJ* 35 (1985): 8-21. [DALE W. MANOR]

OTNI (heb. *'oṯnî*) O filho mais velho de Semaías; porteiro levita durante o reinado do rei Davi (1Cr 26:7).

OTNIEL (heb. *'oṯnî'ēl*) Juiz israelita, filho de Quenaz e sobrinho (com menos probabilidade o irmão mais novo) de Calebe, que se tornou genro de Calebe ao capturar Debir (Quiriate-Sefer), conseguindo assim Acsa, filha de Calebe, como esposa (Js 15:15-19 = Jz 1:11-15). Otniel livrou depois o povo da opressão de Cusã-Risataim da Mesopotâmia (Jz 3:7-11). O nome Otniel funciona como nome de um clã numa lista genealógica de oficiais comissionados (1Cr 27:15). Calebe e Otniel podem representar, respectivamente, ancestrais epônimos de clãs mais velhos e mais novos da tribo de Quenaz (os quenezitas), absorvidos por Judá. [RICK R. MARRS]

OURO O metal precioso mais mencionado na Bíblia. Nos tempos do AT, o ouro era usado como dinheiro (Gn 44:8); joias (41:42); decoração, tais como a douração da arca da aliança (Êx 25:11); o filamento na tecedura das vestes dos sacerdotes (28:8); e nos ídolos (20:23). Muitos utensílios e artefatos do tabernáculo e do templo foram feitos de ouro puro e sólido (Êx 25:31; 37:6; 1Rs 7:49-51). O ouro sólido era o material dos ratos e dos tumores que foram enviados pelos filisteus aos israelitas como oferta de culpa (1Sm 6:3-5). A posse de ouro indicava riqueza (Gn 24:35). O ouro e a prata são mencionados juntos várias vezes visto que ambos os metais têm propriedades físicas semelhantes e historicamente têm sido usadas para propósitos similares, incluindo o dinheiro. Os anéis de ouro eram sinal de riqueza e *status* no mundo greco-romano; diversas admoestações contra o uso de ouro como indicação de riqueza pessoal, ocorrem no NT (1Tm 2:9; 1Pe 3:3).

A riqueza de Salomão em ouro é bem registrada, e uma fonte principal para o seu ouro era Ofir (1Rs 9:28; um óstraco hebraico da Tell Qasile registra: "Ouro de Ofir"). Nada da riqueza de Salomão em ouro foi encontrada, mas descobertas arqueológicas no Egito e no Oriente Próximo indicam que itens similares aos de Salomão realmente existem. O trono de Tutankhamon é quase totalmente folhado a ouro. Um cálice de ouro de Ur (c. 2600 a.C.) foi encontrado, assim como uma tigela de ouro sólido atribuída ao rei Dario I ou Dario II da Pérsia (c. 522-404). Mobília folhada a ouro foi sepultada com a Rainha Hetepheres do Egito (c. 2600). Uma inscrição de barro do reinado de Sargão II registra "seis escudos de ouro" como parte do saque da conquista da cidade urartiana de Musasir (714; cf. Salomão, 1Rs 10:16-17).

Moedas de ouro começaram a circular na Palestina no século VII. Coesus, rei da Lídia (560-546) foi provavelmente o primeiro a cunhar moedas de puro ouro e prata. Antes desse tempo, e mesmo depois, o ouro era medido por peso como meio de troca, usualmente em siclos (Nm 31:52) ou talentos (Êx 25:39). Visto as moedas mais antigas serem irregulares em sua forma e peso devido ao processo de cunhagem conhecido como "batido", as moedas eram constantemente repesadas e não aceitáveis com seu valor nominal ou declarado.

Bibliografia. M. I. Finley, *The Ancient Economy*, 2.ed. (Berkeley, 1985); A. Mazar, *Archaelogy of the Land of the Bible, 10,000-586 B.C.E.* (New York, 1990); A. R. Millard, "Does the Bible Exaggerate King Solomon´s Golden Wealth?" *BARev* 15/3 (1989), 20-31; L. Von Mises, *The Theory of Money and Credit*, ed.rev. (Irvington-on-Hudson, 1971); C. L. Thompson, "Rings of Gold — Neither 'Modest' nor 'Sensible'", *BibRev* 9/1 (1993), 28-33, 55. [ALAN RAY BUERSCHER]

OUVIDO A textura oral da religião israelita colocava grande valor sobre o ouvir. Ouvir, escutar, entender e obedecer estavam intimamente ligados (Pv 18:15; Jó 13:1), com o ouvido sendo tanto instrumento como símbolo. Os ouvidos são o caminho da sabedoria (Pv 2:2) e do conhecimento (18:15). Os ouvidos testam as palavras e podem formar uma defesa contra os maus pensamentos (Jó 12:11). Também, os ouvidos do povo podem ficar bloqueados para não prestar atenção à instrução de Deus, por meio da teimosia (Is 48:8) ou da rebelião (Ez 12:2).

A voz de Deus se tornou o meio central para a revelação, de forma que o ouvido do povo de Israel se tornou o meio central para a recepção dessa revelação. "Ouve, ó Israel" (Dt 6:3-5) era expressão que os convocava para uma chamada singular à obediência. Justamente como o servo é dedicado vitaliciamente a um senhor (Êx 21:6) e os filhos de Arão são consagrados com sangue, no ouvido direito (Lv 8:23-24), assim os justos têm ouvidos receptivos (Sl 40:6 [TM 7]; cf. Jr 6:10).

Deus também tem ouvidos (Is 59:1) e ele é tanto capaz de salvar aqueles que o invocam como é desejoso de fazê-lo. Por contraste, Baal permanecia silencioso, a despeito do encorajamento de Elias para os profetas gritarem mais alto (1Rs 18:27). Isaías zomba do ídolo que não responde e não pode salvar (Is 46:7), enquanto o salmista escreve sobre as divindades de ouro e de prata das nações que têm ouvidos, mas não podem ouvir (Sl 115:6; 135:17).

Algumas pessoas podem fechar os seus ouvidos, achar que a Palavra de Deus é ofensiva (Jr 6:10), como na resposta do ensino de Jesus (Mt 13:14-15; citando Is 6:9-10). Numa exigência de um ouvir verdadeiro, que resulta em obediência, Jesus ordena: "Quem tem ouvidos, ouça" (Mt 11:15 e par.; cf. Ap 2:7). [WILLIAM R. DOMERIS]

OZÉM (heb. *'ōṣem*) **1.** O sexto filho de Jessé e irmão do rei Davi (1Cr 2:15).

2. Homem da tribo de Judá, quarto filho de Jerameel (1Cr 2:25).

OZNI (heb. *'oznî*) (tb. ESBOM) Filho de Gade e ancestral do clã oznita (Nm 26:16). Ele é chamado Esbom em Gênesis 46:16.

P

P Designação da fonte Sacerdotal do Pentateuco. *Ver* DOCUMENTO SACERDOTAL.

PAATE-MOABE (heb. *paḥaṯ-mô'aḇ*) Nome (lit., "governador de Moabe") dado provavelmente ao ancestral fundador de um clã que retornou do exílio babilônico (Ed 2:6; 8:4; Ne 7:11). Paate-Moabe é listado como um dos "líderes do povo" que assinou uma aliança com Neemias para preservar a Lei (Ne 10:14 [TM 15]). Esse clã era formado por duas famílias, descendentes de Josué e Joabe. Um de seus integrantes, "Hassube, filho de Paate-Moabe", reparou uma parte do muro de Jerusalém e a torre dos fornos (Ne 3:11). São mencionados oito membros do clã em Esdras 10:30 que tomaram esposas estrangeiras. [CHRISTIAN M. M. BRADY]

PACTO Acordo solene entre duas ou mais partes, feito por alguma espécie de juramento (cf. ger. Bund). O que é mutuamente acordado é usualmente a conduta futura de uma ou de ambas as partes envolvidas. Os relacionamentos do tipo de um pacto estavam presentes em toda parte na antiguidade, e na Bíblia são indubitavelmente mencionados muito mais frequentemente além do simples estudo da palavra hebraica *bĕrîṯ* e da grega *diathḗkē* poderia sugerir. Tais relacionamentos poderiam incluir compromissos ou acordos entre pessoas particulares (p.ex:, Rt 1:16-17; 3:11-13; Êx 21:2-6), acordos ou pactos entre um rei e pessoas particulares (cf. Jz 4:17; 2Sm 19:31-39), tratados ou alianças entre reis e/ou estados políticos (1Rs 5:1 [TM 15]; 2Rs 24:17; cf. Sl 2:1-3; Is 30:1), juramentos promissórios proclamando as políticas oficiais (Ne 5:11-13; 9:38-10:39 [10.1-40), e pactos entre Yahweh e seres humanos (p.ex:, Gn 25:23; 1Rs 14:7-19; 2Rs 9:6-10; cf. Gn 12:1-3; 2Sm 7; 21:7). (O termo *bĕrîṯ* não ocorre nas referências precedentes).

PACTO E CARÁTER MORAL. A viabilidade dos relacionamentos de pacto — em contraste total com os legais — depende somente da integridade daqueles parceiros que realmente fazem promessas sob juramento. Os parceiros são diretamente responsáveis de um para com o outro, não para alguma supervisão judicial. Se os parceiros são insinceros no fazer as promessas ou não confiáveis em mantê-las, então o relacionamento fica prejudicado; sua viabilidade continuada depende do arrependimento da parte ofensora e da capacidade da parte ofendida perdoar.

Porque o caráter ético dos contratantes do pacto é tão crucial, quase todos os pactos têm uma dimensão espiritual à medida que dependem do compromisso tangível para abstrações tais como honestidade, integridade, lealdade, confiança, abnegação e amor. Não é de se surpreender que juramentos invocando o transcendente (p.ex., os deuses) eram um aspecto comum dos contratantes do pacto, na esperança de que isso pudesse ajudar a solidificar o compromisso de manter a promessa. Em um tempo quando os deuses eram levados a sério como monitores da integridade humana e quando o alcance efetivo do governo do estado podia ser totalmente limitado, os pactos preenchiam o vácuo funcionando como instrumentos controladores da conduta humana.

ANTIGO TESTAMENTO. ***Onde Deus não é um parceiro.*** Durante o curso do milênio em que os textos bíblicos foram compostos, a palavra hebraica *bĕrîṯ* não desfrutava da mesma estabilidade que a palavra portuguesa "pacto". Quando se referia a certos relacionamentos entre seres humanos, a palavra *bĕrîṯ* na verdade correspondia muito proximamente ao termo português (e o alemão *Bund*), inconfundivelmente se referindo a acordos bilaterais tais como pactos, alianças e tratados. Inclusos estão os acordos ou compromissos entre pessoas particulares (Gn 31:44; 1Sm 18:3; 2Rs 11:4; Pv 2:17), acordos ou compromissos entre um rei e seus súditos (Gn 21:27; 26:28; 2Sm 3:12; Dn 9:27), tratados ou alianças entre reis e/ou estados políticos (p.ex:, 2Sm 5:1-3; 1Rs 5:12 [26]; 15:19; Os 12:1 [2]; cf. Sl 83:5 [6]), e ligas envolvendo diferentes grupos sociais (Êx 23:32; Js 9).

No tempo a palavra *bĕrîṯ* pode ser aplicada ao juramento ativando o relacionamento: um *bĕrîṯ* poderia assim ser qualquer promessa solene tornada comprometida por um juramento, sem levar em conta se ela constituía ou não um acordo bilateral. Assim, os textos bíblicos posteriores *bĕrîṯ* pode ser aplicado a "juramentos promissórios", em que uma parte unilateralmente compromete-se a um certo curso de ação ou de política (Jr 34:8-18; 2Rs 23:3; 2Cr 15:12; na melhor das hipóteses, Yahweh é invocado [por juramento?] para realçar a solenidade do ato, embora em nenhum desses três textos posteriores o narrador realmente descreve Yahweh mesmo cônscio dos procedimentos, e muito menos sendo uma parte deles). Frequentemente esse compromisso é forçosamente extraído, dando a impressão de que *bĕrîṯ* não é um "pacto", mas uma "obrigação imposta" (ger. *Verpflichtung*).

Onde Deus está debaixo de obrigação. Contudo, quando se refere aos relacionamentos entre Deus e os seres humanos, não fica imediatamente claro que *bĕrîṯ* comunica o mesmo sentido que a palavra "pacto". Quando Deus faz uma promessa solene concedendo favores a certos indivíduos (Abraão, Fineias, Davi), relacionamento especial é criado, mas parece assemelhar-se mais a um "contrato" (concessão de direitos por um soberano) do que com "pacto" mutuamente estabelecido (Gn 6:18-21; 9:1-17; 15, 17; 2Sm 23:5; Is 54:9-10). Na verdade, este tipo de *bĕrîṯ* (em que Deus funciona como o soberano) ficam claramente modeladas as concessões reais que eram bem conhecidas no antigo Oriente Próximo.

Onde Israel está debaixo de Obrigação para com Deus: Sinai. O caso é muito menos claro para o "Pacto do Sinai" associado aos Dez Mandamentos e o restante das leis bíblicas. Não é de se surpreender que esse pacto receba a maior atenção na Bíblia: ele sozinho fala o que Israel deve fazer para manter seu relacionamento especial com Deus. É discutível que todos os pactos bíblicos em que os israelitas tenham jurado obrigações para com Deus (Êx 19:5; Jr 11:2-10; Dt 29:1 [28:69]-30:20; Js 24; Ml 2:4-9 [cf. Nm 25:12-13]) sejam incluídos no *bĕrîṯ* do Sinai ou constituam renovações dele.

Nem mesmo fica claro se este "pacto" foi inicialmente rotulado como *bĕrîṯ*: alguma evidência sugere que ele foi mencionado em vez de *debarim*, "afirmações (de obrigação?)" ou "termos (de um acordo?)", *'ālâ*, "juramento", ou *'ēḏûṯ*, "juramento de obrigação". O que era este *bĕrîṯ* do Sinai, e como ele foi originalmente considerado pelos antigos israelitas? Era ele um verdadeiro "pacto (Bund) entre Deus e Israel, análogo a um tratado/pacto, um relacionamento de concordância mútua? Ou era ele uma "obrigação imposta" (Verpflichtung), um arranjo unilateral de Deus no qual Israel tinha pouca escolha a não ser aceitar?

Tradições posteriores a respeito do *b rî* do Sinai. ***Período pós-exílico.*** As perguntas se prolongam sobre como o *bĕrîṯ* do Sinai era considerado pelos antigos israelitas antes do século VII — na verdade, alguns eruditos duvidam mesmo que a ideia de um *bĕrîṯ* do Sinai tenha existido antes. A questão se torna cada vez mais clara durante o período pós-exílio com o surgimento do antigo judaísmo (sécs. VI e V e mais tarde). Como a lei mosaica se tornou uma força mais dominante na formação da identidade judaica, o *bĕrîṯ* se tornou crescentemente sinônimo da Torá, "lei": Ela se referia às obrigações que se esperava de um judeu fiel desempenhasse. Não obstante qual possa ter sido o seu significado anteriormente, o *bĕrîṯ* mosaico veio a ser considerado agora como obrigações que Deus havia imposto sobre os israelitas.

Período Helênico: Sinai como diathḗkē. Quando combinadas com as injunções do final do século V contra o casamento de israelitas com pessoas de outras nacionalidades (Ed 10:3-5), o *bĕrîṯ* do Sinai veio a ser associado à etnicidade judaica. No tempo do período helênico, tinha se tornado e visto tradicionalmente como a posse religiosa-cultural dos judeus, sinal da "eleição" deles como "povo escolhido" de Deus (cf. Rm 9:4). Os judeus de fala grega criam que esse *bĕrîṯ* fosse, grosso modo, sinônimo da palavra grega *diathḗkē*, "uma ordem ou instituição estabelecida por autoridade" (tal como Deus), embora no sentido técnico ela podia se referir ao "testamento" de uma pessoa falecida, permitindo um paradoxo interessante na alegação de que o *diathḗkē* era de Deus (cf. Gl 3:15-18; Hb 9:16-17).

O *diathḗkē* do Sinai — e suas numerosas leis (gr. *nómoi*) — veio a ser visto como a "vontade" suprema de Deus para Israel, a "herança" ou "legado" cultural especial que ele havia irrevogavelmente "deixado para a posteridade", que era exclusivamente para os judeus. Os leitores da Bíblia Grega — incluindo a literatura apócrifa e pseudoepígrafa - quase certamente entendiam que o pacto de Deus era de expressões unilaterais e definitivas de sua vontade e disposição obrigatórias (seja para com Israel, Abraão, Davi ou qualquer outro), não algum acordo mútuo entre duas partes (que teria sido através da palavra grega *synthḗkē*).

Novo Testamento. Jesus. Jesus parece não ter aceitado como normativas estas conotações finais, mas é difícil demarcar o seu pensamento real sobre essa matéria visto que ele evita usar a terminologia do *bĕrîṯ/diathḗkē*. Ele parece ter considerado a ligação de Israel com Deus como um processo dinâmico de relacionalidade (que ele rotulou de "reino/governo de Deus"), não um princípio teológico designando a herança tradicional de Israel. Sua confiança nos padrões mais arcaicos do pensamento do pacto se torna mais clara quando o vemos como um "reformador" insistindo no fato de que Israel é agora diretamente responsável perante Deus e perante a mais alta justiça implícita na Lei (p.ex., as estipulações do *bĕrîṯ* do Sinai), e não mais responsável diante de Deus indiretamente através de aderência ao *modus operandi* da tradição religiosa acumulada.

Talvez numa paródia da ideia tradicional de *bĕrîṯ* fosse (o "morto"?) o "testamento" (*diathḗkē*) final e obrigatório de Deus para Israel, as parábolas de Jesus frequentemente descreveram Deus como proprietário ausente, homem rico numa viagem, rei afastado numa terra distante, cujo retorno sempre significa desastre para aqueles incumbidos dos negócios do senhor (p.ex., a supervisão de uma comunidade religiosa). Os guardadores da tradição judaica entenderam corretamente que tais parábolas e ensinos semelhantes a respeito da "vinda" do reino de Deus eram dirigidos a eles, e eles responderam cruelmente (Mt 21:45-46). A fonte de conflito entre eles e Jesus era composta de dois conceitos rivais (e de autoridade) a respeito da essência e relevância do *bĕrîṯ* de Israel com Deus: para eles era um princípio teológico que santificava as tradições sobre as quais eles presidiam; para Jesus era uma ratificação histórica que tinha pouca consideração pelas instituições ou hierarquias humanas (ou judaicas).

No final Jesus aquiesceu à falta de piedade deles, mas não antes de falar do "novo pacto" que seria inaugurado por sua morte e iria atrair os seus discípulos para um relacionamento definitivo com o Deus de Israel (Mc 14:24; 1Co 11:25). A conexão é inconfundivelmente para o *bĕrîṯ* escatológico antecipado em Jeremias 31.

Paulo. Quando se refere ao Sinai, Paulo usa a terminologia do *bĕrîṯ/diathḗkē* de maneira muito escassa e sempre com qualificação significativa. Isso não é surpreendente devido à convicção de que o pacto do Sinai não havia suplantado o abraâmico e que não mais tem um papel a exercer na definição da essência distintiva da religião de Israel (Gl 3:15-18).

Em Romanos 9:4, ele lista *diathḗkai* (plural) como parte da herança ou legado distintivo que Deus tinha deixado para Israel. Conquanto esse uso seja típico do judaísmo do primeiro século (esp. helênico), não fica claro qual *diathḗkai* Paulo tem em mente. Em 2Coríntios 3:14,ele explicitamente liga o "antigo *diathḗkē*" à legislação escrita mosaica no Pentateuco, e provavelmente a entende no sentido tradicional de obrigações impostas instituídas por Deus (cf. "primeiro *diathḗkē*" em Hebreus 9:1).

A crença encorajadora de Paulo de que o judaísmo não mais deveria ser baseado em obrigações divinamente impostas não somente justificava o seu uso do adjetivo "antigo" (gr. *palaiá*), mas também encontrou expressão em sua alegoria de Hagar e Sara, em que cada uma delas representa um *diathḗkē* (Gl 4:21-31). Hagar representa o *diathḗkē* do Sinai (= antigo?) que é claramente uma obrigação (*douleía*, "escravidão, servidão") imposta. Na verdade, quando se refere ao Sinai e sua dinâmica operacional, a palavra escolhida por Paulo é usualmente *nomos* ("lei" ou "obrigação costumeira"), não *diathḗkē*. Para Paulo, a igualação de *diathḗkē* com "obrigação imposta" ou "lei" adequada e exatamente sumariza o presente estado do judaísmo tradicional (representado por Jerusalém, Gálatas 4:25), na qual a religião (semelhante a Ismael) é concebida com respeito ao princípio de confiar no eu e no modo antigo de fazer as coisas (p.ex., "a carne").

Nessa alegoria, Sara representa um *diathḗkē* celestial (= "novo"?) para Israel que claramente não é uma obrigação imposta. Ela sumariza a cosmovisão religiosa cristã, que (igual Isaque) é concebido com respeito ao princípio de um relacionamento vivo (p.ex., "o espírito") de confiança na capacidade de Deus de manter suas promessas. Na verdade, quando se refere a esse pacto celestial e sua dinâmica operacional, a palavra escolhida por Paulo não é *diathḗkē*, mas *epangelía*, "promessa". Paulo, semelhante a Jesus, assim expressa a ideia de que "pacto" atrai alguém para um relacionamento vivo de responsabilidade direta para com um parceiro, não conformidade a tradições religiosas, instituições e pessoal que alegam mediar esse relacionamento.

A noção de que o laço especial de Israel com Deus não é "obrigação imposta" pode não ser totalmente "nova". Ela poderia estar enraizada nos padrões arcaicos de significado que eram entendidos ainda como o *bĕrîṯ* de Deus com Israel — mesmo o *bĕrîṯ* do Sinai — mais no modelo de um acordo mútuo.

Questões no entendimento do Pacto do Sinai. No século passado, os eruditos debateram vigorosamente sobre a natureza, antiguidade, e importância da tradição do pacto do Sinai. Em um polo, estão eruditos (p. ex:, George E. Mendenhall, Delbert R. Hillers) que alegavam que (1) a tradição do pacto do Sinai na verdade remonta a Moisés; (2) desde o princípio ele era um componente fundamental (se não o definitivo) da religião israelita; (3) sua ética religiosa realmente funcionava historicamente como a base da vida e sociedade israelitas nos séculos anteriores à monarquia hebraica; (4) quando aplicado ao evento do Sinai, o *bĕrîṯ* de fato significava aproximadamente a mesma coisa que a palavra "pacto" (Bund). No outro pólo, estão aqueles (p.ex., Lothar Perlitt, Ernest W. Nicholson) que alegam que (1) a tradição do pacto do Sinai surgiu mais tarde, durante a monarquia; (2) ele era simplesmente um entre muitos elementos da religião israelita; (3) ele nunca foi mais do que uma construção ou ideia teológica (teologúmeno) que ajudou a santificar uma sociedade israelita realmente enraizada numa ética mais secular do autointeresse nacional; e (4) o *bĕrîṯ*, quando aplicado ao Sinai intrinsecamente significava "obrigação" (Verpflichtung).

Eles concordam em um ponto: o pensamento hebreu sobre o *bĕrîṯ* de Israel com Yahweh foi moldado por uma familiaridade com as convenções internacionais de tratados dominante nos tempos bíblicos. Entretanto, aqui a concordância termina. Cópias reais desses tratados foram descobertas, principalmente as dos hititas (1400-1200 a.C. — tempo de Moisés?) e as dos assírios (750-650 a.C. — tempo dos profetas). Esses documentos mostram similaridades suficientes (preâmbulos, estipulações, testemunhos, maldições) que sugerem uma continuidade geral no padrão de tratados por mais de oitocentos anos. Todavia, há importantes diferenças tanto na forma real como no tom retórico, revelando diferenças sutis, mas importantes nas convenções de tratados durante os tempos bíblicos. A questão é quais convenções de tratados de qual período influenciou o pensamento hebreu a respeito do relacionamento de Israel com Deus.

Os textos do segundo milênio usualmente incluem prólogo histórico descrevendo a história das boas relações anteriores entre as duas partes, particularmente os atos beneficentes do suserano em favor do vassalo. Os textos do primeiro milênio quase que sempre carecem dessa informação.

Os textos do segundo milênio incluem não somente maldições (litania de desastres e infortúnios a se sucederem a um vassalo desobediente), mas também bênçãos (litania de benefícios a virem sobre um vassalo fiel). Os textos do primeiro milênio contêm somente maldições.

Consequentemente, os textos hititas (heteus) do segundo milênio refletem uma tentativa sofisticada e astuta de ressaltar a pretensa boa vontade e integridade de cada um envolvido: o vassalo entra no relacionamento e voluntariamente aceita suas obrigações porque o relacionamento com seu senhor é mutuamente benéfico e satisfatório. O apelo retórico público nestes textos é para a gratidão, reciprocidade, comunhão e honra. Há pouca dúvida de que estes textos representem verdadeiros "pactos" (p.ex., acordos mútuos; Bunde) entre as duas partes.

Os textos assírios do primeiro milênio são comparativamente sem sofisticação, constituindo tentativas muito cruas de coagir à obediência. Um vassalo aceita suas obrigações porque estas lhe foram impostas e porque ele fica tangivelmente temeroso das consequências da deslealdade. O apelo retórico público é para o temor e a intimidação; não há nem mesmo o pretexto de uma escolha real, muito menos o pretexto de que os interesses do vassalo sejam de qualquer preocupação. Embora inicialmente rotulados "tratados (vassalos)", esses textos são realmente "juramentos de lealdade". Eles não são verdadeiros "pactos", mas "obrigações impostas" (Verpflichtungen).

Todos os eruditos concordam que os textos bíblicos que descrevem o *bĕrîṯ* do Sinai têm sido ao menos "filtrados" através das lentes do primeiro milênio dos escritores bíblicos, e que os paralelos são notáveis entre os juramentos de lealdade assírios e a tradição do Sinai (particularmente os relatados em Deuteronômio). Aqueles que creem que a tradição do Sinai surgiu mais tarde enfatizam (1) esses paralelos, especialmente os paralelos textuais entre as maldições assírias e aquelas associadas com o *bĕrîṯ* do Sinai; (2) o fato de que *bĕrîṯ* tradicionalmente parece ter significado "obrigação imposta"; e (3) a evidente falta de referências ao *bĕrîṯ* do Sinai nos profetas do século VIII (em contraste com o seu uso enfático posterior).

Aqueles que creem que as tradições do Sinai, surgidas primitivamente enfatizam os paralelos com os tratados hititas do segundo milênio, particularmente (1) o tom retórico da tradição do Sinai (Yahweh tenta "persuadir" antes do que amedrontar Israel a um relacionamento); (2) os análogos formais evidentes ao prólogo histórico (Êx 20:2; cf. Js 24, um texto posterior); e (3) a inclusão de bênçãos (mesmo num texto posteriormente demonstrável tal como Deuteronômio 28). Isso sugere que o *bĕrîṯ* do Sinai (ou qualquer nome pelo qual tenha sido originalmente chamado) não era originalmente considerado como "obrigação imposta", mas como "pacto" no verdadeiro sentido da palavra. Se na época, a palavra *bĕrîṯ* se tornasse "contaminada" (pela elevação do privilégio davídico na cultura judaica), os profetas do século VIII teriam se sentido desconfortáveis em aplicá-la à tradição do Sinai. O recurso de Oseias da analogia do casamento e mesmo o questionamento de Amós sobre o senso de eleição privilegiada de Israel (Am 9:7; cf. 3:2) pressupõem algum tipo de "laço de pacto" entre Deus e Israel, como faz a "ação judicial" profética acusando Israel de falha em guardar sua obrigação para com Deus.

O Novo Pacto. Não obstante o tempo em que surgiu a tradição do Sinai, por volta do final século VII e começo do século VI, quando os escritores deuteronomistas estavam ocupados em promovê-lo como o principal *bĕrîṯ* na cultura judaica, outros escritores bíblicos estavam convencidos de que tinha sobrevivido sua utilidade. Eles estavam antecipando um novo *bĕrîṯ* entre Deus e Israel (Is 55:3; 59:21; Jr 31:31-34; 32:37-41; Ez 16:60; 37:26; Os 2:18 [20]). Nesse *bĕrîṯ*, as obrigações não seriam forçosamente impostas, mas livremente abraçadas devido a uma transformação do coração humano. Os cristãos primitivos ligavam essa esperança profética com a alusão que Jesus fez na última ceia de um "novo pacto". Para eles, a ressurreição de Jesus não somente vindicava o seu ensino, mas ligava a "vontade" suprema ou "testamento" de Deus não ao *bĕrît̲* do Sinai, mas à comunhão daqueles que estão "em Cristo".

A tradição cristã de dividir a Bíblia em dois "testamentos" ("Antigo" e "Novo") indica que o cristianismo tem visto o "pacto" como o princípio organizador proporcionando significado e coerência para a totalidade da Escritura. Igualmente, a ênfase do judaísmo sobre o *status* singular de Israel como "o povo de Deus" assinala sua consciência do papel definitivo que "pacto" exerce em moldar a identidade e a vida religiosa. Em ambas as tradições religiosas, o relacionamento de pacto sendo exaltado é aquele entre Deus e o povo de Deus, seja isso entendido como povo judeu ou a igreja fiel. Estudar a noção bíblica de "pacto" é, assim, estudar o que é discutivelmente o conceito central ou o âmago de toda a Bíblia.

Bibliografia. D.R. Hillers, *Covenant: The History of a Biblical Idea* (Baltimore, 1969); J. Levenson, *Sinai and Zion* (San Francisco, 1987); D. J. McCarthy, *Treaty and Covenant*, ed. rev. AB 21A (Roma, 1978); G.E. Mendenhall, "Covenant Forms in Israelite Tradition", *BA* 17 (1954), 50-76; reimpr. em *BAR* 3, ed. E.F. Campbell e D. N. Freedman (Garden City, 1970), 25-53; E. W. Nicholson, *God and His People: Covenant and Theology in the Old Testament* (Oxford, 1986); R. A. Oden, Jr., "The Place of Covenant in the Religion of Israel", em *Ancient Israelite Religion*, ed. P. D. Miller, P. D. Hanson, e S. D. McBride (Philadelphia, 1987), 429-47. [GARY A. HERION]

PACTO, LIVRO DO Êxodo 20:23-23:19, uma coleção de palavras, juízos, estatutos e mandamentos que foram localizados na teofania do Sinai entre o Decálogo e a cerimônia do pacto. Essa coleção de leis recebe seu título de Êxodo 24:7, que posteriormente serve para consolidar tal coleção de leis em seu ambiente literário como um aspecto do pacto mosaico.

É geralmente aceito que o Livro do Pacto seja a mais antiga compilação israelita de leis já registrada, retirada de uma variedade de tradições orais. Ela foi editada e revisada como a sociedade em que essas leis cresceram e se desenvolveram como normativas. A evidência dessa história de desenvolvimento é complexa, e ainda não houve nenhuma reconstrução forçada de sua história redacional, em parte devido à falta de uma estrutura óbvia em toda a coleção. Os mandamentos podem ser agrupados em parágrafos por tópico, mas ambos, a lógica interna dos parágrafos e os relacionamentos entre os parágrafos, parecem fortuitos. Contudo, esta é uma das diversas similaridades entre o Livro do Pacto e outros códigos bíblicos de leis assim como os do antigo Oriente Próximo.

O Livro do Pacto tem sido frequentemente dividido em duas seções baseadas no tipo de material legal que predomina em cada um: Êxodo 20:23-22:16 é primariamente casuístico (semelhante ao caso de lei) em sua forma; 22:17-23:19 é primariamente apodítico (igual a um mandamento) em sua forma. Divisões posteriores podem ser feitas de acordo com tópicos gerais.

Bibliografia. J. L. Durham, *Exodus*, WBC 3 (Waco, 1987), 305-38; B.M. Levinson, ed., *Theory and Method in Biblical and Cuneiform Law*. JSOTSup 181 (Sheffield, 1994); J. W. Marshall, *Israel and the Book of the Covenant*. SBLDS 140 (Atlanta, 1993); J. M. Sprinkle, "The Book of the Covenant": A Literary Approach, *JSOTSup* 174 (Sheffield, 1994). [CHERYL LYNN HUBBARD]

PADÃ-ARÃ (heb. *paddan-'ărām*) (tb. PADÃ) Área em torno de Harã na alta Mesopotâmia. Usualmente traduzida por "Campo de Arã" (cf. Os 12:12 [TM 13]), Padã-Arã é geralmente considerada uma designação alternativa para Arã-Naaraim, território circundado pela grande curva do rio Eufrates. Alguns estudiosos têm argumentado que o termo foi uma tradução do termo aramaico do nome da cidade de Harã. Sua localização exata é desconhecida.

Todas as ocorrências bíblicas se referem à terra natal da família de Abraão. Rebeca era de Padã-Arã (Gn 25:20); Isaque mandou Jacó procurar lá uma esposa (28:2-7); Jacó residiu temporariamente com Labão em Padã-Arã, e a maioria de seus filhos nasceram lá (35:26; 46:15; cf. 48:7, Padã). [STEPHEN J. ANDREWS]

PADEIROS, RUA DOS RUA EM JERUSALÉM (heb. *ḥûṣ hā'ōpîm*), aparentemente o lugar onde os membros da associação dos padeiros se concentravam (Jr 37:21). Porque a palavra hebraica *ḥûṣ* tem o significado mais geral de "fora das portas" ou "o terreno entre as casas", "o quarteirão dos padeiros" seria uma tradução melhor.

PADOM (heb. *pāḏôn*) Servidor do templo cujos descendentes retornaram com Zorobabel do cativeiro na Babilônia (Ed 2:44 = Ne 7:47).

PÃES ÁZIMOS, FESTA DOS A primeira de três festas mencionadas nas mais antigas prescrições de festas em Êxodo 23:14-17; 34:18-24. Tem-se argumentado geralmente que a Peregrinação dos Pães Ázimos (*ḥag hammaṣṣôt̲*) foi inicialmente uma observância agrícola dos cananeus associada à colheita da cevada e adaptada pelos israelitas. Nos primitivos textos bíblicos, entretanto, a peregrinação está associada especificamente ao êxodo do Egito. Os israelitas devem evitar comer fermento durante sete dias. A festa de sete dias acontece no primeiro mês, abibe (abril-maio) nos calendários mais antigos, e é observada do dia 15 até o dia 21 (cf. Êx 12:18; Lv 23:6). Levítico 23:9-16 antevê a Festa dos Pães Ázimos como a ocasião para a apresentação do primeiro feixe da colheita e seria fixada a Festa das Semanas 50 dias depois dessa apresentação. O pão sem fermento acabou se associando à Páscoa de tal maneira que as duas observâncias originalmente distintas eram vistas como observância de um ritual com dois movimentos (Êx 12–13; Dt 16:1-8; Lv 23:4-8). *Ver* PÁSCOA, FESTA DA. [FRANK H. GORMAN, JR.]

PÃES DA PROPOSIÇÃO (ou Pães da Presença) Os pedaços de pão colocados no santuário em uma tábua dourada, perante Yahweh. O seu nome deriva do fato de ele estar na presença de Deus e é, portanto, santo. O pão da presença está descrito em mais detalhes em Êxodo 25:23-30; Lv 24:5-9 na descrição da construção do tabernáculo. Êxodo 25:23-30 enfatiza a tábua dourada sobre a qual o pão é colocado. Levítico 24:5-9 descreve o pão em si. O pão da proposição consiste de doze pedaços, colocados em duas fileiras de seis cada. Cada um é feito de dois décimos de um efa de farinha. O pão da proposição funcionava como oferta de grãos que era espargida com incenso. Arão substituiria os pães por outros semanalmente. O pão da proposição simboliza o pacto eterno entre Deus e Israel. Sua localização no santuário é exatamente em frente ao lugar santíssimo e indica o status santo do pão. Em vista de seu caráter sagrado, uma vez que o pão era removido ele tinha de ser comido pelos sacerdotes dentro dos limites do santuário.

O pão da proposição é mencionado esporadicamente em outras partes da Bíblia. O texto de 1Reis 7:48 coloca o pão da proposição no templo de Salomão. Uma gama de referências também ocorre em Crônicas (1Cr 9:32; 23:29; 28:16; 2Cr 2:4 [TM 3]; 13:11; 29:18). Em 1Macabeus 1.22; 4.49, vemos a descrição de como Antíoco Epifânio deu cabo da tábua dourada usada para o pão da proposição, em 170 a.C. e como foi mais tarde recolocada por Simão Macabeus. Em 1Samuel 21:4-6 [5-7], o autor descreve um incidente quando Davi e seus homens comeram os pães da proposição no santuário de Nobe, enquanto fugiam de Saul. A história enfatiza que Davi e seus homens estavam num estado de santidade porque tinham se refreado de relações sexuais. Assim, o fato de eles comerem os pães não manchou o status de santidade deles, ainda que não fossem sacerdotes. Essa história é mencionada nos evangelhos sinópticos (Mc 2:26), no ensino de Jesus como ilustração da razão pela qual é legítimo comer do grão no sábado.

Bibliografia. M. Haran, *Temples and Temple-Service in Ancient Israel* (1978, repr. Winona Lake, 1985). [THOMAS B. DOZEMAN]

PAFOS (gr. *Páphos*) Cidade da costa sudoeste de Chipre, visitada por Paulo e Barnabé em sua primeira viagem missionária (At 13:6-13). Na verdade, a viagem deles foi para nova Pafos, estabelecida no século IV a.C. como cidade portuária no local da moderna Baffo, cerca de 15 km distante da antiga cidade (moderna Kouklia). Quando Chipre se tornou parte do império romano em 58 a.C., a nova Pafos tornou-se a capital da ilha. No tempo de Paulo, ela era a cidade mais importante de Chipre.

A antiga Pafos era famosa na antiguidade por seu templo a Afrodite. De acordo com a lenda, foi na praia perto de Pafos que essa deusa nasceu da espuma do mar e apareceu pela primeira vez à humanidade. Viajando pela estrada romana de Salamina a Pafos, Paulo e Barnabé teriam descido dos montes do centor de Chipre e teriam avistado o templo e as duas cidades com o mar além. Foi aqui que se encontraram com o procônsul Sérgio Paulo e o mágico Elimas. Pafos manteve sua importância até a era bizantina, quando Salamina, reconstruída como Constantia, tornou-se a capital da ilha. [DAVID A. DORMAN]

PAGÃOS Designação dos gentios não cristãos em contraste com os gentios cristãos a quem Paulo se dirigiu (gr. *éthnē*; 1Co 5:1; 10:20).

PAGIEL (heb. *pagʿîʾēl*) O filho de Ocrã; o líder de Aser durante a peregrinação no deserto (Nm 2:27; 10:26) que ajudou Moisés no recenseamento (1:13) e deu uma oferta para o tabernáculo (7:72, 77).

PAI (heb. *pāʾî*) **1.** Na cosmovisão patriarcal do Israel bíblico, o pai (heb. *ʾāḇ*) era a peça chave da vida familiar, e sua casa (*bêṯ-ʾāḇ*) era a unidade básica da sociedade bíblica. A paternidade era o único caminho por meio do qual um homem poderia perpetuar seu nome e sua memória, depois da morte. Assim, a aquisição de herdeiros homens é frequentemente um elemento primário em narrativas bíblicas (p. ex., 1Sm 1).

De acordo com os códigos legais bíblicos, os pais tinham tanto privilégios quanto obrigações. O privilégio principal era honra ou respeito público, o valor dominante social no mundo do Mediterrâneo. Essa honra se deve aos pais (Êx 20:12; Dt 5:16; Ml 1:6) e é demonstrada pela obediência (Gn 27:8, 13). Desrespeito, violência física, fala arrogante, ou uma atitude rebelde levava à pena de morte (Êx 21:15; Lv 20:9; Dt 22:18-21). Dos filhos, esperava-se que evitassem qualquer conduta que envergonhasse seus pais (Lv 18:7-8).

Um dever religioso central do pai era ver se seu filho foi circuncidado no pacto (Lv 12:3), e instruí-lo propriamente na Torá do Senhor (Dt 11:19). No livro de Provérbios, o pai fornece a instrução própria sobre viver bem e sobre a responsabilidade dentro da sociedade para seus filhos. Nas narrativas bíblicas, os filhos deixam a casa de seus pais para seguir o mandamento divino (Gn 12:1) ou para escapar da punição criminal (27:41-45; 2Sm 13:34-38). Mais frequentemente, o pai arranjava casamentos endogâmicos para seus filhos e dava as boas-vindas às suas noras em seu lar (Gn 12:2-6; mas cf. Ct 4:9-10; 5:1-2). Em acréscimo, o pai era responsável pela supervisão do comportamento (Nm 12:14) e da sexualidade das mulheres que viviam dentro de sua casa; nesse sentido, ele garantia que os filhos nascidos de sua esposa fossem seus e que suas filhas eram virgens, quando deixavam sua casa para se casar. Ele exercia autoridade absoluta sobre os filhos, mas especialmente sobre as filhas, cuja posição dentro da família era inferior e precária (2Sm 13). Elas voltavam ao seu controle se ficassem viúvas e sem filhos. Se o comportamento delas o envergonhasse, elas mereciam a morte (Gn 38:24; cf. Jz 11:35-36).

Desde o segundo milênio a.C., as religiões do Antigo Oriente Próximo tinham se dirigido aos seus deuses nacionais com o título de "pai" para identificá-los como fornecedores e protetores. O Israel bíblico seguiu essa prática (Dt 1:31; 8:5; Is 43:6; Os 11:1), estendendo a metáfora para incluir a criação do Senhor de Israel como seu povo (Êx 4:22; Dt 32:6; Is 63:13; 64:7). Esse entendimento de Deus como pai se tornou um motivo para a observância da lei (Dt 14:1) e para buscar a compaixão e o perdão divinos (Sl 103:13-14; Jr 3:19; 31:9, 20; Os 2:1 [TM 3]).

No Novo Testamento, a paternidade é parcialmente obscurecida. Somente Mateus e Lucas mencionam José como o pai de Jesus. Jesus reforça a responsabilidade dos filhos de cuidar de seus pais (Mc 7:10-13) e insiste em que seus seguidores devem deixar pai e mãe para perseguir o evangelho (Mt 10:37). Os códigos familiares mantêm a autoridade paternal e requerem obediência de todos os membros da família (Ef 5:22-6:9; cf. Cl 3:18-4:1).

Deus é o pai dos crentes cujo amor (Mt 6:5-8; 10:29-31) e perdão (Lc 15:11-32) modelam o amor que devem um ao outro (Mt 5:43-45). Ele é, entretanto, o pai de Jesus de Nazaré de um modo singular (Mt 11:25-27); as narrativas dos sinópticos da Paixão enfatizam esse relacionamento (Mc 14:35-39; 15:39). As tradições joaninas desenvolvem, ainda mais, a metáfora do pai, de modo que ver Jesus de Nazaré é ver o Pai, pois somente Jesus o conhece (Jo 14:1-14). [KATHLEEN S. NASH]

2. Forma alternativa de Pau, a residência de Hadar, rei edomita (1Cr 1:50).

PAINÇO Grão, sorghum vulgare Pers. (sorgo) ou Panicum miliaceum L. (painço) ou algum outro grão ou variedade de grãos (heb. *dōḥan*). O painço é mencionado somente em Ezequiel 4:9, em que seu evidente significado é ser incomum como alimento humano; as condições do cerco ocasionaram a escassez de alimento representada pelo pão do profeta (cf. v. 6).

PAIS APOSTÓLICOS Coleção de escritos cristãos antigos supostamente escrita por discípulos ou companheiros íntimos dos apóstolos. Usualmente inclusos nos Pais Apostólicos estão Didaquê, 1Clemente, 2Clemente, Barnabé, as cartas de Ignácio, a(s) carta(s) de Policarpo aos Filipenses, o Pastor de Hermas e os escritos de Papias. Algumas vezes estão inclusos o Martírio de Policarpo, obra melhor classificada com a literatura de mártires antiga, e a Epístola a Diogneto, que pertence à literatura apologética.

A descrição de certos indivíduos, que não eram apóstolos, como "apostólico" tem sua origem na Igreja antiga (ex., Mart. Pol. 1.2), mas a designação moderna de um grupo real de escritos como Pais Apostólicos deriva-se do século XVII. Uma coleção de cinco desses autores foi publicada em 1672 por Jean Baptiste Cotelier, e o termo "Pais Apostólicos" foi aplicado por William Wake em 1693 à sua tradução de 1Clemente, Policarpo, Ignácio, Martírio de Ignácio, Martírio de Policarpo, Barnabé, Hermas, e 2Clemente.

O nome baseou-se na dedução de que havia uma ligação entre muitos desses autores com os apóstolos, suposição vista como improvável em muitos casos. A justificação para manter essas obras juntas como corpo de literatura distinto é que formam os escritos cristãos não canônicos mais antigos, que não pertencem a nenhuma outra classificação e que não estão associadas aos desenvolvimentos heréticos posteriores. Suas datas se dão entre a última parte do século I (Didaquê [?], 1Clemente) e a metade do século II (Hermas [?]). De modo que os Pais Apostólicos escreviam aos cristãos, semelhante aos escritores do Novo Testamento e diferentemente dos apologistas.

Esses escritos eram altamente considerados na Igreja antiga, e muitos andaram à beira da canonicidade; p. ex., o Códex Sinaítico bíblico (séc. IV) incluía Barnabé e o Pastor, e o Códex Alexandrino (séc. V) inclusos 1 e 2Clemente. As obras de Clemente e Ignácio representam, em muitos aspectos, as características que se desenvolviam na Cristandade Ocidental e Oriental respectivamente. Eles foram os Pais Apostólicos mais influentes, embora no decorrer da história essa influência tenha se dado através da pseudonímia, pela propagação das cartas de Ignácio e por atribuições falsas de outras obras a Clemente.

O agrupamento dos Pais Apostólicos é, em muitos aspectos, arbitrário. Eles envolvem em data o último escrito do Novo Testamento (p. ex., Apocalipse), os apócrifos primitivos do Novo Testamento e os pseudepígrafos (p. ex., Evangelho de Tomé, Evangelho de Pedro; Barnabé talvez seja pseudônimo), bem como os apologistas primitivos (Quadratus, Aristides) e atos dos mártires (Mart. Pol., Atos de Justino). Eles representam uma variedade de tipos literários: ordens da igreja (Didaquê); carta (Ignácio, Policarpo); carta tratado (1Clemente; Barnabé); sermão (2Clemente); apocalipse (Hermas); e talvez comentário (Papias). Eles mostram a expansão geográfica do Cristianismo: Roma (Hermas, 1Clemente, esta dirigida a Corinto), Esmirna (Policarpo, dirigida a Filipos), Antioquia (Ignácio, dirigida às cidades da Ásia), Síria (Didaquê [?]) e Alexandria (Barnabé [?]). Elas refletem as várias influências religiosas-culturais existentes no cristianismo primitivo: p. ex., o compilador do Didaquê viva na atmosfera do judaísmo, mas Ignácio é um helenista e vê Cristo como o substituto da herança judaica.

Cada um dos Pais Apostólicos representa muitas das preocupações distintivas dos cristãos da terceira geração: questões relacionadas à instrução dos novos convertidos, ao culto, e à organização da igreja (Didaquê); unidade interna (1Clemente); vida Cristã (2Clemente, Policarpo); questões relacionadas com o envolvimento nos negócios do mundo e a viabilidade de arrependimento para pecadores pós-batismais (Hermas); a relação com os judeus e com lugar do Antigo Testamento (Barnabé); com falsos ensinos e como encontrar e se opor à sua ameaça (Ignácio); expectativas escatológicas (Papias). Na maior parte, eles se direcionavam para as necessidades práticas das comunidades cristãs e não à teologia especulativa.

Apesar de sua diversidade de personalidade e de interesses, os pais apostólicos exibem algumas características gerais. Eles eram indivíduos zelosos e piedosos lutando para preservar os ensinos apostólicos nos primeiros anos, logo depois que os apóstolos tinham morrido. Sem serem pensadores criativos em si mesmos, aplicaram originalidade a certos materiais de tradição cristãos. Eles procuraram ser fiéis à afirmação cristã fundamental de que há um único Deus, de que só há salvação em seu Filho Jesus Cristo, e que o Espírito Santo habita na Igreja visível dos cristãos, cuja unidade eles procuraram manter contra várias ameaças. Embora cada um tenha usado a Escritura à sua própria maneira, existem muitas citações da Bíblia (especialmente do Antigo Testamento) e um comprometimento comum como sua autoridade, conforme interpretada à luz da vinda de Cristo. Eles estavam muito preocupados com o estilo de vida cristã em face do mundo que os rodeava. Eles são frequentemente acusados de apostatar das doutrinas paulinas da graça e da fé, mas essas acusações derivam-se de um entendimento parcial de Paulo e falham em levar em conta as situações em que os pais apostólicos escreveram. Em sua maioria, eles compreendiam a base da salvação e aplicavam as consequências à vida dos crentes. Eles são confessadamente inferiores aos escritos apostólicos em percepção espiritual e em inspiração, mas isso não diminui a importância de seu testemunho à vida cristã e de seu pensamento em momento crucial na história da Igreja.

Bibliografia. E.J. Goodspeed, *Index Patristicus* (1907, repr. Peabody, 1993); R.M. Grant, ed., *The Apostolic Fathers*, vol. 1 (New York, 1964); C.N. Jefford, *Reading the Apostolic Fathers* (Peabody, 1996); J.B. Lightfoot, *The Apostolic Fathers*, 2. ed. (Grand Rapids, 1992); *Oxford Society of Historical Theology, The New Testament in the Apostolic Fathers* (Oxford, 1905). [EVERETT FERGUSON]

PAIS DA IGREJA Aquelas pessoas cujas visões a Igreja considerava serem o fundamento para o desenvolvimento da ortodoxia e espiritualidade do cristianismo primitivo. Esse tempo é classicamente dividido em três períodos: os anos de fundação (até o Concílio de Niceia [325]); o período de formação (até o Concílio de Calcedônia [451]); e o declínio da era patrística (na Igreja latina, até a morte de Gregório, o Grande [604] ou, talvez, de Isidoro de Sevilha [636]; na Igreja grega, até a morte de João de Damasco [749]). Visto como os fundadores das principais linhas de tradição eclesiástica, a categoria dos Pais da Igreja incluía apóstolos, bispos, mártires, apologetas, heresiólogos, teólogos, e historiadores.

O significado do termo mudou de nuança através dos séculos. Na antiguidade, a designação indicava um professor em relacionamento com um estudante — um pai para um filho. Baseando-se em cultura helenista tradicional, os cristãos primitivos identificavam os professores das crenças cristãs como Pais, os professores espirituais da fé (1Co 4:15; Mart. Pol. 12.2; Ireneu Adv. Haer. 4.41.2; Clemente de Alexandria Misc. 1.1.2-2.1). Os apóstolos eram naturalmente inclusos nessa categoria, uma vez que eles serviam como instrutores de comunidades cristãs específicas. Por volta do século II, bispos assumiram o título por causa de suas funções como pastores de igrejas individuais e como sucessores dos apóstolos (1Clem. 62.2; Eusébio HE 5.4.2). Durante as controvérsias teológicas dos séculos IV e V, o termo foi aplicado àqueles bispos cujos ensinos se conformavam especificamente aos ensinos da fé ortodoxa (cf. Basil Ep. 140.2), especialmente como aquela fé que posteriormente veio a ser definida pelos concílios ecumênicos (Éfeso [431] cânon 7). Cristãos subsequentes empregaram o termo como uma maneira de identificar certos autores reverenciados da tradição em distinção de escritores eclesiásticos em geral. Vincent de Lérins (Common. 63, 66) representa um movimento do século V para separar a designação de Pai da posição do bispo conjuntamente, por meio disso, removendo qualquer distinção apostólica específica pelo uso do termo. Certas listas publicadas de seus nomes se desenvolveram no século VI, como ilustrado pelo *Decretum Gelasianum*, que os identifica de acordo com sua associação com a Igreja latina.

Pelo critério moderno, a designação de Pais da Igreja é determinada de acordo com quatro critérios primários: ortodoxia de ensino e doutrina; santidade de vida; confirmação por autoridade eclesiástica e antiguidade. O título de Pai é estritamente uma preocupação eclesiástica. Aqueles aos quais a Igreja considera como dignos de serem listados entre os Pais têm tipicamente fornecido um sólido testemunho às normas da Escritura e à tradição cristã como fontes da fé. Sua obra e vida são vistas como um testemunho digno dessa realidade.

Porque se considera que os Pais refletem os fundamentos da fé cristã primitiva, a determinação de membros desse grupo frequentemente produz uma controvérsia feroz. Como resultado disso, listas diferentes se desenvolveram. A Igreja latina naturalmente escolheu reverenciar certos personagens, cuja teologia representa a ortodoxia ocidental: Ambrósio, Jerônimo, Agostinho e Gregório, o Grande. A Igreja grega tende a dar maior peso àqueles que são mais simpáticos ao pensamento oriental: Basílio, o Grande; Gregório de Nazianzo; Atanásio e João Crisóstomo. É claro, as Igrejas latinas e gregas incluem a maioria dos mesmos nomes e dão consideração às circunstâncias teológicas, sociológicas e históricas que afetaram os ensinos de candidatos durante seu tempo. Apesar da extensão de suas contribuições teológicas, entretanto, certos mestres permanecem como o foco de controvérsia ou por causa de sua quebra com a Igreja Católica ou por causa de suas posições doutrinárias exclusivas: Tatian, Tertuliano, Clemente de Alexandria, Orígenes, Teodoro de Mopsuéstia.

Alguns deles foram também identificados como Doutores da Igreja, título frequentemente dado a autores eclesiásticos que revelavam marcas especiais do ensino da Igreja. Pessoas que viveram depois do período patrístico usualmente receberam esse título como marca de que demonstraram contribuições teológicas de acordo com os ensinos dos Pais. Inclusos estão teólogos como Alberto, o Grande; Tomás de Aquino; Bonaventura e João da Cruz.

A autoridade dos Pais é baseada em seu apoio à tradição. O ensino de qualquer Pai específico que divirja da tradição não tem qualquer peso particular a menos que seja aprovado por um concílio geral. A Igreja aceita o entendimento unânime dos Pais com respeito à exegese da Escritura como fé sem erro. Ao balanço de seus ensinos combinados em teologia e doutrina, especialmente quando os Pais são tomados em relação uns com os outros, é dada consideração específica em questões de debate eclesiástico moderno.

Bibliografia. F.L. Cross, *The Early Christian Fathers* (London, 1960); G.L. Prestige, *Fathers and Heretics* (London, 1940); M. Wiles, *The Christian Fathers*, 2. ed. (Oxford, 1982). [CLAYTON N. JEFFORD]

PAIXÃO, NARRATIVAS DA Relatos do sofrimento e morte de Jesus. Tanto as narrativas da Paixão como as referências à paixão de Cristo que estão preservadas nos escritos cristãos primitivos canônicos e extrabíblicos são testemunhos da importância das narrativas da Paixão no início da vida da Igreja. A primeira referência escrita preservada à tradição oral da Paixão no cristianismo primitivo é a pergunta retórica de Paulo em Gálatas 3:1: "Ó gálatas insensatos! Quem os enfeitiçou? Não foi diante dos seus olhos que Jesus Cristo foi exposto como crucificado?" A ardente observação de Paulo aponta para o tema central da sua pregação, mas também indica que ele proclamou mais que Jesus Cristo foi crucificado (um possível entendimento de textos como 1Co 2:2) ou, dando um pequeno passo interpretativo, que Cristo morreu pelos pecados da humanidade (p. ex., 15:3). A impressionante lembrança de Jesus Cristo sendo publicamente exposto perante os olhos dos gálatas emprega verbos e a metáfora de ver o que denota o retrato vívido, até ilustrativo além da simples declaração do fato ou do caráter resumido de formulação de fé. Infelizmente, Paulo nem estende nem ilustra sua pregação de Jesus Cristo sendo crucificado, de forma que não é possível reconstruir a pregação do apóstolo Paulo sobre a Paixão. Em outros pontos de seus escritos, entretanto, de fato ficamos sabendo a respeito de certos eventos da Paixão dos quais Paulo teve conhecimento e que podia (e provavelmente fez?) narrar em sua pregação. Estes incluíam o de Jesus ter instituído a Santa Ceia (1Co 11:23-26), foi traído — à noite (v. 23), foi crucificado (Gl 3:1), morreu (1Co 11:26) e foi enterrado (Rm 6:4). Assim, no que são provavelmente as peças mais antigas de um texto cristão encontra-se evidência da tradição oral da paixão de Cristo.

Dessa forma, com o advento da crítica da forma, os intérpretes afirmaram que antes da composição do primeiro evangelho escrito existiu uma versão da narrativa da paixão razoavelmente bem feita, talvez até mesmo definitivamente organizada. O espaço de tempo entre a morte de Jesus no ano 30/33 d.C. e a redação do primeiro evangelho em meados de 60 a 70 exigiu um processo de transmissão oral. A comparação da narrativa da Paixão com outras histórias e partes dos evangelhos descobriu ser a narrativa da Paixão uma sequência de cenas aumentadas, logicamente graduais e até mesmo dependentes umas das outras na formação de um relato maior coerente. Por contraste, as partes dos evangelhos antes da narrativa da Paixão eram curtas, aparentemente unidades independentes que podiam ser, e talvez foram, organizadas na ordem que os evangelistas quiseram. Além disso, considerando que a perícope que compõe o relato do ministério de Jesus antes da Paixão poderia ser a única e comunicar uma mensagem intencional, certos elementos da narrativa da Paixão não tiveram função discernível fora do relato maior e pareceu improvável alguma vez ter existido independentemente. Embora nunca tenha havido consenso sobre onde começou a narrativa da Paixão pré-evangelho, aparentemente incapazes de uma existência independente incluíram a curta recordação da concordância de Judas em trair Jesus, a menção do jovem que fugiu nu da prisão de Jesus, a negação de Simão Pedro a Jesus, o incidente de Barrabás e a referência a Simão de Cirene. Separados do outro material da narrativa da Paixão, os intérpretes não acreditaram que tais itens teriam sido preservados.

A controvérsia dos críticos da forma primitiva sofreu séria crítica dos estudiosos na tentativa de refutar a existência de uma narrativa da Paixão pré-evangelhos. Todavia, há muitos estudiosos que, embora tendo dúvida sobre as muitas e variadas, porém exatas, reconstruções das narrativas da Paixão pré-evangelhos, ainda acham convincente a lógica básica do argumento para uma narrativa da Paixão pré-evangelhos. Embora esse importante assunto esclarecedor nunca possa ser definitivamente esclarecido, não se deve omitir a concordância central por todas as partes nessa controvérsia, que todos concordam que houve tradições narrativas da Paixão no cristianismo primitivo antes da composição dos evangelhos; de outra forma procuraríamos identificar o autor da ficção narrativa da Paixão.

Sem tentar resolver as questões da existência e da forma de uma narrativa ou narrativas da Paixão pré-evangelhos, pode-se indagar se existe evidência nas narrativas da Paixão nos evangelhos da tradição (ões) oral (ais) do período anterior aos evangelhos escritos. A análise de cinco importantes evangelhos cristãos primitivos revela uma superabundância de materiais especiais em cada uma das obras que sugere de modo abrangente um ativo interesse na paixão de Jesus e insinua uma estável elaboração da história mais básica. Quando se encontra um elemento da história num único evangelho, é possível que o item seja uma mera invenção do evangelista; entretanto, ao observar várias dessas características em cada um dos evangelhos, suspeita-se que os evangelistas estejam se baseando mais do que em suas imaginações. A quantidade de particularidade não é garantia de dependência da(s) tradição(ões) oral(is), mas quanto mais um traço característico a um evangelista é incorporado às narrativas da Paixão, mais provavelmente ele esteja confiando em algum estímulo externo do que em sua invencionice. O fato de muitos itens da história estarem preservados num único Evangelho não é por si só argumento contundente para a influência da tradição oral sobre os evangelistas, mas quando junto a evidência adicional esse fenômeno pode aumentar a força de um caso em relação à existência de influência da tradição oral sobre a formação e transmissão das narrativas da Paixão.

No relato de Mateus (Mt 26:1-27:66), vê-se a pergunta de Jesus a Judas após este tê-lo beijado, a história da morte de Judas, a história da esposa de Pilatos, Pilatos lavando as mãos e o concomitante clamor popular, o oferecimento de vinho misturado com fel, os sinais após a morte de Jesus e a colocação de um guarda junto ao túmulo.

Na narrativa da Paixão em Marcos (Mc 14:1-15:47), somente se lê sobre o jovem que fugiu nu quando da prisão de Jesus, o oferecimento de vinho com mirra (semelhante a Mateus, mas não exatamente o mesmo), e a confirmação da morte de Jesus por Pilatos.

Lucas (Lc 22:1-23:56) oferece ainda outros itens, incluindo confrontando Judas e aparentemente evitando o beijo, a presença dos líderes judeus à prisão de Jesus, Jesus curando o homem cuja orelha fora cortada, Jesus sendo ridicularizado enquanto aguardava na casa do sumo sacerdote, a reunião pela manhã dos líderes judeus para considerar o destino de Jesus, Jesus perante Herodes Antipas, Jesus e as filhas de Jerusalém, duas ou três palavras de Jesus na cruz, o relato do diálogo entre Jesus e aqueles com quem ele foi crucificado, a reação das multidões reunidas para assistirem à morte de Jesus e a menção dos conhecidos presentes com as mulheres e vendo a crucificação.

A narrativa de João (Jo 18:1-19:42) se distingue ainda mais por seus materiais especiais: o diálogo entre Jesus e a multidão que foi prendê-lo, incluindo suas palavras: "Eu sou" (gr. *egṓ eimi*) e eles caírem no chão; os detalhes de Simão Pedro ter empunhado a espada e Malco ter perdido a orelha; os soldados agarrando Jesus; outro discípulo acompanhando Pedro à casa do sumo sacerdote, Anás; o oficial batendo em Jesus por sua resposta ao sumo sacerdote e as palavras de Jesus ao oficial; Anás mandando Jesus amarrado a Caifás; as conversas entre Jesus e Pilatos; o diálogo entre Pilatos e os judeus; a declaração pelos judeus: "Não temos rei a não ser César"; Jesus carregando sua própria cruz; três palavras de Jesus na cruz; o pedido dos judeus para que as pernas de Jesus fossem quebradas, mas desde que ele já estava morto, é lancetado; e Nicodemos levando cerca de 45 kg de perfumes para usar no enterro de Jesus.

O Evangelho de Pedro, embora um fragmento, oferece uma trama narrativa da Paixão com elementos semelhantes aos relatos canônicos. Entretanto, esse Evangelho contém muitas ideias extraordinárias e elementos adicionais à história: Herodes é apresentado como um judeu observador da lei; ele é também um rei, que parece ter autoridade sobre Pilatos; o povo executa Jesus; a referência a Jesus, tanto como assunto como objeto nesta narrativa é "o Senhor"; ao ser ridicularizado, Jesus é desafiado: "Julgue retamente!"; a placa sobre Jesus diz: "Este é o rei de Israel", e parece ter sido colocado pelo povo; o Jesus crucificado "mantém a calma, como se não sentisse dor", um malfeitor critica os outros que crucificaram o Senhor [por achar] que ele não o merece; as trevas causam inquietação aos executores, já que Jesus ainda está vivo e, se o sol se puser eles estarão violando a lei; ao dar a Jesus vinagre e fel completam o pecado judeu, mas isso não está relacionado ao cumprimento de uma profecia messiânica na narrativa; Jesus grita: "Meu poder, ó poder, tu me abandonaste"; a terra treme quando o corpo de Jesus é nela colocado; os judeus entregam o corpo para José [de Arimateia]; os judeus e os líderes lamentam sua maldade e a relacionam explicitamente ao "fim [vindouro] de Jerusalém"; o leitor é informado, como se fosse por Pedro, que os discípulos se escondem, jejuam, lamentam e choram; os líderes pedem a Pilatos uma guarda para a tumba porque sabem que "ele" era justo e agora temem o remorso indignado do povo; "Petrônio, o centurião com soldados" vigia a tumba; todos rolam uma grande pedra sobre a entrada da tumba; sete selos são colocados sobre a tumba e os guardas armam acampamento no local.

Nenhuma conclusão firme vem da observação desses itens das narrativas da Paixão no evangelho. No entanto, seja qual for a teoria da inter-relação dos sinópticos que alguém possa sustentar, está claro que existe material adicional incorporado à narrativa da Paixão pelos evangelistas subsequentes; em troca, qualquer relação, se é que existe, do quarto evangelho e o Evangelho de Pedro com os sinópticos, seus autores oferecem uma riqueza de material adicional da narrativa da Paixão. Embora cada um desses itens únicos das mais primitivas narrativas da Paixão devam exigir uma análise individual para determinar se o material tem mais probabilidade de resultar da influência da tradição oral ou da própria meditação e composição do autor, parece altamente improvável que todas essas tradições acrescentadas tenham sido resultados de meditações do autor.

Além disso, o exame de materiais além desses documentos do cristianismo mais primitivo — que vai do segundo ao quinto séculos (incluindo Eusébio citando Papias [HE 3.39.2-4], Barnabé, Inácio [Trall. 9.1], Odes Sol. 28, Justino Mártir [Apol. 35; Dial. 98-106], Melito de Sardes [Homilia sobre a Paixão], a ascensão de Tiago [Os.-Clem. 1.41.3], Asc.Isa. 11, Tertuliano [Apol. 21.15-26; Adv. Marc. 4.42.5], Didascalia 21.5.17-19, Júlio Africano [Epístola a Aristides 18.1] e o Evangelho de Nicodemos [com o Atos de Pilatos]) — mostra que uma acentuada tendência a acrescentar detalhes e até cenas à narrativa da Paixão tornou-se a maneira normal de recontar a história da morte de Jesus. A narrativa da Paixão era contada com frequência.

De todas as tendências observadas nesses escritos e dadas as restrições naturais relacionadas a antigos materiais escritos, nos primeiros séculos da Igreja, pode-se concluir com segurança que a narrativa da Paixão foi com mais frequência contada do que escrita, com mais frequência ouvida do que lida, mais abundantemente conhecida do que fisicamente sustentada. O processo de elaboração foi normal. A dificuldade do intérprete em confrontar as evidências desse processo é dupla e prepara a agenda para futuros estudos: os estudiosos devem determinar se os acréscimos são criações do autor ou reflexos das tradições orais; e eles precisam avaliar a antiguidade das tradições quando estas forem apresentadas nas considerações da narrativa da Paixão.

Bibliografia. R. E. Brown, *The Death of the Messiah*, 2 vols. ABRL (New York, 1994); J. T. Carroll e J. B. Green, *The Death of Jesus in Early Christianity* (Peabody, 1995); J. D. Crossan, *The Cross That Spoke: The Origins of the Passion Narrative* (San Francisco, 1988); J. R. Donahue, *Are You the Christ? The Trial Narrative in the Gospel of Marc*. SBLDS 10 (Missoula, 1973); D. Senior, *The Passion of Jesus in the Gospel of John* (Collegeville, 1991); *The Passion of Jesus in the Gospel of Luke* (Collegeville, 1989); *The Passion of Jesus in the Gospel of Mathew* (Collegeville, 1985); H.

Wansbrough, ed., *Jesus and the Oral Tradition*. JSNTSup 64 (Sheffield, 1991). [MARION L. SOARDS]

PALÁCIO Até mesmo sem antigas referências literárias a palácios, a existência de uma hierarquia sociopolítica poderia ser discernida arqueologicamente. Restos de muitos palácios, que serviram como residências e centros administrativos para a realeza, foram descobertos no mundo bíblico. A identidade deles é evidente por suas proporções, sua disposição, suas decorações elaboradas e seus conteúdos, incluindo mobílias caras, utensílios domésticos valiosos e arquivos públicos (p. ex., coleções de tábuas cuneiformes ou óstracos). Os mais antigos palácios identificáveis datam do início do terceiro milênio a.C.; esses exemplos vêm da Mesopotâmia, onde a competição por terra e recursos estimulou a evolução do governo e colocaram o poder nas mãos da aristocracia.

A antiga terminologia não foi mais exata do que as traduções inglesas, e as mesmas palavras podem frequentemente se referir a um "templo", "palácio", ou "cidadela" (p. ex., heb. *bayiṯ, hêḵāl 'armôn*). Alguns dos mais antigos palácios sumérios e residências reais persas são conhecidos por suas dimensões, luxuosos interiores e instalações. O palácio de Mari, que data da primeira Dinastia da Babilônia, inclui cerca de trezentos aposentos. Um palácio em Ai, data de cerca de 2.500 e reflete a presença de uma classe dominante na Palestina. Outros palácios da era do Bonze Antigo foram encontrados em Tell Mardikh (antiga Ebla) na Síria e em Tell Jarmuth/Yarmut e Arade em Israel. Entre os impressionantes palácios da era do Bronze Médio estão os de Ur, Eshnunna, Larsa e Uruk, na Mesopotâmia e os de Siquém, Hazor, Megido e Laquis. Outras residências reais e centros administrativos foram encontrados em Luxor, Tell el-Amarna, Cnossos, Micena e Bogaskoy. Palácios menores, porém prontamente identificáveis, foram escavados na Palestina em Gezer, Tell Jemmeh, Tell el-Hesi e Afeque. Na Idade do Ferro, os assírios construíram palácios complexos em suas capitais de Nínive, Nimrode e Corsabade. O palácio em estilo assírio, o *bît ḫilāni* ou "edifício de pátio aberto", tem paralelos em palácios de Megido e Gezer.

Não se estabeleceu ligação entre nehuma ruína e os palácios de Davi(2Sm 5:9; 7:1, 2) ou de Salomão(1Rs 7:1-12) em Jerusalém, mas alguns estudiosos detectaram influências sírias no relato do templo de Salomão. Residências palacianas de Hazor e Megido têm sido datadas do tempo de Salomão. Igualmente famoso é o palácio de Onri e Acabe em Samaria. Escavações neste local descobriram enfeites e decorações de marfim em mobílias (1Rs 22:39). O AT menciona também o palácio de Acabe em Jezreel (1Rs 21:1), o palácio assírio em Nínive (Na 2:6) e o palácio de Babilônia (2Rs 20:18; Dn 4:4, 29 [TM 1, 26]). O palácio persa em Susã é retratado de forma destacada no livro de Ester.

Entre as residências reais dos tempos do NT estão os palácios de Herodes em Jericó e Jerusalém (próximo à porta de Jafa) e uma série de complexos de palácios-fortes, o mais famoso dos quais ficava localizado em Massada. Os palácios foram tão comuns que apareceram na linguagem figurada dos profetas do AT — especialmente como símbolos da vida nacional-política (p. ex., Is 34:13; Jr 17:27; Am 2:5).

Bibliografia. A. Kempinski e R. Reich, eds., *The architeture of Ancient Israel* (Jerusalem, 1992); G. R. H. Wright, *Ancient Building in South Syria and Palestine*, 2 vols. HO 7, ½ B/3 (Leiden, 1985). [GERALD L. MATTINGLY]

PALAL (heb. *pālāl*) O filho de Uzai que reparou uma parte dos muros de Jerusalém (Ne 3:25).

PALAVRA No AT, o principal termo para "palavra", heb. *dāḇār*, significa uma expressão articulada e inteligível. Ela é usada mais normalmente em frases como "a palavra do Senhor" ou "a palavra de Deus" do que em outros sentidos técnicos, embora também ela apareça em referência ao discurso humano (Sl 19:14 [TM 15]). Quando não se referindo à expressão verbal humana, o termo tem principalmente um significado metafórico, sugerindo que Deus, p. ex., apresenta uma mensagem, uma ordem, uma instrução ou uma proclamação. Às vezes, essa palavra vem como uma hipóstase de Deus, isto é, como agente divino agindo como emissão do poder de Deus. Em outros tempos, é descrita como personificação do poder de Deus no discurso de um agente humano como um profeta. Foi um pequeno passo de tal uso para a identificação da palavra falada ou escrita dos profetas e apóstolos como a Palavra de Deus.

O NT geralmente usa o grego *lógos*, que significa essencialmente o mesmo que *dāḇār* no AT. O termo normalmente implica diálogo entre o remetente e destinatário da palavra. Na Escritura, o diálogo é entre humanos, ou no caso da Palavra de Deus, ele é usualmente entre Deus e uma ou mais pessoas. Como em toda comunicação, o remetente pode ter a intenção de algo diferente do que o destinatário ouve ou percebe. As palavras carregam cargas que variam com os contextos e os construtos nos quais são usados. A Bíblia nota várias vezes que, quando a Palavra de Deus é emitida os humanos nem sempre "têm ouvidos para ouvir" ou "corações para receber" a Palavra. Este é um fator problemático no diálogo divino-humano, normalmente associado na Escritura com a falha ou disfunção humana. Isso quase sempre se torna a virtual definição de pecado na Bíblia, ou seja, a comunicação interrompida, daí decorrendo o relacionamento pactual alienado. Quando a Palavra de Deus é ouvida e atendida, ela tem o poder de salvar. A palavra em ambos os testamentos, particularmente quando associada à expressão divina, é poderosa para criar, redimir ou julgar. No prólogo do quarto evangelho, a Palavra é personificada como o agente de Deus na criação do mundo, sustentando-o em providência, iluminação divina e redimindo-a pela encarnação em Jesus Cristo que é, consequentemente, descrito como o Logos transcendente e preexistente. *Ver* LOGOS. [J. HAROLD ELLENS]

PALESTINA, TERRA DA Ao descrever a Palestina sob o ponto de vista geográfico, os fatores físicos como definidos pela moderna pesquisa precisam ser analisados em conjunto com a antiga nomenclatura bíblica e outras fontes antigas. Deve-se ter cautela no uso de termos antigos que adquiriram conotações modernas diferentes do seu significado original.

NOMES E DEFINIÇÃO. A Bíblia nunca usa o termo "Terra prometida", mas o conceito está implícito em passagens como Gênesis 15:18-21. O território que ele abrange é o moderno "Levante", aqui usado para indicar o leste do litoral mediterrâneo. Ele se estende do Eufrates, "O grande rio", até o "rio do Egito", o afluente oriental do Nilo que passava na antiguidade ao longo da fronteira sinaítico-egípcia (não deve ser confundido com o rio do Egito). A leste e sul o Levante é limitado por desertos.

Nos tempos do AT, a área da moderna fronteira libanesa com o norte da Síria descendo até o uádi el-'Arish era conhecida como Canaã. A descrição de suas fronteiras (Nm 34:1,2; Js 13:4; Ez 47:15-20) é bem explícita; elas incluem o moderno estado do Líbano, a área em torno de Damasco e a Palestina ocidental. A Transjordânia estava excluída. Canaã se estendia do Eleutheros (moderna Nahr el-Kebîr) até o uádi el-'Arîsh. Era diferente, portanto, da terra da promessa de Gênesis 15 e também da "terra de Israel" colonizada pelas tribos israelitas.

O território originalmente ocupado pelas tribos israelitas foi "todo o Israel, desde Dã até Berseba" (1Sm 3:20; 2Sm 17:11; cf. 1Rs 4:25 [TM 5:5], "Judá e Israel"). Quando a Transjordânia é expressamente incluída é "desde Dã até Berseba, e desde a terra de Gileade" (Jz 20:1).

Nos tempos romanos [a palavra] Judeia veio a ser aplicada não somente à antiga Judá, como também a todo o país (Strabo Geog. 16.2.34; Ptolomeu Geog. 5.16.1); Herodes foi rei da Judeia. Depois da revolta de Bar Kokhba (135 d.C.), Adriano mudou o nome para Syria Palaestina, termo originalmente aplicado somente à Filístia (Heródoto Hist. 7.89). Por volta do século IV, ela passou a ser chamada simplesmente de Palaestina.

DESCRIÇÃO FÍSICA. A topografia é claramente descrita como uma terra de riachos, montanhas, fontes e vales que "da chuva do céu bebe as águas" (Dt 11:11). Diferente das grandes nações da Mesopotâmia com o Tigre e o Eufrates e o Egito, com seu Nilo, a Palestina não tinha tal fonte natural de água que pudesse ser usada para irrigação. Os dois principais tipos de formação topográfica, montes e vales são novamente enfatizados. Devido à grande depressão do Jordão, a orientação geral norte-sul é dada a toda paisagem com zonas costeiras e de montanhas correndo em paralelo. Mas os defeitos regionais levaram a mais divisões dessas faixas norte-sul em unidades leste-oeste que influenciaram a distribuição do povoamento humano ao longo de gerações e sempre refletem as divisões administrativas do país. Desde os tempos mais primitivos, os povoados tenderam a se agrupar em torno de fontes de água à beira das planícies. Eles então se asseguraram de fonte de água perto de terra cultivável. As linhas de comunicação do país tiveram também a tendência de seguir os vales e passagens pelas montanhas menos difíceis quase sempre formadas pela exposição do giz macio senoniano entre os estratos de pedras calcáreas da idade cenomaniana e eocena.

A topografia será sucintamente descrita de norte a sul e de leste a oeste. A ênfase é sobre a terminologia bíblica como aplicada nos tempos do AT, embora termos posteriores (esp. greco-romanos) e até mesmo alguns nomes modernos sejam inevitáveis.

Planície costeira. **Fenícia**. O litoral norte, o do moderno Líbano, é caracterizado pela proximidade de montanhas à praia. Os maiores portos do leste do Mediterrâneo eram as cidades fenícias de Biblos, Beirute, Sidom e especialmente as ilhas Tiro e Arvade. Terra cultivável é escassa na planície, mas as montanhas da hinterlândia proviam a madeira e outros produtos tão famosos na antiguidade. A zona costeira norte é chamada Fenícia nos tempos greco-romanos, mas não tem nome no AT exceto Canaã ou simplesmente Sidom. A população estava envolvida principalmente em atividades marítimas. O promontório de Ras en-Naqûra/Rosh ha-Niqra, chamado de Escada de Tiro nos tempos das Cruzadas, contrasta a planície ao sul dela do restante da Fenícia. No sul, é limitado pelo Carmelo.

O monte Carmelo é o aglomerado de rocha sedimentária cenomaniana que se estende no sentido noroeste-sudeste do seu promontório a uádi el-Milh/Nahal Yoqne'am. Ele forma uma barreira em forma de cunha que divide a planície costeira; dentro de suas cadeias havia muitos pomares e vinhedos, tornando-o símbolo de fertilidade (Is 33:9; Am 1:2; Na 1:4). O Carmelo formou sua bacia hidrográfica ao longo da cadeia nordeste; as principais correntes de água fluem na direção oeste por ravinas escarpadas, as cavernas que abrigaram os humanos pré-históricos.

A zona costeira do promontório do Carmelo ao sul do rio Crocodilo (Nahal Tanninim) foi evidentemente chamada de Nafote-Dor. Ela é limitada pelas cordilheiras de arenito ao longo da costa que abriga uma planície fértil ao pé do Carmelo.

Planície de Sarom. De Nafote-Dor a Jope o Sarom (Eusébio Onom. 162.5-6) é formado por solo de aluvião dos montes de Samaria no leste, uma faixa de areia vermelha do fim do período paleolítico no meio, e então, cadeias de arenito (Kurkar) que bloqueiam a passagem de várias correntes de água que passam pela planície de leste a oeste. Isso fez com que pântanos e florestas retorcidas se desenvolvessem atrás das cadeias de arenito. O uádi ‘Auja (moderna Yarkon) atravessa a terça parte sul da planície, formando uma barreira adicional. Dessa forma, as antigas cidades cresceram ao longo do lado oriental do Sarom onde o terreno era mais alto, mais fértil e rico em recursos hídricos. Nos tempos do AT, a planície era usada principalmente para pastagem. De Afeque no norte de Gate-Padalla se estende um importante segmento da grande rota tronco litorânea que liga o Egito à Síria e Mesopotâmia.

Em Afeque, as águas do Yarkon aumentam e fluem em cursos tortuosos para o mar ao norte de Jope. A antiga rota se dirige para o leste em torno de Afeque devido a essa barreira.

De acordo com inscrições fenícias de Esmun‘azer (1:19), a hinterlândia de Jope também estava incluída nas “imensas terras de grãos do território de Sarom” (cf. Eusébio Onom. 162.5-6). A fronteira sul do Sarom deve ser colocada no vale de Soreque (uádi es-Sarar/ Nahal Soreque), que foi também a fronteira sul da herança danita. Outro uádi (úadi Musrarah; moderna Nahal Ayalon) se estende do vale de Aijalom diagonalmente através da planície em direção a Jope.

Filístia. Da fronteira de Jope para o sul era o litoral ocupado pelos cananeus. Embora Jope e Ascalom ficassem bem na costa, com *Yavneh-yam*, duas outras cidades importantes, Asdode e Gaza, estavam localizadas para o interior atrás das dunas de areia. Elas tinham acesso ao mar por meio de pequenos portos na costa, normalmente na desembocadura de um uádi.

A planície da Filístia é bem mais ampla no sul, 25 km, e se estreita progressivamente em direção ao norte para cerca de 17 km. Bem atrás das areias, há uma espécie de corredor topográfico, parecido com um vale, que se eleva gradualmente na direção dos contrafortes da Sefelá ao leste.

Junto às dunas de areia, especialmente em torno de Gaza, havia extensos vinhedos. Os solos do interior são excelentes para o cultivo de cereais e pomares de oliveiras. A área sustentou uma densa população humana desde a mais remota antiguidade.

O grande tronco da rota do Egito que passava pelo norte do Sinai na direção norte para Damasco e a costa fenícia seguia o “vale” a leste da linha de dunas. Depois de Jabneel ela virava para o nordeste na direção de Afeque.

Vários uádis cruzavam a planície filisteia, alguns deles forçados a tomar a direção norte para encontrar passagem pelas dunas.

A rota comercial do Egito para a Mesopotâmia não era a única fonte de comércio das caravanas. Os portos marítimos da Filístia eram o destino das caravanas que vinham da Arábia cruzando o Neguebe para o Mediterrâneo. Este intenso tráfico comercial levou a frequentes alianças entre as cidades filisteias e as edomitas e árabes.

***Faixa central.* Líbano.** As montanhas do Líbano, uma cadeia com cerca de 160 km de comprimento, são as características orográficas de mais destaque do Levante. Elas foram a fonte de madeira tanto para o Egito como para a Mesopotâmia. A extensão sul dessa cadeia, além do rio Litani, forma as terras altas ocidentais da Palestina, que consiste de várias unidades distintas. Os contrafortes atrás da planície costeira de Tiro e de Aco eram chamados de Sefelá (“terras baixas”).

Galileia. O distrito mais ao norte, a Galileia, é dividido em Alta e Baixa (Josefo, *BJ* 3.3.1; cf. a ordem de cidades em Js 19:35-38). O planalto no norte é mais baixo para o noroeste e se inclina para cima na direção sul. Foi uma área de cidades cananeias. A parte sul da Alta Galileia é um maciço (Jebel Jarmuq, agora erroneamente chamado de monte Meiron), bastante desabitado até o período israelita. De lá, se vê o vale de Beth-kerem que a separa da Baixa Galileia.

A Baixa Galileia consiste de uma série de montes que se estende de leste a oeste, sendo o mais importante o monte Atzmon e as colinas de Nazaré. Entre essas cadeias, estavam alguns vales latitudinais, especialmente o de Bete-Netofa/Sahl el-Battôf, a planície de Asochis em fontes greco-romanas. O divisor de águas entre o leste e oeste está a leste da linha central da Galileia; para o leste as cadeias descem de forma acentuada para o vale Huleh e para o mar da Galileia; para o oeste elas apontam dedos finos e compridos para baixo até a planície costeira. Existe muito basalto no leste, enquanto o oeste é de pedra calcárea.

Jezreel. Essa depressão triangular entre as colinas da Baixa Galileia e Samaria foi a principal passagem entre a orla marítima e o vale do Jordão. Seu nome nas fontes gregas e latinas é Esdrelon. Em sua ponta oriental, fica o monte Tabor e a colina de Moré e, para o leste destes dois montes está o planalto de basalto que compõe a herança de Issacar. O vale 'Em-harod vai de Jezreel a Beth-shean. O vale de Jezreel (tb. chamado Esdrelon) foi famoso por sua produção de grãos. Megido ficava perto da principal estrada que vinha do Egito ao entrar no vale.

A baixada atrás de Megido e Jocneão (Bilâd er-Rûhah/Ramat Menashe) separa o vale de Jezreel da planície de Sarom e liga a cadeia do Carmelo com as montanhas de Samaria. O ponto mais ao sul de Jezreel, parcialmente circundado pelo braço do monte Gilboa, é delimitado por uma baixa cadeia que sobe o vale de Dotã, que dá outra passagem fácil para o Sarom.

Samaria. As montanhas de Samaria são chamadas de monte Siquém numa fonte egípcia do período cananeu (Papirus Anastasi I). As opiniões se dividem quanto a se todas elas podem ser chamadas de monte Efraim. Uma característica central é o vale Siquém entre o monte Gerizim, no sul, e o monte Ebal, no norte. Samaria teve vários vales que se estendiam na direção oeste, dando fácil acesso à área de montanha. O vale Dotã e o vale Siquém no norte e leste, respectivamente, estão unidos pelo uádi Far'ah, um corte dramático nas montanhas descendo para o vale do Jordão em Adam(ah). A sudoeste do vale de Siquém, via vale de Micmetá, se estende o vale de Caná, a principal fronteira entre Manassés e Efraim.

Os contrafortes se inclinam naturalmente para o oeste numa suave continuidade. O lado oriental é predominantemente estepe, enquanto o ocidental é bom para vinhedos, pomares e cereais, este último principalmente nos vales.

A região montanhosa de Efraim e Benjamim é uma continuidade. Uma subdivisão maior, o distrito ocupado pelo povo de Gibeão (Js 9:3), forma um colo topográfico entre o monte Efraim e o monte Judá e inclui a cadeia de montanhas de Nebi Samwîl e a planície pela qual passa a estrada para Bete-Horom. Este último une-se à "estrada" (Jz 21:19) que segue o divisor de águas de Siquém passando por Lebona a Ramá em Benjamim, indo do oeste de Jerusalém para Belém, Halul, Hebrom e, finalmente, para Berseba.

Jerusalém. Existem, nos arredores de Jerusalém, duas ravinas, o uádi Beit Hanînah e o vale de Refaim, que divide ao meio a cadeia de montanha do divisor de águas oeste. Elas são escarpadas e perigosas e, qualquer um que se aproximasse do oeste era facilmente ameaçado por emboscadas. Consequentemente, o caminho por Gibeão para Bete-Horom era a ligação favorita entre Jerusalém e o litoral. Jerusalém está situada, portanto, num ponto onde três importantes acessos ligam a costa com a faixa central. Para o leste, ficava a estrada de Jericó, facilitando a passagem para o vale do Jordão e além. A cadeia de montanhas a oeste de Jerusalém acima do vale de Hinom era uma ligação entre o monte Efraim, ao norte e o monte Judá, ao sul.

Monte Judá. O centro da Cisjordânia está na alta zona do divisor de águas conhecida como monte Judá ou montanhas de Judá. Formado por pedra calcárea e estratos de dolomita com camadas de gesso e marna, as montanhas formam um sólido bloco entalhado desde o oeste por algumas profundas ravinas e delimitado naquele lado por uma calha de gesso da era paleolítica. Para o leste está o deserto da Judeia.

O ponto mais alto dos montes da Judeia fica em Halul (c. 1.000 m). O planalto central é dominado por Hebrom, situada numa depressão, ponto de encontro de vales profundos que se estendem na direção oeste. O distrito meridional era o Neguebe de Calebe, sendo Debir a principal cidade.

Sefelá. A "baixada" ou Sefelá é uma unidade distinta de rocha sedimentária mais recente do flanco ocidental das montanhas de Judá, separada dela por uma calha de gesso macio que se estende de norte a sul. Os montes arredondados da Sefelá são razoavelmente uniformes em altura, com cerca de 200 m acima do nível do mar. A zona chega até a área em torno de Gezer, no norte e a extremidade sul morre na direção de Berseba. Vários uádis dividem a Sefelá de leste a oeste, sendo o mais importante o vale de Aijalom, o Soreque, o vale de Elá e o vale de Zefatá. A Sefelá foi dividida em três distritos de norte a sul, de acordo com o padrão dos uádis.

Deserto de Judá. Esta zona teve poucas cidades porque ficavam no desperdício calcáreo na zona de pouca chuva a leste da bacia da Judeia. O solo estéril e a falta de água deixavam a área imprópria ao cultivo com exceção ao cuidado especial em relação à coleta de água; ainda assim o território permaneceu como estepe, uma zona pastoral para os rebanhos dos povoados da região montanhosa. Na verdade, existem vários "desertos", p. ex., o deserto de Tecoa, Zife e Maom. As áreas mencionadas são penhascos que confinam com o Mar Morto eram ainda mais desertas e podiam ser, com muita propriedade, chamadas de "terra devastada".

Neguebe. Para o sul da região montanhosa ficava a zona normalmente traduzida por "sul" ou "extremo sul". O Neguebe bíblico era principalmente o vale a leste de Berseba e pela planície ondulante circundada pelo ribeiro de Besor, a oeste. Este Neguebe de Judá era de fato habitado por várias tribos próximas, ou grupos étnicos (p. ex., Simeão, os quenitas, os jerameelitas e os queretitas).

O centro administrativo local ficou em Berseba durante a monarquia unida. Ele fica perto da junção do uádi Hebrom da região montanhosa, e do uádi Berseba, do leste; após se unirem eles formam o Besor, que muda de direção para oeste e noroeste e deságua no mar, ao sul de Gaza.

Não se deve pensar no Neguebe como deserto, embora seja zona de bem pouca chuva. Sua principal importância era servir de uma conexão na rota das caravanas do Arabá ao litoral da Filístia. Ele era para o reino de Judá o que o vale de Jezreel representava para Israel, o reino do norte; o controle do Neguebe era um sinal de força e prosperidade; a perda do Neguebe com incursões dos filisteus e edomitas ou dos árabes significou um tempo de fraqueza e falta de poder político.

Bem ao sul do Neguebe ficava uma terra de estepes chamada deserto de Berseba, que passava por Sur (dirigindo-se ao Egito). Cades ficava em outra zona, o deserto de Zin, que fazia limite com o deserto de Parã (extensão do Sinai). O planalto sul do Neguebe foi considerado pelo autor de Crônicas como monte Seir (1Cr 4:42; provavelmente também 2Cr 20:10).

O termo moderno "Negev" engloba toda a área de Berseba a Elate, mas isso é resultado de uma ideia errada do termo bíblico.

Vale da "fenda". Determinando a orientação norte-sul da principal característica física de toda terra está a Grande Fenda percorrendo a extensão do Levante e descendo até a África.

Beqa. No norte a Fenda é conhecida como o "Vale" do Beqa (o bíblico "vale do Líbano"), a rica planície entre as montanhas do Líbano e Hermom-Sirion (Antilibanos). Em seu divisor de águas ficava Lebo-Hamate; na direção norte ele é drenado pelo Orontes, na direção sul, pelo Litani. O vale ao pé do Hermom era chamado de vale ou terra de Mispá.

Monte Hermom. Esta é a montanha mais alta da terra de Israel (2.814 m). Suas neves fornecem a maior parte da água para o Jordão, do qual existem quatro nascentes, duas do vale 'Ayûn e duas do Hermom.

Vale do Hula. As quatro fontes do Jordão são as águas do Tell el-Qadi (Tel Dã) e a fonte em Banias (Paneas). Elas se unem no vale do Hula (Josefo, "Ulatha") e formaram o raso lago Hula. Este último tem sido geralmente considerado como águas de Merom, mas a localização do Merom deve ser posta no planalto acima, perto de Marûn er-Ras. O lago ficava cercado por pântanos e servia como filtro de limpeza para as águas do Jordão antes de fluírem para o mar da Galileia.

Do norte, entrava-se no Hula pela garganta ao lado de Abel-Bete-Maaca ou da que descia de Dã. A principal cidade do vale era Hazor, maior centro urbano do período cananeu.

Entre a bacia pantanosa na parte norte do vale e o mar da Galileia está uma sólida represa de basalto antigo. O Jordão atravessa esse depósito de lava por um estreito desfiladeiro no lado oriental do vale.

Mar da Galileia. O rio sai do desfiladeiro, atravessa uma pequena planície de aluvião e entra no lago de Genesaré, ou mar da Galileia, com a forma de um coração, a cerca de 200 m abaixo do nível do mar. Ele tem cerca de 18 km de comprimento por 12 km de largura e é cercado por montes de basalto por quase todos os lados. Suas águas são geralmente limpas, embora fontes altamente minerais uma vez tenham alimentado a margem noroeste. Fontes quentes aparecem no lado ocidental, deixando um pequeno braço de terra isolado para o leste.

Rio Jordão. O rio Jordão flui num curso tortuoso, descendo o profundo Vale da Fenda para o Mar Morto. Em linha reta, ele cobre 105 km e desce de 200 m abaixo do nível do mar para aproximadamente 400 m. A primeira parte do seu curso é por escarpados bancos de barro até alcançar a confluência do Jaboque, do leste, e o uádi Far'ah, a oeste. Neste ponto, marcado pela cidade de Adão (moderna e-Damiyah), o leito do rio atravessa uma planície mais aberta.

O vale fez parte da bíblica Arabá e serviu como fronteira da Canaã. Ao longo da margem oriental do vale havia ricas fontes de água que encorajaram o surgimento de cidades no período cananeu (p. ex., Pella, Sucote) embora o lado ocidental fosse mais árido, com exceção do vale de Bete-Seã e da região de Jericó, que era um paraíso tropical (Josefo, *BJ* 4.8.3).

Mar Morto. O bíblico mar de Sal ou mar de Arabá (Asphalitis, Josefo *Ant.* 1.9.1) foi chamado de Mar Morto pelos escritores greco-romanos na segunda metade do século II d.C. Em tempos passados, ele recebia do Jordão 6 milhões de toneladas de água a cada 24 horas. No leste, é delimitado por penhascos escarpados de Moabe com somente a "Língua" (ár. *Lisan*), uma península em forma de bota que se projeta em sua largura. Ao sul de Lisan, há um vale raso, mas no lado nordeste sua profundidade é de 400 m. Às vezes pode-se atravessar a pés enxutos de Lisan à margem ocidental. A água do Mar Morto contém tantos minerais a ponto de ser venenoso às formas normais de vida. O vale árido do Mar Morto era chamado de vale de Sal.

Sul do Arabá. O nome Arabá foi preservado em Árabe somente em relação ao vale ao sul do Mar

Morto. O solo do vale se eleva gradualmente em direção ao sul cerca de 200 m acima do nível do mar antes de descer novamente no golfo de Elate. É uma área de deserto com areias grossas de aluvião no meio e solos salgados exatamente ao sul do Mar Morto. Os penhascos vermelhos do monte Seir se elevam para o leste, e as pedras calcáreas amarelas das terras altas do deserto da Cisjordânia ficam a oeste. Os dois principais oásis são 'Ain Husb, no norte, e 'Ain Ghadyân, no sul. O Arabá foi uma fronteira natural entre Israel e Edom, mas foi também linha de comunicação com o sul da Arábia, por terra e, também, pelo mar. Como tal, foi uma zona disputada entre os estados vizinhos.

Mar Vermelho. O golfo de Elate, o braço oriental do mar Vermelho, é chamado de "mar de junco", com frequência traduzido por "mar Vermelho" (1Rs 9:26), de acordo com o costume grego (Heródoto Hist. 11.8).

Transjordânia. Na Transjordânia, a história dos tempos bíblicos toca principalmente nos distritos que confinam com o vale profundo da fenda; eles eram restringidos pelos vazios do deserto árabe. A importância geopolítica da Transjordânia devia-se à Estrada dos Reis, a rota de Damasco a Elate que também levava a Midiã e depois para o sul da Arábia.

Basã. Os distritos do norte, quase sempre disputados com Aram Damascus, faziam parte da terra de Apum/Upe no período cananeu. O nome bíblico para todo o distrito era Basã, que incluía vários territórios, inclusive "toda a região de Argobe", com suas sessenta cidades muradas. Nos tempos greco-romanos, era dividido em Gaulanitis (chamada pelo nome de cidade de Golã) junto à beira ocidental do planalto e a leste de Nahar Allân; Betânia (da forma aramaica de Basã), zona a leste do mesmo vale Allân; e Auranitas (do AT Haurã), principalmente a montanha chamada Jebel ed-Druze, do qual o pico mais alto é Jbel Haurân. A região de lava a noroeste das montanhas Haurã era chamada Traconites (gr. "área áspera"), moderna el-Leja.

A área toda estava incluída em Canaã e continha o distrito arameu de Gesur (exatamente a leste de Genesaré). Sua fronteira meridional era o vale do Jarmuque. O Jarmuque é o maior rio da Transjordânia e flui por um desfiladeiro escarpado para unir-se ao Jordão abaixo do mar da Galileia. Suas águas têm origem em fundos de riachos distantes para o leste, especialmente da região de Haurã. O vale do Jarmuque separava, portanto, Basã/Golã de Gileade.

Gileade. A Transjordânia central (bíblica Gileade) é uma área montanhosa de pedra calcária cenomaniana como as colinas de Efraim e Judá. Não é considerada parte de Canaã, mas foi ocupada pela tribo de Gade, bem como Basã. Assim, a divisão da área em duas partes pelo Jaboque foi reconhecida no estabelecimento israelita.

As montanhas atingem mais de 900 m, sendo o ponto mais alto 'Ajlûn. As encostas ocidentais e os montes ocupam a maior parte da área; a leste há um chapadão estreito que faz limite com o deserto. Existem duas vertentes, uma perto do oeste de onde ravinas escarpadas fluem para o vale do Jordão; as correntes de água que fluem para o leste são em grande parte coletadas pelo curso do Jaboque, que corre para o norte junto ao planalto oriental antes de voltar-se para oeste e dividir em dois todo o cume elevado chegando ao vale por Maanaim e Sucote.

Amom. Rabbath-ammon, o centro do território amonita, está localizado no leste do principal de outra série de vales que separam Gileade do planalto de Moabe. Amom é estruturalmente um vale de 32 por 16 km no sentido nordeste a sudoeste.

Moabe. O planalto, a metade norte do território reivindicado pelos moabitas (disputado por Israel), consiste de uma planície atrás de uma cadeia de montanhas que desce para o Mar Morto (do monte Nebo-Pisga). Todo o planalto a leste do Mar Morto é dividido em duas metades pelo vale do Arnom (Uádi el-Môjib), que formava a fronteira entre Israel e o próprio Moabe. O termo mîssôr, "planalto", se aplica somente a esta planície setentrional, enquanto a área entre o Arnom e o Zerede (Uádi el-Hesa) era considerada como terra original de Moabe desde que o planalto havia pertencido aos amoritas.

Edom. A Transjordânia meridional era conhecida como monte Seir ou Edom. O nome pode ter designado também a terra alta ao sul do Neguebe, mas durante a Monarquia indicavam as montanhas de arenito vermelho ao sul de Zerede. Alguns picos atingem a altitude de 1.736 m. O território de Edom propriamente, embora com 120 km de extensão, tem apenas 20 km de largura. A baía atrás de Feinân (bíblica Punom) divide a área em duas partes. A capital no AT era Sela (ár. *Sila'*), enquanto a capital nabateia e romana se mudaram para Requém (Petra em fontes gregas). O povo de Edom estava em constante rivalidade com Judá pelo controle do Arabá, ao sul do Mar Morto, e Elate/Eziom-Geber mudou de mãos várias vezes. Para o sul do território de Edom ficava o território de Mídiã, e a leste, Quedar, cujo rei ganhou o controle de toda a área na direção de Gaza e do Egito durante o período persa.

Clima. Embora a tradição rabínica conheça quatro estações, o AT reconhece apenas duas: "período para semear e para ceifar", inverno e verão. O ano é dividido em duas partes, uma começando com Nisã, o primeiro mês e outro com Tisri, o sétimo.

PERÍODOS ARQUEOLÓGICOS DA PALESTINA

PERÍODO	WRIGHT	DEVER	MAZAR	MEYERS
Paleolítico	100.000-8000			Paleolítico Superior 43.000-18.090
Mesolítico	8000-5500	12000-7500		Epipaleolítico (Mesolítico) 18.000-8500
Neolítico	5500-4000	7500-4000	Pré-Cerâmica A 8500-750 0 Pré-Cerâmica B 7500-6000 Cerâmica A 6000-5000 Cerâmica B 5000-4300	1 (Pré-Cerâmica A) 8500-7200 2 (Pré-Cerâmica B) 7200-6000 3 (Cerâmica A) 6000-5000 4 (Cerâmica B) 5000-4500
Calcolítico	4000-3300	4000-3150	4300-3300	Antigo 4500-3800 Tardio (Proto-cidade) 3800-3400
Bronze Antigo	3000-2100	I 3150-2850 II 2850-2650 III 2650-2350 IV/IIIA 2350-2200	I 3300-3050 II-III 3050-2300 IV/BM I 2300-2000	IA-B 3400 -3100 II 3100-2650 III 2650-2300 IVA-C (Intermediário BA-BM, BM I) 2300-2000
Bronze Médio	2000-1500	I 2200-2000 IIA 2000-1750 IIB 1750-1550	IIA 2000-1800/1750 IIB-C 1800/1750-1550	I (IIA) 2000-1800 II (IIB) 1800-1650 III (IIC) 1650-1500
Bronze Tardio	1500-1200	I 1550-1400 IIA 1400-1300 IIB 1300-1200	1550-1400 IIA-B 1400-1200	IA 1500-1450 IB 1450-1400 IIA 1400-1300 IIB 1300-1200
Ferro Antigo/ Ferro I	1200-1000	IA 1200-1150 1B 1150-1000	IA 1200-1150 IB 1150-1000	IA 1200-1125 1B 1125-1000 FC (IIA) 1000-925
Ferro II	1000-600	IIA 1000-900 IIB 900-800 IIC 800-586	IIA 1000-925 IIB 925-720 IIC 720-586	IIA (IIB) 925-722 IIB (IIC) 722-586
Ferro III	600-330			(Neobabilônico) 586-520
Persa		586-332		Antigo 520-450 Tardio 450-332
Helenístico	333-63	I 332-152 II (Asmoniano) 152-37		Antigo 332-200 Tardio 200-63
Romano	63 a.C.- 325 d.C.	I (Herodiano) 37 a.C.-70 d.C. II, III 70-324		Antigo 63 a.C.-135 d.C. Médio 135-250 Tardio 250-363
Bizantino		324-640		Antigo 363-460 Tardio 460-638
Árabe Antigo		640-1099		638-1099
Cruzados		1099-1291		Cruzados/Aiúbida 1099-1291
Mameluco		1291-1516		Árabe Tardio 1291-1516
Otomano				1516-1917

G. E. Wright, *Biblical Archaeology* (Philadelphia, 1957); S. Paul e W. G. Dever, eds., *Biblical Archaeology* (Jerusalem, 1974); A. Mazar, *Archaeology of the Land of the Bible* (New York, 1990); E. M. Meyers, ed., *The Oxford Encyclopedia of Archaeology in the Near East* (Oxford, 1997).

As festas sagradas do AT caem no período de sete meses, entre elas a Páscoa (no mês de Nisã) e das Cabanas (em Tisri). Durante o inverno, as principais atividades agrícolas são devotadas às colheitas de grãos esperadas na primavera e no verão; no verão o trabalho é nos vinhedos e pomares, em relação aos frutos de verão.

O padrão do tempo no inverno consiste de sistemas de baixa pressão que chegam do oeste e noroeste. Os ventos do norte da Itália passam na direção do Adriático para a Grécia e o mar Egeu, chegando à Síria. Os outros vêm do sul da Itália para o Mediterrâneo central e atravessam para a Palestina. As chuvas de determinado ano normalmente vêm em três etapas: a "chuva", "primeira chuva" e "última chuva". A "primeira chuva", em pequena quantidade para amolecer a terra dura e facilitar a tarefa de arar, pode vir em setembro, mas normalmente chega de vez em quando em outubro. A principal fase da chuva, cerca de 75%, cai entre dezembro e fevereiro. A semeadura principal acontece em novembro a dezembro e a última semeadura normalmente se dá durante um intervalo das chuvas em janeiro. Em março a erva está suficientemente grande para ser cortada para alimentar os animais de criação e, em abril, a "última chuva" é necessária como dosagem final para germinar os grãos. Mas se a chuva em abril/maio for excessiva, pode ocasionar catástrofe.

As chuvas caem com mais intensidade nas cadeias montanhosas de Judá, Efraim e na Galileia. Há uma diferença de sete graus na temperatura durante o inverno entre Jerusalém e o litoral, sendo o último moderado. Além do divisor de águas em Efraim e Judá existe uma área de pouca chuva, desde que a maior precipitação ocorre nos montes; assim os desertos secos da Judeia têm pouca chance de conseguir umidade. Entretanto, os mesmos ventos que trouxeram as chuvas do oeste descem novamente à úmida depressão do vale do Jordão e do Mar Morto, onde pegam mais umidade e se depositam nos espigões de Gileade e Moabe. Num ano de estiagem para a Palestina ocidental, os ventos secos e altas temperaturas produzem evaporação mais alta no Vale da Fenda de forma que a Transjordânia pode de fato ter uma precipitação ligeiramente mais alta para variar.

As neves do monte Hermom fornecem a principal fonte de água para o Jordão. A maior parte da água da chuva de inverno é absorvida pelas montanhas de pedra calcária da Cisjordânia e desce a um profundo nível d'água subterrâneo. Isso não era utilizado na antiguidade, mas um pouco da água vinha à superfície na forma de fontes e poços geralmente localizados ao longo à beira de planícies ao pé das cadeias de montanhas.

Bibliografia. Y. Aharoni, *The Land of the Bible*, 2. ed. (Philadelphia, 1979), 21-42; D. Baly, *The Geography of the Bible*, ed. rev. (New York, 1974); A. Horowitz, *The Quaternary of Israel* (New York, 1979), 11-43; Y. Karmon, *Israel, a Regional Geography* (London, 1971); A. F. Rainey, revisão de D. Baly, *The Geography of the Bible*, 2. ed. *JBL* 94 (1976): 634-35. [ANSON F. RAINEY]

PALMEIRA A tamareira (heb. *tāmār*, *timōrâ*; gr. *phoínix*), árvore alta e impressionante que cresce em abundância no Oriente Próximo. Suas folhas grandes se irradiam do topo de um único tronco que pode chegar a mais de 15 m de altura. A tamareira (Phoenix dactilifera L.) cresce bem em ambiente quente e solo salino. Ela pode crescer só, mas um grupo de palmeiras no deserto provavelmente sinaliza um oásis (cf. Elim, Êx 15:27; Nm 33:9). Jericó, que até hoje é um oásis verdejante, era conhecida como a cidade das palmeiras (Dt 34:3; 2Cr 28:15).

A palmeira aparece na Bíblia como símbolo de grandeza e perenidade. Débora julgou debaixo de uma palmeira, provavelmente devido tanto à sua sombra quanto sua importância (Jz 4:5). O jovem de Cantares 7:7 (TM 8), referindo-se à noiva, diz: "teu porte é semelhante à palmeira". A semelhança da palmeira apareceu em diversos lugares no templo de Salomão (1Rs 6:29-35). Os ramos da palmeira figuraram em muitas celebrações e são usados na construção de cabanas para Sucote (Lv 23:40; Ne 8:15). Depois da revolta dos Macabeus, os judeus reconsagraram o templo carregando ramos de palmeiras (1Mac 13.51). Jesus foi saudado em Jerusalém por pessoas segurando ramos de palmeiras (Jo 12:13).

A palmeira foi símbolo frequente de Israel, tanto na Bíblia (Is 9:14; Jl 1:12), como na sociedade antiga. Os governantes asmoneus colocaram ramos de palmeiras em várias de suas moedas e os romanos celebraram a tomada da Judeia no ano 70 d.C. cunhando várias moedas com a inscrição Ioudaias Ealokuias ("A Judeia foi capturada") e retratando ramos de palmeiras.

Quase todas as partes da palmeira podem ser utilizadas. Cestos, sandálias, esteiras e cordas podem ser feitos dos ramos e das fibras da palmeira. A palmeira fornece óleo, licor doce e mel (cf. Dt 8:8). A tâmara, fruto da palmeira, cresce em grandes cachos e era um importante ingrediente na alimentação do antigo Oriente Próximo. Portanto, as palmeiras se constituíam em lavoura importante e eram cultivadas ativamente. As palmeiras possuem os dois sexos. Embora se desconheça até onde ia a compreensão dos antigos sobre fertilização das árvores, a prática de se colocar pólen das árvores masculinas perto das árvores femininas continuou aparentemente durante séculos. [MEGAN BISHOP MORRE]

PALMIRA Maior oásis do deserto da Síria (moderna Tadmor). A fonte perene da cidade, que ainda fornece água para a agricultura e população de Palmira, explica por que este local chegou à proeminência na antiguidade. Provavelmente o nome da antiga cidade tenha sua origem em sua concentração de palmeiras e na produção de vários tipos de tâmaras. A população sedentária do oásis cresceu saudável porque Palmira estava localizada a meio caminho entre o rio Eufrates e Damasco e eram cobradas tarifas das caravanas que passavam carregadas de mercadorias. Essas caravanas de camelos transportavam produtos locais e cargas luxuosas obtidas em comércios distantes; produtos da península da Arábia, da Índia e do Extremo Oriente passavam por Palmira a caminho de cidades do império romano. Nesse particular, Palmira era um importante parceiro comercial de Roma, como os descritos em Apocalipse 18. No ano 269 d.C., entretanto, Zenobia, rainha de Palmira se rebelou contra a hegemonia romana e a cidade foi destruída em 272. Embora o local não tenha sido totalmente abandonado, Palmira nunca recuperou sua antiga glória. Ela despertou a atenção do Ocidente pelas visitas às ruínas por Robert Wood e James Dawkins em 1751.

O texto de 2Crônicas 8:4 faz referência à construção de Salomão de "Tadmor no deserto" (antigo nome semítico de Palmira, que voltou a adotar atualmente). Quase todos os restos descobertos em Palmira datam do período romano e a arte e arquitetura da cidade refletem ligações internacionais neste último período. Surge uma dificuldade com relação à ligação de Salomão com Palmira/Tadmor, desde que 1Reis 9:18 faz referência à construção de Salomão de "Tamar no deserto" (no território de Judá). Alguns estudiosos assumem que foi improvável que projetos hebreus tenham sido executados tão longe quanto Tadmor no deserto da Síria e pensam que 2Crônicas inseriu "Tadmor" em vez do correto "Tamar". Com base em 2Samuel 8:3-6, é possível que Salomão esteve envolvido em atividades de construção em Palmira/Tadmor e a antiguidade desse local é demonstrada por sua aparição (como Tadmor) em textos cuneiformes de Kültepe (na Anatólia), Mari e Assíria. Arqueólogos europeus e sírios limparam e reconstruíram boa parte das ruínas, mas ainda resta muito trabalho.

Bibliografia. S. Abou Zayd, ed., "Palmyra and the Aramaeans", *ARAM Periodical* 7 (1995) [22 articles]; I. Browning, *Palmyra* (London, 1979); R. Stoneman, *Palmyra and Its Empire* (Ann arbor, 1992). [GERALD L. MATTINGLY]

PALMO Unidade de comprimento (heb. *zereṯ*) baseada na distância do polegar ao quinto dedo de uma mão aberta e equivalente a 22,2 cm (Êx 28:16; 39:9; Ez 43:13). Numa pergunta retórica, Isaías 40:12 refere-se ao palmo de Deus como o que "tomou as medidas dos céus".

PALTI (heb. *palṭî*) (tb. PALTIEL) **1.** O filho de Rafu, da tribo de Benjamim; um dos 12 espias israelitas mandados para Canaã (Nm 13:9).

2. Benjamita de Galim, filho de Laís, a quem Saul, por castigo, deu como esposa a Mical, a própria esposa de Davi (1Sm 25:44). De acordo com 2Samuel 3:15-16 (onde ele é chamado de Paltiel), quando Abner e Is-Bosete tiram Mical dele para devovê-la a Davi, Palti(el) seguiu, chorando, até Baurim.

PALTIEL (heb. *palṭî'ēl*) **1.** O filho de Azã; um líder de Issacar que ajudou Moisés na divisão de Canaã (Nm 34:26).

2. Forma alternativa de Palti 2.

PALTITA (heb. *happalṭî*) Gentílico atribuído a Helez, um dos Trinta de Davi (2Sm 23:26). O nome pode indicar que Helez era de Bete-Pelete (Js 15:27; Ne 11:26) ou que era descendente de Pelete, o calebita (1Cr 2:47) ou, talvez, de Palti. Em 1Crônicas 11:27; 27:10 Helez é chamado de "o pelonita".

PALU (heb. *pallû'*) Filho de Rúben (Gn 46:9; Êx 6:14; 1Cr 5:3). Ele foi o pai de Eliabe (Nm 26:8) e ancestral dos paluítas (v. 5).

PANFÍLIA (gr. *Pamphylía*) Região (lit., a terra de "todas as tribos") localizada a leste da Lícia na costa sul da Ásia Menor e habitada por povos tanto de origem nativa quanto grega (cf. Heródoto Hist. 7.91; Strabo Geog. 14.4.3). Sua extensa planície fértil no Golfo de Antalia fornecia azeite de oliva, frutas e cereais; suas áreas montanhosas eram ricas em florestas de pinho e carvalho. O comércio e a comunicação eram facilitados pelo acesso ao mar e duas estradas principais, indo ambas de Perge na direção norte para a principal estrada do sul. As principais cidades helênicas da planície incluíam Atália, Perge, Sillyum, Aspendus, Side e mais para o interior estavam Selge e Termessus. A Panfília foi incorporada à província romana da Cilícia de 102-44 a.C. Em seguida, ela foi incluída como parte das províncias da Ásia e da Galácia, respectivamente; foi finalmente unida à sua vizinha do oeste por Vespasiano (c. 69-79 d.C.) para formar a província da Lícia-Panfília.

Comuniddes judaicas viviam na Panfília dos tempos helenísticos (cf. 1Mac 15.23; Fílon Ad Gaium 281), e judeus da Panfília estavam presentes no dia de Pentecostes (At 2:10). Durante a primeira viagem missionária, Paulo, Barnabé e João Marcos aportaram na Panfília, especificamente na cidade de Perge, a caminho de Antioquia da Pisídia (At 13:13-14), e pregaram naquela cidade em seu retorno antes de navegarem de Atália (14:24-26). João Marcos deixou a companhia deles após terem entrado em Perge, o que provocou divisões nos planos de viagem da Antioquia da Síria entre Barnabé e João Marcos, por um lado; e Paulo e Silas, por outro (15:36-41).

Bibliografia. D. Magie, *Roman Rule in Asia Minor*, 2 vols. (1950, repr. New York, 1975); R. Syme, "Galatia and Pamphylia under Augustus", *Klio* 27 (1934); 122-48). [PHILIP A. HARLAND]

PÃO A parte mais importante da dieta no antigo Oriente Próximo, desde os tempos mais remotos. O hebraico *leḥem* se refere aos produtos de comida feitos de grãos tais como trigo ou cevada. O grão é moído para comida e farinha, e água e outros ingredientes são acrescentados, e algum meio de cozinhar é usado para produzir mingau, mingau de cereal, pão fermentado ou não fermentado, bolos ou wafer. A cevada é usada para bolos e mingau, enquanto que a farinha de trigo pode ser usada para pão levedado.

O pão era o principal material de alimentação e providenciava nutrição diária (Sir. 29.11). O pão e água compunham toda a comida do pobre e dos prisioneiros (2Rs 6:22) e parte da comida para o rico. O pão é mencionado nas listas das provisões de viagem (2Sm 16:1) e suprimentos de comida (1Sm 25:18).

O hebraico *leḥem* pode ser usado num sentido geral como "comida", para pessoas e animais (Sl 147:9). O leite de cabra era "comida" para a família e para os servos do pastor de cabras (Pv 27:27). Durante as peregrinações do deserto, os israelitas experimentaram o dom miraculoso do maná que era chamado "pão do céu" (Ne 9:15) ou "pão dos anjos" (Sl 78:25). As bênçãos de Deus eram essenciais de modo que a comida aumentaria (Sl 65:9-13 [TM 10-14]). As pessoas deveriam orar por pão suficiente para cada dia (Pv 30:8-9).

O pão era usado para as ofertas e sacrifícios. As ofertas eram chamadas comidas para Deus (Lv 21:6) embora isso seja entendido figurativamente visto que Deus não precisa de comida (Sl 50:12-13). O pão sem fermento era usado para ofertas de cereais. Enquanto parte ou a totalidade do pão poderia ser queimada, uma parte era comida pelos sacerdotes.

O pão pode ser usado figurativamente. Se as pessoas tinham tristeza pela nutrição, elas tinham "o pão de lágrimas" (Sl 80:5 [6]). "O pão da impiedade" (Pv 4:17) se refere à nutrição conseguida por meios impróprios. Comer "o pão da preguiça" significa ser preguiçoso (Pv 31:27). A Sabedoria convida as pessoas a comerem o seu pão (Pv 9:5), que uma nutrição didática. A Loucura convida as pessoas a comerem "o pão oculto", se referindo à indulgência sexual (Pv 9:17).

O grego *ártos* pode se referir ao pão com ou sem fermento. O pão é parte de uma comida (Mc 6:44) e é tomado como provisão para as jornadas (v. 8). Os crentes não devem ficar ansiosos pelo pão, porque Deus sempre o providenciará para eles (2Co 9:10). Eles devem orar pelo pão de cada dia (Mt 6:11.).

A prática judaica de dar graças antes da comida inclui tomar uma fatia de pão, dar graças, parti-la e distribuí-la (Mt 14:19). "Partir o pão" poderia designar uma comida comum (At 2:46) ou a Eucaristia, que incluía pão como um dos elementos (1Co 11:23-26).

O pão pode se referir à nutrição espiritual. Jesus é chamado de "pão da vida" (Jo 6:35) e "o pão que desceu do céu" (v. 41). Em Lucas 14:15, uma bem-aventurança é pronunciada sobre aquele que vai comer pão no reino de Deus.

Bibliografia. J. Behm, "ártos", *TDNT* 1.477-78; W. Dommershausen e H.-J. Fabry, "*leḥem*", *TDOT* 7.21-29. [STEPHEN ALAN REED]

PÃO ÁZIMO Pão chato, redondo (heb. *maṣṣâ*; gr. *ázymos*) feito inteiramente de farinha e água sem qualquer fermentação (p. ex., lúpulo ou levedura), parte integrante da dieta diária no Oriente Médio (Gn 19:3; Jz 6:19; 1Sm 28:24). Nos tempos antigos, um pedaço da massa de farinha era exposta ao ar para fermentar e desenvolver uma composição acidífera. Este processo, em combinação com nova massa de farinha, fazia com que o pão crescesse. Os israelitas viam este processo de fermentação, a mistura do que é um produto essencialmente deteriorado, como simbólico da decadência e corrupção moral. Portanto, o pão sem fermento tornou-se emblema de pureza, e o mais importante dos festivais religiosos, como a Páscoa, requeria o seu uso. A Festa dos Pães Ázimos, com duração de uma semana, formava a maior parte do ritual da Páscoa. Durante essas festas, o fermento e quaisquer alimentos contendo levedura não eram permitidos nas casas e muito menos consumidos. Na véspera da Páscoa, a casa era completamente vasculhada à procura de vestígios de fermento e então queimados, simbolizando a procura no íntimo da alma por pecado e decadência moral e então expulsando-os. Das ofertas trazidas ao altar, as ofertas de cereais eram sempre pão sem fermento (Lv 2:5), exceto para as ofertas de comunhão por gratidão, que podiam incluir pão fermentado (7:13).

Os textos do NT fazem referência simbólica ao fermento com propósito de instrução. Jesus adverte seus discípulos a terem "cuidado com o fermento dos fariseus e dos saduceus" (Mt 16:6). Numa declaração que muitos estudiosos veem como irônica, se não sarcástica, Jesus liga o reino do céu ao fermento (Mt 13:33). Paulo admoesta enfaticamente seus leitores a celebrarem uma festa com "pães sem fermento, os pães da sinceridade e da verdade" (1Co 5:6-8). Talvez o uso simbólico mais significativo do pão sem fermento para os cristãos vem das palavras tradicionais e das ações de Jesus na Última Ceia (Mt 26:26).

Bibliografia. J. Neusner, *The Idea of Purity in Ancient Judaism*. SJLA 1 (Leiden, 1973); G. J. Wenham, "The Theology of Unclean Food", *EvQ* 53 (1981): 6-15. [TONY S. L. MICHAEL]

PÃO DA PROPOSIÇÃO Outra denominação dada para o pão da presença (N.doT.).

PAPIAS Bispo de Hierápolis na Ásia Menor no início do século II. Papias (c. 60-130) escreveu uma obra em cinco livros (capítulos) intitulada *Uma exposição dos oráculos dominicais*, atualmente perdida. Pelo menos 13 fragmentos foram preservados nos escritos de vários pais da Igreja, principalmente Ireneu e Eusébio, e ainda por George, o pecador, no século IX, em Chronicon.

As mais importantes das tradições de Papias são seus escritos sobre o evangelho de Marcos. Papias diz ter ouvido de João, o Presbítero, que Marcos foi tradutor de Pedro, escrevendo "tudo o que [Pedro] lembrou exatamente, mas não na ordem do que foi dito ou feito pelo Senhor" (Eusébio HE 3.39.15). A obra de Papias é uma desculpa à desorganização de Marcos e uma defesa de sua exatidão, e é a única fonte da ideia de que Marcos conseguiu sua informação de Pedro. Muitos estudiosos têm discutido essa tradição, afirmando que trata-se de um esforço da Igreja primitiva de ligar Marcos, que não foi testemunha ocular da vida de Jesus, a uma fonte que foi uma testemunha importante. Todavia esta crítica pressupõe Papias tentando estabelecer a canonicidade de Marcos usando o critério da apostolicidade. Tal pressuposição é anacrônica; Papias não tem ideia do cânon do NT e prefere as tradições orais dos anciãos aos livros (He 3.39.4).

Papias escreveu também que Mateus "fez um arranjo organizado dos oráculos na língua hebraica", que outros então traduziram (He 3.39.16). Embora muitos estudiosos coloquem Papias em dúvida quanto a isto, alguns de fato apoiam a ideia de uma origem semítica de Mateus. Vários pais da Igreja expressam desdém por Papias devido seu quiliasmo, crença no reino milenal de Cristo. Essa crença indica a probabilidade de Papias conhecer o livro de Apocalipse.

Bibliografia. J. A. Kleist, *Rereading the Papias Fragmento in St. Mark* (St. Louis, 1945); W. R. Schoedel, *Polycarp, Martyrdom of Polycarp, Fragments of Papias*. The Apostolic Fathers 5, ed. R. M. Grant (New York, 1967). [J. CHRISTIAN WILSON]

PAPIRO Planta aquática, alta, perene abundante em áreas alagadiças do baixo Egito nos tempos antigos (cf. Jó 8:11), embora não mais encontrado lá. O papiro (*Cyperus papyrus*) foi usado em vários produtos no antigo Egito, incluindo cestos, cordas, barcos, sandálias e esteiras. Seu uso mais geral, entretanto, foi um papel áspero e barato. (A palavra portuguesa "papel" vem de "papiro", embora o papel tenha sido inventado na China e seja feito de madeira ou de fibras de algodão). O papiro é feito cortando-se tiras do caule interno da planta, colocando-se as tiras em duas camadas cruzadas, fundindo-se as camadas martelando-as, secando-as e alisando a folha resultante com concha ou ferramentas de pedra (cf. Plínio, o Velho Nat. Hist. 13.11-13). As folhas podiam então ser unidas para formar rolos de qualquer tamanho escolhido. O rolo mais comprido existente é de 39,6 m.

O papiro foi usado como material para escrita no Egito desde cerca de 3000 a.C. até bem o primeiro milênio d.C. e era preferido aos tabletes de barro, pedra e madeira. O couro, entretanto, foi também muito usado como meio de escrita. O papiro foi um importante item comercial para o antigo Egito (*ANET*, 28), e era exportado para a Síria-Palestina, Grécia e Itália. Antigos documentos em papiro existem em muitas línguas, entre elas egípcio, grego, aramaico, hebraico, copta e latim. A evidência direta e indireta sugere que o papiro foi um material comum de escrita na Palestina durante o primeiro milênio a.C. Alguns fragmentos de papiro foram encontrados em vários locais, incluindo uma caverna em Uádi Murabba'at (séc. VII), uma caverna em Uádi e-Daliyeh (séc. IV), cavernas em torno de Qumran (do séc. III a.C ao séc. I d.C.) e em Nahal Hever (séc. II d.C.). Além disso, em Samaria, Laquis, Tell el-Hesi, Bete-Zur e Jerusalém, centenas de selos de barro usados para firmar contratos e cartas foram encontrados com sinais de fibras de papiro anexadas, indicando que os documentos aos quais eles foram anexados eram papiro. A evidência confirma a sugestão de que o papiro foi muito usado na Palestina, mas o clima era muito úmido para permitir a preservação de documentos em papiro, exceto em áreas protegidas e secas. Os textos do AT foram escritos principalmente em couro (embora alguns possam ter sido escritos em papiros), enquanto os textos do NT, especialmente as cartas, foram provavelmente escritos primeiro em papiro.

A única clara referência bíblica ao papiro como material de escrita encontra-se em 2João 12. O termo grego *chártēs* refere-se a rolo de papiro ou folha na qual uma carta é escrita. Isaías 18:2 menciona o uso de caules de papiro para fazer barcos de navegação. O bebê Moisés é escondido num cesto de papiro (Êx 2:3), e as "canas e juncos" em Isaías 35:7 é, sem dúvida, uma referência ao papiro.

Bibliografia. J. Cerny, *Papers and Books in Ancient Egypt* (London, 1952); R. S. Hanson, "Ancient Scribes and Scripts and the Clues They Leave", *BA* 48 (1985): 83-88; Y. Shiloh, "A Group of Hebrew Bullae from the City of David", *IEJ* 36 (1986): 16-38; B. Watterson, *Introducting Egytian Hieroglyphs* (Edinburgh, 1981). [NANCY L. DECLAISSÉ-WALFORD]

PAPIRO CHESTER BEATTY Manuscritos gregos bíblicos adquiridos por Sir Alfred Chester Beatty em 1931 e alojados na Biblioteca Chester Beatty e na Galeria de Arte Oriental, em Dublin, Irlanda. Eles são a coleção mais importante de manuscritos em papiros por causa de seu número (11) e de sua data primitiva (sécs. II-IV).

Os papiros são mais valiosos por sua contribuição ao criticismo textual da Bíblia Grega. O papiro X (P967) é uma das únicas testemunhas principais do grego antigo de Daniel. A coleção inclui também testemunhas de Gênesis, Isaías, Ezequiel, Ester, e Apocalipse.

Em acréscimo ao criticismo textual, os papiros também são valiosos porque estavam em forma de códex, isso mostra que o códex veio a ser usado muito primitivamente; eles empregam contrações para nomes tais como Deus, Jesus, Cristo, e Espírito; e preservam ordens alternativas de livros bíblicos ou capítulos dentro de livros. No papiro X, Daniel 7-8 segue o cap. 4; no papiro I, a ordem dos evangelhos é Mateus, João, Lucas, e Marcos; e no papiro II, a ordem dos livros do Novo Testamento é Romanos, Hebreus, Coríntios, Efésios, Gálatas, Filipenses, Colossenses, e 1 Tessalonicenses.

Bibliografia. F.G. Kenyon, *The Chester Beatty Biblical Papyri*, 7 vols. (London, 1933-1958). [TIM MCLAY]

PAPIRO NASH Papiro egípcio do século II a.C. com um dos mais antigos fragmentos do texto bíblico. Descrito por Stanley A. Cook em 1903, o papiro tem versões do Decálogo e Shemá com afinidades textuais em relação a LXX. Provavelmente copiada de uma obra litúrgica, as afinidades do papiro com a LXX e Fílon, bem como a origem de sua descoberta, sugerem uma forma do texto hebraico existente no Egito que diferia significativamente do texto posteriormente preservado pelos massoretas. [JAMES R. ADAIR, JR.]

PARÃ (heb. *pā'rān*) Região desértica ao sul de Judá, oeste de Edom e ao norte do deserto do Sinai, provavelmente circundando Cades-Barneia. De acordo com as histórias das jornadas de Israel pelo deserto, os israelitas foram do deserto do Sinai para o deserto de Parã (Nm 10:11-12) via Hazerote (12:16). Moisés mandou então espias de Parã para explorarem a terra de Canaã, e voltarem a Cades, identificando os dois locais (Nm 13:3, 26; em Dt 1:19-25 os espias são mandados do deserto de Cades-Barneia). No itinerário do deserto de Números 33, Parã não é mencionado e Cades está associada ao deserto de Zin (Nm 33:36); entretanto, a LXX identifica Cades com Parã, sugerindo um erro textual no TM.

Outras referências a Parã são consistentes com a região ao redor de Cades-Barneia (Gn 14:6). Ismael viveu em Parã depois de banido por Abraão (Gn 21:21). Após a morte de Samuel, Davi conseguiu sua esposa Abigail ao visitar a região de Parã (2Sm 25:1). O edomita Hadade passou por Parã enquanto fugia de Midiã para o Egito (1Rs 11:18). Duas referências poéticas associam Parã com a morada sul de Yahweh, de onde ele marcha para combater os inimigos de Israel (Dt 33:2; Hc 3:3). [RONALD A. SIMKINS]

PARÁ (heb. *pārâ*) Cidade do território tribal de Benjamim (Js 18:23), identificável com Tell Fâr'ah, 10 km a nordeste de Jerusalém.

PARÁBOLAS Transliteração do grego *parabolḗ*, usado no NT para identificar uma variedade de formas literárias. Literalmente a palavra significa alguma coisa colocada ao lado de outra para esclarecê-la. Entretanto, unidades literárias identificadas como parábolas no NT, elas mesmas, requerem esclarecimento e são frequentemente, mas não sempre, acompanhadas por explicações dadas pelo evangelista.

Os evangelhos não têm uniformidade quanto ao que descrevem como parábola. O termo é usado para identificar: histórias com começo, meio e fim (Mc 4:2-9); imagens curtas (13:28); aforismos (7:15-17) e provérbios tradicionais (Lc 4:23). Lucas (14:8-10) até considera a advertência de Jesus sobre a etiqueta de sentar-se num banquete de casamento como parábola (v. 7). Os evangelistas nem sempre concordam entre si que essas unidades literárias em particular sejam parábolas. Por exemplo, Lucas 5:36-38 designa aforismos gêmeos uma única *parabolḗ*, enquanto Mateus 9:16-17; Marcos 2:21-22 não os considera. Geralmente os estudiosos do NT reservam a designação *parabolḗ* para as histórias e usam outros termos mais consistentes com seu caráter para outras formas literárias.

Os evangelistas concordam que parábolas são obscuras e necessitam de explicação. Eles normalmente apresentam uma introdução literária à parábola (Lc 18:1,9) e/ou uma interpretação (v. 6-8). O ambiente literário esclarece como cada autor compreende a parábola. Algumas parábolas, entretanto, não têm nem introdução nem interpretação como o evangelista as compreendeu (Lc 3:7-9). As parábolas nem sempre são apresentadas por uma estrutura literária que requeira comparação (Lc 12:16-20; 15:8-9). Algumas parábolas também são usadas como exemplos (Lc 10:25-37) em vez de comparativamente. Doze

A B C D E F G H I J K L M N O **P** Q R S T U V X Y Z

das cerca de 38 parábolas preservadas na literatura cristã primitiva são comparadas ao reino de Deus.

A forma usual de explicar as parábolas nos evangelhos é a anexação de uma "moral" adjacente ao final, relacionando a parábola a algum aspecto da vida cristã na comunidade da igreja (Lc 18:6-8: a volta do Senhor). Algumas interpretações tratam as histórias nas parábolas como alegorias. Numa alegoria, múltiplos elementos na história têm um relacionamento um a um com coisas fora da história. Existem apenas três interpretações alegóricas desenvolvidas das parábolas nos evangelhos canônicos: o Semeador (Mc 4:14-20 par.), as Sementes no Campo (Mt 13:36-43) e a Rede de Pesca (13:47-50).

Histórias atribuídas a Jesus de Nazaré podem ser encontradas nos evangelhos canônicos de Mateus, Marcos e Lucas e em dois textos Nag Hamadi, o Evangelho de Tomé e o apócrifo de Tiago. O evangelho de João não preserva histórias em parábolas, nem sequer usa a palavara *parabolḗ*. Em vez disso, João usa *paroimía*, que parece mais bem traduzida por "figura" ou "dizer enigmático", desde que tal linguagem em João contrasta com a linguagem clara ou aberta (Jo 10:1-6; 16:16-30).

Os evangelhos canônicos dão as razões para explicar por que Jesus falou por parábolas. De acordo com Marcos 4:10-12, Jesus usou as parábolas para impedir que os de fora compreendessem seu ensino sobre o reino de Deus, porque se entendessem, poderiam "se arrepender e ser perdoados". Portanto, o ensino a respeito do reino de Deus em Marcos destinava-se apenas aos discípulos. A explicação de Lucas (Lc 8:9-10) é igual à de Marcos, exceto que Lucas não inclui a frase ofensiva sobre arrepender-se e ser perdoado. Mateus 13:10-17, por outro lado, cita Isaías 6:9-10 como expectativa profética de que o povo não compreenderia as parábolas. Mateus explica que as pessoas poderiam ter compreendido as parábolas se quisessem. A razão de não terem compreendido foi terem deliberadamente endurecido o coração e, ao fazê-lo, cumpriram a profecia de Isaías. Essas explicações para o uso de parábolas por Jesus são geralmente consideradas como tradições eclesiásticas primitivas. Elas demonstram que a Igreja na última metade do século I teve dificuldade em compreender as parábolas. As histórias não podiam ser facilmente relacionadas às mudanças culturais e teológicas ocorridas na Igreja desde os tempos de Jesus, como a troca de um ambiente semítico para helenístico.

As histórias são descrições realísticas da vida nas aldeias da Palestina do século I. Elas tratam tais assuntos como riscos da agricultura (o semeador, Mc 4:3-8 par.), o proprietário de terras e bens (o tesouro escondido, Mt 13:44 par.), atividades domésticas (a moeda perdida, Lc 15:8,9), a adoração judaica (o fariseu e o coletor de impostos, 18:10-13), relações familiares (O filho pródigo/irmão mais velho, 15:11-32), culinária (o fermento, Mt 13:33 par.). Desde a última parte do século I, seu caráter realista, retratando aspectos da vida aldeã palestina, foi regularmente ultrapassado pela percepção da teologia e da moralidade cristã. Por exemplo, Mateus acrescenta um ditado que circulava (Mt 20:16; cf. Mc 10:31; Lc 13:30) aos Trabalhadores na Vinha (Mt 20:1-15), história que trata das relações entre empregador-empregado na antiguidade palestina, para indicar que a história ilustra a troca de posição no último julgamento. A história da Ovelha Perdida (Mt 18:12-13) atende Mateus como alegoria na preservação do discípulo cristão (v. 14), enquanto em Lucas (Lc 15:4-6) é uma alegoria sobre a conversão de pecadores que estão fora da Igreja (v. 1-2, 7). Tais interpretações claramente cristãs impressionam muitos intérpretes como fora de lugar com histórias totalmente judaicas.

As Escrituras hebraicas contêm apenas poucas narrativas que lembrem a história característica da típica parábola de Jesus. Ezequiel 17:2-10 (as aves e a vinha) é uma alegoria (*māšāl*), seguida de uma interpretação alegórica (v. 11-21) semelhante à parábola do semeador. Ezequiel 19:1-9 (os leões) e 19:10-14 (a vinha) são chamados de lamentações (*qînâ*). Juízes 9:8-15 (as árvores e a sarça) é uma fábula com função alegórica. O cap. 12:1-4 de 2Samuel (a ovelha) é uma história que funciona como alegoria. O livro de 2Samuel 14:5-7 (a mulher sábia de Tecoa) é uma curta narrativa imaginária (v. 1-3 mostram ser uma história inventada) usada nem com fim comparativo nem figurativo. Eclesiastes 9:14,15 é um curta história (a cidade sitiada) seguida de um resumo moral sobre a superioridade da sabedoria (v. 16). Estas duas últimas se parecem mais com a parábola típica dos evangelhos cristãos primitivos.

Na LXX o hebraico *māšāl* é regularmente traduzido por *parabolḗ* e é usado para caracterizar uma variedade de formas literárias. Māšāl descreve: alegorias que são tanto narrativas (Ez 17:2-10) quanto figuras sucintas (24:3-5); provérbios tradicionais (Jr 23:28; 1Sm 24:13; Ez 18:2); e lamentações que são narrativas curtas (Ez 19:1-9, 10-14) e provérbios (Hb 2:5-,6; Mq 2:4). Em geral, uma *māšāl* aparece para descrever qualquer unidade literária cujo significado não é imediatamente claro ou facilmente compreendido (Sl 49:4 [TM 3]; 78:2; Pv 1:6).

As interpretações eclesiásticas ou alegóricas das parábolas não foram contestadas até o fim do século XIX. O surgimento do estudo da crítica moderna das parábolas começou com a rejeição da ideia de que as parábolas eram alegorias que exigiam interpretação, como a explicação de Marcos do Semeador (Mc 4:14-20). Em 1886, Adolf Jülicher rejeitou o método alegórico e reduziu os muitos pontos de interpretação alegórica a um ponto geral moral contra um pano de fundo hipotético na vida de Jesus. Os ambientes das parábolas nos evangelhos não foram considerados os ambientes originais das parábolas na vida social da antiguidade palestina. Assim, uma história sobre os riscos na agricultura da Palestina do século I torna-se "uma advertência ao convertido contra um fracasso em se manter firme em tempos de perseguição e contra o materialismo" (Jeremias, 150).

A mudança seguinte na compreensão do caráter da parábola ocorreu em 1935, quando C. H. Dodd argumentou que uma parábola era "uma metáfora ou símile tirada da natureza ou da vida comum, prendendo o ouvinte por seu colorido ou estranheza e deixando a mente em suficiente dúvida sobre sua exata aplicação para provocar o pensamento produtivo" (Dodd, 5). Metáforas e símiles são figuras de linguagem usadas para descrever uma coisa como se fosse outra. Para Dodd, as parábolas apresentavam o reino de Deus sob o disfarce de histórias reais a respeito da vida comum em pequenos vilarejos da Palestina. Assim, o Semeador torna-se uma parábola de crescimento. Ela "ilustra... a vinda do Reino de Deus no ministério de Jesus, sob a figura da ceifa" (Dodd, 149).

Em 1967, Dan O. Via argumentou que parábolas eram curtas ficções narrativas que refletiam um entendimento particular da existência humana. Quando alguém lê as parábolas, envolve-se na compreensão de Jesus sobre a existência humana. Assim, a parábola dos Talentos (Mt 25:14-30) descreve um homem cuja busca por segurança produz sua própria morte, porque em sua busca por segurança ele se torna "escravo exatamente das realidades que ele espera virem dar-lhe segurança [...] colocando em risco sua vida, porque nelas a pessoa é livre do esforço ansioso em prover a própria segurança no mundo" (Via, 120-21).

Uma modificação da abordagem de Via é que as parábolas de Jesus não são histórias existenciais, teológicas ou morais, mas políticas e econômicas. Elas tratam de poder político e da exploração da classe camponesa. Assim, a parábola dos maus arrendatários (Mc 12:1-12 par.) descreve a espiral de violência de uma "revolta" de camponeses locais contra uma elite proprietária de terras.

Uma abordagem recente argumenta que as parábolas são ficções narrativas inventadas livremente que devem ser lidas no contrexto dos estilos que os próprios judeus palestinos do século I compreendiam. Elas não devem servir de fonte de consulta; destinam-se a introduzir o leitor na história em que descobertas sobre si e o mundo devem ser feitas. As parábolas são histórias sem fim determinado que não ensinam, dirigem ou respondem; ao contrário confrontam e provocam, e são capazes de uma gama ainda mais ampla de interpretações lógicas, como confirmam as interpretações das parábolas. Assim, a parábola do fariseu e do publicano (Lc 18:10-13) confronta o leitor com o enigma: qual dos dois personagens imperfeitos da história será capaz, finalmente, de "manter-se perante o Senhor", em última análise, poderá agradar a Deus.

Atualmente não há consenso entre os estudiosos sobre o que ou como funciona uma parábola. As parábolas são interpretadas de muitas maneiras diferentes: como alegorias, histórias com moral religiosa, exemplos de moralidade cristã, metáforas, histórias que refletem uma compreensão particular da existência humana, histórias políticas e econômicas e como ficções poéticas.

Bibliografia. C. H. Dodd, *The Parables of the Kingdom* (New York, 1961); C. W. Hedrick, *Parables as Poetic Fictions: The Creative Voice of Jesus* (Peabody, 1994); W. R. Herzog, II, *Parables as Subversive Speech* (Louisville, 1994); J. Jeremias, *The Parables of Jesus*, ed. rev. (New York, 1963); B. B. Scott, *Hear Then the Parable* (Minneapolis, 1989); D. O. Via, *The Parables: Their Literary and Existencial Dimension* (Philadelphia, 1967). [CJARLES W. HEDRICK]

PARÁCLITO Transliteração do grego *paráklētos*, derivado do verbo que significa "chamar junto de", com frequência com o objetivo de exortar ou encorajar. Consequentemente, alguns têm interpretado o termo como "Consolador". Outros apontaram para o uso de *paráklētos* nos contextos legais gregos e helenísticos, implicando um significado judicial semelhante a "Advogado". Esse sentido está certamente presente em 1João 2:1, que afirma Jesus agindo como o *paráklētos* do pecador perante o Pai. As ocorrências restantes no NT todas aparecem nos "Discursos de Despedida" do evangelho de João (Jo 14:16, 26; 15:26; 16:7). Um comentário editorial inserido em João 7:39 identifica este Paráclito com o Espírito Santo, que haveria de vir depois da glorificação de Jesus. O evangelista retrata o Paráclito como mestre da verdade que lembraria os ensinos de Jesus, uma testemunha de Jesus e uma fonte de convencimento no mundo. Tais atividades podem sugerir um significado geral como "Ajudador" ou "Defensor". Vários paralelos ao Paráclito têm sido sugeridos, incluindo Miguel e o Espírito de Verdade dos documentos de Qumran, o *angelus interpres* da literatura apocalíptica, e o tema sucessor no AT (Josué/Moisés, Elias/Eliseu). Tais paralelos podem iluminar o caráter do Paráclito, mas a ênfase principal deve recair sobre os contextos joaninos.

Bibliografia. R. E. Brown, "The Paraclete in the Fourth Gospel", *NTS* 13 (1966-67): 113-32; K. Grayston, "The Meaning of PARAKLETOS", *JSNT* 13 (1981): 67-82; G. Johnston, *The Spirit-Paraclete in the Gospel of John*. SOTSMS 12 (Cambridge, 1970). [PAUL ANTHONY HARTOG]

PARAÍSO Originalmente uma "área cercada" ou um "jardim coberto de árvores semelhante a um parque" (O. Pers. *pairi-daēza*). No antigo Irã, era uma referência principalmente a um "parque" fechado, com córregos, árvores e áreas de caça. Muitas fontes antigas indicam que havia paraísos reais no império persa, talvez um para cada satrápia. Durante a viagem, a caravana real usava esses oásis como base para suas atividades reais. Fontes persas e gregas mencionam a tumba de Ciro no "paraíso" de Pasárgada, a primeira capital do Império.

No AT, Asafe foi "guarda do paraíso do rei" (heb. *pardēs*), responsável por obter madeira para o projeto de reconstrução de Neemias (Ne 2:8). A esposa em Cânticos dos Cânticos é descrita como paraíso ou pomar de "romãs com todas as frutas escolhidas", especiarias e águas revigorantes (Ct 4:13-15). Eclesiastes 2:5 menciona jardins e "parques" com variedade de árvores frutíferas.

Nos tempos helenísticos, a palavra se refere de modo crescente ao jardim do Éden e ao lugar de recompensa ao fiel. Na LXX, a palavra grega emprestada *parádeisos* é usada para o jardim do Éden que Deus plantou para Adão e Eva. Nos escritos do período intertestamentário (p. ex., 1-2 Enoque), Paraíso é um futuro exuberante jardim do Éden (2En. 8). Ao final do século II a.C., a ressurreição tornou-se uma esperança para certos grupos judaicos, e o desejo de um lar futuro livre dos problemas terrenos, e a crença num paraíso que se tornasse sua moradia — temporário ou permanente — ganhou popularidade. Um "Éden" futuro para o justo depois da morte assumiu a característica do "paraíso" ideal. Por volta do fim do século I d.C., o termo é usado tanto para o jardim do Éden de Gênesis quanto para o lugar da morada final do justo depois da morte (2Esdras).

No NT, paraíso pode se referir a uma morada temporária para o justo depois da morte antes de sua ressurreição, um possível significado da resposta de Jesus ao ladrão arrependido na cruz de que ele estaria com Ele no Paraíso (Lc 23:43). A referência de Paulo a um "terceiro céu" (2Co 12:2-4) pode também indicar que ele foi levado ao Paraíso. Em Apocalipse, o "vencedor" receberá "permissão para comer da árvore da vida que está no Paraíso de Deus" (Ap 2:7).

Paraíso aparece no Alcorão como futuro jardim para os justos que bebem, normalmente na companhia de belas mulheres, uma bebida (provavelmente vinho) que não produz nem embriaguez nem loucura (Sura 18.32). [WILLIAM R. GOODWIN, JR.]

PARAPEITO Muro baixo construído em torno da beira externa de um teto para evitar a queda de pessoas (heb. *ma'ăqeh*; Dt 22:8). O teto plano de uma casa era comumente usado como parte das áreas de estar e de trabalho (cf. Js 2:6; 1Sm 9:25, 26; 2Sm 11:2; 16:22).

PARDAL Designação geral para muitos tipos de pequenos pássaros que habitam as áreas em torno das casas e jardins (Dt 4:17; Sl 84:3 [TM 4]; Ec 9:12). Os pardais (heb. *ṣippôr*; gr. *strouthíon*) são pequenos pássaros marrom e cinza que vivem em grupos pela Palestina. Eles constroem seus ninhos em muitos lugares como muros, jardins, vinhedos, casas e arbustos e se alimentam de sementes, larvas e pequenos insetos. Eles eram considerados pássaros limpos (Dt 14:11). O pardal era usado em sacrifícios, mas era pequeno demais para ser cortado pelo meio e colocado sobre o altar (Gn 15:10). A ordem ao leproso era oferecer dois pássaros vivos, limpos como testemunho de sua purificação (Lv 14:4). Era permitido ao pobre oferecer um pequeno pássaro pela oferta do pecado se não pudesse oferecer um cordeiro (Lv 5:7). O pardal era caçado e capturado, mas fornecia pouca carne para consumo (Sl 124:7; Pv 6:5). Os pardais eram abundantes nos tempos do NT e dois podiam ser comprados por um centavo (Mt 10:29; cf. Lc 12:6).

O homem que procurasse uma prostituta ou contraísse grande dívida era comparado a um pássaro capturado na armadilha de um caçador (Pv 6:5; 7:23; 27:8). Jesus ensinou que o cuidado de Deus pelo pardal era uma indicação do seu cuidado e do valor dos seres humanos (Mt 10:31; Lc 12:6).

Bibliografia. G. R. Driver, "Birds in the Old Testament — Part 1: Birds in Law", *PEQ* 87 (1955): 5-20; "Part 2: Birds in Life", *PEQ* 87 (1955): 129-40. [JOHN A. MCLEAN]

PARENTESCO O núcleo do desenvolvimento dos relacionamentos sociais é o parentesco, definido no sentido mais amplo para incluir tanto os laços de sangue quanto os sociais. As pessoas veem "quem eles são" com base na rede de parentesco, em termos de padrões de descendência, laços matrimoniais e de amizade. Direitos e obrigações, lealdade e sentimentos giram em torno desses relacionamentos. Os relacionamentos básicos (de família ou não) podem também depender do grau de "tolerância" (talvez para serem considerados iguais a "moralidade") de ações tanto a longo quanto curto prazo e sobre o reconhecimento dos direitos implícitos de reciprocidade. Ademais, uma pessoa é julgada pela reputação de seu grupo de parentesco e suas próprias ações terão influência direta na reputação desse grupo.

Termos de parentesco (p. ex., pai, mãe, irmão, irmã, tio, sobrinho) aparecem em histórias de ancestrais e também em outras partes do AT. Na Bíblia, parentesco é um álbum que descreve a identidade pessoal e a posição social.

As genealogias bíblicas, delineando laços de parentesco, funcionam como laços históricos ao passado bem como fatores determinantes de posição ou nível social. Ao usar genealogias para descrever o parentesco de suas personagens, os narradores falam do *status* social delas, da condição financeira e de quanta autoridade podiam exercer na comunidade como um todo. Eles tiravam seu material para as genealogias de uma variedade de fontes, incluindo a tradição oral, arquivos particulares de família e registros administrativos.

No que pode ser uma habilidosa criação genealógica, cada membro de uma tribo pertence a uma linhagem e acredita-se que toda a linhagem esteja relacionada por um descendente comum a um ancestral epônimo (p.ex., Abraão). Assim, o parentesco é a base para a unidade tribal, bem como para a identidade da tribo. Uma sociedade tribal pode incluir milhares de pessoas, cada uma das quais pertence a vários tipos de grupos genealógicos. No antigo Israel, existia um sistema de linhagem patrilinear construído em segmentos no qual cada uma de suas unidades familiares (*bêṯ ʼāḇôṯ*) pertencia a uma linhagem (*mišpāḥâ*). Tais linhagens, cuja associação e herança se baseavam no pai, constituíam um clã. Os clãs formavam vários grupos de parentes (irmandades) e estes, as tribos. Suas linhagens foram também (uma vez que os israelitas entraram em Canaã) descritas como alocadas em seus próprios territórios designados (Js 13-19). Esses agrupamentos sociais não são necessariamente evolutivos. Todos continuaram a existir, mesmo quando a monarquia foi estabelecida e não houve progresso linear que exigisse que cada um existisse para que a monarquia fosse estabelecida.

As unidades sociais e políticas do antigo Israel, como retratado no texto bíblico, podem, portanto, ser delineadas como segue:

Famílias individuais unidas, formando uma família ampliada (*bēṯ-ʼāḇ*), dependente de um pater-familias (chefe da unidade familiar)

Linhagens (*mišpāḥâ*), composta por pessoas que remontavam suas origens a um ancestral em particular — incluindo clãs, como os levitas, que eram linhagens não localizadas, de todas as tribos.

Parentes, que demonstram uma ramificação de uma linhagem, como a da descendência arônica entre os zadoquitas e a descendência levítica de Abiatar.

Irmandades (*šēbeṭ*), divisão maior de uma tribo (p.ex., Judá da tribo de Israel), tendo os próprios territórios designados.

Tribo, termo usado aqui no sentido coletivo de todo o povo de "Israel", unido por parentesco, religião e endogamia.

Seria inadequado estabelecer diferença entre as formas sociais e a estratificação dos povos tribais hebreu e cananeu. Apesar das tentativas no texto bíblico de tirar uma demarcação religiosa entre eles, sua existência cotidiana — baseada como era nas mesmas preocupações ambientais e econômicas — teria sido praticamente a mesma. A evidência arqueológica e textual, embora um tanto misturada do assunto, indica que cada unidade familiar consistia de uma família ampliada de cerca de dez a quinze adultos, governada por um chefe de família.

O respeito devido a esse sistema social pode ser visto na autoridade do chefe de família e no mandamento "Honra a teu pai e a tua mãe" (Êx 20:12). Esse veredito legal exige lealdade mais do que obediência ao chefe da casa. Ele representa um valor básico da sociedade israelita, que determinou ser tal relacionamento um componente fundamental de sua comunidade pactual e, portanto, deve ser protegido.

A transferência da posição como chefe da família era hereditária. Os padrões de herança são estabelecidos na tentativa de atender a uma transição sistemática sem afetar significativamente o sistema em si. A primogenitura, p. ex., é mostrada na nomeação feita por Isaque de Esaú, seu filho mais velho, como seu herdeiro (Gn 27:1-4). O filho mais novo, Jacó, se aquele arranjo tivesse de fato funcionado, teria recebido uma porção menor (ver como a porção real de Esaú é menor em Gn 27:33-40) e teria tido a opção de trabalhar para o seu irmão ou separar-se da família e se estabelecer por conta própria.

A fragmentação da família ampliada em novas unidades (ainda dentro da mesma linhagem, entretanto) é reflexo de padrões de herança, necessidade ambiental e crescimento da população. É a adaptabilidade da instituição que torna essa fragmentação razoavelmente suave embora ao mesmo tempo as mudanças iniciais vão afetar a sociedade, tanto a longo quanto a curto prazo. Por exemplo, em Gênesis 12:1, Yahweh convida Abrão a que deixe "a casa de seus pais" e vá em busca da sua. Sepultar seu pai é um rito de passagem, que conduz Abrão pela soleira da porta da transformação. Enterrar seu pai é um exercício de separação ou de partida do mundo do seu pai. Isso exige que Abrão mude o padrão básico de sua vida e estabeleça um novo.

A divisão do grupo e a fluidez social são componentes básicos de sobrevivência num ambiente frágil ou instável. Guerra, exigência econômica, catástrofe ambiental, padrões de herança e aventureirismo, tudo contribui para a criação de novas casas e a abertura de novas áreas de exploração.

Famílias eram as comunidades dentro das quais os israelitas transpunham três importantes portais: nascimento, casamento e morte. Era a forma pela qual cada indivíduo tratava esses ritos de passagem e as formas nas quais eles eram aconselhados, programados ou restringidos pela comunidade que as tornava tão cruciais.

Embora casais concebessem espontaneamente e dessem à luz vários filhos durante o curso de seu casamento, a concepção e o nascimento de herdeiro do sexo masculino eram sempre esperados. Isso é claramente demonstrado pela ideia principal da "busca de um herdeiro" que percorre as narrativas ancestrais de Gênesis. O desejo de um herdeiro masculino se complicava se uma filha nascesse primeiro. Embora não declarado na narrativa, é provável que essa criança do sexo feminino fosse desmamada mais cedo do que a do sexo masculino para que a mãe retomasse a ovulação.

Outra tarefa dos sistemas de parentesco na família é a determinação de quais adultos estão aptos ao casamento, quem de fato escolhe os parceiros para casar, quais filhos vivem na família dos pais e quais se tornam herdeiros. As famílias patrilineares escolhem os herdeiros somente do lado do pai, as famílias matrilineares, somente do lado da mãe, e as famílias da mesma origem, de ambos os lados. Os herdeiros herdam o *status* social dos pais, a importância financeira e a autoridade na comunidade como um todo. Dessa forma, a ordem social da comunidade e os princípios de poder e autoridade são perpetuados.

Um exemplo da influência potencial dos costumes de preferência no casamento se vê no casamento de Naor, entre primos (Gn 11:29). Ele atende aos requisitos tanto da endogamia, ao se casar dentro da própria família, como da exogamia, ao se casar fora da família. A exemplo de Jacó, que se casou com Lia e Raquel — suas primas, que eram irmãs — Naor se casa com uma prima que tem uma irmã. O casamento de Naor também estabeleceu um laço entre ele e seu tio. O relacionamento avuncular entre um homem e seu tio tem sido visto tão importante quanto o relacionamento entre um homem e seu pai no antigo Oriente Próximo.

O casamento era uma questão de negócio, definido para unir duas famílias dispostas a trocar bens e serviços substanciais durante um período de tempo significativo. Quando o casamento se concluía, acontecia uma troca de propriedades na forma de dote nupcial. Isso marcava a transferência de direitos da família do pai da noiva para a do marido. Uma estrutura legal elaborada foi desenvolvida para prover "uma circulação de comunhão de recursos" usados para organizar futuros casamentos familiares e, no caso de morte do marido, prover o apoio financeiro da viúva.

A obrigação final de um grupo de parentesco era exercido pelos parentes do defunto, que supervisionavam a transferência de um membro do seu lugar entre os vivos para o lugar apropriado entre os mortos. Nos períodos primitivos da história israelita, a morte não separava um membro de sua família. A tumba de uma família refletia muito o mesmo estilo e muito do conforto de sua casa, embora em alguns casos uma arquitetura de residência mais conservadora era seguida na tumba da família. Por exemplo, foi bastante comum continuar enterrando aldeões em tumbas em cavernas bem depois que o próprio vilarejo estava construído com casas independentes.

Os rituais pelos quais um corpo era transferido do mundo dos vivos para o mundo dos mortos era virtualmente idênticos aos usados pelas parteiras para transferir um recém-nascido para a família. Em ambos os casos, o corpo era lavado, ungido, vestido e cuidadosamente colocado para adoção. O recém-nascido é colocado no regaço, ou no "útero" de seus pais, e o corpo do morto é colocado na tumba, o "útero" da Mãe Terra, que representa os pais adotivos de cada ser humano.

Depois da morte, a lembrança do falecido era preservada por meio de rituais que sugerem um culto de veneração ao morto. O culto aos ancestrais formava um ritual particular segundo o qual o grupo familiar, sem a intervenção ou interferência de qualquer unidade política ou étnica maior, permanecia em contato e dava sustento ao morto. A natureza particular e apolítica deste ritual pode ser uma das razões por que Saul proscreveu os médiuns e outros praticantes de comunicação com os mortos, mas depois usou uma quando a necessidade pessoal suplantou os interesses políticos (1Sm 28:3-25).

No século VIII a.C., a monarquia emergente e a hierarquia sacerdotal proscreveu o culto aos ancestrais. Isso foi para enfatizar mais a única devoção ao culto a Yahweh e restringir as práticas de magia, entendidas como perigosas por serem, por definição "particulares, secretas e misteriosas". E assim, essas cerimônias particulares se tornaram alvo para o governo, que tinha a intenção de controlar todas as expressões de culto e políticas.

Durante o período bíblico, a família e a força dos laços de parentesco dominaram os relacionamentos, ofereceram oportunidades de progresso e determinaram padrões de herança. Seria impossível compreender o antigo Israel sem referência aos laços de parentesco.

Bibliografia. L. Holy, Kinship, *Honour and Solidarity* (Manchester, 1989); V. H. Matthews e D. C. Benjamin, *Social World of Ancient Israel, 1250-587 B.C.E.* (Peabody, 1993); R. A. Oden, Jr., "Jacob as Father, Husband, and Nephew: Kinshigp Studies and Patriarchal Narratives", *JBL* 102 (1983): 189-205; J. Pitt-Rivers, "The Kith and the Kin", in *The Character of Kinship*, ed. J. Goody (Cambridge, 1973), 89-105; D. Steinmetz, *From Father to Son: Kinship, Conflict, and Continuity in Genesis* (Louisville, 1991); R. R. Wilson, *Genealogy and History in the Biblical World* (New Haven, 1977). [VICTOR H. MATTHEWS]

PÁRMENAS (gr. *Parmenás*) Um dos sete escolhidos para ajudar os apóstolos na distribuição às viúvas da Igreja (At 6:5).

PARNAQUE (heb. *parnāḵ*) Pai de Elisafã; líder de Zebulom que ajudou a distribuir a terra (Nm 34:25).

PARÓS (heb. *par'ōš*) **1.** Israelita cujos descendentes retornaram com Zorobabel (Ed 2:3; Ne 7:8) e Esdras do exílio na Babilônia (Ed 8:3). Entre os descendentes de Parós estavam alguns dos homens que se divorciaram de suas mulheres estrangeiras (Ed 10:25) e um dos que repararam os muros de Jerusalém (Ne 3:25).

2. Chefe do povo que participou da assinatura do pacto celebrado sob Neemias (Ne 10:14 [TM 15]).

PARÚSIA (gr. *parousía*) Palavra grega, usada para pessoas ou coisas, significando "chegada" ou "presença" ativa (do verbo *parousía*, "estar presente"). Antes da era cristã, o amplo uso helenístico de *parousía* para a presença divina às refeições deu à palavra um toque sagrado. Gradualmente, a palavra ganhou força técnica, denotando a visita local de um governante ou outro alto personagem, manifestações de curas pelos deuses, ou a presença divina implícita na percepção filosófica. Num mundo normalmente dominado por uma visão de eventos recorrentes em ciclos eternos, entretanto, foi a interação com a crença judaica que emprestou a este termo um novo senso de finalidade.

A tradição judaica pré-cristã usa a imagem da "vinda" de Deus para marcar momentos específicos escolhidos por Deus para julgar a humanidade, ou eventos que revelam a poderosa presença e propósito de Deus. Tal tradição vê a presença de Deus em termos concretos como "o dia", "o tempo", ou "o ano" do Senhor, ou por meio de imagens ilustrativas, como a arca da aliança, a tenda do encontro, o lugar santo, a nuvem, o Espírito, a Mão, ou a Palavra de Deus. A LXX, refletindo a origem helenística de *parousía*, a utiliza em obras primeiro escritas em grego, somente em seu sentido profano, e prefere claramente o verbo.

A consciência de Israel da estatura magnificente cada vez maior de Deus, entretanto, exigia uma submissão mundial ao seu domínio, e a noção de aparições divinas diretas e definitivas deu ensejo aos agentes tidos como divinamente escolhidos para exercerem tal autoridade no mundo. O posterior declínio da afinidade judaica provocou profundas disputas a respeito da autoridade do culto sacerdotal para expressar a vontade de Deus. Nesse vácuo profético, floresceram visões místicas, veladas, apocalípticas da automanifestação final de Deus. Por volta do século I d.C., além dos cristãos, o uso de *parousía* nos círculos judaicos permaneceu limitado. Fílon de Alexandria, filósofo judeu do século I a.C. nunca a usou. Mesmo depois de Roma ter destruído o templo de Jerusalém, o sacerdócio e o culto com impunidade no ano 70 d.C., Josefo, historiador judeu do século I ainda emprega *parousía* para a presença poderosa e salvadora de Deus em favor de Israel. Mas as claras e apocalípticas insinuações políticas dessa terminologia haviam se desvanecido. No uso rabínico subsequente, a visão vívida e complexa associada à prometida *parousía* de Deus perde a maior parte de sua força apocalíptica primitiva.

A *parousía* entra cedo no uso cristão procedente de várias direções. Mas o principal vetor é Paulo, que une a terminologia mais antiga e tradicional judaica com noções helenísticas sobre a visita de um personagem dominante (p. ex., 1Co 15:23; 1Ts 2:19). A mistura resultante antevê uma futura e iminente "vinda de Jesus com finalidade cataclísmica e global. A fusão que Paulo faz da imagem judicial com a pactual, combinada com uma ambiguidade de tempo em sua concepção sobre o fim do mundo, produz conflitos que continuam a desafiar seus intérpretes modernos. Embora a tradição sinóptica presuma claramente a vinda de Jesus a afirmação mundial da autoridade de Deus sobre este mundo, a palavra *parousía* está completamente ausente em Marcos, da fonte Q, de Lucas e de Atos. O verbo *páreimi* de fato aparece, mas principalmente em seu sentido comum, secular. Marcos e a fonte Q preferem expressões judaicas comuns como "o dia do Senhor" para o iminente retorno de Jesus em poder como juiz final messiânico de Deus. Em comparação, Mateus insere

A B C D E F G H I J K L M N O **P** Q R S T U V X Y Z

parousía em seu material fonte, dando a própria conotação especial a esse termo ao retratar o Jesus Ressurreto como já presente, mas oculto, em sua Igreja até o fim dos tempos (Mt 24:27, 37, 39). Nas Cartas Pastorais pós-paulinas, *parousía* se rende a *epipháneia*, termo ainda mais abstrato, cujo uso já é anunciado em 2Ts 2:8 (cf. At 2:20). Isso complementa as tendências cristãs do século II distante do pensamento histórico e messiânico a respeito de Jesus em favor da cristologia mais logocêntrica, eterna e universalizada. A erudição bíblica moderna tem visto debate muito vigoroso sobre o impacto histórico da adiada *parousía* de Jesus em mudar o cristianismo de um movimento flexível, caristmático para uma entidade mundialmente mais estável e institucionalizada.

Bibliografia. A. Oepke, "parúsia, pareimi", *TDNT* 5.858-71. [F. CONNOLLY-WEINERT]

PARSANDATA (heb. *paršandāṯā'*) Um dos dez filhos de Hamã mortos pelos judeus após o pai ter sido enforcado (Et 9:7).

PARTE, PORÇÃO O que é distribuído e recebido, p. ex., despojo de guerra (Gn 14:24; 1Sm 30:24) e o alimento comido em refeições cerimoniais (Êx 29:26; Lv 7:33; 1Sm 1:4, 5). Os termos (heb. *ḥēleq, ḥeḇel, mānâ*; gr. *méros, merís*) são usados no sentido técnico com relação a heranças (Gn 31:14; Lc 15:12) e terra (Dt 10:9) como as transmitidas em confiança ou repartidas a Israel por Yahweh, o verdadeiro proprietário da terra. Expressões como "ter parte com (alguém)" significa estar relacionada a essa pessoa ou pertencer à companhia ou comunidade da pessoa (2Sm 20:1; 1Rs 12:16; cf. Jo 13:8). Palavras traduzidas por "porção" podem também ser usadas com referência ao que é prezado e íntimo de uma pessoa; assim Israel é chamado a porção do Senhor (Dt 32:9), assim como Yahweh é a porção de Israel (Sl 16:5; 73:26; 119:57; 142:5; Jr 10:16; Lm 3:24). "Porção" pode também se referir à partilha ou sorte que sobrevém a uma pessoa nas mãos do Senhor (Jó 31:2; Jr 13:25).

PARTEIRA Mulher que ajuda no nascimento (Gn 35:17; 38:28). Não está claro se as parteiras (heb. *mĕyalleḏeṯ*) formavam uma classe profissional. *Ver* AMA-SECA.

PARTOS Tribo iraniana da região sudeste do mar Cáspio. Eles se livraram da dominação selêucida em meados do século III a.C. e desenvolveram um império que se prolongaria por quase quinhentos anos. Durante a maior parte desse tempo, a Partia competiu, com sucesso, com Roma pelo poder no Oriente Próximo.

Considerados pelos persas como de origem cita, os partos usaram as mesmas táticas do arco e flecha montada de seus parentes para construir um império que se estendeu do rio Eufrates, na Síria ao Indu, no moderno Paquistão. Uma das poucas nações a serem vistas pelos romanos como persistente ameaça ao seu domínio militar, os partos infligiram aos romanos uma de suas mais esmagadoras e humilhantes derrotas em Carrhae (AT Harã) em 53 a.C. Uma razão para essa derrota foi o uso eficiente da tática militar dos partos com cavalaria rápida armada com arcos, fingindo retirada e atacando o inimigo pela retaguarda. Talvez seja a ameaça parta em geral, e essa tática em particular, que é aludida em Apocalipse 9:13-19; 16:12.

A única menção bíblica específica aos partos está em Atos 2:9, em que judeus partos, ou prosélitos, estão entre as nacionalidades que ouvem sua própria língua no Pentecoste. Alguns tomam tal evidência, com outra como indicativo de que, embora tenham a reputação de bárbaros, os partos exerciam a tolerância religiosa com relação a população diferente. Seu império finalmente desmoronou por volta do ano 226, nas mãos dos persas sassânidas, ainda não conquistados por Roma. [JESSE CURTIS POPE]

PARUA (heb. *pārûaḥ*) O pai de Jeosafá (2), oficial de Salomão em Issacar (1Rs 4:17).

PARVAIM (heb. *parwāyim*) Região da qual Salomão importou ouro para o templo (2Cr 3:6). Embora tenham sido sugeridos locais no Iêmem ou nordeste da Arábia, o local exato é desconhecido.

PASAQUE (heb. *pāsaḵ*) Homem da tribo de Aser, filho de Jaflete (1Cr 7:33).

PASCAL (gr. *páscha*) Relativo à Páscoa, especificamente o cordeiro morto para a Páscoa (cf. Êx 12:3-8, 21), metáfora para a morte de Cristo (1Co 5:7).

PÁSCOA Antiga e importante festa cristã que celebra a ressurreição de Jesus. Originalmente chamada *Pascha* devido à sua associação com a Páscoa judaica, a Páscoa cristã é precedida por um período de quarenta dias (quaresma), tempo de penitência e preparação. A Igreja primitiva usava o período da quaresma como tempo de preparação para o batismo, administrado no nascer do sol do domingo de Páscoa. O nome inglês para Páscoa (*Easter*) é derivado de um festival de primavera que honrava a deusa anglo-saxônica Eostre.

A Quartodécima Controvérsia emergiu no final do século II com respeito ao dia apropriado para a observância da Páscoa. Roma observava no primeiro domingo após a primeira lua cheia, seguindo o equinócio da primavera. Contudo, alguns grupos do Oriente, mais aparentados ao calendário do judaísmo, observavam a ressurreição no terceiro dia após o 14 de Nisã, a Páscoa. Visto que 14 de Nisã, baseado num calendário lunar, poderia vir em qualquer dia da semana, não havia garantia de que a Páscoa sempre seria observada no domingo. O Concílio de Niceia (325 d.C.) finalmente determinou que a prática romana prevalecesse. Esta controvérsia foi a primeira de uma série de rupturas que conduziram ao eventual cisma entre as igrejas do Oriente e do Ocidente. [D. LARRY GREGG]

PÁSCOA, FESTA DA Observância de um ritual de Israel que celebra a libertação por Yahweh da comunidade do domínio egípcio. A observância ocorreu no dia 14 de Nisã (abril-maio; abibe em calendários mais antigos) e incluiu a morte de um cordeiro e o seu consumo numa refeição compartilhada por toda família. A Páscoa (heb. *pesaḥ*) acabou sendo associada à festa dos Pães Asmos, de sete dias, que começava no dia 15 de Nisã.

Há muito se tem discutido que a Páscoa reflete uma antiga observância nômade. Nesse contexto mais antigo, considerava-se que o sangue do animal abatido dava proteção à comunidade nômade em sua migração anual. A preocupação com uma "jornada segura" forneceu a ligação temática que permitiu a Israel adaptar a festa à sua comemoração na saída do Egito.

A discussão mais extensa da Páscoa encontra-se em Êxodo 12—13. Esses capítulos refletem uma complexa manifestação literária com diversas camadas distintas de tradições. Nestes capítulos, as principais prescrições para a observância são entregues a Israel no contexto de e em relação à praga final de Yahweh contra o Egito: a morte dos primogênitos. É importante reconhecer que o ritual da Páscoa está situado no contexto de uma narrativa maior que fornece detalhes não somente da narrativa para a representação do ritual "no passado", como também para representação do ritual "no futuro". Os gêneros da "história" e a "instrução" são complementares e interativos.

Nestes capítulos, a observância acontece no contexto da família. Um cordeiro escolhido antecipadamente é sacrificado ao crepúsculo do dia 14 de Nisã (Êx 12:1-6). Seu sangue é espargido no umbral da porta (Êx 12:7). No contexto da história de Êxodo, o sangue serve para proteger as famílias israelitas da praga divina que mataria os primogênitos. O cordeiro é assado e compartilhado pela família numa refeição que inclui pão e ervas amargas (Êx 12:8-11). A festa dos pães sem fermento, de sete dias, que vem depois da Páscoa exige uma peregrinação a um local sagrado no sétimo dia da festa (Êx 13:6).

A refeição familiar fornece o contexto para o chefe de família explicar aos filhos a natureza da observância (Êx 12:25-27; cf. a característica do pão sem fermento em 13:6-10). "Lembrar" está unido a "recontar" de tal forma que os eventos do passado são tornados reais para cada israelita no contexto da observância. A Páscoa celebra não somente o que Deus fez no passado, como também o que está fazendo no presente. A atividade ritualizada dá ocasião para celebração, reflexão e formação de identidade da comunidade.

É importante notar que a Páscoa foi celebrada em Gilgal, quando os israelitas entraram pela primeira vez na terra de Canaã (Js 5:10-12). Os israelitas começaram a comer a produção da terra no dia seguinte. Assim, a Páscoa não somente marca a saída do Egito, marca também a entrada na terra da promessa. Como tal, ela fornece a estrutura ritual para a história maior da redenção que inclui tanto a saída da escravidão, como a entrada na liberdade da terra.

Mudanças na observância da Páscoa aparecem com o movimento na direção da centralização do culto associado com Deuteronômio. Em Deuteronômio 16:1-8, a Páscoa é vista como uma festa de peregrinação que exige o sacrifício de um animal (v. 2, "o sacrifício da Páscoa") no santuário central. O dia do abate é também visto como o primeiro dia da festa dos pães sem fermento. Deuteronômio é muito específico em relacionar tanto a Páscoa como os pães sem fermento a aspectos da história do Êxodo. O animal deve ser sacrificado à tarde, ao por do sol (Dt 16:6) e toda a sua carne deve ser comida naquela noite (v. 4). O povo tem então permissão para voltar às suas tendas, onde devem se abster de comer pão sem fermento. Devem realizar uma assembleia solene no sétimo dia (Dt 16:8).

O que uma vez foi uma observância de família em casa é transformado numa festa de peregrinação nacional. Essa mudança trouxe várias mudanças na observância da Páscoa e no Pão sem fermento. Primeira, o momento do abate do animal foi mudado para um tempo mais cedo do dia (Dt 16:6; cf. Êx 12:6). Isso tornou mais fácil aos peregrinos chegar e os sacrifícios serem oferecidos no momento oportuno. Além disso, isso permitiu que o sacrifício da Páscoa marcasse o início dos sete dias da festa dos pães sem fermento. Segundo, os israelitas podiam escolher ou carneiro ou gado para o sacrifício (Dt 16:2; cf. Êx 12:3). Terceiro, o método de preparo foi mudado de assar para cozimento (16:7; cf. Êx 12:9). Quarto, a observância é construída em termos de uma experiência nacional. Isto não exclui, entretanto, a família de comer junto no local de peregrinação. Finalmente, é provável que a Páscoa e a festa do pão sem fermento estivessem primeiro ligadas ao tempo das reformas deuteronômicas.

As celebrações das Páscoas observadas por Ezequias (2Cr 30) e Josias (35:1-9) enfatizam os aspectos da peregrinação do complexo ritual da Páscoa/pão sem fermento. Pode-se detectar as preocupações ideológicas do autor de Crônicas nestes textos quando mais informação detalhada é dada quanto ao papel dos sacerdotes e levitas na apresentação do sangue dos sacrifícios da Páscoa. Ambos os textos enfatizam o grande número de pessoas presentes na cidade capital e a extravagância das celebrações.

A Páscoa e a festa do pão sem fermento receberam extensa discussão em textos não bíblicos. Por exemplo, Jub. 49 (c. 150 a.C.) dá instruções para a observância e enfatiza o tempo do abate sacrificial no santuário central. Ele acrescenta à observância a bebida de vinho à refeição (Jub. 49.6). Fílon e Josefo também incluem discussões da celebração em suas obras. Ambos enfatizam a natureza extravagante das celebrações alegres e o grande número de peregrinos que participam das atividades. Finalmente, Mishnah Pesahim (c. 200 d.C.) dá extensos detalhes sobre vários aspectos da observância. Em particular, busca reestruturar a observância à luz da destruição do templo de Jerusalém.

A Páscoa desempenha um papel importante nos relatos do NT da morte de Jesus. Todos os quatro evangelhos localizam sua morte em relação à celebração da Páscoa e à festa dos pães sem fermento (Mc 14:1-52; Mt 26:1-46; Lc 22:1-53; Jo 13:1-38). Os evangelhos sinópticos localizam a última refeição de Jesus com os discípulos e sua prisão na noite em que o sacrifício da Páscoa estava sendo abatido e a refeição da Páscoa comida (Mc 14:12-16; Mt 26:17-19; Lc 22:7-13). Para os escritores sinópticos, a Última Ceia foi, em si, uma refeição pascal, reinterpretada à luz das reflexões teológicas da Igreja primitiva. João, entretanto, procura ligar a morte de Jesus com o abate real do sacrifício pascal (cf. Jo 13:1; 19:14, 31, 42). Deste modo, João interpreta a morte de Jesus em termos da morte sacrificial do cordeiro pascal (cf. Jo 1:29; 19:36). A associação da morte de Jesus com o sacrifício pascal já havia sido feita por Paulo (1Co 5:7-8). Assim, a observância do ritual israelita do ritual da Páscoa foi apropriada e adaptada pela comunidade cristã ao procurar compreender e interpretar a vida e a morte de Jesus em relação a seus próprios costumes rituais.

Bibliografia. B. M. Bokser, *The Origins of the Seder* (Berkeley, 1984); H. L. Ginsberg, *The Israelian Heritage of Judaism* (New York, 1982); A.J. Saldarini, *Jesus and Passover* (New York, 1984); J. B. Segal, *The Hebrew Passover, from the Earliest Times to A.D. 70* (London, 1963). [FRANK H. GORMAN, JR.]

PAS-DAMIM (heb. *pas dammîm*) Forma variante de Efes-Damim; local onde as forças de Davi derrotaram os filisteus (1Cr 11:13).

PASEIA (heb. *pāsēaḥ*) **1.** Filho de Estom, da tribo de Judá (1Cr 4:12).

2. Servidor do templo cujos descendentes retornaram do cativeiro com Zorobabel (Ed 2:49 = Ne 7:51).

3. O pai de Joiada, que reparou a Antiga Porta de Jerusalém (Ne 3:6).

PÁSSAROS A posição geográfica da Palestina como espécie de ponte entre a Europa, África e Asia, com a confluência de uma gama de zonas ambientais (oceano, lagos, correntes, montanhas, vales, desertos) dentro de uma pequena área geográfica, tem resultado no ajuntamento rico de espécies de pássaros. Não somente essas numerosas espécies de pássaros têm o seu lar na Palestina — certa de 150 espécies são residentes permanentes que se criam na região — a essa espécie de ponto serve como rota importante de voo para numerosas espécies migradoras, proporcionando lares sazonais para esses incontáveis visitantes. Na verdade, nos últimos anos, ao menos 380 espécies distintas têm sido identificadas em Israel, enquanto que outras 374 espécies de pássaros têm sido registradas na região do Jordão (não surpreendentemente, as listas de espécies para os países vizinhos basicamente se sobrepõem).

O AT contém ao menos sessenta palavras hebraicas distintas em cerca de 203 passagens que se referem a pássaros tanto no sentido genérico como no sentido específico. O NT contém nove palavras gregas diferentes para pássaros dispersas entre 47 passagens do NT, embora oito delas apareçam para se referir a espécies de pássaros ou termos de pássaros já referidos no hebraico do AT, significando que o NT acrescenta somente um tipo adicional de pássaro não conhecido do AT. Semelhantemente, a Apócrifa contém onze palavras para pássaros que estão espalhadas por cerca de 43 passagens, mas, além disso, somente uma dessas palavras não está inclusa no AT ou no NT. Assim, juntos, o AT, NT e a Apócrifa contêm ao menos 62 termos relativos a pássaros num sentido geral ou específico.

Identificação. Infelizmente, a correlação exata desses termos hebraicos, aramaicos, gregos, e latinos com as espécies científicas modernas, nem sempre é possível. Algumas vezes não se tem informação suficiente para ser exato a respeito de quais espécies de pássaros estão sendo indicadas. Também, uma quantidade de palavras hebraicas e gregas é composta simplesmente de termos genéricos para pássaros, tais como o hebraico *'ôp̄* ("pássaros"), *gôzāl* ("pássaro jovem"), e *ṣippôr* ("pequenos pássaros que cantam"). Não obstante, um estudo cuidadoso do significado das próprias palavras do aviário, com os contextos textuais e seus nichos ecológicos, tem

PÁSSAROS DA BÍBLIA

NOME COMUM	HEB./GR.	PRINCIP. REF.	NOME CIENTÍFICO
Abelheiro	*šālāḵ*	Lv: 11:17; Dt 14:17	Merops apiaster
Mordedor	*qippōḏ*	Is 14:23; 34:11; Sf 2:14	Ixobrychus minutus; Botaurus stellaris
Abetarda	*baṯ (hay)ya'ănâ*	Lv 11:16; Dt 14:15; Ê; Is: 13:21; 34:13	Otis tarda?
Bútio (ver Abutre)			
Galinha	*órnis, aléktōr*	Mt 26:34, 74-75	Gallus domesticus
Galo, Galinha	*śeḵwî, zarzîr*	Jó 38:36; Pv 30:31	Gallus domesticus
Cormorão	*šālāḵ*	Lv 11:17; Dt 14:17	Phalacrocorax carbo
Grande Garça Azul	*'āḡûr, sîs, sûs*	Is 38:14; Jr 8:7	Megalornis grus
Corvo	*'ōrēḇ, kórax*	Gn 8:7; Lv 11:15; Dt 14:14; Lc 12:24	Corvus cornix
Pomba	*yônâ, gôzāl*	Gn 8:8; Gn 8:9; Gn 8:10; Gn 8:12; Sl 55:6; Sl 74:19; Ct 2:14; Ct 5:2; Ct 6:9; Mt 3:16; Jo 1:32	Streptopelia sp.; Columba sp.
Águia	*nešer; aetós*	Êx 19:14; Mt 24:28; Lc 17:37; Ap 4:7; 8:13; 12:14	Aquila sp.
Falcão	*rā'â, dāyâ*	Dt 14:13; Lv 11:14	Falco sp.
Ganso	*barburîm*	1Rs 4:23 (5.2)	Branta sp.
Grifo-Abutre	*nešer*	Mq 1:16	Gyps fulvus
Falcão	*nēṣ*	Lv 11:16; Dt 14:15; Jó 39:26	Accipter sp.
Galinha	*órnis*	Mt 23:37	Gallus domesticus
Garça	*'ănāp̄â*	Lv 11:19; Dt 14:18	Ardea sp.
Poupa	*dûḵîp̄aṯ*	Lv 11:19; Dt 14:18	Upupa epops
Íbis	*tinšemeṯ*	Lv 11:18; Dt 14:16	Threskiornis aethiopica
Papagaio (ave dos falconídios)	*rā'â*	Dt 14:13	Milvus sp.
Águia pescadora	*'ozniyyâ*	Lv 11:13; Dt 14:12	Pandion halietus
Avestruz	*rěnānîm, baṯ hayya'ănâ*	Jó 39:13	Struthio camelus
Coruja	*yanšûp̄*	Lv 11:17; Dt 14:16; Is 34:11	Tyto alba
Coruja, águia	*qippōz*	Is 34:15	Bubo bubo
Coruja, pequena	*kôs*	Lv 11:17; Dt 14:16; Sl 102:6 [7]	Athene noctua
Lilite	*lîlîṯ*	Is 34:14	Otus scops
Mocho	*taḥmās*	Lv 11:16; Dt 14:15	Asio flammeus
Perdiz	*qōrē'*	1Sm 26:20; Jr 17:11	Caccabis chukaar; Ammoperdix heyi
Pelicano	*qā'āṯ*	Lv 11:18; Dt 14:17; Is 34:11; Sf 2:14	Pelicanus onocrotalus
Codorniz	*śělāw*	Êx 16:13; Nm 11:31-32; Sl 105:40	Coturnix coturnix
Corvo			
Pardal	*ṣippôr; strouthíon*	Mt 10:29-31; Lc 12:6	Passer domesticus; P. sp.
Cegonha	*ḥăsîḏâ*	Lv 11:19; Dt 14:18; Jó 39:13; Sl 104:17; Jr 8:7	Ciconia alba; C. nigra
Andorinha	*děrôr*	Sl 84:3 [4]; Pv 26:2	Hirundo rustica
Andorinhão	*sîs, sûs*	Jr 8:7; Is 34:18	Apus sp.; Cypselus apus
Andorinha do mar (gaivota)	*šaḥap̄*	Lv 11:16; Dt 14:15	Sterna fluviatilis ou Larus sp.
Rola (pomba)	*tôr*	Lv 5:7	Streptopelia turtur
Abutre, com barba	*peres*	Lv 11:13; Dt 14:12	Gypaetus barbatus
Abutre, egípcio	*rāḥām, rāḥāmâ*	Lv 11:18; Dt 14:17	Neophron percnopterus

proporcionado aos ornitólogos uma ideia boa e razoável de quais espécies são mencionadas em muitos textos bíblicos, senão quase em todos eles.

Na Antiguidade, naturalmente, os escritores bíblicos não classificavam os pássaros de acordo com o nosso sistema taxonômico moderno. Contudo, descreviam os modos diferentes em que os seres humanos se relacionavam com os pássaros, criando assim de modo implícito um número de categorias gerais. Essas categorias incluíam pássaros para comida, pássaros para oferendas, e pássaros de abominação — p.ex., pássaros não próprios para as primeiras duas categorias.

Pássaros domésticos. Uma gama de pássaros que eram domesticados e guardados para animais de estimação e para comida. Eles incluíam o *yônâ* (pomba/pombo), *tôr* (Rola), *barburîm* (ganso e pato), *qōrē'* (perdiz), *śĕlāw* (codorniz), *derôr* (andorinha), e sis (amdopinhão). Por volta de 1400 a.C., galinhas domésticas (provavelmente heb. *tuhoṯ* e /ou *seḵwî*) foram introduzidas na Palestina.

Alguns eruditos têm crido que a criação de pombas se tornou uma importante indústria durante o período helênico e períodos posteriores. A principal evidência para dar apoio a essa ideia é o aparecimento dos pombais — instalações consistindo de nichos quadrados adaptados para pombas usualmente cavados nas paredes das cavernas, por toda a Palestina. A palavra latina *Columbarium* é equivalente a pombal (lat. *Columba*, "pomba"; o nome científico para a família das pombas é *Columbidae*). Infelizmente, na ausência de qualquer evidência positiva, o propósito real do pombal é ainda totalmente debatível. Outros sugeriram usos de nichos que incluíam câmaras de depósito para cinzas humanas e colmeias.

Pássaros para ofertas. Uma importante categoria de pássaros era a usada para as ofertas sacrificiais. Os pássaros poderiam ser usados como animais substitutos para ofertas queimadas especiais (Lv 5:7-10) e para várias ofertas expiatórias e de purificação (Nm 6:10; Lv 5:7, 11-12; 12:6-8; 14:10, 19-22, 30-31; 15:13-15, 29-30). A substituição de animais por pássaros era geralmente determinada por *status* social e econômico dos indivíduos que faziam a oferta (Lv 5:7, 11; 12:8; 14:22, 30).

Uma série de palavras hebraicas é usada para os pássaros que eram considerados aptos ou que foram usados para os sacrifícios. Esses incluem o *'ôp̄* (qualquer pássaro), *tôr* (pomba/pombo), *beni-yona* (pomba), *gôzāl* (pomba, andorinha ou qualquer pássaro jovem), e *sipporim* (qualquer pássaro pequeno). No NT são usados *trygón* e *nossós*, e se referem à pomba ou qualquer pássaro jovem que fica em poleiro.

Pássaros de Abominação. Um dos aspectos notáveis das espécies de pássaros mencionados na Bíblia é o grande número de pássaros de rapina, pássaros que comem carniça, e outros carniceiros. Isto não é surpreendente em vista do fato de que esses pássaros compõem uma grande porção da população de pássaros migratórios e de nativos de Israel, Jordânia, e Síria, devido a vários fatores geográficos, ambientais e ecológicos. Visto que esses pássaros tendem a "encontrar a sua própria comida em sarjetas e em depósitos de esterco, engolindo toda sujeira e carne putrefata e carniça e excremento" ou roedores e outras criaturas que transmitem doenças, os seres humanos têm inteligivelmente tentado evitar o uso desses pássaros para comida. Por esta razão não se deve surpreender que ao menos vinte desses pássaros predatórios ou carniceiros sejam incluídos nas duas listas do Pentateuco como animais imundos (Lv 11:13-19; Dt 14:11-18). Os pássaros nessas listas podem ser divididos em cinco grupos: (1) aqueles com asas elevadas; (2) pássaros com asas para arremetidas; (3) pássaros que não voam (avestruz); (4) pássaros silentes (corujas); (5) e pássaros com asas brancas com enfeites em preto. A lógica por detrás desse agrupamento é que essas características de voo são as mais óbvias que os antigos ornitólogos teriam sido capazes de observar sem a ajuda de binóculos. As aves de rapina da Bíblia incluem o corvo/urubu, urubu barbado, e uma variedade de falcões, águias, corujas e gaivotas. [RANDALL W. YOUNKER]

PASTOR Carneiros e cabras eram os mais importantes animais domésticos no mundo bíblico e a Bíblia traz muitas referências literais e simbólicas a esses animais — e a quem cuidava deles. O mais antigo pastor bíblico foi Abel, "pastor de ovelhas" (Gn 4:2). Muitas pessoas na história hebraica passaram parte da vida como pastores (Abraão, Isaque, Jacó, Raquel e seus filhos, Moisés e Davi). No AT, a posição de pastor ia desde um modesto pastor (cf. Am 7:14-15) até um grande criador de ovelhas (cf. 2Rs 3:4). De fato, a Bíblia compara as carreiras pastoral e real de Davi (2Sm 7:8; cf. Sl 78:70-71). Naturalmente, muitos povos nômades como os amalequitas e midianitas se envolveram em atividades pastoris, mas muitos agricultores sedentários também cuidaram de rebanhos ou contrataram pastores para trabalhar para eles.

Os pastores passavam a maior parte do tempo no trabalho monótono de guardar seus rebanhos. Ovelhas e cabras requerem cuidado constante, visto que são praticamente indefesos (Ez 34:5,6; Mt 7:15; 18:12). As ovelhas são submissas (Is 53:7; Jr 11:19) e confiam no pastor (Jo 10:3-5). Pelo fato de os pastores terem de localizar alimento e água para seus rebanhos, eles frequentemente se distanciavam de casa e suportavam muitas dificuldades (Gn 31:40; Is 38:12; Ct 1:8). O pastor protegia contra ladrões (Gn 31:39; Jo 10:1,8,10), mas a maior ameaça vinha de animais selvagens, p. ex., leões, ursos e lobos (1Sm 17:34,35; Is 31:4; Am 3:12; Mq 5:8; Jo 10:12).

As ovelhas são muito gregárias e o pastor tinha de vigiar para que elas não se desgarrassem e tinha de contar os animais ao voltar para o aprisco à noite (Lv: 27:32; Jr 33:13; Ez 20:37). O pastor era responsável por encontrar qualquer ovelha perdida (Ez 34:11,12; Mt 18:11-14). Ovelhas prenhes, cordeiros recém nascidos e animais doentes recebiam atenção especial (Is 40:11; Ez 34:16). O trabalho do pastor era realizado com um equipamento simples — um pesado manto (cf. Jr 43:12), uma vara e um cajado (Sl 23:4), uma sacola para alimentos e uma funda (1Sm 17:40). Mesmo na antiguidade, os pastores usavam cães para ajudá-los a conduzir as ovelhas (Jó 30:1).

Os autores antigos, incluindo os escritores da Bíblia, fizeram extenso uso da figura do pastor. As passagens bíblicas usam com frequência os costumes dos pastores para ilustrar princípios espirituais (Nm 27:16,17; Ec 12:11; Mt 9:36; Mc 6:34; Jo 21:15-17). Os povos antigos também ilustraram a soberania de suas divindades referindo-se a elas como pastores (cf. Gn 48:15; 49:24); o escritor hebreu fazia ideia de Yahweh desta forma, como se vê com mais clareza em Salmo 23, Ezequiel 34 e em muitos outros salmos e expressões proféticas.

Outra literatura do antigo Oriente Próximo faz referência a reis e príncipes como pastores (cf. Na 3:18), mas o AT normalmente aplica esse título a líderes políticos de uma forma negativa. Visto que Deus era o verdadeiro pastor de Israel, os governantes humanos ficavam aquém das expectativas do padrão de Deus e foram condenados por sua estupidez e má gestão (Jr 10:21; 22:22; 23:1-4; 25:34-38; Ez 34:1-10; Zc 10:3; 11:14-17). Davi, entretanto, foi um pastor que governou com "coração íntegro" e "com mãos experientes" (Sl 78:70-72), e Isaías refere-se a Ciro como pastor de Deus (Is 44:28). Jeremias (Jr 3:15; 23:4) prometeu que Deus levantaria novos pastores; essa promessa acabou assumindo significado messiânico (Ez 34:23; 37:22-24). Acreditava-se que o pastor de Deus viria da linhagem de Davi e sofreria em favor das ovelhas (Zc 13:7; cf. 12:10).

O surpreendente é que a única referência literal a pastores no NT encontra-se em Lucas 2:8-20; em outra part,e eles aparecem em parábolas e figuras de linguagem, com mais frequência nos evangelhos. Jesus alega que sua missão é "para as ovelhas perdidas da casa de Israel" (Mt 10:6; 15:24). Ele também conta uma conhecida parábola a respeito da ovelha perdida (Mt 18:12-14; Lc 15:3-7) e compara a separação que o pastor faz entre ovelhas e bodes no julgamento (Mt 25:32,33). Em conhecida alegoria, Jesus refere-se a si mesmo como o "bom pastor" que "dá a sua vida pelas ovelhas" (Jo 10:1-29).

Fora dos evangelhos, Jesus é chamado de "o grande pastor das ovelhas" (Hb 13:20), o "Pastor e Bispo de suas almas" (1Pe 2:25) e "Supremo Pastor" (5:4). Em sua advertência sobre "lobos ferozes" (falsos mestres), Paulo fala aos presbíteros efésios para supervisionarem e cuidarem do rebanho — isto é, da "igreja de Deus" (At 20:28-30). Essa função está incluída na palavra inglesa "pastor", a tradução normal de Efésios 4:11, mas o grego *poimén* neste verso é normalmente traduzido por "pastor" (cf. 1Pe 5:1-4). [GERALD L. MATTINGLY]

PASTOR DE HERMAS *Ver* HERMAS, PASTOR DE.

PASTOREIO Com a agricultura, o principal componente da economia israelita. O pastoreio prevaleceu durante o período patriarcal e de assentamento, e continuou sendo praticado durante a Monarquia. Embora geralmente associado a nômades, estaria errado supor que o pastoreio só ocorria em espaços abertos como os desertos de Judá e Neguebe. Muita evidência zooarqueológica mostra que o pastoreio também era praticado em centros urbanos e semiurbanos.

Três sistemas de produção são encontrados nos tempos bíblicos, bem como nas sociedades pastoris dos dias de hoje no Oriente Médio: sedentário, transumante e nômade. Eles eram determinados em cada localidade de acordo com a disponibilidade de pasto, temporada de vegetação e condições topográficas e climáticas.

No sistema sedentário, os rebanhos são mantidos no assentamento permanente ou perto dele o tempo todo. A pastagem ocorre durante o dia em áreas comuns ou privadas que incluem os campos cultivados. À noite, os animais são mantidos dentro do assentamento. Os pastores acompanham os rebanhos a todo o momento. Os rebanhos variam em tamanho, desde o rebanho comunal (200-300) ao privado (50-300). Existem rebanhos privados menores.

O pastoreio no sistema de produção sedentário era praticado pela população cananeia nativa antes do assentamento israelita (cf. Js 6:21). Quando Gideão, que vivia na aldeia de Ofra, recebeu o mensageiro divino e lhe ofereceu comida, um novilho estava prontamente disponível para o abate (Jz 6:19; cf. 13:15). O costume de manter os rebanhos dentro dos assentamentos continuou até mesmo no tempo de Ezequias (2Cr 31:6).

O sistema transumante exige que os pastores movam seus rebanhos para outras regiões, dependendo das condições climáticas que determinam a temperatura, umidade e condições do pasto. Quando as condições melhoram em casa, os rebanhos retornam para pastar ou ser apascentados ali. Os rebanhos podem ser privados ou comunais. No segundo caso, as contribuições dos donos para as despesas dependem de quantos animais eles possuem no rebanho. Os rebanhos transumantes são normalmente maiores que os sedentários (200-500). Este pode ter sido o sistema mais comum de pastoreio no Israel antigo.

Embora seus antepassados fossem pastores nômades, Jacó era familiarizado com a transumância em Padã-Arã no norte da Mesopotâmia. Labão, seu tio, vivia perto o bastante do poço para Raquel correr e dar ao seu pai a notícia da chegada de Jacó. Mas quando necessário, Labão mantinha seus rebanhos distantes até três dias de viagem de sua casa (Gn 30:36). Ao voltar a Canaã, Jacó se instalou em Hebrom, fazendo daquele lugar sua casa principal; como evidente na narrativa de José (Gn 37:12-14), Siquém se tornou um ponto no circuito sazonal, aparentemente tornando seus filhos bem conhecidos aos habitantes locais, que ajudaram José a encontrar seus irmãos (v. 15-17).

Os rebanhos nômades e seus guardiões perseguem o crescimento da vegetação sazonal e migram de região em região conforme ditam as condições de pastagem. Eles não têm uma casa como base ou qualquer forma de abrigo permanente. Durante o ciclo nômade eles cobrem uma distancia muito mais longa do que em qualquer outro sistema de produção. Por razões de logística, a unidade social dos pastores, a tribo ou família, pode ter mais de um rebanho, mudando-se de um lugar a outro com os animais e vivendo em tendas. Os rebanhos podem ser muito grandes (150-200 mil) e formados por uma ou várias espécies (ovelhas e cabras). O pastoreio é um empreendimento bem organizado e baseado na experiência adquirida por anos de prática. O circuito inclui visitas a locais santos, cemitérios e celebrações de determinadas festas.

A natureza pastoril dos patriarcas é refletida nos nomes Rebeca (*riḇqâ*, " fila de animais amarrados") e Raquel (*rāḥēl*, "ovelha"). Abraão é um bom exemplo de pastor nômade. Para chegar a Canaã, ele viajou por toda região montanhosa (Gn 12:6,8) e, mesmo depois de montar seu acampamento entre Betel e Ai, continuou vagando para o sul (v. 9). Ao voltar do Egito onde permaneceu por causa de uma seca em Canaã, ele continuou vagando até chegar em Hebrom e montar acampamento nos carvalhais de Manre (Gn 13:17-18). Abraão descobriu que seus rebanhos eram muito numerosos para compartilhar as terras de pasto com os do sobrinho Ló, assim o último escolheu a área em volta de Sodoma para as suas viagens (Gn 13:12). Abraão continuou vivendo num acampamento (Gn 18) e vagou para tão longe quanto o Neguebe e Gerar (c. 20). Seu filho Isaque também foi um pastor nômade.

O sistema nômade foi praticado até o fim da Monarquia. Os recabitas são um bom exemplo de grupo nômade, sendo aconselhado por seu antepassado Jonadabe: "Não edificareis casa, não fareis sementeiras, não plantareis, nem possuireis vinha alguma; mas habitareis em tendas todos os vossos dias, para que vivais muitos dias sobre a terra em que viveis peregrinando" (Jr 35:6-7). Embora o pastoreio não seja especificamente mencionado como o meio de sustento, isso certamente pode ser presumido.

Em todos os sistemas de produção pastoril a responsabilidade dos pastores pelos animais inclui duas atividades principais: abrigo e alimentação. Os nômades alojam seus rebanhos próximos das tendas em cercados feitos de plantas espinhosas empilhadas para formar paredes circulares, e em cavernas naturais. Esse método também é usado no sistema de transumância durante a jornada. Quando os rebanhos são mantidos num local permanente para onde eles voltam ao final de cada dia, são mantidos num curral cercado de pedras junto às construções ou numa área delimitada no piso inferior das casas na cidade. Ruínas de currais cercados de pedras foram escavadas em vários locais nas montanhas e no Neguebe.

Proteger os rebanhos durante o apascentamento é muito importante. De acordo com 1Samuel 17:34, Davi salvou o rebanho de seu pai de ataques de leões e ursos. O profeta Amós, que era pastor, estava bem familiarizado com tais situações e as usava como metáfora para a queda de Samaria e do reino do norte (Am 3:12). Por isso, os cachorros eram usados tanto para vigiar o rebanho contra predadores quanto para mantê-lo unido (Jó 30:1).

A alimentação do rebanho inclui plantas verdes durante inverno e restolho e grama murcha na primavera e verão, acrescentando-se suplementos de feno e granula à grama murcha no verão e no outono. Para prevenir contra o apascentamento excessivo, os pastores devem limitar o tamanho do rebanho à capacidade da terra (cf. Gn 13:5-7).

As fontes de água são outro determinante no cuidado dos animais. O rebanho é levado diariamente a beber durante o ano e, quando as condições permitem, duas vezes por dia no calor do verão, em geral no princípio e no fim do dia. Se não houver nenhuma fonte de água ao longo da rota diária, o rebanho é hidratado em casa antes de sair e em seu retorno. A água é tirada de uma fonte como um poço ou cisterna, e vertida em cochos (Gn 30:30,41), muitas vezes feitos de pedra esculpida (cf. 29:2-10). A questão dos direitos da água domina muitas narrativas bíblicas que descrevem o pastoreio (p. ex., Gn 21:22-34; 26:15-33). [ODED BOROWSKI]

PASUR (heb. *pašḥûr*) **1.** O filho de Malquias e descendente de Imer, identificado em 1Crônicas 9:12; Neemias 11:12 como o avô de Adaías, sacerdote em Jerusalém depois do Exílio. Ele pode ser o mesmo que Pasur (5) em Jeremias 21, 38; embora aquele indivíduo não seja identificado como sacerdote.

2. O chefe de uma família sacerdotal que retornou do exílio com Zorobabel (Ed 2:38 = Ne 7:41; 1Ed 5.25). Vários membros da família desistiram de suas mulheres estrangeiras em resposta à insistência de Neemias (Ed 10:22; 1Ed 9.22).

3. Sacerdote pós-exílico que juntou seu nome ao pacto que os israelitas que haviam retornado fizeram sob a direção de Neemias (Ne 10:3 [TM 4]).

4. Filho de Imer; sacerdote e importante oficial no templo de Jerusalém durante o tempo de Jeremias (Jr 20:1-6). Uma de suas obrigações era manter a ordem nos limites do templo, e depois que Jeremias pregou sua profecia de calamidade no pátio do templo, Pasur ordenou que Jeremias fosse espancado e colocado no tronco. Quando Pasur o libertou no dia seguinte, Jeremias pronunciou sobre ele o julgamento de que ele veria sua família e a nação levadas para o exílio. Jeremias mudou também o nome de Pasur para *māgôr missābîb*, "Terror por todos os lados". Pasur esteve muito provavelmente entre os oficiais do templo deportados para Babilônia em 598 a.C., já que logo depois seu cargo foi tomado por Sofonias (Jr 29:25).

5. O filho de Malquias; príncipe de Judá (Jr 21:1). O rei Zedequias mandou Pasur pedir um oráculo de Jeremias quando Jerusalém estava sob cerco, e o profeta pronunciou um oráculo de calamidade (Jr 21:3). Depois ele fez parte de um grupo que ouviu Jeremias advertir para que Judá se rendesse à Babilônia, e ele pediu permissão ao rei para matar Jeremias. Zedequias entregou Jeremias ao grupo e eles o colocaram dentro de uma cisterna (Jr 38:1-6). [NANCY L. DECLAISSÉ-WALFORD]

PÁTARA (gr. *Pátara*) O maior porto da Lícia situado na costa sudoeste oposta a Rodes; 9,6 km a leste da foz do rio Xantus. Cidade próspera, Pátara foi uma das seis maiores cidades da liga lícia (Strabo Geog. 14.3.2-3). Ali Paulo mudou de navio para navegar até a Fenícia durante sua última viagem a Jerusalém (At 21:1; em alguns textos consta "Pátara e Mira".

PÁTIO Lugar cercado a céu aberto cercado por muros de uma casa ou edifício público (heb. *ḥāṣēr*; gr. *aulḗ*). Pátios israelitas primitivos (lugares elipticamente formados retratando grandes pátios abertos circundados por salas ou moradias que davam para ele) provavelmente desenvolvidos desde os modelos dos primitivos acampamentos nômades. Os pátios podiam conter um poço (cf. 2Sm 17:18). Animais domésticos normalmente habitavam no mesmo espaço que seus donos.

Os pátios também ligavam os intrincados complexos da realeza. O complexo de edifícios de Salomão em Jerusalém, ao sul do templo, incluía múltiplos pátios (1Rs 7:8-12; 2Cr 4:9). O palácio de Assuero em Susã incluía uma corte interna e outra externa, a última servindo como uma área de recepção (Et 1:5). O palácio sul de Nabucodonosor ostentava cinco pátios ladeados por escritórios, apartamentos reais, e salas de recepção.

O tabernáculo (Êx 27:9-19; Nm 3:25-26), o templo de Salomão (1Rs 6:1-36; cf. 2Cr 3-4), e o templo de Ezequiel (Ez 40-42) todos tinham pátios ou cortes. O Segundo Templo continha um pátio externo para os gentios e uma corte interna para os judeus que posteriormente foi subdividida em áreas separadas para mulheres, homens leigos, e sacerdotes respectivamente. A cena da negação que Pedro fez de Cristo começou "no pátio" (do templo; Mc 14:66 e par.) e, então, mudou-se para o alpendre (14:68).

Bibliografia. I. Finkelstein, *The Archeology of the israelite Settlement* (Jerusalém, 1988). [MARK A. CHRISTIAN]

PATRIARCAS Os líderes de família e clãs no antigo Israel. O termo deriva do hebraico *rā'šê 'ăbôṯ* (cabeças dos pais), traduzido na LXX como "governadores dos pais" (gr. *archaí pátrios*) e simplificado como *patriárchēs* no NT e nos apócrifos. Na disciplina dos estudos bíblicos, o termo veio a se referir mais especificamente à quarta geração dos fundadores de Israel descritos em Gênesis 12-50: Abraão, Isaque, Jacó e seus doze filhos (esp. José). Isso leva ao campo étnico, um princípio de organização baseado na percepção de que os membros do grupo compartilham uma herança ancestral comum. A consciência étnica é uma forma muito forte de identidade porque ela aumenta os sentimentos naturais de relação de parentesco da família imediata à sociedade como um todo. Os sentimentos de relação étnica estão comumente associados aos antepassados originais por meio de quem todos os membros do grupo identificam sua linhagem — no caso do antigo Israel, Abraão, Isaque e Jacó. A pesquisa da etnia tem demonstrado que, embora um antepassado possa ser uma figura histórica, é também muito comum descobrir que a tradição foi inventada para estimular a coesão do grupo. Isso levanta uma importante questão sobre as histórias dos próprios patriarcas. Até que ponto as narrativas fornecem informação histórica?

História e gênero. No início do século XX, foi cada vez mais comum os estudiosos verem as narrativas dos patriarcas como lendas e sagas de famílias em vez de composições históricas. Mas nas décadas posteriores, foi proposto que elas derivam de épicos antigos que preservam relatos históricos dos movimentos dos patriarcas na Mesopotâmia e na Palestina. Além disso, alguns têm argumentado que os detalhes geopolíticos e culturais das histórias encontram suas mais íntimas afinidades com antigos textos de Ebla, Mari e Nuzi (de 2300-1500 a.C.), e isso é tomado como evidência para uma suposta "era patriarcal" do segundo milênio (c. 2000-1800). Trabalhos recentes têm trazido à questão tal evidência arqueológica e textual, de modo que a maioria atualmente admite que existe pouca evidência para ligar as histórias dos patriarcas exclusivamente com um período tão antigo. Uma pesquisa da paisagem ideológica mostra que predominam quatro opiniões das narrativas patriarcais. Primeira, tanto no campo cristão quanto judaico existem estudiosos conservadores quanto ao aspecto religioso que veem os textos como narrativas históricas exatas. Segunda, alguns estudiosos continuam aderindo à interpretação "épica" das histórias e as veem como janelas históricas úteis — embora nebulosas — às origens patriarcais de Israel sob Abraão e/ou de patriarcas como ele. Terceira, Alguns veem as narrativas não como história, mas como sagas de família e de tribos representadas por personagens literários — Abraão, Isaque, Jacó e seus filhos. As três primeiras abordagens têm em comum a visão de que as narrativas patriarcais preservam nelas uma boa quantidade de material antigo. A quarta perspectiva difere em que, embora reconhecendo alguns materiais antigos, ela vê a história patriarcal como invenção posterior que fala mais do período em que a narrativa foi construída (períodos exílico ou pós-exílico) do que sobre a antiga história israelita. Embora muitos estudiosos não vão tão longe ao negar o valor histórico das narrativas patriarcais, no presente quase todos reconhecem que Gênesis não nos fornece história como os livros históricos de Samuel e Reis. Consequentemente, tornou-se comum aos que escrevem a história do antigo Israel começar com o período de Davi e Salomão em vez de Abraão e Jacó.

Considerações literárias. Embora as histórias patriarcais de Gênesis sejam preservadas como uma obra literária única, os estudiosos de um modo geral acreditam que um processo muito complexo as tenha criado. Diversas fontes literárias de diferentes períodos históricos estão por trás das narrativas, e estas foram escritas ou editadas por diversos autores e redatores. Além disso, essas fontes literárias foram compostas de unidades menores de tradição, p. ex., as tradições de Jacó, do reino do norte, as tradições de Abraão/Isaque, do reino do sul e uma pequena história independente sobre o patriarca José. Se esses materiais tiveram origem oralmente ou como obras literárias menores, é quase sempre difícil de determinar. O processo pelo qual as várias tradições foram unidas é também debatido, com alguns vendo-o como a obra de uns poucos autores ou editores e outros como um processo gradual e acidental que resultou na acumulação de muitas tradições em uma narrativa.

Importância teológica. A complexa origem literária da narrativa não nega sua importância teológica para as tradições judaica e cristã. O conceito de "promessa" é especialmente importante. Deus prometeu aos patriarcas que receberiam bênçãos — posteridade e pátria. O cumprimento dessas promessas tornou-se uma preocupação em outras partes do AT, incluindo as partes remanescentes do Pentateuco, os livros históricos e muito do material profético. Enquanto no AT a promessa foi herdada primariamente pela comunidade étnica do antigo Israel — a posteridade de Abraão — no NT, a promessa foi espiritualizada (cf. Hb 4:1-11) e estendida aos não judeus ao "enxertá-los" no povo de Deus (Rm 11:17-24). Entretanto, essa inovação teológica não necessariamente tornou irrelevantes as fronteiras étnicas que separavam judeus dos gentios, como mostra Romanos 11:25-32.

"A justificação pela fé" é outro importante conceito teológico nas narrativas patriarcais. Esta perspectiva afirma que alguém está em correta posição com a divindade em virtude da fé em Deus (Gn 15:1-6), visão subsequentemente assumida tanto pela tradição judaica como pela cristã (Is 51:1-2; Rm 4).

Bibliografia. W. F. Albright, *Yahweh and the Gods of Canaan* (1968, repr. Winona Lake, 1990); P. G. Kirkpatrick, "Folklore Studies and the Genre of the Patriarcal Narratives", in *The Old Testament and Folklore Study*. JSOTSup 62 (Sheffield, 1988), 73-114; W. McKane, *Studies in the Patriarchal Narratives* (Winona Lake, 1983); A. R. Millard e D. J. Wiseman, *Essays on the Patriarchal Narratives* (Winona Lake, 1983); Van Seters, *Prologue to History: The Yahwist as Historian in Genesis* (Louisville, 1992); C. Westermann, *Genesis*, 3 vols. (Minneapolis, 1984-86), esp. 2.23-131. [KENTON LANE SPARKS]

PÁTROBAS (gr. *Patrobás*) Cristão de Roma a quem Paulo mandou suas saudações (Rm 16:14). O nome é uma forma abreviada de Patrobias.

PATROS (heb. *paṯrôs*), **PATRUSIM** (*paṯrusîm*) Alto Egito, isto é, a parte sul do Egito (egip. *p3-t3-rsy*, "terra do sul") do sul de Mênfis à primeira catarata em Assuã, para onde fugiram alguns exilados israelitas (Is 11:11; Jr 44:1, 15; Ez 30:14). De acordo com Ezequiel 29:14, "a terra de Patros" foi a terra de origem dos egípcios (cf. Gn 10:14; 1Cr 1:12, "Patrusim").

PAÚ (heb. *pā'ṣ̂*) (tb. PAI) Cidade edomita, capital do rei Hadade (Gn 36:39); chamada Pai em 1Crônicas 1:50. Sua localização é desconhecida. A LXX registra o grego *Phogōr*, sua usual designação para Peor.

PAULO (gr. *Paúlos*) Com exceção de Jesus, ninguém influenciou o desenvolvimento do cristianismo primitivo mais do que Paulo. Ele foi o principal apologista na missão gentia e o mais eloquente defensor da centralidade das tradições judaicas, das Escrituras, da divindade e da moralidade para suas igrejas predominantemente gentias. Treze dos 27 livros do NT são atribuídos a Paulo, eloquente testemunho da importância que ele teve para o primitivo movimento de Jesus. Esse legado permaneceu para inspirar gigantes como Agostinho, Lutero, Calvino e Wesley e influenciar profundamente a história intelectual do Ocidente.

FONTES. As sete cartas saídas das mãos de Paulo (1Tessalonicenses, 1Coríntios, Filipenses, Filemom, 2Coríntios, Gálatas e Romanos) servem como fontes principais para o nosso conhecimento a respeito do apóstolo; Atos, embora secundário, é, no entanto, útil quando usado de maneira criteriosa. As cartas discutidas (2Tessalonicenses, Colossenses e Efésios) merecem consideração, e as cartas pseudepígrafas (1 e 2Timóteo, Tito e Hebreus) e a literatura apócrifa posterior auxiliam a história da interpretação paulina.

PERÍODO "PRÉ-CRISTÃO". Paulo nasceu, viveu e morreu judeu. Ele escreve que era da tribo de Benjamim, circuncidado ao oitavo dia de vida, irrepreensível perante a lei, seguiu a interpretação farisaica (Fp 3:5-6) e observador zeloso das tradições ancestrais (Gl 1:14). Ele provavelmente nasceu em Tarso (At 22:3), próspero centro urbano, passagem para o leste do Mediterrâneo, vibrante centro intelectual e centro de transporte de importância estratégica. Ali Paulo aprendeu sua primeira língua, o grego foi-lhe ensinada uma ocupação e recebeu educação. Esses antecedentes e Gálatas 1:22 contradizem a opinião de que ele foi levado para Jerusalém muito novo para sentar-se aos pés do grande Gamaliel (26:4). Seja qual for a fonte, ninguém discute que Paulo foi um homem instruído e um pensador criativo. A extensão e complexidade de suas cartas, a sofisticação de seus argumentos, seu conhecimento da LXX, sua familiaridade com a lei e as tradições judaicas e suas habilidades de persuasão usadas para fundar igrejas e mantê-las juntas, tudo sugere que Paulo foi um homem instruído. Infelizmente, conhecemos muito pouco sobre a natureza exata de sua educação formal.

Além disso, Paulo se beneficiou de uma rica educação informal. O ambiente urbano no qual ele cresceu o familiarizou com importantes dotes literários e retóricos. Ele deveu seu uso da diatribe (Rm 6:1, 15; 7:7; 11:1) e seu conhecimento da lei da natureza (2:14-15) ao estoicismo, e sua antropologia e visões do celibato, consciência e autocontrole foram influenciados pela religião popular helenística. Seu estilo de argumentação reflete uma apropriação seletiva da retórica helenística. Por contraste, seu apocaliptismo, sua espiritualização do culto sacrificial (Rm 12:1), seu monoteísmo e convicções morais vieram de fontes judaicas, e seu conhecimento da paixão, morte, ressurreição, ensino e o culto sacramental de Jesus vieram dos messianistas. Suas cartas revelam como sua mente fértil absorveu, sintetizou e interpretou essas tradições para suas igrejas.

Seu conhecimento, entretanto, dificilmente pressupõe alta posição social ou cidadania romana. Dada a raridade da cidadania romana no Oriente, o silêncio de Paulo sobre isso apesar de ameaçado de execução (2Co 1:8-9), e a importância teológica da cidadania de Paulo para Lucas (At 22:22-29), é improvável que Paulo tenha sido cidadão romano. Em vez disso, ele provavelmente foi membro de uma políteuma ou comunidade judaica com relativa autonomia política e independência para se governar pela lei e instituições judaicas. Em vez de origens da alta classe, seu treinamento como trabalhador com couro ou fabricante de tendas veio de seu pai, artesão; mais tarde ele usaria essa habilidade para se sustentar em sua missão aos gentios (At 18:3; 1Ts 2:9; 1Co 9:6-18).

Embora assombrado pela dolorosa lembrança de sua perseguição aos cristãos, Paulo em nenhum lugar conta onde realizou a perseguição, qual foi a natureza da perseguição, quem foram suas vítimas ou o que o inspirou. Será que a proclamação do reino de Deus deixou os judeus, já nervosos com a represália romana, ansiosos em silenciar esse messianismo? Seria uma reação hostil a convicções dissidentes, ou à crítica ao culto no templo? Não podemos responder às tais perguntas com certeza. Em qualquer caso, a dramática meia-volta de Paulo, ele conta, veio em resposta a uma epifania do Cristo ressurreto (Gl 1:16-17) que transformou o adversário em apóstolo de Cristo.

APOSTOLADO. Desde o início os críticos questionaram a autenticidade do apostolado de Paulo.

Diferentemente de Pedro, Tiago e João, ele nunca viu Jesus fisicamente; nunca fora instruído pela "coluna" dos apóstolos e fora um inimigo cruel da Igreja primitiva (Gl 1:23). Reconhecendo isso, os apóstolos cristãos-judeus atacaram tanto a legitimidade do apostolado de Paulo como a integridade do seu evangelho. Paulo respondeu a esses ataques com informação autobiográfica (Gl 1-2), uma exegese criativa dos principais textos de seus adversários (Gl 3) e apelos à cruz de Cristo (3:10-14). Numa observação autobiográfica evocativa do chamado de Jeremias e Isaías, alegou ter sido separado por Deus desde o ventre materno (Gl 1:15; Jr 1:5; Is 49:1-6). Ele mudou o local de sua autoridade, do ensino do Jesus terreno para a revelação do Cristo ressurreto (Gl 1:12, 16). Ele recitou uma cronologia de contatos esparsos com as "colunas" de Jerusalém — "depois de três anos" e "depois de catorze anos" (1:18; 2:1) — para apoiar sua reivindicação de independência das "colunas" de Jerusalém (2:9-10). Três vezes na carta (Gl 1:7-9; 4:16-18; 6:12, 13) Paulo atacou seus oponentes, confrontando-os diretamente, pronunciando maldição divina contra eles, depreciando-os e os denunciando. O apóstolo, entretanto, foi além da denúncia ao procurar persuadir seus convertidos da legitimidade do seu evangelho e apostolado lembrando-os dos ternos momentos entre eles (Gl 4:12-20) e da experiência do batismo deles (3:26-29).

A segunda carta aos coríntios informa que apóstolos cristãos-judeus carismáticos armados com recomendações de outras congregações conseguiram algum sucesso em minar a confiança no apostolado de Paulo. Esses rivais usaram seu físico frágil e discurso inexperiente (2Co 10:10; 11:6), seu sofrimento físico, aparência sem atrativos (12:7), independência financeira (vs 15-16) e relutância em ostentar bravura para questionar seu apostolado. Paulo apela para seu sofrimento e fraqueza como sinais autenticadores do seu apostolado (2Co 11:21-29; 12:7-10; 6:4-10), e com apelos a autobiografia (12:1-10), a uma relação de sofrimentos (6:3-10; 11:22-29) e Deus ressuscitando Cristo da morte, Paulo se defendeu mostrando como a força de Deus é manifestada na fraqueza.

Durante 25 anos depois de sua morte, um estranho silêncio a respeito de Paulo pairou sobre o cenário cristão primitivo. Então, em Atos de Lucas, Paulo emerge como figura importante, e nada parece poder impedir a marcha do seu evangelho para o Ocidente. Logo depois, começaram a aparecer cartas pseudepígrafas que ofereciam interpretação e defesas da teologia de Paulo.

Escritor de cartas. Dado o custo de materiais escritos, o baixo acesso ao conhecimento e a ausência de uma rede de entrega para correspondência particular, é surpreendente a sobrevivência de milhares de cartas em papiro do período helenístico. A diplomacia, o comércio e viagem estimularam a escrita de cartas, tanto as oficiais como as não oficiais e o usos cada vez maior de cartas pela corte imperial e pelos ricos que tinham recursos para manter mensageiros ou escravos para entregá-las contribuiu para sua crescente popularidade. Um próspero negócio surgiu para apoiar a redação de cartas; apareceram manuais sobre o assunto. Secretários serviam às agências governamentais, famílias ricas e aos pobres analfabetos. Sob a influência da retórica helenística, a carta se tornou uma forma artística com alto nível de expressão estética. Paulo inspirou-se nessa rica, respeitável e predominante forma tradição epistolar para escrever suas cartas. Essas cartas não foram eventos particulares, mas públicos escritos para exortar, instruir, lembrar e consolar as igrejas. Elas não foram tratados teológicos, porém cartas reais que tratavam de situações reais. Até a Carta aos Romanos, a carta mais teológica de Paulo, revela sua defesa contra falsas acusações e rumores mal intencionados (Rm 3:8) e trata de partidarismo na igreja (cap. 14). No devido tempo, tais cartas foram reunidas, copiadas, circularam e foram até mesmo imitadas para fortalecer também outras igrejas.

Essas cartas tiveram múltiplas funções; serviram como substitutas à presença do apóstolo até sua chegada; proveram meios de exortação e conselho (1Ts 5:23; 1Co 1:8; Fp 2:15). Elas ofereceram consolo (2Co 1:3-7), foram veículo para resposta às críticas (esp. em Gálatas e 2Coríntios) e apresentaram meios para relacionar o evangelho às preocupações do dia a dia.

Embora a forma das cartas de Paulo lembre a da carta helenística tradicional, ele conduziu a forma para seus fins. Em Romanos, ele expandiu a saudação para incluir uma afirmação com o fim de se opor à acusação de que seu evangelho era uma inovação escandalosa. Em Gálatas, ele substituiu uma expressão de espanto pela típica ação de graças para censurar seus destinatários (Gl 1:6). Em 1Tessalonicenses, ele ampliou o fechamento para exortar o desencorajado a estar pronto para a vinda de Cristo (1Ts 5:23-24). Essas modificações em relação a formas epistolares estereotipadas oferecem pistas valiosas para os propósitos delas.

Cronologia. A dificuldade cerca qualquer tentativa de sincronizar a cronologia de Atos com as cartas de Paulo. Atos registra três viagens missionárias as quais somente parcialmente se ajustam aos relatos nas cartas de Paulo, e Atos relata cinco visitas paulinas a Jerusalém, quando as cartas registram somente três. Atos 18:12, 14, 17, entretanto fazem referência à acusação contra Paulo perante Gálio, procônsul romano da Acaia, que muitos julgam ser histórica, desde que a referência não serve a propósitos teológicos. Se for considerada dessa forma, a referência exigiria a presença de Paulo lá em 51-52 d.C., durante o proconsulado de Gálio. Além disso, se Atos está correto no fato que Paulo esteve em Corinto durante 18 meses (At 18:11), então seu ministério ali começou provavelmente no ano 50. Daquela data pode-se trabalhar para trás e para frente para aproximar uma cronologia paulina. Antes dessa data, ele havia fundado as igrejas na Galácia, em Tessalônica e Filipos (cerca do ano 49), e antes dessa missão ele havia estado em Antioquia durante certo tempo (Gl 2:11-14). Houve um intervalo de 17 anos entre o chamado apostólico de Paulo (cerca do ano 31) e sua visita a Antioquia (Gl 1:17, 18; 2:1). Durante aqueles anos (31-48), Paulo passou três anos na Arábia antes de sua primeira visita a Jerusalém, e 14 anos na Síria e na Cilícia, antes de sua segunda visita.

Depois da acusação contra ele perante Gálio, Paulo escreveu todas as cartas que possuímos (com exceção de 1Tessalonicenses) entre 52-58, mas a ordem exata é discutida. Um possível arranjo colocaria a composição de várias dessas cartas, durante sua estada de 27 meses em Éfeso, depois de sua missão a Corinto (53-56; At 19:8-10). Embora nem as cartas de Paulo nem Atos façam referência explicitamente a uma prisão em Éfeso, é provável que ele esteve detido lá. Paulo fala por metáforas a respeito de luta com bestas em Éfeso (1Co 15:32) e de uma grande tribulação na Ásia "muito além da [...] capacidade de suportar" a ponto de se desesperar e achar que estava sentenciado à morte (2Co 1:8-9). Ele se refere também a ter sido preso muitas vezes (2Co 11:23) e uma prisão em Éfeso pode ser confirmada pelo apócrifo Atos de Paulo. Durante essa prisão, Paulo teria escrito Filipenses e Filemom (cerca do ano 55). Durante sua missão em Éfeso, ele escreveu várias cartas a Corinto e a nossa carta à Galácia. Ele escreveu a quarta carta aos Coríntios (possivelmente 2Co 1:1–9:15 menos 6:14–7:1) a caminho para visitar a igreja lá (fins de 56), e Romanos veio quando embarcou ou estava para embarcar de Corinto em sua viagem para Jerusalém com a oferta para "os pobres dentre os santos" (57; Rm 15:25-27). Apreensivo com os "descrentes" da Judeia (Rm 15:31), Paulo pediu as orações da igreja em Roma. Desde então sua voz se calou. Atos tenta completar a história sugerindo que a premonição de Paulo foi tragicamente realizada. Ele foi preso, levado perante o procurador romano, Festo (59), fez um apelo com base em sua "cidadania romana", e foi levado para Roma para ser julgado. Lucas, entretanto, não nos relata como Paulo morreu; se ele foi decapitado em Roma, como sugere o Atos de Paulo, do terceiro século (10:5), sua execução teria acontecido antes do fim do ano 62.

O TEÓLOGO. Paulo mal começou sua missão com uma teologia sistemática desenvolvida que ele pudesse aplicar como um modelo sobre cada situação. Uma vez que era pastor em vez de teólogo sistemático, sua discussão teológica teve caráter definido para determinado fim, desenvolvido a cada nova situação. As perturbações criadas por apóstolos missionários rivais, facções carismáticas, judaizantes, crentes decepcionados e religiosos populares provocaram o pensamento de Paulo de diversas formas. Esses pontos de atrito marcam os assuntos que Paulo considerou valer a pena combater, e eles oferecem uma janela para a discussão teológica de Paulo em formação.

Essa discussão teológica, embora circunstancial, todavia, se firmava em convicções profundas e fundamentadas entranhadas na história sagrada de Israel. De significado fundamental era a supremacia do único Deus de Israel, o criador, redentor e fiador do futuro. Crucial para a narrativa do povo de Deus eram a eleição e a entrega da lei registrada nas Escrituras. Naqueles textos sagrados, Paulo encontrou prescrições do amanhecer da escatologia, expectativas do Cristo e autoridade para o seu evangelho. Além destes textos e da história sagrada de Israel, a experiência de Paulo da revelação do Cristo ressurreto ofereceu-lhe mais evidência de que uma nova era estava começando (Gl 1:12; 1Co 9:1; 15:8) a qual levava a uma conclusão apocalíptica. A revelação de Cristo significou que, como Paulo diz repetidas vezes, Deus o havia ressuscitado (Rm 4:24; 8:11; 10:9; 1Co 6:14; 15:15; 2Co 4:14; Gl 1:1; 1Ts 1:10) como primícia da ressurreição (1Co 15:20), e que ele logo voltaria para reunir os seus e julgar o mundo (1Ts 4:14). Assim os que estão em Cristo tinham já um vislumbre de sua justificação no mundo vindouro. Tal visão apocalíptica fez com que Paulo visse de uma forma radicalmente diferente a Escritura, seu judaísmo nativo, o templo, o mundo, as catástrofes naturais, o celibato e o sofrimento. Essa sensação de desfecho iminente deu urgência ao seu apostolado, expandiu-se para suas cartas (p. ex., 1Co 7:26; Rm 14:10-12; 1Co 11:32; Rm 13:11-14) desde a primeira carta (1Ts 4:15) até a última (Rm 13:12). A ardente intensidade da expectativa de Paulo esmaeceu apenas ligeiramente, se tanto, em todo o seu período apostólico.

Paulo cria que Jesus havia trazido o mundo ao seu momento final, apoteótico. Embora Paulo tenha reconhecido a importância do Jesus terreno (Rm 1:3; 9:5), ele recorreu ao seu ensino menos de dez vezes em todas as suas cartas. Em vez disso, ele enfoca o sofrimento, a morte e a ressurreição de Jesus que, ele cria, logo retornaria, mas seu tratamento da morte era muito sutil. Isso servia como exemplo para o perseguido (1Ts 1:6), como ilustração da obediência de Cristo (Fp 2:8), como recurso para redenção dos gentios (Gl 3:13-14), como sacrifício (Rm 3:25), como meio pelo qual a justiça de Deus é revelada (Rm 3:22) e como um veículo para subverter a hierarquia carismática de Corinto (1Co 2:1-5). Embora reconhecesse claramente Jesus como Messias (Rm 9:5), usava com mais frequência o nome *Cristo* como substantivo próprio referindo-se a Ele como Jesus Cristo, Cristo Jesus, Cristo e Jesus ou Senhor.

Paulo acreditava piamente que o Deus que havia levantado dos mortos o Jesus crucificado e o estabelecido como Senhor, o mandaria logo para reunir os eleitos e julgar o mundo. O título "senhor", sumamente idiomático nos círculos helenísticos, foi abundantemente polissêmico. Era um título respeitoso aos deuses e às deusas como Ísis, Esculápio e Cronos e também para as autoridades reinantes, como Augusto, Herodes ou Agripa. Ele expressava deferência a qualquer pessoa importante na hierarquia social ou política. Na LXX, foi traduzido com frequência como "Yahweh", mas em nenhum lugar nas cartas Paulo chamou Jesus de "Deus". Em 1Coríntios 11:3 deixa clara a linha de origem que subordina Jesus a Deus. De acordo com a tradição da Igreja primitiva (Fp 2:6-11), Paulo sempre usou o título de Senhor como atribuição Àquele a quem Deus ressuscitou dentre os mortos, estabelecendo-o com isso como Senhor sobre a morte e os poderes demoníacos.

Uma característica importante do messianismo de Paulo foi uma participação mística em Cristo. Paulo endereçou regularmente suas cartas aos "em Cristo Jesus" ou suas variantes (1Co 1:2; Fp 1:1; Ts 1:1). Ele falou aos seus convertidos na Galácia como aqueles que foram "batizados em Cristo", "colocados em Cristo" e que todos eram "um em Cristo Jesus" (Gl 3:26-28), e ele observou que os que participam da eucaristia, participam do corpo de Cristo (1Co 10:15-17). Ele falou usando sinônimos de estar "no Senhor" e "em Cristo". Essa identificação mística era uma experiência coletiva, não isolada e particular e era sempre disposta para ser adequada a cada situação. Por exemplo, os que sofriam pela morte inesperada de crentes em Tessalônica receberam a segurança de que tanto os vivos como os mortos estão "em Cristo", unidos por um laço comum por meio do abismo de separação (1Ts 4:16-17).

O argumento teológico que vemos nas cartas se aperfeiçoou na década de 50 e a profundidade e os assuntos práticos que elas contêm ajudam a explicar por que tais cartas se tornaram Escritura por volta do final do século II.

Bibliografia. J. C. Beker, *Paul the Apostle* (Philadelphia, 1980); N. A. Dahal, *Studies in Paul: Theology for the Early Christian Mission* (Minneapolis, 1977); D. Georgi, *The Opponent of Paul in Second Corinthians* (Philadelphia, 1986); *Theocracy in Paul's Praxis and Theology* (Minneapolis, 1991); J. C. Lentz, Jr., *Luke's Portrait of Paul*. SNTSMS 77 (Cambridge, 1993); H. Räisänen, *Paul na the Law*, 2. ed. *WUNT* 29 (Tübingen, 1987); C. J. Roetzel, *The Letters of Paul: Conversations in Context*, 3. ed. (Louisville, 1991); E. P. Sanders, *Paul, the Law, and the Jewish People* (Philadelphia, 1983); K. Stendahl, *Paul among Jews and Gentiles and Other Essays* (Philadelphia, 1976).

[CALVIN J. ROETZEL]

PAULO E SÊNECA, CARTAS DE Coleção de 14 cartas em latim supostamente trocadas entre o apóstolo e o filósofo romano do século I. Conhecida tanto por Jerônimo quanto por Agostinho, a correspondência, que inclui oito cartas breves de Sêneca e seis de Paulo, provavelmente data do século IV (embora duas ou mais possam ser posteriores). Jerônimo observa que as cartas foram "lidas por muitos" em sua época, e as cartas ficaram conhecidas na Idade Média por causa da evidência sustentada por inúmeros manuscritos do período. As cartas de Sêneca a Paulo contêm o elogio pela "admirável exortação a uma vida justa", de Paulo (carta 1); concordância com os sentimentos de Paulo da forma como são expressados em suas cartas aos Gálatas, Coríntios e Acaia (carta 7); e uma expressão de tristeza devido à injusta perseguição aos cristãos (carta 11). As respostas de Paulo são cheias de lisonjas, cautela em relação ao imperador e preocupação em relação à etiqueta epistolar adequada, com um ocasional encorajamento ao tratamento respeitoso aos outros. Nenhuma das cartas expressa qualquer dos conhecidos pensamentos de um ou de outro correspondente, ao contrário, ressalta a amizade e o respeito mútuo entre dois iguais.

Parece haver dois propósitos por trás da correspondência pseudepígrafa. Por um lado, as cartas elogiam claramente o cristianismo como digno de respeito pelos pagãos conforme o exemplo de Sêneca. De fato, algumas tradições até postulam que Sêneca converteu-se ao cristianismo, embora não exista evidência de tal conversão em seus escritos autênticos. Por outro lado, as cartas exibem também uma compreensão cristã primitiva da compatibilidade das ideias paulinas e estoicas, reconhecendo talvez o que alguns estudiosos modernos veem como influências da filosofia moral pagã nas cartas de Paulo.

Bibliografia. J. K. Elliot, ed., "The Correspondence of Paul and Seneca", *The Apocryphal New Testament*, ed. rev. (Oxford, 1993), 547-53; J. N. Sevenster, *Paul and Seneca*. NovTSup 4 (leiden, 1996), 11-14. [JAMES R. MUELLER]

PAULO E TECLA, ATOS DE Componente no volumoso apócrifo Atos de Paulo. Editado com base nos onze manuscritos gregos em acréscimo a versões em latim, grego, eslavo e árabe, a narrativa pode ter circulado independentemente; a mais antiga confirmação (séc. II; Tertuliano De bapt. 17) é inconclusiva sobre seu relacionamento com os Atos de Paulo. Tem sido sugerido que grupos cristãos ascéticos do século II, incluindo mulheres, geraram o texto, propagando uma compreensão pró-ascética do cristianismo paulino.

A narrativa começa com a aceitação de Tecla dos apelos de Paulo à castidade, o que a levou a desistir de seu casamento com Tamiris. Consequentemente, a mãe de Tecla a condena à fogueira funeral e Paulo é preso devido à sua posição contrária ao sistema, seus ensinos ascéticos. Milagrosamente, a chuva salva Tecla das chamas e ela escapa para encontrar-se com Paulo. Tecla pede a Paulo que a batize, mas Paulo recusa, apesar da condição de Tecla de convertida. Ambos viajam para Antioquia, onde um importante cidadão ataca Tecla publicamente. Paulo não a defende e Tecla é novamente presa e sentenciada à morte. Tecla pede a um guarda que proteja sua virgindade na noite antes de sua morte e recebe a proteção de uma mulher aristocrata recentemente destituída, Teocleia. Sentenciada a ser atacada por animais selvagens, Tecla se batiza no teatro para não morrer pagã, mas as fêmeas dos animais impedem que ela sofra danos. Tecla é poupada mais ainda que seu acusador cancela os jogos com medo de que Teocleia use meios políticos para vingar a morte de Tecla. Tecla então retorna a Paulo, que a comissiona a pregar em missão própria na Selêucia.

Bibliografia. D. R. MacDonald, *The Legend and the Apostle* (Philadelphia, 1983); W. Schneemelcher, "Acts of Paul and Tecla", in *New Testament Apocrypha*, ed. E. Henncke-Schneemelcher, 2 (Philadelphia, 1965): 353-64. [MELISSA M. AUBIN]

PAULO, APOCALIPSE DE (V, 2) Apocalipse escrito sob pseudônimo, especialmente popular entre os cristãos primitivos. O Apocalipse de Paulo é desenvolvido sobre o relato de Paulo em 2Coríntios 12:2-4, a respeito de um homem que foi até o terceiro céu. A narrativa, originalmente escrita em grego, mas existindo em várias versões, descreve sua própria descoberta cerca do ano 388 d.C. Paulo vê a diferença da morte dos justos e dos pecadores, visita o paraíso e a cidade de Cristo, encontra importantes pessoas de fé, como Abraão, Moisés e Maria e passeia pelo inferno.

Bibliografia. H. Duensing e A. de Santos Otero, "Apocalypse of Paul", in *New Testament Apocrypha*, ed. E. Hennecke e W. Schneemelcher, ed. rev. 2 (Louisville, 1992): 712-48; J. K. Elliott, "The Apocalypse of Paul (Visio Pauli)", *The Apocryphal New Testament*, ed. rev. (Oxford, 1993), 616-44). [GREG CAREY]

PAULO, ATOS DE OBRA APÓCRIFA DE VÁRIAS TRADIÇÕES SOBRE O APÓSTOLO PAULO. DE ACORDO COM A ESTOCOMETRIA DE NICÉFORO (séc. IX), continha 3.600 linhas (compare com as 2.800 linhas do Atos canônico). Cerca de um terço da obra está perdida. Originalmente escrita em grego, partes substanciais do texto ainda existem apenas em tradução copta. Desde que Tertuliano se refere a ela em *De Baptismo*, o livro deve ter sido escrito antes do ano 200, provavelmente no último quarto do segundo século. Várias unidades distintas (os Atos de Paulo e Tecla, 3Coríntios e o Martírio de Paulo) aparecem para predatar a composição do livro todo. A autoria é desconhecida, embora alguns estudiosos recentes afirmem ser uma autora, pelo menos da fonte de Atos de Paulo e Tecla.

A obra fala das viagens missionárias de Paulo e seus milagres e pregações nessas viagens. Muitos dos lugares são os mesmos do Atos canônico, mas nenhuma das histórias corresponde. O tema constantemente recorrente é a necessidade em relação ao ascetismo em geral e do celibato em particular. Entre muitos outros atos, Paulo batiza um leão que fala e que se torna cristão. Após Paulo ter sido decapitado em Roma, ele ressuscita, aparece ao imperador Nero e o condena.

Bibliografia. D. R. MacDonald, ed., *The Apocryphal Acts of the Apostles*. Semeia 38 (Atlanta, 1986); *The Legend and the Apostle* (Philadelphia, 1983); W. Schneemelcher, "Acts of Paul", in *New Testament Apocrypha*, ed. E. Henncke-Schneemelcher, 2 (Philadelphia, 1965): 322-90. [J. CHRISTIAN WILSON]

PAULO, ORAÇÃO DO APÓSTOLO Manuscrito cristão primitivo, produzido muito provavelmente na Grécia no fim do segundo ou início do terceiro século, que sobrevive nos códigos de Nag Hammadi do quarto século. Ele provavelmente emerge do cristianismo valentiniano, de acordo com os indícios tanto de sua linguagem como de sua teologia.

A obra é uma oração de invocação mágica que se preocupa primariamente em atingir a perfeição ("redenção"), especificamente o conhecimento profético e a união com o mundo espiritual. Ela contém uma sequência de nomes ou títulos invocados (atribuídos a Jesus). Os cinco pedidos (que têm ascendência do menor para o maior) pode refletir os cinco sacramentos valentinianos listados no Evangelho de Filipe (batismo, crisma, eucaristia, redenção, câmara nupcial), embora os termos exatos variem entre esses dois textos valentinianos.

A Oração ilustra a importância de Paulo entre os cristãos primitivos e provê compreensões dos rituais cristãos primitivos, visões sobre santidade, uso de mágica e experiências místicas (visionárias).

Bibliografia. M. R. Desjardins, *Sin in Valentinianism*. SBLDS 108 (Atlanta, 1990); D. Mueller, "Prayer of the Apostle Paul I, 1: A.1-B.10", *Nag Hammadi Codex I*, ed. H. W. Attridge. NHS 22 (Leiden, 1985), 5-11; K. Rudolph, *Gnosis* (San Francisco, 1987). [PHILIP L. TITE]

PAVIMENTO, O O lugar do julgamento fora do Pretório onde Pilatos julgou Jesus (Jo 19:13; gr. *lithóstrōtos*). *Ver* GÁBATA.

PAZ O termo hebraico para paz (*šālôm*) deriva do verbo "completar, sarar". Este verbo é frequentemente usado para expressar o término de edifícios importantes (o templo, por exemplo em 1Rs 7:51 = 2Cr 5:1; ou os muros de Jerusalém em Ne 6:15). O termo é usado no sentido de restauração em Levítico 6:5ss (TM 5:24ss) ou reembolso de dívidas em Jeremias 16:18 e Levítico 24:18-21. O substantivo tem um uso ainda mais amplo. Como saudação, a raiz šlm é usada para indagar sobre o bem-estar de indivíduos ou grupos (Gn 29:6; 43:27; Êx 18:7; 1Sm 17:18; cf. Ez 13:16, "visões de paz"; semelhantemente Is 38:17). Há também o sentido de *šālôm* como estado de uma situação, como de contentamento ou tranquilidade. Isaías 32:17 traça um paralelo entre "paz" e "tranquilidade e confiança para sempre" como resultados de retidão. A ideia de tranquilidade na morte é um tema comum (Gn 15:15; 1Rs 2:6). O sentido de amizade, ou até mesmo uma "amizade" contratualmente arranjada (implícita em "pacto de paz", Nm 25:12), pode também ser notado (Is 54:10; Sl 28:3; Pv 12:20). A justiça está frequentemente unida à "paz" (Is 32:16, 17, cf. Tg 3:18).

Na Bíblia a "paz" é primordialmente a ausência de guerra. Juízes 4:17; 1Sm 7:14; 1Rs 5:12(26) sugerem relações de aliança como tempos de paz em oposição a guerra. Tempos de *šālôm* são colocados em contraste com tempos de guerra em 1Reis 2:5-6; Josué 9:15. O termo é também usado para um desejado estado de permanente *šālôm* (cf. Lv 26:6, onde paz é parte da tranquilidade, ausência de guerra e inimigos). Nos profetas (esp. últimos profetas, Deutero-Isaías, Zacarias), paz torna-se padrão ético e característico da era messiânica (cf. Mq 5:4, 5 [3-4]). Em Isaías 2:2-4; 9:2-7 e de modo profundo em 19:24-25, essas inserções pós-exílicas trazem temas de paz que estão entremeadas com o tema de destruição de armas e reconciliação de ex-inimigos (cf. Zc 9:9, 10; Jn). Embora haja frequente debate quanto se algumas formas de "paz" resultam do extermínio por Deus de inimigos (uma versão israelita da *Pax Romana*), este não é universalmente o caso em todos os textos que tratam da libertação de inimigos. De fato, não apenas as armas de Israel estão incluídas na destruição prevista (Is 2), os inimigos são também frequentemente convertidos em vez de aniquilados (Jn; Is 19:24, 25).

O uso das formas do grego *eirēnē* no NT, bem como na literatura intertestamentária (cf. Tob 7.11, 12; 10.12), é apenas um pouco mais limitado em sua abrangência de significado do que šālôm. O uso típico de "paz" é referência a um estado pessoal de ser (1Tm 2:2), equivalente, portanto, ao uso de "bem-estar" ou "felicidade". Pode ser dito a um indivíduo que "vá em paz" (Mc 5:34; Lc 7:50; 8:48; At 16:36) ou que "fique em paz" (Lc 24:36; Jo 20:19, 21, 26). Paulo normalmente impetra "paz" em suas saudações iniciais (Rm 1:7; 1Co 1:3; 2Co 1:2; Gl 1:3; cf. 1Pe 1:2). "Paz" pode também se referir a um atributo de um relacionamento com Deus (At 10:36; Rm 5:1; 8:6; 15:13; Fp 4:7; cf. Ef 6:15). Os termos gregos também incluem a ausência de, ou contraste com guerra e violência interpessoal (Mt 5:9; Lc 14:32; Rm 12:18; Tg 3:18). Se a proclamação de "paz" for tomada na pregação cristã primitiva, ocasionalmente, para se referir à era messiânica de tranquilidade em oposição às presentes realidades de bem estar e sofrimento, então a conexão com noções hebraicas de paz como "ausência de guerra" é até mais clara (At 10:36; Rm 10:15; Cl 3:15). Assim, o significado um tanto limitado dos termos gregos não devem sugerir que a recente noção hebraica de não violência está ausente no discurso ético do NT. As concepções neotestamentárias devem também levar em consideração todo o contexto ético de tranquilidade e pacificação nos ensinos de Jesus e na prática da Igreja primitiva. Por esta razão, qualquer discussão de paz que esteja exclusivamente baseada numa análise verbal, particularmente no NT, é inadequada para uma completa apreciação tanto do conceito bíblico quanto ético de paz.

Se resultante da impossibilidade de uma presença militar hebraica na circunstância sociopolítica de subordinação aos governadores assírios, babilônios, persas e helênicos, ou se devem ser atribuídos às visões cada vez mais irônicas da era messiânica, o recente ensino bíblico tende ao enaltecimento de uma sábia moderação (Sir. 41.14; 44.6) e a uma devoção não violenta (Daniel, esp. 11:33, 34, contra a revolta dos Macabeus; José em Testamento dos Doze Patriarcas; Taxo em T. Moisés 9, cf. disposição contra guerra em fontes gregas clássicas) em contraste estudado ao período da Monarquia. O cristianismo primitivo, assim, associa os temas reais davídicos às expectativas da igualdade messiânica de uma era de paz onde as espadas são transformadas em lâminas de arado. A imagem resultante em Mateus e Lucas, particularmente, é de um Messias "militante não violento" — tanto davídico como desarmado e, assim, consistente com o ensino de Jesus de "amar os inimigos" (Mt 5:44) e "guardar a espada" (26:52). Essa combinação irônica resulta posteriormente nas imagens de "armas" do espírito, onde a "guerra" não é "contra o sangue e a carne" (Ef 6:10-17; inspirando-se em Is 59:17; cf. batalha espiritual em Ap 19, etc.). O contexto apocalíptico da não violência cristã primitiva é inequívoca, e tem relação clara com temas como os das batalhas angélicas em Daniel 7–12 e em Qumran. Proibições de matar até mesmo militares estão amplamente documentadas nos primeiros três séculos do cristianismo, e essas proibições também se inspiram na tradição interpretativa hebraica e cristã primitiva. Tais tradições hebraicas de tranquilidade e não violência são também discerníveis no ensino rabínico primitivo bem como, de forma especial nos ensinos rabínicos do mestre Yohanan ben Zakkai, do século I d.C.

Bibliografia. S. S. Schwarzchild, "Shalom", in *The Challenge of Shalom*, ed. M. Polner e N. Goodman (Philadelphia, 1994), 16-25; J. H. Yoder, *The Politics of Jesus*, 2. ed. (Grand Rapids, 1994). [DANIEL L. SMITH-CHRISTOPHER]

PECA (heb. *peqaḥ*) Rei de Israel por volta de 735-732 a.C. Identificado como o "filho de Remalias", Peca depôs Pecaías, a quem servia como oficial (2Rs 15:25) e de quem ele pode ter usurpado também o nome real. É provável que Peca tenha representado um movimento antiassírio em busca da independência do pesado tributo cobrado como pagamento a Tiglate-Pileser III pelo pai de Pecaías, Menaém (2Rs 15:19).

Peca formou uma aliança com Rezim, da Síria, contra a Assíria. O segundo livro de Reis 16:5-20 (cf. Is 7:1-9) relata que essa coalizão atacou Jerusalém para depor Acaz, de Judá, e colocar o "filho de Tabeel" (cujo nome sugere ser arameu) no trono de Judá. O segundo livro de Crônicas 28:5-7 descreve um grande massacre e pilhagem. Como resposta, Acaz pediu ajuda à Assíria (2Rs 16:7; 2Cr 28:16). Isso levou à queda de Damasco para a Assíria em 732, a perda de muito de Gileade e Galileia (2Rs 15:29) e a deposição de Peca por Oseias (v. 30) que, de acordo com os anais assírios, foi instigado pelo próprio Tiglate-Pileser.

Os anos exatos do reinado de Peca fazem parte da cronologia muito difícil deste período. De acordo com 2Reis 15:27, ele reinou vinte anos, que não pode se ajustar no período começando no início de 730 e terminando em 732/731, quando Oseias assumiu o trono. É bem possível que Peca tenha de fato controlado uma grande parte de Gileade como rival de Menaém e tenha sido aceito na corte de Pecaías como esforço para consolidar território. Essa estratégia não deu certo porque Peca tomou o controle com "cinquenta homens de Gileade" e rapidamente reestabeleceu o contato com Rezim, da Síria, o que pode sugerir sua liderança anterior no leste de Samaria. A numeração de seus vinte anos incluiria então pelo menos dez anos antes de se tornar rei em Samaria.

Bibliografia. J. H. Hayes e P. K. Hooker, *A New Chronology for the Kings of Israel and Judah* (Atlanta, 1988); E. R. Thiele, *The Mysterious Numbers of the Hebrew Kings*, ed. rev. (Grand Rapids, 1994). [ANDREW H. BARTELT]

PECADO Realidade que significa o relacionamento interrompido entre Deus e a humanidade. As ocasiões pelas quais tal relacionamento se interrompe, a necessidade de reconhecer essa ruptura e as possibilidades de salvação são detalhadas em infindáveis situações nas Escrituras.

ANTIGO TESTAMENTO. A preocupação do antigo Israel com o pecado refletia a natureza ética fundamental da primitiva fé judaica e a diversidade das abordagens teológicas dos problemas do mal. Vários termos hebraicos são usados para expressar o pecado. O mais frequente é *ḥṭʾ*, "errar o alvo ou caminho". Embora frequentemente objetivas sejam as implicações éticas, o termo pode indicar algum simples erro, deficiência ou falha. A pessoa que "fracassa em encontrar" sabedoria está correndo risco (Pv 8:36). Da mesma forma, uma pessoa precipitada, quase sempre "errará" o melhor caminho (Pv 19:2). Abimeleque questiona como ele "pecou" contra Abraão (Gn 20:9), enquanto Jônatas aconselha Saul a não "agir contra" o inocente Davi (1Sm 19:4). Tais "pecados" acabam sendo ofensa contra Deus, porque se perde a trilha do dever (1Rs 18:9; 2Rs 18:14) ou se incorre em culpa por meio de alguma ação, seja erro consciente (Lv 5:5) ou involuntário (Nm 15:28).

O segundo termo mais comum para pecado é *ʿwn*, que significa culpa ou iniquidade. Esse é basicamente um termo religioso, que era usado originalmente para especificar pecados associados a culpa e punição. Incluídas aqui estão ações praticadas contra Deus ou em desobediência a seus expressos mandamentos. Consequentemente, uma pessoa que age propositadamente contra os mandamentos de Deus "peca" (Nm 15:30), uma única testemunha não pode acusar alguém de um "crime" (Dt 19:15), e os filhos podem ser punidos por Deus pelas "iniquidades" de seus pais (Êx 20:5). Em certos casos, o termo não oferece distinção real entre o crime e sua punição, talvez como reflexo da crença de que o pecado carrega em si as sementes da consequência. Caim, assim, se desespera por não poder suportar sua "punição" (crime perante Deus?; Gn 4:13). De forma semelhante, Deutero-Isaías afirma que o servo sofredor vindouro assumirá as "iniquidades" (castigos?; Is 53:11) daqueles a quem ele tornará justos.

O termo final de importância é *pš'*. Frequentemente traduzido por "transgressão", indica crime deliberado de um indivíduo contra outro, de uma nação contra outras nações, ou de um pecador contra Deus (Gn 31:36; Am 1:3; Ez 21:24 [TM 29]), respectivamente). A implicação de "rebelião" está associada à palavra, especialmente rebelião contra os termos de um pacto. Assim como *'wn*, o termo engloba a ideia de crime e consequência. Daniel lamenta que o povo de Israel tenha trazido "calamidade" (castigo do pecado; Dn 9:12-13) sobre si mesmo. Da mesma forma, Miqueias indaga se o sacrifício de um primogênito expiará "a transgressão" (como penitência?; Mq 6:7). Como poderia se esperar, o foco sobre o pecado como quebra de um pacto presta-se convenientemente aos ensinos dos profetas de Israel.

O conceito de rebelião, ou revolta, contra os mandamentos de Deus aparece no começo da narrativa bíblica. Depois da criação do mundo e da formação de Adão e Eva, Gênesis 3:1-7 oferece um cenário no qual a humanidade é presenteada com seu primeiro dilema comum — a escolha entre a obediência à vontade divina ou buscar o desejo humano. A oportunidade parece cobrir tanto a decisão consciente (Eva) como a participação despercebida (Adão). Não aparece aqui nenhuma palavra específica para pecado, mas as sementes da separação entre Deus e a humanidade estão claramente semeadas. Curiosamente, essa revolta contra Deus não encontra nenhuma menção posterior no AT, todavia suas implicações continuam a dominar tanto as ações dos primitivos participantes da história (Gn 1–11) como o curso da própria resposta de Israel a Deus. Os intérpretes posteriores cristãos do texto, de Paulo a Agostinho, fazem amplo uso deste episódio da "queda de Adão".

Gênesis 3 reflete uma antiga ideia comum de que o pecado tanto é fundamental para a experiência humana, quanto universal em seu escopo (cf. Pv 20:9). O reconhecimento da realidade do pecado na vida de Israel trouxe à existência a necessidade de arrependimento e expiação. A exemplo de outras civilizações do Oriente Próximo, Israel logo adotou um sistema de sacrifício com o fim de restaurar o relacionamento interrompido entre Deus e o povo escolhido. Um sistema sacerdotal emergiu no nome de Moisés e sob a égide dos filhos de Arão exatamente com este propósito. A despeito de vários pactos de Deus com Israel ao longo dessa jornada (Êx 24; Js 24; Dt 27), permaneceu a tentação para pecar. Assim, a ordem e o culto sacerdotal proporcionaram oportunidade para restauração por meio de ofertas votivas, sacrifícios expiatórios, ritos sangrentos, ofertas de incenso e outros rituais de apaziguamento a Deus que haviam sido ofendidos. O sistema sacerdotal de expiação reconhecia o pecado tanto do indivíduo como da comunidade e procurava satisfazer os requisitos que Deus exigia para restaurar o pacto desfeito.

Embora o pecado com muita frequência tenha relação com as próprias ações da humanidade em resposta à vontade de Deus, da mesma forma ele parece ter vida própria. Deus diz a Caim que se ele não procedesse bem, "o pecado o ameaça à porta; ele deseja conquistá-lo" (Gn 4:7). A tentação em ligar a essência do pecado com a realidade de uma fonte independente do mal (a serpente no Paraíso ou Satanás na literatura interbíblica) sempre esteve disponível para os antigos teólogos de Israel. Curiosamente, entretanto, os autores bíblicos raramente especularam sobre essa conexão na literatura. Ao contrário, como no caso dos próprios profetas de Israel, o pecado esteve normalmente associado à busca da ganância individual ou da dependência de Israel de alianças estrangeiras. Refletindo sobre o Salmo 1, os profetas apelaram tanto ao povo como aos governantes de Israel e Judá para reconhecerem seus pecados (Is 1:2-20; Jr 3:1-5; 5:1-31; Os 4:1-19; Am 5:10-13), a um retorno à justiça e ao arrependimento, à confiança e à retidão. De acordo com o Deuteronomista, somente depois que o pecador se arrependeu da apostasia (individual ou coletiva) foi que Deus decidiu restaurar os termos do pacto e prover salvação.

No período do Segundo Templo, o judaísmo havia se tornado totalmente dependente da Torá como padrão pelo qual o pecado devia ser medido. Transgredir a Lei de Moisés era rebelar-se contra Deus (1Sm 2:17). Foi a violação do pacto sagrado entre Deus e Israel. Menos ênfase foi dada sobre a responsabilidade coletiva durante este período. Foi dado mais foco ao indivíduo, especialmente desde que o judaísmo chegara a reconhecer que todas as pessoas deviam, no final das contas, ser vítimas do pecado. As possibilidades de expiação como definidas pelo sistema cúltico do templo (sacrifício e penitência) tornaram-se essenciais à restauração do indivíduo para um correto relacionamento com Deus.

Novo Testamento. O termo básico no NT para pecado é o grego *hamartía*, que tem ampla variedade de significados, incluindo reflexões da terminologia hebraica paralela: não atingir o objetivo, equívoco, deficiência, falha, transgressão, rebelião e revolta (cf. LXX).

Enquanto o judaísmo tradicionalmente definia pecado como a separação da humanidade de Deus, o pensamento grego clássico reconhecia a culpa sob três condições básicas: rebelião contra o destino (*moíra*); violação das regras de hospitalidade e honra (*timḗ*) e infração à obrigação cúltica. Tais condições causavam a retaliação dos deuses e, consequentemente, resultavam em atos de punição divina que continuam a atormentar a situação humana. Isso acabou levando a crenças helenísticas de que a existência humana é basicamente pecadora, visto que as atividades humanas violam sistematicamente as normas do mundo natural. O resultado da ignorância, tais violações são inevitáveis e levam a humanidade a sofrer as consequências do desespero e da culpa.

A visão de pecado do cristianismo primitivo reflete a mistura de tradições judaicas e gregas. Todas as pessoas são, basicamente, pecadoras, seja pela violação da Torá de Deus e das obrigações religiosas, ou por sua rebelião contra os códigos de honra e do propósito divino para a vida. Foi exatamente o reconhecimento desse estado de pecado e dos meios pelos quais a expiação pode ser conseguida que ajudou os cristãos primitivos a definir a natureza de sua fé.

O NT sugere que Paulo ofereceu ao cristianismo sua primeira compreensão sistemática de pecado no contexto de salvação pela ressurreição de Jesus Cristo. Paulo argumenta, a partir da perspectiva da tradição grega, que todas as pessoas pecaram (Rm 3:23). Baseado na tradição judaica, ele investiga as raízes desse dilema até as ações de Adão (Rm 5:12; cf. Gn 3:1-7). Tal interpretação era consistente com as convicções do judaísmo interbíblico (Sb. 2.24; 2Ed 3.21, 26). A própria contribuição de Paulo a essa visão foi que a vinda de Jesus Cristo, dom gratuito da graça de Deus, permanece como meio pelo qual a inevitabilidade da pecaminosidade do ser humano é resolvida. Embora o primeiro pecado de Adão tenha levado à morte, o evento de Cristo venceu tanto o pecado como a morte.

Paulo encorajou seus seguidores a ter vidas "puras e irrepreensíveis" (Fp 2:15), mas muitos que o ouviram chegaram a crer que já compartilhavam plenamente da glória de Cristo. Como é sugerido pelo contexto de 1Coríntios, o perdão do pecado era interpretado por essas pessoas como apoio a uma posição antinomiana. Conclusões semelhantes poderiam ser tiradas do evangelho de João, que parece sugerir: os que ouvem as palavras de Cristo podem viver em estado sem pecado (Jo 15:22,24) e, talvez de 1João, que sugere: o pecado não pode habitar onde o amor está presente (1Jo 4:12-17). Certos intérpretes posteriores, especialmente os que seguiam interpretações gnósticas, foram convencidos por tais conclusões (Orígenes Com. João 2:15).

Enfim, é a interpretação de pecado nos evangelhos sinópticos e de Atos que conseguiram dominar a tendência predominante da Igreja. Nos relatos dos evangelhos, Jesus raramente ensina diretamente sobre a natureza do pecado e de suas consequências (mas cf. Mc 3:28-30 par.). Ao contrário, o leitor é rapidamente conscientizado de que a mensagem do evangelho foi (e é) dirigida a pecadores, em favor de pecadores, sempre como Jesus realizou seu ministério entre aqueles cujas vidas eram afligidas pelo pecado. Ele é retratado como amigo de pecadores (Mt 11:19), mensageiro cuja tarefa foi chamar os pecadores especificamente (Mc 2:17). Lucas 5:8 lembra até que o mais importante discípulo de Jesus, Simão Pedro, identifica-se como pecador.

O relato de Lucas tem a maior parte de referências e alusões ao pecado dos textos sinópticos. Ele enfatiza que os seguidores de Jesus eram aqueles a quem o judaísmo do primeiro século considerava pecadores: o pobre, o doente, o aleijado, o leproso, os coletores de impostos, as prostitutas e os impuros. O tema constante na visão de Lucas é que tais pessoas eram consideradas pecadoras por terem descumprido as obrigações religiosas ou terem trazido alguma calamidade sobre si, possivelmente devido ao seu pecado. A ideia era comum (cf. Jo 9:2). A parábola do Filho Pródigo talvez ofereça o ponto alto da mensagem de Jesus sobre o pecado: a humanidade toda é propensa ao pecado; todavia todo aquele que busca o perdão pode recebê-lo livremente de Deus, que é misericordioso e gracioso. A comunidade que Jesus reuniu era exatamente essa, uma reunião de pecadores em busca de perdão.

A visão de Mateus sobre o pecado está muito mais ligada às preocupações judaicas recentes com relação à Torá e à retidão. Como é ilustrado pelo Sermão do Monte (Mt 5–7), os requisitos da mensagem de Jesus ultrapassaram a antiga compreensão dos requisitos da Torá. Não é suficiente simplesmente "guardar as leis" dos mandamentos de Deus; a pessoa verdadeiramente justa deve corresponder à vontade de Deus pelo reconhecimento da intenção divina por trás de tais leis. Enquanto o assassinato, o adultério e o juízo sejam males a serem evitados, também o são o ódio, a luxúria e a própria crítica! Na visão de Mateus, o mundo segue uma trilha distintamente dualista, a escolha entre o bem e o mal (Mt 7:13,14) e a separação do bom e do mau (25:31-46). Assim como o judaísmo interbíblico em geral (cf. T. Asher 2) e a comunidade de Qumran em específico (1QS 3.12–4.26), o Jesus de Mateus retrata o pecado como elemento antagônico na experiência humana. Embora o potencial para o fracasso seja grande, há sempre a opção a ser feita entre o pecado e a salvação.

A primitiva concepção cristã de pecado como entendida pela crucificação e ressurreição de Jesus talvez seja mais bem vista por meio das palavras da instituição da Última Ceia (Mt 26:26-29 par.). A imagem do antigo Israel é especificamente preservada na versão de Mateus, em que o cálice é oferecido como o "sangue da aliança, que é derramado por muitos para o perdão dos pecados". Aqui há uma reflexão clássica da compreensão judaica de pecado como a quebra do relacionamento entre Deus e a humanidade, definida especificamente pelas palavras da aliança. Na visão do NT, a cruz significa, em certo sentido, o estabelecimento de uma nova aliança entre Deus e os que seriam perdoados e salvos. Essa visão já é evidente na teologia de Paulo (cf. 1Co 11:23-26), na qual o evento de Cristo serve para vencer o pecado da mesma forma que Deus é vitorioso sobre o mal.

A essência das visões do NT sobre o pecado assume, então, três percepções básicas: (1) O mundo é, por natureza, inerentemente pecaminoso. Embora "pecado original" como tal nunca seja explicitamente declarado ou definido pelas Escrituras, sua realidade está fortemente implícita. (2) Pecado é a atitude rebelde da humanidade para com a vontade de Deus. As formas dessa rebelião se manifestam de várias formas. (3) A salvação deriva da remissão do pecado como entendido pela ocorrência do Cristo. Por meio da mensagem do evangelho de Jesus, o reino de Deus foi declarado e os pecadores estão perdoados pela restauração da humanidade a Deus em justiça. A mensagem cristã primitiva permanece como resposta direta à percepção de pecado no mundo, uma mensagem de esperança ao desesperado e de perdão ao condenado.

Bibliografia. H. Conzelmann, *An Outline of the Theology of the New Testament* (New York, 1969); B. A. Levine, *In the Presence of the Lord*. SJLA 5 (Leiden, 1974); S. Lyonnet e L. Sabourin, *Sin, Redemption, and Sacrifice*. AnBib 48 (Rome, 1970); P. D. Miller, Jr., *Sin and Judgment in the Prophets*. SBLMS 27 (Chico, 1982); G. Quell, G. Bertram, G. Stählin e W. Grundmann, "Hamartáno, hamártema, hamartía", *TDNT* 1.267-316; E. P. Sanders, *Paul and Palestinian Judaism* (Philadelphia, 1977). [CLAYTON N. JEFFORD]

PECADO IMPERDOÁVEL Fenômeno também chamado de "pecado indesculpável". Referências específicas incluem a controvérsia sobre Belzebú (Mc 3:20-30 par.), "pecado eterno" identificado como uma "blasfêmia contra o Espírito Santo"; a advertência profética em Lucas de futura perseguição e assistência do Espírito Santo (Lc 12:4-12); 1João 5:13-21, "pecado mortal". Outras referências incluem mentir ao Espírito Santo (At 5:3); a advertência contra os esclarecidos, mas agora impenitentes (Hb 6:4-6; cf. 10:26-30) e a condenação dos que difamam (blasfemam) seres angelicais (Jd 8). As referências são também encontradas em Did. 11.7b; Ev. Tomé 44.

A interpretação teológica desse conceito tem variado. Alguns veem isso como forma extrema de rejeição do evangelho. Os que o rejeitam não são candidatos ao perdão de Deus porque a recusa deles em crer no evangelho inclui necessariamente a recusa a se arrepender do pecado. Esse ponto de vista faz pouco mais do que comparar o pecado imperdoável com a condição do perdido. Outros veem isso como uma ação definida da qual não há retorno. Nessa interpretação, se uma pessoa comete espontaneamente certo ato proibido, trata-se da prática deliberada de um pecado para o qual não existe esperança de perdão. Isso está em consonância com Marcos 3:30, de que o pecado consiste em atribuir a atividade sobrenatural do Espírito Santo a um "espírito imundo". É demonstração extrema da atitude dos adversários de Isaías que "chamam ao mal bem e ao bem, mal, que fazem das trevas luz e da luz, trevas, do amargo, doce e do doce, amargo" (Is 5:20).

Bibliografia. J. G. Williams, "A Note on the 'Unforgivable Sin' Logion", *NTS* 12 (1965): 75-77. [MARK S. KRAUSE]

PECADO ORIGINAL O termo "pecado original" foi criado por Agostinho (lat. *peccatum originale*), embora suas raízes sejam patrísticas e bíblicas. As crianças "nascem de novo" no batismo (Ireneu), são nele purificadas das "verdadeiras manchas do pecado" (Orígenes), o "contágio da antiga morte" (Cipriano). A mais importante contribuição do AT é o seu ensino sobre a universalidade do pecado (1Rs 8:46; Jó 4:17; 14:4; 15:14; 25:4; Sl 130:3; 143:2; Ec 7:20). Gênesis 3 deveria ser acrescentado a essa lista, embora tenha tido bem pouco impacto sobre o restante do AT (somente em Ez 28; Sab. 2.24; Sir. 25.24). O judaísmo não tem um conceito de pecado original; em vez disso ele fala de uma "inclinação diabólica" (heb. *yēṣer hāra'*) no coração de todos, com base em Gênesis 6:5; 8:21 (cf. Dt 31:21), mas ensina que a pessoa pode superá-la pela guarda vigilante da lei. Gênesis 2:4b-3:24 é o início de uma etiológica narrativa javista das origens (caps. 2—11) e enfatiza que a pecaminosidade humana não deriva de Deus. Seu relacionamento com o pecado original foi visto pela primeira vez por Paulo.

Embora outros textos do NT apontem para o pecado original (Hb 9:26; Jo 1:29; 8:44) sua expressão mais clara encontra-se na literatura paulina, sempre num contexto de salvação por Cristo. "Todos pecaram" (Rm 3:23) e "tanto judeus quanto gentios estão debaixo do pecado" (v. 9). Eles podem ser "justificados gratuitamente pela sua graça, mediante a redenção que há em Cristo Jesus, ao qual Deus propôs como propiciação, pela fé, no seu sangue, para demonstração da sua justiça" (Rm 3:24, 25). A dimensão universal do pecado de Adão e da redenção em Cristo é afirmada sucintamente em 1Coríntios 15:22 ("pois como em Adão todos morrem, do mesmo modo em Cristo todos serão vivificados") e em maior detalhe em Romanos 5:12-21: "entrou o pecado no mundo" por meio de Adão e "pelo pecado a morte, assim também a morte passou a todos os homens, porque todos pecaram" (v. 12). O significado completo da cláusula final "porque todos pecaram", não é claro. Ele sugere culpa pessoal pelo cometimento do pecado, mas à luz das declarações que pelo pecado de Adão "veio o juízo sobre todos" (Rm 5:18) e que por sua desobediência "muitos foram constituídos pecadores" (v. 19), a conexão entre o pecado de Adão e o de todos deve ser muito íntima. Paulo está consciente do domínio do pecado de Adão sobre toda a humanidade, todavia não fala de hereditariedade; essa foi a contribuição posterior de Agostinho. [JOSEPH F. WIMMER, O.S.A.]

PECAÍAS (heb. *pĕqaḥyâ*) Rei de Israel durante dois anos (c. 737-735 a.C.) em seguida ao seu pai, Menaém (2Rs 15:23). Pecaías aparentemente continuou as políticas pró-assírias de seu pai e logo foi deposto por Peca (2Rs 15:25), provavelmente como reação ao pesado tributo cobrado de Israel como pagamento à Assíria.

Não se conhece detalhes do reinado de Pecaías a não ser a descrição formal negativa de 2Reis 15:24. Seu curto reinado poderia sugerir que ele foi um governante mais fraco que seu pai, e o usurpador Peca é identificado como um de seus próprios oficiais. A inabilidade de qualquer rei de Israel de manter uma dinastia depois da de Jeú (2Rs 15:12) reflete o caos que se seguiu à ascensão do império neoassírio e que levou à queda de Samaria em 722. [ANDREW H. BARTELT]

PECODE (heb. *pĕqôḏ*; ac. *puqûdu*) Tribo aramaica habitante da planície oriental do baixo (sul) rio Tigre. Listada entre as conquistas de vários reis assírios, Pecode está associada a Babilônia nos oráculos de Jeremias (Jr 50:21; cf. NRSV MG "Punição") e Ezequiel (Ez 23:23).

PEDAEL (heb. *pĕḏah'ēl*) Líder da tribo de Naftali que ajudou Moisés dividir a terra de Canaã (Nm 34:28).

PEDAÍAS (heb. *pĕḏāyâ, pĕḏāyāhû*) 1. O avô materno de Jeoaquim, rei de Judá (2Rs 23:36).

2. Filho do rei Jeconias/Joaquim de Judá; pai de Zorobabel (1Cr 3:18, 19). Em outra parte, seu irmão Sealtiel é dado como pai de Zorobabel (Ed 3:2, 8; Ne 12:1; Ag 1:1, 12, 14; Mt 1:12; Lc 3:27).

3. O pai de Joel, que foi o líder da meia tribo de Manassés (1Cr 27:20).

4. O filho de Parós; um dos trabalhadores que reparou o muro da cidade até em frente da porta das águas (Ne 3:25, 26).

5. Um dos homens que ficou à esquerda de Esdras enquanto ele lia o livro da lei na praça diante da porta das águas (Ne 8:4; cf. 1Esd. 9.44).

6. Homem da tribo de Benjamim que vivia em Jerusalém no pós-exílio (Ne 11:7).

7. Um dos três levitas nomeados para administrar os dízimos do templo (Ne 13:13). [C. MACK ROARK]

PEDAZUR (heb. *pĕḏâṣûr*) O pai de Gamaliel (1), que comandou Manassés nas jornadas do deserto (Nm 1:10; 2:20; 7:54, 59; 10:23).

PEDRA Variedade da rocha; subtância criptoclistalina consistindo de calcedônio, sílica opala, ou quartzo. É miscroscópica e finamente granulada, muito dura, e encontrada em uma variedade de cores tais como o branco, o amarelo, o cinza, e o preto. O mineral se quebra em fraturas com formas de conchas e pode ser formado em agudas extremidades cortantes. É usualmente encontrado em associação com pedra calcária, com uma origem orgânica ou como um íngreme. A pedra é usada para fazer utensílios de trabalho e de guerra (Êx 4:25; Js 5:23). Domesticamente, é reduzido a cinzas e aterrado no solo para fazer cerâmica e porcelana em potes, como também barro para as indústrias refratárias. O termo é usado muitas vezes em sentido social no Antigo Testamento. O conhecimento de que a pedra era dura deu surgimento a várias comparações no Antigo Testamento: o trabalho impossível de pegar água ou óleo de uma pedra (Dt 8:15; Sl 114:8), ou uma expressão facial como pedra (Is 50:7), ou um obstáculo impenetrável. [RICHARD A. STEPHENSON]

PEDRA ANGULAR Termo arquitetônico usado no NT como metáfora para Cristo (Mt 21:42; Ef 2:20; 1Pe 2:4-8). O uso do NT deste termo (gr. *akrogōniaíos; kephalḗ gōnías*) vem do AT (heb. *rō'š pinnâ*; Sl 118:22; Is 8:14; 28:16-17). "Pedra Angular" pode referir-se

A B C D E F G H I J K L M N O **P** Q R S T U V X Y Z

a: (1) a pedra num novo edifício lançada primeiro com grande cuidado e cerimônia para assegurar um fundamento correto; (2) pedras angulares entrelaçadas que se juntam e fortalecem duas paredes entre si; (3) o espigão no topo da esquina de uma parede; ou (4) a pedra fundamental de uma porta em forma de arco ou portão de entrada, o centro e a pedra mais alta que junta os dois lados e dá suporte ao próprio arco (a pedra mais importante em que os nomes da cidade, do governador e do construtor ficam frequentemente gravados).

No NT, Pedro usa passagens do AT numa analogia complexa, referindo-se aos crentes individuais como "pedras" numa casa espiritual onde Cristo é (1) a esquina do fundamento; (2) o espigão ou, mais provavelmente, a pedra fundamental; (3) a pedra de tropeço, sobre a qual os construtores desobedientes são julgados por descobrirem uma pedra de sua própria escolha para completar a construção (1Pe 2:4-8). Paulo demonstra que enquanto "os apóstolos e profetas" são o fundamento da igreja, é Cristo "em quem todo o edifício cresce para o templo santo no Senhor" (Ef 2:21).

Bibliografia. R. J. McKelvey, "Christ the Cornerstone", *NTS* 8 (1961/62), 352-59. [DENNIS M. SWANSON]

PEDRA DA SERPENTE Marco também traduzido por "pedra de Zoelete" (heb. *'eḇen hazzōḥeleṯ*; 1Rs 1:9), aparentemente um lugar de culto jebuseu antes da conquista da área por Davi. Aqui, Adonias, rival de Salomão pelo trono de Davi, estava fazendo um sacrifício enquanto preparava sua tentativa para usurpar o trono. Com base em 1Reis 1:4, está claro que o local fica fora da vista de Jerusalém, mas ainda perto o suficiente para Adonias e seus companheiros ouvirem a celebração da unção de Salomão como rei. Localizar o sítio arqueológico na confluência dos vales Cedrom e Hinom perto de En-Rogel é a única solução adequada.

Bibliografia. J. J. Simons, *Jerusalem in the Old Testament* (Leiden, 1952). [DENNIS M. SWANSON]

PEDRA MOABITA Estela de vitória encomendada pelo rei Messa de Moabe, que governou durante o início do século IX a.C.; também conhecida como estela de Messa. A linguagem da inscrição é a moabita, dialeto semita do noroeste intimamente ligado ao hebraico. O alfabeto usado na estela é o fenício.

A inscrição de Messa declara que o rei Onri de Israel fez de Moabe um estado vassalo, mas que durante o reinado do "filho" de Onri, Messa recuperou a independência de Moabe e até mesmo anexou certas regiões tradicionalmente associadas a Israel (p. ex., Nebo). Messa atribuiu a hegemonia de Israel sobre Moabe à ira do deus Quemós indicando claramente que os sucessos de Moabe foram o resultado da cessação da ira de Quemós e a retomada do seu favor. Calamidades e sucessos são temas frequentemente associados na Bíblia com a ira ou favor da divindade de Israel. Messa referiu-se também às suas várias obras públicas em favor de Moabe, como a re(construção) de muros, sistemas de águas e templos. Um dos mais intrigantes aspectos da inscrição é a referência a Yahweh, o Deus nacional de Israel. Alguns consideram os materiais bíblicos e da inscrição dois episódios diferentes na história das relações israelita-moabita, enquanto outros as consideram versões suplementares (cf. 2Rs 3:4-27).

A pedra foi descoberta nas ruínas de Dibom, capital do antigo reino de Moabe, por um beduíno, que chamou a atenção de F. A. Kein, pastor anglicano e missionário médico, em 1868. A pedra é de basalto negro, de cerca de 1 m x 60 cm x 60 cm, com uma inscrição de 34 linhas. Os arranjos de Klein para comprar a pedra fracassaram; Salim el-Qari fez uma cópia a mão das primeiras linhas, e logo depois Ya'qūb Karavaca fez uma impressão em papel. Devido às complicações na negociação de compra e remessa da pedra, o cônsul prussiano pediu a ajuda do governo turco. Isso desgostou o beduíno, que aqueceu a pedra no fogo e derramou água fria sobre ela, fazendo que a mesma se quebrasse em vários pedaços. Cerca de 57 pedaços (dois terços da inscrição aproximadamente) acabaram sendo compradas, dos quais Charles Clermont-Ganneau, usando o molde feito por Karavaca, conseguiu reconstruir toda a a inscrição com primorosa exatidão.

Bibliografia. J. A. Dearman, ed., *Studies in the Mesha Inscription and Moab*. SBLABS 2 (Atlanta, 1989); S. H. Horn, "The Discovery of the Moabite Stone", in *The Word of the Lord Shall Go Forth*, ed. C. L. Meyers e M. O'Connor (Winona Lake, 1983), 497-505; G. L. Mattingly, "Moabites", in *Peoples of the Old Testament World*, ed. A. J. Hoerth, Mattingly e E. M. Yamauchi (Grand Rapids, 1994) 317-33. [CHRIS A. ROLLSTON]

PEDRAS PRECIOSAS *Ver* GEMAS.

PEDREIROS Trabalhadores hábeis em cortar pedra para uso em muros e edifícios. Embora as pessoas de um modo geral cortassem pedras para uso em sua casa e outros projetos menores, pedreiros experientes (heb. *gāḏar*, *ḥāraš*, *ḥāṣaḇ*) eram empregados em projetos especiais de construção. Pedras bem talhadas eram usadas em construções majestosas como palácios, templos e muros de defesa das cidades, projetos que exigiam trabalhadores especializados nessa área.

Pedreiros fenícios foram mandados por Hirão, rei de Tiro, para construírem o palácio de Davi em Jerusalém (2Sm 5:11 = 1Cr 14:1). Estruturas que datam do período salomônico mostram trabalho de alta qualidade no corte de pedras, bem como nos palácios de Onri e Acabe descobertos em Samaria. O túnel de Ezequias (2Rs 20:20; 2Cr 32:30) mostra extrema habilidade no corte de pedras, quando os pedreiros entalharam a rocha sólida a partir das duas extremidades em direção ao meio. As construções de Herodes em Jerusalém e outro lugar mostram a alta qualidade da arte da alvenaria tanto no corte quanto no assentamento de pedras.

Pedreiros experientes eram capazes de cortar pedras para [a construção de] muros [e paredes] que dispensavam a argamassa. Como havia disponibilidade de pedras relativamente macias na Palestina para projetos de construção, eram usadas em grande quantidade no alicerce de edifícios e muros da cidade em muitos locais. Em Hazor, o basalto nativo (pedra dura vulcânica) era usado para fazer a base do alicerce de muros e soleiras. No Egito, onde era custosa, a pedra era usada na construção de templos e monumentos reais, mais notadamente nas pirâmides de Gizé. Os blocos de pedra calcária usados para construir a Grande Pirâmide de Gizé mostram extrema habilidade no entalhe da pedra; em muitos casos, os blocos foram cortados e colocados com tanta precisão que uma lâmina não pode passar na junção entre elas. [JENNIE R. EBELING]

PEDRO (gr. *Pétros*) Simão bar Jonas, apelidado Cefas ou Pedro (aramaico e grego para "rocha") por Jesus. Simão era um nome judaico comum e vários outros são mencionados nos evangelhos e em Atos; o apelido tornou-se a designação comum para o homem, embora os evangelhos relatem Jesus frequentemente chamando-o de Simão.

Pedro era filho de um pescador Galileu, Jonas (Mt 16:17) ou João (Jo 21:15), que nunca aparece nas narrativas dos evangelhos. Pedro e seu irmão André, eles mesmos foram pescadores e sócios de outros dois irmãos, Tiago e João, filhos de Zebedeu (Lc 5:10). Os evangelhos apresentam Pedro ao leitor de três maneiras diferentes: sendo chamado por Jesus enquanto pescava (Mc 1:16, 17 par.), sendo chamado por Jesus por meio de uma pesca milagrosa (Lc 5:1-11) e como discípulo de João Batista apresentado a Jesus por seu irmão (Jo 1:35-42). Todas as três histórias concordam que Pedro tornou-se um discípulo comprometido de Jesus. Os sinópticos mencionam também que Jesus visitou depois a casa de Pedro em Cafarnaum (Mc 1:29), onde curou sua sogra. O retrato pintado desse discípulo, então, é o de um, de certa forma, rústico Galileu, judeu semiobservador aos olhos dos fariseus (p.ex., era um dos *'am há'ares*) e mesmo assim religioso (ou nacionalista) o bastante para seguir Jesus, tendo, talvez, seguido primeiro João Batista.

Apesar de, ou talvez devido a, sua origem humilde, Pedro é retratado como discípulo escolhido para ser um dos Doze (Mc 3:16 par; ele está em todas as listas dos Doze), e então um do centro íntimo de três, grupo que excluiu seu irmão André (Mc 5:37; 9:2 par.). Todos os quatro evangelhos registram Pedro manifestando a convicção dos Doze de que Jesus era o Messias, embora eles o coloquem em contextos diferentes (Mc 8:29 par; Jo 6:68, 69). Todos concordam que Pedro esteve presente a alguns dos eventos centrais do ministério de Jesus. Além disso, há consenso de que Jesus predisse que Pedro o haveria de trair e que no pátio da casa do sumo sacerdote Pedro negou de fato três vezes conhecer Jesus. Três dos evangelhos colocam Pedro entre os discípulos durante as aparições da ressurreição, Lucas 24:34 concordando com Paulo (1Co 15:5) que Jesus também apareceu a Pedro em separado.

É óbvio que a Igreja primitiva não desqualifica Pedro por ele ter negado a Jesus, porque tanto em Atos (esp. caps. 1—5) e Paulo (Gl 1:18; 2:1-10) vê-se Pedro como reconhecido líder central da Igreja primitiva, com Tiago, irmão de Jesus e os irmãos, filhos de Zebedeu. Todavia, desde que Pedro teve um ministério itinerante (novamente confirmado tanto por Atos quanto por Paulo), Tiago, irmão de Jesus logo se tornou o principal líder da igreja de Jerusalém. De fato, Atos 15(c. 49 d.C.) retrata Tiago como principal líder até mesmo quando Pedro estava presente.

A vida de Pedro não foi isenta de controvérsia. Os evangelhos relatam que Jesus teve de corrigi-lo de vez em quando (Mc 8:32, 33 par.). Atos o retrata como o centro de controvérsia sobre sua aceitação do gentio Cornélio à mesa da comunhão (At 11:2, 3, embora a história indique também a sua defesa). Paulo relata que censurou em público o comportamento de Pedro, quando este o visitou em Antioquia (Gl 2:11-14). No caso, Pedro parece não ter tido escrúpulos pessoais sobre a mesa da comunhão (provavelmente significando celebrar a Ceia do Senhor, que nos dois primeiros séculos era uma refeição completa) com os cristãos gentios. Isso retrata Pedro como judeu cumpridor parcial (incluindo sua disposição de morar com um curtidor em Atos 9:43). Entretanto, quando chegaram "alguns da parte de Tiago" ele se afastou daquela mesa da comunhão para um momento de refeição de acordo com o costume estritamente judaico. De acordo com Paulo, isso aconteceu devido ao seu medo "dos que eram da circuncisão", referindo-se tanto a cristãos judeus ou aos judeus em geral. Não temos informação se essas pessoas da parte de Tiago foram mandadas com uma mensagem que causou o comportamento de Pedro ou se eles chegaram com outra finalidade e, por conta própria, causaram o comportamento do apóstolo, mas está claro que Pedro era sensível ao que os judeus ou cristãos judeus pensavam a respeito dele. Isso se coaduna com a descrição de Paulo dele como missionário para os gentios (Gl 2:7, 8). À luz disso, é um tanto surpreendente descobrir que 1Pedro seja endereçada aos gentios convertidos, embora a carta venha de um período diferente da vida de Pedro e tenha provavelmente a coautoria de um dos companheiros de Paulo.

A não ser pela atribuição das duas cartas a Pedro, ele desaparece das páginas do NT por volta do ano 50 d.C. Deve-se notar, entretanto, que quando se trata de escrever os evangelhos, o autor de Mateus mostrou um especial interesse nele, incluindo em seu evangelho cinco blocos únicos de material sobre Pedro (Mt 14:28-31; 15:15-20; 16:18, 19; 17; 24-27; 18:21, 22).

De acordo com a tradição, Pedro acabou viajando para Roma, embora a igreja lá tenha surgido muito antes de sua chegada. Em Roma, acrescenta a tradição, sua pregação evangelística tornou-se a base do evangelho de Marcos, embora haja desacordo quando a se, ou não, isto tenha acontecido antes ou depois da morte de Pedro (Papias em Eusébio HE 3.39; Ireneu Adv.haer. 3.1.1). Finalmente, como sugere João 21:18-19, Pedro teria sido martirizado por crucificação, provavelmente depois do grande incêndio de Roma, no ano 64 e, certamente antes da morte de Nero em 68 (Atos de Pedro 30-41; Eusébio HE 2.25.5-8; 3.1.2-3; Tertuliano Scorpiace 15; cf. Apoc. Pedro; 1Clemente 5.4). Muito provavelmente, ele estaria com aproximadamente 60 anos de idade nessa época. Embora essa tradição seja mais forte, alguns estudiosos argumentam que Pedro sobreviveu a Nero e chegou aos 80 anos, até mesmo ordenando Clemente como seu sucessor (Tertuliano De praescr. haer. 32; Epístola de Clemente a Tiago 2). Entretanto, esta última tradição pode bem ser uma tentativa para apoiar a primazia romana.

Bibliografia. R. Bauckham, "The Martyrdom of Peter in Early Christian Literature", *ANRW* 26,1 (Berlin, 1992): 539-95; R. E. Brown, K. P. Donfried e J. Reumann, Eds., *Peter in the New Testament* (Minneapolis, 1973); O. Cullmann, Peter: *Disciple, Apostle, Martyr*, 2. ed. (Philadelphia, 1962); W. R. Farmer e R. Kerestzy, *Peter and Paul in the Church of Rome* (New York, 1990); J. r. Michaels, *1 Peter*. WBC 49 (Waco, 1988); "Peter", in *Dictionary of Paul and His Letters*, ed. G. H. Hawthorne e R. P. Martin (Downers Grove, 1993), 701-3. [PETER H. DAVIS]

PEDRO A FILIPE, CARTA DE Breve tratado da biblioteca de Nag Hammadi, atribuído ao apóstolo Pedro. Por volta do fim do século primeiro, Pedro foi considerado a autoridade suprema em relação à tradição apostólica numa emergente Igreja ortodoxa. Essa composição escrita sob pseudônimo representa Pedro como destinatário central de uma revelação gnóstica que seria o conteúdo da pregação apostólica. A verdadeira carta, consistindo de apenas umas poucas linhas (Ep.Pet.Phil. 132.10-133.7a), convida Filipe e seu grupo, dos quais se diz estarem "separados de nós" (133:2), a se reunirem para receber instruções do Cristo ressurreto.

A epístola consiste principalmente de uma revelação gnóstica dada por Jesus em resposta a uma série de perguntas dos apóstolos. Um traço diferenciador da obra é um sermão pregado por Pedro no qual ele afirma a convicção gnóstica de que "Jesus é estranho a este sofrimento" (139:21). A epístola é uma tradução copta de uma versão original grega do fim do século II ou início do século III d.C. [JAMES J. H. PRICE]

PEDRO A TIAGO, CARTA DE Epístola escrita em nome do apóstolo Pedro para reivindicar sua autoridade em relação à contínua validade da lei em oposição à livre compreensão de Paulo da fé cristã de Paulo, livre da lei. O Tiago a quem tal carta escrita sob pseudônimo é endereçada é o irmão de Jesus e principal líder da igreja em Jerusalém (Gl 2:9). A carta serve como introdução ao *Kerygmata Petrou* (Pregação de Pedro), muito provavelmente, uma obra do século II da Síria, que apresenta os ensinos de Pedro e discute a defesa de uma forma do cristianismo judaico. Nessa carta, Pedro adverte que seus ensinos foram distorcidos, especificamente aqueles a respeito da lei. Ele pede que Tiago "transmita os livros de minhas pregações" (Ep.P.3.1) somente àqueles que foram adequadamente treinados, para evitar uma distorção do verdadeiro ensino de Pedro sobre a lei. A carta reflete debates sobre o papel da lei na Igreja do segundo século e reivindica a autoridade de Pedro em relação à compreensão da fé cristã que exige obediência à lei. [JAMES J. H. PRICE]

PEDRO E OS DOZE APÓSTOLOS, ATOS DE Tratado gnóstico, as 12 primeiras páginas do sexto código descoberto em Nag Hammadi. Tal como a maioria dos textos daquele arquivo, existe somente numa tradução copta, embora tenha sido escrito originalmente em grego.

Com base na evidência interna, essa obra aparentemente recebeu sua redação final nos anos imediatamente posteriores à perseguição de Décio (c. 249-251 d.C.). Isso se coaduna com a estimativa prévia de datação do século II ou III. Embora a procedência não tenha recebido uma análise ampla, uma localidade em Alexandria é provável. O texto em si é uma combinação de duas fontes anteriores (uma narrativa fabulosa ou viagem celestial e a aparição de uma ressurreição) unidas por um editor posterior que acrescentou uma cena preparatória, criando o efeito de um diálogo revelatório.

Esse texto alegórico descreve a chegada de Pedro e os outros discípulos à cidade ilhéu de Habitação (terra) onde Pedro encontra a misteriosa figura de Lithargoel, negociante itinerante de pérolas. Após oferecer suas pérolas (salvação/conhecimento) aos habitantes da cidade (os ricos, os pobres e os discípulos representam as três classes de pessoas — os mundanos, os psíquicos e os espirituais), Lithargoel conversa com Pedro e o convida para ir receber uma pérola, tesouro conseguido apenas se realizar a arriscada viagem (pelas regiões hostis dos arcontes) à cidade do negociante de Nove Portões (céu). Após terem chegado a Nove Portões, os discípulos reencontram Lithargoel (disfarçado como médico), que, finalmente, se revela como Jesus. A comissão, tanto prática como extremamente orientada para a comunidade, inclui ensinar, cuidar dos pobres, curar como "médicos de corpos e almas", e uma absoluta rejeição do rico como potenciais membros da Igreja.

Bibliografia. A. L. Molinari, *The Acts of Peter and the Twelve Apostles* (NHC 6.1)(diss., Marquette, 1977); S. J. Patterson, "Sources, Redaction and Tendenz in the Acts of Peter and the Twelve Apostles (NH VI,1)", *VC* 45 (1991): 1-17. [ANDREA LORENZO MOLINARI]

PEDRO E PAULO, A PAIXÃO DE Duas narrativas diferentes, cada uma atribuída a Marcelo, um discípulo de Pedro, relatando a paixão de Pedro e Paulo. A versão mais longa dos dois, datando talvez do século VI, é confirmada em eslovênio, latim, grego e parece ser posterior ao apócrifo Atos de Pedro e Paulo. A Paixão narra os encontros antagônicos dos apóstolos com Simão, o mago e Nero em Roma e apresenta a apócrifa Carta de Pilatos ao imperador Cláudio. A narrativa culmina com a descrição da execução de Pedro e de Paulo além da distribuição de suas relíquias, em locais associados à morte dos apóstolos. A versão mais curta em latim (sécs. sexto e sétimo) insere detalhes diferentes da narrativa tirados de Atos de Pedro, omite a Carta de Pilatos e termina com a condenação do apóstolo. Paulo fica eclipsado pelo Pedro mais importante em ambos os relatos, talvez devido à dependência do autor do Atos de Pedro, pró-petrino.

Bibliografia. J. Charlesworth, *New Testament Apocrypha and Pseudepigrapha* (Metuchen, N.J., 1987), 329-30. [MELISSA M. AUBIN]

PEDRO, APOCALIPSE DE O nome de dois textos cristãos primitivos, um da primeira metade do século II, e um discurso gnóstico (VII,3), provavelmente do século III. Eles são distintos do último Apocalipse de Pedro em árabe.

O antigo Apocalipse de Pedro é tratado como Escritura no Fragmento Muratoriano e por Clemente de Alexandria, ambos do fim do século II. Originalmente escrito em grego, seu texto mais completo está em etiópico. O Apocalipse começa com Jesus e seus discípulos sentados no monte das Oliveiras (cf. Mc 13:28, 29 par.), Jesus adverte sobre a perseguição nos últimos dias por um falso messias. Jesus estende sua mão direita e, nela, Pedro percebe o céu e o inferno. A preocupação com martírio e apostasia motiva essa revelação. Os castigos aos ímpios são compatíveis com seus pecados e os justos observam sua contraparte sofrer. A narrativa se encerra com a ascensão de Jesus.

O apocalipse gnóstico é um diálogo revelatório entre o Salvador e Pedro. Ele mostra também uma preocupação com a perseguição, no caso dos gnósticos por outros cristãos. O Salvador explica que os adversários de Pedro, que incluem bispos e diáconos, são "sem percepção". O que mais se destaca é a visão do "Jesus vivo", rindo na cruz.

Bibliografia. J. Brashler e R. A. Bullard, "Apocalypse of Peter (VII, 3)", in *The Nag Hammadi Library in English*, ed.J.M.Robinson, 3. ed. (San Francisco, 1988), 372-78; D.D. Buchholz, *Your Eyes Will Be Opened: A Study of the Greek (Ethiopic) Apocalypse of Peter*. SBLDS 97 (Atlanta, 1988). [GREG CAREY]

PEDRO, ATOS DE (BG, 4) Um dos atos apócrifos cheio de milagres, cujo foco é um disputa entre Pedro e Simão, o mago, em Roma (produzido a partir do conflito no Atos canônico) e o martírio do apóstolo. Na competição com Simão, Pedro atrai a ajuda de um cão e um bebê, ambos os quais recebem a capacidade de falar, e restaura três homens à vida. Numa última e desesperada tentativa de reafirmar seu poder sobre os espectadores, Simão voa sobre a cidade de Roma. Por meio da oração, Pedro consegue trazer Simão à terra. No martírio, Pedro é crucificado de cabeça para baixo por haver irritado dois importantes cidadãos romanos ao pregar a castidade às esposas e concubinas deles. Cada um dos dois episódios retrata um importante tema do Atos: a restauração à fé dos que foram seduzidos por cultos pagãos e a insistência na abstinência sexual até mesmo dentro do casamento.

O documento foi quase certamente composto em grego e na última metade do século II d.C. Aproximadamente a terça parte do documento está perdido, embora seja provável que as histórias de Pedro temporariamente curando sua filha paralítica (preservada apenas numa tradução copta e conhecida como o Ato de Pedro) e de sua cura da filha de um jardineiro (resumida na Epístola de Pseudo-Tito) sejam dois capítulos faltantes. O restante da obra está preservado em latim no manuscrito Vercelli, e o martírio, que também circulou independentemente, está preservado em grego, aramaico, etíope, árabe, armênio, georgiano, eslovênio e copta. O autor é desconhecido, e os candidatos mais prováveis para o lugar da redação são Roma ou a Ásia Menor.

Bibliografia. J. K. Elliot, ed., *The Apocryphal New Testament*, ed. rev. (New York, 1993), 390-430; W. Schneemelcher, "The Acts of Peter", in *New Testament Apocrypha*, ed. Schneemelcher-R. McL. Wilson, ed. rev., 2 (Louisville, 1992): 271-321. [JAMES R. MUELLER]

PEDRO, EVANGELHO DE Obra do século II d.C. escrita sob pseudônimo, literariamente relacionada aos evangelhos sinópticos. Um Evangelho grego manuscrito do século VII, com a pretensão de ter sido escrito por Pedro, foi encontrado por arqueólogos franceses em 1886-87 no Egito. Estudiosos o identificaram como o Evangelho de Pedro, testemunhado apenas duas vezes na antiguidade, por Eusébio (*HE* 6.12.2-6) e Orígenes (*Comm. On Matt.* 10.17). O manuscrito, preservado apenas parcialmente, começa abruptamente com o julgamento de Jesus perante Pilatos, continua com sua morte, sepultamento, sua ressurreição e cessa no começo de uma aparição do Senhor ressurreto a vários discípulos na Galileia. Dois fragmentos do Papiro de Oxirrinco foram identificados em 1972, como o Evangelho de Pedro e demonstram que esse livro estava circulando por volta do ano 200.

O mundo acadêmico do passado via o Evangelho de Pedro como gnóstico ou docético, de acordo com Eusébio. Mais recentemente ele é visto como documento essencialmente da Grande Igreja (provavelmente usado por Justino e, quase certamente, por Mileto de Sardes), com exceção de um também utilizável pelos gnósticos. A pesquisa mais atual foca em sua relação com os evangelhos canônicos. John Dominic Crossan, seguindo Helmut Koester, argumentou que uma fonte que ele isola no Evangelho de Pedro, "O Evangelho da Cruz", remonta a meados do século I e foi uma fonte de todas as narrativas canônicas da Paixão. Outros contestaram fortemente isso, afirmando que o Evangelho de Pedro é literariamente dependente em relação à maior parte de sua composição dos sinópticos, especialmente Mateus e suplementado com a tradição oral do século II do cristianismo popular predominante.

Bibliografia. R. E. Brown, "The Gospel of Peter — A Noncanonical Passion Narrative", in *The Death of the Messiah* (New York, 1994) 2:1317-49; J. D. Crossan, *The Cross That Spoke* (San Francisco, 1988); C. Maurer e W. Schneemelcher, "The Gospel of Peter", in *New Testament Apocrypha*, ed. Schneemelcher e R. McL. Wilson, ed. rev., 1 (Philadelphia, 1991): 216-27. [ROBERT E. VAN VOORST]

PEDRO, PREGAÇÃO DE Obra do inicio do cristianismo existente somente citações incompletas, basicamente em Clemente de Alexandria (Misc. 1.29.182; 2.15.68; 6.5.39-41; 6.5.43; 6.6.48; 6.7.58; 6.15.128; Ecl. proph. 58). Embora Clemente a atribua ao apóstolo Pedro, Orígenes coloca em dúvida sua autenticidade (*Comm. In Jn*: 13:17), e Eusébio a considera não canônica (HE 3.3.2). O escritor gnóstico Heracleon o citou, e os apologistas Teófilo e Aristides parecem tê-lo sabido. Esses testemunhos apontam para uma composição do início do século II, possivelmente no Egito.

Os fragmentos apresentam discursos missionários de Pedro, mas também incluem as instruções de Cristo ressuscitado quando ele manda os apóstolos pregar ao mundo todo. A obra enfatiza o monoteísmo, rejeitando tanto o culto grego como judaico em favor dos cristãos, a "terceira raça". A evidência da Escritura é valiosa: os apóstolos "não dizem nada além da Escritura", Pedro afirma que a vinda de Cristo, seu sofrimento, morte, ressurreição e ascensão estão todos fundamentados na Escritura.

A Pregação está relacionada tanto a obras apologéticas cristãs primitivas (ênfase no monoteísmo, ataques ao culto pagão e judaico) e à literatura missionária primitiva (p. ex., Atos dos Apóstolos).

Bibliografia. W. Schneemelcher, "The Kerigma Petri", in *New Testament Apocrypha*, ed. W. Schneemelcher e R. McL. Wilson, ed. rev., 2 (Louisville, 1992): 34.41. [MARTIN C. ALBL]

PEDRO, PRIMEIRA CARTA DE Carta de encorajamento endereçada aos "peregrinos da Dispersão" na extremidade noroeste da Ásia Menor. Além do fato do gênero e destinatários, 1Pedro permanece uma carta discutida que mostra como os cristãos primitivos encorajavam um ao outro em situação de perseguição.

Destinatários. Os "peregrinos" viviam em várias províncias romanas que podiam ser alcançadas em uma viagem do Ponto, no litoral do mar Negro e dando a volta pela Galácia, Capadócia e Ásia, terminando com o mensageiro tomando um navio da Bitínia. A primeira carta de Pedro se apresenta, então, como uma circular que não é endereçada a qualquer congregação em particular.

O termo "da Dispersão" faria normalmente com que os destinatários fossem judeus (ou cristãos judeus) que viviam fora (e portanto dispersos) da Palestina. Entretanto, várias referências na carta sugerem que os leitores são cristãos gentios (1:14, 18; 2:9, 10; 4:3, 4). Assim, parece que o autor está tomando um termo judaico e aplicando-o aos cristãos gentios, exilados de seu lar celestial. Este sentimento de ser presentemente um "estrangeiro" ou "exilado" no próprio país em que a pessoa nasceu permeia a carta.

Autor. O autor se identifica como (Simão) Pedro, o mais importante dos doze apóstolos de Jesus. Entretanto, o fato de a missão de Pedro ser aos judeus, não aos gentios; a excelente qualidade do grego, especialmente no cap. 1; o uso do ensino tradicional em vez de ideias originais; a aparição de termos e frases típicas de Paulo e a falta de qualquer tradição que ligue Pedro à área dos destinatários, tudo isso tem levantado perguntas a respeito da autoria. Muitos estudiosos, por essa razão, acreditam que a carta tenha sido escrita sob pseudônimo, tendo origem num "círculo petrino" de Roma do último quarto do século I. Outros argumentam que o uso de Silvano (5:12), provavelmente indicando Silas, o colega de Paulo, como secretário e o mensageiro explicaria a qualidade do grego (incluindo o uso do grego do AT em vez do hebraico ou aramaico) e as frases paulinas. Outras questões poderiam ser explicadas pelo endereçamento das cartas àqueles a quem Pedro não conhece pessoalmente, mas a respeito de cuja situação ele tinha sido informado. Nesse caso, a carta foi muito provavelmente escrita por volta da data tradicional do martírio de Pedro, 64 d.C. (a menos que Pedro não tenha sido martirizado, como argumentam alguns). Isto tornaria correta a autodesignação da autoria da carta.

O que é claro é: a carta se apresenta como escrita por esse Simão a quem Jesus apelidou de Cefas ("rocha" em aramaico) ou Pedro (a forma grega de Cefas). Esse autor se localiza na "Babilônia" (5:13) com Marcos (provavelmente João Marcos, o companheiro de Paulo em sua primeira viagem missionária). Devido à identificação em Apocalipse 17:5, 9, da Babilônia como cidade construída sobre sete colinas, uma descrição comum de Roma, esse local tem sido tradicionalmente entendido como Roma. Entretanto, comentaristas recentes do Apocalipse têm destacado que Jerusalém também foi construída sobre sete colinas. Além disso, a Babilônia foi o local do exílio judaico, e assim, poderia ser o local do exílio, em vez da capital do Império. Assim, embora a identificação romana tenha muito a recomendá-la, incluindo peso da tradição, a ênfase do autor não é tanto em sua localização física, porém mais igualmente a um exílio dos cristãos a quem ele se dirige.

Propósito. Os destinatários da carta estão, sob o ponto de vista do autor, passando pela experiência da perseguição. Não existem referências a processos legais contra eles, muito menos a alguém que tenha sido executado, nem a perseguição é vista como inevitável por todos os crentes (3:13, 14, 17). Sua forma parece ser o ostracismo social, a rejeição pessoal e, no caso dos escravos, punição injusta (1:6, 7; 2:12, 20; 3:14-17; 4:4, 12-16; 5:9), tudo o que era extremamente significativo numa sociedade que se baseava na posição social (honra e desonra). Diante disso, 1Pedro parece ter dois propósitos. Primeiro, o autor quer dar aos seus leitores a percepção de pertencer ao verdadeiro povo de Deus, e assim, permanecer firmes na perseguição. O futuro deles está seguro; eles têm uma herança e um lar verdadeiro. Além disso, a experiência deles na vida não é pior do que a do próprio Jesus Cristo, e ele agora está exaltado à direita de Deus.

Em segundo lugar, o autor deseja lembrar seus leitores a não darem motivo para perseguição além de serem cristãos. Ele então os conclama ao comportamento santo e a confirmar seus papéis sociais de maneira considerada justa e honrosa na sociedade pagã. Isso reduziria a perseguição ao mínimo e garantiria que a perseguição pela qual passassem se baseava especificamente em seu comportamento cristão, incluindo seu estilo de vida santo (4:3-5).

Forma e estrutura. O livro é uma carta de exortação ou encorajamento. As estruturas tradicionais de abertura da saudação e ação de graças (expandida numa oração mais longa, como no caso das cartas paulinas) flui para a exortação inicial. Três temas são enfocados: a segurança escatológica deles em Deus; a responsabilidade deles de viver como filhos de Deus à luz do juízo vindouro; e a identidade deles como povo de Deus unidos a Jesus Cristo. Observa-se que é a identidade deles como povo que é descrita, não sua identidade individual, que não era o assunto crítico.

A exortação central do corpo da carta trata do viver numa sociedade pagã. Presume-se que os líderes da situação, os senhores de escravos e os maridos não sejam cristãos (embora os maridos cristãos sejam os destinatários num versículo à parte, 3:7). É aceito que o cristão persistirá em sua fé cristã, embora a sociedade rejeitasse tal julgamento independente por parte dos cidadãos e especialmente por parte dos escravos e esposas. Todavia, devido seu compromisso com Cristo, essas pessoas podem escolher ter vida virtuosa de acordo com seu compromisso cristão e padrões sociais, nessa ordem. Tudo isso é colocado num ambiente escatológico do juízo final, que torna relativo qualquer julgamento humano de honra ou desonra.

Finalmente, na última parte do corpo da carta, a situação da perseguição é tratada diretamente, começando com a área de conflito (sociedade), depois movendo-se para a área na qual haveria solidariedade (a comunidade cristã) e, finalmente, voltando para a área de conflito, desta vez visto como conflito com o Diabo em vez das pessoas na sociedade. A carta termina com saudações (com frequência nas mãos do autor se fosse usado um secretário), começando com recomendação do mensageiro e continuando com saudações gerais, o que está de acordo com uma carta circular a grupos que o autor não conhece pessoalmente. Assim, o esboço é como segue:

I. Destinatário (1:1-12)
   A. Saudação (1:1,2)
   B. Ação de graças (1:3-12)
II. Exortação inicial (1:13–2:10)
   A. Exortação sobre santidade (1:13-25)
   B. Exortação sobre compromisso (2:1-10)
III. Viver como cristão numa sociedade pagã (2:11–4:11)
   A. Exortação introdutória (2:11, 12)
   B. Viver com o Estado (2:13-17)
   C. Viver como escravo (2:18-25)
   D. Viver como esposa de um pagão (3:1-7)
   E. Resumo da vida virtuosa (3:8-22)
   F. Exortação à luz da escatologia (4:1-11)
IV. Viver com perseguição (4:12–5:11)
   A. Perseguição e sociedade (4:12-19)
   B. Perseguição e solidariedade cristã (5:1-5)
   C. Perseguição e batalha espiritual (5:6-11)
V. Conclusão e saudações (5:12-14

Teologia. Embora 1Pedro seja considerado por alguns um documento catequético ou uma homilia batismal porque a natureza básica do seu ensino não é o sistemático ou exaustivo, o que ele de fato faz é aplicar temais centrais da teologia cristã à situação percebida pelos leitores. Deus é apresentado como aquele que está no controle da história (5:6). Ele é o criador (4:19) e juiz (1:17) do mundo e, todavia, o pai do seu povo (1:17). Por causa disso, embora a perseguição possa fazer a vida parecer caótica, permanece a ordem e o controle. Jesus é apresentado de duas maneiras. Primeira, ele é o salvador que deu sua vida pelo seu povo (1:19; 2:24; 3:18). Segunda, ele é um exemplo aos crentes daquele que foi rejeitado, sofreu e todavia ressuscitou e subiu ao céu triunfantemente. É este quadro, inspirado em interpretações judaicas de Gênesis 6:1-4, que aparece em 3:18-22, mostrando Jesus proclamando Seu triunfo aos "filhos de Deus, caídos e aprisionados no segundo céu. Os cristãos gentios perseguidos são apresentados como o povo de Deus, recebendo os títulos e a cidadania de Israel de Deus. A história é vista em termos de conflito com o Diabo e com os que ele controla, mas um conflito no qual são certos a intervenção apocalíptica e o juízo final de Deus. O sofrimento, então, é uma experiência de perseguição enquanto alguém participa deste conflito. A esperança apresentada é que no presente a pessoa já pertence ao povo de Deus e, no futuro, ela receberá a herança plena à qual aquela propriedade confere o direito.

Bibliografia. P. H. Davids, *The First Epistle of Peter*. NICNT (Grand Rapids, 1990); N. Hillyer, *1 and 2 Peter, Jude*. NIBC (Peabody, 1992); J. N. D. Kelly, *A Commentary on the Epistles of Peter and Jude* (1969, repr. Grand Rapids, 1981); T. W. Martin, *Metaphor and Composition in 1 Peter*. SBLDS 131 (Atlanta, 1992); J. R. Michaels, *1 Peter*. WBC 49 (Waco, 1988); P. Perkins, *First and Second Peter, James, and Jude. Interpretation* (Louisville, 1995). [PETER H. DAVIDS]

PEDRO, SEGUNDA CARTA DE Uma das sete epístolas "católicas" ou "gerais". Com base em 3:1 ("esta é...a segunda carta que lhes escrevo"), presume-se que o objetivo é a primeira audiência de 1Pedro, embora não ocorra tal referência específica. A situação, estilo e conteúdo indicam que tanto o escritor como os leitores pretendidos viviam em ambientes helenistas e pluralistas.

Estrutura literária. 2Pedro pode ser esquematizada como segue:

1:1-15. Introdução
1:1-2 Saudação
1:3-9 Essência do ensino definitivo de Pedro
1:10-11 Admoestação a ter certeza do "chamado e eleição"
1:12-15 Lembrete: Testamento de Pedro
1:16-3:13 Corpo
1:16-21 Autenticação do ensino cristão tradicional
2:1-22. Denúncia dos "falsos mestres"
3:1-13. Certeza escatológica e ética cristã
3:14-18 Conclusão

A segunda carta de Pedro evidencia dois gêneros literários: a carta e o testamento. Em 3:1, o escritor se refere ao documento como carta. Seu início (1:1-2) está de acordo com os habituais de cartas judaicas e cristãs primitivas. A introdução, declaração do tema (1:3-11), seguida pela declaração da ocasião para a carta (v. 12-15), é típico. A carta foi mandada para destinatários específicos, isto é, os que receberam a primeira carta (3:1). Assim, apesar do endereço genérico (1:1), não se trata de uma carta "católica" endereçada a todos os cristãos, mas uma carta casual voltada para um problema específico.

A segunda carta de Pedro é também um testamento, ou discurso de despedida. Esse gênero, comum no período intertestamentário, é caracterizado por dois aspectos: admoestações éticas e revelações do futuro (cf. At 20:17-34; 2Tm; também Atos de

Pedro, Atos de João, Atos de Tomé). 2Pedro 1:3-11 é uma homilia que segue um padrão encontrado, p. ex., nos discursos de despedida de Esdras (2Ed 14.28-36). 2Pedro 1:12-15 é repleto de linguagem típica de discursos de despedida e menciona especificamente o reconhecimento de Pedro de sua morte iminente. 2Pedro 2:1-3a; 3:1-4 prediz a chegada dos falsos mestres.

Relacionamentos literários. Supõe-se geralmente que 2Pedro é uma revisão de Judas. Ao contrário de Judas, 2Pedro contém apenas algumas alusões ao AT, normalmente à LXX, e nenhuma citação ou referência à Assunção de Moisés e 1Enoque, este último um livro muito popular no cristianismo do século II, mas usado no século I nos círculos judaicos palestinos. Desde que a interpretação de Judas por sábios judeus é baseada em material tradicional com o qual os leitores já estavam familiarizados (Jd 5), Pedro pode usar também uma tradição similar. A cuidadosa estrutura interpretativa de Judas está ausente em 2Pedro. Ao contrário das suposições comuns, as duas cartas derivam de situações diferentes, se opõem a adversários diferentes e, portanto, fazem o uso adequado e os ajustes a qualquer material que possam ter em comum.

O autor de 2Pedro conhecia um conjunto de cartas paulinas e as considerava "escrituras", fidedignas junto ao AT (3:15, 16). Entretanto, existe pouco, se tal, sinal de influência paulina em 2Pedro, embora o autor afirme que Paulo tratou deste assunto. Embora 2Pedro contenha quatro alusões às tradições evangélicas (1:14; 1:16-18; 2:20; 3:10), é impossível dizer se ele é dependente de qualquer dos quatro evangelhos canônicos. O relato da Transfiguração (1:16-18) é um tanto primitivo e, de modo algum, semelhante aos relatos fortemente helenizados do século II.

A diferença em vocabulário e estilo entre 1 e 2Pedro é significativa. Ambas as cartas são relativamente curtas e são dirigidas a situações bem diferentes. Diferentemente das cartas paulinas, a terminologia comum em 1 e 2Pedro é desprezível e temas comuns são principalmente as ideias comuns do cristianismo primitivo. Embora o autor de 2Pedro conhecesse 1Pedro, ele não segue o costume pseudepigráfico do segundo século de repetir os escritos atribuídos a seus pseudônimos.

A segunda carta de Pedro é diferente de outros documentos do NT e parece representar uma situação cristã e estilo de discurso normalmente não encontrada no NT. Entretanto, existem muitos paralelos em ideias e terminologia com 1-2Clemente e o Pastor de Hermas, tudo apontando para datas da última década do século I. É possível que 2Pedro compartilhe com essas obras um débito comum a alguma tradição do cristianismo romano.

Os adversários. A segunda carta de Pedro é um documento polêmico com o fim de opor-se à influência de certos mestres que estavam censurando as expectativas escatológicas cristãs primitivas como mera invenção apostólica (1:16a; 2:3b; 3:4, 9a). Como esse ceticismo, prestava-se a ignorar a moderação moral, eles riam das advertências de um juízo vindouro, bem como do suposto poder de Satanás e de seus anjos (2:10). A liberdade para eles significava falta de moderação com relação à sexualidade, embriaguez e excesso sensual (2:2, 10, 13, 14, 18).

Em nenhum lugar, 2Pedro menciona qualquer reivindicação à espiritualidade, revelações proféticas ou distorção da graça como tratada na Epístola de Judas. Ao contrário dos "ímpios intrusos" em Judas, que são caracterizados por um menosprezo cristológico e uma compreensão antinomiana da graça, os falsos "mestres" em 2Pedro ensinam a libertinagem ética arraigada no ceticismo escatológico. A única semelhança real entre os adversários nas duas epístolas é a sua libertinagem ética.

Os adversários aqui não são os gnósticos. Nenhuma evidência os liga ao dualismo cósmico, nem a demora da Parúsia torna-se em importante argumento gnóstico contra a tradicional escatologia cristã. "Mitos" em 1:16 não é uma referência aos mitos gnósticos, mas a acusação dos adversários contra os apóstolos. "Conhecimento" aqui não tem conotação polêmica. Somente com relação ao desengano escatológico podiam os adversários em 2Pedro ser considerados precursores primitivos do gnosticismo ou até mesmo "gnósticos iniciantes".

O pano de fundo mais plausível para os "falsos mestres" é o ambiente pagão com o qual eles estão comprometidos. Jerome H. Neyrey mostrou a semelhança entre o debate escatológico em 2Pedro e a controvérsia pagã helenística sobre os pontos de vista dos epicureus sobre escatologia. A imoralidade sexual dos adversários está arraigada numa acomodação à sociedade pagã. Se os "falsos mestres" podiam eliminar o cristianismo de seus padrões escatológicos e éticos, eles podiam ser feitos com elementos desconcertantes na cultura deles. Não se sabe até que ponto eles mantinham outros pontos de vista cristãos tradicionais. Uma ideia teológica basicamente negativa pode ter parecido impressionante (2:18).

Caráter teológico. A segunda carta de Pedro tem sido chamada de exemplo clássico de "catolicismo primitivo", demonstrando ênfase decrescente na esperança escatológica, a crescente institucionalização da Igreja e cristalização da fé em formas fixas. Certamente o autor não abandona a expectativa da Parúsia, comum ao cristianismo primitivo (1:19; 3:14), mas 2Pedro não faz referência a detentores de ofício eclesiástico. Embora o autor faça referência ao conhecimento cristão, não há nada que se aproxime da ortodoxia do credo formalizado, mas um apelo ao retorno à perspectiva escatológica comum ao cristianismo primitivo. Buscando promover a antiga mensagem apostólica em uma situação pós-apostólica, o escritor une seu próprio histórico no judaísmo helenístico com uma mistura de apocaliptismo característico da Igreja primitiva (cf. 1–2Clemente, Hermas).

DATA. A segunda carta de Pedro tem sido de diversas maneiras datada de 60-160 d.C. A morte de Pedro ocorreu cerca de 66-67. 2Pedro conhece as cartas paulinas, que datam da metade do século I, mas foram reunidas um pouco depois. O Apocalipse de Pedro, que data da primeira metade do século II, conhece 2Pedro. A falta de referência a 1Enoque indica uma data no século I. Também, a ausência da ênfase "católica primitiva" a detentores de ofício institucional pode sugerir uma data mais antiga. Os adversários certamente não são os gnósticos do segundo século. 2Pedro 3:4 pode refletir que a primeira geração de cristãos, a dos apóstolos, está morta. A objeção dos escarnecedores em 3:4 é plausível no período 75-90, marcado por grande desilusão em relação à Parúsia. Certamente não há fundamento para ver 2Pedro como a última composição do NT.

AUTORIA E PSEUDONIMIDADE. Pedro é retratado como testemunha ocular e autenticador do Jesus histórico (1:16-19) que teve a autoridade para interpretar a Escritura e a profecia (v. 20, 21) e corrigir falsas interpretações (3:15, 16). Embora Pedro possa ter sido martirizado em Roma aos 65 anos, é mais provável que ele tenha sido preso lá logo depois da deflagração da Guerra Judaica em 66 e morto em 67. Se 2Pedro foi escrito por Pedro, as mudanças produzidas pela guerra e por sua própria morte iminente podem ter sido responsáveis pelas diferenças no conteúdo e no tom entre 1 e 2Pedro. A carta, escrita para igrejas específicas (3:15), pode ter tido sua origem em Roma. 2Pedro 3:1 sugere que as igrejas destinatárias são aquelas a que 1Pedro se dirigiu de Roma (1Pe 5:13).

Entretanto, certos fatores militam contra a autoria petrina. O autor de 2Pedro foi provavelmente judeu, mas um judeu fortemente helenizado. 2Pedro evidencia a mais alta proporção de *hapax legomena* no NT: 57 palavras não ocorrem em outra parte no NT, e 32 delas não ocorrem sequer na LXX. O vocabulário reflete o de outros autores judeus helenistas do período (p. ex., Fílon e Josefo) e os pais apostólicos. Isso sugere que o escritor é amplamente lido, é apreciador de termos literários e poéticos e tem como objetivo criar um efeito decididamente literário não diferente da retórica grega contemporânea.

Afirma-se geralmente que o documento foi escrito sob pseudônimo, empregando o gênero de testamento para tratar de assuntos correntes, como a profecia de uma respeitável figura do passado. Isso não implica meios fraudulentos para reivindicar a autoridade apostólica, mas de fidelidade à mensagem apostólica.

Com a carta de 1Pedro e um grande acervo da literatura petrina não canônica (incluindo o Evangelho de Pedro, Pregação de Pedro, Atos de Pedro e Apocalipse de Pedro), 2Pedro ilustra a importância atribuída ao apóstolo Pedro tanto no círculo ortodoxo quanto no heterodoxo. Mesmo assim, nenhum documento do NT é tão debilmente comprovado entre os pais da igreja ou foi aceito com tanta morosidade ao cânon do NT como 2Pedro.

Bibliografia. R. J. Baucham, *Jude, 2 Peter*. WBC 50 (Waco, 1983); T. Fornberg, *An Early Church in a Pluralistic Society: A Study of 2 Peter*. ConBNT 9 (Lund, 1977); B. M. Metzger, "Literary Forgeries and Canonical Pseudepigrapha", *JBL* 91 (1972): 3-24; J. H. Neyrey, "The Form and Background of Polemic in 2 Peter", *JBL* 99 (1980): 407-31. [CARROLL D. OSBURN]

PEITORAL Bolsa quadrada medindo 23x23 cm, feita de tecidos multicoloridos. A ela eram atadas doze pedras, cada uma delas gravada com o nome de uma das doze tribos. O peitoral (heb. *ḥōšen*) era conectado com a éfode (túnica) do sumo sacerdote por argolas douradas atadas às suas extremidades. As cordas douradas e azuis eram presas às argolas, e as outras extremidades eram atadas próximas da cintura e nas ombreiras (Êx 28:15-28; 39:8-21).

O peitoral (*ḥōšen hammišpāṭ*, "peitoral de julgamento") funcionava como suporte para o Urim e Tumim (Êx 28:30; Lv 8:8), identificava o sumo sacerdote como o intercessor de um Israel unido, e servia como "memorial" quando [o sumo sacerdote Arão] entrava "no lugar santo diante do Senhor continuamente" (Êx 28:29-30).

O termo não ocorre no NT, e não deveria ser confundido com a couraça (heb. *širyān*), que era parte da armadura de um soldado. [W. E. NUNNALLY]

PEIXE A Bíblia não identifica uma espécie singular de peixe. Termos genéricos como o hebraico *dāḡ* e *dāḡâ* se referem a qualquer criatura que habite na água. Semelhantemente, os termos gregos (*ichthýs*, o mais comum; opsárion, usado somente no evangelho de João, Jo 21:5) são todos termos gerais. Isso sugeriria que o peixe não desempenhava nenhum papel essencial na vida da maioria dos israelitas.

Diferente de seus vizinhos mesopotâmicos e egípcios, Israel nem era uma cultura de rio nem um povo marítimo. A pesca se concentrava em volta dos lagos (Huleh e Galileia) e em volta do Rio Jordão. A Galileia exibe dezenove espécies nativas. Três tipos principais de peixe são encontrados nessa região: Cichildae (o famoso peixe de São Pedro chamado Tilápia); Cyprinidae (carpa de vários tamanhos); Siluridae (peixe-gato). O Mar Morto não sustenta a vida de nenhum peixe, e todas as outras fontes de água israelitas eram insignificantes para a pesca. Além disso, as margens costais mediterrâneas não eram muito produtivas para a pesca. O peixe, entretanto, importado pelos mercadores de Tiro (Ne 13:16) e vendidos logo dentro do Portão do Peixe localizado a noroeste de Jerusalém (Sf 1:10; Ne 3:3). Obviamente, o peixe importado deve ter sido esfumaçado, salgado, ou secado ao sol para o transporte.

A maioria dos termos bíblicos para os utensílios de pesca está relacionado com a caça, sugerindo que a pesca não era uma prática comum além do mar da Galileia e do rio Jordão. As redes e arpões eram as ferramentas primárias para a pesca, pois a vara era aparentemente desconhecida. Por volta dos tempos do Novo Testamento, a pesca adquiriu uma grande importância no texto. Sete dos discípulos eram pescadores por comércio e muito do registro bíblico estava centrado na região da Galileia.

Embora o peixe não fizesse parte da dieta diária em Israel como ele era no Egito (Nm 11:5), eles foram, todavia, referidos nas leis de dieta de Israel. Era necessário que todas as criaturas marinhas possuíssem "barbatanas e escamas" (Lv 11:9-12; Dt 14:9-10) a fim de serem "limpos" ou aceitáveis para a comida; isso excluiria todo molusco, mamífero marinho, tubarões, enguia, e gato-peixe. Também era proibido fazer uma imagem de peixe (Dt 4:18), provavelmente à luz da deusa Atargatis, deidade síria em forma de peixe cujo templo é mencionado em 2Macabeus 12.26.

No fim dos dias, o peixe desempenharia um papel na bênção de Deus sobre Israel (Ez 47:9). O profeta predisse que um rio fluiria do trono de Jerusalém e purificaria o Mar Morto, de modo que peixe proliferaria lá. Jesus comparou a vinda do reino do céu à pesca com uma rede e ao pegar peixes bons e ruins que simbolizam os retos e os ímpios (Mt 13:47-50).

O peixe era especialmente importante na vida e ministério de Cristo. Ele alimentou, com pão e peixe, a quinhentos (Mt 14:13-21) e, depois, outros 4 mil (15:32-39). O Cristo ressurreto comeu peixe assado com seus impressionados discípulos (Lc 24:42). Ele escolheu comunicar seu tempo na tumba usando a experiência de Jonas (Jn 1:17 [TM 2:1]), cujo "grande peixe" foi, então, comparado ao monstro marítimo apocalíptico (Mt 12:40). A história mais famosa de peixe, entretanto, é, de fato, uma do período pós-bíblico encontrado no uso da palavra grega para peixe como um acrônimo para o credo antigo "Jesus Cristo, o Filho de Deus, Salvador". A primeira letra de cada um desses nomes credais reproduz a palavra grega para peixe, *ichthýs*. [DONALD FOWLER]

PÉLA (gr. *Péllа*) Cidade da Transjordânia, moderna Tabaqat Fahil (do Sem. pihil [um], que aparece em textos egípcios desde o início de 1800 a.C.), 11 km a sudeste de Scythopolis/Beit She'an e 8 km a leste do rio Jordão. Ela foi importante no período romano como cidade da Decápolis (Plínio Nat. Hist. 5, 74). A cidade recebeu o nome de Péla no período helenístico, do lar macedônio de Alexandre, o Grande. Depois de um breve período de ocupação, no período do Bronze Recente (cacos de cerâmica neolítico pré-cerâmico eneolítico cerâmico [milênios 8-5] também foram encontrados no sítio arqueológico principal), a história de Péla se prolonga da era Egípcia do Bronze (tumbas no norte, leste e sul) a era helenística recente (destruída por Alexandre Janeu) e os tempos romanos (conquista de Pompeu em 63 a.C.), até o seu apogeu na era bizantina e adentrando os períodos islâmicos.

Escavações arqueológicas em Péla revelaram a complexa Igreja Ocidental e consideráveis restos funerários do século XVII a.C. até o século VI d.C., escavados da encosta leste do monte arqueológico principal de 400 m de extensão. Também foi descoberto um complexo civil, que se estende da baixa encosta sul do principal monte arqueológico e desce para o uádi; um complexo composto de um odeão e banho do período do antigo império romano; uma igreja bizantina; uma Igreja Oriental e uma mesquita mameluca. A cidade, que já estava quase em declínio nos tempos bizantinos recentes, finalmente entrou em colapso com o terremoto de 747 d.C.

Bibliografia. A. W. McNicoll, R. H. Smith e J. B. Hennessy, *Pella in Jordan, 1: 1979-1981* (Canberra, 1982); McNicoll et al., *Pella in Jordan, 2: 1982-1985* (Sydney, 1992); R. H. Smith, *Pella of the Decapolis, 1:1967* (Wooster, 1973); Smith e L. P. Day, *Pella of the Decapolis, 2: 1979-1981* (Wooster, 1989). [W. HAROLD MARÉ]

PELAÍAS (heb. *pělāyâ*) 1. Filho de Elioenai e descendente de Davi (1Cr 3:24).

2. Levita que ajudou a interpretar o Livro da Lei para o povo enquanto Esdras o lia (Ne 8:7). Ele estava entre os participantes da assinatura do pacto sob Neemias (Ne 10:10 [TM 11]).

PELALÍAS (heb. *pělalyâ*) Ancestral de Adaías, sacerdote da época de Neemias (Ne 11:12).

PELATIAS (heb. *pĕlāṭyâ*, *pĕlāṭyāhû*) 1. Descendente de Davi e primogênito de Hananias; possivelmente neto de Zorobabel (1Cr 3:21).

2. Um dos filhos de Isi, o simeonita. Comandante durante o reinado de Ezequias, rei de Judá (727-698 a.C.), ele expulsou um grupo de amalequitas do monte Seir e se estabeleceu lá (1Cr 4:42).

3. Líder do pós-exílio em Jerusalém que assinou o pacto sob Neemias (Ne 10:22 [TM 23]).

4. O filho de Benaia (Ez 11:1,13). Ele foi um líder judeu corrupto que morreu após o julgamento lançado por Ezequiel sobre ele. [CAROL J. DEMPSEY]

PELEGUE (heb. *peleg*; gr. *Phalek*) Filho de Eber; ancestral de Abraão (Gn 10:25; 11:16-19; 1Cr 1:19-25) e, pelos cálculos de Lucas, de Jesus (Lc 3:35). A observação etimológica que "em sua época a terra foi dividida (heb. *plg*)" (Gn 10:25; 1Cr 1:19) pode ser uma referência à dispersão da humanidade depois da construção da torre de Babel (Gn 11:8, 9), ou talvez a práticas de irrigação (cf. ac. *palgu*, "canal") ou a uma forma de organização geográfica ou política associada a seus descendentes.

PELETE (heb. *peleṭ*) 1. Homem descendente de Calebe, filho de Jadai (1Cr 2:47).

2. Guerreiro da tribo de Benjamim, um dos dois filhos de Azmavete que se juntou a Davi em Ziclague (1Cr 12:3).

3. (heb. *pelet*) Rubenita, pai de Om, que participou da rebelião de Corá (Nm 16:1). O nome seria provavelmente Palu (Nm 26:5, 8).

4. Um dos dois filhos de Jônatas, descendente de Jerameel, da tribo de Judá (1Cr 2:33).

PELETITAS (heb. *pĕlēṯî*) Parte da guarda pessoal do rei Davi e força mercenária (2Sm 8:18; 20:23; 1Cr 18:17), como os querereteus recrutados quando Davi permaneceu em Ziclague (1Sm 27). Os peleteus e os quereteus formaram uma força eficiente e coesa de combate no exército de Davi, durante todas as suas campanhas e repressão a rebeliões (2Sm 15:18; 20:7; 1Rs 1:38, 44). Porque eram muito identificados com os quereteus, é geralmente aceito que também eram de origem do Egeu, mas existe pouca evidência de apoio. [BRUCE W. GENTRY]

PELONITA (heb. *pĕlōnî*) Designação gentílica de Helez e Aías, dois dos Valentes de Davi (1Cr 11:27, 36; 27:10). O termo provavelmente surge de erros distintos; Helez é chamado de "peletita" em 2Samuel 23:26 e Aías é chamado "Eliã, filho de Aitofel, o gilonita" no v. 34.

PELOTÃO Destacamento de quatro soldados (gr. *tetrádion*). Provavelmente devido ao fato de Pedro ter escapado da prisão uma vez antes (At 5:19), Herodes Agripa I colocou o apóstolo sob forte guarda formada por quatro desses contingentes (12:4).

PELÚSIO (gr. *Pēlusion*) Forte da fronteira egípcia localizado em Tell el-Faramâ na ponta nordestina do Delta, do extinto braço pelusiano do Nilo, cerca de 29 km a oeste do canal de Suez e cerca de 3 km para o interior. Ezequiel 30:15 descreve a cidade como uma fortaleza do Egito (cf. v. 16). Estrabo (Geog. 27.1.24) sugere que Pelúsio foi um porto marítimo com acesso ao Mediterrâneo através do braço pelusiano do Nilo. Heródoto (Hist. 2.14) foi o primeiro a dar nome ao local (*Pḗlousios*). Estrabo sugere que o nome derivou do grego *pēlós*, "lama", devido a área pantanosa a oeste e sul da cidade. As menções mais antigas de Pelúsio (egip. *Snw*; cf. heb. *sin*) estão nos registros do antigo Império como área produtora de vinho e mais tarde nos do Novo Império como importante posto avançado (cf. Josefo Ag. Ap. 1.274, 291, 302). Heródoto (Hist. 2.141) descreve a derrota do exército de Senaqueribe pelos egípcios em Pelúsio ajudados por ratos selvagens que roeram as aljavas, os arcos e a empunhadura dos escudos assírios (cf. 2Rs 18). Ramessés, na rota do Êxodo, pensou-se estar localizada em Pelúsio, mas essa identificação foi abandonada.

Bibliografia. J. Baines e J. Malik, *Atlas of Ancient Egypt* (New York, 1980); A. Sneh e T. Weissbrod, "Nile Delta: The Defunct Pelusiac Branch Identified", *Science* 180 (1973): 59-61. [LAWRENCE A. SINCLAIR]

PENIEL (heb. *pĕnî'ēl*) (tb. PENUEL) O nome ("face de Deus") dado ao lugar onde Jacó lutou com um ser divino e "viu Deus face a face" e todavia sobreviveu (Gn 32:30 [TM 31]). Em outra parte, o nome ocorre como Penuel.

Local na Transjordânia onde Jacó lutou com um "homem" (Gn 32:22-32 [TM 23-33]; cf. Os: 12:4). Jacó chamou o local de Peniel (Gn 32:30 [31]), "a face de Deus". Gideão destruiu uma torre construída em Peniel porque os habitantes se recusaram a ajudá-lo a perseguir os midianitas (Jz 8:8, 9, 17). Jeroboão I reconstruiu depois a torre (1Rs 12:25). A localização exata, em algum lugar entre Maanaim e Sucote, é discutida, embora muitos a identifiquem como Tell Edh-Dhahab esh-Sherqîyeh no rio Jaboque (Nar ez-Zerqa), a leste de Sucote. [BRENT A. STRAWN]

PENINA (heb. *pĕninnâ*) Uma das duas esposas de Elcana. Pelo fato de ter tido filhos, ela zombou da outra esposa de Elcana, Ana, que era estéril (1Sm 1:2-6).

PENTÁPOLIS As cinco cidades da planície/vale (Sb. 10.6), que se rebelaram contra Quedorlaomer (Gn 14) e quatro das quais foram destruídas devido sua corrupção (19:24-29). De acordo com Fílon, as cidades representam os cinco sentidos (De abrahmo 147). Outra Pentápolis foi a liga de cinco cidades filisteias (Js 13:3; cf. 1Sm 7:7).

PENTATEUCO Os cinco primeiros livros (gr. *pentateúchos*) da Bíblia, a *tôrâ* (Heb. "lei, instrução"). Na antiguidade, esses livros foram atribuídos à autoria de Moisés (p. ex., 4QMMT C.10; Josefo Ag. Ap. 1.39; Lc 24:44), daí a designação tradicional, os Cinco Livros de Moisés. O conteúdo desses livros englobam a história do mundo desde a criação até dispersão das nações (Gn 1—11), e a história de Israel de Abraão até a morte de Moisés (Gn 12—Dt 34). O crescendo progressivo da obra é o pacto entre Yahweh e Israel no monte Sinai/Horebe, que abrange Êxodo 19—Números 10 e que é recapitulado em Deuteronômio 4—26. A maior parte do Pentateuco consiste das estipulações do pacto.

O estudo moderno do Pentateuco tem se concentrado na história de sua composição literária, com atenção crescente nos últimos anos aos métodos de compreensão de sua forma final. A transmissão textual do Pentateuco tem também despertado cada vez mais a atenção devido a descoberta dos rolos do Mar Morto. Este artigo explorará os modelos eruditos dominantes no estudo do Pentateuco, embora previna o leitor de que outros modelos têm sido propostos, mas que não tem demonstrado harmonizar os dados de modo abrangente.

Transmissão textual. O estudo de fragmentos dos rolos do Mar Morto dos livros do Pentateuco indica que o texto hebraico tradicional (TM) é uma reprodução fiel de um dos textos-tipo em circulação no período asmoneu e herodiano. O Pentateuco Samaritano e a LXX grega parecem pertencer a dois outros tipos textuais, embora todos os três tipos textuais estejam intimamente relacionados e se originem de um único texto ancestral. Não está claro se outros tipos textuais existiram e em que grau a mistura entre os tipos textuais afetaram os textos remanescentes.

Embora todos os textos do Pentateuco se originem de um ancestral comum, há evidência de que algumas seções foram inseridas, revisadas ou ampliadas depois que os três maiores textos-tipo se separaram. A revisão mais extensa, chegando a uma nova edição, ocorre numa sequência diferente da do texto massorético (e samaritano). Tem-se argumentado de forma convincente que a LXX preserva um estágio mais antigo deste texto, que foi subsequentemente revisado e ampliado na edição preservada nos textos massorético e samaritano. Uma dedução importante desse caso de ampliação textual é que o tipo de atividade literária atribuída às fontes e editores do Pentateuco pode ser detectado em alguns casos na história textual do Pentateuco. Isto resulta em confirmar até certo ponto os métodos pelos quais os estudiosos têm explorado a história literária do Pentateuco.

Fontes literárias. O Pentateuco é composto por uma série de fontes literárias diferentes que foram combinadas numa série de edições. As principais fontes literárias são identificadas como fontes J (Javista), E (Eloísta), P (Sacerdotal — Priest, em inglês) e D (Deuteronomista). As séries de edições pelas quais estas fontes foram combinadas são referidas como RJE, RJEP, e RJEPD. Embora seja difícil estabelecer datas com precisão sobre as composições e edições, é possível dentro dos limites razoáveis determinar datas relativas, desde que várias fontes parecem estar diretamente influenciadas por suas predecessoras. O caso mais claro de dependência literária é a dependência de D em RJE, desde que D cita e amplia esta obra em muitos casos, tanto nas seções legais quanto narrativas. Então D composta principalmente no fim do século VII a.C. (a era de Josias) fornece a data final para J, E e RJE. É possível que o "livro da Torá" que Esdras leu para o público em Neemias 8 seja o Pentateuco na forma final ou quase final (c. 458).

O uso de fontes literárias na composição do Pentateuco é explícita em Números 21:14-15, em que uma versão é citada do "Rolo das guerras do Senhor" e em Gênesis 5:1, que faz referência ao "Rolo da genealogia de Adão". Outros casos da presença de fontes diversas devem ser inferidas por critérios internos, incluindo os seguintes:

Duplicação. Existem aproximadamente 25 ocasiões na narrativa pentateuca em que uma história é contada em duas ou mais versões (p. ex., Gn 12:10-20; 20:1-18; cf. 26:6-11). Com frequência, essas versões contradizem uma a outra nos detalhes. Há mais de cinquenta ocasiões nas quais a lei é dada em duas ou mais versões, em que uma com frequência amplia ou revisa a outra (Lv 11:1-47; Nm 14:3-20).

Terminologia. Seções diferentes do Pentateuco têm terminologia consistentemente diferentes para certos nomes, lugares e itens comuns de vocabulário. Os grupos diferentes de terminologia correspondem consistentemente aos grupos diferentes de duplicações.

Continuidade narrativa. Seções isoladas pelas correspondências de duplicações e terminologia, com frequência ligam uma à outra para criar uma continuidade narrativa coerente do que a possuída pelo texto composto. Por exemplo, os detalhes da narrativa do Dilúvio em Gênesis 6-9 são mais inteligíveis quando lidos como duas versões paralelas do Dilúvio (J e P). A rebelião de Datã, Abirão e Corá em Números 16 é mais inteligível quando separada em suas histórias constituintes (Datã e Abirão é J; Corá é P; observe que Deuteronômio 11:6 conhece apenas a versão J). As revelações de Deus do nome

Yahweh a Moisés em Êxodo 3 (E) e 6:2-8 (P) são inteligíveis quando separadas uma da outra e da fonte J, onde Enos é o primeiro a invocar o nome de Yahweh (Gn 4:26). Há inúmeros exemplos desses.

Teologia. Diferentes fontes do Pentateuco, cada uma marcada por duplicações características, terminologia e continuidade narrativa, têm teologias diferentes. Conceitos de Deus, o relacionamento entre Deus e os humanos e assuntos de livre arbítrio e ideais éticos diferem consideravelmente entre as fontes do Pentateuco. Enquanto que em J Deus é falível e às vezes muda de ideia, como na história do Dilúvio (compare Gn 6:5-8 com 8:21) e seus personagens humanos têm livre arbítrio (Gn 3:6), em E e P Deus é o autor de eventos humanos nos quais os homens são com frequência os atores inconscientes (para E, Gn 20:6; 45:5-8; para P, Êx 7:3). Em P, a espantosa presença de Deus no tabernáculo é a culminação da criação e o mediador entre os humanos e Deus (Êx 29:42-46; 40:33, 34; cf. Gn 2:1-3), enquanto que em D é a palavra de Deus e as tábuas da lei que fazem a mediação entre os humanos e o divino (Dt 5:22-33; 10:1-5). Em muitos aspectos, as várias fontes estão discutindo entre si sobre questões cruciais de teoria e prática religiosa.

Unidade e diversidade. As sequências de edições de fontes do Pentateuco criaram um texto composto que possui uma característica única. Cada uma das versões da história sagrada, quando unidas, assumem uma nova característica como comentário, desenvolvimento e contraponto para outras versões. Assim a compassiva natureza de Deus em J, enfatizada no título "Yahweh, Deus compassivo e misericordioso" (Êx 34:6), provê um contrapeso à qualidade jurídica de Deus em P. A corporalidade em J de Deus passeando pelo jardim (Gn 3:8) ou comendo com Abraão (18:8) é equilibrada pela invisibilidade de Deus em D (Dt 4:12-15). A virtude de absoluta obediência a Deus em E (Gn 22) equilibrada pela virtude do compromisso ético pessoal, até mesmo onde isso pode conflitar com Deus, em J (18:23-32). O livre arbítrio humano com suas responsabilidades e consequências inerentes, dominante em J e D, é contrabalançado pela providencial predestinação de Deus em E (Gn 45:5-8; 50:20) e pela periodicidade do tempo divinamente ordenada, medida por pactos, em P. Uma ampla gama de possibilidades quanto a viver é cercada por essa obra complexa, possibilitando em não pouca medida a capacidade do Pentateuco em responder às necessidades religiosas do fiel nos dois últimos milênios e mais. Num sentido muito tangível o Pentateuco, como uma diversidade unificada, cria um potencial quase que ilimitado para interpretações significativas.

Bibliografia. J. Blenkinsopp, *The Pentateuch* (New York, 1992); S. R. Driver, *An Introduction to the Literature of the Old Testament*, 6.ed. (Edinburgh, 1897); T. E. Fretheim, *The Pentateuch* (Nashville, 1996); R. E. Friedman, *Who Worte the Bible?* (New York, 1987). [RONALD S. HENDEL]

PENTATEUCO SAMARITANO A forma diferenciada pela qual a Torá foi passada às gerações seguintes na comunidade samaritana. Estes cinco livros constituem a única Escritura na tradição samaritana.

Entre as características mais notáveis do Pentateuco samaritano está a sua adaptação à teologia samaritana, preeminentemente mostrada na expansão dos Dez Mandamentos pela incorporação dos mandamentos de Moisés em Deuteronômio 11:29-30; 27:2-7 depois de Êxodo 20:17 para tornar a adoração no monte Gerizim o décimo mandamento. De acordo com essa inserção, a versão samaritana do Pentateuco de Êxodo 20:24 é: "No lugar onde eu fiz celebrar o meu nome, virei a vocês e os abençoarei", em vez de "Onde quer que eu faça celebrar o meu nome, virei a vocês e os abençoarei". Tal acomodação (feita também em Deuteronômio) efetivamente exclui Jerusalém como lugar aceitável de adoração. Outros elementos da teologia samaritana apresentados nesta Torá incluem defender a honra de Deus (pela remoção de antropomorfismos e pela incorporação de um anjo de Deus em lugar de um encontro direto entre a divindade e os humanos) e diferenças ocasionais legais enraizadas na interpretação samaritana da lei.

Os críticos textuais geralmente concordam que o Pentateuco samaritano surgiu provavelmente por volta de 100 a.C. Entretanto, o tipo de texto que os samaritanos adotaram na época já estava em uso mais amplamente entre os judeus na Palestina no período asmoneu. Por exemplo, um importante rolo do livro de Êxodo de Qumran, 4QpaleoExodm, mostra todas as características textuais do Pentateuco samaritano, faltando apenas o chamado "mandamento sectário", que trata do monte Gerizim. Essa tradição textual "protossamaritana", como é chamada, é caracterizada por expansões do texto para conseguir harmonia nos e entre os livros bíblicos, pela "modernização" de elementos arcaicos ou difíceis no texto hebraico e pelo uso extensivo de matres lectiones (consoantes hebraicas empregadas como vogais para ajudar na leitura).

Bibliografia. J. D. Purvis, *The Samaritan Pentateuch and the Origin of the Samaritan Sect.* HSM 2 (Cambridge, Mass, 1968); J. E. Sanderson, *An Exodus Scroll from Qumran: 4QpaleoExodm and the Samaritan Tradition.* HSS 30 (Atlanta, 1986). [JEFFREY S. ROGERS]

PENTECOSTES Palavra grega (que significa "quinquagésimo") para a festa israelita das semanas, que celebrava a colheita da primavera. Esta festa ocorria cinquenta dias depois da oferta dos feixes das primícias na época da Páscoa e do pão sem fermento (cf. Lv 23:9-14). No judaísmo posterior, a festa ficou associada à entrega da lei e ao estabelecimento do pacto no Sinai. Na história cristã, o dia de Pentecostes está associado especificamente à descida do Espírito Santo sobre a comunidade de crentes em Jerusalém (At 2). Nesse tempo, a comunidade começou a proclamar as boas-novas da atividade de Deus nas línguas de todas as nações do mundo (At 2:1-13). Embora o texto de Atos não faça qualquer referência específica ao pacto do Sinai, é provável que o escritor de Atos tenha compreendido a descida do Espírito para marcar o início sagrado da comunidade cristã de uma forma que a comparasse com o começo sagrado da comunidade israelita no Sinai. Como tal, o Pentecoste funciona como uma celebração da fundação da comunidade cristã e o início de sua missão evangelística. *Ver* SEMANAS, FESTA DAS.

Bibliografia. I. H. Marshall, "The Significance of Pentecost", *SJT* 30 (1977): 347-69. [FRANK H. GORMAN, JR.]

PENUEL (heb. *pĕnŝ'ēl*) 1. Filho de Hur e neto do patriarca Judá (1Cr 4:4).

2. Filho de Sasaque, da tribo de Benjamim (1Cr 8:25; K Peniel).

PEOR (heb. *pĕ'ôr*) Montanha da cadeia do Abarim a noroeste de Moabe, também chamada de Baal-Peor por ser o ponto central de adoração de uma manifestação local de Baal (tb. conhecido como Baal-Peor ou simplesmente Peor). Muitos israelitas caíram na apostasia ao adorar o deus dessa montanha (Nm 25:3, 5, 18; 31:16; Dt 4:3; Js 22:17; Sl 106:28). Foi dessa montanha que Balaão tentou amaldiçoar Israel.

Sempre foi geralmente aceito que o monte Peor estivesse localizado em algum lugar perto do monte Nebo (Jebel em-Nebu), já que o texto bíblico indica que Balaão podia observar, do seu cume, o acampamento dos israelitas em Sitim (na planície de Moabe) (Nm 23:28; 24:2; 25:1), uma posição privilegiada que o Nebo também fornece. A proximidade dessas duas montanhas uma da outra é mais apoiada por Deuteronômio 34:1-6, que indica Moisés ter morrido em ou perto do monte Nebo, mas foi enterrado em local desconhecido no vale "oposto a Bete-Peor". Egeria alegou que podia ver a elevação de Peor (Fogor) num local chamado Agri Specula, localizado à "esquerda" da montanha onde fica a igreja bizantina conhecida como Memorial de Moisés, "na direção do Mar Morto" (isto é, a sudoeste de Râs es-Siyagha, a elevação ocidental do monte Nebo). Outra possibilidade seria a cadeia Mushaqqar imediatamente ao norte de Siyagha. De fato, pelo menos dois locais nesta cadeia, Khirbet el-Mehatta/Khirbeth 'Ayûn Mûsa, foram propostos como candidatos a Bete-Peor, o centro de culto para Baal-Peor. [RANDALL W. YOUNKER]

PEPINO O fruto de uma trepadeira cultivada no antigo Oriente Próximo (heb. *qiššu'â*), possivelmente das espécies *Cucumis sativus L.* ou *Cucumis chate L.*, pepinos de jardim similares às variedades modernas. Eles podem também ter sido melão almiscarado (*Cucumis melo L.* var. *chatae Nand.*), frutos verdes similares aos pepinos de jardim. Enquanto, no deserto, os israelitas anelavam pelos pepinos que haviam comido no Egito (Nm 11:5).

Isaías descreve o abrigo solitário de um fazendeiro num pepinal como símbolo de Jerusalém solitária no deserto da Judeia (Is 1:8). Jeremias compara os ídolos aos espantalhos num pepinal (Jr 10:5). [MEGAN BISHOP MOORE]

PERAZIM (heb. *Pĕrāṣîm*), **MONTE** Montanha citada numa profecia de Isaías contra os líderes de Jerusalém (Is 28:21). *Ver* BAAL-PERAZIM.

PERDIZ Duas espécies principais de perdiz (heb. *qōrē'*, são encontradas na Palestina. A perdiz do rochedo (*Alectoris Graeca*) tem faces brancas sobre preto com lados listrados e tem cerca de 35 cm de comprimento. Seu habitat é a planície costeira até as colinas mais baixas da Palestina central. A perdiz do deserto (*Ammoperdix heyi*) é menor, tem a cor de areia e habita o deserto rochoso do deserto central ao sul do Mar Morto e do Neguebe. A fêmea põe entre seis e doze ovos e a perdiz pode ser um pássaro intruso que rouba os ovos de outros pássaros (Jr 17:11). Ela se alimenta de insetos e sementes. Ambas as espécies podem ser comidas de acordo com a lei judaica e são caçadas devido sua deliciosa carne do peito (cf. 1Sm 26:20). Sir. 11.30 nota o uso de perdizes engaioladas como iscas.

Bibliografia. J. F. A. Sawyer, "A Note on the Brooding Partridge in Jeremiah XVII 11", *VT* 28 (1978): 324-29. [JOHN A. MCLEAN]

PEREGRINAÇÃO Viagem a um local sagrado para participar de rituais especiais, comuns na antiga região mediterrânea (Olimpo, Epidauro) e Oriente Próximo (Harã, Temã). Em Israel, também, os peregrinos visitavam locais importantes, incluindo o monte Sinai, Jerusalém e outros (Betel, Os 4:15 [cf. a etiologia do templo em Gn 28]; Gilgal, 1Sm 10:8; Os 4:15 e Siló, 1Sm 1). Desde tempos muito remotos, as principais festas de peregrinação eram a Páscoa, Pentecostes e Cabanas (Êx 23:14), mesmo as datas exatas variando de região para região (cf. 1Rs 13:32,

33). A peregrinação era uma ocasião para danças e cânticos (Sl 42:4 [TM 5]).

A Bíblia confirma indiretamente um costume de peregrinação ao Sinai. Elias faz uma viagem de quarenta dias a Horebe (1Rs 19) para receber uma revelação. A duração da jornada corresponde aos quarenta anos de permanência de Israel no deserto. O itinerário de Números 33 provavelmente reflete as paradas ao longo da rota de peregrinação ao Sinai. Uma dessas paradas pode ter sido a hospedaria em Kuntillet ʻAjrud/Horvat Teman (0940.9560), onde o escavador Zeev Meshel encontrou potes com a inscrição "a Yahweh e sua Aserá" e roupas de tecidos misturados com possível significado religioso.

O prestígio de Jerusalém como local de peregrinação deve muito à ideologia real associada com a dinastia davídica. A cidade tornou-se o centro lendário do universo e a montanha cósmica (Is 2; cf. Sl 2). Os peregrinos cantam uma série de hinos enquanto se aproximam da cidade (Sl 120–134). Esses pitorescos "cânticos dos degraus" capturam os sentimentos religiosos da comunidade chegando ao templo de Salomão das montanhas que o cercam (Sl 121–122). Eles também celebram o compromisso de Yahweh com Jerusalém (Sl 126–127, 133) e seus governantes (132).

No período do Segundo Templo, o recinto sagrado tornou-se um importante centro bancário regional enquanto manteve seu significado ideológico para as comunidades judaicas e cristãs que se formavam. Os peregrinos se reuniam fora de Jerusalém vindos da Diáspora e viajavam passando por Ascalom, Gaza ou Jafa até a cidade (b.Sanh. 11a; cf. Lc 2:41-52). Várias inscrições mortuárias e outras lembranças de peregrinos sobrevivem. Apesar da ambivalência de Jesus com relação ao templo (Mc 13), seus discípulos continuaram a visitar o local, e informa-se que até mesmo Paulo tenha feito uma peregrinação em cumprimento de um voto (At 21:23-26). Embora a destruição do templo no ano 70 d.C. e a expulsão dos judeus da cidade em 138 tenham alterado o ritmo de peregrinação, a cidade manteve suas atrações. A legalização do cristianismo por Constantino introduzida num período de construção de igrejas patrocinada pelo Império (notadamente a Igreja do Santo Sepulcro sob Santa Helena e imperadores posteriores; cf. o peregrino de Bourdeaux). Jerusalém tornou-se o ponto de atração para três religiões, que permanece até hoje.

Bibliografia. J. D. Levenson, *Sinai and Zion: Na Entry into the Jewish Bible* (Minneapolis, 1985); Z. Meshel, *Kuntillet Ajrud* (Jerusalem, 1978). [MARK W. HAMILTON]

PEREIA (gr. *Peraía*) Território da Transjordânia que se estende no sentido sul-norte de Maquero a Péla, ou aproximadamente do rio Arnom (Uádi Mojib) ao Uádi el-Yabis (desde que Péla fez parte da Decápolis e então não incluída), e no sentido leste-oeste de Filadélfia (Amã) ao rio Jordão (Josefo, *BJ* 3.3.3 [46]). O termo ocorre no NT somente em estudos diversos de Lucas 6:17. Evidentemente ele deriva da frase "além do Jordão" (gr. *péran toú Iordánou*), do hebraico *ʿēḇer hayyardēn.*

Após o exílio dos judeus desta área em 732 a.C. (2Rs 15:29), ela foi recolonizada por gentios depois da conquista por Alexandre. Este último ameaçou uma minoria de judeus do pós-exílio nos tempos dos macabeus (1Mac 5.9,45-54), o que levou a conquista da área por Jônatas, ampliada por João Hircano e Alexandre Janeu. A Pereia tonou-se um distrito administrativo sob Roma por volta de 57 a.C. No ano 20 d.C., a região se tornou parte do reino de Herodes e subsequentemente foi e voltou entre seus descendentes (Antipas, 4 a.C. — 39 d.C.; Agripa I, 39-44; Agripa II, 54-cerca de 100), tornou-se finalmente parte da província romana da Síria. [PAUL J. RAY, JR.]

PERES (heb. *pereš*) Descendente de Manassés, filho de Maquir e Maaca (1Cr 7:16).

PEREZ (heb. *pereṣ*; gr. *Pháres*) Filho de Judá e Tamar, irmão gêmeo de Zerá, ancestral de Davi (Gn 38:29; 46:12) e de Jesus (Mt 1:3; Lc 3:33). Ele foi o ancestral epônimo dos perezitas (Nm 26:20).

PEREZ-UZÁ (heb. *pereṣ ʿuzzāʾ*, *pereṣ ʿuzzâ*) Nome ("brecha de Uzá") dado ao lugar onde Uzá foi morto por Yahweh depois de este ter tocado a arca da aliança para impedir que ela caísse quando estava sendo transportada para Jerusalém (2Sm 6:8; 1Cr 13:11). Localizado em alguma parte a oeste de Jerusalém, talvez deva ser identificado com a eira de Nacom/Quidom.

PERFEIÇÃO O hebraico *tāmîm, šālēm;* gr. *téleios* e cognatos normalmente significam "completo", "todo", "desenvolvido", "puro" ou "inteiro". É nos contextos em que o foco está na disposição humana ou divina que o conceito teológico de perfeição se torna enfático.

Além de Mateus 5:48, não existe declaração bíblica direta de que Deus seja, por natureza, perfeito. Qualquer ideia abstrata de perfeição como encontrada na filosofia grega está também ausente, embora a especulação filosófica judaico-cristã certamente tenha tratado desse assunto. Os apologistas cristãos utilizaram categorias para descrever a natureza de Deus, e Fílon chamou Deus de "o perfeito", no costume grego.

O foco bíblico é predominantemente sobre o que faz os seres humanos "perfeitos" em relação a Deus.

No AT, *šālēm* é frequentemente usada com "coração" para descrever pessoas íntegras em sua adoração exclusiva a Yahweh (1Rs 8:61; 11:4; 15:3, 14; 1Cr 28:9), enquanto *tāmîm* é usado em relação a permanecer inculpável quanto à obediência aos mandamentos de Deus (Dt 18:13; cf. Gn 6:9). Frequentemente em Salmos (Sl 119:1; 101:6) e Provérbios (Pv 11:20; 28:18) *tāmîm* é usado com "andar" para descrever integridade na obediência à lei de Deus.

No NT, a perfeição é entendida posicionalmente. Os cristãos se mantêm perfeitos em relação a Deus como participantes da natureza divina (2Pe 1:4). Eles recebem o Espírito e adotam o conhecimento de Deus no Cristo crucificado (1Co 2:6-16) e se capacitam a aparecer perante Deus em virtude da perfeita obra sacerdotal de Cristo (Hb 7:19; 10:1). A perfeição é também compreendida em termos de maturidade, definida como viver e crescer no poder da cruz e na ressurreição de Cristo (Rm 12:2; 1Co 2:6; 14:20; Ef 4:13; Fp 3:15). A perseverança é, assim, crucial para progredir em maturidade e perfeição (Tg 1:4), e produzir essa maturidade é a meta do ministério apostólico de Paulo (Cl 1:28). A perfeição também transmite um componente ético. Isso está claro em Mateus 5:48, em que é ordenado aos crentes que sejam perfeitos como Deus é perfeito. O contexto imediato sugere que o foco dessa perfeição é o amor. Os crentes devem amar todas as pessoas assim como Deus as ama. O amor de Deus pela humanidade, demonstrado no sacrifício de Cristo, é o fundamento da capacidade do cristão de amar a Deus e mutuamente e, por meio disso, ser aperfeiçoado no amor divino (1Jo 2:5; 4:12, 18). A trilha para a perfeição é a obediência ao mandamento de amar a Deus e ao próximo completamente (Mc 12:30-31). O amor é o vínculo pelo qual todas as outras virtudes cristãs são aperfeiçoadas (Cl 3:14).

A perfeição está relacionada à santificação, sugerindo que essa perfeição relativa é atingível no presente. Embora a perfeição da ausência absoluta de pecado seja acessível apenas na eternidade, a perfeição no presente é uma meta digna de aspiração (Fp 3:12-15). A declaração de Paulo em Filipenses 3:16 é programático: "Tão somente vivamos de acordo com o que já alcançamos" (NVI).

Bibliografia. H. K.La Rondelle, *Perfection and Perfectionism* (Berrien Springs, 1971). [JEFREY S. LAMP]

PERFUME Os perfumes, substâncias líquidas, gelatinosas ou secas, conhecidas por suas qualidades aromáticas, desempenham importante papel na cultura econômica, social e religiosa do antigo mundo bíblico. Palavras traduzidas por "perfume" vêm da raiz hebraica *rāqaḥ*, "preparar perfume" e estão associadas também ao incenso e ao unguento. A maioria dos perfumes era extraída de plantas, embora alguns o fossem de animais. A maior parte das fontes de perfume vinham de Canaã pelas rotas comerciais ao longo do Crescente Fértil e incluíam substâncias como o olíbano e a mirra da Arábia, o nardo do Nepal, aloés e açafrão da Índia, canela do Sri Lanka e ônica, extraída de um molusco do mar Vermelho. O comércio de perfumes e especiarias tornou-se parte significativa da economia do antigo Oriente Próximo e do mundo greco-romano.

As pessoas que manufaturavam perfumes, chamadas de perfumistas, estavam frequentemente ligadas a comunidades religiosas ou sacerdotais. Êxodo 30:37–32; 37:29 descreve os óleos aromatizados usados para ungir a arca da aliança e os objetos sagrados da tenda do encontro. Os perfumistas extraiam óleos essenciais de plantas, flores, frutos e usavam gomas, resinas, especiarias e secreções animais em diversas composições. O acondicionamento de perfumes ia desde simples bolsas de tecido a vasos trabalhados de alabastro e caixas de perfume. Os óleos eram usados para ungir pessoas e objetos, enquanto misturas secas eram queimadas como incenso em sacrifícios nos santuários.

Além das cerimônias religiosas das comunidades, os óleos perfumados e bálsamos eram usados para diversos fins medicinais. Nos climas do deserto, os unguentos protegiam a pele contra as condições ásperas e áridas, enquanto os óleos eram derramados sobre ferimentos para facilitar o fechamento e as infecções decorrentes. A mirra misturada com vinho foi dada a Jesus como anestésico durante sua crucificação (Jo 19:39). Muitos habitantes do antigo Oriente Próximo também usaram perfumes como parte de seus rituais de morte e funerais, em embalsamamento ou cremação.

Os perfumes foram também usados em situações sociais e seculares. No mundo greco-romano, os indivíduos usavam óleos aromatizados após o banho ou participação em competições atléticas, com frequência para suprimir os odores do corpo. Os saches eram usados ou carregados com vestuários para uso pessoal ou eram mastigados para tornar o hálito mais delicado. Os perfumes eram usados tanto pelos homens quanto pelas mulheres com objetivos cosméticos para se tornar mais atraentes e demonstrar posição social ou econômica. Plínio nota que os convidados, ao chegar para jantares, tinham suas mãos e pés lavados e perfumados antes de entrar para o salão de refeição. A unção de Jesus em Betânia (Mc 14:3) pode indicar esse costume entre os judeus do século I d.C. e era visto como ato de hospitalidade e gentileza. Os perfumes estavam associados ao prazer da vida e eram usados para dar fragrância ao mobiliário, como sofás e camas de casal. [JOSEPH A. CORAY]

PERGAMINHO Material de escrita produzido com peles de animais domésticos, como carneiro ou gado. A origem da palavra é atribuída à cidade de Pérgamo. De acordo com Plínio, o Velho (Nat. Hist. 12.21), o pergaminho surgiu da rivalidade entre as bibliotecas de Ptolomeu V Theos Epifânio, do Egito (205-182 a.C.) e Eumenes II, de Pérgamo (197-159); um embargo à exportação de papiro causou a invenção e fabricação do pergaminho em Pérgamo.

O velino, geralmente de qualidade superior, era produzido com peles de cabra, bezerros, cordeiros e, às vezes, de antílope. As peles de porcos produziam um pergaminho inferior e eram normalmente evitadas. As peles eram lavadas e os pelos retirados, raspados com pedra-pome para torná-las macias e, finalmente, tratadas com gesso.

O antigo rolo de papiro era inconveniente de ser usado porque era necessário o uso das duas mãos para enrolar e desenrolar o rolo simultaneamente. Além disso, o pergaminho podia ser escrito em ambos os lados, enquanto que no papiro, não. Do século IV d.C. em diante, a procura pelas Escrituras cristãs em sua totalidade tornou o livro de pergaminho (livro com folhas) preferível ao rolo de pergaminho. [JAMES V. SMITH]

PÉRGAMO (gr. *Pérgamos*, *Pérgamon*) Cidade da Ásia Menor ocidental listada entre as sete igrejas de Apocalipse 1:11 (tb. 2:12-17). Localizada a 24 km do mar Egeu e 113 km ao norte de Esmirna, Pérgamo foi uma cidade importante e famosa que desfrutou uma rica história do século III a.C. até o século IV d.C. Sua acrópole se localizava estrategicamente no alto de um penhasco escarpado de quase 396 m acima do rio Caicus, oferecendo uma excelente vista da baía de Lesbos. Antigos reinos gregos basearam seu poder naquele lugar como meio de controlar vastas regiões e como refúgio durante ataques. Com a conquista de Alexandre, o Grande (334 a.C.), Pérgamo cresceu em importância como grande centro militar e político.

Roma conquistou a área em 133 d.C. Pérgamo tornou-se a principal cidade da Ásia, lugar do início do culto ao imperador no leste e centro regular de influência intelectual e econômica. Em 88 a.C., Pérgamo uniu-se numa revolta contra Roma, incitando Antônio a dar sua amada biblioteca à rival Alexandria. Desde 350, Pérgamo foi também conhecida por seu culto a Esculápio, deus da cura, e muitos vinham visitar seu *asclepium*, ou santuário de cura.

Quando João escreveu o livro de Apocalipse, Pérgamo havia sido uma importante sede de governo durante quatrocentos anos. A evidência de uma comunidade judaica em fontes literárias foi encontrada. A igreja cristã provavelmente se desenvolveu aqui durante a estada de Paulo de dois anos em Éfeso. A carta de João elogia a igreja por sua perseverança — particularmente à luz de sua vida "onde está o trono de Satanás" (Ap 2:13), talvez uma referência ao templo de Zeus ou de Esculápio. João adverte também contra "os nicolaítas" (Ap 2:15), ao que tudo indica seita que encorajava o compromisso com o paganismo (cf. 2Pe 2:15; Jd 11).

Exemplos da magnificência da cidade são seus doze altares a Zeus, seus vários templos, teatro, sua imensa ágora e biblioteca (200 mil rolos), tornando-a um importante centro intelectual da antiguidade.

Bibliografia. E. M. Blaiklock, *Cities of the New Testament* (London, 1965), 103-6; C. Foss, "Archaeology and the 'Twenty Cities' of Byzantine Asia", *AJA* 81 (1977): 469-86; C. Hemer, *The Letters to the Seven Churches of Asia in Their Local Setting*. JSNTSup 11 (1986, repr. Grand Rapids, 2000); J. McRay, *Archaeology and the New Testament* (Grand Rapids, 1991). [GARY M. BURGE]

PERGE (gr. *Pérgē*) Importante cidade greco-romana localizada próxima ao rio Cestrus, na região da Panfília (cf. Strabo Geog. 14.4.2), cerca de 12 km ao norte do litoral mediterrâneo, no sul da Ásia Menor. Importantes estradas levam para o norte a partir da cidade no interior da Ásia Menor. A prosperidade da cidade (cuja divindade padroeira era Ártemis) pode ainda ser vista nos impressionantes restos arquitetônicos que incluem um estádio, um teatro, banhos romanos e um ginásio dedicado ao imperador Cláudio.

Depois de pregar em Chipre, durante sua primeira viagem missionária, Paulo navegou de Pafos para Perge, por onde passou em seu trajeto para Antioquia da Pisídia na Galácia. Neste ponto, João Marcos deixou sua companhia (At 13:13-14). No fim desta viagem, Paulo e Barnabé retornaram a Perge para pregar antes de navegar da cidade litorânea próxima de Atália de volta à Antioquia da Síria (At 14:24-26).

Bibliografia. D. Magie, *Roman Rule in Asia Minor*. 2 vols. (1950, repr. New York, 1975); A. M. Mansel e A. Akarca, *Excavations and Researches at Perge* (Ankara, 1949). [PHILIP A. HARLAND]

PERIDA (heb. *pĕrîḏā'*) (tb. PERUDA) O chefe de uma família ou corporação dos servos de Salomão que retornou do exílio com Zorobabel (Ne 7:57). No relato paralelo (Ed 2:55), o nome aparece como Peruda.

PERIZEUS (heb. *pĕrizzî*) Parte da população que ocupou a Palestina nos tempos patriarcais com a qual se deparou a nascente nação de Israel. Uma etimologia plausível liga perizeus ao hebraico *pĕrāzôn*, "pessoa rural". Nesse caso, os perizeus teriam sido originalmente pessoas rurais em oposição a moradores da cidade (Jz 1:4-5). O significativo aumento no número de pequenos vilarejos nas terras altas da Cisjordânia por volta do período da Idade do Ferro I pode relacionar à existência dos perizeus e seu nome. Aparentemente o termo perizeu acabou trocando a designação primeiramente significou uma categoria social para indicar com mais frequência um grupo étnico — especificamente nas listas dos povos pré-israelitas (p. ex.,Ne 9:8) Josué 11:3 localiza os perizeus entre as terras altas de Canaã, embora 17:15 coloque com maior precisão o lar central desse povo no interior arborizado de Samaria, onde Efraim e Manassés se estabeleceram depois.

Bibliografia. E. C. Hostetter, *Nations Mightier and More Numerous: The Biblical View of Palestine's Pre-Israelite Peoples*. BIBAL DS 3 (Fort worth, 1995), 80-83.
[EDWIN C. HOSTETTER]

PERMUTA E COMÉRCIO Permuta representa a troca institucionalizada de bens materiais. Comércio é a venda e compra de bens materiais (mercadorias) em um economia monetária. Todo comércio envolve permuta, mas nem toda permuta é comercial.

ANTIGUIDADE E DIVERSIDADE DE NEGÓCIO. Milhares de anos antes do surgimento dos povos bíblicos da Idade do Ferro, as relações de troca trouxeram a obsidiana (vidro vulcânico usado para lâminas) para o leste de fontes nas montanhas da Anatólia. Conchas marítimas de litorais distantes encontraram seu destino nas ruínas de vilarejos pré-neolíticos. Mesmo para os tempos pré-históricos, os arqueólogos e historiadores do Oriente Próximo podem pintar retratos suficientemente detalhados de permutas, visto que mercadorias sobressaem no registro arqueológico e frequentemente possuem substâncias químicas ou outras "impressões digitais" que permitem a apuração de suas origens. Os períodos históricos oferecem evidência documental de permutas. A mais extensa documentação deriva de Kültepe, no norte do Iraque (antiga Karum Kanesh) onde um arquivo com milhares de tabuletas detalha as transações de uma antiga (sécs. XXVIII-XXII a.C.) colônia de mercadores assírios. Os mercadores levavam estanho e tecidos do sul e os permutavam por ouro e prata extraídos na Anatólia. As Cartas de Amarna do século XIV do novo império egípcio descrevem trocas entre vários "chefes de estado", como Faraó e o rei de Chipre (Alashiya). O Antigo Testamento faz referência a essas relações comerciais diplomáticas — p. ex., as relações entre Hirão, de Tiro e Salomão — bem como mostra a robusta natureza de comércio realizado pelas cidades da Fenícia, especialmente Tiro, chamada de "mercadora para os povos" (heb. *rōḵeleṯ hā'ammîm*, Ez 27:3).

Os participantes do Ocidente, de um capitalismo orientado para o mercado tendem a ver a permuta em termos puramente utilitários, o produto das escolhas econômicas nacionais feitas pelo intercâmbio dos participantes baseadas em seu próprio cálculo de custo-benefício. As decisões comerciais na economia antiga, entretanto, incluíam uma gama de parâmetros não econômicos. Embora os relacionamentos comerciais modernos de modo algum sejam desprovidos de motivações não econômicas, tais parâmetros tinham peso maior no mundo pré-industrial. Devido essa "sólida" compreensão da economia, alguns historiadores antigos negam a existência de um mercado fixador de preços, modelado pela oferta e procura de negócios realizados por empreendedores particulares independentes de injunção de seu palácio real. Todavia a maior parte dos pesquisadores têm concluído que uma variedade de mecanismos econômicos promoveu o comércio antigo. Por exemplo, as tradições literárias das atividades comerciais de Salomão — especialmente com Sabá — podem ser tomadas para representar a oferta de presentes e as ratificações de trocas recíprocas; isto é, permuta não de natureza comercial. Esse negócio seria típico da troca orientada pelo palácio no qual os "presentes" passam entre os partícipes da negociação no mais alto nível político. A rainha deu (*ntn*) ao rei ouro, especiarias e pedras preciosas. O rei retribuiu: deu-lhe (*htn*) o que ela desejou (*ḥpṣ*). Aqui, como em outra parte, o verbo *hps* parece ser um componente do vocabulário técnico das transações reais (1Rs 5:8-10 [TM 22-24]). A importação feita por Salomão de cavalos e carruagens pode representar a troca "econômica" de bens numa área de mercado resultante de preço, p. ex., a transação comercial. Infelizmente, a tradição textual localiza tal alusão de negócio empresarial dentro da iniciativa real — é o trabalho dos "comerciantes do rei" (1Rs 10:28), e não há referência a quaisquer mercadores independentes que possam ter iniciado e realizado comércio de cavalos. Aqui, como em outra parte, a Bíblia não registra nada sobre a operação de iniciativa privada. Isso pode ter ocorrido devido ao seu foco na monarquia e não devido a escassez de operações comerciais não reais. Todos os esforços para compreender o comércio no mundo antigo encontram o potencial preconceito da documentação.

Numa época em que os assuntos do comércio internacional dominam os fóruns econômicos e a notícia palpita com informação sobre negociações de tarifas, decisões de *status* de nação favorecida e o sobe-e-desce da balança comercial, é bom lembrar que as transações ainda respondem por uma pequena porcentagem da produção bruta de uma democracia industrial ou pós-industrial. O segmento da economia total que produzia e consumia mercadorias era a menor nas antigas economias agrárias de Israel, Judá e seus vizinhos. Além disso, as antigas redes de negócios não incluíam grandes volumes de mercadorias do dia a dia. A maior parte das pessoas permanecia como lavradores de subsistência e pastores: produziam geralmente o que consumiam e consumiam geralmente o que produziam.

As mercadorias consistiam predominantemente de mercadorias especiais, "preciosidades" consumidas pelo segmento da elite da sociedade, e as mercadorias estratégicas valiam pelos interesses militares e de produção. Em contraste à maior parte dos bens de consumo do dia a dia, essas mercadorias especiais tinham alto valor em razão do peso e volume — como *chips* de computador, produtos farmacêuticos, diferente de cimento e plástico. Com sua dependência na força animal — jumentos, camelos e carros de boi — a antiga tecnologia de transporte forçou sérios limites ao alcance de mercadorias pesadas e/ou volumosas, como cerâmica comum, cereais e materiais de construção. Estes podiam ser transportados a grandes distâncias apenas pelo mar; o comércio terrestre de tais itens era raro e custoso.

As mercadorias normais de comércio internacional constituem uma lista concisa de bens evidenciados por dados inscritos, arqueológicos e literários. Os relatos da renda internacional de Salomão citam ouro, prata, marfim, animais raros (1Rs 10:22), vestuário, armas, especiarias, cavalos, mulas (19:25), madeira de sândalo, carruagens (v. 28), cedro e cipreste (5:10 [24]) como importação para a casa real e projetos de construção. Listas semelhantes de mercadorias preciosas e estratégicas mostram como o tributo assírio exige aqueles impostos sobre Ezequias: ouro, prata, pedras preciosas, carruagens revestidas com marfim, peles de elefante, acácia negra africana, madeira de buxo e seres humanos. Do fim da Idade do Ferro, tabuletas neobabilônicas documentam mercadorias importadas do Ocidente: cobre, ferro, estanho, tintura, lã azul-púrpura e outras fibras, lápis-lazúli, alume, mel variado, porco branco, especiaria e resina de zimbro. As Cartas de Amarna da Idade do Bronze Recente discutem a permuta de ouro, prata, cobre, lápis-lazúli, marfim, carruagens e cavalos, vestuário de linho, "óleo doce", madeira para construção de navio e várias categorias de seres humanos. Em poucas décadas dessa correspondência, o mar Mediterrâneo reivindicou um navio de transporte próximo da costa da Turquia. O naufrágio do Ulu Burunm ofereceu aos arqueólogos exatamente este tipo de carga: lingotes de cobre e estanho, acácia negra africana, lingotes de vidro azul de cobalto, marfim bruto, ânforas cheias de resina de terebinto e jarras amontoadas com cerâmica cipriota.

O papel da permuta a longa distância nos pequenos reinos de Israel e Judá começou e terminou com um setor da elite urbana, fora da qual circularam poucos itens garantidos pelo comércio de longa distância. Como mostram as menções feitas, as permutas supriram algumas necessidades deste setor, p. ex., madeira para grandes construções e metais para instrumentos militares. Procurava-se sinais de *status* para o segmento de elite da sociedade, p. ex., revestimento de marfim para móveis (Am 6:4), joalheria e roupas caras (Is 3:18-23) e utensílios de mesa finos. Talvez mais significativamente, a permuta representava os meios pelos quais os pequenos reinos da periferia do poder imperial assírio podiam conseguir as mercadorias em tributo exigidas por seus suseranos. A permuta de longa distância gerou também um grupo de especialistas em permuta, p. ex., pessoas designadas no AT como "comerciantes" (*'anšê hattārîm*), "mercadores" (*rôḵĕlîm*) e "mercadores do rei" (*sōḥărê hammeleḵ*,). Uma diversidade de textos também empregou o termo "cananeu" como designação para esses especialistas em troca internacional (Is 23:84; Ez 17:4; Os 12:7 [8]; Pv 31:24; Sf 1:11), embora aparentemente sem qualquer conotação de comércio como especialidade externa.

Embora as mercadorias desempenhassem um papel limitado fora do setor da elite social, os efeitos da iniciativa comercial de fato se estenderam para além da área do palácio. O custo da entrada na rede comercial para adquirir mercadorias especializadas foi suportado pelos primeiros produtores da economia antiga. As possibilidade de comércio causou tanto as pressões econômicas como as iniciativas reais diretas para aumentar a produção de mercadorias que podiam ser facilmente comercializadas. Numa terra de poucos recursos naturais (nenhum depósito significativo de minério), o setor agrícola suportava o peso dessa demanda. A "política" comercial estimulava a produção dos bens mais comercializáveis, a saber, azeite de oliva e vinho, os produtos do campo com o maior valor em relação ao peso. O perfume (bálsamo) era outra mercadoria desenvolvida, como surgiram as escavações do oásis de En-Gedi (Tel Goren), no Mar Morto, mas sua produção foi limitada. Durante a Idade do Ferro Recente, a ampla intensificação agrícola e a especialização converteram terra arável em pomares, e ladeiras em rampas [para o plantio]. As famílias que se dedicavam à agricultura passaram a produzir cada vez mais para o mercado em vez da subsistência, criando um elevado estado de interdependência. O crescente valor da terra e a defesa da propriedade restringiram o segmento pastoril da economia da aldeia — o "banco de alimento vivo" da família

— aumentando depois a vulnerabilidade da economia familiar para o desastre econômico. A perda da propriedade ancestral e sua aglomeração resultou em números menores de mãos (Is 5:8; Mq 2:2,9).

As tendências na direção da interferência real na estrutura da vida rural podem ter sido reduzidas pela receita de taxas impostas sobre o movimento de transações através de Israel e Judá, territórios estrategicamente posicionados. Taxas impostas sobre caravanas que traziam incenso, especiarias e ouro do sul da Arábia pelo deserto em direção ao Mediterrâneo podem ter subsidiado projetos reais de construção e estilos de vida da elite de algum modo. Essa fonte de renda do comércio teria sido especialmente significativa durante os períodos em que o alcance do Egito no sul da Palestina foi reduzido. O fluxo e refluxo de colonização no sul do Neguebe fornece um barômetro dos recursos judeus comprometidos em controlar, proteger e suprir este comércio em troca de uma porção de seus lucros. As taxas de trânsito podem ter chegado a 25% do valor deste tráfico comercial.

Comercialização. As permutas de longa distância promoveram a comercialização das economias de Israel e Judá, economias nas quais os produtos e as forças de produção — terra e trabalho — tornaram-se progressivamente disponíveis para venda e compra. Em vez de produzir um repertório variado de gêneros alimentícios para sua própria subsistência e para permutar por trabalhos especializados, as famílias dedicadas à agricultura experimentaram pressões e incentivos para produzir mercadorias para o mercado e para a venda a dinheiro. A literatura bíblica e as descobertas arqueológicas, ambas manifestaram a existência de troca comercial e de seu crescimento atingindo a proeminência no período do Ferro Recente II. O cenário do mercado urbano animou a compilação profética de Amós (8:4-6). Jeremias refere-se à produção especializada exigida numa economia comercial: o profeta fez uma encenação de destruição na porta do Oleiro com um vaso comprado (Jr 19:2) e comeu pão comprado no pátio do padeiro (37:21).

Prata era o meio de pagamento das transações. Onri pagou com prata pela propriedade de Semer (1Rs 16:24), e *shekels* de prata mediram a louca variação de preços de gêneros alimentícios durante tempos de fome e festa (2Rs 6:25; 7:1). A prata funcionou mais como padrão de valor do que como forma de pagamento. Todavia o metal precioso de fato mudou de mãos durante as trocas comerciais. Visto que as moedas não desempenharam papel na economia até o período persa (fim do século VI), pedaços de prata eram pesados em balanças. Jeremias 32:10 oferece uma descrição sucinta da transação de um bem imóvel: "Assinei a escritura e a selei. Chamei testemunhas e pesei-lhe a prata numa balança". Balanças desonestas e pesos falsos são castigados ocasionalmente na literatura legal (Lv 19:36), proverbial (Pv 20:23) e profética (Os 12:7).

As descobertas arqueológicas também têm mostrado uma desenvolvida economia comercial. Os escavadores desenterraram pesos padronizados em vários sítios arqueológicos na Judeia começando pela Idade do Ferro Recente II (por volta de 700). Esses pesos de pedra calcária em forma de domo (simplesmente chamados de "pedras" na Bíblia) foram também encontrados em sítios arqueológicos da Filístia, sugerindo sua adoção regional como padrão de pesos. Muitos desses pesos tem seus valores inscritos: até 40 *shekels* (por peso, cada *shekel* com massa de 11,33 g), com o *shekel* dividido em 24 geras. Esses pesos eram usados com balanças e pratos de balança de bronze foram descobertos em En-Gedi e Megido. Balanças desse tipo, com pratos suspensos por uma trave sustentada livremente em seu centro, são amplamente retratadas: de uma pintura na tumba da 18ª Dinastia egípcia — na qual comerciantes em barracas com um conjunto de balanças recebiam mercadorias das cargas de navios — ao obelisco de Assurbanípal, do século IX — onde as balanças servem no recebimento de tributo. Pedaços de prata — fragmentos, peças de joalheria e lingotes de vários formatos — emergem de vários tesouros, como os encontrados em Bete-Seã, do Bronze Recente (20ª Dinastia); Estemoa, da Idade do Ferro e En-Gedi, do Ferro Recente.

Judá da Idade do Ferro Recente oferece uma fartura de sinetes. Os judeus pressionavam seus sinetes em argila macia para uma diversidade de propósitos administrativos e, indubitavelmente, comerciais, como mostra a transação de uma propriedade feita por Jeremias. Dúzias de sinetes recuperados mostram claramente o uso deles por oficiais reais na burocracia administrativa: com nomes de pessoas, eles contêm títulos como de "ministro do rei". Sinetes particulares — sinetes com nomes de pessoas ou de lugares e sem menção de um título em particular — são até mesmo abundantes.

Os sinetes serviam com mais frequência para selar e certificar documentos em papiros enrolados. Os arqueólogos recuperaram o lacre, torrões de argila com impressões do selo em um lado e, com frequência, a impressão do papiro no outro, sinais da ação apagada ou do próprio contrato. Laquis e Jerusalém produziram coleções de lacres os quais fazem alusão a locais que serviram como depósitos para registros não desaparecidos. Na ausência dos

A B C D E F G H I J K L M N O P Q R S T U V X Y Z

próprios documentos, é impossível saber que transações comerciais estavam incluídas no número delas. Todavia a abundância de sinetes pessoais pode provavelmente ser tomada como indicativo da prevalência de comércio ou, pelo menos, a administração ativa de alguma forma de economia de produção de mercadoria.

Gravados na alça de cerâmica ainda úmida, os selos podiam também indicar a propriedade de um navio e/ou a origem de seu conteúdo. A impressão mais preponderante deste tipo é a *lmlk* ("pertencente ao rei" ou "real") impressão usada nas alças de uma jarra de transporte de vinho de cerca de 45 l, muito provavelmente associado à produção e distribuição real de vinho, durante a administração de Ezequias em uma economia de guerra. A jarra representa o envolvimento real na produção de vinho, mas os vinhedos monárquicos não eram os únicos que produziam vinho nesse tempo. Escavações em Gibeom descobriram um gigantesco lagar. Alças com inscrições estavam entre os objetos — cerca de duas dúzias de inscrições incluíam o nome Gibeom, bem como um de vários nomes pessoais, talvez proprietários ou administradores de vinhedos. Esses jarros de pequena capacidade (c. 10-15 l) tornaram o vinho de Gibeom disponível para troca comercial. Operando simultaneamente, os vinhedos de Gibeom e os da casa real indicam a complexa interação entre a iniciativa empresarial e real na Judá da Idade do Ferro Recente.

Contra esses indicadores, vale notar que dados arqueológicos em relação ao comércio não são particularmente amplos. Os objetos de comércio são distribuídos de forma tênue. Diz-se que os desenhos de cidades na Idade do Ferro geralmente não incluíam uma "praça" aberta, como a praça (ágora) grega, para a reunião ou um mercado regular (embora alguns estudiosos tenham tentado entender o edifício comum tripartite como uma praça de mercado). Embora uma pequena constelação de textos bíblicos sinalize a presença de um comércio variado, o número deles também denuncia sua relativa falta de importância, especialmente, quando a legislação bíblica é comparada a outras coleções legais do antigo Oriente Próximo. Essas deficiências ajudam a calibrar o grau relativamente baixo da orientação comercial das sociedades de Israel e Judá. Somente uma porção bem pequena do produto agrícola total se movimentava por meio da troca comercial. A maior parte da produção ficava em casa ou era tomada como taxas. A zona rural em si requeria poucos produtos, e assim, não havia grande demanda proveniente do interior para impulsionar a comercialização da economia. Entretanto, em grande parte e por qualquer ação, real ou particular, a comercialização das economias do antigo Israel e Judá avançou, o uso final dos produtos de consumo continuaram dentro do sistema de controle e consumo da elite.

Bibliografia. M. Elat, "The Monarchy and the Development of Trade in Ancient Israel", in *State and Temple Economy in the Ancient Near East*, ed. E. Lipinsky (Leuven, 1979), 527-46; J. Holliday, "The Kingdom of Irael and Judah: Pollitical and Economic Centralization in the Iron IIA-B (ca. 1000-750 B.C.B.)", in *The Archaeology of Society in the Holy Land*, ed. T. E. Levy (New York, 1995), 369-98; M. Liverani, "The Collapse of the Near Eastern Regional System at the End of the Bronze Age: The Case of Syria", in *Centre and Periphery in the Ancient World*, ed. M. Rowland, M. Larsen e K. Kristiansen (Cambridge, 1987), 66-73; D. C. Snell, *Life in the Ancient Near East, 3100-332 B.C.E.* (New Haven, 1996); N. Yoffee, "The Economy of Ancient Western Asia", *CANE* 3.1387-99. [DAVID C. HOPKINS]

PÉROLA Densa solidificação esférica de aragonita ou calcita, depositada sobre uma partícula estranha por diversos moluscos marinhos e de água doce. As pérolas são usualmente brancas ou de cor clara e têm um brilho nacarado. O hebraico *pĕnînîm* é traduzido tanto por pérolas como corais. A pérola é mencionada como a terceira das três pedras preciosas (a primeira é o coral) que não têm valor suficiente para comprar sabedoria (Jó 28:18).

As pérolas (gr. *margaritēs*) eram muito valiosas e, como tais, não deviam ser lançadas aos porcos (Mt 7:6), e pode valer a pena vender tudo para adquirir uma de grande valor (13:45, 46). Mulheres ricas usam pérolas, mas as mulheres cristãs decentes devem ser discretas e não usar tais objetos de valor (1Tm 2:9), como faz a mulher montada numa besta vermelha na visão de João (Ap 17:4). Os negociantes da terra choram quando não têm mais ninguém para comprar suas mercadorias, que incluem pérolas e lamentam a perda da cidade vestida com elas (Ap 18:12, 16). Quando surge a Jerusalém celestial, cada uma de suas portas é uma única pérola (Ap 21:21). [MARTHA JEAN MUGG BAILEY]

PERSEGUIÇÃO Sofrimento imposto a pessoas ou grupos; tema comum na Bíblia (Et 3:6). Os servos de Deus frequentemente enfrentaram oposição e hostilidade (1Rs 18:13; Mt 23:34-37; 1Ts 2:14-15). Os salmistas lutaram com perseguidores hostis e buscaram livramento divino (Sl 7:1, 5 [TM 2, 6]; 31:15 [16]; 69:26-29 [27-30]). Os profetas também lutaram com oposição (cf. At 7:52) e oraram por defesa (Jr 15:15; 17:18).

O período intertestamentário viu intenso sofrimento infligido por Antíoco IV Epifânio. Os horríveis martírios dos macabeus, vividamente descritos em 2Macabeus 6–7, desafiou judeus e cristãos a serem fiéis.

O NT contém frequentes referências a perseguição (Mc 10:30; Lc 11:49-51; Gl 6:12). Jesus foi perseguido (Lc 4:29; Jo 5:16) e sofreu zombaria, espancamento e crucificação. Ele disse aos seus seguidores que esperassem tratamento semelhante (Mt 10:23; 24:9; Mc 13:9; Lc 21:12; Jo 15:20; 16:2). Essas ocasiões não deviam ser temidas, porque o Espírito Santo os encorajaria (Lc 12:11, 12; 21:15; At 1:8).

A perseguição continuou na Igreja primitiva (At 5:17-42; 8:1; 11:19; 13:50; 14:19; 16:19-24); note as atividades militantes pré-cristãs de Saulo de Tarso (8:3; 9:1-13; 22:4-8; 26:9-15). Herodes Agripa I mandou matar Tiago (At 12:2), Estevão foi martirizado (7:54–8:1a), e os cristãos foram perseguidos pelos imperadores Nero e Domiciano. Todavia o Espírito outorgou poder aos discípulos para dar testemunho em tais circunstâncias adversas (At 2:4; 4:8-13; 6:10; 7:55).

Paulo escreveu a respeito de sua vergonha por ter perseguido os discípulos (1Co 15:9; Gl 1:13, 23; Fp 3:6; cf. 1Tm 1:13) e aconselhou os cristãos a abençoar aqueles que os perseguiam (Rm 12:14; 1Co 4:12-13). Paulo declarou que os recursos que ele havia descoberto em Cristo capacitava os crentes a lidar com qualquer forma de perseguição (Rm 8:31-39). Ele mencionou as próprias perseguições para encorajá-los a enfrentar as deles (2Co 1:5-7; 4:8-12; 12:10; cf. 2Ts 1:4; 2Tm 3:11-12).

A primeira carta de Pedro lembrou o exemplo do sofrimento de Cristo para fortalecer os crentes que enfrentaram perseguição e o ostracismo social (1Pe 2:18-25; 3:13-18; 4:1-2, 12-19). Da mesma forma, a carta aos Hebreus lembrou os leitores a ficarem encorajados a enfrentar a perseguição tomando como exemplo Jesus e outros heróis da fé (Hb 12:1-4; 11:4-40). João, da mesma forma, conclamou os cristãos a seguirem Jesus: "a testemunha fiel e verdadeira" (Ap 1:5; 3:14). Antipas já havia sofrido martírio (Ap 2:13), e outros poderiam sofrer perseguição semelhante. Entretanto, eles venceriam as forças demoníacas usando as mesmas armas espirituais que Cristo havia usado (Ap 12:11; 17:14; 21:7).

A perseguição é levada a sério na Bíblia, e a palavra adverte que os justos devem esperá-la (2Tm 3:12). Apesar de ser dolorosa, a perseguição pode se tornar um meio de bênção aos que lidam com ela da maneira correta (Mt 5:10-12; 1Pe 4:12-14).

Bibliografia. G. Ebel e R. Schippers, "Persecution, Tribulation, Affliction" *NIDNTT* 2 (Grand Rapids, 1976): 805-9; C. G. Kruse, "Afflictions, Trials, Hardships", in *Dictionary of Paul and His Letters*, ed G. Hawthorne, R. P. Martin e D. g. Reid (Downers Grove, 1993), 18-20. [ALLISON A. TRITES]

PERSÉPOLIS (gr. *Persépolis*) Capital real aquemênida (com Babilônia, Susã e Ecbátana) até o fim do império aquemênida em 330 d.C. Seu antigo nome persa foi Parsa, que significa "Persa", daí "cidade dos persas". O moderno sítio arqueológico é Takht-i Jamshid, localizado a nordeste de Shiraz na planície de Marvdasht, da cordilheira de Zagros. A maior parte da porção escavada de Persépolis foi construída de 500 a 460 a.C. Em particular, Persépolis foi o centro da exposição cerimonial para o Império. Deve ser enfatizado, entretanto, que muito do sítio arqueológico — incluindo outras estruturas palacianas e as acomodações não reais — ainda não foram escavados e provavelmente mostrariam ocupações mais antigas e mais recentes. As tumbas reais em Naqsh-i Rustam, onde quatro reis aquemênidas foram sepultados, está a 6 km de Persépolis e devem ser consideradas parte da área de ocupação.

O sítio arqueológico de Persépolis, como atualmente é conhecido, é formado por vários edifícios bem preservados, incluindo um admirável número de colunas de pedra que permanecem em pé com capitéis em forma de touros ou leões. O sítio foi notado por muitos antigos exploradores e primeiramente escavado por Ernst Herzfeld e Erich Schmidt durante a década de 1930. Escavação posterior continuou sob a direção iraniana. O complexo do palácio está localizado numa plataforma de pedra de 14 m de altura e dotado de um sistema de esgoto. Dario I construiu um palácio residencial, um salão de audiência (Apadana) e um edifício da tesouraria. Xerxes I construiu um palácio e harém maior, muros de fortificação onde estava a Porta de Todas as Nações com uma escada dupla decorada com relevos entalhados e outro salão de audiência, o Salão das Cem Colunas. A construção subsequente incluiu um palácio de Artaxerxes I e uma expansão do Salão das Cem Colunas. Muitos dos edifícios foram decorados com relevos entalhados, sendo digno de nota a escadaria para o Apadana. Os relevos retratam uma variedade de cenas, incluindo a entrega de tributo de todas as províncias governadas pelos aquemênidas, bem como fileiras de soldados. O conjunto demonstrava a bem sucedida unificação do Império e o poder de seus governantes. As escavações resgataram dois grandes grupos de tabletes: os tabletes da Fortificação e os tabletes do Tesouro, um pouco posteriores. Escritos principalmente em elamita, com uma minoria em aramaico, registram gastos com alimentos para o povo de uma ampla gama de posições.

A Bíblia menciona Persépolis somente uma vez (2Mac 9.2), como uma das várias cidades que se rebelaram com sucesso contra o rei selêucida, Antíoco IV (175-164 a.C.). [GEOFF EMBERLING]

PERSEU (gr. *Perséus*) O último rei da Macedônia, sucessor de Filipe V (c. 212-162 a.C.). Sua notória agressão precipitou no ano 171 a Terceira Guerra Macedônia com Roma. Depois da batalha de Pydna da Tessália (168), Perseu foi retirado do poder e seu reino tornou-se uma província romana (1Mac 8.5).

PÉRSIA (heb. *pāras*; gr. *Persís*; pers. *ant. Pārsa*) Império do antigo Oriente Próximo que no auge do seu poder se estendeu desde as fronteiras da Índia, no oriente, até a Jônia, no oeste. Os povos chamavam a si mesmos de império ariano, de um termo das escrituras zoroastrianas derivado do sânscrito *arya*, "nobre" (cf. "Irã", "Ariano").

GEOGRAFIA. A área na qual a Pérsia se estabeleceu é um planalto com cerca de 777.000 km², formando uma série de vales altos e bacias secas, cerca de 900-2.500 m acima do nível do mar. O planalto é circundado por uma variedade de cadeias de montanhas (a cadeia do Curdistão e Zagros no oeste, as montanhas Elburz no norte e Hindu Kush, no leste). No sul, ao longo do golfo Pérsico e do golfo de Omã, estão planícies inóspitas. Dois grandes desertos cobertos de sal, o dasht-i-Kavir e Dasht-i-Lut, ocupam a maior parte do centro leste da Pérsia.

HISTÓRIA. *Período primitivo.* A evidência arqueológica indica que plantas e animais foram domesticados em vários locais da região da montanha Zagros cerca de 9.000 a.C. (a "Revolução Neolítica") e que ali foram formados os mais antigos vilarejos de civilizações baseados na agriultura irrigada.

O reino de Elã, anterior à formação do império persa, estava localizado no sudoeste do Irã, ao longo da costa do Golfo Pérsico. Ele fornecia à Suméria minerais como cobre, estanho, prata, chumbo e alabastro. Pedras preciosas, madeira e cavalos também eram exportados de Elã.

No fim do segundo milênio, grupos étnicos do sul e do leste do mar Cáspio entraram em Elã. Essa onda de povos arianos incluiu os cimérios, citas, medos e persas. Por volta do século IX, o último grupo se estabeleceu no noroeste do Irã, mas foi cercado pelo poder de Urartu, Assíria, Elã e Babilônia. Uma inscrição do rei assírio Salmaneser III (859-825) inclui a primeira referência aos medos (ac. *Madai*) e persas (*Parsu*), a quem ele deportou em grande número em 837. Esses povos também pagaram tributo a Tiglate-Pileser III (745-727) e a Sargão II (721-705).

Os ataques pelos assírios e urartianos no século VII forçaram os medos a se unirem, fundando uma capital em Ecbátana (moderna Hamadân). O líder deles foi Deioces (ou Dayakku), que foi levado para a Assíria em 715 e então exilado para Hamadth, na Síria. Seu sucessor, Fraortes (Khshathrita), que governou de 675 a 653, morreu enquanto suas forças venceram os persas no sudoeste. Os medos viveram sob o governo cita durante 28 anos, até Ciáxares (Uvakshatra, 653-585) libertá-los. Aliado aos babilônios e citas, Ciáxares participou do cerco e destruição de Nínive. Ele fez então um tratado com Babilônia e casou sua neta, Amitis, com Nabucodonosor II (605-562), filho de Nabopolassar; foi por causa de Amitis que foram construídos os famosos "jardins suspensos" da Babilônia.

Os persas se estabeleceram gradualmente a leste de Elã, liderados por uma dinastia fundada por Aquemenes (Hakhamanish) por volta do ano 700. Seu sucessor, Teispes acrescentou Anshan ao território persa; seus filhos Ariaramnes (Ariyaramna, 640-590) e Ciro I (Kurash, 640-600) anexaram terras no oeste. Cambises I (Kanbujiya, 600-559) casou-se com Mandane, filha de Astiages, que lhe deu Ciro II. A dinastia aquemênida foi fundada quando Ciro II se rebelou, com sucesso, contra Astiages em 549.

Império Persa. A preocupação babilônica com a expansão na direção oeste deu a Ciro II a oportunidade de acrescentar a Assíria, Cilícia, Sardes e as cidades gregas da Jônia ao seu domínio. Terras recentemente adquiridas foram organizadas em satrápias, inicialmente cerca de 20 unidades administrativas chefiadas por pessoas nomeadas pelo rei e procedentes de famílias nobres. A decisão impopular do rei Nabonido de remover as imagens da maioria das divindades da Babilônia para a capital preparou o caminho para a conquista da Babilônia por Ciro, e os persas (ajudados por babilônios insatisfeitos) entraram na cidade no dia 13 de outubro de 539.

Num golpe de gênio diplomático, Ciro retornou as imagens aos seus templos e decretou que todos os povos subjugados pelos babilônios voltassem para suas terras de origem (cf. 2Cr 36:23; Ed 1:1-4). Os governantes persas tinham o cuidado de ser coroados reis das terras conquistadas de acordo com o costume local; o "cilindro de Ciro" babilônico mostra Ciro como escolhido por Marduk para derrubar Nabonido e o elogia por não saquear os templos da Babilônia (*ANET*, 15-16). Ciro morreu em batalha contra os massagetas na fronteira nordeste em 530.

Cambises II, filho mais velho de Ciro, se apressou em continuar a expansão do Império. O Egito, Chipre e as ilhas gregas caíram em rápida sucessão, mas os persas foram detidos na Núbia. Nesta conjuntura, o trono foi tomado por Gaumata ("Pseudo-Smerdis"), integrante dos magi, disfarçado de irmão mais novo de Cambises, Bardiya ("Smerdis", morto por Cambises em 526). Irromperam revoltas na Média, Armênia e na Babilônia. Gaumata se apressou em consolidar sua posição oferecendo dispensa do serviço militar e de impostos, mas seu reinado durou apenas seis meses. Cambises morreu em circunstâncias misteriosas, talvez por suicídio, quando retornou para Babilônia.

Dario I (Daryavaush, 522-486), filho de Histaspes (Vishtaspa) e sátrapa da Partia e Hircânia, aprisionou Gaumata e o executou em Ecbátana em 522. Dario levou dois anos para reprimir as revoltas por todo o Império, mas por volta de 518 satrápias tão distantes quanto Jônia e Egito reconheceram seu domínio. As tropas persas chegaram com suas campanhas militares bem a oeste, como o rio Danúbio, mas foram derrotadas pelas forças gregas em Maratona em 490. Um imenso baixo-relevo num alto penhasco em Behistun (moderna Bisitun) na rota comercial Ecbátana-Babilônia retrata Dario, sob a proteção de Ahura Mazda, calcando Gaumata, com nove líderes rebeldes presentes; a inscrição em persa antigo, o acádico e elamita provou ser inestimável na interpretação dessas línguas antigas. Em seguida a paz prevaleceu no Império até a primeira revolta jônia (500-494), que terminou com a destruição de Mileto.

Dario foi um hábil administrador que reorganizou o Império em 22 satrápias. Uma boa rede de estradas, serviço postal real e o uso do aramaico como língua do governo (substituindo o elamita) serviu para promover eficiência. Dario introduziu sistemas unificados de cobrança de impostos, pesos e medidas e moeda. Floresceu o comércio, foram estabelecidas casas bancárias e Dario fez construir um canal ligando o rio Nilo ao mar Vermelho. Um suntuoso palácio foi construído em Susã em 521 e o trabalho da nova capital em Persépolis (Parsa) foi começado em 518. Durante o reinado de Dario, foi que a reconstrução do templo de Jerusalém finalmente foi empreendida com o retorno dos exilados; quando os oficiais locais contestaram a obra, Dario ordenou sua continuação (Ed 5:1–6:15). Quando Dario morreu, a Pérsia estava no auge de sua expansão territorial e riqueza material. Suas fronteiras iam dos rios Indo e Jaxartes (Syr Darya) no leste do Egito e do Egeu, no oeste, e do Golfo Pérsico, no sul, ao mar Cáspio e Negro, no norte. Todos os reis persas depois de Dario estiveram envolvidos em manter o tamanho e o prestígio que o Império havia atingido em seu reinado.

Anteriormente vice-rei da Babilônia, Xerxes I (485-465) governou o Egito e a Babilônia com mão de ferro. Em 480, um exército persa, acompanhado por navios servidos por fenícios, egípcios, jônios e cipriotas se deslocou contra a Grécia. Após uma demora temporária em Termópila, os persas tomaram Tebas e Atenas. Entretanto, os reveses sofridos em Salamina, Mileto, Plateia e Micale forçaram Xerxes a abrir mão do centro de todas as terras além da Ásia Menor. Ele foi assassinado em 465 e sucedido por Artaxerses I.

Na maior parte do início do seu reinado, Artaxerxes foi incomodado por revoltas no Egito (460-454), encorajado pelos gregos. Outras rebeliões resultaram na perda de alguns territórios orientais. A paz foi restaurada pelo tratado de Cálias em 449. Dario II subiu ao trono quando a Grécia foi dividida pela guerra do Peloponeso. Apesar da interferência de seu aliado Parysatis, ao passar para o lado dos espartanos, ele conseguiu recapturar várias cidades gregas da Ásia Menor. Governante fraco, Artaxerxes II Mnemom (404-359) enfrentou revolta no Egito que durou sessenta anos e envolveram os egípcios em atividades antipersas com Esparta, Atenas e Chipre. Artaxerxes fez a paz com os gregos em 386, mas sua subsequente invasão do Egito foi enfraquecida pela inteligente defesa do faraó Nectanebo I. Governante desumano, porém ambicioso, Artaxerxes III Ochus (359-338) organizou outra expedição contra o Egito. Nectanebo II repeliu suas forças em 351 e os egípcios continuaram sua tradição de causar inquietação contra a Pérsia ao apoiar uma revolta na Fenícia. Artaxerxes finalmente derrotou os egípcios em 343, mas foi assassinado em 338 por Bagoas, seu ministro e eunuco. Suas tropas foram derrotadas por Alexandre, o Grande, na batalha de Isso, Dario III Codomano (336-330) fugiu para Bactria, onde morreu, o último da dinastia Aquemênida. Alexandre capturou Persépolis em fevereiro de 330 e mandou seus tesouros para Ecbátana.

Pérsia pós-aquemênida. A morte de Alexandre, em 323, aliviou a Pérsia do domínio grego. Os selêucidas retiveram o controle da região, porém por curto espaço de tempo. Os partos do leste do Irã estabeleceram sua capital em Ctesiphon (Casifia) e, sob a dinastia arsácida, gradualmente tomaram o controle do país. Os partos renovaram o comércio no Irã e serviram como intermediários no comércio entre o Mediterrâneo e o Extremo Oriente, que estava centrado na cidade de Dura-Europos, no meio Eufrates.

A absorção romana da Síria levou a várias tentativas malsucedidas de estender a influência romana na Pérsia. No ano 40 a.C., os partos, que invadiram a província romana da Síria, foram considerados libertadores pelos judeus. Eles colocaram Antígono, filho de Aristóbulo, no trono de Jerusalém (40-37) e deram apoio militar àquela cidade durante o cerco de Tito. Judeus e partos trabalharam juntos contra Roma durante os reinados de Trajano e Adriano.

Os partos foram sucedidos pelos sassânidas (223-651 d.C.), que anexaram parte do noroeste da Índia, norte da Mesopotâmia e Armênia. Em suas batalhas contra Roma, eles capturaram o imperador Valeriano (260).

Religião. Inicialmente, Índia e Pérsia compartilharam várias divindades, como era comum no antigo Oriente Próximo. A certa altura o deus Ahura Mazda foi elevado a uma posição suprema. Entre outras divindades estavam Mithra (Mitra indiano), deus do contrato e da guerra; Haoma (Soma), personificação de uma bebida embriagante; Anahita, deusa dos rios e da fertilidade e Tishtrya, deus da chuva.

No século VI a.C., o profeta Zaratustra (talvez "aquele que conduz camelos") apareceu em cena. De acordo com a tradição zoroastriana, ele gozou do patrocínio de seu converso, o chefe local Vishtaspa. Os ensinos de Zaratustra, preservados nos Ghatas (a porção mais antiga do Avesta), admoesta as pessoas a se colocarem ao lado do bem contra o mal pelo exercício do livre arbítrio. Outros temas, como os méritos da agricultura e da criação de gado são encontrados nos discursos de Zaratustra.

Embora o zoroastrismo se incline para o monoteísmo na figura de Aúra-Masda, contém fortes elementos de dualismo, enquanto *aša*, "verdade", se coloca em oposição a *druj*, "falsidade". Não é claro quanto o zoroastrismo foi difundido na dinastia aquemênida, mas Aúra-Masda aparece em muitos relevos e inscrições.

Bibliografia. G. g. Cameron, *History of Early Iran* (1936, repr. Chicago, 1976); J. M. Cook, *The Persian Empire* (New York, 1983); R. N. Frye, *The History of Ancient Iran*. Handbuch der Altertumswissenschaft 3/7 (Munich, 1984); A. T. Olmstead, *History of the Persian Empire* (1948, repr. Chicago, 1959). [ROBERT E. STONE, II]

PÉRSIDE (gr. *Persís*) Cristã de Roma a quem Paulo mandou saudações (Rm 16:12; "a amada Pérside"). O nome era comum entre as escravas romanas.

PERSONALIDADE CORPORATIVA Por aproximadamente um século, os eruditos têm debatido sobre como explicar certos aspectos corporativos da religião e da cultura israelita. Muitas narrativas bíblicas parecem tranquilizadas por exemplos em que o pecado de um indivíduo ou grupo leva à punição de outras pessoas não diretamente envolvidas na ofensa original (Js 7, em que o pecado de Acã leva à execução da totalidade de sua família e à destruição de toda a sua propriedade). H. Wheeler Robinson empregou o termo "personalidade corporativa" como chave conceitual para elucidar esses casos perturbadores. Ele filiou-se firmemente em Emile Durkheim e Lucien Levy-Bruhl, que empregaram a noção de "psicologia primitiva", na tentativa de explicar o totemismo entre os chamados povos primitivos. De acordo com esses antropólogos, as tribos com uma religião totêmica habitavam numa realidade psíquica muito diferente daquela em que os seres humanos modernos viviam. Essa mentalidade primitiva foi descrita como "pensamento sintético" ou "unidade psicológica", sugerindo uma incapacidade do indivíduo em separar-se totalmente da natureza, e especialmente de diferenciar-se de outros membros do seu clã e das espécies totêmicas que representavam seu clã. Frequentemente essa psicologia totêmica foi chamada de "pré-lógica" e considerada um tipo de união mística com a realidade como um todo. Robinson claramente nunca sugeriu que a religião israelita antiga fosse totemista, de forma alguma. Contudo, ele plenamente cria que o Israel antigo, especialmente no período mais primitivo, mostrou uma psicologia muito semelhante, ou talvez até a mesma psicologia que os antropólogos creem que encontraram entre as tribos "primitivas".

Robinson e outros aplicaram essas noções como um tipo "cura todas as coisas" invocado para resolver uma multidão de problemas de interpretação no AT. As críticas nivelaram a noção de personalidade corporativa em quatro categorias: (1) Essa teoria cria uma falsa dicotomia entre a ideia do indivíduo e a ideia do grupo, e deixa a impressão de que a sociedade israelita tinha pouca consciência do individuo até o período bíblico posterior; (2) Os vários casos reunidos sob o conceito de personalidade corporativa são algumas vezes melhor explicados pelas ideias tais como culpa de sangue, concepções antigas de direitos de propriedade, e violação dos tabus de santidade; (3) A noção de personalidade corporativa veio de determinadas ideias antropológicas reconhecidas como falazes; (4) Robinson usou o termo de um modo impreciso e assim empregou diferentes sentidos do termo para resolver diferentes tipos de problemas. Dessa maneira, ele esvaziou o termo de qualquer significado claro e, assim, de qualquer utilidade.

Responsabilidade Corporativa. Embora o termo personalidade corporativa seja raramente usado atualmente, os eruditos ao estudar as narrativas bíblicas que envolvem a transferência de pecado de um indivíduo ou grupo para outras pessoas ou para gerações posteriores ainda empregam o termo responsabilidade corporativa. O termo personalidade corporativa foi mais problemático por causa das conotações psicológicas, que sozinhas tornam preferível o uso da responsabilidade corporativa.

Infelizmente, esse termo também apresenta alguma ambiguidade. Ele pode significar que uma pessoa poderia ser responsável pela ação de sua comunidade ou parte dessa comunidade porque ela não era reconhecida como indivíduo com direitos individuais; ou poderia significar um indivíduo, embora não diretamente envolvido, que poderia sofrer as consequências geradas pelos delitos de sua comunidade. Embora essa ambiguidade exista, o termo é ainda útil contanto que deixe claro exatamente qual é o significado que uma pessoa tem em mente. Claramente o AT tem exemplos de ambos os tipos de responsabilidade corporativa e alguns exemplos em que ambos os tipos parecem ser mostrados ao mesmo tempo. Nenhum termo moderno jamais será totalmente adequado para explicar todas as complexidades do conceito do AT sobre o relacionamento do indivíduo com a comunidade, mas esse termo realmente parece apreender alguns elementos importantes da mentalidade bíblica.

Individualismo. Um dos aspectos mais importantes sobre como o AT entende o relacionamento do indivíduo com a comunidade maior é a questão sobre se havia um movimento que se afastava de um tipo mais "primitivo" de coletivismo e para com um tipo de individualismo. Os eruditos têm visto frequentemente textos como Josué 7; 2Samuel 21:1-14 — em que uma violação de ritual é seguida por algum tipo de punição corporativa — como advogando um conjunto de ideias primitivas que foram finalmente suplantadas por um impulso religioso individualizado superior. Aqueles que argumentam em favor dessa posição tendem a rotular teologicamente textos difíceis como Josué 7 como aberrações e exceções que não refletem os aspectos mais elevados da religião de Israel vistos em textos como Deuteronômio 24:16; Jeremias 21:29-30; Ezequiel 18. Esses últimos são entendidos como sinais para uma mudança radical em direção a um novo individualismo que rejeita os modos de pensamento corporativos mais antigos. Esse ponto de vista é historicamente inexato e teologicamente problemático. No lado histórico, parece estranho um período exibir um crescente individualismo e ser o mesmo em que os textos atribuídos ao autor Sacerdotal (P) do Pentateuco afirme o conceito de solidariedade comunitária (Lv 4). Esse período também viu a edição final de Deuteronômio e a história deuteronomista, cada um utilizando noções de responsabilidade corporativa. Se na verdade os indivíduos começaram a emergir durante o final do século VI, por que esse individualismo deixou tão pouca impressão sobre a vasta literatura produzida durante o período do Segundo Templo? Aquelas passagens dentro das camadas finais do AT dão suporte à ideia de responsabilidade comunal (Dn 6:25; Et 9:7-10), e que esta visão está ainda bem viva nos tempos do NT (Mt 23:29-36; João 9:2; 1Ts 2:14-16) e além (Lev. Rab. 4.6; b. Sanh. 43b-44ª; Tanna Debe Eliyyahu 12), sugere que não havia nenhuma simples progressão linear desde o corporativo mais antigo até as formas individualizadas mais posteriores de retribuição. O fato de os eruditos terem argumentado em favor de tal progressão em face de muita evidência contrária, sugere uma tendência em alguns eruditos bíblicos modernos. Certos eruditos aparentemente têm sido influenciados por ideias que valorizam o individualismo e implicitamente rejeitam as alegações da comunidade assim como as ideias de evolução social linear e progressiva.

Antes de rejeitar totalmente todas as noções corporativas como primitivas, uma pessoa deveria observar a centralidade dessas ideias corporativas na teologia israelita. Em muitos aspectos, o conceito da misericórdia divina é atribuído a um ser tratado como membro favorecido do grupo, ao invés de ser julgado exatamente de acordo com os seus próprios méritos. Exatamente esse conceito permanece por trás das noções tais como a promessa de Deus após o Dilúvio (Gn 8:2; Is 54:9-10), a eleição de Israel especialmente quando se relaciona com a promessa aos patriarcas (Dt 9:4-5), e a vontade de Deus em restaurar Israel após o exílio (Dt 4:29-31; Jr 31:31-34; Ez 36:22-32). Adicionalmente, a ideia corporativa da retribuição divina reconhece que os seres humanos inevitavelmente cometem pecados e, assim, dependem de não serem julgados de acordo com seus caminhos (Jó 4:12-21; 7:17-21; 1Rs 8:45-53; Sl 51:1-14 [TM] 3-16; 103:8-14; 130:3; Jr 10:24). Na verdade, deveria ser reconhecido que, porque a teologia do AT é fundamentalmente corporativa em sua perspectiva, a ênfase bíblica sobre a relação de Deus com uma comunidade particular não pode ser tratada como uma ideia antiga que agora é irrelevante. A mensagem do AT não é direcionada para uma configuração indefinida de indivíduos, mas para uma comunidade viva chamada de povo de Israel.

Os escritores bíblicos estavam conscientes de que a nossa individualidade pode somente ser entendida em relação às várias coletividades em que participamos e que ser humano significa que o indivíduo é ligado com outras pessoas através das consequências que fluem das ações de cada pessoa. Mas isso não significa que a Bíblia ignora a importância do indivíduo. A Bíblia tem uma teologia bem matizada do relacionamento entre o indivíduo e a comunidade. Ao invés de trabalhar com as passagens mais individualistas dentro da Bíblia contra aquelas que refletem uma visão mais corporativa, uma pessoa pode ver o modo em que esses elementos qualificam e complementam uma a outra.

Bibliografia. J. S. Kaminsky, *Corporate Responsibility in the Hebrew Bible*. JSOTSup 196 (Sheffield, 1995); G. Matties, *Ezekiel 18 and the Rhetoric of Moral Discourse*. SBLDS 126 (Atlanta, 1990); J. R. Porter, "The Legal Aspects of the Concept of 'Corporate Personality' in the Old Testament", *VT* 15 (1965), 361-80; H. W. Robinson, "The Hebrew Conception of Corporate Personality", em *Corporate Personality in Ancient Israel*, ed. rev. (Philadelphia, 1980), 25-44. [JOEL KAMINSKY]

PERUDA (heb. *pĕrûdā'*) Forma alternativa de Perida (Ed 2:55).

PÉS DESCALÇOS Alguns israelitas normalmente usavam sapatos (sandálias) para a prevenção de doenças e problemas no pé, mas em outras vezes eles andavam descalços. O estado de estar descalço simbolizava pobreza. Às vezes, estar sem sapatos, também sugeria que se estava capturado (2Cr 28:15). Quando estar descalço era uma autoimposição, significava a expressão de lamentação (Ez 24:17, 23), vergonha (Is 20:2-4; 2Sm 15:30), e a reverência pelo que é santo (Êx 3:5; Js 5:15; At 7:33). Remover o sapato de alguém servia para confirmar uma aquisição de terra (Sl 60:8 = 108:9). Em Rute 4:7-8, o redentor cede seu direito de redenção a Boaz por tirar o seu sapato. A sandália de um homem que se recusar a exercer os deveres do seu levirato é forçosamente removida pela esposa de seu irmão falecido, por meio disso marcando-o como uma pessoa de vergonha (Dt 25:9-10).

A escolha da pobreza pode ser uma parte do discipulado cristão. Em Lucas 10:4, os Setenta discípulos são instruídos a ir sem sapatos como expressão de sua vulnerabilidade e dependência de Deus. Contudo, aos Doze discípulos é permitido ter sandálias (Mc 6:9). Ambas as passagens podem sugerir que os sapatos eram uma necessidade para as pessoas na antiga Judá. [NICOLE J. RUANE]

PESCA A pesca acontecia em água fresca, ocasionalmente no rio Jordão e seus tributários, mais frequentemente no lago Hule, especialmente no mar da Galileia (Mt 4:18; Mc 1:16). O peixe era uma fonte barata de proteína de alta qualidade e comumente servida com pão (Mt 14:17 par.; Jo 21:9-13; cf. Mt 7:9-10). Os hebreus desejaram o peixe do Nilo (Nm 11:5). O mar Vermelho e o Mediterrâneo venderam peixe em Jerusalém, que provavelmente eram peixes marinhos salgados e defumados do mediterrâneo (Ne 13:16). Jerusalém tinha provavelmente um mercado de peixe localizado próximo à Porta dos Peixes (2Cr 33:14; Ne 3:3; Sf 1:10), a localização exata do qual é desconhecida, mas pensada ser uma das entradas principais da cidade localizada próxima à Porta de Damasco. É possível também que o peixe tenha sido cultivado em reservatórios naturais e construídos, para o qual existe pouca evidência na arte egípcia e assíria. Os romanos usaram grandemente esse método, e elaborados reservatórios de peixe estavam localizados em Roma, durante o tempo de Nero e Trajano.

O peixe era normalmente obtido por três métodos: redes, gancho e linha e arpões. As redes eram de três variedades: rede de isca, rede de guelra, e rede de reboque. A rede de isca (gr. *amphíblēstron*) era pequena, circular, segurada à mão lançada de um barco ou em água rasa (Mt 4:18). A rede de guelra, ou rede fina (*díktyon*), era uma longa rede com boias que iriam ser suspensas e ser deixadas na noite. O peixe de tamanho apropriado era pego na rede, à medida que tentavam nadar através dela (Mt 4:20-21). A rede de arrastão (*sagḗnē*), era uma rede longa, atada aos barcos, puxada em um semicírculo, e rebocada à margem capturando diferentes tipos de peixe (Mt 13:47-48). Construir, limpar (Lc 5:2), reparar, e secar essas redes era muito trabalhoso(Ez 47:10). Os peixes eram pegos em ganchos atados às linhas (Jó 41:1-2 [TM 40:25-26]; Is 19:8). Essas linhas deviam ser seguradas pela mão porque os paus e as varas de pesca nunca são mencionados. Os ganchos podiam ter sido iscados ou usados para prender peixe (Mt 17:27). Os peixes também eram pegos com arpões ou em água rasa ou a partir de barcos (Jó 41:7, 26 [40:31; 41:18]).

João, Tiago, Pedro e André eram todos pescadores, mas Jesus os comissionou para se tornarem "pescadores de homens" (Mt 4:19; Mc 1:17). A pesca era um trabalho difícil, e aqueles que se engajavam nela eram considerados incultos. A ocupação de um pescador era uma das "ocupações mais vergonhosas", de acordo com Cícero (cf. At 2:7).

Bibliografia. P. F. Anson, *Christ and the Sailor: A Study of the Maritime Incidents in the New Testament* (Fresno, 1954); F. S. Bodenheimer, *Animal and Man in Bible Lands* (Leiden, 1960); O. Borowski, *Every Living Thing: Daily Use of Animals in Ancient Israel* (Walnut Creek, Calif., 1998); J. D. Wineland, "Hunting and Fishing", in *By the Sweat of Thy Brow*, org., G. L. Mattingly (Sheffield, em breve). [JOHN D. WINELAND]

PESHITA Tradução aramaica da Bíblia. Essa antiga tradução aramaica oriental é a segunda mais antiga das primeiras versões e um dos mais antigos documentos da literatura síria. A palavra peshitta (pronúncia oriental, nestoriana; cf. Jacobita "Peshitto") funciona como adjetivo que significa "simples". A tradução foi aparentemente a "versão simples", ou "comum". (Muitos acreditam que a designação foi para distinguir essa versão aramaica padrão da mais sofisticada, anotada Siro-Hexapla).

É assunto de discussão onde e quando teve origem a tradução, e por que e por quem a tradução foi feita. O consenso é que a Peshita foi o trabalho de mais de um tradutor e produzida durante um prolongado período de tempo, possivelmente já no primeiro ou segundo século d.C. A evidência mostra que os livros bíblicos foram traduzidos individualmente e que a tradução aponta para um original hebraico muito próximo ao TM. Alguns livros mostram ligação com tradições judaicas targúmicas; outros dão evidência da influência da LXX. O debate continua quanto a se a Peshita é uma tradução judaica ou cristã.

O valor da Peshita para a crítica textual e ao estudo da história textual tem sido reconhecido pelos estudiosos desde o século XVI. A Peshita não é somente uma testemunha textual por si só, mas estudos aramaicos de sua primeira versão fornecem percepção à história do texto e das tradições hebraicas textuais que se afastam do TM. *Ver* VERSÕES ARAMAICAS.

Bibliografia. P. B. Dirksen, "The Old Testament Peshita", in Mikra, Ed. M.J. Dirksen et al., Eds., *The Peshita: Its Early Text and History*. Monographs of the Peshita Institute 4 (Leiden, 1988). [DENNIS R. MAGARY]

PESOS E MEDIDAS A averiguação de massa, distância e capacidade. Embora fixar padrões exatos de pesos e medidas bíblicos seja apenas tentativa, as aproximações podem derivar de três fontes: o AT e o NT; outras fontes do antigo Oriente Próximo (especialmente as metrologias egípcias e mesopotâmicas) e a arqueologia.

MEDIDAS LINEARES. O côvado representa o comprimento médio do antebraço de uma pessoa, do cotovelo à ponta do dedo e serve como forma predominante de medida linear no antigo Oriente Próximo. Embora esse comprimento varie consideravelmente, a evidência tanto da arqueologia como da literatura sugere um comprimento médio para o côvado comum de 0,445 m. Para medidas lineares menores, o côvado é dividido em dois palmos, que representa a distância máxima entre o polegar e o dedo mínimo com a mão aberta (Êx 28:16). Assim, quando Golias é descrito com seis côvados e um palmo de altura, isto se transforma em 2,9 m (1Sm 17:4). O côvado é também dividido em seis larguras da mão (Êx 25:25; 2Cr 4:5), sendo que 1 largura da mão é formada por 4 dedos (Jr 52:21).

Para medidas lineares maiores que o côvado, uma braça representa a distância coberta pelos braços abertos (At 27:28), cerca de 4 côvados, enquanto uma cana consiste de 6 côvados (Ez 40:3, 5-7; 42:16-19). Consequentemente, o côvado comum produz as seguintes conversões: 1/6 da cana = ¼ da braça = 1 côvado = 2 palmos = 6 largura da mão = 24 dedos. O quadro é complicado pelo fato de haver dois (tipos de) côvados no Egito e na Mesopotâmia, sabemos por Ezequiel 40:5; 43:13 que existia um côvado mais comprido medindo 7 larguras da mão em vez de 6. Essa medida mais comprida é frequentemente mencionada como o côvado real.

Distâncias mais longas no AT são aproximadas por tiros de flecha (Gn 21:16); o comprimento de uma jeira (1Sm 14:14), terreno lavrado em um dia (1Rs 19:4; Jn 3:4; Lc 2:44) e três dias de trabalho (Gn 30:36; Jn 3:3). No NT, o estádio representa 400 côvados, cerca de 183 m (Lc 24:13; Jo 6:19; 11:18; Ap 14:20; 21:16). A milha romana em Mateus 5:41 representa 1.481 m.

PESOS. O peso de objetos menores era normalmente determinado no antigo Oriente Próximo com o uso de balanças portáteis. Tais dispositivos aparentemente consistiam de uma barra que apoiavam dois pratos. São feitas referências a balanças em várias passagens do AT (Lv 19:36; Jo 6:2; 31:6; Sl 62:9 [10]; Pv 11:1;16:11; 20:23; Is 40:12; Ez 5:1; 45:10; Dn 5:27; Os 12:7 [8]; Am 8:5; Mq 6:11). O sistema israelita de pesos foi em grande parte emprestado de seus vizinhos mesopotâmios, visto que os benefícios criados por uma metrologia padrão aumentou grandemente o comércio para todos os participantes. No entanto, embora os israelitas mantivessem a terminologia mesopotâmica para seus pesos, parece que reinstalaram seus valores. O sistema mesopotâmico era sexagesimal, isto é, tinha o número 60 como base. Os israelitas parecem ter incorporado um sistema quinquagesimal, onde a base era 50. Assim, no sistema mesopotâmico um talento consistia de 60 shekels, quando no antigo Israel o talento valia somente 50.

O siclo foi de longe o peso mais comum na Bíblia, e os siclos de prata o método mais comum de pagamento. A palavra hebraica é derivada de uma raiz que significa "pesar". Todavia, assim como havia dois côvados empregados para medidas lineares, havia, às vezes, dois pesos separados designados para o siclo. É feita referência ao siclo do santuário em Êxodo 30:24; 38:25-26, como é o siclo "segundo o peso real" em 2Samuel 14:26. Esses pesos parecem ser ligeiramente maior do que o peso médio para o siclo comum de 11,405 g.

O peso maior na Bíblia é o talento, que valia 50 siclos. A palavra "talento" vem do grego *tálanton*, "peso". O termo hebraico é *kikkār*, lit., um "objeto redondo", em referência à forma comum circular do peso. Para pesos menores, existe uma referência a um pim como o preço para afiar ferramenta (1Sm

A B C D E F G H I J K L M N O P Q R S T U V X Y Z

13:19-21). Um pim tem em média 7,8 g, cerca de 2/3 de um siclo. O siclo divide-se também em 2 bekah, palavra que significa "dividir" (Gn 24:22; Êx 30:13-15; 38:26). Finalmente, 20 geras compõem um siclo de acordo com Êxodo 30:13; no entanto, a arqueologia fornece evidência de que em maior parte do período do AT houve 24 geras no siclo médio.

Existem bem poucas referências a peso no NT. O talento grego equivalia a 6.000 dracmas (Mt 18:24; 25:15-28). O peso exato de uma mina (Lc 19:13-25) é incerto. A libra (gr. *lítra*) de unção era igual a 340 g (Jo 12:3; 19:39).

Área. A medida de área de superfície é escassamente confirmada no AT, e completamente ausente no NT. No AT, duas referências aproximam a área de terra por uma jeira (1Sm 14:14; Is 5:10; cf. Sl 129:3). A jeira provavelmente representa a quantidade de terra que uma junta de bois podia arar num dia, ou menos que um acre. O único outro método de determinar a área de terra no AT é estimando a quantidade de semente necessária para semeá-la (1Rs 18:32; Is 5:10).

Secos. O ômer serve como expressão padrão de capacidade para secos no AT. A palavra "ômer" é cognata de "jumento" e serve como uma aproximação para a carga normal carregada por este animal. O coro tem valor igual ao ômer, ambos medindo cerca de 220 l. (Ez 45:14). O padrão ômer/coro divide-se em 2 *leteks* (Os 3:2), 10 efas (Ez 45:11-14) e 30 medidas (Gn 18:6). O gômer representa a ração de um dia de grão, ou 1/100 de um ômer (Êx 16:16-18). A unidade menor parece ser o *kab*, citado apenas uma vez no AT (2Rs 6:25). O *kab* mede somente 1/180 de um ômer. Assim, chegamos às seguintes conversões para medidas no AT de secos: 1 ômer = 2 leteks = 10 efas = 30 medidas = 100 ômeres = 180 *kabs*.

No NT, o grego *módios* é empregado para alqueire (Mt 5:15; Mc 4:21; cf. Lc 11:33). O modios é convertido para cerca de 7,4 l.

Líquidos. A medida padrão para líquidos no AT é o bato, equivalente a 22 l (1Rs 7:26, 38; 2Cr 2:10 [9]; 4:5; Is 5:10). A palavra "bato" deriva da palavra hebraica para "filha" e, possivelmente, representa a quantidade de jarros de água carregados do poço (cf. 24:15, onde a jovem Rebeca desempenha essa tarefa). Medidas maiores são novamente expressas pelo ômer, o mesmo termo usado para medida de secos (Ez 45:11, 14). O ômer líquido é composto de 10 batos. Unidades menores do que o bato incluem o him, medindo 1/6 de um bato (Êx 29:40; 30:24; Lv 19:36; 23:13; Nm 15:4-7, 9, 10; 28:5, 7, 14). O him divide-se em 12 logues (Lv 14:10, 12, 15, 21, 24). Assim, para o AT chegamos às seguintes conversões para medida de líquidos: 1/10 do ômer para líquidos = 1 bato = 6 hims = 48 logues.

No NT *metrētēs* tem sido estimado conter algo entre 38 a 115 l. (Jo 2:6). Um valor um pouco mais preciso pode ser atribuído ao *choínix* (NRSV "quart"), que equipara a 95 l (1 quarto; Ap 6:6).

Unidades de pesos e medidas com sistema métrico aproximado

NOME BÍBLICO	PESO OU MEDIDA BÍBLICA	PESO OU MEDIDA MÉTRICA
	PESO	
Antigo Testamento:		
Gera	-	0,57 g
Bekah	10 geras	5,7 g
Pim	1,33 *bekahs*	7,8 g
Siclo (*shekel*)	2 *bekahs*	11,4 g
Novo Testamento:		
Mina	50 siclos	571,2 g
Talento	60 minas	34,27 kg
Libra[1]	-	340 g
	LINEAR	
Antigo Testamento:		
Dedo	-	1,85 cm
Largura da mão	4 dedos	7,4 cm
Palmo	3 larguras da mão	22,2 cm
Côvado	2 palmos	44,5 cm
Côvado longo	7 larguras da mão	51,9 cm
Cana	6 côvados	2,7 m
Novo Testamento:[2]		
Côvado	-	42-48 cm
Braça	4 côvados	1,8 m
Estádio	400 côvados	183 m
Milha	8 estádios	1.480 m
	CAPACIDADE (secos e líquidos)	
Antigo Testamento:		
Qab	4 *logues*	1,2 l
Ômer	0,1 efa	2,2 l
Medida (*Seah*)[3]	2 *him*	7,3 l
Efa	3 *sehas*	22 l
Letek	5 *efas*	110 l
Coro/Hômer	10 *efas*	220 l
Novo Testamento:		
Modios (alqueire)	-	7,4 l
Antigo Testamento:		
Logue	-	0,3 l
Him	12 logues	3,6 l

1. Gr. *lítra* também representa uma unidade de capacidade equivalente a cerca de 0,5 l.
2. As medidas lineares no NT diferem se forem usadas unidades romanas, gregas ou palestinas.
3. Refere-se também a um "décimo" (p.ex., de um efa)

Bato	3 *seahs*	22 l
Hômer	10 batos	220 l
Novo Testamento:		
Choinix (medida)	-	0,95 l
Modios (*galões* na NRSV)	-	38-115 l

Bibliografia. G. Barkay, "Iron Age Gerah Weights", *ErIsr* 15 (1981): 288-96, 85*; W. G. Dever, "Iron Age Epigraphic Material from de Area of Khirbet El-Kôm", *HUCA* 40-41 (1969-70): 139-204; R. B. Y. Scott, "Weights and Measures of the Bible", *BA* 22 (1959): 22-40. [MICHAEL M. HOMAN]

PESTE Na Bíblia, peste (heb. *deḇer*, *māweṯ*; gr. *loimós*; *thánatos*) é normalmente uma referência à intervenção divina na história humana na forma de enfermidade física com o objetivo de punir o comportamento impróprio do ser humano. A peste está sempre associada a outras calamidades (Êx 9:3-15; Lv 26:25; Am 4:10; Hc 3:5; Lc 21:11). Ela serviu também como ameaça para produzir comportamento humano correto (Nm 14:12; cf. 16:46).

Embora a peste e a praga estejam com frequência associados em antigos escritos, alguns escritores modernos argumentam que isto não significa que as duas sejam permutáveis. Flagelos como a peste bubônica, cólera, disenteria, varíola e tifo são geralmente descritos como "pragas", enquanto "peste" está com mais frequência associada a doenças resultantes de suprimento de água contaminada que quase sempre acompanham o cerco de uma cidade. Entretanto, algumas passagens se referem à praga bubônica e varíola como formas de peste. Poderia muito bem ser que a antiguidade não fizesse distinção entre "peste" e "praga" (cf. lat. *pestilentia*, que está relacionada a pestis, "praga"). [THOMAS B. SLATER]

PETAÍAS (heb. *pĕṯaḥyâ*) **1.** O líder da décima nona divisão sacerdotal durante os dias de Davi (1Cr 24:16).

2. Levita entre os que se divorciaram de suas esposas estrangeiras sob a instrução de Esdras (Ed 10:23).

3. Levita que participou da confissão conjunta de pecados sob Esdras (Ne 9:5). Provavelmente ele é o mesmo que 2 acima.

4. Homem da tribo de Judá, filho de Mesezabel. Ele foi um administrador pós-exílico para o rei da Pérsia na Judeia, talvez um conselheiro da corte persa (Ne 11:24).

PETOR (heb. *pĕṯôr*; ac. *Pitru*) Lugar na margem ocidental do rio Eufrates, no norte da Mesopotâmia, onde habitava Balaão (Nm 22:5; Dt: 23:4). Ele é mencionado numa lista do faraó Tutmósis III, conquistado em 586 a.C. O local pode ser Tell Ahmar, 19 km ao sul de Carquemis.

PETRA (gr. *Pétra*) Antiga capital no deserto a sudeste da moderna Jordânia. O vale de Petra foi certamente ocupado desde os tempos neolíticos, mas ganhou dos edomitas bíblicos sua primeira importância como fortaleza, se não como capital. A alta montanha hoje chamada de El-Habis é considerada por alguns como a bíblica Sela, de cujo pico acredita-se que o rei Amazias tenha jogado 10 mil edomitas (2Rs 14:7).

Protegida a leste e a oeste por cadeias de montanha, com uma fenda defensível como entrada e grandes fontes e próxima às mais importantes rotas comerciais da época, Petra oferecia segurança e potencial para o empreendimento comercial. Nos últimos tempos, o local serviu como sede de uma aliança entre um grupo beduíno seminômade que por ali chegou pelo litoral da península arábica, e dos edomitas, sedentários. O amálgama dos dois povos tornou-se conhecido como os nabateus, com os dissidentes edomitas retirando-se para o sul da Palestina e tornando-se conhecidos como os edumeus. Por meio de iniciativas comerciais bem-sucedidas, especialmente por causa do lucrativo comércio do olíbano e da mirra, Petra tornou-se urbanizada, muito provavelmente durante o reinado do rei Aretas IV (séc. IX a.C.– 40 d.C.).

O relativo isolamento no deserto oriental permitiu aos nabateus escapar da imediata ocupação por Roma, depois da invasão de Pompeu em 64 a.C., mas a influência greco-romana na arte, na arquitetura e praticamente em todos os aspectos da vida diária foi trazida a Petra pelos mercadores. No final das contas, o imperador Trajano foi forçado a consolidar as regiões orientais do Império e Petra foi oficialmente ocupada em 110 d.C. Nem essa ocupação ou a influência bizantina posterior, entretanto, teve muito efeito sobre a vida diária dos nabateus.

Em 19 de maio de 363, um grande terremoto destruiu a cidade. Escavações modernas indicam que nenhuma reconstrução importante foi feita, e a ocupação desde então foi relativamente pequena.

No fim do século VI, a influência cristã resultou no ressurgimento de Petra e, pelo menos duas igrejas foram construídas, mas com a conquista islâmica, o local deixou de ser de importância estratégica. O período dos Cruzados trouxe novo interesse à área devido sua proximidade a rotas de caravanas muçulmanas, passíveis de taxação. Foi construído um grande forte quase fora da margem ocidental do vale, com um menor localizado no topo de el-Habis, dentro do antigo centro da cidade. Por volta desse período Petra tinha acumulado considerável folclore bíblico, especialmente ligado a Moisés e ao Êxodo, que ela mantém até hoje.

A B C D E F G H I J K L M N O **P** Q R S T U V X Y Z

Com a queda do império latino, Petra desapareceu da paisagem ocidental, e só com a viagem épica de Johann Burchardt em 1812 é que o local foi "redescoberto" e o interesse em seu povo reviveu. Devido à situação política da região, não foram possíveis escavações em Petra até as iniciadas em 1929 por George Horsfield, durante as quais a cerâmica especial e fina lá encontrada tornou-se a marca de identificação dos sítios arqueológicos nabateus pela Síria/Palestina. Petra hoje desfruta a posição de um dos mais importantes locais turísticos do Oriente Médio, tanto por sua beleza natural como pela imponência de seus monumentos entalhados na rocha. [PHILIP C. HAMMOND]

PETUEL (heb. *pĕṯûʾēl*) O pai do profeta Joel (Jl 1:1).

PEULETAI (heb. *pĕʿullĕṯay*) O oitavo filho de Obede-Edom, porteiro cuja família foi incumbida da porta sul e dos depósitos do templo (1Cr 26:5, 15).

PIA Vaso ou bacia usado para lavagem cerimonial associada tanto ao tabernáculo do deserto (Êx 30:17-21) como ao templo de Jerusalém (1Rs 7:38, 39; 2Cr 4:6). Em uma ocorrência, a palavra hebraica kiyyôr se refere a uma plataforma de bronze sobre a qual Salomão ficou em assembleia solene para fazer sua oração de dedicação do templo (2Cr 6:13). O termo pode também ter associações mais profanas, referindo-se a um caldeirão ou panela de ferro (1Sm 2:14; Zc 12:6).

A pia cerimonial associada ao tabernáculo do deserto tinha de ser feita de bronze e colocada entre a tenda da revelação e o altar para que Moisés, Arão e seus filhos pudessem lavar as mãos e os pés sempre que se aproximassem do altar ou entrassem na tenda da revelação (Êx 30:18-21; 40:30-32). O caráter sagrado da pia é indicado pela habilidade divinamente inspirada exigida para sua construção (Êx 31:1-11) e a ordem para ungi-la com outras mobílias do tabernáculo (30:22-29; 40:9-11).

O templo de Salomão tinha dez pias cerimoniais usadas antes de tudo para a lavagem dos itens associados às ofertas queimadas (2Cr 4:6). Aqui, o foco é no esplendor das pias em vez do seu caráter sagrado, como no tabernáculo. As dez pias de bronze tinham capacidade, cada uma, de quarenta batos (cada bato correspondia a cerca de 23 litros), e cada uma delas se apoiava sobre sua própria base de bronze com rodas (1Rs 7:27-37). Estas bases elaboradas foram saqueadas por Acaz séculos depois em sua tentativa de subornar o rei da Assíria (2Rs 16:17). [KEVIN D. HALL]

PI-BESETE (heb. *pî-ḇeset*) Cidade no Baixo Egito no braço extremo oriental do Delta do Nilo, na moderna Tell Basta; 1,5 km a sudeste da moderna Zagazig e a 63 km a norte-nordeste do Cairo. Pi-Besete (egip. *Pr-Bzst*, "casa de Bastet (a deusa-gato]") é mencionada com On, outra cidade no Baixo Egito, na profecia de Ezequiel contra o Egito (Ez 30:17).

PICHE Substância combustível que ocorre naturalmente, usada na antiguidade como adesivo e selante. As palavras relacionadas em português "asfalto" e "alcatrão" refletem um pouco da natureza do material. O piche era aparentemente comum na área do Mar Morto, mas também estava disponível em outras regiões e era usado por povos diferentes. Palavras para piche aparecem tanto em acadiano quanto em árabe e, as referências ao seu uso existem na história do dilúvio babilônico. Na narrativa bíblica, Noé teve de revestir a arca com piche (heb. *kōp̄er*) para calafetá-la (Gn 6:14), e a mãe de Moisés usou piche para calafetar a pequena "arca" que o manteria durante sua jornada no Nilo (Êx 2:3). Isaías usa riachos de piche para descrever o ardente juízo que Edom sofreria, um juízo que lembraria a destruição de Sodoma e Gomorra (Is 34:9). [WALTER E. BROWN]

PI-HAIROTE (heb. *pî-haḥîrôṯ*) Lugar de acampamento na rota do Êxodo, no Delta oriental, perto de Migdol e Baal-Zefom (Êx 14:2, 9; Nm 33:7, 8). O nome não pode ser identificado com qualquer local conhecido. A LXX e a Siríaca têm textos diferentes, incluindo "a boca de Heritha, o canal (Nm 33:7 Syr.), que pode se referir a valas de irrigação ligadas ao canal oriental (cf. William F. Albright, que sugere ser o nome uma forma semitizada do significado "boca dos canais"; Roland de Vaux, "boca dos barramentos"). [LAWRENCE A. SINCLAIR]

PILÁ (heb. *pilḥāʾ*) Um dos chefes do povo que selou o novo acordo sob Neemias (Ne 10:24 [TM 25]).

PILÃO, O Distrito comercial de Jerusalém (Sf 1:11), denominado provavelmente por sua topografia (depressão em forma de tigela, devido ao uso comum do pilão para a moagem; Pv 27:22; cf. Jz 15:19). A parte norte do vale Tiropoeon tem sido sugerido como sua localização. [JENNIE R. EBELING]

PILATOS, ATOS DE Originalmente escrito em grego, obra apócrifa que sobrevive em muitos manuscritos medievais, a mais antiga do século XII, e traduções em latim, copta, aramaico, armênio e árabe. Em vários manuscritos medievais, é encontrado com outra obra, A Descida de Cristo ao Inferno, e intitulada o Evangelho de Nicodemos. A data é incerta. Justino Mártir (meados do século II) se refere a um Atos de Pôncio Pilatos (Apol. 5, 21), mas os estudiosos estão inseguros que esse seja o mesmo documento. Eusébio se refere ao Atos de Pilatos no início do século IV (HE 1.9.3; 9.5.1). Uma revisão do século V (Recensão B) faz várias mudanças e acréscimos.

A obra segue em linhas gerais as narrativas da Paixão e da Ressurreição dos evangelhos canônicos. O autor depende muito fortemente de Mateus e João, porém conhece a conclusão mais longa de Marcos. Ele expande grandemente seu esboço básico com muito material adicional, e está particularmente interessado em Pilatos, José de Arimateia e Nicodemos.

Quando Jesus é levado perante Pilatos, os estandartes, que trazem imagens do imperador, se curvam perante Jesus. As autoridades judaicas alegam que os portadores dos estandartes os curvaram. Pilatos lhes diz para que escolham doze homens dentre eles mesmos para carregar os estandartes. Quando eles o fazem, os estandartes novamente se curvam por si mesmos perante Jesus.

Depois da crucificação e do enterro, as autoridades judaicas prendem José de Arimateia em um prédio sem uma única janela. Ele escapa e depois lhes conta que o prédio foi levantado do chão e o Jesus ressurreto o deixou sair, o levou para a tumba então vazia, depois para sua casa e o colocou na cama.

Outros judeus contam às autoridades judaicas e ao povo como viram Jesus falar aos seus discípulos no monte Mamlich na Galileia e como ele foi levado corporalmente para o céu. As autoridades se abstêm de julgar isso e o povo louva a Deus por seu cumprimento das Escrituras.

Bibliografia. F. Scheidweiler, "The Gospel of Nicodemus; Acts of Pilate, and Christ's Descent into Hell", in *New Testament Apocrypha*, ed. W. Schneemelcher e R. McL. Wilson, ed. rev., 1 (Louisville, 1991): 501-36. [J. CHRISTIAN WILSON]

PILATOS, PÔNCIO (gr. *Póntios Pilátos*) (Governador ou procurador romano da Judeia, 26-36 d.C. (Mt 27:2; Josefo *Ant.* 18.2.2 [35]; 18:3.1 [55]; *BJ* 2.9.2 [169]; Filon Leg. 299). De acordo com uma inscrição encontrada em Cesareia, foi um *praefectus Iudaeae*, comandante de tropas auxiliares (500-1000 soldados).

O evangelho retrata Pilatos como governador correto, porém fraco, provavelmente para promover relações positivas entre o governo romano e o cristianismo (Mc 15:1-15 par.). Os líderes judeus pedem a sentença de morte para Jesus com base em traição (esp. Lc 23:1, 2). Após o interrogatório, Pilatos declara Jesus inocente; todavia se rende à exigência da multidão pela execução de Jesus. Pilatos concorda em satisfazer a multidão (Mc 15:15), para interromper um tumulto (Mt 27:24), para silenciar o pedido do povo pela morte de Jesus (Lc 23:18-25) e para afirmar sua lealdade ao imperador (Jo 19:12-13). Incidentes adicionais funcionam para tirar de Pilatos a responsabilidade pela morte de Jesus. Em Mateus 27:19-25, Pilatos, dando atenção ao conselho de sua esposa, se dissocia de Jesus e "lava" suas mãos; então a multidão reivindica a responsabilidade por sua morte. Em Lucas 23:6-12, Pilatos manda Jesus para ser julgado por Herodes, que então o devolve a Pilatos sem condenação, confirmando, assim, o julgamento de Pilatos de inocência.

Josefo e Fílon, entretanto, descrevem Pilatos como extremamente ofensivo, cruel e corrupto. Josefo relata que Pilatos violou a lei judaica contra imagens de escultura ao levar para Jerusalém as imagens do imperador atadas aos estandartes romanos (*Ant.* 18.3.1 [55-59], *BJ* 2.9.2-3 [169-74]). De acordo com Fílon, Pilatos ofendeu também os judeus quando colocou escudos com o nome do imperador no antigo palácio de Herodes em Jerusalém (Leg. 299-305). Sua apropriação indébita de recursos do templo para financiar a construção de um aqueduto em Jerusalém provocou uma baderna que deixou muitos judeus mortos (*Ant.* 18.3.2 [60-62]; *BJ* 2.9.4 [175-77]). Após um cruel massacre de samaritanos, Pilatos foi chamado a Roma (*Ant.* 18.4.1-2 [85-89]). Ele não foi nomeado novamente como governador. [EMILY CHENEY]

PILDAS (heb. *pildāš*) Filho de Naor, irmão de Abraão e Milca (Gn 22:22).

PILTAI (heb. *pilṭāy*) O chefe de uma família sacerdotal durante o tempo de Joiaquim, sumo sacerdote pós-exílico (Ne 12:17).

PIM (heb. *pîm*) Unidade de peso igual a dois terços de um siclo, ou cerca de 7,8 g (1Sm 13:21).

PINÁCULO Componente arquitetônico do templo de Jerusalém, lugar aonde o Diabo levou Jesus para uma das três tentações (a segunda em Mt 4:5, terceira em Lc 4:9). O grego *pterýgion*, "pináculo" ou "parapeito", significa literalmente, "asa pequena" e se refere figurativamente à ponta extrema ou bico de alguma coisa. Embora sua localização exata seja desconhecida, desde os tempos bizantinos o pináculo tem sido entendido como o Pórtico Real do templo, no lado sudeste do pátio externo. Josefo descreve *ess peristilo* como um lugar alto de onde se vê uma profunda ravina, provavelmente o vale Cedrom. Outra sugestão é que o pináculo fazia parte da superestrutura ou padieira de uma das portas do templo. [JOHN L. GILLMAN]

PINHEIRO Qualquer das várias coníferas perenes de folhas longas e delgadas, do gênero Pinus. Os pinheiros eram comuns nas terras bíblicas, embora sejam raramente mencionados na Bíblia. O pinheiro-guarda-sol (*Pinus pínea*) cresce no solo arenoso e clima quente da planície costeira da Palestina. Esta árvore se desenvolve no formato de um guarda-chuva chegando a 24 m de altura. Sua casca é marrom-cinza com manchas marrom claro (devido ao descascamento). Suas folhas crescem em pares ao longo da extremidade dos galhos, que termina com um cone redondo marrom lustroso. Em três anos, os cones produzem sementes maduras, comestíveis e comercializadas como pinhões. Ezequiel descreve um navio tírio com o convés feito de madeira de *tĕʼaššûr*, provavelmente o pinheiro-guarda-sol, das costas de Chipre. O cipreste pontudo, a majestosa resistência do tipo de árvore e a copa do pinheiro-guarda-sol sugerem uma imagem adequada da luxuriante riqueza da obra salvadora de Yahweh (Is 41:19; 60:13).

O pinheiro de Alepo (*Pinus halepensis*) prefere um solo úmido e pode resistir a climas mais rudes do que o pinheiro-guarda-sol. Ele atinge a altura de 20 m. A casca cor cinza torna-se marrom avermelhada à medida que se desenvolve. As folhas esparsas crescem aos pares, e os cones produzem sementes aladas que se desenvolvem em dois anos. Os romanos usavam sua madeira forte e durável para contrução de navios, estacas e colunas. A casca é rica em tanino e era largamente usada no processamento de couro. A resina da árvore pode ter sugerido o nome *ēṣ šemen* (lit., "óleo de árvore"), que alguns estudiosos acreditam agora ser o pinheiro de Alepo (Ne 8:15; NRSV "oliva"). Ele foi mencionado como sinal da nova criação de Yahweh no deserto (Is 41:19).

Bibliografia. F. N. Hepper, *Baker Encyclopedia of Bible Plants* (Grand Rapids, 1992); M. Zohary, *Plants of the Bible* (Cambridge, 1982). [LAURIE J. BRAATEN]

PINOM (heb. *pînōn*) Ancestral de um clã edomita (Gn 36:41; 1Cr 1:52); subsequentemente o nome do povo ou região. Pinom estaria provavelmente associado a Punom (Khirbet Fênan), onde os israelitas acamparam um pouco antes de entrar nas planícies de Moabe (Nm 33:42-43).

PIRÃ (heb. *pirʼām*) Rei amorreu de Jarmute no tempo da conquista de Canaã (Js 10:3). Com outros aliados de Adoni-Zedeque, rei de Jerusalém que atacou Gibeom, foi derrotado e morto por Josué (Js 10:22-26).

PIRATOM (heb. *pirʻāṯôn*) Terra natal do juiz Abdom (Jz 12:13-15) e de Benaia, um dos Trinta de Davi (2Sm 23:30; 1Cr 11:31). Situada "na terra de Efraim" (Jz 12:15; cf. 1Cr 27:14), Piratom tem sido identificada com a moderna Farʻâta, cerca de 10 km a sudoeste de Nablus.

PIRRO (gr. *Pýrros*) O pai de Sópater, um dos companheiros de Paulo em sua última viagem a Jerusalém (At 20:4).

PISGA (heb. *pisgâ*) Montanha ou cadeia de montanhas (heb. "pico" ou "encosta") no noroeste de Moabe, bem próximo do monte Nebo (Nm 21:20; Dt 3:17; 4:49; Js 12:3; 13:20). Ele faz parte do promontório Abarim da planície de Moabe que se inclina em direção ao Mar Morto e ao Vale da Fenda do Jordão. Balaque edificou sete altares no cume de Pisga e, de lá, Balaão proferiu seu oráculo sobre Israel (Nm 23:14). De Pisga, Moisés vislumbrou a Terra Prometida e lá ele morreu (Dt 3:27; 34:1).

Muitos estudiosos identificam Pisga com Râs es-Siyaghah exatamente ao norte de Jebel em-Neba (monte Nebo). Embora Pisga seja mais baixa que o monte Nebo, de lá tem-se uma visão estonteante do Vale da Fenda e além, até Jerusalém e o monte Hermom em dias claros. Escavações no cume de Pisga revelaram uma igreja bizantina construída em memória a Moisés.

Bibliografia. M. Piccirillo, *The Mosaics of Jordan* (Amman, 1993), 133-51. [FRIEDBERT NINOW]

PISÍDIA (gr. *Pisidía*) Região no sudoeste da Galácia, ao norte das montanhas Taurus e com fronteira com a Ásia, Panfília, Frígia e Licaônia. Essa região consistia de montanhas, vales férteis e lagos que produziam pastagens de qualidade, florestas, oliveiras e vinhedos.

Os pisídios eram um povo de violência e banditismo (2Co 11:26-27). Politicamente, a região foi dominada pelos persas e depois pelos romanos, com curtos períodos de independência. Os romanos fizeram de Antioquia a capital da Galácia, antes dos tempos neotestamentários.

Paulo e Barnabé passaram pela Pisídia (At 13:14; 14:24), mas o ministério deles ficou limitado devido ao pequeno número de judeus como ponto de contato. Na Pisídia, Paulo decidiu concentrar-se nos gentios em sua estratégia missionária (At 13:46). [STEVEN L. COX]

PISOM (heb. *pîšôn*) Um dos quatro rios do Éden que se diz ter fluído em torno da terra de Havilá (Gn 2:11). As tentativas para identificar o Pisom têm incluído o Gânges, o Indo e afluentes do Eufrates.

PISPA (heb. *pispâ*) Homem da tribo de Aser, filho de Jeter (1Cr 7:38).

PISTIS SOPHIA Documento gnóstico cujo título significa "fé-sabedoria", talvez intitulando originalmente o Livro do Salvador. Foi descoberto em 1772 por A. Askew e comprado pelo Museu Britânico em 1785, mas não se tornou público até 1905. Talvez escrito no Egito durante o século III ou IV e pertencente ao gênero de discussões entre o Cristo ressurreto e seus seguidores, contém quatro seções que tratam de assuntos distintos. As seções 1-3 contêm 46 perguntas, feitas principalmente por Maria Madalena sobre a origem do pecado e do mal, do céu, da queda e da redenção de Pistis Sophia (representando a humanidade) a Jesus em seu 12º ano de ensino depois da Ressurreição. A personificada Fé-Sabedoria dá graças ao "Primeiro Mistério" numa série de hinos de louvor, após cada qual um discípulo interpreta o hino. Uma promessa de igualdade com Deus por aqueles que descobriram a incognoscível verdade dos mistérios encerra essa parte. A seção 4 não menciona Pistis Sophia, mas contém as respostas de Jesus dadas no dia da Ressurreição sobre os poderes celestiais, visões, descrição de punições aos pecados, palavras e ritos mágicos (como oferecer vinho, pão e água com palavras sagradas) e uma oração de compaixão. [RICHARD A. SPENCER]

PITOM (heb. *piṯōm*) **I. (LUGAR)** Uma das cidades armazéns construídas pelo trabalho forçado dos israelitas (Êx 1:1). O nome (egip. *Pr-itm*) significa "Casa de Atum", a divindade solar egípcia Re (cf. Jr 43:13, Bete-Semes; LXX Heliópolis; a LXX de Êxoso 1:11 menciona Pitom com "On, que é Heliópolis").

Os primeiros escavadores identificaram Pitom com Tell el-Maskhûtah na extremidade oriental do Uádi Tumilât no distrito de Sucote. Foram descobertas no sítio arqueológico várias inscrições egípcias com emblemas de Ramessés II, mas escavações posteriores não encontraram restos arquitetônicos datados de antes do século VII a.C. O consenso geral identifica Pitom com Tell er-Retâbeh, mais distante a oeste, no Uádi Tumilât. Clara evidência indica ocupação durante a décima nona Dinastia (Seti, Ramessés II e Merneptah).

Bibliografia. B. MacDonald, "Excavations at Tell el-Maskhuta", *BA* 43 (1980): 49-58; E. P. Uphill, "Pithom and Raamses: Their Locations and Significance", *JNES* (1968): 291-316; 28 (1969): 15-39. [LAWRENCE A. SINCLAIR]

II. (PESSOA) (heb. *pîṯôn*) Homem da tribo de Benjamim, filho de Mica e descendente de Saul (1Cr 8:35; 9:41).

PLANALTO A parte do planaldo transjordaniano ao norte do rio Arnom e a leste do Mar Morto, em torno das cidades de Bezer e Medeba (Dt 3:10; 4:43; Js 13:9, 16, 17, 21; 20:8; Jr 48:21). Em seu sentido básico, o hebraico *mîšôr* designa qualquer terreno plano (cf. 1Rs 20:23, "plano").

PLANTAS Pelo menos 128 nomes de plantas aparecem no AT e no NT, um número pequeno se comparado com as mais de 2.780 espécies que os botânicos modernos têm identificado em Israel. Por conveniência, as plantas herbáceas descritas na Bíblia são agrupadas aqui de acordo com o uso e/ou *habitats* naturais.

SAFRAS DO CAMPO E PLANTAS DE JARDIM. Três importantes cereais mencionados na Bíblia são: trigo, cevada e painço. O trigo (*Triticum aestivum* e *T. Compositum*), um dos cereais mais antigos cultivados no mundo, é representado pelo hebraico *ḥiṭṭâ* e gr. *sítos* áuleuron e semídalis. Este é o "cereal" do sonho do faraó (Gn 41:5). O hebraico *kussemeṯ* (Êx 9:32; Is 28:25; Ez 4:9) provavelmente se refere a um tipo de trigo (*Triticum dicoccum*). A cevada (*Hordeum vulgare L.*) é o hebraico *śᵉʿōrâ* (Êx 9:31; Lv 27:16; Dt 8:8; Rt 1:22; 2Rs 4:42) e o grego *krithé* (Jo 6:9; Ap 6:6). O painço (*Panicum miliaceum*) ou sorgo (*Sorghum bicolor*), usado para fazer mingau e pão, é o hebraico *dōhan* (Ez 4:9).

Na Bíblia, entre os principais grãos estão a lentilha, o grão-de-bico e os grãos de ervilha. O hebraico *ʿăḏāšâ* (2Sm 17:28; 23:11) está associado à lentilha (Lens culinaris), também usada na sopa de Jacó (Gn 25:34). O grão de bico (Cicer arietinum) é o hebraico *ḥāmîṣ* (ár. *humus*; Is 30:24). Os grãos de ervilha (*Vicia faba*) é o grego *kerátion* (Lc 15:16).

O alho-poró, cebolas e alho estavam entre as hortaliças egípcias que os israelitas desejaram comer enquanto vagavam pelo deserto (Nm 11:5, 6). O alho-poró (heb. *ḥāṣîr*) é geralmente identificado com *Allium kurrat*, embora alguns tenham sugerido um tipo de planta (*Trigonella foenum-graecum*). A cebola (Allium cepa) é o hebraico *bāṣal*, enquanto o alho (*Allium sativum*) é *š m*. O pepino e o melão que os israelitas também desejaram são o hebraico *qiššu'â* (Nm 11:54; Is 1:8), provavelmente um tipo de melão (*Cucumis melo*) e o *'ăḇaṭṭîaḥ* (Nm 11:5) ou melancia (*Citrullus lanatus*).

Os condimentos usados pelos povos bíblicos para dar sabor a seus alimentos incluíam cominho, endro e hortelã. O cominho (*Cuminum cyminum*) é identificado com segurança com o hebraico *kammōn* (Is 28:25, 27) e o grego *kýminon* (Mt 23:23). O hebraico *qeṣaḥ* (Is 28:25, 27) provavelmente se refere ao cominho preto (*Negella sativa*). O maná lembrava os israelitas de gad (Êx 16:31; Nm 11:7), isto é, a semente do coentro (*Coriander satovum*). O endro (Anethum graveolens) é citado em Mateus 23:23 (gr. *ánēthon*), como hortelã (*Mentha longifólia*; gr. *hēdýosmon*). A arruda (*Ruta chalepensis*) é provavelmente o grego *pḗganon* (Lc 11:42). Jesus faz referência à semente de uma sinapi (Mt 17:20 par.; Mc 4:31 par.) como ilustração do poder da fé; essa planta é a mostarda (provavelmente *Brassica nigra*). A planta viscosa mencionada em Jó 6:6 (*ḥallāmûṯ*) é provavelmente a beldroega (*Portulaca oleracea*) ou malva (*Malva sylvestris, M. nicaeensis, Alcea setosa*). O hebraico *qinnāmôn* (Êx 30:23; Pv 7:17; Ct 4:14) e o grego *kinnámōmon* (Ap 18:13) são identificados com segurança com canela (*Cinnamonoum verum*), condimento que foi importado para a Palestina. O hebraico *qiddâ* (Êx 30:24; Ez 27:19; cf. 45:8 [TM 9]) é provavelmente a cássia (*Cinnamonum cassia*), outra planta importada, inferior à verdadeira canela.

Duas plantas importantes que eram usadas com objetivo têxtil e não [para proteção] nos deslizamentos de terra eram o linho e o algodão. O hebraico *pištâ* (Êx 9:21) e o grego *línon* (Mt 12:20; Ap 15:6), *bý* (Lc 16:19), *sindón* (Mc 15:46 par.) e *othónion* (Jo 19:40; 20:5, 7) são identificados com a planta do linho (*Linum usitatissimum*), cujas fibras são extraídas para fazer o linho requintado. As sementes são a fonte para o óleo de semente de linho. O algodão (*Gossypium herbaceum*) é o hebraico *karpas* (Et 1:6); ele foi usado para as cortinas do salão de festas do rei Assuero.

Muitas plantas foram usadas com fins medicinais. O hebraico *ṣŏrî* (Gn 37:25; Jr 8:22) é usualmente traduzido por bálsamo, embora bálsamo em si seja um termo geral para qualquer unguento para cura. Indubitavelmente várias plantas foram usadas na antiguidade para fazer bálsamos. Os bálsamos eram feitos da resina de aroeira (*Pistacia lentiscus*), das sementes do terebinto do Atlântico (*P. Atlantica*), o ládano, resina obtida da cistácea turca (*Cistus laurifolius*), e o óleo do fruto do bálsamo de Jericó (*Balanites aegyptiaca*). O bálsamo de Gileade é derivado de uma resina do Bálsamo da Judeia (*Commiphoroa gileadensis*). O hebraico *nĕḵō'ṯ* (Gn 37:25) é a goma tragacanto extraída das raízes de plantas leguminosas do gênero Astragalus (*A. Gummifer, A. Bethlehemicus*). Tem sido que o óleo de castor, derivado do *Ricinus communis*, pode estar associado ao hebraico *qîqāywōn* (Jn 4:6-10).

Inúmeras plantas foram também usadas como incenso aromático. O hebraico *ḥelbinâ* (Êx 30:34) é gálbano (*Ferula galbaniflua*). O hebraico *nērd* (Ct 1:12; 4:13-14) e o grego *nárdos* (Mc 14:3; Jo 12:3), a especiaria usada por Maria para ungir Jesus, são frequentemente traduzidos por nardo ou episcanardo (*Nardostachys jatamansi*), embora alguns botânicos acreditem que o termo hebraico deva ser provavelmente identificado com erva de camelo (*Cymbogon schoenanthus*). O hebraico *karkōm* (Ct 4:14), açafrão, vem do açafrão amarelo-alaranjado (*Crocus sativus*) e foi usado tanto como incenso e corante. Alguns têm sugerido, desde que aparece o hebraico *qāneh* em Cântico dos Cânticos 1:14, deve ter sido uma erva aromática que podia ter sido usada como incenso; se for assim, a íris doce (*Acorus calamus*) é provavelmente a melhor candidata.

Ervas selvagens. Estima-se que existiam pelo menos duzentas relvas e ervas saborosas na Palestina. Entre as palavras hebraicas relacionadas a essa ampla categoria de plantas estão *ḥāṣîr* e *‹ēśeḇ*. O hebraico *mĕrōrîm* (Êx 12:8; Nm 9:11) refere-se especificamente às "ervas amargas". Entre as plantas incluídas nesta categoria, de acordo com o Mishnah, estão alface (*Lactuca*), chicória (*Cichorium intybus* e *C. Pumilum*), eríngio (*Eryngium creticum*), raiz-forte (Armoracia rusticana) e espinho de porca (Sonchus oleraceus). Outras plantas que foram agrupadas nessa categoria incluem o dente-de-leão (*Taraxacum officinale*), endívia (*Cichorium endívia*), reichardia (*Reichardia tingitana*), língua de vaca (*Rumex acetosella*) e agrião (*Nastrtium officinale*).

Plantas aquáticas. O hebraico *qāneh* e o grego *kálamos* (1Rs 14:15; Mt 27:29) têm sido às vezes identificados com o junco comum (*Phragmites communis* = *P. australis*), embora o cálamo (*Acorus calamus*) tenha também sido proposto. O hebraico *'aḡmôn* (Is 9:14 [13]; 58:5) provavelmente cobre espécies de caniço e inclui as seis espécies locais de *Scirpus* bem como várias espécies de *Juncus*. Duas espécies de tifa (*Typha sp.*) estão provavelmente incluídas na classe de plantas aquáticas conhecidas em hebraico como *sûp̄* (Êx 2:3; Is 19:6; Jn 2:5). O papiro (*Cyperus papyrys*) deve provavelmente ser identificado com gomeh (Êx 2:3; Is 18:2).

Plantas do deserto. Entre as plantas do deserto estão a sarça, o zimbro e Atriplex. A sarça (*Cassia senna*) é provavelmente o hebraico *sĕneh* (Êx 3:2-4; cf. ár. *sene*). O zimbro (*Retama raetam*) tem sido identificado com o hebraico *rōṯem* (1Rs 19:4; Jó 30:4). O hebraico *mallûaḥ* (Jó 30:4) é semelhante ao ár. *mullāḥ*, que é identificado com várias espécies de Atriplex.

Espinhos e cardos. Devido ao ambiente relativamente seco do Mediterrâneo, as plantas espinhosas são abundantes na Palestina. Foram identificadas mais de setenta variedades por botânicos modernos, embora pelo menos vinte termos hebraicos e gregos se refiram a essa categoria de plantas. As provavelmente indicadas incluem o espinho de Cristo; sanguisorba espinhosa; sarça; cardo sírio, santo e globo; o cardo espanhol; o cardo dourado; urtiga, beladona; acanto sírio e zilla espinhosa.

Mateus 13:24-25 faz referência a arrancar ervas daninhas (*zizánion*) que crescem entre as plantas boas. A erva daninha é mais provavelmente o joio (*Lolium temulentum*), erva danosa que rotineiramente invade as safras na Palestina. O hebraico *rō'š* (Os 10:4) faz também referência a uma erva venenosa, provavelmente à escabiosa síria (*Cephalaria syriaca*) ou ao meimendro (*Hyoscyamus reticulatus*). Estas mesmas espécies podem ser o que Jó tinha em mente (Jó 31:40; heb. *bo'sâ*).

Flores do campo. É extremamente difícil identificar espécies específicas de plantas florescentes com termos hebraicos. Três termos hebraicos se referem a flores num sentido genérico: perah, *ṣîṣ*, nissâ. O hebraico *nissanîm* (Ct 2:12) provavelmente se refere coletivamente às flores que são as primeiras a florescer na primavera. Isso incluiria anêmona (*Anemone coronária L.*), tulipas (*Tulipa Montana Lindl.*), papoula (*Papaver rhoeas L.*) e ranúnculo amarelo persa (*Ranunculus asiaticus*). Outro grupo são as "flores do campo" (Is 40:6, 8;

1Pe 1:24-25), que provavelmente inclui margaridas e flores semelhantes à margarida como a camomila-de-cachorro (*Anthemis sp.*), ranúnculo escarlate (*Ranunculus asiaticus L.*), malmequer (*Chrysanthemum coronarium L.*). Alguns sugerem que o "lírio do campo" (gr. *krínon*; Mt 6:28 par.) é a anêmona (*Anemone coronária*). Várias flores têm sido identificadas com o hebraico *šûšan* (1Rs 7:19, 26; Ct 2:2), incluindo o lírio branco (*Lilium candidum L.*), a camomila (*Anthrmis nobilis, A. tinctoria*), o narciso (*Narcissus tazetta*), o narciso do mar (*Pancratium maritimum*), sternbergia (*Sternbergia lutea, S. clusiana*) e o ranúnculo (*Ranunculus asiaticus L.*). A "rosa de Sarom" (heb. *ḥăḇaṣṣeleṯ*; Ct 2:1; Is 35:1) provavelmente é uma referência a esse lírio, embora alguns tenham sugerido a rosa fenícia (*Rosa phoenicia*).

Bibliografia. M. Zohary, *Plants of the Bible* (London, 1982). [RANDALL W. YOUNKER]

PLÊIADES (gr. *Pleíados*) De acordo com a mitologia grega, as sete filhas de Atlas e Pleione, depois transformadas em um grupo de estrelas (cf. Am 5:8 KJV) quando Órion, o caçador estava prestes a molestá-las. No AT (heb. *kîmâ*, da raiz "empilhar, acumular") elas são criadas por Yahweh (Jó 9:9; Am 5:8) e por ele controladas (Jó 38:31).

Bibliografia. G. R. Driver, "Two Astronomical Passages in the Old Testament", *JTS* N.S. 4 (1953): 208-12. [AARON W. PARK]

POBRE A pessoa desprovida de bens materiais, dignidade e poder. Recentes estudos antropológicos e sociológicos têm mostrado que "pobre" não é apenas um conceito econômico, mas é especialmente uma questão de dignidade, *status* social, falta de poder que leva à opressão.

No AT, diferentes blocos de tradições enfatizam aspectos diferentes. Os textos legais regulam o tratamento do pobre, procurando proteger os pobres, as viúvas, os órfãos e os estrangeiros (Lv 19:9, 10; 25:25, 35). Os profetas mostram uma preocupação com os economicamente explorados. Eles se opõem à opressão do pobre nas mãos do ganancioso. Isaías ataca os proprietários de terras que acumulam vastas propriedades (Is 5:8) e condena a negação de direitos ao pobre (10:2). Amós chama a atenção para a opressão do pobre (Am 2:7; 4:1; 5:11). As tradições de sabedoria veem a pobreza sob perspectivas diferentes. Provérbios vê a pobreza como falha da própria pessoa (Pv 6:10, 11; 10:4; 13:18; 21:17), embora para Jó a pobreza resulte da exploração política e econômica. Jó debate sua inocência por meio de sua defesa do pobre (Jó 29:12, 16; 30:25; 31:16). O livro de Salmos apresenta Deus como defensor do pobre (Sl 22:26 [TM 27]; 35:10). A literatura narrativa do Pentateuco e a história deuteronomística mostram pouco interesse pelo pobre, preocupados mais em criticar a realeza.

Três grupos dentro da sociedade israelita — viúvas, órfãos e estrangeiros — tinham a experiência da pobreza como particularmente difícil. Em uma sociedade particularmente estruturada no homem como o trabalhador, a viúva e o órfão lutavam para sobreviver: impotentes, dependiam da boa vontade de outras pessoas (Dt 24:17). Os estrangeiros, na qualidade de não integrantes, não tinham laços com sua nova sociedade. Esses grupos compartilhavam uma pobreza comum: falta de *status* do qual o poderoso e inescrupuloso se aproveitava. É manifestada preocupação com a precária condição social deles (Pv 31:9; Sl 82:3) — o que outros tinham feito a eles para lhes causar sua pobreza (Sl 10:2; Is 32:7).

Além das considerações econômicas, o NT enfoca também a falta de dignidade, *status* social e impotência que levava à opressão do pobre. A Epístola de Tiago se destaca como texto preocupado com os pobres, que não têm força — eles estão à mercê dos ricos. Os ricos "desonraram os pobres" que não têm direitos — os pobres são levados aos tribunais pelos ricos (Tg 2:6). Os ricos são prepotentes e arrogantes, confiando somente em seu próprio poder (Tg 4:13-17). A riqueza deu dignidade ao rico e desonra ao pobre (Tg 2:1-7). A verdadeira religião é definida como "cuidar dos órfãos e das viúvas nas suas aflições" (Tg 1:27) — dois grupos identificados com o pobre no AT por não terem direitos ou poder para se defenderem.

Nos evangelhos sinópticos, os estilos de vida de João Batista (Mc 1:6), Jesus (v. 38-39; 11:12) e dos discípulos (1:18, 20; 2:23-25) adotam a pobreza. Mateus inicia os ensinos de Jesus com uma bênção sobre os "pobres de espírito" (Mt 5:3), enquanto Lucas 6:20 tem simplesmente "o pobre" cuja condição é humilde, cujo espírito é esmagado por sua impotência. Esta afirmação sugere que o pobre também entre no reino. Isso desafia a arrogância dos que negam *status* ao pobre ao recusar-lhes seus direitos. Eles farão parte do reino de Deus que restabelece a dignidade e o poder deles. O evangelho de Lucas mostra uma empatia pelo pobre e hostilidade para com os ricos que é mais pronunciada do que nos outros evangelhos. Novamente o *status* do pobre é defendido, isto é, nas parábolas de admissão ao banquete messiânico (Lc 14:15-24) e na parábola do rico e Lázaro (16:19-31).

Outros textos do NT dão pouca atenção ao pobre. Paulo está principalmente preocupado com a coleta para os pobres de Jerusalém (Gl 2:10; Rm 15:26). Em 2Coríntios 8–9, Paulo apela aos ricos para que contribuam tanto quanto possível de forma que a desigualdade econômica pudesse ser transposta. A primeira carta de Pedro é escrita aos "peregrinos" da Diáspora. Em certo sentido isso reflete os "estrangeiros" do AT. As boas-novas a eles proclamadas (1Pe 1:12, 25) transmitem um sentido de diginidade e *status* (1:5, 9; 2:9, 10).

Bibliografia. T. R. Hobbs, "Reflections on 'The Poor' and the Old Testament", *ExpT* 100 (1989): 291-94; P. U. Maynard-Reid, *Poverty and Wealth in James* (Maryknoll, 1987). [PATRICK J. HARTIN]

POBREZA *Ver* POBRE.

POÇO 1. Poços naturais eram simplesmente depressões que retinham a água da chuva (Êx 7:19; 2Rs 3:16; Sl 84:6 [TM 7]; 114:8; Is 14:23; 41:18). Poços artificiais eram reservatórios grandes, descobertos, usados para armazenar água corrente ou desviada de fontes próximas. Maiores em seu comprimento e profundidade do que profundos, eles eram quase sempre talhados em rocha com lados elevados por blocos adicionais de pedra. Como fontes públicas de água, foram mencionados em conexão com o nome das cidades por eles supridas (Gibeon, 2Sm 2:13; cf Jr 41:12; Hebrom, 2Sm 4:12; Samaria, 1Rs 22:38; Hesbom, Ct 7:4). A dimensão de Jerusalém exigia inúmeros poços (2Rs 20:20), alguns dos quais têm designações específicas, como a piscina de baixo (Is 22:9), a piscina de cima (2Rs 18:17 = Is 36:2; 7:3), a piscina velha (22:11), a piscina do rei (Ne 2:14), piscina de Selá (3:15), piscina artificial (v. 16), tanque de Betesda (Jo 5:2) e tanque de Siloé (9:7). Eles forneciam água para as casas, para o rebanho, indústria, cura (Jo 5:2; 9:7) e irrigação (Ec 2:6; Ne 3:15).

Os arqueólogos descobriram uma piscina cilíndrica em el-Jib, que alguns especulam ser o "tanque de Gibeão". Em Jerusalém, o tanque de Siloé continua armazenando as águas da fonte Giom na extremidade sul do túnel de Ezequias. Abaixo dela havia um reservatório conhecido hoje como Birket el-Hamra. Dois tanques nas dependências da igreja de Santa Ana são identificados como Betesda. Conhecidos de Josefo são o Amygdalon (tanque das torres), próximo a porta de Jaffa (*BJ* 5.468); a piscina da Serpente, a sudoeste da porta de Jaffa (5.108); e a piscina Struthion, no canto noroeste do monte do templo (5.467). O tanque de Israel fica na ponta oriental do muro ao norte do monte do templo.

Bibliografia. D. Adan (Bayewitz), "The 'Foundation of Siloam' and 'Solomon's Pool' in First-Century C.E. Jerusalem", *IEJ* 29 (1979): 92-100; H. Geva, "Jerusalem: The Second Temple Period: Water Supply", *NEAEHL* 2.746-47; J. B. Prichard, *The Water System of Gibeon* (Philadelphia, 1961); Y. Shiloh, "Jerusalem: The Early Periods and the First Temple Period: The Water-Supply Systems", *NEAEHL* 2.709-12; T. Tsuk, "Pools", *OEANE* 4.350-51; "Reservoirs", *OEANE* 4.422. [JAMES M. PACE]

2. Buraco escavado para coletar água de infiltração de um estrato debaixo do chão (heb. *bĕʾēr, bôr*; gr. *pēgḗ, phréar*). Diferentemene de uma nascente, sua água não é visível na superfície.

A ideia de cavar à procura de água deve ter ocorrido da observação de fontes que surgem do chão ou de ver animais arranhando 10 a 20 cm a superfície de leitos secos de riachos para conseguir água abaixo. Hoje, os beduínos do Neguebe cavam esses poços rasos e, em algumas áreas, uma série de poços (*qanats*), puncionando o mesmo aquífero numa linha de 3-4 km. Os poços eram forrados com madeira, pedra ou tijolos queimados para estabilidade, cobertos com estruturas de pedra e protegidos por uma pedra cobrindo a abertura. Grandes poços, como o de 21 m de profundidade em Arade, serviam às necessidades de comunidades inteiras.

A importância dos poços levou à incorporação do termo em muitos nomes de lugares (p. ex., Berseba), e aos poços em si foram dados nomes (Gn 26:20-22). O Cântico do Poço, em Números 21:16-18, reflete não somente a alegria da escavação bem-sucedida de um poço, bem como da liderança exigida para apoiar tal empreendimento. Os poços foram objeto de conflito entre habitantes locais (Gn 21:25-30; 26:18-22) e foram, às vezes, entulhados por inimigos (26:18). Eles estavam localizados dentro de cidades (2Sm 17:18, 19) bem como fora delas (Gn 16:7, 14; 24:11; 29:2; 2Sm 23:15; Jo 4:6-8), onde também serviam ao rebanho (Gn 29:1-10; Êx 2:15-17). Alguns poços eram abertos a estrangeiros e eram locais para conversas e informação (Gn 24:10-27; 29:1-14; Jo 4:6-8).

A palavra "poço" é usada no sentido figurado para referir-se a uma adúltera (Pv 23:27), uma amante (Ct 4:15), uma cidade (Jr 6:7) e uma fonte de vida eterna 9Jo 4:14).

Bibliografia. R. Amiran, R. Goethert e O. Ilan, "The Wella at Arad", *BARev* 13/2 (1987): 40-44; I. Carmi et al., "The Dating of Ancient Water-wells by Archaeological and 14C Methods", *IEJ* 44 (1944): 184-200; M. Evenari, L. Shanan e N. Tadmor, *The Negev: The Challenge of a Desert*, 2. ed. (Cambridge, Mass., 1982); R. J. Forbes, "Water Supply", in *Studies in Ancient Technology*, 3. ed. (Leiden, 1993) 1:149-94; D. Hillel, *Rivers of Eden: The Struggle for Water and the Quest for Peace in the Middle East* (Oxford, 1994); V. R. Matthews, "The Wells of Gerar", *BA* 49 (1986): 118-26. [JAMES H. PACE]

3. Em fontes bíblicas, poços físicos (heb. *bôr, bĕr, šaḥat, paḥat*) podem ser de formação natural (Sl 40:2

[TM 3]) e poços de betume (Gn 14:10), de origem inexplicada (37:22), ou feito pelo homem (Sl 57:6 [7]). Este último feito no chão e, às vezes, modificado com materiais de revestimento como lajes de pedra ou barro. Eles eram usados para coletar e armazenar água e outras substâncias, como sepulcro (2Sm 18:17), para capturar animais e pessoas tanto acidentalmente (Êx 21:33) como deliberadamente (Gn 37:22; Ez 19:4) e manter prisioneiros (Is 24:22). Poços são descritos como característica estrutural de um lagar (Mc 12:1). Muitos exemplos destes foram reconhecidos arqueologicamente, porquanto há poços feitos na parte subterrânea de casas do período da Idade do Cobre.

Pelo fato de os poços serem reconhecidos no mundo antigo como uma fonte de perigo (Êx 21:33), eles são, consequentemente, usados simbolicamente para descrever a destruição que aguarda os que se voltam para o mal: os que tramam conspirações malignas cairão bem no "poço" que cavaram (Sl 7:15 [16]; Pv 26:27); o homem que se associa com a mulher imoral cairá no "poço" de sua boca (22:14); e outros que tiverem pecado cairão no poço criado pelo juízo divino (Is 24:17, 18). O poço é também sinônimo de Sheol, o lugar dos mortos (Sl 16:10; Pv 1:12) e de fonte de destruição da terra e o local de demônios e do Diabo (Ap 9:1-11; 11:7). [KATHARINE A. MACKAY]

POÇO DE JACÓ O local do encontro de Jesus com uma mulher samaritana (João 4). O único poço explicitamente denominado dentro do NT foi associado com Bir Ya'aqûb na base do monte Gerizim próximo a Tell Balâtah. O poço possui cerca de 30 m de profundidade e parece ser alimentado por um rio subterrâneo.

A discussão a respeito do NT haver relacionado o poço com a cidade samaritana de Sicar continua. Alguns defendem que Sicar se identifica com a presente cidade de Askar, ao norte do poço. Outros associam Sicar a Siquém. Porém, recentes evidências arqueológicas indicaram que Siquém não mais existia no século I d.C. Em qualquer caso, o poço atual em Bir Yaʿaqûb se adapta bem à evidência bíblica e é atestado por fontes judias, samaritanas, cristãs e muçulmanas. Jerônimo relata que uma igreja se situava no local ao final do século IV, e lá os cruzados construíram uma igreja no século XI. [D. LARRY GREGG]

PODER Tradução comum para várias palavras hebraicas e gregas (heb. *kōaḥ*, *ʿōz*, *gĕḇûrâ*; gr. *dýnamis*, *exousía*) em referência à capacidade de realizar uma tarefa. Quando aplicadas a pessoas, as palavras geralmente se referem a força ou capacidade física. Assim, Calebe se gaba de sua força (Js 14:11) e a grande força de Sansão é descrita de forma semelhante (Jz 16:5, 6). O hebraico *gĕḇûrâ* é quase sempre usado politicamente para se referir ao poder do rei, p. ex., os "atos poderosos" registrados nas crônicas dos reis de Israel e Judá (1Rs 16:5, 27). Quando aplicadas a Deus, as palavras normalmente mencionam a capacidade ilimitada de Deus agir. O livramento de Deus no Êxodo é frequentemente citado como exemplo do poder ilimitado de Deus (Dt 4:37). O hebraico *ʿōz* refere-se essencialmente ao poder de Deus e encontra-se nos salmos (Sl 59:11 [TM 12]).

No NT, o grego *dýnamis* é essencialmente uma referênca aos poderes de Deus ou aos poderes e habilidades que Deus dá às pessoas. Jesus diz aos discípulos para aguardarem o Espírito Santo, que lhes dará poder para ministrar (At 1:8). O Espírito Santo é frequentemente mencionado em conexão com Deus dando poder. Em muitos casos, o propósito é o poder sobrenatural de Deus, e as traduções trazem com frequência a palavra "milagre" ou "poderes milagrosos". Raramente Paulo usa a palavra *dýnamis* para se referir às forças demoníacas do mal (Ef 6:12).

Quando se refere ao poder de governantes, o NT prefere o grego *exousía*, mais comumente traduzida por "autoridade", embora às vezes por "poder". Paulo explica que toda autoridade vem de Deus e que os "poderes" políticos administram o poder de Deus (Rm 13:1-7). No caso de Jesus, os milagres demonstram sua autoridade divina. Jesus assume o ofício divino de perdoar os pecados de um paralítico (Mc 2:1-12, esp. v. 10; cf. Mt 28:18). [MARK R. FAIRCHILD]

POESIA A maior parte da literatura religiosa do antigo Oriente Próximo foi em forma poética, como grande parte da literatura na Bíblia. Os salmos, claro, têm sido amplamente reconhecidos como composições poéticas, mas a este gênero podem ser acrescentadas também as duas importantes reflexões sobre a sabedoria humana: o livro de Provérbios, uma coleção de curtos aforismos poéticos, e o livro de Jó, uma sucessão de diálogos poéticos estendidos. Temas tão diferentes quanto o sofrimento, no livro de Lamentações, e o amor, no Cântico de Salomão, são tratados de forma poética. Mas o tipo principal de discurso poético na Bíblia é a profecia. Os profetas proclamaram oráculos divinos em poesia. Quase todos os discursos dos profetas maiores — Isaías, Jeremias, Ezequiel — e os doze Profetas Menores são poesia. Tem até sido sugerido que a grande narrativa de Israel em prosa, na qual estão embutidas algumas composições poéticas (Gn 49; Êx 15; Dt 32, 33), foi uma narrativa poética em sua forma original (talvez oral). Muito menos do NT, composto principalmente de narrativas do evangelho e cartas, é poesia, embora esses gêneros em prosa tenham um poema ocasional, como o *Magnificat* de

Maria (Lc 1:46-55) e um casual hino nas cartas (Ef 1:3-14; Fp 2:6-11).

Os críticos literários ficam sempre confusos para dizer exatamente o que define poesia ou a torna diferente da prosa, independentemente da linguagem particular na qual eles estão trabalhando. Todavia há quase consenso geral de que a poesia é uma forma distinta e única de linguagem. As definições quase sempre a descrevem como linguagem intensificada, forma de literatura especialmente concentrada e condensada. A poesia recorre mais fortemente do que a prosa a padrões intermitentes de palavras e sons, e isso torna mais concentrado o uso de imagens, símbolos e metáforas. Além disso, ela apela a uma ampla gama da experiência humana, envolvendo não somente o intelecto, como também os sentidos, também as emoções e a intuição do ouvinte ou do leitor.

O bloco construtivo básico da poesia bíblica hebraica é o padrão repetitivo chamado paralelismo. É um recurso pelo qual o poeta expressa uma ideia em uma linha ou verso, e a repete na segunda — melhor, remodela — aquela ideia por meio de diferença sutil, contraste ou outro tipo de manifestação. O resultado é uma imagem ou pensamento mais rico possível por meio de uma declaração simples. Um exemplo são três unidades do versículo da profecia de paz em Isaías 2:4:

> E ele julgará entre as nações, e
> repreenderá a muitos povos;
> e estes converterão as suas espadas em relhas
> de arado, e as suas lanças em foices;
> uma nação não levantará espada contra outra
> nação, nem aprenderão mais a guerra.

Em cada um desses versos de duas linhas, a ideia expressada na primeira linha tem um paralelo e é enriquecida na segunda linha. Na primeira, o verbo "julgar em 1:1 é comparado com "arbitrar" em 1:2, e "nações" é comparado com "muitos povos". Porém, aqui está envolvido mais do que repetição mecânica pelo uso de sinônimos. Por exemplo, o termo "arbitrar" amplifica o termo "julgar", desde que ele tem a conotação mais penetrante em hebraico de prestar contas, e isto ele enfatiza, na ideia de decidir uma disputa, a ideia de "repreender" ou "admoestar". Da mesma forma, na unidade do segundo verso, "lanças" é paralelo de "espadas" e "foices" é paralelo de "relhas de arado". Como é comum no paralelismo, o verbo ("converter") está expresso somente na primeira linha, mas também presumido na segunda. Novamente, mais do que repetição mecânica está envolvida neste paralelismo. A ideia unificante em ambas as linhas é a troca de uma economia de tempo de guerra para uma economia de tempos de paz ou agrícola, mas em linhas paralelas o poeta consegue recordar os dois principais ramos da agricultura israelita: o cultivo de cereais em 1:1 ("relhas de arado") e a produção de safras ("foices") em 1:2. No terceiro verso, as duas linhas descrevem o fim da guerra, mas a ideia está aprofundada quando a deposição de armas em 1:1 for seguida pela ausência do estudo da guerra em 1:2.

Embora em grande parte as unidades de versos mais comuns na poesia hebraica sejam compostas de duas linhas paralelas como no exemplo anterior, unidades de três linhas também ocorrem, como se ilustra por este verso de acusação de Isaías contra os líderes corruptos (Is 2:12):

> Pois o Senhor dos exércitos tem um dia contra todo
> soberbo e altivo, e contra todo o que se exalta...

Nesse caso, a linha inicial apresenta o assunto como o "dia do Senhor", uma frase que pode significar tanto salvação quanto juízo. As linhas seguintes descrevem que tipo de dia será: um dia de juízo, em particular contra o soberbo e a elite da nação.

A natureza do relacionamento entre as duas, ou três linhas paralelas num verso da poesia hebraica pode variar muito; os poetas exerciam muita criatividade em seu uso deste instrumento convencional. Por exemplo, as duas linhas de um verso podem ser quase que inteiramente sinônimas:

> A voz do Senhor é poderosa; a voz do Senhor
> é cheia de majestade. (Sl 29:4)

Aqui somente os elementos descritivos, "poderosa" e "cheia de majestade", quebram a repetição exata no começo de cada linha. Entretanto, a repetição pode ser evitada quase por completo, quando a segunda linha simplesmente continua o pensamento da primeira, prática literária a que os críticos se referem como passagem.

> da sua morada observa todos os
> moradores da terra...(Sl 33:14).

Todas as formas de variações na estrutura paralelística que se encaixam nestes dois extremos estão presentes no verso hebreu. Uma variação semelhante emprega duas imagens contrastantes para apresentar uma única ideia de lados opostos:

> porque o Senhor conhece o caminho dos justos, mas
> o caminho dos ímpios conduz à ruína. (Sl 1:6)

Este tipo de paralelismo contrastante é especialmente comum nos curtos provérbios de sabedoria no livro de Provérbios, no qual a sabedoria e a insensatez estão frequentemente contrastadas num único verso poético.

Toda a poesia hebraica bíblica, seja um salmo, um discurso profético ou um provérbio de sabedoria está construída sobre estas duas (ou três) unidades de versos compostas de acordo com as convenções do paralelismo. Antigas traduções, como a original Versão King James, não apresentaram as seções poéticas da Bíblia em linhas e versos de modo que sua forma poética e padrões paralelísticos fossem prontamente reconhecidos; a Bíblia toda foi impressa em prosa. Traduções recentes, como a NRSV, expõem as seções poéticas em linhas e versos para representar o padrão paralelístico de acordo com o qual esta poesia foi originalmente escrita. Números de versos foram acrescentados muito tempo depois da poesia ter sido composta e, embora frequentemente coincidam com as unidades dos versos atuais, este nem sempre é o caso (cf. Is 2:4 acima).

A força do paralelismo poético está em sua habilidade de representar o caráter multifacetado da experiência religiosa. Ele não aborda experiência principalmente através da lógica de um argumento linear construído sobre proposições intimamente relacionadas ou por meio de uma descrição expositiva de ideias e detalhes ilustrativos, embora estes não estejam ausentes no paralelismo poético. Ao contrário, o paralelismo aborda experiência por meio da apresentação de múltiplas imagens, imagens que são ao mesmo tempo relacionadas e diferentes. É como se o objeto da atenção do poeta fosse uma pedra preciosa, que o poeta vira e descreve a aparência mutante de suas diferentes facetas. É como se o poeta assumisse diferentes posições numa paisagem e tentasse mostrar como a mesma paisagem aparece de forma diferente a partir de perspectivas diferentes. Tal abordagem representa uma grande apreciação para a complexidade da experiência religiosa, e alcança compreensão por meio do exame de seu caráter multifacetado.

Tem sido dedicada muita atenção à questão quanto a se este padrão repetitivo em conteúdo é acompanhado por um padrão repetitivo de som. A poesia bíblica tem métrica, padrão repetitivo de sílabas enfatizadas e não enfatizadas de acordo com o qual as linhas individuais do verso foram compostas? Uma importante teoria propõe um sistema de métrica no qual uma linha do verso é construída sobre três ênfases principais acompanhada por um número variável de sílabas não enfatizadas. Assim, uma unidade de verso seria rastreada, ou analisada, como a seguir, com cada seção dividida por um traço com uma ê fase principal e uma ou mais sílabas não enfatizadas:

E ele julgará — entre — as nações, e
repreenderá — a muitos — povos. (Is 2:4)

De acordo com essa teoria, as linhas podem também ser compostas por padrões com duas ênfases, e as unidades de verso podem ser construídas de métrica 3:3, como a acima, ou métrica 2:2 ou 3:2, sendo a última supostamente selecionada com mais frequência para a poesia de lamentação. Uma teoria alternativa propõe que as linhas poéticas podem ser analisadas de acordo com seu comprimento em termos do número total de sílabas, com linhas longas compostas de sete ou mais sílabas, linhas curtas de seis ou menos. De acordo com essa teoria, os poetas não precisavam contar mecanicamente as sílabas, mas trabalhavam dentro da restrição geral de linhas longas ou curtas do verso.

Essas duas teorias conseguem trazer à luz um tipo de simetria dentro das unidades do verso, mas não trabalham com o tipo de regularidade que se pode esperar da poesia bíblica se de fato empregou uma métrica distinta e se a teoria em particular realmente a compreende adequadamente. O problema central, e possivelmente insolúvel, de detectar e descrever a métrica da poesia bíblica é que a Bíblia Hebraica não é mais uma língua viva que possa ser ouvida como era falada originalmente e, além disso, sua pronúncia mudou com o passar dos anos desde o período bíblico. Assim, as teorias contemporâneas sobre a métrica parecem ser aproximações das convenções métricas reais usadas na composição da poesia bíblica e não as descrições exatas.

A repetição do som para impressionar está presente na poesia bíblica em outras formas além do seu uso em padrões métricos maiores. A assonância, a repetição da vogal, a aliteração, a repetição de consoantes estão frequentemente presentes nas linhas do verso, embora o ritmo seja raramente empregado. Um recurso comum é a prática do emprego de palavras que soam parecidas. Isaías conclui o Cântico da Vinha (Is 5:1-7) contrasta do as expectativas de Deus em relação a Israel com o verdadeiro comportamento deles: [Deus] esperou que exercessem juízo (*mišpāṭ*), mas eis aqui derramamento de sangue (*miśpāḥ*); justiça, e eis aqui clamor (*ṣĕʿāqâ*). (5:7)

Em cada linha desse verso, Isaías usa termos para a vontade de Deus e o fracasso de Israel em segui-la que soam quase exatamente iguais, mas são amplamente diferentes em significado. A semelhança de sons conflita com a diferença em significado e torna a disparidade entre a expectativa divina e a realidade humana mais aguda e mais inquietante. Este efeito é realçado pelo fato de que tais jogos com palavras que soam semelhantes em hebraico são usualmente empregados para reforçar seus significados semelhantes. O caso oposto aqui torna o interesse ainda mais chocante e incrível.

Infelizmente, os sons da poesia hebraica, sejam em ritmos métricos ou em jogos de palavras, quase nunca podem ser traduzidos adequadamente com palavras ou pronúncias em português, como ilustra o exemplo de Isaías, acima. Desse modo, o leitor em português, inevitavelmente, perderá muitos padrões e conexões embutidos no original hebraico. Pelo fato de a poesia valer-se muito fortemente da colocação precisa de sons, e porque esses padrões sonoros não podem ser duplicados em outra língua, algumas pessoas têm argumentado que a poesia é o tipo de linguagem essencialmente intraduzível. Ocasionalmente, entretanto, os tradutores modernos alertarão os leitores para tais usos do som em hebraico em notas à tradução.

Mais um aspecto da poesia bíblica que merece atenção é seu forte uso de imagens e símbolos para explorar e comunicar os elementos centrais da vida religiosa. Um excelente exemplo é o Cântico da Vinha de Isaías (Is 5:1-7), no qual o profeta usa a vinha como símbolo em relação ao povo de Deus. Neste poema, Isaías descreve uma vinha para a qual a terra foi completamente limpa e na qual as melhores videiras foram plantadas e administradas com grande cuidado; mas o vinhedo, contra toda a lógica agrícola, produziu somente frutos rançosos. Por meio dessa representação de Israel como videira bem administrada, porém sem valor, Isaías consegue colocar a culpa diretamente sobre Israel por seus fracassos e retratar tal comportamento contradizendo exatamente a própria ordem da natureza. A poesia dos salmos é também cheia de imagens com o objetivo de descrever o caráter de Deus e a experiência do salmista. Por exemplo, Deus é retratado como escudo (Sl 3:3 [TM 4], rocha (18:2 [3]), pastor (23:1), luz (27:1), rei (47:2 [3]) e juiz (50:6). Para comunicar a experiência do salmista, são comuns imagens como árvores (Sl 1:3), cervo (42:1 [2]), ovelha (100:3) e a presa do leão (17:2).

Por meio do uso de simbolismo como este, consegue-se a compreensão pela comparação de coisas que são ao mesmo tempo diferentes e semelhantes. No começo da narrativa da vinha o ouvinte não tem, afinal, razão para ligá-la com o povo de Israel. Mas quando a ligação é finalmente feita no fim, o ouvinte é forçado a reorganizar certas coisas sobre a fidelidade de Israel que só ficam claras por meio desta comparação. Os símbolos usados para tal comparação são tirados da experiência comum e, portanto, familiares e prontamente compreensíveis. Essa qualidade dos símbolos do poeta significa que a poesia bíblica é real e eloquente, não teórica e abstrata. Ela comunica a verdade religiosa com referência às realidades comuns da experiência em vez de ideias e conceitos que apelam somente ao intelecto.

Embora construindo poemas de unidades de versos de duas e três linhas descritos acima, os poetas bíblicos também seguiram convenções bem definidas na criação deles de composições maiores. Essas convenções prescreviam certas estruturas para tipos particulares de composições. Salmos, p. ex., de modo geral são compostos de acordo com um número de formas ou gêneros maiores que proviam o arcabouço básico para a expressão criativa do poeta. As duas formas mais comuns de salmos são o hino e a lamentação, cada uma com sua forma característica. O hino contém três partes importantes: apelo ao louvor a Deus, focando nos feitos beneficentes de Deus; e o renovado apelo ao louvor. Alguns exemplos dignos de nota da forma de hino incluem os Salmos 8, 19, 33, 100, 104. A lamentação é uma forma mais complexa, com exemplos mais completos com seis partes: saudação a Deus; descrição do problema enfrentado pelo salmista; confissão de confiança em Deus; súplica por ajuda; palavras de segurança ditas ao salmista prometendo a ajuda de Deus e a promessa do salmista de louvar a Deus depois da chegada de ajuda. Entre os exemplos dignos de nota estão os Salmos 3, 22, 42–43 (originalmente um único salmo, como mostra sua reflexão da forma de lamentação), 51, 90, 130. Os salmistas não seguiram essas formas de modo impensado, mas as adaptaram criativamente de forma que cada salmo fosse uma única variação do padrão típico. Todavia, existe bastante consistência no uso desses padrões para indicar que os salmistas os empregaram conscienciosamente em suas composições.

Da mesma forma que existem padrões formais de acordo com os quais os salmos foram compostos, existem também padrões maiores de acordo com os quais a poesia profética foi composta. Uma das formas mais comuns de discursos proféticos é o discurso de juízo, no qual o profeta proferia uma denúncia do comportamento de Israel seguido do anúncio do juízo imposto por Deus para puni-lo. Um exemplo é Amós 6:1-8, no qual Amós acusa a liderança de Israel por sua autoindulgência e luxúria (v. 1-6) e anuncia seu julgamento iminente, o exílio (v. 7-8). O seguinte verso de duas linhas ilustra bem a acusação maior da qual ela é parte:

Ai dos que dormem em camas de marfim, e
se estendem sobre os seus leitos...(v. 4)

A prédica de salvação, na qual uma descrição de sofrimento é seguida por um anúncio de salvação, é um tipo de equivalente positivo do discurso de juízo (cf. Am 9:11-15). Um arranjo quase que desconcertante de formas maiores de discursos é empregado pelos profetas, dois dos quais são o oráculo de infortúnio (Am 5:18-20) e a oração (7:2, 5).

Dentro da Literatura de Sabedoria, a forma literária mais característica é o provérbio, um aforismo que coincide com a unidade de verso comum de duas linhas empregando o paralelismo. Um exemplo é este provérbio enaltecendo o valor do trabalho diligente:

O que trabalha com mão remissa empobrece;
mas a mão do diligente enriquece. (Pv 10:4)

A maior parte do livro de Provérbios (cap.10–31) é composta de provérbios de duas linhas que foram reunidos e simplesmente listados um depois do outro, às vezes aparentemente organizados por assunto, outras vezes arranjados muito aleatoriamente aos olhos do leitor moderno. Provérbios 1–9 é composto por poemas de sabedoria mais extensos, ainda fazendo uso de unidades de versos de duas e três linhas, característica da poesia hebraica bíblica. Esse é também o caso do livro de Jó, no qual a verdade da justiça divina e o valor da sabedoria são debatidos por Jó e seus amigos na forma de longos discursos poéticos organizados como um prolongado discurso.

Essas observações sobre a poesia bíblica foram dirigidas principalmente ao AT, que contém importantes tipos de literatura — salmos, sabedoria, profecia — na qual a poesia foi o meio principal de expressão. Visto que o NT é composto principalmente de evangelhos e cartas, ambos os quais empregam prosa para narrativa e exposição, pouca poesia é encontrada ali. Os poucos exemplos incluem citações esporádicas nos evangelhos de textos poéticos do AT, principalmente dos profetas (Mt 4:15-16; 12:18-21; Lc 3:4-6; 4:18, 19). Tais citações são já o produto de uma tradução, uma vez que são tiradas não diretamente do hebraico, mas da LXX. Até mesmo em tradução grega, entretanto, o paralelismo do hebraico ainda é óbvio. Em outros casos, os evangelhos empregam material relativo a hinos, como as composições poéticas em Lucas 1:46-55, 68-79, que lembram e parecem ser tiradas de vários salmos. Fora dos evangelhos, os hinos cristãos primitivos ou fragmentos de hinos, refletindo o paralelismo poético da poesia hebraica, parecem estar preservados em algumas das cartas do NT: Romanos 11:33-36; Ef 1:3-14, 15-20; 1Pe 1:3-5. Embora os gêneros maiores do NT não sejam poéticos, está claro que a Igreja primitiva estava familiarizada com o uso da poesia para expressão religiosa, como pode ser visto em seu contato com textos poéticos das Escrituras hebraicas e nos hinos preservados de sua vida litúrgica.

Bibliografia. R. Alter, *The Art of Biblical Poetry* (New York, 1985); A. Berlin, *The Dynamics of Biblical Parallelism* (Bloomington, Ind., 1985); J. L. Kugel, *The Idea of Biblical Poetry* (1981, repr. Baltimore, 1998); D. L. Petersen e K. H. Richards, *Interpreting Hebrew Poetry* (Minneapolis, 1992); W. G. E. Watson, *Classical Hebrew Poetry*. JSOTSup 26 (Sheffield, 1984). [THEODORE HIEBERT]

POLEGAR O dedo oposto interno da mão humana (heb. *bōhen*). A ordenação sacerdotal de Arão e de seus filhos envolvia a aplicação de sangue do sacrifício no polegar direito de cada um, no dedão do pé direito e no lóbulo da orelha direita (Êx 29:20; Lv 8:23-24). A mesma atividade fazia parte do ritual de purificação de um leproso (Lv 14:14, 17, 25, 28). O rei Adoni-Bezeque, depois de capturado pelos homens de Judá e ter seus polegares e dedões dos pés cortados, vangloria-se de ter, ele mesmo, cortado os polegares e dos dedões de setenta outros reis (Jz 1:6-7). Em todas essas passagens, a palavra hebraica para polegar e dedão do pé é a mesma. [JOHN KALTNER]

POLICARPO, EPÍSTOLA DE A chamada Epístola de Policarpo aos filipenses é o único texto remanescente, procedente da mão de Policarpo, o mártir cristão, bispo de Esmirna no século II. Sua importância entre as antigas igrejas da Ásia Menor é conhecida, como evidenciado em outra parte pela descrição de sua morte (cerca do ano 156) em o Martírio de Policarpo e o relato fictício de sua carreira, Vida de Policarpo. De acordo com Ireneu e Eusébio, Policarpo permaneceu como uma ligação direta entre o testemunho do apóstolo João e o testemunho da fé da Igreja posterior. Amigo íntimo de Inácio de Antioquia, Policarpo foi um famoso inimigo do gnóstico Marcião.

Certas circunstâncias por trás da epístola são claras. O destinatário inicial estabelece a cidade de Esmirna como local da composição e a igreja em Filipos como receptora pretendida. A preocupação principal da epístola (agora dividida em 14 capítulos) é o tema da justiça, assunto que os filipenses haviam pedido anteriormente que Policarpo tratasse (Pol. Phil. 3.1).

Outros aspectos da epístola são debatidos. As referências de Policarpo à situação de Inácio, residindo temporariamente em Filipos a caminho do martírio em Roma (cf. 1.1; 9.1; 13.2), levou à especulação concernente a questões de integridade e data por trás da epístola. Tradicionalmente, estas referências têm sido aceitas como um indicação de que o texto foi escrito logo depois da morte de Inácio, cerca do ano 110-120. O testemunho da fé de Inácio e das circunstâncias de sua morte trágica teria sido a preocupação imediata dos cristãos que o haviam conhecido. Alguns estudiosos mais recentes, entretanto, têm questionado se a epístola não é na verdade uma combinação de duas cartas breves (ambas de Policarpo), a primeira preservada nos caps. 13—14, e a última nos caps. 1—12. Observa-se, p. ex., que o tema de justiça é abandonado no cap. 13 em favor de uma discussão das cartas de Inácio. Os filipenses haviam pedido cópias daquelas cartas e Policarpo aparentemente pretendeu nos caps. 13—14 fornecer uma breve cópia da carta para aquela coleção. Ao mesmo tempo, o próprio Policarpo pediu informação específica dos filipenses a respeito do destino de Inácio, o que sugere que ele escreveu logo depois do martírio de Inácio. Em outro lugar da epístola, as referências de Policarpo a Inácio (1.1; 9.1) não revelam particular urgência sobre a situação, talvez por terem então se passado alguns anos. Se a sua frase "primogênito de Satanás" (7.1) pode ser tomada como referência a Marcião, a quem Policarpo conheceu um pouco antes de 140, então os caps. 1—12 podem preservar uma segunda carta, posterior, mandada aos filipenses durante os anos 120-135. Nossa epístola atual pode assim preservar duas cartas separadas, a obra mais recente agora colocada adiante do texto mais antigo.

A epístola de Policarpo revela seu papel como reconhecida autoridade entre as comunidades cristãs primitivas. Ele revela grande familiaridade com os escritos do antigo Israel, bem como com autores cristãos posteriores, especialmente as cartas de Paulo. Tanto quanto o próprio Inácio, Policarpo se coloca como baliza de advertência contra a ameaça desagregadora do docetismo (cap. 7) e como defensor da unidade da igreja. Ele trata de assuntos específicos da liderança em Filipos, especificamente no caso do "presbítero caído" Valens e sua esposa (cap. 11). De forma muito especial, Policarpo adianta a visão de uma Igreja jovem e em crescimento, cujos membros são "cidadãos" dignos da comunidade de Deus (5.2), cujos ofícios e funções estão firmemente organizados de acordo com os padrões da fé e da ordem eclesiástica (caps. 4—6), e cujo "eterno sumo sacerdote" é Jesus Cristo (12.2).

Bibliografia. L. W. Barnard, "The Problem of St. Polycarp's Epistle to the Philippians", in *Studies in the Apostolic Fathers and Their Background* (New York, 1966), 31-39; P. N. Harrison, *Polycarp's Two Epistles to the Philippians* (Cambridge, 1936); W. R. Schoedel, *Polycarp, Martyrdom of Polycarp, Fragments of Papias*. The Apostolic Fathers, ed. R. M. Grant (New York, 1967). [CLAYTON N. JEFFORD]

POLICARPO, MARTÍRIO DE Além do relato no NT da morte de Estêvão (At 7:54-60), o Martírio de Policarpo é o mais antigo exemplo do cristianismo de um martírio. O Martírio é um retrato estilizado da morte de Policarpo, bispo de Esmirna, que serviu à Igreja até a avançada idade de 86 anos (Mart. Pol. 9.3). A descrição de sua morte veio a servir, em última análise, como exemplo prototípico para relatos martirológicos subsequentes, com foco nos temas da fidelidade, coragem e piedade diante do perigo e da morte.

O verdadeiro relato do martírio está preservado no contexto de uma carta que foi enviada pelos cristãos de Esmirna (local da morte de Policarpo) à igreja de Filomélia na Ásia Menor central. Seu propósito foi honrar a memória do bispo morto, bem como encorajar outros cristãos que enfrentavam a ameaça de perseguição. O relato foi indubitavelmente registrado logo depois da morte de Policarpo, embora a data do evento (e portanto, do texto) seja muito debatida. A parte final do texto (cap. 21) coloca a morte em 22 (ou 23?) de fevereiro, mas o ano não é indicado. A evidência interna defende o ano 154-155, embora Eusébio tenha preferido 166 (ou 167). Estudiosos recentes observam que o contexto geral de perseguição sob Marco Aurélio pode permitir uma data qualquer antes de 181.

Além da comunidade geral cristã em Esmirna, nenhum único autor é claramente identificado como redator. O nome Evaristo aparece como autor da própria carta (20.2) e certos cristãos depois são registrados no fim do capítulo como os que passaram adiante o texto na antiguidade. O uso do pronome no plural "nós" (15.1) sugere que mais de um indivíduo podem ter sido autor (ou pelo menos testemunhas) do verdadeiro relato do martírio.

Os estudiosos presumem que o Martírio tem de fato algum grande elemento de autenticidade como testemunho da morte de Policarpo. Devido à natureza polêmica do documento, entretanto, é certo que o evento tenha sido relatado por meio dos olhos da fé. Isso é melhor exemplificado por meio de inúmeras semelhanças os quais os dias finais da vida de Policarpo, julgamento e morte encontram na história de Jesus de Nazaré nos evangelhos do NT. Assim como Jesus, Policarpo entra na cidade (aqui Esmirna) montado num jumento. Ele ora pela Igreja em geral (5.1), é traído junto às autoridades por alguém íntimo dele (6.1, 2) e atua como cabeça da mesa numa última refeição (7.2) e faz uma longa oração antes de ser preso (7.2, 3). Ele é então interrogado por um oficial chamado Herodes (8.2-3), é feito objeto de zombaria pelos judeus (12.2-13.1), crucificado numa sexta-feira (7.1) e seu corpo é retirado por seguidores leais após sua morte (18.2, 3). A ênfase sobre tais elementos é clara até mesmo ao leitor fortuito, e reflete tradições tomadas emprestadas de todo os evangelhos do NT.

O Martírio tornou-se conhecido na tradição cristã pelos vários elementos de um sacrifício heroico moldados aqui como padrão para posteriores relatos martirológicos. Mais digno de atenção é o foco sobre a tradição de uma "morte nobre", isto é, a antiga visão de que em certas circunstâncias é necessário que uma pessoa seja sacrificada em benefício da comunidade maior. Esse sacrifício vem em meio a uma luta entre as forças do bem e do mal, a última representada aqui pelo "maligno", os judeus e as autoridades civis do império romano. A morte de um mártir fiel é retratada como uma doce conclusão de uma vida de oração — o corpo de Policarpo é partido como pão que produz o aroma de incenso e perfume. Finalmente, o aniversário do evento (o "nascimento do martírio" 18.3) torna-se uma ocasião de reverência e discernimento, e contribui para o crescente fluxo da mentalidade em desenvolvimento do "culto do mártir" que caracterizou muito da espiritualidade cristã subsequente.

Bibliografia. W. H. C. *Frend, Martyrdom and Persecution in the Early Church* (Oxford, 1965), 268-302; C. N. Jefford, K. J. Harder e L. D. Amezaga, Jr., *Reading the Apostolic Fathers* (Peabody, 1996), 84-97. [CLAYTON N. JEFFORD]

POMBA Pequeno pássaro difundidamente domesticado nos tempos bíblicos e pertence à família Columbidae. A pomba é a mensageira de Noé, assinalando para o final do dilúvio (heb. *yônâ*; Gn 8:8-12), e é uma representação do Espírito Santo no batismo de Jesus (gr. *peristerá*); Mt 3:16; Mc 1:10; Lc 3:22; Jo 1:32). Metaforicamente, a pomba é usada para descrever o lamento humano (Is 38:14; 59:11) e a beleza (Ct 5:12), e é um termo de carinho (Ct 2:14; 5:2; 6:9). Esconder-se especialmente nas rochas ou nos despenhadeiros, é um atributo da pomba (Ct 2:14; Jr 48:28). O termo hebraico é onomatopaico; sua raiz *ynh* ("o som da chuva") evoca o lamento da pomba (Ez 7:16; Na 2:7), e é a mesma raiz do nome Jonas.

O excremento da pomba era considerado como comida durante o tempo de fome (2Rs 6:25), que soa tão insosso quando a cabeça de macaco mencionada ali. Contudo, o excremento da pomba provavelmente se refere a alguma espécie de raiz bulbosa ou de vegetal de pouco valor (NIV "vasilhas de semente"; NJB "cebolas selvagens").

As versões inglesas traduzem o termo "pombos jovens" com relação ao sacrifício. Os pombos jovens ou uma espécie de rola (*tôr*) são oferecidos como ofertas queimadas pelo pecado (Lv 14:22, 30; 15:14, 29) e são notadas como substitutos aceitáveis de ovelhas pelos pobres (5:7; 14:22). Os pais de Jesus fizeram tal sacrifício por ocasião do nascimento do Filho (Lc 2:23-24), de acordo com a lei levítica (Lv 12:8).

Bibliografia. D. C. Allison, Jr., "The Baptism of Jesus and a New Dead Sea Scroll", *BARev* 18/2 (1992), 58-60; A. J. Hauser, "Jonah: In Pursuit of the Dove", *JBL* 104 (1985), 21-37. [LISA M. WOLFE]

POMBA NOS LONGÍNQUOS TEREBINTOS Mais provavelmente as primeiras palavras ou linha de uma melodia (heb. *yônaṯ ʾēlem rĕḥōqîm*) com qual o Salmo 56 devia ser cantado (sobrescrito [TM 1]).

POMBO Qualquer dos vários pássaros da família Columbidae. A NRSV traduz o hebraico *yônâ* por "pombo" quando se refere a animais para sacrifício (em outra parte "rola"). Pássaros eram normalmente oferecidos por sacrifício como alternativa a animais maiores; o uso deles para sacrifício, era então, um indicativo de relativa pobreza (Lv 5:7; Lc 2:24), embora uma oferta de cereal podia ser um indicativo de pobreza ainda maior (Lv 5:11).

No NT o grego *peristerá* é traduzido por "pombas" com referência a pássaros sacrificados no templo (Mt 21:12; Mc 11:15; Jo 2:14 para distinguir entre duas espécies de pássaros numa citação de Levítico 12:8.

O hebraico *gôzāl* é traduzido por "pombinho" ao relatar animais cortados pelo meio em relação a um pacto ritual (Gn 15:9; cf. Dt 32:11). [JESPER SVARTVIK]

PONTO (gr. *Póntos*) Região no nordeste da Ásia Menor, na costa sul do mar Negro (Pontus Euxinus), confinando com a Galácia, Capadócia e a Armênia ao sul. A região é formada por estreitas planícies férteis costeiras e montanhas acidentadas para o interior que se estende a partes da costa. Nos tempos antigos, essas protuberâncias montanhosas impediam uma estrada costeira contínua, forçando dessa forma as pessoas a viajar pelo mar ou por estradas pelo interior. A orla marítima foi colonizada pelos gregos cerca de 700 a.C., com Sinope e Amisus os principais portos. Os nativos do interior montanhoso eram livres da influência grega e tinham laços estreitos com a Armênia e Capadócia. Entre os importantes produtos da região estavam o milho, as frutas, as azeitonas e a madeira.

O Ponto estivera sob o domínio dos impérios assírio, hitita, grego e persa antes de conseguir a independência sob Mitrídates I em 302. Mitrídates VI Eupátor liderou Ponto em três guerras defensivas contra Roma, culminando em derrota por Pompeu em 63 a.C. A dinastia mitridática terminou com a derrota ante César na revolta de Farnaces II, em 47.

O judaísmo foi expandido no Ponto na era do NT. Atos 2:9 confirma que alguns judeus do Ponto estavam em Jerusalém no Pentecoste levando de volta o evangelho para a região. A primeira carta de Pedro confirma a presença de cristãos no Ponto e nas áreas vizinhas (1Pe 1:2, 2).

Entre as pessoas notáveis dessa região está o companheiro de Paulo, Áquila; Estrabo, o geógrafo, da antiga capital Amasia; Áquila, prosélito e contemporâneo de Adriano, que traduziu o AT para o grego; Alexandre de Abonuteichos, fundador de um culto pagão; e Carcion, de Sinope.

Bibliografia. C. J. Hemer, "The Address of 1 Peter",ExpT 89 (1977/78): 239-43. [STEVEN L. COX]

POQUERETE-HAZEBAIM (heb. *pōḵereṯ haṣṣĕḇāyîm*) O progenitor de uma família dos servos de Salomão cujos descendentes retornaram do exílio (Ed 2:57 = Ne 7:59). O termo hebraico parece ser um substantivo feminino próprio ou o nome de uma função, que significa "caçadora de gazela".

PORATA (heb. *pôrāṯā'*) Um dos dez filhos de Hamã, mortos pelos judeus (Et 9:8).

PORÇÃO MEMORIAL A parte da oferta de grãos separada para o Senhor pelo fogo (Lv 2:2; cf. Nm 5:26). O hebraico *'azkārâ*, que designa esta parte da oferta, é baseada no verbo "lembrar". Sua função como símbolo ou sinal da propriedade do Senhor de toda a colheita, entretanto, tem levado a várias traduções. A etimologia do termo pode ainda ser pertinente embora, desde que o verbo pode denotar o ato de lembrar pela designação ou menção. Tal lembrança ou comemoração do Deus de Israel era certamente um componente crítico dessa parte da oferta de grãos. [KEVIN D. HALL]

PÓRCIO FESTO *Ver* FESTO, PÓRCIO.

PORCO Embora o porco seja o mais conhecido dos animais bíblicos "impuros", ele é comparativamente incomum na Bíblia (no NT oito das doze referências ocorrem na história do endemoninhado gadareno). Ele é especificamente proibido como alimento em Levítico 11:7; Deuteronômio 14:8, embora seu casco seja dividido. Aparentemente ele era o único animal com casco fendido que não ruminava, considerado irregular ou impuro. Além disso, sua natureza onívora e hábitos de revirar lixo certamente teriam sido levados em conta ao ser considerado impuro. No período interbíblico, o porco parece ter sido o exemplo emblemático de impureza, razão por que Antíoco o usou para expor os judeus religiosos (2Mac 6.18) e poluir o altar do templo (1Mac 1.47).

O porco é usado tanto no AT quanto no NT como símbolo de incongruência. A mulher indiscreta é como uma argola de ouro no focinho de um porco (Pv 11:22). Jesus ordena a seus discípulos a não lançarem suas pérolas aos porcos (Mt 7:6).

O porco é impuro para judeus e muçulmanos, embora os vizinhos do antigo Israel não compartilhassem esse ponto de vista. Atualmente, o porco do mato (selvagem) se desenvolve nos dois lados da margem do rio Jordão, bem como nas áreas mais remotas do Golã e da alta Galileia. [DONALD FOWLER]

PÓRFIRO Pedra vermelha ou púrpura formada de cristais de feldspato brancos ou cor de rosa em uma rocha básica vermelho escuro (heb. *bahaṭ*). Nos tempos bíblicos, o pórfiro era comprado da costa do mar Vermelho ou do Egito, cortado e polido para fins ornamentais (Et 1:6).

PORTA 1. Abertura (heb. *peṯaḥ*) usada para se ter acesso a vários edifícios ou cidades, acompanhada por uma verga de pedra ou madeira, umbrais, e soleira.

O sangue foi espargido nos postes laterais durante a primeira Páscoa (Êx 12:7, 22-23). A orelha de um escravo era perfurada contra a porta quando ele escolhia permanecer com seu senhor (Êx 21:6). As portas poderiam evidentemente ser trancadas nos tempos antigos (2Sm 13:17-18). A porta do templo era feita de madeira de cipreste (1Rs 6:34). No AT, a "porta" é usada figurativamente para significar proximidade no tempo e espaço (Gn 4:7), como abertura para esperança (Os 2:15 [TM 17]), e como símbolo para os lábios e boca (Sl 141:3). A sabedoria do AT compara a preguiça a uma porta que revolve nos seus gonzos (Pv 26:14), e aquele que levanta sua porta procura destruição (17:19).

Jesus se refere a si mesmo como a "porta" pela qual todos devem entrar no aprisco (Jo 10:1-9). Muitos doentes se ajuntaram diante da porta da sogra de Pedro porque sabiam que Jesus estava presente ali (Mc 1:33). Pedro entrou nas portas do pátio onde Jesus permaneceu perante o sumo sacerdote no tempo de sua morte (Jo 18:16). As portas da prisão são abertas por um anjo do Senhor que conduz Paulo para fora passando por entre os guardas (At 12:6-11).

Significados figurativos são encontrados quando os escritores descrevem a iminência da vinda de Cristo (Mt 24:33 = Mc 13:29; Tg 5:9), a "porta da fé" sendo aberta aos gentios (At 14:27), o caminho proporcionado para o serviço efetivo (1Co 16:9), a iluminação da Palavra (Cl 4:3), e o acesso aberto à salvação que todos têm em Cristo (Ap 3:8). Jesus diz, "Eis que estou à porta e bato" (Ap 3:20; cf. Lc 11:10). Numa visão apocalíptica, João vê uma porta aberta no céu (Ap 4:1).

Figuras egípcias da 19ª Dinastia descrevem as portas da cidade na Síria-Palestina como consistindo de uma verga na porta sustentada por dois umbrais. Essas portas são mostradas intactas antes ou durante um ataque contra a cidade; após a batalha,os umbrais e a verga são mostrados como tortos e a cidade é mostrada como vazia, indicando um saque. Numerosas figuras do período assírio mostram portões e portas em forma de arco. Representações do cerco de Alammu e uma outra cidade pelo mar no palácio de Senaqueribe, em Nínive, mostram portões em forma de arco com duas portas. Isto também é verdade de uma figura do palácio de Assurbanípal e uma outra do palácio de Sargão II em Khorsabad, descrevendo dois soldados queimando o portão da cidade de Kishisim. Outras figuras assírias mostram mais as convenções de construções comuns.

Escavações arqueológicas no século passado têm revelado que as portas em forma de arco realmente existiram desde o segundo milênio a.C. (Ashkelon e Dan). Embora as portas tenham desaparecido devido à sua construção em madeira com cobertura de metais de vários tipos, diversas soleiras de pedra calcária têm sido escavadas em sítios de todos os períodos. Essas soleiras continham cavidades e conexões que indicam que a porta aberta em relação ao interior do edifício/cidade e que poderia ser segura pelo fechamento dela contra as conexões de pedra.

Bibliografia. W. Bleibtreu, "Five Ways to Conquer a City", *BARev* 16/3 (1990), 36-44; J. M. Russell, *Sennacherib´s Palace Without Rival at Niniveh* (Chicago, 1991). [MICHAEL G. HASEL]

2. Entrada da cidade (1Rs 22:20), de um acampamento (Êx 32:26), do tabernáculo (27:14-16), do templo (Ez 40-48), ou de um palácio (Jr 22:1-2). No Israel antigo, as cidades se defendiam construindo muros grossos ou casamatas sólidas ao redor na parte mais alta e central da cidade. A porta era basicamente uma abertura no muro através do qual quase todos passavam, todos os dias, para ir para aos campos ou entravam para cuidar dos negócios dentro dos muros. A abertura precisava ser ampla e facilmente abordável para as necessidades civis. Contudo, as necessidades militares exigiam que a porta fosse estreita e dificultasse a entrada porque era a parte mais vulnerável das defesas da cidade. Entretanto, muitas entradas pelas portas da cidade eram construídas com degraus ou com uma volta em noventa graus para tornar mais fácil a defesa da cidade. O portão era uma estrutura elaborada com um terraço (2Sm 18:24) e uma sala por cima da porta (18:33 [TM 19:1]). Ela era frequentemente flanqueada por duas torres que, com o topo dos muros, poderiam ser usadas como plataformas estratégicas para os soldados lançarem dardos, sendo uma proteção para a área da porta. A porta incluía duas folhas que estavam ligadas ao batente que era preso a cavidades em pedra (Jz 16:3). Quando fechada (durante a noite, Js 2:5; e quando atacada, 6:1) as portas eram trancadas por dentro com uma travessa pesada ou uma barra de metal (1Rs 4:13) inserida em fendas nas portas. Elas não poderiam ser puxadas de fora porque elas estavam escoradas num paraportas no lado interior. Eram frequentemente feitas de madeira, portanto vulneráveis ao fogo (Ne 1:3; Jz 9:52). Consequentemente, eram algumas vezes blindadas com metal ou feitas de metal (Sl 107:16; Is 45:2).

A porta incluía um complexo de duas, quatro, ou seis salas em ambos os lados da passagem para a cidade (p. ex., Megido). Cada par de salas poderia comportar guardas ou soldados para ajudar a evitar a passagem de inimigos para dentro da cidade. Para uma proteção melhor do portão principal seria construído internamente um portão externo com um segundo conjunto de muros da cidade.

Em tempos de paz, esse complexo de portões era o centro da vida na cidade. Os anciãos administravam a justiça ali (Dt 21:19; Js 20:4; Rt 4:1). Os reis sentavam-se à porta para se encontrarem com seus súditos ou para administrar a justiça (2Sm 19:8; 1Rs 22:10). Os sacerdotes e profetas faziam seus discursos e profecias no portão (Ne 8:1, 3; Jr 17:19-20; 36:10). Os mercadores faziam seus negócios na porta ou nas proximidades dela (Ne 13:15-22), e algumas das portas de Jerusalém tomavam os seus nomes do comércio que acontecia ali (Porta do Peixe, 2Cr 33:14; Porta da Ovelha, Ne 3:1, 32).

O NT não menciona frequentemente portas. Jesus curou um paralítico perto da Porta das Ovelhas (Jo 5:2-9). A oração era conduzida fora da porta (At 16:13), e os mortos eram sepultados fora da porta (Lc 7:12; Hb 13:12).

A porta é símbolo de poder (cf. Mt 16:18), de defesa e segurança (Is 28:6), e "possuir o portão" significa capturar a cidade (Gn 22:17; 24:60). Quando uma cidade era capturada, a perda poderia ser personificada como a lamentação das portas (Is 14:31), lamentando e chorando (3:26), e se abatendo (Jr 14:2). A perversão da justiça para o justo e o necessitado pode ser feita "na porta" por corromper o sistema legal (Am 5:12; Pv 22:22). Jesus usou a imagem da porta para ilustrar a dificuldade de se entrar no reino (Mt 7:13-14). *Ver* FORTALEZA, FORTIFICAÇÃO. [JAMES C. MOYER]

PORTÃO DE DAMASCO O principal portão no muro norte da moderna Velha Cidade de Jerusalém. Construído em cerca de 1538-39 d.C. por Suleiman, o Magnífico. Esse portão conduz à principal estrada norte-sul, o Cardo Maximus da cidade romana Aelia Capitolina. O nome se deriva da tradição cristã primitiva de que Paulo partiu da cidade por esse portão em direção a Damasco (At 9). Seu nome árabe é Bab el-'Amud ("Portão da Coluna"), indicando a coluna erigida lá por Adriano e ainda de pé, quando os árabes capturaram a cidade em 638.

PORTEIRO Guarda que protegia as portas de uma cidade (2Rs 7:10-11) ou o templo de Jerusalém (1Cr 9:22). O rei Davi designou 4000 levitas para guardar o templo (1Cr 23:3-5; 26:1-32). Esses guardas tinham diversos deveres, incluindo o cuidado da arca (1Cr 15:23-24), a superintendência das ofertas voluntárias (2Cr 31:14), e a guarda dos celeiros junto às portas (Ne 12:25).

Ester 2:21 e 6:2 mencionam os eunucos designados pelo rei persa Xerxes I para guardar a soleira da porta; esses homens eram provavelmente os guarda-costas do rei. Se isso era parte das tarefas dos porteiros no antigo Israel é fato desconhecido. No NT, os porteiros eram designados pelos ricos para guardarem as casas deles (Mc 13:34). [JENNIE R. EBERLING]

PÓRTICO DE SALOMÃO O lugar público de reunião no lado leste da plataforma do monte do templo, rodeado por uma fileira de colunas formando um pórtico (gr. *stoá tou Solomṓnos*). De acordo com Josefo, que considerava essa área um remanescente do templo de Salomão, sua expansão heroriana, durante o fim do período do Segundo Templo, incluía uma extensão de 15 m de colunas monolíticas duplas com cerca de 11,5 m de altura, feitas de mármore branco que suportavam um teto impressionante revestido de cedro. Esta área de colunatas do pátio do templo serviu como local de reunião para Jesus e seus discípulos (Jo 10:23) bem como para a Igreja primitiva de Jerusalém (At 2:46; 5:12). Devido as pessoas costumeiramente se reunirem neste lugar para discutir assuntos religiosos quando iam ao templo para rituais cerimoniais, foi um local ideal para o ensino de Jesus e da realização de milagres confirmatórios pelos apóstolos (At 3:11; 5:12). Não existem resíduos hoje, mas algumas pessoas têm sugerido, com base em um relato de Procópio de Cesareia, historiador bizantino do século VI, que a Igreja Nova, cujos restos foram descobertos, foi construída de colunas desta área. [J. RANDALL PRICE]

POSSIDÔNIO (gr. *Posidṓnios*) Mensageiro enviado por Nicanor em face da derrota certa para negociar uma trégua com Judas Macabeu (2Mac 14.19).

POTIFAR (heb. *pôṭîpar*) O indivíduo que comprou José dos ismaelitas (ou midianitas) no Egito, depois que ele foi vendido por seus irmãos (Gn 37:36; 39:1-6). Seu nome era aparentemente uma forma abreviada de Potífera, nome do sogro de José (Gn 41:45; 46:20), que significa "pertencente a Re (o deus-sol)" (LXX gr. *Petephrēs* para ambos). Ele foi descrito como "funcionário" ou "alto administrador" de Faraó e o "capitão" ou "chefe" da(o) [corpo da] guarda". A última descrição é problemática. A palavra-chave na frase parece ter o sentido de "abater" e, talvez por extensão "cozinheiro", resultando em "organizador chefe", funcionalmente como um moderno "lorde camareiro", ou lit. "capitão dos abatedores", o funcionário comandante da guarda real que executava as sentenças de morte do rei. A última tradução pode ser apoiada pela identificação de Potifar com o "capitão da guarda" da prisão real (gn 39:20; 40:3, 4; 41:10, 12). *Ver* MULHER DE POTIFAR. [WALTER E. BROWN]

POTÍFERA (heb. *pôṭî pera'*; egip. *pꜣ-di-pꜣ-Rꜥ*) Sacerdote ("que pertence [é enviado por] Re [o deus-sol]") da cidade egípcia de On (Heliópolis, "cidade do sol"), cuja filha, Asenate tornou-se esposa de José (Gn 41:45, 50; 46:20).

POUPA Pássaro cor de canela ou amarelo claro (heb. *dûkîpat*), a única espécie da família Upupidae. Com 30 cm. de comprimento, a poupa é reconhecida por sua alta crista dourada, listrada com faixas pretas e brancas. Para proteção destila um cheiro agressivo. Come vários tipos de insetos e vermes que escava forrageia em montes de estrumes. Seu nome zoológico (Upupa epops) é uma combinação do lat. *upopa* e do grego *epops*, ambos onomatopaicos, imitando sua chamada vacilante.

Desenhos e lendas de tempos antigos indicam que a poupa era importante na região mediterrânea, provavelmente para práticas mágicas. A poupa é relacionada em Levítico 11:19 e Deuteronômio 14:18 como alimento não permitido. Os caraítas, no entanto, entendendo de forma diferente a palavra hebraica, tradicionalmente se abstinham de comer galinha. [JESPER SVARTVIK]

POVO DA TERRA Embora em alguns casos uma designação para a humanidade toda (isto é, "todos os povos da terra"), heb. *'am hā'āreṣ* difira em significado em textos de eras pré-monárquicas até a rabínica, nos textos relacionados à era monárquica, o termo significa simplesmente os cidadãos livres de uma localidade em particular sob discussão (p. ex., os egípcios em Gn 42:6); aqui o termo parece excluir escravos e estrangeiros.

Com relação à era monárquica, o povo da terra está envolvido na deposição da rainha ímpia, Atalia (2Rs 11:13-20), na transição de Amom, assassinado, para o rei Josias (21:24), na sucessão do filho de Josias, Jeocaz (23:30), e a transição do rei Uzias, leproso, para seu filho, Jotão (15:5). O povo da terra tem sido identificado de diversas maneiras como classes sociais inferiores, a elite fundiária poderosa e os cidadãos do estado, livres. Tem havido discussão em particular sobre se *'am hā'āreṣ* é um *terminus technicus* que se refere a um grupo específico de judeus.

Ernst Würthwein argumentou que o termo se refere a representantes da coletividade de cidadãos totalmente livres. Ele e outros estudiosos observaram uma luta recorrente na história dos judeus entre as políticas centralizadoras da monarquia davídica e o regime tradicional descentralizado da antiga liga tribal. Essa interpretação tem levado a um amplo consenso de que o povo da terra deveria ser visto em contraste com, e sempre em oposição à administração real em Jerusalém. Eles defendem um tipo de javismo tradicional que se colocou como controle contra os excessos sincretistas da elite real. Em vez de ver o povo da terra como subconjunto do tradicional grupo de cidadãos judeus, a melhor evidência indica que eles deveriam ser vistos como cidadãos livres — como um todo.

Uma troca semântica ocorre no período pós-exílico, quando o termo enfrenta uma aura negativa. Ele é usado — normalmente na forma plural — para se referir aos que se opõem às reformas moralmente corretas de Esdras e Neemias. Os *'am hā'āreṣ* são vistos — com os sacerdotes e a realeza — como responsáveis pela catástrofe do Exílio. Agora, os repatriados, os purificados pelo Exílio, são os que representam a verdadeira congregação em contraposição a todos os "povos da terra". Observe que agora dominam as formas plurais.

Um troca final no significado ocorre em textos rabínicos pós-bíblicos. Lá o termo significa os ignorantes, os transgressores que não observam a Torá. Eles devem ser vistos em contraste com os respeitados estudiosos da Torá, que detestavam o povo da terra.

Bibliografia. A. H. J. Gunneweg, "עם הארץ — A Semantic Revolution", *ZAW* 95 (1983): 437-40; B. Halpern, *The Constitution of the Monarchy in Israel*. HSM 25 (Chico, 1981), 190-216; E. W. Nicholson, "The Meaning of the Expression עם הארץ in the Old Testament", *JSS* 10 (1965): 59-66; A. Oppenheimer, *The 'AM HÁ-ARETZ*. ALGHJ 8 (Leiden, 1977); E. Würthwein, *Der 'amm há'arez in Alten Testament*. BWANT 4/17 [69] (Stuttgart, 1936); S. Zeitlin, "The Am Haarez", *JQR* 23 (1933): 45-61. [LYNN TATUM]

POVOS MARÍTIMOS Designação usada pelos egípcios para descrever os atacantes ("Estrangeiros do mar") que invadiram o Egito, durante os reinados de Merneptah (19ª Dinastia) e de Ramessés III (20ª Dinastia). O termo abrange mais de vinte grupos de povos, citados por seu lugar de origem. Dos nomes que podem ser identificados, dois podem ser rastreados até o norte da África, mas a maioria está relacionada à área do mar Egeu, particularmente oeste da Ásia Menor (Turquia), ou da Lícia (sudoeste da Ásia Menor) e às ilhas de Chipre e Creta. Vários desses grupos são conhecidos de antigos registros egípcios.

São registradas quatro invasões do Egito, mas duas, uma no quinto ano de Merneptah e a outra no oitavo ano de Ramessés III (c. 1174 a.C.), foram as mais significativas e estão relacionadas a graves crises que ocorreram na bacia mediterrânea oriental. Merneptah comenta que as pessoas chegaram com suas famílias, mulheres e crianças, e que ele matou 6 mil e capturou 9 mil. Alguns dos cativos foram usados como tropas mercenárias. O encontro de Ramessés III com o Povo do Mar, retratado num relevo na parede do templo funerário de Medinet Habu, mostra o Povo do Mar usando kilts e enfeitado com toucas cobertas de penas ou capacete acornado. O bojo de seus barcos imitava a cabeça de um pássaro. Carruagens com mulheres e crianças seguem os navios por terra. Em ambos os casos, o Povo do Mar não estava se envolvendo numa investida ao Egito, mas procurando um lugar para se estabelecer.

É durante o ataque ao Egito no oitavo ano de Ramessés III que ouvimos falar dos Peleset, ou filisteus, a quem Ramessés permitiu se estabelecer na Palestina na planície palestina, desde Rafia, no sul, até Jope. Um segundo grupo, Tjikkar, se estabeleceu em torno da cidade de Dor.

Bibliografia. W. F. Albright, "Syria, the Philistines, and Phoenicia", *CAH3* (1975) 2/2: 507-16; R. D. Barnett, "The Sea People", *CAH3* (1975) 2/2: 359-78; M. Dothan, "Archaeological Evidence for Movements of Early 'Sea People' in Canaan", *AASOR* 49 (1989) 59-70; N. K. Sandars, *The Sea Peoples: Warriors of the Ancient Mediterranean, 1250-1150 B.C.*, ed. rev. (London, 1985). [LAWRENCE A. SINCLAIR]

PRAÇA Amplo espaço público aberto nas cidades grandes e pequenas. A praça (heb. *rĕḥōḇ*) podia ser um lugar para reunião pública (2Cr 29:4; 32:6; Ed 10:9; Ne 8:1) ou lugar onde são realizados espetáculos ou apresentações (Dt 13:16 [TM 17]; 2Sm 21:12; Et 6:9-11; Pv 1:20; Is 15:3; Ez 16:24, 31). Lá reúnem-se os anciãos (Jó 29:7), as crianças brincam (Zc 8:4,5) e as pessoas trocam informação (Et 4:6; cf. Jr 5:1) ou realizam negócios (Sl 55:11 [12]; cf. Is 59:14). O viajante que não tivesse abrigo podia dormir na praça (Gn 19:2; Jz 19:15, 17, 20). Em algumas ocorrências, o termo é especificamente diferenciado de "coberturas" ou "telhados", "ruas" ou "cidades" (Ne 8:16; Pv 7:12; Ct 3:2; Is 15:3; Jr 48:38). [HYUN CHUL PAUL KIM]

PRAGA Termo geral usado para julgamento, normalmente infligido por Deus. Usado, às vezes, para se referir ao que agora é entendido como enfermidade epidêmica (1Sm 6:4) ele normalmente designa uma gama mais ampla de calamidades incluindo uma doença endêmica, mortes em batalhas e desastres naturais (1Rs 8:37). As dez pragas do Egito, raramente chamadas de pragas no próprio Êxodo (Êx 9:3, 14, 15; 11:1), são mais frequentemente chamadas de sinais e maravilhas (p. ex., 7:3; Dt 6:22; 7:19; 26:8; 34:11; Ne 9:10; Sl 135:9; Jr 32:20, 21) e juízo (Êx 6:6; Nm 33:4).

A palavra em português usada para traduzir vários termos em hebraico e grego. O verbo hebraico *nāgap̄*, *negep̄* e *makkâ*, lit., "bater", "golpear" ou "tocar", indicando ferimento, golpe fatal, massacre em batalha ou derrota militar, são sempre traduzidos de forma sinônima como "praga". O grego *plēgḗ* é traduzido por "praga" em Apocalipse, e *mástix* como "praga" (KJV Mc 5:29, 34) ou "enfermidade" nos evangelhos, mas em outra parte significa "surra" ou "açoitamento". A ênfase aqui pode ser sobre o ataque súbito e não usual da calamidade. Um surto de grave doença infecciosa pode ser descrito somente em alguns casos (Êx 32; Nm 16, 25; 1Sm 5–6; cf. Zc 14:12, 15, 18).

O hebraico *deḇer* (normalmente traduzido por "peste") sempre se refere a um surto de doença. O trio "espada, fome e peste", encontrado com frequência em Jeremias e Ezequiel, descreve o efeito devastador do esgotado suprimento de alimentos e água poluída associados ao cerco da guerra. Da mesma forma, o grego *loimós* indica grave enfermidade com alta mortalidade afetando grande número de pessoas ao mesmo tempo (Lc 21:1).

O hebraico *negaʿ* (KJV "praga"; RSV "doença") refere-se em Levítico 13–14 a várias doenças de pele (não é a hanseníase, como parece indicar a tradução tradicional "leproso"), e doenças parasitárias em vestuários e casas. O hebraico *rešep̄*, aparentemente cognato do nome do deus canaanita do deus da praga, é personificado em Hc 3:5 (RSV); Dt 32:24 (NJPSV) como *deḇer* em Salmo 91:6.

Onde parece ser sugerido a doença epidêmica, é extremamente difícil o diagnóstico médico moderno no texto bíblico para detalhar com exatidão doenças específicas. Uma possível exceção é a praga sobre os filisteus (1Sm 5–6): aqui uma infestação de ratos ou camundongos com uma doença envolvendo inchaços pode descrever a peste bubônica. Entretanto, até mesmo aqui outras doenças como disenteria têm sido postuladas, e a LXX parece sugerir que a praga é exclusivamente do camundongo.

A praga, em seu significado mais restrito de doença, foi um fato prevalecente da vida no Antigo Oriente Médio. A doença endêmica, na ausência de um tratamento efetivo e, exacerbada pela urbanização, pela dieta e saneamento inadequados, foi responsável por pelo menos metade das mortes; guerras e epidemias, eventos frequentemente relatados, causavam mais aumento nas taxas de mortalidade. Textos do Oriente Médio Antigo mostram um conhecimento das doenças epidêmicas (p. ex., os invocadores de praga de Mursilis, rei hitita; *ANET*, 394-96), atribuindo-as a várias divindades ou demônios. Da mesma forma, na Bíblia é Deus quem produz ou ameaça com praga.

A praga apareceu pela primeira vez na Bíblia em Gênesis 12:17 como punição divina a Faraó por tomar Sarai, esposa de Abraão, para o seu harém. Os israelitas tiveram a experiência de praga no deserto por causa de sua apostasia com o bezerro de ouro (Êx 32:35), seu desejo por carne (Nm 11:33), sua queixa e rebelião (14:37; 16:41-50) e sua adoração a Baal-Peor (25:9). Eles são ameaçados com praga se quebrarem o pacto com seu Deus (Lv 26:21, 25; Nm 14:12; Dt 28:21, 58-61). Davi escolhe uma peste de três dias como punição por seu recenseamento (2Sm 24; 1Cr 21) e a oração de Salomão na dedicação do templo lista praga como possível consequência da deslealdade ao pacto (1Rs 8:37=2Cr 6:28). A chegada de Deus é associada a praga em Habacuque 3:5.

Os filisteus, tendo capturado a arca da aliança, são atacados por uma praga (1Sm 5:6, 11; cf. Sl 32:4) salientando a soberania de Yahweh, o Deus de Israel sobre Dagom, o deus filisteu (1Sm 5:4). O mesmo tipo de competição aparece nas dez pragas do Egito, em que a soberania de Yahweh deve ser estabelecida sobre o faraó (Êx 9:3).

As pragas do Egito. O Egito é associado de forma preeminente com as pragas de Êxodo 7–12. A enumeração tradicional de dez pragas não aparece em Êxodo e é explicitada pela primeira vez no livro de Jubileu (Jub 48.7). Os relatos em Salmo 78, 105 parecem listar apenas sete ou oito pragas, e em diferente ordem. A intervenção sobre as pragas em a Sabedoria de Salomão (Sb. 11–19) apresenta sete contrastes entre o tratamento do Egito e Israel nas mãos de Deus (cf. Ap: 8–11, 15–16).

As dez pragas são (1) sangue; (2) rãs; (3) piolhos; (4) moscas; (5) morte dos rebanhos; (6) furúnculos (7) granizo; (8) gafanhotos; (9) trevas; (10) morte dos primogênitos. A natureza da terceira e quarta pragas é especialmente incerta; os kinnim ou mosquitos (RSV) de Êxodo 8:16-18(TM 12-14) têm sido também entendidos como piolhos (NJPSV) ou larvas (NEB), e o *ʿārōḇ* (lit., "mistura") ou enxame de moscas (RSV) de 8:20-32(16-28) podia ser um enxame de vários insetos (NJPSV) ou, como na literatura rabínica, animais selvagens.

Variações complexas entre a apresentação das pragas individuais, como a vacilação entre Moisés, Arão e Deus como agente que induz cada praga ou as reações instáveis de Faraó às pragas individuais, bem como discrepâncias como o reaparecimento do rebanho egípcio na sétima praga depois de ter morrido por completo na quinta (Êx 9:6), têm levado à teoria de que a narrativa do Êxodo é uma combinação de várias tradições. Em sua formulação clássica, um primitivo relato de sete pragas (usualmente identificadas com J) foi gradualmente unida a, ou suplementada por, outras fontes ou tradições, finalmente dando forma ao presente relato de dez pragas.

Contra essa abordagem crítica da fonte, outros têm enfatizado a estrutura unitiva e o equilíbrio da narrativa da praga em sua forma completa. Já reconhecido pelos comentaristas rabínicos medievais era o padrão formal de três tercetos de pragas (1,2,3 + 4,5,6 + 7,8,9) culminando com a 10ª praga. (Isto é semelhante ao padrão 3 + 3 + 3 + 1 do relato da Criação em Gn 1). Outro padrão comumente reconhecido é o de cinco pares contíguos, baseado no conteúdo: 1,2 (Nilo); 3,4 (insetos); 5,6 (doenças); 7,8 (dano à agricultura); 9,10 (trevas).

As dez pragas têm sido também interpretadas como sequência de fenômenos naturais catastróficos mostrando a relação científica de causa-e-efeito. Assim, a lama e as algas coloridas de vermelho deixaram o Nilo vermelho como sangue (1), matando peixes e fazendo com que as rãs migrassem para terra (2). As rãs mortas geraram piolhos e moscas (3 e 4) que, por sua vez transmitiram doenças aos rebanhos e aos humanos (5 e 6). O granizo e os gafanhotos (7 e 8) foram desastres naturais, embora as trevas da nona praga tenham sido causadas por uma tempestade de areia ou eclipse solar. Tais explicações trazidas ao plano natural, entretanto, não somente tropeçam em detalhes como a natureza seletiva ou instantânea de algumas das pragas, como também desacreditam a descrição ideológica das pragas na narrativa bíblica como eventos claramente sobrenaturais ou milagrosos que aconteceram por instigação divina.

Dois importantes temas sobressaem na narrativa das dez pragas. "para que saibas que ninguém há como o Senhor nosso Deus" (Êx 8:10 [6]; cf. 9:14), e "para que saibais que o Senhor faz distinção entre os egípcios e os filhos de Israel" (11:7). As pragas demonstram a superioridade do Deus de Israel sobre um Egito que, sob seu faraó semidivino, cada vez mais reverte a um estado de caos pré-criação. Ao mesmo tempo, as pragas são o nascimento de Israel como entidade separada ou distinta de sua matriz egípcia.

Bibliografia. T. E. Fretheim, "The Plagues as Ecological Signs of Historical Disaster", *JBL* 110 (1991): 385-96; R. M. Martinez, "Epidemic Disease, Ecology, and Culture in the Ancient Near East", in *The Bible in the Light of Cuneiform Literature*, ed. W. H. Hallo, B. W. Jones e G. L. Mattingly. *Scripture in Context* 3 (Lewiston, 1990), 413-57. [F. V. GREIFENHAGEN]

PRATA Metal precioso de múltiplos usos. Nos tempos bíblicos, a prata (heb. *kesep̄*; gr. *árgyros*) era usada como dinheiro (Gn 23:15,16; Mt 26:15; At 3:6), joalheria (Êx 3:22), uma variedade de utensílios como taças, pratos, tigelas (Gn 44:2; Nm 7:13; 2Tm 2:20), ídolos (Êx 20:23; At 17:29; Ap 9:20) e trombetas (Nm 10:2). A prata foi usada na construção do tabernáculo (Êx 26–27) e em alguns utensílios do templo (1Cr 28:15-17; 2Cr 24:14). A posse de prata indicava riqueza assim como o ouro, gado e servos (Gn 13:2; 24:35).

O ouro é frequentemente mencionado com a prata na Bíblia visto que ambos os metais possuem propriedade físicas e químicas semelhantes, e tem sido usada historicamente para propósitos similares, incluindo dinheiro. Devido suas capacidades semelhantes em satisfazer os desejos e necessidades humanas, a humanidade tem-se movimentado durante milhares de anos entre escolher ouro ou prata exclusivamente para o uso como dinheiro. Nos tempos bíblicos, a prata era o principal meio de troca. O uso de dinheiro em qualquer forma requer uma divisão de trabalho na economia bem no mercado de livre troca; portanto, o uso de ouro, prata e bronze como dinheiro nos tempos bíblicos indica tal economia de mercado baseada numa divisão de trabalho.

Creso, rei da Lídia (560-546 a.C.), foi provavelmente o primeiro a cunhar moedas de ouro puro e prata. Antes desse tempo, e até mesmo depois, a prata usada como meio de troca era medida por peso, normalmente em *shekels* (ciclos, Gn 23:16) ou talentos (1Rs 16:24). Outras unidades de peso eram usadas, mas a maioria delas se baseavam em siclos ou talentos. Pelo fato de as primeiras moedas serem irregulares em forma e peso devido ao processo de cunhagem conhecido como "bater", as moedas eram às vezes pesadas para averiguar seu peso, e não aceitas pelo valor de face.

A prata usada no antigo Oriente Próximo foi obtida basicamente da Ásia Menor até o primeiro milênio a.C., durante o qual ela se tornou mais abundante e menos valiosa em relação ao ouro (cf. 1Rs 10:21,27). Cinco vasos de barro contendo 28 kg de prata, provavelmente representando taxas pertencentes ao estado, foram desenterrados nas montanhas da Judeia em Estemoa, 19 km ao sul de Hebrom. Parte do tesouro, foi derretido e não tinha uma forma específica; outras peças consistiam de joias cortadas para passar pela boca dos vasos. As peças têm uma pureza variável de 78 a 97%, sugerindo que a prata veio de fontes diversas. O tesouro data de não antes do século X e não mais que o século VIII.

Nos tempos do NT, o dinheiro de prata ainda era às vezes pesado, mas as moedas tinham maiores usos do que antes. A denominação principal da cunhagem de prata no império romano foi o denário (Mt 18:28). Outras moedas de prata que aparecem no NT são o argurion (Mt 26:15), normalmente traduzido por "moedas de prata" e a dracma (Lc 15:8), uma moeda grega.

Bibliogrfia. A. R. Burns, Money and Monetary Policy in Early Times (1927, repr. New York, 1965); M. I. Finley, The Ancient Economy, 2. ed. (Berkley, 1985); A. Mazar, Archaeology of the Land of the Bible 10,000-586 B.C.E. (New York, 1990); L. Von Mises, The Theory of Money and Credit, 4th ed. (Indianapolis, 1980); D. R. Sear, Roman Coins and Their Values, 4th ed. (London, 1988); Z. Yeiven, "The Mysterious Silver Hoard from Eshtemoa", *BARev* 13 (1987): 38-44. [ALAN RAY BUESCHER]

PRECINTO *Ver* ÁTRIO.

PREDESTINAÇÃO Em sua definição ampla, a afirmação teológica de que Deus soberana e graciosamente planejou o desenrolar da história de todas as coisas. Ela é mais comumente conhecida de acordo com uma definição mais limitada, de que Deus decretou tanto a salvação como a rejeição final de cada pessoa. A eleição e a reprovação, então, são subcategorias da doutrina da predestinação. Essa doutrina está associada basicamente a João Calvino e ao calvinismo, embora tenha suas raízes numa diversidade de textos do AT e do NT, foi dada forma clássica por Agostinho e foi tratada por muitos teólogos patrísticos e medievais, bem como pelos reformadores. A doutrina da predestinação tem inúmeras dificuldades lógicas problemáticas, tendo a ver principalmente com a questão da soberania divina e da liberdade humana. Ela levanta também sérias dificuldades pastorais. Devido a essas dificuldades, a doutrina tem estado sob frequentes ataques.

A doutrina da predestinação está relacionada no AT ao chamado ou eleição. Deus chama o povo em conjunto para ser o povo da aliança (cf. Dt 7:6-10) e individualmente chama pessoas (cf. Êx 3, Moisés; Jz 2:16, Juízes; Jr 1:4-8, Jeremias). Essa eleição foi com o propósito de executar a vontade de Deus, para abençoar as nações e para executar o juízo de Deus. Vários salmos também expressam a confiança, o conforto e a maravilha da eleição e da presciência de Deus (p. ex., Sl 139:16, 115:1,3,12,13). No NT, as várias palavras gregas traduzidas variadamente como "predestinar", "decretar", "preordenar" ou "prever" indicam uma ampla gama de atividade de Deus centrada em Jesus Cristo como meio de salvação e inclui as pessoas humanas neste plano salvador. Os textos clássicos da predestinação incluem Romanos 8:28-30; Gálatas 1:15; Efésios 1:4,5; 2Tessalonicenses 2:13. Nestes textos, o requisito da predestinação é a desobediência da humanidade e a rebelião contra Deus; a humanidade, então, merece a justa condenação de Deus. Entretanto, Deus não deixa a humanidade destituída. Ele graciosamente elege a quem Ele mesmo quer eleger. As implicações da eleição, em relação à humanidade, são a gratidão e serviço a Deus e a todo o seu povo.

Existem várias opções na tradição cristã sobre a declaração e a compreensão da doutrina da predestinação. Uma versão, que pode ser chamada de versão "mais flexível", afirma que Deus elege com base na sua presciência. Isto é, tanto a eleição como a reprovação estão associadas à presciência de Deus em como cada pessoa reagiria livremente ao evangelho. Nesta compreensão da doutrina, a questão da justiça e da lealdade estão, de certa forma, suavizadas. Cada pessoa, por assim dizer, tem o que merece. Um exemplo de um teólogo que abordou, ou teve a intenção de abordar a identificação da presciência de Deus com a predestinação é João Wesley, bem como a ampla tradição arminiana.

Outra opção na história desta doutrina pode ser identificada com Martinho Lutero. Embora Lutero tivesse uma forte compreensão da eleição, com afirmações relacionadas à soberania de Deus, ele não quis afirmar uma doutrina correspondente de reprovação. Isso pode ser chamado talvez de posição "intermediária", uma posição com os ingredientes necessários para uma posição mais forte, mas que evita as questões e dilemas torturantes, simplesmente colocando-os de lado.

A versão "mais dura" da predestinação afirma que Deus não prevê simplesmente, mas de fato preordena. Isto é, a eleição ou a reprovação de Deus é um decreto primordial do Senhor e não depende de sua presciência da livre ação ou decisão humana. Calvino é o nome mais identificado com esta posição. Embora Calvino tenha enfatizado constantemente o propósito primordial da doutrina da predestinação como apelo à gratidão e louvor, ele nunca deixou de declarar plenamente tanto a eleição quanto a reprovação. As dificuldades pastorais dessa versão da predestinação são imediatas e extremamente difíceis. Por que Deus escolhe apenas algumas e rejeita outras? Calvino disse que fazer tais perguntas é ir além do limite da capacidade da mente humana. O melhor procedimento, de acordo com Calvino, é o crente agradecer a Deus por sua eleição e não investigar mais os mistérios de Deus. A abordagem de Calvino a respeito da predestinação afirma uma soberania divina plena e indissolúvel; ela, apesar de tudo, considera os seres humanos responsáveis e então adverte contra a tolice de uma curiosidade mórbida a respeito destes assuntos.

Uma abordagem nova e arrojada da doutrina da eleição foi apresentada por Karl Barth. Como teólogo de tradição reformada, Barth compartilhou com Calvino as convicções referentes à soberania de Deus e à realidade do pecado. Entretanto, ele interpretou a eleição tendo-se realizada por meio de Jesus Cristo, o eleito de Deus. A humanidade, quando unida com Jesus Cristo, compartilha dessa eleição.

No que tem de melhor, a doutrina da predestinação enfatiza a livre e graciosa atividade salvadora de Deus e a resposta agradecida do crente. No que tem de pior, ela sugere que Deus arbitrariamente salva alguns e condena outros, implicando, assim, num Deus com padrões mais baixos de amor ao próximo do que é prescrito aos cristãos mostrar. A maneira mais útil de abordar a doutrina da predestinação é lançar sua rede conceitual de forma ampla: ela afirma um plano e uma determinação divinos para toda a humanidade que se conforme à eterna vontade de Deus. Nesses termos, a doutrina da predestinação não está tão interessada no destino final das pessoas individualmente, mas é uma afirmação ampla de que o amor, a sabedoria e a justiça de Deus são realidades subjacentes de toda vida criada, incluindo a pessoa humana. Foi Deus que nos fez e nós pertencemos a Ele. [LEANNE VANDYKE]

PREGAÇÃO, PROCLAMAÇÃO Tanto no AT quanto no NT, o discurso oral desempenha um papel decisivo na formação da identidade do povo de Deus. Os porta-vozes de Deus "pregam" e "proclamam" os feitos de Deus ao povo, desafiando-o a reconhecer a vontade divina para sua vida. No NT, os verbos em português normalmente traduzem os termos gregos *kēryssō* e *euangelízō* como sinônimos. O conteúdo da pregação pode ser descrito com os substantivos correspondentes *kērygma* e *euangélion*. Outros termos pertencentes ao mesmo domínio semântico incluem "falar a Palavra de Deus", "exortar" e "testemunhar".

A LXX raramente emprega *kēryssō* e *euangelízō* para a proclamação dos profetas (cf. Jn 1:2; Jr 20:8). O uso no NT baseia-se essencialmente na linguagem de Isaías 40-66. Isaías 52:7 emprega *euangelízō* duas vezes para descrever a pessoa que "traz boas novas" e "proclama a paz". Em Isaías 61:1, o profeta anuncia o chamado de Deus para que ele "pregue as boas novas (*euangelízō*) ao pobre" "proclame (*kēryssō*) liberdade aos cativos".

A definição de C. H. Dodd de pregação como "a proclamação pública ao mundo não cristão" é somente parcialmente válido, na medida em que os verbos "pregar" e "proclamar" (e também como sinônimos) são usados também para o discurso oral à comunidade crente (Rm 1:15; 1Ts 2:9; cf. 2Tm 4:2). Entretanto, os verbos são mais comumente empregados para o anúncio profético dos atos escatológicos de Deus e o apelo à crença, quase sempre em termos que repetem Isaías 52:7;61:1. João Batista (Mt 3:1) e Jesus "proclamam" o evangelho do reino (4:23). Semelhantemente, os evangelhos sinópticos retratam a missão de Jesus em termos de sua "proclamação" do reino (Mc 1:14; cf. v. 38-39, 45). De acordo com Lucas 4:18, Jesus se identifica como o profeta de Isaías 61:1, cuja missão é "proclamar boas novas ao pobre". Quando Ele chama os discípulos, manda-os "pregar" às ovelhas perdidas da casa de Israel (Mt 10:7, 27). Os discípulos continuam este ministério ao pregar o reino (At 20:25; 28:31).

Um tema comum nas cartas de Paulo é sua própria lembrança do seu ministério de pregação, que começou na proclamação missionária e continuou em seu trabalho nas igrejas. Ele entende sua missão como a do arauto de Isaías 52:7 (Rm 10:15). Ele descreve o conteúdo de sua mensagem de maneira diversa como "Cristo crucificado" (1Co 1:23), "Cristo Jesus" (2Co 1:19), "Jesus Cristo como Senhor" (4:5) e o evangelho (11:7; Gl 1:11; 2:2; 1Ts 2:2, 9). Ele lembra a fórmula do credo de 1Coríntios 15:3 como o conteúdo da pregação na qual a comunidade originalmente havia crido (v. 11). Paulo indica o relacionamento entre a proclamação original e o ministério pastoral subsequente em 1Tessalonicenses 2:9-13, em que ele compara sua pregação do evangelho (v. 9) com a tarefa de formação da comunidade na qual ele assumiu o papel paternal de "encorajar, confortar e dar testemunho" à sua comunidade para "viver de maneira digna de Deus" v. 12.

Bibliografia. C. Grown, "Proclamation", *NIDNTT* 3.44-68; C. H. Dodd, *The Apostolic Preaching and Its Developments* (Chicago, 1937). [JAMES W. THOMPSON]

PREPARAÇÃO, DIA DA O anoitecer que antecede um dia santo (Mt 27:62; Lc 23:54; Jo 10:14, 31, 42). Marcos especifica também "véspera do sábado" (Mc 15:42; cf. Jdt 8:6; 2Mac 8.26; Josefo *Ant.* 3.255; 16.163).

De acordo com Êxodo 16:23, a véspera do sábado devia funcionar como um tempo de preparação para a celebração do sábado. As responsabilidades do dia a dia deveriam ser realizadas antecipadamente, para que o dia santo pudesse ser aproveitado com o máximo conforto possível. Tais responsabilidades incluíam banho, vestir trajes festivos, acender lâmpadas e preparar comida. Na época de Cristo, todas essas atividades tinham de ser completadas por volta das 3h da tarde (*Ant.* 16.163; cf. *BJ* 6.423).

Citando a literatura rabínica, muitos comentaristas assumem que o "dia da Preparação" podia também se referir à véspera do primeiro dia da cada festa, já que esses dias eram também considerados "sábados" (cf. Êx 34:22; Lv 16:31; 23). D. A. Carson, entretanto, observa que tal costume não é confirmado em nenhuma parte fora de João 19:14; portanto a frase "dia da Preparação para a Páscoa" pode ser melhor traduzido por "o dia da Preparação do sábado que ocorre durante a semana da Páscoa".

Bibliografia. D. A. Carson, *The Gospel According to John* (Grand Rapids, 1992). [W. E. NUNNALLY]

PRESBÍTERO, PRESBITÉRIO Um grupo de anciãos (gr. *presbytérion*, de *presbýteros*, "ancião"). Algumas comunidades cristãs primitivas adotaram e adaptaram essa instituição de governo de precedentes judaicos e das corporações de anciãos conhecidas na sociedade grega e egípcia. Os anciãos foram nomeados em novas congregações cristãs (At 14:23) e aparecem em Jerusalém tanto sozinhos (11:30; 21:18) como junto aos apóstolos (15:2-6, 22, 23; 16:4). O presbitério como grupo de anciãos atuava na ordenação (1Tm 4:14), e nas Epístolas Pastorais e Universais, os anciãos exerceram tanto a função de liderança (5:17, 19) quanto a litúrgica (Tg 5:14). Os termos "ancião" e "bispo" podem ser intercambiáveis (At 20:17, 28; Tt 1:5,7). Um conselho de anciãos está em torno do trono de Deus em seu trono celestial (AP 4:4, 9-11; 5:6-14).

Bibliografia. J. M. Lieu, *The Second and Third Epistles of John* (Edinburgh, 1986). [DAVID RENSBERGER]

PRESENÇA Os hebreus acreditavam ter um relacionamento único com seu Deus (Êx 19:5; Jr 30:22; 31:3). Mas até mesmo as revelações de Deus eram envolvidas em mistério para proteger a glória da divindade (heb. *kāḇôḏ*, *šěḵînâ*; Êx 3; 33:17-23, esp. 20; cf. Jo 1:18). Abraão e Jacó comemoraram suas experiências da presença de Deus erigindo santuários (em Siquém, Berseba, Betel e Peniel). Yahweh prescreveu a tenda do encontro (Êx 40:34-38) e a arca da aliança (25:10-30) como ajuda para celebrar sua presença. Mais tarde, o templo serviu a tal propósito (1Rs 8; cf. Sl 24:7-10). O povo acabou admitindo como certo o templo como símbolo da presença de Deus e erroneamente vendo-o como garantia do favor protetor divino (Jr 7:1-4). A principal palavra bíblica para "presença" é "face" (heb. *pānîm*; gr. *prósōpon*). Adão e Eva se esconderam da face (presença) de Deus (Gn 3:8); Yahweh prometeu que sua face (presença) acompanharia Moisés (Êx 33:14); e a face (presença) de Deus é a plenitude de alegria (Sl 16:11). Sempre que ficava desgostoso com seu povo, Deus retirava sua face ou presença (Ez 10:18; Sl 22:1-21 [TM 2:22]).

No NT, a presença de Deus é apresentada pela doutrina da encarnação, de que Deus se fez carne em Jesus Cristo. Embora fosse humano (Gl 4:4-5; Fp 2:5-11), Ele foi o meio de reconciliação do mundo com Deus (2Co 5:19; cf. Jo 1:1-18; 20:28; Cl 1:15-20; Hb 1:1-4), cuja glória brilhou na face (presença) de Jesus Cristo (2Co 4:6). Deus está presente também como o Espírito Santo ou Paráclito (Jo 14:25; At 2:1-47) e por meio de mensageiros angélicos (Mt 1:18-25; Lc 1:26-38; 2:8-20). A suprema esperança para uma presença de Deus sem intermediários é expressa como a vinda (gr. *parousía*, lit., "presença") de Cristo (1Ts 1:10; 2:19; 3:13-5:11). Finalmente, João imagina o fim dos tempos quando Deus estará presente com seu povo imediatamente e para sempre (Ap 21:1-4).

Bibliografia. S. E. Balentine, *The Hidden God: The Hiding of the Face of God in the Old Testament* (Oxford, 1983); L. H. Brockingtom, "Presence", in *A Theological Word Book of the Bible*, ed. A. Richardson (New York, 1950), 172-76; S. L. Terrien, *The Elusive Presence* (San Francisco, 1978). [RICHARD A. SPENCER]

PRESENTE DE CASAMENTO O presente (heb. *mōhar*) que o cônjuge oferecia ao pai de sua noiva. Siquém se prontifica em dar um "presente de casamento" a Jacó em troca de sua filha Diná (Gn 34:12). Davi, impossibilitado de dar propriedade ou dinheiro, tem permissão para fazer um "acordo" macabro para matar filisteus por Mical, filha mais nova de Saul (1Sm 18:25). A compensação que tinha de ser paga por alguém que seduzia uma virgem podia ser considerada presente de casamento (Êx 22:16-17 [TM 15-16]; cf. Dt 22:29); embora tratada entre as leis concernentes à propriedade, isso não significa que a noiva devesse ser considerada como tal (ela mesma podia ter propriedade; cf. Js 15:18-19 = Jz 1:14-15). Em lugar do preço de aquisição com o objetivo de compensar a família da noiva pela perda de sua filha e subsequente prole, o presente de casamento oferecido pelo noivo era apenas uma reciprocidade ao dote, completando assim a troca como se esperava na "economia do brinde" em Israel. [ALLEN C. MYERS]

PRETÓRIO Originalmente a tenda do general, a palavra "*praetorium*" nos tempos do NT foi comumente usada para designar a residência de um governador provincial (At 23:55; cf. Fp 1:13).

Os evangelhos registram que Jesus foi interrogado por Pôncio Pilatos no "pretório" (gr. *aulḗ*, "palácio"; Mc 15:16; cf. Mt 27:27; Jo 18:28, 33; 19:9). Isso foi amplamente sustentado como a Fortaleza Antônia na extremidade noroeste do monte do templo. Em 35-37 a.C., Herodes, o Grande, reconstruiu uma fortaleza asmoniana existente, mudando seu nome para Antônia em homenagem a seu patrono, Marco Antônio (Josefo, *BJ* 1.75, 117, 401-2). A palavra Antônio aparece no NT numa referência à "fortaleza" (*parembolḗ*; At 21:34, 37; 22:24; 23:10, 16, 32). A Via Dolorosa começa neste local. Do outro lado da rua no moderno convento *Ecce Homo* há uma calçada que se pensava ser parte de um pátio do século I (*lithóstrōton*, Jo 19:13) do Antônia, mas a calçada está identificada atualmente como parte da praça oriental da cidade reconstruída por Adriano (132-135 d.C.).

Os predecessores asmonianos de Herodes tiveram um palácio no limite da cidade superior, do outro lado do vale Tiropoeon do templo (Josefo, *Ant.* 20.189-96; *BJ* 2.344). A tradição cristã primitiva leva Bargil Pixner a defender essa identificação. Escavações na área (no Quarteirão judeu moderno) descobriram mansões de antigos aristocratas de Jerusalém, mas nenhum palácio asmoniano.

O principal candidato ao pretório é o novo palácio de Herodes, o Grande, localizado na extremidade ocidental da cidade na fortaleza, próximo à atual Porta de Jaffa. Construído em 24-23 a.C., o palácio de Herodes era esplêndido, rivalizando com o próprio templo em tamanho e pompa. Josefo escreve a respeito de suas enormes torres e altos muros, salões de banquetes e aposentos para convidados, tetos ornamentados e mobiliário, pórticos e jardins com monumentos e canais (*BJ* 5.176-183; *Ant.* 15.318). Fílo (Leg. 299, 306) escreve que o palácio de Herodes servia como "residência dos governadores". A arqueologia mostrou que ele se estendia do atual Quarteirão armênio até o sul do muro da Cidade Antiga, cobrindo, assim, uma área maior do que a da Fortaleza, que hoje fica no extremo norte do local.

Bibliografia. J. Finegan, *The Archaeology of the New Testament*, ed. rev. (Princeton, 1992), 246-53; R. M. Mackowski, *Jerusalem, City of Jesus* (Grand Rapids, 1980), 89-111. [ROBERT HARRY SMITH]

PRIMÍCIAS O primeiro fruto de uma produção sazonal do solo (heb. *bikkûrîm*, "primeiro maduro"; *rēʾšîṯ*, "primeiro produzido"). Era considerado ser intrinsecamente santo, possessão de Deus. Em reconhecimento de que Yahweh possui a terra, como também os frutos produzidos nela, e também que ele trouxe Israel para a terra, a primeira parte dos frutos devia ser transferida para Deus, antes que o resto pudesse ser consumido. Sem aquela transferência, não poderia haver bênção sobre o restante dos frutos (Lv 19:23-25; 23:14; Dt 26:1-15; Pv 3:9-10). Essa transferência das primícias para Deus era adquirida não somente das primícias maduras, mas também do primeiro processado de alguns produtos: grão, vinho novo, novo óleo da oliveira, primeiro xarope, comida levedada, massa de pão, e até mesmo lã (Lv 2:12; Nm 15:20-21; 18:12; Dt 18:4).

O primeiríssimo molho de grão colhido (provavelmente, cevada, uma vez que ela amadurecia primeiro) devia ser transferido para Deus, por uma cerimônia alçada ("onda" em muitas traduções; NRSV "levantamento") diante do Senhor (Lv 23:10ss.), precedendo o consumo de qualquer colheita nova, juntamente com outros sacrifícios. Esse ato público proclamava que a colheita pertencia ao Senhor. Setes semanas depois uma ocasião sagrada devia ser proclamada, durante a qual nenhum trabalho laborioso poderia ser realizado.

Na literatura grega até o século I, o grego *aparchḗ* é usado como termo para as "primícias" sacrificadas para os deuses da literatura não bíblica e para o Senhor na LXX. No Novo Testamento, Paulo usa esse conceito das primícias, especialmente relacionando-o com o Antigo Testamento, como metáfora para Jesus como o primeiro a ressurgir dos mortos, o primeiro em uma série daqueles que vão ressurgir dos mortos no futuro (1Co 15:20, 23). Ele também o usa para descrever os primeiros convertidos ao cristianismo em certas áreas geográficas (1Co 16:15; Rm 16:5). Em Romanos 8:23, Paulo chama o dom do Espírito como primícias. Em Romanos 11:16, ele usa uma dupla metáfora da massa como primícias da massa inteira, e em segundo lugar, a de uma árvore, nomeando raízes e ramos. Ambas enfatizam que Israel é santa por causa de sua santa origem, a despeito de aparências não santas nesse tempo. Semelhantemente, Tiago (Tg 1:18) usa o termo para se dirigir aos cristãos como "primícias das suas (de Deus) criaturas". Em Apocalipse 14:4, os 144 mil são as "primícias" para os cristãos; eles são imaculados, sem defeito, e sem mancha. [MICHAEL D. HILDENBRAND]

PRIMO O AT não tem nenhuma palavra específica para prima além da frase *ben-dōḏ*, "filho do tio" (Lv 25:49; Jr 32:8). Outras frases como "filho do irmão do seu pai" ou "filha do irmão da mãe" também se referem a primos de primeiro grau (Gn 28:2; 29:10, 12).

No AT, um primo tinha certas responsabilidades. A principal dentre elas é a expectativa de que um primo pudesse evitar que a terra fosse passada para um credor para que o seu primo não se tornasse empobrecido (Lv 25:49). Essa obrigação para com o primo de alguém foi efetuada pelo profeta Jeremias (Jr 32:7-9, 12).

Nos tempos bíblicos, era possível para os primos, mesmo em primeiro grau, se casarem (Gn 24:15; 28:2; 29:10, 19; 36:3; Nm 36:11; 1Cr 23:21-22). Tais casamentos não eram considerados incestuosos (Lv 18:6-18).

No NT a palavra para primo (gr. *anepsiós*) ocorre somente uma vez e descreve o relacionamento de Barnabé e Marcos (Cl 4:10). Os substantivos *syngenís* (Lc 1:36) e *syngeneís* (v. 58), traduzidos "primo(s)" pela KJV, são melhor traduzidos como "parente(s)". [MARK F. ROOKER]

A B C D E F G H I J K L M N O **P** Q R S T U V X Y Z

PRIMOGÊNITO O primeiro macho descendente tanto de animais (tb. chamados "primícias") quanto de humanos. Eles eram vistos como pertencendo a Deus (Êx 22:29-30 [TM 28-29]); isso era um reflexo da Páscoa quando os primogênitos homens de Israel foram poupados durante a última praga contra o Egito (13:2, 14-15). Em tempos posteriores, os levitas foram separados para o serviço no santuário no lugar de todos os primogênitos dos israelitas (Nm 3:12-13). Israel era visto como o primogênito de Deus entre as nações (Êx 4:22; cf. Jr 31:9 [8]).

Nem os primogênitos dos homens nem os de animais deviam ser entregues para propósitos seculares sem redenção. Devia haver uma substituição (Êx 13:12-13; 34:20; Lv 27:26ss.; Nm 18:15). Os primogênitos de animais impuros e manchados podiam ser resgatados (por pagar o valor estimado do animal mais um quinto; Lv 27:26-27; [cf. v. 9-13]; Êx 34:20). Os primogênitos de animais sacrificiais deviam ser santificados ou como oferta queimada ou como oferta de paz (Nm 18:17; Dt 15:20). Existe pouca evidência sólida do sacrifício regular dos primogênitos humanos, ou no Antigo Oriente Próximo ou na Bíblia; o incidente de 2Reis 3:27, em que o rei de Moabe sacrificou seu primogênito, é exceção.

Ao primogênito dos humanos era destinada uma dupla porção da herança do pai (Dt 21:15-17). Um pai não poderia desconsiderar a ordem de nascimento ao destinar a porção do primogênito de sua possessão. Embora o primogênito pudesse perder seu direito de nascimento ou por ato de Deus (1Cr 28:4; 1Re 2:15) ou por vendê-lo (Gn 25:31-34), o primogênito nunca perdia o título.

O primogênito é primeiramente apresentado nas genealogias (p. ex., 1Cr 6:16-30 [1-14]). A linhagem familiar é sustentada através do primogênito, mesmo se outros filhos são nomeados (1Cr 7:1-4). A primogenitura é a base para o restante da família (cf. Gn 36:22), indicando sua posição. O direito da primogenitura nunca era estendido às filhas primogênitas.

No Novo Testamento, Jesus é apresentado como o primogênito (gr. *prōtótokos*) de Maria (Mt 1:25; Lc 2:7) e de Deus (Hb 1:6). Em outro lugar, ele é visto como "o primogênito de toda a criação" (Cl 1:15), isto é, mediador da criação (cf. v. 16-17), e como o "primogênito dos mortos" (v. 18; Ap 1:5), indicando sua primazia na ordem da ressurreição. Jesus é o "primogênito de muitos irmãos" (isto é, daqueles que iriam ser conformados à sua imagem; Rm 8:29-30). O termo ocorre com respeito ao "destruidor do primogênito" no Egito (Hb 11:28; cf. Êx 11:5ss.). Finalmente, a Igreja é vista como uma assembleia do povo "primogênito" que está arrolado no céu (Hb 12:23). [MICHAEL D. HILDENBRAND]

PRINCIPADO Classe de seres espirituais (gr. *archē*), quase sempre maligna (cf. Rm 8:38; 1Co 15:24; Ef 1:21; 3:10; 6:12; Cl 1:16; 2:10, 15). O termo sempre ocorre com outros termos semelhantes também denotando seres espirituais malignos: poder (*exousía*), autoridade (*dýnamis*), trono (*thrónos*), domínio (*kyriótēs*), príncipe deste mundo (*kosmokrátōr toú skótous toútou*), hostes espirituais da iniquidade nas regiões celestes (*pneumatiká tḗs ponērías en toís epouraníois*). O uso de termos diferentes provavelmente indica escalões diferentes ou tipos de seres espirituais malignos. Em Efésios 2:2; 6:11-12, Paulo identifica um ser espiritual maligno ao qual esses outros parecem se submeter: "o príncipe das potestades do ar" ou "o Diabo". Em Daniel 7 "domínio" (LXX gr. *archḗ*), denota o poder terreno da quarta besta (v. 12,26) hostil a Israel e que se coloca em contraste ao poder de Deus e àquele semelhante ao filho do homem (v. 14); que, ocultando-se no ambiente dos reinos terrenos — especialmente o quarto reino — são seres espirituais malignos, está claro em Daniel 10.

A ideia de classes diferentes de seres espirituais não é exclusiva do NT (cf. 1En 41.9; 61.10; T. Levi 3.8; T. Sol. 20.15). Listas semelhantes são encontradas nos papiros mágicos gregos (PGM 1.215; 3.35; 4.1193, 1275, 1599, 2199-99; 22b.2,4,7).

Na teologia paulina, Cristo destruirá todo "domínio, poder e autoridade" no fim, quando ele entregar o reino a Deus (1Co 15:24). No entanto, no presente esses seres espirituais malignos estão sujeitos a Cristo, porque Cristo assentou-se à direita de Deus nos céus (Ef 1:20,21). Por isso, os crentes podem resistir às influências malignas destes seres espirituais (Ef: 6:10-17; cf. 2:1-5). Colossenses enfatiza a superioridade de Cristo sobre todos os seres espirituais (Cl 1:15-20; 2:10) e atribui a heresia desenfreada entre os destinatários da carta à influência dos "rudimentos do mundo", um nome coletivo para estes seres espirituais malignos (2:8). A cruz de Cristo foi o meio pelo qual todos os seres espirituais malignos foram derrotados e tornados ineficazes (Cl 2:15).

Bibliografia. C. E. Arnold, *Ephesians: Power and Magic*. SNTSMS 63 (Cambridge, 1989); G. B. Caird, *Principalities and Powers* (Oxford, 1956). [BARRY D. SMITH]

PRISÃO As pessoas eram aprisionadas, nos tempos bíblicos, por diversas razões. José foi acusado pela esposa de Potifar de conduta sexual inadequada e foi mantido na casa do capitão da guarda (Gn 40:3). A lei mosaica permitia a prisão para dar tempo ao esclarecimento dos fatos de um processo (Lv 24:12; Nm 15:34). Outros relatos fazem referência a confinamento em prisões não israelitas (Gn 39:20; 2Rs 17:4; 25:27,29; Jr 52:11; Jz 16:21).

Mais tarde, as prisões judaicas mantiveram em custódia as pessoas que estavam aguardando julgamento (Mt 5:25; At 4:3; 5:18-23). A prisão romana podia ser usada para coagir um prisioneiro a testemunhar (Mt 18:30) e como punição por conduta irregular (11:2; At 16:26). Os primeiros cristãos experimentaram prisão (2Co 6:5; 11:23), quase sempre pelas mãos de adversários religiosos. Paulo chamou a isso de serviço a Cristo (Fm 1,9; Ef 3:1; 4:1; 2Tm 1:8). Outras passagens descrevem libertações milagrosas da prisão (At 12:6-10; 16:25,26).

As condições nas prisões antigas eram duras. Os prisioneiros eram quase sempre acorrentados (Hb 11:36) ou a postes ou a guardas (At 12:6). Troncos de madeira eram às vezes usados para confinar prisioneiros (At 16:24) em câmaras interiores sem janelas. Os sexos não eram separados, e a falta de ventilação e facilidade de boa higiene estimulava a existência de ratos e doenças. Tais condições explicam o frequente encorajamento de visitas aos crentes na prisão (Mt 25:36; 2Tm 1:8; Hb 13:3).

Bibliografia. B. Rapske, *Paul in Roman Custody*, vol. 3 de The Book of Acts in Its First Century Setting, ed. B. K. Winter (Grand Rapids, 1994). [DENNIS GAERTNER]

PRISÃO MAMERTINA Prisão em Roma no lado leste do monte Capitolino e adjacente ao Fórum. De acordo com a tradição da Igreja primitiva, Pedro e Paulo foram mantidos, antes de serem executados, nesse pequeno prédio que consistia de apenas duas celas, uma sobre a outra. Embora seu nome seja medieval, a prisão é conhecida como existente no início do século I d.C. e foi possivelmente a mais antiga da cidade.

PRISCILA (heb. *Prískilla*), **PRISCA** (gr. *Príska*) Missionária cristã, mestre e líder do círculo missionário paulino. Ela era provavelmente livre, casada com Áquila, fabricante de tendas do Ponto, na Bitínia. Priscila e Áquila foram cristãos em Roma, quando os cristãos ainda adoravam com os judeus nas sinagogas. A controvérsia entre judeus e cristãos em Roma sobre o evangelho levou o imperador Cláudio a expulsar os judeus de Roma (49 d.C.) e Priscila e Áquila se mudaram para Corinto (At 18:2). Lá eles encontraram Paulo, e ele ficou com eles um ano e meio, trabalhando com eles como fabricante de tendas (At 18:1-3, 11).

Ao final da permanência de Paulo em Corinto, Priscila e Áquila se mudaram para Éfeso (At 18:18-19). Lá uma igreja começou a se reunir na casa deles (1Co 16:19). Um notável evento foi a instrução que eles acrescentaram a um cristão alexandrino, Apolo (At 18:26).

Priscila e Áquila retornaram a Roma em meados do ano 50 e fundaram outra igreja em sua casa. Paulo manda-lhes saudações a eles e à congregação na epístola aos Romanos e os chama de missionários colaboradores (gr. *synergoí*; Rm 16:3-5). Eles podem ter retornado a Éfeso no início de 60 (2Tm 4:19).

O nome de Priscila, em muitos casos, precede o do marido, indicando que ela era mais importante na atividade missionária. Juntos eles foram parceiros de Paulo e de um outro na obra missionária da Igreja primitiva, dirigindo igrejas e reunindo adoradores em sua casa nos centros urbanos de Roma, Corinto e Éfeso. [JOANN FORD WATSON]

PROCESSO LEGAL Os historiadores da lei antiga advertem que o conceito moderno de "processo legal" pode não corresponder exatamente a qualquer dos meios judiciais ou extrajudiciais disponíveis de que os antigos dispunham para resolver suas disputas. Todavia, pode-se encontrar exemplos bíblicos em que duas partes oponentes levavam suas reivindicações perante uma terceira para resolução, fosse um juiz, um sacerdote, anciãos ou o rei (Dt 17:8-12; Js 20:4; 2Sm 15:2-6; 1Rs 3:16-27; 2Rs 6:26-31). Os diversos códigos legais de Israel proveram a solução de tais disputas durante os séculos em que o AT foi escrito (Êx 18:15, 16; 23:3, 6; Dt 19:15-19; 21:5; 2Cr 19:5-11).

Muito foi escrito no passado sobre a compreensão metafórica de um "processo do pacto" em certos textos proféticos, no qual Yahweh pressionou uma queixa contra Israel (Is 1:2, 3; Jr 2:4-13; Mc 6:1-8). Conhecimentos mais recentes, entretanto, têm considerado a questão se pode-se de fato identificar isso uma forma ou gênero nestes livros proféticos.

O NT tem apenas poucas referências à resolução de disputas num ambiente legal formal. Mateus 5:25-26; Lucas 12:57-59 encorajam as pessoas a resolverem seus processos fora do tribunal. Mateus qualifica o que pode ser material Q em 5:40 (cf. Lc 6:29) ao restituir o confisco da capa como garantia num processo. A referência mais extensa encontra-se em 1Coríntios 6:1-11, em que Paulo corrige os cristãos de condição superior em Corinto que levam cristãos de condição inferior perante magistrados provinciais para resolver questões de menor importância. Paulo lembra os coríntios que resolver suas disputas dessa forma trai sua identidade cristã. Como alternativa, Paulo propõe a arbitragem como meio preferível de resolver tais casos. Sob a arbitragem, um membro imparcial da comunidade, agindo como árbitro, podia decidir as questões em base mais informal e equitativa. A solução proposta oferece reparação aos cristãos de menor *status*, que estavam em desvantagem no sistema legal romano e fortalece a comunidade cristã em Corinto.

Bibliografia. H.-J. Boecker, *Law and the Administration of Justice in the Old Testament and Ancient Near East* (Minneapolis, 1980); D. R. Daniels, "Is There a 'Prophetic Lawsuit' Genre?" *ZAW* 99 (1987): 339-60; D. J. Harrington, *The Gospel of Mattew*. Sacra Pagina 1 (Collegeville, 1991), 89; A. C. Mitchell, "Rich and Poor in the Courts of Corinth", *NTS* 39 (1993): 562-86. [ALAN C. MITCHELL]

PROCÔNSUL Oficial romano civil e militar que havia sido cônsul, servindo mandato de um ano no cargo. As províncias onde as legiões estavam estacionadas para lidar com potenciais insurreições estavam sob o controle direto do imperador e administradas ou por um legado, procurador ou prefeito. As províncias que não requeriam o posicionamento de um exército para pacificar a resistência a Roma estavam sob o controle do senado e administradas por procônsules (gr. *anthýpatos*).

Dois procônsules são mencionados no NT. Sérgio Paulo administrou Chipre e aparentemente foi convertido ao cristianismo por Paulo (At 13:7-10). Galio administrou a Acaia e se recusou a intervir no que considerou uma discussão intrarreligiosa entre Paulo e seus oponentes judeus (At 18:12-17). [TIMOTHY B. CARGAL]

PRÓCORO (gr. *Próchoros*) Um dos sete encarregados do cuidado das viúvas helenistas na Igreja primitiva (At 6:5). A tradição o considera o secretário a quem João ditou o quarto evangelho. *Ver* JOÃO, ATOS DE.

PROCURADOR O título oficial de governadores da ordem equestre das províncias imperiais romanas menores, como a Judeia, do tempo de Cláudio (41-54 d.C.) em diante. Antes, o título adequado desses oficiais era prefeito.

A Judeia foi uma província imperial (governada pelo imperador em vez de pelo senado) entre 6-41 d.C. (a primeira procuradoria) e entre 44-66 (a segunda procuradoria). Em outros tempos ela e outras partes da Palestina eram reinos clientes. Os legados/procuradores eram ambos representantes pessoais do imperador e oficiais do estado. Eles tinham jurisdição em assuntos fiscais, judiciais e militares. Muitos dos nomeados para governar a Judeia foram homens de capacidade abaixo da média, insensíveis à cultura e à religião judaica, foram corruptos e opressores. Grande parte da culpa pela Revolta dos Judeus de 66-70 se deve a eles.

Nem "procurador" nem "prefeito" aparecem na tradução do NT para o português; são antes traduzidos por "governador" (p. ex., Mt 27:2; At 23:24). Um prefeito (Pilatos, cujo título oficial está numa inscrição encontrada em Cesareia, capital da província) e dois procuradores (Félix e Festo) são mencionados no NT. O nome e datas aproximadas de todos os 14 governadores da Judeia entre 6-66 d.C. são conhecidos. [JAMES A. BROOKS]

PRODUTOS LATICÍNIOS Com pão, carne, olivas, uvas, e outras frutas e vegetais, produtos de laticínio eram alimentos importantes no mundo bíblico. Eles forneciam uma grande variedade e nutrição importante para a dieta antiga. Inclusos nessa categoria estavam o leite, a manteiga (desnatada em recipiente de couro ou cerâmica), coalhada (coalhada ou coagulada, leite; Gn 18:8; Is 7:15, 22), queijo (massas feita pela secagem ou evaporação do leite no sul ou por um período de resfriamento; 1Sm 17:18; 2Sm 17:29), e iogurte (chamado *leben* no Oriente Próximo; Pv 30:33); esses produtos não se pareciam, necessariamente, com as comidas modernas que têm o mesmo nome. Produtos de laticínio eram uma fonte tão importante de alimentação que ovelhas, cabras, camelos, e vacas eram muitas vezes vistos como mais valiosos vivos (como fontes de leite e lã) do que mortos (como fontes de carne). É claro, todos os rebanhos eram catados sistematicamente por sua carne, pele, e chifres.

O provérbio "terra que mana leite e mel" refletia a consciência israelita de que Canaã, como oposta ao deserto, fornecia ampla vegetação para o rebanho. Contudo, mesmo antes que os israelitas chegassem em Canaã, Moisés os lembrou que Deus tinha dado "mel da rocha e azeite da dura pederneira" (Dt 32:13). Em um tempo muito posterior, Joel falou do dia quando "os montes destilarão mosto" (Jl 3:18 [TM 4:18]). O leite era usado na religião cananeia, o que significava que certas práticas eram proibidas aos hebreus (cf. Êx 23:19). O leite era estocado em bolsas de couro e servido em tigelas, como quando Jael enganou Sísera ao aceitar sua hospitalidade (Jz 4:19; 5:25).

Uma das características topográficas mais conhecidas de Jerusalém no tempo do Novo Testamento era o Vale do Tiropeon, cujo nome foi derivado da palavra grega para "produtores de queijo." Como uma indicação de que o processamento de produtos de laticínio era bem conhecido na antiguidade, o amadurecimento de Jó é comparado à produção de queijo de leite coalhado (Jó 10:10).

Bibliografia. J. A. Thompson, *Handbook of Life in Bible Times* (Downers Grove, 1986). [GERALD L. MATTINGLY]

PROFETA, PROFECIA Intermediário religioso (heb. *nāḇîʾ*; gr. *prophētēs*) cuja função é transmitir mensagens entre os seres humanos e uma divindade. As pessoas que desempenharam tal função social têm sido encontradas em vários momentos, lugares e sociedades, ainda que não tenham sido conhecidas localmente pelo título de profeta.

O AT faz referência a várias figuras de profetas. Quinze deles estão associados ao conjunto escrito que leva o seu nome– os livros de Isaías a Malaquias, excluindo Daniel. Referências a outros aparecem nos livros proféticos e históricos deutenomísticos. Entre eles estão Natã (2Sm 7,12; 1Rs 1), Gade (1Sm 22:5; 2Sm 24:11), Aías (1Rs 11:29; 14:2,18), Elias (1Rs 17:2-2Rs 2), Eliseu (2Rs 2-9), Micaías (1Rs 22), Jonas (2Rs 14:25), Hulda (22:14) e Ananias (Jr 28). Esses livros fazem também referência geral aos profetas a quem não dão nome (1Sm 28:6; 1Rs 13; 2Rs 17:13,23; 21:10; 23:2; 24:2; Am 2:11,12; Mq 3:5,6,11; Jr 14:13-16; 23:9-12) e, às vezes, estes operam em grupos (1Sm 10:5,10-12; em 1Rs 22 eles são 400). A história da disputa de Elias com 450 profetas de Baal e 400 de Anate indica que os profetas de outras divindades além de Yahweh podiam ser encontrados em Israel (1Rs 18).

A profecia no AT não é um fenômeno homogêneo. Os grupos de profetas extáticos anônimos a que se faz referência no livro de Samuel e Reis contrasta seus pares de Amós e Jeremias, que desemprenharam suas funções individualmente. Elias e Eliseu, que são citados como "homens de Deus" com mais frequência do que "profetas", têm afinidades tanto com os extáticos (cf. 1Rs 18:46; 2Rs 3:13-20) e os outros e acrescentam algumas peculiaridades próprias.

O contexto histórico e cultural da profecia no AT é o período das monarquias israelita e de Judá, continuando pelo exílio até o período pós-exílico. Esse contexto afeta o funcionamento e a mensagem dos profetas bíblicos.

Papel social. Tem havido várias tentativas em argumentar que os profetas do AT tiveram sua base de operações no culto, mas existe evidência insuficiente para apoiar tal generalização. Samuel e os profetas anônimos estiveram associados a lugares de adoração (1Sm 3:20; 10:5). Jeremias (Jr 1:1) e Ezequiel (Ez 1:3) vieram de famílias sacerdotais, mas isso não parece ter determinado o local da atividade deles como profetas. Amós não parece ter tido ligação anterior com o culto (Am 7:14-15). Ao contrário, os textos que nos permitem identificar a localização de uma atividade profética mostram que ela é mais frequente em interação com reis ou outros líderes da nação. Às vezes, eles foram convocados para dar conselhos em tempos de crise, como quando os reis de Israel e Judá consultaram os quatrocentos profetas e Micaías sobre a conveniência de ir à guerra (1Rs 22), Ezequias chamou Isaías no momento de uma invasão assíria iminente (Is 37 = 2Rs 19), ou Zedequias pediu a Jeremias que consultasse Yahweh sobre o destino militar de Judá (Jr 37).

Os profetas quase sempre aparecem sem ser chamados para dar palavras de encorajamento ou de crítica (p. ex., 2Sm 7:1-17; 12:1-14; Am 7:10-17; Jr 26). Às vezes, eles estiveram envolvidos em lutas partidárias políticas. Elias opôs-se a Acabe e Acazias (1Rs 17-19,21; 2Rs 1), e seu sucessor, Eliseu, foi providencial no golpe de estado que levou ao fim da dinastia de Onri e estabeleceu Jeú como rei de Israel (2Rs 9). Amazias, o sacerdote do santuário real de Betel, acusou Amós de conspiração contra Jeroboão (Am 7:10-11) e Jeremias foi a voz ativa de um dos partidos em luta pelo controle da política estrangeira de Judá nos anos anteriores ao Exílio (Jr 27-29).

Em geral, então, os profetas foram intermediários religiosos que funcionaram a nível nacional. Elias e Eliseu interagiram com pessoas de menor nível bem como com reis, mas são significativamente diferentes dos outros profetas em importantes aspectos.

Entendia-se que a atividade e a mensagem do profeta se baseavam em algum tipo de comunicação de Yahweh. Existem diversos relatos de contatos iniciais que inauguraram a carreira de um profeta (Am 7:15; Is 6; Jr 1:4-10; Ez 1-3) e outras referências a visões ou sonhos que foram a fonte da reivindicação do profeta para falar em nome de Deus (p. ex., 1Rs 19:9-18; 22:17-23; Am 7:1-9; 8:1-3; Jr 1:11-19; 13:1-11; 14:14; 23:16).

Presumia-se também que quando os profetas falavam, estavam transmitindo a mensagem da divindade à sua audiência. Entretanto, eles não foram simplesmente um canal de informação de via única de Yahweh para o povo. Como toda comunicação, o discurso profético envolvia uma interação dinâmica entre o locutor e a audiência. O retorno era integral ao processo e, na posição deles entre a divindade e a audiência os profetas recebiam e transmitiam mensagens em ambas as direções. As pessoas eram livres para aceitar ou rejeitar as palavras de um profeta (Am 2:10-12; 7:10-17; Jr 5:12,13; 11:18-20; 20:7,8) e os profetas podiam criticar Deus com suas próprias preocupações (Am 7:1-6; Jr 11:18-12:6; 17:14-18).

Às vezes, os profetas apareceram em cena com mensagens conflitantes de Yahweh (1Rs 22; Jr 14:11-16; 28:1-17) e os integrantes da massa de crentes tinha de decidir entre eles. A história do confronto de Jeremias com Ananias ilustra as dificuldades inerentes em fazer tais julgamentos. Nesta história, Jeremias parece invocar o critério de realização como forma adequada para resolver a alegação conflitante para falar em nome de Yahweh (Jr 28:5-9; cf. Dt 18:21,22), mas no fim ele não espera o tempo todo exigido para provar que a alegação de Ananias é falsa. Outras passagens sugerem outros critérios para julgar a profecia verdadeira da falsa (imoralidade pessoal,

Jr 23:14; 29:23; falta de comissão válida, 14:13,14), mas nenhum deles foi realmente útil para o povo diante de uma necessidade imediata de determinação entre alegações proféticas conflitantes.

A narrativa de Saul consultando a médium de En-Dor menciona profetas em uma só respiração com métodos aceitáveis de profecia, sonhos e Urim (1Sm 28:6). A função dos profetas, para facilitar a comunicação entre Yahweh e seu povo é, de um modo geral, a mesma da dos adivinhadores, que ocupavam outro (embora frequentemente condenado; cf. Dt 18:9-14) outro papel religioso estabelecido na sociedade israelita. Uma distinção é frequentemente feita entre esses dois papéis com base em que aqueles adivinhadores esperavam ser consultados e confiavam em meios mecânicos como lançar a sorte para chegar à mensagem deles, enquanto se apresentavam sob a direção de Yahweh e tinham suas mensagens diretamente da divindade. Isso não é exatamente correto, já que existem exemplos de profetas sendo consultados (1Sm 28:6; 1Rs 22:5-8, 13-14; Jr 42:1-6) e de adivinhadores se apresentando sem serem chamados (1Sm 10:17-24; 14:36,37). Pronunciamentos proféticos podem ser referidos como adivinhação (Mq 3:11; Jr 14:14) e a dos adivinhadores como profecia (Jr 29:8-9). No mundo conceitual israelita, os resultados da adivinhação, assim como as palavras dos profetas, eram consideradas "inteiramente procedentes de Yahweh" (Pv 16:33).

Mundo conceitual. A existência visível de profetas em toda sociedade baseia-se na crença na realidade de uma divindade ou divindades que podem influenciar eventos neste mundo e são, pelo menos, potencialmente suscetíveis à influência dos humanos. Quanto a isso, o Israel bíblico não foi único. O que dá à profecia bíblica seu sabor característico é a preponderância da ideia deuteronomística de um profeta como Moisés que falava a palavra de Yahweh e a quem se exigia obediência (Dt 18:15-22). Como resultado, o AT apresenta profetas como privilegiados intermediários entre Yahweh e seu povo. A mensagem dos profetas tende a espelhar a teologia deuteronomística ao assumir que existia um relacionamento especial entre Israel e Yahweh, definido por um pacto que exigia obediência a certos mandamentos. O resultado de tal obediência seria prosperidade e paz, mas a desobediência resultaria em punição nas mãos de invasores estrangeiros, sobre cujas atividades presumia-se que Yahweh tinha domínio. 2Reis 17 é uma declaração clássica dessa teologia na própria história deuteronomística, e essas ideias aparecem em Jeremias 11:1-13 com a mesma linguagem. Essa interpretação básica da história nacional pode ser encontrada em muitos oráculos poéticos típicos nos livros proféticos (Am 2:4,5,6-16; Jr 2:4-37).

No caso de Elias e Eliseu, encontramos evidência de outras ideias que refletem um ambiente cultural não evidente na história deuteronomística como um todo. Na medida em que são defensores de Yahweh e críticos de reis, Elias e Eliseu se encaixam no mundo conceitual dos deuteronomistas. Fora isso, entretanto, as histórias sobre esses dois "homens de Deus" incluem relatos da multiplicação milagrosa de alimento, a invocação de fogo do céu, a flutuação de machado, cura de leprosos, ressurreição de mortos e ataque homicida contra outros humanos. Tais relatos, únicos na literatura profética, parecem presumir o mundo conceitual do xamanismo, um conjunto de crenças razoavelmente comuns entre os povos tribais. Tal como os profetas do AT, acredita-se que os xamãs sejam intermediários entre os humanos e as divindades. Eles têm experiências extáticas e, além de entregar as mensagens das divindades, têm uma variedade de funções, incluindo a cura e a adivinhação. Tais crenças estão em divergência com a teologia deuteronomística, por isso estas narrativas dão uma pista da complexidade da situação cultural e religiosa do Israel monárquico.

Historicidade. Embora Abraão (Gn 20:7), Miriã (Êx 15:20), Eldade e Medade (Nm 11:26-30) e Débora (Jz 4:4) sejam citados como profetas, o contexto histórico primordial de profecia no AT são os períodos da Monarquia, Exílio e Restauração (sécs. XI — VI a.C.). As narrativas falam tanto de Samuel (1Sm 3:20) quanto de grupos de profetas anônimos no tempo de Saul, de Natã e de Gade na corte de Davi, de Elias opondo-se a Acabe (1Rs 17), e o papel de Eliseu no golpe que levou Jeú ao trono de Israel (2Rs 9). Todos com exceção de seis dos livros proféticos (Joel, Obadias, Jonas, Naum, Habacuque e Malaquias) começam com sobrescritos que localizam a atividade do profeta durante o reinado de reis específicos, desde Amós e Oseias em meados do século VIII até Ageu e Zacarias no fim do século VI. Textos proféticos fazem referência a eventos e situações na vida da nação, incluindo invasões estrangeiras (Am 6:14; Is 36-39; Jr 39), lutas políticas internas (2Rs 9; Am 7:10-17; Jr 37-38), injustiça social (Am 2:6,7, 10-15) e negligência no desempenho do ofício religioso (5:21-24; Jr 2; Ml 1:6–2:9) ou indiferença (por Jr 5:12; Ageu).

Apesar dessas referências específicas, não é seguro presumir que os relatos das atividades dos profetas sejam sempre historicamente exatos. Isso se deve tanto aos oráculos reunidos (discursos proféticos) quanto às histórias sobre eles serem dominadas pelas ideias como as descritas acima. Elias é um exemplo óbvio. As histórias o descrevem em parte como fervoroso defensor de Yahweh e espelham seu caráter na figura de Moisés. Em 1Reis 19, p. ex., ele foge para o deserto para salvar a própria vida, tem um encontro com Yahweh numa teofania em Horebe (Sinai) e se queixa de sua missão, que Yahweh, por sua vez, reafirma (cf. Êx 2—6). Isso sugere que os compiladores deuteronomistas dessas narrativas nos apresentaram um quadro do profeta que não é meramente biográfico. As histórias também representam Elias como um curandeiro e operador de maravilhas, sugerindo outro elemento em seu ambiente cultural, mas dado à natureza fantástica de algumas das ocorrências é improvável que esses relatos sejam historicamente exatos. O mesmo modelo de "profeta como Moisés" é evidente no relato do chamado de Jeremias (Jr 1:4-10) e em outra parte no livro de Jeremias.

Pode-se, portanto, indagar se os livros proféticos e as narrativas sobre os profetas fornecem algum acesso à história de Israel e de Judá e da sociedade nos dias dos próprios profetas ou somente ao período durante e depois do Exílio. De qualquer modo podemos confiar que o "profeta" foi um papel social bem estabelecido na sociedade monárquica e a evidência aponta para o nível de governo nacional como principal esfera de atividade. Além disso, a existência de coleções de materiais com o nome de cada profeta (ou no caso de Elias e Eliseu, uma volumosa coleção de histórias sobre eles) torna razoável presumir que essas pessoas realmente existiram, embora não seja possível ficar confiante a respeito da identificação exata de suas palavras e, certamente será impossível escrever suas biografias.

Considerações literárias. É evidente que nem todas as palavras nos livros proféticos podem ser atribuídas aos próprios profetas. Por exemplo, Amós 7 começa com três relatos de visões narradas na primeira pessoa; Amós parecia ser o narrador (v. 8). Entretanto, no v. 10 começa um relato na terceira pessoa no qual o narrador anônimo fala de um confronto entre Amós e Amazias. Embora a narrativa cite os dois homens, nenhum deles parece ser o autor.

Qualquer busca pelas palavras autênticas de um determinado profeta é complicada pelo reconhecimento de que o processo pelo qual os livros que levam o nome dos profetas que passaram a existir foi quase sempre longo e complicado. Sob esse ponto de vista, pode-se pensar nos livros proféticos como produto de atividade literária que começa com a composição e reunião de material por, e a respeito de, figuras proféticas, sua eventual reunião num "livro" (rolo), e subsequente edição e revisão da coleção. Não existe evidência suficiente para rastrear o processo com exatidão, mas é quase sempre possível formar hipóteses plausíveis sobre ele. O ramo da erudição bíblica ativamente preocupado com esses assuntos é chamado de crítica da redação.

O livro de Jeremias ilustra a complexidade do processo de redação. Ele contém vários tipos de material (oráculos poéticos dirigidos a Judá, lamentações individuais, sermões em prosa que refletem uma interpretação da história da nação semelhante à dos deuteronomistas, narrativas na terceira pessoa sobre o profeta, oráculos contra nações estrangeiras, narrativa histórica reproduzindo amplamente 2Reis 24—25). O livro não tem uma organização geral óbvia. Às vezes, ele é internamente contraditório, p. ex., aconselhando submissão à Babilônia (caps. 27—29) num lugar, enquanto em outro incentiva resistência contra aquela nação em termos duros (caps. 50—51). A tradução grega do livro (LXX) é um oitavo mais curta do que o texto hebraico e incorpora a coleção de oráculos contra nações estrangeiras no meio do livro em vez de no final. Não obstante, o livro tem ampla unidade temática, interpretando acontecimentos da história de Judá como o resultado do passado do povo e apresenta as infrações ao pacto com Yahweh ("falsidade" é um dos termos importantes nesta análise). Não é mais possível discernir exatamente como o livro veio a ter sua presente forma, mas as passagens que mencionam a restauração do povo à sua terra (3:14-18; 23:1-4, 7-8; 24:4-7; 27:22; 29:10-14) sinalizam atividade editorial exílica ou pós-exílica. Pelo fato de esta atividade editorial refletir uma interpretação da tradição de Jeremias à luz dos interesses de um tempo posterior, devemos ser cautelosos em presumir que podemos construir uma biografia do profeta a partir desse material.

À luz desses problemas, alguns estudiosos têm tido uma abordagem mais estritamente literária à complexidade dos livros proféticos que os vê como monumentos literários do passado distante e tenta descobrir e descrever sua coerência estética sem referência a qualquer ambiente histórico específico.

O "Fim" da profecia. Após o início do período pós-exílico, o AT não relata figuras comparáveis aos profetas do período monárquico, e a opinião dominante é de que a profecia israelita tenha chegado ao fim. No mínimo, ela havia se transformado em algo diferente, como o tipo de atividade visionária na direção do apocalíptico. Essa interpretação é o resultado de uma compreensão muito estreita que define profecia em termos dos personagens clássicos. Enquanto existirem pessoas que acreditem numa divindade capaz e disposta a se envolver nos assuntos deste mundo e que tenham uma tradição de intermediários preenchendo o espaço entre as esferas divina e humana, é improvável que a profecia chegue a um fim completo. Textos judaicos dos últimos séculos a.C. indicam uma continuada crença na possibilidade de profecia, e o NT confirma a profecia tanto no judaísmo (Jo 11:49-52) como na Igreja cristã primitiva (At 11:27;15:32), onde os profetas ocuparam um reconhecido papel religioso junto aos apóstolos, mestres e outros funcionários (At 13:1; 1Co 12:27-31). Quando Marcos relata que alguns que encontraram Jesus pensaram que ele fosse profeta (Mc 8:28; cf. 6:4,15), podemos inferir que na cultura do primeiro século d.C. havia pessoas familiarizadas com esse papel religioso e aberto à sua continuação. No século II, a atividade profética cristã continuou no movimento montanista. A profecia prosperou no Israel monárquico, mas podemos esperar encontrá-la em outros tempos e lugares onde as pessoas identificam e reconhecem outros entre seus contemporâneos realizando a função profética de intermediação.

Bibliografia. J. Blenkinsopp, *A History of Prophecy in Israel* (Philadelphia, 1983); T. Collins, *The Mantle of Elijah: The Redaction Criticism of the Prophetical Books* (Sheffield, 1993); E. W. Conrad, *Reading Isaiah*. OBT 27 (Minneapolis, 1991); T. W. Overholt, *Channels of Prophecy: The Social Dynamics of Prophetic Activity* (Minneapolis, 1989); D. L. Petersen, *The Role of Israel's Prophets*. JSOTSup 17 (Sheffield, 1981); R. R. Wilson, *Prophecy and Society in Ancient Israel* (Philadelphia, 1980). [THOMAS W. OVERHOLT]

PROFETAS ANTERIORES De acordo com a tradição hebraica, os livros atribuídos aos "primitivos" profetas Josué (Livro de Josué), Samuel (Juízes, 1-2Samuel), e Jeremias (1-2Reis). Numa tradição posterior (particularmente cristã), eles são considerados como os "livros históricos".

PROFETAS MENORES Os doze livros proféticos mais curtos do cânon hebraico, de Oseias a Malaquias. *Ver* LIVRO DOS DOZE.

PROFETAS, OS A segunda das três divisões do cânon hebraico (heb. *nĕḇîʾîm*), subdividido em os "Primeiros Profetas", que incluem Josué, Juízes, 1-2Samuel e 1-2Reis (colocados entre os "livros históricos" na LXX e versões cristãs do AT), e os "Últimos Profetas" que incluem Isaías, Jeremias, Ezequiel e o Livro dos Doze (Oseias, Joel, Amós, Obadias, Jonas, Miqueias, Naum, Habacuque, Sofonias, Ageu, Zacarias e Malaquias, frequentemente chamados de "Profetas Menores"; cf. Sir. 49.10).

PROMESSA De acordo com a antiga narrativa javista, o Senhor prometeu à descendência de Abraão terra, orientação divina e que esta se tornaria uma bênção ao mundo todo (Gn 12:1-4a, 6-9). O nascimento de Isaque foi prometido (Gn 18:9-15) e cumprido (21:1-2a), e a terra que havia sido prometida (12:7) foi dada, começando com a compra do campo de Macpela (23:2-20). Surge então um padrão pelo qual Deus é reconhecido como o fiel cujas promessas são cumpridas. Eventos significativos são vistos nem tanto como realização do esforço humano, mas como obra de Deus.

Moisés foi chamado como instrumento de Deus para realizar o Êxodo (Êx 3:7-8, 16-17) e recebeu a promessa da presença divina e de sucessos (v. 10-12). Durante a monarquia, Deus garantiu a Davi que sua dinastia reinaria para sempre em jutiça e paz (2Sm 7:4-17), promessa que levou à esperança messiânica (Is 9:2-7; 11:1-9).

Os profetas ameaçaram punição pelo pecado, mas prometeram livramento ao arrependido (Os 2:14-16 [TM 16-18]; 14:1-7; Is 1:18). Jeremias prometeu uma nova aliança (Jr 31:31-34) e Ezequiel, um novo coração (Ez 36:26-27).

Em Salmos, Deus é louvado pela fidelidade às promessas feitas (Sl 18:30 [31]; 105:9,42), digno de confiança por causa delas (12:6 [7]; 119:50), mas alertado nas petições a lembrar-se delas (77:8 [9]; 119:38, 41, 58).

No NT, Jesus promete saciedade, riso, o reino de Deus, grande recompensa no céu (Lc 6:20-23; cf. Mt 5:1-12) e vida eterna (Jo 4:14; 6:35,51; 11:26). Os que oram, jejuam ou dão esmolas serão recompensados pelo Pai que vê em secreto (Mt 6:4,6,18). Aqueles que pedem receberão; os que procuram, acham; e aos que batem, será aberto (Mt 7:7).

As cartas paulinas ensinam que a promessa feita a Abraão está sendo cumprida pelos cristãos por meio da fé e da graça (Gl 3:16-18; Rm 4:13-21; 9:8-9). Paulo foi chamado para ser apóstolo "segundo a promessa da vida que está em Cristo Jesus" (2Tm 1:1), em quem "cada uma das promessas de Deus é um 'sim' " (2Co 1:20), a qual os gentios compartilham por meio do evangelho (Ef 3:6). A carta aos Hebreus fala de "promessas melhores" (Hb 8:6), a "promessa" de vida eterna (4:1; 9:15) herdada por meio da "fé e paciência" (6:12). Os que aceitam as "preciosas e mui grandes promessas" de Deus tornam-se "participantes da natureza divina" (2Pe 1:4). [JOSEPH F. WIMMER, O.S.A.]

PROPICIAÇÃO *Ver* EXPIAÇÃO.

PROPICIATÓRIO Placa retangular de ouro puro que cobria a arca da aliança (Êx 25:17-22; heb. *kappōret*).

PROSÉLITO Convertido de uma fé ou comunidade para outra. Na LXX, o grego *prosélytos* é a tradução do hebraico *gēr*, "estrangeiro residente" ou "estrangeiro" (p. ex., Êx 20:10); este status era mais alto do que *noḵrî*, “residente temporário” e, portanto, igual ao israelita natural (cf. Êx 12:49; Nm 15:16,29).

Nos tempos do AT, parece ter sido o “processo” de conversão não oficial. O estrangeiro residente simplesmente afiliado à comunidade da aliança (2Sm 11:3–12:10), renunciava os deuses estrangeiros em favor de Yahweh (Js 2:11; Rt 1:16) e se submetia à circuncisão (Êx 12:48).

No AT, o Israel ideal não era apenas abrir como também procurar ativamente incluir pessoas de fora (Gn 12:3; Êx 12:38; Is 44:5). Embora certas pessoas (p. ex., Jonas) e períodos (cf. Ed 9:1-2) não concordem com essa regra geral, elas são claramente a exceção.

O número de gentios convertidos ao judaísmo parece ter aumentado grandemente durante o período do Segundo Templo, devido em parte à maior interação de judeus com gentios, durante a Diáspora e em parte, às atividades missionárias dos fariseus (cf. Tob. 1.8; CD 14.4; Filon Spec. leg. 1.51-52; Josefo Ag. Ap. 2.282-84; Sabb. 31a; Pesah. 87b). Jesus faz referência ao esforço de proselitismo (Mt 23:15), mas sugere que seus resultados são negativos (cf. v. 4 e o pronunciamento de alguns rabis que o prosélito aceite a responsabilidade de toda regra tanto da lei escrita como oral; t. Dem. 2.5; Sopra Qod. 8.5).

Para o fim do período do Segundo Templo pode ser discernido um processo de conversão que, para a maioria das autoridades rabínicas inclui a circuncisão, batismo e sacrifício (Ker. 2:1; Yebam. 46a,b). Destes o cristianismo adotou apenas o batismo (At 2:38,41; 10:47,48). O prosélito era “como uma nova criatura, criança recém-nascida” (*Gen. Rab.* 39.14; *y. yebam.* 4a; cf. Jo 3:3,7; 2Co 5:17; 2Pe 1:23).

As mulheres parecem ter mais probabilidade de se tornarem prosélitas (Josefo, *BJ* 2.20.2; *Ant.* 18.3.5; Sukk. 23a,b), possivelmente por não ser necessária a circuncisão (apesar da ausência dessa exigência no cristianismo; cf. At 13:50; 16:30; 17:4,12).

Embora os rabis quase sempre discordassem do número de exigências legais para os prosélitos, o consenso parece ter sido estabelecido sobre as “leis de Noé” (‘Abod. Zar. 64b; Yebam. 8d). O cristianismo primitivo, em deferência aos cristãos judeus do partido farisaico, aplicou estas mesmas regras aos gentios convertidos (At 15:20,29). Parece que os rabis tiveram de lutar por igualdade desses gentios convertidos ao judaísmo (‘Abod. Zar. 65a; Pesah. 21a) como fez Paulo pelos gentios convertidos ao cristianismo (Gl 3:28,29; cf. Ef 2:14-20). [W. E. NUNNALLY]

PROSTITUIÇÃO *Ver* Prostituição cúltica; Meretriz.

PROSTITUIÇÃO CÚLTICA Conduta ritual, em que certos funcionários do culto participavam nos atos sexuais sagrados a fim de assegurar fertilidade na terra. Os eruditos bíblicos têm sugerido regularmente que embora a prostituição cúltica fosse considerada imprópria pelos escritores bíblicos na adoração de Yahweh, alguns israelitas antigos, influenciados pelas práticas religiosas de seus ancestrais canaanitas e também pelos seus contemporâneos babilônios, se entregaram neste tipo de atividade. Recentemente, entretanto, diversos comentadores têm argumentado que não há nenhuma evidência clara para qualquer ritual de prostituição cúltica seja na Escritura ou no Oriente Próximo.

Os termos hebraicos comumente traduzidos como “prostituto/prostituta cultual”, “prostituto/prostituta sagrado/sagrada”, “prostituto/prostituta do templo” sejam *qāḏēš* (masc.; Dt 23:17; 1Rs 14:24; 15:12; 22:46; 2Rs 23:7; Jó 36:14) e *qĕḏēšâ* (fem. Gn 38:21-22; Dt 23:17; Os 4:14). Ambas as palavras vêm da raiz *qdš*, “ser colocado à parte, consagrado, santo”, esse significado não tem qualquer conotação sexual explícita. Mas porque o feminino *qĕḏēšôt* (pl.) realmente aparece em conjunção com prostitutas (*zōnôṯ*) em Oseias 4:14, os eruditos bíblicos têm, desde há muito, argumentado que a “santidade” no mínimo do feminino *qĕḏēšâ* deve envolver atos sexuais rituais. O fato de que o equivalente da Mesopotâmia ao *qĕḏēšâ* israelita, que é *qadištu*, tem sido comumente entendido como um funcionário de Istar, a deusa do amor e da fertilidade na Mesopotâmia, posteriormente sugere conexão entre o ofício cúltico da *qĕḏēšâ* e as condutas sexuais dos rituais. Na verdade, seja ritualizada ou não, fica claro que a *qadištu* da Mesopotâmia que poderia gerar filhos e servir como uma ama de leite, era engajada em atividades sexuais de alguma espécie. Heródoto, além do mais, registra que nos templos babilônicos de Afrodite (o equivalente grego de Istar) a relação sexual ritualizada era uma prática regular.

Todavia Heródoto como fonte é tanto tardia (séc. V a.C.) bem como tendenciosa. Com relação à *qadištu* da Mesopotâmia, conquanto seja claro que ela poderia engajar-se em práticas sexuais, não há nenhuma evidência de que essa conduta fosse necessariamente ritual em sua natureza. Na verdade, a suposição de que a *qadištu* fosse uma funcionária particular do culto a Istar tem sido questionada. Os estudiosos da religião da Mesopotâmia têm também questionado se outras funcionárias cúlticas da Mesopotâmia, algumas vezes descritas como “prostitutas sagradas” — as sacerdotisas *ēntu*, a *nadītu*, a *ištarītu*, e a *kezertu* — na verdade desempenharam tal papel. Finalmente, alguns eruditos argumentam que o termo *zōnôṯ*, “prostitutas”, é usado metaforicamente em Oseias 4:14, quando o profeta condena aqueles que cometem apostasia aos seus olhos por acusá-los de se “prostituírem” com outros deuses. Tudo o que é revelado na justaposição de *zōnôṯ* e *qĕḏēšôt* de acordo com essa interpretação, é que as atividades cúlticas desta última são vistas por Oseias como religiosamente impróprias; que a natureza da impropriedade seja conduta sexual imprópria não fica claro.

Bibliografia. P. A. Bird, "To Play the Harlot: An Inquiry into an Old Testament Metaphor", em *Gender and Difference in Ancient Israel*, ed. P. L. Day (Minneapolis, 1989), 75-94; E. J. Fisher, "Cultic Prostitution in the Ancient Near East? A Reassessment", *BTB* 6 (1976), 225.36; M. Gruber, "Hebrew qedesah and Her Canaanite and Akkadian Cognates", *UF* 18 (1986), 133-48; R. A. Oden, Jr., "Religious Identity and the Sacred Prostitution Accusation", em *The Bible Without Theology* (San Francisco, 1987), 131-53; J. G. Westnholz, "Tamar, Qedesa, Qadistu, and Sacred Prostitution in Mesopotamia", *HTR* 82 (1989), 245-65. [SUSAN ACKERMAN]

PROSTITUTA Mulher que se entrega em relações sexuais por dinheiro (heb. *zônâ*, de uma raiz que significa "fornicar"; gr. *pórnē*, de um verbo que significa "vender"). Algumas versões (p. ex., a inglesa KJV, as portuguesas de Almeida — RA, RC e Melhores Textos —, a Bíblia Edição Pastoral) também empregam "prostituta" para *qĕḏēšâ* em Gênesis 38:21-22; Oseias 4:14. Apesar de *zônâ* e *qĕḏēšâ* algumas vezes serem assumidas como sinônimos perfeitos, é possível que diferentes termos impliquem diferentes funções ou conotem diferentes graus de posição social.

Observando que o feminino *qĕḏēšâ* e seu equivalente masculino *qāḏēš* procedem de uma raiz hebraica que significa "santo" ou "separado", eruditos da atualidade muitas vezes afirmam que essas palavras se referem a homens e mulheres que se entregam às práticas do culto da fertilidade canaanita (em oposição à "prostituição comum"). Dessa maneira, no lugar em que as versões acima citadas usam "prostituta" ou "meretriz" para *qĕḏēšâ* e sodomita para *qāḏēš*, versões mais recentes (p.ex., a Nova Versão Internacional — NVI) traduzem tanto o masculino como o feminino como "prostituta (o) do templo", "prostituta (o) sagrada (o)" ou "prostituta (o) cultual" (1Reis 14:24; 15:12; 22:46; 2Reis 23:7; Jó 36:14).

No AT, "prostituta" (*zônâ*) é empregada para descrever Tamar (nora de Judá, Gn 38), Raabe (a mulher de Jericó que abrigou os espias israelitas, Js 2:1-24), a mãe de Jefté, cujo nome não é citado (Jz 11:1) e as duas mulheres cuja disputa por causa de um bebê foi resolvida por Salomão (1Reis 3:16). Os irmãos de Diná afirmam que não permitirão que sua irmã seja tratada como uma *zônâ* (Gn 34:31), Sansão tem relações com uma *zônâ* (Jz 16:1), e os sacerdotes israelitas são proibidos de casar com *zônâ* (implicando que alguns homens o faziam; Lv 21:7). Tanto Tamar como Raabe são citadas por nome na genealogia de Jesus em Mateus. Dois dos três usos de *pórnē* no NT se referem a Raabe, cuja fé em Deus e bondade para com os espiões israelitas se considera que excedem o aspecto negativo de sua profissão (Hb 11:31; Tg 2:25). Portanto, uma prostituta parece ter sido uma pessoa com uma profissão, cujo lugar na sociedade era reconhecido (embora fosse tida em baixa estima).

Entretanto, o termo "prostituta" também aparece em uma série de metáforas empregadas para condenar a idolatria e o sincretismo religioso em Israel. Nesse uso figurado, *zônâ* assume conotações ainda mais negativas, implicando em adultério e promiscuidade. Quando se considera Israel ligado a Deus num relacionamento de aliança exclusivo, então se pode dizer que esse povo comete adultério (ou "faz o papel de prostituta") toda vez que se volta a outros poderes, e não a Yahweh, em busca de sustento, apoio e proteção (p.ex., Jr 3:3; Ez 16:1-34; Os 1-4; Mq 1:7).

Enquanto "prostituta" (*zônâ*) pode referir-se a uma mulher cuja presença contínua na comunidade é tolerada (embora estigmatizada), os termos "fazer o papel de prostituta" (*znh*) e "prostituição" ou "meretrício" (*zĕnût* / *zĕnûnîm*) descrevem comportamento que o locutor crê não poder ser tolerado, nem sua permanência tolerada. Essa distinção no emprego das palavras pode refletir um padrão duplo de moral. Em Gênesis 38, Judá parece perfeitamente à vontade para envolver-se no serviço de uma prostituta e de lhe enviar o preço combinado, mas planeja queimar sua nora por "fazer o papel de prostituta" (v. 24), até se conscientizar que o comportamento dela não é pior que o seu próprio (v. 26).

Bibliografia. P. A. Bird, "The Harlot as Heroine", Semeia 46 (1989): 119-39; S. Erlandsson, "zana", *TDOT* 4.99-104. [KATHLEEN A. FARMER]

PROVÉRBIO O hebraico *māšāl* (comumente traduzido por "provérbio" ou "adágio") é difícil de definir com precisão. Sua etimologia pode ser associada ao verbo hebraico "governar" e com o conceito de "comparação". A primeira sugere que *māšāl* é uma palavra impositiva que capacita alguém a controlar a vida; a última insinua que ela oferece conselho confiável baseado numa ordem visível no mundo. No AT, *māšal* refere-se de um modo geral a muitos tipos literários e é usado em diversos contextos (cf. 1Sm 10:12; Dt 28:37; 1Rs 9:7; Is 14:4-11; Ez 17:2). Como gênero em textos educacionais, o termo é usado geralmente em relação a qualquer forma sapiencial (p. ex., poemas, parábolas, diálogos). O mais comum é o "provérbio", adágio conciso composto caracteristicamente por duas linhas paralelas escritas no modo indicativo. Tal forma é amplamente confirmada em textos didáticos no antigo Oriente Próximo, incluindo a Instrução Egípcia de Ani, a Instrução de Amenemope, a Instrução de Shuruppack e as Palavras Aramaicas de Ahikar. Ele é mais bem representado biblicamente no livro de Provérbios.

As duas linhas de um provérbio podem estar relacionadas uma à outra de forma sinônima, antitetica ou sinteticamente. Numa construção sinônima, a segunda linha reafirma o propósito da primeira, ocasionalmente adicionando uma nuance ou mudança: "O malfazejo atenta para o lábio iníquo; o mentiroso inclina os ouvidos para a língua maligna" (Pv 17:4; cf. 16:11; 19:5; 21:12). O paralelismo antitético ocorre quando duas linhas contrastam uma com a outra: "O sábio teme e desvia-se do mal, mas o tolo é arrogante e dá-se por seguro" (Pv 14:16; cf. 11:12-15; 14:5-6,8,9). Nos provérbios sintéticos, a segunda linha continua e desenvolve o pensamento da primeira: "Os olhos do Senhor estão em todo lugar, vigiando os maus e os bons" (Pv 15:3; cf. 16:31; 17:2; 21:6-7). Os provérbios podem ser também comparativos, identificando aspectos compartilhados de assuntos diferentes para oferecer uma percepção mais acurada de um ou de outro; dois tipos particulares são os provérbios "como" ("Como água fresca para o homem sedento, tais são as boas-novas de terra remota"; Pv 25:25; cf. 10:26; 26:6-11) e os que empregam a fórmula "se X, então quanto mais ou menos y" ("O Seol e o Abadom estão abertos perante o Senhor; quanto mais o coração dos filhos dos homens!"; Pv 15:11; cf 11:31; 19:10). "Melhor que" provérbios comparam duas coisas com o julgamento que um é preferível ao outro ("Melhor é um bocado seco, e com ele a tranquilidade, do que a casa cheia de festins, com rixas"; Pv 17:1; cf. 15:16-17; 16:8) enquanto "feliz" (ou "abençoado") provérbios declara que os que escolhem viver sabiamente experimentarão alegria ("O que despreza ao seu vizinho peca; mas feliz é aquele que se compadece dos pobres"; Pv 14:21; cf 8:32,34; 16:20; 29:18). Finalmente, os provérbios numéricos contêm uma linha-título seguida por uma lista de dois, três, quatro ou sete itens que compartilham a(s) característica(s) da linha-título: "Há três coisas que são maravilhosas demais para mim, sim, há quatro que não conheço: o caminho da águia no ar, o caminho da cobra na penha, o caminho do navio no meio do mar, e o caminho do homem com uma virgem" (Pv 30:18,19; cf. v. 15:31).

Conciso e criativo, o provérbio é uma forma literária artística na qual o conteúdo e a estética estão entrelaçados. Como é evidente no hebraico, os provérbios geralmente contêm aliteração, assonância, rima e jogo de palavras. Há também o uso prolongado de metáfora, símiles, paradoxos e outras imagens. Essa habilidade resulta em provérbios poéticos e concisos os quais, na reunião de suas observações e conclusões extraídas da razão e da experiência humana, são extraordinários e facilmente memorizados. Os provérbios, com isso, funcionam efetivamente como instrumentos didáticos para a educação da juventude, como ética e/ou instruções legais e como entretenimento. Eles podem oferecer observações sobre a realidade ou, mais convincentemente, instruir ou influenciar o leitor a conservar certos valores ou comportamentos. Em tudo a sabedoria proverbial demonstra uma tentativa autoconsciente de provocar o pensamento e imaginação humanos de forma que esteja consciente das ambiguidades da vida e das próprias limitações da sabedoria; é instrução que reflete o esforço humano para encontrar ordem e "dirigir" nas complexidades da realidade.

Bibliografia. L. G. Perdue, *Wisdom and Creation* (Nashville, 1994); G. von Rad, *Wisdom in Israel* (Nashville, 1972). [CHRISTINE ROY YODER]

PROVÉRBIOS, LIVRO DE Coleção de vários provérbios de bom senso que parecem vir de um amplo espaço de séculos e de várias fontes separadas e ambientes da vida. O nome do livro deriva do título encontrado em 1:1 e novamente no começo da segunda maior coleção em 10:1, "os *mĕšālîm* (provérbios) de Salomão". O hebraico *mĕšālîm* geralmente significa adágios didáticos que usam uma comparação ou lição ilustrativa, com uma forma poética ou estilo de apresentação. Sua forma singular, *māšāl*, descreve uma quantidade de diversos gêneros literários: o provérbio simples ou ditado popular (1Sm 10:12; Jr 31:29), visão oracular de Balaão (Nm 23:7-10), alegoria estendida (Ez 17:1-10), ou salmo sobre o significado da vida (Sl 49). Alguns dos ditados simples têm sua origem na vida diária do vilarejo e do lar (Jr 23:28; Ez 16:44), mas um grande número que ocorre em Provérbios são dirigidos por um mestre a alunos, e assim, parecem ter sidos cultivados por uma classe profissional de professores. De fontes sumérias e egípcias, sabemos que a rotina de aprendizagem de lições foi favorecida nas escolas e que frequentemente estas consistiam de listas de máximas proverbiais sobre comportamento bem-sucedido. Podemos concluir de modo lógico que Provérbios se desenvolveu de tais textos escolares.

Esboço. Provérbios contém seis importantes agrupamentos que podem ser identificados como coleções separadas:

A B C D E F G H I J K L M N O **P** Q R S T U V X Y Z

1:1-9:18	composto por 10 discursos de instrução um tanto grandes de um professor a seu aluno e três discursos pela sabedoria personificada;
10:1-22:16	uma coleção de provérbios de "Salomão", o maior conjunto de provérbios do livro;
22:17-24:22	Os "Trinta Provérbios" (cf. a tradução NAB de 22:17-20), outra coleção de provérbios que têm um claro relacionamento com uma obra egípcia, os Trinta Preceitos de Amenemope;
24:23-34	listados como apêndice de provérbios à coleção anterior;
25:1-29:27	uma segunda coleção de provérbios atribuída a Salomão;
30:1-31:31	duas coleções de reis estrangeiros, Agur e Lemuel.

Como é evidente nos caps. 30—31, os quais combinam duas fontes, e na nota em 25:1 que os homens de Ezequias copiaram provérbios mais antigos, estes seis agrupamentos mesmos podem ter sido reunidos de coleções menores e mais antigas. O livro pode também ser dividido de maneira diferente, em duas partes maiores: os caps. 1—9, que contêm um número maior de "gêneros de instrução" com somente alguns provérbios individuais; e os caps. 10—31, que contêm apenas curtas sentenças proverbiais.

O livro todo, entretanto, tem sido unificado por dois artifícios: uma introdução geral em 1:2-7 que afirma o propósito ser ajudar a todos conseguirem sabedoria tanto pelo aprendizado como pela devoção; e várias reflexões sobre a "mulher sábia" que são cuidadosamente posicionadas para organizar o todo. Ela fala em seu próprio nome em 1:20-33; 9:1-18 para abrir e fechar a primeira parte, e é descrita em 31:10-31 como a mulher ideal para um "homem sábio" se casar, compondo os apelos gerais de 1:1-7. Este recurso editorial da sabedoria personificada serve como unificador estrutural, mas também torna o livro mais do que um livro-texto de máximas ao anunciar uma reivindicação religiosa sobre o leitor que deve primeiro aceitar o chamado da sabedoria e depois viver por ela vendo-a tanto como um dom de Deus como uma forma diária de responder a ele.

Data. Visto que provérbios ocorrem nas mais antigas obras literárias conhecidas na Suméria, e exemplos do "gênero instrução" (caps. 1—9) são conhecidos do Egito no início do segundo milênio, o livro de Provérbios vem de raízes muito antigas. Muitas das instruções e máximas individuais podem estar entre as partes escritas mais antigas da Bíblia, mas a questão permanece aberta se a cultura de provérbios e a reunião editorial dessas coleções não ocorreram num tempo posterior. Salomão em 1Reis 4:32 (TM 5.12) recebe o crédito de haver composto muitos provérbios, e a realeza é especialmente associada ao dom da sabedoria divina no antigo Oriente Próximo (cf. 1Rs 3:9-28). Assim, não é nada improvável numa tradição que muitos provérbios venham da corte dos reis de Judá ou de Israel, ao norte. De fato, é comum a opinião acadêmica hoje que, embora algumas máximas de sabedoria e provérbios possam ter se originado no lar ou na vida da aldeia onde os anciãos eram repositórios da sabedoria popular, os presentes livros de sabedoria vieram ou da corte real e de seus instrutores de governo e oficiais sacerdotais (Jó e Provérbios) ou de escolas posteriores para a juventude educada da classe alta de Judá do pós-exílio (Eclesiastes e Siraque).

Em particular, a falta de interesse de Provérbios na história sagrada e sua falha em agrupar os provérbios por assunto (qualidades encontradas em Siraque no século II) provavelmente reflete a composição de sabedoria pré-exílica durante a monarquia, mesmo se o livro recebeu algum refinamento editorial no início do período do Segundo Templo. Estudiosos de meio século atrás julgavam que sua teologia de retidão e mal refletia ou a influência deuteronômica ou uma piedade pós-exílica do "Temor do Senhor". Como resultado, a tendência deles era datar todos os livros de sabedoria na era helenística. Agora que a maioria dos temas de Provérbios é bem conhecida nas fontes de sabedoria do antigo Oriente Próximo anterior a Davi, o consenso geral é que o livro básico em hebraico reflete o período da monarquia, confirmando o que os cabeçalhos individuais reivindicam. Nenhuma das seis coleções precisa ser datada depois do Exílio. O fato de a LXX conter 130 provérbios adicionais, a maioria de natureza bem helenística, apoia essa conclusão visto que indica ter o texto em grego um vigoroso período de crescimento depois que o TM foi fixado e fechado.

As seções individuais. *1:1-7.* Desafiando o leitor a cultivar a sabedoria, este prefácio geral empilha inúmeros sinônimos que parecem ser termos técnicos com o intuito de parecer sábio. Os termos diferentes refletem o interesse profissional nas distinções que podem ser usadas como instrumento de ensino. Ele termina com a clara identificação da adequada observância religiosa ("temor do Senhor") com a obtenção da sabedoria.

1:8—9:18. O corpo da primeira parte do livro é composto por instruções distintas do mestre ao aluno, construído em torno da busca pela sabedoria durante o período educacional do jovem e em torno de um acentuado contraste entre a "mulher sábia" e a "mulher frívola" que seduz o jovem tanto sexual como intelectualmente, desviando-o da prudência e da sabedoria. As unidades são 1:8-19; 1:20-33; 2:1-22; 3:1-12; 3:13-35; 4:1-9; 4:10-27; 5:1-23; 6:1-19; 6:20-35; 7:1-27; 8:1-36; 9:1-18. Nem um "enredo" permeia toda a instrução, e as unidades frequentemente retornam aos mesmos temas. Mas como um todo, elas criam um modelo para conduta e decisão tomada com base na confiança e na fidelidade ao Deus de Israel. Diferentemente das coleções de provérbios dos caps. 10—31, Deus é mencionado muitas vezes como a fonte de sabedoria nestes capítulos, e as instruções desenvolvem uma visão pela qual o estudante encontrará orientação nas decisões da vida.

10:1—22:16. Esta coleção contém 375 provérbios individuais e eles incluem conselhos práticos em como ter sucesso na vida 12;9, "Melhor é o que é estimado em pouco e tem servo, do que quem se honra a si mesmo e tem falta de pão"), bem como uma piedade especificamente israelita (p. ex., 16:6, "Pela misericórdia e pela verdade expia-se a iniquidade; e pelo temor do Senhor os homens se desviam do mal"). Entre os assuntos importantes está o contraste entre os caminhos do ímpio e do justo, o conselho aos pais sobre a educação dos filhos, tratamento adequado ao pobre, desenvolvimento de bons hábitos de trabalho e o uso correto do modo de falar. Um plano isolado para agrupar os provérbios enganou os comentaristas até agora, e o princípio parece ser que a repetição e a variação é a mãe do aprendizado.

22:17—24:22. Existem claros paralelos entre esta coleção e os Ensinos Egípcios de Amenemope. Visto que o último foi composto entre 1000 e 600 a.C. é provável que sábios israelitas o conhecessem e compuseram sua própria tábua de 30 provérbios usando partes da obra egípcia. Em geral, seus temas são semelhantes aos dos caps. 10—22.

24:23-34. O cabeçalho no v. 23, "Também estes são provérbios dos sábios", marca isto como um apêndice à seção anterior. Seus poucos provérbios focam nos hábitos de trabalho e justiça nos tribunais e podem ser de um texto muito mais antigo, agora perdido.

25:1—29:27. Esta segunda coleção atribuída a Salomão repete muitos dos assuntos da primeira coleção. Ela repete a sabedoria prática de sucesso, e o nome de Deus ocorre raramente. O cabeçalho diz que ela foi reunida pelos escreventes de Ezequias no fim do século VIII, e não há razão para duvidar disto. São traçados vivos contrastes entre o sábio e o tolo; o preguiçoso e o diligente. Os problemas de riqueza, pobreza, modo de falar, confiança entre colegas de trabalho e amizade, todos recebem atenção.

30:1—31:31. Com base nos cabeçalhos de 30:1; 31:1, parece haver duas coleções, as palavras de Agur e as de Lemuel. Mas pela forma e conteúdo, parece haver quatro unidades (30:1-6; 7:33; 31:1-9, 10-33). O último é mais provável, especialmente pelo fato de 31:10-33 ser um poema acróstico alfabético aparentemente composto como uma conclusão final a todo o livro. A ênfase sobre os dois capítulos é sobre reis estrangeiros (orientais) ou sábios que também buscam pela sabedoria encontrada neste livro.

Temas teológicos. A espiritualidade da sabedoria é prática e prudente. Ela aconselha cautela em assuntos entre os sexos, compromisso com o trabalho como fonte de sucesso; discurso cuidadoso e ponderado, respeito à autoridade, humildade pessoal e controle das paixões em geral. Estas eram as qualidades de liderança e eram virtudes pessoais altamente apreciadas para toda interação social. Presumia-se normalmente serem indicações da classe alta a quem o livro foi escrito.

A mensagem mais frequente de provérbios e máximas individuais é para evitar o caminho do "ímpio", que envolve a zombaria, difamação, desordem, insensatez, arrogância, ações precipitadas, reações intempestivas e até mesmo o ateísmo conveniente com respeito às consequências divinas das ações humanas. O "ímpio" pode ir do insensível e ingênuo até o cruel e embrutecido.

O caminho do "justo" envolve compreensão, disciplina, habilidade em preparar o curso da vida e receber ou dar bom conselho sobre Deus e o mundo. Esses contrastes entre o "ímpio" e o "justo" estão espalhados por todo capítulo do livro e formam uma malha de unidade entre os diversos conselhos. Suficientemente interessantes, eles são expressos todos juntos somente em um lugar, o Salmo 1, que parece interpretar o Saltério à luz da sabedoria de Provérbios.

Os discursos e as instruções são com frequência contraditórios: p. ex., "a boca do justo é uma fonte de vida" (10:11); "Um homem de entendimento permanece calado" (11:12). Isto não importa, porque a conduta adequada significa escolher a opção certa para cada situação. Discrição em novas circunstâncias e curiosidade ante o mistério da vida com seus limites e fronteiras são tolerados tão respeitosamente quanto o conhecimento tradicional transmitido pelos mestres.

As questões por que Deus permite o sofrimento ou injustiça ou morte são raramente colocadas em Provérbios. Elas são tratadas apenas onde o comportamento específico revela como os atos produzem más consequências, onde a causa produz o efeito. Nesses casos, o aluno sábio deve dominar a lição em como evitar o mal. Onde a experiência não oferece explicações ou orientações claras, Provérbios aconselha permanecer perto do caminho do Senhor conhecido pela fé tradicional ou visto na boa ordem da criação.

Uma notável exaltação da sabedoria como a expressão da vontade divina é dada por 8:22-31 (e menos claramente na sabedoria personificada em 1:20-33; 9:1-12). Após descrever o papel da sabedoria em tudo o que Deus fez, 8:30-31 sugere que a sabedoria foi o *āmôn*, o "arquiteto" ou "deleite divino" (isto é, filho amado de Deus), que foi tanto o inspirador e desenhista do universo ao estar em ação com Deus. Por trás dessa imagem, a sabedoria é claramente vista como dom de Deus para nos ajudar a compreender o divino criador pessoal.

Finalmente, o retrato da esposa ideal na passagem final de 31:10-33 resume o modelo do sábio, e amplia a mensagem do livro claramente para além de uma visada audiência promissora de jovens de educação superior, a todos os homens e mulheres igualmente, com a mesma lição a todos: a sabedoria torna-se realidade no temor do Senhor, o mesmo ponto em que o livro começou em 1:7.

Bibliografia. L. Boadt, *Introduction to Wisdom Literature and the Book of Proverbs*, Collegeville Bible Commentary 18 (Collegeville, 1986); W. McKane, *Proverbs*. OTL (Philadelphia, 1970); R. N. Whybray, *Proverbs*. NCBC (Grand Rapids, 1994). [LAWRENCE BOADT]

PROVIDÊNCIA O termo "providência" deriva da palavra latina *providentia*, "presciência, premeditação", e o verbo correspondente *providere*, "prover para, tomar cuidado em relação a ou contra" algo. Seu uso secular incluía a crença geral que um princípio benevolente de ordem governava o universo e a história humana, que nada acontece unicamente ao acaso ou meramente aleatório, ao contrário, existe um propósito orientador ordenando todas as coisas em direção a um fim. O estoicismo via esse princípio como a "alma do mundo" ou "razão do mundo". Em outros tempos, a ideia de providência também levava a uma cosmovisão mais pessimista, marcada pelo determinismo ou fatalidade. Essa ideia contribuiu para um caráter passivo de resignação humana ante o capricho do destino incontrolável.

O conceito bíblico da providência de Deus, entretanto, aponta para uma crença universalmente confiante no amor carinhoso e na proteção de Deus ao mundo, se baseia na crença em Deus como Criador, alguém que continua o tempo todo preservando e ordenando o mundo, mantendo o caos encurralado e orientando o mundo e a história humana em direção à vida e à plena felicidade. Às vezes, por viradas imprevisíveis da sorte, a providência de Deus pode ser escrita "certa por linhas tortas", como no caso de José, que foi vendido como escravo por seus irmãos e que depois veio a ser instrumento de Deus para proteção da família de Jacó no Egito. José confirma o amor de Deus em ação com as palavras: "Vós, na verdade, intentastes o mal contra mim; Deus, porém, o intentou para o bem..." (Gn 50:20). Muitas vezes Deus promete que a presença divina permanecerá no mundo e com aqueles que dela precisam (Êx 3:12). O próprio nome de Deus revelado a Moisés na sarça em chamas no enigmático tetragrama YHWH (Êx 3:14) tem sido às vezes traduzido por "eu estarei com você", sinalizando a irrevogável presença pactual protetora de Deus entre o povo no mundo.

A presença previdente de Deus pode ser manifestada tanto no cuidado misericordioso quanto na rígida punição, mas a ênfase bíblica certamente repousa na afirmação do supremo cuidado de Deus. Uma antiga confissão cúltica que aclama o amor leal e a misericórdia de Deus repercute na tradição do AT (Êx 34:6,7; Nm 14:18; Ne 9:17,31; Sl 103:8; Jr 32:18; Jn 4:2). Esta confissão não nega a necessidade quanto ao julgamento de Deus sobre o pecado, mas promete que a misericórdia e o perdão serão a suprema providência de Deus. A afirmação da providênca de Deus nem anula a liberdade humana, nem cancela o misterioso problema da presença do mal no mundo. Ela promete, entretanto, simplesmente que Deus será um Deus amoroso em meio ao mundo, dirigindo-o e toda a criação para um futuro cheio de esperança (Jr 29:11-14).

A tradição cristã reitera a mesma confiança no cuidado providencial de Deus. "Olhai para os lírios do campo...", diz Jesus (Mt 6:26-30), e confiem num Deus amoroso que cuida do menor ser vivente. Paulo amplia esta ideia ainda mais e vê a providência e a presença amorosa de Deus conduzindo toda criação, o próprio universo todo na direção da intenção divina (Rm 8:28-39). Considerada essa convicção, a oração cristã é marcada por confiança e certeza de que Deus ouve os clamores da humanidade e responde com amor e cuidado (Mt 6:8; 7:7,8). [BARBARA E. BOWE]

PRÓXIMO A palavra normalmente traduzida por "próximo" no AT (heb. *rēa'*) vem do verbo *r'h*, "associar-se com". A palavra descreve, então, relacionamento, embora a natureza desse relacionamento varie com o contexto. Um "próximo" pode simplesmente ser outra pessoa (Gn 11:3), um amigo (ou conspirador, 2Sm 13:3), um rival evidente (1Sm 28:17), um amante (Jr 3:1), ou cônjuge (v. 20). Normalmente, a palavra não descreve a família imediata de uma pessoa (de qualquer forma, cf. Jr 9:4) mas alguém que vive ou trabalha próximo (Pv 3:29).

Em muitos casos, a palavra adquire o significado específico de "companheiro israelita" ou "participante do pacto" (Jr 31:34). Este é especialmente o caso em textos em que responsabilidades mútuas, tanto positivas quanto negativas, são descritas. Os israelitas não devem dar falso testemunho (Êx 20:16; Dt 5:20; cf. Sl 101:5) ou cobiçar a casa, esposa, escravo, boi, jumento ou qualquer outro bem do próximo (Êx 20:17; Dt 5:21). Eles não devem defraudar o próximo, roubar o próximo ou reter o salário do trabalhador até a manhã do outro dia(Lv 19:13). Em geral, não se deve fazer o mal ao próximo (Sl 15:3).

Na realidade, os israelitas devem fazer certas coisas pelo próximo. Devem julgar o próximo corretamente (Lv 19:15) e amá-los como a si mesmos (v. 18). Deve-se observar que as responsabilidades listadas em Levítico 19 são ampliadas para incluir também o estrangeiro residente em Israel (v. 33-34).

No NT, o amor pelo próximo é um conceito importante; a maioria das vezes em que aparece a palavra "próximo" no NT (gr. *plēsíon*) são citações de Levítico 19:18. Jesus cita esse versículo como mandamento apenas depois de "Amarás o Senhor teu Deus" (Mc 10:17-31; Mt 19:16-30). Em Lucas, isso é ampliado pela pergunta: "E quem é o meu próximo?" (Lc 10:29). A história do bom samaritano vem em seguida, na qual Jesus mostra que ser próximo mostrando misericórdia é mais importante do que determinar apenas quem é um próximo. Jesus também mostra que devemos amar mais do que apenas os nossos próximos (Mt 5:43,44).

Outros usos de "próximo" no NT revelam que a definição primitiva de associação íntima ainda está em ação. Embora Jesus pareça aplicar a palavra "próximo" a todos indistintamente, outras passagens do NT sugerem que "próximo" é restrito, ou talvez se aplique principalmente aos irmãos na fé cristã (Rm 15:2; Ef 4:25; Tg 2:8). [MICHAEL B. COMPTON]

PSEUDEPÍGRAFOS Lit., "escritos falsamente atribuídos". Esse termo anacrônico descreve uma variedade de antigos documentos judaicos não canônicos dos períodos helenístico e romano (c. 250 a.C.–200 d.C.). Os textos não fazem parte da Bíblia Hebraica (AT protestante) ou dos Apócrifos do AT (em termos gerais equivalente aos Deuterocanônicos católicos romanos), mas tal delineação não faz justiça à fluidez dessa categoria "moderna". Não existe amplo acordo quanto a que textos devem ser incluídos nesse conjunto, porque não há consenso sobre o critério para inclusão. Uma visão maximalista inclui quase qualquer texto associado a um personagem, ou passagem do AT, seja o texto considerado judaico ou não, e se o texto deriva de períodos helenístico e romano ou não (p. ex., Visão de Esdras). Os minimalistas tendem a restringir a categoria às obras que são claramente judaicas, e quase certamente datam de cerca de 250 a.C. — 200 d.C. A confusão surge em que uma maioria considerável dos textos quase sempre incluídos nos Pseudepígrafos foram claramente transmitidos e alterados pelos cristãos, tornando impossível a categorização rígida.

Embora não incluídos em qualquer dos cânons ocidentais da Escritura, esses textos, com os Rolos do Mar Morto, são importantes para qualquer tentativa de compreender o mundo religioso, político e social na virada das épocas. Eles representam as respostas judaicas multifacetadas à intrusão do helenismo, o estabelecimento do poder macabeu, a conquista e a hegemonia romana, a destruição do templo de Jerusalém e a ascensão do cristianismo. A preservação cristã e a adaptação de quase todos estes textos aumentam também o nosso conhecimento das relações judaico-cristãs nos primeiros séculos d.C. Além disso, muitas ideias teológicas presentes na forma embrionária no AT são exploradas e expressadas com elevada sofisticação nos Pseudepígrafos, tornando essa literatura uma fonte inestimável para o estudo tanto do judaísmo rabínico primitivo quanto do cristianismo. Por exemplo, o livro de Judas no NT inclui uma profecia extracanônica atribuída à figura antediluviana de Enoque encontrada somente em (Apocalipse Etiópico de) 1Enoque, não canônico. A julgar pelo contexto, o autor de Judas reconheceu claramente esse texto. Ele pode até ter considerado este pseudepígrafo "canônico". O uso de Judas de 1Enoque ajuda-nos a compreender o processo de canonização tanto do AT como do NT.

Muitos, mas não todos, estes textos estão associados a figuras ou personagens das Escrituras hebraicas como Enoque. Ele foi o primeiro candidato a "autoria" por causa da descrição do AT de seu destino (Gn 5:24). Os autores antigos ampliaram essa passagem e construíram um significativo quadro interpretativo no qual Enoque se torna um escriba no céu, registrando tanto os segredos da criação como do fim das coisas, e então revelando esses segredos a um grupo seleto. Os personagens Esdras e Baruque são também empregados por causa de sua ligação histórica com a destruição do primeiro templo judaico pelos babilônios. Autores posteriores, tentando abordar o problema da destruição do templo de Jerusalém pelos romanos em 70 d.C., usaram Esdras e Baruque para traçar paralelos entre os dois eventos desastrosos. Entretanto, em vez de uma restauração histórica como no período persa, quando os

A B C D E F G H I J K L M N O P Q R S T U V X Y Z

judeus tiveram permissão para retornar do exílio e reconstruir o templo, os autores dos pseudepígrafos posteriores aguardaram por uma restauração final, escatológica. Como pode-se supor, existem documentos associados a muitos outros grandes heróis de Israel, incluindo Adão, Abraão, Isaque, Jacó, José, Moisés, Elias e Jeremias.

Outros textos tentam preencher as lacunas de histórias específicas do AT, ou atenuar problemas teológicos visíveis em tais histórias. Um dos melhores exemplos desse tipo de pseudepígrafo envolve o casamento de José com Asenate. No AT, Asenate é descrita como a filha de um sacerdote (Gn 41:45). O texto não trata do assunto teologicamente espinhoso de um casamento entre uma mulher estrangeira e um homem judeu, uma união fortemente desencorajada em outras partes do AT (cf. 1Rs 11:1-4; Ne 13:26-27) mas um autor posterior compôs uma narrativa completa que detalha a conversão de Asenate ao judaísmo depois do seu casamento com José. A expansão da história bíblica elimina o problema de José ter-se envolvido num casamento potencialmente corrupto com uma estrangeira. Outras expansões narrativas, ou reescritas, incluem a história da expiação de Adão por ter comido o fruto no jardim do Éden (ele fica em pé [com água até] o pescoço no rio Jordão durante quarenta dias; Vida de Adão e Eva), uma narrativa que relata a descoberta por Abraão da inutilidade dos ídolos do seu pai (Apocalipse de Abraão), discursos testamentários no leito de morte feitos por Jacó/Israel a cada um de seus doze filhos (Testamentos dos Doze Patriarcas), narrações a respeito dos magos egípcios que se opuseram a Moisés (Janes e Jambres cf. 2Tm 3:8-9), e uma completa e ilustrativa descrição do martírio de sete filhos e da mãe deles que é apresentada numa forma abreviada em 2Macabeus 6–7 (4Macabeus). Cada "nova" história tende a enfatizar assuntos de interesse para os verdadeiros contemporâneos dos autores, interesses diretamente relacionados ao texto sendo exposto e/ou à instável situação religiosa e social do período.

Além das expansões ou de nova narrativa de partes limitadas do AT, alguns textos oferecem uma mudança quase que completa de todas as seções do texto bíblico. Jubileus relata a história de Israel desde a criação até a entrega da Lei para Moisés no monte Sinai. Esse texto pseudepígrafo reformula, suplementa e às vezes elimina as histórias conhecidas do AT de forma que sua narrativa apoia a avaliação de datas de acordo com o calendário solar (em oposição ao calendário lunar/solar que predominou no judaísmo). Liber Antiquitarum Biblicarum (Antiguidades Bíblicas), de Pseudo-Fílon descreve o período de Adão a Davi, entrelaçando adaptações do texto bíblico com elementos lendários com o objetivo de enfatizar a Lei e sua eterna validade. É pela Lei que Deus julgará o mundo todo no final dos tempos. Serão concedidas a paz e a felicidade ao justo na era por vir, enquanto o ímpio será destruído. Além de qualquer tentativa para compreender a ênfase teológica e religiosa das obras pseudepígrafas aqui descritas, é também importante notar a liberdade com a qual os autores do período helenístico e romano trataram os textos do AT. Os textos bíblicos não foram considerados intocáveis ou finais, mas, em vez disso, serviram como ponto de partida para essas novas narrativas.

Outros textos bíblicos ainda serviram como modelo ou padrão para vários dos pseudepígrafos. Isso está mais evidente nos hinos, nas orações e nos textos de sabedoria geralmente incluídos na coleção. Os dezoito Salmos de Salomão, que claramente imitam os salmos bíblicos, descrevem o desrespeito à lei daqueles que estabeleceram uma monarquia não davídica e que profanaram o templo, mas também relata a expectativa dos justos enquanto esperam a aparição do Messias. A Oração de Manassés (às vezes classificada entre os Apócrifos do AT), com base em 2Crônicas 33, fornece o conteúdo da oração penitencial do rei iníquo, no qual ele detalha a própria ação abominável e ora por perdão divino. Vários salmos apócrifos, alguns dos quais são encontrados num rolo de Qumran espalhado com salmos bíblicos (11QPs), destaca a fluidez e a maleabilidade do cânon bíblico neste período. Vários textos de sabedoria incluídos entre os Pseudepígrafos (p. ex., Pseudo-Phocylides, Syriac Menander, Aristóbulo) claramente incorporam as tradições helenísticas, quase sempre escondendo por meio do estilo e substância quaisquer elementos judaicos diferenciadores. Em tais casos, os autores podem muito bem ter tentado demonstrar a compatibilidade das tradições de sabedoria judaica e greco-romana.

Pelo menos alguns outros pseudepígrafos imitam conscientemente a poesia épica grega. Os Oráculos Sibilinos, p. ex., alega-se serem as profecias arrebatadoras de um personagem lendário de um passado distante. Os oráculos judaicos e cristãos têm seu foco tanto nas violações rituais como éticas que conduziram, ou conduzirão, à punição por Deus, embora eles contenham também alguma esperança de restauração futura. Vários outros textos poéticos fragmentários, preservados somente em obras cristãs posteriores, incluem uma história de Jerusalém (Fílon, o Poeta Épico), e uma alteração aumentada da história do estupro de Diná em Gênesis 34 (Teódoto), uma dramática interpretação da história do Êxodo (Ezequiel, o escritor de tragédias), uma reconstrução da vida de Jó baseada na versão grega da história canônica (Aristeas, o Exegeta), para citar apenas alguns.

Como é evidente com base nessa pesquisa, os pseudepígrafos cobrem uma ampla gama de teologias no judaísmo do período helenístico e romano. Esta diversidade incorpora tentativas para contemporizar histórias bíblicas tradicionais e esforços para reconciliar ideias filosóficas helenísticas e judaicas. Entretanto, o tema mais persistente dentro do conjunto é a esperança escatológica centrada na renovação de toda criação por Deus ou pelo Messias de Deus. Em quase todos os gêneros representados nos pseudepígrafos, a desesperança do presente é equilibrada pela expectativa de que Deus irá julgar o mundo, punindo o ímpio e os que oprimem Israel, e recompensará o justo por sua fidelidade constante aos mandamentos.

Bibliografia. J. H. Charlesworth, ed., *The Old Testament Pseudepigrapha*, 2 vols. (Garden City, 1983-85); M. de Jonge, *Outside the Old Testament* (Cambridge, 1995); G. W. E. *Nickelsburg, Jewish Literature between the Bible and the Mishnah* (Philadelphia, 1981); H. F. D. Sparks, ed., *The Apocryphal Old Testament* (Oxford, 1984); M. E. Stone,ed., *Jewish Writings of the Second Temple Period*. CRINT 2/2 (Philadelphia, 1984). [JAMES R. MUELLER]

PSEUDO-MATEUS, EVANGELHO DE Evangelho apócrifo em latim, datado do século VI ou VII, que se apropria muito do primitivo Protoevanvelho de Tiago e da Infância [de Jesus segundo] Tomé. Seu mais importante material "original" trata da viagem da Sagrada Família ao Egito, relatada sucintamente em Mateus 2:14-15. Na viagem, o menino Jesus repreende ataques de dragões (que então o adoram, cumprindo o Sl 148:7), ordena que uma palmeira se curve para dar fruto e água aos viajantes e, milagrosamente, encurta a viagem em dias. Após a chegada deles ao Egito, a presença do menino faz cair os ídolos dos egípcios (cumprindo Is 19:1). Pseudo-Mateus, que parece ter sido popular durante o período medieval, é também o primeiro a mencionar o "boi e o jumento" (cf. Is 1:3) que domina a cena na manjedoura em Belém, um detalhe observado quase universalmente na arte medieval. [IRA BIRDWHISTELL]

PTOLEMAIDA (gr. *Ptolemaïs*) Importante cidade da costa mediterrânea (moderna Tel Acco/Tell e-Fukhhar; 1585.2585). Conhecida primeiramente como Aco, a cidade é mencionada em várias fontes extrabíblicas incluindo os Textos de Execração do Médio Império, as Cartas de Amarna, o templo de Karnak e os textos ugaríticos, assírios e persas.

A cidade foi renomeada durante o período helenístico em honra a Ptolomeu II Filadelfo. Tempos depois, durante o período helenístico, Antíoco VI a renomeou novamente como Antioquia de Ptolemaida. Antíoco V, governador selêucida nomeou Hegemonides governador sobre a região de Ptolemaida até Gerar (2Mac 13.24-25). O nome da cidade mudou novamente para Acre durante a Idade Média para celebrar São João d'Acre.

De acordo com Juízes 1:31, a única referência a Aco, a tribo de Aser foi incapaz de conquistá-la. Atos 21:7 registra a viagem de Paulo a Ptolemaida quando viajou de Tiro para Cesareia. [ALICE H. HUDIBURG]

PTOLOMEU (gr. *Ptolemaîos*) **1.** Ptolomeu I Soter ([323]305-282 a.C.) foi um importante fundador da dinastia ptolemaica (seu pai foi Lagus, motivo pelo qual a dinastia é às vezes chamada de Lágida). Ele foi uma pessoa verdadeiramente culta, não apenas general e estrategista de considerável habilidade, como também estadista e homem experiente e de cultura e, aparentemente até companheiro de bebida. Ele escreveu uma história das conquistas de Alexandre que ainda serve como base do mais confiável relato existente e, talvez tenha começado a famosa biblioteca de Alexandria (o Museon), embora seja possível que isso tenha sido feito por seu filho. Logo depois da morte de Alexandre, ele se estabeleceu no Egito e, durante o período de quarenta anos de manobras militares e políticas (o período dos *Diadochi* ou "Sucessores" de Alexandre), ele fez seu jogo acertadamente, com um claro objetivo: preservar o Egito como seu feudo, e nisso ele teve sucesso. Ele ajudou Seleuco I a retornar à Babilônia depois que este foi expulso por Antígono. Foi por isso que quando Ptolomeu se apoderou do sul da Síria e da Palestina depois da batalha de Ipsus em 301, Seleuco não insistiu em sua legítima reivindicação ao território. Ptolomeu assumiu o título de rei em 305 ou 304.

2. Ptolomeu II Filadélfo ([285]282-246) teve um longo reinado no qual se dedicou a assuntos culturais e políticos, como a construção do famoso farol de Faros e a conclusão da biblioteca de Alexandria, se é que ele não a começou. Mais conhecido como o Ptolomeu da Carta de Aristeia, ele estabeleceu relações diplomáticas com Roma, que estava envolvida na Primeira Guerra Púnica com Cartago (264-241). Suas tentativas para influenciar os eventos na área do Egeu foram frustradas por Antígono Gonatas, rei macedônio (283-239) na Guerra Cremoniana (267-261). Pouco se sabe da Primeira Guerra Síria (274-271) contra Antíoco I (281-261), mas alguns egípcios mantidos na Ásia foram perdidos na Segunda Guerra Síria (c. 260-253) contra Antíoco II

(261-246). Ptolomeu II fez a paz com Antíoco dando-lhe sua filha Berenice em casamento (que provocou consequências desastrosas para o filho de Antíoco, Seleuco II). Ptolomeu se divorciou de sua primeira esposa para se casar com a própria irmã Arsinoë, uma mulher forte e independente, embora sua influência sobre o irmão tenha sido frequentemente exagerada. O reinado de Ptolomeu tem sido regularmente interpretado em termos tranquilos como de prosperidade econômica e de conquista cultural, mas recentes estudos sugerem que suas políticas fiscais foram de fato desastrosas, gastando mais do que a economia podia sustentar, e levou à crise financeira no reinado de seu filho.

3. Ptolomeu III Evérgeta I (246-221) começou sua carreira sufocando uma revolta em Cirenaica quando ainda era herdeiro do trono. Logo depois de assumir o trono, ele recebeu uma mensagem urgente pedindo ajuda de sua irmã Berenice. Ela havia se casado com Antíoco II, mas depois da morte dele, ela se viu cercada pela primeira esposa de Antíoco. Ptolomeu mandou um exército para ajudá-la, mas descobriu que ela já havia sido assassinada. Ele aproveitou a oportunidade para tomar Antioquia, depois foi na direção leste para tomar Babilônia e Selêucia sobre o Tigre e talvez até outras áreas (a Terceira Guerra Síria, 246-241). Entretanto, foi forçado a fazer a paz com Seleuco II e retornar quando várias enchentes do baixo Nilo produziram uma escassez no Egito.

4. Ptolomeu IV Filopátor (221-204) é referido geralmente como um governante fraco sob o domínio de funcionários do palácio, embora alguns estudiosos recentes tenham avaliado seu reinado mais positivamente. Independentemente disso, sua principal realização foi derrotar Antíoco III na batalha de Ráfia na Quarta Guerra Síria (219-217), embora para consegui-lo tenha usado tropas egípcias nativas. Acreditou-se que isso foi a base para futuras desordens civis pelo fato de os egípcios naturalmente esperarem alguns direitos civis em troca, embora alguns estudiosos recentes pensem que isto é um exagero. A batalha de Ráfia e uma possível visita de fato a Jerusalém são mencionadas em 3Mac 1.

5. Ptolomeu V Theos Epifânio (204-180) foi um obscuro durante os quinze primeiros anos do seu reinado, e o Egito sofreu consideravelmente durante esse tempo incluindo a perda de grande parte dos territórios no Egeu e na Ásia Menor. O evento principal foi a perda da Palestina e sul da Síria para Antíoco III no ano 200. Um acordo foi finalmente selado com um casamento com Cleópatra I, filha de Antíoco. Sua coroação é o evento descrito na Pedra de Roseta. Ptolomeu V não desistira de sua reivindicação às possessões sírias, entretanto, mas ele foi assassinado antes que pudesse fazer qualquer coisa a respeito.

6.-15. Ptolomeu VI Filometor (180-145) era apenas um menino quando subiu ao trono, mas seus regentes planejaram uma invasão ao reino de Antíoco IV, iniciada por volta de 170. Antíoco foi vitorioso e fez de Ptolomeu seu protegido; os regentes colocaram então seu irmão Ptolomeu VIII Evérgetes II (Físcon) (145-116) no trono onde ele governou junto com Ptolomeu VI e a esposa-irmã deste, Cleópatra II, durante vários anos. Esta cooperação levou a outra invasão por Antíoco em 168, mas desta vez os romanos espantaram o rei selêucida. Ptolomeu VI então governou sozinho, embora seu irmão mais novo tenha recebido a Cirenaica. Depois da morte de Filometor, Evérgetes assumiu o trono, tornando-se guardião do filho de Filometor, Ptolomeu VII Neos Filopátor, mas logo o executou. Suas duas esposas, Cleópatra II e Cleópatra III (mãe e filha), se tornaram rivais. Cleópatra II o expulsou do Egito durante vários anos, tempo durante o qual ela reinou em seu trono, mas ele logo retornou e estabeleceu uma trégua incômoda com suas esposas.

Após a morte de Ptolomeu VIII as duas Cleópatras se tornaram novamente rivais, cada uma defendendo claramente um dos dois filhos, embora Cleópatra III tenha se tornado a principal jogadora e tenha reinado junto com cada filho por vez. O filho mais velho, Ptolomeu IX Soter II (Látiro) (116-107, 88-80) governou primeiro mas foi deposto por seu irmão mais novo, Ptolomeu X Alexandre I (107-88) e estabeleceu seu próprio governo em Chipre. Enquanto isso, um filho ilegítimo de Ptolomeu VIII chamado Ptolomeu Ápio tomou o poder em Cirenaica. Com sua morte em 96, deixou em testamento a região para Roma. Ptolomeu X decidiu também deixar o Egito para Roma em seu testamento; entretanto ele foi tirado do Egito por uma revolta (morrendo logo depois), e Ptolomeu IX retornou para assumir seu segundo período de governo. Uma embaixada de Roma chegou em 86 e foi bem recebida, mas o romanos estavam impressionados apenas com a visível riqueza do Egito.

Quando Ptolomeu IX morreu, os romanos começaram então a primeira de uma série de intervenções cada vez maiores no Egito. Berenice, a meia-irmã de Ptolomeu IX assumiu o trono, mas os romanos mandaram como rei um filho de Ptolomeu X (e enteado de Berenice), Ptolomeu XI Alexandre II, que assassinou Berenice. Entretanto, em troca os alexandrinos rapidamente o assassinaram. Um filho de Ptolomeu IX, Ptolomeu XII Neo Dionísio (Auletes) (80-58, 55-51) assumiu o governo, aparentemente sem intervenção romana, mas Roma era um poder sempre presente com quem contar. Pompeu não interferiu em suas atividades no leste em 65-63; no entanto, ele assumiu o controle de território até a fronteira do Egito. Quando Roma tomou o comando de Chipre, Ptolomeu XII foi expulso por seu próprio povo e sua filha Berenice reinou em seu lugar. Ele procurou ajuda romana e retomou o trono, depois do que assassinou a filha. (Quem o levou de volta para o Egito foi Gabínio, acompanhado por Antipater, pai de Herodes, o Grande).

Ao morrer, Ptolomeu XII deixou instruções para que sua filha, Cleópatra VII (51-30) se casasse com seu irmão mais novo, Ptolomeu XIII (51-47). Cleópatra trabalhou muito para fortalecer suas relações com seu próprio país e se tornou a única Ptolomeu a falar a língua egípcia; entretanto, tinha apenas 17 anos e teve a oposição de funcionários poderosos. Ela fugiu para a Síria, e os romanos se envolveram na tentativa dela de retomar o trono. Ptolomeu XIII foi morto na luta e Cleópatra governou com seu irmão mais novo, Ptolomeu XIV (47-44) até que ele foi assassinado. O envolvimento dela com César e depois com Marco Antônio demonstrou sua habilidade em manipular as circunstâncias para ganhar as boas graças para o Egito num período difícil. Isso incluiu recuperar Chipre para o Egito. Ela foi também o principal espinho no lado de Herodes e provavelmente o teria deposto se ele não tivesse sido tão útil para Marco Antônio. No entanto, os romanos de um modo geral se opunham a ela, por isso quando Marco Antônio foi derrotado em Ácio em 31 a.C. ela não teve a quem recorrer e cometeu suicídio. Ela havia ligado seu filho Ptolomeu XV César (Cesário) (36-30) a ela no trono, alegando que Júlio César era pai dele. Ele foi executado por ordem de Otaviano.

Bibliografia. *CAH2*, esp. 7/1: *The Hellenistic World*, ed. F. W. Walbank et al. (Cambridge, 1984); 8: *Rome and the Mediterranean to 133 B.C.*, ed. A. E. Astin et al. (Cambridge, 1989); 9: *The Last Age of the Roman Republic*, 146-43 B.C., ed. J. A. Crook, A. Lintott e E. Rawson (Cambridge, 1994); N. Davis e C. M. Kraay, *The Hellenistic Kingdoms: Portrait Coins and History* (London, 1973). [LESTER L. GRABBE]

16. O filho de Dositeo e pai de Lisímaco que, durante o reinado de Ptolomeu IX e Cleópatra III, levou para Alexandria a Carta sobre o Purim (Add. Est. 11.1).

17. O filho de Abubas e genro do sumo sacerdote; governador da região norte do Mar Morto ("a planície de Jericó"). Levado pela ambição, ele emboscou e matou seu sogro, Simão Macabeu e dois filhos de Simão, Matatias e Judas, durante uma festa em Doc (1Mac 16.11-17). Furioso por este ato vil e pela prepotência dos perpetradores, João Hircano retaliou, matando Ptolomeu e suas coortes (1Mac 16.18-22).

18. Ptolomeu Macron, filho de Dorimenes. Nomeado governador de Chipre por Ptolomeu VI, ele transferiu sua lealdade para o selêucida Antíoco IV Epifânio. Subornado por Menelau, ele convenceu Antíoco a justificar o sacerdote de cumplicidade no saque ao templo feito por Lisímaco (1Mac 4-45-47). Considerado traidor por seu exemplo pró-judeu, cometeu suicídio (1Mac 10.12-13; mas cf. 8.8-9).

PUÁ (heb. *pûʿâ*, *pûʾâ*) (tb. PUVA) **1.** Uma das duas parteiras das mulheres hebreias no Egito (Êx 1:15). Não está claro se as duas mulheres, Sifrá e Puá, eram hebreias ou egípcias. Convocadas para ajudar no plano de Faraó de matar os filhos do sexo masculino, elas desobedeceram e os deixaram viver. As duas mulheres temeram a Yahweh e foram recompensadas por sua obediência a Deus.

2. Homem da tribo de Issacar, pai do juiz Tola (Jz 10:1).

3. Descendente de Issacar (1Cr 7:1). Ancestral do clã dos punitas, ele é chamado de Puva em Gênesis 46:13; Números 26:23. [MICHELLE TOOLEY]

PUBLICANO *Ver* IMPOSTO.

PÚBLIO (gr. *Poplios*; *lat. Publius*) O principal oficial romano (gr. *prōtos*) da ilha de Malta, onde Paulo aportou após sobreviver a um naufrágio. Públio hospedou Paulo e seus companheiros e agiu bondosamente para com eles durante a estadia de três dias (At 28:7), e Paulo curou o pai de Públio de uma febre e disenteria (v. 8).

PUDENTE (gr. *Poúdēs*; *lat. Pudens*) Cristão em Roma que, com Paulo, mandou saudações a Timóteo (2Tm 4:21).

PUL (heb. *pûl*) Apelido de Tiglate-Pileser III, rei da Assíria (2Rs 15:19; 1Cr 5:26). Embora o nome ocorra na Lista A dos Reis da Babilônia (ac. Pulu; *ANET*, 219), ele não é confirmado em fontes cuneiformes contemporâneas do reinado de Tiglate-Pileser. Ele não parece ter sido um nome real.

PULGA Inseto parasita sem asas da ordem Siphonaptera, cuja boca é particularmente adaptada para furar a pele e sugar o sangue. Pulgas (heb. *parʿōš*) depositam seus ovos no cabelo de animais peludos, e a larva se dá bem no solo seco e arenoso tal como o da Palestina. Depois de poupar a vida de Saul, o rebelde Davi censura a si próprio como uma pequena pulga no corpo de um cachorro morto (1Sm 24:14).

PUNOM (heb. *pûnōn*) Local de acampamento durante o êxodo israelita do Egito, localizado entre Zalmona e Obote (Nm 33:42-43). Punom é comumente associado à moderna Fênân, local de fundição de cobre, ativo nas Idades Calcolítica, Bronze Antigo e do Ferro. Escavações no sítio arqueológico revelaram estratos da ocupação edomita, romana e bizantina. Punom está associado a *pwnw*, uma região habitada pelos nômades Shassu como mencionado por Ramessés II (séc. XIII a.C.).

PUR (heb. *pûr*) *Ver* PURIM.

PURÁ (heb. *purâ*) O servo de Gideão que o acompanhou para espiar o acampamento midianita (Jz 7:10-11).

PURIM (heb. *pûrîm*) Feriado de primavera no calendário litúrgico judaico, que cai no 14º dia de Adar, que celebra a derrota de Hamã e a sobrevivência dos judeus no livro de Ester. A palavra Purim é uma palavra acádica hebraizada que significa "sorte", e está, portanto, ligada à sorte (heb. *pûr*) lançada por Hamã para decidir a data para seu planejado massacre contra todos os judeus persas (Et 3:7; 9:24-28). Não está claro o que veio primeiro, se o livro de Ester ou o festival do Purim. Em qualquer caso, os dois ficaram indissoluvelmente ligados, com o livro de Ester sendo lido por completo no serviço da sinagoga à noite. O Purim incentiva uma atmosfera de festa, com crianças levando brinquedos barulhentos à sinagoga e a congregação bate os pés cada vez que o nome de Hamã é lido no livro. O Talmud (Meg. 7b) manda que os judeus adultos bebam tanto vinho que não possam dizer a diferença entre "bendito seja Mardoqueu" e "maldito seja Hamã". Mas está claro também que, dada à ameaça de aniquilação descrita no livro de Ester e às muitas perseguições sofridas pelos judeus através dos séculos, as festividades do Purim abrigam temas mais sérios.

Bibliografia. T. K. Beal, *The Book of* Hiding: Gender, Ethnicity, Annihilation, and Esther (London, 1997); A. Waskow, *Seasons of Our Joy* (1982, repr. Boston, 1990); E. Wiesel, *The Trial of God* (1979, repr. New York, 1995). [TOD LINAFELT]

PUROS E IMPUROS Aquilo que é puro está em seu próprio lugar, ao passo que aquilo que é impuro está fastidiosamente fora do lugar. O puro é limitado por seu oposto, o impuro, pois a imundície automaticamente mancha ou contamina o que é puro. A fim de restaurar algo ou alguém ao estado de pureza, a imundície deve ser removida.

Puro e impuro são definidos por culturas particulares, que determinam os lugares próprios para as pessoas e coisas. As realidades que não se encaixam nas categorias da cultura provocam ansiedade e desconforto. Regras de pureza tentam evitar o desconforto e manter a perfeição e a integridade em uma sociedade ao definir o que pertence (ao que é puro) e ao que não pertence (ao que é impuro). A impureza é especialmente perigosa quando é associada com a morte e quando ela ameaça ter acesso ao corpo.

Na Bíblia o conceito de puro e impuro não é idêntico à noção moderna de higiênico ou não higiênico. A impureza pode ser física, ritual, ou moral. Ela é especialmente oposta à santidade e, assim, o Antigo Testamento separa o impuro do santo. Os escritos sacerdotais estavam especialmente preocupados com tais leis, pois era a responsabilidade do sacerdote distinguir entre o santo e o profano, entre o puro e o impuro. Os sacerdotes também eram obrigados a ensinar a Israel as leis de pureza, a fim de evitar a ofensa à santidade de Deus (Lv 10:10-11; Ez 22:26; 44:23).

As antigas leis de pureza de Israel estavam preocupadas com o relacionamento da nação com Deus. Uma vez que o santo e o impuro eram incompatíveis, era necessário que o sagrado fosse protegido da contaminação. Isso era especialmente verdadeiro com relação ao santuário, com o altar, e com aqueles que ministravam em lugares sagrados. Uma vez que os sacerdotes cruzavam os limites do profano para sagrado na realização de seus deveres, era importante que eles evitassem a impureza.

Considerava-se que a impureza era infecciosa ou contagiosa, pois ela poderia incorrer através do contato com a pessoa ou coisa impura. Três formas de impureza eram especialmente poderosas e contagiosas (Nm 5:2): *ṣāra'aṯ*, evacuações corporais, e cadáveres. Cada tipo de impureza tinha alguma conexão com a morte.

Heb. *ṣāra'aṯ* é usualmente traduzido por "lepra", embora muitos estudiosos de hoje neguem que ela seja idêntica à hanseníase. Esse "tipo de doença" era provavelmente sarna ou uma infecção relativa a fungos. Ele poderia até mesmo atacar vestimentas ou casas (Lv 13:47-59). Uma vez que parecia que o corpo da vítima estava se definhando, a doença era vista como uma punição de Deus (Nm 12:10-15). Aqueles que tinham *ṣāra'aṯ* eram separados da comunidade da mesma forma que os mortos eram separados dos vivos (Lv 13:45-46).

Evacuações corporais, especialmente aqueles de órgãos sexuais, também eram consideradas como sendo fortemente contamináveis (Lv 15:1-33). A Bíblia diz pouco sobre as funções necessárias de se urinar e defecar (Dt 23:12-14). Mas a menstruação e o sêmen simbolizavam a vida, e a perda deles parecia representar a morte. O nascimento, também, era perigoso: não somente os fluidos corporais eram perdidos, mas o limite entre a vida e a morte era rompido.

O contato com cadáveres de animais e, especialmente, com de humanos também trazia a impureza (Nm 19:11-22). Os sacerdotes (Lv 10:6-7; 21:1-4; Ez 44:25-26) e o nazireus (Nm 6:6-7), por causa de posição santa deles, tinham de evitar o contato com o morto. Um sumo sacerdote não poderia até mesmo se aproximar do cadáver de seu próprio pai ou mãe (Lv 21:11).

As leis de pureza também regulavam outras áreas da vida, nas quais os limites podiam se tornar obscuros. Misturas, fossem de tecido, fossem de práticas agrícolas, ou de criação de animais, eram proibidas (Lv 19:19; Dt 22:9-11). O adultério, o incesto, a bestialidade, e homossexualidade também eram vistas como o cruzamento dos limites e, assim, eram proibidos (Lv 18:6-23; 20:10-21). As terras estrangeiras eram automaticamente impuras (Js 22:19; Am 7:17).

Uma vez que a impureza era contagiosa, ela tinha de ser removida por rituais. O contato com a impureza normalmente exigia o simples ato de banho, o lavar das roupas de alguém, e esperar até à noite. Mais contaminações perigosas, tais como sangue de menstruação ou de um cadáver, exigiam sete dias de espera e, até mesmo, o respingar com água especial (Lv 15:19-24; Nm 19:11-13). A impureza associada com *ṣāraʿaṯ*, com as evacuações corporais irregulares, e com o nascimento necessitavam de ações rituais feitas por um sacerdote (Lv 12:1-8; 14:1-57; 15:1-15, 25-30). Uma vez que a impureza era oposta à santidade, ela tinha uma conexão vaga com o pecado e com a culpa. Toda impureza era potencialmente danificadora do santuário (Lv 15:31). O altar e o santuário tinham de ser regularmente purificados dos efeitos da impureza e do pecado (Lv 4:1-35; 16:14-16).

A comida também podia ser pura ou impura. Os israelitas eram absolutamente proibidos de "comer" sangue com sua carne, uma vez que o sangue estava associado com a vida e com a santidade (Lv 17:10-14; Dt 12:16, 23-25). Havia restrições sobre os tipos de animais que podiam ser comidos. Por exemplo, somente os peixes que tivessem tanto barbatanas quanto escamas eram permitidos (Lv 11:9-12; Dt 14:9-10). Entre os quadrúpedes somente aqueles que tivessem unhas fendidas e cacos divididos eram considerados puros (Lv 11:3-7; Dt 14:4-8). Os animais que ultrapassavam os limites distintos ou que não pertenciam claramente a certas categorias eram normalmente classificados como impuros (Lv 11:27-31).

A distinção entre o puro e o impuro era um lembrete para o chamado de Israel à santidade (Êx 22:31 [TM 30]; Lv 22:22-26; Dt 14:2). A santidade implicava separação do comum e do profano. A vocação de Israel à santidade, dessa forma, exigia a separação de outras nações. As restrições na dieta de Israel e seu conceito do puro e do impuro definia sua própria autoidentidade e o mantinha separado dos outros.

A noção do puro e do impuro também servia metaforicamente para descrever categorias morais e étnicas. "Lábios impuros" (Is 6:5) representavam a iniquidade, enquanto que "limpo de mãos e puro de coração" (Sl 24:4) eram símbolos de retidão moral. Os cristãos, que rejeitaram as leis de pureza judaica porque elas excluíam os gentios, preferiram entender o puro e o impuro primariamente como categorias éticas (At 10:15; 15:19-29).

No Novo Testamento, Jesus criticou as regras de pureza judaica e permitiu que seus discípulos as violassem (Mc 7:1-23). Ele tocou aqueles que eram ritualmente impuros (leprosos, Mc 1:40-45; Lc 17:11-19; a mulher com hemorragia, Mc 5:25-34). Ele se associou com pecadores conhecidos. Mas ele também expulsou espíritos "impuros". O puro e o impuro no Novo Testamento estão frequentemente ligados com a autoridade de Jesus e com o significado de Sua morte e ressurreição (Mc 1:27; Gl 2:15-21).

Bibliografia. M. Douglas, "The Forbidden Animals in Leviticus", *JSOT* 59 (1993): 3-23; *Purity and Danger: An Analysis of the Concepts of Pollution and Taboo* (New York, 1966); J. Milgrom, *Leviticus 1-16*. AB 3 (New York, 1991); R.D. Nelson, *Raising Up a Faithful Priest: Community and Priesthood in Biblical Theology* (Louisville, 1993); J. Neusner, *The Idea of Purity in Ancient Judaism* (Leiden, 1973). [TIMOTHY A. LENCHAK]

PÚRPURA Tecidos púrpura eram muito apreciados no mundo antigo. Os fenícios desenvolveram a indústria do corante púrpura, centrada em Tiro e Sidom (Ez 27:7, 16). A fonte do corante era um dos vários caracóis carnívoros que viviam no mar Mediterrâneo: *Murex brandaris*, *Murex trunculus* e *Purpura haemostoma*. As glândulas hipobrânquias desses crustáceos produzem um líquido incolor que, exposto ao ar, dava ao tecido uma cor púrpura que não desbotava. Os arqueólogos encontram evidência da indústria nos montes de conchas de moluscos esmagadas.

O processo de extração da tintura era complexo. Primeiro, cestas de vime com iscas de peixe ou restos de carne eram baixadas dentro da água para capturar o crustáceo. Quando estes eram preparados, a tintura era extraída da glândula hipobranquial esmagando-se a concha. O líquido resultante era misturado com sal e deixado descansar durante três dias. Depois a mistura era fervida em fogo brando durante dez dias, reduzindo-a a um sexto de seu volume original. Então a lã era colocada num banho da tintura resultante durante cinco horas. Às vezes, a lã era tingida duas vezes para produzir uma cor mais viva. Duas mil conchas produziam menos de 2 g. de tintura. O processo era caro e, por isso, o tecido de púrpura estava associado à realeza e à riqueza.

Artesãos experientes usaram fibras de púrpura, junto com azul e carmesim, para as cortinas do tabernáculo e para as vestes sacerdotais de Arão (Êx 26:1; 28:15-33); Gideão recebeu trajes usados pelos reis de Midiã (Jz 8:26) e o rei Belsazar vestiu Daniel de púrpura (Dn 5:29). Os soldados vestiram Jesus de púrpura para zombar dele (Mc 15:17-20; Jo 19:2-5); Lídia negociava roupas de púrpura (At 16:14); e a púrpura foi associada à decadência de "Babilônia" (Ap 17:4; 18:12, 16).

Bibliografia. I. I. Ziderman, "Seashells and Ancient Purple Dyeing", *BA* 53 (1990): 98-101. [MARY PETRINA BOYD]

PUTE (heb. *pûṭ*) Ou uma pessoa (filho de Cão, Gn 10:6; 1Cr 1:8) ou o povo ou lugar relacionado a seus descendentes na África; militarmente aliados do Egito (Jr 46:9; Ez 30:5), Tiro (27:10), Gogue (38:5) e No-amom (Tebas) em sua queda à Assíria (Na 3:9). Em todas com exceção de uma passagem, Pute é listado com a Etiópia (Cuxe ou Núbia); Josefo o equipara com a Líbia. Alguns sugerem Punt (Somália) à luz de "Pute" e "Líbia" (heb. *lûḇîm*) em Naum 3:9, mas estes provavelmente se referem a tribos líbias distintas, como em Líbia (lit., líbios) e suquitas em 2Crônicas 12:3. [W. CREIGHTON MARLOWE]

PUTÉOLI (gr. *Potioloi*; *lat. Puteoli*) Importante porto no golfo de Nápoles (moderna Pozzuoli), a oeste de Nápoles. Fundada no século VI como a colônia grega Dicaearchia, mais tarde prosperou como colônia romana de cerca de 65 mil residentes e foi o principal porto de entrada para grandes navios trazendo do Oriente cereais para Roma. Josefo menciona uma população judaica de bom tamanho (*Ant.* 17.328; 18.160) e Paulo passou sete dias lá com cristãos locais a caminho de Roma (At 28:13,14). Esta cidade cosmopolita e empresarial ostentava vários cultos orientais (p. ex., Serapis) bem como a adoração ao imperador durante o século I. [KENT L. YINGER]

PUTEUS (heb. *pûṯî*) Família que viveu na região de Quiriate-Gearim, mencionada numa lista de judeus (1Cr 2:53).

PUTIEL (heb. *pûṭî'ēl*) O sogro de Eleazar, filho de Arão (Êx 6:25; egyp. *p3-d'i-* + Heb.*'ēl*, "concedido por Deus"[?]).

PUVA (heb. *puwwâ*) (tb. PUA) O segundo filho de Issacar, entre os que acompanharam Jacó ao Egito (Gn 46:13). Ele é chamado de Pua (3) em 1Crônicas 7:1. Foi o ancestral dos puvitas (Nm 26:23).

PUVITAS (heb. *pûnî*) Os descendentes de Puva (Nm 26:23; algumas versões trazem heb. *pû'î*, talvez Pua ou Puítas).

Q

Q Coleção hipotética das palavras de Jesus que se acredita ter circulado no século I, usada independentemente por Mateus e Lucas. A hipótese Q foi desenvolvida primeiro entre os estudiosos alemães como componente da teoria da fonte dupla no século XIX, a solução para o problema sinóptico no qual Marcos é o primeiro evangelho (e o mais confiável por descrever o ministério de Jesus) e Q uma fonte primitiva das palavras de Jesus. A designação Q deriva do alemão *Quelle*, "fonte". A hipótese Q explica (1) a notável concordância verbal entre grandes blocos dos ensinos de Jesus encontrados tanto em Mateus quanto em Lucas, mas não em Marcos (daí Q ser chamada, às vezes, de "dupla tradição"), (2) por que a sequência de palavras em Mateus para a maior parte segue a relativa sequência de Lucas e (3) por que Mateus tem especialmente adágios em dobro (isto é, adágios semelhantes, um adotado de Marcos e um da fonte Q). Talvez uma das fontes explicitamente mencionada em Lucas 1:1-4, Q contenha algumas das parábolas mais características e ensinos éticos de Jesus, como as Bem-aventuranças, amar os inimigos e a Oração do Senhor. Existem somente duas histórias narrativas em Q, a tentação e a cura do servo do centurião, mas até mesmo nessas passagens o foco principal é o diálogo de Jesus.

MATERIAL Q PROPOSTO (DE ACORDO COM LUCAS)			
3:7-9	11:2-4	12.(49.)51-53	16:13
3:16.17	11:9-20	12:57-59	16:16-18
4:1-13	11:21-22	13:18-21	(17:1-2)
6:20b-23	11:23-26	13:23-30	17:3-4
6:27-49	11:29-35(36)	13:34-35	17.(5-)6
7:1-10	11:39-52	14:11 (18:14)	17:23-24
7:18-35	12:2-12	14:16-24	17:26-30
9:57-60	12:22-31(32)	14:26-27	17:33-37
10:2-16	12:33-34	14:34-35	19:12-27
10:21-24	12:39-46	15:4-7	22:28-30

O interesse em Q reviveu no fim da década de 1960, na esteira da crítica da redação e a descoberta do Evangelho de Tomé, em 1947. O interesse da crítica da redação no estilo e na teologia dos escritores do Evangelho analisou o uso de suas fontes, incluindo as palavras em Q. Os 114 adágios de Jesus coletados sob o título de Evangelho de Tomé, parte da biblioteca de Nag Hammadi, forneceu um documento cristão primitivo análogo em gênero a Q e reforçou as alegações de sua existência. Vários estudiosos tentaram reconstruir cuidadosamente o texto original de Q, analisando as diferenças entre os evangelhos de Mateus e Lucas e, então, determinando qual dos dois preserva o texto de Q e qual deles editou o texto de Q. Estudos recentes têm se concentrado na teologia própria e distinta de Q, particularmente sua orquestrada condenação "desta geração" e sua visão do judaísmo e dos gentios. Estudos sociologicamente orientados têm especulado sobre a comunidade por trás do documento: os adágios podem ter sido registrados por primitivos missionários itinerantes ou profetas, ou entre as comunidades da ou perto da Galileia que os apoiava. A teologia de Q e sua comunidade são encontradas não somente no que essa fonte continha, mas também no que não continha: impressionantemente ausente estão referências à refeição eucarística ou à ressurreição de Jesus, referências explícitas à crucificação, à liderança da igreja ou à primazia de alguns discípulos. Se esses aspectos foram simplesmente presumidos, rejeitados ou não ainda desenvolvidos pelos tradicionários de Q tem sido discutido. Embora alguns estudiosos ainda debatam se Q foi um documento escrito, outros têm especulado que o próprio Q continha duas partes escritas, uma coleção primitiva sapiencialmente orientada ou blocos de adágios que foi depois suplementada com adágios apocalipticamente orientados.

Visto que Lucas segue estritamente a sequência da perícope de Marcos, muitos postulam que Lucas segue também a ordem de Q mais de perto e, portanto, as passagens de Q são com frequência citadas com a versificação de Lucas (p. ex., Q 11.2-4 em relação à Oração do Senhor). Alternativamente, as passagens de Q são referidas ao citar as duas passagens paralelas (p. ex., Mt 6:9-11 = Lc 11:2-4 em relação à Oração do Senhor).

Bibliografia. I. Havener, *Q: The Sayings of Jesus.* Good News Studies 19 (Wilmington, 1987); J.S.Kloppenborg, ed., *The Shape of* Q (Minneapolis, 1994). [JONATHAN L. REED]

QAB (heb. *qaḇ*) Unidade de medida para mercadorias secas e líquidas (2Rs 6:25; do egípcio Kb [?]). O Mishná reconhece o *qaḇ* como um sexto de um seah (medida), 1/18 de um efa, ou cerca de 1,2 litro.

De acordo com Josefo (*Ant.* 9.4.4), um *qaḇ* é igual a cerca de 1,91 litro.

QERE *Ver* KETIB E QERE.

QESITAH (heb. *qĕśîṭâ*) Unidade de peso cuja quantidade é desconhecida, usada como medida monetária (Gn 33:19; Js 24:32; Jó 42:11; "peça [de dinheiro]").

QOHELET (heb. *qōheleṯ*) (tb. KOHELET) Título hebraico do livro de Eclesiastes e o nome do principal orador no livro. O termo é um substantivo verbal do hebraico *qhl* ("reunir") e assim pode ser traduzido como "aquele que convoca uma assembleia" ou "aquele que reúne (pessoas)" ("O pregador"; "O professor" de acordo com algumas versões em inglês). Com base em Eclesiastes 1:1, que afirma ser Qohelet o filho de Davi, alguns têm sustentado que Qohelet deve ser identificado com Salomão. A data do livro, entretanto, parece justificar contra tal conclusão. Em outra parte do livro o termo aparece numa diversidade de funções (Ec 1:2, 12; 7:27; 12:8-10). Geralmente, a função principal de Qohelet lembra mais a de um sábio que a de um rei. [W. DENNIS TUCKER, JR.]

QUARESMA Período de preparação que antecede a Páscoa, quarenta dias antes da semana (seis semanas, sem contar os domingos; cf. Mc 1:13). Originalmente um tempo de jejum para os candidatos ao batismo, tornou-se tempo de penitência geral e de abstinência, com crescente ênfase na reflexão e renovação espiritual.

QUARTA-FEIRA DE CINZAS O primeiro dia da Quaresma, 40 dias da semana (seis semanas e meia, sem contar os domingos) antes da Páscoa. O nome vem da imposição de cinzas na cabeça dos adoradores, simbolizando penitência e lamentação.

QUARTO (gr. *Koúartos*; *lat. Quartus*) Cristão (lat. "quarto") de Corinto cujas saudações aos cristãos romanos são transmitidas na carta de Paulo (Rm 16:23). O epíteto "nosso irmão" o identifica como companheiro na fé e não como parente de Erasto ou de Paulo.

QUEBAR (heb. *kĕḇār*) Canal mesopotâmico ao lado de cujas margens Ezequiel recebeu sua visão inaugural (Ez 1:1-3:27) como também vários outros oráculos proféticos (10:15, 20, 22; 43:3). Na antiguidade, seu curso deixava o Eufrates, ao Norte de Sippar e corria ao sudeste por cerca de 300 km através da região de Nippur, antes de se ajuntar ao Eufrates, ao sul da antiga Uruk. O Quebar (ac. ka-ba-ru) também é mencionado em vários documentos cuneiformes do século V a.C. de Nippur.

Bibliografia. R. Zadok, "The Nippur Region during the Late Assyrian, Chaldean and Achaemenian Periods, Chiefly According to Written Sources", *IOS* 8 (1978): 266-332. [STEPHEN J. ANDREWS]

QUEDA, A A queda da inocência e do paraíso do primeiro casal, Adão e Eva, por meio da tentação e da desobediência (Gn 3). Embora a narrativa do Gênesis não se refira ao mau procedimento do casal como queda, alguns escritores do Novo Testamento caracterizam a escolha da humanidade pelo pecado como "cair na condenação do Diabo" (1Tm 3:6) e "cair em condenação" (Tg 5:12). Posteriormente, os intérpretes cristãos como Agostinho, Dante, e John Milton desenvolvem o relato de Gênesis sobre a desobediência de Adão e Eva como doutrina da Queda, com grandes detalhes.

A história de Adão e Eva está narrada no segundo relato da Criação (Gn 2:4b-4:1). Deus cria o ser humano: homem e "auxiliadora" mulher e os coloca em um jardim exuberante e paradisíaco, onde todas as suas necessidades se encontram. Deus instrui o homem a não comer "da árvore do conhecimento do bem e do mal", para que não morra. A serpente, criatura amiga, descrita como sagaz e astuta, convence a mulher de que o fruto daquela árvore é bom e que ela não morrerá. Quando os dois comem do fruto, imediatamente reconhecem as consequências de suas ações. Deus os pune por suas más obras e os expulsa do jardim (3:8-24). Em seus elementos míticos, a história também oferece explicações de por que a serpente rasteja pelo chão (v. 14), por que existe inimizade entre os homens e as serpentes (v. 15), o paradoxo do prazer sexual e da dor do parto (v. 16), e do conflito contínuo entre os homens e a natureza (v. 17-19).

O relato de Gênesis deve sua riqueza de simbolismo literário a vários outros mitos do antigo Oriente Próximo. Na Babilônia, o mito Adapa, o sábio homem Adapa, tendo tomado o conselho do deus zeloso Ea, rejeita a oferta de Anu do pão e da água da vida e, assim, perde a imortalidade para si e para a humanidade. No Épico sumério de Gilgamesh, o herói falha em vencer a imortalidade quando uma serpente rouba dele a planta da juventude eterna.

Nos escritos paulinos do Novo Testamento, a Queda ganha dimensão universal, introduzindo o pecado e a mortalidade na vida da humanidade. Paulo reconhece que "assim como o pecado entrou no mundo por um só homem, e pelo pecado, a morte, assim também a morte passou a todos os homens, pois todos pecaram" (Rm 5:12). Em *Paraíso perdido*, Milton descreve o Pecado e a Queda, os filhos de Satanás, construindo uma ponte para esse mundo, de modo que eles podem mover-se mais facilmente entre seu reino e o novo mundo que Satanás conquistou na Queda.

Ao contrário de outros mitos do Oriente Próximo, nos quais os homens são vítimas de deuses ciumentos, Gênesis descreve o homem e a mulher como criaturas responsáveis, agindo de acordo com a própria vontade. Sua desobediência é frequentemente descrita, então, como rebelião contra os mandamentos de Deus. Embora não exista nenhuma doutrina do pecado original na história do Gênesis, Agostinho a usou para promover uma interpretação que sustentava que o pecado do primeiro casal foi transmitido a cada geração sucessiva e, assim, todos os humanos foram infectados com o pecado. Enquanto Agostinho sustentou que o casal agiu livremente de acordo com sua vontade, ele declarou claramente que o ato pecaminoso deles introduziu a corrupção na boa criação de Deus. Ireneu usou a história para demonstrar que Deus é Pai de amor, que ajuda seus filhos a reconhecer seus erros e aprender deles. Muitos dos pais da Igreja gregos (p. ex., Teodoro de Mopsuéstia) enfatizam a universalidade do pecado humano.

Embora muitas comentaristas, de Tertuliano a Milton, tenham colocado a culpa pela Queda sobre a mulher, o criticismo feminista recente rejeitou aquelas reivindicações e argumenta que a mulher agiu muito mais racionalmente que o homem, realmente conversando com a serpente, colocando questões e tomando decisão pensada. O homem, pelo contrário, agiu meramente pelo desejo ao tomar o fruto da mulher, sem questionamento, e o comer.

Bibliografia. P. Trible, *God and the Rhetoric of Sexuality*. OBT 2 (Philadelphia, 1978). [HENRY L. CARRIGAN, JR.]

QUEDAR (heb. *qēḏār*) O segundo filho de Ismael (Gn 25:13 = 1Cr 1:29). Em outra parte no AT, o termo se refere a seus descendentes (os queraritas), ou especificamente ao mais importante dos "filhos de Ismael", no norte da Arábia, ou genérica e coletivamente aos nômades ou beduínos árabes. Em Salmos 120:5, as "tendas de Quedar" são comparadas com Meseque, que odeia a paz, que provavelmente não é uma região da Ásia Menor (como em Gn 10:2), mas um subgrupo quedarita. Cânticos 1:5 os retrata como de pele escura (cf. qadar, "ser preto"), e alguns corrigem o TM aqui "Salomão" para "Shalmah", tribo que viveu ao sul dos nabateus no século III a.C. Isaías os descreve como (1) guerreiros e arqueiros cuja glória terminará (Is 21:16-17); alguns veem referência à campanha de Nabonido em 552; mas não a campanha registrada em Jeremias 49:28-29, a respeito do ataque de Nabucodonosor sobre os árabes [Quedar e os reinos de Hazor"] no sul de Damasco em 599/98); (2) habitantes de vilarejos no deserto (Is 42:11; provavelmente temporariamente, áreas cercadas fortificadas); e (3) comparada poeticamente com criadores de ovelhas de Nebaiote (60:7; talvez uma referência aos nabateus do norte da Arábia; cf. Gn 25:13; também Ezequiel 27:21, em que os "príncipes de Quedar" são comparados aos árabes como comerciantes de ovelhas e cabras aos fenícios). Inscrições assírias também os mencionam com os árabes e Nebaiote. Finalmente, a poesia de Jeremias 2:10 usa de merisma para, de forma antitética, comparar Quedar com Citim ("cipriotas/gregos") como representantes, do Oriente e do Ocidente.

Bibliografia. I. Epha'al, *The Ancient Arabs* (Leiden, 1982). [W. CREIGHTON MARLOWE]

QUEDEMÁ (heb. *qēḏěmâ*) Filho de Ismael ("oriental") cujos descendentes constituíram uma tribo árabe, possivelmente devam ser reconhecidos entre os cadmonitas (Gn 25:15 = 1Cr 1:31).

QUEDEMOTE (heb. *qěḏēmôṯ*) Região desértica, provavelmente a nordeste do Arnom (úadi Môjib) da qual Moisés contatou o rei de Hesbom (Dt 2:26). Posto avançado ou cidade nesta área do mesmo nome foi designada pela primeira vez ao território de Rubem (Js 13:18) e depois dada aos levitas (21:37; 1Cr 6:79 [TM 64]). É mencionada em outra fonte apenas em Eusébio (Onom. 114.5-6). Quedemote foi identificada de diversas maneiras com Umm er-Rasas, Khirbet er-Remeil, Qasr ez-Za'feran e 'Aleyân. A moderna es-Saliyeh é atualmente a melhor candidata pelo fato de estar na fronteira com o deserto e porque tem produzido rebanhos desde o Bronze Recente e início da idade do Ferro. [PAUL J. RAY, JR.]

QUEDES (heb. *qeḏeš*) (tb. CADES-BARNEIA, QUISIOM) **1.** Cidade na alta Galileia, a 10 km a noroeste de Hazor, nas montanhas perto do lago Huleh. Tell Kedesh/Tell Qades é o maior sítio arqueológico da alta Galileia, e escavações preliminares identificaram extensa ocupação na Idade do Bronze Antigo que continuou no período muçulmano. Quedes é mencionada na lista de reis cananeus derrotados por Josué (Js 12:22). É uma das cidades fortificadas designadas a Naftali (Js 19:37), a cidade de refúgio mais ao norte (20:7), e uma cidade levítica designada aos gersonitas (21:32 = 1Cr 6:76 [TM 61]). Tiglate-Pileser conquistou a cidade durante o tempo do rei Peca de Israel e deportou seus cidadãos para a Assíria (2Rs 15:29).

2. Cidade na fronteira sul de Judá, normalmente referida com Cades-Barneia (Js 15:23).

3. Cidade levítica de Issacar, designada aos gersonitas (1Cr 6:72 [57]). Na passagem paralela em Josué, a cidade é chamada de Quisiom (Js 21:28), que é provavelmente o nome correto. Quedes pode ser corrupção textual influenciada pela Cades de Naftali, alguns versículos à frente.

4. Cidade no sul de Naftali na qual Baraque viveu (Jz 4:6), e perto de onde Heber, o queneu, habitou

A B C D E F G H I J K L M N O P Q R S T U V X Y Z

(4:11). Quedes está localizada perto de Zaananim, entre o monte Tabor e o rio Jordão (Js 19:33). O local de nascimento de Baraque é normalmente identificado com Quedes na alta Galileia, mas essa identificação é impossível porque Quedes era uma importante cidade cananeia e Juízes 4 considera que a cidade de Baraque é a mesma Quedes próxima à habitação de Heber em Zaananim. Essa Quedes pode ser identificada com Horvate Quedes/Khirbet Qedîsh, grande cidade com remanescentes da Idade do Ferro localizada nas encostas sudoeste que descem para o mar da Galileia. Alguns sugerem identificar Quedes com Tel Kedesh/Tell Abu Qudeis (1706.2183), localizada a meio caminho entre Megido e Taanaque, porque Juízes 5:19 afirma que a batalha foi "em Taanaque, junto às águas de Megido". Entretanto, Juízes 5 não menciona Quedes, nem Juízes 4 localiza a batalha perto de Taanaque. Esses dois textos podem representar entendimentos diferentes da localização da batalha. [RONALD A. SIMKINS]

QUEDORLAOMER (heb. *kědor-lā'ōmer*) O rei de Elão mencionado em Gênesis 14, que se aliou aos reis de Sinar, Elasar e Goiim contra Sodoma, Gomorra e seus aliados. Depois de servir Quedorlaomer por doze anos, as cidades se rebelaram e Quedorlaomer revidou, capturando ambas e levando seu povo como escravos, incluindo Ló. Abraão, com apenas 318 homens, os surpreendeu em ataque noturno, libertando os cativos e afugentando os quatro reis para fora do território.

Os quatro reis representam os poderes principais dos quatro cantos do mundo no antigo Oriente Próximo: Quedorlaomer de Elão (Leste), Anrafel de Sinar (Babilônia, Sul), Arioque de Elasar (Assur, Norte), Tidal de Goiim (Hititas, Oeste). Embora não se saiba de nenhuma batalha ou aliança entre esses reis, a narrativa se encaixa bem ao contexto de Gênesis 10-12, em que Yahweh promete uma nova nação que será formada e estabelecida pela descendência de Abraão (Gn 12:1-4). A área da qual Quedorlaomer é lançado por Abraão é um prenúncio dos limites do reinado de Davi.

O nome Quedorlaomer é visto como nome elamita, consistindo de dois elementos, Kudur/Kutir, "filho", e Lagamar, uma deidade elamita. Nenhum rei elamita conhecido, entretanto, era chamado por esse nome. Uma sugestão alternativa é que Quedorlaomer é má leitura do nome Ku.Ku.Ku.(Ku).Mal = Kutir-Nuhhunte III (séc. XII) nos assim chamados textos de Quedorlaomer, publicados por T.G. Pinches em 1894. Os quatro reis desses textos que destroem a Babilônia e que são pagos por seus crimes por Marduque podem ser o modelo, para o escritor de Gênesis 14, de todos os reis que invadiriam Israel.

Bibliografia. M.C. Astour, "Political and Cosmic Symbolism in Genesis 14 and in Its Babylonian Sources", in *Biblical Motifs*, org. A. Altmann (Cambridge, Mass., 1966), 65-112. [RUSSELL NELSON]

QUEELATA (heb. *qěhēlāṯâ*) O sétimo acampamento dos israelitas depois de saírem do deserto do Sinai, localizado entre Rissa e o monte Sefer (Nm 33:22-23). O nome do local deriva da raiz *qhl*, "convocar uma assembleia". Kuntillet 'Ajrud, 50 km ao sul de Cades-Barneia, é um local possível. Muitos afirmam que Queelata (Nm 33:22-23) e Maquelote (v. 25-26) são dois nomes para o mesmo local. [PETE F. WILBANKS]

QUEFAR-HÁ-AMONAI (heb. *kěp̄ar hā'ammōnāy*) Cidade (heb. "vila dos amonitas") destinada à tribo de Benjamim (Js 18:24). Khirbet Kefr 'Ana, a cerca de 5 km ao Norte de Betel, foi sugerida como o local, mas a identificação não é amplamente aceita.

QUEILA (heb. *qě'îlâ*) **I. (LUGAR)** Cidade localizada na região das terras baixas (Sefelá) de Judá (Js 15:44) a qual Davi se defendeu do ataque dos filisteus, antes de Saul forçá-lo a fugir para o deserto de Zife (1Sm 23:1-13). Após o exílio, a cidade foi recolonizada e dividida em duas metades distritais (Ne 3:17-18). A cidade, chamada de Qilti nas Cartas de Amarna, foi território disputado durante o reinado do egípcio Aquenaton, exatamente no período filisteu. Pode ser identificada com a moderna Khirbet Qîla, cerca de 25 km a sudoeste de Jerusalém e 13,6 km a noroeste de Hebrom.

II. (PESSOA) "O garmita", neto de Hodias, na lista dos descendentes de Judá (1Cr 4:19).

QUELAÍAS (heb. *qēlāyâ*), **QUELITA** (*qělîṭā'*) Levita forçado por Esdras a despedir sua mulher estrangeira (Ed 10:23). Também conhecido como Quelita, ele ajudou a interpretar a lei enquanto Esdras lia os textos em hebraico (Ne 8:7) e assinou o pacto sob Neemias (10:10 [TM 11]).

QUELAL (heb. *kělāl*) Descendente do israelita Paate-Moabe, que teve de despedir sua esposa estrangeira, quando foi feito o pacto de abandonar casamentos mistos (Ed 10:30).

QUELUBAI (heb. *kělûḇāy*) Descendente de Hezrom de Judá (1Cr 2:9), forma variada do nome Calebe em 1 Crônicas 2:18, 42.

QUELUBE (heb. *kělûḇ*) **1.** Natural de Judá, irmão de Suá e pai de Meir (1Cr 4:11).

2. O pai de Ézri, administrador dos que trabalhavam no campo do rei Davi (1Cr 27:26).

QUELUÍ (heb. *kělûhî*) Filho do israelita Bani que foi constrangido a despedir sua esposa estrangeira (Ed 10:35 K).

QUEMÓS (heb. *kěmôš*) O deus nacional de Moabe. Quemós era conhecido e adorado em outro lugar, especialmente no norte da Síria (Ebla, Ugarite). O monolito do século IX de Mesa, rei de Moabe, fornece a maior parte do nosso conhecimento a respeito de Quemós. A ideologia expressa lá é semelhante às noções religiosas dos israelitas: p. ex., Quemós está furioso com sua terra, deixando que viesse a ficar sob o controle (israelita) estrangeiro, mas depois a liberta (ll.5,9; cf. 2Re 3:27). Ele era aparentemente militarista (posteriormente associado com o deus romano Ares) e atônita de natureza. O nome Quemós pode significar alguma coisa como "conquistador" ou "dominador".

A evidência bíblica com respeito a Quemós acrescenta pouco à informação não bíblica. Moabe é "povo de Quemós!" (Nm 21:29; Jr 48:46). Salomão construiu um alto para Quemós (1Re 11:7; cf. o monólito de Mesa ll.3-4) que Josias, depois, destruiu (2Rs 23:13). A adoração de Quemós é uma das razões para a divisão do reino (1Re 11:33). Jeremias proclama julgamento contra Moabe e Quemós (Jr 48:7, 13, 46). Foram feitas várias tentativas para explicar a referência a Quemós em Juízes 11:24 como o deus dos amonitas, mas nenhuma delas foi satisfatória.

Bibliografia. H.-P. Müler, "Chemosh", *DDD*, 186-89. [BRENT A. STRAWN]

QUEMUEL (heb. *qĕmûʾēl*) **1.** Filho de Naor e Milca; pai de Arão e ancestral epônimo dos povos arameus (Gn 22:21).

2. Filho de Siftã; chefe dos efraimitas e um dos responsáveis por dividir a terra de Canaã (Nm 34:24).

3. Pai de Hasabias, que foi principal oficial dos levitas no tempo de Davi (1Cr 27:17).

QUENÃ (heb. *qênān*) Filho de Enos e pai de Maalalel (Gn 5:9-14; 1Cr 1:2).

QUENAANÁ (heb. *kĕnaʿănâ*) **1.** O pai de Zedequias, falso profeta que viveu durante o reinado de Acabe (1Re 22:11, 24 = 2Cr 18:10, 23).

2. Filho de Bilã e neto de Benjamim, "homem valente" (1Cr 7:10).

QUENÂNI (heb. *kĕnānî*) Levita que viveu nos dias de Neemias, entre aqueles que leram a Lei e que confessaram audivelmente (Ne 9:4).

QUENANIAS (heb. *kĕnanyāhû, kĕnanyâ*) **1.** Chefe dos levitas e dos cantores do templo que participaram na cerimônia, trazendo a arca da casa de Ebede-Edom para a cidade de Davi (1Cr 15:22, 27).

2. Levita, nomeado com seus filhos para realizar os "negócios de fora", como oficiais e juízes (1Cr 26:29; cf. Ne 11:16).

QUENATE (heb. *qĕnāṯ*) Cidade no leste de Gileade, capturada durante a Conquista por Nobá, líder manasseíta, que a renomeou com o próprio nome (Nm 32:42). Aparentemente o nome original persistiu quando a cidade caiu depois nas mãos nos sírios (1Cr 2:23). Conhecida como Canata, no período greco-romano, foi a cidade mais oriental de Decápolis.

O local é identificado como a moderna Qanawât, cerca de 80 km a sudeste de Rabbath-ammon na periferia da antiga Auranitis (Haurã, em Ez 47:16).

QUENAZ (heb. *qĕnāz*), **QUENIZEU** (*qĕnizzî*) **1.** Filho de Elifaz, filho primogênito de Esaú e Ada (Gn 36:11 = 1Cr 1:36). Esse Quenaz, normalmente compreendido como o ancestral epônimo dos quenizeus, é descrito como chefe de clã edumeu (Gn 36:15, 42 = 1Cr 1:51, 53).

Os quenizeus foram um dos dez povos cujo território Yahweh, numa teofania, prometeu entregar aos descendentes de Abraão (Gn 15:19). Em certo tempo, os quenizeus evidentemente viveram em ou ao redor de Edom. Entretanto, uma parte ou todo esse grupo étnico deve ter migrado para a região do Neguebe de Canaã — talvez tão remotamente quanto à Idade do Bronze. No devido tempo os quenizeus se associaram politicamente com a tribo de Judá, mais dominante, e foram completamente por ela absorvidos.

2. Irmão mais novo de Calebe (Jz 3:9), pai de Otniel e Seraías (1Cr 4:13).

3. Filho de Elá e neto de Calebe (1Cr 4:15).

Bibliografia. E. C. Hostetter, *Nations Mightier and More Numerous: The Biblical View of Palestine's Pre-Israelite Peoples*. BIBALDS 3 (North Richland Hills, 1995), 95-96. [EDWIN C. HOSTETTER]

QUENEUS (heb. *qênî*) Grupo nômade que viveu no sul da região desértica de Canaã. Foram proprietários da terra dada a Abraão como resultado da cerimônia do pacto (Gn 15:19). O nome "Queneu" pode ter-se originado da associação com Caim, "ferreiro" (Gn 4), que construiu cidades e estabeleceu fornos de metal. A localização dos queneus ao sul e a presença de mineração e fundição de cobre naquela região oferece credibilidade a esse dado. Os queneus desempenham papel contínuo na Bíblia como aliados sulistas de Israel, começando no período mosaico e estendendo-se pelo tempo dos juízes até a monarquia.

O sogro de Moisés (Hobabe, Jz 4:11; Jetro, Êx 3:1; Reuel, Êx 2:18; Nm 10:29) era queneu e os estudiosos têm proposto que Moisés pode ter aprendido com ele o culto a Yahweh (cf. Êx 18). Além disso, Jael, esposa de Héber, descendente do sogro de Moisés, é elogiada por matar Sísera (Jz 5:24, Cântico de Débora).

Os queneus se estabeleceram ao sul de Judá, em Arade do Neguebe (Jz 1:16) e continuaram suas boas relações com Israel. Durante o reinado de Saul, nas guerras amalequitas, foi pedido aos queneus que saíssem das cidades amalequitas para evitar danos (1Sm 15:6). Depois, Davi levou para Arade os despojos

A B C D E F G H I J K L M N O P Q R S T U V X Y Z

de suas incursões a partir de seu acampamento em Ziclague (1Sm 27:10; 30:29). Nos tempos pós-exílicos, na genealogia de Judá, o cronista lista os recabitas, nômades adoradores de Yahweh, aliados de Jeremias (Jr 35), como queneus. [JEFF H. MCCRORY, JR.]

QUENIZEU *Ver* QUENAZ, QUENIZEU.

QUERÃ (heb. *kĕrān*) O quarto filho de Disom, o horita, cabeça de um clã que habitava a terra de Seir (Gn 36:26; 1Cr 1:41).

QUÉREN-HAPUQUE (heb. *qeren happûḵ*) A mais jovem das três filhas de Jó, nascida depois do período de provações (Jó 42:14).

QUERETEUS (heb. *kĕrēṯî, kĕrēṯîm*) Grupo mercenário com os peleteus que servia como o guarda-costa de Davi. Ele muito provavelmente encontrou essa corporação de guerreiros quando "habitou na terra dos filisteus" (1Sm 27:11). Embora geralmente se concorde que os quereteus eram de origem Aegeana e que viveram na costa mediterrânea ao sudeste da Filístia, não há evidência suficiente para provar conclusivamente sua origem exata. Eles possivelmente foram pagos mais cedo pelos egípcios como mercenários quereteus (cf. LXX Ez 25:16; gr. *Krētas*) que deviam ser uma linha de frente avançada. Ezequiel 25:16 e Zacarias 2:5 empregam os quereteus e os filisteus em paralelo e, com 1 Samuel 30:14, são as únicas referências nas quais os quereteus não são listados em combinação com os peleteus.

Os quereteus são citados em ambas as listas administrativas de Davi (2Sm 8:18; 20:23) sob a liderança de Benaías. Este também é listado como o general do exército de Salomão na lista de 1Reis 4:2-6, e não há referência separada para os quereteus e peleteus. Esses guerreiros deviam sua aliança máxima a Davi e o seguiram em retirada para fora de Jerusalém, durante a revolta de Absalão (2Sm 15:18). Foram instrumentos para sufocar a revolta de Sebá (2Sm 20:7). [BRUCE W. GENTRY]

QUERIGMA (gr. *kērygma*) A proclamação (gr. "pregação") das boas-novas no NT e posteriormente. A palavra tornou-se um termo semitécnico para o conteúdo do debate cristão primitivo, o "evangelho" por excelência.

QUERIOTE (heb. *qĕrîyôṯ*) Cidade fortificada em Moabe (Jr 48:24; Am 2:2; cf. Jr 48:41; em algumas versões "as cidades", de acordo com LXX. De acordo com a Pedra Moabita, a cidade continha um santuário sagrado para Quemós. O local permanece incerto.

QUERIOTE-HEZROM (heb. *qĕrîyôṯ ḥeṣrôn*) Nome de lugar que designa um, possivelmente dois locais no sul de Judá (Js 15:25). Alguns estudiosos separam Queriote e Hezrom, considerando-as duas cidades. Mesmo que os textos se refiram a dois locais, Queriote não deve ser confundido com a Queriote de Moabe. Como vilarejo separado, Hezrom pode referir-se ao povoado da fronteira, perto de Cades-Barneia (Js 15:3). Se os dois nomes designam uma localidade, é possível que as modernas ruínas chamadas de Khirbet el-Qaryatein/Tel Qeriyot a 7 km ao sul de Maom sejam vestígios dessa antiga cidade. [DVID C. MALTSBERGER]

QUERÓS (heb. *qērōs, qêrōs*) Chefe de uma família de servidores do templo que retornaram do exílio com Zorobabel (Ed 2:44 = Ne 7:47).

QUERUBE (heb. *kĕrûḇ*) **I. (LUGAR)** Lugar não identificado na Babilônia, de onde os exilados retornaram para Jerusalém. De acordo com Esdras 2:59 = Neemias 7:61, esses exilados eram incapazes de provar sua descendência israelita. Em 1Esdras 5.36, Querube aparece com Addan e Immer como os nomes de líderes que retornaram para Jerusalém de Tel-melach e Tel-harsha. [JORGE L. VALDES]

II. (CRIATURAS) (ou **QUERUBIM** [*kĕrûḇîm*]) Criaturas mitológicas com asas, apropriadas pelos israelitas das tradições do antigo Oriente Próximo. O termo hebraico está provavelmente relacionado com o ac. *karibu* ou *karubu* ("intercessor") *karibi, kuribi, karibati* ("porteiros"), este último se referindo às criaturas mitológicas colossais que flanqueavam as entradas dos palácios e templos da Mesopotâmia.

A única uniformidade entre os muitos exemplos conhecidos a partir da arte do antigo Oriente Próximo é que os querubins eram criaturas que tinham asas. Estátuas e relevos descrevendo vários tipos de querubins foram encontrados em muitos lugares do Oriente Próximo, incluindo Alepo, Carquemis, e Biblos; descrições de querubins em esculturas de marfim foram encontradas em Samaria e Nimrud. Muitos exemplos de touros colossais com asas e outras betas são conhecidos a partir dos palácios e templos babilônios e assírios.

Em Gênesis 3:24, o Senhor coloca querubins com espadas flamejantes no caminho para a árvore da vida, no jardim do Éden. Em 1Samuel 22:11 = Salmo 18:10 (TM 11) o Senhor é descrito como montando num querubim à medida que ele voa pelos céus. Os querubins também flanqueiam ou sustentam o trono de Deus (Sl 80:1 [2]; 99:1; 2Re 19:15 = Is 37:16). Ezequiel visiona os querubins como "criaturas vivas" de quatro asas e quatro faces, acompanhados por rodas girantes (Ez 1:4-28; 10:1-22); em sua visão, os querubins apoiam a plataforma na qual o Senhor é entronizado.

O Senhor ordena que Moisés coloque duas imagens de querubim, feitas de madeira e cobertas de ouro, no topo do assento de misericórdia cobrindo a arca da aliança (Êx 25:18-20; 37:6-9; Nm 7:89; 1Sm 4:4); seria por entre essas criaturas que o Senhor falaria a Moisés e revelaria seus planos para Israel. Pinturas de querubim eram feitas nos véus e cortinas do tabernáculo (Êx 26:1, 31). Posteriormente, no templo de Jerusalém, imagens de querubim foram esculpidas nas paredes (1Rs 6:29), tecidas no véu (2Cr 3:14), e esculpidas nas panelas das dez bases de bacia de bronze (1Rs 7:29, 36). Dois querubins enormes feitos de madeira de oliveira e revestidos em ouro foram colocados nos santos dos santos (1Rs 6:23-28; 8:6-7), cobrindo a arca da aliança e, virtualmente, enchendo o pequeno aposento. Os querubins eram os guardiões do lugar de descanso invisível do Senhor na terra, o assento de misericórdia acima da arca da aliança no templo de Jerusalém.

Em Ezequiel 28:14, o rei de Tiro é guardado por um querubim, que o bane por causa de suas transgressões (v. 16; cf. Gn 3:24). [JENNIE R. EBELING]

QUESALOM (heb. *kĕsālôn*) Cidade na fronteira norte de Judá (Js 15:10), identificada com Kesla, a cerca de 20 km a oeste de Jerusalém.

QUESEDE (heb. *keśeḏ*) O quarto filho de Naor e Milca (Gn 22:22) e sobrinho de Abraão. O nome de seu clã pode estar relacionado com os caldeus (cf. heb. *kaśdîm*).

QUESIL (heb. *kĕsîl*) Cidade dentro da parte sul da herança de Judá. Em listas comparáveis de cidades do sul de Judá, Quesil é trocada por Betul (Js 19:4) e Betuel (1Cr 4:30). Conforme o contexto, é colocada entre Tolade e Horma, o que sugeriria um local a leste de Berseba. [LAURA B. MAZOW]

QUESULOTE (heb. *kĕsûllōṯ*) Cidade em Issacar (Js 19:18), identificada com a moderna Iksâl, a 5 km a Sudeste de Nazaré. O nome é variante de Chisloth-tabor.

QUETURA (heb. *qĕṭûrâ*) A quase sempre esquecida terceira esposa/concubina de Abraão, mencionada pela primeira vez depois da morte de Sara (Gn 25:1-6). Ela é a mãe de seis filhos com Abraão: Zinrã, Jocsã, Medã, Midiã, Isbaque e Suá (tb. constante em 1Cr 1:32-33). Eles se estabeleceram ao leste e ao sul dos israelitas, ao longo do que era comumente conhecida como a "rota do incenso" para o ocidente da Arábia. Seus filhos são costumeiramente identificados com importantes tribos e cidades arameias ou árabes. Esses descendentes de Abraão e Quetura ajudaram a expandir o tamanho da descendência de Abraão.

Não existe outra ocorrência conhecida de Quetura em relação a um nome próprio. Alguns estudiosos sugerem que ela é a personificação do comércio de incenso (*qĕṭōreṯ*, "incenso"; *qĕṭōrâ*, "oferta de incenso"), mas não existe evidência forte para provar essa teoria. [LISA W. DAVISON]

QUEZIA (heb. *qĕṣîʿâ*) A segunda filha de Jó, nascida depois que sua sorte foi restaurada (Jó 42:14).

QUEZIBE (heb. *kĕzîḇ*) Cidade no sul de Canaã, onde a filha da canaanita Suá deu à luz Selá, o terceiro filho de Judá (Gn 38:5). Quezibe foi firmemente identificada com a antiga Achzib em Judá (a moderna Tell el-Beida) próxima a Adulão (cf. Eusébio, Onom. 172, Chasbi). [CHRISTIAN M.M. BRADY]

QUIBROTE-HATAAVÁ (heb. *qiḇrôṯ hatta'ăwâ*) O primeiro acampamento dos israelitas, entre o monte Sinai e Hazerote, depois que saíram do deserto do Sinai (Nm 33:16-17). Ali o Senhor mandou codornizes para os israelitas comerem (Nm 11:31-35). A subsequente avidez de alguns em juntar e comer as codornizes fez com que o Senhor os castigasse (cf. Dt 9:22). Os que morreram foram enterrados neste lugar, cujo nome significa "sepulturas do desejo". O local pode ser a moderna Rueis el-Ebeirij , cerca de 50 km a nordeste do monte Sinai (Jebel Mûsa). [PETE F. WILBANKS]

QUIBZAIM (heb. *qiḇṣayim*) Cidade do território tribal de Efraim designada à família de levitas coraítas (Js 21:22). Alguns estudiosos a tomam como a mesma Jocmeão no relato paralelo em 1Crônicas 6:68(TM 53), mas os nomes parecem representar dois locais distintos. A localização é incerta.

QUIDOM (heb. *kîḏōn*) A eira onde Uzá foi golpeado e morto por tocar na arca da aliança (1Cr 13:9). A passagem não indica se Quidom é o nome, o lugar ou o proprietário da eira. O nome Nacom é usado na passagem paralela (2Sm 6:6). Depois da morte de Uzá, Davi renomeou o lugar Pérez-Uzá, cuja tradução é "ataque contra Uzá" (2Sm 6:8 = 1Cr 13:11). [BETTY P. LAWSON]

QUILEABE (heb. *kil'āḇ*) O segundo dos filhos de Davi, nascido em Hebrom, o primogênito de Davi e Abigail, a viúva de Nabal, o carmelita (2Sm 3:2-3). Ele é chamado Daniel no TM de 1Crônicas 3:1 (cf. Josefo, *Ant.* 7.21, Danielos) e Dalouia na LXX de 2Samuel 3:3. Baseado nessas diferentes de ortografia, é conjeturado que o nome verdadeiro de Quileabe foi ou Daniel ou Daluiah. [KENNETH ATKINSON]

QUILIOM (heb. *kilyôn*) O filho mais novo de Elimeleque e Noemi e o marido de Orfa (Rt 1:2-4). Quiliom, da mesma forma que seu irmão Malom, morreu cedo, deixando sua esposa sem filhos (Rt 1:5).

QUILMADE (heb. *kilmaḏ*) Lugar ou região desconhecida que fazia comércio com Tiro (Ez 27:23). Alguns estudiosos identificam Quilmade com a cidade de Kullimeri, no norte da Mesopotâmia (emendando *klmd* a *klmr*) e outros a identificam com o país inteiro da Média (emendando klmd a kl mdy).

QUIMÃ (heb. *kimhām*) Filho de (assim 1Rs 2:7; "servo" em 2Sm 19:37 [TM 38]) Barzilai, o gileadita, que recusou a recompensa de Davi por sua ajuda ao rei durante a rebelião de Absalão, pedindo que ele, ao

A B C D E F G H I J K L M N O P **Q** R S T U V X Y Z

contrário, favorecesse o rapaz (v. 34-37 [35-38]). Davi levou consigo a Quimã para Jerusalém (2Sm 19:40 [41]), onde foi suprido de suas necessidades físicas; é possível que o rei lhe tenha dado uma concessão de terra perto de Belém, posteriormente chamada Gerute-Quimã.

QUINÁ (heb. *qînâ*) Cidade na porção sul do território designado a Judá (Js 15:22), provavelmente associada aos quenitas (heb. "ferreiro [vilarejo do]"). O local fica provavelmente no úadil-Qeini, perto de Arade.

QUINERETE (heb. *kinneret̠*) **1.** Grande lago de água doce no norte de Israel conhecido por vários nomes: Quinerete (Nm 34:11; Dt 3:17; Js 13:27), Quinerote (Js 11:2; 12:3), o mar de Genezaré (Mc 6:53; Lc 5:1), o mar da Galileia (Mt 15:29; Mc 1:16), e o Lago de Tiberíades (Jo 6:1; 21:1). O nome do mar pode ter se derivado do hebraico *kinnôr*, que significa "harpa", lembrando o formato do lago.

2. Cidade (heb. *kinnāret̠*) localizada no lado noroeste do mar de Quinerete. Ela era uma das cidades fortificadas na distribuição tribal de Naftali (Js 19:35). A cidade é mencionada na lista das cidades conquistadas de Tutmés III durante sua campanha (c. 1468 a.C.). O lugar é identificado com a moderna Tell el-'Oreimeh/Tel Quinerete (2008.2529).

3. O território em volta da cidade (Quinerote; heb. *kinrôt̠*) e o lago do rei Baasa conquistado por Ben-Hadade, de Israel (1Rs 15:20). No Novo Testamento, é conhecido como a terra de Genesaré (Mt 14:34). [BRADFORD SCOTT HUMMEL]

QUINTA-FEIRA SANTA A quinta-feira que antecede a Páscoa, celebração da observância original da Ceia do Senhor, conhecida como quinta-feira santa, a data tem suas raízes no relato bíblico da refeição pascal celebrada por Jesus e a instituição da Eucaristia com seus discípulos e pode retroceder às origens da história litúrgica cristã. O costume cristão posterior é refletido em Primeira Apologia, de Justino Mártir e na liturgia de Hipólito. Originalmente associada aos preparativos para o batismo na manhã da sexta-feira da Páscoa, a quinta-feira santa (do lat. *mandatum*, "mandamento"; Vulg. Jo 13:34) continua a ser celebrada por muitas comunhões cristãs como tempo de penitência, preparação e consagração no meio da Semana Santa. [D. LARRY GREGG]

QUIOS (gr. *Chíos*) Ilha no mar Egeu, cerca de 19 km a oeste de Esmirna (Izmir). No final de sua terceira viagem missionária, Paulo e seus companheiros navegaram de Mitilene, passaram por Quios e chegaram a Samos no outro dia (At 20:15).

QUIR (heb. *qîr*) **1.** Lugar para o qual o rei assírio Tiglate-Pileser III deportou os povos sírios (arameus) depois de destruir Damasco em 732 a.C. (2Rs 16:9 TM; cf. Am 1:5). De acordo com Amós, Quir foi a terra original dos arameus (Am 9:7). Muitos manuscritos da LXX não fazem referência a Quir em 2Reis 16:9, sugerindo talvez que isso seja um acréscimo de notas baseado na referência em Amós.

A localização exata de Quir não é precisa, mas um bloco acádico da cidade síria de Emar, da Idade do Bronze Recente, faz referência a um certo Pilsu-Dagan, não somente como o "rei da cidade de Emar", como também "rei do povo da terra de Qi-ri". Essa inscrição pode sugerir que Quir ficava perto de Emar, cidade importante no rio Eufrates.

2. Cidade de Moabe (Is 15:1). É provável ser a mesma que Kir-Haresete (moderna Kerak).

3. Aparentemente uma cidade no sul da Mesopotâmia. Em Isaías 22:6, Quir é mencionada em conjunto com a cidade de Elã, no sul da Mesopotâmia, como fonte de apoio militar ao exército assírio.

Bibliografia. M. Cogan e H. Tadmor, *II Kings*. AB 11 (Garden City, 1988); W. T. Pitard, *Ancient Damascus* (Winona Lake, 1987); R. Zadok, "Elements of Aramean Pre-History", in *Ah, Assyria*, ed. M. Cogan and I. Eph'al. ScrHier 33 (Jerusalem, 1991): 104-17. [CHRIS A. ROLLSTON]

QUIR-HARESETE (heb. *qîr ḥăreśet̠*), **QUIR-HERES** (*qîr ḥereś*) Uma das mais importantes cidades de Moabe, provavelmente a capital e a mesma chamada em outros lugares de Quir (Is 15:1). A cidade é mencionada na profecia de Isaías (Is 16:7, 11) e na mensagem de Jeremias referente a Moabe (Jr 48:31, 36). A forma alternativa Quir-Heres aparece em Isaías 16:11; Jeremias 48.

Quir-Haresete tem sido geralmente identificada com a moderna Kerak, situada num planalto estratégico cercado por vales íngremes e tem vista panorâmica do Uádi Kerak, que flui para o mar Morto. A cidade está localizada na intersecção da Estrada Real e outra estrada que cruza o planalto de leste a oeste. Kerak é mencionada no mapa mosaico de Madeba do século VI a.C. ([Kar]ach Moba). Ultimamente, Quir-Haresete vem sendo dissociada de Kerak e identificada com Qarhoh, capital de Moabe, perto de Dibom.

Restos arqueológicos dos períodos bíblicos são escassos. O único achado considerável é uma dedicatória numa inscrição incompleta do século IX a.C. Infelizmente, todo o sítio arqueológico está coberto por edifícios modernos. O único monumento existente da cidade são os restos de um castelo das Cruzadas no século XII, que também abriga o museu arqueológico.

Bibliografia. K. A. D. Smelik, *Converting the Past: Studies in Ancient Israelite and Moabite Historiography*. OTS 28 (Leiden, 1992). [FRIEDBERT NINOW]

QUIRIATAIM (heb. *qiryat̠ ʿārim*) **1.** Cidade a leste do Jordão, designada aos rubenitas, que a reconstruíram (Nm 32:27; Js 13:19). Essa região era politicamente instável e, no tempo da rebelião de Moabe (2Rs 1:1), o rei moabita Messa controlava Quiriataim; de acordo com a Inscrição de Messa (l. 10), ele reconstruiu a cidade. Quiriataim permaneceu como possessão de Moabe até o tempo de Jeremias (Jr 48:1, 23) e Ezequiel (Ez 25:9). Os locais possíveis incluem el-Qereiyat, 8 km a noroeste de Dibom, e Qaryat el-Mekhaiyet, 5 km a noroeste de Medeba. Savé-Quiriataim, "a planície de Quiriataim" (Gn 14:5) estava, provavelmente, associada a esta cidade.

2. Cidade do território de Naftali designada, com suas pastagens, aos levitas gersonitas (1Cr 6:76 [TM 61]). É, provavelmente, a mesma cidade denominada Cartã (Js 21:32) e deve ser identificada com a moderna Khirbet el-Qureiyeh, 10 km a oeste de Medeba. [CHRISTIAN M. M. BRADY]

3. (heb. *qiryāt̠ayim*) (tb. QUIRIATE-JEARIM) Cidade citada na lista dos que retornaram do exílio (Ed 2:25). A forma usual do nome, Quiriate-Jearim, ocorre no relato paralelo em Ne 7:29).

QUIRIATE (heb. *qiryat̠*) Cidade no território tribal de Benjamim (Js 18:28), identificada com Quiriate-Jearim.

QUIRIATE-ARBA (heb. *qiryat̠ 'arbaʿ*) O antigo nome ("cidade de quatro") de Hebrom (Js 15:54). A cidade poderia significar "cidade dos quatro distritos" (tetrápolis) ou "cidade das quatro pessoas famosas", como Jerônimo presumiu ao citar Adão, Abraão, Isaque e Jacó. Josué 14:15 segue a etimologia até Arba, um grande herói entre os anaquins (cf. 15:13; 21:11).

QUIRIATE-BAAL (heb. *qiryat̠ baʿal*) Nome alternativo de Quiriate-Jearim ("cidade de Baal"; Js 15:60; 18:14; cf. 15:9, "Baalá").

QUIRIATE-HUZOTE (heb. *qiryat̠ ḥuṣôt̠*) Cidade moabita à qual Balaão acompanhou Balaque (Nm 22:39). Lá, Balaque sacrificou a Baal, num esforço para coagir a deidade a amaldiçoar os israelitas (Nm 22:40). O local fica provavelmente ao norte do rio Arnom.

QUIRIATE-JEARIM (heb. *qiryat̠ yĕʿārîm*) (tb. QUIRIATARIM) Cidade de Judá junto à sua fronteira norte com Benjamim, cerca de 14 km a oeste de Jerusalém, no centro da parte rural, perto da moderna Abu Ghosh. Quiriate-Jearim ("cidade de florestas") era também conhecida como Baalá (Js 15:9), Baal-Judá (2Sm 6:2) ou Quiriate-Baal (Js 15:60; 18:14), exemplos da prática de desmitificação da escola profética, segundo a qual os nomes derivados de elementos naturais foram substituídos por nomes cananeus originais deificados (Baal, Baalá). O local antigo é identificado com Tell el-Achar (Deir al-'Azar)/Tel Qiryat Ye'arim.

Quiriate-Jearim estava entre as cidades dos gibeonitas, cujo tratado com Josué (Js 9:17) garantiu-lhes proteção do ataque de Israel. Daí o fato de os israelitas terem ajudado os gibeonitas quando foram atacados pela coalizão de reis amoritas liderada por Adoni-Zedeque, de Jerusalém.

No relato da jornada da arca da aliança, depois de sua captura pelos filisteus, o povo de Quiriate-Jearim trouxe a arca para a casa de Abinadabe. Lá, seu filho, Eleazar foi consagrado como guardião (1Sm 6:21 — 7:2), e ela permaneceu na cidade durante vinte anos até Davi levá-la para Jerusalém. Uma carroça nova foi preparada, mas quando Uzá morreu ao tocar na arca, esta foi deixada na casa de Obede-Edom, o giteu, durante três meses. Depois foi transportada para a Cidade de Davi e acomodada numa tenda especial, armada para a adoração do Senhor (cf. 1Cr 13:1-14; 15:1-16:3).

Urias, filho de Semaías, profeta fiel e contemporâneo de Jeremias, era de Quiriate-Jearim (Jr 26:20). Dois homens de Quiriate-Jearim, Cefira e Beerote, estavam entre o exilados de Judá que retornaram para Jerusalém sob a liderança de Zorobabel (Ne 7:29 [TM 28]). Uma forma variante do nome da cidade, Quiriatarim, é citada no texto paralelo (Ed 2:25).

Mais tarde os romanos construíram um posto avançado no local junto à estrada de Jerusalém a Antipatris, onde a Décima Legião estava guarnecidas. Uma coluna cilíndrica com inscrição fazendo referência a esse fato foi encontrada no local. [R. DENNIS COLE]

QUIRIATE-SANÁ (heb. *qiryat̠-sannâ*) Nome alternativo ou erro de escrita para Quiriate-Sefer, identificada com Debir (Js 15:49). Essa forma, que ocorre somente no TM, pode ser o resultado de ditografia com o local anterior, Daná.

QUIRIATE-SEFER (heb. *qiryat̠-sēp̄er*) Antigo nome de Debir (1; Js 15:15-16 = Jz 1:11-12; cf. Js 15:49).

QUIRIE ELEISON (gr. *Kýrie eléēson*) Oração por misericórdia divina (gr. "Senhor tenha piedade"), com frequência falada ou cantada responsivamente, desde os tempos primitivos na liturgia da Igreja (p. ex., Apost. Const. 8.6). É uma lembrança da súplica da mulher canaanita em Mateus 15:22 e do homem cego em 20:30-33 (cf. Dn 9:19).

QUIRINO (gr. *Kyrḗnios*; *lat. Quirinius*) Publius Sulpicius Quirinius, governador (legado) e cônsul da Síria. Possivelmente como resultado de serviço militar de destaque durante as campanhas de Augusto em Ácio (31 a.C.) e na Espanha (20s), Quirino ascendeu da classe plebeia à posição de cônsul em 12 a.C. Quando Augusto depôs Arquelau, filho de Herodes, o Grande, como governador da Judeia em 6 a.C., Quirino foi nomeado governador (legado) e incumbido da tarefa de realizar a anexação formal daquela região. Ele desfrutou de considerável favor e poder político durante os reinados tanto de Augusto como de Tibério César até sua morte em 21 d.C.

Tanto Josefo (*Ant.* 27.13.5; 28.1.1) quanto uma inscrição descoberta em Alepo relatam que Quirino realizou um recenseamento da Judeia para fins de cobrança de impostos como parte desse processo (cf. At 5:37). Lucas associa o nascimento de Jesus tanto a esse censo (Lc 2:1-7) quanto aos "dias do rei Herodes" (1:5), que morreu em 4 a.C. Assim, existe discrepância de pelo menos uma década com relação à natividade. [TIMOTHY B. CARGAL]

QUIS (sum. *Kiš*) **I. (PESSOA) 1.** Benjamita de Gibeá, filho de Abiel e pai de Saul (1Sm 9:1). Homem rico (cf. 1Sm 9:3), Quis é descrito como um *gibbôr hayîl*, "um homem de posição" ou "conteúdo", aparentemente uma pessoa de posição militar ou materialmente privilegiada. A alegação de Saul de proceder da "menor" das famílias de Benjamim (1Sm 9:21) é uma referência ao *status* ou tamanho da família. Quis foi enterrado em Zela, na terra de Benjamim, onde Saul e Jônatas foram também enterrados depois que seus corpos foram recuperados dos filisteus (2Sm 21:14).

2. Filho (ou descendente) de Jeiel e Maacá (1Cr 8:30; 9:36). Alguns estudiosos equiparam este Quis com 1 acima ao identificar Jeiel ("Já [vé] é Deus") com Abiel ("Meu Pai é Deus"), mas isso não pode resolver as dificuldades levantadas pelas genealogias divergentes (1Sm 9:1; 1Cr 8:29-33; 9:35-39). Embora o cronista designe corretamente em outro lugar o pai de Saul (1Cr 26:28), a genealogia dada em 1Crônicas 8-9 pode ser uma variante corrompida de Quis 1 ou referir-se a um Quis diferente, talvez o tio de 1 acima (cf. 1Cr 9:36).

3. Levita do clã merarita, filho de Mali e pai de Jerameel, cujo nome tornou-se a designação para um dos cursos levíticos (1Cr 23:21-22; 24:29). Seus filhos casaram-se com suas primas, as filhas de Eleazar, irmão de Quis (1Cr 23:22).

4. Filho de Abdi, também levita do clã de Merari, que estava envolvido na purificação do templo durante as reformas de Ezequias (2Cr 29:12).

5. Ancestral benjamita de Mardoqueu (Et 2:5). Alguns estudiosos interpretam o texto hebraico como se ele (Quis) e não Mardoqueu tivesse sido deportado durante o tempo do rei Joaquim (Jeconias, Et 2:6). Outros argumentam que a lista genealógica de 2:5 foi condensada para ligar Mardoqueu a 1 acima, tornando Mardoqueu um descendente da primeira família real de Israel. [JEFFREY C. GEOGHEGAN]

II. (LUGAR) (heb. *qîš*) A capital de uma antiga cidade-estado situada num braço do Eufrates, atualmente morto. O local atual (no Iraque, a nordeste da moderna Hilla), consiste de uma série de montes cerca de 14,5 km a sudeste da antiga Babilônia.

De acordo com a Lista de Reis Sumérios, Quis representou a primeira dinastia depois do Dilúvio; foi ali que a realeza desceu do céu e foi dada à humanidade. O título "rei de Quis" foi de grande importância nos períodos históricos primitivos, e foi de Quis que Sargão partiu para criar o reino de Acade. Quis floresceu como [cidade dinástica primitiva que era rival de Ereque; ela estava ligada ao lendário rei Etana e o rei Agga do II Período Dinástico Primitivo opôs-se a Gilgamés. A cidade foi continuamente ocupada desde o tempo de Acade até os períodos antigos babilônio e cassita.

O local foi escavado pelos franceses (começando em 1912) por uma expedição conjunta de Oxford (Ashmolean Museum), uma expedição de Chicago (Field Museum) (1923-1933) e por uma expedição japonesa liderada por Hideo Fuji (1989); somente um período da expedição japonesa foi completada antes da Guerra do Golfo, em 1991. As escavações encontraram um grande depósito de sedimento (c. 3300 a.C.), muitas tábuas cuneiformes da ocupação primitiva e do segundo milênio, tumbas, cerâmicas, palácios, templos, zigurates, canais e uma variedade de outros objetos. Devido ao grande complexo de montes arqueológicos na área em geral, é necessário uma escavação e pesquisa mais detalhada para esclarecer as ocupações. [LARRY L. WALKER]

QUISI (heb. *qîšî*) Forma alternativa para o nome Cusaías (1Cr 6:44 [TM 29]).

QUISIOM (heb. *qišyôn*) Cidade do território de Issacar (Js 19:20) designada aos levitas gersonitas (21:28), talvez a *qšn* mencionada na lista de cidades conquistadas por Tutmés III. Na lista paralela de cidades levíticas em 1Cr 6:72(TM 57), seu lugar é tomado por Quedes. Embora localizada a sudoeste do mar da Galileia e a oeste do rio Jordão, a identificação exata de Quisiom é discutida. Sugestões importantes incluem Khirbet Qasyûn ao sul do monte Tabor, Tell el-Muqarqash e Tell el-'Ajjûl. [ERIC F. MASON]

QUISLEU (heb. *kislēw*) O nono mês do calendário hebraico (Nov./Dez.; Zc 7:1). No 25º dia de Quisleu, os judeus celebravam a Festa da Renovação do templo ("festa da dedicação"; Jo 10:22).

QUISLOM (heb. *kislôn*) Benjamita, pai de Elidá (Nm 34:21).

QUISLOTE-TABOR (heb. *kislôṯ tāḇōr*) Cidade na fronteira sul de Zebulom (Js 19:12). A moderna Iksâl, a cerca de 5 km a sudeste de Nazaré, preserva o nome antigo. Embora a maioria dos estudiosos identifique as duas, o termo qualificativo "Tabor" (montanha nas fronteiras de Issacar, Zebulom, e Naftali) pode distinguir essa cidade de Quesulote, em Issacar.

QUISOM (heb. *qîšôn*) Riacho (úadi el-Muqatta ') que escoa o vale de Jezreel no sentido oeste, a planície de Esdrelon e a planície de Aco. Vários riachos se encontram a 6,5 km de Megido e formam o Quisom: o úadi em-Nusf/úadi Shemmah, ao sul do monte Gilboa; úadi Muweili, do ocidente do monte Tabor; úadi el-Mujahiyeh, com origens na Galileia; nascentes na vizinhança de Megido; e riachos das encostas do Carmelo. O Quisom tem cerca de 35 km de extensão. Durante os meses de inverno, apresentava um terrível obstáculo em meio à Grande Planície.

Esse riacho foi palco da derrota de Sísera pelos exércitos de Débora e Baraque (Jz 4:7, 13). O lugar exato da batalha decisiva é desconhecido. "Em Taanaque, junto às águas de Megido" (Jz 5:19) pode ser uma referência à confluência de vários riachos que alimentam o Quisom. Débora e Baraque combateram Sísera depois de uma chuva, quando o Quisom estava cheio, reduzindo a vantagem das carruagens de Sísera e atolando seu exército (Jz 5:21). A vitória israelita foi lembrada em tempos posteriores como evidência da proteção de Deus (Sl 83:9 [TM 10]).

O Quisom foi cenário da execução dos profetas de Baal por Elias depois da disputa no monte Carmelo (1Rs 18:40). [STEPHEN VON WYRICK]

QUITIM (heb. *kittîm, kittîyîm*) De acordo com a Tabela das Nações (Gn 10:1-32), povo descendente de Jafé, por meio de Javã, portanto os jônios ou gregos (v. 4; cf. 1Cr 1:7). O nome provavelmente derivou da cidade que os fenícios chamavam de Kitti (*kty*) e os gregos de Kition, localizada próximo à cidade de Larnaka na costa centro-sul de Chipre. Em outra parte no AT, Quitim designou uma vasta área geográfica.

Em Números 24:24, os oráculos de Balaão se encerram com uma referência a navios de Quitim (Chipre, ao que tudo indica), que causariam sofrimento tanto a Assur (Assíria) quanto a Éber (hebreus), antes de eles próprios serem destruídos. Em Isaías 23:1, 12 o termo se refere a Chipre como parceiro comercial de Tiro (cf. Ez 27:6), e em Jeremias 2:10 diz-se que seus habitantes foram mais fiéis aos seus falsos deuses do que Israel a Yahweh. 1Macabeus 1.1; 8.5 relata que Alexandre, o Grande, veio de Quitim, identificando, assim, a Grécia — ou pelo menos a Macedônia — com o nome de Quitim. Daniel 11:30 faz alusão aos navios de Quitim de Números 24:24, mas aplica a frase à intervenção romana contra Antíoco Epifânio durante sua invasão do Egito em 168 a.C. Assim, Quitim veio a se referir também a Roma. O versículo implica também a identificação dos selêucidas com Assur, e Éber com os hebreus.

Nos Rolos do mar Morto, os Quitim são os inimigos escatológicos (cf. 1ApHab). Descrições deles com frequência se aplicam tanto à Síria quanto a Roma, mas o comentário sobre Naum (4QpNah) e o Rolo da Guerra (1QM) se refere de maneira inequívoca a Roma. [PAUL L. REDDITT]

QUITLIS (heb. *kiṯlîš*) Cidade no lote de Judá (Js 15:40), situada no distrito de Laquis, no sudoeste de Sefelá. O local preciso é desconhecido, mas uma sugestão recente a coloca no vale Nahal Adorayim, possivelmente em Khirbet el-Baqar. Quitlis pode ser a Kentisha conquistada por Tutmés III e a k-n-ti-sa sobre o óstraco de Laquis. [STEVE M. ORTIZ]

QUITROM (heb. *qiṭrôn*) Cidade canaanita no território designado a Zebulom, que os israelitas não conseguiram capturar inicialmente (Jz 1:30). Ela é provavelmente a mesma que Kattah. O local ainda não foi identificado; entre as sugestões estão Khirbet Qutteneh, 8 km a sudoeste de Tell Qeimûn (a bíblica Jocneão) e Tell el-Far.

QUIUM (heb. *kiyyûn*; *acad. kayyamânu*) Nome babilônico para o planeta Saturno, que Amós chama de deus-estrela (Am 5:26). Amós profetizou que, já que os israelitas estavam adorando uma deidade babilônica, Deus os mandaria para a Babilônia (aparentemente para que pudessem ficar mais perto do deus pagão que queriam adorar). A citação que Estêvão faz dessa passagem em Atos 7:43 segue a LXX, em que se lê "Renfã", aparentemente erro de transliteração.

QUMRAN Khirbet Qumrân, 14 km ao sul de Jericó, com vista para a costa noroeste do mar Morto, ruínas do local habitado pela comunidade que produziu os Manuscritos do Mar Morto.

A B C D E F G H I J K L M N O P Q R S T U V X Y Z

R

RAABE (heb. *rāḥāḇ*; gr. *Racháb*) **1.** Prostituta (heb. *zōnâ*) cuja casa ficava sobre o muro externo de Jericó (Js 2:15). De acordo com Josué 2:1-24, o rei de Jericó descobriu que os espias de Josué (mandados para espionar Jericó) estavam na casa de Raabe. Ao receber ordem para entregá-los, Raabe insistiu que os dois homens tinham ido embora (embora estivesse escondendo-os na cobertura da casa entre as canas do linho). Em troca de sua ajuda, os espias concordaram em poupar a família de Raabe na destruição de Jericó. Eles lhe disseram para amarrar um cordão de fio escarlate à janela, durante a batalha (Js 2:18), e ela não deveria contar a ninguém a respeito da visita deles (v. 14). Raabe fez descer os espias pela janela e voltaram ao acampamento de Josué (Js 2:22-24). Mais tarde, na batalha de Jericó (Js 6) Josué poupou Raabe e sua família "e habitou no meio de Israel até o dia de hoje" (v. 25). Raabe não é mencionada no AT além de Josué 2 e 6.

Em Hebreus 11:31, ela aparece numa lista de heróis da fé. De acordo com Tiago 2:25, Raabe foi "justificada pelas obras" porque "acolheu os espias e os enviou por outro caminho". Em ambas as referências, ela é identificada como "Raabe, a prostituta".

Bibliografia. P. A. Bird, "The Harlot as Heroine", *Semeia* 46 (1989): 119-39; M. L. Newmann, "Rahab nd the Conquest", in *Understanding the Word*, ed. J. T. Butler, E. W. Conrad e B. C. Ollenburger. *JSOTSup* 37 (Sheffield, 1985, 167-81.

2. Mãe de Salmom e esposa de Boaz (Mt 1:5). É a segunda de quatro mulheres mencionadas na linhagem de Jesus, segundo a genealogia de Mateus.

3. O primitivo dragão do caos (heb. *rāhaḇ*) derrotado por Yahweh durante a criação (Jó 9:13; 26:12; Sl 89:10 [TM 11]; Is 51:9). A batalha de Yahweh e sua vitória sobre essa besta do caos mitológico representa uma das quatro tradições distintas da criação no AT.

Bibliografia. J. Day, *God's Conflict with the Dragon and the Sea*. University of Cambridge Oriental Publications 35 (Cambridge, 1985).

4. Nome poético do Egito (Sl 87:4; Is 30:7). [LINDA S. SCHEARING]

RAAMÁ (heb. *ra'mā'*) Filho de Cuxe (Gn 10:7; 1Cr 1:9); ancestral epônimo de Sebá e Dedã, povos e territórios árabes. Localizado no sudoeste da Arábia (possivelmente a moderna Nagran), Raamá foi um lugar rico em especiarias, pedras preciosas e ouro e, assim, parceiro comercial de Tiro (Ez 27:22). Esse território é mencionado em várias inscrições do antigo sul da Arábia (cf. Strabo *Geog.* 16.4.24).

RAAMIAS (heb. *ra'amyâ*) (tb. REELAÍAS; RESAÍAS) O israelita que retornou com Zorobabel do exílio (Ne 7:7). É chamado de Reelaías em Esdras 2:2 e Resaías em 1Esdras 5.8.

RAÃO (heb. *raḥam*) O filho de Sema; um calebita e descendente de Judá (1Cr 2:44).

RABÁ (heb. *rabbâ*) (tb. RABÁ-AMOM) **1.** Cidade do território tribal de Judá próxima a Quiriate-Jearim (Js 15:60), geralmente identificada com Rubutu nas Cartas de Amarna e Rubute nos textos egípcios. O local era provavelmente Khirbet Bir el-Hilu/Khirbet Hamîdeh, a uma curta distância ao sul de Emaús.

2. Cidade (moderna Amã) no platô da Transjordânia, cerca de 88 a 105 km pela estrada de Jerusalém e cerca de 39 km a leste do rio Jordão na nascente do Jaboque. Rabá ("grande" ou "vasto") foi o centro de cidades e vilarejos circunvizinhos (cf. Ez 25:1-11). É encontrada com muita frequência em referência direta aos amonitas (Rabah bene Ammom, Rabá-Amom ou Bit-Ammanu nos textos assírios).

Rabá era formada por duas partes. A cidade superior ou acrópolis, conhecida como a "cidade real" (2Sm 12:26), uma cidadela com terraços agregados, estava situada em Jebel Qal'a. Da cidade inferior, a "cidade das águas" (2Sm 12:27), saíam dois uádis na base da colina, no vale. Os dois eram ligados por uma longa passagem subterrânea que ia da "cidade das águas" até uma cisterna em Jebel Qal'a. Esse alto reservatório de 16x6x7 m ficou aparentemente em uso até o início da Idade do Bronze Médio e fim do período helenístico.

O local tem sido ocupado pelo menos desde o período neolítico e da Idade do Cobre. Estruturas do Bronze Médio II são sólidas e, por volta do Bronze Recente II, a cidade cresceu consideravelmente. A melhor arquitetura do Bronze Recente é representada pelo templo, no aeroporto da antiga Amã. Reconstruções contínuas — especialmente nos tempos modernos —, destruíram-na tanto que quase não é possível discernir a planta da cidade. Felizmente, algumas estruturas significativas permanecem. Tumbas entalhadas nas encostas e sistemas de defesa na acrópole confirmam quase todos os períodos.

Rabá-Amom tornou-se atração pela "cama de ferro" tomada do rei Ogue, de Basã (Dt 3:11). Davi capturou Rabá e se coroou com a coroa de ouro de Milcom, a divindade tutelar (2Sm 12:30). Ele saqueou e supostamente destruiu Rabá e "todas as cidades amonitas", mas eles as reconstruíram e forneceram posteriormente alimento, roupa e outros bens a Davi em seu tempo de necessidade (2Sm 17:27-29).

A cidade saiu-se relativamente bem sob os persas. Tornou-se uma cidade helenística sob Ptolomeu II Filadelfo (285-246 a.C.), que mudou seu nome oficial para Filadélfia. A cidade caiu sob o domínio selêucida durante certo tempo, depois sob os nabateus e, finalmente, sob os romanos em 63 a.C., quando floresceu grandemente como evidenciado por uma entrada monumental, rua de colunas, grande teatro, monumento consagrado às ninfas, área sagrada e templo a Hércules. Nos tempos bizantinos, enviou bispos ao Concílio de Niceia (325 d.C.), de Antioquia (341) e da Calcedônia (451). Sob o domínio árabe, um palácio omíada encimou a acrópolis.

Bibliografia. M. Burdajewics, "Rabbath-Ammon", *NEAEHL* 4.1243-49; R. H. Dornemann, "Amman", *OEANE* 1.98-102. [DONALD H. WIMMER]

RABE-MAQUE (heb. *raḇ-māg*) O título de Nergal Sarezer, um dos oficiais de Nabucodonosor (Jr 39:3,13). O termo deriva do título assírio *rab-mūgi*, cujo significado exato se desconhece.

RABE-SÁRIS (heb. *rab-sārîs*) Oficial assírio. A maioria dos estudiosos afirma que o título é a combinação de dois textos do ac. *rab-ša-rēšu*, lit., "eunuco chefe". O portador desse título sempre assumia o papel de liderança militar na ausência do rei. O Rabe-Sáris aparece entre os oficiais assírios que encorajaram a capitulação de Ezequias, o rei de Judá, durante o cerco de Jerusalém (2Rs 18:17; Jr 39:13). [MARK ANTHONY PHELPS]

RABI (gr. *rhabbí*), **RABONI** (*rhabbouní*) Título de respeito (do heb. *raḇ*, "notável" ou "grande"). No século I d.C. "rabi" era designação livre para mestre, que significava "meu mestre" ou "meu notável". Esse termo aparece em três dos quatro evangelhos, típica referência a Jesus.

Em Marcos, somente os discípulos chamam Jesus de "rabi", e tal tratamento segue tipicamente um evento milagroso (Mc 9:5; 11:21; 14:45; "raboni" em 10:51). Em Mateus, a única pessoa que se dirige a Jesus como "rabi" é Judas (Mt 25:26, 49). O restante dos discípulos escolhem outros títulos, sugerindo assim as naturezas polêmicas de Judas e dos outros onze. Num discurso de Jesus, o termo parece referir-se a alguém que é mestre da lei (Mt 23:7,8). Os ouvintes gentios de Lucas teriam achado pouco significado num termo como "rabi" que se desenvolveu numa cultura judaica. Lucas prefere o grego *epistátēs*, mestre-escola ou um oficial supervisor (Lc 5:5; 8:24,45; 9:33,49; 17:13). No evangelho de João, "rabi" é usado tanto pelos discípulos como pelos de fora para designar Jesus (Jo 1:38,49; 3:26; 4:31; 6:25; 9:2; 11:8). Quando Maria Madalena encontra o Cristo ressurreto, ela exclama "raboni" (Jo 20:16). Duas vezes o termo é disfarçado com *didáskalos*, "mestre" (Jo 1:38; 20:16).

No judaísmo do século I, a palavra manteve uma designação livre, com o significado de "mestre". O uso de rabi como termo oficial para estudioso ordenado realmente pertence ao período posterior à destruição do templo em 70 d.C. Na literatura rabínica, os indivíduos da era anterior à destruição (p. ex., Hillel e Shamai) não são referidos como "rabis", enquanto os associados ao período pós-destruição (p. ex., Akiba) recebem sistematicamente o título de "rabi". [W. DENNIS TUCKER, JR.]

RABITE (heb. *rabbîṯ*) Cidade do território tribal de Issacar (Js 19:20; LXX B Gr. Dabiron). Provavelmente, deve ser identificada com Daberate, cidade levítica (Js 21:28) na fronteira de Zebulom (19:12).

RABSAQUÉ (heb. *rab-šāqēh*) Título de um oficial assírio, bem confirmado na literatura acadiana (*rab šāqē*, lit., "copeiro-chefe"). Embora a função do copeiro seja confirmada em seu sentido literal, em acadiano, o título denota oficial de alto posto no governo. Em listas epônimas, esse título normalmente acompanha o rei, o *turtānu* (o oficial do mais alto escalão militar) e o *nagir ekalli*. Um texto pode sugerir função militar para o *rab šāqē*, embora vários outros textos tratem dos distritos administrativos e das propriedades particulares desses oficiais. Sua função exata permanece desconhecida, embora seu acesso ao poder seja indubitável (2Rs 18:17 — 19:8 = Is 36:2 — 37:8). [MARK ANTHONY PHELPS]

RACA (gr. *rhaká*) Expressão de desprezo, talvez transliteração ou derivativo do aram. *rêqā'*, "tolo estúpido" (Mt 5:22; "insulto").

RACAL (heb. *rāḵāl*) Lugar em Judá para onde Davi mandou parte do espólio tomado em batalha contra os soldados amalequitas que haviam destruído Ziclague (1Sm 30:29). A interpretação da LXX "Carmelo" (2) é provavelmente correta.

RACATE (heb. *raqqaṯ*) Cidade fortificada no território tribal de Naftali (Js 19:35). A tradição talmúdica a associou com o local da atual Tiberíades, mas alguns estudiosos a colocam agora 2,4 km ao norte de Tiberíades, mas ainda na costa do mar da Galileia, em Khirbet el-Quneitireh/Tel Raqqat.

RACOM (heb. *raqqôn*) Cidade no território tribal original meridional de Dã (Js 19:46), localizada talvez em Tell er-Reqqeit, uma curta distância ao norte de Nahr el-'Auja no norte mediterrâneo de Jope.

RADAI (heb. *radday*) O quinto filho de Jessé e irmão de Davi (1Cr 2:14).

RAFA (heb. *rāpā'*) **1.** O quinto filho de Benjamim (1Cr 8:2). Rafa é omitido na genealogia em Gênesis 46:21.

2. (heb. *rāpâ*) (tb. REFAÍAS) Homem benjamita, filho de Bineá e descendente do rei Saul (1Cr 8:37). Em 1Crônicas 9:43, é chamado de Refaías (4).

RAFAEL (gr. *Raphaēl*) **1.** Anjo, mencionado pela primeira vez nos livros pós-exílicos de Tobias e 1Enoque. Em 1Enoque, Rafael ("Deus cura") é importante na hierarquia angelical (1En 20.3; 40.2, 8-9); é um dos anjos responsáveis por amarrar os exércitos de Azazel e lançá-los no vale de fogo (54:6). Tobias retrata Rafael com linhas semelhantes, com "um dos sete anjos que estão prontos para entrar na presença do Senhor" (Tob. 12.15). Ele segue o demônio Asmodeus até as partes remotas do Egito e lá ele o amarra (Tob 8.3).

Tobias, entretanto, vai além em sua descrição da atividade angélica entrando na esfera humana. Rafael é enviado por Deus em resposta às orações de Tobias e Sara "para curá-los" (Tob. 3.17). Ele aparece na forma humana como Azarias ("Yah ajuda"), e ajuda Tobias como guia, servo, mentor e casamenteiro. Para o final do livro, quanto Tobit e Tobias estão prestes a pagar-lhe por seus serviços, Rafael lhes revela sua verdadeira identidade (Tob. 12.6-21). Ele os exorta à piedade, explica que ele só apareceu para comer e beber, incumbe-os de escrever um relato do que aconteceu e sobe ao céu enquanto Tobit e Tobias oram a Deus. [WILL SOLL]

2. (heb. *rĕpā'ēl*) Levita porteiro do templo, filho de Semaías, da família de Obede-Edom (1Cr 26:7).

RAFON (gr. *Raphón*) Cidade próxima às principais fontes do rio Jarmuque, cerca de 55,5 km diretamente a leste do alto Jordão quando ele entra no mar da Galileia; moderna er-Râfeh. O general amonita Timóteo acampou com suas forças opostas à cidade, mas Judas Macabeu atravessou o uádi e o derrotou (1Mac 5.37).

RAFU (heb. *rāpû'*) Homem da tribo de Benjamim, pai do espia Palti (Nm 13:9).

RAGÉS (gr. *Rhagoí*; *O.Pers. Râgâ*) (tb. RAGAE) Cidade da Média onde Tobit escondeu 10 talentos de prata e o lar de seu parente Gabael (Tob. 4.1,20; cf. 1.14). O anjo Rafael guiou Tobias, filho de Tobit, na ida e na volta à cidade para recuperar o dinheiro (Tob. 5.5; 6.12 [LXX v. 10]; 9.2). Nabucodonosor travou guerra contra Arfaxade na região montanhosa de "Ragae" (Jd 1:5,15). As ruínas de Ragés ficam imediatamente ao sul da moderna Teerã.

RAGUEL (gr. *Rhagouēl*) **1.** O pai de Sara (2) e sogro de Tobias (1; Tob. 3.7,8).

2. Um arcanjo (1En. 20.4; 23.4).

RAINHA Esposa do rei, mãe ou governante por direito próprio. Cinco rainhas estrangeiras são mencionadas na Bíblia: a rainha de Sabá (1Rs 10), Tafnes do Egito (11:19, 20), Vasti da Pérsia (Et 1), Ester da Pérsia (Et 2-10) e Candace da Etiópia (At 8:27). Destas, somente a de Sabá, na Etiópia, é apresentada como governante soberana, enquanto as da Pérsia são dependentes do *status* do marido.

Casamentos reais ajudaram a estabelecer alianças e a fortalecer tratados. Quatro (talvez cinco) casos específicos de casamentos mistos entre casas reais de Israel e Judá com outras nações são: Davi e Maaca, de Gesur (2Sm 3:3); Salomão e a filha de Faraó (1Rs 3:1); Acabe e Jezabel (16:31); Jeorão e Atalia (2Rs 8:18) e possivelmente Salomão e Naama (LXX 1Rs 12:24). Outras uniões — tanto reais quanto comuns — estão implícitas (cf 1Rs 11:1-2).

Apesar da advertência em Deuteronômio 17:17, alguns reis judeus e israelitas tiveram várias esposas: Saul (2Sm 3:7; 12:8); Davi (3:2-5; 5:13; 11:27; 15:16; 16:21,22; 20:3); Salomão (700 esposas e 300 concubinas; 1Rs 11:3); Roboão (18 esposas e 60 concubinas; 2Cr 11:21); Abias (14 esposas; 13:21); Acabe (1Rs 20:3-7); Joaquim (2Rs 24:15); Jeorão (2Cr 21:14, 17); e Zedequias (Jr 38:23).

Talvez a posição mais influente ocupada por uma esposa real era a da mãe do rei. Essas mulheres, frequentemente mencionadas como parte das fórmulas introdutórias reais de seus filhos, raramente têm narrativas detalhando suas atividades. Somente Bate-Seba, Maaca, Hamutal, Jezabel, Atalia e Neustã tiveram mais que uma rápida menção nos relatos de seus filhos. Delas, somente Atalia de Judá (2Rs 11) conseguiu a base de poder necessária para um governo independente.

Os estudiosos debatem se a rainha mãe era ou não uma posição institucional em Judá ou Israel, se tal posição surgiu de influência externa (p. ex., dos hititas) ou de dentro de Israel (p. ex., de uma estrutura social matriarcal anterior), e se suas responsabilidades e poderes eram essencialmente religiosos, políticos ou pessoais. Zafrira Ben-Barak afirma que pessoas como Bate-Seba, Maaca, Hamutal e Neusta ganharam poder ao aliciar apoio para um filho mais jovem sem reivindicação à sucessão, conseguindo com isso poder normalmente fora do alcance das mães dos reis. A influência da rainha mãe seria então decorrente da pessoa e não da instituição ou da religião. Em contraste, Susan Ackerman argumenta que as responsabilidades da rainha mãe eram tanto políticas (conselheira do rei) quanto religiosas (representante de Aserá na corte real judaica, talvez até mesmo substituta de Aserá). A rainha mãe seria então a segunda em poder parasse sujeitando apenas a seu filho, o rei.

Bibliografia. S. Ackerman, "The Queen Mother and the Cult in Ancient Israel", *JBL* 112 (1993): 385-401; Z. Ben-Barak, "The Status and Right of the Gebîrâ", *JBL* 110 (1991): 23-24; L. S. Schearing, "Queen", *ABD* 5.583-86; K. Spanier, "The Queen Mother in the Judaean Royal Court: Maacha — A Case Study", in *A Feminist Companion to Samuel and Kings*, ed. A. Brenner (Sheffield, 1994), 186-95. [LINDA S. SCHEARING]

RAINHA DO CÉU Deusa adorada primeiro em Judá no fim do século VII e depois pelos israelitas que fugiram para o Egito após a destruição babilônica de 586 a.C. (Jr 7:16-20; 44:15-28). As observações de Jeremias associam a deusa à fertilidade e, de certa forma, à guerra; ela também, como seu título sugere, tem características astrais. Seu culto é descrito como particularmente atrativo às mulheres, que assam bolos em oferenda na imagem da deusa.

A deusa canaanita cuja descrição melhor se ajusta a esta é Astarte, que está associada tanto à fertilidade quanto à guerra e que tem características astrais. Inscrições fenícias atribuem também a Astarte o título de "Rainha". Não se sabe, entretanto, se o culto a Astarte é aquele em que as mulheres têm papel especial. Todavia as mulheres têm lugar importante no culto a Istar, a contraparte mesopotâmica de Astarte, cujas devotas choram ritualmente imitando as lamentações da deusa sobre seu amante morto, Tamuz (cf. Ez 8:14). O culto a Istar também envolve oferenda de bolos chamados *kamānu*, palavra acádica cognata do hebraico *kawwān'm* usada para bolos em Jeremias. A Rainha do Céu é assim identificada como sincretismo da Astarte canaanita e da Istar mesopotâmica. [SUSAN ACKERMAN]

RAMÁ (heb. *rāmâ*) **1.** Designação comum para cidades elevadas e vilarejos no antigo Israel (heb. "os altos")

2. Cidade designada a Benjamim (Js 18:25), localizada na fronteira de Efraim. É usualmente identificada com a moderna er-Râm, 8 km ao norte de Jerusalém. A profetisa Débora sentava-se sob uma palmeira entre Ramá e Betel e decidia as disputas israelitas (Jz 4:5). Por volta de 900 a.C., o rei Baasa de Israel capturou Ramá e fortificou a cidade numa tentativa de cortar o acesso do norte a Jerusalém. A ocupação de Ramá por Baasa terminou quando o rei Asa de Judá subornou Ben-Hadade de Arã para atacar Israel (1Rs 15:16-22; 2Cr 16:1-6). No final do século VIII, tanto Oseias (Os 5:8) como Isaías (Is 10:29) aludem a um ataque à cidade (provavelmente pelos assírios, embora alguns tenham sugerido a coalizão siro-efraimita). Os cativos parecem ter sido reunidos em Ramá para deportação para Babilônia (Jr 40:1). Jeremias retrata Raquel (a mãe de Benjamim, cuja tumba ficava próxima) "chorando por seus filhos", isto é., pelos judeus sendo levados para o exílio (Jr 31:15). Mateus aplica a lamentação de Jeremias à tristeza experimentada quando Herodes massacrou os bebês em Belém (Mt 2:18). Ramá é mencionada em vários contextos pós-exílicos (Ed 2:26; Ne 7:30; 11:33).

3. Ramá do Neguebe; cidade do território de Simeão (tb. chamada de Baalate-Ber; Js 19:8). Davi mandou do despojo tomado dos amalequitas a uma cidade perto de Ziclague chamada Ramote do Neguebe (1Sm 30:27), indubitavelmente o mesmo lugar. O local não foi identificado com certeza.

4. Vilarejo perto da fronteira norte de Aser, na proximidade de Tiro (Js 19:29). A moderna Ramieh tem sido, às vezes, identificada com o local bíblico, embora esse fato seja incerto.

5. Cidade fortificada em Naftali (Js 19:36), normalmente identificada com a moderna Khirbet Zeitûn er-Râmeh/Khirbet Jûl, 13 km a sudoeste de Safed.

6. Cidade natal de Samuel. Muitos estudiosos equiparam o local de nascimento de Samuel com a Ramá de Benjamim, argumentando que o pai de Samuel, Elcana, era descendente de Zufe (1Sm 1:1), levita dos coatitas que se estabeleceu no norte de Benjamim (9:5; cf. Js 21:5; 1Cr 6:22-26,35, 66-70), ou que Ramá (próxima à fronteira de Efraim) era habitada pelos zufitas. Outros entendem 1Samuel 1:1 indicando que Ramataim ("dois altos"), normalmente chamada de Ramá (cf. v. 19; 2:11), ficava no território de Efraim. A última tem sido, às vezes, associada com a Arimateia do NT, moderna Rentîs; cf. Eusébio Onom. 32.21-23). Samuel nasceu em Ramá (1Sm 1:19,20), cresceu em Siló (v. 24), mas depois que o tabernáculo foi mudado de Siló, retornou para Ramá onde passou a maior parte de sua vida adulta (7:17; 25:1).

7. Forma abreviada do nome para Ramote-Gileade da Transjordânia (2Rs 8:29 = 2Cr 22:6). [STEPHEN R. MILLER]

RAMÁ-LEÍ (heb. *rāmaṯ lĕḥî*) Nome dado ao lugar ("colina da queixada") onde Sansão matou 1.000 filisteus usando uma queixada como arma (Jz 15:17).

RAMÁ-MIZPE (heb. *rāmaṯ hammiṣpeh*) Cidade fronteiriça a Gade, mencionada com Hesbom e Betonim (Js 13:26) e, possivelmente, terra natal de Jefté. Essa cidade tem sido identificada com vários locais incluindo Khirbet Jel'ad, Khirbet es-Sire, Khirbet el-Qa'ra e 'Araq el-Emir. Tell Ramith é uma possibilidade se Mispá de Gileade e Ramote-gileade forem consideradas equivalentes. [PAUL J. RAY, JR.]

RAMATAÍM-ZOFIM (heb. *rāmāṯayim ṣôpîm*) Cidade natal de Elcana, pai de Samuel (1Sm 1:1 TM; NRSV "Ramataim"). *Ver* RAMÁ 5.

A B C D E F G H I J K L M N O P Q R S T U V X Y Z

RAMATITA (heb. *rāmāṯî*) Designação gentílica de Simei (13), supervisor dos vinhedos de Davi, indicando que era originário de um dos lugares chamado Ramá (1Cr 27:27).

RAMESSÉS (egip. *R'-ms-sw*) **I. (PESSOA)** Nome real usado por vários reis egípcios (ou ramessidas) das dinastias do Novo Império (séculos XIX e XX).

1. Ramessés I. General e vizir de Horemheb, o último rei da 18ª Dinastia, que se tornou sucessor de Horemheb e fundador da 19ª Dinastia. Teve reinado de dois anos (1306-1305 a.C.) e foi sucedido por seu filho Seti (1305-1290).

2. Ramessés II. O filho de Seti I, que reinou por cerca de 67 anos (1290-1224). No quinto ano do seu reinado, incitou uma campanha contra os hititas e em seu vigésimo primeiro ano concluiu um tratado com o rei hitita Hattusili, que estabeleceu o controle egípcio sobre Canaã. O tratado sobreviveu em inscrições egípcias no templo de Karnak, no Ramesseum e numa cópia cuneiforme recuperada da capital hitita. Ramessés foi também responsável pela construção de projetos monumentais, incluindo gigantescas estátuas; o templo de Abu Simbel; e seu templo funerário, o Ramesseum. Alguns intérpretes identificam as cidades de Pitom e Ramessés (Êx 1:11) com Per-Atum e Per-Ramessés no Delta oriental e sugerem que Ramessés II pode ter sido o rei do Egito na época do êxodo israelita. Um monumento erigido por seu filho e sucessor Merneptá (1224-1204) inclui a primeira referência extrabíblica a Israel como povo do território de Canaã.

3. Ramessés III (1183-1152). Filho de Setnakht, que fundou a 20ª Dinastia e reinou cerca de dois anos. Durante seu reinado, lidou com incursões dos líbios e outros no território egípcio. Relevos no templo funerário de Ramessés III, em Medinet Habu retratam suas batalhas contra os povos do mar no oitavo ano do seu reinado. Um desses grupos chamado de peleset pelos egípcios, estabelecidos na costa sul da planície de Canaã e conhecidos no AT como filisteus e talvez também como peleteus da segurança de Davi (2Sm 8:18).

4. Ramessés IV-XI. Ramessés III foi sucedido no trono por uma série de reis que também assumiram o nome de Ramessés e que governaram até 1085. Durante os reinados desses reis, o poder do império egípcio declinou e houve problemas internos cada vez maiores. Vários fatores estiveram provavelmente envolvidos na decrescente eficiência da monarquia egípcia evidenciada durante os últimos anos da 20ª Dinastia, incluindo um padrão incomum de sucessão — uma quantidade de reis idosos com reinados relativamente curtos depois de Ramessés III, ineficiência administrativa e relacionamento instável entre o rei, o governo civil e o exército.

Bibliografia. K. A. Kitchen, *Pharaoh Triumphant: The Life and Times of Ramesses II* (Warminster, 1983); A. B. Knapp, *The History and Culture of Ancient Western Asia and Egypt* (Chicago, 1988); B. G. Trigger et al., *Ancient Egypt: A Social History* (Cambridge, 1983). [KEITH L. EADES]

II. (LUGAR) (heb. *Ram'amsēs*) (tb. RAAMSÉS) A região na qual os judeus se estabeleceram durante sua permanência (Gn 47:11) no Egito e o nome de uma cidade-armazém que foram forçados a construir (Êx 1:11, Raamsés). Ramessés foi o ponto de partida do Êxodo (Êx 12:37; Nm 33:3, 5). A cidade recebeu o nome em homengem a Ramessés II da 19ª Dinastia (egyp. *pr-r'-ms-sw*, "Casa de Ramessés"). Foi durante esse tempo que a capital do Egito se transferiu de Tebas, no sul, para Ramessés, no Delta.

Ramessés foi durante muito tempo identificada com Tânis (Zoan; moderna San el-Hagar) com base na presença de vários monumentos de Ramessés II, mas o sítio arqueológico ficou desocupado até a 21ª Dinastia e os monumentos foram mudados de lá para outros locais. Os primeiros estudiosos sugeriram Tell er-Ratabeh e Pelusium. O consenso atual coloca Ramessés em Qantir (Khatana), 24 km ao sul de San el-Hagar e 14 km ao norte de Fagus. A evidência de ocupação inclui palácios e edifícios administrativos do período ramessida. Achados importantes na área circundante indicam que a cidade de Ramessés se estendia de Qantir, que era o centro e incluía tais locais em Tell e-Dab'a (local de Avaris, capital dos Hycsos) e Tell Abu el-Shafi'a.

Bibliografia. M. Bietak, "Avaris and Piramesse", *Proceedings of the British Academy* 65 (1979): 225-89; *Avaris, the Capital of the Hyksos* (London, 1996); E. P. Uphill, "Pithom and Raamses: Their Location and Significance", *JNES* 27 (1968): 291-316 (1969): 15-39. [LAWRENCE A. SINCLAIR]

RAMIAS (heb. *ramyâ*) Israelita da família de Parós, que retornou do exílio e forçado a se divorciar de sua esposa estrangeira (Ed 10:25).

RAMOS A tradução de várias palavras hebraicas e gregas, se referindo, diversas vezes, a ramos reais tais como aqueles usados para construir barracas na festa dos tabernáculos (Lv 23:40) ou ramos usados em procissões de festas (Sl 188:27; Mt 21:8). Contudo, "ramo" frequentemente tem significação figurativa. Os ramos das palmeiras simbolizavam a celebração perante o Senhor, e quando espalhadas pelo caminho simbolizavam a recepção de um rei (Mt 21:8). A imagem de uma oliveira (Os 14:6; Rm 11:16-24), um cedro (Ez 17:23), ou uma vinha e seus ramos (Sl 80:11 [TM 12]; Na 2:2; Jo 15:1-8) descreve Israel como improdutivo ou exilado e como restaurado e plantado na terra (Ez 31:6; Mt 12:32). O Messias de Israel (Is 4:2; 11:1) é também mencionado como o "Renovo justo" que brota da linhagem real de Davi (Jr 23:5; 33:15). Quando os israelitas retornaram à terra vindos do exílio e começaram a reconstruir o templo, Zacarias profetizou que alguém chamado "Renovo" funcionaria tanto como sacerdote quanto como rei (Zc 3:8; 6:12); ele reconstruiria o templo do Senhor no tempo da restauração. [A. B. CANEDAY]

RAMOTE (heb. *rā'môṯ*, *rāmōṯ*, *rā'mōṯ*) **1.** Ramote de Gileade (Dt 4:43; Js 20:8; 21:38; 1Cr 6:80 [TM 65]). *Ver* RAMOTE-GILEADE.

2. Ramote do Neguebe, uma cidade simeonita para onde Davi mandou o despojo dos ataques dos amalequitas a Ziclague (1Sm 30:27). *Ver* RAMÁ 2.

3. Cidade levítica no território tribal de Issacar, designada aos gersonitas (1Cr 6:73 [58]). Provavelmente é a mesma Jarmute (2; Js 21:29) e Remete (19:21).

RAMOTE-GILEADE (heb. *rāmōṯ [hag]gil'āḏ*) Cidade de refúgio na Transjodânia localizada na parte leste do território de Gade (Dt 4:43; Js 20:8; 21:38).

Ben-Hadade da Síria, ao que tudo indica, capturou a cidade de Israel na metade do século IX a.C. (1Rs 20, 22). O rei de Israel (provavelmente Acabe) subsequentemente pediu a Josafá de Judá para ajudá-lo a recuperar da Síria a cidade (1Rs 22: 3), com objeção do profeta Micaías, que predisse a derrota (v. 15-17). A segunda tentativa aliada para recuperar Ramote-Gileade foi empreendida por Jorão de Israel e Acazias de Judá contra Hazael, sucessor de Ben-Hadade, cerca de doze anos depois (por volta de 840; 2Rs 8:28-29), embora Jorão tenha sido ferido na tentativa. A confusão resultante em Israel (que levou à ascensão de Jeú) possibilitou a Hazael recapturar não somente Ramote-Gileade, como também o restante das possessões de Israel na Transjordânia (2Rs 10:32, 33).

Não existe consenso sobre a identidade moderna de Ramote-Gileade, embora Tell el-Husn (16 km a sodoeste de Ramtha) e Tell Ramîth (7 km ao sul de Ramtha, perto da fronteira atual da Síria) tenham sido propostas. Tell Ramith tem a vantagem dos laços etimológicos com Ramote, local estratégico como "alto", e cerâmica da Idade do Ferro que data do tempo de Salomão ao de Tiglate-Pileser III. [RANDALL W. YOUNKER]

RAMSÉS (heb. *ra'amsēs*) Forma alternativa para Ramessés, cidade-armazém construída pelos israelitas e depois a capital ramessida (Êx 1:11).

RÃO (heb. *rām*) **1.** Filho de Hezrom e ancestral de Davi (Rt 4:19; 1Cr 2:9,10) e de Jesus (Mt 1:3,4; gr. *Aram*; cf. Lc 3:33).

2. Filho de Jerameel da tribo de Judá (1Cr: 2:25,27).

3. Ancestral de Eliú (Jó 32:2)

RAPOSA Membro carnívoro da família de cães (*canidae*), gênero Vulpes. A palavra heb. *šû'āl* designa tanto a raposa como o chacal (Sl 63:10 [TM 11]; Lm 5:18). A raposa vermelha e sua prima do deserto, a feneco, são criaturas pequenas, solitárias, noturnas e inteligentes. Emergindo de seu covil para caçar durante a noite, a raposa é onívora, comendo caças pequenas, insetos e frutas (Ct 2:15) e revirando lixo, se necessário. Possui senso aguçado de visão, de cheiro e especialmente de audição. A raposa é considerada como peste na literatura rabínica visto que comia aves e animais domésticos (Bek. 8ª; Mak 24b; Ned. 81b; Ketub, 11b; Hul. 53ª; Eccl. Rab. 98ª).

Jesus assinala que, diferentemente de si mesmo, as raposas (gr. *alṓpēx*) têm seus covis (Mt 8:20 = Lc 9:58),e ele se refere a Herodes metaforicamente como "aquela raposa" (Lc 13:32). [DONALD FOWLER]

RAQUEL (heb. *rāḥēl*) A filha mais jovem de Labão, irmã de Leia e uma das esposas de Jacó. Seu nome provavelmente significa "ovelha" e foi citada como "bonita de porte e de rosto".

Raquel estava cuidando das ovelhas do pai, quando Jacó a viu pela primeira vez, que havia ido a Harã ou para escapar da ira de seu irmão Esaú (Gn 27:41-45) ou procurar esposa da família de sua mãe (27:46–28:5). Jacó foi trabalhar para Labão, que era também irmão de sua mãe. Quando indagado qual seria o seu salário, Jacó pediu a mão de Raquel, a quem amava. Em troca de sete anos de serviço, Raquel iria se tornar sua esposa (Gn 29:15-20).

Embora Labão tenha parecido concordar com as condições (Gn 29:19), quando chegou o momento de dar Raquel a Jacó, Labão a trocou por Leia. A razão para Labão fazer o que fez é muito irônico: não era costume casar a filha mais nova primeiro. Jacó, que havia roubado a bênção de seu outro irmão, teve, ele mesmo, de aceitar como esposa a filha mais velha em vez da mais jovem que havia escolhido. Jacó teve de prestar outros sete anos de serviço por Raquel, embora tenha-lhe sido dada permissão para casar-se com ela em uma semana (Gn 29:28).

Ironicamente Raquel, a esposa que Jacó escolheu e "amava", permaneceu estéril durante longo tempo, embora sua irmã, Leia, a "odiada", deu filhos a Jacó. Isso provocou tensão e conflito entre as duas irmãs ao Leia dar quatro filhos em sequência e Raquel permanecer sem filhos (Gn 29:31-35). Para superar essa situação, Raquel ofereceu sua serva Bila a Jacó, que teve dois filhos com ele (Gn 30:1-8). Leia, por sua vez, ofereceu sua serva Zilpa, que também teve dois filhos com Jacó(Gn 30:9-13). Tal costume parece refletir um procedimento legal pelo qual as mulheres sem filhos podiam adquirir os filhos de

A B C D E F G H I J K L M N O P Q R S T U V X Y Z

suas servas por adoção; ao recorrer a essa prática, Raquel provavelmente esperava remover a vergonha produzida pela esterilidade.

Quando o desespero de Raquel aumentou, ela chegou até a trocar uma noite com Jacó por uma mandrágora, ou "maçã do amor", achada por Ruben, filho de Leia (Gn 30:14-16). O fruto da mandrágora (ou mandrágora florescente) era considerado afrodisíaco, promovendo a fertilidade.

Depois que Leia deu à luz mais dois filhos e uma filha, Raquel finalmente teve um filho, José e o conflito, ou disputa, entre as duas mulheres terminou, embora não sem a esperança de Raquel por outro filho (Gn 30:24). Embora o nascimento de José tenha ocorrido logo depois de Raquel haver ganho a mandrágora, o narrador é cuidadoso em atribuir a concepção de José ao fato de que "E Deus lembrou-se também de Raquel, ouviu-a e a tornou fértil" (Gn 30:22).

Após o nascimento de José, Jacó planejou deixar a casa de Labão secretamente, com o consentimento de suas esposas. Raquel levou consigo os terafins (pequenos objetos cúlticos, imagens de deuses ou possivelmente dos ancestrais), escondendo-os debaixo da sela dos camelos. O motivo de Raquel para fazer isso não são claros, mas é possível que o terafim representasse a bênção, ou bem-estar, da família, que ela toma em compensação pela injustiça perpetrada por seu pai (Gn 31:14-16). Ao fazer isso, ela quase trouxe morte sobre si mesma. Jacó, inocente ou do roubo ou de ter conhecimento dele, prometeu a Labão que quem quer que tivesse roubado o terafim morreria. Raquel usou de um ardil para evitar a descoberta, alegando que estava no período menstrual.

O desejo de Raquel por outro filho só se realizou depois que Jacó voltou para Betel (Gn 35). Na viagem de Betel para Efrata (Belém), Raquel deu à luz o segundo filho, chamado de Benjamim por seu pai, mas morreu ao dar à luz (Gn 35:16-18). Jacó a enterrou lá no caminho, com uma coluna para marcar o lugar (Gn 35:19-20), que depois tornou-se parte do "território de Benjamim, em Zelza" (1Sm 10:2).

Raquel é lembrada em Israel como aquela que, com Leia, edificou a casa de Israel (Rt 4:11). O profeta Jeremias fala de Raquel chorando em Ramá por seus filhos perdidos, as tribos do norte descendentes de José e Benjamim (Jr 31:15) [MARILYN J. LUNDBERG]

RAQUÉM (heb. *rāqem*) Filho de Seres e descendente de Manassés (1Cr 7:16).

RÃS Classe de anfíbios (geralmente da família Ranidae) ou criaturas da água. As rãs (heb. *ṣĕpardēaʿ*; gr. *bátrachos*) não possuem barbatanas ou escamas e, assim, são imundos para comida (Lv 11:9-12); eles podem também qualificar-se como "criaturas rasteiras", também imundas (Lv 11:41).

Todas as aparições do AT dizem respeito às dez pragas. As rãs são a segunda praga, após o Nilo ter se tornado em sangue (Êx 8:2-14 [TM 7:27-8:10]). Eles são a terceira praga em Salmo 78:45 — após o Nilo se tornar em sangue e as moscas — em 105:30 — após as trevas e o Nilo tornar-se em sangue. A Sabedoria de Salomão também menciona essa praga (Sab. 19.10). Uma explicação para esse fenômeno é naturalista: as rãs vieram do Nilo antes do tempo costumeiro do ano por causa das águas vazantes deixadas putrefatas, e por causa da multidão de insetos em lagoas e piscinas próximas ao rio. Os insetos portavam doenças que matavam as rãs. Outra explicação é literária: as rãs são símbolo da fertilidade, associadas com a divindade rã Heqt (Heket), esposa do deus Khnum, que dava formas aos seres humanos a partir do barro. Essa Heqt que assistia as mulheres nos nascimentos, tem sido ligada com a ordem de Faraó em que as parteiras deveriam matar os filhos machos dos hebreus (Êx 1:16); a praga deveria ser resposta a essa ordem. Em Apocalipse 15-16, as sete taças da ira divina são modeladas sobre as pragas; da sexta taça (16:13) o anjo solta uma praga de rãs que davam forma aos espíritos imundos. [VITORIA ANDREWS]

RAS SHAMRA *Ver* UGARITE.

RASSIS (gr. *Rhássis*) Cidade saqueada pelo exército de Holofernes (Jd 2:23; "os rassisitas"). O autor parece colocá-la em algum lugar na região da Cilícia. Alguns consideram Rassis corruptela do nome Tarso (Vulg. Tharsis), enquanto outros acreditam que se trata de Rossos (moderna Arsos) mencionada por Strabo (Geog. 14.5.19; 16.2.8) e Ptolomeu (Geog. 5.14). [H. WAYNE HOUSE]

RATHAMIN (gr. *Rháthamin*) Um dos distritos tomados de Samaria e dados por Demétrio para Jônatas Macabeu cerca de 150 a.C. (1Mac 11.34). De resto, o local é desconhecido, mas alguns estudiosos o identificam (embora com transposição de consoantes) com Ramataim (-Zofim), local de nascimento de Samuel. *Ver* RAMÁ 5. [BENJAMIN C. CHAPMAN]

RATO Em termos bíblicos, qualquer roedor da família Muridae, incluindo o camundongo, o rato e o camundongo do campo (heb. *ʿak̲bār*). Essas criaturas não eram aceitáveis de acordo com as leis da alimentação do Pentateuco (Lv 11:29; cf. Is 66:17, que descreve os costumes pagãos). Em resposta a uma invasão de camundongos divinamente enviada, os filisteus incluíram cinco camundongos de ouro como oferta de culpa ao devolverem a arca da aliança para Israel (1Sm 6:4-18).

REABIAS (heb. *rĕḥab̲yâ*, *rĕḥab̲yāhû*) O filho de Eliezer e neto de Moisés (1Cr 23:17; 24:21; 26:25).

REBA (heb. *reba'*) Um dos cinco reis dos midianitas, todos vassalos do rei Siom dos amorreus, que foram mortos pelos israelitas em guerra (Nm 31:8; Js 13:21). Seu território foi depois designado aos rubenitas.

REBANHO, TORRE DO *Ver* EDER (LUGAR) 2.

REBECA (heb. *ribqâ*) A esposa de Isaque e mãe de Jacó e Esaú; filha de Betuel e irmã de Labão (Gn 22:23; 24:29). Quando Abraão manda seu servo à procura de uma esposa para Isaque em sua terra natal, na Mesopotâmia, Rebeca é encontrada junto a um poço fora da cidade de Naor (Gn 24:11-49). Ela é descrita como linda e suas ações revelam não ser mulher passiva. Inicialmente, seu irmão e seu pai se dispõem a mandar Rebeca como esposa para Isaque. No final das contas, entretanto, o texto sugere que Rebeca escolhe, por si mesma, ir com o servo de Abraão e se casar com Isaque (Gn 24:58). O primeiro encontro entre os noivos, Isaque e Rebeca, se apresenta como uma novela. Isaque aceita prontamente sua noiva, e o texto diz que "ele a amou" (Gn 24:67). Após uma oração feita por seu marido, a esterilidade de Rebeca é superada e ela concebe. Durante uma gravidez difícil, ela ora a Deus e é informada que dará à luz dois filhos, duas nações e que o mais velho servirá ao mais novo. Depois do nascimento dos filhos, Rebeca reconhece as diferenças entre os dois meninos. Ela gosta do mais novo, Jacó, mas Isaque ama mais a Esaú (Gn 25:21-28). Quando ela ouve por acaso Jacó dizer a Esaú que dará ao filho mais velho uma bênção, Rebeca engendra um plano para enganar o marido para que ele, ao contrário, dê a bênção a Jacó. Ela instrui o filho a respeito de tudo o que ele tem de fazer para enganar o pai, e seu plano é bem-sucedido (Gn 27:5-40). Ao ver a intensa raiva de Esaú em relação a Jacó, Rebeca decide que deve fazer algo para proteger o filho. Ela convence Isaque que Jacó deve se casar com uma mulher da terra natal dela. Assim, Jacó é mandado para procurar uma esposa, e sua vida é temporariamente poupada (Gn 27:41-46). Após esse ato final de garantia em favor do filho favorito, Rebeca desaparece da narrativa. Sua morte não é mencionada. Em Gênesis 49:31, entretanto, sua sepultura é identificada na caverna da família em Macpela, com Abraão, Sara, Isaque, Jacó e Leia. Por meio de seu ardil e extraordinária percepção, Rebeca garante que a palavra do Senhor, relativa a seus dois filhos, dita durante sua gravidez, acabe se cumprindo. Ela é reconhecida como uma das quatro matriarcas dos israelitas.

Bibliografia. S. P. Jeansonne, *The Women of Genesis* (Minneapolis, 1990); S. Niditch, "Genesis", in *The Women's Bible Commentary*, ed. C. A. Newsom e S. Ringe (Louisville, 1992), 13-29.

RECA (heb. *rēkâ*) Terra natal de um ramo dos descendentes de Judá (1Cr 4:12). Sua localização é desconhecida e o texto bem pode estar corrompido. Uma importante edição da LXX sugere que o nome referido é Recabe, nesse caso pode não ser o nome de um lugar, mas o gentílico designando os aqui listados como os recabitas (cf. 1Cr 2:55).

RECABE (heb. *rēkāb*) **1.** Filho de Rimom que, com seu irmão Baaná, assassinaram Isbosete, filho de Saul (2Sm 4:2, 5-8). Por esse ato, Recabe e Baaná foram executados por Davi (2Sm 4:9-12).

2. O pai de Jeonadabe/Jonadabe, cujos descendentes foram os recabitas (2Rs 10:15, 23; 1Cr 2:55; Jr 35).

3. Pai de Malquias, governador pós-exílico do distrito de Bete-Haquerem (Ne 3:14). pode ser o mesmo que 2.

RECABITAS (heb. *rēkābîm*) Os seguidores de Jonadabe, que uniram-se a Jeú em sua revolta contra a casa de Acabe (2Rs 10:15-17); receberam o nome de Recabe, pai ou ancestral de Jonadabe. Durante o reinado de Jeoaquim, os recabitas são descritos como grupo religioso conservador (Jr 35), caracterizado por voto de não beberem vinho e fazerem forte oposição ao baalismo e algumas práticas de uma sociedade agrícola estabelecida. Jeremias usa os recabitas como exemplo de obediência religiosa, em completo contraste ao povo de Israel e Judá. Os recabitas também aparecem em listas genealógicas em que parecem estar associados aos quenitas (1Cr 2:55; 4:11, 12). Também, pseudepígrafo intitulado diferentemente de História dos Recabitas ou A História de Zózimo, contém exegese ampliada de Jeremias 35.

A teoria defensora do desenvolvimento da psicologia antropológica usou a "doutrina da sobrevivência cultural" para interpretar a abstenção dos recabitas ao vinho, a habitação deles em tendas e o desprezo deles pela agricultura como remanescentes de um modo de vida nômade muito mais antigo. As teorias difusionistas levaram à rejeição dos recabitas como sobreviventes de um nomadismo primitivo e os reinterpretou como o resultado do contato e da interação entre grupos diferentes dentro de uma dada cultura. O estilo de vida deles é comparado ao dos profetas, abstendo-se porque o álcool prejudicaria sua capacidade profética e sendo itinerantes em protesto contra os males da sociedade urbana. O ocorrência dos recabitas nas genealogias deu origem ao entendimento de que foram uma corporação de antigos ferreiros, organizada nos moldes de famílias e conhecida por suas linhas endogâmicas e extensas genealogias.

A pesquisa comparativa sobre o papel da autodemarcação ritual como substituto para o poder de fato e a necessidade em relação à distinção própria por comunidades marginalizadas pode prover mais hipóteses satisfatórias no futuro para compreender os enigmáticos recabitas.

Bibliografia. F. S. Frick, "The Rechabites Reconsidered", *JBL* 90 (1971): 279-87; C. Knights, "Who Were the Rechabites?" *ExpTim* 107 (1995-96:137-40; K. van der Toorn, "Ritual Resistance and Sel-Assertion: The Rechabites in Early Israelite Religion", in *Pluralism and Identity*, ed. J. Platvoet e van der Toorn (Leiden, 1995), 229-59. [HENDRIK L. BOSMAN]

RECONCILIAÇÃO "Reconciliar" ou promover "reconciliação" é restaurar a harmonia ou a amizade entre duas entidades anteriormente divididas. Na tradição bíblica, a reconciliação denota o fato fundamental de um relacionamento restaurado, seja entre seres humanos, entre vários elementos no cosmo, ou entre humanos e Deus.

Essa ideia presume que os relacionamentos foram de fato interrompidos, como a narrativa de Gênesis 3 mostra de forma tão pungente. Naquela história, além disso, todos os relacionamentos da existência humana carecem de reconciliação: as relações entre as criaturas e o Criador, os relacionamentos dos gêneros tornados hostis pelo efeito do pecado, e o relacionamento entre as criaturas humanas e a própria terra, que foi desfigurada também pelo pecado do jardim.

O povo do pacto de Israel compreendeu a reconciliação essencialmente num sentido cúltico segundo o qual "as oferendas pelo pecado e pela culpa" restaurariam a harmonia entre eles e Deus, uma harmonia que fôra quebrada pelo pecado e pela violação do pacto. O hebraico *kāp̄ar*, "cobrir, fazer expiação", transmite o objetivo dessas oferendas cúlticas (Lv 8:15; 16:1-34; Ez 45:15, 17, 20) de purificar e restaurar o relacionamento do povo com Deus. No AT, os atos de reconciliação ou de expiação são realizados pelo povo por intermédio dos sacerdotes.

No NT, a reconciliação também denota relacionamento mudado no qual pessoas ou elementos anteriormente distanciados experimentam harmonia restaurada. Os cristãos devem buscar a reconciliação entre si e com qualquer membro distanciado da comunidade, especialmente antes de depositar sua oferta no altar (Mt 5:24) ou resolver disputas perante um magistrado (Lc 15:28).

A tradição paulina, entretanto, desenvolve o tema da reconciliação mais plenamente que quaisquer outros textos bíblicos. Paulo pode usar o termo "reconciliação" de uma forma muito humana, como em 1Coríntios 7:11 em que insiste que os cônjuges se reconciliem um com o outro. Mas, para Paulo, a ênfase dominante recai não nos esforços da reconciliação humana, mas no que Deus fez no mundo por meio de Cristo. Essa convicção paulina aparece especificamente em 2Coríntios 5:14-21; Romanos 5:8-11; 11:15 (cf. Cl 1:20-22; Ef 2:12-17).

A morte e a ressurreição de Cristo redefiniram e restauraram todos os relacionamentos na "nova criação" (2Co 5:17); Deus, agora, tornou-se o perfeito Reconciliador. Por intermédio de Cristo, Deus restaurou todas as pessoas a um relacionamento correto com o divino Criador e convocou cada crente a cooperar neste "ministério de reconciliação" (2Co 5:18). O universo todo está reconciliado perante Deus, convidado a tal reconciliação: "Deus estava em Cristo reconciliando consigo mesmo o mundo" (2Co 5:19). Em Romanos, Paulo recorre à linguagem sacrificial de sua herança judaica para compreender a morte expiatória de Cristo como o ato perfeito de reconciliação (Rm 5:10-11) efetuada por Deus, em e por meio de Cristo.

Finalmente, Colossenses e Efésios traçam as implicações do ato de reconciliação de Deus a suas alturas cósmicas. Em Cristo, Deus estava reconciliando "tanto as coisas que estão na terra como as que estão no céu" (Cl 1:20) para possibilitar uma oferta "santa, inculpável e livre de qualquer acusação" (v. 22). Para o autor de Efésios, a divisão religiosa fundamental entre judeus e gentios foi finalmente reconciliada; Cristo mesmo tornou-se a "paz entre nós" (Ef 2:14). O resultado dessa reconciliação não é nada menos que a criação de uma "nova humanidade" (Ef 2:15) edificada em Cristo que "enche todas as coisas" (1:23).

Bibliografia. R. J. Schreiter, *Reconciliation: Mission and Ministry in a Changing Social Order* (Maryknoll, 1996). [BARBARA E. BOWE]

REDE Redes feitas de vários tipos de fios forneciam instrumento de trabalho para caçadores, armadores de laços, caçadores de pássaros e de peixes. Os caçadores armavam redes entre as árvores ou nas trilhas da caça (Sl 140:5 [TM 6]) para capturar antílopes, outra caça semelhante (Jó 18:8; Is 51:20) ou, em conjunto com buracos, usava-se redes para capturar leões (Ez 19:1-9). No sentido simbólico, as redes representaram o julgamento de Deus (Lm 1:13; Ez 12:13) ou simbolizaram os planos do ímpio para apanhar o justo em armadilha (Sl 10:9). As imagens transmitem um sentido de perigo oculto (Os 9:8) ou a incapacidade da presa de escapar das malhas da rede (Ez 32:3; Mq 7:2).

O caçador de pássaros armava uma rede, escondida (Pv 1:17), e ficava à espera. No momento certo, a rede era solta sobre os pássaros que estavam se alimentando (Jr 5:26; Am 3:5). Bandos de pássaros, como a codorna, que haviam procurado refúgio debaixo de pequenos arbustos eram pegas ao ser lançada uma rede sobre elas (Os 7:12). Da mesma forma, os maus tempos caem como redes sobre as pessoas (Ec 9:12). A morte é como o emaranhado de fios de uma rede

(Sl 18:4,5 [5-6] = 2Samuel 22:5,6, mas Deus livra o justo, assim como pássaros das redes rasgadas do caçador (Sl 124:7).

Os pescadores também usavam redes (Mt 4:20,21), as menores arremessadas (Is 19:8; Mt 4:18) ou redes de arrastão, que requerem um grupo de pessoas, em barcos ou na praia (Hc 1:15; Ez 47:10). Mateus 13:47-48 sugere que os pescadores, como na Galileia, separavam os peixes comestíveis (Cichlidae, peixe de São Pedro; Cyprinidae, carpa, barbilhão e sardinha) dos não comestíveis pela lei judaica (Siluridae, peixe-gato).

Bibliografia. M. Nun, "Cast Your Net upon the Waters", *BARev* 19/6 (1993): 46-56, 70; S. Wachsmann, "The Galilee Boat", *BARev* 14/5 (1988): 18-23. [WILLIAM R. DOMERIS]

REDEMOINHO Literalmente um vento que gira, torce e deixa destruição em sua trilha. É citado predominante na Escritura no uso simbólico ou metafórico. A palavra pode ser entendida no sentido literal (2Rs 2:1; Jó 37:9; 38:1; Na 1:3), mas até mesmo entre essas refereências, o redemoinho é o veículo da teofania — aparição de Deus (Jó 38:1; Ez 1:4).

Na maioria das citações bíblicas, o redemoinho é símbolo do rápido e completo juízo de Deus (Pv 1:27; Is 21:1; Os 8:7; Zc 9:14). Deus espalhará seus inimigos com redemoinhos (Is 41:16) e virá como redemoinho para trazer ira (66:15). O redemoinho do Senhor cairá dolorosamente sobre a cabeça do ímpio (Jr 23:19; 30:23) e, um grande redemoinho será levantado contra os "pastores falsos" de Israel (25:32). O Senhor espalhou Israel entre as nações com redemoinho (Zc 7:14) Em Isaías 5:28 e Daniel 11:40, o simbolismo é o de um choque entre exércitos inimigos. [JOE E. LUNCEFORD]

REELAÍAS (heb. *rĕʿēlāyâ*) (tb. RAAMIAS; RESAÍAS) Importante israelita que retornou do cativeiro com Zorobabel (Ed 2:2). É chamado de Raamias em Neemias 7:7 e Resaías em 1Esdras 5.8.

REFA (heb. *repaḥ*) Homem efraimita e ancestral de Josué (1Cr 7:25).

REFAÍAS (heb. *rĕpāyâ*) (tb. RAFA) **1.** Descendente de Zorobabel (1Cr 3:21 TM).

2. Um dos filhos de Isi que liderou 500 simeonitas e suplantou o remanescente amalequita no monte Seir (1Cr 4:42,43).

3. Filho de Tola, da tribo de Issacar (1Cr 7:2).

4. Descendente de Saul por meio de Jônatas (1Cr 9:43). É também chamado de Rafa (1Cr 8:37).

5. O filho de Hur; chefe do meio distrito de Jerusalém nos dias de Neemias (Ne 3:9).

REFAIM (heb. *rĕpāʾîm*) Os refains foram identificados repetidamente como ancestrais reais mortos e divinizados e, assim, exemplos da antiga crença israelita no poder beneficente sobrenatural dos mortos. Isto, em troca, quase gerou um consenso que os refains bíblicos refletem a base do culto aos mortos ou aos ancestrais reais cananeus-israelitas definido para manipular os poderes dos mortos. Os intérpretes modernos supõem que é contra tal pano de fundo que os escritores bíblicos procuram convencer seus leitores de que os mortos não possuem poder, nem são dignos de culto. Entretanto, é mais provável que os refains simplesmente representem os mortos comuns e enfraquecidos — grande parte da humanidade, uma existência enfraquecida perpétua num mundo subterrâneo sombrio. Somente depois, com o desenvolvimento de noções beatíficas da vida pós-morte no período helenístico, é que tal estado de insignificância veio a ser abominado e acabou substituído pela crença na recompensa eterna do justo e na punição do ímpio.

A etimologia do termo é comumente explicada como derivada de *rpʾ*, "curar", assim "curandeiros" (cf. LXX Sl 88:11; Is 26:14), mas esse aspecto é, na melhor das hipóteses, marginal. Textos bíblicos e extrabíblicos podem apoiar melhor outra raiz semítica *rpʾ* (*rbʾ*), "ser grande, amplo", assim "os Poderosos", referindo-se às suas memoráveis façanhas enquanto ainda vivos ou como retratados em lenda. Alguns estudiosos têm destacado a possível ligação com o hebraico *rph*, "tornar-se fraco" (cf. referências a eles nas narrativas históricas como "descendentes do Fraco"); isso provavelmente reflete uma etimologia popular com o objetivo de diminuir retoricamente o poder dos Poderosos vivos ou lendários.

ANTIGO TESTAMENTO. O AT confirma duas tradições distintas com relação aos refains: (1) as antigas populações autóctones da Palestina como descritas nas histórias narrativas do Pentateuco e deuteronomísticas (p. ex., Gn 14:5; 15:20; Js 12:4; 13:12); (2) nas tradições proféticas, dos salmos e sapienciais, os refains que, como espíritos enfraquecidos dos mortos, habitam o mundo subterrâneo (p. ex., Is 14:9; Sl 88:10 [TM 11]; Jó 26:5). As tradições bíblicas em si nunca associam explicitamente os refains "étnicos pré-históricos" e os refains que são espíritos. No entanto, na história da interpretação, alguma conexão orgânica entre os dois tem sido aceita: o que uma vez foram entidades vivas do passado distante morreram e então vieram a habitar o mundo subterrâneo. O primeiro livro de Enoque 6–14 elabora sobre Gênesis 6:1–4 ao descrever como os gigantes, ou nefilins — que vieram a incluir os refains das narrativas históricas do AT — foram lançados no mundo subterrâneo.

O *status* dos refains bíblicos como espíritos encontra analogia nos contextos funerários de duas

A B C D E F G H I J K L M N O P Q R S T U V X Y Z

inscrições fenícias do século VI a.C. (cf. a frase "... um lugar de descanso com o *rp'm*"). Nem os textos bíblicos nem os fenícios indicam que possuíam posição social ou de realeza ou os poderes de deuses menores. Isaías 14 tem sido citado como exceção, mas os refains no v. 9 são paralelos a "Sheol", aqui representativo da morte comum; somente começando com o v. 14 estão os mortos dentre as elites sociais introduzidas com a menção de "os líderes da terra" e "reis das nações".

Textos ugaríticos. A concepção uma vez comum de que as referências fenícias e bíblicas aos refains como espíritos preservavam uma antiga tradição cananeia, atualmente, de acordo com muitos, encontra confirmação direta nos textos ugaríticos alfabéticos cuneiformes descobertos na Idade do Bronze Recente. O consenso é que esses textos se referem aos refains ou rapi'uma (*rp'um*) tipificando o cananeu morto poderoso e real em nome de quem emergiu um culto ao ancestral ou à morte em Ugarite. Consequentemente, os textos indicam que os Rapi' uma foram anteriormente uma viva realidade coletiva, e depois um grupo heroico interpretado como mito, muito antes de se tornarem habitantes do mundo subterrâneo como mortos poderosos. Essa reconstrução das tradições ugaríticas é rotineiramente citada em apoio à noção de que um conjunto semelhante de circunstâncias fundamenta o que deve ter sido a ligação original entre os enormes refains autóctones e os refains como mortos poderosos da tradição hebraica.

O detalhe importante em relação aos Rapi'uma como mortos divinizados é o hino Shapsh, que encerra o ciclo Baal-Mot (*KTU* 1.6 VI, 5-49). A evidência central em relação ao *status* dos ancestrais reais mortos é *KTU* 1.161, litania por ocasião da coroação de um novo rei à qual todos os guerreiros vivos e elites sociais são convocados, incluindo os poderosos, ou *rp'um*. A litania inclui alguns elementos secundários que são mortuários por natureza e associados à morte do predecessor do novo rei, mas os mortos mencionados no texto, os antigos Poderosos (*rp'im qdmym*), são retratados como fracos e exige-se apenas que recebam o trono do rei recentemente morto quando for passado a eles ritualmente em baixo no mundo subterrâneo.

O hino Shapsh menciona quatro entidades: os *rp'im* ("os poderosos"), as *'ilnym* ("as divindades"), os *'ilm* ('deuses") e os *mtm*("homens, mortais"). O ciclo não apresenta em nenhum lugar a humanidade como morta ou divinizada. A humanidade é ameaçada com a possibilidade de sua aniquilação, mas que nunca se realiza. Da mesma forma, a deusa Shapsh, em nenhum lugar, é localizada no mundo subterrâneo. Em vez disso, ela assiste Anat em recuperar o cadáver de Baal na extremidade da terra e no mundo subterrâneo, na área distante, inabitada e na estepe. Em outra parte do ciclo, ela é retratada como possuidora de sabedoria e autoridade para definir os destinos tanto dos deuses como dos mortais ao restringir os poderes de Mot, deus da morte. O objetivo dessas linhas é ressaltar a abrangente autoridade da deusa para decidir os destinos, em cima e embaixo da terra, da humanidade, heróis mortais, divindades menores e deuses.

Os refains do AT são fantasmas de poderes irrelevantes e que precisam de cuidado. Eles não são os fantasmas sobrenaturais beneficentes da morte, nem tal *status* é contestado em algum lugar nas tradições bíblicas. Não existe culto aos ancestrais ou aos mortos fundamentando as tradições dos refains. No máximo, um culto comemorativo pode dar suporte às referências nas narrativas históricas à medida que essas tradições pressupõem que os refains são heróis lendários vivos de tamanho e estatura imensas. Eles são descritos como "os descendentes do Fraco" numa tentativa de negar seus antigos poderes. Se existe uma polêmica antirrefaim em algum lugar, ela aparece aqui nos contextos narrativos onde a base *rph* é associada com os refains étnicos pré-históricos.

Bibliografia. C.E. L'Heureux, *Rank among the Canaanite Gods*. HSM 21 (Missoula, 1979); T. J. Lewis, *Cults of the Dead in Ancient Israel and Ugarit*. HSM 39 (Atlanta, 1989); B. B. Schmidt, *Israel's Beneficent Dead* (Winona Lake, 1996). [BRIAN B. SCHMIDT]

REFEIÇÃO *Ver* FARINHA.

REFEIÇÕES As refeições são frequentemente mencionadas na Bíblia em contextos seculares e religiosos. Os hábitos alimentares descritos tanto no AT como no NT devem ser interpretados em relação a seus respectivos contextos culturais, o mundo do Oriente Próximo e o greco-romano. Além disso, existem costumes específicos da tradição judaica, como as leis relacionadas à alimentação.

Um antigo relato quanto ao costume da refeição é a história de Abraão e como recepcionou pessoas estranhas em Manre (Gn 18:1-8; cf. 19:1-3). A história ilustra a ideia antiga de hospitalidade, segundo a qual se esperava oferecer o conforto básico a estrangeiros ilustres, em que se incluía especialmente uma refeição. Nesse caso, Abraão convidou seus visitantes a "descansar" debaixo de uma árvore (i.e.,reclinar) enquanto trazia água para que lavassem os pés, um costume regularmente ligado à etiqueta da refeição, sempre que o descanso era praticado. Ele então se tornou tanto anfitrião quanto servo à refeição, enquanto Sara permanecia na tenda, de acordo com o costume comum segundo o qual uma mulher respeitável não devia estar com homens à mesa, especialmente aquela na qual visitantes de fora da família estavam presentes.

A história de Abraão fornece uma foto instantânea dos costumes de refeições num período primitivo da história judaica. O ato de se reclinar pode ser rastreado até o princípio do século VII a.C., como descrito num relevo que mostra o rei assírio, Assurbanípal, reclinado num banquete, num jardim com sua esposa (que, em vez de reclinada, está sentada, indicando sua posição na vida), comendo e bebendo enquanto servos tocam música.

Os mesmos costumes são descritos em Amós 6:4-6. O banquete em que as pessoas ficam reclinadas é descrito aqui como uma ocasião exuberante que inclui a bebida cerimonial de vinho, unção com óleo e entretenimento musical. Amós apresenta isso sob o aspecto negativo, como característica dos réprobos ricos de Samaria, mas o costume que ele representa era comum em seu mundo.

No tempo de Ben Sirá, no período do segundo templo, a refeição de luxúria é algo a ser tratado como parte da vida do sábio. As regras do banquete descritas em Sir. 31.12 — 32.13 apresentam muitos paralelos com o banquete greco-romano e ilustra em que medida os costumes judaicos relativos à refeição tinham se mesclado com os costumes greco-romanos, incluindo características de como presidir à mesa (32.1-2), regras quanto ao falar (31.31; 32.3-4, 7-9), o lugar da música (32.4-6), bem como a prescrição de praticar a moderação no comer e no beber (31.12-18, 25-30).

Essas características são amplamente representadas nos costumes greco-romanos relativos à refeição como evidenciadas, p. ex., no Simpósio, de Platão (séc. IV) ou em Conversas à mesa, de Plutarco (séc. I d.C.). Elas são também repetidas em descrições de refeições no NT. Por exemplo, sempre que é indicada a postura de Jesus às refeições, ela é sempre reclinada (Mc 2:15; 8:6; 14:18 par.). Os diversos termos gregos que significam literalmente "reclinar" são com frequência traduzidos por "sentar-se à mesa" nas versões modernas em inglês. Os comensais que se reclinavam eram organizados de acordo com padrões normais, sendo o comum o arranjo *triclinium*, de acordo com o qual um mínimo de nove comensais eram dispostos numa configuração em forma de U em torno de uma mesa, três comensais em cada divã. Eles se reclinavam sobre o cotovelo esquerdo, dispunham-se num ângulo oblíquo no divã e, grosso modo, paralelos uns aos outros. Os comensais podiam ser dispostos por *status*, prosseguindo em torno da mesa da esquerda para a direita. Assim, em João 13:23, quando o Discípulo Amado é descrito "perto de Jesus" (gr. "reclinado em seu seio"), ele é, dessa forma representado numa posição de honra, exatamente à direita do próprio Senhor. Da mesma forma, na parábola do rico e Lázaro (Lc 16:19-31), a posição de Lázaro na vida após a morte "no seio de Abraão" (v. 23) é melhor compreendida como uma posição de honra no banquete messiânico da vida após a morte (em "comer no banquete do reino de Deus", cf. 14:15).

Posicionar os convidados por *status* era a marca de um bom anfitrião, mas isso podia causar tensão, como em Lucas 14:7-11 (cf. Plutarco em Conversas à mesa 1:2). Tal tensão social pode fundamentar o conflito à mesa do Senhor em Corinto (1Co 11:17-34), igreja na qual as divisões à mesa são caracterizadas como "desprezais a igreja de Deus e envergonhais os que nada têm" (v. 22). Mulheres e escravos eram marginalizados até mesmo em não poderem se reclinar, se ao menos estivessem presentes à mesa. Entretanto, essa tradição foi passando por mudança no século I, quando mulheres respeitáveis começaram a aparecer em banquetes com mais frequência. Nos evangelhos, as mulheres estavam presentes às refeições de Jesus com mais frequência, mas essas histórias variam na forma como colocam os lugares das mulheres à mesa, se num papel subserviente tradicionalmente aceitável aos pés de Jesus (Lc 7:36-50; 10:38-42), ou possivelmente reclinadas com homens (Mt 14:19-21; 15:35-38). Por contraste, quando Paulo se refere a mulheres presentes aos cultos em Corinto como profetisas (1Co 11:5), deve-se concluir que estavam presentes à mesa (mencionado no argumento de Paulo, v. 17-34) e tudo indica que estavam reclinadas com os homens.

De acordo com os costumes antigos, quando alguém oferecia uma refeição em sua casa, como Levi/Mateus fez a Jesus (Mc 2:15 par.), os convites eram normalmente feitos aos convidados (cf. Platão Symp. 174E). Jesus faz referência a esse costume num sentido simbólico quando fala de "convidar" ("chamar") não os justos, mas os pecadores à mesa, isto é, para o reino (Mc 2:17, cf. a referência a convites em Lucas 14:10, 12, 16). Ao chegarem para a refeição, os convidados tinham os pés lavados por um servo da casa antes de tomar suas posições nos divãs (Symp. 175A). É feita referência a esse costume em Lucas 7:34, texto no qual o farisaico anfitrião de Jesus recebe críticas por não ter providenciado esse ato básico de hospitalidade para Jesus e, em João 13:1-16, em que Jesus assume o papel de servo para lavar os pés dos discípulos, costume que continuou em alguns círculos na Igreja primitiva (1Tm 5:10). Lavar as mãos à mesa antes da refeição era costume comum dos pagãos, bem como dos judeus (Ateneu Deip. 14.641

d; m. hag. 2.5), mas recebeu significado religioso especial no judaísmo farisaico. Jesus, como parte de sua crítica aos fariseus, ignorou esse costume (Mc 7:1-8 par.). Os convidados eram usualmente ungidos na cabeça com perfumes (Josefo, *Ant.* 19.238), costume que recebe significado simbólico na tradição de Jesus (Mc 14:3-9).

O banquete de antigamente tinha duas sequências básicas, a da comida, ou *deípnon*("refeição"), seguida pela sequência da bebida, ou *sumpósion* (simpósio). Cada sequência começava com bênção ou libação sobre o alimento e o vinho, costume adaptado de formas diferentes pelos gregos, romanos e judeus (Symp. 176A; m. Ber. 6), e que é refletido na bênção de Jesus em várias refeições (p. ex., Mc 8:6). As tradições da Última Ceia fazem referência às duas sequências da refeição ao indicar bênçãos separadas sobre o pão e o vinho (Mc 14:22-25 par.). Nas versões de Paulo e de Lucas, essas bênçãos estão explicitamente separadas pela frase "depois da ceia" ("depois do *deípnon*"; 1Co 11:23-25; Lc 22:19, 20).

A sequência do simpósio tinha a intenção de durar até o anoitecer e esperava-se que incluísse entretenimento. Enquanto os gregos e romanos tendiam ao entretenimento lascivo, seus filósofos ofereciam com frequência conversas esclarecedoras sobre assuntos filosóficos em seus simpósios (p. ex., Symp. 176E). Da mesma forma, a tradição judaica, à mesa, preferia o discurso sobre a lei (como em Sir. 9.15-16) e Jesus ensinou à mesa em várias ocasiões (Lc 14). Na Igreja primitiva, é bastante provável que o serviço religioso que começava com uma refeição em comum (ou Ceia do Senhor) continuava à mesa, já que "reunir-se como igreja" (1Co 11:18) incluía tanto "reunir-se para comer" (v. 20), como "reunir-se [onde] cada um [...] tem um salmo, ou uma palavra de instrução, uma revelação, uma palavra em língua ou uma interpretação" (14:26a).

As refeições também funcionavam como marcadores de limites, ajudando a definir quem era e quem não era na comunidade. As leis judaicas relativas à alimentação funcionavam especialmente para definir fronteiras, os que seguiam estritamente estas leis normalmente não podiam comer à mesa de um gentio (Dn 1:8; Tob 1.10). Isso criou um problema na Igreja primitiva quando a membresia gentia começou a aumentar de maneira mais acentuada. Esse assunto chegou ao ponto crítico em Antioquia num incidente descrito por Paulo em Gálatas, onde os cristãos judeus se recusavam comer à mesma mesa com os cristãos gentios (Gl 2:11-14). Paulo argumentou enfaticamente que a Igreja não pode mais ter duas mesas como não pode ter dois caminhos para a salvação, porque em Cristo "não há judeu nem grego" (Gl 3:28). A tensão sobre as leis da alimentação foi resolvida de forma diferente de acordo com outra tradição representada em Atos 15, ocasião na qual os cristãos gentios receberam a ordem para seguir uma forma modificada de leis judaicas relativas à alimentação ("se abstenham...do sangue, da carne de animais estrangulados", v. 29), permitindo, assim, que cristãos gentios e judeus comessem à mesma mesa. Mas Marcos, assim como Paulo, considerou não ceder nesse assunto, informando que Jesus "declarou puros todos os alimentos" (Mc 7:19). A mesa de Jesus, como relatado pelos evangelhos, foi aquela na qual a inclusão dos marginalizados foi a regra, simbolizada por sua preferência em comer com tais pessoas impuras, como "cobradores de impostos e pecadores" (Mc 2:15-17 par.).

Bibliografia. K. E. Corley, *Private Women, Public Meals: Social Conflict in the Synoptic Tradition* (Peabody, 1993); P. J. King, *Amos, Hosea, Micah: An Archaeological Commentary* (Philadelphia, 1988); D. E. Smith, "Table Fellowship as a Literary Motif in the Gospel of Luke", *JBL* 106 (1987): 613-38; Smith e H. Taussig, *Many Tables: The Eucharistic in the New Testament and Liturgy Today* (Philadelphia, 1990). [DENNIS E. SMITH]

REFIDIM (heb. *rĕpîḏîm*) Ponto de parada no Êxodo entre o deserto de Sin e o deserto do Sinai (Êx 17:1; 19:2; Nm 33:14,15). Aqui Moisés, em resposta a incessantes reclamações dos israelitas, feriu a rocha para obter água (Êx 17:2-7). Por causa disto, Refidim é também conhecida como Massá ("prova") ou Meribá ("contenda"), e os israelitas foram repetidas vezes lembrados do que aconteceu ali (Dt 6:16; 9:22; 33:8). Logo depois os israelitas combateram os amalequitas em Refidim (Êx 17:8-16). O contexto presente de Êxodo 18 sugere que o conselho de Jetro referente à nomeação de juízes foi também dado enquanto os israelitas acampavam em Refidim. A tradição há muito identifica o Uádi Feirân, perto de Jebul Mûsâ como o local de Refidim, embora estudos recentes prefiram o Uádi Refayid, próximo, devido à semelhança no nome. Nenhum dos sítios arqueológicos tem sido objeto de investigação arqueológica intensiva. [WADE R. KOTTER]

REFÚGIO Abrigo ou alívio do perigo ou da ansiedade. O conceito do AT deve sua riqueza a várias palavras hebraicas: *miśgāḇ*, alto rochedo (p. ex., Is 33:16); *mă'ōnâ*, um local de habitação seguro (p. ex., Dt 33:27); *mānôs*, um local para onde fugir (Sl 142:4 [TM 5]; e *maḥseh*, um abrigo (Is 4:6).

Sião é refúgio contra invasores (Is 14:32); da mesma forma como os reis e príncipes justos podem ser um refúgio para o povo como um todo (32:2). A nível pessoal, o "temor do Senhor" é fonte de confiança e refúgio (Pv 14:26); é tolice buscar um "refúgio de mentiras" (Is 28:15-17).

Os salmos proclamam que o próprio Deus é em última análise o nosso único refúgio (p. ex., Sl 14:6; 46:1 [2]; 62:7,8 [8,9]; 71:7). Afirmar que "Deus é o meu refúgio" é sempre ponto decisivo nas orações dos Salmos, levando o suplicante à confiança e ao louvor (p. ex., Sl 18:2, 30 [3, 31]; 34:8, 22 [9, 23]) e a uma vida de testemunho positivo do poder de Deus (71:7; 73:28).

Talvez surpreendentemente, refúgio não é tão importante no NT. Paz e restauração são certamente parte da mensagem do evangelho (Lc 12:32), mas a ênfase tende a ser colocada no testemunho ativo e no ministério que surge dele. Jesus oferece descanso (Mt 11:28-30), não esconderijo, mas jugo. O "refúgio" dos cristãos está na esperança do triunfo escatológico de Deus em Cristo (Hb 6:18). [DAVID A. DORMAN]

REGEM (heb. *regem*) Filho de Jadai, do clã calebita de Judá (1Cr 2:47).

REGEM-MELEQUE (heb. *regem meleḵ*) Habitante de Betel que foi mandado por Sarezer a Jerusalém para consultar os sacerdotes e profetas se certos dias de jejum e arrependimento ainda estavam em vigor (Zc 7:2). A Peshita sugere a forma hebraica original *raḇ-mag̅ hammeleḵ*, título adaptado do acádico (cf. Jr 39:3, 13).

REGENERAÇÃO A regeneração de vida, sob o aspecto literal ou figurado, é tema recorrente na literatura judaica e cristã, especialmente em contextos de recuperação depois de catástrofe pessoal ou nacional e/ou em contextos cósmicos, escatológicos. Tecnicamente, "regeneração" traduz o grego *palingenesía*("-criar novamente"). Esse termo, que ocorre somente duas vezes no NT (Mt 19:28; Tt 3:5), é fortemente confirmado nos ensinos estoicos a respeito da conflagração e regeneração cíclicas do universo. Fílon usa o mesmo termo para se referir à restauração de vida à terra depois do Dilúvio (Vida de Moisés 2.65), e Josefo escreve a respeito da regeneração do povo de Israel depois do exílio (*Ant.* 2.66). É provável que Mateus, seguindo sensibilidades apocalípticas judaicas, visualize a destruição cósmica e a renovação de uma vez por todas no último julgamento. Em Tito, o foco é pessoal, não cósmico: a salvação vem para o indivíduo por meio da "lavagem da regeneração e renovação (*anakaínōsis*) pelo Espírito Santo". E ainda em relação a Tito, quanto a outros escritores do NT preocupados com a regeneração espiritual da pessoa (cf. Rm 12:2; Co 4:16; Cl 3:10), a renovação individual é apenas parte da escatológica aguardada "a bendita esperança e o aparecimento da glória do nosso grande Deus e Salvador Cristo Jesus" (Tt 2:13).

A ideia de regeneração é também transmitida por vários outros termos tanto em hebraico como em grego. Em hebraico, os termos *ḥāḏaš* ("renovar") e *ḥalap̄* ("mudar, renovar") transmite significados relacionados, isto é, respectivamente, a renovação de "espírito reto" em Salmo 51:10(TM 12) e de "força" em Isaías 40:31; 41:1. Várias outras derivações verbais, quando combinadas com a ideia de "renovação" (*ḥāḏaš*), comportam-se de forma semelhante: portanto, *bārāʾ* ("criar") e *kārat̲* ("cortar, fazer") traduz, respectivamente, "novo coração" em Salmo 51:10(12) e "novo pacto" em Jeremias 31:31-34. Observe que a ideia de regeneração cósmica, confirmada pela primeira vez na profecia de Isaías sobre a criação de novo céu e nova terra (Is 65:17; 66:22), é reusada e ampliada tanto na literatura apocalíptica judaica quanto na cristã (p. ex., 1En 45.4; 72.1; 2Bar 32.6; 57.2; 2En 65.7; 2Pe 3:13; Ap 21:1).

Em outra parte do NT a noção de regeneração pode também ser transmitida pelos termos gregos *anagennáōmai* ("nascer de novo"; 1Pe 2:2), *anakainóō* ("renovar"; 2Co 4:16; Cl 3:10), *anakaínōsis* ("renovação"; Rm 12:2; Tt 3:5), e *anakainízō* ("renovar, restaurar"; Hb 6:6). No evangelho de João, regeneração está à vista num imperativo sugestivamente ambíguo: "Necessário vos é nascer *ánothēn* ('de cima'; 'de novo')". Geralmente no NT, os temas de regeneração denotam tanto a transformação salvífica, espiritual já começada nos seres humanos pela obra de Cristo como pela expectativa de uma nova criação. A linguagem do NT de regeneração pessoal tem dado surgimento a pontos de vista diferentes e quase sempre conflitantes sobre a natureza do batismo. [ALEXANDRA R. BROWN]

REGENTE DE MÚSICA O cabeçalho de cinquenta e cinco salmos e de Habacuque 3:19 que se refere ao "regente de música" (heb. *mĕnaṣṣēaḥ*). A forma verbal (Ez 3:8; 1Cr 23:4; 2Cr 2:1) significa "conduzir", ou "ser o cabeça"; em 1Crônicas 15:21 o verbo provavelmente significa "fazer música". Indubitavelmente, a música tinha lugar importante no culto religioso de Israel (1Cr 15:16-24), e muito provavelmente o regente de música conduzia a comunidade no louvor a Deus, por meio da música. [W. DENNIS TUCKER, JR.]

REGIÃO MONTANHOSA Designação geral para as regiões de montanha da Palestina e as áreas a leste do rio Jordão que, apesar de não serem planas, possuem elevação menor que a de uma montanha. A região montanhosa era especialmente fértil (Dt 11:11), e Moisés rogou a Deus que lhe permitisse atravessar o Jordão para ver "esta boa região montanhosa" da Palestina central (3:25). A região montanhosa foi colonizada por vários povos, inclusive os jebuseus (Js 11:3), anaquins (v. 21) e amoritas (Dt 1:7; Nm

13:29). Durante a Conquista, Josué instruiu as tribos de Efraim e Manassés a derrubarem a floresta da região montanhosa, para dar espaço aos assentamentos (Js 17:14-18).

Dentro da Palestina, a região montanhosa compreende a cordilheira central, cadeia de montanhas que vai do centro do país, a partir do norte da Galileia, até a planície litorânea ao sul e Sefelá. Qualquer parte dessa cordilheira pode ser chamada de região montanhosa, a qual é passível de ser dividida de norte a sul em quatro regiões: Galileia, Efraim, Judá e Neguebe.

A elevação da Galileia é variável, indo desde mais de 915 m ao norte até abaixo de 610 m ao sul. Na Antiguidade, a região era fortemente arborizada, e cortada por um declive quase vertical de cerca de 455-610 m que impedia a viagem. No tempo de Josué, grande parte dessa região montanhosa permaneceu inconquistada (Js 13:6), seu maior assentamento era “Quedes, na Galileia, na região montanhosa de Naftali” (Js 20:7), abrangendo o norte do Vale do Jordão.

A região de Efraim (1Rs 4:8) consistia num planalto montanhoso, elevando-se a mais de 915 m. na sua parte sul. Essas colinas foram assentadas com muitas dificuldades por Josué, devido às densas florestas (Js 17:14-18). O norte de Efraim era mais baixo e menos fértil que a região montanhosa da Galileia e era facilmente atravessado por caminhos acessíveis em todas as direções. A região montanhosa de Efraim era amplamente desenvolvida, com as cidades mais importantes situadas nas junções das principais estradas, inclusive Siquém, Tirza e Dotã.

A região montanhosa da Judeia (Js 11:21; Lc 1:39) continha as principais cidades de Jerusalém e Hebrom. A região descia abruptamente a leste, mais de 915 m, onde encontrava o deserto da Judeia. Sua parte sul continha reentrâncias e cavernas que ofereciam convenientes esconderijos (1Sm 23:14). No NT, o ministério de Jesus começou na “região montanhosa da Judeia” (Lc 1:65).

A região do Neguebe se inclinava de forma abrupta, ao sul de Hebrom, para 455-550 m, e consistia de colinas baixas (tb. chamadas Sefelá, “Planície”).

Bibliografia. Y. Aharoni, *The Land of the Bible*, 2.ed. (Philadelphia, 1979). [KENNETH ATKINSON]

RÉGIO (gr. *Rhēgion*) Cidade fundada por colonos gregos cerca de 720 a.C. na ponta extrema sudoeste da península italiana. Na mitologia grega o local está associado aos riscos de navegação de Cila (afloramento rochoso) e Caríbdis (redemoinho). A cidade tornou-se aliada de Roma durante as Guerras Púnicas. Ela foi destruída por um terremoto em 91 a.C. e reconstruída por César Augusto como Júlio Régio no início do século I d.C. Separada da ilha da Cicília pelo estreito de Messina, Régio tornou-se ponto de parada para viagens de navio da costa oeste da Itália à costa mediterrânea oriental. Atos 28:13 indica que Paulo e seus companheiros esperaram um dia lá em sua viagem para Roma. [D. LARRY GREGG]

REGRA DOURADA Rótulo popular aplicado às palavras registradas ditas por Jesus, em estilo ligeiramente diferente, em Mt 7:12; Lc 6:31. A versão popularizada dessas palavras “Tudo o que quereis que os homens vos façam, fazei também a eles”. De modo notável, preceitos semelhantes apareceram no judaísmo (Tob 4.15; Sabb 31ª; cf. 2Eno 61.2), no Confucionismo (Analects 15.23), e na literatura grega (cf. Isócrates Nicocles 61; Heródoto Hist. 3.142; 7.136). Mateus coloca essas palavras imediatamente após o dito de Jesus de que mesmo as pessoas más sabem como dar boas dádivas a seus filhos — e que um Deus amante faria muito mais. Mateus também acrescenta, “porque esta é a lei e os profetas”. Essa frase reflete a afirmação de Jesus de que Ele veio para cumprir, não para revogar a lei e os profetas (Mt 5:17). Lucas coloca a “regra dourada” de Jesus no contexto de sua ordem de amar os inimigos. Isso dá às palavras nova dimensão: deveríamos tratar não somente amigos e pessoas do parentesco do modo como queremos ser tratados, mas também os nossos inimigos. [JOE E. LUNCEFORD]

REI (heb. *rēʿî*) Guerreiro (e talvez oficial da corte) que continuou a apoiar Davi durante a revolta de Adonias (1Rs 1:8).

REI, MONARQUIA No AT, rei e monarquia (derivado do heb. *mlk*) significa tanto o cargo administrativo, como o papel de liderança para governar pessoas e territórios. O conceito implica, de qualquer modo, alguma centralização religiosa, política, social e econômica, mas não está claro se a posição de estado de uma nação plenamente desenvolvida está necessariamente contemplada. Como em outras sociedades do Oriente Próximo, os reis são suseranos (senhores feudais) cujos vassalos englobam os próprios povos, outros a quem eles conquistam ou que deliberadamente concordam em prestar fidelidade e, às vezes, reis e reinos inferiores. Os reis são responsáveis por manter a ordem sociopolítica por meio de leis, batalhas, rituais e o exercício de sábios julgamentos e persuasão eficiente (2Sm 5-8). O propósito disso é garantir o bem-estar e a segurança de seus vassalos. Diferente da monarquia entre seus vizinhos, a monarquia teocrática javista não é criada pela deidade, os reis javistas não gozam de filiação divina, e seus editos não são eternos.

A Bíblia descreve atitudes ambíguas em relação à instituição. Entusiasmo, resistência e aceitação relutante estão todos presentes. A ambivalência começa com o estabelecimento da monarquia. Samuel, o principal defensor da - e impulso profético para - monarquia, oscila (compare 1Sm 9:1-10:16; 11 e 1Sm 8; 10:17-27). As diferenças entre os javistas e os modelos vizinhos são desejados, mas mantidos somente com dificuldade, e teme-se o deslize para práticas totalitárias (1Sm 8:11-18; Am 7:10-16). Regras de sucessão e herança parecem favorecer a primogenitura, mas, às vezes, as regras não parecem claras, são inexistentes ou ignoradas (1Rs 1:28-37; 11-12). Como resultado, sentimento de discórdia e intriga levou ao rompimento, à desordem e até à morte. A sanção divina e a investidura oficial não garantem a competência, a moralidade ou a eficiência. Mas o princípio monárquico sobrevive durante vários séculos (c. 1150-587 a.C.), a monarquia pode ser a base para renovação (2Rs 23), e depois de seu témino a instituição é lembrada favoravelmente nos hinos e orações do saltério.

O tempo exato e as causas do início da monarquia bíblica são discutidos. A descrição bíblica de Saul como suserano divinamente escolhido e ungido por Samuel imediatamente depois do período tribal no século XI é simplificada demais. Deparados com a dominação filisteia, os javistas se voltam para Samuel para escolher um líder centralizado que primeiro foi Saul e depois Davi (1Sm 8-16). Davi acabou sendo feito rei de Judá (2Sm 2:1-7) e depois de Israel (5.1-5) antes de mudar seu centro administrativo das duas unidades para Jerusalém (5:6-10).

À vista disto, é geralmente aceito que a liderança centralizada é datada do século X ou IX, quando os javistas do norte (Israel) e do sul (Judá) compartilham liderança única sob Davi e Salomão. A união parece ter sido a prerrogativa pessoal das chamadas Monarquias Unidas, em vez de uma unidade política das regiões. A divisão pós-salomônica, a Monarquia Dividida, pode ter sido o descarte de um líder compartilhado em vez da desintegração de uma aliança política e religiosa. Seja qual for a natureza e a causa exata da virada nos eventos que levaram ao rompimento entre os reinos do norte e do sul, Israel sobrevive a uma sucessão de reis até cair para os assírios em 721 (2Rs 17), e Judá prevalece até ser invadido pelos babilônios liderados por Nabucodonosor em 597 (2Rs 24-25).

A arqueologia e a sociologia comparativa sugerem um processo mais gradual, prolongado e complexo que conduz à monarquia estabelecida. Consequentemente, a plena posição de estado com monarquia nacional segue desdobramentos e pressões tanto dentro quanto fora da comunidade javista. Ao longo do tempo — as sugestões vão de algumas décadas a vários séculos — as unidades tribais javistas se aglutinam para formar metades lideradas por chefes supremos antes que mais desdobramentos impulsionem as federações à situação de estado. As transições são acompanhadas, se não causadas, por mudanças na base econômica e na estratégia residencial tanto quanto pelas ameaças de inimigos estrangeiros. O desenvolvimento de técnicas agrícolas, diversificação nas artes, especialização nas formas de produção e a introdução da fabricação de ferro, tudo estimula o sedentarismo e começa a suplementar e mudar a dependência da atividade pastoril e nômade. Esta última é conservada em algumas áreas e é integrada à nova economia em outras. E elas são valorizadas nostalgicamente como ideais sociorreligiosos imbuídas de um poder mítico do passado. Mas a tendência geral é a atividade agrária sedentária e o urbanismo com a necessidade que a acompanha de um ofício administrativo estável e permanente como a monarquia.

Os desenvolvimentos que favoreceram e apoiaram a monarquia são análogos às transformações na tradição literária javista. O palácio torna-se o repositório e a origem da tradição. Ali a tradição é interpretada e reinterpretada à luz das necessidades, atitudes e circunstâncias correntes. Textos produzidos por escribas da corte apoiam os inconfundíveis pontos de vista de seus patronos. Mudanças de patronos ou de seus pontos de vista direcionam os críticos bíblicos modernos em suas tentativas de solucionar os estágios de desenvolvimento dentro da tradição bíblica. Identificar os estágios demonstra como uma antiga tecnologia de escrita contribui diretamente para a propaganda e poder do rei centralizado. A habilidade em controlar o passado ao dar forma à narrativa é ferramenta administrativa eficiente. A união e a desunião, a concordância e o desacordo que constitui a riqueza e a variedade da história bíblica resultam da narração e renarração do passado pelo rei.

As características pessoais do rei são importantes. Boa aparência, força física, altura, rapidez de raciocínio, temperamento calmo e habilidade com armas são valorizados (1Sm 9:1-2; 17; 1Rs 4:29-34). Assim como outras figuras bíblicas, longos anos de vida e governo são sinais de sabedoria.

Por meio da história da monarquia, o alcance da influência javista muda muitas vezes à medida que se modifica a sorte do líder. Consequentemente, os limites territoriais da autoridade do rei são, quase sempre, indistintos. Tentativas modernas para reconstruí-los dependem de listas de censos, histórias de batalhas, contos de jornadas e outros relatos que contêm nomes de lugares e características topográficas. Entretanto, estes podem ser menos importantes para delimitar fronteiras do que a fidelidade de indivíduos e grupos que garantem o poder de um rei. O controle de um rei sobre o povo e a identificação do povo com o lugar define a esfera de influência mais do que uma linha de fronteira como os modernos indicariam num mapa.

A monarquia javista desfruta somente de limitada aprovação dos profetas hebreus, cujas advertências horríveis acabaram mostrando-se corretas. A política e o comportamento reais dão margem a críticas ameaçadoras e severas repreensões. Violações de valores pactuados trazem promessas das mais horríveis consequências, incluindo punições pessoais e perda de autonomia da nação.

Com o fim da monarquia política independente entre os javistas, surge o sacerdócio como aquele que recebe a herança de muitas promessas e expectativas investidas anteriormente nos reis pela Teologia Real. O sacerdócio e os ambientes sacerdotais tornam-se o centro das esperanças monárquicas. Deste ambiente surge o messianismo.

Bibliografia. J. W. Flanagan, *David's Social Drama*. JSOTSup 74 (Sheffield, 1988); K. W. Whitelam, *The Just King: Monarchial Judicial Authority in Ancient Israel*. JSOTSup 12 (Sheffield, 1979). [JAMES W. FLANAGAN]

REINO DE DEUS, REINO DO CÉU O domínio ou área governada por Deus. A imagem do reino de Deus/céu é importante para a compreensão da mensagem e do ministério de Jesus, particularmente como o reino é mostrado nos evangelhos sinópticos. Essa imagem se constrói nas imagens de costumes reais encontrados no AT e dá ensejo a discussões do NT do fim dos tempos (ou *eschaton*).

ANTIGO TESTAMENTO. O foco no monoteísmo do povo hebreu, com frequência obscurece a realidade politeísta do antigo Oriente Próximo. Para os vizinhos de Israel, o poder do rei deles estava no poder do(s) deus(es) a quem adoravam. Os deuses governavam como resultado de terem derrotado outros deuses maus no processo da criação da terra; eles continuavam a criar cada ano, trazendo fertilidade à terra e aos seus habitantes. Esse poder criativo os ligava para sempre com a própria terra, e o governo/reino de qualquer deus em particular se estendia somente até as fronteiras políticas do país que adorava aquele deus. Nesse contexto, os exércitos lutavam não apenas por ganho político, mas também pela honra e poder do seu deus.

Embora o conceito hebraico de realeza ou reinado de Yahweh possa ter sido influenciado por tal contexto político e religioso, a terra que o povo hebreu recebeu como resultado da "promessa" de Yahweh veio como manifestação do poder de Deus sobre outros deuses e não como mero resultado da capacidade criativa de Deus. Afinal, de acordo com o AT, Yahweh criou a terra toda e seus habitantes; a promessa de uma terra em particular estava ligada à correta resposta de Abraão à obediência. Além disso, a ideia hebraica do reino de Deus parece também ter sido influenciada pelo reconhecimento deles de que o poder de Yahweh se estendia muito além das fronteiras de Canaã. Yahweh foi capaz de descer até o Egito, livrá-los da escravidão de Faraó e sustentá-los no deserto do Sinai.

O AT também registra algum conflito no que se refere ao reino de Deus. Com o estabelecimento de uma linhagem real, primeiro Saul e depois Davi e seus herdeiros, surgiu um forte desafio à ideia de que Yahweh tinha de ser rei sobre Israel. Os livros dos Antigos Profetas registram o progresso intermitente da nação de juiz a rei e sugere que Deus não estava de todo satisfeito com o clamor por um rei humano. Os dias de glória da descendência davídica foram breves, mas a revisão e a renovação do pacto, tanto com Davi (2Sm 7) como com Salomão (1Rs 9), lançou o fundamento para um retorno à ideia do reino e da realeza de Deus.

LITERATURA APOCALÍPTICA E INTERTESTAMENTÁRIA. O declínio de Israel e de seus reis, que resultou no cativeiro babilônico, apresentou um sério problema teológico. Yahweh havia prometido a Davi e a Salomão que a linhagem real continuaria e que o reino de Israel/Judá seria um sinal da presença e do governo de Deus. A sorte de Judá, entretanto, parecia estar se movendo em outra direção. Os últimos profetas começaram a sugerir que o governo de Deus não dependia da presença de um rei terreno, ou até mesmo de uma nação. O sucesso de uma nação e de seu rei dependia de sua obediência a Yahweh. A história de Judá entre o seu retorno do cativeiro babilônico e os eventos do NT está relativamente desprovida de reis que reinaram com segurança e continuidade. Na ausência desse senso de segurança, começaram a surgir ideias apocalípticas; muitas dessas ideias e imagens estavam ligadas tanto ao reino de Deus como à esperança de um rei terreno que restabelecesse o reino de Deus na terra e a descendência de Davi em Judá. Essa esperança repousa na vinda do "ungido" ou "messias" de Deus que produziria o reino de Deus nos últimos dias. Esse reino viria com prosperidade aos fiéis e juízo aos inimigos de Deus (que, coincidentemente, eram os inimigos de Judá/Judeia). O reino de Deus seria novamente restaurado em Canaã e os que ocupavam a terra e oprimiam o povo de Deus seriam expulsos e destruídos no terrível julgamento que viria.

NOVO TESTAMENTO. O breve gosto da liberdade para o povo hebreu durante o tempo dos macabeus tornou a ocupação romana da Palestina ainda mais irritante. No tempo em que Jesus começou Seu ministério, a esperança apocalíptica da vinda do reino de Deus havia se tornado bem arraigada. Somente o estabelecimento do governo de Deus removeria o opressivo governo romano. De fato, o império romano e o reino de César ofereciam um sério desafio à ideia de que Deus reinava supremo. César detinha não somente o poder político sobre a maior parte do mundo mediterrâneo; ele tinha começado também a assumir a identidade divina.

Nesse contexto, chegou João Batista, proclamando a chegada do reino de Deus e do Messias, conclamando a nação ao arrependimento. Logo depois apareceu Jesus anunciando que o reino de Deus havia chegado/estava próximo. De fato, o reino de Deus parece ter sido o tema central da proclamação de Jesus, particularmente durante seu ministério na Galileia. (Mateus usa, às vezes, a circunlocução "reino do céu" encontrada no AT, provavelmente em relação à sua audiência principalmente hebreia que se recusava terminantemente a aceitar uma possível idolatria com o uso do nome divino). Os estudiosos concordam que Jesus usou essa imagem para se referir ao domínio eterno e celestial de Deus, ao governo de Deus na terra na obediência do fiel, e ao futuro governo de Deus no fim dos tempos. Aqui cessa a concordância dos estudiosos, no entanto, enquanto o debate se enfurece sobre qual destas ideias melhor caracteriza a natureza do reino. Uma questão adicional tem sido levantada no que se refere ao domínio presente de Deus: é meramente um domínio espiritual no coração e na mente do fiel obediente, ou Jesus tinha a intenção de estabelecer um reino de Deus de uma forma mais política e social?

O que está claro é a importância do reino de Deus para a mensagem e para o ministério de Jesus nos evangelhos sinópticos. Muitas de suas parábolas foram contadas para ajudar seus ouvintes a compreender o seu conceito do domínio de Deus. Elas variam no escopo a partir de histórias que têm sua origem em costumes da área rural a histórias de reis e proprietários de terras. Elas apresentam o reino como tesouro de preço inestimável, um banquete suntuoso ou uma festa de casamento. Mesmo as parábolas de Jesus que não parecem ter conexão com o reino, enfatizam a necessidade de comportamento e relacionamentos adequados à luz do vindouro reino de Deus.

Fora dos evangelhos sinópticos, o interesse no reino de Deus parece voltar-se para o foco apocalíptico e/ou escatológico do período intertestamentário. No evangelho de João, Jesus nega diante de Pilatos ter um reino, colocando ênfase mais no domínio eterno e celestial de Deus. O foco de Paulo também é apocalíptico/escatológico, talvez numa reação de urgência à mensagem de Jesus, de um reino agora presente e a ser realizado em breve. Diferentemente de Paulo, os escritores do NT que escrevem mais para o fim do século I tratam do problema da demora da volta de Jesus. Eles devem encontrar alguma forma de enfatizar o poder eterno de Deus num mundo que se torna cada vez mais repressivo aos cristãos. Eles precisam encontrar palavras novas de esperança, que o escritor de Apocalipse oferece na forma de sua visão apocalíptica da vinda futura do reino em triunfo. Essa visão final é a que parece ter prendido a imaginação dos cristãos durante séculos, e muito da discussão do reino de Deus ao longo da história do cristianismo está centrada em torno de uma concepção do reino de Deus como tempo de julgamento para o mau e de livramento para o fiel em algum lugar no futuro.

CONCLUSÃO. Os estudiosos da Bíblia continuam discutindo a natureza do reino de Deus/céu. Mais recentemente, a discussão tem se focado na presença do reino no ministério de Jesus. De fato, alguns têm sugerido que o reino veio em seu pleno poder no ministério terreno de Jesus e a nossa atenção deve agora se voltar para a salvação dos indivíduos. Outros se têm oposto com tentativas de ver o reino de Deus nos ensinos de Jesus abrangendo toda a obra de Cristo, de seu ministério terreno, passando por um tempo intermediário e culminando num retorno triunfal (*parousía*) para governar e julgar. Deus já reina...e não ainda, na tensão da proclamação de Jesus.

Bibliografia. G. R. Beasley-Murray, *Jesus and the Kingdom of God* (Grand Rapids, 1986); J. Moltmann, *Theology of Hope* (1967, repr. Minneapolis, 1993); N. Perrin, *The Kingdom of God in the Teaching of Jesus* (Philadelphia, 1963); C. S. Song, *Jesus and the Reign of God* (Minneapolis, 1993). [STEVEN M. SHEELEY]

REIS, LIVRO DE Os livros finais da história deuteronomísticas e os últimos dos Antigos Profetas. O título reflete os conteúdos e o princípio central da organização desses livros. O livro de Reis organiza a história de Judá e Israel de acordo com reinados individuais e avalia a lealdade de toda a nação com base no comportamento real. Os reis são as personagens em destaque, e o destino da nação depende da fidelidade ou infidelidade deles. A tradição canônica hebraica considera 1-2 Reis como um único livro, e o costume de dividir o livro em dois não surgiu até o século XV. O ponto de divisão entre 1 e 2Reis é complicado por dividir o reino de Acazias e a carreira de Elias. Essa divisão está associada à fórmula de 2Reis 1:1 ("Depois da morte de"; cf. Js 1:1; Jz 1:1; 2Sm 1:1). A colocação dentro da divisão canônica hebraica de *nĕḇî'îm* ou Profetas reflete a parte mais importante representada pelos profetas no livro. A LXX preserva uma tradição alternativa que afirma serem Samuel e Reis uma unidade completa dividida em quatro livros de "Impérios" ou "Reinos". A tradição textual grega faz a distinção adequada de Reis, tanto no conteúdo como na sequência.

Organização. A organização estrutural mais óbvia é o sistema de fórmulas de abertura e de encerramento para cada rei. Fórmulas de abertura sincronizam o ano de ascensão do rei com o ano real do governante de outro reino, e então dá a duração total do seu reinado. O autor narra o reinado total de um monarca em particular, depois recua para relatar [a história] do rei ou reis de outros reinos que subiram ao trono durante o governo do rei mencionado em primeiro lugar. Assim, depois de terminar a descrição dos 41 anos de reinado de Asa, rei de Judá (1Rs 15:24), a apresentação volta cerca de quarenta anos para tratar de Nadabe, Baasa, Zimri, Onri e Acabe, todos os quais ocuparam o trono de Israel durante o reinado de Asa. Esse movimento sincronizado transmite a noção de estar sendo contada a história de um único povo.

As fórmulas de abertura avaliam de maneira consistente os reis de Israel citando que o que fizeram "era mau aos olhos do Senhor" por sacrificarem fora de Jerusalém, em Betel. Alguns reis de Judá são também condenados, enquanto outros recebem apenas aprovação moderada. A aprovação total é reservada a Ezequias e Josias, que centralizaram a adoração sacrificial no templo de Jerusalém. As fórmulas de fechamento informam a morte do rei e quem é o seu sucessor. Para os reis de Judá, é dada informação adicional: idade da ascensão, nome da mãe e nota fúnebre. Tais notas padronizadas são incompletas até Roboão receber a fórmula completa (1Rs 14:21-22, 29-31). Declarações de finalização não existem para certos reis, p. ex., as vítimas do expurgo feito por Jeú, enquanto este não tem fórmula de introdução devido às circunstância de sua ascensão. Jeoás, de Israel, está inexplicavelmente provido de duas fórmulas de encerramento (2Rs 13:12-13; 14:15-16). Essas fórmulas variam quanto ao estilo, mas tornam-se mais fixas para os últimos governantes de cada reino. Tanto a história da transferência da autoridade profética de Elias para Eliseu (2Rs 2) como a história da rainha Atalia (2Rs 11) são narradas fora da estrutura estabelecida.

A unidade das narrativas é reforçada por um padrão de promessa e cumprimento proféticos. Os profetas são servos de Yahweh, anunciando a vontade e o juízo divinos (2Rs 17:13, 23; 21:10; 24:2). O exemplo mais impressionante é a predição infalivelmente exata da reforma de Josias (1Rs 13:1-10; 2Rs 23:15-18). Outros exemplos estruturalmente importantes são a divisão do reino unido (1Rs 11:29-39; 12:15), a queda de Israel (1Rs 14:15-16; 2Rs 17:23), o futuro da dinastia de Onri (1Rs 21:21-24; 2Rs 9:7-10; 10:17) e a destruição de Judá (2Rs 21:10-15; 22:15-17; 24:2). A unidade é também promovida por analogias entre narrativas comparadas. Os exemplos são "duas mães e seus dois filhos" (1Rs 3:16-28; 2Rs 6:26-31), "morte da rainha má" (2Rs 9:30-37; 11:13-16), e "sabedoria e tolice com visitantes" (1Rs 10:1-13; 2Rs 20:12-19).

Conteúdo. O livro de Reis se divide em três partes. 1Reis 1-11 trata de Salomão e conclui com sua fórmula de fechamento em 11:41-43. 1Reis 12 a 2Reis 17 conta a história de dois reinos independentes e termina com um longo discurso de avaliação. 2Reis 18-25 narra novamente a história de Judá depois de sua destruição. Depois do segmento que trata de Salomão, muitos reis são tratados rapidamente, com apenas algumas frases suplementando o mero esquema formal. Um grupo menor de reis é tratado mais extensivamente, o espaço entre as fórmulas de abertura e de encerramento sendo preenchidas com narrativas nas quais os profetas estão tipicamente envolvidos. Os reis e profetas destacados (Jeroboão e Aías, Acabe e Elias, Jeorão, de Israel e Eliseu, Jeú, Ezequias e Isaías, Josias e Hulda) representam momentos decisivos na história.

Depois do relato de sua ascensão (1Rs 1—2), a carreira de Salomão é descrita de maneira positiva (caps. 3—10) sob o tema de sabedoria, poder real, programas de construção e religiosidade. O retrato torna-se negativo no cap. 11. Salomão é seduzido por esposas estrangeiras ao culto de deuses estranhos e é ameaçado por adversários, incluindo uma rebelião doméstica [comandada] por Jeroboão. A hostilidade entre os reinos independentes de Israel e Judá se inicia nos caps. 12—14 e segue até a ascensão de Acabe nos caps. 15—16. O trecho de 1Reis 17 a 2Reis 10 foca em Elias e Eliseu, explorando o conflito deles com os reis apóstatas da dinastia de Omri. Isso culmina com a revolução de Jeú, profeticamente inspirada. Relatos mais curtos seguem até 2Reis 17, uma dura crítica sobre as razões para a queda de Israel. O restante da história de Judá cai num padrão de reis justos e maus (Ezequias, Manassés, Josias e sucessores de Josias). A reforma de Josias (caps. 22—23) apresenta o ápice de todo o livro e aparentemente resolve o tema permanente da apostasia e reforma. Relatos mais curtos esboçam a maldade e as rebeldias dos quatro sucessores de Josias. O livro de Reis termina com um enigmático relato sobre Joaquim como honrado prisioneiro na Babilônia (25:27-30). Tal fato tem sido interpretado tanto positivamente como sinal de um futuro potencial para a dinastia davídica, como negativamente, como ato final decisivo da tragédia nacional.

História da composição. Os livros de Reis constitui a última parte da história deuteronomística, conjunto que começa com a introdução a Deuteronômio e narra a vida do povo de Israel de obediência e desobediência na terra da promessa. A teologia de Deuteronômio impregna e inspira sua apresentação da história. Discursos avaliatórios aparecem em pontos importantes, normalmente na forma de prédicas por personagens importantes. Estes reveem o passado e apontam para frente, para os desafios do futuro. A dedicação do templo de Salomão em 1Reis 8 e as observações de desagrado de 2Reis 17 são dois desses resumos de "fim de era".

O historiador deuteronomista usou várias fontes para construir os livros de Reis. Três dessas fontes são citadas pelo nome. O "Livo dos atos de Salomão", caracterizado por relatar os feitos de Salomão e sua "sabedoria" (1Rs 11:41), forneceu listas de natureza administrativa e outras notas históricas, com narrativas folclóricas ilustrando a glória e a sabedoria. A informação sobre reis posteriores foi colhida de duas fontes citadas como "Livro das crônicas dos reis de Israel" e "de Judá" (1Rs 14:19, 29). Essas duas obras forneceram informação sobre guerras, conspirações e projetos de construções (1Rs 14:19, 30; 15:23, 32; 16:20; 22:39, 45 [TM 46]; 2Rs 20:20). O fato de eles serem acessíveis a leitores sugere que não eram de fato crônicas, mas obras literárias publicadas, baseadas, talvez, em inscrições e outras fontes oficiais. Para 1Reis 1-2, o historiador empregou a conclusão da narrativa da Sucessão do Trono para descrever a ascensão de Salomão (a parte inicial encontra-se em 2Samuel 9-20). Foram também utilizados os materiais proféticos de vários tipos. Histórias a respeito de Elias e Eliseu, previamente coletadas, constituem a maior parte de 1Reis 17:1 a 2Reis 8:15. Mantidos coesos pela transferência da capa de Elias (2Rs 2:13-14) e a finalização de sua missão (1Rs 19:15-17), foram provavelmente tomados pelo historiador como unidade. O aspecto das narrativas sobre outros profetas (Aías, 1Rs 11:29-39; 14:1-18; Semaías, 12:21-24; Micaías, 22:1-28) sugere que foram usados outros materiais proféticos, mas pouco pode se afirmar sobre o caráter dessas fontes. Dentre o material profético, Isaías é o mais extenso e independente (2Rs 18:13-20:19).

Ideologia. Com base nos dogmas de Deuteronômio, Reis conserva uma crítica firme do fracasso da nação em preservar a pureza e a unidade do culto. Por exemplo, as acusações contra Roboão e Acaz (1Rs 14:22-24; 2Rs 16:3-4) refletem rigorosamente o que é proibido em Deuteronômio 12:2-3, 29, 31. Um foco dessa crítica é o culto a deuses estrangeiros, prática que se crê ter começado com Salomão e continuado por certos reis tanto em Israel como em Judá. Isso é, às vezes, chamado de "caminhos dos reis de Israel" (2Rs 8:18; 16:3) ou "da casa de Acabe" (8:27). Especial desobediência se liga ao culto a Baal, patrocinado por Acabe e Jezabel (1Rs 16:31-32), eliminado por Jeú (2Rs 10:18-28), mas depois revivido por Manassés (2Rs 21:3). O segundo foco de crítica é o sacrifício descentralizado, proibido em Deuteronômio 12. Ao sacrificar em Betel, os reis do norte permitiram condenação geral por participar do "caminho" ou "pecados de Jeroboão" (1Rs 15:34; 16:2, 19, 26, 31). Em Judá, o sacrifício descentralizado aconteceu nos "lugares altos" locais. Mesmo os reis fiéis de Judá receberam apenas limitada aprovação porque "os lugares altos não foram removidos" (1Rs 15:14; 22:43). Somente Ezequias e Josias, que fecharam os lugares altos, receberam elogio incondicional. Essas duas tendências de avaliação são reunidas na reforma de Josias, que removeu tanto os cultos estrangeiros (2Rs 23:4-5, 10-14) como os lugares altos locais (v. 8-9), até mesmo profanando o santuário de Betel e os lugares altos de Israel (vs 15-20). A infidelidade do reino do norte resultou em sua destruição pelos assírios (2Rs 17:7-18, 21-23) Judá acabou caindo para a Babilônia como resultado de ofensas semelhantes (2Rs 17:19-20), especialmente aquelas apadrinhadas por Manassés (21:10-15; 24:3-4).

Outro tema importante é o favor especial de Deus a Davi (1Rs 11:12-13) e a promessa de uma dinastia davídica permanente em Jerusalém (11:36; 15:4-5; 2Rs 8:19). A dedicação de Davi serve como modelo para medir a fidelidade real (1Rs 3:3; 11:4, 6, 38; 15:3, 11). O favor especial de Yahweh a Davi é dado como razão para a segurança de Jerusalém no reinado de Ezequias (2Rs 19:34; 20:5-6).

O livro de Reis, às vezes, lança mulheres como vilãs (as esposas de Salomão, 1Rs 11:1-8; Jezabel, 18:19; Atalia, 2Rs 11). Bate-Seba, entretanto, ajuda a tramar a ascensão de Salomão (1Rs 1). Duas prostitutas e a rainha de Sabá aumentam a fama da sabedoria de Salomão (1Rs 3:16-28; 10:1-10). Mulheres também desempenham papéis em algumas narrativas proféticas (1Rs 14:1-18; 17:8-24; 2Rs 4:1-37; 8:1-6), e o oráculo da profetisa Hulda interpreta o significado das diretrizes de Josias (2Rs 22:14-20).

Problemas em estudo recente. A cronologia de Reis permanece em debate. Os anos de reinado dados para os reis de Israel não se coadunam com os dos reis de Judá, e o sistema de sincronismos não se ajusta ao sistema de duração dos reinados. Existem também discrepâncias com datas estabelecidas da

Mesopotâmia. Ao tentar resolver tais problemas, os estudiosos presumem erros na transmissão textual, diferentes convenções de calendário para os dois reinos em vários tempos e corregências nas quais um rei e seu designado sucessor reinam ao mesmo tempo (cf. 2Rs 15:5).

A segurança geral de Reis como fonte histórica é também debatida. Seu uso de fontes indica considerável valor histórico nos devidos lugares, mas a teoria da causa histórica em Reis é teológica e não política ou econômica. A breve imposição e castigo a Onri, rei do norte (1Rs 16:23-28) evidencia uma perspectiva histórica completamente diferente da dos modernos historiadores. Muitas narrativas, especialmente as lendas dos profetas e contos populares, não podem ser usados como fontes históricas confiáveis. Tem sido sugerido que as narrativas sobre as guerras sírias (1Rs 20, 22; 2Rs 6:8-7:20; 8:7-15) têm sido incorretamente atribuídas aos reinados de Acabe e seu filho Acazias. Alguns estudiosos têm chegado à conclusão de que a narrativa da reforma de Josias (2Rs 22-23) é tão tendenciosa que pode ter sido criação literária e não tem fundamento em qualquer fonte confiável.

A história da composição da história deuteronomística é muito debatida. Alguns sugerem que um único escritor do período do exílio que trabalhou depois da morte de Joaquim (2Rs 25:27-30) foi o autor de toda a história como explicação da queda da nação. O material que parece ser anterior ao exílio foi preservado devido ao respeito desse autor por fontes consultadas. Outros supõem um historiador otimista, anterior ao exílio que escreveu antes (compare 2Rs 22:20 com 23:29) ou logo depois da morte de Josias (22:1), para apoiar suas políticas de reforma. No Exílio, isso foi revisado numa direção mais pessimista como uma história de desobediência, culpando os pecados de Manassés pela queda da nação (2Rs 21:10-15; 23:26; 24:3-4). Outros ainda propõem uma obra no exílio superposta subsequentemente por duas redações orientadas no sentido da profecia e da lei, respectivamente. Outras propostas sugerem que a história terminou originalmente com o reinado de Ezequias (cf. 2Rs 18:5) ou que a história profética pré-exílio serviu como base original para a obra.

Bibliografia. G. H. Jones, *1and 2 Kings*, 2 vols. NCBC (Grand Rapids, 1984); B. O. Long, *1 Kings*. FOTL 9 (Grand Rapids, 1984); 2 Kings. FOTL 10 (Grand Rapids, 1991); R. D. Nelson, *First and Seccond Kings. Interpretation* (Atlanta, 1987); M. Noth, *The Deuteronomistic History*. JSOTSup 15 (Sheffield, 1981); I. W. Provan, *1 e 2 Kings*. New International Bible (Peabody, 1995). [RICHARD D. NELSON]

RELÂMPAGO Descarga elétrica comum nas tempestades com trovoadas. A palavra relâmpago (heb. *bārāq*; gr. *astrapē*) é usada com muita frequência na Bíblia não no sentido literal, mas como analogia para representar poder, esplendor e rapidez. O uso do relâmpago para representar esplendor é frequente. A espada deve ser polida a ponto de brilhar como relâmpago (Ez 21:10 [TM 15]), uma lâmpada brilha como o relâmpago (Lc 11:36), e as visões angelicais são, às vezes, tão brilhantes que se comparam ao relâmpago (Dn 10:6; Mt 28:3; cf. Lc 24:4). É também comum o uso simbólico do relâmpado para representar agilidade. Descrevem-se carruagens velozes que se movem como relâmpago (Na 2:4), e é feito referência a uma espada que golpeia como relâmpago (Ez 21:15 [20]). O conceito de agilidade pode também ser apresentado na descrição dada por Jesus aos Setenta referindo-se a "Satanás, como um raio, cair do céu" (Lc 10:18).

As teofanias no AT são geralmente acompanhadas por relâmpagos. A aparição de Deus no Sinai incluiu relâmpago, trovão, som de trombeta e fumaça (Êx 19:16; 20:18; cf. Dt 33:2; Zc 9:14). De forma semelhante, o relâmpago também esteve presente na visão dos quatro seres viventes, de Ezequiel (Ez 1:13, 14).

No NT, o relâmpago é encontrado principalmente em contextos apocalípticos. A Segunda vinda do Filho do homem é descrita acompanhada por relâmpagos que cortam os céus (Mt 24:27; Lc 17:24). No livro de Apocalipse, o relâmpago ocorre frequentemente em descrições do trono de Deus (Ap 4:5; 8:5; 11:19; 16:18), e cada uma da série de sete pragas (os selos, as trombetas e as taças de ira) termina com um cataclisma terreno incluindo trovão, relâmpago e terremoto (15:1 — 16:21). [MARK R. FAIRCHILD]

RELIGIÃO ROMANA Em cada estágio que a conhecemos, a prática religiosa romana foi sincretismo de elementos latinos nativos com influência e revestimento estrangeiros. Pelo fato de a religião em todas as sociedades ser conservadora e porque Roma foi sociedade excepcionalmente conservadora, a sobrevivência de práticas arcaicas na recente religião de estado romana fornece pistas preciosas a respeito das práticas e crenças da comunidade romana mais primitiva.

A religião romana primitiva consistia de rituais definidos para, por um lado, proteger ou aumentar a vida agrícola e familiar do lar e, por outro, a integridade da comunidade. Os romanos percebiam todas as funções, sociais e naturais, como manifestações de um poder divino. De fato, o poder divino está tão presente no funcionamento como no controle dele. Tais poderes podiam ser tanto negativos quanto positivos. Isto é, os romanos entendiam um processo destrutivo como resultante da presença de uma força negativa, em vez da ausência de seu oposto. Os rituais tinham a intenção ou de encorajar um poder positivo em sua atividade, ou evitar um poder perigoso ou destrutivo.

Entre alguns dos mais bem conhecidos poderes estão Lares e Penates, que protegiam os lares e seu conteúdo. O *genius* presidia a continuidade reprodutiva da família e estava associado especificamente ao sexo masculino. Juno originou-se como espírito da fertilidade feminina. Vesta protegia a terra e seu fogo. Agostinho de Hipona preserva uma longa lista de empregados agrícolas, observando que os romanos não estavam satisfeitos com um único deus da agricultura, e reconheciam poderes separados para cada processo, da semente ao fruto. O exemplo citado com mais frequência de um empregado negativo é Robigus, o poder que atacava safras na forma de um mofo ferrugento. A nível da comunidade, Terminus garantia a integridade dos limites entre um lar e o próximo. O culto a Vesta, presidida pelas mulheres jovens da casa, tinha sua contraparte urbana no conselho de Virgens Vestais.

As cerimônias religiosas marcavam a mudança das estações, tanto naturais como civis. A Fontinalia celebrava o poder das nascentes e fontes. O Tubilustrium protegia as trombetas usadas para convocar o povo para reuniões, enquanto o Armilustrium purificava as armas após o retorno delas de território hostil.

Conclui-se pela natureza estritamente funcional desses poderes divinos, que a religião romana primitiva não era antropomórfica e que não era mitologia. Desde os mais primitivos tempos conhecidos, entretanto, tal religião nativa foi revestida com elementos assimilados de vizinhos dos romanos. De acordo com a tradição romana, uma dinastia etrusca assumiu o poder durante o século VI a.C., trazendo consigo as tradições religiosas da Grécia e as de origem etruscas. Se os etruscos foram povo nativo pré-italiota ou imigrantes da Ásia Menor permanecem assunto para discussão. Em qualquer caso, foi sob a dominação etrusca que os romanos construíram, pela primeira vez, um templo e instalaram na capital suas divindades tutelares — Júpiter, Juno e Minerva. Os nomes são latinos e, Júpiter pelo menos, deriva do primitivo indo-europeu pai do firmamento; mas a concepção antropomórfica, com a ideia concomitante de que os poderes exigiam um templo, é algo novo. Tão grande foi a influência sobre assuntos religiosos, que a palavra romana da qual derivou a nossa palavra "sagrado", que não é linguisticamente latina, pode ser de origem etrusca.

Depois da expulsão dos etruscos, durante o início do período republicano, os romanos continuaram a receber bem as divindades de origem estrangeira. As cidades gregas do sul da Itália foram a influência mais significativa, mas os romanos receberam também divindades de origem semítica (fenícia) durante as guerras com Cartago. Algumas dessas divindades chegaram a Roma pelo procedimento conhecido como *evocaton*, segundo o qual o poder tutelar de uma cidade inimiga era "invocado" e convidado a aceitar residência em Roma. Um exemplo é a deusa fenícia Astarte, trazida do monte Érix, na Sicília sob o nome grego de Afrodite e assimilada com o nome nativo de Vênus. Por outro processo, durante a Segunda Guerra de Cartago, em resposta a um oráculo supostamente encontrado nos Livros Sibilinos, os romanos trouxeram, com grande cerimônia, da Ásia Menor, uma pedra preta na qual residia o poder da Grande Mãe Terra.

Embora a maioria dessas importações fosse cuidadosamente controlada pelas autoridades romanas, a cidade estava também naturalmente exposta a influências trazidas por imigrantes e viajantes. O exemplo mais famoso é o culto a Baco, ou bacanália, proibido pelo senado romano em 186, mas permitido a não romanos sob condições controladas. Esta foi a primeira das chamadas religiões de mistério que se desenvolveu durante o período helenístico de cultos mais tradicionais, como de Deméttrio, em Eleusis e Ísis, no Egito. A resistência a tais religiões pela elite romana foi inútil, e desconhecemos mais tentativas de legislação contra elas depois de 186, até as tentativas curtas e esporádicas para extirpar o cristianismo (e o maniqueísmo) durante o fim do século III e início do século IV.

Com o surgimento dessas religiões mais individualistas, a religião romana tradicional parece ter declinado, pelo menos dentro da própria cidade. O imperador Augusto, cujo programa incluiu a restauração de valores e da religião tradicional, se vangloria de haver restaurado cerca de 82 cultos em apenas um ano. Ao mesmo tempo, ele estimulou um novo culto de Roma, especialmente nas províncias orientais, com o qual sua pessoa estava associada. No entanto, embora tenha se tornado costume honrar o *genius* do imperador, ele não era diretamente adorado (exceto algumas exceções megalomaníacas) enquanto ainda vivo. O senado romano honrava a memória de imperador morto de que eles haviam aprovado ter o *status* semidivino e estabelecendo um culto em sua honra.

Apesar da falcatrua das religiões de mistério e das evidências em relação ao declínio das religiões tradicionais, durante a confusão do fim da república, a resiliência e a vitalidade da antiga religião romana tradicional não devem ser subestimadas. A religião tradicional estava intimamente associada à ideia da própria Roma, e a elite romana se apegava a isso muito depois de os próprios imperadores terem abraçado o cristianismo. Nas áreas rurais, as antigas dedicações aos deuses tradicionais persistiram contra todos os esforços do último império em suprimi-los. Evidência da antiga religião romana ainda pode ser encontrada na Europa hoje. Santuários nas encruzilhadas dedicados a um santo cristão são os descendentes diretos ao antiga compitália romana. A Igreja da Virgem Maria no monte Érix, na Sicília, é a contraparte do culto fenício de Astarte, adotada pelos romanos como Vênus. O costume de associar cada santo cristão com conhecimento sobre alguma atividade específica, como saúde ou viagem, pode ser considerado como o descendente da antiga concepção romana de "funcionário".

Bibliografia. C. Bailey, *Phases in the Religion of Ancient Rome* (1932, repr. Westport, Conn., 1972); J. H. W. G. Liebeschutz, *Continuity and Change in Roman Religion* (Oxford, 1979); R. MacMullen, *Paganism in the Roman Empire* (New Haven, 1981); L. H. Martin, *Hellenistic Religions* (Oxford, 1987); R. M. Ogilvie, *The Romans and Their Gods in the Age of Augustus* (New York, 1970); H. J. Rose, *Religion in Greece and Rome* (New York, 1959). [ALDEN A. MOSSHAMMER]

RELÓGIO DE ACAZ Relógio do sol formado por dois conjuntos de degraus, um ascendendo do leste e um do oeste, que conduziam ao topo e compartilhavam o degrau mais alto. Quando o sol passava do leste para o oeste os degraus seriam iluminados e assim delineariam a passagem do dia. A promessa do Senhor de curar Ezequias foi confirmada pelo "sol declinante no 'relógio' de Acaz (heb. *ma'ălôṯ 'āḥāz*) voltando dez graus (Is 38:8; 2Rs 20:8-11).

Bibliografia. Y. Yadin, "'The Dial of Ahaz'", *ErIsr* 5 (1959), 88-89. [CHRISTIAN M. M. BRADY]

REMALIAS (heb. *rĕmalyāhû*) O pai do rei Peca de Israel (2Rs 15:25; Is 7:1). Em Isaías 7:4-5,9;8:6,Peca não é citado pelo nome, mas simplesmente chamado de "o filho de Remalias".

REMANESCENTE A parte de uma nação, tribo, clã ou família que sobrevive a uma catástrofe divina, seja natural (enchente, fome, peste) ou não (guerra, exílio). Esse grupo forma o núcleo de uma possível reconstrução da comunidade. O remanescente, portanto, funciona dentro da estrutura teológica de julgamento e salvação.

No AT, a terminologia remanescente (os radicais *š'r, plṭ, mlṭ, ytr* e os substantivos *šār'ḏ* e *'āḥar'ṯ*) aparece mais de quinhentas vezes, em contextos nos quais esse conceito está arraigado em preocupações existenciais diante de ameaças de morte: haverá total aniquilação ou uma companhia sobreviverá para preservar a existência? Na maioria dos casos, tanto os elementos destrutivos quanto os construtivos estão subjacentes, destacando o fato de que a salvação graciosa de Deus preserva um grupo fiel.

A primeira referência explícita aparece com o Dilúvio (Gn 6:5–7:23). Outros exemplos incluem Ló e a destruição de Sodoma (Gn 18:22-33; 19:15-29); a fome no Egito (45:7); e a fuga no mar Vermelho (Êx 14:28). Entretanto, somente o pacto de fidelidade podia assegurar a contínua proteção de Deus sobre Israel (Lv 26:27-39; Dt 4:27).

Os remanescentes dos cananeus (os anaquins e os amalequitas; Js 11:21; Jz 6:1-6; 1Cr 4:43) foram usados para testar a fidelidade de Israel (Jz 2:21-23; 3:1-6). Deus se revelou numa teofania a Elias que havia reservado 7 mil seguidores fiéis (1Rs 19:17, 18). Esdras (Ed 9:8-15) e Neemias (Ne 1:2,3) designaram tantos os que retornaram como os que permaneceram na terra como remanescentes.

Os Profetas têm muito a dizer sobre o remanescente. Amós declara que somente um grupo insignificante sobreviveria à crise assíria (Am 3:12; 5:3), mas a graça de Deus rejuvenesceria o fiel "remanescente de José" (5:15; 9:11-15). Isaías estipula o remanescente como "semente santa" (Is 6:13) que sobreviverá ao juízo divino (4:2-4), aceitará as promessas da eleição e se tornará o centro de uma nova comunidade fiel, reconstruída por Deus (10:20-23; 28:5 ss.). Isso está claramente evidente no nome do filho primogênito de Isaías, Sear-Jasube, "um remanescente retornará" (Is 7:3). Miqueias e Sofonias falam de um remanescente novamente congregado que é perdoado (Mq 2:12; 7:18), caracterizado por uma nova vida, força (5:7,8), humildade e pureza (Sf 3:12,13). Para Jeremias e Ezequiel, os exilados constituem o verdadeiro remanescente visto que transmitem as promessas da eleição. Deus os reunirá novamente, abençoando-os com um novo pacto (Ez 11:16-21; 36:26), para que possam novamente ser seu povo (cf. Zc 13:7-9). Os que ficaram em Judá compunham um grupo insignificante e pobre (Jr 8:3; 21:8-10).

O conceito de remanescente está implícito nos evangelhos, embora o nome "remanescente" de fato esteja ausente. Jesus, assim como João Batista, fez um apelo universal para que o fiel e arrependido entrasse no reino de Deus (Mc 1:3-8,15). Mas somente poucos aceitaram o convite. Esta ênfase nos "poucos" (Mt 7:14; Lc 13:23), os "escolhidos" (Mt 20:14-16) e os "pequenos" (Lc 17:2) aponta para o remanescente da fé nos ensinos de Jesus. Adiante, metáforas como "ovelhas" (Mt 10:6; Lc 12:32), "pastores" (Jo 10:16) e a separação das ovelhas dos cabritos (Mt 25:32-34) demonstra a associação com os conceitos de remanescente no AT.

Romanos 9–11 (citando o AT) insiste que "o remanescente é que será salvo" (9:27). Estes são os fiéis, não necessariamente da descendência judaica, que compõem uma nova comunidade espiritual, a Igreja (Rm 10:4, 9-13). Na comparação com a oliveira, Paulo afirma que os gentios crentes serão enxertados enquanto os judeus descrentes serão cortados. Todavia, se eles se arrependerem, Deus os reconectará (Rm 11:17-24) de modo que uma árvore, composta de "todo Israel"[,] será salvo" (v. 26). O objetivo final de Deus é a salvação.

O livro de Apocalipse usa o grego *loipós* várias vezes; os fiéis de Tiatira (Ap 2:24); os imaculados "poucos" de Sardes (3:2, 4); um grupo sobrevivente que louva a Deus por sua salvação (11:3); os fiéis aos mandamentos de Deus e que dão testemunho de Jesus (12:17; cf. 14:12; 19:10), enquanto o "restante" (os infiéis) são destruídos por Deus (19:21).

Bibliografia. G. F. Hasel, *The Remnant*, 3. ed. AUM 5 (Berrien Springs, 1980); V. Herntrich and G. Schrenk, "leímma", *TDNT* 4.194-214; K. D. Mulzac, "The Remnant and the New Covenant in the Book of Jeremiah", *AUSS* 34 (1996): 239-48; *The Remnant Motif in the Context* of Judgement and Salvation in the of Jeremiah (diss., Berrien Springs, 1995); J. W. Watts, *A Critique of Interpret*ations of the Remnant Theme in the New Testament (diss., Louisville, 1986). [KENNETH D. MULZAC]

REMETE (heb. *remeṯ*) Cidade na fronteira de Issacar (Js 19:21). Ela deve provavelmente ser identificada com Jarmute (2; Js 21:29) e Ramote (3; 1Cr 6:73 [TM 58]).

REMISSÃO, ANO DA (tb. LIBERTAÇÃO, ANO DA) *Ver* ANO SABÁTICO.

RENFÃ (gr. *Rhaiphán*) Transliteração do hebraico *kiyyûn* ("Kaiwan"), o planeta saturno adorado pelos israelitas durante sua jornada pelo deserto (At 7:43; da LXX Am 5:26).

REOBE (heb. *rĕḥôb*, *rĕḥōḇ*) **I. (LUGAR) 1.** Lugar no extremo norte de Canaã, perto da entrada para Hamate no Líbano moderno (Nm 13:21). Reobe é aqui usado para representar o limite norte do território explorado pelos espias mandados por Moisés para investigar a terra de Canaã. É provavelmente o mesmo lugar que Bete-Reobe. A localização do antigo assentamento permanece não identificada.

2. Cidade designada à tribo de Aser (Js 19:28). Sua associação com Cabul, Ebrom, Hamom, Caná e especialmente Sidom a coloca claramente na parte norte do território de Aser. Pode ser também a Reobe dentro de Aser que foi designada aos levitas (Js 21:31; 1Cr 6:75 [TM 60]) e a Reobe da qual as pessoas de Aser foram incapazes de expulsar os cananeus (Jz 1:9). Duas identificações têm sido sugeridas: Tell el-Balat, cerca de 16,5 km a leste de Rosh há-Niqra (dentro do Líbano moderno) e Tell el-Rahb, cerca de 6,5 km a sudeste de Tell el-Balat (no lado israelense da fronteira). Infelizmente, nenhum sítio arqueológico foi extensivamente investigado pelos arqueólogos.

Outra cidade dentro do território designado à tribo de Aser (Js 19:30). Sua associação a Aczibe e Afeque parece colocá-la na planície de Aco. O nome Umá (*'mh*), também associado a Reobe na lista, pode bem ser uma corrupção de Aco (*'kh*). Pode ser também a Reobe dentro de Aser que foi designada aos levitas (Js 21:32; 1Cr 6:75 [60]) e a Reobe da qual o povo de Aser não conseguiu expulsar os cananeus (Jz 1:9). A maioria dos estudiosos identifica Reobe na planície de Aco com Tell Bir el-Gharbi/Tel Bira na extremidade da planície perto dos contrafortes da Galileia. A evidência arqueológica documenta ocupação durante o Bronze Médio, Ferro I-II e nos períodos persa e helenístico. [WADE R. KOTTER]

3. A principal cidade do vale de Bete-Seã durante o domínio egípcio de Canaã, cerca de 7 km ao sul de Bete-Seã. Embora não mencionada na Bíblia, referências a Reobe ocorrem em vários documentos egípcios. Escavações em Tel Rehob/Tell es-Sârem confirmam ocupação desde o início do terceiro milênio a.C.

II. (PESSOA) 1. O pai do rei Hadadezer de Zobá, que foi derrotado por Davi (2Sm 8:3, 12). "Filho de Reobe" pode significar "da casa (isto é, da dinastia) de Reobe", indicando relacionamento entre os dois estados arameus de Bete-Reobe e Zobá.

2. Levita que selou o pacto sob Neemias (Ne 10:11 [TM 12]).

REOBOTE (heb. *rĕḥōḇôṯ*) **1.** O terceiro dos três poços cavados pelos servos de Isaque no vale de Gerar (Gn 26:22). A tradição reflete a tensão entre os pastores por causa do direito à água. A localização do poço tem sido associada ao uádi Ruheibeh/Nahal Shunra, a sudoeste de Berseba, que pode preservar o antigo nome.

2. Reobote ha-Nahar (*rĕḥōḇôṯ hannāhār*, "Reobote junto ao rio"), terra natal de Saul, um dos primeiros reis de Edom (Gn 36:37; 1Cr 1:48). A localização é incerta. "O rio" tem presumido ser o Eufrates, como em outra parte (p. ex., 31:21), mas nesse contexto, pode se referir a um local em Edom. Pode ser talvez identificado com o riacho Zerede (moderno Uádi el-Hesa) que marcou a fronteira entre Moabe e Edom (Dt 2:8-14). O sítio arqueológico pode ser o moderno Râs er-Rihâb. [LAURA B. MAZOW]

REOBOTE-IR (heb. *rĕḥōḇōṯ 'îr*) Uma das quatro cidades que Ninrode edificou na Assíria (Gn 10:11). Embora Nínive e Calá sejam bem conhecidas, Resim e

A B C D E F G H I J K L M N O P Q R S T U V X Y Z

Reobote-ir não têm sido bem explicadas. Reobote-ir parece mais bem explicada por ac. *rêbīt āli*, termo genérico que significa "a praça pública da cidade". No contexto de Gênesis 11, o termo está assim ligado a Nínive, significando "a praça pública da cidade de Nínive". Essa cidade tinha um grande conjunto de praças que foi ampliado por Senaqueribe no fim do século VIII a.C.

Bibliografia. J. M. Sasson, "Rehovot-'Îr", *RB* 90 (1983): 94-96. [MARK W. CHAVALAS]

REQUEM (heb. *reqem*) **I. (LUGAR)** Cidade da parte ocidental do território de Benjamim (Js 18:27). Sua localização e moderna identificação é desconhecida. Pode estar associada ao rei midianita do mesmo nome (Nm 31:8; Js 13:21). Josefo (*Ant.* 4.161) identifica Requem com Petra. [JOHN R. SPENCER]

II. (PESSOA) 1. O nome de três indivíduos, talvez os ancestrais epônimos de clãs. Os nomes podem também representar lugares.

2. Um dos cinco reis de Midiã, vassalos de Siom, rei dos amorreus e que foram mortos pelos israelitas a acaminho de Canaã (Nm 31:18; Js 13:21).

3. Filho de Hebrom, da tribo de Judá (1Cr 2:43-44).

4. Neto de Maquir e Maaca (1Cr 7:16).

RESEFE (heb. *rešep*) **I. (DEIDADE)** Divindade cananeia de praga (ugar. *ršp*; cf. heb. *rešep̄*, "chama", talvez relacionada a febre; cf. ac. Nergal), confirmado já em meados do segundo milênio a.C. em Ebla. Tal acepção mitológica pode fundamentar o uso bíblico do termo hebraico, com frequência traduzido por "praga" (Dt 32:24, "destruição ardente"; cf. Ct 8:6). O uso em Jó 5:7 ("filhos de Resefe"); Sl 76:3(TM 4); 78:48 dando a entender o brilho de flechas (talvez flamejantes) voadoras possam derivar do epíteto ugarítico de Resefe, *b̠'l ḥs*, "senhor da flecha" (cf. sua identificação em inscrições de Chipre com Apolo, cujas flechas produzem doenças). Em Habacuque 3:5, "pestilência" e "praga" (heb. *deb̠er*) escoltam Yahweh quando ele marcha em teofania, recordativo de divindades ugaríticas correlacionadas.

Bibliografia. W. J. Fulco, *The Canaanite God Resep*. AOS 8 (New Haven, 1976). [ALLEN C. MYERS]

II. (PESSOA) Efraimita, filho de Refá e pai de Telá (1Cr 7:25). O nome pode representar um clã ou uma cidade.

RÉSEM (heb. *resen*) Cidade assíria entre Nínive e Calá (Gn 10:12). É incerta a localização exata da cidade e não há sua confirmação em fontes cuneiformes.

RESGATE 1. O preço pago pela libertação de um cativo ou disponibilidade de uma propriedade confiscada, ou o ato de conseguir a liberação dessa maneira. O hebraico *kōp̄er* (de *kpr*, "cobrir"; cf. ac. kaparu, "apagar") é usado com mais frequência no sentido positivo de resgate em dinheiro (p. ex., Êx 21:30; Nm 35:31, 32; Is 43:3; cf. Sl 49:7, 8 [TM 8-9]). No sentido negativo, o termo pode se referir a um "suborno" (1Sm 12:3; Am 5:12). Embora entre os gregos o grego *lýtron* pudesse referir-se à redenção de um escravo; no uso no NT, especifica também "dinheiro de expiação". Mateus 20:28 = Marcos 10:45 esclarece a natureza substitutiva da expiação de Cristo como "resgate por todos" (cf. Is 53:4-12; cf. 1Tm 2:6). *Ver* REDENÇÃO. [MICHAEL SPENCE]

2. (Redenção) Liberação de uma obrigação legal ou livramento de circunstâncias perigosas, intimamente ligada a um pagamento necessário para efetivar essa liberação. No AT, as palavras básicas usadas para expressar esta ideia são o hebraico *pāḏâ* e *gā'al*. O NT usa principalmente cognatos do grego *lytróō* e *agorázō*.

Na lei mosaica, a ideia básica é a de pagamento monetário exigido para liberar pessoas ou propriedade de uma obrigação. Ela é aplicada ao resgate do primogênito (Êx 13:11-15; 34:19, 20; Nm 3:44-51; 18:15-17), ao resgate de propriedade (Lv 25:23-34; Rt 4:1-12) e ao resgate de indivíduos (Lv 25:35-55). É também aplicada ao processo de garantir o resgate de um voto difícil ou do dízimo (Lv 27:1-33).

A ideia de resgate de uma obrigação continua nos Profetas e Escritos (Sl 49:7, 8 [TM 8,9]; Jr 32:7, 8). Mais frequentemente, entretanto, a palavra é sinônimo do conceito de regate ou libertação (Sl 25:22; 26:11; 44:26 [27]; Mq 4:10), às vezes, em paralelo com a ideia de "pagamento de resgate" (Sl 49:7 [8]; Os 13:14). Essa libertação pode ser de qualquer número de circunstâncias, incluindo fome e guerra (Jó 5:20), opressão e violência (Sl 72:14), adversários (Jó 6:23; Sl 69:18 [10]; Jr 15:21), do sheol e da morte (Sl 49:15 [16]; Os 13:14) e de iniquidades (Sl 130:7, 8). Acima de tudo, Deus é o redentor (Sl 19:14 [15]; 78:35; Is 41:14; 44:6; 49:26; 50:2) que virá a Sião (Is 59:20) para trazer descanso a Israel e julgamento a seus inimigos (Jr 50:34).

Estas ênfases do AT estão presentes no NT, mas são aplicadas em primeiro lugar ao que Cristo fez pelo crente (1Co 1:30) e somente em segundo lugar ao que Deus fará por Israel (Lc 1:68; 2:38; 24:21). O conceito de obrigação legal está claro em que o crente é "comprado por um preço" (1Co 6:20; 1Pe 1:18, 19; Ap 5:9;14:3, 4) e assim é "resgatado da maldição da lei" (Gl 3:13; 4:5). A ideia de resgate está presente na declaração de Jesus de que ele veio para "dar sua vida em resgate de muitos" (Mt 20:28; Mc 10:45) e na afirmação de Paulo de que Jesus veio "para dar a vida em resgaste de muitos" (1Tm 2:6). A ideia de livramento tem aspectos passados como presentes. A morte de Jesus realizou a redenção ao garantir o perdão dos pecados (Rm 3:24; Ef 1:7; Cl 1:14; Tt 2:14;

Hb 9:11-15). Todavia os crentes ainda aguardam a redenção do corpo em sua volta (Lc 21:28; Rm 8:23; Ef 1:14; 4:30). [JOHN D. HARVEY]

RESIDENTE TEMPORÁRIO "Estrangeiro" ou "residente forasteiro" que reside entre um povo ou numa terra que não seja a sua (heb. *gēr*, usualmente traduzido por "estrangeiro" ou "forasteiro".

O protótipo do residente temporário foi Abraão (Gn 12:10; 23:4; cf. Hb 11:9). A descendência de Abraão na sucessiva condição de residência temporária/estranha é eternamente lembrada no credo de Deuteronômio 26:5-10. Quando Israel se estabeleceu como nação e povo, a lembrança da condição passada de Israel como forasteiro justificou as leis relacionadas ao justo tratamento do forasteiro entre eles (Êx 22:21 [TM 20]; 23:9; Lv 19:34; Dt 10:19). Oficialmente os forasteiros desfrutavam em Israel condição igual com relação ao culto (Nm 9:14; 15:15,16), à guarda do sábado (Êx 23:12; Dt 5:14), e, às viúvas e órfãos, proteção e cuidado (Êx 22:21-24 [20-23]; Dt 24:17,19,20; cf. Ml 3:5). Isso pode ter sido especialmente ou apenas verdade para o estrangeiro circuncidado (Êx 12:48-49). A legislação do estrangeiro inclui do exemplo recente do chamado grande mandamento: "Devereis amá-los como a vós mesmos, pois fostes estrangeiros na terra do Egito" (Lv 19:34).

Claro que na vida diária, o estrangeiro em Israel nem sempre desfrutava de tratamento igual ou até mesmo justo. De fato, o hebraico *gēr* pode derivar do acádico garû, "inimigo" ou "oponente". Como ainda hoje, nos tempos antigos ser um "estrangeiro" devia ser considerado hostil. A hostilidade para com estrangeiros era evidente especialmente nas medidas extremas tomadas por Esdras e Neemias depois do Exílio para segregar as esposas estrangeiras e seus filhos e os israelitas que haviam "se misturado" com elas (1Ed 8.69,70; Ed 10:44; Ne 13:3) — as menosprezadas samaritanas.

A LXX traduz ger como *prosélytos*, "prosélito". Na época do NT *gēr* "residente temporário/estrangeiro", veio a ter um significado mais religioso do que étnico. Não há clareza na distinção entre os residentes temporários/estrangeiros, os prosélitos propriamente ditos e os chamados tementes a Deus que foram atraídos primeiramente para o judaísmo e depois para o cristianismo. Efésios 2:19 se refere aos gentios convertidos "tementes a Deus" — "não sois mais estrangeiros, nem imigrantes; pelo contrário, sois concidadãos dos santos e membros da família de Deus".

Em última análise, os judeus piedosos se viam como forasteiros residindo temporariamente no mundo de Deus (Lv 25:23; 1Cr 29:15; Sl 39:12 [13]), isto é, como dependentes completos da graça de Deus assim como o estrangeiro residente era dependente daqueles entre os quais ele ou ela vivia. [EDMON L. ROWELL, JR.]

RESPIGA Prática de coletar principalmente comida. É muito reconhecida em conexão com a história de Rute e Noemi (Rt 2) na qual Rute começa a respigar nos campos de Boaz para prover comida para a sogra Noemi e para si mesma. A Torá faz provisão para os que viviam necessitados (os pobres, órfãos, estrangeiros, viúvas) por ordenar que as últimas partes da colheita fossem intencionalmente deixadas para os respigadores (Lv 19:9-10; 23:22; Dt 24:21).

Em outro lugar, a respiga se refere a uma prática de coletar itens que eram originalmente colocados por alguém outro do que o coletor: os israelitas no deserto respigavam pão vindo do céu (Êx 16); um profeta respiga ervas para a panela de caldo (2Rs 4:39); José respiga dinheiro do Egito e Canaã na preparação para o problema da fome (Gn 47:14); o Criador é agradecido por tudo o que é respigado (Sl 104:28); um amante respiga lírios (Ct 6:2); o servo de Jônatas respiga flechas (1Sm 20:38); e outros respigam pedras (Gn 31:46), sobras de comida (Jz 1:7), madeira (Jr 7:18), e uvas (Jz 8:2).

A respiga é usada metaforicamente nos escritos proféticos, usualmente para gerar uma imagem de vazio e desespero (Is 24:13; Jr 49:9= Ob 5; Mq 7:1). No único uso metafórico, que gera uma imagem positiva, Isaías fala da respiga do cuidado de Deus de cada um do seu povo (Is 27:12).

Bibliografia. O. Borowski, *Agriculture in Iron Age Israel* (Winona Lake, 1987). [ALICE H. HUDIBURG]

RESSA (gr. *Rhēsá*) Descendente de Zorobabel e ancestral de Jesus, citado apenas na genealogia de Lucas (Lc 3:27).

RESSURREIÇÃO Ideia de uma pessoa ser trazida de volta da morte para um estado de imortalidade, normalmente envolvendo a reunificação do espírito ou da alma com um corpo imortal. No AT, não existe uma única palavra para ressurreição; no NT, o termo grego mais comum é *anástasis*, "levantar-se".

ANTIGO TESTAMENTO. A evidência no AT em relação à crença na ressurreição é escassa e normalmente ambígua. Pelo fato de Deus ter formado o corpo do homem do pó da terra e ter-lhe dado vida ao soprar sobre ele a vida (Gn 2:7), quando na morte o sopro deixa o corpo, este retorna ao pó (Sl 104:29). O reino dos mortos no AT é o Sheol. Por um lado, o Sheol é descrito como lugar escuro e triste, lugar onde os mortos ficam separados dos vivos e de Deus (Sl 6:5 [TM 6]; 30:9 [10]; 88:1-12 [2-13]; 115:17), onde são esquecidos (Sl 88:14 [15]; Ec 3:19-21; 9:5-10), e como destino final e lugar "sem retorno" (Jó 7:9,10; 16:22; Is 38:10). Por outro lado, vários textos descrevem

A B C D E F G H I J K L M N O P Q R S T U V X Y Z

o poder de Deus sobre o Sheol (Jó 12:22; 26:6; Sl 139:8; Pv 15:11; Am 9:2), e que o Senhor libertará do Sheol (Sl 49:15 [16]. Várias passagens aludem especificamente o poder de Yahweh sobre a morte (Dt 32:39; 1Sm 2:6; Is 25:7). Igualmente, três passagens aludem diretamente à ressurreição no contexto da restauração nacional (Is 26:19; Ez 37:13,14; Os 6:1,2).

A primeira declaração clara e inequívoca de crença na ressurreição dos mortos no AT encontra-se em Daniel (Dn 12:2). O fato de a primeira declaração explícita de ressurreição ocorrer num livro tão recente tem levado muitos estudiosos a suporem que a ideia de ressurreição se desenvolveu gradativamente no período do AT e atingiu sua forma completa nos círculos apocalípticos do período intertestamentário. Esses estudiosos rejeitam como figurativas as passagens anteriores no AT que se referem ao poder de Deus sobre o Sheol e a morte, e as passagens que se referem à ressurreição no contexto da restauração nacional. Outros estudiosos acreditam que essas alusões pressupõem uma crença primitiva na ressurreição.

Literatura intertestamentária. A ressurreição é doutrina essencial no NT. A ressurreição de Jesus Cristo é apresentada como evento central da história. É o cumprimento da profecia e do ensino do AT e o sinal mais importante de que Jesus é o Messias (At 2:32-36; 13:33; Rm 1:3,4; 1Co 15:12). Ela representa uma reversão das consequências da queda causada por Adão e Eva (1Co 15:22).

O relato da ressurreição nos evangelhos é proeminente nas discussões entre Jesus, os fariseus e os saduceus. Jesus se coloca claramente ao lado dos fariseus, citando passagens do AT como evidência da ressurreição (Mt 22:23-33; Mc 12:18-27; Lc 20:27-40). Durante seu ministério, Jesus profetizou sua ressurreição ao terceiro dia (Mt 16:21; Mc 8:31; Lc 9:22) como cumprimento da profecia do AT (Os 6:1,2). Jesus ressuscitou três pessoas: a filha de Jairo, o filho da viúva e Lázaro — em cuja ocasião ele disse: "Eu sou a ressurreição e a vida; quem crê em mim, mesmo que morra, viverá" (Jo 11:25). Esses episódios demonstram o poder de Jesus sobre a morte e prenunciam sua capacidade de ressuscitar a si mesmo dentre os mortos. A ressurreição de Jesus Cristo sinalizou seu poder sobre a morte e que ele deu a toda humanidade: os justos para a ressurreição da vida e os ímpios para a ressurreição da condenação (Jo 5:25, 29). Mateus diz que outros ressuscitaram após a ressurreição de Jesus e que "apareceram a muitos" (Mt 27:53).

O símbolo da ressurreição de Jesus no NT é o túmulo vazio, mas a evidência de sua ressurreição são suas várias aparições antes e depois de sua ascensão. Em certa ocasião ele esclareceu a natureza de seu corpo ressurreto: "Apalpai-me e vede; porque um espírito não tem carne nem ossos, como percebeis que eu tenho" (Lc 24:39).

Paulo fornece a mais extensa exposição teológica da ressurreição no NT em 1Coríntios 15. Paulo citou como evidência da ressurreição as Escrituras e a aparição de Jesus a Cefas, aos Doze, a 500, a Tiago e a ele mesmo (1Co 15:1-11) e ensinou que a ressurreição de Jesus tinha significado universal: "assim como a morte veio por um homem, também por um homem veio a ressurreição dos mortos" (vs 20:22). Paulo explica que a ressurreição necessita de transformação, visto que "carne e sangue não podem herdar o reino de Deus" (1Co 15:50). Portanto, a ressurreição envolve transformação do perecível para o imperecível, da desonra para a glória, da fraqueza para o poder, do físico para o espíritual (1Co 15:42-46).

A ressurreição simboliza o poder de Jesus Cristo para dar nova vida a seus seguidores, tanto no sentido espiritual como no sentido literal. A crença na ressurreição oferece aos cristãos uma perspectiva diferente sobre o significado da vida mortal como estado temporário de provação que será seguido pela morte, julgamento e ressurreição.

Bibliografia. J. J. Collins, "Excursus: On Resurrection", *Daniel*. Herm (Minneapolis, 1993), 394-98; R. Martin-Achard, *From Death to Life: A Study of the Development of the Doctrine of the Resurrection in the Old Testament* (1960); G. W. E. Nickelsburg, Jr., *Resurrection, Immortality, and Eternal Life in Intertestamental Judaism*. HTS 26 (Cambridge, Mass., 1972); P. Perkins, *Resurrection: New Testament Witness and Contemporary Reflection* (Garden City, 1984); N. J. Tromp, Primitive Conceptions of Death and the Nether World in the Old Testament. *BibOr* 21 (Rome, 1969). [DAVID ROLPH SEELY]

RETORNO 1. O período imediato pós-exílico, durante o qual os exilados israelitas saíram da Mesopotâmia e se reassentaram em sua pátria palestina.

2. Em relação ao uso bíblico do verbo "retornar" (heb. *šûḇ*; gr. *metanoéō*), ver Arrependimento.

RETORNO DE CRISTO *Ver* SEGUNDA VINDA.

RETRIBUIÇÃO A distribuição de ou o recebimento de recompensa ou pagamento. Seja entre Deus e os humanos, ou entre os seres humanos, a retribuição é o ato de conseguir o que alguém merece, seja pelos padrões humanos ou por decreto divino. Nas tradições mais antigas o material legal impunha que os indivíduos deveriam ser punidos como consequência de seus delitos. Tanto o código da Aliança (Êx 20-23) quanto o código de Santidade (Lv 17-26) são os textos clássicos para se ver a clareza com que as leis foram escritas com relação à retribuição. Ambos os conjuntos de leis tratam tanto do relacionamento divino-humano quanto do relacionamento humano-divino. Descumprir qualquer lei, entretanto, era lesar o relacionamento com Deus. Todos os mandamentos foram dados por Deus para dar direção e instrução à comunidade da fé (Dt 4:5-8; 5:28-33). A retribuição deve ser feita para corrigir qualquer um que erre ou recompense a todo que for justo.

Com a lei como seu fundamento, a história de Israel foi um ciclo contínuo de retribuição. Até mesmo na narrativa de Caim e Abel, Caim é punido ao ser forçado a sair de sua casa (Gn 4). Toda terra é punida por um dilúvio devastador devido ao pecado predominante (Gn 6-9). Por obedecer à voz de Deus e irem a Canaã, Abraão e Sara são recompensados com um filho, Isaque, para cumprir a promessa (Gn 12-25; 12:1-3; 21:1-7). As narrativas de Jacó-Esaú-Labão são cheias de reviravoltas interessantes no tema da retribuição (Gn 26-36). Mais tarde, depois que Moisés tirou os filhos de Israel da servidão no Egito, o povo se rebelou contra Deus e Moisés e é punido ao ter a entrada negada na Terra Prometida; somente seus filhos entrariam. Toda a história deuteronomistica está cheia de atos de retribuição, um depois do outro (Jz 10-20).

O problema da retribuição, entretanto, é sério. Em toda a história deuteronomística e no livro de Provérbios, e até no material legal e além, a ideia é que todos têm o que merecem. Deuteronômio 5:28-33 (e também muitos outros lugares) afirma que se o povo apenas observar os mandamentos, então tudo irá bem e eles viverão na terra muito tempo. Os Provérbios são semelhantes, mas num nível pessoal (cf. Pv 3:1-2). A teologia na qual tais textos estão baseados é que o universo é certo, e se alguém fizer apenas o que é certo, então as coisas boas acontecerão a essa pessoa.

Embora o argumento de tais textos possa ser entendido no que se refere à intenção deles, o livro de Jó, as perguntas de Jeremias, os lamentos dos salmos e a história da encarnação de Jesus Cristo sugerem que tal teologia da retribuição deve incluir uma pesquisa permanente em relação a uma resposta à pergunta de Jeremias: "Por que o caminho dos ímpios prospera/Por que vivem em paz todos os que procedem de modo traiçoeiro?" (Jr 12:1). A retribuição, então, está intimamente ligada a qualquer discussão de teodiceia.

Em Jó, um homem justo perde tudo o que tem com exceção de sua vida e de sua esposa. Seus amigos, proponentes da teologia "nacional" da retribuição, estão convencidos de que ele pecou. Até mesmo a esposa de Jó está convencida disso. Mas Jó sabe que não fez nada errado. Ele é uma ameaça à teologia dos amigos. Tal como Jeremias, Jó tem perguntas sérias para Deus (Jr 12:1-4; Jó 33; cf. Hc 1:1–2:5). E, a exemplo de Jeremias, Jó recebe a resposta de Deus, mas a resposta esperada não deve ser encontrada (Jr 12:5,6; Jó 38–41). Ambos recebem a resposta de que o mundo não mudará. A ordem da criação ainda não é perfeita. De fato, a resposta não deve ser encontrada durante esta vida. A retribuição apropriada pertence somente a Deus e será administrada na vida futura (Mt 25:31–46; Ap 21:1–8; 22:1–5). Então, e somente então, o mal se converterá em bem e o bem será o destino do mal, e vice-versa.

Bibliografia. W. Brueggemann, *Old Testament Theology* (Minneapolis, 1992); K. Koch, "Is There a Doctrine of Retribution in the Old Testament?" in *Theodicy in the Old Testament*, ed. J. L. Crenshaw. IRT 4 (Philadelphia, 1983), 57-87. [MARC A. JOLLEY]

REÚ (heb. *rĕʿŝ*; gr. *Rhagau*) Filho de Pelegue, descendente de Sem e ancestral de Abraão (Gn 11:18-21; 1Cr 1:25) e de Jesus (Lc 3:35).

REUEL (heb. *rĕʿŝʾēl*) **1.** Filho de Quetura (Gn 25:3 LXX).

2. O filho de Esaú e Basemate que fundou o clã edomita, formado pelas tribos de seus filhos Naate, Zerá, Samá e Mizá (Gn 36:4, 10-17; 1Cr 1:35-37).

3. O sogro de Moisés e o pai de Hobabe (Êx 2:18; Nm 10:29). O sogro de Moisés é conhecido também por Jetro (Êx 3:1; 4:18; 18:1) e Hobabe (Jz 4:11; 1:16 LXX). Visto não haver discrepâncias além de seus nomes, a maioria dos estudiosos tende a ver Jetro e Reuel como uma única pessoa. Curiosamente, os nomes Hobabe "amado (de Deus)" e Reuel "amigo de Deus" são essencialmente sinônimos.

4. O pai de Eliasafe, príncipe da tribo de Gade (Nm 2:14 LXX; TM Deuel).

5. O filho de Ibnijas e avô de Mesulão, benjamita que vivia em Jerusalém (1Cr 9:8). [CHERYL LINN HUBBARD]

REUM (heb. *rĕḥûm*, *rĕḥum*) **1.** Um dos dez líderes que acompanhou Zorobabel de volta da Babilônia para a Judeia (Ed 2:2; cf. Ne 7:7, Neum).

2. O oficial persa no comando em Samaria que, com Sinsai, escreveu uma carta ao rei Xerxes protestando contra o trabalho de restauração dos alicerces de Jerusalém (Ed 4:8). Xerxes respondeu, ordenando que o trabalho fosse parado à força (Ed 4:17-23).

3. Levita, filho de Bani, e supervisor de outros levitas durante a reconstrução de uma parte do muro de Jerusalém perto do túmulo de Davi (Ne 3:17).

4. Líder do povo que assinou um longa oração de louvor, confissão e petição pedindo ajuda ao Senhor num momento de sofrimento após o retorno do Exílio (Ne 10:25 [TM 26]). O governador Neemias, os sacerdotes e levitas também assinaram.

5. Sacerdote e levita que retornou com Zorobabel (Ne 12:3; cf. Harim no v. 15; 1Cr 24:8). [ROBIN GALLAHER BRANCH]

REUMÁ (heb. *rĕšmâ*) A concubina de Naor, irmão de Abraão; mãe de Teba, Gaão, Taás e Maaca, ao que tudo indica os ancestrais epônimos dos povos arameus (Gn 22:24).

REVELAÇÃO A "abertura" ou "descoberta" de uma realidade anteriormente oculta. Deus está oculto da espécie humana devido à corrupção humana e pode apenas ser conhecido por meio de uma revelação especial. Embora a criação em si revele algo do Criador invisível ou oculto (Sl 19:1-6 [TM 2-7]; Sab. 13-5; Rm 1:20), o conceito bíblico está mais relacionado a um ato de Deus na história que o revela como Salvador. Embora a terminologia de revelação possa se aplicar a segredos pessoais (Pv 11:13) ou mensagens particulares (Lc 2:26; Gl 2:2) ou a assuntos esotéricos (1Co 14:26; 2Co 12:1-7), as referências bíblicas têm usualmente a intenção da disseminação pública e o benefício geral. Isto é, as ações de Deus revelam seu desejo de salvar Israel (Jr 33:6) e as nações (Is 40:5).

ANTIGO TESTAMENTO. O amplo escopo do verbo hebraico "revelar" é ilustrado pelo fato de ele sempre aparecer com termos relacionados, como os que significam "ver", "ouvir" e "falar". A ênfase recai em visões ou audições, e estes se unem na teofania nas quais manifestações da presença de Deus são vistas e sua voz ouvida. Este é o caso do fundamental evento revelatório do AT quando o Senhor desce sobre o Sinai para dar a Lei ao povo resgatado no Egito (Êx 19-20). Fora isso, Moisés é retratado como mediador dessa revelação, papel que também se ampliou para incluir os anjos (At 7:53). Os compromissos da nação de Israel com Deus, seu Salvador, são refletidos na máxima: "As coisas encobertas pertencem ao SENHOR nosso Deus, mas as reveladas pertencem a nós e aos nossos filhos para sempre, para que obedeçamos todas as palavras desta lei" (Dt 29:29).

O surgimento de expressões técnicas no AT ilustram mais o conceito de revelação: Deus "abre os olhos" (Nm 22:31), ou "abre o ouvido" e "diz..." (2Sm 7:27). Semelhantemente, os profetas têm uma visão (Is 1:1) ou a Palavra do Senhor vem a eles (Jr 1:4). O segredo de Deus é revelado a profetas (Am 3:7) e depois a videntes (Dn 2:19). Talvez a expressão técnica mais significativa é: "Deus se revela a alguém" (Gn 35:7; 1Sm 2:27). Fundamentalmente, a revelação no AT é a autoexposição de Deus a seus servos escolhidos para que o seu povo possa conhecer seus feitos salvadores e viver em harmonia com Sua vontade.

LITERATURA JUDAICA PÓS-BÍBLICA. No período do Segundo Templo, a revelação é normalmente considerada como algo escondido num livro sagrado ou no céu. Por exemplo, Ben Sirá ensina que a Escritura contém sabedoria oculta. A Sabedoria Personificada se esconde na Torá (Sir. 24.23) e revela seus segredos aos que a buscam diligentemente (4.18; 38.34-39.3; 39.6-8). Como escriba que encontra sabedoria na Torá, Ben Sirá é portador de revelação a seus estudantes.

Os textos exclusivos à comunidade de Qumran mostram seu fundador, o Mestre da Justiça, como mediador da revelação. Deus se revelou a si e e seus maravilhosos mistérios ao Mestre (1QH 4.23, 27). Os mistérios envolvem coisas ocultas na lei de Moisés e dos profetas que são revelados à comunidade remanescente por meio de interpretações do Mestre (CD 1.11; 3.13-14; 1QpHab 7.4). Os membros da comunidade se comprometem livremente a praticar tudo o que foi revelado (1QS 1.3; 8-9; 5.8-12).

Existe grande quantidade de literatura pseudepígrafa na qual as figuras reveladoras são grandes personagens bíblicas do passado. Esses textos podem afirmar que foi dada revelação (adicional) a Moisés no Sinai (Jubileu, Apoc. de Moisés) ou textos podem relacionar como grandes figuras, como Enoque e Abraão, viajaram para o céu e retornaram com revelação (1Enoque, T. Abraão). A natureza obscura do que é visto no céu necessita do papel de um anjo como o "intérprete de revelações" (3Apoc. Bar. 11.7).

Em resumo, alegações revelatórias são abundantes no período entre os testamentos. O conteúdo da revelação pode reforçar observâncias peculiares da lei, revelar a estrutura e operação do cosmo, lançar luz sobre as dificuldades enfrentadas pelos leitores, ou descrever o julgamento vindouro.

NOVO TESTAMENTO. O reino de Deus é mistério ou segredo que é revelado aos escolhidos (Mc 4:11). Jesus proclamou o reino de Deus e demonstrou sua chegada com seus feitos de poder, mas sua atividade nem sempre moveu os receptores ou testemunhas ao arrependimento. O Pai "escondeu estas coisas" do sábio e entendido e as "revelou aos pequeninos" (Mt 11:25; Lc 10:21). O Pai revela que Jesus é o Messias, o Filho de Deus (Mc 8:29; Mt 16:16-17; Lc 9:20). Embora o termo "revelar" não ocorra no evangelho de João, é lá que Jesus é preeminentemente a figura reveladora (Jo 14:9; cf. Mt 11:27; Lc 10:22). Além disso, em cada um dos evangelhos, quando Jesus abre os olhos do cego ou desentope os ouvidos do surdo, há alusões claras ao fenômeno da revelação do AT. A automanifestação de Deus é experimentada pela pessoa que vê Jesus e ouve Sua mensagem. Finalmente, a tradição do evangelho olha para o futuro quando descreve o dia do juízo como um tempo em que tudo que está encoberto será revelado (Mt 10:26; Lc 12:2) e o Filho do homem será revelado (Lc 17:30).

A morte e ressurreição de Jesus resultou em sua ocultação até a Parúsia. Mistério do reino é então mais adequadamente o mistério do rei Servo que foi crucificado e ressurgiu em glória. Deus concedeu ao apóstolo Paulo uma visão do Filho ressurreto e comissionou Paulo a proclamá-lo entre os gentios (Gl 1:12,16). Com Cristo, a fé é revelada como o meio de salvação (Gl 3:23). O evangelho ou *kerygma* revela o Senhor da glória crucificado e, quando habitado pelo Espírito (1Co 2:10; Ef 1:17), transmite o poder salvador de Deus à pessoa de fé (Rm 1:16,17; 16:25,26). A revelação do mistério inclui a união de judeus e gentios em um corpo (Ef 3:3-6). Haverá, no futuro, revelação de julgamento (Rm 2:5) e glória (8:18) quando Jesus Cristo voltar para trazer salvação aos seus e destruição aos ímpios (2Ts 1:7-10; 2:3-8; 1Pe 1:5,13; 4:13; 5:1). Esse tema é mais bem desenvolvido no gênero literário do apocalipse no último livro do NT, que se descreve como a "revelação (*apokálypsis*) de Jesus Cristo (Ap 1:1).

Bibliografia. M. N. A. Bockmuehl, *Revelation and Mystery in Ancient Judaism and Pauline Christianity* (1990, repr. Grand Rapids, 1997); A. Oepke, "apokalýpto", *TDNT* 3.563-92; H.-J. Zobel, "galâ (galah)", *TDOT* 2.476-88. [RANDAL A. ARGALL]

REVERÊNCIA O ato de honrar alguém curvando-se ou se prostrando. O grego *proskynéō* e o hebraico *šḥh (hištaḥăwâ)* expressam tanto a ideia da prostração física quanto de honra. Alguém pode-se curvar para honrar uma pessoa poderosa (1Rs 1:16, 23, 31, 53; Mt 18:26) ou para adorar um deus (Sl 95:6; Is 44:17; Ap 19:10; 22:8, 9). Às vezes, as palavras expressam a ideia de adoração ou honra, nesses casos a prostração física é impossível ou improvável (2Sm 16:4; Hb 11:21). [CARL BRIDGES]

REVOLTAS JUDAICAS É normal que povos sob o jugo de outros povos, através da história, se revoltem para expulsar seus opressores quando possível. O povo judeu esteve sob o domínio de uma das grandes potências do Oriente Próximo a maior parte de sua história, mesmo durante o período da monarquia israelita. Primeiro, os assírios estenderam seu império à área palestina logo no início de meados do século IX a.C. e o reino de Judá ficou sob o controle assírio desde cerca do ano 735. No fim do século VI, a soberania assíria foi substituída pela neobabilônica. Foi a revolta de Zedequias contra o seu governo que levou à destruição de Jerusalém e do estado judeu. Sob o governo persa, Judá tornou-se província daquele império com algum tipo de autonomia judaica local. Desconhece-se a existência de revoltas sob os persas, embora tenha se sugerido que uma hipotética revolta por volta do ano 350 (a chamada rebelião de Tennes) também tenha incluído os judeus.

O domínio grego sustituiu o persa em 333. Os quinhentos anos seguintes testemunharam três grandes revoltas dos judeus contra seus dominadores. Durante o século III, Judá esteve sob o governo ptolemaico e, até onde sabemos, os judeus foram pacíficos. As coisas mudaram sob o governo selêucida quando a revolta macabeia tornou possível a primeira revolta judaica desde o tempo da monarquia. Isso está descrito nos livros de 1—2Macabeus, dos quais vem a maior parte da nossa informação sobre o assunto. As causas da revolta macabeia têm sido muito debatidas sem claro consenso; o que parece claro, entretanto, é que foi uma reação à supressão do culto judaico. Em outras palavras, de acordo com todas as informações atualmente disponíveis, os judeus foram forçados a se rebelar para proteger sua religião. Entretanto, uma luta sobre o sumo sacerdócio em Jerusalém foi a causa parcial.

Quando Antíoco IV foi rechaçado de sua invasão ao Egito, no verão de 168, o ex-sumo sacerdote Jasão tentou recuperar o cargo do então detentor, Menelau (2Mac 5). Antíoco pensou que a revolta irrompera e mandou um exército para debelá-la. Uma série subsequente de eventos, ainda inexplicados, levaram à interrupção do culto judaico e à profanação do templo em dezembro de 168 (alguns colocam o evento um ano depois). A reação judaica foi uma heroica resistência e uma luta para recuperar o templo e restabelecer os sacrifícios diários. Os judeus tiveram sucesso em dezembro de 165, quando o templo voltou uma vez mais a mãos judias e um culto purificado foi restabelecido (1Mac 4.36-59). Antíoco aceitou a situação de fato e retirou oficialmente o decreto proibindo o judaísmo (2Mac 11.27-33).

Muitos judeus parecem ter aceitado o restabelecimento de seus direitos religiosos como suficiente para restabelecer sua existência pacífica como povo submetido ao governo selêucida, mas não os macabeus, que continuaram sua resistência. Durante a década seguinte, especialmente depois da morte de Judas por volta de 161, parecem ter tido pouco apoio e viveram muito como foras da lei, mas gradativamente começaram a ganhar apoio. Sua verdadeira oportunidade chegou quando surgiu uma dinastia selêucida rival para desafiar a "oficial". Jônatas Macabeus começou a jogar um lado contra o outro para obter vantagens para si mesmo e para o povo judeu. Foi um jogo perigoso no qual ele acabou perdendo a vida, mas nesse período ele obteve algumas concessões importantes dos selêucidas. Seu irmão Simão continuou a prática e Judá foi oficialmente declarado independente no ano 140. Os selêucidas não desistiram imediatamente de suas reivindicações, claro, mas durante quase um século Judá foi, de modo excepcional na grande Síria, um estado mais ou menos independente.

O governo asmoneu terminou em 63 a.C. quando Judá ficou sob o controle romano. Aristóbulo II e seus filhos tentaram várias revoltas para recuperar o trono asmoneu. Entretanto, Herodes tornou-se rei em 40 a.C. e consolidou seu governo tomando Jerusalém no ano 37. Depois disso, a Judeia continuou como "reino cliente" sob Herodes e alguns de seus descendentes, ou como província romana, até 66 d.C. Foi presunção tola pensar que pudessem ter sucesso, mas os judeus organizaram uma defesa corajosa, ainda que pobremente organizada, contra o poder do império romano. As causas da revolta em 66 d.C. foram muitas: a lembrança judaica de sua independência anterior, uma série de governadores romanos fracos e — aparentemente — um forte conjunto de expectativas apocalípticas por parte de alguns.

Nenhum evento [em particular] deu início a essa revolta, mas uma série deles em Jerusalém, em Cesareia e em algum outro lugar. Um dos principais eventos simbólicos foi a retirada do sacrifício em troca do imperador romano por ordem do oficial do templo em Jerusalém. Uma legião mandada para acabar com a agitação em Jerusalém foi expulsa e uma guarnição romana, que lá havia, foi massacrada. Depois disso, os romanos tinham de defender sua autoridade: não podia haver acordo quando uma águia (o emblema simbólico ou "bandeira" de uma legião) fosse tomada — só podia haver vingança. Os judeus tiveram algum tempo para preparar sua defesa e organizaram uma série de governadores regionais. Na Galileia, um deles foi Josefo. Seu relato pessoal da guerra (sua *Guerra dos judeus*, esp. Livros 3-6) é extremamente valioso, ainda que partidário e laudatório.

A história de Josefo ilustra um dos principais problemas com a revolta, o da rivalidade entre vários líderes e grupos judeus. Muita energia dos rivais foi gasta em conflitos entre si. Josefo gastou grande parte do ano na Galileia lutando política e militarmente com outros líderes judeus, especialmente com João de Giscala. De forma semelhante, várias facções judaicas (os zelotes e outros) em Jerusalém lutaram e se mataram mutuamente, em vez de preparar um plano organizado de resistência, até que os romanos cercaram a cidade. Nesse momento, lutaram como leões, mas era tarde demais e Jerusalém caiu no verão do ano 70 d.C., marcando o fim oficial da guerra. No entanto, alguns postos avançados fortificados, como Maquero e Massada resistiram e os inimigos levaram outros três anos para derrotá-los.

Poder-se-ia pensar que uma derrota tão grande teria terminado com a resistência judaica ao poder romano, mas isso não aconteceu. Não está claro o dano causado ao país pela guerra como um todo, embora as estimativas difiram. Além de Jerusalém, o restante do país pode ter se recuperado razoavelmente rápido. Durante esse tempo, houve a reconstrução religiosa numa academia estabelecida em Jâmnia. Mas a continuada ausência do culto no templo e a destruição deste eram um considerável problema teológico para muitos, como evidenciado por Esdras 4 (2 Esdras) e Baruque 2, os quais (tal como o livro de Apocalipse no NT) esperavam o fim iminente do império romano. No período entre 115-117, eclodiram revoltas judaicas em vários lugares: Egito, Cirenaica, Mesopotâmia, Chipre. Pouco sabemos a respeito dessas revoltas exceto que elas parecem ter sido muito sangrentas, inicialmente colocando os judeus contra os gentios; mas então os gentios ganharam a supremacia e massacraram as comunidades judias em Alexandria e outros lugares. Os judeus na Palestina parecem não ter sido afetados, embora alguns especulem que até foram, de alguma forma, envolvidos.

O esforço judeu final para quebrar o jugo romano chegou com a Revolta de Bar Kokhba de 132-135. As causas exatas são discutidas, embora exista evidência de que Adriano tentou restaurar Jerusalém, talvez como cidade pagã. Desde que Josefo não registrou qualquer detalhe da revolta, a essência do que aconteceu teve de ser pinçada de fontes fragmentadas de qualidades diversas. A revolta foi liderada por Simão ben Kosiba, conhecido por Bar Kokhba (aram. "filho da estrela"), embora um sacerdote chamado Eleazar (possivelmente seu tio) conste nas inscrições de algumas moedas. Não existe clara evidência de que Jerusalém tenha sido tomada pelos rebeldes, apesar de alguns pensarem que foi. A maior parte da terra tomada parece ter sido o sudeste de Jerusalém, na região com centro em En-Gedi e oeste do mar Morto. Fontes rabínicas e cristãs dizem que Bar Kokhba alegou ser o Messias, mas cartas originais não mostram evidência disso. Símbolos em moedas são ambíguos. O país e sua população judaica sofreram terrivelmente, embora o exército romano também tenha sofrido, de acordo com o historiador romano Dio Cássio. Isso terminou com toda esperança de independência judaica por quase dois mil anos.

Bibliografia. L. L. Grabbe, *Judaism from Cyrus to Hadrian*, 1: Persian and Greek Periods; 2: Roman Period (Minneapolis, 1992). [LESTER L. GRABBE]

REZEFE (heb. *reṣep̱*) Cidade incluída numa lista lida por um mensageiro de Senaqueribe, rei assírio, ao rei Ezequias, de Judá (2Rs 19:12 = Is 37:12). A lista consistia de cidades destruídas pelos assírios em campanhas anteriores e sugere que Rezefe (ac. Rasappa) pode estar localizada nos arredores de um sistema de afluentes o norte o rio Eufrates. A mensagem tinha a intenção de solapar a disposição de resistência à invasão do exército assírio. Mais provavelmente Rezefe foi incorporada ao império assírio por Salmaneser III (858-824 a.C.). A cidade então tornou-se importante centro comercial e foi uma capital provincial dentro do império. [C. SHAUN LONGSTREET]

REZIM (heb. *rĕṣîn*) **1.** O último rei da Síria (Arã) antes de Damasco cair para os assírios em 732 a.C. Rezim formou uma coalizão com Peca, de Israel (e possivelmente outros) contra o crescente poder dos assírios sob Tiglate-Pileser III, provavelmente depois de 738, quando um texto assírio o lista entre outros que pagaram tributo. Essa "liga siro-efraimita" pressionou Acaz, de Judá a se associar, e sua aparente recusa (ou simplesmente insucesso em agir) estimulou a invasão referenciada em 2Reis 16:5; 2Crônicas 28:5; Isaías 7:1-9.

2Reis 16:6 sugere que Rezim até mesmo restaurou Elate para Arã nessa época, mas a grafia de Arã é possivelmente um erro de redação para Edom. Em qualquer caso, o momento foi um tempo de crise para Judá. A força de Rezim e Peca fizeram com que Acaz pedisse ajuda à Assíria (2Rs 16:7), inteiramente contra o conselho de Isaías (Is 7:3-9). A Assíria respondeu deslocando-se contra as cidades litorâneas e então voltou-se para leste em direção a Damasco em 732. Rezim foi morto nessa época e o poder e a influência arameia chegou ao fim.

2. Uma das famílias listadas em Esdras 2:48 = Neemias 7:50 entre o pessoal do templo que retornou do exílio.

Bibliografia. W. T. Pitard, *Ancient Damascus* (Winona Lake, 1987). [ANDREW H. BARTELT]

REZOM (heb. *rĕzôn*) O filho de Eliada que fugiu de seu senhor, o rei Hadadezer, rei de Zobá, que formou um "bando de rebeldes". Em seguida, fundou o reino sírio de Damasco e se tornou, como governante de grande parte da Síria, inimigo de Salomão (1Rs 11:23-25). Alguns estudiosos o identificam com Heziom, mas falta evidência (1Rs 15:18).

RIBAI (heb. *rîḇay*) O pai de Itaí, um dos Trinta de Davi (2Sm 23:29 = 1Cr 11:31).

RIBEIRO Pequena corrente de água. No clima sazonal da Palestina, as correntes tendem a transbordar na época da chuva no inverno, mas a secar durante a estiagem do verão (1Rs 17:1-7; Jó 6:15-17). As correntes perenes, tais como o rio Jordão e seus principais afluentes, são exceção à regra, mas essas correntes se empalidecem em comparação com o Nilo, Tigre ou Eufrates. Mas frequentemente essas correntes se tornam em leitos secos durante o verão, e a sobrevivência se torna muito mais difícil. Assim a palavra heb. *naḥal*, assim como a palavra ár. *wadi*, podem se referir a uma corrente ou rio perene, uma torrente chuvosa temporária (Jz 5:21), ou meramente um vale ou leito seco durante a estiagem (Nm 13:23; Dt 2:13; 2Sm 15:23).

Metaforicamente, a torrente de uma estação chuvosa ilustra a exigência profética de uma justiça penetrante (Am 5:24), as bênçãos profetizadas a virem sobre Jerusalém (Is 66:12), ou as sábias palavras da boca do justo (Pv 18:4). O problema envolvido cruzar o "orgulho" do Jordão (seja a densa vegetação ao longo dele que acolhe animais perigosos ou suas águas agitadas e turbulentas) descreve de modo correto as dificuldades e perigos de Israel (Jr 12:5; cf. 47:2). Um ribeiro na estiagem serve como descrição correta dos instáveis amigos de Jó (Jó 6:15-20). A natureza efêmera dos ribeiros pode ser entendida quando se aprecia a conveniência da comparação da ânsia dos cervos pela corrente das águas com a ânsia do salmista por Deus (Sl 42:1-2 [TM 2-3]). [DAVID L. TURNER]

RIBEIRO DE QUERITE (heb. *kĕriṯ*) Ribeiro a leste do rio Jordão, onde Elias buscou refúgio de Acabe e Jezabel (1Re 17:3-7). Alguns estudiosos igualam Querite ao Ribeiro Qelt, acima de Jericó a oeste do Jordão, mas essa localização contradiz a evidência bíblica (1Re 17:3). O Ribeiro el-Yubis é atualmente a localização aceita. Situado ao norte de Gileade, ele corresponde a 1Reis 17:1 em que Elias é descrito como "o tisbita, que habitava em Gileade." [PHILIP R. DREY]

RIBLA (heb. *riḇlâ*) Cidade (moderna Ribleh) localizada na margem leste do rio Orontes, ocupando posição estratégica no vale do Beqa. Em 609 a.C., os egípcios, sob Neco II, afirmaram o controle sobre a Síria-Palestina e depuseram Jeoacaz, de Judá, aprisionando-o em Ribla e colocaram seu irmão Eliaquim (Jeoaquim) no trono em Jerusalém (2Rs 23:31-35). Vinte anos depois, foi em Ribla que Nabucodonosor puniu Zedequias de Judá antes de exilá-lo para Babilônia (Jr 39:5-7 = 52:9-11 = 2Rs 25:6,7). A Ribla mencionada como parte do território dos israelitas em Números 34:11 é um local diferente, ainda não identificado. [GARY P. ARBINO]

RIFATE (heb. *rîp̱aṯ*) (DIFATE) **1.** Povo descendente de Gômer (Gn 10:3; chamado Difate em 1Cr 1:6). Josefo os identificou com os paflagonianos. A associação deles com Asquenaz e Togarma ressalta sua identidade com a Ásia Menor.

2. Filho de Gomer e neto de Jafé (1Cr 1:6), muito provavelmente um povo ou região da Ásia Menor.

RIMOM (heb. *'ên-rimmôn*) **I. (LUGAR) 1.** Cidade em Judá atribuída à tribo de Simeão (Js 19:7). Em 1Crônicas 4:32, (tb. LXX) é atribuída a Judá. Embora anteriormente identificada com Khirbet Umm er-Ramamim/Horvat Rimmon, escavações têm mostrado que esse lugar não foi ocupado durante o período bíblico. A cidade pode ter sido localizada em Tel Halif/Tell Khuweilifeh (1373.0979), 1 km ao norte.

2. (heb. *rimmôn*) En-rimom ("romã da primavera"); cidade designada originalmente a Simeão (Js 19:7) que acabou se tornando parte de um distrito ao sul de Judá (15:32). No período pós-exílico, En-rimom foi uma das cidades na qual os judeus se estabeleceram (Ne 11:29). Um texto posterior acrescentado a Zacarias faz referência a toda a terra de Judá "de Geba a Rimom", sugerindo que esta Rimom foi a cidade mais ao sul da ocupação de Judá durante aquele período (Zc 14:10). Tradicionalmente, tem sido identificada com Horvat Rimmon/Khirbet Umms er-Ramamîm, Eusébio localizou uma cidade chamada Eremom cerca de 28 km de Eleuterópolis (Beth-guvrin) nas redondezas de Horvat Rimmon. Recentes escavações, entretanto, demonstraram que Horvat Rimmon não foi ocupada na Idade do Ferro. Uma identificação mais provável é Tel Halif/Tell Khuweilifeh (1373.0879), menos de 1,6 km a noroeste de Horvat Rimmon.

3. Cidade levítica designada aos meraritas e pertencente à tribo de Zebulom. Na lista de Zebulom das cidades levíticas (Js 21:35), Dimna é um local desconhecido e provavelmente erro de redação para Rimom (cf. 1Cr 6:77 [TM 62], "Rimono"). A cidade é usualmente identificada com a moderna Rummâneh/Horvat Rimona, cerca de 10 km ao norte de Nazaré.

4. Afloramento de rochas para o qual 600 benjamitas fugiram de Gibeá após serem derrotados pelas outras tribos israelitas (Jz 20:45-47). Eles permaneceram lá, durante quatro meses até os israelitas lhes oferecerem paz (Jz 21:13). A rocha de Rimom tem sido tradicionalmente identificada com afloramento de rocha cerca de 6,5 km a leste de Betel, local do moderno vilarejo de Rammûn. [RONALD A. SIMKINS]

II. (PESSOA) (heb. *rimmôn*) Habitante de Beerote, em Benjamim, cujos filhos Baaná e Recabe, numa tentativa de ganhar a simpatia de Davi, assassinaram Isbosete, filho de Saul enquanto dormia (2Sm 4:2, 5-12).

III. (DEIDADE) (heb. *rimmôn*; *Aram. rammān*; ac. *ramānu*) Epíteto de Hadade, divindade síria a quem o comandante sírio, Naamã, adorava em Damasco (2Rs 5:18; cf. Zc 12:11, "Hadade-Rimom").

RIMOM-PEREZ (heb. *rimmōn pereṣ*) O quarto acampamento durante a jornada no deserto depois que os israelitas deixaram o deserto do Sinai. Números 33:19-20 coloca o local entre Ritmá e Libna. Não se conhece a localização exata, mas provavelmente se localiza no lado sudeste da península do Sinai. [PETE F. WILBANKS]

RIMONO (heb. *rimmônô*) Forma alternativa de Rimom 2 (1Cr 6:77 [TM 62]); provavelmente o mesmo que Dimna (Js 21:35).

RINA (heb. *rinnâ*) Homem da tribo de Judá, filho de Simão (1Cr 4:20).

RINS Os rins de animais sacrificados, com sua gordura, parte do fígado, e toda cauda e a gordura que cobre os intestinos, tinham de ser completamente queimados pelos sacerdotes (Êx 29:13, 22; Lv 3:4, 10, 15). Às vezes, os rins (heb. *kĕlāyôṯ*; gr. *nephroí*) representam os órgãos em geral, p. ex., à medida que estavam sendo formados no útero (Sl 139:13; "vitais"). Com mais frequência, entretanto, os rins se referem à sede das emoções e da tomada de decisão. Assim, alguém pode ser chamado de "reto de rins" (Sl 7:10 [TM 11]). Os rins de uma pessoa podem desmaiar (Jó 19:27) ou regozijar-se (Pv 23:16). Com o coração, são conhecidos e examinados por Deus (Jr 11:20; Sl 73:21; cf. Ap 2:23). Diz-se que os que falam bem mas não dizem nada têm Deus "em suas bocas, mas longe de seus rins" (Jr 12:2). [GREGORY A. WOLFE]

RIQUEZA A abundância de posses materiais (terras, rebanhos, agricultura); também sinônimo de "ganância".

A visão do AT de riqueza (ou "bens") é determinada por uma compreensão religiosa. Yahweh é o criador e administrador de toda criação; todas as coisas pertencem a Ele (Sl 24:1). Riquezas e bens podem ser sinal da bênção de Deus ou a causa de sua ira. Severas advertências são dirigidas contra os que se esforçam por riquezas por meio da ganância, trapaça e traição (2Sm 12:1-14; Is 10:3; Jr 5:27; 17:3; Ez 7:11; Os 12:8 [TM 9]; Mq 6:12). Por outro lado, aos que são fiéis, Yahweh promete a riqueza das nações (Is 45:14; 60:5, 11). Surge um crescente estribilho de acusações contra os ricos. A principal acusação é que eles oprimem o pobre (Is 10:1, 2; Ez 22:25-29; Am 2:6; 5:11). Eles refletem um pequeno grupo de pessoas gananciosas que conseguem riqueza às custas do pobre, do fraco e daqueles cujos direitos não são respeitados.

A maior parte das declarações do AT sobre a riqueza ocorre na Literatura de Sabedoria. Às vezes, a riqueza é elogiada como o fruto da sabedoria (Pv 3:16) e da humildade (10:22). Ela é criticada com maior frequência: Jó se opõe ao ponto de vista de que a bondade traz riqueza e a impiedade, a pobreza. Em vários salmos (Sl 10, 12, 37, 41, 52, 72), "rico" é praticamente idêntico a "ímpio", enquanto "pobre" é sinônimo de "justo".

O NT continua a crescente crítica da riqueza. Aqui os termos "rico ou abastado" são sinônimos de "ganancioso". Moralmente, os abastados eram maus porque optavam por dedicar a vida à ganância, em vez de a Deus. Em certo sentido, a riqueza é força que compete com Deus, afastando a lealdade a Ele (Mt 6:21, 24). Isso é ilustrado num exemplo clássico do jovem rico que rejeita o convite de Jesus para segui-lo (Mc 10:17-31 par.). Novamente, a perspectiva é a do ganancioso que coloca obstáculos, tornando impossível entrar no reino de Deus (Lc 6:24). A mesma incompatibilidade é ilustrada na parábola do homem rico e Lázaro (Lc 16:19-31). Embora sejam poucas as passagens nas quais Jesus fale sobre riqueza, tais afirmações são enérgicas.

A Epístola de Tiago também descreve os ricos como ímpios e gananciosos. Tiago 5:1-6 fornece a crítica mais completa ao rico: colocam sua confiança em si mesmos e nas fortunas que acumularam às custas dos ceifeiros que defraudaram. Um dia de julgamento aguarda esses ricos gananciosos. O estudo da antropologia e da sociologia do mundo do NT tem demonstrado que a condenação da ganância do rico surge de uma cosmovisão básica de que o suprimento de riqueza era realmente limitado — o acúmulo de uma fortuna por uma pessoa ocorria às custas de outra.

Outros textos do NT também dão atenção aos perigos da riqueza. 1Timóteo 6:9-10 descreve "o amor ao dinheiro" (avareza) como "a raiz de todos os males". O livro de Apocalipse condena a igreja de Laodiceia; sua ganância é demonstrada em sua total confiança em si mesma (Ap 3:17). A ganância do mundo romano é também denunciada com clareza em Apocalipse 18:17.

Bibliografia. D. E. Gowan, "Wealth and Poverty in the Old Testament", *Int* 41 (1987): 341-53; B. J. Malina, "Wealth and Poverty in the New Testament and Its World", *Int* 41 (1987): 354-67. [PATRICK J. MARTIN]

RISPA (heb. *riṣpâ*) tb. RIZPA. A concubina de Saul e filha de Aiá, conhecida por sua dedicação a seus filhos e sua insistência para que tivessem um enterro adequado. Ela se tornou personagem de menor importância no grande cenário da realeza e importante fator entre as casas governantes de Saul e de Davi.

Depois do suicídio de Saul, seu filho Isbosete tornou-se rei; na verdade tinha somente o título. Ele acusou Abner, general de seu pai, de ter relações sexuais com Rispa (2Sm 3:6-11), sinal de que Abner estava usurpando a realeza e reivindicando o trono para si (cf. 2Sm 16:20-22; 1Rs 2:22). A objeção de Isbosete deu pretexto a Abner para negociar a realeza com Davi, prometendo transferir o reino da casa de Saul e firmar o trono de Davi (2Sm 3:6-10).

Cerca de 27 anos depois (c. 970 a.C.), a culpa por três anos de fome foi atribuída à violação de Saul da aliança de Israel com Gibeom (Js 9:3, 15-20). Como compensação, Davi deu aos gibeonitas sete descendentes de Saul: dois filhos de Rispa, Armoni e Mefibosete e cinco filhos de Merabe, filha de Saul (2Sm 21:5, 6, 8). Os sete foram mortos e seus corpos deixados expostos numa colina (2Sm 21:9). Rispa pegou um pano de saco e o estendeu sobre uma rocha-sinal público de que a nação havia se arrependido — e começou sua vigília por um enterro adequado, desde o início da colheita (abril) até a estação das primeiras chuvas (outubro; 2Sm 21:10). Sabendo da dedicação dela, Davi ordenou um enterro público para os membros da família de Saul (2Sm 21:11-14). [ROBIN GALLAHER BRANCH]

RISSA (heb. *rissâ*) Lugar onde os israelitas acamparam após terem saído do Egito (Nm 33:21,22). Sua localização exata, a oeste do golfo de Aqaba, é desconhecida.

RITMÁ (heb. *riṯmâ*) Um dos lugares onde os israelitas acamparam após terem saído do Egito (Nm 33:18, 19). Sua localização exata, a oeste do golfo de Aqaba, é desconhecida.

RITUAIS DE MISTÉRIO "Rituais de mistério" ou "religiões de mistério" referem-se a um padrão de expressão religiosa no mundo greco-romano. Os "mistérios" eram rituais de iniciação nos quais o iniciado (*mýstes*) tinha uma experiência extraordinária a respeito da qual os participantes eram depois proibidos de falar. Elementos desses rituais (*teletaí*, "conclusões") podiam incluir: *legómena* ("coisas faladas"), recitações ou pronunciamentos de palavras rituais ou de mito das divindades religiosas; deiknýmena ("coisas mostradas"), objetos religiosos com frequência escondidos num cesto; e *drómena* ("coisas realizadas"), ações rituais ou pronunciamentos dramáticos. A palavra "mistério", do grego *mýein* ("fechar"), sugere os olhos fechados do iniciado, depois abertos para ver o que foi revelado no ritual, bem como a boca fechada dos iniciados mantendo segredo.

Além do fator comum do ritual de iniciação, os ritos de mistério variavam na origem e na organização. Vários temas figuravam nas iniciações: vida e morte, sofrimento, sexualidade, fertilidade e bem-estar. A adoração religiosa não estava confinada aos rituais de iniciação, mas incluía também cerimônias públicas e atos devocionais pessoais. A iniciação era escolha individual, mas muitas seitas não exigiam lealdade exclusiva.

As semelhanças que caracterizam esses ritos como de mistério podem ser atribuídas ao seu desenvolvimento dentro da estrutura das instituições e condições comuns sociais do mundo greco-romano. Num contexto de deslocamento social, os indivíduos buscavam experiências rituais pessoais para ligá-los com suas divindades. Os mistérios forneciam oportunidade.

Os mistérios são mais bem compreendidos como ritos particulares. Os mistérios eleusinos, comemorando o mito de Demétrio e Perséfone, ficavam baseados em Elêusis, 21 km de Atenas. A maioria dos atenienses eram iniciados, e membros de todos os níveis da sociedade eram admitidos. As principais posições na seita eram preenchidas por famílias atenienses importantes. Os Mistérios Maiores, o segundo de três estágios de iniciação, eram celebrados anualmente no outono. Os iniciados eram purificados na praia, onde cada um levava um porquinho que era ritualmente lavado, morto e o sangue espargido sobre o iniciado. Alguns dias depois, os iniciados formavam uma procissão de Atenas a Elêusis ao longo do Caminho Sagrado, carregando objetos sagrados e estátuas, gritando: "Iache! Iacce!" (lit. "Grite!"). Eles chegavam à noite, carregando tochas e entravam no Telesterion, o templo da iniciação, onde uma refeição especial sagrada fazia parte do ritual. A iniciação prometia uma vida melhor após a morte no submundo.

Na ilha de Samotrácia, no Egeu, os mistérios samotrácios honravam divindades conhecidas simplesmente como os Grandes Deuses (Theoi Megaloi). Nos tempos greco-romanos, os visitantes vinham de toda parte do mundo mediterrâneo para passar ali pela experiência da iniciação. Dizia-se que a iniciação samotrácia protegia os navegantes. A iniciação acontecia em dois estágios: o *mýesis*, numa grande câmara iluminada por tochas e a epopteía, para um grupo mais limitado, num aposento menor. Os rituais noturnos incluíam sacrifícios e danças e, provavelmente, uma cerimônia de purificação com água. As normas dos mistérios Andanian, uma inscrição do Peloponeso datada de 92/91 a.C., fornece informação sobre as normas e organização de um culto semelhante de várias divindades, mas não revela os segredos do culto.

Os mistérios de Dionísio (Baco) não tinha santuário central e assumiu diversas formas no mundo helenístico. A seita ficou conhecida por frenéticos rituais nos quais bebia-se vinho e durante os quais os participantes perambulavam por encostas cheias de árvores, usando peles de cervo e carregando bastões (*thýrsoi*) adornados com folhas de hera e pinha. Ao que se sabe, também esquartejavam animais vivos com as mãos e comiam a carne crua. Muitos dos participantes eram mulheres, conhecidas como *maenads*. A peça de Eurípedes, As Bacantes, fornece uma imagem de seu ritual orgiástico. Outra evidência sugere rituais mais calmos e associações religiosas regulares. O culto estava especialmente associado aos atores. Um afresco da Vila Item perto de Pompeia provavelmente fornece imagens de uma iniciação dionisíaca. O orfismo também estava relacionado aos mistérios de Dionísio.

Os mistérios de Ísis e Osíris, antiga deusa egípcia e seu irmão e amante (tb. conhecido como Serapis), difundiu-se a partir do Egito para tornar-se um dos mistérios mais importantes pelo mundo greco-romano. No antigo Egito, Ísis e sua família divina desempenharam um papel na disciplinada sucessão dos faraós. Cerimônias usando águas simbólicas ou reais do Nilo desempenharam um papel central no culto e refeições sagradas eram mantidas em honra a Serapis. O relato mais próximo de uma testemunha ocular de qualquer religião de mistério encontra-se em Metamorfose, de Apoleio (Livro 11), que descreve uma *mýstes'* experiência de iniciação no culto de Ísis com uma abordagem da morte e a revelação da luz como elementos essenciais. Aretologias do culto a Ísis existente lista os poderosos feitos da deusa na forma de declarações do tipo "Eu sou".

A evidência do culto a Cibele e Átis transpõe o Império Romano. O centro do culto era a cidade de Pessinus, na Anatólia. Em 204 a.C., um meteorito identificado com a deusa foi levado para Roma, onde seu templo ocupou um lugar importante no monte Palatino. Suas festas anuais ali aconteciam dias seguidos no fim de março. A mais notável experiência pessoal de iniciação era a dos galli da deusa, que se castravam durante os delirantes rituais anuais e depois se tornavam servos permanentes dela, vestidos com roupas cúlticas femininas. No fim da era romana, outra forma de iniciação tornou-se dominante. No *taurobolium* ou *criobolium*, o iniciado descia a um buraco coberto por uma rede e era chuviscado com sangue de touro ou carneiro sacrificado sobre ele. O culto da deusa síria Atargatis com seus galli conserva muitas semelhanças com o de Cibele, mas foi uma seita distinta durante a era romana.

O culto de Mitra atingiu a popularidade como religião de mistério greco-romana durante e século II d.C. Os estudiosos debatem a relação da origem persa de Mitra com a religião de mistério dos tempos greco-romanos. O ritual era restrito aos homens e era especialmente popular entre os soldados romanos. A maior parte dos santuários de Mitra da era romana era parcialmente subterrânea para reproduzir a caverna que figura no mito de Mitra. O templo do deus Mitra era frequentemente decorado com imagens representando a figura de Mitra como matador de touro (*tauroktonos*) e com imagens enormes. A iniciação no mitraísmo acontecia em sete estágios. Cada nível era caracterizado por um símbolo diferente e era protegido por um corpo celeste diferente. Uma refeição comum era também uma importante atividade cúltica.

Os rituais e as cerimônias de iniciação do cristianismo primitivo se desenvolveram num contexto no qual essas religiões de mistério estavam também se desenvolvendo. As semelhanças entre o cristianismo primitivo e os mistérios não são surpresa, e a natureza do relacionamento tem sido assunto de debates acadêmicos.

Bibliografia. U. Bianchi, *The Greek Mysteries*. Iconography of Religions 17/3 (Leiden, 1976); W. Burkert, *Ancient Mystery Cults* (Cambridge, Mass., 1987); B. M. Metzger, "A Classified Bibliography of the Graeco-Roman Mystery Religions, 1924-1973, with a Suplement 1974-77", in *ANRW* II.17,3 (Berlin, 1984), 1259-1423; M. M. Meyer, *The Ancient Mysteries: A Sourcebook* (San Francisco, 1987); J. Z. Smith, *Drudgery Divine: On the Comparison of Early Christianities and the Religions of Late Antiquity*. Jordan Lectures in Comparative Religions 14 (Chicago, 1990). [SUSAN (ELLI) ELLIOTT]

RITUAL O ritual desempenha importante papel na prática religiosa do antigo Israel, depois no judaísmo e no cristianismo primitivo. Os esforços para montar uma definição de ritual que faça justiça à variedade de atos específicos de ritual previstos em materiais bíblicos têm sido infrutíferos. Os rituais religiosos da Bíblia fornecem meios para a comunidade da fé descobrir, representar e refletir sobre sua fé. O ritual de representação provê ocasiões para envolver o ser divino e para responder a toda gama de experiências no contexto do sagrado. As práticas religiosas proveem meios de manter tipos tradicionais de crenças. Elas funcionam também, entretanto, como força criativa na construção de novas formas de fé.

As práticas religiosas de Israel, como evidenciado nos materiais bíblicos, mostram pelo menos três dinâmicas distintas. Primeira, as prescrições festivas do antigo Israel tomaram forma num contexto agrícola que reflete os ritmos das colheitas anuais. As apresentações rituais das primícias e das ofertas das colheitas de uma pessoa proveram os meios para representar resposta de ação de graças às bênçãos de Yahweh. Ao mesmo tempo, estas apresentações rituais proveram o meio pelo qual podia-se ganhar a contínua bênção de Yahweh.

Segunda, as práticas rituais israelitas demonstraram também envolvimento com a dinâmica da história. A Páscoa é exemplo excelente. A refeição da Páscoa proveu a ocasião para uma "lembrança" dos atos salvadores de Yahweh em favor da comunidade israelita. "Lembrar", entretanto, deu surgimento ao "narrar novamente" a história do Êxodo. Nesta narrativa ritualizada, o Êxodo do Egito foi tornado tão real que a história das ações de Deus no passado tornaram-se realidade presente. Israel reconheceu o poder da memória e da narrativa ritualizada.

Finalmente, as tradições sacerdotais do Pentateuco refletem uma dinâmica ritual focada na santidade do tabernáculo e na presença divina que reside no santo dos santos. A preocupação sacerdotal em relação à santidade mostra uma preocupação pela ordem muito boa da criação (cf. Gn 1:1–2:4a). Assim, os rituais sacerdotais podem funcionar para estabelecer algum aspecto da ordem muito boa da criação (Lv 8, 9), manter a ordem já existente (Nm 28–29), ou restaurar a ordem quando ela foi rompida pelo pecado ou pela impureza (Lv 13–14, 16). Esse sistema de ritual busca manter a pureza e a santidade da comunidade sagrada para que a presença divina possa continuar a residir em seu meio.

Os textos da Igreja primitiva refletem dois movimentos em relação à atividade ritual. Por um lado, alguns textos rejeitam certos aspectos do sistema de pureza judaico (Mc 7:1-23) e o sistema sacrificial judaico (Hebreus). A discussão de Paulo a respeito da isenção cristã da lei (Gl 2:15–3:29; Rm 1–8) tem sido frequentemente compreendida como rejeição do ritual judaico. Nessa visão, a atividade ritual é entendida como exemplo primordial de "justiça baseada nas obras" da qual o cristão está livre.

Por outro lado, alguns textos reconhecem claramente que a atividade ritual é central para a fé cristã. Nos textos bíblicos, dois rituais em particular são enfatizados: o batismo e a comunhão. O batismo funciona, em parte, como ritual para entrar e se tornar parte da comunidade cristã. Paulo vê o batismo como meio de matar o ego e ressurgir para novidade de vida em Cristo (Rm 6:1-11). Ele provê o meio pelo qual uma pessoa pode se tornar membro de uma comunidade entendida como o corpo de Cristo (1Co 12:12-26).

A compreensão de Paulo do ritual da refeição da comunhão inclui "lembrar" e "recontar", reencenando a ceia original e a proclamação da história (1Co 11:23-26). A ceia ritualizada permite que a pessoa se identifique com a morte de Jesus de tal maneira que a história dele se torna a história do crente. Ao mesmo tempo, a refeição permite que a história de Jesus se torne a história da comunidade. Assim, a comunhão funciona, em parte, para tornar presente o passado para a comunidade crente. Dessa forma, a atividade ritualizada contribui para a construção e formulação da identidade cristã.

Bibliografia. F. H. Gorman, Jr., *The Ideology of Ritual*. JSOTSup 91 (Sheffield, 1990); "Ritual Studies and Biblical Studies", *Semeia* 67 (1994); 13-36; R. L. Grimes, *Ritual Criticism* (Columbia, S.C., 1990). [FRANK H. GORMAN, JR.]

RIZIA (heb. *riṣyā'*) Filho de Ula, da tribo de Aser (1Cr 7:39).

RIZPA *Ver* RISPA.

ROBOÃO (heb. *rĕḥaḇ'ām*) Rei de Judá (c. 924-907 a.C.), filho de Salomão e da amonita Naamá (1Rs 14:31), e pai de Abias/Abião. Ele subiu ao trono aos 41 anos e reinou durante 17 anos (1Rs 14:21). O livro de 2Crônicas 11:18-23 identifica duas de suas dezoito esposas como Maalate e Maaca (mãe de Abias) e nota que ele tinha sessenta concubinas, 28 filhos e sessenta filhas. O reinado de Roboão é descrito em 1Reis 12:1-24; 14:21-31, que aparentemente deriva dos anais reais de Judá (1Rs 14:29) e 2Crônicas 10:1–12:16, que é baseado em 1Reis e talvez de uma fonte profética (cf. 2Cr 12:15).

Em sua ascensão ao trono, Roboão reuniu-se em Siquém com representantes das tribos israelitas do norte, que exigiram alívio das opressivas políticas de Salomão. Após três dias e consulta com seus conselheiros, o rei rejeitou o conselho de seus oficiais mais antigos e experientes, de que concordasse temporariamente com as exigências de Israel e, de maneira imprudente, aceitou o conselho de seus colegas mais jovens, que insistiram em que ele reafirmasse sua autoridade. Consequentemente, as tribos do norte se rebelaram e elegeram Jeroboão como rei deles e que havia fugido para o Egito quando Salomão o suspeitou de traição (1Rs 12:1-16). Esse desastre é explicado como punição de Deus pela infidelidade religiosa de Salomão (1Rs 11:9-13, 29-39; 12:15; cf. 2Cr 10:15). Quando Roboão enviou Adorão, seu oficial encarregado do trabalho forçado, para sufocar a revolta, este foi morto por apedrejamento e o rei fugiu para Jerusalém (1Rs 12:17-18). O conflito entre os dois reinos continuou durante os reinados de Roboão e Jeroboão (1Rs 14:30; cf. 2Cr 12:15b).

No quinto ano do reinado de Roboão, um exército egípcio comandado pelo faraó Sisaque (Shoshenq I) atacou a Palestina (1Rs 14:25-28; cf. 2Cr 12:1-12), não para instalar oficiais egípcios sobre a terra, mas para saquear sua riqueza e talvez afirmar a influência egípcia. Embora os relatos bíblicos deixem a impressão de que o ataque foi dirigido contra Judá e tenha sido punição divina pela infidelidade religiosa de Roboão (explicitamente declarada em 2Cr 12:1-2; implícita pela justaposição em 1Rs 14:21-24, 25-26), a inscrição de Sisaque no templo de Amom em Karnac lista os lugares que os egípcios tinham conquistado e sugere que Israel, em vez de Judá, foi o principal objetivo do ataque. Jerusalém não é mencionada na lista, mas alguns lugares no Neguebe são, talvez uma indicação dos esforços do faraó para proteger suas tropas de ataques de povos nômades da região. Aparentemente, Roboão pagou tributo aos egípcios para evitar mais problemas (cf. 1Rs 14:25-26). O relato desses eventos amplamente expandidos em Crônicas, em que o profeta Semaías anuncia que a conquista das cidades fortificadas de Judá (cf. 2Cr 11:5-12) por Sisaque é punição de Deus por seus pecados, os líderes se arrependem e Semaías proclama libertação parcial: os líderes permanecerão no poder, mas os egípcios levarão muito de suas riquezas (2Cr 12:3-8).

Além disso, 2Crônicas 11:5-12 relata, como evidência da bênção divina, que Roboão construiu e abasteceu quinze "cidades de defesa". Embora o rei possa ter feito isso para proteger sua terra do ataque egípcio ante a invasão de Sisaque, como sugere pela posição do relato de Crônicas, outros têm sugerido que a estratégia de Roboão foi salvaguardar seu reino de futura rebelião interna, e ainda outros têm datado a lista de cidades fortificadas aos reinados de Josias ou Ezequias.

O livro de 1Reis 14:22-24 retrata Roboão como idólatra, embora Crônicas o mostre mais ambiguamente, relatando que os sacerdotes e levitas do norte mudaram-se para Judá devido às inovações religiosas de Jeroboão. Estes foram seguidos por outros que foram fiéis a Deus e, juntos, fortaleceram Roboão durante três anos (2Cr 11:13-17; cf. 12:14).

Bibliografia. G. N. Knoppers, "Rehoboam in Chronicles: Villain or Victim?" *JBL* 109 (1990): 423-40; B. Mazar, "The Campaign of Pharaoh Shishak to Palestine", *VTSup* 4 (Leiden, 1957): 57-66; J. M. Miller, "Rehoboam's Cities of Defense and the Levitial City List", in *Archaeology and Biblical Interpretation*, ed. L. G. Perdue, L. E. Toombs e G. L. Lance (Atlanta, 1987), 273-86. [M. PATRIC GRAHAM]

ROCHA O terreno rochoso de Canaã proveu o cenário para um rico imaginário encontrado na Bíblia. De seu uso óbvio em relação à dureza literal (Jr 5:3; 23:29; cf. Is 50:7), "rocha" (heb. sela', sûr; gr. pétra) também incluía a ideia de apoio estável e seguro, como a estabilidade que Deus dá à vida (Sl 40:2 [TM 3]; Mt 7:24-27; Lc 6:48). Da mesma forma, ela é usada em fundação imóvel; remover "a rocha" equivale sacudir o mundo (cf. Jó 18:4).

Seu uso literal de obter sombra de uma "rocha/ penhasco" saliente ao sol do deserto (Is 32:2) estendeu-se ao uso figurado de Deus prover refúgio para o seu povo. Deus é descrito como rocha (2Sm 22:2 = Sl 18:2 [3]; 71:3) que dá segurança e confiança ao seu povo (cf. 2Sm 22:32, 47 par.; cf. Sl 62:2, 7 [3, 8]; 89:26 [27]. Visto que a rocha é dura, o poder de Deus é revelado quando ele a quebra (Jr 23:29; cf. 1Rs 19:11).

Os israelitas são, com a imagem da rocha, encorajados a se lembrarem da solidez de sua herança: "a rocha que os gerou" (Dt 32:18) e "a rocha da qual foram cortados" (Is 51:1). Diz-se que a Igreja foi fundada sobre uma rocha e, portanto, capaz de resistir aos assaltos inimigos (Mt 16:18).

Em Isaías 8:14, *sûr* é usada referindo-se à pedra messiânica rejeitada pelos judeus "construtores do templo" (cf. Sl 118:22; Is 28:16). De acordo com essas passagens, "rocha" torna-se importante para a tipologia do NT: Jesus Cristo, a "pedra de tropeço" rejeitada, torna-se a pedra angular do verdadeiro templo de Deus, a Igreja cristã (1Pe 2:6-8). Como rocha, Cristo é retratado golpeado para que o espírito de vida possa fluir dele para todo aquele que beber (Jo 4:13,14; 7:37-39; 1Co 10:4)). [LARRY L. WALKER]

RODA As rodas de carruagem (heb. *'ôpan*), descritas na Bíblia, são uma forma plenamente desenvolvida de eixos, aros, raios e cubos fundidos (1Rs 7:33). Existiam outros tipos, e a evidência arqueológica mostra um grau de experimentação em países do Oriente Próximo indicando o desenvolvimento local da roda maciça e grande que era unida ao eixo com um dispositivo completo formando uma só peça, à barra transversal da roda a qual então evoluiu para a roda com raios capaz de girar em seu eixo. Esse desenvolvimento criou uma roda mais leve, possibilitando maior grau de manobra ao veículo. A manufatura desses itens exigia artesãos com diversas habilidades: curtidores de couro, ferreiros, construtores de carros, carpinteiros e planejadores de carros.

A roda, entretanto, não foi usada somente em veículos. As referências bíblicas indicam que ela fazia parte de um dispositivo mecânico empregado para mover os dez tanques no templo de Salomão (1Rs 7:30, 32, 33), como uma roda do oleiro (Jr 18:3), no sistema de roldana usado para tirar água de cisternas (galgal; Ec 12:6) e no esmagamento de grãos (Is 28:27, 28). A roda é também usada em sentido simbólico. O ruído das rodas de carruagens representa imagens de batalha (Na 3:2) e do juízo de Deus sobre os filisteus (Jr 47:3), rodas de carruagem de fogo carregam o trono do Ancião (Dn 7:9), e a visão de Ezequiel do trono de Deus retrata quatro rodas com olhos de cristal (Ez 1:15-21). [KATHARINE A. MACKAY]

RODANIM (heb. *rôḏānîm*) Povo descendente de Javã (isto é, gregos; 1Cr 1:7). *Ver* DODANIM; RODES.

RODE (gr. *Rhódē*) Serva da casa de Maria, mãe de João Marcos (At 12:13). Atendendo às batidas de Pedro à porta, após sua fuga milagrosa da prisão, ficou tão emocionada ao vê-lo lá que esqueceu de abrir a porta e não conseguiu convencer as pessoas reunidas na casa para orar, de que o apóstolo estava realmente do lado de fora (At 12:14-15).

RODES (gr. *Rhódos*) Grande ilha do mar Egeu a sudoeste da Ásia Menor, com uma cidade portuária do mesmo nome. Estrategicamente localizada na entrada do Egeu, Rodes floresceu no comércio e na política, fundando colônias na Cicília e na Itália. A cidade de Rodes foi fundada na parte nordeste da ilha no fim do século V a.C. O Colosso de Rodes, uma das sete maravilhas do mundo antigo, era uma estátua do deus-sol Helios, com mais de 30 m de altura, localizado na entrada da cidade (mas não de pernas abertas sobre o porto). Catão e Júlio César estudaram na escola de retórica de Rodes.

A referência bíblica mais antiga aos habitantes da ilha pode estar na Tábua das Nações (Gn 10:4), onde em alguns manuscritos hebraicos e no Pentateuco Samaritano consta Rodanim (assim "Dodanim", e o par. 1Cr 1:7 (cf. Ez 27:15, TM "os homens de Dedã"; "de Rodes").

Roma mandou carta para Rodes e outras cidades declarando apoio ao governo de Simão sobre o estado judeu (1Mac 15.23). A submissão de Herodes, o Grande a Otaviano e a aceitação deste ocorreu em Rodes (Josefo, *BJ* 1.20.1), e Herodes teve vários interesses lá (1.21.11). No percurso de retorno de sua terceira viagem missionária, Paulo parou em Rodes (At 21:1). [DOUGLAS LOW]

ROGA (heb. *Q rohgâ*, *K rôhăgâ*) Filho de Somer da tribo de Aser (1Cr 7:34).

ROGELIM (heb. *rōḡĕlîm*) Cidade da Transjordânia, morada de Barzilai, o gileadita, que acompanhou Davi até o rio Jordão (2Sm 17:27; 19:31 [TM 32]). O nome vem do hebraico *reḡel*, "pé" e significa "aqueles que marcham" ou "pisoeiro" (artesãos que trabalhavam com lã e roupa). Os locais possíveis para Rogelim são Tell Barsînya, 9 km a sudoeste de Irbid e Zaharet Soq'ah. [PETE F. WILBANKS]

ROLA Designação para várias espécies do gênero *Streptopelia*, pequenas pombas cinzentas e tons amarelados com vários tipos de colar em torno do pescoço (heb. *tôr*, *tōr*; gr. *trygṓn*). Na Palestina a rola é uma das primeiras a anunciar a primavera (Ct 2:12; Jr 8:7). O termo hebraico deriva do som de seu chamado. As rolas eram consideradas limpas para o sacrifício e o consumo (Gn 15:9; Lv 1:14; 5:7; Lc 2:24). O povo indefeso de Deus é representado por uma rola em Salmo 74:19 ("pomba").

ROLO Rolo usado pelos antigos escribas para escrever obras literárias significativas ou cartas importantes e detalhadas. Os rolos (heb. *mĕḡillâ*; gr. *biblíon*) eram feitos pela colagem, lado a lado, de tiras separadas de papiro, couro, pergaminho ou velino e depois enrolando longas tiras em torno de um bastão que, quase sempre tinham cabos em ambas as pontas para facilitar o transporte e a leitura do rolo. Papiro, ou especificamente o miolo da cana de papiro, foi usado como superfície para escrita desde o início do terceiro milênio a.C. Foi provavelmente um rolo de papiro, escrito por Baruque, ditado por Jeremias, que o rei Jeoaquim ordenou que fosse queimado (Jr 36). O couro, ou pele de animal curtida, era também empregado, mas raramente usado, porque o papiro existia em abundância. O AT não faz referência específica aos rolos de couro, embora alguns tenham sido encontrados em Qumran. O pergaminho, que substituiu gradualmente o papiro, era feito pela remoção do pelo e esfregando-se a ponto de deixar bem lisa a pele de ovelha, bezerro ou cabra. A maior vantagem do pergaminho era que ele podia ser usado mais que uma vez simplesmente apagando-se o texto (cf. Nm 5:23). Um rolo usado novamente é chamado palimpsesto (lit. "relixado"). O velino era simplesmente um grau mais fino de pergaminho feito de cabritos e bezerros que se tornaram populares para textos mais importantes.

Os rolos raramente tinham mais que 9 m de comprimento; o rolo de Isaías, de Qumran incluía 17 folhas de pele de carneiro unidas por fios de linho e media 7,3 m. A palavra "volume" vem do latim *volumen*, "um cilindro ou rolo de escrita". As restrições do comprimento acabaram redundando na substituição do rolo pelo códice, já que este podia incluir vários livros num único volume.

Os rolos figuram nas experiências visionárias de Ezequiel (Ez 2:8–3:3). Zacarias (Zc 5:1-4) e Apocalipse (Ap 5:1-14; 10:1-11). [TONY S. L. MICHAEL]

ROMÃ *Punica granatum*, árvore pequena (heb. *rimmôn*) que normalmente lembra um arbusto arredondado, mas pode, às vezes, crescer um pouco mais (cf. 1Sm 14:2). Uma das sete espécies associadas à Terra Prometida (Dt 8:8), seu fruto é vermelho com cálice em forma de coroa, com o tamanho aproximado de uma laranja. A tinta da casca é usada para tingir couro. Dentro do fruto da romã existem vários compartimentos que envolvem uma polpa com textura de gelatina e várias sementes comestíveis tanto cruas quanto secas. O suco é refrescante e, às vezes, transformado em xarope ou vinho saboroso (Ct 8:2). Quando estavam no deserto os israelitas desejaram as romãs que comiam no Egito (Nm 20:5). Os espias retornaram com romãs e uvas de Canaã para mostrar a fertilidade da terra (Nm 13:23).

A romã simboliza a beleza na Bíblia. A donzela de Cântico dos Cânticos tem faces "como a metade de uma romã" (Ct 4:3; 6:7). O florir de romãs simboliza o despertamento do amor (Ct 6:11; 7:12). As romãs eram comumente associadas a lugares de adoração e divindades no antigo Oriente Próximo. O fruto e as flores adornavam as abas da veste do sacerdote (Êx 28:33-34) e apareceram no templo de Salomão como decorações em cima das colunas (1Rs 7:18, 20, 42; 2Rs 25:17 par.). Romãs secas simbolizavam a destruição da prosperidade de Judá (Jl 1:12) e sua restauração foi incluída na promessa do Senhor de restabelecer a nação (Ag 2:19).

O hebraico *rimmôn* aparece também como nome de um homem (2Sm 4:2, 5, 9) e de um lugar (Jz 20:45; Js 15:32). [MEGAN BISHOP MOORE]

ROMA (*lat. Roma*; gr. *Rhmē*) Designação tanto para a antiga cidade à margem do rio Tibre, localizada a 16 km para o interior a partir do porto de Óstia, bem como para o vasto império que começou a crescer em tamanho até chegar à sua maior extensão no início do século II d.C. Em sua maior extensão para o fim do reinado de Trajano (98-117), o Império Romano circundou a bacia do Mediterrâneo, incluindo todo o sul da Europa, Britânia (até a fronteira escocesa), norte da África (até o Saara), Egito (até bem além da primeira catarata), Ásia Menor, a costa norte do mar Negro, Armênia e regiões ao sul do Cáucaso, Mesopotâmia (até o Eufrates), Síria e Palestina: 9.560 km de fronteira.

O conhecimento da história e da cultura romana lança luz sobre várias passagens do AT, dos apócrifos e do NT. O hebraico *kittîm* é um termo ambíguo encontrado no AT (Is 23:1; Jr 2:10; Ez 27:6), no qual muito provavelmente se refere aos gregos. Nos apócrifos, *kittîm* também parece se referir aos gregos (1Mac 1.1; 8.5), embora na literatura quase contemporânea de Qumran, o termo provavelmente se refira aos romanos (1QpHab 2.12-13; 3.9; 4.5-6; 6.1-4; 4QpNah frags. 3-4.I.3). Os judeus eram bem conscientes da presença do poder romano no Mediterrâneo ocidental, como sugerido pela lista de conquistas romanas em meados do ano 160 d.C., encontrada em 1Macabeus 8.1-16. Os significativos laços políticos entre os macabeus e Roma são narrados em 1Macabeus 8.17-32; 12.1-4. No NT, o autor de Lucas-Atos foi particularmente consciente da abundante presença política de Roma e fez cuidadosas alusões à história e cultura romana em sua obra, começando com menção explícita do reinado de Tibério em Lucas 3:1 e depois com várias referências à política e às instituições sociais romanas, nos Atos dos Apóstolos.

AMBIENTE. O solo da Itália é mais fértil que o da Grécia, embora o clima seja semelhante. O sistema topográfico é também muito diferente do da Grécia, porque os montes Apeninos formam a espinha dorsal da península com terra arável tanto para leste como para oeste da cordilheira. A Itália é dividida em duas partes. A Itália continental tem seu centro no vale do Pó com o rio do mesmo nome correndo pelo centro. A Itália peninsular é dividida em três partes: a costa leste, a costa oeste e a bota, ao sul. A Itália teve poucos portos bons, como a baía de Nápoles que, com o fato de o Pó e o Tibre serem os únicos rios navegáveis, impediu o desenvolvimento de intercâmbio e comércio. Em sua longa história, os romanos permaneceram apegados à terra firme. A costa leste foi esparsamente habitada na antiguidade, com pouca navegação no Adriático e nenhuma navegação até o tempo das Cruzadas. Na costa oeste, havia excelente terra cultivável, embora a parte nordeste da península tivesse recursos minerais. A extremidade sul também tinha abundância de terra arável, mas era particularmente vulnerável a invasão. Diferentemente da Grécia, a Itália era terra adequada para a criação de gado.

Das origens até o fim da monarquia (753-509 a.C.). De acordo com Varro (Marcus Terentius), Roma foi fundada ritualmente em 21 de abril de 753, uma das várias datas lendárias do século VIII propostas na antiguidade (o aniversário de Roma foi celebrado durante a República como a Parilia, e no império como a natalis Urbis). Havia de fato duas lendas competindo sobre a fundação de Roma que ficaram, no final das contas, ligadas de várias formas, ambas retrocedendo ao século IV a.C. Uma delas centrada no fundador epônimo Rômulo e seu irmão gêmeo Remo, a outra em Eneias (a quem Augusto alegava ser seu ancestral), um príncipe de Troia que fugiu para o Ocidente após o saque daquela cidade pelos gregos e acabou fundando Roma (Dionísio de Alicarnasso Rom. arch. 1.72.2), narrado em detalhe épico na Eneida de Virgílio. O fato de os romanos se considerarem descendentes dos troianos significa que se diferenciavam tanto dos gregos como dos etruscos. Depois da metade do século I a.C., Roma tornou-se conhecida a Septimontium (septem montes, "sete montes"), concepção popularizada por Varro (De ling. lat. 5.41-54; 7.41), embora sua lista (que rapidamente se tornou canônica) difira consideravelmente das listas anteriores de sete montes. O assentamento mais antigo de Roma foi no monte Palatino e no Forum Romanum (usado como cemitério) até o século X, e então depois de 650 se espalhou para o Quirinal, para o Esquilino e outros montes não identificados pela lista de Varro. Na história de Roma, o território da cidade em si (embora ocasionalmente ampliado) foi chamado de *urbis* e definido por um limite sagrado, o *pomerium*, que era cercado pelo *ager Romanus*, o "território romano" (que também aumentou de tamanho). A realeza romana não era hereditária e a organização política seguiu o padrão indo-europeu de rei-conselho-assembleia. Embora novos reis fossem nomeados pelo senado, eram aprovados quando a assembleia popular (*comitia curiata*) aprovava uma *Lex* de império conferindo os direitos de *imperium* ao rei. O mítico Rômulo (temporariamente compartilhando a realeza com o Sabino Tito Tacio) foi o primeiro de uma sucessão canônica de sete reis, incluindo Numa Pompílio (um Sabino), Tulus Hostilius, Ancus Marcus, Lucius Tarquinius Priscus (fundador etrusco da dinastia tarquinia), Servius Tulius e Tarquinius Superbus (expulso em 508, de acordo com a tradição), uma lista claramente artificial, visto que os nomes de outros reis sobrevivem em várias fontes. Os sete reis mencionados em Apocalipse 17:9 podem ser uma alusão à tradição de que os sete reis romanos representaram um número completo e predestinado de governantes.

Os romanos são descendentes de um grupo de tribos aparentadas chamadas Latini que, originárias da Europa Central, se estabeleceram na região de Latium por volta do século X. Latim, a língua falada pelo povo de Latium, pertence ao grupo itálico de indo-europeus, que tem duas importantes divisões: o osco-úmbrico e latino-faliscano. O oscano foi a língua comum padronizada da Itália central até que a região foi subjugada pelos romanos durante a República. Originalmente a língua do Lácio e da cidade de Roma, o latim acabou desalojando as outras línguas itálicas como resultado do crescente poder político e militar que Roma exercia na Itália central e, depois, pela península itálica.

República (509-27 a.C.). A monarquia foi substituída por uma república cujos principais magistrados eram dois cônsules eleitos anualmente (evitando, assim, a concentração de poder nas mãos de uma pessoa), registros de quem, com eventos significativos, foram preservados nos *annales maximi*, uma crônica compilada pelo *pontifex maximus* e que serviu como principal fonte para historiadores romanos como Q. Fabius Pictor e L. Cincius Alimentus (séc. III), Gnaeus Gellius (fim do século II) e Licinius Macer (século I). Esses historiadores foram por sua vez importantes fontes para Tito Lívio e Dionísio de Halicarnasso (Rom. arch. 1.6.2), os dois historiadores do início do período da história romana, maior parte de cujas obras sobreviveu.

A história política da Roma republicana se divide naturalmente em dois períodos: 509-265 e 264-27. Durante o primeiro período, Roma expandiu-se localmente (509-336), veio a dominar a Itália central (336-290) e acabou ganhando o controle de toda a península (290-265). Tal controle foi parcialmente facilitado pela fundação de colônias em áreas recentemente sob o controle romano, bem como pelo apoio romano pelas aristocracias locais. O expansionismo romano, que continuou até o início do século II d.C., não foi motivado pelo desejo de construir um império, mas para proteger as propriedades de Roma. Durante esse período, Roma passou pela experiência da invação galesa, que teve seu clímax no catastrófico saque de Roma em 386 a.C., resultando na reconstrução da cidade, na reorganização do exército e eliminação dos etruscos como poder dominante. Os colonos gregos da Magna Grécia, assediados pelos samnitas, pediram ajuda a Roma, que estava disponível. As consequentes guerras samnitas duraram de 325 a 306, levando ao controle de Roma da costa oeste da península. O conflito foi facilitado pela construção da via Ápia, a primeira estrada romana, em 312 sob o censor Appius Claudius. Uma segunda série de guerras foi travada de 298-290 contra os samnitas que se haviam aliado aos gauleses e etruscos. Entretanto, aliada com Tarentum, os romanos derrotaram a coalizão samnita e se viram no controle da maior parte da Itália central. O conflito com Tarentum na baía de Nápoles levou à guerra aberta de 281-272, terminando com a queda de Tarentum.

O segundo período (264-27) presenciou a expansão romana fora da Itália peninsular, começando com uma série de guerras com Cartago (264-201), sua principal rival econômica e política na região mediterrânea ocidental, seguida por intervenções romanas no leste da Grécia (201-146) e concluída pela dissolução gradual da constituição republicana e pela instituição do principado (146-27). Em 264, devido a uma disputa pela Sicília, Roma entrou em guerra com Cartago, uma cidade púnica do norte da África, colonizada no século VIII pelos fenícios da costa palestina. A guerra terminou em 241, quando os cartagineses cederam a Cicília a Roma. A Segunda Guerra Púnica (220-201) irrompeu quando a expansão cartaginesa na Espanha entrou em conflito com os interesses de Roma naquela região. No conflito subsequente, Aníbal liderou um exército com elefantes pela Espanha e sobre as montanhas para a Itália. Embora tenha vencido muitas batalhas na Itália peninsular, ele nunca conseguiu vencer completamente a própria Roma. A derrota de Aníbal em Zama, em 201, levou à rendição de Cartago, à destruição de sua frota e ao pagamento de uma enorme indenização. O período das duas guerras cartaginesas coincidiu com uma complexa série de lutas pelo poder entre as monarquias helenísticas no leste grego estabelecidas pelos *diadochoi* ou "sucessores" de Alexandre, o Grande (que morreu em 323). Os três personagens mais importantes (todos fundadores de dinastias em suas respectivas esferas de governo) foram Ptlomeu, no Egito; Seleuco, na Mesopotâmia e Antígono, na Grécia e Macedônia. Roma se opôs a Filipe da Macedônia, partidário de Antígono devido sua ajuda a Cartago. A Segunda Guerra Macedônica (200-196), processada pelo general romano Flamininus, levou à derrota de Filipe e à proclamação de Flamininus da liberdade da Grécia nos jogos ístmicos de Corinto em 196. Após mais duas guerras macedônicas, Roma destruiu Corinto em 146 e incorporou a Grécia e a Macedônia como províncias romanas. A Quarta Guerra Macedônica (148-146) coincidiu em grande parte com a Terceira Guerra Púnica (149-146), conflito irregular que resultou na destruição de Cartago em 146 (tanto Corinto como Cartago haviam sido reconstruídas por Júlio César em 46 no centésimo aniversário da destruição delas). Finalmente, o ano 133 tornou-se um marco na história romana quando Atalo III, de Pérgamo morreu e legou em testamento seu reino a Roma e se tornou a província romana da Ásia em 129. Roma havia nessa época conseguido muito do desejado estado real ao redor do Mediterrâneo (Espanha, Cartago, Pérgamo, Macedônia), com exceção do Egito.

A história social de Roma durante a República é dominada pelo chamado Conflito das Ordens, a maior ênfase dos últimos historiadores romanos republicanos cuja obra foi preservada pelo historiador romano Tito Lívio (59 a.C.–17 d.C.) e o grego historiador contemporâneo de Roma, Dionísio de Halicarnasso (c. 60 a.C.-c. 30 d.C.). Esse Conflito de Ordens centrou-se nos problemas equivalentes de débito e disponibilidade de terra arável. Poderes políticos e sociais estavam concentrados nas mãos dos patrícios aristocratas (*patres*, "pais") que pertenciam a clãs privilegiados (gentes). A plebe era formada pelas pessoas comuns e pode ter se originado como clientes dos patrícios. A plebe em si dividia-se em dois grupos: os pertencentes a famílias importantes e os que eram pobres. Os primeiros se consideravam iguais em posição ao povo, mas eram constitucionalmente impedidos de desfrutar do *status* de igualdade de direitos dos patrícios. No final da monarquia, havia quatro direitos básicos (*ius*), todos os quatro retidos pelos patrícios, embora somente dois pelos plebeus. Dos dois direitos públicos, *ius suffragii* (direito de participar da assembleia) e *ius honoris* (direito de ter um emprego), somente o primeiro era mantido pelos plebeus. Do mesmo modo, dos dois direitos privados, o *ius commercium* (direito de comprar e vender) e o *ius conubii* (direito ao casamento misto), somente o primeiro era mantido pelos plebeus. A proibição do casamento misto, encontrado nas Doze Tábuas (cf. Tito Lívio Urb. cond.

4.4.5; Dionísio Rom. arch. 10.60.5; Cícero República 2.37.63), a mais antiga codificação sobrevivente da lei romana, foi decisiva em manter as duas ordens separadas. Os patrícios monopolizaram os sacerdócios, as principais magistraturas, o procedimento do *interregnum*, a condição de membro do senado e efetivamente controlou a assembleia popular por meio de relacionamentos protetor-cliente. As duas magistraturas distintivamente plebeias foram o tribunato e o edilato. O senado teve origem durante a monarquia como um conselho de reis, nomeado primeiro por reis e depois, durante a República, pelos principais magistrados. No final da monarquia, havia 300 senadores (talvez baseado em três tribos romanas, cada uma formada por 10 *curiae*). As *comitia*, ou assembleias, foram em número de três: a *comitia curiata*, na qual cada um dos 30 *curiae* originais (uma forma de tipo-clã de organização social) tinha um único voto; a *comitia centuriata*, assembleia militar baseada na riqueza fundiária; e a *comitia tributa*, a assembleia plebeia. Depois da *secessio plebis*, a emigração temporária da plebe de Roma para o monte Aventino em 494, formaram seu próprio estado dentro de um estado com uma assembleia (*concilium plebis*) e elegeram anualmente seus magistrados (10 tribunos e dois edís) durante quase dois séculos. A codificação das Doze Tábuas da lei romana, por dois comitês sucessivos de dez homens (Decênviros) em 451 e 450, substituindo o consulato e o tribunato, representa um importante sucesso plebeu (Tito Lívio 3.33-57; Diodoro 12.24-26). As leis Sexto-Licianianas de 367 permitiram aos plebeus participar do consulato. A igualdade dos plebeus tornou-se mais ou menos completa por volta de 287, com a promulgação da Lex Hortensia, que transformava os decretos das plebes (plebiscita) em leis compulsórias a todas as pessoas incluindo os patrícios. Do tempo dos gracos (último terço de século II), a vida política romana foi polarizada pelos optimates (que se colocaram ao lado do senado) e os populares (que trabalharam com a assembleia popular e o tribunato).

Os gregos, que tinham colonizado a Magna Grécia no sul da Itália por volta da metade do século VIII, vieram a dominar a vida cultural romana na metade do século I. A literatura, a mitologia e a história grega foram fundamentais na educação romana e o grego foi a primeira língua da educação romana. Por volta do fim do século I a.C., muitos jovens aristocratas romanos eram rotineiramente educados na Grécia e eram, portanto, bilíngues. Por volta do século I, somente uma pequena porcentagem da população de residentes de Roma eram de descendência romana ou italiana, talvez 10%. Dentro da própria Roma, vários grupos nacionais mantinham com frequência tradições linguísticas e culturais; a vasta comunidade judaica, p. ex., que era calculada de 30 a 50 mil, era uma comunidade de fala grega, indubitavelmente devido à helenização da Palestina.

Império (27 a.C.–476 d.C.). O Império Romano, desde sua fundação por Augusto, em 27 a.C., até a queda do império ocidental, em 476 d.C., situa-se aproximadamente em dois períodos: o Principado (27 a.C. — 283 d.C.), quando os imperadores adotaram o título de *princips* ("primeiro homem"); e o Dominato (284-476), quando os imperadores assumiram o título de *dominus* ("senhor") e o principado foi transformado numa monarquia burocrática e totalitária.

Nos oito anos que se seguiram à agitação civil, desencadeada pelo assassinato de Júlio César, em 15 de março de 44 a.C., Otaviano assumiu o controle da Itália e do Ocidente (43-35) e, depois disso, o leste na decisiva batalha naval em Actio, na qual derrotou Antônio e Cleópatra VII (31), pondo fim a caóticas guerras civis. Otaviano, que recebeu o nome de Augusto pelo senado, em 27 (ele quase recebeu o nome de Rômulo, o lendário fundador de Roma), governou como o *princeps* de 27 a.C. a 14 d.C. No começo, a era de Augusto foi considerada por alguns como a restauração da República (Veleio Hist. rom. 2.89; Ovídio Fasti 1.589), mas por outros como o começo da autocracia (Dio Hist. 52.11.1; 53.11.4). A última opinião provou ser a mais correta. Embora Augusto tenha começado renunciando poderes ditatoriais extraordinários, ele assumiu gradualmente uma série de poderes políticos, civis e cargos incluindo o de *imperator* ("imperador"), os *tribunicia potesta*s ("poderes de tribuno") em 23 (Dio 53.32.5) e de *pontifex maximus* ("sumo sacerdote") em 12 d.C. De acordo com Tácito, Augusto "aumentou gradualmente seu poder, e trouxe para suas mãos as funções do senado, dos magistrados e as leis" (Ann. 1.2). Augusto, o filho adotado de Júlio César sob o título de *divi filius* ("filho do deus [Júlio]"), continuou a dinastia Júlio-claudiana, que incluiu Tibério (14-37 d.C.), Gaio (37-41, apelidado Calígula "botinha"), Cláudio (41-54) e terminou com Nero (54-68). Após o instável período de 68-69, quando reinaram três imperadores, Vespasiano (69-79) e seus filhos Tito (79-81) e Domiciano (81-96) estabeleceram a curta dinastia flaviana. Nerva, que reinou somente o curto período (96-98), estabeleceu nova dinastia imperial formada de uma série de adoções, ao adotar Trajano (98-117), de descendência espanhola o primeiro imperador que se originou das províncias. Quando Trajano morreu, o império estava em sua maior extensão antes ou depois. Adriano (117-138), o sucessor adotado de Trajano era um parente seu por parte de pai. Adriano, por sua vez, adotou Antonino Pio (138-161) que, seguindo a recomendação de Adriano, adotou Marco Aurélio (161-180), parente de Adriano e devoto do estoicismo e tem sido amplamente admirado como modelo de governante-filósofo. Finalmente, o filho de Marco Aurélio, Comodus (181-190) foi o último dos cinco imperadores sucessores de Trajano.

Durante o antigo império, houve dois novos desenvolvimentos: (1) a pirâmide social (formada por uma classe mais alta com não mais de 5% da população, sem classe média e uma grande classe baixa) recebeu uma nova cúpula formada pela família imperial e (2) os provincianos e as províncias foram integrados ao sistema romano. As ordens romanas tradicionais que constituíam a minoria da classe alta, o senado (cujos membros chegaram a seiscentos durante os séculos I e II), e os equites ou cavaleiros (que chegaram a cerca de 20 mil durante o mesmo período), veio a incluir os *decurions* (oficial romano de infantaria ou cavalaria), membros aristocráticos dos conselhos das cidades provinciais. Sob Augusto e seus sucessores, o senado reteve um papel formal (como a investidura de imperadores), mas perdeu todo poder político real. Enquanto os équites detinham somente cargos públicos como juízes e oficiais durante a última república, sob Augusto, eram empregados como *procuratores Augusti*, encarregados da administração da propriedade imperial, bem como da administração econômica e financeira de todo o império. Havia dois tipos bem diferentes de relacionamentos na estrutura social romana entre os membros das classes mais altas e mais baixas. O imperador tratava os senadores e os équites como *amici* ("amigos") ou iguais, enquanto seu relacionamento com as massas era o de um patrão poderoso com clientes dependentes. Augusto assumiu o título de *pater patriae* ("pai da pátria") em 2 d.C., como expressão formal desse relacionamento de dependência.

Augusto ampliou o Império Romano para incluir o Egito, partes da Ásia Menor, as áreas sul do Danúbio dos Alpes ao mar Negro e norte da Espanha. A crescente urbanização foi uma característica do antigo império, que inclui cerca de 1.000 cidades com populações variadas. Enquanto a maioria das cidades tinha população de 10-15 mil habitantes, Pérgamo era uma cidade média com cerca de 50 mil, Antioquia e Alexandria tinham populações na casa dos cem mil e Roma, a maior cidade do império, cerca de um milhão de habitantes. A população toda do mundo mediterrâneo durante o reinado de Augusto é estimada em 50 a 80 milhões; pelo menos 20% eram escravos, 10% judeus e 90% vivia na terra (dando base agrícola à economia imperial). Durante o reinado de Augusto, foi desenvolvido um duplo sistema formado de províncias imperiais (originalmente Gália, Espanha e Síria) e províncias senatoriais governadas por procônsules (como Ásia e África) que, no entanto, teve de ser primeiro aprovado pelo imperador. As províncias romanas foram integradas na estrutura do império por vários meios: (1) construção de uma rede de estradas iniciada durante a República; (2) introdução de administração provinciana coerente; (3) admissão de provincianos no serviço militar romano; (4) extensão da cidadania romana aos provincianos e (5) o processo de urbanização. A extensão da cidadania foi particularmente significativa. Sob Augusto, de acordo com seu "testamento" chamado de Res Gestae Divi Augusti ("As realizações do divino Augusto"), havia 4.937.000 cidadãos romanos em 14 d.C., número que aumentou para 5.984.071 em 48 (Tácito Ann. 11.25). Sob Caracala (211-217), foi concedida cidadania a todos os habitantes livres do império. Paulo de Tarso é exemplo de provinciano que tinha a cidadania romana. A distinção entre cidadãos provincianos e romanos que existia no início do século I d.C. foi gradualmente se transformando durante o século II na distinção entre os *honestiores* (os bem nascidos) e os *humiliores* (os mal nascidos). Estes recebiam tratamento desigual sob a lei romana. A pena máxima para cidadãos romanos durante o século I e aos honestiores durante o século II e depois, frequentemente consistia de exílio, enquanto delitos máximos cometidos por não cidadãos, ou humiliores, eram punidos com a crucificação.

A *pax Romana* ("paz romana"), que começou inicialmente como realização de Augusto, foi um período que se estendeu do seu reinado ao de Antonino Pio (138-161) que desfrutou relativa tranquilidade tanto domesticamente como nas fronteiras. Entre as exceções a esta era de paz estão a Primeira e Segunda Revolta Judaicas (66-73 e 132-135) e entre esses eventos, as revoltas judaicas sob Trajano na Cirenaica, no Egito e na Mesopotâmia (115-117). A tentativa do imperador Gaio de introduzir uma estátua de ouro de si mesmo no templo judeu em Jerusalém (ato que virtualmente desencadeou uma revolta judaica) deu em nada, quando Gaio foi assassinado em 41 d.C., por membros da Guarda Pretoriana (Fílon Leg. 197-337; Josefo *BJ* 2.184-203; *Ant.* 18.256-309).

Os vários aspectos da religião romana, como a religião civil romana, a religião do exército romano e o mitraísmo, tiveram pouco impacto significativo sobre não romanos, com exceção do culto romano imperial, isto é, a veneração de imperadores mortos e até mesmo os vivos, principalmente por provincianos no leste e no oeste. De Augusto a Constantino, não menos que 36 dos sessenta imperadores foram idolatrados e receberam o título de *divus*, "divino". Em Roma, certos imperadores mortos foram postumamente designados divinos pelo senado romano e adorados junto com *Dea Roma* (a deusa Roma, personificação da cidade de Roma), e a mais tradicional das romanizadas divindades do culto e do mito grego. No leste grego, imperadores vivos recebiam às vezes o culto como divinos, o que era tão político quanto religioso. No mais antigo martírio cristão, o Martírio de Policarpo (escrito durante o terceiro quarto do século II), exige-se que Policarpo se renda ao culto imperial ou sofra o martírio. Apocalipse 13 sugere que os cristãos se encontravam na mesma situação aflitiva no século I.

Bibliografia. G. Alföldy, *The Social History of Rome* (Baltimore, 1988); *The Book of Acts in Its First Century Setting, 2: Greco-Roman Setting*, ed. D. W. J. Gill e C. Gempf (Grand Rapids, 1994); *CAH*, 2. ed., 3: *Rome and the Mediterranean to 133 B.C.*, ed. A. E. Astin et al. (Cambridge, 1989); 7/2: *The Rise of Rome to 220 B.C.*, ed. F. W. Walbank et al. (Cambridge, 1989); F. Millar, *The Roman Near East: 31 B.C.-A.D. 337* (Cambridge, Mass., 1993); H. H. Scullard, *From the Gracchi to Nero: A History of Rome from 133 B.C. to A.D. 68*, 5th ed. (London, 1982); *A History of the Roman World, 753 to 146 B.C.*, 4th ed. (London, 1980); J. E. Stambaugh, *The Ancient Roman City* (Baltimore, 1988). [DAVID E. AUNE]

ROMANOS (gr. *Rhōmaíoi*) Designação para pessoas de uma ou mais categorias: representantes do governo estrangeiro ao qual os judeus estavam submetidos (Jo 11:48; At 25:16; 28:17); judeus nascidos em Roma ou que viviam lá (2:10); aqueles que reivindicavam fidelidade ao Império Romano que (está implícito) outros não possuíam (16:21); e os que possuíam a cidadania romana (v. 37-38; 22:25-29; 23-27). Pela lei romana, os cidadãos não podiam ser chicoteados ou crucificados e, quando em julgamento, podiam apelar para o imperador.

ROMANOS, CARTA AOS A mais longa das epístolas de Paulo, colocada na maioria das Bíblias como a primeira da composição paulina. Tem exercido enorme influência, atraindo comentaristas como Orígenes, Tomás de Aquino, Filipe Melâncton, João Calvino e Karl Barth. Romanos foi decisivo na vida e no pensamento de Agostinho de Hipona, em sua conversão e batalhas com Pelágio sobre o "pecado original"; Lutero, com respeito à lei e ao evangelho; Calvino, em relação (à dupla) predestinação e Wesley, sobre a justificação e a santificação. No último século de conhecimentos, tem havido ampla concordância sobre pontos importantes, mas têm surgido também novas possibilidades interpretativas.

Autor, data, lugar. Paulo (1:1), apóstolo para os gentios (11:13; cf. 1:5; 15:16, 18), escreve de Corinto, durante uma permanência de três meses na Grécia, antes de ir para Jerusalém com uma coleta para os pobres entre os santos cristãos de lá, mandada por suas congregações do Egeu (At 20:3; Rm 15:25, 26). O tempo em que foi escrita é entre 54/55 d.C. e 58/59, dependendo da cronologia seguida (51/52, se a menos provável for a"primeira" cronologia). A reconstrução das circunstâncias encontra ligação com decisões sobre o texto.

Texto. O endereço em 1:7 é "A todos os que estais em Roma, amados de Deus, chamados para serdes santos", mas não existe referência a uma igreja lá até o cap. 16 e então somente à igreja na casa de Priscila e Aquila (16:5). A falta do "em Roma", em alguns manuscritos em 1:7 e 15 se deve provavelmente a escreventes que desejavam dar ao documento uma referência menos específica e mais universal. Mais importante, a doxologia encontrada em alguns dos melhores manuscritos gregos em 16:25-27, com seu padrão de "mistério guardado em silêncio desde os tempos antigos, mas agora manifesto", aparece em muitos manuscritos em 14:23, 15:33 em P^{46}, em alguns manuscritos depois tanto de 14:23 como de 16:23, e é omitido em algumas fontes (cf. NRSV mg). Em algumas versões latinas, falta o cap. 15. Tudo isso tem levado a conjecturas sobre uma versão com capítulo 14, conhecida para Orígenes e usada por Marcião; uma versão com cap. 15; e uma com cap. 16 encontradas na maioria das Bíblias em português. Na década de 1950, o ponto de vista que veio a dominar foi que Paulo mandou uma versão com cap. 15 para Roma e, o que atualmente é o cap. 16 (pelo menos 16:1-20, talvez com uma cópia também de 1-15) para Éfeso. Isso significa que as 28 pessoas saudadas em 16:3-16, incluindo Aquila e Priscila, estavam em Éfeso, não em Roma. Mas desde a década de 1970, a onda tem virado, especialmente à luz do argumento que o cap. 16 fornece a conclusão necessária para a típica carta paulina. Isso significa que cinco das sete igrejas nos lares mencionadas estão em Roma e que também devem estar ligadas com disputas entre "os fortes" (na fé) e "os fracos" em 14:1—15:3, provavelmente cristãos gentios e judeus. Embora a pertinência do cap. 16 permaneça em discussão, a tendência é no sentido de reconhecer, à luz da decisão que os caps. 1—16 foram para Roma, que Paulo sabia muito a respeito da situação entre crentes divididos na capital.

Circunstâncias e propósitos. As origens do cristianismo em Roma são desconhecidas. A crença em Jesus surgiu provavelmente na grande comunidade judaica de lá por intermédio de contatos (de mercadores) com a Palestina. De acordo com o historiador romano Suetônio (*Claud.* 25.4), o imperador Claudio expulsou muitos judeus devido a perturbações "instigadas por Chrestus" (Cristo), entre seguidores judeus e outros judeus, ou entre

A B C D E F G H I J K L M N O P Q R S T U V X Y Z

cristãos judeus que se opuseram a uma missão gentia. Esse fato ocorreu no ano 49 (menos provavelmente, antes, em 42). Alguns desses cristãos judeus se mudaram para o leste; Paulo entrou em contato com eles em Corinto (p. ex., Aquila e Priscila, At 18:1-3; 1Co 16:19), em Éfeso e em outros lugares. Mais tarde, quando a tensão diminuiu (Claudio morreu em 54), alguns desses cristãos judeus retornaram a Roma. Mas nesse ínterim, os seguidores gentios de Jesus haviam se tornado a forma dominante de cristianismo em Roma. Por intermédio desses exilados que retornaram a Roma, Paulo teve algum conhecimento de igrejas nos lares em Roma, [o que motivou] a carta que seria levada lá por Febe, ministra da cidade portuária de Cencreia, em Corinto, a quem Paulo recomenda (16:1-2). Outro detalhe histórico pode estar em Romanos 13, no fato de que Nero, então em seus cinco anos de bom governo, considerado no cancelamento de 58 impostos indiretos, cuja injusta cobrança por publicanos havia gerado protesto (Tácito Ann. 13.50, 51). Em 13:6-7, Paulo aconselha especificamente os cristãos em Roma a pagar seus impostos como bons cidadãos e não serem pegos em movimentos de agitação.

Vários propósitos surgem para a redação de Romanos ao grupo, na época basicamente gentio, de igrejas nos lares, com alguns cristãos judeus que estavam de volta.

O apóstolo Paulo quer se apresentar claramente e a seu evangelho a todas as comunidades cristãs em Roma. Ele não fundou as igrejas, e não conhecemos nenhum "fundador" importante, mas a ideia de que Paulo queria prover fundamento "apostólico" não é convincente. Paulo escreve diplomaticamente, com certa reciprocidade (1:11-15), consciente de rumores a respeito de si mesmo em alguns lugares (3:7,8; 6:1,2; 9:1,2). Mas de forma alguma está claro que ele confronta cristãos judeus contra missionários que contestavam suas posições, como na Galácia. Paulo apresenta o evangelho então de forma apologética e cativante, mas sem ser uma "teologia sistemática".

Paulo procura afinidade para ter apoio em Roma para o seu proposto trabalho missionário na Espanha (15:23-29; cf. v. 14-22). O interesse de Romanos é missionário.

Paulo pede orações dos cristãos de Roma em favor de sua viagem a Jerusalém com a coleta para os santos de lá (15:25-27, 30). Se ele está pedindo contribuições de Roma não está claramente implícito. Que ele tinha receio de como esta oferta seria recebida em Jerusalém é provável (15:30-32). Mas ver a comunidade cristã de judeus em Jerusalém como o "destinatário secreto" para Romanos (talvez por meio de uma "cópia carbono" mandada lá) é um ponto de vista não tão fortemente apoiado como algumas décadas atrás no mundo acadêmico.

Que Paulo está preocupado em que os "fortes" e "fracos" de Roma se aceitem mutuamente pode ser visto nos caps. 14—15, especialmente 15:7. Até esse ponto, a carta tem um propósito eclesiológico de unidade da igreja, embora permitindo considerável liberdade para cada posição (Paulo mesmo se coloca ao lado do gentio "forte" contra as leis relativas a comida, bebida e dias especiais; 14:2,5,17,21). Isso tem sido chamado de objetivo "pastoral", mas não está sem fundamentos teológicos (15:7b-13), além disso, outros objetivos de Paulo têm aspectos pastorais.

Romanos tem sido chamada de "última vontade e testamento" de Paulo. Ela se revela, em certas acepções, como a carta definitiva que dele possuímos. Mas Paulo escreveu com vigor, à medida que estava atingindo objetivos no Leste, com novas iniciativas em mente no Mediterrâneo ocidental (15:28).

Gênero e outras propostas. Romanos reflete a forma de carta em sua abertura (1:1–17) e fechamento (15:14–16:23). O padrão de seção "doutrinária" (1:18–8:39 ou 11:36), seguido pela parênese ou a seção ética (12:1–15:13), é tipicamente paulino. Mas o corpo da carta (1:18–15:13) é tão prolongado que algum termo como "ensaio de carta" é justificado. Mais recentemente, categorias da retórica antiga têm sido aplicadas, designando Romanos como predominantemente "epidítica" (lat. *demonstrativus*, "louvar" ou "repreender", fortalecendo o etos de uma audiência), ou "ponderado" (persuasivo, como numa assembleia), ou às vezes "judicial" (como num tribunal), até como "carta de um embaixador" ou "discurso de exortação" (gr. *logos protréptikos*). Muito mais amplamente reconhecida é a forma "diatribe" (2:1-5, 17-29; 3:27–4:2), em que é feita a tentativa, em diálogos com um (imaginário) interlocutor, judeu ou cristão, para criticar pontos de vistas arrogantes e persuadir à posição do locutor. Literariamente, o extenso uso de Paulo de material do AT (por 1:17; 3:10-20; caps. 9—11; 15:3-12), às vezes com princípios rabínicos de interpretação (que reflete também a lógica grega), como em 4:3-12 (a história de Abraão), é evidente. Há citações do que muitos concordam ser formulações anteriores, com frequência a cristãos judeus, usadas para estabelecer um denominador comum com os crentes de Roma que não haviam sido ensinados por Paulo (1:3-4; 3:24-26a; 4:25; 10:9; 11:33-36). Pode haver acréscimos posteriores como 16:25-27 (subsequente a Paulo, para refinar e universalizar Romanos), mas as tentativas para designar 2:16 ou 6:17b, p. ex., como notas extras sempre têm encontrado a resposta de que elas são exatamente a chave do argumento de Paulo.

Esboço. Há concordância geral sobre divisões importantes.

I. Introdução: saudação (1:1-7), ação de graças (1:8-15), tema (*propositio*), 1:16-17: o evangelho como poder de Deus para salvação — a justiça de Deus, pela fé, tanto para judeus como para gregos.

II. A necessidade da justiça de Deus num mundo (ou "velha era") onde a ira divina está sendo revelada (1:18–3:20)
   A. Sobre toda a humanidade gentia (1:18-32) — deixar de honrar e agradecer a Deus resulta em idolatria e toda sorte de pecado
   B. Sobre os judeus também, juízo e ira (2:1–3:9) — confiar na lei de Moisés leva à arrogância, sem guardar a lei
   C. Toda a humanidade é responsável, injusta, sob o pecado, não justificada perante Deus (3:10-20, com apoio escriturístico)

III. O evangelho como justiça de Deus revelada na justificação de pecadores ímpios, por meio de Cristo, pela fé (3:21–4:25)
   A. Sem distinção, todos compartilham da justiça de Deus, pela morte sacrificial de Jesus Cristo (3:21-26)
   B. A justificação pela fé exclui a vanglória a respeito das obras por judeus ou gentios (3:27-31)
   C. Exemplificado em Abraão, que foi justificado pela fé, não pelas obras, antes da circuncisão ou da lei mosaica (4:1-25

IV. O significado da justificação e vida nova em Cristo: a nova era, mas suas liberdades não ainda inteiramente aqui (caps. 5—8)
   A. Livre da ira e da morte (cap. 5) — o contraste entre Adão/Cristo
   B. Livre do pecado e do ego (cap. 6) para andar em novidade de vida
   C. Livre da lei (cap. 7) — o dilema do "Eu"
   D. Livre para a vida no Espírito Santo e para a esperança (cap. 8), vivendo não mais pela vista, esperando a redenção (8:23b-25)

V. O evangelho da justiça de Deus e a descrença de (muitos de) Israel (caps. 9—11
   A. A soberania de Deus e promessas: fracasso? (cap. 9)
   B. Fracasso de Israel em responder à justiça pela fé em Cristo (cap. 10)
   C. A esperança de Paulo no futuro (cap. 11): Cristãos gentios, sem presunções; Israel, deve receber misericórdia

VI. O significado da justiça justificadora de Deus em relação à vida diária (12:1–15:13)
   A. Exortações aos cristãos em comunidade (cap. 12), com relação ao estado (13:1-7) e olhar para o "fim" (13:8-14, o mandamento do amor e escatologia)
   B. Amor e recepção mútua entre os crentes (14:1–15:13, os "fortes" e os "fracos"

VII. Encerramento da carta: seção de viagem, planos de Paulo para visitar Roma e a missão à Espanha (15:14-33); recomendação quanto a Febe (16:1,2), saudações (16:3-16, 21-23), advertência quanto aos que causam dissensões (16:17-19). Bênção, 16:20; v. 24 (acrescentado), doxologia

A leitura de Romanos. A carta aos Romanos há muito tem sido tratada com ênfase nos caps. 1—8 e temos como pecado e graça; justiça/justificação; fé como crença, confiança, obediência e fidelidade de Deus às promessas divinas; paz com Deus e outras bênçãos da nova vida em Cristo, incluindo o Espírito. Os caps. 9—11, sobre Israel ou a teodiceia (justificando que a Palavra de Deus não falhou), têm às vezes sido vistos como tema invasivo ou subsidiário. As declarações sobre predestinação (começando em 8:29; cap. 9) têm sido a principal preocupação dos intérpretes. Mais recentemente, o foco tem sido sobre a "história da salvação" (Adão, Abraão, Moisés, Cristo) e a aplicação aos judeus (em conversas inter-religiosas), para tornar os caps. 9—11 o centro de toda a carta. Os ensinos éticos em 12—15 têm sido às vezes o foco da atenção — Paulo quer mostrar como o evangelho funciona no serviço sacrificial pelos cristãos, não para Deus, mas para outros no mundo no dia de trabalho (12:1-2). Ainda que as exortações em 12:3-21 pareçam gerais, não surgindo diretamente do tema da justificação, de fato repousam em tudo o que foi dito em 3:21—8:39 (12:1: "portanto", "pelas misericórdias de Deus" enumerados em capítulos anteriores). O cap. 13, sobre o estado, reflete o contexto no qual Paulo escreve e os caps. 14—15 tratam de problemas reais em Roma de integrar igrejas étnicas reunidas nas casas, divididas. "Aceitar uns aos outros" (15:7) pode então ser chamado de o clímax em cuja direção Paulo constrói sua apresentação. Ou o objetivo é estar unido para a missão à Espanha?

Épocas e intérpretes diferentes têm visto aspectos diferentes da carta aos Romanos como especialmente pertinente. Uma leitura equilibrada observa o todo como coerente, à luz — e como um desenvolvimento — do tema de Paulo (1:16-17) sobre justiça, do Cristo de Deus e da fé.

Bibliografia. B. Byrne, *Romans*. Sacra Pagina 6 (Collegeville, 1996); K. P. Donfried, ed., *The Romans Debate*, ed. rev. (Peabody, 1991); J. D. G. Dunn, *Romans 1–8*. WBC 38ª; *Romans 9–16*. WBC 38B (Waco, 1988); J. A. Fitzmyer, *Romans*. AB 33 (New York, 1993); E. Käsemann, *Commentary on Romans* (Grand Rapids, 1980); S. K. Stowers, *A Reading of Romans: Justice, Jews, and Gentiles* (New *Haven, 1994); P. Stuhlmacher, Paul's* Letter to the Romans (Louisville, 1994). [JOHN REUMNN]

ROMANTI-ÉZER (heb. *rōmamtî ʿezer*) Levita, filho de Hemã; líder da 24ª divisão de cantores no tempo de Davi (1Cr 25:4, 31). Embora os nomes em 1Crônicas 25:4 sejam considerados, no mesmo capítulo, nomes de pessoas (v. 13-31), muitos estudiosos afirmam que o começo com Hananias (v. 23) sugerem que a passagem é de fato um trecho confuso de uma oração poética. Em vez de um nome, a expressão pode ser traduzida como"Eu exaltarei (meu) ajudador".

RÔS (heb. *rōʾš*) Filho (ou neto) de Benjamim, entre os que acompanharam Jacó (Gn 46:21; "príncipe" ou "chefe"). Seu nome não ocorre em outras listas dos descendentes de Benjamim (Nm 26:38-41; 1Cr 7:6-12; 8:1-5).

ROSA Flor (heb. *ḥăḇaṣṣeleṯ*) que tem sido chamada de rosa em muitas traduções (Is 35:1), mas que de fato se refere ao bulbo de uma planta ("açafrão"). Os prováveis candidatos são o narciso (narcissus tazetta) e o lírio (Lilium candidum). A rosa de Sarom em Cânticos 2:1 pode ser uma dessas plantas ou outra planta, como a Tulipa Montana. Escritos posteriores (Sab. 2.8; Sir. 24.14; 39.13; 50.8; 3Mac 7.17; 2Ed 2.19) mencionam a rosa (gr. *rhódon*), provavelmente ou a rosa fenícia (Rosa phoenicia L.) ou oleandro (Nerium oleander L.). No hebraico rabínico e moderno, a rosa é *wered*. [MEGAN BISHOP MOORE]

ROUPA DE SACO Tipo de tecido rústico feito de pelos de cabra (ou de camelo). A roupa de saco (heb. *śaq*; gr. *sákkos*) aparece com mais frequência na Bíblia (e em outras partes no antigo Oriente Próximo) como material usado na confecção da roupa apropriada durante os tempos de sofrimento e luto. Pelo fato de as cabras no mundo mediterrâneo serem na maior parte de cor marrom escura ou preta, a roupa de saco era de cor escura (cf. Is 50:3; Ap 6:12). Um vestuário de saco podia cobrir o corpo todo, nesse caso era usado solto e preso em torno do peito com um cinto ou corda ou podia ser simplesmente uma tanga. O uso de roupa de saco podia simbolizar pesar ou penitência em caráter pessoal (Gn 37:34; Jl 1:8) ou nacional (Jud 4.10; Jn 3:8; em ambos os textos, até os animais são vestidos de saco!); também é mostrado como veste profética em Apocalipse 11:3. O material foi usado também para fazer tendas, velas de navios e tapetes. [JAMES R. ADAIR, JR.]

RUA Geralmente uma estrada urbana, normalmente de terra batida, mas as palavras gregas e hebraicas traduzidas por "rua" podem também significar "mercado" ou "feira". A era do AT viu o surgimento de ruas como as conhecemos. Antes daquele tempo, as cidades do antigo Oriente Próximo simplesmente tinham espaços abertos entre as construções. No tempo do NT, cidades mais novas foram planejadas e tiveram um sistema razoavelmente organizado de ruas. Antigas cidades estabelecidas, entretanto, tinham um conjunto de ruas sem planejamento que surgiam de acordo com os padrões de trânsito.

Usado simbolicamente, "rua" quase sempre tem conotação de lugar sujo ou vergonhoso (Mq 7:10; Zc 10:5). Pelo fato de as ruas não serem pavimentadas e sistemas de esgoto serem primitivos (pelo menos no período do AT), é fácil ver como essas conotações começaram a ser usadas. Frases como "nas ruas" são formas bíblicas comuns de descrever a arena onde uma mensagem é proclamada ao público (Am 5:16). Jesus condena os hipócritas que fazem demonstração pública de suas esmolas "nas ruas" (Mt 6:2). [CHRIS CALDWELL]

RUAMA (heb. *ruḥāmâ*) "Favor", nome dado à filha de Oseias (Os 2:1 [TM 3]).

RÚBEN (heb. *rĕʾûḇēn*) O primeiro filho nascido de Leia e o ancestral epônimo da tribo de Rúben. Em Gênesis 29:31-32, é dada uma explicação simbólica ao seu nome ligada aos eventos que cercaram seu nascimento. Leia foi abençoada por Deus e concebeu porque não era amada por seu marido, Jacó. Quando o filho nasceu, Leia declarou: "Porque o Senhor viu a minha aflição; agora meu marido me amará". A maioria dos estudiosos aceita o significado de "contemplou um filho" do hebraico. Entretanto, vários outros significados têm sido sugeridos para o nome: "substituto" ou "chefe" do árabe.

Em Gênesis 30:14 ss., Rúben é retratado como filho dedicado à sua mãe. Ele é o filho que achou as mandrágoras (talvez um antigo afrodisíaco) e as levou para Leia. Isso deu a ela a possibilidade de conseguir mais uma noite com Jacó, conceber e dar à luz outro filho. Mantendo sua devoção maternal, depois da morte de Raquel, Rúben dorme com a serva dela, Bila, tornando-a, dessa forma, imprópria para que Jacó tivesse relações sexuais com ela novamente. Sua motivação pode ter sido forçar seu pai a retornar à tenda de Leia. Alguns estudiosos, contudo, relacionam esse incidente ao relato de 1Samuel 16:20–22, em que Absalão toma as dez concubinas de Davi, e atribuem as ações de Rúben a uma tentativa de tirar a autoridade do pai. O resultado desse evento foi que Rúben perdeu o favor de seu pai e seu direito de primogenitura para os descendentes de José e Judá (Gn 49:4; 1Cr 5:1). Na história de José e Judá (Gn 37), Rúben é apresentado sob uma ótica mais positiva. Sua tentativa de salvar a vida de José das mãos de seus irmãos é vista como destaque de sua posição como filho primogênito de Jacó. Ele é também quem oferece seus dois filhos como garantia pelo retorno seguro de Benjamim (Gn 42:37).

Rúben teve quatro filhos: Enoque, Palu, Hezrom e Carmi. A terra designada aos seus descendentes ficava na Transjordânia, ao sul de Gileade e ao norte do rio Arnom. Existem, entretanto, descrições bíblicas conflitantes do assentamento exato da tribo de Rúben (Js 15:6; 18:17). Em Josué 22, Rúben é acusado, com Gade e Manassés, pelas tribos cisjordanianas de terem erigido um altar rival para adoração em seu território. Uma guerra entre as tribos é evitada quando as tribos transjordanianas afirmam que o altar é apenas modelo do verdadeiro altar e não é usado para fins cúlticos. O restante da história da tribo de Rúben é um desafio reconstruir. Rúben é mencionado no Cântico de Débora (Jz 5) e admoestado por não apoiar a batalha contra Sísera. Em 1Crônicas 5:10,19, a tribo de Rúben é mencionada lutando com Manassés e Gade contra os hagarenos durante o reinado de Saul. A última menção histórica dessa tribo está entre aqueles a quem Tiglate-Pileser da Assíria exilou (1Cr 5:6). [LISA W. DAVISON]

RUBI Os rubis eram desconhecidos no antigo Oriente Médio. Algumas traduções usam "rubi" quando o hebraico sugere uma pedra valiosa de cor vermelha. O hebraico *kadkōḏ* ("rubi") é um produto da Síria (ou Edom), transacionada por mercadoria de Tiro (Ez 27:16). As muralhas de uma Sião idealizada são de *kadkōḏ* (Is 54:12). O hebraico *pĕn'n'm* ("rubis") designa gemas de grande valor (Jó 28:18; Pv 3:15; 8:11; 31:10). A NIV traduz "rubi" por *'ōḏem*, pedra entalhada no peitoral do sumo sacerdote (Êx 28:17; 39:10) e uma pedra que adornava o rei de Tiro (Ez 28:13). Algumas traduções trazem "ágata", "âmbar", "cornalina", "coral", "granada", "jaspe", "pérola" ou "sárdio" para esses termos hebraicos. [JOSEPH E. JENSEN]

RUFO (gr. *Rhoúphos*; *lat. Rufus*) **1.** O filho de Simão de Cirene e irmão de Alexandre (Mc 15:21). A referência sugere que era bem conhecido dos leitores de Marcos.

2. Pessoa a quem Paulo saúda, com sua mãe, em Romanos 16:13. Ele é chamado de "escolhido no Senhor". Se o evangelho de Marcos foi escrito em Roma, ele pode ser o mesmo de 1 acima. [JOE E. LUNCEFORD]

RUMA (heb. *rûmâ*) Cidade natal de Zebida (2Rs 23:36). Ruma tem sido identificada de diversas maneiras com Aruma (Khirbet el-'Ormah) perto de Siquém (Jz 9:41) e com Khirbet er-Rûmeh/Horvat Ruma, cerca de 10 km ao norte de Nazaré.

RUTE (heb. *rûṯ*; gr. *Rhouth*) Mulher moabita, viúva do judeu Malom (Rt 1:2-5); figura central do livro de Rute e ancestral de Davi e de Jesus (Mt 1:5; cf. Rt 4:17-22).

RUTE (heb. *rûṯ*), **LIVRO DE** O livro de Rute não tem o registro do nome do autor, nem a data de origem. O debate atual é: se o propósito da história foi esclarecer os assuntos do universalismo versus exclusivismo, do matriarcado versus patriarcado e a situação do casamento levirato, a situação do pobre, direitos à terra ou da genealogia davídica. O livro, portanto, aparece em várias ordens nos predecessores à Bíblia Hebraica e na LXX. O livro de Rute deve ser lido na sinagoga na Festa de Shavuot (Festa das Semanas ou Pentecoste), que celebra a colheira do cereal da primavera, bem como da entrega da Torá. A história de Rute é um conto hebraico perfeitamente produzido, que incorpora complexos assuntos sociais e religiosos num entretenimento e narrativa romântica.

Rute é uma história de relacionamentos entre membros de família, entre nações, entre Deus e Israel. A história começa com Elimeleque e Noemi, com seus dois filhos, Malom e Quiliom, viajando para um país estrangeiro, Moabe; a terra deles, Belém, em Judá tinha sido atingida pela fome. Durante os dez anos que a família vive em Moabe, os filhos se casaram com mulheres chamadas Rute e Orfa. No final, todos os três homens da família morreram, deixando Noemi sozinha com duas noras. Noemi decidiu voltar à Judá, sua terra natal, ao ouvir que o Senhor visitara seu povo, dando-lhes alimento. Quando as três mulheres partiram, Noemi disse a Rute e Orfa para voltarem cada uma à casa de sua mãe. Ambas as jovens viúvas, no começo, se recusaram deixar Noemi, mas Orfa acabou se despedindo de sua sogra com um beijo; Rute continuou com Noemi até Belém.

Rute e Orfa não eram noras comuns da israelita Noemi; eram moabitas, isto é, inimigas tradicionais, sedutoras e corruptoras de Israel. Os moabitas serviram a outros deuses e os israelitas estavam frequentemente em dificuldades por se misturarem com os estrangeiros (Jz 10:6; cf. Nm 2–25; Dt 23:2-6; Ed 9:1-2; Ne 13:2,2; Sl 83; Sf 2:9).

Orfa retornou ao seu povo e a seus deuses, mas Rute se apegou a Noemi e ao seu Deus. Noemi pediu mais uma vez que a nora retornasse à sua casa, ao que Rute respondeu com o que se tornou uma frase conhecida: "Não insistas comigo para que te abandone e deixe de seguir-te". Noemi finalmente aceitou a resolução de Rute de ficar com ela, e as duas viajaram em busca de uma terra mais próspera.

Os rabis do século I ficaram tão impressionados com essa história de amizade e compromisso que a usaram para explicar como os inimigos de Israel se tornavam parte da casa, embora certas leis o proibissem. A história se tornou paradigma para conversão na fé. Os pedidos de Noemi e as recusas de Rute constituem forma rabínica para um possível prosélito seguir para se tornar judeu:

Pedido: Mas Noemi disse a suas duas noras: "Vão! Retornem para a casa de sua mãe!" (1:8a)

Rejeição: E elas lhe disseram: "Não! Voltaremos com você para junto de seu povo!" (1:10)

Pedido: Disse, porém, Noemi: "Voltem, minhas filhas! Por que viriam comigo?" (1:11a)

Rejeição (esperada): "Poderia eu ainda ter filhos, que viessem a ser seus maridos?" (1:11b)

Pedido: "Voltem, minhas filhas! Vão!" (1:12)

Rejeição: Elas, então, começaram a chorar alto de novo. Depois Orfa deu um beijo de despedida em sua sogra, mas Rute ficou com ela. (1:14)

Pedido: E ela disse: "Veja, sua concunhada está voltando para o seu povo e para o seu deus. Volte com ela!" (1:15)

Resposta: Rute, porém, respondeu: "Não insistas comigo que te deixe e que não mais te acompanhe. Aonde fores irei, onde ficares ficarei! O teu povo será o meu povo e o teu Deus será o meu Deus!" (1:16)

Aceitação: Quando Noemi viu que Rute estava de fato decidida a acompanhá-la, não insistiu mais. (1:18)

Ao observar que Noemi disse a Rute três vezes para "voltar" ou "retornar", os primeiros rabis analogamente determinaram que um prosélito devia ser repelido três vezes; se ele ou ela persistisse depois disso, seria aceito(a). Os possíveis convertidos deveriam ser desencorajados para avaliar sua sinceridade, bem como fazê-los saber que não é fácil ser judeu. Mas o desencorajamento não devia demorar muito, porque quando Noemi viu que Rute estava decidida a ir com ela "não insistiu mais". A moabita Rute é, então, o modelo de pessoa convertida por causa de sua declaração de fidelidade a Noemi.

Boaz, rico parente de Elimeleque (marido de Noemi) com que Rute acabou se casando, relatou a maneira como Rute foi fiel (2:11). De acordo com Boaz, ela demonstrou sua fé ao permanecer com Noemi e deixar seus pais e a terra natal a fim de ir a um país estrangeiro. Nessa mesma fala a Rute, Boaz conclui: "Que o Senhor recompense o que fizeste, que recebas grande recompensa do Senhor Deus de Israel,sob cujas asas vieste buscar abrigo" (2:12).

A frase "sob cujas asas você veio buscar refúgio" é também uma metáfora formal para o proselitismo que significa "em seu cuidado protetor". A imagem é sugerida pelo cuidado vigilante de uma fêmea de passarinho (cf. Dt 32:11; Sl 57:1 [TM 2]). É na interpretação do livro de Rute que a frase aparece pela primeira vez com o significado de "ser convertido ao judaísmo". Como no caso de outras mulheres nascidas estrangeiras (Tamar, a canaanita, Gn 28; Raabe, a canaanita, Js 2–6; Bate-Seba, a hitita, 2Sm 11), Deus escolheu Rute, a moabita, para realizar devidamente as obrigações da comunidade judaica.

A comunidade de Belém abençoou Boaz quando disse ao povo e aos anciãos seus planos de se casar com Rute (4:11-12). Apesar do fato de Rute ser de um povo considerado inimigo notório de Israel, o compromisso e a amizade dela com Noemi atraiu o favor de Deus, e Deus a usou para "edificar a casa de Israel".

Rute e Boaz de fato edificaram a casa de Israel e se tornaram os avós do rei Davi, mas a casa foi também edificada por Noemi. Embora ela fosse idosa, seus filhos mortos e ela não pudesse ter mais filhos, o Senhor a abençoou com um descendente por meio de sua nora, Rute (4:14-15). O elogio não pode ser negligenciado nem super valorizado. Rute demonstrou sua amizade e dedicação a Noemi ao compartilhar seu filho com sua sogra (4:16-17a). O nome do filho foi Obede e ele se tornou pai de Jessé e avô do futuro rei Davi.

O livro de Rute, lindamente artístico, serve a muitos propósitos na tradição judaica, incluindo a importância das mulheres na história de Israel: Noemi e Rute; Leia, Raquel e Tamar antes delas. Esse propósito avança na história quando o escritor de Mateus aproveita a tradição e inclui na genealogia como ancestrais de Jesus tanto Tamar e Rute, bem como duas outras mulheres inimigas, Raabe e Bate-Seba (Mt 1:3, 5, 6b).

Bibliografia. D. R. G. Beattie, *Jewish Exegesis of the Book of Ruth*. JSOTSup 2 (Sheffield, 1977); A. Brenner, ed., *A Feminist Companion to Ruth* (Sheffield, 1993); D. N. Fewell e D. M. Gunn, *Compromising Redemption: Relating Characters in the Book of Ruth* (Louisville, 1990); J. A. Kates e G. T. Reimer, Eds., *Reading Ruth: Contemporary Women Reclaim a Sacred Story* (New York, 1994); J. Neusner, *The Mother of the Messiah in Judaism: The Book of Ruth* (Valley Forge, 1993); I. Pardes, "The Book of Ruth: Idyllic Revisionism", in *Countertraditions in the Bible* (Cambridge, Mass., 1992), 98-117; J. M. Sasson, *Ruth: A New Translation with a Philological Commentary and a Formalist-Folklorist Interpretation*, 2. ed. (Sheffield, 1989). [GLENNA S. JACKSON]

S

SAAFE (heb. *šaʿap̱*) **1.** Filho de Jadai; um homem da tribo de Judá e descendente de Calebe (1Cr 2:47).

2. Filho de Maaca e Calebe; pai (fundador) de Madmana (1Cr 2:49).

SAALABIM (heb. *šaʿalbîm*) (tb. SAALBIM) Cidade designada à tribo de Dã (Js 19:42; "Saalabim"). Embora os danitas fossem incapazes de conquistar a cidade, seus habitantes amorreus foram subsequentemente submetidos pela "casa de José" (Efraim; Jz 1:35). Posteriormente, foi incluída no segundo distrito administrativo de Salomão (1Rs 4:9). Saalabim deve provavelmente ser equiparada a Saalbom, cidade natal de Eliaba, um dos Trinta de Davi (2Sm 23:32; 1Cr 11:33). Assim como Sual, Saalabim tem sido identificada por alguns com a "terra de Saalim" pela qual Saul passou à procura de suas jumentas (1Sm 9:4). Os arqueólogos identificam Saalabim com a moderna Selbît/Tel Shaʿalevim 5 km noroeste de Aijalom. [ERIC F. MASON]

SAALBOM (heb. *šaʿalĕḇōn*) Cidade natal de Eliaba, um dos Trinta de Davi (2Sm 23:32 = 1Cr 11:33). O nome ocorre como o gentílico hebraico *šaʿalḇōnî*, talvez derivado de Saalbim, Saalabim.

SAALIM (heb. *šaʿălîm*) Região de localização desconhecida, provavelmente perto da fronteira do território de Benjamim e talvez recebeu esse nome de uma cidade ou de um ponto de referência terrestre natural importante. Saul e um servo passaram por essa região enquanto estavam à procura das jumentas de Quis (1Sm 9:4). Ele é geralmente associado a Saalbim, Saalabim, mas uma ligação com Sual ao norte de Betel é também possível.

SAARAIM (heb. *šaʿărayim*) **1.** Cidade da Sefelá, ou terra baixa, de Judá e parte da herança daquela tribo (Js 15:36). Está localizada na parte norte do vale de Elá, a noroeste de Socó e Azeca. Depois que Davi venceu Golias, os israelitas perseguiram os filisteus desde o vale de Elá para o noroeste em direção a Gate e Ecrom passando pela estrada para Saaraim (1Sm 17:52; LXX "os feridos dos filisteus caíram na estrada das portas para Gate e para Ecrom" não é amplamente aceito). Khirbet es-Saʿireh, a leste de Bete-Semes tem sido proposto como o local, mas uma localização mais a oeste parece mais provável.

2. Cidade do Neguebe na herança tribal de Simeão (1Cr 4:31). A lista paralela em Josué 19:6 não menciona Saaraim, mas inclui Saruém (15:32), que lista cidades no Neguebe da Judeia, inclui Silim, mas não Saaraim ou Saruém. Estes podem representar três locais diferentes, dois locais ou três nomes diferentes para o mesmo local, mas muito provavelmente as variações refletem situações políticas ou históricas diferentes. Muito provavelmente Saaraim deve ser ligada com Saruém porque as listas em 1Crônicas 4; Josué 19 são muitos semelhantes em outros aspectos. Por outro lado, o uso de Saruém pode estar baseado numa transcrição egípcia de Silim que foi depois corrompida para Saaraim, o que sugere que havia somente um local no Neguebe. Saruém é comumente identificada com Tell el-Farʿah (Sul) ou Tell el-Ajjul, ambos localizados ao longo da margem sul de Nahal Besor.

Bibliografia. Y. Aharoni, *The Land of the Bible*, 2. ed. (Philadelphia, 1979); S. Ahituv, *Canaanite Toponyms in Ancient Egypcian Documents* (Jerusalem, 1984); N. Na'aman, "The Kingdom of Judah under Josiah", *Tel Aviv* 18 (1991): 3-71; A. F. Rainey, "The Administrative Division of the Shephelah", *Tel Aviv* 7 (1980): 194-202; "The Biblical Shephelah of Judah", *BASOR* 251 (1983): 1-22. [JENNIFER L. GROVES]

3. (heb. *šaḥărayim*) Homem da tribo de Benjamim que vivia em Moabe e que teve numerosa prole e que despediu duas de suas esposas (1Cr 8:8-11).

SAASGAZ (heb. *šaʿašgaz*) Eunuco da corte do rei Assuero que foi encarregado do segundo harém do rei (Et 2:14).

SAAZIMA (heb. *K šaḥăṣṣîmâ*, *Q šaḥăṣîmâ*) Cidade na fronteira do território tribal de Issacar (Js 19:22). Vários lugares têm sido sugeridos entre o Tabor e Bete-Semes.

SABÁ (heb. *šĕḇāʾ*), **RAINHA DE** A rainha, identificada apenas por seu país, que visitou o rei Salomão (1Rs 10:1-13 = 2Cr 9:1-12). Em 1Reis 10, sua visita é acompanhada dos relatos das construções (9:15-25) de Salomão e seus projetos comerciais (9:26-28), e está colocada no contexto de sua grande riqueza e realizações (10:11,12, 14-29). Em resposta aos rumores sobre a fama de Salomão, a rainha (acompanhada por um grande e custoso séquito; cf. 1Rs 10:2) foi a Jerusalém para "testá-lo [Salomão] com perguntas difíceis" (v. 1). Salomão não somente respondeu às perguntas satisfatoriamente (1Rs 10:3), como a impressionou com a qualidade de sua vida doméstica de tal forma que ela "ficou fora de si" (v. 4-5).

Após elogiar extensamente Salomão (1Rs 10:6-9) a rainha deu-lhe inúmeros e caros presentes (v. 10). Em troca, Salomão deu à rainha de Sabá "tudo o que ela desejou e pediu" (o conteúdo desse presente não é especificado) e ela voltou para o seu país com sua comitiva (1Rs 10:13).

Embora o conteúdo do relato de Crônicas seja paralelo ao de Reis, seu contexto é diferente. Considerando que 2Crôncias não tem tensões envolvendo a subida de Salomão ao trono (compare 1Cr 29 com 1Rs 1-2); nenhuma menção antes de 2Crônicas 9 ao acesso de Salomão (compare com 1Rs 3:16-28; 4:29-34); e nenhuma subsequente catástrofe política devido a sua apostasia (compare 2Cr 9:13-29 com 1Rs 11), a visita da rainha em 2Crônicas 9 torna-se uma demonstração exemplar da sabedoria de Salomão e o clímax do seu pacífico e próspero reinado.

Embora o NT não mencione a rainha de Sabá, Mateus 12:42 (=Lc 11:31) faz referência a uma "rainha do sul" que "veio dos confins da terra para ouvir a sabedoria de Salomão". Outra identificação, ligando a rainha Candace dos etíopes (At 8:27) com a rainha de Sabá é mais problemática.

Bibliografia. L. S. Schearing, "A Wealth of Women: Looking Behind, Within, and Beyond Solomon's Story", in *The Age of Solomon*, ed. L. K. Handy. SHANE 11 (Leiden, 1997). [LINDA S. SCHEARING]

SABÁ (heb. *šĕḇāʼ*), **SABEUS** (*šĕḇāʼyîm*) Tribo e reino da Arábia designada de diversas maneiras em três genealogias no AT como um filho de Cuxe (Gn 10:7; 1Cr 1:9; NRSV "Seba"), um filho de Jocsã (Gn 10:28; 1Cr 1:22; NRSV "Sabá"), e um filho de Quetura (Gn 25:3; 1Cr 1:32). A associação de Sabá e Dedã entre os filhos de Quetura e o relato de um ataque surpresa sobre os bois e os jumentos de Jó por um grupo de sabeus (Jó 1:15) tem levado muitos estudiosos a postular a presença de sabeus no norte da Arábia. De modo oposto, a associação de Sabá (cf. o epigráfico Slb' do sul da Arábia) com Hazarmavé entre os filhos de Joctã aponta certamente para o sul da Arábia. A LXX de Salmo 72:10 interpreta Arábon, Arabía para o hebraico *šĕḇāʼ*, talvez seguindo uma convenção grega confirmada do tempo de Heródoto (Hist. 3.107) segundo a qual "Arabia" designava uma região do sul da Arábia produtora de olíbano.

O testemunho bíblico mais antigo de Sabá é, entretanto, o relato da visita da rainha de Sabá a Salomão (1Rs 10:1-13; NRSV "Seba") no século X a.C. Embora a riqueza atribuída à rainha dificilmente sugira que ela tenha vindo dos arredores do norte da Arábia, no início do primeiro milênio, e seja muito mais consistente com o primitivo reino sabeu do sul da Arábia é, no entanto, verdade que o olíbano, o mais perfeito produto do sul da Arábia, não estava entre seus presentes ao rei israelita. As mais antigas referências bíblicas ao incenso explicitamente sabeu ocorrem em Jeremias 6:20; Isaías 60:6 (cf. Heródoto 3.97, 107). Apesar do argumento antes intenso sobre inaceitabilidade de uma antiga data de um reino sabeu no sul da Arábia em 1000 ao qual pudesse pertencer a rainha mencionada em 1Reis, recentes descobertas arqueológicas têm retrocedido a data de assentamentos sedentários nas terras altas do norte do Iêmen bem no segundo milênio. No século VIII, os sabeus são mencionados (*lúsaba'ayya*) nos anais de Tiglate-Pileser III (744-727), e um pouco antes eles aparecem num texto de Sur Jur'eh no Médio Eufrates (perto de Ana, Iraque) que descreve o ataque sobre uma de suas caravanas por Ninurta-kudurri-usur, governador de Suhu. Ita'mara "o sabeu" mandou tributo a Sargão II (722-705) da mesma forma que Karib'il, designado "rei de Sabá", fez a Senaqueribe (705-681). Em analogia com última colônia comercial (mineana) em Dedã no sul da Arábia, tem sido às vezes sugerido que o crescimento do estado sabeu no sul da Arábia levou a uma expansão deste no norte da Arábia, levando em conta a aparição de Sabá tanto no norte como no sul.

Bibliografia. I. Eph'al, *The Ancient Arabs* (Leiden, 1982). [D.T. POTTS]

SÁBADO (heb. *šabbāṯ*) O sétimo dia numa semana de sete dias, estabelecido no AT como dia de descanso. O AT registra a instituição do sábado nas leis dadas a Moisés. O primeiro mandamento referente à observância do sábado é encontrado em Êxodo 16:22-30. Os israelitas recebiam o maná diariamente e foram instruídos a juntar o dobro no sexto dia para que não precisassem fazê-lo no sétimo dia. A inclusão da lei do sábado no Decálogo tanto em Êxodo como em Deuteronômio estabeleceu tal mandamento como uma lei permanente da nação de Israel. Em Êxodo 20:8-11, as exigências da lei declararam explicitamente que nenhum trabalho deveria ser feito por qualquer pessoa ou animais no dia de sábado. A defesa teológica para o descanso no sábado deriva de Gênesis 2:1-3, no qual Deus descansa no sétimo dia da criação. Israel deve descansar porque Deus descansou.

Com a instituição do sábado, foram dados mandamentos e proibições específicos. O sábado não era apenas um dia de descanso, mas também um dia de festa. Por causa disso, os requisitos de dias de festa foram impostos, incluindo convocações santas, adoração pública e adoração no lar. Sacrifícios especiais deviam ser oferecidos e o pão da presença devia ser renovado.

Embora o sábado devesse ser considerado alegria e privilégio, era também de suprema importância que a violação da lei do sábado levasse à pena de morte (Nm 15:35). Isto reflete os dois lados da natureza do sábado: ele era tanto bênção quanto exigência para a nação de Israel.

No período interbíblico, duas tradições rabínicas se desenvolveram com relação ao sábado. Uma delas mantinha a estrita observância do sábado, com ênfase nas normas do sábado, enquanto outra enfatizava o conceito de descanso interior, espiritual.

Existem seis confrontos registrados entre Jesus e os líderes religiosos a respeito da observância do sábado. Cinco deles envolvem a cura no sábado, e os incidentes restantes envolvem colher espigas no sábado (Mc 2:23-26 par.). Isto foi, de acordo com os fariseus, uma violação da lei. Usando a estrutura legal de encontrar um caso semelhante, Jesus argumentou que aquilo era semelhante à situação em 1Samuel 21:1-6, na qual Davi e seus homens comeram o pão consagrado. A similaridade era que o ser humano precisa exceder a lei ritual.

Em Marcos 3:1-6 par., Jesus cura um homem com uma mão atrofiada. Em Lucas 13:10-17, ele cura uma mulher que andava encurvada devido a uma doença provocada por um espírito maligno. Em Lucas 14:1-6, Jesus assume a ofensiva e pergunta aos fariseus se é correto curar no sábado. Sem receber resposta, ele cura um homem enfermo. Jesus defende suas ações mostrando que qualquer um dos fariseus resgataria um animal que tivesse caído num poço no dia de sábado. Em João 5:1-17, Jesus deixa os líderes judeus irritados ao curar um homem doente e diz ao homem curado que carregue sua maca. Aquilo foi um duplo problema, porque Jesus estava curando e encorajando o homem curado a violar o sábado ao carregar sua maca. Em João 7:21-24, Jesus ainda está sendo procurado por causa da cura de um homem. Ele destaca que os líderes judeus circuncidam no oitavo dia, mesmo que ele caia num sábado. Quanto mais importante é curar um homem inteiro. Em João 9:1-34, Jesus cura um cego fazendo lodo e aplicando-o aos olhos do homem. Jesus não somente cura no sábado, como também faz o lodo, o que é contra a lei dos fariseus. Em todos os confrontos por causa do sábado, Jesus não questiona o princípio do dia de descanso. Ao contrário, o uso correto do dia está no centro dessas controvérsias. Em alguns casos, como na colheita de grãos no sábado, a necessidade humana se sobrepõe à lei ritual. Noutros casos, Jesus está desafiando o tipo de normas que contrariam o propósito da lei, que é produzir cura e perfeição. Embora Jesus tenha rompido com as tradições rabínicas a respeito do sábado, ele não procurou anular a observância do dia de sábado.

Ao considerar o papel das leis do sábado no AT e nos evangelhos, devia se esperar encontrar muito mais a respeito do sábado. Se o sábado deve ser mantido, deve-se assumir que os convertidos gentios devessem ser instruídos sobre isso. Se o sábado deve ser anulado, deve-se assumir que os crentes judeus precisariam ter isto explicado a eles.

Seis textos fora dos evangelhos e de Atos impactam as discussões da teologia e da prática do sábado. Há evidência em Atos 20:7 de que o primeiro dia da semana, o domingo, tornou-se o dia regular de adoração, mas não substitui ou cancela a observância do sábado judaico nessa época. Romanos 14:5-6 não menciona diretamente o sábado, mas esses versículos renunciam a ideia de dias sagrados. Todos os dias devem ser considerados dias de Deus, e nenhum dia tem qualquer santidade especial. Gálatas traz um argumento contra os gentios que adotam práticas judaicas e observam as leis rituais judaicas. Em Gálatas 4:10, há restrição contra a observância do tempo ritual judaico; embora o sábado não seja especificamente mencionado, ele parece incluir-se na ideia de observar dias especiais. Em Colossenses 2:16, o argumento é que o sábado (com as normas de alimentação e festas) era tipo, sombra, do que devia vir em Cristo. Portanto, agora que Cristo tinha vindo, não havia necessidade da sombra. Hebreus 4:9 afirma que o descanso do sábado permanece de certa forma. Isso descreve um descanso de sábado que é provavelmente não um descanso de um dia na semana, mas o descanso do coração, concedido por Cristo. Esse descanso parece ser espiritual em vez de físico, mas o texto tem causado alguma confusão sobre um entendimento pós-evangelhos do sábado.

Apocalipse 1:10 descreve "o dia do Senhor", referindo-se ao domingo, o dia em que Jesus ressuscitou. Entretanto, esse antigo costume de se reunir no domingo não esteve ligado ao descanso do sábado até muito depois. Então, tal referência ao dia do Senhor não parece estar ligada às leis do sábado nessa época.

As Escrituras deixaram sem resposta algumas perguntas com relação ao sábado. Não somente estão obscuros alguns detalhes das normas do sábado, como também a questão fundamental se ou não o sábado foi completamente observado pela primeira vinda de Cristo tem importunado o cristianismo e é um assunto ainda debatido. A escolha do dia apresenta também um ponto de discordância, com alguns grupos continuando a aderir à prática judaica de um descanso no sábado. Finalmente, o relacionamento do sábado com o dia do Senhor torna-se assunto em debate em séculos posteriores.

Bibliografia. N.-E. A. Andreasen, *The Old Testament Sabbath* (Missoula, 1972); D. a. Carson, ed.,

From Sabbath to Lord's Day (Grand Rapids, 1982); W. Stott, "Sabbath, Lord's Day", *NIDNTT* 3.405-15; K. A. Strand, ed., *The Sabbath in Scripture and History* (Washington, 1982). [ANN COBLE]

SÁBADO, JORNADA DE UM DIA DE A distância de viagem permissível no sábado. Era proibido o trabalho no sábado, e a viagem era considerada trabalho (Êx 16:29). Portanto, os estudiosos da lei tiveram de determinar que distância de viagem era permitida. No deserto, a jornada de um dia de sábado era a diferença entre a arca e o acampamento, de cerca de 914 m (Js 3:4). A mesma distância existia entre as cidades levíticas e os limites de seus campos de pastagem (Nm 35:4,5). Nos tempos do NT, a jornada de um dia de sábado era cerca da distância do monte das Oliveiras até o templo (At 1:12).

As discussões aumentaram em torno da questão do tamanho da viagem permitida. Alguns judeus redefiniram sua "casa" colocando o alimento a 914 m de sua casa. Este ponto se tornou uma nova casa e a viagem podia se estender por outros 914 m de lá. Em alguns casos, cidades inteiras eram declaradas domicílio de alguém e, assim, a viagem podia ser estendida desde a fronteira (daí a importância dos marcos de fronteira).

Bibliografia. D. A. Carson, ed., *From Sabbath to Lord's Day* (Grand Rapids, 1982); E. P. Sanders, *Jewish Law from Jesus to the Mishnah* (Philadelphia, 1990), 6-23. [GARY M. BURGE]

SABÃO *Ver* LIXÍVIA, SABÃO.

SABEDORIA DE SALOMÃO Uma das mais importantes composições de sabedoria deuterocanônicas. A tradição grega (LXX) atribuiu esta obra a Salomão: "A sabedoria de Salomão". Embora Salomão não seja mencionado pelo nome neste livro, é óbvio que o autor está falando na pessoa daquele famoso rei. A oração no cap. 9 é uma expansão do retrato devoto de Salomão em 1Reis 3:6-9. A obra é também conhecida pelo título que recebeu na tradição latina "O Livro da Sabedoria". Assim, ele é um pseudepígrafo e sua canonicidade foi questionada na antiguidade. Novamente, Jerônimo e Agostinho ficaram divididos a repeito do assunto; era o livro favorito de Agostinho e acabou sendo considerado parte da Bíblia das igrejas Católica Romana e Ortodoxa.

A data do livro não pode ser fixada com exatidão. A evidência depende de julgamentos relacionados a influências que podem ser detectadas nele (Fílon?). A faixa de datação vai do fim do século I a.C. à primeira metade do século I d.C. Sabemos, por evidência interna do livro em si, que o autor foi um judeu bem familiarizado com as tradições de seu povo. Ele trabalhou na tradução da LXX do AT, em muitos casos reaproveitando sua terminologia. A emoção com que a tradição judaica é apresentada (caps. 10—19) é outra indicação das origens judaicas. Isso sugere que o autor poderia estar provavelmente entre a grande e próspera comunidade judaica de Alexandria, no Egito. É, portanto, uma obra da Diáspora Judaica. Ao mesmo tempo, o autor mostra um notável conhecimento da língua e da cultura grega. Apesar dos esforços de alguns estudiosos no passado para alegar a pluralidade de autores (ou até mesmo de ser uma tradução de um original aramaico!), existe concordância geral de que se trata da obra de uma pessoa.

Como será evidente, sabedoria (gr. *sophía*) é uma ideia básica na obra; ela ocorre mais de cinquenta vezes. Mas ela mostra evidentes diferenças dos aceitos livros de "sabedoria" (Provérbios, Jó, Eclesiastes e Siraque). Ela não tem coleções de ditos proverbiais ou poemas de sabedoria. Não existe nada dos discursos apaixonados de Jó, ou as palestras de seus três amigos. A aspereza do pensamento de Eclesiastes está ausente (embora alguns tenham erroneamente pensado em ver a reflexão de Eclesiastes na apresentação dos pontos de vista do ímpio no cap. 2). Uma semelhança bem distante com Siraque pode ser encontrada no fato de que ambos incluem a história de Israel em seu âmbito. E todavia ninguém negaria que este é um livro de "sabedoria", mesmo que de um tipo não usual.

GÊNERO LITERÁRIO. A erudição recente tem intensificado esforços para descobrir a forma literária, particularmente por semelhanças com a literatura helenística. Alguns estudiosos a têm descrito como uma exortação, ou protréptica. Esta designação é de certa forma livre quanto a permitir o emprego de outras formas, como a diatribe, o problema (aporia) e a síncrise ou comparação. Outros têm olhado para o gênero epidíctico descrito por Aristóteles, que inclui o encômio ou elogio. Esses estudos descrevem o livro em sua relação com a cultura helenística. Mas tais determinações teóricas não contribuem muito para a real compreensão do texto de Sabedoria. Mais importante é a identificação do *inclusio* (a repetição de uma palavra ou grupo de palavras para assinalar uma unidade dentro da obra). Mais útil, também, é a divisão bastante óbvia do livro em três seções, baseada no conteúdo. Entretanto, essa tosca divisão ignora detalhes; p. ex., 6:22 é claramente a introdução aos caps. 7—9. As divisões podem ser resumidas como dom de imortalidade da Sabedoria (caps. 1—6); a descrição de Salomão da Sabedoria (caps. 7—9); o trabalho da Sabedoria na história, especialmente o trato do Senhor com o povo durante as pragas do Egito (caps. 10—19). O cap. 10, ao descrever a atividade salvadora da

Sabedoria ao longo das eras, serve como introdução aos eventos específicos do Êxodo.

Conteúdos. A primeira parte (caps. 1—6) começa com um discurso aos reis, "soberanos da terra", que também aparecerá em 6.1. Tal discurso não é fácil de se compreender (Salomão dirigindo-se aos reis da terra?). Todo o interesse do livro é judaico e repousa em tradições judaicas, por isso ele deve ser dirigido a uma audiência judaica, visto que somente ela poderia absorvê-lo. Alguns insistem que o alvo é também uma audiência gentia, pelo menos no sentido em que a obra é um tipo de propaganda (mas o tratamento de gentios dificilmente favorece esse ponto de vista). Mais propriamente, ela parece ser uma simples ficção literária, motivada pela dignidade real do suposto Salomão. Tal proposição tem um precedente no papel de Eclesiastes (cf. Ec 1:1, 12), e talvez no Egito ela dê algum status à minoria judaica.

Desde o início está claro que estamos lidando com sabedoria judaica e os ideais éticos a ela associados. Deve-se viver a vida virtuosa que está associada à sabedoria, esse "espírito bondoso" (1.6; lit., "filantrópico"), um espírito que preenche o mundo (uma ideia estoica) e, dessa forma, ter conhecimento da conduta humana. O *Parallelismus membrorum*, traço familiar da poesia hebraica que alinha duas ideias semelhantes ou contrastantes, marca as linhas iniciais e continua por toda a obra. Quase imediatamente o autor enfrenta o assunto da morte e oferece o próprio ponto de vista a respeito. Não é da estrutura de Deus, mas é o "amigo" do perverso que concorda com isso. Esta é a morte claramente espiritual ou escatológica (1.13-16). A mesma ideia é encontrada em 2.23, em que se diz que Deus fez os humanos para *aphtharsía*, ou incorruptibilidade, à sua imagem, mas a morte entrou no mundo pelo Diabo e os que pertencem à sua "companhia" (*merís*) a experimentam (2.24; 1.16). O autor está consciente da morte física, que aflige a todos, mas seu interesse está na morte que "destrói a alma" (1.11). "A justiça é imortal" (1.15). Aqui está a essência da imortalidade: um relacionamento correto com Deus. Ele pode ser destruído, e os ímpios, tão vividamente descritos no cap. 2, são a prova evidente disso. Mas de si mesmo, este relacionamento com Deus é imortal. Assim, o autor parece explicar claramente a imortalidade a partir do que pode ser chamado de ponto de vista bíblico — não do ponto de vista (grego) da constituição ou composição humana (corpo/alma). Ele pode ter facilmente sido inspirado pela ideia tipicamente grega da imortalidade natural da alma, do que ele certamente estava consciente, mas ele nunca justifica a partir da natureza intrínseca da alma à sua imortalidade. Para ele, a imortalidade era muito mais do que a prorrogação do tempo; era uma dádiva para o justo. Ele está quase desinteressado no destino dos ímpios. Eles estão destinados ao sofrimento (4.19), mas a sorte deles é revelada em seu clamor: "Insensatos que fomos!" (5.4), quando eles veem o justo a quem eles perseguiram sendo aceito entre os filhos de Deus, a família divina (v. 5).

A Mulher Sabedoria é o assunto da segunda parte da obra (caps. 7—9), mas o autor não perde de vista sua suposta audiência real (1.1). É precisamente a reis que "ele dirá o que é sabedoria e como ela veio a ser" (6.22; cf. v. 9). Num típico sorites grego, ele mostra como a sabedoria conduz a um reino (6.17-20). Deve-se pedir pela sabedoria (7.7), entretanto ela é mais valiosa do que qualquer bem humano. Com ela, vêm lições em todos os mistérios dos trabalhos físicos, porque ela é "criadora de todas as coisas" (7.22; cf. Pv 8:30). Ela também ensina as quatro virtudes gregas fundamentais: temperança, justiça, prudência e a fortaleza. Ela deve ser cortejada, amada e tomada como esposa. Por isso, Salomão pediu ao Senhor a dádiva da sabedoria — a única forma de consegui-la: "Quem poderá conhecer o teu projeto, se não lhe deres sabedoria, enviando do alto o teu Espírito Santo?" (9.17).

A história das pragas (caps. 10—19) é prefaciada por uma apresentação incomum da Sabedoria como salvadora na história, de Adão a Moisés (cap. 10). Então começa uma série de comparações (gr. *sýnkrisis*) entre a experiência de Israel e as pragas que afligiram os egípcios. Certos princípios guiam a apresentação: Israel se beneficia "exatamente com as coisas que puniram seus inimigos" (11.5, 16). Este ponto é então ilustrado por vários dípticos antitéticos; por ex., Israel recebe água da rocha, em contraste com os egípcios que sofrem com o Nilo sendo transformado em sangue. Existem também algumas digressões deliberadas, como a adoração da natureza e a idolatria (13.1—15.17). A comparação final trata do destino dos primogênitos egípcios e da libertação de Israel (18.5—19.22). O término é um tanto abrupto, mas o autor seguiu seu plano.

Bibliografia. J. M. Reese, *Hellenistic Influence on the Book of Wisdom and Its Consequences*. AnBib 41 (Rome, 1970); D. Winston, *The Wisdom of Solomon*. AB 43 (Garden City, 1979); A. G. Wright, "Wisdom", *NJBC*, 512-22. [ROLAND E. MURPHY, O. CARM.]

SABEDORIA, LITERATURA DE Os dicionários definem sabedoria como a habilidade de fazer julgamentos corretos sobre o que sabemos, especialmente no que se refere à vida e à conduta. O sábio não valoriza a quantidade do conhecimento em si, mas as dimensões éticas e morais de como avaliamos a experiência humana e nela agimos. Os sábios de

Israel viveram num tempo de bem pouco conhecimento científico do universo e suas operações e dependeram fortemente da compreensão tradicional e das formas de agir do que a sociedade moderna, por isso eles trabalharam a partir de um conceito um tanto mais amplo de sabedoria. Por um lado, viam a sabedoria como uma séria busca intelectual do conhecimento sobre o mundo e suas regras de ordem e a dinâmica por trás de suas misteriosas operações; por outro, eles buscavam a resposta humana adequada a todas as dimensões do mundo, especialmente em termos de compreenderem a si mesmos em relação à sua natureza humana e com Deus, o Criador. Para a mente antiga, o universo era profundamente interpessoal e todas as coisas eram o produto tanto da vontade pessoal da divindade como de decisões humanas.

Livros de sabedoria. Três livros bíblicos são claramente identificados como produto do pensamento da sabedoria: Provérbios, Jó e Eclesiastes (*Qoheleth*). Dois livros que se encontram entre os livros deuterocanônicos dos cânons católico romano e ortodoxo poderiam também ser incluídos: Siraque (Eclesiástico) e Sabedoria de Salomão. Os estudiosos notam também estreitas conexões com muitos elementos destes livros em outras partes da Escritura. As seguintes têm sido geralmente reconhecidas como as que mostram semelhanças com sabedoria: Gênesis 2–3, a história do pecado na criação; Gênesis 37–46, a história de José; Deuteronômio 1–4, a introdução geral ao livro; Deuteronômio 32, o Cântico de Moisés; 2Samuel 9–20, a narrativa da sucessão de Davi; 1Reis 3–11, a história modelar de Salomão; Amós, considerado como um profeta dos círculos de sabedoria; Ezequiel 28, metáforas do rei de Tiro; o Cântico dos Cânticos, uma alongada meditação sobre a criação e a aliança com base em antigos cânticos de casamento; certos salmos, a saber Salmos 1, 19, 49, 73, 111, 112, 119 e outros que têm expressões e temas semelhantes a Provérbios; e o livro de Daniel, no qual os seis primeiros capítulos descrevem o herói como sábio. Os estudiosos notaram reflexos de sabedoria aqui e ali na maioria dos livros proféticos, especialmente Jeremias e Isaías 1—39.

Muito da linguagem encontrada nos exemplos secundários podem ser meramente parte de uma cultura intelectual geral, portanto definir as características da sabedoria deveria basear-se em informações tiradas dos cinco livros repletos de sabedoria. Entretanto, dois textos nos profetas sugerem fortemente que a sabedoria estava identificada com um corpo definido de estudiosos eruditos que desempenharam um papel que correspondeu aos papéis dos sacerdotes e profetas na busca da vontade divina: "Venham! Façamos planos contra Jeremias, pois não cessará o ensino da lei (*torah*) pelo sacerdote nem o conselho do sábio nem a mensagem do profeta" (Jr 18:18; cf. Ez 7:26). Certamente, no período talmúdico, os rabis eram considerados sucessores dos sábios da Bíblia. Até mesmo Jesus é tratado em parte como um mestre de sabedoria (Mt 11:19; 13:54; Lc 2:40, 52; At 6:3).

Características. Embora os livros de sabedoria sejam bem diferentes em forma e estilo, possuem certos elementos em comum:

1. Pouco interesse na história de Israel e sua tradição específica de revelação: a torá como um conjunto de leis, a aliança, a posse da terra e o templo ou culto.
2. Forte interesse na ordem do universo e suas regras de causa e efeito, a natureza do tempo, os limites ao senhorio humano do mundo e a capacidade de encontrar Deus revelado na criação.
3. A disposição para explorar os difíceis e árduos mistérios da experiência da vida: morte e vida após a morte, a recompensa e a punição divina, a desigualdade da sorte e do destino na vida das pessoas, a aparente arbitrariedade da bênção divina.
4. A inescrutabilidade das intenções e dos planos de Deus.
5. A educação do jovem nos caminhos provados e verdadeiros da tradição.
6. Um interesse em desenvolver administradores e líderes experientes e bons cidadãos.
7. O cultivo de uma vida de comportamento prudente e de virtude.

Os livros de sabedoria retratam certos gêneros literários para expressar suas preocupações:

1. O provérbio, encontrado de forma predominante em Provérbios e Siraque e, em menor grau, em Eclesiastes.
2. O diálogo ou debate, o principal gênero de Jó e notório na Sabedoria de Salomão.
3. A lição didática, frequentemente dirigida ao aluno, como em Provérbios 1–9 e Eclesiastes.
4. A metáfora ou alegoria, frequentemente na forma de hinos ou poemas (p. ex., Ez 28; Pv 8, 9; Sab. 7; Sir. 24). Também comum e espalhadas pela Literatura de Sabedoria são as perguntas retóricas, provérbios numéricos, salmos da torá e convocações de um mestre para dar atenção a lições da sabedoria.

Cenário antigo. Dois cenários precisam ser distinguidos: o contexto do antigo Oriente Próximo e o papel específico da sabedoria na fé de Israel. A sabedoria não era propriedade única da religião israelita. Tanto a sociedade egípcia quanto a mesopotâmica apreciavam a sabedoria e deixaram um apreciável conjunto de obras de sabedoria que frequentemente mostra consideráveis semelhanças com os textos bíblicos. Incluídos estão os diálogos mesopotâmicos sobre o sofrimento e a teodiceia semelhante a Jó e Eclesiastes, coleções de provérbios que aparecem entre os mais antigos escritos conhecidos no mundo (entre 3000 e 2000 a.C.), bem como fábulas, tratados sobre o valor de sábios e escribas e instruções didáticas ao jovem. As passagens são frequentemente muito próximas do pensamento israelita. Por exemplo, a Palavra de Ahiqar adverte: "Não poupe o teu filho da vara, caso contrário não poderás salvá-lo [da maldade]" (*ANET*, 428), que é próximo de Provérbios 13:24. De fato, o mesmo pensamento aparece em Provérbios 23:13, que parece vir de uma imitação de uma coleção de Provérbios egípcios, a Sabedoria de Amenemope. Considerando que a literatura egípcia é até mais rica do que a mesopotâmica em livros de sabedoria, parece altamente provável que Israel, tal como outras nações menores do Oriente Próximo, foi influenciada pelas correntes intelectuais internacionais que se moviam livremente do rio Nilo ao Tigre e incorporou os tesouros de sabedoria em seu próprio pensamento de um certo modo que não podiam com os textos religiosos cúlticos específicos desses povos. Os estudiosos há muito têm indicado claros paralelos entre a Sabedoria de Amenemope e Provérbios 22:17–24:2. Os tradutores da NAB descobriram até uma referência a Amenemope pelo nome em Provérbios 22:19. Se é assim, isso esclarece que Israel não esteve isolado em sua exposição e compreensão cultural, mas participou espontaneamente do mundo do pensamento do Oriente Próximo exceto onde as afirmações politeístas tinham de ser refutadas e rejeitadas à luz do desenvolvimento de sua fé monoteísta.

Quase todos os temas importantes de sabedoria nos escritos de Israel são também conhecidos nas obras egípcias ou mesopotâmicas. Isso sugere que a sabedoria internacional ou universal desempenhou um papel na fé de Israel que serviu para a compreensão dos caminhos de Deus, mas não contestou diretamente os dogmas centrais das instituições religiosas de Israel representados pela torá e pela profecia. Os estudiosos normalmente apontam para dois cenários sociais separados em relação à sabedoria israelita: o lar e a administração real. Muitos provérbios provavelmente se originaram antes do aparecimento da escrita, e parecem refletir o conselho típico dos pais aos filhos ao prepará-los para a vida (p. ex., a lição sobre a preguiça em Pv 6:6-11). Outros são dirigidos para os pais sobre educar os filhos (cf. Pv 10:1). Talvez muitas das frases proverbiais dos profetas (p. ex., Is 28:23-28) venham da vida diária.

A maioria de nossos textos de sabedoria atual parecem ser cultivados nas escolas. Os reis das antigas sociedades foram considerados especialmente dotados de sabedoria divina para governar, e isto é manifesto na história de José em Gênesis 37–46 e no retrato de Salomão. A necessidade de uma corte plenamente alfabetizada e o aparato de governo capaz de lidar com o cenário internacional deu impulso para o novo reino de Davi estimular treinamento especial tendo como modelo os padrões típicos do Oriente Próximo para seus governantes, embaixadores, contadores e escribas. Embora as escolas tenham por acaso alguma vez sido insinuadas na Bíblia, escrever e ensinar literatura tradicional, especialmente máximas proverbiais, parece ter formado o centro da mais antiga educação para a elite. Os laços estreitos da sabedoria bíblica com os de outras nações deriva da necessidade de uma base comum de discurso e compreensão cultural entre os povos. A sabedoria é frequentemente associada aos cortesãos e conselheiros reais (cf. esp. 2Sm 15–17; Dn 1–6). O termo "conselho" associado ao sábio em Jeremias 18:18; Ez 7:26 é mais facilmente identificado como conselho político para os tomadores de decisões. Mas sabedoria está também associada a mestres (Pv 9:9-12; Jr 8:8, 9), mulheres criteriosas (2Sm 14:1-20:20:16-22), artífices habilidosos (Êx 31:2-6) e até a mágicos (Êx 7:11, 22). Assim, ela parece ser uma categoria mais ampla do que meramente sabedoria política. Ela significa habilidade aprendida de outros e está associada, acima de tudo, com treinamento e escolas. Siraque é identificado como um mestre na última tradição de sabedoria do século II e o orador de Provérbios assume o papel de um mestre do começo ao fim.

Valores religiosos. Embora a sabedoria seja normalmente associada ao lado não religioso da vida de Israel, isso não significa que ela seja simplesmente pragmática e implique ausência de religião. Toda religião antiga trata de um deus pessoal ou deuses que tomam decisões a respeito do mundo dos humanos. Isto se traduz na preocupação da sabedoria com o mistério do universo: certas questões refletem um problema sobre Deus, se alguém é um membro da aliança de Israel ou um politeísta estrangeiro. Como funcionam as regras da criação? Como a providência divina é manifestada para as pessoas compreenderem? Por que o sofrimento e a morte não respeitam a piedade e a retidão moral? A busca pela ordem, da determinação do papel adequado da ambição humana e a adequação aos limites do conhecimento afligem os mestres da sabedoria. Isso tudo faz parte da convicção de que Deus guia o universo e que descobrir sua vontade é crucial para o bem estar humano. Por causa disso, a sabedoria pode ser descrita de várias formas como uma "árvore da vida" (Pv 3:18) ou o primeiro ser criado no plano de Deus para o mundo (8:22; Sir. 24). Eclesiastes afirma que Deus nos dá o que temos para o desfrutarmos e fazermos a vontade de Deus (Ec 7:15-19); Provérbios nos diz para confiarmos em Deus de todo o nosso coração (Pv 3:5), e Jó se regozija de que Deus possa ser encontrado e visto mesmo além da compreensão humana (Jó 42:2-6). Provérbios 1–9, 31 também desenvolve uma detalhada metáfora da sabedoria como uma mulher a quem o jovem estudioso deve amar e abraçar. Daí em diante foi um pequeno passo para identificar a Sabedoria com a própria Torá no período pós-exílico (Sir. 24.23).

Dois temas se sobressaem em relação ao papel religioso da sabedoria. O primeiro é a escolha entre o caminho do mal e o caminho da retidão. A ideia de dois caminhos para escolhermos permeia Provérbios e se coloca como a declaração do tema para o livro de Salmos no primeiro salmo. Ela oferece à liberdade humana a opção de adesão à vontade de Deus como manifestada na bondade da criação e na revelação de Israel. As referências, às vezes indiretas, a bênçãos recebidas pelo fato de se escolher a obediência fiel e confiante ao Deus da aliança e à Torá estão entrelaçadas nos livros de sabedoria. Em segundo lugar, encontra-se regularmente a expressão "o temor do Senhor (é o princípio da sabedoria)" (p. ex., Pv 1:7, 29; 9:10; 14:27; 15:16; 19:23; Ec 12:13). Tal como o NT "tementes a Deus" (At 13:26), ela descreve os crentes fiéis que possuem uma orientação fundamental para a vontade de Deus. Mas o conceito inclui também a prática religiosa, uma consciência da presença de Deus, comportamento moral adequado, observância da Torá e simplesmente humilhar-se perante o Onipotente. Assim como o caminho da retidão, uma atitude de temor do Senhor abrange a vida toda de uma pessoa e foca seu comportamento em fazer a vontade de Deus.

"Sabedoria" como uma importante categoria deu ensejo ao estudo da Torá na reflexão judaica pós-bíblica, porém nunca foi excluída do cânon das Escrituras judaicas porque está identificada com a incansável busca humana por Deus, com o respeito pelo mistério da liberdade de Deus e com a consciência da vasta esfera moral de tomada de decisão além da adoração religiosa formal. Até o cético Eclesiastes poderia ser transformado nesta visão pelo acréscimo de uma nota editorial final (Ec 12:13, 14).

Bibliografia. J. Crenshaw, *Old Testament Wisdom* (Atlanta, 1981); J. Gammie e L. G. Perdue, Eds., *The Sage in Israel and The Ancient Near East* (Winona Lake, 1990); R. Murphy, *The Tree of Life*, 2. ed. (Grand Rapids, 1996); K. M. O'Connor, *The Wisdom Literature*, Message of Biblical Spirituality 5 (Wilmington, 1988).
[LAWRENCE BOADT]

SABETAI (heb. *šabbĕṯay*; gr. *Sabbataíos*) **1.** O nome de três levitas pós-exílicos, possivelmente todos a mesma pessoa.

2. Um dos que se opuseram à solução de Esdras ao problema do casamento misto (Ed 10:15) ou, talvez, ajudaram a realizá-lo (assim 1Ed 9.14).

3. Levita que interpretou a lei para o povo enquanto Esdras a lia (Ne 8:7).

4. Chefe dos levitas que supervisionou o trabalho externo do templo (Ne 11:16).

SABTA (heb. *saḇtāʾ*), **SABTÁ** (*saḇtâ*) Filho de Cuxe (Gn 10:7; 1Cr 1:9); ancestral epônimo de um povo do sul da Arábia. O nome pode estar preservado na moderna Sabota, cidade de Hadramaut, ou Du s-Saphtha, cidade próxima ao golfo Pérsico mencionada por Ptolomeu (Geog. 6.7.38).

SABTECÁ (heb. *saḇtĕḵāʾ*) Filho de Cuxe; ancestral epônimo de um lugar ou povo do sul da Arábia (Gn 10:7; 1Cr 1:9).

SACAR (heb. *kāḵār*) (tb. SARAR) **1.** Hararita; pai de Aião, um dos Trinta de Davi (1Cr 11:35). Em 2Samuel 23:33, o pai de Aião é chamado de Sarar.

2. O líder de uma das divisões dos porteiros do templo (1Cr 26:4); filho de Obede-Edom e, portanto, designado para supervisionar o depósito (v. 15).

SACERDÓCIO ISRAELITA Este artigo tem seu foco no sacerdócio israelita, no contexto mais amplo do antigo Oriente Próximo, porque foi lá que ele esteve mais ativo. Com a devida cautela contra a paralelomania, seja panbabilonianismo ou panugaritismo, veremos que o sacerdócio israelita mostra muitas afinidades com o quadro obviamente mais complexo daquele na Mesopotâmia, com seus mais de 3000 anos de história. O Egito teve sua própria teologia única que, surpreendentemente, influencia muito pouco Israel, apesar de sua íntima proximidade sugerir o contrário.

As práticas em Israel refletiram as dos povos que os cercavam diretamente, por isso os hebreus puderam ser considerados um tipo de "cananeu". Para o culto cananeu, contamos com a arqueologia e olhamos bem para o norte, para as tábuas ugaríticas e, para o leste, para os amoritas, ambas refletidas nas Cartas de Mari. Além delas, as fontes mesopotâmicas representam vastas áreas de terra, milhares de anos de história de dezenas de milhares de textos, muitos dos quais são elementos sacerdotais, na área da historiografia, anais reais, geografia, economia, matrimônio, matemática, astronomia, lei, medicina, escola, sabedoria, adivinhação, magia, liturgia, lexicografia, gramática, tudo interpretado por arte de muitas variedades.

Em contrapartida, os antigos escritos hebraicos fornecem bem poucos dados. Para obter suficiente informação sobre o sacerdócio israelita então, devemos considerar a gama completa de textos bíblicos, mas até mesmo então estamos fazendo perguntas à Bíblia que ela não foi projetada para responder.

Outra limitação é que sabemos quase nada do sacerdócio no reino do norte, e o que é descrito em nossos textos o é de acordo com o ponto de vista de seus rivais. O AT professa representar práticas que se estendem, talvez por um período de 1000 anos, mas muito deste material pode ter sido editado um tanto depois na história israelita.

Cada civilização tem a própria maneira de lidar com o espaço e com o tempo sagrado. Em todas elas, uma figura é escolhida para representar o movimento tanto humano em direção ao divino, como do divino ao humano, e assim faz a liturgia em nome da humanidade. Em Israel, o estrato deuteronômico assume um lugar de adoração, o templo de Jerusalém. Os arqueólogos descobriram, entretanto, que houve outros locais onde algum tipo de adoração foi feita. Adoração no enigmático *bāmôṯ* (“lugares altos”), cuja configuração não é clara, aparece com frequência. Escavações em sítios arqueológicos de Arade, Hazor, Bete-Seã, Siquém, Betel e muitos outros mostram atividades de adoração. Todos estes usaram oficiais cúlticos, em hebraico chamados pelo termo geral de *kōhēn*.

Outro termo para um ofício sacerdotal, *kōmer*, raramente aparece. Sofonias 1:4 profetiza com a disposição de outros profetas pré-exílicos que os nomes tanto dos *kōhănîm* e dos *kĕmārîm* serão cortados, isto é, o sacerdócio deles será eliminado. Numa típica crítica deuteronômica, 2Reis 23:5 descreve Josias destituindo os *kemarîm* de fazerem oferendas nos “lugares altos”, bem como a Baal, ao sol, à lua e às estrelas. Entretanto, diz-se que os reis de Israel os nomearam para esses ofícios (cf. 1Rs 13:33)! Oseias 10:5 os descreve cinicamente exultando com alegria ritual sobre os bezerros de Bete-Áven.

O radical *kmr* é antigo nas línguas semíticas, aparecendo como ac. *kumruy* em assírio antigo (séc. XIX) e em Mari (séc. XVIII), quando houve uma sociedade amorita. O termo continua em aramaico e, em siríaco aparece com *knh* designando um sacerdote. Na Mesopotâmia, inúmeros títulos eram dados a oficiantes cúlticos; em Israel somente alguns.

O radical de *kōhēn*, em contrapartida, aparece em quase todas as línguas semíticas, embora nem todas tenham o mesmo significado. Uma exceção é o ugarítico, língua na qual o termo aparece com uma definição muito parecida com o hebraico. A palavra ocidental “sacerdote” vem, em última análise, do grego *presbýteros*, “ancião”; este último significado não deve ser interpretado sobre a palavra original. A norma para o AT, então, é o templo de Jerusalém, com o *kohen* como oficial cúltico. O status do *kōhēn* é mostrado pela teologia que os israelitas devem ser um “reino de sacerdotes” (Êx 19:6). O assunto do sacerdócio domina muito da narrativa de Êxodo-Deuteronômio, bem como os Salmos.

O *kōhēn* era “ordenado” (heb. *mālē'*, lit., “encher suas mãos”; Êx 28:41; Jz 17:5). Nesta cerimônia, ele era ungido (Êx 29:7) e consagrado (28:41; *qā·ḏăš*, lit., “tratado como santo”). Ele usava uma roupa enfeitada (Ez 44:17), de linho em vez de lã, que ele mudava ao sair do santuário (v. 19). Sua veste principal, o éfode (colete sacerdotal), é descrito em grande detalhe em Êxodo 28,39. Davi, ao assumir o papel sacerdotal, usou um éfode (2Sm 6:14). O *kōhēn* tinha também uma tonsura especial (Ez 44:20).

Responsabilidades. As tarefas do *kōhēn* eram bastante variadas e a evidência literária é esporádica. Assim, basta dizer que ao mesmo tempo na história hebraica a tradição registra o sacerdote fazendo isto ou aquilo. O sacerdote era essencialmente o guardião do lugar santo (Nm 18:5). Para fazer isto, ele assumia a santidade do santuário. Isto o investia de um tipo de autoridade, e também de responsabilidade. Ele tinha de suportar a culpa por qualquer lapso contra o santuário (v. 1). Embora todas as pessoas devessem seguir a tôrâ e lhes fosse ordenado para serem santos (Lv 19:2), os sacerdotes eram o paradigma de povo santo (Ed 8:28). Eles eram como as pessoas pelas quais oravam deviam ser, porque as pedras costuradas no colete sacerdotal tinham escritas nelas o nome dos filhos de Israel (Êx 28:9-12).

As funções litúrgicas do *kōhēn* eram acima de tudo presidir os muitos tipos de sacrifício no altar principal; Números 28–29 lista as principais. Os itens de alimento tornaram-se então parte do sustento deles (1Sm 2:29; Ez 44:29-30). Nenhum detalhe do que deve ter sido uma operação altamente física e imunda é descrito em nossas fontes, exceto indiretamente.

Parte importante das responsabilidades do *kōhēn* era orar (1Sm 7:5), embora a oração não fosse exclusivamente sua tarefa (cf. 2Rs 6:18; Jr 37:3; também Jó 42:8; 1Sm 2:1-10). Como expressão disso, o sacerdote fazia perguntas a Yahweh em nome de outros (Jz 18:5), lembrança do “interrogador” *as'ilu* (masculino) e *sa'iltu* (feminino) da Mesopotâmia. Uma função mais literária era pronunciar a bênção (Dt 10:8). A forma poética de Números 6:24-26 sugere que ela pode ter sido cantada; não está claro se a bênção era dita apenas uma vez ou repetida, ou se fazia parte de uma oração mais longa.

As ações físicas do sacerdote podem ser inferidas das palavras nos salmos e em outra parte: feitas na área sagrada (Sl 68:24-27 [TM 25-28]), levantando as mãos (134:2), ajoelhando (95:6), dançando (149:3), cantando (149:1), tocando a trombeta (Nm 10:10). Tais atos rituais não eram tanto embelezamentos à liturgia, mas representavam simbolicamente o núcleo da crença que está por trás dela. Outras atividades cúlticas incluíam queimar o incenso (Êx 30:7-9), cuidar das lâmpadas (27:21), preparar o pão da presença (25:30; 1Sm 21:4-6 [5-7]), espalhar sal (Ez 43:24), aspergir sangue (Lv 3:2) e derramar ofertas líquidas (Êx 37:16), a última um ato preponderante na Mesopotâmia.

A analogia com práticas mesopotâmicas sugere um caráter cúltico a algumas das narrativas em Gênesis e Êxodo, talvez indicações de um drama cúltico. Existem laços entre religião e drama nas maioria das religiões do mundo. Josué organiza uma procissão de sacerdotes para marchar em torno dos muros de Jericó, tocando trombetas e carregando a arca da aliança (Js 6). Referências aos movimentos, vestuários, respostas, limites e trombetas podem indicar um ritual executado ao pé do monte Sinai (Êx 19:19-13), representado por Moisés, como sacerdote.

Fora da área do altar, as tarefas do sacerdote incluíam a consulta à sorte do sagrado Urim e Tumim (Nm 27:21), usado nos casos de decisões difíceis. Alguns pensam que podiam apenas dar respostas sim ou não, mas podem ter tido várias configurações (não sabemos sua forma ou número) ou podem ter sido múltiplos lances, e assim podem ter recebido uma resposta mais complexa. O fato de ambas as palavras estarem no plural indicaria isso. Em alguns estratos literários eles foram descritos como mantidos no peitoral, presos ao colete sacerdotal (Êx 28:30). O lançamento de sorte era comum no antigo Israel, usado na cerimônia do bode expiatório por Arão em suas vestes santas (Lv 16) e na divisão da terra por sorteio feito por um sacerdote e Josué (Js 14:1, 2). O uso de sorte aparentemente continuou até os tempos pós-exílicos (cf. Ne 10:34 [35]). No final do período assírio puru, "sortes" eram usadas para determinar o oficial limmu, que dava seu nome ao ano.

O AT não dá indicações de um médico, e o sacerdote, às vezes, desempenhava o papel de terapeuta. Ele tomava decisões em alguns casos de lepra (Lv 13:30-46; Dt 24:8), mas isso podia também ser feito pelo profeta (2Rs 5:1-14).

O sacerdote dividia a função judicial aos designados como juízes (Dt 17:8,9). Em casos difíceis ele usava o ordálio, um ato cúltico realizado "perante Yahweh", isto é, o altar. Números 5:11-31 descreve de modo vívido o caso de uma mulher suspeita de adultério.

O ofício sacerdotal tinha às vezes uma função de ensino (Lv 10:11), papel compartilhado com o profeta (Is 28:9; Mq 3:11), responsável pela transmissão da Torá (Dt 33:10).

A responsabilidade pela distinção entre puro e impuro (Lv 10:10) era totalmente dos sacerdotes. Entre os inúmeros atos que tornavam uma pessoa impura estava o contato com certos animais, pássaros, frutos do mar e insetos.

O sacerdote tinha também tarefas administrativas. O dinheiro que entrava no templo era provavelmente supervisionado pelos sacerdotes. Em 2Reis 22:4, os "guardas da entrada" coletavam o dinheiro e o sumo sacerdote o gerenciava. Nos tempos pós-exílicos, o sacerdote tinha o título de "tesoureiro" (Ne 13:13).

O sacerdote também agia, embora astutamente, no campo político. A unção feita por Zadoque de Salomão como rei (1Rs 1:39) remontou a uma prática descrita em 1Samuel 10:1, descrita talvez a partir de uma perspectiva posterior. Num contexto de reforma, o rei obteria e leria "esta Torá", monitorado pelos "sacerdotes levíticos" (Dt 17:18,19), este último, termo especialmente usado pelos deuteronomistas.

O sacerdote dividia algumas das tarefas sacerdotais com o rei, como acontecia na Mesopotâmia, onde um dos títulos do rei realmente era "sacerdote" (*šangu*). Davi fez a oferenda (2Sm 6:17; cf. Ez 46:4). Salomão orou junto ao altar (1Rs 8:22) e abençoou o povo (v. 14). Jeroboão queimou incenso (1Rs 13:1). Nos derradeiros tempos dos macabeus, o governante assumiu algumas das prerrogativas sacerdotais, p. ex., pronunciar a bênção (Sir. 50.20) e, finalmente, assumiu o título de "sumo sacerdote" (1Mac 16.24).

Para fazer um relato equilibrado, deve ser feita também menção às inúmeras oportunidades em que os profetas acusaram os sacerdotes de transgressão. Ele foi um pecador (Os 4:8-9) e agiu como ladrão (6:9). Ensinou em troca de dinheiro e ficou satisfeito consigo mesmo em ser cuidado por seu Deus (Mq 3:11). Eles ficaram bêbados (Is 28:7), adoraram falsos deuses (Jr 2:27; 8:1,2), não distinguiram entre o puro e o impuro (Ez 22:26), e deram instruções erradas (Ml 2:8). Tudo isto precisa ser interpretado e algumas declarações são, provavelmente, simbólicas.

História e desenvolvimento. O que foi dito anteriormente tratou os textos de forma simultânea, como se todos tivessem sido escritos ao mesmo tempo e pelo mesmo grupo. No entanto, houve uma história e um desenvolvimento do sacerdócio israelita, embora seja difícil determinar qual foi, sendo limitada pela provável edição posterior dos textos. As poucas notas que podem ser colhidas mostram que o ofício era mantido desde os tempos remotos pela tribo de Levi (Dt 10:9; 33:8, provavelmente de um antigo estrato), com Arão, o sacerdote epônimo (Êx 28:1). Um sacerdote se tornou sacerdote por meio de treinamento (1Sm 3:1) ou herança (Jr 1:1; cf. 1Rs 2:26). Na época de Salomão, há uma indicação de uma nova ordem ou família chefiando o sacerdócio. Zadoque (1Rs 2:35) é encontrado na posição de liderança, e isto continuou até o fim do estado (Ez 48:11). Esdras foi também um descendente de Zadoque (Ed 7:1,2). Não é mencionada a origem de Zadoque.

Pouco se sabe a respeito de outra ordem (*dib̲râ*, lit., "hábito") no sacerdócio, o de Melquisedeque. Salmo 110:4 é a única menção a ele no AT, num estrato israelita, embora Gênesis 14:18 narre a antiga tradição. O rolo de Qumran 11QMelch o Melquisedeque gnóstico de Nag Hammadi o apresentam como uma figura do fim dos tempos, não um sacerdote. A referência a Melquisedeque em 2Enoque 71-72, falando de haver se originado dele uma descendência de sacerdotes, é um comentário posterior sobre a passagem de Gênesis, como é Hebreus 7:15-17.

Embora se suponha que todos os sacerdotes sejam da família de Levi, não levitas também o foram (1Rs 12:31). Alguns dos papéis inferiores foram designados aos levitas. Números 4:17-45 trata de três famílias, os coatitas, os gersonitas e os meraritas que tinham funções diferentes das sacerdotais no santuário, guardando os implementos e enfeites. Dados pós-exílicos mostram cantores e porteiros entre os levitas (Ne 10–12, mas listados separadamente dos sacerdotes. Se 1Crônicas 24:7-19 representa uma acomodação pós-exílica, o sacerdócio aparece então em 24 divisões, cada uma assumindo seu turno (cf. Lc 1:8).

Depois do exílio, o ofício de sumo sacerdote desempenha papel significativo, registrado especialmente na literatura pós-exílica e intertestamentária (Ag 1:1; Sir. 50.1) e nos evangelhos sinópticos, embora o termo tenha aparecido antes (Js 20:6). No começo o chefe era normalmente chamado simplesmente de sacerdote (1Rs 4:2-4) ou principal sacerdote (2Rs 25:18; Jr 52:24).

Com a tomada do templo no ano 70 d.C., as funções cúlticas do sacerdócio cessaram, embora famílias sacerdotais tenham continuado a abençoar o povo no serviço da sinagoga. *Ver* MULHERES NO CULTO ISRAELITA.

Bibliografia. M. Haran, "Priests and Priesthood: Function of the Priests", *EncJud* (New York, 1971) 13:1076-80; R. A. Henshaw, *Female and Male: The Cultic Personnel: The Bible and the Rest of the Ancient Near East*. PTMS 31 (Allison Park, 1994), 1.4; B. A. Levine, "Priesthood: Jewish Priesthood", *Encyclopedia of Religion* (New York, 1987) 11:534-36; J. Pedersen, *Israel, Its Life and Culture III* (London, 1940). [RICHARD A. HENSHAW]

SACERDOTES PRINCIPAIS Termo coletivo (gr. *archiereís*) designando a aristocracia do sacerdócio de Jerusalém (p. ex., Mt 2:4; Mc 11:18, 27). *Ver* SACERDÓCIO ISRAELITA.

SACRIFÍCIO HUMANO *Ver* MOLOQUE.

SACRIFÍCIOS E OFERTAS O fenômeno do sacrifício não pode ser compreendido independentemente da ideia mística de que o templo serve como a verdadeira casa de Deus. Para concretizar o fato desse contato físico ou ritual, a lei bíblica tomou especial cuidado para delinear as responsabilidades que o acompanharam. Entre estas, estavam as importantes exigências de cuidar das necessidades diárias dessa divindade permanente e descartar o material considerado ofensivo pela divindade. O cuidado anterior resultou no sistema sacrificial, enquanto o último levou ao cuidado com a pureza.

As leis do sacrifício presumem uma mentalidade sacramental que crê que Deus torna sua presença manifesta nos limites do mundo material (Êx 20:24). Rituais como o sacrifício evoluíram para ajudar a concretizar a maneira na qual a divindade estava verdadeiramente presente na comunidade humana. Embora Deus esteja além da natureza e da história, por intermédio de seu templo, ele torna sua presença manifesta. Mas essa presença não pode ser meramente declarada; precisa ser vivida e experimentada. Assim — seguindo essa lógica — se a divindade assume a residência neste templo, então ela deve ser reverenciada e honrada com os devidos paramentos desse ambiente. Estes incluíam uma esmerada sala do trono, painéis primorosamente produzidos, vestes elegantes para seus servos e alimentos mais importantes para o consumo. O que une todas estas imagens é a ideia de Deus assumindo e mantendo residência num lugar em particular. O sacrifício, aqui considerado como o suprimento de uma mesa de banquete da divindade, é simplesmente um entre vários atos rituais que simbolizam a disponibilidade milagrosa da divindade dentro do templo e permite que sua realidade seja vivida e experimentada pela comunidade humana.

Nas narrativas bíblicas, o ato de sacrifício é a única característica mais importante da vida litúrgica do templo. A tremenda importância do sistema sacrificial está certamente relacionado ao fato que ele — diferentemente da maioria de outras dimensões da vida no templo — requer manutenção e atualização diária pela comunidade de adoradores. Em outras palavras, esse modo de prover honra e reverência à divindade é excepcional a ponto de requerer constante atenção humana. Não causaria surpresa que a mesma palavra para serviço (heb. *'ăḇōḏâ*) seja também o termo para adoração [divina]. Por que no ato de oferecer um sacrifício o israelita não estava somente fornecendo um serviço à divindade, mas também colocando-se numa posição de subserviência exatamente àquela divindade.

O papel representativo do sacrifício há muito tem sido assunto de reflexão entre antropólogos. Esse papel tem sido, às vezes, caricaturado como nada mais que a aplicação secundária do princípio fundamental da secular permuta mercantil: *do ut des*, "Eu dei [um presente ao deus], então conceda-me [uma bênção em troca]." Embora ninguém duvidaria que um aspecto de troca está presente no ato sacrificial — as pessoas de fato apresentam sacrifícios na esperança de ganhar uma bênção em troca — o pensamento recente sobre o tema do sacrifício tem sugerido um aspecto mais sutil ao tipo de troca que é previsto. Por que a troca de presentes entre parceiros desiguais nunca é um negócio puramente mercantil; que é uma parte dando, meramente com a intenção de garantir um benefício futuro. Ao contrário, o ato de troca em si serve para personificar e comunicar o concernente status dos parceiros em questão. Assim, quando uma pessoa oferece um mero animal na esperança de que Deus em troca lhe dê um filho, a natureza desigual dos itens trocados não pode senão ajudar a criar na pessoa um sentimento de dependência e gratidão. Entendido assim, *do et des* pode bem ser traduzido por "eu dei [tão pouco], e todavia possas tu dar [muito]". Sob tal ótica, a troca que aconteceu é quando muito uma rude barganha orientada para uma "quebra de braço" com a divindade em vez de uma "compreensão" cúltica da dependência absoluta do doador humano sobre as graças de seu Deus. O sacrifício é veículo essencial para estabelecer e expressar este relacionamento de Deus com o ser humano; dificilmente seria considerado opcional.

FONTE SACERDOTAL. ***Narrativa do Sinai.*** Quando se olha pela primeira vez para a fonte P em sua inteireza, as leis do sacrifício parecem estar ordenadas de uma forma um tanto aleatória. A começar em Êxodo 25 e continuando até o fim de Números, as leis do sacrifício de P estão entrelaçadas entre vários materiais narrativos de J e E. É difícil, especialmente em Números, compreender a função editorial dessa estrutura. Todavia há sinais claros de propósito editorial nesta estrutura maior. Pode-se notar a estrutura de Êxodo 25—Levítico 9. Êxodo 25—40 descreve a entrega dos planos arquitetônicos para o tabernáculo de Moisés (caps. 25—31) e a subsequente execução daqueles planos (caps. 35—40). Essa seção especial chega a um clímax com a aparição da divina presença ("glória do Senhor") no tabernáculo (Êx 30:34-38). Depois que o tabernáculo foi mostrado, as leis do sacrifício são expostas de uma maneira bem geral (Lv 1—7). Então segue a narrativa da ordenação de Arão e a cerimônia do oitavo dia (Lv 8—9). Essa seção se encerra com a primeira aparição do Senhor a toda multidão de israelitas reunidos (Lv 9:23-24).

Leis do sacrifício. A Torá tem tanto as normas gerais para a realização de sacrifícios individuais como as aplicações particulares para os sacrifícios individuais ou conjunto de sacrifícios. As regras gerais para todos os tipos de sacrifícios são encontradas basicamente em um local, Levítico 1—7. Essas regras gerais fornecem detalhes sobre como administrar a oferta queimada: aonde levar o animal, como impor as mãos, onde matá-lo, como lidar com seu sangue, como preparar o altar e o que queimar no altar. A seção se encerra com a declaração: "Esta é a lei do holocausto, da oferta de cereais, da oferta pelo pecado, da oferta pela culpa, da oferta da consagração e das ofertas pacíficas, que o SENHOR entregou a Moisés no monte Sinai, no dia em que este ordenou aos israelitas que oferecessem as suas ofertas ao SENHOR, no deserto do Sinai. " (Lv 7:37-38).

Todavia, só em ocasiões muito raras o israelita oferecia somente um holocausto ou oferta de cereal. Os rituais israelitas normalmente requeriam uma combinação específica desses tipos para serem eficazes. Assim o restante das leis do sacrifício no Pentateuco pode ser visto como um aplicação ritual específica um tanto abstratas e gerais de Levítico 1—7 (excluindo a duplicação de Lv 1—7; p. ex., Nm 5:5-8; 15:22-31). As aplicações específicas das normas gerais de Levítico 1—7 podem ser agrupadas em três categorias:

1. Sequências fundamentais: ordenação de sacerdotes e levitas (Lv 8—9; Nm 8), dedicação do tabernáculo (Nm 7).
2. Leis das festas e do *tāmîḏ*, "oferta queimada diária" (Lv 16, 23; Nm 28—29).
3. Rituais específicos relacionados ao ciclo da vida do indivíduo: p. ex., nascimento (Lv 12), "lepra" (Lv 13—14), votos do nazireado (Nm 6), impureza decorrente de fluxo (Lv 15:13-15), contaminação por contato com cadáver (Nm 19).

Tipos básicos de sacrifício animal. Oferta queimada. Em seu nível mais básico, a *‹ōlâ* era considerada uma oferta à divindade como "aroma suave". A oferta queimada constituía o alimento diário para a divindade (cf. Êx 29:38-42; Nm 28:3-8). Esses sacrifícios aconteciam pela manhã e à tarde e eram oferecidos com uma oferta de cereal e uma oferta líquida.

Oferta pacífica (Lv 3). Na fonte P, o sacrifício selamîm é dividido em três subtipos: o sacrifício de "ação de graças" e a "oferta voluntária" (Lv 7:11-18). O sacrifício selamîm é basicamente um sacrifício com o objetivo da festividade e do consumo humano. Esta função ajuda a explicar por que o *ʿōlâ* e o selamîm estão rotineiramente correlacionados no ritual bíblico. O *ʿōlâ* era o sacrifício que constituía a nutrição básica para a divindade, enquanto que o selamîm, por sua vez, nutria o povo.

Oferta de purificação (Lv 4). A tradução tradicional do hebraico *ḥaṭṭāʾṯ* tem sido "oferta pelo pecado" (p. ex., Lv 4:1–5:13; Nm 15:22-31). Esta tradução, seguida pela LXX, é baseada em considerações etimológicas. O termo seria melhor compreendido referindo-se ao processo de purificação.

Expiação e sacrifício. A função de purificação do *ḥaṭṭāʾṯ* desafia-nos a considerar seu papel em rituais que parecem ter função de expiação. Podem esses rituais ser entendidos num sentido purificador? Para se compreender seu papel deve-se prestar particular atenção à função da manipulação do sangue em cada um dos rituais aqui descritos, porque é o sangue em si que age como o agente purificador. À luz disso, é significativo notar que o sangue nunca é colocado sobre o indivíduo. Se o próprio indivíduo estava sendo purificado, então seria de se esperar que o sangue fosse colocado sobre ele ou ela. Em vez disso, o sangue é colocado em vários elementos cúlticos. Mais notável ainda é a variação desse ritual do sangue com respeito à posição social do pecador. Levítico 4 faz distinções bem claras entre a posição social de várias classes de pessoas. Os pecados involuntários do sacerdote e da comunidade como um todo são mais graves do que os pecados do indivíduo, seja um plebeu ou um governante. Mais sérias de todas são as ofensas involuntárias de qualquer tipo. Em cada um desses casos, à medida que a gravidade do pecado se torna mais evidente, o sangue é trazido bem para o interior do santo dos santos. Assim o sangue usado para o plebeu é colocado no altar do holocausto fora do santuário propriamente dito (Lv 4:30). O sangue usado para o pecado do sacerdote ou da comunidade como um todo é colocado dentro do próprio santuário. Ele é espargido no véu que separa o santo dos santos da câmara externa e colocado no altar de incenso. Finalmente, o sangue da oferta de purificação no Dia da Expiação, que expia os pecados involuntários (assim parecia o sentido do hebraico *pešaʿ* em Lv 16:16), é espargido "sobre o propiciatório" dentro do próprio santo dos santos (v. 14).

Jacob Milgrom argumentou que essa sequência do uso escalonado do sangue com relação à grade do santuário sagrado mostra que o que está sendo purificado não é o pecado do pecador, mas os efeitos do pecado, isto é, impureza cúltica, dos lugares sagrados dentro do santuário. Visto que o sangue é entendido como agente purificador, esperar-se-ia que o pecador recebesse este material (se a intenção básica do ritual fosse eliminar suas condições pecadoras). Esse entendimento se harmonizaria bem com o que é dito sobre o papel purificador do sangue *ḥaṭṭāʾṯ* no caso dos que sofrem de fluxo: "Assim separareis os israelitas da sua impureza, para que não morram por causa dela, ao contaminarem o meu tabernáculo, que está no meio deles" (Lv 15:31; cf. Nm 19:13). A impureza, concebida desse modo, torna-se parecida com uma substância física que é atraída quase que magneticamente ao Santo. A purificação oferecida tem o objetivo de remover o material do próprio santuário. Se for permitida a impureza se acumular, a divindade será forçada a sair do santuário.

Crítica profética. Tem sido comum os estudiosos denegrirem a iniciativa do sacrifício bíblico. Um estudioso chegou a descrever o sistema como um meio de "autoajuda". Essa crítica certamente é apoiada por invectiva profética como a encontrada em Jeremias: "Pois quando tirei vossos pais da terra do Egito, não lhes falei nem lhes ordenei coisa alguma acerca de holocaustos ou sacrifícios. Mas lhes ordenei isto: Dai ouvidos à minha voz, e eu serei o vosso Deus, e vós sereis o meu povo; andai em todo o caminho que eu vos ordenar, para que vos corra tudo bem." (Jr 7:22-23). Certo estudioso caracterizou esse texto profético como um "tapa na face do código sacerdotal". Isso parece subverter a ideia de que todas as leis cúlticas tinham sido parte da lei mosaica.

Todavia deve-se ter cuidado a respeito do tipo de conclusões que podem ser tiradas de tal peça de retórica exaltada. Em outros textos proféticos, pode-se encontrar o jejum e a oração intercessora condenados. Em suma, não se deve confundir a crítica profética do culto com teologia sistemática. O discurso profético ocorre numa atmosfera altamente carregada. É uma mistura de hipérbole, retórica exaltada e até polêmica. Seria mais justo dizer que a Bíblia contém dois modelos para tratar o pecado humano. O que mais sobressai seria o do código P. Em P, o efeito danoso dos pecados é melhorado por um sistema de expiação sacrificial. Os pecados previstos a serem incluídos nessa estrutura são os atos de desobediência cometidos no contexto de uma ligação pactual maior. Os profetas, por contraste, estão preocupados com pecados de natureza amplamente diferente: pecados que representam premeditada e flagrante rebelião contra a essência da aliança. Tão odiosas são essas ações que toda a estrutura do pacto é questionada. Não é uma questão de rejeitar P, mas ver-se num contexto tão radicalmente novo que não se acredita mais nas normas de P para serem aplicadas.

Visto dessa forma, pode-se argumentar que o entendimento "profético" de sacrifício foi também sacerdotal. Porque num texto como Levítico 26, encontra-se uma extensa lista das maldições que cairão sobre Israel se ele negligenciasse suas responsabilidades pactuais. O capítulo vai além das considerações de purificação e expiação encontradas em Levítico 1-25. A desobediência devassa de Israel, aqui prenunciada, requer medidas de punição divina que não podem ser alteradas pela esfera do culto. A linguagem de julgamento encontrada em Levítico 26, especialmente a ameaça de terminar com a própria ordem do culto, é muito próxima do pensamento profético. O que é importante notar é que no próprio código P há alusões ao tipo de crítica do culto que se encontra nos materiais proféticos. Tal evidência, em e de si mesmo, colocaria em dúvida quaisquer distinções tipológicas excessivamente rígidas que isolaria conceito sacerdotais do culto daqueles dos profetas. A diferença tem a ver com a ênfase e propósito retórico em vez de avaliações completamente contraditórias da herança espiritual de Israel.

Bibliografia. G. A. Anderson, "Sacrifice and Sacrificial Offerings: Old Testament", *ABD* 5.870-86; B. A. Levine, *In the Presence of the Lord*. SJLA 5 (Leiden, 1974); J. Milgrom, *Leviticus 1-16*. AB 3 (New York, 1991). [GARY A. ANDERSON]

SADRAQUE (heb. *šaḏraḵ*) O nome (cf. ac. Sudur-Aku, "governo de Aku [uma divindade lunar mesopotâmica"] dado pelo eunuco chefe de Nabucodonosor a Ananias, um dos companheiros de Daniel (Dn 1:7; 2:49; cap. 3). *Ver* ABDE-NEGO.

SADUCEUS (gr. *Saddoukaíoi*) Importante grupo dentro do judaísmo palestino do século II a.C. ao século I d.C. Como também em relação aos fariseus, reconstruir os saduceus históricos significa tecer um retrato histórico plausível desde a ingenuidade instruída e indícios esparsos nos acervos das três fontes principais: o NT, Flávio Josefo e a literatura rabínica. Os saduceus recebem bem menos atenção do que até mesmo os fariseus. Uma possível quarta fonte são os rolos do mar Morto.

Os saduceus mal aparecem no NT. Eles estão ausentes das cartas de Paulo. Marcos os apresenta como personagens vulgares, bidimensionais "que dizem não haver ressurreição" (Mc 12:18). João os integra a todos numa liderança judaica indistinta; eles não aparecem pelo nome. Fora isso, para preservar a pergunta de Marcos sobre a ressurreição, Mateus simplesmente os junta aos fariseus para representar a liderança do antigo Israel que rejeitou Jesus (Mt 3:7; 16:1-12). Somente Lucas-Atos oferece um retrato matizado. Em Atos 4:1; 5:17, o autor indica que o sumo sacerdote e as autoridades do templo eram saduceus. Isso esclarece a seção final de Lucas, em que os fariseus mais ou menos amigáveis deixam a história na entrada de Jesus em Jerusalém (Lc 19:39). Ao tratar com os discípulos, essas figuras continuam a política de agressiva hostilidade que eles (não os fariseus) tinham começado com Jesus. Perto do fim de Atos, o autor reintroduz a negativa dos saduceus a respeito da ressurreição como um assunto que Paulo usa para dividir o Sinédrio; somente agora Lucas acrescenta a declaração sem paralelo de que eles negam também a existência dos anjos e espíritos (At 23:8).

Embora o próprio Josefo fosse um orgulhoso membro da aristocracia sacerdotal baseada no templo, nenhum dos dois incidentes que ele relata dos saduceus expressa qualquer admiração. Primeiro, ele relata a história da rejeição dos fariseus pelo asmoneu João Hircano em favor dos saduceus, que ocorreu porque um saduceu chamado Jônatas instigou a ira do príncipe contra os fariseus. Nessa história, aprendemos que os saduceus eram mais rigorosos do que os fariseus em punir ofensores (*Ant.* 13.294). Josefo também dá a entender que a rejeição da tradição dos fariseus ("dos pais") pelos saduceus e a insistência em observar somente as leis de Moisés foi uma causa de grande conflito entre os dois grupos (*Ant.* 13.297), mas que os saduceus tinham somente o apoio dos "bem fixados". Ele repete estes pontos em *Ant.* 18.16-17, admitindo que embora os saduceus sejam formados por homens de posição mais alta, devem acatar o programa dos fariseus por causa do apoio popular que tinham (18.17).

Embora muito disso possa parecer adequado ao aristocrata Josefo, acentuados conflitos com seus pontos de vista surgem com a total negação dos saduceus e dos epicureus da vida após a morte e da rejeição do destino em favor do irrestrito livre arbítrio (*BJ* 2.164-65; *Ant.* 13.173; 18.16-17; cf. 10.277-81). E quando ele relata o segundo incidente que envolve os saduceus, ele é acentuadamente hostil. Essa história diz respeito à execução por apedrejamento do irmão de Jesus, Tiago, e outros, depois da morte no poder do governador romano, Festo, mas antes da chegada de Albino, o novo governador. O sumo sacerdote Ananus (Ananias), que instigou o processo, aparece como membro dos saduceus que, "quando se trata de julgamentos, são selvagens, em contraste com todos os outros judeus" (*Ant.* 20.199). Embora Josefo, em outra parte, elogie a severidade das leis judaicas contra os malfeitores (Ag. Ap. 2.276-78), ele considera todos os saduceus cruéis demais.

A literatura rabínica dos séculos III ao IV, tem várias referências aos *ṣĕḏûqîm* (hebraico), a etimologia da qual é incerta. Os estudiosos normalmente o têm tomado para aproximar o grego *Saddoukaíoi* e ligá-lo com a família sumo sacerdotal biblicamente autorizada de Zadoque (1Rs 2:35; Ez 40:46), que perdeu o poder sob Antíoco IV; entretanto, isto apresenta uma dificuldade linguística no duplo d no grego, e não está claro por que o sacerdócio não zadoquita perpetuaria esse nome. Os rabínicos *ṣĕḏûqîm* geralmente aparecem associados aos misteriosos betusianos (um nome grego) e em disputa com os sábios e/ou os *pĕrûšîm*. Os *ṣĕḏûqîm* têm sua própria data para o Pentecoste (m. Hag. 2.4; Menah. 10.3) e leis de purificação que diferem das da maioria (m. Yad. 4.6-7). Embora eles aparentemente procurem encontrar falhas nas prescrições rituais de outros (m. Para 3.3), não parecem como aristocratas ricos na primitiva literatura rabínica. Eles podem estar isolados de "Israel" tanto quanto os samaritanos (m. Nidd. 4.2).

A literatura rabínica primitiva não preserva alguma pista de que a aristocracia sacerdotal (embora não identificada como saduceia) tenha sido compelida a seguir as prescrições dos "líderes" (embora não citada como fariseus; cf. m. Yoma 1.1-7). No tempo do Talmude babilônico do século VI, temos a afirmação explícita de que os principais sacerdotes saduceus tinham de seguir os ditames farisaicos (b. Yoma 19b). Mas isto varia até certo ponto e dificilmente é útil para reconstruir as condições do século I.

Lawrence Schiffman afirmou que essas pequenas correspondências entre posições atribuídas aos rabínicos *ṣĕḏûqîm* e as defendidas pelos autores de uma carta haláquica de Qumran (4QMMT) sugere que o grupo original por trás dos rolos do mar Morto eram protossaduceus. Os dois grupos reivindicavam lealdade à linha sacerdotal de Zadoque. Esse ponto de vista ainda não teve ampla aceitação devido às principais discordâncias entre os pontos de vista dos autores dos Rolos (com forte ênfase nos poderes espirituais, intervenção divina e no julgamento vindouro) e os atribuídos aos saduceus no NT e em Josefo.

O que pode ser dito com certeza a respeito dos saduceus? Parece que encontraram sua base na aristocracia sacerdotal, embora nem todo aquele grupo fosse saduceu (testemunha Josefo). A rejeição da tradição de vida dos fariseus, da vida após a morte e de (pelo menos) uma elaborada angelologia ou demonologia tudo se ajustaria, já que o Pentateuco não detalha tais concepções. No entanto, eles devem ter tido uma tradição interpretativa além da Lei de Moisés. Seja qual for a forma que tomou essa tradição, oral ou escrita, explicitamente reconhecida ou equipada inconscientemente, eles devem ter tido uma, porque a própria Torá requer esclarecimento se se deve viver por ela. As especulações sobre o estrito programa religioso, motivos, atitudes e plataforma política dos saduceus, ou até mesmo do papel deles na Revolta Judaica, devem até agora permanecer especulações devido à falta de evidência que confirme.

Bibliografia. S. Mason, "Chief Priests, Sadducees, Pharisees, and Sanhedrin in Acts", in *The Book of Acts in Its First Century Setting, 4: Palestinian Setting*, ed. R. Baucham (Grand Rapids, 1995), 115-77; A. J. Saldarini, *Pharisees, Scribes, and Saducees in Palestinian Society* (Wilmington, 1988); E. P. Sanders, *Judaism: Practice and Belief, 63 B.C.E–66 C.E.* (Philadelphia, 1992); L. H. Schiffman, *Reclaiming the Dead Sea Scrolls: The History of Judaism, the Background of Christianity, the Lost Library of Qumran* (Philadelphia, 1994); G. Stemberger, *Jewish Contemporaries of Jesus: Phrisees, Sadducees, Essenes* (Minneapolis, 1995). [STEVE MASON]

SAFÃ (heb. *šāp̄ām*) **1.** O líder da tribo de Gade que viveu em Basã, filho de Abiail (1Cr 5:12).

2. (heb. *šāp̄ān*) O filho de Azalias; secretário do rei Josias (2Rs 22:9; 2Cr 34:15). Seu avô, Mesulão e três de seus filhos — Aicam, Elasa e Gemarias — eram também secretários (2Rs 22:3, 12; Jr 29:3; 36:10). Gedalias foi nomeado por Nabucodonosor governador de Judá, depois da queda de Jerusalém (2Rs 25:22).

3. Josias comissionou Safã a distribuir saláros aos trabalhadores que estavam restaurando o templo em 622 a.C. Enquanto Safã estava no templo, os trabalhadores descobriram "o livro da lei". Hilquias, o sumo sacerdote entregou o livro a Safã, que o leu para Josias, o rei rasgou suas vestes ao ouvir as palavras da lei e ordenou que Safã e vários outros levassem o livro para Hulda, a profetisa, para verificar sua autenticidade como palavra do Senhor (2Rs 22:13-20; 2Cr 34:20-30). Josias, então, instituiu reformas religiosas para purificar o culto a Yahweh no templo de Jerusalém (2Rs 23).

4. O pai de Jazanias (Ez 8:11), um dos setenta anciãos (autoridades) sobre quem, numa visão, Ezequiel viu a prática de atos idólatras no templo de Jerusalém (v. 10-12). Este Safã pode ser o mesmo que 1 acima, mas, se for, Jazanias separou-se das crenças de seu pai. [NANCY L. DE CLAISSÉ-WALFORD]

SAFATE (heb. *šāp̄āṭ*) **1.** Um dos doze espias israelitas mandados a Canaã, o filho de Hori da tribo de Simeão (Nm 13:5).

2. O pai do profeta Eliseu (1Rs 19:16, 19, 20; 2Rs 3:11; 6:31).

3. Filho de Semaías e descendente de Zorobabel (1Cr 3:22).

4. Líder gadita que viveu em Basã, filho de Abiail (1Cr 5:12).

5. O filho de Adlai; supervisor dos rebanhos de Davi "nos vales" (1Cr 27:29).

SAFE (heb. *sap.*) (tb. SIPAI) Gigante que combateu pelos filisteus. Ele foi derrotado por Sibecai, o husatita, em Gobe (2Sm 21:18). Em 1Crônicas 20:4, é chamado de Sipai.

SAFIR (heb. *šāpîr*) Cidade localizada provavelmente na planície filisteia, mencionada em Miqueias 1:11 junto a várias outras cidades destruídas por Senaqueribe em sua marcha do sudoeste em direção a Jerusalém. Miqueias parece tirar proveito de nomes de cidades, para enfatizar a destruição causada pelo inimigo. O fato de Senaqueribe ter destruído Safir ("brilhante" ou "bela") engrandece seu crime. Talvez, também, a palavra se aproveita do hebraico *šôpār*, e o profeta apela aos habitantes de Safir para soar o alarme. [RICHARD A. SPENCER]

SAFIRA (gr. *Sápphira*) **1.** No uso bíblico, provavelmente lápis-lazúli, pedra semipreciosa azul celeste que continha manchas douradas de mineral de ferro (cf. Jó 28:6, 16). Referências à safira (heb. *sappîr*; gr. *sápphiros*) são encontradas em descrições da glória de epifanias divinas (Êx 24:10; Ez 1:26), em descrições apocalípticas-proféticas da glória da nova Jerusalém (Is 54:11; Ap 21:19) e em descrições poéticas da grandiosidade de uma personagem (Ct 5:14; Lm 4:7; Ez 28:13). Ela é uma das pedras que representam uma tribo de Israel no peitoral do sacerdote (Êx 28:18). [JEFFREY S. LAMP]

2. A mulher de Ananias (1; do aram. *šappîrā'*, "bonita"). De comum acordo, retiveram da igreja parte do dinheiro adquirido com a venda da propriedade, embora aparentemente alegando entregá-lo totalmente. Considerando isso uma mentira contra o Espírito Santo, ambos foram mortos (At 5:1-10).

SAGE (heb. *šāgēh, šāgē'*) Hararita, pai de Jônatas, um dos Trinta de Davi (1Cr 11:34). No relato paralelo em 2Sm 23:32-33, consta "Jônatas, filho de Samá, o hararita" (LXX; cf. v. 11, "Samá, filho de Age, o hararita").

SAIR E ENTRAR Expressão de segurança militar e de bem-aventurança. Na pedra da vitória do faraó egípcio Merneptah (19ª. Dinastia), saíam e entravam na liberdade (*ANET*, 378). Um líder vitorioso deve ter a liberdade e a capacidade de "sair e entrar" diante do povo (Dt 31:2; 2Cr 1:10; cf. 1Rs 15:17). Nas bênçãos e maldições de Deuteronômio 28, a ordem da palavra dupla é revertida (Dt 28:6, 19). A combinação de palavras "sair" e "entrar" cobre grande raio de atividade. Ela se refere à liberdade de movimentar-se para fora da porta da cidade sem ameaça de hostilidade. Esse nível de liberdade era necessário a fim de haver o crescimento cheio de sucesso da plantação fora dos muros da cidade. [ARNOLD BETZ]

SAL Composto químico cristalizado conhecido como cloreto de sódio. Foi usado em abundância no clima árido do Oriente Próximo, onde o excesso de suor resultava na perda dos sais naturais do corpo. Para os habitantes das terras bíblicas, o sal (heb. *mělaḥ*; gr. *hálas, háls*) era necessário para a vida (Sir. 39.26). O mar Morto fornecia uma importante fonte de sal e era extraído tanto das praias como das encostas circundantes. Sofonias refere-se aos poços de sal que estavam provavelmente localizados na região de Jebel Usdum, ao sul do mar Morto (Sf 2:9). O sal do mar Morto não era o melhor, e o povo da Palestina com frequência comprava amostras superiores dos comerciantes do norte.

O sal tinha uma diversidade de usos na antiguidade, mais frequentemente como condimento comum para dar sabor a diversos alimentos (Jó 6:6). Possivelmente, até o alimento animal era temperado com sal (cf. Is 30:24). Como em todas as culturas antes da tecnologia da refrigeração, o sal era também usado como agente conservante. Além do uso culinário, o sal era valorizado medicinalmente e esfregado nos recém-nascidos (Ez 16:4).

O sal era um elemento da adoração israelita. As pessoas deviam certificar-se de que o sal era aplicado a toda oferta de cereal como sinal da aliança (Lv 2:13). O sal era também usado para "temperar" certas ofertas queimadas (Ez 43:24; Josefo *Ant.* 3.9.1). Um acordo selado com sal era tido como eterno (Nm 18:19; 2Cr 13:5).

Os antigos exércitos usavam o sal como agentes de destruição, espalhando-o sobre o chão dos territórios conquistados (Jz 9:45). A terra contaminada com sal torna-se estéril (Jó 39:6). Entretanto, numa irônica reversão, é a aplicação de sal feita por Eliseu que fornece o antídoto para a água nociva que dificultava o desenvolvimento de plantas em Jericó (2Rs 2:19-22).

O NT fala com frequência do sal em termos simbólicos. Jesus refere-se a seus discípulos como "sal da terra" (Mt 5:13); embora alguns vejam isso como uma referência à natureza de "agente conservante" do sal, à luz da ênfase no sabor é mais provável uma referência à sua capacidade de temperar. Colossenses 4:6 aplica a metáfora do tempero ao discurso humano. Se o sal perder sua qualidade, não tem valor (Mc 9:50; Lc 14:34). [KEITH A. BURTON]

SAL, VALE DO O local de duas vitórias militares israelitas sobre os edomitas, a primeira durante o reinado de Davi (2Sm 8:13; 1Cr 18:12; Sl 60 Sobrescrito [TM 1]) e a segunda por Amazias (2Rs 14:7;

2Cr 25:11). Sua identificação com o úadi el-Milh (cf. heb. *gê' hammelaḥ*) a leste de Berseba é comumente sugerida, embora um local dentro dos territórios tradicionalmente atribuídos a Edom justifique a consideração.

SALÁ (gr. *Salá*) Na genealogia de Jesus em Lucas, o pai de Boaz (Lc 3:32; NRSV MG "Salmom" [1]).

SALA DE AUDIÊNCIA Sala (gr. *akroatērion*, "lugar de ouvir") no pretório de Herodes Agripa, em Cesareia, onde os casos criminais eram decididos. Foi aqui que Paulo confrontou-se não somente com Festo, o procurador romano e seus cinco tribunos, mas também o rei Agripa e Berenice, após ter apelado para César (At 25:23).

SALAI (heb. *sallay*) (tb. SALU) **1.** Homem da tribo de Benjamim que se estabeleceu em Jerusalém (Ne 11:8).

2. Família sacerdotal do tempo de Joiaquim, o sumo sacerdote (Ne 12:20), chamado de Salu (2) no verso 7.

SALAMINA (gr. *Salamís*) Importante cidade portuária na costa oriental de Chipre, 5 km ao norte de Famagusta, perto da moderna Seryios. De acordo com a tradição, Salamina, foi fundada por Teucer depois da guerra de Troia. A cidade possuía um bom porto e foi a principal cidade de Chipre, durante o período romano, embora Pafos, na costa ocidental fosse a capital de Chipre. Na primeira viagem missionária, Barnabé, natural de Chipre (At 4:36), levou Paulo e João Marcos a Salamina, onde começaram a pregar o evangelho nas sinagogas da cidade (13:5). Na segunda viagem missionária, Barnabé e Marcos separaram-se da companhia de Paulo e retornaram para Chipre, provavelmente se instalando em Salamina (At 15:39). A tradição alega que Barnabé foi martirizado em Salamina em 61 d.C. [MARK R. FAIRCHILD]

SALÁRIO Qualquer forma de compensação econômica recebida em troca do trabalho ou da realização de um serviço. Tal compensação podia incluir abrigo e provisões com remuneração adicional em espécie ou algum objeto de valor. Assim, Jacó teve de receber uma parte dos rebanhos de Labão em troca do seu serviço de pastoreio (Gn 30:31-33). O uso de dinheiro, na forma de moeda, não surgiu na economia palestina antes do período persa, e até mesmo então não era comum até o período helenístico. Antes desse tempo, os salários podiam ser recebidos em quantias avaliadas de metais úteis ou preciosos, como bronze ou prata.

O surgimento de trabalhadores assalariados numa economia requer suficiente progresso agrícola para libertar pessoas da necessidade de atender diretamente às próprias necessidades de subsistência. Entretanto, uma parte considerável da população assalariada dos tempos bíblicos continuou a trabalhar no setor agrícola, fornecendo tais serviços como trabalho no campo (Mt 20:1-6; Lc 15:17) e no pastoreio (Jo 10:12). Outros assalariados incluem a equipe de pesca (Mc 1:20), os soldados mercenários (2Sm 10:6; Lc 3:14), os especialistas em construção (2Cr 24:12), os sacerdotes (Jz 18:4; Mq 3:11), os profetas e videntes (Dt 23:4 [TM 5]; 1Sm 9:6-9), as ama de leite (Êx 2:9) e as prostitutas (Gn 38:16, 17; Mq 1:7).

O nível de compensação que um assalariado recebia era uma questão de negociação e estava sempre sujeito a manipulação por qualquer das partes do acordo (Gn 30:31-43; 31:41; Mt 20:1-16). O salário típico de um dia de trabalho na Palestina durante o século I. d.C. consistia em um denário (Mt 20:2; cf. Ap 6:6 em que a severidade da penúria é ilustrada pelos preços exorbitantes). Visto que os trabalhadores dependiam de seus salários para a subsistência, a lei mosaica estipulava que os trabalhadores recebessem seus salários diariamente (Lv 19:13; Dt 24:14, 15). Os profetas condenaram aqueles que pagavam salário insuficiente ou deixavam de pagar seus trabalhadores de modo adequado — alguns retinham todos os salários (Jr 22:13; Ml 3:5; cf. Tg 5:4).

As palavras heb. (*śāḵār*, *pĕʿullâ*) e gr. (*misthós*) para "salários" são usadas metaforicamente para se referir tanto a reações positivas quanto negativas de Deus em relação à conduta humana e, portanto, traduzidas para o português em certos contextos ou como "retribuição" ou como "recompensa", respectivamente (Is 40:10). Diz-se que Deus proverá salários para os que realizam algum trabalho em nome de Deus (Julgamento, Ez 29:18-19); difundir o evangelho (1Co 3:8-9), e os filhos são vistos às vezes como moeda da recompensa de Deus (Gn 30:18; Sl 127:3; Jr 31:15, 16). A imagem de salários como juízo divino é talvez visto muito claramente na afirmativa de Paulo de que "o salário do pecado é a morte" (Rm 6:23). A linguagem de "salários" ou "recompensa da injustiça" é também usada no NT, de certa forma de modo mais literário do ganho material decorrente da conduta pecaminosa (At 1:18; Tt 1:11; 2Pe 2:3). [TIMOTHY B. CARGAL]

SALATIEL (gr. *Salathiēl*) *Ver* SEALTIEL.

SALCA (heb. *salkâ*) Cidade na fronteira leste do reino de Ogue (Dt 3:10; Js 12:5). Ela foi conquistada pelos invasores israelitas e dada aos gaditas (1Cr 5:11). Salca foi provavelmente um limite externo do território de Basã.

A cidade é quase unanimemente identificada com a moderna Salkhad, lugar construído num tampão de lava de um vulcão extinto. De acordo com uma inscrição nabateia encontrada no sítio, ela foi conquistada

A B C D E F G H I J K L M N O P Q R S T U V X Y Z

pelo rei nabateu Malik em 17 d.C. e naquele tempo era chamada Zalhad. [ZELJKO GREGOR]

SALEFE (heb. *šelep̱*) Filho de Joctã e descendente de Sem (Gn 10:26; 1Cr 1:20); ancestral de um povo do sul da Arábia.

SALÉM (heb. *šālēm*) A cidade onde Melquisedeque foi rei (Gn 14:18; cf. Hb 7:2). Ela é identificada com Sião em Salmo 76:2(TM 3), portanto, Jerusalém — uma tradição que se espalhou na antiguidade. É provável que a pronúncia primitiva de Jerusalém era *yĕrûšālēm*. Targ. Onkelos, Neofiti e Pseudo-Jônatas todos concordam em igualar Salém com Jerusalém ao traduzir "Salém" em Gênesis 14:18 como "Jerusalém". Da mesma forma, o Gênesis Apócrifo de Qumran, acrescenta a nota de Gênesis 14:18 "Salém, que é Jerusalém" (1QapGen 22.13).

Todavia, esse ponto de vista não foi mantido em unanimidade. Uma possível primitiva tradição divergente encontra-se na frase ambiguamente formulada de Gênesis 33:18, traduzida pela KJV "e Jacó veio a Salém, uma cidade de Siquém"). Targ. Onkelos e Pseudo-Jônatas interpretam *slm* aqui como outro nome para Siquém ("Salém, a cidade de Siquém"). A frase pode também, entretanto, ser entendida com a RSV, "e Jacó veio em segurança a Siquém". Outra tradição é vista em Eusébio (Onom. 152), que iguala Salém a Salumias (Salim, Jo 3:23), 12 km ao sul de Scitópolis (antiga Bete-Seã). Apesar da escassa evidência, a maioria dos comentaristas aceita a identificação de Salém com Jerusalém. [DEXTER E. CALLENDER, JR.]

SALGUEIRO Planta do gênero Salix, geralmente encontrada às margens de córregos e rios. Heb. *ṣap̱ṣāp̄â* ocorre somente na alegoria de Ezequiel das duas águias (Ez 17:5), designando um salgueiro, do qual os ramos facilmente criam raízes. O hebraico *ʿărāḇâ* pode indicar ou um salgueiro ou o álamo do Eufrates (Populus euphratica), parecido com este. Muito provavelmente, o último é o mencionado em Salmo 137:2, por ser comum sua ocorrência junto às águas da Babilônia. Espécies particulares são incertas em outras referências, p. ex., Levítico 23:40, texto no qual os ramos são usados na construção de cabanas (Ne 8:15) e agitados para celebrar a Festa das Cabanas (Jo 40:22; Is 44:4).

SALGUEIROS, UÁDI DOS Riacho (heb. *naḥal hāʿărāḇîm*) na fronteira de Edom, atravessado pelos refugiados moabitas carregando seus pertences (Is 15:7). Ele tem sido identificado com o Seil el-Qurahi, curso inferior do Uádi el-Hesa, o bíblico riacho de Zerede. Pode ser o mesmo que o "Ribeiro da Arabá" (*naḥal hāʿărāḇâ*; Am 6:14).

SALIM (gr. *Salím*) Lugar perto de Enom, onde durante a parte inicial do ministério de Jesus, João Batista estava batizando (Jo 3:23). Embora vários sítios arqueológicos tenham sido propostos a oeste do rio Jordão, o local é incerto.

SALISA (heb. *šālišâ*) Região pela qual Saul e um servo passaram à procura das jumentas perdidas de seu pai (1Sm 9:4). É pouco certo a respeito da localização desta região. Baal-Salisa (2Rs 4:42), meio caminho entre a moderna Tel-Aviv e Nablus pode ter sido localizada lá.

SALMA (heb. *kalmāʾ*) (tb. SALA; SALMOM) **1.** De acordo com 1Crônicas 2:11, o pai de Boaz. Em outra parte, o nome aparece como Salmom e Sala.

2. Calebita, filho de Hur, fundador ("pai") de Belém (1Cr 2:51) e de Atarote-Bete-Joabe; ancestral dos netofatitas, da metade dos manaatitas, os zoreus (v. 54) e possivelmente também do "clã dos escribas" citado no v. 55.

SALMÃ (heb. *šalman*) Nome que aparece numa alusão a uma batalha aparentemente conhecida na qual Bete-Arbel foi destruída (Os 10:14). Possível identificação inclui Salmaneser V da Assíria, que atacou Samaria em 722 a.C., Salmaneser III, que invadiu Israel em 841, e Salmanu, o rei moabita, cujo ataque a Gileade foi mais ou menos contemporâneo de Oseias.

SALMAI (heb. *šalmay*) (tb. SANLAI) O ancestral de uma família de servidores do templo que retornaram do exílio na Babilônia (Ne 7:48). Esdras 2:46 registra uma variante "Sanlai" (heb. *šamlay*.).

SALMANESER (heb. *šalmanʾeser*; ac. *šulmānu-ašarid*) **1.** Salmaneser I, rei da Assíria 1274-1245 a.C.; filho de Adad-ninari. Ele conquistou Hanigalbat (o remanescente de Mitani), deportou sua população e subjugou a confederação de Urartu. Kalhu (bíblica Calá) foi fundada durante seu reinado.

2. Salmaneser II (1031-1020), filho de Assurbanípal I.

3. Salmaneser III (858-824), filho e sucessor de Assurbanípal II, o primeiro grande rei e fundador do Império Neoassírio. Quando Salmaneser sucedeu seu pai, continuou a política expansionista de seu antecessor, mas concentrou sua atenção no norte e no oeste. Fontes escritas desse reinado são numerosas, incluindo textos de crônicas epônimas, anais e relevos e inscrições concomitantes.

As campanhas militares de Salmaneser para o norte foram focadas no reino de Urartu, penetrando no centro deste, no início de 856. Na última parte do seu reinado, ele realizou uma série de outras campanhas na região, mas estas campanhas foram lideradas por seu turtanu, Dayyan-ashur, e não pelo próprio rei.

O avanço de Salmaneser para o oeste começou em seu primeiro ano de reinado. Numa série de sucessivas campanhas, ele conseguiu esmagar Bit-adini e anexá-la ao Império Assírio. Suas campanhas para o oeste do Eufrates foram possivelmente realizadas para estabelecer o domínio sobre as rotas comerciais e fundar colônias comerciais na região. Em várias dessas campanhas, Salamaneser foi confrontado por coalizões ocidentais, incluindo a temível coalizão siro-palestina de doze estados chefiada por Hadadezer, de Arã/Damasco e Irhuleni, de Hamate. Acabe, de Israel foi também um importante participante da coalizão. De acordo com seus anais, Salmaneser combateu esta coalizão em 853, 849, 848 e 845. O primeiro desses confrontos foi a batalha de Qarqar em 853, registrada em detalhes na inscrição do Monolito de Kurkh (*ANET*, 278-79). Com a parte norte da Síria firmemente sob seu controle, Salmaneser voltou sua atenção para o sul desta, onde saqueou e incendiou três cidades de Irhuleni. Ele então avançou contra a cidade real de Qarqar, no Orontes. Depois da destruição dessa cidade, o exército assírio foi confrontado pela coalizão siro-palestina. De acordo com as inscrições assírias, Acabe, de Israel, é apontado por ter suprido 2.000 carruagens (mais do que qualquer dos parceiros) e 10 mil soldados (números com a intenção de exagerar o tamanho militar do inimigo da Assíria e também alegar a devastadora derrota deles). A falta de qualquer movimento posterior pelo exército assírio além de Qarqar põe em dúvida esta pomposa alegação; mais provavelmente é que a coalizão tenha conseguido frustrar o avanço assírio na região. Relatos de outras campanhas (*ANET*, 279-80) mostram Salmaneser confrontando Hadadezer, de Arã/Damasco, Irhuleni, de Hamate e os doze reis da costa marítima e conseguindo derrotá-los. Isto, entretanto, é duvidoso, visto que ele parece nunca ter prosseguido mais em direção a oeste do que além do Orontes.

Somente em 841 Salmaneser conseguiu estabelecer uma forte presença assíria na Síria-Palestina. Nesta campanha, em seu décimo oitavo ano de reinado, ele marchou além do Orontes e encontrou somente as forças de Arã-Damasco. O relato dessa campanha menciona Hazael e não Hadadezer como rei de Arã-Damasco; Irhuleni, em textos primitivos, colíder da coalizão, não aparece, nem os "12 reis da costa marítima"; e agora é pago tributo por Tiro, Sidom e Jeú, de Israel. Disso se infere que a coalizão se dissolveu, talvez precipitada pela mudança da dinastia em Arã-Damasco. Em outro texto de Salmaneser III, é feita referência a Hazael como "o filho de ninguém", não como filho de Hadadezer. Tal como outros estados, Tiro, Sidom e Israel evidentemente alteraram suas políticas externas e se submeteram ao rei assírio. Hamate pode ter feito o mesmo, com isso permitindo a passagem do exército assírio através de seu território sem qualquer resistência. Uma derradeira campanha ocidental foi realizada em 838, essencialmente para tratar com Hazael, de Arã-Damasco.

4. Salmaneser IV (782-773), filho de Adad-ninari III. A maior parte do seu reinado foi dedicado à defesa contra a intrusão dos urartianos.

5. Salmaneser V (726-722), filho e sucessor de Tiglate-Pileser III. 2Reis 17:1-6; 18:9-12 descreve essa personagem como o rei que impôs cerco a Samaria e que, de acordo com a Crônica Babilônica, foi sua única realização de alguma consequência. Talvez ele seja o Salmã mencionado em Oseias 10:14. De acordo com 2Reis 17:3, Salmaneser liderou uma campanha militar contra Israel (provavelmente no começo do seu reinado), e Oseias submeteu-se e pagou tributo. Entretanto, Oseias logo se rebelou e mandou emissários ao Egito para pedir ajuda (2Rs 17:4a). Em resposta à revolta, Salmaneser lançou outra campanha contra Samaria e prendeu Oseias. A Assíria acabou invadindo Israel e cercou Samaria durante três anos (2Rs 17:5; 18:9). A cidade finalmente caiu para os assírios em 722-721 e partes da população foram levadas para o exílio na Assíria (2Rs 17:6; 18:10-11). Questões têm surgido se Salmaneser V foi responsável pela captura de Samaria e pela deportação dos israelitas, visto que 2Reis 17:5,6 não menciona o rei assírio pelo nome. Uma opinião sugere que foi Salmaneser que capturou Samaria, mas seu sucessor, Sargão II deportou os israelitas. Uma segunda opinião sugere que Salmaneser foi somente responsável por atacar Oseias, prendendo-o e deportando-o; foi Sargão II (o rei assírio mencionado em 2Rs 17:5, 6) que cercou Samaria, a conquistou e deportou os israelitas. Uma terceira opinião, com base numa leitura objetiva de 2Rs 17:3-6, argumenta que somente se concebe um rei assírio, Salmaneser V.

Bibliografia. M. Elat, "The Campaigns of Shalmaneser III against Aram and Israel", *IEJ* 25 (1975): 25-35; G. Galil, "The Last Years of the Kingdom of Israel and the Fall of Samaria", *CBQ* 57 (1995): 52-65; J. H. Hayes and J. K. Kuan, "The Final Years of Samaria (730-720 B.C.)", *Bibl* 72 (1991): 153-81.

[JEFFREY K. KUAN]

SALMOM (heb. *kalmôn*; gr. *Salmîn*) (tb. SALA, SALMA) Homem de Judá, pai de Boaz e ancestral de Davi e de Jesus (Rt 4:20,21; Mt 1:4,5). Em Rute 4:20, o nome ocorre como hebraico *śalmâ* , em 1Cr 2:11 como Salma (1; *śalmā›*) e em Lucas 3:32 como Sala.

SALMONA (gr. *Salmînē*) Promontório que aponta na direção norte da extremidade leste da ilha de Creta, moderno cabo Sidero. Aparentemente, um vento do noroeste impediu o navio que levava Paulo, com destino a Roma, de ficar perto de terra firme e chegar a Cnido, o que levou à decisão de navegar na direção de Creta. O navio navegou "costeando

Creta" (isto é, ao longo da costa sul da ilha), passando defronte de Salmona (At 27:7).

SALMOS DE SALOMÃO *Ver* SALOMÃO, SALMOS DE.

SALMOS, LIVRO DE Frequentemente chamado de hinário do Segundo Templo, o livro de Salmos fornece uma janela através da qual a resposta do antigo Israel à presença (ou ausência) de Deus, pode ser vista. Os 150 salmos do TM dão voz ao arsenal das emoções humanas, às vezes sublimes, mas em outras, embaraçosamente vingativas. Os salmos surgiram na experiência da adoração; neles tanto a oração individual como a oração coletiva encontram expressão, ao fazerem a reflexão particular quanto a erudita. Dificilmente uma "Bíblia pequena", como Martinho Lutero alegava, o livro de Salmos difere da esmagadora maioria dos outros textos bíblicos que têm como objetivo declarar a revelação divina a Israel.

A voz humana nos salmos ressoa com a dos últimos adoradores, cristãos e judeus, que encontraram meios de recitar os lamentos e os hinos durante a adoração. De acordo com o Mishná, os levitas recitavam um salmo específico em cada dia da semana: o Salmo 24, no domingo; 48, na segunda-feira; 82, na terça-feira; 94, na quarta-feira;81, na quinta-feira; 93, na sexta-feira; e 92, no sábado. M. *Ta‹an.* 2.3 designa o salmo 102 para os dias de jejum; o 104 era usado pelos cristãos na festa de Pentecoste. O Salmo 136 é o Grande Hallel para os serviços do sábado, 113-118 eram o Hallel egípcio. Vários salmos são conhecidos como salmos penitenciais (6,32,38,51,102,130,143) e o 79 é recitado no muro ocidental da Cidade Velha de Jerusalém, na tarde de sexta-feira, o nono de Ab. A LXX e o Talmude designam o Salmo 93 para a véspera de sábado, quando Deus completou a criação do mundo, e a tradição rabínica associa o 95 com a festa do Ano Novo.

Inspirados por esses salmos bíblicos, os adoradores posteriores escreveram os seus próprios. Um deles, de fato se tornou canônico, o Salmo 151 da LXX (incluído no Códex Sinaiticus, Vaticanus e Alexandrinus, que observam estar este salmo "fora do número"). Um autor judeu desconhecido escreveu 18 salmos no século I a.C., eles são atualmente chamados de Salmos de Salomão. Os sectários de Qumran gostavam particularmente dos salmos. Além de escreverem seu próprio Hodayot composto por cerca de 25 salmos, deixaram um grande depósito de salmos bíblicos. Fragmentos de 115 salmos sobreviveram, com um rolo (11QPsa) que tinha 39 salmos bíblicos; 2Sm 23:1-7 ("uma Declaração em Prosa sobre Composições de Davi"); Sir. 51.13-30 (um Apóstrofo a Sião"); os salmos 151,154 ("uma Súplica por Livramento"), 155; 149-150 é "um Hino ao Criador". A caverna 11 forneceu outro rolo com fragmentos dos salmos 141, 133, 144. Todavia o outro tem salmos não canônicos mas conclui com o bíblico 91. Locais próximos (sul de En-Gedi, Massada) também forneceram textos hebraicos de Salmos. Quatro textos comentários têm porções de salmos.

Um dos manuscritos hebraicos mais antigos, o Códex Alepo, tem ausência de 15:1-25:2; entre os códigos gregos, Vaticano não tem 105:27-137:6 (acrescentado no século XV) e no Alexandrino falta 49:20-79:11. A ordem no TM difere do da LXX:

TM	LXX
1—8	1—8
9—10	9
11—113	10—112
114—115	113
116	114—115
117—146	116—145
147	146—147
	148—150
148—150	151

A sequência na LXX é apoiada pelo fato de os salmos 9-10 serem originalmente um único salmo, mas a separação do 114 do 115 favorece a ordem do TM. Tanto a LXX como o TM dividem um único salmo em 42-43. Resulta também confusão do cômputo pelo TM dos títulos como primeiro verso. Algumas versões inglesas seguem esta prática (NAB, NJPSV); outras não o fazem (p. ex., RSV, KJV, NIV, TEV).

Os cristãos primitivos cantavam hinos, embora não esteja claro se estes eram tirados do AT ou compostos por cristãos (cf. Mc 14:26; At 4:24; 1Co 14:26; Ef 5:19; Cl 3:16). Estima-se que o NT cita salmos (55 citações de 365 salmos) de memória, mas estabelecer as citações de fato é difícil. Os escritores cristãos (p. ex., Clemente de Roma) citam com frequência os salmos (49 citações de 32 salmos), como faz o Didaquê. O Diálogo com Trifo, de Justino, contém 47 referências a 24 salmos.

O nome "Salmos" deriva do grego *psalmoí* como título para Salmos; o Sinaiticus não tem título, mas conclui com "*psalmoí* de Davi".) "Saltério" vem do título no Alexandrino (*psaltērion*) e indica um instrumento musical, aparentemente para acompanhar o cântico dos salmos. O TM não tem título, mas isso é típico de todos os livros do AT; no final do Salmo 72 existe a notação "as orações (*tĕpillôṯ*) de Davi terminaram". A literatura rabínica prefere os termos *tĕhillîm* ou *tillîm* ("louvores") às "orações" massoréticas. Juntos, esses dois, oração e louvor, descrevem o conteúdo do Saltério.

Dos 150 salmos no TM, 116 têm sobrescritos. Praticamente todos os salmos do Livro I têm sobrescritos ligando-os a Davi. As exceções são 1-2, 10, 33, mas os dois primeiros apresentam todo o livro de Salmos, enquanto que 10, 33 estão ligados aos salmos imediatamente precedentes. O Livro II duplicata dois salmos do Livro I (53 e 14; 70 e 40:13-17 [14-18]). Uma característica fora do comum dos Livros II e III é a preferência deles pelo nome divino Elohim em vez de Yahweh, mas estão cheios de contradições. Embora Elohim ocorra 244 vezes, Yahweh aparece 49 vezes em 42-83. No Livro I, Elohim é usado somente 49 vezes, e ele ocorre somente 70 vezes em 84-150. Com 44 salmos, incluindo o excepcional 119, o Livro IV é o mais longo dos cinco. Um acróstico alfabético, o 119 tem oito linhas começando com as 22 letras do alfabeto hebraico em sequência. Além disso, cada linha tem um dos oito sinônimos para a lei (com exceção da 90, que tem um nono sinônimo, e a 122). Acrósticos menos complexos incluem o 25, 34, 111, 112, 145 (cf. o padrão irregular em 9-10, em que cada verso alternado começa com uma letra do alfabeto em sequência).

Os títulos dos salmos individuais vão de uma simples palavra no 98 (*mizmôr*, "salmo") a um extenso comentário (p. ex., 18). Somente 34 salmos não têm títulos (I: 1-2,10,33; II: 43,71; IV: 91,93,94-97,99,104-106; V:107, 111-119, 135-137, 146-150). Talvez o convite ao louvor ao Senhor tenha funcionado como substituto para um título em 111-113, 117, 135, 146-150. Treze títulos recordam eventos particulares na vida de Davi (3, 7, 18, 51, 52, 54, 56-57, 59-60, 63, 142). Outros 55 têm uma instrução litúrgica específica, "para o mestre", enquanto outros se referem a instrumentos musicais e a coisas até agora desconhecidas. Outros ainda registram designações de gêneros como oração, louvor, cântico, *maśkîl*, *miḵtām* e *šiggāyôn*. Existe consideravelmente mais variação nos títulos do TM do que existe nos Livros IV e V dos manuscritos de Qumran. O termo *mizmôr* é encontrado 57 vezes, e *selâ* ("pausa"?) ocorre no corpo de alguns salmos (ele aparece também em salmos fora do livro de Salmos, p. ex., em Habacuque 3:3, 9, 13; em 3:19 encontra-se também "Ao mestre do coro: com instrumentos de cordas").

A tendência durante o período pós-exílico de atribuir escritos sagrados a líderes respeitados — o Pentateuco a Moisés; a Literatura de Sabedoria a Salomão; os textos proféticos como Isaías 40-66 a Isaías — levou a uma identificação de Davi como autor de inúmeros salmos. A atribuição de salmos a ele em 2Samuel 1:10-27; 22:2-51 (que também aparece como Salmo 18), com a tradição de que ele foi músico (1Sm 18:10; Am 6:5), encorajou esta tendência. A LXX leva isso ainda mais além do ponto atingido pelo TM, aumentando o número de salmos atribuídos a Davi do 73 ao 85. Embora o hebraico *lĕḏāwiḏ* não signifique necessariamente autoria davídica, sua intenção parece ter sido essa em muitos casos. Pode também ter sugerido que um salmo em particular foi escrito para uma coleção em honra a Davi. Os sectários de Qumran não deixaram dúvida sobre suas opiniões; uma nota afirma que Davi compôs 3600 salmos e 466 cânticos, mais quatro para o abatido, totalizando 4050 (cf. 1Rs 4:32 [5:12] com relação a um comentário semelhante sobre a produção literária de Salomão — 3000 provérbios, 1005 cânticos).

Nem todo salmo é creditado a Davi, ou mesmo associado a ele de alguma maneira. Outras pessoas homenagearam desta forma incluindo Jedutum (39, 62, 77), Hemã (88), Salomão (72, 127), Moisés (90), Etã (89) e duas associações musicais, os coraítas (42, 44-49, 84-85, 87-88) e asafitas (50, 70-83). Acredita-se que a família de Asafe tenha sido ativa até o fim da reforma de Josias (621 a.C.) e durante o tempo de Esdras e Neemias quase dois séculos depois.

Quando os salmos foram escritos? Certas semelhanças com textos cananeus de Ugarite têm sugerido uma data primitiva para 29; 82; 19:2-7, mas textos posteriores (cf. Daniel) também mostram afinidades com essa literatura. Ligações plausíveis com Davi tornam 2, 10, 18 candidatos viáveis para o século X, ou no mínimo, sugerem um data durante a monarquia. Vários salmos refletem interesses no norte, levando alguns críticos a pensar que eles derivam do reino do norte antes de sua derrota por soldados assírios em 722. Outros salmos parecem assumir a existência de uma monarquia (2, 18, 20-21, 45, 72, 89, 101, 110, 132, 144). As características linguísticas apontam para uma data pós-exílica para 103, 117, 119, 124-125, 145. Somente o conteúdo coloca o 137 nos tempos pós-exílicos. Toda tentativa para datar os salmos encontra enorme dificuldade, porque o conteúdo deles é todo indiferente a eventos históricos com exceção dos que se apresentam pragmaticamente (p. ex., o Êxodo do Egito).

A Igreja primitiva compreendia os salmos como expressões pessoais de adoração em contextos históricos definidos. Essa visão prevaleceu até o século XIX, quando os estudiosos críticos começaram a enfatizar os gêneros dos salmos individuais e acentuar sua origem congregacional. A obra inovadora de Herman Gunkel elevou a crítica da forma à posição mais importante e sua abordagem continuou até o presente. Essencialmente, ela distingue os seguintes tipos literários: lamento (tanto individual como coletivo), hino de ação de graças (individual e coletivo), salmo de entronização real, salmos de sabedoria e lei, liturgias de abertura, exortação profética e formas mistas. Os lamentos rotineiramente incluem uma alocução de abertura, descrição do problema, petição, expressão de confiança e um juramento. Os cânticos de ação de graças incluem louvor, descrição de problemas passados, testemunho e exortação. Naturalmente, os salmos individuais variam os elementos, e é quase sempre impossível distinguir entre um lamento e um cântico de ação de graças que pressupõe a situação descrita nos lamentos, apesar de a expressão de confiança incluir a ação de graças. Além disso, algumas designações de gênero são baseados no conteúdo; isso é verdade quanto aos salmos reais, cânticos de Sião, sabedoria e salmos da lei.

Os críticos da forma procuraram iluminar o ambiente social dos salmos individuais. Consequentemente, propuseram festas especiais (p. ex., festa da entronização, festa real de Sião, cerimônia da renovação da aliança, sermões litúrgicos). Quase sempre se presumiu que o festival de Akitu, ou Ano Novo, na antiga Babilônia, tinha um resultado em Judá, com a coroação anual do rei davídico. Presume-se que, por essa ocasião, os salmos reais (2, 18, 20, 21, 72, 89, 101, 110, 132, 144) tenham sido usados. Liturgias de abertura teriam servido para preparar os adoradores antes de entrarem no templo santo (15, 24). Um casamento real deu origem ao 45; a instrução didática ou culta produziu muitos salmos (19, 119, 78, 89); e a exortação profética originou o 50, 81, 95. Os Cânticos de Sião deram voz à predileção do povo por Jerusalém como lugar de habitação divina (46, 48, 76, 84, 87, 122). Presume-se que outro grupo de salmos tenha sido cantado enquanto peregrinos se dirigiam para Jerusalém (120-134) ou quando os sacerdotes subiam os degraus dentro do templo.

Alguns salmos parecem relacionar-se com indivíduos durante tempos de extraordinário sofrimento provocado por doenças, ataques de exércitos inimigos, calúnia, práticas mágicas e assemelhados. Outros dão voz para alegria particular e expressões públicas de honra. Os indivíduos expressam suas mais profundas emoções em oração, às vezes próximo ao desespero e em outros tempos mal contêm seu júbilo. Localizar os ambientes exatos para todos estes tem resultado em pouco mais do que vagas generalidades.

Por estas e outras razões, os intérpretes começaram a enfatizar a retórica dos salmos, seu uso persuasivo da linguagem. Progressos na compreensão da poesia isolaram muitas características dos salmos. O equilíbrio de um cólon com outro é conseguido por vários meios, mas normalmente é dada proeminência ao quiasmo (a formação de um X estruturando um poema como segue: A B B' A'). A repetição acontece de várias maneiras, p. ex., pergunta e resposta; afirmação e citação; uma expressão "melhor que"; A varia e B repete: abstrato e concreto; o conjunto e a sinédoque; dois termos como merisma; símile e realidade.

Em alguns círculos acadêmicos, a crítica da retórica virtualmente se sobrepôs à crítica da forma, resultando em ênfase especial na repetição, quiasmo, inclusões, estrutura e linguagem figurada. Ainda precisa ser estabelecido se muitas das características isoladas desta maneira resultam de intenção de um autor ou não. O julgamento se aplica particularmente à análise da estrutura, com frequência o resultado de um estudo altamente subjetivo, e em relação a inclusões, que podem ser acidentais, dadas as exigências repetitivas da poesia hebraica e o vocabulário limitado disponível aos compositores.

Nem todo intérprete se concentra na estrutura de um único salmo. Alguns críticos examinam a macroestrutura, esperando explicar a formação geral do livro de Salmos. Gerald H. Wilson argumentou que a coleção completa de cinco livros está organizada para mostrar como a aliança entre Deus e Davi como rei tornou-se falida e o reinado de Yahweh tomou seu lugar. Wilson pensa que a presença dos salmos reais no início do Livro I (2) e na conclusão dos Livros II e III (72, 89) documenta um movimento de um relacionamento íntimo entre o rei e Deus e seu reforço por meio de cerimônias ritualísticas para o ensaio de uma rejeição violenta da aliança com Davi. O propósito destes salmos (especificamente 2, 72, 89) foi documentar o fracasso da aliança davídica. O salmo inicial (1) enfatiza o relacionamento individual com Deus, enquanto que o 2 enfatiza a dimensão coletiva. Os Livros IV e V se movem em outra direção completamente, demonstrando que o verdadeiro lar de Israel é Deus, o único governante confiável. O coração do Saltério, neste estudo, está no Livro IV. Esse centro teológico esclarece a verdadeira natureza da monarquia, a teocracia. O Livro V transfere para o povo as antigas declarações reais associadas a Davi. O resultado é um retumbante triunfo do louvor escatológico. O Saltério define a felicidade (cf. 1:1, "Bem-aventurado aquele que...") de formas bem concretas, mas no centro da definição está o conceito de confiança e refúgio.

Outros intérpretes entendem a estrutura geral de Salmos de forma diferente. Dois desses pontos de vista merecem atenção aqui: um movimento do lamento para o louvor, e um crescente movimento litúrgico. O primeiro atribui importância ao posicionamento pioneiro dos lamentos, porque o louvor não pode atingir seu objetivo até que as pessoas religiosas tenham lutado com as próprias dúvidas e delas emergido na forma tão eficientemente descrita no Salmo 73. A segunda abordagem reconhece que os primeiros lamentos enfatizam a humanidade de Davi e consequentemente o fim de sua dinastia, mas reconhece também a crescente importância das corporações litúrgicas (Livro III) e dos eventos cúlticos (peregrinações e festas; o Livro V: 120-134 para os peregrinos, 113-118 para três festas importantes). Destaque-se que a palavra de abertura em 1:1 (*'ašrê*) é mais secular do que *bārûḵ* ("abençoado"). A exortação final, "Louvai ao Senhor", pertence ao discurso sagrado. O último salmo (150) tem 10 *hallûyāh* ou *halĕlûhû*, ou 13 se for contada a conclusão no verso 6 e os de abertura e encerramento. Carroll Stuhlmueller sugere que esses números correspondem ao Decálogo e aos 13 atributos de Yahweh revelados a Moisés em Êxodo 34:6,7, ou às 13 vezes que Deus falou em Gênesis 1.

A rica dimensão teológica do Saltério continua a se evidenciar entre judeus e cristãos. As metáforas em relação a Deus servem na oração e louvor para transmitir sentimentos profundos de confiança e submissão. Os salmistas louvam a Deus como rei, juiz, pastor, rocha, herança, luz, guerreiro, pai e lavrador. Eles descrevem o povo num papel de dependência como vinha, árvore, ovelha, aljava e outros semelhantes. Eles fazem distinção entre o justo e o ímpio, prometendo vida em sua plenitude ao primeiro e destruição ao último. Tais praticantes do mal são comparados à erva, à palha e ao pó; na linguagem do Salmo 1, as raízes deles carecem de água. Os pecadores de fato prosperavam, a ponto de desapontar os salmistas, mas acreditava-se que prosperidade deles era de curta duração. Alguns salmistas investigam profundamente na área tradicional, em certos casos se aproximando, se não conseguindo, a crença na vida além da morte (73).

O livro de Salmos forneceu um reservatório do qual os poetas tiraram hinos, uma prática na qual se ocuparam compositores de alguns salmos, os quais produziram mosaicos de passagens bíblicas (cf. 96-97, 119, 135). Os salmos individuais têm contribuído tanto com a linguagem como com o sentimento para meditar sobre Deus e a lei, e um salmo (23) tornou-se um ícone virtual nos Estados Unidos. Outro salmo (46) é a base do hino de Martinho Lutero "Ein Fest Burg". Os salmos podem ser a resposta de Israel à automanifestação de Deus, mas para muitos adoradores modernos representam a autêntica adoração. Esses textos investigam as profundezas do desespero pelo qual muitos passam em um momento ou em outro e se elevam a alturas sublimes de adoração, às quais as pessoas boas aspiram. Em resumo, aprende-se com esses salmos majestosos a orar.

Bibliografia. W. Brueggemann, *The Message of the Psalms* (Minneapolis, 1984); H. Gunkel, *The Psalms: A Form-Critical Introduction* (Philadelphia, 1967); W. L. Holladay, *The Psalms Through Three Thousand Years* (Minneapolis, 1993); H.-J. Kraus, *Psalms 1-59* (Minneapolis, 1989); J. L. Mays, *Psalms. Interpretation* (Louisville, 1994); P. D. Miller, *Interpreting the Psalms* (Philadelphia, 1986); S. Mowinckel, *The Psalms in Israel's Worship* (Nashville, 1962); C. Westermann, *Praise and Lament in the Psalms* (Atlanta, 1981); G. H. Wilson, *The Editing of the Hebrew Psalter*. SBLDS 76 (Chico, 1985). [JAMES L. CRENSHAW]

SALOMÃO (heb. *šĕlōmōh*) O terceiro rei de Israel, filho de Davi e Bate-Seba. Ele foi uma das figuras mais importantes da história e da tradição bíblica, famoso por sua sabedoria, riqueza e pela construção do Primeiro Templo. Compreender seu legado envolve enfrentar uma luta em como os escritores bíblicos, os primeiros intérpretes e os estudiosos modernos têm interpretado seu reinado.

Reis. Não é por acaso que os autores tanto de Reis como de Crônicas dedicam considerável atenção a Salomão. A descrição de Salomão em ambas as histórias é decisiva para se compreender a atitude de cada obra para a monarquia em geral e para a monarquia dividida em particular. No livro de Reis, o reinado de Salomão se divide em dois períodos distintos: um glorioso (1Rs 1–10), o outro de ruína (cap. 11). A ascensão de Salomão ao poder ocorre durante o declínio de Davi. Depois do envolvimento de Davi com Bate-Seba, o profeta Natã declara que a espada do Senhor nunca deixaria a casa de Davi (2Sm 12:7-12); Davi passa o resto de seus anos combatendo inimigos de dentro e fora da família (2Sm 13–20) e enfrenta um estado de quase anarquia em seus últimos anos (1Rs 1:1ss.). Ironicamente, como um dos filhos mais jovens de Davi, Salomão se beneficia da confusão. Ele não busca ativamente pelo trono, todavia é abençoado com ele. Bate-Seba e Natã convencem Davi a ignorar a primogenitura e a nomear Salomão como sucessor (1Rs 1:15-35). Instruído por seu pai (1Rs 2:2-9) e ungido por Zadoque e Natã (1:39-40), Salomão age rapidamente para eliminar todos os dissidentes (2:12-46). Salomão então pode concentrar seus talentos em empreendimentos comerciais, reorganização administrativa, fortificação militar e na construção do templo (1Rs 3-10).

O deuteronomista retrata o primeiro período do reinado de Salomão como uma progressão: ascensão e consolidação, administração eficiente, diplomacia inteligente, construção do templo e do palácio, elogio internacional e prosperidade sem limites. O sonho de Salomão em Gibeom apresenta estes temas. Quando indagado pelo Senhor sobre o que deseja, Salomão humildemente pede "um coração cheio de discernimento para governar o teu povo e capaz de distinguir entre o bem e o mal" (1Rs 3:8-9). Deus não apenas realiza o desejo de Salomão, como determina que "o coração sábio e entendido" de Salomão seria único entre seus antecessores e sucessores (1Rs 3:12). Além disso, Deus se agradou tanto pelo fato de Salomão não ter pedido longa vida, riquezas ou a vida de seus inimigos, que determina a Salomão riquezas e glória sem precedentes (1Rs 3:13).

Em Reis, a sabedoria de Salomão assume muitas formas. A história das duas prostitutas confirma o talento judicial de Salomão (1Rs 3:28), enquanto sua reorganização nacional (cap. 4) mostra seu talento administrativo. Outras declarações retratam a sabedoria de Salomão como enciclopédica ou natural (1Rs 4:29-34 [TM 5:9-14]). Não obstante as muitas dimensões da sabedoria de Salomão, elas aumentam cumulativamente sua fama singular tanto dentro como fora de Israel (1Rs 4:30, 34 [5:10, 14]). A sabedoria real contribui também para o bem-estar da sociedade. 1Reis 4:20-25(5:5) retrata Israel em termos simples. Salomão reina sobre um vasto império, enquanto seu povo vive em segurança e prosperidade (1Rs 4:20; cf. v. 25 [5:5]). A paz que Israel experimenta sob Salomão realiza uma das promessas divinas feitas a Davi, a saber, que Israel desfrutaria "descanso de todos os seus inimigos" (2Sm 7:10,11; 1Rs 5:3,4 [17,18]).

O descanso que Deus dá a Israel, por sua vez, cria as condições indispensáveis para o cumprimento de outra promessa davídica: a construção do templo. Salomão, assim como muitos outros reis do antigo Oriente Próximo, tira proveito das condições prósperas de seu reino iniciando importantes projetos de construção. Pelo fato de o autor considerar a construção do templo uma importante realização na história israelita, ele dedica muita atenção à sua construção, mobílias e dedicação (1Rs 6:1–9:9). Na perspectiva deuteronomista, o templo é o lugar de descanso final da venerável arca (1Rs 8:1-13). A oração de Salomão na dedicação, um dos maiores discursos na história deuteronomística, apresenta o templo como símbolo unificador na vida israelita, um lugar para o qual o povo pode se voltar a Deus em todas as formas de situações difíceis (1Rs 8:22-53). O autor não somente liga o término do templo às promessas davídicas, como também à lei de Moisés. Como uma persuasão à piedade, o templo é também um incentivo à obediência à Torá (1Rs 8:58-60). Considerando a associação do antigo Oriente Próximo de templos com os reis que os construíram, não é surpresa que o término do templo de Jerusalém tenha aumentado a admiração internacional de Salomão (1Rs 10:1-10). O resumo das realizações de Salomão em 1Reis 10:23-24 confirma explicitamente sua incomparabilidade. Conforme a promessa do sonho de Gibeom a Salomão de inigualável sabedoria, riqueza e glória, assim esta promessa tornou-se realidade.

A descrição do autor de uma fase nova e negativa do reinado de Salomão monta o cenário para toda a sua história das duas monarquias. Salomão abandona o bom exemplo deixado por seu pai ao construir lugares altos para suas muitas esposas, adorando nesses lugares altos, e adorando outros deuses (1Rs 11:1-8). Os pecados de Salomão irritam Yahweh, que encerra a paz com Salomão levantando contra ele uma série de adversários estrangeiros (1Rs 11:14-25). Mais importante, Yahweh decreta a separação das tribos do norte e recomenda a formação de um reino israelita (do norte) governado por Jeroboão, um servo de Salomão (1Rs 11:11-13, 29-38; 12:15). O desastre, entretanto, não é total. Por causa da promessa feita a Davi (2Sm 7:1-16), Yahweh contém sua ira e deixa Judá sob o governo davídico (1Rs 12:1-24). O curso negativo iniciado pelos pecados de Salomão permanece não resolvido durante séculos. Somente com as reformas do rei Josias (2Rs 23:4-20), os pecados de Salomão são finalmente revertidos.

Crônicas. O cronista desenha [com cores] fortes o retrato de Salomão em Reis. No entanto, cria sua própria representação característica por meio de omissões, reescrita e adições. Primeiramente, ele retrata a transição de Davi para Salomão como [se fosse] absolutamente sem problemas e bem planejada. Não há tumulto nos últimos anos de Davi. Salomão não é eleito por Davi, e sim, por Deus (1Cr 28:6). Davi cuida do seu filho para a sucessão, fornece-lhe uma administração nacional e lhe provê um plano para o templo (1Cr 22–29). Em segundo lugar, o cronista não enfatiza a sabedoria de Salomão tanto quanto o deuteronomista o faz. Em terceiro lugar, ele não retrata uma segunda fase regressiva do reinado de Salomão. Isto significa que Salomão desfruta de um reinado uniformemente produtivo e irrepreensível.

Em Crônicas, a consolidação das principais instituições de Israel ocorre durante a monarquia unida. Salomão é o complemento perfeito de Davi. Davi une Israel, consolida o reino, organiza uma administração nacional para uso de Salomão e faz plano para a construção do templo. Quando Davi designou o sucessor, Salomão executa essas esperanças e planeja o usufruto. Ele concentra muito de sua energia na construção, aparelhagem e no grupo de trabalho do templo (2Cr 2–4). Como em Reis, o templo torna-se o ponto focal da vida nacional. Assim como o deuteronomista, o cronista afirma a centralização do culto javista e a abolição de todos os outros cultos (Dt 12). Os sacrifícios devem ser realizados apenas no templo de Jerusalém e as orações devem ser feitas em ou na direção desse local (2Cr 5:5–6:42). De sua parte, Deus se compromete em ter os olhos abertos e os ouvidos atentos às orações feitas no templo (2Cr 7:15).

Depois da dedicação do templo, o reinado de Salomão é todo glorioso. Qualquer informação que pudesse potencialmente empanar sua reputação é omitida (p. ex., 1Rs 9:11-16; 11:1-38). Salomão termina seu reinado presidindo um povo unido e próspero, recebendo tributo de nações e a veneração de reis estrangeiros (2Cr 8–9. O período de Salomão no cargo não é corrompido pelo pecado ou pela desventura. Ele é bem-sucedido em todas as tarefas que seu pai lhe designou (1Cr 22:7-16; 28:6-10, 20-21). Ao idealizar o reinado de Salomão, o cronista ressalta o grande benefício que a liderança davídica e o templo podem ter para o povo. Opostamente, pelo fato de todos os israelitas progredirem sob Davi e Salomão, os que se desviassem dessa norma seriam suspeitos. Portanto, a separação do norte é vista pelo cronista como ato rebelde desde o início. O cronista isenta Salomão e critica Jeroboão (muito) e Roboão (um pouco) pela separação (2Cr 10–13). As promessas davídicas continuam dizendo respeito a todas as tribos (2Cr 13:4-12; cf. 1Rs 11:11-13, 29-38). Embora ainda considere o reino do norte como israelita, o cronista não registra sua história independente. As instituições normativas estabelecidas ou confirmadas no reinado de Salomão — o templo, os sacerdotes e levitas e a dinastia davídica — encontram sua continuidade em Judá e Benjamim (2Cr 11:1-4).

Os primitivos intérpretes. Assim como Davi, "o doce cantor de Israel", já era associado na antiguidade à composição dos salmos; Salomão, o sábio incomparável, está associado à composição da literatura de sabedoria. Essa imagem já é encontrada nas escrituras hebraicas. Diversas obras de sabedoria, como Provérbios (Pv 1:1), Cântico dos Cânticos (Ct 1:1) e Eclesiastes (Ec 1:1) estão todas associadas a Salomão. A sabedoria de Salomão é desenvolvida pelos primitivos intérpretes judeus, cristãos e muçulmanos (Sir. 47.14-17; Tg. Ec 2:4-6; Mt 12:42; Lc 11:31; Alcorão 27.15, 16, 81, 82; 31.11), embora alguns também tenham aplaudido o esplendor do reino de Salomão (1Ed 1.15; Mt 6:29; Lc 12:27). Em pelo menos uma fonte, a atividade profética é atribuída a Salomão. Salomão profetizou tanto sobre a casa de Davi como sobre o mundo natural, sobre os animais selvagens e pássaros (Tg. 1Rs 5:13). Os primitivos comentaristas tiveram profundo interesse pelo templo de Salomão — suas dimensões, construção e importância simbólica (Sir. 47.13; Sanh. 104b). Alguns também anotaram a queda de Salomão em Reis, atribuindo-a à influência de suas esposas estrangeiras (Ne 13:25-27; Sir. 47.19-21; Sanh. 2b, 20c, 21a; Tg. 1Rs 11:4). O declínio de Salomão, assim, tornou-se um argumento contra o casamento misto. Mas a imagem dominante do legado de Salomão entre os primitivos intérpretes é a de um sábio extraordinário e um sucessor digno de Davi.

História. Até bem recentemente, a maioria dos estudiosos modernos via o reinado de Salomão como um dos períodos mais sólidos da história israelita para reconstrução histórica. Eles associavam o reino de Salomão com vários desenvolvimentos na cultura material da antiga Canaã. Os historiadores fizeram também uma série de correlações entre passagens em Samuel-Reis e desenvolvimentos internacionais conhecidos de outras fontes do antigo Oriente Próximo. Nem Saul, nem Davi são descritos iniciando em muitos projetos de construção, mas Salomão é. Obras públicas, mais notadamente o templo e seu mobiliário, compõem uma porção considerável do reino de Salomão (1Rs 5:13 [27]-7:51; 9:15-19,24; 11:27; cf. 2Cr 3:1-17; 4:1–5:1; 8:1, 4, 6, 11). Mas, de acordo com 1Rs 9:15-19, Salomão começou também várias obras públicas — o *millô'*; o muro de Jerusalém, Hazor, Megido e Gezer. Ele também (re)construiu Bete-Horom Baixa, Baalate e Tadmor (1Rs 9:18; 2Cr 8:4). Entre outras obras públicas estavam cidades guarnição, cidades para carruagens, cidades para cavalaria e fez construções em Jerusalém, no Líbano e em todo o seu domínio (1Rs 9:17-19).

Os arqueólogos associaram essas atividades de construção com o aumento da arquitetura monumental no século X a.C. Escavações em três das cidades reconstruídas por Salomão — Hazor, Megido e Gezer (1Rs 9:15-17) — revelaram que os sistemas de defesa nesses locais pareceram mostrar padrões quase idênticos de fortificação. Os estudiosos indicaram também um padrão geral de urbanização na Idade do Ferro — a reconstrução e expansão de antigas cidades e o estabelecimento de novas. Considerando que a Idade do Ferro I é caracterizada por um baixo nível de planejamento e uma ausência geral de edifícios públicos e fortificações, a construção de muitas cidades muradas, edifícios públicos e fortificações é considerada um traço característico da cultura material do Ferro II.

Se as descrições da atividade de construção de Salomão em Reis pareceram estar correlacionadas a evidência material, o mesmo pode ser dito para descrever as relações diplomáticas de Salomão em Reis e resquícios epigráficos deste período. Uma correlação semelhante foi um forte estado regional davídico-salomônico propriamente dito. O declínio de estados importantes como o Egito e Hatti tornaram possível estados menores emergirem ou se afirmarem. Estudos que tentam situar o reinado de Salomão mais especificamente no contexto de eventos internacionais centrados no Egito, um estado que figura de forma destacada no reinado de Salomão (1Rs 4:21, 30 [5:1, 10]; 8:51, 53, 65; 11:17-22, 40). Algumas pessoas tentaram corroborar a descrição do casamento de Salomão com uma filha do faraó (1Rs 3:1; 7:8; 9:16,24; 11:1) com evidência de epigrafia de que casamentos diplomáticos entre membros da família real egípcia e famílias reais de outros estados foram mais comuns do que os estudiosos haviam reconhecido. De forma alguma menos importante de todas as comparações feitas com a história egípcia é a evidência pertinente à invasão de Sisaque fornecida por fontes epigráficas e escavações arqueológicas. A incompleta Estela de Megido, a incompleta inscrição no templo de Carnaque e a destruição de vários locais perto do fim do século X, supôs-se harmonizar com as informações da invasão de Sisaqe em 1Reis 14:25, 26; 2Cr 12:1-12. Pensou-se que o sucesso da invasão de Sisaque confirmava um declínio das riquezas de Israel e Judá.

Nos últimos anos, entretanto, alguns comentaristas têm desafiado a sustentabilidade dessa reconstrução geral ao questionar a data no século X de algumas de suas fortificações relevantes em Gezer, Hazor e Megido. Outros têm contestado as ligações feitas entre a epigrafia e a Bíblia. Por exemplo, a falta de menção de Jerusalém e vários outros locais de Judá no relevo de Carnaque é citada como prova de que Judá não era um estado no século X. É incerto que efeito a longo prazo essa nova discussão terá na reconstrução histórica. No mínimo, indica que o legado de Salomão continuará a produzir o acalorado debate.

Bibliografia. L. K. Handy, ed., *The Age of Solomon*. SHANE 11 (Leiden, 1997). [GARY N. KNOPPERS]

SALOMÃO, LIVRO DOS ATOS DE Livro citado em 1Rs 11:41, que se acredita ser importante fonte para 3:1–11:40. O que estava incluído neste livro e o que derivava de outras fontes não pode ser determinado com certeza, mas a referência tanto a ações quanto a sabedoria sugere uma variedade de materiais.

SALOMÃO, ODES DE Coleção apócrifa de 42 odes ou hinos que datam do fim do século I d.C. Embora o texto reflita um relacionamento, como era de se esperar, forte com a teologia judaica do século I, a Odes de Salomão é mais certamente uma coleção cristã, possivelmente de hinos cristãos primitivos. Caso positivo, este livro é a mais antiga coleção de hinos cristãos preservada.

Os textos disponíveis são poucos e não existe um texto completo em qualquer língua. O manuscrito siríaco H é o mais completo com 3.1b–42.20, mas o manuscrito data do século XV. Partes da Odes sobrevivem também em grego e copta. Já que a linguagem original é indiscernível, embora provavelmente grego ou hebraico/aramaico, a procedência é igualmente difícil de determinar. A data de 100 d.C. sugere, entretanto que um importante centro do cristianismo seja considerado, ou seja, Antioquia ou Alexandria.

Historicamente, a Odes oferece informação significativa sobre assuntos como a vinda do Messias, a conexão delas com os salmos dos Rolos do mar Morto, uma relação com o evangelho de João e a adoração cristã primitiva. A Odes, como hinário cristão, revela muita teologia dos mais antigos crentes, não por meio de narrativa ou de epístolas, mas de louvor e cântico.

Bibliografia. J. Charlesworth, "Odes of Solomon", *OTP* 2.725-71 [MARC A. JOLLEY]

SALOMÃO, SALMOS DE O mais importante saltério não canônico. Refletindo a confusão dos eventos políticos e religiosos do século pré-cristão imediato, quando os exércitos romanos ocuparam pela primeira vez a Palestina, ele fornece a expectativa mais detalhada do messias judeu antes do NT.

O período entre 65 e 30 a.C. é o tempo mais provável de sua composição original em hebraico. Uma tradução para o grego veio depois, talvez no Egito na virada do período, e uma tradução posterior apareceu na Síria, aparentemente baseada nos textos grego e hebraico. Salmos de Salomão subsiste em 11 fragmentos de manuscritos em grego e 4 em aramaico, do século X ao século XVI. Não existe texto em hebraico. Ele aparece em várias listas canônicas da Escritura, incluindo o catálogo do século V do Códex Alexandrinus e em listas canônicas do início do século VI ao século X. Mais de 30 edições e traduções foram publicadas de 1626 até o presente.

Vários salmos (1,2,8,15) são reações vívidas, aparentemente testemunho ocular de eventos nas décadas que cercaram a ocupação romana da Palestina desde a invasão de Pompeu em 63 a.C. até o reinado de Herodes, o Grande em 37 a.C. Outros salmos são mais genéricos, com temas muito parecidos com o Saltério bíblico. Pss.Sol. 17 é um hino messiânico ampliado que descreve a prevista vitória e o reino do esperado rei redentor, o ungido Filho de Davi. Este "Messias Senhor" deve liderar o piedoso numa rebelião contra as forças de ocupação, expulsão de influências estrangeiras e a destituição de administrações corruptas do estado e do templo. Ele deveria estabelecer um estado judeu independente e santo ao qual nações estrangeiras prestariam submissão. Muitos escritos sediciosos, como Daniel e Apocalipse, são disfarçados em vocabulário cifrado, inócuo aos olhos dos estranhos. Entretanto, o Salmos de

Salomão é um claro apelo à rebelião tanto contra a dominação estrangeira, quanto à corrupção interna, embora com intervenção divina. A não ser que os Salmos tivessem uma circulação estritamente controlada, a comunidade foi precipitada ou incentivada pela crença numa iminente intervenção divina.

Pelo sobrescrito e pela tradição, o saltério é atribuído ou dedicado a Salomão, embora não apareçam referências a ele nos próprios poemas. A semelhança entre o salmo mais importante (Pss. Sol. 17) e o canônico Salmo 72, já conhecido como "Salmo de Salomão" pode ter induzido a atribuição editorial àquele que, com Davi, desfrutou da reputação de poeta (1Rs 4:32-34 [TM 5:12-14]). Assim como a poesia hebraica mais recente, os salmos são de tipos variados. Devido ao destaque não usual de Jerusalém em Salmos de Salomão, resta pouca dúvida de sua origem. Vários autores e um editor/cotejador parecem ter sido envolvidos na composição.

Os fariseus têm sido frequentemente ligados ao saltério, mas essa identificação precisa agora ser abandonada. Outros estudiosos o tem ligado aos hassidim, saduceus, essênios ou até mesmo aos cristãos. Embora poucos tenham sugerido Qumran propriamente dito como local do saltério, muitos têm apontado para semelhanças com vários rolos do mar Morto. No conjunto de coalizões religiosas ativas durante este período, o que podemos ter com mais precisão é dizer que um grupo separatista de judeus messiânicos protestantes do século I a.C. é responsável pelo saltério.

Existem algumas indicações de um ponto de encontro na sinagoga para o Salmos de Salomão. A comunidade aparentemente adorava fora do templo deturpado e se abstinha dos sacrifícios saqueados. A piedade havia se tornado um substituto do sacrifício, de modo que os pecados eram agora purificados por meio da confissão e a penitência nas "sinagogas dos piedosos" (17.16; 10.7), onde eles davam graças a Deus (10.6).

Assim como os profetas bíblicos e Qumran, o saltério vê Deus usando domínios estrangeiros para disciplinar Israel. Há uma tensão entre a soberania de Deus e a escolha humana: os humanos não podem fazer nada fora do escopo do controle de Deus, mas eles mesmos têm o poder de escolher o certo e não o errado.

Composto num século do começo do cristianismo, "Salmos de Salomão" elucida o cenário de fundo dos evangelhos. Especialmente em Pss. Sol. 17, 18, estes poemas mostram como a desilusão com o estado e o templo aumentara e como a esperança pela intervenção divina crescera. O termo "messias", usado com frequência em relação a indivíduos passados e presentes, agora deve ser especificamente um descendente de Davi (uma censura aos governantes asmoneus), um futuro rei ideal que restaurará Israel a um futuro glorioso.

Este Messias Senhor não é um ser sobrenatural. Entretanto, ele será sem pecado e terá um "povo santo" a quem ele "guiará em retidão". Usando o que pode ter sido uma terminologia cada vez mais comum da época, a pessoa reta é uma "descendência amada" (13.9) e um "filho primogênito" (18.4). Estes santos são "cordeiros inocentes" (8.23) entre os pecadores. O Messias trará "salvação do Senhor" sobre Israel para sempre (12.6).

Com o título de Messias Senhor, esses salmos ligam pela primeira vez os conceitos de "Messias" e "Senhorio" numa nova ideia disponível no ambiente religioso contemporâneo para Lucas usar como título para Jesus (Lc 2:11) e que o NT desenvolve na imagem de "Cristo o Senhor", tema central no desenvolvimento da cristologia do NT.

Bibliografia. K. Atkinson, "Herod the Great, Sosius, and the Siege of Jerusalem (37 B.C.E.) in Psalm of Solomon 17", *NovT* 38 (1996): 313-22; G. Ward, *A Philological Analysis of the Greek and the Syriac Texts of the Psalms of Solomon* (diss., Temple University, 1996); R. B. Wright, "The Psalms of Solomon", *OTP* 2.639-70; *The Psalms of Solomon: A Critical Edition of the Greek Text* (a ser publicado); "The Psalms of Solomon, the Pharisees and the Essenes", 1972 Proceedings, ed. R. A. Kraft. SBLSCS 2 (Missoula, 1972): 136-54. [ROBERT B. WRIGHT]

SALOMÃO, TESTAMENTO DE Relato pseudepígrafo, em estilo hagádico, da construção do templo de Jerusalém pelo rei Salomão. Escrito originalmente em grego coiné entre 100-130 d.C., o propósito da história não é fácil de discernir. Ele é repleto de histórias de demônios, anjos, magias e astrologia. Embora a narrativa pareça sobrecarregada com tais histórias, o propósito do Testamento parece obscuro. É desnecessário dizer que no século III o templo não tinha importância para os cristãos.

Talvez o texto tenha a intenção de ser uma "terapia narrativa" para os problemas humanos (fragilidade humana, doença, morte). Em concordância com a longa tradição dos textos salomônicos (Provérbios, Cântico dos Cânticos, Eclesiastes, Sabedoria de Salomão, Odes de Salomão, Salmos de Salomão), este texto pode testificar mais contra o indivíduo que, como Salomão, coloca os prazeres físicos e os desejos antes de Deus. Quem coloca Deus em primeiro lugar encontrará "graça para sempre" (T. Sol. 26.8).

Historicamente, o texto é uma mina de informação da antiguidade relativa à demonologia, angelologia, magia, ao dualismo e à cosmologia. Todavia, apesar de tudo, há o fato curioso de não ser feita referência à crença na vida após a morte, como nem sequer se faz menção dela. Existe apenas o agora. O texto é, entretanto, recurso inestimável para compreender a religião no começo do cristianismo.

Bibliografia. D.C. Duling, "Testament of Solomon", *OTP* 1.935-87. [MARC A. JOLLEY]

SALOMÉ (gr. *Saîmē*) **1.** Irmã de Herodes, filha de Antipater e Cipros. *Ver* HERODES (FAMÍLIA) 5.

2. Filha de Herodes (Filipe; não o Tetrarca) e Herodias, neta de Herodes e Mariamme II. *Ver* HERODES (FAMÍLIA) 12.

3. Seguidora de Jesus, que o serviu na Galileia e viajou com ele a Jerusalém (Mc 15:40; se Mt 27:56 é um paralelo, ela pode ser mãe de Tiago e João, os filhos de Zebedeu). Salomé, com as duas Marias, levou especiarias aromáticas para o enterro de Jesus (Mc 16:1). [PETER RICHARDSON]

SALTÉRIO Nome dado ao livro de Salmos.

SALU (heb. *sallû'*, *sallu'*, *sallû*) **1.** Homem da tribo de Benjamim que viveu em Jerusalém (1Cr 9:7; heb. *sallû'*; Ne 11:7; *sallu'*).

2. Família sacerdotal pós-exílica (Ne 12:7; heb. *sallû*), provavelmente o mesmo Salai (2) no verso 20.

3. (heb. *sālû'*) Chefe de família da tribo de Simeão cujo filho, Zinri, com uma mulher midianita, foi morto por Fineias (Nm 25:14).

SALUM (heb. *šallûm*, *šallqm*) (tb. MESULÃO, SILEM) **1.** Rei de Israel que depôs Zacarias e terminou com a dinastia de Jeú (2Rs 15:10, 13). Seu reinado de um mês por volta de 750 a.C. sinalizou o início de um período de caos que levou à queda do reino do norte para a Assíria em 722. Oseias descreve tanto a queda da casa de Jeú (Os 1:4) como os tais assassinatos (7:7), e o próprio Salum foi logo morto por Menaém, que havia sido rival já no assassinato de Zacarias.

Nada se sabe a respeito da origem de Salum. A identificação "filho de Jabes" pode ser geográfica e não uma designação patronímica, indicando que o golpe contra Zacarias (e Samaria em geral) começou na Transjordânia (cf. Peca, que veio desta área).

2. O marido de Hulda, a profetisa (2Rs 22:14) e filho de Ticva. 2Crônicas 34:22 o identifica como filho de Tocate.

3. Descendente de Judá, filho de Sismai e pai de Jecamias (1Cr 2:40, 41).

4. O quarto filho de Josias (1Cr 3:15), que sucedeu seu pai no trono de Judá em 609 (Jr 22:11) e assumiu o nome real de Jeocaz (2Rs 23:30; 2Cr 36:1). Ele reinou durante três meses, quando foi deposto e tirado de Jerusalém pelo faraó Neco (2Rs 23:33, 34), que o substituiu por seu irmão Eliaquim (Jeoaquim).

5. Descendente de Simeão, filho de Saul pai de Mibsã (1Cr 4:24, 25).

6. O filho de Zadoque e pai de Hilquias, listado entre os descendentes de Levi através de Coate, Anrão, Arão Eleazar (1Cr 6:12, 13 [5:38, 39]). Esdras 7:2 o inclui na genealogia de Esdras. Ele é chamado de Mesulão em 1Cr 9:11.

7. Filho de Naftali (1Cr 7:13), chamado de Silém em Gênesis 46:24; Números 26:49.

8. Chefe dos porteiros e descendente dos coraítas, listado em 1Crônicas 9:17-19 entre os que primeiro retornaram da Babilônia. Esdras 2:42 = Ne 7:45 lista os porteiros como "filhos de Salum" (e outros). De acordo com 1Crônicas 9:19, Salum foi responsável pelo importante cargo da porta oriental do rei, pela qual o rei entrava no templo (Ez 46:1, 2).

9. O pai de Jeizquias, líder efraimita que se opôs à submissão dos judeus cativos capturados no ataque siro-efraimita a Jerusalém (2Cr 28:12).

10. Porteiro levita entre a comunidade pós-exílica solicitado a se divorciar de suas esposas estrangeiras (Ed 10:24).

11. Um dos filhos de Banui listado em Esdras 10:42 entre os que haviam se casado com esposa estrangeira no tempo de Esdras.

12. O filho de Haloés, alto oficial do distrito de Jerusalém que, com suas filhas, ajudou a reparar os muros de Jerusalém no tempo de Neemias (Ne 3:12).

13. O filho de Col-Hozé, governador do distrito de Mispá, que ajudou a reparar os muros e portas de Jerusalém no tempo de Neemias (Ne 3:15).

14. O pai de Maseias, porteiro do templo quando Jeremias convidou os recabitas a virem ao templo como lição de obediência (Jr 35:2)).

15. Tio de Jeremias (Jr 32:7), cujo filho Hanameel vendeu o campo da família em Anatote para Jeremias. [ANDREW H. BARTELT]

SALVAÇÃO, SALVAR, SALVADOR Livramento feito por Deus de um povo ou indivíduo de uma situação ameaçadora da qual o grupo ou pessoa é incapaz de se resgatar. A situação ameaçadora pode variar de opressão política, acusação injusta, catástrofe militar, trabalho dificultoso ou enfermidade física a consequência espiritual de comportamento pecaminoso ou da experiência da ira de Deus. O agente de salvação pode ser um libertador humano, rei ou juiz; mesmo assim, claramente é Deus que supre o agente e é somente Deus que, no final das contas, salva.

Salvação é o tema de grande parte da Bíblia. Na vida do povo hebreu, Deus é aquele que livra da opressão, do transtorno ou da destruição. Essa convicção é expressa por uma variedade de termos além da palavra "salvação" (heb. *hôšîa'* ou termos correlatos do verbo *yāša'*): *hiṣṣîl* ("tirar alguém da dificuldade"), *'āzar* ("ajuda"), *gā'al* ("recomprar", "justificar" ou "redimir"), *pādâ* ("resgate"), *pālaṭ* ("trazer em segurança, causar a fuga, regatar"). Esse livramento é o gracioso realizar do propósito salvífico de Deus em relação a Israel e não depende dos méritos do povo.

O hebraico *yāšaʿ* pode também descrever a ajuda que os seres humanos oferecem uns aos outros (2Sm 10:11). Mesmo nas áreas da atividade humana, entretanto, é evidente o agir de Deus (1Sm 23:2-5; Js 10:6-11). Assim, a fé de Israel expressou suas experiências em campanhas militares como salvação de Deus (Jz 6–7) e na ação humana nos processos legais (Dt 22:25-27). Até mesmo o rei deve ser o "salvador" (*mosîa*) do indefeso (2Sm 14). Deus provê agentes humanos cujas responsabilidades incluem a realização da justiça ou honestidade para promover a salvação de alguém em necessidade.

A afirmação de fé do AT é que Israel tanto já experimentou como ainda prevê a salvação de Deus prometida na área da história. A experiência paradigmática da salvação de Israel é o evento do Êxodo, Deus libertando o seu povo da escravidão no Egito. Cada nova geração recita esses eventos numa confissão de fé que não meramente relembra os fatos históricos, como também capacita cada geração a participar novamente do evento (Dt 6:21b-23).

Em sua adoração, Israel recitava de modo típico em detalhes suas experiências da salvação de Deus nos eventos históricos (Sl 105). Outros salmos deixam claro que Israel anteviu outros eventos históricos revelando o propósito salvador de Deus para Israel. O Salmo 72:12 recita a criação como ato histórico e salvífico de Deus. O Salmo 136 estende a amplitude desses eventos da criação pela viagem no deserto até a posse da Terra Prometida por Israel. O Salmo 107 trata da obra redentora de Deus em termos gerais, de modo que os atos protetores de Deus em relação ao viajante do deserto, o doente e o arruinado estão também disponíveis no presente aos que habitam em Israel.

A salvação de Deus é a recepção de Seu amor constante (*ḥeseḏ*) e paz (*šalōm*) na vida da nação e do indivíduo (Sl 29:11); 55:18 [TM 19], até mesmo em meio à tribulação. A salvação é expressa não somente na libertação do cativeiro, mas também no perdão do pecado (Sl 85), caracterizado não somente pela manifestação da ternura e paz de Deus, e também pela retidão (*ṣeḏeq*) e verdade (*'emeṯ*) de Deus.

A experiência de salvação tem natureza grupal e individual. Esse entendimento bipolar de salvação e a tensão resultante é mantida em toda Bíblia. No entanto, o AT dá evidência de uma mudança na ênfase da natureza coletiva de salvação para a salvação do indivíduo, que é então mantida no NT. Tal mudança parece ter sido acelerada pela experiência do exílio. Tanto Jeremias quanto Ezequiel enfatizam a natureza individual do pecado e do julgamento e a natureza individual de arrependimento e perdão (Jr 31:29; Ez 18:2). Isto não é para negar a natureza grupal da fé, mas garantir que os indivíduos reconheçam sua responsabilidade pessoal em vez de culpar os outros. No entanto, essa ênfase abriu o caminho para uma concentração na experiência pessoal de salvação como é frequentemente expressa no Saltério (Sl 88:1-3 [2-4]).

Tanto na literatura profética como na literatura apocalíptica emergente, a salvação de Deus foi progressivamente projetada no futuro. Até mesmo desde a entrega da promessa aos patriarcas em Gênesis, sempre houve um elemento futuro na natureza da salvação, mas as promessas nunca foram completamente cumpridas. A restauração despertou as esperanças de uma era de salvação a começar com um novo templo e todas as nações trazendo tributo a Israel (Is 49; Zc 2). Todavia Ageu e Malaquias sugerem que a restauração do povo de Israel e a reconstrução do templo levaram para decepção e desengano. Portanto, os atos salvadores finais de Deus foram colocados no futuro com simbolismos ainda mais radicais de salvação: um novo céu e uma nova terra (Is 65). Embora os antigos profetas tenham visto a salvação de Deus como evento futuro na história (Os 2), os textos bíblicos depois da Restauração avançam para a imagem apocalíptica até que salvação finalmente seja plenamente manifestada na esfera da eternidade depois da ressurreição dos mortos (Dn 12; Is 26:19). Esses conceitos continuaram a ser desenvolvidos na literatura interbíblica (p. ex., Enoque, 2Esdras, Apocalipse de Baruque e na Assunção de Moisés) e sua influência é sentida no NT.

A contribuição do NT para a compreensão de salvação está em seu testemunho de Jesus, o Cristo (Messias), o Salvador (gr. sotér) do mundo (Jo 4:42; Lc 2:11). Jesus (heb. *yasaʿ*, "salvar") nasceu para salvar seu povo do seu pecado (Mt 1:21). É Jesus, e só Jesus, que é o agente da salvação de Deus (At 4:12).

O NT trata de salvação como livramento de perigo físico como enfermidade, deformidade, possessão demoníaca, morte ou do "maligno", bem como livramento do pecado. A salvação inclui a preocupação pelas necessidades terrenas das pessoas, como evidenciado pelos milagres de Jesus e os ensinos de Tiago e 1João, mas seu foco principal é mais espiritual por natureza. A salvação significa entrar no reino de Deus, ou reino do céu. Jesus esteve interessado em dar vida abundante à pessoa inteira (Jo 10:10). Esta vida no reino é vida no reino de Deus, que está de fato presente e todavia permanece futura em sua realização completa (cf. Rm 8:1, 9).

Essa realidade presente de salvação é a experiência proléptica do crente da vida eterna na presença de Deus por meio da fé em Jesus Cristo, o Senhor crucificado e ressurreto.

O NT também conhece da natureza grupal da salvação. A Igreja, não apenas os indivíduos, foi o objeto do amor salvador de Cristo como demonstrado na cruz (cf. Ef 5:25-27).

O NT, como o AT, dá testemunho da natureza da salvação essencialmente escatológica. A salvação tem, todavia, de ser realizada completamente na vida dos crentes. Jesus descreve um fim para a história e a vinda do Filho do homem, o definitivo ato salvador de Deus (Mc 13:27). Mas até mesmo Jesus não alega saber quando este "dia do Senhor" virá. É o livro de Apocalipse que dá a maior expressão ao conceito de que a salvação final de Deus será revelada numa etapa além da história, além do tempo e além desta terra (Ap 21–22). Aquele dia será o dia em que a salvação de Deus estará disponível ao mundo todo (Mt 28:19, 20; Ef 1:9,10; Fp 2:9-11; Cl 1:20). Esse escopo universal do amor de Deus não era desconhecido no AT (cf. Gn 12:3; Is 19:24,25; Ez 29:9). No entanto, é o NT que dá salvação em seu amplo escopo, sua maior motivação e seus meios exclusivos (Jo 3:16). [GARY W. LIGHT]

SALVAR, SALVADOR *Ver* SALVAÇÃO, SALVAR, SALVADOR.

SAMA (heb. *šāmāʿ*) Filho de Hotão, de Aroer; um dos Valentes de Davi (1Cr 11:44).

SAMÁ (heb. *šammāʾ*) **1.** Homem da tribo de Aser, filho de Zofa (1Cr 7:37).

2. (heb. *šammâ*) (tb. SIMEIA, SIMEA, SIMEI, SAMOTE) Descendente de Esaú e um chefe em Edom (Gn 36:13, 17; 1Cr 1:37).

3. O terceiro filho de Jessé, irmão mais velho de Davi e pai de Jonadabe (1Sm 16:9; 17:13). Ele é também conhecido como Simeia (1; 1Cr 2:13; 20:7), e Simei (3; 2Sm 21:21).

4. Um dos importantes integrantes dos Valentes de Davi, filho de Agé, o hararita (2Sm 23:11,12, 33; cf. 1Cr 11:34).

5. Samá de Harode, um dos Valentes de Davi (2Sm 23:25); também conhecido como Samote (1Cr 11:27). [JOHN R. HUDDLESTUN]

SAMAI (heb. *šammay*) **1.** Homem de Judá, filho de Onã e pai de Nadabe Abisur (1Cr 2:28)

2. Homem de Judá, filho de Requém e pai de Maom (1Cr 2:44, 45).

3. Filho do judeu Merede e Bitia, a filha do faraó (1Cr 4:17).

SAMARIA (heb. *šōmrôn*; aram. *šāmĕrāyin*; gr. *Samáreia*)

REGIÃO. Embora nunca explicitamente descrita no AT, a região de Samaria incluía principalmente os territórios montanhosos do sul da Baixa Galileia e o vale de Jezreel (abaixo da linha entre o monte Carmelo-monte Gilboa), oeste de Bete-Seã e os vales do rio Jordão e o leste das planícies de Sarom e Aco. A fronteira sul variava com as vicissitudes entre norte e sul (1Rs 14:30; 15:15ss; 2Cr 13:19) até o rei Asa, de Jerusalém, se estabelecer na área entre Betel e Mispá (Tell en-Nasbeth), que serviram daí em diante como postos de fronteira. Os filhos de José, Efraim e Manassés (Js 16:1-4), tornaram-se ancestrais epônimos para as tribos israelitas que ocuparam esta região interiorana norte central, mas Efraim emergiu como tribo dominante logo no início, e, consequentemente, toda área tomou o seu nome (cf. Gn 48:14). Posteriormente, sob a influência política de Onri, o território assumiu o mesmo nome da cidade capital, Samaria (1Rs 13:32 não obstante). Mas, alguns profetas da tribo de Judá do século VIII preservavam uma distinção entre a região e a cidade ao se referirem tanto a Efraim, com seus laços com a casa de José, e a Samaria, em relação ao reino mais amplo de Israel (Is 7:9; 9:8,9; Mq 1:5; compare Am 3:12; 6:1 com 6:6).

Siquém rapidamente tornou-se um polo religioso e político de Samaria porque ele controlava uma passagem crucial entre as montanhas centralmente localizadas de Ebal e Gerizim. Podemos então falar de "Samaria do norte", a área norte de Siquém grosso modo correlacionada com a tribo de Manassés (Js 17:7-10) e "Samaria do sul", o território ao sul de Siquém, com basicamente o Efraim tribal representado (16:5-10). Essas áreas revelam formações geológicas diferentes que ajudaram a determinar padrões de assentamento. As montanhas de Samaria do sul eram formadas principalmente de calcário cenomaniano duros e elevadas que chegavam a grandes alturas (915 m) em comparação às cadeias de montanhas do norte de Siquém. Sistemas de drenagem profundamente cortados em ambos os lados da bacia hidrográfica meridional efraimita tornavam o acesso a ela mais difícil e restringiam a viagem para as rotas primárias pela crista que se estendia longitudinalmente entre Samaria oriental e central. O fato de o livro de Josué ter deixado de fornecer uma lista de cidades para Efraim, diferentemente de outros territórios tribais, pode refletir as dificuldades encontradas em determinar esta área. Assim que a área foi povoada, entretanto, os agricultores em terraços fizeram bom uso da terra vermelha, de solo raso, porém fértil produzida pela deterioração de formações rochosas.

Por outro lado, a Samaria do norte apresentava uma formação geológica mais diversificada enquanto o arco de Efraim se inclinava na direção dos vales ao norte. Elevados estratos de calcário cenomaniano dominavam o setor leste desta área, enquanto uma base de calcário eocênica ainda mais dura (que se decompôs num solo marrom de floresta menos que fértil) caracterizou a porção central de Gilboa a Ebal e Gerizim. A oeste dessas áreas, uma mistura de calcário e gesso que havia passado por graus mais moderados de desagregação facilitou o estabelecimento de uma rede local e regional de estradas que estimulou assentamentos mais densos e contribuiu para melhor comunicação e comércio. Aqui as principais estradas ou seguiam a Nahal Siquém para a rota litorânea ou iam em direção ao norte pelo vale de Dotã até Jezreel e pontos mais adiante no norte e no leste. Embora totalmente arborizada inicialmente, toda a área de Samaria passou por significativa mudança ecológica resultante de intenso desmatamento quando a área absorveu grande número de habitantes começando no início da Idade do Ferro (Js 17:14-18).

Os padrões de assentamento da Idade do Ferro lembram os do Bronze Antigo I (3500-3100) e do Bronze Médio IIA (2000-1800). Em todas as três fases, o exame de dados parece sugerir que os povos se espalharam geralmente do leste a oeste e de norte a sul. Os que veem a população do planalto emergindo de processos de reurbanização entre as cidades-estado canaanitas das terras baixas ocidentais devem levar em conta esse padrão de ocupação. Na Idade do Ferro I, uma mistura de colonizações sedentárias e acampamentos sazonais entremeados se estendem principalmente na ecozona seca de floresta exatamente a leste do divisor de águas, onde a média de precipitação pluviométrica anual é de cerca de 200-400 mm. Tanto a natureza dos locais pesquisados com a concentração deles nesta zona em particular apontam para uma base socioeconômica localizada e dimórfica na qual a atividade agrícola e pastoril existiam num relacionamento simbiótico.

A principal aproximação à região central de Samaria proveniente do leste repousa no Uádi Fâri‘a, profundamente defeituoso, que subia em direção a Tell el-Fâr‘a (bíblica Tirza) de el-Mahruq no Rift Valley (Vale da Fenda) ao sul dos vaus dos rio Jordão em Adã. Durante a Idade do Ferro I, essa estrada principal virava para o sul de Tirza e continuava até Siquém. Uma estrada secundária desviava um pouco antes de chegar em Tirza e ia diretamente para Siquém da ponta noroeste do uádi. Uma sequência de mais de doze sítios arqueológicos da Idade do Ferro I-II, ao longo dessas rotas confirmam sua persistência e uso em ambos os períodos. Esse acesso oriental para Siquém servia principalmente a Samaria do norte, enquanto outra rota da Idade do Ferro I que ligava Siló e o vale do rio Jordão servia a Samaria do sul. A última travessia tem fornecido poucos resíduos da Idade do Ferro II, refletindo desenvolvimentos associados à nascente monarquia em Jerusalém e o fim de Siló como centro político e religioso. Ao contrário, uma nova estrada seguia um curso mais ao norte da área do vale a leste de Siló e prosseguia ao longo da fronteira Efraim-Manassés por Khirbet Yanûn (bíblica Janoá?) até Siquém.

Quando a população se espalhou para o oeste na Idade do Ferro II, a sociedade do planalto tornou-se mais complexa em sua estrutura política e econômica. Vários assentamentos de caráter mais uniforme (sem praticamente acampamentos efêmeros) apareceram nas encostas de Samaria voltadas para o mar e sobreviveram ou tiveram sucesso como parte de uma rede comércio muito maior, enquanto localmente um novo tipo de dimorfismo se firmava na simbiose entre a capital e o interior. As cronologias da Antiga Idade do Ferro II para o fim do século X e início do século IX ainda não estão arqueologicamente precisas o suficiente para determinar com exatidão quantos destes sítios arqueológicos surgiram como resultado dos distritos administrativos de Salomão versus programas econômicos e exigências de Onri. Mas está claro que esses locais serviram tanto à capital em Samaria, como participaram do comércio inter-regional, mesmo que oferecendo serviços auxiliares, como hospedagem por uma noite e cuidado dos animais de caravanas em trânsito. Dessa forma, eles facilitaram o comércio entre os centros do planalto e a principal rota litorânea que ia para o norte da Fenícia ou para o nordeste pelo vale de Jezreel, passando por Hazor para Damasco. A íntima distribuição espacial desses novos assentamentos ocidentais indica que nem todos representavam meras paradas de caravana; ao contrário, muitos desses vilarejos reforçaram as próprias economias locais produzindo e comercializando mercadorias, tais como vinho e azeite.

A mudança feita por Onri do centro político da região de Tirza a oeste do divisor de águas, para a cidade de Samaria no início de século IX, estimulou significativa mudança demográfica e econômica na região. Poucos locais da Idade do Ferro I existiam nesta área (p. ex., Khirbet Kabula, Khirbet el-Babariya, Khirbet Husein es-Sahel, Khirbet Qaraqaf, Khirbet ed-Duweir/Tel Lachish) e todos permaneceram bem pequenos e próximos ao estado da família de Semer, local da futura capital (1Rs 16:24). Mas a expansão ocidental dos vilarejos rurais, na Idade do Ferro II, deixou um rastro de assentamentos que tem permitido a identificação de pelo menos 11 estradas laterais e locais ligando as terras altas na área de Samaria-Siquém com o lucrativo comércio ao longo da rota litorânea. Mais notável entre estas rotas foram as que: (1) ligaram os vilarejos do sul de Samaria ao mais importante centro em Afeque, passando pelos sistemas de vales laterais ao norte de Siló (Nahal Qanah) e (2) utilizaram Nahal Siquém mais ao norte para ligar as cidades do planalto do norte de Samaria a Socó cruzando a rota litorânea exatamente ao sul das entradas sudoeste para o estratégico vale de Jezreel. Indubitavelmente, tanto Socó quanto Afeque tornaram-se postos comerciais ou postos de troca de bens e mercadorias produzidos por ou transportados pela matriz de vilarejos do planalto descendo da capital israelita e outros grandes centros localizados em grandes altitudes (Samaria, Tirza, Tebes, Tapua, Dotã, Siquém).

Cidade. Por volta de 884 a.C., Onri transferiu a capital política para Samaria, localizada próxima ao centro do reino do norte. Situada 56 km ao norte de Jerusalém e a oeste do divisor de águas efraimita, seu ponto mais alto atingia 430 m acima do nível do mar e tinha vista panorâmica da principal estrada litorânea (Via Maris) que ligava o Egito e Judá com o vale de Jezreel e as rotas norte à Fenícia e Damasco. Os nomes bíblicos do local, Samîr (Jz 10:1,2) e, um pouco depois, Somrôn (1Rs 16:24), significam "vigiar" ou "vigia".

Gottlieb Schumacher iniciou a exploração arqueológica de Samaria (1908), seguido por George Andrew Reisner e pelo arquiteto Clarence Fisher (1909-10). Com foco na metade ocidental do cume, essas escavações revelaram muito do palácio real israelita e, imediatamente ao seu lado oeste, um complexo de armazém de bom tamanho. Este último ficou conhecido como a casa Ostraca, devido à descoberta de várias listas curtas de remessa, registrando a transferência de várias mercadorias de vilarejos remotos para a capital durante os reinados de Jeoás e Jeroboão II na primeira metade do século VIII.

Um consórcio dirigido por John W. Crowfoot retomou as escavações em Samaria de 1932 a 1935. Kathleen M. Kenyon, que supervisionou todo o trabalho no quarteirão real, introduziu novas técnicas de análise de camada de entulhos. Após expor uma seção norte-sul através de todo o cume, Kenyon concluiu que a cerâmica encontrada lá fornecia evidência fundamental que justificava uma nova datação da história estratigráfica e tradições cerâmicas em outros locais da Idade do Ferro II na Palestina, como em Megido e Hazor.

Embora a superfície rochosa fornecesse claros sinais de ocupação da Idade do Bronze Antigo I, a maior parte dos resíduos remanescentes apontavam para culturas da Idade do Ferro. A data do mais antigo assentamento da Idade do Ferro, entretanto, resultou problemática. Kenyon interpretou 1Reis 16:24 como excludente de qualquer ocupação do local anterior ao reinado de Onri. De lá, ela esboçou oito principais fases de construção, com períodos I-IV abrangendo de Onri à queda de Samaria para a Assíria em 722/721. Adicionalmente, o conceito de Kenyon argumentava que novas tradições cerâmicas acompanharam cada nova fase de edificação. Mas outros estudiosos sugeriram manter uma distinção entre os desenvolvimentos cerâmicos e arquitetônicos em Samaria, com a mais recente cerâmica da Idade do Ferro fornecendo evidência da ocupação pré-onrida.

A controvérsia resultante originou-se principalmente de diferenças no método arqueológico e sua interpretação. Enquanto que os níveis de solo datados por Kenyon se basearam em materiais encontrados debaixo deles (às vezes até várias camadas de deposição), George Ernest Wright e outros dataram superfícies de acordo com o material depositado diretamente neles. Enquanto o sistema de Kenyon oferece a data mais antiga possível da construção da superfície, a abordagem de Wright identifica o espaço de tempo que o chão foi de fato usado. Avaliações recentes da evidência de Samaria, tanto da cerâmica quanto dos pontos de partida estratigráficos, confirmaram uma ocupação na Idade do Ferro I, mas mostrou (com Kenyon) que essa fase careceu de alguns traços arquitetônicos monumentais. Em vez disso, instalações apoiadas ou cavadas na superfície da rocha parecem indicar a presença de uma modesta propriedade da família que produzia azeite e vinho já durante o fim da era pré-monárquica.

Infelizmente, grande parte da cerâmica e outros materiais vieram de contextos perturbados ou secundários. Como resultado, bem poucos dados arqueológicos estratigraficamente seguros estão disponíveis da cidade para o século IX do que indicou o relatório oficial de Kenyon. Sem mais trabalho de campo, não podemos confiar só nesta evidência para estabelecer ou ajustar cronologias em outros sítios arqueológicos em Israel ou no mundo Egeu.

História. A região de Samaria experimentou três sucessivos modelos de organização social, econômica e política: (1) partilhas tribais controladas localmente sob Josué nos dias dos juízes (Js 16–17; 19:49,50); (2) distritos administrativos controlados centralmente sob Salomão (1Rs 4:7-19); e (3) uma província imperial controlada por estrangeiros, começando com a hegemonia assíria na segunda metade do século VIII (2Rs 17:24ss.).

Embora na fase dos juízes a região tenha personificado o "berço da civilização israelita", ela atingiu sua maior proeminência depois da ascensão de

Onri ao poder no início do século IX. Ao transferir rapidamente o centro político do pais de Tirza para Samaria (1Rs 16:21-24), Onri e seus sucessores — particularmente seu filho Acabe — transferiu essa antiga propriedade da família para uma cidade real relativamente pequena, porém cosmopolitana. Tão impressionantes pareciam os muros de fortificação, o palácio, grandes pátios com piscinas retangulares, edifícios públicos e armazéns, que os escritores falaram de Samaria como a indiscutível "cabeça de Efraim" (Is 7:9), ou como a "irmã mais velha" de Jerusalém que governava e influenciava numerosas "filhas" (vilarejos afastados) suas. (Ez 16:46, 53, 55, 61; 23:4-5). Abundantes descobertas arqueológicas de fragmentos de marfim e mobílias abrangendo o período de Acabe a Jeroboão II combinam bem com registros bíblicos posteriores de casas ricas, adornadas com marfim e banquetes reais na capital (2Rs 22:39; Sl 45:8 [TM 9]); Am 3:15; 6:4). O fato de a cidade ter dado seu nome à região maior é evidência do poder que emanou deste novo e majestoso centro. Até mesmo os vilarejos vieram a ser conhecidos como samaritanos e não como israelitas (2Rs 17:29).

A nova orientação econômica de Onri em relação aos mercados abertos do Mediterrâneo colocou toda a região em maior contato com culturas estrangeiras. Com o casamento de Acabe com Jezabel com fins políticos, Samaria obteve acesso à riqueza fenícia, mas também se expõe às suas crenças religiosas e aos seus costumes. À medida que se torna cada vez mais sincretista sob tal influência, a liderança política incorreu no desprezo de Elias e da instituição religiosa ortodoxa em geral (1Rs 17–19). Surgiram facções ultraconservadoras com aspirações tanto religiosas quanto políticas. Com apoio da liderança profética, grupos sociais conservadores, como os recabitas e segmentos zelosos do exército, o populista Jeú tomou o trono de Samaria em 842 (2Rs 9–10). Todavia, até mesmo no fim do século VIII os assírios continuavam se referindo a Samaria como a "Casa de Onri" e, assim como os profetas hebreus contemporâneos, faziam frequentes distinção entre cidade capital/reino de Israel (bit Hu-um-ri-ia) e o interior de Manassés/Efraim (Sa-me-ri-na-a-a, embora também empregassem este termo de forma intercambiável para a cidade).

A partir de cerca de 884/721, quatorze reis israelitas governaram em Samaria. Mas a importância regional e até mesmo internacional que eles ocasionaram à área também apresentou sua capital e seus centros religiosos (p. ex., Betel) como os símbolos mais claros e perigosos de oposição ao reino do sul e seu culto em Jerusalém. Esse cisma norte-sul profundamente enraizado e a perspectiva judia adotada no final da história deuteronomística produziu um tratamento crítico dos reis e atividades em Samaria no AT, enquanto fontes extrabíblicas (estela de Mesa; anais assírios) apontaram com frequência para o sucesso político, militar e econômico da capital, apesar de períodos de grave seca e fome (1Rs 17:1, 7; 18:2).

Por volta do fim do século VIII, as províncias assírias de Dor, Megido e Gileade incluíram a região interiorana de Efraim no oeste, norte e leste, respectivamente. Em 722/721, exércitos comandados por Salmaneser V e Sargão II penetraram nas terras altas, cercaram e ocuparam a cidade de Samaria, deportaram grande número de israelitas e repovoaram a cidade principalmente com cativos de locais siro-mesopotâmios distantes, bem como do sul da Arábia (2Rs 17:24). Dessa maneira, a Assíria transformou efetivamente a região do planalto numa província de Samerina. Apesar de sua fronteira sul ter permanecido fixa entre Betel e Mispá (2Rs 17:28), parece que Samerina agora incluía o distrito litorâneo de Dor.

Os arqueólogos recuperaram apenas alguns resíduos da ocupação assíria, incluindo um fragmento de estela (aparentemente do tempo de Sargão II) e apreciáveis quantidades de artigos do palácio. Mas fragmentos de vários tabletes cuneiformes, alguns aparentemente representando uma carta Abi-ahi, o governador local, sugerem fortemente que Samaria serviu como centro administrativo de Samerina.

Em seguida ao declínio da influência assíria interna e externa depois de 633, Josias reanexou a Judá pelo menos a extensão sul de Samerina até Betel e, talvez, a província por completo. Suas reformas política e religiosa o levaram a profanar os santuários locais no norte e a executar os sacerdotes (1Rs 13:1-2; 2Rs 23:15-20), enquanto apenas fechou os lugares altos do sul e trouxe de volta os sacerdotes locais para Jerusalém. Depois da queda de Jerusalém a Nabucodonosor em 587/586 , Gedalias, o governador de Judá nomeado pela Babilônia, estabeleceu o centro administrativo em Mispá em vez de Jerusalém (Jr 41:1); isso pode camuflar orientação do sul em relação a Samaria mais do que a Jerusalém nesse tempo, possivelmente devido aos que sobriveram ao flagelo de Judá precisarem de estoques de grãos, mel e azeite que restaram disponíveis na região (vs 4-8). Alguns têm sugerido que os babilônios consideraram oficialmente o então devastado sul como parte de Samaria.

Quando a Pérsia conquistou a Babilônia em 539, Ciro e seus sucessores conservaram Samaria como centro administrativo da "Província Além do rio Eufrates" e a colocaram sob o governo de Sambalate. Moedas atenienses e sidônias, restos cerâmicos aramaicos, mais significativa quantidade de cerâmica importada de centros do Egeu, tudo confirma a solvência da economia efraimita, que a Pérsia aparentemente subscreveu. Parece provável que a dependência econômica de Judá sobre Samaria cresceu durante esse período (cf. Ne 5:1-5). Como resultado, os líderes do norte viram os esforços para revitalizar Jerusalém como centro fortalecido de atividade no fim desse período ser um ato de sedição contra Samaria e o império persa (Ed 4; Ne 2, 4, 6; 1Ed 2).

A economia do norte, local e internacional, continuou a florescer durante a maior parte do turbulento período helenístico. No fim do século VI, quando os nativos assassinaram Andrômaco, general grego instalado por Alexandre, o Grande, como prefeito da Síria, Samaria incorreu na ira total de Alexandre. Cidadãos que puderam fugir em direção ao leste com vários documentos legais e administrativos escritos em aramaico (papiro de Samaria), foram alcançados pelo exército de Alexandre e executados numa caverna no íngreme o úadi ed-Daliyeh. Quando a cidade que eles abandonaram assumiram as características gregas mais completas, o centro da atividade samaritana mudou para Siquém. Uma série de torres lindamente arredondadas em Samaria e um subsequente forte muro com torres quadradas testemunharam as correntes vicissitudes políticas, quando os sucessores de Alexandre, os ptolomeus e os selêucidas, competiram pelo controle sobre a região. O maior revés para Samaria, entretanto, surgiu mais localmente. No fim desse período (c. 108/107), o sacerdote asmoneu, João Hircano, conseguiu de fato a independência da Judeia depois da morte do rei selêucida, Antíoco VII em 128, e planejou um ataque frontal à região e à cidade de Samaria. Após a captura de Siquém e queimar o templo samaritano no monte Gerizim, um cerco com duração de um ano contra Samaria destruiu grande parte do muro da fortaleza e colocou toda a região temporariamente sob o controle judeu (Josefo, *Ant.* 13.275-81; *BJ* 1.64-65).

A conquista romana da Palestina por Pompeu em 63 a.C. preparou o terreno para o ressurgimento culminante de Samaria, começando com a gestão de Gabinius (57-55) como governador provincial. Ele reconstruiu os muros da cidade, criou novas áreas residenciais e construiu um fórum com uma basílica adjacente no nordeste do cume. Logo depois do terremoto de 31 a.C., Herodes, o Grande, expandiu as fortificações da cidade, distribuiu propriedades tanto na cidade como na área rural entre seus antigos aliados (Josefo registra 6 mil colonos), ofereceu-lhes direitos constitucionais especiais e, consequentemente, considerou Samaria "uma terceira proteção contra a nação toda", atrás apenas de seu próprio palácio em Jerusalém e da fortaleza Antônia (*Ant.* 15.292-98; *BJ* 1.403). Até mesmo a rua que ia até a cidade tornou-se um próspero mercado, e mais templos e altares, bem como um estádio e um teatro enfeitavam o cume e as encostas da cidade. Para homenagear o imperador Augusto, Herodes deu ao seu magnífico palácio o nome de Sebaste (o equivalente grego do lat. Augusta). Ele tornou-se um centro de celebração, cerimônia e mágica (cf. At 8:9). Talvez por essas razões, e por causa do cisma judeu-samaritano, os naturais da Judeia geralmente davam a volta em torno de toda a região quando viajavam de e para Jerusalém (Mt 19:1; Lc 17:11; cf. Jo 4:4-9), e os seguidores de Jesus tratavam-na como um virtual território estrangeiro no início de seus esforços missionários e de implantação de igrejas (At 1:8; 8:1-25; 9:31; 15:3).

O esplendor de Samaria-Sebaste esmaeceu gradualmente durante o fim do período romano/bizantino. Os arqueólogos descobriram poucos resíduos dessa época.

Bibliografia. B. Becking, *The Fall of Samaria* (Leiden, 1992); D. A. Dorsey, "Shechem and the Road Network of Central Samaria", *BASOR* 268 (1987): 57-70; I. T. Kaufman, "The Samaria Ostraca: An Early Witness to Hebrew Writing", *BA* 45 (1982): 229-39; R. E. Tappy, *The Archaeology of Israelite Samaria, 1: Early Iron Age through the Ninth Century B.C.E.* HSS 44 (Atlanta, 1992). [RON E. TAPPY]

SAMARITANOS (heb. *hachššōmĕrōnîm*; gr. *Samareítēs*) Seita religiosa hebraica concentrada no monte Gerizim que alegava ser descendente de Efraim e Manassés entre as tribos do reino do norte. Acreditam preservar a religião mosaica original. Várias centenas existem ainda hoje, igualmente divididos entre Nablus, no sopé do monte Gerizim, e Holon, subúrbio de Tel Aviv.

Josefo relaciona a origem deles aos estrangeiros (ele os chama de cutianos) trazidos à força para o território de Israel após derrota pelos assírios em 722 a.C. (2Rs 17). A evidência mais recente do cisma entre judeus e samaritanos vem do período persa. Isso inclui a menção mais ambígua aos samaritanos em Esdras 4, que podia ser uma designação geográfica de povos em vez de uma referência a um grupo religioso. Mas o papiro Elefantino do século V a.C. contém referência explicitamente religiosa aos samaritanos. Inclusas estão cartas tanto de sacerdotes samaritanos quanto de judeus, cada uma pedindo apoio para construir templos para suas respectivas comunidades. A única fonte de informação sobre os samaritanos durante o período grego, Josefo afirma que foi construído um templo no monte Gerizim naquela época. Tanto a tradição judaica quanto a samaritana afirmam que ele foi o lugar mais sagrado para os samaritanos durante o período, e muitos concordam que ele foi devastado pelo etnarca asmoneu e sumo sacerdote judeu João Hircano em 111/110.

O NT inclui várias referências aos samaritanos. Jesus teve dificuldades nos vilarejos samaritanos (Lc 9:52, 53) e instruiu seus discípulos a não irem lá (Mt 10:5-6). No entanto, ele conversou com a mulher samaritana (Jo 4) e usou os samaritanos como personagens positivos em algumas de suas histórias, particularmente no relato dos dez leprosos (Lc 17:11-19) e na parábola do Bom Samaritano (Lc 10:29-37). Samaria foi um campo missionário inicial para a Igreja nascente (At 8).

A maior parte do nosso conhecimento a respeito dos samaritanos de sua própria literatura produzida durante dois importantes períodos da renascença, nos séculos III e IV d.C. É durante o primeiro período que Baba Raba organizou um conselho de sacerdotes e leigos e promoveu a construção de várias sinagogas. Marqah redigiu sua obra teológica, Memar Marqah, que se tornou a base da teologia samaritana, e Amram Darrah escreveu a poesia que se tornou o centro da liturgia samaritana.

Foi intencionalmente instituída no século XVII uma reforma pelo sumo sacerdote Fineias, em parte para reconciliar uma variedade de seitas samaritanas. Abul'l Fath, encarregado por Fineias de escrever uma história da seita, tirou da Bíblia histórias tradicionais e crônicas anteriores para criar uma narrativa única e integrada. O respeitado Rolo de Abisha, um manuscrito Pentateuco atribuído ao bisneto de Arão, mas geralmente considerado até hoje de cerca de 1000 d.C., foi descoberto em 1355 e sobrevive hoje como mais importante objeto da comunidade samaritana. Um comentário histórico com paralelos ao livro de Josué foi também terminado nesta época. Datando um pouco antes deste período há um livro de histórias (Asatir), paralelo ao Pseudepígrafo, atribuído a Moisés, que preserva histórias de personagens importantes de Noé a Moisés.

Os samaritanos tornaram-se um foco da moderna erudição europeia no século XVII, quando uma cópia do seu Pentateuco chegou a Paris. O texto representado por este Pentateuco tornou-se o foco de prolongadas hostilidades entre católicos romanos e protestantes. Os católicos romanos, sob liderança de Jean Morin, um estudioso do Oratório em Paris, argumentava que o Pentateuco samaritano apoiava a LXX, o texto preferido dos católicos romanos, ao contrário do TM hebraico endossado pelos protestantes. Mais recentemente, o mundo acadêmico demonstra que o Pentateuco samaritano deriva da interpretação tanto da LXX como das tradições massoréticas e não está exclusivamente alinhada com qualquer uma delas. O tipo de texto do Pentateuco samaritano está representado em Qumran e se torna parte da discussão do desenvolvimento textual mais antigo.

Somente a Torá é canônica na tradição samaritana, e os manuscritos mais antigos datam de cerca do século X d.C. O período de maior produção dos manuscritos que sobreviveram foi durante os séculos XIV e XV. O Pentateuco samaritano difere muito acentuadamente do TM em sua exaltação do monte Gerizim como o local do altar de Josué (acrescentado como um dos mandamentos em Êx 20:17) e a interpretação de "Gerizim" em lugar de "Ebal" em Deuteronômio 27:4. Ele também protege a unicidade de Deus mudando a palavra "Deus" (Elohim) do plural para o singular e faz mudanças textuais para proteger a honra de Moisés e ser mais consistente com as crenças e costumes samaritanos.

A religião samaritana concentra-se em cinco afirmações. No centro da crença deles está um Deus, Yahweh (ou Yahweh). Seu principal mediador é Moisés. O veículo da mediação é a Torá. De acordo com a versão deles da lei (Dt 27:4), Moisés, de acordo com a ordem de Deus, instruiu Josué para construir um altar no monte Gerizim, que então se tornou o local central de adoração para a comunidade. Finalmente, os samaritanos preveem a vinda do Dia da Vingança e da Recompensa iniciado pelo Messias (que foi chamado Taheb).

Os samaritanos celebram a Páscoa, a festa dos Pães Ázimos, as Semanas, o Sétimo Mês, Yom Kip-pur, as Cabanas e os "80 dias de assembleia solene" em acréscimo aos cultos regulares dos sábados. A Páscoa, principal entre as festas anuais, é celebrada no monte Gerizim com sacrifício animal, de acordo com o livro de Deuteronômio.

Durante o século XIX, os samaritanos tiveram o acesso negado ao monte Gerizim, seus esforços literários diminuíram e próximo do século XX sua população era menos que 200. Esse número mais do que dobrou durante o século XX.

Bibliografia. A. D. Crown, ed., *The Samaritans* (Tübingen, 1989); Crown, R. Pummer e A. Tals, eds., *A Companion to Samaritan Studies* (Tübingen, 1993).

[ROBERT T. ANDERSON]

SAMBALATE (heb. *sanballaṭ*) Líder da oposição à reconstrução dos muros de Jerusalém por Neemias. Derivado do ac. Sin-ubal-lit, o nome significa "que [o deus] Sin lhe dê vida". À vista desse nome estrangeiro, os estudiosos especulam pode ter sido descendente de uma família estabelecida em Israel pelos assírios no século VIII (2Rs 17:24; cf. Ed 4:1-3). Entretanto, um dos papiros de Elefantina dá os nomes de seus dois filhos como Delaias e Selemias, ambos formados com o nome abreviado de Deus, Yah. Além disso, um dos netos do sumo sacerdote Eliasibe foi seu genro. Parece provável, então, que Sambalate se considerava um javista leal.

Sambalate é chamado também de "o horonita". Dado seu nome acádico, os estudiosos sugeriram de maneira diversa que ele veio de Harã, no norte da Mesopotâmia, que era o centro de adoração de Sin, o deus-lua; de Haurã, uma ex-província assíria no norte da Transjordânia; ou de Horonamim, em Moabe. Uma possibilidade mais provável é que o nome seja derivado de uma das cidades chamada Bete-Horom, colonizada pelos efraimitas.

O já mencionado papiro de Elefantina chama Sambalate de governador de Samaria e, como tal, foi responsável por Judá e Jerusalém. Ele bem pode ter pensado que tinha jurisdição sobre Neemias que, ao contrário, alegou ser o agente do rei Artaxerxes e, portanto, fora do controle de Sambalate.

Sambalate uniu-se a Tobias, o amonita e a Gesém, o árabe para fazer oposição aos planos de Neemias em favor de Jerusalém (Ne 2:10-19). Eles acusaram Neemias de conspirar para cometer traição, especificamente de querer restabelecer a monarquia e se revoltar contra o controle persa — daí a necessidade de um muro em torno de Jerusalém (Ne 6:6-7). Neemias repudiou tal ideia como produto da imaginação deles, mas provavelmente ele tinha de fato esperança de que a cidade e seus arredores ficassem separados de Samaria e recebesse um pouco de autonomia. Um muro também permitiria mais crescimento econômico. Sambalate e seus companheiros estavam preparados para usar a força para deter Neemias (Ne 4:8 [TM 2]). Quando os três propuseram uma reunião com Neemias (Ne 6:1-9), ele suspeitou da intenção deles e recusou a reunião. Apesar do sucesso de Neemias, Sambalate não abriu mão facilmente do controle sobre Jerusalém, como prova o casamento de sua filha com o neto de Eliasibe, o sumo sacerdote (Ne 13:28).

Bibliografia. J. Blenkinsopp, *Ezra-Nehemiah*. OTL (Philadelphia, 1988); P. L. Reddit, "Nehemiah's First Mission and the Date of Zechariah 14", *CBQ* 56 (1994): 664-78. [PAUL L. REDDIT]

SAMIR (heb. *šāmîr*) **I. (LUGAR) 1.** Cidade do interior do sul de Judá, uma das 38 cidades herdadas pela tribo de Judá (Js 15:48). Localizada no mesmo distrito de Debir, o local pode ser a moderna el-Bireh. Outras localizações possíveis são Khirbet es-Sumara, 20 km a oeste sudoeste de Hebrom, ou Khirbet Raddana no lado norte da moderna Ramalah (1695.1468).

2. Cidade no interior de Efraim, onde o juiz menor, Tola, viveu e foi enterrado (Jz 10:1, 2). [AARON M. GALE]

II. (PESSOA) Coatita levita, filho de Micá (4; 1Cr 24:24; cf. 23:12, 20).

SAMLÁ (heb. *kamlâ*) Primitivo rei de Edom, habitante de Masreca (Gn 36:36,37; 1Cr 1:47-48).

SAMOS (gr. *Sámos*) Ilha montanhosa do mar Egeu, cerca de 1,6 km da costa da Ásia Menor, a sudoeste de Éfeso, com uma cidade do mesmo nome como sua capital. Centro cultural e naval, Samos foi a terra natal de Pitágoras. Roma mandou para Samos e outras cidades uma carta declarando apoio ao governo de Simão sobre o estado judeu (1Mac 15.23). Durante certo tempo parte da província romana da Ásia, Samos foi tornada estado livre por Augusto em 17 a.C. Herodes, o Grande visitou depois Samos (Josefo, *BJ* 1.21.11).

No retorno de sua terceira viagem missionária, Paulo navegou perto ou parou em Samos (At 20:15). O texto grego é ambíguo e alguns manuscritos, assim, acrescentam "e depois de permanecerem em Trogillium (um promontório que se projeta de terra firme perto de Samos). [DOUGLAS LOW]

SAMOTE (heb. *šammôṯ*) Outro nome de Samá (4; 1Cr 11:27).

SAMOTRÁCIA (gr. *Samothrákē*) (Ilha montanhosa a nordeste do mar Egeu, cerca de 32 km da costa trácia. Embora a ilha não tenha um porto natural, o navio que levava o grupo de Paulo parou lá a caminho de Troas no noroeste da Ásia Menor para Neápolis, na Macedônia (At 16:11).

SAMUA (heb. *šammûaʿ*) (tb. SEMAÍAS, SIMEIA) **1.** O filho de Zacur; o rubenita escolhido para espir a terra de Canaã (Nm 13:4).

2. Um dos filhos de Davi nascido em Jerusalém (2Sm 5:14). Em 1Crônicas 1:35, é chamado de Simeia (1).

3. Pai de Abda, um levita pós-exílico (Ne 11:17). No relato em 1Crônicas 9:16, aparece como Semaías (6).

4. O chefe da família sacerdotal de Bilga no tempo pós-exílico do sumo sacerdote Joiaquim (Ne 12:18). [GREGORY D. JORDAN]

SAMUEL (heb. *šĕmû'ēl*) Samuel liderou Israel no período crítico de transição da existência tribal sob os juízes até o estabelecimento da monarquia. Ele é a personagem central da primeira metade de 1Samuel, livro que leva o seu nome. Nestas histórias, ele aparece em múltiplos papéis de autoridade: sacerdote, profeta, juiz, líder militar. Samuel ocupa um lugar único na história de Israel. Ele é o representante e o defensor de uma antiga ordem do pacto tribal em Israel, todavia é o agente profético de Deus para conduzir a um novo dia de realeza.

É difícil determinar quais tradições refletem o Samuel histórico. Tradições independentes mais antigas têm sido reformuladas pelos historiadores incorporando histórias de Samuel em obras maiores com interesses particulares. Parece provável que o papel profético de Samuel foi enfatizado e melhorado por círculos interessados nos profetas como os legitimadores e confrontadores de reis (1Sm 9:1–10:16; 13:8-15; 15:1-35; 28:3-25). O historiador deuteronomista, trabalhando no tempo do Exílio babilônico, usou Samuel para proclamar a visão negativa em relação à realeza (1Sm 8:1-22; 12:1-25). Entretanto, o que parece fora de dúvida é que Samuel desempenhou um papel catalítico no estabelecimento da realeza em Israel. Ele é figura central das histórias da elevação de Saul à realeza. Samuel foi também a figura central em manter a identidade de Israel e a tradição religiosa vivas durante um período de derrota na ocupação pelos filisteus (1Sm 4). Nesse tempo de confusão e dissolução, bem pode ter sido possível e necessário Samuel exercer autoridade em papéis que normalmente não convergiriam num único indivíduo (sacerdote, profeta, juiz).

A história do nascimento de Samuel (1Sm 1) relata que seu pai, Elcana, era efraimita de Ramataim-Zofim. Sua mãe, Ana, era estéril e teve o filho, Samuel, como resposta de Deus à sua fervorosa oração. Em troca, ela dedicou o menino ao serviço do Senhor, e ele foi a Siló para servir sob o sacerdote Eli, aparentemente para começar a aprender pessoalmente as tarefas sacerdotais. Numa experiência de revelação direta do Senhor (1Sm 3) Samuel recebe um oráculo para comunicar a Eli denunciando a corrupção que os filhos de Eli estavam ocasionando no sacerdócio e anunciando juízo contra Israel e a casa de Eli (3:11-14). Desde o começo Samuel torna-se amplamente reconhecido em Israel como profeta (1Sm 3:19–4:1a). Quando os filisteus derrotam Israel e tomam a arca, os filhos de Eli são mortos e o próprio Eli cai e morre (1Sm 4:10-18). Textos posteriores indicam que Siló foi também destruída nesse tempo (cf. Jr 7:14; 26:9).

No tempo da ocupação filisteia, Samuel é mostrado sozinho mantendo a tradição e a identidade israelita. Reunindo o povo em Mispá, ele os desafia a manter a obediência ao pacto (1Sm 7:3-6). Informa-se que ele "julga" o povo (1Sm 7:6, 15, 16), o que inclui viajar por um circuito de cidades da zona interiorana e "administrar justiça" de sua casa em Ramá (v. 16–17). Quando os filisteus ameaçam atacar, Samuel preside os sacrifícios (1Sm 7:7-9) e ora ao Senhor em favor do povo. O Senhor provoca pânico nos filisteus e os israelitas obtêm vitória militar sobre eles (1Sm 7:10-11). Samuel tem o crédito de subjugar os filisteus em todos os seus dias (1Sm 7:13). Afirma-se com frequência que 1Samuel 7 mostra Samuel como o último dos juízes. Seu papel é mais amplo que isso e o retrato aqui é provavelmente idealizado para fazer com que o pedido dos anciãos por um rei (1Sm 8) pareça desnecessário.

Samuel aparece como figura chave em todas as tradições divergentes sobre o início da realeza em Israel. Os anciãos de Israel vêm a Samuel e lhe pedem: "escolhe agora um rei para que nos lidere, à semelhança das outras nações" (1Sm 8:5; cf. v. 19-20). Samuel interpreta isto como uma rejeição pessoal e reluta em ceder. Deus lhe diz que a rejeição do povo é uma rejeição da realeza divina, mas que ele deveria constituir-lhes um rei depois de uma severa advertência sobre os perigos da realeza (1Sm 8:11-18).

Em seguida, três histórias mostram Samuel no papel chave designando e instalando Saul como primeiro rei de Israel. Na primeira (1Sm 9:1–10:16), Samuel aparece como vidente encontrado por Saul enquanto procurava as jumentas de seu pai. Deus revela a Samuel que Saul é o seu escolhido para livrar Israel dos filisteus. Samuel unge Saul secretamente, depois do que ele é tomado pelo Espírito de Deus. Esse relato destaca o papel de Samuel como profeta, ungindo e autorizando Saul para a realeza. No segundo relato (1Sm 10:17-27), Samuel reúne o povo em Mispá, onde Saul é escolhido rei por lançamento de sorte. Samuel o instala como rei numa cerimônia pública que inclui instruções sobre os "direitos e responsabilidades da realeza" (v. 25). Finalmente, depois do heroico livramento do povo de Jabes-Gileade feito por Saul (1Sm 11:1-13), Samuel "constituiu a Saul rei perante o Senhor em Gilgal" (v. 15).

Em uma assembleia pública final, Samuel declara a integridade de sua própria liderança em Israel (1Sm 12:1-5) e admoesta o povo e seu rei a prestar obediência aos mandamentos do Senhor (v. 6-25). Ele promete continuar orando por eles e a instruí-los no que é "bom e direito" (1Sm 12:23). Discursos públicos como este marcam as transições entre períodos importantes na história deuteronomista, e 1Samuel é normalmente considerado como ponto divisório entre o período dos juízes e o dos reis.

Samuel aparece como o profeta que anuncia juízo contra Saul em duas histórias descrevendo a rejeição de Saul por Deus pelo fracasso em realizar a Palavra de Deus da maneira como foi tornada conhecida por Samuel. Em 1Samuel 13:8-15, Samuel condena Saul por ter oferecido o sacrifício que devia ter sido feito por Samuel. A rejeição toma a forma de negativa de futura dinastia a Saul. Em 1Samuel 15:1-35, Samuel pronuncia julgamento sobre Saul por deixar de exterminar por completo os amalequitas numa campanha declarada por Samuel como guerra santa de Deus. Desta vez, o próprio Saul é rejeitado como rei de Deus. Samuel, como profeta de Deus, pode retirar a autoridade divina de reis, bem como de concedê-la.

Samuel sofre pelo fracasso de Saul, e Deus precisa despertá-lo de sua tristeza para que ele realize a missão de ungir um novo rei (1Sm 15:35–16:1). Em Belém, Samuel quer ungir o primeiro dos filhos de Jessé que lhe é trazido, mas Deus o reprova, dizendo-lhe que olhe para o coração e não para as aparências. Finalmente, Samuel unge Davi, oitavo filho de Jessé, que estava fora, cuidando das ovelhas. Novamente, a ênfase está na necessidade de os reis serem ungidos e autorizados pelo profeta de Deus.

Samuel encontra Saul duas vezes mais. Enquanto Samuel está liderando um grupo de profetas em sua casa em Ramá, Saul vem à procura de Davi e entra em transe, tira a roupa e fica despido diante de Samuel a noite toda (1Sm 19:18-24). Ainda com Samuel já morto (1Sm 25:1), Saul é humilhado perante o profeta uma última vez. Temeroso de uma batalha iminente com os filisteus, Saul pede que uma médium chame o espírito de Samuel (1Sm 28). Samuel reitera a rejeição de Deus a Saul como rei e prediz uma vitória filisteia na qual Saul e seus filhos morrerão. [BRUCE C. BIRCH]

SAMUEL, LIVROS DE O Primeiro e Segundo Samuel, incluídos nos Antigos Profetas do cânon hebraico, considerados como parte da história deuteronomística. Na Bíblia Hebraica, Samuel foi considerado um livro, mas na LXX, foi dividido em dois livros e aparece como parte de uma coleção de quatro volumes nos livros históricos intitulados 1—4Reis, correspondente a 1—2Samuel e 1—2Reis. O nome do livro provavelmente deriva do primeiro personagem principal, Samuel, que aparece como sacerdote (1Sm 3), juiz/líder carismático (cap. 7) e profeta (caps. 8—28). Samuel não aparece em 2Samuel.

Conteúdo e enredo. 1—2Samuel trata do encerramento do período dos juízes (1Sm 1—7) e o surgimento da monarquia em Israel (caps. 8—12). Ele detalha os reinos de Saul (1Sm 13—31) e de Davi (2Sm 1—24). 1Samuel pode ser dividido nas seguintes subseções: o parto milagroso de Ana, seu cântico, o sacerdócio de Eli e a vida de Samuel em Siló (caps. 1—3); a narrativa da Arca, na qual os filisteus derrotam Israel, tomam a arca da aliança, colocam-na no templo de Dagom e depois a devolvem (caps. 4—6); Samuel como juiz (cap. 7); três versões diferentes do estabelecimento da monarquia, com Saul como primeiro rei de Israel (caps. 8—11); "Discurso de Despedida" de Samuel encerrando o período dos juízes (cap. 12); a vitória de Jônatas sobre os filisteus e rejeição de Saul como rei (caps. 13—15); a unção secreta de Davi, sua iniciação na corte de Saul como harpista e a morte de Golias (caps. 16—17); Davi e Saul como adversários e a vida de Davi como renegado, saqueador e vassalo filisteu (caps. 18—30); a morte de Saul e a elegia de Davi sobre Saul e Jônatas (cap. 1);o abortado reino de Isbosete, a unção de Davi como rei de Judá e Israel e seu estabelecimento de Jerusalém como sua capital (caps. 2—5); o fim da narrativa da Arca, colocação da arca em Jerusalém e o conflito de Davi com Mical (cap. 6); promessa de sucessão dinástica para a descendência de Davi (cap. 7); guerras estrangeiras de Davi e sua estrutura administrativa (cap.8); Davi traz Mefibosete para Jerusalém (cap. 9); as guerras amonitas e os relatos de Davi e Bate-Seba, a parábola de Natã e o nascimento de Salomão (caps. 10—12); o estupro de Tamar, o banimento e a redenção de Absalão (caps. 13—14); a revolta de Absalão (caps. 15—18); a restauração de Davi depois da segunda revolta (caps. 19—20); a conciliação de Davi com os gibeonitas (cap. 21); a oração de Davi (cap. 22); o Cântico de Davi e a lista de seus guerreiros (cap. 23); e o censo de Davi e a subsequente punição divina (cap. 24).

Texto. Os livros estão repletos de problemas de críticas ao texto, já que o TM parece ter muitos erros de redação e a versão LXX é mais longa e foi considerada mais confiável (contrariamente à norma usual da crítica do texto de que o texto mais curto e mais difícil é o mais original). Visto que muitas dificuldades no texto hebraico derivam de palavras e frases que parecem ter se retirado na transmissão, o grego não é visto como expansionista. Com as descobertas em Qumran, as possibilidades de textos hebraicos diferentes de Samuel colocou em dúvida algumas das avaliações enquanto confirmava outras.

Autoria. Devido aos muitos problemas críticos do texto, o trabalho da crítica da fonte sobre a autoria não foi plenamente desenvolvido até o início do século XX. Uma característica notável do livro são as várias narrativas duplicadas, como a ascensão de Saul à realeza (1Sm 8; 9:1—10:16; 10:17-27; 11); a rejeição de Saul como rei (caps. 13, 15); a chegada de Davi à corte de Saul (16:14-23; 18); Davi e Golias (cap. 17); a discussão de Davi e Jônatas sobre a tentativa de Saul para matar Davi (caps. 19—20); Davi poupando a vida de Saul (caps. 24, 26); a morte de Saul (1Sm 31; 2Sm 1); e a lista dos oficiais de Davi (2Sm 8:15-18; 20:23-26). A posição dessas narrativas duplicadas no livro ressalta suas dissemelhanças. Por exemplo, em 1Samuel 19 Jônatas conta a Davi o plano de Saul para matá-lo, enquanto que no cap. 20, quando Davi relata o plano, Jônatas o desconhece. Se os capítulos estivessem invertidos, a trama seria mais suave e a duplicação menos problemática.

Os estudos mais recentes da crítica da fonte então tentaram investigar as fontes J e E do Pentateuco em Samuel, junto com alguma identificação de materiais deuteronômicos como meio de explicar a duplicação. Outros tentaram identificar fontes pró e antimonárquicas. Entretanto, diferente do Pentateuco, as diferenças nos relatos duplicados não têm continuidade suficiente para defender fontes contínuas. Outros ainda sugerem uma fonte profética para explicar as duplicações.

História da sucessão. Em 1976, Leonhard Rost sugeriu uma história da sucessão, argumentando por uma antiga fonte incluindo 1Samuel 9–20 e 1Reis 1–2 que tinha o propósito de responder à pergunta levantada em 1Reis 1: "Quem sentará no trono de Davi?" Rost sustentou que este material foi escrito por uma testemunha ocular familiarizado com as tarefas internas da corte numa tentativa de elogiar Salomão que, embora não sendo o primeiro na linha sucessória, de fato sucedeu a Davi. Rost postulou também duas outras coleções independentes, a narrativa da Arca (1Sm 4:1-7:1; 2Sm 6:1-16) e as histórias da guerra amonita (2Sm 10:1-11; 12:26-31), como documentos históricos escritos ao lado dos acontecimentos.

Desde a década de 1960, os estudiosos têm enfraquecido a teoria de Rost de uma história da sucessão. R. A. Carlson argumenta que 2Samuel foi fortemente influenciado pela teologia deuteronômica retributiva e separa tematicamente Davi sob a bênção (caps. 1—10) e Davi sob a maldição (caps. 13—24), com a mistura Davi-Bate-Seba-Natã como o ponto crucial. R. N. Whybray, seguido por Carole Fontaine, identifica a influência de sabedoria sobre a obra. James Flanagan sugere uma história da corte em 2Samuel 15—20, separada do documento da Sucessão, que foi posteriormente acrescentada a ela. Charles Conroy argumenta em relação a uma forte diferença na linguagem entre 2Samuel 9—12 e 13—20. Ernst Würthwein afirma que a obra é uma propaganda política. John Van Seters propõe que as histórias da Sucessão foram posteriores, adições pós-exílicas. Randall C. Bailey argumenta que o complexo em 2Samuel 10–12 é uma construção deuteronômica, revelando as mãos do primeiro e segundo deuteronomistas e que o casamento Davi-Bate-Seba foi um casamento político igual ao dele com Mical e Abigail. Ele sustenta também que os eventos aconteceram depois da revolta de Absalão, mas foram colocados em seu local atual para criar uma teologia deuteronômica de justiça retributiva.

Confiabilidade histórica e gênero. A historicidade dos materiais em Samuel é apoiada pela obra de Albrecht Alt, que vê por trás das narrativas das batalhas e listas de oficiais e conquistas materiais de relatos historicamente confiáveis. De acordo com Martin Noth e seus seguidores, não se pode falar de uma "História de Israel" até a Monarquia, portanto, os materiais de Samuel são a fonte principal para a reconstrução histórica. Outros argumentos em relação a grandes blocos de material em Samuel vêm de Artur Weiser, que identifica 1Samuel 16–2Samuel 5 como a "História da Ascensão de Davi", propositalmente pró-davídico.

A evidência da forte influência de Rost é vista em Überlieferungsgeschichlichte Studien de 1943, de Noth, no qual ele argumenta pela existência de um historiador deuteronomista que escreve em Judá, durante o período do exílio e usa fontes mais antigas. Noth aceita as designações de Rost de blocos de materiais e vê pouca edição deuteronômica em Samuel, exceto pelo Discurso de Despedida de Samuel em 1Samuel 12 e uma revisão da promessa de dinastia em 2Samuel 7. Em essência, Noth afirma que a obra deuteronômica foi colocar os blocos de materiais preexistentes em seu arranjo atual, com pouca edição. A obra de Noth quase põe um fim ao argumento em favor das fontes pentateucas em Samuel. Curiosamente, os que seguem a teoria de Noth de um historiador deuteronômico, e os que seguem Frank M. Cross sobre a teoria de uma dupla redação, baseiam suas posições em livros diferentes de Samuel. Entretanto, alguns estudiosos alemães que sustentam uma trama deuteronômica profética ou nomística (legal) (Rudolf Smend, Timo Veijola) baseiam suas posições em Samuel.

Gerhard Von Rad vai mais além, alegando que a história da Sucessão foi o exemplo mais precoce de história escrita do mundo antigo, observando que os livros contêm três alertas da intenção ou intervenção divina e destaca a forte ênfase por trás dos cenários da obra e uma noção quase "secular" de que quando se lê o livro de Samuel, fica-se impressionado com a "descoberta valiosa" em termos de materiais historicamente confiáveis na Bíblia. Esses estudos são reforçados pela obra de Walter Brueggemann sobre a teologia dos livros na apresentação de Davi como monarca.

Nova crítica literária. Indo além das questões históricas, a nova crítica literária começou a recuperar todo o livro de Samuel e retrocedeu a estudos em 1Samuel e 2Samuel. Mais interessado em questões de enredo e caracterização, David M. Gunn afirma que Saul foi um herói trágico no sentido grego, que é destinado a não ter sucesso. Ele argumenta também com o intuito de ver o todo de 2Samuel como um romance sobre Davi, em vez de fragmentar as unidades em gêneros menores. Gunn identifica subenredos com os ciclos de bem e mal dirigindo a narrativa. Naomi Sternberg defende o papel de ambiguidade na narrativa como chave para a descrição de personagem e enredo em 2Samuel; nesse aspecto ela é acompanhada por Gail Yee. I. P. Fokkelman sugere múltiplas categorias dualistas repetidas nos materiais de Davi. Peter D. Miscall concentra-se na complexidade de personagens e enredo, com atenção a personagens e especialmente à desconstrução de estudos mais antigos os quais essencializa. David Jobling afirma que o assunto da hereditariedade é central para o livro de Samuel, que gira em torno da questão da realeza. Robert Polzin propõe ler Samuel como mensagem aos exilados cuja realeza é questionada. Mais particularmente ele se concentra na caracterização, discordando da interpretação favorável a Saul, vendo-o, ao contrário, como personagem excessivamente supersticioso que gosta de aplausos. Polzin vê Saul como personagem negativo, pondo em dúvida a "interpretação pró-profética" mais antiga. Davi é uma figura obscura cujo verdadeiro ego não é revelado até 2Samuel. Bailey promove a mensagem de Polzin aos exilados, argumentando que não somente a monarquia, como também o sacerdócio e as instituições proféticas foram postas em dúvida. Junto a essas abordagens críticas literárias, Flanagan trata de assuntos do mundo social ligados a Davi.

Formação canônica. Brevard S. Childs trata da formação canônica do livro, argumentando que os Cânticos de Ana e de Davi (1Sm 2; 2Sm 23) enquadraram o livro, de tal forma que o relato termina onde ele começa. Brueggemann afirma que tal enquadramento teve a intenção de retratar a história de Israel, não com violência, mas a história da salvação de Yahweh. De acordo com Bailey, esse enquadramento caracteriza Yahweh como Deus que reverte os papéis e como salvador, em contraste com a descrição da divindade no restante do livro.

Interpretação pós-colonial: Crítica feminista, racialista e da orientação sexual. A interpretação feminista do livro de Samuel colocou em dúvida a pressuposição básica de todas as pesquisas acima, ou seja, que Samuel (1Sm 1-12), Saul (1Sm 13–31) e Davi (2Samuel) são personagens centrais de todas as narrativas e que outras personagens estão presentes apenas como realce. Adele Berlin se concentra nas esposas de Davi e na caracterização delas na narrativa. J. Cheryl Exim confronta a ideologia patriarcal na narrativa, especialmente na descrição de Mical. Alice Bach se afasta das interpretações patriarcais, argumentando que Abigail é a personagem central que dirige a ação em 1Samuel 25 e não um realce para Davi. JoAnn Hackett observa que Samuel gira em torno de três homens principais, mas então questiona esta estratégia consolidada de interpretação e detalha os papéis de mulheres na obra.

O assunto da orientação de raça e sexual veio à tona nos estudos de Samuel. C. B. Copher nota que a longa história das interpretações racialistas, mais acentuadamente no tratamento do etíope em 2Samuel 18. G. D. Comstock identifica um relacionamento homossexual entre Davi e Jônatas na elegia de 2Samuel 1.

Mensagem. Como mostrou a crítica do leitor-reação, a mensagem do livro depende em grande parte da estratégia de leitura do leitor. A fidelidade de Deus para com Ana nos encontra logo no início, bem como a fé e a fidelidade de Ana para com Deus. As advertências a sacerdotes como Eli dão o que pensar.

As diferentes interpretações de Samuel, de paradigma da virtude, a profeta sagrado, a indivíduo egocêntrico; as diferentes interpretações de Saul, de vítima a desobediente; as diferentes interpretações de Davi, de "aquele de acordo com o coração de Deus" a patife; as diferentes interpretações de Deus, de todo-poderoso a uma presença evasiva, são todas interpretações possíveis do livro. A riqueza quanto à promoção e questionamento proliferam em cada página. A intriga dos relacionamentos políticos e das manipulações teológicas clamam por esclarecimento.

Samuel é um sacerdote apenas porque sua mãe o dedicou (1Sm 1)? O que isso diria em relação à teologia do chamado? A visitação a Saul pelo "espírito mau da parte de Deus" é um paradigma de sofrimento psicológico (1Sm 16)? Se for, como devemos entender a natureza da doença mental? Davi é o "rei Teflon" original (1Sm 21–22)? Se for, é pertinente a ética de hoje do "apenas não seja pego"? Deus realmente retribui o adultério com o estupro (2Sm 11–31)? Se realmente retribui, como confiar na justiça divina?

Bibliografia. R. C. Bailey, *David in Love and War: The Pursuit of Power in 2 Samuel 10–12*. JSOTSup 75 (sheffield, 1990); B. Birch, *The Rise of the Israelite Monarchy: The Growth and Development of 1 Samuel 7–15*. SBLDS 27 (Missoula, 1976); W. Brueggemann, *David's Truth in Israel's Imagination and Memory* (Philadelphia, 1985); D. M. Gunn, *The Fate of King Saul*. JSOTSup 14 (Sheffield, 1980); *The Story of King David*. JSOTSup 6 (Sheffield, 1978); P. K. McCarter, Jr., *ISamuel*. AB 8 (Garden City, 1980); *IISamuel*. AB 9 (Garden City, 1984); L. Rost, *The Succession to the Throne of David* (Sheffield, 1982). [RANDALL C. BAILEY]

SAMUTE (heb. *šamhûṯ*) Izraíta, comandante da quinta divisão do exército de Davi (1Cr 27:8). Ele é, às vezes, identificado com Samá (4; 2Sm 23:25)/ Samote (1Cr 11:27) de Harode.

SANDÁLIAS, SAPATOS O calçado antigo é bem conhecido a partir de pinturas, esculturas e relevos. Embora a maioria das pessoas usasse uma sandália simples, chinelos ou couro macio não eram incomuns. Os soldados assírios ocasionalmente são representados usando uma bota alta; em períodos posteriores, os soldados romanos sempre usaram uma bota de couro maior e mais forte. O mundo antigo considerava os sapatos o mais humilde dos artigos de vestuário; embora fossem frequentemente consertados, as sandálias e sapatos podiam ser comprados por um preço barato.

O hebraico *na'ălāyim* serve para sapatos e para sandálias. Na era do NT, o grego *hypódēma* (Mt 3:11; 10:10) era uma simples sola de couro presa com uma tira na frente. O termo menos frequente *sandálion* significa uma sola presa ao pé (Mc 6:9).

Uma pintura mural da tumba egípcia de Beni Hasan mostra semitas pagando tributo calçados com uma variedade de sandálias. Alguns dos sapatos prendem as solas ao pé com tiras em torno do tornozelo, passando pelo peito do pé e subindo pela perna, ou pelo dedão; as mulheres usam uma bota baixa. Os camponeses no antigo Egito usavam sandálias de couro, papiro ou de casca de palmeira tecida comumente presa por duas tiras passando pelo arco do pé e unindo-se entre o dedo do pé. O Trono Dourado de Tutancamom (c. 1340 a.C.) mostra o jovem faraó usando uma sandália simples presa por uma única tira. Esculturas romanas posteriores retratam algumas sandálias com um padrão de tecido aberto intricado de tiras cobrindo os dedos do pé.

Os sapatos eram tirados à entrada de uma tenda ou casa antes de entrar (Lc 7:38,44) ou durante períodos prolongados de luto (2Sm 15:30). Tirar os sapatos de uma visita era tarefa do mais humilde escravo ou servo da casa. Um estudante também se inclinava para desamarrar e tirar os sapatos de seu mestre. Entretanto, a literatura rabínica advertia os estudantes a não fazerem isso perante estranhos para que não fossem tomados por servos em vez de alunos.

Os sapatos eram muitas vezes tirados na presença de superiores, como na ocasião de uma teofania (Êx 3:5; cf. Js 5:15). Os relevos de Laquis do palácio de Senaquerib em Nínive (c. 700) retratam os derrotados residentes da cidade vindo descalços perante seus conquistadores em sinal de humildade.

Uma sandália pode também ser usada para selar um contrato legal (Rt 4:6-10) ou para designar propriedade ou senhorio de propriedade (Sl 60:8 [TM 10]). Estar descalço indicava pobreza, censura ou julgamento iminente (Is 20:2). Ao contrário, estar calçado era evidência de prontidão para uma jornada ou tarefa (Êx 12:11; Mc 6:9).

Bibliografia. E. A. Speiser, "Of Shoes and Shekels", *BASOR* 77 (1940): 15-20. [DAVID C. MALTSBERGER]

SANGAR (heb. *šamgar*) O "filho de Anate" (talvez de Bete-Anate da Galileia ou um adepto da deusa Anate), provavelmente um mercenário que livrou Israel ao matar 600 filisteus com um aguilhada de bois (Jz 3:31). Em "nos dias de Sangar" (talvez *Shimig-ari* hurriano, "Shimike [uma divindade] deu"), os viajantes tinham de pegar rotas secundárias e as caravanas eram impossíveis devido aos ataques de surpresa (Jz 5:6).

SANGAR-NEBO (heb. *samgar-nĕḇô*) Oficial do governo de Nabucodonosor que teve participação no cerco em 586 a.C. de Jerusalém pela Babilônia (Jr 39:3). O termo é normalmente tomado como combinação de "Simmagar" (um título) ou "Samgar" (um território) com o início de "Nebo-Sarsequim" (nome próprio de uma pessoa), provavelmente uma forma confusa do "Nebusazbã" de Jeremias 39:13.

SANGUE Sangue é importante tanto como termo bíblico quanto conceito teológico. Tanto a palavra hebraica *dām* como a grega *haíma* são usadas num sentido teológico para designar o princípio da vida na raça humana e nos animais. Desde os tempos mais antigos, o sangue tem sido associado ao mistério porque era reconhecido como símbolo da vida muito antes de ser cientificamente provado ser vital para a existência. A frase "carne e sangue" se refere à natureza perecível dos seres humanos, sempre conectada com a perda da vida ou com um sacrifício pela vida (claramente afirmada no texto de Levítico 17:11).

No AT, o sangue é considerado sagrado, expressando três preocupações principais a respeito do uso dele. O foco está sobre a proibição do assassinato. A primeira referência real ao sangue está em Gênesis 4:10, em que Deus confronta Caim por derramar o sangue de Abel no assassinato. Conquanto a lei costumeira permitia a vingança de sangue (Gn 9:6), uma provisão era feita para evitar contendas ilimitadas de sangue (Dt 19:6-13). Existe o fiel apelo a Deus para vingar o sangue de seus servos (Sl 79:10), e o próprio Deus promete que Ele mesmo executaria aquela vingança sobre sangue derramado (Is 63:1-6).

Uma segunda preocupação é a proibição dietética do sangue. Logo bem cedo, em Gênesis 9:4, Noé é instruído: "A carne, porém, com sua vida, isto é, com seu sangue, não comereis".

Uma terceira preocupação, o AT fala do uso do sangue como expressão de adoração. O pacto entre Yahweh e seu povo foi selado pelo rito do sangue (Êx 24:3-8). Em todos os sacrifícios de sangue de animais era o elemento essencial derramado sobre o altar (Lv 1:5). No Dia da Expiação, o sumo sacerdote entrava no lugar santíssimo e aspergia sangue sobre o propiciatório (Lv 16:15). O sangue sacrificial também possuía um valor consagrador na consagração dos sacerdotes (Êx 29:20). O rito da circuncisão era também uma forma de cerimônia de sangue (Gn 17:10-11).

O NT põe um fim nos sacrifícios de sangue da adoração do AT, e ele ab-roga as disposições legais relativas à vingança de sangue. Ambas as mudanças são produzidas pelo "precioso sangue" de Cristo (Hb 9:11-12; 1Pe 1:17-19). Todas as coisas no drama da paixão de Cristo enfatizam o sangue. Na última ceia, Jesus apresenta o cálice dizendo, "Este é o meu sangue da aliança" (Mt 26:28). Judas trai "sangue inocente" (Mt 27:4). Pilatos lava suas mãos "do sangue desse homem" (Mt 27:24). Pelo sangue de Cristo derramado, os crentes são justificados (Rm 5:9) e santificados (Hb 10:29; 13:12). [DONALD R. POTTS]

SANGUE, CAMPO DE (ver ACÉLDAMA)

SANGUE, FLUXO DE Sangramento dos órgãos reprodutivos de uma mulher, usualmente da menstruação, menorragia, ou alguma forma de hemorragia uterina. Igual a qualquer outro escoamento corporal, o sangramento de uma mulher causava a impureza ritual. A menstruação tornava uma mulher impura por sete dias (Lv 15:19-24). Durante esse tempo, sua impureza era transmitida a qualquer um ou qualquer coisa que tocasse, e assim a relação sexual com uma mulher em sua menstruação era proibida (Lv 18:19; 20:18; cf. Ez 22:10b). Uma mulher sofrendo de sangramento irregular ou prolongado era considerada impura até sete dias após o sangramento ter cessado (Lv 15:25-30; cf. Nm 5:21).

A cura que Jesus fez de uma mulher cujo sangramento já durava doze anos (Mc 5:25-34; Lc 8:43-48; Mt 9:20-22) deve ser entendido à luz do que foi dito. Quando ela tocou as roupas de Jesus, Ele deveria ter se tornado impuro ou ela deveria ter sido destruída (cf. Lv 15:31; 2Sm 6:6-7). Ao contrário, o poder de sua santidade a limpou. [FRANK D. WULP]

SANGUE, RÉU DE A culpa decorria da matança injustificada de um animal ou de um ser humano. Infrações específicas incluem falha em trazer o animal abatido para o tabernáculo para o sacrifício (Lv 17:4) e o "assassinato deliberado" feito por um ladrão no ocaso do sol (Êx 22:3; em contraste com o v. 2 [TM 1], o "homicida acidental" por meio do qual o dono da casa assassina um ladrão que aparece no ocaso do sol). Outros crimes que incorrem em culpa de sangue incluem a negligência conduzindo à morte acidental (Dt 22:8; Ez 33:6-9) e vingança de sangue executada dentro de uma cidade de refúgio (Dt 19:10). Tais infrações poderiam ser expiadas somente com o sangue de um responsável, e a parte culpada leva toda a responsabilidade pelo sangue derramado em efetuar a sua execução (Js 2:19; 2Sm 1:16; 1Rs 2:37; Ez 18:13). Davi evita ser réu de sangue por não vingar Nabal, e assim usurpa a autoridade divina (1Sm 25:26, 33).

SANGUESSUGA Verme chupador de sangue, (anelídeo), classe Hirudínea (Pv 30:15; heb. *ʿălûqâ*). Vários tipos de sanguessugas têm sido confirmados desde os tempos antigos em águas paradas ou correntes da Palestina. O Talmude adverte contra beber água diretamente de um rio ou lago com a boca ou as mãos pelo receio de ingerir uma sanguessuga ('Abod. Zar. 12b).

SANLAI (heb. *šamlay*) (tb. SALMAI) O chefe ou ancestral de uma família de servidores do templo que retornou do Exílio (Ed 2:46). Neemias 7:48 registra "Salmai".

SANSANA (heb. *sansannâ*) Cidade no distrito sul de Judá (Js 15:31). Ela não ocorre em listas similares de cidades simeonitas, onde Hazar-Susa (Js 19:5) e Hazar-Susim (1Cr 4:31) aparecem como possíveis variantes do nome. O local é identificado com Khirbet esh-Shamsaniyât, cerca de 15,5 km a noroeste de Berseba. [LAURA B. MAZOW]

SANSÃO (heb. *šimšôn*) O último dos grandes juízes (Jz 13–16) que liderou o Israel pré-monárquico. Afirma-se que Sansão, da tribo de Dã, começou libertando Israel dos filisteus, seu mais persistente e ameaçador inimigo.

Assim como todos os juízes, a descrição de Sansão (diminutivo de semes, "sol") como líder nacional é obra do editor. No caso de Sansão, a ideia é mantida muito superficialmente. Sansão se envolve numa vendeta, não num movimento de libertação nacional. Ele age sozinho, não como líder militar. As histórias de Sansão têm origens em contos populares sobre um herói local celebrado pela audácia e força com a qual ele hostilizou homens filisteus e pela simplicidade com a qual ele amou mulheres filisteias. As histórias teriam circulado independentemente e foram produzidas pelos compiladores num todo artístico balanceado.

O período de Sansão começa quando um mensageiro de Yahweh anuncia a uma mulher estéril que ela terá um filho (Jz 13). Num estilo bem folclórico, a característica milagrosa de seu nascimento coloca Sansão como herói. O mensageiro especifica a natureza dos atos heroicos de Sansão ("ele começará a libertar Israel da mão dos filisteus", Jz 13:5) e impõe restrições do nazireato tanto sobe a mãe como sobre a criança. Finalmente, a história afirma ao leitor que Sansão, um herói dissoluto e amoral é, apesar de tudo, homem de Yahweh; Sansão é o único juiz de quem se diz que Yahweh abençoou (Jz 13:24).

O corpo principal do período é organizado em torno das ligações de Sansão com duas mulheres e com traição. Em ambos os casos, a aparente derrota de Sansão leva à destruição de seus inimigos, os filisteus. A determinação de Sansão em se casar com uma mulher de Timna, uma aldeia filisteia, coloca em ação uma série de eventos narrados em Juízes 14–15. Uma viagem a Timna é o cenário para a primeira façanha super-humana de Sansão, rasgando em pedaços um leão. A celebração do casamento dá ocasião ao seu primeiro conflito com os filisteus. Sansão aposta com os filisteus presentes que não conseguem resolver uma charada. Sua esposa, ameaçada de morte se não ajudar, bajula Sansão para que lhe diga a resposta e a transmite a seus compatriotas. Enraivecido, Sansão mata trinta filisteus pelo despojo para pagar sua aposta. A vingança leva a uma reação que culmina com Sansão matando 1000 filisteus com a queixada de um jumento.

O envolvimento de Sansão com outra mulher leva tanto à morte como ao triunfo. Dalila, tal como a mulher de Timna, é persuadida pelos filisteus a obter pela persuasão a informação secreta de Sansão. Assim como a mulher de Timna, Dalila persiste, insistindo que Sansão prove seu amor, até que ele revela o segredo da sua força, seu cabelo que, em obediência ao voto de nazireu, ficou sem ser cortado. A revelação desta vez é fatal. Dalila usa a informação para entregar Sansão aos filisteus.

O tom da história muda do humor tribal e da provocação erótica para a emoção. Os filisteus cegam, algemam e prendem Sansão, forçando-o, finalmente, a dançar para eles no templo de Dagom, deus deles. Mais uma vez, a traição e a aparente derrota torna-se a ocasião para Sansão destruir seus inimigos. Sansão, orando por vingança, derruba o templo. "...Assim, Sansão matou mais gente na sua morte do que em toda a sua vida" (Jz 16:30).

As histórias são marcadas como folclore pelas hipérboles e seu humor. Sansão rasga um leão, fazendo-o em pedaços com as mãos limpas e mata 1000 homens com uma queixada. Mais tarde, escapa de ser capturado de Gaza murada, onde estava visitando uma prostituta ao arrancar as portas da cidade e carregá-las cerca de 64 km até Hebrom. Sansão literalmente "possui as portas de seus inimigos" (cf. Gn 22:17). As histórias estão cheias de etiologias, enigmas e eventos chocantes, por exemplo quando Sansão amarra tochas às caudas de 300 raposas para tocar fogo nos campos dos filisteus. Eles são marcados por temas folclóricos como o nascimento milagroso de Sansão. Estas narrativas são, antes de mais nada, contos de aventura com a intenção de entreter. As histórias de um perdedor, elas também serviram para dar vazão à frustração.

Os intérpretes debatem a mensagem teológica das histórias. Dado o caráter violento e amoroso de Sansão, muitos argumentam que ele serve como exemplo negativo. Alguns veem Sansão como contraste para a grandeza de Samuel. Outros ainda observam as histórias como forma de demonstrar as consequências da quebra do voto do nazireu ou do casamento inter-racial. Por outro lado, vários estudiosos veem as histórias de Sansão como ilustrações de Deus agindo para cumprir o propósito divino de libertação de Israel de seus opressores. O último é mais plausível. Os contadores de histórias e os compiladores não censuram Sansão. Nem está o tema do voto do nazireu, encontrado somente em Juízes 13 e 16, suficientemente integrado com o restante do ciclo de Sansão para servir como tema geral. Além disso, Yahweh está totalmente envolvido nas ações de Sansão. Yahweh provoca Sansão (Jz 13:25) e está por trás de sua paixão pela mulher de Timna (14:4). O Espírito de Yahweh capacita Sansão para matar não somente um leão (Jz 14:6) como também trinta (14:19) e depois 1000 (15:14-15) filisteus. Yahweh está também envolvido na autodestruição de Sansão. Sansão cativo, cegado, humilhado ora a Deus por vingança e morte (Jz 16:28-30); sua oração é atendida. Como J. Cheryl Exum tem demonstrado, as histórias retratam Yahweh trabalhando secretamente, por meio de ações humanas, com toda ambiguidade deles, e abertamente, numa resposta direta à oração, para derrotar os inimigos de Israel e os inimigos de Deus.

Bibliografia. J. L. Crenshaw, *Samson* (Atlanta, 1978); J. C. Exum, "Aspects of Symmetry and Balance in the Samson Cycle", *JSOT* 19 (1981): 3-29; "The Theological Dimension of the Samson Saga", *VT* 33 (1983): 30-45; S. Niditch, "Samson s Culture Hero, Trickster, and Bandit", *CBQ* 52 (1990): 608-24; J. A. Soggin, *Judges*. OTL (Philadelphia, 1981); J. L. Wharton, "The Secret of Yahweh: Story and Affirmation in Judges 13–16", *Int* 27 (1973): 48-66.
[CAROLYN PRESSLER]

SANSERAI (heb. *šamšĕray*) Filho de Jeroão; chefe de uma família benjamita que morou em Jerusalém no pós-exílio (1Cr 8:26).

SANTIDADE, SANTO A ideia básica de santidade é a de "separação" ou "afastamento". É uma qualidade divina, parte da natureza intrínseca de Deus, mas ausente em um mundo decaído, talvez melhor descrito como "alienado" em um sentido religioso ou divino. O problema teológico básico é que o Deus santo deseja manter comunhão com os humanos pecadores que habitam em um mundo decaído. Considerando-se que Deus não pode se tornar menos santo para poder entrar em comunhão com os homens, são estes que precisam ficar mais santos ("santificados"). Uma vez obtida, a santidade pode ser reduzida ou contaminada por meio do contato com várias substâncias proscritas ("impuras") e, ainda, por sentimentos, pensamentos ou ações proibidos por Deus ("pecaminosos").

Deus usou a noção geral de santidade, comum ao antigo Oriente Médio, para revelar sua pessoa e sua vontade a Israel. Revelação que pode ser categorizada em três níveis de intensidade. Primeiro, se tratava de dedicar a uma divindade a utilização desse povo. O que necessariamente não significa um uso pelo deus, mas apenas que a pessoa ou o objeto estaria disponível, da mesma maneira que o fazia para "usos seculares". Um nível mais alto de santidade era atribuído a uma pessoa ou objeto a ser usado de fato pelo deus, de forma que algo da presença divina permanecia no objeto depois de seu uso (p. ex., o tridente de Poseidon, o martelo de Tor, como também os servidores humanos da deidade). O nível mais alto era atribuído a imagens ou ídolos dos deuses, considerados receptáculos ideais para a presença daquele deus específico.

Yahweh revelou que a santidade era o seu principal atributo (Êx 15:11; 1Sm 2:2; Is 6:3; cf. Ap 4:8) e queria igualmente que seus seguidores fossem santos. O mandamento: "santificai-vos e sede santos, porque eu sou santo" (Lv 11:44-45; cf. 1Pe 1:15-16), se destinava a todos os israelitas, e não apenas aos sacerdotes. O povo de Israel deveria ser separado do mundo, "reino de sacerdotes e nação santa" (Êx 19:6; cf. 1Pe 2:9). Os israelitas deveriam limitar o contato com impurezas e aderir aos mandamentos da aliança mosaica. A Lei previa sacrifícios para a expiação de pecados (Lv 5:5ss.) e a purificação ritual para a retirada de qualquer impureza (p. ex., Lv 14). A santidade se estendia ao dízimo, ao primogênito e a qualquer outra coisa que fosse voluntariamente dedicada a Deus (Lv 27:14-32).

A unção de sacerdotes, profetas e reis não somente os marcavam como dedicados a Deus, mas ainda como escolhidos por Ele para o Seu serviço. Os códigos de comportamento para tais homens, especialmente para os sacerdotes, eram mais rígidos do que para as pessoas comuns (Êx 28:1–31:11) e as consequências, em razão de sua desobediência, mais severas (Lv 5:5ss.; 1Sm 1; 1Cr 21).

Vários objetos, lugares e períodos associados com a adoração de Yahweh foram considerados santos. Dias especiais de celebração religiosa (Lv 23) e objetos cultuais (1Rs 8:4; Esdras 5:14-15; 8:28), especialmente relativos à arca da aliança (Lv 16:2; 2Sm 6:7), eram todos santos. Graus de santidade são evidentes no plano do templo de Jerusalém. O mais sagrado era o Santo dos Santos, o quarto interno em que Yahweh habitava. O lugar santo, o pátio dos sacerdotes e o dos israelitas também eram santos, mas de intensidade decrescente à medida que se afastavam da presença de Deus. Embora, no passado, tenha sido demonstrada reverência por objetos associados a Yahweh (p. ex., a serpente de bronze do deserto [Nm 21:9; cf. 2Rs 18:4], a estola de Gideão [Jz 8:27] e talvez até mesmo o bezerro de ouro [Êx 32; cf. 1Rs 12:28; 2Rs 17:16]), adoração desses objetos foi condenada e se tornou uma armadilha para Israel. Ao contrário do antigo conceito oriental de santidade, Yahweh proibiu seus adoradores de construir qualquer ídolo, inclusive imagens do Senhor (Êx 20:4; Dt 4:15-19; 27:15).

Os profetas condenavam as ações do povo conforme a independência de Israel e Judá se aproximava do fim, mas prometiam que Deus ainda purificaria a terra e seus habitantes (Is 4; Zc 13:1). As profecias turvaram a distinção entre santidade e pureza (Jr 33:8; Ez 36:25,33) e fixaram o tom para os que vieram depois.

As seitas judaicas nos tempos do NT, cada qual operando a santidade de uma maneira distinta, estavam convencidas de que tal procedimento impediria que Deus exilasse Israel novamente ou, até mesmo, o persuadiria a restabelecer a independência de Israel. Os saduceus acreditavam que era indispensável que os sacrifícios do templo fossem mantidos. Os fariseus procuravam reproduzir a santidade requerida dos sacerdotes e do templo em sua próprias casa e vida. Os zelotes argumentavam que Deus somente ajudaria os judeus a limpar a terra dos romanos (gentios) se o povo tivesse fé para agir. Os essênios de Qumran fundaram uma comunidade nas costas do mar Morto para celebrar festas e rituais em um calendário diferente daquele dos sacerdotes de Jerusalém, e também para praticar banhos cerimoniais a fim de remover a impureza pessoal.

João Batista pregava que os judeus deveriam se arrepender de seus pecados e ser batizados, prática antes reservada para os gentios convertidos, e profetizava que o Messias logo traria maior purificação (Mc 1:4-8 e par.). O sucesso do ministério de João é uma boa medida para o difundido desejo de santidade entre judeus do século I.

O conceito de santidade do NT é baseado no do AT. Deus ainda é visto como santo e exigindo daqueles que o servem que participem dessa qualidade (1Pe 1:15-16). Tanto os gentios como também os judeus poderiam se tornar parte do povo de Deus debaixo da nova aliança (Rm 2:28-29; Gl 3:28; Cl 3:11). Os que aceitassem o convite seriam chamados "santos" (gr. *hágios*; At 9:13; 1Co 1:2; Jd 3; Ap 5:8). A distinção mosaica entre "puro" e "santo" deu lugar à preocupação com a conduta (1Pe 1:15), a atitude e o pensamento adequados (Mt 5-6; 1Co 13; Gl 3).

A própria santidade pessoal de Jesus foi demonstrada por sua concepção (Lc 1:35), a afirmação pública pelo Pai (Mt 3:17), suas ações (Lc 5:20-24) e sua ressurreição (Rm 1:3-4). O NT representa Jesus como santo e uma fonte de santidade / pureza. Ele pode tornar santos os seus seguidores (Hb 13:12; 1Pe 1:2; cf. esp. Mt 8:1-3), algo que apenas Yahweh tinha feito antes (Sl 51:7 [TM 3]; Ez 20:12). Depois da morte de Jesus, seus seguidores ensinaram que Deus concedera o perdão dos pecados ("santidade") a todos que tivessem fé nele (At 2:22-39; Rm 3:21-26; 1Jo 1:7).

O NT também amplia o papel do Espírito Santo. O Espírito condena o mundo (Jo 16:7-11) e santifica os que acreditam em Jesus (1Co 6:11; 2Ts 2:13; 1Pe 1:2). A esse respeito, ele é como uma fonte perene de água viva, sempre capaz de purificar os outros. O próprio Espírito nunca pode se tornar impuro (Jo 4:13-14; 7:38-39). [TIMOTHY P. JENNEY]

SANTIFICAR, SANTIFICAÇÃO O ato de tornar algo ou alguém puro ou santo. Na teologia cristã, a santificação é normalmente entendida como ato ou processo subsequente à salvação que torna o crente santo de fato (em oposição à justificação, que é a declaração legal de inocência).

No AT, especialmente nos profetas, a santificação era entendida como o processo todo pelo qual Deus está purificando nosso mundo e seu povo. Seu objetivo fundamental é que todas as coisas — animadas e inanimadas — sejam purificadas de toda mancha de pecado ou impureza (Ez 36:25-29; 37:21-23). O hebraico *qdš* ocorre como verbo, "ser separado, consagrado", e como adjetivo ("sagrado, santo" [coisa, lugar, pessoa, etc.]), se essa qualidade fosse aplicada a Deus, ou lugares, coisas, pessoas ou tempos santificados por (ou para) Deus. O povo devia ser uma "nação santa" (Êx 19:6). Para facilitar a santificação deles, Deus estabeleceu um sacerdócio santo (Êx 29:1; 1Sm 7:1).

Um termo menos frequente, o hebraico *ṭhr* ("ser limpo, puro"), descreve a purificação no sentido físico, cerimonial e moral. Existem animais "limpos" (Gn 7:2, 8; 8:20) e metais "puros" (Êx 25:11-39), pessoas e coisas "puras" (Nm 18–19). As palavras do Senhor são "puras" (Sl 12:6 [TM 7]), seus olhos "puros demais para ver o mal" (Hc 1:13).

Algo pode ser separado de Deus pelo pecado e pela impureza. Pode-se obter o perdão do pecado pela oferta do sacrifício apropriado pelo pecado; a purificação da impureza requer o ritual apropriado de purificação. Tais rituais podem ser divididos em rituais de água, para pessoas e coisas que podem ser purificados, e os rituais de fogo (normalmente destrutivos), para coisas gravemente contaminadas, especialmente as que não podem ser purificadas.

Uma pessoa que contraiu impureza deve se banhar, lavar as roupas e esperar até a tarde (Lv 11:38; 15:1-32; Nm 19:11-13). Maior quantidade de impureza requer cerimônias mais complicadas e ingredientes adicionais (Lv 14:1-9; Nm 19:1-22). Sob as condições corretas, até a água pode se tornar impura (Lv 11:33-35). Entretanto, a água de uma fonte ("água corrente") ou de uma cisterna subterrânea era sempre considerada pura. É por isso que "água corrente" se tornou tão importante (Lv 14:5,6,50-52; 14:52; 15:2, 13; cf. Jo 4:10,11; 7:38).

Em última análise, o NT ensina que a santificação do mundo acontece a nível pessoal e individual. Os que escolhem ser santificados pelo Espírito devem cooperar no processo (1Jo 3:3; Ap 22:11) — assim como os ritos de purificação da água no AT. Esse processo remove o pecado e "salva" o indivíduo. O papel do Espírito na santificação começa antes da conversão com a convicção (Jo 16:8-11), inclui a purificação do crente na conversão (1Co 6:11; 2Ts 2:13; 1Pe 1:1,2), lavando-o(a) continuamente do pecado depois da conversão (Jo 4:10-14; 7:38,39; cf. 1Jo 1:7-9), pela orientação dele ou dela numa vida reta (Jo 14:26; Rm 8:5-13; 1Co 2:9-16).

A purificação pelo fogo inclui uma variedade de materiais: vestuário ou couro com qualquer tipo de mofo destrutivo (Lv 13:47-59) ou uma casa da qual o mofo não possa ser purificado (Lv 14:33ss; cf. Sodoma e Gomorra, Gn 19:24; cf. Lc 17:29,30; e Jerusalém idólatra, Jr 4:4).

As pessoas que se recusam a cooperar com a obra de santificação do Espírito são punidas com fogo. Deus usará esse método para "purificar" a terra da presença das pessoas pecadoras (Is 66:24; cf. Mt 25:30,41,46; Ap 20:11–21:1; cf. 2Pe 3:10-13). [TIMOTHY P. JENNEY]

SANTO DE ISRAEL, O Título de Yahweh que aparece principalmente em Isaías. O nome enfatiza os elementos da santidade moral de Deus e de sua relação especial com o todo o povo de Israel. Provavelmente surgiu no culto, o qual enfatizava a santidade

A B C D E F G H I J K L M N O P Q R S T U V X Y Z

de Deus conforme o tema do Código de Santidade demonstra: "Vós sereis santos, porque eu sou santo". [PAUL L. REDDITT]

SANTO DOS SANTOS O recinto mais íntimo e sagrado do santuário israelita (Hb 9:3; gr. *hágia hagíōn*). *Ver* LUGAR SANTO.

SANTO SEPULCRO A tumba em que o corpo de Jesus foi enterrado: caverna cortada na rocha, destinada ao funeral de José de Arimateia (Mt 27:57-60) e situada fora dos muros de Jerusalém (Jo 19:41; Hb 13:12).

A Igreja do Santo Sepulcro, consagrada no dia 15 de julho de 1149, no 50º aniversário da conquista de Jerusalém pelos cruzados, foi construída sobre um dos lugares identificados pela tradição antiga como o Gólgota e a tumba de Jesus. Escavações sob a igreja mostraram que o local era uma antiga pedreira que fora reutilizada como um lugar de sepultamentos no século I. Essa área foi primeiramente inserida para dentro dos muros da cidade por Herodes Agripa (41-44), uns dez anos depois da crucificação de Jesus (Josefo, *BJ* 5.147-55; *Ant.* 19.326-27).

O imperador Adriano fundou Aelia Capitolina sobre as ruínas de Jerusalém (135 d.C.) e ergueu em cima do túmulo de Jesus um templo a Júpiter, próximo a uma estátua de Vênus (Eusébio Vita Const.; Jerônimo Ep. 58; Dio Cássio Hist. 69.12). Depois do Concílio de Niceia (325), Constantino ordenou que o templo pagão fosse posto abaixo e construiu uma igreja em seu lugar. Os engenheiros de Constantino depois de remover o templo descobriram uma tumba identificada como a de Jesus (Eusébio Vita Const. 3.25-40). Uma grande rotunda foi edificada sobre o túmulo. Imediatamente do lado leste desse edifício, o Gólgota se erguia ao ar livre na esquina sudoeste de um pátio de uma imensa colunata, o qual conectava a rotunda a uma enorme basílica chamada o *Martyrium* ("Testemunha" do lugar da morte e ressurreição de Jesus). Em 1009, o califa egípcio Hakim ordenou a destruição da igreja de Constantino e, em 1048, uma nova igreja foi construída sobre os fundamentos da rotunda. Os cruzados incorporaram essa igreja em seu grande projeto, cobrindo a rotunda e o pátio das igrejas anteriores, além do espaço que fora ocupado pela porção ocidental da basílica de Constantino.

Os céticos duvidam que os cristãos judeus primitivos tenham preservado a memória dos verdadeiros locais e definem tal identificação feita no século IV como o desejo de Constantino de difundir sua fé recém-adquirida e o desejo da igreja de Jerusalém de se exaltar acima dos outros centros eclesiásticos. No entanto, o local (que se situava fora da cidade no século I) possui as marcas exigidas pela arqueologia, e Eusébio, que não era nenhum defensor de uma Jerusalém forte, corrobora com essa identificação, favorecendo a ideia de memória cristã contínua.

Bibliografia. M. Biddle, *The Tomb of Christ* (London, 1999); C. Couasnon, *The Church of the Holy Sepulchre in Jerusalem* (Oxford, 1974); I. Finegan, *The Archaeology of the New Testament*, ed. rev. (Princeton, 1992), 258-82; J. Wilkinson, *Jerusalem as Jesus Knew It* (Nashville, 1983). [ROBERT HARRY SMITH]

SANTOS No uso bíblico, não restrito especialmente a indivíduos santos, mas um termo para o povo de Deus tanto no AT como no NT (Sl 31:23 [TM 24]; Ef 1:1, 15; 2Ts 1:10; Ap 5:9; 18:20). Eles são chamados "os santos" de Deus (heb. *qĕḏôšîm*, Sl 16:3; 34:9 [10] ou "fiéis" (*ḥăsîḏîm*, 30:4 [5]; 85:8 [9]; 145:10). Eles se regozijam na bondade de Deus e confiam em Seu cuidado (2Cr 6:41; Pv 2:8). A morte deles é preciosa "à vista do Senhor" (Sl 116:15).

O NT fala frequentemente de "santos" (gr. *hágioi*). Mateus observa que depois da ressurreição de Cristo "muitos corpos dos santos" que haviam morrido foram ressuscitados (Mt 27:52). Ananias protesta contra a ajuda a Saulo de Tarso, porque ele ouvira falar de sua perseguição dos "santos" em Jerusalém (isto é, os cristãos, At 9:13; cf. 26:10); 9:32, 41 menciona "santos" que vivem em Lida e Jope que eram "crentes". Semelhantemente, Paulo se refere aos cristãos (1Co 6:1,2; Fp 4:21,22; Fm 5,7), que são "chamados para serem santos" (Rm 1:7), dirigindo-se às comunidades cristãs como "todos os santos" (2Co 1:1; 1Ts 3:13; Fp 1:1; cf. Cl 1:4; Ef 3:8, 18). Às vezes, eles precisam de ajuda (Rm 8:27; 16:2; 2Co 8:4; 9:1, 12); às vezes ele doam (Rm 12:13; 15:25-31; 1Co 16:1, 15; cf. Hb 6:10). Os santos se preparam para a vinda de Cristo (1Ts 3:13; 2Ts 1:10).

Colossenses vê os cristãos compartilhando "a herança dos santos no reino da luz" e observa o mistério cristocêntrico como algo revelado aos "santos" (Cl 1:12, 26, 27; cf. Ef 1:18). Efésios ressalta o preparo dos santos "para a obra do ministério" e apela por vigilância no viver cristão e na oração intercessória (Ef 4:12; 5:3; 6:18). Nas cartas pastorais, espera-se que as viúvas sustentadas pela igreja lavem os "pés dos santos" (1Tm 5:10). O cristianismo foi "uma vez por todas confiado aos santos" (Jd 3). Em Apocalipse, os "santos" são cristãos perseguidos (Ap: 13:7, 10; 14:12; 16:6; 17:6; 18:24) que oram para permenecerem fiéis (note "as orações dos santos", Ap 5:8; 8:3, 4). O Apocalipse se encerra com uma bênção em favor de "todos os santos" (Ap 22:21). [ALLISON A. TRITES]

SANTUÁRIO Edificação que contém objetos sagrados, ou lugar de culto. Um santuário pode ser uma tenda (Êx 33:7), um lugar alto (2Rs 23:19) ou um templo (At 17:24).

Os primitivos clãs e tribos hebraicas estabeleceram santuários tanto antes como depois da conquista de Canaã, frequentemente ocupando santuários cananeus abandonados ou lugares consagrados onde haviam ocorrido eventos sagrados. Por exemplo, Abraão construiu um altar em Manre para celebrar seu pacto com Deus (Gn 13:18). A confederação tribal também possuía seu próprio santuário móvel, a arca da aliança, que esteve depois localizada em vários santuários permanentes, incluindo Siquém (Js 24), Gibeá (Jz 20:27), Gilgal (Js 3-4) e Siló (1Sm 3:3). O templo acabou sendo em Jerusalém o santuário central. Muitos reis de Israel erigiram santuários a deuses pagãos; estes foram destruídos na reforma religiosa de Josias em 622 a.C. [HENRY L. CARRIGAN, JR.]

SAPATOS *Ver* SANDÁLIAS, SAPATOS.

SAQUIAS (heb. *kāḵĕyâ*) Benjamita, filho de Saaraim e Hodes (1Cr 8:10).

SARA (heb. *śārâ*) (tb. SARAI) **1.** A primeira ancestral do povo judeu, bem como dos cristãos e muçulmanos. Apresentada no final de Gênesis 11 como Sarai, esposa de Abrão, ela atua entre Gênesis 11 e 23 como companheira de Abraão. Chamados por Deus de sua residência no leste (Ur da Babilônia via Harã), eles começaram sua vida bíblica em idade avançada lutando para discernir as implicações das promessas que Deus lhes fizera: terra, prole, bênção. As histórias envolvendo Sara podem ser vistas como a luta dela e de Abraão para compreenderem seus papéis em receber a terra, gerando descendência e em ser abençoados pelos povos ao mesmo tempo ser uma bênção para os povos ao redor deles. Em nenhum momento, a trilha deles é particularmente clara.

Eles não chegam logo à Canaã prometida quando a fome os impele para o Egito, onde a estratégia de sobrevivência de Abrão coloca Sarai no palácio do faraó (Gn 12, e com menor mudanças, Gn 20). Uma vez que Deus intervém com desaprovação, o casal e a família partem para entrar de novo na terra de Canaã, enriquecidos pelo encontro com o estrangeiro. Outros episódios envolvendo pessoas da terra especificam grupos a quem seus descendentes com o tempo mantêm relacionamento: moabitas, amonitas, reis canaanitas, povos dos arredores do mar Morto (Gn 13—14; 18—19).

Mas a promessa primordial feita a Sara, é a geração de um herdeiro de quem descenderá o povo judeu. Todos os episódios nos quais ela figura podem ser vistos como complicações do seu papel como ancestral. Tão logo Sarai é apresentada, nota-se que ela e Abrão não têm filhos; a promessa de descendentes numerosos não inclui orientações para consegui-lo. Abraão evidentemente tem outras opções para que Sara seja a mãe do filho: sua responsabilidade pelo sobrinho Ló, talvez até sua renúncia temporária da esposa em território estrangeiro e sua adoção de um escravo da família são soluções plausíveis para a prolongada falta de filhos de Sara. A própria Sara acaba sugerindo que seu marido tenha um filho com sua serva egípcia, Hagar; esse filho, Ismael, embora abençoado por Deus, não é o filho da promessa. Mas finalmente, sob a direção de Deus a respeito da concepção, nome e circuncisão, Sara dá a Abraão Isaque, seu herdeiro adequado, quando ela está com 90 anos e Abraão com 100 (Gn 16–21). Tendo realizado essa proeza, ela desaparece, se ausenta quando a vida de Isaque é ameaçada no monte Moriá (Gn 22) e morre com a idade de 127 anos.

Os estudiosos bíblicos propõem várias questões às histórias de Sara e Abraão. Os historiadores questionam se e como recuperar informação social, política e econômica. Mas as circunstâncias que deram origem, tempo da composição e a referência dos materiais permanecem nebulosas. Os que tentaram datar os eventos das histórias tendem a colocá-los no meio do segundo milênio a.C. Os que datam a composição das fontes diferem; as sugestões adequadas vão dos séculos X ao IV.

A crítica científica social esclarece os esforços da maternidade em particular. De certa forma confiantes de terem encontrado um paralelo extrabíblico do século XIV para a alegação de Abraão de que sua esposa era sua irmã, estudiosos recentes têm-se preocupado em compreender os assuntos do casamento, parentesco e economia mais sistematicamente. A urgência de Sara em ter um filho não é uma abstração ou ideal, mas uma necessidade para dar a Abraão uma determinação clara de quem vai herdar verticalmente o nome, a terra, os direitos de propriedade; ela precisa de um filho para esclarecer seu próprio status e garantir um protetor para si mesma. Então o episódio envolvendo o fracasso de Sara em dar um herdeiro envolve uma mistura de detalhes históricos, legais, sociológicos e psicológicos, bem como religiosos e teológicos.

A análise literária das histórias, embora ainda postulando várias vozes e fontes para as histórias (muitos concordam que os textos emergem de estratos Javista [p. ex., Gn 12], Eloísta [cap. 20] e Sacerdotal [caps. 17, 23], também assume uma análise mais holística dos textos ancestrais. As genealogias, uma vez rejeitadas como secundárias e tediosas, agora colocadas em pauta embelezadas por episódios que suplementam. Para Sara, a questão colocada é como, apesar da idade e da evidente esterilidade e da de seu marido, ela vai produzir o herdeiro vertical "direto" para Abraão. Um detalhe como o silêncio de

Sara quando entregue por Abraão ao estranho é avaliado em termos de caracterização ou ideologia. Pega entre circunstâncias difíceis, ela pode escolher não contribuir para sua própria opressão, ou pode temer sem palavras sua abordagem — ou suas palavras podem parecer controvertidas. De forma semelhante, seu relacionamento competitivo com Hagar é mostrado para levantar menos da malevolência do que da ameaça que Sara deve sentir à sua posição enquanto continua sem filhos ou das pressuposições narrativas.

As referências a Sara fora de Gênesis são derivadas de seus papeis como esposa e ancestral. No AT, ela é mencionada somente em Isaías 51, onde seu nome (com o de Abraão) é emprestado a facções pós-exílicas. Paulo faz referência semelhante (Rm 9; Gl 4), onde Sara e Isaque representam ser escolhidos, prometidos, livres, em oposição a Hagar e seu filho, que representam valores opostos. Sua esterilidade em idade avançada é também resumidamente referida em Romanos 4; Hebreus 11 como parte do desafio de Abraão à fé. Finalmente, tendo viajado alguma distância dos episódios de Gênesis, ela é citada como obediente a Abraão (1Pe 3).

Bibliografia. A. Brenner, ed., *A Feminist Companion to Genesis* (Sheffield, 1993); N. Steinberg, *Kinship and Marriage in Genesis: A Household Economics Approach* (Minneapolis, 1993). [BARBARA GREEN, O.P.]

2. A filha de Raguel e esposa de Tobias (Tob. 3.7-8). Ela fora casada com sete maridos, cada um deles foi morto pelo demônio Asmodeus antes do casamento ser consumado.

SARAI (heb. *šāray*) Um dos filhos de Binui entre os que foram solicitados por Esdras a se divorciarem de suas esposas estrangeiras (Ed 10:40).

SARAR (heb. *šārār*) (tb. SACAR) Hararita e pai de Aião, um dos Trinta de Davi (2Sm 23:33). Ele é chamado de Sacar em 1Crônicas 11:35).

SARDES (gr. *Sárdeis*) Cidade na Ásia Menor listada entre as sete igrejas de Apocalipse 1:11 (cf. 3:1-6). Fundada no início de 1200 a.C., Sardes foi uma antiga capital do reino da Lídia que foi conquistada pelos persas no século VI. A derrota dos persas por Alexandre em 334 trouxe independência, mas ela foi novamente conquistada e tornada capital provincial pelos selêucidas. A ocupação romana começou em 189 e, durante dois séculos, Sardes viveu sob o governo de Pérgamo.

Escavações em Sardes descobriram a acrópole, esplêndidos edifícios monumentais, um ginásio e um templo dedicado a Ártemis (que imitava o de Diana, em Éfeso). O achado mais importante é a basilica que foi transformada em sinagoga no século III d.C.; suas proporções monumentais e decoração sugerem que a comunidade judaica desfrutava de considerável riqueza e prestígio — e pode ter vivido em alguma competição com a jovem igreja em crescimento na cidade (cf. Ap 3:9). Esta descoberta coloca em discussão a hipótese que as comunidades judaicas (e os cristãos judeus) viviam em algum isolamento ou em seus próprios enclaves religiosos.

Sardes e Laodiceia recebem a crítica mais dura nas cartas de Apocalipse. Embora a igreja estivesse em sério risco espiritual, alguns de seus membros eram fiéis e não tinham "manchado suas vestes" (Ap 3:4).

A igreja de Sardes continuou a crescer no período patrístico. Melito foi bispo de Sardes no século II e foi um escritor prolífico — especialmente criticando a comunidade judaica rival. Por volta do século IV o cristianismo estava crescendo rapidamente no império e foi construída em Sardes uma grande basílica. Há registros de bispos para Sardes até o século XIV, mas a subsequente conquista turca encerrou a liderança eclesiástica da cidade.

Bibliografia. C. Foss, *Byzantine and Turkish Sardis* (Cambridge, Mass., 1976); G. M. A. Hanfmann, *Sardis from Prehistoric to Roman Times* (Cambridge, Mass., 1975); J. G. Pedley, *Ancient Literary Sources on Sardis* (Cambridge, Mass., 1972); A. R. Seager, "The Building History of the Sardis Synagogue", *AJA* 76 (1972): 425-35. [GARY M. BURGE]

SAREPTA (heb. *ṣārĕpat*; gr. *Sárepta*) Cidade portuária fenícia (moderna Sarafand) localizada na costa mediterrânea entre Tiro e Sidom. Conquistada por Senaqueribe em 701 a.C. (ac. Zaribtu), foi um próspero centro comercial no período romano.

Durante um tempo de grave fome, Deus mandou que Elias fosse a Sarepta, onde uma viúva cuidaria dele (1Rs 17:8-24). Como recompensa por sua hospitalidade, Elias reabasteceu milagrosamente o suprimento dela de azeite e farinha e curou seu filho que estava morrendo (cf. Lc 4:25, 26). Obadias 20 promete que os exilados restaurados possuiriam a terra desde Edom até Sarepta. [JOE E. LUNCEFORD]

SAREZER (heb. *śar'eṣer*) **1.** Um dos dois filhos de Senaqueribe que assassinaram o rei assírio (2Rs 19:37 = Is 37:38), mergulhando o império numa curta crise dinástica até o filho mais novo, Assarradão, retornar do exílio e assumir o trono em 680 a.C. Além da Bíblia, entretanto, não há fonte mesopotâmica para o nome desses filhos, embora o assassinato de Senaqueribe pelas mãos de seus próprios filhos seja aparentemente histórico (inscrição de Nabonido; *ANET*, 309). Com base na construção de nomes acádicos, Sarezer aqui é apenas um nome parcial ("[O Deus X] protege o rei" = sar-usur) e um nome divino poderia ser incluído (p. ex., Nebu, e assim, Nebusarezer.

2. Um dos emissários enviados pelo povo de Betel em 518 para indagar a respeito da continuação do jejum (jejum mais frequente foi instituído depois do Exílio; Zacarias 7:2). A maioria dos estudiosos sugere que o texto deveria na verdade ser Betelsarezer, "Que Betel (a divindade) proteja o rei". [DANIEL L. SMITH-CHRISTOPHER]

SARGÃO (heb. *sargôn*; ac. *Šarru-kēn*) Sargão II, rei da Assíria (721-705). Embora o nome Sargão signifique "o rei é legítimo" em acádico, a legitimidade de Sargão II ao trono é incerta. Ele se refere a Tiglate-Pileser III (744-727) como seu pai somente uma vez em suas inscrições, e ganhou o trono com o assassinato de Salmaneser V, seu possível irmão, durante o cerco de Samaria. Depois de seu primeiro ano de reinado de luta na Assíria ele silenciou a rebelião em casa ao libertar os cidadãos de Assur da "intimação aos braços da terra e das exigências do coletor de impostos" aparentemente impostos sobre eles por seu predecessor. Sua batalha seguinte contra Babilônia, agora governada pelo arameu Marduk-apal-iddina II (o bíblico Merodaque-Baladã) com apoio de Elã, terminou num impasse temporário.

Durante o período entre governantes na Assíria, irromperam rebeliões na Síria-Palestina. Sargão reivindica a responsabilidade pela captura e exílio dos cidadãos de Samaria (2Rs 17). Ele derrotou as forças aliadas incluindo Hamath, Arpade e Carquemis (Is 10) e continuou para o sul até Judá, onde derrotou um exército egípcio em Gaza, fronteira do Egito. Sargão lançou uma campanha militar contra os rebeldes, punindo e deportando grande número deles. Ficou então preocupado em derrotar seus inimigos para o norte, Mushki e Urartu. Suas famosas "Cartas aos deuses" emprega uma terminologia incisiva para descrever sua campanha e derrota de Urartu.

Posteriormente em sua carreira, Sargão voltou novamente ao problema da Babilônia. Marduk-apal-Iddina II fugiu para Elã e Sargão fez-se rei da Babilônia. Outra rebelião no oeste, liderada pelos reis de Asdode, foi esmagada (Is 20:1); um pequeno fragmento de uma estela de Sargão foi encontrado nas escavações de Asdode. Sargão foi morto numa campanha um tanto obscura na Anatólia.

Sargão construiu sua nova capital chamada Dur-Sharruken ("Fortaleza de Sargão", Khorsabad) perto de Nínive. Embora esse tenha sido um dos mais ambiciosos projetos da Assíria, foi abandonado quase tão logo foi habitado. [TAMMI J. SCHNEIDER]

SARIDE (heb. *śārîḏ*) Lugar que definia o limite sul do território tribal de Zebulom (Js 19:10, 12). Sarid deve provavelmente ser identificado com Tell Shadûd, no vale de Jezreel, cerca de 8 km a sudoeste de Nazaré.

SAROM (heb. *šārôn*) Fértil região costeira da Palestina ("planície" ou "plano rural"). Com cerca de 80 km de comprimento por 16 km de largura, ela se estende do norte ao longo do Mediterrâneo, de Jope para o sul do monte Carmelo. Uma rota de caravana seguia esta planície marítima nos tempos antigos ligando a Mesopotâmia e a Ásia Menor com o Egito. O texto de 1Crônicas 5:16 localiza as "terras de pastagens de Sarom" a leste do rio Jordão; uma interpretação equipara esta referência a pastagens perto do monte Hermom, enquanto uma tradução alternativa vê Sarom como uma referência ao planalto de Gileade.

A primeira referênca bíblica incontestável à planície de Sarom encontra-se em 1Crônicas 27:29, em que Sitrai, de Sarom é citado como supervisor dos rebanhos de Davi que pastavam em Sarom. Referências simbólicas à área incluem a rosa de Sarom, uma metáfora para a insuperável beleza (Ct 2:1). Também, o status de planície de Sarom, seja árida ou florescendo, simboliza em Isaías 33:9; 35:2; 65:10 o estado espiritual de Israel.

O "Lasarom" associado a um rei derrotado em Josué 12:18 é mias provavelmente uma referência à planície de Sarom. Sarom (gr. *Sarrōn*) em Atos 9:35 é o mesmo, como evidenciado por sua associação com a cidade de Lida. [ERIC HOLLEYMAN]

SARSEQUIM (heb. *sarsĕḵîm*) "Sarsequim, o Rabe-Saris", oficial babilônio (Jr 39:3). Não está claro se este é o nome de um oficial ou de um título oficial. Muitos estudiosos contemporâneos corrigem esse versículo com base em Jeremias 39:13, lendo-o assim: "Nergal-Sareser, príncipe de Simagar, o Rab-mag; Nebusazbã, o Rab-Saris..." A hipótese é que a confusão ocorra com os títulos babilônios de oficiais no tempo da queda de Jerusalém. [DANIEL L. SMITH-CHRISTOPHER]

SARUÉM (heb. *šārûḥen*) Cidade do território tribal de Simeão (Js 19:6, faltando na LXX), normalmente identificada com Silim (15:32, designada a Judá) e Saaraim (1Cr 4:31). Saruém é mencionada num documento egípcio de antes da ocupação israelita (*ANET*, 233), no qual está a primeira fortaleza dos hicsos asiáticos depois de sua expulsão do Egito no século XVI a.C. Em geral, acredita-se que o local está no sudoeste. As possíveis identificações incluem Tell el-Fâr'ah (Sul), Tell el-'Aijûl e mais recentemente Tell Abu Hureirah/Tel Haror. [LAURA B. MAZOW]

SASAI (heb. *šāšay*) Homem que retornou do exílio a quem Esdras exigiu que se divorciasse de sua esposa estrangeira (Ed 10:40).

SASAQUE (heb. *šāšāq*) O chefe de uma casa paterna de Benjamim que tinha vários filhos (1Cr 8:14, 22-25). Ele viveu em Jerusalém no pós-exílio.

A B C D E F G H I J K L M N O P Q R **S** T U V X Y Z

SATANÁS (heb. *śāṭān*) Lit., adversário ou conspirador, alguém que inventa meios para se opor a outra pessoa. No AT, o termo (normalmente acompanhado pelo artigo) é aplicado tanto ao ser humano como a figuras celestiais a quem foi designado o papel de obstruir o caminho do malfeitor e atuar como agente do juízo divino (Nm 22:22, 32; 1Rs 11:14, 23; Sl 109:6; 1Cr 21:1; Jó 1–2; Zc 3:1, 2; cf. 1Sm 29:4, em que denota um potencial sabotador nas fileiras). O sentido aqui é claramente não ser uma personalidade, mas uma função ou status que um ser assume temporariamente.

No prólogo de Jó e Zacarias 3, "o" satanás é identificado especificamente como "um dos *elohim*", um membro experiente da corte celestial, sobre quem repousa a tarefa de acusar e perseguir pecadores perante o tribunal da justiça divina. Com esse fim, ele assume o manto não apenas do espião oriental a inteligência que reúne "olhos e ouvidos do rei", que perambula de um lado para outro da terra observando os humanos e retorna à corte para apresentar lealdade ao seu suserano; como também o agente provocador que seduz as pessoas para cometerem crimes pelos quais elas podem então ser punidas. Em 1Crônicas 21:1, quem age como "um" satanás é também um ser celestial que bem pode ser o próprio Deus.

Na literatura do período interbíblico, do NT e judaica (esp. apocalíptica), o termo é usado como substantivo próprio para denotar um ser supramundano que o coloca em completa oposição a Deus e se dedica a frustrar sua obra. Ele é conhecido também pelos epítetos como Azazel (1En 13.1), Mastema (1QM 13.4,11; Jub 10.8), Belzebú (Mc 3:22; Mt 10:25; 12:24), Samael (Mart. Is 1.8,11; 2.1), Belial/Beliar (2Co 6:15; 1QS 1.18; 1QM 13.12; Mart. Is 2.4), "o diabo" (Mt 4:1; 25:41; Lc 4:2; 8:12; Jo 13:2; At 10:38; T. Jó 3:3; cf. Sb. 2.24), "o maligno" (Mt 13:19; Jo 17:15; 1Jo 5:18, 19; cf. Mt 6:13; 2Ts 3:3), "o príncipe dos demônios" (Mc 3:22 par.), "o inimigo" (Mt 13:25, 28, 39; Lc 10:19), e "príncipe deste mundo" (Jo 12:31; 14:30). Frequentemente mencionado — junto a demônios "subordinados" (chamados de "satãs" em 1En 64.4) e outros espíritos malignos — como causa de sofrimento, enfermidade, loucura, pestilência e até calamidade nacional, essa figura foi considerada basicamente como aquele que "testa" o piedoso ou o eleito (nunca o "perverso" que já está em suas garras) colocando-o em posição forçada na qual a natureza e extensão de sua dedicação a Deus será revelada — daí a sua designação em Mateus 4:3; 1Tessalonicenses 3:5 como "o tentador". Seu objetivo final é interromper ou destruir a fidelidade deles e a confiança em Deus e, com isso, induzir neles as sementes, se não a floração da desobediência às obrigações pactuais. De acordo com descrições clássicas de Satanás "em ação" (Mt 4:1-11 par., a tentação de Jesus no deserto), Satanás emprega com muita frequência uma tática condizente com seu caráter tanto de "um mentiroso e pai da mentira" (Jo 8:44) e aquele que, todavia, se disfarça com frequência em "um anjo de luz" (2Co 11:14), ou seja, usa argumentos perspicazes, quase sempre fundamentados na própria Escritura, para persuadir quem ele "testa" a "ver" e aceitar que o que Deus mandou fazer (ou em que confiar) pode possivelmente não ser "de Deus". Mas as aflições, perseguições e várias outras "provações" fazem também parte do arsenal usado na tentativa de desviar da incumbência que Deus colocou sobre eles (cf. 1Pe 5:8).

Este mesmo Satanás parece também ter sido sempre conhecido como aquele que age somente dentro e sob a permissão de Deus (note a coordenação de propósitos divinos e satânicos em Mateus 4:1) e até mesmo em sua maldade, ele age ainda como um servo divino, promovendo premeditadamente no mundo vários aspectos de justiça de Deus. Em Lucas 22:31-34, p. ex., Satanás é descrito por Jesus examinando para Deus as impurezas no compromisso dos discípulos. Em 1Coríntios 5:1-5; 1Timóteo 1:20 Satanás é quem pode ajudar o pecador e o blasfemo, respectivamente, a retornarem ao aprisco. De acordo com CD 8.2, no juízo final, quando os ímpios forem punidos e os justos recompensados, é Satanás que "visitará" todos os apóstatas com destruição (cf. Mt 25:41). Como observa Apocalipse 12:7-12, até que ele fosse liberado da função pela obra expiatória de Cristo, que anula todas as acusações contra os eleitos de Deus, Satanás ainda era o Satanás de Deus que executava seu papel determinado como Grande Acusador do céu.

No entanto, exceto no judaísmo farisaico (onde Satanás é estritamente um servo de Deus), a ênfase sobre Satanás como basicamente "o maligno" hostil a Deus e seu povo tende a predominar. Os responsáveis por isso são (1) a identificação de Satanás no período interbíblico com a serpente do Éden (2En 31.3; Vida de Adão e Eva 15–16; cf. Sb. 2.24; cf. também Ap 20:2) e com o dragão do caos do mito da criação; (2) a sujeição dos judeus, durante o domínio persa, às maquinações de inspetores e acusadores fanáticos que usaram de armadilhas para conseguir acusações e ficaram satisfeitos somente com uma sentença capital (cf. Ec 10:20); e (3) o florescimento no pensamento judaico (devido ao contato com o zoroastrismo persa?) do dualismo moral e ontológico, junto a uma crescente insatisfação com a explicações tradicionais e ortodoxas da origem e da persistência do mal, que pareciam não mais se adequar aos sofrimentos absolutos, grandes e aparentemente imerecidos, não educativos e não redentores com os quais os fiéis entre o Israel do pós-exílio foram continuamente confrontados.

Todas as fontes concordam, entretanto, que em algum ponto as atividades de Satanás serão interrompidas e o próprio Satanás será permanentemente reprimido de atingir quaisquer de seus fins. Mas a descrição da maneira e dos meios pelos quais isto será viabilizado, bem como até que ponto Satanás resistirá ao seu próprio cerceamento e fim, varia consideravelmente, até mesmo dentro de um corpo que emana de um outro grupo normalmente com ideias afins, e parece depender do quanto se pensava Satanás ser independente ou hostil aos propósitos de Deus. Tal descrição merece uma nota, a saber, a de Apocalipse. Aqui, numa obra na qual a oposição de Satanás a Deus e seu povo é tão implacável quanto furiosa, em que diz-se que Satanás se esforça vigorosamente contra sua "expulsão", e na qual ele é finalmente consignado por sua maldade a uma punição eterna, prevê-se que Satanás terá de suportar, apesar de tudo, sua tortura não no mundo subterrâneo (cf. Mt 25:41; 1En 54.6), mas na sala do trono do Ancião de Dias. Satanás é vencido por ter-se exaltado até Deus.

Bibliografia. P. L. Day, *An Adversary in Heaven: satan in the Hebrew Bible*. HSM 43 (Atlanta, 1988); J. B. Gibson, *The Temptations of Jesus in Early Christianity*. JSNTSup 112 (Sheffield, 1995); L. Jung, *Fallen Angels in Jewish, Christian, and Mohammedan Literature* (1926, repr. New York, 1974); S. H. T. Page, *Powers of Evil: A Biblical Study of Satan and Demons* (Grand Rapids, 1995); E. Pagels, *The Origin of Satan* (New York, 1995); J. B. Russel, *The Devil: Perceptions of Evil from Antiquity to Primitive Christianity* (Ithaca, 1977); W. Wink, *Unmasking the Powers* (Philadelphia, 1986). [JEFFREY B. GIBSON]

SÁTRAPA Título de governadores provinciais no Império Persa (heb., aram. *'ăḥašdarpān*; O.Pers. *ḫšaçapāvan*; Ed 8:36; Et 3:12; 9:3; Dn 3:2,3; 6:1-7). Ester 1:1; 8:9 relata cerca de 127 províncias do império e Daniel 6:1-2 registra 120 sátrapas sob três presidentes. Heródoto lista 20 satrápias no império organizadas sob Dario Histapes (Hist. 3.89-94).

SAUL (heb. *šā'ûl*) **1.** Homem da tribo de Benjamim, filho de Quis, da cidade de Gibeá, que se tornou o primeiro rei de Israel. Sua história começa com sua unção pelo profeta Samuel em 1Samuel 9 e termina com sua morte pelas próprias mãos em 1Samuel 31.

A história de Saul, como está agora, incorpora variados pontos de vista sobre ele e sobre o próprio reinado. O historiador deuteronomista, trabalhando na época do exílio babilônico, coloca a ascensão de Davi à realeza numa estrutura que vê a realeza como uma rejeição pecaminosa a Deus (1Sm 8:1-22; 12:1-25). O próprio Saul é apresentado como uma lenda popular, como um jovem que está à procura das jumentas perdidas de seu pai, mas em vez disso encontra o profeta Samuel que o unge como futuro rei de Israel (1Sm 9:1–10:16). De um modo geral, essa história é um tanto positiva em relação a Saul. Ele recebe o Espírito de Deus, depois da unção, e sua tarefa é a libertação de Israel do poder opressivo dos filisteus. Esse relato e as duas histórias da rejeição de Saul por Samuel são de círculos preocupados em enfatizar o papel dos profetas em ungir reis e mantê-los subordinados a Deus.

Uma segunda história detalhando como Saul se tornou rei (1Sm 10:17-27) começa com a lembrança de Samuel ao povo em Mispá de que a realeza em si é um pedido pecaminoso do povo, mas o relato continua para falar de Saul como escolha de Deus para rei, designado por meio de uma cerimônia de lançamento de sortes. Saul é encontrado escondido entre as bagagens e é apresentado para ser aclamado rei pelo povo e ouvir Samuel ler um documento sobre as responsabilidades da realeza.

Em uma narrativa final que descreve a subida ao trono (1Sm 11:1-15), Saul é descrito como libertador militar num estilo que lembra o dos juízes no livro de Juízes. Chega a notícia de que o povo de Jabes-Gileade está cercado por Naás, rei de Amom. O Espírito de Deus se apodera de Saul e ele lidera um exército israelita à vitória sobre os amonitas. Depois deste triunfo, o povo faz de Saul rei em Gilgal. Um recurso editorial tentou harmonizar chamando esta cerimônia de uma "renovação" do reino (1Sm 11:14). Muitos acreditam que o papel de Saul como efetivo comandante militar, como mostrado neste relato, é a provável base histórica do reinado de Saul. No começo Saul foi provavelmente pouco mais do que um chefe local, mas seus sucessos militares nas crises com os filisteus conduziram ao desenvolvimento de uma monarquia em Israel. Uma importante vitória sobre as forças filisteias no território de Benjamim é atribuída a Saul e seu filho Jônatas em 1Samuel 14:1-46. Uma nota em 1Samuel 14:47-48 atribui vitórias a Saul sobre Moabe, sobre os amonitas, Edom, sobre os reis de Zobá, sobre os filisteus e sobre os amalequitas. A vida de Saul termina no contexto de uma batalha perdida contra os filisteus.

A costumeira fórmula de ascensão ao trono para reis na história deuteronomística sinaliza o início do reinado de Saul em 1Samuel 13:1, mas Saul quase que imediatamente entra em conflito com o profeta Samuel quanto a assuntos de obediência à Palavra de

Deus. Existem duas histórias de rejeição de Samuel a Saul. Ambas enfatizam o papel do profeta como mediador da vontade divina a reis e, ambas, refletem os conflitos que surgem entre funções antigas e emergentes de autoridade em Israel. Em 1Samuel 13:7-14 Saul realiza antes da batalha um sacrifício que deveria ser conduzido por Samuel. Quando Samuel descobre isto, pronuncia um julgamento que nega a possibilidade de dinastia aos descendentes de Saul. Em 1Samuel 15:1-35, Saul desobedece à ordem do Senhor por intermédio de Samuel de exterminar um inimigo amalequita de acordo com o costume da guerra santa. Saul retorna com animais para sua própria provisão e o rei amalequita como prisioneiro. Dessa vez, o julgamento de Samuel contra Saul por desobediência à Palavra do Senhor é a rejeição do próprio Saul como legítimo rei de Deus sobre o trono de Israel. Em ambas as histórias destas rejeições existe uma alusão a Davi como futuro rei de Israel em vez de Saul.

Os relatos do reinado de Saul depois desta rejeição fazem parte de uma narrativa que detalha a subida de Davi ao poder e à realeza (1Sm 16–31). Nessas histórias, Saul aparece antes de mais nada como rei rejeitado, cada vez mais impulsionado por seu próprio ciúme e raiva contra Davi, que é retratado como escolhido de Deus. Saul toma Davi em sua própria corte, como músico (1Sm 16:14-23) e como guerreiro (17:1-58), mas é atormentado por um "espírito maligno da parte de Deus" (16:14; 18:10) e consumido pelo ciúme do sucesso de Davi (18:1-9). Ele dá sua filha, Mical, em casamento a Davi, mas até isso é uma trama para matar Davi ao pedir o dote de cem prepúcios de filisteus (1Sm 18:20-29). O filho de Saul, Jônatas, e a filha, Mical, ambos amam Davi (1Sm 18:1-3, 20) e o ajudam contra seu pai quando Saul está determinado a matar Davi (19:1-17; 20:1-42). Muito da energia dos dias finais de Saul é usada em perseguir Davi em áreas desérticas de Judá (1Sm 22-24, 26). Saul parece obcecado e compelido neste período de sua vida. Ele se volta contra os que o apoiaram (1Sm 22:6-10) e chega a matar 85 sacerdotes em Nobe pela suposta ajuda deles a Davi (v. 11-23). Após Davi ter poupado a vida de Saul por duas vezes, Saul parece resignado à eventual transferência de poder a Davi e interrompe sua perseguição a ele (1Sm 24, 26).

Numa cena cheia de emoção, Saul invoca o espírito de Samuel na véspera da batalha contra um grande exército filisteu (1Sm 28). Ele busca conforto e uma palavra de esperança, mas até da sepultura, o profeta Samuel o condena e prediz a morte de Saul, e seus filhos, no dia seguinte. Saul observa do monte Gilboa, no dia seguinte, e vê seu exército derrotado e seus filhos caindo em batalha. Desesperado, ele se lança sobre a própria espada (1Sm 31:1-13; 2Sm 1:1-10). Embora Davi lamente com eloquência a morte de Saul e Jônatas (2Sm 1:17-27), o caminho então está livre para sua ascensão ao trono de Israel.

O reino de Saul provavelmente nunca estendeu o efetivo controle além do território de Benjamim e o território adjacente nas terras altas centrais de Israel. Ele estabeleceu uma corte em Gibeá e o princípio de uma burocracia real e um exército permanente para Israel (1Sm 14:49-52). Neste sentido, ele estabeleceu os fundamentos para uma monarquia mais plenamente desenvolvida sob Davi. Sem os sucessos militares de Saul e a existência de seu incipiente reino, a identidade distinta de Israel bem poderia ter sido engolida pela ocupação da terra pelos filisteus. Embora retratado como um rei fracassado na tradição posterior, seu reino tornou possível o sucesso de Davi. [BRUCE C. BIRCH]

2. (heb. *šā'ûl*) Um dos primeiros reis edomitas, natural de Reobote, no Eufrates (Gn 36:37, 38; KJV "Saul"; 1Cr 4:24).

3. Filho do patriarca Simeão e de uma mulher cananeia anônima (Gn 46:10; Êx 6:15; 1Cr 4:24). Seus descendentes são chamados de saulitas (Nm 26:13).

4. Levita da descendência coraíta; filho de Uzias (1Cr 6:24 [TM 9]). Ele pode ser o mesmo que Joel em 1Crônicas 6:36(21). [GREGORY D. JORDAN]

SAUSA (heb. *šawšā'*) (tb. SERAÍAS, SEVA, SISA) O secretário da corte de Davi (1Cr 18:16). Em outra parte, ele é chamado de Seraías (1; 2Sm 8:17), Seva (1; 20:25) e Sisa (1Rs 4:3).

SAVÉ (heb. *šāweh*), **VALE DE** O vale onde Abraão encontrou o rei de Sodoma e Melquisedeque após sua vitória sobre os reis do leste (Gn 14:17). Posteriormente, este lugar ficou conhecido como o Vale do Rei.

SAVÉ-QUIRIATAIM (heb. *šāwēh qiryāṯayim*) O lugar em Moabe onde Quedorlaomer e os reis aliados com ele derrotaram os emins (Gn 14:5). Vários locais foram propostos para Savé-Quiriataim com a ideia de que foi uma cidade. É provável, entretanto, que o nome designa a planície (heb. *šāweh*) ao redor da cidade de Quiriataim.

SEAH (heb. *sĕ'â*; gr. *sáton*) Medida de capacidade para secos, equivalente a 2 hins, ou 7,3 l (Gn 15:16; Mt 13:33; NRSV "medida").

SEAL (heb. *šĕ'āl*) Homem que retornou do exílio de quem se exigiu que despedisse sua esposa estrangeira e seus filhos; descendente de Bani (Ed 10:29).

SEALTIEL (heb. *šĕ'altî'ēl*, *šaltî'ēl*) (tb. SALATIEL) O filho do rei Jeconias (Joaquim) de Judá, que foi levado cativo para o exílio por Nabucodonosor em 596 a.C. (1Cr 3:17; Mt 1:12). Ele não é o filho de Neri como consta na genealogia de Jesus (Lc 3:27; gr. *Salathiēl*). Sealtiel é mais amplamente conhecido na tradição bíblica como o pai de Zorobabel, o governador persa de Judá pós-exílico sob Dario I, da Pérsia (Ed 3:2, 8; 5:2; Ne 12:1; Ag 1:1, 12, 14; 2:2, 23). Na lista do cronista dos descendentes de Davi, entretanto, Zorobabel é chamado de filho de Pedaías (1Cr 3:19). O cronista deve ter errado, ou pode ter fundido suas fontes ao identificar o governador Zorobabel com um primo do mesmo nome.

No apocalipse de 4Esdras, Sealtiel é equiparado ao escriba Esdras, que viveu cerca de 100 anos depois (2Ed 3.1). Essa equiparação serve ao propósito literário de colocar Esdras trinta anos depois da destruição de Jerusalém pela Babilônia, com isso associar o tempo de Esdras com o do autor — trinta anos depois da destruição de Jerusalém pelos romanos. [RONALD A. SIMKINS]

SEARIAS (heb. *šĕʿaryâ*) **1.** Homem da tribo de Benjamim, filho de Azel e descendente do rei Saul (1Cr 8:38; 9:44).

2. (heb. *šĕḥaryâ*) Um dos filhos de Jeroão; chefe de uma família benjamita que viveu em Jerusalém no pós-exílio (1Cr 8:26).

SEAR-JASUBE (heb. *šĕʾār yāšûḇ*) Filho do profeta Isaías (Is 7:3), assim chamado (heb. "Um resto voltará") para simbolizar a promessa de que somente um remanescente do exército israelita retornaria para casa depois do cerco de Jerusalém (v. 4-9; cf. 8:18). Posteriormente, o nome se tornou uma promessa aplicada a Israel em face da destruição escatológica (Is 10:21-23; cf. 11:11, 16).

SEBA (heb. *sĕḇāʾ*) **I. (PESSOA)** Filho de Cuxe (Etiópia); ancestral epônimo de uma terra na África ou sul da Arábia (Gn 10:7; 1Cr 1:9; Sl 72:10; Is 43:3). Seba pode ter sido a terra natal dos sabeus (Is 45:14) ou talvez uma colônia de Seba árabe (2).

II. (LUGAR) 1. (heb. *šĕḇāʿ*, *šĕḇaʿ*) Uma das cidades listadas em Josué 19:2-6 definindo uma porção de terra transferida da tribo de Judá para a tribo de Simeão. Seba, com frequência equiparada a Sema de Josué 15:26, é omitida de uma lista paralela em 1Crônicas 4:28. Visto que as cidades são computadas em 13 no v. 6, muitos estudiosos consideram Seba de Josué 19:2 como ditografia de Berseba, que a precede na lista. Dois relatos em Gênesis apoiam tal associação. Quando Abraão firmou um acordo e resolveu uma disputa a respeito de um poço com Abimeleque, o local dessa transação foi identificado como Berseba (Gn 21:31). Isaque também firmou um acordo com Abimeleque, em Berseba, depois de terminado um poço que foi chamado de Seba (Gn 26:33). Esses poços de Abraão e Isaque podem ser os fundos poços da atual Bir es-Seba.

2. Um país do sul da Arábia conhecido por seu comércio internacional durante o reinado de Salomão. A rainha de Sabá (Seba) visitou Salomão para investigar o relato de sua sabedoria e realizações. *Ver* SABA, SABEUS. [ERIC HOLLEYMAN]

3. Poço (heb. *šiḇʿâ*, "juramento") cavado pelos servos de Isaque (Gn 26:33). Seu término coincidiu com um juramento entre Abimeleque e Isaque, o rei filisteu de Gerar. Esse relato fornece uma segunda etiologia para o local (cf Gn 21:25-31). Seba é identificada com Tell Beer-sheba/Bir es-Saba 3 km a leste da moderna cidade de Beer-Sheba. [LAURA B. MAZOW]

SEBÁ (heb. *šĕḇāʾ*, *šĕḇaʿ*) **1.** O filho de Raamá e bisneto de Cam, filho de Noé (Gn 10:7; 1Cr 1:9).

2. O filho de Joctã e descendente de Noé pela linha de Sem (Gn 10:28; 1Cr 1:22).

3. O filho de Jocsã e neto de Abraão e Quetura (Gn 25:3; 1Cr 1:32).

4. O filho de Bicri, benjamita que liderou uma rebelião contra Davi, e foi potencialmente mais perigoso do que Absalão (2Sm 20:6), talvez devido às antigas tensões regionais entre as tribos do norte e do sul. O apelo de Davi a Judá depois do fracasso da rebelião de Absalão — que tinha envolvido membros descontentes de todas as tribos, o apoio de Judá para Davi e o papel de liderança de Judá em levar Davi de volta para Jerusalém (2Sm 19:8-15 [TM 9-16]) — causou ressentimento às tribos do norte, que provavelmente presumiram que Judá seria especialmente favorecida pelo rei (v. 41-43 [42-44]). Seba usou a discórdia entre as tribos para iniciar sua própria rebelião entre as tribos do norte contra Davi (2Sm 20:1,2). A clemência de Davi para com Simei, o benjamita (2Sm 19:16-23 [17-24]) e sua nomeação de Amasa, que havia sido general de Absalão, para substituir Joabe (v. 13 [14]; 20:4,5) pode ter ajudado Davi a recuperar o apoio das tribos do norte. Quando Amasa não retornou no tempo designado com as tropas de Judá, ele foi morto por Joabe, que liderou o exército em sua perseguição a Seba. Seba refugiou-se em Abel de Bete-Maaca, uma cidade fortificada na fronteira norte de Israel. Quando Joabe e o exército começou a sitiar a cidade, uma mulher sábia negociou com Joabe (2Sm 20:16; cf. 14:2). Seba foi decapitado e sua cabeça jogada por cima do muro e Joabe deixou a cidade em paz.

5. Um dos descendentes de Gade (1Cr 5:13). [KEITH L. EADES]

SEBÃ (heb. *kĕḇām*) Forma alternativa de Sibma, cidade de Moabe reivindicada por Rúben depois da derrota de Siom (Nm 32:3).

SEBANIAS (heb. *šĕḇanyâ*, *šĕḇanyāhû*) **1.** Um dos sacerdotes nomeados pelos levitas cuja função foi tocar a trombeta diante da arca de Deus (1Cr 15:24).

2. Um dos líderes que dirigiram o povo em louvor e confissão durante a cerimônia de renovação do pacto pós-exílico liderada por Esdras (Ne 9). O nome Sebanias aparece duas vezes no contexto: na lista dos que estavam "em pé na plataforma dos levitas" e clamavam em alta voz (Ne 9:4) e na lista de levitas que convocaram o povo para louvar a Deus (v. 5). Ele, com outros quatro levitas nomeados em ambas as listas, podem ter liderado em ambas as partes do processo de louvor. Este Sebanias pode ser o mesmo de um dos Sebanias que assinaram o pacto de Neemias de apoio ao templo (ver 3-5 a seguir).

3. Casa sacerdotal da qual se diz que José foi chefe durante o tempo do sumo sacerdote Joiaquim (Ne 12:14). Esse nome de família pode designar um signatário do pacto de Neemias (Ne 10:4 [TM 5]). Em alguns manuscritos e versões consta "Secanias".

4. O nome dado a dois levitas que assinaram o pacto de Neemias (Ne 10:10, 12 [11, 13]). Alguns estudiosos preferem a explicação de ditografia para essa repetição em vez de admitir um problema na transmissão textual ou assumir que os nomes representam duas pessoas diferentes. [MICHAEL L. RUFFIN]

SEBARIM (heb. *haššĕḇārîm*) Lugar até onde os homens de Ai perseguiram os israelitas após repeli-los de tentarem conquistar Ai (Js 7:5). O nome pode ser uma referência a uma característica topográfica (p. ex., "as pedreiras").

SEBATE (heb. *šĕḇāṭ*) O décimo primeiro mês do calendário judaico (jan/fev.; Zc 1:7; cf. ac. *šabāṭu*; 1Mac 16.14; gr. *Sabát*).

SEBER (heb. *šeḇer*) Homem da tribo de Judá, filho de Calebe e sua concubina Maaca (1Cr 2:48).

SEBNA, SEBNÁ (heb. *šeḇnā', šeḇnâ*) Oficial da corte do rei Ezequias, de Judá, aparentemente administrador do palácio. De acordo com uma profecia de Isaías, entretanto, ele tentou se apropriar de autoridade e/ou prestígio demais e por isso foi substituído em seu cargo por Eliaquim (Is 22:15-25). O oráculo enfatiza a arrogância de Sebna por entalhar na rocha um bom túmulo para si, embora alguns estudiosos acreditem que Sebna tenha incorrido na ira de Isaías por estar envolvido em planos antiassírios. O rebaixamento de posto de Sebna ocorreu no tempo da(s) invasão(ões) de Senaqueribe descrita(s) em 2Reis 18:18-37; 19:2-7 = Is 36:3-22; 37:2-7. Nessas passagens, Sebna é descrito como "o secretário". Ele acompanhou Eliaquim, "encarregado do palácio", e Joá, "o arquivista" nas negociações com os representantes de Senaqueribe: Tartã, Rabsaris e Rabsaqué. [MICHAEL L. RUFFIN]

SEBUEL (heb. *šĕḇû'ēl*), **SUBAEL** (*šûḇā'ēl*) **1.** Um levita dos "filhos de Gerson", descendente de Moisés; oficial tesoureiro chefe na organização dos levitas feita por Davi para o serviço do templo (1Cr 23:16; 26:24; chamado de Subael em 24:20).

2. Filho de Hemã e líder (ancestral) da 13ª divisão de músicos do templo (1Cr 25:4; Subael no v. 20).

SECACÁ (heb. *sĕḵāḵâ*) Cidade no deserto da Judeia (Js 15:61) designada à tribo de Judá. Embora a controvérsia cerque a geografia exata desse distrito, que inclui En-Gedi, a descoberta arqueológica de três assentamentos da Idade do Ferro no Vale Buqei'ah apresenta a possibilidade de uma identificação mais precisa para Secacá.

Bibliografia. L. E. Stager, "Farming in the Judean Desert during the Iron Age", *BASOR* 221 (1976): 145-58. [RYAN BYRNE]

SECANIAS (heb. *šĕḵanyāhû*) **1.** Descendente de Davi e Joaquim (Jeconias), neto de Zorobabel e pai de Semaías (1Cr 3:21-22). Ele é provavelmente o mesmo Secanias de Esdras 8:3; 1Ed 8.29, chefe de um clã que retornou do exílio. Apagando "e os filhos de Semaías" (1Cr 3:22) torna o "seis" no final do versículo apropriado.

2. Sacerdote escolhido por sorteio para executar as tarefas do templo no tempo da organização de Davi do pessoal do templo, chefe da 10ª divisão (1Cr 24:11).

3. Levita que ajudou na distribuição das ofertas do templo durante o reinado de Ezequias (1Cr 31:15).

4. Filho de Jaaziel que retornou com Esdras para Judá depois do exílio (Ed 8:5; 1Ed 8.32).

5. Filho de Jeiel que propôs a Esdras a despedir as esposas estrangeiras e seus filhos (Ed 10:2; cf. 1Ed 8.92).

6. O pai de Semaías, porteiro que ajudou a reconstruir os muros de Jerusalém sob Neemias (Ne 3:29).

7. Filho de Ara e sogro de Tobias, o amonita, que se opôs a Neemias no esforço de reconstrução. A influência de Tobias deveu-se em parte ao status de Secanías (Ne 6:18).

8. Sacerdote que retornou para Judá com Zorobabel depois do Exílio (Ne 12:3).

Em vários manuscritos, consta "Secanias" em vez de "Sebanias", nos textos de Neemias 10:4(TM 5); 12:14. [HAROLD R. MOSLEY]

SECRETÁRIO Pessoa hábil na arte de escrever (heb. *sōp̄ēr*; gr. *grammateús*). Essa pessoa podia servir em várias funções no mundo antigo, incluindo ser arquivista da corte real, que redigia a correspondência e os decretos oficiais (2Rs 12:10), ser secretário do exército (25:19) ou o escrivão pessoal de um profeta (Jr 36:4). Na qualidade de alguém alfabetizado e familiarizado com as comunicações reais, o secretário podia naturalmente dar conselhos sábios (1Cr 27:32).

No NT, o termo aparece somente no sentido relacionado a um importante oficial municipal (At

19:35). Entretanto, Paulo empregou regularmente um secretário (amanuense) para escrever cartas, prática comum na antiguidade (cf. Cícero Ep. ad Fam. 5.20.1; Plutarco Vit. Caes. 17.3; Plinio Ep. 9.36). O único secretário conhecido pelo nome é Tércio, secretário das cartas de Paulo a Roma (Rm 16:22). Em outra parte, Paulo diz ao leitor especificamente em que ponto ele está incluindo suas conclusões de próprio punho (Gl 6:11; Fm 19; cf. Cl 4:18; 2Ts 3:17; 1Pe 5:12). [GERALD L. STEVENS]

SECU (heb. *śeḵû*) Lugar do território de Benjamim visitado por Saul em sua perseguição a Davi (1Sm 19:22). Ele tem uma cisterna e está localizado perto, ou talvez, na cidade de Ramá. Alguns manuscritos (p. ex., LXX B) constam "no topo do monte descoberto" e, assim, alguns estudiosos alteraram o TM para heb. *špy*, "alto descoberto". Isso sugere que Secu é um local e não uma cidade ou vilarejo. [JOHN R. SPENCER]

SEDA Tecido raro e valioso produzido pela larva de uma traça chinesa (*Bombyx mori*) e obtido desembaraçando-se seu casulo. Esse trabalho entediante rende um filamento brilhante, excelente e forte, que pode ser tingido, torcido e tecido. Conhecida no Ocidente por volta do século IV a.C., a seda verdadeira (gr. *sērikós*) tem uma indiscutível origem oriental (Sérés, "Chinesa"). A extravagância dessa mercadoria é sugerida por Josefo, que menciona mantos de seda como parte da exibição de vitória de Roma (*BJ* 7.126) e por Apocalipse 18:12, que inclui a seda em sua lista de itens preciosos da "Babilônia".

No AT, o hebraico *mĕšî* (Ez 16:10, 13) e *šēš* (Êx 25:4; Pv 31:22) têm sido traduzido por "seda". Esses podem se referir a uma seda inferior associada à ilha de Cós, no Egeu, ou a um tipo de linho fino (cf. NRSV). [MARK ZIESE]

SEDEUR (heb. *šĕḏêʼûr*) O pai de Elizur que representou a tribo de Rúben e ajudou Moisés durante as viagens pelo deserto (Nm 1:5; 2:10).

SEERÁ (heb. *šeʼĕrâ*) A filha de Efraim (ou talvez Berias 2) que fundou Bete-Horom Alta e Bete-Horom Baixa, e também Uzém-Seerá (1Cr 7:24).

SEFÃ (heb. *šĕp̄ām*) Cidade mencionada como parte da fronteira nordeste da terra, ao norte do mar da Galileia (Nm 34:10-11). A localização exata ainda é desconhecida. Se a Ribla mencionada posteriormente na passagem for corretamente identificada com a Ribla à margem do Orontes, Sefã seria um lugar no Alto Orontes. As vastas fronteiras delineadas nessa passagem não são simplesmente informações geográficas exatas; servem também para ilustrar a generosidade do Deus de Israel. [THOMAS W. DAVIS]

SEFAR (heb. *sĕp̄ār*) Lugar mencionado na descrição do limite dos assentamentos dos descendentes de Joctã (Gn 10:30). Localizado no sul da Arábia, Sefar pode ser identificado com Zafar em Hadramaut (no Iêmen).

SEFARADE (heb. *sĕp̄āraḏ*) Um dos lugares de exílio para alguns dos judeus de Jerusalém (Ob 20). O texto bíblico, entretanto, não indica exatamente onde fica. Entre as possibilidades estão Sefarade, localizada na moderna Espanha; cidade da Media e a cidade de Sardes, capital do Império Lídio (Ásia Menor) pouco antes de Ciro tê-la conquistado em 546. Sefarade tornou-se o centro de uma satrápia persa e teve o nome mudado para Sparda (O.Pers.). Isso empresta mais apoio à ideia de que judeus podem ter residido lá nos tempos das conquistas persas, já que os persas, depois de Dario, fizeram de Sardes/Sparda uma importante parada nas rotas comerciais que partiam de Susa. [DANIEL L. SMITH-CHRISTOPHER]

SEFARVAIM (heb. *sĕp̄arwayim*) Cidade mesopotâmia de localização desconhecida cujos cidadãos foram levados por Sargão II para Samaria depois de sua conquista em 722 a.C. (2Rs 17:24). Aparentemente, eram devotos de Adrameleque e Anameleque, cujo culto incluía o sacrifício de crianças pelo fogo (2Rs 17:31).

Sefarvaim é uma das cidades mencionadas na tentativa de Senaqueribe, por meio de seu enviado Rabsaqué, para mostrar a Judá a insensatez de sua resistência à Assíria (2Rs 18:34 = Is 36:19; 2Rs 19:13 = Is 37:13). Se os reis e deuses dessas cidades não os puderam resgatar, tampouco Judá deveria esperar que seu rei e deuses o fizessem. [C. MACK ROARK]

SEFATIAS (heb. *šĕp̄aṯyâ*, *šĕp̄aṯyāhû*) **1.** Filho de Davi com sua esposa Abital, nascido em Hebrom (2Sm 3:4; 1Cr 3:3).

2. Ancestral de um grupo de benjamitas que habitaram em Jerusalém depois do Exílio (1Cr 9:8).

3. Harufita da tribo de Benjamim que se juntou à força rebelde de Davi em Ziclague (1Cr 12:5 [TM 6]).

4. O filho de Maaca; chefe da tribo de Simeão durante o reinado de Davi (1Cr 27:16).

5. Filho do rei Josafá de Judá (2Cr 21:2). Ele e cinco irmãos seus foram assassinados por Jeorão, filho mais velho de Josafá, após ter assumido o trono (2Cr 21:4).

6. O ancestral de dois grupos de pessoas que retornaram para Judá depois do Exílio (Ed 2:4 = Ne 7:9; Ed 8:8).

7. Um dos servos de Salomão cujos descendentes retornaram com Zorobabel do exílio na Babilônia (Ed 2:57; Ne 7:59).

8. Homem da tribo de Judá cujos descendentes viveram em Jerusalém depois do Exílio (Ne 11:4).

9. Um dos quatro príncipes de Judá que exigiram que o rei Zedequias matasse Jeremias por causa de suas profecias (Jr 38:1-4). Isso ocorreu durante uma trégua no cerco babilônico a Jerusalém (Jr 37:11; 588 a.C.). Zedequias atendeu ao pedido deles e lhes entregou Jeremias e eles o jogaram numa cisterna seca para matá-lo (Jr 38:5-6). [STEVEN C. BOUMA-PREDIGER]

SEFELÁ (heb. *šĕp̱ēlâ*) A região baixa entre a planície litorânea, no oeste e as colinas da Judeia, no leste. A planície de Sarom e o deserto do Neguebe formam os limites norte e sul, respectivamente — área entre as latitudes da moderna Tel Aviv e Gaza. A Sefelá abrange uma área de 20 km no sentido leste-oeste por 65 km norte-sul. As altitudes vão de 90 a 400 m.

Situada como está entre altitudes ao nível do mar para o oeste e a mais de 1000 metros no planalto da Judeia, pode-se facilmente compreender por que o termo hebraico é traduzido tão variadamente como "baixada", "terra baixa", "contrafortes", "vale, várzea" e "planície". Em Josué 11:2 e 16, é feita referência a Sefelá de Israel, área ao norte da cadeia do Carmelo e a oeste das montanhas de Efraim, ou precisamente a leste da costa sul do Líbano.

Geologicamente, a Sefelá é classificada como uma depressão sinclinal, formada de colinas de pedra calcária e gesso do período eocênico, em contraste com os sedimentos aluviais e marinhos da planície costeira, mais dura, de pedra calcária e dolomita do período cenomaniano do planalto judeu. O lado ocidental do planalto é composto de gesso senoniano mais macio e que foi muito corroído, criando um vale longitudinal entre a Sefelá e o planalto.

A Sefelá é cortada por vários vales aluviais no sentido leste-oeste que tradicionalmente serviram como caminhos entre cidades da costa e as do planalto. De norte a sul, os principais vales são: Aijalom, Soreque, Elá, Zefate, Laquis e El-Hesi. Cidades estrategicamente localizadas (Aijalom, Zorá, Gate, Azeca, Maressa e Laquis) guardavam estas rotas do vale, criando uma linha de defesa para a fronteira ocidental de Judá e das cidades na região montanhosa, incluindo Jerusalém.

A Sefelá é uma região fértil, recebendo 46 cm de chuva anualmente. A vegetação original, antes do começo do desmatamento que deve ter começado antes da Idade do Bronze Antigo (c. 3200 a.C.), incluía o lentisco e alfarrobeira, no oeste, e carvalho, terebinto e pinheiro, no leste, bem como figueira brava (1Cr 27:28; 1Rs 10:27). As principais lavouras nos tempos antigos eram de cereais, azeitonas e uvas.

De acordo com a distribuição de terras às tribos em Josué 15, a Sefelá pertenceu ao território da tribo de Judá. Juízes 1 pode pressupor também uma herança de Dã na Sefelá (cf. Js 19:40-48; 21:23, 24; Jz 1:34,35; 18). A Sefelá pode ter funcionado como uma das divisões administrativas do reino, depois subdividida em quatro distritos (Js 15:33-44). Um quinto distrito da Sefelá (Js 15:45-47) incluía o centro do território filisteu e nem sempre esteve sob o controle judeu.

A Sefelá serviu como palco para numerosas batalhas, incluindo a luta de Josué contra a coalizão dos amorreus (Js 10) e as proezas de Sansão contra os filisteus (Jz 13-16). Roboão fortificou muitas cidades da região depois da rebelião de Jeroboão (2Cr 11:5-12). Essas mesmas fortificações foram também atribuídas a Ezequias e Josias. As pesquisas arqueológicas mostram que a região prosperou do século IX ao século VIII, terminando abruptamente com a invasão de Senaqueribe e a derrota de Laquis e outras cidades da baixada em 701. Cidades como Ecrom e Timná foram reconstruídas no século VII, prosperaram e foram destruídas um século depois pelos babilônios (604-600). Sob o domínio persa, a parte sul da Sefelá pode ter sido incluída como parte da Idumeia. Esse sistema continuou até o período helenístico. A Revolta dos Macabeus começou no extremo norte da Sefelá e a área foi mais uma vez palco de batalhas.

Uma pesquisa da Sefelá foi realizada em 1979 por Yehuda Dagan como parte da Expedição Laquis do Instituto de Arqueologia da Universidade de Tel Aviv sob os auspícios da Sociedade de Exploração de Israel. Um pesquisa realizada em 1986-87 por Zvi Ilan identificou vinte locais como sinagogas, a maior parte datando de períodos romano e bizantino. Ruínas de outros edifícios, incluindo igrejas, foram também identificados.

Bilbiografia. H. Brodsky, "The Shephelah — Guardian of Judea", *BibRev* 3/4 (1987): 48-52; J. Finkelstein, "The Shephelah of Israel", Tel Aviv 8 (1981): 84-94; N. Na'aman, Borders and Districts in Biblical Historiography (Jerusalem, 1986); A. F. Rainey, "The Administrative Division of the Shephelah", Tel Aviv 7 (1980): 194-202; "The Biblical Shephelah of Judah", *BASOR* 251 (1983): 1-22. [JENNIFER L. GROVES]

SÉFER, MONTE (heb. *har šeper*) Lugar onde os israelitas pararam durante sua jornada pelo deserto depois do Sinai (Nm 33:23-24). Sua localização é desconhecida.

SEFI (heb. *šĕp̱î*), **SEFÔ** (*šĕp̱ô*) O quarto filho de Sobal, chefe do clã horeu (Gn 36:23; 1Cr 1:40).

SÉFORIS (heb. *Zippori*) Cidade estrategicamente localizada no centro da Galileia, na colina que tem uma vista panorâmica do vale Beth-netofa, que liga o mar da Galileia com o Mediterrâneo.

De acordo com Josefo, os romanos fizeram de Séforis a sede do conselho galileu em 57-55 a.C. e depois o incendiaram após uma revolta com a morte de Herodes, o grande em 4 a.C. (*Ant.* 14.91; 17.289).

Herodes Antipas a reconstruiu como sua capital da Galileia logo depois, e ela permaneceu uma importante cidade regional durante séculos, mesmo depois de Herodes Antipas mudar sua capital para Tiberíades entre 18 e 20 d.C. Josefo apresenta um quadro de Séforis como a maior e mais cosmopolitana cidade da Galileia, descrevendo-a como "o ornamento de toda Galileia" (*Ant.* 18.27). Durante a Primeira Guerra dos Judeus, Séforis permaneceu pró-romana e moedas cunhadas lá contêm até a epígrafe *Eirenopolis*, "Cidade de Paz". Séforis é também conhecida como importante centro do conhecimento judaico da literatura rabínica e, foi lá que o rabi Judah, o Príncipe, codificou o Mishná.

Escavações arqueológicas trouxeram acréscimos significativos ao nosso conhecimento da cidade durante os períodos romano-bizantinos. Os quartos domésticos contêm muitos vasos de pedra (relacionados à preocupação com a purificação ritual) e os banhos rituais judaicos; estes, integrados com uma ausência geral de ossos suínos nos primeiros séculos, confirmam a identificação literária dos registros da cidade como basicamente judaica. Os materiais de construção, entretanto, como argamassa, mosaico, afresco, o básico padrão quadriculado da cidade mostra uma aceitação dos materiais arquitetônicos romanos desde o século I. Moedas do fim do século primeiro mostram até um templo pagão, e um teatro com capacidade para cerca de 4.500 pessoas data também de algum tempo naquele século. Não obstante, a maior parte das estruturas arquitetônicas de orientação romana datam depois da Primeira Guerra dos Judeus, incluindo o aqueduto, a ágora com cobertura, ou mercado, e muitos mosaicos com temas pagãos que começam a aparecer no século III. Ironicamente, o surto de imagens pagãs, da arquitetura greco-romana e a designação da cidade como Diocesareia ("Cidade de Zeus e do imperador") começando no século II, coincide precisamente com o tempo em que Séforis se tornou conhecida como um dos mais importantes centros do estudo rabínico.

Escavações arqueológicas descobriram também restos de um vilarejo da Idade do Ferro em Ein Zippori, as fontes de Séforis, exatamente ao sul da cidade romano-bizantina.

Visto que Nazaré, a cidade de Jesus, fica a apenas 6,5 km ao sul, é curioso que Séforis nunca seja mencionada no NT. Talvez a característica cosmopolitana da cidade, a presença de gentios ou da riqueza em comparação aos vilarejos da Galileia levaram à aversão de Jesus. O conhecimento de Jesus de que Herodes Antipas tinha executado João Batista muito provavelmente o levou a evitar Séforis como sede do poder político. Entretanto, dada a relativa falta de frequência com que quaisquer nomes de lugares ocorrem nos evangelhos, talvez os contatos de Jesus com Séforis tenham passado sem registro.

Bibliografia. E. M. Meyers, E. Netzer e C. L. Meyers, *Sepphoris* (Winona Lake, 1992); S. S. Miller, *Studies in the History and Traditions of Sepphoris*, SJLA 37 (Leiden, 1984); R. M. Nagy et al., *Sepphoris in Galilee* (Winona Lake, 1996). [JONATHAN L. REED]

SEFUFÃ (heb. *šĕpûpām*) **1.** Filho do patriarca Benjamim, sucessor dos sufamitas (Nm 26:39). A semelhança de nomes com o de outros descendentes de Benjamim — Mupim (Gn 46:21), Supim (1Cr 7:21,15) e Sefufã (8:5) — sugere que uma pessoa, o ancestral de uma importante linha benjamita pode estar à vista.

2. (heb. *šĕpûpān*) Filho de Bela e neto do patriarca Benjamim (1Cr 8:5).

SEGREDO *Ver* MISTÉRIO.

SEGUBE (heb. *śĕgûḇ*) **1.** Homem da tribo de Judá, filho de Hezrom e da filha de Maquir (1Cr 2:21,22).

2. O filho mais jovem de Hiel, de Betel que (com Abirão, seu filho mais velho) morreu, possivelmente como sacrifício humano, quando Hiel reconstruiu Jericó no tempo do rei Acabe (1Rs 16:34). A morte de Segube foi o cumprimento da maldição de Josué sobre a cidade (Js 6:26).

SEGUNDA VINDA A tradição judaica pré-cristã usa o simbolismo da "vinda" de Deus para momentos especiais em que Deus escolheu para julgar a humanidade, ou eventos que revelam a presença poderosa de Deus e o plano para Israel como povo da aliança de Deus. Um vívido senso da presença ativa de Deus emerge em imagens ilustrativas, como "o dia", "o tempo", ou "o ano" do Senhor, a arca da aliança, a tenda do encontro, o lugar santo, a nuvem, o Espírito, a Mão ou a Palavra de Deus. A lembrança das duradouras relações de Israel com Deus desde o tempo de Abraão mexeu com a permanente confiança em sua intervenção protetora. Os principais refinamentos dessa convicção pactual sob Moisés e Davi mesmos surgiram em face de iminentes e graves crises moral e política para Israel. O mesmo é verdade em relação a muitos momentos cruciais na história de Israel, como mostra sua tradição profética. As visões sobre futura reafirmação de direitos pactuais se repetem nos clássicos oráculos de Isaías, Jeremias, Ezequiel, em Isaías pós-exílio e Zacarias.

Apesar do dramático resgate de tratados passados, sua persistente recorrência desafiou a confiança de Israel, estimulando a esperança de uma intervenção plena e final por Deus. O surgimento de uma esperança judaica para a "segunda" vinda de Deus representa forte simbolismo para a confirmação da aliança divina definitiva, há muito esperada. Os atos de Deus acumulados na história de Israel ditaram que podia haver somente uma "segunda" vinda, cujas dimensões cresceram em proporção ao sucesso e ao fracasso das "vindas" passadas. A segunda vinda acaba se misturando com o fim de todo o tempo e história presentes, marcando a fronteira entre este mundo e tudo o que está além. Tal tensão conduz a imagem apocalíptica que colore os oráculos de Daniel, da comunidade de Qumran, João Batista e de Jesus de Nazaré. Embora vários cenários de como isso ocorreria sejam abundantes no fim dos textos judaicos e início dos textos cristãos, algumas características compartilhadas transparecem, isto é, uma cadeia de infortúnios chegou ao clímax pela afirmação da autoridade messiânica, a ressurreição dos mortos e o julgamento divino da humanidade, marcando o início de uma nova era.

Esta tensão entre o passado e a libertação futura aparece novamente nos níveis mais antigos da tradição de Jesus, que presume e proclama uma mudança iminente e final no destino de Israel. A esperada mudança alimenta uma profunda ambivalência no ensino de Jesus, refletido nos pontos de vista de João Batista como insuperável e, todavia, um prelúdio de muito mais por vir (Mt 11:9-15; Lc 7:26-28; 16:16; cf. Ev. Tom. 46). As principais correntes das mais antigas tradições escritas cristãs apostólicas retratam de várias maneiras a própria missão de Jesus como prefácio de eventos próximos ainda maiores. O ensino de Jesus evocou claramente expectativas messiânicas discordantes, positivas e negativas, de suas audiências. Desde o começo, seus discípulos sofrem o escrutínio público pelo comportamento não usual provocado pela confiança deles em Jesus como agente messiânico final de Deus. Assim, os primeiros cristãos investiram a tensão entre a primeira vinda de Deus e a última em Jesus mesmo, cuja vida torna-se uma chave básica cristã para interpretar a história passada e futura de Israel. Ao adaptar ideias e cenários judaicos mais antigos para a segunda vinda de Deus, o cristianismo primitivo gerou um escatologia diferente que concretiza os símbolos apocalípticos judaicos enquanto glorifica os detalhes da própria pessoa e história de Jesus.

A tendência no sentido da cristologia logocêntrica, eterna, vertical que floresceu quando o cristianismo do século II divergiu do judaísmo rabínico gradualmente eclipsou pontos de vista cristãos mais antigos sobre a segunda vinda de Jesus. Essa crença mudou gradualmente para um tom mais individual, trans-histórico e espiritual. Mas a energia do Montanismo do século II mostra que a vívida esperança pelo iminente, factível e majestoso retorno de Jesus permaneceu intensa em muitos círculos cristãos. A ressurgência intermitente e poderosa de tal esperança denuncia a permanente ambivalência cristã deste assunto. Em meio à mudança do destino cristão de Constantino a Carlos Magno nas Cruzadas, de Joaquim de Fiore até o fim da Idade Média na Reforma e além, a impressionante esperança da volta iminente de Jesus permaneceu uma chama facilmente estimulada pela ameaça da fome, guerra, escândalo moral ou invasão estrangeira.

O moderno idealismo, secularismo e racionalismo empurrou tal esperança numa segunda vinda para a margem de um discurso e visibilidade pública aceitável. Academicamente, a visão científica de tempo como uma série linear e uniforme de momentos distintos tem dificultado nossa redescoberta da escatologia cristã neste século com ênfase exagerada no lado temporal do retorno de Jesus. O recente estudo bíblico, entretanto, começou a passar a limpo tal discussão em termos mais espacial, interpessoal e retórico. Falando de um modo mais simples, as visões, as revelações oraculares e os urgentes apelos por reforma moral, induzidos pela crença profundamente arraigada no futuro retorno de Jesus, ainda persistem. A vitalidade dos movimentos cristãos dispensacionalista, reavivalista e adventista em nosso próprio tempo reflete uma duradoura necessidade cristã por uma conclusão no que concerne à reivindicação moral de Deus sobre a humanidade enquanto caracterizada na segunda vinda de Jesus.

Bibliografia. J. D. G. Dunn, "He Will Come Again", *Int* 51 (1997): 42-56; L. J. Kreitzer, "Eschatology", in *Dictionary of Paul and His Letters*, ed. G. F. Hawthorne, R. P. Martin e D. G. Reid (Downers Grove, 1993), 253-69; D. C. Allison, Jr., "Apocalyptic", in *Dictionary of Jesus and the Gospels* (Downers Grove, 1992), 17-20; "Eschatology", in *Dictionary of Jesus and the Gospels*, 206-9. [F. CONNOLLY-WEINERT]

SEGUNDO (gr. *Sekoúndos*) Cristão que, junto a Aristarco, representou a cidade de Tessalônica na última viagem de Paulo a Jerusalém (At 20:4). Os dois provavelmente foram responsáveis por recolher em Tessalônica a oferta para a igreja em Jerusalém (cf. 2Co 8:3), e pode ter acompanhado Paulo na viagem tanto para prestar contas como para proteger. O nome (do lat. *Secundus*, "o seguinte" ou "segundo") é comum em papiros gregos e é encontrado entre a lista de politarcas no arco triunfal de Tessalônica. [CHARLES A. RAY, JR.]

SEGUNDO BAIRRO Parte de Jerusalém (heb. *hammišneh*, "o segundo") que se desenvolveu nos séculos VIII e VII a.C., a oeste da Cidade de Davi na outra parte do vale do Tiropeon, na parte sul do que hoje é chamada de Cidade Alta (2Rs 22:14 = 2Cr 34:22; Sf 1:10).

SEGUNDO HOMEM Termo que Paulo aplica a Cristo pelo fato de ele ter sido o primeiro a ressuscitar e, portanto, um segundo começo (depois de Adão, "o primeiro homem") da raça humana (1Co 15:47; gr. *ho deúteros ánthrōpos*).

SEGUNDO TEMPLO *Ver* JUDEUS, JUDAÍSMO.

SEIO (PEITO) 1. A palavra "seio" é usada em referência tanto a Deus como à humanidade, macho e fêmea. O seio em seus usos metafórico e literal é o local tanto da intimidade quanto da vulnerabilidade.

No AT e no NT, o seio é a parte principal dum lugar íntimo. Ele é uma fonte de nutrição para uma criança lactante (Rt 4:16), de conforto (Lc 16:22, o seio de Abraão), de proteção (Is 40:11, o seio de Deus é como o de um pastor, carregando os cordeiros de Sião), de honra (49:22), e de aquecimento físico (1Rs 1:2, Abisague no seio de Davi). É onde a viúva sofrida de Sarepta sustenta o seu filho morto (1Rs 17:19) como Deus sustenta Aquele que vive: Jesus no seio do Pai (Jo 1:18).

O seio é também um sinal de relacionamento íntimo. Assim "a esposa de seu seio" ou "o marido de seu seio" (Dt 28:54, 56) ou uma ovelha no seio do pobre homem (2Sm 12:3) ou um amigo do peito (Sl 41:9 [TM 10]) sugere as mais intensas comunicações e comunhão.

O seio é um repositório de emoções: dores (Sl 35:13), escárnios (79:12), insultos (89:50 [TM 51]), paixão (Pv 6:27); suborno (21:14), ira (Ec 7:9), iniquidade oculta (Jó 31:33) e vingança (Sl 74:11). É também um tesouro de sabedoria (Jó 23:12). Finalmente, o seio é um local de excitação sexual e paixão (Ez 23:3, 8, 21). [JEANNE STEVENSON-MOESSNER]

2. A palavra "seio" (peito) no AT e no NT é mais comumente usada em seu sentido anatômico e literal para ambos, animais e seres humanos. Em Êxodo, Levítico e Números, os seios dos animais, como o carneiro, são usados como ofertas movidas perante o Senhor (Lv 8:29). O peito é um lugar para sucção (Jó 3:12), do desmame (Is 28:9), segurança (Sl 2:9 [TM 10], e um lugar para uma criança se aquietar (131:2). A excitação sexual vem dos seios como objetos de desejo (Ct 4:5; Ez 23:3; Os 2:2). Os seios são o lugar onde se bate e onde se chora em grande desolação (Ez 23:34) ou lugar de remorso (Lc 18:13).

Embora os seios de amamentação sejam usualmente descritos como seios de mulher ou das fêmeas de animais, duas vezes eles são utilizados metaforicamente: o peito dos reis é lugar de alimento (Is 60:16), e os peitos de Jerusalém são lugar de conforto (Is 66:11). Enquanto os peitos cheios são uma bênção e indicam a prontidão da virgindade, os peitos secos são uma maldição (Os 9:14).

A proximidade do peito de Jesus significa um lugar de honra para os discípulos (Jo 13:23). Conquanto a palavra "seio" seja usada mais frequentemente em modo figurativo, a palavra "peito" é mais comumente encontrada na Escritura em seu sentido literal. [JEANNE STEVENSON-MOESSNER]

SEIR (heb. *śēʿîr*) **I. (LUGAR) 1.** Platô montanhoso da região de Edom. Seir é identificado com a moderna Jebel esh-Sharah, cadeia de montanhas entre o Uádi el-Hesa, no norte, e Râs en-Naqb, no sul e passa entre a Arabá, no oeste e o deserto, no leste. As beiradas da cadeia de montanha são bastante áridas, irregulares e inóspitas, mas até o início do século XX, o alto do platô era densamente arborizado. Seir, que significa "cabeludo", indubitavelmente era uma referência a essa floresta. De acordo com a tradição bíblica, Seir foi originalmente habitada pelos horeus (Gn 14:6; 36:20-30). Os descendentes de Esaú, os edomitas, expulsaram os horeus e se estabeleceram em Seir (Gn 36:8). Embora Edom se refira a uma região muito maior do que Seir, os dois nomes são sempre usados de forma intercambiável na Bíblia (cf. Jz 5:4, onde Seir e a terra de Edom estão em paralelismo poético). Em 1Crônicas 4:42-43, o escritor alega que 500 simeonitas invadiram a região de Seir durante os dias do rei Ezequias, destruíram o remanescente dos amalequitas de lá e continuaram habitando durante o período do cronista.

2. Montanha na fronteira norte de Judá (Js 15:10). Alguns identificam a montanha com Sarîs, cerca de 14,5 km a oeste de Jerusalém. Esta é uma região coberta de floresta, como o nome Seir sugere. A Seir de Judá podia ser também o ponto mais ao norte aonde chegaram os israelitas quando invadiram a região do interior de Canaã desde o sul contra a ordem de Deus. De acordo com o texto bíblico, os amorreus perseguiram os israelitas "de Seir até Hormá" (Dt 1:44; cf. Nm 14:45). A identificação desta Seir com a Seir de Edom é improvável devido ao número de problemas geográficos que se apresentariam para a história. [RONALD A. SIMKINS]

II. (PESSOA) O progenitor dos horeus, os habitantes originais do monte Seir (Gn 36:20, 21; 1Cr 1:38; cf. Gn 14:6; Dt 2:12, 22).

SEIRÁ (heb. *śĕʿîrâ*) O lugar para onde Eúde fugiu depois de ter matado o rei Eglom de Moabe (Jz 3:26). Talvez uma cidade ou traço geográfico, Seirá ficava provavelmente em Efraim (cf. Jz 3:27).

SEISCENTOS E SESSENTA E SEIS O "número de homem" da besta do Apocalipse de acordo com Ap 13:18. Esse enigma tem causado perplexidade tanto nos leitores comuns como nos eruditos. Devido ao fato de o número 666 ser "um número de homem" e devido os caracteres gregos e hebraicos terem valor numérico, muitos têm tentado identificar o nome de uma pessoa com o número.

Uma conhecida solução tem ligado o nome ao imperador Nero (54-68 d.C.), observando que a transliteração de César Nero para o hebraico (*Neron Kaisar*) fornece um valor numérico de 666. Essa abordagem é especialmente intrigante porque Apocalipse aparentemente faz alusão a um mito popular de que Nero retornaria depois de morto (Ap 13:3; 17:8, 11; cf. Sib. Or. 4.137-39; 5.33-34, 93-110). Isso também explica os antigos testemunhos nos quais o número é 616: a pronúncia do latim omitia o n final de Neron, que tem um valor numérico de 50, levando ao valor 616.

A alusão pode caracterizar o imperador Domiciano (81-96), em cujo reinado a maioria dos estudiosos data o Apocalipse, como um segundo Nero, associando Domiciano com a brutal perseguição de Nero aos cristãos romanos e judeus no ano 64. Identificações semelhantes em Apocalipse classificam Roma como Babilônia (Ap 16:17–19:3) e empregam os nomes bíblicos de Balaão e Jezabel a dois profetas cristãos (2:14, 20).

Estudos teologicamente orientados seguem uma simbologia em vez da lógica matemática. No fim do século II, Ireneu sugeriu que, desde que o seis precede o perfeito número sete, 666 personifica as revoltas originais presente e final contra Deus (Adv. haer. 5.28.2). Outros contrastaram 666 com 888, o valor numérico de Jesus em grego. [GREG CAREY]

SEITA Subsistema do todo (gr. *haíresis*; LXX Lv 22:18, 21; Ne 12:40; 1Mc 8.30; também literatura rabínica, Josefo, Fílon e NT). Os saduceus são compreendidos como partido, grupo ou sociedade que funcionava dentro da orientação do judaísmo maior (At 5:17; 23:6-8; Josefo *BJ* 2.119, 164-66; *Ant.* 13.171-73, 297-98; 18.16-17; 20.199). Os betusianos são um grupo relacionado aos saduceus, embora a conexão não seja inteiramente clara (cf. 'Abot R. Nat. 5; b. Pesah. 57a). Igualmente, os fariseus, o maior e mais popular grupo no judaísmo do século I, são também chamados de "seita" (At 15:5; 26:5; *BJ* 1.110-12; 2.119, 162-63, 166, 411; *Ant.* 13.171-79, 288-98, 401-2, 408-9; 18.12-15). O partido dos Zelotes (*BJ* 4.161; 5.3-8; 7.268-74; *Ant.* 18.1-9, 23) tinha crenças semelhantes às dos fariseus, mas tinha também concluído que a submissão a qualquer poder estrangeiro era equivalente à idolatria. O objetivo deles era implementar o reino de Deus na terra pela força das armas (cf. Mt 11:12). Os sicários eram aparentemente um subsistema dos zelotes (*BJ* 2.254-57, 425-26; 4.400-405, 516; 7.253-63, 410-19, 437; *Ant.* 20.164-66, 185-88; At 21:38); o método preferido deles de realização do ideal zelote era o assassinato. Os essênios (*BJ* 2.119-61; Ant.13.172; 15.373-79; 18.18-22; Fílon Quod omn. 75-91; Hypothetica 11.1-18) eram ascetas que se haviam retirado da sociedade para criar uma nova sociedade escatológica que seria pura e preparada para a era messiânica. Os herodianos (Mt 22:16; Mc 3:6; 12:13) podem ter sido judeus que eram favoráveis a um Israel reunido sob um rei da dinastia herodiana.

Uma nuança negativa de seitas parece ter se desenvolvido durante os tempos no NT, tornando-se ainda mais pronunciada nos escritos dos apologistas posteriores ao NT. O próprio cristianismo é descrito por outros dentro do judaísmo como uma "seita" com conotações um tanto negativas (At 24:5, 14; 28:22; cf. b. Ber. 28b). Os cristãos logo começaram a aplicar o termo a grupos dentro da Igreja que estavam seguindo outras personalidades (1Co 11:19; Gl 5:20) ou se afastando dos ensinos dos apóstolos (2Pe 2:1, com frequência "heresias"). [W. E. NUNNALLY]

SELÁ (heb. *selâ*) **I. (LITURGIA)** Provavelmente uma notação musical ou litúrgica que ocorre em 39 salmos e três vezes no salmo de Habacuque 3. Na LXX, Selá é traduzida como o grego *diápsalma* ("pausa no cântico"), sugerindo algum tipo de pausa. De acordo com o Targ., seguido por Jerônimo, o termo significa "para sempre" ou "eterno". Talvez esta fosse uma orientação para inserir uma bênção, um refrão ou pequena oração naquele ponto. Propostas baseadas na etimologia incluem "modulação de voz", "aumento de volume", "prostração" e "oração ritual". Outros têm sugerido que as consoantes de Selá formam um acróstico para "modulação de voz" ou "repetição". [GERALD M. BILKES]

II. (LUGAR) (heb. *sela'*) **1.** Nome de um lugar ("rocha") em referência a várias cidades a leste do rio Jordão. Ela é mais comumente associada com a cidade nabateia de Petra no Uádi Mûsa, nome que também significa "rocha".

2. Local que designa uma parte da fronteira dos amorreus (Jz 1:36). Embora mencionada próxima à subida de *'aqrabbim* ("escorpiões"), Selá pode não ser necessariamente procurada em Judá, mas talvez na mesma latitude. A grafia "edomitas" na LXX pode reconhecer a fronteira comum de Edom e Amom. Se é assim, é possível interpretar esta ocorrência de Selá como referência a uma cidade edomita, em vez de pertencente a Judá ou aos amorreus.

3. Assentamento fortificado conquistado pelo rei Amazias de Judá e renomeado para Jocteel (2Rs 14:7). Ela é tradicionalmente identificada com Umm el-Bayyârah, de onde se vislumbra a cidade nabateia de Petra, cerca de 75 km ao sul do mar Morto, no Jordão. O insucesso em localizar a ocupação edomita antes do século VII a.C. em Umm el-Bayyârah tem estimulado alguns a procurar o sítio arqueológico na moderna es-Sela', que fica ligeiramente ao norte de Buseira. A cultura material escavada nesse local reflete a ocupação dos séculos IX ao VII e satisfaz melhor o relato cronológico bíblico.

4. Lugar mencionado num oráculo de infortúnio contra Moabe (Is 16:1). a localização exata do sítio arqueológico ainda não foi determinada. A descrição é mínima, por isso Selá pode ser procurado tanto em Moabe como em Edom.

5. Lugar mencionado como uma das séries de lugares representativos distantes (Is 42:11), talvez o mesmo que 2 acima.

Bibliografia. S. Hart, "Sela: The Rock of Edom?" *PEQ* 118 (1986): 91-95. [RYAN BYRNE]

6. (heb. *šelaḥ, šĕlâ*; gr. *Salá*) Filho de Arfaxade, descendente de Sem e pai de Éber (Gn 10:24; 11:12-15; 1Cr 1:18, 24). Lucas 3:35,36 segue a LXX ao listar Selá como filho de Cainã e neto de Arfaxade.

7. O terceiro filho do patriarca Judá e da filha de Suá, a canaanita (Gn 38:5, 11, 14, 26; 46:12; 1Cr 2:3; 4:21). Ele foi o ancestral epônimo dos selanitas (heb. *šēlānî*; Nm 26:20).

SELÁ-HAMALECOTE Local no deserto rochoso de Maon, talvez um penhasco ou precipício rochoso (heb. *sela' hammaḥlĕqôṯ*), onde Saul desistiu de sua perseguição a Davi a fim de defender Israel da agressão dos filisteus (1Sm 23:28; NRSV mg "Rocha da Divisão").

A narrativa sugere que Davi foi capaz de iludir Saul e seus homens, a quem ele podia ver, sem que eles fossem capazes de capturá-lo. Pensa-se, popularmente, que o lugar tem dois penhascos, separados por um desfiladeiro estreito, tal como o que poderia existir no Ribeiro el-Malâqi, a cerca de 8 mi (13 km) a norte do nordeste de Maon.

SELEDE (heb. *seleḏ*) O filho mais velho de Nadabe, da tribo de Judá (1Cr 2:30). Selede morreu sem filhos.

SELEMIAS (heb. *šelemyâ, šelemiyāhû*) (tb. MESELEMIAS) **1.** Coraíta, neto de Asafe e porteiro durante a época de Davi (1Cr 26:14). Chamado de Meselemias em 1Crônicas 26:1, ele pode ser o mesmo Salum (8) em 9:17, 19, 31.

2-3. Dois descendentes de Bani ou Binui que haviam se casado com mulheres estrangeiras (Ed 10:39, 41).

4. O pai de Hananias, o homem que reparou a seção do muro de Jerusalém próxima à porta leste (Ne 3:30).

5. Sacerdote a quem Neemias encarregou dos armazéns do templo com Zadoque, o escriba e um levita chamado Pedaías pelo fato dos três terem sido considerados confiáveis (Ne 13:13).

6. Filho de Cusi e avô de Jeudi, a quem os oficiais de Jerusalém mandaram dizer a Baruque que lesse o livro de Jeremias (Jr 36:14).

7. Um dos três homens que o rei Jeoaquim mandou para prender Baruque e Jeremias (Jr 36:14).

8. O pai de Jeucal (Jucal), a quem o rei Zedequias mandou pedir a Jeremias que orasse pela nação (Jr 37:3) e a quem em seguida recomendou que Jeremias fosse morto (38:1).

9. O filho de Hananias e pai de Jerias, capitão da guarda mandado para prender Jeremias (Jr 37:13). [ROBIN GALLAHER BRANCH]

SELES (heb. *šēleš*) Filho de Helém; chefe de uma casa paterna aserita (1Cr 7:35).

SELÊUCIA (gr. *Seleúkia, Seleúkeia*) O nome de pelos menos dez cidades, quatro delas no norte da Síria, fundadas por Seleuco I Nicator no século IV a.C., que deu o nome em homenagem a si mesmo.

A Selêucia Pieria, no litoral norte da Síria, foi edificada na encosta do monte Pierius, cerca de 8 km ao norte da foz do rio Orontes. Ela funcionou como porto marítimo para Antioquia-nos-Orontes (moderna Samandag, Turquia), 26 km a leste. Ela gradualmente cresceu em importância como uma cidade comercial e fortaleza de fronteira até o período romano. Entretanto, todas as rotas terrestres que ligavam a Ásia Menor à Síria e Mesopotâmia passavam por Antioquia, e a Selêucia acabou tornando-se um amplo escoadouro para Antioquia para a parte oriental do império via Mediterrâneo. A cidade mudou de mãos várias vezes, caindo para Ptolomeu III do Egito durante a Terceira Guerra Síria (246-241) e para o selêucida Antíoco III em 219. Depois de 146, a Selêucia marcou por curto tempo o termo norte do domínio de Ptolomeu VII ao longo da costa mediterrânea (1Mac 11.8), mas em 138 ela foi revertida para os selêucidas. Ela tornou-se uma cidade livre sob Pompeu (60 a.C.). Quando Paulo e Barnabé partiram para o oeste em sua primeira viagem missionária, navegaram com João Marcos da Selêucia para Chipre (At 13:4).

Hoje o porto está obstruído com sedimento ou lama, enquanto há muitos portos na costa turca, e ele foi substituído em importância pelo porto de Iskenderun (ou Alexandretta) vários quilômetros ao norte. [JOHN MCRAY]

SELEUCO (gr. *Seleúkos*) Seleuco I Nicator ([321]312-281 a.C.); um dos *Diadochi* ("Sucessores") com quem foi dividido o império de Alexandre, após a morte deste. Companheiro de infância de Alexandre, ele o havia servido como chefe de sua guarda pessoal. Seleuco I foi sátrapa da Babilônia à época da morte de Alexandre e, depois do assassinato de Perticcus recebeu Babilônia como sua porção. Entretanto, foi expulso da Babilônia por Antígono Monoftalmo (outro dos Diadochi) em 316 e fugiu para o Egito em busca da proteção de Ptolomeu I. Com a ajuda de Ptolomeu, retornou para retomar Babilônia em 312 e começou o sistema da "era Selêucida", um sistema de datação amplamente usado na antiguidade. O tratato de paz de 301 designou a Palestina e o sul da Síria a Seleuco; entretanto, Ptolomeu se apoderou do território e se recusou a devolvê-lo. Seleuco evitou pressionar por seus direitos devido à ajuda anterior de Ptolomeu; no entanto, não desistiu de reivindicar e seus sucessores insistiram por meio de uma série de "Guerras sírias". O império selêucida atingiu sua máxima extensão sob seu governo.

Seleuco II Calínico (246-226); filho de Antíoco II (261-246). Logo depois de ter sido proclamado rei, o reino selêucida foi invadido por Ptolomeu III na Terceira Guerra Síria ou de Laodiceia (246-241). Os sírios não estavam em posição de resistir, mas uma fome no Egito forçou o exército de Ptolomeu a retroceder. Antíoco Hierax, irmão mais novo de Seleuco recebeu a administração da Ásia Menor; lá ele estabeleceu um governo independente o qual Seleuco não pôde tolerar, dando início à "Guerra dos irmãos" (c. 240-237). Seleuco foi derrotado e entrou em acordo, mas então o próprio Hierax foi derrotado numa sucessão de lutas com Atalo I, de Pérgamo, que havia se tornado um poder independente. Com a ascensão da dinastia arsácida na Pérsia, começou a erosão daquela parte do império, embora Seleuco pode ter recuperado parte das províncias orientais antes de sua morte.

Seleuco III (226-223). Filho mais velho de Seleuco II, demonstrou ser imaturo e impetuoso e tentou submeter Atalo I, de Pérgamo. Embora se discuta se houve uma ou duas tentativas, independente disso a invasão fracassou. Perdendo a confiança em Seleuco, alguns de seus oficiais terminaram com seu curto reinado. Um tio de Seleuco restaurou a disciplina e o irmão mais novo, muito mais capaz, foi coroado para se tornar Antíoco III.

Seleuco IV Filopator (187-175). Ele foi um governante fraco de acordo com antigas fontes; entretanto, isso pode ser uma difamação, visto que manteve um estado de paz durante todo o seu reinado através de astutas negociações com Roma. De acordo com 2Macabeus 3, Seleuco mandou seu oficial, Heliodoro, confiscar o tesouro do templo de Jerusalém, mas um anjo o derrotou. O acontecimento exato por trás dessa história é confuso, embora Seleuco possa ter considerado o então sumo sacerdote desleal, visto que estava guardando fundos para Hircano, filho de Tobias e partidário de Ptolomeu (2Mac 3.11). Seleuco foi assassinado por Heliodoro não muito depois do incidente de Jerusalém e, possivelmente, como resultado direto disso.

Bibliografia. E. R. Bevan, *The House of Seleucus*, 2 vols. (1902, repr. New York, 1966); *CAH2*, esp. 7/1: *The Hellenistic World*, ed. F. W. Walbank et al. (Cambridge, 1984); 8: *Rome and the Mediterranean to 133 B.C.*, ed. A. E. Astin et al. (Cambridge, 1989); N. Davis e C. M. Kraay, *The Hellenistic Kingdoms: Portrait Coins and History* (London, 1973). [LESTER L. GRABBE]

SELO, CARIMBO Instrumento gravado com um desenho invertido para produzir uma impressão. O uso do selo no antigo Oriente Próximo precedeu o desenvolvimento da escrita, provavelmente tendo aparecido na segunda metade do quarto milênio. As primeiras impressões provavelmente marcavam a propriedade de bens e materiais ou atuavam como uma salvaguarda mágica sobre o item. Os sinetes, quase sempre uma pedra cônica com uma base entalhada, são as mais antigas formas de selos e foram populares no Egito e na Palestina. Embora muitos selos fossem entalhados em pedra, outros meios incluíam madeira, osso e marfim. Os selos do período grego e romano eram quase sempre pedras semipreciosas delicadamente entalhadas.

Os selos autenticavam cópias de leis, tratados, acordos contratuais públicos, compra e venda de propriedades governamentais e certificado de qualidade ou de quantidade de conteúdos de recipientes. Os selos comemoravam eventos políticos importantes, como casamento, tratados e celebrações públicas. As impressões do selo particular atestavam vendas, compras, acordos contratuais, cartas, testamentos e adoções. Considerados por seus donos terem poderes mágicos, os selos eram também utilizados em cerimônias religiosas. Os selos pessoais eram frequentemente usados como amuletos ou deixados como dádivas votivas nos templos de várias divindades. Os selos que acompanhavam os funerais podem ter sido dados por parentes como dádivas para uso do morto na vida após a morte, ou como orações para ajudar a acelerar o morto em sua passagem pelo mundo subterrâneo.

A Bíblia descreve o uso de selos tanto em termos burocráticos como não burocráticos. Um selo podia ser dado como penhor (Gn 38:18) ou usado como anel para simbolizar autoridade política (41:42). As cartas com o selo de um rei eram consideradas como sua ordem verbal (1Rs 21:8). O amor é comparado simbolicamente à natureza inviolável do selo (Ct 8:6). Isaías orou a Yahweh, apelando para que Deus "selasse a lei" entre os discípulos fiéis, fechando-a da vista dos indignos (Is 8:16; 29:11). Jeremias colocou seu selo sobre um documento como evidência de sua compra de um campo em Ananote (Jr 32:10-14, 44).

Um selo impresso sobre um recipiente confirmava que o vasilhame continha a medida completa (Ez 28:12). Depois que Daniel foi lançado na cova dos leões, a entrada foi selada com o sinete do rei e de seus conselheiros para evidenciar o decreto real de morte (Dn 6:17). Um selo impresso para impedir a leitura de um documento é também confirmado durante o Exílio (Dn 12:4,9). Uma pública proclamação da fidelidade a Yahweh e à lei cúltica foi selada por Neemias, o governador, por vários representantes políticos e líderes do sacerdócio levítico em nome do povo (Ne 9:38–10:27 [TM 10:1-28]). O Apocalipse de João menciona vários rolos que foram selados tanto para confirmar a autoridade deles, como para esconder dos intrusos seus conteúdos.

Bibliografia. *The Iron Age Stamp Seals* (*c. 1200-350 b.C.*) (Oxford, 1988), xii; D. Collon, *First Impressions: Cylinder Seals in the Ancient Near East* (Chicago, 1988), 6-13; L. Gorelick, "Ancient Seals and the Bible: An Overview", in *Ancient Seals and the Bible*, ed. Gorelick e E. Williams-Forte. Occasional Papers on the Ancient Near East 2/1 (Malibu, 1983). [DAVID C. MALTSBERGER]

SELOMI (heb. *šĕlōmî*) O pai de Aiúde, que foi o representante da tribo de Aser na divisão de Canaã (Nm 34:27).

SELOMITE (heb. *šĕlōmîṯ*) O nome se aplica tanto a homens como a mulheres. Originalmente, Selomite pode ter sido a forma feminina do masculino Selomote.

1. A filha de Dibri da tribo de Dã. Seu filho blasfemou o nome de Deus e foi morto apedrejado (Lv 24:10-23).

2. Filha de Zorobabel, irmã de Mesulão e Hananias (1Cr 3:19).

3. Filho de Simei (Q 1Cr 23:9; K "Selomote").

4. Filho de Isar, um chefe levita (1Cr 23:18). Em 1Crônicas 24:22, ele é chamado de Selomote.

5. Filho do rei Roboão e Maaca (2Cr 11:20).

6. O filho de Josifias, descendente de Bani; chefe de uma das famílias que retornaram com Esdras (Ed 8:10). *Ver* SELOMOTE [JESPER SVARTVIK]

SELOMOTE (heb. *šĕlōmôṯ*) **1.** Levita, filho de Simei e descendente de Gérson (K 1Cr 23:9).

2. Levita da linha coatita, filho de Isar (1Cr 24:22). O TM o chama de Selomite em 1Crônicas 23:18.

3. Levita, filho de Zicri e descendente de Eliezer, filho de Moisés. Ele e seus irmãos guardavam os tesouros das ofertas dedicadas conseguidas como espólio durante o reinado de Davi (1Cr 26:25-28). [JESPER SVARTVIK]

SELUMIEL (heb. *šĕlumî'ēl*) (tb. SALAMIEL) O filho de Zurisadai; ajudante de Moisés e líder do simeonitas durante a jornada de Israel pelo deserto (Nm 1:6; 2:12; 7:36-41; 10:19). A ancestralidade de Judite passa por Selumiel (Jt 8.1; gr. *Salamiēl*).

SEM (heb. *šēm*; gr. *Sēm*) Filho de Noé, irmão de Cam e Jafé (Gn 5:32). Sem é listado como o primeiro e mais velho (cf. Gn 9:24; 10:21) filho de Noé, embora nos relatos genealógicos ele apareça por último (Gn 10:21-31; 1Cr 1:4, 17-27), talvez para enfatizar sua paternidade dos indivíduos que vêm depois. Sem entrou com sua esposa na arca (Gn 7:13) e escapou do Dilúvio, aparentemente devido à retidão de Noé (6:8-9). Mais tarde ele recebeu a bênção de Deus (Gn 9:1). Depois que Cam viu a nudez de Noé, foi Sem e Jafé que cobriram Noé e somente eles foram abençoados por causa da atitude de Canaã (Gn 9:23-27).

Sem é o ancestral de diversos povos, tanto semitas — a quem ele empresta seu nome — como não semitas (Elão), que habitaram várias áreas (Gn 10:21-31; 11:10-26). Sem é também o ancestral dos hebreus (por meio de Héber) e, por conseguinte, o antepassado de Abraão. Talvez por esse motivo Siraque o chama de "honrado" (Sir. 49.16); Lucas o menciona explicitamente na genealogia de Jesus (Lc 3:36).

Sem significa "nome" ou "fama". Apesar de alguma evidência de que *sm* tenha sido usado como epíteto ou nome para um deus(deuses), um status (semi)divino para Sem é improvável.

Bibliografia. B. Becking, "Shem", *DDD*, 763-64; M. Lubetski, "SM as a Deity", *Religion* 17 (1987): 1-14. [BRENT A. STRAWN]

SEMA (heb. *šĕmaʿ*) **I. (LUGAR)** Cidade do distrito sul de Judá (Js 15:26). "Seba" pode ser uma variante do nome na lista simeonita de cidades (Js 19:2). Nenhum dos dois nomes ocorrem na lista paralela em 1Crônicas 4:28. O local é desconhecido, mas ficava provavelmente nos arredores de Berseba. [LAURA B. MAZOW]

II. (PESSOA) (tb. SIMEI) **1.** Filho de Hebrom da tribo de Judá, possivelmente um nome de lugar (1Cr 2:43,44).

2. O filho de Joel da tribo de Rúben (1Cr 5:8). Ele pode ser o mesmo que Semaías ou Simei (1Cr 5:4).

3. Filho de Elpaal da tribo de Benjamim. Ele foi um habitante de Aijalom, cujos cidadãos combateram Gate e venceram (1Cr 8:13). Em 1Crônicas 8:21, ele é chamado de Simei.

4. Um dos líderes leigos que ficaram à direita de Esdras, apoiando-o durante sua leitura pública da lei (Ed 8:4). [KEVIN D. HALL]

SEMAÁ (heb. *šĕmāʿâ*) O pai de Aiezer e Joás, dois guerreiros benjamitas que se uniram a Davi em Ziclague (1Cr 12:3).

SEMAÍAS (heb. *šĕmaʿyâ, šĕmaʿyāhû*) **1.** Profeta do reino de Judá no tempo da divisão da monarquia depois da morte de Salomão. Semaías foi mandado por Yahweh para admoestar Roboão, rei de Judá, para que retornasse a Jerusalém e não guerreasse contra Jeroboão (1Rs 12:21,22; 2Cr 11:2-4). Mais tarde, quando Yahweh puniu Roboão e Judá por causa de suas práticas idólatras, foi Semaías que declarou aos líderes de Judá que a invasão por um exército egípcio liderado por Sisaque era a consequência da infidelidade deles. Ele declarou também que o julgamento final sobre a idolatria deles não viria pelas mãos de Sisaque (2Cr 12:5-8). Semaías foi também um historiador da corte e escreveu um livro contendo os eventos do reinado de Roboão (2Cr 12:15).

2. Filho de Secanias; descendente de Davi (1Cr 3:22).

3. Líder da tribo de Simeão e pai de Simri (1Cr 4:37).

4. Um dos líderes da tribo de Rúben e filho de Joel (1Cr 5:4).

5. Levita, filho de Hassube, do clã de Merari (1Cr 9:14), que viveu em Jerusalém no tempo em que os exilados retornaram da Babilônia. Ele foi um dos levitas responsáveis pela obra na parte externa da casa de Deus (Ne 11:15,16).

6. Levita, pai de Obadias e filho de Galal, do clã de Jedutum (1Cr 9:16). Seu nome e o nome de seu filho aparecem abreviados em Neemias 11:17 como Samua (3) e Abda.

7. O líder de uma família levita, descendente de Elisafã. Semaías e duzentos levitas carregaram a arca da aliança quendo ela foi removida da casa de Obede-Edom para a tenda que Davi havia preparado em Jerusalém (1Cr 15:8-11).

8. Levita, filho de Netanel e escriba que, nos dias de Davi, registrou os nomes dos homens que formavam as 24 divisões de sacerdotes (1Cr 24:6).

9. Levita do clã de Corá, filho primogênito de Obede-Edom (1Cr 26:4). Semaías e seus filhos foram porteiros do templo (1Cr 26:6-8).

10. Um dos levitas mandados por Josafá, rei de Judá, para ensinar a lei ao povo de Judá (2Cr 17:8).

11. O filho de Jedutum; um dos levitas que passaram por um processo de purificação ritual para poder ajudar a purificar o templo durante o tempo de Ezequias (2Cr 29:14,15).

12. Levita no tempo de Ezequias que ajudou a distribuir a oferta voluntária e as doações feitas aos levitas que viviam nas cidades dos sacerdotes (2Cr 31:15).

13. Um dos líderes dos levitas que contribuiu com 5.000 ovelhas e cabras e quinhentos bois para ajudar os levitas a celebrar a Páscoa no tempo de Josias (2Cr 35:9).

14. Um dos filhos de Adonicão que veio para Judá com Esdras da Babilônia durante o reinado de Artaxerxes (Ed 8:13).

15. Um dos líderes do povo que retornaram do exílio babilônico. Esdras o mandou com outros para Ido, o líder de Casífia, para buscar levitas para realizar o culto de Deus (Ed 8:16,17). Ele pode ser a mesma pessoa que 14 acima.

16. Sacerdote da família de Harim que se divorciou de sua esposa estrangeira (Ed 10:21).

17. Israelita da família de Harim que se divorciou de sua esposa estrangeira (Ed 10:31).

18. Levita, filho de Secanias. Semaías foi o zelador da Porta Oriental do templo e ajudou a reparar uma seção dos muros de Jerusalém nos dias de Neemias (Ne 3:29).

19. O filho de Delaías, profeta contratado por Tobias e Sambalate para intimidar Neemias e desacreditá-lo (Ne 6:10-13). Semaías tentou coagir Neemias a entrar no templo e, assim, violar a lei pelo fato de ele não ser sacerdote.

20. Um dos sacerdotes que assinou o acordo com Neemias e os líderes da nação (Ne 10:8 [TM 9]) que exigia que os líderes de Judá, os sacerdotes e os levitas seguissem todos os mandamentos e normas da lei de Deus (v. 29 [30]). Ele havia retornado da Babilônia com Zorobabel (Ne 12:6) e foi provavelmente o pai de Jônatas (v. 18).

21. Um dos líderes de Judá que participaram da dedicação dos novos muros de Jerusalém (Ne 12:34).

22. Sacerdote, filho de Matanias, do clã de Asafe. Seu neto, Zacarias tocou a trombeta durante a dedicação dos novos muros de Jerusalém nos dias de Jeremias (Ne 12:35).

23. Levita que estava entre os músicos que celebraram a dedicação dos novos muros de Jerusalém (Ne 12:36).

24. Um dos levitas que acompanharam Neemias na procissão durante a dedicação do novo muro (Ne 12:42).

25. O pai de Urias, um profeta de Quiriate-Jearim morto por ordem de Jeoaquim (Jr 26:20).

26. Falso profeta neelamita que viveu entre os exilados na Babilônia. Ele profetizou o retorno iminente do povo de Judá e queria que os sacerdotes em Jerusalém repreendessem e prendessem Jeremias por pregar que o Exílio duraria muitos anos. Quando Jeremias ouviu a palavra de Semaías, ele profetizou que Semaías não teria descendentes entre o povo de Judá e não viveria para ver o retorno do povo do Exílio (Jr 29:24-32).

27. O pai de Delaías, um dos oficiais que serviram na corte de Joaquim, rei de Judá (Jr 36:12). Ele esteve presente quando Baruque leu novamente o rolo com as profecias de Jeremias perante um grupo de oficiais do rei reunidos no palácio real. [CLAUDE F. MARIOTTINI]

SEMANAS, FESTA DAS Festival agrícola de primavera *ḥag šāḇuʿôṯ*; Dt 16:10) que determinava uma peregrinação a um local sagrado; também denominada "a festa da colheita" (*ḥag haqqāṣîr*; Êx 23:16) e "o dia dos primeiros frutos" (*yôm habbikkûrîm*; Nm 28:26). Depois do exílio babilônico, a festa ficou associada à celebração do pacto do Sinai. Em grego, a festa ficou denominada Pentecostes, porque era celebrada 50 dias depois da Páscoa e dos Pães Asmos.

Originalmente, a peregrinação era feita a um santuário local onde o agricultor apresentava as primícias da colheita da cevada no início da primavera (geralmente em maio). Nem Êxodo 23:14-17 nem 34:18-24 tentam fixar a data dessa observância. Ambos (os textos) a associam com a apresentação das primícias da colheita.

O Deuteronômio procura estabelecer uma data mais precisa para a observância. A peregrinação devia ser observada sete semanas (daí, a Festa das Semanas) depois que a foice era posta pela primeira vez no cereal (Dt 16:9). A ênfase de Deuteronômio na centralização do culto (cap. 12) determinava que a peregrinação fosse feita ao santuário central. Uma ausência tão prolongada do campo no início da colheita, entretanto, teria sido impraticável. Assim, parece que Deuteronômio transformou o que inicialmente era uma oferta individual de "primícias" numa peregrinação nacional que encerrava a colheita na estação da primavera.

Levítico 23:15-16 também procura fornecer uma data mais exata para tal observância. Ela devia ser observada sete semanas a partir do dia depois do sábado no qual o feixe da oferta alçada era apresentado. Ele não é chamado de uma "peregrinação" neste texto. O "feixe de elevação" é discutido em Levítico 23:9-14 e, como o capítulo coloca, está associado com a observância de sete dias dos Pães Ázimos. O significado exato da frase "no dia depois do sábado", entretanto, não é claro, e a controvérsia a respeito de seu significado continuou até o judaísmo do século I. Três posições básicas se desenvolveram: o dia imediatamente após a Páscoa; o dia seguinte ao sábado que caía durante a festa dos Pães Ázimos; o dia seguinte ao sábado que vinha depois do término dos Pães Ázimos. O texto procura claramente relacionar a festa dos Pães Ázimos com a Festa das Semanas em termos de observância festiva e prática da colheita. Levítico 23:15-21 lista em detalhes os sacrifícios e ofertas que devem ser apresentados com a observância das Semanas (cf. Nm 28:26-31).

Após o exílio babilônico, a festa tornou-se associada à celebração do pacto do Sinai. Esta conexão muito provavelmente se baseia na combinação de dois textos do AT: Êxodo 19:1 relata que os israelitas entraram no deserto do Sinai no terceiro mês e 2Crônicas 15:8-15 descreve um ritual nacional que foi observado por Asa no terceiro mês no qual o povo fez um pacto com Yahweh. Assim, o terceiro mês, o mês no qual a Festa das Semanas era observado, tornou-se a ocasião para fazer pactos e juramentos. O livro de Jubileu (c. 150 a.C.) localiza vários pactos e juramentos importantes no terceiro mês, p. ex., Sinai (Jub. 1.1), Noé (6:10) e Abraão (14:1-20). É provável que Jubileu entende que a festa caia no 15º dia do terceiro mês. Esta também parece ser a posição da comunidade de Qumran.

Bibliografia. J. van Goudoever, *Biblical Calendars*, 2. ed. (Leiden, 1961); H. J. Kraus, *Worship in Israel* (Richmond, 1966). [FRANK H. GORMAN, JR.]

SEMAQUIAS (heb. *sĕmaḵyāhû*) Porteiro levita, filho de Semaías e descendente de Obede-Edom (1Cr 26:7).

SEMARIAS (heb. *šĕmaryâ*, *šĕmaryāhû*) **1.** Benjamita que se uniu à força rebelde de Davi em Ziclague (1Cr 12:5 [TM 6].

2. Filho do rei Roboão de Judá e sua esposa Maalate (2Cr 11:19).

3. Israelita entre os filhos de Harim a quem Esdras exigiu que se divorciasse de sua esposa estrangeira (Ed 10:32).

4. Um dos filhos de Binui que se divorciou de sua esposa não israelita (Ed 10:41).

SEMEBER (heb. *šem'ēḇer*) O rei de Zeboim, um dos cinco reis que se rebelou contra Quedorlaomer e combateu, sem sucesso, contra a aliança dele no vale de Sidim (Gn 14:2).

SEMEDE (heb. *šemeḏ*) Benjamita; um dos filhos de Elpaal que reconstruiu as cidades de Ono e Lode depois do Exílio (1Cr 8:12; alguns manuscritos trazem o hebraico *šemer*).

SEMEI (gr. *Semeïn*) Ancestral pós-exílico de Jesus na genealogia de Lucas que liga José a Adão (Lc 3:26).

SÊMER (heb. *šemer*) (tb. SOMER) **1.** Proprietário da colina que Onri comprou para estabelecer Samaria (1Rs 16:24).

2. Levita merarita, filho de Mali (1Cr 6:46 [TM 31]).

3. Um homem da tribo de Aser (1Cr 7:34), chamado de Somer no v. 32.

SEMIDA (heb. *šĕmîḏāʿ*) Filho de Gileade da tribo de Manassés (Nm 26:32; Js 17:2; 1Cr 7:19), ancestral do clã semidaíta (heb. *šĕmîḏāʿî*).

SEMINITE Termo (heb. *ʿal-haššĕmînîṯ*, "no oitavo") que ocorre no sobrescrito dos Salmos 6, 12 e em 1Cr 15:21). Entre as sugestões quanto ao seu significado estão "oitava" (talvez indicando vozes uma oitava abaixo), "em instrumento de oito cordas" e "para o oitavo estágio da liturgia".

SEMIRAMOTE (heb. *šĕmîrāmôṯ*) **1.** Músico levita da segunda ordem indicado para tocar a harpa no acompanhamento da arca quando ela foi trazida para Jerusalém (1Cr 15:18, 20; 16:5).

2. Um dos levitas mandados pelo rei Josafá para instruir o povo de Judá na lei (2Cr 17:8).

SEMITAS, LÍNGUAS SEMÍTICAS Embora a palavra "semita" não ocorra nos materiais bíblicos, não obstante podemos falar com propriedade dos semitas bíblicos. Estes povos apareceram pela primeira vez na Tábua das Nações (Gn 10), uma primitiva lista etnográfica israelita. A Tábua conceitua os antigos vizinhos de Israel como os descendentes dos três filhos de Noé, com os semitas sendo descendentes de Sem, o mais velho. Embora seja particularmente difícil identificar essa descendência com nações em particular, está claro que Sem deve ser associado especialmente aos povos a leste de Israel (p. ex., Pérsia, Assíria, Babilônia e também com os arameus a nordeste e com algumas regiões da África). Mais importante talvez seja ser Sem o ancestral étnico dos israelitas, sendo o antepassado de três gerações antes de Héber (o ancestral epônimo dos hebreus) e dez gerações antes do patriarca Abraão. A visão, portanto, do autor da Tábua era dos antigos laços genealógicos de Israel com as grandes civilizações do Oriente.

A lógica por trás da construção da Tábua não é inteiramente clara, mas parece certo que semelhanças linguísticas desempenharam importante papel na divisão tríplice que ela oferece, como está evidente em seu próprio testemunho: "Estes são os filhos de Sem, por suas famílias, suas línguas, suas terras e suas nações". Por outro lado, fatores ideológicos também influenciaram sua composição, como indicado pelo fato de os cananeus — um grupo intimamente relacionado aos hebreus tanto linguística como culturalmente — são listados como descendentes de Cam e não de Sem. Outras explicações para a organização da Tábua, particularmente critérios socioeconômicos e socioculturais, também têm sido sugeridos. Entretanto, nossos esforços para entender o plano da Tábua são atrapalhados de alguma forma pelo fato de algumas mudanças editoriais terem provavelmente sido feitas no texto.

A Tábua das Nações tem exercido considerável influência na história da antropologia ocidental, principalmente porque em muito de sua história a Europa viu o material bíblico como fonte histórica confiável. Como resultado, os primeiros esforços para catalogar as pessoas e as línguas do mundo seguiram os contornos expostos na Tábua. Os povos encontrados durante a expansão imperial ocidental — indianos, japoneses, chineses e nativos americanos — eram frequentemente inseridos na tríplice teoria da classificação fornecida pelas listas bíblicas. O estudo crítico do texto bíblico e seu gênero durante os séculos XIX e XX tem mudado isto, já que para muitos estudiosos o caráter literário da Tábua não é mais visto como historiográfico, mas como uma especulação israelita primitiva sobre as origens das nações e dos povos. Assim, embora alguns judeus e cristãos conservadores ainda vejam a Tábua como fonte taxonômica confiável, este não é geralmente o caso.

LÍNGUAS SEMÍTICAS. Apesar dessa mudança na perspectiva, todavia os linguistas continuam a falar de semitas e povos semíticos, não no sentido étnico, mas no sentido linguístico (embora a distinção étnica/linguística tenha sido frequentemente indistinta). A família do idioma semítico é representada tanto pelas línguas antigas como modernas e é principalmente caracterizada pelo fato de os substantivos, os verbos e os adjetivos geralmente derivarem de raízes de três consoantes. Assim, p. ex., em hebraico o verbo "falar" (*dāḇar*) e os substantivos "palavra" (*dāḇar*) e "oráculo" (*dĕḇîr*) derivam da mesma combinação consonantal, *d-b-r*. Embora se pense que a mesma combinação de três consoantes é usada em várias línguas semíticas, este nem sempre é o caso. E até mesmo quando é, os significados básicos podem ser bem diferentes. Usando o exemplo citado de d-b-r, o ac. *dabāru*, "recuar", não é muito próximo do significa hebraico "falar". Entretanto, o ac. *dabābu*, que usa a combinação um tanto diferente *d-b-r*, de fato significa "falar". Assim, embora não possamos explicar sempre as semelhanças e diferenças entre essas línguas, nossos esforços para comparar as várias línguas semíticas pressupõem a semelhança essencial delas.

As línguas semíticas, que derivam de uma "Protossemítica" usada na região do Crescente Fértil, fez sua primeira aparição literária nas línguas semíticas orientais dos acadianos e dos eblaítas (terceiro milênio a.C.). Aproximadamente no mesmo tempo, outro ramo da família da linguagem se desenvolveu na parte ocidental da região (daí o fato de ser chamada de semítica ocidental) que é considerado o ancestral linguístico das línguas bíblicas, o hebraico e o aramaico. Intimamente relacionados ao desenvolvimento do hebraico, tanto histórica como linguisticamente, estão os fenícios, moabitas, amonitas e edomitas. Entretanto, embora as primeiras formas do hebraico tenham aparecido depois de 1200, as línguas da Bíblia foram escritas num período posterior (e assim com formas mais recentes de linguagem) e porque o texto passou por um contínuo processo de "modernização", isto é, a substituição de formas e construções mais antigas pelas mais novas. Três importantes línguas semíticas continuam sendo usadas nos tempos modernos: o árabe, o amárico (=etíope) e o hebraico israelense.

NOVO TESTAMENTO. Começando pelo Exílio Babilônico e depois se acelerando com o advento das conquistas persas do século VI, a língua do judaísmo palestino foi cada vez mais influenciada pelo aramaico, de tal forma que no período do NT o aramaico era a língua comum da região. Como resultado, o ministério de Jesus e seus discípulos foi realizado usando essa língua e isso, por sua vez, influenciou a composição dos evangelhos do NT — apesar do fato de os evangelhos terem sido escritos em grego, não em aramaico. Tais influências semíticas são, às vezes, explícitas (cf. a citação de Jesus em aramaico em Mc 5:41), mas são mais frequentes mudanças sutis na linguagem do texto grego chamadas de aramaísmos ou semiticismos. Essas características linguísticas semíticas são cuidadosamente identificadas pelos estudiosos e a importância delas para a tarefa interpretativa tem sua importância adequada.

Bibliografia. G. Bergsträsser, *Introduction to the Semitic Language* (Winona Lake, 1983); S. Moscati, *The Semites in Ancient History* (Cardiff, 1959); Moscati, ed., *An Introduction to the Comparative Grammar of the Semitic Languages* (Wiesbaden, 1964), 3-21; B. Oded, "The Table of Nations (Genesis 10): A Socio-cultural Approach", *ZAW* 98 (1986): 14-31; G. M. Schramm, "The Semitic Languages: Na Overview", in *Current Trends in Linguistics*, ed. T. A. Sebeok, 6: *Linguistics in South West Asia and North Africa* (Hague, 1976), 257-60. [KENTON LANE SPARKS]

SEMUEL (heb. *šĕmû'ēl*) **1.** O representante de Simeão na divisão de Canaã; filho de Amiúde (Nm 34:20).

2. Filho de Tola; chefe de uma família da tribo de Issacar (1Cr 7:2).

SENAÁ (heb. *sĕnā'â*) Grupo de exilados babilônios listados no retorno com Zorobabel (Ed 2:35 = Ne 7:38). Não está claro se o nome se refere a um lugar (possivelmente identificado com Magdalsena, cerca de 13 km a nordeste de Jericó) ou a um nome de família. Ele pode estar relacionado aos "filhos de Hassenaá" que ajudaram a reconstruir os muros de Jerusalém (Ne 3:3) ou a família benjamita de Hassenua (1Cr 9:7; Ne 11:9). [LAURA B. MAZOW]

SENAQUERIBE (heb. *sanĕḥērîḇ*; ac. *Sin-aḫḫē-rība*) Rei da Assíria (704-681 a.C.) que invadiu Judá durante o reinado de Ezequias. Senaquerib herdou um vasto império de seu pai, Sargão II. Embora ele tivesse de organizar algumas grandes campanhas militares, basicamente para dominar rebeliões, pôde voltar sua atenção para outros assuntos, especialmente grandes projetos de construção. Ele reconstruiu Nínive, converteu-a numa metrópole e a tornou capital da Assíria. Senaquerib é também lembrado por ter destruído Babilônia em 689. Fontes para o reinado desse rei são abundantes, incluindo anais, cartas, relatórios astrológicos e textos legais e administrativos. Textos bíblicos relativos a este rei são encontrados em 2Reis 18:13–19:37; 2Crônicas 32:1-23; Isaías 36–37.

Pode se dizer que o evento mais importante para Judá envolvendo Senaquerib foi a invasão assíria em 701. Depois da morte de Sargão II, irrompeu grande rebelião por todo o império — na Anatolia, Babilônia e na Síria-Palestina. Como parte dessa revolta, Merodaque-Baladã, da Babilônia mandou emissários a Ezequias (2Rs 20:12-15). De fato, Ezequias estava fazendo preparativos para a revolta, reconstruindo os muros de Jerusalém, fortalecendo e reorganizando seu exército (2Cr 32:5-6, construindo armazéns para estocar alimentos e estábulos para animais (v. 28-29) e construindo o túnel de Siloé para levar água da fonte Giom para dentro dos muros (2Rs 20:20; 2Cr 32:30; *ANET*, 321; cf. jarros de alça *lmlk*, datados do reinado de Ezequias, descobertos em todo Judá). As inscrições de Senaquerib sugerem que a revolta de Ezequias foi coordenada com outros reis siro-palestinos. O texto de 2Reis 18:8 registra que Ezequias atacou estados filisteus, provavelmente por causa da não cooperação deles na rebelião.

Senaquerib passou seus anos iniciais lidando com a rebelião na Babilônia, antes de voltar sua atenção para a Síria-Palestina em 701. Duas inscrições, o Prisma do Instituto Oriental (*ANET*, 287-88) e o Cilindro Rassam (ARAB II, 284), descrevem essa campanha militar em detalhes. O rei assírio começou por marchar sobre a Fenícia sem encontrar maior oposição até chegar ao território filisteu. Em Ascalom, ele capturou seu rei e sua família e os deportou para a Assíria. A campanha na Filístia continuou com a conquista de várias cidades sob a influênca de Ascalom. De lá, Senaquerib voltou sua atenção para Ezequias, primeiro capturando Elteque, Timna e Ecrom, cidades sob o controle de Ezequias. Senaquerib alega ter tomado de Ezequias 46 cidades fortemente muradas. Uma delas teria sido Laquis, retratada de forma destacada em relevos em seu palácio de Nínive (*ANEP*, 371-74). O assírio então cercou Jerusalém — fazendo de Ezequias prisioneiro em sua residência real — e saqueou as cidades circunvizinhas, retornando-as ao controle filisteu. As inscrições registram que Senaquerib então impôs um alto tributo sobre Ezequias. Há consenso geral de que o conteúdo de 2Reis 18:13-16 converge como o que está descrito nos textos assírios em relação a esta campanha (datando a campanha no ano 14 de Ezequias, geralmente aceito como o ano 701). O texto descreve também Senaquerib como tendo capturado “todas as cidades fortificadas de Judá”, embora não faça menção da captura de Jerusalém e de receber um enorme tributo de Ezequias.

As discrepâncias nos relatos de Reis (entre 2Rs 18:13-16 e 18:17–19:37) e entre as fontes assírias e os textos bíblicos têm levado os estudiosos a questionar se Senaqueribe realizou apenas uma campanha contra Judá. Devido aos dois cursos de ação divergentes tomados por Ezequias em resposta ao ataque assírio — capitulação (2Rs 18:14,15) a resistência (19:19) e a importância da conquista de Laquis no relevo de Senaqueribe de Nínive, porém sem nenhuma menção a ela nos anais narrativos da campanha de 701, tem há muito tempo sido sugerido que Senaquerribe realizou uma segunda campanha contra Judá, talvez em 688-687. Esta é a campanha refletida em 2Rs 18:17–19:36, num novo texto de Senaquerибe, e no relevo de Laquis. Foi durante esta campanha que as cidades de Judá de Azeca, Laquis (2Rs 18:17–19:7) e Libna (19:8) foram conquistadas.

Bibliografia. N. Na’aman, “Sennacherib’s ‘Letter to God’ on His Campaign to Judah”, *BASOR* 214 (1974): 25-39; W. H. Shea, “Sennacherib’s Second Palestinian Campaign”, *JBL* 104 (1985): 401-18. [JEFFREY K. KUAN]

SENAZAR (heb. *šen’aṣṣar*) Filho de Joaquim (Jeconias), o rei cativo de Judá (1Cr 3:18). Alguns identificam Senazar (cf. ac. *Sin-ab-uṣur*) com Sesbazar (Ed 1:8, 11; 5:14, 16).

SENÉ (heb. *senneh*) Nome de uma das rochas escarpadas que flanqueavam a passagem ao longo do uádi es-Suweinît entre Micmás e Geba (1Sm 14:4). Sené (cf. heb. *senneh*, “arbusto de espinhos”) fica no lado sul do uádi, cerca de 11 km norte-nordeste de Jerusalém.

SENHOR “Senhor”, como título para Deus é semelhante ao uso para governantes humanos; sugere superioridade e autoridade. No AT, seu contraponto são nomes teofóricos compostos da palavra “servo” (p. ex., Obadias, “servo de Yahweh”). A fórmula *’ădōnāy* (“meu Deus”) refere-se somente a Yahweh e eventualmente era pronunciado em lugar do próprio nome divino.

Na LXX, a palavra grega kýrios traduz tanto *’āḏôn* como YHWH (esta última prática se compara à substituição de *’ăḏōnāy*). O uso de *kýrios* para Deus continua no NT.

O grego *kýrios* é um título frequente para Jesus no NT. Durante seu ministério terreno, ele funciona como um título respeitoso, correspondendo ao aramaico *mārî* (“meu Senhor”), que foi usado para os rabis em alguma literatura judaica primitiva e era mais ou menos o equivalente a “Senhor”. Imediatamente depois da Ressurreição, entretanto, o termo começou a sugerir divindade (Jo 20:28). Senhor como título divino para Jesus pode ser encontrado tão cedo quanto o hino pré-paulino de Filipenses 2:6-11; devido à substituição de Senhor por Yahweh no AT e à alusão a Isaías 45:23 em Filipenses 2:10, os judeus cristãos certamente tinham considerado Jesus igual a Yahweh. Outros textos e conceitos do AT que se referem a Yahweh são também relacionados a Jesus no NT. Por exemplo, Ele é chamado de “Reis dos reis e Senhor dos senhores” (Ap 17:14; 19:16; cf. Dt 10:17; Sl 136:3; Dn 2:47), e [a expressão] “dia do Senhor” é usada para a volta de Jesus (2Pe 3:9, 10; Am 5:18; Sf 1:14-18). Jesus é também o Senhor da criação (Hb 1:10-12; Sl 102:25-27 [TM 26-28]). À luz de tais textos, a fórmula de fé “Jesus (Cristo) é Senhor” (1Co 13:3; Fp 2:11; cf. Rm 10:9) é uma afirmação de sua divindade. [JOHN L. MCLAUGHLIN]

SENHOR DOS EXÉRCITOS Título composto usado com mais frequência para a divindade israelita no AT (heb. YHWH *ṣĕḇā’ôṯ*). Título semelhante é “Yahweh, Deus dos exércitos”. Esses epítetos descrevem Yahweh tanto como Guerreiro divino quanto como Rei divino, com “exércitos” referindo-se tanto a forças terrenas (p. ex., os israelitas ou seus exércitos) como cósmicas (corpos celestiais ou anjos). A expressão aparece com mais frequência nos Profetas (esp. Isaías, Jeremias, Zacarias e Malaquias) e de modo algum no Pentateuco. Em 1Samuel 1:3, a expressão está associada ao santuário em Siló. Durante o conflito israelita com os filisteus, o nome é comparado com “o Deus dos exércitos” (1Sm 17:45), demonstrando, em primeiro lugar, uma compreensão muito militarista do título.

Bibliografia. T. N. D. Mettinger, *In Search of God: The Meaning and Message of the Everlasting Names* (Philadelphia, 1988); P. D. Miller, *The Divine Warrior in Early Israel.* HSM 5 (Cambridge, Mass., 1973). [TONY S. L. MICHAEL]

SENHOR, MESTRE Alguém que tem autoridade significativa sobre outros. Às vezes, o termo é encontrado no caso vocativo de tratamento, em que indica deferência e respeito à(s) pessoa(s) a quem se dirige. O termo pode expressar estima e respeito a um líder de seu povo (Nm 32:25; cf. At 25:26). Em Gênesis 44:7-16, a palavra indica o respeito que um escravo demonstra por seu senhor; a parábola de Jesus do servo mau é um exemplo no NT de um uso semelhante (Mt 18:23-25).

Senhor é também uma referência a chefes seculares de tribos ou nações, como os “cinco chefes dos filisteus” (Jz 3:3; 1Sm 5:8; Is 16:8). Pode também referir-se a toda uma classe de nobres ou cortesãos (Dn 5:1). É este tipo de senhor humano sobre quem Deus é “Rei dos reis e Senhor dos senhores” (1Tm

6:15; Ap 19:16). Esse senhorio pode ser demonstrado até mesmo contra a elite corrupta de Judá (cf. Jr 22:8; 25:35; 34:5).

De acordo com Marcos 2:28 par,. Jesus usou o termo para estabelecer sua autoridade sobre o costume antigo: "O Filho do homem é senhor até mesmo do sábado". Como um verbo ("governar sobre"), o termo é usado casualmente para descrever o comportamento arrogante (Ne 5:15; Ec 8:9), exatamente a antítese do estilo que Jesus ordena aos seus discípulos (Lc 22:24-27; cf. 2Co 1:24). *Ver* DEUS, NOMES DE. [WATSON E. MILLS]

SENHORA ELEITA Título que aparece somente em 2João 1,5. Dizia-se que a "senhora eleita" (gr. *hē eklektē kyría*) tem filhos e uma irmã eleita, que também tem filhos. Alguns estudiosos a identificam como uma líder de uma igreja doméstica, a quem o "ancião" está escrevendo para encorajar e avisar para não receber enganadores em sua igreja doméstica. Nesse caso, alguns de seus filhos estão crescidos e sua irmã física vive na cidade de onde o ancião está escrevendo. A maioria dos estudiosos acredita, agora, que a "senhora eleita" é a igreja, os "filhos" são os membros da igreja. A "irmã" seria, então, a igreja de onde o ancião está escrevendo. [PETER H. DAVIS]

SENIR (heb. *śĕnîr*) Nome dado pelos amorreus ao monte Hermom (Dt 3:9). Em 1Crônicas 5:23, Senir e o monte Hermom são distintos (a menos que "e" deva ser tomado como epexegético "até"); além disso, sabe-se que Senir foi um nome para toda a cadeia Antilíbano (em oposição ao único pico do Hermom; cf. Ct 4:8; Ez 27:5).

SENTINELA **1.** Anjo, mensageiro ou agente de Yahweh (aram. *ʿîr* , Dn 4:13, 17, 23 [TM 10, 14, 20]).

2. Guarda responsável em manter a vigilância (heb. *ṣōpeh, šōmēr*), frequentemente numa torre ou muro, seja para o rei (1Sm 14:16; 2Sm 18:24-27; 2Rs 9:17-20), de uma cidade (Sl 127:1 [figurativo em relação ao Senhor]; Ct 3:3; 5:7), ou de um campo (Is 56:10; cf. Jr 4:17), e normalmente à noite (Sl 127:1; 130:6; Is 21:11-12).

O profeta Ezequiel é nomeado uma sentinela da casa de Israel e torna-se sua responsabilidade particular advertir seu povo a se desviar de seus maus caminhos (Ez 3:17; 33:2-7; cf. Os 9:8).

SEOM (heb. *sîḥōn, sîḥôn*) Um dos reis amorreus da Transjordânia a quem os israelitas derrotaram antes de entrar em Canaã. A capital de Seom foi Hesbom (Dt 2:26, 30) e a fronteira de seu reino se estendia para o sul até o rio Arnom e, ao norte, até o Jaboque (Nm 21:24). Visto o território de Seom estar entre os israelitas e Canaã, Moisés solicitou a passagem em paz (Nm 21:22). Seom não somente recusou o pedido de Moisés, como envolveu os israelitas em batalha em Jaza (Nm 21:23). Os israelitas mataram Seom e derrotaram suas forças, ganhando, assim, o controle do sul da Transjordânia. Esse território recentemente adquirido foi designado à tribo de Rúben, Gade e à meia tribo de Manassés sob a condição de que eles passassem para Canaã para ajudar as outras tribos a desalojar os habitantes da terra (Nm 32:33). Em seu discurso final, Moisés recorda essa vitória como "adiantamento" do que Deus faria por Israel em Canaã (Dt 29:7 [TM 6]; 31:4). Além disso, os próprios cananeus entenderam esta vitória como evidência de que Deus estava lutando por Israel (Js: 2:10; 9:10). Frequentemente comparada à conquista subsequente dos israelitas de Ogue, rei de Basã (Nm 21:33-35; Dt 3:8), essa batalha simbolizou o poder e a fidelidade de Deus (Ne 9:22; Sl 135:10-12; 136:19-20).

Bibliografia. A. Haldar, *Who Were the Amorites?* (Leiden, 1970). [JEFFREY C. GEOGHEGAN]

SEORIM (heb. *śĕʿōrîm*) O líder da quarta divisão de sacerdotes nomeados no tempo de Davi (1Cr 24:8).

SEPTUAGINTA Designação geral das Escrituras judaico-gregas, que consistem basicamente de várias traduções dos livros da Bíblia Hebraica. Também incluídos estão acréscimos a alguns livros da Bíblia Hebraica, bem como de obras independentes, algumas das quais são traduções enquanto outras foram escritas em grego. Acredita-se que os textos foram produzidos dos séculos III ao II a.C. e, pelo menos parcialmente em Alexandria, Egito. O nome *septuaginta* deriva da tradição na Carta de Aristeia que 72 (ou 70; daí o símbolo LXX) anciãos traduziram o Pentateuco para o grego.

O termo "Septuaginta" é, na verdade, uma causa de dificuldade nesse campo. Muitos não especialistas empregam uma interpretação de uma das edições clássicas impressas (Ralphs ou Brooke-McLean) ou de um manuscrito e a designam como interpretação definitiva da LXX, como se isso representasse a forma mais antiga recuperável do texto grego. Por essa razão, os especialistas agora reservam o termo "Antigo Grego", uma terminologia mais específica para designar um texto que, no julgamento dos estudiosos, muito provavelmente representa o que foi originalmente escrito. Importantes edições em relação a muitos livros da LXX estão agora disponíveis e continuam sendo publicadas na Septuaginta Göttingen.

Existem três importantes áreas de interesse nos estudos da LXX. Primeira, o estudo da LXX e edições posteriores oferece percepções das crenças e pensamentos da comunidade judaica na antiguidade. Segunda, perto dos rolos do mar Morto a LXX é a mais importante testemunha para a crítica textual da Bíblia Hebraica. Em geral, o texto da LXX é muito próximo do hebraico; entretanto, existem significativas diferenças entre os dois, em certas seções (Êx 35–40; Dn 4–6) ou até mesmo livros inteiros (a versão da LXX de Jó é 17% mais curta e Jeremias, 12%). Qualquer comparação do grego com o hebraico deve tratar cada livro individualmente. Terceira, as versões gregas foram empregadas com igual autoridade da Bíblia Hebraica na Igreja primitiva. Consequentemente, a LXX teve um impacto enorme na linguagem e na teologia da Igreja primitiva.

Bibliografia. A. Aejmelaeus, "What Can We Know about the Hebrew Vorlage of the Septuagint?" *ZAW* 99 (1981): 58-89; C. E. Cox, ed., *VII Congress of the IOSCS* (Atlanta, 1991); L. Greenspoon, "The Use and Abuse of the Term 'LXX' and Related Terminology in Recent Scholarship", *BIOSCS* 20 (1987): 21-29; S. Jellicoe, *The Septuagint and Modern Study* (1968, repr. Winona Lake, 1993). [TIM MCLAY]

SEPULTAMENTO Os termos para sepultamento na Bíblia podem se referir ao processo de preparação, ao enterro do corpo, ou ao lugar do sepultamento. Os textos bíblicos tendem a ser breves descrições das práticas de sepultamento, ao invés de serem longas prescrições de rituais de sepultamento. Entre muitos povos do antigo Oriente Próximo, o sepultamento era especialmente um ato sagrado; uma perturbação ou uma profanação do lugar do sepultamento era considerada um ato abominável. Mesmo nos tempos de guerra, os exércitos conquistadores permitiam uma disposição própria para os mortos.

Locais. No tempo do AT as pessoas eram sepultadas em cavernas naturais, tumbas lavradas na rocha, tumbas com colunas, montículos de rocha, ou cemitérios. Famílias de alto poder econômico procuravam instalações para colocação devida de seus mortos e de seus ancestrais (cf. Gn 23:3-20). Numerosos exemplos do período médio e final do Bronze foram escavados nos sítios como Jericó, Gibeão, Tell em-Nasbeh, e Hazor, que proporcionam paralelos canaanitas indistinguíveis da prática bíblica. Nessas múltiplas instalações de uso, os restos corporais previamente sepultados eram movidos para o fundo da tumba, e os novos cadáveres ocupavam o lugar mais próximo da porta da tumba. Cada um deles era acompanhado de bens necessários para o tratamento próprio do corpo ou para algum uso necessário no porvir.

Somente Raquel dentre as primeiras matriarcas não foi sepultada em Macpela devido à sua morte prematura ao dar à luz Benjamim. Ao invés disso, Jacó a sepultou exatamente ao norte de Efrata no caminho para Quiriate-arba, e colocou um memorial no lugar com uma coluna de pedra (Gn 35:19-20). Esta descrição pode refletir o monte de pedras conhecido entre os grupos nômades durante as Eras do Bronze, onde o corpo é enterrado dentro ou debaixo de um monte de pedras. Outros foram sepultados adjacentes aos marcos distintivos, como Débora, a ama de Rebeca, debaixo de um carvalho, ao pé de Betel (Gn 35:8) e os corpos cremados de Saul e seus filhos em Jabes-Gileade sob uma tamargueira (1Sm 31:11-13).

Na época dos juízes (Ferro I), os lugares de sepultamento foram frequentemente marcos para estabelecer ou salvaguardar uma reivindicação de território tribal. Os sepultamentos de família, no uso de muitas gerações, dentro daquelas regiões tribais, parecem normativos (Jz 8:32; 16:31). Os ossos de José foram trazidos do Egito no Êxodo e sepultados perto de Siquém, no cemitério comprado de Hamor por Jacó (Gn 33:19-20; Js 24:32), e Josué foi sepultado "em sua própria herança" em Timnate-Sera, na região montanhosa de Efraim (Js 24:30).

Durante a monarquia israelita (Ferro II), os reis de Judá e Israel geralmente foram sepultados em tumbas da realeza na cidade-capital ou nos lugares de sepultamento dos ancestrais. Os reis de Judá desde Davi até Acaz foram sepultados nas tumbas reais dos ancestrais na cidade de Davi (1Rs 2:10; 11:43). Manassés e Amom foram sepultados no jardim de Uzá (2Rs 21:18, 26). Os de Onri foram sepultados em Samaria (1Rs 16:28; 2Rs 10:35; 13:13).

Após a queda do reino do norte, os caixões assírios e as jarras de sepultamento foram introduzidos. Mas as tumbas cavadas na rocha continuaram a ser utilizadas por famílias proeminentes em Jerusalém. Exemplos têm sido escavados em St. Etienne e the Ecole Biblique na parte norte da cidade, ao longo da escarpa do vale de Hinom e sua vizinhança, e ao longo do ribeiro de Cedrom em Silwan, o lado oposto de Ofel. Este último continha uma inscrição dando o nome do dono, possivelmente Sebna (Is 22:15-16), e pronunciava uma maldição sobre qualquer intruso. Em muitas dessas tumbas uma cova de cemitério para coletar os ossos de membros da família anteriormente falecidos era cavada numa câmara especial ou debaixo dos assentos sobre os quais o cadáver mais recente era colocado. Os sepultamentos dos pobres eram provavelmente em grutas naturais acessíveis ou em cemitérios simples, resultando numa pobre preservação. Como na Idade do Bronze, as crianças eram ocasionalmente sepultadas sob o chão da casa.

Durante os períodos persa e helênico as tumbas e as sepulturas eram comuns na Judeia. As tumbas consistiam de entrada vertical para a câmara de sepultamento, algumas das quais continham nichos perpendiculares (*kokim*) para se colocar os cadáveres individuais. Exemplos dessas tumbas gregas e fenícias são comuns ao longo da planície costeira e na borda ocidental da planície, em lugares como Aczibe, Dor, Gezer, Laquis, e Maressa. Tumbas rasas eram comuns nas classes mais baixas da Palestina.

No período intertestamentário e no período do NT, diversos e novos tipos de sepulturas são encontrados. Algumas pessoas muito ricas tinham sepulturas do tipo arcosolia, com estruturas de memoriais elaboradas construídas adjacentes ao portal ou acima dele. Exemplos bem conhecidos disso incluem a tumba de Jasom na parte sudoeste de Jerusalém e as chamadas tumbas de Absalão e Zacarias no Vale do Cedrom. Um segundo tipo de tumba eram as pequenas cavidades, com uma grande câmara central e nichos (*kokim*) ramificados nos três lados. A porta de entrada de algumas tumbas da época dos Herodes, como a de Jesus de Nazaré, era guardada por uma pedra que rolava e fechava a entrada (1,2-1,5 m de diâmetro) colocada numa ranhura subterrânea. Exemplos têm sido encontrados em Jerusalém ao longo das ladeiras ocidentais da extensão norte do Vale de Hinom, e nas chamadas Tumbas dos Reis, ao norte do Portão de Damasco.

Muitos corpos também eram colocados em grandes sarcófagos ("comedores de carne") de pedra, frequentemente inscritos com a identidade do indivíduo ou gravado com desenhos da fauna, flora ou geométricos. Exemplos excelentes foram escavados em Bete-searim e Quedes na Galileia, Jerusalém, e na região de Tsefat. Caixões de madeira que foram depositados nas pequenas cavidades de pedra, foram descobertos ao redor de Jericó. Os de mulheres e crianças normalmente com bens comumente depositados em sepulturas, como vasos, pérolas, sandálias de couro. Sepulturas secundárias posteriores em ossuários foram utilizadas; após o corpo ser decomposto na cavidade rasa os seus ossos eram colocados em caixa de pedra lavrada para estarem seguros.

Ritos e práticas. Diversas frases descritivas são usadas na Bíblia para descrever a morte e o sepultamento de líderes individuais. Em Gênesis, os patriarcas geralmente "morreram e foram reunidos (ou 'removidos', heb. *ʾāsap̄*) a seus pais" (25:8; 35:29; 49:33). Em Reis e Crônicas, a fórmula comum de descrever o processo de sepultamento dos reis de Israel e Judá era "X descansou (*šāḵaḇ*) com seus pais, e o sepultaram em Y". Y denota o lugar como a cidade de Davi, Samaria, ou uma tumba preparada específica (2Rs 10:35; 2Cr 16:13-14; 1Rs 2:10; 11:43; 14:31). As exceções raras à prática comum incluem a profanação dos corpos dos indivíduos desprezados, como é o caso de Jezabel (2Rs 9:37).

A preservação do corpo e da identidade da pessoa pelo embalsamamento — uma prática egípcia que envolvia o tratamento do corpo com fluidos especiais e um envoltório que durava setenta dias ou mais — é descrito somente para Jacó e José (Gn 50:2-3,26). O corpo de José foi subsequentemente colocado numa urna, uma prática rara até o período do Segundo Templo. As pessoas eram sepultadas tão logo quanto possível após a morte, prática acessível mesmo aos criminosos e aos que morriam ao longo da estrada ou num campo (Dt 21:1-9, 22-23; 1Rs 13:24-30).

A inclusão de haveres que acompanhavam o morto na sepultura é interpretada como provisão para necessidades para a vida futura, simbólica de tal necessidade, ou indicativa da vida e do status do indivíduo. Artigos de cerâmica como vasos, panelas de cozinhar, jarros, e peças de joia, estão entre os exemplos descobertos, e um crescente número de objetos de metal tais como tigelas, espelhos, e braceletes do período persa em diante têm sido encontrados.

A descrição que o NT faz dos sepultamentos inclui o tratamento do corpo com aromas e incenso para a purificação e para propósitos odoríficos (Lc 23:56; João 19:40), o embrulhamento do corpo em panos, e a colocação de lenço especial para a face (Jo 11:44). O corpo era colocado numa espécie de plataforma própria (*miškāḇ*, "lugar de repouso"), normalmente com um local esculpido especialmente para o repouso da cabeça.

Os rituais de lamentação eram essenciais para o respeito familiar do que havia morrido (Jr 9:17-22 [TM 16-21]) e incluía o pranto e o lamento (1Rs 13:29-30; 2Cr 35:24-25; At 8:2; cf. Jr 22:18). Um grande fogo foi aceso quando Ezequias morreu (2Cr 16:14), e ocasionalmente sacrifícios eram oferecidos (Is 57:7). O festival marzeah pelos mortos foi condenado por Amós (Am 6:6-7), como são condenadas as práticas de raspar porções da cabeça e barba ou a prática de se fazer lacerações na carne (Lv 21:1-6).

Bibliografia. E. Bloch-Smith, *Judahite Burial Practices and Beliefs about the Dead.* JSOTSup 123 (Sheffield, 1992); V. H. Matthews, *Manners and Customs in the Bible*, ed. rev. (Peabody, 1991); R. de Vaux, *Ancient Israel* (1961, reimpr. Grand Rapids, 1997). [R. Dennis Cole]

SEPULTURA Lugares para enterros incluíam sepulturas escavadas em rochas e simples buracos ou valas escavadas na terra para esse fim (Ez 32:22; Jr 26:23; Mt 27:7). Sepulturas eram locais de prantear e de lembrança que podiam ser preservados por séculos

(1Sm 10:2; 2Sm 3:32; 2Reis 23:17; Ne 3:16). Apelos emocionados em relação a sepulturas de ancestrais comoviam até mesmo monarcas (2Sm 19:37s; Ne 2:3, 5).

Enterros próprios ou impróprios poderiam trazer o favor ou o desfavor de Deus ou dos homens. Moisés recebeu um sepultamento honrado da parte do próprio Deus (Dt 34:6). Davi deu um funeral digno à cabeça decapitada de Isbosete e aos restos mortais de Saul e Jônatas, enquanto mutilou deliberadamente os corpos dos assassinos (2Sm 4:12; 21:14). Jeoaquim evidenciou seu repúdio pelo profeta Urias lançando seu cadáver na vala comum da plebe (Jr 26:23). Por sua vez, Deus condenou Jeoaquim a ser enterrado como jumento (Jr 22:19). O rei da Babilônia seria lançado de sua sepultura por causa de derramamento de sangue (Is 14:20; cf. 2Cr 16:14; 21:19-20). Não receber um sepultamento digno ou, após o enterro, ter os ossos removidos da sepultura era um destino terrível e julgamento da parte de Deus (2Rs 23:16; Ec 6:3; Is 14:19; Jr 8:1-2, cf. Dt 21:22-23). Essa abominação pode ter sido reforçada pela crença religiosa popular de que a felicidade dos mortos ou as bênçãos por eles conferidas aos vivos dependiam da prática de ritos memoriais em que os parentes honravam a pessoa falecida.

A sepultura, considerada cerimonialmente impura, tornava os habitantes dos sepulcros repugnantes a Deus, sendo o lugar aparentemente abandonado pelo Senhor (Nm 19:16, 18; Sl 88:5, 11 [TM 6,12]; cf. Is 65:4). Por isso, sepulcros eram locais apropriados para se jogar os restos de ídolos detestáveis pulverizados (2Rs 23:6; 2Cr 34:4).

Na Bíblia, a sepultura muitas vezes tem um significado figurado. Algumas versões bíblicas repetidamente traduzem o hebraico *šĕ'ôl*, "Sheol", como "sepultura", ou seja, "descer ao Sheol" significa ser enterrado vivo com suas tendas e posses (Nm 16:30). A sepultura é empregada figuradamente como referência à morte, propriamente dita (Jó 17:1). De forma ideal, uma pessoa "iria à sepultura" em idade avançada (Jó 5:26). A morte antes do nascimento transforma o ventre da mãe em sepultura (Jr 20:17). Em outro lugar, se afirma que a paixão "é forte como a sepultura" (Ct 8:6). *Ver* SEPULTAMENTO.

Bibliografia. H. C. Brichto, "Kin, Cult, Land and Afterlife", *HUCA* 44 (1973): 1-54; r. l. Harris, "Why Hebrew Sheol Was Translated 'Grave'", in *The NIV: The Making of a Contemporary Translation*, ed. K. L. Barker (Grand Rapids, 1986), 58-71; T. J. Lewis, *Cults of the Dead in Ancient Israel and Ugarit*. HSM 39 (Atlanta, 1989); A. Mazar, *Archaelogy of the Land of the Bible, 10.000-586 B.C.E.* (New York, 1990). [JOE M. SPRINKLE]

SERA (heb. *śeraḥ*) A filha do patriarca Aser (Gn 46:17; Nm 26:46; 1Cr 7:30). O nome pode representar um clã ou lugar.

SERAFIM Seres celestiais vistos por Isaías em sua primeira visão (Is 6:1-7), provavelmente chamados assim por brilharem intensamente como fogo (do hebraico *śrp*, "queimar"). O serafim tem seis asas: duas para cobrir o rosto, para que não olhem diretamente para Deus; duas para cobrirem seus "pés" (um eufemismo para as genitálias, que fala de modéstia e adverte contra o culto cananeu da fertilidade); e duas para voar. Quando Isaías se queixa de seus lábios impuros, o serafim o purifica com uma brasa tirada do altar.

Os serafins tinham muito provavelmente a forma sinuosa, como sugerido pelas "serpentes ardentes ('venenosas') mandadas para picar os israelitas quando eles se queixaram no deserto (Nm 21:6; Dt 8:15); aqui o nome pode ser uma referência à pele resplandecente deles ou à dor ardente associada às suas picadas. Moisés é instruído a moldar uma serpente de bronze (*śārāp̄*) e a pendurá-la num poste (Nm 21:8-9); ela ainda estava no templo na época do chamado de Isaías (2Rs 18:4). Por duas vezes, Isaías se refere a "ardentes serafins voadores" ou "serpentes" (Is 14:29; 30:6), criaturas mitológicas e não o serafim celestial. Escavações desenterraram vários selos com besouros com serpentes aladas, alguns aproximadamente do tempo de Isaías. Além disso, serpentes aladas cercavam o trono do faraó na arte egípcia (cf. Is 6, uma visão do rei celestial em seu trono).

Bibliografia. K. R. Joines, *Serpent Symbolism in the Old Testament* (Haddonfield, N.J., 1974); A. Reifenberg, *Ancient Hebrew Seals* (London, 1950); W. a. Ward, "The Four-winged Serpento on Hebrew Seals", *RSO* 43 (1968): 135-43. [WILLIAM B. NELSON, JR.]

SERAÍA (heb. *śĕrāyâ*, *śĕrāyāhû*) (tb. AZARIAS, SAUSA, SEVA, SISA) **1.** O secretário real durante o reinado de Davi (2Sm 8:17). Em outras listas dos oficiais de estado de Davi, ele é chamado de Seva (1; 2Sm 20:25) e Sausa (1Cr 18:16). Na lista de administração de Salomão, sob quem seus dois filhos serviram, ele é chamado de Sisa (1Rs 4:3).

2. O sumo sacerdote, descendente de Zadoque, que serviu no templo de Jerusalém quando Nabucodonosor conquistou a cidade em 586 a.C. Com outros oficiais da cidade, foi executado perante Nabucodonosor em Ribla (2Rs 25:18-21 = Jr 52:24-27. Esdras é chamado de filho de Seraías (Ed 7:1), mas isso deve ser uma referência à sua linhagem e não ao seu pai.

3. O filho de Tanumete, o netofatita; um dos comandantes judeus que havia enganado o exército de Nabucodonosor. Ele e suas tropas se renderam a Gedalias em Mispá com garantias de serem tratados bem. Ele fugiu para o Egito quando Gedalias foi assassinado (2Rs 25:23-24; Jr 40:7-9).

4. O filho de Quenaz, irmão de Otoniel e pai de Joabe, da tribo de Judá (1Cr 4:13, 14).

5. Príncipe de um clã simeonita; o filho de Asiel, pai de Josibias e avô de Jeú (1Cr 4:35).

6. Um dos exilados que retornaram da Babilônia para Judá com Zorobabel (Ed 2:2). Ele é chamado de Azarias (23) em Neemias 7:7.

7. Sacerdote que assinou o pacto para apoiar o templo durante a administração de Neemias (Ne 10:2 [TM 3]).

8. Sacerdote pós-exílico (Ne 11:11). Numa lista similar de sacerdotes consta Azarias em vez de Seraías (1Cr 9:11).

9. Um dos "chefes dos sacerdotes" que retornaram da Babilônia com Zorobabel (Ne 12:1). Durante os dias de Joaquim, o filho e sucessor de Jesua, Meraías foi o chefe da casa sacerdotal de Seraías (Ne 12:12).

10. Oficial do rei Jeoaquim; o filho de Azriel. Jeoaquim mandou Seraías, com Jerameel e Selemias, prender Baruque e Jeremias, mas ambos escaparam (Jr 36:26).

11. O filho de Nerias, irmão de Baruque; responsável pelo acampamento sob o rei Zedequias. Ele foi com Zedequias para Babilônia durante o quarto ano de seu reinado (594/593 a.C.; Jr 51:59-64). Um selo impresso com a inscrição "Pertencente a Seraías, (filho de Nerias)" foi encontrado em Jerusalém. [RONALD A. SIMKINS]

SERÁPIS (gr. *Sarapis*) Divindade criada pela fusão de Osíris e o espírito do touro Ápis que foi enterrado em Mênfis, assim também chamado de Osorápis. Atribui-se a Ptolomeu I a criação de Serápis para acentuar seu próprio poder, e importou uma imensa estátua de Sinope para representar o deus.

O culto a Serápis tornou-se bastante popular no mundo grego. Serápis é um bom exemplo do sincretismo da era helenística, porque ele não apenas tinha características de Osíris, um deus dos mortos, como adquiriu poderes de cura, como Esculápio e era até representado como Zeus Serápis. O único deus egípcio com quem ele não podia rivalizar era Ísis, cuja popularidade era imensa no mundo greco-romano.

O culto a Serápis espalhou-se pelo império romano, evidenciado na África, França, noroeste da Europa e Britânia. Há informações de que pelos séculos II ou III d.C., os romanos adotaram completamente o culto. O imperador Juliano expressou admiração por Serápis e aceitou a identificação de Zeus com o deus.

Pelo final do século IV, entretanto, esse culto antigamente próspero terminou quando o patriarca de Alexandria destruiu uma estátua do deus e ordenou que o templo de Serápis fosse incendiado. [ALICIA BATTEN]

SEREBIAS (heb. *šērēbyâ*) **1.** "Homem capaz" mandado de Casifia com seus filhos e parentes para "ministrar na casa de Deus" (Ed 8:18, 24).

2. Levita (assim 1Ed 9.48; o TM o distingue dos levitas) entre os que interpretaram o Livro da Lei para o povo enquanto Esdras o lia (Ne 8:7) e que fez o chamado ao louvor durante a subsequente assembleia de jejum e arrependimento (9:4-5).

3. Levita que participou da assinatura do pacto sob Neemias (Ne 10:12 [TM 13]).

4. Chefe dos levitas que retornou com Zorobabel do exílio (Ne 12:8, 24).

SEREDE (heb. *sereḏ*) Filho do patriarca Zebulom (Gn 46:14); ancestral dos sereditas (Nm 26:26).

SERES (heb. *šereš*) Homem da tribo de Manassés, filho de Maquir e Maaca (1Cr 7:16).

SÉRGIO PAULO (gr. *Sérgios Paúlos*) O procônsul de Chipre, convertido quando Paulo visitou a ilha em sua primeira viagem missionária (At 13:4-12; 47/48 d.C.). Ele é descrito como homem inteligente que creu por meio do ensino de Paulo e pelo poder demonstrado quando Paulo feriu de cegueira o feiticeiro judeu Bar-Jesus (ou Elimas), conselheiro que se opunha à pregação de Paulo. Embora Sérgio, nome romano de família, seja bem confirmado, tentativas para identificar este Sérgio Paulo por meio de evidência de inscrições não têm sido conclusivas.

Visto que o apóstolo é chamado pela primeira vez de "Paulo" em Atos 13:9, alguns têm sugerido que o apóstolo tomou seu nome romano deste primeiro gentio convertido. É mais provável que a semelhança de nomes seja uma coincidência.

Bibliografia. C. A. Hemer, The Book of Acts in the Setting of Hellenistic History. *WUNT* 49 (Tübingen, 1989). [MARK L. STRAUSS]

SERMÃO DO MONTE/DA PLANÍCIE O primeiro discurso de Jesus (Mt 5:1–7:28), que resume sua exigência moral do Israel. O relato começa com uma curta introdução narrativa (4:23–5:2) e termina com uma curta conclusão narrativa (7:28–8:1). Essas duas unidades compartilham várias palavras e frases — "grandes multidões o seguiam", "o monte", "descendo" e "ensinando" — que marca o material interveniente como unidade literária distinta.

O discurso propriamente dito é simétrico. Bênçãos escatológicas (Mt 5:13-12) estão no início; as advertências escatológicas (7:13-27) estão no fim. No meio, estão três importantes seções, cada uma basicamente uma compilação de imperativos: Jesus e a Torá (5:17-48), Jesus no culto (6:1-18), Jesus nos assuntos sociais (6:19–7:12). Precedendo essas seções estão os ditos prefaciais sobre o sal e a luz em 5:13-16. Estes se movem da luz do futuro abençoado (retratado em 5:3-12) a exigências no presente e assim sinalizam o ponto no qual o tema muda de dom para obrigação.

A história exegética oferece várias abordagens ao Sermão. Alguns exegetas medievais, vivendo num mundo com dois tipos de cristianismo, os chamados religiosos (padres, monges, freiras, ascetas) e os não religiosos, insistiam que alguns dos imperativos (o apelo a não juntar tesouros na terra) pode somente ser observado por aqueles com um chamado especial. Leon Tolstoy propôs uma interpretação literal aplicável a todos: os cristãos não deviam jurar, mesmo que isso resultasse na revogação da justiça, e que eles deviam amar os inimigos e, assim, não deviam servir ao exército ou qualquer força policial. Muitos protestantes fizeram distinção entre a ordem espiritual e a ordem civil e sustentaram que o Sermão se aplica somente ao primeiro caso. O Sermão, então, não prescreve política pública, mas a moralidade individual. A vítima de um crime pode, p. ex., abrir mão da vingança pessoal e mesmo assim apoiar o estado em aplicar a justiça. Outros protestantes têm, ao estilo de Paulo, sustentado que o Sermão do Monte não pode ser vivido: tal como a lei de Moisés suas exigências são altas demais. Ele ensina, em vez disso, a necessidade da graça. Porque quando alguém procura obedecer a Jesus, fracassa, mas isso só leva a pessoa a reconhecer a insuficiência pessoal, que faz com que ela retorne à graça de Deus. O Sermão é a preparação para o evangelho.

Ao julgar o mérito destas e outras interpretações poder-se-ía ter sempre em mente que o Sermão não é um resumo adequado da religião de alguém. Nunca se teve a intenção de se sustentar por si só. Ao contrário, ele é parte de um todo maior. Suas exigências são corrompidas quando isoladas da graça e da cristologia que aparece de Mateus em sua integridade.

De fato, o Sermão é em si um documento cristológico. Isaías 61:1,2,7 fala de boas novas para o pobre (cf. Mt 5:3), de confortar os que choram (cf 5:4) e de herdar a terra (cf. 5:5). Então as Bem-aventuranças de Mateus fazem uma reivindicação implícita: Jesus é o ungido de Isaías 61. Além disso, as qualidades mencionadas nas Bem-aventuranças — como a humildade e misericórdia — são manifestadas pelo ministério (cf. 9:27-31; 11:29; 20:29-34; 21:5). Assim, o Sermão é em parte um resumo dos atos de seus locutores. Mateus 5–7 proclama a semelhança com o Deus de Israel (5:48) pelas virtudes de Jesus Cristo.

Deve-se sempre lembrar que o Sermão de Mateus deve estar associado ao reino de Deus. O Sermão não aborda circunstâncias comuns. Ao contrário, ele se dirige a pessoas tomadas por uma realidade esmagadora que pode refazer o indivíduo e produzir uma vida nova. Além disso, o Sermão vê tudo pelos olhos da eternidade. Ele não olha tanto para frente, do presente para a consumação, a partir da consumação para o presente. Mateus 5–7 apresenta a perfeita vontade de Deus porque ela proclama a vontade de Deus como será vivida quando o reino de Deus vier em sua plenitude. É por isso que o Sermão é tão descuidado em relação a todas as contingências terrenas, porque ele sempre ataca o moralismo superficial.

A seção mais difícil do Sermão é Mateus 5:21-48, as seis chamadas antíteses. Mas quatro propostas relativas a ela parecem mais prováveis do que não. Primeiro, as antíteses não colocam as palavras de Jesus contra as interpretações da lei mosaica; mais exatamente, existe um contraste com a própria Bíblia: "Ouvistes o que foi dito aos antigos" é uma referência ao Sinai. Segundo, embora as palavras de Jesus sejam comparadas com a Torá, os dois não são, de acordo com o próprio Sermão, contraditórios (cf. 5:17-20). Os que obedecem 5:21-48 não transgredirão qualquer lei judaica. Terceiro, a seção não é uma interpretação da lei feita por Jesus. A declaração de que o novo casamento é adultério, p. ex., é um novo ensino baseado não na exegese, mas na autoridade de Jesus. Quarto, Jesus aqui ilustra por meio de exemplos reais que tipo de atitude e comportamento ele requer e como suas exigências sobrepujam as da Torá sem contraditá-la.

Muitos têm se queixado que o ensino de Mateus 5:21-48 é impraticável. Mas o Sermão, que é tão dramático e pictórico, oferece não um conjunto de normas — o veredicto sobre o divórcio é uma exceção — mas particularmente procura instilar uma visão moral. O texto sugere que Deus exige uma obediência radical e esta não pode ser formulada casuisticamente, funciona mais como uma história do que como um código legal. Se propósito básico é inculcar princípios e qualidades por meio de uma intensa inspiração da ideia moral. Alguém se desprende não com um conjunto incompleto de estatutos, mas com uma inesgotável impressão de uma desafiante moral ideal. Esse ideal pode estar além do alcance, mas é o que capacita sempre a acenar para frente.

Além dos ais (Lc 6:24-26) e dois curtos provérbios (v. 39-40), todas as unidades no Sermão da Planície (Lc 6:20–7:1) têm paralelos no Sermão do Monte; e até mesmo os dois provérbios aparecem em outra parte em Mateus (Mt 10:24, 25; 15:14). De fato, todos os materiais comuns aos dois sermões, com a única exceção da Regra Áurea, estão na mesma ordem:

Lucas 6:20a cf. Mt 5:1-2
Lucas 6:20b-23 cf. Mt 5:3-12
Lucas 6:24-26
Lucas 6:27-36 cf. Mt 5:38-48; 7:12
Lucas 6:37-38 cf. Mt 7:1
Lucas 6:39 cf. Mt 15:14
Lucas 6:40 cf. Mt 10:24-25
Lucas 6:41-42 cf. Mt 7:3-5
Lucas 6:43-45 cf. Mt 7:16-18
Lucas 6:46 cf. Mt 7:21
Lucas 6:47-49 cf. Mt 7:24-27
Lucas 7:1 cf. Mt 7:28–8:1

O Sermão de Mateus foi composto pelo autor do restante do evangelho. Recorrendo a Q, Marcos e sua inconfundível tradição (M), ele produziu o discurso de acordo com seus próprios interesses. Mas Lucas 6:20-49 é normalmente considerado como discurso que Lucas retocou apenas levemente: ele nos leva muito perto a Q.

O Sermão de Lucas começa com quatro bem-aventuranças (Lc 6:20-23). Estes são seguidos por uma subseção sobre amar os inimigos e fazer o bem (v. 27-36). Tal subseção como um todo tem a Regra Áurea em seu centro (v. 31). De um lado dela, está uma série de oito imperativos paralelos (v. 27-30) e de outro, uma série de três perguntas (v. 32-34) e uma conclusão (v. 35-36). Os imperativos iniciais estão primorosamente organizados em dois quartetos, com o primeiro conjunto usando a segunda pessoa do plural, e o segundo conjunto, a segunda pessoa do singular.

Lucas 6:37-38 continua o tema de fazer o bem ao estranho. O texto tem quatro imperativos relacionados e paralelos — não julgar, não condenar, perdoar, dar. Os dois primeiros são gêmeos estruturais, assim como os dois últimos. Mas o extenso elemento final, tal como a longa quarta beatitude, interrompe o paralelismo para acrescentar ênfase.

O assunto do discurso parece mudar com Lucas 6:39-42, que traz ditados a respeito do cego conduzir cego (v. 39), o discípulo não estar acima do mestre (v. 40) e o argueiro no olho (v. 41-42). A dureza das palavras ("hipócritas", v. 42) é nova. Nova também é a orientação eclesiástica, sinalizada pelo uso de "irmão" (v. 41-42). Diferente dos v. 27-38, nos quais o assunto é como os discípulos deviam agir em relação a seus inimigos, nos v. 39-42, o assunto é como deviam se relacionar uns com os outros. Em outras palavras, a primeira metade do Sermão na Planície parece interessada em como os discípulos deviam se comportar em relação aos de fora, enquanto a segunda metade tem a ver com as relações do grupo.

Lucas 6:43-45, que trata a respeito de árvores boas e maus frutos e maus frutos em árvores boas, continua o apelo para que os membros da comunidade se examinem. O foco nas relações fraternais, em contraste com os v. 27-38, explica a tensão entre o v. 35, em que os "ímpios" estão claramente fora da comunidade, e os v. 43-45 nos quais os "ímpios" estão claramente dentro. Isto é, Lucas 6:43-45, tal como os ditos nos v. 39-42 e a parábola dos dois construtores nos v. 46-49, traça a linha não entre os de dentro e os de fora, mas entre os discípulos bons e os maus. Em termos teológicos, Lucas 6:39-42, que exige que não se julgue os outros, mas a si mesmo, enfatiza a realidade do pecado dentro da comunidade cristã.

Bibliografia. H. D. Betz, *The Sermon on the Mount*. Herm (Minneapolis, 1995); W. Carter, *What Are They Saying about Matthew's Sermon on the Mount?* (New York, 1994); R. A. Guelich, *The Sermon on the Mount* (Waco, 1982). [DALE C. ALLISON, JR.]

SERPENTE Termo geral para as várias criaturas com a forma de cobra encontradas no antigo Oriente Próximo (heb. *nāḥāš*, *śārāp̄*; gr. *óphis*).

As representações de serpentes na literatura e outros meios de comunicação (principalmente barro e bronze) ocorrem em todo o antigo Oriente Próximo. As serpentes funcionaram amplamente como objetos de adoração ou de encantamentos contra o mal, com frequência da picada de cobra. Enuma Elish retrata Tiamate, ela mesma talvez uma criatura em forma de serpente, como aliada de um aglomerado de criaturas — muitas delas astutas — em sua batalha contra Marduque. Enquanto Gilgamés está nadando, uma serpente rouba a planta que poderia dar imortalidade.

Na história de Gênesis 3, a queda da humanidade, uma serpente astuta (cf. Mt 10:16) induz Eva a comer do fruto da árvore do conhecimento do bem e do mal, que ela então entrega a Adão. Deus pronuncia as consequências sobre a serpente, Eva, Adão e o solo (somente a serpente e o solo são amaldiçoados). Isso explica por que a serpente não tem pernas; para a humanidade, isso significa — entre outras coisas — a perda da imortalidade (cf. Gilgamés). Em Gênesis 3, a serpente é simplesmente uma das criaturas de Deus. A comparação explícita da serpente com Satanás, o acusador, veio depois em obras judaicas e cristãs apocalípticas (p. ex., 2Enoque, Apocalipse).

Em Números 21, Deus ordena que Moisés faça uma serpente de bronze (heb. *śārāp̄*) para remediar os efeitos de uma praga de serpentes venenosas (*nĕḥāšîm*) que Deus havia mandado para punir o povo. Essa imagem de serpente foi depois erigida no templo de Jerusalém, mas a associação dessa serpente (Nehustan) com a prática religiosa canaanita acabou levando Ezequias a destruí-la (2Rs 18:4). Os aspectos da cura da serpente de bronze reflete outras culturas antigas (talvez fundamentando a referência a Jesus em Jo 3:14).

A visão de Isaías 6 inclui serpentes ardentes e aladas (*śĕrāpîm*) que pairam em torno do trono divino, símbolos da glória real de Deus. Descrições semelhantes de serpentes aladas foram encontradas no Egito, onde a imagem erguida da naja (uraeus) era um símbolo da realeza do faraó e dos deuses.

Bibliografia. R. S. Boraas, "Of Serpent and Gods", *Dialog* 17 (1978): 273-79; J. Milgrom, "Excursus 52: The Copper Snake", in *Numbers*. JPS Torah Commentary (Philadelphia, 1990), 459-60; J. Tabick, "The Snake in the Grass: The Problems of Interpreting a Symbol in the Hebrew Bible and Rabbinic Writings", *Religion* 16 (1986): 155-67. [MATTHEW A. THOMAS]

SERUGUE (heb. *śĕrûg*; gr. *Seroúch*) Filho de Reú, pai de Naor e, portanto, um ancestral de Abraão (Gn 11:20-23; 1Cr 1:26) e de Jesus (Lc 3:35).

SERVIÇOS DE ÁGUA Os habitantes da antiga Palestina desenvolveram técnicas engenhosas para conseguir fontes sazonais e escassas de água. Muros de terraço de pedra eram construídos ao longo dos contornos das encostas escarpadas, provendo nova terra para cultivo, controlando a erosão e impedindo o fluxo de água encosta abaixo para que tivesse tempo de se infiltrar no solo. No Neguebe e na Transjordânia, conjunto de muros que datam do início do quarto milênio a.C., foram construídos transversalmente no leito de córregos, criando uma série de diques para controlar o fluxo sazonal e irrigar os campos das propriedades mais baixas por onde a água escorria. Os nabateus, mestres na administração dos recursos hídricos durante os tempos helenístico e romano, fizeram florir os desertos do sul de Israel e do Jordão.

Eram escavadas cisternas para captar e estocar a água da chuva em áreas onde o nível do lençol d'água não podia ser alcançado, ou não havia fontes perenes. Cavernas e pias naturais de pedra eram facilmente adaptadas para tal finalidade. Entretanto, o desenvolvimento de tecnologia permitiu que estruturas fossem talhadas em pedra que tinham distintamente a forma de garrafa com o gargalo estreito voltado para a superfície. O reboco à base de cal tornava as cisternas impermeáveis quando as circunstâncias geológicas permitiam, e as aberturas eram protegidas com cinturões circulares de pedra e pesadas tampas de pedra. As cisternas serviam tanto para fins públicos como particulares e os israelitas as consideravam um deleite equiparado ao vinho, figo e azeitona em descrições idealistas de sua terra (Dt 6:10-12; 2Rs 18:31 = Is 36:16; Ne 9:25; cf. 2Cr 26:10).

As fontes e as cisternas permitiam o acesso mais fácil à água fresca, mas ficavam com frequência localizadas inconvenientemente fora dos muros da cidade ou bem abaixo dos outeiros onde as cidades eram construídas, exigindo muita inventividade para chegar até elas. Poços e túneis que levavam aos aquíferos ou fontes foram escavados em Hazor, Jocneão, Gezer, Berseba, Arade, Cades-Barneia, Gibeom, Megido, Ibleã e Jerusalém. Em Tell es-Say'idyeh, foi construída uma escada coberta com teto ao longo da encosta do monte até a fonte.

A fonte Giom de Jerusalém foi desviada debaixo da colina Ofel, onde podia ser alcançada por um poço vertical ("Poço de Warren") de dentro da cidade. Mais tarde, talvez no século VIII, embora a data não seja certa, foi escavado um túnel de 533 m de comprimento ("Túnel de Ezequias") ligando a Giom com o tanque de Siloé.

Os tanques se destinavam ao armazenamento de água da chuva e das fontes. Os mais famosos mencionados na Bíblia estavam em Gibeom (2Sm 2:13), Hebrom (4:12), Samaria (1Rs 22:38), Hesbom (Ct 7:4) e Jerusalém (2Rs 18:17 = Is 36:2; Ne 2:14; 3:15, 16; Ec 2:6; Is 7:3; 22:9; Jo 9:7). A crescente população de Jerusalém nos tempos pós-exílicos levou à necessidade de vários reservatórios ali. Josefo se refere ao Tanque da Serpente, Tanque da Torre e ao Tanque Struthion. Outro, o Tanque de Israel, estava localizado ao longo do muro norte da área do templo. A água era trazida para Jerusalém dos tanques de Salomão e das fontes ao sul de Belém por um complexo sistema de aquedutos. As ruínas de um aqueduto construído por Herodes, o Grande para trazer água para Cesareia dos pontos mais altos para o norte podem ser vistas hoje.

Bibliografia. R. Amiran, "The Water Supply of Israelite Jerusalem", in *Jerusalem Revealed*, ed. Y. Yadin (New Haven, 1976), 75-78; D. Cole, "How Water Tunnels Worked", *BARev* 6/2 (1980): 8-29; W. G. Dever, "The Water Systems at Hazor and Gezer", *BA* 32 (1969):71-78; R. J. Forbes, "Irrigation and Drainage", in *Studies in Ancient Technology*, ed. rev., 2 (Leiden, 1965): 1-79; "Water Supply", in *Studies in Ancient Technology* 1, 3. ed. (Leiden, 1993): 149-94; T. E. Levy, "How Ancient Man First Utilized the Rivers in the Desert", *BARev* 16/6 (1990): 20-31; A. Mazar, "The Aqueducts of Jerusalem", in *Jerusalem Revealed*, ed. Yadin, 79-84; Y. Olami e Y. Peleg, "The Water Supply of Caesarea Maritima", *IEJ* 27 (1977): 127-37; J. P. Oleson, "The Origins and Design of Nabatean Water-Supply Systems", in *Studies in the History and Archaeology of Jordan V*, ed. K. 'Amr, F. Zayadine e M. Zaghloul (Amman, 1995), 707-19; J. B. Pritchard, *The Water System of Gibeon* (Philadelphia, 1961); Y. Shiloh, "Underground Water Systems in Eretz-Israel in the Iron Age", in *Archaeology and Biblical*

Interpretation, ed. L. G. Purdue, L. E. Toombs e G. L. Johnson (Atlanta, 1987), 203-44; T. Tsuk, "Reservoirs", *OEANE* 4.422-23; J. Wilkinson, "Ancient Jerusalem: Its Water Supply and Population", *PEQ* 106 (1974): 33-51. [JAMES H. PACE]

SERVIDORES DO TEMPLO Grupo de pessoas do templo, com frequência traduzidos simplesmente como "*n^{e}ṯînîm*" (lit. "os entregues", presumivelmente ao serviço do santuário). Esses servidores são distintos dos *n^{e}ṯûnîm* de Números 3:9; 8:19, cuja referência é aos levitas. Com exceção de uma referência (1Cr 9:2), todas as referências aos servidores do templo estão em Esdras e Neemias. Esdras 2:43-58; Neemias 7:46-60 listam 392 servidores do templo entre os exilados que retornaram a Jerusalém com Zorobabel. Um segundo grupo de 220 servidores do templo e 38 levitas retornaram com Esdras (Ed 8:16-20).

De acordo com Esdras 8:20, os servidores do templo auxiliavam os levitas. Eles podem ter sido dependentes da receita do templo, mas não eram escravos (p. ex., eles tinham propriedades; 1Crônicas 9:2). Muito provavelmente os servidores do templo eram um grupo de corporações familiares que auxiliavam os sacerdotes e levitas e trabalhavam com o pessoal relacionado ao culto.

A maior parte dos nomes próprios é semítico noroeste, sugerindo que as famílias de servidores do templo tiveram origem em povos vizinhos, possivelmente como prisioneiros de guerra. Entretanto, essas pessoas teriam sido há muito tempo assimiladas à cultura israelita e, assim, não eram a referência feita por Ezequiel à condenação de entregar o templo a estrangeiros (Ez 44:6-7). Não existe outra evidência de distinção cultural.

Bibliografia. A. Cody, *A History of the Old Testament Priesthood*. AnBib 35 (Rome, 1969). [BRUCE W. GENTRY]

SERVO Pessoa empregada ou obrigada a servir e a realizar tarefas para outra pessoa. Muitos servos mencionados na Bíblia claramente não são escravos, mas estão numa forma de trabalho dependente, diferente da escravidão real de um bem móvel. Cada um dos termos, o hebraico *'eḇeḏ* e o grego *doúlos* cobre um amplo domínio semântico que indica uma variedade de subalternos e são com frequência não técnicos no vernáculo antigo.

"Servos do rei" incluem soldados e marinheiros de um exército profissional (1Sm 18:5; 2Sm 2:13-17; 1Rs 9:26-28; 2Cr 8:18). Pelo fato de receberem pagamento e serem feitos "comandantes de mil e comandantes de cem", eles claramente não são escravos, mas indivíduos livres e comissionados como oficiais militares (1Sm 22:6-10; cf. 1Rs 9:22). Outros são servidores civis do rei: conselheiros reais (1Sm 16:15; 2Sm 15:34); administradores burocráticos ou financeiros (2Rs 22:3-13; 2Cr 34:8-18), supervisores de trabalho (1Sm 21:7 [TM 8]; 1Rs 9:23; 11:26; 2Cr 13:6), embaixadores políticos (2Sm 10:2-4; 2Rs 19:23; Is 37:24) e cortesãos reais (2Sm 8:14; 11:9, 13). Esses servos tinham o respeito e o comando como funcionários do monarca.

Outras referências no AT designam pessoas não com honra, mas em submissão militar e política (p. ex., os gibeonitas perante Josué, Js 9:11; os tutores dos descendentes de Acabe em Samaria escrevendo a Jeú, 2Rs 10:5). Com relação a isso, até os monarcas podem ser descritos como servos (p. ex., a mensagem de Acaz a Tiglate-Pileser III da Assíria, 2Rs 16:7; cf. 2Sm 10:19; 2Rs 18:24). Mais exemplos de tais designações negativas — um pouco ligado em ser chamado de "cão" — transmite humilhação, desonra e lamento (2Rs 8:13; 2Sm 9:8).

O termo religioso "servo de Deus" aparece como uma humilde autodepreciação perante uma divindade. Sua concentração mais alta ocorre numa seção de Deutero-Isaías (Is 40-55). Embora 13 das ocorrências se refiram claramente à nação de Israel como o servo, os versos restantes não são claros e os estudiosos debatem se os cânticos se referem a Israel ou a um indivíduo em particular. Independentemente do que se refira, o servo lembra os reis pré-exílicos e especialmente os profetas. A par do plano divino de Yahweh, Isaías, o servo-profeta é chamado para liderar o povo à obediência a Yahweh (Is 49:1-6; cujo modelo é o chamado de Moisés em Êx 3–4). Os autores do NT aplicam posteriormente estes "Cânticos do Servo" a Jesus Cristo.

Os indivíduos do AT chamados de servos de Yahweh (ou de Deus) incluem Abraão (Gn 26:24; Sl 105:6, 42), Jacó (Ez 28:25), Calebe (Nm 14:24), Josué (Js 24:29), Davi (Sl 144:10; Is 37:35; Ez 37:24,25), Aías de Siló (1Rs 14:18; 15:29), Elias (2Rs 9:36; 10:10), Jonas "filho de Amitai, o profeta" (14:25), Isaías (Is 20:3), Eliaquim (22:20), Jó (Jó 1:8; 2:3), Zorobabel (Ag 2:23) e, especialmente, o grande profeta Moisés (Êx 4:10; Nm 11:11; 12:7; Dt 3:24; Ne 10:29 [30]; Dn 9:11; Mq 4:4 [3:22]). Essas referências ilustram a designação do termo para o piedoso e fiel em Israel e Judá, especialmente profetas e governantes. Os autores do NT constroem nesse uso simbólico, especialmente Paulo (Rm 1:1; Gl 1:10; Fp 1:1; o apóstolo cristão como "servo de Cristo"), Lucas (Lc 12:41-46; os escravos administradores representam claramente os líderes da igreja) e o autor de Apocalipse (Ap 1:1; 2:20; 19:5; 22:6; receptores de profecia são chamados de servos de Deus, como o próprio João).

O termo mais importante no NT para servo é o grego *diákonos*, que nas antigas fontes gregas denota um emissário e porta-voz de outra pessoa. Paulo fornece a mais recente e ampla evidência desse significado no cristianismo primitivo. Ele descreve a si e a Apolo como *diákonos* ("emissários"), transmitindo que os dois pertencem a uma divindade, foi-lhes confiada a mensagem divina, têm a comissão de anunciá-la e, portanto, têm o direito de serem ouvidos e cridos (1Co 3:5; cf. 2Co 3:6; 6:4). Com *diákonos*, Paulo expressa seu direito específico como porta-voz e embaixador autorizado de Deus. Paulo, por sua vez, tem seus próprios emissários entre as igrejas, como Febe (Rm 16:1, 2), Timóteo (1Ts 3:2) e, talvez, Onésimo (Fm 13). De acordo com os evangelhos sinópticos, o entendimento do ministério cristão primitivo como função de embaixador vem de Jesus: "quem quiser tornar-se importante entre vocês deverá ser servo [...] Pois nem mesmo o Filho do homem veio para ser servido, mas para servir" (Mc 10:43-45 par.; cf Lc 22:26,27). O significado está nas áreas de mensagem, agência e presença como emissário do céu (a outra possibilidade, "servir às mesas", é inédita em outras fontes cristãs e sem precedentes em fontes não cristãs e, assim, improvável aqui). Conceitos relacionados do servo como um assistente de uma autoridade superior incluem *hypērétēs* (mais frequente em João) e *therápōn* (Hb 3:5, de Moisés).

Bibliografia. J. N. Collins, *Diakonia: Re-interpreting the Ancient Sources* (Oxford, 1990); W. Zimmerli E J. Jeremias, *The Servant of God*, ed. rev. *SBT* 20 (London, 1965). [J. ALBERT HARRILL]

SERVO DO SENHOR Alguém que pertence a Yahweh e procura fazer sua vontade. O AT designa muitos indivíduos como servos de Yahweh (*ʿebed* YHWH): Abraão (Gn 26:24), Moisés (p. ex., Êx 14:31; Dt 34:5; Js 1:2, 13), Josué (Jz 2:8), Davi (p. ex., 2Sm 3:18; Ez 34:23, 24), Ezequias (2Cr 32:16), Isaías (Is 20:3) e Zorobabel (Ag 2:23). Os profetas como um grupo são chamados de servos de Yahweh (2Rs 17:13; Am 3:7; Jr 7:25; 26:5).

SEGUNDO ISAÍAS. Quatro poemas em Segundo Isaías (Is 40–45) estão centrados em torno do tema do Servo de Yahweh: Isaías 42:1-4 [5-9]; 49:1-6 [7]; 50:4-9 [10-11]; 52:13–53:12 (os versos entre colchetes são incluídos por alguns estudiosos e excluídos por outros). Referências esparsas ao mesmo tema ocorrem em Isaías 41:8-9; 42:19; 43:10; 44:1, 2, 21, 26; 45:4; 48:20; 50:10.

No primeiro poema (Is 42:1-4 [5-9]), Yahweh descreve seu servo como escolhido, dotado do Espírito, humilde e compassivo. Ele perseverará até trazer justiça às nações. No segundo poema, o servo testifica que ele é chamado antes de nascer, preparado como instrumento especial e secreto de Yahweh; o servo sente que o seu trabalho é em vão, todavia ele confiará em Deus para confirmá-lo (49:1-4). Nesse texto, Israel é identificado com o servo (49:3), cuja missão, paradoxalmente, é restaurar o Israel caído e ser uma luz para as nações (v. 5-6). Embora o termo "servo" esteja ausente de 50:4-9 [10-11], a maioria dos estudiosos considera essa passagem parte da série. Aqui o servo é fiel a Yahweh, discípulo obediente, suporta a zombaria, o abuso e espancamentos dolorosos, todavia continua confiando em Deus para defendê-lo. No quarto poema (52:13–53:12), um grupo, provavelmente as nações, fala do sofrimento vicário do servo em favor deles e de sua exaltação final.

Os estudiosos têm identificado vários indivíduos como servos de Yahweh. Ciro é destacado como alguém a quem Deus ordenou subjugar os reinos para que Jerusalém e o templo pudessem ser reconstruídos (Is 44:28–45:1). O interessante é que ele é até mesmo designado como messias de Yahweh, ou ungido (Is 45:1). Entretanto, Ciro dificilmente completa a imagem do terceiro e quarto poemas. Outro candidato, Jeremias, sofreu, mas diferentemente do servo de Isaías 53:7 que ficou em silêncio, ele se queixou amargamente (Jr 15:18; 20:7,8). Visto que Segundo Isaías prediz um novo Êxodo (Is 40:3-5; 43:16-19; 48:20,21; 51:9-11), ele pode ter pensado em um novo Moisés que lideraria o povo da Babilônia de volta à Terra Prometida. Entretanto, Segundo Isaías afirma com muita clareza que o servo é Israel (Is 41:8; 44:1,2,21; 45:4; 49:3), portanto, um servo coletivo e não um indivíduo. No Segundo Cântico (Is 49:1-6 [7], "servo" é usado equivocadamente. Como pode Israel ser ao mesmo tempo o povo caído, necessitando de restauração e o obediente que restaura os outros? Existem dois Israel: um pecador e outro justo. O servo de Yahweh, então, pelo menos no século IV a.C. é o grupo de fiéis que sofre em favor do restante de Israel, compra a redenção deles do exílio (Is 40:1-2), restaura o Israel caído e testemunha aos gentios.

JUDAÍSMO DO SEGUNDO TEMPLO. A mensagem de Segundo Isaías para o século VI tornou-se um paradigma para todo o tempo. O judaísmo veio a crer que o sofrimento vicário dos justos podia expiar o pecado. A morte era especialmente eficaz. As mortes de sumo sacerdotes, crianças inocentes e dos mártires tinham poder redentor. Além disso, o servo de Yahweh foi identificado com o Messias, começando quando Davi é chamado de "meu servo" (2Sm 3:18; 7:5, 8), em passagens posteriores invocando as tradições de Sião e Davi (2Rs 19:34 = Is 37:35), e em passagens prevendo um messias futuro (Ez 34:23-24; 37:24-25). No período pós-exílico, o governador Zorobabel, da casa de Davi, foi chamado de "meu servo, o Renovo" (Zc 3:8; cf. Is 11:1; 53:2).

Em alguns círculos, o judaísmo palestino considerou o servo sofredor de Isaías 53 como o Messias (cf. Targum de Is 52:13).

NOVO TESTAMENTO. Não é de se estranhar que os escritores do NT tenham identificado Jesus como o Servo do Senhor. De acordo com Mateus 8:17, a cura que Jesus faz do doente cumpre Isaías 53:4. Da mesma forma, Mateus 12:18-21 cita o segundo Cântico do Servo, Is 42:1-4 (cf. também Mc 1:11 e Is 42:1). Quando Jesus prediz seu sofrimento e sua morte (Mc 9:12, 31; 10:33; Lc 24:7) ele está provavelmente refletindo sobre os Cânticos do Servo. Em paralelos mais específicos, Jesus veio para servir e dar sua vida em resgate de muitos (Mt 20:28 = Mc 10:45; Is 53:11-12); ele ficou em silêncio diante de seus acusadores (Mt 26:63; 27:12, 14 par.; Lc 23:9; Jo 19:9; Is 53:7) e intercedeu pelos pecadores na cruz (Lc 23:34; Is 53:12). Quando o povo não creu nos sinais de Jesus, João viu isso como um cumprimento de Isaías 53:1 (Jo 12:38; cf. Rm 10:16). Pedro chama Jesus de servo (At 3:26; 4:27, 30) e Filipe ensina o eunuco etíope a crer que Jesus cumpriu Isaías 53 (At 8:32-35). Paulo inclui um hino exaltando Jesus como o servo sofredor de Isaías (Fp 2:6-11). Pedro ensina que o Senhor que não teve pecado sofreu em silêncio, suportando os pecados dos outros para que eles pudessem ser perdoados (1Pe 2:22-25; 3:18).

Bibliografia. J. Jeremias, *The Eucharistic Words of Jesus* (Philadelphia, 1990); H. H. Rowley, *The Servant of the Lord*, 2. ed. (Oxford, 1965); W. Zimmerli e J. Jeremias. "país theoú", *TDNT* 5.654-717. [WILLIAM B. NELSON, JR.]

SERVOS DE SALOMÃO De um modo geral, todos os empregados da casa de Salomão e os oficiais do reino (1Rs 4:1-19; cf. 3:15; 5:6 [TM 20]). Entre os que retornaram a Judá depois do Exílio estava um grupo designado por "os filhos dos servos de Salomão" (Ed 2:55-58 = Ne 7:57-60), provavelmente os descendentes de escravos não israelitas de Salomão que se tornou uma classe distinta em Judá e Israel (1Rs 9:20,21). Eles aparentemente constituíam uma classe pós-exílica de pessoal do templo semelhante em função aos netinins (Ed 7:24).

SESÃ (heb. *šēšān*) O filho de Isi, da tribo de Judá (1Cr 2:31). Sesã não teve filhos e, para perpetuar sua família, deu uma de suas filhas a Jará, seu escravo egípcio (1Cr 2:34,35).

SESAI (heb. *šēšay*) Um dos três descendentes (ou clãs) de Anaque que viveu em Hebrom, quando os espias israelitas exploraram a terra de Canaã (Nm 13:22). Quando Calebe tomou posse de Hebrom, ele expulsou os três (Js 15:14; Jz 1:10, 20).

SESAQUE (heb. *šēšak̲*) Criptograma para Babilônia, substituindo as consoantes *ssk* por *bbl* (Jr 25:26; 51:41).

SESBAZAR (heb. *šešbaṣṣar*; ac. *Sin-ab-uṣur*) O "príncipe de Judá" (Ed 1:8), primeiro governador babilônio de Judá encarregado de reconstruir o templo (5:15); o título pode ter sido mais honorífico do que exato. Aparentemente, ele de fato começou o projeto durante o reinado de Ciro (isto é, antes de 530 a.C.), mas foi incapaz de terminá-lo (Ed 5:16). Não é surpresa o fato de ele não ser mencionado em Ageu ou Zacarias, considerando pelo menos a insistência de Zacarias de que Zorobabel havia lançado as bases e terminaria o templo. Alguns estudiosos equiparam Sesbazar e Zorobabel, mas isso é improvável. Se ele é o mesmo Senazar mencionado em 1Crônicas 3:18, então ele foi tio de Zorobabel. [PAUL L. REDDITT]

SETAR (heb. *šēt̲ār*) Um dos sete principais conselheiros do rei Assuero (Et 1:14).

SETAR-BOZENAI (heb. *šĕt̲ar bôzĕnay*) Oficial persa que tentou interferir na reconstrução do templo de Jerusalém (Ed 5:3, 6; 6:6, 13; cf. Ed 6:3, 7, 27; 7:1, "Satrabuzanes"), aparentemente subordinado do governador Tatenai.

SETE (heb. *šēt̲*) Grafia hebraica de Sete (gr. *Sḗth*), filho de Adão e Eva (Gn 4:25; 1Cr 1:1).

"Os filhos de Sete", aparentemente uma designação de Moabe na predição de Balaão da derrota de Moabe por Israel (Nm 24:17; NRSV "setitas"). O termo hebraico deveria talvez ser corrigido para *śĕ'ēt̲*, "exaltação, desafio" (cf. NIV mg "fanfarrão barulhento"), ou *šē't*, "desolação" (cf. *šā'ôn*, "tumulto" em Jr 48:45, que deliberadamente repete Nm 24:17).

Sete foi o terceiro filho de Adão e Eva, nascido para substituir seu irmão mais velho, Abel, assassinado por Caim (Gn 4:25; 5:3). Ele foi o pai de Enos e o ancestral de Noé (Gn 5:6,7; 1Cr 1:1; Lc 3:38). Ben Sira (Eclesiástico) 49.16 refere-se a Sete e Sem como "honrados entre os homens".

SETE PALAVRAS, AS As palavras proferidas por Jesus enquanto estava na cruz. A ordem tradicional das sete "palavras" registradas é (1) "Pai, perdoa-lhes, pois não sabem o que fazem" (Lc 23:34); (2) a um dos que estavam sendo crucificados com ele: "Em verdade te digo que hoje estarás comigo no paraíso" (v. 43); (3) a Maria, sua mãe e ao "discípulo a quem ele amava": "Mulher, aí está o teu filho." e "Aí está a sua mãe" (Jo 19:26-27); (4) *"Eli, Eli, lamá sabactani?"* (Mt 27:46 = Mc 15:34); (5) "Tenho sede" (Jo 19:28); (6) "Está consumado!" (v. 30); e (7) "Pai, nas tuas mãos entrego o meu espírito" (Lc 23:46).

SETE, OS Designação para os sete homens (gr. *hoi heptá*) nomeados pela Igreja e ordenados pelos apóstolos para "servir as mesas" e ministrar às viúvas (At 6:1-6; cf. 21:8). *Ver* DIÁCONO.

A B C D E F G H I J K L M N O P Q R S T U V X Y Z

SETUR (heb. *sĕṯûr*) Homem da tribo de Aser, filho de Micael. Ele foi um dos doze espias enviados para Canaã (Nm 13:13).

SEVA (heb. *šĕwā'*) (tb. SERAÍAS, SAUSA, SISA) **1.** Secretário de Davi (Q 2Sm 20:25; K *šy'*). Ele é conhecido também como Seraías (2; 2Sm 8:17), Sisa (1Rs 4:3) e Sausa (1Cr 18:16).

2. Filho de Calebe e sua concubina Maaca (1Cr 2:49).

SEVENE (heb. *sĕwēnēh*, *sīnīm*; gr. *Syḗnē*) Cidade do Alto Nilo, localizada na margem leste do Nilo, ao norte da Primeira Catarata, na fronteira sul do antigo Egito. O nome aparece duas vezes no contexto de oráculos contra o Egito, expressando a extensão geográfica da esperada devastação ("de Migdol a Sevene"; Ez 29:10; 30:6) e uma vez mais num oráculo de salvação no qual o povo disperso de Israel é reunido (Is 49:12). A maior parte da informação relativa a Sevene vem do Papiro Elefantino aramaico, que descreve Sevene como complementar a Elefantina (colônia militar judaica e centro religioso, comercial e administrativo do período persa do Alto Egito, localizada numa ilha oposta a Sevene), mas importante por seu papel no comércio e suas abundantes pedreiras de granito (cujas pedras eram chamadas de "sevenitas"). As ruínas de Sevene permanecem sob a moderna Assuã, mais conhecida como local de uma represa concluída em 1970. [MONICA L. W. BRADY]

SEXO Ao investigar a atitude em relação ao ato sexual no antigo Israel, é importante não impor sobre uma antiga cultura modernas suposições sobre a sexualidade.

No antigo pensamento israelita, os humanos receberam o desejo sexual para criar vida por meio da produção de crianças (Gn 3:16), assim a relação sexual estabelece o vínculo do ser humano com Deus, que é o perpetuador da vida (sugerido pelo nome Yahweh) e com a natureza. Embora o pleno significado da palavra "Yahweh" não seja conhecido, alguns estudiosos acham que o nome está relacionado ao futuro causal (hiphil) (imperfeito) do verbo "ser ou existir". Considerando que esse tempo hebraico implica fluência do presente para o futuro, o imperfeito causal sugeriria que Deus sustenta e perpetua o ser/existência do presente para diante. Consequentemente, porque a relação sexual vincula a pessoa com o divino, seu poder é altamente valorizado e considerado o maior poder que os humanos possuem. A ideia do sexo ser inerentemente sujo está fora de questão. Os papéis masculinos e femininos seguem os padrões da natureza em que o masculino é o "fertilizador" e o feminino é o "produtor", portanto, por meio da relação sexual os humanos participam do fluxo criativo de Deus.

Em pequenas comunidades agrícolas que requerem trabalho abundante e intenso (como o antigo Israel), a relação sexual é fundamental para a sobrevivência física da família e da sociedade em geral. Pelo fato de os indivíduos terem um senso de continuação da vida por meio de seus filhos, a relação sexual é fundamental para seu senso psicológico de salvação. As mulheres, como as "coprodutoras" de filhos com Yahweh (cf. Gn 4:1), são coprodutoras de salvação; não existe poder maior, não em funcionamento nesse tipo de sociedade. Então, as mulheres têm significativo poder e valor na sociedade. Pelo fato de as mulheres receberem posição social pelo número de filhos que produzem, elas são sexualmente agressivas (p. ex., Tamar ou Rute). Mas a relação sexual é também um poder ameaçador, em que ele pode produzir tanto vida (nascimento) como morte da criança e/ou da mãe no nascimento. Por isso a relação sexual personifica tanto o risco como o prazer da vida; implica viver plena e autenticamente.

Na Escritura Hebraica, o sexo tem duas funções primordiais: a produção de descendência que leva à salvação, e a criação de vínculos fortes ou de unidade que são essenciais para manter, ao mesmo tempo, a família e a sociedade. Sexo é a união física do que parece fisicamente diferente para produzir vida, sugerindo que a união de opostos é criativa e essencial ao processo de vida divina. Em Gênesis 1, Deus cria ao separar o que é diferente no caos original, mas em Gênesis 2:24, a relação sexual une o que está separado e diferente no físico (uma criança) e na unidade psicológica. Da mesma forma, a unidade entre Israel e Deus é frequentemente vista em termos da união sexual do casamento. A relação sexual está associada ao amor, que no AT é visto em termos físicos e psicológicos como a ligação de coisas diferentes numa unidade.

A relação sexual é a travessia da fronteira que requer o afrouxamento dos limites que o ego usa para definir sua identidade e também como mecanismo de defesa. No sexo, a identidade e os mecanismos de defesa são penetrados ou envolvidos. Isto é simbolizado no AT pela associação de sexo com nudez, que implica remoção da barreira protetora da vestimenta culturalmente prescrita. A nudez expõe a vulnerabilidade da pessoa, tanto as partes vulneráveis do corpo, as genitálias (local do poder humano fundamental, essencial para continuação da vida), e o ego vulnerável e despojado de suas defesas artificiais. Mas quando os humanos não relaxam as fronteiras e as defesas do ego em relacionamentos íntimos mútuos, eles podem se tornar obstáculos ao amor e à unidade íntima e genuína. Se as pessoas não podem se desprender desses obstáculos umas com as outras, muito provavelmente não serão capazes de se livrar delas em relação a Deus. Por causa da associação da relação sexual com intimidade, ela está também conectada a "conhecer", que engloba o amplo conhecimento intelectual, experiencial e sexual. Visto que a relação sexual envolve a transposição de limite, vulnerabilidade, intimidade e identidade, implica "conhecer" uma pessoa em seu mais pleno sentido.

Visto que a relação sexual é um poder básico, todavia ameaçador que impacta a vida/salvação da família, ela deve ser usada com grande cuidado e controle. Por exemplo, o homem deve "controlar" o desejo sexual feminino (Gn 3:17) porque ele pode produzir vida ou morte e por ser usado fora da família ou da sociedade, desperdiça o poder salvífico do grupo e "edifica a casa" dos de fora. Mas a palavra "controle" (heb. *māšal*) sugere um poder não coercivo que estimula e acentua o potencial dentro da limitação. Assim, o controle do desejo feminino pelo homem é colocado no contexto do potencial não ser ilimitado a limitação não destruir o potencial.

Existe também o sexo casual, ou sexo que não cria vinculo conjugal ou obrigação familiar (p. ex., Dt 22:28-29) ou que viola os vínculos conjugais ou familiares existentes (p. ex., 23-24). Esse tipo de sexo é considerado imprudente e vergonhoso, "imperfeição" ou "fracasso" de estar à altura de metas e ideais sociais internalizados porque isso viola o propósito do sexo e então não participa do processo divino de vida. Assim, a prostituta é tolerada, mas sua atividade é marginal porque ela não cria vínculo e não constitui família ou comunidade. O estupro, que implica um homem subjugar uma mulher, que grita por socorro, mas sem ajuda de ninguém, é um crime hostil e explorador contra uma mulher e a sociedade (p. ex., Dt 22:25-27; 2Sm 13:11-14). Esse tipo de atividade sexual é normalmente empregado com o propósito de construir o ego individual com poder e controle, e não construir a comunidade. A relação sexual no antigo Israel tem a intenção de ser uma atividade que constrói a comunidade primeiro e nisso preenche as necessidades do indivíduo. [LYN M. BECHTEL]

SEXTA-FEIRA SANTA A sexta feira que precede o dia da ressurreição, observada em comemoração da crucificação (Mc 15:42; Lc 23:54; Jo 19:31; cf. Mt 27:62); chamada Grande Sexta-Feira, na Igreja Oriental. No calendário eclesiástico, é tradicionalmente um dia de jejum e penitência. A prática da pós-Reforma observada tanto pelos católicos como pelos protestantes inclui um culto do meio-dia às 3 da tarde, marcando a agonia de Jesus na cruz (Mt 27:45; Mc 15:33; Lc 23:44).

SHEKEL (heb. *šeqel*) A unidade padrão de peso no AT. Seu nome é derivado de uma raiz semítica que significa "pesar". Embora ela varie significativamente, o peso médio de um *shekel* israelita parece ter sido 11,4 g. Com a cunhagem em larga escala em Israel, no período interbíblico e do NT, a palavra *shekel* se refere comumente a uma moeda de prata pesando cerca de 14,5 g. [MICHAEL HOMAN]

SHEKINAH Termo hebraico (*šĕḵînâ*) nos targuns e na literatura rabínica que expressava com reverência a Presença divina. Deriva do hebraico *škn*, "habitar, cumprir a lei, instalar-se". O termo não aparece no AT ou no NT. O ambiente histórico para a correlação de *Shekinah* ("o que habita") com a Presença de Deus pode ser encontrado em Êxodo 25:8; 40:34. Quando a arca do Senhor é colocada no templo em Jerusalém, uma nuvem representando a *Shekinah* enche em seguida o templo, simbolizando com isso sua nova habitação (1Rs 8:10). A tradição bíblica judaico-cristã retrata a *Shekinah* deixando o templo e indo para o exílio com os israelitas depois da destruição do primeiro templo (cf. Ez 10; 11:16, 22-25). Uma tradição diferente alega que a *Shekinah* retornou para o céu, enquanto outra tradição alega que ela permanece no Muro Ocidental (Muro das Lamentações) do monte do templo. No período interbíblico, pensou-se também que a *Shekinah* habitava nas sinagogas e entre as assembleias dos fiéis (cf. m. 'Abot 3.2; 1QS 8.4-10). Várias passagens do NT sugerem a crença de que a *Shekinah* encarnou primeiro em Jesus de Nazaré (Jo 1:14) e depois na Igreja (Ef 2:19-22).

Bibliografia. M. E. Lodahl, *Shekhinah/Spirit: Divine Presence in Jewish and Christian Religion* (New York, 1992); E. M. Umansky, "Shekinah", *The Encyclopedia of Religion* (New York, 1987) 13:236-39. [DAVID CLEAVER-BARTHOLOMEW]

SHEMA, O A declaração fundamental da crença judaica: "Ouve, ó Israel: O Senhor nosso Deus é o único Senhor" (Dt 6:4). O título deriva da primeira palavra hebraica do verso, o mandamento "ouve" (heb. *šĕma'*). A declaração de que "Deus é o único Senhor" exclui manifestações locais de Yahweh, mas também dá a entender a exclusividade de Yahweh. Assim, embora "único" não seja uma tradução exata do hebraico *'eḥāḏ* ("um"), a afirmação de unidade tem em si a ideia de singularidade. Nos manuscritos hebraicos, as últimas letras da primeira e da última palavra são escritas maiores do que as outras para formar a palavra 'ed ("testemunha"), refletindo o testemunho do verso ao intransigente monoteísmo do judaísmo. Tem sido a expressão definitiva dos mártires judeus através da história.

A oração veio a incluir Deuteronômio 6:4-9; 11:13-21; Números 15:37-41 e é recitada pela manhã e à noite (cf. Dt 6:7). O texto de Deuteronômio 6:4-9 é colocado em filactérios, amarrado à fronte e ao braço durante a oração e num mezuzá preso à entrada das casas (cf.v. 8-9). Jesus identificou Deuteronômio 6:5 como o maior mandamento (Mc 12:29). [JOHN L. MCLAUGHLIN]

SHEOL (heb. *šĕʼôl*) O mundo inferior, moradia da morte. Derivado do verbo *šʼh*, "ser extinguido", "ter falta de sorte", o substantivo é traduzido pelo grego *hádēs* e pelo latim *infernum* ou *inferi*. A tradução para o inglês "hell" (inferno em português) é equivocada. Frequentemente sinônimo da própria morte (p. ex., 1Rs 2:6, 9), sheol é retratado nas profundezas da terra (Jó 11:8; Pv 15:24; Ez 31:15-18), um lugar de trevas (10:21, 22) e decadência (Is 14:11).

A ideia de uma vida após a morte foi relativamente incipiente no período inicial de Israel. A história da "feiticeira" de En-Dor é um excelente exemplo da ideia de Sheol no período monárquico de Israel. Samuel aparece depois de morto como figura indefinida, parecendo mais como ele era em sua velhice (1Sm 28:14). Assim, Sheol é um lugar onde as condições de vida são imutáveis. Com base em 1Samuel 28:15, parece que os que estão no Sheol estão em estado de descanso e podem ser incomodados nessa calma.

Passagens posteriores do AT retratam o Sheol como lugar de punição para o ímpio (Sl 31:17 [TM 18]). Os justos também estão lá (cf. Ez 32:21, 27), mas Deus é capaz de livrar os justos do domínio hostil do Sheol (Sl 49:15 [16]). Mas o AT não descreve a alternativa ao Sheol para os que são libertos dele. [JIM WEST]

SHOFAR Instrumento musical curvo feito de chifre de carneiro (heb. *šôp̄ār*, "trombeta" ou "chifre"). O shofar produz dois tons e é importante para sinalizar qualidade e não musicalidade. Seu som tem uma longa história e foi usado para dar o sinal de ataque (Js 6:4; Jz 3:27). som de alarme de guerra (Jr 4:19), preparo para a guerra (51:27), suspender a batalha e trazer de volta a tropa (2Sm 2:28; 18:16) e declarar a vitória (1Sm 13:3). Era também usado para louvar a Deus no culto (Sl 98:6; 150:3), anunciar a ascensão de um rei (2Sm 15:10; 1Rs 1:34, 39; 2Rs 9:13), reunir os israelitas no Sinai (Êx 19:13, 16, 19; 20:18; cf. Hb 12:19), proclamar a Festa de Ano Novo (Lv 23:24; Nm 29:1), e anunciar a chegada da arca da aliança em Jerusalém (1Cr 15:28). Ele adverte o juízo de Deus (Os 5:8; Am 2:2), o dia do Senhor (Jl 2:1; Sf 1:16) e a revelação escatológica (Is 27:13; Zc 9:14; Ap 8:2, 6, 12; 9:1, 13). [RICHARD A. SPENCER]

SIA (heb. *sîʿāʼ*), **SIAHA** (*sîʿăhāʼ*) O chefe de uma família de servidores do templo que retornou com Zorobabel do cativeiro na Babilônia (Ed 2:44, "Sia"; Ne 7:47, "Sai" [A21]).

SIÃO (heb. *ṣîyôn*; gr. *Sîn*) Antigo nome para vários aspectos de Jerusalém, Judá e todo o país, e também uma metáfora para o povo de Yahweh. O significado original do termo é incerto. Possíveis sugestões incluem rocha, fortaleza, lugar seco ou água corrente.

O nome Sião foi mencionado pela primeira vez em relação ao forte jebuseu ("a fortaleza de Sião") em 2Samuel 5:6-10. Davi tomou Jerusalém dos jebuseus e Sião foi subsequentemente equiparado ao nome de Jerusalém, a cidade de Davi (1Rs 8:1 = 2Cr 5:2). Associado a isso há o entendimento de que o monte do templo, o monte Sião, é o lugar da habitação de Yahweh, o rei divino de Israel (Sl 9:11 [TM 12]; 76:2 [3]; Is 8:18; 18:7; 24:23; Jl 3:17 [4:17]). Com a transferência da arca, da cidade de Davi para o templo construído por Salomão, dizia-se que Yahweh habitaria no complexo Sião-templo.

O termo é também frequentemente usado para Jerusalém toda (Is 2:3; 33:14; Jl 2:32 [3:5]). Uma clara exceção é seu uso paralelo com Samaria (Am 6:1).

Sião também é uma referência aos habitantes de Jerusalém ou ao povo todo de Israel. Isso inclui expressões como "filhos de Sião" (Lm 4:2), "filha(s) de Sião" (Ct 3:11; Is 3:16; 4:4; também Mt 21:5; Jo 12:15), "filha de Sião" (Jr 4:31; 6:2; Zc 9:9) e "virgem, filha de Sião" (Is 37:22; Lm 2:13; 2Rs 19:21). O uso simbólico continua no NT, em referência à Igreja, "Jerusalém celestial" (Hb 12:22), ou na batalha escatológica (Ap 14:1).

Atualmente, o monte ao sul da parte sudoeste da Cidade Velha de Jerusalém, onde estão localizados a tumba de Davi e o cenáculo da Última Ceia, é chamado de "Monte Sião". Evidentemente, no período bizantino o nome foi transferido para o monte sudoeste (cf. Josefo *BJ* 5.4.1 [137]). [AARON W. PARK]

SIBECAI (heb. *sibbĕḵay*) (tb. MEBUNAI) Husatita, dos homens valentes de Davi que serviu como comandante da oitava divisão do exército de Davi (1Cr 11:29; 27:11) e que derrotou o gigante Safe/Sipai (2Sm 21:18 = 1Cr 20:4). Em 2Samuel 23:27, é chamado de Mebunai.

SIBMA (heb. *śiḇmâ*) (tb. SEBAM) Cidade moabita na margem leste do rio Jordão, perto de Hesbom, dada à tribo de Rúben depois da derrota de Siom, rei dos amorreus (Js 13:19). O nome dessa cidade tem a ortografia equivocada para Sebam no TM de Números 32:3, e aparece corretamente no v. 38. Sibma, conhecida por seus vinhedos, foi depois retomada pelos moabitas e é condenada nos oráculos contra Moabe (Is 16:8-13; Jr 48:32,33). O local é tradicionalmente identificado com Khirbet Qarn el-Qibsh, situado entre Hesbom e o Nebo. [KENNETH ATKINSON]

SIBOLETE (heb. *šibbōleṯ*) *Ver* CHIBOLETE.

SIBRAIM (heb. *sib̲rayim*) Lugar da Síria mencionado na descrição da fronteira norte ideal de Israel (Ez 47:16). Local no extremo norte das cadeias de montanha do Líbano e do Antilíbano e a nascente do rio Orontes é indicado pelas descrições de Sibraim como "entre a fronteira de Damasco e a fronteira de Hamate".

SICAR (gr. *Sychár*) Cidade de Samaria onde Jesus conversou com uma mulher samaritana (Jo 4:5). O evangelho situa Sicar perto do campo que Jacó deu a seu filho José (Gn 33:18, 19; Js 24:32 menciona o campo, mas não Sicar) e observa que o poço de Jacó ficava lá (Jo 4:6). Apesar do fato de o NT ligar Sicar ao poço de Jacó, discute-se a localização atual de Sicar. Alguns a identificam com a moderna cidade de Askar, de nome semelhante, localizada perto de Siquém, enquanto outros associam a cidade com a prória Siquém, sendo Sicar uma corruptela de Siquém, mais conhecida (gr. "*Sychém*"; cf. At 7:16). Embora a localização exata de Sicar permaneça incerta, o poço de Jacó tem sido identificado com mais segurança com Bir Ya'aqûb na moderna Balâtah, cerca de 1,7 km a sudeste de Nablus, próximo a uma passagem entre o monte Gerizim e o monte Ebal. [MONICA L. W. BRADY]

SICÔMORO Ficus Sycomorus L., figo de sicômoro, árvore resistente que chega a 14 m de altura. Essa árvore tropical crescia abundantemente na Sefelá (1Rs 10:27; 2Cr 1:15; 9:27). Não se trata do sicômoro americano (Platanus occidentalis), o sicômoro do Mundo Antigo (Platanus orientalis) ou da amoreira preta (amora, Morus Nigra L.), como se pensava antigamente. Talvez o sicômoro mais famoso seja aquele em que Zaqueu subiu para ver Jesus (Lc 19:4; gr. *sykomoréa*).

Tanto a madeira como o fruto do sicômoro são valiosos. A madeira macia e porosa era usada na construção de tumbas e caixões egípcios. O figo do sicômoro é inferior ao figo comum, Ficus carica L., mas era cultivado e comido nos tempos antigos. Cerca de três dias antes da colheita do figo do sicômoro, era feito um corte no fruto para acelerar a maturação. Amós foi, por profissão, cultivador de sicômoros (Am 7:14; heb. *šiqmâ*).

O sicômoro dos tempos bíblicos era fecundado por vespas. Os sicômoros modernos produzem figos sem semente e crescem apenas na forma cultivada. [MEGAN BISHOP MOORE]

SICROM (heb. *šikkĕrôn*) Cidade na fronteira norte do território designado para Judá (Js 15:11), localizada entre Ecrom e o monte Baalah na planície filisteia ao norte. Ela tem sido identificada com Tell el-Fûl, pequeno monte cerca de 8 km a sudeste de Yavne. [STEVEN M. ORTIZ]

SICUTE Substantivo (*skwt*) que ocorre em Amós 5:26 como hebraico *sikkûṯ* seguido por Kaiwan (*kiyyûn*). A pronúncia massorética sugere que ambos são ídolos (abominações). A antiga tradição judaica (LXX, Qumran) interpretou a palavra como objeto sagrado. As traduções modernas, então, diferem entre "o seu rei Sicute" (NRSV, NJB) e "o santuário de vosso rei" (REB, NIV). Se Kaiwan é o planeta Saturno divinizado, Sicute pode ter sido outro planeta, ou uma estrela, associado ao deus babilônico Ninurta. Um deus Sicute (<*dSAG*.KUD), copeiro dos deuses, às vezes identificado com Ninurta, é conhecido. Seu nome pode ser de origem elamita. O mesmo deus pode também ser mencionado no nome divino composto Sicute-benote (*skwt*, agora pronunciado *sukkôṯ*), talvez originalmente Sicute de (a deusa) Banîtu. Ambos os deuses são sugeridos terem sido adorados pelos babilônios estabelecidos em Samaria (2Rs 17:30). Não está claro se este culto astral de Sicute se espalhou para o oeste antes ou depois da expansão neoassíria no século VIII a.C. Se ele chegou com os colonizadores, isso implica que o texto é uma inserção posterior em Amós. Entretanto, as formas dos nomes sugerem um intermediário semítico ocidental.

Bibliografia. M. Cogan, "Sukkoth-benoth", *DDD*, 821-22; M. Stol, "Sakkuth", *DDD*, 722-23. [MEINDERT DIJKSTRA]

SIDIM (heb. *śiddîm*), **VALE DE** O vale onde Quedorlaomer, rei de Elã e seus aliados venceram os exércitos de Sodoma, Gomorra, Admá, Belá (Zoar) e Zeboim (Gn 14). Identificado em Gênesis 14:3 como o mar de Sal (mar Morto), Sidim é sempre associado com o extremo sul do mar, onde modernos depósitos de betume lembram os poços de piche mencionados no v. 10, nos quais caíram soldados dos exércitos de Sodoma e Gomorra, durante sua batida em retirada. Ao equiparar o mar de Sal com o vale de Sidim, Gênesis 14 parece dar a entender uma submersão posterior do vale como resultado da destruição de Sodoma e Gomorra (Gn 19). [RYAN BYRNE]

SIDOM (heb. *ṣîḏôn*; gr. *Sidṓn*) Metrópole fenícia e porto famoso do sul do Líbano, cerca de 40 km ao sul de Beirute. A moderna cidade de Saida repousa sobre o antigo local e somente seu contorno tem sido explorado pela arqueologia. Sidom teve um complexo porto duplo que consistia de uma ilha ancoradouro afastada da praia, com muitos locais para descarga na praia norte da cidade. No sul, havia uma grande enseada natural chamada de Baía Redonda. A mais antiga descrição dos portos de Sidom está nos escritos do matemático grego alexandrino do século III d.C., Achilleus Tatius.

A cidade é mencionada em registros egípcios (*Ḍdn*), hititas, ugaríticos (*Ṣdyn*) e assírios do segundo milênio a.C. Durante a Era de Amarna (séc. XIV), seu rei Zimr-adda apoiou as rebeliões locais contra a autoridade egípcia no Líbano. Seu nome cananeu foi *Ṣidunu*, provavelmente derivado da raiz *swd*, "caçando, pescando" (cf. heb. *ṣayiḏ*). No fenício e no hebraico posterior, o nome foi Sidôn, forma também atestada em grego (o autor romano Justino considerou o vocábulo como uma palavra fenícia para "peixe").

A declaração de Gênesis 10:15, de que Sidom foi o filho primogênito de Canaã, parece ser uma alusão ao importante papel desempenhado por essa cidade na cultura cananeia. De acordo com Josué 11:8 e 19:29, a conquista dos hebreus da Terra Prometida se estendia até o território da Grande Sidom (*ṣîḏôn rabbâ*), e a região foi então designada para a tribo de Aser. Outros relatos bíblicos, entretanto, indicam que os hebreus não foram estabelecidos naquela área do Líbano (cf. Jz 18:28). Escritores greco-romanos (Estrabo geog. 16.2.13; Justino 18.3.5) registram uma tradição que refugiados sidônios reconstruíram Tiro depois de sua destruição no período da Guerra de Troia.

Essas tradições mais recentes referentes ao papel de liderança de Sidom na Fenícia foram também notórias aos gregos primitivos. Nas epopeias de Homero, o título sidônio é sinônimo da palavra "fenício", assim como na Bíblia sidônio pode também se referir aos cananeus litorâneos em geral (1Rs 5:6 [TM 20]). Deuteronômio 3:9 preserva a tradição de que os sidônios falavam um dialeto distinto, possivelmente o que agora chamamos de fenício. Entre as várias mulheres estrangeiras com quem Salomão se casou estavam mulheres "sidônias" (1Rs 11:1) e Etbaal, pai da rainha Jezabel era conhecido dos hebreus como o "rei dos sidônios" (1Rs 16:31) embora fosse rei de Tiro.

Sidom perdeu muito de seu poder e prestígio sob o domínio assírio e babilônico do Levante começando no século IX. Alusões ao declínio de Sidom, junto a outros reinos da região, sob golpes esmagadores de exércitos imperiais são encontradas em várias passagens proféticas na Bíblia (Is 23:4; Jr 25:22; 47:4; Ez 28:20-27; Jl 3:4 [4:4]).

Sob os reis persas, Sidom recuperou muito de sua glória perdida, território e influência política. Dario I (522-486), o imperador persa, abriu mão da fértil faixa costeira de Dor até Jaffa ao rei sidônio Eshmunazor II (c. 501-487), uma ação que levou à fundação de vários assentamentos sidônios nesta região. Durante essa geração, quando os judeus reconstruíram o templo de Jerusalém, os cedros do Líbano para sua construção foram transportados tanto pelos sidônios como pelos tírios para o "mar de Jaffa" (Ed 3:7), talvez para o assentamento em Tell Qasile.

Na era helenística, quando Sidom ainda competia com Tiro pela primazia na Fenícia, a cidade cunhava moedas inscritas com a legenda "pertencente aos sidônios, metrópole de Cambe, Hipp, Citium, Tiro". Cambe é uma referência a Cartago — cidade fundada pelos tírios — embora Tiro, localizada a apenas 35 km de Sidom, seja listada por último. A região de Tiro e Sidom é mencionada na narrativa do NT sobre Jesus e a mulher cananeia (Mt 15:21-28; cf. Mc 7:24-31).

Bibliografia. W. F. Albright, "The Role of the Canaanites in the History of Civilization", in *The Bible and the Ancient Near East*, ed. G. E. Wright (1961, repr. Garden City, 1965), 438-87; H. Frost, "The Offshore Island Harbour at Sidon and Other Phoenician Sites in the Light of New Dating Evidence", *International Journal of Nautical Archaeology* 2 (1973): 75-94; N. Jidejian, *Sidon through the Ages Beirut* (1971); T. Kelly, "Herodotus and the Chronology of the Kings of Sidon", *BASOR* 268 (1987): 39-56. [ROBERT R. STIEGLITZ]

SIDRAQUE, APOCALIPSE DE Repetindo as questões sobre a misericórdia e a justiça divina encontradas em outros apocalipses "Esdras" (4Esdras, Apocalipse grego de Esdras, Perguntas de Esdras), esse pseudepígrafo começa com um sermão sobre o amor de Deus pela humanidade (incluindo o sacrifício de Seu Filho). Imediatamente após o sermão, Sidraque ouve a voz de um anjo e é transportado à presença de Deus no terceiro céu, onde ele envolve Deus numa discussão da punição divina e a presença do mal no mundo. Deus responde que os humanos são criados com livre arbítrio e, assim, são responsáveis pelo mal. Deus então ordena que seu "Filho unigênito" leve a alma de Sidraque para o paraíso, mas Sidraque pede misericórdia em favor da humanidade pecadora e insiste que Deus perdoe toda pessoa que se arrepender em 20 dias. Assim que Deus concorda com os termos de Sidraque, este permite que sua alma seja levada.

Este apocalipse ainda existe num único manuscrito grego do século XV, mas seu conteúdo deriva de um tempo muito mais antigo. É provável que o sermão inicial date do período bizantino, e igualmente provável que o texto da ascensão date dos primeiros séculos d.C. O texto acoplado é claramente cristão, mas muitos elementos do texto da ascensão tem fortes semelhanças com primitivos apocalipses judaicos. Não existem indícios internos ou externos quanto à origem da obra. Além da preocupação com a justiça divina, a obra oferece também aos leitores a lenda da recusa de Satanás de adorar humanos (cf. Vida de Adão e Eva), e uma visão idealizada e positiva do corpo humano.

Bibliografia. S. Agourides, "Apocalypse of Sedrach", *OPT* 1:605-13; R. J. H. Shutt, "The Apocalypse of Sedach", in *The Apocryphal Old Testament*, ed. H. F. D. Sparks (Oxford, 1984), 953-66. [JAMES R. MUELLER]

SIFI (heb. *šip̱ʿî*) O filho de Alom; líder de uma família simeonita (1Cr 4:37).

SIFMITA (heb. *šip̱mî*) Gentílico atribuído a Zabdi, supervisor das vinhas reais de Davi (1Cr 27:27). O termo pode indicar sua origem em Sefã (cf. Nm 34:10,11) ou Sifmote (cf. 1Sm 30:28).

SIFMOTE (heb. *śip̱môṯ*) Cidade do sul de Judá para cujos habitantes Davi mandou parte do saque tomado dos amalequitas (1Sm 30:28). A localização de Sifmote é desconhecida. Zabdi, "o sifmita", encarregado das vinhas de Davi (1Cr 27:27), pode ter sido de Sifmote.

SIFRÁ (heb. *šip̱râ*; egip. *Šp-ra*) Uma das duas parteiras hebreias a quem Faraó ordenou que matasse todos os filhos do sexo masculino nascidos às israelitas (Êx 1:15-16).

SIFTÃ (heb. *šip̱ṭān*) O pai de Quemuel, o representante de Efraim entre os que ajudaram Moisés na divisão da terra (Nm 34:24).

SIGAIOM (heb. *šiggāyôn*), **SIGIONOTE** (*šig̱yōnôṯ*) Termo que aparece no sobrescrito do Salmo 7 e na forma plural em Habacuque 3:1, o sobrescrito de um salmo (v. 2-19). O termo pode indicar que estes são cânticos a serem executados num estilo de lamento ou canto fúnebre (cf. ac. *šigû*, "lamento, réquiem") ou que a estrutura deles e sua execução são variadas de parte a parte (cf. heb. *šāg̱â*, "vaguear").

SILA (heb. *sillāʾ*) Talvez um marco ou seção da Cidade de Davi, mencionado em conexão com a casa de Milo (3; 2Rs 12:20 [TM 21]).

SILAS (gr. *Sílas*) (tb. SILVANO) Líder da igreja em Jerusalém e companheiro de Paulo em sua segunda viagem missionária (At 15:22–18:5). Ele é o mesmo Silvano nas Epístolas (2Co 1:19; 1Ts 1:1,2; 2Ts 1:1; cf. At 16:19-24; 18:1-5; 1Ts 2:2). Silvano é a forma latina e Silas é um nome semítico ou uma abreviação grega.

Silas é um dos "líderes" da igreja em Jerusalém, escolhido para serem enviados e explicar aos crentes da Síria e da Cilícia a decisão do conselho de Jerusalém (At 15:22). Ele e Judas (Barsabás) acompanharam Paulo e Barnabé em sua importante missão e, como profetas, (At 15:32) eles encorajaram e fortaleceram os que estavam em Antioquia. Aparentemente, depois de voltar com a informação a Jerusalém (At 15:33) retornou a Antioquia.

Depois de sua discordância com Barnabé, Paulo escolheu Silas para acompanhá-lo em sua segunda viagem missionária (At 15:40), começando na Síria e na Cilícia. A presença de Silas deu ao ministério deles a sanção de Jerusalém (cf. At 16:4) e, a exemplo de Paulo, Silas era cidadão romano (16:37-38), outro benefício nas viagens deles. Com Timóteo juntando-se a eles em Listra e Lucas em Trôade, eles se aventuraram para a Macedônia (At 16:8-11), onde ministraram em Filipos e foram presos por pouco tempo (v. 19-40) e, então, para Tessalônica e Bereia antes de Paulo ser forçado a fugir para Atenas. Embora Silas e Timóteo possam ter ido até Paulo em Atenas durante um certo tempo (At 17:15), aparentemente ministraram na Macedônia antes de se reunirem a Paulo em Corinto (At 18:5; 2Co 1:19). Lá Silas é listado com Paulo e Timóteo como corremetentes das epístolas aos Tessalonicenses (1Ts 1:1; 2Ts 1:1).

Silas (Silvano) esteve aparentemente depois em Roma, onde ajudou Pedro em sua primeira carta (1Pe 5:12), tanto na qualidade de escrevente de Pedro como seu mensageiro. O elogio pessoal de Pedro a Silas e a ausência de uma saudação deste aos destinatários (cf. Marcos em 1Pe 5:13) apoiam a carta.

Bibliografia. F. F. Bruce, *The Pauline Circle* (Grand Rapids, 1985), 23-28; D. E. Hiebert, *Personalities Around Paul* (Chicago, 1973), 88-97; B. N. Kaye, "Acts'Portrait of Silas", *NovT* 21 (1979): 13-26. [W. EDWARD GLENNY]

SILÉM (heb. *šillēm*) (tb. SALUM) Filho de Naftali (Gn 46:24); ancestral dos silemitas (Nm 26:49). Ele é chamado Salum (7) em 1Cr 7:13.

SILI (heb. *šilḥî*) O pai de Azuba, esposa do rei Asa e mãe de Josafá (1Rs 22:42; 2Cr 20:31).

SILIM (heb. *šilḥîm*) Cidade distribuída por Josué à tribo de Judá (Js 15:32). A lista paralela na distribuição a Simeão (Js 19:6) pode refletir a assimilação territorial de Simeão com Judá, bem como a associação geográfica de Silim com Saruem e Saraim (1Cr 4:31). [RYAN BYRNE]

SILÓ (heb. *šilōh*) Antigo local santo no território centro-norte de Efraim, cerca de 27 km ao norte de Betel, 3 km a leste da estrada principal, em Tell Seilûn. Foi o principal santuário a maior parte do período pré-monárquico, local da arca (1Sm 1-3), da tenda do encontro (Js 18:1; 19:51b; 1Sm 2:22b) e do altar (Js 22:9-34). De acordo com Josué 18:9, Siló foi também o primitivo local do acampamento de guerra. Antigas tradições também associam Siló com o sacerdócio arônico de Fineias (Js 22:13, 30-32; 24:33). Além disso, Siló é o único de dois santuários, ambos no norte, santificado nas tradições sacerdotais do Hexateuco, sendo o outro Betel (Gn 35:9-15). Assim, não é inadequado considerar Siló o centro das tradições sacerdotais, e considerar estes, portanto, pertencentes ao norte, visto que ambos os santuários foram considerados por Jerusalém como heréticos

A B C D E F G H I J K L M N O P Q R S T U V X Y Z

(cf. Sl 78:56-72; 1Rs 12:25-33). Siló pode também ter sido o principal santuário que apoiou Saul, quanto ao desastre a que se refere Salmo 78:56-72 é melhor associado à morte de Saul no monte Gilboa do que com a vitória filisteia anterior. As histórias tanto de Siló quanto de Saul foram editadas para transmitir a visão davídica de que o reinado de Saul foi ilegítimo, visto que se manteve sem a arca e sem o santuário. Todavia a arca aparece, enigmaticamente, durante o reinado de Saul, em 1Samuel 14:18, onde é transportada por um sacerdote de Siló chamado Aías, nome depois associado ao santuário (1Rs 11:29-40).

Depois do reinado de Saul, Siló foi substituído em importância pela cidade jebusita de Jerusalém, para onde Davi levou a arca, apropriando-se, assim, da tradição de Siló para o seu próprio regime (provavelmente pressagiado na enigmática passagem de Gn 49:10). Desse modo, Davi procurou obrigar as tradições rituais do norte à sua própria casa no sul. Ainda, o profeta Aías, o silonita, pode ter representado as tradições rituais de Siló, e ele aparece para o fim da monarquia como um lugar de onde os peregrinos viajam para o local destruído do templo de Jerusalém (Jr 41:5). Para o profeta Jeremias, o fim do santuário de Siló serviu como advertência para Jerusalém do destino que estava prestes a lhe sobrevir (Jr 7:12-15; 26:6-9).

O debate histórico a respeito de Siló tem se concentrado na data e nas circunstâncias de sua destruição. Com base no Salmo 78:52-72, E. W. Hengstenberg, em 1839, postulou pela primeira vez uma destruição real do local, explicando por que o santuário central pôde legitimamente ser mudado de Siló para Jerusalém sem qualquer violação da lei da centralização de Deuteronômio. Investigações arqueológicas feitas pelos dinamarqueses sob Aage Schmidt em 1922-1932 pareceu apoiar uma destruição de Siló durante o período da Idade do Ferro Antigo. William F. Albright datou tal destruição como 1050, no fim do período pré-monárquico e imediatamente antes do reinado de Saul. Escavações subsequentes por Marie-Louise Buhl e Svend Holm-Nielsen em 1963 reverteram essa posição, atribuindo a destruição a algum momento da Idade do Ferro II. Escavações posteriores por Israel Filkelstein na década de 1980 parecem confirmar a posição anterior de Albright e Schmidt. Entretanto, as únicas referências bíblicas a qualquer destruição de Siló vêm da data final do ministério de Jeremias. Uma destruição do local na Idade do Ferro I não está registrada em nenhum lugar.

A datação da camada de destruição do Ferro I deve ser tomada com extrema cautela. A sugestão de que essa destruição ocorreu no fim do reinado de Saul — em conflito com uma visão mais tradicional de que o desastre sofrido pelo sacerdócio de Eli em 1Samuel 4 e repercutido em Salmo 78, veio antes do reinado de Saul — seria difícil de justificar ou de refutar dado o amplo espaço de tempo com o qual a camada de destruição em Tell-Seilûn pode se ajustar, mesmo dentro da Idade do Ferro I.

Bibliografia. I. Finkelstein, *The Archaeology of the Israelite Settlement* (Jerusalem, 1988); Finkelstein, ed., *Shiloh: The Archaeology of a Biblical Site* (Tel Aviv, 1993); D. G. Schley, *Shiloh: A Biblical City in Tradition and History*. JSOTSup 63 (Sheffield, 1989). [DONALD G. SCHLEY]

SILOÉ, ÁGUAS DE (heb. *mê haššilōaḥ*) Tanque e aqueduto em Jerusalém, parte do sistema de água do canal de Siloé (Is 8:6).

SILOÉ (gr. *Silōam*; heb. *šilōaḥ*), **CANAL DE** Canal II, o sistema de suprimento de água na antiga Jerusalém que abria cerca de 3 m acima do chão da fonte Giom e seguia um curso que corria por fora do muro de fortificação na encosta leste da Cidade de Davi. É um sistema misto, formado parcialmente por um túnel parcialmente talhado na rocha e parcialmente por um canal talhado na rocha, cuja largura varia de 0,4–0,6 m e cuja altura vai de 1,4-2,75 m. Aproximadamente metade de seus cerca de 400 m de extensão foram investigados.

Devido ao fato de Giom ser do tipo sifão, uma fonte formada por rochas calcárias cujo fluxo flui intermitentemente, seu excesso de água não podia ser usado eficientemente a menos que pudessem ser capturadas, estocadas e distribuídas. O canal de Siloé foi projetado para controlar o excesso de água do Giom de três formas: levando-as para um reservatório localizado no trecho sul do vale Tiropoeon; liberando-as sobre lotes de terras agrícolas no vale Cedrom através de aberturas semelhantes a janelas em seu muro oriental; complementando-as com o excesso de água coletada através de aberturas em seu topo.

O canal de Siloé foi substituído e parcialmente cancelado pelo túnel de Siloé, que desviou suas águas e mudou a direção onde a água fluía por sua extremidade sul. Assim, embora a data exata da construção do canal de Siloé não seja conhecida, ela deve ser anterior ao túnel de Siloé e pode ser identificado com "as águas de Siloé, que fluem mansamente" (Is 8:6) e o "manancial superior da fonte de Giom" (2Cr 32:30) que Ezequias bloqueou e canalizou para a parte oeste da Cidade de Davi.

Bibliografia. Y. Shiloh, *Excavations in the City of Davi, 1: 1978-1982: Interim of the First Five Seasons. Qedem* 19 (Jerusalem, 1984); L. H. Vincent, *Underground Jerusalem: Discoveries on the Hill of Ophel* (1909-11) (London, 1911). [JANE M. CAHILL]

SILOÉ, TANQUE DE (heb. *bĕrēkat haššelaḥ*) Reservatório no Jardim do Rei (Ne 3:15; cf. Jo 9:7, "tanque de Siloé"), talvez o mesmo que o Tanque do Rei (2:14) ou "piscina de baixo" (Is 22:9).

SILOÉ (gr. *Silōam*; heb. *šīlōaḥ*), **TÚNEL DE** Sistema subterrâneo de abastecimento de água na antiga Jerusalém atribuído ao rei Ezequias que levava água da fonte Giom, única fonte perene da cidade, ao tanque de Siloé, reservatório localizado na parte sul do vale Tiropoeon. Ele é formado por quatro partes: uma fonte, um túnel cortado na rocha, um reservatório e um canal para vazamento do excesso de água.

Localizada no vale Cedrom fora do muro de fortificação da cidade, a fonte Giom é do tipo sifão, formada por rochas calcárias, cujo fluxo variavam com as estações e cujas águas não podiam ser usadas com eficiência a menos que fossem capturadas, estocadas e distribuídas. Pelo fato de o primeiro sistema de suprimento de água projetado para explorar o excesso de água do Giom — o canal de Siloé — ficar fora dos muros da cidade, ele não tinha função estratégica. Portanto, quando os assírios ameaçaram Jerusalém durante o reinado de Ezequias, o túnel de Siloé foi projetado para explorar e proteger o excesso de água do Giom levando-as para dentro da área fortificada da cidade.

De Giom, um túnel sinuoso cortado pelo leito rochoso levou água a uma distância de 533 m até o tanque de Siloé localizado a somente 320 m de distância. Embora o túnel mostre somente ligeiras variações em largura, indo de 0,58 a 0,65 m, mostra extremas variações na altura, indo de 1,5 a 5,0 m. A diferença de nível entre seu ponto inicial e seu atual ponto final são insignificantes 33 cm. Marcas de ferramentas visíveis em suas paredes indicam que ele foi cavado por duas equipes de escavadores trabalhando uma em direção à outra partindo de extremidades opostas. O encontro das duas equipes é descrito por uma inscrição monumental — a inscrição de Siloé — entalhada na parede da rocha perto da extremidade sul do túnel.

A forma sinuosa do túnel, seu comprimento, a variação de sua altura e a forma como duas equipes de cavadores de túneis trabalhando uma na direção da outra conseguiram se encontrar tem sido assunto de considerável debate. Entre as explicações dos estudiosos para TAIS anormalidades estão: a necessidade de acompanhar um estrato macio e facilmente cavado no leito rochoso; o desejo de evitar as tumbas dos reis davídicos e; a habilidade em seguir uma fenda natural. Em sua pesquisa hidro-geológica da Cidade de Davi, Dan Gil demonstra que as características anômalas do túnel resultaram do aumento da solução natural de um conduto preexistente que originalmente levava água para a fonte. A pesquisa de Gil mostra que o túnel todo é cortado em calcáreo duro (*mizzi ahmar*) e que sua variação em altura evidencia o corte descendente necessário para reverter o fluxo de água da direção da fonte para a direção do reservatório.

O túnel cortado na rocha desemboca num pequeno reservatório chamado Tanque de Siloé piscina de Siloé e Birket es-Silwan. Escavações realizadas em seus arredores forneceram a evidência de reservatórios dos períodos romano e bizantino. Embora resquícios físicos de reservatórios mais antigos devam ainda ser encontrados, eles provavelmente estavam localizados nos mesmos arredores.

Além do Tanque de Siloé, um canal cortado na rocha — conhecido como Canal IV — levava água para a direção leste ao redor da extremidade sul da Cidade de Davi em direção ao vale Cedrom, ou para fins de irrigação ou estocagem em reservatórios adicionais. Nesta extremidade sul, o Canal IV incorporava a extremidade sul do Canal de Siloé e revertia o fluxo de água através dele. O escavador do Canal IV, Raymond Weill, acreditava que ele representava um acréscimo ao Túnel de Siloé. Entretanto, David Ussishkin o identifica como o segmento final do Túnel de Siloé que, ele acredita, desaguava nos arredores do Cedrom em vez de no vale Tiropoeon.

A atribuição do Túnel de Siloé a Ezequias (por volta de fins do século VIII a.C.) está baseada em evidência na Bíblia (2Rs 20:20; 2Cr 32:30) e nos Apócrifos (Sir. 48.17), bem como na paleografia da inscrição de Siloé. Embora aquedutos substituam as fontes Giom como principais fontes de água de Jerusalém durante os períodos helenístico e romano, o Túnel de Siloé e o Tanque de Siloé permaneceram em uso (Jo 9:7; Lc 13:4). Durante o período bizantino, uma igreja retratada no Mapa de Madeba foi construída sobre o Tanque de Siloé. Hoje existe uma mesquita sobre os restos de uma igreja. O Canal IV permaneceu em uso até a Idade Média, quando foi obstruído por um muro de pedra.

Bibliografia. D. Gill, "The Geology of the City of Davi and Its Ancient Subterranean Waterworks", in *Excavations at the City of David, 4: 1978-1985: Various Reports*, Ed. D. T. Ariel e A. De-Groot. *Qedem 35* (Jerusalem, 1996); "How They Met: Geology Solves Long-standing Mystery of Hezekiah's Tunnelers", *BARev* 20/4 (1994): 20-33, 64; Y. Shiloh, *Excavations at the City of David, 1:1978-1982: Interim Report of the First Five Seasons. Qedem* 19 (Jerusalem, 1984); D. Ussishkin, "The Original Length of the Siloam Tunnel in Jerusalem", *Levant* 8 (1976): 82-95. [JANE M. CAHILL]

A B C D E F G H I J K L M N O P Q R **S** T U V X Y Z

SILONITA (heb. *šîlōnî, šîlônî*) **1.** Designação do profeta Aías, talvez identificando-o com o santuário em Siló (1Rs 11:29; 12:15; 15:29; 2Cr 9:29; 10:15).

2. Gentílico que designa uma família que retornou do Exílio (1Cr 9:5; Ne 11:5). A referência pode ser aos descendentes de Selá (2); o termo então daria origem a "selanitas" (cf. Nm 26:20).

SILSA (heb. *šilšâ*) Homem da tribo de Aser, filho de Zofá (1Cr 7:37). O nome provavelmente representa um clã ou região.

SILVANO (gr. *Silouanós*) Nome alternativo de Silas nas Epítolas.

SIM (heb. *sîn*) **1.** Área desértica entre Elim e o monte Sinai por onde Moisés e os israelitas atravessaram. Sim fica ou ao lado sudoeste da península do Sinai (rota sul do Êxodo) ou nos arredores do Sinai central (rota norte). O deserto de Sim (Êx 16–17; Nm 33:11,12) deve ser diferençado do deserto de Zim (v. 36); os israelitas atravessaram o deserto de Sim no começo do Êxodo e entraram no deserto de Zim mais de um ano depois. No deserto de Sim, Deus deu o maná pela primeira vez para os israelitas murmuradores (Êx 16:2-21, e lá Deus deu codornizes (Nm 11:31-32). A semelhança entre Sim (*sîn*) e Sinai (*sînay*) sugere uma conexão morfológica.

2. Forte de fronteira egípcio na extremidade nordeste do Delta do Nilo (Ez 30:15,16). [PETE F. WILBANKS]

SIMÃO (gr. *Símon*; heb. *šim'ôn*) **1.** Simão, sobrenome Justo (gr. *díkaios*, também significa "íntegro") que, de acordo com Josefo (ant. 12.43) sucedeu seu pai, Onias, no sumo sacerdócio. Isso o coloca no período do reinado de Ptolomeu I sobre a Judeia (301-282 a.C.). Um escólio de Megillat Ta'anit (par. b. Yoma 69a) conta de um encontro entre Simão e Alexandre, o Grande. Visto ser duvidoso que Alexandre tivesse se prostrado perante um sacerdote judeu, a história é usualmente considerada em grande medida uma lenda. Embora a existência de um sacerdote pelo nome de Simão no tempo de Ptolomeu I pareça muito provável, outra evidência sugere que o sobrenome seria aplicado a Simão II.

2. Simão II, filho de Onias II, sumo sacerdote de Jerusalém por volta de 219-196 a.C. Ele é elogiado por sua liderança no reparo do templo e na fortificação de Jerusalém em Sir. 50.1-21, relato que descreve detalhadamente sua presença e participação no sacrifício diário. Este parece ser o sumo sacerdote também chamado de Justo (1) por Josefo em ant. 12.157 (cf. 12.224). M. 'Abot 1.2 afirma que Simão, o Justo, estava entre os sobreviventes da Grande Assembleia e atribui uma importante máxima rabínica a ele. É provavelmente devido à piedosa reputação de Simão II que os rabis fizeram tal atribuição.

3. Simão, o benjamita. Em 2Macabeus 3.4-6 ele é descrito como o capitão do templo que informou Seleuco IV Filopator que havia tesouros no templo além dos necessários para manter o sacrifício diário. O rei manda Heliodoro se apoderar desses fundos, violando, assim, a santidade do templo. Neste caso "benjamita" provavelmente é uma corrupção textual de Bilga, um dos clãs sacerdotais listados em 1Crônicas 24:14. Essa evidência sugere que a história reflete uma disputa entre clãs sacerdotais, com Simão um membro do grupo pró-selêucida (cf. 2Mac 4.1-6). [JOHN KAMPEN]

4. Simão (conhecido por Tasi, 1Mac 2.3), segundo filho de Matatias e irmão de Judas Macabeu e Jônatas, a quem sucedeu como sumo sacerdote (143-135 a.C.). Embora mais velho do que seus predecessores, Judas e Jônatas, ele foi o último filho de Matatias a liderar os judeus contra os selêucidas (1Mac 13.8; 14.41ss.). Ele conseguiu a independência para a Judeia (142), estabelecendo assim a dinastia asmoniana, que durou até 63 a.C. Simão aumentou o território dos judeus e aumentou as propriedades deles (1Mac 13–16), até sua morte traiçoeira por seu genro Ptolomeu (16.14-19). O texto de 1Macabeus 14.4-15 é um poema exaltando a glória de Simão. *Ver* ASMONEUS.

5. Simão Chosamaeus (gr. *Chosámos*), o filho de Anás, listado em 1Esdras 9.32 entre os que haviam se casado com mulheres estrangeiras (cf. Simeão, em Ed 10:31).

6. Simão Pedro, filho de Jonas (Mt 16:17) ou João (Jo 1:42; 21:15-17) e irmão de André, que o levou a Cristo (1:40-42). Todos os três eram pescadores e naturais de Betsaida (Jo 1:44). Apelidado de Pedro ("pedra") ou Cefas (aram. "rocha") por Jesus (Mt 4:18; 16:17-18; 1Co 1:12; esp. Jo 1:42), ele pertencia ao grupo íntimo de três discípulos (Mt 17:1; 26:37) e se tornou o mais importante dos Doze (Mt 10:2-4; Mc 3:16-19; Lc 6:13-16; At 1:13). Ele foi um líder da Igreja primitiva (cf. esp. At 1-15; Gl 1–2) e duas cartas do NT levam o seu nome. A tradição coloca o seu martírio em Roma.

7. Simão, o Zelote, um dos Doze (Mt 10:4; Mc 3:18; Lc 6:15; At 1:13). Antes de se tornar discípulo de Jesus, ele era um membro dos Zelotes, partido de judeus patriotas que acreditava ser a submissão à autoridade de Roma uma negação ao senhorio de Deus. Em Mateus e Marcos, ele é chamado de "o cananeu", uma transliteração do aramaico *qan'na*, "zelote". Isso não significa que ele seja procedente de Caná ou seja um "cananeu", como traduz a KJV em Mateus 10:4; Marcos 3:18.

8. Simão, o meio-irmão de Jesus (Mt 13:55; Mc 6:3). Ele aparentemente veio a crer em Jesus depois da Ressurreição (Jo 7:5; At 1:14; 1Co 9:5).

9. Simão, o leproso, proprietário da casa em Betânia na qual Maria ungiu Jesus (Mt 26:6; Mc 14:3; Jo 12:1-8). Ele pode ter sido o pai de Maria, Marta e Lázaro, ou talvez, marido de Marta. Se ele sofreu de lepra, obviamente foi curado, possivelmente por Jesus.

10. O pai de Judas Iscariotes (Jo 6:71; 13:2, 26).

11. Homem de Cirene, no norte da África, que foi forçado a carregar a cruz de Jesus até o Gólgota (Mc 15:21; Mt 27:32; Lc 23:26). Marcos nota que ele era pai de Alexandre e de Rufo, homens obviamente conhecidos do escritor do seu evangelho, provavelmente escrito à igreja de Roma (cf. Rm 16:13).

12. Fariseu que convidou Jesus para jantar em sua casa, onde uma mulher arrependida ungiu os pés de Jesus com lágrimas, e Jesus numa parábola ensinou o relacionamento entre apreço e perdão (Lc 7:36-50).

13. Simão, chamado Mago, por praticar magia (At 8:9,11). Ele creu e foi batizado quando Filipe pregou o evangelho em Samaria (At 8:5-13. Quando Pedro e João continuaram o ministério de Filipe, Simão tentou comprar deles a autoridade para conceder o Espírito Santo e eles o repreenderam severamente (At 8:14-24). A palavra "simonia", que significa "comprar ou vender coisas sagradas" deriva de Simão, o Mago.

14. Curtidor que viveu em Jope, em cuja casa Pedro permaneceu "muitos dias" (At 9:43; 10:6,32). Sua casa ficava fora da cidade "perto do mar" (At 10:6), aparentemente separado da comunidade judaica devido ao contato com cadáveres, fazendo o curtimento e negócio impuro.

15. Simão bar Kosiba, líder da Segunda Revolta Judaica (132-135 d.C.). *Ver* BARKOHBA. [W. EDWARD GLENNY]

16. (heb. *šîmôn*) O chefe de uma família da tribo de Judá (1Cr 4:20).

SIMEÁ (heb. *šimʿâ*, *šimʾâ*) (tb. SIMEIA, SIMEÃO) **1.** O terceiro filho de Jessé, pai de Davi (2Sm 13:3, 32). Em 1Crônicas 2:13, o nome aparece como Simeia (1).

2. Benjamita, filho de Miclote (1Cr 8:32); chamado Simeão em 9:38).

SIMEÃO (gr. *Symên*) **1.** Profeta e mestre na igreja de Antioquia, apelidado de Níger e pode ter sido, portanto, negro (lat. níger; At 13:1 RSV; NRSV "Simeão" [6]).

2. Outro nome para Simão Pedro (At 15:14; 2Pe 1:1 RSV).

3. (heb. *šimʿôn*) O segundo filho de Jacó (Gn 35:23); o ancestral epônimo da tribo cujo território ficava dentro dos limites sul de Judá (Js 19:1-9). Simeão e seu irmão, Levi, executam uma violenta e traiçoeira vingança pelo estupro da irmã deles, Diná, por um príncipe local chamado Siquém (Gn 34); consequentemente o testamento de Jacó escolhe Simeão e Levi para castigá-los (49:5-7). No final das contas, Simeão e Levi perdem a distinção como tribo. Durante o reinado de Davi a ideia de um território para Simeão estava completamente ausente, talvez devido a mudanças administrativas (cf. 1Cr 4:31). Durante o reinado de Ezequias os simeonitas tomaram terras de pastagens pela força de não israelitas tanto a oeste quanto a sudeste ou sul do seu território original (1Cr 4:34-43).

4. Pai de Matatias, sacerdote asmoneu e bisavô de Judas Macabeu (1Mc 1.1-5).

5. Simão Macabeu, filho de Matatias e irmão mais velho de Judas Macabeu (1Mc 2.65).

6. Um homem justo e devoto que encontrou José e Maria quando levaram o menino Jesus ao templo para apresentação. Sob inspiração do Espírito Santo, Simeão reconheceu ser o bebê o messias de Israel. Ele fez uma oração a Deus ("*Nunc Dimitis*") e em seguida uma profecia a Maria (Lc 2:25-35).

7. Ancestral de Jesus na genealogia de Lucas (Lc 3:30).

8. Um dos profetas e mestres na igreja de Antioquia (At 13:1-3). Seu apelido em latim, Niger, sugere que ele era de origem africana. Ele estava entre os que comissionaram Barnabé e Saulo.

9. O equivalente hebraico ao grego Simão, outro nome para o apóstolo Pedro (At 15:14; 2Pe 1:1).

Bibliografia. B. Goodnick, "Simeon the Scapegoat", *Jewish Bible Quarterly* 20 (1992): 168-73, 181; S. F. Plymale, "The Prayer of Simeon (Luke 2.29-33)", in *The Lord's Prayer and Other Prayer Texts from the Greco-Roman Era*, ed. J. H. Charlesworth (Valley Forge, 1994), 28-38. [EDWIN C. HOSTETTER]

10. (heb. *šimʿôn*) Descendente de Harim, a quem Esdras exigiu que se divorciasse de sua esposa estrangeira (Ed 10:31)

11. (heb. *šimʾām*) (tb. SIMEÁ) Benjamita, filho de Miclote (1Cr 9:38). Ele também aparece como Simeá (2); 1Cr 8:32).

SIMEATE (heb. *šimʿāṯ*) Mulher amonita cujo filho Jozacar estava entre os que assassinaram o rei Joás (Jeoás) de Judá (2Rs 12:21 [TM 22]; 2Cr 24:6).

SIMEATITAS (heb. *šimʿāṯîm*) Uma das "famílias dos escribas que viviam em Jabez", listada entre os descendentes de Calebe e considerada como um grupo quenita ou recabita (1Cr 2:55).

SIMEI (heb. *šimʿî*) **1.** O segundo filho de Gerson, filho de Levi (Êx 6:17; Nm 3:18; 1Cr 6:17; 23:7). Os simeítas compunham uma das maiores famílias levíticas tanto antes como depois do Exílio (cf. Nm 3:21; Zc 12:13).

2. O filho de Gera, benjamita parente de Saul de Baurim que amaldiçoou Davi publicamente e o acusou de culpa de homicídio e de usurpar ilicitamente a casa real de Saul (2Sm 16:5-13). Mais tarde, com a rebelião de Absalão reprimida, Simei suplicou a Davi por sua vida, ao que Davi jurou-lhe clemência

(2Sm 19:16-23 [TM 17-24]). No entanto, em seu leito de morte, Davi revelou sua contínua suspeita de Simei e seu desejo de defender a casa real do poder da maldição de Simei. Davi encarregou Salomão de encontrar pretexto e oportunidade para matar Simei (1Rs 2:8,9). Em troca de seu juramento, Salomão colocou Simei sob liberdade condicional sob pena de morte confinando-o à cidade de Jerusalém. Entretanto, depois de três anos, Simei violou seu juramento, em consequência do que Salomão ordenou sua morte (1Rs 2:36-46).

3. O terceiro filho de Jessé (2Sm 21:21 K "Simei") é um erro em relação a Simeia (heb. *šim'ā'* Q; cf. 2Sm 13:3, 32; 1Cr 2:13; 20:7).

4. Líder durante os últimos dias do reinado de Davi que não apoiou a usurpação de Adonias (1Rs 1:8).

5. O filho de Ela, um dos 12 administradores de Salomão cuja responsabilidade era prover alimento para o rei e a família real, responsável por Benjamim (1Rs 4:18). Ele pode ser o mesmo que 4.

6. O irmão de Zorobabel, filho de Peadaías e neto de Jeoaquim (1Cr 3:19).

7. Descendente de Misma e chefe de um grande clã simeonita (1Cr 4:27).

8. O filho de Gogue e chefe de uma família ou clã rubenita (1Cr 5:4).

9. Levita, descendente de Merari (1Cr 6:29 [14]).

10. Levita, filho de Jaate, um dos descendentes de Gersom (1Cr 6:42,43 [27-28]).

11. Benjamita (1Cr 8:21), provavelmente uma grafia errada para Sema (cf. v. 13).

12. Um dos seis filhos de Jedutum, que foi chefe da 10ª ordem de músicos do templo nomeado por Davi (1Cr 25:3, 17).

13. Ramatita nomeado por Davi sobre os vinhedos reais (1Cr 27:27).

14. Levita descendente de Hemã que participou da limpeza e das reformas religiosas do templo no começo do reinado de Ezequias (2Cr 29:14).

15. Levita e irmão de Conaías, segundo responsável por uma equipe de supervisores que receberam contribuições, dízimos e materiais consagrados para o templo e para os levitas durante as reformas religiosas de Ezequias (2Cr 31:12,13). Ele pode ser o mesmo que 14.

16. Levita que mandou embora sua esposa não israelita e os filhos (Ed 10:23; cf. 1Ed 9.23).

17. Descendente de Hasum, leigo que se divorciou de sua esposa não israelita (Ed 10:33; cf. 1Ed 9.33).

18. Descendente de Binui, leigo que se divorciou de sua esposa não israelita (Ed 10:38; cf. 1Ed 9.34).

19. Benjamita descendente de Quis, que foi ancestral de Mardoqueu (Et 2:5; cf. Add. Et 11:2). Ele pode ser o mesmo que 2. [JOHN D. FORTNER]

SIMEIA (heb. *šim'ā'*) (tb. SAMÁ, SAMUA, SIMEÁ, SIMEI) **1.** O terceiro filho de Jessé; irmão de Davi (1Cr 2:13) e pai de Jônatas/Jonadabe (1), que matou um gigante filisteu (20:7). Simeia é também conhecido como Samá (2; 1Sam 16:9; 17:13), Simeá (1; 2Sm 13:3, 32) e Simei (3; 21:21).

2. Filho de Davi depois que ele se tornou rei de todo o Israel em Jerusalém (1Cr 3:5). Ele é também chamado de Samua (2; 2Sm 5:14; 1Cr 14:4).

3. Levita da casa de Merari (1Cr 6:30 [TM 15]).

4. Levita gersonita, pai de Berequias (1Cr 6:39 [24]).

SINABE (heb. *šin'āb*; ac. *Sin-a-bi*) Rei de Admá, uma das cinco cidades que se rebelaram contra Quedorlaomer, durante o tempo de Abraão (Gn 14:2).

SINAGOGA Lugar de reunião usado principalmente para adoração por comunidades judaicas. O grego *synagōgē* é originariamente um termo secular que denota um "grupo de pessoas" ou uma "coleção de coisas". Não há referência clara à sinagoga no AT. A palavra é lugar-comum no NT, onde a referência é a um edifício efetivo.

A origem exata da sinagoga é desconhecida e os estudiosos continuam debatendo se ela surgiu durante o exílio babilônico ou no período helenístico. Os que argumentam em favor de uma data exílica acreditam que a sinagoga surgiu como lugar onde os judeus, retirados do templo de Jerusalém, podiam adorar. Muitos acreditam que Ezequiel teve papel central no estabelecimento da sinagoga (Ez 11:16), embora outros citem Jeremias 39:8 como evidência para tais casas de adoração anterior ao exílio. Embora seja provável que a sinagoga existisse antes do período helenístico, sua ausência em Esdras e Neemias sugere que os judeus que retornaram do Exílio não conheciam a instituição. No presente não existe evidência textual direta ou arqueológica da existência de sinagogas pré-helenísticas.

A mais recente evidência documentária sem ambiguidade da sinagoga é uma inscrição do Egito, que registra a construção do edifício de uma sinagoga durante o reinado de Ptolomeu III Evergetes (247-221 a.C.). As inscrições egípcias do século I têm levado alguns estudiosos a propor a origem da sinagoga na diáspora do período helenístico, possivelmente no próprio Egito. Entretanto, a data e local exatos da origem da sinagoga permanecem um mistério. Embora não haja clara evidência literária de sinagogas palestinas antes do período macabeu, numerosas referências a sinagogas na Galileia e em Jerusalém no NT; e em Josefo sugerem que a adoração no sábado nas sinagogas já é uma instituição estabelecida antes do século I d.C. (p. ex., Mt 4:23; Mc 1:21; Lc 4:16-30; 7:5; At 13:5, 14-15, 43; 14:1; 15:21; Josefo *BJ* 2.285-91; Vita 280).

Durante o período do Segundo Templo *synagōgḗ*, “casa de reunião”, é o termo mais usado para se referir à sinagoga. Nas localidades da diáspora, entretanto, o grego *proseuchḗ*, “casa de oração”, é a designação comum para o edifício da sinagoga. Alguns estudiosos sugerem que o termo mais antigo *proseuchḗ*, que data do século III a.C. foi depois substituído por *synagōgḗ*, que se tornou a designação predominante para sinagoga por volta do século II d.C. O grego *synagōgḗ* corresponde ao hebraico *bêṯ kĕnesseṯ*, enquanto *proseuchḗ* é equivalente ao hebraico *bêṯ tĕp̱illâ*. Esses últimos termos, entretanto, derivam de literatura posterior ao ano 70 d.C. e não são usados na Bíblia em referência ao edifício da sinagoga.

A arqueologia tem fornecido evidência material de sinagogas na Palestina e na Diáspora no século I a.C. ao século I d.C. A mais antiga sinagoga conhecida está preservada na ilha de Delos, no Egeu, cuja comunidade judaica é mencionada tanto por Josefo como nas inscrições. Tal sinagoga, construída no século I a.C., continuou em uso durante os séculos I e II d.C. Uma sinagoga do século I d.C. foi também descoberta na parte romana de Ostia, que permaneceu em uso até o século IV. Embora outras sinagogas do início da diáspora foram escavadas, elas são de período posterior ao do NT.

Nossa melhor evidência quanto ao aparecimento de sinagogas no NT vem da Palestina, onde três sinagogas anteriores a 70 d.C. foram escavadas em Gamla, Massada e Herodium. Embora alguns estudiosos sugiram a existência de sinagogas palestinas no século I a.C. em outros locais, como Migdal e Cafarnaum, a evidência é inconclusiva. Das sinagogas anteriores ao ano 70 d.C., somente a de Gamla foi originalmente projetada e construída para o culto judaico. As de Massada e Herodium foram salões seculares de reuniões e somente depois convertidos em sinagogas. As três sinagogas se parecem muito umas com as outras e seu projeto pode ter derivado de salões de reunião seculares do período helenístico.

A sinagoga de Gamla, construída entre a última parte do século I a.C. e a primeira metade do século I d.C., foi destruída pelos romanos em 67 d.C. É a mais antiga sinagoga conhecida encontrada em Israel e ilustra melhor o aparecimento da era da sinagoga no NT. A sinagoga de Gamla era um salão alongado (20 x 16 m) com sua entrada principal para o oeste, voltada para Jerusalém. Uma pequena entrada na parte de trás também levada para uma rua adjacente. O salão principal era dividido por quatro fileiras de colunas numa nave central (9,3 x 13,4 m) cercadas por quatro corredores, um de cada lado. As colunas sustentavam um teto de madeira e a sinagoga não tinha um andar superior. Quatro fileiras de assentos de basalto, suficientes para cerca de trezentas pessoas, rodeavam todos os quatro lados do salão principal. Um *mikveh* (3 x 13 m), ou banho ritual, situado diretamente em frente à entrada principal era usado para purificação antes da adoração. Uma pequena sala com bancos, junto à parte de trás da entrada principal, servia possivelmente como escola ou sala de estudos. A sinagoga em si era adornada por um lintel ornamentado por uma roseta de seis pétalas flanqueada por folhas de tâmaras e colunas dóricas. Um nicho destacado na parte de trás do canto noroeste do salão principal pode ter sido o apoio para os rolos da Torá durante os serviços religiosos.

As funções mais importantes da sinagoga eram servir de local de culto, oração e estudo religioso. As inscrições de Teódoto, descobertas em Jerusalém e que se acredita datarem do início do século I d.C., descreve uma sinagoga de Jerusalém fundada como lugar para “a leitura da lei e para o ensino dos preceitos” (Lc 4:16-20). O desenho exato da sinagora palestina, com bancos ao longo das quatro paredes, facilitava a adoração ao focar a atenção da congregação no palestrante, como refletido nos relatos do NT dos serviços na sinagoga (Mc 6:1-5; Lc 4:16-30; At 13:13-16). Nos tempos do NT, o culto na sinagoga já era altamente estruturado e consistia da leitura da Torá e dos Profetas seguida de uma palavra ou sermão (Lc 4:15-30; Jo 18:20; At 13:15). Os assentos na sinagoga eram organizados numa certa ordem, com lugares mais importantes reservados para membros distintos (Mc 12:39 par., Lc 20:46). Outras funções da sinagoga incluíam seu uso como salão de assembleia geral para reuniões seculares e punição (Mt 10:17; 23:34; Mc 13:9; At 22:19; 26:11; Josefo Vita 280). A evidência epigráfica, descrevendo sinagogas da diáspora pré-70, documenta também recursos públicos e alforrias de escravos realizados na sinagoga.

Bibliografia. K. Atkinson, “On Further Defining the First-Century C.E. Synagogue: Fact or Fiction?” *NTS* 43 (1997): 491-502; J. Gutmann, ed., *The Synagogue* (New York, 1975); H. C. Kee, “The Transformation of the Synagogue after 760 C.E.”, *NTS* 36 (1990): 1-24; “Defining the First-Century C.E. Synagogue”, *NTS* 41 (1995): 481-500; L. I. Levine, ed., *Ancient Synagogue Revealed* (Jerusalem, 1981); D. Urman e P. V. Flesher, eds., *Ancient Synagogues*. Studia postbiblica 47 (Leiden, 1995). [KENNETH ATKINSON]

SINAI (heb. *sînay*) Nome tanto do deserto como da montanha na qual o povo de Israel fez o pacto com Deus. Tem sido também usado para se referir à península entre o Egito e a Palestina. O monte

Sinai é chamado de Horebe em muitas tradições bíblicas, particularmente em Deuteronômio e Reis e, de acordo com alguns, é identificado com o monte Parã (Dt 33:2).

Península do Sinai. A península do Sinai limita-se a oeste com o golfo de Suez e com o canal do mesmo nome; a leste, com o golfo de Ácaba e com o deserto do Neguebe; ao norte, com o mar Mediterrâneo e, ao sul, pelo mar Vermelho. Ocupa uma área de 60.865 km², a maior parte da qual é terra árida ou deserto. A parte sul da península é formada por imensas montanhas de granito e uádis profundos que drenam a maior parte da chuva para os golfos de Suez e de Ácaba. Os dois terços ao norte da península consistem de um grande planalto que se inclina em direção ao Mediterrâneo. Esse planalto é drenado pelo Uádi el-'Arish (o bíblico rio do Egito). Esse uádi, nos tempos antigos formava a fronteira natural entre a Palestina e o Egito.

Em tempos pré-históricos parece ter havido muito mais chuva no Sinai do que hoje, visto que parece ter havido muitos caçadores tanto ali quanto no deserto do Neguebe. Foram encontrados assentamentos que remontam ao nono milênio no sul do Sinai. O sul e o leste do Sinai parecem ter sido regiões de pastores e mineiros de cobre durante o quarto milênio. Conexões entre o Egito e a Palestina são confirmadas por inscrições egípcias com nomes árabes em minas de cobre no Sinai do terceiro e segundo milênios.

A parte norte da península do Sinai formava a única ligação entre a Ásia e a África nos tempos antigos. Uma estrada que ia do Egito pelo cume do Sinai ligava-se à Via Maris, o "Caminho do Mar". Ao longo da estrada tem sido encontrada evidência de vários pequenos assentamentos que datam do quarto milênio em diante, e mais recente, vários fortes de proteção à estrada. Foi por causa desses fortes que se diz que os israelitas evitaram a rota norte, o "caminho da terra dos filisteus" adentrando Canaã (Êx 13:17).

O deserto e o monte Sinai. No relato de Êxodo, os israelitas chegaram ao deserto do Sinai depois de passarem pelo deserto de Sur, pelo oásis de Elim, pelo deserto de Sim e por Refidim. A localização do deserto, bem como do monte Sinai, é incerta, mas a tradição o localiza na parte sul da península, na área de imensas montanhas de granito.

O problema de identificar tanto o deserto como a montanha surge devido à incerteza sobre a rota que os israelitas tomaram depois de deixarem o Egito. Em Números 33, encontramos um sumário da rota tomada desde a cidade de Ramessés até as planícies de Moabe, mas nenhuma das paradas entre "o Mar" e Eziom-Geber (Elat) na ponta do golfo de Ácaba pode ser identificada com certeza.

Desde o século IV d.C. a tradição tem identificado o monte Sinai com Jebel Mûsa (ár. "Montanha de Moisés", 2.300 m de altitude, localizado na parte sul da península, perto do mosteiro de Santa Catarina, estabelecido no século VI e ainda habitado por monges ortodoxos. Outras montanhas próximas, como Jebel Katerin (2.600 m de altitude) ou Jebel Serbal (2.075 m) também têm sido sugeridos.

Alguns estudiosos argumentam que todos os locais mencionados em Números 33 estariam localizados ao sul do Neguebe, próximos a Cades-Barneia, que parece ter sido um local central durante o período do deserto. As referências de Deuteronômio 33:2; Juízes 5:4,5; Habacuque 3:3 parecem ligar a revelação de Deus no deserto com Seir, ou Edom. Nesse caso ,o monte Sinai deve ser identificado com Jebel Halal (Har Karkom), 35 km a oeste de Cades-Barneia.

Outras sugestões localizam o monte Sinai no noroeste da Arábia, perto de Midiã (cf. Êx 3:1), ou no norte ou oeste da península do Sinai.

Para muitos estudiosos a localização mais provável do Sinai ainda é a parte sul da península. A referência em Deuteronômio 1:2 a "uma jornada de onze dias" de Horebe a Cades-Barneia passando pelo monte Seir se ajusta àquela localização, como faz a antiga tradição que liga o monte Sinai a Jebel Mûsa. O relato de 1Reis 19:8 da jornada de Elias de "quarenta dias e quarenta noites" de Berseba a Horebe apoia a ideia de que o Sinai/Horebe ficava a uma longa distância de Cades-Barneia. Entretanto, a identificação permanece incerta, considerando a natureza temporária de todos os assentamentos israelitas tornam a recuperação de evidência arqueológica improvável.

Tradições bíblicas. O relato mais extenso dos eventos no Sinai encontra-se em Êxodo 19 até Números 10. Além disso, várias passagens em Deuteronômio narram novamente partes da narrativa do Sinai, embora lá o monte seja chamado de Horebe.

A narrativa começa em Êxodo 19:1, com a chegada dos israelitas ao deserto do Sinai. Lá eles acamparam em frente ao monte, depois do que o povo foi constituído como povo de Deus. A narrativa de Êxodo 19–40 é caracterizada pelo movimento de Moisés, o líder do povo e seu mediador junto a Deus, entre a montanha e o acampamento. Dentro deste padrão de movimento ocorre a promessa da aliança (Êx 19:3-8a), a teofania (19:20b–20:21a) e a lei encontrada no Livro da Aliança e a celebração da aliança (20:21b–24:8). O culminante movimento tríplice montanha acima começa em Êxodo 24:9. Em Êxodo 24:9, Moisés sobe a montanha com Arão, Nadabe, Abiú e setenta autoridades. Em seguida, ele sobe apenas com seu auxilar Josué (Êx 24:13). Finalmente, em Êxodo 24:15, Moisés sobe a montanha sozinho, permanecendo lá durante quarenta dias e quarenta noites. Aqui ele recebe a instrução para o tabernáculo, no qual Deus habitará em meio ao seu povo (Êx 25–31).

O padrão é interrompido em Êxodo 32 pela atividade no acampamento embaixo: a construção de um bezerro de ouro, um "antitabernáculo", e a quebra por Moisés das "tábuas do testemunho". O movimento é retomado em Êxodo 34, quando Moisés sobe mais uma vez a montanha para receber as novas tábuas da aliança. Ele desce para a construção do tabernáculo em Êxodo 35–40. O movimento final não é feito por Moisés, mas por Deus, que desce da montanha para habitar entre seu povo (Êx 40:34).

A colocação do direito levítico após a glória (*kāḇôḏ*) do Senhor encher o tabernáculo tem a intenção de sinalizar que é do tabernáculo que são dadas as instruções encontradas no livro de Levítico, embora posteriormente naquele livro o monte Sinai seja novamente mencionado como local da revelação (Êx 25:1; 27:34).

Números 1–10 trata da formação do exército santo de Deus, disposto como um acampamento em círculos concêntricos. No centro do acampamento, está o próprio Senhor, cercado pelos levitas, com as outras tribos acampadas em cada lado (Nm 2). Em Números 10:11-12, o povo sai do Sinai em direção ao deserto de Parã.

O relato paralelo da revelação e da aliança em Deuteronômio fala de Horebe em vez de Sinai (Dt 1:2, 6, 19; 4:10, 15; 5:2; 9:8; 18:16; 29:1 [28:69]), exceto na bênção de Moisés em 33:2. É também para Horebe que Elias foge após ser ameaçado de morte pela rainha Jezabel (1Rs 19:8).

Bibliografia. Y. aharoni, *The Land of the Bible*, 2. ed. (Philadelphia, 1979); G. I. Davies, *The Way of the Wilderness*. SOTSMS 5 (Cambridge, 1979); A. Mazar, *Archaeology of the Land of the Bible, 10,000-586 B.C.E.* (New York, 1990); R. W. L. Moberly, *At the Mountain of God*. JSOTSup 22 (Sheffield, 1983); E. W. Nicholson, *Exodus and Sinai in History and Tradition* (Richmond, 1973). [MARILYN J. LUNDBERG]

SINAL Ato ou manifestação que aponta para algo além do sinal em si, em muitos exemplos bíblicos o propósito de Deus ou o relacionamento entre Deus e seu povo.

No AT, sinais (heb. *'ôṯ, môp̄ēṯ*) refere-se essencialmente a atos divinos ou proféticos. Para entender o simbolismo de qualquer sinal, é necessária uma palavra do Senhor. Sinais no AT se aglomeram em torno de duas obras principais de Deus: o Êxodo, com frequente referência "sinais e maravilhas" realizados milagrosamente por Deus por meio de Moisés (Êx 7:3); e sinais simbólicos menos espetaculares empregados pelo profeta, confirmando o profeta como mensageiro de Deus (Is 7:14; 8:18; cf. Ez 12:6,11; 24:24, 27). Nada miraculoso está presente no caminhar de Isaías "nu e descalço" durante três anos como sinal de julgamento sobre o Egito e Cuxe (Is 20:3; cf. Jr 19:1-6; Ez 4:1-8). Os sinais proféticos têm dois elementos revelatórios: a palavra profética e o simbolismo intrínseco do ato. Ambos convergem, assim quando o sinal é realizado, a palavra do profeta é autenticada como divina.

No NT os sinais (gr. *sēmeíon*) refletem raízes do AT, referindo-se a ações ou coisas que encerram significado simbólico (p. ex., o beijo de Judas, Mt 26:48; cf. Lc 2:12; Rm 4:11). Falar em línguas é sinal do julgamento de Deus sobre a descrença (1Co 14:22; cf. Is 28:11,12). Sinais cósmicos são indicações dos últimos dias (Mt 24:30; Lc 21:11, 25; At 2:19; Ap 12:1,3; 15:1). "Sinais e maravilhas" acompanham os apóstolos para confirmar tanto a eles como sua mensagem (Rm 15:19; At 2:22, 43; 5:12; 6:8; 14:3; 15:12; Hb 2:4).

Os sinais de Jesus são atos públicos. Embora a maior parte seja miraculosa (Jo 2:1-11; 4:41-54; 5:1-15; 6:1-14; 9:1-41; 11:1-57), a função simbólica do sinal tem precedência, porque todo sinal aponta para além de si mesmo e do campo terreno para aquele que ele simboliza na esfera celestial. Portanto, a purificação do templo (Jo 2:13-25; cf. v. 23; 3:2) também funciona como sinal simbólico-profético, apontando para o verdadeiro templo onde os humanos se encontram com Deus, ou seja, o corpo de Jesus.

Bibliografia. F. J. Helfmeyer, "'ôt ['ôth]", *TDOT* 1.167-88; C. R. Koester, *Symbolism in the Fourth Gospel* (Minneapolis, 1996); A. J. Köstenberger, "The Seventh Johannine Sign", *BBR* 5 (1995): 87-103; K. H. Rengstorf, "semeíon", *TDNT* 7.200-261. [B. CANEDAY]

SINAR (heb. *šin'ār*) Nome de um lugar (ac. Sanhara; egip. Sngr) referindo-se a Babilônia ("a terra de Sumer e Acade"), particularmente por povos que habitavam o oeste do Eufrates, quando a Babilônia estava sob o domínio cassita durante a segunda metade do segundo milênio a.C.

Sinar é mencionada pela primeira vez em documentos egípcios (Ṭutmose III, 1457) e também nas cartas de Amarna (a carta hurrita mandada de Itani [EA 24.95] e na enviada de Alasia [Chipre] para o Egito [EA 35.39]).

Na Tábua das Nações (Gn 10:10), Babel, Acade, Ereque e Calné estavam localizadas na "terra de Sinar". Entretanto, de acordo com Gênesis 11:2, 9 Sinar é comparada a Babel (cf. Is 11:11; Zc 5:11). Nabucodonosor colocou alguns dos vasos do templo de

Jerusalém em seu próprio templo na "terra de Sinar" (Dn 1:1,2; cf. 2Cr 36:6,7). Um documento neohitita relata a campanha de Mursili I contra "Babilônia", enquanto o relato babilônio usa o nome Sinar (uru-Sa-na-ha-ra).

Anrafel, rei de Sinar foi um dos quatro reis que Abraão derrotou (Gn 14:1, 9). De acordo com Josué 7:21, Acã havia furtado do saque de Ai "uma bonita capa de Sinar".

Bibliografia. I. Kalimi, "History of Interpretation: The Book of Chronicles in Jewish Tradition — from Daniel to Spinoza", RB 105 (1998): 5-41, esp. 8-10; R. Zadok, "The Origin of the Name Shinar", *ZA* 74 (1984): 240-44. [ISAAC KALIMI]

SINÉDRIO 1. Forma hebraica do grego *synédrion*, que significa "conselho ou assembleia". Sinédrio foi usado pela primeira vez no Mishná (c. 200 d.C.) como nome de um tratado e ocasionalmente como um termo para cortes (a palavra comum do Mishná para corte é *bêt dîn*, lit. "casa de julgamento"). O uso de "Sinédrio" em algumas versões do NT para traduzir o termo grego é antiquado.

Os termos para cortes e conselhos são muito imprecisos no NT, no Mishná e na cultura grega em geral, e a reconstrução histórica dessas instituições é, da mesma forma, incerta. No NT, *synédrion* é usado para cortes judiciais em geral (Mt 5:22; 10:17; Mc 13:9) e a corte suprema, judicial e legislativa, em Jerusalém, presidida pelo sumo sacerdote (p. ex., Mt 26:59; Mc 14:55; At 5:21). Mas a terminologia é imprecisa e variável. Em Atos 5:21, o *synedrion* está ligado ao "conselho completo de anciãos (*gerousía*) de Israel". Em Lucas 22:66, o *presbytérion* (outra palavra para 'conselho de anciãos') de pessoas", formado pelos principais sacerdotes e escribas, diz-se ter se reunido e depois levar Jesus para o *synédrion* deles. Aqui *synédrion* significa simplesmente "reunião" ou assembleia" e o nome oficial do grupo é *presbytérion*. Da mesma forma, em Atos 22:5, Paulo alega que o sumo sacerdote e o *presbytérion* todo havia-lhe concedido autoridade para prender judeus seguidores de Jesus em Damasco. O evangelho de Marcos (Mc 15:1) faz referência a tal conselho supremo como um *symboúlion* (ainda outra palavra para "conselho"). Em geral, os termos gregos para o corpo legislativo e judicial de Jerusalém varia grandemente e as traduções desses termos para outros idiomas são imprecisas.

Josefo fala de muitos conselhos (*synédria*) locais e nacionais cujos poderes e afiliação mudaram com as circunstâncias políticas. Gabinius, governador romano, estabeleceu cinco conselhos regionais na Judeia e Samaria em 457 a.C. Herodes, o Grande, formou frequentes conselhos de sua família e seus amigos. É feita referência ao senado romano como *synédrion* ou um *boulḗ* (conselho da cidade de uma cidade helenística), e Josefo usa ambos os termos para conselhos em Jerusalém. Josefo não descreve um único e contínuo corpo funcionando como conselho supremo em Jerusalém, nem se refere a tal corpo por um nome ou especifica sua afiliação ou poderes, provavelmente porque a natureza do conselho tenha variado com o tempo.

O uso do Mishná do termo "Sinédrio" reflete a posterior reconstrução dos sábios rabínicos das instituições do templo. A "Grande Corte" (*bêt dîn*) ou "Grande Sinédrio" tinha 71 membros e se reunia na Câmara da Pedra Lavrada, no complexo do templo (m. Sanh. 11.2; Mid. 5.4). Ele tomava as decisões finais em disputas legais (m. Sanh. 11.2), julgava a aptidão de sacerdotes para servir no templo (m. Mid. 5.4; Qidd. 4:5) e decidia sobre acréscimos ao templo (m. Seb. 2:2). A visão exaltada e nostálgica dos sábios do conselho de Jerusalém pode ser vista em duas declarações: a "Grande Corte" no monte do templo foi o lugar do qual a "Torá saiu para todo o Israel" (m. Sanh. 11.2) e sua perda no ano 70 d.C. ocasionou o fim dos cânticos nas festas de casamento (m. Sota 9.11). A palavra "Sinédrio" é também usada no Mishná para cortes de 23 juízes que decidem julgamentos importantes dentro ou fora de Israel (m. Mak. 1:10). Essas cortes, que têm sábios como juízes sentados em semicírculo (m. Sanh. 4.3-4), parecem refletir as realidades do século III, contemporâneas do Mishná, em vez do período do Segundo Templo.

No Novo Testamento, Mishná e Josefo não apresentam um quadro consistente da governança judaica e do papel de vários conselhos, mas confirmam a frequência de conselhos com funções legislativas e judiciais na competição política do Império Romano. Tais conselhos teriam sido compostos por anciãos e membros respeitados das classes esclarecidas governantes (c. 10% da população). Em Jerusalém, altos oficiais e os membros veteranos das mais poderosas ricas famílias sacerdotais e aristocráticas teriam constituído o supremo concílio. Visto que as leis religiosas e os costumes estavam totalmente incrustados na vida social e política, nenhuma distinção deveria ser feita entre um conselho secular e religioso, ou sinédrio, nem deveriam os estudiosos religiosos do período rabínico e suas preocupações legais retrocederem ao século I. O conselho de Jerusalém provavelmente legislava e decidia de forma limitada, dependendo da força política do sumo sacerdote em exercício e da liberdade concedida pelos governadores romanos e seus clientes herodianos. Como membros da classe governante, os membros do conselho provavelmente se ocupavam em manter a ordem pública, preservar o próprio poder e a posição na sociedade judaica e servir de mediadores entre o império e o povo. [ANTHONY J. SALDARINI]

2. A mais alta corte dos judeus durante o tempo de Jesus, composta de 71 membros incluindo sacerdotes, escribas, e "anciãos do povo" e presidida pelo sumo sacerdote. Tradicionalmente cria-se que o Sinédrio (gr. *synédrion*) havia sido começado com Moisés (Nm 11:16) e revivido no tempo de Esdras. Ele tratava de todas as infrações da lei de Moisés, e visto que não havia distinção no pensamento judaico entre a lei civil e a religiosa, ele tratava de casos em ambas as áreas. Sua autoridade parece ter sido limitada a casos que não envolviam pena capital (Jo 18:31), embora essa questão seja muito debatida. Tanto Jesus como Paulo foram julgados perante essa augusta corte. O sinédrio condenou Jesus com a acusação de blasfêmia quando ele admitiu ser o Messias (Mc 14:64), mas Paulo causou dissensão na corte ao anunciar que ele era fariseu de forma que os soldados romanos tiveram de tirá-lo do meio deles (At 23:6-10). Paulo eventualmente apelou a César para evitar ser trazido perante o Sinédrio em Jerusalém novamente (At 25:11). Visto que a palavra está no plural em Marcos 13:9 = Mateus 10:17, obviamente houve sinédrios inferiores, mas exceto essas duas passagens, as referências são a essa alta corte. [JOE E. LUNCEFORD]

SINETE *Ver* SELO, SINETE.

SINEUS (heb. *sînî*) Povo cananeu mencionado na Tábua das Nações (Gn 10:17; 1Cr 1:15). Os antigos historiadores associavam os sineus a Sinnu ou outros locais do Líbano ou com Siyyan (ac. *Sianu*) do norte da Fenícia.

SINRATE (heb. *šimrāṯ*) Filho de Simei (11) da tribo de Benjamim (1Cr 8:21), residente em Jerusalém no pós-exílio.

SINRI (heb. *šimrî*) **1.** O filho de Semaías (3) da tribo de Simeão (1Cr 4:37).

2. O pai de Jediael e Joá, dois dos Homens Valentes de Davi (1Cr 11:45).

3. Porteiro levita, filho de Hosa, da casa de Merari (1Cr 26:10).

4. Descendente de Elizafã que estava entre os levitas que purificaram o templo durante o reinado de Ezequias (2Cr 29:13).

SINRITE (heb. *šimrîṯ*) (tb. SOMER) Mulher moabita cujo filho, Jeozabade, estava entre os assassinos do rei Joás (Jeoás) de Judá (2Cr 24:26). Em 2Reis 12:21(TM 22), é chamada de Somer (1).

SINROM (heb. *šimrôn*) **I. (PESSOA)** O filho do patriarca Issacar (Gn 46:13; 1Cr 7:1), ancestral (ou chefe) dos sinronitas (heb. *šimrôn*; Nm 26:24).

II. (LUGAR) ou SINROM-MEROM (*šimrôn mĕr'ôn*). Cidade real canaanita que se aliou ao rei Jabim da confederação de Hazor contra os israelitas (Js 11:1). A aliança foi derrotada pelos israelitas sob a liderança de Josué (Js 12:19,20). A cidade derrotada aparece no TM como Sinrom-merom, mas a LXX é provavelmente mais exata em listar duas cidades distintas. Sinrom foi depois designada para o território de Zebulom (Js 19:15). A cidade é tradicionalmente identificada com Khirbet Sammûniyeh/Tel Shiron, cerca de 8 km a oeste de Nazaré.

Bibliografia. W. F. Albright, "Bronze Age Mounds of Northern Palestine and the Hauran", *BASOR* 19 (1925): 9-10. [C. SHAUN LONGSTREET]

SINSAI (aram. *šimšai*) Alto oficial ("escriba") da província ocidental de "Além do Rio" (que incluía a Palestina) durante o reinado do rei Artaxerxes I da Pérsia (465-424 a.C.). Sinsai e outros oficiais da província protestaram contra a reconstrução de Jerusalém pelos judeus que haviam retornado do exílio, pensando que estes pretendiam se rebelar (Ed 4:8-16). A resposta inicial do rei foi concordar que a reconstrução devia cessar (Ed 4:17-23).

SÍNTIQUE (gr. *Syntýchē*) Mulher da igreja de Filipos a quem Paulo encorajou resolver algum tipo de disputa com outro membro: Evódia (Fp 4:2-3).

SIOM (heb. *šî'ōn*) Cidade do território tribal de Issacar (Js 19:19). Possíveis localizações incluem Sirim, 22,5 km a sudeste do monte Tabor e 'Ayun esh-Sha'in, cerca de 5 km a leste de Nazaré.

SIOR (heb. *šîḥôr*, *šiḥôr*, *šîḥōr*) Rio que marca a fronteira entre o Egito e a Palestina. O nome pode derivar do egípcio P3-s-Hr ("Lago de Hórus"), antigo nome para uma quantidade de água de localização incerta, ou pode estar relacionado ao hebraico *šāḥōr*, "preto"; não foi compreendido na época dos tradutores da LXX (cf. Js 13:3, gr. *aoíkētos*, "desabitado"; 1Cr 13:5, *hória*, "fronteiras"; Jr 2:18, *Gēōn*, "Gihon"). O termo provavelmente designa as bifurcações do Nilo em Bubaste ou Pelusium (p. ex., Js 13:3; 1Cr 13:5; Is 23:3). Ou o termo pode se referir ao próprio Nilo (Jr 2:18).

SIOR-LIBNATE (heb. *šîḥôr liḇnāṯ*) Lugar na fronteira ocidental do território designado à tribo de Aser, nos arredores do Carmelo (Js 19:26). Visto que o hebraico *šiḥôr* era usado pelos escritores bíblicos para se referirem ao Nilo (Is 23:3; Jr 2:18) ou um rio que servia como fronteira sul de Canaã (Js 13:3) e Israel (1Cr 13:5), e a palavra parece derivar de uma palavra egípcia que significa "lago/rio de Hórus", Sior-Libnate muito provavelmente se refere a um rio perto do Carmelo. Ele é frequentemente identificado com a bifucação inferior do rio Quisom (Nahal Qishon/Nahr el-Muqatta'), que corre em linhas gerais a noroeste do monte Gilboa para o mar Mediterrâneo perto de Libnate (Tell Abu Huwam) a nordeste do monte Carmelo. Entretanto, outras identificações (incluindo Nahal Dayah e Nahal Tanninim) têm sido sugeridas. [ERIC F. MASON]

SIPAI (heb. *sippay*) (tb. SAFE) Gigante que lutou pelos filisteus e foi derrotado por Sibecai, o husatita (1Cr 20:4). Em 2Samuel 21:18, ele é chamado de Safe.

SIQUÉM (heb. *šĕkem*) **I. (LUGAR)** Cidade na região central da zona rural efraimita (Js 20:7). O local fica a 67 km ao norte de Jerusalém, 2 km a leste da romana Neápolis (moderna Nablus) e 10 km a sudeste de Samaria. Embora certas fontes clássicas tenham associado a bíblica Siquém com Neápolis, fundada por Vespasiano em 72 d.C. (Josefo, *BJ* 4.8.1; Jerônimo), outras fontes primitivas localizaram a Siquém pré-romana na moderna Tell Balâtah, 2,5 km a sudeste de Neápolis, mais perto do monte Ebal (Eusébio Onom., O peregrino de Bordeaux, Mapa de Medeba). Investigado pela primeira vez em 1903 por Hermann Thiersch, os estudiosos em geral aceitam tal identificação. A referência do NT a um local nesta região chamada Sicar (Jo 4:5; cf. Siquém, At 7:16) aparentemente indica as ruínas helenísticas e romanas situadas debaixo da moderna 'Askar, logo ao norte de Balâtah.

Influenciados por Gênesis 33:18-19, os escritores clássicos (Eusébio) e os primeiros exploradores modernos (Edward Robinson) derivaram o nome Siquém de tradições que cercam o filho de Hamor que violentou Diná (Js 24:32; Jz 9:28; cf. genealogias de Manassés, Nm 26:31; Js 17:2; 1Cr 7:19). O nome reflete com mais probabilidade o ambiente físico da cidade no "ombro" (encosta) do monte Ebal ou sua proximidade oposta a Gerizim, importante característica topográfica antigamente chamada de "o centro da terra" (Jz 9:37).

Situada num vale estratégico entre o monte Ebal para o norte, e o monte Gerizim, para o sul, Siquém rapidamente se tornou um eixo refinado de atividade política, econômica e, por fim, religiosa na região de Samaria. O sistema de estradas latitudinais e longitudinais que convergiam nesse vale de solo muito fértil indubitavelmente foi responsável pelo assentamento e progresso da cidade ali do que em elevações no Ebal ou Gerizim, mais altas e mais defensáveis. A principal subida para zona rural central de Samaria vindo do rio Jordão passava pelo profundo o úadi Fari'a exatamente ao sul dos vaus do rio em Adam e continuava até Siquém passando pela bíblica Tirza. Na Idade do Ferro I (1200-1000 a.C.), muitos pequenos assentamentos se estenderam ao longo dessa rota, que ganhou até mais importância durante a Idade do Ferro II (1000-587/586), quando o original centro político e cúltico em Siloé (sul de Siquém) declinou. Nessa época, uma estrada alternativa se desviava da antiga rota para Siló, assumia um curso mais ao norte da área do vale a leste daquele local e seguia a fronteira Efraim-Manassés para Siquém (cf. Js 17:7-9). De lá, caminhos por entre montanhas davam passagem ou para a lucrativa rota costeira através de Nahal Siquém ou para pontos mais ao norte e leste via vale de Dotã e Jezreel. Essas encruzilhadas distinguiram Siquém como ligação estratégica entre o norte e o sul de Samaria (aprox. as áreas tribais designadas a Manassés e Efraim.

ESCAVAÇÃO. A exploração de campo de Tell Balâtah e seus arredores envolveu duas longas séries de escavações, a primeira sob a liderança austro-germânica e posteriormente por uma expedição conjunta americana. Depois de um trabalho de pequena escala no local por Carl Watzinger (1907-9), Ernst Sellin em 1913-14 expôs cerca de 75 m de um muro (muro A) anteriormente observado por Thiersch no lado noroeste do local. Incorporado no muro estava um grande complexo de portas de três entradas. Sellin também cortou uma vala desde o lado norte do monte em direção ao seu centro, revelando quatro fases de ocupação, identificadas em seguida como helenística, israelita, Bronze Médio e Cobre-Bronze Antigo I. Sellin empreendeu mais cinco campanhas de 1926 a 1928, com o arquiteto Gabriel Welter. Além da área de um palácio imediatamente dentro do complexo da porta noroeste, descobriram um imenso templo-fortaleza com paredes de 5 m de largura, datando do Bronze Recente (LB) I (c. 1550-1400). No setor leste da cidade, descobriram um muro com saliências e reentrâncias (muro B) com duas portas de entrada (a porta leste), que dataram de LB II (c. 1400-1200). O relatório oficial de Sellin, terminado em 1943, todos os registros de campo e numerosos artefatos foram destruídos durante a Segunda Guerra Mundial.

De 1956-1973 a Drew University, McCormick Theological Seminary, a ASOR e a Universidade de Harvard colaboraram para refazer o trabalho de campo sob a direção de George Ernest Wright. Em sete períodos completos e três outros mais curtos, a equipe abriu quatorze "campos" de escavação e empregou técnicas aprimoradas de análise de camada de entulho e estudo de cerâmica para distinguir 24 camadas desde a Idade do Cobre aos períodos helenísticos recentes, durante cujo tempo quatro extensos intervalos de ocupação interromperam o assentamento no local. Os escavadores descobriram também um alojamento doméstico no lado norte da cidade e o relacionaram estratigraficamente à arquitetura pública situada na acrópole a oeste. Suplementando este trabalho in loco, Edward F. Campbell realizou uma pesquisa regional de 1964-1972.

História do assentamento. Campos distintos nos estratos XXIV-XXIII, que estão imediatamente em leito rochoso, produziram escassos resíduos de estruturas circulares de tijolos de barro do período da Idade do Cobre (c. 4000-3500). Coleções de fragmentos de cerâmica indicam que essa ocupação pode ter-se estendido até o Bronze Antigo I (EB I) (c. 3500-3300). Depois dessa limitada ocupação, o local foi abandonado até cerca de 1900. Daqui até a destruição final da cidade, mais três lacunas ocupacionais dividiriam a história de Siquém em quatro fases importantes: Bronze Médio II (1900-1550), Bronze Recente IB-Ferro IA (1450-1150/1125), Ferro II-Persa (975-475) e Helenística (331-107).

Siquém se desenvolveu a partir de um assentamento doméstico sem fortificação no Bronze Médio IIA (c. 1900; estratos XXII-XXI) para uma cidade com uma acrópole fortemente defendida flanqueada por sólidos alojamentos internos no Bronze Médio IIB (c. 1750-1650; estratos XX-XVII) para uma poderosa cidade-estado no Bronze Médio IIC (c. 1650-1550; estratos XVI-XV). No início deste período, Siquém apareceu nos Textos de Execração Egípcios como o principal centro da zora rural efraimita (complementando Jerusalém nas terras altas do sul), e sua importância regional pode até ter atraído a atividade militar egípcia no fim do século XIX. Na acrópole no limite ocidental da cidade, um pátio do Bronze Médio IIB revelou um complexo de estruturas que passou por pelo menos quatro fases de construção. A interpretação de Wright destes como templos tem encontrado séria oposição mais recentemente. Durante o Bronze Médio IIC foi construído o "muro ciclópico A", o complexo de portas noroeste, o templo fortaleza e, no lado oriental do local, a porta leste e o muro de fortificação B. Também, o que Sellin acreditou representar um palácio parece, ao contrário, ter servido como um santuário central cercado por salas da guarda. Ao norte da acrópole e de seu muro interno, uma quadra de moradias pode ter incluído as residências particulares de alguns oficiais da cidade. As pesadas ruínas que cobrem o estrato XV provavelmente sejam provenientes da retaliação egípcia contra os hicsos cerca de 1550. Seguiu-se um intervalo ocupacional de um século de duração.

Durante o Bronze Recente e o Ferro Antigo (estratos XIV-XI), os ocupantes reconstruíram as portas noroeste e leste. Um novo templo, um tanto menor do que seu migdal predecessor porém completo com altar e grande masseba ("pedras de pé"), mantinham-se na acrópole. Esta estrutura provavelmente combina com a "casa de Baalberite/Ebal-berite" (tb. chamada de "torre de Siquém") em Juízes 9:4, 46 (os escavadores encontraram um manequim de bronze de uma divindade masculina em pé — uma aparente representação de Baal — no estrato seguinte). O estrato XIII, correspondendo à era de Amarna (séc. XIV) durante o qual o agressivo Lab'ayu governou um considerável reino de Siquém, novamente revelou um bairro doméstico bem planejado no campo XIII. A correspondência de Tell el-Amarna (EA 289; cf. nºs 244-45, 249, 252-55, 263, 280) indica que Siquém não somente dominou toda a região centro-norte, como revela os primitivos Textos de Execração, mas que Lab'ayu, às vezes, estendeu sua influência até a planície de Sarom (EA 250). Uma violenta destruição, investigada em todo o local, marcou o fim do estrato XIII e do principado de Lab'ayu por volta de 1300. Os estratos seguintes XII e XI refletem uma sociedade menos influente cujo poder político reduzido pode prover o pano de fundo histórico para o tratamento receptivo da cidade e das relações sociais com os israelitas (Js 24). Só quando Abimeleque tentou impor seu domínio sobre a cidade foi que essas relações terminaram em catástrofe, como refletido na grande destruição do estrato XI cerca de 1125-1100 e nas tradições textuais de Juízes 9.

Depois de outro século sem ocupação notável (1100-1000), Siquém e toda a área ao seu redor conseguiu apenas uma modesta recuperação durante a Monarquia Unida (estrato X; note as vicissitudes políticas sugeridas pelo Salmo 60:6, 7 [TM 7-8]=108:8, 9 [9-10]). O local se reverteu ao *status* de cidade como parte da rede administrativa de Salomão (1Rs 4:8ss.). Embora Siquém apareça também nas duas listas de cidades levíticas (Js 21:21; 1Cr 6:67), muitos interpretam isso como acréscimo secundário devido à sua posição como cidade de refúgio (Js 20:7). A datação cerâmica confirma a destruição do estrato X durante a invasão pelo faraó Sisaque por volta de 925 (cf. 1Rs 14:25). Jeroboão I em seguida reconstruiu o local (estrato IX) e fez dele temporariamente sua capital (1Rs 12:25). A menção de Siquém num pedaço de cerâmica do século VIII em Samaria (nº 44) indica que a cidade serviu nesse momento às necessidade econômicas do regime monárquico protegido no norte; um grande edifício, possivelmente um celeiro, no estrato VIII, apoia essa função. Em vez de representar o principal parceiro, como tinha sido nos relacionamentos patrão-cliente entre Lab'ayu e várias classes pastoris e de mercenários ('apiru), Siquém teve aparentemente de se subordinar a uma nova ordem política e social entre a capital e a zona rural.

A B C D E F G H I J K L M N O P Q R **S** T U V X Y Z

Os estratos VI-V, abarcando os períodos assírio e persa, renderam apenas escassos resíduos materiais. Embora no geral a prosperidade e a influência política da cidade pareçam ter diminuído durante este tempo, a escavação dos campos I, VII e IX renderam uma quantidade substancial de artigos áticos preto-vitrificados e um conjunto de pequenas descobertas que incluíam uma moeda de uma liga de ouro e prata e vários selos de impressão. Jeremias 41:4-8 registra que no início do século VI um grupo de siquemitas chegou a Jerusalém com ofertas de cereal e incenso e a alegação de que tinham estoques de trigo, cevada, azeite e mel escondidos no norte.

O local mais uma vez ficou abandonado de cerca de 475 até o aparecimento em Canaã de Alexandre, o Grande. Quando os samaritanos fugiram para o leste sob as incursões punitivas de Alexandre, Siquém recuperou seu status de centro de atividade fortificado (Josefo, *Ant.* 11.8.6). Nos estratos IV-III (c. 323-190), datados pela recuperação de uma série de moedas ptolemaicas, grandes quantidades de aterro cobriram os resíduos parcialmente expostos de períodos anteriores e propiciaram uma área nivelada de construção para casas bem planejadas sobre os terraços anteriores no campo VII. A disposição das novas fortificações aproximou-se das do plano do Bronze Médio II; a área da porta oriental em si foi igualada aos níveis do Bronze Médio. Uma visível mudança para a cunhagem selêucida no estrato II reflete a influência ganha na região por Antíoco Epifânio depois da vitória militar deste em 198 em Panias no norte de Israel. Embora Josefo registre que a destruição final de Siquém tenha ocorrido em 128 (*Ant.* 13.254-56, 275-81), tanto a evidência cerâmica quanto numismática sugerem reduzir a data para 108/107 e correlacionar o desastre ao caos associado às incursões nortistas do sacerdote asmoneu João Hircano, que não somente destruiu o templo samaritano próximo de Tell er-Ras (no monte Gerizim), como também devastou e depois incendiou a cidade ocupando Tell Balâtah.

Bibliografia. E. F. Campbell, Shechem II: Portrait of a Hill Country Vale. *ASOR Archaeological Report* 2 (Atlanta, 1991); Campbell E J. F. Ross, "The Excavation of Shechem and the Biblical Tradition", *BA* 26 (1963): 1-27, repr. In *BAR* 2, ed. D. N. Freedman e E. F. Campbell (Garden City, 1964), 275-300; W. G. Dever, "The MB IIC Stratification in the Northwest Gate Area at Shechem", *BASOR* 216 (1974): J. D. Seger, "The Middle Bronze IIC Date of the East Gate at Shechem", *Levant* 6 (1974): 117-30; L. E. Toombs, "The Stratification of Tell Balâtah (Shechem)", *BASOR* 223 (1976): 57-59; G. E. Wright, *Shechem: The Biography of a Biblical City* (New York, 1965); G. R. H. Wright, "Temples at Shechem", *ZAW* 80 (1968): 1-35. [RON E. TAPPY]

II. (PESSOA) 1. Filho de Hamor, príncipe heveu dos siquemitas (Gn 34:2). Após o estupro de Diná, filha de Jacó e Leia, ele se apaixona por ela e pede ao seu pai que promova um casamento (Gn 34:4). Indignados pelo ato violento de Siquém, bem como como o desejo dele de se casar com uma mulher hebreia e a proposta de Hamor de uma aliança entre hebreus e siquemitas por meio de casamento misto, os irmãos de Diná insistem que todos os homens da cidade sejam circuncidados como concessão parcial ao estilo israelita (Gn 34:13-17). Enquanto os siquemitas ficaram incapacitados devido a operação, dois filhos de Jacó, Simeão e Levi, entram e saqueiam a cidade indefesa, matam todos os homens incluindo Siquém e Hamor e levam Diná embora (Gn 34:25-29). [LUCILLE C. THIBODEAU, P.M.]

2. Descendente de Manassés e progenitor do ramo siquemita de Manassés (Nm 26:31; Js 17:2).

3. Filho de Semida, da tribo de Manassés (1Cr 7:19), talvez o mesmo que 2.

SIRA, CISTERNA DE (heb. *bôr hassirâ*) Lugar do qual Joabe mandou chamar Abner para matá-lo (2Sm 3:26), de acordo com Josefo (*Ant.* 7.1.5 [34]) 4 km ao norte de Hebrom. Mais de uma localização tem sido sugerida, incluindo Sîret el-Bella'.

SIRACUSA (gr. *Syrákousai*) Grande cidade marítima na extremidade sudeste da ilha da Sicília, fundada por Árquias de Corinto no século VIII a.C. Particularmente nos séculos V e IV, Siracusa foi a colônia grega mais próspera do oeste do Mediterrâneo. Era ligada ao continente por um quebra-mar, onde a cidade estabeleceu postos avançados. Sob os romanos ela serviu como capital da metade leste da Sicília. Um templo da deusa grega Atenas estava localizado lá, bem como um impressionante teatro lavrado em pedras. Cícero a considerava entre as maiores cidades da Grécia e a mais bonita.

Este foi o primeiro lugar de parada na viagem de Paulo a Roma depois que ele e seu grupo invernaram em Malta. Eles passaram três dias em Siracusa (At 28:12), mas não há nenhum registro de qualquer pregação ou ministério. Aparentemente o grupo esperou no navio por vento favorável para se dirigirem a Roma. [DALE ELLENBURG]

SIRAQUE (gr. *Sirach*), **SABEDORIA DE JESUS, O FILHO DE** Também chamado de Sabedoria de Ben Sira, depois do nome do autor (heb. *ben sîrā'*), ou o título latino, Eclesiástico ("o [livro] da igreja"). Ele é classificado entre as obras deuterocanônicas ou apócrifas, ausente no cânon judaico e protestante, mas considerado como Escritura pelos católicos romanos e ortodoxos. Foi escrito em hebraico cerca de

180 a.C. e traduzido para o grego pelo neto do autor (que o apresentou com um importante prólogo) por volta de 130. Siraque tem tido uma história incomum. Desde o tempo de Jerônimo até cerca de 1900, o texto hebraico esteve praticamente desconhecido do mundo ocidental e o livro foi passado adiante em grego, latim e outras versões antigas. As descobertas de porções do texto hebraico numa genizá no Cairo e recentemente em Massada e Qumran renderam dois terços do hebraico. Isso resultou em melhores traduções modernas (p. ex., NRSV, cuja numeração de capítulo/versículo deve ser seguida).

Ben Sira morreu antes do crítico período macabeu convulsionar a Palestina. Ele tinha consciência da ameaça do helenismo (cf. sua oração em 36:1-22) e sua estratégia foi opor-se a ele por meio de uma forte exortação à fidelidade à crença tradicional israelita. Ele faz isso na forma de ensino de sabedoria que lembra o livro de Provérbios: provérbios curtos (usualmente incluídos em unidades relativamente estável mais longas), instruções (preferindo linhas 22 e 23 em extensão; p. ex., 1:11-30), hinos de louvor (p. ex., 39:12-35; 42:15–43:33) e narrativa histórica didática ("o elogio dos ancestrais", 44:1–49:16). ele foi escrivão, muito provavelmente um hierosolimitano, que apreciava sua arte, como demonstra sua famosa descrição das várias ocupações (38:24–39:11).

Conteúdo. O livro não se presta a um simples esboço. Podemos aqui apenas selecionar alguns dos assuntos mais excelentes de que ele trata. Sabedoria é, claro, o mais importante. A obra começa com um poema sobre a origem da sabedoria (1:1-10): Ela provém de Deus, que a derramou em toda as suas obras e a espargiu em abundância sobre amigos. Esse sumário é desenvolvido detalhadamente no famoso cap. 24, em que a Sabedoria é claramente personificada como mulher. Perante os membros da corte celestial, ela descreve suas origens "da boca do Altíssimo" antes da criação (cf. Pv 8:22-31) e seu domínio sobre toda a natureza e povos (24:5,6). Mas ela quer habitar em algum lugar, e o "Criador de tudo" dá-lhe Jacó/Israel como sua herança. Na cidade santa de Sião ela ministra perante Deus. Ela descreve sua excelência em termos de imagens de árvores e plantas, e faz um convite para que todos participem de seu fruto, um fruto que os fará ter fome por ela ainda mais. Quando ela termina seu discurso Ben Sira a identifica claramente com o "livro da aliança", "a lei ordenada por Moisés" (24:23). Pela primeira vez, a evasiva figura da Sabedoria do AT é explicitamente identificada. Esta equiparação da Sabedoria com a Torá é sugerida em Deuteronômio 4:6-8, mas é afirmada várias vezes em Siraque (p. ex., 15:1; 19:20).

Igualmente importante é o "temor do Senhor", por muito tempo uma preocupação favorita na Literatura de Sabedoria (Pv 1:7). Bem no começo do primeiro capítulo, há um extenso poema sobre o temor do Senhor: é o "princípio da sabedoria"; de fato é sabedoria, e também a "raiz", "coroa" e "plenitude" de sabedoria. "Os que temem ao Senhor terão um fim feliz; no dia de sua morte eles serão abençoados" (1:13). Pelo fato de, nos dias modernos, "temor" de Deus ser normalmente considerado um termo negativo, é importante reconhecer que na Literatura de Sabedoria há o sentido de reverência, obediência e até de amor. Em 2:15-16, temor e amor aparecem juntos e indicam serviço carinhoso, assim como temor e amor são frequentemente equiparados na exortação de Deuteronômio (Dt 6:13, 24; 10:12,13; cf. Jó 28:28).

Ben Sira compartilha a visão típica do AT sobre pecado e sofrimento e a doutrina da retribuição. Ele leva em conta períodos de provação e adversidade, mas encoraja a perseverança e firmeza (2.1-6); as coisas se acertarão no final (11.26-27). Ele não estava despercebido das dificuldades nessa doutrina, mas permaneceu firme em seu ponto de vista: a virtude deve ser recompensada com saúde, prosperidade, filhos, vida longa e "nome" duradouro (41.12-13) ou reputação. O ímpio não terá tais bênçãos. Apesar das aparências em contrário, cedo ou tarde, eles receberão sua justa punição de Deus. Claro, a retribuição divina teve de acontecer nesta vida, já que não havia vida real depois da morte; havia somente o *Sheol*, onde todos, tanto bons quanto maus, se encontrariam em termos iguais. Não havia contato afetuoso com o Senhor (17.27,28), assim como os salmistas também se queixavam (Sl 6:5 [TM 6]; 30.9 [10]).

O AT mostra certa ambivalência na descrição dos atos humanos. Por um lado, está sempre em ação a interferência do Senhor. Como Jeremias diz (Jr 10:23): "não lhe compete traçar seus passos" (cf. Sir. 33.12; Pv 16:9). Mas, por outro lado, presume-se e até se afirma a responsabilidade humana. Siraque não deixa dúvida: "Não diga: 'Foi ação do Senhor que eu tenha apostatado' [...] foi ele quem, no princípio, criou o ser humano, e ele os deixou com a faculdade de livre escolha" (15.11-14). Siraque difere do exemplo de sabedoria usual em que ele antevê explicitamente conversão para os pecadores (17.25-26). Ele compartilha da advertência do AT de que o sacrifício é fútil a menos que seja acompanhado de integridade moral: "O Altíssimo não se agrada das ofertas do ímpio, nem perdoa os pecados mediante uma multidão de sacrifícios" (34.23). Ele mostra admirável equilíbrio em julgar o ritual e a moralidade:

A B C D E F G H I J K L M N O P Q R S T U V X Y Z

ordena-se o sacrifício, mas a caridade é também um "sacrifício de louvor" (35.1-11).

Menos convincente é a visão de Siraque dos antagonismos que ele encontra neste mundo. Ele compõe vários lindos hinos em louvor às obras do Senhor (39.12-35; 42.15–43.33). Seu vigor está em suas imagens vívidas. Mas seu otimismo ilimitado é difícil de aceitar: "Todas as obras do Senhor são muito boas [...] As obras de todos (os seres humanos) estão perante ele [...] Ninguém pode dizer: 'O que é isto?' ou 'Por que isso?' " (39.16-21). Entretanto, existe uma inevitável distinção entre o virtuoso e o pecador: boas coisas para o bom, mas para o pecador, coisas boas e más (39.25). O segundo hino (42.15–43.33) é em louvor à criação, de certa forma semelhante aos Salmos 144–145; Jó 38–41. Ele joga com a ideia de que todas as coisas vêm aos pares (p. ex., noite e dia) e esta parelha prende sua imaginação. Mas quando essa doutrina de opostos é aplicada à Providência, aparece a fraqueza do seu ponto de vista, como em 33.7-15: "Por que um dia é mais importante do que outro?" Após exemplificar vários antagonismos ele conclui que, assim como o bem é o oposto do mal e a vida contrasta com a morte, assim o pecador é o oposto da pessoa devota (33.14). "Olhe para todas as obras do Altíssimo; elas vêm em pares, uma oposta à outra" (33.15). Seu entusiasmo pelos antagonismos é fora de propósito; não fazem nada para resolver o mistério que enfrentaram tanto o autor de Jó como Qohelet de uma forma traumática.

O "Hino em honra a nossos ancestrais" (antigo título acrescentado a 44.1–49.16), de Siraque, consegue cobrir uma significativa porção das tradições israelitas. Ele é o primeiro sábio que incorporou material histórico no ensino de sabedoria e, nisto é seguido pelo autor da Sabedoria de Salomão (Sb. 10.19). O início abrupto com Enoque em 44.16 é seguido por descrições de pessoas que Siraque obviamente beneficia, como Moisés, Arão, Josué, Samuel, Davi, Elias, Eliseu, Ezequias (mas os reis geralmente recebem censura, 49.4,5) e Ezequiel. A menção ao profeta contém uma referência a Jó (cf. Ez 14:14,20) tão espontâneo que dá a impressão que Siraque nunca lutou com o problema de Jó. O cap. 50, que realmente está separado do hino, dá toda atenção ao papel de Simão, filho de Onias, sumo sacerdote por volta do ano 200, cujas atividades sacerdotais são descritas e admiradas por Ben Sira.

Finalmente, podemos examinar a própria visão de Siraque a respeito de sua vida e atividade. Como já foi observado, ele exaltou o trabalho do escriba (39.1-11), classe à qual ele, sem dúvida, pertencia. Ele também denunciou compreensível orgulho de seu papel como mestre de sabedoria. Depois de identificar a Mulher Sabedoria com a Torá no cap. 24, Siraque compara seu papel a um pequeno riacho que se torna um mar e compara seu ensino a profecia (v. 30-34). No capítulo final, ele apresenta um hino de ação de graças no estilo tradicional de um salmo, mas não podemos determinar a situação em que ele acontece (51.1-12). Segue-se um poema em forma de acróstico, o texto e o significado do qual foi consideravelmente melhorado pela descoberta de sua forma hebraica na Caverna 11 de Qumran. Siraque descreve sua ardente busca da Sabedoria Mulher e convida o leitor a compartilhar de seu ensino.

Bibliografia. R. E. Murphy, *The Tree of Life*, 2. ed. (Grand Rapids, 1996); P. W. Skehan e A. DiLella, *The Wisdom of Ben Sira*. AB 39 (New York, 1987). [ROLAND E. MURPHY, O. CARM.]

SÍRIA Nos tempos antigos, a região margeando o leste do Mediterrâneo e estendendo-se em direção ao norte da (e, às vezes, incluindo) a Palestina e a Fenícia ao Eufrates no nordeste, e as montanhas Taurus, no noroeste.

O patrimônio cultural da Síria começa com os caçadores da Idade da Pedra, que perseguiam manadas de animais migratórios que se moviam para o norte pelo vale do rio Orontes até chegarem ao vale de Nahr el-Kabir. Nesse ponto, a trilha da caça devia voltar-se em direção ao mar Mediterrâneo, a oeste. Análise das ferramentas de pedra e o ambiente geomorfológico em locais como Sitt Marko e Latamne, os datam de 500 mil a 1 milhão de anos de idade. Os mais antigos sítios arqueológicos na Síria estão associados a populações do Homo erectus que foram substituídos cerca de 100 a 200 mil anos atrás tanto pelo moderno Homo sapiens quanto pela variação deste, as populações do Neandertal.

Há dez mil anos, bandos que viviam da caça e da selva espalhados por vastas regiões da Síria começaram a estabelecer vilarejos mais organizados, como Mureybet e Abu Hureyra. Ossos de animais e sementes carbonizadas recuperados desses vilarejos neolíticos demonstram que o trigo, a cevada, ovelhas, cabras e gado domesticado substituíram a dieta da gazela selvagem e das sementes recolhidas no mato. A mudança da caça e da selva para a produção de alimento pelo cultivo passou de mão em mão com o crescimento da população, o avanço da arquitetura doméstica e do surgimento de rituais complexos de sepultamento com a finalidade de honrar o morto.

A necessidade de controlar o excedente econômico nos assentamentos neolíticos acabou dando origem a um sistema de fichas de argila com o fim de manter o registro de mercadorias como pão, azeite, carne, cerveja e vestuário. As fichas, precursoras da escrita, permaneceriam em uso nos ambientes urbanos até o advento da escrita cuneiforme gravada em tabletes de argila. Nos mesmos contextos rurais, mesmo depois que as populações urbanas do terceiro milênio haviam mudado para a escrita cuneiforme, as fichas continuariam em uso como uma técnica de registro.

Economias ricas se desenvolveram na Síria durante o terceiro milênio, quando o arco ocidental do Crescente Fértil foi formado pela Síria. As modernas cidades de Damasco e Alepo remontam suas origens a este período. Grandes centros urbanos, rodeados por muros circulares, se desenvolveram durante o terceiro milênio no norte da Síria em locais como Tell Leilan, Tell Chuera e Tell Mozan. Descobertas em Tell Mozan demonstraram que ela foi a antiga cidade de Urkesh, governada por povos que falavam o hurrita.

Não há dúvida que a mais notável cidade da Síria foi a antiga Ebla (Tell Mardikh). Pesquisas extensivas em Ebla demonstraram que a cidade prosperou durante oitocentos anos e que o centro urbano incluía grandes palácios, templos, oficinas e tumbas reais. Um importante arquivo de tabuletas cuneiformes, descoberto durante 1975, continua a ampliar o nosso conhecimento das tradições política, econômica e religiosa da cidade. A economia de Ebla foi incrementada por seus superávits agrícolas e das indústrias têxteis, enquanto o comércio trazia objetos para o reino, entre eles lápis lazúli do Afeganistão e vasos de pedra entalhada do Egito. Textos cuneiformes de Ebla fornecem pistas ao seu panteão de cerca de quarenta deuses incluindo Kura (principal deus da cidade), Hadad (deus da tempestade), Dagan (senhor da região), Rashap (deus do submundo), Adamma (deusa do submundo e esposa de Rashap), Ishara (principal deusa da cidade), Istar (deusa do amor e da guerra) e Idabal (deus associado ao vale do Orontes).

Padrões complexos de crescimento urbano e abandono ao final do terceiro milênio coincidiriam com a expansão e ascensão política de tribos nômades e seminômades semitas ocidentais, frequentemente chamadas de amorreus (amoritas). O rei amorita chamado de Yaggid-lim estabeleceu uma poderosa linhagem em Mari (moderna Tell Hariri) que acabaria sendo desalojada por Samsi-adad, criador do subsequente império assírio. A história de Mari começou no terceiro milênio e terminou quando o palácio de Zimri-lim foi destruído (c. 1759 a.C.) por Hamurábi, da Babilônia. Mari é de particular importância por causa dos cerca de 15 mil documentos cuneiformes descobertos durante as décadas de escavação por arqueólogos franceses. Restos materiais de três templos foram identificados perto do palácio; os templos eram dedicados às deusas Istar, Ninizaza e Istarat. Textos cuneiformes confirmam a importância de várias divindades incluindo Itur-mer (senhor da terra de Mari), Samas (deus sol), Dagan e um panteão principal de cerca de quarenta deuses e deusas.

Fortes muros de defesa são a marca das cidades da Síria durante o segundo e terceiro milênios. A intenção dos muros era a defesa contra os exércitos do sul da Mesopotâmia, Turquia, Egito e ilhas do mar Mediterrâneo. Uma dessas invasões foi feita pelo rei egípcio Tutmés I (1504-1492), que invadiu o reino mitani situado dentro da Síria e no norte do rio Eufrates. A invasão de Tutmés I foi em resposta à invasão do delta egípcio pelos siro-palestinos, mas isso também trouxe rico tributo ao Império Egípcio. Os ricos recursos agrícolas da Síria a tornaram alvo de impérios expansionistas. Em 1285, em Qadesh sobre o rio Orontes, tropas egípcias sob Ramessés II entraram em confronto com a infantaria e carruagens do rei hitita Muwatallis. Ramessés reivindicou a vitoria em seus relevos monumentais, mas a extensão da influência hitita para o sul de Damasco sugere maior confiabilidade à versão hitita.

Antigas cidades foram estabelecidas tanto no interior da Síria como ao longo de sua costa mediterrânea. A antiga Ugarite (Ras Shamra) é o local mais bem investigado ao longo da costa síria. Os construtores de Ugarite conseguiram aproveitar as pedras adequadas para palácios, templos, casas e muros de defesa. Artefatos indicam rotas comerciais que iam para o sul até o Egito e a oeste até a cultura micena, na Grécia. O reino de Ugarite seria vítima dos Povos do Mar entre 1180 e 1175. Entre as descobertas significativas de Ugarite está uma pequena tabuleta datada do século XIV com o abecedário. Os dois principais templos da cidade de Ugarite eram dedicados a Dagan (deus do submundo) e Baal (deus da força e da fertilidade). Textos cuneiformes fazem referência a um panteão incluindo El (pai dos deuses), Athirat (deusa do mar e esposa de El), 'Anat, Mot (morte), Rashap, Nikkal e Kotarot.

Os principados arameus e hititas cresceram em poder depois de 1200, mas a autonomia deles foi abreviada quando o Império Assírio anexou as cidades da Síria. Um templo excepcional desse período está situado em Ain Dara, no vale do Afrin, perto de Alepo. A iconografia do templo de Ain Dara o liga a Istar, deusa da fertilidade. O exterior do templo é decorado com desenhos entalhados de deuses da montanha, esfinges e leões.

Em 612, os babilônios e medos iranianos derrubaram o Império Neoassírio e a Síria passou ao controle babilônio. Os persas aquemênidas anexaram a Síria ao seu império durante o século VI, mas a perderam para os gregos durante o século IV. A mistura de tradições gregas e sírias resultou em realizações artísticas e arquitetônicas que continuariam até mesmo depois que os romanos expulsaram da Síria o controle grego. Os períodos grego e romano produziram muitos dos maiores monumentos da Síria, ainda preservados em sítios arqueológicos como Dura Europos, Palmira, Bosra e Apamea. É muito significativo o fato de dois sírios, Heliogábalo (213-222 d.C.) e Filipo (244-249) conseguirem a posição de imperador.

Cidades do período romano, como Dura Europos apoiaram prósperas comunidades multiétnicas/religiosas. Vários templos a divindades tradicionais sírias e romanas, uma igreja doméstica e uma sinagoga primorosamente decorada foram encontradas em Dura Europos. Essa mistura mudou quando as comunidades cristãs cresceram de forma constante e quando os templos tradicionais perderam influência e poder.

Bibliografia. H. Weiss, ed., *Ebla to Damascus: Art and Archaeology of Ancient Syria* (Washington, 1985). [MICHAEL J. FULLER]

SIRÍACO Forma do recente aramaico oriental; membro da subfamília aramaica das línguas semíticas do noroeste. O alfabeto siríaco, composto por 22 consoantes, é escrito em três formas: Estrangela, encontrado nas inscrições e manuscritos mais antigos; nestoriano, usado basicamente pelos cristãos sírios no Império Persa e Sertã, ou Jacobita, usado pelos cristãos sírios no Império Romano. As consoantes individuais são escritas de uma forma ligeiramente modificada dependendo de sua posição inicial, média ou final numa palavra e se elas ficam sozinhas ou juntas com outras. O siríaco é escrito da direita para a esquerda. As raízes léxicas são predominantemente triliterais. Formas derivadas são geradas por prefixação ou sufixação de consoantes a uma raiz triliteral (ou biliteral) e por modificações de vocalização.

Originalmente dialeto de Edessa (centro do cristianismo do século II), o siríaco substituiu outras formas de aramaico da região e manteve a proeminência como língua falada e literária da Ásia ocidental até o século VIII. Um enorme arquivo de escritos religiosos e não religiosos, tanto em verso como em prosa, foi produzido durante este tempo. Do século VIII em diante, o siríaco foi substituído pelo árabe como língua comum, embora o siríaco tenha permanecido difundido como língua litúrgica do cristianismo oriental até o século XIII. Em 489, a controvérsia teológica e as disputas eclesiásticas produziram uma divisão linguística. Os sírios nestorianos orientais (Nisibis) separaram-se dos sírios jacobitas ocidentais (Edessa), dando origem ao desenvolvimento de dois dialetos e ortografias distintos.

Autores sírios produziram um vasto e rico acervo literário, tornando o siríaco o dialeto aramaico mais extensivamente documentado. Embora os textos religiosos sejam mais abundantes, não se deve permitir que as traduções para o siríaco do AT e NT, tratados teológicos, exposições bíblicas, hinos e homilias dos primitivos Pais da Igreja obscureçam as contribuições literárias sírias nas áreas da ciência, filosofia, matemática e medicina.

Bibliografia. G. Bergsträsser, *Introduction to the Semitic Language* (Winona Lake, 1983); K. Beyer, *The Aramaic Language: Its Distribution and Subdivisions* (Göttingen, 1986). [DENNIS R. MAGARY]

SIRIOM (heb. *śiryōn*) Nome dado pelos sidônios ao monte Hermom (Dt 3:9; cf. 4:48, heb. *śî'ōn*). Em Salmo 29:6b, Siriom é o paralelo para Líbano do v. 6a, designando talvez aqui toda a cadeia Antilíbano, da qual o monte Hermom é a parte sul ou, possivelmente, tanto as cadeias do Líbano quanto Antilíbano. Jeremias 18:14 (*śāḏay*, "campo"; assim NRSV mg) está associado com Líbano e é frequentemente corrigido para Siriom (assim NRSV).

SIRO-FENÍCIA (gr. *Syrophoiníkissa*) Mulher gentia ("grega") que suplica a Jesus que tire o espírito maligno de sua filha (Mc 7:24-30). A passagem paralela em Mateus 15 refere-se à mulher como cananeia. Sua origem "siro-fenícia" indica que ela veio de uma região de Tiro e Sidom, da Síria, província romana. Inicialmente Jesus se recusa a curar a filha com base em que ele viera somente para o povo judeu. Jesus diz àquela mulher que os filhos devem ser alimentados antes dos cães, que os leitores entendem ser os filhos os judeus, e os cães, os gentios. Quando a mulher faz Jesus lembrar que os cães comem as migalhas [que caem] da mesa dos filhos, Jesus recompensa sua persistência e cura sua filha. [MICHELLE TOOLEY]

SIRTES (gr. *hē Sýrtis*) As duas baías rasas que formam um amplo golfo na costa da moderna Líbia e da Tunísia, Sirtis Maior (agora chamada Golfo de Sidra ou Sirte) a sudeste, e Sirtis Menor, a noroeste, sul e sudoeste da Sicília. Os marinheiros do navio no qual Paulo embarcou em Mirra, na Lícia temeram que o vento do nordeste vindo de Creta levasse o navio "para Sirte" (At 27:17).

SISA (heb. *šîšā'*) (tb. SERAÍAS, SAUSA, SEVA) O pai de Eliorefe e Aías, arquivista real do rei Salomão (1Rs 4:3). Sisa foi provavelmente o arquivista real de Davi, conhecido como Sausa (1Cr 18:16), Seraías (1; 2Sm 8:17) e Seva (1; 20:25).

SISAQUE (heb. *šîšaq*; egip. *ššnq*) Sesonque I, primeiro rei da 22ª Dinastia do Egito. Devido à incerteza quanto à duração de vários reis desta dinastia, as datas e a duração exatas do seu reinado não são claras. Sua ascensão ocorreu cerca de 950 a.C. e ele reinou provavelmente vinte e um anos. Sisaque reunificou o Alto e o Baixo Egito por meio de vários meios políticos, como o casamento misto e a nomeação de seus parentes para altos cargos.

De acordo com 1Reis 14:25-28, durante o quinto ano do reinado de Roboão, Sisaque invadiu a Palestina e impôs tributo a Roboão - os escudos de ouro que Salomão havia feito para o palácio. O texto de 2Crônicas 12:1-12 dá mais detalhes sobre o tamanho e a composição étnica do exército de Sisaque, mas o valor histórico desses detalhes são incertos. Muito provavelmente, são exagerados e refletem o ambiente pós-exílico do cronista.

A invasão da Palestina por Sisaque é atestada no portal de Bubaste e no templo Carnaque de Amom em Tebas. Uma cena traz uma inscrição descrevendo a batalha em termos estereotipados. Abaixo dessa inscrição há uma lista de cidades conquistadas ou visitadas por Sisaque. Cerca de duas dúzias de cidades na Palestina foram identificadas nesta lista, mas infelizmente o texto está muito danificado em certas partes, dificultando os esforços para determinar o itinerário de Sisaque. Ele parece ter ultrapassado Judá e se concentrado no norte de Israel e no Neguebe.

Bibliografia. K. A. Kitchen, *The Third Intermediate Period in Egypt (1100-650 B.C.)*, 2. ed. (Warminster, 1986); D. B. Redford, *Egypt, Canaan, and Israel in Ancient Times* (Princeton, 1992). [PAUL S. ASH]

SÍSERA (heb. *sîsĕrāʾ*) Comandante das forças cananeias que Israel, liderado por Débora e Baraque, derrotaram por completo perto de Tanaque, no vale de Jezreel. Em Juízes 4:2, há a descrição de Sísera como comandante do exército de Jabim, rei de Hazor, enquanto 5.19-20 simplesmente o presume como líder de uma coalizão de reis cananeus (cf. 1Sm 12:9; Sl 83:9 [TM 10]). Em ambos os capítulos, a derrota dos cananeus é apresentada mais explicitamente pelo momento da morte de Sísera. Os cananeus, com suas poderosas carruagens puxadas por cavalos, haviam derrotado várias vezes os israelitas nas planícies da Palestina (cf. Jz 1:19, 27-36), tornando a derrota da coalizão especialmente doce para Israel. Pelo fato de Sísera personificar as odiadas forças cananeias, sua morte dá a Israel o momento de catártica libertação.

No relato em prosa de Juízes 4, Sísera foge do campo de batalha em desesperada necessidade de proteção de seu inimigo. Jael, a mulher nômade cuida disso, falando palavras tranquilizadoras e parecendo dar-lhe proteção. Entretanto, quando o guerreiro exausto adormece no chão, ela crava uma estaca em sua têmpora, fixando-o no chão (Jz 4:17-21). Em Juízes 5, ela novamente ganha a confiança de Sísera aparentando atender às suas necessidades, mas aqui golpeia sua cabeça enquanto ele ainda está em pé, bebendo o coalho que ela lhe dera. A descrição altamente repetitiva do assassinato de Sísera por Jael e sua queda ao chão (Jz 5:26:27) permite que a audiência israelita saboreie em detalhe não somente a morte de Sísera, como também das forças cananeias que ele liderava. A morte de Sísera pelas mãos de uma mulher aumenta o gozo da vitória de Israel, assim como o fato de a principal força por trás da reunião de Israel para a batalha, Débora, ser também mulher. Soma-se à humilhação de Sísera sua sede, resultado de sua fuga em pânico (Jz 4:15,17; cf. a ironia das correntes de água em 5:20-21).

A humilhação final de Sísera vem em Juízes 5:28-30. A aristocrática mãe de Sísera e suas damas à espera estão preocupadas com sua longa demora em retornar da batalha, todavia não pensam em outro resultado senão a vitória. A forma de expressar este disparate logo depois do horrível quadro de Sísera morto ressalta a alegria da vitória de Israel.

"Filhos de Sísera", listados entre os servidores do templo que retornaram do exílio (Ed 2:53; Ne 7:55; 1Ed 5.32). A exata posição social deles é desconhecida, mas o uso do nome Sísera pode sugerir que eram estrangeiros em Israel, talvez até descendentes do líder cananeu derrotado.

Bibliografia. N. K. Gottwald, *The Tribes of Yahweh* (Maryknoll, 1979); A. J. Hauser, "Judges 5: Parataxis in Hebrew Poetry", *JBL* 99 (1980): 23-41. [ALAN J. HAUSER]

SISMAI (heb. *sismāy*) Homem de Judá, descendente de Jerameel, filho de Eleasa e pai de Salum (1Cr 2:40).

SITIM (heb. *šiṭṭîm*) **1.** O último local de acampamento dos israelitas nas planícies de Moabe antes de atravessar o rio Jordão (Nm 33:49). O nome é a forma abreviada do topônimo completo Abel-Sitim, "Campina de acácias" (Nm 33:49). Ali, Balaque, o rei moabita tentou amaldiçoar Israel por meio de Balaão (Nm 22-24), os homens de Israel participaram de relações idólatras e práticas imorais com mulheres moabitas e midianitas (cap. 25), foi feito o censo (cap. 26) e Josué foi publicamente proclamado o sucessor de Moisés (27:12-23), que fez seu discurso final ao povo ali (Dt 31-33). Dali Josué enviou dois espias (Js 2:1) antes que os israelitas se preparassem para atravessar o Jordão (3:1). O profeta Miqueias exortou Israel a se lembrar do que Deus lhes havia feito durante a jornada de Sitim a Gilgal até eles entrarem na Terra Prometida (Mq 6:5).

Josefo menciona um lugar "Abila" nesta área. F. M. Abel comparou pela primeira vez Sitim com Tell el-Kefrein, mas Nelson Glueck argumentou mais em favor de Tell el-Hammân, maior,, que durante a Idade do Ferro consistiu de uma fortaleza com torres sólidas e fortes rampas.

Bibliografia. N. Glueck, "Some Ancient Towns in the Plains of Moab", *BASOR* 91 (1943): 7-26.

2. O "Vale de Sitim" (Jl 3:18 [TM 4:18]), área a oeste do Jordão. É provavelmente o Uádi en-Nâr, continuação do vale de Cedrom que se estende pelo deserto de Judá até o mar Morto. [FRIEDBERT NINOW]

SITNA (heb. *śiṭnâ*) Um dos dois poços no vale de Gerar pelo qual os servos de Isaque e os pastores de Gerar discutiram (Gn 26:21). Ele ficava aparentemente ao sul de Gerar e ao norte de Reobote (1), em algum lugar a oeste de Berseba.

SITRAI (heb. *šiṭray*) Saromita, encarregado do rebanho de Davi em Sarom (1Cr 27:29).

SITRI (heb. *siṯrî*) Levita coatita, filho de Uziel (Êx 6:22).

SIVÃ (heb. *sîwān*; ac. *simānu*) O terceiro mês do ano hebreu (maio/junho; Et 8:9)

SIZA (heb. *šîzāʾ*) Homem da tribo de Rúben, pai de Adina, um dos guerreiros de Davi (1Cr 11:42).

SÔ (heb. *sôʾ*) "Rei do Egito" a quem Oseias, o último rei de Israel, mandou mensageiros antes de se rebelar contra Salmaneser V, da Assíria (2Rs 17:4). Que tipo de ajuda ele recebeu de Sô, se recebeu, é desconhecida, assim como a identidade do egípcio. Pode ser referência à cidade de Sais, no oeste do Delta do Nilo, visto que essa cidade tornou-se forte sob Tefnakht no fim do século VIII a.C. O nome pode ser uma abreviação do egip. *Nswt*, "rei", ou abreviação de Osorkon (IV) da 22ª Dinastia que governou o leste do Delta do Nilo no tempo de Oseias. Esta sugestão é a melhor, já que a Bíblia indica que o contato de Israel com o Egito durante o fim do século VIII foi com Tânis (Zoã) no Delta oriental (Is 19:11-13; 30:4). Pelo fato de Osorkon ter governado no Delta oriental, ele pode ter sido contatado por Oseias em busca de ajuda.

Bibliografia. G. W. Ahlström, *The History of Ancient Palestine* (Minneapolis, 1993); K. Kitchen, *The Third Intermediate Period in Egypt (1100-650 B.C.)*, 2. ed. (Warminster, 1986); D. F. Redford, *Egypt, Canaan, and Israel in Ancient Times* (Princeton, 1992). [PAUL S. ASH]

SOA (heb. *šôaʿ*) Povo cujos soldados, provavelmente mercenários, acompanham os invasores babilônios na visão de um ataque contra Jerusalém (Ez 23:23). Eles são comumente identificados com os Sutu, tribo nômade de arameus conhecida de inscrições e outras fontes, mas não existe a mínima certeza disto.

SOÃO (heb. *šōham*) Levita da casa de Merari, filho de Jaazias (1Cr 24:27).

SOBABE (heb. *šôḇāḇ*) **1.** Homem da tribo de Judá, filho de Calebe e Azuba (1Cr 2:18).

2. Filho de Davi e Bate-Seba, nascido em Jerusalém (2Sm 5:14; 1Cr 3:5; 14:4).

SOBAI (heb. *šōḇāy*) O chefe de uma família de porteiros levitas que retornou com Zorobabel do cativeiro na Babilônia (Ed 2:42 = Ne 7:45).

SOBAL (heb. *šôḇāl*) **1.** Chefe horeu, filho de Seir (Gn 36:20, 23, 29; 1Cr 1:38, 40).

2. Homem da tribo de Judá, filho de Hur e ancestral dos habitantes de Quiriate-Jearim (1Cr 2:50, 52; 4:1,2).

SOBAQUE (heb. *šôḇak*), **SOFAQUE** (*šôpaḵ*) O comandante do exército do arameu Hadadezer, rei de Zoba. O exército de Davi derrotou as forças de Sobaque em batalha (2Sm 10:16-18 = 1Cr 19:16-18, Sofaque).

SOBEQUE (heb. *šôḇēq*) Participante da assinatura do pacto sob Neemias (Ne 10:24 [TM 25]).

SOBI (heb. *šōḇî*) Filho de Naás, rei amonita que forneceu comida para Davi e seus partidários em Maanaim quando fugiram de Absalão (2Sm 17:27).

SOBRESCRITO No Saltério massorético, 117 dos 150 salmos são precedidos de um sobrescrito ou cabeçalho. Eles contêm quatro tipos possíveis de informação: (1) Substantivos próprios (com a prep. *lĕ*). Setenta e três salmos mencionam Davi; outros Asafe (Salmos 50, 73-83), os filhos de Corá (42, 44-49, 84,85, 87-88), Salomão (72, 127), Etã (89), Hemã (88), Moisés (90) e, possivelmente, Jedutum (39, 62, 77). (2) Classificações por "gênero" (não gêneros de crítica da forma, incluindo termos não técnicos (p. ex., heb. *mizmôr*, "salmo"; *šîr*, "cântico") e termos técnicos (p. ex., *miḵtām*, *maśkîl*). (3) Orientações litúrgicas, incluindo a frase *lamnaṣṣēaḥ*, "ao líder"; e outros termos obscuros denotando melodias, instrumentos musicais e/ou procedimentos rituais. (4) Atribuições situacionais relacionando salmos individuais à vida e Davi (Salmos 3, 7, 18, 34, 51-52, 54, 56-57, 59-60, 63, 142).

Os sobrescritos são muito provavelmente não originais dos salmos, mas foram acrescentados pouco a pouco antes da compilação do livro. As instruções litúrgicas podem também ter sido originalmente subscritas (cf. Hc 3:1, 19). Os substantivos próprios nos sobrescritos refletem uma antiga tradição, embora alguns possam denotar autoria (ou patrocínio). Por exemplo, a associação de Davi com a origem da salmodia em Israel é claramente antiga (2Sm 22:1-51; 1Cr 16:7-36), embora ela também tenha aumentado com o tempo (as referências cruzadas à vida de Davi em alguns sobrescritos são provavelmente comentários midrashim baseados nesta tradição crescente). O significado básico dos sobrescritos é a luz que eles lançam na composição e no uso do livro de Salmos no antigo Israel.

Bibliografia. B. Bayer, "The Titles of the Psalms: A Renewed Investigation of an Old Problem", *Yuwal* 4 (1982): 29-123; J. F. A. Sawyer, "An Analysis of the Context and Meaning of the Psalm Headings", *TGUOS* 22 (1970): 26-38; B. K. Waltke, "Superscripts, Postscripts, or Both", *JBL* 110 (1991): 583-96. [TYLER F. WILLIAMS]

SOCÓ (heb. *śôḵô, śôḵōh*) **I. (LUGAR) 1.** Cidade da Sefelá dentro do segundo distrito do território tribal de Judá (Js 15:35). Um pouco antes do embate entre Davi e Golias, o exército filisteu acampou entre Azeca e Socó (1Sm 17:1), ilustrando a importância estratégica da região como área intermediária entre Judá e a Filístia. Talvez esta seja a Socó fortificada por Roboão (2Cr 11:7) depois da divisão do reino. Como parte da zona de fronteira, a cidade foi temporariamente tomada de Judá pelos filisteus no tempo de Acaz (2Cr 28:18).

Socó é uma dos quatro nomes de cidades que aparecem (escreve-se *swkh*) estampados depois da palavra *lmlk* ("para o rei") nas asas nos vasos reais de estocagem encontrados nos contextos do fim do século VIII a.C. em Judá. Estes vasos *lmlk* são geralmente relacionados ao reino de Ezequias, especificamente a seus preparativos para a invasão de Senaquerib, rei assírio, em 701. Assim, Socó, pode ter figurado na reorganização dos distritos administrativos de Judá feita por Ezequias (2Cr 32:27-29). Socó é identificada com segurança com Khirbet 'Abbât/Horvat Socoh no vale Elah a leste de Azeca. O sítio arqueológico permanece sem ser escavado, mas produziu vários vasos *lmlk* e outras cerâmicas dos períodos esperados.

2. Cidade do interior do quinto distrito de Judá (Js 15:48), talvez chamado de Socó, descendente de Judá (1Cr 4:18). Geralmente ele é identificado com Khirbet Shuweikeh, não escavado.

3. Cidade listada como centro do terceiro distrito administrativo de Salomão (1Rs 4:10), identificada com Shuweiket er-Râs, exatamente o norte da moderna Tulkarm. Provavellmente esta é a Socó que aparece em diversas listas egípcias de cidades conquistadas, incluindo as de Tutmósis III e Sisaque.

Bibliografia. Y. Aharoni, *The Land of the Bible*, 2. ed. (Philadelphia, 1979); S. Ahituv, *Canaanite Toponyms in the Ancient Egyptian Documents* (Jerusalem, 1984). [DANIEL C. BROWNING, JR.]

II. (PESSOA) (heb. *śôḵô*) O filho de Héber, um homem da tribo de Judá e provavelmente o fundador de Socó 2 (1Cr 4:18).

SODI (heb. *sôḏî*) Pai de Gadiel, da tribo de Zebulom, um dos doze espias mandados para a terra de Canaã (Nm 13:10).

SODOMA (heb. *sĕḏōm*) Cidade lendária nos arredores do Mar Morto. O termo pode ter surgido da palavra "campo", "queimar" ou "espaço fechado", embora exista pouca concordância acadêmica sobre este ponto.

De acordo com uma antiga tradição para a qual há pouca evidência arqueológica, Sodoma foi uma das cinco cidades da planície (Gn 14:2) que formavam a chamada Pentápolis. As outras cidades eram Gomorra, Admá, Zeboim e Zoar. Essa tradição baseia-se na única referência em Gênesis, embora existam outras referências a algumas das cidades. Os habitantes de Sodoma uniram-se a vários outros vizinhos para combater o saqueador Quedorlaomer, rei de Elã (Gn 14:1). Ló, sobrinho de Abraão, escolheu Sodoma para sua residência (Gn 13:8-13).

Das 44 referências a Sodoma na Bíblia, 23 incluem uma referência a Gomorra; entretanto, Sodoma é a mais importante. Ela é lembrada como cidade excessivamente ímpia a ponto de a ira de Deus vir sobre ela. Gênesis reflete tanto a perversidade sexual como a rude falta de hospitalidade (Gn 19:1-11) em Sodoma. Alguns escritores comparam Sodoma com uma advertência (Dt 29:17-29 [TM 16–28]) e, às vezes, com uma acusação contra o povo do pacto (Am 4:11; Is 1:9-11). A mesma ideia é encontrada no NT (Mt 10:15 = Lc 10:12; Rm 9:29; 2Pe 2:6; Jd 7).

A localização exata da antiga cidade não é conhecida, embora a maioria das conjecturas se concentre em torno do mar Morto. Embora não haja evidência digna de crédito, alguns pesquisadores do início do século XX sugeriram que Sodoma, com outras cidades do vale estavam situadas sob o que atualmente é o extremo sul do mar Morto. Essas teorias apontavam para povoação no segundo milênio a.C. Descobertas arqueológicas mais recentes têm apontado para áreas urbanas a leste e ao sul do mar Morto durante o terceiro milênio e início do segundo. Com base em escavações em Bab ed-Dhra (localizada na península que se estende mar Morto a dentro a partir de sua margem oriental) e em Numeira (mais ao sul da margem oriental), alguns têm proposto que a esses dois locais pertencem as cidades do vale mencionadas na narrativa de Gênesis. [WATSON E. MILLS]

SOFAQUE (heb. *šôp̄aḵ*) Nome alternativo para Sobaque (1Cr 19:16, 18).

SOFERETE (heb. *sôp̄ereṯ*) (tb. HASOFERETE) **1.** Chefe de uma família ou clã dos "servos de Salomão" que retornou do exílio com Zorobabel (Ed 2:55; I Ed 5:33; cf. Ne 7:57).

A B C D E F G H I J K L M N O P Q R **S** T U V X Y Z

2. Um dos "servos de Salomão" cujos descendentes retornaram com Zorobabel do exílio na Babilônia (Ne 7:57). Em Esdras 2:55, ele é chamado de Hasoferete.

SOFIA (gr. *sophía*) Nome grego para "Sabedoria" (heb. *ḥokmâ*), também referido como "Mulher Sabedoria". Essa figura feminina aparece em Provérbios 1–9; Jó 28 e nos livros apócrifos de Siraque, Baruque e Sabedoria de Salomão.

Retratada clamando nas portas da cidade aos "simples" que possam ouvir, a Sabedoria em Provérbios 1–9 é mestra que, diferentemente da "mulher estranha" de fala persuasiva e desonesta (*'iššâ zārâ*), oferece verdade e justiça, conselho sábio, prosperidade e vida longa. Existindo desde antes da criação, ela é uma *'āmôn* ("mestre artesã" ou "criancinha") ao lado de Deus (Pv 8:30), divertindo-se sobre a terra, talvez participando da criação e encontrando prazer na humanidade. Em Jó 28, entretanto, a Sabedoria é inacessível à humanidade, mistério mais precioso do que o mais puro dos metais; só Deus conhece o "caminho" para ela, tendo-a visto e estabelecido no tempo da criação (v. 27). Ben Sira e Baruque identificam a Mulher Sabedoria diretamente com a Torá (Sir. 24.23; Bar. 4.1), enquanto na Sabedoria de Salomão ela ordena o cosmo como a emanação da glória de Deus e reflexo da imagem divina (Sb. 7.25,26; 8.1).

Certamente uma figura cuja descrição foi expandida com o tempo, a "identidade" de Mulher Sabedoria permanece complexa: ela é um dom de Deus embora deva ser buscada com disciplina, figura transcendental que molda o mundo e mesmo assim está imanente, preocupada com a humanidade. Alguns estudiosos ao tratar da origem e do desenvolvimento da Mulher Sabedoria apresentaram uma posição de que ela surgiu como paralelo israelita a deusas do antigo Oriente Próximo, por exemplo Istar, Maate ou Ísis, ou que é a hipóstase da sabedoria de Deus. Outros argumentam que ela é a personificação de um "conceito" como a sabedoria da escola ou da ordem misteriosa da criação em si. Também tem sido dada atenção à função literária de Mulher Sabedoria como metáfora e a evidente apropriação da imagem de Sofia nas primeiras tentativas cristãs para definir a natureza e o papel de Cristo (1Co 1:24; cf. 2:7; Cl 2:3).

Bibliografia. C. V. Camp, *Wisdom and the Feminine in the Book of Proverbs* (Sheffield, 1985); B. Lang, *Wisdom and the Book of Proverbs: A Hebrew Goddess Redefined* (New York, 1986). [CHRISTINE ROY YODER]

SOFONIAS (heb. *ṣĕpanyâ, ṣĕpanyāhû*) **1.** Levita coatita, ancestral de Hemã, o cantor levita, a quem Davi deu a responsabilidade pelo ministério de música no templo (1Cr 6:36 [TM 21)].

2. Filho de Cusi e profeta durante o reinado de Josias. Ele pode ter promovido ativamente as reformas do rei. Singular na obra profética, o sobrescrito do livro remonta sua ancestralidade a quatro gerações (Sf 1:1), talvez por ele ser descendente do rei Ezequias. Nesse caso, Sofonias estava relacionado à família real que estava criticando.

3. Filho de Maaseias, o "segundo sacerdote" (o seguinte no posto do sumo sacerdote Seraías) de Jerusalém (Jr 21:1; 52:54) que em duas ocasiões veio como emissário do rei Zedequias ao profeta Jeremias (21:1; 37:3). Semaías, um falso profeta exilado para Babilônia, escreveu uma carta para Sofonias criticando-o por não ter admoestado ou aprisionado Jeremias (Jr 29:24-28); em vez disso, Sofonias simplesmente leu esta carta para o profeta (29:29). Após a destruição de Jerusalém, ele esteve entre os líderes da cidade levados cativos por Nebuzaradã, o capitão da guarda de Nabucodonosor, e levado perante o rei babilônio em Ribla, foi executado (2Rs 25:18-21; Jr 52:24-27).

4. O pai de Josias, a cuja casa o profeta Zacarias foi dirigido para pegar ouro e prata coletado dos exilados que retornaram para fazer uma coroa para o sumo sacerdote Josué (Zc 6:10, 14). [GREG A. KING/ MICHAEL A. GRISANTI]

SOFONIAS, APOCALIPSE DE Texto judaico que leva o pseudônimo do profeta bíblico Sofonias. Característico do gênero apocalíptico, é formado por um relato do vidente na primeira pessoa de jornada e visões cósmicas na presença de um anjo intérprete. Sofonias vê como anjos registram os feitos da humanidade e observa a punição de almas ímpias no inferno. Ele logo se vê no inferno, onde passa por uma provação perante o anjo acusador que segura o manuscrito de seus pecados. Após orar pela misericórdia de Deus, Sofonias é declarado vencedor pelo anjo bom, Eremiel, que possui o manuscrito de seus atos íntegros. Sofonias então presencia uma série de angélicos toques de trombeta e fica sabendo que os justos patriarcas intercediam pelos que estavam em tormento para que os pecadores pudessem se arrepender e receber misericórdia antes do dia final da ira vindoura de Deus.

Apenas cerca de um quarto do texto foi preservado em dois manuscritos coptas e uma citação grega por Clemente de Alexandria. Foi redigido talvez em grego e egípcio entre 100 a.C. e 175 d.C. [RANDAL A. ARGALL]

SOFONIAS, LIVRO DE Um dos Profetas Menores, atribuído ao profeta Sofonias, que ministrou nas últimas décadas do séc. VII. Esse curto livro de 3 capítulos é notável por seu foco sincero no dia do Senhor e pela semelhança com outros livros proféticos, especialmente os profetas: Amós, Isaías e Miqueias.

Fundo histórico. Há pouca razão para duvidar da informação encontrada no sobrescrito do livro (1:1), localizando a profecia de Sofonias durante o reinado de Josias (640-609). A condenação da idolatria (1:4-5), a identidade de inimigos estrangeiros (2:4-15), o uso da fraseologia de Deuteronômio (p. ex., compare 1:13 com Dt 28:30; 3:19-20 com Dt 30:3), bem como outras características do livro, são consistentes com o tempo de Josias, que testemunhou a descoberta do "livro da lei" (possivelmente incluindo parte de todo o Deuteronômio) e a vigorosa reforma religiosa, incluindo o expurgo de práticas de adoração sincretistas.

Pelo fato de o livro se referir à adoração idólatra (1:4-5) e à falta de qualquer menção explícita às reformas de Josias, afirma-se com frequência que Sofonias profetizou antes de 622, o décimo oitavo ano de Josias, quando o livro da lei foi descoberto no templo (2Rs 22:3, 8). Entretanto, o assunto não é tão claro. Provavelmente algum tipo de idolatria sobreviveu às reformas ou reapareceu rapidamente depois delas. Além disso, as semelhanças de fraseologia e de pensamento entre Sofonias e Deuteronômio podem sugerir que o profeta teve acesso ao livro da lei, sustentando, assim, uma data depois de sua descoberta. Adicionalmente, 2Crônicas 34:3-7 indica que as reformas de Josias começaram vários anos antes da descoberta do livro da lei e se estendeu por um período de tempo. Sofonias bem pode ter sido ativo entre os que ajudaram a incrementar a reforma, mas é difícil fixar com exatidão o tempo certo de seu ministério durante o reinado de Josias.

Unidade. Quase todos os estudiosos aceitam um contexto durante o reinado de Josias, alguns, particularmente os de uma geração mais antiga, têm considerado certos versos e/ou unidades no livro como secundários e lhes atribuíram um editor posterior ou pós-exílico. Isso é especialmente verdade das seções dos caps. 2 e 3 que expressam esperança e salvação (2:7, 9b; 3:9-20 ou porções deles), porque tais temas são tidos como incongruentes com a forte ênfase sobre o julgamento encontrado no livro. Entretanto, vários fatores recomendam cautela. O julgamento e esperança anunciados em Sofonias não são antitéticos entre si, mas complementares, dois lados da mesma moeda. O livro proclama purificação por meio da punição, um juízo de expurgo que desemboca em salvação. Além do mais, os impressionantes traços literários servem para integrar o livro todo, incluindo os versos que falam de salvação. Adicionalmente, existe boa evidência de que as várias unidades que compõem o livro estão estruturadas e ordenadas de forma a proclamar uma mensagem maior, que excede a soma de suas partes. Este arranjo literário proposital sugere que o livro tem a intenção de ser tomado como unidade. Os intérpretes mais recentes, de Sofonias e também de outros livros proféticos, tendem a seguir uma abordagem holística.

Conteúdo e mensagem. O livro todo é dominado por um tema — o dia do Senhor. Tanto o juízo como a salvação são aspectos deste Dia. O cap.1 imediatamente se lança numa descrição do aspecto do julgamento do Dia. Ele vem em breve (1:7, 14) e resultará numa punição cataclísmica e divina que ameaça varrer toda criatura viva (1:2-3). É um julgamento sem paralelo, sobrepujando até mesmo o Dilúvio de Gênesis. Esse juízo mundial serve para demonstrar a soberania mundial de Yahweh.

As consequências desse julgamento para os habitantes de Judá e Jerusalém são decifrados com frios e vívidos detalhes (1:4-13). Devido a maldades como a idolatria, violência e opressão (cf. 3:1,2), apatia espiritual e complacência, Yahweh fará uma "visita" (heb. *pāqaḏ*, frequentemente traduzida por "punir"; 1:8-9, 12) pessoal indesejável ao seu povo da aliança. Em uma das bem conhecidas imagens de Sofonias, Yahweh mostrará aos que o consideram uma divindade inativa, ausente, atitude igual ao ateísmo prático, vasculhando as áreas escuras de Jerusalém com lâmpadas para garantir que os malfeitores não escapem (v. 12). Nenhum recurso ou habilidade humana terá utilidade naquele tempo (v. 18), sugerindo que a única esperança de livramento está em Yahweh. O banquete sacrificial de Yahweh está preparado, mas em vez de serem convidados honrados, as pessoas de Judá são as vítimas sacrificiais (vs.7-8). Embora a derrota militar por uma potência estrangeira (vs.13,16) possa ser incluída neste julgamento, está claro que o escopo do julgamento transcende qualquer derrota militar. Yahweh é a força motriz por trás dessa punição e ela varrerá o mundo todo (v. 18).

O cap. 2 começa com um apelo à luz dessa iminente punição. Judá é convocado com urgência a se reunir em arrependimento e humildade, a buscar Yahweh e a seguir seus mandamentos (2:1-3). Tal dramática mudança por parte deles podia oferecer um vislumbre de esperança, mas a esta altura é somente um vislumbre (v. 3b). Então é retomada a ênfase no julgamento, com vários tradicionais inimigos de Judá em vista para a punição. Os filisteus, os moabitas e os amonitas, os cuxitas e a Assíria (esp. Nínive) — nacionalidades representativas dos quatro pontos cardeais — todos experimentariam a destruição pela mão de Yahweh. Essa destruição é produzida somente pela arrogância deles no tratamento deles para com o povo da aliança (v. 8,10,15). No processo,

A B C D E F G H I J K L M N O P Q R S T U V X Y Z

deuses estrangeiros também são julgados, tendo a impotência deles exposta, manifestando assim a supremacia e a superioridade de Yahweh sobre qualquer outro pretendente à divindade (v. 11).

Entretanto, esse julgamento não é um fim em si mesmo. Ao contrário, num prenúncio da nota de esperança na qual o livro todo termina, ele se torna fonte de bênção para o remanescente de Judá porque os capacita a se espalhar de sua própria terra e ocupar o território anteriormente mantido por seus inimigos (2:7, 9b). A existência desse bando de sobreviventes é outro tema importante, garantindo que haverá aqueles que emergem do julgamento e vivem sob a bênção de Yahweh. A possibilidade de sobrevivência em 2:3 torna-se uma promessa para o futuro no v. 7! Também, com a queda de seus deuses, algumas nações também sobrevivem ao julgamento e se curvam a Yahweh (2:11).

O cap. 3 se liga à última parte do cap. 2 ao continuar seu foco sobre uma cidade ímpia destinada à punição, mas a cidade agora é Jerusalém (3:1-7). O conhecimento dos habitantes de Jerusalém da punição sofrida por outros nada faz para trazê-los de volta a Deus (vs.6-7). Iludidos por seus líderes civis e religiosos, e seguindo o exemplo deles de opressão (v. 1), eles se recusam obstinadamente a se arrepender e estão de fato ansiosos para se envolver em corrupção mais profunda (v. 7b). Tal rebelião pode resultar em nada mais que o povo de Jerusalém ser chamado ao tribunal do julgamento de Deus com outras nações ímpias para receber seus justos castigos (v. 8).

Mas o julgamento não tem a palavra final. De acordo com Sofonias, o juízo mundial (3:8) não significa a aniquilação total. Em vez disso, como na história do Dilúvio de Gênesis, ele envolve purificação. Como já sugerido no cap. 2, Yahweh salvará e transformará alguns povos das nações, produzindo neles a adoração a Ele, Yahweh (3:9-10). Ele também libertará o que restar do povo da aliança, povo humilde e sincero que o busque e siga seus caminhos (vs.11-13). São-lhes prometidas bênçãos de restauração, segurança completa e celebridade mundial devido ao amor de Yahweh por eles e Sua presença no meio deles (vs.15-20). Todavia, embora o livro chegue ao seu clímax nesse retrato de livramento e esperança, o aspecto salvífico do dia do Senhor não deve ser negligenciado ou ignorado.

Em vários aspectos e nuanças de sua mensagem, Sofonias não somente repete seus grandes predecessores proféticos, como também antevê a intervenção final e a grande realização proclamada mais tarde pelo NT, particularmente pelo livro de Apocalipse. *Ver* DIA DO SENHOR.

Bibliografia. I. J. Ball, *A Rhetorical Study of Zephaniah* (Berkeley, 1988); E. Bem Zvi, A Historical-Critical Study of the Book of Zephaniah. *BZAW* 198 (Berlin, 1991); A. Berlin, *Zephaniah*. AB 25ª (New York, 1994); G. A. King, "The Message of Zephaniah: An Urgent Echo", *AUSS* 34 (1996): 211-22; J. J. M. Roberts, *Nahum, Habakkuk, and Zephaniah*. OTL (Louisville, 1991); O. P. Robertson, *The Books of Nahum, Habakkuk and Zephaniah*. NICOT (Grand Rapids, 1990). [GREG A. KING]

SOL A realidade física do sol foi uma presença constante para os palestinos. Ele podia ser opressivamente quente (1Sm 11:9; Ne 7:3), podia bronzear a pele (Ct 1:6) ou queimar safras (Mt 13:6). O escurecimento do sol era visto como sinal de juízo (Ez 32:7; Is 13:10; Mt 24:29) e seu esplendor um símbolo de inspiração e favor divino (Êx 34:29; Mt 17:2; At 26:13).

No antigo mundo mediterrâneo, o sol era regularmente relacionado a poderes divinos. No Egito o sol, sob uma variedade de nomes, era o deus principal e o criador. Os mesopotâmios também adoravam o sol (Samas) e, a exemplo dos egípcios, o consideravam o onisciente defensor da justiça. Em tal contexto, é talvez surpreendente que a Bíblia trate somente da adoração ao sol em termos de proibição. Isso está explícito em Deuteronômio 4:19 e implícito em Gênesis 1:14-19, onde o hebraico *šemeš* nem sequer ocorre no relato da criação do sol. Isto não significa, entretanto, que não houvesse ninguém que adorava o sol em Israel. A verdade era bem oposta, como evidenciado pelo fato de Josias ter removido os cavalos e carruagens dedicados ao sol (2Rs 23:11), e a visão de Ezequiel de 25 homens adorando o sol no pátio do templo (Ez 8:16).

O Senhor é descrito com frequência em termos relacionados ao sol (p.ex., Dt 33:2: "resplandecente"; Sl 19:8 [TM 9]: seus mandamentos "iluminam os olhos"; Ap 1:16: face "como o sol"). São atribuídos também a Deus papéis normalmente designados ao deus-sol, como o de juiz e criador e o templo de Jerusalém foi construído ao longo do eixo leste-oeste. Mas apesar destas semelhanças a Bíblia apresenta um quadro consistente do Senhor como criador (Dt 4:19) e controlador (Mt 5:45) do sol.

Bibliografia. H. G. May, "Some Aspects of Solar Worship in Jerusalem", *ZAW* 55 (1937): 269-81; J. Morgenstern, "The Gates of Righteousness", *HUCA* 6 (1929): 1-37; M.. S. Smith, "The Near Eastern Background of Solar Language of Yahweh", *JBL* 109 (1990); 29-39. [CHRISTIAN M. M. BRADY]

SOLEIRA A base ou umbral da entrada, normalmente feita de pedra, que contém as bases em que gira o eixo da porta (heb. *sap̄*).

Em Juízes 19:27, a concubina de um levita é morta e o corpo é deixado à entrada de sua casa com as mãos na soleira. Dagom está caído na soleira do seu templo em Asdode onde sua cabeça e suas mãos estavam cortadas fazendo com que os filisteus passassem a não pisar na soleira daquele dia em diante (1Sm 5:4-5). Quando a rainha atravessa a soleira da casa, o filho de Jeroboão morre, cumprindo a profecia do Senhor falada pelo profeta Aías (1Rs 14:17).

Inúmeras referências indicam que guardas protegiam as soleiras de cidades. Ester 2:21 (cf. 6:2) descreve a conspiração contra Assuero por dois eunucos que guardavam a soleira do palácio. Os porteiros que ficavam junto à porta do rei e à soleira do acampamento dos levitas e do santuário eram em número de 212 (1Cr 9:17-22). A soleira do templo de Salomão é forrada com ouro (2Cr 3:7). Durante a monarquia dividida, a soleira do templo é guardada por indivíduos selecionados (2Rs 12:9; 22:4; 23:4; 2Cr 34:9; Jr 35:4), às vezes em número de três (2Rs 25:18 = Jr 52:24).

No AT apocalíptico, a soleira tem significado religioso e espiritual. É à soleira do templo que Yahweh se dirige para entregar uma mensagem (Ez 9:3; 10:4). Durante o oráculo de Ezequiel, a soleira do novo templo de Yahweh é medido (Ez 40:6, 7). A adoração está associada à soleira da porta (Ez 46:2) e a área da soleira do templo deve ter espaço suficiente das casas comuns do povo (43:8). O costume de pular sobre a soleira é denunciados (Sf 1:9) e pode ser referência a um costume pagão (cf. 1Sm 5:5). A teofania é frequentemente acompanhada por terremotos que abalam as soleiras (Is 6:4; Am 9:1).

Soleiras de pedra foram encontradas em toda Síria-Palestina. Frequentemente feitas de pela sólida de pedra calcária, elas são encontradas nas portas de cidades importantes de vários períodos (Gezer, Hazor, Laquis, Megido, Siquém). Templos também mostram o mesmo tipo de soleira em suas entradas (Asdode, Tel Miqne-Ecrom, Laquis, Hazor). Em Tel Miqne-Ecrom, três soleiras de pedra marcam a entrada para um templo do tipo assírio dedicado ao deus *ptgyh*. O significado religioso da soleira é evidente em inúmeros contextos arqueológicos onde fundação de depósitos "lâmpada e tigela" ou funerais de crianças foram encontrados sob a área onde estavam localizadas as soleiras.

Bibliografia. S. Bunimovitz e O. Zimhoni, "'Lamp-and-Blow' Foundation Deposits in Canaan", *IEJ* 43 (1993): 99-125; S. Gitin, T. Dothan eJ. Naveh, "A Royal Dedicatory Inscription from Ekron", *IEJ* 47 (1997): 1-16; A. Kempinski e R. Reich, Eds., *The Architeture of Ancient Israel* (Jerusalem, 1992). [MICHAEL G. HASEL]

SOMBRAS *Ver* REFAIM.

SOMER (heb. *šōmēr*) (tb. SEMER, SINRITE) **1.** A mãe de Jozabade, um dos que mataram o rei Joás (Jeoás) de Judá (2Rs 12:21). Ela é também conhecida como Sinrite, a moabita (2Cr 24:26).

2. Um dos filhos de Héber, da tribo de Aser (1Cr 7:32). Ele é também chamado de Semer (3; 1Cr 7:34).

SONHOS No antigo Oriente Próximo, geralmente os sonhos e a interpretação deles devem ser considerados na categoria mais ampla de agouro e interpretação de agouro (incluindo a interpretação de deformações de fígado, as formas e os padrões da fumaça, óleo na água, voo dos pássaros). Contudo, os sonhos eram considerados entre as formas menos dignas de confiança na adivinhação.

Embora haja ocasiões onde os sonhos (heb. *ḥălôm*) sejam importantes comunicações de Deus aos hebreus (o famoso sonho de Jacó em Gn 28:12), esta forma de comunicação é contrastada com a direção com a qual Deus falou a Moisés (Nm 12:6-8), e os sonhos são certamente condenados como menos dignos de confiança por Jeremias (Jr 23:27, 32; 29:8) e de pouco valor para o salmista (Sl 73:20; 90:5). Das suspeições da profecia pelos agouros e sonhos em Deuteronômio 13:1-5 à posterior opinião de Siraque 34.7 ("Porque os sonhos têm enganado a muitos, e aqueles que colocaram sua esperança neles têm perecido"), alguém pode remontar isso à ambivalência hebraica com respeito aos sonhos como fontes de informação dignas de confiança.

Entretanto, parece claro que nem todos os textos bíblicos compartilham dessa avaliação negativa. Embora Deus ocasionalmente se comunique com estrangeiros em sonhos (Abimeleque em Gn 20; Labão em Gn 31; talvez amalequitas e midianitas. Jz 7:13-15), a mais elevada incidência de sonhos e de sonhadores envolve duas figuras: José (Gn 37-41) e Daniel. Visto que ambos os ciclos das fábulas hebraicas são provavelmente do mesmo período pós-exílio, isso é uma indicação adicional de que os sonhos se tornaram mais importantes no final do período persa e helênico. Ambos, José e Daniel, não são somente sonhadores famosos em si mesmos, mas se tornaram famosos nas cortes estrangeiras por causa da sua interpretação de sonhos do imperador, seja Faraó ou Nabucodonosor. Os sonhos de Mordecai, de acordo com as Adições Gregas a Ester (adições a Et 11:2-12; cf. sonhos apocalípticos de Esdras em 2Esdras). Os sonhos são proeminentes, ocorrendo frequentemente com "visões" (gr. *hórama*) na literatura apocalíptica , e são frequentemente difíceis de diferenciar das experiências de visão enquanto se está desperto. Se é verdade que o interesse do hebreu em sonhos aumenta no período helênico, certamente essa é uma reflexão do interesse helênico vívido e difundido dos hebreus em sonhos. Fontes gregas mostram um sério interesse em sonhos, e é de Artemidoro que temos o mais antigo (e mais surpreendentemente abrangente) manual de interpretação de sonhos.

No evangelho de Mateus, Deus comunica-se por sonhos (aos "magos", Mt 2:12; a José, 1:20; 2:13-22); e num eco da tradição literária hebraica, à mulher de Pilatos, 27:19). Significativamente, entretanto, os sonhos não ocorrem como fator importante fora de Mateus (cf. At 2:17; citando Jl 2:28), que mais provavelmente reflete uma certa hesitação cristã primitiva associada a práticas pagãs.

Bibliografia. Artemidorus, *The Interpretation of Dreams* (Park Ridge, N.J., 1975); R. Gnuse, *The Dream Theophany of Samuel* (Lanham, Md, 1984); A. L. Oppenheim, *The Interpretation of Dreams in the Ancient Near East* (Philadelphia, 1956). [DANIEL L. SMITH-CHRISTOPHER]

SONO Suspensão regular da consciência em que o corpo se recupera (Gn 28:16; Sl 3:5 [TM 6]; Mt 25:5). As criaturas precisam dormir, mas não o Senhor (Sl 121:4), que de fato cuida de nós enquanto dormimos (v. 5-6) e se comunica por meio de sonhos (Gn 20:6,7; Mt 1:20; 2:12,13,22). Deus criou Eva enquanto Adão dormia (Gn 2:21) e fez um pacto com Abrão enquanto ele dormia (15:12). Embora Deus não durma, a imagem poética clama para que ele se levante como se estivesse dormindo (Sl 44:23,26 [24,27]; cf. 78:65).

O sono parece simbolicamente em relação à morte física, seja para o justo como para o ímpio (Sl 13:3 [4]; 76:5 [6]; Jr 51:57; Dn 12:2; cf. 1Co 11:30). No NT, entretanto, Cristo ressuscitará os crentes (1Ts 5:10), os que morrem "dormem" em Jesus (4:14). No AT, o uso do sono em relação à morte como uma condição reversível foi um prenúncio da ressurreição (cf. esp. Dn 12:2). Jesus confirmou isso quando ressuscitou a Lázaro, que havia "dormido", dentre os mortos: Jesus foi "acordá-lo" (Jo 11:11) como sinal de sua autoridade para ressuscitar os mortos no último dia.

O sono é também usado em sentido simbólico em relação ao embotamento e à morte espiritual. Em Provérbios, o sono é a ocupação do preguiçoso, produzindo pobreza e fome (Pv 6:9-11; 19:15; 20:13; 24:33,34). No NT, o sono representa a indolência espiritual (Mc 14:32-40), um entorpecimento do qual a pessoa deve se levantar, sendo acordado espiritualmente e preparar-se para o dia da salvação prestes a amanhecer (13:36; Rm 13:11; Ef 5:14; 1Ts 5:6-9). [B. CANEDAY]

SÓPATRO (gr. *Sṓpatros*) Companheiro de Paulo na última viagem deste a Jerusalém para entregar uma oferta das igrejas gentias à igreja de Jerusalém (At 20:4). Ele é mencionado como se fosse de Bereia. O nome (gr. "de ascendência honesta") pode ser uma variante de Sosípatro (Rm 16:21). [JOE E. LUNCEFORD]

SOREQUE (heb. *sōrēq*), **VALE DE** Uádi es-Sarâr/Nahal Soreque/Nahar Rubin, que forma uma passagem natural para a zona rural de Judá para viajantes, com início na área costeira de Jaffa. O vale segue o amplo meandro do leito do Soreque pelo fértil solo aluvial. Na base da região montanhosa, o vale se expande em seu ponto de junção com o Uádi Ghurab, que desce do norte, e com o Uádi em-Najil, do sul. Sobranceiramente à confluência dos três uádis, as cidades de Zorá e Estaol ficam no lado norte, Bete-Semes no sul. Os povoados do Soreque (Timna, Bete-Semes) mantinham vigilância sobre a trilha comercial que passava pelo vale com destino a Jerusalém ou Belém no interior ou virando para o sul na direção de outros vales e povoados na Sefelá. A casa de Dalila ficava no vale do Soreque (Jz 16:4).

Bibliografia. Y. Aharoni, *The Land of the Bible*, 2. ed. (Philadelphia, 1979); G. A. Smith, *The Historical Geography of the Holy Land*, 25. ed. (New York, 1966). [DAVID C. MALTSBERGER]

SORTE Objetos lançados para determinar uma resposta além da compreensão humana ou para tomar uma decisão que requer orientação divina. O hebraico *gôrāl* originalmente significava "pedra" ou "seixo", mas acabou vindo a significar "destino" ou "sorte". A sorte era, possivelmente, pequenas pedras ou pedaços de madeira e a referência a eles é sendo arremessados, sacudidos ou jogados. A prática de lançar a sorte está ligada ao Urim e Tumim, dispositivos do oráculo sacerdotal que pode também ter sido prumo ou dado pequeno.

Na Bíblia, lançar a sorte teve vários propósitos diferentes, tanto civil quanto cúltico. Foi lançada a sorte perante Deus na divisão da terra (Js 18:6; 19:51), na distribuição de bens (Na 3:10; Sl 22:18 [TM 19]) e na seleção de residentes da Jerusalém pós-exílio (Ne 10:34 [35]). Eram também lançadas sortes para verificar a identidade da parte culpada (Js 7:10-26; Jn 1:7; 1Sm 10:20) e na escolha de um rei (1Sm 10:20) ou de um funcionário para o serviço religioso (1Cr 24:26). Sortes eram lançadas no dia da Expiação para escolha do bode expiatório (Lv 16:8-10). No NT, o sucessor de Judas é escolhido pelo lançamento de sorte (At 1:23-26) e os soldados romanos lançaram sortes (gr. *klḗros*) para dividirem o manto de Jesus (Jo 19:24; Mc 15:24 par.).

A técnica adivinhatória chamada psefomancia ou cleromancia trata do lançamento de sorte, método prevalecente de adivinhação no mundo antigo. Na Bíblia, entretanto, o lançamento de sortes foi um dos poucos meios legítimos de revelação divina (como eram os sonhos e a comunicação direta com a divindade). O lançamento de sorte não está entre as práticas mânticas ou adivinhatórias condenadas, como a vidência, mágica e necromancia (cf. Dt 18:10-12. O lançamento de sorte, portanto, tinha sanção e controle divinos. Embora o lançamento de sortes fosse uma ação humana, a revelação era uma mensagem direta de Deus (Pv 16:33). *Ver* PURIM.

Bibliografia. W. W. Hallo, "The First Purim", *BA* (1983): 19-29; J. Lindblom, "Lot-Casting in the Old Testament", *VT* 12 (1962): 164-78. [JULYE BIDMEAD]

SOSÍPATRO (gr. *Sōsípatros*) **1.** Comandante sob as ordens de Judas Macabeus, que destruiu a guarnição em Charax. Em seguida, capturou o governador Timóteo, que persuadiu Sosípatro a libertá-lo (2Mac 12.19-25).

2. Cristão judeu que estava com Paulo quando foi escrita a Epístola aos Romanos (provavelmente em Corinto, um pouco antes da última viagem de Paulo a Jerusalém) e cujas saudações são transmitidas à igreja de Roma (Rm 16:21). Ele é identificado como um dos "parentes" de Paulo (NRSV; cf. mg "compatriotas"). Ele pode ser a mesma pessoa que Sópatro (At 20:4). [JOE E. LUNCEFORD]

SÓSTENES (gr. *Sōsthénēs*) **1.** O "chefe" da sinagoga em Corinto que foi espancado por uma multidão devido o procônsul Gálio ter se recusado a receber as acusações dos "judeus" contra Paulo (At 18:17).

2. Pessoa a quem Paulo se refere como "nosso irmão" (1Co 1:1). Se ele é o mesmo que 1 acima, torna-se agora um cristão e colaborador de Paulo. [JOE E. LUNCEFORD]

SOTAI (heb. *sōṭay*, *sôṭay*) O chefe de uma família de "servos de Salomão" que retornou do exílio com Zorobabel (Ed 2:55; Ne 7:57).

SUÁ (heb. *šû'āl*) **I. (LUGAR)** Região para qual um dos três grupos de ataque filisteu se voltou depois de sair de seu acampamento em Micmás (1Sm 13:17). Diz-se também que a direção desse grupo de atacantes é "em direção a Ofra"; disto sabe-se que eles estavam tomando a direção norte de Micmás. É possível uma conexão com Saalim.

II. (PESSOA) (heb. *šû'āl*) **1.** Filho de Zofa da tribo de Aser (1Cr 7:36). O nome pode representar um clã ou lugar.

2. (heb. *šûa'*, *šû'ā'*) O pai da esposa cananeia de Judá (Gn 38:2, 12). Em 1Crônicas 2:3, versões recentes para o inglês transliteram *bath-shua'* como o nome próprio ("Bath-shua") da esposa de Judá em vez de traduzir por "filha de Suá".

3. Uma mulher da tribo de Aser, filha de Héber (1Cr 7:32).

4. (heb. *šûaḥ*) Um dos três filhos de Abraão com sua concubina Quetura (Gn 25:2; 1Cr 1:32). Acredita-se que Suá esteja associado a Sûhu, uma terra no rio Eufrates, na Síria, conhecida por inscrições assírias e aos suítas, a quem Bildade, um dos amigos de Jó, pertencia (Jó 2:11).

5. (heb. *sûaḥ*) Homem da tribo de Aser, filho primogênito de Zofa (1Cr 7:36).

6. (heb. *šûḥâ*) O irmão de Quelube da tribo de Judá (1Cr 4:11).

7. (heb. *šûḥām*) (tb. HUSIM) Homem da tribo de Dã, ancestral dos clãs suamitas (Nm 26:42, 43). Em Gênesis 46:23, é chamado de Husim.

SUBAEL (heb. *šûḇā'ēl*) Forma alternativa de Sebuel (2; 1Cr 25:20).

SUCATITAS (heb. *śûḵāṯîm*) Uma das famílias de "escribas que viviam em Jabez", listadas entre os descendentes de Calebe e talvez um grupo quenita ou recabita (1Cr 2:55).

SUCOTE (heb. *sukkôṯ*) **I. (LUGAR) 1.** O primeiro acampamento dos israelitas, durante o êxodo do Egito, depois de saírem de Ramessés (Êx 12:37; Nm 33:5-6). Muitos estudiosos têm sugerido que Sucote é uma adaptação do egípcio Tjeku (egip. *tkw*), localizado perto da fronteira ocidental do Egito, embora haja alguma discussão sobre se Tjeku se refere a uma cidade na fronteira, um distrito administrativo ou a ambos. Os que acreditam que Tjeku foi uma cidade têm proposto Tell el-Maskhûta no Uádi Tumilat como candidata mais provável. Escavações em Tell el-Maskhûta revelaram estruturas do período romano e fundações de edifícios mais antigas que parecem ser parte de um típico forte de fronteira do faraó Neco II. Entretanto, escavações revelam um intervalo de ocupação no local entre cerca de 1650 e 610 a.C.

2. Lugar no lado leste do vale do Jordão, perto da confluência dos rios Jaboque e Jordão onde, de acordo com Gênesis 33:17, Jacó construiu tendas (heb. *sūkkôt*) para seu gado em seu retorno de Padã-Arã para Canaã. Na época da Conquista, Sucote havia se tornado uma cidade cananeia no território de Seom, [rei de] de Hesbom. Subsequentemente, foi designado à tribo de Gade (Js 13:27). Gideão pediu ao povo de Sucote (e Peniel) que fornecesse alimento para seu exército enquanto estava perseguindo os midianitas. Mais tarde, Gideão os puniu por terem se recusado a atender Seu pedido (Jz 8:5-17). Durante a época de Salomão, foram estabelecidas fundições perto de Sucote para a moldagem de vários implementos de bronze para o templo (1Rs 7:45, 46 = 2Cr 4:16, 17). Sucote é um dos seis locais mencionados por Sisaque (cf. Sl 60:6 [TM 8]).

Pelo menos dois candidatos foram propostos para Sucote. Um é Tell el-Ekjsas (ár. "tendas"), cerca de 2,5 km a oeste de Deir 'Alla. O segundo é

A B C D E F G H I J K L M N O P Q R S T U V X Y Z

o próprio Deir 'Alla, onde escavação revelou ocupação e/ou atividade durante os primitivos períodos bíblicos. O assentamento da Idade do Bronze Recente parece ter sido destruído no século XII a.C., possivelmente por incêndio. Yohanan Aharoni sugeriu que isso podia refletir a vingança de Gideão, embora tal alegação deve permanecer meramente especulativa. Também de interesse são os subsequentes resíduos da Idade do Ferro I, incluindo resíduos de fornalhas para fundição de bronze e buraco para poste para tendas (de ferreiros), talvez antecipando a atividade dos trabalhadores de Salomão na mesma área pouco tempo depois. A cultura material de Deir 'Alla é tão eclética por natureza quanto podia ser esperado para um local de fronteira. [RANDALL W. YOUNKER]

II. (FESTIVIDADE) A Festa das Cabanas (tb. chamada de Tabernáculos e Colheita), uma das três grandes festas de peregrinação. *Ver* TABERNÁCULOS, FESTA DOS.

SUCOTE-BENOTE (heb. *sukkôṯ bĕnôṯ*) Divindade babilônica mencionada uma vez na Bíblia (2Rs 17:30) e nunca em fontes cuneiformes. Depois da destruição do reino de Israel, do norte, por Salmaneser V em 722 a.C. e subsequente deportação de seus habitantes (2Rs 17:1-6; 18:9-12), ele e seu sucessor, Sargão II colocaram nos lugares por eles conquistados, povos de outras regiões (17:24). O remanescente de Israel tentou ensinar os novos habitantes a respeito de Yahweh (2Rs 17:27, 28), mas "cada grupo fez seus próprios deuses" (v. 29), com os babilônios adorando a Sucote-Benote. O significado preciso do nome é incerto (cf. heb. "cabanas de/para moças"); "A Imagem da Criadora (Banitu)" tem sido sugerida.

Bibliografia. M. Cogan, "Sukkoth-Benoth", *DDD*, 821-22. [CHRIS A. ROLLSTON]

SUFÁ (heb. *sûpâ*) Região em Moabe, provavelmente perto do vale do rio Arnom (Nm 21:14); cf. o Pentateuco Samaritano e a Vulgata. "Mar Vermelho", do hebraico [*yam*]-*sûp̄*. Sufá pode ter alguma relação com Khirbet Sufá, cerca de 6 km ao norte de Arnom, e com Sufe (Dt 1:1), mas não há certeza quanto a isto.

SUFAMITAS (heb. *šûpāmîm*) Um clã da tribo de Benjamim reivindicando Sefufã como ancestral epônimo (Nm 26:39).

SUFE (heb. *sûp*) Lugar no qual Moisés fez seu discurso final, na terra de Moabe a leste do rio Jordão (Dt 1:5), onde Israel ainda está "no deserto" (v. 1) e prestes a entrar na terra prometida. Os dados geográficos aqui dados são difíceis. Sufe (heb. "mar de algas") tem sido identificado com Khirbet Sufah, 7 km a sudeste de Madeba, ou com a cidade grega chamada Papyron, mencionada por Josefo (*Ant.* 14.33). Alguns estudiosos corrigem a frase "defronte de Sufe" para "do mar Vermelho", correção apoiada pela LXX e pela Vulgata.

Bibliografia. E. G. Kraeling, "Two Place Names of Hellenistic Palestine", *JNES* 7 (1948): 199-201. [ROBERT DELSNYDER]

SUÍTA (heb. *šûḥî*) Designação de Bildade, amigo de Jó, provavelmente identificando-o como um descendente de Suá (Jó 2:11; 8:1; 18:1; 25:1; 42:9).

SUL Devido à ideia dos israelitas de que a bússola aponta em relação a uma pessoa de frente para o leste, suas palavras para "sul" incluíam o hebraico *yāmîn*, "à direita, mão direita, sul", e a palavra relacionada *têmān*. Outros termos hebraicos são *negeḇ*, que é também o nome da região sul de Judá, "o Neguebe", e *dārôm*. "o rei do sul" designa vários reis ptolemaicos do Egito em Daniel 11. Os termos no NT incluem o grego *nótos* e *mesēmbría* (At 8:26), que podem também ser traduzidos por "meio-dia" (NRSV mg "tarde"). "A rainha do sul" (Mt 12:42; Lc 11:31) é a rainha de Sabá (cf. 1Rs 10:1-10).

SULAMITA (heb. *šûlammîṯ*) Gentílico que designa a mulher no Cântico de Salomão que foi procurada por seu amante (Ct 6:13 [TM 7:1]). São sugeridas quatro possibilidades para a origem da palavra: (1) Visto que o Cântico de Salomão é atribuído a Salomão e o nome Salomão ocorre várias vezes no texto (Ct 1:5; 3:7,11; 8:11,12), sulamita pode ser uma forma feminina do hebraico *šĕlōmōh* (Salomão). A sulamita ("aquela que pertence a Salomão") é a contraparte feminina de Salomão no Cântico. (2) O nome pode indicar uma habitante da cidade de Suném, identificada com a moderna Sôlem. Abisague, a jovem que cuidou de Davi em sua idade avançada e foi depois procurada por Adonias, filho de Davi, vem de Suném (1Rs 1–2). (3) Sulamita pode ser um apelido para Istar, a deusa mesopotâmica da guerra e do amor, ou para Anate, a esposa de Baal. (4) O nome pode ser uma derivação da raiz hebraica *šlm* ("bem, completa, em paz"). [NANCY L. DECLAISSÉ-WALFORD]

SUMATEUS (heb. *šumāṯî*) Família que residia em Quiriate-Jearim, descendente de Sobal, o filho de Hur (1Cr 2:53).

SUMÉRIO Língua falada pelos habitantes do sul da Mesopotâmia até por volta do fim do terceiro ou início do segundo milênio a.C., quando deu lugar ao acádio semítico. Depois disso, os escribas continuaram a empregar o sumério como linguagem religiosa, culta até o início da era atual. Os documentos escritos mais antigos do mundo conhecido até aqui datam de cerca de 3100 e foram encontrados na antiga Uruk no sul da Mesopotâmia; embora com relação à maior parte indecifrada, as indicações são de que a linguagem deles era o sumério.

O progresso na análise da língua suméria tem sido lento devido a vários fatores. Linguisticamente ela não está relacionada a qualquer outra língua conhecida, por isso os dados comparativos são inexistentes. Os textos primitivos foram extremamente seletivos em sua representação dos morfemas da língua falada, sendo aparentemente compostos basicamente de ajuda à memória. Textos posteriores, embora escritos mais explicitamente, foram produzidos por escribas de língua acádica que haviam aprendido o sumério nas escolas e cujo uso é, consequentemente, menos confiável. No entanto, os textos sumérios monolíngues podem agora ser lidos com considerável compreensão; e edições confiáveis de textos literários estão sendo produzidos.

A investigação linguística tem sido facilitada por várias formas de textos. A lexicografia tem tirado proveito de listas das palavras que fornecem traduções acádicas de muitas palavras sumérias e a pronúncia é às vezes incluída em auxílio da fonologia. A fonologia também tem se beneficiado, bem como a morfologia, de textos sumérios escritos totalmente em manuscrito silábico (em contraste com a habitual continuação dos sinais silábicos e logográficos), embora esses textos sejam limitados em número, relativamente recente, ou não inerentes da Suméria. A decifração inicial da língua e o subsequente estudo da sintaxe tem sido ajudada por textos bilíngues que contêm traduções acádias de composições sumérias relacionadas. Tanto a morfologia quanto a sintaxe têm sido ajudadas por textos gramaticais com seus princípios de organização elaborados.

As chaves nominal e verbal foram formadas em sumério pela colocação de morfemas e palavras numa determinada ordem sequencial com limitada modificação interna. A principal chave verbal ocupou a posição final numa cláusula. Alguns acessos às formas como os escribas acádios compreendiam e traduziam as formas verbais vêm de dois termos acádios empregados nos textos gramaticais sumérios que produziram, embora esses textos derivem do período neobabilônico posterior. O sum. *Hamtu* (ou *hantu*) significa "rápido" e indica algo como pontual *Aktionsart*; *marû* significa "gordo" ou, por derivação, "vagaroso" e indica algo como duradouro *Aktionsart*. Sujeitos de alguns verbos *hamtu* eram marcados, enquanto que outros e todos os sujeitos dos verbos *marû* não eram. Havia provavelmente diferenças dialéticas no sul da Mesopotâmia durante o período enquanto o sumério estava em uso ativo, mas somente duas podem até o presente ser identificadas, um dialeto principal (*eme-gir*$_{15}$) e um dialeto específico, usado em textos literários pelas mulheres e lamentação de sacerdotes e, possivelmente, em outros contextos (*eme-sal*). [WALTER R. BODINE]

SUMÉRIOS A primeira civilização importante da Mesopotâmia. Os sumérios apareceram pela primeira vez na história no sul da Mesopotâmia, cerca de 3100 a.C. A primeira evidência explícita da presença deles aparece em textos encontrados em Uruque e são escritos no que pode ser identificado de forma plausível como a língua suméria. Estabelecidos na parte baixa da planície aluvial que se estende para o norte a partir do Golfo Pérsico/Arábico pelo menos até a antiga Shuruppack e numa data primitiva o assentamento deles se estendeu mais para o norte em algum lugar acima de Nippur, que se tornou sua capital religiosa. Essa planície foi sua terra natal, conhecida deles como Kiengi e, dos acádios semitas como Shumeru (de onde vem Eng. Sumer). É a área geral identificada como o cenário do Jardim do Éden em Gn 2–3). Os sumérios recordavam de sua primeira cidade ter estado logo acima do que foi então a ponta do golfo, em Eridu, desde então considerada sagrada para Enki, o deus da sabedoria e da profundidade aquática (o Apsu).

A civilização suméria desenvolveu seus traços característicos entre cerca de 3400-2900. A escrita surgiu primeiro em curtos documentos administrativos e pode apenas ser empregada no período seguinte na reconstrução histórica. No entanto, esse foi talvez o período criativo da mitologia suméria, e uma rica literatura seguir-se-ia. Cidades também surgiram, bem como o acúmulo de capital e uma forma primitiva de democracia, que mais tarde daria lugar à monarquia. A história de Ziusudra sobrevivendo num barco a um dilúvio catastrófico divinamente ordenado, localizado na tradição suméria no fim deste período, tem clara conexão com Gênesis 6–9.

No período seguinte (Primeira Dinastia, cerca de 2900-2334), apareceram os muros da cidade e a liderança política que antes havia sido temporariamente tornou-se institucionalizada na função do rei, indicando crescentes hostilidades. A primeira sede da monarquia depois do dilúvio foi em Kish de acordo com a Lista Real Suméria, refletida no uso posterior do título "Rei de Kish" pelos monarcas mesopotâmios como reivindicação ao domínio universal. Contos heroicos de reis lendários, como Etana, Enmerkar, Lugalbanda, Dumuzi (Tamuz babilônio; Ez 8:14) e Gilgamés, todos com exceção do primeiro que reinou em Uruque, tiveram seu cenário neste tempo. A cultura suméria foi disseminada pelo Oriente Próximo, como testemunhado pelo extenso uso da língua suméria e escrita cuneiforme na área de Ebla no norte da Síria em meados do terceiro milênio.

A B C D E F G H I J K L M N O P Q R **S** T U V X Y Z

As tumbas reais escavadas em Ur, originadas da última parte do primeiro Período Dinástico, forneceram importantes exemplos de arte e perícia profissional, bem como evidência de enterro em massa de toda uma corte com o rei morto, prática que não pode de outra forma ser investigada até aqui. Urukagina/Uruinimgina, de Lagash, promulgou uma reforma limitando as prerrogativas reais e reivindicando as reclamações sociais. Lugalzagesi, de Umma, conquistou Lagash, Uruque e o resto da Suméria de acordo com suas reivindicações; mas tais aspirações imperiais podem seguramente ser reconhecidas como realidade somente no período seguinte ao domínio semítico.

A presença semítica na Mesopotâmia pode ser documentada por volta da metade do primeiro período dinástico e a simbiose entre sua cultura e a dos sumérios progrediu até que a última foi absorvida por volta do segundo milênio, mas não sem deixar sua marca impregnante e duradoura. De cerca de 2334-2154 os acádios governaram de Acade, a nova capital estabelecida por Sargão, fundador da dinastia. Os acádios foram nomeados para cargos administrativos; a língua acádia foi empregada em documentos oficiais junto ao sumério; e Sargão conquistou a supremacia sobre toda a baixa e média Mesopotâmia. Ao mesmo tempo, Sargão honrou os assuntos sumérios investindo sua filha Enheduanna como suprema sacerdotisa de Nanna de Ur, a deusa-lua. Essa mulher talentosa, a primeira autora identificável da literatura mundial, compôs hinos sumérios em honra à deusa Inanna e aos templos de Sumer e Acade. Revoltas palacianas voltaram a acontecer durante a dinastia e esta finalmente desmoronou sob a pressão de vários povos de fora, entendidos convencionalmente como incluindo, em particular, os gútios.

Durante o curto período seguinte, os estrangeiros gútios exerceram o poder principalmente na região de Diyala, embora uma dinastia suméria em Lagash mantivesse considerável influência no sul. Gudea, o mais conhecido de seus reis, reconstruiu o templo Eninnu de Ningirsu em Girsu. Os dois cilindros relatando este projeto preservam a mais extensa composição literária suméria até hoje recuperada.

O governo sumério centralizado sobre a Mesopotâmia central, sul e além foi restaurado pela terceira dinastia de Ur (Ur III; cerca de 2112-2004). A primeira coleção conhecida de lei precedente é creditada ao fundador da dinastia, Ur-nammu, ou a seu filho, Sulgi. No reinado de Ur-nammu, se não antes, o zigurate, torre com camadas sobrepostas com um santuário em seu topo, apareceu, provavelmente o tipo de estrutura retratada em Gênesis 11:1-9. Depois de Ur-nammu, Sulgi governou sobre um reino próspero cujas operações militares foram amplamente bem-sucedidas e cujo comércio foi abrangente. Foi um período no qual a educação relativa à escrita e à literatura suméria floresceu, embora nossas cópias de textos literários sumérios viessem em grande parte do posterior período babilônico antigo. Mais hinos reais escritos em honra de Sulgi são conhecidos do que qualquer outro monarca mesopotâmico, e ele reivindicava a divindade, como os governantes acádios Naram-sin e Shar-kali-sari antes dele. Os três sucessores de Sulgi tentaram, sem sucesso, impedir a entrada dos amorreus do noroeste que, finalmente, com as forças do leste, invadiram o império.

Seguiu-se um período de troca de poder no qual as cidades-estado de Isin e Larsa desempenharam papel dominante em manter viva a cultura suméria no sul. A cultura deles, entretanto, com a conquista da Mesopotâmia sul e central por Hamurabi, rei da Antiga Babilônia, foi finalmente absorvida pela dos semitas. Todavia, o estilo sumério de vida foi respeitado pelos babilônios e continuou a existir no amálgama resultante. Enlil, o chefe ativo do panteão sumério, deu lugar aos deuses Marduque da Babilônia e, posteriormente, a Assur, da Assíria.

Outros deuses sumérios continuaram a ser adorados em sua contraparte semítica, p. ex., Inanna em Istar, Enki em Ea, Utu em Samas e Nanna em Sin. As escolas de escrita preservaram a língua suméria na forma escrita depois de terem desaparecido do uso corrente e transmitiu a literatura suméria até seu desaparecimento após o período babilônico antigo, depois do que a tradição foi mantida viva por associações e famílias de escribas.

Muitos elementos fundamentais da civilização moderna apareceram primeiro entre os sumérios. Suas realizações e perspectivas influenciaram profundamente todo o antigo Oriente Próximo em sua época, em particular os babilônios, que os sucederam no sul da Mesopotâmia. Especialmente através dos babilônios, essa influência se estendeu ao antigo Israel e à Bíblia Hebraica. Por meio deste último agente, bem como pelo impacto subjacente do antigo Oriente Próximo sobre a civilização grega, o legado deles chegou ao mundo ocidental. Uma abordagem do conhecimento da história da civilização ocidental, bem como da Bíblia, não deve ficar aquém da pesquisa em relação aos antigos sumérios. [WALTER R. BODINE]

SUMO SACERDOTE O ministro mais importante do culto israelita. De acordo com a Torá, o ofício do sumo sacerdote remonta à revelação do Sinai. Começando em Arão, uma cadeia hereditária ininterrupta de sumos sacerdotes associa o tabernáculo do deserto ao Segundo Templo em Jerusalém (Nm 25:10-13). No entanto, da perspectiva histórica, a efetiva existência de tal instituição antes do exílio babilônio seria muito improvável. Quando Ezequiel 40-48 define que o templo deve ser reconstruído, as regras sobre as quais o ofício do sumo sacerdócio deveria se fundamentar são introduzidas como elementos de uma nova ordem que Deus estaria estabelecendo numa clara descontinuidade com o passado. Nas palavras de Ezequiel, o rei não seria mais o dono e líder do templo, mas simplesmente seu guardião. Os levitas não seriam mais autorizados a ministrar na presença de Yahweh, representando um grupo claramente separado dos sacerdotes. Entre todas as famílias sacerdotais, a liderança seria mantida apenas por uma família aronita particular, os filhos de Zadoque. Nenhuma dessas condições fixadas por Ezequiel existia antes do Exílio, e sem elas não haveria nenhum espaço para a instituição do sumo sacerdócio. Foi entre os exilados que uma liderança sacerdotal autônoma emergiu primeiro, contestando o decadente poder da casa de Davi. Nos tempos de Dario, quando os judeus foram autorizados a voltar para Jerusalém e construir um novo templo, a casa de Zadoque já era bastante influente para forçar o davídico Zorobabel a compartilhar seu poder com o sacerdote zadoqueu Jesua (Esdras 3:8). Esse frágil acordo durou somente alguns anos: a construção do Segundo Templo marcou o fim de qualquer papel político da casa davídica. O sumo sacerdote, a autoridade suprema de judaísmo de então, ganhou as qualidades de prestígio e dignidade que haviam sido antigamente exclusivas do rei.

Na época em que os livros de Crônicas estavam sendo escritos, o processo de substituição da autoridade do rei pela do sumo sacerdote estava tão consolidado que a própria compreensão da história judaica fora mudada. De acordo com Crônicas, os reis nunca possuíram qualquer responsabilidade sacerdotal (2Cr 26:16-20) e a tripla hierarquia entre o sumo sacerdote, os sacerdotes e os levitas (1Cr 23-24) já havia se estabelecido durante o período do Primeiro Templo. Qualquer relato conflitante com isso nos livros anteriores de Samuel e Reis foi habilmente eliminado (compare-se 1Cr 18:17 e 2Sm 8:18).

Foi durante o período entre Ezequiel e Crônicas que a legislação bíblica relativa ao sumo sacerdócio chegou a sua forma final e se tornou parte da revelação do Sinai. Embora algumas leis pudessem ter raízes pré-exílicas, elas agora faziam parte de uma visão consistente que mapeava o espaço geográfico e social de todo o mundo com relação aos vários níveis de pureza. Conforme o templo, com suas pátios concêntricos em volta do santo dos santos reproduzia a hierarquia do cosmo, do mesmo modo o sumo sacerdote se encontrava no centro da santidade humana. Enquanto os gentios, os israelitas comuns (as mulheres e homens) e os funcionários do templo (levitas e sacerdotes) tinham um espaço designado para cada grupo no templo, somente o sumo sacerdote poderia entrar no santo dos santos, uma vez por ano para os rituais do Dia da Expiação. O sumo sacerdote era obrigado a um tal grau de pureza ritual, mais elevado não apenas do que o dos judeus comuns, mas também em relação ao dos levitas e sacerdotes ordinários, com leis especiais e mais restritivas, notavelmente as relativas ao matrimônio, ao contato com corpos mortos e aos deveres sacrificiais (Lv 4:1-12; 21:10-15). A Torá também dá instruções sobre a cerimônia de investidura do sumo sacerdote (Êx 29:1-37; Lv 8:5-35) e uma detalhada descrição de seus artigos de vestuário (Êx 28:3-43).

Depois de Jesua, o sumo sacerdócio passou a ser hereditário e vitalício. Apesar da penúria de fontes históricas, parece que nos períodos persas e ptolemaicos a liderança da casa de Zadoque permaneceu indiscutível, com exceção de alguns círculos secundários, cujo descontentamento em relação ao Segundo Templo encontrou expressão na primitiva literatura de Enoque. O fim do sacerdócio zadoqueu no começo do período selêucida foi devido a fatores políticos e econômicos, mais do que por razões religiosas, mas teve um tremendo impacto na autoridade religiosa do ofício. O zadoqueu Jasão pôde substituir seu irmão Onias III subornando Antíoco IV, apenas para depois de alguns anos cair vítima do mesmo truque pelo não zadoqueu Menelau (2Macabeus 4.7-27). O gesto de Jasão destruiu os fundamentos do poder zadoqueu. O sumo sacerdócio já não pertencia a uma antiga linha hereditária nem era mais vitalício, mas dependia agora das ambições das famílias sacerdotais judias e dos interesses dos governos estrangeiros. Causando ainda mais danos ao ofício, a legitimidade do sumo sacerdócio não tinha mais um amplo reconhecimento, sendo abertamente questionada e frequentemente desafiada. Como ficou provado pela experiência dos asmoneus, linha hereditária restabelecida, mesmo baseada no poder político e militar, permaneceria vulnerável a ataques religiosos e dependente da sorte política.

Depois da morte de Herodes, que havia relegado o sumo sacerdócio a um papel quase marginal, os procuradores romanos deram a esse ofício um maior poder sobre os negócios locais, com a intenção de criar uma aristocracia de sumos sacerdotes (e ex-sumos sacerdotes) favorável aos romanos. Por um lado, essa política fortaleceu o ofício (e de forma

A B C D E F G H I J K L M N O P Q R S T U V X Y Z

mais efetiva a família pró-romanos de Anás e Caifás), no entanto, por outro lado, tornou os sumos sacerdotes até mesmo mais suspeitos do que aqueles que, por razões políticas ou religiosas, eram contrários ao domínio romano. Não surpreende, portanto, que um dos primeiros objetivos dos grupos radicais que levaram à revolta contra Roma em 66-70 d.C. foi o rompimento com a elite sacerdotal, que nos últimos anos havia se tornado alvo de assassinatos políticos. O último sumo sacerdote de Israel foi um leigo chamado Fanias, escolhido por sorteio durante a revolta (Josefo, *BJ* 1.147-57).

A destruição do templo por Tito, em 70 d.C., marcou o fim do sumo sacerdócio. Ironicamente, a longa crise do ofício, depois da deposição de Onias III, havia preparado muitos judeus a viver sem o sumo sacerdócio. A memória dessa poderosa instituição, no entanto, continuou sendo fonte incrivelmente criativa de inspiração para cristãos e judeus.

Bibliografia. L. L. Grabbe, *Judaism from Cyrus to Hadrian*, 2 vols. (Minneapolis, 1992); M. S. Jaffee, *Early Judaism* (Upper Saddle River, N.J., 1997). [GABRIELE BOCCACCINI]

SUNÉM (heb. *šûnēm*), **SUNAMITA** (*šûnammîṯ*) Cidade do território de Issacar (Js 19:18), localizada próxima ao monte Gilboa no pé do monte Moré, no lado leste da planície de Jezreel. O local fica cerca de 8 km ao sul do monte Tabor, na encosta sudoeste mais baixa do Nebi Dahi. O vale entre Suném e a cidade de Jezreel para o sul forma uma passagem natural para o rio Jordão. Os estudiosos identificam o local com o moderno vilarejo de Sôlem, 14,5 ao norte de Jenin.

Pesquisas do local indicam que a mais antiga ocupação começou na Idade do Bronze Médio e continuou no período islâmico. Durante o período cananeu, a cidade deteve o poder de uma pequena cidade-estado. Tutmés III (séc. XV) conquistou a cidade (Sunama), e as Cartas de Amarna (séc. XIV) mencionam sua derrota por Lab'ayu de Siquém e seus habitantes sendo obrigados a trabalhos forçados. Biridiya, príncipe de Megido, logo reconstruiu a cidade.

Suném fica no território tribal de Issacar (Js 19:18). Em fins do século XI, o exército filisteu se reuniu em Suném antes da batalha decisiva em que Saul foi morto (1Rs 1:3); foi o pedido de Adonias de Abisague como esposa que levou as ordens de Salomão a executar seu irmão. Depois da divisão do reino, o faraó Sesonque (Sisaque) listou a cidade entre suas cidades conquistadas na lista de Carnaque, embora o relato bíblico silencie a respeito da conquista egípcia das cidades do norte. Uma mulher sunamita alimentou e hospedou o profeta Eliseu e ele depois ressuscitou o filho dela (2Rs 4:8-37). Alguns intérpretes ligam Suném com a sulamita do Cântico de Salomão (Ct 6:13 [TM 7:1]). [NANCY L. DECLAISSÉ-WALFORD VON WYRICK]

SUNI (heb. *šûnî*) Filho de Gade e neto de Jacó e Zilpa (Gn 46:16); ancestral epônimo dos sunitas (heb. *haššûnî*; Nm 26:15).

SUPIM (heb. *šuppîm*) **1.** Um dos dois filhos de Ir, da tribo de Benjamim (1Cr 7:12). "Supim" e "Hupim" são provavelmente formas alternativas de "Sefufã" e "Hufã", que também aparece numa lista de genealogia benjamita (Nm 26:39; cf. Gn 46:21; 1Cr 8:5). O aparecimento deles numa lista manassita muito confusa (1Cr 7:15) é provavelmente o resultado de corrupção textual.

2. Porteiro levita da porta oeste do templo no tempo de Davi (1Cr 26:16).

SUQUITAS (heb. *sukkîîm*) Um dos grupos de mercenários que lutaram contra Judá a favor do faraó Sisaque, do Egito (2Cr 12:3). O nome é provavelmente o equivalente do egip. *tktn*, termo técnico para uma classe de soldados dos oásis da Líbia.

SUR (heb. *šûr*) **1.** Região desértica no nordeste do Sinai, no sul da costa mediterrânea entre o Egito e o Riacho do Egito (Uádi el-'Arish). O deserto de Sur, também chamado de deserto de Etã (Nm 33:8), era a fronteira sudoeste de Canaã. Durante certo tempo, Abraão se estabeleceu entre Cades e Sur (Gn 20:1) e sua serva, Hagar, fugiu para Sur para um poço, onde um anjo a encontrou (16:7). Os descendentes de Ismael se estabeleceram desde Havilá até Sur (Gn 25:18). Mais tarde, Moisés liderou os israelitas pelo deserto de Sur durante três dias até chegarem às águas amargas de Mara (Êx 15:22). Sur foi usada para indicar a direção da Palestina em direção ao Egito (1Sm 15:7; 27:8).

2. Sur (heb. "muro") pode também ter se referido a uma série de fortes de fronteira estabelecidos pelos egípcios para controlar o influxo de estrangeiros do leste. O Caminho para Sur foi uma grande rota de caravana que ia na direção leste-oeste da Estrada do Rei pelo deserto de Zin e Sur para o Egito (Gn 16:7). [BRADFORD SCOTT HUMMEL]

3. (heb. *sûr*; gr. *Soúr*) Porta interna no recinto fechado noroeste do templo de Salomão que conduzia do quarteirão real à área do templo (2Rs 11:6). Chamada de porta de Sur ou Porta do Fundamento (2Cr 23:5; heb. *yĕsôḏ*), foi aí que Jeoiada, o sacerdote, colocou um guarda para proteger a coroação de Josias, de Atalia, a rainha ímpia.

4. Cidade da costa mediterrânea, não confirmada de outra forma, que enviou mensageiros para buscar a paz com Holofernes (Jd 2:28). Sur pode ser uma corruptela do nome Dor (uma cidade costeira a 24 km ao sul do monte Carmelo), mas isso pode não coincidir com a ordem de cidades listadas em Judite. A referência pode ser fictícia ou simplesmente incorreta.

Bibliografia. N. Avigal, *Discovering Jerusalem* (Nashville, 1980); J. J. Simon, *Jerusalem in the Old Testament* (Leiden, 1952). [DENNIS M. SWANSON]

SUSÃ (heb. *šûšan*; ac. *šušān*) Antiga Susã elamita (moderna Shush), localizada na planície susiana no sudoeste do Irã. O sítio arqueológico, composto por cinco montes espalhados por 250 ha, foi registrado por muitos viajantes antigos e escavado por William K. Loftus em 1851-52 e Marcel e Jane Dieulafoy em 1884-86. Escavações francesas trabalharam todos os anos no local de 1897-1979, exceto durante as guerras.

O local foi fundado no início do quinto milênio como um dos locais pedominantes da Susiana. A colonização deste período foi dominada por uma grande plataforma, sobre a qual ficava um templo ou residência da elite. Um cemitério com mais de 1.000 sepultamentos, possivelmente o resultado de alguma catástrofe, data desse período.

Pouca arquitetura do período entre o quinto e o primeiro milênio tem sido escavada com sucesso em Susã, embora seu papel histórico seja melhor conhecido. Começando no terceiro milênio, Susã, com Anshan, foi a capital de Elam. Susã esteve em constante conflito com estados da Suméria e de Acade, sendo por fim incorporada aos impérios acádio e de Ur III. No início do segundo milênio, Susã e Anshan governaram novamente Elam (uma das maiores potências do Oriente Próximo na época), negociando alianças com Samsi-adad, de Assur; Hamurábi, da Babilônia e Zimri-lim, de Mari. No fim do segundo milênio, o rei elamita Sutruk-nahhunte conquistou por curto tempo a Babilônia e levou de volta os espólios de guerra relíquias como a pedra de Hamurábi. Após um período de colapso, Susã tornou-se capital de um estado neoelamita, que viria a ser conquistado por Assurbanípal em 646.

Susã foi em seguida conquistada por Ciro II em 539 e usada como capital do império aquemênida. Dario I (521-486) reconstruiu a cidade, construindo um palácio e um salão de audiências (apadana) bem como o muro da cidade. Seu sucessor, Artaxerxes II (404-359) construiu um palácio a oeste dos aterros. Esses palácios aquemênidas são notáveis por seus frisos e tijolos vitrificados retratando arqueiros.

Susã foi novamente conquistada em 331 por Alexandre, o Grande, que usou a cidade como local para um casamento em massa entre soldados macedônios e mulheres persas. A cidade funcionou novamente como capital, mas continuou a ser ocupada por governantes selêucidas, partos, sassânidas e islâmicos. Uma tumba medieval no cume do local — apocrifamente a tumba de Daniel — permanece como moderno centro de peregrinação.

As referências bíblicas a Susã (Ne 1:1; Et; Dn 8:2) estão relacionadas à comunidade judaica que viveu na cidade, durante o período aquemênida.

Bibliografia. P. O. Harper, J. Aruz e F. Tallon, ed., *The Royal City of Susa* (New York, 1992). [GEOFF EMBERLING]

SUSANA (gr. *Sousanna*) **1.** A principal figura da obra apócrifa que leva o seu nome.

2. Uma das mulheres que proveram ajuda financeira e outras para Jesus e seus discípulos (Lc 8:3).

SUSANA, LIVRO DE *Ver* DANIEL, ACRÉSCIMOS A.

SUSI (heb. *sûsî*) O pai de Gadi, da tribo de Manassés, um dos doze espias israelitas mandados a Canaã (Nm 13:11).

SUTELA (heb. *šûṯelaḥ*) **1.** Filho de Efraim, ancestral do clã sutelaíta (Nm 26:35,36; 1Cr 7:20).

2. Homem da tribo de Efraim, filho de Zabade (1Cr 7:21). O texto não é claro se ele é o mesmo que 1 acima ou um descendente.

SÍZIGO *Ver* COMPANHEIRO.

T

TAÃ (heb. *taḥan*) Descendente de Efraim; ancestral dos taanitas (Nm 26:35; 1Cr 7:25; cf. "Taate" no v. 20).

TAANAQUE (heb. *ta'ănāḵ*) Cidade do extremo sul do vale de Jezreel nos contrafortes da região montanhosa de Samaria. Sua identificação com a moderna Tell Ta'annek não é contestada por causa da continuidade do nome e de sua localização no ramo sul da Via Maris, próxima ao caminho de Megido. Taanaque fica 8 km a sudeste de Megido e cerca de 40 km da costa. O monte em forma de pera mede 340 m de norte a sul e até 140 m de leste a oeste. Ele se eleva a cerca de 40 m acima da planície ao redor e a 180 m acima do nível do mar.

Taanaque é mencionada no relato do faraó Tutmés III, da batalha de Megido (c. 1468 a.C.), como atalho sul para Megido e lugar onde as tropas egípcias foram passadas em revista, e consta na lista palestina no templo de Amom, em Carnaque. Seu príncipe Yasdata fugiu para Megido devido a um conflito com Siquém (EA 248.14). Taanaque foi uma das cidades israelitas destruídas na campanha de Sisaque, cerca de 918. Seu rei foi um dos 31 reis derrotados por Josué (Js 12:21), ela é citada entre as cidades levíticas (21:25). A cidade foi designada a Manassés, mas não foi imediatamente conquistada (Jz 1:27; Js 17:11-12). Taanaque finalmente caiu sob o controle israelita no tempo de Salomão e foi um de seus centros administrativos (1Rs 4:12).

O sítio arqueológico foi escavado pela primeira vez por Ernst Sellin em três campanhas, 1902-4. Esta foi uma das primeiras escavações na Palestina e a primeira no norte de Israel, sendo que as técnicas de escavação e de sistemas de registro estavam ainda em seu início. Observador atento e cuidadoso em suas conclusões, Sellin relutou em interpretar os muitos sepultamentos de crianças como restos de sacrifícios infantis. Além do pequeno arquivo cuneiforme, os achados mais importantes foram fragmentos de dois estrados para ritual e uma estatueta em bronze de uma deusa do tipo hurrita. Sellin enfatizou os vestígios de influência de Chipre (depois identificados como micênios) durante o período cananeu (c. 1400). Em 1963-68, Paul W. Lapp escavou o oeste e sudoeste do aterro, demonstrando que a cidade era protegida por muros em todos os períodos mais importantes. A cerâmica distinguiu várias fases da cidade da Idade do Bronze e identificou uma lacuna de cerca de meio milênio na ocupação entre o Bronze Antigo II e III e o Bronze Médio II (vindo até cerca de 1700).

A mais antiga evidência arqueológica mostra Taanaque como um prestigioso centro em relação ao Bronze Antigo (c. 2700-2300). Nas fases posteriores, muros de contenção e uma grande ladeira foram acrescentados. Após um intervalo de 500 anos, Taanaque reviveu como impressionante cidade do Bronze Médio (c. 1700-1350), com extensa atividade de construção. A cidade teve relações comerciais de longo alcance, mas sempre foi dependente de Megido, maior ainda. Os nomes de pessoas nas cartas e listas mostram uma população mista (c. 60% semita, o restante hurrita, hitita e indo-ariana). Assim como Megido, Taanaque se colocou ao lado das forças sírias contra o Egito e, consequentemente, foi seriamente afetada pela vitória de Tutmés III, em Megido, em 1468. Sua cultura e população declinou durante o Bronze Recente. O arquivo de cerca de 1450 menciona o governador egípcio em Gaza e mostra o domínio egípcio nos assuntos locais do vale de Jezreel. Durante o período de Amarna ,Taanaque foi afetada pelo conflito local entre Megido e Siquém.

Durante o século XII, Taanaque parece ter sofrido duas destruições (pelo menos parciais), mas sua população aumentou novamente no século X. Ela estava agora sob o domínio do recém-formado estado israelita. Um grande edifício encontrado por Sellin pode ter sido a residência do governador israelita. Destruída por Sisaque, por volta de 918, ela se recuperou sob os onridas no século IX; a chamada fortificação nordeste pertence à extensa atividade de construção de Onri e Acabe.

Taanaque pode ter sofrido como consequência das guerras arameias, no final do século IX e da guerra assíria em 733. Sua destruição final, por volta de 600, pode ter sido pelas mãos dos egípcios (Neco) ou dos babilônios. Nos tempos helenístico e romano, o vilarejo estava localizado a leste do sítio arqueológico. Jerônimo sugere que ela havia se tornado bem grande durante o período bizantino.

Os doze textos descobertos por Sellin foram os primeiros e, até o presente, o único arquivo cuneiforme encontrado na Palestina. Entre eles estão quatro cartas (c. 100 linhas legíveis) e nove listas de nomes (c. 80 nomes de pessoas). As cartas testemunham a dominação de Amanhatpa, governador egípcio, que residiu em Gaza e visitou Megido. Evidentemente, a língua e a escrita acadiana foram usadas não apenas pela diplomacia internacional, mas também para os assuntos locais e até mesmo particulares na região.

Bibliografia. A. E. Glock, "Taanach", *NEAEHL* 4 (New York, 1993); "Texts and Archaeology at Tell Ta'annek", Berytus 31 (1983): 57-66; 1428-33; P. W. Lapp, "The 1963 Excavation at Ta'annek", *BASOR* 173 (1964): 4-44; "The 1966 Excavation at Tell Ta'annek", *BASOR* 185 (1967): 2-39, "The 1968 Excavation at Tell Ta'annek, *BASOR* 195 (1969): 2-49; L. Nigro, "The 'Nordosburg' at Tell Ta'annek", *ZDPV* 110 (1994): 168-80; W. E. Rast, Taanach I: Studies in the Iron Age Pottery (Cambridge, Mass., 1978). [SIEGFRIED KREUZER]

TAANATE-SILÓ (heb. *ta'ănaṯ šilōh*) Cidade fronteiriça do território tribal de Efraim (Js 16:6). Há possibilidade de ela ser identificada com Khirbet Ta'na el-Fôqa, cerca de 11 km a sudeste de Nablus.

TAÁS (heb. *taḥaš*) O terceiro filho de Naor e sua concubina Reumá (Gn 22:24).

TAATE (heb. *taḥaṯ*) **I. (LUGAR)** Lugar onde os israelitas acamparam durante a jornada no deserto (Nm 33:26,27). Sua localização exata é desconhecida.

II. (PESSOA) 1. Ancestral do profeta Samuel (1Cr 6:24, 37 [TM 9,22]; no v. 33 [18] também Hemã, músico do templo). Embora as genealogias de 1Crônicas 6:22-28, 33-38(7-13, 18-23) sejam um tanto confusas, a intenção delas é identificar Samuel como levita, da família de Coate.

2. Efraimita, filho de Berede (1Cr 7:20).

3. Efraimita, filho de Eleadá e neto de Taate 2 (1Cr 7:20).

TABAOTE (heb. *ṭabbā'ôṯ*) O ancestral (ou chefe) de um grupo de servidores do templo que retornou com Zorobabel do exílio na Babilônia (Ed 2:43; Ne 7:46).

TABATE (heb. *ṭabbāṯ*) Lugar para onde os midianitas fugiram após o ataque surpresa de Gideão (Jz 7:22). Sua localização exata depende de outros locais ainda não identificados. Entre as sugestões estão Râs Abu Tabât, no Uádi Kufrinjeh, a leste de Bete-Seã e do Jordão. Tem sido também colocado ao sul de Jabes-Gileade e de Abel-Meolá e ao norte de Zaretã e Sucote e perto de Carcor e Heres. [PHILIP R. DREY]

TABEEL (heb. *ṭāḇĕ'ēl, ṭāḇĕ'al*) **1.** Oficial samaritano que pediu a Artaxerxes que fizesse parar a reconstrução de Jerusalém (Ed 4:7).

2. Desconhecido em outros contextos, pai da pessoa a quem a coalizão siro-efraimita (c. 735 a.C.) planejou colocar no trono de Judá (Is 7:6). A mudança da forma original do nome, heb. *ṭāḇĕ'ēl* para *ṭāḇĕ'al* pode ser um jogo de palavras em hebraico mudando "Deus é bom" em "desprezível" (ou "sem utilidade").

Se o nome é substantivo próprio, Tabeel foi, provavelmente, oficial sírio e confidente de Rezin. Uma carta assíria do século VIII faz referência a um "tabeelita", sugerindo que Tabeel era um nome tribal, possivelmente, ancestral da família tobíade, de Judá pós-exílico. Tabeel poderia também ser um nome regional ou geográfico, ligado à "terra de Tobe" (Jz 11:3, 5; 2Sm 10:6, 8).

Bibliografia. W. F. Albright, "The Son of Tabeel (Isaiah 7.6)", *BASOR* 140 (1955): 34-35; J. A. Dearman, "The Son of Tabeel (Isaiah 7.6)", in *Prophets and Paradigms*, ed. S. B. Reid. JSOTSup 229 (Sheffield, 1996); B. Mazar, "The Tobiads", *IEJ* 7 (1957): 137-45, 229-38. [PETE F. WILBANKS]

TABERÁ (heb. *taḇ'ērâ*) (Local) (heb. "queimada") ao longo da rota do Êxodo, no sudeste da Península do Sinai, três dias ao norte do monte Sinai (Nm 11:3). Ali o Senhor incendiou a parte externa do acampamento como punição pela queixa do povo (Nm 11:1-3; cf. Dt 9:22). [PETE F. WILBANKS]

TABERNÁCULO O santuário transportável que se acredita ter sido construído no monte Sinai, no tempo de Moisés e usado até Salomão construir o Primeiro Templo. O termo (heb. *miškān*) significa "habitação". Outros nomes são a "tenda do encontro" (*'ōhel mô'ēḏ*) e o "santuário" (*miqdāš*).

A história da construção do tabernáculo domina Êxodo 25—40. Deus mostrou a Moisés o modelo celestial para o tabernáculo no monte Sinai (Êx 25:9,40), mas antes da construção o povo cometeu apostasia ao fazer um bezerro de ouro. Deus ameaçou retirar sua presença de Israel, mas Moisés intercedeu e depois o povo ofertou material para o tabernáculo. A construção foi supervisionada pelo artífice Bezalel e quando o trabalho terminou, a glória de Deus encheu o tabernáculo (Êx 40:34-38).

O projeto dado na forma final do Pentateuco localiza o tabernáculo num pátio, no centro do acampamento israelita. O pátio tinha 46 m de comprimento, 23 de largura e era fechado por cortinas de 2,3 m de altura. Dentro do pátio, havia uma bacia de lavar de bronze na qual os sacerdotes se purificavam, bem como um altar de bronze para as ofertas queimadas. O tabernáculo em si era um tipo de tenda construída com estruturas de madeira cobertas com pelo e couro de cabra; tinha 4,6 m de altura, 4,6 m de largura e 14 m de comprimento. O interior era dividido em duas partes. O átrio, que tinha um anteparo multicolorido em sua entrada, era guarnecido com um candelabro de sete braços; uma mesa; doze pães, conhecidos como pães da presença; e um altar de ouro para incenso. Uma cortina de várias cores cobria a entrada na segunda parte do santuário, ou "santo dos santos". Neste santuário interno, estava a arca da aliança, uma caixa feita de acácia revestida de ouro, dentro da qual estavam as tábuas dos Dez Mandamentos. A arca tinha cobertura de ouro conhecida como propiciatório, adornada com dois querubins. Entre os itens que foram depois colocados no santo dos santos estavam um vaso com maná (Êx 16:33-34) e a vara de Arão que milagrosamente produziu amêndoas (Nm 17:1-11 [TM 16-26]).

O tabernáculo foi o lugar onde se faziam as oferendas a Deus e dele se recebiam as revelações. As oferendas eram feitas diariamente no altar de bronze no pátio e, o altar de incenso, no átrio, mas o rito mais solene acontecia uma vez por ano no Dia da Expiação, quando o sumo sacerdote espargia o sangue de um touro e de uma cabra perante o propiciatório, em expiação pelos pecados de Israel. As revelações da vontade de Deus eram dadas às vezes no propiciatório do santo dos santos (Êx 25:22) e, às vezes, na porta da tenda (Nm 12:5; Dt 31:14-15).

Os israelitas levavam o tabernáculo com eles na viagem pelo deserto em direção a Canaã. As responsabilidades pelo transporte e montagem em cada novo acampamento eram confiadas aos levitas. Quando o povo chegou à terra prometida, o tabernáculo foi armado em Siló (Js 18:1; 19:51; Sl 78:60); fontes posteriores dizem que ele esteve também em Gibeom, durante um tempo (1Cr 16:39; 21:29; 2Cr 1:3-6,13). Quando Davi levou a arca para Jerusalém, colocou-a numa tenda segundo o padrão de santuários anteriores (2Sm 6:17; 7:5-7). Salomão construiu um templo definitivo e, no tempo da dedicação, colocou a tenda do encontro, a arca e os vasos sagrados no templo para que este se tornasse o sucessor dos antigos santuários para Israel (1Rs 8:4).

A descrição do tabernáculo na forma final do Pentateuco é baseada em múltiplas tradições que podem ser percebidas com base nas incongruências do texto. Uma antiga tradição descreve uma tenda simples que foi montada fora do acampamento israelita, antes que o tabernáculo fosse construído. Essa tenda era cuidada por um homem, Josué, o filho de Num, em vez de Arão e dos sacerdotes levitas (Êx 33:7-11). Certamente, não era usada para sacrifício e não abrigava a arca da aliança. Deus falava com Moisés à porta dela, em vez de no santo dos santos. O nome "tenda do encontro" era adequado para esse lugar, visto que Deus ocasionalmente se encontrava com o povo ali, embora o nome "tabernáculo" ou "habitação" fosse mais adequado para um santuário no qual Deus habitava continuamente.

Os planos elaborados para o tabernáculo são geralmente considerados como criação literária do escritor Sacerdotal (P), cujo projeto incorpora características de vários santuários israelitas. A cobertura de pelo e couro de cabra lembra o santuário simples mencionado em fontes mais antigas; a extensa estrutura de madeira e o nome "tabernáculo" ou "habitação" é rememorativo de santuários semipermanentes localizados em Canaã; e as mobílias correspondem muito às do templo de Salomão. Algumas pessoas têm argumentado que o escritor Sacerdotal procurou legitimar o culto de seu tempo projetando-o ao período do deserto, mas outros discordam disso, visto que o desenho do tabernáculo se inspira em tradições pré-monárquicas e difere do templo de Salomão em vários aspectos. A descrição do tabernáculo pode corrigir certas ideias associadas ao templo visto que o tabernáculo foi um santuário projetado por Deus e feito com ofertas voluntárias, enquanto o templo foi um projeto real que dependeu de trabalho forçado. Além disso, Deus às vezes "encontrou-se" com Israel na tenda do santuário, mas não ficou confinado lá.

As referências do NT ao tabernáculo (gr. *skēnē*) aparecem no discurso atribuído a Estêvão, que considera o tabernáculo representar a adoração que foi aceitável a Deus, mas critica o templo como tentativa de usurpar as prerrogativas de Deus (At 7:44-50).

O livro de Hebreus interpreta o átrio do tabernáculo como símbolo para a área da carne e do tempo presente, e identifica o santo dos santos onde Jesus realiza seu ministério de sumo sacerdócio com a consciência purificada e a nova era de salvação (Hb 8:1-6; 9:1-14). O evangelho de João anuncia a encarnação dizendo que "O Verbo se fez carne, e habitou ("tabernaculou") entre nós", como local da glória de Deus (Jo 1:14) e Apocalipse fala do céu e da Nova Jerusalém como "tabernáculo" de Deus (Ap 13:6; 15:5; 21:3).

Bibliografia. J. I, Durham, *Exodus*. WBC 3 (Waco, 1987), esp. 349-501; M. Haran, *Temples and Temple-Service in Ancient Israel* (Oxford, 1978); C. R. Koester, *The Dwelling of God*. CBQMS 22 (Washington, 1989). [CRAIG R. KOESTER]

TABERNÁCULOS, FESTA DOS A final e maior festa do ano agrícola israelita, uma das três festas de peregrinação anuais (Êx 23:14-19; 34:22-24; Lv 23:33-36, 39-43; Nm 29:12-38; Dt 16:16,17; 31:9-13). Ele celebrava especificamente a colheita de uvas e azeitonas e o fim da estação da colheita em geral. A festa dos tabernáculos (ou Cabanas) é chamada Sukkot(h) (ou Succoth), em hebraico (2Cr 8:13). O AT também se refere a ela como Festa da Colheita (Êx 23:16; 34:22), Festa do Senhor (Lv 23:39, 41) ou "festa fixa" (Lm 2:6,7; Os 12:9) ou simplesmente "a festa" (1Rs 8:2,65; 12:32).

A festa dos tabernáculos compartilhava vários elementos com outras festas da vindima da região.

Os gregos e romanos do século I d.C. viam semelhanças com as próprias festas em honra de Dionísio/Baco (Tácito Hist. 5.5; Plutarco Quaest. Cov. 4.6.671 D-E) e estudiosos têm especulado sobre a relação dessa festa com a celebração do Ano Novo babilônico.

A Festa dos Tabernáculos devia ser celebrada depois da colheita (Dt 16:13; Lv 23:39) de 15 a 22 de nisã, o sétimo mês (set-out; Lv 23:34; Nm 29:12-38). Ele vinha depois de duas celebrações, a do Ano Novo (dia 1º de nisã) e o Dia da Expiação (10º dia de nisã).

A Festa dos Tabernáculos era um tempo de celebração. Os sete dias de festa começavam e terminavam com um sábado (*sabbath*) especial. Com o trabalho de colheita terminado, o povo devia descansar, regozijar (Lv 23:39-40), comer e beber (cf. Dt 14:22-26, separar um dízimo de suas colheitas anuais). Os celebrantes deviam construir cabanas provisórias, os "tabernáculos" ou "barracas" nas quais deviam comer e dormir durante a festa (Ne 8:14-17), fazendo-os lembrar da proteção de Yahweh durante a jornada no deserto (Lv 23:42-43). Os sacerdotes ofereciam sacrifícios especiais, incluindo um exclusivo de um número decrescente de novilhos por dia (começando com 13 no primeiro dia e terminando com sete no último dia, totalizando 71) (Nm 29:13-38). A cada sete anos durante a Festa dos Tabernáculos toda a Lei devia ser lida (Dt 31:10,11).

As observâncais pós-exílicas incluíam acender menorás gigantes no pátio do templo, danças a noite toda com flautas à luz de tochas, procissões ao amanhecer terminando com libações de água e vinho junto ao altar de bronze, orações por chuva e ressurreição dos mortos, os sacerdotes marchando em torno do altar e o povo carregando frutos e acenando com ramos de palmeira (m. Sukk.). Quando o sumo sacerdote Alexandre Janeu (c. 100 a.C.) recusou-se a oferecer as libações de maneira adequada, tropas chamadas para reprimir o tumulto que se seguiu deixaram 6.000 pessoas mortas (Josefo, *Ant.* 13.372-73).

O tabernáculos chegaram a ser vinculados à esperança de um messias davídico e à independência nacional. Judas Macabeu usou a festa como modelo para sua celebração da reconsagração do altar de Jerusalém em 164 a.C. (1Mac 4.54-59), a primeira celebração do Hanucá (2Mac 1.1-36). Elementos da celebração do tabernáculo se evidenciam na entrada triunfal e na crucificação de Jesus (Mc 11:1-11 par.), refletindo o anseio do povo por independência (cf. citação do Grande Hallel, Sl 118:25,26; o título Filho de Davi, Mt 21:9). Os líderes das duas revoltas contra Roma (66-70 e 132-135 d.C.) também usaram símbolos e *slogans* da festa.

Somente o quarto evangelho menciona uma celebração da Festa dos Tabernáculos (Jo 7:2), com Jesus referindo-se a si mesmo como a água viva, talvez uma referência ao sumo sacerdote realizando a libação matinal com água.

Alguns estudiosos têm argumentado que esta "Festa do Senhor" foi a origem do conceito do "Dia do Senhor", importante tema nos profetas hebreus e no NT (observe o extensivo uso de colheita como imagem do fim dos tempos; p. ex., Mt 9:37-38; 13:39; Jo 4:35; Rm 1:13; Ap 14:15).

Bibliografia. J.A.Draper, "The Heavenly Feast of Tabernacles; Revelation 7.1-17", *JSNT* 19 (1983): 133-47; W.Harrelson, "The Celebration of the Feast of Booths according to Zech xiv,16-21", in *Religions in Antiquaty*, ed. J. Neusner. NumenSup 14 (Leiden, 1986), 88-96; N. Hillyer, "First Peter and the Feast of Tabernacles", *TynBul* 21 (1970); 39-70; G. H. MacRae, "The Meaning and Evolution of the Feast of Tabernacles", *CBQ* 22 (1960): 251-76; J. C. de Moor, *New Year with Canaanites and Israelites*, 2 vols. (Kampen, 1972); H. N. Richardson, "Skt (Amos 9:11): 'Booth' or 'Succoth'?" *JBL* 92 (1973): 375-81; H. Ulfgard, *Feast and Future: Revelation 7:9-17 and the Feast of Tabernacles*. ConBNT 22 (Lund, 1989). [TIMOTHY P. JENNEY]

TABITA (gr. *Tabithá*; aram. *ṭĕḇîṯā'*) Nome aramaico de Dorcas ("gazela", cristã de Jope, conhecida por suas boas obras e que foi ressuscitada por Pedro (At 9:36).

TABOR (heb. *tāḇôr*) **1.** Monte Tabor, uma montanha isolada com características encostas escarpadas que chegam à altura de 562 m na parte nordeste da planície de Esdrelon. Suas encostas eram densamente florestadas no passado. Sua encosta leste é uma vertente do rio Jordão. A importância do monte Tabor é determinada em parte pela excelente vista que ele permite do vale, oferecendo o controle de importantes encruzilhadas. Uma das principais rotas de Hazor e Damasco no norte para a passagem de Megido e para a planície costeira passa pelo lado noroeste da montanha. As três terras tribais de Issacar (Js 19:22), Zebulom (cf. v. 12) e Naftali (cf. v. 34) se encontram no monte Tabor. Essa montanha foi o local onde Baraque recebeu instrução para reunir uma força de 10 mil homens (Jz 4:14).

Aparentemente não relacionado a qualquer das terras tribais, o monte Tabor foi provavelmente centro de culto compartilhado pelas tribos do norte. Deuteronômio 33:18-19 faz referência a uma montanha de Zebulom e Issacar onde eram oferecidos sacrifícios. Oseias 5:1 menciona "uma rede estendida sobre o monte Tabor", expressão que indica algum tipo de prática religiosa.

Embora o Tabor não seja muito alto em termos absolutos, sua notoriedade no planalto levou o salmista (Sl 89:12 [13]) e o profeta Jeremias (Jr 46:18) a compará-lo com o monte Carmelo e o monte

Hermom, dois imponentes picos que podem ser vistos de seu cume.

Embora o Tabor não seja mencionado no NT, desde o século IV d.C. tem sido considerado pela tradição cristã o local da transfiguração de Jesus.

2. O Carvalho de Tabor, que marcou um lugar no território de Benjamim, onde Samuel instruiu Saul ir depois de tê-lo ungido (1Sm 10:3). Localizado perto de Betel e, evidentemente, um marco conhecido, a exata localização do local do carvalho é desconhecida.

3. Cidade levítica designada aos meraritas (1Cr 6:77 [TM 62]. Localizada na fronteira de Zebulom, pode ser a mesma que Quislote-tabor (Js 19:12). [JOHN GILLMAN]

TABRIMOM (heb. *ṭaḇrimmōn*) O filho de Heziom e pai do rei Ben-Hadade I, de Damasco (1Rs 15:18; cf. *ANET*, 655).

TÁBUA DAS NAÇÕES Depois da narrativa do Dilúvio em Gênesis 6—9, uma representação esquemática que descreve a expansão do gênero humano a partir da família de Noé em muitas famílias e a dispersão delas em muitas terras (10:1-32). Em seu cenário presente, retrata a realização da bênção divina pronunciada na criação e repetida depois do Dilúvio: "Frutificai e multiplicai-vos; enchei a Terra e sujeitai-a!" (Gn 1:28; 9:1,7). Em contraste com o incidente em Babel em Gênesis 11, a Tábua das Nações atribui a diversificação da língua humana e a propagação dos povos sobre a terra, um processo de expansão genealógica em vez do resultado da intervenção e do juízo divinos.

A Tábua toma a forma de uma genealogia segmentada na qual os descendentes se diversificam em cada geração sucessiva (compare a genealogia linear de Sem em Gênesis 11:10-26, em que um indivíduo de destaque é citado em cada geração). Ela é organizada com declarações resumidas no fim de cada uma das linhas de descendente dos três filhos de Noé: Jafé, Cam e Sem ("estes são os descendentes de [...] em seus territórios, conforme suas línguas, por suas famílias em suas nações"; Gn 10:5,20,31). Ela termina com um resumo abrangente em Gênesis 10:32. A ênfase nesses resumos em "terras, línguas e nações" é uma pista importante da natureza dessa genealogia, que se dedica à etnografia por geografia política em vez de origem étnica. O alcance geográfico vai do norte da África e Etiópia, no sul, às montanhas do Cáucaso, no norte e do Irã, no leste ao Egeu, no oeste (e talvez até a Espanha).

Os descendentes de Jafé (Gn 10:2-4) se estenderam acima dos limites norte de todo o Crescente Fértil e na direção oeste acima do mar Mediterrâneo. A descendência de Cam (Gn 10:6-20) se estende do sul e oeste (norte da África e Etiópia) até o norte e leste (Mesopotâmia). Os descendentes de Sem (vocábulo do qual se deriva a palavra "semita"; Gn 10:21-31) se colocam em linhas gerais entre os outros dois, alongando-se da Anatólia, no oeste, em direção ao sul na Arábia e a leste, para Elam.

Embora partes da Tábua possam derivar do início do século X a.C. (tempo de Salomão), outras partes parecem refletir familiaridade com circunstâncias geopolíticas do século VII e da redação sacerdotal do século V. [JEFFREY S. ROGERS]

TAÇA Tigela pequena que não tinha uma haste ou alça, feita tipicamente de cerâmica, mas algumas vezes de metal, tal como a prata (Gn 44:2; cf. Jr 51:7). Tais taças eram a forma mais comum de cerâmica apresentada nas coleções domésticas da Era do Ferro, e eram provavelmente usadas para comer e beber. Este estilo de taça rasa e sem alça é encontrada por todo o antigo Oriente Próximo, e está evidente, p. ex:, na tumba do rei Tutancâmon e na ajuda de Assurbanípal, rei da Assíria. Taças são encontradas também nas sepulturas israelitas, o que sugere uma crença no comer após a morte. Os cálices — vasilhas com uma parte arredondada rasa com uma perna alta — eram um outro tipo de vasilha de beber no período bíblico.

Taças são observadas em associação com comidas (2Sm 12:3; Sl 16:5; 23:5), mas elas aparecem nos textos que apontam principalmente para beber: vinho (Gn 44:5; Pv 23:31; Am 6:6; Mt 26:27) e água (10:42). A "taça da consolação" em Jeremias 16:7 pode indicar um costume de beber vinho enquanto havia a lamentação pelos mortos. Visto que a taça era um aspecto essencial da vida cotidiana, ela se tornou um símbolo par sustentar o impacto de Yahweh nessa vida, através da ira ou salvação (p. ex:, Is 51:17; Sl 11:6). A taça de vinho na última ceia de Jesus era um aspecto da refeição e se tornou um símbolo do Seu sangue e memorial para seus discípulos e para a Igreja primitiva (Mt 26:27; e par.; 1Co 11:26).

Bibliografia. R. Amiran, *Ancient Pottery of the Holy Land* (Jerusalém, 1963); J. Kelso, *The Ceramic Vocabulary of the Old Testament*. BASORSup 5-6 (New Haven, 1948), 3-48. [CAREY WALSH]

TACIANO Apologista cristão do século II d.C. Ele compôs o Diatessarão. *Ver* DIATESSARÃO, VERSÕES SIRÍACAS.

TACMONITA (heb. *taḥkĕmōnî*) Gentílico atribuído a Josebe-Bassebete, um dos guerreiros de Davi (2Sm 23:8). O nome pode ser erro de grafia de "o hacmonita" (*haḥaḵmōn'* ou *ben-ḥaḵmônî*) e nesse caso, Josebe-Bassebete pode ser a mesma pessoa que "Jasobeão, o hacmonita" (1Cr 11:11).

TADEU (gr. *Thaddaíos*) Um dos 12 discípulos de Jesus, de acordo com as listas de Mateus (Mt 10:3) e

Marcos (Mc 3:18). Em Lucas e Atos, consta "Judas, filho (irmão?) de Tiago" (Lc 6:16; At 1:13).

Labeu, variação textual do nome Tadeu, aparece em alguns manuscritos de Mateus e Marcos. Tadeu pode estar ligado ao aramaico *taddā'*, "seio, mamilo", enquanto Labeu pode ser derivado de *lēḇ*, "coração". Labeu pode ser também um termo de afeto. Desconhece-se qual dos nomes é original.

Nos Atos de Tadeu, extracanônico, Tadeu foi atuante na igreja de Edessa, na Mesopotâmia e um dos Setenta (cf. Eusébio HE 1.13; 2.1.5-7). [BENNIE R. CROCKETT, JR.]

TADEU, ATOS DE Documento grego do século V, desenvolvido com base na lenda de que o discípulo Tadeu teve de evangelizar Edessa em cumprimento a uma promessa feita por Jesus ao rei Agbar. A lenda pode ser encontrada em Eusébio (HE 1.13.11-22; 2.1.5-7). [WATSON E. MILLS]

TADMOR (heb. *taḏmōr*; ac. *tadmar*) Cidade oásis no deserto da Síria, a meio caminho entre Mari e Damasco, que serviu como importante parada ao longo das rotas comerciais entre a Síria-Palestina e a Mesopotâmia. 2Crônicas 8:4 credita a Salomão a fortificação da cidade como parte do seu império comercial. A questão se Tamar de 1Reis 9:18 deve ser traduzida por Tadmor (cf. Q, LXX Luciano) é ainda incerta. Tadmor teve o nome mudado para Palmira, durante o período helenístico e foi destruída pelos romanos em 273 d.C. *Ver* PALMIRA. [GARY P. ARBINO]

TAFATE (heb. *ṭāpaṯ*) Filha do rei Salomão e esposa de Ben-Abinadabe, administrador do distrito de Nafate-Dor (1Rs 4:11)

TAFNES (heb. *taḥpanḥēs*; egip. *t3-ḥ*[*t*]-[*n.t*]-*p3-nḥsy*) **I. (LUGAR) 1.** Posto avançado egípcio na fronteira do Sinai, identificado com o clássico Daphnae (Heródoto Hist. 2.30), moderna Tell Defneh perto do lago Manzaleh, no nordeste do Delta. A forma hebraica reproduz o egípcio, que significa "a fortaleza de Penhase". (Penhase foi um general tebano do século XI a.C. que reprimiu uma rebelião no Delta). De acordo com a narrativa bíblica, Tafnes foi uma cidade de refúgio para os judeus escaparem da Palestina. Foi também o lugar onde Jeremias terminou sua carreira (Jr 43:7; cf. 42:19). A cidade é mencionada na condenação do Egito por Ezequiel (Ez 30:18, "Tafnes").

William F. Albright sugeriu que Tell Defneh foi o local de Baal-Zefom, um dos lugares mencionados na rota do Êxodo. W. M. Flinders Petrie, que escavou o local na década de 1880, interpretou incorretamente as camadas. Ele datou as paredes de tijolo de argila sob as construções do século VII, no período de Ramessés II; depois foi determinado que na verdade se tratava de fundações de edifícios do século VII. Não havia evidência de ocupação anterior no local. [LAWRENCE A. SINCLAIR]

2. (heb. *tĕḥap̱nĕḥēs*) Nome alternativo do posto egípcio avançado Tapanes (Ez 30:18).

II. (PESSOA) (heb. *taḥpĕnês*) Rainha egípcia cuja irmã tornou-se esposa do edomita Hadade (cf. egip. *t.ḥmt.nsw*, "esposa do rei"), adversário de Salomão (1Rs 11:19). De acordo com 1Reis 11:20, Tafnes ajudou a criar Genubate, o filho de Hadade na corte egípcia.

TALENTO No AT, unidade de peso equivalente a cerca de 34,27 kg (heb. *kikkār*); no NT, unidade de dinheiro (na verdade não era cunhado) equivalente a cerca de 6.000 dracmas (gr. *tálanton*).

TALITA CUMI (gr. *talithá koúm*) Transliteração grega de Marcos da frase aramaica *ṭalyĕṯā' qûm'*, "menina, levante-se", dita por Jesus à filha de Jairo, quando Ele a ressuscitou (Mc 5:41).

TALMAI (heb. *talmay*) **1.** Um dos descendentes de Anaque que, com seus irmãos, foi expulso de Hebrom por Calebe (Nm 13:22; Js 15:14; Jz 1:10).

2. O rei de Gesur e pai de Maaca, uma das esposas de Davi (2Sm 3:3; 13:37; 1Cr 3:2).

TALMOM (heb. *ṭalmōn*, *ṭalmôn*) O ancestral de uma família de porteiros levitas do pós-exílio (1Cr 9:17; Ed 2:42; Ne 7:45; 11:19; 12:25).

TALMUDE Obra magistral do judaísmo rabínico, é o livro que estabelece a diferença entre o judaísmo e outras tradições de fé que reivindicam à Escritura hebraica e/ou sua tradição de revelação profética. O Talmude (lit. "o estudo") está baseado na Mishná e a inclui em sua totalidade, mas enxerta nela o Guemará (lit. "finalização"), trabalho mais extenso. Elaborado a partir das discussões nas academias da Babilônia e da Galileia dos séculos III ao VI d.C. Visto que a parte principal do Talmude é o Guemará, os dois nomes são com frequência usados alternadamente, exceto quando deve ser feita distinção entre as duas partes do texto talmúdico.

O Talmude segue a estrutura tópica da Mishná, mas difere em muitas outras formas dessa outra obra. Diverge do hebraico da Mishná, em aramaico língua da maior parte do Oriente Médio daquela época. Nas áreas nas quais a Mishná é concisa focada, o Guemará é amplo; e nos pontos em que a Mishná resume e codifica a lei, o Guemará analisa e discute, expondo o processo de pensamento por trás da superfície, envolvendo ativamente seus leitores no processo.

Os autores do Talmude e seu público leitor entenderam a obra como transmissão confiável da tradição oral da Torá. Como tal, a obra se refere continuamente além de sua página escrita às realidades concretas da vida judaica, da qual a Lei Escrita está à frente. Ele se estende dessa forma por dois modos básicos: *halakah* e *haggadah*. O *halakah* (lit. "andando" ou "indo") é a lei, a determinação da instrução divina em termos concretos e precisos; *haggadah* (lit. "dizendo") é a remodelação dos termos concretos à luz de seu significado mais profundo. O material do *halakah* se esforça por definir o divino em normas práticas de comportamento; o *haggadah*, em descobrir a divindade oculta nas realidades de todos os dias e revelar a essência viva que anima a vida definida pela lei.

Na verdade, há dois Talmudes, o *Bavli* ou Talmude babilônico, produzido nas academias do Iraque sassânida e redigido basicamente por R. Ashi e Ravina, e o *Yerushalmi* ou Talmude palestino, vindo das escolas do norte da terra de Israel. O Talmude palestino é mais curto, mais difícil e menos estudado. A instabilidade política e a perseguição religiosa fecharam as academias naquela localidade centenas de anos antes que a redação do Talmute babilônico fosse terminada, tanto apressando o trabalho de redação como privando a tradição interpretativa de uma ambiente adequado para desenvolver-se. Ao contrário, a yeshiva de Sura, a maior das academias babilônicas, permaneceu o centro de ensino durante quase cinco séculos, depois do término do *Bavli*, assegurando uma contínua tradição interpretativa em relação ao texto, produzido em parte dentro de suas portas. Assim sendo, o Talmude Babilônico tem sido o centro dos estudos religiosos, investido de grande autoridade legal, é o único "erudito capaz" de arricar-se no Talmude Palestiniano.

O Talmude foi o primeiro a ser impresso no fim do século XV. Apesar de várias vezes proibido, queimado e alterado pela censura na Europa cristã, tem continuamente servido como o recurso primordial no estudo tradicional judaico. No início de 1500, desde sua redação, tem inspirado incontáveis obras exegéticas, homiléticas, legais e até mesmo poéticas e místicas. Seu estudo hoje permanece fundamental à erudição judaica.

Bibliografia. A. Guttmann, *Rabbinic Judaism in the Making* (Detroit, 1970); A. Steinsalts, *The Essential Talmud* (1976, repr. Northvale, N.J., 1972). [SHMUEL KLATZKIN]

TAMAR (heb. *tāmār*) **I. (LUGAR) 1.** Cidade "no deserto" fortificada por Salomão (1Rs 9:18 K), com Hazor, Megido e Gezer (Q "Tadmor").

2. Local que marca a fronteira sul do estado de Israel ideal, restaurado (Ez 47:18,19; 48:28). Isso colocaria Tamar na Arabá na orla oriental do Neguebe. O mapa de Madeba localiza uma Tamar na Arabá, que muitos estudiosos têm identificado com ruínas romanas em Qasr el-Juheiniyeh, 21 km a sudoeste do mar Morto. Existe forte evidência, entretanto, em associar Tamar a ruínas da Idade do Ferro em 'Em Haseva/'Ain Husb, 40 km a sudoeste do mar Morto. O último local pode ser bem identificado com o Mapa de Madeba e explica a conexão do nome do local entre a Idade do Ferro, romana e os períodos bizantinos. O estrato VI da fortaleza em 'Em Haseva detém o potencial para uma data no século X a.C., colocando-o teoricamente num aceitável intervalo de tempo salomônico. O local é identificado com Hazazom-Tamar, em 2Crônicas 20:2.

Bibliografia. R. Cohen e Y. Yisrael, "The Iron Age Fortresses at 'Em Haseva", *BA* 58 (1995): 223-35. [RYAN BYRNE]

II. (PESSOA) 1. Nora de Judá (Gn 38). Tamar, possivelmente uma mulher cananeia, foi dada em casamento a Er, filho primogênito de Judá. Pelo fato de ele ser "mau aos olhos do Senhor", foi morto antes de gerar filhos (Gn 38:7). O próximo filho de Judá, Onã, foi dado a Tamar para cumprir as obrigações do casamento levirato (Dt 25:5-10), mas derramava o sêmen na terra e, por isso, o Senhor o matou antes de gerar filhos. Depois desses fatos, Judá se recusou a dar seu filho caçula como esposo à viúva.

Tamar, então, se vê responsável por deixar descendência ao marido morto. Vestindo-se como prostituta, senta-se à porta da cidade, seduzindo Judá a ter relações com ela. Ela engravida e, ao saber da gravidez de sua nora, Judá tentou queimá-la acusando-a de prostituição. Quando Tamar apresentou o selo, o cordão e o cajado, prova convincente de que Judá era o pai, ele reconheceu que ela fora mais justa que ele, visto que ele mesmo havia desrespeitado os requisitos do levirato ao recusar dar a ela seu filho, Selá. Ela dá à luz gêmeos, Perez e Zerá, sendo o último o principal ancestral de Davi (Rt 4:12, 18). Tamar é uma das quatro mulheres incluídas na genealogia de Jesus em Mateus (Mt 1:3).

2. Filha de Davi e Maaca. Ela foi a meia-irmã de Amnom, filho mais velho de Davi e seu herdeiro natural e, por parte de pai e mãe, irmã de Absalão, o segundo na linha sucessória ao trono. Amnom se apaixona perdidamente por Tamar e se desespera em ter relações com ela (2Sm 13). Finalmente, consegue tê-la em seus aposentos fingindo-se doente e carente dos cuidados de Tamar, mas esta resiste decididamente a seus avanços, pedindo que antes se casem (2Sm 13:12-13). Após forçar Tamar, o amor de Amnom se transforma em ódio e ordena que ela vá embora. Tamar protesta que isso é pior do que o estupro em si (2Sm 13:16), por isso Amnom a empurra para fora de seus aposentos. Absalão a conforta e, aguardando o momento oportuno, aproveita a oportunidade para matar seu irmão, vingando, assim, Tamar (2Sm 13:23-39). Entretanto, há mais que vingança na história, visto que ao matar Amnom, Absalão se torna o filho mais velho de Davi e, portanto herdeiro presumido do trono.

3. A única filha de Absalão (2Sm 14:27), muito provavelmente o nome da irmã de Absalão. Alguns manuscritos antigos listam Maaca em vez de Tamar (LXX, OL), mas parece provável que Tamar é a versão original e que Maaca talvez apareceu de uma mudança relativa à escrita com base em 1Reis 15:2.

Bibliografia. G. W. Coats, Jr., "Widow's Rights: A Crux in the Structure of Genesis 38", *CBQ* 34 (1972): 461-66; C. Conroy, *Absalom Absalom! Narrative and Language in 2 Samuel 13-20*. AnBib 81 (Rome, 1978); J. A. Emerton, "Judah and Tamar", *VT* 29 (1979); 403-15; S. Niditch, "The Wronged Woman Righted: An Analysis of Genesis 38", *HTR* 72 (1979): 143-49. [ALAN J. HAUSER]

TAMARGUEIRA Doze espécies de tamargueira (*genus Tamarix*; heb. *ʿēšel*) são encontradas na ou próximo à Palestina. Normalmente, podem ser vistas nos bosques cerrados do Jordão, nos pântanos do mar Morto e ao longo das planícies costeiras do Neguebe e do Sinai. Uma variedade pode atingir a altura de 60 m; tem folhas pequenas e requer grande influxo de água. É suficientemente grande para suprir sombra do sol (1Sm 22:6).

De acordo com Gênesis 21:33, Abraão plantou uma tamargueira em Berseba para identificar o local onde invocou o nome do Senhor. A árvore era tão importante como marco de identificação que os homens de Jabes-Gileade enterraram os ossos de Saul e seus filhos sob uma tamargueira (1Sm 31:13). A tradição cristã desde Antão do Deserto (250-355 d.C.) sugere que o maná bíblico vinha de uma secreção provocada por insetos nos ramos das tamargueiras. [JOHN A. MCLEAN]

TAMBORIL Instrumento musical, provavelmente um pequeno tambor manual, talvez com sinos ou pequenas peças de metal em sua circunferência (heb. *tōp*; Êx 15:20; Sl 68:25 [TM 26]; Jr 31:4; "pandeiro").

TAMBORIM *Ver* ADUFE.

TAMUZ (heb. *tammûz*; sum. *Dumuzi*) (DUMUZI) Divindade mesopotâmica confirmada do terceiro ao primeiro milênio a.C.. Embora a diversidade de tradições que retraram Tamuz quase desafie uma caracterização singular e coerente da divindade, ele é representado consistentemente como jovem que morre muito novo, objeto do sofrimento das mulheres. A literatura está focada em seu casamento com Inanna/Istar e sua morte prematura. O mito sumério relata como o jovem deus-pastor Dumuzi, assassinado enquanto apascentava seu rebanho no deserto, foi lamentado por sua mãe, irmã e esposa. A lamentação de Dumuzi, assunto de canções e composições litúrgicas em sumério e acádico, era observada anualmente na forma ritual, provavelmente durante o quarto mês, que no calendário babilônico leva seu nome (Du'uzu, junho-julho; cf. Ez 8:1, 14). A adoração mesopotâmica de Dumuzi, que não estava entre os principais deuses, era popular por natureza e predominantemente distinto da religião oficial de festivais e rituais nos templos. O quadro que Ezequiel apresenta do culto a Dumuzi é predominantemente feminino (Ez 8:14) e é consistente com o seguinte: referência a grande número de mulheres lamentando (aparentemente) por Dumuzi em Mari (ARM 9.175); a preponderância do emesal (dialeto sumério erudito empregado no discurso de mulheres) em textos do primeiro milênio sobre Dumuzi; e a persistência de ritual de lamentação por Ta'uz (Tamuz) no século X d.C. entre as mulheres sabeias de Harã.

A influente opinião de James G. Frazer e S. H. Langdon, de que Tamuz foi divindade da vegetação "que morreu e ressurgiu" correspondente a Osíris egípcio e Adonis fenício/grego, não é mais admitida. É somente na identifidação de Damuzi com outros deuses secundários que ele assume os atributos de um deus da vegetação sazonal. A única evidência para o retorno de Tamuz dentre os mortos (uma passagem incompleta no mito acádico, a Descida de Istar ao mundo subterrâneo) é discutida. A vulg. de Ezequiel 8:14 substitui o nome Adonis por Tamuz, indicando igualdade dos dois deuses que é, fora isso, confirmada em Orígenes. Não existe evidência tampouco para apoiar ou negar que "o amado das mulheres" (heb. *ḥemdaṯ nāšîm*) em Daniel 11:37 seja Tamuz ou Adonis.

Bibliografia. B. Alster, "Tammuz", *DDD*, 828-34; O. R. Gurney, "Tammuz Recosidered: Some Recent Developments", JSS 7 (1962): 147-60; T. Jacobsen, "Toward the Image of Tammuz", *HR* 1 (1961): 189-213; repr. In *Toward the Image of Tammuz*, ed. W. L. Moran (Cambridge, Mass., 1979), 73-101; R. Kutscher, "The Cult of Dumuzi/Tammuz", in Bar-Ilan Studies in *Assyriology Dedicated to Pinhas Artzi*, ed. J. Klein e A. Skaist (Ramat Gan, 1990), 29-44. [JOEL BURNETT]

TÂNIS (gr. *Tanís*) Nome grego de Zoã, uma importante cidade no braço Tanítico do Nilo no leste do Delta (Jdt 1:10).

TANUMETE (heb. *tanḥumeṯ*) Netofatita e pai de Seraías, general em Judá quando Gedalias foi governador (2Rs 25:23; Jr 40:8).

TAPUA (heb. *tappûaḥ*) (tb. EN-TAPUA) **1.** cidade no norte da Sefelá, o segundo distrito de Judá (Js 15:34). Essa cidade não deve ser confundida com Bete-Tapua, que é listada no oitavo distrito (Js 15:33). A identificação moderna da cidade é desconhecida, embora o vilarejo de Beit Natif, cerca de 19 km a oeste de Belém, tenha sido sugerida.

2. Cidade (tb. chamada de En-Tapua) que forma a fronteira norte de Efraim (Js 16:8). Embora a cidade pertencesse a Efraim, a terra de Tapua pertencia a Manassés (Js 17:8). É geralmente identificada com a moderna Sheikh Abû Zarad, cerca de 19 km ao sul de Shechem.

3. Cidade do território de Tirza que o rei Menaém destruiu (2Rs 15:16). O TM interpreta tipsah, que fica localizada no Eufrates, mas é improvável que essa cidade tenha sido saqueada por Menaém. Muitas versões e comentaristas corrigem o texto para Tapua, de acordo com a LXX, que interpreta como Taphoe. Ela não deve ser identificada com a Tapua de Efraim, visto que a última se localizada longe demais de Tirza (Tell el-Fâr'ah) — c. 22 km — para ser considerada em seu território. [RONALD A. SIMKINS]

TARALA (heb. *tar'ălâ*) Cidade do território tribal de Benjamim (Js 18:27), no distrito noroeste de Jerusalém. O local sugerido é Khirbet Irha, perto de Tell el-Fûl (Gibeá).

TAREIA (heb. *ta'rēa'*) (tb. TAREA) **1.** Descendente do rei Saul (1Cr 8:35). Em 1Crônicas 9:41, é chamado de Tareia.

2. (heb. *taḥrēa'*) Filho de Micá e descendente do rei Saul (1Cr 9:41); chamado Tarea em 8:35.

TARGUM Tradução ou paráfrase escrita de um texto bíblico. A necessidade de traduzir a Bíblia para o aramaico ou grego surgiu no período do Segundo Templo, quando para muitos judeus o hebraico das antigas Escrituras se tornou língua morta. A LXX em grego e o Targum de Jó em aramaico descobertos em Qumran (11QTJob) são evidência de que no judaísmo pré-rabínico a tradução já havia passado por um processo complexo, pelo qual o texto original foi expandido com interpretações exegéticas interpoladas. Ao estabelecer regras e limitações, a Mishná confirmou a luta do crescente movimento rabínico para controlar esse fenômeno depois do século I d.C. Essas normas aplicaram-se primeiro às traduções aramaicas e gregas. A necessidade de fixar limites claros entre o judaísmo rabínico e o cristianismo, entretanto, levou gradualmente os rabis a abandonar o grego como linguagem legítima do discurso teológico e a se concentrar exclusivamente no aramaico. Assim, embora "Targum" pudesse designar uma tradução de um texto bíblico para qualquer língua, o termo se aplica mais especificamente à coleção de versões em aramaico compostas no tempo rabínico. Os rabis se deram conta da importância do Targum como meio altamente eficiente de educação religiosa nas escolas, bem como no ambiente litúrgico da sinagoga. As obras eram entendidas como parte da Torá Oral. Seu hagadá foi tendencialmente harmonizado com os princípios rabínicos teológicos e haláchicos. O auge desse processo foi a composição na Babilônia de Targuns rabínicos oficiais (Onkelos para o Pentateuco e Jônatas, para os Profetas).

As autoridades rabínicas encontraram muita dificuldade para controlar tais técnicas autônomas e criativas de tradução nas quais os Targuns se basearam. Em muitos casos, a antiguidade da tradição targúmica demonstrou surpreendente poder de resistência, mais forte que qualquer tentativa de censura. Sua cativante exegese nunca cessou de atrair a curiosidade, se não o consenso religioso, de leitores e estudiosos que, até o fim da Idade Média, continuaram a preferir essa tradição e a sentir prazer de fazer cópias de Targuns anteriores.

Uma cronologia de Targuns rabínicos que ainda existem pode ser reconstruída apenas experimentalmente. A presença de peculiaridades pré-mishnaicas sugere que a composição do Targum Neófiti pode remontar ao século II d.C. Intimamente ligado ao Neófiti, mas certamente posterior está o Targum Fragmentário, que deve seu nome à sua sobrevivência somente em extratos eruditos. A redação do Targum Onkelos aconteceu provavelmente no século IV ou V e marcou a mais consistente tentativa de rabinizar o Targum e produzir um texto padrão oficial. Dos tempos talmúdicos (séc. VII-VIII) vem finalmente o mais extenso dos Targuns do Pentateuco, o Targum Pseudo-Jônatas, que representa um tipo de resumo de séculos de criatividade exegética e inventividade rabínica (e censura), numa combinação singularmente livre de tradições antigas e recentes. A composição de Targuns dos Profetas e Escritos (somente Esdras-Neemias e Daniel não têm Targuns) é geralmente datada de tempos talmúdicos e pós-talmúdicos, embora seja visível que alguns deles contenha pedaços de exegese antiga.

Bibliografia. P. V. M. Flesher, "The Targumim in the Context of Rabbinic Literature", in J. Neusner, *Introduction to Rabbinic Literature* (New York, 1994), 611-29; M. McNamara, *The New Testament and the Palestinian Targums to the Pentateuch*. AnBib 27A (1966, repr. Rome, 1978); McNamara e D. R. G. Beattie, eds., *The Aramaic Bible: Targums in Their Historical Context*. JSOTSup 166 (Sheffield, 1994). [GABRIELE BOCCACCINI]

TÁRSIS (heb. *taršîš*) **I. (LUGAR)** Porto marítimo que exportava prata, ferro, estanho e chumbo para Tiro (Ez 27:12). Társis estava localizado distante da Fenícia e da terra de Israel (Is 66:19; Jn 1:3; Sl 72:10), mas sua exata localização é vaga.

Alguns estudiosos localizam Társis na África, em algum lugar na costa do mar Vermelho, que é rica em pedras preciosas do mesmo nome em hebraico (Êx 28:20; 39:13; Ez 28:13; cf. Ct 5:14; Ez 10:9; Dn 10:6). De acordo com esse ponto de vista, a designação "navios de Társis" é referência à carga deles "pedras de Társis". Esse tipo único de navio se diferenciava por sua resistência, por seu grande porte e por sua forma característica, o que lhe permitia navegar grandes distâncias em mar aberto. Esses navios estiveram a serviço de Tiro e de Israel (1Rs 10:22; 22:49; Is 2:16; 23:1, 14; Ez 27:25; Sl 48:7 [TM 8]). Entretanto, não há evidência de que o rei Salomão e Hirão, rei de Tiro (cf. 1Rs 10:22) tenham importado esta pedra de Társis. Da mesma forma, 2Crônicas 9:21; 20:36-37, que coloca Társis na costa do Mar Vermelho, para onde se navegava de Eziom-Geber, são interpretações errôneas dessa expressão.

Que Társis está localizado na costa mediterrânea emerge claramente da inscrição do rei Assaradão, da Assíria: "Todos os reis do (das ilhas) meio do mar — do país Iadanana (Chipre), até Társis, se curvaram aos meus pés e (deles) eu recebi pesados tributos" (*ANET*, 290). Isso é também o cenário da história em Jonas 1:3, que relata que o profeta fugiu da missão de Deus num navio que navegou do porto de Jope para Társis, a oeste do mar Mediterrâneo. A Tábua das Nações em Gênesis 10:4-5 (= 1Cr 1:7) considera Társis entre outros "descendentes" de Javã (Grécia): Elisá (Chipre), Társis, Quitim e Rodanim estão todos localizados no mar Mediterrâneo.

É razoável identificar Társis com Társis no sudoeste da Espanha, no vale Guadalquivir. Tal lugar, que foi colonizado pelos fenícios, é muito conhecido por seus metais e suas pedras preciosas. Ele é chamado de Tartessus nas fontes clássicas (Strabo Geog. 3.2.11; Plínio Nat. Hist. 37.43). De acordo com Heródoto (Hist. 4.152), fica "além das Colunas de Hércules". A tradução da LXX de Ezequiel 27:12 (gr. *Karchēdónioi*, "Cartago") não necessariamente indica identificação com Cartago do norte da África, visto que existe também uma "Cartago" na costa oeste da Espanha (Strabo Geog. 3.2.10).

O nome Társis pode ter derivado do ac. *rašašu*, "ser derretido", como sugerido por William F. Albright.

Bibliografia. W. F. Albright, "The Role of the Canaanites in the History of Civilization", in *The Bible and the Ancient Near East*, ed. G. E. Wright (1961, repr. Garden City, 1965), 438-87; M. Elat, "Tarshish and the Problem of Phoenician Colonisation in the Western Mediterranean", *Orientalia lovaniensia periodica* 13 (1982): 56-69. [ISAAC KALIMI]

II. (PESSOA) 1. Um dos descendentes de Javã (Grécia) citado na Tábua das Nações (Gn 10:4 = 1Cr 1:7).

2. Homem da tribo de Benjamim, filho de Bilã (1Cr 7:10).

3. Um dos oficiais da Pérsia e Média, que tinha acesso ao rei (Et 1:14). Até agora o nome não foi encontrado em fontes extrabíblicas.

Bibliografia. A. R. Millard, "The Persian Names in Esther and the Reliability of The Hebrew Text", *JBL* 96 (1977): 481-88. [ISAAC KALIMI]

TARSO (gr. *Tarsós*) A capital da Cilícia, na Ásia Menor, localizada nos dois lados do rio Cydnus, cerca de 19 km ao sul das Portas Cilicianas que, durante três milênios têm sido o único desfiladeiro na cordilheira do Tauro entre a Cilícia e a Síria. Devido sua localização estratégica (o rio Cydnus era navegável somente até o porto de Rhegma em Tarso, para onde convergiam várias estradas importantes da Cilícia), ela se tornou um dos mais conhecidos lugares da Ásia Menor, desenvolvendo importantes relações comerciais e sociais com outras cidades e países. Escavações arqueológicas mostram que foi habitada da era neolítica até as invasões islâmicas.

Embora o povo de Tarso reivindicasse que sua cidade havia sido fundada por Perseu e Hércules, ela foi colonizada pelos gregos depois da Guerra de Troia e desenvolvida durante o período da colonização grega. Primeiro mencionada nos registros históricos como tendo sido reconstruída sob os assírios por Senaqueribe (704-681 a.C.), teve uma longa história como uma cidade semítica. Xenofonte a descreveu no século V como lugar importante e próspero (Anab. 1.2). Durante o período persa,foi governada por sátrapas (governadores provinciais). Alexandre, o Grande, impediu que os persas incendiassem a cidade (333). Ela foi disputada pelos sucessores dele, sujeitando-se por um período à dinastia ptolemaica, mas dominada principalmente pela dinastia selêucida. Em consequência, mudou de nome para Antioquia sobre o Cydnus (por causa de Antíoco Epifânio, rei da Síria).

Pompeu transformou Tarso em parte da província da Cilícia em 67 a.C., durante sua tentativa de exterminar os piratas da região costeira ocidental do pais. Cícero serviu como procônsul em Tarso durante o ano de 51-50 a.C. Na guerra civil entre César e Pompeu (47 a.C.), o povo de Tarso tomou o partido de César e, para homenageá-lo, deram o nome de Juliópolis à cidade. Marco Antônio a declarou livre e a tornou isenta de impostos. Foi lá no ano 41 a.C., que Marco Antônio encontrou Cleópatra pela primeira vez, que navegou o Cydnus rio acima disfarçada de Afrodite. Durante o reinado de Augusto, Paulo nasceu em Tarso, a população cresceu para cerca de meio milhão de habitantes e a cidade atingiu seu apogeu. Ela foi um local estratégico para os romanos durante sua campanha contra os partos e os persas.

Estrabo descreve a cidade durante o século I d.C., sobrepujando Atenas e Alexandria em cultura e ciência (Geog. 14.5.131). A cidade teve uma longa história como sede do saber e escola de filosofia.

Talvez a maior reivindicação de Tarso à fama seja como local de nascimento do apóstolo Paulo (At 9:11, 30; 11:25; 21:39; 22:3). É discutível se Paulo adquiriu educação grega e romana em Tarso ou como jovem em Jerusalém (At 22:3).

Bibliografia. M. Gough, "Tarsus", in *The Princeton Encyclopedia of Classical Sites*, ed. R. Stilwell (Princeton, 1976), 883-84; W. Smith, *A Dictionary of Greek and Roman Geography* (1873, repr. New York, 1966) 2:1105-6. [RICHARD A. SPENCER]

TARTÃ (heb. *tartān*; ac. *turtānu, tartanu*) Alto oficial do exército assírio, possivelmente comandante supremo (cf. Is 20:1); algumas versões sugerem a tradução "copeiro supremo" o que o torna ainda mais importante. O AT faz alusão a dois desses oficiais sem dar seus nomes: mandado por Sargão II para destruir Asdode (Is 20:1; 711 a.C.) e o outro mandado por Senaqueribe ao rei Ezequias, de Judá (2Rs 18:17; 701).

TARTAQUE (heb. *tartāq*) Divindade adorada pelos aveus (2Rs 17:31). Tartaque pode provavelmente ser identificado com Atargatis a deusa-peixe síria e esposa de Dagom; ela era adorada na Babilônia como Derketo, mãe de Semiramis, lendária fundadora da cidade.

TATENAI (aram. *tattĕnay*) O governador persa da província além do rio (Ed 5:3, 6; 6:6, 13). Ele informou o rei Dario I Histaspes referente à reconstrução de Jerusalém (c. 520 a.C.) e foi instruído a não obstruir a obra.

TEAR *Ver* FIAÇÃO, TECELAGEM, TEAR.

TEATRO Edificação ao ar livre para apresentações dramáticas ou espetáculos (gr. *théatron*, um "lugar para ver"). Embora os teatros não sejam importantes na Bíblia, a palavra ocorre duas vezes em conexão com um tumulto em Éfeso, onde o povo foi às pressas para o teatro, arrastando os companheiros de Paulo com eles (At 19:29-31). A palavra é também usada simbolicamente para descrever um espetáculo; assim Paulo vê os apóstolos tornando-se espetáculo para o mundo, para os anjos e para os mortais" (1Co 4:9; cf. Hb 10:33). Semelhantemente, os estoicos fizeram uso simbólico do espetáculo (Epictetus Discursos 2.19,25; 3.22,59).

Embora suas origens sejam obscuras, o teatro pode remontar pelo menos a 600 a.C., quando os gregos ofereciam apresentações corais de canto e dança em honra ao deus Dionísio. Mais tarde, realizaram competições dramáticas anuais em Atenas que incluía leituras corais e diálogos falados entre o dirigente do coro e um parceiro que respondia. Gradualmente, o drama se desenvolveu em duas formas bem definidas: tragédias e comédias. O século V foi o período mais criativo do drama antigo, produzindo obras de duradoura influência artística, como a tragédia *Édipo Rei*, de Sófocles e a comédia *As nuvens*, de Aristófane. Na era helenística, ambos os tipos de drama foram amplamente produzidos e representados perante grandes audiências. A "comédia nova" veio a se desenvolver como forma de sátira social sem o uso do coro. Menandro (d. 292) foi provavelmente o dramaturgo mais conhecido da época. Parte de sua comédia *Thais* é citada por Paulo em 1Coríntios 15:33.

Os teatros helenísticos eram geralmente construídos em ladeiras naturais. O auditório consistia normalmente de uma cavidade semicircular, cortada no lado de uma colina. Os assentos eram organizados de forma concêntrica num padrão ascendente, divididos em várias seções por corredores e cortados de rocha, pedra, mármore ou madeira. O coro ficava localizado na orquestra, o espaço circular na frente do palco ao nível do chão. O palco e o cenário eram construídos no diâmetro e frequentemente se pareciam como a face de um templo. Várias fileiras de assentos especialmente entalhados e ornamentados na frente eram reservados aos sacerdotes e funcionários públicos.

Os teatros romanos eram habitualmente edifícios completos e, quase sempre, tinham palcos cobertos e auditórios parcialmente cobertos. Os teatros foram centros reconhecidos para reuniões públicas (At 19:24-41); ali eram registrados decretos, benfeitores coroados e editais proclamados. No teatro de Éfeso, cabiam mais de 24 mil pessoas.

O drama teve lugar importante na vida cultural do mundo helenístico e cada cidade tinha o próprio teatro. Existem impressionantes ruínas de teatros gregos e romanos em cidades paulinas, como Atenas, Corinto, Éfeso, Mileto e Filipos. Semelhantemente, a arqueologia tem desenterrado teatros em Cesareia, Damasco, Gadara, Jerusalém, Filadélfia e Citópolis. Vários teatros construídos por Herodes, o Grande, são mencionados por Josefo (*Ant.* 15.8.1; 17.8.2; *BJ* 1.21.8). Algumas pessoas têm sugerido que o livro de Apocalipse deve ser entendido levando em conta o pano de fundo do drama helenístico. [ALLISON A. TRITES]

TEBÁ (heb. *ṭeḇaḥ*) O filho mais velho de Naor e sua concubina, Reumá (Gn 22:24). Seu nome está associado à cidade de Tibate (1Cr 18:8), que ele pode ter fundado (cf. Betá, 2Sm 8:8).

TEBALIAS (heb. *ṭĕḇalyāhû*) Porteiro levita, terceiro filho de Hosa e descendente de Merari (1Cr 26:11).

TEBAS (gr. *Thebes*) A segunda mais populosa e importante cidade do Egito depois de Mênfis. O hebraico *nō'* corresponde ao egip. *niw(t)*, "a cidade", e No-Amon corresponde ao egip. *niw(t)-'Imn*, "a Cidade do (deus) Amun". Tebas é o seu nome grego.

Tebas está localizada cerca de 483 km ao sul do Cairo. O sítio se estende pelas margens do Nilo e está cercado por uma incomparável combinação de precintos e templos, confirmando a importância religiosa da cidade. As ruínas da antiga cidade cobrem cerca de 41-47 km² de área; devido à esparsa ocupação do sítio arqueológico nos últimos 1.500 anos, muitos edifícios antigos sobreviveram. O lado leste do Nilo é marcado pelos dois grandes precintos do templo do deus Amon, atualmente conhecido pelos nomes árabes de Carnaque e Luxor; o lado oeste é marcado por uma fileira de templos reais funerários atrás dos quais se estende uma grande necrópole de tumbas cortadas na rocha. Tebas se estende pelo Nilo até um ponto no qual a planície aluvial se amplia a uma largura de cerca de 15 km e que provê à região uma moderada produtividade de colheita.

Tebas foi capital do Egito durante a maior parte dos períodos da nação de unidade política desde o médio império até a invasão assíria sob Assurbanípal (c. 661 a.C.). Durante as 18ª a 20ª dinastias imperiais os tesouros da Ásia e da África verteram para os cofres de Amon de Tebas. Toda essa riqueza, mais os sucessivos presentes dos faraós do Último Período, como por exemplo Sisaque, cairam como despojos aos conquistadores assírios sob Assurbanípal.

Foi durante a 11ª Dinastia que Tebas emergiu da relativa obscuridade para tornar-se a capital do Egito. A cidade perdeu sua importante posição com a chegada dos hicsos no final do Médio Império, mas reconquistou sua supremacia no início do Novo Império.

O profeta Naum, do século VII, compara a queda iminente da Assíria com a conquista de Tebas que já acontecera (Na 3:8,10). No início do século VI, Jeremias (Jr 46:25-26) e Ezequiel (Ez 30:14-16) falaram contra Tebas. [LARRY L. WALKER]

TEBES (heb. *tēḇēṣ*) Cidade em Efraim que Abimeleque, o filho de Gideão, sitiou e conquistou, com exceção da "torre forte" de onde uma mulher jogou uma pedra de moinho, esmagando a cabeça dele (Jz 9:50-54; 2Sm 11:21). A cidade é usualmente identificada com a moderna Tubâs, cerca de 16 km a nordeste de Nablus.

TEBETE (heb. *ṭēḇēṯ*; ac. *ṭebItu*) O décimo mês do ano judaico (dez-jan.).

TECELAGEM *Ver* FIAÇÃO, TECELAGEM, TEAR.

TECOA (heb. *tĕqôaʿ*) Cidade da região montanhosa de Judá, fortificada por Roboão (2Cr 11:6). Tecoa é também referência à região desértica a leste da cidade (2Cr 20:20; cf. 1Mac 9.33, onde o deserto foi o palco de operações durante a Revolta dos Macabeus). A antiga cidade, que aparentemente floresceu até o tempo das Cruzadas, quase certamente deve ser localizada na moderna Khirbet Tequʿa, cerca de 10 km ao sul de Belém (cf. Jos 15.59a LXX).

Um dos valentes de Davi, Ira, filho de Iques, era de Tecoa (2Sm 23:26; 1Cr 27:9), assim como o profeta Amós (Am 1:1). Joabe procurou a ajuda de uma mulher sábia de Tecoa na tentativa de reconciliar Davi com seu filho Absalão (2Sm 14:2), e os habitantes de Tecoa estavam entre os que reconstruíram o muro de Jesuralém após o retorno do exílio babilônico (Ne 3:5,27). [WADE R. KOTTER]

TEFON (gr. *Tephṓn*) Cidade de Judá fortificada por Báquides (1Mac 9.50). Embora Josefo sugira que o local seja Tecoa (*Ant.* 13.1.3.[15]), é mais provável ser identificada com Tapua (Vulg.; cf. Js 17:8).

TEÍNA (heb. *tĕḥinnâ*) Homem da tribo de Judá, filho de Estom e "pai" (fundador) de Ir-Naás (1Cr 4:12).

TELÁ (heb. *telaḥ*) Homem da tribo de Efraim, filho de Resefe e ancestral de Josué (1Cr 7:25).

TEL-ABIBE (heb. *tēl 'āḇîḇ*) Monte formado por ruínas na Babilônia (ac. *Til-abûbi*, "monte do dilúvio") onde viveu um grupo de exilados judeus (Ez 3:15). Ficava localizado junto ao rio Quebar, um canal perto da Babilônia.

TELAIM Local onde Saul passou em revista e contou suas tropas antes de atacar os amalequitas (1Sm 15:4). O *The Brown-Driver-Briggs Hebrew and English Lexicon* (BDB) deriva o nome de um verbo que significa "pontilhado" ou "diversificado", referência característica à marcação de ovelhas e cabras. Outro substantivo no plural *tĕlā"m* significa "cordeiros" ou "crianças", o que leva à sugestão de que Telaim estava associado com carneiro. Sua localização é desconhecida, embora provavelmente ficasse no sul de Judá, não longe de Edom, onde viviam os amalequitas. A LXX traduz "em Gilgal", mas isso é provavelmente exemplo de mudança de tradição para um local mais bem conhecido, com o qual o herói da história é frequentemente associado. [PAUL L. REDDIT]

TELASSAR (heb. *tĕla'kkār, tĕlakkār*) Local habitado pelo "povo de Éden", citado numa mensagem de um oficial assírio ao rei Ezequias, de Judá, como um dos lugares destruídos pelas forças assírias (2Rs 19:12; Is 37:12). Talvez deva ser identificado com Til Assuri, sítio arqueológico no meio Eufrates, ou com Til Barsip (Tell Ahmar) na margem leste do Eufrates.

TELÉM (heb. *ṭelem*) **I. (LUGAR)** Cidade da região do Neguebe de Judá (Js 15:24). É geralmente identificada com Telaim.

II. (PESSOA) Porteiro levita pós-exílico entre os que se divorciaram de estrangeiras com as quais tinham se casado no exílio (Ed 10:24).

TEL-HARSA (heb. *tēl ḥaršā'*) Cidade babilônica de localização desconhecida, mencionada no censo do primeiro retorno do exílio a Jerusalém em 537 a.C. (Ed 2:59; Ne 7:61; cf. 1Ed 5.36). É listada entre outras cidades cujos cidadãos não conseguiram provar sua linhagem judaica por genealogias adequadas. [C. MACK ROARK]

TELL (tb. TEL) Assentamento na forma de um monte, geralmente encontrado em qualquer outro nível rural. As palavras relacionadas são *tepe*, *huyuk* e *khirbet* e todas têm sido usadas como elementos de nomes modernos e nas identificações de antigos sítios arqueológicos feitas a partir delas. As referências bíblicas são feitas tanto aos locais de ruínas como a cidades existentes construídas sobre os montes.

Os *tells* são o resultado de um tipo específico de arquitetura — tijolo de barro. Eles são mais característicos de áreas sem acesso a grandes quantidades de materiais de construção alternativos, como pedra ou madeira, como é o caso na maior parte da Síria-Palestina e Mesopotâmia. A arquitetura com tijolo de barro, embora razoavelmente durável quando mantida adequadamente, deve ser destruída e reconstruída com frequência. O *tell* é formado quando isso acontece e quando estruturas abandonadas se desintegram e novas são construídas diretamente sobre suas ruínas. Assim, cada sucessiva fase de construção está numa superfície em relevo e o resultado é a formação de um monte ou *tell*.

Num ambiente com escassez de suprimento de água, os antigos habitantes geralmente preferiam ficar num lugar em vez de se mudar para outro. Os *tells*, consequentemente, aparecem ao longo de canais e próximos a nascentes de água ou em outros locais estratégicos, como o centro de uma área capaz de manter uma grande população ou com bom acesso a matérias-primas. Outros estão situados em posições políticas estratégicas em áreas naturalmente defensivas ou em fronteiras entre entidades políticas ou étnicas. A maioria das definições de *tell* citam a disponibilidade de água como característica determinante, mas isso pode ser sobrepujado pelo significado da religião como em, p. ex., Jerusalém (embora originalmente tenha sido escolhida como assentamento por sua neutralidade no tempo na monarquia israelita).

Os *tells* têm sido quase sempre colocados na mesma categoria e sido referidos de uma forma geral. William G. Dever, entretanto, enfatiza a singularidade de cada *tell* e seu reflexo na história individual do assentamento. O reconhecimento dessas histórias é atrapalhado pela complexidade da estratigrafia desses locais, tornando-os difíceis de escavar. Embora fácil de identificar, as chances de toda a área do assentamento ser delineada são muito insuficientes, considerando que as construções na borda são muito mais vulneráveis ao vento e à chuva e os limites externos provavelmente devem sofrer a erosão. Assim, a extensão máxima de ocupação é quase sempre destruída. Além disso, a história do *tell* fica mais obscurecida, considerando que os períodos primitivos podem estar a muitos metros abaixo da superfície do *tell*.

Bibliografia. W. G. Dever, "The Tell: Microcosm of the Cultural Process", in *Retrieving the Past*, ed. J. D. Seger (Winona Lake, 1996), 37-45. [KATHARINE A. MACKAY]

TELL-AMARNA *Ver* AMARNA.

TEL-MELÁ (heb. *tēl melaḥ*) Local, provavelmente na Babilônia, do qual os exilados judeus voltaram para Judá (Ed 2:59; Ne 7:61; 1Ed 5.36). Essas pessoas que retornaram estavam entre os que não puderam provar sua ancestralidade israelita e, assim, foram excluídos do sacerdócio. [STEPHEN J. ANDREWS]

TEMA (heb. *têmā'*) **I. (LUGAR)** Cidade do norte da Arábia (Is 21:14; Jr 25:23) associada a um filho de Ismael (Gn 25:15; 1Cr 1:30). Tema (Taymâ; moderna Teima, 360 km a leste-sudeste de Aqaba) foi um importante centro comercial na convergência de três notáveis rotas comerciais (Jó 6:19). Em 553/552, tornou-se o quartel general de Nabonido, o último rei neo-babilônico (ou caldeu). O filho de Nabonido, Belsazar governou no lugar dele na Babilônia enquanto o rei residia em Tema. A cidade foi provavelmente o centro do poder persa, no norte da Arábia durante o século V a.C.

Bibliografia. C. Edens e G. Bawden, "History of Tayma and Hejazi Trade during the First Millenium B.C.", *JESHO* 32 (1989): 48-103. [C. SHAUN LONGSTREET]

II. (PESSOA) Filho de Ismael (Gn 25:15; 1Cr 1:30), ancestral epônimo de uma tribo árabe e associado a uma cidade oásis no nordeste da Arábia (Is 21:14; Jr 25:23).

TEMÁ (heb. *temaḥ*) Servidor do templo cujos descendentes retornaram com Zorobabel do cativeiro na Babilônia (Ed 2:53; Ne 7:55).

TEMÃ (heb. *têmān*), **TEMANITE** (*têmānî*) Neto de Esaú e filho de Elifaz (Gn 36:9-11); ancestral epônimo de um clã edomita.

Temã aparece como expressão paralela para a nação edomita em vários casos (Jr 49:20; Am 1:12; Gn 36:34; 1Cr 1:45). Como resultado da conexão genealógica de Temã com Esaú e a sinonímia linguística com Edom, o local de Temã é geralmente colocado em Edom. (O termo hebraico significa "no lado direito" ou "sul"). A localidade tradicional é Tawilân a nordeste de Elji. A evidência arqueológica sugere um local de tamanho significativo, embora grandes achados de cerâmica sugiram o tráfico de intensas rotas comerciais num local central edomita.

"Temanita" (heb. *têmān'*) é referência a uma pessoa do clã de Temã ou da terra de Temã (Gn 36:34; 1Cr 1:45). Um dos monarcas de Edom foi um temanita chamado Husã (Gn 36:31-34). Em Jó 2:11, "Elifaz, o temanita" pode ser referência a alguém de Tema, na Arábia (Jó 6:19). [J. RANDALL O'BRIEN]

TEMENI (heb. *têmĕnî*) Filho de Asur e Naará, da tribo de Judá (1Cr 4:6). O nome parece ser um gentílico ("timnitas"), que significa "povo do sul".

TEMOR Medo ou terror ansioso em face do perigo; também reverência a ou terror de Deus.

O temor é emoção humana comum em resposta ao perigo ou ao sobrenatural. Adão e Eva ficaram com medo de Deus, depois que comeram do fruto proibido (Gn 3:8-10), e Jacó teve medo de Esaú depois tomar a bênção de seu irmão mais velho (32:11). Quando os israelitas estavam prontos para cruzar o mar Vermelho, se tornaram tementes por causa da ameaça de morte, à medida que Faraó e seu exército se aproximaram (Êx 14:10). Os povos da Terra Prometida teriam "caído em pavor diante da vinda dos israelitas" (Js 2:9). Os profetas pregaram que temer o julgamento vindouro de Deus é realidade da qual ninguém poderia escapar (Jr 5:22,24; Am 3:8; Sf 3:7). Quando Tobias começa sua viagem, tanto seu pai e mãe têm o temor de pais pela vida de seu filho (Tob. 5.16-21). "Temor e terror" caem sobre os povos às margens do mar que encontram o exército de Holofernes (Jdt. 2.28). Quando Gabriel visita Maria lhe é dito para "não temer" (Lc 1:30). As mulheres que encontram a tumba de Jesus vazia são pegas pelo "terror e espanto" e estão com medo de dizer para os outros a sua descoberta (Mc 16:8).

Embora "temor do Senhor" possa se referir ao temor sincero pela presença de Deus, também pode significar reverenciar a Deus, ideia encontrada mais diretamente na Literatura de Sabedoria (p. ex., Pv 2:5). O temor de Deus está ligado ao guardar a lei e os mandamentos (Ec 12:13), é "toda a sabedoria" (Sir. 19.20) e "a raiz da sabedoria" (1.20). Mais sucintamente declarado, "O temor do Senhor é a sabedoria, e o afastar-se do mal é o entendimento" (Jó 28:28).

Temer a Deus, então, é estar completamente devotado à sua vontade e às suas recompensas, enquanto se conhece as consequências terríveis de não temê-lo. Esse é o contexto da ordem de Paulo aos filipenses "efetuai a vossa salvação com temor e tremor" (Fp 2:12). [MARC A. JOLLEY]

TEMPLO Lugar sagrado, demarcado. O termo deriva da palavra latina *templum*, lugar separado para o propósito de presságio (Varro De ling. lat.; cf. "contemplar"). Um cognato grego, *témenos*, era precinto, pedaço de terra separado do uso comum e dedicado a um deus; o termo atualmente significa a plataforma na qual fica o edifício do templo — estrutura arquitetônica que separava o edifício das atividades comuns cotidianas (cf. Sum. *temem*, uma quantidade de terra empilhada, como em *É-temem-na-ki*, a "Casa do Fundamento do Céu e da Terra", o zigurate neobabilônico e tradicional torre de Babel).

O templo babilônico une as três regiões fundamentais do universo — céu, terra e submundo — com uma coluna central ligando as três zonas (cf. *temen-abzu*, "Fundamento do Abismo"). O egip. *ḥwt nṯr* significava a casa grande ou mansão onde o deus vivia e onde seu culto ritual ocorria. Inscrições chamam o templo de Edfu do período ptolemaico de "Base dos deuses dos inícios"; o lugar sagrado interno em si era chamado de "Assento elevado", o lendário monte da criação primordial, o mais poderoso e sagrado lugar terreno imaginável.

Várias palavras hebraicas designam o templo na Bíblia. O hebraico *hêḵāl* (ac. *ekallu*, do Sum. *é-gal*, "casa grande", portanto, "palácio"). O hebraico *hêḵāl* é frequentemente usado para santuários, lugares altos, etc., antes do templo de Salomão, mas também para o santuário celestial (Is 6:1). Mais comum no AT são *bêṯ yhwh*, "casa de Yahweh", e *bêṯ 'ĕlōh'm*, "casa de Deus". O hebraico *miqdāš* é usado para o templo de Jerusalém (cf. 2Cr 36:17, *bêṯ miqdāš*, "casa de santidade").

O espaço foi considerado santo porque foi ali que os atos primordiais da criação ocorreram, e onde um profeta ou rei se encontrava com a divindade. Pelo fato de o templo terreno ser construído de acordo com o padrão de um modelo celestial, ele é o protótipo estabelecido na terra. O templo terreno incorpora, inclui, anexa este espaço e transmite seu poder à humanidade por meio do contato deles com o templo. Em geral, isso ocorre por meio de um ritual, um conjunto de instruções e ações, altamente prescrito e detalhado, controlado por funcionários sacerdotais, investidos da autoridade de profunda antiguidade, que requer exatidão e cuidado em seu desempenho. Não se pode aproximar nem entrar no templo casualmente, sem a adequada autoridade e sem todos os preparativos rituais (p. ex., lavar, ungir, vestir roupas limpas e rituais).

SIMBOLISMO. "Templo", portanto, significa associação de símbolos e práticas ligadas no mundo antigo tanto com montanhas naturais ou lugares altos e estruturas construídas. Esses símbolos incluem a montanha cósmica, o monte primordial, águas da vida, a árvore da vida, o espaço sagrado e o protótipo celestial do santuário terreno. Essas práticas, que podem ser chamadas de ideologia do templo, enfatizam a orientação espacial e o calendário ritual; a altura da montanha/edifício; a revelação do protótipo para o rei ou profeta pela divindade; o conceito de "centro", de acordo com o qual o templo é o ideológico e, em muitos casos, o centro geográfico da comunidade; a dependência do bem-estar da comunidade conforme a atenção adequada ao templo e seus rituais; iniciação, incluindo representação dramática dentro do templo do mito cosmogônico como veículo primordial de ritual; sistemática preocupação com a morte e a vida após a morte, incluindo o enterro dentro da área do templo; refeições rituais (ligadas a aliança); revelação no lugar sagrado interno ao rei ou ao profeta por meio das Tábuas do Destino; cerimônias pactuais formais em conexão com a promulgação de lei; sacrifício animal; sigilo; e o abrangente impacto econômico e político do templo na sociedade.

As duas características mais importantes dos templos são a montanha e o céu. No relato babilônico da criação, Enuma Elish, quando as águas do caos abaixaram depois de sua derrota pelas forças do cosmos (Marduk), apareceu um monte de terra, o primordial e fundamental monte da criação, onde a divindade apareceu primeiro. Tal monte foi transformado na montanha sagrada, o lugar mais sagrado da terra, o arquétipo do templo. Em praticamente todas as culturas, os templos são ou a representação arquitetônica do monte primordial, ou de uma montanha mundial, ou alguma combinação das duas. A montanha e o templo são inseparáveis (Is 2:2-3). Todas aquelas características que causam/criam/determinam a sacralidade da montanha estão vinculadas ao templo e determinam sua arquitetura, simbolismo e ritual. A pirâmide egípcia em degraus, do faraó Djoser, foi uma realização arquitetônica do monte primordial, depois modificada na verdadeira pirâmide. As cerimônias da base canônica para os templos no antigo Egito incluíam o ritual de "capinar a terra" que está diretamente relacionada ao conceito de que o templo é a extensão arquitetônica superior das primitivas águas da criação que levam ao céu acima do monte primordial.

No antigo judaísmo, uma pedra fundamental aparece no lugar do monte sagrado. De acordo com Midrash Tanuma (Ked. 10), a pedra fundamental está na frente da arca, cujo ponto é o alicerce do mundo. Essa pedra fundamental teve o mesmo papel que o monte sagrado no Egito: ela foi o primeiro material sólido a emergir das águas da criação, e foi sobre essa pedra que a divindade efetuou a criação. De acordo com o texto judaico, foi essa rocha primordial na qual Jacó dormiu, no lugar que ele em seguida chamou de Betel (Gn 28). Essa mesma rocha veio então a ser colocada no lugar sagrado interno (*dĕb'r*) do templo de Salomão. De acordo com a tradição islâmica, é esta mesma rocha da qual o profeta Maomé subiu ao céu, sobre a qual está construído o Domo da Rocha.

A montanha, poderoso centro terreno e ponto de contato com os céus, tornou-se um lugar de reunião para a celebração de rituais periódicos e para cerimônias de renovação no Ano Novo. Um importante propósito do festival de Ano Novo era rededicar o templo, restabelecer e reafirmar a ligação do povo com os deuses dos céus. Vários relevos mostram as procissões de reis e nobres, aproximando-se da cidade para a festas de Ano Novo, nas quais a dedicação do templo sinalizava a continuação da união e da harmonia cósmica.

A vegetação que as águas criativas produziram, que pode ser equiparada às "árvores da vida", era exuberante, primitiva e vivificante. Esse simbolismo é excepcionalmente vívido nas referências do AT ao templo messiânico do fim dos tempos (Ez 47:1, 12). Outras fontes indicam que tais águas fluíram do interior do lugar sagrado e foram na realidade contidas ou encapsuladas no lugar pela pedra fundamental. A arquitetura, as pinturas e os relevos do templo mostram a "paisagem primordial", o mundo como era no princípio — monte, terra e árvores da vida (ou outra vegetação) dentro ou perto do santuário interior.

Não somente a criação e a vida surgem da profundeza; elas descem do firmamento, dos céus, a morada clássica dos deuses. A ideia básica é que existe no firmamento um lugar perfeito, a "cidade" dos deuses. O objetivo da vida humana é estabelecer contato com esse lugar e retornar a ele depois da morte, para assim compartilhar da vida dos deuses. O caminho primordial pelo qual os deuses compartilham com os humanos o conhecimento desse lugar e a informação sobre como chegar lá, é por meio do templo.

A divindade revela a um rei ou profeta o plano arquitetônico para o templo terreno, que é réplica do templo celestial. Êxodo 19:25 fornece o padrão clássico: o profeta sobe a montanha sagrada, onde lhe é mostrado um "padrão" (heb. *tab̲nît̲*) do templo celestial para examinar (25:9) para transferir sua arquitetura para a terra. O apóstolo João é transportado a uma montanha para ver a cidade celestial de Jerusalém, que no contexto do livro de Apocalipse é um grande templo (Ap 21:10,15), antes de sua restauração à terra no fim dos tempos (Ez 40:2-3).

O local mais íntimo do templo, o lugar santíssimo, é modelo na terra do lugar onde Deus vive. Ele não vive no lugar santíssimo do templo terreno; isto está claro em Êxodo 19:18 e 20. Ali o Senhor desce do céu ao topo da montanha. A divindade oferece um relance desse lugar celestial por meio do lugar sagrado interno do templo, onde sua presença é experimentada pelo profeta ou pelo rei em ocasiões especiais.

Mas como alguém pode chegar ao céu? A resposta deve ser encontrada na montanha — o arquétipo e protótipo do templo construído. Êxodo 19 aponta conveniente e profundamente na direção certa. A maneira como a montanha envolve ritual, ou ritos de passagem, por meio do qual o profeta serve de mediador do conhecimento de Deus ao povo que foi preparado por este ritual para se aproximar do lugar santo. Em muitas das grandes tradições religiosas, pensava-se que os deuses viviam numa montanha, ou desciam do céu até uma montanha, para se encontrarem com os que haviam feito a árdua jornada até o centro para serem instruídas. A montanha é o centro por ser o primeiro lugar da criação. Ela é o mastro vertical que liga os céus à terra, o centro da terra. Para se tornar um com Deus, a pessoa deve unir-se a ele na montanha. A jornada para a montanha e a subida uma vez alcançada sua base é árdua, repleta de perigos e obstáculos (cf. a natureza confusa do ritual de iniciação). Este é o simbolismo de Êxodo 19—24.

A montanha (o templo) é o "lugar de encontro do céu e a terra". Por meio de suas origens no submundo, como simbolizado no monte original da criação, ele também une as três regiões do mundo: o submundo, a terra e o céu. Um eixo central, ou coluna, unindo estas três zonas provê meios de acesso a e por meio delas pelos profetas (cf. Gn 28:10-12, 18-19, 22; esp. v. 17).

O templo de Jerusalém. Todo o simbolismo está aplicado de alguma forma na Bíblia, na literatura interbíblica e na literatura judaica pós-bíblica aos lugares altos e santuários pré-salomônicos (incluindo o tabernáculo), e ao próprio templo de Salomão em suas três manifestações: a estrutura original, a reconstrução pós-exílica de Zorobabel e a ampliação herodiana. Fundamental para a ideologia do templo é o ato de aparecer "perante o Senhor" (p. ex., 1Sm 7:6); a frase (heb. *lip̄nêyhwh*) é uma fórmula técnica derivada da concepção básica do templo como lugar de habitação e a atividade cúltica relacionada pode ser considerada indicação de um templo no lugar.

A diferença básica entre os lugares sagrados e santuários pré-salomônicos e o templo de Salomão em si é que, com o advento da realeza dinástica em Israel, o povo de Israel teve de construir um templo dinástico nacional apropriado, "como todas as nações" (1Sm 8:5), para dar legitimidade divina à dinastia. Israel havia feito a transição da teocracia para o estado, em termos políticos, e precisava de todos os equipamentos do estado. O principal entre estes era um grande templo nacional, a ser construído na cidade santa, nacional.

O templo de Salomão foi terminado em 953 a.C., destruído por Nabucodonosor em 586, reconsagrado por Zorobabel em 516, acentuadamente ampliado durante o reinado de Herodes, o Grande, começando em 20 a.C. e destruído pelos romanos sob Tito no ano 70 d.C.

Nenhum arquiteto é citado, mas no antigo Oriente Próximo deuses e reis eram considerados tanto arquitetos como construtores. Os reis recebiam projetos arquitetônicos de deuses por meio de visão, frequentemente enquanto passavam a noite num santuário. O plano do templo de Salomão foi revelado a ele durante uma noite no santuário em Gibeom (2Cr 1:7-13). De acordo com o estilo antigo, o rei foi ao Líbano em busca de materiais, principalmente o precioso cedro (2Cr 2:3-10 [TM 1-9]). Ele também recebeu assistência técnica de artesãos fenícios lá (1Rs 7:13,14,45), o que justifica a presunção de que o produto final foi arquitetonicamente e, em termos de decoração, fenício, ou talvez fenício-egípcio ou sírio (foram estabelecidas semelhanças com o Templo D em Ebla da Idade do Bronze Médio, com o templo neo-hitita do século IX em Tell Ta'yinat e os templos do Bronze Recente escavados em Emar). Não resta nada hoje do templo de Salomão, ou de qualquer de seus sucessores, com exceção da plataforma herodiana, mais excepcionalmente o Muro Ocidental.

O principal material de construção foi a pedra de cantaria primorosamente talhada, preparada numa pedreira não determinada. Toda a parte interna da construção foi forrada com cedro, depois dourada. Portas douradas de oliveiras formavam a entrada tanto do *hêḵāl* como do *dĕḇ'r*. De acordo com o cronista, uma cortina de linho azul, púrpura e carmesim, com querubins bordados nela, estava pendurada diante da arca da aliança, separando o *dĕḇ'r* do *hêḵāl* (2Cr 3:14).

O templo era uma estrutura tripartite, num eixo reto; era formado por três unidades arquitetônicas distintas, e o adorador entrava pela porta da frente e seguia na mesma direção até o santuário atrás. As três unidades eram o *'ûlām*, "pórtico" ou "vestíbulo"; o *hêḵāl*, "estrutura central" ou "nave" (esta palavra veio a ser usada para todo o edifício); e o *dĕḇ'r*; o santuário interior ou lugar santíssimo. O comprimento do templo era de cerca de 30 m, sua largura

A B C D E F G H I J K L M N O P Q R S T U V X Y Z

era cerca de 10 m e sua altura, cerca de 12,5 m. O *'ûlām* tinha cerca de 10 m de largura e 5 m de comprimento, o *hêḵāl* tinha cerca de 20 m de comprimento e o *dĕḇ'r* era um cubo, com cerca de 10 m de lado. O santuário interior era, portanto, 2,5 m mais curto do que o restante do edifício, possivelmente devido o santuário interior ficar sobre a rocha da fundação, o lugar original da criação na cosmogonia. O *dĕḇ'r* abrigava a arca da aliança, com a típica proteção no Oriente Médio do querubim colocando-se sobre ela, formando, assim, o trono cósmico da divindade. O *hêḵāl* era o local onde ficava o candelabro, a mesa do pão da presença e outros objetos rituais descritos para o tabernáculo. Um anexo de três andares cercava o *hêḵāl* e o *dĕḇ'r*, mas não o *'ûlām*.

Duas colunas ocas de bronze fundido ficavam em frente ao *'ûlām*, chamadas Jaquim (a coluna ao sul) e Boaz (a coluna ao norte); o templo era orientado na direção leste (cf. Ez 8:14-16). As colunas tinham conotações cósmicas, fundamentando o templo no submundo embora unindo-o com a esfera celestial. Os nomes das colunas simbolizavam o governo cósmico e universal de Yahweh e da dinastia davídica que o edifício do templo fundamentava e legitimava: Jaquim significava que Yahweh fundara a dinastia e o templo, enquanto Boaz significava que o poder de Yahweh emana do templo. Foi diante dessas colunas que o rei Josias repactuou o povo de Judá depois da purificação e restauração do templo (2Rs 23:2,3; cf. Josué em Siquém, Js 24:25-27).

A impressão geral do precinto do templo de Jerusalém no tempo de Salomão é a de um templo grandioso do Oriente Próximo, no topo de uma montanha sagrada — a mais completa expressão arquitetônica do templo celestial revelado na montanha de Deus e construído segundo o modelo lá revelado (Êx 25:8-9). As águas primordiais do abismo do tempo da criação foram controladas, presentes no simbolismo do mar de bronze. Havia árvores sagradas por toda parte e vegetação inspiradora, tanto real como decorativa (as paredes da nave e do lugar santo interno eram entalhadas com querubins, palmeiras e flores, depois douradas), representando a "paisagem primordial", o estado do mundo na criação.

A etapa do templo de Salomão que foi reconstruída pelo povo judeu que retornou do exílio na Babilônia (conhecido como Segundo Templo) foi muito menos grandioso do que havia sido o original, devido à pobreza do povo (Ag 2:1-3). Foi o decreto do sagaz rei persa (Ed 6:1-5) que iniciou o processo de reconstrução. O templo devia ser a casa de Deus com cerca de 30 m de largura por 30 de altura, construído com pedra lavrada e madeira. Os sacrifícios e as ofertas queimadas deviam ser levados para lá, e os vasos de ouro e prata levados para Babilônia por Nabucodonosor, devolvidos.

A fase herodiana do Segundo Templo consistiu principalmente da ampliação da plataforma do templo a grandes proporções (144.000 m2 — o maior precinto sagrado dos tempos antigos), com o acréscimo de vários pátios e o uso de enormes quantidades de luxuosos materiais de construção, principalmente ouro, na decoração do edifício. O conhecimento do templo herodiano vem do NT, vários textos interbíblicos, Josefo e do Mishná.

A destruição do templo em 70 d.C. foi uma catástrofe que ainda pende sobre o mundo judaico-cristão e, sob a perspectiva dessa tradição, sobre toda a humanidade. As grandes catedrais europeias do Período Gótico foram tentativas radicais de replicar a ideologia do templo em todos os seus detalhes, mas, por diversas razões, não puderam ter sucesso na iniciativa. O mesmo pode ser dito da sinagoga judaica e dos primeiros santuários/ mesquitas do islamismo, a arquitetura e o simbolismo dos quais estão impregnadas pelos simbolismos do templo. A natureza catastrófica da destruição do templo é fácil de compreender em termos das concepções religiosas fundamentais que dão suporte à construção de templos.

Bibliografia. J. Gutman, ed., *The Temple of Solomon* (Missoula, 1976); M. *Haran, Temples* and Temple-Service in Ancient Israel (1978, repr. Winona Lake, 1985); C.T.R. Hayward, ed., *The Jewish Temple* (London, 1996); V. Hurowitz, *I Have Built You an Exalted House: Temple Building in the Bible in Light of Mesopotamian and North-west Semitic Writings*. JSOT-Sup 115 (Sheffield, 1992); J.M. Lundquist, "Biblical Temple", *OEANE* 1.324-30; *The Temple: Meeting Place of Heaven and Earth* (London, 1993); J. Maier, "The Architectural History of the Temple in Jerusalem in the Light of the Temple Scroll", in *Temple Scroll Studies*, ed. G. J. Brook (Sheffield, 1989), 23-62; R. Patai, *Man and Temple in Ancient Jewish Myth and Ritual*, 2. ed. (New York, 1967). [JOHN M. LUNDQUIST]

TEMPO Como Gênesis 1 deixa claro, a criação do tempo é parte da criação do universo. As medidas e as divisões do tempo aparecem quando Deus separa o dia da noite (Gn 1:3-5) e cria o sol, a lua e as estrelas os quais servem "para fazerem separação entre o dia e a noite; sirvam eles de sinais tanto das estações como dos dias e dos anos. Sirvam eles de luminares no firmamento celeste, para iluminar a terra" (v. 14-15). Israel reconheceu que o seu Deus não apenas criou, como também continuou a sustentar o ritmo temporal com o ciclo meteorológico de chuvas de inverno e aridez do verão que tornam possível os ciclos agrícolas de arar a terra, plantar, maturar e colher. As ações emancipadoras de Deus definiram o passado de Israel e ofereceram novas possibilidades para o seu futuro.

Vocabulário. Embora a Bíblia Hebraica use várias palavras para identificar momentos específicos, não há um termo geral para o tempo como categoria. Muitos estudiosos argumentam que o sistema verbal hebraico em si não usa "tempos", mas indica se uma ação foi completada e não se a finalização aconteceu, está acontecendo ou acontecerá. Os contadores de história e poetas do antigo Israel devem, não obstante, ter obtido conhecimento de alguma noção de tempo, mesmo que não tenha sido matemática e linear; escreveram passagens cheias de referências a eventos passados, presentes e futuros.

Os termos espaciais, p. ex., *qeḏem* ("na frente do" momento presente) e *'aḥăr'ṯ* ("atrás" do momento presente), transmitem noções temporais de "passado" e "futuro". A frase *bĕ'aḥărîṯ hayyāmîm* ("nos dias por vir") indica tempo remoto no futuro, enquanto *hāri'šôn'm* ("as coisas passadas") designa eventos passados (Is 41:22). Para expressar duração, a Bíblia Hebraica oferece várias combinações de *'ôlām* (p. ex., "para sempre, para toda a vida") e de *dôr* (p. ex., "geração após geração", "geração a geração"). Em contrapartida, *regaʿ*, "momento" é um intervalo muito curto de tempo.

O hebraico *ʿēṯ* é geralmente traduzido por "tempo" e especifica um evento particular ou a duração de um evento, em vez de um momento ou medida de tempo. Em Salmo 10:1, *ʿ'ttôṯ baṣṣārâ* caracteriza a duração dos problemas do narrador; em Josué 5:2 *ʿēṯ* é a ocasião da recircuncisão dos israelitas após terem atravessado o rio Jordão a pés enxutos, entrando na terra de Canaã; em Ester 1:13 os "que entendiam dos tempos" (i.e, "eventos futuros") são astrólogos; em Amós 5:13 o tempo mau é sinônimo de realização de atos injustos. Em 2Samuel 11:1, *ʿēṯ* significa o "tempo costumeiro", a primavera do ano em que os reis saem para a batalha.

Para o autor de Eclesiastes 3:1-8, o tempo é ordenado por uma sucessão de eventos que ocorrem numa sequência fixa. Há um tempo para tudo, de acordo com essa reflexão pessimista, e "nada há de novo debaixo do sol". Tal rigor temporal apoia a visão do Pregador de que um abismo irreconciliável separa a vida humana e a atividade divina; a rígida natureza do tempo exclui qualquer intervenção de fora.

Frequentemente a frase *beʿittô* ("em seu tempo/no tempo) transmite a nuança de "tempo adequado", "época própria". Em Deuteronômio 11:14, a palavra se refere ao tempo esperado das chuvas de inverno. Em 1Samuel 18:19, o vocábulo indica o tempo designado para a entrega de Merabe, a filha de Saul em casamento. Às vezes, o plural de *ʿēṯ* encerra o sentido de "sorte" ou "destino" (1Cr 29:30).

A palavra hebraica para "dia", *yôm*, com frequência funciona como sinônimo de *ʿēṯ*. Expressões como "o dia de Moabe" ou "o dia de Jerusalém" (Sl 137:7) são geralmente negativas; indicam os eventos, passado ou futuro, que marcam a destruição da nação ou da cidade a quem o dia se refere. Semelhantemente, o "Dia do Senhor" (*yôm yhwh*; Am 5:18-20; Is 2:12; 13:6, 9; Jl 1:15) é tanto o evento pelo qual o Senhor executa juízo sobre Israel ou sobre seus inimigos, como o tempo no qual esse juízo ocorre. Em Jeremias 50:31, o profeta usa a frase "chegou o seu dia" com o objetivo de anunciar catástrofe e morte. O plural de *yôm* (*yām'm*) indica um período particular de tempo com início e fim; p. ex., 2Samuel 21:1 relata uma fome que ocorre durante o reinado de Davi (*yĕmê ḏāwiḏ*, "nos dias de Davi").

Passado e futuro são expressos em relação ao espaço, com o presente como o ponto de orientação. Embora os ocidentais possam conceituar o futuro à frente deles, os israelitas bíblicos situavam o futuro atrás (*'aḥăr'ṯ*) deles como eventos ainda por aparecer; ele se aproxima, desvendando-se vagarosamente para trazer o passado ao presente. Em Isaías 30:8, o Senhor ordena que o profeta escreva a mensagem divina numa tábua, para que pudesse ser testemunho eterno nos "dias vindouros". Da mesma forma, uma esposa valiosa "ri do dia futuro" (Pv 31:25). Semelhantemente, enquanto alguns leitores pensam no passado como algo que podem colocar atrás deles, para os israelitas bíblicos o passado está na frente (*qeḏem*) deles, visível, conhecido, eventos movendo-se para uma distância cada vez mais longe. Em Isaías 23:7, Tiro é a cidade cuja origem é dos "dias antigos". Jerusalém lembra os dias passados quando o seu povo foi levado para o exílio (Lm 1:7).

Enquanto *ʿēṯ* geralmente identifique eventos políticos, militares ou pessoais que possam ocorrer ao acaso, *môʿēḏ*, de um verbo que significa "designar", refere-se a eventos que são fixados ou determinados à frente do tempo, como encontros, eventos ou reuniões. Em Daniel 8:19, *môʿēḏ* aponta para o fim designado e escatológico da história; em 1Samuel 20:35, designa o encontro previamente combinado de Jônatas com Davi; em Deuteronômio 31:10, anuncia o Ano Jubileu como "o ano programado de remissão" de dívidas. A palavra também transmite que existem momentos apropriados na natureza nos quais um evento deve ocorrer (Jr 8:7).

Os escritores bíblicos usaram também *môʿēḏ* para diferenciar o tempo religioso, reservado para lembrar o passado de Israel e seu relacionamento com o Senhor, dedicado a celebrar os feitos salvadores e safras bem-sucedidas. O profeta Isaías chama Jerusalém de "cidade das nossas festas solenes" (Is 33:20). Durante essas celebrações litúrgicas (Lv 23), que duravam dias, o povo relembrava as histórias dos eventos que os festivais comemoravam ocorrências vitoriosas que haviam marcado o relacionamento deles com o Senhor. Essas novas narrativas permitiam-lhes vivenciar exatamente os eventos sobre os quais estavam ouvindo, como se estivesse acontecendo com eles, em sua época (Êx 13:8). Nesse contexto de lembrança de bênçãos, cada geração confirmava por si mesma, o relacionamento pactual com o Senhor de Israel, em gratidão pelo poder salvador que havia agido no tempo, mas estava além dele.

Medidas de tempo. O AT usa também vocabulário que corresponde às mais universais divisões do tempo: dia, semana, mês e ano. "Dia" (*yôm*) se estende da manhã ao anoitecer, ou do pôr do sol ao pôr do sol (Gn 1:5). Em Salmo 55:17(TM 18) "dia" tem três divisões de "anoitecer, manhã e tarde"; em outra parte ele tem quatro (p. ex., Ne 9:3). "Noite" (*laylâ*) tem três seções ou vigílias (Êx 14:24; Lm 2:19).

O hebraico *šāḇûaʿ* (lit. "sete") significa "semana". Os dias da semana não têm nome; são numerados de um a seis. Somente o sétimo e último dia tem um designação especial, "*sabbaṯ*", em referência ao descanso de Deus após a criação (Gn 2:2, 3;Êx 20:10-11). De acordo com a história da criação, em Gênesis 1, da mesma forma que "imagens divinas" mantêm ordem dentro do universo, os israelitas seguem o exemplo divino, descansando neste dia. Outro escritor cita a libertação, feita pelo Senhor, dos escravos judeus da servidão egípcia como razão adicional para os israelitas fiéis, seus escravos e seus animais de trabalho a se absterem do trabalho físico no último dia da semana (Dt 5:14-15).

O hebraico *yārēaḥ* e *ḥōḏeš*, "lua", também significam "mês". O calendário lunar de Israel media a duração de um mês de lua nova a lua nova. Alguns dos nomes dos meses mencionados no AT refletem as origens canaanitas de Israel, p. ex., Abibe (Êx 13:4), Zive (1Rs 6:1, 37), Etanim (8:2), Bul (6:38). Textos posteriores usam nomes babilônicos, p. ex., Nisã (Ne 2:1), Sivã (Et 8:9), Elul (Ne 6:15), Quisleu (1:1), Adar (Ed 6:15).

O início de um novo mês era um dia de descanso; os sacerdotes ofereciam sacríficos especiais (Nm 28:11-15) e sopravam o *shofar* cerimonial na esperança de que o Senhor se lembrasse de Israel (10:10; Sl 81:3 [4]; cf. Os 5:7; Am 8:5). As festas mais importantes como a Páscoa e a festa das Cabanas caíam na lua cheia.

Os dias vindouros. A comunidade da tribo de Judá do pós-exílio estava numa posição entre um passado desastroso e um futuro incerto. À sua frente, estavam os atos graciosos e libertadores, os feitos poderosos que Deus havia realizado em seu favor: libertação do Egito, o pacto, o estabelecimento na terra, a monarquia. Ao mesmo tempo, a infidelidade e a desconsideração que demonstraram diante da bondade divina jogaram aquele passado no lixo. Repetidas vezes, o Senhor teve de usar a vara, quase sempre sob o disfarce de derrota pelas mãos de outras nações, para ensinar Israel um estilo mais produtivo de vida.

Atrás de Judá e de Jerusalém estava escondido seu futuro, "os dias vindouros". Embora nenhum outro texto dê uma revelação sistemática do futuro, algumas características são claras. Algum "dia do Senhor" inaugura essa nova época na história de Israel. Um exército divino massacra os inimigos do povo do Senhor (Jl 3:9-14 [4:9-14]) e, em alguns casos, destrói até suas terras (v. 19). Os estrangeiros afluem a Jerusalém para aprender a Torá com os judeus fiéis (Mq 4:1-2) ou para servi-los como escravos (Is 60:10-12). Judá desfruta de prosperidade agrícola e de autonomia política (Jl 3:18-21 [4:18-21]. Esse é o tempo da nova aliança de Jeremias (Jr 31:31). Usando imagens fortes, os poetas de Israel expressam a convicção de que em algum momento desconhecido no futuro, as circunstâncias políticas, religiosas e econômicas sofrerão mudança duradoura.

Novo Testamento. Os escritores do NT ampliaram as ideias de tempo do AT. Nos evangelhos, um dia continua a ir do pôr do sol ao pôr do sol; consequentemente, a Última Ceia e a Crucificação ocorrem no mesmo dia. Existem também diferenças importantes. Pelo fato de os evangelistas acreditarem que promessas passadas e esperanças futuras se aglutinam no evangelho de Jesus, eles, às vezes, não fazem clara distinção entre o passado, presente e futuro.

O uso pelo NT do grego *aiṓn*, "época" ou "eternidade", provavelmente reflete as raízes judaicas do cristianismo. A literatura judaica interbíblica frequentemente distinguiu entre o mundo presente, controlado pelos poderes do mal, e o mundo por vir já sob o domínio de Deus e a superioridade do bem (cf. Mt 12:32; Mc 10:30; Ef 1:21; 2:7). Uma maneira de compreender o enredo do evangelho de Marcos é vê-lo como uma luta na qual Jesus de Nazaré rompe a influência do Diabo no mundo para estabelecer o reino de Deus na história. O adjetivo *aiṓnios* , "eterno" ou "sem fim", descreve o pacto do qual Cristo é mediador (Hb 13:20), a moradia na qual os cristãos entram ao morrer (Lc 16:9; 2Co 5:1; 2Tm 2:10), as boas novas eternas (Ap 14:6), a esperança de uma vida infindável (Tt 3:7), as chamas perpétuas de punição (Mt 18:8), o juízo eterno (Hb 6:2), o caráter de pecado que separa alguém permanentemente de Deus (Mc 3:29).

No NT, "para sempre" ou "eterno" propriamente pertence a Deus, visto que só Ele não tem fim de dias. Aplicado aos cristãos, o adjetivo sugere que até mesmo "neste mundo" os cristãos participam da vida divina. O crente está protegido dos males do tempo presente (Gl 1:4) e já experimenta a salvação futura (Hb 6:5). A época presente é o momento decisivo, o "agora" da salvação (Lc 19:9; 23:43). No evangelho de João, a vida eterna começa no momento em que a pessoa comece a crer em Jesus; essa vinda à fé é o momento central na vida de um indivíduo. Porque Jesus é a ressurreição e a vida, aqui e agora, ele ressuscita os crentes dentre os mortos e lhes concede plenitude de vida aqui e agora.

O grego *chrónos* designa um período de tempo, usualmente descrito por adjetivos como "breve" ou "longo". De vez em quando, é um período específico de tempo (p. ex., Lc 1:57; At 7:17; Gl 4:4). A palavra pode ser traduzida por "período curto de tempo", "tempo determinado", "termo".

A palavra mais importante relacionada a "tempo" no NT é *kairós*, "oportuno" ou "tempo designado". Às vezes, ocorre simplesmente como sinônimo de *chrónos*(Lc 4:13; 21:36; Mt 11:25). Ela pode também descrever tempos fixos, que ocorrem regularmente: a época da colheita (Mt 13:30), a época em que os figos amadurecem (Mc 11:13), ou das festas litúrgicas (Gl 4:10). O significado da palavra, entretanto, deriva das passagens do evangelho nas quais ela se refere a momentos importantes na vida de Jesus de Nazaré: sua vinda; o início do reino de Deus; paixão, morte e ressurreição; e sua volta. Marcos identifica o início do ministério público de Jesus, a proximidade do reino de Deus e o convite ao arrependimento e à fé (Mc 1:15) como momento importante de concretização. Marcos enfatiza a urgência implícita no *kairós* com o repetido uso do advérbio *euthýs*, "imediatamente". Tanto Mateus (Mt 26:18) como Paulo (Rm 5:6) designam o tempo da paixão e morte de Jesus como *kairós*. 1Timóteo 6:15 observa que Jesus voltará novamente "no tempo próprio".

No evangelho de João, o grego *hṓra*, "hora", toma o lugar de *kairós* dos Sinópticos, que geralmente usam *hṓra* em referência a hora do dia (Lc 13:31); tempo de perseguição para os discípulos (Mc 13:11; Lc 12:12) e, em alguns casos, à paixão de Jesus (Mt 26:18, 45; Mc 14:35) ou ao retorno dele (Lc 12:40; Mt 24:36; Mc 13:32). No evangelho de João, "a hora" ou "minha hora" não é mais referência a uma categoria temporal. Ao contrário, a expressão significa o tempo de Jesus passar "deste mundo [...] para o Pai" (Jo 13:1) e engloba Sua paixão, morte, ressurreição, glorificação à direita de Deus. Em João 2:4; 7:30; 8:20, a "hora" de Jesus ainda não havia chegado, mas em 12:23, sim. A hora de Jesus traz perseguição aos crentes (Jo 16:2); ela também promete ressurreição (5:25, 28, 29) e ensina a verdadeira adoração (4:21, 23).

Para o crente, o *kairós* a que Jesus dá origem é tempo para se usar sabiamente (Ef 5:16; Cl 4:5) o tempo para acordar do sono porque a salvação está perto, tempo para se conduzir adequadamente (Rm 13:11-14). Pelo fato de se desconhecer a duração do espaço de tempo até a volta de Cristo, os cristãos devem ocupar esse tempo de *kairós* vigiando, esperando, orando pela volta de Cristo. Deus pode retardar essa volta para ajudar os cristãos a se preparar melhor para ela. Embora o Senhor tenha estabelecido os tempos de salvação e tenha escolhido não revelar qualquer informação detalhada sobre eles, os cristãos devem aprender a interpretar os sinais dos tempos para estar preparados para o *kairós* final dos últimos dias (1Pe 5:6). Esse evento para o qual o NT aponta é tempo de julgamento (Mc 13:33; 1Pe 4:17).

No NT, todas as categorias de tempo começam e terminam com Jesus de Nazaré. As genealogias de Mateus e Lucas registram a história da criação progressivamente como história que prepara para e encontra seu significado na vida e morte de Jesus. João retrata o viver cristão no meio e entre o "agora" e o "ainda não"; o centro da história e o seu ponto final são um e o mesmo, a presença de Jesus Cristo. O Cristo ressurreto oferece o Espírito à comunidade crente para que ela siga seu exemplo; ao mesmo tempo, essa comunidade precisa resistir continuamente aos poderes deste mundo, vivendo de maneira justa e devota até a volta do Senhor.

Desde que o cristianismo se tornou a religião de estado do império romano, os teólogos cristãos interpretaram o nascimento de Jesus de Nazaré como *kairós*, "tempo próprio", para o mundo, fazendo desse evento o centro do calendário. O Venerável Beda (d. 735) popularizou a ideia do ano domini, A.D. ou "era cristã". O imperador Carlos Magno decretou essa terminologia na Europa. Somente no século XVIII, foi que Jacques Benigne Bossuet começou o costume de contar o tempo antes do nascimento de Jesus de Nazaré como se o seu cumprimento e significado tenham derivado do seu nascimento. [KATHLEEN S. NASH]

TENDÃO DA COXA Frase (heb. *g'ḏ hannāšeh*) referindo-se à parte do corpo de Jacó deslocada em sua luta com o "homem" em Peniel (Gn 32:32 [TM 33]). O hebraico *g'ḏ* é usado em outra parte do AT em alusão a tendão. O substantivo *nāšeh* é normalmente traduzido por "coxa", mas considerando-se que não

A B C D E F G H I J K L M N O P Q R S T U V X Y Z

é usado em outra parte do AT, esta tradução é duvidosa. O vocábulo é usualmente identificado com o nervo ciático, mas a conexão entre o tendão da coxa e este nervo não é clara. O relato fornece uma etiologia do tabu judaico contra comer da coxa de animais. [GREGORY A. WOLFE]

TENTAÇÃO, PROVA Na Bíblia, "tentação" e "prova" (ambos heb. *nsh*; gr. *peirázō*) denotam um dos importantes aspectos da relação entre Deus e os seres humanos. Considerando-se que não se acredite os seres humanos testarem Deus, Deus testa a fidelidade deles com vários instrumentos, como sofrimentos ou mandamentos difíceis. Se vencem a tentação de se voltarem contra Deus diante dessas dificuldades, provam sua fidelidade e passam no teste.

Na tradição do Êxodo, Deus é retratado normalmente testando os israelitas (Êx 15:22-26; 16:1-5; 20:18-21). De acordo com a interpretação deuteronomista, essas provações divinas têm propósito pedagógico: Deus testa o povo para discipliná-lo e beneficiá-lo (Dt 8:2-6). Tal interpretação tornou-se popular nas tradições bíblicas posteriores (Sir. 4.11-19; Sb. 3.1-9; Jdt 8:25-27). As mais conhecidas histórias de provações no AT, entretanto, são as de Abraão e Jó. Deus prova Abraão dizendo-lhe que sacrifique seu filho Isaque (Gn 22:1-2). Deus dá permissão ao Adversário (heb. *śāṭān*), um dos ministros da corte de Deus ("filhos de Deus", Jó 1:6; 2:1), para provar Jó com as aflições mais severas (1:12; 2:6). Tanto Abraão como Jó provam ser fiéis a Deus e são recompensados (Gn 22:15-18;Jó 42:11-17).

Os evangelhos sinópticos registram que imediatamente depois do batismo e um pouco antes de iniciar seu ministério público, Jesus foi testado pelo Diabo, também chamado de Satanás, ou o tentador (Mc 1:12, 13; Mt 4:1-11; Lc 4:1-13). Na versão mais longa da história (em Mateus e Lucas), o Diabo testa Jesus com três tentações, em todas elas Jesus resiste resolutamente. Deve-se observar que Deus está envolvido nas tentações de Jesus pelo Diabo, como afirma categoricamente Mateus 4:1 que o Espírito levou Jesus para o deserto para que o Diabo O tentasse.

De acordo com os evangelhos sinópticos, Jesus enfrentou e venceu tentações não somente no início, como também durante seu ministério. Nessas últimas tentações, o envolvimento de Deus não é mais claro e os seres humanos, não o Diabo, aparecem como tentadores. Os compatriotas de Jesus o provam pedindo-lhe um sinal do céu (Mc 8:11; Mt 16:1; Lc 11:16) ou fazendo-lhe perguntas legais difíceis (Mt 19:3; 22:35). Embora "tentação" ou palavras correlatas não sejam explicitamente usadas, dois eventos importantes sugerem fortemente que devem ser entendidos como tentações sofridas por Jesus. Quando Pedro censura Jesus, que havia predito sua paixão, morte e ressurreição, Jesus censura Pedro com as mesmas palavras que ele usara quando o Diabo o havia tentado (Mt 4:10): "Para trás de mim, Satanás!" (Mc 8:33; Mt 16:23). Da mesma forma, quando Jesus estava na cruz, os líderes judeus zombaram dele com palavras que lembravam a tentação do Diabo (Mt 4:6; Lc 4:9), dizendo que se Jesus fosse o Cristo, descesse da cruz (Mc 15:32; Mt 27:42,43; Lc 23:35).

No AT, é sempre pela diretriz da própria vontade de Deus que os humanos são provados, mas o propósito de Deus em provar é positivo. Nunca significa seduzir humanos ao mal. Isso não é sempre verdade na literatura pós-bíblica judaica e no NT. Em vários documentos pós-bíblicos judaicos (1—2 Enoque, 2Baruque, Apocalipse de Abraão, Martírio de Isaías e, esp. em Qumran), uma figura personificada do mal, identificada com vários nomes, como Beliar, Belial, Satanás, Azazel ou Mastema, aparece como tentador nas tribulações escatológicas. Como soberano da presente era, o mal personificado objetiva seduzir o povo de Deus para praticar o mal contra a própria vontade de Deus. O conceito de tentação aqui torna-se quase sinônimo de "pecado" ou "mal". Os cristãos primitivos interpretavam suas perseguições sob a mesma perspectiva, enquanto esperavam ansiosamente o retorno de Cristo, que consumaria o reino escatológico de Deus (Mt 6:13; Lc 22:40; 1Pe 1:6-7). Os cristãos acreditavam que Cristo, que Ele mesmo passou por tentações em vários aspectos (Hb 4:15; cf. Lc 22:28), os ajudaria a vencer as provações (Hb 2:18).

Bibliografia. J. B. Gibson, *The Temptations of Jesus in Early Christianity*. JSNTSup 112 (Sheffield, 1995). [SEUNG AI YANG]

TEODÓSIO Teodósio de Éfeso, de acordo com primitivos testemunhos de meados do século II, estudioso responsável pela sexta coluna da Hexapla de Orígenes. A versão de Teodósio parece ser uma tradução fiel e literal (ou em alguns livros uma revisão da LXX) de um texto semítico que foi muito semelhante àquele agora conhecido como o TM.

Apesar de antigas referências a Teodósio, há dificuldades em determinar a natureza e a exata extensão de sua obra. Por exemplo, citações da versão de Teodósio, particularmente de Daniel, são encontradas no NT. Isso leva alguns a concluir que Teodósio acrescentou à obra de um escritor anterior a quem os estudiosos designam de Ur-Teodósio, mas tal ideia está sendo cada vez mais abandonada. J.-D. Barthélemy afirmou que Ur-Teodósio, a quem ele identificou como Jonathan ben Uzziel, foi o verdadeiro autor e que havia traços identificadores de sua obra, atualmente conhecida como a revisão Kaige (Palestina). Alguns têm tentado propor mais características e, nessa abordagem, Kaige-Teodósio ainda é entendida como obra unificada. Entretanto, tem sido mostrado que livros como Daniel e Jó não podem ser ligados com Kaige. Assim, a natureza e a extensão da Kaige-Teodósio permanece em discussão.

Bibliografia. T. McLay, *The OG and Theodotion Versions of Daniel.* SBLSCS 43 (Atlanta, 1996); J. W. Wevers, "Barthélemy and Proto-Septuagint Studies", *BIOSCS* 21 (1988): 23-34. [TIM MCLAY]

TEÓDOTO (gr. *Theódotos*) Um dos embaixadores mandados por Nicanor a Judas Macabeu para estabelecer a paz (2Mac 14.19).

TEOFANIA Termo técnico para a aparição de Deus no AT. O termo, que tem origem grega (do festival de Delfos; Heródoto Hist. 1.51), é composto por *theós* ("Deus") e *phaínein* ("aparecer"). Embora não exista um termo hebraico exato equivalente para o grego *theophánia*, forma derivada de uma das sete principais raízes verbais que mais se aproxima da raiz *r'h* . "Teofania" pode ser traduzido por "aparecer", "revelar" ou simplesmente "visão" de Deus.

As teofanias assumem formas diferentes no AT e funcionam em contextos diferentes de formas distintas. As narrativas do Pentateuco contêm inúmeras histórias de Deus, ou da manifestação de Deus ("glória", "mensageiro" ou "face"), aparecendo a indivíduos em momentos de tensão narrativa quando as promessas divinas de terra, prole e relacionamentos estão em dúvida (cf. Gn 12:7; 17:1; 18:1; 26:2, 24; 32:24-32; 35:9; Êx 3:2; Nm 12:5). Em Gênesis 12:4-9, p. ex., Abrão parte de Harã sob os cuidados da promessa divina e descobre que a Terra Prometida é habitada pelos canaanitas; nesse momento (v. 7) Yahweh aparece para reafirmar a promessa da terra.

Em situações mais excepcionais Yahweh aparece a grupos como no Sinai (Êx 19:16-25; cf. 16:10), ou quando os setenta anciãos de Israel recebem uma visão de Deus, descrita em termos atipicamente diretos (24:9-18).

As teofanias nas tradições narrativas geralmente trazem comunicação divina e somente raramente descrevem o que é visto (cf. Êx 33:21-23; Ez 1). Muitos textos incluem linguagem que simboliza proximidade de Deus, todavia enfatiza que o acesso direto à presença de Deus é limitado, se não impossível. Terremoto, trovão, relâmpago, vento tempestuoso, toque de trombeta, esplendor e trevas sugerem a proximidade de Deus (Êx 19:16, 18-19). Deus diz a Moisés: "Você não poderá ver a minha face, porque ninguém poderá ver-me e continuar vivo" (Êx 33:20; mas cf. Nm 12:8). A natureza extraordinária das teofanias é normalmente enfatizada pelo temor respeitoso daqueles encontros divinos concedidos (cf. Gn 16:13; 33:20; Êx 3:6; 24:11; Jz 13:20).

Outros contextos relacionados a teofanias incluem experiência de chamados proféticos (cf. 1Rs 22:19; Is 6:1, 5; Ez 1:1, 27, 28; Am 9:1) e visões posteriores incluindo a esperança de que Yahweh aparecerá num tempo futuro para restaurar Israel (Is 35:2; 40:5; 60:2; Zc 9:14) ou para julgar (Ml 3:2-5). A aparição de Yahweh está, às vezes, relacionada ao culto ou adoração (Lv 9:4, 6, 23, 24; 16:2; Sl 63:2 [TM 3]; 84:7 [8]).

Alguns estudiosos acham o ambiente original da teofania do AT no Cântico de Débora (Jz 5:4, 5), um hino de vitória depois da "guerra de Yahweh". Embora o hino inclua a reação da natureza à presença de Yahweh, ele não inclui a comunicação divina direta com os humanos em outros contextos. Talvez o tipo literário tornou-se dissociado de seu ambiente original com o fim das guerras de Yahweh durante a monarquia e foi liberado para entrar em composições narrativas e ser adaptado em oráculos proféticos.

É tomado o comando da linguagem teológica da teofania em certos textos do NT que sugerem a presença divina em Jesus incluindo as narrativas da anunciação a José (Mt 1:18-25), do batismo (Mc 1:9-11), da transfiguração (9:2-8), e da ascensão (At 1:6-11; cf. 9:1-9).

Bibliografia. J. K. Kuntz, *The Self-Revelation of God* (Philadelphia, 1967); C. P. Staton, "And Yahweh Appeared": A Study of the Motifs of "Seeing God" ando f "God's Appearing" in *Old Testament Narratives* (diss., Oxford, 1988). [CECIL P. STATON, JR.]

TEÓFILO (gr. *Theóphilos*) A pessoa a quem o evangelho de Lucas e o livro de Atos são endereçados (Lc 1:3; At 1:1). O grego *krátistos*, o adjetivo traduzido por "excelentíssimo" em Lucas 1:3, favorece o ponto de vista de que Teófilo ("amado de Deus" ou "amigo de Deus") é o nome de um indivíduo real e não meramente símbolo para cristãos ou leitores tementes a Deus. Além disso, essa forma honrosa de se dirigir sugere que Teófilo é altamente respeitado na sociedade, possivelmente homem de considerável meios financeiros que ajudava a financiar a publicação dos escritos de Lucas. É também possível que "excelentíssimo" seja alusão à posição oficial que ele mantinha no governo romano (cf. At 23:26; 24:2;26:25).

O autor de Lucas-Atos quis garantir a Teófilo um relato histórico preciso e ordenado dos fatos que cercaram o ministério de Jesus e a igreja emergente (Lc 1:2-3) de sorte que Teófilo pudesse ter plena certeza da verdade sobre tais assuntos (v. 4). Se ele abraçou a fé cristã ou não é difícil determinar, porque o prefácio de Lucas (1:1-4) e o conteúdo de

Lucas-Atos em geral parece apropriado aos interesses do evangelismo bem como do treinamento cristão. [PETER K. NELSON]

TERÁ (heb. *tāraḥ*) **I. (LUGAR)** Lugar onde os israelitas acamparam durante sua jornada pelo deserto (Nm 33:27,28). Sua localização é desconhecida.

II. (PESSOA) (heb. *teraḥ*) Descendente de Sem e pai de Abrão, Naor e Harã (Gn 11:24, 26). Terá foi o último elo entre a história primitiva e seu filho, Abrão, por meio de quem Deus começou um novo tipo de obra pactual, uma significância claramente refletida no fato de que a história de Abrão está agrupada sob o mesmo título estrutural "estas são as gerações de Terá" (Gn 11:27). Entretanto, após breve referência à mudança de Ur e o estabelecimento em Harã (Gn 11:31), a única referência a Terá é o cometário de sua morte (v. 32). O fato de o relato da morte dele aparecer na forma narrativa, antes da ação independente de Abrão para Canaã, embora Terá aparentemente estivesse vivo na maior parte do período, parece refletir negativamente nele. Está claro que ele não teve parte na continuação da história da aliança. O nome Terá pode refletir a adoração da lua, o que era popular tanto em Harã como em Ur (cf. a referência a Terá em Js 24:2 como alguém que serviu a outros deuses). [WALTER E. BROWN]

TERAFIM (heb. *tĕrāpîm*) Termo técnico normalmente traduzido por "deuses familiares", "deuses", "ídolo", usa-se também a forma transliterada. Em 1Samuel 15:23, o termo é generalizado para abranger toda a idolatria. A etimologia do termo hebraico é incerta. Alguns estudiosos a ligam com o hitita *tarpiš*, denotanto um espírito que pode ser protetor ou malévolo. Outros o ligam com o hebraico *rāpâ*, que significa "ficar prostrado" do mesmo modo que os corpos celestiais afundam no mundo subterrâneo, ou como um termo pejorativo que significa "ser fraco". Ao se comparar os textos de Nuzi com o furto de Raquel (Gn 31:34), alguns estudiosos sugerem que os terafins estão ligados aos direitos de herança, talvez representando os ancestrais. Muito provavelmente, os terafins serviam como elo (um canal) com uma divindade cuja presença representavam.

Os terafins são usualmente pequenos. Raquel escondeu os terafins de Labão em alforjes (Gn 31:34); entretanto, Mical vestiu um terafim para que se parecesse com Davi doente na cama (1Sm 19:13). Como objetos de adoração, os terafins são encontrados tanto em santuários como nos lares. Labão chamou seus terafins de "deuses" (Gn 31:30). O terafim pode ser associado a Yahweh. Mica construiu um santuário dedicado a Yahweh e terafim, uma imagem esculpida, outra fundida, um éfode e um sacerdote levita, que os danitas depois levaram embora à força e instalaram na cidade de Dã (Jz 17—18). Oseias relaciona o terafim ao éfode, à coluna e ao sacrifício, sugerindo um uso correto no culto a Yahweh (Os 3:4). Com os ídolos, Josias removeu os terafins de Jerusalém durante sua reforma (2Rs 23:24). Ezequiel diz que o rei da Babilônia consultou os terafins antes de marchar sobre Jerusalém (Ez 21:21 [TM 26]).

Os terafins podem estar entre as estatuetas de terracota encontradas com abundância em locais do Oriente Próximo, especialmente do tempo da monarquia dividida até o período persa. [TERRY W. EDDINGER]

TÉRCIO (gr. *Tértios*; *lat. Tertius*) Secretário de Paulo que escreveu a carta aos Romanos, ditada pelo apóstolo. Tércio acrescentou as próprias saudações (Rm 16:22).

TEREBINTO Heb. *'ēlâ*, *'allâ*, frequentemente traduzidos por "terebinto", são também de maneira inconsistente traduzidos por "carvalho"; não está claro se essas palavras se referem a grandes árvores em geral ou se nuances do significado foram perdidas. Das várias espécies de terebinto existentes em Israel, Pistacia. Atlantica Desf. é grande e tem vida longa como o carvalho. Essa árvore é decídua e cresce em climas relativamente secos. Outras espécies comuns à área incluem P. lintiscus e P. terebinthus palestina. A noz de pistácea (heb. *b"ṭnâ*; Gn 43:11), menor do que a vendida no Ocidente, tem sido encontrada em escavações em Berseba e Arade.

Os profetas repreendem o povo por sacrificar a outros deuses sob grandes árvores como o terebinto (Os 4:13). A associação de grandes árvores, tanto o carvalho como o terebinto, com atividade ritual e a aparição de seres divinos pode ocorrer devido ao grande tamanho e longevidade dessas árvores. Jacó enterra os ídolos da casa de Labão sob um terebinto (Gn 35:4). Os ossos de Saul e de seus filhos foram também enterrados sob um terebinto (1Cr 10:12). [MEGAN BISHOP MOORE/RANDALL W. YOUNKER]

TERES (heb. *tereš*) Um dos dois eunucos que guardavam a entrada do rei Assuero e que planejavam matar o rei. Mardoqueu descobriu a conspiração deles e fez com que Ester o relatasse ao rei (Et 2:21-22; 6:2).

TERRA A importância da terra no pensamento bíblico foi subestimada em muito no mundo acadêmico do século XX, devido a forte ênfase no caráter histórico da religião bíblica. De acordo com essa ênfase, a religião bíblica trata da redenção humana, e o Deus dela é revelado e reconhecido em atos poderosos nas experiências históricas do povo de Deus. O mundo natural e a paisagem bíblica são, consequentemente, reduzidos à cena na qual o drama divino-humano ocorre, ou são identificados como o palco no qual as deidades pagãs dos vizinhos de Israel estão ativas.

Assim, a terra, com a esfera da natureza da qual ela faz parte, tem sido considerada na melhor das hipóteses um domínio marginal no pensamento bíblico e, na pior das hipóteses, um campo pagão do qual a religião histórica de Israel se dissociou.

Tal compreensão da religião bíblica tem sido contestada por várias pessoas, incluindo as que consideram as lentes históricas nela e dela estreitas demais para verem as riquezas da experiência bíblica. Os progressos modernos também têm contribuído para um novo interesse na paisagem bíblica. Entre estes estão a criação do moderno Estado de Israel e as tensões entre os israelenses e os palestinos no que se refere às reivindicações históricas e religiosas das terras da Bíblia; novos esforços no mundo todo sobre reivindicações e direitos à terra entre povos nativos e imigrantes, com frequência colonos cristãos; e uma nova preocupação com o mundo natural e o relacionamento humano com ele que surge da crise ambiental. Em parte devido à imperfeição da leitura histórica da própria Bíblia, a terra tem sido redescoberta como atriz crucial e indispensável no drama bíblico. A importância da terra na Bíblia pode ser resumida sob três de seus papéis principais.

Agricultura. A terra arável está no centro da paisagem bíblica. Ela foi a base da sobrevivência física de Israel como povo e do seu estilo agrário de vida. A economia de Israel por todo o período bíblico foi agrícola, unindo o cultivo de grãos e de frutos com a criação de carneiros e cabras em pequenas fazendas familiares. Esse estilo de vida agrícola era tão central para a autocompreensão de Israel, que de acordo com um dos relatos da criação, a narrativa do Éden em Gênesis 2:4b-3:24, o primeiro humano foi feito de solo arável (heb. *'ădāmâ*, 2:7) e recebeu a incumbência de cultivá-lo (2:15; 3:23). Trabalhando, assim, a terra, a exata ocupação na qual a maioria dos israelitas estavam envolvidos, era vista como a ocupação arquetípica para a qual a humanidade fora criada.

A terra agrícola costumeiramente pertencia e era cultivada por múltiplas famílias, as quais se adaptavam socialmente à terra e às necessidades de cultivo da agricultura. A terra era considerada herança dos antepassados (*naḥălâ*, 1Rs 21:3) ficando permanentemente na família. Se a venda fosse necessária, o parente mais próximo tinha a primeira opção para comprar (Jr 32:6-15). A força de ligação entre uma família e as terras de seus antepassados é ilustrada pela recusa de Nabote, sob grande pressão, de vender a vinha de seus ancestrais para o rei Acabe (1Rs 21:1-16). Também ilustrada nesse episódio é a aquisição de terra, nem sempre legalmente, pelos poderosos e pela elite de Israel, prática duramente criticada pelos profetas (1Rs 21:17-19; Is 5:8-10; Mq 2:1,2). De acordo com uma perspectiva teológica, a terra agrícola de Israel era de fato a terra de Deus, na qual as famílias israelitas eram corretamente consideradas estrangeiros e servos (Lv 25:23).

Assim como a identidade humana estava fundamentada na terra arável, no seu cultivo e em sua produção agrícola, assim também a visão que Israel tinha de Deus estava intimamente ligada a tal paisagem. A fertilidade do solo arável era considerada, no final das contas, obra de Deus. O Senhor, a quem as tempestades com trovões eram um meio comum de revelação (Êx 19:9, 16; Sl 18:7-15 [TM 8-16]), trazia a chuva sobre a terra seca de Israel da qual o cultivo dependia (Gn 2:5; Dt 11:10-12). Deus fez o solo fértil (Gn 8:22; 27:27, 28) e podia torná-la estéril (Gn 3:17, 18; 4:11, 12). Em reconhecimento do controle do Senhor sobre a produção da terra, Israel celebrava festas religiosas das primícias nas três colheitas do seu ano agrícola: as colheitas da cevada e do trigo, na primavera, e a colheita do fruto no outono (Êx 34:18-26; Lv 23:9-22; Dt 16:1-10). Em cada uma delas, Israel oferecia a Deus as primícias da colheita. Assim o calendário de adoração e litúrgico de Israel era disposto de acordo com o panorama agrícola.

Nação. Assim como a terra era a base da sociedade agrícola de Israel, era também a base de sua existência como reino no antigo Oriente Próximo. Especialmente importante na compreensão de Israel de sua terra como território nacional estão duas convicções. Uma é que o próprio Israel não era natural de sua terra. Suas origens ancestrais estão em outra parte. A família de Abraão migrou da Mesopotâmia para Canaã via Síria (Gn 11:27-12:9) e seus descendentes mudaram-se depois do delta do Nilo, no Egito, para Canaã (Êx 1-15; Js 1-12). A outra convicção é que Deus deu a Israel a terra, como está descrito na narrativa da migração inicial de Abraão (Gn 12:1-9) e no relato da entrada subsequente dos descendentes em Canaã, procedentes do Egito (Dt 1:6-8).

A permanência do vínculo entre o Israel bíblico e sua terra é vista de várias formas. Em alguns textos, o relacionamento é descrito como eterno (Gn 17:8; Dt 4:40; 2Sm 7:10, 16; Am 9:15). Outros textos consideram o bem-estar de Israel na terra e suas reivindicações a ela dependentes da lealdade ao seu pacto com Deus e da obediência aos mandamentos do Senhor (Dt 4:25-27; 11:13-17; Jr 7:1-15; Am 6:1-8). De acordo com este último ponto de vista, o Exílio e a experiência da falta de terra depois da queda de Samaria e Jerusalém foram entendidos como punição definitiva ao descumprimento de Israel ao pacto (2Rs 17:7-23; 21:1-16). Os profetas do Exílio predisseram novos atos de salvação de Deus essencialmente em termos de restauração aos exilados israelitas às suas terras antes do Exílio (Is 40:1-11; 49:19, 20; 51:1-3; Ez 20:40-44).

CULTO. Como já foi registrado, o calendário litúrgico de Israel, designando os tempos e rituais de seu culto, era essencialmente moldado pelas três festas da colheita que celebravam a produtividade de suas terras agrícolas. Assim como a paisagem influenciava os tempos e os rituais do culto de Israel, influenciava também o cenário do culto israelita. Embora Deus pudesse estar presente em qualquer local, o lugar principal de sua revelação no Israel bíblico foi o cume da montanha, o monte Sinai, no qual a lei foi dada; e o monte Sião, no qual o templo foi construído. Ambas as montanhas foram considerados espaços sagrados (Êx 3:5; 19:12, 23; Sl 48:1-3 [2-4]; 87:1-3). Assim, uma característica particular da paisagem era vista como local especial da comunicação divino-humana. Em sua noção de espaço sagrado, Israel compartilhou com outras culturas a noção de que a paisagem em si podia ser um meio da revelação divina.

A comunidade judaica na Palestina romana, de onde procederam os primeiros cristãos, herdou a noção da terra que incluiu os vários papéis que desempenhou na religião de Israel. Assim, os primeiros escritos cristãos do NT, especialmente as narrativas dos evangelhos sobre Jesus, refletem os mesmos entendimentos. Em primeiro lugar, a paisagem agrícola do Israel bíblico desempenha papel importante nos evangelhos. Os pequenos vilarejos agrários da Palestina romana fornecem o contexto para a vida e ministério de Jesus e seus seguidores, e é com a imagem deste mundo — semeando e colhendo grãos (Mc 4:1-20, 26-29), supervisionando vinhedos, criando ovelhas (Mt 18:10-14) — que Jesus descreve o caráter do reino de Deus.

Além disso, o panorama político do Israel bíblico está refletido em inúmeros textos do NT, nos quais o relacionamento entre a nação e a terra é tido como certo. A doação de terra aos descendentes de Abraão é recordada (At 7:2-7; Hb 11:8, 9); é feita referência à Palestina como terra de Israel (Mt 2:20-21). A restauração política de Israel como reino independente, livre do controle romano, é mencionada pelos discípulos de Jesus (At 1:6). Finalmente, a paisagem sagrada de Israel se reflete nas narrativas do evangelho. A montanha figura principalmente no evangelho de Mateus, no qual consta o local do grande sermão de Jesus (Mt 5:1-7:29) relembrando a revelação a Moisés no monte Sinai, da transfiguração de Jesus (17:1-13) e da grande comissão de Jesus (28:16-20). O monte Sião e o templo, como centro do culto judaico, provêm o contexto das narrativas da Paixão em todos os evangelhos, e em Lucas/Atos é em Jerusalém que Jesus se reúne com seus discípulos depois da ressurreição (Lc 24:33-53) e que a Igreja começa no Pentecoste (At 1-2).

Apesar dessas linhas de continuidade entre o judaísmo e o cristianismo primitivo, vários desdobramentos na comunidade cristã contribuíram para um ponto de vista diferenciador a respeito da terra na Igreja emergente. Um desses desdobramentos foi a rápida urbanização do cristianismo. Decorrida uma década da crucificação de Jesus, o principal contexto do cristianismo havia mudado dos vilarejos rurais da Palestina para as cidades do império romano. Com essa troca, o mundo da agricultura, que tinha influenciado profundamente na definição de humanidade e na compreensão da atividade divina em Israel, foi deixado para trás e substituído por um mundo urbano. Enquanto as narrativas do evangelho sobre Jesus relembram a perspectiva agrícola, as cartas de Paulo que se dedicam diretamente às circunstâncias reais urbanas de sua audiência, mostram dela somente fracos sinais (1Ts 2:1-12; Rm 11:17-24).

O segundo desdobramento que afetou a visão cristã da terra foi a conversão ao cristianismo de um grande número de gentios, que não mantinham os íntimos laços políticos que os judeus sentiam para com os territórios da Judeia e Samaria, que uma vez foram parte do reino de Israel. Assim, entre a maior parte dos novos cristãos, o elo entre a terra e a nação foi minado, ou pelo menos, alterado e a autocompreensão dos cristãos primitivos como povo de Deus não mais incluía uma terra em particular como elemento essencial. É digno de nota que Paulo, que enfatiza o papel de Abraão na história da salvação, não discute a promessa da terra feita por Deus ao patriarca (Gl 3:6-18; Rm 4:1-25).

Finalmente, o forte caráter apocalíptico do cristianismo primitivo mudou a perspectiva sobre a terra. Ao enfatizar existência futura num campo celestial, livre das realidades da existência terrena — seja a sobrevivência agrícola ou política — o cristianismo diminuiu o papel da terra em sua consciência religiosa (Jo 14:1-7; 1Co 15:1-58; 1Ts 4:13-18). Todavia, as ideias da nova era nunca se divorciaram completamente da paisagem terrena: o reino de Deus não escapa dos limites da terra, mas está estabelecido num mundo transformado (Ap 21:1, 2; 22:1-5). Assim, até a visão apocalíptica do cristianismo consiste de realidades naturais — rios, árvores frutíferas, cidades — que foram parte da paisagem bíblica.

Bibliografia. W. Brueggemann, *The Land* (Philadelphia, 1977); W. D. Davies, *The Gospel and the*

Land (Berkeley, 1974); N. C. Habel, *The Land Is Mine*. OBT (Minneapolis, 1995); T. Hiebert, *The Yahwist's Landscape* (Oxford, 1996); C. J. H. Wright, *God's People in God's Land* (Grand Rapids, 1990). [THEODORE HIEBERT]

TERREMOTO Sacudida incomum ou um tremor da terra ou de alguma parte dela. Tanto Amós (Am 1:1) como Zacarias (Zc 14:5) se referem a um terremoto literal (heb. *ra'aš*) durante o reinado de Uzias, rei de Judá. Visto que esses dois profetas se referem a ele como "o terremoto", sem qualquer outra identificação, deve ter sido muito destruidor e conhecido dos seus leitores. Além do seu significado literal, "terremoto" se tornou um símbolo da atividade divina, especialmente de julgamento (Is 29:6). A terra, e o monte Sinai, em particular, sacudiram-se diante da presença espantosa de Yahweh (Êx 19:18; Sl 18:7 [TM 8] = 2Sm 22:8; Sl 68:8). O profeta Elias aparentemente esperava que Yahweh estivesse presente no terremoto, mas ao contrário, Yahweh apareceu num cicio tranquilo e suave (1Rs 19:11-12).

No NT, há igualmente uso literal e simbólico do termo terremoto (gr. *seismós*). Um terremoto é mencionado na crucificação de Jesus (Mt 27:51, 54) e na sua tumba (28:2). Um terremoto abriu as portas da prisão para Paulo e Silas, após terem sido encarcerados em Filipos (At 16:26). O uso figurativo do terremoto como símbolo da atividade de Deus é preservado nos evangelhos sinópticos (Mc 13:8 par.), entre diversos outros símbolos descrevendo o julgamento de Deus no fim do mundo. O autor do livro de Apocalipse viu um terremoto como um dos diversos símbolos do juízo de Deus seguindo-se à abertura do sexto selo (Ap 6:12), como evidência da atividade de Deus em resposta às orações dos santos (8:5), e como o resultado de Deus levar as "duas testemunhas" para o céu (11:13). O mesmo escritor viu um terremoto seguindo a aparição da arca da aliança no templo (Ap 11:19) e, finalmente, como acompanhando os julgamentos da sétima taça (Ap 16:17-21). [JOE E. LUNCEFORD]

TERROR-POR-TODOS-OS-LADOS O nome (heb. *māḡôr missāḇ'ḇ*) dado por Jeremias ao sacerdote Pasur para indicar que ele se tornaria terror para os seus amigos e para si mesmo (Jr 20:3 "Terror-por-todos-os-lados"). Magor, entretanto, pode também significar "permanecer por pouco tempo, lugar de habitação" e talvez até "inimizade, ataque". Portanto, tem sido sugerido que Jeremias pode ter se envolvido num multifacetado jogo de palavras, sons e ideias ao renomear Pasur. A frase ocorre em outra parte, expressando estado de extremo perigo personificado nos inimigos de alguém (Sl 31:13 [TM 14]; Jr 6:25; 20:10; 46:5; 49:29; Lm 2:22.

Bibliografia. W. L. Holladay, "The Convenant with the Patriarchs Overtuerned: Jeremiah's Intention in 'Terror on Every Side' (Jer.10:1-6)", *JBL* 91 (1972): 305-20; *Jeremiah* 1. Herm (Philadelphia, 1986). [DAVID CLEAVER-BARTHOMEW]

TÉRTULO (gr. *Tértyllos*) Orador profissional levado a Cesareia pelo sumo sacerdote judeu Ananias e pelos anciãos para defender o caso deles contra Paulo perante Félix, governador romano (At 24:1-8). Não está claro se o próprio Tértulo era judeu ou romano ou, talvez, cidadão helenista e romano — como Paulo. Suas referências a "esta nação (gr. *éthnos*)" e "todos os judeus" sugerem certa distância do povo judeu; mas principalmente Tértulo emprega a expressão "nós", defendendo efetivamente a opinião das autoridades judaicas como dele mesmo (o acréscimo ocidental em At 24:6b reforça isto: "Nós o julgamos de acordo com a nossa lei").

De qualquer forma, Tértulo funciona como advogado experiente nos padrões retóricos forenses. Seu estratagema inicial (*exordium*) apela à atração do magistrado pela concisão e bajulação, particularmente enaltecendo o nobre compromisso de Félix com a paz e o bem-estar dos judeus. Isso define o pronunciamento de acusações (*narratio*), nas quais Tértulo acusa Paulo de ser uma "peste" que ameaça a paz não somente na Judeia, como em todo o império. Finalmente, ele oferece como evidência (*probatio*) para corroborar a recente tentativa de Paulo de aviltar o templo, o que levou à sua prisão (cf. At 21:27-36). De acordo com Atos, tais acusações não têm fundamento, como fica claro na subsequente defesa de Paulo (At 24:10-21).

Bibliografia. B. Rapske, *Paul in Roman Custody*, vol. 3 de The Book of Acts in Its First Century Setting, ed. B. W. Winter (Grand Rapids, 1994), 158-72; Winter, "The Importance of the Captatio Beneuolentiae in the Speeches of Tertullus and Paul in Acts 24.1-21", *JTS* N.S. 42 (1991): 505-31. [F. SCOTT SPENCER]

TESOUREIRO, TESOURARIA Embora as oferendas ao Senhor estejam registradas no relato de Caim e Abel (Gn 4:3-4), e ofertas de dinheiro e das primícias sejam ordenadas em Êxodo 23:16; 30:13, não existe descrição explícita de uma tesouraria no tabernáculo. De acordo com Josué 6:19 e 24, toda a prata, ouro, bronze e ferro da tomada de Jericó foram dedicados a Deus e colocados na "tesouraria (heb. *'ôṣār*) da (casa do) Senhor".

Os planos de Davi para o templo de Jerusalém incluíram tesourarias da casa (=templo) de Deus e tesourarias para as ofertas dedicadas, que significavam o saque conseguido em batalha (1Cr 26:20; 28:11,12). Essas tesourarias podiam conter grande variedade de materiais: dinheiro, objetos de ouro,

A B C D E F G H I J K L M N O P Q R S T U V X Y Z

vasos do templo e mobília e pedras preciosas (cf. 1Cr 29:2-8). 2Reis 12:4 menciona dinheiro do censo pessoal, dinheiro de votos pessoais e dinheiro de ofertas voluntárias que foram trazidos à tesouraria do templo.

São também mencionadas as tesourarias reais. O tesouro de Salomão recebido de impostos, comércio e ofertas foi incrível (1Rs 10:14-29), e Ezequias construiu mais tarde mais tesourarias para sua prata, seu ouro e pedras preciosas, especiarias, escudos e "todo tipo de objetos de valor" (2Cr 32:27).

Os tesoureiros (heb. *gizbār*) são geralmente descritos como os que estão "sobre" ou "encarregados" de "tesourarias" (1Cr 26:20). Embora Davi tivesse colocado os levitas em tais posições nas tesourarias do templo, na realidade tanto a tesouraria real quanto a do templo estavam sob o controle do rei. Em tempo de crise política ou militar, os reis não hesitavam em usar os recursos e ambas as tesourarias para comprar alianças militares (p. ex., Asa, 1Rs 15:18; Acaz, 2Rs 16:8; Ezequias, 2Rs 18:14-16). Os reis conquistadores saqueavam tanto a tesouraria do templo quanto a real (Sisaque, 1Rs 14:26; Joás, 2Rs 14:14; Nabucodonosor, 2Rs 24:13).

A tesouraria do templo raramente aparece no NT. A viúva que deu tudo o que tinha (Mc 12:41-44 par.) colocou seu dinheiro no *gazophylakeíon*, que significa "caixas ou receptáculos de contribuição", aqui, ao que tudo indica, perto do Pátio das Mulheres (cf. Jo 8:20). De acordo com a mishná, havia 13 desses receptáculos em forma de corneta, sete para diversas ofertas exigidas e seis para ofertas voluntárias (m. Seqal. 6.5). A administração da tesouraria nessa época passou para o chefe dos sacerdotes (Mt 27:6), fato confirmado por Josefo (*Ant.* 11.5.2). O eunuco etíope é descrito como "encarregado dos" tesouros de sua rainha (At 8:27). Erasto, o tesoureiro da cidade (gr. *oikonómos*) de Corinto, manda saudações a Roma (Rm 16:23).

Bibliografia. R. de Vaux, *Ancient Israel: Its Life and Institutions* (1961, repr. Grand Rapids, 1997). [JOHN S. HAMMETT]

TESSALÔNICA (gr. *Thessaloníkē*) Cidade localizada no Golfo Térmico a oeste da península Calcídica. O rio Axios fica a oeste e o rio Struma a leste. A cidade foi provavelmente construída perto, mas não no local original de Therma.

Tessalônica foi fundada em 316 a.C. por Cassandro, um dos generais de Alexandre, o Grande. Recebeu esse nome em homenagem a sua esposa, meia-irmã de Alexandre. A cidade tornou-se o porto principal de Pella, capital macedônia. Tessalônica rendeu-se a Roma depois da derrota de Perseu na batalha de Pidna (168). Quando a Macedônia foi dividida em quatro distritos, Tessalônica foi feita capital do segundo. Entretanto, reteve o direito de ser governada de acordo com suas leis antigas e ter os próprios oficiais. Como resultado de seu apoio a Augusto, Tessalônica foi feita cidade livre em 42 a.C. Aquele povo reteve seu caráter e língua grega durante o período romano.

Tessalônica sempre foi um importante centro de comércio, mas no período romano esteve na junção de duas importantes rotas de transporte. A principal rota terrestre leste-oeste, a Via Inácia, percorria pelo centro de Tessalônica enquanto seu porto era o início da rota principal do mar Egeu ao rio Danúbio. O próprio Egeu tornou Tessalônica acessível de todos os pontos ao redor do Mediterrâneo.

Infelizmente, pouco tem sido escavado de Tessalônica porque a cidade moderna foi construída sobre o antigo local. Achados significativos do período romano ou anterior incluem o fórum e um Serapeum (templo dedicado a Serápis, divindade sincrética helenístico-egípcia da Antiguidade). Uma inscrição do século IV d.C. confirma a presença de uma comunidade samaritana em Tessalônica.

Durante o século I d.C., os cultos de mistério prosperaram em Tessalônica, particularmente de Serápis e Ísis, Dionísio, Asclépio (Esculápio), Demétrio e dos Cabiros/Dióscuros. A adoração dos deuses egípcios podem até datar do início do século III a.C. O culto ao imperador foi também particularmente forte em Tessalônica e existe alguma evidência do culto à deusa Roma. Muitas inscrições foram também feitas pelos tessalonicenses honrando patronos romanos e governantes romanos clientes que haviam sido benfeitores da cidade. Várias associações de voluntários são confirmadas em Tessalônica, incluindo o *mystai* de Dionísio e várias associações profissionais.

A principal fonte de informação em relação à igreja de Tessalônica vem das duas epístolas paulinas aqui tratadas (1 e 2Tessalonicenses) e de Atos. Tessalônica foi a segunda cidade europeia visitada por Paulo (At 17:1-9; 1Ts 2:2). De acordo com o relato de Lucas, Paulo pregou primeiro numa sinagoga com resultados limitados entre os judeus e tementes a Deus, incluindo algumas mulheres ricas. Quando os líderes judeus incitaram a multidão para atacar a casa de Jasom, anfitrião de Paulo, este e Silas fugiram para Bereia. A comunidade cristã remanescente era predominantemente gentia e serviu como exemplo a outras igrejas da Macedônia e Acaia (1Ts 1:8, 9). O termo *politárchēs*, usado para os magistrados civis de Tessalônica em Atos 17:6-8, foi encontrado recentemente em várias inscrições do século I d.C. em Tessalônica.

Bibliografia. K. P. Donfried, "The Cults of Thessalonica and the Thessalonian Correspondence", *NTS* 31 (1985): 336-56; H. L. Hendrix, *Thessalonians Honor Romans* (diss., Harvard, 1984); A. E. Vacalopoulos, *A History of Thessaloniki* (Thessalonica, 1963), 3-18.
[RICHARD S. ASCOUGH]

TESSALONICENSES, PRIMEIRA CARTA AOS Carta escrita pelo apóstolo Paulo aos cristãos que viviam na cidade macedônia de Tessalônica. Provavelmente escrita cerca de 51 d.C., 1Tessalonicenses é amplamente considerada a mais antiga das cartas de Paulo e, dessa forma, a mais antiga evidência do movimento cristão.

Contexto histórico. Paulo, Silvano e Timóteo haviam pregado em Tessalônica, depois deixaram a cidade e não puderam retornar (1Ts 2:17-19; cf. At 17:1-9). Logo após, Timóteo retornou a Tessalônica sozinho e seu relato a Paulo sobre a persistente fidelidade dos tessalonicenses estimula a carta de Paulo.

O escrito fornece pouca informação sobre os destinatários. A afirmação em 1:9 de que eles "se voltaram para Deus, deixando os ídolos significa que são gentios" (cf. 4:5), visto que os judeus já criam em Deus e não são tratados dessa forma. Embora Atos 17:4 indique que os judeus estavam entre aqueles convertidos em Tessalônica, a carta não corrobora esse relato. Os estudiosos têm explorado uma variedade de fatores adicionais em Tessalônica que podem lançar luz nas expectativas e na experiência dos destinatários, como o culto ao imperador, a predominância em Tessalônica do culto a Dionísio e aos Cabiros e a difundida atividade dos mestres filósofos.

Estrutura e função epistolar. 1Tessalonicenses se conforma à estrutura comum das cartas greco-romanas. Em seguida à saudação (1:1), a ação de graças se estende de 1:2 pelo menos até 1:10. Pelo fato de a ação de graças ocorrer também em 2:13-16; 3:9, entretanto, é difícil demarcar com segurança a ação de graças nesta carta. O corpo principal da carta é formado por duas importantes seções. A primeira (2:1–3:13) recorda o comportamento dos apóstolos em Tessalônica e a ansiedade criada pela prolongada ausência dos apóstolos. A segunda seção (4:1–5:24) enfatiza assuntos relativos ao comportamento sexual (4:1-8), a expectativa do retorno de Jesus e suas implicações tanto em relação aos crentes que morreram e aqueles que permanecerem vivos (4:13–5:11) além de uma variedade de preocupações sobre a vida na comunidade (4:9-12; 5:12-24). Saudações convencionais concluem a carta (5:25-28).

Amplo debate se concentra na função da carta. O estudo de antiga teoria epistolar estimula alguns a argumentar que 1Tessalonicenses é epidítica (p.ex., carta de louvor), enquanto outros a veem como retórica deliberativa (p.ex., carta que persuade os destinatários a seguirem um curso particular de ação). A discussão sobre o assunto continua, mas parece haver consenso de que 1Tessalonicenses trata da consolidação da fé e correção dos tessalonicenses em vez de defender Paulo e seus colegas contra as acusações feitas com relação ao comportamento deles.

Características significativas. ***Escatologia.*** As expectativas escatológicas permeiam a carta. Desde 1:9, Paulo resume a fé dos tessalonicenses como a fé em Jesus que deve retornar "dos céus" e que salva os crentes da ira iminente (cf. 2:16; 3:13; 5:23). 1Tessalonicenses 4:13–5:11 contém longa discussão desse tópico, aparentemente provocada pela morte de alguns do grupo deles. Inspirando-se em linguagem apocalíptica convencional, Paulo garante aos tessalonicenses que o retorno triunfante de Jesus significará que tanto os que já morreram como os que permanecerem vivos estarão com Jesus (4:13-18). Esse retorno será repentino, por isso os crentes devem permanecer vigilantes (5:1-11).

Linguagem familial. 1Tessalonicenses se inspira fortemente na terminologia familial para descrever os relacionamentos na igreja, talvez uma forma de reforçar as conexões íntimas. Os crentes são irmãos uns dos outros (p. ex., 2:1; 3:7; 4:1; 5:12). Paulo descreve os apóstolos em relação aos tessalonicenses como mães cuidadosas (2:7), pais (2:11) e até como órfãos (2:17; cf. também 2:7, onde vários manuscritos antigos importantes trazem "bebês" em vez de "tolerantes").

Instrução ética. O desejo de Paulo em fortalecer a incipiente comunidade em Tessalônica emerge também nos ensinos éticos da carta. Ele adverte contra a imoralidade sexual (4:1-8) e advoga um estilo de vida tranquilo e autossuficiente (4:9-12). Nenhuma dessas admoestações é única ao ensino cristão, já que os mestres filósofos da época ofereciam instruções semelhantes. O que distingue o ensino de Paulo parece ser o objetivo de agradar a Deus (4:1) e fortalecer a vida da comunidade.

Ira contra "os judeus". A declaração extremamente polêmica em 2:14-16 sobre a perseguição judaica não tem paralelo em outras cartas de Paulo. Paulo raramente fala dos agentes envolvidos na morte de Jesus, e em nenhum outro lugar ele se queixa dos judeus pela morte de Jesus. Além disso, a parte final da passagem ("A ira de Deus caiu sobre eles afinal") não tem correspondente em outras cartas. Alguns estudiosos sugerem que um editor posterior inseriu esses versos, mas nenhuma evidência em manuscrito apoia tal hipótese. Mais persuasiva é a observação de que a dura expressão que Paulo emprega aqui foi um acordo dos escritores do século I. Além disso, a passagem é uma referência ao número limitado de judeus ou residentes da província da Judeia, não a todos os judeus.

Bibliografia. F. F. Bruce, *1 and 2 Thessalonians*. WBC 45 (Waco, 1982); R. F. Collins, *The Birth of the New Testament* (New York, 1993); K. P. Donfried e I. H. Marshal, *The Theology of the Shorter Pauline Letters*. New Testament Theology (Cambridge, 1993); E. J. Richard, *First and Second Thessalonians*. Sacra Pagina 11 (Collegeville, 1995). [BEVERLY ROBERT GAVENTA]

TESSALONICENSES, SEGUNDA CARTA AOS Carta endereçada à igreja de Tessalônica e atribuída a Paulo, Silvano e Timóteo. Apesar dessa atribuição, várias características da carta deram origem a uma discussão sobre sua relação com 1Tessalonicenses. Em primeiro lugar, 2Tessalonicenses segue de perto a forma e a linguagem de 1Tessalonicenses (p. ex., compare 2Ts 1:1-2 e 1Ts 1:1-2; 2Ts 2:17 e 1Ts 3:13). Segundo, com as semelhanças, há diferenças significativas entre 1Tessalonicenses e outras cartas paulinas; p. ex., o tom impessoal, até mesmo distante de 2Tessalonicenses; a ausência de referência à cruz ou à ressurreição de Jesus Cristo; a expectativa de uma demorada Parúsia (2:1-4) com a impressionante linguagem que aguarda a vingança divina contra os não crentes (p. ex., 1:6-10).

Os que afirmam que Paulo escreveu 2Tessalonicenses destacam que a carta é confirmada em outros escritos cristãos já no início do século II d.C. e que aparece nas primeiras listas canônicas. De acordo com esse ponto de vista, uma perseguição em Tessalônica se tornou mais intensa justamente nos primeiros meses da primeira carta de Paulo, e essa perseguição rendeu especulação desordenada sobre a volta de Jesus e relutância em trabalhar. Paulo escreve para acalmar a histeria; as semelhanças na forma e na linguagem com 1Tessalonicenses ocorrem porque essa carta veio logo depois da primeira.

Os que argumentam que 2Tessalonicenses não foi escrita por Paulo acham improvável que o tom e a instrução de Paulo sobre a escatologia tivesse mudado tão substancialmente num período tão curto de tempo. A referência a falsificação em 2:2 cria dificuldades, visto que possivelmente algum período substancial de tempo seria exigido no qual cartas falsificadas pudessem ser escritas e distribuídas. Além disso, a alegação em 3:17 de que "todas as cartas" de Paulo contêm sua saudação parece estranho, já que 2Tessalonicenses está entre as primeiras cartas de Paulo. Se não escrita por Paulo, 2Tessalonicences pode ter sido escrita por alguém entre seus colaboradores ou discípulos que usou a autoridade de Paulo para tratar de uma situação na qual os cristãos estavam passando por intensa perseguição. Dada a primitiva citação da carta e as perseguições esporádicas rumo ao fim do século I, uma data da composição do fim do século I é provável. Em vista disto, a identidade do autor e da audiência permanecem desconhecidas.

ESTRUTURA E PROPÓSITO. Seguindo o costume greco-romano de escrever cartas, em 2Tessalonicenses a saudação é a primeira parte (1:1-2) junto a ação de graças (1:3-12). Esta não é usual devido sua extensão e porque introduz extensa discussão da volta de Jesus (v. 5-12). O corpo da carta (2:1–3:15) trata de eventos que cercam o "dia do Senhor" (2:1-12) e inclui uma seção de instruções éticas (3:1-15). As saudações convencionais são encontradas na conclusão da carta (3:16-18).

De acordo com a análise retórica, a carta é deliberativa no sentido de procurar persuadir a audiência a tomar uma certa ação. Neste caso, o autor deseja urgentemente que a audiência continue em sua fé cristã e que não se preocupe com especulação apocalíptica a esmo.

CARACTERÍSTICAS IMPORTANTES. ***Justiça divina.*** 2Tessalonicenses promete que o futuro retorno de Jesus virá com julgamento contra os que perseguiram os crentes. O escritor não somente antevê punição aos que afligiram os fiéis, como estende tal punição para incluir "os que não conhecem a Deus" e "não obedecem ao evangelho" (1:8). Tais pessoas receberão "destruição eterna", separados da presença do Senhor Jesus (1:9). Por que a carta não enfoca diretamente os próprios perseguidores como poderia se esperar se seu propósito fosse adverti-los de seu comportamento e encorajar uma conversão na prática e no pensamento, a insistência presente no julgamento futuro parece ter o objetivo de confortar os cristãos. 2Tessalonicenses assegura aos crentes que os que no momento os perseguem receberão, eles mesmos a justiça.

O "Dia do Senhor". Num esforço de garantir aos primeiros leitores que o "dia do Senhor" ainda não chegou, 2Tessalonicenses explica que o dia não pode chegar sem ser precedido pela "rebelião" e pelo "homem do pecado". Outros escritores do NT também esperam um tempo de rebelião contra Deus e um anticristo blasfemo (p. ex., Mt 24:4-28; 1Tm 4:1; 1Jo 2:18). Discernir exatamente quem ou o que o autor entende por "o homem do pecado", se de fato o autor tinha referência específica em mente, é impossível atualmente. Independentemente da natureza da rebelião, o autor está confiante de que Deus triunfará sobre ele.

Bibliografia. F. F. Bruce, *1 and 2 Thessalonians*. WBC 45 (Waco, 1982); K. P. Donfried e I. H. Marshal, *The Theology of the Shorter Pauline Letters*. New Testament

Theology (Cambridge, 1993); E. Krentz, "Through a Lens: Theology and Fidelity in 2 Thessalonians", in *Pauline Theology*, ed. J. M. Bassler (Minneapolis, 1991) 1:52-62; E. J. Richard, *First and Second Thessalonians*. Sacra Pagina 11 (Collegeville, 1995). [BEVERLY ROBERTS GAVENTA]

TESTAMENTO Gênero literário com as últimas palavras de uma figura famosa ou ideal, com frequência na forma de bênção ou exortação moral (Gn 49; Dt 33). Particularmente comum no período do Segundo Templo, tais obras podem transmitir visões apocalípticas do futuro (p. ex., Testamentos dos Doze Patriarcas, Testamento de Moisés).

TESTAMENTOS DOS DOZE PATRIARCAS Compilação de documentos com o objetivo de ser a última vontade e testamentos de figuras importantes do antigo Israel, tendo como modelo a despedida de Jacó dirigida a seus doze filhos em Gênesis 49 e a bênção final de Moisés a Israel em Deuteronômio 33. Essas obras acentuam as forças e as fraquezas dos patriarcas e predizem as bênçãos e punições divinas que se cumprirão no futuro. No período greco-romano, testamentos similares foram produzidos em nome de Moisés, Salomão, Adão e Jó. Entre os Rolos do mar Morto, foram encontrados fragmentos de textos de alguma forma parecidos com os testamentos, atribuídos a Levi, José e Naftali. Escritos em aramaico, os textos atribuídos a Levi podem ter sido fontes usadas pelo autor dos Testamentos dos Doze Patriarcas, mas não existem correspondências literárias diretas.

Um objetivo importante dos Testamentos dos Doze é transmitir a esperança messiânica a um rei e a um sacerdote ungidos que produzirão a renovação do povo de Deus e da ordem mundial. O modelo para o mundo renovado é baseado em duas fontes: a lei de Moisés e a teoria da ordem moral e cósmica que dominou o mundo greco-romano tanto entre os judeus como entre os gentios. Sua percepção básica de um universo ordenado por lei natural, à qual os humanos podiam responder por meio da consciência que cada um possuía, resultaria na renovação individual e social. O sistema ético e a terminologia apresentada nesta composição foram modelados pela filosofia helenística e, especificamente, pelo pensamento estoico. A descrição detalhada do corpo humano e de suas habilidades está baseada na terminologia grega, como em T. Naph. 2, onde os órgãos humanos e suas funções psicológicas são descritas. A terminologia abstrata usada para definir a compreensão religiosa e a estrutura moral humana deriva, da mesma forma, da filosofia helenística. A mais alta aspiração da pessoa moral é conseguir o "autocontrole" (*sophrosýmē*) e "simplicidade" (*haplosteía*), que pode ser conseguida somente por aqueles que são "sinceros" (*monoprósopos*). Esses termos são encontrados somente nas últimas partes da LXX e, especialmente na literatura de sabedoria não hebraica, que confirma a inferência de que os Testamentos são de origem grega e de um ambiente fortemente helenista.

A natureza basicamente judaica desse documento é evidente dada a frequência de passagens messiânicas nas quais os papéis cruciais estão ligados a Levi (o sacerdote) e Judá (o rei). Levi é a figura superior no programa redentivo de Deus (T. Levi 18.1; T. Jos. 19.4), e superará o poder do mal (T. Levi 18.12). O templo será destruído como um ato de juízo divino (T. Levi 10.3; 15.1; 16.4-5), mas será no final restaurado (T. Benj. 9.2). Deus será revelado a todas as nações (T. Levi 4.4), para quem Israel como o povo de Deus será a luz divinamente capacitada (14.34; T. Sim. 7.2; T. Jud. 22.3; 25.5; T. Benj. 9.5).

Os requisitos éticos para que a comunidade são descritos em parte na lei de Moisés, mas a ênfase dominante está nas qualidades morais universais que podem ser reconhecidas como a origem estoica: religiosidade (T. Reu. 6.4; T. Iss. 7.5; T. Levi 16.2); probidade (T. Iss. 13.1; 4.6; T. Gad. 7.7; T. Sim. 5.2); honestidade (T. Dan 1.3); generosidade (T. Iss. 3.8; 4.2; 7.3), e trabalho árduo (5.3-5). Os recursos que se deve extrair para se conseguir essa vida moral não somente favores divinos diretos — o Espírito de Deus (T. Sim. 4.4) e fidelidade (T. Jos. 9.2) — mas também a força interna da consciência (T. Reu. 4.3; T. Jos. 20.2) e em poder universalmente inerente do bem para vencer o mal (T. Benj. 5). A lei de Moisés é tratada de acordo com a tradição da sabedoria judaica do período helenístico: como a personificação da sabedoria (T. Levi 13.1-9). Ela é obrigatória sobre toda a humanidade (T. Levi 14.4) e ela é tanto parte das leis da natureza como as leis físicas que determinam o curso do sol, da lua e das estrelas. Os gentios e os povos iníquos ao longo da história, como os habitantes de Sodoma (Gn 19), são culpados perante Deus por terem violado as leis da natureza, tendo fracassado em discernir os princípios que estão inerentes na criação (T. Naph. 3).

Visto que o Testamentos dos Doze se fundamenta na LXX, deve ter sido escrito depois da metade do século III a.C. O principal uso da terminologia estoica pode ser plausivelmente datada da mesma época. Sua visão do duplo papel messiânico — rei e sacerdote — combina com o período dos Macabeus (165-63), bem como da comunidade de Qumran, assim a obra pode bem ser datada naquele período. Ela manifesta três fatores importantes: a ardente esperança de um(ns) agente(s) divino(s) de renovação;

a necessidade de redefinir a comunidade da aliança e a convicção de que Deus provê percepção especial ao fiel. Versões posteriores do Testamentos original em grego foram encontradas em armênio, esloveno, hebraico e aramaico, mas as duas últimas são claramente dependentes de um original grego. [HOWARD CLARK KEE]

TESTEMUNHA Alguém que ajuda a estabelecer a veracidade de um assunto ao testificar em primeira mão o que foi visto ou ouvido. A necessidade de relembrar e reiterar o que aconteceu implica que a produção de testemunho inclui uma dimensão histórica. Embora tal atividade tenha se originado em contextos legais, o seu vocabulário (heb. *'ēḏ*; gr. *mártys*) rapidamente expandiu-se para outros cenários sociais e religiosos.

A lei mosaica assegurava veracidade ao exigir que duas ou três testemunhas apresentassem a acusação contra uma pessoa de delito criminal, obrigando-as serem as primeiras a executar a pena de morte (Dt 17:6, 7). Além disso, a produção de falso testemunho era punível com a *lex talionis* (Dt 19:15-19).

As transações importantes podiam ser confirmadas oralmente perante os anciãos na porta da cidade ou por escrito pelas assinaturas de testemunhas. Até mesmo um monte inanimado de pedras ou um altar podia servir como testemunha comemorativa de uma aliança (Js 22:26, 27; 24:27). As tábuas da Lei foram preservadas na arca do testemunho como testemunha perpétua da aliança dos israelitas com Yahweh; a nação, por seu turno, era uma testemunha aos gentios da atividade salvadora de Yahweh. Visto que todas as ações são vistas por Deus no céu e na terra, que são personificadas como observadores constantes, podem ser chamados a testemunhar até atos ocultos.

O NT trata de testemunhas num sentido legal com referência ao julgamento de Jesus (Mc 14:63) e de Estêvão (At 7:58) e carrega a exigência de muitas testemunhas aos casos de disciplina na igreja e às declarações de Jesus, cujo testemunho foi confirmado tanto pelo Pai quanto pelas suas obras. De especial importância é o testemunho dos apóstolos e de outras testemunhas oculares que haviam visto a ressurreição de Jesus (At 1:22). Compelidos por profunda convicção e zelo missionário, lançaram a vida em persuadir o mundo não apenas dos eventos históricos do evangelho, como também do seu significado teológico, que consideravam não menos factuais: foi Deus quem ressuscitou a Jesus dentre os mortos e, crendo em Seu nome a pessoa receberia o perdão dos pecados. Alguns deles testemunharam até à morte e, assim, prepararam a palavra *mártys* para tornar-se termo técnico para mártir (cf. Hb 12:1). Além do testemunho humano deles, o Espírito Santo confirma que os crentes são filhos de Deus (Rm 8:16).

Bibliografia. A. A. Trites, *The New Testament Concept of Witness*. SNTSMS 31 (Cambridge, 1971). [DALE F. LESCHERT]

TESTEMUNHO A palavra grega *mártys* ("testemunho" ou "testemunha") foi originalmente usada para testemunha num tribunal. O termo e seu cognato aparecem principalmente em apoio da crença cristã a respeito de Jesus.

Muito do evangelho de João está estruturado como debate jurídico se Jesus é o Messias, o Filho de Deus (Jo 20:31). Muitos testificam sobre Jesus: João Batista (Jo 1:7, 8), a mulher samaritana (4:39), a Escritura (5:39), o Pai (5:37; 8:18), o próprio Jesus (8:18) e as obras de Jesus (10:25). Os discípulos e o Paráclito continuarão como testemunhas (Jo 15:26, 27; cf. 1Jo 5:7) depois da partida de Jesus. A credibilidade do próprio evangelho depende do testemunho do autor (Jo 19:35; 21:24).

O testemunho ocular é fundamental nos Atos dos Apóstolos. Os apóstolos são testemunha da vida de Jesus (At 10:39), da morte (3:15) e, mais importante, da ressurreição (1:22; cf. 1Co 15:5-8 e os relatos do evangelho das testemunhas da ressurreição, incluindo mulheres). O Espírito Santo (At 5:32) e a Escritura também testemunham de Jesus (28:23).

O livro de Apocalipse apresenta várias testemunhas que são fiéis a Jesus até a morte (Ap 2:13; 20:4) e assim antecipa o último significado técnico de "mártir". Testemunho, num sentido estritamente legal, é encontrado nos relatos sinópticos do julgamento de Jesus (Mc 14:55, 56 par.) e via de regra na igreja de Mateus (Mt 18:16; cf. Dt 19:15). *Ver* TESTEMUNHA.

Bibliografia. A. A. Trites, *The New Testament Concept of Witness*. SNTSMS 31 (Cambridge, 1977). [MARTIN C. ALBL]

TESTIMONIA Termo técnico referente a citações no NT de textos do AT, particularmente com referência à identificação de Jesus como Messias. Entre os exemplos está o uso de Habacuque 2:4 por Paulo em Romanos 1:17; Gálatas 3:11 para fundamentar o argumento de que a salvação vem pela fé (cf. Fp 3:9). A associação de certos textos do AT por diferentes escritores do NT fornece evidência de que tal prática já era parte da tradição cristã. Por exemplo, tanto Romanos 9:32-33; 1Pedro 2:6-8 ligam Isaías 8:14; 28:16 ao tratar de salvação. Alguns estudiosos afirmam que as referências ao AT nos discursos de Atos tiveram origem de um testimonia escrito. É muito mais provável que testimonia, como as palavras de Jesus, circularam na forma oral antes dos materiais escritos do NT. [CASEY W. DAVIS]

TETO Nos tempos bíblicos, os tetos eram geralmente planos e usados para muitas atividades domésticas. Os tetos eram construídos sobre vigas e travessões de madeira ou pedra; traves de madeira eram colocadas em cima desses apoios e então cobertas com barro e outros materiais orgânicos. Roletes de teto são conhecidos no Oriente Médio hoje, e amostras de pedra foram encontradas em contextos arqueológicos; elas são usadas para alisar o barro e proteger mais da chuva a construção.

No antigo Israel eram construídos quartos para visitas nos tetos (2Rs 4:10) e as famílias frequentemente dormiam nos tetos (1Sm 9:25), pranteavam ali (Is 15:3; 22:1), adoravam e também ofereciam sacrifícios naquele lugar (Jr 19:13; 32:29; Sf 1:5). Escavações no sítio arqueológico de Ascalom mostraram um pequeno altar de incenso descoberto sobre os restos de teto preservados. O texto de Josué 2:6 sugere que gêneros alimentícios e outros produtos agrícolas eram secados e processados nos tetos, prática ainda comum no Oriente Médio. Deuteronômio 22:8 determina a construção de parapeitos em torno dos tetos das casas, reconhecendo o perigo potencial dessas áreas muito usadas. [JENNIE R. EBELING]

TETRAGRAMA O nome sagrado do Deus de Israel. O termo (gr. "quatro letras") veio a ser usado em parte devido à incerteza quanto ao som das vogais que eram usadas na pronúncia do nome com quatro consoantes (YHWH) e em parte porque no TM o nome inexprimível era escrito com pontos que indicavam as vogais para o hebraico *ʾăḏōnāy*, "meu Senhor", sinalizando ao leitor a pronúncia em voz alta somente na forma ketib. *Ver* YAHWEH.

TETRARCA Originado na Grécia do século V, título usado tão distante quanto a Tessália e a Galácia. Embora o grego *tetrárchēs* originalmente significasse "governador de um quarto" de uma tribo ou país, no tempo romano, a palavra se tornou designação favorita para governadores provinciais na Palestina. "Tetrarca" era referência a vassalos nomeados pelo imperador que detinham a soberania local, cuja renda era fixada e sem autonomia no que se refere a assuntos estrangeiros. O título é usado para três figuras no NT: Antipas (sempre chamado de Herodes; Mt 14:1; Lc 3:1, 19; 9:7; At 13:1) e Filipe (Lc 3:1), que foram nomeados com a morte de Herodes, o Grande, pai deles e Lisânias de Abilene (3:1). [W. E. NUNNALLY]

TEUDAS (gr. *Theudás*) Líder de um movimento judaico de resistência popular derrotado pelos romanos. Em Atos 5:36, Gamaliel relata, perante o conselho de Jerusalém, que Teudas, reivindicando "ser alguém", havia reunido cerca de quatrocentos seguidores para sua causa; no fim, entretanto, foi executado e seus seguidores dispersados. Na opinião de Gamaliel, tal resultado justificava uma política de "esperar para ver" com relação a Pedro e seus companheiros: se não fossem autorizados por Deus, acabariam fracassando — como Teudas e Judas, o galileu (outro rebelde frustrado, cf. Atos 5:37).

Josefo identifica Teudas como impostor profético que incitou a maioria de camponeses judeus a tomar suas posses e segui-lo ao rio Jordão (*Ant.* 20.97-98). Naquele lugar, planejava ordenar que as águas se dividissem e tencionava liderar seu povo a atravessar, realizando, ao estilo de Moisés, um "êxodo" do domínio opressor, ou um "exílio" no deserto em preparação para uma nova "conquista" da Terra Prometida no estilo de Josué. Em qualquer caso, seu plano sedicioso foi frustrado por uma emboscada pela unidade de cavalaria romana enviada pelo governador Fado (44-46 d.C.). A cabeça de Teudas foi cortada e exposta em Jerusalém.

Bibliografia. R. A. Horsley e J. S. Hanson, *Bandits, Prophets, and Messiahs: Popular Movements at the Time of Jesus* (1985, repr. Harrisburg, 1999), 160-67. [F. SCOTT SPENCER]

TEXTO DO ANTIGO TESTAMENTO O texto do AT ou Bíblia Hebraica tem uma história de repetidas cópias e edições que ultrapassa 2.200 anos. Os estudiosos discordam a respeito da história da transmissão do texto. Discutem se de fato começou quando o texto foi terminado por completo e arrumado ou com as formas escritas mais atuais do texto. Evidentemente, as composições mais antigas como o Pentateuco foram finalizadas muito antes e, portanto, têm uma história de transmissão mais longa do que as composições mais recentes, como o livro de Daniel (talvez século II a.C.). Cada composição da coleção bíblica vem de um período diferente e tem sua história de edição e cópia. Em diferentes pontos no tempo, dependendo do material em questão, as composições foram associadas umas com as outras (p. ex., os "livros" do Pentateuco) e a transmissão da história de cada composição individual torna-se idêntica à da coleção. O mesmo é verdade com relação a outras coleções, como os doze Profetas Menores, que foram provavelmente transmitidos como coleção única num único rolo, talvez no início do século V.

CÓPIA E TRANSMISSÃO. Os textos foram copiados em rolos usualmente feitos de peles de animais, como cabras e gazelas. Normalmente, apenas um lado era alisado e preparado para receber a escrita. Se uma composição era longa demais para uma única peça de couro, o copista ou escriba costurava peças de couro umas às outras para fazer um rolo suficientemente longo. O escriba podia também imprimir no couro linhas secas para guiar a escrita e delinear as margens das colunas. Vários sinais relativos à escrita às vezes eram usados para indicar correções ou passagens de especial interesse. Os manuscritos bíblicos de Qumran proveram excelentes exemplos de hábitos de escrita desde o início de 275 a.C. até cerca de 68 d.C. Os manuscritos bíblicos eram usualmente preparados cuidadosamente, embora aparentemente não fossem aplicados padrões estabelecidos na cópia até talvez o fim do século I d.C. Geralmente, as escritas parcialmente formais ou informais eram usadas para os manuscritos bíblicos, embora vários documentos de Qumran tenham sido copiados nas escritas semicursivas. Os manuscritos bíblicos de Qumran e de outra parte do deserto da Judeia mostram ampla variação em costumes relativos à escrita nos últimos três séculos a.C. Por volta do século I d.C., a prática relativa à escrita tornou-se padronizada. Aquelas regras estão preservadas no Talmude babilônico e nos tratados Masseket Sefer Torá e Masseket Soferin, o último compilado no século IX d.C.

As composições que se julgava pertencerem a um conjunto, como os "livros" do Pentateuco, podiam ser copiados num único rolo comprido. O formato do rolo foi dominante até depois da adoção do códex ou formato de livro pelos cristãos para o NT. Desde então, os cristãos usaram o formato de livro para o texto do AT também. No judaísmo, o códex foi somente aos poucos adotado para textos não usados na liturgia. Os textos litúrgicos, especialmente a Torá, continuaram no formato de rolo. A Torá continua no formato de rolo não vocalizado e sem acentos até hoje. Os primeiros códices judaicos apareceram entre 600-700.

A forma do alfabeto hebraico usado para copiar o texto também mudou com o passar dos séculos. A forma mais antiga do alfabeto hebraico, derivado da escrita fenícia, é confirmada apenas em poucos documentos (p. ex., rolos de prata). No período persa (538-36), uma forma do alfabeto derivada da escrita aramaica usada pelos persas foi geralmente usada e desenvolveu estilos diferentes. Somente entre 500-700 novos símbolos gráficos foram desenvolvidos e acrescentados a textos não litúrgicos para indicar vogais e sintaxe (pontuação). Mais que um sistema de vocalização se desenvolveu, mas dois dominaram: o tiberiano (nome dado devido a cidade de Tiberíades) e o babilônio. O sistema tiberiano acabou sendo aceito pela maioria das comunidades, mas somente aos poucos.

Manuscritos antigos. ***Qumran e deserto da Judeia.*** Do deserto da Judeia e especialmente de Qumran, sobreviveu um tesouro de manuscritos e comentários (*pesharim*) bíblicos. Igualmente, numerosas paráfrases ou textos bíblicos reescritos, não estritamente categorizados como manuscritos bíblicos fornecem importante evidência para a centralidade do material bíblico para o judaísmo palestino no período greco-romano; a história da interpretação das composições bíblicas; e, ocasionalmente, formas variantes da tradição textual hebraica.

Qumran. Os manuscritos bíblicos de Qumran vão da metade do século III a.C. até cerca de 68 d.C. Todos os livros da Bíblia Hebraica foram encontrados com exceção de Ester. Uma grande quantidade de literatura secundária existe nos manuscritos bíblicos. Das onze cavernas em Qumran, o maior grupo de manuscritos, bíblicos e não bíblicos, vem da Caverna 4. Alguns dos manuscritos mais significativos, como 4QSama e 4QJerb, estabeleceram que formas variantes do texto hebraico eram conhecidas e usadas na Palestina e em Qumran do século III a.C. até o século I d.C.; e muitos desses manuscritos hebraicos que variam do texto hebraico recebido (o TM, do período medieval) são idênticos ou pelo menos intimamente relacionados ao texto hebraico antes da tradução da LXX grega e/ou ao Pentateuco Samaritano. Os manuscritos bíblicos de Qumran parecem indicar uma maior diversidade textual do que se suspeitava antes das primeiras descobertas desses manuscritos, no início de 1947. Emmanuel Tov argumentou que embora existisse diversidade textual, a maioria dos manuscritos bíblicos de Qumran são protomassoréticos no tipo textual e, portanto, intimamente relacionados ao texto consonantal do TM. Ele afirmou também que os manuscritos protomassoréticos encontrados em Qumran foram usualmente mais cuidadosamente copiados com menos correções de escrita do que os manuscritos de outros tipos textuais. Ainda não existe consenso sobre esses pontos. Os manuscritos bíblicos de Qumran são consideravelmente importantes para a compreensão do desenvolvimento das tradições textuais hebraicas e do relacionamento com as tradições textuais gregas e a transmissão do texto em ambas as línguas no período greco-romano. Graças aos Rolos do mar Morto, comprovamos a antiguidade do componente consonantal do TM, agora entendido ter sido somente uma das muitas tradições textuais durante esse período. O texto protomassorético (o texto consonantal sem vocalização, acentos ou comentários) é o texto hebraico do AT que sobreviveu até o fim do período e acabou por ser o texto canônico.

Deserto da Judeia. Entre os textos bíblicos do deserto da Judeia (excluindo Qumran) estão os de Massada, Nahal Hever e do Uádi Murabba'at. A importância deles para o conhecimento do texto do AT e sua história vai além de sua óbvia antiguidade.

Com uma possível exceção, o texto dos manuscritos hebraicos desses locais corresponde quase exatamente ao texto do proto-TM. Os dados parecem indicar que a diversidade textual confirmada em Qumran, e possivelmente também na Palestina, desaparece a partir da evidência no tempo da Segunda Revolta Judaica contra Roma (132-135 d.C.). A evidência de Massada não é tão clara, mas todos os fragmentos bíblicos de Murabba'at concordam com o proto-TM incluindo o rolo dos Profetas Menores que data da segunda metade do século I d.C. (isto é, entre as duas guerras judaicas, cerca de 70-132). Finalmente, o grande manuscrito dos Profetas Menores em grego de Nahal Hever reflete uma revisão (consciente) da tradução grega mais antiga (a LXX) para aproximá-la de um texto hebraico dos Doze que é geralmente descrito como não inteiramente idêntico ao proto-TM. 8 Hev XIIgr é evidência clara de atividade revisional no século I a.C., que pode ser tomado como evidência de uma consciência de diferenças óbvias entre as tradições textuais gregas e hebraicas e da preferência pelo texto hebraico como confiável na forma. Ele pode refletir o abandono da tradução LXX mais antiga num período mais antigo do que sua adoção pelas comunidades cristãs no século I.

Bíblias impressas. Entre as guerras judaicas com Roma e, provavelmente, no início da Segunda Guerra (132 d.C.), o texto da Bíblia Hebraica parece ter se estabilizado. Isto é indicado particularmente pela evidência do deserto da Judeia, especialmente Uádi Murabba'at. O rolo hebraico dos Profetas Menores (segunda metade do século I d.C.) mostra quase discordância do proto-TM. Confirmado em Qumran como uma das muitas formas do texto hebraico, o proto-TM é por volta do tempo da Segunda Guerra. Esse texto é praticamente a única forma do texto hebraico que sobrevive. Não está claro como tal tradição textual em particular tornou-se a forma de texto dominante. Supõe-se geralmente que isso se deveu de alguma forma à atividade dos fariseus e dos rabis posteriores, mas não existe evidência conclusiva. Do século II d.C. até início da Idade Média (c. 896 em relação ao Códex do Cairo dos Profetas), não temos evidência manuscrita. Do século IX à primeira Bíblia Hebraica impressa é menos de 500 anos.

A primeira Bíblia Hebraica impressa foi produzida pelos irmãos Soncino em 1488. Depois dela, veio em 1491-93 a Bíblia de Nápoles, também produzida pelos Soncino. Em 1495, Gershom Soncino produziu uma versão melhorada da Bíblia de 1488, impressa no formato in-oitavo ("bolso"), mais fácil para o judeu carregar, ao fugir da perseguição, do que o tamanho fólio. Essa edição foi usada por Martinho Lutero em sua tradução do AT. Em 1514-17, a primeira Bíblia Poliglota foi impressa em Alcalá de Henares (lat. *Complutum*) sob o patrocínio do cardeal Ximenes de Cisneros. A primeira Bíblia impressa produzida na Espanha foi autorizada pelo papa Leão X somente em 1520, três anos depois da morte do cardeal Cisneros. Essa Bíblia Poliglota foi publicada numa edição em fac-símile começando em 1983. Logo depois (1516-17) Daniel Bomberg, mercador cristão que se estabeleceu em Veneza, contratou Felix Pratensis para editar a primeira Grande Bíblia Rabínica. Esta edição foi publicada em quatro volumes e incluiu os Targuns e comentários. Em 1524-25, Bomberg produziu a Segunda Grande Bíblia Rabínica. Editada por Jacob ben Hayyim ibn Adonijah, tornou-se o texto padrão de formas impressas da Bíblia Hebraica durante quase quatrocentos anos. Foi publicada em quatro volumes e incluía os Targuns e os comentários de Rashi, Ibn Ezra, David e Moses Kimhi e de Levi ben Gershom. A primeira interrupção do uso desta Bíblia veio em 1611, quando Johan Buxtorf produziu uma edição em pequeno formato que, diferente das edições anteriores, baseou-se parcialmente em manuscritos sefarditas. Ela serviu como base da primeira edição crítica de Johann Heinrich Michaelis em 1720, usando 19 edições impressas bem como cinco manuscritos de Erfurt.

De 1905-1906 foi produzida a primeira edição da Bíblia Hebraica de Rudolf Kittel. A base da primeira e segunda edições foi a edição de Bomberg, de 1524-25, com certas variações e acréscimos. Em 1937, para a terceira edição foi usado o manuscrito Firkowitch I. B19a (Leningradensis [L]) porque representava o manuscrito massorético Ben Asher completo mais antigo conhecido na época. Começando em 1967, a edição seguinte de BH (Stuttgartensia) começou a aparecer (1967-77) que também incluiu a massorá de L. Outra revisão, Bíblia Hebraica Quinta, foi concluída com a assistência das Sociedades Bíblicas Unidas.

O Projeto Universidade Bíblica Hebraica usa o Códex Alepo (c. 925) como base para uma edição crítica diplomática. Apareceram Isaías e Jeremias e Ezequiel está em adiantado estado de preparação. Tanto o Projeto Universidade Bíblica Hebraica como a Bíblia Hebraica Quinta continuam a tradição de edições críticas diplomáticas. O texto que é oferecido como texto-base é o de um único manuscrito. BHQ, como as edições anteriores, oferecerá melhorias no aparelhamento. Existe um interesse atualmente por uma edição que ofereceria como texto-base um texto corrigido, eclético com discussão do fundamento para as correções no aparelhamento.

VERSÕES ANTIGAS. *Versões gregas.* A tradução mais antiga da Bíblia Hebraica é a Septuaginta grega (LXX), "a tradução dos Setenta". O nome foi originalmente aplicado somente a uma tradução do Pentateuco que foi iniciado em Alexandria, no Egito, provavelmente durante o reinado de Ptolomeu II Filadelfo (285-247 a.C.). Gradualmente o nome foi estendido também à tradução grega dos Profetas e dos Escritos. A LXX foi provavelmente terminada na época de Ben Sira (c. 190). Considerando que ela se estendeu por mais de meio século, a tradução foi o trabalho de muitos tradutores, e assim, o estilo e a qualidade da tradução varia de livro para livro. Algumas seções foram certamente o trabalho de um único tradutor (p. ex., os Profetas Menores), outras, o trabalho de vários. Essa tradução foi provavelmente feita pela comunidade judaica de Alexandria por causa da necessidade das Escrituras no que havia se tornado a linguagem cotidiana. Além dos livros da Bíblia Hebraica, a LXX contém os apócrifos. Embora feita pela comunidade judaica de língua grega no Egito, seu uso acabou generalizado no judaísmo, provavelmente por duas razões importantes. Primeira, havia uma consciência de diferenças entre o texto da LXX e o da Bíblia Hebraica contemporânea. Provavelmente se presumia que a tradução não era fiel, não que o texto da Bíblia Hebraica tivesse continuado a evoluir depois do tempo da tradução. Esse descontentamento está refletido nas primeiras revisões da LXX para produzir as versões gregas que correspondessem rigorosamente ao texto hebraico contemporâneo (p. ex., o Rolo dos Profetas Menores em grego de Nahal Hever, segunda metade do século I a.C.). Segunda, as comunidades judaicas abandonaram a LXX devido sua precoce adoção pelos cristãos de língua grega. Isto provavelmente motivou em parte a produção de revisões judaicas posteriores da LXX, as de Áquila, Símaco e Teodocião no século II d.C. No século III, Orígenes criou uma revisão da LXX como coluna cinco em sua Hexapla. Essa revisão, baseada em comparação com o texto protomassorético existente na época, foi recopiada, frequentemente sem as marcas diacríticas que Orígenes usou na Hexapla para indicar lugares em que os textos grego e hebraico diferiam e nos quais ele havia mudado a LXX para deixá-la em conformidade com o texto hebraico.

Versões latinas. No Ocidente, os cristãos de língua latina provavelmente começaram as traduções da LXX para o latim logo no início do século II d.C. Certamente não havia uma única tradução em "latim antigo" de todo o AT. No século IV, o papa Damásio incumbiu Jerônimo de produzir uma única versão latina da Bíblia para uso geral — a Vulgata. Ele começou por volta de 392 com os salmos, inicialmente usando o texto da LXX revisado de Orígenes como base para seu trabalho. A primeira versão de Jerônimo do Saltério, conhecido como o Saltério Gálico tornou-se bastante popular. Para o restante do AT, ele se convenceu de que era necessário criar uma nova tradução diretamente do hebraico. Este processo levou quinze anos. A obra de Jerônimo não foi amplamente aceita até cerca do século VI, num primeiro momento, misturada com as traduções do latim antigo que estavam circulando.

Targuns. Os targuns (tradução de composição ou composições da Bíblia Hebraica para o aramaico) existem para cada livro da Bíblia Hebraica com exceção de Esdras, Neemias e Daniel. Os targuns se tornaram importantes talvez já no fim do período persa, quando a Bíblia Hebraica não era facilmente compreendida pela maioria do povo. Existem targuns rabínicos oficiais para o Pentateuco (Targum Onkelos) e para os Profetas (Targum Pseudo-Jônatas). Não existem targuns oficiais para as Escrituras, embora vários targuns existam de fato. Entre os targuns recentemente descobertos está o Targum Neofiti, um documento palestino do Pentateuco descoberto em 1957 na Biblioteca do Vaticano, e o Targum Fragmento.

O Pentateuco samaritano. Embora não a rigor uma das versões antigas, o Pentateuco samaritano é normalmente tratado entre elas. A escritura canônica da comunidade samaritana que existe até hoje, foi "descoberta" pelos estudiosos no século XIX e imediatamente geraram discussões relativas à sua antiguidade e relação com o proto-TM e a LXX. Desde as descobertas dos rolos do mar Morto tem se tornado claro que existiu um tipo de texto "protossamaritano" com formas semelhantes de expansões que existem no Pentateuco samaritano. Ao que tudo indica os manuscritos bíblicos de Qumran que são textos protossamaritanos (p. ex., 4QNum) fornecem evidência para a história primitiva do tipo de texto que os samaritanos escolheram para seu Pentateuco e ao qual acrescentaram expansões únicas que não existem nos manuscritos protossamaritanos de Qumran.

CRÍTICA TEXTUAL. Qualquer texto, antigo ou moderno, se deteriora em sua transmissão. Isso sempre tem sido verdade, embora com a transmissão eletrônica de textos seja menos provável que isso ocorra. A remoção de erros, acidentais ou intencionais, que foram introduzidos no texto durante o período de sua transmissão é o foco da crítica textual da Bíblia Hebraica. Nessa tarefa, as versões antigas e os manuscritos bíblicos de Qumran podem oferecer um texto íntegro que permitiria a correção de um erro no texto hebraico. As versões, claro, não existem simplesmente para serem minadas por textos incorruptos ou divergentes, mas são formas importantes e independentes do texto por méritos próprios. Mas se o foco é o texto hebraico, eles podem fornecer os meios para corrigir erros que se desenvolveram durante a transmissão.

Alguns estudiosos afirmam que o objetivo adequado da crítica textual deveria ser a recuperação ou reconstrução da forma mais antiga do texto que for possível reconstruir com base nas evidências. Isto é semelhante à visão da crítica textual em outras disciplinas, como o estudo da literatura grega ou latina. Com a disponibilidade de manuscritos bíblicos de Qumran, pode ser possível reconstruir uma forma do texto hebraico mais primitiva do que temos atualmente. Outros críticos textuais acham que o objetivo adequado da crítica textual é produzir uma edição do TM o mais livre de erro possível. Todavia outros pensam que o objetivo adequado é reconstruir o proto-TM, a forma consonantal do texto quando o texto se tornou canônico para o judaísmo no fim do século I d.C. e, subsequentemente, para muitos protestantes.

Bibliografia. F. M. Cross, *The Ancient Library of Qumran*, 3. ed. (Minneapolis, 1995); M. J. Mulder, “The Transmission of the Bliblical Text”, in *Mikra*. CRINT 2/1 (Philadelphia, 1988), 87-135; L. H. Schiffman, *Reclaiming the Dead Sea Scrolls* (Philadelphia, 1994); N. H. Snaith, “Printed Editions (Hebrew)” in “Bible”, *EncJud* 4.835-41; E. Tov, *Textual Criticism of the Hebrew Bibles* (Minneapolis, 1992); E. Ulrich, “Multiple Literaly Editions: Reflection Toward a Theory of the History of the Biblical Text”, in “Current Research and Technological Developments on the Dead Sea Scrolls, ed. D. W. Parry e S. D. Ricks *STDJ* 20 (Leiden, 1996), 78-105; repr. in *The Dead Sea Scrolls and Origins of the Bible* (Grand Rapids, 1999), 99-120; I. Yeivin, *Introduction to the Tiberian Masorah*. SBLMasS 5 (Missoula, 1980). [RUSSEL T. FULLER]

TEXTO DO NOVO TESTAMENTO Nenhum dos manuscritos originais do NT existe hoje. Os textos dessas obras precisam, então, ser reconstruídos com base em evidência sobrevivente, que compreende (a) manuscritos gregos produzidos em séculos posteriores, (b) cópias de antigas traduções para outras línguas (versões), como o latim e o siríaco e (c) citações do NT encontradas em autores cristãos, especialmente em grego e em latim. A disciplina da crítica textual trabalha para estabelecer a reconstrução das palavras do texto como produzida originalmente e para determinar onde, quando e por que o texto veio a ser mudado no curso de sua transmissão.

História da disciplina. As raízes da disciplina estão numa importante confluência de eventos no início do século XVI. Figuras importantes da reforma protestante insistiam que as palavras da Escritura, interpretada literalmente fossem a única autoridade para a fé e prática cristã; um ressurgimento de interesse em textos antigos emergiu entre os humanistas da Renascença, como Desidério Erasmo que, em 1516, publicou a primeira edição impressa do NT grego, apenas um ano antes de Lutero publicar suas 95 teses. O Novo Testamento Grego que Erasmo produziu, entretanto, foi reconstruído a partir de manuscritos recentes que estavam incompletos (seu texto de Apocalipse não tinha os seis versos finais, que ele mesmo teve de traduzir da Vulgata Latina para o grego) e nem sempre concordaram uns com os outros. A insistência da reforma na importância das palavras da Escritura e do reconhecimento concomitante de que essas palavras não sobrevivem intactas acabou compelindo os estudiosos a inventar métodos para estabelecer o texto original do NT.

Somente escasso progresso foi feito nesses termos nos séculos XVI e XVII, que viu pouco mais do que a publicação da edição do texto de Erasmo de forma ligeiramente alterada. Desde que essa forma básica do texto tornou-se amplamente usada, acabou substituindo o Textus Receptus (TR), ou Texto Recebido. O fim do século XVII e início do XVIII, entretanto, marcou uma importante mudança, quando os estudiosos começaram a reunir e comparar cópias manuscritas do NT de forma persistente. Um marco ocorreu em 1707, quando John Mill publicou seu Novum Testamentum Graece, que imprimiu o TR, mas incluiu um aparelhamento indicando cerca de 30 mil lugares de variações entre os cerca de cem manuscritos gregos, versões primitivas e citações patrísticas que havia examinado. A publicação despertou e espalhou imediata controvérsia, especialmente entre os preocupados com a autoridade divina que residia num texto que não estava evidentemente mais disponível.

Os debates que se seguiram levaram algumas das mentes mais brilhantes, e trabalhadores persistentes, dos séculos XVIII e XIX a tratar dos problemas do texto (principalmente na Inglaterra e na Alemanha), incluindo nomes eminentes como Richard Bentley, J. A. Bengel, J. J. Wettstein, J. J. Griesbach, Karl Lachmann, Constantin von Tischendorf, B. F. Westcott e F. J. A. Hort. Alguns desses estudiosos trabalharam principalmente na reunião, análise e compilação de evidência manuscrita para o texto original (p. ex., Wettstein e Tischendorf); outros focaram em desenvolver métodos para reconstruir o texto com base nos testemunhos sobreviventes (Bengel, Griesbach e, esp. Westcott e Hort). O trabalho deles instruiu a disciplina até hoje, evidente tanto nos métodos de avaliação de comentários diferentes como nas formas mais amplamente aceitas do texto grego.

A situação do texto. Devido a abrangentes descobertas de manuscritos do século XX, a quantidade de evidência disponível hoje ofusca por completo o que estava disponível a John Mill no início do século XVIII e até mesmo o que era conhecido a Westcott e Hort no fim do século XIX. A tabulação oficial dos manuscritos gregos é mantida pelo Instituto de Pesquisa Textual para o Novo Testamento em Münster, Alemanha, fundado por Kurt Aland e agora chefiado por Barbara Aland. Até 1994, o instituto registrava um total de 5.664 manuscritos gregos conhecidos que, quanto à data, iam do século II ao século XVI e quanto ao tamanho, fragmentos no formato de um cartão de crédito descobertos em montes de lixo no Egito a livros grandes e pesados guardados em bibliotecas da Europa. Eles são normalmente classificados sob quatro títulos: (1) papiros manuscritos, escritos em papiros em letras "unciais" (algo como as nossas "letras maiúsculas"); estas são as evidências mais antigas disponíveis, datando dos séculos II a VIII (99 são conhecidas atualmente); (2) manuscritos em letras maiúsculas, também escritos em uncial, mas em pergaminho ou papel pergaminho; estes datam do século III ao século X (306 conhecidos); (3) manuscritos em letras minúsculas, escritos com um tipo de letra "cursiva", que se tornou popular na Idade Média, possivelmente devido por ser mais rápida e mais conveniente para escrever; estas datam dos séculos IX a XVI (2.856 conhecidos); e (4) manuscritos lecionários, seleções do NT compilados para leitura litúrgica, escritos em caracteres unciais ou minúsculos,datam do século IV ao VI (2.403 conhecidos).

Além dessas evidências gregas, existem manuscritos das primitivas versões do NT; por volta do fim do século II, o NT já havia sido traduzido para o latim (do qual temos milhares de cópias ao longo da Idade Média) e siríaco, pouco depois em copta e, finalmente, em etíope, armênio, georgiano e outras línguas. Essas versões podem indicar a forma do texto no tempo e lugar que as traduções foram originalmente feitas. Da mesma forma, também, as citações dos Pais da Igreja podem ser usadas para reconstruir as formas de texto disponíveis a eles. Tais fontes patrísticas são particularmente úteis à compreensão de como o texto foi transmitido regionalmente, já que em muitos casos, sabemos exatamente quando e onde tais pais viveram.

A partir dessa massa de evidência, os estudiosos trabalham para determinar tanto a forma original do texto como as alterações feitas no curso de sua transmissão. A dificuldade da tarefa, em parte, é que nenhuma de nossas evidências primordiais, os manuscritos gregos, estão em completo acordo uns com os outros. Às vezes, as discordâncias são extremamente pequenas e de bem pouca gravidade, envolvendo coisas tais como diferenças de ortografia. Mas, às vezes, são de extrema importância: hoje existe ampla concordância, p. ex., de que a história da mulher pega em adultério (Jo 7:52–8:11) originalmente não fez parte dos quatro evangelhos, e sim, foi acrescentado por copistas posteriores; o mesmo pode ser dito dos doze versículos finais do evangelho de Marcos (Mc 16:9-20). Em muitos exemplos, entretanto, as evidências existentes são tão significativamente divididas que os estudiosos não podem concordar no que se refere à forma original do texto. A voz dirigida a Jesus no batismo em Lucas originalmente diz "Tu és o meu Filho amado; em ti me comprazo", ou ela diz: "Tu és meu filho; hoje eu te gerei" (Lc 3:22)? Em Lucas, Jesus orou pelo perdão de seus inimigos durante sua crucificação (Lc 23:34) ou não? O prólogo do evangelho de João termina chamando Jesus de "O Filho único, que está no seio do Pai" ou o "Deus unigênito, que está no seio do Pai" (Jo 1:18)? Os estudiosos continuam debatendo várias dessas diferenças entre os manuscritos.

Métodos de crítica textual. Ao decidir qual forma de texto é original, a maioria dos estudiosos aplica um método "eclético" que recorre, numa base caso a caso, a vários critérios diferentes tradicionalmente classificados como "externos" (os baseados nos tipos de manuscritos que apoiam um ou outro texto) ou "internos" (os que se baseiam na probabilidade de um texto retornar ou ao autor original ou a um erro introduzido por um copista). Certamente, continua havendo proponentes do "texto da Maioria", que alegam ser a forma de texto encontrada na maioria das evidências existentes sempre, ou quase sempre, preferidos (uma ênfase quase exclusivamente sobre um tipo de evidência externa); e existem outros que afirmam que, desde que todos os manuscritos contêm falhas, é errado considerar os manuscritos de qualquer modo quando decidir o que os autores escreveram originalmente (enfatizando a evidência "interna"). A maioria dos estudiosos, entretanto, continua a adjudicar as diferenças entre os manuscritos por considerar toda a extensão da evidência sobrevivente.

Evidência externa. A seguir estão os princípios "externos" entre os mais importantes às vezes invocados na decisão de uma interpretação textual sobre outra.

Quantidade de evidências de apoio. A versão encontrada com mais frequência entre nossos manuscritos pode, teoricamente, ter uma pretensão maior de ser o original. Embora amplamente preferido pelos defensores do "texto da Maioria", esse princípio é, apesar de tudo, desdenhado por muitos outros estudiosos, e por razões razoavelmente convincentes. Porque se, hipoteticamente, um manuscrito do século II foi copiado três vezes, e outro foi copiado trezentas vezes, isto não significaria que o último era mais exato (e seus copistas não teriam como saber); simplesmente significaria que ele foi copiado com mais frequência. O número de evidências sobreviventes, consequentemente, de fato pouco nos diz sobre a origem do texto.

Idade das evidências de apoio. Mais importante, obviamente, que o número de evidências sobreviventes para qualquer versão em particular é a idade de seus manuscritos de apoio. Em geral, manuscritos mais antigos terão menos probabilidade de conter erros, visto que não passaram por muitas mãos. Esse critério, tampouco, não é à prova de defeitos, entretanto, desde que um manuscrito do século VII pôde, de modo concebível, ter sido copiado de um exemplar do século II, enquanto um manuscrito do século VI (consequentemente mais antigo) pode ter sido copiado de um do século V.

Diversidade geográfica das evidências. Menos problemático é um apelo à ampla distribuição de uma variação textual: qualquer forma de texto que seja encontrada em evidências espalhadas sobre um amplo espaço geográfico, em oposição a uma encontrada em manuscritos localizados, p. ex., em somente uma cidade ou região, tem uma grande chance de ser antiga.

"Qualidade" das evidências de apoio. Como num tribunal, alguns testemunhos textuais são mais confiáveis que outros. Os testemunhos conhecidos por produzir um texto inferior quando o caso pode ser decidido com alto grau de certeza (no campo "interno" discutido abaixo), são também mais prováveis de produzir um texto inferior no qual a evidência interna é mais ambígua.

Qualidade dos "grupos" de evidência de apoio. Desde o século XVII, estudiosos têm reconhecido que alguns manuscritos estão intimamente relacionados uns aos outros, no sentido de que normalmente apoiam a mesma redação do texto num grande número de passagens. As evidências podem, assim, ser "agrupadas" à luz das semelhanças. Hoje existem três importantes grupos amplamente aceitos: (1) as evidências "Alexandrinas", que incluem grande parte dos manuscritos mais antigos e "melhores", assim julgados por sua qualidade geral (p. ex., Códex Vaticanus); estes podem no final das contas remontar à forma de texto preservada entre os estudiosos de Alexandria, Egito; (2) Evidências "Ocidentais" (designação incorreta, considerando que algumas dessas evidências foram produzidas na cristandade oriental), que incluem manuscritos associados ao famoso Códex Bezae nos evangelhos e Atos; estes parecem preservar uma forma de texto primitiva, porém geralmente confiável; e (3) evidências "Bizantinas", que incluem a vasta maioria dos manuscritos posteriores e são julgados por uma preponderância de estudiosos ao preservar uma forma inferior do texto. A regra geral prática para a maioria dos críticos é que as versões confirmadas somente na evidência Bizantina ou na Ocidental são altamente suspeitas; versões encontradas entre as evidências alexandrinas, por outro lado, são mais prováveis de receberem o benefício da dúvida, especialmente quando estas são também confirmadas pelas evidências de outros dois grupos.

Com o objetivo de concisão, a maioria dos estudiosos afirma que o simples número de evidências que apoia uma ou outra versão raramente se importa em determinar o texto original. Mais significativo são a idade, a diversidade geográfica, a qualidade geral e o agrupamento textual de apoio externo; isto é, versões encontradas nos manuscritos mais antigos, espalhados e "melhores" têm mais probabilidade de ser originais.

Evidência interna. A evidência interna está interessada não com os testemunhos que apoiam uma ou outra versão, mas com os méritos conflitantes das versões divergentes em e de si mesmas. Dois tipos de discussões estão envolvidos: "probabilidades relacionadas à transcrição", isto é, argumentos relacionados às versões que teriam mais recorrido aos interesses e preocupações dos copistas, e assim, existe a probabilidade de terem sido criados por eles em suas transcrições (e eventuais alterações) do texto; e "probabilidades intrínsecas", isto é, argumentos preocupados com versões que estejam mais intimamente de acordo com a linguagem, estilo e teologia do autor em questão e são, assim, intrinsecamente mais prováveis de ser originais.

Probabilidades relacionadas à transcrição. Um estudo de nossos manuscritos mais antigos confirma várias hipóteses consensuais sobre os tipos de versões que os copistas criaram quando alteraram o texto que copiaram. Por exemplo, parece ter sido mais provável que os copistas tenham harmonizado duas passagens em aparente desacordo uma com a outra do que as tenham tornado diferentes; é mais provável que tenham melhorado a gramática de uma passagem do que a tenham piorado; é mais provável

A B C D E F G H I J K L M N O P Q R S **T** U V X Y Z

que tenham deixado uma passagem de conformidade com seus pontos de vista teológicos do que a tornado "não ortodoxa". Como resultado, a crítica pode empregar uma regra prática geral ao considerar as probabilidades relacionadas à transcrição, uma regra que pode no começo soar oposta, embora seja estabelecida em princípios legítimos: quanto mais difícil a versão — isto é, a versão que for menos harmonizada, tenha menos acertos gramaticais e seja teologicamente "correta" — tem mais probabilidade de ser original.

Probabilidades intrínsecas. Enquanto as probabilidades relacionadas à transcrição procuram versões com mais probabilidade de terem sido criadas por copistas no processo de transcrição, as probabilidades intrínsecas procuram pela versão com mais probabilidade de ter sido criada pelo próprio autor do livro do NT. Em debate estão a linguagem, o estilo e a teologia do autor que originalmente produziu o texto. Versões que se adaptam muito rigorosamente com o próprio pensamento do autor e maneira de expressá-lo têm muita probabilidade de serem próprias. Fazer tal afirmação, claro, requer o emprego sofisticado de formas tradicionais de exegese e um substancial conhecimento do autor em questão.

O TEXTO NO FIM DO SÉCULO XX. Tem sido feito significativo progresso no estudo do texto do NT nos dois últimos séculos. Em vez de textos gregos deficientemente editados, os estudiosos e estudantes têm agora pronto acesso a versões cuidadosamente editadas cheias de informação textual (aparato crítico que indica diferenças entre as evidências sobreviventes), das quais as duas mais conhecidas são o Novo Testamento Grego das Sociedades Bíblicas Unidas (principalmente para tradutores da Bíblia e estudantes iniciantes; atualmente em sua quarta edição) e a 26ª edição do Novum Testamentum Graece "Nestle-Aland", que contém exatamente o mesmo texto grego da edição UBS, mas um aparato crítico muito mais abrangente. Além disso, o trabalho laborioso dos estudiosos atuais e as oportunidades muito importantes abertas pelo computador têm levado a uma explosão de produtividade neste campo, incluindo uma inundação de publicações inestimáveis do Instituto de Pesquisa Textual do Novo Testamento, provavelmente a mais importante das quais é a tão esperada Editio Crítica Maior, edição que incluirá um impressionante aparato de evidência textual que ofuscaria qualquer outra disponível (atualmente no trabalho das Epístolas Gerais). Importantes projetos estão em andamento também fora do Instituto, como o Projeto Novo Testamento Grego Internacional, cujas comissões inglesa e americana já publicaram um amplo aparato do evangelho de Lucas e estão trabalhando agora em um para João.

Provavelmente a única grande aspiração na área atualmente é uma história viável do texto — um relato de onde, quando, como e por que o texto veio a ser mudado no curso de sua longa e variada transmissão. Essa história é de importância crucial tanto para reconstruir o estágio mais primitivo do texto (a forma "original") como para estabelecer o estreito relacionamento entre o texto e o mundo social no qual foi transcrito. Essa questão mais recente — o contexto sócio-histórico da transmissão da escrita — tem-se tornado particularmente importante para os estudiosos nos últimos anos, à medida que reconhecem as alterações do texto como reflexo das preocupações teológicas e dos mundos sociais dos copistas que o mudaram. Uma história completa do texto, entretanto, exigirá que um substancial trabalho preliminar seja feito nas versões primitivas e, especialmente nos Pais da Igreja, importante começo no qual pode ser encontrado nas séries *The New Testament in the Greek Fathers* (Atlanta, 1991-).

Bibliografia. K. Aland e B. Aland, *The Text of the New Testament*, 2. ed. (Grand Rapids, 1989); B. D. Eherman, *The Orthodox Corruption of Scripture* (Oxford, 1993); Ehrman e M. W. Holmes, *The Text of the New Testament in Contemporary Research*. Studies and Documents 46 (Grand Rapids, 1995); E. J. Epp, "Textual Criticism", in *The New Testament and Its Modern Interpreters*, ed. Epp e G. W. MacRae (Philadelphia, 1989), 75-126; B. M. Metzger, *The Text of The New Testament*, 3. ed. (Oxford, 1992); *The Early Versions of the New Testament* (Oxford, 1977); *Manuscripts of the Greek Bible* (Oxford, 1981); *A Textual Commentary on the Greek New Testament* (Stuttgart, 1971). [BART D. EHRMAN]

TEXTO MASSORÉTICO Qualquer texto da Bíblia Hebraica produzido pelos massoretas (heb. *baʿălê hammāsōrâ*), estudiosos textuais preocupados com a transmissão exata do texto e que atuaram cerca de 600-950 d.C. Houve três grupos importantes de massoretas: palestino, babilônio e tiberiano. Desde que o trabalho da escola tiberiana ganhou importância sobre as outras duas, o padrão da tradição tiberiana do texto hebraico é hoje comumente referido como o TM.

Os massoretas tiberianos diferiram uns dos outros em assuntos de menor importância, e os textos produzidos pela família ben Asher passou a ser respeitada como a melhor da tradição tiberiana. O último dessa família foi Aaron ben Asher, e suas realizações estão agregadas em dois manuscritos massoréticos amplamente usados: o Códex Alepo (A), a base do Projeto Universidade Bíblica Hebraica;

e o Códex Leningrado (L), texto base para BHS. Os manuscritos tiberianos geralmente contêm quatro componentes: o texto consonantal, os sinais de vogais, os sinais de acentuação e as notas massoréticas escritas nas margens.

Não existe tal coisa de o Texto Massorético. É mais exato referir-se a representantes do TM, como o texto de A ou L. O texto da Segunda Bíblia Rabínica editada por Jacob ben Chayyim (1524-25) foi considerada durante séculos a versão autorizada da Bíblia Hebraica e, assim, frequentemente rotulada de TM. O mundo acadêmico moderno, entretanto, tem mostrado que a Segunda Bíblia Rabínica foi baseada em manuscritos relativamente recentes e, portanto, não a melhor representante do TM. As edições mais modernas da Bíblia Hebraica têm impressa alguma forma do TM, mas BHS (baseada em L) é atualmente a edição padrão erudita do TM do Ocidente. *Ver* MASSORÁ.

Bibliografia. C. D. Ginsburg, *Introduction to the Massoretico-Critical Edition of the Hebrew Bible* (1899, repr. New York, 1966); M. H. Goshen-Gottstein, "The Rise of the Tiberian Bible Text", in *Biblical and Other Studies*, ed. A. Altman (Cambridge, Mass., 1963), 79-122; repr. *In The Canon and Masorah of the Hebrew Bible*, ed. S. Z. Leiman (New York, 1974), 666-709; H. M. Orlinsky, "Prolegomenon: The Massoretic Text: A Critical Evaluation", in *Introduction to the Massoretico-Critical Edition of the Hebrew Bible*, ed. Ginsburg, i-xlv; E. Tov, *Textual Criticism of the Hebrew Bible* (Minneapolis, 1992); E. Würthwein, *The Text of the Old Testament*, 2. ed. (Grand Rapids, 1995); I. Yeivin, *Introduction to the Tiberian Masorah*. SBLMasS 5 (Missoula, 1980). [DANIEL S. MYNATT]

TEXTUS RECEPTUS A forma de texto do NT que se tornou padrão nos séculos XVI e XVII. Johan Froben, tipógrafo suíço, sabendo da intenção do cardeal Jiménes de produzir um NT grego, pediu a Desidério Erasmo em abril de 1515 para preparar uma edição do NT o mais rápido possível. Usando seis manuscritos disponíveis, somente um dos quais (Cod. 1) era de alguma relativa antiguidade, a edição de Erasmo foi iniciada em setembro e publicada em março de 1516. A edição de Jiménes, a Poliglota Complutense, foi impressa em 1522, embora tivesse de fato sido terminada em 1514.

Robert Stephanus publicou quatro edições do NT grego entre 1546 e 1551, usando os textos de Erasmo e Jiménes. Sua terceira edição (1550), que deu versões variantes de quinze manuscritos, tornou-se o texto padrão na Grã-Bretanha e nos Estados Unidos. Theodore Beza, sucessor de Calvino na Suíça, publicou nove edições do NT grego de 1565 a 1604, apresentando essencialmente o texto impresso de Erasmo e Stephanus; sua reputação ajudou a estabelecer a forma do texto grego impresso.

Os dois irmãos Elzevir publicaram na Holanda sete edições do NT grego entre 1624 e 1678, todas baseadas no texto apresentado por Erasmo, Stephanus e Beza. No prefácio de sua segunda edição (1633), que se tornou o texto impresso padrão na Europa, escreveram: "Vocês têm então o texto agora recebido por todos: no qual não damos nada alterado ou corrompido". O termo *textus receptus*, então, refere-se a um texto "ordinariamente publicado".

Esse texto, baseado na forma de texto da era bizantina, tornou-se a forma impressa aceita por mero acaso. Não é um texto "mau" ou enganoso, mas uma forma mais recente de texto. Três séculos haveriam de passar antes que os estudiosos conseguissem substituir esse texto preparado apressadamente por outro com evidência de ser mais próximo dos originais do NT. [CARROL D. OSBURN]

TIAGO (gr. *Iákōbos*; heb. *yaʿăqōḇ*, *"Jacob"*) **1.** Tiago, filho de Zebedeu, foi um dos primeiros a quem Jesus chamou para o discipulado (Mc 1:16-20 par.). Tiago pertenceu, com o seu irmão (provavelmente mais jovem) João e Pedro, ao círculo íntimo de discípulos de Jesus. Nas quatro listas dos Doze (Mt 10:2-4; Mc 3:16-19; Lc 6:14-16; At 1:13), Tiago, filho de Zebedeu, sempre está entre os primeiros três nomes. Zebedeu era pescador do mar da Galileia, e seus filhos eram companheiros de Pedro e André (Mt 4:21; Lc 5:10). Mt 27:56 parece identificar Salomé como sua mãe.

Jesus nomeou Tiago e João de "filhos do trovão" (Mc 3:17), provavelmente pelas personalidades fortes e impetuosas. Ele os reprovou pela raiva assassina demonstrada contra a aldeia samaritana que lhes recusou a entrada (Lc 9:51-56) e ainda por seu desejo de precedência sobre os doze discípulos no reino de Deus (Mc 10:35-45; mas comparar com Mt 20:20-28, em que a mãe deles fez o pedido pelos filhos). Jesus recusou o pedido e predisse que eles haveriam de beber "o cálice" que o Mestre também beberia, o cálice da morte. Tiago o bebeu ao ser executado por Herodes Agripa I em 44 d.C. (At 12:2). Embora relatos pós-bíblicos de lendas cristãs declarem que todos os Doze, menos João, foram mártires da fé, Tiago é o único dos apóstolos cujo martírio é atestado pelo registro bíblico.

A tradição cristã chama a este apóstolo de Tiago, "o Maior", para o distinguir de Tiago, filho de Alfeu, "o Menor". Conta a lenda que Tiago pregou na Espanha e foi enterrado naquela região. Sua suposta tumba, localizada na igreja de Santiago de Compostela, no noroeste da Espanha, é um dos mais importantes destinos de peregrinação desde os tempos medievais.

2. Tiago, filho de Alfeu. As quatro listas de apóstolos (Mt 10:3; Mc 3:18; Lc 6:15; At 1:13) registram um segundo Tiago, sempre chamado explicitamente de "o filho de Alfeu", para o diferenciar do Tiago mais proeminente. A julgar por sua posição no último terço dessas relações, tal Tiago possuía comparativamente pouca importância e, de fato, ele não é mencionado nos evangelhos além dessas listas. Talvez esse Tiago seja o mesmo Tiago, filho de Maria (item 3 abaixo).

3. Tiago, filho de Maria. Não fazia parte dos Doze e seus pais foram com certeza Clopas e Maria, a qual, com outras mulheres, foi testemunha da crucificação de Jesus (Mt 27:56; Mc 15:40; 16:1; Lc 24:10). Este Tiago foi frequentemente identificado por antigos estudiosos como Tiago, filho de Alfeu, provavelmente porque Marcos resolveu chamá-lo "o jovem" ou "o menor" para o distinguir de Tiago, filho de Zebedeu. Nada mais é conhecido a seu respeito.

4. Tiago, o pai de Judas (não o Iscariotes). Nas listas dos Doze feitas por Lucas (Lc 6:16; At 1:13), o patronímico "filho de Tiago" foi acrescentado para cuidadosamente distinguir este Judas de Judas Iscariotes, cujo nome vinha imediatamente em seguida. Nada mais se sabe a seu respeito.

5. Tiago, irmão de Jesus. A exata relação entre Tiago e "os irmãos do Senhor" (1Co 9:5; cf. Mc 6:3 par.) e Jesus foi fortemente debatida na igreja antiga e mesmo nos tempos atuais. Três posições principais são destacadas: (1) Tiago é o filho de José e Maria, irmão literal de Jesus (ou meio-irmão, considerando-se a concepção virginal de Jesus). A maioria protestante e alguns estudiosos católicos romanos defendem esse significado de "irmão". (2) Tiago é um filho de José de um matrimônio anterior e, consequentemente, irmão de criação de Jesus. Semelhante posição deriva do NT apócrifo, especialmente do influente protoevangelho de Tiago. Igrejas ortodoxas orientais defendem essa visão, mas não é uma opção levada a sério pela maioria dos estudos históricos contemporâneos. (3) Tiago seria primo de Jesus ou outro parente próximo. Partidários dessa posição argumentam que o termo hebraico/aramaico *'aḥ* significa tanto "irmão" quanto "parente de sangue". Essa é a posição tradicional dos devotos católicos romanos bem como de seus especialistas.

Embora não tenha sido um seguidor de Jesus durante seu ministério, Tiago parece haver se convertido logo depois, talvez quando o ressurreto Jesus tenha surgido a sua frente (1Co 15:7; cf. At 1:14). Tiago gradualmente tomou a direção da igreja de Jerusalém das mãos dos líderes entre os Doze, tornando-se um dos mais importantes chefes da igreja de século I. Paulo testemunha a liderança de Tiago em Jerusalém (Gl 2) e, em Atos 15, Tiago preside o Concílio Apostólico e promulga a sua decisão. Como evidência de sua posição na igreja, depois da morte de Tiago, filho de Zebedeu, a maioria das referências a ele denomina-o apenas de Tiago, embora houvesse outros com o mesmo nome ainda vivos. Este Tiago morreu pela sua fé nas mãos do sumo sacerdote Ananus, pouco antes da revolta judia (Josefo, *Ant.* 20.9.1 [197-203]; para um relato provavelmente mais lendário, cf. o testemunho de Hegesipo citado por Eusébio HE 4.22.4).

Tiago é considerado tradicionalmente o autor da carta com seu nome no NT. Embora a maioria dos estudiosos contemporâneos discuta a autenticidade da carta, alguns outros defendem com firmeza sua autoria. O autor de Judas presumivelmente se refere a este Tiago como seu irmão (Jd 1:1). No período pós-neotestamentário, Tiago se tornou o líder tradicional da ala judaico-cristã da igreja, figurando em escritos gnósticos, judaico-cristãos e da Grande Igreja.

Bibliografia. R. Bauckham, *Jude and the Relatives of Jesus in the Early Church* (Edinburgh, 1990), 5-44; F. F. Bruce, *Peter, Stephen, James, and John* (Grand Rapids, 1980); L. T. Johnson, *The Letter of James*, AB 37A (New York, 1995), 89-123. [ROBERT E. VAN VOORST]

TIAGO, APÓCRIFO DE (I,2) O primeiro tratado de Códex I (Códex Jung) da descoberta de Nag Hammadi. O texto sem título é um diálogo de revelação escrito na forma de uma carta de Tiago para um destinatário desconhecido. O título atual foi dado por causa de uma referência interna a si mesmo como "livro secreto" (Ap. Tg 1:10).

O diálogo começa com uma cena ocorrida 550 dias depois da Ressurreição, na qual os Doze estão juntos, recordando as palavras de Jesus e registrando tais reminiscências em livros. Jesus aparece de repente, chama Tiago e Pedro de lado e lhes passa os ensinamentos.

Entre os elementos característicos dessa obra se destaca a exortação ao martírio (4:24–6:20). Essa seção tem muitas semelhanças estilísticas com outras discussões sobre o tópico (cf. Orígenes Ex. Mart.; Tertuliano Ad Mart.). O que é particularmente interessante nesse texto é a avaliação positiva e o encorajamento ao martírio voluntário (cf. Tertuliano De fuga 9; Clemente Misc. 4.4).

Os comentaristas têm sugerido que o Apócrifo de Tiago deva ser considerado fonte primária pois o livro possui declarações de Jesus que contêm símiles do reino dos céus (7:22-35; 12:22-30), uma profecia (9:24—10:6) e outras declarações atribuídas a Jesus, as quais podem refletir estratos mais antigos da tradição.

Bibliografia. R. Cameron, *Sayings Traditions in the Apocryphon of James*. HTS 34 (Philadelphia, 1984); F. E. Williams, "The Apocryphon of James: Introduction", in *Nag Hammadi Codex I*, ed. H. W. Attridge. NHS 22 (Leiden, 1985), 13-27. [ANDREA LORENZO MOLINARI]

TIAGO, ASCENSÕES DE Livro judaico-cristão do final do século II, segundo a informação de Epifânio (Adv. haer. 30.16.6-9), e que não sobreviveu em sua forma original. O livro exaltava Tiago, irmão de Jesus, como o líder da Igreja primitiva e vilipendiava Paulo como "o inimigo" que impedia a conversão de todo o povo judeu. Defendia a observância da lei mosaica e a substituição dos sacrifícios pelo batismo em nome de Jesus. Originalmente escrito em grego, com certeza procedia da Transjordânia e pode ter sido a principal fonte da cristologia da preexistência, encontrada na passagem de Reconhecimentos 1.33-71, do Pseudo-Clemente do século IV, que retoma de uma perspectiva judaico-cristã, a narrativa de Israel desde Abraão passando por Jesus e chegando à Igreja primitiva de Jerusalém, protagonizada por um profeta do tipo de Moisés.

Bibliografia. F. S. Jones, *An Ancient Jewish Christian Source on the History of Christianity: Pseudo-Clementine Recognitions 1.27-71*. Texts and Translations 37. Christian Apocrypha 2 (Atlanta, 1995); R. E. Van Voorst, *The Ascents of James*. SBLDS 112 (Atlanta, 1989). [ROBERT F. VAN VOORST]

TIAGO, CARTA DE Epístola do NT frequentemente atribuída a Tiago, o irmão mais jovem de Jesus e líder da igreja em Jerusalém (At 12:17; 15:13-21; 21:18; Gl 1:19; 2:9,12). No entanto, outros homens chamados de Tiago nos evangelhos também foram propostos para a autoria dessa carta. Jerônimo, seguindo a tradição católica romana, identifica o autor como Tiago, filho de Alfeu (Mc 3:18; At 1:13). Também já foi sugerido que a carta possa ser pseudônima. Argumenta-se que Tiago, o filho de um artesão galileu e cuja língua nativa era o aramaico, não poderia ter escrito essa carta com seu grego elegante e um consciente estilo literário modelado na LXX.

As evidências a favor da autoria de Tiago, irmão do Senhor, são fortes e indicam que a carta provavelmente não é uma obra pseudônima tirando proveito de sua autoridade. A Galileia não era atrasada literariamente e a possibilidade de os discípulos de Jesus serem alfabetizados e influenciados por ideias helenísticas é hoje considerada mais possível. A ajuda de um escrivão profissional para a produção da epístola também poderia explicar o estilo grego. Tiago ministrou aos circuncidados (Gl 2:9) e a carta parece ser endereçada a um público judaico-cristão. Algo que pode ser inferido das frequentes citações e alusões ao AT e à tradição judaica, da confissão monoteísta "há um só Deus" (Tg 2:19) e da "reunião" em 2:2 ser literalmente "sinagoga". Além disso, há poucas evidências de uma teologia cristã desenvolvida ou intencional. Semelhantes características sugerem um autor que escreve numa data remota e dentro de um contexto judaico como o da igreja de Jerusalém.

De acordo com Josefo (*Ant.* 20.197-203), Tiago foi apedrejado até a morte por ordem do sumo sacerdote judeu Ananus II em 62 d.C. Embora, segundo Eusébio, tenha sido morto pouco antes de Vespasiano invadir Jerusalém, em 67 (HE 2.23.18). Tomando como base que o autor da epístola seja Tiago, irmão de Jesus, a carta deve ser datada antes de tais eventos, talvez na década de 50 d.C. O conteúdo da carta reflete a desintegração do tecido social na região à qual ela se dirige, lembrando Jerusalém e a Judeia nos anos que precederam a guerra com Roma (66-73). Violências, ódios e matanças são as preocupações fundamentais da carta (1:19-21; 3:13–4:3). A única evidência interna do lugar de onde se escreve é a referência às primeiras e últimas chuvas (5:7), que são características do clima ao longo da costa oriental do mar Mediterrâneo e que afetavam Jerusalém.

O público destinatário é pobre e oprimido. Seus membros são arrastados aos tribunais pelos ricos (2:6) e explorados por ricos proprietários de terras (5:4-6). Os destinatários são designados como "as doze tribos da Dispersão" (1:1), título que se reporta à igreja como o novo e reagrupado Israel (cf. Mt 19:28; Ap 7:4-8). No NT, a Dispersão é metáfora para os cristãos que estão vivendo fora de sua casa divina, ou seja, na terra (1Pe 1:1). De acordo com Lucas, depois da morte de Estêvão em Jerusalém, os cristãos judeus (os helenistas) haviam se espalhado (*diaspeírō*) e emigrado para a Fenícia, Chipre e Antioquia (At 11:19). Tiago poderia estar se dirigindo a esses membros dispersos de sua igreja, que já haviam morado em Jerusalém.

Na aparência, a Epístola se assemelha a uma carta, começando com saudação e cumprimento convencionais (1:1). Porém, faltam lembranças pessoais, referências a problemas específicos e conclusão. Não é uma carta pessoal como as de Paulo, mas uma carta mais geral ou católica, endereçada assim a mais de uma igreja. Mais especificamente, Tiago é literatura exortativa, tentando persuadir as pessoas a viverem uma existência virtuosa. A epístola também foi classificada como parenética (instrução moral) e uma diatribe (diálogo com perguntas e respostas em busca da verdade). As porções centrais de Tiago foram compostas de acordo com o padrão greco-romano de elaboração de um argumento completo (2:1-13, 14-26; 3:1-12). Materiais parenéticos e características das diatribes foram incorporados a esse padrão.

A carta se apoia firmemente no AT, na tradição de sabedoria e na tradição de Jesus. Tiago alude ao AT (1:10; 3:9; 5:4), menciona-o (2:8, 11,23; 4:6) e usa-o para exemplos (2:21, 25; 5:10-11, 17-18). A sabedoria é instância religiosa e uma visão de mundo característica de um povo religioso que procura a compreensão e o discernimento para viver, confiando frequentemente na parênese (p. ex., Provérbios, Jó). Apesar de Tiago não citar Jesus, muitos de seus ensinos se fundamentam naquilo que Jesus disse, conforme foi transmitido pela tradição oral (2:5; cf. Mt 5:3, 5; 5:12; cf. Mt 5:33-37).

Ênfases teológicas. ***Sabedoria.*** Tiago identifica dois tipos de sabedoria: a divina e a terrena. A sabedoria divina não é violenta, enquanto a sabedoria terrestre sim (3:13-18). A sabedoria divina é um dom de Deus (1:5; cf. v. 17). A tentação para o mal não vem de Deus, mas tem sua fonte no coração humano (1:12-16), sendo que Satanás ainda desempenha algum papel na tentação (4:7). A vida é frágil e contingente (1:9-11; 4:13-16). Os íntegros sofrem neste mundo por causa da desvantagem social e econômica. Eles são rejeitados e menosprezados pela sociedade e oprimidos pelos descrentes que estão no poder. Os sofredores íntegros recorrem a Deus para sua justificação e exaltação (5:10-11). Os ricos não são piedosos (1:9-11; 2:1-7; 5:1-6), mas os pobres sim (2:5), especialmente as viúvas, os órfãos (1:26-27) e os trabalhadores sem terra (5:1-6). Eles são ouvidos por Deus (5:4), recebem a graça divina (4:6) e são os herdeiros do reino como parte da mudança escatológica (2:5; 5:10-11). Tiago não defende a pobreza em si mesma, mas declara que o veredicto do mundo de que o pobre é inútil não é o veredicto de Deus. Os ricos devem ajudar os necessitados (1:22-27) e não ficar apenas recitando piedosas platitudes (2:14-17).

Lei, fé e obras. Tiago ensina que a profissão de fé é confirmada pelas obras (1:19-26; 2:1-13). Tanto "a lei perfeita, a da liberdade", em 1:25, quanto a "lei real", em 2:8, se referem à lei do amor ao próximo (Lv 19:18). O amor aos outros é a base para a ação (2:12), e ele será especialmente demonstrado através da satisfação das necessidades dos pobres (1:27; 2:15-16).

Perfeição. A perfeição não significa ser livre de defeitos, mas, antes, conforme o AT a define, obedecer aos mandamentos divinos. A perfeição na fé não é uma mera concordância com um credo (2:19) ou uma manifestação de sentimentos (2:15-16). Na verdade, a fé é aperfeiçoada por meio das obras (2:22) e do contínuo sofrimento (1:3-4). Manter a lei perfeita é realizar ações de bondade (1:25) e amar o seu próximo (2:8-10). A contenção da língua é central para que alguém se torne uma pessoa perfeita (1:26; 3:2). O oposto de ser perfeito é ser hipócrita, pecador e desordeiro (1:8; 3:16; 4:8).

Escatologia. Tiago afirma que a vinda de Jesus como juiz é iminente (5:7-9). Haverá recompensa aos que suportaram a tentação (1:12), perseveraram na lei perfeita (1:25), usaram corretamente a língua e mostraram clemência para com os outros (2:12-13). Haverá julgamento para os que não utilizaram bem a língua e não realizaram boas obras (2:12-13; 4:11-12). O julgamento também recairá sobre os mestres que abusaram de sua posição (3:1), os ricos que negligenciaram as necessidades dos pobres (5:1-6) e sobre aqueles em cuja palavra não se pôde confiar (5:12).

Ainda como parte da tradição de sabedoria em sua preocupação com a vida prática, Tiago apresenta muito material ético, o que inclui instruções sobre o controle da fala (1:26; 3:1-12; 4:11-12; 5:9), a relação entre ricos e pobres (2:1-13; 5:1-6), o pobre como o centro das boas ações (1:27; 2:15-16) e o amor, a misericórdia e a humildade como características do relacionamento com outros (2:8; 3:13-18).

Bibliografia. J. B. Adamson, *James, The Man and His Message* (Grand Rapids, 1989); A. Chester, "James", in *The Theology of the Letters of James, Peter, and Jude*, ed. A. Chester & R. Martin (Cambridge, 1994); L. T. Johnson, *The Letter of James*. AB 37A (New York, 1995); R. P. Martin, *James*. WBC 48 (Waco, 1988); F. Tamez, *The Scandalous Message of James* (New York, 1990); D. F. Watson, "James 2 in Light of Greco-Roman Schemes of Argumentation", *NTS* 39 (1993): 94-121; "The Rhetoric of James 3.1-12 and a Classical Pattern of Argumentation", *NovT* 35 (1993): 48-64.
[DUANE F. WATSON]

TIAGO, O MAIOR, ATOS DE Obra apócrifa encontrada no livro 4 da História Apostólica do Pseudo-Abdias (parecendo variação de textos gregos, coptas e etíopes), que se acredita deva ter sido produzida entre os séculos II e IV. Os Atos apresenta supostos eventos da carreira missionária de Tiago e complementa a breve menção de seu martírio em Atos 1:13. O relato descreve a conversão por Tiago dos relutantes Fileto e Hermógenes por meio de ações milagrosas, a persuasão dos judeus de que Jesus cumprira as profecias do AT, e a conversão e o batismo de um escriba judeu. Esses últimos eventos correspondem a uma tradição conhecida por Clemente de Alexandria (Eusébio HE 2.9.2-3) de que um guarda fora convertido após a prisão de Tiago, apenas para ser decapitado ao lado de Tiago. A tradição posterior (séculos VI a VIII) declara que Tiago pregou na Espanha e que seu corpo foi escoltado por anjos até Santiago de Compostela, local do santuário de Santiago, protetor da Espanha.

Bibliografia. J. Charlesworth, ed., *The New Testament Apocrypha and Pseudepigrapha* (Metuchen, 1987), 217-28. [MELISSA M. AUBIN]

TIAGO, PROTOEVANGELHO DE Relato dos nascimentos de Maria e Jesus, sem dúvida um dos mais influentes de todos os evangelhos apócrifos, havendo gerado grande número de subsequentes narrativas de nascimentos. Maria é retratada como a filha de um casal até então estéril: Joaquim, um homem rico, e sua esposa Ana. A milagrosa concepção e o nascimento de Maria são principalmente baseados na narrativa de Ana (1Sm 1-2). A jovem Maria, uma descendente de Davi, é dedicada ao serviço de Deus, sendo deixada com sacerdotes no templo de Jerusalém com a idade de três anos. Quando atinge a puberdade, os sacerdotes decidem casá-la com o viúvo José, um homem muito mais velho e com filhos do matrimônio anterior. Maria então concebe, apesar de ser ainda virgem, um fato confirmado a José por um anjo e evidenciado aos sacerdotes por meio da prova da "água da convicção" (Nm 5). Ela dá à luz Jesus em uma caverna perto de Belém. A parteira Salomé duvida do estado virginal de Maria. Quando ela tentar provar fisicamente a virgindade de Maria, as mãos da parteira são severamente queimadas, mas é curada ao tocar na criança. A narrativa conclui com a visita de Magi, o infanticida enviado por Herodes, e com o martírio do pai de João Batista, Zacarias, no templo de Jerusalém.

Os propósitos primários do livro são claramente a glorificação de Maria e a defesa do nascimento virginal de Jesus. A obra também explica que o menino, na verdade, possuía descendência davídica pela parte de Maria (não de José, como afirmam as narrativas canônicas do nascimento), e que os irmãos de Jesus mencionados no NT seriam seus meio-irmãos, filhos do casamento anterior de José.

O Protoevangelho foi escrito em grego, na segunda metade do século II, e sua proveniência provavelmente deve ser a Síria (embora o Egito também seja uma possibilidade devido aos testemunhos de Clemente de Alexandria e Orígenes). Embora proibido no Ocidente, o livro foi muito popular no Oriente, como fica manifesto pelos numerosos manuscritos gregos sobreviventes (alguns ainda do século III) e pelas traduções do documento em siríaco, etíope, georgiano, copta, armênio e eslavo. Apesar das declarações em seu pós-escrito de que o texto foi escrito por Tiago, irmão de Jesus, é improvável que a narrativa tenha sido escrita por um judeu, pois há numerosos erros a respeito dos costumes judaicos e da geografia palestina.

Bibliografia. R. F. Hock, *The Infancy Gospels of James and Thomas* (Santa Rosa, 1995); J. K. Elliott, *The Apocryphal New Testament*, ed. rev. (Oxford, 1993), 48-67. [JAMES R. MUELLER]

TIATIRA (gr. *Thyátira*) Cidade (moderna Akhisar) exatamente a leste da estrada Pérgamo/Sardes na planície do rio Lico. Pouco se sabe de seus anos mais remotos, mas a evidência sugere que ela foi fundada no século II a.C. Após as conquistas gregas do século IV e os reinos subsequentes do período helenístico, Tiatira tornou-se uma cidade guarnição entre os impérios regionais ocidentais (Pérgamo) e os domínios orientais na Síria. Por volta de 190, a cidade se tornou submissa a Pérgamo e em 133 caiu submissa a Roma. Ela foi uma das sete igrejas mencionadas em Apocalipse 1:11.

Como cidade de comércio e da manufatura, Tiatira tornou-se muito conhecida por muitos negócios. Inscrições e referências literárias mencionam associações comerciais de lã, linho, couro, bronze, armadura, corante, tanino, cerâmica e cozedura. Além disso os artesãos de Tiatira descobriram como fazer tintura de púrpura da raiz da garança sem usar a custosa concha murex. Lídia, importante cristã de Filipos, era de Tiatira e vendia tecidos de púrpura, vocação que se ajusta perfeitamente à evidência arqueológica.

Paulo provavelmente evangelizou a cidade durante seu ministério de dois anos em Éfeso (At 19:10). É razoável presumir que Tiatira tinha população judaica como muitas outras cidades da Ásia. O maior obstáculo ao discipulado cristão em Tiatira foi apresentado pelas corporações comerciais, que não eram simplesmente associações de negócios, mas também grupos religiosos e civis que se dedicavam a patrocinar divindades e favoreciam a orgia sexual (cf. Ap 2:18-29). Por volta de 200 d.C. Tiatira desfrutou de forte presença cristã e continuou a prosperar. Mas devido sua vulnerabilidade geográfica (encruzilhadas, ausência de defesas naturais), ela foi repetidamente saqueada.

Bibliografia. E. M. Blaiklock, *Cities of the New Testament* (London, 1965), 107-11; T. R. S. Broughton, *Roman Asia, in An Economic Survey of Ancient Rome*, ed. T. Frank (1938, repr. Paterson, N. J., 1959) 4:499-916; C. Foss, "Archaeology and the 'Twenty Cities' of Byzantine Asia", *AJA* 81 (1977): 469-86; C. J. Hemer, *The Letters to the Seven Churches of Asia in Their Local Setting* (1986, repr. Grand Rapids, 2000); J.McRay, *Archaeology and the New Testament* (Grand Rapids, 1991). [GARY M. BURGE]

TIBATE (heb. *ṭiḇḥaṯ*) (tb. BETÁ) Cidade na Síria que Davi saqueou após uma vitória (1Cr 18:8). Chamada de Betá, na passagem paralela (2Sm 8:8), deve possivelmente ser associada a Tebá (Gn 22:24). Acredita-se

A B C D E F G H I J K L M N O P Q R S T U V X Y Z

que Tibate esteja situada na região de Beqa', mas sua localização exata é desconhecida.

TIBERÍADES (gr. *Tiberiás*) Cidade localizada na margem ocidental do mar da Galileia, fundada por Herodes Antipas entre XVIII e XX d.C. como sua nova capital galileia, que lhe deu esse nome em honra a seu protetor, o então imperador Tibério.

Pelo fato de ter sido construída em cima de um antigo cemitério, muitos judeus se recusavam a se estabelecer lá; somente a persuasão financeira ou a imposição por parte de Antipas encheu a cidade de habitantes judeus e gregos (Josefo, *Ant.* 18.36-38). Josefo relata também de um suntuoso palácio em Tiberíades, com forro do teto dourado e representações de animais que rompiam a tradição anicônica judaica (Vita 65-66). A cunhagem de moedas feita em Tiberíades, entretanto, não continha nem a imagem de Antipas nem de humanos ou de pagãos; em vez disso as moedas eram cunhadas com um junco, uma planta local que crescia ao longo do mar da Galileia. Depois das duas guerras judaico-romanas, Tiberíades tornou-se um dos mais importantes centros da erudição judaica e, consequentemente, importante lugar na literatura rabínica. Rabbi Yohanan liderou uma das maiores casas de estudo na Tiberíades do século II. Na Idade Média, os massoretas desenvolveram lá a indicação da vogal tiberiana da Bíblia Hebraica.

As escavações arqueológicas têm se restringido a investigações isoladas e operações de salvamento visto que o antigo sítio arqueológico fica debaixo de uma cidade moderna. Uma porta da cidade, protegida por duas grandes torres circulares, foi descoberta, a qual poderia ser datada da época da fundação da cidade por Antipas. Essa porta, junto a evidência de uma rua cujo eixo no sentido norte-sul (cujas ruínas são melhor datadas do período bizantino), indica que a cidade original se dispunha num padrão de desenho em ângulo reto. O muro bizantino da cidade engloba uma área de 185 ha e circunda o monte Berenice a oeste e as fontes quentes de Tiberíades ao sul. As escavações no último sítio arqueológico de Hamate (heb. "fontes quentes") de Tiberíades, onde os viajantes desde o período romano desfrutavam seus poderes curativos, descobriram um mosaico de sinagoga do século IV representando um impressionante zodíaco.

No NT, somente o evangelho de João menciona Tiberíades, em referência ao "mar de Tiberíades" (Jo 6:1; 21:1), indicando a cidade como local do qual muitos vinham de barco para ver Jesus (6:23). Tal como Séforis, outra importante cidade de Herodes Antipas, nenhuma atividade de Jesus é registrada ou associada a Tiberíades. Talvez Jesus tenha evitado Tiberíades como centro do poder político de Antipas.

Bibliografia. Y. Hirschfeld, G. Foerster e F. Vitto, "Tiberias", *NEAEHL* 4.1464-73; G. Theissen, *The Gospels in Context* (Minneapolis, 1991). [JONATHAN REED]

TIBERÍADES, MAR DE *Ver* GALILEIA, MAR DA.

TIBÉRIO (gr. *Tiberios*; *lat. Tiberius*) Tibério César, enteado e filho adotado de César Augusto; segundo imperador de Roma com a morte de Augusto em 14 d.C. O reinado de Tibério continuou até a própria morte no ano 37 e, embora estabelecido com fidelidade às políticas de Augusto, foi, mesmo assim, marcado pelo descontentamento político entre a aristocracia senatorial romana muito menos confiante nas habilidades de Tibério em comparação às do muito admirado Augusto.

Com o nome de nascimento de Tibério Cláudio Nero, Tibério foi criado na casa de sua mãe, Lívia e seu padrasto, Augusto. Grande parte de sua vida foi marcada pelo serviço a Roma visto que Tibério, com outros membros da família imperial, ocupavam importantes postos militares e administrativos. Tibério foi um general bem-sucedido, levando o império a conquistar Panônia e outras áreas ao longo do Danúbio. Depois da morte de Marcos Agripa, amigo de Augusto, Tibério foi forçado a se casar com Júlia, viúva de Agripa e filha de Augusto, para que pudesse tornar-se protetor dos netos e herdeiros de seu pai adotivo. Após a morte deles, Augusto não tinha ninguém a quem promover como sucessor a não ser Tibério. Entretanto, Augusto insistia que Germânico, sobrinho de Tibério e marido de Agripina, neta de Augusto, fosse colocado na sucessão sobre o próprio filho de Tibério, Druso. As estranhas circunstâncias da morte de Germânico vários anos depois da sucessão de Tibério despertaram suspeitas sobre o possível envolvimento de Tibério na morte e propiciaram o argumento para os adversários de Tibério. Finalmente, cansado da política, Tibério se retira para Capri, deixando Roma sob o encargo de Sejano, seu prefeito pretoriano. A lenta aniquilação de oponentes no senado, incluindo membros da família imperial, deu a Sejano um lugar deplorável na história de Roma. Os Anais de Tácito, a principal fonte histórica destes eventos, escrito um século depois, oferece um relato incriminador do reinado de Tibério.

Tibério foi imperador durante os acontecimentos descritos nos evangelhos. A alusão ao seu reinado (Lc 3:1) fornece a única referência firme no NT para datação dos eventos. Pôncio Pilatos foi nomeado procurador da Judeia por Tibério e serviu ao imperador no cargo de 26 a 36. Em 18 d.C., o cliente de Tibério, Herodes Antipas, o tetrarca galileu, fundou a cidade de Tiberíades em honra ao imperador.

Bibliografia. B. Levick, *Tiberius the Politician* (1976, repr. London, 1986); F. B. Marsh, *The Reign of Tiberius* (London, 1931). [JOHN F. HALL]

TIBNI (heb. *tibnî*) O filho de Ginate; preferido para ser rei pela metade do reino do norte de Israel, depois da morte do rei Zinri (c. 882 a.C.; 1Rs 16:21). Mas na guerra civil de três anos que se seguiu ao suicídio de Zinri, os que seguiam Onri, seu rival, ganharam a supremacia e Tibni perdeu a vida (1Rs 16:22).

TÍCIO JUSTO *Ver* JUSTO 2.

TICVÁ (heb. *tiqwâ*) (tb. TOCATE) **1.** pai de Salum (2), marido da profetisa Hulda (2Rs 22:14). Em 2Crônicas 34:22, é chamado de Tocate.

2. O pai de Jaseías, que se opôs ao plano de Esdras de dissolver os casamentos com mulheres estrangeiras (Ed 10:15).

TIDAL (heb. *tid'āl*; *cf. Hitt. Tudḫaliya*) (cf. Hitt. Tudhaliya) O rei de Goim; um dos aliados de Quedorlaomer, que ajudou a subjugar os reis rebeldes da planície (Gn 14:1,9). Nem Tidal, nem seus vassalos têm sido identificados.

TIFSA (heb. *tipsaḥ*) Cidade da margem ocidental do rio Eufrates, cerca de 110 km, ao sul de Carquemis. Importante travessia do rio, Tifsa era a fronteira norte do império de Salomão (1Rs 4:24 [TM 5:4]). Durante o período persa, a cidade era conhecida como Tapsaco e depois Anfípolis.

Local de um brutal massacre pelo rei Menaém, de Israel (2Rs 15:16). Embora 2Reis 14:28 indique que o reino de Jeroboão II se estendia até Hamate, incursões feitas por Menaém ao Eufrates são problemáticas. O nome deve provavelmente ser traduzido por "Tappuah" (cf. LXX), colocando a cidade na fronteira entre Efraim-Manassés (Js 17:7-8).

TIGLATE-PILESER (heb. *tiglat pil'eser*; ac. *Tukultī-apil-ešarra*) (tb. PUL, TILGATE-PILNESER) Tiglate-Pileser I, rei da Assíria (1115-1077 a.C.); filho de Assur-resa-issi I. Campanhas militares bem-sucedidas contra coalizões poderosas muski e arameia a oeste, e babilônias, ao sul, trouxeram prosperidade e território expandido de forma gigantesca.

Tiglate-Pileser II, rei da Assíria (966-935); filho de Assur-resa-issi II e pai de Assur-dan II.

Tiglate-Pileser III (744-727), também citado como Tilgate-Pilneser (1Cr 5:6, 26; 2Cr 28:20) Pul (2Rs 15:19; 1Cr 5:26) no AT e Pulu, Lista Babilônica do Rei (*ANET*, 272); usurpador que tomou o trono da Assíria durante revolta na cidade de Calah em 745. Seu reinado foi marcado por repetidas incursões ao norte, onde teve de confrontar os temíveis urartu; ao oeste, ali conquistou territórios até a fronteira egípcia; ao leste, região em que expandiu a soberania assíria até Namri e a Media; e ao sul, onde foi coroado rei da Babilônia em 729. Assim, quando de sua morte em 727, o império assírio estava no apogeu de sua expansão. A fonte material assíria de seu reinado é impressionante (*ANET*, 282-84) e inclui seus anais, inscrições resumidas, uma estela e uma inscrição em relevo na rocha.

Dois eventos são importantes para a história de Israel e Judá durante o reinado de Tiglate-Pileser III. O primeiro, registrado em 2Reis 15:19-20, ocorreu durante o reinado de Menaém, de Israel (745-736). Os estudiosos geralmente interpretam esse texto como referência a uma invasão de Israel por Tiglate-Pileser, durante a qual Menaém impôs tributos às classes ricas para pagar o rei assírio. Entretanto, T. R. Hobbs sugere, em vez disso, que Tiglate-Pileser (identificado como Pul) foi a Israel, possivelmente a pedido de Menaém, para dar a este ajuda militar num momento em que sua permanência no poder estava ameaçada. Em troca da ajuda de Tiglate-Pileser, Menaém deu-lhe "mil talentos de prata" como pagamento pelos militares que o rei assírio forneceu. Esse evento deve provavelmente ser localizado no contexto de uma importante campanha assíria no oeste durante o período de 743-740, na qual Tiglate-Pileser teve de lidar com um movimento antiassírio de estados anatólios e do norte da Síria. É provável que, como resultado dessa ajuda, Menaém tenha permanecido vassalo leal da Assíria, visto que o rei assírio nota em duas de suas inscrições que recebeu pagamento de tributo de Menaém (*ANET*, 283).

O segundo evento está relacionado à chamada crise siro-efraimita (2Rs 16:5-9; cf. Is 7:1-9). As inscrições de Tiglate-Pileser revelam que o rei assírio foi envolvido num esforço para abafar uma grande rebelião antiassíria na Síria-Palestina em 734-731 (*ANET*, 283-84). Entre os membros da coalizão estavam Rezim de Arã-Damasco (líder da coalizão); Hirão, rei de Tiro; Peca, rei de Israel; Samsi, da Arábia; Mitinti, de Asquelom e Hanum, de Gaza. O ataque a Acaz, de Judá — que decidiu permanecer leal à Assíria (cf. 2Cr 28:16-21) — por Rezim e Peca foi um esforço para forçar Judá a se unir à coalizão. Como resultado da invasão assíria à região, o ataque por Rezim e Peca foi abortado. Durante tal campanha, Tiglate-Pileser tratou com os rebeldes um a um. Rezim em particular foi completamente derrotado e Arã-Damasco voltou a ser uma província assíria. Israel, entretanto, perdeu alguns territórios para Tiglate-Pileser (2Rs 15:29), mas Samaria foi poupada. No processo, Tiglate-Pileser também nomeou Oseias rei de Israel (*ANET*, 284). O texto bíblico observa que Oseias veio a liderar uma conspiração contra Peca e o assassinou (2Rs 15:30).

Bibliografia. T. R. Hobbs, *2 Kings*. WBC 13 (Waco, 1985); H. Tadmor, *The Inscriptions of Tiglath-pileser III, King of Assyria* (Jerusalem, 1994). [JEFFREY K. KUAN]

A B C D E F G H I J K L M N O P Q R S T U V X Y Z

TIGRE (gr. *Tígris*) O mais oriental dos dois rios que dão à região o nome de Mesopotâmia (gr. *mesopotamos*, lit., "entre rios"). O Tigre (heb. *ḥiddeqel*; ac. *idiglat*) pode ter em algum tempo desaguado no Golfo Pérsico, embora atualmente, Tigre e Eufrates compartilhem a mesma foz por cerca de 64 km, a Shatt al-'Arab.

Embora os dois rios estejam mesclados tanto física como historicamente, a vida ribeirinha é nitidamente contrastada entre o Tigre e o Eufrates. O Tigre não foi utilizado para irrigação até os tempos islâmicos e, então, somente na região sul de Samarra (c. 644 km do Golfo Pérsico). O Eufrates foi empregado na irrigação agrícola por cerca de 2092 km de sua extensão, da Síria até o Golfo Pérsico. O Tigre tem o canal muito mais estreito e tem desnível muito mais acentuado que o Eufrates. Além disto, a região drenada pelo Tigre (as montanhas Zagros) inclui mais corredeiras decorrentes do derretimento de neve (cf. Sir. 25.25). Finalmente, o rio é afetado em toda sua extensão por chuvas de inverno, que ocorrem de março a maio, pouco antes do maior período de derretimento de neve. Esses fatores tornam o Tigre propenso a inundações, tornando assim precária a vida ao longo do rio.

O vale do Tigre, em sua maior parte, está dentro do raio de ação da agricultura seca, acima de 200 mm isoieta. Dessa forma, a área é produtiva do ponto de vista agrícola apesar da falta da água do rio. O rio está em seu nível mais baixo durante o plantio e a enchente vem exatamente antes da maturação das safras, frequentemente neutralizando os efeitos positivos da estação chuvosa. A pecuária prospera nas regiões mais marginais. O rio foi navegável pela maior parte das embarcações ribeirinhas da antiguidade. Seus principais afluentes são o Grande Zab, o Pequeno Zab e o Diyala (o último era o ponto final da estrada da seda para a China).

A totalidade do sistema caía no campo cultural do sul da Mesopotâmia. Sargão conquistou a região, com inscrições descobertas no vale do Diyala (c. 2300 a.C.). A região foi o berço da Assíria, que nunca foi completamente incluída pela cultura do sul da Mesopotâmia. Nínive, Calah, Car-Salmaneser e Assur estão todas localizadas no Tigre. O império hurriano chegou à margem norte do Tigre (séculos XVI-XV).

O Tigre é mencionado como um dos rios que fluem do jardim do Éden (Gn 2:14). A importância dessa identificação é que ele é um dos rios que Yahweh criou para produzir vida ao mundo, em seu papel de criador e mantenedor de tudo. No AT, o rio também é mencionado em Daniel 10:4, provavelmente como interpretação equivocada para "o grande rio", epíteto normalmente aplicado ao Eufrates (interpretação preservada na Peshita). [MARK ANTHONY PHELPS]

TIJOLO Uma dos materiais de construção mais comuns no Antigo Oriente Próximo. Na Mesopotâmia, os tijolos queimados no fogo eram comuns (como na narrativa da Torre de Babel, Gn 11:3); os tijolos secos no sol foram usados no Egito e na Palestina até o período romano. Nas colinas da Palestina, onde era abundante, a pedra era usada para os alicerces e o tijolo de barro para a estrutura superior; no Egito, a pedra era usada para construir templos e monumentos da realeza.

Escavações têm mostrado que o tijolo de barro era usado extensivamente desde o começo do período neolítico. Na Jericó neolítica, os tijolos feitos à mão eram comuns, e depois, apareceram os tijolos "bun", e mais tarde ainda, no começo da era do bronze, apareceram os tijolos feitos em molde retangular. O tijolo de barro era usado para muros de cidades grandes, moradias particulares e edifícios públicos como os templos.

A fabricação de tijolos tem sido uma ocupação importante desde tempos pré-históricos até o Egito do tempo presente. As pinturas de paredes egípcias retratam a fabricação de tijolos conhecida desde os tempos do antigo reino; essas pinturas mostram o socar do barro, a mistura do barro com palha ou outros materiais, e a moldura dos tijolos seja pela mão ou numa forma de madeira. Alguns tijolos egípcios eram estampados com o nome dos Faraós, embora o número maior de tijolos estampados tenha sido encontrado na Babilônia. [JENNIE R. EBELING]

TIL **1.** A tradução da KJV do grego *keraía*, um pequeno traço ou gancho que provavelmente servia para distinguir letras hebraicas normalmente semelhantes (Mt 5:18; Lc 16:17).

2. Detalhe mínimo da lei, citado por Jesus para enfatizar a permanência e o valor da lei do AT (Mt 5:18; Lc 16:17). Mateus menciona-o com o iota, o nome para a menor letra do alfabeto grego. O grego *keraía*, "til" ("o ponto mais alto da letra"), refere-se às partes menores de uma letra, seja uma marca de distinção entre as letras hebraicas ou, mais provavelmente, ornamento usado pelos escribas acrescentado a várias letras.

TILGATE-PILNESER (heb. *tillĕglaṯ pilnʿeser*) *Ver* TIGLATE-PILESER.

TILOM (heb. *tîlôn*) Filho de Simão, da tribo de Judá (1Cr 4:20).

TIMEU (gr. *Timaíos*) Pai de Bartimeu, o cego pedinte a quem Jesus curou em Jericó (Mc 10:46).

TIMNA (heb. *timnâ*) **1.** Cidade na fronteira norte de Judá (Js 15:10), originalmente designada à tribo de Dã

(19:43). Timna, entretanto, foi ocupada pelos filisteus e foi o cenário para o conflito de Sansão após haver casado com uma mulher filisteia (Jz 14-15). Timna provavelmente caiu sob o controle israelita ou da tribo de Judá com a conquista de Uzias (2Cr 26:6), mas acredita-se que os filisteus a tenham tomado de Judá durante o reinado de Acaz (2Cr 28:18). A cidade, ao que tudo indica, voltou ao controle judeu sob Ezequias, como está citado nas inscrições de Senaqueribe, o assírio, relativas às suas campanhas contra Ezequias em 701 a.C. (cf. 2Rs 18:13).

Timna é identificada de maneira convincente com Tell el-Batâshi/Tel Batash no vale de Soreque (cf. Jz 16:4). Escavações têm produzido achados que se equiparam a dados bíblicos e históricos. Uma sólida trincheira de terra, construída na Idade do Bronze Média, determinou a forma característica quadrado côncava do monte e marca o começo da ocupação contínua que se estendeu pela Idade do Bronze Recente. Essa ocupação fez do local provável candidato para a Timna para onde Judá levou suas ovelhas para serem tosquiadas (Gn 38:12-14). Uma extensa ocupação filisteia na Idade do Ferro I precedeu uma cidade do século X com evidente cerâmica israelita. Uma destruição, talvez trabalho de Sisaque (1Rs 14:25-28), iniciou um período de abandono até o século VIII, quando a cidade foi reconstruída. Esse nível contém extensa fortificação, bem como jarras para estocagem com alças impressas com selos de escaravelhos alados e heb. *lmlk* ("pertencente ao rei"), sabido datar do período de Ezequias. É quase certo que a destruição dessa cidade aconteceu durante a campanha de Senaqueribe em 701. Timna ressurgiu como cidade próspera no século VII e sofreu outra destruição, provavelmente pelos babilônios por volta de 603.

Bibliografia. G. L. Kelm e A. Mazar, *Timnah: A Biblical City in the Sorek Valley* (Winoa Lake, 1995).

2. Cidade da região montanhosa de Judá (Js 15:57). Embora não identificada, tudo indica que fica perto de Maom, com a qual ela é listada, cerca de 16-24 km ao sul de Hebrom. [DANIEL C. BROWNING, JR.]

3. (heb. *timnaʿ*, *timnāʿ*) A concubina de Elifaz, filho de Esaú, mãe de Amaleque e irmã de Lotã, o chefe horeu (Gn 36:12, 22; 1Cr 1:39).

4. Chefe descendente de Esaú (Gn 36:40; 1Cr 1:51).

5. Filho de Elifaz e descendente de Esaú (1Cr 1:36). Ele pode ser o mesmo que 2. Se os nomes forem tomados como ancestrais epônimos de grupos sociais, este Timna pode representar um alinhamento sociopolítico diferente do mesmo ou pessoas relacionadas em 1.

TIMNATE (gr. *Thamnath*) Cidade da Judeia fortificada em 160 a.C. por Báquides, general selêucida (1Mac 9.50). Situada na região montanhosa de Efraim, deve provavelmente ser identificada com Khirbet Tibnah, cerca de 14 km a noroeste de Betel.

TIMNATE-HERES (heb. *timnaṯ-ḥeres*) ou **TIMNATE-SERA** (*timnaṯ-seraḥ*) Cidade dada a Josué como herança particular (Timnate-Heres, Jz 2:9; Timnate-Sera, Js 19:50; 24-30). A maioria dos estudiosos aceita Timnate-Heres como nome original, embora haja discussão sobre a diferença entre as duas variantes. Já Timnate-Heres pode significar "Porção do Sol", alguns têm sugerido que esse foi o local de um santuário dedicado ao deus-sol. A mudança para Timnate-Sera pode ter sido uma tentativa por editores posteriores de remover qualquer alusão de uma conexão entre Josué e a adoração ao sol. É mais provável que *seraḥ* represente uma metátese proposital de *ḥeres*, baseda numa etimologia popular, com Timnate-Sera que significa "porção que restou" porque a herança particular foi dada a Josué somente depois que a terra foi repartida a todas as outras tribos. Khirbet Tibnah, cerca de 24 km a sudoeste de Siquém é a candidata moderna mais provável correspondente à cidade antiga(cf. Timnate, 1Mac 9.50). [WADE R. KOTTER]

TIMNITA (heb. *timnî*) Gentílico que designa um habitante de Timna (1; Jz 15:6).

TIMOM (gr. *Tímōn*) Um dos sete escolhidos para ajudar na distribuição às viúvas da igreja (At 6:5).

TIMÓTEO (gr. *Timótheos*) Comandante das forças amonitas. Foi derrotado várias vezes, numa série de batalhas contra Judas Macabeu e seus irmãos (1Mac 5.6-7, 11, 34, 37-39; 2Mac 8.30-33; 9.3; 12.2-25).

Íntimo colaborador e mensageiro de Paulo. O primeiro encontro registrado entre os dois ocorre quando Paulo entra na cidade de Listra, na Licaônia (At 16:1-5) durante sua segunda viagem missionária. Timóteo, filho de pai grego e mãe judia-cristã, já é um respeitado membro da comunidade cristã. Paulo deseja que Timóteo o acompanhe em sua missão às igrejas, mas diz-se que teve de primeiro circuncidar Timóteo por causa dos judeus, que sabiam que o pai dele era um gentio (e também, presumivelmente, que sua mãe era judia). A razão para a circuncisão de Timóteo é difícil de entender em vista da posição de Paulo com relação à insistência dos judaizantes para que Tito fosse circuncidado (Gl 2:3). A questão é parcialmente de identidade: Timóteo era considerado antes de tudo judeu ou gentio? Diz-se que a mãe e a avó de Timóteo, Eunice e Loide, eram judias (2Tm 1:5) foram cristãs fiéis e influenciaram seu desenvolvimento espiritual, criando-o no conhecimento das Escrituras judaicas (2Tm 3:15). Todavia a família evidentemente não era tão observadora de sua herança judaica já que

A B C D E F G H I J K L M N O P Q R S T U V X Y Z

ele não tinha sido circuncidado no tempo certo. O papel do pai gentio de Timóteo em sua criação e sua reação à sua circuncisão, não são mencionados, talvez indicando que o homem já tivesse morrido na época dos eventos descritos em Atos. O autor de Atos pelo menos parece ter acreditado que Timóteo teria sido considerado judeu por conta de sua mãe e, o fato de não ser circuncidado teria sugerido, erroneamente, que Paulo não mostrava respeito aos costumes judaicos (At 21:21).

De Listra, Timóteo acompanha Paulo e Silas (Silvano), primeiro pelas cidades vizinhas e depois, mais para oeste, na Macedônia, passando às igrejas as decisões tomadas pelos presbíteros da igreja em Jerusalém e evangelizando novos territórios. Ao que tudo indica, o papel de Timóteo aumenta em autoridade à medida que ele e Silas tornam-se mensageiros de Paulo em Bereia (At 17:14) e em outra parte da Macedônia (19:22).

A integridade e a probidade de Timóteo como genuíno representante de Paulo são ressaltadas nas epístolas paulinas (1Co 4:17; 16:10,11; Fp 2:19-22; 1Ts 3:1-6). Timóteo é enviado por Paulo às igrejas não somente para reunir informação do bem estar delas, como também promover a obra do evangelho entre elas, para lembrar-lhes os ensinos de Paulo, para encorajá-las a suportar a perseguição e, de muitas formas, servir como abnegado mensageiro de Paulo. Além disso, Timóteo é descrito como o corremetente de Filipenses, 2Coríntios, 1Tessalonicenses, Filemom, Colossenses e 2Tessalonicenses. A linguagem de Paulo em descrever Timóteo enfatiza o relacionamento especial de confiança que se desenvolveu entre os dois enquanto estiveram juntos (1Co 4:17; Fp 2:22; 1Ts 3:2).

O fato de Timóteo ser o destinatário mencionado nas Cartas Pastorais que levam seu nome (1-2Timóteo) confirma sua reputação, durante o século I como importante seguidor e íntimo colaborador de Paulo, embora seja caracterizado nas cartas, como inexperiente e carente de encorajamento. Na primeira carta, Paulo insiste para que Timóteo permaneça em Éfeso para lidar com falsos mestres e para estabelecer padrões adequados de adoração e de ordem na comunidade. A segunda carta, escrita aparentemente durante a prisão de Paulo (possivelmente em Roma), é basicamente uma carta de exortação e encorajamento, no estilo de um testamento final. Paulo adverte Timóteo a evitar se envolver em controvérsias, mas continuar a ser ousado na oposição ao falso ensino e apoiar as tradições a ele entregues. Em contraste à primeira carta, Timóteo é encorajado a não permanecer em Éfeso, mas a retornar a Paulo o mais breve possível. Uma referência a Timóteo em Hebreus 13:23 sugere que esteve preso algum tempo, mas foi solto depois.

Bibliografia. F. F. Bruce, *The Pauline Circle* (Grand Rapids, 1985); C. Bryan, "A Further Look at Acts 16:1-3", *JBL* 107 (1998): 292-94; S. J. D. Cohen, "Was Timothy Jewish (Acts 16:1-3)?" *JBL* 105 (1986): 251-68; M. M. Mitchell, "New Testament Envoys in the Context of Greco-Roman Diplomatic and Epistolary Conventions: The Example of Timothy and Titus", *JBL* 111 (1992): 641-62; W. D. Walker, "The Timothy--Titus Problem Reconsidered", *ExpTim* 92 (1980-81): 231-35. *Ver* EPÍSTOLAS PASTORAIS. [JANE S. LANCASTER]

TIMÓTEO, CARTAS A Duas cartas do apóstolo Paulo a Timóteo, seu colaborador. São geralmente consideradas em conjunto com a carta de Paulo a Tito devido as semelhanças entre as três cartas. *Ver* EPÍSTOLAS PASTORAIS.

TINTA Líquido semelhante à água ou ao óleo feito da fuligem da resina, piche ou madeira queimada e misturado com goma, para ser usado na escrita. A cor mais comum de tinta no mundo bíblico era o preto, no entanto, outras cores conhecidas eram o vermelho (feita com ocre vermelho ou óxido de ferro); o amarelo (mais provavelmente de ferro ou ocre amarelo); o roxo (de conchas múrices) e até mesmo prata e ouro. Os ingredientes eram secos em cubos e então misturados com água num tinteiro e aplicado com um pincel de junco. As "canetas" e tinteiros são descritos como parte de uma combinação de instrumentos de escrita mantidos num estojo de madeira, chifre, marfim ou metal e usado à cintura dos escribas (Ez 9:2).

Por causa de sua natureza perecível, raramente se encontra tinta em sítios arqueológicos, e assim a evidência textual dos primeiros períodos é influenciada por resquícios mais preservados de inscrições em pedra ou argila. Uma única referência bíblica específica menciona a tinta escrita sobre um rolo (Jr 36:18), mas nas poucas evidências arqueológicas disponíveis, a tinta também é encontrada na parte de fora de recipientes de barro e em óstracos, nas paredes de tumbas e cavernas, em pedra recoberta de argamassa e em papiros. É usada tanto em projetos de pequenas ou monumentais escalas. Uma característica da tinta é sua mutabilidade —pode ser apagada (Êx 32:33; Sl 69:28 [TM 29]) e lavada (Nm 5:23). Paulo compara as mensagens escritas à tinta com a permanência da mensagem do Espírito Santo no coração humano (2Co 3:3). [KATHARINE A. MACKAY]

TINTA, TINTURA O linho em seu estado natural é branco ou bege, enquanto que a lã é branca, marrom, ou negra. A fim de produzir tecidos coloridos as fibras devem ser tingidas. Há abundância de evidência que tecidos tingidos estavam em uso durante o período bíblico. Um pedaço de tecido de lã vermelho, encontrado em Nahal Mishmar, nos penhascos a leste do mar Morto, data do período calcolítico (quarto milênio a.C.). Canaã era conhecida por tecidos tintos. No cântico de Débora, a mãe de Sísera espera o retorno triunfante de seu filho com os despojos de guerra que incluíam "estofos tintos bordados" (Jz 5:30). A natureza dos tecidos significa que a maioria desintegra, portanto, existem poucos exemplares daquele período. Contudo, descrições canaanitas encontradas na arte egípcia mostram que bordados ricos e faixas coloridas decoravam as roupas.

Tecidos tintos são exigidos na confecção do tabernáculo e das vestes sacerdotais descritos em Êxodo 25-28, 35-38. Três cores predominam: azul, púrpura e carmesim. A púrpura era produzida a partir de caracóis do mar Mediterrâneo, e o carmesim vinha do inseto conhecido como Kermes, mas a origem do azul não é claramente conhecida. O azul, a púrpura e o carmesim eram cores dos tecidos luxuosos e marcavam o possuidor como pessoa de poder ou riqueza. O uso delas no tabernáculo indica a santidade do lugar. Outras cores, tanto naturais como tingidas, eram provavelmente usadas em outras vestes ou tapeçarias.

Para produzir tecidos tintos é necessário ter fibra para tingir, na forma de uma lã crua ou fibra de linho, fio torcido ou fibra torcida; as tintas de fontes da flora, fauna ou mineral; as ferramentas para moer e preparar as tintas; e vasos ou baldes para preparar a tinta e a cor da fibra. Os processos associados com a preparação das tintas produziam odores desagradáveis, de forma que os estabelecimentos de tintura eram frequentemente localizados em promontórios ventosos na periferia dos assentamentos. A identificação das instalações de tinturaria pode ser difícil. William F. Albright identificou baldes de pedra em Tell Beit Mirsim como baldes de tinta, mas pesquisas posteriores mostraram que eram prensas de óleo de oliva. Contudo, os escavadores encontraram pilhas de conchas de caracóis esmagadas para produzir tinta e fragmentos de cerâmica com resíduo de tinta púrpura em Tell es-Samaq/Tel Shiqmona na costa setentrional de Israel, o que indica a presença de uma indústria de tinta. Sarepta, Tell el-Fukhkhar/Tel Acco, e Tell Keisan/Tel Kison também produziam fragmentos com traços de tinta púrpura.

Bibliografia. E. J. W. Barber, *Prehistoric Textiles* (Princeton, 1992), 223-43; S. Robinson, *A History of Dyed Textiles* (Cambridge, Mass., 1969). [MARY PETRINA BOYD]

TIPOLOGIA Método de interpretação bíblica pelo qual uma pessoa, evento ou instituição ("tipo") representa o NT na estrutura da história da salvação. Foi empregado com frequência pelos Pais da Igreja e era o método preferido dos reformadores; mas foi rejeitado pelos teólogos "esclarecidos", mas reanimado na esteira do movimento Teologia Bíblica. Após perder terreno, o método novamente está experimentando um renascimento, especialmente nos círculos evangélicos da América do Norte.

O entendimento tradicional da tipologia bíblica vê o tipo do AT como divinamente ordenado e uma detalhada prefiguração preditiva de Jesus e das realidades do evangelho por Ele produzidas. A "neotipologia pós-crítica" descobre relações tipológicas em retrospectiva, deixando espaço com frequência para um número ilimitado de tipos. Outros tentam interpretar a tipologia em termos de métodos hermenêuticos do século I, deixando-o sem controles adequados. A questão tem sido levantada se, afinal, a tipologia é método hermenêutico. A questão central parece ser se um tipo é profético ou não.

Das passagens no NT que empregam o grego *týpos* ("exemplo") sob o aspecto hermenêutico (1Co 10:1-13; Rm 5:12-21; 1Pe 2:18-22; Hb 8:5; 9:24), emergem os seguintes elementos de tipologia bíblica: o elemento histórico enfatiza que o tipo e o antítipo são realidades históricas cuja historicidade é admitida, é essencial para o argumento tipológico. Existe uma intensificação do tipo para o antítipo. O elemento profético considera o tipo uma apresentação avançada do antítipo correspondente. Ele é divinamente designado e tem uma qualidade necessária que lhe dá a força de um prenúncio (Rm 5:14). O elemento escatológico liga o tipo tanto com a primeira vinda de Cristo, quanto foca na dispensação da Igreja, ou o liga com a segunda vinda de Cristo. O elemento cristológico-soteriológico destaca o foco essencial e impulsiona os tipos do AT. O elemento eclesiológico designa os aspectos possíveis da Igreja que podem estar envolvidos: o adorador individual, a comunidade conjunta e os sacramentos. Esses elementos suprem o adequado controle hermenêutico para definir os tipos bíblicos.

Bibliografia. D. L. Baker, *Two Testaments, One Bible*, ed. rev. (Downers Grove, 1991); R. M. Davidson, *Typology in Scripture*. Andrews University Seminary Doctoral Dissertation Series 2 (Berrien Springs, 1981); F. Foulkes, *The Acts of God: A Study of the Basis of Typology in the Old Testament* (London, 1958); L. Gopelt, *Typos* (Grand Rapids, 1982); G. W. H. Lampe e K. J. Woollcomb, Essays on Typology. *SBT* 22 (Naperville, 1957). [FRIEDBERT NINOW]

TÍQUICO (gr. *Tychikós*) Cristão da Ásia Menor, descrito como irmão amado, ministro fiel e cooperador no serviço (Cl 4:7; 2Tm 4:12; Tt 3:12) que serviu como mensageiro e portador da carta de Paulo (Cl

4:7, 16; Ef 6:21,22). Tíquico (gr. "afortunado") acompanhou Paulo e representantes das igrejas gentias na entrega de ofertas para a igreja de Jerusalém (At 20:4). O nome é confirmado em nove inscrições de Magnésia, sua região nativa. A última tradição grega afirma que Tíquico foi um dos bispos da Calcedônia.

Bibliografia. S. L. Cox, "Tychicus: A Profile", *Biblical Illustrator* 21 (1995): 79-80. [STEVEN L. COX]

TIRACA (heb. *tirhāqâ*; egip. *Thrk*; ac. *Tarqû*) Rei do Egito (690-664 a.C.) que veio em auxílio do rei Ezequias durante a campanha militar de Senaqueribe contra Judá (2Rs 19:9 = Is 37:9). 2Reis 19:9 descreve Tiraca como "rei da Etiópia (=Cuxe), refletindo sua origem núbia (sudanesa, cf. a forma núbia de seu nome, Taharqa). O pai de Tiraca, Pianqui (Piye) de Napata, fundou a Etiópia ou a 25ª Dinastia após conquistar e unificar um Egito então dividido. Chebitku (Chabataka), filho de Pianqui, depois de se tornar rei, convocou Tiraca à corte real em Tebas, e foi provavelmente Chebitku que despachou Tiraca para Judá com o fim de ajudar Ezequias durante a invasão assíria em 701.

Durante o governo de Tiraca, o Egito passou por um período de prosperidade e renovação, quando iniciou grandes projetos de construção pelo país. No sexto ano desse reino, o Nilo teve uma enchente excepcionalmente grande, resultando em colheitas com abundância fora do normal, fenômeno entendido como sinal do favor divino do deus Amom, cujos templos em Tebas e Napata se beneficiaram grandemente das políticas internas de Tiraca. Apesar desses princípios favoráveis, o reinado de Tiraca viu a maior expansão do império assírio, primeiro sob Assaradão, que conquistou Mênfis, capital do Egito em 671 e, novamente, sob Assurbanípal, que reafirmou o controle assírio sobre o Egito em 667. Tiraca morreu em Napata em 664.

Bibliografia. K. A. Kitchen, *The Third Intermediate Period in Egypt* (1100-650 B.C.), 2. ed. (Warminster, 1986). [JEFFREY C. GEOGHEGAN]

TIRANÁ (heb. *tirḥănâ*) Filho de Calebe e sua concubina Maaca (1Cr 2:48), talvez o nome de um clã.

TIRANO (gr. *Týrannos*) Mestre em Éfeso em cuja escola Paulo ensinou diariamente durante dois anos, tendo cessado de pregar na sinagoga devido a oposição (At 19:9).

TIRAS (heb. *tîrās*) De acordo com a Tábua das Nações, filho de Jafé (Gn 10:2; 1Cr 1:5). Presume-se que seus descendentes tenham sido parte dos Povos do Mar (chamados Turusa em inscrições egípcias e Tyrsenoi pelos gregos) do Egeu e do Mediterrâneo oriental.

TIRATITAS (heb. *tirʿāṯîm*) Uma das "famílias de escribas" ("Soferitas" ou "Sofrita") em Jabez, contada entre os queneus (1Cr 2:55).

TIRIA (heb. *tîryāʾ*) Homem da tribo de Judá, filho de Jealelel (1Cr 4:16).

TIRO Porto e reino fenício, localizado numa ilha originalmente situada cerca de 700 m longe da costa e cerca de 35 km ao sul de Sidom. A moderna cidade de as-Sûr cobre a antiga cidade e pouco se sabe a respeito dela a partir da arqueologia. A antiga cidade teve dois portos: o porto norte e o porto sul (egípcio). O nome canaanita da ilha era *Ṣurru*, "A Rocha" (fen. heb. *Ṣôr*). O nome grego Týros é confirmado pela primeira vez em fontes clássicas.

Tiro é mencionado em textos egípcios (Dr), hititas e ugaríticos (Sr) do segundo milênio a.C. Ele foi aliado leal do Egito no conturbado período da Era de Amarna (séc. XIV), como se sabe das cartas contemporâneas de seu rei Abi-milki, encontradas no arquivo de el-Amarna, no Egito. Outros documentos mencionam que Tiro tinha um povoado no continente, oposto à ilha, conhecido como Usu, egip. *it*, e depois chamado de Palaityros, "Tiro angiga", pelos gregos. A ilha foi originalmente abastecida de água por barcos do continente até o advento de cisternas rebocadas com calcário, no início da Idade do Ferro.

Logo depois de 1200, Tiro foi destruída, evidentemente pelos Povos do Mar, mas foi reconstruída por refugiados de Sidom e se recuperou muito rapidamente. Diferentemente de outros reinos fenícios, Tiro parece não ter capitulado a Tiglate-Pileser I, rei assírio (1114-1076), que conquistou o litoral do Levante. Por volta do século X, sob uma dinastia fundada por Abi-baal (c. 1020-980) o pai de Hirão I, Tiro foi o principal porto fenício, tendo eclipsado Sidom e reteve seu importante papel sob a dominação assíria e nos séculos subsequentes. Durante o cerco feito a Tiro, Alexandre, o Grande, conseguiu capturar a cidade construindo um dique para ligar a ilha ao continente. Devido aos sedimentos depositados pelas correntes marítimas e aos ventos, a ilha tornou-se mais tarde uma península.

As mais antigas referências bíblicas à cidade aparecem nos Salmos 83 e 87, que ligam Tiro à Filístia, talvez devido ao comércio deles na era dos juízes. De acordo com 2Samuel 5:11 = 1Crônicas 14:1, Hirão I (980-947), rei de Tiro, iniciou aliança com o rei Davi, e tal parceria foi grandemente expandida no reinado de Salomão (971-932). Os tírios forneceram vários tipos de madeira e construtores para a construção do templo de Salomão em Jerusalém (1Rs 5:10, 18 [TM 24, 32]) e um tírio, artífice em bronze também chamado Hirão (tb. HURÃO, HIROM) executou todo o trabalho em bronze do edifício (7:13). É notável que o palácio de Salomão, conhecido por suas fileiras de colunas de cedro importado, chamado de Palácio do Bosque do Líbano. Construtores tírios também participaram da construção do Segundo Templo de Jerusalém no século VI (1Cr 22:4).

Começando no século X, Israel supriu Tiro com grandes quantidades de trigo e azeite (1Rs 5:11 [25]), ao qual o relato paralelo de 2Crônicas 2:10 (9) acrescenta vinho. Salomão cedeu para Tiro terra de Cabul na Galileia (1Rs 9:11; mas cf. 2Cr 8:2). Como parte desse tratado com Hirão I, ele também impôs trabalho forçado aos israelitas que requereu três grupos de 10 mil homens cada um, para trabalhar no Líbano em turnos (1Rs 5:13,14 [27,28]).

O principal objetivo do pacto tírio-israelita foi assegurar grandes quantidades de artigos de luxo por meio de empreendimento marítimo conjunto tanto no mar Mediterrâneo quanto no mar Vermelho. Uma dessas frotas aliadas navegou para Tarsis (sul da Espanha) para garantir metais preciosos, marfim e animais exóticos (1Rs 10:22 = 2Cr 9:21), enquanto a frota do mar Vermelho viajou para Ofir (local incerto) para adquirir ouro, madeira e pedras preciosas (1Rs 9:26-28; 10:11; 2Cr 8:17,18).

A aliança tírio-israelita foi perpetuada pelo rei Acabe de Israel (873-852), que se casou com Jezabel, filha de Etbaal, rei de Tiro (878-847). O cântico do casamento real, no Salmo 45, celebrando a chegada de uma princesa tíria em Israel, talvez tenha sido composto nessa ocasião. Outra princesa tíria chamada Elissa, também conhecida como Dido, fundou a cidade de Cartago, no norte da África, por volta de 825 (outras fontes: 814). No século VIII, o profeta judeu Amós chegou a chamar o pacto entre Tiro e Israel de um "pacto de irmãos" (Am 1:9-10), ou seja, de parceiros iguais. Extenso comércio agrícola com Tiro, realizado tanto por Israel quanto por Judá, ainda é mencionado em Ezequiel 27:17.

O celebrado império marítimo de Tiro, sua vasta rede comercial por terra e mar; e sua grande riqueza são o assunto de pronunciamentos por vários outros profetas bíblicos (Is 23; Jr 25, 47; Zc 9). Um relato poético bem resumido da natureza e escopo do comércio tírio encontra-se em Ezequiel 27. Tiro prosperou nos períodos persa e helenístico e até estabeleceu povoados na costa da Palestina entre Dor e Jafa. A contínua importância da área entre Tiro e Sidom nos tempos do NT é indicada pelo relato da atividade de Jesus nessa região (Mt 15:21-28 = Mc 7:24-31).

Bibliografia. H. J. van Dijk, Ezekiel's Prophecy on Tyre. *BibOr* 20 (Rome, 1968); H. J. Katzenstein, *The History of Tyre* (Jerusalem, 1973); B. Mazar, "The Philistines and the Rise of Israel and Tyre", *Proceedings of Israel Academy of Sciences and Humanities* 1/7 (Jerusalem, 1964): 1-22; R. R. Stieglitz, "The Geopolitics of the Phoenician Littoral in the Early Iron Age", *BASOR* 279 (1990); 9-12. [ROBERT R. STIEGLITZ]

TIRZA (heb. *tirṣâ*) **I. (LUGAR)** Cidade da região montanhosa de Samaria cujo rei cananeu foi derrotado por Josué (Js 12:24). Mais tarde Tirza serviu como capital do reino do norte sob Jeroboão I (1Rs 14:17), Baasa (15:21, 33) e Elá, que foi assassinado por Zinri (16:6, 8-10) que por sua vez foi sitiado por Onri e morreu na destruição do palácio após um reinado de sete dias (v. 15-18). Onri reinou a partir de Tirza durante seis anos antes de mudar a capital para Samaria (1Rs 16:21-24). Depois, Menaém usurpou o trono de Israel (c. 752 a.C.) de Tirza (2Rs 15:14).

Geralmente Tirza é identificada com Tell el-Fâr'ah (1823.1822), no norte, cerca de 11 km a nordeste de Siquém. O nome da cidade ("prazer" ou "beleza") pode ser resultado de sua localização em meio a uma das paisagens mais bonitas da Terra Santa (Ct 6:4). Escavações no sítio arqueológico entre 1946 e 1960 por Roland de Vaux revelaram ocupação nas Idades do Bronze Antigo, Médio e Recente. Não está claro pela Bíblia (Js 12:24) ou pela arqueologia se os israelitas deram fim à Tirza cananeia. A Tirza israelita do fim dos séculos X e IX apresentava casas bem planejadas, cada uma de tamanho e projeto semelhantes, refletindo pouca desigualdade social. Essa cidade foi violentamente destruída próximo ao início do século IX, possivelmente na invasão de Sisaque, faraó egípcio. Mas a data da destruição também está bem de acordo com o relato bíblico do cerco de Onri e do incêndio suicida, por Zinri, de seu palácio (1Rs 16:17-18). Sobre os escombros queimados no local foram encontrados alicerces de construções não terminadas. A obra abandonada pode ser relacionada à decisão de Onri de mudar a capital para Samaria.

No século VIII, Tirza tornou-se novamente uma cidade cheia de vida. As ruínas desse período incluem um grupo de grandes casas particulares que atestam a prosperidade de seus habitantes. Mas essa área estava separada por um longo muro reto das casas miseráveis dos pobres, amontoadas em total contraste com as habitações elegantes dos ricos. Tirza e suas belas casas foram completamente destruídas pelo fogo, provavelmente pelos assírios em 723. Depois de uma pobre ocupação, o lugar foi finalmente abandonado por volta do ano 600.

Bibliografia. R. de Vaux, "Tirzah", in *Archaeology and Old Testament Study*, ed. D. W. Thomas (1967, repr. London, 1978), 371-83; de Vaux, P. de Miroschedji, e A. Chambon, "Far'ah, Tell el-(North)", *NEAEHL* 2.433-40. [DANIEL C. BROWNING, JR.]

II. (PESSOA) Uma das filhas de Zelofeade, da tribo de Manassés, por meio de quem foram dados meios

A B C D E F G H I J K L M N O P Q R S **T** U V X Y Z

para que pudessem herdar a terra da família (Nm 26:33; 27:1; 36:11; Js 17:3).

TISBE (heb. *tišbê*), **TISBITA** (*hattišbî*) Lugar de origem de Elias, o profeta (1Rs 17:1). Os primeiros testemunhos (LXX, Josefo *Ant.* 8.13.2) e a maioria das traduções modernas dão o hebraico *mittōšābê gil'ād*. Em apoio a essa interpretação está o gentílico precedente, *hatišb'*, "o tisbita". Entretanto, não há referência a um Tisbe em Gileade em outra parte na literatura bíblica ou não bíblica. Nelson Glueck sugeriu que o texto originalmente era "Elias, o jabesita de Jabes-Gileade". Uma emenda mais popular é "um dos colonos de Gileade". Elias, então, seria um colono permanente de Gileade, embora não natural de lá.

Tisbe provavelmente foi o nome de um lugar que, fora isso, não é mencionado por ser vilarejo diminuto e insignificante com apenas uma pessoa com pretensão à fama, o grande profeta Elias que lá viveu. A localização é incerta, mas Tisbe tem sido tradicionalmente identificada com a moderna Listib (el-Istib), cerca de 13 km a norte do Jaboque, na Transjordânia. [STEPHEN R. MILLER]

TISHREI (heb. *tišrî*) Nome babilônico pós-exílico do sétimo mês do calendário judaico civil ou econômico e o primeiro mês do ano religioso (set/out.). O nome hebraico primitivo do mês era etanim.

TITO (gr. *Títos*) Tito Mânio, um dos dois mensageiros romanos enviados aos judeus, após a derrota de Lísias em 165 a.C., para dar a notícia do consentimento ao acordo feito por Macabeu com Lísias e o rei Antíoco com relação à restauração do templo judeu e à não interferência no costume judaico (2Mac 11.34).

Colaborador e emissário de Paulo. Paulo levou Barnabé e Tito como companheiros (Gl 2:1) em sua segunda importante visita à igreja de Jerusalém em busca de validação à sua missão aos gentios. O papel de Tito provou ser especialmente significativo, já que ele (gentio incircunciso) não foi compelido pelos líderes de Jerusalém a ser circuncidado como exigência de sua conversão ao cristianismo (Gl 2:3). Por isso, a missão de Paulo "aos incircuncisos" foi respeitada como contraparte legítima à missão de Pedro "aos circuncisos" (Gl 2:7-9).

O subsequente papel de Tito como colaborador de Paulo e emissário é revelado mais claramente na correspondência com a igreja de Corinto. Pelo fato de o nome de Tito não aparecer em 1Coríntios, presume-se que ele não entrou nesse trabalho até algum tempo depois dos eventos daquela carta, talvez somente quando as relações entre Paulo e os cristãos de Corinto começaram a se deteriorar mais. Seu nome aparece, de fato, tanto em 2Coríntios 1–9 como em 10–13, vários estudiosos pensam que tais menções representam cartas distintas. Tito parece ter sido valorizado por Paulo como um hábil mediador em seu trato com aquela comunidade rixosa. Parece que Tito foi o portador da "carta chorosa" (2Co 2:4) mandada por Paulo aos coríntios, ou que ele chegou logo depois disso e foi providencial em promover o arrependimento da comunidade com relação à punição feita por eles de um membro em respeito por Paulo. Paulo descreve sua angústia e ansiedade enquanto esperava notícias dos coríntios por intermédio de Tito, que não se reuniu a ele com a rapidez que Paulo esperava (2Co 2:13; 7:6). Pela descrição de Paulo do relatório de Tito, podemos entender que Tito foi hábil não somente em produzir a desejada mudança de coração entre os coríntios, como também transmitindo aquela mudança de maneira convincente a Paulo (2Co 7:7).

O próprio Paulo enfatiza a capacidade de Tito como seu emissário, assegurando aos coríntios que Tito tem em seu coração "o mesmo cuidado que tenho por vocês" (2Co 8:16), e que ele é "companheiro e cooperador" de Paulo (v. 23) a serviço deles. De fato, Paulo confia plenamente a Tito a coleta para Jerusalém entre os coríntios, parte significativa da validação em andamento da missão de Paulo aos olhos da igreja de Jerusalém (2Co 8:6).

É um testemunho à contínua reputação de Tito como cooperador confiável de Paulo para que uma carta pudesse levar seu nome como destinatário. A carta situa Tito em Creta, onde foi deixado por Paulo para estabelecer a ordem nas igrejas de lá (Tt 1:5) e, presume-se que as instruções contidas na carta tinham a intenção de levar avante as tradições de Paulo na vida de uma nova geração de igrejas. Dada tal evidência em relação à reputação de Tito, é notável que não seja mencionado no livro de Atos, embora talvez essa omissão seja evidência de prolongada controvérsia em torno dos assuntos da circuncisão e da coleta para Jerusalém. *Ver* EPÍSTOLAS PASTORAIS.

Bibliografia. C. K. Barret, "Titus", in *Neotestamentica et Semitica*, ed. E. E. Ellis e M. Wilcox (Edinburgh, 1969), 1-14; F. F. Bruce, *The Pauline Circle* (Grand Rapids, 1985); M. M. Mitchell, "New Testament Envoys in the Context of Greco-Roman Diplomatic and Epistolary Conversations: The Example of Timothy and Titus", *JBL* 111 (1992): 641-62; W. D. Walker, "The Timothy-Titus Problem Reconsidered", *ExpTim* 92 (1980-81): 231-35. [JANE S. LANCASTER]

TITO, CARTA A Carta atribuída ao apóstolo Paulo, escrita ao seu cooperador Tito. Devido a suas semelhanças, geralmente é tratada junto às duas cartas de Paulo a Timóteo. *Ver* EPÍSTOLAS PASTORAIS.

TITO, CARTA DE Texto pseudepígrafo, confirmado num único manuscrito, redigido em latim não refinado, datando do século VIII d.C. O autor, pretendendo ser Tito a quem a terceira carta de Paulo foi endereçada, compôs um discurso veementemente pró-ascético a uma congregação cristã celibatária, tema ironicamente oposto ao tom antiascético das Epístolas Pastorais. A Epístola de Tito exige um estilo de vida casto de um grupo de homens e mulheres ascetas, alguns dos quais haviam se desviado do ideal asceta. Para corrigir a situação, o autor apresenta protótipos e alegoriza referências ao casamento espiritual do AT, NT e, de forma especial, dos atos apócrifos. A suposta autoridade dos atos apócrifos sugere que a Epístola de Tito funcionou num ambiente em que o ascetismo era comum e os atos apócrifos desfrutavam de popularidade, talvez o movimento priscilianista na Espanha do século V.

Bibliografia. J. H. Charlesworth, ed., *The New Testament Apocrypha and Pseudepigrapha* (Chicago, 1987), 410-11. [MELISSA M. AUBIN]

TIZITA (heb. *tîṣî*) Gentílico aplicado a Joá, um dos valentes de Davi (1Cr 11:45), provavelmente designando um lugar diferente, de origem desconhecida na Transjordânia.

TOÁ (heb. *tôaḥ*) (tb. NAATE, TOÚ) Levita do clã coatita, filho de Zufe e ancestral de Samuel (1Cr 6:34 [TM 19]). Em outra parte, é chamado de Naate (2; 1Cr 6:26 [11] e Toú (1Sm 1:1).

TOBE (heb. *ṭôḇ*) Cidade arameia localizada no sul de Haurã, possivelmente capital de uma região maior. Nessa área, os líderes de Gileade encontraram Jefté (Jz 11:3,5). Posteriormente, quando Hanum, rei amonita promoveu rebelião contra Davi, Tobe mandou 12 mil guerreiros para apoiar Hanum (2Sm 10:6-8). Nos tempos helenísticos, os judeus recolonizaram a área, mas seus vizinhos gentios os atacaram, matando milhares de judeus e levaram mulheres e crianças como prisioneiros. A cidade foi recapturada por Judas Macabeu (1Mac 5.9-17).

Alguns estudiosos identificam esta cidade com t-b (no. 22) na lista de cidades capturadas porTutmés III , dubu nas Cartas de Amarna e com a moderna et-Tayibeh, localizada 19 km a leste de Ramate-Gileade, entre Bozra e Edrei.

Bibliografia. B. Mazar, "The Tobiads", *IEJ* 7 (1957): 137-45, 229-38. [ZELJKO GREGOR]

TOBE-ADONIAS (heb. *ṭôḇ 'ădônîyâ*) Levita que instruiu o povo na lei sob o rei Josafá (2Cr 17:8). O nome pode ser uma ditografia de "Adonias, Tobias".

TOBIADA *Ver* **TOBIAS 2.**

TOBIAS (gr. *Tōbías*) **1.** O filho de Tobit e Ana (Tob. 1.9) que, guiado pelo anjo Rafael, curou a cegueira de seu pai e expulsou um demônio de Sara, filha de Raguel.

2. Importante e rico proprietário de terra do período macabeu; ancestral (gr. "filho") de Hircano (1; 2Mac 3.11; cf. Josefo *Ant.* 12.160, 186).

3. (heb. *ṭôḇîyâ*) O chefe de uma família que retornou a Judá com Zorobabel e Jesua, e cuja descendência não estava registrada nas genealogias aceitáveis aos escribas responsáveis pela lista em Esdras 2:60; Neemias 7:62; 1Esdras 5.37.

4. Homem que, com Sambalate, o horonita e Gesém, o árabe, se opuseram à viagem de Neemias a Jerusalém (Ne 2:10, 19) e a seus planos em relação à cidade. Os três são difamados no livro de Neemias, mas parece terem se considerado servos leais do rei Artaxerxes I, por considerar Neemias traidor por causa do desejo de reedificar Jerusalém como centro de governo com um rei (Ne 2:19; cf. 6:6,7). Os três estavam preparados para usar a força, se necessário, para reprimir as ambições de Neemias (Ne 4:1-8 [TM 3:33–4:2]), o que provavelmente ameaçava os interesses deles em Judá. Quando pediram uma reunião com Neemias para discutir suas ações, Neemias recusou a proposta deles (Ne 6:1-9).

Tobias é identificado como "o amonita", o que sugere que exercia controle político sobre aquela área. Era aliado dos nobres de Judá (Ne 6:17), que bem podem ter-se oposto às reformas de Neemias por razões econômicas, políticas e/ou religiosas. Além disso, estava ligado, por parentesco de casamento, ao sumo sacerdote Eliasibe, que preparou uma sala para ele nas dependências do templo, enquanto Neemias estava fora da cidade (Ne 13:4-9). Se era descendente de Tobias 1, pode ter-se sentido no direito a um lugar no templo; Neemias, no entanto, o expulsou. Mesmo assim, foi o chefe da última família tobíada que rivalizou com os oníadas o controle de Jerusalém, durante o período helenístico. [PAUL L. REDDITT]

5. (heb. *ṭôḇîyāhû*) Um dos levitas enviado pelo rei Josafá para ensinar nas cidades de Judá (2Cr 17:8).

6. Descendente de Tobias (1) que foi incapaz de autenticar sua origem israelita (Ed 2:60; Ne 7:62).

7. Um dos três repatriados (Zc 6:10) de quem Zacarias deveria pegar prata e ouro para levar a Josias, filho de Sofonias, para fazer coroas que seriam colocadas na cabeça de Josué (ou Zorobabel; v. 11) ou para ser mantidas no templo pelos três como memorial (v. 14). [PAUL L. REDDITT]

8. (gr. *Tōbeit, Tōbeit*) Homem da tribo de Naftali, filho de Tobiel da descendência de Asiel, exilado de sua casa em Tisbe, na Galileia para Nínive (Tob. 1.1,2); a figura central do livro de Tobit. Caracterizado como judeu piedoso, ele fica cego (Tob. 2) e acaba curado pelo anjo Rafael que age por intermédio de Tobias, filho de Tobit e Ana (11.1-15).

A B C D E F G H I J K L M N O P Q R S **T** U V X Y Z

TOBIAS, LIVRO DE Livro judaico pós-exílico com claros antecedentes folclóricos, embora modelado na literatura sagrada judaica, encontrado nos apócrifos.

HISTÓRIA. Exilado em Nínive, nos dias do Império Assírio, a família de Tobit (gr. *Tōbeit*), sua esposa Ana e Tobias, filho deles unem religiosidade com sucesso no mundo gentio, até que um rei ímpio, Senaqueribe, sobe ao trono e persegue os judeus (1.1-18). Como resultado de dar um enterro decente a um parente seu, Tobit perde primeiro sua riqueza, e depois, sua vista (1.19–2.10).

Tobit ora pedindo a morte (2.11–3.6), mas lembra também de algum dinheiro que deixou em confiança com Gabael, parente na Média. Não teria ele falado a Tobias a respeito desse dinheiro antes que Deus tivesse ouvido sua oração (3.7–4.4)? Assim, Tobias envia seu filho à Média, com muitos conselhos (4.5-21) e um guia. O guia se apresenta como Azarias, parente da tribo de Tobit, mas na realidade ele é o anjo Rafael ("Deus cura", 5.1-21).

No caminho, Rafael instrui Tobias a pegar um grande peixe e preservar seu fígado, coração e a bílis para usar na cura e no exorcismo (6.1-9). Depois Rafael leva Tobias à casa de Raguel e Edna (6.10–7.18). Sara, a filha deles é bonita, virtuosa e um par ideal para Tobias, mas ela é também endemoninhada: o demônio Asmodeus matou seus sete maridos anteriores na noite do casamento. Mas em atenção à exortação de Rafael à piedade e suas instruções a respeito do uso do coração e do fígado do peixe, Tobias consegue se casar com Sara e viver até a manhã seguinte (8.1-9).

Raguel organiza uma festa de duas semanas para os recém-casados, tempo no qual Rafael recupera o dinheiro de Gabael (8.10–10.12). Ao final de duas semanas, Tobias retorna com Sara para Nínive. Nesse ponto, a propriedade de cura da bílis do peixe se torna evidente, quando Tobias o usa para curar a cegueira de Tobit (11.1-18).

Quando chega o momento de pagar "Azarias", o guia se revela como Rafael, anjo enviado em resposta às orações deles, que os exorta a continuarem piedosos (12.1-22). Tobias ora a Deus e prediz um futuro glorioso para o Israel restaurado (13.1–14.15).

ANTECEDENTES LITERÁRIOS. O livro de Tobias está cheio de temas do folclore aos quais os estudiosos têm dado nomes coloridos: p. ex., O defunto agradecido, O monstro da câmara nupcial. Sob esses temas está uma trama clássica de fábulas que começa quando um herói deixa sua família para fazer uma viagem para reparar alguma desgraça que se abateu sobre eles. No transcorrer de sua viagem, encontra uma jovem precisando de socorro. Tendo obtido certo agente especial que o ajuda com esse sofrimento em que outros haviam fracassado, ele casa-se com ela, encontra a cura para a desgraça inicial de sua família e volta para casa com sua esposa.

Em Tobias, a trama dessa fábula é colocada num contexto que faz dela veículo para edificação e encorajamento dos judeus. Diferentemente da fábula, [o livro de] Tobias revela tempo e lugar específicos: o Exílio (assírio). Assim como os problemas de Tobias e Sara são ocasionados no final das contas pela condição deles no exílio, da mesma forma a cura de seus infortúnios aponta para o fim do exílio deles. Essa mensagem é reforçada por uma riqueza de referências a histórias, leis, ensinos éticos e profecias da Lei, dos Profetas e outra literatura sagrada judaica. Há também referência à história de Aicar, que é apresentado na história como sobrinho de Tobias.

A(s) fonte(s) das lendas de Tobias e muitos anacronismos explicam o presente consenso erudito de que Tobias é fictício. Essa visão remonta pelo menos a Lutero, que descreveu Tobias como uma "ficção útil" e uma "comédia prazerosa e piedosa".

DATA, LINGUAGEM E VERSÕES. O livro de Tobias tem sido razoavelmente datado do início do século V a.C. e do fim do século II. Fragmentos do livro (quatro em aramaico, um em hebraico) foram encontrados em Qumran. Supondo-se que Joseph Fitzmyer esteja correto em datar o mais antigo destes em 100 a.C., uma data posterior para Tobias não é possível.

Os fragmentos de Qumran têm sustentado a opinião crítica prevalecente de que Tobias foi originalmente escrito em aramaico. O texto completo do livro chegou até nós em duas revisões gregas, fundamentalmente diferentes: o manuscrito sinaítico e o vaticano. Traduções anteriores, tão recentes quanto a RSV e a Goodspeed, estão apoiadas fortemente no manuscrito Vaticano. Entretanto, durante várias décadas a Sinaítica tem sido geralmente considerada como a mais antiga das duas revisões, e tal conclusão é atualmente apoiada pelo material de Qumran. Traduções mais recentes se utilizam também em parte da Vaticano, ao menos para preencher a lacuna que ocorre na Sinaítica em 4.7-19; 13.6-10. Os nomes em Tobias são apresentados com frequência de acordo com as transliterações gregas (p. ex., "Tobias") em vez de seus antecedentes aramaicos ("Tobiah").

TEMAS. Tobias incorpora uma riqueza de atitudes e crenças judaicas. Destacam-se entre elas, as relacionadas à família judaica, às esmolas e a anjos. A preocupação pela linhagem familiar é mostrada quando Tobias procura saber se "Azarias" é guia adequado para seu filho, e também o casamento proposto de Tobias e Sara. Diferentemente de outros livros pós-exílicos, Tobias defende o casamento entre primos (talvez em parte como forma de consolidar a riqueza da família). O dever filial é aconselhado pelos pais e personificado nos filhos. Todavia a vida familiar nem sempre é ideal. O atrito que existe entre Tobias e Ana quando ela passa a garantir o sustento da família, ou quando temem pela segurança de Tobias, é retratado de forma impressionante. Existem muitas outras vinhetas da vida familiar: casamentos, enterros, refeições, acomodação para o descanso, despedidas e reuniões.

Num sentido mais amplo, a comunidade judaica toda é a "família" de Tobias. O dever que Tobias tem para com eles, e que ele ordena a seu filho, é reunido na palavra *eleēmosýnē*, tradicionalmente traduzida por "esmola". Os atos básicos de caridade descritos como esmola em Tobias são alimentar o faminto, vestir o indigente e dar ao morto um enterro adequado. Essa conduta será, no final das contas, recompensado por Deus, motivo pelo qual Tobias pode dizer: "a esmola livra da morte" (4.10).

Essas palavras são repetidas literalmente por Rafael, quando explica que foi em resposta à esmola e à oração de Tobias que ele foi mandado por Deus para ajudá-los. Rafael se descreve como um dos sete anjos que "assistimos na presença do Senhor" (12.15). Ele combate demônios e ajuda mortais, mas sua área é unicamente espiritual e lembra Tobias que na realidade não comeu nem bebeu, somente deu a impressão de fazê-lo. Essas afirmações refletem a angelologia do período pós-exílico.

Uso posterior de Tobias. Tobias contém talvez a declaração mais antiga da "Regra Áurea" (em sua forma "negativa", 4.15) que demonstrou ser uma fonte do ensino moral judaico-cristão. A presença de Tobias em Qumran confirma a consideração no qual foi mantido no antigo judaísmo, mas apesar de sua popularidade e piedade, não foi incluído na Bíblia judaica. O Midrash Tanhuma (c. 500 d.C.) contém uma lenda popular semelhante a Tobias, embora provavelmente não haja dependência direta entre ambos.

Embora muitos Pais da Igreja oriental não considerassem Tobias como canônico, na Igreja ocidental sua canonicidade recebeu endosso tanto qualificado (mais frequentemente) como não qualificado. A leitura de Tobias tem sido usada na Igreja Romana para celebrar dias santos em honra aos anjos; outras leituras (oração de Tobias, 8.5-8) têm sido usadas para cerimônias de casamento.

Bibliografia. J. C. Dancy, *The Shorter Books of the Apocrypha*. Cambridge Bible Commentary (Cambridge, 1972), 1-66; G. Nickelsburg, "Stories of Biblical and Early Post-Biblical Times: Tobit", in *Jewish Writings of the Second Temple Period*, ed. M. E. Stone. *CRINT* 2/2 (Philadelphia, 1984), 40-46; W. Soll, "Misfortune and Exile in Tobit", *CBQ* 51 (1989): 209-31; F. Zimmermann, *The Book of Tobit* (New York, 1958). [WILL SOLL]

TOCATE (heb. *toqhaṯ*) (tb. TICVÁ) O sogro da profetisa Hulda (2Cr 34:22). É chamado de Ticvá (1) em 2Reis 22:14.

TOCHA Luz carregada na mão que consistia de substância combustível, como pedaço de madeira resinosa ou maço de estopa. Como fonte de luz que fornece visão nas trevas, é frequentemente usada no sentido poético para falar de uma nova visão conseguida.

No ritual do pacto entre Abrão e Yahweh (Gn 15:17), uma tocha passa entre os pedaços dos animais sacrificados. A colocação de suas tochas dentro de jarros permite aos 300 de Gideão surpreender o acampamento midianita (Jz 7:16,20) e Sansão amarra tochas às caudas de muitas raposas para incendiar o suprimento de alimento dos filisteus (15:4-5). Judas leva soldados e guardas com tochas para encontrar Jesus no jardim.

Usada poeticamente, a tocha pode representar esclarecimento e poder. A salvação para Jerusalém é como "uma tocha acesa" (Is 62:1). Em sua visão da presença de Deus, Ezequiel vê algo das quatro criaturas que pareciam como "tochas se movendo de um lado a outro" (Ez 1:13). Zacarias descreve Jerusalém como instrumento de Deus que, "como uma tocha" devorará os povos vizinhos (Zc 12:6). Na revelação de Daniel sobre a grande guerra, um anjo guerreiro tem olhos "como tochas de fogo" (Dn 10:6). Daquele que está sentado no trono celestial vêm "sete tochas de fogo" que são vistas como os sete espíritos de Deus (Ap 4:5). Quando o terceiro anjo abre o selo, ele toca sua trombeta e uma grande estrela "queimando como tocha" cai do céu (Ap 8:10). [C. GILBERT ROMERO]

TODO-PODEROSO Um epíteto de Deus (heb. *šadday*), derivado da divindade patriarcal El Shaddai (cf. LXX gr. *pantokrátor*). O nome é semelhante em significado a epítetos do Amurru amorreu (*bēl šadē*), do Hadade canaanita (*ba'al ṣapōn*) e do El hurrita (*'il paban-hi-wi-ni*) e pode ter sido associado com as teofanias de Yahweh nas montanhas tormentosas (p. ex., Êx 19.16-19). O nome ocorre na poesia arcaica e primitiva (p. ex., Nm 24:4, 16; Sl 68:14 [TM 15]; 91:1), em passagens atribuídas à fonte Sacerdotal (P) (p. ex., Êx 6.2-3) e em Ezequiel (Ez 1.24) e nas porções de diálogo de Jó (31 vezes). *Ver* EL SHADDAI.

TOFEL (heb. *tōpel*; gr. *Tophol*) Lugar no deserto a leste do rio Jordão, nos arredores onde Moisés relembrou a lei aos israelitas (Dt 1:1; cf. LXX). Deuteronômio 1:5 coloca o evento no território de Moabe. Embora o local exato seja desconhecido, pode ser identificado com et-Tafileh com base na semelhança fonológica. Yohanon Ahroni localizou Tofel na Estrada Real entre Punom e Uádi Zered, mas ao sul de Moabe. [PHILIP R. DREY]

TOFETE (heb. *tōpet̠*) Local no vale de Hinom em Jerusalém onde as crianças eram queimadas em sacrifício a Moloque (2Rs 23:10). Jeremias condena o local e proclama que um dia se tornaria uma grande sepultura na qual os habitantes assassinados de Jerusalém seriam enterrados (Jr 7:32; 19:4-14). No fim do século VII, o local foi destruído como parte do programa de reforma de Josias (2Rs 23:10). Um comentário diferente em Isaías 30:33 faz referência à imolação do rei da Assíria (heb. *top̄teh*, "lugar que queima").

A etimologia da palavra é incerta, embora muitos estudiosos julguem que ela deriva do aramaico *tēp̄at̠* ("lareira", "fogão") assinalada com as consoantes do hebraico *bōšet̠* ("vergonha"). Isso pode representar um homônimo do hebraico *tōpet̠*, "cuspe" (Jó 17:6), introduzido pelos massoretas. Outra sugestão é uma forma original egípcia que significa "cidade de Ptah".

A localização exata de Tofete ainda é desconhecida, mas provavelmente ficava na parte baixa do vale de Hinom, próximo à extremidade sul da Cidade de Davi.

Bibliografia. G. C. Heider, *The Cult of Molek*. JSOTSup 43 (Sheffield, 1985), 347-65, 383-408. [BRIAN P. IRWIN]

TOGARMA (heb. *tōgarmâ, tôgarmâ*) Filho de Gômer e descendente de Jafé (Gn 10:3 = 1Cr 1:6). O nome está relacionado à cidade e ao reinado de Bete-Togarma.

TOÍ (heb. *tōʿî*) (tb. TOÚ) Rei de Hamate que mandou seu filho Jorão com luxuosos presentes para cumprimentar Davi por ter derrotado Hadadezer, rei da vizinha Zobá (2Sm 8:9,10). Em 1Crônicas 18:9-10, é chamado de Toú e seu filho, Adorão.

TOLA (heb. *tôlāʿ*) **1.** O filho mais velho de Issacar (Gn 46:13; 1Cr 7:1), cujos descendentes — chefes de casas paternas e guerreiros durante o reinado de Davi (v. 2) — foram chamados de tolaítas (heb. *hattôlāʿî*; Nm 26:23).

2. O filho de Puá, da tribo de Issacar. Residente da cidade de Samir, na região montanhosa de Efraim, que foi juiz de Israel durante 23 anos (Jz 10:1).

TOLADE (heb. *tôlad̠*) Cidade simeonita (1Cr 4:29); nome alternativo para Eltolade.

TOMÉ (gr. *Thōmás*) Um dos primeiros discípulos de Jesus. É citado em todos os evangelhos sinópticos e em Atos (Mt 10:3; Mc 3:18; Lc 6:15; At 1:13), mas não desempenha nenhum papel adicional naqueles livros. O nome é uma transliteração do aramaico *tĕʾômā* , "gêmeo", traduzido como Dídimo (gr. *Dýdymos*, "duplo") em João 11:16; 20:24; 21:2.

Tomé aparece de forma destacada em João, na fase final da vida terrena de Jesus. Quando Jesus demonstra que voltará para a Judeia onde "os judeus" haviam recentemente tentado apedrejá-lo, Tomé insiste corajosamente que os discípulos acompanhem Jesus, "para morrermos com ele" (Jo 11:16). Em João 14:5, parece carecer de uma compreensão mais profunda de Jesus, questionando como podem segui-lo sem ao menos saber Seu destino; Jesus responde que Ele é "o caminho". Quando os outros discípulos relatam que Jesus lhes apareceu, Tomé diz firmemente que não crerá que Jesus está vivo a menos que possa colocar seu dedo na marca dos pregos nas mãos de Jesus e colocar sua mão no seu lado (Jo 20:24, 25). Jesus aparece aos discípulos oito dias depois quando Tomé está presente e o convida para atender às suas condições de fé; Tomé responde: "Senhor meu e Deus meu!" (Jo 20:26-28). Tomé é por fim mencionado entre um grupo de discípulos a quem o Jesus ressurreto aparece junto ao mar de Tiberíades/Galileia (Jo 21:2). [JOE E. LUNCEFORD]

TOMÉ, ATOS DE O único dos atos apócrifos que sobreviveu em sua integridade. "Atos de Tomé" relata a obra evangélica do apóstolo durante sua viagem à Índia. Tal como a maioria de outros atos, o apóstolo é retratado como realizador de vários milagres, incluindo a expulsão de demônios e ressurreição de mortos. Em vários dos episódios, os que retornaram da morte dão descrições explícitas do inferno e do céu. Também incluídos estão animais que falam, incluindo um jumento selvagem que exorciza um demônio e depois prega para uma multidão reunida. Tomé é martirizado por um poderoso oficial indiano porque o apóstolo havia convertido sua esposa a um estilo de vida celibatária e ascética.

Duas seções poéticas ampliadas, o Hino da Esposa e o Hino da Pérola, que aparecem claramente identificados como elementos gnósticos, têm levado muitos a caracterizar todo o Atos de Tomé como gnóstico. Por exemplo, no Hino da Pérola a história da recuperação da pérola de um príncipe oriental e sua recepção de um vestuário especial como recompensa por sua recuperação é frequentemente interpretado como alegoria da jornada da alma pelo mundo material e sua final reunião com o reino celestial. Entretanto, a maior parte dos contos lendários envolve pouco do que pode ser claramente considerado gnóstico. Ao contrário, tal como a maioria de outros atos apócrifos, "Atos de Tomé" parece refletir temas populares cristãos primitivos de piedade ascética e desapego às coisas mundanas.

Preservado em várias línguas, as principais evidências de "Atos de Tomé" são o siríaco e o grego. O siríaco é o candidato mais provável para ser a língua original, já que o grego apresenta vários lapsos que resultaram de má interpretação do siríaco. Entretanto, as versões sobreviventes do siríaco têm passado por várias correções para torná-la mais palatável aos cristãos "ortodoxos" mais recentes. É provável que a obra tenha se originado na Síria, provavelmente em Edessa, na primeira metade do século III. Embora o texto alegue que Judas Tomé, o gêmeo de Jesus, é o autor, a datação do texto torna tal alegação improvável. Como tal, o Atos é geralmente considerado uma composição anônima.

Bibliografia. J. K. Elliott, *The Apocryphal New Testament*, ed. rev. (Oxford, 1993), 439-511; A. F. J. Klijn, *The Acts of Thomas*. NovTSup 5 (Leiden, 1962). [JAMES R. MUELLER]

TOMÉ, EVANGELHO DA INFÂNCIA DE Coleção de contos folclóricos da infância de Jesus, da idade de cinco aos 12 anos, existente em várias traduções e revisões textuais, algumas das quais não atribuem o texto a Tomé. A versão mais conhecida dos contos foi editada por Constantin von Tischendorf no século XIX (versão grega A), baseada em dois manuscritos gregos que datam do século XV; ele também editou uma versão grega mais curta (versão B), baseada também num manuscrito da Idade Média que parece ser um resumo proposital de uma revisão mais longa de uma versão latina. Embora a [versão] grega A tenha praticamente se tornado o Textus Receptus do Evangelho da Infância, não se pode assumir que representa a versão textual mais antiga. Muitos duvidam de que um dia possamos reconstruir um "autógrafo", visto que as tradições contidas nos vários manuscritos tiveram livre circulação e aparentemente contos inteiros foram acrescentados e retirados depois que as tradições foram registradas. Ireneu conhece a forma escrita de algumas dessas tradições, o que leva muitos a datar as mais antigas versões escritas dessas histórias no fim do século II. Discute-se se a língua original do primeiro texto escrito foi siríaco ou grego. Há também discussão quanto à possibilidade de se rotular os contos como gnósticos.

Entre as histórias mais intrigantes estão as do jovem Jesus trazendo à vida pardais feitos de barro por ele (2.1-5 [Grega A, como todas as referências]), o encontro de Zaqueu, o mestre judeu (6.1-7.4), a ressurreição de uma criança que caíra do teto (9.1-3) e o prolongamento de uma tábua que José havia cortado curto demais (13.1, 2). Ele se encerra com uma versão da viagem de Jesus ao templo de Jerusalém (cf. Lc 2:41-51).

Bibliografia. J. K. Elliot, *The Apocryphal New Testament* (Oxford, 1993), 68-83; O. Cullmann, "The Infancy Story of Thomas", in *New Testament Apocrypha*, ed. W. Schneemelcher e R. McL. Wilson, ed. rev. (Louisville, 1991) 1:439-51. [J. BRADLEY CHANCE]

TOMÉ, EVANGELHO DE (II, 2) Documento copta enterrado perto de Nag Hammadi, Egito, cerca de 340 d.C., com "os ditos secretos que o Jesus vivo falou e Dídimo Judas Tomé registrou". Tal como a maioria dos textos cristãos coptas primitivos da biblioteca de Nag Hammadi, é uma tradução do que originalmente foi um texto grego. Menos de 10% do material do manuscrito copta existe nos manuscritos gregos fragmentários escritos cerca de 140 d.C. e encontrado antes nos resíduos de Oxirrinco, Egito. Tanto Dídimo (grego) como Tomé (aramaico) significam "o gêmeo", assim Judas, o suposto autor do texto, tinha um apelido bilíngue. Desconhece-se quem era esse homem, mas é altamente improvável que seja Tomé, o discípulo de Jesus.

Uma lista de pelo menos 150 ditos separados atribuídos a Jesus, o Evangelho de Tomé é o mais importante texto não canônico para consulta dos ensinos do Jesus histórico. Os estudiosos dividem aqueles ditos em unidades (algumas com vários ditos) separadas pela frase introdutória muito comum "Jesus disse". Essa maneira de divisão resulta num conjunto de 114 ditos, base do sistema de numeração usada por todos os estudiosos hoje. A estrutura do Evangelho é quase uma lista aleatória de ditos separados ligados, às vezes, por "palavras-chave" (palavras que aparecem em vários ditos sucessivamente). Isso é evidência de que Tomé pode de fato ser o que ele diz que é, uma lista compilada de memória por um indivíduo. Há pouco brilho e pouco comentário no texto em si. O pouco que existe enfatiza um tema de unidade, p. ex., fazer de dois um, tornar um único, mas a pergunta "dois o que em um o que?" nunca foi claramente respondida.

Tanto Q quanto Tomé são listas de ditos, com cerca de um terço de seus ditos em comum, mas não estão de outra forma conectados. Tomé não é Q, nem fonte para Q, nem Q é fonte para Tomé. A hipótese Q ganha, entretanto, força pelo fato de Tomé mostrar que listas de ditos de fato circularam nas Igrejas primitivas.

Mais da metade dos ditos de Jesus no Evangelho de Tomé aparece também nos evangelhos de Mateus, Marcos e Lucas (bem poucos aparecem em João). Por outro lado, a maior parte dos ditos restante é desconhecida. Muitos daqueles ditos até hoje desconhecidos indicam que o reino do Pai deve ser encontrado, dentro das pessoas e espalhado pela terra. A descoberta do reino do Pai requer, na visão de Tomé, a descoberta da luz dentro da própria pessoa e a percepção de que o reino está presente, embora invisível, desde o início dos tempos. Pela perspectiva de Tomé, Jesus veio à terra para revelar a presença oculta do reino. Alguns denominam essas perspectivas de "gnóstica", outros de "protognóstica"; outros ainda simplesmente julgam-na refletir ideias comuns do platonismo do século I e não veem necessidade de aplicar o pesado termo "gnóstico" a Tomé.

Embora Tomé tenha ditos comparáveis a materiais únicos aos evangelhos sinópticos e a um número considerável de ditos também encontrados em Q, os acréscimos, contextualizações e elaborações de ditos que caracterizam os esforços de Mateus, Marcos e Lucas como trabalharam para incluir os ditos de Jesus em seus evangelhos são quase completamente ausentes aqui. É altamente improvável que Tomé tenha vasculhado os três evangelhos sinópticos, cortando cuidadosamente os ditos do contexto narrativo deles e eliminando em detalhes os acréscimos aos ditos que temos razão para acreditar que tenham sido colocados lá pelos autores sinópticos. As versões dos ditos em Tomé também encontrados nos evangelhos sinópticos frequentemente formam versões criticamente menos elaboradas, necessitando de comentários alegóricos e de contexto narrativo, e assim, parecem estar em formas mais primitivas. Tais considerações permitem aos estudiosos concluir que o Evangelho de Tomé veio a existir como documento independente, derivando seus ditos da tradição oral e não dos evangelhos canônicos. Pelo fato de ter sido repetidamente copiado pelos copistas cristãos, que em algum ponto podem ter inserido elementos que conheciam de outros evangelhos no texto de Tomé que estavam copiando (um processo chamado "harmonização da escrita", muito conhecido dos estudiosos da crítica textual do NT), Tomé, em alguns lugares, mostra conhecimento de detalhes encontrados nos evangelhos canônicos. Embora alguns estudiosos acreditem que esses detalhes provam a dependência de Tomé dos textos canônicos, essa perspectiva é adotada com menos frequência hoje do que há décadas.

A data do Evangelho de Tomé é desconhecida. Pelo fato de ser simplesmente uma lista de ditos e porque faz uso de material que circulava na tradição oral primitiva, Tomé pode ter origem da mesma época de Q, cerca de 50-80. De fato, o conhecimento recente tem mostrado que Q foi uma lista de ditos mais organizada do que Tomé, fato que sugere uma data um tanto posterior para Q. Entretanto, os estudiosos que assumem o ponto de vista de que Tomé é texto gnóstico tendem a datar sua origem no início a meados do século II. Da mesma forma, desconhece-se o lugar da origem de Tomé. Diversos documentos relacionados ao apóstolo Tomé parecem ter se originado na Síria, embora numa data consideravelmente posterior que do Evangelho de Tomé e, por isso, alguns argumentam que Tomé provavelmente também se originou lá. Por outro lado, pelo de ter sido muito conhecido em Oxirrinco, numa data primitiva, é possível que Tomé seja um exemplo primitivo de cristianismo egípcio.

Duas parábolas encontradas no Evangelho de Tomé são particularmente interessantes porque mostram todos os sinais de terem sido faladas pelo próprio Jesus, todavia não se encontram nos evangelhos canônicos. São elas:

97. Jesus disse: "O Reino do [Pai] é como uma certa mulher que estava carregando uma botija cheia de farinha. Ao andar por uma estrada, ainda a alguma distância de casa, a alça da botija se quebrou e a farinha caiu atrás dela na estrada. Ela não percebeu o acidente. Ao chegar em casa, [colocou a botija no chão e viu que estava vazia".

98. Jesus disse: "O Reino do Pai é como certo homem que queria matar um homem poderoso. Em sua casa, sacou a espada e a cravou na parede para verificar se sua mão poderia levar a tarefa até o fim. Então matou o homem poderoso".

Os dois ditos seguintes parecem expressar um ponto de vista particularmente tomasino dos ensinos de Jesus:

3. Jesus disse: "Se os que lideram vocês disserem: 'Vejam, o reino está no céu', então os pássaros do céu precederão vocês. Ao contrário, o reino está dentro e fora de vocês. Quando vocês vierem a conhecer a vocês mesmos, quando vocês se tornarem conhecidos e vocês se darão conta de que são filhos do Pai que está vivo. Mas se vocês não se conhecerem, viverão na pobreza e essa pobreza será vocês".

113. Seus discípulos lhe disseram: "Quando virá o reino?" "Jesus disse:" "Ele não virá pela espera por ele. Não será uma questão de se dizer 'Ele está aqui' ou 'Ele está ali'. Ao contrário, o reino do Pai está espalhado pela terra, e os homens não o veem".

Bibliografia. S. Davies, *The Gospel of Thomas and Christian Wisdom* (New York, 1983); A. D. DeConick, *Seek to See Him: Ascent and Vision Mysticism in the Gospel of Thomas*. VCSup 33 (Leiden, 1996); M. W. Meyer, *The Gospel of Thomas* (San Francisco, 1992); S. J. Patterson, *The Gospel of Thomas and Jesus* (Sonoma, 1993). [STEVAN DAVIES]

TOPÁZIO Mineral (silicato de alumínio) existente como cristal prismático, ortorrômbico, de várias cores, avaliado como pedra preciosa (gr. *topázion*). O topázio é citado em Apocalipse 21:20 como a nona pedra do alicerce da Jerusalém celestial. Em 1900, foram descobertas grandes quantidades de topázio numa ilha do mar Vermelho, perto da costa egípcia. *Ver* CRISÓLITA.

TOQUÉM (heb. *ṭôḇ ʾădônîyâ*) Vilarejo simeonita, cujo sítio arqueológico se desconhece (1Cr 4:32)

TORÁ (heb. *tôrâ*) Nome (heb. "instrução, orientação, lei") atribuído à primeira divisão da cânon hebraico, os cinco livros de Moisés ou Pentateuco. Num sentido mais geral, a torá indica a lei ou instrução divina, que estabelecia as condições da aliança, de acordo com as quais Israel devia viver.

TORRE Estrutura defensiva, construída dentro dos muros de uma cidade ou localizada num monte como torre de vigia. As torres (heb. *miḡdāl*) eram construídas dentro dos muros da cidade em posições estratégicas tais como canto, portas da cidade e locais vulneráveis. Fortes torres construídas como parte da estrutura da porta da cidade (p. ex., Megido, Samaria, Hazor, Dã, Berseba, Timna) aumentavam a capacidade de defesa dos locais mais vulneráveis de uma cidade.

As torres, construídas dentro dos muros, em intervalos que aumentavam as possibilidades de defesa, normalmente se projetavam além do muro da cidade dando aos defensores uma visão clara da base do muro e de alguém que tentasse romper o muro. Esse tipo de torre é tipicamente mais alta que o muro da cidade adjacente. As torres de defesa construídas dentro dos muros podiam ser retangulares (Tell Beit Mirsim e Megido do Bronze Recente), semicirculares (Arade do Bronze Antigo) ou redondas (Khirbet es-Saqq), mas normalmente eram quadradas. Duas torres quadradas em Jerusalém, datando do período do segundo templo, se prolongavam vários metros além do muro da cidade. Foram construídas com pedras talhadas rudemente e espaçadas com distanciamenteo de 20 m. Essas torres têm três lados, sendo abertas para o interior da cidade. As sólidas torres do século I, construídas por Herodes, dentro do muro ocidental da cidade de Jerusalém eram grandes, completamente fechadas e continham vários aposentos; essas torres, que receberam nomes de parentes de Herodes, também serviram como pequenas fortalezas. Relevos do palácio de Senaqueribe, em Nínive, retratam torres quadradas projetando-se para fora do muro da cidade de Laquis. Neemias dá os nomes de várias torres, construídas dentro dos muros de Jerusalém: torre dos Cem, de Hananeel (Ne 3:1), dos Fornos (v. 11) e da Fornalha (12:38). Jeremias 31:38; Zacarias 14:10 também citam uma torre em Jerusalém, a Hananeel. Ezequiel predisse a destruição das torres de Tiro (Ez 26:4,9) e descreveu os defensores colocando seus escudos sobre os muros (27:11). Isaías refere-se a uma sentinela babilônio montando guarda numa torre de vigia (*miṣpeh*; Is 21:8).

Torres de vigia independentes no topo de colinas serviam como postos de observação e postos avançados de defesa. Essas pequenas estruturas independentes pareciam-se mais com pequenas fortalezas do que com torres. Pequenas fortalezas (torres) no Neguebe eram usualmente construídas com muros com casamata (dois muros paralelos conectados em intervalos por paredes transversais), portas e estruturas internas. As fortalezas menores são geralmente quadradas, cerca de 20 m de lado. As fortalezas maiores têm torres construídas dentro dos muros e tomam a forma do terreno. Os arqueólogos descobriram três torres circulares da Idade do Ferro, no deserto de Samaria, medindo 19-19,5 m e constituídas de três muros de pedra concêntricos. Um edifício retangular (alojamentos da guarda?) e um muro no parâmetro casamata acompanha cada torre. Essas torres guardavam as principais estradas transjordanianas. Torres de vigia estão também ligadas a agricultura, especialmente aos vinhedos. Tais torres funcionavam como postos de observação para proteger as safras (Is 5:2; Mt 21:33 = Mc 12:1; gr. *pýrgos*).

Uzias construiu torres no deserto (2Cr 26:10) e Jotão, nos montes com matas (27:4). Evidentemente vilarejos nasciam em torno de algumas torres de observação, como está refletido em nomes como Migdal-Gade (Js 15:37) e Migdal-El (19:38).

Um migdal pode ser também uma cidadela interna ou um templo construído com uma fortaleza. Uma mulher numa torre no centro de Tebes matou Abimeleque jogando uma pedra de moinho [na cabeça dele] (Jz 9:50-53). Mil pessoas que estavam na torre de Siquém morreram na câmara interna de um templo-fortaleza (Jz 9:46-49). Gideão destruiu a torre de Peniel (Jz 8:9,17), fortaleza dentro da cidade. Israel pecou por construir lugares altos em suas torres de vigia (2Rs 17:9). Embora não fosse uma estrutura defensiva, a torre de Babel é um migdal (Gn 11:4-5).

Torres provisórias, construídas para o cerco ofensivo de cidades, permitiam aos observadores ver dentro de uma cidade e davam aos arqueiros melhor ângulos para atingir os defensores. Os babilônios construíram tais torres em Tiro (Is 23:13) e Joabe fez obras de cerco semelhantes contra Abel-Bete-Maaca (2Sm 20:15). Os relevos de Laquis retratam torres móveis assírias com arqueiros no nível superior e um aríete com operadores no nível inferior.

Simbolicamente, as torres ilustram a beleza das partes do corpo humano: o pescoço (Ct 4:4; 7:4), nariz (7:4) e seios (8:10). Deus é descrito como uma torre forte (Sl 61:3 [TM 4]; Pv 18:10).

Bibliografia. A. Zertal, "Three Iron Age Fortresses in the Jordan Valley and the Origin of the Ammonite

Circular Towers", *IEJ* 45 (1995): 253-73. [TERRY W. EDDINGER]

TOÚ (heb. *tōʿŝ*) **1.** Forma alternativa de Toi (1Cr 18:9,10).

2. (heb. *tōhû*) (tb. NAATE, TOÁ) O filho de Zufe e ancestral de Samuel (1Sm 1:1). Em outra parte, é chamado de Naate (2; 1Cr 6:26 [TM 11) e Toá (v. 34 [19]).

TOURO Bovino adulto e macho. O touro é uma figura muito comum nas religiões do antigo Oriente Próximo. No Egito, o touro Apis, personificação do Nilo, era o animal sagrado de Osíris. Um touro com um disco-sol e uma cruz entre os chifres, similar aos touros encontrados no Egito, foi descoberto em Tiro. Isso poderia sugerir a influência egípcia no uso do touro na região Sírio-Palestina. O Touro do Céu aparece na mitologia mesopotâmia como veículo para o juízo de Deus. Na prática religiosa canaanita, o touro era frequentemente usado como símbolo para Baal ou El. Em Hazor, um par de touros foi encontrado com pés nas costas, interpretado como representação de Baal. Descrições semelhantes existem em Adad, vistas normalmente como representação que os da Mesopotâmia faziam de Baal.

O papel principal do touro na adoração israelita era o de um objeto de sacrifício, oferecido em ocasiões como festas (p.ex., Páscoa, Sucote) ou como ofertas de purificação (Lv 4, 16; cf. Hb: 9:13; 10:4). Algumas vezes, a razão para o sacrifício é deixada sem especificação (Ed 6:9).

O uso da figura do touro em Israel e no Antigo Oriente Próximo é evidenciada num par de incidentes envolvendo touros. Êxodo 32:4 relata o bezerro de ouro, ou touros, feitos por Arão a pedido do povo. 1Reis 12:28 relata o estabelecimento de touros de ouro feitos por Jeroboão em Betel e Dã.

O Touro (heb. *ʾāḇʾr* ou "o Poderoso") de Jacó é epíteto para Deus (Gn 49:24; Sl 132:2, 5; Is 49:26; 60:16). Doze touros carregavam o mar de bronze no templo de Jerusalém (1Rs 7:25). [MATTHEW A. THOMAS]

TRABALHO FORÇADO Tipo de programa de trabalho escravo, comumente referido como corveia ou trabalho conscrito. Era por meio do trabalho forçado que os governantes do Antigo Oriente Próximo construíam seus prédios de negócios, construindo e reconstruindo cidades. Também, era por meio do uso do trabalho forçado que os reis mantinham controle dos grupos minoritários em seus reinos.

Pelo uso do trabalho forçado, o rei egípcio, no tempo do Êxodo, construiu as cidades de Pitom e Ramessés (Êx 1:8-14) e ao mesmo tempo tentou manter controle dos hebreus, grupo minoritário em seu reino. Davi (2Sm 20:23) e Salomão (1Re 9:15-21) também usaram programas de trabalho forçado. Mas embora Salomão tenha construído Hazor, Megido e Gezer por meio do trabalho forçado, sua conscrição excessiva de trabalhadores do meio das tribos do norte (1Re 5:13-14) resultou em revolta e divisão do reino (12:1-19).

Os registros egípcios se referem aos governantes Tutmés III, que fazia campanhas anuais na Palestina e na Síria como meio de saque sistemático daquelas áreas, coletando os recursos de que precisava no Egito, incluindo os recursos de trabalho escravo. As pinturas das tumbas egípcias, tais como aqueles de Ramessés III trazendo prisioneiros algemados da guerra ou dos escravos, forneciam o registro único. [LAMOINE F. DEVRIES]

TRAÇA Traça palestina de roupas, Tineola biselliella da ordem da Lepidoptera, cuja larva se alimenta de madeira e pele de animal. A traça (heb. *ʿāš*; gr. *sēs*) é descrita como frágil, mas o ser humano, considerado hiperbolicamente, é ainda mais frágil (Jó 4:19). Da mesma forma, um vestuário roído pela traça também ilustra a fragilidade da existência humana (Jó 13:28; Is 50:9; 51:8). Deus é descrito como traça consumidora, p. ex., a larva da traça (Sl 39:11 [TM 12]; Os 5:12). A destruição dos vestuários pelas traças é indicação do caráter temporário dos bens terrenos (Mt 6:19,20; Lc 12:33; Tg 5:2). Em Jó 27:18, LXX e Syr. Consta "aranha" (cf. 8:14), provavelmente correto, em lugar de "traça" no TM.

TRÁCIA (gr. *Thrakē*) Região montanhosa do extremo norte da Grécia, entre o rio Danúbio, no norte, e o rio Estrimon e a Ilíria no oeste, e o norte da Macedônia. Os trácios eram considerados primitivos (coloriam o cabelo e tatuavam a pele) e guerreiros (com frequência contratados como mercenários; 2Mac 12.35), viviam da pilhagem em vez da agricultura, mas eram hábeis na confecção de ferramentas e armas. Na poesia grega, a Trácia simboliza isolamento, desolação e inóspita frieza. A urbanização de seus vilarejos veio somente com a conquista da Trácia pelos romanos. Cláudio a transformou em província em 46 d.C., dividindo-a em duas partes, com a região norte do monte Hemus, tornando-se a Mésia e a do sul a Trácia propriamente dita. Os trácios influenciaram fortemente a religião grega, particularmente, no culto a Ares, deus da guerra e a Dionísio, deus do vinho (cujo culto noturno desordenado e orgiástico foi declarado fora da lei pelo Senado romano em 186 a.C.).

Bibliografia. J. J. Wilkes, "Thrace", in *The Oxford Classical Dictionary*, ed. S. Hornblower e A. Spawnforth, 3. ed. (Oxford, 1996), 1514-15. [RICHARD A. SPENCER]

TRACONITES (gr. *Trachōnitis*) Região no norte da Transjordânia que foi a extensão nordeste do reino de Herodes, o Grande. Traconites, também chamada de Haurã, estava localizada a sudeste de Damasco e nordeste do mar da Galileia. Nos tempos pré-helenísticos, o território abrangia a fronteira norte de Basã e foi sempre escassamente povoada. O nome Traconites é referência a uma topografia "áspera, pedregosa" do planalto de basalto. Depois da morte de Herodes no ano 4 a.C., Traconites passou para Herodes Filipe (Lc 3:1). A administração da região oscilou entre os governadores da Síria e os herdeiros de Filipe até 98 d.C., quando tornou-se parte da província romana da Síria. [GARY P. ARBINO]

TRADIÇÃO Ensino relativo à crença, prática e exortação que tem sido passado na forma oral ou, mais tarde, na escrita, com frequência paralela a textos canônicos ou outros textos autorizados. O termo originalmente se referia à entrega ou à transmissão de tal ensino. A palavra foi também usada como entrega no sentido de traição. No NT, o termo "tradição" (gr. *parádosis*) em si se refere ao costume rabínico, às tradições cristãs e à tradição clássica.

Nos evangelhos, as referências às "tradições dos antigos", às leis da alimentação e da purificação, ocorrem em relatos de conflitos entre Jesus e líderes religiosos quanto ao propósito da lei (Mc 7:1-13; Mt 15:1-9). Tais tradições são retratadas em contraste com a mensagem de Jesus, como sendo meramente de origem humana. Isto é demonstrado de forma incisiva na fórmula "Ouvistes o que foi dito [...] Eu, porém, vos digo" usada por Jesus no Sermão do Monte (Mt 5-7).

Nas cartas de Paulo, ao contrário, a "tradição" é vista de forma positiva, como a que Paulo recebeu, passou adiante e ensinou a respeito da ressurreição de Jesus (1Co 15:3,4), as práticas litúrgicas na eucaristia (11:23,24) e preceitos éticos (v. 2-16; cf. 2Ts 3:6). Paulo reivindicou a autoridade tanto para passar adiante as instruções dominicais e apostólicas que havia recebido, como para exercer sua autoridade apostólica em situações específicas (1Co 11:23; 15:1-4).

O conhecimento moderno emprega o termo "tradição" num sentido diferente, como se o reconhecimento de elementos do texto bíblico existisse antes da forma canônica final. Esses elementos, na forma oral ou até mesmo escrita, eram parte de um processo que resultou no texto como existe hoje. Tais tradições têm sido estudadas de maneira mais completa no AT. No NT, os estudos da crítica da forma e da redação têm examinado o reprocessamento de tradições nos evangelhos, enquanto nas cartas paulinas (e deuteropaulinas) o isolamento de materiais tradicionais mais antigos torna decisivo para compreender o significado da comunidade e para entender o método interpretativo de Paulo.

Embora o debate cerque a definição e a extensão de tais tradições, as tradições querigmáticas, parenéticas, catequéticas, litúrgicas e de perseguição têm sido percebidas. Com base na antiga obra de C. H. Dodd, sobre a composição típica da pregação apostólica em Atos (querigma), tal material tradicional é reconhecido na obra paulina (1Co 15:3) e no resumo da mensagem de Jesus em Marcos. As tradições de incentivo são as que compõem regras morais para os crentes (Rm 6:17; 1Co 11:2; Cl 2:6; 2Ts 3:6), enquanto as tradições catequéticas focam na morte de Jesus e breves declarações confessionais (Rm 10:9; 1Co 15:3; 1Tm 2:5,6; 1Pe 3:18). As tradições litúrgicas incluem material cujo contexto ou conteúdo reflete práticas batismais ou eucarísticas, bem como fragmentos de hinos primitivos (Fp 2:6-11; Cl 1:15-20; 2Tm 2:11-13). Finalmente, alguns estudiosos isolam material que reflete situações de conflito, perseguição e confissão espelhados no final no exemplo de Jesus, o profeta perseguido.

Bibliografia. M. Dibelius, *From Tradition to Gospel* (New York, 1965); R. P. C. Hanson, *Tradition in the Early Church* (Philadelphia, 1963); A. M. Hunter, *Paul and His Predecessor*, ed. rev. (Philadelphia, 1961). [IAIN S. MACLEAN]

TRAJANO Marcus Ulpius Traianus, imperador romano (98-117 d.C.). Seu reinado é, às vezes, descrito como período de ouro semelhante ao do reinado do grande Augusto. Primeiro imperador vindo das províncias, nasceu na Espanha, no ano 53, seu pai foi o primeiro membro da provinciana Ulpii Traiani a receber o *status* senatorial em Roma. Trajano ascendeu ao poder através de seu sucesso como comandante militar, recebendo a posição de senador e as honras apropriadas à sua posição militar. Nerva, o idoso imperador, escolheu Trajano, então governador da Alta Germânia, para ser seu herdeiro e sucessor com base no mérito, adotando Trajano em 97. Com a morte de Nerva, um ano depois uma suave transição viu Trajano elevado à elevada posição imperial.

Trajano adotou uma política externa expansionista, acrescentando a Dácia (Romênia), Armênia e a Mesopotâmia ao império. Sob Trajano, o império romano atingiu sua maior extensão territorial e as armas romanas conseguiram uma reputação que fizeram mais para desencorajar os inimigos de Roma do que as fortificações dos antecessores e sucessores de Trajano. As excelentes relações com o senado e um alto nível de harmonia interna promoveram a marcante administração de Trajano. O historiador Tácito, também um dos importantes senadores da época, foi efusivo em seu elogio a Trajano como *optimus princeps*, "o melhor dos imperadores".

A administração provincial foi da mesma forma importante para Trajano. A correspondência entre o imperador e o governador da província de Bitínia e Ponto, na Ásia Menor, a conhecida figura literária, Plínio, o Jovem, estabelece o completo envolvimento de Trajano na administração do império e suas províncias. A correspondência é esclarecedora ao revelar o gênero de assuntos e preocupações que um governador provincial e o imperador enfrentavam.

Duas das cartas entre Plínio e Trajano (Ep. 10.96,97) fornecem informação sobre a percepção romana dos cristãos primitivos e de seus rituais, bem como tratam do assunto do *status* legal dos cristãos e da religião deles. Devido às crescentes acusações contra os cristãos em sua província, algumas delas feitas anonimamente, Plínio escreve a Trajano para certificar-se de que o simples fato de ser cristão é crime, ou se a culpa de uma acusação específica precisa ser provada. A resposta de Trajano dá a posição oficial do governo imperial sobre a questão dos cristãos. Ele instrui Plínio que não deve haver processo geral; cada caso deve ser julgado em mérito próprio. A culpa deve ser provada por meio de procedimento legal; ser cristão não é em si motivo para processo; um crime deve ser provado. Todavia, continua Trajano, se uma pessoa assim acusada e condenada se arrepende do seu cristianismo, pode ser perdoada. Embora ser cristão não seja crime e nenhuma perseguição aos cristãos deve ser realizada, evidentemente ser cristão explicaria o envolvimento da pessoa em crime.

Bibliografia. H. Mattingly, *Christianity in the Roman Empire* (New York, 1967). [JOHN F. HALL]

TRANSFIGURAÇÃO Evento na vida de Jesus confirmado nos três evangelhos sinópticos (Mt 17:1-8; Mc 9:2-8; Lc 9:28-36). Outra referência possível é 2Pedro 1:16-18. Nos relatos dos sinópticos, os discípulos Pedro, Tiago e João acompanham Jesus ao topo do monte e testemunham sua transfiguração (gr. *metamorphóomai*, "passar por uma metamorfose"). As vestes de Jesus tornam-se brancas intensamente brilhantes;Moisés e o profeta Elias conversam com Ele. Pedro reage sugerindo que armem três tendas, uma para Jesus, outra para Moisés e outra para Elias. Antes que Pedro possa ser censurado verbalmente (cf. Mc 8:33 par.), uma nuvem os envolveu, lançando uma sombra sobre eles e uma voz disse: "Este é o meu Filho amado em quem me agrado. Ouçam-no!" Quando os discípulos olharam em volta, não viram mais ninguém; estavam sozinhos com Jesus. Da perspectiva do escritor do evangelho, isso é símbolo da superioridade de Jesus sobre Elias e Moisés.

Os detalhes dos relatos variam, mas um dos propósitos de cada escritor do evangelho é ligar Jesus a personalidades e profecia da Escritura Hebraica. Não somente Moisés e Elias sofreram como grandes profetas e legisladores, mas cada um teve uma visão da glória de Deus numa montanha (Moisés no monte Sinai, Êx 24:15; Elias no Monte Horebe, 1Rs 19:8) e ambos parecem ter escapado da morte física. Elias foi levado ao céu (2Rs 2:11) e, visto que o local do sepultamento de Moisés não ficou conhecido (Dt 34:5-8), surgiu a lenda de que ele subiu diretamente para o céu (obra pseudepígrafa, Assunção de Moisés). De acordo com algumas tradições, esperava-se que ambos retornassem. Os últimos versículos da Bíblia Hebraica incluem as figuras de Moisés e Elias (Ml 4:4-6 [TM 3:22-24]). Além disso, há várias conexões entre a história da transfiguração de Jesus no topo de uma montanha e a história de Moisés no monte Sinai: isto é, três homens acompanharam Moisés (Êx 24:1); a nuvem cobriu a montanha durante seis dias e Deus chamou Moisés do interior da nuvem (24:15-18); e depois, quando Moisés desceu do monte Sinai, a pele de sua face brilhava porque ele falara com Deus (34:29). O desejo de Pedro de armar tendas pode sugerir uma reminiscência da festa judaica dos Tabernáculos ou das Cabanas, a festa anual da colheita em que se comemorava as tendas usadas durante o Êxodo, ou da tenda sobre o tabernáculo descrita durante o encontro de Moisés no Sinai (Êx 26:7-14). O tema mosaico é inconfundível. Outros temas incluem imitação do batismo de Jesus, recordação da confissão de Pedro um pouco antes dessa história, prenúncio da Ressurreição e expectativa da Parúsia, o temor dos discípulos e o silêncio subsequente. Mateus segue o relato de Marcos mais estreitamente que Lucas. Lucas inclui unicamente uma premonição sobre os eventos que aconteceriam em Jerusalém como tema adicional.

A interpretação tradicional discorda. Alguns estudiosos sugerem que a base histórica desse relato foi originalmente o relato de uma aparência de ressurreição que foi depois transferida para a vida terrena de Jesus; outros propõem que se trata de uma epifania que descreve a divindade de Jesus ou tradição de entronização formada à luz do Filho do homem sofredor proclamado como Filho de Deus. Outras sugestões incluem a história como teofania, lenda de mistério helenística, ou conto do mundo da magia; outros ainda afirmam que a história reflete experiência real por parte dos discípulos.

Tradição cristã posterior identificou a montanha na qual aconteceu a Transfiguração com o monte Tabor. Se a sequência de eventos for tomada literalmente nos relatos sinópticos, essa opção seria improvável, já que o monte Tabor fica a 72 km de Cesareia de Filipe, onde Jesus e seus discípulos estavam exatamente seis dias antes (oito dias em Lucas). Uma possibilidade melhor é o monte Hermom, alta montanha ao norte de Cesareia de Filipe. Seja qual for o local, o evento foi uma experiência culminante em restabelecer o relacionamento de Deus e o propósito para Jesus.

Bibliografia. W. D. Davies e D. C. Allison, *The Gospel according to Saint Matthew* 2. ICC (Edinburgh, 1991); M. D. Hooker, *A Commentary on the Gospel according to St. Mark* (London, 1991). [GLENNA S. JACKSON]

TRANSGRESSÃO *Ver* PECADO.

TRANSJORDÂNIA Expressão derivada do hebraico *ʿbr hyrdn* (Js 12:1; Nm 34:14,15), em vários casos traduzida por "além do Jordão", "o outro lado do Jordão". Embora tecnicamentese refira simplesmente ao lado oposto do rio Jordão a partir da perspectiva do observador, ela veio a ser associada quase que exclusivamente com a região leste da Fenda do Vale do Jordão do monte Hermom, no norte, até o golfo de Aqaba/Elate, no sul.

Sob o aspecto geofísico, a maior parte da Transjordânia é um planalto que, embora pontuado por acentuadas ondulações, aumenta gradualmente em altura do norte para o sul — de um ponto baixo de 400 m em Basã até o planalto moabita que atinge mais de 1.200 m. Esse planalto está ancorado no norte pelo monte Hermom, cuja elevação passa de 2.100 m e, no sul, pelos cumes de Edom, que passam de 1.500 m. O alto platô central está limitado pelo mar da Galileia, pela Fenda do Vale do Jordão, pelo mar Morto e pela Arabá a oeste, e pelo deserto, a leste. É também dividida de leste a oeste por quatro rios importantes (de norte a sul): Uádi Jarmuque, Uádi Zerqa (bíblico Jaboque), Uádi Môjib (Arnom) e Uádi el-Hesa (Zerede). Enquanto os planaltos da Cisjordânia criam uma "sombra de chuva" sobre a Fenda do Vale do Jordão (que significa que pouca chuva cai ali), as montanhas e altos platôs da cadeia de montanhas central da Transjordânia são altas o suficiente para induzir precipitação. A precipitação pluviométrica geralmente diminui do norte para o sul, embora a elevação cada vez maior das montanhas de Edom atraia uma modesta precipitação na parte sul do país.

A ocupação na Transjordânia remonta a culturas pré-históricas incluindo a Idade da Pedra Lascada, Período Mesolítico, o Neolítico, Idade do Cobre, bem como a Idade do Bronze. Alguns estudiosos acreditam que a famosa "Estrada real" (heb. *derek̠ hamelek̠*) que atravessava o eixo norte-sul de Damasco a Aqaba (Nm 20:14-21) data do início do último período (Gn 14:1-16). Durante muitos anos, pensou-se que houve um hiato de assentamento entre o fim do Bronze Antigo IV e a Idade do Ferro I. Entretanto, extensas pesquisas nos últimos anos mostraram que, embora o tamanho e a frequência do assentamento de fato diminuam durante os períodos do Bronze Médio e do Bronze Recente, a terra não deixou de ser ocupada de forma alguma. Ao contrário, parece ter havido uma mudança da forma sedentária de ocupação para o seminomadismo e o nomadismo.

Por volta de 1200 a.C. (transição entre Bronze Recente IIB–Ferro IA) a evidência arqueológica comprova uma dramática fase de resedentarização na Transjordânia semelhante ao que se observou no oeste da Palestina durante este mesmo tempo. Vários vilarejos e cidades muradas foram estabelecidos nessa época. Recente trabalho em Tell el-ʿUmeiri, no sul de Amã, revelou talvez um dos mais primitivos desses assentamentos no planalto da Idade do Ferro I na Cisjorjânia ou na Transjordânia. O sítio arqueológico estava cercado por muros com casamatas. Dentro das casamatas havia várias jarras de abas — conhecidos marcadores do período do assentamento primitivo das terras altas. Nesse mesmo tempo, várias regiões e/ou territórios vieram a ser identificados com a Transjordânia. Estas incluíram (do norte ao sul) as regiões de Basã e Gileade (onde as tribos de Rúben, Gade e meia Manassés se estabeleceram; cf. Nm 34:14,15; Js 12:6) e as terras de Amom (nos altos afluentes do Jaboque/Zerqa), Moabe (norte de Uádi Môjib até Uádi el-Hesa — às vezes é feita referência à área entre o Uádi Môjib e Uádi e-Hesa como o planalto moabita sul ou planalto Kerak) e Edom (sul do Uádi el-Hesa).

Parece também ter havido enclave israelita principalmente da tribo de Rúben, imprensado entre Amom e Moabe, durante a maior parte do início da Idade do Ferro. Israel também ocupou durante certo tempo um trecho do lado leste do vale do Jordão, ao norte do mar Morto, conhecido como a planície de Moabe. Embora as fronteiras políticas de Amom, Moabe e Edom geralmente coincidiam com as fronteiras naturais, as mutantes circunstâncias políticas (que frequentemente incluíam interação com o reino de Israel e Judá) resultaram na mudança das fronteiras políticas desses três reinos transjordanianos de tempos em tempos na Idade do Ferro (c. 1200-550).

Para o fim da Idade do Ferro (séculos VIII-VI), os sistemas políticos locais transjordanianos passaram por uma sequência de submissão a sistemas de governo poderosos, não locais, começando com os assírios (c. 735-605), babilônios (c. 605-539 e persas (c. 539-333). Após a conquista dos persas pelos gregos, a Transjordânia continuou a ser controlada por forças externas, primeiro pelos ptolomeus (c. 333-198), depois pelos selêucidas (c. 198-153), asmoneus

(153-63) e romanos (c. 63). Durante o período romano, os nabateus dominaram no antigo interior de Edom, com Petra como capital. Entretanto, acabaram sendo incorporados ao império romano por volta de 106 d.C. Depois do período bizantino (c. 325-632), os muçulmanos conquistaram a região.

Escavações importantes foram feitas em muitos locais na Transjordânia, associadas à história bíblica. Entre eles estão Abila, Umm el-Qais, Jerash, Pella, a cidadela de Amã, 'Iraq el-Emir, Hisban/Hesbom, monte Nebo, Mukawir/Mechaerus, Dhiban/Dibom, 'Ara'ir/Aroer, Kerak/Kir Moab, Buseira/Bozra e Petra/ Umm el-Biyarah. Muitas outras escavações importantes de locais que datam do período bíblico, mas são de identifiação incerta também foram realizadas. Entre elas estão Umm ad-Dananir, Tell Safut, Rujm Malfuf, Tell Deir 'Alla, Tell Iktanu, Tell Jawa, Tell Mazar, Tell Nimrim, Tell Siran, Tell Sahab, Tell el-'Umeiri, Tell Jalul, Ader, Balu'a, Khirbet al-Medeineh, Lehun, Bab edh-Dhra, Feifa, Ghrareh, Khirbet Khanazir, Tawilan e Tell el-Kheleifeh.

Importantes e interessantes achados arqueológicos dos períodos bíblicos incluem várias estátuas amonitas e bustos coroados encontrados em ou perto de Amã, a sarcofagia antropomórfica em tumbas em ou perto de Amã e várias inscrições importantes. As inscrições mais importantes incluem a inscrição da cidadela de Amã, a inscrição do frasco Tell Siran (onde estava o nome de dois reis chamados Abinadabe), a inscrição de Balaão de Deir 'Alla no vale do Jordão e a inscrição de Mesa (tb. conhecida como Pedra Moabita), de Dhiban.

Duas estelas importantes da Transjordânia são a estela Balu'a (c. 1200), do norde de Kerak e a estela do Guerreiro Shihan, de Rujm el-Abd. A estela Balu'a retrata três figuras em um local, imitação do estilo egípcio, aparentemente representando alguma cerimônia formal de inauguração. A parte superior da estela continha uma inscrição que não é mais legível. A estela do Guerreiro Shihan parece representar um deus guerreiro segurando uma lança. A figura é semelhante às descrições de Baal, o deus cananeu.

A Transjordânia tem também fornecido um número considerável de selos de Amom, Moabe e Edom. A coleção de documentos atualmente é suficientemente grande possibilitando normalmente identificar os selos como amonitas, moabitas ou edomitas tanto pelas características linguísticas quanto paleográficas. Os deuses desses três reinos são geralmente representados nos selos como elementos teofóricos dos nomes de pessoas: Milcom para Amom; Camos, para Moabe e Qos, para Edom. A maioria desses selos e impressões de selo datam da Idade do Ferro II (séculos VIII-VI). [RANDALL W. YOUNKER]

TRAPACEIRO Figura simbólica de mitos, conto de fadas, mitos e lendas cujo comportamento extravagante é habitualmente aceito e celebrado por determinada sociedade ou cultura. Ele é caracteristicamente quase imperceptível, existindo entre uma coisa e outra nos limites da convenção social e do espaço ilimitado da natureza; sua conduta é escatológica e desconstrutiva, todavia simultaneamente criativa dos valores que estabelecem a harmonia social. O trapaceiro é um mestre da ilusão, famoso pelas façanhas de trapaça, sobrevivência, irreverência, humor e criatividade que supera em esperteza seus oponentes com disfarce e habilidade retórica, todavia quase sempre sucumbe à sua própria vaidade e afobação. É frequentemente retratado tanto como enganador como enganado, inteligente e tolo, poderoso e fraco, moral e imoral, criador e destruidor. A figura do trapaceiro é exemplo do comportamento humano em seus extremos e, assim, um meio pelo qual os humanos vêm à compreensão da ambiguidade fundamental de sua existência. O trapaceiro é o centro de muitos contos narrados na África, China, Japão, Índia, antigo Oriente Médio, Grécia antiga bem como do folclore indo-europeu.

Os contos sobre os trapaceiros e antitrapaceiros sugerem não somente a ambiguidade do trapaceiro, como também o contexto socioeconômico no qual as estruturas normais de poder são revertidas em favor do mais fraco. A figura do trapaceiro tem sido vista como imagem universal ou arquétipo, cujas ações ambíguas podem não apenas causar estragos à cultura, como ser também responsáveis pela criação de fenômenos naturais. A figura do trapaceiro é normalmente responsabilizada pela ambiguidade que existe no mundo e, como tal, a representação simbólica da ambiguidade fundamental da humanidade. O trapaceiro representa também um "arquétipo transformador", que sugere movimento e mudança da sombra (o lado escuro do ego como fonte de tolice, dor e dano) para a vida (a alma como princípio criativo da vida). Os contos do herói-trapaceiro podem funcionar, em parte, como meio para resistir ao *status quo*. Nesse contexto, o trapaceiro rompe ou subverte estruturas prevalecentes e relações de poder: o fraco torna-se forte e o forte torna-se fraco. O trapaceiro pode ser palhaço (ou bobo da corte) cujo humor escatológico e movimentos engraçados não apenas nos fazem rir, como costumeiramente o fazem às custas das autoridades predominantes e suas convenções sociais.

Os contos explícitos de trapaceiro não ocorrem no material bíblico com a mesma clareza ou frequência que ocorrem nas mitologias dos índios norte-americanos ou de outra parte; nem a tradição judaico-cristã afirma uma prática estabelecida de celebração em favor do trapaceiro. Talvez isso explique, em parte, por que a erudição bíblica não tenha habitualmente focado na figura do trapaceiro nas literaturas judaica e cristã, embora esteja claramente consciente de que as características do trapaceiro estão presentes. Certamente a imagem de Satanás — seja a do Acusador no livro de Jó ou Enganador e inimigo de Deus em manifestações posteriores — é frequentemente associada com várias imagens ofensivas do trapaceiro. Todavia, ao mesmo tempo, o Deus hebreu exibe o comportamento imprevisível e divertido que é também característica de um trapaceiro. Além disso, histórias como a da falcatrua bem-sucedida de Jacó contra seu irmão Esaú, ou do encontro de Davi com Golias, demonstram claramente temas de trapaceiro. Algumas representações primitivas de Jesus parecem, da mesma forma, ilustrar aspectos da figura do trapaceiro, especialmente no contexto dos diálogos de controvérsia nos quais Jesus confunde seus oponentes com sua rápida sagacidade e habilidade retórica (p. ex., ao lidar com a questão do pagamento de impostos ou se envolvendo na acusação dos fariseus de conluio com Belzebu). No contexto da opressão social e cultural executada pelos romanos, e de acordo com as muitas e diversas organizações judaicas que lutavam por reconhecimento cultural, não é surpresa que os cristãos primitivos aceitassem uma história que representa o pobre e o fraco contra o rico e o poderoso e que esta força para resistir é manifesta frequentemente na habilidade de Jesus em confundir seus oponentes com seu domínio da linguagem.

Bibliografia. C. G. Jung, *Four Achetypes: Mother, Rebirth, Spirit, Trickster* (1959, repr. London, 1972); R. D. Pelton, *The Trickster in West Africa* (Berkeley, 1980); P. Radin, *The Trickster* (1956, repr. New York, 1972); S. Thompson, *The Folktale* (1946, repr. Berkeley, 1977); J. D. Zipes, *Fairy Tales and the Art of Subversion* (New York, 1983). [MICHAEL L. HUMPHRIES]

TRÊS VENDAS Pousada cerca de 48 km ao sul de Roma, na grande estrada romana, a via Ápia. Os cristãos da igreja de Roma encontraram Paulo ali para encorajá-lo em sua viagem para enfrentar o julgamento na capital do império (At 28:15).

TREVAS A ausência de luz, imagem frequente tanto no Antigo quanto no Novo Testamento; o uso do Novo Testamento é altamente influenciado pelo Antigo Testamento. Trevas estavam presentes no início, e o poder de Deus trabalhou contra elas na criação (Gn 1). Trevas são subsequentemente uma imagem mestra para o caos, separação e morte, um sinônimo de pecado e mal. No período intertestamentário, os Rolos do mar Morto ilustram o uso metafórico das trevas como característica das forças hostis a Deus e na batalha com ele (A Guerra dos filhos da luz e dos filhos das trevas; cf. 1En. 108.11-15; T. Levi 19.1).

No Novo Testamento, palavras traduzidas por "trevas" ocorrem várias vezes, e virtualmente em cada caso, são usadas em sentido metafórico. Uma exceção é João 6:17, texto em que a palavra é literal. No registro da morte de Jesus (Mc 15:33 par.), "trevas" pode ser tanto literal quanto figurada.

Quando usado metaforicamente "trevas" pode ser equivalente a Satanás (Lc 22:53) e pode se referir ao destino eterno sem Deus (Mt 8:12; 22:13; 25:30). A vinda de Jesus ao mundo assinala o início do confronto da luz com as trevas (Lc 91:79), e seu ministério pode ser descrito como o trazer a luz para aqueles que estão em trevas (Mt 4:16, citando Is 9:2 [TM 1]). A resposta de Jesus é escolher entre a luz e as trevas, e muitas pessoas preferem as trevas para esconder seus pecados (Rm 1:21; Ef 5:11; 6:12); os pagãos têm trevas como o destino eterno (Cl 1:13; 2Pe 2:17; Jd 13). O conflito entre luz e trevas como a descrição da obra de Deus nos últimos dias, antecipado na esperança apocalíptica do Antigo Testamento, é aumentado no Novo Testamento (Mc 13:24 par.). Atos 2:20 cita Joel 2:31 (3:4) como o cumprimento.

Porque as trevas e a luz são usadas para denotar campos de contraste — os de Deus e os de Satanás — eles são normalmente usados para designar a distinção entre o povo de Deus e aqueles que se opõem a Ele (esp. em Paulo). De fato, voltar para Deus é se voltar das trevas para a luz (At 26:18; 2Co 4:5). O contraste óbvio entre trevas e luz é uma forte maneira de estabelecer o contraste entre o povo de Deus e os outros povos (2Co 6:14; Ef 5:8; 1Ts 5:4-5; 1Pe 2:9).

A oposição fundamental entre Deus e Satanás, ou o povo de Deus e os não crentes, é também manifestada na vida moral. Os cristãos devem evitar "as obras das trevas" e andar "como filhos de Deus" (Ef 5:8, 11). Esse contraste de vida, fortemente apresentado em 1João 1:5-6; 2:8-11, revela o verdadeiro filho de Deus e a validade de suas reivindicações teológicas, distinguindo-os, assim, daqueles que são falsos.

Bibliografia. E. Trocme, "Light and Darkness in the Fourth Gospel", *Didaskalia* 3 (1995): 3-13; D. O. Via, Jr., "Darkness, Christ, and the Church in the Fourth Gospel", *STJ* 14 (1961): 172-93. [WENDELL WILLIS]

TRIBO Nos tempos bíblicos, desde os patriarcas hebreus (Gn 49:28) até os primeiros apóstolos cristãos (Fp 3:5), pertencer a uma tribo significava ser parte de um grupo mencionado cujos membros eram obrigados a cooperar para uma variedade de propósitos práticos e ideológicos e que, em troca, desfrutavam de certos direitos e privilégios importantes para a existência diária. Normalmente, as tribos empregam a ideia de descendência de um ancestral citado em comum como meio de vincular, com propósitos políticos ou outros, clãs e famílias como subunidades dentro de uma tribo maior (Js 7:16-18). Conseguir reivindicar tal qualidade de membro tem sido definitivamente essencial para a identidade média das pessoas como indivíduo e sua sobrevivência física (Nm 27:1-11) diária desde os tempos antigos até hoje no Oriente Médio.

A Bíblia está repleta de exemplos do que significou pertencer a uma tribo. Ser descendente de Abraão significava estar ligado ao pai de todos os humanos, Adão (Gn 5:1-32). Significava pertencer a uma federação de doze tribos que compartilhava certos destinos e objetivos históricos (Gn 49:1-33), e saber aonde ir para achar um cônjuge aceitável para o filho ou filha (Gn 24:1-67). Significava ter o uso de direitos a certas pastagens específicas, fontes de água, centros rituais e terra para túmulo (Gn 13:1-8; 23:1-20; 1Rs 21:1-3). Significava unir-se aos "filhos de Jacó" para escapar da escravidão no Egito (Êx 6:28–7:13; Nm 1:1–4:49); atingir um sistema especial de crenças e práticas rituais como "povo da aliança de Deus" enquanto vagavam pelo deserto do Sinai (Êx 19:1–24:18); e tomar posse da Terra Prometida como "as tribos de Yahweh" (Dt 3:12-22; Js 2:1–11:23). Mais importante que tudo, talvez, significava receber um pedaço específico de terra dentro de um território tribal maior sobre o qual ganhar a vida na nova terra conquistada (Js 13:1–21:45). Uma vez distribuída, tais terras deviam permanecer na posse de clãs e famílias perpetuamente, como ilustrado na história de Rute.

Embora a organização social tribal fosse obviamente principal para a primeira experiência dos israelitas, e sem dúvida também para a de seus vizinhos, os estudiosos têm se inclinado a ver o surgimento das monarquias no sul do Levante durante o Ferro Antigo como de certa forma substituindo a tribo como fonte de identidade e outorga de poder econômico sob a soberania dos reis. Com tantos profetas ralhando contra os abusos não somente dos reis de Israel e Judá, como também contra os reis de seus vizinhos — filisteus, amonitas, moabitas e edomitas — a contínua importância dos sentimentos e lealdade tribal é menos óbvia, pelo menos no que se refere aos textos bíblicos. Existem boas razões para supor, entretanto, que apesar do surgimento dessas "políticas supratribais" ou "reinos" da Idade do Ferro, a tribo continuou quase sem pausa como fonte de identidade e outorga de poder econômico entre a maioria das populações desses reinos. Em outras palavras, apesar do surgimento de "reis" nessas sociedades, e a referência a eles como "reinos", estas foram fundamentalmente sociedades tribais ou "reinos tribais". As características salientes dessas políticas podem ser resumidas como segue:

Os povos que fundaram os reinos de Israel, Amom, Moabe e Edom foram, de modo geral, pastores ligados a pastagens (Nm 32:1; 2Rs 3:4; Jr 49:20) e lavradores ligados à terra (Gn 36:7; Nm 20:17; Rt 2–3). Através de suas histórias, a extensão à qual uma ou outra dessas duas ocupações era enfatizada por determinada família ou grupo de famílias era determinada pelas condições climáticas e da paisagem e pela mudança de oportunidades para o envolvimento no comércio local e regional. O princípio organizacional que facilitou as mudanças adaptativas tanto na direção das ocupações pastoris ou agrícolas foi o tribalismo — uma ideologia baseada na ideia da alegada descendência de um ancestral comum com possibilidades de manipulação para conciliar mudanças de um lado para outro as ocupações ligadas ao pastoreio e à agricultura ao nível tanto das famílias individualmente, grupos de famílias ou comunidades inteiras.

As ocupações econômicas da maioria dos povos ou foram centradas na terra, ligadas à produção de cereais e árvores frutíferas, ou na produção de carne e leite por meio da criação de ovelhas e cabras. Dependendo de qual dessas duas ocupações era enfatizada, as características da organização social tribal podiam variar. Uma mudança na ênfase da produção ligada à terra pelo sedentarismo envolvia a ascensão de clãs baseados em vilarejos, que ligavam pessoas a pedaços de terra agrícola próprios. Uma mudança na direção oposta por meio do nomadismo geralmente levava a maior ênfase na criação de redes tribais que se estendiam por regiões maiores. Embora as famílias especializadas mais numa ou noutra dessas ocupações coexistissem nos mesmos vilarejos e aldeias, a proporção representada por uma ou por outra ocupação variava consideravelmente de um vilarejo para outro. Esta proporção podia também variar com o tempo numa família, numa aldeia, vilarejo ou região em particular.

Por meio de manipulação de alegados ancestrais, indivíduos e famílias conseguiram se afiliar a designados grupos e comunidades dentro da tribo maior (Nm 13:6; 32:12). Tais genealogias gerativas permitiam que indivíduos e famílias, bem como unidades sociais maiores, se dividissem, se subdividissem ou se aglutinassem, dependendo das oportunidades econômicas ou dos conflitos que surgiam em dada unidade social (Gn 36). Dada suficiente ameaça externa, permitia-se também a aglutinação de tribos em entidades supratribais para formar reinos.

Embora a ascensão de reis envolvesse a introdução de um estrato de organização transitória, supratribal, isso não extinguiu a ordem social tribal pré-monárquica. Tal acomodação foi facilitada em parte pelo mecanismo da genealogia gerativa. A persistência da ordem tribal é refletida, em parte, na constante associação de tribos específicas com seus territórios tribais tradicionais durante o período monárquico. Isso também se refletiu na proximidade residencial de parentes e padrões de cooperação e conflito durante o período.

Enquanto no Egito e na Mesopotâmia, o surgimento de regimes supratribais na forma de estados centralizados levou ao surgimento de uma divisão da sociedade em duas esferas — elite urbana e membros tribais rurais — nenhuma divisão acentuada da sociedade ocorreu nos reinos do sul do Levante na Idade do Ferro. Embora uma forma embrionária de tal divisão possa ter surgido em certos centros urbanos mais importantes, de forma alguma pode se igualar à encontrada no Egito e na Mesopotâmia. Na medida em que tenha de fato ocorrido, teria sido mais na Cisjordânia do que na Transjordânia durante o período da Idade do Ferro II. Isso porque a predação de membros de tribos rurais por elites urbanas podia ser feita com menos risco de resistência na Cisjordânia devido suas condições agrícolas mais favoráveis.

Durante a Idade do Ferro II, a administração de territórios tribais de regiões distantes estava centrada em "cidades" fortificadas, que normalmente consistiam de um grupo de edifícios administrativos localizados no cume de uma colina de algum tipo ou cercados por plataformas de defesa e/ou muros e, às vezes, protegidos por um fosso e com portas de entrada. Em diversos graus, cada cidade importante tinha governo administrativo que consistia de um quadro de burocratas cujo papel era administrar os assuntos econômicos das tribos interioranas circundantes. A existência e a amplitude de poder de tais burocratas podem ser averiguadas pelo estudo de instrumentos de poder delegado, como selos e objetos afins.

A vida diária da maioria dos membros desses reinos antigos foi desvendada em atividades relacionadas à busca por comida. As pessoas viviam em pequenas vilas e aldeias cercadas por terras agrícolas e pastagens. As vilas e aldeias consistiam de várias configurações de casas, cavernas e tendas, dependendo das condições de produção em várias regiões geográficas. Como regra geral, quanto mais "arriscadas" eram essas condições de produção de alimentos, e devido às vicissitudes do clima, comércio ou política, maior era a fluidez das redes sociais tribais e maiores eram as mudanças nos padrões de assentamento rural. Os ciclos de sedentarização e de nomadismo parecem geralmente ter sido mais acentuados na Transjordânia do que na Cisjordânia. Na Transjordânia, tais siclos se tornam mais acentuados à medida que se muda para o sul, de Amom para Moabe, na direção de Edom.

As relações de poder em cada um desses domínios tribais da Idade do Ferro são melhor descritos como equilibradas em vez de classificadas numa hierarquia escalar. Assim, foi possível a esse respeito haver vários centros de gravidade políticos dentro de cada reino, cada centro baseando seu poder num recurso político diferente. Por exemplo, um centro pode ser politicamente poderoso devido sua localização na junção de duas ou mais estradas que se cruzam (Gezer, Hesbom). Outro pode basear seu poder em ser um centro de processamento e distribuição de certos produtos agrícolas (Berseba?). Um terceiro pode basear seu poder por ser a sede de um importante culto ou santuário religioso (Jerusalém). Tais estruturas contrastam nitidamente com a hierarquia escalar associada às sociedades hidráulicas do Egito e da Mesopotâmia. Elas são também mais congruentes com os ideais igualitários das sociedades tribais.

Coerente com a existência das estruturas de poder hierárquico seriam as unidades territoriais sobrepostas. As fronteiras que separam diferentes unidades políticas a nível local seriam melhor descritas como indistintas e mutáveis, em vez de claras e fixas (Js 15; 19:1-9). Isso se deve ao fato das atividades econômicas com que um grupo se ocupa poderem ser as que facilmente ocorram simultaneamente com as realizadas por outro grupo. Por exemplo, um segmento tribal pode ser basicamente composto de pastores; outro por agricultores. Assim, ambos se beneficiariam da sobreposição de uma atividade à outra, já que os animais pertencentes a um grupo teriam permissão para pastar no restolho dos campos reivindicados por outro.

Embora a evidência bíblica possa ser interpretada para sugerir que os reis surgiram já no fim da Idade do Ferro I, a evidência arqueológica aponta para o Ferro IIB-C como o período em que a produção de alimento ligada à terra, a sedentarização, o controle burocrático e a integração regional chegaram ao auge. O Ferro IIA parece ter sido um período de transição. O impulso inicial para a aglutinação desses reinos tribais certamente inclui a chegada dos filisteus na Idade do Ferro IA, que forçou as tribos israelitas a se unirem sob um "rei". O surgimento da monarquia em Israel, por sua vez, muito provavelmente foi um dos fatores que compeliram as primeiras tribos amonitas, depois as moabitas e, por fim, as edomitas a se unirem sob um "rei".

Bibliografia. P. Bienkowski, "The Date of Sedentary Occupation in Edom", in *Early Edom and Moab* (Sheffield, 1992), 92-112; I. Finkelstein, "The Great Transformation: The 'Conquest' of the Highlands Frontiers and the Rise of the Territorial States", in *The Archaeology of Society in the Holy Land*, ed. T. E. Levy (Sheffield, 1994), 349-65; N. K. Gottwald, *The Tribes of Yahweh* (Maryknoll, 1979); L. G. Herr, "Tell el-'Umayri and the Madaba Plains Region during the Late Bronze-Iron Age I Transition", in *Mediterranean Peoples in Transition*, ed. S. Gitin, A. Mazar e E. Stern (Jerusalem, 1998), 251-64; O. S. LaBianca, *Sedentarization and Nomadization: Food System Cycles at Hesban and Vicinity in Transjordan*. Hesban 1 (Berrien Springs, 1990); LaBianca e R. W. Younker, "The Kingdoms of Ammon, Moab and Edom", in *The Archeology of Society in the Holy Land*, ed. Levy (Sheffield, 1994), 399-445; J. M. Miller, "Early Monarch in Moab?" in *Early Edom and Moab*, ed. Bienkowski (Sheffield, 1992), 77-91; R. W. Younker, "Moabite Social Structure", *BA* 60 (1997): 237-48. [ØYSTEIN S. LABIANCA]

TRIBULAÇÃO Termo que designa aflição de vários tipos (heb. *ṣar, ṣārâ*; gr. *thlípsis*). No AT, é o destino esperado do justo (Sl 34:19 [TM 20]; 71:20) e com frequência vinha sobre Israel por meio do ataque de inimigos políticos (1Sm 10:18,19). Foi considerada como parte integrante da história da salvação e, de certa forma, da qual Deus livraria o povo, mesmo que ela se originasse de Deus como punição pela desobediência (Êx 3:9,10; Dt 4:30,31). Na literatura interbíblica a tribulação é uma referência ao sofrimento dos justos (2Apoc. Bar. 15.8; 1QH 2.6-12; 5.12) bem como à última Grande Tribulação antes do dia do Senhor (1QM 1.12; 15.1). No NT a tribulação que pertenceu a Cristo é o destino que cabe aos que O seguem (Jo 16:33; Cl 1:24; Ts 3:3; 2Tm 3:12). Ela produz perseverança (Rm 5:3) e glorificação nos cristãos (8:17; 2Co 4:7,8,17). Tribulação é o destino do ímpio tanto na terra (Ap 2:22) como no juízo (Rm 2:9).

A perseguição dos judeus pelo rei selêucida Antíoco IV Epifânio (167 a.C.) estabeleceu o padrão da tribulação do fiel pelas forças malignas (Dn 12:1) que foi repetido na queda de Jerusalém. Esta perseguição será completamente manifestada na Grande Tribulação dos últimos dias antes da volta de Cristo (Mt 13:14-17 = Mt 24:15-31). A tribulação é uma intensificação da batalha entre o bem e o mal nos últimos dias (2Ts 2:1-12; Ap 3:10; 7:14). É um período de intensa perseguição da Igreja pelas forças malignas resumidas no anticristo, e o julgamento dessas forças por Deus.

Bibliografia. S. Harding, "Imagining the Last Days: The Politics of Apocalyptic Language", in *Accounting for Fundamentalisms*, ed. M. E. Marty e R. S. Appleby (Chicago, 1994), 57-78; L. Thompson, "A Sociological Analysis of Tribulation in the Apocalypse of John", in *Early Christian Apocalypticism*, ed. A. Y. Collins. Semeia 36 (Atlanta, 1986), 147-74. [DUANE F. WATSON]

TRIBUNAL Estrado elevado no qual tomava assento um juiz, ou, por extensão, a própria corte (gr. *bēma, kritērion*; lat. *rostrum*). Quando Pilatos dirigiu-se à multidão, estava sentado em seu tribunal (Mt 27:19; Jo 19:13). Paulo apareceu perante Galio, em seu *bēma* (At 18:12-17), plataforma adornada como as das ruínas de Corinto. Paulo também esteve perante o tribunal de Festo em Cesareia (At 25:6-21). [GARY S. SHOGREN]

TRIBUTOS 1. Taxa ou arrecadação imposta por um soberano, normalmente sobre um povo conquistado. Envolvia taxa monetária ou servidão, ou ambas. O tributo (heb. *mas*; gr. *phóros, kēnsos*) podia ser pago a reis estrangeiros, reis de Israel, ou ao rei supremo, Yahweh.

Acredita-se que Issacar tenha sido uma tribo sob tributo (Gn 49:15; heb. *ʿōḇēḏ*; "trabalho forçado"). Não há indicação de que o "tributo" de Issacar tenha envolvido obrigação monetária; nesse caso supõe-se que provavelmente a servidão seja a um governo estrangeiro ou aos próprios compatriotas. Embora pareça que Salomão usou principalmente estrangeiros para seus projetos de construção (1Rs 9:20,21 = 2Cr 8:7,8), em certo momento ele usou 30 mil israelitas (1Rs 5:13,14).

Os israelitas pagaram tributo pecuniário a Moabe (Jz 3:15-18), mas depois Davi extraiu tributo de Moabe (2Sm 8:2) e da Síria (v. 6). Salomão recebeu tributo e serviço de "todos os reinos do Eufrates à terra dos filisteus, até a fronteira do Egito" (1Rs 4:21 [TM 5:1]). Os filisteus trouxeram prata como tributo a Josafá (2Cr 17:11), mas Joacaz foi forçado a pagar tributo ao Egito (2Rs 23:33). O tributo exigido dos judeus do pós-exílio ao império persa foi assunto de oposição à reconstrução de Jerusalém (Ed 4:13, 20; 6:8; cf. Ne 5:4); o pessoal do templo ficou isento (7:24). O tributo a Yahweh incluía espólio de guerra (Nm 31:28, 37, 38, 40) e ofertas voluntárias do que Yahweh havia dado (Dt 16:10).

A maior parte das referências a tributo no NT diz respeito à adequação do pagamento de tributo pecuniário a César (Mt 22:17, 19; Mc 12:14; Lc 20:22; cf. 23:2; Rm 13:6,7). Jesus pagou tributo na forma da taxa do templo (Mt 17:24,25). [JOE E. LUNCEFORD]

2. Havia uma ampla diversidade de formas pelas quais os governos garantiam as receitas para suas operações, entre elas as taxas, multas, aluguéis e tributos sobre propriedades, pessoas e viagens. A forma mais direta de aquisição de recursos pelo governo era o trabalho forçado (heb. *mas*), o recrutamento de trabalhadores para realizar tarefas determinadas pelos governantes (p. ex., Js 16:10; 2Sm 20:24; 1Rs 12:18). A maioria dos tributos, entretanto, era de dois tipos: diretos e indiretos. Um sistema regular de tributação está prescrito em Levítico 27:1-8. O censo de Davi parece ter sido parte de uma taxação sistemática de Israel (2Sm 24). Taxações eventuais são também mencionadas: o imposto de Joás para reparo do templo (2Rs 12:4-18); o imposto de Menaém sobre os ricos para subornar o rei da Assíria (15:20); o imposto de Jeoaquim dado por ele ao faraó Neco (23:35).

Durante o início do período da República Romana, o arrendamento de terras públicas produziu receita governamental. A partir do século II a.C., entretanto, a riqueza de Roma aumentou enormemente com a conquista de povos estrangeiros e com o confisco de seus recursos. Mais tarde, um sistema de impostos foi introduzido. Paulo aconselhou seus leitores a pagarem aos romanos tanto os impostos diretos quanto os indiretos (Rm 13:6,7). O imposto direto, conhecido como "tributo" (gr. *phóros*; lat. *tributum*), era taxa sobre a terra (*tributum soli*) ou taxa pessoal sobre todos em idade passível de taxação (*tributum capitis*), usado para sustentar a presença militar romana, fomentar programas de construção e manutenção geral do império. Era cobrado por procuradores romanos. Quando ocorriam desastres naturais, os imperadores quase sempre suspendiam a obrigação desse imposto da cidade ou da província afetada. Os impostos indiretos (gr. *télos*; lat. *vectigal*) eram impostos arrecadados em comarcas autônomas. Eles incluíam impostos sobre importação e exportação (*portorium*), um imposto de 5% sobre herança (*vicesima hereditatium*), um imposto de 5% sobre emancipação (*vicesima libertatis*), um imposto de 1% sobre leilão público (que ia para o fundo de pensão militar), um imposto de 4% sobre a venda de escravos (para sustentar a polícia local) e outros impostos locais, como pedágios em pontes e embarcadouros e impostos sobre casas e construtores.

Para a arrecadação de alguns desses impostos, um sistema de "arrendamento de impostos" era usado pelos romanos, de acordo com o qual o governo leiloava contratos a publicanos (ricos coletores de impostos) que pagavam aos romanos do próprio bolso e depois arrecadavam do público tanto quanto queriam para recuperar seus investimentos. Esses exploradores gananciosos e cruéis obtinham seu lucro arrecadando muito mais do que gastavam com seus contratos (cf. Lc 19:2-8). O sistema permitia constantes abusos do público. Temos evidência do Egito que de vez em quando os publicanos eram acompanhados pelo exército ou pela polícia para extorquir dinheiro do público.

Outro tipo de imposto mencionado no NT é o imposto do templo, de meio *shekel* pago anualmente em março pelos homens judeus para ajudar a conservação do templo de Jerusalém (Mt 17:24-27). [RICHARD A. SPENCER]

TRIFÃO (gr. *Tryphōn*) Epíteto ("magnífico, exuberante") de Diodoto, general e depois rei nos turbulentos anos do governo selêucida na Síria, que incluía a Palestina. As consequências de seus feitos em relação a política e eventos na Judeia estão registrados em 1Macabeus 11–15.

Trifão aparece pela primeira vez em fontes históricas como general sob Alexandre Balas, que tirou à força o trono selêucida de Demétrio I Soter em batalha (150 a.C.). Balas, por sua vez, foi derrotado por partidários do filho de Demétrio, Demétrio II Nicator (145). Trifão valeu-se de sua situação para promover o próprio poder e fez de Antíoco VI, jovem filho de Balas seu tutelado e reivindicou o trono em seu nome. Em 142, Trifão assassinou Antíoco VI e reivindicou o trono para si. Trifão cometeu suicídio após sua derrota em 138 por Antíoco VII Sidetes, irmão de Demétrio II.

Na época dessas ocorrências, os asmoneus estavam aumentando seu poder na Judeia. Sob a liderança de Jônatas, tentaram terminar com a competição mútua dos pretendentes rivais, geralmente com sucesso. Jônatas colocou-se ao lado de Antíoco VI e de Trifão logo depois que eles reivindicaram o trono (1Mac 11.54-59). Entretanto, Trifão, aparentemente temendo que o aumento do poder judeu levasse a um reino independente, tornou-se hostil aos asmoneus. Ele encontrou o exército de Jônatas em Bete-Seã, alegou intenções pacíficas e cobriu Jônatas de honras; persuadiu Jônatas a dispersar seu exército, mantendo apenas uma guarda de 1.000 homens e ir com ele a Ptolemaida. Ao chegarem, a guarda de Jônatas foi massacrada (1Mac 12.29-48). O próprio Jônatas foi feito refém e em seguida morto em 142 (1Mac 13.12-30).

A liderança dos asmoneus estava naquele momento com o irmão de Jônatas, Simão que, obviamente, se aliou com Demétrio II. Simão se aproveitou da posição relativamente fraca de Demétrio com respeito a Trifão para obter promessas da independência judaica. Embora Demétrio (e subsequentemente Antíoco VII) tenha tentado mais tarde revogar esses privilégios, os asmoneus viram o ano de 142 como o início de uma nova era, quando "o jugo dos gentios foi removido de Israel" (1Mac 13.41-42). [WILL SOLL]

TRIFENA (gr. *Trýphaina*) Mulher cristã de Roma a quem, com Trifosa, Paulo manda saudações (Rm 16:12).

TRIFOSA (gr. *Tryphṓsa*) Cristã de Roma a quem Paulo manda saudações (Rm 16:12). Ela e Trifena "trabalharam arduamente no Senhor" e talvez fossem irmãs.

TRIGO Cereal preferido no preparo de alimentos. Uma das lavouras e árvores frutíferas com a qual a terra de Israel foi abençoada (Dt 8:8), sua cultura se desenvolveu desde o início do período neolítico. O trigo (*Triticum*; heb. *ḥiṭṭâ*) é uma safra de inverno e se dá melhor na temperatura média de inverno e com precipitação pluviométrica anual de 500-700 mm. Seu plantio começa no fim de outubro e continua em novembro; o trigo está pronto para colheita, dependendo da região, entre o fim de abril e maio, terminando com a Festa das Semanas (*šāḇûʿôṯ*).

Existem várias espécies de trigo, incluindo o *einkorn* (*Triticum monococcum L.*), o *emmer* (*kussemeṯ*; Êx 9:32; *T. dicoccum Schübl.*), o trigo duro (*T. durum Desf.*), o espelta (*T. spelta L.*), e o trigo de pão (T. Aestivum L.). O trigo exaure o solo, por isso é necessário que seja integrado com uma lavoura de ciclo rotativo, além de outras medidas para restaurar a fertilidade do solo, como a fertilização do solo com adubo ou cinza.

O trigo pode ser comido cru, crestado (qalî), ou moído em farinha (qemah) para alimentos assados (Êx 29:2). Ele pode também ser esmagado (geres) e usado também em outros alimentos, como mingau.

Bibliografia. O. Borowski, *Agriculture in Iron Age Israel* (Winona Lake, 1987); J. M. Renfrew, *Palaeoenthnobotany: The Prehistoric Food Plants of the Near East and Europe* (New York, 1973). [ODED BOROWSKI]

TRINDADE O entendimento característico cristão de que o Deus criador se manifestou na história como o Deus de Israel, e o Deus e Pai de Jesus Cristo é tripessoal. Essa característica da compreensão trinitariana tem sido mantida, por um lado, contra o modalismo (ou sabelianismo), que afirma que o Deus único revelou o ego divino em três manifestações sucessivas ou formas e, por outro lado, contra o triteísmo, que afirma haver essencialmente três deuses: o Pai, o Filho e o Espírito Santo. O termo "trindade" surgiu no início da história cristã como a designação para o entendimento cristão singular de Deus o Pai, Deus o Filho e Deus o Espírito Santo como tri-unidade.

O termo pode ser rastreado até Tertuliano, pai latino do século III d.C., que criou a palavra *trinitas* para expressar o relacionamento singular intradivino. Embora o termo "trindade" em si não seja uma palavra bíblica, a doutrina da trindade está claramente fundamentada tanto no AT como no NT. O AT usa com frequência termos como "Espírito de Deus" (p. ex., Gn 1:2) e "anjo do Senhor" (Êx 23:23) que sugerem pluralidade na natureza pessoal de Deus. Além disso, o uso frequente do nome divino em sua forma plural (Gn 1:26; 11:7) e as insinuações da individualidade divina em referências à Palavra de Deus (Sl 33:6) e à Sabedoria de Deus (Pv 8:12) indicam raízes veterotestamentárias para a doutrina da trindade.

Embora não exista doutrina explícita da trindade no NT, pode-se rastrear com mais facilidade a reflexão trinitariana de seus autores. A divindade de Jesus é claramente demonstrada (Mt 16:16; Jo 20:28), e a natureza divina do Espírito, ou Confortador, é igualmente bem confirmada (14:16-26; 15:26; 16:5). Mais convincente são as fórmulas trinitarianas encontradas na literatura neotestamentária. 2Coríntios 13:13 provavelmente representa a mais antiga fórmula trinitariana usada por Paulo para abençoar a comunidade da fé, e a doutrina da trindade é claramente articulada na fórmula batismal de Mateus 28:19. Todas as três pessoas da trindade estão reunidas no batismo de Jesus (Mt 3:16). A salvação do crente está intimamente associada ao Pai, ao Espírito e a Jesus Cristo em 1Pedro 1:2. Portanto, a doutrina trinitariana está intimamente integrada nas doutrinas centrais da fé cristã em sua mais antiga literatura confessional.

Nos primeiros séculos da era cristã, a doutrina da trindade foi desenvolvida no contexto dos debates cristológicos pré e pós-concílio de Niceia . Nos primeiros séculos, particularmente sob a liderança dos pais capadócios, a atenção foi focada na *oikonomia* ou na trindade econômica com foco soteriológico. A Idade Média viu uma mudança de atenção voltada para a teologia, ou a questão da natureza trinitariana de Deus em si, a trindade imanente. Muitos teólogos contemporâneos, tanto na tradição católica quanto na protestante, argumentam que qualquer distinção entre como Deus tem manifestado o próprio Deus na história da salvação e como Deus está no ego de Deus é distinção artificial. A doutrina da trindade repousa no centro do diálogo cristão contemporâneo com outras religiões do mundo. [D. LARRY GREGG]

TRINTA, OS A designação convencional do quadro de guerreiros de elite de Davi, também chamados de "Valentes" (heb. *gibbôr'm*, "heróis, campeões, guerreiros heroicos"). O AT contém duas listas semelhantes — embora não muito idênticas — desses guerreiros: 2Samuel 23:24-39; 1Crônicas 11:26-47, nenhuma das quais contém trinta nomes. 2Samuel lista 32, não menciona os citados (e não numerados) "filhos de Jasém", enquanto 1Crônicas 11 dá 46, omite os vários grupos cujos membros também não são citados e nem numerados.

Apesar da predominância da interpretação tradicional "Trinta" (*haššělôš'm*), variantes de manuscritos hebraicos, e certas interpretações do próprio TM, atestam uma atenuada tradição na qual o hebraico *šāl'š'm*, era interpretado por "trinta" (pl.). O hebraico *šāl's* pode originalmente ter se referido a trinta homens na carruagem, daí sua presença em Êxodo 15:4. Do tempo de Davi em diante, o *šāl'š'm* não tem nada a ver com carruagem, mas aparece como infantaria de elite com outras unidades especiais obscuras, como o *rāṣ'm*, "corredores" (cf. 2Rs 10:25). Uma explicação possível do termo, nesse contexto, é que os *šāl'š'm* estavam organizados em pelotão de três, como comandos especiais, lutando em apoio um do outro. Assim as histórias assinaladas às duas listas consideram as proezas dos "três", então continua a história dos três anônimos que avançaram pela linha filisteia em Belém para tirar água da fonte dali para Davi. Não está claro quando estes *šāl'š'm* tornaram-se um núcleo separado dentro do exército de Davi, mas a inclusão deste incidente das guerras filisteias, e o nome de Asael, irmão de Joabe e Abisai, sugere data anterior.

Existe pouca evidência de que houve trinta deles. A inclusão de homens como Asael, que foi morto logo no início da guerra com a casa de Saul e Urias, o hitita, mandado para a morte por Davi durante as guerras amonitas (2Sm 11–12), bem como o retardatário Benaia, filho de Joiada, que serviu como comandante do exército no reinado de Salomão, sugere que as listas contêm número não fixo de homens, mas nomes e grupos que chegaram a este *status* da elite durante o reinado de Davi.

Ambos os termos hebraicos se referem ao mesmo corpo de servos de elite, ligados diretamente à pessoa do rei e escolhidos para esse serviço por atos especiais de bravura. Eram, por profissão, homens de infantaria fortemente equipados, "campeões". Como tais, agindo sozinhos ou em grupos de três, podiam ficar posicionados junto de uma linha de batalha para reforçar o recrutamento, ou ficar concentrados como grupo num único ponto para romper a linha inimiga, tática empregada por Joabe e Abisai contra os sírios e os amonitas (2Sm 10). Alguns desses guerreiros foram nomeados para posições como oficiais de alta patente no exército de Davi (p. ex., Abisai, Benaia).

Bibliografia. D. G. Schley, "The Salîsîm: Officers or Special Three-man Squads?" *VT* 40 (1990): 321-26. [DONALD G. SCHLEY]

TRÍPOLI (heb. *Trípolis*) Cidade protuária fenícia cerca de 70 km ao norte de Beirute. Fundada numa proeminente península pelas cidades fenícias de Tiro, Sidom e Biblos, cada uma delas controlava um setor murado da cidade (daí seu nome, lit., "três cidades"). Durante o período persa, esta cidade tornou-se o centro administrativo da Fenícia. A cidade não resistiu a Alexandre e depois foi uma fortaleza selêucida. Foi o cenário da primeira batalha (161 a.C.) pelo trono selêucida entre Demétrio I Soter (que acabou sendo o vencedor) - recentemente fugido da detenção em Roma — e seu primo Antíoco V Eupator (1Mac 7.1-4; 2Mac 14.1). Trípoli tornou-se independente em 111 a.C., como consequência do colapso do poder selêucida na região. Ela foi organizada como província romana em 65 a.C. É creditado ao apóstolo Pedro a fundação de uma comunidade cristã na cidade. Ainda existe uma lista de bispos de Trípoli com início em 325 d.C. [MARK ANTHONY PHELPS]

TRÔADE (gr. *Trōás*) Importante porto marítimo no mar Egeu localizado no noroeste da Ásia Menor cerca de 20 km no sul-sudoeste da antiga Troia (Ilium). A cidade foi fundada como Antigonia por volta de 310 por Antígono, sucessor de Alexandre, o Grande. Após derrotar Antígono, Lisímaco mudou o nome da cidade para Alexandria Trôade em honra a Alexandre, o Grande (301). Uma das cidades mais importantes do império romano, Trôade tornou-se posse romana em 133 e veio a ser colônia romana sob Augusto.

Lucas coloca Paulo em Trôade duas vezes. De Trôade, Paulo navegou para Macedônia em resposta a uma visão (At 16:8-11). A primeira passagem em 1ª pessoa do plural "nós" ocorre aqui, sugerindo que Lucas juntou-se a Paulo em Trôade. Paulo também passa uma semana ali em sua viagem a Jerusalém, depois de sua terceira viagem (At 20:5-12). Lá Paulo ressuscitou Êutico quando este caiu de uma janela durante o sermão de Paulo.

Paulo menciona uma visita a Trôade (2Co 2:12,13), que se acredita ser outra visita feita entre as registradas em Atos. De acordo com 2Timóteo 4:13, Paulo deixou uma capa, livros e pergaminhos em Trôade. Nem Paulo nem Lucas discutem a fundação da igreja em Trôade.

Bibliografia. J. H. M. Cook, *The Troad: An Archaeological and Topographical Study* (Oxford, 1973), esp. 198-204; C. J. Hemer, "Alexandria Troas", *TynBul* 26 (1975): 79-112. [RICHARD S. ASCOUGH]

TRÓFIMO (gr. *Tróphimos*) Com base no grego *tróphos*, "ama-seca" (1Ts 2:7), Trófimo ou significa "filho adotivo" ou é um nome. No NT, Trófimo é efésio, provavelmente gentio não circuncidado convertido ao cristianismo que, com Tíquico, representou a província da Ásia, na última viagem de Paulo a Jerusalém (At 20:4). Sua suposta presença no pátio do templo de Israel era proibida pela lei judaica

A B C D E F G H I J K L M N O P Q R S T U V X Y Z

(sancionada pelo governo romano) e levou Paulo a ser preso (At 21:29; cf. a referência ao muro de separação em Ef 2:14).

O texto de 2Timóteo 4:20 dá a entender que Paulo deixou Trófimo doente em Mileto, cidade próxima a Éfeso. De acordo com Atos, entretanto, Paulo não retornou à província da Ásia depois de sua prisão no templo. Alguns estudiosos usam essa passagem para apoiar a primitiva tradição da Igreja para uma segunda prisão em Roma. [CHARLES A. RAY, JR.]

TROGÍLIO (gr. *Trōgýllion*) Promontório do monte Mícale, península na costa da Ásia Menor que se estende em direção à ilha de Samos. De acordo com o texto ocidental de Atos 20:15, o navio que levava o grupo de Paulo chegou à ilha de Samos, onde problemas de navegação no apertado estreito entre a ilha e o promontório obrigou a tripulação a permanecer em Trogílio antes de partir para Mileto no dia seguinte.

TROMBETA A palavra "trombeta" ou "chifre" é tradução do grego *sálpinx*, que abrange tanto o hebraico *šôpār* ("chifre de carneiro") como *ḥăṣōṣĕrôṯ* ("trombeta de metal"). As trombetas e chifres tinham múltiplas funções. Eram usadas na guerra (Nm 10:9; Js 6:4-20, Jz 3:27; 6:34) para emitir sinais (1Sm 13:3; Is 18:3; 27:13; 58:1), reunir para batalha (Jz 7:19), montar e desfazer acampamento (Nm 10:2). Elas eram também usadas pelas sentinelas (Jr 6:1, 17; Ez 33:3-6). No culto, a trombeta ou o shofar era tocado para sinalizar o Dia da Expiação bem como outras festas e celebrações designadas (Lv 25:9). As ofertas queimadas e de comunhão eram também acompanhadas pelo tocar das trombetas (Nm 10:2, 10). Nas tradições posteriores, a trombeta era tocada, ao que tudo indica, pelos sacerdotes em vez de pelos levitas (2Cr 5:12; 29:26); entretanto, outros relatos atribuem o toque de trombeta também aos levitas (1Cr 16:42).

O grego *sálpinx* refere-se a uma variedade de instrumentos musicais e é importante para contextos militares, culturais e religiosos. Seria o soar do *sálpinx* que anunciaria os tempos messiânicos (1Ts 4:16) ou a ressurreição dos santos (Ques. Ezra B12; 1Co 15:52). Ele estava também associado ao julgamento e ao fogo (Ap. Sf 9-12; Mt 24:31; T. Abr. 12.10). O *sálpinx* desempenha importante papel em Apocalipse, em que os temas de julgamento, devastação e anúncio do dia do Senhor vêm juntos nos cenários de trombetas (Ap 8:6–9:21; 11:15-20). [MELISSA L. ARCHER]

TROMBETAS, FESTA DAS "Um dia para tocar trombetas", festa no primeiro dia do sétimo mês, tishrei (set.-out.), início do mês mais sagrado de Israel, que também incluía a Festa das Cabanas e o Dia da Expiação. A festa era oficialmente aberta com toques de trombeta (Nm 29:1). Todo trabalho tinha de cessar e o povo devia ouvir uma leitura pública da Lei (Ne 7:73b–8:12). Os sacrifícios incluíam um bezerro, um carneiro e sete cordeiros machos, todos de um ano de idade, acompanhados por ofertas de cereais (Nm 29:2-6). Além desses sacrifícios, das ofertas diárias e da oferta queimada mensal e dos cereais, um bode devia ser sacrificado como oferta pelo pecado para fazer expiação pelo povo. Talvez isto fosse a expectativa do Dia da Expiação que ocorreria nove dias depois.

Embora os textos bíblicos prescrevam os detalhes necessários para a festa, não existe menção do propósito ou função original da festa. Desde o advento do judaísmo pós-bíblico, a Festa das Trombetas tem sido celebrada como celebração do Dia do Ano Novo. Não há referência a uma celebração do Dia do Ano Novo no AT, em Josefo ou Fílon (cf. Ez 40:1, que faz referência somente ao tempo do ano). Alguns especulam que o significado de uma celebração do Ano Novo teria sido subestimado devido sua importância entre as religiões politeístas dos vizinhos de Israel, mas se de fato um evento desses foi celebrado, teria sido neste dia. [MELISSA L. ARCHER]

TRONCOS Instrumentos para confinar e restringir prisioneiros. Os troncos eram provavelmente de madeira e grandes o suficiente para ser um impedimento real e um desconforto a quem estivesse preso a ele. Os troncos incluíam coleiras (Jr 29:36) ou correntes nas quais os pés eram inseridos para impedir o movimento (Jó 13:27; 33:11), como aquelas em que Pasur colocou Jeremias ao se irritar com o sermão do profeta no templo (Jr 20:2,3; cf. 29:26). Uma variação do tronco era um tipo de ornamento tiliantante colocado nos doidos para corrigi-los (Pv 7:22; cf. KJV). O objetivo do dispositivo era produzir desconforto à vítima deformando ou torcendo o corpo de forma anormal. Algumas Bíblias em inglês traduzem o hebraico *'es* ("madeira") por "troncos", quando na realidade ele é parte da frase técnica "pedras e árvores", ligada aos cultos da fertilidade (p. ex., Jr 2:27; 3:9; Hc 2:19). Em Filipos, Paulo e Silas foram colocados no tronco (At 16:24), que pode ter sido feito de uma viga de madeira com cinco conjuntos de furos para estender as pernas e causar vários graus de dor. [RICHARD A. SPENCER]

TRONO Assento que simboliza autoridade e majestade, particularmente as conferidas a um rei (Gn 41:40; 2Sm 3:10). O rei é representante de Deus e o trono do rei tipifica o divino trono celestial (1Cr 28:5-7; 1Rs 22:10, 19; Is 6:1). Como tal, o trono e seu ocupante devem emular o caráter e os mandamentos de Deus (Pv 16:12; 20:28). Davi recebe a promessa de que seus descendentes no trono serão como filhos de Deus, disciplinados pelo pecado, mas recebendo perpetuamente o amor leal de Deus num trono eterno (2Sm 7:13-16; cf. Sl 89:4 [TM 5]).

É prometido a Maria que Jesus ocupará o trono de Davi para sempre (Lc 1:32; cf. Is 9:7 [6]; 16:5; At 2:30; Hb 1:8; 8:1; 12:2). Os doze apóstolos que seguiram Jesus neste mundo reinarão com ele sobre doze tronos no mundo vindouro (Mt 19:28; Lc 22:30). Poderes angélicos, tanto bons como malignos, são também descritos como tronos (Cl 1:16; cf. Ef 1:21; Ap 2:13).

O livro de Apocalipse concentra-se em Deus, que senta-se sozinho no trono (Ap 4:2–5:1). todavia Jesus, visualizado como o Cordeiro, é digno do mesmo louvor que Deus e com ele reinará para sempre (Ap 5:6-13). Talvez os enigmáticos doze anciãos (p. ex., Ap 4:4) que sentam-se em 24 tronos simbolizem o povo de Deus completo, composto por Israel (doze tribos) e a Igreja (doze apóstolos). O julgamento final procede daquele que está sentado no grande trono branco (Ap 20:11-15). [DAVID L. TURNER]

TRONO DO JUÍZO Plataforma elevada (gr. *bēma*) para um orador público (Ne 8:4 LXX; At 12:21) ou um juiz e, por extensão, tribunal ou corte (cf. *kritērion*). Lísias mencionou *bema* (2Mac 13.26), e Pilatos estava sentado num trono do juízo colocado sobre uma plataforma elevada, quando perguntou aos judeus o que deveria ser feito com Jesus (Mt 27:19; Jo 19:13). Paulo apareceu perante o trono de julgamento de Galio em Corinto (At 18:12-17) e perante o de Festo em Cesareia (25:6, 10, 17).

Paulo menciona duas vezes o *bēma* do julgamento divino. Ele argumenta que Deus (Rm 14:10) e Cristo (2Co 5:10) ocupam um trono do juízo e todos terão de comparecer perante ele e prestar contas (cf. Ap 20:11-15). É duvidoso que Paulo tenha dois julgamentos em mente, e é provável que todas as três passagens descrevam o mesmo evento escatológico.

Em outras referências, o juízo divino vem quando Deus ou Cristo assumem seu "trono" (Sl 9:7 [TM 8]; Dn 7:9; Mt 25:31; Ap 20:11). Desde que na antiguidade um juiz podia sentar-se num trono colocado num lugar elevado, "trono" e "trono do juízo" podiam ser idênticos, dependendo do contexto. [GARY S. SHOGREN]

TROVÃO Os povos do antigo Oriente Próximo acreditavam que o trovão era a manifestação da voz de Deus (heb. *qôl*) e expressão da autorevelação divina nas tempestades (Êx 19:19; 20:18; 2Sm 22:14 = Sl 18:13 [TM 14]). O relâmpago e o trovão podiam significar o poder e a majestade de Deus (Jó 37:2-5; Sl 29:3-9) ou podia ser parte do exercício de Sua ira contra seu povo quando pecava (1Sm 12:17,18; Is 29:6) ou contra os inimigos de seu povo (Êx 9:23; 1Sm 2:10; 7:10). João 12:29 observa que alguns dentre a multidão interpretaram a voz vinda do céu em resposta a Jesus no fim do seu ministério público como trovão. Em Apocalipse, o trovão é associado à majestade divina (Ap 4:5, possivelmente uma alusão a Êx 19:16) e com julgamento (p. ex., Ap 10:3-4).

TROVÃO, FILHOS DO *Ver* BOANERGES.

TUBAL (heb. *tuḇal*) Filho de Jafé listado na Tábua das Nações (Gn 10:2; 1Cr 1:5) e a nação aparentemente que dele descendeu. Tubal ficava em algum lugar no leste da Ásia Menor, talvez na Cilícia. Ele está ligado a Javã (Jônia; Is 66:19; Ez 27:13) e Meseque (Frígia; Is 66:19 LXX; Ez 27:13; 32:26; 38:2-3; 39:1). Heródoto (Hist. 3.94) liga Meseque e Tubal (gr. *Tibaránoi*) a 19ª satrapia de Dario I. Os três comercializavam escravos e vasos de bronze com Tiro (Ez 27:13). Sargão II, que finalmente subjugou Tubal, exigiu taças da terra de Tabal com alças de ouro como espólio. Em Ezequiel 32:26, Meseque-tubal é exemplo para o Egito de uma nação morta, julgada por espalhar terror. De acordo com Ezequiel 38:2-3; 39:1 Gogue será o príncipe maior de Meseque e Tubal. [PAUL J. KISSLING]

TUBALCAIM (heb. *tûḇal qayin*) Filho de Lameque e Zilá, descendente de Caim (Gn 4:22. Tubalcaim é chamado de (primeiro) forjador de todos os instrumentos de bronze e ferro e aparentemente viveu num período de expansão cultural (cf. Gn 4:20-21).

TUMBA Tumbas e cemitérios são frequentemente encontrados na proximidade de ruínas arqueológicas. Embora o roubo a sepulturas tenha destruído muita evidência dos antigos funerais, a escavação legal de tumbas no mundo bíblico tem revelado muita informação sobre a vida antiga. Naturalmente, os funerais — com a literatura antiga — fornecem muita informação sobre costumes mortuários, mas os objetos encontrados nas tumbas revelam também muito como o povo antigo vivia. As práticas funerárias e a construção de tumbas passaram por muitas mudanças no Oriente Próximo durante o período bíblico; existe muita diversidade entre tipos e conteúdos das tumbas, mas houve também práticas e rituais comuns.

No mundo greco-romano, os mortos eram geralmente cremados, mas os israelitas e judeus, assim como povos mais antigos, normalmente enterravam seus mortos em covas ou construíam tumbas para membros mortos de suas sociedades. De fato, os hebreus criam firmemente na importância do enterro adequado e temiam a exumação (1Rs 14:11; 16:4; 2Rs 9:37; Sl 79:3; Ez 29:5; Ap 11:9); em termos horripilantes Jeremias pregou sobre a exposição de cadáveres (Jr 7:33; 8:1,2; 16:4-6; 22:19). O enterro acontecia rapidamente, com frequência dentro de 24 horas após a morte (Nm 19:11-19; Dt 21:22, 23; Ez 43:6-9; Ag 2:13; cf. Mt 27:57-61).

A B C D E F G H I J K L M N O P Q R S T U V X Y Z

Como nos tempos modernos, o antigo procedimento mortuário consistia de três fases: preparação da tumba, preparação do cadáver para o enterro e realização de rituais que acompanhavam o enterro. Ao longo de sua história, a maior parte dos israelitas era enterrada em simples sepulturas rasas, frequentemente cobertas com montes de pedras. Essas sepulturas simples às vezes eram enfileiradas com esteiras de junco ou pedras; caixões não eram usados no Israel antigo, exceto no caso de José que estava no Egito (Gn 50:26).

Nos tempos pré-históricos, os mortos às vezes eram enterrados sob o chão das casas ou colocados em covas rasas; as crianças às vezes eram enterradas em vasos de cerâmica. Na Idade do Bronze Antigo, os mortos eram sepultados em cavernas ou em tumbas talhadas na rocha, embora monumentos megalíticos chamados *dolmens* continuaram em uso na Idade do Cobre. Ao mesmo tempo, os egípcios e sumérios construíram tumbas bem trabalhadas para sua nobreza; as Grandes Pirâmides e o Cemitério Real de Ur estão entre as tumbas mais bem construídas da antiguidade. Funerais com pequenas câmaras abobadadas no fundo de poços verticais também eram comuns nesse período, como ilustrado nas milhares de "tumbas subterrâneas" descobertas em Bab edh-Dhra', perto do mar Morto. Gênesis 23 descreve a compra feita por Abraão da caverna de Macpela para o enterro de Sara; essa caverna foi também usada como túmulo para outros membros da família de Abraão (25:8, 9; 49:31; 50:13). Durante grande parte do segundo milênio a.C. e no período da monarquia israelita, famílias contratavam artesãos para preparar pequenas câmaras talhadas na rocha em colinas de pedra calcária da Palestina (Is 22:16). Essas tumbas incluíam pátios externos e entradas baixas e os cadáveres eram sobre bancos de pedra entalhados dentro das tumbas. Quando uma tumba era usada novamente, os ossos de enterros anteriores eram colocados de lado ou postos em covas dentro da mesma tumba. Tumbas de família eram comuns em Israel (Jz 8:32; 2Sm 2:32; 17:23) e cemitérios comunitários ficavam localizados fora das cidades e vilarejos (2Rs 23:6), em Bete-Seã e Tell es-Sa'idiyeh.

Nos tempos helenístico e romano, tumbas esmeradas da Palestina eram semelhantes às construídas em outra parte no mundo mediterrâneo (p. ex., tumbas do Sinédrio em Jerusalém). Centenas de monumentos funerários entalhados em arenito em Petra refletem a influência da arquitetura grega e romana no Oriente Próximo. Nichos procedentes da câmara mortuária principal tornavam possível muitos cadáveres ser enterrados num único sistema de tumbas. Às vezes, os ossuários ou "caixas de ossos" eram usados para um segundo funeral; essa preocupação com a cuidadosa preservação dos esqueletos provavelmente reflete a crença judaica na ressurreição. Tumbas talhadas na rocha que incluíam pedras roladas ao lugar para bloquear a entrada, foram usadas no tempo do enterro de Jesus (Mt 27:60, 66; 28:2).

A preparação do corpo para o enterro era feita por parentes e amigos do morto, normalmente por mulheres (Lc 23:54–24:1; cf. Jo 19:39). O defunto era quase sempre carregado numa maca ao local do enterro, como na procissão funerária de Herodes, o Grande (cuja tumba não foi encontrada), e o sepultamento era acompanhado por uma diversidade de ritos funerários — p. ex., choro, jejum, música. Os cananeus colocavam joias, armas, cerâmica, recipientes com comida e até móveis nas tumbas (como ilustrado no famoso cemitério em Jericó); as tumbas dos hebreus continham quase sempre bens mortuários que refletiam o *status* do morto e o respeito que ele/ela tinha em vida e na morte. Os hebreus eram proibidos de fazer oferendas pelos mortos (Dt 26:14) *Ver* SEPULTAMENTO.

Bibliografia. R. Gonen, *Burial Patterns and Cultural Diversity in Late Bronze Age Canaan*. ASORDS 7 (Winona Lake, 1992); S. Loffreda, "Typological Sequence of Iron Age Rock-Cut Tomb in Palestine", *Liber Annuus* 18 (1968): 244-87; D. Ussishkin, *The Village of Silwan: The Necropolis from the Period of the Judean Kingdom* (Jerusalem, 1993). [GERALD L. MATTINGLY]

TUMIM *Ver* URIM E TUMIM.

TUMORES Punição infligida por Deus aos habitantes de Asdode (1Sm 5:6–6:17) e mencionada entre as maldições de Deuteronômio 28:27 ("úlceras"), provavelmente podem ser identificadas como hemorroidas. Os filisteus incluíram cinco tumores de ouro como parte de uma oferta pela culpa quando devolveram a arca da aliança a Israel (1Sm 6:4-18).

TÚNICA Roupa íntima feita de duas peças de linho ou lã, costurada nos lados e nos ombros, com buracos para a cabeça e os braços (heb. *kuttōneṯ*; gr. *chitōn*). Era quase sempre de uma só cor, mas às vezes era enfeitada. Com ou sem mangas e com uma orla estendendo-se até os joelhos ou tornozelos, era usada ocasionalmente com cinto. Uma túnica foi o vestuário que Deus fez para Adão e Eva (Gn 3:21) e que José usou (37:3-33). Fez parte das vestes do sacerdote (Êx 28:4; Josefo *Ant.* 3.7.2).

João Batista diz que a doação de uma túnica para quem tem duas é prova de arrependimento (Lc 3:11). Jesus diz a seus discípulos para carregarem apenas uma túnica (Lc 9:3) e, se em demanda, alguém quiser tirar-lhes a túnica, devem entregar também a capa (*himátion*) (Mt 5:40; cf. Lc 6:29). A túnica de Jesus era singularmente sem costura (Jo 19:23). As túnicas brancas romanas (lat. *tunica*), sobre a qual usavam-se as togas formais, tinham listras largas púrpura verticais para senadores, e listras estreitas para tribunos militares da ordem equestre e para os filhos de famílias ilustres.

TURBANTE Touca feita de pano e usada em torno da cabeça. O hebraico *pĕʾēr* é um termo para objeto em geral para proteção da cabeça, incluindo grinaldas cerimoniais (Is 3:20; 61:3,10); é usado uma vez para o turbante de linho do sumo sacerdote (Ez 44:18). A retirada da proteção da cabeça de alguém era parte da manifestação de luto (cf. Ez 24:17,23).

Outra palavra geral para proteção da cabeça é o hebraico *ṣān'p̄*, que é usada para o turbante do cidadão comum (Jó 29:14; Is 3:23), o turbante do sumo sacerdote (Zc 3:5) e uma coroa real (Is 62:3).

Um turbante de linho (heb. *miṣnep̄eṯ*) era usado pelo sumo sacerdote de Israel (Êx 28:4,39). Preso a esse turbante havia um pendente de ouro ou diadema com a inscrição: "Santidade ao Senhor" (Êx 28:36-38; 29:6; 39:30; Lv 8:9; Sir. 45.12). Outros sacerdotes que não fossem o sumo sacerdote usavam "gorros" de linho fino (*[paʾărê ham]migḡbāʿōṯ*; Êx 28:40; 29:9; 39:28; Lv 8:13), talvez semelhantes a barretes turcos. Tempos depois todos os sacerdotes aparentemente usaram turbantes (gr. *kídaris*; Jd 4:15). [RICHARD E. MENNINGER]

TUTMÉS (egip. *ḏḥwty-ms*; gr. *Tythmósis*) O nome de quatro reis da 18ª Dinastia do Egito. Após a expulsão dos hicsos por Amósis e a subsequente unificação do Egito, os primeiros reis da 18ª Dinastia conseguiram, por meio do esforço, unificar o império egípcio desde a Núbia (Cuxe) até o norte da Síria. "Os Tutmés" desempenharam papel completo na expansão, especialmente na Palestina e na Síria, por uma série de campanhas contra a pressão do reino de Mitani, localizado a leste do rio Eufrates. As vitórias militares e projetos de construção desses reis impulsionaram Tebas e Amom (Amon-Ra), a divindade local de Tebas, em proeminência nacional.

Tutmés I (1525-1512 a.C.), genro de Amenotepe I, fez fortes campanhas militares na Núbia, estendendo o controle egípcio além da Terceira Catarata. Mais importante, liderou uma expedição militar em direção ao norte, cruzou o Eufrates e venceu o exército de Mitani, evento comemorado por um monólito erigido na margem leste do rio. Essa campanha foi a precursora dos mais concentrados esforços para colocar o Levante sob o controle egípcio.

Tutmés II (1512-1504), casado com sua meia-irmã Hatsepsute, esmagou uma revolta na Núbia e liderou uma incursão ao sul da Palestina, mas a saúde frágil o levou à morte prematura. Seu herdeiro natural, Tutmés III, era jovem demais para assumir suas responsabilidades reais; Hatsepsute assumiu o papel de corregente no começo, mas governou de maneira independente durante vinte anos (1502-1482).

Tutmés III (1504-1450) emergiu da sombra de Hatsepsute para tornar-se um dos reis mais capazes do antigo Egito. Líder militar extremamente dotado, promoveu uma campanha militar (c. 1482/1481) contra uma coalizão de reis levantinos rebeldes chefiados pelo rei de Cades, coalizão sem dúvida inspirada pelo rei de Mitani. Tutmés III derrotou a coalizão, que se dizia incluir 330 reis de várias cidades, em Megido. Relatos detalhados da vitória, incluindo um extenso texto no templo de Amon-Ra em Tebas, descrevem as táticas egípcias de batalha e o saque recuperado da região. Três listas de cidades conquistadas também inscritas nas paredes do templo contêm os nomes de 119 cidades e vilarejos da Palestina e sul da Síria, uma fonte inestimável da Palestina da Idade do Bronze. Em seguida, Tutmés III fez pelo menos mais quinze campanhas militares no Levante, estabelecendo um império egípcio-asiático que se estendeu pelo menos ao sul da Síria. Em sua oitava campanha, Tutmés III atravessou o Eufrates e derrotou as forças de Mitani, erigindo um monólito pela vitória como fizera seu avô décadas antes.

Tutmés IV (1425-1417), sucessor de Amenotepe II (1450-1425). Ele imitou seu pai em continuar a hegemonia egípcia dos reis do Levante estabelecidos por Tutmés III. Estudos recentes sugerem que Tutmés IV, embora não tivesse empreendido fortes campanhas militares como fizera seu pai, não perdeu nada do controle egípcio ou prestígio duramente conquistado na Ásia. Uma trégua crescente entre o Egito e Mitani durante o fim do século XV foi consumada pelo casamento de uma mulher de Mitani com Tutmés IV.

Bibliografia. B. M. Bryan, *The Reign of Thumose IV* (Baltimore, 1991); M. S. Drower, "Syria c. 1550-1400 b.c.", *CAH*³ 2/1.417-525; W. C. Hayes, "Egypt: Internal Affairs from Thumosis I to the Death of Amenophis III", *CAH*³ 2/1.313-416. [THOMAS V. BRISCO]

U

UÁDI (arab. *wâdī*) O leito de um rio, riacho ou córrego. Muitos desses córregos fluíam sazonalmente e, consequentemente, eram fonte incerta de água. Entre os uádis importantes estão o Uádi Murabba'at (a meio caminho entre Qumran e En-Gedi) e o Uádi Mukhmas (cuja fonte são as montanhas de Betel), dois lugares que contêm cavernas onde importantes descobertas foram feitas. Outro exemplo é o Uádi Qelt, em Jericó, três nascentes cujas águas tornam essa área um florescente oásis para agricultura. [JOHN L. GILLMAN]

UCAL (heb. *'ukāl*) Se nome próprio, uma das duas pessoas a quem Agur se dirigiu em seu oráculo, talvez filho ou sobrinho (Pv 30:1). Entretanto, o hebraico no versículo é obscuro e alguns estudiosos, bem como os tradutores da LXX e da Vulgata, não encontram nomes mas expressão como "eu estou exausto" (ARA). *Ver* ITIEL.

UEL (heb. *'û'ēl*) (tb. JOEL) Israelita pós-exílico que havia tomado uma esposa estrangeira (Ed 10:34). Em 1Esdras 9.34, é chamado de Joel.

UFAZ (heb. *'ûpāz*) Lugar conhecido por seu ouro (Jr 10:9; Dn 10:5). Alguns intérpretes traduzem Ufaz como Ofir (segundo a Peshita, Targ. e alguns manuscritos hebraicos), conhecida fonte de ouro (cf. 1Rs 9:28). Outros corrigem o texto para traduzir o hebraico *mûpāz*, "refinado, puro" (de acordo com a LXX). [R. DAVID MOSEMAN]

UGARITE Antiga cidade na costa norte do Mediterrâneo oriental, localizada sob um aterro atualmente conhecido, em árabe, como Ras (*esh-*)Shamra ("Cabo do funcho"). A cidade floresceu no segundo milênio a.C. e persistiu até a destruição por volta de 1200. O aterro está localizado cerca de 1 km do mar Mediterrâneo e cerca de 10 km ao norte da moderna Ladiqiye (antiga Laodiceia grega). As escavações em Tell Ras Shamra começaram em 1929, após a descoberta por acaso de uma abóbada funerária no pequeno porto de Minet el-Beida. As atenções rapidamente se voltaram para um grande aterro, Ras Shamra, 1 km a leste. As escavações continuaram ano a ano desde então exceto durante um hiato de uma década durante a Segunda Guerra Mundial (1939-1948). O aterro atual cobre cerca de 20 ha; entretanto, a cidade do Bronze Recente era um tanto maior.

A antiga cidade era modelada por sua localização no mar Mediterrâneo. Era cercada por montanhas ao norte, leste e sul. O antigo monte Sapanu (1.780 m) no horizonte norte (tb. conhecido como monte Zafom na literatura bíblica, monte Casius na literatura latina, hoje conhecido como Jebel el-Aqra') foi a morada de Baal, o deus da tempestade. Um vale a nordeste da cidade foi a passagem para os antigos reinos da Mesopotâmia. A planície em torno de Ugarite era fértil, produzindo abundante trigo e cevada. Os contrafortes e montanhas em torno da cidade eram cultivados com vinhedos e olivais. As montanhas proviam uma fonte útil dos famosos "cedros do Líbano" para construção e comércio. Na qualidade de porto internacional, a economia do local estava naturalmente envolvida na exportação e importação. Ugarite também desenvolveu indústrias que foram moldadas por sua localização marítima, como a indústria de tintura de púrpura (do caracol murex) e construção naval. Além disso, a cidade desenvolveu artes industriais relacionadas ao comércio de matérias-primas como o cobre. O fértil interior era também explorado para o comércio de cereais e azeite. No internacionalismo, que moldou o fim do segundo milênio (séculos XV-XIII). desenvolveu-se certa instabilidade no equilíbrio entre os interesses conflitantes das principais potências: Egito, os hititas, Mitani, a Babilônia cassita e a Assíria. Ugarite estava bem situada para servir como intermediária dos interesses comerciais desses importantes estados. A ascensão de Ugarite nessa conjuntura reflete um hábil aproveitamento das vantagens geográficas da cidade.

Tell Ras Shamra tem uma longa história. O povoado mais antigo do lugar remonta a cerca do sexto milênio e continua quase sem interrupção até o segundo milênio, quando se tornou importante centro comercial. Mesmo antes da descoberta do antigo sítio arqueológico, os estudiosos sabiam da existência e da importância de Ugarite a partir de outros textos. A cidade é mencionada em várias cartas de Amarna, incluindo uma que desfigura sua grandeza: "Vejam, não existe residência do prefeito como a de Tiro. É como a residência em Ugarite. Muitíssimo maior é a riqueza nela" (EA 89.48-53; W. L. Moran, ed., The Amarna Letters [Baltimore, 1992], 162). A importância de Ugarite como centro comercial deriva de sua situação geográfica. Localizada na estrada costeira da Síria com todas as vantagens do comércio mediterrâneo, Ugarite ligava o Mediterrâneo com o interior do norte da Síria. Embora Ugarite nunca tenha se tornado uma potência importante, tornou--se de fato um importante centro comercial e um reino de médio porte cobrindo uma área de 3.212 km^2. Uma importante fase da história de Ugarite começou por volta de 2000. Tanto a lista real desse local como a literatura épica descobertas ali apontam para a chegada de tribos de pastores seminômades conhecidas como amoritas, que se estabeleceram na antiga cidade e iniciaram uma nova fase urbana de sua história. A história do reino esteve intimamente ligada aos reinos maiores do Oriente Próximo, primeiro Mari no início do segundo milênio, depois o Egito e, finalmente, ao reino hitita. A destruição final de Ugarite é usualmente atribuída aos Povos do Mar no início do século XII, embora a desintegração da economia palácio-templo de Ugarite já tivesse começado bem antes das migrações dos Povos do Mar. O fim da Idade do Bronze Recente foi marcada por um processo geral de ruralização no interior que minou o apoio da economia urbana e acabou exacerbando o fim de Ugarite bem como de outros reinos do Bronze Recente.

A cultura de Ugarite era mista; ao mesmo tempo era um porto sírio com comércio mediterrâneo, cidade-estado semítica ocidental vassala do reino hitita e população semítica ocidental num mundo cuneiforme. Seja qual for o meio que se use — nomes próprios, língua, religião ou cultura material — Ugarite parece ser uma mescla eclética de culturas cananeia, síria, anatólia, mesopotâmica, egípcia e mediterrânea. Considerando que Ugarite estava situada na rota costeira que unia a Ásia Menor à Síria-Palestina e era o porto mais perto do leste do Mediterrâneo para Chipre, não surpreende que Ugarite tenha sido sociedade poliglota. Essa característica cosmopolitana é refletida nas muitas línguas e manuscritos descobertos nas escavações em Ras Shamra. Tábuas de barro foram encontradas com uma variedade de sistema de escrita gravadas (cuneiforme, cuneiforme alfabético, hieroglífico) e línguas (ugarítica, acádica, suméria, hurriana, hititia, egípcia, chipro-minoana), embora as línguas básicas fossem a ugarítica e a acádica. Quase todos os resíduos da linguagem ugarítica foram descobertos durante escavações feitas por Claude Schaefer e seus sucessores realizadas nesse sítio arqueológico desde 1929. Número reduzido de textos ugaríticos foi encontrado no pequeno sítio arqueológico do porto de Ras Ibn Hani, a 5 km ao sul de Ras Shamra. Alguns textos curtos usando o alfabeto ugarítico foram encontrados em outra parte na área mediterrânea ocidental em Chipre (Hala Sultan Tekke perto de Larnaca), na Síria (Tell Sukas, Tell Nebi Mend [Quedes], Líbano (Kamid el-Loz, Sarepta) e Israel (monte Tabor, Taanaque, Bete-Semes). Os arquivos foram encontrados principalmente no palácio e nas áreas do templo de Ras Shamra, embora textos também tenham sido encontrados em casas de pessoas aparentemente importantes. A biblioteca da antiga Ugarite mostra evidência de uma sociedade poliglota e altamente educada. Os escrivães eram evidentemente pessoas de grande posição na sociedade ugarítica com ampla educação. A biblioteca de Ugarite incluía textos literários (mitos), textos econômicos, cartas e textos escolares (p. ex., exercícios, dicionários, silabários). Um escrivão muito respeitado foi Ilimilco, responsável pela transcrição e cotejo de muitas obras literárias encontradas em Ugarite. Destas, as mais preservadas são as Lendas do rei Keret (ou Kirtu), a Lenda de Aqhat e o ciclo Baal. Tal literatura abriu uma janela para a cultura cananeia do fim do segundo milênio e supriu um surpreendente tesouro de percepção cultural, religiosa e linguística do antigo Israel.

O chefe de estado na antiga Ugarite era o rei. Há alguma evidência que sugere que o monarca pode ter recebido *status* divino em Ugarite (talvez em contraste com o antigo Israel). O bom rei defende a viúva, o órfão, o pobre e o desalentado (cf. Aqhad 1.21-25; 2.V. 6-8; 127.33-34, 45-48). Os membros do clã real exerciam controle sobre as instituições seculares e religiosas, particularmente o sumo sacerdote. O Épico Kirtu associa o rei com o clã de ta' e também glorifica o clã de ditana. O rei Niqmad é chamado de ta'ite (t'y). Os guerreiros de carruagens (maryanûma) inclui um grupo de sacerdotes chamados de "filhos dos ta'ites" e "filhos dos ditanites", que estão entre os membros bem pagos do exército. Os membros das famílias deles estão também listados na folha de pagamento do exército.

A força de trabalho militar provinha de quotas recrutadas de comunidades e corporações (cf. corveia de Salomão, 1Rs 9:15-21). Havia dois ramos do serviço militar: o exército (incluindo os aurigas e infantaria) e a marinha. Os militares profissionais eram pagos com prata. Concessões de terras incluindo doação de rebanho podem ter sido feitas a soldados profissionais. Baseado no Código de Hamurabi (27-29, 31-32, 35-37, 41), podemos presumir que a proteção legal sobre a terra e a propriedade era provavelmente estendida a esses soldados.

A religião de Ugarite é conhecida principalmente por intermédio de mitos da literatura épica: Keret, Aqhad e o ciclo Baal. O último são histórias conhecidas como tábuas da biblioteca do sumo sacerdote. Provavelmente, era um "conjunto" de seis volumes produzidos pelo escrivão Ilimico. Do que resta das tábuas podemos reconstruir três histórias relativas a

A B C D E F G H I J K L M N O P Q R S T U V X Y Z

(1) Baal, o deus tempestade e a Yamm, o deus do mar, (2) a construção do palácio de Baal e (3) Baal e seu irmão Mot, o deus da morte. Pelo fato das tábuas não estarem completas, é difícil saber com certeza a ordem precisa do ciclo de histórias. A história concernente a Baal e Yamm é, de muitas formas, característica das histórias cosmológicas do Oriente Próximo (p. ex., Enuma Elish; cf. Êx 15) e assinala a ascensão de Baal ao poder com sua vitória sobre Yamm (cf. vitória de Marduk sobre Tiamat). A última história descreve Mot (p.ex., "Morte") matando Baal e confinando-o ao submundo, o que resulta numa interrupção do ciclo de fertilidade. A deusa Anate assassina Mot e resgata seu irmão Baal, que retorna ao seu trono. Mas Morte (Mot) não morrerá, e somente pela intervenção de El, o chefe do panteão ugarítico, a ordem é restaurada. O ciclo Baal, embora incompleto, foi aparentemente o centro das crenças religiosas ugaríticas; de fato, visto que Baal foi adorado em toda a Síria-Palestina, o ciclo Baal necessariamente forma uma das principais fontes de nossa compreensão das crenças religiosas de todo o antigo Oriente Próximo.

Bibliografia. P. C. Craigie, *Ugarit and the Old Testament* (Grand Rapids, 1983); M. Heltzer, *The Internal Organization of the Kingdom of Ugarit* (Wiesbaden, 1982); G. Del Olmo Lete, *Canaanite Religion: According to the Liturgical Texts of Ugarit* (Bethesda, 1999); M. S. Smith, ed., *The Ugaritic Baal Cycle*. VTSup 55 (Leiden, 1994); Smith et. al., *Ugaritic Narrative Poetry* (Atlanta, 1997); M. Yon, *The City of Ugarit at Tell Ras Shamra* (Winona Lake, 1999). [WILLIAM M. SCHNIEDEWIND]

ULA (heb. *'ullā'*) O chefe de um clã da tribo de Aser (1Cr 7:39).

ULAI (heb. *'ûlay*) Rio da província de Elão, perto de Susã, capital persa, onde Daniel teve sua visão do carneiro e do bode (Dn 8:2, 16). Mencionado numa inscrição assíria, cerca de 640 a.C. (Ac. U-la-a) e chamado de Eulaeus pelos escritores clássicos, Ulai era de fato um canal que unia os rios Choaspes (moderno Kerkha) e Coprates (moderno Abdizful).

ULÃO (heb. *'ûlām*) **1.** Homem da tribo de Manassés, filho de Seres e descendente de Maaca e Maquir (1Cr 7:16,17).

2. O filho mais velho de Eseque, um descendente de Saul e chefe de uma família de arqueiros da tribo de Benjamim (1Cr 8:39-40; cf. 14:8b [TM 7b]).

ÚLTIMA CEIA O termo "Última Ceia" (em vez de "Ceia do Senhor") amplia o foco de apenas palavras eucarísticas para a refeição toda, que João e Lucas retratam também como contexto para a despedida de Jesus. A Última Ceia, derradeira refeição de Jesus com seus discípulos antes da Sua morte (1Co 11:23-25; Mc 14:17-26; Mt 26:20-30; Lc 22:14-38; Jo 13-17; cf. Jo 6:51-58), é um momento tão importante na vida de Jesus, tão essencial para a fé e prática da maioria das denominações cristãs, que seus vários relatos bíblicos geraram não poucas e frequentes acaloradas discussões acadêmicas no passado nas correntes denominacionais.

As questões relativas à Última Ceia variam muito. Algumas são questões estritamente textuais e exegéticas, tais como as versões diferentes da Ceia, ou se o longo ou curto manuscrito do relato de Lucas sobre a instituição da eucaristia é original. Outras são questões históricas, p. ex., se a última ceia foi uma refeição pascal, ou quanto do relato trata do Jesus histórico. Outras são questões mais teológicas, interpretativas e cerimoniais: a relação entre a Última Ceia e o sacrifício da cruz; seu relacionamento com a eucaristia; o significado das palavras: "Isto é o meu corpo", "Isto é o meu sangue" (ou variantes).

Uma questão apaixonadamente discutida tem sido se a Última Ceia foi uma refeição pascal (como se sugere nos relatos sinópticos) ou realizada no dia da preparação antes da Páscoa (como alegado no evangelho de João). Soluções propostas, como o uso de outro calendário sectário, não têm prevalecido. Há um consenso de que a Ceia foi na quinta-feira ao anoitecer, na noite em que Jesus foi traído, que ele morreu na sexta-feira, antes do sábado, e que o relato da descoberta do túmulo vazio colocou aquele evento na manhã de domingo, depois do sábado, como o novo "Dia do Senhor" cristão. Há também um crescente consenso em não focar na discrepância se a Última Ceia foi historicamente uma refeição pascal, já que em qualquer caso todos os relatos tratam da refeição no contexto da época da Páscoa com alusões e referências a ela. As repercussões da Páscoa contribuem para o quadro neotestamentário de Jesus como cordeiro de Deus que foi morto pelos pecados da humanidade (João e Apocalipse), e de Jesus com o pão da vida. Elas contribuem para a Última Ceia refletindo esse contexto de um novo pacto para salvação por meio do sacrifício de Jesus e ao comer sua carne e beber seu sangue (Jo 6:53-58; 1Co 11:26, 27).

Amplamente também discutidos são os relacionamentos da Última Ceia ao sacrifício da cruz, a eucaristia, prática histórica de Jesus de comer com pecadores e as refeições ágape dos cristãos primitivos. Embora relacionada às refeições de Jesus, compartilhadas com pecadores e às refeições ágape dos cristãos, a Última Ceia tem um significado diferenciador como ação definitiva e dádiva de Jesus aos seus discípulos com particular referência à Sua morte por eles e à eucaristia.

FORMA DOS RELATOS. As narrativas da instituição eucarística sobreviveram em duas formas básicas: uma representada em Marcos e Mateus, e a outra em Lucas e na primeira Carta de Paulo aos

Coríntios, com importantes alusões em João 6:51-58. Não há consenso sobre qual das duas principais formas é anterior, ou se somente a forma paulina, ou também a de Marcos é disposta de forma litúrgica. A solução mais plausível é argumentar que as lembranças históricas das palavras e ações de Jesus são necessárias para explicar a origem de vários relatos no NT sobre a Última Ceia e tratamentos da eucaristia, mas esses relatos neotestamentários geralmente chegaram até nós em linguagem que, em grande extensão, foi influenciada por e corresponde a formulações litúrgicas eucarísticas.

Perguntas especiais e frequentes sobre a versão de Lucas são a anômala sequência cálice-pão-cálice da forma manuscrita mais extensa (Lc 22:17-20), bem como a autenticidade dos versículos 19b-20. Com a consciência de que Lucas usa uma estrutura de discurso de despedida, essa sequência encontra explicação natural. O primeiro cálice pertence à nota de despedida pela morte iminente: "não beberei mais do fruto da videira, até que venha o reino de Deus". A sequência do pão e (segundo) cálice é corretamente eucarístico: "Isto é o meu corpo, dado em favor de vós; fazei isto em memória de mim"; "Este cálice é a nova aliança em meu sangue, derramado em favor de vós" (Lc 22:17-20).

Com referência a João 13-17, muita discussão está centrada no relacionamento do sinal da lavagem dos pés à ausência de uma narrativa da instituição no relato da Última Ceia. Não obstante, embora se discuta quanto do discurso do Pão da Vida em João 6 é eucarístico, a maioria dos estudiosos concorda que João 6:51-58 trata da eucaristia e tem ressonância com as "palavras da instituição" presentes nos relatos sinópticos e paulinos da Última Ceia.

Significado. Na perspectiva das Igrejas cristãs, as questões mais críticas sobre os tratamentos no NT da Última Ceia dizem respeito ao significado e ao relacionamento com o sacrifício expiatório de Jesus na cruz e às práticas eucarísticas sacramentais posteriores. Discussões sobre os significados de "Isto é o meu corpo", "Isto é o meu sangue", têm tido a tendência de acompanhar as linhas denominacionais: católicos, ortodoxos e alguns outros os leem em conexão com João 6:51-58; 1Coríntios 11:23-29 como expressão da presença real de Jesus na eucaristia. Os crentes devem comer sua carne e beber seu sangue de forma sacramental e digna. Outros enfatizam a falta no aramaico original de Jesus do verbo de ligação "é". Enfatizam as dimensões parabólicas ou simbólicas dos sinais proféticos produzidos (tal com quando Ezequiel queimou a terça parte do seu cabelo, cortou um terço em pedaços e espalhou outro terço, e então declarou: "Esta é Jerusalém" [Ez 5:1-5]).

Às palavras fundamentais sobre o pão e o vinho ou cálice, tanto as versões paulinas como a de Marcos acrescentam a menção de pelo menos um "por vós". Expressões como "novo pacto em meu sangue" e "derramado por vós" denotam significado expiatório e fazem alusão a um sacrifício (na cruz) que salva ou liberta os pecadores, não de um "Egito" terreno, mas de Satanás, "príncipe deste mundo" (Jo 14:30). Além das discussões sobre como a Última Ceia está relacionada ao cabal sacrifício expiatório de Cristo na cruz, questões intimamente interligadas tratam do relacionamento da Última Ceia com o novo pacto, com a instituição da eucaristia e com a ordenação sacerdotal (especialmente em "fazei isto em memória de mim"), e com a expectativa escatológica em "proclamais a morte do Senhor, até que ele venha" (1Co 11:26).

Por um lado, as várias versões da Última Ceia proveem muitas confirmações de seu fundamento na vida do Jesus terreno. Por outro lado, a variedade confirma a salvação (em relação à cruz) e a vida da igreja em andamento (na eucaristia). Restam muitas controvérsias sobre detalhes de vários textos do NT e do significado histórico-teológico. Mas uma abordagem canônica a elas à luz da Páscoa e do Servo que dá sua vida por "muitos" (Is 53:11,12), em relação às muitas interpretações do NT e a outros documentos cristãos primitivos e às práticas eucarísticas confirmadas, reflexões e crenças das Igrejas, podem revelar as riquezas e a centralidade dos tratamentos no NT da Última Ceia para os cristãos de todos os tempos.

Bibliografia. N. A. Beck, "The Last Supper as na Efficacious Act", *JBL* 89 (1970): 192-98; R. J. Daly, "The Eucharist and Redemption: The Last Supper and Jesus' Understanding of His Death", *BTB* 11 (1981): 21-27; J. Jeremias, *The Eucharistic Words of Jesus* (Philadelphia, 1990); W. S. Kurz, *Farewell Addresses in the New Testament* (Collegeville, 1990); I. H. Marshall, *Last Supper and Lord's Supper* (Grand Rapids, 1981); J. Meier, "The Eucharist at the Last Supper: Did it Happen?" *TD* 42 (1995): 335-51; D. Wenham, "How Jesus Understood the Last Supper: A Parable in Action", *Themelios* 20/2 (1995): 11-16.

[WILLIAM S. KURZ, S.J.]

ÚLTIMO(S) DIA(S) A frase (heb. *hayyôm hā'aḥărôn 'aḥăr'ṯ hayyām'm*) sugere um tempo futuro que precederá, coincidirá com ou virá depois de uma avaliação divina. Expressões correlatas são "dia do Senhor", "dia do juízo" ou simplesmente "o/aquele dia". O uso mais antigo do termo em hebraico se refere a vitórias e derrotas militares. Usado nesse sentido, o termo se refere ao julgamento dos inimigos de Deus em batalha (Nm 24:14; "dias futuros"). Os últimos dias podem ser um tempo de tribulação e exílio para Israel (Dt 4:30; 31:29) ou, semelhantemente, um tempo em que Israel compreenderá a ira do Senhor (Jr 23:20; 30:24; cf. Ez 38:16). Os últimos dias podem ser também um tempo de restauração de nações que foram anteriormente punidas (Jr 48:47; 49:39); de Israel, que voltará a buscar ao Senhor (Os 3:5); de Jerusalém (Is 2:2 = Mq 4:1); e de justiça, quando o Redentor se levantará sobre a terra (Jó 19:25-27).

Os escritores apocalípticos, judeus e cristãos, associaram de maneira característica os últimos dias (ou "últimos tempos"; gr. *éschatos tṓn hēmerṓn*) a eventos cósmicos: a tribulação futura, juízo final e salvação (4Ed 10:59; 6:34; cf. 1QM 1, 11; 2Ap Bar 24.1; 51.1). Em Daniel, os acontecimentos dos últimos dias são mistérios a serem revelados do céu (Dn 2:28; 10:14). No NT, a frase está associada à ressurreição (por Jesus) no juízo final (Jo 6:39, 40; 11:24), à era cristã que começou com o derramamento do Espírito Santo (At 2:17; cf. Jl 2:28-32 [TM 3:1-5]), à tribulação e descrença antes do juízo final (2Tm 3:1; 2Pe 3:3; Tg 5:3), ao tempo em que a salvação será revelada (1Pe 1:5) e ao tempo presente caracterizado pela revelação de Deus por meio de Cristo (Hb 1:2). [ALEXANDRA R. BROWN]

ÚLTIMOS PROFETAS No cânon hebraico, os livros que representam os profetas maiores ou os "clássicos" Isaías, Jeremias, Ezequiel e os doze Profetas Menores.

UMÁ (heb. *'ummâ*) Cidade do território tribal de Aser (Js 19:30). Umá pode ser erro de grafia de "Acco" (heb. *'akkô*; as consoantes kaph e mem foram escritas da mesma forma e, assim, facilmente confundidas); importante cidade cananeia ausente da lista de Josué (Js 19:24-31; cf. Jz 1:31).

UNCIAL Forma arredondada de letras maiúsculas gregas ou romanas. Embora alguns estudiosos derivem a palavra "uncial" do latim *uncus*, "gancho" (referência às maiúsculas em forma de gancho ou curvadas), a maioria a relaciona a uncial, "décimo segundo", termo usado por Jerônimo na introdução à sua tradução de Jó para referir-se com desprezo aos manuscritos gregos que usavam letras pomposas "da largura de uma polegada". Tanto os textos gregos como latinos dos séculos III ao IX d.C. foram escritos com caracteres unciais; depois desse tempo, os caracteres menores e ligados substituíram quase por completo os unciais.

As letras unciais foram usadas para escrever as primitivas prédicas e manuscritos em papiro, mas o termo "uncial" é referência frequente aos manuscritos do AT e do NT escritos com caracteres unciais em pergaminhos. Mais de trezentos manuscritos unciais, a maior parte fragmentária, ainda existe. Entre os mais importantes estão os códices Alexandrino, Vaticano e Sinaítico. [JAMES R. ADAIR, JR.]

UNI (heb. *'unnî*) **1.** Músico levita nomeado para acompanhar a arca da aliança, quando Davi a trouxe para Jerusalém (1Cr 15:18,20).

2. Levita que retornou com Zorobabel do cativeiro babilônico (Ne 12:9 Q; "Unno"). O nome é omitido na LXX.

UNO (heb. *'unnô*) Músico levita que retornou do exílio com Zorobabel (Ne 12:9, segundo K); interpretação alternativa de Uni 2.

UR (heb. *'ûr*; sum. *Urim*) **I. (LUGAR)** Importante cidade da antiga Mesopotâmia. Tell al-Muqayyar, descoberta no início do século XVII pelo explorador Pietro della Valle, é um sítio arqueológico grande e majestoso, de forma oval e se eleva cerca de 18 m acima da planície inundável. Foi escavado pela primeira vez em 1849 por William Kennet Loftus, seguido em 1855 pelo cônsul britânico em Basra, J. E. Taylor, que descobriu as primeiras inscrições cuneiformes. Henry Rawlinson identificou o sítio arqueológico baseado numa inscrição escavada por Taylor, mas foi somente com a união das escavações do Museu Britânico-Universidade da Pensilvânia de 1922 a 1924, sob a direção de C. Leonard Woolley, que o local foi substancialmente explorado. Desde esse tempo somente restaurações, e não escavações significativas foram realizadas no local.

A cidade foi fundada durante o período Ubaid em meados do quinto milênio a.C. e foi ocupada até seu abandono no período aquemênida. Com o aumento da urbanização no fim do quarto milênio, Ur parece ter se tornado um importante assentamento, embora as áreas escavadas daquele período sejam limitadas. A cidade continuou a prosperar nos períodos Uruk e Jemdet-Nasr (3900-2900), dos quais vem uma grande plataforma do templo com milhares de cones de argila ornamentais que a acompanham usados para decorar as fachadas dos edifícios públicos. Um espaçoso cemitério, em uso do período Uruk até os períodos da Primeira Dinastia II, mas originalmente datado do período Jemdet Nasr, foi também parcialmente escavado. No período da Primeira Dinastia (c. 2900-2350), foram feitas grandes reformas do precinto do templo e na área ao redor com entulho foi encontrado o chamado cemitério real. As aproximadamente 2.000 sepulturas desse cemitério foram escavadas do começo ao fim dos períodos da Primeira Dinastia III, acadiana e pós-acadiana (c. 2600-2100), embora as dezesseis famosas supostas tumbas reais sejam de uso mais primitivo. Essas tumbas, com seus inúmeros objetos preciosos (pedras preciosas, armas cerimoniais de ouro, estandartes de guerra e paz, instrumentos musicais) e sacrifícios animais e humanos acompanhantes, permanecem entre os mais vívidos remanescentes dessa época. Existe pouca evidência escavada em relação à cidade, durante o período acadiano, embora fontes escritas contemporâneas indiquem que ela foi um importante centro.

Um disco de alabastro com inscrição encontrado em Ur foi dedicado por Enheduanna, a suprema sacerdotisa de Nanna, o deus (lua) patrono de Ur, e filha de Sargão, fundador da dinastia acadiana.

Entretanto, foi no século XXI, durante a Terceira Dinastia de Ur (c. 2100-2000), que a cidade se tornou a capital do império que se estendia do Golfo Pérsico ao norte da Síria. Ur-namma, o fundador da dinastia, começou um ambicioso programa de construção. Ele estava concentrado no centro religioso de Ur, que era dominada por um imenso zigurate e conjunto de templos dedicados a Nanna e chamados de área de *temenos* [lugar dedicado exclusivamente a um deus] por seu escavador, Wooley. A cidade cresceu até pelo menos 50 ha. Esse período é caracterizado por dezenas de milhares de placas de argila de arquivos encontradas nas escavações e por fontes literárias de períodos posteriores atribuídos aos reis desta dinastia. Entre os monumentos contemporâneos está a estela de Ur-namma, recebendo a orientação para construir o templo e as celebrações associadas ao seu término. O fim da cidade é pungentemente relatado no "Lamento sobre a destruição de Ur", escrito em sumério e preservado numa antiga cópia babilônica. Logo após sua destruição, a região foi incorporada pelos reis de Isin, cidade vizinha e a cidade foi amplamente reconstruída e muitas antigas estruturas restauradas. Ur foi expandida ao seu tamanho máximo, cerca de 60 ha, e continuou a ser importante centro comercial e religioso. Muito resíduo desse período foi recuperado com inúmeros textos encontrados em edifícios públicos e privados. Os textos fornecem vívidos detalhes de atividades oficiais e de vidas particulares de pessoas que trabalharam e viveram na cidade.

No século XVIII, o controle político da dinastia Hamurábi da Babilônia e outros fatores causaram o declínio da prosperidade de Ur com outras cidades ao sul da Babilônia. A cidade passou por várias fases de reconstrução e foi continuamente ocupada até o período da Antiga Babilônia e o seguinte período cassita/babilônico médio. Durante o reinado de Kur-igalzu (c. 1400), a área temenos foi restaurada mais uma vez e a cidade e sua região rural vizinha parece ter prosperado. Entretanto, Ur nunca mais teve a importância dos períodos anteriores. No primeiro milênio, a área do templo continuou a receber a atenção de vários governantes. No século VII, um de seus governadores renovou algumas estruturas. Sob os reis neobabilônicos, Nabucodonosor (604-562) e Nabonido (555-539), o zigurate, o muro do temenos e algumas áreas residenciais foram restauradas. Nabonido incentivou o culto a Sîn, o deus-lua em Ur e nomeou sua mãe sacerdotisa e construiu lá um palácio para ela. A cidade perdeu importância depois desse tempo e logo depois de 400, no período aquemênida, caiu na obscuridade e foi abandonada.

Bibliografia. P. R. S. Moorey e C. L. Woolley, *Ur of the Chaldees*, ed. rev. (Ithaca, 1982); S. Pollock, "Chronology of the Royal Cemetery of Ur", Iraq 47 (1985): 129-47; "Ur", *OEANE* 5.288-91; J. M. Sasson, ed., *CANE*, 4 vols. (New York, 1995); C. L. Woolley, *Ur Excavations*, 2-10 (London, 1934-1974). [DAVID I. OWEN]

II. (PESSOA) (heb. *'ûr*) Pai de Elifal, um dos guerreiros de Davi (1Cr 11:35).

URBANO (gr. *Ourbanós*) Cristão de Roma a quem o apóstolo Paulo mandou saudações (Rm 16:9). Pelo fato de o nome ser comum entre os escravos romanos constantes em inscrições nas casas do império romano (cf. Lat. Urbanus, "pertencente a uma cidade"), Urbano pode ser um dos membros da casa de César (cf. Fp 4:22). Ele é chamado de "colaborador" (gr. *synergós*) de Paulo (cf. Priscila e Áquila, Rm 16:3; Timóteo, v. 21).

URI (heb. *'ûrî*) **1.** Homem da tribo de Judá, pai de Bezalel, artífice supervisor empregado na construção do tabernáculo (Êx 31:2; 35:30; 38:22; 1Cr 2:20; 2Cr 1:5).

2. O pai de Geber, oficial de Salomão em Gileade (1Rs 4:19).

3. Porteiro do pós-exílio que havia tomado uma esposa estrangeira (Ed 10:24).

URIAS (heb. *'ûrîyâ*, *'ûrîyāhû*) **1.** Urias, o hitita, marido de Bate-Seba (2Sm 11:1-26) e um dos homens da elite dos trinta guerreiros de Davi (23:39; 1Cr 11:41). Os hititas da Palestina eram um grupo étnico de relacionamento incerto com os estados neo-hititas do norte. Os hititas étnicos puderam ser assimilados pela sociedade israelita, como se vê pelo nome javista de Urias e o alto posto no exército de Davi (cf. Aimeleque, o hitita, 1Sm 26:6). Se Eliã, o pai de Bate-Seba (2Sm 11:3) foi Eliã, o filho de Aitofel, o gilonita (23:34), então Urias fez também um bom casamento. Seu sogro tanto era um guerreiro de elite como filho do estimado conselheiro de Davi (2Sm 15:12; 16:23). O casamento de Urias pode explicar a proximidade de sua casa do palácio (2Sm 11:2,3).

A história de Davi e Bate-Seba condena Davi por adultério e assassinato (2Sm 11:1—12:5). Tendo engravidado Bate-Seba, Davi traz Urias da frente de batalha para casa, presumindo que uma visita à esposa faria parecer que ele era o pai (2Sm 11:1-8). Entretanto, Urias não vai para casa e, ao contrário, passa a noite com os servos do rei (2Sm 11:9). Quando Davi o questiona, ele professa solidariedade aos soldados, seus companheiros, cujo compromisso em guerra santa requer abstinência sexual (2Sm 11:10,11; cf. 1Sm 21:5 [TM 6]). Urias pode também ter ouvido falar pelos servos do adultério de Davi, que havia seduzido Bate-Seba (cf. 2Sm 11:4). De forma consciente ou inocentemente, Urias ainda recusa visitar sua esposa, mesmo quando embebedado por Davi (2Sm 11:12,13). Frustrado por seu subordinado, Davi então orienta Joabe a que faça com que Urias seja morto em batalha para que ele possa se casar com Bate-Seba e o filho venha parecer legítimo (2Sm 11:14-27). O contraste entre a firme lealdade de Urias às mais rigorosas exigências javísticas, embora um estrangeiro, e a vergonhosa transgressão do rei dos mandamentos mais básicos é descrito de forma muito dura.

2. Sumo sacerdote sob Acaz (735-715), que construiu um altar sírio para o rei e realizou sacrifícios e oferendas de Yahweh sobre ele (2Rs 16:10-16). Ele também foi chamado por Isaías para testemunhar o nome Maher-Shalal-Hash-Baz ("Rápido-despojo--presa-segura"), significando o iminente saque de Damasco e Samaria pela Assíria (Is 8:2).

3. Profeta no tempo de Jeremias, morto por Jeoaquim por haver profetizado contra Jerusalém e Judá (Jr 26:20-23).

4. Pai de Meremote, o sacerdote, no tempo de Esdras e Neemias (Ed 8:33; Ne 3:4, 21).

5. Um dos que ficaram com Esdras na leitura da Torá (Ne 8:4), possivelmente o mesmo que 4.

Bibliografia. P. K. McCarter, Jr., *II Samuel*. AB 9 (Garden City, 1984); M. Garsiel, "The Story of Davi and Bathsheba", *CBQ* 55 (1993): 244-62. [MARSHA WHITE]

URIEL (heb. *'ûrî'ēl*; gr. *Ouriḗl*) **1.** O chefe dos levitas coatitas (1Cr 15:5) que ajudou o rei Davi a trazer a arca da aliança para Jeusalém (v. 11-12); o filho de Taate e pai de Uzias (6:24 [TM 9]).

2. Residente de Gibeá; avô materno do rei Abias de Judá (2Cr 13:2).

3. Arcanjo, um dos anjos sagrados que levou Enoque em suas viagens visionárias pelos céus (p. ex., 1En 21.5; 80.1). De acordo com alguns manuscritos, ele é também citado entre os quatro arcanjos da Presença (1En 9.1). Em 2Esdras, Uriel foi o anjo mandado a Esdras para responder à sua queixa contra Deus e seus métodos (2Ed 4.1; 5.20; 10.28).

URIM (heb. *'ûrîm*) **E TUMIM** (*tûmmîm*) Muito provavelmente pedras de adivinhação usadas pelos sacerdotes para indagar o julgamento de Deus. São mencionadas pela primeira vez em Deuteronômio 33:8, como pertencentes aos levitas em geral, surgindo de sua zelosa devoção a Deus acima da família. Como consequência os levitas adquiriram três funções: transmitiam a lei divina a Israel, queimavam incenso e sacrificavam no altar. A função de transmitir os juízos divinos por meio do ensino pode estar associada a Urim e a Tumim.

Os escritores sacerdotais limitam o uso de Urim e Tumim ao sumo sacerdote. Em Êxodo 28:30, Urim e Tumim são parte das vestes especiais do sumo sacerdote, presas ao peitoral numa bolsa. Quando o sumo sacerdote usava Urim e Tumim no santuário interior diante de Deus, não estava apenas representando o povo perante a divindade, mas buscando de fato um julgamento divino em favor do povo. Os detalhes da indagação não são fornecidos. Se Urim e Tumim eram pedras, então o ritual pode ser parecido com o lançamento de sorte, no qual eram feitas perguntas a Deus em que se pedia "sim" ou "não" como resposta.

A história da escolha de Josué para suceder a Moisés em Números 27:12-23 fornece uma ilustração de como funcionava Urim e Tumim em relação ao sumo sacerdote. Aqui Deus informa a Moisés de sua morte iminente e Moisés pede um sucessor. Deus escolhe Josué. Mas para que essa seleção fosse oficial, Josué deveria se apresentar perante Eleazar, o sumo sacerdote, "que perguntará por ele na decisão do Urim perante o SENHOR" (Nm 27:21). A curta declaração feita por Saul em 1Samuel 14:41 fornece um relance de como Urim e Tumim funcionavam no lançamento de sorte. Nessa história, Saul pede que Urim mostre o culpado em si mesmo e Jônatas e solicita que Tumim designe o culpado no povo de Israel. Urim e Tumim são também mencionados em Esdras 2:63 = Neemias 7:65 sem explicação ou comentário.

Bibliografia. M. Haran, *Temples and Temple-Service in Ancient Israel* (1978, repr. Winona Lake, 1985). [THOMAS B. DOZEMAN]

URTIGA Qualquer erva áspera do gênero *Urtica*, que tem folhas cobertas com pelos que secretam um fluído que provoca dor em contato com a pele (heb. *qimmôš*, *ḥārûl*). Urtigas picantes crescem na Palestina, particularmente a Urtica ureus L. e a Urtica pilulifera L. Elas são comuns em terrenos baldios, jardins descuidados e em ruínas. Nos tempos antigos, as urtigas eram vistas como sinal de desolação (Is 34:13; Os 9:6; Sf 2:9).

O hebraico *ḥārûl* (Sf 2:9; Jó 30:7) pode realmente ser um termo geral para ervas daninhas, ou talvez, um termo específico para mostarda selvagem (Brassica nigra [L.] Koch ou *Sinapis arvensis L.*), que tem a tendência a crescer em locais abandonados (cf. ocorrências paralelas dos dois termos, Pv 24:31).

UTAI (heb. *'ûṯay*) **1.** O filho de Amiúde, da tribo de Judá e da família de Perez. Ele estava entre os primeiros a retornar do exílio para recolonizar sua propriedade em Jerusalém (1Cr 9:4).

2. Chefe da família de Bigvai que retornou com Esdras do cativeiro babilônico (Ed 8:14).

UVAS Uvas são o mais proeminente fruto na Bíblia e importante produto agrícola no antigo Oriente Médio. Uvas (heb. *'ēnāḇ*; gr. *staphylḗ*) crescem em videiras (Vitis vinifera L.), que devem ser podadas para que produzam fruto abundante. As uvas amadurecem no verão, sendo apanhadas logo em seguida para evitar o ataque de insetos ou o apodrecimento. Esses frutos eram consumidos logo após apanhadas, ou como passas, que também poderiam ser adicionadas a bolos (Os 3:1). Uvas também eram usadas na produção de calda (xarope), vinagre e vinho. O uso mais comum das uvas no antigo Israel era na produção de vinho. O suco da uva era extraído pisoteando-se as uvas em um lagar. O esmagamento das uvas com os pés parece ter sido uma ocasião alegre que envolvia toda a comunidade (Jz 9:27).

Quando os espiões que Moisés enviou para Canaã voltaram, trouxeram um cacho de uvas tão grande que teve que ser carregado por dois homens, preso numa vara (Nm 13:23). Diversas leis bíblicas aplicam-se a uvas, tais como a cláusula que permitia comer das uvas do vizinho, mas proibia que se levasse dessas uvas em algum recipiente (Dt 23:24). As uvas também foram usadas simbolicamente. Em Isaías, na parábola da vinha (Is 5:1-7), uvas bravas representam a depravação de Judá. O famoso provérbio, "Os pais comeram uvas verdes, e os dentes dos filhos é que se embotaram" (Jr 31:29), referindo-se aos efeitos de más ações sobre gerações futuras, foi refutado por Ezequiel (Ez 18:2-3). [MEGAN BISHOP MOORE]

UZ (heb. *'ûṣ*) **I. (LUGAR)** A terra natal de Jó (Jó 1:1). Existem duas tradições referentes à localização de Uz: Edom, no sudeste e na Síria, no nordeste. Nenhuma das tradições é completamente convincente, e a evidência referente à localização não pode ser harmonizada.

Entre os argumentos para a localização edomita, aparece o nome próprio Uz em genealogias edomitas (Gn 36:28 = 1Cr 1:42), e nomes próprios no livro de Jó provavelmente são de origem edomitas (cf. Jó 2:11). O nome Uz está ligado com Buz (Gn 22:21), que também aparece como nome de lugar associado a Edom (Jr 25:23). O apêndice da LXX ao livro de Jó descreve Uz limitando-se com a Edumeia e a Arábia (Jr 42:17b). Uz também é poeticamente paralela a "filha de Edom" em Lamentações de Jeremias 4:21.

Outros argumentos colocam Uz em Arã (Síria) perto de Damasco ou ao sul de Damasco na região de Haurã. A pessoa Uz é descendente de Arã (Gn 10:23; 1Cr 1:17) e o filho mais velho de Naor, irmão arameu de Abraão (Gn 22:21). De acordo com Josefo Ouses (Uz), o filho de Arã, fundou Damasco e Traconites. As tradições bizantina e árabe colocam a terra natal de Jó na região de Haurã. [PATRICIA A. MACNICOLL]

II. (PESSOA) 1. Filho de Arã e neto de Sem (Gn 10:23). Em 1Crônicas 1:17, é chamado de filho de Sem.

2. Filho de Milca e Naor, irmão de Abraão (Gn 22:21).

3. Filho (ou descendente) de Disã (Gn 36:28 = 1Cr 1:42), o chefe horeu. O nome pode representar um clã ou grupo social semelhante.

UZÁ (heb. *'uzzā'*, *'uzzâ*) **1.** Filho de Abinadabe, em cuja casa em Quiriate-Jearim permaneceu a arca da aliança durante vinte anos. Uzá e seu irmão Aiô guiaram o carro de boi que levou a arca para Jerusalém. Quando os bois tropeçaram, Uzá tocou na arca para segurá-la, um ato de irreverência pelo qual foi golpeado por Deus e morreu (2Sm 6:3-7; 1Cr 13:7-11).

2. Levita da família de Merari (1Cr 6:29 [TM 14]).

3. Homem da tribo de Benjamim; filho de Gera) e descendente de Eúde (1Cr 8:7).

4. Ancestral de servidores do templo entre os primeiros que retornaram com Zorobabel do exílio na Babilônia (Ed 2:49 = Ne 7:51).

II. (LUGAR) (heb. *'uzzā'*) Jardim do palácio onde os reis de Judá, Manassés e Amom foram enterrados (2Rs 21:18, 26). Há controvérsia quanto ao porquê desse nome ao jardim. O relato paralelo (2Cr 33:20, 25) omite o nome.

UZAI (heb. *'ûzay*) O pai de Palal, um dos que ajudaram a construir o muro de Jerusalém (Ne 3:25).

UZAL (heb. *'ûzāl*) Filho de Joctã e descendente de Sem (Gn 10:27 = 1Cr 1:21). Seus descendentes constituíram uma tribo árabe tradicionalmente localizada em 'Azal (moderna Sanaa, capital do Iêmen). De acordo com Ezequiel 27:19, Uzal foi uma fonte de vinho.

UZÉM-SEERÁ (heb. *'uzzēn še'ĕrâ*) Um dos três vilarejos construídos por Seerá, a filha de Berias e descendente de Efraim (1Cr 7:24). Presume-se que esteja localizado nos arredores da Alta e da Baixa Bete-Horom.

UZI (heb. *'uzzî*) **1.** Sacerdote aronita, descendente de Eleazar; filho de Buqui e pai de Zeraías (1Cr 6:5, 6, 51 [TM 5:31, 32; 6:36), e ancestral de Esdras (Ed 7:4).

2. Chefe de clã de Issacar, filho de Tola (1Cr 7:2-3)

3. Filho de Bela, da tribo de Benjamim (1Cr 7:7).

4. O pai de Elá, um dos primeiros benjamitas a recolonizar sua propriedade em Jerusalém, após o exílio babilônico (1Cr 9:8).

5. O filho de Bani, descendente de Asafe; supervisor dos levitas do pós-exílio em Jerusalém (Ne 11:22).

6. O chefe da linhagem sacerdotal de Jedaías no tempo do sumo sacerdote Joiaquim (Ne 12:19).

7. Sacerdote que participou da dedicação dos muros reparados de Jerusalém (Ne 12:42).

UZIA (heb. *'uzzîyā'*) Um dos guerreiros de Davi; "o asteratita", de Astarote de Basã (1Cr 11:44). Ele não consta na lista de 2Samuel 23:24-39.

UZIAS (heb. *'uzzîyâ*, *'uzzîyāhû*; gr. *Ōzias*) (tb. AZARIAS) **1.** Rei de Judá no século VIII. As datas exatas referentes a ele são debatidas, tanto em parte pelo grande problema da datação dos reis de Judá

A B C D E F G H I J K L M N O P Q R S T U V X Y Z

e Israel e porque 2Reis 15:2; 2Crônicas 26:3 atribuem-lhe o extenso reinado de 52 anos. William F. Albright fixou-lhe um reinado mais curto de 783 a 742, colocando uma corregência desde 750 com seu filho Jotão. Mais recentemente os estudiosos têm defendido um reinado de 52 anos, incluindo uma corregência com seu pai Amazias de 791/790, uma regência única de 768/767, e uma corregência com seu filho Jotão de 750 até a morte de Uzias em 740/739. Seja qual for a data precisa, o reinado de Uzias coincidiu aproximadamente com um declínio temporário da influência assíria sobre Israel e um longo reinado pelo extraordinário Jeroboão II, em Israel. Como consequência, os anos de Uzias foram marcados por relativa paz e prosperidade.

O nome Uzias é usado para o rei na narrativa sobre seu reinado em 2Crônicas 26:1-23, enquanto o nome Azarias (3) é usado em 2Reis 15:1-7. A presença ou ausência da letra r é a principal diferença nos nomes. Provavelmente não se trata de adulteração textual, como alguns estudiosos têm sugerido. Ao contrário, Uzias pode ter sido seu nome real e Azarias seu nome de nascimento. (Ver semelhantemente os nomes Joacaz/Salum e Joaquim/Jeconias, filhos de Josias que o sucederam como rei).

De acordo com 2Reis 14:21, ele subiu ao trono com a idade de 16 anos, com a morte de seu pai Amazias pelas mãos de rebeldes. Se o sistema de datação mais novo mencionado acima estiver correto, ao contrário, sua idade de 16 anos deve ser aplicada ao início de sua corregência anterior uns 23 anos antes. Ele recebeu uma crítica mista em 2Reis 15:1-7. Por um lado, diz-se que ele fez "o que era reto" aos olhos do Senhor, como fizera seu pai antes dele. Por outro lado, ele não removeu todos os outros santuários além do templo. Talvez seja esta a explicação para que ele tenha contraído lepra e terminado seus dias com seu filho Jotão como corregente.

O segundo livro de Crônicas faz dois acréscimos a essa escassa narrativa de duas formas: Primeira, ela amplia o bem que Uzias fez ao descrever as campanhas militares bem-sucedidas contra os filisteus e outros, a imposição de tributo aos amonitas e o aprimoramento das habilidades militares. Segunda, explica por que um rei tão bom contrairia lepra. Ele tornou-se orgulhoso e pecou ao entrar no templo e usurpar a função do sacerdote de oferecer sacrifícios. Quando os sacerdotes o chamaram à responsabilidade, ele se irritou com eles e foi atacado pela lepra. Finalmente, 2Crônicas 26:21 explica cuidadosamente que Uzias não foi enterrado com os outros reis, como 2Reis 15:7 havia dito, mas em separado, num campo próximo que pertencia à monarquia.

2. Sacerdote levita descendente de Coate (1Cr 6:24).

3. O pai de um homem chamado Jônatas, supervisor encarregado dos tesouros de Davi nos distritos e cidades distantes (1Cr 27:25).

4. Sacerdote levita, descendente de Harim, que retornou com os exilados da Babilônia. Ele foi um dos sacerdotes que se casaram com mulheres estrangeiras a quem Esdras exigiu que se divorciasse (Ed 10:21).

5. Um dos 468 descendentes de Perez que se mudaram para Jerusalém após o término do reparo do muro de Jerusalém sob Neemias (Ne 11:4).

6. Ancião, chefe da cidade de Betúlia, cidade natal de Judite (Jud 6.15, 16, 21) que animou o povo a resistir aos assírios durante cinco dias para permitir que Deus os livrasse (7.30, 31). [PAUL L. REDDITT]

UZIEL (heb. *'uzzî'ēl*) **1.** O neto de Levi e quarto filho de Coate; suposto fundador da corporação levítica dos uzielitas (Êx 6:18; Nm 3:19, 27; 1Cr 6:2, 18 [TM 5:28; 6:3]; 23:12). Ele é o pai de Misael, Elzafã e Sitri (Êx 6:22). Essa genealogia reflete a estrutura política das corporações levíticas no fim da monarquia. Algumas referências aos uzielitas (heb. *'āzz"ēl'*) sugerem que durante a história primitiva de Israel eles eram uma poderosa corporação (1Cr 15:10). Mais tarde o papel levítico dos uzielitas tornou-se menos importante, Uziel ficou subordinado a Coate, e Elzafã a Uziel. O filho de Uziel, Elzafã é listado como cabeça de todos os coatitas e recebeu a responsabilidade pelo serviço da arca, da mesa, do candelabro, altares, cortina e vasos do santuário (Nm 3:30, 31). Mica e Issias também constam na lista dos filhos de Uziel (1Cr 23:20; 24:24), isto é, chefes dos uzielitas durante o tempo da organização das corporações levíticas por Davi. Os uzielitas, com outros coatitas, receberam o encargo dos tesouros (1Cr 26:23).

2. Um dos quatro filhos de Isi que durante o tempo do rei Ezequias liderou quinhentos simeonitas contra os amalequitas que haviam buscado refúgio no monte Seir (1Cr 4:42). Depois de destruir os amalequitas, Uziel e os simeonitas se estabeleceram em Edom.

3. O terceiro filho de Bela, o filho de Benjamim (1Cr 7:7). Uziel não consta na genealogia de Bela em 1Crônicas 8:3, mas as genealogias benjamitas têm inúmeras inconsistências.

4. O filho de Hemã, suposto fundador da corporação de cantores levitas do pós-exílio (1Cr 25:4).

5. Levita, filho de Jedutum, que juntou-se a outros levitas na purificação do templo sob Ezequias (2Cr 29:14).

6. O filho de Araías, um artífice em ouro, que ajudou a reconstruir o muro de Jerusalém (Ne 3:8). [RONALD A. SIMKINS]

V

VAEBE (heb. *wāhēḇ*) Possivelmente um lugar na região moabita de Sufá, próximo ao rio Arnom (Nm 21:14). O local é mencionado numa citação do Livro das Guerras do Senhor, mas o hebraico é obscuro (LXX gr. Zoob; cf. heb. zahab, "Zaabe").

VAIDADE A tradução tradicional do hebraico *heḇel*, lit., "sopro de ar", "respiro" ou "vapor", e gr. *mataiótēs*, cujo significado vai de "insignificância" ou "nulidade" a "imprestável" ou "fútil" (cf. At 14:15; Rm 8:20; Ef 4:17; 2Pe 2:18).

No português, vaidade com frequência se refere ao falso orgulho ou arrogância e sugere o significado de "falta de valor". Mas o sentido fundamental da palavra, como usada em textos bíblicos, está ligado ao conceito de brevidade (p. ex., Pv 21:6, em que os tesouros ganhos pelo engano são comparados a um "vapor" que rapidamente se desfaz). A vaidade é quase sempre equiparada a palavras como "vento" (Is 57:13), "nada" (41:29) ou "vazio" (30:7).

Em várias passagens poéticas, a palavra vaidade é usada para descrever a brevidade da vida do homem e a natureza transitória das preocupações humanas comparada à eternidade de Deus e à durabilidade de seus interesses (cf. Jó 7:16; Sl 39:5, 11 [TM 6, 12]; 62:9 [10]; 78:33; 94:11; 44:4). "Vaidade" ocorre com muita frequência no livro de Eclesiastes (em que é usada 38 vezes comparada com apenas 35 outros usos no restante do AT). Nenhum único termo português pode representar adequadamente a amplitude de significado que essa palavra assume ao ser usada em vários contextos que implicam conotações que vão de "mal" a meramente "temporário".

O uso da palavra "vaidade" pode ter sido influenciado pela tradução latina de Jerônimo (Vulgata). O substantivo abstrato latino *vanitas* pode significar "insubstancial" e "falta de continuidade" bem como "inútil, fútil ou ilusório". As conotações negativas associadas à "vaidade" se adaptam bem ao uso bíblico do plural de *heḇel* para referir-se a "ídolos" (p. ex., Jn 2:8; Jr 8:19; 10:8; Sl 31:6 [7]). Os profetas usam *heḇel* para sugerir que os ídolos são "como ar" (transitórios e carentes de substância) e advertem o povo de que aqueles que adoram *heḇel* (entidades que são como ar) "tornaram-se *heḇel*" (Jr 2:5; 2Rs 17:15). Entretanto, quando as traduções modernas substituem "vaidade" por palavras como "futilidade" (p. ex., Jó 7:3 NVI), "o que não tem valor" (15:31 NIV), ou "sem sentido" (Eclesiastes NVI), elas obscurecem o fato de que em hebraico a qualidade essencial à qual *heḇel* se refere é a falta de permanência em vez de falta de importância ou valor.

A KJV também usa de vez em quando vaidade para traduzir o hebraico *ʾawēn*, que significa mais adequadamente "infortúnio", "inquietação" ou "desgraça" (cf. Pv 22:8; Jó 15:35; Sl 10:7).

Bibliografia. K. Farmer, *Who Knows What Is Good?* ITC (Grand Rapids, 1991); K. Seybold, "hebel [hebhel]", *TDOT* 3.313-20. [KATHLEEN A. FARMER]

VAISATA (heb. *wayzāṯāʾ*) Um dos dez filhos de Hamã mortos em Susã pelos judeus, no dia da represália destes contra seus inimigos (Et 9:9).

VALE Vales de vários tamanhos e formas estão localizados na Palestina. Alguns são gargantas estreitas e íngremes, como os localizados entre Belém e a área do mar Morto. Outros são planícies amplas e férteis, como o vale de Jezreel.

Várias palavras hebraicas, traduzidas de várias maneiras em diferentes versões, indicam vale ou planície. O hebraico *biqʿâ* denota fenda ou separação de montanhas. O termo indica com mais frequência uma planície amplamente estendida, como Babilônia (Gn 11:2; Ez 3:23; 37:1) e Megido (Zc 12:11).

O hebraico *gayʾ* indica vale ou região baixa e plana. O termo designa especificamente o vale dos Artífices na planície da Filístia (Ne 11:35); o vale dos Filhos de Hinom (Ben-Hinnom) fora de Jerusalém, onde eram oferecidos os sacrifícios a Moloque (2Rs 23:10); e o vale da visão (Is 22:1).

Outro termo, *ʿēmeq*, deriva do verbo "ser profundo". Isso pode indicar um vale de grande extensão adequado para agricultura (Jó 39:10; Sl 65:13 [TM 14]) ou operações militares (Jó 39:21). O vale do Jordão é indicado em Josué 13:19, 27.

A palavra *nāḥal* pode indicar córrego ou torrente (temporária), ou o vale que contém a torrente. Entre os uádis particulares assim designados estão Escol (Nm 32:9), Soreque (Jz 16:4), Sitim (Jl 3:18 [4:18] e o uádi do Egito, ou Uádi el-ʿArish (Js 15:4).

A última palavra que indica uma região baixa é *šĕpēlâ* ("Sefelá"). Embora traduzida de várias formas, todas as referências (exceto Js 11:2, 16b) são aos contrafortes oeste das terras altas da Judeia. A designação é um termo técnico para a região baixa perto do mar Mediterrâneo que se estende de Jope a Gaza.

Bibliografia. D. Baly, *The Geography of the Bible*, ed. rev. (New York, 1974). [HAROLD R. MOSLEY]

VALE DO REI Lugar onde Abrão se encontrou com os reis de Sodoma e Salém (Gn 14:17), originalmente chamado de "Vale de Savé" (heb. *'ēmeq šāwēh*). Se a raiz hebraica *šāwâ* tem a conotação cognata ugarítica de "governante", pode existir uma base semântica para esta explicação (heb. *'ēmeq hammelek̲*), embora a designação original em si possa ter vindo de uma associação real, ou devido à propriedade imperial, ou pela presença de tumbas reais. Em 2Samuel 18:18, Absalão erigiu uma coluna memorial neste lugar. De acordo com algumas fontes extrabíblicas, a localização mais provável é uma planície na confluência dos vales do Cedrom, Tiropeon e do Hinom, ao sul da Cidade de Davi (cf. 2Sm 15:23).

Bibliografia. J. M. Allegro, *The Treasure of the Copper Scroll*, 2. ed. (Garden City, 1964); A. A. Wieder, "Ugaritic-Hebrew Lexicographical Notes", *JBL* 84 (1965): 160-62. [J. RANDALL PRICE]

VALE DO TIROPEON Um dos vales principais que definem a topografia da antiga Jerusalém. Jerusalém se desenvolveu sobre duas cadeias de elevações ou colinas mais ou menos paralelas que se estendem de norte a sul. Vales profundos protegem as cadeias no leste (vale do Cedrom), a oeste a ao sul (o vale do Hinom). O vale do Tiropeon (moderno el-Wad) está entre as duas cadeias que dividem a cidade em duas partes. O monte do templo, Ofel, e a cidade de Davi, ou "Cidade baixa" ocupava a cadeia oriental, enquanto a cadeia sudoeste, mais alta, era conhecida como "Cidade superior" nos tempos do NT. Não mencionado nas fontes bíblicas, o nome grego vale Tiropeon deriva de uma única referência em Josefo (*BJ* 5.140) e significa "Vale dos queijeiros" (gr. *hē tṓn tyropoiṓn pháranx*). As descrições topográficas modernas de Jerusalém usam com frequência o termo "Vale central" como sinônimo desse vale.

O verdadeiro curso e profundidade do vale Tiropeon foram escondidos pelo acúmulo de detritos, chegando em alguns lugares a 20-30 m de espessura. O vale começava exatamente ao norte da porta de Damasco, seu curso superior seguia a direção sudeste para a extremidade sudoeste do monte do templo. O vale então descia de maneira mais íngreme no lado oeste da Cidade de Davi até o tanque de Siloé e a junção com o vale Cedrom. Escavações revelaram trechos da estrada herodiana, em lugares com 10 m de largura, que seguiam a extensão do vale. Um grande sistema de drenagem sob a estrada canalizava o excesso de água para o tanque de Siloé, que também era suprido pela fonte Giom. Uma ponte construída numa série de grandes arcos atravessava o vale Tiropeon, ligando a cidade alta e o monte do templo. O Arco de Wilson, embora parcialmente reconstruído nos tempos árabes, preserva um dos arcos que sustenta a ponte que dava acesso ao trânsito de pedestres e ao transporte de água por um aqueduto, atravessando o vale. No canto sudeste do monte do templo, uma escadaria monumental subia da estrada herodiana no vale até uma entrada à área do templo. O Arco de Robinson, que sobressaía da extremidade sul do muro ocidental, era uma parte dessa escadaria. Duas outras portas (hoje conhecidas como Porta de Barclay e Porta de Warren) davam acesso ao monte do templo num nível inferior do nivelamento de um ramo da estrada herodiana com a porta ocidental. Várias lojas ao longo do vale e o acesso ao monte do templo faziam do vale Tiropeon uma passagem movimentada da Jerusalém herodiana. [THOMAS V. BRISCO]

VANIAS (heb. *wanyâ*) Israelita do tempo de Esdras que havia se casado com uma estrangeira (Ed 10:36).

VARA Pedaço comprido de madeira usado para apoio e como arma. Um longo bastão (heb. *maṭṭeh*) era usado pelos viajantes para apoio e pelos pastores para guiar seus rebanhos (Êx 4:2; Is 10:26). Foi também a vara milagrosa de Arão e dos mágicos egípcios (Êx 7:9-12) e foi usada simbolicamente em relação a opressão e punição (Is 30:32). Tanto *maṭṭeh* quanto *šēb̲eṭ* significam de modo figurado "tribo", presumivelmente da ideia de que um grupo de pessoas era dirigido por um chefe com uma vara. O hebraico *šēb̲eṭ* carrega também a conotação mais forte de golpear e pode ter sido um instrumento mais curto, parecido com um porrete (Sl 23:4; Mq 7:14). Era também um cetro, símbolo de autoridade (Jz 5:14). No NT, o grego *rhábdos* designa tanto vara para apoio (Mt 10:10) como para castigo (1Co 4:21). [CHRISTIAN M. M. BRADY]

VASNI (heb. *wašnî*) De acordo com o TM, um filho de Samuel (1Cr 6:28 [TM 13]). O hebraico pode ser melhor traduzido por " o segundo" (conforme Almeida século 21).

VASTI (heb. *waštî*) A esposa do rei persa Assuero (Xerxes I, 486/485-465 a.C.).No auge de uma grande demonstração de sua riqueza perante seus sátrapas, Assuero ordena que Vasti (cf. Pers. vahista, "a melhor"; uas, "a amada" ou "a desejada") exiba sua beleza perante a assembleia (Et 1:11). Sua recusa (Et 1:12) irrita Xerxes, que a expulsa e proclama que todas as mulheres mostrem obediência a seus maridos (v. 16-22). Os assessores do rei vasculham o reino à procura de jovens formosas para substituir Vasti e Ester, a jovem virgem judia a substitui como rainha (Et 2:2-17).

As tentativas dos estudiosos em identificar Vasti como figura histórica (p. ex., Amestris, Heródoto

Hist. 7.61; 9.108-12; Stateira, esposa de Artaxerxes II) não têm sido convincentes.

A tradição judaica a retrata como neta de Nabucodonosor e filha de Belsazar, tampouco favoravelmente disposta em relação aos judeus. A erudição judaica vê também o próprio banquete de Vasti (Et 1:9) carregado de intriga política; as esposas dos nobres estão de fato cativas, usadas como segurança para que seus maridos não se rebelem contra Xerxes. Um relato retrata Vasti tanto insolente quanto imoral, que tinha a intenção de se manifestar nua perante os convidados reais, mas logo descobriu ter lepra. Outra versão diz que ela pensa que o rei seria morto se seus nobres vissem sua beleza, porque "eles desejarão me possuir e o matarão" (Esth. Rab. 3.14); quando Xerxes repete o pedido, ela o insulta lembrando-o de que ele fôra uma vez um cavalariço no estábulo de seu pai, Belsazar. A erudição judaica afirma que Vasti foi morta no sábado porque enquanto era rainha ela havia forçado as donzelas judias a se despirem e a trabalhar nuas no sábado. [ROBIN GALLAHER BRANCH]

VEADO Três palavras hebraicas são comumente identificadas como veado: *'ayyāl*, *yaḥmûr* e *'ōper*. Esses três animais eram apropriados para se comer; *'ayyāl* e *yaḥmûr* eram especificamente designados como comida pura (Dt 12:15; 14:5; 15:22).

Historicamente quatro espécies de veados habitavam na Palestina — o veado vermelho (Cervus elaphus), duas variedades de gamos (Cervus [Dama] dama e D. Mesopotamica), e a corça (Capreolus capreolus). Enquanto o grande veado vermelho (altura 1.37 m) era a espécie predominante na Palestina, durante os períodos pré-históricos, a evidência arqueológica sugere que a população deles tenha diminuído e eventualmente desaparecido devido a mudanças climáticas e desflorestamento; contudo, ossos foram descobertos em Hesban de níveis relativos à Idade do Ferro II ou mesmo nos períodos Ayyubid/Mamluk. As corças são animais pequenos, delicados, e tímidos (altura 76 cm.) que se juntam somente em pequenos rebanhos e são raramente vistas. Embora estejam indubitavelmente presentes na Palestina, na totalidade do período bíblico, elas raramente são reveladas nos restos arqueológicos, sugerindo que eram raramente vistas ou caçadas e provavelmente não são referidas na Bíblia. Os animais ligeiramente maiores, os gamos (alt. 102 cm.) eram mais conspícuos visto que viajavam em grupos relativamente grandes. Os ossos deles foram mais encontrados o que qualquer outra das espécies de veados nos sítios como Hesban e Tel Dan, sugerindo que eram bem conhecidos pelos povos antigos. Portanto, é provável que o veado com o qual os israelitas estavam mais familiarizados era o gamo, que assim deveria ser identificado com o hebraico *ayyal* (Dt 12:22; 1Rs 4:23 [TM 5:3]; Sl 42:1 [2]; Ct 2:9, 17; Is 35:6).

O hebraico *yaḥmûr* (1Rs 4:23 [5:3]; Dt 14:5) leva a conotação "vermelho", e tem sido, igual ao *'ayyāl*, associado com o gamo que tem uma cor de ferrugem empalidecida. Contudo, visto que 1Reis 4:23 [5:3]) distingue entre os dois termos, provavelmente não deveriam ser identificados com sendo a mesma espécie. Outra possibilidade é o veado vermelho que não é somente vermelho na cor, mas possivelmente ainda vivia na área durante a Era do Ferro e nos períodos arábicos. Uma terceira sugestão é o antílope africano vermelho (Alcelaphus buselaphus; cf. LXX bubalos para *yaḥmûr*). De acordo com o naturalista do século XIX, H. B. Tristram, os árabes reivindicaram ter caçado este animal próximo das fontes a leste do mar Morto; embora não haja nenhuma evidência de que esses animais tenham vivido tão ao norte como a Palestina, eles aparentemente viveram no Egito durante os tempos dinásticos.

O hebraico *'ōper* (Ct 4:5; 7:3 [4]) leva a conotação "jovem" e deveria ser provavelmente identificado com qualquer veado jovem ou animal parecido com o veado (tal como a gazela) e não igualado com uma espécie particular. [RANDALL W. YOUNKER]

VENTO O movimento horizontal do ar (heb. *rûaḥ*; gr. *ánemos*). Certos ventos eram conhecidos pela reputação, por exemplo o forte e destruidor vento leste (Gn 41:6, 23, 27; Ez 19:12). O vento oeste, geralmente prevalecia na Palestina, moderava o calor do verão e trazia a chuva necessária (1Rs 18:45). Da mesma forma, o vento norte supria chuvas (Pv 25:23) e, o vento sul, carregava calor abrasador (Jó 37:17; Lc 12:55).

Acreditava-se que Deus controlava o vento (Gn 8:1; Sl 78:26). A divisão do mar Vermelho ocorreu pelo vento das narinas de Deus (Êx 15:8-10). Do mesmo modo, Jesus demonstrou seu poder sobre o vento acalmando a tempestade no mar da Galileia (Mc 4:37-41).

O vendo era parceiro bem-vindo no processo de debulhar, levando embora a palha; no entanto, ambos são usados como figura para o ímpio, espalhados pelo Senhor (Jó 21:18; Is 41:16). O vento representa o vazio do discurso inútil (Ec 1:14, 21) e a natureza transitória da existência humana (Sl 78:39; 103:15-16).

O hebraico *rûaḥ* é também frequentemente traduzido por "respiração", entendido como a força que estimula a vida, o sopro da vida e, portanto, "espírito". Essa interconexão é clara na visão de Ezequiel do vale de ossos secos (Ez 37:1-14). Da mesma forma, *pneúma*, do verbo "soprar", é, na maioria das vezes, traduzido por "espírito". Jesus afirma que todo aquele que é nascido do espírito é como o vento, que sopra onde quer (Jo 3:8). Da mesma forma, a descida do Espírito Santo no dia de Pentecoste (At 2:2) é descrito como vento violento (*pnoē*). [MARK R. FAIRCHILD]

VENTO ORIENTAL Aspecto climático notável de Israel em que ventos fortes sopram do oriente ao ocidente, anulando a brisa normal que vem do Mediterrâneo. Ocorrendo em um período de cinquenta dias no começo do outono, esses ventos (heb. *qāḏ'm*) são conhecidos hoje como *khamsin* (do ár. "50") ou siroco. São notáveis por sua força (frequentemente 95 km/h), e numa temperatura imensamente quente (40º C de temperatura que aumenta em poucas horas). Capazes de reduzir plantas verdes em sequidão, transformação que ocorre num único dia, também produzem fogo rapidamente. Esses ventos foram vistos como instrumento do juízo de Deus, sendo conhecidos como "o sopro do Senhor" (Is 59:19; esp. Os 13:15). Esse mesmo padrão de tempo é observado em Gênesis 1:46; Isaías 27:8; Jeremias 4:11. [DENNIS M. SWANSON]

VERDADE O termo mais comum para verdade no AT é o hebraico *'ĕmeṯ*, que significa realidade que é "firme" ou "certa". Contém a ideia de solidez, validade, fidelidade e constância. Quando se refere ao discurso, ação ou pensamento de uma pessoa, a verdade denota qualidade de integridade alinhado ao que é "certo", portanto a ação legal é justificada com base na evidência (Dt 22:20). Uma acusação de idolatria pode ser punível com sentença de morte "se for verdade que se fez essa abominação em Israel" (Dt 17:4). A rainha de Sabá escutou que a notícia das realizações e da sabedoria de Salomão era "verdadeira" ao fazer a visita para ver por si mesma (1Rs 10:6,7). Na visão que Daniel teve a respeito dos últimos dias, a palavra revelada a ele foi "verdadeira" e incontestável (Dn 10:1).

A verdade procede da natureza de Deus, como visto nas palavras de um profeta. A ressurreição feita por Elias do filho da viúva foi, para ela, prova de que "a palavra do SENHOR na tua boca é verdade" (1Rs 17:24). Zacarias mostra que a essência dos ensinos morais proféticos produzem "justiça verdadeira" e mostram bondade e misericórdia (Zc 7:9). O aspecto judicial de *'ĕmeṯ* está também presente na instrução de Zacarias: "falai a verdade cada um com seu próximo; julgai com retidão e paz nos tribunais" (Zc 8:16,17).

O conceito de verdade no AT aparece com mais frequência no sentido religioso, denotando uma realidade empírica ou de sentimento à parte de qualquer significado judicial. Deus deseja "a verdade no íntimo" (Sl 51:6 [TM 8]). Quem fala a "verdade do coração" tem a qualificação moral para uma posição cúltica na congregação; tem uma mente fixa na verdade, "vive com integridade" e "pratica a justiça" (Sl 15:2). Os juízos de Deus são chamados *'ĕmeṯ* pelo salmista, que parece equiparar verdade com a Escritura (cf. Dn 10:21). "Verdade" pode também denotar a religião judaica (Dn 8:12; cf. 1Esd 4.36-40).

Na literatura rabínica, "verdade" denota atitude humana que reflete a realidade divina. O rabi Semeon afirmou que "o mundo repousa em três coisas; na justiça, na verdade e na paz" ('Abot. 1.18). Na esfera legal, a execução da lei pelos humanos tem dimensão religiosa. Deus é o juiz divino que julga todas as coisas de acordo com *'ĕmeṯ*. A Torá em si é "verdade" como expressão da Palavra divina. A essência de Deus é *'ĕmeṯ*.

No hino de louvor à "verdade" (1Esd 4.36-40), a verdade (gr. *alḗtheia*) é personificada como poderoso ator na natureza e na sociedade cuja justiça contrasta totalmente com a injustiça do vinho, do rei, das mulheres e de todos os seres humanos (4:37). Ela suporta e é forte para sempre. Embora esse hino de louvor à verdade, "a coisa mais forte do mundo" surja da literatura de sabedoria geral do antigo Oriente Próximo, foi adaptada para se adequar ao caráter de Deus como Senhor da natureza e da sociedade como se encontra no AT.

No NT, o significado de *alḗtheia* é determinado em parte pelo uso semítico de *'ĕmeṯ* e em parte pelo uso grego e helenístico de *alḗtheia*. No uso do original grego, *alḗtheia* tem o significado básico de revelar o que foi escondido. O historiador a usaria para indicar o real estado de afazeres em contraste com mito ou lenda nos quais a realidade foi escondida ou encoberta. Os filósofos usariam o termo para distinguir o estado real de existência do que tem apenas a aparência de realidade. Em Platão, o mundo real foi o mundo de ideias que podia ser compreendido apenas pelo pensamento, não pelos sentidos. Em certas épocas helenísticas, entretanto, "verdade" assume significado "escatológico" com compreensão dessa realidade disponível a mortais somente por intermédio do êxtase ou da revelação do domínio divino. Essa compreensão de "verdade" é desenvolvida nos textos gnósticos bem como em Fílon e Plotino.

O uso cristão primitivo de *alḗtheia* reflete a diversidade de significados que *'ĕmeṯ* tem no AT e em fontes rabínicas bem como no uso grego e helenístico. O autor de Efésios usa *alḗtheia* no sentido do que "tem segurança e força", em contraste com os modos pagãos, e (no sentido) da "verdade" que estava em Jesus (Ef 4:21). Da mesma forma, para Paulo "verdade" significa padrão legítimo, o que é "genuíno" ou "adequado", que podia ser usado para medir a pretensão de seus oponentes contra ele (Gl 2:5). A palavra também é usada no sentido de "probidade" (p. ex., "praticar a verdade"; Jo 3:21; 1Jo 1:6). "Verdade" é o oposto de mau procedimento (1Co 13:6). O conceito pode também designar o que é confiável ou fidedigno, em oposição a falsidade humana; da mesma forma, pode se referir à justiça de Deus em contraste com a injustiça do ser humano (Rm 3:3-7). "Verdade" pode também simplesmente significar "sinceridade ou honestidade (2Co 7:14).

A verdade pode também indicar "o estado real de coisas" no sentido filosófico grego, como quando Paulo fala de pessoas que "substituíram a verdade de Deus pela mentira e adoraram e serviram à criatura em lugar do Criador" (Rm 1:25). Isso está refletido em 1João 3:18, que exorta o leitor a amar "não [...] de palavra nem de boca, mas em ações e em verdade". "Praticar a verdade" pode também ter este significado, mas parece também permitir a interpretação da verdade com a revelação divina (Jo 8:40, 45; 5:33).

Às vezes, "verdade" simplesmente significa a "verdade solene" ou "afirmação de fato", como na resposta de Paulo ao julgamento de Festo de que a defesa de Paulo era reflexo de insanidade (At 26:25) e na afirmação de Jesus sobre as viúvas em Israel no tempo de Elias (4:25). Paulo chama o evangelho de "verdade" (2Co 4:2); em Colossenses 1:5 trata de pregar o evangelho como a "palavra da verdade".

Para João, "verdade" podia significar conhecimento salvador, não simples conhecimento em geral. Ela podia libertar uma pessoa do pecado e da escravidão (Jo 8:32). Embora alguns vejam nuanças gnósticas na antítese entre a realidade divina e antidivina que João traça em seu evangelho, é mais provável que João tenha compreendido "verdade" e "falsidade" como possibilidades reais para a vida humana e não "substâncias" cosmológicas permanentemente opostas (Jo 8:44). O Espírito Santo prometido por Jesus é o "Espírito de verdade" (Jo 14:17; 15:26; 16:13; cf. Mc 13:11; At 1:8). Essa "verdade" funciona como parte de revelação, um espírito que testemunha na comunidade (1Jo 5:6).

Bibliografia. R. E. Brown, *The Gospel According to John I-XII*. AB 29 (Garden City, 1966); R. Bultmann, G. Quell e G. Kittel, "alétheia", *TDNT* 1.232-51. [WILLIAM R. GOODMAN, JR.]

VERDADE, EVANGELHO DA (I, 3; XII, 2) Sermão ou reflexão gnóstico sobre o evangelho, descoberto em Nag Hammadi. Esse tratado é uma obra-prima retórica e pode ser descrito tanto como gnóstico quanto valentiniano. Existe em duas revisões coptas encontradas nos Códices I, 3 e XII, 2 (saídico). Considerando que o último existe na forma extremamente fragmentária, o primeiro torna-se o foco da análise acadêmica.

Desde sua descoberta, esse texto tem provocado especulação acadêmica com relação à autoria. O debate é ativado pelo comentário de Ireneu, por volta de 180, de que valentinianos "precipitados" alegavam possuir inúmeros evangelhos, incluindo um "Evangelho de Verdade" que eles mesmos somente recentemente escreveram" e que "não concorda em nenhum ponto com os evangelhos dos apóstolos" (Adv. haer. 3.11.9). A partir dessa afirmação, muitos estudiosos têm atribuído essa obra ao mestre gnóstico Valentino (c. 100-175 d.C.). Como apoio, comentaristas têm apontado para semelhanças de estilo entre o Evangelho de Verdade e os fragmentos existentes atribuídos a Valentino, o caráter conceitual valentiniano do texto e a linha inicial do próprio tratado que faz referência ao "evangelho de verdade". Entretanto, Ireneu não atribui diretamente o Evangelho de Verdade ao próprio Valentino, mas a seus seguidores. As semelhanças de estilo são dúbias devido à brevidade dos fragmentos que foram comparados e à falta de um original grego; eles podem meramente refletir treinamento retórico semelhante. Realisticamente, a ânsia dos comentaristas em atribuir essa obra a Valentino pode ser mais fantasia que realidade.

Bibliografia. H. W. Attridge e G. W. MacRae, "The Gospel of Truth (I,3 e XII,2), in *Naq Hammadi Codex I*, ed. Attridge. NHS 22 (Leiden, 1985); J. A. Williams, *Biblical Interpretation in the Gnostic Gospel of Truth Nag Hammadi*. SBLDS 79 (Atlanta, 1988). [ANDREA LORENZO MOLINARI]

VERME Pequenas criaturas rastejantes, como as larvas (heb. *tôlaʻat, tôlēʻâ*). Os tipos mais comuns representados na Bíblia são as larvas ou vermes que atuam no processo de decomposição. Os vermes comeram o maná que os israelitas deixaram até a manhã (Êx 16:20), bem como a planta que fazia sombra sobre a cabeça de Jonas (Jn 4:7). Numa lista de maldições, os vinhedos serão devorados por vermes (Dt 28:39).

Os autores bíblicos usaram o verme como símbolo de algo humilde, sem valor e inútil (Sl 22:6 [TM 7]; cf. Is 41:14). Ele também representou a morte: o fim de todo ser humano são vermes e larvas (Jó 21:26; 25:6; Is 14:11). Na literatura pós-bíblica, alguns autores usaram o topos literário "comido por vermes" como punição adequada àqueles que desonraram Deus, Seu templo e outros objetos e lugares sagrados (p. ex., 2Mac 9.9) [ISAAC KALIMI]

VERMELHÃO Mineral vermelho vivo usado em pintura, usualmente aplicado pelos assírios e babilônios em seus baixos-relevos (heb. *šāšēr*; gr. *míltos*).

Jeremias condena o rei Jeoaquim, de Judá, por seu cuidado em enfeitar o próprio palácio, pintado de vermelhão (Jr 22:14), em vez de cuidar do pobre e necessitado (v. 16-17). Ezequiel, em sua alegórica condenação da idolatria de Samaria e Jerusalém, refere-se ao desejo da última pelos soldados caldeus "pintados em vermelho" (Ez 23:14). De acordo com Sab. 13.14, ídolos de madeira eram pintados de vermelho ("pintura vermelha").

VERMELHO Vermelho (heb. *'āḏōm*; gr. *pyrrós*) pode abranger matizes tão divergentes quanto o marrom, bem como as cores vivas amarelo e cor-de-rosa. Então, a cor acastanhada que o animal esconde é descrita como vermelha (Nm 19:2; Zc 1:8; 6:2), bem como a cor marrom amarelada da sopa de lentilha (Gn 25:30) e a aparência saudável da pessoa (Ct 5:10; Lm 4:7). Algumas passagens do AT se referem a objetos tingidos de vermelho, como peles de carneiros (Êx 25:5) e escudos (Na 2:3 [TM 4]). Gênesis 25:25-30 faz um jogo de palavras com o adjetivo *'aḏmôn'*, "avermelhado", e Esaú, figura associada a Edom (*'ĕḏō m*), a terra de barro vermelho. Isaías 63:1-2 tem um jogo de palavras semelhante com Edom (*'ĕḏōm*) e vermelho (*'āḏōm*). Ao longo do tempo novos termos foram introduzidos para criar nuances de cor mais agradáveis.

No NT, o vermelho descreve a cor do céu no começo da noite, imagem popular que é previsão de bom tempo (Mt 16:2-3). O livro de Apocalipse inclui o vermelho como uma das quatro cores principais na imagística apocalíptica, representando guerra, derramamento de sangue e as forças do mal (Ap 6:4; 12:3).

Bibliografia. A. Brenner, *Colour Terms in the Old Testament*. JSOTSup 21 (Sheffield, 1982). [J. EDWARD OWENS]

VERSÃO GÓTICA Tradução da Bíblia na língua gótica feita por Ulfilas (310-380 a.D.), que criou o alfabeto gótico especial e reduziu a língua falada à forma escrita. A tradução começou ca. 340, quando Ulfilas foi para Bizâncio e ali foi consagrado "bispo dos Godos" por Eusébio da Nicomédia. A obra foi completada algum tempo após 348, quando os cristãos góticos, inclusive Ulfilas, foram expulsos e cruzaram o Danúbio, em direção a Moesia.

Exceto cerca de cinquenta versos de Neemias 5-7, o AT gótico não sobreviveu. Baseado no texto bizantino ou no texto coiné, a tradução do NT é o mais antigo documento literário teutônico conhecido. As versões "ocidentais", particularmente nas Epístolas Paulinas, foram introduzidas a partir de manuscritos da Antiga Versão Latina.

O mais completo dos seis documentos fragmentados é uma cópia dos séculos V-VI da Biblioteca da Universidade de Upsala. Escrito em pergaminho púrpura com tinta de prata, o Códex Argentus apresenta cerca de metade do texto dos evangelhos na ordem de Mateus, João, Lucas e Marcos. Todos os outros manuscritos do NT gótico, com a exceção de uma folha de pergaminho de um manuscrito bilíngue em latim e gótico, agora em Giessen, são palimpsestos. Cerca de quarenta versos do livro de Romanos existem num manuscrito bilíngue latim/gótico em Wolfenbüttel. Nada existe de Atos, Epístolas Gerais, ou Apocalipse. [CARROL D. OSBURN]

VERSO A divisão dos livros da Bíblia em capítulos e versos numerados não faz parte dos textos originais. Existem, entretanto, precursores a tal passo.

A evidência inicial para a primitiva divisão do texto hebraico em unidades menores é massorética, mas existe evidência pré-massorética para atividade semelhante, já em Qumran e no Mishná. Os massoretas dividiam o texto no que pode ser chamado de "capítulos" (*parašôṯ*) e "versos" (*pasuq*). Além disso, os massoretas marcavam seções deixando uma linha em branco (dessa forma uma seção "aberta") ou pulando alguns espaços dentro de uma linha (uma seção "fechada"). Que os massoretas dividiram o texto no que resultou em versos vê-se no uso que faziam do acento gráfico *silluq* para marcar o fim de uma unidade lógica. A divisão do texto hebraico em capítulos e versos numerados como agora os temos foi realizada sob a influência da tradição Vulgata depois do século VIII.

As divisões em capítulos no NT remontam pelo menos ao Código Vaticano, do século IV, e outras divisões dos textos são determináveis pelo desenvolvimento do conjunto de predigas. A divisão do NT em versos ocorre pela primeira vez na edição publicada por Robert Stephanus (Estienne) em Paris em 1551.

Bibliografia. B. M. Metzger, *The Text of the New Testament*, 3. ed. (Oxford, 1992); E. Tov, *The Textual Criticism of the Hebrew Bible* (Minneapolis, 1992). [MICHAEL L. RUFFIN]

VERSÕES *Ver* TRADUÇÕES DA BÍBLIA; TEXTO DO ANTIGO TESTAMENTO; TEXTO DO NOVO TESTAMENTO.

VERSÕES GREGAS Uma das principais razões para o surgimento de múltiplas versões gregas das Escrituras Hebraicas nos primeiros séculos da nossa era foram as discussões teológicas entre eruditos judaicos e cristãos. No entanto, a revisão da antiga tradução grega (a assim chamada Septuaginta ou LXX) e/ou novas traduções de livros provavelmente foram iniciadas até mesmo antes da nossa era. Sabe-se disso em virtude do fato de que alguns livros na LXX exibem relação íntima com as características de tradução em outros livros atribuídos a Theodotion. O fato de citações do material de Theodotion aparecerem no Novo Testamento significa que esse material deve ter sido produzido ainda mais cedo. Em contraste com a versão grega antiga, que algumas vezes se afasta do TM, a versão de Theodotion apresenta correspondência formal íntima com o massorético. Dessa forma, é provável que outra razão para a produção de versões gregas no começo da era cristã foi a existência de múltiplas formas semíticas de alguns livros bíblicos.

Além de Theodotion, há dois outros revisores famosos da LXX. Áquila (128 d.C.) produziu uma tradução extremamente literal do hebraico. Ele procurou manter a correspondência entre as palavras hebraicas e gregas uma a uma. Em contraste com Áquila, Symmachus (final do século II) forneceu uma revisão mais próxima do estilo do grego, falado cotidianamente, aliada à fidelidade ao texto hebraico.

A fonte primária para o conhecimento dos trabalhos de Theodotion, Áquila e Symmachus são os trechos preservados na Héxapla, composta por Orígenes (ca. 230-240). Orígenes colocou em seis colunas paralelas: 1) O texto hebraico como ele o conheceu; 2) Uma transliteração grega do hebraico; 3) Áquila; 4) *Symmachus*; 5) A LXX; e 6) Theodotion. Orígenes empregou os símbolos aristarquianos para indicar a relação entre o texto hebraico e o texto grego. Palavras gregas que não tinham correspondente no seu texto hebraico eram colocadas entre um óbelo e um metóbelo (marcação com travessão ou sinal de divisão), enquanto a tradução de termos que não tinham seu correspondente na LXX eram inseridas no texto a partir de outra versão (normalmente Theodotion) e marcadas com um asterisco e um metóbelo. Um importante testemunho do trabalho de Orígenes encontra-se na Siro-Hexaplar, uma tradução muito literal da quinta coluna para o siríaco, feita pelo bispo de Tella (618). Jerônimo menciona duas outras revisões: uma feita por Hesíquio, para uso no Egito, e outra feita por Luciano, para a Antioquia. Não há evidências da existência da primeira, enquanto que da última apenas se pode isolar partes de certos livros.

Bibliografia. S. Jellicoe, *The Septuagint and Modern Study* (1968, repr. Winona Lake, 1993). [TIM MCLAY]

VERSÕES SIRÍACAS As traduções da Bíblia para o siríaco são abundantes se comparadas ao número de versões produzidas por outras comunidades cristãs primitivas. A mais antiga tradução siríaca do AT é a Vetus Syra, a versão siríaca antiga. É assunto de debate se a origem dessa tradução se deve à conversão do rei de Adiabene ao judaísmo, ou coincide com a introdução do cristianismo na Mesopotâmia. Em qualquer dos casos, essa antiga tradução siríaca do AT data de cerca da metade do século I d.C. e foi uma adaptação ou tradução de alguma forma do Targum aramaico (aramaico ocidental ou palestino).

A antiga versão siríaca do NT, que teve sua origem no século III, é confirmada por dois textos incompletos dos quatro evangelhos, ambos pertencentes à primeira parte do século V. A designação siríaca dessa versão, Evangelion da-mepharreshe ("o Evangelho dos Separados"), estabelece relação com o Diatessarão de Taciano que constituiu o Evangelion de-mehallete ("the Gospel of the Mixed"). O consenso é que o Código Siro Curetoniano e o Código Sinaítico, os dois mais importantes manuscritos do siríaco antigo, representam duas tradições textuais independentes da mesma versão. As diferenças entre os dois manuscritos incluem a ordem dos evangelhos em curetoniano (Mateus, Marcos, João e Lucas, com a maioria de Marcos e muito de João omitidos) e o final mais longo de Marcos confirmado em curetoniano, mas não encontrado no sinaítico. Os evangelhos ainda existem quanto ao NT em siríaco antigo. Embora citações de Atos e das cartas paulinas possam ser encontradas em antigos comentários dos Pais da Igreja, nenhum texto de Atos ou das Epístolas existe hoje em siríaco antigo.

Sírio convertido ao cristianismo e discípulo de Justino Mártir, Taciano (c. 110-172) produziu seu Evangelion da-mehallete por volta de 170 d.C. Essa antiga versão siríaca, mais bem conhecida por seu nome grego Diatessarão ("através dos quatro"), é a harmonia de Taciano dos quatro evangelhos. Infelizmente, nenhum manuscrito do Diatessarão existe hoje. Nosso conhecimento dessa versão deriva inteiramente de citações e de fontes secundárias. A língua original do Diatessarão tem sido assunto de discussão. Embora a evidência sugira que Taciano tenha escrito sua obra em siríaco, tem-se discutido que essa versão foi originalmente escrita em grego e depois traduzida para o siríaco. O Diatessarão foi o esforço de Taciano para mesclar as discrepâncias e material detalhado de todos os quatro evangelhos, com leituras selecionadas de fontes apócrifas, em uma narrativa contínua da vida de Jesus. Durante mais de um século a narrativa siríaca do evangelho, feita por Taciano, foi considerada fidedigna na Igreja síria. Sua ampla aceitação e popularidade fora da comunidade de língua síria é confirmada pela difundida tradução do Diatessarão para vários idiomas. Permanece a incerteza no que se refere à relação entre o Diatessarão e a antiga versão siríaca. Argumentos têm sido apresentados em favor do Diatessarão ser a obra anterior, influenciando assim a composição dos evangelhos em siríaco antigo. Outros têm sustentado a prioridade dos evangelhos em siríaco antigo, que serviram, de alguma forma, como fonte para o Diatessarão.

Do século V em diante, a Peshita siríaca foi a versão padrão da Igreja síria. Essa tradução em aramaico oriental do AT e do NT é a segunda mais antiga das primeiras versões e um dos mais antigos documentos da literatura síria. Seu nome, Peshitta, a "simples" ou "versão comum", muito provavelmente teve o intuito de distingui-la da Siro-Héxapla, a versão mais sofisticada e anotada. Quando, onde e por que a tradução teve origem e por quem foi feita são fatos que permanecessem incertos. Argumentos têm sido apresentados para datar a tradução no começo do século I ou II d.C., e o debate continua a respeito da tradição da Peshita: foi uma tradução judaica ou cristã. A evidência continua a sugerir que os livros bíblicos foram traduzidos individualmente por longo período de tempo, que a tradução representa o trabalho de mais de um tradutor e remonta a um original hebraico que é muito próximo ao texto massorético. Alguns livros mostram conexão com tradições targúmicas judaicas. Outros livros fornecem evidência de influência da LXX, mas a influência do texto do Targum e grego varia de livro para livro.

A versão Peshita do NT (terminada no século V) não foi nova tradução, mas revisão do antigo siríaco, conciliando-a mais estreitamente com o grego. Entre as peculiaridades da Peshita do NT, estão a omissão de vários versículos de Mateus, Lucas, João, Atos e a ausência de cinco livros canônicos (2Pedro, 2João, 3João, Judas e Apocalipse).

No início do século VI Filoxeno, bispo de Mabugue, manifestou descontentamento com a versão Peshita porque os tradutores haviam cometido muitos erros e porque a tradução para o siríaco não estava suficientemente de acordo com o original grego. Para remediar essas deficiências, Filoxeno nomeou Policarpo para preparar uma revisão total e abrangente da versão Peshita do NT. A revisão de Policarpo, correção repleta de comentários, partículas, sintaxe e estilo foi terminada em 508.

Um século depois apareceu outra versão que forneceu evidência do constante esforço para colocar o NT siríaco em exata conformidade com o grego fundamental. Em 616, Tomé de Heracleia (Harkel) produziu uma versão siríaca do NT, que se acredita ser uma versão filoxeniana, completa com anotações nas margens e comentários encontrados em manuscritos gregos.

Fragmentos de um texto siríaco palestino preservam um dialeto que é mais exatamente classificado como aramaico ocidental (palestino). O sistema de escrita é siríaco, mas uma forma arcaica de Estrangela. A tradução foi feita da LXX. A influência da Peshita e do Targum tem sido alegada por alguns. A data da versão é assunto de conjectura (provavelmente século IV ou V).

A pedido de Atanásio I, o bispo Paulo de Tela, com um contingente de colaboradores, fez uma tradução siríaca do texto da LXX encontrado na quinta coluna da Héxapla de Orígenes. A técnica empregada de tradução e o grande cuidado exercido pelos tradutores tornaram a Héxapla síria inestimável ao restaurar a Héxapla perdida da LXX.

Finalmente, Jacó de Edessa (640-708) produziu uma revisão tanto da Peshita como da Héxapla síria. O trabalho de Jacó sobre a Peshita foi ainda outra tentativa de aperfeiçoar a tradução siríaca. Seu trabalho na Héxapla síria foi dedicado a levá-la de volta à conformidade ao estilo e ao dialeto da língua siríaca. Essas revisões, que sobrevivem apenas em parte, marcaram o fim de quase oito séculos de tradução da Bíblia entre os sírios.

Bibliografia. K. Luke, "The Old Syriac Version of the Bible", *Bible Bhashyam* 18 (1992): 105-23; "The Syriac Versions of the New Testament", *Bible Bhashyam* 19 (1993): 300-314; 20 (1994): 124-38; "The Syriac Versions of the Old Testament", *Bible Bhashyam* 18 (1992): 163-77; B. M. Metzger, *The Early Versions of the New Testament* (Oxford, 1977); A. Vööbus, Early *Versions of the New Testament* (Stockholm, 1954); W. Wright, *A Short History of Syriac Literature* (1894, repr. Amsterdam, 1966). [DENNIS R. MAGARY]

VESPA Inseto pertencente à ordem Hymenoptera, particularmente a Vespa orientalis ainda é encontrada em certas partes da Palestina. O grego *sphēx*, que na LXX traduz o hebraico *ṣirʿâ*, ("vespão"), é usado figurativamente com referência à expulsão por Yahweh dos habitantes pré-israelitas de Canaã (Sb. 12.8; cf. Êx 23:28; Dt 7:20; Js 24:12). Alguns estudiosos sugerem que a vespa aqui representa o império egípcio e suas repetidas campanhas militares na Canaã da Idade do Bronze Recente, enfraquecendo as defesas das cidades-estado permitindo que os israelitas entrassem e conquistassem. Outros traduzem o termo hebraico por "depressão" ou "desencorajamento", o resultado do "terror" santo de Yahweh durante a guerra (cf. Êx 15:14-16; 23:27; Js 2:24). [JOHN R. HUDDLESTUN]

VESPÃO Inseto grande da ordem himenóptera que vive em ninhos multicelulares feitos de celulose obtida a partir de ruminação de casca de árvores pelos vespões. Embora sejam úteis aos humanos por devorar grande quantidade de insetos para alimentar suas larvas, os vespões (heb. *ṣirʿâ*) causam imensos danos às frutas maduras e ao caule das árvores. A espécie mais comum no Oriente Médio é a Vespa orientabis, de cor amarela ou marrom-avermelhado é considerada a mais malévola e agressiva das variedades ocidentais. Sua picada é particularmente dolorosa e os efeitos secundários duram vários dias, em geral paralisando as vítimas menores. Por isso o vespão aparece como figura da intervenção divina e descrito como tendo sido enviado à frente dos israelitas para expulsar os habitantes da terra (Êx 23:28; Dt 7:20; Js 24:12). [JESPER SVARTVIK]

VESPASIANO Tito Flávio Vespasiano, imperador romano, 69-79 d.C. Nasceu numa família romana de classe média em 17 de novembro de 9 d.C., em Falacrina, nordesde de Roma. Sua impressionante carreira incluiu um tribunato na Trácia, o cargo de questor em Creta e Cirene, o cargo de pretor sob Calígula, o comando da Segunda Legião "Augusta" na Britânia e a governadoria da África. Em 67, Nero o nomeou governador da Judeia encarregado de suprimir a rebelião judaica. Seus esforços tiveram sucesso, com a rápida submissão da Galileia ao controle romano. Com a morte de Nero em 68, seguiu-se um período de instabilidade imperial. Vitélio, apoiado pelas legiões ocidentais, emergiu do conflito civil em Roma como imperador, no início de 69. As próprias legiões de Vespasiano logo o proclamaram imperador. Vespasiano deixou seu filho Tito encarregado de terminar a Guerra Judaica, incluindo o cerco e destruição de Jerusalém. De sua base em Alexandria, que controlava o comércio de grãos, Vespasiano ganhou o apoio de outras legiões e substituiu Vitélio em julho.

Embora fosse militar, o governo de Vespasiano foi essencialmente pacífico. Ele estabeleceu os flavianos como legítimos sucessores da dinastia Júlio-claudiana e orquestrou a sucessão de seu filho Tito e Domiciano em troca. Seus feitos na área da construção incluem o Coliseu e o templo de Cláudio, divinizado. Ele reabasteceu o tesouro do estado que se havia exaurido com o conflito civil que se seguiu à morte de Nero e à Guerra Judaica, mas seus métodos foram implacáveis e incluíram a taxação exorbitante. Ficou famoso por ser justo, moderado e tolerante em assuntos legais e políticos e pela cooperação com o senado. Morreu em 23 de junho de 79.

Bibliografia. F. Millar, *The Roman Near East: 31 B.C.-A.D. 337* (Cambridge, Mass., 1993); C. Scarre, *Chronicle of the Roman Emperors* (London, 1995). [SCOTT NASH]

VESTUÁRIO Apesar das centenas de referências bíblicas acerca do vestuário, tradutores enfrentam dificuldades para traduzir precisamente muitas palavras hebraicas, aramaicas e gregas que descrevem vestuários específicos. Como os textos ganharam forma através de um período de mais ou menos 1000 anos, as palavras ganharam novos significados, a tecnologia de fabricação de vestuário se desenvolveu, e os tipos mudaram. Os relatos bíblicos estão situados em diferentes áreas geográficas, com climas, recursos, nacionalidades e culturas variadas. Os estilos de vestido podem diferir de acordo com a ocupação (p. ex., Zc 13:4), posição (p. ex., 2Sm 13:18) e riqueza (p. ex., Jas. 2.2-3). Podem ser influenciados por estilos de outras culturas (p. ex., 2Mac 4.12). As complexidades de tradução enfrentadas se tornam claras quando alguém compara as traduções; p. ex., em Gênesis 37:3, 23, 32 as *kĕṯōneṯ pass'm* de José: "túnica longa" (Almeida séc. 21, NVI), "túnica talar de mangas compridas" (RA), "túnica de várias cores" (RC, ACF), "túnica longa, de mangas compridas" (NTLH), .

Nenhum vestuário dos tempos do Antigo Testamento foi descoberto na Palestina. Entretanto, alguns vestuários do final do período do Novo Testamento sobreviveram. Fragmentos de vestuários e de sandálias de Massada e Qumran datam de 70-73 d.C. Túnicas, mantos, e sandálias inteiras de perto da Caverna das Cartas datam da revolta de Bar Kokhba (135).

Quadros e estátuas dos povos vizinhos são úteis. Uma pintura em parede egípcia em Beni Hasan da tumba de Khnum-hotep III (c. 1890 a.C., contemporâneo dos patriarcas bíblicos) mostra dois oficiais egípcios encontrando uma caravana de homens, mulheres e crianças do leste (*ANEP*, 3). O Obelisco Preto do rei assírio Salmaneser III (858-824) descreve o rei de Israel, Jeú (2Re 9-10 e 13)criados trazendo tributo (*ANEP*, 351-55). Esculturas de parede de Nínive descrevendo o cerco de Laquis (Sudeste de Jerusalém) em 701 mostram soldados assírios e de Judá, homens, mulheres e crianças da cidade (*ANEP*, 371-73).

O hebraico *beḡeḏ* é usado como termo coletivo para "vestes" (Lv 11:25) ou genericamente para qualquer vestuário (13:47). Também descreve o traje de um rei e seus servos (2Sm 13:31), vestimentas sacerdotais (Êx 28:2), e vestuário de mulheres (Gn 38:14). O grego *himátion* funciona de maneira similar (Mc 2:21 par.). O vestuário incluía mantos (alternativamente traduzido "casaco", "capa", "túnica"), túnicas, cintos ("avental", "tanga", "colete"), toucas ("turbante", "véu", "coroa"), e sandálias ("sapatos").

Gênesis 3:7 é a primeira referência a vestuário. O homem e a mulher costuraram folhas de figo para fazer "aventais" (heb. *ḥăḡōrâ*). Em 2Samuel 18:11; 1Reis 2:5, *ḥăḡōrâ* descreve o uniforme dos soldados. Essa vestimenta em forma de camisa era envolta na cintura e cobria as coxas. Uma "tanga" (heb. *ʾēzôr*; gr. *zṓnē*) era semelhante (Is 5:27; Ez 23:15). Ou poderia ser dobrada em forma de cinto.

Os aventais de folhas de figos contrastam com as "túnicas de pele" com as quais Deus "vestiu" o homem e a mulher (Gn 3:21). A "túnica" (heb. *kuttōneṯ*; gr. *chitṓn*), um tipo de camisa suspensa em um ou ambos os ombros, era vestida por homens (2Sm 15:32) e mulheres (Ct 5:3). Uma "tanga de pele" era característica de Elias (2Rs 1:8) e João Batista (Mt 3:4=Mc 1:6). Zacarias 13:4 menciona "manto de pelos" vestido pelos profetas; as vestes de João Batista eram de "pelos de camelos". Hebreus 11:37 menciona santos bíblicos que viajavam em "peles de ovelhas e de cabras". Túnicas de peles de ovelhas foram encontradas na Caverna das Cartas.

Lã de tosão e linho de linheiro foram produtos agrícolas palestinos por todos os tempos bíblicos. Há referências frequentes à fiação (Pv 31:19; Lc 12:27), à tecelagem (Is 19:9; Jo 19:23), e à bordadura (Êx 28:39). Diferentes matizes de lã coloridas com tonalidades naturais forneciam uma palheta de cores completa. No quadro de Beni Hasan, os aventais e vestuários dos visitantes mostram cores e padrões múltiplos, ao passo que os egípcios vestiam aventais de linho brancos. Vestuário de lã da Caverna das Cartas tem tonalidades marrons, cores de canelas, vermelhas, ou amarelas, com listras pretas, azuis, e verdes. Vestuários de couro, de lã, e de linho poderiam se tornar infestados (Lv 13:47-59).

Um vestuário externo poderia ser vestido sobre uma túnica (Ed 9:3, 5; Ez 26:16; Mt 5:40=Lc 6:29; Jo 19:23). Várias palavras (heb. *śimlâ*, *meḏew*, *kěsûṯ*, *meʿîl*, *ʾaddereṯ*; gr. *ependýtēs*, *himátion*, *peribólaion*, *p̄hainólēs*) se referem a mantos retangulares que cobriam os ombros e eram enrolados no corpo. O manto era peça essencial (Jó 31:19). Ele servia como cobertor à noite (Êx 22:27; Dt 24:12-13) e como um meio de carregar outros produtos (Êx 12:34; Lc 8:44) com corda azul ou violeta que lembrava aqueles que os vestia dos mandamentos (Nm 15:37-41). No Obelisco Preto, Jeú e seus criados vestem túnicas, mantos ornados, e cintos. Filaças de franjas esperando ser ligadas às vestes foram encontradas na Caverna das Cartas.

A touca (heb. *pěʾēr*, *ṣān'p̄*) era uma peça que se vestia sobre a cabeça, às vezes como turbante (Ez 24:17; Zc 3:5). Nos relevos de Laquis, as mulheres que deixavam a cidade vestiam roupas longas, que iam até o tornozelo e que cobriam a cabeça e as costas. As mulheres, às vezes, usavam véu (*ṣāʿp̄*) para cobrir a face (Gn 24:65; Ct 4:1, 3). Paulo firmemente insistiu que as mulheres de Corinto cobrissem os cabelos, enquanto oravam, nas reuniões da comunidade (1Co 11:4-16).

As sandálias (heb. *naʿălāyim*; gr. *hypodḗmata*, sandália) eram calçados comuns (Dt 29:5 [TM 4]; Mc 1:7; At 12:8). Na pintura de Bem Hasan, os homens vestem sandálias ou estão descalços, ao passo que as mulheres vestem sapatos. No Obelisco Preto, os servos de Jeú vestem sapatos pontiagudos.

Enquanto os autores bíblicos usam as mesmas palavras para as vestes das mulheres e dos homens, Deuteronômio 22:5 implica existência de diferenças. Decorações tecidas em mantos encontradas na Caverna das Cartas podem refletir distinções entre vestes para homens e vestes para mulheres. As viúvas usavam vestes identificáveis (Gn 38:14; Jdt. 8.5). Em Isaías 3:18-24, um poema detalhado registra vestes e ornamentos das mulheres da classe alta de Jerusalém do século VIII, mas as traduções para muitos artigos permanecem bastante incertas. Ezequiel 16:13-14 descreve metaforicamente as vestes de Jerusalém como "de linho fino, de seda e de bordados", tais como os que uma rainha podia vestir (cf. LXX Esth. 15.1-2; Jdt. 1.3-4).

Vestes distintas estavam associadas com o santuário e com o templo. O jovem Samuel (1Sm 2:18), os sacerdotes de Nobe (1Sm 22:18), e Davi (2Sm 6:14) vestiam um linho éfode (heb. *ʾēp̄ôḏ bāḏ*), avental, enquanto estavam no santuário. Êxodo 28:39, 40 descreve Arão e as vestimentas de seus filhos. Os sacerdotes vestiam roupas de baixo de linhos especiais (*miḵněsê pišṯ'm*) para evitar que fossem expostos enquanto ministravam. Sobre estes eram vestidos uma túnica de linho, um manto de lã, um cinto bordado. Os sacerdotes também vestiam toucas de linho. O sacerdote chefe adicionava um decorado éfode multicolorido, um peitoral de joias, e um emblema de ouro gravado em sua touca. Os sacerdotes levitas posteriores podem ter vestido somente vestimentas de linho (Ez 44:15-19).

Bibliografia. L. Bonfante e E. Janunzems, "Clothing and Ornament", in *Civilization of the Mediterranean*, org., M. Grant e R. Kitzinger (New York, 1988), 3:1385-413; Y. Yadin, *Bar-Kokhba* (New York, 1971); *Masada* (New York, 1966). [JOSEPH E. JENSEN]

VÉU Cobertura de pano usada para esconder a face ou a cabeça (heb. *ṣāʿp̄*). Normalmente, uma peça de pano separada, mas pode também ser parte do vestuário externo usado sobre a cabeça (1Rs 19:13). A versão masculina do véu é o turbante feito de linho ou outro tecido, usado pelos sacerdotes (Êx 29:6; Zc 3:5) e pela realeza (Ez 21:26 [TM 31]).

Embora as mulheres não se cobrissem o tempo todo, nas referências bíblicas, o véu está associado a elas com mais frequência que aos homens. O véu identifica a mulher como prostituta (Gn 38:14-15, 19), embora aparentemente fizesse parte das roupas finas usadas pelas mulheres reais (Is 47:2) e orgulhosas (3:23). Um ar de mistério podia também ser acrescentado por essa vestimenta, permitindo que contribuísse para a beleza de uma mulher (Ct 4:1, 3; 6:7). Rebeca usou véu quando se encontrou com Isaque no dia do seu casamento (Gn 24:65); isso pode ser indicativo do seu *status* como mulher solteira (embora as mulheres solteiras de outra parte nem sempre usassem véu) ou pode ser parte do vestuário nupcial de uma mulher. A presença de um véu nupcial podia explicar por que Jacó não percebeu que havia sido enganado no casamento com Leia em vez de Raquel (Gn 29:18-25).

Moisés usou um véu para esconder sua face brilhante depois de haver falado com o Senhor no monte Sinai (Êx 34:33-35) para não causar medo entre o seu povo. Paulo explica esse véu como meio pelo qual a natureza temporária da antiga aliança pôde ser escondida (2Co 3:13) e o usa metaforicamente para explicar o equívoco judeu das Escrituras (2Co 3:14-18). [KATHARINE A. MACKAY]

VÉU DO TEMPLO Das cortinas do tabernáculo (Êx 26) e do templo (cf. Yoma 5.1), duas eram de particular importância. O "véu interior" (heb. *pārōḵeṯ*) escondia o santo dos santos (*dĕḇ'r*), separando-o do santuário do lugar santo (*hêḵāl*); dentro desse espaço, o sumo sacerdote oficiava uma vez por ano no Dia da Expiação (Êx 26:31-33; Lv 16:12-15; Josefo *BJ* 5.219; Fílon Vida de Moisés 2.101: Hb 9:3). O "véu externo" (*māsāḵ*) ficava na entrada do santuário do tabernáculo; na tenda, os sacerdotes faziam a oferta do incenso diário (Êx 26:36; Josefo *BJ* 5.212; Fílon Spec. leg. 1.171, 274; Ep. Arist. 86). A distinção linguística entre os termos é normalmente mantida em hebraico, mas não na LXX, que usa o grego *katapétasma* para ambos, nem nos escritos de Josefo, nem no de Fílon. A "casa do véu" (muito provavelmente a cortina interior) designa o santuário do templo em Sir. 50.5.

O rasgar (por Deus) do véu (cortina) do santuário do templo, em resposta a (Mt 27:51; Mc 15:38) ou precedendo (Lc 23:45) a morte de Jesus podia ser referência a uma ou a outra cortina, embora muitos entendam tratar-se da (cortina) interior devido seu particular significado. Em todos os três parece um sinal agourento para o templo e seu culto, embora menos enfático em Lucas. Provavelmente também transmite o sentido positivo de um novo começo. Em Hebreus (cf. Hb 10:19, 20), a passagem de Jesus pelo véu interior abre novo caminho dos crentes a Deus.

Bibliografia. H. W. Attridge, *The Epistle to the Hebrews*. Herm (Philadelphia, 1989); R. E. Brown, *The Death of the Messiah* (New York, 1994) 2:1097-1113; F. Ó. Fearghail, "Sir 50, 5-21: Yom Kippur or the Daily Whole-Offering?" *Bibl* 59 (1978): 301-16; O. Hofius, "Katapétasma, -atos", *EDNT* 2.266; D. D. Sylva, "The Temple Curtain and Jesus' Death in the Gospel of Luke", *JBL* 105 (1986): 239-50. [FEARGHUS Ó. FEARGHAIL]

VIA DOLOROSA O caminho tradicional percorrido por Jesus do pretório de Pilatos pela Cidade Velha de Jerusalém até a Igreja do Santo Sepulcro (lat. "a via dolorosa").

No início do século IV d.C., os peregrinos visitavam Jerusalém com o desejo de orar nos lugares consagrados pelas últimas horas de Jesus. Egeria (c. 380) relata uma procissão anual (não semanal): depois de passar a noite da Quinta-Feira Santa, no Monte das Oliveiras, os adoradores desciam, de madrugada, ao cantar do galo para o Getsêmani a fim de fazer leituras comemorativas da agonia e da traição de Jesus. Depois, subiam à cidade, entrando com cânticos pela porta leste, à primeira luz. Passavam pela cidade aproximadamente pela mesma rota da atual Via Dolorosa e seguiam sem parar para a Igreja do Santo Sepulcro.

A presente Via cresceu como resultado da nova devoção à humanidade e à humilhação de Jesus, centro da piedade de Bernardo de Claraval (1090-1153), Francisco de Assis (1182-1226), Boaventura (1221-1274) e Santa Gertrudes (1256-1301).

O curso não mudou muito desde o século VIII, mas o número e ordem das estações aumentou. A Via atual, com exatamente quatorze estações, foi definitivamente fixada em 1914. As estações comemoram na seguinte ordem (1) a condenação de Jesus, (2) a imposição da cruz, (3) sua queda sob o peso da cruz, (4) o encontro com sua mãe, (5) a colocação da cruz sobre Simão de Cirene, (6) Verônica enxuga a face de Jesus, (7) a segunda queda de Jesus, (8) suas palavras às filhas de Jerusalém, (9) a terceira queda de Jesus, (10) a retirada de suas vestes, (11) Jesus pregado na cruz, (12) a morte na cruz, (13) o corpo retirado da cruz, (14) o sepultamento. As três quedas de Jesus, o encontro com sua mãe e o encontro com Verônica não estão confirmados no NT, mas se tornaram características fixas da Via.

O percurso foi estabelecido num tempo em que se acreditava que a condenação de Jesus havia acontecido na Fortaleza Antônia, pretório de Pilatos. Atualmente,acredita-se que o pretório deva ser identificado com o palácio de Herodes, a oeste da Igreja do Santo Sepulcro e não com o Antônia, a leste. Assim, os peregrinos que percorrem a Via Dolorosa estão provavelmente fazendo o percurso na direção oposta da trilha histórica.

Bibliografia. A. Storme, *The Way of the Cross* (Jerusalem, 1976); H. Thurston, *The Stations of the Cross* (London, 1906); J. Wilkinson, *Egeria's Travels in the Holy Land*, ed. rev. (Jerusalem, 1981). [ROBERT HARRY SMITH]

VIA INÁCIA Rodovia que conectava as costas leste e oeste da Macedônia (lat. Via Egnatia), construída depois de a Macedônia ter se tornado província romana em 146 a.C. Tropas e mercadores que viajassem de Roma alcançariam o ponto oriental da Via Ápia em Brindisi, cruzando o mar Adriático, chegando à terra de Apolônia ou Dirráquio na costa oeste da Macedônia, prosseguindo por terra ao longo da Via Inácia até Neápolis (o porto c. 14 km a leste de Filipos), e então navegariam até o ponto mais oriental cruzando o mar Egeu.

O apóstolo Paulo navegou de Trôade a Neápolis e, então, viajou a Filipos, onde Lídia e sua família se converteram (At 16:11-15). Então ele pregou em Tessalônica (At 17:1-9), viajando assim na direção oeste desde Neápolis ao longo da Via Inácia (cf. 20:1-6), indo antes ao sul para Bereia (17:10-14) e Atenas (v. 15). [JAMES A. KELHOFFER]

VIAGEM, TRANSPORTE Nos tempos bíblicos, as pessoas viajavam pelas mesmas razões que sempre viajaram: à procura de emprego (Jz 17:8), à procura de mercadorias (Pv 31:14), em mudança (1Rs 2:36), fazer a corte (Jz 14:5-7), ir a casamentos e funerais (Gn 50:1-14; Jz 14:8-10; Jo 2:1), visitar parentes e amigos (Lc 1:39; 2Rs 8:29) e ir a banquetes (2Sm 13:27). Os mercadores ocupavam totalmente as estradas, e os mensageiros viajavam para toda parte, servindo como serviço postal do mundo bíblico. Os oficiais reais se moviam de um lado para outro em nome de seus governos, visitando dignitários estrangeiros (2Sm 10), servindo como embaixadores (Is 30, 39; Jr 27), cobrando impostos (2Rs 15:20), procurando provisões para o palácio (1Rs 4:27-28) e supervisionando os grupos de trabalho (1Rs 5:13-17; 11:28-29). As pessoas viajavam em várias ocasiões religiosas (cf. 1Sm 1; 1Rs 12; 2Rs 10; Am 5:4,5; Lc 2:41; Jo 2:13). Os exércitos se movimentavam constantemente em razão de objetivos militares.

Modalidades de viagem. A viagem por terra estava restrita a apenas algumas modalidades: a pé, em jumento, em mula, a cavalo, a camelo, de liteira (raramente confirmado) e de carruagem. As pessoas tanto no período do AT quanto no NT viajavam normalmente a pé (Nm 13:23; Dt 11:24,25; 29:5; Js 1:3; 3:13,15; Mt 10:10-14). A viagem em lombo de jumento também era comum, para mulheres e crianças (Js 15:18; Jz 1:14; 1Sm 25:20,23,42; 2Sm 16:1,2) ou para homens idosos ou debilitados (2Sm 19:26).

A viagem em mulas é mencionada a partir do tempo de Davi (2Sm 13:29; 18:9; 1Rs 1:33-44), tornando-se mais comum no período romano. A viagem a cavalo também parece ter sido uma raridade no antigo Israel, pelo menos como modalidade de viagem cotidiana. Quase todas as referências a andar a cavalo estão no ambiente militar (cf. 1Rs 20:20; 2Rs 7:13-15; Is 30:16; Jr 6:23; 50:42; 51:21). As alusões a viagens a cavalo em tempos de paz incluem 2Reis 9:18,19; Ester 6:8-11; 8:10; Jó 39:18 e, possivelmente, Eclesiastes 10:7. Durante o período romano, os oficiais mais graduados do governo viajavam quase sempre a cavalo (embora o estribo ainda não tivesse sido introduzido). A viagem de camelo é mencionada, às vezes, no Antigo Testamento (Gn 24:10,64; Jz 6:5; 7:12; 1Sm 30:17; Is 66:20).

Os palanquins (liteiras) podem ter sido usados ocasionalmente como meio de viagem em Israel, já que o seu uso é confirmado em alguma parte do mundo antigo (cf. Ct 3:7-10). Durante o período do NT, a liteira tornou-se mais comum, particularmente entre os abastados.

A carruagem leve, puxada por cavalos, apareceu primeiro no início do segundo milênio a.C., tendo-se desenvolvido a partir das carroças mais pesadas do terceiro milênio. Com suas duas rodas raiadas e estrutura leve, puxada por dois cavalos, a carruagem tinha muito mais mobilidade do que suas predecessoras, tornando-a um importante veículo para os exércitos. No começo, somente os cananeus possuíam carruagens (Js 11:4,6,9; 17:16,18; Jz 1:19; 4:3,7,13,15,16). Davi acabou desenvolvendo as próprias carruagens de Israel (2Sm 8:4; 1Cr 18:4). Salomão tinha 1.400 carros de guerra que ele mantinha em cidades próprias (1Rs 4:26; 10:26). O carro de guerra israelita era puxado por dois cavalos (cf. Zc 6:1-3) e era provavelmente dirigido em batalha por pelo menos dois homens, um condutor e um arqueiro (1Rs 22:34,35; 2Rs 9:24,25). Indivíduos também viajavam em carruagens em tempos de paz (cf. 2Sm 15:1; cf. 1Sm 8:11). A viagem em tempo de paz de carruagem continuou no período do NT, embora o NT mencione esse tipo de recurso apenas na história do eunuco etíope (At 8; cf. Ap 9:9; 18:13). Mais comum foi a viagem de carruagem, veículo de passeio usado em todo o mundo romano, particularmente pelos cidadãos mais abastados. A verreda era puxada por quatro mulas e podia transportar duas a três pessoas, enquanto a birota, de duas rodas, tinha três mulas e carregava um ou dois passageiros.

Velocidade da viagem. A jornada típica de um dia a pé era de cerca de 32 km, dependendo do terreno e das condições da estrada. Durante o período persa, os viajantes comuns percorriam uma média diária de 29 km na estrada real e podiam atravessar todo o império de Persépolis ao mar Egeu em cerca de três meses. Josefo afirma que a viagem do extremo sul da Galileia até Jerusalém, uma distância de cerca de 105 km, era geralmente feita em três dias a pé e em dois a cavalo. A viagem de Maria e José de

Nazaré a Belém, portanto, foi feita em três dias, se eles tomaram a rota mais curta e mais comumente usada, passando por Samaria.

A viagem a cavalo ou mula era um pouco mais rápida (e menos cansativa), com uma média de 5 km por hora em terreno normal. Uma pessoa podia viajar 40-48 km por dia a cavalo sem muita dificuldade, e os emissários do mundo antigo cobriam distâncias ainda maiores. Os camelos podiam viajar 40 km por dia, mesmo carregando cargas de 225-450 kg, e podiam continuar três dias sem água. Quando necessário, as distâncias acima de 96 km eram possíveis num único dia. De carruagem ou carroça 40-48 km podiam ser cobertos facilmente num dia, 64-72 se houvesse pressa — embora tais distâncias fossem cansativas.

Os mensageiros e emissários viajavam mais rapidamente. Hamurabi, da Babilônia (séc. XVIII) esperou um oficial em Larsa (195 km de distância) viajar dia e noite e chegar a Babilônia em dois dias (isto é, 95 km por dia). Os mensageiros do Império Persa cobriam a Estrada Real de Persépolis a Sardes (uma distância de cerca de 2.510 km em nove dias, com uma média de 275 km por dia). Esse eficiente serviço postal foi montado um tanto parecido com o correio a cavalo do início da América, com estações regulares de muda de cavalos com intervalos de 24 km, com cavalos e cavaleiros descansados. Os emissários do governo romano faziam uma média de 8 km por hora (a cavalo ou de carruagem), 80 km por dia.

Os exércitos geralmente se moviam à velocidade de mais de 22-24 km. Tutmés III atravessou o Sinai do Egito a Gaza, uma distância de cerca de 240 km em nove ou 10 dias (c. 8 km por dia). O exército de Alexandre, o Grande, famoso por sua velocidade, pôde fazer uma média de 29-32 km por dia, mas em certa ocasião marchou até cerca de 72 km num único dia.

Condições de viagem. No Antigo Testamento, a viagem geralmente não era tão difícil como alguns sugerem. A estrada real persa tinha estalagens e paradas intermediárias em distâncias regulares de 17-24 km, dependendo do terreno. A evidência sugere que existiam estalagens e paradas em Israel no período do AT (cf. Js 4:3,8; Is 10:29; Gn 42:27; 43:21; Êx 4:24). Durante o período romano, havia uma rede de estalagens e paradas razoavelmente adequadas pelo império. Estas ofereciam aos viajantes comida, lugar para dormir e cuidado dos animais. Ao longo da Via Ápia, estavam disponíveis em Bobillae, a 19 km de Roma, depois a 6,5 km mais distante em Aricia e depois outros 27 km adiante em Três Vendas, onde alguns cristãos encontraram Paulo em sua viagem a Roma (At 28:15). Normalmente, hospedarias maiores eram estabelecidas em intervalos de 40-48 km em áreas desérticas e despovoadas, mais próximas em áreas de assentamentos mais densos. Normalmente havia estalagem (*mansiones*), seguidas de mais um ou dois albergues (*mutationes*) e então, outra estalagem maior, e assim por diante.

Transporte. Mercadorias e materiais de tamanho e peso considerável, com frequência tinham de ser transportados pelos agricultores, contribuintes de impostos, mercadores e outros. O burro era de longe o meio mais comum de transporte, cuja superioridade no transporte devia-se ao fato de ele poder facilmente viajar por trilhas de montanha escarpada e pedregosa e que não podiam ser usadas por veículos com rodas e que podiam ser desconfortáveis ou perigosas para camelos (cf. Gn 22:3; 42:26,27; 44:13; 45:23; Js 9:4; Ne 13:15).

Entre outros animais de carga estão a mula, o camelo e o boi (cf. 1Cr 12:40). O uso do camelo para o transporte em Israel na época do Antigo Testamento foi limitado. O camelo, ou mais propriamente o dromedário (o Camelus dramedarius, de uma corcova, ou camelo árabe) começou a ser usado com mais frequência no fim do segundo milênio. Esse animal podia carregar muito mais carga do que o burro, talvez com cinco vezes mais a capacidade do último, e era capaz de viajar por longos períodos de tempo sem água, o que o tornava especialmente valioso para o transporte no deserto. Sua desvantagem estava em sua constituição física, especialmente seus cascos largos e macios, impediam-no de ser útil como animal de carga em regiões montanhosas e em trilhas íngremes e rochosas.

Além dos animais de carga, os israelitas usavam carroças (de quatro rodas) e carretas (de duas rodas) para transportar mercadorias (Gn 45:19,21,27; 46:5; 2Sm 6:3-6; Is 5:18; 28:27,28; Am 2:13). Uma carreta de duas rodas aparece no relevo do cerco de Senaqueribe a Laquis, puxada por dois bois, carregando duas mulheres e duas crianças, sentadas em dois fardos. Durante o período romano o meio mais comum de transporte terrestre foi a carroça puxada por bois, normalmente oito bois ou cavalos no verão e dez no inverno. Mercadorias pesadas, suprimentos militares, produtos das propriedades imperiais, oficiais inferiores, soldados em viagens a grandes distâncias e pessoas doentes eram todos transportados por estes pesados *clabulariae*, que podiam carregar até cerca de 490 kg. Mercadorias urgentes, metais preciosos, etc., eram carregados pelos *cursus velox*, mais rápidos, que empregavam vários tipos de carruagens mais leves.

Bibliografia. L. Casson, *Travel in the Ancient World* (1974, repr. Baltimore, 1994), 163-75; V. G. Childe, "Wheeled Vehicles", in C. Singer et al., Eds, *A History* *of Technology* (London, 1954) 1:716-29; S. M. Cole, "Land Transport Without Wheel", in *Singer, A History of Technology* 1:704-12 ; D. A. Dorsey, *The Roads and Highways of Ancient Israel* (Baltimore, 1991); R. G. Goodchild e R. J. Forbes, "Roads and Land Travel", in *Singer, A History of Technology* 2:493-536; Forbes, "Land Transport and Road-Building", in *Studies in Ancient Technology*, 3. ed. (Leiden, 1993) 2:131-92; M. A. Littauer e J. H. Crouwel, *Wheeled Vehicles and Ridden Animal in the Ancient Near East*. HO 7/1, 2/B/1 (Leiden, 1979). [DAVID A. DORSEY]

VIAJANTES, VALE DOS Túmulo, no fim dos tempos, dos derrotados exércitos de Gogue e, subsequentemente de um que terá o nome mudado para vale de "Hamom-Gogue" ("batalhões de Gogue"; Ez 39:11; heb. *gê hā'ōḇĕr'm*). Embora o TM indique *h'ḇrym* como particípio ("os viajantes", "os que passam"), muitos estudiosos seguem a versão copta e interpretam *hā'ăḇār'm* (Abarim), região montanhosa em Moabe, a leste do mar Morto (Nm 27:12; 33:47,48; Dt 32:49; Jr 22:20). Entretanto, Abarim não se encaixa aos requisitos de que o vale esteja "em Israel", e a especificação "leste do Mar" descreve melhor o Mediterrâneo do que o mar Morto.

A identificação do vale é incerta. Alguns estudiosos sugerem o vale de Jezreel, importante passagem leste-oeste com longa história militar e região que se adapta aos requisitos simbólicos do texto para uma sepultura de grandes dimensões. Outros propõem o vale de Hinom, em Jerusalém. Recentemente, os estudiosos têm sugerido que *hā'ōḇĕr'm* é uma alusão à passagem para o submundo. Portanto, o nome do vale enfatiza o fato de que será um lugar onde os exércitos de Gogue passarão para o submundo.

Bibliografia. B. P. Irwin, "Molek Imagery and the Slaughter of Gog in Ezekiel 38 and 39", *JSOT* 65 (1995): 93-112; M. S. Odell, "The City of Hamonah in Ezekiel 39:11-16: The Tumultuos City of Jursalem", *CBQ* 56 (1994): 479-89. [BRIAN P. IRWIN]

VÍBORA Entre as aproximadamente 35 espécies de cobras existentes em Israel, sete são venenosas e podem infligir picada mortal. Seis dessas serpentes venenosas são víboras: a víbora palestina, a víbora tapete de Burton, a víbora chifruda do campo, a víbora cerastes menor, a víbora cerastes maior e a víbora toupeira de En-Gedi. A víbora palestina habita a bacia de Huleh, na Galileia, a planície de Jezreel, a planície costeira, as montanhas centrais e a Sefelá. As outras vivem no deserto e regiões semiáridas.

Zofar fala de pessoas perversas de modo figurado como "língua de uma víbora" (Jó 20:16). Em sua advertência a Judá, com relação à aliança com o Egito, Isaías menciona a víbora como um dos sete animais perigosos que habitam o Neguebe, uma terra "de aflição e de angústia" (Is 30:6). Isaías também retrata a iniquidade do povo de Deus, que ""chocam ovos de cobra (Is 59:5). O hebraico *'aḵšûḇ* pode ser traduzido por "cobra", "víbora" ou possivelmente "aranha" (Sl 140:3 [TM 4]).

João Batista chama os fariseus e saduceus que foram observá-lo, de "raça de víboras" (gr. *échidna*; Mateus 3:7; em Lucas 3:7 ele se dirige às multidões). Da mesma forma, Jesus condena os fariseus como "raça de víboras" (Mt 12:34; 23:33), indicando a hipocrisia e a maldade deles. Somente em Atos 28:3, onde uma víbora se agarra à mão de Paulo, é que esse animal é mencionado literalmente.

Bibliografia. *Atlas of Israel*, 3. ed. (Tel Aviv, 1985); E. Orni e E. Elisha, *Geography of Israel*, 4. ed. rev. (Jerusalem, 1980). [ALAN RAY BUESCHER]

VIDA Qualidade básica da existência, na Bíblia, o predicado essencial de Deus e, portanto, dos humanos, animais e plantas.

Os termos hebraico e grego que geralmente traduziram "vida" são diversos e variados. No AT, *ḥayyîm*, "vida" (provavelmente um pl. abstrato), com frequência conota duração da existência humana (Gn 23:1); às vezes, é usada como circunstâncias da vida (Jó 10:1). Seu cognato *ḥayyâ* significa "coisa viva". Outros termos hebraicos incluem *nep̄eš*, "alma, vida", o que torna um ser ativo. No NT, o grego *bíos* se refere à ordem natural, e *zōḗ* à vida de Deus e à salvação que confere a vida eterna. O grego *psychḗ*, "alma, vida", corresponde aproximadamente ao hebraico *nep̄eš*. Na Bíblia, a vida em seus vários sentidos é contrastada muitas vezes com a morte.

No AT, toda vida procede e é sustentada por Deus, que existe desde no princípio (Gn 1:1) e vive para sempre. Deus é o único ser verdadeiramente vivo, a quem se faz menção no juramento comum "assim como Deus vive". Só Deus é "o Deus vivo" (Dt 5:26; Jr 10:10). Embora as plantas estejam de fato vivas, e os animais com suas *nep̄eš* mais ainda, somente os humanos têm a vida que procede de ser feito à imagem de Deus. Isso traz significado qualitativo à "vida" desde o princípio do AT. A vida não é mera existência, ou até longevidade, mas saúde e bem-estar (Pv 3:13-17; 14:30). Ela tem dimensão moral essencial que implica observar os mandamentos de Deus (Dt 30:15-20). No final do período do AT, emerge um significado escatológico, especialmente com a crença da ressurreição para a vida (Dn 12:2). Esse significado escatológico é intensificado na literatura judaica intertestamentária (p. ex., 2Mac 7.9; 1En 58.3).

O NT segue com estes significados de vida contidos no AT, mas a ênfase muda para a vida eterna. Nos evangelhos sinópticos, quase todas as referências à vida estão nos ensinos de Jesus. A vida (*zōḗ*) não consiste de posses (Lc 12:15), e a *psychḗ* é mais do que comida (v. 23). A vida (*zōḗ*) vem da observância aos mandamentos de Deus (Mt 19:17), e abrir mão da própria vida (*psychḗ*) para seguir a Jesus (Lc 14:26). O aspecto autossacrificial da verdadeira vida está nas palavras de Jesus de que Ele veio "para dar a vida [*psuchv*] em resgate de muitos" (Mc 10:45). Os Atos dos Apóstolos têm muito da mesma visão da vida, e acrescenta o ponto especial de que o cristianismo podia ser conhecido como "esta Vida" (At 5:20).

Embora os sinópticos enfatizem a natureza escatológica da vida, os escritos joaninos veem a plenitude da vida escatológica como realidade presente. Jesus diz que os que ouvem a Sua palavra e creem naquele que O enviou têm (tempo presente) a vida eterna porque Jesus tem vida em Si mesmo (Jo 5:24-26) e veio para dar vida ao mundo (p. ex., 1:4, "e a vida era a luz dos homens"). Jesus se intitulou "o pão da vida", "a ressurreição e a vida" e "o caminho, a verdade e a vida" (Jo 6:48; 11:25; 14:6). Apesar da "escatologia tornada concreta" do quarto evangelho, o livro retém forte escatologia futura e ousadamente junta os dois: "todo aquele que vê o Filho e crê nele, tenha a vida eterna; e eu o ressuscitarei no último dia" (6:40).

Paulo vê a vida vindo pela fé no Jesus Cristo crucificado e ressurreto. Ela não pode ser encontrada pela observância dos mandamentos que, ao contrário, leva à maldição de Deus (Gl 3:10, 11) e à morte (Rm 7:10). A vida ressurreta de Jesus já se tornou a vida do crente (Gl 2:19, 20). O batismo em Cristo produz uma nova vida no presente, que está firmada na morte de Jesus (Rm 6:4). Pela obra do Espírito, a vida eterna chegou ao presente e será plenamente realizada na Parúsia com a ressurreição do corpo (Rm 6:13; Gl 5:25). Portanto, o crente vive entre o pagamento inicial e o pleno cumprimento no futuro; a ressurreição de Cristo é o penhor da nossa ressurreição para a vida plena. No presente, viver por e para Cristo implica viver em favor de outros responsavelmente em todo tipo de circunstância social, a qual Paulo enfatiza especialmente em 1Coríntios. As cartas de autoria paulina enfatizam esse aspecto presente de vida ainda mais fortemente, insistindo que o crente já foi ressuscitado com Cristo (Cl 2:12; 3:1; Ef 2:6).

No livro de Apocalipse, vida (*zōḗ*) está sempre ligada a outra palavra, frequentemente simbólica: a árvore da vida, da qual comem os justos (Ap 2:7; 22:2, 14, 19); a coroa da vida, que usam (2:10); o livro da vida, o rolo no qual seu nome está escrito (3:5; 13:8; 17:8; 20:12, 15; 21:27); a água da vida, que eles bebem (21:6; 22:1, 17). Na medida em que se harmoniza com o estilo apocalíptico e teológico desse texto, a vida é escatológica e futura, mas está ligada Àquele que vive, venceu a morte e vive para sempre (Ap 1:8).

Bibliografia. G. Bertram, R. Bultmann e G. von Rad, "záo", *TDNT* 2.832-75; L. Goppelt, *Theology of the New Testament* (Grand Rapids, 1982), 2:98-106; D. Hill, *Greek Words and Hebrew Meanings*. SNTSMS 5 (Cambridge, 1967), 163-201; H. W. Wolf, *Anthropology of the Old Testament* (Philadelphia, 1974). [ROBERT E. VAN VOORST]

VIDA ETERNA Vida abençoada livre da morte. O ensino da vida eterna surgiu gradualmente na Bíblia, mas tem lugar central no Novo Testamento.

Os hebreus antigos, como muitas culturas em redor, criam num submundo sombrio, numa terra dos mortos chamada Sheol aonde espíritos de defuntos vão (Dt 32:22; Am 9:2; Pv 9:18). Por causa de sua natureza sombria, não era considerada "vida após a morte", e a duração de cada pessoa individual no Sheol era incerta. O contato com ele era proibido (1Sm 28).

A primeira ideia determinável da vida eterna vem no período pós-exílico no final do Antigo Testamento. É frequentemente atribuída às influências persa e zoroastra. Daniel 12:1-2 é a primeira referência bíblica certa à vida eterna. Aos mártires fiéis é prometida a ressurreição para a vida eterna, a vindicação de Deus de sua fidelidade. Que a primeira menção certa da vida eterna está conectada com a ressurreição do corpo é importante para o Novo Testamento e para o ensino cristão posterior. Isso distingue o ensino bíblico do zoroastrismo e de outros ensinos religiosos, que não têm lugar para a ressurreição. Quase junto a essa visão está o ensino mais influenciado pelo grego da Sabedoria de Salomão da imortalidade de alma, sem menção da ressurreição. Essa era a visão minoritária do judaísmo do Segundo Templo, mas serve para refutar o argumento fácil de que os cristãos primitivos tinham de expressar sua fé na vida eterna de Jesus somente pela proclamação de sua ressurreição.

Nem todos os judeus do período do Segundo Templo criam na vida eterna em sentido algum. Os saduceus não criam nela, como é testemunhado por Josefo (*Ant.* 18.11-22) e pelo Novo Testamento (Mc 12:18-27; At 23:6-9). Essa posição dos saduceus reflete o ensino hebraico mais antigo no Antigo Testamento. Jesus e a Igreja Cristã primitiva estavam mais perto das visões que os fariseus tinham da escatologia, especialmente a ressurreição, o julgamento e a vida eterna.

O centro da crença neotestamentária na vida eterna é a ressurreição de Jesus dos mortos. O Novo Testamento interpreta essa crença em vários sentidos: vindicação da fidelidade de Jesus (Mc 14:62), ecoando Daniel; cumprimento da profecia do Antigo Testamento (Lc 24:44-46); nova criação por meio de um novo Adão (Rm 5:12-21); exaltação celestial (Fp 2:9; Ef 4:6-8). A maior parte dessas interpretações é compatível umas com as outras; de fato, o Novo Testamento tem uniformidade impressionante em seu ensino sobre a ressurreição de Jesus.

Porque em Jesus a ressurreição dos mortos tem partido do fim dos tempos (Daniel) para a era presente, a vida eterna em Cristo entrou no presente também. Isso é especialmente proeminente em João e Paulo. Jesus ensina a presença da vida eterna (Jo 5:24). Paradoxalmente, a morte ainda é uma realidade para o crente como ela era para Jesus, assim uma dimensão futura da vida eterna se concentra na ressurreição (Jo 5:28-29). Em Paulo, a ação do Espírito no batismo traz a morte do ser velho e uma entrada preliminar na vida eterna (Gl 2:20).

O ensino cristão primitivo da vida eterna foi frequentemente desenvolvido em resposta aos problemas e aos mal entendidos em várias igrejas. Em 1 Tessalonicenses 4:13-18, Paulo se dirige aos cristãos que pensam ser a morte o que vai separar crentes de cristãos vivos na vinda do Senhor. Paulo responde que Deus vai "trazer com eles" aqueles que morreram em Cristo, que já implica vida com Cristo imediatamente após a morte (cf. Fp 1:23). Em 1Coríntios, Paulo corrige alguns crentes que sustentam a obtenção da vida eterna sem a ressurreição. Ele responde que, sem a ressurreição, tanto Jesus quanto os crentes (que estão essencialmente relacionados), não podem ter vida eterna e toda a fé cristã desmorona (1Co 4:8; 15:12-19; cf. 2Tm 2:17-18). No evangelho de João, o choque para alguns na morte de Lázaro (cap. 11) e a morte do discípulo amado antes da volta do Senhor (cap. 21) levam um esclarecimento melhor do ensino da vida eterna. Essas passagens mostram que as buscas do Novo Testamento para o balanço da vida eterna entre o presente e o futuro — o crente passou em Cristo da morte para a vida, mas ela aguarda completa realização no futuro de Deus, especialmente na Ressurreição e nova criação no *escathon*.

A natureza da vida eterna é delineada somente em seus elementos essenciais no Novo Testamento. A ênfase toda é em na segurança básica da vida eterna, não em descrição imaginária dos detalhes. Isso concorda com a limitação notável no Novo Testamento no tratamento da ressurreição de Jesus, o centro da vida eterna, que não é descrito em qualquer detalhe aparte da asserção de sua realidade. (Os quatro evangelhos incluem narrativas do aparecimento de Cristo já ressurreto, mas não narrativas da própria ressurreição). Nos evangelhos sinópticos, Jesus ensina a vida eterna com Deus em seu reino, estando aquele reino na terra ou no céu. Paulo o descreve em termos do cumprimento da promessa de vida com Cristo, especialmente ao compartilhar de sua ressurreição. Mesmo no livro de Apocalipse, a imagem apocalíptica da vida eterna no céu é usada simbolicamente para encorajar os crentes sob perseguição mortal a permanecer fiéis e a obter a coroa do martírio da vida eterna.

Bibliografia. G. B. Caird, *New Testament Theology*, org. L. D. Hurst (Oxford, 1994), 238-78; G. W. E. Nickelsburg, *Resurrection, Immortality, and Eternal Life in Intertestamental Judaism*. HTS 26 (Cambridge, Mass., 1972); K. Stendahl, org., *Immortality and Resurrection* (New York, 1965). [ROBERT E. VAN VOORST]

VIDENTE Pessoa que experimenta e relata ou interpreta sonho ou visão (p. ex., 1Sm 9:9; Am 7:12; 2Cr 9:29). Tais figuras (heb. *rē'eh, ḥōzeh*) são normalmente associadas a estados de arrebatamento (cf. 2Cr 29:25, 30). Os visionários podem ter sido associados à corte real (p. ex., 2Sm 24:11; 1Cr 25:5). *Ver* PROFETA, PROFECIA.

VIDRO Os objetos de vidro foram primeiramente feitos no final do terceiro milênio a.C. Antes do primeiro milênio a.C. eram feitos por fundição ou moldagem. A fim de fundir o vidro, o vidro quente deveria ser derramado num molde ou vidro frio que devia ser colocado sobre um molde numa fornalha quente. Os objetos mais comuns de vidros fundidos eram vasos e pingentes. Os vasos formados eram produzidos por assoprar vidros quentes ao redor do molde de barro ou esterco. Quando o vidro esfriava, o molde era removido, deixando um buraco no interior. O vidro feito com sopro foi inventado em algum lugar na Síria-Palestina no século I a.C., e permitiu que os artesãos produzissem significativamente maiores quantidades de vidro do que os métodos anteriores permitiam, reduzindo daí o custo dos objetos de vidro. Esse fato os tornou mais comuns.

O vidro é mencionado como comodidade preciosa assemelhado ao ouro (Jó 28:17), como uma posse das filhas de Sião (Is 3:23;), e como metáfora para a clareza do ouro na Nova Jerusalém (Ap 21:18, 21). Referências ao vidro como item de luxo refletem o custo dos objetos de vidro anterior à era romana.

Um mar de vidro aparece em frente ao trono de Deus (Ap 4:6; 15:2), talvez uma referência ao mar de bronze no templo de Salomão (1Rs 7:23-26) ou à divisão entre as águas acima e as águas abaixo (Gn 1:7).

Os espelhos de vidro são mencionados em Isaías 3:23; Êxodo 38:8, como posses das mulheres. Eles são também mencionados em relação à visão de Deus ou de ser o verdadeiro eu de alguém (1Co 13:12; 2Co

3:18; Tg 1:23). É interessante observar que o vidro seja mencionado mesmo antes do período romano, quando espelhos eram feitos de metal polido que não de vidro.

Bibliografia. M. Dayagi-Mendels, *Perfumes and Cosmetics in the Ancient World* (Jerusalém, 1989); D. F. Grose, *Early Ancient Glass* (New York, 1989). [ALYSIA FISCHER]

VIGA Oito palavras em hebraico, uma em aramaico e duas em grego são traduzidas como "viga", "prancha", "madeira de construção", "pilar', "espigão", "tábua". As ocorrências mais comuns desses termos no Antigo Testamento estão no contexto das construções, especialmente do templo de Salomão (1Rs 6:6, 9, 36; 7:6). Os tetos da maioria das casas israelitas eram construídos com vigas de apoio feitas de madeira preparada ou não e, então, terminados com barro e reboco (Ed 6:11; Hc 2:11); esses telhados têm sobrevivido até o tempo presente. No Salmo 104:3, lemos que Deus pôs nas águas os vigamentos de sua morada. "Vigamento" é usado metaforicamente para uma grande barra de madeira do tear de um tecelão a fim de descrever a largura da ponta de lança dos inimigos de Israel (1Sm 17:7; 2Sm 21:19; 1Cr 11:23).

No Novo Testamento, Jesus falou de uma viga ou trave no olho do hipócrita (Mt 7:3-5) e os viajantes náufragos foram salvos por segurar em tábuas até que chegassem salvos à praia (At 27:44). [DONALD FOWLER]

VINAGRE Produto do vinho azedo ou superfermentado. Boaz convida Rute a molhar seu pão no vinagre para temperá-lo (heb. *ḥōmēṣ*; Rt 2:14). O vinagre diluído era comumente servido para aliviar a sede dos trabalhadores, embora os nazireus estivessem proibidos de beber vinagre (Nm 6:3). O salmista sente-se ridicularizado pelos inimigos que lhe servem vinagre para aliviar sua sede (Sl 69:21 [TM 22]), talvez porque o vinagre não diluído induzisse à sede. Provérbios refere-se ao vinagre como irritante aos dentes (Pv 10:26) ou a um ferimento (25:20).

Os evangelhos relatam que foi oferecido vinho (gr. *oínos*) e vinagre, ou "vinho azedo" (*oxós*; Mt 27:34 par.) a Jesus na cruz. Os soldados romanos normalmente tinham vinagre de vinho à mão para aliviar a sede, e este pode ter sido um ato de bondade ou uma tentativa de reanimar Jesus. Outros elementos de zombaria nesta cena, entretanto, fazem da oferta de vinagre mais provavelmente um ato de menosprezo.

Bibliografia. R. E. Brown, *The Death of the Messiah* (New York, 1994) 2:1058-66. [CHRIS CALDWELL]

VINGANÇA Punição como retribuição pelo dano contra pessoas. Parece bastante claro que o AT endossa a ideia da vingança (heb. *nqm*) tanto humana quanto divina, pelo menos em certas circunstâncias. O AT registra casos específicos nos quais Deus declara guerra contra um inimigo dos israelitas como ato de vingança por atrocidade anterior (Nm 31; Dt 25:17-19). De fato, pelo menos um profeta aparentemente considerou a vingança atributo de Deus (Na 1:2). Ponto de vista semelhante a respeito de Deus pode ser encontrado no NT (Rm 12:19; 2Ts 1:5-10).

A questão da vingança humana é um tanto mais complicada. O AT reconhece o direito de parentes da vítima de um homicídio acidental de tomar vingança direta contra o perpetrador. Entretanto, o AT procura também limitar esse direito ao permitir que o perpetrador fuja para uma das cidades de refúgio (Êx 21:13; Nm 35; Dt 19:1-13). Embora alguns personagens bíblicos de fato tomem vingança (1Rs 2:5-9), é também verdade que o AT condena a vingança quando dirigida a outro israelita (Lv 19:18). Essa tentativa em desencorajar a vingança humana torna-se parte importante da mensagem de Jesus (Mt 5:38-48).

Bibliografia. K. Koch, "Is There a Doctrine of Retribution in the Old Testament?" in *Theodicy in the Old Testament*, ed. J. L. Crenshaw, IRT 4 (Philadelphia, 1983), 57-87; G. E. Mendenhall, *The Tenth Generation* (Baltimore, 1973). [JOEL S. KAMINSKY]

VINHO Vários tipos de vinho e bebidas de frutas eram consumidos regularmente no mundo do antigo Oriente Próximo. Entre estes estavam o hebraico *yayin*, o termo mais comum para vinho; *t'rôš*, "vinho novo ou doce"; *šēḵār*, "bebida forte"; *ḥemer*, "vinho (vermelho?)"; *'ās's*, "vinho doce" e o grego *oínos*, uma palavra genérica para vinho. O estudo da filologia e da etimologia do hebraico *yayin* e do grego *oínos* sugere origem comum do cuneiforme *uiian*, do hieróglifo *uianas* e do grego *miceno woi-ne-wei*. Todas as formas bíblicas eram capazes de produzir embriaguez (Os 4:11; Jl 1:5).

As origens da produção do vinho devem ser datadas do período neolítico na bacia do alto Mediterrâneo. As mais antigas instalações de esmagamento de uva descobertas em Israel datam da Idade do Cobre (4000-3500 a.C.). O Levante ficou conhecido por sua abundância de vinho durante a Idade do Bronze Médio onde, de acordo com os anais de Sinue, "havia nele figos e uvas. Havia mais vinho do que água" (*ANET*, 19). O vinho foi comercializado por Salomão junto com trigo, cevada e azeite para garantir madeira e outros produtos e serviços para a construção do templo de Jerusalém (2Cr 2:8-10).

A bebida era processada nos vinhedos no fim do verão e início do outono quando as uvas amadureciam. A produção acontecia em oito fases: (1) produzir o primeiro mosto, (2) esmagar as uvas com os pés em tanques lavrados em pedra, (3) espremer as

A B C D E F G H I J K L M N O P Q R S T U V X Y Z

cascas e talos restantes das uvas, (4) filtrar o mosto, (5) adicionar água às cascas espremidas para fazer um vinho inferior, (6) produzir mosto concentrado por fervura, (7) primeira fermentação, (8) segunda fermentação. Murais pintados do Egito retratam o antigo processo de esmagamento, fermentação e colocação em jarros (*ANEP*, 345). As escavações em Gibeom e nas arredores de el-Burj evidenciaram o uso de adegas subterrâneas talhadas na forma de sino, usadas para a estocagem de vinho durantes as várias fases de produção. Era mantida uma temperatura o ano de 17-19o C. para garantir o controle de qualidade. Jarros com capacidade para 2-10 litros eram usados na fermentação em períodos de estocagem de longa duração.

A produção do vinhedo era vista pelos povos antigos como dádiva de suas divindades (*ANET*, 48, 214). Na Bíblia, o vinho era visto como dádiva de Deus (Dt 7:13; 11:14) que devia ser usado na celebração de sua bondade acompanhando vários sacrifícios no culto (Nm 15:5, 7), bem como em cerimônias públicas de casamento e na festa da Páscoa (Jo 2:1-11; Lc 22:14-20). A oferta derramada de vinho acompanhava os vários sacrifícios diário, mensal e anual do calendário de festa (Nm 28—29). O vinho novo estava entre os produtos agrícolas trazidos como ofertas das primícias para os sacerdotes e levitas (Nm 18:12). Mas os sacerdotes não deviam consumir vinho ou bebida forte na ministração do culto, para que não desempenhassem seu trabalho de maneira inadequada (Lv 10:9; Is 28:7). Da mesma forma, o nazireu devia se abster de todos os produtos da vinha durante o período de consagração (Nm 6:1-4). O dízimo do vinho novo devia ser consumido no local central de adoração num ritual de celebração pública pelo povo (Dt 12:15-18).

Várias metáforas usam o vinho para refletir a excelência da vida. A pessoa que teme ao Senhor terá uma esposa como videira frutífera (Sl 128:3). Deus provê o vinho que alegra o coração (Sl 104:15), mas o detém como forma de julgamento (Is 16:10; 24:7-13. Beber vinho e comer pão eram símbolos de paz e prosperidade (2Rs 18:31-32; Pv 3:10). A restauração de Israel do julgamento e do cativeiro é visto como tempo de produção abundante das videiras (Jr 31:12; Jl 2:19, 24; Am 9:13-14).

O consumo de vinho em excesso que leva à embriaguez é condenado sumariamente na Bíblia. O abuso do vinho evidencia falta de sabedoria (Pv 20:1), que pode levar à confusão mental (23:30, 35), à violência (4:17) ou à pobreza (21:17; 23:20, 21). A embriaguez leva à libertinagem (Ef 5:18), à arrogância (Hc 2:5) e ao abuso do pobre (Am 6:6). Os efeitos devastadores da embriaguez do vinho são metáfora comum do juízo de Deus (Jr 25:15; Ap 18:3). Consequentemente, os líderes da Igreja devem ser os que não sejam dados a muito vinho (1Tm 3:3, 8; Tt 1:7; 2:3).

Bibliografia. O. Borowski, *Agriculture in Iron Age Israel* (Winona Lake, 1987); R. Frankel, *The History of the Processing of Wine and Oil in Galilee in the Period of the Bible, the Mishnah, and the Talmud* (diss., Tel Aviv, 1984); *Wine and Oil Production in Antiquity in Israel and Other Mediterranean Countries*. JSOT/ASORMS 10 (Sheffield, 1999); J. B. Pritchard, *Gibeom, Where the Sun Stood Still* (Princeton, 1962); A. F. Rainey, "Wine from the Royal Vineyards", *BASOR* 245 (1982): 57-62; J. M. Renfrew, *Palaeoentobotany: The Prehistoric Food Plants of the Near East and Europe* (New York, 1973). [R. DENNIS COLE]

VINHO, VINHEDO A origem da viticultura no sul do Levante é datada da Idade do Cobre (4000-3500 a.C.), com base na descoberta de instalações de lagares na região. A geografia, o solo e o clima da estepe e da região de montanha do leste mediterrâneo eram favoráveis para o cultivo de vinhedos. A descoberta na bacia do Alto Mediterrâneo de duas cepas de uvas, Vitis silvestris (uma uva brava comum a partes da Europa e norte da África) e Vitis vinifera (uvas cultivadas), foi datada do período neolítico (8000-3500), mas não foram descobertos exemplares de Vitis silvestris em Israel.

O primeiro exemplo de viticultura na Bíblia é o relato de Noé plantando um vinhedo, o que presume um conhecimento anterior da prática por este "homem da terra" (Gn 9:20). Foram encontrados exemplares de Vitis vinifera em estratos do Bronze Antigo em Laquis, e a região permanece importante produtora de uvas até hoje. A região do moderno Israel, Palestina e Líbano produziu abundância de vinho na Idade do Bronze Médio quando, de acordo com os anais de Sinuhe, "Havia figos e uvas ali, e tinha mais vinho do que água" (*ANET*, 19). Durante a Idade do Bronze Recente, a viticultura foi elemento vital da economia de Canaã. Tutmés III levou videiras e outras variedades botânicas de Canaã para o Egito. Salomão trocou vinho por trigo, cevada e azeite de oliva para garantir madeira e outros produtos e serviços para a construção do templo de Jerusalém (2Cr 2:8-10).

A cultura de vinhedos é descrita de várias formas na Bíblia e textos antigos. No solo rochoso do antigo Israel, era necessário muito preparo da terra (Is 5:1-8). A remoção de pedras e a capina precediam a seleção e o plantio de videiras selecionadas. Aparentemente as uvas vermelhas eram preferidas, como sugere o hebraico *śōrēq* (Jr 2:21; Is 5:2). Outras variedades, como a *gep̄en sĕmād̲ar* (Ct 7:12 [TM 13]) e *gep̄en bôqēq* (Os 10:1), algumas das quais produziam uvas verdes ou brancas, segundo consta. O vinhateiro construía um muro de pedras ou arbustos e espinhos para proteger de pessoas e animais e definir limites; uma torre de pedra para vigiar era construída dentro da propriedade. A lei antiga permitia que se comesse uvas enquanto a pessoa estivesse dentro do vinhedo do vizinho, mas retirar uvas usando qualquer tipo de cesto era proibido (Dt 23:24). Era comum um caminho entre vinhedos vizinhos murados, p. ex., quando o anjo empunhando uma espada colocou-se na frente de Balaão e sua jumenta (Nm 22:24-33).

A videira podia ser direcionada a se espalhar ao longo dos contornos do terreno em lotes bem pequenos da região montanhosa, ou orientadas para crescerem em estacas de apoio e treliças, criando fileiras lineares ou coberturas (*ANEP*, 156). A poda era necessária para maximizar a produção de uva e garantir a maturação do fruto (Is 18:5; Jo 15:2). A faca para poda (*mazmerâ*) era uma pequena faca curva, como uma foicinha. Nenhuma poda ou outra forma de cultura da vinha devia ser feita durante o Ano Sabático da terra (Lv 25:4-5).

O tempo alegre da colheita ocorria do fim do verão até o outono, de acordo com a região e altitude (Jz 9:27; cf. Is 16:9-10). Os cachos de uvas eram removidos com faca das videiras que tivessem pelo menos quatro anos. O produto do quarto ano era dedicado ao Senhor como oferta de louvor e então, no ano seguinte, o proprietário da vinha podia colher os benefícios do produto (Lv 19:23-25). Quem fosse convocado para o serviço militar podia ser liberado na época da colheita para aproveitar o fruto da videira se ainda não o tivesse feito (Dt 20:6). Catar os bagos caídos no chão depois da colheita era provisão especial para os pobres, estrangeiros, viúvas e órfãos que, de outra forma, poderiam não conseguir desfrutar a abundante produção da terra (Lv 19:10; Dt 24:21).

Embora algumas uvas fossem consumidas diretamente do pé, a maior parte era levada para o lagar para a atividade familiar de pisá-las. Foram descobertos lagares de períodos do AT e do NT na região montanhosa e nos vales de Israel e Palestina modernos. A maior parte das instalações da Idade do Ferro é do tipo de pedra lavrada (*yeqeḇ*) e foi encontrada próximo aos vinhedos; outros feitos de pedra e argamassa (*gaṯ*) ocorrem nos arredores de vilas e cidades, mais comum nas eras romana e bizantina.

Em toda história israelita, a vinha desempenhou importante papel nos aspectos agrícolas e literários do desenvolvimento religioso. Uma vinha frutífera foi símbolo da fiel beneficência de Deus. Um grande cacho de uvas dos vinhedos de Escol foi levado de volta ao acampamento israelita em Cades como evidência da grande produtividade da Terra Prometida (Nm 13:23, 24; Dt 6:11). Os vinhedos continuariam a ser frutíferos se o povo observasse os mandamentos dos Senhor (Dt 8:6-10). Jesus usou imagem semelhante do vinhateiro para descrever a natureza do discipulado, pelo qual os ramos de seus discípulos produzem frutos abundantes enquanto forem sustentados e nutridos pela vinha central em guardar seus mandamentos (Jo 15:1-17). O sábio salmista afirmou que quem teme a Deus será abençoado com uma esposa maravilhosa que é como vinha frutífera (Sl 128:1-3).

A vinha podia ser também um símbolo de juízo sobre a nação. A "Canção da Vinha" de Isaías mostra Israel como a mais escolhida das vinhas plantada e nutrida pelo Senhor, mas que produziu frutos azedos. O resultado seria a devastação do vinhedo e de sua proteção por causa da injustiça e da iniquidade de Israel (Is 5:1-7; cf. Sl 80:8-16 [9-17]; Os 10:1, 2; Jr 8:13). As vinhas secariam e seriam arrasadas por seus inimigos destruidores (Jl 1:6-12). O juízo sobre as nações em torno de Israel pode ser também contextualizado na imagem da vinha (Jr 48:32-33).

A abstenção da vinha e de seu produto tinha conotação especial de consagração na Bíblia. Os nazireus eram proibidos do contato ou do consumo de qualquer coisa originária da vinha, quer fossem vinhos, uvas ou sucos delas produzidos (Nm 6:1-4). Os fiéis recabitas também se abstinham do consumo de vinho e do cultivo de vinhas (Jr 35:1-11). Os sacerdotes tinham de se privar do consumo de vinho durante o tempo de ministração do culto (Lv 10:8).

A restauração de Israel depois do exílio e do cativeiro foi evidenciada na produtividade dos vinhedos, com vinho gotejando das montanhas à medida que o povo planta vinhedos e bebe do seu vinho (Am 9:13-15; cf. Os 2:15 [17]; 14:7 [8]). O Senhor irrigará e vigiará sua vinha continuamente para que ela produza fruto abundante (Is 27:2-4; Jr 31:1-14).

Bibliografia. O. Borowski, *Agriculture in Iron Age Israel* (Winona Lake, 1987); R. Frankel, *The History of the Processing of Wine and Oil in Galilee in the Period of the Bible, the Mishnah, and the Talmud* (diss., Tel Aviv, 1984); J. M. Renfrew, *Palaeoethnobotany* (New York, 1973); *Wine and Oil Production in Antiquity in Israel and Other Mediterranean Countries*. JSOT/ASORMS 10 (Sheffield, 1999). [R. DENNIS COLE]

VIOLÊNCIA O conceito hebraico de violência (do heb. *ḥāmās*, "tratar ou agir violentamente") trata do agravo ético ou físico; a extrema crueldade, o testemunho mal-intencionado; a injustiça institucional; a linguagem injuriosa, os mecanismos violentos. A palavra designa o sofrimento inocente, com temas e objetos humanos, resultante de ganância ou ódio, mas não de catástrofes naturais. Outro termo, *gāzal*, significa "tomar pela força; roubar; cortar" ou "assalto; coisa roubada ou saqueada; extorquir a justiça". As palavras gregas incluem *bía*, "força hostil"; *biastḗs*, "pessoa violenta"; e *biázō*, "entrar violentamente" ou "destruir, assassinar".

No Pentateuco, a violência obstrui a criação, amaldiçoa a humanidade e traz problemas ao universo. A violência humana requer com frequência a resposta divina, para afetar a nova criação (Gn 3). Em *milḥāmâ* ("batalha"), Yahweh — "guerreiro" (Êx 15:3) — usa violência para resgatar Israel. Deus, tido como patrono soberano de Israel, está sempre com eles, mesmo na violência. Deus se envolve em guerra (*lāḥam*) em favor de Israel e o convoca para guerrear contra o inimigo, seu oponente mútuo. Ao mesmo tempo que Deus controla o resultado, ele pode atacar Israel por desobediência. Deus consente a violência doméstica em Deuteronômio, sanciona a violência na conquista da terra e apoia o fim da realeza. A saga de Davi reflete a violência coletiva humana, o desejo de poder, a rivalidade e o uso de alguém como bode expiatório.

A literatura profética enaltece o dia do Senhor e critica a compreensão profana e religiosa de violência, especialmente o ganho egoísta que destrói a sociedade e a terra. Alguns profetas se queixam de sua falta de poder. Outros usam imagens agressivas e metáforas misóginas de casamento contra mulheres para transmitir comunicação divina. Em Jó, o caos encontra a violência gratuita e o sofrimento humano permanece sem resposta em meio a uma litania divina sobre a criação.

A prática de *ḥāram*, "proibir, dedicar, destruir completamente", requer que a pessoa "dedique" algo que resiste à obra de Deus. Os textos sobre guerra do AT contêm complexas justificativas de guerras, da violência humana, e o sacrifício, a glorificação de guerreiros e o engano relacionado à guerra. Os humanos tentam tornar lógico matar em meio à compaixão e à maldade.

Os povos antigos desejavam estabilidade, intimamente relacionadas com Yahweh, o que dava fundamento ao sistema sacrificial. Os pactos davam garantia divina de que a vida podia continuar. Perturbações a tal ordem envolviam o mal, o sofrimento e a morte. Embora Deus tivesse escolhido Israel, a história deuteronomista defende ao acerto de contas de Deus com esse povo. Às vezes, os salmistas negam a existência do mal. Para salvar a honra de Deus, o texto hebraico sacrifica a integridade e a dignidade humana.

O AT faz distinção entre a força legítima e a violência e trata a respeito do Messias terminando com a violência e estabelecendo justiça (servo sofredor). O NT prepara a intervenção normativa e a resistência não-violenta. A violência, o abuso de poder, tem sua espiral na revolta estrutural, na rebelião e na repressão. Tal violência produziu o voluntarismo institucional (com fins de preservação da ordem pública), que causou a morte de Jesus.

Os evangelhos sinópticos retratam a violência divina e humana: Jesus expulsa espíritos imundos; um espírito força Jesus a ir para o deserto; o regime e a multidão querem destruir Jesus. Tal violência preserva o *status quo*. Ao exposição sobre violência do NT é ambígua ao não definir Jesus como pacifista ou zelote em sua apresentação(cf. Lc 22:35-38, 49-51). A atitude de Jesus para com o estado resulta de sua crença de que logo Deus julgará, vingará e capacitará as pessoas (cf. Mc 12:14-17; cf. Rm 13).

No ministério de Jesus e na Palestina judaica do século I, houve alguma intranquilidade. Nesta cosmologia comunal do religioso e secular, Jesus é catalisador da revolução social não violenta. Ele se opôs a toda violência repressiva e opressiva — mas provavelmente não foi pacifista. Jesus e seus discípulos sentiram o iminente cumprimento do governo de Deus e da justificação deles por Deus (Mc 8,35-38; Lc 17:33). Jesus foi um líder perigoso, revolucionário e popular que viu seu trabalho nos históricos atos salvíficos de Deus, em renovação e cumprimento constante. Jesus pregou a libertação de Deus, "ame seus inimigos" indiretamente causou mudança política e, diretamente, mudou as realidades socioeconômicas.

A Bíblia expõe a violência social numa cosmologia que instiga a violência. Mais de 600 passagens de violência humana e cerca de 100 passagens de violência divina ocorrem no AT.

Deus usa a violência para libertar no Êxodo; Deus experimenta a violência na cruz. A violência divina existe dialeticamente oposta à graça. Os textos bíblicos mostram uma Terra Prometida, uma sociedade patriarcal eleita com um evangelho que descarta essas ideias ao revelar a violência como bode expiatório. A violência gerada na religião institucionalizada que ordena os poderes sociais, é em si a violência sagrada. Jesus desafia a autoridade da violência sagrada representada pelo templo (Mc 11). A violência desviada na vítima é sacrifício; a fé e a oração renunciam a vingança e substituem o sistema sacrificial. A violência é a injustiça e a coerção com muitas faces. Ela destrói, descreve, é pessoal, sistêmica e molda valores, símbolos e hábitos.

Bibliografia. R. Girard, *Violence and the Sacred* (Baltimore, 1977); R. G. Hammerton-Kelly, *The Gospel and the Sacred: Poetics of Violence in Mark*

(Minneapolis, 1994); R. Horsley, *Jesus and the Spiral of Violence* (1987, repr. Minneapolis, 1993); B. J. Malina, "Establishment Violence in the New Testament World", *Scriptura* 51 (1994): 51-78; S. Niditch, *War in the Hebrew Bible* (Oxford, 1993); R. Shwager, *Must There Be Scapegoats? Violence and Redemption in the Bible* (San Francisco, 1987); A. F. Venter, "Biblical Ethics and Christian Response to Violence", *Theologia Evangelica* 24/2 (1991): 25-39; R. J. Weems, *Battered Love: Marriage, Sex, and Violence in Hebrew Prophets*. OBT (Minneapolis, 1995); J. G. Williams, *The Bible, Violence, and the Sacred* (Valley Forge, 1995). [CHERYL A. KIRK-DUGGAN]

VIRGEM O hebraico *bĕṯûlâ*, normalmente traduzido por "virgem", é mais corretamente compreendido pela designação de uma pessoa do sexo feminino que havia atingido a puberdade e, consequentemente, era capaz de dar à luz filhos. Essa fertilidade potencial significava que a jovem estava, de acordo com os costumes e valores de sua cultura, na idade de se casar.

Em Gênesis 24, o servo de Abraão está em busca de uma esposa para Isaque, quando encontra Rebeca, descrita como "jovem muito bonita, uma *bĕṯûlâ* a quem nenhum homem havia conhecido" (v. 16). Semelhantemente, no contexto de encontrar parceiras para casamento para os sobreviventes dos benjamitas derrotados, 400 jovens de Jabes-Gileade são descritas como *bĕṯûlâ*, novamente com a qualificação "que não tinham conhecido homem" (Jz 21:12). Em ambas as passagens, uma ou outra qualificação é redundante ou *bĕṯûlâ* não significa virgem. Igualmente, as duas passagens tratam da procura de esposas. O livro de Ester fornece evidência adicional. No cap. 2, as jovens com quem o rei Assuero já dormira em sua busca de uma nova esposa e que, consequentemente, claramente não eram virgens, de qualquer forma não são chamadas de *bĕṯûlôṯ*. Embora tais textos deixem claro que *bĕṯûlâ* e "virgem" não são termos sinônimos, um termo relacionado, *bĕṯûl'm*, pode ter tido o significado específico de "virgindade" num contexto estritamente legal (Dt 22:13-19).

A cultura patriarcal do antigo Israel controlava com rigor a sexualidade feminina. O sistema patrilinear de avaliação da descendência e a concomitante transferência de propriedade era estabelecido na premissa do controle da sexualidade feminina para que a paternidade pudesse ser determinada com confiabilidade. Assim, uma vez que a família de uma jovem a tivesse formalmente comprometida com um futuro marido em troca do dote (*mōhar*), esperava-se que ela se mantivesse sexualmente casta. A transgressão voluntária dessa restrição era punível com a morte, tanto para ela como para o parceiro sexual ilícito (Dt 22:13-21, 23-27). Os homens que tivessem relações sexuais com jovens potencialmente férteis, não comprometidas formalmente com o casamento, eram obrigados a se casar com elas. De acordo com Êxodo 22:16-17 (TM 15-16), o pai da jovem tinha de consentir com o casamento, mas o dote tinha de ser pago em todo caso. Deuteronômio 22:28-29 não especifica o consentimento paterno, e a redação do texto sugere energicamente que o homem, nesse caso, forçou a jovem a consentir. De maneira fria, essa lei prescreve que uma mulher assim sexualmente violentada tinha de se casar com seu agressor que não tinha permissão para se divorciar dela. As virgens sexualmente atraentes capturadas em batalha podiam ser forçadas a se casar com seus captores. Se o homem em seguida considerasse a esposa insatisfatória, podia divorciar-se dela, mas não podia vendê-la como escrava (Dt 21:10-14). Os pais podiam vender suas filhas (virgens) como escravas em pagamento de dívidas a outros israelitas. Diferentemente do pagamento de dívida como escravo por pessoa do sexo masculino, as mulheres não eram liberadas da escravidão após seis anos de serviço. Ao contrário, como a escravidão incluía o acesso sexual e, presumindo-se que o proprietário queria manter o acordo, a escravidão feminina por pagamento de dívida não era liberada após determinado tempo de serviço. Elas podiam ser "resgatadas" (sua liberdade podia ser comprada pelo pagamento da dívida) se o proprietário concordasse em terminar o acordo, e tinha de ser liberada sem pagamento se o proprietário deixasse de cumprir as obrigações prescritas (Êx 21:2-11).

Bibliografia. J. Bergman, H. Ringgren e M. Tsevat, "bethûlāh)", *TDOT* 2.338-43; P. L. Day, "From the Child Is Born the Woman: The Story of Jephthah's Daughter", in *Gender and Difference in Ancient Israel* (Minneapolis, 1989), 58-74; G. J. Wenham, "bethûlāh 'A Girl of Marriageable Age,' " *VT* 22 (1972): 326-48. [PEGGY L. DAY]

VIRGEM, APOCALIPSES DA Dois apocalipses cristãos primitivos, adequadamente conhecidos como Apocalipse da Virgem Maria e o Apocalipse da Santa Mãe de Deus que Tratam das Punições. Ambos narram jornadas sobrenaturais de Maria, enfatizando sua visão de punições específicas determinadas a classes de pecadores. Esses relatos dependem do Apocalipse de Paulo, sugerindo uma composição posterior a 388 d.C. Em ambos os apocalipses, Maria intercede pelos pecadores cristãos, conseguindo alívio temporário para eles durante o Pentecoste no Apocalipse da Santa Mãe de Deus, e perdão para os que se arrependem, no Apocalipse da Virgem Maria.

Bibliografia. M. R. James, *The Apocryphal New Testament* (Oxford, 1924), 563-64. [GREG CAREY]

A B C D E F G H I J K L M N O P Q R S T U **V** X Y Z

VIRTUDE Capacidade ou disposição voltada para a excelência, usualmente no sentido moral (heb. *ḥayil*; Rt 3:11; Pv 12:4; esp. 31:10); no NT, excelência de qualquer tipo (gr. *areté*; Fp 4:8; 1Pe 2:9; 2Pe 1:3, 5).

Em Aristóteles, virtude é o que permite que algo realize bem sua função (p. ex., a virtude do cavalo é correr). Com referência à pessoa, as virtudes são as qualidades que constituem o caráter de uma pessoa (p.ex., a excelência do caráter de uma pessoa). Virtude é disposição que faz de alguém uma pessoa boa e faz com que ele/ela proceda bem.

Listas de virtudes aparecem em todas as cartas paulinas com exceção de 1-2Tessalonicenses e Filemom. Diferentemente da clássica reflexão moral grega, o NT dá pouca ênfase à virtude. Em particular, as quatro virtudes fundamentais de prudência, justiça, autocontrole e coragem estão ausentes dos catálogos éticos do NT (o que pode revelar um ambiente judaico para as listas). Entretanto, embora seja verdade que a linguagem da virtude não esteja presente na forma de Aristóteles, virtude e caráter são temas presentes em toda a Bíblia. De fato, a contínua narração de histórias de grandes personagens da fé na Bíblia, inevitavelmente, enfatiza a importância da virtude na vida devota.

O que é importante nesse ponto é que a virtude não seja separada do caráter. O caráter do crente deve ser formado segundo a imagem de Deus, e as virtudes são os hábitos que formam esse caráter. No NT, a ênfase é descrita como conformada à imagem de Cristo (Gl 4:19; cf. Fp 3:17; 1Ts 1:6; 2:14) que é a imagem encarnada de Deus (Cl 1:15).

Portanto, embora listas de virtude possam ser somente esporadicamente encontradas no NT, a noção de virtude permeia a Bíblia. A ênfase, entretanto, não é numa análise formal de virtude, mas no discipulado. O que a virtude então significa para o cristão pode somente ser compreendido em referência ao caráter de Jesus Cristo.

Bibliografia. B. W. Farley, *In Praise of Virtue* (Grand Rapids, 1995); E. Schweizer, "Traditional Ethical Patterns in the Pauline and Post-Pauline Letters and Their Development", in *Text and Interpretation*, ed. E. Best e R. McLachlan Wilson (Cambridge, 1979), 195-209. [ALLAN R. BEVERE]

VISÃO Evento visual ou audível que revela algo desconhecido de outra forma. Visões e sonhos estão intimamente relacionados no antigo Oriente Próximo, em geral, incluindo a tradição bíblica. Eram meios de comunicação e revelação aceitos em toda a história de Israel e na igreja cristã primitiva. Visões ocorrem no AT, na Torá, nos Profetas e nos Escritos. Embora menos frequente no NT, elas são importantes em Atos e Apocalipse. As visões estão relacionadas a, embora distintas de, outros fenômenos revelatórios como as teofanias, angelofanias e as viagens celestiais; nestas, a ênfase é usualmente na mensagem transmitida ou no segredo revelado em vez de na imagem como em visões.

As visões podem ser classificadas nas seguintes categorias: visões da divindade ou do conselho divino (Êx 24:9-11; 1Rs 22:19-23; Is 6; Ez 1:1-3, 15; Ap 4:2-11); visões de outras cenas ou eventos que não requerem interpretação (1Rs 22:17; Jr 4:23-26; Ez 8—11, 40—48; Am 7:1-3, 4-6; Zc 2:1-5 [TM 5-9]; 3:1-10; At 16:9, 10); visões baseadas em jogo de palavras (Jr 1:11, 12; Am 8:1-3); visões simbólicas que exigem interpretação (Jr 1:13-19; Ez 37:1-14; Dn 7—8; Am 7:7-9; Zc 1:7—2:5 [9]; 5:1-11; At 10:9-16); visões alegóricas encontradas basicamente em Apocalipse (Ap 12, 17). As duas primeiras categorias são frequentemente mais delineadas pela participação ou não do observador da cena.

Certos elementos são comuns a todos os tipos de relatos de visão. Normalmente são narrados na primeira pessoa, pelo observador. Como no relato de sonhos, existe quase sempre uma "estrutura" introdutória que dá informação sobre data, época e lugar em que ocorreu a visão. Essa parte é seguida pela narração do conteúdo da visão e interpretação, se necessário. O relato frequentemente termina com o registro das reações do visionário.

No AT, as experiências visionárias são normalmente identificadas por substantivos derivados das raízes hebraicas *r'h* ou *ḥzh*. Algumas visões simplesmente fornecem ocasião para um oráculo que a acompanha. Nesses casos, o oráculo transmite a mensagem principal e a visão fica com importância secundária o. Em outros casos, particularmente em visões simbólicas, a visão em si é o meio principal de comunicação, com frequência revelando eventos futuros.

O NT comumente usa o grego *hórama* e *optasía*, bem como o termo mais geral *eídos* encontrado na narração de experiências de visão. Os relatos de visão no NT encontram-se principalmente nos livros de Atos e Apocalipse e tendem a ser do tipo simbólico. Os livros apocalípticos (Daniel e Apocalipse), em particular, tendem na direção de visões altamente simbólicas ou alegóricas com imagens vívidas e até bizarras. [JENNY MANASCO LOWERY]

VIÚVA O hebraico *'almānâ*, geralmente traduzido por "viúva", significa algo mais sutil do que simplesmente uma mulher cujo marido morreu. Originalmente com base no cognato acádico *almattu*, na Lei 33 do assírio médio, alguns estudiosos argumentaram que uma *'almānâ* no Israel antigo era a mulher cujo marido e o sogro estavam mortos e que não tinha filhos. Para harmonizar essa definição com os textos bíblicos que tratam de uma *'almānâ* com um filho ou filhos (p. ex., 2Sm 14:4-8; 1Rs 17:8-24), a ausência de um filho tem sido qualificada como a referência à ausência de um filho adulto com os meios econômicos para sustentar a mãe. Entretanto, em 1Reis 11:26 a mãe de Jeroboão, claramente um homem adulto com muitos recursos, nunca é chamada de *'almānâ* (cf. 7:13,14). Também, em Gênesis 38 ,Judá, o sogro de Tamar, *'almānâ*, está bem vivo. Aqui Tamar não é chamada de *'almānâ*, até que Judá a instrui a voltar para a casa de seu pai (Gn 38:11), assim somente quando Tamar é despojada do apoio de seu sogro é que ela é chamada de *'almānâ*. Baseado nisso, pode-se presumir que a retirada do apoio material do sogro é o equivalente funcional da morte dele.

Visto que os bens de raiz no Israel antigo eram normalmente passados de pai para filho(s), uma viúva que não tinha filho para herdar a propriedade patrilinear estava em situação econômica precária e socialmente vulnerável. Embora explicitamente preocupada com a perpetuação do nome do marido morto, a lei do levirato, que encorajava o parente de um homem a gerar um filho com a viúva, com o objetivo de beneficiar a viúva, garantindo o acesso dela ao bem de raiz, vindo daí os meios de sustento (Dt 25:7-10; Rt 4; cf. 2Sm 14:5-7). Um parente podia, entretanto, recusar-se a exercer sua responsabilidade (Dt 25:7-10; Rt 4:1-6). Na ausência do levirato ou outra forma de novo casamento, os textos bíblicos apresentam viúvas estereotipadamente vulneráveis e, portanto, carentes de proteção legal (p. ex., Dt 10:18; 24:17; 27:19; 2Sm 14:4-11; Jó 24:3; Sl 94:4-7; 146:9; Is 10:2). Embora certas viúvas pudessem ter tido a possibilidade de retornar a seus lares de origem em busca de sustento (Gn 38:11; Lv 22:13), o acesso das viúvas à produção respigada e ao dízimo proviam uma forma regulamentada de assistência social (Dt 14:28, 29; 24:19-21). A promessa ou o voto de uma viúva era imediatamente obrigatório, sem recurso à aprovação masculina (Nm 30:10).

Cidades personificadas podiam ser descritas como viúvas (Is 47:8,9; Lm 1:1; cf. Is 54:4). A viuvez nesses contextos pode expressar, em sentido metafórico, a vassalagem de cidades anteriormente independentes. Essa correspondência metafórica de viúva e vassalo tem sua premissa na dúbia tipificação do casamento como status ou condição da independência feminina. Antes, a metáfora da cidade (ou nação) tornada viúva explora uma analogia entre uma esposa despojada de seu marido e uma entidade geopolítica despojada de seus cidadãos masculinos e/ou abandonada por sua divindade masculina.

Bibliografia. C. Cohen, "The 'Widowed' City", *JANES* 5 (1973): 75-81; F. S. Frick, "Widows in the Hebrew Bible", in *A Feminist Companion to Exodus to Deuteronomy*, ed. A. Brenner (Sheffield, 1994), 139-51; P. S. Hiebert, " 'Whence Shall Help Come to Me?': The Biblical Widow", in *Gender and Difference in Ancient Israel*, ed. P. L. Day (Minneapolis, 1989), 125-41; R. Westbrook, "The Law of the Biblical Levirate", *Property and the Family in Biblical Law*. JSOTSup 113 (Sheffield, 1991), ch. 4; F. Yurco, "Meremptah's Canaanite Campaign", *Journal of the American Research Center in Egypt* 23 (1986): 189-215, esp. 189. [PEGGY L. DAY]

No NT Lucas associa Jesus de Nazaré com o profeta Elias e com o cuidado do Senhor em relação às viúvas ao restaurar à vida o filho único de uma viúva (Lc 7:11-17). As viúvas também aparecem nas parábolas como personificação da generosidade (Mc 12:41-44) e da persistência (Lc 18:1-8). A comunidade de Jerusalém provê alimentos para viúvas (At 6:1), e Dorcas, a grega, ganha elogios por haver feito roupas para eles (9:39). O cuidado com as viúvas e os órfãos é uma marca do compromisso religioso (Tg 1:27). No século II d.C., o cuidado das viúvas havia se tornado um ministério institucionalizado. Para receber ajuda, uma viúva tinha de atender a certos critérios: ter 60 anos de idade, não ter filhos, ter uma boa reputação, não ter parentes para ajudá-la e estar disposta a viver uma vida de oração e boas obras (1Tm 5:3-16). Os líderes da comunidade assumiam então a responsabilidade de parentes masculinos para pôr em ordem a sexualidade dos membros femininos da família e para determinar os papéis ministeriais abertos às mulheres. [KATHLEEN S. NASH]

VOFSI (heb. *wopsî*) Homem da tribo de Naftali; o pai de Nabi, um dos 12 espias mandados para explorar a terra de Canaã (Nm 13:14).

VOTO Promessa solene feita a Deus tanto para privar-se de algo ou para garantir que fará o prometido. O hebraico *nāḏar* parece significar "separar do uso profano; consagrar a Deus". Quando feito a Deus, o voto é um ato de adoração; promessa condicional de dar alguma coisa a Deus, se o Senhor primeiramente conceder o que foi pedido. Os votos eram feitos com muita frequência em situações de necessidade e normalmente há certa barganha neles (Salmo 132:2 parece ser exceção).

Quando Jacó parte de Betel para Harã, promete que se Deus o proteger em sua jornada e o trouxer de volta em segurança, vai retribuir com fidelidade a Deus com o dízimo (décima parte), do que Deus lhe conceder (Gn 28:20-22; 31:13). Prestes a entrar na terra, Israel precisou enfrentar e combater Arade. Israel prometeu que se Deus lhes entregar aquele povo, eles os "destruiriam" (consagraria tudo a Deus) bem como suas cidades (Nm 21:2, 3). Em troca pela vitória sobre o amonitas, Jefté faz o voto de sacrificar a Deus quem primeiro sair de sua casa para o saudar. Quem aparece na porta é sua filha; Jefté fica muito aflito mas cumpre seu voto (Jz 11:30-39). Ana, sem filhos, promete que se tiver um filho, o consagrará ao serviço de Deus (1Sm 1:11). Absalão, enquanto estava em Harã, faz voto de adorar a Deus em Hebrom se Deus o fizesse retornar em segurança a Jerusalém (2Sm 15:7-8).

Embora o judaísmo posterior dedique um tratado inteiro da Mishná aos votos (Nedarim), a Bíblia em si, nas seções legais de Levítico, Números e Deuteronômio, contém somente esparsas referências ao assunto. Os livros bíblicos tratam particularmente dos objetos dos votos. Além dos dízimos, pessoas e cidades conquistadas, pessoas e adoração, foram oferecidos como registrado nos textos narrativos. O voto mais frequente parece ter envolvido algum tipo de sacrifício: holocaustos (Lv 22:18-20), ofertas pacíficas (7:16; 22:21, 22). Podia ser acompanhado por uma oferta de cereal e libações (Nm 15:3, 8; resumido em 29:39). As coisas já pertencentes ou já consagradas a Deus (Lv 27:26) ou ofensivas à santidade (p. ex., os ganhos dos ritos sagrados de fertilidade; Dt 23:18) não podiam ser objeto de votos. Uma pessoa podia fazer voto de si mesma a Deus por determinado período de tempo. Esse era o voto do nazireu (*naz'r*), como resumido em Números 6:1-21. Existem indicações de que *naz'r* representava originalmente um chamado para a vida toda (Sansão, Jz 13:3-5; Samuel, 1Sm 1:11), mas depois podia ser feito por um período de tempo (Nm 6:2). Outras pessoas oferecidas ao Senhor devem ser redimidas por uma soma fixada de dinheiro (Lv 27:2), com especial adaptação ao pobre (v. 8).

O voto de um homem não pode ser anulado; o voto de uma mulher pode ser anulado por seu pai ou marido. Se, entretanto, ela é independente (divorciada ou viúva), então seu voto precisa ser mantido (Nm 30). Voto é compromisso sério e precisa ser cumprido ou "pago". O hebraico *šillēm* (piel), da mesma raiz que *šālôm*, indica que o voto, por assim dizer, está suspenso no ar, incompleto até ser "trazido à totalidade" pelo cumprimento do voto (Dt 23:21-23 [TM 22-24]). Deuteronômio especifica mais, os votos deveriam ser cumpridos somente no lugar que o Senhor escolhesse (p.ex., Jerusalém; Dt 12:6, 11, 17, 26).

Oprimido pela Assíria, Judá aparentemente fez votos a Deus pedindo por livramento. Com a queda da Assíria, o profeta Naum diz a Israel para celebrar e cumprir seus votos (Na 1:15 [2:1]). Ante a ameaça da Babilônia, alguns habitantes de Jerusalém haviam feito votos à rainha do céu; Jeremias denuncia a idolatria deles (Jr 44:25). Os marinheiros, com medo da tempestade, fizeram votos a Deus (Jn 1:16), como faz o próprio Jonas no ventre do peixe (2:9 [10]. Malaquias denuncia os que fazem votos a Deus, mas depois se esquivam em cumpri-los (Ml 1:14). Na chegada do dia do Senhor, o Egito voltar-se-á para o Senhor e fará votos, orando por livramento (Is 19:21).

Os votos eram feitos com mais frequência em situações de angústia, os salmos de lamentação contêm especialmente referências ao cumprimento de votos com sacrifícios de ação de graças (p. ex., Sl 116:14, 18). O ato de cumprir votos na assembleia sagrada constituía o reconhecimento do que Deus havia feito e era em si ato público de louvor e ação de graças (p. ex., Sl 22:25 [26]; 50:14; 56:12 [13]; 61:5, 8 [6, 9]; 66:13, 14; 76:11 [12]).

Em geral, os textos de Sabedoria não tratam muito do comportamento cúltico; mas referências a votos aparecem. A mulher sedutora tenta o tolo, "Hoje eu paguei meus votos, por isso saí ao teu encontro" (Pv 7:14, 15). A rainha mãe de Lemuel inicia suas palavras de conselho chamando-o de "filho de meus votos" (Pv 31:2), sugerindo uma situação como a de Ana que orou por um filho (1Sm 1:11). Elifaz admoesta Jó, em sua angústia, a se voltar para Deus para que ele o ouça, e Jó possa, então, pagar seus votos (Jó 22:27). A seriedade de falar e cumprir um voto é também enfatizada (Pv 20:25; Ec 5:4, 5 [3-4]; Sir. 18.22, 23).

Voto (gr. *euché*) é mencionado somente duas vezes no NT. Em ambos os casos, envolve Paulo (At 18:18; 21:23-26) e parecem ser exemplos de voto nazireu temporário (Nm 6:1-21). [MICHAEL D. GUINAN, O.F.M.]

VOZ A mesma palavra, o hebraico *qôl*, é usada no AT para transmitir o som da voz humana (1Sm 26:17), de multidão (Êx 32:18), de instrumentos musicais (Êx 19:16), de animais (Jó 4:10) e de sons naturais como de trovão (Êx 9:23). A expressão "levantando a voz, chorou" marca momentos tanto de alegria (Gn 29:11), como de tristeza (Gn 27:38). A obediência aos mandamentos de Deus é a razão para a frase comum "obedecer (lit., "ouvir") a voz de Deus" (Dt 27:10). A frase para emitir uma proclamação é "dar voz" (Ne 8:15).

A revelação bíblica é essencialmente uma experiência oral. Os relatos de teofania estão repletos de sons (Êx 9:23-34; Is 6:8; Ez 1:24; cf. Ap 7:10). As vozes de vários mensageiros de Deus ressoam, do sangue de Abel (Gn 4:10) até o arauto no deserto (Is 40:3), do servo sofredor que não abre sua boca (53:7), à voz do Cordeiro cuja palavra é como uma espada de dois gumes (Ap 19:15). Deus pode falar no silêncio (1Rs 19:12), ou como uma forte tempestade (Jó 37:2-5; Sl 29:3-9).

No NT o grego *phōnē* ("som") e *phōnéō* ("produz um som") ocorrem regularmente, especialmente nos evangelhos (a voz de Jesus; Jo 5:25; 10:27) e em Atos (proclamação; 2:14). A voz de Deus marca momentos fundamentais na vida de Jesus (Mc 1:11).

Bibliografia. C. Rowland, *The Open Heaven* (New York, 1982). [WILLIAM R. DOMERIS]

VULGATA Versão latina da Bíblia preparada por Jerônimo (aprox.. de 347-320). À vista do crescente aumento das variações no antigo texto latino, o papa Dâmaso pediu a Jerônimo, o extraordinário estudioso da Bíblia na época, que preparasse um novo texto latino, padronizando-o pelo "verdadeiro texto grego". O erudito aceitou a incumbência com relutância, prevendo que as pessoas nas igrejas poderiam não gostar da mudança — mas isso não aconteceu. Dois anos depois, em 384, Jerônimo havia concluído a tradução dos evangelhos, mudando apenas os trechos que julgou necessários. Ele alterou a ordem ocidental dos evangelhos em relação à ordem conhecida hoje e restaurou as características textuais de cada evangelista já que o latim antigo havia harmonizado os textos. Não se sabe se o próprio Jerônimo ou outra pessoa terminou a revisão.

A Vulgata foi adotada em Roma, mas até no tempo do papa Gregório (séc. VI) tanto a Vulgata quanto o latim antigo eram amplamente usados. De fato, a supremacia da Vulgata não ficou assegurada até o século IX. Só no Concílio de Trento (1546) a Vulgata tornou-se o padrão da Igreja Católica.

Os manuscritos da Vulgata latina foram constantemente corrigidos em relação ao latim antigo e alterados ao longo dos séculos. Em um esforço de padronização, o papa Sixto V publicou uma edição da Vulgata em 1590, declarando que "ela deve ser recebida e acreditada como verdadeira, legítima, autêntica e inquestionável, em todas as discussões públicas e particulares, palestras, sermões e explicações". Infelizmente, descobriu-se prontamente que a edição tinha falhas e precisava ser substituída. Apareceu uma nova edição em 1592, sob Clemente VIII, introduzindo mais de 5.000 mudanças no texto, embora a edição "Sixtina" tenha ameaçado de excomunhão as mudanças. Embora mais cuidadosa do que a Sixtina, nem a edição de 1590 ou de 1592 tiveram sucesso em representar o texto original de Jerônimo ou sua base grega com alguma exatidão. Cerca de 8.000 manuscritos da Vulgata ainda existem. A recuperação do texto original da Vulgata é o objetivo de John Wordsworth, H. J. White e H. F. D. Sparks, *Novum Testamentum Domini nostri Iesu Christi latine* (3 vols.; Oxford, 1889), e Robert Weber, *Biblia Sacra* (3. ed, 1975). [CARROL D. OSBURN]

X

XÂNTICO (gr. *Xanthikos*) Mês do calendário macedônio correspondente ao mês judaico de nisã (mar.--abr.). O nome ocorre em duas cartas escritas aos judeus em 164 a.C., por Antíoco V e pelos romanos (2Mac 11.30, 33, 38).

XERXES (gr. *Xerxēs*) Xerxes I, rei aquemênida da Pérsia, 486-465 a.C., que ascendeu ao trono com a morte de Dario I. Existe evidência de inscrição que sugere ser Xerxes I o príncipe herdeiro durante algum tempo, mantendo corregência com o pai (ele é apontado na entrada sul do palácio particular de Dario I). Isso é digno de nota porque existe evidência de que Dario havia indicado anteriormente Artobazanes, seu filho mais velho, para sucedê-lo. Entretanto, Dario adotou-o como filho por intermédio de Atossa, filha de Ciro, o Grande e esposa de Cambises. Entre as inscrições de Persépolis, o próprio Xerxes notou que embora tivesse irmãos, ele próprio foi escolhido pela vontade de Ahura Mazda (o deus zoroastriano patrono da linha aquemênida) para ser o novo rei. De 498 até sua ascensão, doze anos depois, Xerxes serviu como sátrapa da Babilônia, a segunda posição mais poderosa no império persa.

Xerxes é famoso por uma campanha no Egito, que pode também ter envolvido uma invasão de Judá no trajeto. A revolta no Egito foi finalmente esmagada em janeiro de 484. As fontes gregas narram seus preparativos militares para invadir a Grécia, mas ele estava preocupado com uma rebelião dentro de seu império — especialmente na Babilônia. Existe alguma controvérsia quanto às políticas de Xerxes em relação à Babilônia. Parece certo que Megabizo, seu general, de fato derreteu a estátua de Marduque como parte da política de reduzir a Babilônia à submissão. Este pode ter sido um exemplo da política mais ampla, visto que existe indicação de que Xerxes tratou os templos locais (quase sempre os centros de revolta) com severidade em suas respostas a insurreições (e em contraste com as políticas mais liberais de Dario). O incêndio de Atenas foi a causa proclamada do ódio grego contra Xerxes, que entrou para história grega como monstro despótico. Ele foi derrotado pela frota helênica em Salamina em setembro de 480 e, novamente, sofreu derrota de seu exército em Plateia em setembro de 479. Sem dúvida, como resultado de seus muitos fracassos, ele acabou se abrindo à delegação de paz liderada por Cálias, mandada pelos atenienses. As negociações de paz continuaram, apesar das intrigas palacianas que levaram ao assassinato de Xerxes e à sucessão de Artaxerxes I ao trono, este último continuou a agir também de acordo com o efêmero acordo de paz.

Xerxes, no fim do seu reinado, é apontado na literatura clássica por muitas intrigas palacianas e de alcova — algumas das quais podem fornecer o "colorido de fundo" histórico de histórias hebraicas como a de Ester. John L. Berquist, entretanto, sugere que somente Malaquias pode pertencer ao tempo de Xerxes, e a preocupação de Malaquias com as ofertas do templo pode refletir a política de Xerxes de cortar os recursos para os santuários locais — fundos que eram generosos sob Dario, seu pai. Tal crise financeira pode ser refletida na preocupação com os "dízimos", o sacerdócio e o poder do templo em Malaquias.

Bibliografia. J. M. Balcer, *A Prosopographical Study of the Ancient Persians Royal and Noble c. 550-450 B.C.* (Lewiston, 1993); J. L. Berquist, *Judaism in Persia's Shadow* (Minneapolis, 1996); J. M. Cook, *The Persian Empire* (New York, 1983). [DANIEL L. SMITH-CHRISTOPHER]

Y

YAHWEH O Deus de Israel. Formas abreviadas ocorrem em nomes israelitas (*yĕhô* e *yô* no começo e *yāhû* e *yâ* no fim), e em "Aleluia" ("louvor a Yah"). A pronúncia exata é incerta, visto que, do período persa em diante, o nome sagrado foi substituído por vários títulos e epítetos. A alternativa mais comum foi *'ădōnāy* ("meu Senhor"); suas vogais acabaram sendo acrescentadas ao texto consonantal (permitindo uma mudança na vogal inicial por causa do *yodh* em vez de um *aleph*) e o híbrido resultante foi transliterado pelos cristãos como *Jeová*. A pronúncia Javé é baseada nas normas gramaticais hebraicas e apoiada pelas formas sufixadas em nomes e traduções gregas como *iaō*, *iaou*, e especialmente *iaē*.

A inicial *yôḏ* sugere uma terceira forma verbal masculina singular, e a vocalização Yahweh aponta para a forma causativa. Apesar dos apelos à raiz árabe *hwy*, que significa "cair", "soprar" ou "amar/estar apaixonado", o consenso acadêmico ainda prefere a derivação da raiz hebraica *hwh* (posteriormente *hyh*), "ser". Assim, Yahweh é uma alusão à atividade criadora da divindade.

Yahweh está ligado com *ṣĕḇā'ôṯ* ("exércitos/tropas") 284 vezes na Bíblia Hebraica. Frank M. Cross vê tal expressão como título abreviado de El, o chefe do panteão canaanita (originalmente, *il ḏu yahwî ṣĕḇā'ôṯ*, "El que cria os exércitos [celestiais]") e compara Yahweh com El. De fato, os dois compartilham muitas características (sabedoria, bondade, idade avançada, trono entre querubins, domínio sobre o conselho divino), mas existem diferenças importantes. Primeira, Yahweh é guerreiro divino (p. ex., Êx 15:3) enquanto El não é; nos documentos ugaríticos é Baal, o deus da tempestade, que combate. Segunda, diferentemente de El, Yahweh se origina do sul distante. Em diversas teofanias de guerra, ele marcha de locais do sul: Sinai (Dt 33:2; cf. o que "veio do Sinai", Jz 5:5; Sl 68:8 [TM 9]), Seir (Dt 33:2; Jz 5:4), Parã (Dt 33:2; Hb 3:3). A invocação de Yahweh de Temã" com "Yahweh de Samaria" numa inscrição do século VIII de Kuntillet 'Ajrûd/Horvat Temã mostra que a associação de Yahweh com o sul sobreviveu bem depois do assentamento no norte. Finalmente, Yahweh e El são honrados em Deuteronômio 32:8-9; desde que "o Altíssimo" (*'elyôn*) é um epíteto de El, Yahweh deve ser um dos "filhos de Deus" (assim LXX, Qumran, Símaco e latim antigo) a quem El dá Israel. Quaisquer características comuns devem ser explicadas como assimilação, e não como identificação.

A origem meridional de Yahweh leva à hipótese de que ele era um deus dos queneus, um clã midianita, e foi passado a Moisés por seu sogro, sacerdote midianita. Ele foi trazido a Canaã pelo grupo de Moisés de escravos fugidos do Egito e acabou assumindo a maior parte das características de El.

Bibliografia. F. M. Cross, *Canaanite Myth and Hebrew Epic* (Cambridge, Mass., 1973), 44-75; H. H. Rowley, *From Joseph to Joshua* (Oxford, 1950), 149-63; K. van der Toorn, "Yahweh יהוה", *DDD*, 910-19.
[JOHN L. MCLAUGHLIN]

YOM KIPPUR (heb. *yôm kippûr*) O mais importante dia sagrado judaico desde o período bíblico. *Ver* EXPIAÇÃO, DIA DA.

Z

ZAÃ (heb. *zāham*) Filho do rei Roboão e Maalate (2Cr 11:19).

ZAANÃ (heb. *ṣa'ănān*) Local não identificado na Sefelá de Judá (Mq 1:11). Pode ser o mesmo que Zenã em Josué 15:37, que também aparece em contexto com Laquis.

ZAANANIM (heb. *ṣa'ănannîm*) Lugar na fronteira sul da herança tribal de Naftali (Js 19:33) e local do acampamento de Heber, o queneu (Jz 4:11). O nome completo é "carvalho de Zaananim" (heb. *'ē lôn bĕṣa'ănannîm*), e provavelmente se refere a um marco de referência familiar e não a uma cidade. A localização de Zaananim é desconhecida, e não está claro se ambos os relatos se referem à mesma localidade. [KENNETH ATKINSON]

ZAAVÃ (heb. *za'ăwān*) O segundo filho de Ezer, o horeu, ancestral de um clã edomita (Gn 36:27; 1Cr 1:42).

ZABADE (heb. *zābād*) (tb. JOZACAR) **1.** Descendente de Jerameel da tribo de Judá; filho de Natã e pai de Efal (1Cr: 2:36-37).

2. O filho de Taate e descendente de Efraim (1Cr 7:21).

3. Um dos valentes de Davi, filho de Alai (1Cr 11:41).

4. O filho de Simeate, a mulher amonita que conspirou com Jeozabade para assassinar o rei Joás de Judá (2Cr 24:26). Em 2Reis 12:21 (TM 22), é chamado de Jozacar.

5. Israelita dos descendentes de Zatu que havia se casado com mulher estrangeira (Ed 10:27).

6. Israelita dos descendentes de Hasum que pediu divórcio de sua esposa estrangeira (Ed 10:33).

7. Homem dentre os descendentes de Nebo que havia se casado com uma mulher não israelita (Ed 10:43).

ZABADEUS (gr. *Zabadaíoi*) Povo árabe, cujo nome aparentemente vem da aldeia de Zabade, atacado e exterminado por Jônatas, o asmoneu, quando os adversários selêucidas que ele vinha perseguindo o enganaram e atravessaram o rio Elêutero (provavelmente o Nahar el-Kebir, no Líbano central; 1Mac 12.31). Considerando que Jônatas voltou rapidamente para a região de Damasco (1Mac 12.32), a aldeia ficava, ao que tudo indica, a noroeste daquela cidade, possivelmente na moderna Zebdani, cerca de 28 km de Damasco (cf. Kepherzabad, "cidade de Zabade", a noroeste de Hamath).

ZABAI (heb. *zabbay*) **1.** Israelita que havia tomado uma esposa estrangeira (Ed 10:28).

2. O pai de Baruque, que ajudou a reparar uma parte do muro (Ne 3:20 K; Q "Zaccai").

ZABDI (heb. *zabdî*) (tb. ZICRI, ZIMRI) **1.** Homem da tribo de Judá, ancestral de Acã (Js 7:1, 17-18). Ele é chamado de Zimri (3) em 1Crônicas 2:6.

2. Filho de Simei, da tribo de Benjamim (1Cr 8:19).

3. Sifimita; administrador das adegas de vinho de Davi (1Cr 27:27).

4. Levita e filho de Asafe (Ne 11:17). Ele é chamado de Zicri (5) em 1Crônicas 9:15.

ZABDIEL (heb. *zabdî'ēl*; gr. *Sabdiēl*) **1.** Homem da tribo de Judá; o pai de Jasobeão, comandante da primeira divisão do exército de Davi (1Cr 27:2).

2. O filho de Gedolim; supervisor dos sacerdotes de Jerusalém depois do Exílio (Ne 11:14).

3. Árabe que decapitou Alexandre Balas quando este procurou refúgio na Arábia, fugindo do rei egípcio Ptolomeu VI Filometor. Zabdiel mandou a cabeça para Ptolomeu (1Mac 11.17).

ZABUDE (heb. *zābûd*) Filho de Natã; sacerdote no tempo de Salomão que tinha a função de "amigo do rei" (1Rs 4:5).

ZACAI (heb. *zakkay*) Israelita cujos descendentes retornaram com Zorobabel do cativeiro na Babilônia (Ed 2:9 = Ne 7:14; cf. 3:20 Q).

ZACARIAS (heb. *zĕkaryâ*, *zĕkaryāhû*; gr. *Zacharías*) (tb. ZEQUER) **1.** O nome significa "Yahweh lembrou", evidentemente uma súplica para que Deus se lembre de sua aliança com Israel e estenda sua ajuda divina, o que provavelmente explica a popularidade do livro, durante os períodos exílicos e pós-exílicos.

2. Monarca do Reino do Norte (746 a.C.), filho de Jeroboão II (2Rs 14:29; 15:8-12). Zacarias reinou somente seis meses até ser assassinado por Salum. Com a morte de Zacarias encerrou-se a dinastia de Jeú, o cumprimento da profecia de que tal dinastia governaria tão somente durante quatro gerações (2Rs 10:30; 15:12).

3. O pai de Abi (Abias), a mãe do rei Ezequias (2Rs 18:2=2Cr 29:1). Provavelmente a mesma pessoa de 28.

4. O chefe de uma família de rubenitas (1Cr 5:7).

5. Um sábio e importante porteiro levita durante o reinado de Davi (1Cr 9:21-22; 26:2,14).

6. Homem de Gibeom, da tribo de Benjamim (1Cr 9:37). Seu irmão Ner foi o pai de Quis, o pai do rei Saul (1Cr 9:36, 39). Em 1Crônicas 8:31, é chamado de Zequer, abreviação do nome sem a desinência teofórica.

7. Músico levita que tocou a harpa enquanto a arca estava sendo levada para Jerusalém durante o reinado de Davi (1Cr 15:18,20; 16:5).

8. Um dos trombeteiros sacerdotais que liderou a procissão enquanto a arca estava sendo levada para Jerusalém (1Cr 15:24).

9. Levita e filho de Issias, contemporâneo de Davi (1Cr 24:25).

10. Porteiro levita do tempo de Davi; filho de Hosa, o merarita (1Cr 26:11).

11. O pai de Ido, um dos oficiais de Davi que governou sobre a meia tribo de Manassés em Gileade (1Cr 27:21).

12. Oficial do rei Josafá designado para ensinar o livro da lei nas cidades de Judá (2Cr 17:7-9).

13. Levita e pai de Jaaziel (2Cr 20:14), que profetizou que Josafá seria vitorioso sobre os moabitas, os amonitas e os meunitas (v. 15-17).

14. Filho de Josafá, morto por seu irmão Jeorão (2Cr 21:2,4).

15. Filho de Joiada, o sacerdote. Zacarias denunciou publicamente Joás por seu pecado e foi em seguida morto por apedrejamento por ordem do rei (2Cr 24:20-22). O assassinato foi particularmente odioso devido ao lugar em que ele ocorreu — o pátio do templo — e à benevolência que Joiada, pai de Zacarias, havia demonstrado para com Joás. Devido a esse ato repulsivo, alguns oficiais de Joás mataram o rei (2Cr 24:25). Jesus faz alusão ao martírio de Zacarias ao condenar os líderes religiosos hipócritas do seu tempo (Mt 23:35; Lc 11:51).

16. Orientador de Uzias (2Cr 26:5). Zacarias ensinou a Uzias "o temor do Senhor", evidentemente uma alusão às Escrituras Hebraicas (cf. Sl 19:9 [TM 10]). Ele tem sido identificado por diferentes vias com o Zacarias de Isaías 8:2 (28), o filho de Joiada (14), ou algum outro indivíduo.

17. Descendente levita de Asafe que participou da purificação do templo durante as reformas religiosas de Ezequias (2Cr 29:13).

18. Levita descendente de Coate, que supervisionou os reparos do templo durante o reinado de Josias (2Cr 34:12).

19. Um dos três sacerdotes de alta posição que liberalmente contribuíram com animais para as oferendas da Páscoa durante o reinado de Josias (2Cr 35:8 = Ed 1:8).

20. Chefe da família de Parós que, com 150 parentes retornaram da Babilônia para Jerusalém com Esdras em meados do século V (Ed 8:3).

21. Chefe da família de Bebai que, com 28 parentes retornou para Jerusalém com Esdras (Ed 8:11).

22. Líder dos exilados judeus, mandado para conseguir servidores em Casifia (Ed 8:16); possivelmente o mesmo que 19 ou 20.

23. Habitante da Judeia no século V, que havia se casado com uma mulher estrangeira (Ed 10:26).

24. Líder que se colocou na plataforma com Esdras durante a leitura pública da lei (Ne 8:4); provavelmente o mesmo que 21.

25. Judeu descendente de Perez, habitante de Jerusalém no período persa (Ne 11:4).

26. Ancestral de Maaseias, da tribo de Judá, residente em Jerusalém no período persa (Ne 11:5).

27. Ancestral de Adaías, o sacerdote, habitante pós-exílico de Jerusalém (Ne 11:12).

28. Trombeteiro sacerdotal que participou da dedicação feita por Neemias dos muros de Jerusalém (Ne 12:35, 41).

29. Um dos dois líderes importantes e de confiança em Jerusalém a quem Isaías convocou para serem testemunhas da profecia da destruição de Samaria e Damasco pelos assírios (Is 8:1-4). O filho de Jeberequias foi provavelmente o mesmo Zacarias que o pai de Abi mencionado em 2Reis 18:2 = 2Cr 29:1.

30. O profeta do fim do século VI a quem o livro de Zacarias é atribuído (Zc 1:1,7; 7:1,8; Ne 12:16; Ed 5:1; 6:14). Zacarias foi também sacerdote e contemporâneo do profeta Ageu.

31. O pai de José, um general judeu durante a Guerra dos Macabeus (1Mac 5.18, 56).

32. Representante de Josias na festa da Páscoa (1Ed 1.15); nome alternativo para Hemã (cf. 2Cr 35:15).

33. O pai de João Batista, membro da divisão sacerdotal de Abias (Lc 1:5-25, 57-80). O anjo Gabriel apareceu a Zacarias no templo e o informou que sua esposa, Isabel, daria à luz um filho extraordinário. Devido sua descrença, Zacarias ficou impossibilitado de falar até a criança haver nascido. Quando foi dado nome à criança, Zacarias recuperou a voz. Ele então proferiu uma linda profecia relativa à esperança messiânica de Israel, comumente conhecida como "Benedictus" (Lc 1:68-79). [STEPHEN R. MILLER]

ZACARIAS, LIVRO DE O décimo primeiro livro entre os Profetas Menores. Zacarias é normalmente dividido em duas ou três seções. Os caps. 1—8 contêm a pregação do profeta Zacarias do fim do século VI a.C. Os caps. 9—14 considerados em conjunto são chamados de Segundo ou Deutero-Zacarias, por alguns estudiosos mais liberais. O fato de 9:1; 12:1 trazerem sobrescritos quase idênticos, entretanto, tem levado muitos estudiosos a dividirem os caps. 9—14 em Deutero-Zacarias (caps. 9—11) e Trito-Zacarias (caps. 12—14). Entretanto, há um grupo de estudiosos que considera Zacarias com um livro único, da pena de um autor só: o profeta Zacarias.

A concepção de que Zacarias 9—14 surgiu separadamente de Zacarias 1—8 remonta pelo menos ao estudioso Joseph Mede, que observou que Zacarias 11:12-13 é atribuído a Jeremias em Mateus 27:9-10. Além disso, Zacarias 12—14 mostra características de estilo bem diferentes de Zacarias 1—8, e nada em Zacarias 9—14 trata das condições ou de pessoas importantes do século VI em Zacarias 1—8.

Zacarias 1—8. ***Autor e Data.*** Três sobrescritos (1:1; 7:1) atribuem os caps. 1—8 a Zacarias. Ele foi contemporâneo de Ageu, cuja pregação parece ter passado por edição da mesma forma que Zacarias 1—8. Todos os sobrescritos datam entre 520 e 518. Visto que essas datas são redacionais, alguns estudiosos as têm questionado, argumentando que algumas das visões entre 1:7 e 6:15 de fato surgiram alguns anos antes.

Ambiente histórico. Quando, em 538, Ciro, o Grande, emitiu sua ordem permitindo aos exilados voltarem para Judá, poucos aceitaram a oferta. De acordo com Esdras 1:11, Sesbazar liderou um grupo para o retorno (Ed 1:11) e começou a reconstruir o templo (5:16). Essa obra cessou antes da morte de Ciro em 530 e só foi recomeçada em 520, sob a insistência de Ageu e Zacarias com a chegada em Jerusalém de Zorobabel, o neto do rei Joaquim. Ageu o chamou de anel de selar (Ag 2:23), título claramente o contrário de Jeremias 22:24, no qual Joaquim é comparado a um anel de selar que Deus arrancou de seu dedo e o atirou fora. Ageu claramente considerou Zorobabel ser o novo rei davídico. Da mesma forma, Zacarias 4:9 atribui a Zorobabel a tarefa real de edificar o novo templo.

Mensagem. O Proto-Zacarias pode ser dividido em três seções, cada uma com seu próprio sobrescrito.

1:1-6. A primeira seção, datada de meados de outubro a meados de novembro de 520, foi provavelmente uma composição do redator. Ela contém admoestação aos leitores para que evitem os erros de seus antepassados pré-exílicos.

1:7—6:15. A segunda seção, datada do início de 519, contém oito visões, entremeada com duas exortações.

1:7-17. Na primeira visão Zacarias relata que Deus tornar-se-ia misericordioso para com Jerusalém. Essa visão podia pressupor uma audiência babilônica anterior ao seu retorno a Jerusalém, antes de 539 ou, mais provavelmente, próximo a 520.

1:18-21(TM 2:1-4). A segunda visão relata a aparição de quatro chifres e quatro ferreiros. Os chifres representam as nações que tinham oprimido Israel e, os ferreiros, representam os agentes de Deus que os derrubariam.

2:1-5(2:5-9). Na terceira visão, Zacarias contempla um jovem (anjo?) medindo Jerusalém para ver quantos habitantes ela teria. É-lhe dito para não se preocupar. Considerando que Deus seria seu muro, não haveria limite para o seu crescimento.

2:6-13(2:10-17). A primeira exortação chama os exilados na Babilônia para retornarem. Essa exortação sugere uma data depois de 539, quando tal jornada foi possível.

3:1-10. A quarta visão é suficientemente diferente das outras a ponto de alguns estudiosos pensarem que ela é secundária, embora escrita por Zacarias, apesar de tudo. Ela mostra Deus ordenando ou empossando Josué como sumo sacerdote para Jerusalém. A referência ao Renovo em 3:8 e o quadro de paz messiânica em 3:10, talvez tenha se referido originalmente a Zorobabel.

4:1-14. A próxima visão retrata a presença de Deus entre seu povo. Ela é interrompida em 4:6b-10a com dois curtos anúncios proféticos sobre o papel de Zorobabel, na reconstrução do templo onde Deus estaria presente.

5:1-4. A sexta visão é de um imenso rolo voador que expurgaria a terra de ladrões e mentirosos.

5:5-11. A sétima visão retrata a perversidade sendo contida e mandada para Babilônia, onde seria adorada.

6:1-8. A última visão retrata a Jerusalém futura, onde a vida seria boa novamente e Deus poderia ter repouso.

6:9-15. À vista do que Deus estava prestes a fazer entre seu povo, uma segunda exortação apela também aos exilados que retornem para Jerusalém. Uma injunção original para que Zacarias faça coroas e as coloque no templo como memorial foi mudada para uma injunção para colocar "coroas" em Josué (6:11). O nome Josué sugere que seu nome substituiu o de Zorobabel.

7:1—8:23. A terceira seção de Proto-Zacarias é uma coleção de injunções, nem todas talvez autênticas para Zacarias, dentro da estrutura de uma pergunta feita a ele por emissários de Betel em 7:1-7 e respondida em 8:18-19.

Zacarias 9—14. ***Data e ambiente histórico.*** Várias datas têm sido atribuídas a Zacarias 9—14. Diz-se que a menção de Hadraque em 9:1 requer uma data antes de 738, quando aquela cidade perdeu sua condição de independência. Diz-se, também, que a menção de Gaza aponta para a derrota daquela cidade por Sargão II em 720 e diz-se que 10:10 pressupõe o período assírio depois de 660, provavelmente no tempo de Josias. A maioria acha que a campanha de Alexandre, o Grande está refletida em 9:1-8, e acredita-se que a menção a "Grécia" em 9:13 ligue-se a uma data durante o período grego. Na realidade, as cidades mencionadas não representam, de fato, a trilha de Alexandre para o Egito ou procedente dele, e Judá teve contato com a Grécia muito antes do século IV. Têm sido apresentadas datas próximas aos asmoneus, a partir da referência aos três pastores destituídos em 11:8 e ao que foi "traspassado", mencionado em 12:10.

Por diversas razões, o período persa parece uma data melhor do que qualquer destas sugestões. Primeira, Zacarias 9:8 pressupõe tanto a destruição como a reconstrução do templo, por isso tanto o cap. 9 quanto a redação dos caps. 9—14 têm data posterior a 515. Ademais, Zacarias 14 é amplamente sustentado ser a última parte do Deutero-Zacarias (D-Z), e 14:10 descreve os limites da futura Jerusalém. Ao fazer isso, ele menciona portas conhecidas dos tempos exílicos (a Porta de Benjamim e a Porta da Esquina), mas não reparadas por Neemias. Isso pode sugerir que o redator trabalhou antes da missão de Neemias em reparar os muros e usou somente os limites dele conhecidos e de seus contemporâneos. Nesse caso, Zacarias 14 foi escrito antes de 445, e a redação de Zacarias 9—14 pode ter ocorrido em qualquer tempo antes disso.

A vida na diminuta subprovíncia de Judá na primeira metade do século V teria sido caracterizada por várias tensões que o D-Z enfoca. A primeira foi a divisão entre os povos que viveram o Exílio e os que não. As áreas mais óbvias de competição foram sobre a propriedade da terra e o controle de cargos, especialmente do sacerdócio. Até mesmo os exilados repatriados, chegando em ondas por razões diversas, podem bem ter competido uns com os outros pelas prerrogativas da comunidade pós-exílica. Uma segunda divisão que se mostra em Neemias 13 é a luta entre os habitantes de Jerusalém e alguns que viviam alhures, particularmente nobres proprietários de terras de Judá. A terceira divisão foi geográfica, norte versus sul, sobre o controle de Judá e Jerusalém, como as dificuldades, como Sambalate e Tobias deixaram claro.

Autor. O D-Z foi anônimo. Foi anexado ao Proto-Zacarias, talvez por isso parece explicar por que as festas alegres e espiritualmente contagiantes e prosperidade visualizadas em 8:18-23 não haviam acontecido. Duas escolas de pensamento emergiram para identificar o ambiente social do autor e seu grupo. Uma sugestão é que Zacarias 9—14 é o produto de fontes não sacerdotais, sem direitos, mais ou menos apocalíptico. O ponto de vista oposto é que os capítulos são o produto de sacerdotes que, no entanto, não estavam mais no poder. De qualquer forma, o grupo e seu porta-voz viu-se fora da efetiva estrutura de poder no Judá pós-exílico e tendo escrito um programa para um futuro melhor.

Mensagem. Nesse programa, o D-Z trata do problema das expectativas não realizadas no Israel pós-exílico usando, com modificações, as esperanças tradicionais da comunidade.

9:1-17. O D-Z visualizou a futura restauração da monarquia sobre o antigo império davídico.

10:1-12. Ao mesmo tempo, Israel e Judá seriam reunido.

11:1-17. Infelizmente, estas esperanças não estavam em nenhuma parte próximas de se realizarem, porque os pastores, os líderes do povo, estavam mais interessados no ganho pessoal do que em serem bons pastores.

12:1-9. O redator usou a imagem de um ataque futuro contra Jerusalém para advertir que a cidade não excederia em importância a Judá quando Deus acertasse as contas.

12:10—13:9. De fato, o que era necessário antes que Deus pudesse realizar a plena restauração, era que ele mandasse compaixão e contrição sobre as famílias importantes e arrogantes de Jerusalém e envergonhasse os falsos profetas pelo que eles estavam fazendo.

14:1-21. Quando a cidade fosse purificada do seu pecado, Deus poderia transformá-la no lugar de bênção planejado por Ele.

Bibliografia. C. L. Meyers e E. M. Meyers, *Haggai, Zechariah 1-8*. AB 25B (Garden City, 1987); *Zechariah 9-14*. AB 25C (Garden City, 1993); R. F. Person, Jr., *Second Zechariah and the Deuteronomic School*. JSOTSup 167 (Sheffield, 1993); D. L. Petersen, *Haggai and Zechariah 1-8*. OTL (Philadelphia, 1984); *Zechariah 9-14 and Malachi*. OTL (Louisville, 1995); P. L. Redditt, *Haggai, Zechariah, Malachi*. NCBC (Grand Rapids, 1995); J. E. Tollington, *Tradition and Innovation in Haggai and Zechariah 1-8*. JSOTSup 150 (Sheffield, 1993). [PAUL L. REDDITT]

ZACUR (heb. *zakkûr*) **1.** O pai de Samua, o espia da tribo de Rúben (Nm 13:4).

2. Simeonita; o filho de Hamuel e descendente de Misma.

3. Levita da linha merarita (1Cr 24:27).

4. Levita e filho de Asafe e que foi líder da terceira divisão de músicos do templo durante o reinado de Davi (1Cr 25:2,10; Ne 12:35).

5. Descendente de Bigvai que retornou do Exílio com Esdras (Ed 8:14).

6. Filho de Inri que estava entre os que reconstruíram os muros de Jerusalém (Ne 3:2).

7. Levita que assinou a nova aliança feita por Neemias (Ne 10:12 [TM 13]).

8. O pai de Hanã, levita que viveu durante o ofício de governador de Neemias (Ne 13:13). [GREGORY D. JORDAN]

ZADOQUE (heb. *ṣāḏôq*; gr. *Sadṓk*) **1.** Homem de genealogia obscura que serviu primeiro como sumo sacerdote sob Davi com Abiatar (2Sm 8:17), e depois, como único sumo sacerdote durante o reinado de Salomão. O fato de Zadoque ter servido tanto Davi como Salomão sugere que era consideravelmente mais jovem que Abiatar e, como Benaia, filho de Joiada, pode ter sido um retardatário ao séquito de Davi. Depois que Salomão expulsou Abiatar devido seu apoio a Adonias, Zadoque tornou-se o único detentor do ofício sacerdotal sob Salomão e foi o progenitor do sacerdócio hierosolimitano. Essa sinecura foi a recompensa de Zadoque por seu apoio a Bate-Seba e Salomão na intriga em torno da sucessão ao trono de Davi (1Rs 1:8, 34, 38, 39). Aimaás, filho de Zadoque parece ter sido um dos soldados profissionais de Davi (2Sm 18:19, 22).

Embora as genealogias em 1Crônicas 5:24—6:3(TM 5:29); 24:3 façam de Zadoque um descendente de Arão, a melhor evidência é que Zadoque foi o fundador de uma nova linha sacerdotal, com a intenção de substituir o sacerdócio do norte representado pelos sacerdotes da descendência de Arão de Siló e Betel e, talvez, por Abiatar e seus descendentes também. A linguagem davídica da profecia contra o aronita Eli e seus filhos em 1Samuel 2:27-36, evocativa da profecia de Natã em 2Samuel 7, pode se aplicar somente a Zadoque e, como o Salmo 78:56-72, procura substituir a tradição nortista com uma nova (baseada em Jerusalém). Muitos estudiosos procuram as origens de Zadoque na Jerusalém pré-israelita, talvez como o rei-sacerdote pré-davídico de Jerusalém, colocado no sumo sacerdócio de Israel como gesto conciliatório para com a maioria jebusita conquistada. Assim, as genealogias aronitas de Zadoque seriam simplesmente tentativas posteriores, provavelmente pós-exílicas, para incorporar Zadoque nas tradições mais ortodoxas de Israel. Essa interpretação implica que a tentativa dos saduceus em se estabelecer como nova linha, substituindo as casas sacerdotais aronitas do norte, fracassou. Incapazes de vencer o peso da tradição, os saduceus tiveram de se enxertar na menosprezada herança aronita em lugar de Eli e seus filhos para estabelecerem sua plena legitimidade na religião israelita.

No entanto, no período pós-exílico, os saduceus prevaleceram em sua alegação de serem o sacerdócio escolhido e podem ter mantido o ofício do sumo sacerdócio até o reinado de Antíoco IV Epifânio. O saduceus do NT são provavelmente os descendentes dessa seita extremamente antiga e conservadora, cujos membros transcenderam suas origens canaanitas para se tornarem os fiadores do culto javista.

2. O pai de Jerusa, mãe do rei Jotão de Judá (2Rs 15:33 = 2Cr 27:1).

3. Participou da reconstrução dos muros de Jerusalém depois do exílio; filho de Baaná (Ne 3:4).

4. O filho de Imer que reparou o muro de Jerusalém "em frente à sua casa" (Ne 3:29).

5. Um dos "líderes do povo" que assinou o pacto no tempo de Neemias (Ne 10:21 [22]).

6. Escrivão nomeado por Neemias como um dos tesoureiros sobre os depósitos dos levitas (Ne 13:13).

7. O pai de Aquim e filho de Azor (Mt 1:14) de acordo com a genealogia de Jesus em Mateus, que traça a linhagem de Jesus, retrocedendo de José até a casa de Davi. O nome não é encontrado na genealogia em Lucas, exceto num único manuscrito obscuro (D). [DONALD G. SCHLEY/MICHAEL S. SPENCE]

ZAFENATE-PANEIA (heb. *ṣāp̄ĕnaṯ paʿnēaḥ*) O nome egípcio dado a José quando Faraó o colocou "sobre toda a terra do Egito" (Gn 41:45). Não se sabe ao certo o significado do nome; sua derivação do egípcio *ḏd-pz-ntr-w.f-ʿnh* ("a divindade fala e [o portador do nome] vive") é comumente aceita, mas pode ter sido datada depois de José. [GARY M. BURGE]

ZAFOM (heb. *zāpôn*) (MONTANHA) Montanha alta (c. 1.770 m), na fronteira litorânea entre a Síria e a Turquia (W. Sem. *ṣpn/ṣpwn* [**ṣapūnu*], o clássico Mons Cassius, moderna Jebel el-Aqraʿ). Ela é a habitação divina do deus do tempo Hadad/Haddu, Senhor de Zafom (Baal-Zafom). A montanha desempenha papel fundamental na tradição mitológica ugarítica/canaanita e, como tal, fundamenta os relatos bíblicos (Sl 48:2 [TM 3]; Is 14:13; cf. Sl 89:12 [13]; Ez 1:4). O hebraico *ṣāpôn*, "norte" (referindo-se à direção do vento), e nome de lugares como Baal-Zefom (Êx 14:2) e Zafom (Js 13:27) pode derivar da moradia mitológica de Baal.

Bibliografia. H. Niehr, "Zaphon", *DDD*, 927-29. [MEINDERT DIJKSTRA]

ZAFOM (heb. *ṣāp̄ôn*) (CIDADE) Cidade do lado oriental do rio Jordão, tomada de Siom e dada à tribo de Gade (Js 13:27). Mais tarde, se tornou campo de batalha entre as forças de Jefté e os efraimitas que o atacaram por não tê-los convidado para perseguir os amonitas (Jz 12:1). Zafom aparece provavelmente nos registros egípcios da 18ª Dinastia como Dapuna e nas Cartas de Amarna como Sapuna. É geralmente identificada com a moderna Tell el-Qôs, 5 km ao norte de Deir ʿAlla no lado norte do uádi Ragib.

Bibliografia. N. Glueck, "Three Israelite Towns in the Jordan Valley: Zarethan, Succoth, Zaphon", *BASOR* 90 (1943): 2-23. [ZELJKO GREGOR]

ZAIR (heb. *ṣāʿîr*) O local da batalha em que o rei Jeorão tentou sem sucesso manter a soberania judaica sobre os edomitas (2Rs 8:21). Zair ficava provavelmente perto de Edom (Seir; cf. Zoar, Gn 19:20-22); a identificação com Zior, uma cidade na região montanhosa de Judá (Js 15:54) como sugerido por alguns manuscritos da LXX, é menos provável.

ZALAFE (heb. *ṣālāp̱*) O pai de Hanum, um dos que trabalharam com Neemias para reparar os muros de Jerusalém (Ne 3:30).

ZALMOM (heb. *ṣalmôn*) **I. (LUGAR) 1.** Montanha nas vizinhanças de Siquém onde Abimeleque e seus homens cortaram madeira para usar no incêndio das pessoas que haviam se refugiado na "torre de Siquém" (Jz 9:48-49). O lugar é identificado com mais frequência com a encostas ou do monte Gerizim ou do monte Ebal, embora possa simplesmente ser nome alternativo para um ou outro destes cumes famosos.

2. Montanha mencionada em Salmo 68:14(TM 15). O contexto poético parece compará-la com a "montanha de Basã" que, para muitos estudiosos sugere um local a leste do rio Jordão, talvez nos arredores do monte Hermom. Ainda assim, essa passagem pode se referir à montanha perto de Siquém (1 acima). [WADE R. KOTTER]

II. (PESSOA) (tb. ILAI) Homem aoíta, um dos campeões de Davi (2Sm 23:28). Em 1Crônicas 11:29, é chamado de Ilai.

ZALMONA (heb. *ṣalmōnâ*) Local de acampamento israelita, durante a jornada no deserto, localizado entre o monte Hor e Punom (Nm 33:41,42).

ZALMUNA (heb. *ṣalmunnāʿ*) Um dos dois reis midianitas que Gideão capturou e matou devido terem matado seus irmãos (Jz 8:4-21; Sl 83:11 [TM 12]).

ZANOA (heb. *zānôaḥ*) **I. (LUGAR) 1.** Cidade no nordeste da Sefelá de Judá e parte da herança daquela tribo (Js 15:34). Ela pode ter servido como subdistrito do distrito de Queila depois que os exilados retornaram da Babilônia (Ne 11:30); seus habitantes ajudaram a reparar a porta do Vale (3:13). O sítio arqueológico é comumente identificado com Khirbet Zanûʿ/Horvat Zanôah situado no vale norte-sul que separa a Sefelá da região montanhosa, cerca de 3,5 km ao sul de Bete-Semes. Foram identificados resíduos de um último edifício público romano/bizantino.

2. Cidade da região montanhosa oriental de Judá, dentro do mesmo distrito de Maom e Zife (Js 15:56). Ela está listada entre os descendentes de Judá (1Cr 4:18), aparentemente fundada por Jecutiel e, portanto, possível ligação de parentesco calebita (1Cr 2,4). Os outros locais mencionados com muita proximidade (Socó, Jecutiel, Queila e Estemoa) não são necessariamente locais da região montanhosa. A localização de Zanoa é incerta, mas pode estar nas proximidades de Uádi Abu Zennakh.

Bibliografia. Y. Aharoni, *The Land of the Bible*, 2. ed. (Philadelphia, 1979); Z. Ilan, "Ancient Synagogues Survey: Judean Shephelah", *Excavation and Survey in Israel* 7-8 (1988/89): 5-6; A. F. Rainey, "The Biblical Shephelah of Judah", *BASOR* 251 (1983): 1-22. [JENNIFER L. GROVES]

II. (PESSOA) O filho de Jecutiel e descendente de Merede e sua esposa judia (1Cr 4:18); talvez o fundador da cidade calebita de Zanoa 2.

ZANZUMINS (heb. *zamzummîm*) O nome dado pelos amonitas a um grupo de refains que haviam habitado em Canaã. Os amonitas os expulsaram, apesar do seu grande número, força e tamanho (Dt 2:20,21; cf. 14:5; Dt 3:11).

ZAQUEU (gr. *Zakchaíos*) **1.** Oficial do exército macabeu (2Mac 10.19).

2. O coletor de impostos de pequena estatura que subiu numa árvore para dar uma rápida olhada à passagem de Jesus, uma história exclusiva de Lucas (Lc 19:1-10) e que contém muitos de seus temas importantes. A designação "chefe dos publicanos" (gr. *architelṓnēs*), termo encontrado somente aqui na literatura grega existente, identifica Zaqueu como judeu marginal ("pecador", Lc 19:7), participante dos "perdidos" (v. 10) a quem Jesus vem salvar. A hospitalidade oferecida por Zaqueu ressalta a natureza inclusiva do hábito de Jesus de comunhão nas refeições; a disposição do "rico" Zaqueu (Lc 19:2) em recompensar suas vítimas quatro vezes demonstra postura adequada em relação à riqueza que encontra particular ênfase na seção do evangelho de Lucas que trata da viagem de Jesus a Jerusalém (16:13,14,19-31; 18:18-30). Quanto a se Zaqueu está se defendendo contra acusações de extorsão ou manifestando a determinação de endireitar erros passados, o tempo presente dos verbos gregos em Lucas 19:8 permite uma ou outra interpretação. No caso da última hipótese, a história se concentra na conversão de um "filho de Abraão" (Lc 19:9) que produz os frutos corretos de arrependimento (3:8). O fato de toda família de Zaqueu experimentar a salvação que Jesus traz coloca a história justamente dentro da matriz "salvação familiar" de Lucas e Atos (At 10:2; 11:14; 16:14,15, 31-34; 18:8) e investe o padrão do significado soteriológico. Uma consequência infeliz do poder descritivo do terceiro evangelista é o fato de que para muitos leitores a característica mais notória de Zaqueu é a sua baixa estatura.

Bibliografia. D. L. Bock, *Luke* (Grand Rapids, 1996) 2:1513-24; A. A. Just, Jr., *The Ongoing Feast: Table Fellowship and Eschatology at Emmaus* (Collegeville, 1993), D. L. Matson, *Household Conversion Narratives in Acts*. JSNTSup 123 (Sheffield, 1996), 70-75. [DAVID LERTIS MATSON]

ZARATUSTRA *Ver* ZOROASTRO.

ZARETÃ (heb. *ṣārĕṯān*) Cidade ou região no lado leste do vale do Jordão, perto da cidade de Adam (moderna Tell ed-Dâmiya), e próximo de onde as águas do Jordão se amontoaram quando os israelitas atravessaram o rio a caminho de Canaã (Js 3:16). A fundição do rei Salomão foi mais tarde localizada perto de Zaretã (1Rs 7:46). Muitos estudiosos equiparam Zeredá, de 2Crônicas 4:17 e Zereate, de Juízes 7:22 com Zaretã.

A identificação do sítio arqueológico de Zaretã tem sido prejudicada pelo fato da localização de outros sítios associados a Zaretã no texto bíblico serem também, geralmente, incertos. O fato de uma Zaretã aparecer numa lista de cidades no norte do Jordão que estavam localizadas no quinto distrito administrativo de Salomão (1Rs 4:12) tem levado estudiosos a localizar Zaretã mais para o norte no vale do Jordão. Esses estudiosos afirmam que em vez de traduzir a localização de Adam em Josué 3:16 como "junto a" ou "perto" de Zaretã, o texto deveria ser: "de Adam até Zaretã", o que permitiria uma localização mais ao norte e faria o evento parecer mais miraculoso.

A candidata preferida para Zaretã tem sido Tell es-Sa'idiyeh (18 km ao norte de Tell ed-Dâmiya), embora Tell Umm Hamâd (c. de 6 km a nordeste de ed-Dâmiya), Tell Qos (5 km a leste-sudeste de Tell es-Sa'idiyeh), Qarn Sartabeh (margem ocidental, oposto de Dâmiya) e Tell Sleihat (16 km ao norte de Deir 'Alla) têm sido também sugeridos. Infelizmente, textos e dados arqueológicos atualmente disponíveis são insuficientes para resolver a questão da localização e da identidade de Zaretã. [RANDALL W. YOUNKER]

ZÁRIO (gr. *Zários*) O irmão do rei Jeoaquim a quem este trouxe de volta do (ou exilou para o) Egito (1Ed 1.38). Entretanto, o autor de 1Esdras aparentemente confundiu 2Crônicas 36 e 2Reis 23:30-35 e Jeoaquim com Joaquim, associando, assim, este Zário com Jeoacaz (tb. chamado de Jeconias em 1Esdras 1.34), que foi feito rei com a morte de Josias em 609, mas depois exilado para o Egito (onde, de acordo com 2Reis 23, ele morreu). O nome Zário pode também derivar de uma corrupção de Zedequias, um dos três irmãos de Jeoaquim (1Cr 3:16). [DANIEL L. SMITH-CHRISTOPHER]

ZATU (heb. *zattû'*) Israelita cujos descendentes retornaram com Zorobabel do exílio babilônico (Ed 2:8; Ne 7:13; cf. Ed 8:5, de acordo com LXX, 1Ed 8.32). Seis membros do clã são citados como casados com esposas estrangeiras (Ed 10:27), e o líder em exercício assinou a renovação da aliança sob Neemias (Ne 10:14 [TM 15]).

ZAZA (heb. *zāzā'*) Homem da tribo de Judá, filho de Jônatas (18) e descendente de Jerameel (1Cr 2:33).

ZEBA (heb. *zeḇaḥ*) Rei midianita a quem Gideão capturou e matou em retaliação pelo assassinato de seus irmãos (Jz 8:4-21; Sl 83:11 [TM 12]).

ZEBADIAS (heb. *zĕḇaḏyâ, zĕḇaḏyāhû*) **1.** Homem da tribo de Benjamim, um dos nove filhos de Berias (1Cr 8:15).

2. Homem da tribo de Benjamim, um dos sete filhos de Elpaal (1Cr 8:17).

3. Um dos dois filhos de Jeroão, de Gedor, que vieram a Davi em Ziclague (1Cr 12:7 [TM 8]). Guerreiro da tribo de Benjamim e parente de Saul, ele conseguia manejar a funda com ambas as mãos (1Cr 12:2 [3]).

4. Porteiro do templo, o terceiro de sete filhos de Meselemias; de acordo com o TM, um coraíta e um dos filhos de Asafe (1Cr 26:2).

5. O filho de Asael, irmão de Joabe. Ele substituiu Asael no comando da quarta divisão do exército de Davi (1Cr 27:7).

6. Levita mandado pelo rei Josafá para ensinar o livro da lei nas cidades (2Cr 17:8).

7. O filho de Ismael e líder da tribo de Judá durante o reinado de Josafá (2Cr 19:11). Ele supervisionou os juízes responsáveis pela lei real.

8. Filho de Micael, chefe dos descendentes de Sefatias e líder de um grupo que retornou com Esdras para Jerusalém durante o reinado de Artaxerxes (Ed 8:8).

9. Descendente da família sacerdotal de Imer. Zebadias havia se casado com mulher estrangeira e divorciou-se dela por insistência de Esdras (Ed 10:20). [ROBIN GALLAHER BRANCH]

ZEBEDEU (gr. *Zebedaíos*) Pescador Galileu e pai dos apóstolos Tiago e João. Zebedeu pode ter sido rico, visto que empregava pescadores e possuía um barco (Mc 1:19,20). A partida de seus dois filhos exemplifica a quebra dos laços familiares encontrada nos ensinos de Jesus (Mc 10:29 par.; Mt 10:37; Lc 14:26). Zebedeu reaparece em referências a seus filhos e à mãe deles, Salomé (Mt 27:56; cf. Mc 15:40), que pediu a Jesus que permitisse a Tiago e João se assentarem à sua direita e à esquerda em seu reino (Mt 20:20,21). [EMILY CHENEY]

ZEBIDA (heb. *zĕḇîḏâ*) A filha de Pedaías de Rumá; mãe do rei Jeoaquim, de Judá (K 2Rs 23:36; Q *zĕḇûḏâ*).

ZEBINA (heb. *zĕḇînā'*) Descendente pós-exílico de Nebo, que divorciou-se de sua esposa estrangeira (Ed 10:43).

ZEBOIM (heb. *ṣĕḇō'îm*) **1.** Vale em Benjamim, localizado a sudeste de Micmás, possivelmente identificado com a moderna Uádi Abu Daba, em cuja direção saiu uma tropa de reconhecimento de soldados filisteus a partir de Micmás, durante o reinado de Saul (1Sm 13:18).

2. Cidade ocupada pelos benjamitas depois do exílio (Ne 11:34). A localização é desconhecida.

3. Uma das cinco "cidades da planície" destruídas pelo Senhor, com Sodoma e Gomorra, por causa do seu pecado (Gn 19:24-29). Embora o relato da destruição de Sodoma e Gomorra não mencione Zeboim (heb. *ṣĕḇōʾîm*, *ṣĕḇōyîm*), sua destruição é presumida em Dt 29:23 (TM 22) e Os 11:8. Zeboim marcava a fronteira sul dos cananeus (Gn 10:19), e foi uma das cinco cidades atacadas por Quedorlaomer e três outros reis; Semeber, rei de Zeboim, com seus quatro aliados, se opôs a Quedorlaomer e foi derrotado no vale de Sidim (Gn 14:1-10). [KENNETH ATKINSON]

ZEBUL (heb. *zĕḇul*) O governante da cidade de Siquém que informou o juiz Abimeleque dos planos de Gaal de liderar os siquemitas em revolta contra Israel. Depois que Gaal foi derrotado, Zebul o expulsou e a seus parentes de Siquém (Jz 9:30-41).

ZEBULOM (heb. *zĕḇûlûn*; gr. *Zabouîn*) Décimo filho de Jacó e sexto e último filho de Leia (Gn 30:10,20); o ancestral epônimo da tribo que habitou o território da região da Galileia. O nome é relacionado pela etimologia popular em Gênesis 30:20 ao hebraico *zbl*, "exaltar, honrar", também um jogo com a raiz relacionada *zbd*, "dar" ou "dádiva". Além disso, o significado "exaltar" pode ter significado topográfico, visto que a parcela de terra de Zebulom inclui a região montanhosa (elevada, alçada) ao norte de Jezreel.

O território tribal de Zebulom limitava-se com Aser a oeste, Naftali a leste, Manassés a sudoeste e Issacar a sudeste. Embora esse território possa ter incluído parte da planície de Jezreel ou da planície de Aco, ele estava principalmente confinado pela orla de montanha ao norte de Jezreel. Assim, Zebulom estava situado numa região densamente florestada, protegido e retirado dos principais centros de assentamentos cananeus. As referências a Zebulom vivendo à beira-mar (Gn 49:13) e se banqueteando com a abundância dos mares (Dt 33:19) sugere que a tribo se estendeu em algum tempo ao Mediterrâneo (Josefo, *Ant.* 5.1.22).

Embora Zebulom esteja listado entre as tribos que fracassou em expulsar os cananeus de seus territórios (Jz 1:30), outros relatos sugerem que eles foram membros leais à liga israelita. A canção de Débora elogia os zebulonitas por sua excepcional coragem em derrotar as forças de Sísera (Jz 4:6, 10; 5:14, 18). Gideão convoca os zebulonitas para acompanhá-lo em sua vitória contra os midianitas e os amalequitas (Jz 6:35). Elom, da tribo de Zebulom, liderou Israel durante dez anos como juiz (Jz 10:11,12). Ademais, a tribo de Zebulom fornece a Davi um grande contingente de tropas (1Cr 12:33) e os homens de Zebulom participam da Páscoa de Ezequias (2Cr 30:11). Finalmente, o profeta Jonas veio de Gate-Hefer, cidade localizada em Zebulom (2Rs 14:25).

As tribos de Zebulom e Issacar estão intimamente ligadas em várias passagens, incluindo a bênção de Moisés (Dt 33:18; cf. Jz 5:14; Ez 48:26, 33), refletindo sua proximidade no nascimento e em localização (Gn 30:17-20; Js 19:10-23). Da mesma forma, Zebulom é comparado a Naftali (Jz 4:6; 5:18; 6:35; Sl 68:27 [TM 28]). Digna de nota é a profecia de Isaías sobre o glorioso futuro de Zebulom (Is 9:1,2 [8:23—9:1), que Mateus liga ao ministério de Jesus na região da Galileia.

Bibliografia. Z. Kallai, *Historical Geography of the Bible: The Tribal Territories of Israel* (Leiden, 1986). [JEFFREY C. GEOGHEGAN/DANIEL L. HAWK]

ZEDADE (heb. *ṣĕḏāḏâ*) Lugar na fronteira norte de Israel (Nm 34:8; Ez 47:15), provavelmente a ser identificado com a moderna Sadât, cerca de 105 km a nordeste de Damasco nos arredores de Ribla.

ZEDEQUIAS (heb. *ṣiḏqîyâ*, *ṣiḏqîyāhû*) **1.** Profeta (falso) da corte de Acabe, de Israel, que liderou os quatrocentos profetas associados com Samaria em seu apoio oracular de uma campanha militar contra Arã (1Rs 22:1-36 = 2Cr 18:1-27); filho de Quenaaná. Ao contrário da mensagem corroborativa de Zedequias, Micaías, filho de Inlá, convocado em seguida por Acabe, a pedido de Josafá, opôs-se à campanha militar e predisse a derrota de Israel em Ramote-Gileade.

2. O último rei de Judá (c. 597-586 a.C.), tio e sucessor de Joaquim (cf. 2Cr 36:10, "irmão"). Seu nome, Matanias, foi mudado para Zedequias por Nabucodonosor, quando o rei da Babilônia o escolheu para suceder Joaquim (2Rs 24:17). Zedequias reinou sobre Judá durante o tempo mais trágico e tumultuado de sua história. Ele tinha 21 anos de idade quando subiu ao trono e reinou onze anos em Jerusalém; sua mãe foi Hamutal, filha de Jeremias de Libna (2Rs 24:18,19). De acordo com os deuteronomistas, Zedequias foi um de uma extensa linha de reis que "fez o que era mau diante do Senhor" (2Rs 24:19). O cronista acrescenta somente que Zedequias "não se humilhou diante do profeta Jeremias, que falava da parte do Senhor" (2Cr 36:12).

Pouco restou do conhecimento direto de Zedequias ou de seu reinado fora dos materiais bíblicos. De acordo com fontes bíblicas, Zedequias se rebelou contra Nabucodonosor e o domínio babilônico sobre Judá e recorreu ao Egito em busca de apoio militar. Esse evento recebe considerável atenção em 2Crônicas 36:13-14 (cf. Ez 17:11-21), da história deuteronômica (2Rs 24:20—25:21) e, especialmente, no livro de Jeremias. As duas últimas fontes veem a rebelião de Zedequias como um dos fatores determinantes que levou à destruição de Jerusalém em 586 (cf. 1Ed 1.46-58). Em Jeremias, o profeta é retratado como conselheiro e confidente de Zedequias, insistindo para que o rei se submetesse a Nabucodonosor como se fosse à vontade de Yahweh. Embora a insistência por submissão fosse acompanhada de promessas de bem estar (p. ex. Jeremias 38:17-23), Zedequias se recusa a dar atenção a Jeremias. Zedequias, que é retratado no livro de Jeremias como figura fraca e triste (em contraste com Jeoaquim, que é visto como mau governante que controla o próprio destino e o da nação com hostilidade; Jeremias 36), não pode reunir fé e coragem para evitar o colapso de Judá.

Embora não mencionado diretamente em Ezequiel, é feita alusão a Zedequias como alguém que, sem razão, renegou o próprio juramento ao rei da Babilônia (Ez 17:11-21).

3. Filho de Josias, incluído na genealogia de Salomão pelo cronista (1Cr 3:15,16). Ele é associado à construção de vasos de templo que acabaram retornando para a terra de Judá por Baruque (Bar. 1.8).

4. Outro desconhecido líder de Judá que assinou o documento, prometendo obediência ao pacto de Neemias (Ne 10:1 [TM 9:38]).

5. Profeta a quem Jeremias acusou de conduta imoral e de "profetizar mentira" em nome de Yahweh aos exilados residentes na Babilônia; filho de Maaseias (Jr 29:21-23). Jeremias predisse sua execução pelas mãos do rei da Babilônia por causa das palavras enganosas de Zedequias. Com Acabe, filho de Colaías e Hananias, filho de Azur, Zedequias aparentemente representava a ideologia do governo temporal e religioso que afirmava a invencibilidade das instituições pré-monarquicas. Ao contrário, Jeremias insistia que tais instituições e seus sistemas de crenças deveriam ser destruídos e anulados por novos significados sociais e simbólicos durante o período do Exílio.

6. O filho de Hananias; um dos oficiais de Judá com quem Micaías conversou depois de ouvir a leitura do rolo de Jeremias feita por Baruque. Como um dos oficiais da corte de Jeoaquim, Zedequias ficou "alarmado" ao ouvir o conteúdo do rolo e, em resposta, ordena que ele seja lido para o rei (Jr 36:11-19).

7. Ancestral de Baruque (Bar. 1.1). [LOUIS STULMAN]

ZEEBE (heb. *zĕ'ēḇ*) Príncipe midianita que, com Orebe, foi capturado pelos efraimitas, que o decapitaram em seu tanque de prensar uvas (ou um lugar assim chamado devido a esse incidente; Jz 7:25; 8:3). A derrota de Midiã e particularmente de Orebe e Zeebe foi lembrada durante muito tempo em Israel (Sl 83:11 [TM 12]; cf. Is 10:26).

ZEFATÁ (heb. *ṣĕpaṯâ*) Vale em Judá perto de Maressa (Tell Sanda-hannah) onde o rei Asa encontrou e derrotou Zerá, o etíope e suas tropas (2Cr 14:10 [TM 9]). Pode ser identificado com Uádi es-Safiyeh.

ZEFATE (heb. *ṣĕpaṯ*) Cidade cananeia do Neguebe, não distante de Arade. Ela não foi tomada pela conquista original israelita, mas depois os habitantes de Judá e Simeão a destruíram e mudaram seu nome para Hormá (Jz 1:17).

ZEFI (heb. *ṣĕp̄î*), **ZEFO** (*ṣĕp̄ô*) O terceiro filho de Elifaz e neto de Esaú (Zefo, Gn 36:11; Zefi, 1Cr 1:36). Citado entre "os chefes dos filhos de Esaú" (Gn 36:15), ele foi aparentemente o ancestral epônimo de um subgrupo edomita.

ZEFOM (heb. *ṣĕp̄ôn*) (tb. ZIFIOM) O filho mais velho de Gade; ancestral dos zefonitas (Nm 26:15). Em Gênesis 46:16, seu nome é dado como Zifiom.

ZELA (heb. *ṣēla'*) Local no território de Benjamim (Js 18:28), local do sepultamento de Quis, pai de Saul (2Sm 21:14) e, assim, aparentemente o local ancestral da família de Saul. Alguns têm sugerido que o nome pode ter originalmente sido *ṣēla ha'elep̄*, "costela do elef", referindo-se à unidade básica militar (o "milhar") do vilarejo. A localização é desconhecida. [JOHN R. SPENCER]

ZELADOR Pedagogo (gr. *paidagōgós*), normalmente um escravo cujo trabalho era cuidar de um jovem garoto até que começasse a estudar com um gramático (Gaius Institutes 1.19; Xenophon Laced. 3.1). Paulo compara o relacionamento de um pedagogo àquele de um pai (1Co 4:15). Em um texto muito debatido, Paulo desenvolve a metáfora de um pedagogo com respeito à função da lei para os gentios (Gl 3:24): a lei era um relacionamento temporário para os gentios até "que Cristo viesse"; como filhos de Deus, os crentes gentios não estão mais sob a tutela da lei (v. 25). [TIMOTHY W. SEID]

ZELEQUE (heb. *ṣeleq*) Amonita, talvez mercenário, entre os Trinta de Davi (2Sm 23:37; 1Cr 11:39).

ZELO, ZELOTE A demonstração de ardente devoção ou ciúme de bens valiosos (incluindo pessoas) considerados estar sob ameaça de pretendentes rivais. O zelo correto (heb. *qin'â*; gr. *zēlos*) é manifestado principalmente no interesse de manter o laço pactual entre Yahweh e Israel. O próprio Senhor é "Deus zeloso" (Êx 20:5; Dt 5:9; Js 24:19), protegendo impetuosamente seu povo e exigindo lealdade exclusiva. Quando "provocado ao ciúme" pela apostasia deles, o Senhor revida com juízo, normalmente abandonando-os a governos opressores estrangeiros (Dt 29:14-29; 32:16-27; 1Rs 14:22-26). No final das contas, entretanto, o zelo do Senhor por sua honra (ou "santo nome", Ez 39:25) o incitará a levantar inimigos de Israel com ira ardente (Is 26:11-15; Sl 79:5-13) e restaurá-lo à Terra Prometida e à cidade santa de Jerusalém (tb. objetos do zelo do Senhor; cf. Ez 36:5-7; Jl 2:18-20; Zc 1:14-17).

Em reação recíproca à fiel paixão e Yahweh, espera-se que Israel seja "consumido" pelo zelo do Senhor, sua lei e seu santuário (Sl 69:9 [TM 10]; 119:139). Os modelos clássicos incluem o sacerdote

Fineias, que matou com lança um israelita e sua esposa estrangeira (midianita), mantendo, assim, à distância o "ciúme" devorador do Senhor (possivelmente em relação à união de Israel com os idólatras; Nm 25:6-18), e Elias, o profeta e Jeú, o rei, ambos os quais demonstraram zelo excepcional pelo Senhor erradicando brutalmente pelo fogo e pela espada, a adoração a Baal no Israel do século IX (1Rs 19:10, 14; cf. 18:20-46; 2Rs 10:16-28).

No período do Segundo Templo, Fineias e Elias são lembrados como zelotes heroicos (Sir. 45.23-26; 48.1-11; 1Mac 2.26, 54, 58). Esses dois personagens tornaram-se protótipos para Matatias e os rebeldes macabeus contra a assimilação helenística; tal como seus antepassados, Matatias "ardeu de zelo" pela aliança (1Mac 2.24), estimulando ação violenta tanto contra o judeu traidor como contra os dominadores gregos.

No NT, o quarto evangelho faz referência ao zelo de Jesus, associando sua demonstração de desordem no templo com o consumidor "zelo pela tua casa" do salmista (Jo 2:17; Sl 69:9 [10]). A menção de Simão, apelidado Zelotes entre os doze apóstolos, marca o único elo entre os zelotes e o movimento de Jesus (Lc 6:15; At 1:13; o "cananeu" em Maateus 10:4; Marcos 3:18 provavelmente se origina de um equivalente aramaico para "zelote"). Nada, entretanto, se conhece com relação à manifestação particular de zelo de Simão. Qualquer ligação com o partido Zelote descrito por Josefo — bando guerrilheiro de lavradores judeus que infestaram Jerusalém em 67-68 d.C. em oposição ao domínio herodiano e romano (*BJ* 4.128-584) — permanece especulativo.

Tanto suas cartas quanto o livro de Atos confirmam o intenso zelo de Paulo por Deus e pela ancestral lei judaica, que o estimularam a realizar violentas represálias — não contra Roma ou quisquer outros inimigos estrangeiros, mas contra os seguidores de Jesus, o Messias a quem ele considerou, em certo sentido, violadores blasfemos da aliança (Gl 1:14; Fp 3:6; At 22:3). Atos mostra também outros líderes judeus como zelosos agressores da Igreja (At 5:17; 13:45; 17:5); aqui, entretanto, eles parecem zelosos (ciumentos) não fundamentalmente da honra de Deus, mas de sua posição que julgavam minada pelos conhecidos evangelistas cristãos.

Na esteira de sua abaladora conversão, o zelo de Paulo foi redirecionado para a promoção do Caminho que havia perseguido. Ele continuou a afirmar o fundamental "zelo por Deus" de seus irmãos judeus, mas insistiu que se tornassem mais "esclarecidos" no que se refere à justiça que Deus estabeleceu por meio da fé em Cristo à parte da lei (Rm 10:1-4). Paulo tinha como objetivo estimular seu povo a um novo zelo tornando-os ciumentos de seu ministério salvífico aos gentios (Rm 10:19, 11:11, 14). Alternativamente, Atos enfatiza que a missão de Paulo independente da lei, de maneira alguma comprometia sua afinidade com os crentes judeus que permaneciam "zelosos pela lei" (At 21:20-26).

Bibliografia. R. H. Bell, Provoked to Jealousy: The Origin and Purpose of the Jealousy Motif in Romans 9-11. *WUNT* 63 (Tübingen, 1994); R. A. Horsley, *Jesus and the Spiral of Violence: Popular Jewish Resistance in Roman Palestine* (1987, repr. Minneapolis, 1993); C. Seeman, "Zeal/Jealousy", in *Biblical Social Values and Their Meaning*, ed. J. J. Pilch e B. J. Malina (Peabody, 1993), 185-88; N. T. Wright, "Paul, Arabia, nd Elijah (Gal. 1:17)", *JBL* 115 (1996): 683-92. [F. SCOTT SPENCER]

ZELOFEADE (heb. *ṣĕlop̱ĕḥāḏ*) Descendente de José por meio de Manassés (Nm 26:28-33) que morreu no deserto sem descendente do sexo masculino e, possivelmente, sem viúva que pudesse se beneficiar de recorrer ao costume do levirato. O significado da condição de Zelofeade é enfatizado literalmente por quebra no padrão do relato do censo que enfatiza filhos, clãs e descendentes (Nm 26:33), por uma inclusão de "filhas" incluindo a repetição da frase "o filho de" com a declaração "não teve filhos, mas filhas" (26:33; cf. Js 17:3). A possibilidade de que a família de Zelofeade não tivesse herança em Canaã pareceu grave; consequentemente, suas filhas alegaram que ele não estava entre os que se rebelaram com Coré, e seu pecado pessoal não foi mais grave do que outros ancestrais que haviam morrido no deserto (Nm 27:1-4). [WALTER E. BROWN]

ZELOFEADE (heb. *ṣĕlop̱ĕḥāḏ*), **AS FILHAS DE** As filhas de Zelofeade, da tribo de Manassés, que pediram a Moisés a herança da propriedade de seus pais (Nm 27:1-11). O pedido é famoso porque, em outra parte na Bíblia, a propriedade ia para os parentes sobreviventes do sexo masculino (Dt 21:15-17; Rt 4:3; Jr 32:6-15) e Zelofeade "não tinha filhos, apenas filhas" (Nm 26:33). As filhas herdam com os irmãos de seu pai, e uma nova lei é estabelecida para que as filhas herdem terra quando não há filhos (Nm 27:6-11). O precedente legal implica que as mulheres eram capazes de trabalhar e viver da terra (Pv 31:16; Ct 8:12). Em Números 36:2-12, mais uma cláusula é acrescentada, pela qual as filhas devem se casar dentro da própria tribo para reter a propriedade naquele grupo. Isso também dá ensejo a uma lei geral: qualquer filha que herde terra de seu pai deve se casar dentro daquela tribo. As filhas retêm o nome do pai ao herdar a terra, e são elas mesmas lembradas pelo nome nos textos bíblicos: Maalá, Noa, Hogla, Milca e Tirza (Nm 26:33; 27:1; 36:11; Js 17:3). Dois desses nomes, Hogla e Noa, são mencionados em cacos de cerâmica em Samaria, na região de Manassés. Jó, talvez em extensão a essa lei, generosamente dá às suas filhas herança com seus filhos. Elas também são mencionadas no texto (Jó 42:13-15).

Bibliografia. J. Weingreen, "The Case of the Daughters of Zelophechad", *VT* 16 (1966): 518-22. [CAREY WALSH]

ZELZA (heb. *ṣelṣaḥ*) Lugar onde Samuel diz que Saul encontraria o primeiro dos três sinais que confirmaria sua unção real (1Sm 10:2). Nenhum local "no território de Benjamim" é conhecido, e as quatro consoantes sugerem um nome não semítico. A LXX traduz por "saltando muito", e a Vulgata a toma como um advérbio de tempo — "ao meio-dia". Várias sugestões foram apresentadas, incluindo retificar a palavra para *beselselîm*, "com música", que se encaixaria bem no contexto de 1Samuel 9—10. [PAUL L. REDDITT]

ZEMARAIM (heb. *ṣĕmārayim*) **1.** Cidade do território tribal de Benjamim (Js 18:22). É frequentemente identificada com Râs et-Tahûneh, nos arredores de Ramala e el-Bireh.

2. Montanha da região montanhosa de Efraim (2Cr 13:4), da qual o rei Abias, de Judá dirigiu-se a Jeroboão e aos exércitos de Israel antes de derrotá-los em batalha (v. 4-18).

ZEMAREUS (heb. *ṣĕmārî*) Povo aparentado dos cananeus (Gn 10:18; 1Cr 1:16). Provavelmente, devem ser associados com Sumra, cidade da costa fenícia entre Trípoli e Arvade, chamada Simirra, em textos assírios e Sumur, nas cartas de Amarna.

ZEMER (heb. *ṣemer*) Cidade da costa fenícia, da qual procederam navegadores experientes que serviram nos navios tírios (Ez 27:8; TM "Ó Tiro"). O local pode ser a moderna Sumra, relacionada aos zemareus.

ZEMIRA (heb. *zĕmîrâ*) Filho de Bequer, da tribo de Benjamim (1Cr 7:8).

ZENÃ (heb. *ṣĕnān*) (tb. ZAANÃ) Cidade na Sefelá, ou terra baixa, de Judá e parte da herança dessa tribo (Js 15:37). Sua localização é desconhecida, mas ela está listada no distrito de Laquis e Eglom. Zenã está também incluída na lamentação de Mica sobre as cidades de Judá com a ortografia diferente sa'anan (Zaanã; Mq 1:11). [JENNIFER L. GROVES]

ZENAS (gr. *Zēnás*) O evidente portador, com Apolo, da epístola a Tito, que é instruído a ajudá-los (materialmente) em suas futuras viagens (Tt 3:13). A designação de Zenas como um "jurista" (gr. *nomikós*) que, nos Evangelhos Sinópticos, significa escriba versado na Torá, pode indicar aqui um especialista na lei romana ou grega.

ZEQUER (heb. *zeḵer*) (tb. ZACARIAS) Homem da tribo de Benjamim, da linhagem de Gibeom (1Cr 8:31). O nome é uma forma abreviada de Zacarias (5), em 1Crônicas 9:37.

ZER (heb. *ṣēr*) Cidade fortificada do território tribal de Naftali (Js 19:35). Outro nome não comprovado pode refletir repetição das "cidades fortificadas" heb. *wĕʿārê mibṣār*, precedentes (cf. LXX gr. *Týros*, "Tiro").

ZERÁ (heb. *zeraḥ*) (tb. ZOAR) **1.** Edomita, filho de Reuel e neto de Esaú. Seus descendentes tornaram-se uma subtribo de Edom (Gn 36:13,17; 1Cr 1:37).

2. Rei edomita, pai de Jobabe (Gn 36:33; 1Cr 1:44).

3. Filho gêmeo de Judá e Tamar (Gn 38:30; 46:12); fundador de uma das subtribos de Judá (Nm 26:20; 1Cr 9:6; Ne 11:24) e ancestral de Acã (Js 7).

4. Filho de Simeão, que fundou uma das subtribos de Simeão (Nm 26:13; 1Cr 4:24). Em Gênesis 46:10 e Êxodo 6:15, é chamado de Zoar.

5.-6. Dois levitas: um descendente de Gerson (1Cr 6:21 [TM 6]) e um coatita (v. 41 [26]).

7. "Zerá o cuxita" (TM), que atacou Judá com um grande exército, mas foi derrotado pelo rei Asa, de Judá (2Cr 14:9-15 [8-14]). Cuxe (tb. referida como Núbia ou Etiópia) foi uma nação de raça negra ao sul do Egito, e os soldados cuxitas serviam com frequência no exército egípcio. Esse indivíduo foi provavelmente o comandante sob Faraó Osorkon. Alguns estudiosos, entretanto, argumentam que este Zerá foi midianita, árabe ou beduíno, observando a menção de camelos, citando Habacuque 3:7 como conexão cuxita/midianita. Entretanto, o exército de Zerá não vem montado em camelos, como beduínos, ou midianitas, mas em carros, como egípcios e cuxitas (cf. 2Cr 12:3); além disso, os camelos das tropas de Zerá não estão listados com o exército, mas com a presa de guerra, aparentemente capturada por Zerá à medida que avançou pela Arábia e recapturado por Asa, depois da derrota de Zerá.

Bibliografia. J. D. Hays, "The Cushites: A Black Nation in the Bible", *BSac* 153 (1996): 396-409. [J. DANIEL HAYS]

ZERAÍAS (heb. *zĕraḥyâ*) **1.** Filho de Uzzi e pai de Uzi e de Meraiote; descendente de Arão (1Cr 6:6,51 [TM 5:32; 6:36]) e ancestral de Esdras (Ed 7:4).

2. Homem da linhagem de Paate-Moabe, cujo filho, Elioenai retornou do exílio com Esdras (Ed 8:4).

ZERAÍTAS (heb. *zarḥî*) Nome que se refere a vários grupos mencionados no AT. Os mais importantes são um clã da tribo de Judá, descendente de Zerá, filho de Judá por meio de sua nora Tamar (Gn 38:30; 1Cr 9:6; 27:11,13; Ne 11:24), e um clã simeonita (Nm 26:13; 1Cr 4:24). O relacionamento entre os dois pode refletir a história social do Israel primitivo; Simeão foi subsequentemente absorvido pela tribo de Judá (cf. Gn 49:7; Js 19:1). Outros grupos zeraítas incluem a descendência de Zerá, filho de Reuel, o edomita (Gn 36:13,17; 1Cr 1:37), e o clã levítico de Zeraías de Meraiote (1Cr 6:6 [5:32]). [JOHN KALTNER]

ZEREDÁ (heb. *ṣĕrēḏâ*) **1.** Provavelmente a terra natal e certamente o local de residência de Jeroboão, filho de Nebate, que se revoltou contra Salomão (1Rs 11:26) e acabou estabelecendo sua capital em Siquém (12:25). A identificação de Jeroboão como efraimita indica que Zeredá ficava localizada nas terras montanhosas de Efraim. Pode ser Deir Ghassâneh (c. de 24 km a sudoeste de Siquém) ou a vizinha 'Ain Seridah. Zeredá é provavelmente uma forma alternativa para Zererá (Jz 7:22).

2. Lugar no vale do Jordão (2Cr 4:17). O nome é uma ortografia variante de Zaretã (1Rs 7:46). [PAUL L. REDDITT]

ZEREDE, RIBEIRO (heb. *naḥal zereḏ*) Uádi que marca o fim da jornada no deserto dos filhos de Israel (Nm 21:12; Dt 2:13-14) e que forma a fronteira tradicional entre Moabe e Edom. Os primeiros estudiosos o ligavam a um afluente de Uádi Kerak, ou Uádi Môjib, mas atualmente é identificado com Uádi el-Hesa. Outras referências frequentemente associadas a este uádi são o "ribeiro dos salgueiros" (Is 15:7), o "ribeiro da Arabá" (Am 6:14), ou simplesmente "este leito de riacho seco" (2Rs 3:16).

Começando no deserto da Arábia no leste da Transjordânia, o Uádi el-Hesa tem 56 km de comprimento e flui na direção noroeste, desaguando em Ghor, ao sul (planície sul) do mar Morto em es-Safi. A área é de pouca importância para agricultura, de terra desértica, e a informação sobre pesquisa recente de 1074 sítios arqueológicos encontrados ao sul do uádi mostrou que foi habitado desde os tempos paleolíticos até os tempos modernos, com exceção de apenas uns poucos períodos.

Bibliografia. B. MacDonald, *The Wadi el-Hasa Archaeological Survey*, 1979-1983, West-Central Jordan (Waterloo, Ont., 1988). [PAUL J. RAY, JR.]

ZERERÁ (heb. *ṣĕrērâ*) Lugar para o qual os midianitas fugiram após serem emboscados por Gideão (Jz 7:22). O nome pode ser uma variante de Zeredá ou Zaretã.

ZERES (heb. *ṣereš*) A esposa de Hamã, adversário de Mardoqueu (Et 5:10). Inicialmente ela aconselhou Hamã a construir uma forca para Mardoqueu (Et 5:14), mas logo predisse a queda de seu marido perante seu inimigo judeu (6:13).

ZERETE (heb. *ṣereṯ*) Homem da tribo de Judá; o primeiro filho de Asur e Helá (1Cr 4:7).

ZERETE-SAAR (heb. *ṣereṯ haššaḥar*) Cidade moabita a leste do rio Jordão, dada à tribo de Ruben (Js 13:19). A LXX lista duas cidades: Serada e Sior no cume do monte Emak (uma transliteração do hebraico *'emeḳ*, "vale"). A localização do sítio arqueológico não é confirmada, embora 'ez-Zarat, perto de 'Attarus, a leste do mar Morto, seja uma possibilidade. A identificação tradicional é ez-Zarâ, perto de Uádi Zerqa Ma'în, mas somente ruínas romanas foram encontradas lá. [PHILIP R. DREY]

ZERI (heb. *ṣĕrî*) (tb. IZRI) Um dos filhos da família levítica de Jedutum, separado por Davi para o serviço musical no templo (1Cr 25:3). Em 1Crônicas 25:11. seu nome consta como Izri (heb. *yiṣr'*).

ZEROR (heb. *ṣĕrôr*) Homem da tribo de Benjamim e ancestral do rei Saul (1Sm 9:1).

ZERUA (heb. *ṣĕrû'â*) Mulher da tribo de Efraim, viúva de Nebate e mãe do rei Jeroboão I (1Rs 11:26).

ZERUIA (heb. *ṣĕrûyâ*) A mãe de Abisai, Joabe e Asael, os famosos "filhos de Zeruia" (2Sm 2:18; 1Cr 2:16). Abisai foi o chefe dos três de Davi (2Sm 23:18), Joabe, o comandante do exército de Davi (8:16) e Asael, um dos trinta de Davi (23:24). É incerto por que esses homens são sempre identificados pelo nome de sua mãe. Zeruia pode ter sido uma mulher importante, eclipsando seu marido ou, possivelmente, foi citada para ligar seus filhos à família de Davi. Zeruia e Abigail são listadas apenas como as irmãs de Davi (1Cr 2:16). O texto de 2Samuel 17:25 identifica Abigail com a filha de Náas, talvez o primeiro marido da esposa de Jessé, se isso for verdade, Zeruia pode ter sido a meia-irmã de Davi. [RONALD A. SIMKINS]

ZETÃ (heb. *zēṯām*) **1.** Levita gersonita, descendente de Ladã (1Cr 23:8; 26:22).

2. (heb. *zêṯān*) Homem da tribo de Benjamim, filho de Bilã e descendente de Jediael (1Cr 7:10).

ZETAR (heb. *zēṯar*) Um dos sete eunucos que serviram como mordomo de Assuero, rei persa, (Et 1:10).

ZEUS (gr. *Zeús*) O deus grego considerado como suprema divindade do Olimpo. Zeus era claramente de origem indo-europeia, e o genitivo de Zeus (gr. *Diós*) foi a palavra para deus em várias línguas indo-europeias. Zeus era retratado como o deus do céu e do tempo (esp. dos raios). Homero o chama com frequência de "o pai dos deuses e dos homens", governante e protetor de tudo. Os romanos o associavam com o Júpiter deles. De acordo com a Theogonía de Hesíodo, ao dar Zeus à luz, Reia, sua mãe, o escondeu de seu pai, Cronos, numa caverna. Quando Cronos quis devorar seu filho, Reia o enganou fazendo com que o pai engolisse uma grande pedra em vez do filho. Depois, Zeus, com outros deuses do Olimpo, derrotou os Titãs mais velhos, incluindo Cronos (Theog. 472-508; 621-825). Em grande parte da mitologia, Zeus foi considerado o esposo legítimo de Hera (, às vezes, unido com Dione), mas ele se envolveu numa série de ligações infiéis com outras deusas e mulheres. Por meio dessas relações, ele se tornou o pai de Atena, Perséfone, Apolo, Ártemis, Ares, Efesto, Hermes, as Musas e Dionísio, entre outros. Zeus foi descrito como a origem das leis universais, defensor da justiça, patrono da vitória, guardião da hospitalidade, revelador do futuro, distribuidor dos destinos bons e maus e salvador da humanidade (Zeus Soter). Embora supremo entre os deuses, ele parece ter sido limitado pelo poder do Destino. A personalidade de Zeus inspirou muito da arte e da literatura, incluindo o famoso colosso de Fídias, em ouro e marfim, em Olimpia e os hinos a Zeus, de Cleantes.

De acordo com Atos 14:8-18, os habitantes de Listra identificaram Paulo e Silas, ao operarem milagres, com Hermes e Zeus respectivamente. Uma lenda primitiva havia descrito Hermes e Zeus como visitantes terrestres na forma humana nos "montes frígios" perto de Listra (Ovídio Metam. 8.616-724). Restos de inscrições (séc. III d.C.) exibem também a associação desses deuses na adoração nativa da região vizinha. A versão do Códice de Beza de Atos 14:13 fala de "Zeus-local-antes-da-cidade", sugerindo um culto nativo.

O Segundo Livro de Macabeus 6.2 relata que Antíoco IV Epifânio planejou dar o nome ao templo de Jerusalém de "templo de Zeus olímpico" e ao templo de Gerizim de "templo de Zeus-o-amigo--de-estrangeiros" (cf. "Abominação da Desolação", 1Mac 1.54; Dn 11:31; 12:11)

Bibliografia. K. W. Arafat, *Classical Zeus* (Oxford, 1990); H. Lloyd-Jones, *The Justice of Zeus*, 2.ed. (Berkeley, 1983); C. R. Long, *The Twelve Gods of Greece and Rome*. EPRO 107 (Leiden, 1987). [PAUL ANTHONY HARTOG]

ZIA (heb. *ṣîḥāʾ*, *ṣiḥāʾ*) **1.** O chefe de uma linhagem de servidores do templo (Nethinim) que retornou do exílio com Zorobabel (Ed 2:43; Ne 7:46).

2. Superintendente dos servidores do templo, no período pós-exílico (Ne 11:21).

3. (heb. *zîaʿ*) Homem da tribo de Gade que viveu em Basã (1Cr 5:13).

ZIBA (heb. *ṣîḇāʾ*) Mordomo da casa de Saul. Como resultado do desejo de Davi em ser bondoso para com a casa de Saul por causa de Jônatas (1Sm 20:14-17,42), Davi consulta a Ziba, que traz Mefibosete, filho de Jônatas para os cuidados do rei (2Sm 9:1-4). Depois de elevar Mefibosete à proteção do rei, Davi faz-lhe a concessão real de todas as propriedades de Saul. Davi então coloca Ziba, seus quinze filhos e vinte servos (2Sm 19:17 [TM 18] à disposição de Mefibosete, para gerir e operar tal conjunto de bens (9:9-10).

Quando Davi sai de Jerusalém durante a tentativa de golpe de Absalão, Ziba chega com transporte para Davi e provisões para o séquito. As ações de Ziba despetam perguntas na mente de Davi com relação às intenções de Mefibosete. Quando Ziba envolve Mefibosete num esforço de traição para restaurar o trono à casa de Saul, Davi transfere todas as terras de Mefibosete para Ziba (2Sm 16:1-4).

Depois da morte de Absalão, Ziba com seus filhos e servos ajudam o rei na travessia do Jordão em seu retorno a Jerusalém. Quando Mefibosete também chega, forma-se uma audiência legal de improviso na qual ele acusa Ziba de falsidade e difamação. Davi divide as antigas terras de Saul entre Ziba e Mefibosete (2Sm 19:24-30 [25-31]). [JOHN D. FORTNER]

ZIBEÃO (heb. *ṣiḇʿôn*) **1.** O pai de Aná e avô de Oolibama, esposa de Esaú (Gn 36:14; chamado de heveu no v. 2).

2. Chefe de clã horeu, terceiro filho de Seir (Gn 36:20,24,29; 1Cr 2:38,40).

ZIBIA (heb. *ṣiḇyâ*) **1.** A mãe do rei Joás (Jeoás) de Judá, de Berseba (2Rs 12:1 [TM 2] = 2Cr 24:1).

2. (heb. *ṣiḇyāʾ*) Um dos sete filhos de Saaraim e Hodes; chefe de uma casa paterna de Benjamim em Jerusalém, no período pós-exílico (1Cr 8:9, 28).

ZICLAGUE (heb. *ṣîqlag*) Cidade do sudoeste da Palestina, na extremidade sul da Sefelá. Foi propriedade ancestral de Simeão (Js 19:5) e depois, de Judá (15:31). De acordo com 1Crônicas 4:30-31, quando Davi se tornou rei de Judá, Ziclague e várias outras cidades em sua vizinhança tornaram-se parte de Judá. Aparentemente, Josué 15:31 reflete o tempo da monarquia.

Enquanto Saul governou Israel, Ziclaque esteve nas mãos dos filisteus, e Aquis, rei de Gate, deu Ziclague para Davi como feudo (1Sm 27:1-6). Após Davi ter vivido lá, durante um ano e quatro meses, os amalequitas atacaram a cidade e a destruíram enquanto Davi estava fora (1Sm 30:1-3). Os amalequitas saquearam Ziclague, mas Davi e seu grupo os perseguiram e os derrotaram em algum lugar ao sul de Gaza. Davi então retornou às ruínas de Ziclague e, logo depois, a deixou e foi para Hebrom, onde os homens de Judá o ungiram rei de Judá.

A localização exata de Ziclague é desconhecida. Dois sítios arqueológicos modernos são os possíveis candidatos: Tel Halif (Lahav)/Tell el-Khuweilefeh, cerca de 16 km a nordeste de Berseba, e Tell esh-Shari'a/Tell Sera', a meio caminho entre Berseba e Gaza. As escavações em Tel Halif mostram que ela também esteve sob a influência filisteia cerca de 1000 a.C., e floresceu também durante os séculos seguintes. É mais provável que Tell esh-Shari'a seja a localização pelo fato de estar mais próxima da Filístia. As escavações lá revelaram várias fases de ocupação na Idade do Ferro, tudo com forte presença filisteia. A mais intensa atividade de construção ocorreu durante os séculos X e IX. Foram encontradas casas típicas israelitas de quatro cômodos e edifícios suntuosos de alvenaria de pedra polida. Se este for o local correto de Ziclague, ela foi reconstruída depois da partida de Davi e permaneceu parte de Judá.

ZICRI (heb. *zikrî*) (tb. ZABDI) O nome é possivelmente uma versão abreviada de Zacarias.

1. Levita, filho de Isar e irmão de Corá (Êx 6:21).

2. Homem da tribo de Benjamim, filho de Simei (1Cr 8:19).

3. Homem da tribo de Benjamim, filho de Sasaque (1Cr 8:23).

4. Homem da tribo de Benjamim, filho de Jeroão (1Cr 8:27).

5. Levita, filho de Asafe e ancestral de Matanias (1Cr 9:15). Em Neemias 11:17, é chamado de Zabdi.

6. Descendente de Eliezer, encarregado dos tesouros de dádivas dedicadas ao Senhor (1Cr 26:25). Ele foi pai de Selomite e filho de Jorão.

7. Rubenita e pai de Eliezer; um oficial da corte de Davi (1Cr 27:16).

8. Homem da tribo de Judá e pai de Amasias (2Cr 17:16).

9. O pai de Elisafate, um dos cinco comandantes que ajudaram a depor a rainha Atalia (2Cr 23:1).

10. Guerreiro efraimita que matou três homens, incluindo Maaseias, filho do rei Acaz (2Cr 28:7).

11. Homem da tribo de Benjamim, pai de Joel; um superintendente durante o tempo de Neemias (Ne 11:9).

12. O chefe da família sacerdotal de Abias nos dias do sumo sacerdote Joiaquim (Ne 12:17). [ROBIN GALLAHER BRANCH]

ZIDIM (heb. *ṣiddîm*) Cidade diferente fortificada desconhecida designada à tribo de Naftali (Js 19:35). O texto hebraico não é claro e pode não indicar um nome de lugar.

ZIFA (heb. *zîpâ*) O segundo filho de Jealelel, da tribo de Judá (1Cr 4:16).

ZIFE (heb. *zîp*) **I. (LUGAR) 1.** Cidade da região montanhosa de Judá ao sul de Hebrom (Js 15:55), fortificada em época posterior por Roboão (2Cr 11:8). A cidade compartilhou seu nome com a região de deserto a leste (o deserto de Zife) para onde Davi e seus homens fugiram depois de escapar de Saul (1Sm 23:14,15). Após a visita de Jônatas, o povo de Zife delatou Davi para Saul (1Sm 23:16-24; 26:1). Durante a campanha que resultou desse episódio, Davi e Abisai entraram no acampamento de Saul e roubaram sua lança e o jarro com água, mas Davi recusou-se a matá-lo (1Sm 26:6-25; cf. Sl 54 sobrescrito [TM 1-2]). Muitos estudiosos identificam a antiga cidade com a moderna Tell Zîf, cerca de 5 km a sudoeste de Hebrom, embora a história de ocupação neste local seja desconhecida.

2. Cidade do sul do Neguebe perto da fronteira com Edom (Js 15:24). Um sítio arqueológico chamado Khirbet ez-Zeifeh está localizado na região apropriada, mas ainda não foi examinado por arqueólogos. Alguns estudiosos questionam a existência dessa cidade, visto que nas várias versões da LXX o nome Zife ou está corrompido ou omitido por completo. [WADE R. KOTTER]

II. (PESSOA) (heb. *Ṣûp*) **1.** Descendente de Calebe (1Cr 2:42); ancestral de um clã ou região de Judá.

2. Homem da tribo de Judá, da descendência de Calebe; o filho mais velho de Jealelel (1Cr 4:16).

ZIFIOM (heb. *ṣipyôn*) (tb. ZEFON) O filho primogênito de Gade, neto de Jacó e Zilpa (Gn 46:16); chamado Zefom em Números 26:15.

ZIFROM (heb. *ziprôn*) **1.** Cidade na fronteira norte da terra de Canaã entre Zedade e Hazar-Enã (Nm 34:9). Desconhece-se a localização exata. [PETE F. WILBANKS]

ZILÁ (heb. *ṣillâ*) Uma das duas esposas de Lameque; mãe de Tubalcaim e Naamá (Gn 4:19,22,23).

ZILETAI (heb. *ṣillĕtay*) **1.** Filho de Simei; chefe de uma família da tribo de Benjamim na Jerusalém do período pós-exílico (1Cr 8:20).

2. Líder militar da tribo de Manassés que desertou para Davi em Ziclague e se tornou comandante de seu exército (1Cr 12:20 [TM 21]).

ZILPA (heb. *zilpâ*) Serva de Labão, dada por ele à sua filha Leia quando esta se casou com Jacó (Gn 29:24). Em seguida Leia, que se tornara estéril, deu Zilpa a Jacó "por mulher"; ela lhe deu Gade e Aser (Gn 30:9-13; cf. 35:26; 37:2; 46:18).

ZIM (heb. *ṣin*), **DESERTO DE** Área desértica no nordeste do Sinai que incluía Cades-Barneia. O Neguebe fica ao norte, a Arabá e Edom, a leste, e o deserto de Parã, ao sul. O deserto de Zim constituía parte da fronteira sul de Canaã (Nm 34:3; Js 15:1) e foi a extensão sul da terra espiada pelos israelitas, durante a jornada do Êxodo (Nm 13:21). Míriam morreu enquanto os israelitas estavam acampados no deserto de Zim em Cades-Barneia, e Moisés pecou junto às águas de Meribá, perdendo seu direito de entrar na Terra Prometida (Nm 27:14; Dt 32:51). O deserto de Zim deve ser distinguido do deserto de Sim (heb. *sin*; não diferenciado na LXX ou na Vulgata). [BRADFORD SCOTT HUMMEL]

ZIMA (heb. *zimmâ*) Levita gersonita, pai de Joá (1Cr 6:20, 42 [TM 5, 27]; 2Cr 29:12).

ZINA (heb. *zînāʾ*) Levita, filho de Simei da família de Gérson (1Cr 23:10); provavelmente um erro de grafia para Ziza no v. 11.

ZINRÃ (heb. *zimrān*) O primeiro filho de Abraão e Quetura (Gn 25:2; 1Cr 1:32); ancestral de um clã árabe.

ZINRI (heb. *zimrî*) **I. (LUGAR)** Reino que deve sofrer a ira de Yahweh (Jr 25:25, "cálice de furor"). Esse lugar é desconhecido. Pode ser que o nome Zinri devesse ser lido como Zimki e entendido no código atbash hebraico como Elão (listado em seguida em Jr 25:25). Essa possibilidade é sugerida pelo uso do TM de um atbash, Sesaque, para Babilônia (Jr 25:26) e o fato de que a LXX omite ambas as referências em sua tradução. [GARY W. LIGHT]

II. (PESSOA) (tb. ZABDI) **1.** Líder entre os simeonitas; filho de Salu (Nm 25:6-18). Ele levou Cosbi, uma princesa midianita para sua tenda, razão pela qual ambos foram mortos por Fineias. O evento é apresentado como parte da apostasia de Israel em Peor e a legitimação do sacerdócio saduceu.

2. Rei de Israel no início do século IX. a.C. Zinri era o comandante da metade dos carros de guerra de Israel quando começou seu golpe e assassinou o rei Elá; ele então providencia para que todas as pessoas do sexo masculino da família de Baasa sejam mortos (1Rs 16:8-14). Entretanto, foi dado apoio a Onri, comandante do exército de Israel e o reinado de Zinri durou apenas uma semana. Quando Onri estava prestes a capturar Tirza, a capital, Zinri cometeu suicídio ateando fogo ao palácio real (1Rs 16:15-20). Depois "Zinri" tornou-se um termo insultuoso aos assassinos de seus senhores com a desculpa de paz (2Rs 9:31).

3. O filho de Zerá e neto de Judá e Tamar (1Cr 2:6). Ele é chamado de Zabdi em Josué 7:1.

4. Descendente de Saul; pai de Moza e filho de Jeoada/Jará (1Cr 8:36; 9:42).

ZIOR (heb. *ṣîʿōr*) Cidade da região montanhosa de Judá a sul-sudoeste de Hebrom (Js 15:54).

ZIPOR (heb. *ṣippôr, ṣippōr*) O pai de Balaque, rei moabita, que procurou contratar Balaão para amaldiçoar Israel (Nm 22:2,4,10,16; 23:18; Js 24:9; Jz 11:25).

ZÍPORA (heb. *ṣippōrâ*) Esposa de Moisés e filha de Reuel/Jetro, sacerdote midianita (Êx 2:16-22). Zípora deu à luz dois filhos: Gérson e Eliézer.

O papel mais importante de Zípora ocorre no misterioso relato de ameaça à vida de Moisés em Êxodo 4:24-26, no qual ela é responsável por salvar Moisés de um ataque divino à sua vida. A razão para a tentativa de matar Moisés não é dada, mas o rápido raciocínio e ação de Zípora impedem a ameaça divina. De acordo com a narrativa, ela realiza um ato tríplice: corta o prepúcio de seu filho, toca seus pés (talvez um eufemismo para seus órgãos genitais) e pronuncia as palavras: "Tu és para mim uma marido sanguinário" (Êx 4:25). Esse fato tem sido comparado a algum tipo de ritual ou função sacerdotal, mas existem vários problemas de interpretação. A quem se refere o pronome "ele" no segundo passo: a Moisés ou ao filho? A narrativa não deixa claro quanto a quem Zípora falou as palavras de Êxodo 4:25. Há, também, considerável debate sobre a interpretação de *ḥăṯan dām'm*. Além disso, não há informação sobre como Zípora soube o que fazer para salvar o marido.

De acordo com a tradição encontrada em Êxodo 18:1-9, Zípora e seus filhos permaneceram com Jetro durante o envolvimento de Moisés no Êxodo. Jetro levou Zípora e os filhos com ele quando se encontrou com os israelitas no deserto. [LISA W. DAVISON]

ZIV (heb. *ziw*) Antigo nome canaanita para o segundo mês do ano religioso judaico (abril/maio). Seu nome babilônico pós-exílico foi Iyar.

ZIZ (heb. *ṣîṣ*) Subida de En-Gedi até perto de Tecoa pela qual os moabitas e seus aliados tentaram atacar o rei Josafá, de Judá (2Crônicas 20:16; por volta de 850 a.C.). Embora essa estrada íngrime fosse difícil, era a rota mais curta de Moabe para Judá. Possivelmente como resultado da invasão, foram construídos fortes judeus nos cumes de Massada e En-Gedi. A subida é identificada com Uádi Hasâsah/Nahal Hasesôn. [BRADFORD SCOTT HUMMEL]

ZIZA (heb. *zîzâ*) (tb. ZINA) **1.** Levita descendente de Gérson, o segundo filho de Simei (1Cr 23:11). O nome aparece como Zina em 1Cr 23:11.

2. (heb. *zîzāʾ*) O filho de Sifi que, com outros chefes de família simeonitas, liderou uma expansão da tribo deles para Gedor (1Cr 4:37-40).

3. Filho do rei Roboão, de Judá, e sua esposa favorita, Maacá (2Cr 11:20).

ZOÃ (heb. *ṣōʿan*) Nome bíblico da capital egípcia da 21ª e 22ª Dinastias, Dja'net (gr. Tanis; Is 19:11,13). A cidade se localiza num braço do Nilo, a leste do Delta, na moderna San el-Hagar, cerca de 47 km ao sul do Mediterrâneo. Ela foi desenterrada por Auguste Mariette (1850s), W. M. Flinders Petrie (1883-86) e extensivamente por Pierre Montet (1929-1951). Foi inicialmente identificada com a capital dos hicsos, Avaris e com a capital ramessida, Pi-Ramessés, por causa dos numerosos blocos e monumentos com nomes ramessidas e hicsos. Entretanto, agora há certeza de que Avaris deve ser identificada com Tell ed-Dab'a, e Pi-Ramessés com um sítio arqueológico ao norte de Avaris, perto da moderna Qantir, 48 km ao sul de Zoã. Blocos e monumentos dessas cidades foram recuperados pelos últimos construtores de Zoã.

Zoã tornou-se importante no Egito quando Smendes (1070-1044 a.C.), morador de Zoã e governador do Baixo Egito. sob Ramessés XI, estabeleceu a 21ª Dinastia depois da morte deste. Zoã tornou-se o centro administrativo do Baixo Egito. A característica importante desse local é o grande templo de Amom construído por Psusennes I (1040-992), com acréscimos por Siamun (978-59), Osorkon III (883-55) e Sosenq III (835-783). As tumbas de Psusennes I, Amenemope (993-84), Osorkon III e Sosenq III, com duas tumbas anônimas, foram encontradas intactas dentro do complexo do templo, abaixo do nível do chão. Embora o centro administrativo tenha mudado para Sais no Último Período, Zoão continuou a servir como capital da 19ª província e a ser assunto de projetos de construções reais no período ptolemaico.

A frase bíblica "campo de Zoã" (Sl 78:12,43) é tradução precisa da frase egípcia ("Campo da tempestade") que se refere ao distrito de Dja'net. [RONALD A. SIMKINS]

ZOAR (heb. *ṣō'ar*) **I. (LUGAR)** A cidade do extremo sul do "vale de Jericó" (Dt 34:3; Gn 13:10). Uma das cinco "cidades do vale" de uma coalizão (com Sodoma, Gomorra, Admá e Zeboim) que se rebelou contra o rei Quedorlaomer, de Elão (Gn 14:2,8). Pelo fato de os reis das outras cidades serem chamados pelo nome, os estudiosos têm sugerido que Belá foi o nome original do rei de Zoar; entretanto, Belá podia simplesmente ser o nome primitivo de Zoar, como confirmam todas as versões. Zoar escapou do destino das outras cidades do vale e forneceu refúgio temporário a Ló e suas filhas (Gn 19:22,23,30). Textos proféticos posteriores mencionam Zoar no contexto do juízo de Deus sobre Moabe. Os fugitivos de Moabe irão até Zoar (Is 15:5) e o som do seu clamor será ouvido em ali (Jr 48:34).

Zoar foi confirmada em registros até a Idade Média. Todas as referências a essa cidade, incluindo sua identificação no Mapa de Madeba, sugerem que se localizava à margem sul do ribeiro de Zerede (Uádi el-Hesa) na área de es-Safî, território de Edom. [RONALD A. SIMKINS]

II. (PESSOA) 1. (heb. *ṣōḥar*) O pai de Efrom, o hitita (Gn 23:8; 25:9), de quem Abraão comprou a caverna de Macpela.

2. Nome alternativo para Zerá, filho de Simeão (4; Gn 46:10; Êx 6:15).

3. Versão alternativa para Izar (2), descendente de Judá, filho de Helá (1Cr 4:7).

ZOBÁ (heb. *ṣôḇâ*; aram. *ṣōḇā'*) Arã-Zobá, poderoso estado arameu ao longo do alto Orontes, no vale de Beqa, no Líbano. Foi mencionado entre os inimigos de Saul, rei de Israel (1Sm 14:47). Durante o reinado de Davi, Hadadezer foi o rei de Zobá por via de uma união dinástica com outro estado arameu, Bete-Reobe. Este rei arameu governou sobre um vasto território na área de Damasco, teve vassalos no norte da Transjordânia (2Sm 10:6; 1Cr 19:6), foi influente até Amom, no sul e Hamate, no norte (2Sm 8:9,10) e expandiu seu território para além do Eufrates (8:3; 10:16; 1Cr 19:16). Hadadezer foi finalmente derrotado por Davi. Logo depois disso, Zobá foi substituído por outra dinastia de Damasco (2Sm 8:5; 10:16-19).

O "rei de Arã" que capturou duas cidades da Assíria no Eufrates no início do século X a.C. pode ter sido Hadadezer, de Arã.

Bibliografia. A. Malamat, "Aspects of the Foreign Policies of David and Solomon", *JNES* 22 (1963): 1-17; "The Kingdom of David and Solomon in Its Contact with Egypt and Adam Naharaim", *BA* 21 (1958): 96-102, repr. In *BAR* 2, ed. D. N. Freedman e E. F. Campbell (Garden City, 1964), 89-98; B. Mazar, "The Aramean Empire and Its Relations with Israel", *BA* 25 (1962): 97-120, repr. In *BAR* 2, ed. Freedman e Campbell (Garden City, 1964), 127-51; W. T. Pitard, *Ancient Damascus* (Winona Lake, 1987). [MARK W. CHAVALAS]

ZOBEBA (heb. *ṣōḇēḇâ*) Filho (ou subgrupo) de Coz, da tribo de Judá (1Cr 4:8).

ZOETE (heb. *zôḥēṯ*) O filho mais velho de Isi, da tribo de Judá (1Cr 4:20).

ZOFA (heb. *ṣôpaḥ*) Guerreiro selecionado e chefe de família da tribo de Aser; filho de Helém/Hotã (1Cr 7:35,36).

ZOFAI (heb. *ṣôpay*) (tb. ZUFE) O filho de Elcana, levita da família de Coate e ancestral de Samuel (1Cr 6:26 [TM 11]). Ele é chamado de Zufe em 1Crônicas 6:35(20); cf. 1Samuel 1:1.

ZOFAR (heb. *ṣōpar*) O naamatita, um dos três amigos de Jó que teve a intenção de se compadecer de Jó (Jó 2:11), mas acaba discutindo com ele (16:2). O nome de Zofar não aparece em nenhum outro lugar no AT; ele não é de Naamá de Judá (Js 15:41). Argumenta-se por ligações edomitas.

Nos dois primeiros ciclos de diálogos no livro de Jó, cada amigo faz um discurso de aproximadamente a mesma duração; Zofar fala por último. O terceiro ciclo não contém discurso de Zofar e várias explicações têm sido apresentadas para a mudança de lugar.

O primeiro discurso de Zofar (Jó 11:1-20) censura Jó pelas alegações de inocência (v. 2-6), enfatiza a inescrutabilidade de Deus (v. 7-12) e aconselha-o a arrepender-se (v. 13-20). Ele argumenta que Deus não puniu Jó tanto quanto ele merecia (Jó 11:6). O segundo discurso de Jó (Jó 20:1-29) enfatiza o destino inescapável do ímpio. Moldado por uma teologia retributiva, seu tom é agressivo e desdenhoso. Por fim, Zofar é repreendido por Deus (Jó 42:7-9). [PATRICIA A. MACNICOLL]

ZOFIM (heb. *ṣōpîm*) Lugar para onde Balaque levou Balaão para que conseguisse observar os hebreus e pudesse amaldiçoá-los (Nm 23:14). O "campo de Zofim"(ou possivelmente "campo dos observadores") estava localizado perto ou no cume do monte Pisga, nas planícies ao norte de Moabe.

ZORÁ (heb. *ṣor'â*) Pequeno povoado da herança tribal de Dã (Js 19:41), posteriormente anexada a Judá

(15:33). O local é identificado com *Ṣar'ah/Tel Zor'a*, cerca de 21 km a oeste de Jerusalém. No cume de uma colina, o povoado controlava a estrada que passava pelo "grande fosso" ao longo da base ocidental da região montanhosa que ligava a Sefelá de Judá e a estrada para Jerusalém. Zorá pode ter tido acesso limitado aos campos do vale, mas próximo a Bete-Semes mantinha estrito controle sobre a área. As Cartas de Amarna chamam Zorá de Sai-ar-ha.

Manoá, da tribo de Dã e pai de Sansão, era de Zorá (Jz 13:2). O lugarejo foi fortificado por Roboão, antes da invasão de Sisaque, do Egito (2Cr 11:10) e foi repovoado no período pós-exílico (Ne 11:29).

Bibliografia. G. A. Smith, *The Historical Geography of the Holy Land*, 25. ed. rev. (New York, 1966). [DAVID C. MASLTSBERGER]

ZOROASTRISMO A tradição religiosa que leva o nome de seu fundador profético, Zoroastro (gr. *Zōroastrēs*; O. pers. *Zarathustra*). Essa religião sobrevive hoje, principalmente no Irã e na Índia. O zoroastrismo surgiu como resultado de uma dupla migração de arianos: uma para o Irã ("a terra dos arianos"); outra para a Índia, algum tempo antes de 1000 a.C. Os arianos ocidentais foram politeístas, sendo seus principais deuses o sol, a lua, as estrelas, a terra, o fogo, a água e o vento. O principal deus deles foi Mitra, deus da guerra e da lealdade. Os rituais religiosos incluíam acender uma fogueira, derramar suco de haoma (planta sagrada) como libação e cereal ou sacrifício animal.

Zoroastro aparentemente revisou essa religião em direções um tanto dualistas. Em sua cosmovisão, duas forças básicas lutavam pelo controle do mundo: Spenta Mainyu, o bom espírito, e Angra Mainyu, o espírito mau. A origem dos dois espíritos não está clara, mas Angra Mainyu parece ter vindo à existência somente com a criação do mundo. Zoroastro evitou o dilema moral do dualismo (p.ex., qual espírito seguir) ao postular a existência de um deus supremo, Ahura Mazda, que é simbolizado pelo fogo e só a quem o louvor é devido. Ahura Mazda torna sua vontade conhecida por meio de Spenta Mainyu.

A crença em dois espíritos reflete a percepção existencial de que os humanos são puxados moralmente em duas direções diferentes. Aparentemente, a carne é má e puxa a pessoa para Angra Mainyu, enquanto o espírito é bom e impele a pessoa para Angra Mainyu. Por isso, os humanos sempre fazem a escolha moral errada e praticam o mal. A solução para os males humanos é seguir as obras prescritas, incluindo a adoração, oração e pureza moral, embora não o celibato. Entre os ritos de passagem estão a iniciação de todas as crianças antes da puberdade, o casamento e o funeral, no qual o corpo é envolto em pano branco e depois colocado no topo de uma Torre de Silêncio para se livrar por meio da exposição; ele nunca é cremado, já que a carne morta poderia contaminar o fogo sagrado.

Alguns estudiosos veem o zoroastrismo como a fonte do pensamento dualista no judaísmo. Ciro, o Grande, era possivelmente zoroastrista, embora os textos aquemênidas somente mencionem Ahura Mazda, não Zoroastro. Qualquer influência direta sobre o NT é duvidosa. [PAUL L. REDDITT]

ZOROASTRO (gr. *Zōroástrēs*) ou ZARATUSTRA (per. ant. *zrdrwšt*) O fundador do zoroastrismo, a mais importante religião pré-islâmica do Irã. Normalmente, data-se a época que viveu em 628-551 a.C., mas algumas autoridades argumentam por uma data entre 1500 e 1200, e alguns adeptos alegam até que ele viveu vários milhares de anos antes. A alegação por um período mais antigo gira em torno da data de 17 hinos, os Gathas, que são a principal evidência escrita para sua existência e que contém formas linguísticas arcaicas tão antigas quanto o Rig Veda do hinduísmo.

Zoroastro nasceu no Irã central, numa família abastada, que lhe deu educação formal pelas mãos de um tutor. Com a idade de 20 anos, deixou os pais para perambular, em busca de respostas para o significado da vida. Aos 30 anos, teve uma visão, que incluiu a visita de um arcanjo. Ele passou dez anos ensinando antes de registrar seu primeiro convertido, um primo. A carreira de Zoroastro atingiu um ponto irreversível quando viajou para o leste do Irã, para a corte do rei ariano, Vishtaspa. Os sacerdotes de Vishtaspa resistiram às suas ideias e conseguiram lançá-lo na prisão, mas Zoroastro curou um dos cavalos favoritos do rei. Em troca, o rei e a rainha aceitaram seus ensinos, o filho deles concordou em lutar em favor de Zoroastro e os sacerdotes que o aprisionaram foram punidos. Os últimos vinte anos da vida de Zoroastro foram gastos promovendo e defendendo sua nova religião. Ele morreu com a idade de 77 anos numa batalha contra os turanianos (nômades saqueadores do norte da Pérsia). *Ver* ZOROASTRISMO. [PAUL L. REDDITT]

ZOROBABEL (heb. *zĕrubbāḇel*) Figura bastante enigmática a quem a linguagem messiânica está associada nos livros de Zacarias e Ageu. Geralmente, identificado como "filho de Sealtiel" (Esdras, Ageu), Zorobabel foi claramente um líder auxiliar do segundo maior grupo de exilados com o sacerdote Josué. Sob a liderança deles, um grupo de judeus teve permissão para viajar da Diáspora oriental para a Palestina (observe o continuado legado desta liderança compartilhada em Sir. 49.11-12).

O nome em si é repleto de dificuldades (lit. "nascido/semeado na Babilônia"? "semente da Babilônia"?), embora não fosse incomum que líderes e pessoas importantes entre os judeus no período pós-exílico tivessem nomes não hebraico(cf. Sesbazar e Mardoqueu, o último formado pelo deus patrono, Marduk; observe também que alguns nomes eram mudados intencionalmente, como indicado em Daniel 1). Se, entretanto, Zorobabel era realmente da linha davídica, então um nome da diáspora é mais interessante ainda. A linhagem real de Zorobabel é sugerida pela última fonte (1Cr 3:16-19), que lista Sealtiel entre os sete filhos de Joaquim ("Jeconias"). Mas o cronista lista Zorobabel como o filho de Pedaías, irmão de Sealtiel, contra o testemunho de Zorobabel como "filho de Sealtiel" em Esdras e Ageu. O NT, ao listar Zorobabel na genealogia de Jesus, estabelece claramente a recente crença helenista de que Zorobabel era, de fato, da linhagem real (Mt 1:12,13; Lc 3:27). Alguns estudiosos negam sua linhagem real, preferindo ver Zorobabel como oficial da corte, nomeado originalmente na corte de Cambises ou, possivelmente, de Ciro. Esse ponto de vista sugeriria pelo menos algum contexto histórico para a fantasiosa lenda em 1Esdras 3,4, em que um conselheiro do rei Dario prova sua sabedoria ao mostrar que as mulheres são mais fortes que reis, vinho, ouro e poder, mas a verdade é o maior de todos os poderes. A agradável história — muito ao estilo dos contos da corte de Daniel 1—6, José e Ester — trata de três conselheiros de Dario, embora a identificação do terceiro como Zorobabel possa não ser original do conto popular, e está de certa forma embaraçosamente baseada numa única referência em 1Esdras 4.13.

Zorobabel aparece em Esdras como um dos dois líderes (com o sacerdote Josué) de um grupo de hebreus que têm permissão do imperador persa para retornar à Palestina e começar a reconstrução do templo (Ed 2:2; 3:2,8; 4:2,3; 5:2). É feita referência a ele como "governador" (heb. *peḥâ*) em Ageu 1:1; 2:21, embora também comparado com Josué, possivelmente compartilhando autoridade com o chefe do templo (1:12).

Parte do mistério que cerca Zorobabel é a forte linguagem messiânica de Zacarias 4:6-10. Apesar dessa apresentação inicial de Zorobabel, Josué recebe a coroa em Zacarias 6:9-14 e recebe o nome de "Renovo" — termo que pode anteriormente ter se referido a Zorobabel, visto que Zacarias 3:8 parece se referir a outra pessoa além de Josué. Leroy Waterman, em um estudo amplamente citado, propôs que o texto bíblico suprimiu evidências de uma rebelião liderada por Zorobabel, instigada com a morte de Cambises, o monarca persa, que foi então deposto por Dario I quando seu reino estava claramente estabelecido. Jon L. Berquist, professor de AT, assinala entretanto que a cronologia de tal revolta proposta não funciona, visto que a construção do templo de Zorobabel começa em 520 a.C., dois anos completos depois que irrompe a revolta em 522, e também depois da bem-sucedida supressão por Dario dessas revoltas em 521.

Bibliografia. J. L. Berquist, *Judaism in Persia's Shadow* (Minneapolis, 1996); L. Waterman, "The Camouflage Purge of Three Messianic Conspirators", *JNES* 13 (1954): 73-78. [DANIEL L. SMITH-CHRISTOPHER]

ZUAR (heb. *ṣû'ār*) O pai de Natanael, líder da tribo de Issacar durante a jornada no deserto (Nm 1:8; 2:5; 7:18,23; 10:15).

ZUFE (heb. *ṣûp̱*) **I. (LUGAR)** O distrito onde Saul procurou pelas jumentas perdidas de seu pai (1Sm 9:5). Possivelmente a "terra de Zufe" tenha sido em Efraim e recebido o nome da família de Zufe (cf. Ramataim-Zofim, 1Sm 1:1TM).

II. (PESSOA) (tb. ZOFAI) Ancestral de Samuel, citado como efraimita em 1Samuel 1:1 e levita em 1Crônicas 6:35(TM 20; K "Zife"). Ele é chamado de Zofai (um levita) em 1Crônicas 6:26(11).

ZUR (heb. *ṣûr*) **1.** Um dos cinco reis de Midiã morto em batalha contra Israel (Nm 31:8) e os amorreus (Js 13:21). Cosbi, sua filha e Zinri, seu marido israelita foram mortos por Fineias (Nm 25:15).

2. Homem da tribo de Benjamim, segundo filho de Jeiel e Maacá (1Cr 8:30; 9:36).

ZURIEL (heb. *ṣûrî'ēl*) Levita, filho de Abial e chefe dos meraritas durante a jornada no deserto (Nm 3:35).

ZURISADAI (heb. *ṣûrîšadday*) O pai de Selumiel, líder da tribo de Simeão durante a jornada no deserto (Nm 1:6; 2:12; 7:36, 41; 10:19).

ZUZINS (heb. *zûzim*)Povo destruído por Quedorlaomer e seus aliados (Gn 14:5). Seu território fica a leste do Jordão e Hã foi sua principal cidade. Os zuzins devem ser provavelmente os mesmos que os zanzumins (heb. "povos fortes"; cf. LXX gr. *éthnē ischyrá*) mencionados em Deuteronômio 2:20. Em Gênesis, esse povo é listado com os refains e os emins; mas em Deuteronômio, tanto os zanzumins quanto os emins são equiparados aos refains. [CHRISTIAN M. M. BRADY]

A B C D E F G H I J K L M N O P Q R S T U V X Y Z

Sua opinião é importante para nós.
Por gentileza, envie-nos seus
comentários pelo *e-mail*
editorial@hagnos.com.br

hagnos

Visite nosso site:
www.hagnos.com.br

Esta obra foi impressa na
Imprensa da Fé.
São Paulo, Brasil.
Inverno de 2021.

O ÊXODO (por volta de 1270 a.C.)

A CONQUISTA de CANAÃ (por volta de 1.230 a.C.)

AS TRIBOS de ISRAEL (por volta de 1.200 a.C.)

OS JUÍZES (por volta de 1200–1050 a.C.)

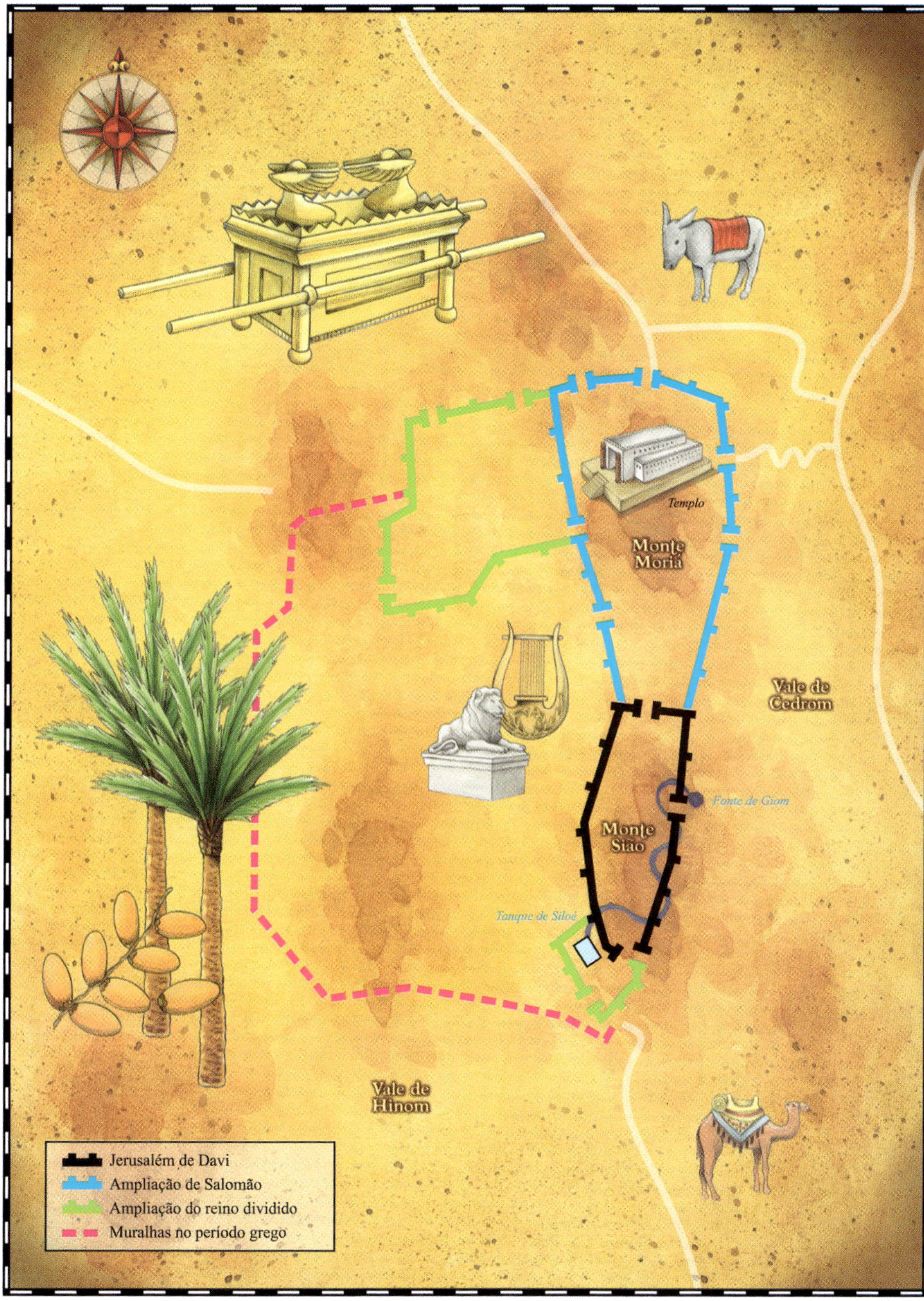

A JERUSALÉM do ANTIGO TESTAMENTO (por volta de 1230–200 a.C.)

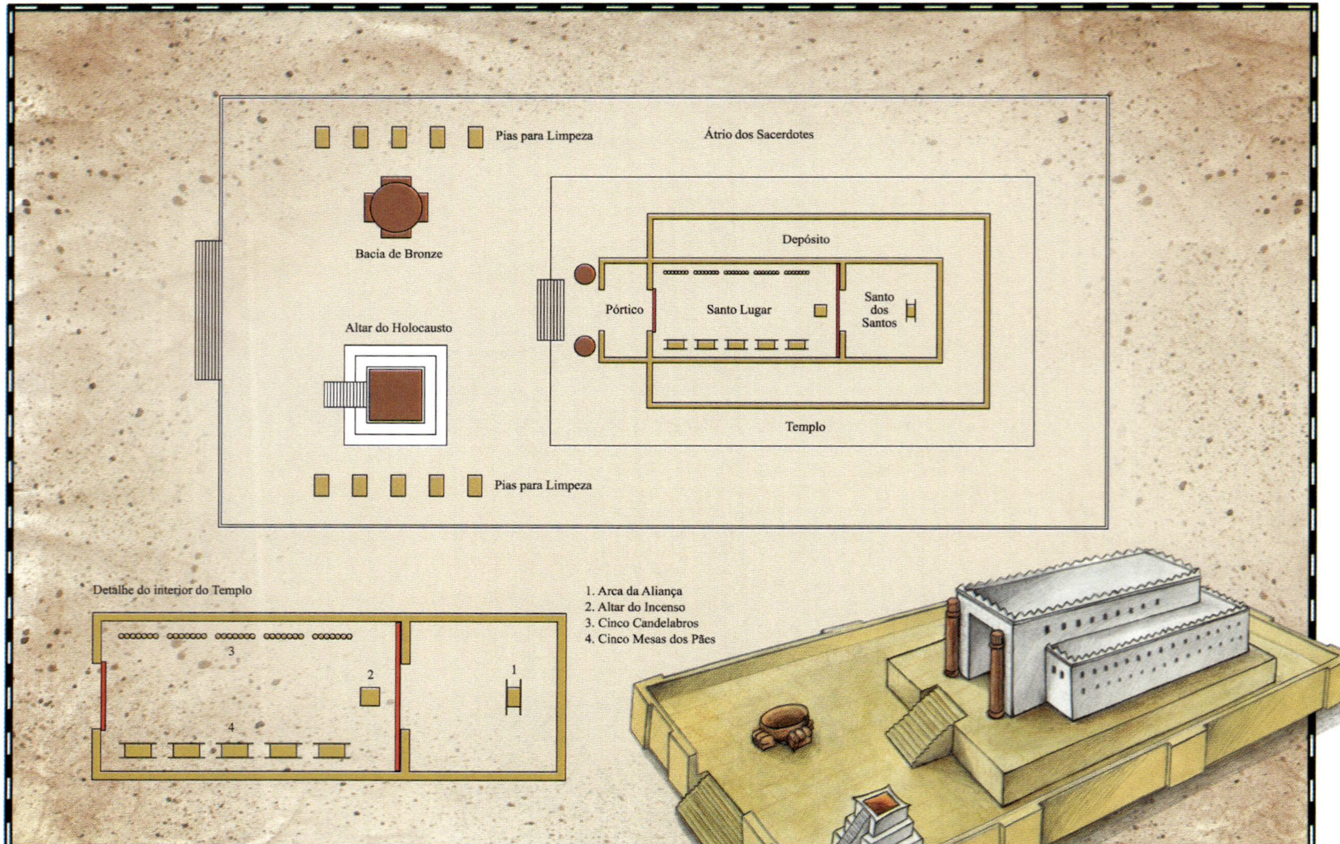

O TEMPLO de SALOMÃO

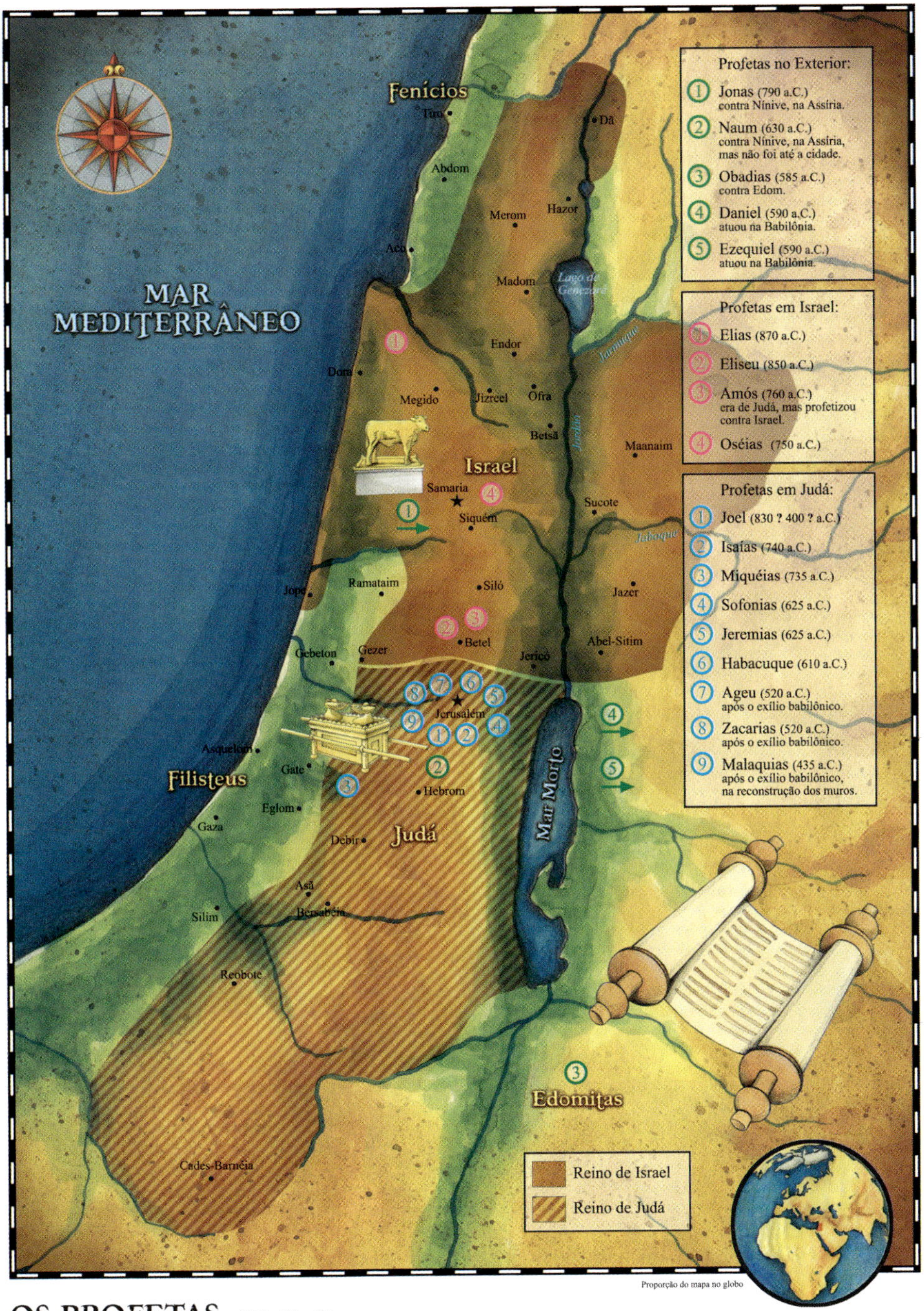

OS PROFETAS (875–400 a.C.)

O IMPÉRIO ROMANO no TEMPO de JESUS (por volta de 6 a.C.–29 d.C.)

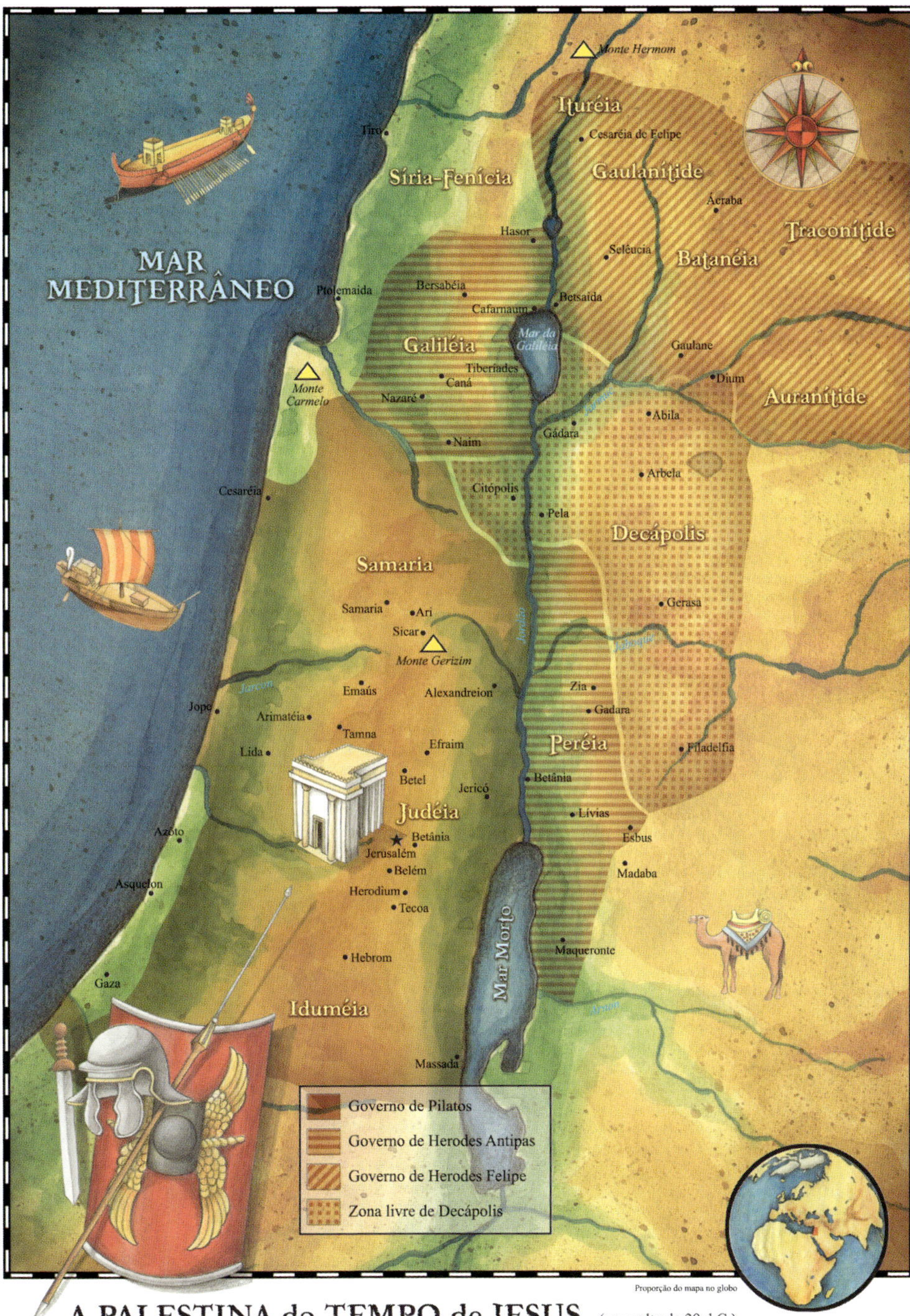

A PALESTINA do TEMPO de JESUS (por volta de 29 d.C.)

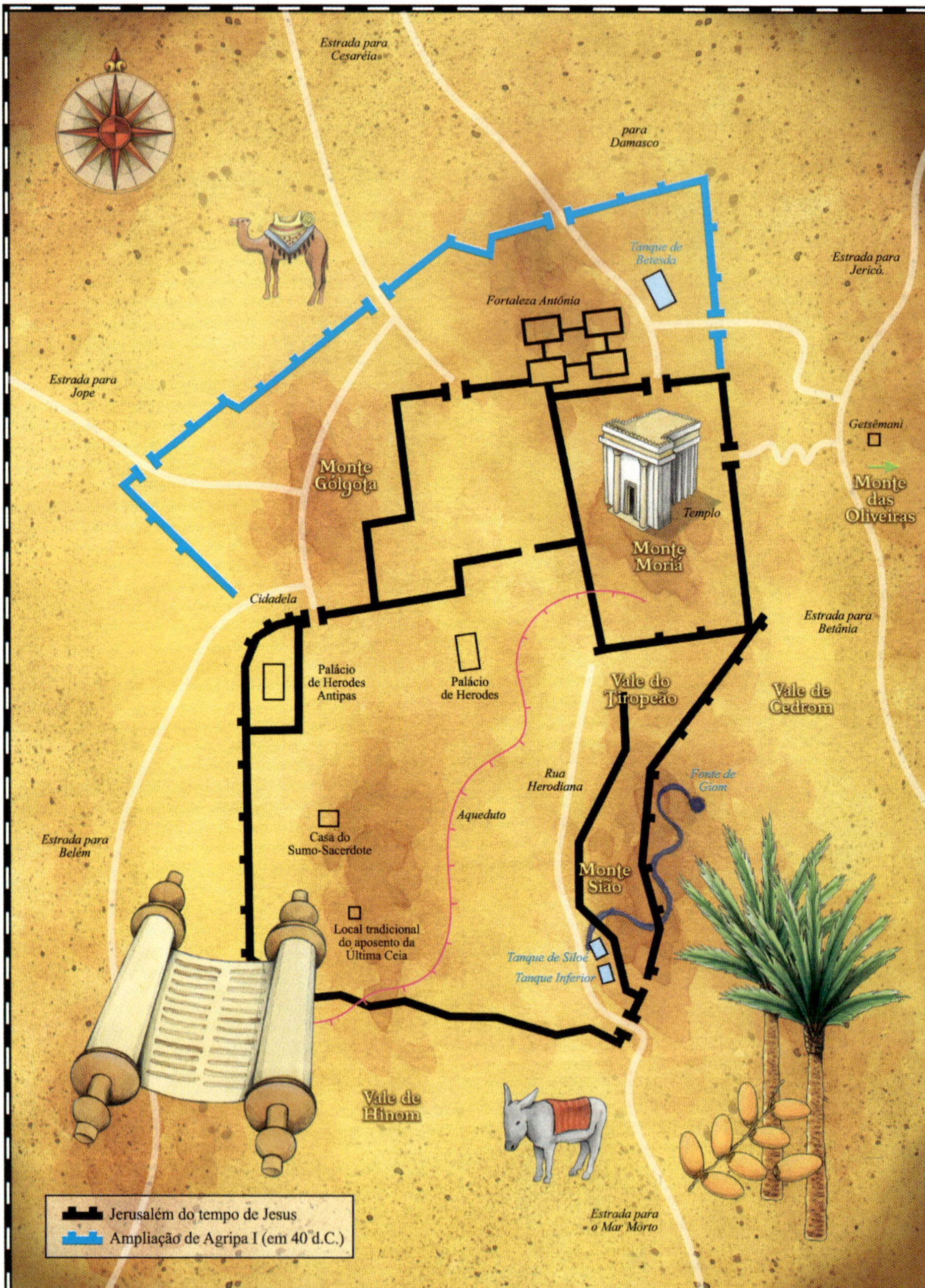

A JERUSALÉM do NOVO TESTAMENTO (63 a.C. - 70 d.C)

A INFÂNCIA DE JESUS (6 a.C.–6 d.C.)

A PRIMEIRA VIAGEM MISSIONÁRIA de PAULO (41 - 48 d.C.)

A SEGUNDA VIAGEM MISSIONÁRIA de PAULO (50 - 53 d.C.)

A TERCEIRA VIAGEM MISSIONÁRIA de PAULO (53- 58 d.C.)

A VIAGEM de PAULO a ROMA (58- 63 d.C.)

A IGREJA PRIMITIVA (por volta de 95 d.C.)